Baumbach/Hueck

GmbHG

Beck'sche Kurz-Kommentare

Band 20

GmbHG

Gesetz betreffend die Gesellschaften mit beschränkter Haftung

Begründet von
Dr. Adolf Baumbach
weiland
Senatspräsident beim Kammergericht

fortgeführt von
Dr. Dr. h. c. Alfred Hueck
weiland
o. Professor an der Universität München
(5.–13. A.)

bearbeitet von

Dr. Lorenz Fastrich
o. Professor an der Universität München

Dr. Ulrich Haas
o. Professor an der Universität Zürich

Dr. Dr. h. c. Götz Hueck
em. o. Professor an der Universität München

Dr. Ulrich Noack
o. Professor an der Universität Düsseldorf

Dr. Dr. h. c. Wolfgang Zöllner
em. o. Professor an der Universität Tübingen

19. Auflage

Verlag C. H. Beck München 2010

Zitiervorschlag:
Bearbeiter in Baumbach/Hueck, GmbHG 19. Aufl.

Im einzelnen haben bearbeitet:

Einleitung	Hueck/Fastrich
§§ 1–34 Anh	Hueck/Fastrich
§§ 35–40	Zöllner/Noack
§§ 41–42 a	Haas
§§ 43–44	Zöllner/Noack
§§ 45–51 b	Zöllner
§ 52	Zöllner/Noack
§§ 53–59	Zöllner
§§ 60–87	Haas
Schlussanhang Konzernrecht	Zöllner

Verlag C. H. Beck im Internet

beck.de

ISBN 978 3 406 58217 2

Wilhelmstraße 9, 80 801 München
Satz + Druck: Druckerei C. H. Beck,
(Adresse wie Verlag)

Gedruckt auf säurefreiem, alterungsbeständigem Papier
(hergestellt aus chlorfrei gebleichtem Zellstoff)

Verzeichnis aller Bearbeiter
(einschließlich der ausgeschiedenen)

Dr. Adolf Baumbach
weiland Senatspräsident beim Kammergericht
(1.–4. Auflage)

Dr. Lorenz Fastrich
o. Professor an der Universität München
(ab 17. Auflage)

Dr. Ulrich Haas
o. Professor an der Universität Zürich
(ab 19. Auflage)

Dr. Dr. h. c. Alfred Hueck
weiland o. Professor an der Universität München
(5.–13. Auflage)

Dr. Dr. h. c. Götz Hueck
em. o. Professor an der Universität München
(ab 14. Auflage)

Dr. Ulrich Noack
o. Professor an der Universität Düsseldorf
(ab 18. Auflage)

Dr. Wolfgang Servatius
Professor an der Universität Regensburg
(18. Auflage)

Dr. Joachim Schulze-Osterloh
em. o. Professor an der Freien Universität Berlin
(14.–18. Auflage)

Dr. Dr. h. c. Wolfgang Zöllner
em. o. Professor an der Universität Tübingen
(ab 14. Auflage)

Vorwort zur 19. Auflage

Die GmbH war und ist weiterhin die erfolgreichste Rechtsform des deutschen Unternehmensrechts. Die Konkurrenz ausländischer Rechtsformen, insbesondere der englischen Private Limited Company hat ihr entgegen vielen Unkenrufen das Wasser nicht abzugraben vermocht. Dieser Konkurrenz durch Erleichterungen für die Gründung und Finanzierung der GmbH entgegenzuwirken hat sich der deutsche Gesetzgeber dennoch bemüht. Abweichend von ursprünglichen Plänen und vielen Vorschlägen ist er dabei mit Zurückhaltung vorgegangen, hat aber gleichwohl mit dem Gesetz zur Modernisierung des GmbH-Rechts und zur Bekämpfung von Missbräuchen (MoMiG) vom 23. 10. 2008 erheblich in die Substanz des GmbHG eingegriffen. Das MoMiG stellt demzufolge die umfassendste Reform dar, die dem GmbHG seit seinem Bestehen zuteil geworden ist. Deshalb ist die Neuauflage die seit der 14. Auflage tiefgreifendste, die das von Adolf Baumbach begründete und von Alfred Hueck seit der 5. bis zur 13. Auflage fortgeführte und zu hohem Ansehen gebrachte Werk bislang erfahren hat. Die Erläuterung und Integrierung der vom MoMiG getroffenen zahlreichen Neuregelungen bildet selbstverständlich den Kern der neubearbeiteten Partien der Neuauflage.

Im einzelnen befasst sich die Neuauflage mit den erheblichen Veränderungen, die das MoMiG für das Gründungsrecht und das Recht der Aufbringung und Erhaltung des Stammkapitals gebracht hat. Besondere Aufmerksamkeit war hier u. a. der neuen Rechtsform Unternehmergesellschaft sowie den Erleichterungen hinsichtlich der Behandlung von Sacheinlagen sowie der Abschwächung des Hin- und Herzahlungsverbots zu schenken. Nicht weniger Anlass zu weitreichender Umarbeitung brachte die gesetzgeberische Neugestaltung des Kapitalersatzrechts mit sich. Neben diesen Grundanliegen des Reformgesetzgebers verfolgt das MoMiG auch ganz andere Ziele, deren Integration in die Dogmatik des GmbH-Rechts konzeptionelle Neuansätze erforderlich macht, wie insbesondere die Etablierung einer Art von Gutglaubensschutz beim Erwerb von Geschäftsanteilen sowie die Bekämpfung sog. Unternehmensbestattungen. Erhebliche Schwierigkeiten bereitet hat, dass die Reform mit der Preisgabe oder Aufweichung etlicher Prinzipien des überkommenen GmbH-Rechts einhergeht, was zu manchen Brechungen im Gesetzesgefüge geführt hat und zu disparaten Zweckbestimmungen mancher Normen zwingt. Eine in sich geschlossene und widerspruchsfreie Auslegung des Gesetzes ist dadurch schwieriger geworden.

Entsprechend dem Bestreben des Reformgesetzgebers, die Bedeutung des Stammkapitals für den Gläubigerschutz herabzustufen und diesen nach wie vor selbstverständlich unverzichtbaren Schutz auf ein zweites Bein in Gestalt krisenbezogener Pflichten von Geschäftsführern und Gesellschaftern zu stützen, war auch insoweit eine Neugewichtung der Kommentierung erforderlich. Dass die Neuauflage auch das dem GmbHG neu eingefügte Rechtsinstitut des genehmigten Kapitals behandelt, versteht sich. Berücksichtigt sind auch noch die Änderungen des Gesetzestexts durch das ARUG. Auch Neuansätze der Rechtsprechung führten zu tiefgreifenden Veränderungen der Kommentierung, wie insbesondere im Bereich der Haftung von Gesellschaftern für sog. „existenzvernichtende“ Eingriffe (besser: für Insolvenzverursachung).

Vorwort

Die Neuauflage hat Veränderungen auch im Kreis der Verfasser gebracht. Joachim Schulze-Osterloh ist aus diesem Kreis ausgeschieden. Seine Kommentierung des Jahresabschlussrechts nimmt er mit, um sie in größerem Rahmen auszubauen und fortzuführen. An seine Stelle ist Ulrich Haas getreten, der die Kommentierung des Jahresabschlussrechts in erheblich verkleinertem Rahmen durchführt. Die übrigen von Schulze-Osterloh bislang betreuten Teile bearbeitet er hingegen im bisherigen Umfang. Ausgeschieden aus dem Kreis der Verfasser ist auch Wolfgang Servatius, dessen von ihm bearbeitete, ursprünglich von Schulze-Osterloh konzipierte Teile Ulrich Haas weiterführt. Zur Mitwirkung von Goetz Hueck gilt weiterhin das im Vorwort zur 18. Auflage Dargelegte: Er ist in großen Teilen des Texts noch immer als Mitverfasser präsent, hat aber an der Neuauflage selbst nicht mitgewirkt. Insoweit trägt Lorenz Fastrich die Verantwortung allein.

Die Neuauflage bringt die Erläuterungen auf den Stand vom Frühjahr 2009. Etliche spätere Entscheidungen und Aufsätze konnten teilweise noch eingearbeitet oder wenigstens zitiert werden. Unseren Mitarbeitern, die uns bei der Neubearbeitung unterstützt haben, danken wir auch an dieser Stelle herzlich.

Die zahlreichen durch das Reformwerk neu aufgeworfenen Probleme können selbstverständlich nicht auf einen Schlag einer optimalen, überall überzeugenden Lösung zugeführt werden. Rückmeldungen aus der Praxis mit Hinweisen auf Unzuträglichkeiten, die sich aus Neuregelungen wie aus den dazu entwickelten Lösungen ergeben, sind uns daher willkommen. Gleichermaßen freuen wir uns aber auch über Bemerkungen, mit denen die Richtigkeit solcher Lösungen bestätigt wird. Dass wir Hinweise auf Fehler und Unstimmigkeiten und nicht zuletzt auf Lücken dankbar entgegennehmen, versteht sich.

Düsseldorf, München, Tübingen und Zürich im Juni 2009

Lorenz Fastrich Ulrich Haas Ulrich Noack Wolfgang Zöllner

Inhaltsverzeichnis

Gesetz betreffend die Gesellschaften mit beschränkter Haftung – GmbHG

Abschnitt 5. Auflösung und Nichtigkeit der Gesellschaft

Abschnitt 6. Ordnungs-, Straf- und Bußgeldvorschriften

Inhalt

Verzeichnis der Abkürzungen

Allgemein werden die gebräuchlichen Abkürzungen verwendet; dazu Kirchner/Butz, Abkürzungsverzeichnis der Rechtssprache, 6. A 2008.

A	Auflage
aA	anderer Ansicht
abl	ablehnend
ABl	Amtsblatt
ABl EG	Amtsblatt der Europäischen Gemeinschaften
Abs	Absatz
Abschn	Abschnitt
Abt	Abteilung
abw	abweichend
abwM	abweichende Meinung
AcP	Archiv für die civilistische Praxis
aE	am Ende
aF	alte Fassung
AFG	Arbeitsförderungsgesetz (jetzt SGB III)
AG	Aktiengesellschaft; Die Aktiengesellschaft (Zeitschrift)
AG	auch: Amtsgericht
AGBG	Gesetz zur Regelung des Rechts der Allgemeinen Geschäftsbedingungen (AGB-Gesetz)
AHK	Alliierte Hohe Kommission
AktG	Aktiengesetz
AktG 1937	Aktiengesetz 1937
AktR	Aktienrecht
AlleinGfter	Alleingesellschafter
AlleinGfterGFührer	Alleingesellschaftergeschäftsführer
allgM	allgemeine Meinung
Alt	Alternative
aM	anderer Meinung
ÄndG 1980	Gesetz zur Änderung des Gesetzes betreffend die Gesellschaften mit beschränkter Haftung und anderer handelsrechtlicher Vorschriften – auch GmbH-Novelle 1980
AnfG	Anfechtungsgesetz
Anh	Anhang
Anm	Anmerkung
AO	Abgabenordnung
AöR	Archiv für öffentliches Recht
AP	Arbeitsrechtliche Praxis, Nachschlagewerk des BAG
AR	Aufsichtsrat
ArbGG	Arbeitsgerichtsgesetz
ArbN	Arbeitnehmer
arg	argumentum
AR-Vors	Aufsichtsratsvorsitzender
Aufl	Auflage
AÜG	Arbeitnehmerüberlassungsgesetz
AuR	Arbeit und Recht
AWD	siehe RIW
Bafin	Bundesanstalt für Finanzdienstleistungsaufsicht
BAG	Bundesarbeitsgericht

Abkürzungen

BAK .... Bundesaufsichtsamt für das Kreditwesen
BAnz .... Bundesanzeiger
BausparkassenG .... Gesetz über Bausparkassen
BayObLG .... Bayerisches Oberstes Landesgericht
BayObLGZ .... Sammlung von Entscheidungen des BayObLG in Zivilsachen
BB .... Betriebs-Berater
Bd .... Band
Bearb .... Bearbeitung
Begr .... Begründung
Beil .... Beilage
Bek .... Bekanntmachung
Beschl .... Beschluss
BetrAVG .... Gesetz zur Verbesserung der betrieblichen Altersversorgung
BetrVG .... Betriebsverfassungsgesetz (von 1972)
BetrVG 52 .... Betriebsverfassungsgesetz (von 1952)
BeurkG .... Beurkundungsgesetz
BewG .... Bewertungsgesetz
BFA .... Bankenfachausschuss des Instituts der Wirtschaftsprüfer
BFH .... Bundesfinanzhof
BFH/NV .... Sammlung amtlich nicht veröffentlichter Entscheidungen des Bundesfinanzhofs (bis 1997); Sammlung der Entscheidungen des Bundesfinanzhofs (ab 1998)
BFHE .... Entscheidungen des Bundesfinanzhofs
BFuP .... Betriebswirtschaftliche Forschung und Praxis
BGB .... Bürgerliches Gesetzbuch
BGB-Ges .... Gesellschaft des bürgerlichen Rechts
BGBl .... Bundesgesetzblatt
BGH .... Bundesgerichtshof
BGHSt .... Entscheidungen des BGH in Strafsachen
BGHZ .... Entscheidungen des BGH in Zivilsachen
BilMoG .... Gesetz zur Modernisierung des Bilanzrechts (Bilanzrechtsmodernisierungsgesetz – BilMoG) vom 26. 03. 2009
BilReG .... Gesetz zur Einführung internationaler Rechnungslegungsstandards und zur Sicherung der Qualität der Abschlussprüfung (Bilanzrechtsreformgesetz – BilReG)
BiRiLiG .... Bilanzrichtlinien-Gesetz
BMF .... Bundesminister(ium) der Finanzen
BMJ .... Bundesminister(ium) der Justiz
BMWA .... Bundesminister(ium) für Wirtschaft und Arbeit
BR-Drucks, BRDr Drucksache des Bundesrats
BSG .... Bundessozialgericht
BStBl .... Bundessteuerblatt
BT .... Bundestag
BT-Drucks, BTDr Drucksache des Deutschen Bundestags
BtG .... Gesetz zur Reform des Rechts der Vormundschaft und Pflegschaft für Volljährige (Betreuungsgesetz - BtG)
Buchst .... Buchstabe
BVerfG .... Bundesverfassungsgericht
BVerfGE .... Entscheidungen des BVerfG
BVerwG .... Bundesverwaltungsgericht
BVerwGE .... Entscheidungen des BVerwG
bzgl .... bezüglich
BZRG .... Gesetz über das Zentralregister und das Erziehungsregister (Bundeszentralregistergesetz)

cic .... culpa in contrahendo

Abkürzungen

DB	Der Betrieb
DBW	Die Betriebswirtschaft
dementspr	dementsprechend
demgem	demgemäß
DepotG	Depotgesetz
DJ	Deutsche Justiz
DJZ	Deutsche Juristen-Zeitung
DMBilG	Gesetz über die Eröffnungsbilanz in Deutscher Mark und die Kapitalneufestsetzung (D-Markbilanzgesetz)
DNotZ	Deutsche Notar-Zeitschrift
DR	Deutsches Recht
DrittelbG	Gesetz über die Drittelbeteiligung der Arbeitnehmer im Aufsichtsrat (Drittelbeteiligungsgesetz)
DRSC	Deutsches Rechnungslegung Standards Committee e. V.
DSR	Deutscher Standardisierungsrat
DStR	Deutsches Steuerrecht
DStRE	DStR Entscheidungsdienst. Die Steuer-Rechtsprechung von EuGH, BVerfG, BFH (mit NV-Urteilen) und FG
DStZ	Deutsche Steuer-Zeitung
DVO	Durchführungsverordnung
DWiR, DZWir	Deutsche Zeitschrift für Wirtschafts- und Insolvenzrecht
ecolex	ecolex, Fachzeitschrift für Wirtschaftsrecht, Wien, Mainz
EFG	Entscheidungen der Finanzgerichte
EG	Europäische Gemeinschaften
eG	eingetragene Genossenschaft
EGAktG	Einführungsgesetz zum Aktiengesetz
EGAktG 1937	Einführungsgesetz zum Aktiengesetz 1937
EGBGB	Einführungsgesetz zum Bürgerlichen Gesetzbuch
EGHGB	Einführungsgesetz zum Handelsgesetzbuch
EGInsO	Einführungsgesetz zur Insolvenzordnung
EG-RL	EG-Richtlinie
EGStGB	Einführungsgesetz zum Strafgesetzbuch
EGV	Vertrag zur Gründung der Europäischen Gemeinschaft
Einf	Einführung
einhM	einhellige Meinung
Einl	Einleitung
EinpersGes	Einpersonengesellschaft
EinpersGfter	Einpersonengesellschafter
Einschr	Einschränkung
einstw Vfg	einstweilige Verfügung
EL	Ergänzungslieferung
Entw	Entwurf
ErgBd	Ergänzungsband
Erl	Erläuterungen
EStDV	Einkommensteuer-Durchführungsverordnung
EStG	Einkommensteuergesetz
EU	Europäische Union
EuGH	Europäischer Gerichtshof
EuInsVO	Verordnung (EG) Nr. 1346/2000 des Rates vom 29. Mai 2000 über Insolvenzverfahren
EuroEG	Gesetz zur Einführung des Euro (Euro-Einführungsgesetz)
EuroVO I	Verordnung (EG) Nr. 1103/97 des Rates vom 17. 6. 1997 über bestimmte Vorschriften im Zusammenhang mit der Einführung des Euro
EuZW	Europäische Zeitschrift für Wirtschaftsrecht
eV	eingetragener Verein

Abkürzungen

EWG	Europäische Wirtschaftsgemeinschaft
EWiR	Entscheidungen zum Wirtschaftsrecht
EWIV-AusführungsG	Gesetz zur Ausführung der EWG-Verordnung über die Europäische wirtschaftliche Interessenvereinigung
EWR	Europäischer Wirtschaftsraum
f, ff.	folgend(e)
FamFG	Gesetz über das Verfahren in Familiensachen und in den Angelegenheiten der freiwilligen Gerichtsbarkeit (FamFG)
FG	Finanzgericht
FGG	Gesetz über die Angelegenheiten der Freiwilligen Gerichtsbarkeit
Fn	Fußnote
FR	Finanz-Rundschau
FS	Festschrift
G	Gesetz (in Zusammensetzungen)
GA	Goltdammer´s Archiv für Strafrecht
GAnteil	Geschäftsanteil
GBl	Gesetzblatt
GbR	Gesellschaft des bürgerlichen Rechts
GEFIU	Gesellschaft für Finanzwirtschaft in der Unternehmensführung e. V.
GenG	Gesetz betreffend die Erwerbs- und Wirtschaftsgenossenschaften
ger	gerichtlich
Ges	Gesellschaft
GesO	Gesamtvollstreckungsordnung
GesR	Gesellschaftsrecht
GesRZ	Der Gesellschafter (Zeitschrift)
gesvertraglich	gesellschaftsvertraglich
GewO	Gewerbeordnung
GewStDV	Gewerbesteuer-Durchführungsverordnung
GewStG	Gewerbesteuergesetz
Gfter	Gesellschafter
GfterGFührer	Gesellschafter-Geschäftsführer
GfterVers	Gesellschafterversammlung
GFührer	Geschäftsführer
GFührung	Geschäftsführung
GG	Grundgesetz
gg	gegen
GJahr	Geschäftsjahr
GLeiter	Geschäftsleiter
GmbH	Gesellschaft mit beschränkter Haftung
GmbHG	Gesetz betreffend die Gesellschaften mit beschränkter Haftung
GmbH-Novelle 1980	Gesetz zur Änderung des Gesetzes betreffend die Gesellschaften mit beschränkter Haftung und anderer handelsrechtlicher Vorschriften - auch ÄndG 1980
GmbHR	GmbH-Rundschau
GmbH-StB	Der GmbH-Steuer-Berater
GmSOGB	Gemeinsamer Senat der Obersten Gerichtshöfe des Bundes
GO	Geschäftsordnung
GoB	Grundsätze ordnungsgemäßer Buchführung
Grds	Grundsatz
grds	grundsätzlich
GrS	Großer Senat
GüKG	Güterkraftverkehrsgesetz
GuV	Gewinn- und Verlustrechnung
GVBl	Gesetz- und Verordnungsblatt

GVG	Gerichtsverfassungsgesetz
GWB	Gesetz gegen Wettbewerbsbeschränkungen
GWG	Gesetz über das Aufspüren von Gewinnen aus schweren Straftaten (Geldwäschegesetz – GwG)
Halbs	Halbsatz
HFA	Hauptfachausschuss des Instituts der Wirtschaftsprüfer
HGB	Handelsgesetzbuch
HGrG	Gesetz über die Grundsätze des Haushaltsrechts des Bundes und der Länder (Haushaltsgrundsätzegesetz)
hL	herrschende Lehre
hM	herrschende Meinung
Holdheim	Monatszeitschrift für Handelsrecht und Bankwesen, begründet von Holdheim
HR	Handelsregister
HRefG	Gesetz zur Neuregelung des Kaufmanns- und Firmenrechts und zur Änderung anderer handels- und gesellschaftsrechtlicher Vorschriften (Handelsrechtsreformgesetz – HRefG)
HRR	Höchstrichterliche Rechtsprechung
Hrsg	Herausgeber
HRV	Handelsregisterverordnung
IAS	International Accounting Standards
IASB	International Accounting Standards Board
IAS-VO	Verordnung (EG) Nr. 1606/2002 des Europäischen Parlaments und des Rates vom 19. Juli 2002 betreffend die Anwendung internationaler Rechnungslegungsstandards
IFRS	International Financial Reporting Standards
iGgs	im Gegensatz
IHK	Industrie- und Handelskammer
II. WoBauG	Zweites Wohnungsbaugesetz (Wohnungsbau- und Familienheimgesetz – II. WoBauG)
InsO	Insolvenzordnung
InvestmentG	Investmentgesetz
InvZulG 2005	Investitionszulagengesetz 2005
IPR	Internationales Privatrecht
iZw	im Zweifel
JA	Juristische Arbeitsblätter
JbFSt	Jahrbuch der Fachanwälte für Steuerrecht
JBl	Juristische Blätter
jew	jeweils
JFG	Jahrbuch für Entscheidungen in Angelegenheiten der freiwilligen Gerichtsbarkeit und des Grundbuchrechts
JKomG	Gesetz über die Verwendung elektronischer Kommunikationsformen in der Justiz
JR	Juristische Rundschau
jur	juristisch
Jura	Jura, Juristische Ausbildung
jurPerson	juristische Person
JuS	Juristische Schulung
JW	Juristische Wochenschrift
JZ	Juristenzeitung
K & R	Kommunikation & Recht
KAGes	Kapitalanlagegesellschaft
KAGG	Gesetz über Kapitalanlagegesellschaften

Abkürzungen

KapAEG .... Gesetz zur Verbesserung der Wettbewerbsfähigkeit deutscher Konzerne an Kapitalmärkten und zur Erleichterung der Aufnahme von Gesellschafterdarlehen (Kapitalaufnahmeerleichterungsgesetz – KapAEG)
KapCoRiLiG ...... Gesetz zur Durchführung der Richtlinie des Rates der Europäischen Union zur Änderung der Bilanz- und der Konzernbilanzrichtlinie hinsichtlich ihres Anwendungsbereiches (90/605/EWG), zur Verbesserung der Offenlegung von Jahresabschlüssen und zur Änderung anderer handelsrechtlicher Bestimmungen (Kapitalgesellschaften- und Co-Richtlinie-Gesetz – KapCoRiLiG)
KapErhG.......... Kapitalerhöhungsgesetz
Kapitalges, KapGes Kapitalgesellschaft
KE.................. Kapitalerhöhung
KG .... Kommanditgesellschaft; Kammergericht
KGaA .... Kommanditgesellschaft auf Aktien
KGJ .... Jahrbuch für Entscheidungen des Kammergerichts in Sachen der freiwilligen Gerichtsbarkeit
KH .... Kapitalherabsetzung
KO .... Konkursordnung
Komm .... Kommentar
KonTraG.......... Gesetz zur Kontrolle und Transparenz im Unternehmensbereich
KostO .... Kostenordnung
krit .... kritisch
KSchG .... Kündigungsschutzgesetz
KTS .... Zeitschrift für Konkurs-, Treuhand- und Schiedsgerichtswesen; ab 1989: KTS Zeitschrift für Insolvenzrecht – Konkurs, Treuhand, Sanierung –; ab 2004: KTS Zeitschrift für Insolvenzrecht
KWG .... Gesetz über das Kreditwesen

LAG................ Landesarbeitsgericht
lfd .... laufend
LG.................. Landgericht
Lit .... Literatur
lit .... litera
LM .... Nachschlagewerk des Bundesgerichtshofs, herausgegeben von Lindenmaier, Möhring ua
LMK .... Kommentierte BGH-Rechtsprechung Lindenmaier-Möhring
LöschG............ Gesetz über die Auflösung und Löschung von Gesellschaften und Genossenschaften
LPartG .... Gesetz über die Eingetragene Lebenspartnerschaft (Lebenspartnerschaftsgesetz)
LS .... Leitsatz
LZ.................. Leipziger Zeitschrift für Deutsches Recht

m .... mit
MarkenG.......... Gesetz über den Schutz von Marken und sonstigen Kennzeichen
MDR .... Monatsschrift für Deutsches Recht
MitbestBeiG .... Mitbestimmungsbeibehaltungsgesetz
MitbestErgG .... Mitbestimmungsergänzungsgesetz
MitbestG........... Mitbestimmungsgesetz
MitGFührer........ Mitgeschäftsführer
MoMiG........... *Gesetz zur* Modernisierung des GmbH-Rechts und zur Bekämpfung von Missbräuchen
MontanMitbestG .. Montanmitbestimmungsgesetz
mwN.............. mit weiteren Nachweisen

NA .... Sonderausschuss Neues Aktienrecht des Instituts der Wirtschaftsprüfer
Nachtr.............. Nachtrag
Nachw .... Nachweise
nF.................. neue Fassung
NJOZ .... Neue Juristische Online-Zeitschrift
NJW................ Neue Juristische Wochenschrift
NJW-RR .... NJW-Rechtsprechungs-Report Zivilrecht
NStZ .... Neue Zeitschrift für Strafrecht
NZG .... Neue Zeitschrift für Gesellschaftsrecht
NZI .... Neue Zeitschrift für das Recht der Insolvenz und Sanierung

o.................... ordentlich
OFD................ Oberfinanzdirektion
OGHBrZ .... Oberster Gerichtshof für die Britische Zone, auch Entscheidungen des OGHBrZ in Zivilsachen
OHG............... offene Handelsgesellschaft
oKH............... ordentliche Kapitalherabsetzung
OLG............... Oberlandesgericht bzw Die Rechtsprechung der OLG auf dem Gebiete des Zivilrechts (bis 1928)
OLGZ.............. Entscheidungen der OLG in Zivilsachen einschließlich der freiwilligen Gerichtsbarkeit (seit 1965)
oV .... ohne Verfasser
OWiG.............. Gesetz über Ordnungswidrigkeiten

PartGG............ Partnerschaftsgesellschaftsgesetz
PatG .... Patentgesetz idF der Bekanntmachung
PBefG .... Personenbeförderungsgesetz
Personenges .... Personengesellschaft
Prot................ Protokoll
PS.................. Prüfungsstandard des Instituts der Wirtschaftsprüfer
PublG .... Gesetz über die Rechnungslegung von bestimmten Unternehmen und Konzernen (Publizitätsgesetz)

r Sp .... rechte Spalte
RAG .... Reichsarbeitsgericht
RAO .... Reichsabgabenordnung
RBerG .... Rechtsberatungsgesetz (RBerG)
rd .... rund
RdA................ Recht der Arbeit
Recht.............. Das Recht
rechtl .... rechtlich
RefE............... Referentenentwurf
RegBegr .... Regierungsbegründung
RegE .... Regierungsentwurf, ohne Zusatz: Entwurf eines Gesetzes über Gesellschaften mit beschränkter Haftung (BT-Drucks 7/253)
RegGericht .... Registergericht
RFH............... Reichsfinanzhof
RG .... Reichsgericht, auch Entscheidungen des RG in Zivilsachen
RGBl.............. Reichsgesetzblatt
RGSt .... Entscheidungen des RG in Strafsachen
RIW............... Recht der internationalen Wirtschaft (Außenwirtschaftsdienst des Betriebs-Beraters)
RJA................ Entscheidungen in Angelegenheiten der freiwilligen Gerichtsbarkeit und des Grundbuchrechts, zusammengestellt im Reichsjustizamt
RL................. Richtlinie

Abkürzungen

Rn	Randnote, Randnummer
Rpfleger	Der Rechtspfleger
RPflG	Rechtspflegergesetz
RS	Stellungnahme des Instituts der Wirtschaftsprüfer zur Rechnungslegung
Rspr	Rechtsprechung
RStBl	Reichssteuerblatt
S	Satz; Seite
s	siehe
SAE	Sammlung arbeitsrechtlicher Entscheidungen
SGB	Sozialgesetzbuch
sinngem	sinngemäß
sog	sogenannt
Sp	Spalte(n)
Stammkap	Stammkapital
StatJahrb	Statistisches Jahrbuch
StbJB	Steuerberater-Jahrbuch
stdg Rspr	ständige Rechtsprechung
StGB	Strafgesetzbuch
str	streitig
stRspr	ständige Rechtsprechung
StuB	Steuern und Bilanzen. Zeitschrift für das Steuerrecht und die Rechnungslegung der Unternehmen
StuW	Steuer und Wirtschaft
StVj	Steuerliche Vierteljahresschrift
TEHG	Gesetz über den Handel mit Berechtigungen zur Emission von Treibhausgasen (Treibhausgas-Emissionshandelsgesetz – TEHG)
teilw	teilweise
TransPuG	Gesetz zur weiteren Reform des Aktien- und Bilanzrechts, zu Transparenz und Publizität (Transparenz- und Publizitätsgesetz)
TreuhandG	Gesetz zur Privatisierung und Reorganisation des volkseigenen Vermögens (Treuhandgesetz)
Tz	Textziffer
Üb, Übers	Übersicht
überwM	überwiegende Meinung
UBGG	Gesetz über Unternehmensbeteiligungsgesellschaften
umstr	umstritten
UmwBerG	Gesetz zur Bereinigung des Umwandlungsrechts
UmwG	Umwandlungsgesetz
UrhG	Urheberrechtsgesetz
UStG	Umsatzsteuergesetz
UWG	Gesetz gegen den unlauteren Wettbewerb
VAG	Gesetz über die Beaufsichtigung der Versicherungsunternehmen (Versicherungsaufsichtsgesetz)
vBP	vereidigter Buchprüfer
VereinsG	Vereinsgesetz
VerglO	Vergleichsordnung
VermBG	5. Vermögensbildungsgesetz
VersR	Versicherungsrecht
VersRiLiG	Gesetz zur Durchführung der Richtlinie des Rates der Europäischen Gemeinschaften über den Jahresabschluss und den konsolidierten Abschluss von Versicherungsunternehmen (Versicherungsbilanzrichtlinie-Gesetz)

vGA	verdeckte Gewinnausschüttung
VGH	Verwaltungsgerichtshof
vgl	vergleiche
VGR	Gesellschaftsrechtliche Vereinigung; auch als Hrsg. der Tagungsbände „Gesellschaftsrecht in der Diskussion" (jew mit Jahreszahl)
vKH	vereinfachte Kapitalherabsetzung
VO	Verordnung
Vorb	Vorbemerkung
Vorges, VorGes	Vorgesellschaft
Vors	Vorsitzender
VorstOG	Gesetz über die Offenlegung von Vorstandsvergütungen (Vorstandsvergütungs-Offenlegungsgesetz)
VVaG	Versicherungsverein auf Gegenseitigkeit
WarnRspr	Rechtsprechung des Reichsgerichts auf dem Gebiete des Zivilrechts, herausgegeben von Warneyer
WG	Wechselgesetz
WiB	Wirtschaftsrechtliche Beratung (Zeitschrift)
WiKG	Gesetz zur Bekämpfung der Wirtschaftskriminalität
wistra	Zeitschrift für Wirtschaft, Steuer, Strafrecht
WM	Wertpapier-Mitteilungen
WP	Wirtschaftsprüfer
WPg	Die Wirtschaftsprüfung
WP-Handb	Wirtschaftsprüfer-Handbuch
WpHG	Gesetz über den Wertpapierhandel
WPK	Wirtschaftsprüferkammer
WPK-Mitt	Wirtschaftsprüferkammer-Mitteilungen
WPO	Wirtschaftsprüferordnung
WuB	Entscheidungssammlung zum Wirtschafts- und Bankrecht
ZBB	Zeitschrift für Bankrecht und Bankwirtschaft
ZfA	Zeitschrift für Arbeitsrecht
ZfB	Zeitschrift für Betriebswirtschaft
ZfbF	Schmalenbachs Zeitschrift für betriebswirtschaftliche Forschung
ZfgG	Zeitschrift für das gesamte Genossenschaftswesen
ZfhF	Zeitschrift für handelswissenschaftliche Forschung
ZfIR	Zeitschrift für Immobilienrecht
ZGR	Zeitschrift für Unternehmens- und Gesellschaftsrecht
ZHR	Zeitschrift für das gesamte Handelsrecht und Wirtschaftsrecht
Ziff	Ziffer
ZIP	Zeitschrift für Wirtschaftsrecht
zit	zitiert
ZPO	Zivilprozessordnung
ZRP	Zeitschrift für Rechtspolitik
ZVglRWiss	Zeitschrift für Vergleichende Rechtswissenschaft. Archiv für Internationales Wirtschaftsrecht
ZZP	Zeitschrift für Zivilprozess

Verzeichnis der abgekürzt zitierten Literatur

Verweisungen auf frühere Auflagen dieses Kommentars sind mit der jeweiligen Zahl der Auflage bezeichnet.

A. Hueck OHG	Alfred Hueck, Das Recht der offenen Handelsgesellschaft, 4. A 1971
Achilles/Ensthaler/Schmidt	Achilles/Ensthaler/Schmidt, Kommentar zum GmbH-Gesetz, 2005
Adler/Düring/Schmalz.....	Adler/Düring/Schmalz (Hrsg), Rechnungslegung und Prüfung der Unternehmen, 6. A 1995
AnwaltsHdbGmbH.........	s. MünchAnwaltsHdbGmbH
Baumbach/Hopt............	Baumbach/Hopt/Merkt, Handelsgesetzbuch mit GmbH & Co., Handelsklauseln, Bank- und Börsenrecht, Transportrecht (ohne Seerecht), 33. A 2008
Baumbach/Hueck	Aktiengesetz, Kommentar, 13. A 1968
Baumbach/Lauterbach	Baumbach/Lauterbach/Albers/Hartmann, Zivilprozessordnung FamFG mit Ergänzungsband zum fortgeltenden ZPO-Familienverfahren, Kommentar, 67. A 2009
Bayer	Bayer (Hrsg.), Das neue GmbH-Recht, 2008
Beck GmbH-HdB..........	Müller/Hense (Hrsg.), Beck´sches Handbuch der GmbH. Gesellschaftsrecht – Steuerrecht, 4. A 2009
Beck'scher Bilanz-Kommentar............................	Ellrott/Förschle/Hoyos/Winkeljohann (Hrsg), Beck'scher Bilanzkommentar, 6. A 2006
BerlinerKommInsO	Blersch/Goetsch/Haas (Hrsg), Berliner Kommentar zur Insolvenzordnung, Stand 2009
Beuthien	Beuthien, Genossenschaftsgesetz, Kommentar, 14. A 2004
Binz	Binz, Die GmbH & Co., 11. A 2009
Birle	Birle, Praxishandbuch der GmbH, 2007
Blaurock.....................	Blaurock, Handbuch der Stillen Gesellschaft, 6. A 2003
Bormann	Bormann (Hrsg.), Handbuch GmbH-Recht, 2009
Braun	Braun (Hrsg.), Insolvenzordnung (InsO). Kommentar, 3. A 2007
Brodmann....................	Brodmann, Gesetz betreffend die Gesellschaften mit beschränkter Haftung, Kommentar, 2. A 1930
Budde/Förschle	Budde/Förschle/Winkeljohann (Hrsg), Sonderbilanzen, 4. A 2008
Bumiller/Winkler	Bumiller/Winkler, Freiwillige Gerichtsbarkeit. Gesetz über die Angelegenheiten der freiwilligen Gerichtsbarkeit, Kommentar, 8. A 2006
Canaris	Canaris, Handelsrecht, 24. A 2006
Ebenroth/Boujong/Joost...	Ebenroth/Boujong/Joost, Handeslgesetzbuch, 2001
Erbs/Kohlhaas	Erbs/Kohlhaas, Strafrechtliche Nebengesetze, Stand 173. EL (Stand Januar 2009)
ErfK	Dieterich/Müller-Glöge/Preis/Schaub, Erfurter Kommentar zum Arbeitsrecht, 9. A 2009
Erman	Erman, Handkommentar zum Bürgerlichen Gesetzbuch mit Einführungsgesetz, 12. A 2008
Feine	Feine, Die GmbH, Ehrenbergs Handbuch des gesamten Handelsrechts, Band 3, III. Abteilung, 1929

Literaturverzeichnis

Fezer	Fezer, Markenrecht. Kommentar, 3. A 2001
Fischer	Fischer, Strafgesetzbuch und Nebengesetze, 56. A 2009
Fitting/Engels/Schmidt/ Trebinger/Linsenmaier	Fitting/Engels/Schmidt/Trebinger/Linsenmaier, Betriebsverfassungsgesetz, Handkommentar, 24. A 2008
Flume JurPerson	Flume, Allgemeiner Teil des Bürgerlichen Rechts, Band I/2: Die juristische Person, 1983
Flume Personenges	Flume, Allgemeiner Teil des Bürgerlichen Rechts, Band I/1: Die Personengesellschaft, 1977
FrankfurterKommInsO	Wimmer (Hrsg.), Frankfurter Kommentar zur Insolvenzordnung, 5. A 2009
Fuchs/Köstler	Fuchs/Köstler, Handbuch zur Aufsichtsratswahl, 4 A. 2008
G. Hueck/Windbichler GesR	G. Hueck/Windbichler, Gesellschaftsrecht, 21. A 2008
Gehrlein/Witt	GmbH-Recht in der Praxis, 2. A 2008
Geßler/Hefermehl	Geßler/Hefermehl/Eckardt/Kropff, Aktiengesetz, Kommentar, 1973 ff (s. auch MünchKommAktG für 2. A)
GK-BetrVG	Gemeinschaftskommentar zum Betriebsverfassungsgesetz, Hrsg. Fritz Fabricius, 8. A 2005
GK-MitbestG	Gemeinschaftskommentar zum Mitbestimmungsgesetz, Hrsg. Fritz Fabricius, 1976 ff
GmbH-Handb	s. HandbGmbH
GmbH-Konzern	Centrale für GmbH Dr. Otto Schmidt (Hrsg.), Der GmbH-Konzern, 1976
Godin/Wilhelmi	v. Godin/Wilhelmi, Aktiengesetz, Kommentar, 4. A 1971
Goette	Goette, Die GmbH, 2. A 2002
Goette, Einführung	Goette, Einführung in das neue GmbH-Recht, 2008
Gottwald	Gottwald (Hrsg.), Insolvenzrechts-Handbuch, 3. A 2006
Graf-Schlicker	Graf-Schlicker (Hrsg), InsO Kommentar, 2007
Grigoleit/Rieder	Grigoleit/Rieder, GmbH-Recht nach dem MoMiG, 2009
GroßkommAktG	Hopt/Wiedemann (Hrsg.), Aktiengesetz. Großkommentar, 4. A 1992 ff. Soweit 3. A 1970 ff zitiert wird, ist dies kenntlich gemacht
GroßkommHGB	Großkommentar zum Handelsgesetzbuch, 3. A 1967 ff (4. A s Staub)
Haarmeyer/Wutzke/ Förster	Haarmeyer/Wutzke/Förster, Handbuch zur Insolvenzordnung InsO/EGInsO, 4. A 2007
Haas, Geschäftsführerhaftung	Haas, Geschäftsführerhaftung und Gläubigerschutz, 1997
Haas, Reform des gesellschaftsrechtlichen Gläubigerschutzes, E	Haas, Reform des gesellschaftsrechtlichen Gläubigerschutzes, Gutachten E zum 66 Deutschen Juristentag Stuttgart 2006
Hachenburg	Hachenburg, Gesetz betreffend die Gesellschaften mit beschränkter Haftung (GmbHG), Großkommentar, 8. A 1992 ff. Soweit frühere Auflagen zitiert werden, ist dies kenntlich gemacht.
Handb GmbH	GmbH-Handbuch, 1970/2008 (Stand Lfg. 126, November 2008)
Häsemeyer, Insolvenzrecht	Häsemeyer, Insolvenzrecht, 4. A 2007
HdbManagerhaftung	Krieger/U. H. Schneider (Hrsg.) Handbuch Managerhaftung, 2007

Heckschen/Heidinger ...... Die GmbH in der Gestaltungs- und Beratungspraxis, 2009

HeidelbergerKommInsO ... Heidelberger Kommentar zur Insolvenzordnung, 5. A 2008

Henze Höchstrichterl. Rspr Henze, Höchstrichterliche Rechtsprechung zum Recht der GmbH, RWS-Skript, 5. A 2002

Hess/Weis/Wienberg .... Hess/Weis/Wienberg, InsO. Kommentar zur Insolvenzordnung mit EGInsO, 2. A 2001

Hesselmann/Tillmann ...... Hesselmann/Tillmann, Handbuch der GmbH & Co., 19. A 2005

Heybrock .... Heybrock (Hrsg.), Praxiskommentar zum GmbH-Recht, 2009

Heymann.................... Heymann, Handelsgesetzbuch (ohne Seerecht), Kommentar, 2. A., Bände 1–4, 1995/1996/1999/2005

Hirte KapGesR .... Hirte, Kapitalgesellschaftsrecht, 5. A 2006

Hirte/Brücker, Grenzüberschreitende Gesellschaften .. Hirte/Brücker (Hrsg) Grenzüberschreitende Gesellschaften, 2. A 2006

HK-GmbHR .... A. Bartl/H. Bartl/Fichtelmann/Koch/Schlarb, Heidelberger Kommentar zum GmbH-Recht, 6. A 2009

HK-HGB .... Glanegger/Kirnberger/Kusterer/Ruß/Selder/Stuhlfelner, Heidelberger Kommentar zum Handelsgesetzbuch, 7. A 2007

Hoffmann/Preu............. Hoffmann/Preu, Der Aufsichtsrat, 5. A 2003

Hüffer AktG .... Hüffer, Aktiengesetz, 8. A 2008

HWK....................... Henssler/Willemsen/Kalb (Hrsg.), Arbeitsrecht Kommentar, 3. A 2008

Jaeger .... Henckel/Gerhardt (Hrsg.), Insolvenzordnung. Großkommentar, 1. A 2004 ff

Jansen..................... Jansen, Großkommentar zum FGG, 3. A 2005 f

K. Schmidt GesR .... Karsten Schmidt, Gesellschaftsrecht, 4. A 2002

Kallmeyer .... Kallmeyer, Umwandlungsgesetz. Kommentar, 3. A 2006

Keidel/Kuntze/Winkler.... Keidel/Kuntze/Winkler, Freiwillige Gerichtsbarkeit. Kommentar zum FGG, 15. A 2003

Koller/Roth/Morck........ Koller/Roth/Morck, Handelsgesetzbuch, Kommentar, 6. A 2007

Kölner Schrift .... Arbeitskreis für Insolvenz- und Schiedsgerichtswesen e. V. (Hrsg.), Kölner Schrift zur Insolvenzordnung, 2. A 2000

Kölner Schrift zur Insolvenzordnung .... Arbeitskreis für Insolvenz- und Schiedsgerichtswesen eV (Hrsg), Kölner Schrift zur Insolvenzordnung, 2. A 2000

KölnerKomm .... Kölner Kommentar zum Aktiengesetz, 1970–1984; – in 2. A, 1989 ff: §§ 1–94 AktG, §§ 238–289, 316–330, 340–340 o HGB, §§ 150, 152, 170–176, 179–240, 291–328, 339–361 AktG; – in 3. A 2004: §§ 15–22 und 291–328 AktG u 2009 §§ 67–77

Köstler/Kittner/Zachert/Müller .... Köstler/Kittner/Zachert/Müller, Aufsichtsratspraxis, 8. A 2006

Krieger/Schneider, Hdb Managerhaftung .... siehe HdbManagerhaftung

Kübler/Assmann............ Kübler, Gesellschaftsrecht, 6. A 2006

Kübler/Prütting............ Kübler/Prütting (Hrsg.), InsO. Kommentar zur Insolvenzordnung, 33. EL (Stand 2009)

Literaturverzeichnis

Küting/Weber .... Küting/Weber (Hrsg) Handbuch der Rechnungslegung. Einzelabschluss. Kommentar zur Bilanzierung und Prüfung, 5. A (Stand 2008)

LK-StGB..................... Leipziger Kommentar zum Strafgesetzbuch, 11. A 1992–2006, 12. A 2006 ff

Lutter UmwG .... Lutter (Hrsg.), Umwandlungsgesetz, 4. A 2009

Lutter/Hommelhoff......... Bayer/Hommelhoff/Kleindiek/Lutter, GmbH-Gesetz, Kommentar, 16. A 2004

Lutter/Krieger.............. Lutter/Krieger, Rechte und Pflichten des Aufsichtsrats, 5. A 2008

Michalski..................... Michalski (Hrsg.), Kommentar zum Gesetz betreffend die Gesellschaften mit beschränkter Haftung, 2002

MünchAnwaltsHdbGmbH Münchener Anwalts Handbuch GmbH-Recht, 2002, herausgegeben von Römermann

MünchHdb AG............. Münchener Handbuch des Gesellschaftsrechts, Band 4, Aktiengesellschaft, 3. A 2007, herausgegeben von Hoffmann-Becking

MünchHdbGmbH .... Münchener Handbuch des Gesellschaftsrechts, Band 3, Gesellschaft mit beschränkter Haftung, 2. A 2003, herausgegeben von Priester/Mayer

MünchHdbKGStG.......... Münchener Handbuch des Gesellschaftsrechts, Band 2, Kommanditgesellschaft. GmbHG & Co. KG. Publikums-KG. Stille Gesellschaft, 2. A 2004, herausgegeben von Riegger/Weipert

MünchKommAktG .... Kropff/Semler (Hrsg.), Münchener Kommentar zum Aktiengesetz, 2. A 2000 ff
Goette/Habersack (Hrsg.), Münchener Kommentar zum Aktiengesetz 3. A 2008

MünchKommBGB.......... Münchener Kommentar zum Bürgerlichen Gesetzbuch, 5. A 2006 ff

MünchKommHGB .... Münchener Kommentar zum Handelsgesetzbuch, 2. A 2005 ff

MünchKommInsO.......... Münchener Kommentar zur Insolvenzordnung, 2. A 2007 f

MünchKommZPO.......... Münchener Kommentar zur Zivilprozessordnung mit Gerichtsverfassungsgesetz und Nebengesetzen, herausgegeben von Rauscher und Wenzel, 3. A 2007 f

Nerlich/Römermann .... Nerlich/Römermann (Hrsg.), Insolvenzordnung. Kommentar (Stand 2009)

Noack Fehlerhafte Beschlüsse .... Noack, Fehlerhafte Beschlüsse in Gesellschaften und Vereinen, 1989

Noack Gesellschaftervereinbarungen..................... Noack, Gesellschaftervereinbarungen bei Kapitalgesellschaften, 1994

Noack, InsO-GesR .... Kübler/Prütting (Hrsg.), InsO. Kommentar zur Insolvenzordnung. Sonderband 1: Noack, Gesellschaftsrecht, 1999

Palandt .... Palandt, Bürgerliches Gesetzbuch, Kommentar, 68. A 2009

Passarge/Torwegge .... Passarge/Torwegge, Die GmbH in der Liquidation, 2008

Raiser MitbestG .... Raiser, Mitbestimmungsgesetz, Kommentar, 4. A 2002

Raiser/Veil.................. Raiser/Veil, Recht der Kapitalgesellschaften, 4. A 2006

Richardi	Richardi, Betriebsverfassungsgesetz, Kommentar, 11. A 2008
Ring/Grziwotz	Ring/Grziwotz (Hrsg), Systematischer Praxiskommentar GmbH-Recht, 2009
Röhricht/v Westphalen	Röhricht/Graf von Westphalen, HGB Kommentar, 3. A 2008
Roth/Altmeppen	Roth/Altmeppen, GmbHG, Kommentar, 5. A 2005
Rowedder/Schmidt-Leithoff	Rowedder/Schmidt-Leithoff, Gesetz betreffend die Gesellschaften mit beschränkter Haftung (GmbHG), 4. A 2002
Runkel, AnwaltsHdb	Runkel (Hrsg) Anwalts-Handbuch Insolvenzrecht, 2. A 2008
Sagasser/Bula	Sagasser/Bula, Umwandlungen. Verschmelzung – Spaltung – Formwechsel – Vermögensübertragung, 3. A 2002
Schlegelberger	Schlegelberger, Handelsgesetzbuch, Kommentar, 5. A 1973 ff
Schmidt	Schmidt (Hrsg) Hamburger Kommentar zum Insolvenzrecht, 2. A 2007
Schmidt/Lutter, AktG	Schmidt/Lutter, AktG, Kommentar 2008
Schmidt/Uhlenbruck	Karsten Schmidt/Uhlenbruck (Hrsg.), Die GmbH in Krise, Sanierung und Insolvenz, 4. A 2008
Schmitt/Hörtnagl/Stratz	Schmitt/Hörtnagl/Stratz, Umwandlungsgesetz. Umwandlungssteuergesetz, 4. A 2006
Scholz	Scholz, Kommentar zum GmbH-Gesetz, 10. A 2006/2007 (Bd. 1 und 2)
Schönke/Schröder	Schönke/Schröder, Strafgesetzbuch, Kommentar, 27. A 2006
Schwab/Walter	Schwab/Walter, Schiedsgerichtsbarkeit. Systematischer Kommentar zu den Vorschriften der Zivilprozessordnung, des Arbeitsgerichtsgesetzes, der Staatsverträge und der Kostengesetze über das privatrechtliche Schiedsgerichtsverfahren, 7. A 2005
Seibert Einführung	Seibert (HrsG), Gesetz zur Modernisierung des GmbH-Rechts und zur Bekämpfung von Missbräuchen – MoMiG, 2008
SK	Rudolphi/Horn/Samson/Günther/Hoyer, Systematischer Kommentar zum Strafgesetzbuch, Band II. Besonderer Teil (§§ 80–358), Stand: 116. Lieferung (März 2008)
Soergel	Soergel, Kommentar zum Bürgerlichen Gesetzbuch mit Einführungsgesetz und Nebengesetzen, 13. A 1999
Spindler/Stilz	Kommentar zum Aktiengesetz, 2007
Staub	Staub, Großkommentar zum HGB, 4. A 1995 ff. 5. A 2008 (3. A s GroßkommHGB)
Staudinger	Staudinger, Kommentar zum Bürgerlichen Gesetzbuch mit Einführungsgesetz und Nebengesetzen, 13. Bearb. 1993 ff und Neubearbeitungen 2000 ff (zitiert nach Erscheinungsjahr)
Stein/Jonas	Stein/Jonas, Kommentar zur Zivilprozessordnung, 21. A 1993 ff und 22. A 2002 ff
Sudhoff	Heinrich Sudhoff/Martin Sudhoff, Der Gesellschaftsvertrag der GmbH, 8. A 1992
Sudhoff, GmbH & Co KG	Sudhoff, GmbH & Co KG, 6. A 2005

Literaturverzeichnis

Thomas/Putzo .... Thomas/Putzo, Zivilprozessordnung mit Gerichtsverfassungsgesetz und den Einführungsgesetzen, Kommentar, 29. A 2008

Uhlenbruck .... Uhlenbruck, Insolvenzordnung. Kommentar, 12. A 2003

Ulmer .... Ulmer/Habersack/Winter, Gesetz betreffend die Gesellschaften mit beschränkter Haftung (GmbHG), Kommentar, 2005 ff.

Ulmer/Habersack/Henssler Ulmer/Habersack/Henssler, Mitbestimmungsgesetz, Kommentar, 2. A 2006

Vogel .... Vogel, GmbH-Gesetz, Kommentar, 2. A 1956

Vogel Gfterbeschlüsse .... Wolfgang Vogel, Gesellschafterbeschlüsse und Gesellschafterversammlung, 2. A 1986

Wicke .... Wicke, Gesetz betreffend die Gesellschaften mit beschränkter Haftung (GmbHG), Kommentar 2008

Widmann/Mayer .... Widmann/Mayer, Umwandlungsrecht, 3. A (103. Aktualisierung, Dezember 2008)

Wieczorek/Schütze .... Wieczorek/Schütze, Zivilprozessordnung und Nebengesetze, Band 5, 3. A 1995

Wiedemann .... Wiedemann, Gesellschaftsrecht, Band I, 1980; Band II, 2004

Wilhelm KapGesR .... Jan Wilhelm, Kapitalgesellschaftsrecht, 3. A 2009

Wilhelm Rechtsform .... Jan Wilhelm, Rechtsform und Haftung bei der Juristischen Person, 1981

M. Winter Treubindungen Martin Winter, Mitgliedschaftliche Treubindungen im GmbH-Recht, 1988

Würdinger .... Würdinger, Aktienrecht und das Recht der verbundenen Unternehmen, 4. A 1981

WWKK .... Wlotzke/Wißmann/Koberski/Kleinsorge, Mitbestimmungsgesetz, Kommentar, 3. A 2008

Zöller, ZPO .... Zöller, Zivilprozessordnung, 27. A 2009

Zöllner Schranken .... Zöllner, Die Schranken mitgliedschaftlicher Stimmrechtsmacht bei den privatrechtlichen Personenverbänden, 1963

Gesetz betreffend die Gesellschaften mit beschränkter Haftung (GmbHG)

Vom 20. April 1892 (RGBl S 477)

in der Fassung der Bekanntmachung vom 20. Mai 1898 (RGBl S 846)

Zuletzt geändert durch Art 5 VorstAG
vom 31. 7. 2009 (BGBl I S 2509)

BGBl. III/FNA 4123–1

Einleitung

Übersicht

I. Begriff und Wesen

1 **1. Begriff.** Die **GmbH** ist nicht ausdrücklich im Gesetz definiert, doch ergibt ihre gesetzliche Regelung: Sie ist Handelsges mit körperschaftlicher Organisation u eigener Rechtspersönlichkeit, die zu jedem zulässigen, auch nichtgewerblichen, Zweck gegründet werden kann. Sie hat durch die Satzung bestimmtes Stammkapital, das der Summe der von den Gftern zu leistenden Einlagen auf die GAnteile entspricht. Für GesSchulden haftet den Gläubigern nur die Ges.

2 Das **Stammkapital** gibt die Höhe der von den Gesellschaftern aufzubringenden u gegenüber Auszahlungen an Gfter geschützten Eigenkapitalgrundlage der GmbH an. Es ist bei Gründung oder Kapitalerhöhung durch Einlagen der Gfter aufzubringen, die dem Nennbetrag der von ihnen übernommenen GAnteilen entsprechen (zu beiden § 3 Rn 14 ff u § 5). Seine Funktion liegt in der Gewährleistung eines Startkapitals, einer Seriositätsschwelle, einer zwingenden Risikobeteiligung und der Sicherung eines gewissen Haftungsfonds. Der **Geschäftsanteil** bezeichnet den Maßstab der Beteiligung des einzelnen Gfters u damit Anteil der Rechte u Pflichten seiner Mitgliedschaft (§ 3 Rn 17 u § 14). Jeder Gfter kann einen oder mehrere GAnteile gegen Einlagen zeichnen. GAnteile sind übertragbar, soweit nicht durch Satzungsbestimmung ausgeschlossen.

3 **2. Wesen.** GmbH ist **juristische Person** (§ 13 I). – Sie ist **Körperschaft** u als solche iSd BGB Verein, nicht Ges ieS; GmbH ist vom Mitgliederbestand unabhängig u hat eigenständige Organisation mit verselbständigten Organen, Gesamtheit der Gesellschafter (kurz Gesellschafterversammlung) als oberstem Willensbildungs- (§§ 45, 46, 53 ua), Geschäftsführern als Handlungsorgan (§ 35 I), sowie nur unter bestimmten Voraussetzungen zwingend, sonst fakultativ Aufsichtsrat als Kontrollorgan (§ 52); es gilt Drittorganschaft, dh Geschäftsführung und Aufsichtsrat bestehen nicht notwendig aus Gftern. – Sie ist **Kapitalgesellschaft.** Vorhandensein fest gebundenen u nach Möglichkeit zu erhaltenden GesVermögens in Höhe des Stammkapitals, an dem sich jeder Gfter mit einem oder mehreren GAnteilen als Grundlage seiner Mitgliedschaft beteiligt, begriffsnotwendig u zwingend (§§ 3 I Nr 3 u 4, 5 I, 14, 30); daneben können vertraglich auch mehr personalistische Elemente verwirklicht werden. – **Haftungsausschluss;** Gfter haften grds nicht persönlich für GesSchulden (§ 13 II); sie sind nur der Ges gegenüber zur Aufbringung des Stammkapitals (§§ 19–25) u unter besonderen Voraussetzungen zu Nachschüssen verpflichtet (§§ 26, 27). – GmbH ist **Handelsgesellschaft;** als solche ist die GmbH stets Kaufmann, u zwar unabhängig vom GesZweck, der nach § 1 auch nichtgewerblich sein kann, **Formkaufmann** (§ 13 III mit § 6 II HGB).

4 **3. Gestaltungsfreiheit.** In den allg Wesensmerkmalen gleicht GmbH der AG. Jedoch zeigt gesetzliche Ausgestaltung im einzelnen erhebliche Unterschiede. GmbH-Recht ist insgesamt wesentlich weniger streng als Aktienrecht, zB einfachere u billigere Gründung vor allem durch weniger aufwendige Kontrollen; normalerweise geringere Zahl von Gründern, vielfach Einmann-Gründung; niedrigeres oder im Fall der UG (haftungsbeschränkt) kein Mindeststammkapital, aber Nachschusspflicht u nahezu beliebige andere GfterPflichten möglich; GfterBeschlüsse auch ohne Versammlung u ohne

Zuziehung eines Notars; Aufsichtsrat fakultativ, notwendig nur bei Unternehmen mit mehr als 500 Arbeitnehmern (Mitbestimmung) uam. Zwar hat Rspr u neuere Gesetzgebung, besonders GmbH-Novelle 1980 teilweise Verschärfungen gebracht. Diese sind jedoch teilweise durch MoMiG, das Gründung weiter beschleunigt u vereinfacht hat, wieder zurückgenommen worden. – Vor allem ist **GmbH-Recht in viel weiterem Umfang als Aktienrecht dispositiv** u räumt damit der Vertragsgestaltung wesentlich weiteren Raum ein, besonders in bezug auf Rechtsstellung der Gfter, **Satzungsautonomie** (dazu § 45 m Erl, insbes Rn 6 ff, auch § 3 II, s dort Rn 24 f).[1] Die im Ansatz kapitalistisch strukturierte GmbH kann daher im GesVertrag (Satzung) mehr oder weniger stark **personalistisch ausgestaltet** werden. Sie gleicht dann keineswegs nur „kleiner AG", sondern nimmt echte Zwischenstellung zwischen AG u Personenhandelsges ein. Tatsächlich findet sich, oft sogar ganz ausgeprägte, Annäherung an Personenges bei sehr vielen GmbH, zumal **im mittelständischen Bereich.**[2]

4. Anleger- und Gläubigerschutz. Stets, auch bei im übrigen personalistischer Ausgestaltung, sind die Wesensmerkmale der GmbH vorgegeben u damit auch bestimmte kapitalistische Elemente, insbes Maßgeblichkeit des Stammkapitals als Grundlage der mit eigener Rechtspersönlichkeit ausgestatteten GmbH sowie der damit einhergehende Ausschluss einer persönlichen Haftung der Gfter für GesSchulden. Dabei lässt die im Vergleich zum Aktienrecht freiere Gestaltung des GmbH-Rechts größere Gefahren für Dritte entstehen, sowohl für Personen, die sich an der Ges beteiligen wollen, als auch für GesGläubiger. **Anleger- und Gläubigerschutz** bilden deshalb seit jeher Kern der Regelungsproblematik: Einerseits sollten Missstände, die zu laufender Verschärfung des Aktienrechts geführt haben, sich nicht bei GmbH verstärkt wiederholen; deshalb musste ein besonderer Schutz geschaffen werden. Dadurch durften aber andererseits Vereinfachungen gegenüber der AG nicht wieder aufgehoben werden, die gerade das Regelungsziel ausmachen. Die dafür gefundenen Lösungen können keinen dem Aktienrecht ganz gleichwertigen Schutz bewirken, sind aber gerade mit Blick auf die bei der GmbH insgesamt geringeren Seriositätsanforderungen besonders wichtig. 5

Dem **Anlegerschutz** dient vor allem strikte **Formbindung der Anteilsübertragung:** keine Verkörperung in Wertpapieren, sondern Bindung von Kauf u Übertragung an notarielle Beurkundung (§ 15). Daher kein Börsenhandel; GmbH nicht als Publikumsges geeignet. Der Erwerber, ebenso schon der Gründer (§ 2), soll durch die strenge Form auf Bedeutung u Risiko der Beteiligung hingewiesen werden; zugleich wird dabei deutlich, dass er das so angelegte Kapital nicht so leicht wie bei einer Aktie durch Verkauf wieder flüssig machen kann. – Frühere Pläne u Modelle für eine Börseneinführung von GmbH-Anteilen[3] würden dadurch wesentliches Element der Grund- 6

[1] Zur Inhaltsfreiheit bei Gesellschaftsverträgen grundlegend *Zöllner* FS GmbHG, 85 ff; *Hommelhoff* ZGR-Sonderheft 1997, 36.

[2] *Immenga,* Die personalistische Kapitalgesellschaft, 1970; s auch § 3 Rn 33.

[3] Vgl *Semler,* Referat in Verhandlungen des 55. DJT (1984), Bd II, K 38 ff, insbes K 50 ff; Bericht der Kommission „Zweiter Börsenmarkt", Stuttgart, 1987 (Hrsg Bad-Württ Ministerium für Wirtschaft, Mittelstand und Technologie) sowie *Vollmer/May,* Bericht der Arbeitsgruppe „Zweiter Börsenmarkt", Stuttgart, 1989; dazu *Hennerkes/May* DB 1989, 1709; ferner *Heindl,* Die Börseneinführung von GmbH-Anteilen, 1987; – demgegenüber jedoch krit zurückhaltend *Claussen* GmbHR 1989, 495 u vor allem

struktur der GmbH aufgeben u stoßen ua gerade deswegen auf große Bedenken.

7 **Gläubigerschutz** beruht auf zwei Säulen: Zum einen, trotz zunehmender Kritik an seiner Effizienz,[4] nach wie vor **dem System des festen Stammkapitals,** welches auf dem Bestreben beruht, der Ges ein Vermögen zu verschaffen u möglichst zu erhalten, das mindestens der Höhe des Stammkapitals entspricht – **Grundsatz der Aufbringung und Erhaltung des Stammkapitals. Aufbringung:** Übernahme von GAnteilen im Nennwert des vollen Stammkapitals durch die Gfter bei Gründung (§ 3 I Nr 4, § 5); genaue Bezeichnung von Sacheinlagen (§ 5 IV) u Differenzhaftung bei deren Überbewertung (§ 9); Mindesteinlagepflicht vor Anmeldung zum HR (§ 7 II, III); Vorbelastungs- u Verlustdeckungshaftung (§ 11 Rn 23 ff, 61 ff); kein Erlass der Einlagepflicht, Aufrechnungsverbot u insgesamt strenge, durch MoMiG allerdings wieder gemilderte Haftung (§§ 19–23), ergänzt durch Ausfallhaftung aller Gfter für anders nicht einzubringende Einlagen (§ 24). So wird im Interesse der Gläubiger sichergestellt, dass GmbH, falls auch nur ein Gründer zahlungsfähig ist, zumindest bei ihrer Entstehung ein dem Stammkapital entspr Vermögen bar, in Sachwerten oder als vollwertige Einlageforderungen erhalten hat. – **Erhaltung:** an die Gfter darf keinerlei Zahlung ohne gleichwertige Gegenleistung erfolgen, wenn u soweit nicht GesVermögen Stammkapital übersteigt (§ 30); zu Unrecht empfangene Zahlungen sind zurückzuerstatten, wobei ebenfalls Ausfallhaftung aller Gfter eingreift (§ 31).[5]

8 System des festen Stammkapitals darf unter Gesichtspunkt des Gläubigerschutzes allerdings nicht überbewertet werden. Es kann, wie zunehmend kritisiert wird, Gläubigern **keine echte Befriedigungsreserve** bieten, da seine Höhe durch Verluste ohne Nachschusspflicht der Gfter aufgezehrt werden kann u insbes in Insolvenz Befriedigungsreserve definitionsgemäß nicht mehr zur Verfügung steht. Seine Funktion begrenzt sich daher von vornherein auf Ausschüttungsverbot an Gfter, solange GesVermögen Stammkapitalziffer nicht überschreitet, u damit verbunden Ansparzwang bis GesVermögen Stammkapitalziffer wieder erreicht.

9 **Nicht gewährleistet** ist ferner, **dass Höhe des Stammkapital betriebswirtschaftlichen Erfordernissen** entspricht u in angemessenem Verhältnis zu Geschäftsvolumen steht. Gesetz ging wohl davon aus, dass Bedingungen des Kapitalmarkts u betriebswirtschaftliche Erfordernisse insoweit selbstregulierend wirken würden, was sich allerdings ua wegen der Möglichkeit, Ges in weitem Umfang durch GfterDarlehen zu finanzieren, nicht bewahrheitet hat. Verbindliche rechtliche Vorgaben sind jedoch bisher daran gescheitert, dass es keine anerkannte u justitiable Formel für notwendigen Eigenkapitalbedarf gibt. Daher verlangt GmbHG weiterhin nur Mindeststammkapital von 25 000 € (§ 5 I), für UG (haftungsbeschränkt) besteht sogar keine feste Untergrenze (§ 5 a I). Sie ergibt sich dort lediglich daraus, dass jeder GAnteil eine Mindest-

---

ZHR 153 (1989), 216; deutlicher *Hommelhoff* ZHR 153 (1989), 181; ausführl mwN *Kecker,* Die Fungibilisierung von GmbH-Anteilen, 1991, befürwortend; – zu Recht strikt abl Ulmer/*Ulmer* Einl A Rn 103; ähnl *Lutter*/Hommelhoff/*Bayer* § 15 Rn 1; zu älteren Vorschlägen gleichfalls krit bereits *Reuter,* Gutachten B zum 55. DJT (1984), Bd I, B 29 ff.

[4] Dazu statt anderer *Engert* GmbHR 2007, 337 ff mwN Fn 8.

[5] Grundsätzlich zur Kapitalaufbringung bzw -erhaltung *Priester* FS GmbHG, 159; *Fleck* FS GmbHG, 391.

höhe von 1 € haben muss (§ 5 II). Darüber hinaus gibt es keinen Zwang, GmbH jeweils mit einem dem betriebswirtschaftlich angemessenen Eigenkapital auszustatten. Da Großteil der GmbH lediglich mit gesetzlichem Mindeststammkapital ausgestattet wird, das vielfach in keiner Weise den betriebswirtschaftlichen Erfordernissen solider Unternehmensführung entspricht, besteht vielfach Problem der **materiellen Unterkapitalisierung** (dazu § 5 Rn 5 f), das sich aber nur in extremen Ausnahmefällen über § 826 BGB lösen lässt.

Soweit Unterkapitalisierung durch **GfterDarlehen** kompensiert wird (sog formelle Unterkapitalisierung), hat dem bereits GmbH-Novelle 1980 u mit verändertem Ansatz auch MoMiG in Anlehnung an u in teilweiser Korrektur der Rspr des BGH insoweit Rechnung getragen, als solches Fremdkapital aus GfterHand im Fall der Insolvenz der Ges nicht gleichrangig mit sonstigen Fremdkapital bedient wird, sondern nur als nachrangige Insolvenzforderung geltend gemacht werden kann (§ 39 I Nr 5 InsO) u Rückzahlungen bzw Sicherungen im Vorfeld der Insolvenz bzw im Fall der Erfolglosigkeit der Zwangsvollstreckung ggf angefochten werden können (§ 135 InsO, §§ 6, 6 a AnfG). Dadurch wird Finanzierungsrisiko für Gfter erhöht. 10

Da System des festen Stammkapitals Gläubigerschutz nur unzureichend gewährleisten kann, gerät zunehmend **zweite Säule des Gläubigerschutzes** ins Blickfeld, repressive Haftung im Vorfeld der Insolvenz. Sie baut auf der Pflicht des GFührers auf, rechtzeitig Insolvenzantrag zu stellen (§ 15 a InsO), ab dem Zeitpunkt der Zahlungsunfähigkeit oder Überschuldung keine Zahlungen an Gfter oder Dritte zu leisten, soweit diese nicht mit der Sorgfalt eines ordentlichen GFührers vereinbar sind (§ 64 S 1 u 2), u auch bereits im Vorfeld der Insolvenz keine Zahlungen an Gfter zu leisten, die zur Zahlungsunfähigkeit der Ges führen müssen (§ 64 S 3). Hinzu kommt durch Rpsr entwickelte Haftung der Gfter u idR auch der daran beteiligten GFührer für existenzvernichtende Eingriffe (§ 13 Rn 57 ff). 11

II. Rechtstatsächliche Bedeutung

Lit: *Kornblum,* Bundesweite Rechtstatsachen zum Unternehmens- und Gesellschaftsrecht, GmbHR 2005, 39; 2008, 19; 2009, 25; *Meyer,* Die GmbH und andere Handelsgesellschaften im Spiegel empirischer Forschung, GmbHR 2002, 177 u 242.

1. Anwendungsbereich der GmbH sehr weit gespannt. Ganz im Vordergrund steht Verwendung für **kleine und mittlere Unternehmen,** im Einklang mit Konzept des Gesetzes (unten Rn 20). Durchschnittliches Stammkapital einer GmbH errechnete sich für 1985 nur mit 0,4 Mio DM im Gegensatz zur AG mit 51,8 Mio DM,[6] im Mai 1992 in den alten Bundesländern mit 0,44 Mio DM Stammkapital in den neuen mit 0,57 Mio DM[7] gegenüber AG mit 55 Mio Grundkapital in den alten u 49 Mio in den neuen Bundesländern.[8] Weniger als 5% aller GmbH hatten 1980 ein Stammkapital über 0,5 Mio DM[9] u Ende 1986 nur 0,6% ein solches von 10 Mio DM oder mehr;[10] 1989 waren es 0,7% der GmbH mit mehr als 10 Mio DM Stamm- 12

[6] Stat Jahrb 1986, 116.
[7] *Hansen* GmbHR 1993, 147.
[8] *Hansen* AG 1993, R 65.
[9] *Hansen* GmbHR 1980, 99.
[10] DB 1987, 2588, Stat Bundesamt.

kapital u 3,1% zwischen 1 u 10 Mio DM.[11] – Typischerweise wird Form der GmbH für **mittelständische Unternehmen** gewählt, wenn einerseits Kapitalges, insbes deren Haftungsregelung, gewollt, andererseits bei geringer Unternehmensgröße u kleiner, zumindest überschaubarer GfterZahl (häufig Familienges) AG – auch in Form der kleinen AG – nicht geeignet oder doch nicht erforderlich erscheint; dabei oft aktive Mitarbeit einiger oder aller Gfter im Unternehmen, dann zwar rechtlich Drittorganschaft, aber de facto Selbstorganschaft. – In statistisch nicht genau erfasstem, aber bekanntermaßen nicht geringem Umfang[12] werden solche Unternehmen als **Einpersonen-GmbH** geführt (dazu § 1 Rn 49 ff), der Sache nach „einzelkaufmännische Unternehmen mit beschränkter Haftung", so vor allem, wenn Alleingfter zugleich GFührer ist.

13 Viel seltener, aber ebenfalls möglich Verwendung der GmbH als Rechtsform für **Großunternehmen.** Sie steht hier weit hinter AG zurück: unter den 100 größten Unternehmen der Bundesrepublik 1994 immerhin 15 GmbH (mit GmbH & Co 18), gegenüber 71 AG u KGaA.[13] Unter Einbeziehung der neuen Bundesländer unterlagen am 31. 12. 1992 270 GmbH u 12 GmbH & Co KG dem MitbestG, beschäftigten also allein oder zusammen mit abhängigen Konzernunternehmen mehr als 2000 Arbeitnehmer; außerdem unterstanden 17 GmbH der Montanmitbestimmung.[14]

14 Öffnung für **jeden Zweck** (§ 1; s dort Rn 6 ff) u weitgehende Gestaltungsfreiheit im GmbHG begründen vielseitige **sonstige Bedeutung** der GmbH. Sie findet bevorzugt Verwendung im Bereich der Unternehmensverbindungen, besonders in Konzernen auf allen Organisationsstufen einschließlich Konzernspitze (s auch SchlAnhKonzernR); ebenso als Rechtsform für Kooperation in Gemeinschaftsunternehmen. – Als früher oft so bezeichnete „Doppelgesellschaft" dient sie, häufig in Verbindung mit einer Personenges, aber zB auch zusammen mit einer weiteren GmbH, der Risikoverteilung wie auch steuergünstigen Gestaltungen, etwa in der Kombination von Besitz- u Betriebsges (idR dann Betriebspacht) oder von Produktions- u Vertriebsges; solche Organisationsformen entstehen nicht selten durch Unternehmens- bzw Betriebsaufspaltung mit Ausgliederung auf eine GmbH (§§ 123 ff, insbes 139 ff, 138 ff UmwG); vielfach damit verbunden, aber auch ohne körperschaftlichen Organisationsakt isoliert möglich Nutzungsüberlassung von Betriebsvermögen. – Heute besonders wichtig u häufig Einsatz als Komplementär-GmbH einer GmbH & Co KG, dh als (meist einziger) persönlich haftender Gfter einer KG; dann besteht mitgliedschaftliche Typenverbindung, die anders als Doppelges auf gemeinsamen Betrieb eines einheitlichen Unternehmens gerichtet ist. Nunmehr auch alleinige Komplementärstellung in KGaA von BGH anerkannt.[15] – Endlich ist die GmbH nach Zulassung der Rechtsanwalts- u Patentanwalts-GmbH (unten Rn 25) für die freien Berufe von zunehmender Bedeutung. Sie ist ferner für Vereinigungen mit nicht unmittelbar unternehmerischer oder mit ideeller Zielsetzung geeignet u gebräuchlich; so etwa verbreitet im

---

11 *Hansen* GmbHR 1993, 148.

12 Ulmer/*Ulmer* Einl Rn A 72 geht von rund 40% aus; Zahlenangaben aber wegen nach wie vor häufiger Strohmann-Gründungen problematisch, s auch Scholz/*Westermann* Einl Rn 30.

13 11. Hauptgutachten der Monopolkommission 1994/95, Rn 514.

14 WSI-Mitteilungen 1994, 25.

15 BGHZ 134, 392.

Bereich des Verbandswesens bei Berufs- u Wirtschaftsverbänden, ferner zB für Forschungsinstitute ua wissenschaftliche, auch künstlerische u sonstige kulturelle Einrichtungen.[16]

2. Verbreitung. Verbreitung u wirtschaftliches Gewicht der GmbH werden in einschlägigen Statistiken deutlich. Sie weisen ständige Zunahme aus, die nur während des 1. Weltkriegs vornehmlich aus steuerlichen Gründen u sehr viel stärker in der NS-Zeit wegen ideologisch begründeter Ablehnung „anonymer" Kapitalges durch rückläufige Tendenzen unterbrochen war. **15**

Bereits 1911 erreichte der **Bestand an GmbH** die für damalige Verhältnisse große Zahl von 20 000 GmbH, in den 20er Jahren zeitweilig sogar über 70 000, 1936 noch etwa 40 000; danach jedoch weiterer Rückgang bis 1945. 1961 in der Bundesrepublik wieder fast 39 000 GmbH mit einem Stammkapital von zusammen rd 16,7 Mrd DM, 1973 bereits 112 063 mit 58,5 Mrd DM. Bis Ende 1979 hat sich Zahl der GmbH dann mehr als verdoppelt auf 225 209; ihr gesamtes Stammkapital überstieg dabei mit rd 92,4 Mrd DM erstmals deutlich Gesamtgrundkapital der 2139 AG u KGaA von rd 88,6 Mrd DM. Ende 1986 waren 346 371 GmbH mit rd 147,4 Mrd DM Stammkapital registriert.[17] Am 31. 5. 1992: 509 949 GmbH mit 231,6 Mrd DM Stammkapital, davon 477 340 (93,6%) GmbH mit 212,8 Mrd DM (91,9%) Stammkapital in den alten u 32 609 (6,4%) mit 18,8 Mrd (8,1%) in den neuen Bundesländern.[18] 1998 waren dann ca 815 000 GmbH registriert.[19] Die Zahl der GmbH erhöhte sich (allerdings einschl ca. 2% Zweigniederlassungen) kontinuierlich; allerdings enthalten die nachfolgenden Daten teilweise Datensprünge, die auf Fehlern der Statistiken beruhen u mit Übergang zur Digitalisierung der Register zunehmend eliminiert wurden.[20] Mit diesem Vorbehalt errechnet sich die Zahl der GmbH jeweils zum 1. 1. 2001 auf 907 985, 2002 auf 939 005 und 2003 auf 959 802.[21] Für Anfang 2006 wird ein Bestand von ca. 970 000 GmbH errechnet, für Anfang 2007 ein solcher von 973 884,[22] für den 1. 1. 2008 ein solcher von 986 650.[23] **Neugründungen** (Hauptniederlassung u sonstige Neugründungen) GmbH und GmbH & Co nach Gewerbeanmeldungen: 48198 für 2003, 45905 für 2004, 44342 für 2005,[24] 43265 für 2007.[25] Neugründungen von **UG** (haftungsbeschränkt) per 31. 12. 2008: 1202.[26] **16**

Im **Vergleich** dazu entwickelte sich die **Zahl der Aktiengesellschaften** (einschl KGaA) von Ende 1986 mit 2190 AG u KGaA mit rd 116,4 Mrd DM Grundkapital[27] auf 5468 (1998),[28] weiter auf 10 528 mit einem Grundkapital von inges 147 Mrd Euro (Ende 2000), auf 15 311 mit einem Grundkapital von 162 Mrd. Euro (2003),[29] auf 15 422 mit einem Grundkapital von knapp **17**

---

16 Dazu *Loidl,* Die GmbH ohne erwerbswirtschaftliche Zielsetzung, 1970.
17 Stat Bundesamt, DB 1987, 2588.
18 *Hansen* GmbHR 1993, 147.
19 *Hansen* GmbHR 1999, 26.
20 *Kornblum* GmbHR 2009, 25.
21 *Kornblum* GmbHR 2003, 1157, 1158.
22 *Kornblum* GmbHR 2008, 25, 26.
23 *Kornblum* GmbHR 2009, 25, 26.
24 Zahlen bei *Eidenmüller* ZGR 2007, 168, 170.
25 Stat Jahrbuch 2008, 19.2.2.
26 *Bayer/Hoffmann* GmbHR 2009, 124 f.
27 Stat Bundesamt, DB 1987, 2588.
28 *Hansen* GmbHR 1999, 26.
29 Deutsches Aktieninstitut e. V. (Hrsg), DAI Factbook 2003, Bl. 01–1.

163 Mrd[30] bis zum Stand von 18 391 am 1. 1. 2008.[31] Zunehmende Konkurrenz hat die GmbH durch die Möglichkeit erhalten, sich **ausländischer Gesellschaftsformen mit Verwaltungssitz im Inland** zu bedienen. Die diesbezüglichen Entscheidungen des EuGH (unten Rn 33) haben zunächst zu einer Gründungswelle namentlich der britischen *private limited company* (Ltd) mit tatsächlichem Sitz in Deutschland geführt. Die Zahl solcher Ltd ist allerdings kaum genau zu ermitteln, da die Registrierung der Zweigniederlassung idR innerhalb der ausländischen Gesellschaftsformen nicht unterscheiden u auch damit gerechnet werden muss, dass sich eine erhebliche Zahl dieser Ges in Deutschland nicht registrieren lässt. Entsprechend schwanken die Hochrechnungen für 2007 zwischen 14 000 für alle Zweigniederlassungen ausländischer Gesellschaften einschl der Ltd[32] und 46 000 allein für die Ltd.[33] Eine Ermittlung der Registrierung von Ltd mit deutschem Wohnsitz aller Direktoren anhand des Registers in Cardiff kommt für 2003 zu 1811, für 2004 zu 9038, für 2005 zu 12 777 und für 2006 zu 15 633 **Neuregistrierungen.**[34] Zur Feststellung des derzeitigen Bestands können sie jedoch nicht addiert werden, da Abmeldungen und Löschungen nicht berücksichtigt sind. Hochrechnungen auf der Grundlage der Gewerbeanmeldungen geben folgende Zahlen an: 652 (2003), 3265 (2004), 6595 (2005) und 8643 (2006).[35] Den Gewerbeanmeldungen stehen folgende Zahlen der Gewerbeabmeldungen bei Ltd gegenüber: 1002 (2004), 1812 (2005), 3166 (2006).[36] Danach errechnet sich für Ende 2006 ein Bestand von 13 615 Ltd.[37] Vergleicht man die Zahlen der Gewerbeanmeldungen und die ihnen innerhalb eines Jahres folgenden Gewerbeanmeldungen der Ltd, kommt man zu einer „Frühsterblichkeit" von ca 50%.[38] Auch diese Zahlen sind allerdings nicht vollkommen aussagekräftig, weil nicht jede Ltd ein Gewerbe betreibt u nicht jede gescheiterte Ges abgemeldet wird. Aufgrund der inzwischen verbesserten elektronischen Datenerfassung dürfte auf der Grundlage der HR-Anmeldungen für den Jahresanfang 2008 insges ein **Bestand** von ca 15 000 Ltd realistisch sein.[39]

III. Entwicklung des GmbHG

Lit: *Lutter,* Die Entwicklung der GmbH in Europa und der Welt, FS GmbHG, 1993, 49 ff; *ders,* Zur Entwicklung der GmbH in Europa und der Welt, GmbHR 2005, 1; *Westermann,* Die GmbH in der nationalen und internationalen Konkurrenz der Rechtsformen, GmbHR 2005, 4; *Wicke,* Die Euro-GmbH im „Wettbewerb der Rechtsordnungen", GmbHR 2006, 356.

30 Deutsches Aktieninstitut e. V. (Hrsg), DAI Factbook 2006, Bl. 01–1 u 02–06.
31 *Kornblum* GmbHR 2009, 25, 26.
32 *Kornblum* GmbHR 2007, 19, 25.
33 *Westhoff* GmbHR 2007, 474, 477.
34 *Brecht/Mayer/Wagner,* Where do firms incorporate? Deregulation and the cost of entry, Journal of corporate Finance 14 (2008), 241, 248. Dazu (Vorversion) auch *Eidenmüller* ZGR 2007, 168, 172 f; *Niemeier* ZIP 2007, 1794.
35 *Niemeier* ZIP 2007, 1794, 1796.
36 *Niemeier* ZIP 2007, 1794, 1798.
37 *Niemeier* ZIP 2007, 1794, 1795.
38 *Niemeier* ZIP 2007, 1794, 1799; ähnlich *Eidenmüller* ZGR 2007, 168, 183.
39 *Kornblum* GmbHR 2009, 16, 31.

1. Entstehung. Die Rechtsform der GmbH ist 1892 vom deutschen Gesetzgeber ohne geschichtliches Vorbild zur Erfüllung bestimmter rechtspolitischer Zwecke neu geschaffen worden.[40] 18

Vorausgegangen war Reform des Aktienrechts durch Novelle v 1884, die die 1870 liberalisierten Gründungsvorschriften nach schwerwiegenden Missständen in der sog Gründerzeit erheblich verschärft hatte. Dadurch war die AG in bezug auf Gründung u Verwaltung zu einer komplizierten u teuren Rechtsform geworden. 19

Für kleine oder mittlere Unternehmen u für Beteiligung einer geringen oder doch begrenzten Zahl von Mitgliedern standen zwar seit jeher die Rechtsformen der OHG u KG zur Verfügung; jedoch war es schon in der damaligen Zeit, erst recht heute, nicht selten, dass keiner der Gfter die unbeschränkte Haftung übernehmen wollte oder konnte, die mit diesen Formen notwendig verbunden ist. Hinzu kam damals Schwierigkeit der Übertragung von Beteiligungen an Personenhandelsges, für die erst in neuerer Zeit geeignete Formen entwickelt worden sind. – Um den so umrissenen, seit jeher u auch heute besonders bei **mittelständischen Unternehmen** auftretenden Bedürfnissen Rechnung zu tragen u Lücke zwischen AG u Personenhandelsges auszufüllen, hat Gesetzgeber neben AG zweite Form der Kapitalges geschaffen, ebenfalls mit eigener Rechtspersönlichkeit u dadurch weitgehend ausgeschlossener Haftung der Gfter, jedoch mit geringeren Anforderungen bei Gründung, niedrigerem Mindestkapital u einfacherer, zudem vertraglich abwandelbarer innerer Struktur. 20

2. Weitere Entwicklung. Die neu geschaffene Form der GmbH hat sich schnell in der Praxis durchgesetzt (oben Rn 16) und auch in zahlreichen anderen Ländern Verbreitung gefunden.[41] Dabei hat sich GmbHG sehr gut bewährt. – **a)** Über einen langen Zeitraum erfolgten nur vereinzelt **kleinere Änderungen.**[42] Der Versuch einer großen GmbH-Reform ist 1939 u 1970 gescheitert (unten Rn 35, 36). Statt dessen hat sich der Gesetzgeber **1980 auf eine kleinere Novelle beschränkt,** welche die wesentlichen Grundzüge der ursprünglichen Regelung nicht berührt hat (dazu unten Rn 36). 21

In der Folgezeit wurde das GmbHG zwar vielfach in Einzelbestimmungen als Folge notwendiger Anpassungen an die Änderung anderer Gesetze geändert. Auch diese Änderungen haben seine Grundstruktur nicht berührt. Besondere Bedeutung für GmbH hatte das **Bilanzrichtlinien-Gesetz,** BiRiLiG v 19. 12. 1985[43] (dazu näher 18. Auf Rn 9). Zu nennen sind ferner etwa: Das **UmwBerG** vom 28. 10. 1994, BGBl I, 3210, das in Art 4 vor allem die Regelung der Kapitalerhöhung aus GesMitteln vom aufgehobenen KapErhG inhaltlich unverändert als §§ 57 c–57 o ins GmbHG übernommen, ferner die vereinfachte Kapitalherabsetzung in §§ 58 a–58 f für die GmbH neu eingeführt (entspr auch Art 48 Nr 4 EGInsO, s unten Rn 23) und § 33 durch einen neuen Abs 3 an die Erfordernisse des neuen UmwG angepasst. Materiell noch bedeutsamer ist die volle Einbeziehung der GmbH in das **UmwG.** 22

---

[40] Dazu zum Folgenden *Schubert* FS GmbHG, 1 ff; prägnant mwN auch *Zöllner* JZ 1992, 381; ferner ausführl mit umfangreichem Material *Koberg,* Die Entstehung der GmbH in Deutschland und Frankreich, 1992.

[41] *Lutter* GmbHR 2005, 1 ff.

[42] Übers bis 1974 bei Hachenburg/*Schilling* 7. Aufl 1975 Einl Rn 6 f.

[43] BGBl I, 2355.

23 Größere Eingriffe brachte die **Reform des Insolvenzrechts.**[44] – Die InsO v 5. 10. 1994, BGBl I, 2866 u EGInsO, BGBl I 1994, 2911 traten ganz überw am 1. 1. 1999 in Kraft. **Änderungen des GmbHG:** Durch Art 48 Nr 4 EGInsO wurde mit Wirkung vom 19. 10. 1994 (Art 110 III EGInsO) Regelung der vereinfachten Kapitalherabsetzung in §§ 58a–f eingefügt. Mit Wirkung vom 1. 1. 1999 wurden §§ 9b, 32a, 32b, 60, 64, 65, 66 u 84 geändert u § 63 aufgehoben. Diese Änderungen glichen überw GmbHG technisch an Neuregelung des Insolvenzrechts an. Vor allem wichtig: Nachrangigkeit von Gfterdarlehen während des Insolvenzverfahrens (§ 39 I Nr 5 InsO); drohende Zahlungsunfähigkeit als Eröffnungsgrund für Insolvenzverfahren (§ 18 InsO); Regelung des Tatbestands der Überschuldung (§ 19 II InsO). – Weitere wesentliche Änderung durch EGInsO: Aufhebung des **LöschG** (vgl Vorbem zu § 60) u Neufassung des **AnfG** durch Art 1 EGInsO.

24 Weitere wichtige Neuregelungen auch im GmbH-Recht brachte die **Handelsrechtsreform 1998** (HRefG v 22. 6. 1998):[45] Einführung von § 4a führte zur Einschränkung der freien Sitzwahl u damit zur Angleichung an Rechtslage bei AG. – Liberalisierung des Firmenrechts durch Neufassung des § 4 u § 18 HGB ermöglichte neue Gestaltungen für Firma der GmbH u erlaubte nunmehr ua Phantasiefirma.[46] – Durch Einfügung von § 9c II sollte Eintragungsverfahren beschleunigt werden, indem die registergerichtliche Inhaltskontrolle des GesVertrages präzisiert u beschränkt wurde (vgl dazu unten § 9c Rn 5). – Neufassung von § 40 I führte sowohl zur Umgestaltung der Pflicht zur Einreichung der GfterListe als auch zur Anzeigepflicht eines die Abtretung eines GAnteils beurkundenden Notars (vgl dazu unten § 40 Rn 15). – Im Rahmen des HRefG wurden ferner die Möglichkeiten der Umwandlung unter Beteiligung einer GmbH erweitert: § 122 II UmwG sieht Verschmelzung von GmbH auf den AlleinGfter, der nicht eingetragener Kaufmann ist, jetzt ausdrücklich vor; infolge der Eintragungsoption für Nicht-Kaufleute nach § 2 S 1 HGB ist nunmehr auch in diesen Fällen die Umwandlung eines Einzelunternehmens in eine GmbH gemäß § 152 S 1 UmwG möglich.

25 Die Verwendbarkeit der Rechtsform GmbH wurde durch folgende Neuregelungen ausgeweitet: Seit 1. 1. 1999 ist die Gründung einer **Rechtsanwalts-GmbH** zulässig (§§ 59c ff BRAO). Der Gesetzgeber hat damit Tendenzen in Rspr u Lit zu einer Liberalisierung aufgegriffen u eine umfassende Spezialregelung getroffen (s § 1 Rn 9). Im gleichen Zusammenhang erfolgte eine Änderung der PatAnwO (§§ 52c ff PatAnwO), die nunmehr ausdrücklich auch die **Patentanwalts-GmbH** erlaubt (s § 1 Rn 9). – Ebenfalls zulässig ist Rechtsform der GmbH seit 1998 für **Unternehmensbeteiligungsgesellschaften** (s § 1 Rn 14).

26 Zur Verwirklichung der europäischen Währungsunion ab 1. 1. 1999 erfolgten umfangreiche Änderungen des nationalen Rechts durch das **EuroEG** v 9. 6. 1998, BGBl I, 1242. Für die GmbH waren neben der Anpassung

---

[44] Generell zur Reform, insbes zur gesellschafts- u GmbH-rechtlichen Bedeutung etwa *K. Schmidt,* Wege zum Insolvenzrecht der Unternehmen – Befunde, Kritik, Perspektiven, 1990; *Ulmer* in Kübler (Hrsg), Neuordnung des Insolvenzrechts (RWS-Forum 3), 1989, 119 ff.

[45] BGBl I, 1474, in Kraft getreten am 1. 1. 1999; vgl Überblick bei *Gustavus* GmbHR 1998, 17.

[46] Vgl dazu unten § 4 Rn 5 ff sowie *Lutter/Welp* ZIP 1999, 1073.

bilanzrechtlicher Vorschriften folgende Neuerungen von Bedeutung: Mindeststammkapital 25 000 Euro, Mindeststammeinlage 100 Euro (§ 5 I aF); Gesamtbetrag der Mindesteinzahlungen 12 500 Euro (§ 7 II 2 aF); Anpassung von § 47 II.

Weitere Änderungen erfolgten durch das **KonTraG** v 27. 4. 1998, BGBl I, 786, durch das Sanierungsprivileg bei Gfterdarlehen in § 32a III 3 aF sowie Änderungen bzgl des AR eingeführt wurden. Im Rahmen des **KapAEG** v 20. 4. 1998, BGBl I, 707 erfolgte eine weitere Modifikation der Regelung der Gesellschafterdarlehen, nämlich grds Begrenzung der Geltung der §§ 32a f aF auf Beteiligungen von mehr als 10% oder geschäftsführende Gfter durch Einfügung von § 32a III 2 aF. – **SteuerentlastungsG** 1999/2000/2001 brachte wesentliche Veränderungen auch für die GmbH.[47] 27

Art 6 des **BilReG** v 4. 12. 2004 (BGBl I, 3214) brachte Änderungen in §§ 42a, 46, 52, 57f u 82 bzgl IAS Einzelabschluss (näher 18. Aufl § 41 Rn 196) u Unabhängigkeit der Abschlussprüfer. Die durch das G zur Modernisierung des Schuldrechts aufgeworfene Frage der Verjährung von gesellschaftsrechtlichen Ansprüchen, für die bis dahin die 30-jährige Verjährung galt, ist durch das **G zur Anpassung von Verjährungsvorschriften** an das G zur Modernisierung des Schuldrechts v 9. 12. 2004, BGBl I, 3214 geklärt worden. 28

Zum 1. 4. 2005 trat ferner das Justizkommunikationsgesetz (**JKomG**) vom 22. 3. 2005, BGBl I, 837 in Kraft, das in Art 12 durch Neufassung von § 12 elektronischen Bundesanzeiger als Pflichtmedium für Veröffentlichungen der Ges einführt, entspr Folgeänderungen in §§ 30 II, 2, 52 II, 2, 58 I Nr 1 enthielt u Fassung des § 75 II bzgl seit langem überholter Verweisung auf HGB bereinigte. Weitere Änderungen erfolgten durch Gesetz über elektronische Handelsregister und Genossenschaftsregister sowie das Unternehmensregister **(EHUG),** BGBl I, 2006, 2553 wonach in Umsetzung verschiedener EG-Richtlinien ua bestimmte Unterlagen als elektronische Dokumente beim RegGericht einzureichen sind. Betroffen waren neben zahlreichen Vorschriften des HGB auch §§ 8 V, 10 III, 35a I 1, 39 IV, 52 II, 54 II, 57 III, 58d II, 59 u 67 V. Durch das **Zweite Gesetz zur Reform des UmwG** vom 19. 4. 2007 (BGBl I, 542) wurden die Fälle zulässigen Erwerbs eigener Anteile zum Zweck der Abfindung in § 33 III 1 um § 122i UmwG ergänzt, der die grenzüberschreitende Verschmelzung betrifft. 29

Zentrale Reform durch das **Gesetz zur Modernisierung des GmbH-Rechts und zur Bekämpfung von Missbräuchen (MoMiG)** v 23. 10. 2008 (BGBl I, 2026). Dazu unten Rn 38ff. Weitere Änderungen sind durch **Gesetz zur Modernisierung des Bilanzrechts (Bilanzrechtsmodernisierungsgesetz, BilMoG)** vom 25. 5. 2009[48] erfolgt. Diese betreffen Anpassung von § 33 an veränderte Bilanzierungsvorschriften (§ 33 Rn 9, 16) sowie Ergänzung der Verweisungen in § 52 u 57f, die bei kapitalmarktorientierten GmbH mit fakultativem Aufsichtsrat Erfordernis eines unabhängigen Mitglieds betrifft, das über Sachverstand in Rechnungslegung u Prüfung verfügt. Ferner hat der Bundestag am 29. 5. 2009 das **Gesetz zur Umsetzung der Aktionärsrechterichtlinie (ARUG)**[49] verabschiedet, das am 1. 9. 2009 in Kraft getreten ist. Neben der Ergänzung des § 10 II 1 bzgl der Eintragung 30

[47] Vgl hierzu GmbHR 1999, 3. Zum Entwurf des SteuersenkungsG vgl *Lang* GmbHR 2000, 453 u *Haritz/Slabon* GmbHR 2000, 593.
[48] BGBl I, 1102.
[49] Gesetz v 30. 7. 2009, BGBl I, 2479.

von Regelungen zum genehmigten Kapital sind die §§ 57 II, 57 n II, 58 I, 58 a IV, 58 e III, 58 f II, 65 II, 67 III, 73 I betroffen. Dabei geht es einerseits um Klarstellung, dass infolge des Wegfalls der Vorlage staatlicher Genehmigung als Gründungs- oder Satzungsänderungsvoraussetzung diese bei der Satzungsänderung auch nicht vorzulegen und Fristen nicht bis zur Erteilung gehemmt sind (§§ 57 n II 4, 58 a IV 3, 58 e III 2, 58 f II 2), zum anderen um die Beseitigung des Erfordernisses der dreimaligen Einrückung in die Gesellschaftsblätter (§§ 58 I Nr 1 u 3, 65 II 1, 73 I) das durch die ständige Verfügbarkeit der elektronischen Medien nicht mehr erforderlich ist. Schließlich sind die Inhabilitätsregelungen des § 6 in § 67 III auf den Liquidator übernommen worden. **VorstAG** vom 31. 7. 2009 (BGBl I, 2509) hat § 52 I ledigl redaktionell geändert.

31 **b) Ergänzende Gesetze.** Das Recht der GmbH wird ferner, überwiegend ohne Eingriff in das GmbHG selbst, durch eine Reihe von **Gesetzen mit allgemein gesellschaftsrechtlichem Inhalt** gestaltet.[50] So vor allem das UmwG, das Bilanzrecht des HGB, AnfG u InsO u die verschiedenen Gesetze, die Mitbest der Arbeitnehmer auf Unternehmensebene regeln. Sie bilden zusammen mit dem GmbHG die Rechtsquellen des GmbH-Rechts.

32 **c) Europäische Rechtsangleichung.** Wichtiger Faktor der Entwicklung ist die europäische Rechtsangleichung auf dem Gebiet des Gesellschaftsrechts.[51] Ihr Einfluss tritt zwar im GmbH-Recht weniger hervor als im Aktienrecht, ist aber in einzelnen Bereichen auch hier bedeutsam.

33 **Primärrecht.** Bedeutung der **Niederlassungsfreiheit** (Art 43 u 48 EGV) für grenzüberschreitende **Verlegung des tatsächlichen Sitzes u grenzüberschreitende Fusionen** ist durch mehrere Entscheidungen des EuGH ins Bewußtsein getreten. Nach den Entscheidungen *Centros, Überseering* u *Inspire Art* darf das nationale Recht weder die Zulassung einer Zweigniederlassung einer in einem anderen Mitgliedsstaat wirksam gegründeten Ges von zusätzlichen Voraussetzungen wie etwa Mindestkapital oder Haftung der Geschäftsführer abhängig machen,[52] noch kann einer in einem anderen Mitgliedsstaat gegründeten Gesellschaft, wenn sie unter Aufrechterhaltung ihres Satzungssitzes ihren tatsächlichen Sitz in ein anderes Mitgliedsland verlagert, die Rechts- oder Parteifähigkeit abgesprochen werden.[53] Ebenso ist es unter dem Gesichtspunkt der Niederlassungsfreiheit nach der Entscheidung *SEVIC*[54] unzulässig, wenn das inländische Recht eine sog Hereinverschmelzung einer Ges aus einem anderen Mitgliedsstaat auf eine inländische Ges verhindert. Die Problematik ist inzwischen durch die Verschmelzungsrichtlinie (nachf Rn 34 aE) u entspr Änderung des UmwG gesetzlich geregelt (§§ 122 a ff UmwG). Dagegen hindert Niederlassungsfreiheit nach den Ent-

---

50 Übers bei Ulmer/*Ulmer* Einl A Rn 61 f.

51 Allg zur Europäisierung des GesR 8. ZGR-Symposion ZGR 1992, 264–453, s dort insbes *Hopt* 265 ff u *Lutter* 435 ff; ferner *Behrens* FS Mestmäcker, 1996, 831; *Blaurock* ZEuP 1998, 460; *Hopt* ZIP 1998, 96; *Kolvenbach* EuZW 1996, 229; *Lutter* ZGR 2000, 1; *Pfister,* Europäisches Gesellschaftsrecht, 1993; *Habersack,* Europäisches Gesellschaftsrecht, 2. Aufl 2003.

52 EuGH C-212/97 (Centros) = NJW 1999, 2027; EuGH C-167/01 (Inspire Art) = NJW 2003, 3331.

53 EuGH C-208/00 (Überseering) = NJW 2002, 3614; Vorlageentscheidung BGH NZG 2000, 926.

54 RS C-411/03 (SEVIC) = NJW 2006, 425.

scheidungen *Daily Mail* u *CARTESIO*[55] nicht, inländischen Ges die Verlegung ihres tatsächlichen Sitzes in anderen Mitgliedsstaat zu verbieten oder von erschwerenden Voraussetzungen abhängig zu machen.

Richtlinien. Bisher sind nach Art 44 III lit g EGV (bisher Art 54 III lit g **34** EWG-Vertrag) folgende für Mitgliedstaaten gem Art 249 III EGV verbindliche Richtlinien mit Bezug auf GmbH erlassen worden:[56] **Publizitätsrichtlinie** v 9. 3. 1968 (1. RL 68/151/EWG, ABl 1968, L 65/8), umgesetzt durch G v 15. 8. 1969, BGBl I, 1146, geändert durch RL vom 15. 7. 2003 (RL 2003/58/EG, ABl 2003, L 221/3), Änderung umgesetzt durch G v 10. 11. 2006 (EHUG), BGBl I, 2553; **Kapitalrichtlinie** v 13. 12. 1976 (2. RL 77/91/EWG, ABl 1977, L 26/1), geändert durch RL 92/101/EWG v 23. 11. 1992, ABl 1992, L 347/64, umgesetzt durch G v 13. 12. 1978, BGBl I, 1959, erneut geändert durch RL 2006/68/EG v 6. 9. 2006 ABl 2006, L 264/32, Umsetzung durch ARUG geplant; **Fusionsrichtlinie** v 9. 10. 1978 (3. RL 78/855/EWG, ABl 1978, L 295/36), umgesetzt durch G v 25. 10. 1982, BGBl I, 1425; geändert durch RL 2007/63/EG vom 13. 11. 2007ABl 2007, L 300/47; **Bilanzrichtlinie** v 25. 7. 1978 (4. RL 78/660/EWG, ABl 1978, L 222/11), erstmals geändert durch RL 84/569/EWG v 27. 11. 1984, ABl 1984, L 314/28, zusammen mit 7. und 8. RL umgesetzt durch das Bilanzrichtlinien-Gesetz (BiRiLiG) v 19. 12. 1985, BGBl I, 2355, zweite Änderung durch die **Mittelstandsrichtlinie** v 8. 11. 1990 (RL 90/605/EWG, ABl 1990, L 317/57), dritte Änderung durch RL 78/660/EWG, ABl 1994, L 82/33, Erweiterung des Anwendungsbereichs durch **GmbH & Co KG-Richtlinie** v 8. 11. 1990, ABl 1990, L 317/60, zweite und dritte Änderung umgesetzt durch G v 25. 7. 1994, BGBl I, 1682, GmbH & Co KG-Richtlinie umgesetzt durch G v 24. 2. 2000, BGBl I, 154; erneut geändert durch RL 2006/46/EG v 14. 6. 2006 ABl 2006 L 224/1; Umsetzung geplant durch BilMoG; **Spaltungsrichtlinie** v 17. 12. 1982 (6. RL 82/891/EWG, ABl 1982, L 378/47), umgesetzt im Rahmen des UmwG v 28. 10. 1994, BGBl I, 3210; geändert durch RL 2007/63/EG vom 13. 11. 2007, ABl 2007, L 300/47; **Konzernbilanzrichtlinie** v 13. 6. 1983 (7. RL 83/349/EWG, ABl 1983, L 193/1, geändert durch RL 2006/43/EG v. 9. 6. 2006, ABl 2006 L 157/87), insbesondere geändert durch die Mittelstandsrichtlinie u die GmbH & Co KG-Richtlinie, sowie Abschlussprüferrichtlinie v 10. 4. 1984 (8. RL 84/253/EWG, ABl 1984, L 126/20, aufgehoben durch RL 2006/43/EG v. 9. 6. 2006, ABl 2006, L 157/87), jeweils umgesetzt durch BiRiLiG; erneut geändert durch RL 2006/46/EG v 14. 6. 2006 ABl 2006 L 224/1; Umsetzung geplant durch BilMoG; Neufassung der **Abschlussprüferrichtlinie** RL 2006/43/EG v 9. 6. 2006, ABl 2006, L 157/87; **Zweigniederlassungsrichtlinie** v 21. 12. 1989 (11. RL 89/666/EWG, ABl 1989, L 395/36), umgesetzt durch G v 22. 7. 1993, BGBl I, 1282, und **Einpersonengesellschaftsrichtlinie** v 21. 12. 1989 (12. RL 89/667/EWG, ABl 1989, L 395/40), umgesetzt durch G v 18. 12. 1991, BGBl I, 2206. **Richtlinie zur grenzüberschreitenden Verschmelzung** 10. RiL 2005/56/EG v 26. 10. 2005, ABl 2005, L 310/1, umgesetzt durch G v 19. 4. 2007, BGBl I, 542. Derzeit nicht weiterverfolgt[57] wird **Sitz-**

[55] RS 81/87 (Daily Mail) = NJW 1989, 2186; RS C-210/06 (CARTESIO) = NJW 2009, 569.

[56] Text mit Erläuterungen bei *Habersack,* Europäisches Gesellschaftsrecht, 3. Aufl 2006.

[57] Kommissar McCreevy, Rede vom 03. 10. 2007, SPEECH/07/592.

verlegungsrichtlinie (14. RL),[58] wobei allerdings nicht als gesichert gelten kann, ob die Rechtsauffassung des EuGH in der Sache *CARTESIO* (oben Rn 33) nicht zu einer erneuten Initiative führen könnte.[59]

IV. Reformen

35 **1. Frühe Reformansätze.** Die Defizite, welche die GmbH vor allem im Hinblick auf den Gläubigerschutz hatte, führten dazu, dass schon bald nach der Jahrhundertwende erste Rufe nach Reformen laut wurden.[60] Wesentlicher Anlass waren jeweils die Insolvenzanfälligkeit der GmbH u der als unzureichend erscheinende Gläubigerschutz. Bereits 1909 legte *Hachenburg* ein Reformkonzept vor.[61] Es folgten Juristentagsgutachten zu den DJT 1912 u 1914,[62] die infolge des Kriegsausbruchs zunächst folgenlos blieben. Die Kritik flammte erneut 1931 durch ein Juristentagsgutachten von *Großmann-Doerth*[63] auf. 1937 setzte die Akademie für Deutsches Recht einen Ausschuss für GmbH-Recht ein.[64] 1939 legte das Reichsjustizamt einen Referentenentwurf zu einer GmbH-Reform vor, der jedoch zunächst nicht veröffentlicht u später auch nicht weiterverfolgt wurde.[65]

36 **2. Pläne für große Reform 1969/1971.** Umfassende Reform war bereits in den 30er Jahren des 20 Jh geplant (oben Rn 35); sie ist jedoch iGgs zum Aktienrecht (AktG 1937) nicht verwirklicht worden. Dadurch u vermehrt durch das AktG 1965 sind in der Sache nicht begründete Unterschiede zwischen Aktienrecht u GmbH-Recht entstanden. Dies, ferner verstärkt hervorgetretene Missstände, vor allem hinsichtlich Kapitalausstattung, Gläubiger- u Minderheitenschutz, sowie ganz allg Bemühen um Anpassung an gewandelte wirtschaftliche u soziale Verhältnisse haben zu erneuten umfassenden Reformbestrebungen in den 1960er Jahren geführt:[66] Nach Vorarbeiten einer Sachverständigenkommission hatte das Bundesjustizministerium 1969 einen RefE veröffentlicht, dem 1971 ein teilweise anders gefasster RegE folgte,[67] beide mit ausführl Begründung. Ziel der Reform war nicht allein rechtstechnische Angleichung, sondern Fortentwicklung des GmbHG zu einem modernen Organisationsgesetz.[68] Dabei sollten Grundstruktur u vielseiti-

---

58 Entwurf einer 14. Richtlinie über die Verlegung des Gesellschaftssitzes von einem Mitgliedsstaat in einen anderen, Aktionsplan der Kommission zur „Modernisierung des Gesellschaftsrechts und zu einer Verbesserung der Corporate Governance in der Europäischen Union" KOM (2003) 284/F. Vorentwurf abgedr in ZIP 1997, 1721; hierzu Beiträge von *K. Schmidt, Priester, Di Marco* u *Neye* in ZGR 1999, 1 ff; *Hoffmann* ZHR 167 (2000), 43; *Meilicke* GmbHR 1998, 1053.

59 *Leible/Hoffmann* BB 2009, 58, 63.

60 Zum Folgenden *Fleischer* GmbHR 2009, 1, 2 ff.

61 LZ 1909, 15.

62 Gutachten zum 31. DJT von *Neukamp* u *Pitreich* Bd 2, 221 ff, 314 ff; Gutachten zum 32. DJT von *Crüger* u *Pitreich* Bd 1, 24 ff, Bd 2, 313 ff.

63 Gutachten zum 5. DJT, 165 ff.

64 *Fleischer* GmbHR 2009, 1, 4.

65 *Schubert* (Hrsg), Entw des Reichsjustizministeriums zu einem GmbHG von 1939, ZHR Beih 58, 1985; dazu u allg zur Gesetzgebung auch *Geßler* ProGmbH, 1980, 91; ferner *Fleischer* GmbHR 2009,1, 4 ff.

66 Dazu *Fleischer* GmbHR 2009, 1, 6 ff.

67 RegE eines GmbHG u eines EG, BR-Drucks 595/71.

68 Siehe BegrRegE BR-Drucks 595/71.

ge Verwendbarkeit der GmbH erhalten bleiben, aber zahlreiche Einzelheiten geändert oder neu geregelt werden. Entwürfe waren sorgfältig vorbereitet, allerdings mit Verdreifachung der Paragraphenzahl sehr umfangreich. Sie zeigten deutliche, im Hinblick auf Eigenständigkeit u Flexibilität der GmbH teilweise bedenklich enge Anlehnung an AktG. RegE lag dem 6. u dem 7. Deutschen Bundestag vor,[69] ist jedoch nicht als Gesetz verabschiedet worden. Damit war geplante **große Reform gescheitert.** Entw u ihre Erörterung in Wissenschaft u Praxis bleiben als **Material** für die weitere Erschließung u Entwicklung des GmbH-Rechts bedeutsam.[70]

3. GmbH-Novelle 1980. Anstelle der aufgegebenen großen hat als kleine Reform GmbH-Novelle 1980 – G zur Änderung des GmbHG und anderer handelsrechtlicher Vorschriften v 4. 7. 1980, BGBl I, 836, ÄndG 1980 – einige wichtige Reformanliegen verwirklicht.[71] Eigenständiges Reformgesetz, das nicht lediglich Teile früherer Entwürfe aufgegriffen, sondern der weiteren Entwicklung sowie neuen Bedürfnissen Rechnung getragen hat. Reform betr ua vor allem die Einpersonen-Ges u ihre Gründung, Höhe u Aufbringung des Stammkapitals, Sacheinlagen, GfterDarlehen, Individualrechte der Gfter; in das frühere KapErhG sind Vorschriften über Verschmelzung von GmbH eingefügt worden, in das damalige UmwG solche über Umwandlung eines einzelkaufmännischen Unternehmens in GmbH, sowie in das HGB einige Sonderregeln für Kapitalges & Co, vor allem wichtig für GmbH & Co KG.[72] 37

4. MoMiG

Lit. *Drygala,* Zweifelsfragen im Regierungsentwurf zum MoMiG, NZG 2007, 561; *Eidenmüller,* Die GmbH im Wettbewerb der Rechtsformen, ZGR 2007, 168; *Gehrlein,* Der aktuelle Stand des neuen GmbH-Rechts, Der Konzern 2007, 771; *Grigoleit/Rieder,* GmbH-Recht nach dem MoMiG, 2009; *Goette,* Chancen und Risiken der GmbH-Novelle, WPg 2008, 231; *ders,* Einführung in das neue GmbH-Recht, 2008; *Heckschen,* Die GmbH-Reform – Wege und Irrwege, DStR 2007, 1442; *Hirte,* Die „Große GmbH-Reform" – Ein überblick über das Gesetz zur Modernisierung des GmbH-Rechts und zur Bekämpfung von Missbräuchen (MoMiG), NZG 2008, 761; *Kindler,* GmbH-Reform und internationales Gesellschaftsrecht, AG 2007, 721; *Krejci,* GmbH-Reform: Gründerfreiheit statt Rechtssicherheit und Gläubigerschutz? Warum das MoMiG für Österreichs GmbH-Reform kein leuchtendes Vorbild ist, FS Karsten Schmidt 2009, 981; *Niemeier,* GmbH und Limited im Markt der Unternehmensrechtsträger, ZIP 2006, 2237; *Noack,* Reform des deutschen Kapitalgesellschaftsrechts: Das Gesetz zur Modernisierung des GmbH-Rechts und zur Bekämpfung von Missbräuchen, DB 2006, 1475; *ders,* Der Regierungsentwurf des MoMiG – Die Reform des GmbH-Rechts geht in die Endrunde, DB 2007, 1395; *Seibert* (Hrsg), Gesetz zur Modernisierung des GmbH-Rechts und zur Bekämpfung von Missbräuchen – MoMIG, RWS-Dokumentation 23, 2008; *Schall,* Kapitalaufbringung nach dem MoMiG, ZGR 2009, 126; *K. Schmidt* GmbH-Reform auf Kosten der Geschäftsführer? Zum (Un-)Gleichgewicht zwischen Gesellschafterrisiko und Geschäftsführerrisiko im Entwurf eines MoMiG und

---

[69] BT-Drucks VI/3088 u 7/253.

[70] Vgl etwa *Barz/Forster* ua, GmbH-Reform, 1970; *Centrale für GmbH Dr Otto Schmidt* (Hrsg), Probleme der GmbH-Reform, 1970; Arbeitskreis Gesellschaftsrecht, *G. Hueck/Lutter/Mertens/E. Rehbinder/Ulmer/Wiedemann/Zöllner,* Thesen und Vorschläge zur GmbH-Reform, 2 Bde, 1971/72; Hachenburg/*Schilling* 7. Aufl 1975, Einl Rn 57 ff mwN; auch Ulmer/*Ulmer* Einl A Rn A 56 f; Scholz/*Westermann* 6. Aufl 1978/1983, Einl Rn 45 ff mwN.

[71] Dazu *Fleischer* GmbHR 2009, 1, 8 f.

[72] Materialien dazu: RegE mit Begründung BR-Drucks 404/77, BT-Drucks 8/1347.

in der BGH-Rechtsprechung, GmbHR 2008, 449; *ders,* GmbH-Reform, Solvenzgewährleistung und Insolvenzpraxis – Gedanken zum MoMiG-Entwurf, GmbHR 2007, 1; *Steffek,* Gläubigerschutz in der Kapitalgesellschaft, in: Baums ua (Hrsg), Perspektiven des Wirtschaftsrechts, 2008; *Ulmer,* Der „Federstrich des Gesetzgebers" und die Anforderungen der Rechtsdogmatik, ZIP 2008, 45; *H. P. Westermann,* Wohin steuert die GmbH? – Benutzerkreis und Verwendungszwecke der Rechtsform im künftigen deutschen Gesellschaftsrecht, FS Priester, 2007, 835. – Im übrigen s Lit bei den einschlägigen durch MoMiG geänderten Vorschriften.

38 **a) Anlass, Reformziele.** Durch Ausbleiben einer größeren GmbH-Reform u Überantwortung der Fortentwicklung des GmbHR-Rechts an Rspr wurde im Laufe der Zeit das zunächst relativ überschaubare Recht mit einem partiell für Gfter und GFührer nur noch schwer erkennbaren Netz von Rechtsfortbildungen überzogen, die teilweise, wie etwa im Bereich des sog Kapitalersatzrechts nur noch lose an das Gesetzesrecht anknüpften. Dies tat zwar mangels Alternativen der Beliebtheit der GmbH als Rechtsform zunächst keinen Abbruch, musste jedoch die Frage der Konkurrenzfähigkeit der GmbH in dem Moment aufwerfen musste, als es infolge der Rspr des EuGH in den Entscheidungen *Centros, Überseering* u *Inspire Art*[73] möglich wurde, Auslandsges mit tatsächlichem Sitz im Inland ohne gesetzliches Mindeststammkapital u damit ohne komplizierte Kapitalaufbringungs- u Kapitalersatzregeln zu gründen. Die damit einsetzende Gründungswelle von britischen *private limited partnerships* (Ltd) u die in deren Folge neu aufbrechende Kritik an der Effizienz des Systems des festen Stammkapitals u der inzwischen erreichten Kompliziertheit seiner Sicherung hat Besorgnis über Konkurrenzfähigkeit der deutschen GmbH hervorgerufen.[74]

39 In einer ersten Reaktion plante BMJ Absenkung des Mindeststammkapitals auf 1 € durch G zur Bekämpfung von Missbräuchen u zur Förderung der Transparenz im GmbH-Recht (MiKraTraG).[75] Gleichzeitig sollte ua Missbräuchen insbes bei der sog Unternehmensbestattung entgegengewirkt u einige andere Reformziele, die dann später durch MoMiG übernommen wurden, verfolgt werden. Referentenentwurf ist jedoch nicht veröffentlich worden. Statt dessen begnügte sich BReg 2005 mit Entwurf eines G zur Neuregelung des Mindestkapitals der GmbH (MindestkapG),[76] wonach bisheriges gesetzliches Mindeststammkapital 5000 € auf 10 000 € abgesenkt werden sollte, um GmbH im Wettbewerb europäischer Rechtsformen zu stärken u Existenzgründungen zu erleichtern. Die anschließende Diskussion, entscheidend beeinflusst durch die Beratungen u Beschlüsse des 66. DJT, ergab jedoch keine einhellige Zustimmung zu der geplanten Herabsetzung des Stammkapitals, da ua negative Folgen für das Prestige der GmbH als Rechtsform befürchtet wurden. Auch ergaben sich weitere Reformanliegen,[77] die eine grundlegendere Reform zweckmäßig erscheinen ließen u sich im wesentlichen unter den Gesichtspunkten Modernisierung, Vereinfachung u Missbrauchsbekämpfung zusammenfassen lassen.[78]

---

73 RS C-212/97 = NJW 1999, 2027; C-208/00 = NJW 2002, 3614; C- 167/01 = NJW 2003, 3331.

74 RegBegr MoMiG BR-Dr 354/07, 55 f.

75 Dazu u zum Folgenden Ulmer/*Ulmer* Einl A Rn 101; *Seibert* BB 2005, 1061, 1062; *K. Schmidt* BB 2005, 1095.

76 Entwurf eines Gesetzes zur Neuregelung des Mindestkapitals der GmbH (MindestkapG), BR-Dr 619/05.

77 Überblick bei *Seibert* in Seibert (Hrsg) Einführung, 1 ff.

78 RegBegr MoMiG BR-Dr 354/07, 55.

Dazu gehörten inbes die Beschleunigung u Vereinfachung der Gründung,[79] – ersteres teilweise bereits durch den Übergang auf das elektronische Handelsregister verwirklicht durch EHUG –, vor allem aber eine Deregulierung des als überkompliziert und zT drakonisch streng empfundenen Kapitalaufbringungsrechts, dessen Effizienz als Mittel des Gläubigerschutzes ohnehin zunehmend in Frage gestellt worden war. Wichtige Reformforderungen waren ferner die Lösung der Problematik, die durch das sog. November-Urteil des BGH für das Cash-Pooling entstanden war, durch Rückkehr zur bilanziellen Betrachtungsweise bei der Kapitalerhaltung. Im Zentrum der Reformpostulate standen ferner eine Vereinfachung u rechtsformunabhängige Ausgestaltung der Regelung der Gfterdarlehen u die Verhinderung des Missbrauchs durch sog Unternehmensbestattungen. Aufgenommen wurde auch die Forderung der Praxis, einen gutgläubigen Erwerb von Geschäftsanteilen zu ermöglichen, um die bislang bestehende Unsicherheit über die Wirksamkeit früherer Anteilsübertragungen bei künftigen Transaktionen zu beseitigen.

b) Gesetzgebungsverfahren. Die Reformforderungen wurden aufgenommen durch den RefE eines G zur Modernisierung des GmbH-Rechts u zur Bekämpfung von Missbräuchen (MoMiG) vom 29. 5. 2006[80] u nach Eingang zahlreicher Stellungnahmen u unter Berücksichtigung der Diskussionen u Beschlüsse des 66. DJT sodann unter Abänderungen durch den RegE eines G zur Modernisierung des GmbH-Rechts und zur Bekämpfung von Missbräuchen (MoMiG) vom 23. 5. 2007.[81] Nach Stellungnahme des BR[82] u Gegenäußerung der BReG[83] erfolgte die 1. Lesung im BT am 20. 9. 2007, der den Entwurf an den Rechtsausschuss u den Ausschuss für Wirtschaft u Technologie überwies. Der Rechtsausschuss führt am 23. 1. 2008 eine öffentliche Sachverständigenanhörung durch, in deren Folge nochmals wichtige Änderungen des Regierungsentwurfs beschlossen wurden. Zweite und dritte Lesung im BT erfolgten am 26. 6. 2008, so dass das Gesetz nach Billigung durch den BR[84] verkündet werden[85] u am 1. 11. 2008 in Kraft treten konnte. **40**

c) Schwerpunkte der Neuregelung. Durch das MoMiG wurden zahlreiche Bestimmungen des GmbHG geändert u einige neu geschaffen. Der **Erleichterung u Beschleunigung der Gründung** dienen **Verzicht auf die Genehmigung als Gründungsvoraussetzung** bei Gesellschaften, deren Unternehmensgegenstand staatlicher Genehmigung bedarf (Streichung des § 8 I Nr 6 aF), **Erleichterung der Einpersonen-Gründung** durch Verzicht auf Sicherheitsleistung für Resteinlage (§§ 7 II 3, 8 II, 2 aF), ferner die **Freigabe der Anteilsstückelung** bei Gründung und Kapitalerhöhung (Aufhebung von § 5 III 2 aF) mit entspr Folge für Stimmrecht (§ 47 II), die Aufhebung der Einschränkungen der Teilung (Streichung von § 17 aF) u entspr die **Überantwortung von Teilung u Zusammenlegung in die Kompetenz der Gesellschafterversammlung,** ferner die Erlaubnis zum **41**

[79] Gesetz über elektronische Handelsregister und Genossenschaftsregister sowie das Unternehmensregister (EHUG) v 10. 11. 2006, BGBl I, 2553.

[80] Entwurf eines Gesetzes zur Modernisierung des GmbH-Rechts und zur Bekämpfung von Missbräuchen (MoMiG), www.bmj.bund.de/media/archive/1236.pdf.

[81] www.bmj.bund.de/media/archive/2109.pdf.

[82] BR-Drucks 354/07 (Beschluss).

[83] BT-Drucks 16/6140, S. 74 ff.

[84] BR-Drucks 615/08.

[85] G vom 28. 10. 2008, BGBl I, 2026.

Erwerb beliebig vieler Geschäftsanteile bei der Gründung oder Kapitalerhöhung durch denselben Gfter (§ 5 Nr II 2 nF). Gründung wird ferner erleichtert und verbilligt durch die Möglichkeit, GmbH auf der Grundlage eines der beiden vorgegebenen **Musterprotokolle** zu gründen (Anlage zu § 2 Ia nF, § 41 d KostO). Zu erwähnen ist ferner Beschränkung des Beanstandungsrechts des RegGerichts bei Sachgründungen auf nicht unwesentliche Überbewertungen (§ 9 c I 2 nF). Besondere Bedeutung wird aber vor allem der neu geschaffenen Möglichkeit zukommen, GmbH in Form der **UG (haftungsbeschränkt)** nahezu ganz **ohne Mindeststammkapital** zu gründen (§ 5 a I). Diese Lösung des Streits um Herabsetzung des Stammkapitals zur Erleichterung der Gründung wenig kapitalintensiver Unternehmen war als politischer Kompromiss erst kurz vor der Beratung des RegE im Kabinett eingefügt worden.[86]

42 Der Vereinfachung u Deregulierung gerade unter dem Gesichtspunkt der Konkurrenz der englischen Ltd dient ferner Ermöglichung der **Verlegung des Verwaltungssitzes ins Ausland** unter Beibehaltung des inländischen Satzungssitzes u damit der Rechtsform (Streichung von § 4 a II aF). Als notwendige Folgeregelung wurde Pflicht zu Angabe einer inländischen Geschäftsanschrift als Anmeldevoraussetzung eingeführt (§ 8 IV Nr 1 nF).

43 Wesentliche Veränderungen hat das gesetzlich geregelte u von der Rspr ausdifferenzierte Recht der **Kapitalaufbringung u -erhaltung** erfahren. Kapitalaufbringung wurde insbes durch Einführung der **Anrechnung des Werts verdeckter Sacheinlage** auf den Bareinlageanspruch (§ 19 IV nF) anstelle bisheriger Gefahr doppelter Inanspruchnahme in der Insolvenz, sowie eingeschränkte **Erlaubnis der vorabgesprochenen darlehensweisen Rückführung der Bareinlage an Gfter** (§ 19 V) vereinfacht, was vor allem Cash-Pooling erleichtern soll, anstelle der bisherigen generellen Erfüllungsunwirksamkeit des sog Hin- und Herzahlens. Vereinfachung u Erleichterung dient bei Kapitalerhaltung zunächst **Rückkehr zur sog bilanziellen Betrachtungsweise.** Diese war vor allem bzgl Darlehensgewährung aus gebundenem Kapital an Gfter durch November-Urteil des BGH bis auf Ausnahmefälle in Frage gestellt worden u ist nunmehr ausdrücklich zugelassen, soweit Rückgewähranspruch vollwertig (§ 30 I 2 nF). Der Rechtssicherheit u Rechtsklarheit dient die Herausnahme von **Leistungen** aus dem Zahlungsverbot, die **bei** Bestehen eines **Beherrschungs- oder Gewinnabführungsvertrags** erfolgen (§ 30 I 2 nF). Ergänzt wurde Kapitalaufbringung durch **Zulassung genehmigten Kapitals** (§ 55 a). Insgesamt wurde damit System des festen Grundkapitals gegenüber bis dahin erreichtem Erkenntnisstand nicht unbedeutend relativiert.

44 Von erheblicher Bedeutung ist ferner die **Abschaffung des Eigenkapitalersatzrechts** als Grundlage für die Rückstufung von GfterDarlehen u die Rückforderung von Zins- u Tilgungsleistungen in der Krise. Unter Aufhebung der bislang von der Rspr herangezogenen materiellrechtlichen Grundlage (§ 30 I 3 nF) hat Gesetzgeber Problematik rechtsformunabhängig **rein insolvenz- u anfechtungsrechtlich geregelt** u dabei insbes an die Stelle der bisherigen Beschränkung auf Fälle einer Krisenfinanzierung eine **generelle Rückstufung von Gfterdarlehen** in der Insolvenz u eine **Fristenregelung für Anfechtung** von Rückzahlungen gesetzt (§§ 135 I InsO, 6 I AnfG). Regelung wird flankiert durch **neu geschaffenen Haftungstat-**

[86] *Seibert* GmbHR 2007, 673, 674.

bestand der Zahlungen an Gfter, soweit diese zur Zahlungsunfähigkeit der Ges führen mussten (§ 64 S 3).

Stärkung der Beteiligungstransparenz u Rechtssicherheit beim 45
Anteilserwerb dienen Änderungen der §§ 16 u 40. Damit wird **Gesellschafterliste** aufgewertet u Forderung der Praxis nach Ermöglichung eines **gutgläubigen Erwerbs von Geschäftsanteilen** Rechnung getragen. Im Zusammenhang mit einer Stärkung der Transparenz lässt sich das Erfordernis der verbindlichen Angabe u Eintragung einer **inländischen Geschäftsanschrift** als Zustellungsadresse nennen (§§ 8 IV Nr 1, 10 I 1). Sie dient ebenso dem Missbrauchsschutz u gilt auch für inländische Zweigniederlassungen ausländischer Gesellschaften (§§ 13 d II, 13 e II 3 HGB). Ergänzend erlaubt § 10 II 2 die Angabe u Eintragung einer **zusätzlichen inländischen Zustellungsadresse,** um Gefahr der öffentlichen Zustellung weitestmöglich zu vermeiden.

Bekämpfung von Missbräuchen ist weiteres erklärtes Ziel des MoMiG. 46
Dem dienen **Erweiterung der Inhabilitätsgründe** für GFührer (§ 6 II Nr 3) sowie die neu geschaffene **Haftung der Gfter** für Schäden, die aus der Bestellung oder Duldung der Geschäftsführung durch inhabile GFührer entstehen (§ 6 III). Die neu eingeführte **Haftung der GFührer für Zahlungen an Gfter,** die zur Zahlungsunfähhigkeit der Ges führen müssen (§ 64 S 3) dient der Verhinderung der Ausplünderung der Ges. Vor allem aber versucht MoMiG, dem Unwesen der sog **Unternehmensbestattung** entgegenzutreten. Zu nennen sind in diesem Zusammenhang bereits erwähnte Eintragung einer **inländischen Geschäftsanschrift** im HR (§§ 8 IV Nr 1, 10 I 1), unter der an GFührer Willenserklärungen abgegeben u Schriftstücke zugestellt werden können, die Erleichterung der öffentlichen Zustellung (§§ 15 a HGB, 185 Nr 1 ZPO), die im Zusammenhang mit der Verlagerung der Insolvenzantragspflicht (bisher § 64 I aF) in die InsO neu geschaffene **Verpflichtung der Gfter zur Stellung des Insolvenzantrags bei Führungslosigkeit** der Ges (§ 15 a III InsO).

d) Bewertung. Tendenz der Reform zu Modernisierung u Missbrauchs- 47
bekämpfung ist **uneingeschränkt zu begrüßen.** Reform war in vieler Hinsicht an der Zeit. Das gilt uneingeschränkt für Beschleunigung des Eintragungsverfahrens, Verzicht auf die Vorlage der Genehmigung bei genehmigungsbedürftigen Unternehmensgegenständen als Gründungsvoraussetzung, Freigabe der Anteilsstückelung als Gründungserleichterung u für Missbrauchsbekämpfung. Bisherige Wege der sog Unternehmensbestattung sind damit weitgehend verstellt; es bleibt allerdings zu befürchten, dass künftig andere Wege gefunden werden, die Gläubigern die Verfolgung ihrer berechtigten Ansprüche in ähnlicher Weise erschweren. Uneingeschränkt positiv ist auch Freigabe der Anteilsstückelung u die Erlaubnis zum Erwerb beliebig vieler Geschäftsanteile bei der Gründung oder Kapitalerhöhung durch denselben Gfter (§ 5 Nr II 2 nF) zu bewerten. Gründung wird ferner erleichtert und verbilligt durch die Möglichkeit, GmbH auf der Grundlage eines der beiden vorgegebenen Musterprotokolle zu gründen (Anlage zu § 2 Ia nF, § 41 d KostO) u ggf innerhalb der von Musterprotokollen gezogenen Grenzen zu ändern. Die Kostenvorteile bestehen allerdings nur bei der UG u werden durch unflexible, vor allem bei MehrpersonenGes wenig geeignete Satzungsvorgaben[87] u bei sehr niedrigem Stammkapital durch nicht mehr angemessene Honorierung des beurkundenden Notars[88] erkauft.

---

[87] Dazu krit etwa *Römermann* GmbHR Sonderheft Oktober 2008, 16, 25.
[88] *Römermann* GmbHR Sonderheft Oktober 2008, 16.

48 An der Zeit war auch eine Revision der unübersichtlich gewordenen u ausgeuferten Regelungen über **Kapitalaufbringung u Kapitalerhaltung** u des Rechts der Gfterdarlehen. Die Gesetz gewordenen Lösungen spiegeln allerdings den Konflikt des Gesetzgebers zwischen erwünschter Vereinfachung u den Erfordernissen eines wirkungsvollen Mindestkapitalsystems wider.[89] Sie sind von dem Bestreben getragen, Kapitalaufbringung u -erhaltung zu vereinfachen u damit insbesondere das im Grds wirtschaftlich sinnvolle Cash-Pooling von Hindernissen zu befreien, welche die Rspr des BGH im Laufe der Zeit unter kapitalaufbringungs- u kapitalerhaltungsrechtlichen Gesichtspunkten errichtet hatte. Das ist rechtspolitisch durchaus verständlich; die Frage ist nur, ob sich dieses Ziel mit dem System des Mindestkapitals und den dahinter stehenden Wertungen vereinbaren lässt. Zu einem offenen Systemwechsel hat sich Gesetzgeber nicht durchgerungen, sondern zumindest äußerlich am „bewährten System" des festen Stammkapitals festgehalten,[90] gleichzeitig aber auch versucht, „der zunehmenden Kritik von Praxis und Wissenschaft an Höhe und Sinnhaftigkeit des bisherigen Mindeststammkapitals" Rechnung zu tragen.[91] Auf diese Weise sind im Bereich der Kapitalaufbringung durch § 19 IV u V an sich begrüßenswerte Entschärfungen der Rechtsfolgen verdeckter Sacheinlagen u begrenzte Legitimationen des sog Hin- u Herzahlens Gesetz geworden, die nicht nur partielle Lockerungen der Kapitalaufbringung[92] enthalten, sondern eine „gravierende Änderung am Haftkapitalsystem",[93] die in ihren Folgewirkungen auf das bisherige System der Kapitalaufbringung u -erhaltung erodierend wirken können.[94]

49 Zwar hält der Gesetzgeber an der realen Aufbringung des Stammkapitals u seiner mehrstufigen Absicherungen im Prinzip fest; er setzt aber den von der Rspr entwickelten Umgehungsschutz in zwei entscheidenden Aspekten praktisch weitgehend außer Kraft[95] (näher § 19 Rn 45 ff, 70 ff). Einen **teilweisen Ausgleich** sucht der Gesetzgeber mit der **Inpflichtnahme der Geschäftsführer** für die Aufdeckung verdeckter Sacheinlagen u vereinbarter darlehensweiser Rückflüsse, die weiterhin bei der Anmeldung offengelegt werden müssen u für deren Vollwertigkeit dem GFührer die Verantwortung auferlegt wird. Aber das Gesetz bringt damit den GFührer in einen schwierigen Konflikt, ohne ihm die Mittel zu seiner Lösung an die Hand zu geben. Die darin liegende **Verschärfung der GFührerhaftung** ist hier wie an anderer Stelle daher **nicht unproblematisch.**[96]

50 Insges können die Eingriffe in das Kapitalsystem nicht ohne Folgen für seinen Stellenwert im Rahmen des Gläubigerschutzes bleiben. Das bedeutet allerdings nicht, dass das Kapitalaufbringungs- u Kapitalerhaltungsrecht insgesamt teleologisch auf ein bloßes Seriositätssignal zu reduzieren wäre.[97]

---

89 Zutr *Gehrlein* Der Konzern 2007, 771, 772; *Schall* ZGR 2009, 126, 127.

90 RegBegr BR-Drucks 354/07, 56; – bloße Rhetorik sieht darin *Schall* ZGR 2009, 126, 132.

91 RegBegr BR-Drucks 354/07, 60; auch *Seibert* in Seibert (Hrsg) Einführung, 12.

92 *Schall* ZGR 2009, 126, 127.

93 *Seibert* in Seibert (Hrsg) Einführung, 11.

94 Krit insbes *Goette* Einführung Rn 11; provozierend zum RegE schon *Priester* Kapitalaufbringung nach Gutdünken? Ein Zwischenruf zum MoMiG, ZIP 2008, 55.

95 *Goette* Einführung Rn 28: Fremdkörper in der Dogmatik des Kapitalaufbringungsrechts; deutlicher *ders* WPg 2007, 231, 233: „in nachhaltiger Weise geschwächt."

96 Krit etwa *Goette* Einführung Rn 11; *K. Schmidt* GmbHR 2008, 449, 454.

97 So aber *Schall* ZGR 2009, 126, 131 f.

Vielmehr hat der Gesetzgeber im Grundsatz am Kapitalschutz festgehalten, so dass sich die **schwierige Interpretationsaufgabe** stellt, dieses System trotz der gesetzgeberischen Eingriffe so weit wie möglich widerspruchsfrei u effizient aufrecht zu erhalten.

Eine besondere Herausforderung stellt sich dabei im Hinblick auf die **Einführung der UG (haftungsbeschränkt).** Diese ist von ihrer Zielrichtung her, unternehmerische Initiative junger Existenzgründer zu erleichtern,[98] durchaus zu begrüßen u wird ohne Zweifel ihr Ziel erreichen. Kehrseite ist, dass nicht gesichert ist, dass sich nur der genannte Personenkreis durch die Möglichkeit, das Eigenkapitalrisiko zu minimieren, angesprochen fühlt. So wird es nicht für unwahrscheinlich gehalten, dass von der schon bisher hohen Zahl der GmbH-Gründungen mit gesetzlichem Mindeststammkapital, künftig ein erheblicher Teil die UG wählt, um das Eigenkapitalrisiko noch weiter zu reduzieren.[99] Erfahrungen mit der SARL in Frankreich zeigen etwa, dass sich dort das gewählte Stammkapital bei ca 3000 € einzupendeln scheint.[100] Erste Zahlen für UG (ohne Berücksichtigung der Vorratsgründungen) ergeben ein durchschnittliches Stammkapital von 1173 €.[101] Damit würde die UG (haftungsbeschränkt) den Wettbewerb gerade um solche typischerweise kapitalschwachen Gründungen aufzunehmen, welche, wie offenbar ein erheblicher Teil der Ltd Gründungen,[102] eine besonders hohe Misserfolgs- u Insolvenzquote aufweisen.[103] Diesem Trend wird sich UG kaum entziehen können, da sie vor allem von Gründern gewählt werden wird, die nicht einmal die Mindesteinlage von 12 500 € für GmbH aufbringen können oder wollen. Unterhalb dieser Grenze ist unvermeidlich die Insolvenzanfälligkeit besonders hoch, weil Gründungs- u Anlaufkosten idR eine gewisse Eigenkapitaldecke erfordern.[104] Darin liegt völlige Kehrtwende gegenüber der früheren Forderung nach einer Erhöhung des Mindeststammkapitals, um dieses, wie schon GmbH-Novelle 1980, im Interesse des Gläubigerschutzes an gesunkenen Geldwert anzupassen.[105] **51**

Im übrigen stellt der **Verzicht auf ein Mindeststammkapital** bei der UG die **bisherige Grundannahme des Systems des Kapitalschutzes in Frage,**[106] dass die auf den Zeitpunkt der Eintragung zu erbringende Mindestkapitalausstattung der Ges der Preis für die Beschränkung der Haftung auf das GesVermögen darstellt.[107] Zwar sieht Begr zum RegE keinen zwingenden Zusammenhang von Mindestkapital und Haftkapitalsystem.[108] Die gläubigerschützende Wirkung eines Haftkapitalsystems ohne Mindestkapital beschränkt sich jedoch auf die Verhinderung von Ausschüttungen, bevor das Haftkapital **52**

---

[98] RegBegr BR-Drucks 354/07, 70.

[99] *Seibert* in Seibert (Hrsg) Einführung, 20.

[100] *Parleani* in: Lutter (Hrsg.), Das Kapital in Europa, ZGR-Sonderheft 17, 2006, 575, 580.

[101] *Bayer/Hoffmann* GmbHR 2009, 124, 125.

[102] Dazu *Niemeier* ZIP 2007, 1794.

[103] Krit auch *Goette* Einführung Rn 10.; zur zu erwartenden negativen Risikoallokation auch *Leyendecker* GmbHR 2008, 302, 304 mwN.

[104] *Wachter* GmbHR Sonderheft Oktober 2008, 25, 30.

[105] Krit *Goette* Einführung Rn 10, 14.

[106] Zutr *Schall* ZGR 2009. 126, 129; als Fehlentwicklung werten dies *Grigoleit/Rieder* Rn 104.

[107] Zu letzterem BGHZ 117, 323, 331 = NJW 1992, 1824, 1826.

[108] RegBegr BR-Drucks 354/07, 70.

gedeckt ist. Bei den bei der UG möglichen geringen Stammkapitalbeträgen nähert sich die daraus resultierende Ausschüttungssperre, ungeachtet der unterschiedlichen bilanziellen Ansätze, jedoch den insolvenznahen Ausschüttungsverboten (§ 64) an u verliert damit ihre effektive Bedeutung. Insoweit kommt daher dem Haftkapital keine relevante Bedeutung mehr zu. Worin immer man die Bedeutung des Haftkapitalsystems daher noch sehen will, für die UG hat es de facto weitgehend ausgedient.[109] Daran wird auch die gewinnabhängige Zwangsthesaurierung kaum etwas ändern, weil sie nicht erzwungen werden kann u das Recht dem Gläubigerschutz auch dann Rechnung tragen muss, wenn die UG zulässigerweise kein nennenswertes Haftkapital gebildet hat. Die Vorstellung des Gesetzgebers, der erforderliche Gläubigerschutz könne durch Eigenvorsorge der Gläubiger erfolgen, welche durch den Firmenzusatz UG (haftungsbeschränkt) gewarnt seien,[110] ist bereits in der Geschichte der GmbH ausreichend widerlegt.[111]

53 Damit stellt sich für UG in besonderem Maße, infolge der erfolgten Relativierung der Kapitalaufbringung u deren ohnehin begrenzten Wert für den Gläubigerschutz aber auch für die GmbH, die **Frage nach einer Kompensation im Bereich des Gläubigerschutzes.** Diese Frage stellte sich angesichts der begrenzten Effizienz auch des früheren Mindestkapitalsystems schon vor den Eingriffen des MoMiG in den Kapitalschutz. Sie ist durch die Neuregelungen im Bereich der UG und der Kapitalaufbringung aber noch dringender geworden. Sie lässt sich **nicht** dadurch beantworten, dass man anstelle des nicht geforderten Mindeststammkapitals nun zur Forderung nach einer angemessenen Kapitalausstattung über eine **Haftung wegen materieller Unterkapitalisierung** übergeht. Ein solcher Systemwechsel wurde bereits vor MoMiG für die GmbH von der Rechtsprechung zu Recht abgelehnt,[112] und auch die RegBegr zum MoMiG betont, dass sie einer Haftung wegen materieller Unterkapitalsierung nicht das Wort reden will.[113] Auch bzgl UG wird der BGH diesen Schritt wohl nicht gehen,[114] auch wenn man sehen muss, dass Gesetzgeber mit ihr selbst einen Systemwechsel vorgenommen hat, in dessen Folge Erkenntnisse zum System des Mindestkapitals nicht mehr ohne weiteres gültig sein müssen. Vielmehr verlagert sich der Gläubigerschutz, ausländischen Vorbildern folgend, mit dem MoMiG weiter von der präventiven Kapitalaufbringungshaftung hin zu einer Entwicklung von nachgelagerten Verhaltensstandards für Gfter u GFührer u entspr **Verschärfung der Haftung im Vorfeld u in der Insolvenz** (sog Exit-Haftung).[115]

54 Dazu gehört neben der **Insolvenzantragspflicht** (jetzt § 15 a InsO), die nunmehr bei Führungslosigkeit auch die Gfter treffen kann (§ 15 a III InsO), die **Haftung der Gfter wegen existenzvernichtenden** Eingriffs (s § 13 Rn 57 ff), die vom Gesetzgeber des MoMiG mit ins Kalkül genommen u mit § 64 S 3 nF durch eine **Haftung der GFührer für Zahlungen an Gfter,** welche zur Zahlungsunfähigkeit der Ges führen mussten, ergänzt wurde u die

---

109 *Schall* ZGR 2009, 126, 129.
110 So aber die Vorstellung der Regierungsbegründung, BR-Drucks 354/07, 71.
111 IE zweifelnd auch *Goette* Einführung Rn 43.
112 Zuletzt deutlich in BGHZ 176, 204 Rn 24 (GAMMA) = NJW 2008, 2437.
113 RegBegr 254/07, 66.
114 *Goette* Einführung Rn 48; *Wachter* GmbHR Sonderheft 2008, 25, 31.
115 *Schall* ZGR 2009, 126, 130, 132; – aA *Goette* Einführung Rn 10.

damit bereits Elemente eines *solvency tests* enthält.[116] Allerdings vollzieht MoMiG diesen Schritt nicht konsequent. In diesem Bereich der insolvenznahen Verhaltensstandards dürfte auch durch die Rspr noch nicht das letzte Wort gesprochen sein. Flankiert werden die insolvenznahen Verhaltensstandards durch die insolvenzrechtliche **Rückstufung der Gfterdarlehen** u die Anfechtbarkeit ihrer Rückzahlung oder Sicherung, wodurch den Gftern die Möglichkeit genommen wird, das Eigenkapitalrisiko durch Ausweichen in Gfterfremdfinanzierung zu vermeiden.

Die Kehrseite dieser Entwicklung ist der **schrittweise Verlust des „sicheren Hafens“** der Kapitalaufbringung mit seinem „Haftungsfreiraum bis zur Grenze des § 826 BGB“[117] zu Gunsten von auf Generalklauseln u unbestimmten Rechtsbegriffen aufbauenden Haftungen am Ende der Ges. Diese Haftungen treffen nach MoMiG verstärkt die GFührer, deren Stellung gegenüber den Gftern sich damit in Richtung größerer Unabhängigkeit ändern muss. 55

5. Weitere Gesetzgebungsvorhaben, sonstige Reformdiskussion. 56
Schon länger zurückliegende Überlegungen, der GmbH durch **Börsenzugang** allgemeinen Kapitalmarkt zu öffnen u so Eigenkapitalausstattung zu verbessern, haben zwar zur Entwicklung entspr Vorschläge u Modelle geführt.[118] Börsenfähigkeit von GmbH-Anteilen mit entspr Erleichterung der Übertragbarkeit stößt auf schwere Bedenken: dann notwendige Verstärkung des Anlegerschutzes würde zu einschneidenden Änderungen führen u bisherige Flexibilität beeinträchtigen. Zur Öffnung des Kapitalmarkts für stärker personenbezogene, besonders auch mittelständische Unternehmen erscheint ein Ansatz bei der AG – **kleine AG** als Übergangsform auf dem „Weg an die Börse“, dazu Gesetz für kleine Aktiengesellschaften und zur Deregulierung des Aktienrechts vom 2. 8. 1994, BGBl I, 1961 – wesentlich besser geeignet.[119] Ebenso ist hierfür vom BGH nunmehr für zulässig erachtete **GmbH & Co KGaA**[120] in Betracht zu ziehen. Für GmbH dagegen allenfalls Bildung von Risikokapital durch börsengängige Genussscheine erwägens-

---

[116] S RegBegr BR-Dr 354/07, 106.

[117] Insoweit übereinstimmend *Schall* ZGR 2009, 126, 130f; *Goette* Einführung Rn 14.

[118] Vgl *Semler,* Referat in Verhandlungen des 55. DJT (1984), Bd II, K 38ff, insbes K 50ff; Bericht der Kommission „Zweiter Börsenmarkt“, Stuttgart, 1987 (Hrsg Bad-Württ Ministerium für Wirtschaft, Mittelstand und Technologie) sowie *Vollmer/May,* Bericht der Arbeitsgruppe „Zweiter Börsenmarkt“, Stuttgart, 1989; dazu *Hennerkes/May* DB 1989, 1709; ferner *Heindl,* Die Börseneinführung von GmbH-Anteilen, 1987; – demgegenüber jedoch krit zurückhaltend *Claussen* GmbHR 1989, 495u vor allem ZHR 153 (1989), 216; deutlicher *Hommelhoff* ZHR 153 (1989), 181; ausführl mwN nunmehr *Kecker,* Die Fungibilisierung von GmbH-Anteilen, 1991, befürwortend; – zu Recht strikt abl Ulmer/*Ulmer* Einl A Rn A 103; ähnl *Lutter*/Hommelhoff/*Bayer* § 15 Rn 1; zu älteren Vorschlägen gleichfalls krit bereits *Reuter,* Gutachten B zum 55. DJT (1984), Bd I, B 29ff.

[119] Auch dazu *Claussen* GmbHR 1989, 495u vor allem ZHR 153 (1989), 216; *Hommelhoff* ZHR 153 (1989), 181; *Reuter,* Gutachten B zum 55. DJT (1984), Bd I, B 29ff; ferner zB *Albach/Lutter* ua, Deregulierung des Aktienrechts: Das Drei-Stufen-Modell, 1988; auch *Friedewald,* Die personalistische Aktiengesellschaft, 1991, insbes 157ff; *Hahn* DB 1994, 1659; *Hommelhoff* AG 1995, 529; *Seibert/Kiem/Schüppen,* Handbuch der kleinen AG, 5. Aufl 2007.

[120] BGHZ 134, 392.

wert;[121] sehr fraglich aber Akzeptanz durch breiteres Anlegerpublikum,[122] doch würde das für börsengängige GmbH-Anteile ebenso gelten.

57 In Kraft getreten sind zwischenzeitlich das Gesetz zur Modernisierung des Bilanzrechts (BilMoG) sowie das Gesetz zur Umsetzung der Aktionärsrechterichtlinie (ARUG), die beide kleinere Änderungen des GmbHG gebracht haben (dazu oben Rn 30).

58 Aufgrund eines Vorschlags des Deutschen Rats für Internationales Privatrecht hat die BReg **einen RefE eines Gesetzes zum Internationalen Privatrecht der Gesellschaften,** Vereine und juristischen Personen vorgelegt. Geplant ist die Einfügung eines neuen Art 10 EGBGB, nach dem für Gesellschaften das Recht des Staates anzuwenden ist, in dem sie in ein öffentliches Register eingetragen sind. Das entspricht einem Übergang zur sog Gründungstheorie (unten Rn 61).

V. Internationales Gesellschaftsrecht

Lit: *Borges,* Gläubigerschutz bei ausländischen Gesellschaften mit inländischem Sitz, ZIP 2004, 733; *Eidenmüller* (Hrsg), Ausländische Kapitalgesellschaften im deutschen Recht, 2004; *Eidenmüller/Rehm,* Niederlassungsfreiheit versus Schutz des inländischen Rechtsverkehrs: Konturen des Europäischen Internationalen Gesellschaftsrecht, ZGR 2004, 159; *Bayer,* Die EuGH-Entscheidung „Inspire Art" und die deutsche GmbH im Wettbewerb der europäischen Rechtsordnungen, BB 2003, 2357; *Bungert,* Sitzanknüpfung für Rechtsfähigkeit von Gesellschaften auch nicht mehr im Verhältnis zu den USA, DB 2003, 1043; *Goette,* Wo steht der BGH nach „Centros" und „Inspire Art"?, DStR 2005, 197; *Grigoleit,* Auswirkungen der europäischen Niederlassungsfreiheit auf das Gesellschaftsrecht, in: Neuner (Hrsg), Grundrechte und Privatrecht aus rechtsvergleichender Sicht, 2007, 266; *Henze,* Europäisches Gesellschaftsrecht in der Rechtsprechung des BGH, DB 2003, 2159; *Hirte/Bücker* (Hrsg), Grenzüberschreitende Gesellschaften, 2005; *Horn,* Deutsches und europäisches Gesellschaftsrecht und die EuGH-Rechtsprechung zur Niederlassungsfreiheit – Inspire Art, NJW 2004, 893; *Kindler,* Ende der Diskussion über die so genannte Wegzugsfreiheit, NZG 2009, 130; *ders,* „GmbH-Reform und internationales Gesellschaftsrecht", AG 2007, 721; *Lutter* (Hrsg), Europäische Auslandsgesellschaften im deutschen Recht, 2005; *Sandrock,* BB-Forum: Nach Inspire Art – Was bleibt vom deutschen Sitzrecht übrig? BB 2003, 2588; *Schanze/Jüttner,* Die Entscheidung für die Pluralität: Kollisionsrecht und Gesellschaftsrecht nach der EuGH-Entscheidung „Inspire Art", AG 2003, 661; *Schön,* Die Niederlassungsfreiheit von Kapitalgesellschaften im System der Grundfreiheiten, FS Lutter, 2000, 685; *Spahlinger/Wegen,* Internationales Gesellschaftsrecht in der Praxis, 2005; *Sonnenberger* (Hrsg), Vorschläge und Berichte zur Reform des europäischen und deutschen internationalen Gesellschaftsrechts, 2007; *Ulmer,* Gläubigerschutz bei Scheinauslandsgesellschaften, NJW 2004, 1201; *Weller,* „Inspire Art": Weitgehende Freiheiten beim Einsatz ausländischer Briefkastengesellschaften, DStR 2003, 1800; *ders,* Zum identitätswahrenden Wegzug deutscher Gesellschaften, DStR 2004, 1218; *Zimmer,* Nach „Inspire Art": Grenzenlose Gestaltungsfreiheit für deutsche Unternehmen?, NJW 2003, 3585.

59 **1. Sitztheorie, Niederlassungsfreiheit, geplanter Übergang zur Gründungstheorie.** Internationalprivatrechtliche Anknüpfung ist für GmbH wie für andere jur Personen nicht gesetzlich geregelt. Maßgebend

[121] Ausführl *Rid-Niebler,* Genussrechte als Instrument zur Eigenkapitalbeschaffung über den organisierten Kapitalmarkt für die GmbH, 1989, mwN; Hinweise auch bei der Mehrzahl der oben Genannten; s ferner § 29 Rn 88 ff mwN.

[122] *Rid-Niebler,* 165 f; Scholz/*Winter/Seibt* § 14 Rn 67; betont *Ehlke* ZHR 154 (1990), 409 ff.

Personalstatut (Gesellschaftsstatut), nach dem sich einheitlich alle Rechtsverhältnisse der GmbH bestimmen, **Einheitstheorie** (überwM), im Gründungsstadium auch der Vor-GmbH, Voraussetzungen für Entstehung u Erwerb der Rechtsfähigkeit, deren Umfang, ferner notwendige Organisation, Aufgaben u Befugnisse der Organe, Mitbestimmung der Arbeitnehmer usw. Als Anknüpfungspunkte für das Gesellschaftsstatut kommen vor allem die Rechtsordnung in Betracht, nach welcher die Ges gegründet wurde **(Gründungstheorie)** oder die Anwendung der Rechtsordnung, in deren Bereich die Ges ihren tatsächlichen Sitz, (Haupt-)Verwaltung, hat **(Sitztheorie).** Die Sitztheorie, die im Grundsatz der bislang hM entspricht,[123] und bis zu abweichender Regelung durch geplante IPR-Reform auch im Grundsatz weiterhin Gültigkeit hat,[124] bringt das Recht des Staates zur Anwendung, der durch Tätigkeit der Ges am intensivsten betroffen ist u verhindert gleichzeitig eine Umgehung des inländischen Schutzstandards.[125] Soweit danach ausländ Ges mit tatsächlichem Verwaltungssitz im Inland nicht als jur Person anzuerkennen ist, hat sie im Inland zumindest Stellung einer rechtsfähigen Personenges.[126]

Diese **Folge der Sitztheorie** hat jedoch **EuGH** in den Entscheidungen *Centros, Überseering* u *Inspiere Art* für Ges aus den europ Mitgliedsstaaten als **60**
unvereinbar mit der Niederlassungsfreiheit nach Art 43 u 48 EGV gewertet.[127] Danach darf das nationale Recht weder die Zulassung einer Zweigniederlassung einer in einem anderen Mitgliedsstaat wirksam gegründeten Ges von zusätzlichen Voraussetzungen wie etwa Mindestkapital oder Haftung der GFührer abhängig machen,[128] noch kann einer in einem anderen Mitgliedsstaat gegründeten Gesellschaft, wenn sie unter Aufrechterhaltung ihres Satzungssitzes ihren tatsächlichen Sitz in ein anderes Mitgliedsland verlagert, die Rechts- oder Parteifähigkeit abgesprochen werden.[129] Den Vorgaben, welche der EuGH damit im Fall Überseering gemacht hat, hat der BGH entsprochen.[130] Damit sind, ohne dass Geltung der Sitztheorie als solche in Frage gestellt worden wäre,[131] ihre wesentlichen Auswirkungen gegenüber Gesellschaften aus Mitgliedsländern der EU, die tatsächlichen Sitz ins Inland verlagern, nicht mehr aufrecht zu erhalten.[132] Grundsätze sind auch gegenüber

---

123 BGH NJW 2009, 289 (Trabrennbahn); BGHZ 97, 269, 271 = NJW 1986, 2194; ausführl jew mwN Scholz/*Westermann* Einl Rn 94 ff; MünchKommBGB/*Kindler* IntGesR 4. Aufl Rn 400 ff; Staudinger/*Großfeld* (1998) IntGesR Rn 16; GroßkommAktG/*Assmann* Einl Rn 533 ff; Michalski/*Leible* Syst Darst 2 Rn 31; *Roth/Altmeppen* Einl Rn 66 ff; KölnerKomm/*Kraft* § 5 Rn 40 ff; tendenziell auch Rowedder/*Schmidt-Leithoff* Einl Rn 301 ff; – dagegen für Gründungstheorie mwN Ulmer/*Behrens* Einl B Rn 23 ff.

124 BGH NJW 2009, 289 (Trabrennbahn); unter Hinweis auf CARTESIO-Entscheidung des EuGH auch *Sethe/Winzer* WM 2009, 536, 539; *Paefgen* WM 2009, 529, 531; krit aber *Lieder/Kliebisch* BB 2009, 338.

125 Michalski/*Leible* SystDarst 2 Rn 4 f.

126 BGHZ 151, 204 = NJW 2002, 3539.

127 EuGH C-212/97 (Centros) = NJW 1999, 2027; EuGH C-167/01 (Inspire Art) = NJW 2003, 3331.

128 EuGH C-167/01 (Inspire Art) = NJW 2003, 3331.

129 EuGH C-208/00 (Überseering) = NJW 2002, 3614; Vorlageentscheidung BGH NZG 2000, 926.

130 BGH NJW 2003, 1461; ebenso BayObLG GmbHR 2003, 717.

131 Michalski/*Leible* SystDarst 2 Rn 31; vgl auch *K. Schmidt* ZHR 168 (2004), 493, 496.

132 S auch *Eidenmüller* ZIP 2002, 2233, 2241; für eine Abkehr von der Sitztheorie insoweit auch OGH Wien NZG 2000, 36.

Gesellschaften aus **EWR-Staaten** zu beachten.[133] Ebenso gelten nach **Art XXV des deutsch-amerikanischen Freundschaftsvertrags**[134] Gesellschaften, die gem den Gesetzen u sonstigen Vorschriften des einen Vertragsteils in dessen Gebiet errichtet sind als Ges dieses Vertragsteils u werden im Gebiet des anderen Vertragsteils anerkannt. Diese Regelung, die auf der Gründungstheorie aufbaut, geht der Sitztheorie vor.[135] Ob sie auch Anwendung findet, wenn es sich um eine Briefkastenfirma ohne jede tatsächliche effektive Beziehung (sog *genuine link*) zum Gründungsstatut handelt, ist bislang ungeklärt.[136] Jedenfalls reicht insoweit eine geringe Betätigung aus.[137]

61 Aufgrund eines Vorschlags des Deutschen Rats für Internationales Privatrecht hat die BReg **einen RefE eines Gesetzes zum Internationalen Privatrecht der Gesellschaften,** Vereine und juristischen Personen vorgelegt.[138] Geplant ist ua die Einfügung eines neuen Art 10 EGBGB, nach dem für Gesellschaften das Recht des Staates anzuwenden ist, der in dem sie in ein öffentliches Register eingetragen sind. Das entspricht einem **Übergang zur sog Gründungstheorie.** Damit würde sich die Unterscheidung zwischen Ges aus Mitgliedsstaaten er EU bzw des EWR auf der einen u sonstigen Drittstaaten insoweit erledigen.

2. Sitzverlegung einer inländischen GmbH ins Ausland.

Lit. *Kindler,* GmbH-Reform und internationales Gesellschaftsrecht, AG 2007, 721; *Leuering,* Neue Entwicklungen im internationalen Gesellschaftsrecht, NJW-Spezial 2008, 111.

62 **a) Verlegung des Satzungssitzes.** Eine Verlegung des Satzungssitzes der deutschen GmbH ins Ausland unter Aufrechterhaltung ihrer Identität ist nicht möglich.[139] An Unzulässigkeit der Verlegung des Satzungssitzes ins Ausland hat Neufassung des § 4 a durch MoMiG nichts geändert, solange nicht der andere Mitgliedsstaat eine solche Aufnahme unter Umwandlung in eine Rechtsform dieses Mitgliedsstaats erlaubt.[140] Ihre Zulassung ist auch vom europäischen Recht einstweilen nicht gefordert, da Niederlassungsfreiheit Einschränkungen der Hinausverlegung des Satzungssitzes nicht entgegensteht[141] u Entwurf einer 14. RL (SitzverlegungsRL) derzeit nicht weiterver-

---

[133] BGH NJW 2005, 3351; OLG Düsseldorf IPRax 2004, 56.

[134] Freundschaft-, Handels- und Schiffahrtsvertrag zwischen der Bundesrepublik Deutschland und den Vereinigten Staaten von Amerika vom 29. 10. 1954 (BGBl II 1956, 487 f).

[135] BGHZ 153, 353 = NZG 2003, 531; BGH NZG 2004, 1001; *Bungert* DB 2003, 1043.

[136] Offengelassen von BGH NZG 2004, 1001 mwN; verneinend OLG Düsseldorf GmbHR 1995, 595.

[137] BGH (I. Senat) GmbHR 2005, 51 (GEDIOS) mwN.

[138] RefE eines Gesetzes zum Internationalen Privatrecht der Gesellschaften, Vereine und juristischen Personen, vom 7. 1. 2008, www.bmj.de.

[139] BayObLG DStR 2004, 1224; OLG München NZG 2007, 915; *Wicke* § 4 a Rn 10; MünchKommBGB/*Kindler* IntGesR Rn 510; *Kindler* AG 2007, 721, 723; *Weller* DStR 2004, 1218; Scholz/*Westermann* Einl Rn 154; Michalski/*Leible* SystDarst 2 Rn 133; für AG GroßkommAktG/*Brändel* § 5 Rn 28; *Hüffer* AktG § 5 Rn 12; MünchKommAktG/*Heider* § 5 Rn 66.

[140] *Wicke* § 4 a Rn 10.

[141] EuGH RS C-210/06 Rn 109 = NJW 2009, 569 (CARTESIO); Rs. C-208/00 = NJW 2002, 3614 (Überseering).

folgt wird (oben Rn 34 aE). Möglichkeit grenzüberschreitender Verlegung des Satzungssitzes mag rechtspolitisch erwünscht sein, trifft aber derzeit im deutschen Recht nicht zu, da Ges nach deutschem Recht nur am Satzungssitz eingetragen werden kann u dieser daher für Registereintragung in Deutschland liegen muss.[142] Erst geplanter Übergang zur Gründungstheorie (oben Rn 61) u entspr Regelung zum Wechsel des Gesellschaftsstatuts im RefE zu Art 10 b EGBGB[143] könnte auf Seiten des deutschen Rechts Voraussetzung für identitätswahrende Verlegung des Satzungssitzes ins Ausland schaffen, nicht jedoch Statutenwechsel erübrigen.[144]

b) Verlegung des tatsächlichen Sitzes. Auf der Grdl der noch geltenden Sitztheorie führt Verlegung des tatsächlichen Sitzes (Verwaltungssitz, operativer Sitz) ins Ausland zu einem Statutenwechsel, weil Inlandssitz als Voraussetzung für Anwendung deutschen Rechts nicht mehr gegeben ist. Ges verliert Existenz u wird aufgelöst.[145] Niederlassungsfreiheit (Art 43 u 48 EGV) erzwingt bei Verlegung des Sitzes in anderen EU-Mitgliedsstaat kein anders Ergebnis.[146] Allerdings soll nach dem Willen des Gesetzgebers § 4 a nF eben diese Sitzverlegung ins Ausland ermöglichen.[147] Vorschrift setzt daher Nichtanwendung der Sitztheorie voraus, ohne eigene IPR-Regelung zu enthalten.[148] Diese ist vielmehr erst in Art 10 EGBGB geplant (oben Rn 61). Nach Sinn u Zweck der Regelung kann jedoch noch fortgeltende Sitztheorie der Verlagerung des Verwaltungssitzes ins Ausland nicht entgegengehalten werden.[149] Neufassung von **§ 4 a erlaubt** daher nunmehr **Verlegung des tats Sitz** einer deutschen GmbH **ins Ausland,** wobei im Inland lediglich Geschäftsanschrift als Zustellungsadresse vorhanden sein muss (§§ 8 IV Nr 1, 10 I 1). 63

Verlegung des tatsächlichen Sitzes ins Ausland kann allerdings, soweit dem nicht innerhalb der EU und des EWR Rpsr der EuGH oder völkerrechtliche Verträge entgegenstehen, bei **Verlegung in Staaten, die in ihrem Kollisionsrecht der Sitztheorie folgen,** zu Statutenwechsel nach dortigem Recht führen u ggf damit seiner eigenen Rechtsordnung unterwerfen u ggf als Personenges qualifizieren. Daran kann auch geplanter Übergang des deutschen IPR zur Gründungstheorie nichts ändern, da dieser insoweit nur zur Folgen hat, dass im Inland GmbH weiterhin nach deutschem Recht zu behandeln ist.[150] Verlegung des tatsächlichen Sitzes in Sitztheoriestaat bleibt damit risikobehaftet. 64

---

142 BayObLG DStR 2004, 1224; OLG Hamm NJW 2001, 2183; zur Erforderlichkeit eines inländischen Satzungssitzes auch schon BGHZ 29, 320, 328; 19. 102, 105; ferner Ulmer/*Ulmer* Rn 10; *Lutter*/Hommelhoff/*Bayer* Rn 22; Rowedder/*Schmidt-Leithoff* Rn 4; *Triebel/v Hase* BB 2003, 2409, 2414.

143 RefE eines Gesetzes zum Internationalen Privatrecht der Gesellschaften, Vereine und juristischen Personen, vom 7. 1. 2008, www.bmj.de.

144 Ulmer/*Behrens* Einl B 119.

145 Ulmer/*Behrens* Einl B 116.

146 EuGH Rs 81/87, NJW 1989, 2186 (Daily Mail), RS C-210/06 = NJW 2009, 569 (CARTESIO).

147 RegBegr BR-Drucks 354/07, 65.

148 Dazu, dass GesGeb des MoMiG kollisionsrechtliche Bedeutung der Sitzverlegung verkannt haben, *Kindler* NJW 2008, 3249, 3251. Konsequent aA Palandt/*Thorn* Anh zu Art 12 EGBGB Rn 7 auf der Grundlage einer für Sitzverlegung innerhalb EU-Staaten geltenden Gründungstheorie.

149 Bunnemann/Zirngibl/*Berger* § 7 Rn 102.

150 *Kindler* AG 2007, 721, 722.

65 **3. Grenzüberschreitende Verschmelzung.** §§ 122 a ff UmwG ermöglichen in Umsetzung der VerschmelzungsRL (oben Rn 34) die Herein- u Hinausverschmelzung mit einer Gesellschaft aus einem anderen Mitgliedsstaat der EU. Dies war zuvor schon bzgl der Hereinverschmelzung in der SEVIC-Entscheidung des EuGH als Folge der Niederlassungsfreiheit gefordert worden.[151] Wegen der Einzelheiten ist auf die Kommentare zum UmwG zu verweisen.

151 RS C-411/03 (SEVIC) = NJW 2006, 425.

Abschnitt 1. Errichtung der Gesellschaft

Zweck; Gründerzahl

1 Gesellschaften mit beschränkter Haftung können nach Maßgabe der Bestimmungen dieses Gesetzes zu jedem gesetzlich zulässigen Zweck durch eine oder mehrere Personen errichtet werden.

Übersicht

I. Allgemeines

1 **1. Bedeutung des Ersten Abschnitts.** Der Erste Abschnitt enthält gesetzliche **Bestimmungen für Gründung** der GmbH. Bestimmungen über GesZweck (§ 1), notwendigen Inhalt der Satzung (§ 3), Firma (§ 4), Sitz (§ 4 a), Höhe des Stammkapitals u Nennbeträge der GAnteile (§ 5) sowie über Geschäftsführer (§ 6) haben grundlegende Bedeutung für Ausgestaltung der Ges; sie wirken zwingend über Gründungsvorgang hinaus, sind also auch später, insbes bei Satzungsänderungen, zu beachten.

2 **Terminologisch** versteht GmbHG in der Abschnittsüberschrift u in § 1 **Errichtung der Gesellschaft** allg iSv **Gründung.** Dagegen unterscheidet AktG zwischen beiden: Ges ist bereits mit Übernahme aller Aktien errichtet, § 29 AktG. Dementspr bezeichnet man heute auch im GmbH-Recht Gesamtvorgang als Gründung, dagegen Abschluss des GesVertrages, der ua Übernahme der GAnteile enthält, als Errichtung u die GmbH danach als errichtet, dh sie besteht nunmehr als Vor-GmbH (§ 11 Rn 6 ff). Dagegen reicht Gründung bis zur vollen Entstehung der GmbH durch HREintragung (§ 11 I).

3 **2. Bedeutung des § 1.** § 1 verwendet Bezeichnung **Gesellschaft mit beschränkter Haftung** ohne Legaldefinition. Begriff u Wesensmerkmale der GmbH ergeben sich aus der gesetzlichen Regelung (Einl Rn 1 ff). In der Folge spricht das GmbHG dann nur noch von Gesellschaft.

4 § 1 hat materiell **Bedeutung** in zweifacher Richtung: Zulassung der GmbH für jeden beliebigen Zweck stellt klar, dass diese, obwohl nach § 13 III stets Handelsges iSv § 6 HGB u damit Formkaufmann (§ 6 II HGB), nicht wie OHG u KG notwendig Handelsgewerbe zu betreiben braucht, sondern auch auf andere wirtschaftliche sowie nicht wirtschaftliche, iwS ideelle Zwecke gerichtet sein kann. GmbHG selbst enthält insoweit keinerlei Beschränkung, sondern verweist nur allg auf sonstige gesetzliche Zulässigkeitsgrenzen. – Ferner eröffnet § 1 idF der GmbH-Novelle 1980 Möglichkeit der Gründung durch eine Person allein, Einmann- bzw Einpersonengründung, gleichrangig neben derjenigen durch mehrere Personen; entspricht nunmehr auch 12. EG-Richtlinie, daher war insoweit bei deren Umsetzung durch G v 18. 12. 1991[1] keine Änderung erforderlich (vgl Einl Rn 34 sowie unten Rn 20 f, 49 ff).

II. Gesellschaftszweck

5 **1. Gesellschaftszweck und Unternehmensgegenstand. Gesellschaftszweck** ist nicht gleichbedeutend mit Unternehmensgegenstand; GmbHG unterscheidet beide in §§ 1 u 61 I einerseits, §§ 3 I Nr 2, 10 I, 75 I u 76 andererseits. **Unternehmensgegenstand** kennzeichnet Bereich u Art der Betätigung der Ges (§ 3 Rn 7 ff); er ist vor allem für ihr Verhältnis nach außen gegenüber Dritten wesentlich u muss deshalb im GesVertrag festgelegt u im HR eingetragen werden. GesZweck ist dagegen das gemeinsame Ziel für Zusammenschluss der Gfter (vergleichbar § 705 BGB), für ihr Verhältnis zueinander maßgebend;[2] bei Einpersonengründung entspr einseitig festgesetz-

[1] BGBl I, 2206.

[2] Ulmer/*Ulmer* Rn 5 ff mwN zum Meinungsstand; allg auch *K. Schmidt* GesR § 4 II 3.

ter Organisationszweck.[3] – Beide können sich inhaltlich decken, so meist beim Betrieb gewerblicher Unternehmen, doch muss das nicht sein. GesZweck ist der umfassendere Begriff; er kann weiter reichen. Der Unternehmensgegenstand ist dabei nicht lediglich das Mittel zur Verfolgung des GesZwecks,[4] sondern wird von diesem als wesentliches Element, also als Zweckbestandteil mit umfasst.[5] Unternehmensgegenstand ist daher zwar nicht alleinige, aber wichtigste Erkenntnisquelle für den GesZweck, wenn dieser im GesVertrag nicht besonders geregelt ist u darum aus dessen Gesamtinhalt ermittelt werden muss;[6] wichtig, weil Vereinbarung des GesZwecks unerlässlich, ausdrückliche Bezeichnung im GesVertrag aber gesetzlich nicht vorgeschrieben ist u daher oft unterbleibt. Änderungen nur mit Zustimmung aller Gfter (§ 53 Rn 29).

6 **2. Zulässiger Zweck. a) Allgemeines.** In Betracht kommt jeder beliebige Zweck, sofern er nur mit dem Gesetz vereinbar ist. Das GmbHG selbst setzt keine Grenzen (über andere gesetzliche Schranken unten Rn 13 ff). Das trägt wesentlich zur weiten Verbreitung u zur Anwendung der GmbH in den verschiedensten Bereichen bei (Einl Rn 12 ff). – Nach dem GesZweck unterscheidet man üblicherweise zwischen erwerbswirtschaftlichen, sonstigen wirtschaftlichen u nicht wirtschaftlichen bzw ideellen Zwecken. Abgrenzung zwischen den einzelnen Gruppen ist nicht scharf, doch ist das unschädlich, weil Einteilung nur systematischen Überblick über die Vielzahl der Möglichkeiten vermitteln soll.

7 **b) Erwerbswirtschaftliche Zwecke** können mit dem Betrieb aller Arten von Gewerbe im weitesten Sinn, zB auch Land- u Forstwirtschaft,[7] verfolgt werden. Keine Beschränkung auf Handelsgewerbe; GmbH ist Handelsges kraft Rechtsform (§ 13 III), auf die Tatbestände der §§ 1–3 HGB, insbes auf die Grenze des § 1 II HGB kommt es dafür nicht an. – Ist aus wirtschaftspolitischen, gewerberechtlichen oder technischen, zB umweltschutzrechtlichen, Gründen Zulassung, Genehmigung udgl erforderlich, so beeinträchtigt das Zulässigkeit des GesZwecks als solchen nicht;[8] Fehlen kein Eintragungshindernis mehr, da § 8 I Nr 6 durch MoMiG aufgehoben. Endgültige Versagung oder spätere Entziehung kann Auflösungsgrund (§ 61, bei Gemeinwohlverstoß auch § 62) sein.[9] Darüber, dass GmbH für Unternehmen bestimmter Art nicht zugelassen ist, unten Rn 14.

8 Erwerbswirtschaftliche Zielsetzung kann auch im Rahmen von **Unternehmensverbindungen,** insbes Konzernen, verfolgt werden (dazu SchlAnhKonzernR); GmbH findet hier breite Verwendung auf allen Organisationsstufen, auch als Konzernspitze, Holding- oder Dachges. – Erwerbswirtschaftlich orientiert sind ferner die Komplementär-GmbH der zahlreichen GmbH & Co KG u neuerdings auch GmbH & Co KGaA; soweit GmbH dabei auf bloße

---

[3] Scholz/*Emmerich* Rn 35.

[4] So aber OLG Hamburg BB 1968, 267; *Michalski* Rn 5; Scholz/*Emmerich* Rn 2 b.

[5] *Lutter*/Hommelhoff/*Bayer* Rn 2; *Roth*/Altmeppen Rn 4; *Zöllner,* Schranken, 27 mwN; für schärfere Trennung Ulmer/*Ulmer* Rn 5 ff, insbes Rn 8.

[6] RGZ 164, 140; Ulmer/*Ulmer* Rn 9; Rowedder/*Schmidt-Leithoff* Rn 6; Scholz/*Emmerich* Rn 3 a.

[7] BGHZ 33, 324.

[8] BGH NZG 2003, 770 (BGB-Ges).

[9] Ulmer/*Ulmer* Rn 39; Rowedder/*Schmidt-Leithoff* Rn 48; Scholz/*Emmerich* Rn 9, 18; *Roth*/Altmeppen Rn 18.

Verwaltung ohne Gewinnerzielung beschränkt bleibt, liegt Grenzfall zur Gruppe sonstiger wirtschaftlicher Zwecke (nachf Rn 10) vor.

9 Grenzfall bilden in anderer Weise Vereinigungen zur Ausübung **freiberuflicher Tätigkeit,**[10] die zwar Erwerb dienen, aber herkömmlich nicht, auch nicht iwS, dem Gewerbe zugerechnet werden. Sie haben nichtgewerbliche erwerbswirtschaftliche Zielsetzung, grds als GesZweck zulässig, zB für Architekten,[11] Ingenieure, Anwälte. Eine andere Frage ist, ob berufs- oder standesrechtliche Regelungen entgegenstehen. **Rechtsanwalts-GmbH** früher standesrechtlich unzulässig (vgl hierzu 16. Aufl Rn 9). Gesetzgeber hat mit Wirkung vom 1. 1. 1999 diese durch Einführung der §§ 59 c ff BRAO anerkannt, wenn die dort näher umschriebenen Voraussetzungen erfüllt sind.[12] Unter ähnlichen Voraussetzungen seit 1. 1. 1999 auch **Patentanwalts-GmbH** zulässig durch Einfügung der §§ 52 c ff PatAnwO.[13] GmbH ist ferner ausdrücklich zugelassen u verbreitet als **Steuerberatungsges** (§ 49 I StBerG) u **Wirtschaftsprüfungsges** (§ 27 I WPO). – Zulässig auch Betrieb eines Krankenhauses,[14] Sanatoriums udgl (nicht aber Apotheke, unten Rn 14) durch GmbH. Dagegen wurde lange GmbH als Rechtsform für Ärzte u Zahnärzte von hM abgelehnt.[15] Doch hat BGH GmbH für **Zahnärzte**[16] u **Heilpraktiker**[17] bei ausreichender Unabhängigkeit der Berufsträger für zulässig erachtet. Einzelne Landesgesetze verbieten dagegen die GmbH als Berufsausübungsform für Ärzte.[18] Andere erlauben[19] oder machen sie vom Bestehen von Regelungen in den Berufsordnungen der Kammern abhängig, die gewährleisten, dass die heilkundliche Tätigkeit eigenverantwortlich, unabhängig und nicht gewerblich ausgeübt wird.[20] Im Übrigen steht Angehörigen freier Berufe die Rechtsform der Partnerschaftsgesellschaft offen, PartGG vom 25. 7. 1994.[21]

10 **c) Sonstige wirtschaftliche Zwecke,** dh nichtgewerbliche u normalerweise nicht unmittelbar gewinnorientierte Zwecke sind ebenfalls vielfältig möglich.[22] **Beispiele:** In älterer Zeit ist GmbH sehr oft für Kartelle u Syndikate benutzt worden; heute nur noch in dem engen durch GWB u EU-Kartellrecht erlaubten Bereich möglich; soweit danach Erlaubnispflicht be-

---

[10] Allg dazu *Gauster,* Freier Beruf und Kapitalgesellschaft, 2000.

[11] OLG Düsseldorf GRUR 1996, 370; Scholz/*Emmerich* Rn 14; Ulmer/*Ulmer* Rn 23 f; allg dazu *Kremer* GmbHR 1983, 259; *Stehle* DStR 1983, 100.

[12] Zur Entwicklung u zur Neuregelung *Henssler* NJW 1999, 241; *Römermann* GmbHR 1998, 966. – Zur Rechtsanwalts-AG BGHZ 161, 376 = NJW 2005, 1568.

[13] Hierzu *Hübner-Weingarten* DB 1998, 2049.

[14] Vgl BayObLG NZG 2000, 987.

[15] Zur Entwicklung Ulmer/*Ulmer* Rn 24.

[16] BGHZ 124, 224.

[17] GRUR 1992, 176.

[18] So zB Bayern Art. 18 I 2 Heilberufe-Kammergesetz (GVBl 2002, 42), iGrds bestätigt durch BayVerGH NJW 2000, 3418; Schleswig-Holstein (GVBl 1996, 248). Dazu mit krit Tendenz im Hinblick auf Art 12 GG Scholz/*Emmerich* Rn 14 b; *Lutter/* Hommelhoff/*Bayer* § 1 Rn. 8; *Meyer/Kreft* GmbHR 1997, 193; *Taupitz* NJW 1996, 3038; tendenziell für Zulässigkeit der Ärzte-GmbH jetzt auch Ulmer/*Ulmer* § 1 Rn. 24.

[19] So etwa § 32 II HKG Niedersachsen.

[20] Für Zulässigkeit dieser Einschränkung OLG Düsseldorf FGPrax 2007, 93 (Berufsordnung der Tierärztekammer Nordrhein).

[21] BGBl I, 1744.

[22] *Loidl,* Die GmbH ohne erwerbswirtschaftliche Zielsetzung, 1970, 7 ff; *Priester* GmbHR 1999, 149.

steht, gilt das oben Rn 7 für gewerbliche Zulassungen Ausgeführte entspr. – GmbH häufig Rechtsform für Wirtschaftsverbände aller Art zur Wahrung u Förderung wirtschaftlicher Interessen ihrer Mitglieder. – Verbreitet auch als Träger gemeinnütziger Unternehmen,[23] wegen der Fremdnützigkeit vielfach als ideelle Zielsetzung eingeordnet, jedoch der Sache nach meist bis auf die fehlende Gewinnerzielungsabsicht wirtschaftlich orientiert. – Ganz ähnlich bei privaten Unternehmen der öffentl Hand, insbes im Bereich der öffentl Daseinsvorsorge, für die GmbH ebenfalls geeignete u bevorzugte Rechtsform ist; auch bei stärker erwerbsorientierten gemischtwirtschaftlichen Unternehmen kommt GmbH vor, doch ist hier AG wichtiger.[24]

Als Treuhandges ermöglicht GmbH effektive u flexible Verwaltung des Vermögens nicht selbst rechtsfähiger Personenvereinigungen, auch lockerer Personengruppen, sowie Bildung gesonderter Vermögensmassen für bestimmte Zwecke. Besonders wichtig zB Verwaltung von Gewerkschaftsvermögen;[25] ferner etwa Zusammenfassung von Familienvermögen[26] uam. – Verbreitete Verwendung der GmbH auch für Unterstützungskassen der betrieblichen Altersversorgung (§ 1 IV BetrAVG)[27] u ähnliche soziale Einrichtungen, auch über Bereich des Arbeitsrechts hinaus. Vor allem letztere leiten über zu ideeller Zwecksetzung, doch haben sie hinsichtlich der Verwaltung des Vermögens oft auch wirtschaftliche Ziele. Deutlicher ist das meist bei den eigentlichen Treuhand-GmbH, die aber dennoch bei ideeller Ausrichtung der Treugeber vielfach auch selbst zu den ideell orientierten GmbH gerechnet werden. Nicht selten zielt Treuhandverwaltung allerdings zusätzlich auf eine Mehrung des Vermögens, uU wird sogar Konzernleitungsmacht ausgeübt; dann liegt Grenzfall auch zum erwerbswirtschaftlichen Zweck vor. 11

d) Ideelle Zwecke sind weit zu fassen iS aller Arten nicht wirtschaftlicher Ziele.[28] Zwecke können gesellige, sportliche, wissenschaftliche, künstlerische, politische, religiöse, karitative uam sein; über gemeinnützige u soziale schon oben Rn 10f. In allen diesen Bereichen kommt GmbH vor. Sie ist aber wegen der erschwerten Anteilsübertragung (§ 15) für größere Mitgliederzahlen mit häufigem Wechsel ungeeignet; hierfür stehen eV u nichtrechtsfähiger Verein zur Verfügung, letzterer uU ergänzt durch Treuhand-GmbH für das Vereinsvermögen (oben Rn 11). Wichtig u gebräuchlich ist GmbH aber für Organisationen zur Förderung ideeller Zwecke der genannten Art. – Hinzuweisen ist ferner auf die häufige Verwendung für Forschungsinstitute, vielfach mit Beteiligung oder alleiniger Trägerschaft der öffentl Hand. – Im politischen Bereich sind §§ 2 I, 17 VereinsG (schwere Verfassungsverstöße) zu beachten. – Religiöse Zusammenschlüsse sind nach Art 140 GG/Art 137 12

[23] Dazu *Schlüter* GmbHR 2002, 535 ff, 578 ff; *Ermgassen,* Die gemeinnützige GmbH, 2006.

[24] Zum Ganzen *Konow* GmbHR 1966, 153; *Loidl* GmbHR 1971, 278; *Paschke* ZHR 152 (1988), 263 m Hinweis auf Haftungsrisiken; Ulmer/*Ulmer* Rn 20 ff; Scholz/*Emmerich* Rn 11; *Wiedemann* § 2 II 2 d; letztere mwN; allg auch *Backhaus,* Öffentliche Unternehmen 2. Aufl 1980, insbes 245 ff; *Püttner,* Die öffentlichen Unternehmen, 2. Aufl 1985, insbes 61 ff.

[25] Dazu *Schaub,* Arbeitsrechts-Handbuch, 12. Aufl 2007, § 189 Rn 20.

[26] *Sorg* BB 1983, 1626.

[27] *Blomeyer/Rolfs/Otto* BetrAVG, 4. Aufl 2006, § 1 Rn 257 mwN; – nicht Pensionskassen nach Abs 3, da diese Versicherungsunternehmen sind, dazu Rn 14.

[28] *Loidl,* Die GmbH ohne erwerbswirtschaftliche Zielsetzung, 1970, 78 ff; *Winkler* NJW 1970, 449.

Weimarer ReichsVerf gewährleistet. – Auch privatrechtliche Stiftungen in der Rechtsform der GmbH sind möglich.[29]

13 **3. Unzulässigkeit des Gesellschaftszwecks. a) Allgemeines.** Unzulässigkeit liegt vor, wenn entweder durch besonderes Gesetz Rechtsform der GmbH für bestimmten Zweck ausgeschlossen, oder wenn GesZweck als solcher gegen ein Gesetz oder gegen die guten Sitten verstößt. Entspr gilt für den Unternehmensgegenstand; da er GesZweck wesentlich prägt (oben Rn 5), macht seine Unzulässigkeit diesen insgesamt unzulässig.[30] Bloßer Verstoß einzelner Geschäfte lässt dagegen GesZweck unberührt (uU aber § 62). – Für Beurteilung ist stets wirklicher, nicht ein nur angegebener, uU vorgeschobener Zweck maßgebend. Von Unzulässigkeit des GesZwecks zu unterscheiden ist Fehlen einer Genehmigung, Erlaubnis oder Konzession (oben Rn 7).

14 **b) Ausschluss der Rechtsform der GmbH. Rechtsform der GmbH** ist nur für wenige, aber wichtige Bereiche **ausgeschlossen** – eingeschränkte Rechtsformwahl: so für Versicherungsunternehmen (nur AG, SE u VVaG), § 7 I VAG idF v 17. 12. 1992; – für private Bausparkassen (nur AG), § 2 I G idF v 15. 2. 1991 – für Hypothekenbanken (nur AG u KGaA), § 2 I G idF v 19. 12. 1990; – für Schiffspfandbriefbanken (nur AG u KGaA), § 2 I G idF v 8. 5. 1963; – ausgeschlossen ist GmbH ferner vom Versteigerungsgewerbe (nur natürliche Personen), § 34 b V 1 GewO; – vom Betrieb einer Apotheke (nur natürliche Personen, BGB-Ges u OHG), § 8 ApothekenG idF v 15. 10. 1980.[31] Zum Zusammenschluss von Ärzten oben Rn 9. – **Zulässig** ist GmbH für Unternehmensbeteiligungsges, § 2 I UBGG idF v 9. 9. 1998. Auch ist GmbH im Übrigen nicht allg von Bankgeschäften ausgeschlossen, vgl § 2b KreditwesenG idF v 9. 9. 1998; ferner ausdrückliche Zulassung zum Investmentgeschäft in § 6 I 2 InvG idF v. 15. 12. 2003. – Im Übrigen zur GmbH für Ausübung freiberuflicher Tätigkeit oben Rn 9.

15 **c) Gesetz- und sittenwidriger Gesellschaftszweck.** Unabhängig von der Rechtsform ist GesZweck als solcher unzulässig bei Verstoß gegen jedes gesetzliche Verbot (§ 134 BGB) oder gegen die guten Sitten (§ 138 BGB). **Gesetzliche Verbote** können Rechtsvorschriften aller Art sein, BundesG, LandesG u VO, auch örtliche Satzung, u zwar nicht nur zum Schutz öffentl oder allg Interessen, sondern auch Gruppen- u Einzelinteressen, auch bloßer wirtschaftlicher Belange, zB gesetzliche Monopolstellung.[32] Aber nur absolut zwingende Regelung; solange besondere Erlaubnis, Zulassung, Ausnahmebewilligung oder dgl möglich, ist GesZweck nicht unzulässig (oben Rn 7 mwN); anders erst bei deren endgültiger Versagung oder wenn Erlaubnis gar nicht oder nicht mehr angestrebt wird.

16 **Gesetz- und Sittenverstoß** treffen oft, aber nicht notwendig zusammen. Unzulässig zB nicht erlaubnisfähige Kartelle, Förderung unlauterer Geschäftspraktiken, etwa organisierter Austausch von Finanzwechseln,[33] gewerbsmäßi-

---

29 Zu Vorteilen der Stiftungs-GmbH *Wochner* DStR 1998, 1835.

30 *Lutter*/Hommelhoff/*Bayer* Rn 12 f; teilw abw Ulmer/*Ulmer* Rn 38 bei etwas anderer Sicht des Verhältnisses von GesZweck u Unternehmensgegenstand; ähnl Rowedder/*Schmidt-Leithoff* Rn 46; Scholz/*Emmerich* Rn 13.

31 Krit Scholz/*Emmerich* Rn 8. Zur europarechtlichen Zulässigkeit EuGH v. 19. 5. 2009 C-171/07 (DocMorris), NJW 2009, 2112.

32 BayObLG DB 1972, 1015; allg dazu Ulmer/*Ulmer* Rn 40 f; Scholz/*Emmerich* Rn 18.

33 BGHZ 27, 172.

ger Schmuggel oder gezielte Steuerhinterziehungen. Letzteres ist zu unterscheiden von zulässiger steuergünstiger Rechtsformgestaltung; auch deren Fehlschlagen macht als bloßer Steuerumgehungsversuch iSv § 42 AO den GesZweck selbst nicht unzulässig.[34] – Auf Bedenken stößt verbreitete Auffassung, dass bei Gründung durch Ausländer, deren Aufenthaltserlaubnis Erwerbstätigkeit nicht zulässt, GesZweck als Umgehung eines gesetzlichen Verbots unzulässig sei;[35] jedoch sind Beteiligung von Ausländern als Gfter u Gründer (unten Rn 29) sowie ihre Bestellung als Gführer (§ 6 Rn 9) nach hM allg ohne besondere Voraussetzungen möglich. Werden durch aktive Tätigkeit in Ges ausländerrechtliche Vorschriften verletzt oder umgangen, richten sich Folgen nach diesen Vorschriften; daraus allein folgt nicht Unzulässigkeit eines an sich erlaubten GesZwecks.[36] Jedoch kann Sittenwidrigkeit (Rechtsformmissbrauch) vorliegen, falls GmbH nur oder primär den Zweck hat, die persönlich verbotene inländische Erwerbstätigkeit zu ermöglichen.[37]

4. Rechtsfolgen bei unzulässigem Gesellschaftszweck.[38] – Vor Eintragung macht Unzulässigkeit des Zwecks **Gesellschaftsvertrag nichtig** u hindert Eintragung ins HR, § 9 c II Nr 3.[39] Nichtigkeit kann von jedermann in jeder Weise geltend gemacht werden. Ist **Gesellschaft** als Vorges **in Vollzug gesetzt,** aber noch nicht ins HR eingetragen, so ist diese grds nach den **Regeln über die fehlerhafte Gesellschaft** zu behandeln.[40] – **Eintragung ins Handelsregister** heilt Mangel des GesZwecks nicht, lässt aber gleichwohl zunächst GmbH wirksam entstehen. Für weitere Folgen ist zu unterscheiden: Bei Unzulässigkeit des Unternehmensgegenstands (oben Rn 13) ist Nichtigkeitsklage nach § 75 (beachte §§ 76, 77) sowie Amtslöschung nach § 397 FamFG möglich. Ist dagegen bei an sich zulässigem Unternehmensgegenstand GesZweck im Übrigen unzulässig, liegt darin lediglich wichtiger Grund, der Auflösungsklage nach § 61 oder außerordentliches Austrittsrecht des einzelnen Gfters (§ 34 Anh Rn 18) rechtfertigt;[41] dagegen erfasst § 399 IV FamFG (Amtsauflösung) diesen Fall nicht.[42] Wohl aber kann bei Gefährdung des Gemeinwohls Auflösung nach § 62 in Betracht kommen. 17

Bei **nachträglicher Änderung** eines ursprünglich zulässigen in unzulässigen GesZweck gilt das oben Ausgeführte im Wesentlichen entspr.[43] Änderung 18

---

[34] Ulmer/*Ulmer* Rn 41; Scholz/*Emmerich* Rn 18; *Michalski* Rn 29; *Roth*/Altmeppen Rn 17.

[35] KG DB 1997, 270; OLG Celle DB 1977, 993; OLG Stuttgart BB 1984, 690; Rowedder/*Schmidt-Leithoff* Rn 47; – dagegen aber nunmehr auch *Lutter*/Hommelhoff/*Bayer* Rn 16.

[36] Ulmer/*Ulmer* Rn 42 f; Scholz/*Emmerich* § 2 Rn 41 b mwN; *Roth*/Altmeppen Rn 17; *Wachter* ZIP 1999, 1582.

[37] Ulmer/*Ulmer* Rn 42 f; *Lutter*/Hommelhoff/*Bayer* Rn 16 u § 2 Rn 4.

[38] Allg dazu Ulmer/*Ulmer* Rn 44 ff; Scholz/*Emmerich* Rn 20 ff; Rowedder/*Schmidt-Leithoff* Rn 50 ff.

[39] Vgl BayObLG DB 1972, 1015.

[40] RGZ 166, 59; BGHZ 13, 320; § 2 Rn 39; zu den Grenzen der Anerkennung *Kort,* Bestandsschutz fehlerhafter Strukturänderungen im Kapitalgesellschaftsrecht, 1998, 33 ff.

[41] Ulmer/*Ulmer* Rn 46; Scholz/*Emmerich* Rn 22; nunmehr auch *Lutter*/Hommelhoff/*Bayer* Rn 19.

[42] AA Rowedder/*Schmidt-Leithoff* Rn 52; tendenziell nunmehr auch Scholz/*Emmerich* Rn 22; s auch Ulmer/*Ulmer* Rn 46.

[43] Dazu Ulmer/*Ulmer* Rn 48.

ist unwirksam, daher für keinen Beteiligten verbindlich. Beruht sie auf Gfter-Beschluss, ist dieser nichtig (§ 241 Nr 3 AktG analog, § 47 Anh Rn 50); handelt es sich um Satzungsänderung, darf Beschluss nicht gem § 54 ins HR eingetragen werden.[44] Wird dennoch eingetragen, ist Amtslöschung im öffentl Interesse nach § 398 FamFG möglich (auch § 47 Anh Rn 57 ff). Ist auf diese Weise unzulässiger Unternehmensgegenstand als Satzungsinhalt eingetragen, den Ges tatsächlich verfolgt, kommen auch Nichtigkeitsklage nach § 75 u Amtslöschung der Ges nach § 397 FamFG in Betracht.[45] – Auch ohne Satzungsänderung kann tatsächlicher Übergang zu unzulässigem GesZweck für erfolglos widersprechende Gfter außerordentliches Austrittsrecht (§ 34 Anh Rn 18), uU auch Auflösungsklage nach § 61 begründen; auch § 62 kann in Betracht kommen.

19 5. **Heilung des Mangels** u damit der Nichtigkeit des GesZwecks nach § 76 durch einstimmigen GfterBeschluss, der erforderlichenfalls zugleich Satzung entspr ändert. Gilt sinngem auch, wenn Unzulässigkeit des GesZwecks nicht auf Unternehmensgegenstand beruht.[46]

III. Gesellschafter

20 1. **Zahl, Mehrpersonen- und Einpersonengründung.** § 1 lässt seit GmbH-Novelle 1980 Gründung durch eine Person allein ebenso wie durch mehrere Personen zu. Danach ist die für die Zeit nach Entstehung der Ges längst anerkannte Einpersonen-GmbH (unten Rn 49 ff) auch im Gründungsstadium möglich. Zahl der ersten Gfter – der Gründer – wie der späteren Gfter ist also beliebig, auch nach oben nicht durch Höchstzahl begrenzt.

21 **Mehrpersonengründung** durch zwei oder mehr Gfter u **Einpersonengründung** erfolgen im Wesentlichen nach denselben Regeln. Das Gesetz geht von ersterer aus u enthält für letztere nur wenige Besonderheiten: einseitiger Errichtungsakt wird in § 2 ohne besondere Erwähnung beim GesVertrag mit erfasst (§ 2 Rn 1, 7);[47] allg zur Einpersonen-GmbH unten Rn 49 ff. – Die vor Zulassung der Einpersonengründung entwickelte Strohmanngründung ist weiterhin möglich (unten Rn 40).

22 2. **Eigenschaft als Gesellschafter.** Das GmbHG legt keine Voraussetzungen fest. Dem Wort Personen in § 1 ist kein zwingender Hinweis auf eigene Rechtspersönlichkeit ieS zu entnehmen, daher keine Beschränkung auf natürliche u jur Personen. Einfügung durch GmbH-Novelle 1980 sollte Eignung bestimmter sonstiger Personenzusammenschlüsse als Gründer nicht einschränken, auch nicht für Einpersonengründung. § 1 stellt ungeachtet einzelner Modifikationen Einpersonen- u Mehrpersonengründung im Grds gleich.[48]

23 Eignung als Gründer u als Gfter der entstandenen GmbH ist im Wesentlichen gleich zu beurteilen, wenn man mit der hM Gründerfähigkeit der BGB-

---

[44] BayObLG DB 1972, 1015.

[45] Ulmer/*Ulmer* Rn 48, § 3 Rn 26.

[46] Ulmer/*Ulmer* Rn 49; Scholz/*Emmerich* Rn 24.

[47] Zur dadurch begründeten Einpersonen-Vorges § 11 Rn 41 ff u die dort Genannten; grds zur Bedeutung etwa *Flume* JurPerson § 5 IV; allg auch Scholz/*Emmerich* Rn 26 ff.

[48] Scholz/*Emmerich* Rn 29; *Winter,* Pro GmbH, 1980, 196; *Fezer* JZ 1981, 613; möglicherweise einschränkend *Deutler* GmbHR 1980, 145.

Ges u anderer Gesamthandsgemeinschaften anerkennt (unten Rn 33 ff u die dort Genannten). – Gfter – Gründer – können sein:

a) Natürliche Personen; keine Beschränkungen im GmbHG. Hervorzuheben ist: 24

aa) Nicht unbeschränkt Geschäftsfähige bedürfen der Mitwirkung des gesetzlichen Vertreters nach den allg Regeln. Ist dieser selbst am Gründungsgeschäft beteiligt oder gem §§ 1629 II, 1795 BGB verhindert, muss Pfleger nach § 1909 BGB bestellt werden; jedoch keine Dauerergänzungspflegschaft nötig, da gesetzlicher Vertreter im Übrigen trotz eigener Beteiligung grds auch Rechte u Pflichten des nicht unbeschränkt Geschäftsfähigen in der Ges wahrnehmen kann; der in § 181 BGB vorausgesetzte Interessenkonflikt tritt dabei idR nicht auf[49] (ausführl unten § 47 Rn 60 ff). – Familiengerichtliche Genehmigung ist in den meisten Fällen für Gründungsgeschäft (§ 2 Rn 25 ff), nur unter besonderen Voraussetzungen später für Erwerb u Veräußerung von Geschäftsanteilen (§ 15 Rn 3 ff), darüber hinaus normalerweise nicht erforderlich.[50] – Zur Beschränkung der Haftung auf das bei Eintritt der Volljährigkeit vorhandene Vermögen s § 1629 a BGB u Kommentierungen dazu. 25

Für **Betreute** gilt Entsprechendes, sofern Betreuungsgericht Einwilligungsvorbehalt für Vermögensangelegenheiten angeordnet hat; gem §§ 1903 I, 108 ff BGB Stellung dann ähnl wie beschränkt Geschäftsfähige. Daher Mitwirkung des Betreuers erforderlich. Dieser vertritt nach § 1902 BGB, bedarf betreuungsgerichtlicher Genehmigung im gleichen Umfang wie anderer gesetzlicher Vertreter (s Verweisung in § 1908 i BGB, unten § 2 Rn 25 ff, § 15 Rn 3 ff). Jedoch bei Interessenkonflikt iSv § 181 bzw §§ 1908 i, 1795, auch 1796 BGB keine Bestellung eines Ergänzungspflegers, da weder in § 1908 i noch in § 1909 BGB vorgesehen, sondern ergänzende Bestellung eines weiteren (Ersatz-)Betreuers nach § 1899 IV BGB.[51] – Besteht kein Einwilligungsvorbehalt, ist Betreuter, vom Fall des § 104 Nr 2 BGB abgesehen, unbeschränkt geschäftsfähig. Für Vermögensangelegenheiten bestellter Betreuer kann gleichwohl nach § 1902 BGB vertreten, bedarf aber auch dann betreuungsgerichtlicher Genehmigung nach allg Regeln (s oben). Kollidieren widersprüchliche Erklärungen von Betreutem u Betreuer gilt grds Priorität.[52] 26

bb) Ehegatten unterliegen als solche grds keiner Beschränkung. Jeder kann selbständig Gfter, auch Gründer sein; zusammen können sie eine (Zweipersonen-)GmbH gründen. – Allerdings gelten, außer im Fall der Gütertrennung (§ 1414 BGB), gewisse güterrechtliche Schranken im Hinblick auf Einlageverpflichtungen. Im gesetzlichen Güterstand jedoch nur, wenn Einlage, für Vertragspartner erkennbar, das (nahezu) ganze Vermögen eines 27

---

[49] BGHZ 52, 316 u insbes 65, 93 (für KG); *Fischer* FS Hauß, 1978, 78; *Roth*/Altmeppen § 2 Rn 29; differenzierend, insbes bzgl Satzungsänderung, Ulmer/*Hüffer* § 47 Rn 109 ff, insbes 113; Scholz/*Schmidt* § 47 Rn 178 ff; allg zum Minderjährigen Scholz/*Priester* 9. Aufl § 53 Rn 103 mit 101; *Lutter/Hommelhoff* § 53 Rn 9; *Wiedemann* § 2 III 2 a bb; *Gustavus* GmbHR 1982, 10 – dazu BGH NJW 1989, 168, 169, für Geltung von § 181 BGB bei Satzungsänderung.

[50] ZB BGHZ 52, 319.

[51] MünchKommBGB/*Schwab* § 1899 Rn 22 f; Palandt/*Diederichsen* § 1899 Rn 8.

[52] Dazu näher, zutr differenzierend, MünchKommBGB/*Schwab* § 1902 Rn 21; vgl auch Palandt/*Diederichsen* § 1902 Rn 5.

Ehegatten umfasst; dann ist Einwilligung des anderen nach § 1365 BGB erforderlich.[53] – Weitergehende Schranken gelten bei Gütergemeinschaft, sofern Einlageverpflichtung nicht lediglich Vorbehaltsgut (§ 1418 BGB) betrifft; bzgl Gesamtgut wichtig insbes §§ 1423 f, auch §§ 1437 f BGB; zur gemeinsamen Gründung einer GmbH durch Ehegatten in Gütergemeinschaft unten Rn 37.

28 **cc) Einzelkaufmann** kann unter seinem bürgerlichen Namen oder seiner Firma Gfter sein u auch so als Gründer im GesVertrag bezeichnet werden;[54] zur Nennung in der GfterListe § 8 Rn 7. Bisheriges Verbot der Übernahme mehrerer GAnteile durch MoMiG entfallen, sodass er bei Gründung oder Kapitalerhöhung unter beiden Bezeichnungen gesonderte GAnteile übernehmen kann. Späterer Erwerb weiterer GAnteile unter der jew anderen Bezeichnung war schon bisher möglich.

29 **dd) Ausländer.** Für Ausländer gelten keine besonderen Anforderungen. Deutsche Staatsangehörigkeit, Wohnsitz oder gewöhnlicher Aufenthalt im Geltungsbereich des GmbHG sind für Teilnahme an Gründung oder Erwerb von GAnteilen nicht vorausgesetzt, dementspr auch keine Aufenthaltserlaubnis; zur umstr Auswirkung von gegen Ausländerrecht verstoßender aktiver Mitarbeit bereits oben Rn 16, zur Bestellung als GFührer § 6 Rn 9. Erfüllung außenwirtschaftsrechtlicher Anforderungen, insbes von Meldepflichten, ist ebenfalls nicht Wirksamkeitserfordernis für Beteiligung als solche.[55]

30 **b) Juristische Personen** können uneingeschränkt Gfter, auch Gründer sein, insbes also AG, GmbH, KGaA, eV usw, ebenso jur Personen des öffentl Rechts. Für letztere setzt GmbHG keine Grenzen, wohl aber können diese sich jew aus deren gesetzlichen Grundlagen u Aufgabenstellungen ergeben.[56] – Möglich auch Einpersonengründung, sodass eine jur Person allein eine weitere begründen kann, zB Tochterges.

31 Es liegt in der Konsequenz der Entwicklung der **Vorgesellschaft** (§ 11 Rn 6 ff), dass diese als Vor-GmbH, wohl auch als Vor-AG, Vor-KGaA nicht nur Anteile an einer bereits bestehenden GmbH erwerben, sondern auch als Gfter an der Gründung einer anderen GmbH teilnehmen kann.[57] Dafür spricht einerseits Fortentwicklung des Rechts der Vor-GmbH in Richtung ausgeweiteter teilw Rechtsträgerschaft, insbes ihre Zulassung als persönlich haftender Gfter von OHG u KG[58] (§ 11 Rn 16), sowie andererseits Anerkennung der Gründerfähigkeit von Gesamthandsgemeinschaften im GmbH-Recht[59] (unten Rn 32 ff). Auch Vorges ist Gesamthandsgemeinschaft (str § 11 Rn 7); an die Stelle der sonst geforderten unbeschränkten Haftung aller Mitglieder für die Einlage (unten Rn 32), tritt bei ihr neben die Haftung der

---

[53] HM, str, Einzelheiten dazu u zum Folgenden in den Komm zum BGB; vgl auch Ulmer/*Ulmer* § 2 Rn 71.

[54] Ulmer/*Ulmer* § 2 Rn 75; Scholz/*Emmerich* § 2 Rn 46.

[55] Ulmer/*Ulmer* Rn 42 f, § 2 Rn 70; Scholz/*Emmerich* 41 a gab es in 9. Auflage noch nicht § 2 Rn 41 ff; *Lutter*/Hommelhoff/*Bayer* § 2 Rn 3 f; *Roth*/Altmeppen Rn 17, 22; *Wachter* ZIP 1999, 1582.

[56] BGHZ 20, 124; Ulmer/*Ulmer* § 2 Rn 76; Rowedder/*Schmidt-Leithoff* § 2 Rn 19 ff.

[57] HM, Ulmer/*Ulmer* § 2 Rn 80; Scholz/*Emmerich* § 2 Rn 50; Scholz/*Schmidt* § 11 Rn 31; *Roth*/Altmeppen Rn 29; Rowedder/*Schmidt-Leithoff* § 11 Rn 80; *Michalski* § 2 Rn 94; *John* BB 1985, 627; abl LG Mosbach BB 1984, 1963.

[58] BGHZ 80, 130.

[59] BGHZ 78, 311.

Vorges selbst die Handelndenhaftung (§ 11 Rn 45 ff), verbunden mit der Verlustdeckungshaftung (§ 11 Rn 23 ff) bzw ab ihrer Eintragung Vorbelastungshaftung (§ 11 Rn 61 ff) ihrer Gfter. – Ausgeschlossen ist im Hinblick auf reale Kapitalaufbringung Beteiligung der GmbH im Gründungsstadium als Vor-GmbH bei sich selbst[60] (zum späteren Erwerb eigener GAnteile § 33 u Erl dazu).

c) Personenhandelsgesellschaften, Partnerschaft u BGB-Gesellschaft. aa) OHG, KG nehmen am Rechtsverkehr als Einheit unter ihrer Firma teil (§ 124 HGB); ihre Fähigkeit, in dieser Form Gfter zu sein, ist seit langem unbestr, u zwar auch für Teilnahme an Gründung. Entspr gilt das nunmehr auch für Einpersonengründung, da § 1 insoweit nicht differenziert[61] (oben Rn 22). Davon unberührt bleibt die seit langem anerkannte Möglichkeit einer Mehrpersonengründung durch OHG oder KG als solche zusammen mit einem oder mehreren ihrer Gfter;[62] wegen Trennung von Gesamthands- u GfterVermögen steht § 5 II nicht entgegen. – Auch OHG oder KG in Liquidation können noch Gfter werden, allerdings nur im Rahmen des Liquidationszwecks oder mit besonderer Ermächtigung für Liquidatoren.[63] **32**

bb) Partnerschaft von Freiberuflern nimmt wie OHG am Rechtsverkehr unter ihrem Namen teil (§ 7 II PartGG, 124 HGB). Sie kann daher auch Gfter einer GmbH sein. **32a**

cc) BGB-Gesellschaft kann Gfter sein und sich an Gründung beteiligen.[64] Das folgt bereits aus ihrer nach neuerer Ansicht bestehenden Teilrechtsfähigkeit, verbunden mit unbeschränkter Haftung der Gfter,[65] durch deren Anerkennung sich frühere Bedenken vor allem im Hinblick auf Erforderlichkeit voller persönlicher Haftung im Gründungsstadium erledigt haben. Allerdings erfordert fehlende Registerpublizität wie bei § 162 I 2 HGB, dass bei Gründung unter Beteiligung von BGB-Ges in der Satzung wie auch später in Gfterliste alle Gfter der BGB-Ges zu nennen sind.[66] BGB-Ges ist auch zur **Einpersonengründung** fähig.[67] BGB-Ges kann aber auch zusammen mit einem ihrer Gfter Mehrpersonengründung vornehmen; insoweit gilt dasselbe wie bei OHG u KG. **33**

d) Andere Gesamthandsgemeinschaften. Auch sonstige Gesamthandsgemeinschaften des BGB, dh ihre Mitglieder in gesamthänderischer Verbundenheit,[68] können Gfter sein. Das ist im Hinblick auf § 18 für gemeinsamen GAnteil an bestehender GmbH seit jeher allg anerkannt, nunmehr aber auch ganz überwiegend für gemeinsame gesamthänderische Teilnahme an Grün- **34**

---

[60] *Roth*/Altmeppen Rn 33.

[61] Ebenso *Lutter*/Hommelhoff/*Bayer* § 2 Rn 5; Ulmer/*Ulmer* § 2 Rn 58; *Roth*/Altmeppen Rn 28; Scholz/*Emmerich* § 2 Rn 50.

[62] Scholz/*Emmerich* § 2 Rn 50; *Roth*/Altmeppen Rn 29; auch Ulmer/*Ulmer* § 2 Rn 56 ff mit 79 u § 5 Rn 21.

[63] Scholz/*Winter* 6. Aufl § 2 Rn 14; allg *A. Hueck* OHG § 32 IV 5 b.

[64] BGHZ 78, 311; 118, 83, 99 f für AG; BGH WM 1992, 12 für eG u allg; OLG Hamm BB 1975, 292; Zweibrücken OLGZ 82, 155.

[65] Dazu BGHZ 146, 341; 142, 315.

[66] OLG Hamm NJW-RR 1996, 483; *K. Schmidt* GesR § 34 II 1; Scholz/*Emmerich* § 2 Rn 53 a; *Michalski* § 2 Rn 99.

[67] Ulmer/*Ulmer* § 2 Rn 58; Scholz/*Emmerich* Rn 29; *K. Schmidt* GesR § 34 II 1; *Roth*/Altmeppen Rn 48.

[68] Zur fehlenden Teilrechtsfähigkeit von Erbengemeinschaft und Gütergemeinschaft BGH DB 2002, 2527.

dung.[69] Die abw früher hM[70] findet im Gesetz keine hinreichende Stütze: § 18 spricht eher für als in bloßer Wortinterpretation („Geschäftsanteil") gegen gemeinschaftliche Gründungsbeteiligung, hindert diese jedenfalls nicht. Bedenken im Hinblick auf früheres Verbot der Übernahme mehrerer Geschäftsanteile durch § 5 II 2 nF entfallen. Allg stößt gemeinschaftliche Gfter-Stellung im Gründungsstadium sachlich auf keine größeren Schwierigkeiten als nach Entstehung der GmbH. Allerdings ist zur Sicherung der Kapitalaufbringung **volle persönliche Haftung** aller Gesamthänder **für Einlagepflicht** als Gesamtschuldner unerlässlich, Haftungsbeschränkung auf das Gesamthandsvermögen also ausgeschlossen.[71] Zur Haftung bei bestehender GmbH § 18 II (§ 18 Rn 7 f).

35 **aa) Nichtrechtsfähiger Verein.** Für nichtrechtsfähigen Verein gilt das vorausgehend (Rn 34) zur BGB-Ges Ausgeführte entspr. Auch hier unbeschränkte persönliche Haftung aller Mitglieder für Einlagepflicht; keine Beschränkung auf Vereinsvermögen. Bei größerer Mitgliederzahl ist Beteiligung des Vereins als Gründer schwerfällig, daher Einschaltung von Treuhändern zweckmäßig.

36 **bb) Erbengemeinschaft** kann Gfter einer bestehenden GmbH bei Vererbung eines GAnteils (§ 15 I) sowie bei späterem Erwerb mit Mitteln des Nachlasses (§ 2041 BGB) sein.[72] Wie bei BGB-Ges ist entgegen früher hM auch Teilnahme an Gründung oder Kapitalerhöhung möglich.[73] Dann trifft alle Miterben auch **unbeschränkte persönliche Haftung für die Einlagepflicht** (oben Rn 34) ohne Möglichkeit der Beschränkung auf den Nachlass, selbst vor dessen Teilung.[74] Das gilt notwendig, wenn erst die Erben gemeinsam GAnteile übernehmen, sei es auch in Erfüllung einer Verpflichtung des Erblassers aus Vorvertrag; fraglich allenfalls, wenn bereits Erblasser als Gründer GAnteile übernommen hat u diese Stellung vor HREintragung auf Erben übergegangen ist, doch wird dann zumindest bei aktiver Teilnahme am weiteren Gründungsvorgang, aber wohl auch schon bei unwidersprochenem

---

69 Ulmer/*Ulmer* § 2 Rn 78, 80 ff; Scholz/*Emmerich* § 2 Rn 51 ff; beide mwN; *Lutter*/Hommelhoff/*Bayer* § 2 Rn 5; Rowedder/*Schmidt-Leithoff* § 2 Rn 24; *Roth*/Altmeppen Rn 30 f; *Flume* Personenges § 7 III 6 (S 109); *Raiser*/*Veil* § 26 Rn 11; *K. Schmidt* GesR § 34 II 1 sowie BB 1983, 1697 unter Publizitätsgesichtspunkten.

70 Nachw bei Ulmer/*Ulmer* § 2 Rn 80, 81 u Scholz/*Emmerich* § 2 Rn 51 a.

71 So vor allem zur BGB-Ges hM, BGHZ 78, 311; auch BGHZ 118, 99 f für AG; *Lutter*/Hommelhoff/*Bayer* § 2 Rn 5; Rowedder/*Schmidt-Leithoff* § 2 Rn 24; *Roth*/Altmeppen Rn 32; *Flume* Personenges § 7 III 6 (S 109); *Raiser*/*Veil* § 26 Rn 10; *K. Schmidt* GesR § 34 II 1; abw Ulmer/*Ulmer* § 2 Rn 80 f; *Koch* ZHR 146 (1982), 118.

72 KG NJW 1962, 54, hM, Ulmer/*Ulmer* § 2 Rn 77; Scholz/*Emmerich* § 2 Rn 51 ff; beide mwN; *Lutter*/Hommelhoff/*Bayer* § 2 Rn 5; Rowedder/*Schmidt-Leithoff* § 2 Rn 24; *Michalski* § 2 Rn 98; *Roth*/Altmeppen Rn 30 f; *Goette* § 1 Rn 8.

73 OLG Hamm BB 1975, 292; Ulmer/*Ulmer* § 2 Rn 81 mwN; Scholz/*Emmerich* § 2 Rn 53 c; *Lutter*/Hommelhoff/*Bayer* § 2 Rn 5; Rowedder/*Schmidt-Leithoff* § 2 Rn 20; *Michalski* § 2 Rn 99; *Roth*/Altmeppen Rn 30 f; *Flume* Personenges § 7 III 6 (S 109); *Raiser*/*Veil* § 26 Rn 11; *Goette* § 1 Rn 8; zust ferner MünchKommBGB/*Heldrich* § 2032 Rn 16; Soergel/*Wolf* Rn 36; *Grunewald* AcP 197 (1997), 311; *M. Wolf* FS Schippel, 1996, 533 ff; ebenso für AG GroßkommAktG/*Brändel* § 2 Rn 29; MünchKommAktG/*Heider* § 2 Rn 18; *Hüffer* AktG § 2 Rn 11; zweifelnd *K. Schmidt* GesR § 34 II 1; einschr KölnerKomm/*Kraft* § 2 Rn 26 ff: nur, falls Erblasser bereits Gründer war; – aA Erman/*Schlüter* § 2032 Rn 4; Staudinger/*Werner* (2002) § 2032 Rn 23; auch noch zeitlich etwas frühere Komm z AktG, zB Geßler/Hefermehl/*Eckardt* § 2 Rn 24.

74 AA *Lutter*/Hommelhoff/*Bayer* § 2 Rn 7; GroßkommAktG/*Brändel* § 2 Rn 29.

Fortgang desselben Haftung unbeschränkbar.[75] Zur Stellung eines Testamentsvollstreckers unten Rn 45 ff; zur Haftung aus gemeinsamem GAnteil an bestehender GmbH § 18 II (unten § 18 Rn 7 f).

cc) Gütergemeinschaft. Für Ehegatten in Gütergemeinschaft ist neben Zugehörigkeit von GAnteilen bestehender GmbH zum Gesamtgut auch gemeinsame Teilnahme an Gründung seit langem mehrheitlich anerkannt.[76] – Wie bei BGB-Ges (oben Rn 33 u die dort Genannten) ist aber auch gesamthänderische Gründungsteilnahme beider Ehegatten durch gemeinschaftliche Übernahme eines oder mehrerer GAnteile möglich, u zwar sowohl im Rahmen einer Mehrpersonengründung mit anderen Gftern wie auch allein als Einpersonengründung.[77] – In jedem der Fälle haften beide Ehegatten für die Einlagepflicht unbeschränkt persönlich mit Vorbehalts- u Gesamtgut; auch insoweit gilt dasselbe wie bei BGB-Ges (oben Rn 33). 37

3. Zusätzliche persönliche Voraussetzungen für Gfter können im GesVertrag festgesetzt werden, zB Staatsangehörigkeit, Mindestalter, Familienzugehörigkeit, Beruf, ausgeübte Tätigkeit, Ausschluss jur Personen usw. Verstoß hiergegen macht Beitrittserklärung nicht unwirksam, hindert daher auch nicht Eintragung der GmbH ins HR.[78] Aber für Mitgfter kann Anfechtung wegen Irrtums oder arglistiger Täuschung begründet sein, jedoch nur bis zur Eintragung ins HR (§ 2 Rn 37 ff), danach nur noch Ausschluss des betr Gfters (§ 34 Anh Rn 3) oder Auflösungsklage nach § 61. Haben alle Mitgfter Mangel vorher gekannt, bringt Vertragsschluss ihr Einverständnis mit der Abweichung für diesen Gfter zum Ausdruck. – Bei späterer Anteilsübertragung hängt Wirksamkeit nicht davon ab, dass Erwerber die besonderen Mitgliedschaftsvoraussetzungen erfüllt. Daher empfiehlt sich entspr Übertragungsbeschränkung nach § 15 V im GesVertrag. Diese ist nicht ohne weiteres mit einer Regelung von Mitgliedschaftsvoraussetzungen verbunden; auch entspr Auslegung bedarf eines erkennbaren Anhalts im GesVertrag.[79] 38

4. Handeln für fremde Rechnung kommt sowohl bei Gründung als auch bei späterem Anteilserwerb wie ganz allg bei Wahrnehmung der Gfter-Stellung vor, besonders im Treuhandverhältnis,[80] in anderer Weise auch bei Testamentsvollstreckung (unten Rn 45 ff). 39

a) Treuhänder, Strohmanngründung. Der Treuhänder tritt im eigenen Namen, jedoch für Rechnung eines anderen, des Auftraggebers, Treugebers, als Gfter auf. Bezeichnung als „Strohmann" üblich bei strikter Abhängigkeit 40

---

[75] Ulmer/*Ulmer* § 2 Rn 81.

[76] Ulmer/*Ulmer* § 2 Rn 57 mwN; MünchKommBGB/*Kanzleiter* § 1416 Rn 10; Soergel/*Gaul* 12. Aufl, 1988, § 1416 Rn 6; – abw *Haegele* GmbHR 1968, 98, doch treffen Schranken für Ehegatten-OHG, BGHZ 65, 79, hM, GmbH gerade nicht.

[77] Ulmer/*Ulmer* § 2 Rn 82 mwN; Scholz/*Emmerich* § 2 Rn 45, 51 f.

[78] HM, Ulmer/*Ulmer* § 2 Rn 85; Scholz/*Emmerich* Rn 60; *Roth*/Altmeppen Rn 29; *Michalski* § 2 Rn 100.

[79] Ulmer/*Ulmer* § 2 Rn 85.

[80] Allg dazu *Armbrüster* GmbHR 2001, 941 ff, 1021 ff; *Beuthien* ZGR 1974, 26; *Blaurock,* Unterbeteiligung und Treuhand an Gesellschaftsanteilen, 1981; *Eden,* Treuhandschaft an Unternehmen und Unternehmensanteilen, 2. Aufl 1989; *Kuhn,* Strohmanngründung bei Kapitalgesellschaften, 1964; *Roth/Thöni* FS GmbHG, 1992, 245 ff; *Ulmer* FS Odersky, 1996, 873 ff; *Schmitz* FS Weichler, 1997, 129 ff; *Schiemann* FS Zöllner, 1998, 503 ff. Zu grenzüberschreitenden Treuhandvereinbarungen *Geyrhalter* ZIP 1999, 647.

vom Auftraggeber, „Hintermann“, nach manchen nur, wenn dieser dadurch nach außen verdeckt wird; Sprachgebrauch nicht präzise. – Gesellschaftsrechtlich ist indirekte Vertretung dieser Art grds unbedenklich.[81] OLG Hamburg[82] nimmt Pflicht zur Aufdeckung gegenüber Mitgftern an, wenn Übertragbarkeit des GAnteils nach § 15 V beschränkt ist. – Unberührt bleibt direkte Stellvertretung durch gesetzliche Vertreter (oben Rn 25, § 47 Rn 43) oder Bevollmächtigte; dazu § 2 Rn 20 ff, § 47 Rn 44 ff.

41 **Entstehung** durch Teilnahme des Treuhänders an Gründung, sog Strohmanngründung, oder später durch Erwerb eines GAnteils. Möglich auch Gründung durch Strohmann zusammen mit Auftraggeber oder durch zwei Strohmänner desselben Auftraggebers.[83] Ursprünglich hatte Strohmanngründung nicht allein, doch vor allem Bedeutung als Weg zur Bildung einer Einpersonen-GmbH durch Anteilsübertragung an Auftraggeber nach Eintragung ins HR; letztere kann als Vorausabtretung bereits vorher vereinbart werden.[84] Auch nach Zulassung der Einpersonengründung durch GmbH-Novelle 1980 bleibt Strohmanngründung möglich;[85] weiterhin allg von Bedeutung für längerfristige Treuhandbeteiligung an Mehrpersonen-GmbH, ferner auch, wenn Einpersonengründung vermieden werden soll. – Strohmanngründung ist idR weder Scheingeschäft (§ 117 BGB) noch gesetz- oder sittenwidrige Umgehung von Gründungs- oder Haftungsvorschriften (§§ 134, 138 BGB), denn normalerweise wollen Beteiligte ernsthaft echte GfterStellung mit allen Pflichten einschließlich der vollen Einlagenhaftung begründen; auch Absicht späterer Anteilsübertragung an Auftraggeber ist auf rechtlich zulässiges Ergebnis gerichtet; Haftungsfreistellung durch diesen betrifft persönliche Rechtsbeziehung außerhalb des GesVerhältnisses. Andere Beurteilung nur bei besonderen Umständen im Einzelfall, etwa bei Schädigungsabsicht, Knebelung[86] oder, wenn ohne echte Bindung nur HREintragung einer Scheinges erreicht werden soll; bloße Strohmanngründung als solche ergibt aber dafür keinen Anhalt.[87]

42 **Gesellschafter** mit allen Rechten u Pflichten ist **nur der Treuhänder** (Strohmann); seine Beziehungen zum Treugeber sind rein schuldrechtlich. Dieser wird nicht schon durch Kündigung des Treuhandverhältnisses, meist Auftrag oder entgeltliche Geschäftsbesorgung (§§ 662, 675 BGB), sondern erst durch Übertragung des GAnteils Gfter.[88] Verpflichtung hierzu meist gesetzliche Folge des Treuhandverhältnisses (§ 667 BGB) u bedarf, anders als die Begründung einer Vereinbarungstreuhand, dann nicht der Form des § 15 IV (s dort Rn 33, 55).[89] Dagegen gilt für dingliche Übertragung § 15 III (s dort Rn 24, 56).

43 Jedoch ist **Treuhandverhältnis zu berücksichtigen,** soweit der Normzweck das im Einzelnen gebietet: So ausdrücklich für Gründungshaftung § 9 a

---

81 AllgM, Ulmer/*Ulmer* § 2 Rn 60; Scholz/*Emmerich* § 2 Rn 56; Rowedder/*Schmidt-Leithoff* § 2 Rn 27.

82 DB 1993, 1081.

83 BGHZ 21, 378; 31, 258; BB 1971, 13; ganz hM.

84 BGHZ 21, 378; auch 21, 245.

85 AllgM, Ulmer/*Ulmer* § 2 Rn 59 f; Scholz/*Emmerich* § 2 Rn 56; *Lutter* DB 1980, 1320.

86 Vgl OLG Brandenburg GmbHR 1997, 168.

87 Zum Ganzen BGHZ 21, 378; auch 31, 263 f; hM, Ulmer/*Ulmer* § 2 Rn 59 f; Scholz/*Emmerich* § 2 Rn 55 ff; beide ausführl mwN; auch *Roth*/Altmeppen Rn 35 ff.

88 BGH WM 1971, 306; 76, 736; auch schon BGHZ 21, 378; DB 1960, 352.

89 BGHZ 19, 69; WM 1971, 306; GmbHR 1999, 707.

IV (s dort Rn 4). Ferner gilt Stimmrechtsausschluss nach § 47 IV auch, wenn Treugeber entspr betroffen ist (§ 47 Rn 95). Als Ausschluss-, Austritts- u Auflösungsgründe (§ 34 Anh Rn 2 ff, 5, 18 ff, sowie § 61) können neben den Verhältnissen des Treuhänders auch diejenigen des Treugebers wesentlich sein;[90] andererseits kann, wenn solche Gründe allein beim Treuhänder vorliegen, statt weitergehender Maßnahmen lediglich die Übertragung des GAnteils an den Treugeber geboten sein, wenn diese möglich u er von den Gründen nicht betroffen ist.

Str ist, inwieweit den Treugeber neben dem Treuhänder **Gesellschafterhaftung für Einlagen** trifft. **BGH** hält zur Gewährleistung der Aufbringung u Erhaltung des Stammkapitals generell Haftung des Treugebers entspr §§ 19, 24, 30, 31 für geboten.[91] Demgegenüber wird in **Lit** überwiegend, wenn auch im Einzelnen unterschiedlich, stärkere Differenzierung befürwortet, die nur teilw zu ähnl Ergebnissen kommt.[92] Der Kritik ist darin zuzustimmen, dass entgegen der Auffassung des BGH im allg Möglichkeit, auf Freistellungs- oder Regressansprüche des Treuhänders gegen den Treugeber Zugriff zu nehmen, den Anforderungen der Kapitalaufbringung genügt; vom BGH insoweit befürchtete Manipulationen zwischen Treuhänder u Treugeber durch Erlass dieser Ansprüche, Aufrechnung udgl würden an § 138 BGB scheitern.[93] Hinzu kommt, dass §§ 30, 31 unmittelbar für Treugeber gelten, falls unzulässige Auszahlungen direkt an ihn wegen dieser Eigenschaft erfolgen (§ 30 Rn 24, 28, § 31 Rn 12). Schematische Gleichstellung des Treugebers mit dem Treuhänder bei Einlagepflicht durch BGH stößt zusätzlich auf Bedenken, seitdem durch GmbH-Novelle 1980 in § 9 a IV eine solche haftungsmäßige Gleichstellung ausdrücklich, jedoch nur für die verschuldensabhängigen Tatbestände der Gründerhaftung vorgesehen ist. Zwar hatte der BGH weitergehende Einlagenhaftung ua mit der entspr älteren Regelung der Gründerhaftung im Aktienrecht begründet, doch erscheint es fraglich, ob das angesichts der neuen klar begrenzten Norm im GmbHG aufrecht zu erhalten ist.[94] 44

b) Testamentsvollstrecker nimmt Rechte u Pflichten aus einem zum Nachlass gehörenden GAnteil im eigenen Namen für den Erben bzw die Erbengemeinschaft wahr;[95] anders nur, soweit sie der GesVertrag dem GfterErben höchstpersönlich vorbehält. – Jedoch kann Testamentsvollstrecker nicht über Nachlass hinaus neue persönliche Verpflichtungen für die Erben begründen, daher zB nicht ohne deren besondere Ermächtigung an Satzungsänderung mitwirken, die persönliche Pflichten der Gfter nach § 3 II einführt oder erweitert. 45

---

[90] BGHZ 32, 33; OLG München BB 1997, 491; Scholz/*Emmerich* § 2 Rn 59; Rowedder/*Schmidt-Leithoff* § 2 Rn 30; *Roth*/Altmeppen Rn 37.

[91] BGHZ 31, 258; 75, 335 f; WM 1977, 75; erneut grds gegen Kritik in der Lit bestätigt BGHZ 118, 107, 111; ferner OLG Hamburg DB 1984, 1515; Scholz/*Schneider* § 19 Rn 61; auch *Lutter*/Hommelhoff/*Bayer* § 2 Rn 8 mit § 24 Rn 7.

[92] Krit vor allem jew mwN Ulmer/*Ulmer* § 2 Rn 62 ff; Scholz/*Emmerich* § 2 Rn 59 a; *Michalski* § 2 Rn 94; *Roth/Thöni* FS GmbHG, 268 f; *K. Schmidt* GesR § 61 III 3 b; *Ulmer* FS Odersky, 1996, 888 sowie ZHR 156 (1992), 377; *Ehlke* DB 1985, 795; vgl auch OLG Düsseldorf DB 1992, 938, jedoch vom BGHZ 118, 107 aufgehoben; – dem BGH zumindest bei Anwendung von §§ 30, 31 näher *Roth*/Altmeppen Rn 37; auch Ulmer/*Goerdeler/Müller* § 31 Rn 21; Scholz/*Westermann* § 30 Rn 42, § 31 Rn 12.

[93] So auch *Schaub* DStR 1996, 67.

[94] Insoweit ebenso OLG Hamburg DB 1984, 1516.

[95] BGH NJW 1959, 1820; BayObLG NJW 1976, 1693; DB 1991, 1270, 1272; ganz hM. Allg *Phillipi,* Testamentsvollstreckung an GmbH-Anteilen, 2000.

46 Im Hinblick auf persönliche Einlagenhaftung wird daher auch **Teilnahme** des Testamentsvollstreckers **an Gründung** vielfach generell für unzulässig gehalten, jedenfalls soweit keine besondere Ermächtigung der Erben mit unbeschränkter Übernahme der Einlagenhaftung vorliegt,[96] von einigen dagegen für allg zulässig.[97] Nach vermittelnder Ansicht ohne bes Ermächtigung der Erben nur zulässig, sofern keine Haftung der Erben nach § 3 II, § 19 oder § 24 in Betracht kommt, insbes bei Volleinzahlung des Stammkapitals.[98] Diese Voraussetzung kann jedoch leicht an der Ungewissheit über das oft im Voraus nicht absehbare Eingreifen der Verlustdeckungshaftung (§ 11 Rn 23 ff) oder der Vorbelastungshaftung u der Ausfallhaftung nach § 24 hierfür (§ 11 Rn 61, 64) scheitern.

47 Bei **Beurteilung** ist zu unterscheiden: Hat bereits Erblasser als Gründer GAnteil übernommen u tritt Erbfall vor Eintragung der Ges ins HR ein, geht Stellung als Gründer auf den Erben, bei mehreren Miterben auf die Erbengemeinschaft (oben Rn 36) über u gehört zum Nachlass. Dann kann Testamentsvollstrecker Gründung mit Mitteln des Nachlasses fortsetzen. Dabei bleibt Beschränkbarkeit der Erbenhaftung als unmittelbare gesetzliche Folge des Erbfalls bestehen. – Dagegen würde es dem im GmbH-Recht strikt durchgeführten Grundsatz der Aufbringung u Erhaltung des Stammkapitals zuwiderlaufen, wenn Einlagenhaftung von vornherein im Gründungsgeschäft auf begrenztes Sondervermögen, hier den Nachlass, beschränkt werden könnte (für Gründungsbeteiligung einer BGB-Ges u entspr einer Erbengemeinschaft hM, oben Rn 33, 36); beim Alleinerben kann in Bezug auf den Nachlass nichts anderes gelten. Daher kann Testamentsvollstrecker auch im Rahmen ordnungsgem Verwaltung nicht ohne weiteres als Gründer GAnteil neu für den Nachlass übernehmen, weil er dabei nach § 2206 BGB diesen allein verpflichten würde. Dabei geht es um wirksamen Vertragsabschluss u Haftung (auch) im Stadium der Vorges; dem wird Abstellen auf Volleinzahlung des Stammkapitals vor Anmeldung zum HR u Prüfung durch RegGericht nicht gerecht.[99] Vielmehr ist dabei zunächst Einlagenhaftung der Erben erforderlich, die sie durch entspr Erklärung, insbes allg Ermächtigung des Testamentsvollstreckers übernehmen. Dazu können sie diesem gegenüber erbrechtlich verpflichtet sein, so vor allem, wenn Erblasser Gründung einer GmbH letztwillig angeordnet hat. Besonders in diesem Fall auch möglich, dass statt dessen Testamentsvollstrecker selbst als Treuhänder unbeschränkte Haftung übernimmt.[100] Bei hinreichendem Umfang des Nachlasses entsteht im einen wie im anderen Fall durch persönliche Einlagenhaftung kein unzumutbares Risiko, da Leistungen primär mit Nachlassmitteln bewirkt werden.

---

96 KG OLGZ 14, 322 f; KGJ 33, 135; Scholz/*Emmerich* § 2 Rn 48; GmbH-Hdb/*Kallmeyer* Rn 515; Soergel/*Damrau* § 2205 Rn 51; sowie überw die Komm zu § 2 AktG.

97 *Ritter* AktG, 2. Aufl 1939, § 2 A 2b; mit gewissen Einschränkungen iS der vermittelnden Meinung *Lutter*/Hommelhoff/*Bayer* § 2 Rn 7; MünchKommBGB/*Zimmermann* § 2205 Rn 56.

98 BayObLG NJW 1976, 1693; DB 1991, 1270, 1272 f für Rückübertragung bei Treuhand; Ulmer/*Ulmer* § 2 Rn 34 f; *Raiser*/*Veil* § 26 Rn 11; Staudinger/*Reimann* (2002) § 2205 Rn 141; Haegele/*Winkler,* Der Testamentsvollstrecker 19. Aufl 2008, Rn 405 ff.

99 So aber die oben Fn 97 Genannten, s Ulmer/*Ulmer* § 2 Rn 34 f.

100 Haegele/*Winkler,* Der Testamentsvollstrecker, 19. Aufl 2008, Rn 407; Palandt/*Edenhofer* § 2205 Rn 19.

Entspr gilt, wenn Testamentsvollstrecker GAnteil bei **Kapitalerhöhung** übernimmt. – Auch **Erwerb eines Geschäftsanteils** einer bestehenden GmbH durch Testamentsvollstrecker ohne Ermächtigung seitens der Erben ist nach dem Ausgeführten nur zulässig, wenn diese dadurch nicht persönlich verpflichtet, insbes weder durch Pflichten nach § 3 II noch durch Rückstände aus Einlagen-, Verlustdeckungs- oder Vorbelastungshaftung, noch durch Ausfallhaftung nach § 24 belastet werden. Auch bestehende Erstattungspflicht nach § 31 kann hinderlich sein, nicht dagegen bloße Möglichkeit ihrer künftigen Entstehung. **48**

IV. Einmann-, Einpersonen-GmbH

1. Begriff und Grundlagen. Terminologie: Neben herkömmlicher Bezeichnung als Einmann-GmbH in neuerer Zeit, insbes seit 12. EG-Richtlinie (Einpersonengesellschaftsrichtlinie, vgl Einl Rn 34), zunehmend auch Einpersonen-GmbH; beides völlig gleichbedeutend. – Einpersonen- bzw Einmann-GmbH liegt vor, wenn sich alle GAnteile in der Hand eines Gfters oder daneben als eigene Anteile (§ 33) bei der Ges selbst befinden; vgl §§ 35 III, 48 III; allg anerkannt. Wesentlich ist Vorhandensein nur eines Gfters. Das kann natürliche oder jur Person sein, aber auch Personenmehrheit, die alle Anteile gemeinschaftlich zur gesamten Hand innehat (oben Rn 30–37 u die dort Genannten). – In dem mehr theoretischen Fall der Vereinigung aller GAnteile als eigene bei der Ges hat diese keinen Gfter mehr, sog Keinmann-GmbH; sie kann in dieser Form nicht fortbestehen; dazu § 33 Rn 19 sowie § 60 Rn 81, 102. **49**

Teilw **gesetzliche Sonderregelung** in § 1 u in § 35 III für AlleinGfterG-Führer, in § 48 III für GfterBeschlüsse, sowie in §§ 152, 158 ff UmwG für Ausgliederung des Unternehmens eines Einzelkaufmanns auf GmbH (Erl dazu bei den einzelnen Vorschriften). Gesetzliche Regelung ist nicht umfassend. Weitere Besonderheiten können sich bei Anwendung des allg GmbH-Rechts aus der Eigenart der Einmann-GmbH ergeben. **50**

Eine **Einpersonen- bzw Einmanngesellschaft** kommt **nur bei AG, SE und GmbH,** bei letzterer auch in der Variante als UG (haftungsbeschränkt) vor. Diese können iGgs zu Personenges u Körperschaften anderer Rechtsform auch dann bestehen, wenn alle Beteiligungen in einer Hand vereinigt sind. Organisation u Mitgliedschaft sind bei ihnen durch engen Bezug zum Ges-Vermögen u dessen satzungsmäßig formalisierter Kapitalgrundlage so sehr verselbständigt, dass ihre Existenz nicht vom Vorhandensein eines Personenverbandes abhängig ist. Selbständigkeit als jur Person u volle Geltung ihrer Verfassung werden dadurch grds nicht berührt. – Zulässigkeit der Einmann-GmbH ist seit langem allg anerkannt u bedarf angesichts der gesetzlichen, auch EU-rechtlichen Regelung keiner besonderen Begründung mehr.[101] **51**

2. Anwendungsbereich der Einmann-GmbH ist nicht auf bestimmte Zwecke beschränkt, sondern deckt sich mit dem der GmbH als solcher, ist also sehr weit (oben Rn 6 ff, auch Einl Rn 12 ff). Dementspr groß sind **52**

---

[101] Zur theoretischen Grundlegung *Flume* JurPerson § 4 III; *Wiedemann* § 1 I 1 a; auch *K. Schmidt* GesR § 40 I mwN; rechtspolitisch Arbeitskreis GmbH-Reform, Thesen und Vorschläge zur GmbH-Reform Bd 2, 1972, 35 ff; krit noch *Meyer-Cording* JZ 1978, 10.

praktische Bedeutung u Verbreitung. – Hervorzuheben ist häufige Verwendung zur Risikobeschränkung für Alleinunternehmer im mittelständischen Bereich als „einzelkaufmännisches Unternehmen mit beschränkter Haftung". Bedeutung wird im Hinblick auf die Möglichkeit, UG (haftungsbeschränkt) ohne Mindeststammkapital auch als Einpersonenges zu gründen, weiter zunehmen. Wirtschaftliches Interesse hieran ist als legitim anzuerkennen, sofern hinreichender Gläubigerschutz gewährleistet. – Einmann-GmbH ist ferner zB geeignet als Instrument zur Erleichterung der Übertragung von Unternehmen oder sonstigem Vermögen, insbes einzelnen wertvollen Objekten, durch Abtretung der GAnteile u erleichtert durch Beschränkung von Erbauseinandersetzungen auf letztere auch Erhaltung u Fortführung von Familienunternehmen. Sie findet vielfältig Verwendung im Rahmen von Unternehmensverbindungen; verbreitet auch als Komplementär-GmbH von GmbH & Co KG; eine spezielle, keineswegs einzig mögliche oder allein übliche, Gestaltung dafür ist die sog Einheitsges, bei der KG alle GAnteile ihrer Komplementär-GmbH innehat[102] (dazu § 172 VI HGB).

53 **3. Entstehung und Ende.** Entstehung der Einmann-GmbH durch Einmanngründung (oben Rn 21), durch Ausgliederung des Unternehmens eines Einzelkaufmanns auf eine GmbH, nicht UG (haftungsbeschränkt), nach §§ 152, 158 ff UmwG oder durch spätere Vereinigung aller GAnteile in einer Hand. Diese kann von vornherein beabsichtigt sein, Strohmanngründung (oben Rn 41), sich aber auch erst später ergeben; stets ist unverzügliche Einreichung entspr GfterListe zum HR gem § 40 I erforderlich. Neben rechtsgeschäftlichem Erwerb der GAnteile kommt Erwerb durch Gesamtrechtsnachfolge, insbes Erbfolge in Betracht. Möglich auch, dass bei Zweipersonen-GmbH ein Gfter durch Kaduzierung (§ 21), Amortisation (§ 34), Ausschluss oder Austritt (§ 34 Anh Rn 2 ff u 18 ff) ausscheidet u sein GAnteil eingezogen oder von dem anderen Gfter bzw der GmbH übernommen wird.

54 **Ende** der Eigenschaft als Einmann-GmbH, wenn weiterer Gfter hinzutritt durch Erwerb eines von mehreren GAnteilen des bisherigen AlleinGfters bzw eines eigenen Anteils der Ges oder durch Übernahme eines GAnteils bei Kapitalerhöhung. Ges wird dadurch zur Mehrpersonen-GmbH, die nunmehr allg dem GmbH-Recht ohne Besonderheiten unterliegt. Übergang als solcher bedarf, auch wenn Ges als Einmann-GmbH gegründet ist, keiner Satzungsänderung, doch empfiehlt es sich, ihm von vornherein bei der Gestaltung der Satzung Rechnung zu tragen.[103] Ges bleibt dagegen Einmann-GmbH, wenn GAnteile durch Abtretung oder in sonstiger Weise geschlossen auf neuen AlleinGfter übergehen (dazu auch unten Rn 58). – Für Nichtigkeit, Auflösung u Beendigung der Ges gelten bei Einmann-GmbH die allg Vorschriften (unten §§ 60 ff nebst Erl).

55 **4. Rechtliche Ausgestaltung** der Einmann-GmbH entspricht grds derjenigen der Mehrpersonen-GmbH. – **a) Verfassung.** Für sie gilt Verfassung der GmbH in gleicher Weise. Sie hat dieselben Organe, GfterVersammlung, GFührer, uU Aufsichtsrat, mit derselben Aufgabenverteilung (Einzelheiten in §§ 6 u 35 ff nebst Erl). – Zwei Besonderheiten: GfterVers als Organ besteht nur aus dem AlleinGfter, GfterBeschlüsse kommen durch seine Entschlüsse

---

[102] Ausführl MünchKommHGB/*Grunewald* § 161 Rn 95 ff; *Binz/Sorg* § 8 Rn 2 ff; Hesselmann/Tillmann/Müller-Thuns/*Lücke* § 4 Rn 23 ff; *Schilling* FS Barz, 1974, 67.
[103] Vgl auch Scholz/*Emmerich* Rn 50.

zustande; dem trägt § 48 III Rechnung (§ 48 Rn 46). AlleinGfter kann zugleich GFührer sein; Geltung von § 181 BGB u Form für Rechtsgeschäfte mit der von ihm vertretenen Ges regelt § 35 IV (§ 35 Rn 137 ff).

b) Juristische Person, Trennungsprinzip und Durchgriff. Einmann-GmbH ist **juristische Person** wie Mehrpersonen-GmbH (dazu § 13 m Erl). Deshalb ist auch bei ihr grds zwischen GmbH u AlleinGfter rechtlich klar zu trennen.[104] GesVermögen u Privatvermögen des Gfters sind verschiedenen Rechtssubjekten zugeordnet, **Trennungsprinzip.** Daher vermögensbezogene u sonstige Rechtsgeschäfte zwischen GmbH u AlleinGfter wie mit Dritten möglich; das ist in § 35 III vorausgesetzt, ebenso in den Entsch zum Selbstkontrahieren eines AlleinGfterGFührers.[105] – GesGläubigern haftet grds nur GmbH mit ihrem GesVermögen, nicht Gfter.[106] Entspr haftet Gfter seinen persönlichen Gläubigern nur sein Vermögen, nicht das der Ges.[107] – Gegenüber Forderung der Einmann-GmbH kann nicht mit Forderung gegen Gfter aufgerechnet werden.[108] – Aus Vollstreckungstitel gegen Ges kann nicht in Privatvermögen, aus einem solchen gegen Gfter nicht in GesVermögen vollstreckt werden;[109] jedoch reicht allein Gesichtspunkt wirtschaftlicher Einheit, der letztlich bei allen Einmann-GmbH eingreifen würde, gerade nicht für Durchbrechung des Trennungsprinzips aus.[110] 56

Durchbrechung des Trennungsprinzips: Dieses gilt nicht uneingeschränkt. In bestimmten Lagen muss den wirtschaftlichen Zusammenhängen u der personellen Verknüpfung Rechnung getragen werden durch Erweiterung der Zurechnung rechtlich relevanter Tatsachen oder Vorgänge von der Einmann-GmbH auf deren AlleinGfter oder umgekehrt; – sog **Durchgriff.** Allerdings darf nach stRspr des BGH dabei über Rechtsform der jur Person „nicht leichtfertig und schrankenlos hinweggegangen werden".[111] Durchgriff somit stets an besondere Voraussetzungen geknüpft; so insbes, wenn anders bei Anwendung einer Norm deren Sinngehalt nicht verwirklicht werden kann oder wenn Verwendung der Rechtsform einer jur Person Rechtsordnung nicht entspricht, vor allem die Form missbraucht wird oder Berufung auf die Trennung von GmbH u Gfter gegen Treu u Glauben verstößt. Das ist auch bei Mehrpersonen-GmbH möglich, wenn auch Wahrscheinlichkeit einer Durchgriffssituation bei den besonderen Verhältnissen der Einmann-GmbH tatsächlich größer ist u mit steigender Mitgliederzahl schnell abnimmt. Gleichwohl handelt es sich um ein allg Problem; Einzelheiten daher im Zusammenhang mit § 13 (dort Rn 10 ff mwN). – Durchgriff bedeutet nicht allein Erstreckung der Haftung für GesSchulden auf den Gfter, Durchgriffs- 57

---

104 BGHZ 21, 383; 22, 230; 26, 33 u 37 stRspr u hM, Scholz/*Emmerich* Rn 47; *Michalski* Rn 55; *Roth*/Altmeppen Rn 42 ff, 44.

105 Etwa BGHZ 33, 189; 56, 97; § 35 Rn 78 ff.

106 BGHZ 22, 229; 68, 314; 78, 333; NJW 1974, 1372; DB 1978, 1269.

107 BGHZ 26, 37; 78, 333; zum Recht der Ges auf Erhebung der Drittwiderspruchsklage gegen Vollstreckung in GesVermögen, das sich beim Einmann-Gfter befindet, BGHZ 156, 310 = NJW 2004, 217.

108 BGHZ 26, 31; – die abw Rspr des BGH zur Aufrechnung gegenüber sog Kriegsges des Deutschen Reiches kann man nicht verallgemeinern.

109 BGH GmbHR 1958, 77; – abw bzgl Drittwiderspruchsklage der GmbH OLG Hamm NJW 1977, 1159; zust dazu Scholz/*Westermann* Einl Rn 13; *Roth*/Altmeppen Rn 42.

110 Ebenso Scholz/*Emmerich* Rn 47; *Roth*/Altmeppen Rn 42; *Michalski* Rn 55.

111 BGHZ 20, 11; 26, 37; 61, 383; 78, 333; 102, 95, 101 u oft; ganz hM.

haftung (§ 13 Rn 43), sondern tritt vielgestaltig in Erscheinung, zB als Beschränkung des Gutglaubensschutzes u allg als Grundlage für Zurechnung von Kenntnissen u Eigenschaften bei GmbH u Gfter (§ 13 Rn 15), als Grund für gleichlaufende Verpflichtungen beider, bes bei Wettbewerbsverboten u Unterlassungsansprüchen (§ 13 Rn 14), auch als sog gesellschafterfreundlicher umgekehrter Durchgriff zur Begründung von Ansprüchen bei Verletzung eines Gfters wegen dadurch bewirkter Schädigung der Ges (str, s § 13 Rn 16).

58 Einem Durchgriff ähnlich wird formale Trennung durchbrochen bei **Verkauf aller Geschäftsanteile** bzw eines ganz wesentlichen Teils durch AlleinGfter. Wirtschaftlich u nach allg Verkehrsauffassung entspricht das dem Verkauf des GesUnternehmens selbst. Daher greifen hier entspr dem Normzweck Gewährleistungspflichten des Sachkaufs ein, insbes Sachmängelgewährleistung des Verkäufers bzgl des Unternehmens.[112]

Form des Gesellschaftsvertrags

2 (1) [1]**Der Gesellschaftsvertrag bedarf notarieller Form.** [2]**Er ist von sämtlichen Gesellschaftern zu unterzeichnen.**

(1 a) [1]**Die Gesellschaft kann in einem vereinfachten Verfahren gegründet werden, wenn sie höchstens drei Gesellschafter und einen Geschäftsführer hat.** [2]**Für die Gründung im vereinfachten Verfahren ist das in der Anlage bestimmte Musterprotokoll zu verwenden.** [3]**Darüber hinaus dürfen keine vom Gesetz abweichenden Bestimmungen getroffen werden.** [4]**Das Musterprotokoll gilt zugleich als Gesellschafterliste.** [5]**Im Übrigen finden auf das Musterprotokoll die Vorschriften dieses Gesetzes über den Gesellschaftsvertrag entsprechende Anwendung.**

(2) **Die Unterzeichnung durch Bevollmächtigte ist nur auf Grund einer notariell errichteten oder beglaubigten Vollmacht zulässig.**

Anlage (zu § 2) abgedruckt S. 66

Übersicht

[112] BGH NJW 1969, 184; DB 1970, 1313; BGH 1965, 246; WM 1978, 59; hM, Einzelheiten § 15 Rn 7 mwN.

I. Allgemeines

1. Bedeutung der Vorschrift. § 2 regelt **Form des Errichtungsgeschäfts, Abs 1 u 1 a,** und **der Vollmacht** dafür, **Abs 2.** Als Gesellschaftsvertrag wird hier der entspr Vorgang bei der Einpersonengründung mit erfasst. Abs 1 S 1 idF der GmbH-Novelle 1980 bringt das mittelbar zum Ausdruck, da die früher auf einen Abschluss des Vertrags hinweisende Formulierung entfallen ist. Dagegen ist eine im RegE als § 2 II vorgeschlagene besondere Regelung der einseitigen Errichtung als entbehrlich unterblieben.[1] – Zu Zahl u persönlichen Eigenschaften der Gfter § 1 Rn 20 ff. Neu eingefügt durch MoMiG ist Gründung im vereinfachten Verfahren nach **Abs 1 a,** die Kostenvorteile für Gründer haben kann. 1

2. Andere Entstehung der GmbH. Eine **GmbH kann ferner entstehen** durch Umwandlung aus einer anderen Rechtsform nach den verschiedenen Möglichkeiten des UmwG, insbes Verschmelzung durch Neugründung, Spaltung zur Neugründung, sowie Formwechsel. § 2 gilt dabei idR kraft Verweisung entspr (dazu §§ 36 II, 135 II, 197 UmwG). – § 2 gilt dagegen nicht, wenn ein Unternehmen die Rechtsform der GmbH durch Mantelverwendung, Mantelverwertung, erhält, dh eine (noch) bestehende unternehmens- u meist auch vermögenslose GmbH für dieses Unternehmen reaktiviert wird. Regelmäßig bedarf es dazu umfassender Satzungsänderungen nach §§ 53 ff. Zur Mantelgründung sowie zu Mantelkauf u -verwendung § 3 Rn 11 ff. 2

[1] Dazu Bericht des Rechtsaussch des Bundestags, BT-Drucks 8/3908, S 68.

II. Gesellschaftsvertrag

3 **1. Bedeutung.** Der GesVertrag hat **doppelte Bedeutung:** Als **Errichtungsgeschäft** für die künftige GmbH gestaltet er diese in den Einzelheiten – zum Inhalt §§ 3–6 mit Erl – u bindet daran den bzw die Gründer. Gleichzeitig bildet der GesVertrag die Grundlage der künftigen jur Person als deren **körperschaftliche Satzung** u ist insoweit auch für spätere Gfter u Dritte verbindlich. Beide Funktionen greifen ineinander, doch hat nicht jede einzelne Bestimmung des GesVertrags Satzungscharakter (unten Rn 29 sowie § 3 Rn 3, § 53 Rn 4 ff). – Terminologie: im GmbHG selbst nur Gesellschaftsvertrag, dagegen nach allg Sprachgebrauch für die zweite Funktion meist wie in § 2 AktG Satzung, seltener Statut.

4 Der GesVertrag als Errichtungsgeschäft enthält die **Beitrittserklärungen** der Gründer. Sie begründen die Einzahlungspflicht auf die von jedem Gründer übernommene Einlage; nach § 3 I Nr 4 notwendiger Inhalt, sog **Einheitsgründung.** – Mit dem Zustandekommen des GesVertrags ist die **Gesellschaft „errichtet"** (dazu § 1 Rn 2, auch § 29 AktG). Dh sie besteht nunmehr als **Vorgesellschaft, Vor-GmbH,** die abgesehen von der noch fehlenden Rechtsfähigkeit bereits weitgehend die Merkmale der künftigen GmbH aufweist u mit der HREintragung in diese übergeht; Einzelheiten § 11 Rn 6 ff.

5 **2. Rechtsnatur.** Die Rechtsnatur des GesVertrags wird durch dessen doppelte Bedeutung geprägt. Dabei ist zu unterscheiden:

a) Bei **Mehrpersonengründung** handelt es sich wie bei allen Ges um einen echten Vertrag zwischen den Gründern. Dieser bleibt jedoch nicht auf deren Bindung untereinander, nicht auf die Begründung ihrer Rechte u Pflichten bei Errichtung der GmbH beschränkt, sondern schafft zugleich auch als Satzung das Organisationsstatut der künftigen GmbH. Er hat also nicht lediglich schuldrechtlichen, sondern auch korporationsrechtlichen Charakter u ist damit ein Vertrag eigener Art. Insoweit kann man trotz der im GmbH-Recht möglichen individuelleren Ausgestaltung in Anlehnung an das Aktienrecht von **Organisationsvertrag** sprechen.[2] Einzelheiten der theoretischen Grundlegung sind allerdings str, doch ist hier eine Stellungnahme entbehrlich.[3]

6 Wesentlich ist, dass der GesVertrag, wie immer man ihn theoretisch erfasst, jedenfalls **Rechtsgeschäft** ist. Daher finden grds die allg Vorschriften des BGB über Rechtsgeschäfte, auch über den Vertrag, Anwendung.[4] Der GesVertrag begründet für die Gfter auch schuldrechtliche Pflichten, ist jedoch nicht auf Austausch von Leistungen gerichtet, also nicht gegenseitiger Vertrag. §§ 320 ff BGB sind nicht anwendbar; deshalb insbes kein Zurückbehaltungsrecht der Gfter nach § 320, wenn ein anderer seine Leistung nicht erbringt; kein Rücktritt vom ganzen Vertrag nach §§ 323, 324, 326 bei Leistungsstörungen.

---

[2] Ulmer/*Ulmer* Rn 5; auch Scholz/*Emmerich* Rn 7; Rowedder/*Schmidt-Leithoff* Rn 2; *Roth*/Altmeppen Rn 9; *Flume* JurPerson § 5 I; *K. Schmidt* GesR § 5 I 1; KölnerKomm/*Kraft* § 23 Rn 16.

[3] Näher dazu *K. Schmidt* GesR § 5 I 1; *Wiedemann* § 3 II 1, beide mwN.

[4] Ganz hM, vgl Ulmer/*Ulmer* Rn 5; Scholz/*Emmerich* Rn 8; Rowedder/*Schmidt-Leithoff* Rn 2; *Roth*/Altmeppen Rn 9; *Flume* JurPerson § 5 I; *K. Schmidt* GesR § 5 I 1; KölnerKomm/*Kraft* § 23 Rn 16, auch unten Rn 29 ff u 37 ff.

b) Einpersonen-, Einmanngründung. Die Einpersonen- oder Einmanngründung erfolgt durch einseitiges Errichtungsgeschäft des Gründers.[5] An Stelle der vertraglichen Einigung steht hier die einseitige, nicht empfangsbedürftige Willenserklärung des alleinigen Gründers. Davon abgesehen besteht Übereinstimmung mit der Mehrpersonengründung. Dem Organisationsvertrag entspricht hier als Gründungsvorgang ein **Organisationsakt.** Dieser ist einseitiges Rechtsgeschäft u unterliegt den dafür geltenden Vorschriften des BGB. Ein formloser Widerruf ist auch vor Eintragung allenfalls möglich, solange Sondervermögen noch nicht gebildet bzw eine Einmann-Vorges noch nicht in Vollzug gesetzt wurde,[6] nach Eintragung nur in der Form des § 60. 7

III. Form

1. Notarielle Beurkundung. 8

Lit: *Binz/Mayer,* Beurkundungspflichten bei der GmbH & Co. KG, NJW 2002, 3054; *Dignas,* Die Auslandsbeurkundung im deutschen GmbH-Recht, GmbHR 2005, 139; *Goette,* Auslandsbeurkundungen im Kapitalgesellschaftsrecht, DStR 1996, 709; *Kröll,* Beurkundung gesellschaftsrechtlicher Vorgänge durch einen ausländischen Notar, ZGR 2000, 111; *Saenger/Scheuch,* Auslandsbeurkundung bei der GmbH – Konsequenzen aus MoMiG und Reform des Schweizer Obligationenrechts, BB 2008, 65.

Der GesVertrag bedarf **notarieller Beurkundung** u der **Unterzeichnung durch alle Gesellschafter,** Abs 1. Das entspricht § 128 BGB. Bei Einmanngründung wird die einseitige Erklärung des Gründers beurkundet u von diesem unterzeichnet. – Einzelheiten im BeurkG, insbes §§ 8 ff. Ausschließlich zuständig sind im Inland die Notare, keine Bindung an örtliche Zuständigkeit. Dagegen genügt anderweitige öffentl Beurkundung, zB durch Bürgermeister, nicht.[7] Vergleich im Schiedsverfahren (§ 1053 III ZPO) genügt nicht, wenn lediglich Umgehung der notariellen Form.[8]

Im **Ausland** Beurkundung durch deutsche Konsularbeamte, § 10 KonsularG.[9] – Ob GesVerträge von GmbH deutschen Rechts auch durch ausländische Notare beurkundet werden können, ist str. Wegen der besonderen materiellen Bedeutung von § 2 gilt das Wirkungsstatut, Art 11 I, 1. Alt EGBGB, nicht nach Art 11 I, 2. Alt das Ortsstatut.[10] Das schließt nach **bislang hM** die Beurkundung durch einen ausländischen Notar jedoch nicht aus, 9

---

[5] Ganz hM, Ulmer/*Ulmer* Rn 6; Scholz/*Emmerich* § 1 Rn 31; *Roth*/Altmeppen Rn 10; *K. Schmidt* GesR § 40 II 2 a; zum Aktienrecht *Hüffer* § 2 Rn 4 a; unter kostenrechtlichen Gesichtspunkten auch BayObLG DB 1983, 604; OLG Frankfurt WM 1983, 405; OLG Hamm DB 1983, 2679.

[6] Abw wohl Scholz/*Emmerich* § 1 Rn 34; *Roth*/Altmeppen Rn 10, die bis zur Eintragung von freier u formloser Widerruflichkeit ausgehen. Das wird jedoch dem Charakter des Organisationsakts und der in seiner Folge gebildeten Organisation mit einem Sondervermögen nicht gerecht. Zur Auflösung und Liquidation der Einmann-Vorges *John,* Die Gründung der Einmann-GmbH, 62 ff; Scholz/*Schmidt* § 11 Rn 153.

[7] KG HRR 1940, 533.

[8] OLG München GmbHR 2005, 1568.

[9] G v 11. 9. 1974, BGBl I, 2317.

[10] HM, s mit eingehender Begr MünchKommAktG/*Pentz* § 23 Rn 30; vgl auch RegBegr zum IPRG, BT-Drucks 10/504, 49; vgl auch *Goette* FS Boujong, 1996, 132; – str; aA (Ortsstatut ausreichend) OLG Düsseldorf NJW 1989, 2200; BayObLG NJW 1978, 500; OLG Frankfurt DB 1981, 1456; offengelassen, aber mit Tendenz zum

wenn diese der inländischen gleichwertig ist, dh der ausländische Notar nach Vorbildung u Stellung im Rechtsleben eine dem deutschen Notar entspr Funktion ausübt u ein in den Grundsätzen dem deutschen entspr Beurkundungsrecht anwendet.[11] Gleichwertigkeit ist danach gegeben bei Beurkundung durch Urkundsbeamten eines Schweizer Beamtennotariats,[12] ferner idR für österreichische[13] und niederländische[14] Notare sowie solche des sog lateinischen Notariats (insbes Belgien, Frankreich, Italien, Spanien).[15] Allerdings **mehren sich** unter Hinweis auf Sinn und Zweck der Vertragsbeurkundung die **krit Stimmen,** die jedenfalls für die Beurkundung des GesVertrags unter dem Gesichtspunkt der erstrebten Richtigkeitsgewähr eine Beurkundung im Ausland nicht oder jedenfalls nur bei uneingeschränkter Gleichwertigkeit genügen lassen.[16] – **GesVertrag in fremder Sprache** gemäß § 5 II BeurkG ist zulässig, wenn bei HR-Anmeldung Übersetzung beigefügt ist.[17]

10 **2. Unterzeichnung durch sämtliche Gesellschafter,** Abs 1 S 2, bedeutet bei Mehrpersonengründung nicht notwendig einheitliche Verhandlung bzw gleichzeitige Anwesenheit beim Notar. Erforderlich ist, dass jeder Gründer, u sei es in gesonderter Verhandlung, auch vor verschiedenen Notaren, eine Niederschrift unterschreibt, die den Abschluss des GesVertrags beurkundet. Dieser ist bei der ersten Niederschrift in die Urkunde aufzunehmen oder ihr als Anlage beizufügen. Bei den späteren kann das wiederholt oder darauf Bezug genommen werden (letzteres str), wobei die Unterschrift jeweils den vollen Vertragstext deckt.[18] – Zum Erfordernis einer Urkunde mit dem ganzen Vertragstext für § 8 I Nr 1 s dort Rn 4.

11 Erst mit Beurkundung der letzten Unterschrift ist die Form des § 2 erfüllt, der Vertrag geschlossen. Auch bei getrennter Beurkundung liegt **einheitliches Errichtungsgeschäft** zwischen allen Gesellschaftern vor, die damit

---

Ortsstatut auch BGHZ 80, 78. Für grds Ausreichen des Ortsrechts auch *Michalski* Rn 23; Palandt/*Thorn* Art 11 EGBGB Rn 12, 13 jew mwN.

[11] So insbes BGHZ 80, 76 für Beurkundung einer Satzungsänderung, gegen OLG Hamm NJW 1974, 1057 und OLG Karlsruhe RIW/AWD 1979, 567; ausführl, mit teilw unterschiedlicher Begründung iE zust Scholz/*Westermann* Einl Rn 136 f; Ulmer/*Behrens* Einl Rn B 132 ff, 142; Staudinger/*Großfeld* IntGesR 1998 Rn 452 ff, 471 ff, allerdings iE stark einschr Rn 481 ff; alle mwN; Scholz/*Emmerich* Rn 18 ff; *Lutter*/Hommelhoff/*Bayer* Rn 16; Rowedder/*Schmidt-Leithoff* Rn 42; *Roth*/Altmeppen Rn 22; *Michalski* Rn 22; Palandt/*Thorn* Art 11 EGBGB Rn 7, 8; *Heldrich* FS BGH, 2000, Bd II, 774; *Kröll* ZGR 2000, 111, 150; *Schervier* NJW 1992, 593 m Übers zur Rspr auch der Instanzgerichte, iE allerdings stark einschr.

[12] Zürich: BGHZ 80, 76 (dazu krit *Bredthauer* BB 1986, 1864; *Goette* DStR 1996, 711 f); Basel: OLG München NZG 1998, 157.

[13] BayObLG DB 1977, 2320.

[14] Beiläufig OLG Düsseldorf NJW 1989, 2200.

[15] *Lutter*/Hommelhoff/*Bayer* Rn 16; *Michalski* Rn 22; Staudinger/*Großfeld* IntGesR Rn 474; auch Ulmer/*Ulmer* Rn 17; Palandt/*Thorn* Art 11 EGBGB Rn 7, alle mwN.

[16] LG Augsburg GmbHR 1996, 941 für UmwG; GroßkommAktG/*Röhricht* § 23 Rn 53 ff; wohl auch Ulmer/*Ulmer* Rn 17 mwN; Scholz/*Priester* § 53 Rn 74; Keidel/Kuntze/*Winkler* Einl BeurkG Rn 61; *Goette* DStR 1996, 711 f; *Haerendel* DStR 2001, 1804; *Heckschen* DB 1990, 161; *Priester* ZGR 1990, 446; *Winkler* NJW 1974, 1032; für Differenzierung zwischen Protokollierung bei Satzungsänderung u Vertragsbeurkundung u für letztere abl *Reithmann* NJW 2003, 385 ff.

[17] LG Düsseldorf GmbHR 1999, 609.

[18] Zum Ganzen Ulmer/*Ulmer* Rn 12 ff; Rowedder/*Schmidt-Leithoff* Rn 36 ff; *Michalski* Rn 16; *Roth*/Altmeppen Rn 20; ganz hM; teilw abw aber Scholz/*Emmerich* Rn 14 ff.

zugleich ihre nach § 3 I Nr 4 im GesVertrag selbst anzugebenden GAnteile übernehmen; Prinzip der **Einheitsgründung** (auch schon oben Rn 4). – Dadurch wird die sog Stufengründung, die bei der AG vor dem AktG 1965 möglich war, für die GmbH ausgeschlossen. Ein sukzessiver Beitritt weiterer Gfter mit neuen GAnteilen zu einer bereits errichteten Ges ist im Gründungsstadium nicht möglich. Zum GfterWechsel unten Rn 13.

3. Beurkundungspflichtiger Inhalt. Zu beurkunden ist der **gesamte Inhalt des Gesellschaftsvertrags,** sowohl der nach § 3 I notwendige als auch der fakultative, soweit er unter § 3 II fällt oder darüber hinaus körperschaftsrechtliche Wirkung, also Satzungscharakter hat (§ 3 Rn 5 ff, 24 ff). Formbedürftig sind daher ganz allg diejenigen Regelungen, die nicht nur für die Gründer, sondern darüber hinaus auch gegenüber Dritten, insbes künftigen Gftern verbindlich sein sollen, etwa die Vereinbarung von Sonderrechten für einzelne Gfter (§ 3 Rn 45 f), zB besonderes Recht auf GFührung.[19] – Formlos möglich sind aber schuldrechtliche Nebenabreden der Gründer untereinander, die nur diese persönlich, wenn auch mit Bezug auf das GesVerhältnis, binden, uU auch zugunsten der Ges nach § 328 BGB wirken[20] (§ 3 Rn 56); zB Leistungspflicht, die weder Einlage noch Nebenleistung ist.[21] 12

Änderungen und **Ergänzungen** des GesVertrags vor Eintragung der GmbH bedürfen stets der Form des § 2. Bei Mehrpersonengründung bedingt Unterzeichnung durch alle Gfter Einstimmigkeit; §§ 53 ff gelten erst für die durch Eintragung entstandene GmbH.[22] – Auch §§ 15 ff gelten erst nach Entstehung der GmbH. Daher ist im **Gründungsstadium** ein **Gesellschafterwechsel** nur durch Vertragsänderung in der Form des § 2 möglich (zu den Folgen bei Nichteinhaltung § 11 Rn 8), u zwar gleichermaßen bei Ausscheiden (zum Ausschluss § 11 Rn 30 aE) oder Neueintritt eines Gfters wie bei Übertragung der Mitgliedschaft.[23] Davon zu unterscheiden ist zulässige aufschiebend bedingte Abtretung künftiger GAnteile (§ 15 Rn 24). Nur beim Tod eines Gfters geht dessen Stellung ohne erneuten Vertragsschluss auf den Erben bzw die Erbengemeinschaft über[24] (vgl auch § 1 Rn 36, 47). – Zur Zusammenfassung des geänderten GesVertrags in einer einheitlichen Urkunde für § 8 I Nr 1 s dort Rn 4. 13

4. Formmangel. Bei Formmangel ist der GesVertrag nach § 125 BGB nichtig; ebenso bei schwerwiegenden Mängeln im Beurkundungsverfahren. Bestätigung des Errichtungsgeschäfts nach § 141 I BGB durch formgerechte Wiederholung. Davon abgesehen kann jeder Beteiligte Nichtigkeit in jeder 14

---

[19] BGH NJW 1969, 131; GmbHR 1982, 129; RGZ 170, 358.

[20] Ulmer/*Ulmer* Rn 23; Scholz/*Emmerich* Rn 14 a; *Michalski* Rn 15.

[21] BGH BB 1969, 1410, auch 1977, 1729; DB 1993, 829.

[22] BGHZ 21, 246; 29, 300; NJW 1997, 1507; auch schon LM GmbHG § 11 Nr 1; OLG Düsseldorf NJW-RR 1996, 550, ganz überw M, dazu auch § 53 Rn 87 sowie zum Ganzen Ulmer/*Ulmer* Rn 19 ff, § 11 Rn 47 f; Scholz/*Emmerich* Rn 21 f; *Roth*/Altmeppen Rn 25; *Michalski* § 11 Rn 48; *Lutter*/Hommelhoff/*Bayer* Rn 26 (anders aber *Lutter/Hommelhoff* § 47 Rn 3); – abw Scholz/*Schmidt* § 11 Rn 47; Scholz/*Priester* § 53 Rn 186; *Priester* ZIP 1987, 280.

[23] BGHZ 21, 246; 29, 300; NJW 1997, 1507; auch schon LM GmbHG § 11 Nr 1; Ulmer/*Ulmer* Rn 19 ff, § 11 Rn 47 f; Scholz/*Emmerich* Rn 21 f; *Roth*/Altmeppen Rn 25; *Michalski* § 11 Rn 48; – abw *K. Schmidt* ZIP 1997, 671; *ders* GmbHR 1997, 869; Scholz/*Schmidt* § 11 Rn 41: vinkulierte Übertragbarkeit der Mitgliedschaft.

[24] Ulmer/*Ulmer* Rn 19; Scholz/*Emmerich* Rn 22.

Weise geltend machen; jedoch nur noch beschränkt nach den Regeln über die fehlerhafte Ges, wenn die Ges vor Eintragung bereits in Vollzug gesetzt worden ist (unten Rn 37). – Der Formmangel hindert Eintragung der Ges ins HR (§ 9 c I).

15 Dennoch durchgeführte **Eintragung** heilt den Formmangel u lässt GmbH auf der Grundlage des GesVertrags wirksam entstehen.[25] Während RG u teilweise ältere Lit den Formmangel als Nichtigkeitsgrund von § 75 mit umfasst ansahen, stützt sich die heute hM mit Recht darauf, dass § 75 die Nichtigkeitsgründe ausdrücklich u abschließend iS inhaltlicher Satzungsmängel aufzählt,[26] letzteres noch bestärkt durch deren Einschränkung in Vollzug der Ersten EG-Richtlinie durch G v 15. 8. 1969. – Auch §§ 397, 399 FamFG sind nicht einschlägig.

IV. Gründung im vereinfachten Verfahren, Abs 1 a

Lit: *Heckschen,* Gründungserleichterungen nach dem MoMiG – Zweifelsfragen in der Praxis, DStR 2009, 166; *Römermann,* Die vereinfachte Gründung mittels Musterprotokoll, in: *Römermann/Wachter,* GmbH-Beratung nach dem MoMiG, GmbHR Sonderheft Oktober 2008, 16; *Sikora/Regler,* Die Auswirkungen des MoMiG auf die Notarkosten, MittBayNot 2008, 437.

16 **1. Grundgedanke und Funktion.** Mit Einführung der Gründung unter Verwendung des vorgegebenen Musterprotokolls soll Gründung der GmbH in Standardfällen erleichtert u Wettbewerbsfähigkeit der Rechtsform gestärkt werden.[27] RegE hatte noch beurkundungsfreien schriftlichen Mustervertrag mit Unterschriftsbeglaubigung vorgesehen. Gesetz gewordene Regelung beruht auf Intervention des BR[28] u sieht demgegenüber beurkundungspflichtiges Musterprotokoll alternativ für Ein- oder Mehrpersonengründung vor, das GesVertrag, GFührerbestellung und Gfterliste in einem Dokument zusammenfasst u kostenrechtlich durch neu eingefügten § 41 d KostO gegenüber Mindestwerten der KostO privilegiert wird. Dadurch soll bei niedrigen Gründungskosten notarielle Beratung, Prüfung der Vertretungsbefugnisse u Vollzug der Gründung durch Notar sichergestellt werden. Als Hauptanwendungsfall wird UG (haftungsbeschränkt) mit niedrigem Stammkapital gesehen.[29] Regelungen des Musterprotokolls für Praxis namentlich für MehrpersonenGes nur eingeschränkt geeignet, da verbreitete Regelungen wie Zustimmungsvorbehalte der GfterVersammlung, Vinkulierungs-, Einziehungs- oder Kündigungsklauseln nicht vorgesehen sind u auch zwingend vorgesehene Befreiung des GFührers von § 181 BGB praktischen Erfordernissen nicht immer entspricht.[30]

---

25 Ulmer/*Ulmer* Rn 26; Scholz/*Emmerich* Rn 20; *Lutter*/Hommelhoff/*Bayer* Rn 23; *Roth*/Altmeppen Rn 31; *Michalski* Rn 26.

26 BGHZ 21, 381.

27 RegBegr BR-Drucks 354/07, 60, Rechtsausschuss BT-Drucks 16/9737, 93.

28 BR-Drucks 354/07 (B) 5 f; zur Gesetzgebungsgeschichte *Römermann* GmbHR Sonderheft Oktober 2008. 16.

29 Rechtsausschuss BT-Drucks 16/9737, 93. Eignung für Vorratsges betonend *Heckschen* GmbHR 2009, 166, 168.

30 *Heckschen* DStR 2009, 166, 167; *ders* DStR 2007, 1442, 1445; *Wicke* Rn 15, 17.

17 **2. Voraussetzungen.** Vereinfachtes Verfahren, bei dem eines der beiden Musterprotokolle verwendet werden muss, welche über die dort zugelassenen Alternativen hinaus weder abgeändert noch ergänzt werden dürfen. Daher anwendbar nur bei Gründung durch höchstens drei Gfter u Einsetzung nur eines GFührers. Gfter kann ungeachtet der vorgegebenen Formulierung „Herr/Frau" auch jurPerson oder PersGes sein.[31] Ist PersGes Gfter, zählt nur sie, nicht die an ihr beteiligten Gfter. Ebenso zählen nicht Unterbeteiligte, Treugeber usw. Auf die Höhe des Stammkapitals kommt es nicht an. Die Einlage muss als Bareinlage erfolgen; daher ist Sachgründung ausgeschlossen.[32] Da es sich insoweit allerdings nur um Vereinfachungsregelung aus Kostengründen handelt, schließt dies Anwendung von § 19 IV im Fall verdeckter Sacheinlage nicht aus.[33] Anderes gilt für UG, da bei dieser Sacheinlage aus Gläubigerschutzgründen unzulässig ist (dazu § 5 a Rn 11 ff). § 19 V bleibt unberührt.[34] Ferner kann jeder Gfter, abw von § 5 II nF nur einen GAnteil übernehmen.[35]

18 Nehmen mehr als drei Gfter an Gründung teil, sollen mehr als ein GFührer bestellt werden oder wird Text des einschlägigen Musterprotokoll über zugelassene Alternativen hinaus abgeändert oder ergänzt, berührt das Wirksamkeit der Gründung nicht;[36] es liegt dann jedoch keine Gründung im vereinfachten Verfahren vor, sondern normale GmbH Gründung mit den damit verbundenen höheren Kosten. Nachträgliche Bestellung weiterer GFührer nach § 46 Nr 5 ist nicht ausgeschlossen, da Nr 4 des Musterprotokolls keine abstrakte Geschäftsführungsregelung enthält.[37] Dann gilt allerdings Gesamtgeschäftsführung/-vertretung, da Nr 4 auch insoweit keine Abweichung von § 35 vorsieht.[38] Durch Nr 4 wird kein Sonderrecht auf GFührerstellung begründet, vielmehr liegt unechter Satzungsbestandteil vor.[39] Die kostenmäßige Privilegierung gilt auch für Änderungen der Satzung, wenn sie im Rahmen des Musterprotokolls bleiben, § 41 d KostO.[40]

19 **3. Gründungsprotokoll, Vollzug.** Es umfasst GesVertrag mit GFührerbestellung und dient zugleich als Gfterliste. Es gelten uneingeschr §§ 8 ff BeurkG. Notar ist zu Beratung (§ 17 BeurkG) u zum Vollzug verpflichtet (§ 53 BeurkG).

---

[31] *Wicke* Rn 16; *Gehrlein/Witt* Kap 1 Rn 38; zur selben Frage bei der zunächst geplanten Mustersatzung *Gehrlein* Der Konzern, 771, 775; – insoweit aber abw *Noack* DB 2007, 1395, 1398.

[32] Ebenso *Wicke* Rn 16; *Heckschen* DStR 2009, 166, 167; *ders,* vgl auch *Gehrlein/Witt* Kap 1 Rn 38.

[33] *Wicke* Rn 16; *Wälzholz* MittBayNot 2008, 425, 427.

[34] *Heckschen* DStR 2009, 166, 167.

[35] *Bormann/Urlichs* GmbHR Sonderheft Oktober 2008, 37, 38.

[36] *Wicke* Rn 15; *Römermann* GmbHR Sonderheft Oktober 2008, 16, 18 f; – unklar *Gehrlein/Witt,* GmbH-Recht in der Praxis, Kap 1 Rn 38 (Verlust der kostenrechtlichen Privilegierung) u Rn 39 (Teilnichtigkeit).

[37] *Wicke* Rn 17; *Heckschen* DStR 2009, 166, 167; *Römermann* GmbHR Sonderheft Oktober 2008, 16, 17. Zur Reichweite der Befreiung von § 181 BGB OLG Stuttgart NZG 2009, 754.

[38] *Heckschen* DStR 2009, 166, 167.

[39] *Heckschen* DStR 2009, 166, 167.

[40] *Sikora/Regler/Tiedke* MittBayNot 2008, 437, 439; – nur auf Satzungsänderungen vor Eintragung begrenzend aber *Heckschen* DStR 2009, 166, 168.

IV. Vollmacht und Vertretung

20 **1. Vollmacht.** Beim Errichtungsgeschäft, insbes bei Unterzeichnung des GesVertrags ist **Vertretung durch Bevollmächtigten** zulässig. Dafür gelten §§ 164 ff BGB. –

a) Form. Nach Abs 2 muss **Vollmacht notariell** beurkundet oder beglaubigt sein; dazu §§ 128, 129 BGB, §§ 8 ff, 40 BeurkG. Ausreichend auch, wenn Vollmacht von öffentlicher Behörde in öffentlicher Urkunde erteilt wird.[41] Zuständig für Beurkundung im Inland ausschließlich die Notare; Abs 2 geht landesrechtlicher Zuweisung an andere Stellen nach § 63 BeurkG vor. Im Ausland zuständig deutsche Konsularbeamte (§ 10 KonsularG). Auch Beurkundung oder Beglaubigung durch ausländischen Notar genügt; Anforderungen für Vollmacht geringer als für GesVertrag.[42] – Im Hinblick auf die Vollmachtsurkunde gilt bei Widerruf § 172 BGB.

21 **b) Umfang der Vollmacht** muss Errichtungsgeschäft umfassen; hierauf beschränkte Sondervollmacht nicht nötig. Generalvollmacht u Prokura (§ 49 I HGB) reichen in ihrem Geltungsbereich aus; Prokurist weist Vertretungsmacht durch HRAuszug nach.[43] Handlungsvollmacht (§ 54 HGB) schließt GmbH-Gründung idR nicht mit ein. – Formgerechte Bevollmächtigung eines Mitgründers durch einen oder mehrere andere ist möglich u enthält Ermächtigung nach § 181 BGB;[44] ebenso bei Vollmacht mehrerer Gründer für denselben Dritten, doch muss Vollmachtsurkunde das jew erkennen lassen.

22 **c) Mangel der Vollmacht.** Ist keine Vollmacht erteilt oder fehlt ihr die Form des Abs 2, so ist Gfter nicht wirksam vertreten. Bei Einmanngründung ist einseitiges Errichtungsgeschäft nichtig, § 180 BGB;[45] Bestätigung (§ 141 BGB) durch formgerechte Wiederholung. Bei Mehrpersonengründung ist GesVertrag schwebend unwirksam (§ 177 I BGB) u kann durch den Vertretenen in der Form des Abs 2, auch durch formgerechte Nachholung der Bevollmächtigung, genehmigt u dadurch wirksam werden.[46] Entspr gilt bei vollmachtloser Änderung des GesVertrags.[47] Ohne Genehmigung ist der Vertretene nicht gebunden. Verweigert er sie, ist GesVertrag endgültig nichtig. – Der Mangel hindert Eintragung der Ges ins HR (§ 9 c I), sofern er nicht vorher behoben wird.

23 Erfolgt **Eintragung** trotz des Mangels, entsteht die GmbH (§ 11). Dabei ist zu unterscheiden: Bloßer Formmangel einer an sich erteilten Vollmacht wird durch Eintragung geheilt wie Formmangel des GesVertrags (oben Rn 15) selbst.[48] Der Vertretene ist nunmehr Gfter. – War dagegen überhaupt keine Vollmacht erteilt, ist der Vertretene nicht gebunden, kann aber auch

---

41 OLG Düsseldorf GmbHR 1998, 238; *Roth*/Altmeppen Rn 27.

42 Ulmer/*Ulmer* Rn 28; Scholz/*Emmerich* Rn 23 f; *Roth*/Altmeppen Rn 27.

43 KGJ 49, 273; hM, Ulmer/*Ulmer* Rn 29; Scholz/*Emmerich* Rn 27, 29; *Roth*/Altmeppen Rn 27.

44 Scholz/*Emmerich* Rn 28.

45 LG Berlin GmbHR 1996, 123; Ulmer/*Ulmer* Rn 27 a; – aA *Dürr* GmbHR 2008, 410 ff.

46 Ganz hM, OLG Düsseldorf NJW-RR 1996, 550; Ulmer/*Ulmer* Rn 27, 37; Rowedder/*Schmidt-Leithoff* Rn 56; *Roth*/Altmeppen Rn 28; nunmehr auch Scholz/*Emmerich* Rn 31.

47 OLG Köln DB 1995, 2413.

48 HM, Ulmer/*Ulmer* Rn 41; Scholz/*Emmerich* Rn 32.

jetzt noch genehmigen (Rn 22) u dadurch Gfter werden. Anderenfalls ist die für ihn abgegebene Beitrittserklärung unwirksam (dazu unten Rn 37 ff).

2. Andere Fälle der Vertretung. Für andere Fälle der Vertretung gilt Abs 2 nicht. Gesetzliche Vertretung nicht unbeschränkt Geschäftsfähiger oder Betreuter (§ 1 Rn 25, 26), organschaftliche Vertretung für jur Personen oder Personenhandelsges (§ 1 Rn 30, 32), Testamentsvollstreckung (§ 1 Rn 45 ff) werden in der jew geeigneten Form nachgewiesen. – Bei indirekter Vertretung durch Treuhänder ist (nur) dieser selbst Gfter; Treuhandvertrag als solcher bedarf, anders als bei späterer Vereinbarungstreuhand (§ 15 Rn 55), keiner Form (§ 1 Rn 40 ff, insbes 42). 24

3. Familien- und betreuungsgerichtliche Genehmigung. Der gesetzliche Vertreter eines nicht unbeschränkt Geschäftsfähigen, ebenso ein Betreuer, benötigt für Errichtungsgeschäft idR familien- bzw betreuungsgerichtliche Genehmigung (zum späteren Anteilserwerb § 15 Rn 3 ff). Fehlt sie oder hat ein beschränkt Geschäftsfähiger bzw ein unter Einwilligungsvorbehalt stehender Betreuter ohne Mitwirkung des gesetzlichen Vertreters (Betreuers) gehandelt, ist Errichtungsgeschäft bei Einpersonengründung nichtig (§§ 1831, 1903 I, 1908 i I, 111 BGB), bei Mehrpersonengründung schwebend unwirksam (§§ 1829, 1903 I, 1908 i I, 108 BGB). Heilung im ersten Fall nur durch ordnungsgemäße Wiederholung, im zweiten Fall durch Nachholung des Fehlenden oder Genehmigung des Betroffenen selbst nach Erlangung unbeschränkter Geschäftsfähigkeit bzw Aufhebung des Einwilligungsvorbehalts (§§ 108 III, 1903 I, 1908 d IV, 1908 i I BGB); letzteres formfrei möglich.[49] – Zum Erfordernis familien- bzw betreuungsgerichtlicher Genehmigung im Einzelnen: 25

a) Mehrpersonengründung. Bei Mehrpersonengründung Genehmigungspflicht nach §§ 1643 I, 1822 Nr 3 oder 10, 1908 i I BGB. Nr 3 gilt für Ges zum Betrieb eines Erwerbsgeschäfts (§ 1 Rn 7–9); weit zu fassen, zB auch freiberufliche Erwerbstätigkeit.[50] Dass Erwerbsgeschäft von der GmbH als jur Person betrieben werden soll, steht nicht entgegen; § 1822 Nr 3 BGB ist nicht rechtsformspezifisch auf nichtrechtsfähige Personenvereinigungen beschränkt.[51] 26

§ 1822 Nr 10 BGB hat neben Nr 3 nur Bedeutung bei nicht erwerbsorientierten (§ 1 Rn 10–12) Ges.[52] Übernahme fremder Verbindlichkeiten liegt in der evtl Ausfallhaftung nach § 24. Diese greift auch bei der Differenzhaftung nach § 9 (s dort Rn 5), der Verlustdeckungshaftung (§ 11 Rn 24) u der Vorbelastungshaftung für Minderung des Stammkapitals zZ der HREintragung ein (hM, § 11 Rn 61 ff). IdR kann die Möglichkeit dieser Haftung auch durch Volleinzahlung der Einlagen im Zuge des Gründungsgeschäfts[53] 27

---

49 BGH DB 1980, 1885 – bedenklich.

50 KG NJW 1976, 1946.

51 So schon RGZ 51, 35; heute hM, Ulmer/*Ulmer* Rn 73; Scholz/*Emmerich* Rn 43; Gernhuber/*Coester-Waltjen,* Familienrecht 5. Aufl 2006, § 60 Rn 105; *Wiedemann,* Die Übertragung und Vererbung von Mitgliedschaftsrechten bei Handelsgesellschaften, 1965, 252, alle mwN; ferner Rowedder/*Schmidt-Leithoff* Rn 15; *Roth*/Altmeppen Rn 11.

52 Ganz hM, KGJ 44, 144; KG JW 1927, 2578; OLG Stuttgart GmbHR 1980, 102; heute hM, Ulmer/*Ulmer* Rn 73; Scholz/*Emmerich* Rn 43; Gernhuber/*Coester-Waltjen* Familienrecht 4. Aufl 1994, § 52 V 6 und 10; jetzt auch *Lutter*/Hommelhoff/*Bayer* Rn 5.

53 Vgl Ulmer/*Ulmer* Rn 74.

nicht ausgeschlossen, die Genehmigungspflicht also nicht abgewandt werden. Dagegen ist spätere Haftung nach § 31 III ganz ungewiss u daher nicht zu berücksichtigen.

28 **b) Einpersonengründung.** Bei Einpersonengründung liegt kein Vertrag vor. Daher sind §§ 1643 I, 1822 Nr 3, 1908 i I BGB nicht direkt anwendbar; jedoch analog wegen gleichliegender Interessenlage bei auf Erwerbsgeschäft gerichteter Gründung. An sich auch Analogie zu §§ 1645, 1823, 1908 i I BGB, die jedoch als Sollvorschriften für Schutzbedürfnis des nicht unbeschränkt Geschäftsfähigen bzw Betreuten bei GmbH-Gründung nicht ausreichen. Immerhin müsste RegGericht auch bei Verstoß hiergegen Eintragung der GmbH ablehnen (§ 9 c I). – Dagegen keine analoge Anwendung von § 1822 Nr 10 BGB, da bei Einpersonengründung keine Haftung für Verbindlichkeiten von MitGftern nach § 24.[54] Daher bei nicht erwerbsorientierter Ges keine familien- bzw betreuungsgerichtliche Genehmigung erforderlich.

VI. Auslegung

29 Bei Auslegung des GesVertrags ist dessen **Funktion als Satzung** u die **unterschiedliche Bedeutung der Bestimmungen** (oben Rn 3 ff, auch 12 sowie Erl zu § 3) zu berücksichtigen. Das führt zur Unterscheidung zwischen körperschaftlichen u individualrechtlichen Bestimmungen. Allein für letztere gelten die allg Regeln der §§ 133, 157 BGB in vollem Umfang, für erstere dagegen nur eingeschränkt durch das Erfordernis **objektivierter Auslegung** (unten Rn 31); heute ganz hM, wenn auch mit geringfügigen Unterschieden in den Einzelheiten.[55]

30 Dagegen sind **weitere Differenzierungen entbehrlich.** So etwa zwischen notwendigen u fakultativen körperschaftlichen Satzungsbestimmungen. Zwar verlangt § 3 I, teilw iVm § 75, für erstere zwingend eine ausdrückliche formgerechte Regelung, doch wird dadurch eher der reale Anlass für eine Auslegung als deren Zulässigkeit eingeengt.[56] – Keine abw Beurteilung, insbes keine Ausdehnung der individuellen Auslegungsregeln in den körperschaftlichen Bereich, gilt bei rein personalistischen GmbH oder Familienges. Ganz abgesehen davon, dass hier eine präzise Abgrenzung kaum durchführbar ist, muss auch der letztlich doch mögliche Übergang zu einer weniger persönlichen GesStruktur bei der Auslegung bedacht werden.[57] Wohl aber ist die

---

[54] Wie hier Scholz/*Emmerich* Rn 43 a; – aA *Roth*/Altmeppen Rn 11.

[55] BGH NJW 1994, 51 (AG); BGHZ 142, 125; ausführl, auch zur Entwicklung, Ulmer/*Ulmer* Rn 138 ff, auch Einl Rn A 25;ff; stärker differenzierend *Grunewald* ZGR 1995, 68; allg auch *K. Schmidt* GesR § 5 I 4; *Wiedemann* § 3 II 2; alle m zahlr wN; *Goette* § 1 Rn 22; *Lutter*/Hommelhoff/*Bayer* Rn 13 f; iE auch *Michalski* Rn 48; von den Grundsätzen der Vertragsauslegung ausgehend, diese aber einschr Rowedder/*Schmidt-Leithoff* Rn 78 ff; nunmehr auch Scholz/*Emmerich* Rn 38; *Roth*/Altmeppen Rn 15 f; – zur AG etwa KölnerKomm/*Kraft* § 23 Rn 93 ff, stark differenzierend Rn 99 ff; *Würdinger* § 10 I 2.

[56] Ulmer/*Ulmer* Rn 144; abl auch *Roth*/Altmeppen Rn 16; – aA zB KölnerKomm/*Kraft* § 23 Rn 101.

[57] BGH GmbHR 1982, 129; auch schon BGHZ 14, 36; OLG Düsseldorf ZIP 1987, 227, 230; *Lutter*/Hommelhoff/*Bayer* Rn 13; ebenso nunmehr Ulmer/*Ulmer* Rn 150; Rowedder/*Schmidt-Leithoff* Rn 82; *Roth*/Altmeppen Rn 16; – abw *Wiedemann* § 3 II 2, sowie insbes DNotZ 1977, Sonderh, 99 ff, 105 f.

personalistische Struktur einer GmbH insofern von Bedeutung, als im Rahmen der objektivierten Auslegung Elemente des PersonengesRechts Berücksichtigung finden können. – Kein grundlegender Unterschied bei der Auslegung folgt aus der Entstehung des GesVertrags durch Ein- oder Mehrpersonengründung.

1. **Körperschaftliche Bestimmungen** (§ 3 Rn 8) regeln die Grundlagen der Ges, haben Satzungscharakter (§ 3 Rn 3) u sind notwendig formgebunden (oben Rn 12). Sie können auch künftige Gfter u Dritte, insbes Gläubiger, unmittelbar betreffen, wenden sich also an einen unbestimmten Personenkreis. Deshalb kann ihre Auslegung nur auf allg zugängliche Unterlagen gestützt werden, in erster Linie auf **Wortlaut u Sinnzusammenhang im GesVertrag;** auf Nebenabreden u sonstige für die Gestaltung wesentliche Umstände nur, wenn diese allg ersichtlich, insbes aus den zum HR eingereichten Unterlagen zu entnehmen sind.[58] Dritten nicht erkennbare Absichten u Erwägungen der Gründer können nicht verwertet werden,[59] u zwar auch dann nicht, wenn die Bestimmung zwischen den Gründern selbst str ist. Denn die Auslegung kann, da auch für Dritte maßgebend, nur für alle möglicherweise Betroffenen einheitlich sein.[60] Dementspr ist sie in der **Revisionsinstanz unbeschränkt nachprüfbar.**[61] – Bei mehrdeutigen Bestimmungen verdient eine gesetzes- bzw satzungskonforme Auslegung, ggf sogar gegen den Wortlaut, den Vorzug, durch die ihre Gültigkeit bejaht u die Vereinbarkeit mit dem übrigen Vertragsinhalt am besten gewährleistet werden kann.[62] – Auch **ergänzende Vertragsauslegung** ist in dem aufgezeigten Rahmen möglich.[63] 31

2. **Individualrechtliche Bestimmungen** unterliegen uneingeschr der **individuellen Vertragsauslegung** nach den allg Regeln der §§ 133, 157 BGB unter unbeschränkter Heranziehung aller verfügbaren Quellen. Demgem ist hier die **revisionsgerichtliche Nachprüfbarkeit** auf die Verletzung von Gesetz oder allg anerkannten Auslegungsregeln **beschränkt.**[64] – Die Abgrenzung hängt nicht allein davon ab, ob die Bestimmungen individuelle Rechte u Pflichten der Gfter enthalten, denn diese sind vielfach körperschaftlich mit Satzungscharakter geregelt, zB Einlage- oder Nebenpflichten, Sonderrechte u dgl. Sie gehören dann zu den Grundlagen der Ges u entfalten unmittelbare Wirkung gegenüber Dritten, insbes künftigen Gftern (oben Rn 31). Individualrechtliche Bestimmungen betreffen demgegenüber nur solche persönlichen Rechtsbeziehungen zwischen Ges u einzelnen Gftern, 32

---

[58] BGH NJW 1992, 892.

[59] RGZ 159, 278 u 326; BGH LM ZPO § 549 Nr 25; davon geht auch BGHZ 116, 359, 364 ff aus; ferner 123, 347, 350 für AG sowie allg auch 142, 125.

[60] RG JW 1939, 354; auch RGZ 101, 247; 127, 192; BGHZ 116, 359, 364 ff; 123, 347, 350; 142, 125 sowie 14, 36 f; 36, 314 f; NJW 1969, 131.

[61] BGH u RG stRspr, vgl dazu u zum Ganzen außer den vorausgehenden Entsch etwa RGZ 137, 309; 159, 326; 164, 140; 165, 73; BGHZ 9, 281; 15, 328; 48, 144; 116, 359, 364 = NJW 1992, 892; 123, 347, 350 f; LM GmbHG § 47 Nr 20; GmbHR 1974, 107; 1982, 129; BayObLG DB 1995, 2516 f; OLG Köln WM 1987, 375; – hM in der Lit, oben Fn 40.

[62] RGZ 165, 74 u 78; Ulmer/*Ulmer* Rn 147 f.

[63] Ulmer/*Ulmer* Rn 147 f; Scholz/*Emmerich* Rn 36; 37; beide mwN; auch *Roth/* Altmeppen Rn 13.

[64] BGH LM ZPO § 549 Nr 25; ganz hM, Ulmer/*Ulmer* Rn 152.

ferner auch FremdGFührern, die ebenso außerhalb des GesVertrags geregelt werden könnten, sog unechte Satzungsbestandteile;[65] zB Bestellung zum GFührer ohne entspr Sonderrecht;[66] Festsetzung der Bezüge oder des Ruhegelds für GFührer u Hinterbliebene.[67] Dass solche Regelungen für Dritte mittelbar, insbes wirtschaftlich von Bedeutung sein können, spielt dabei ebenso wenig eine Rolle wie bei anderen individuellen Vereinbarungen außerhalb des GesVertrags.

VII. Vorvertrag

33 Dem GesVertrag kann ein **Vorvertrag** vorausgehen, in dem sich die Gfter gegenseitig zur Gründung der GmbH verpflichten, daher auch Vorgründungsvertrag; bei komplizierten Gründungen uU zweckmäßig, sonst meist entbehrlich (Kosten!). Er bedarf wie der GesVertrag der **notariellen Form** entspr Abs 1 (zur Formfreiheit der Vorgründungsges iwS ohne konkrete Gründungsverpflichtung s aber unten Rn 36 aE), da andernfalls der mit der Formvorschrift neben anderem auch bezweckte Schutz der Gfter vereitelt würde.[68] Bei Formmangel ist Vorvertrag nichtig; Schutzzweck des § 2 schließt dann idR auch Haftung des Gründungsunwilligen aus cic aus;[69] – Nach hM gilt bei Vorvertrag auch Abs 2 entspr für die Form der Vollmacht.[70]

34 Verpflichtung zum Abschluss des GesVertrags setzt **inhaltliche Bestimmtheit** des Vorvertrags voraus. Er muss den nach § 3 I notwendigen u den weiteren nach dem Parteiwillen für den künftigen GesVertrag wesentlichen Inhalt festlegen oder zumindest soweit regeln, dass das Fehlende durch Auslegung ermittelt, im Streitfall der Vertragsinhalt vom Gericht in einem nach § 894 ZPO vollstreckbaren Urteil festgesetzt werden kann.[71] An die Auslegung werden dabei aber ganz allg keine strengen Anforderungen gestellt. Allg Grundsätze, §§ 133, 157 BGB, auch ergänzende Auslegung, gelten ohne Einschränkung, da (anders als oben Rn 31) nur Verpflichtung der Vertragsparteien untereinander vorliegt. So lassen Vereinbarung der Einbringung eines Unternehmens, Fortführung eines ererbten Unternehmens durch Miterben,

---

[65] Ulmer/*Ulmer* Rn 143 f; *Priester* DB 1979, 681.

[66] BGH NJW 1969, 131.

[67] BGH LM ZPO § 549 Nr 25, auch BGHZ 18, 205.

[68] StRspr RGZ 66, 120; 130, 75; 149, 395; 156, 138; BGH WM 1973, 68 obiter; DB 1988, 223; OLG München GmbHR 1958, 195; hM, ausführl Ulmer/*Ulmer* Rn 43 ff mwN; ferner Scholz/*Emmerich* Rn 79; *Lutter*/Hommelhoff/*Bayer* Rn 25; Rowedder/*Schmidt-Leithoff* Rn 85; *Roth*/Altmeppen Rn 48; *Michalski* Rn 75; allg auch *Henrich,* Vorvertrag, Optionsvertrag, Vorrechtsvertrag, 1965, 147 ff; – abw *Feine* 188; *Flume* FS Geßler, 1971, 18 f.

[69] BGH NJW-RR 1988, 288 jedenfalls hinsichtlich Haftung auf Erfüllung; anders jedoch im Hinblick auf grundlosen Abbruch der Verhandlungen, bedenkl; dem BGH wohl auch insoweit zust Scholz/*Schmidt* § 11 Rn 8; dagegen aber *Lutter*/Hommelhoff/*Bayer* Rn 25.

[70] KG OLGReport KG 2007, 170, ganz hM in der Lit, etwa Ulmer/*Ulmer* Rn 46. – BGH NJW 1969, 1856 (dazu *Goette* § 1 Rn 13; krit *Reinicke* NJW 1969, 1830) betraf einen Sonderfall, bei dem Anspruch auf Umwandlung einer KG in eine GmbH 1936 in notarieller Form, aber ohne notarielle Vollmacht eines Vertreters begründet und seither als Teil des KG-Vertrags widerspruchslos hingenommen wurde; – generell verneinend *Michalski* Rn 76.

[71] StRspr RGZ 66, 121; 156, 138; BGH DB 1953, 124; WM 1976, 180; OLG München GmbHR 1958, 195; ganz hM.

vertragliches Recht auf Umwandlung (Formwechsel, §§ 190 ff, insbes 214 ff UmwG) einer OHG oder KG in GmbH u dgl weitgehende Folgerungen für den Inhalt des künftigen GesVertrags zu. Regelung offener Einzelheiten kann Mehrheitsbeschluss der Beteiligten oder Bestimmung durch Dritten überlassen werden.[72]

Formfrei können bloße Vorbereitungshandlungen ohne bindende Verpflichtung zum Abschluss des GesVertrags vereinbart werden; kein echter Vorvertrag. Ebenso Nebenabreden, die nicht Inhalt des GesVertrags werden sollen (s oben Rn 12).[73] Dasselbe soll für die bindende Zusage einer Beteiligungsmöglichkeit an einer GmbH für den Fall ihrer Gründung gelten.[74] – Gleichfalls nicht formgebunden ist die Verpflichtung, als Treuhänder für einen anderen an GmbH-Gründung teilzunehmen, Treuhandvertrag (§ 1 Rn 40 ff).[75] Grds kann das auch bei treuhänderischer Einmanngründung gelten. Einhaltung der notariellen Form entspr Abs 1 kann hier jedoch geboten sein, wenn bereits im Treuhandvertrag selbst Inhalt des GesVertrags genau festgelegt wird, sodass ggf Verurteilung zum Vollzug des einseitigen Errichtungsgeschäfts u Vollstreckung nach § 894 ZPO in Betracht kommen. Der Treuhandvertrag entspricht dann zugleich einem Vorvertrag u könnte wie der Mehrpersonen-Vorvertrag zur Umgehung der Schutz- u Belehrungsfunktion der Formvorschrift führen. 35

Durch den Vorvertrag entsteht zwischen den Parteien idR eine BGB-Ges zum Zweck der Gründung einer GmbH, **Vorgründungsgesellschaft.**[76] Tritt diese bereits nach außen auf, kann ggf auch OHG vorliegen.[77] Näher dazu § 11 Rn 35 ff. Vorgründungsges ist von der Vorges zu unterscheiden, die mit Errichtung der GmbH durch Abschluss des GesVertrags entsteht (oben Rn 4, § 11 Rn 6 ff). Normalerweise endet in diesem Zeitpunkt die Vorgründungsges durch Zweckerreichung (§ 726 BGB), geht aber nicht in die Vorges über.[78] – Eine Vorgründungsges iwS kann auch ohne die Form des Abs 1 lediglich zur Vorbereitung der Gründung (oben Rn 35) gebildet werden, wenn keine Verpflichtung zum Abschluss des GesVertrags besteht.[79] 36

VIII. Fehlerhafte Gesellschaft

1. Mängel des Gesellschaftsvertrags. Abschluss des GesVertrags u einseitige Errichtung bei Einmanngründung sind Rechtsgeschäfte (oben Rn 5 ff). Für sie gelten grds die **allgemeinen Vorschriften des BGB über Nichtigkeit und Anfechtbarkeit** von Willenserklärungen u Rechtsgeschäften; zB bei Gesetz- u Sittenwidrigkeit wegen unzulässigen GesZwecks (§ 1 Rn 13 ff, 37

[72] Vgl etwa RGZ 66, 116; 156, 138; BGH NJW 1969, 1856; aus der Lit s nur Ulmer/*Ulmer* Rn 48; Scholz/*Emmerich* Rn 82; *Roth*/Altmeppen Rn 48.

[73] BGH BB 1969, 772.

[74] BGH WM 1973, 67, bedenklich.

[75] BGH WM 1971, 306.

[76] HM, Ulmer/*Ulmer* Rn 49 ff; Scholz/*Emmerich* Rn 85 f; Scholz/*Schmidt* § 11 Rn 9; *Lutter*/Hommelhoff/*Bayer* Rn 25; Rowedder/*Schmidt-Leithoff* Rn 87; *K. Schmidt* GesR § 34 III 2 a sowie GmbHR 1982, 6; – einschränkend *Roth*/Altmeppen Rn 53: nur bei darüber hinausgehender Zweckförderungspflicht; ganz abl *Michalski* § 11 Rn 10 ff.

[77] BGHZ 91, 151; ZIP 1998, 646; NJW 1983, 2822; Ulmer/*Ulmer* Rn 50; Scholz/*Schmidt* § 11 Rn 14; *Michalski* § 11 Rn 20; *Raiser/Veil* § 26 Rn 18.

[78] BGHZ 91, 151, ganz hM, abw aber *Roth*/Altmeppen Rn 32 u § 11 Rn 74.

[79] *Roth*/Altmeppen Rn 54; *Michalski* § 11 Rn 15.

insbes 17), Formmangel des GesVertrags (oben Rn 14), Mangel der Vollmacht (oben Rn 22), Fehlen der gesetzlichen Vertretung bzw familien- oder vormundschaftsgerichtlichen Genehmigung (oben Rn 25), Mangel des gesetzlichen Mindestinhalts des GesVertrags (§ 3 Rn 22, § 75 Rn 6 ff), ferner etwa Anfechtung wegen Irrtums, Täuschung oder Drohung nach §§ 119, 123 BGB wie auch sonst alle allg Nichtigkeitsgründe. – Allerdings unterliegen die Folgen solcher Mängel u ihre Geltendmachung mit dem Fortschreiten des Gründungsvorgangs je nach Art des Mangels verschieden weit reichenden **Einschränkungen.** Dafür haben Lit u Rspr neben den nur punktuellen gesetzlichen Vorschriften (insbes §§ 75 ff) weitere Regeln entwickelt, die bzgl Gesvertragsmängeln (zu Mängeln der Beteiligung Rn 44 ff) im Grundsätzlichen, wenn auch nicht in allen Einzelheiten, heute allg anerkannt sind.[80]

38 Danach ist zwischen **drei Stadien** in der Entwicklung der Ges zu unterscheiden: – **a) Nach Vertragsschluss,** bevor die Ges in Vollzug gesetzt oder ins HR eingetragen ist, bestehen keine Einschränkungen für die Geltendmachung von Mängeln des GesVertrags nach den allg Regeln des BGB. – Für § 139 BGB ist allerdings zu beachten, dass Nichtigkeit einer Beitrittserklärung den GesVertrag insgesamt nichtig macht; ebenso Nichtigkeit bei Fehlen einer nach § 3 I notwendigen Bestimmung, für die auch Ergänzung durch Auslegung nur beschränkt möglich ist (oben Rn 31). § 139 ist somit nur bei Teilnichtigkeit sonstiger Vertragsbestimmungen anwendbar.[81] – Nichtigkeit u schwebende bzw endgültige Unwirksamkeit des GesVertrags hindern Eintragung der Ges ins HR (§ 9 c I), ebenso Anfechtbarkeit, falls wirksam angefochten ist.

39 **b) Nach Invollzugsetzen.** Ist trotz des Mangels die **Gesellschaft in Vollzug gesetzt** worden, etwa durch Vornahme vorbereitender Geschäfte, Leistung von Einlagen udgl, so ist eine Rückabwicklung nach allg Regeln aus Gründen der Rechtssicherheit u des Verkehrsschutzes im Interesse der Gfter u der Gläubiger generell ausgeschlossen ebenso wie bei Personenges in entspr Lage. Es finden die vor allem für letztere entwickelten **Grundsätze über die fehlerhafte Gesellschaft** Anwendung.[82] – Danach wird die Ges zunächst als bestehend behandelt u kann, falls der Mangel fortbesteht, nur für die Zukunft aufgelöst werden. Das gilt sogar bei arglistiger Täuschung (§ 123 BGB) oder sittenwidriger Übervorteilung (§ 138 BGB) eines Gfters.[83] Die Auflösung kann bei einem Nichtigkeits- oder Unwirksamkeitsgrund von jedem Gfter, bei einem Anfechtungsgrund vom Anfechtungsberechtigten durch Erklärung gegenüber den anderen Gftern herbeigeführt werden. Einer Auflösungsklage

---

[80] Ausführl, auch zum Folgenden, Ulmer/*Ulmer* Rn 86 ff u Scholz/*Emmerich* Rn 62 ff, beide mwN; ferner *Lutter*/Hommelhoff/*Bayer* Rn 18 ff; Rowedder/*Schmidt-Leithoff* Rn 58 ff; *Michalski* Rn 51 ff; *Raiser/Veil* § 26 Rn 129 ff; allg auch *K. Schmidt* GesR § 6, sowie AcP 186 (1986) 421; *Wiedemann* § 3 I 2; *Kort,* Bestandsschutz fehlerhafter Strukturänderungen im Kapitalgesellschaftsrecht, 1998, 24 ff; *Schäfer,* Die Lehre vom fehlerhaften Verband, 2002.

[81] *Roth*/Altmeppen Rn 44; einschränkend Scholz/*Emmerich* Rn 63; auch BGHZ 49, 365 (OHG). – Gegen jede Anwendung von § 139 BGB Ulmer/*Ulmer* Rn 87; *Michalski* Rn 53; auch Rowedder/*Schmidt-Leithoff* Rn 63.

[82] BGHZ 13, 320; RGZ 166, 59; zur allg Geltung BGHZ 55, 8 (stille Ges); OLG Dresden GmbHR 1998, 186, ganz hM, vgl Ulmer/*Ulmer* Rn 92; Scholz/*Emmerich* Rn 64, jew mwN; – näher zur fehlerhaften Ges etwa MünchKommBGB/*Ulmer* § 705 Rn 243 ff; Staub/*Ulmer* § 105 Rn 327 ff; *A. Hueck* OHG § 7.

[83] BGHZ 13, 323; auch DB 1976, 2106 (stille Ges); RGZ 123, 104.

bedarf es dazu nicht.[84] Dagegen will Teil der Lit § 61 entspr anwenden,[85] doch hebt diese Bestimmung, wie Abs 2 S 1 noch verdeutlicht, ihrem Sinn nach auf den endgültigen Zustand der GmbH als jur Person ab u passt nicht für die Vorges (§ 11 Rn 6 ff). Ebensowenig passt, selbst wenn die Vorges bereits ein Handelsgewerbe betreibt, eine Analogie zu § 133 HGB,[86] da die Vorges der OHG oder KG nicht vergleichbar, insbes nicht auf Dauer angelegte Erwerbsgrundlage der Gfter ist. – Die Auflösung führt zur Liquidation der Vorges, die im Wesentlichen nach den Regeln des GmbH-Rechts erfolgt (str, dazu § 11 Rn 30). – Invollzugsetzen hebt Eintragungshindernis (§ 9 c I, oben Rn 38 aE) nicht auf.

c) Eintragung ins HR trotz des Mangels führt zur wirksamen Entstehung der GmbH. Formmangel des GesVertrags oder einer Vollmacht, nicht deren Fehlen, wird dadurch geheilt (oben Rn 15, 23). – Sonstige Mängel des GesVertrags werden zwar nicht geheilt, doch wird ihre Geltendmachung weitgehend ausgeschlossen. Im allg Verkehrsinteresse erhält nunmehr kraft Gesetzes der Bestandsschutz der entstandenen jur Person klaren Vorrang: 40

aa) Nichtigkeit der GmbH tritt nach § 75 nur noch bei den dort abschließend[87] genannten schwersten Inhaltsmängeln ein, nämlich fehlende Bestimmung der Höhe des Stammkapitals u Fehlen oder Nichtigkeit der Bestimmungen über den Unternehmensgegenstand (§ 3 I Nr 2, 3). Die Nichtigkeit ist durch **Klage** geltend zu machen u wirkt nur ab Rechtskraft der stattgebenden Entsch für die Zukunft; Einzelheiten §§ 75 ff u Erl dazu. – **Amtslöschung** im HR ist nach § 397 S 2 FamFG auf dieselben Fälle beschränkt, § 395 FamFG darüber hinaus nicht anwendbar.[88] 41

bb) Amtsauflösungsverfahren. Bei Fehlen oder Nichtigkeit des sonstigen notwendigen Inhalts des GesVertrags (§ 3 I Nr 1, 4), ebenso, wenn die Bestimmung über die Höhe des Stammkapitals (§ 3 I Nr 3) nicht fehlt, sondern nichtig ist, findet das **Amtsauflösungsverfahren** nach § 399 FamFG statt (§ 399 IV FamFG). Es führt, falls dem Mangel nicht abgeholfen wird, zur Auflösung der GmbH gem § 60 I Nr 5 (dazu § 77 Anh Rn 31 ff). 42

cc) Andere Mängel des GesVertrags lassen den Bestand der GmbH als solcher grds unberührt; zur einzelnen Beitrittserklärung aber auch unten Rn 44. In diesem begrenzten Sinn sind die Mängel durch die Eintragung geheilt. Insbes wird dadurch auch die Anfechtung wegen Willensmängeln beim Errichtungsgeschäft gänzlich ausgeschlossen, da insoweit weder ein Mangel des notwendigen GesVertragsinhalts (vorausgehend aa u bb) noch einer der besonderen Unwirksamkeitsgründe für den Beitritt (unten Rn 44) in Betracht kommt (heute wohl unstr). Deshalb kann sich ein Gfter auch nicht mehr auf eine früher ausgesprochene Anfechtung berufen, wenn die Ges trotzdem eingetragen worden ist; wer anficht, muss dafür sorgen, ggf durch einstweiligen Rechtsschutz,[89] dass seine Beitrittserklärung nicht mehr zur HRAnmeldung bzw Eintragung benutzt wird. – Nicht durch Eintragung geheilt wird die isolierte Nichtigkeit, insbes nach §§ 134 oder 138 BGB, einer 43

---

[84] Ulmer/*Ulmer* Rn 93; offen lassend nunmehr Scholz/*Emmerich* Rn 64 a.

[85] Scholz/Schmidt § 11 Rn 55; Rowedder/*Schmidt-Leithoff* Rn 67.

[86] Vgl aber Scholz/*Schmidt* § 11 Rn 55.

[87] BGHZ 21, 381; OLG Frankfurt/M NZG 2002, 294.

[88] BayObLG 1969, 219; OLG Frankfurt/M NZG 2002, 294; hM, geringfügig einschr Ulmer/*Ulmer* Rn 89 mwN; Rowedder/*Schmidt-Leithoff* Rn 68.

[89] Allg dazu *Littbarski,* Einstweiliger Rechtsschutz im Gesellschaftsrecht, 1996.

einzelnen nicht nach § 3 I notwendigen Vertragsbestimmung, die nach § 139 BGB auf die Wirksamkeit des Vertrags im Ganzen keinen Einfluss hat. – Schließlich kann je nach Art des einzelnen Mangels seine Ursache, falls sie fortbesteht u entspr schwer wiegt, eine Auflösungsklage wegen Unzumutbarkeit nach § 61 rechtfertigen[90] (dazu unten § 61 Rn 12). Ist ein einzelner Gfter betroffen, so auch bei Anfechtungsgründen, kann auch seine Ausschließung oder umgekehrt ein außerordentliches Austrittsrecht (§ 34 Anh Rn 2 ff u 18 ff) in Betracht kommen.

44 **2. Mängel der einzelnen Beitrittserklärung** sind häufige Ursachen für Mängel des GesVertrags, unterliegen grds denselben allg Regeln u sind deshalb vorausgehend (Rn 37 ff) mitbehandelt. – Abweichend davon besteht jedoch völlige **Unwirksamkeit des Beitritts,** die auch nach Invollzugsetzung der fehlerhaften Ges u sogar nach HREintragung jede Bindung des betr Gfters hindert, wenn die Beitrittserklärung dem Gfter, selbst als fehlerhafte, rechtlich nicht zugerechnet werden kann. Das gilt nur für zwei Fallgruppen: – **mangelnde Geschäftsfähigkeit, Betreuung,** falls beim Beitritt eines nicht unbeschränkt Geschäftsfähigen oder eines unter Einwilligungsvorbehalt stehenden Betreuten die erforderliche Mitwirkung des gesetzlichen Vertreters oder die familien- bzw betreuungssgerichtliche Genehmigung fehlt oder wenn bei Betreuung ohne Einwilligungsvorbehalt der Betreuer allein ohne diese Genehmigung gehandelt hat (oben Rn 24 ff); – fehlende Mitwirkung des angeblich beteiligten Gfters bei **Vertretung ohne Vertretungsmacht,** ebenso bei **Unterschriftsfälschung** sowie bei gewaltsam oder durch **Drohung mit Gewalt** (nicht sonstige Drohung) herbeigeführter Unterschrift. – Insoweit entspricht das heute ganz hM.[91] – Str, ob das ebenso für **Bedingung u Befristung** des Beitritts gilt. Das ist abzulehnen.[92] Zwar ist Beitrittserklärung bedingungsfeindlich u daher an sich unwirksam, doch liegt hier iGgs zu mangelnder Geschäftsfähigkeit bzw Betreuung oder völlig fehlender Mitwirkung ein zurechenbarer Erklärungstatbestand vor. Das entspricht anderen Fällen der Nichtigkeit u vor allem der Anfechtbarkeit u kann daher nicht anders als diese behandelt werden (vgl auch § 3 Rn 23 ff).

45 **Bedeutung** der Unwirksamkeit des Beitritts **nach Handelsregistereintragung** der Ges: Wie bei anderen Mängeln kommt GmbH wirksam zur Entstehung mit allen oben (Rn 40 f) behandelten Folgen, insbes auch für die Stellung der übrigen Gfter. Dagegen begründet die unwirksame Beitrittserklärung – nur – für den Betroffenen keinerlei Bindung: er wird nicht Gfter, sein GAnteil u die Pflicht zur Leistung der Einlage entstehen nicht.[93] Auch in diesem Stadium ist aber noch Heilung des Mangels möglich durch Genehmigung der Vertretung bzw sonstige Nachholung des Fehlenden; dadurch wird Beitritt voll wirksam. – Davon abgesehen ist aber nun die nach § 5 III, 3 erforderliche Übereinstimmung zwischen Stammkapital u Summe der Nennbeträge der GAnteile gestört. Für die fehlende Einlage brauchen die anderen Gfter nicht nach § 24 aufzukommen, da sie von vornherein nicht geschuldet

[90] Ulmer/*Ulmer* Rn 91.

[91] Ulmer/*Ulmer* Rn 98 ff; Scholz/*Emmerich* Rn 66; *Lutter*/Hommelhoff/*Bayer* Rn 21 ff; Rowedder/*Schmidt-Leithoff* Rn 73; *Roth*/Altmeppen Rn 35 f.

[92] RGZ 83, 264 ff; ausführl Ulmer/*Ulmer* Rn 113 ff; ferner Scholz/*Emmerich* Rn 67; Rowedder/*Schmidt-Leithoff* Rn 72; *Roth*/Altmeppen Rn 38.

[93] So jetzt auch *Lutter*/Hommelhoff/*Bayer* Rn 24.

war.[94] Wohl aber gilt § 30, der Zahlungen an die (anderen) Gfter erst nach anderweitiger Deckung des Fehlbetrags zulässt.[95] – Die Unwirksamkeit des Beitritts bewirkt keinen Mangel iSv § 75; daher keine Nichtigkeitsklage u auch keine Amtslöschung nach § 397 FamFG. Wohl aber besteht materielle Unrichtigkeit u damit Nichtigkeit der Angabe des angeblichen Gfters u seiner GAnteile im GesVertrag gem § 3 I Nr 4. Da dieser Mangel durch die Eintragung nicht geheilt wird, löst er das Amtsauflösungsverfahren nach § 399 FamFG aus[96] (§ 77 Anh Rn 31 ff). Im Rahmen dieses Verfahrens, dementspr aber auch ohne Aufforderung des RegGerichts, kann durch Satzungsänderung der GAnteil anderweitig untergebracht oder das Stammkapital herabgesetzt werden.[97] Bei Vertretung ohne Vertretungsmacht ist § 179 I (nicht II, III) BGB anwendbar, Vertreter haftet auf Schadenersatz oder Erfüllung,[98] wird jedoch nicht automatisch Gfter.

Sind in der dargestellten Weise **alle Beitrittserklärungen unwirksam** – bzw die Errichtungserklärung des einen Gründers bei Einmanngründung –, kann die GmbH ohne Gfter u ohne GAnteile und mit diesen verbundener Einlagepflicht nicht entstehen.[99] Die dennoch eingetragene scheinbare Ges ist analog zu §§ 395, 397 FamFG von Amts wegen zu löschen.[100] 46

3. Fehlerhafter Gesellschafterwechsel s § 15 Rn 29 u § 11 Rn 8. 47

IX. Kosten

Für die Beurkundung des Gesvertrags wird bei Mehrpersonengründung nach §§ 36 II, 141 KostO das Doppelte der vollen Gebühr erhoben, bei Einmanngründung dagegen trotz der Bezeichnung als Vertrag nur eine volle Gebühr nach §§ 36 I, 141 KostO.[101] Geschäftsführerbestellung idR im Gesvertrag.[102] Orientierung am Geschäftswert u die teilweise Abführung der Gebühren an den Staat zur Bestreitung öffentl Kosten verstieß jedenfalls bei beamteten Notaren gegen GesellschaftssteuerRL.[103] Neuregelung von § 29 48

[94] Abw *Lutter*/Hommelhoff/*Bayer* Rn 24: Übernahmepflicht der übrigen Gesellschafter zur Vermeidung der Amtslöschung.

[95] HM, Ulmer/*Ulmer* Rn 106 ff; Scholz/*Emmerich* Rn 71; Rowedder/*Schmidt-Leithoff* Rn 75; *Roth*/Altmeppen Rn 39; *Michalski* Rn 67; *Lutter*/Hommelhoff/*Bayer* Rn 24.

[96] Wie hier Scholz/*Emmerich* Rn 71; Ulmer/*Ulmer* Rn 102 f; *Roth*/Altmeppen Rn 41; *Lutter*/Hommelhoff/*Bayer* Rn 24; *Michalski* Rn 67; – aM Rowedder/*Schmidt-Leithoff* Rn 74, wie hier jedoch bei fehlender Vollmacht, Rn 57.

[97] Scholz/*Emmerich* Rn 71; Ulmer/*Ulmer* Rn 110; Rowedder/*Schmidt-Leithoff* Rn 75; *Michalski* Rn 67.

[98] Ulmer/*Ulmer* Rn 107.

[99] Abw *Schäfer,* Die Lehre vom fehlerhaften Verband, 2002, 285.

[100] Bislang HM, Scholz/*Emmerich* Rn 68 a; Rowedder/*Schmidt-Leithoff* Rn 71; – abw *Roth*/Altmeppen Rn 42 unter Hinweis auf § 144 a FGG; ebenso *Michalski* Rn 67 nunmehr auch Ulmer/*Ulmer* Rn 97.

[101] KG NZG 2004, 826; BayObLG DB 1983, 604 mwN; *Lutter*/Hommelhoff/*Bayer* Rn 27; Rowedder/*Schmidt-Leithoff* Rn 90; *Roth*/Altmeppen Rn 56; – aA *Willemer* DNotZ 1981, 469 u 1983, 257.

[102] Zu Ausnahme OLG Frankfurt DStR 2007, 2125.

[103] Vgl EuGH C-165/03 (SABU) = EuZW 2005, 501 (Stuttgarter Notariat); EuGH C-264/00 (Gründerzentrum) = EuZW 2002, 368 (Karlsruher Notariat) u C-56/98 (Modelo) = NJW 2000, 939 (portugiesische Notargebühren; vgl. auch EuGH C-466/03 (Albert Reiss Beteiligungsgesellschaft) = NJW 2007, 3051; Rowedder/*Schmidt-Leithoff* § 10 Rn 30; weitergehende Bedenken bei *Lutter*/Hommelhoff/*Bayer* Rn 24;

KostO u Einfügung einer Übergangsregelung in § 164 KostO durch HRegGebNeuOG[104] hat das nicht ausreichend beseitigt.[105] – Für die Beurkundung einer Zustimmungserklärung oder Vollmacht fällt eine halbe Gebühr an (§§ 38 II Nr 1 u 4, 141 KostO), für die Beglaubigung einer Vollmacht eine viertel Gebühr, höchstens 130,– € (§§ 45 I, 141 KostO). – Eintragungskosten § 10 Rn 4. – **Gründung im vereinfachten Verfahren** § 41 d KostO (oben Rn 16).

X. Anlage zu § 2

a) Musterprotokoll für die Gründung einer Einpersonengesellschaft

UR. Nr. _____

Heute, den ________

erschien vor mir, _______

Notar/in mit dem Amtssitz in _________

Herr/Frau

____

____

____

____

1. **Der Erschienene errichtet hiermit nach § 2 Abs. 1 a GmbHG eine Gesellschaft mit beschränkter Haftung unter der Firma _____ mit dem Sitz in ______.**
2. **Gegenstand des Unternehmens ist ______.**
3. **Das Stammkapital der Gesellschaft beträgt ______ € (i. W. ______ Euro) und wird vollständig von Herrn/Frau[1] ______[2] (Geschäftsanteile Nr. 1) übernommen. Die Einlage ist in Geld zu erbringe, und zwar sofort in voller Höhe/zu 50% sofort, im Übrigen sobald die Gesellschafterversammlung ihre Einforderung beschließt[3].**
4. **Zum Geschäftsführer der Gesellschaft wird Herr/Frau[4] ______, geboren am ______, wohnhaft in ______ bestellt. Der Geschäftsführer ist von den Beschränkungen des § 181 des Bürgerlichen Gesetzbuchs befreit.**
5. **Die Gesellschaft trägt die mit der Gründung verbundenen Kosten bis zu einem Gesamtbetrag von 300 €, höchstens jedoch bis zum Betrag ihres Stammkapitals. Darüber hinausgehende Kosten trägt der Gesellschafter.**
6. **Von dieser Urkunde erhält eine Ausfertigung der Gesellschafter, beglaubigte Ablichtungen die Gesellschaft und das Registergericht (in elektronischer Form) sowie eine einfache Abschrift das Finanzamt – Körperschaftsteuerstelle –.**
7. **Der Erschienene wurde vom Notar/von der Notarin insbesondere auf folgendes hingewiesen: ______**

---

näher zum Verstoß der registerrechtlichen Gebühren gegen Gemeinschaftsrecht unten § 10 Rn 4.

[104] vom 3. 7. 2004 BGBl I, 1410, in Kraft getreten 1. 12. 2004.

[105] EuGH C-466/03 (Albert Reiss Beteiligungsgesellschaft) = NJW 2007, 3051; EuGH C-165/03 (SABU Schuh & Marketing GmbH) = EuZW 2005, 501.

Hinweise:

1. Nicht Zutreffendes streichen. Bei juristischen Personen ist die Anrede Herr/Frau wegzulassen.
2. Hier sind neben der Bezeichnung des Gesellschafters und den Angaben zur notariellen Identitätsfeststellung ggf. der Güterstand und die Zustimmung des Ehegatten sowie die Angaben zu einer etwaigen Vertretung zu vermerken.
3. Nicht Zutreffendes streichen. Bei der Unternehmergesellschaft muss die zweite Alternative gestrichen werden.
4. Nicht Zutreffendes streichen.

b) Musterprotokoll für die Gründung einer Mehrpersonengesellschaft mit bis zu drei Gesellschaftern

UR. Nr. _____

Heute, den _________

erschien vor mir, ________

Notar/in mit dem Amtssitz in __________

Herr/Frau

____

____

____

____

Herr/Frau

____

____

____

____

Herr/Frau

____

____

____

____

1. Der Erschienene errichtet hiermit nach § 2 Abs. 1a GmbHG eine Gesellschaft mit beschränkter Haftung unter der Firma ______ mit dem Sitz in ______.
2. Gegenstand des Unternehmens ist ______.
3. Das Stammkapital der Gesellschaft beträgt ______ € (i. W. ______ Euro) und wird wie folgt übernommen:
   Herr/Frau[1] ______[2] übernimmt einen Geschäftsanteil mit einem Nennbetrag in Höhe von ______ € (i. W. ______ Euro) (Geschäftsanteil Nr. 1).
   Herr/Frau[1] ______[2] übernimmt einen Geschäftsanteil mit einem Nennbetrag in Höhe von ______ € (i. W. ______ Euro) (Geschäftsanteil Nr. 2).
   Herr/Frau[1] ______[2] übernimmt einen Geschäftsanteil mit einem Nennbetrag in Höhe von ______ € (i. W. ______ Euro) (Geschäftsanteil Nr. 3).

Die Einlagen sind in Geld zu erbringen, und zwar sofort in voller Höhe/zu 50% sofort, im Übrigen sobald die Gesellschaftersammlung ihre Einforderung beschließt[3].

4. **Zum Geschäftsführer der Gesellschaft wird Herr/Frau[4] ______, geboren am ______, wohnhaft in ______ bestellt. Der Geschäftsführer ist von den Beschränkungen des § 181 des Bürgerlichen Gesetzbuchs befreit.**
5. **Die Gesellschaft trägt die mit der Gründung verbundenen Kosten bis zu einem Gesamtbetrag von 300 €, höchstens jedoch bis zum Betrag ihres Stammkapitals. Darüber hinausgehende Kosten tragen die Gesellschafter im Verhältnis der Nennbeträge ihrer Geschäftsanteile.**
6. **Von dieser Urkunde erhält eine Ausfertigung jeder Gesellschafter, beglaubigte Ablichtungen die Gesellschaft und das Registergericht (in elektronischer Form) sowie eine einfache Abschrift das Finanzamt – Körperschaftsteuerstelle –.**
7. **Der Erschienene wurde vom Notar/von der Notarin insbesondere auf folgendes hingewiesen: ______**

Hinweise:

1. **Nicht Zutreffendes streichen. Bei juristischen Personen ist die Anrede Herr/Frau wegzulassen.**
2. **Hier sind neben der Bezeichnung des Gesellschafters und den Angaben zur notariellen Identitätsfeststellung ggf. der Güterstand und die Zustimmung des Ehegatten sowie die Angaben zu einer etwaigen Vertretung zu vermerken.**
3. **Nicht Zutreffendes streichen. Bei der Unternehmergesellschaft muss die zweite Alternative gestrichen werden.**
4. **Nicht Zutreffendes streichen.**

Inhalt des Gesellschaftsvertrags

3 (1) **Der Gesellschaftsvertrag muß enthalten:**

1. **die Firma und den Sitz der Gesellschaft,**
2. **den Gegenstand des Unternehmens,**
3. **den Betrag des Stammkapitals,**
4. **die Zahl und die Nennbeträge der Geschäftsanteile, die jeder Gesellschafter gegen Einlage auf das Stammkapital (Stammeinlage) übernimmt.**

(2) **Soll das Unternehmen auf eine gewisse Zeit beschränkt sein oder sollen den Gesellschaftern außer der Leistung von Kapitaleinlagen noch andere Verpflichtungen gegenüber der Gesellschaft auferlegt werden, so bedürfen auch diese Bestimmungen der Aufnahme in den Gesellschaftsvertrag.**

Übersicht

I. Allgemeines

Lit: *Hommelhoff,* Gestaltungsfreiheit im GmbH-Recht, in Hommelhoff/Wiedemann, Gestaltungsfreiheit im Gesellschaftsrecht, 1998, 36; *Hopt,* ebenda, 126 ff; *Immenga,* Die personalistische Kapitalgesellschaft, 1970; *Noack,* Gesellschaftervereinbarungen bei Kapitalgesellschaften, 1994; *Odersky,* Gestaltungsfreiheit im GmbH-Recht, in Hommelhoff/Wiedemann, Gestaltungsfreiheit im Gesellschaftsrecht, 1998, 103 ff; *Teichmann,* Gestaltungsfreiheit in Gesellschaftsverträgen, 1970; *Ulmer,* „Satzungsgleiche" Gesellschaftervereinbarungen bei der GmbH? – Zum Für und Wider der Trennung zwischen Satzung und schuldrechtlichen Gesellschafterabreden, FS Röhricht, 2005, 633; *Wiedemann,* Gestaltungsfreiheit im GmbH-Recht, in Hommelhoff/Wiedemann, Gestaltungsfreiheit im Gesellschaftsrecht, 1998, 5 ff; *Zöllner,* Inhaltsfreiheit bei Gesellschaftsverträgen, FS GmbHG, 1992, 85 ff.

1. Bedeutung der Vorschrift. § 3 legt in **Abs 1** den **Mindestinhalt des Gesellschaftsvertrags** fest u macht in **Abs 2** für **bestimmte Regelungen** die Wirksamkeit von der **Aufnahme in den Gesellschaftsvertrag** abhängig. Kein Unterschied zwischen Einmann- u Mehrpersonengründung. **Abs 1 Nr 4** geändert durch MoMiG. § 3 ist zwingend u grds auch bei späteren Satzungsänderungen zu beachten; näher dazu § 53 Rn 20 ff; einschr zu Abs 1 Nr 4 unten Rn 18. 1

2. Übersicht. § 3 regelt den **Inhalt des Gesellschaftsvertrags** nicht abschließend u verlangt auch nicht Aufnahme aller in diesem Zusammenhang stehenden Abreden. Vielmehr ist zu unterscheiden: **notwendiger Inhalt,** Mindestinhalt jedes GesVertrags, Abs 1 (Rn 5 ff); – **fakultativer, aber formbedürftiger Inhalt,** freigestellt, doch nur bei Aufnahme in den GesVertrag 2 wirksam, Abs 2 ua (Rn 24 ff); – **sonstiger fakultativer Inhalt,** Aufnahme in den GesVertrag möglich, aber nicht für Wirksamkeit erforderlich (Rn 53 ff); – **Nebenabreden** außerhalb des GesVertrags (Rn 56 f).

3 **3. Körperschaftlicher u individualrechtlicher Inhalt.** Der **Gesellschaftsvertrag** ist Gegenstand des Errichtungsgeschäfts, dazu § 2 mit Erl; über Bedeutung u Rechtsnatur dort Rn 3 ff. Die danach zu treffende Unterscheidung zwischen Inhalt mit Satzungsfunktion u nur individuell bindendem Inhalt ist ua für **Auslegung** des GesVertrags wesentlich, dazu § 2 Rn 29 ff. IdR stehen die der eingeschränkten objektivierten Auslegung (§ 2 Rn 31) unterliegenden körperschaftlichen Bestimmungen mit Satzungscharakter im Vordergrund; dazu gehören die zum notwendigen Inhalt gehörenden ebenso wie Bestimmungen mit fakultativem, aber formbedürftigen Inhalt, somit auch § 3 I u II, in vollem Umfang; dagegen muss man beim sonstigen fakultativen Inhalt zwischen körperschaftlichen u uneingeschränkt auslegungsfähigen individualrechtlichen Bestimmungen (§ 2 Rn 32) unterscheiden (unten Rn 53 ff); nur individualrechtlich ist der nicht in den GesVertrag aufgenommene Inhalt der Nebenabreden. **Körperschaftlichen Charakter** haben daher insbes Regelungen über Unternehmensgegenstand,[1] Gesellschaftszweck,[2] Kapitalausstattung u Zulassung von Sacheinlagen,[3] Sonderrechte,[4] Vinkulierung,[5] Kompetenzen der Gesellschaftsorgane,[6] Stimmrecht[7] und Gewinnverteilung.[8] – Nicht hiermit zu verwechseln sind die zwar verwandten, aber in wesentlichen Punkten andersartigen Unterscheidungen zwischen formellen u materiellen Satzungsbestimmungen sowie zwischen echten u unechten Satzungsbestandteilen; sie sind vor allem im Zusammenhang mit Satzungsänderungen bedeutsam; Näheres § 53 Rn 5 ff, 20 ff.

4 **4. Satzungsautonomie u deren Grenzen.** Satzungsautonomie ist grds weiter Spielraum eingeräumt, soweit nicht Gläubigerschutz, insbes Kapitalaufbringung u -erhaltung, oder sonst Prinzipien des GmbH-Rechts betroffen sind (ausführl u weiter differenzierend § 45 Rn 6 ff, 11). Damit geschaffene Flexibilität ist wesentlicher Vorzug der GmbH als Rechtsform. Da GmbH wegen § 15 III/IV als Publikumsges grds ungeeignet, erübrigt sich idR bes Anlegerschutz, wie er bei Publikumspersonenges im Wege der richterlichen Inhaltskontrolle geschaffen wurde. Auch sonst keine AGB-Kontrolle der Satzung, § 310 IV 1 BGB.[9]

II. Notwendiger Inhalt, Abs 1

Lit: *Altmeppen,* Zur Mantelverwendung in der GmbH – Zugleich Besprechung von BGH, Beschluss vom 9. 12. 2002 – II ZB 12/02, NZG 2003, 145; *Goette,* Haftungsfragen bei der Verwendung von Vorratsgesellschaften und „leeren" GmbH-Mänteln,

---

[1] BGH WM 1966, 446.
[2] BGH NJW 1983, 1910.
[3] BGH BB 1966, 1410.
[4] BGH NJW 1969, 171.
[5] BGH NJW 1967, 2159.
[6] BGH NJW 1973, 1039; DB 1983, 1864; DStR 1996, 111.
[7] BGHZ 14, 36 f.
[8] BGHZ 18, 208 f.
[9] *Roth*/Altmeppen § 2 Rn 14; *Michalski* § 2 Rn 13.

DStR 2004, 461; *Heckschen,* Aktuelle Beratungshinweise zur GmbH-Satzung – Unternehmensgegenstand, Bekanntmachung, Anteilserwerb, GmbHR 2007, 198; *Heidenhain,* Anwendung der Gründungsvorschriften des GmbH-Gesetzes auf die wirtschaftliche Neugründung einer Gesellschaft, NZG 2003, 1051; *Heidinger,* Die wirtschaftliche Neugründung, ZGR 2005, 101; *Heidinger/Meyding,* Der Gläubigerschutz bei der wirtschaftlichen Neugründung von Kapitalgesellschaften, NZG 2003, 1129; *Heyer/Reichert-Clauß,* Sichere Verwendung von Vorratsgesellschaften – die Anforderungen der Rechtsprechung, NZG 2005, 193; *Kallmeyer,* Ist die Wiederbelebung einer Mantel-GmbH wirklich strenger zu behandeln als der Formwechsel einer AG in eine GmbH?, DB 2003, 2583; *ders,* Mehrfachaufbringung des Stammkapitals einer GmbH, GmbHR 2003, 322; *Kleindiek,* Mantelverwendung und Mindestkapitalerfordernis, FS Priester, 2007, 369; *Peters,* Der GmbH-Mantel als gesellschaftsrechtliches Problem, 1989; *K. Schmidt,* Vorratsgründung, Mantelkauf und Mantelverwendung, NJW 2004, 1345; *Schütz,* Haftungsfragen im Zusammenhang mit der wirtschaftlichen Neugründung, NZG 2004, 746; *Ulrich,* Verwendung von Vorratsgesellschaften und gebrauchten Gesellschaftsmänteln nach dem BGH-Beschluss vom 7. Juli 2003 – WM 2003, 1814; *Wälzholz,* Vorbelastungshaftung und Vertrauensschutz bei gebrauchten GmbH-Mänteln oder – der Nebel lichtet sich langsam, NZG 2005, 203.

1. Mindestinhalt. Abs 1 zählt den **Mindestinhalt des Gesellschaftsvertrags** auf, u zwar **abschließend.** Die hier genannten Punkte muss jeder GesVertrag ausdrücklich in der Form des § 2 regeln. Zusammenfassung in einer Urkunde für § 8 I Nr 1 s dort Rn 4. 5

a) Firma und Sitz der Gesellschaft, Abs 1 Nr 1. Gesetzliche Regelung der Firma nunmehr in § 4, des Sitzes in § 4 a. Erl s dort. 6

b) Gegenstand des Unternehmens, Abs 1 Nr 2. Nicht gleichbedeutend mit GesZweck (dazu § 1 Rn 5 ff). Beide können sich zwar tatsächlich decken; grds ist aber Unternehmensgegenstand der engere Begriff. Er bezeichnet Bereich u Art der Betätigung der Ges u kann gleichermaßen wirtschaftlich wie nichtwirtschaftlich, im weitesten Sinn ideell sein; insoweit gilt dasselbe wie beim GesZweck (§ 1 Rn 6 ff). – Ziel der Regelung ist, wie auch die Eintragung ins HR nach § 10 I zeigt, vor allem nach außen den Schwerpunkt der Geschäftstätigkeit für die beteiligten Wirtschaftskreise hinreichend erkennbar zu machen.[10] Daneben tritt intern ein gewisser Schutz der Gfter, insbes einer Minderheit, gegen willkürliche Änderungen oder Ausweitungen des Gegenstands durch Bindung der GFührer an den GesVertrag gem § 37 I.[11] Allerdings ohne Außenwirkung, da nach § 37 II auch Geschäfte außerhalb des angegebenen Rahmens wirksam sind. Auch Ansatz für RegGericht bei Nachprüfung der Erlaubtheit, doch ist dieses nicht allein hierauf angewiesen. 7

Die **Angabe** muss entgegen älterer Rspr[12] nach ihrer Zielsetzung für Dritte informativ, also entspr **individualisiert** sein.[13] Sie muss den Tätig- 8

---

[10] BGH DB 1981, 466 in Übereinstimmung mit Ulmer/*Ulmer* Rn 15, hM, s auch *Wallner* JZ 1986, 725 f; einschr *Roth*/Altmeppen Rn 7.

[11] HM, Scholz/*Emmerich* Rn 10; *Michalski* Rn 7; *Roth*/Altmeppen Rn 7; auch *Tieves,* Der Unternehmensgegenstand der Kapitalgesellschaft, 68 ff; krit *Wallner* JZ 1986, 724 f.

[12] Etwa RGZ 62, 98.

[13] BGH DB 1981, 466; KGJ 34, 149; BayObLG BB 1995, 1814; GmbHR 1996, 360; NZG 2003, 482; heute allg anerkannt, Ulmer/*Ulmer* Rn 15 ff; Scholz/*Emmerich* Rn 12; *Tieves,* Der Unternehmensgegenstand der Kapitalgesellschaft, 118 ff; krit *Wallner* JZ 1986, 721, 726 ff, jedoch mit Abstellen auf wirklich beabsichtigte Tätigkeit iE kaum anders als hM, zutr gegen zu enge formalisierende Anwendung.

keitsbereich der Ges in großen Zügen erkennen lassen u ihre Zuordnung zu einem Geschäftszweig als Sachbereich des Wirtschaftslebens bzw eine entspr Einordnung im nichtwirtschaftlichen Bereich ermöglichen. § 23 III Nr 2 AktG regelt denselben Komplex für die AG u kann als Hinweis für das Maß der Konkretisierung entspr herangezogen werden. – Leerformeln wie „Betrieb eines Kaufmannsgeschäfts",[14] „Handelsgeschäfte aller Art",[15] „Produktion und Vertrieb von Waren aller Art",[16] „Betreiben von Handelsgeschäften"[17] u dgl sind nichtssagend u reichen nicht aus. Als Grenzfall kann „Verwaltung von Vermögen u Beteiligung an anderen Unternehmen" gerade noch genügen, falls tatsächlich eine weitere Präzisierung nicht möglich ist[18] (vgl aber zur Mantelgründung unten Rn 11). Im allg ist aber geschäftszweigmäßige Bezeichnung erforderlich u ausreichend, etwa „Handel mit Webwaren", „Betrieb von Gaststätten",[19] ingenieurmäßige Planung haustechnischer Anlagen näher bezeichneter Art;[20] dabei ist zusätzliche Bezugnahme auf interne Vereinbarungen unbedenklich, wenn allg Zuordnung gewährleistet ist;[21] „Durchführung von Hochbaumaßnahmen sowie alle damit zusammenhängenden Arbeiten".[22] Bedenken des Gerichts gegen den selbstverständlichen u daher inhaltsleeren zusätzlichen Hinweis auf alle dafür dienlichen Geschäfte sind unbegründet. Erweiternde Zusätze wie „u verwandte Geschäfte" oder „einschließlich des Erwerbs von Beteiligungen u der Gründung von Zweigniederlassungen" kommen verbreitet vor, sind im Interesse der Flexibilität des Unternehmens zweckmäßig u sollten nicht beanstandet werden.[23] Negativer Hinweis wie „Tätigkeit nach § 34 e GewO wird nicht ausgeübt" bei im Übrigen ausreichender positiver Individualisierung nicht zu beanstanden.[24]

9 Bei **Komplementär-GmbH** einer GmbH & Co KG verlangte überw Rspr neben näherer Bezeichnung der KG-Beteiligung u Geschäftsführungstätigkeit auch Angabe des Unternehmensgegenstands der KG.[25] Letzteres zwar zulässig, aber nicht als zwingende Anforderung; übersteigt das Individualisierungsgebot, setzt GmbH u KG insoweit ungerechtfertigt gleich u führt uU zu missverständlichen Angaben u praktischen Schwierigkeiten; daher insoweit neuere Rspr u Lit überwiegend abl.[26]

---

[14] KGJ 34, 149.
[15] BayObLG NZG 2003, 482.
[16] BayObLG BB 1994, 1811.
[17] BayObLG BB 1995, 1814; GmbHR 1996, 360.
[18] OLG Düsseldorf NJW 1970, 815.
[19] OLG Frankfurt DB 1980, 75, s auch DB 1987, 38.
[20] BGH DB 1981, 466.
[21] BGH DB 1981, 466.
[22] Köln OLGZ 81, 429.
[23] Ulmer/*Ulmer* H Rn 17; OLG Frankfurt DB 1987, 38; Rowedder/Schmidt/Leithoff/*Koppensteiner* Anh § 52 Rn 44 bzgl Konzernbindung.
[24] BayObLG DB 1993, 2225, auch zur registerrechtlichen Behandlung; vgl ferner LG Wuppertal GmbHR 1995, 725.
[25] BayObLG NJW 1976, 1694; OLG Hamburg BB 1968, 267; *Sachs* DNotZ 1976, 355.
[26] BayObLG 1995, 722; tendenziell auch OLG Düsseldorf NJW 1970, 815; Ulmer/*Ulmer* Rn 19; *Lutter*/Hommelhoff/*Bayer* Rn 6; Rowedder/*Schmidt-Leithoff* Rn 11; *Michalski* Rn 11; nunmehr auch Scholz/*Emmerich* Rn 17; *Sudhoff* GmbHR 1977, 218; *Salch* GmbHR 1971, 251.

Unzureichende Individualisierung des Unternehmensgegenstands ist Eintragungshindernis (§ 9c II Nr 1). Behebung durch Vertragsänderung in der Form des § 2. Andernfalls kann, wenn Vorges schon in Vollzug gesetzt, jeder Gfter Auflösung nach den Regeln über fehlerhafte Ges (§ 2 Rn 39) verlangen, da so GmbH nicht entstehen kann. – Ist Eintragung trotzdem erfolgt, liegt jedoch kein Nichtigkeitsgrund nach § 75 vor, da Angabe des Unternehmensgegenstands weder ganz fehlt, noch wegen Gesetz- oder Sittenwidrigkeit (§ 1 Rn 13ff) oder als bloße Scheinangabe (§ 117 BGB) nichtig ist. Vielmehr bloßer Ordnungsmangel, daher nach Eintragung nicht mehr geltend zu machen.[27] Auch Voraussetzungen für Amtsauflösung nach § 399 FamFG liegen nicht vor. – Spätere **Änderung des Unternehmensgegenstands** nur durch Satzungsänderung nach § 53 (s auch § 1 Rn 18). Bloß tatsächliche Änderung unzulässig, allerdings für Bestand der GmbH unschädlich, solange Einengung oder Ausdehnung den weit zu fassenden Rahmen ungenauer Individualisierung nicht überschreitet. Bei vollständigem Abweichen wird Angabe im GesVertrag zwar nicht nachträglich nichtig;[28] § 75 (Nichtigkeitsklage) u § 397 S 2 FamFG (Amtslöschung) sind aber entspr anwendbar[29] (§ 75 Rn 16). – Unmöglichkeit des Unternehmensgegenstands eröffnet wie beim GesZweck Auflösungsklage nach § 61 (s dort Rn 7f). 10

c) Vorratsgründung, Mantelgründung und -verwendung. GmbH-Mantel als GmbH ohne tats Unternehmensgegenstand u damit ohne eigentlich wirtschaftende Tätigkeit[30] kann durch Eintragung einer Vorratsgründung oder durch späteren Wegfall bzw Aufgabe eines zunächst realisierten Gegenstands entstehen. Solange nicht eines der jeweils einschlägigen Auflösungsverfahren (§ 60 Rn 72ff) durchgeführt ist, bleibt die äußere Form der GmbH als jur Person erhalten u kann mit einem neuen Unternehmensgegenstand (wieder) aktiviert werden. Beides, Verwendung des Mantels aus Vorratsgründung wie Aktivierung eines Alt-Mantels, ist nach heute hM grds zulässig.[31] Ein Verstoß gegen §§ 134 oder 138 BGB kann daher allenfalls beim Hinzutreten entspr schwerwiegender zusätzlicher Tatbestandsmerkmale vorliegen. Es sind jedoch die Kapitalaufbringungsvorschriften unter dem Gesichtspunkt der wirtschaftlichen Neugründung einzuhalten (unten Rn 13). – **Vorratsgründung** (Mantelgründung) zielt auf Schaffung einer GmbH, deren Unternehmensgegenstand erst später bei Bedarf, uU durch Dritte nach Anteilsübertragung bestimmt werden soll.[32] Grds **unzulässig, wenn Angabe des** 11

---

[27] HM, Ulmer/*Ulmer* Rn 13, 14 jew aE; Scholz/*Emmerich* Rn 12; *Roth*/Altmeppen Rn 8f; *Michalski* Rn 14.

[28] Ulmer/*Ulmer* Rn 21; zur tats Sitzverlegung nach § 4 II aF auch BayObLG NZG 2002, 828; aA, unmittelbar für Nichtigkeit, *Lutter*/Hommelhoff/*Kleindiek* § 75 Rn 3.

[29] Ebenso *Michalski* Rn 16; Scholz/*Schmidt* 9. Aufl. § 75 Rn 11; – abw BayObLG NZG 2002, 828 zur tats Sitzverlegung nach § 4 II aF; Scholz/*Emmerich* Rn 19; *Roth*/Altmeppen Rn 10u § 75 Rn 12; Rowedder/*Schmidt-Leithoff* Rn 12.

[30] KG JW 1924, 1537; 1925, 636: leere Hülse.

[31] BGHZ 117, 323, 330f; BayObLG DStR 1999, 1036; Ulmer/*Ulmer* Rn 154ff; Scholz/*Emmerich* Rn 39; *Roth*/Altmeppen Rn 13; *Michalski* Rn 21; – abw noch OLG Hamburg BB 1983, 1116; dazu krit. *Priester* DB 1983, 2295; *Ulmer* BB 1983, 1123; *Peters* 12ff; vgl. aber dann OLG Hamburg BB 1987, 505.

[32] Allg dazu u zum Folgenden *K. Schmidt* GesR § 4 III; *Raiser/Veil* § 26 Rn 32ff; *Goette* DStR 2004, 461, 462ff; *Bärwaldt/Schabacker* GmbHR 1998, 1005; *Ahrens* DB 1998, 1069; *Göz/Gehlich* ZIP 1999, 1653.

Unternehmensgegenstands nur fiktiv, Gegenstand in Wahrheit aber überhaupt nicht oder nicht in angemessener Zeit realisiert werden soll **(verdeckte Vorratsgründung);** gesetzliche Anforderung (vgl oben Rn 7 ff) ist nicht erfüllt, sondern als Scheinbestimmung (§ 117 BGB) nichtig.[33] Im Anschluss an *Priester*[34] tritt hM[35] für **Zulässigkeit** ein, falls Vorratsgründung offengelegt, insbes Unternehmensgegenstand ausdrücklich auf Verwaltung des eigenen Vermögens der Ges beschränkt ist, **offene Vorratsgründung.** – Formell ist zu beachten, dass derartige Angabe des Unternehmensgegenstands den sonst allg anerkannten Anforderungen an Individualisierung (oben Rn 7–10) kaum genügt. Offenbar erhebliches praktisches Bedürfnis lässt Bedenken jedoch zurücktreten, allerdings nur bei eindeutiger Erkennbarkeit als Mantelgründung, um spätere Anwendung der Regeln für die Mangelverwendung (unten Rn 12) zu gewährleisten. Praktisch wichtig vor allem Bereitstellung der haftungsbegrenzenden Form einer KapGes für spätere schnelle Geschäftsaufnahme ohne umständliches u zeitaufwändiges Gründungsverfahren u möglichst ohne Haftungsprobleme geschäftlicher Betätigung als Vorges.[36] – Erfolgt Eintragung ins HR trotz fiktiver oder unzureichender Bezeichnung des Unternehmensgegenstands, entsteht auch bei verdeckter Vorratsgründung GmbH u bleibt bis zum Abschluss eines Nichtigkeits- (§§ 75 ff) oder Amtslöschungsverfahrens (§ 397 FamFG) bestehen.

12 Grds **zulässig** auch **Mantelverwendung** durch Erwerb der GAnteile u Reaktivierung einer GmbH, deren Geschäftsbetrieb ruht u deren Unternehmensgegenstand nicht mehr verfolgt wird.[37] – Zur **Durchführung** ist regelmäßig eine Satzungsänderung erforderlich bzgl Unternehmensgegenstands, oft auch Firma, Sitz, GFührer ua.[38] Auf diese Weise erhält ein neues Unternehmen ohne Neugründung die Rechtsform der GmbH u die den Mantel bildende GmbH ein für sie neues (anderes) Unternehmen; darin liegt das für die Mantelverwendung entscheidende u sie von bloßer Umorganisa-

---

[33] KG JFG 1, 202; 3, 195; hM, ausführl Ulmer/*Ulmer* Rn 126 ff, mwN; Scholz/*Emmerich* Rn 26; *Lutter*/Hommelhoff/*Bayer* Rn 7; *Michalski* Rn 20; Rowedder/*Schmidt-Leithoff* Rn 13, falls Angabe des Unternehmensgegenstands ganz fehlt; *Roth*/Altmeppen Rn 11; nunmehr auch *Raiser/Veil* § 26 Rn 32.

[34] DB 1983, 2298.

[35] BGHZ 117, 323 für AG; in der Sache ebenso für GmbH BGHZ 153, 158 = NJW 2003, 892; ferner OLG Stuttgart DB 1992, 133; OLG Brandenburg GmbHR 1998, 1031; OLG Schleswig GmbHR 2003, 1058; *Lutter*/Hommelhoff/*Bayer* Rn 7; Rowedder/*Schmidt-Leithoff* Rn 13; *Roth*/Altmeppen Rn 11; *Michalski* Rn 19; nunmehr auch Scholz/*Emmerich* Rn 26; *Raiser/Veil* § 26 Rn 32; *K. Schmidt* GesR § 4 III 2 b; mit gewissen Vorbehalten auch Ulmer/*Ulmer* Rn 144, alle mwN; ebenso für AG *Hüffer* AktG § 23 Rn 26; MünchKommAktG/*Pentz* § 23 Rn 90; KölnerKomm/*Kraft* § 23 Rn 57.

[36] BGHZ 117, 323; Ulmer/*Ulmer* Rn 129 ff mwN, auch zu sonstigen Motiven für Mantelgründung u -verwendung, die nur noch geringe Bedeutung haben, zumal zeitweise möglicher Steuervorteil durch Verlustvortrag mit Neufassung von § 8 IV KStG seit 1990 beseitigt ist; zum Ganzen auch *Lutter*/Hommelhoff/*Bayer* Rn 8 mwN.

[37] Heute ganz hM, BGHZ 117, 323; Ulmer/*Ulmer* Rn 152 ff; Scholz/*Emmerich* Rn 37 ff; *Michalski* Rn 21; *Roth*/Altmeppen Rn 12 f; *K. Schmidt* GesR § 4 III 2; *Ihrig* BB 1988, 1200; *Priester* DB 1983, 2291; alle mwN; ausführl; *Mayer* NJW 2000, 175, 177; Übers zur Entwicklung auch bei *Priester* FS GmbHG, 185 f; s auch KölnerKomm/*Kraft* § 23 Rn 59 f; ferner OLG Karlsruhe DB 1978, 1219; OLG Hamburg BB 1987, 505; teilw anders noch BB 1983, 1116.

[38] BGHZ 153, 158 = NJW 2003, 892; OLG Hamburg BB 1987, 505, Umgründung.

tion abgrenzende Kriterium.[39] Das geschieht im Rahmen der Satzungsautonomie durch den oder die jeweiligen Gfter. Oft, aber nicht notwendig,[40] geht ein Erwerb der GAnteile des GmbH-Mantels zu diesem Zweck voraus, **Mantelkauf.**

Dem Gläubigerschutz ist angesichts häufiger Vermögenslosigkeit der Man- **13**
tel-GmbH durch **entsprechende Anwendung der Gründungsvorschriften** Rechnung zu tragen. HM befürwortet daher bislang unter dem Gesichtspunkt der **wirtschaftlichen Neugründung** bei Vorratsgründung wie bei Mantelverwendung („Altmantel-Gründung") eine entspr Anwendung der Gründungsvorschriften.[41] Die Möglichkeit der Gründung einer UG (haftungsbeschränkt) hat daran nichts geändert.[42] – Das gilt zunächst bzgl der präventiven **Registerkontrolle,** zu deren Durchführung Aktivierung des Mantels für neuen Unternehmensgegenstand dem RegGericht offenzulegen ist.[43] Registerrechtl Prüfung erstreckt sich auch darauf, ob Einlageleistungen wertmäßig weiterhin zur freien Verfügung der GFührer stehen. Daher haben diese entspr Versicherung nach § 8 II abzugeben,[44] wobei Rückfluss der Einlage an Gfter in Form eines Darlehens zwar anzugeben ist (§ 19 V 2), jedoch nicht mehr schadet, wenn Voraussetzungen von § 19 V nF (vollwertiger Rückgewähranspruch, jederzeitige Fälligkeit oder Möglichkeit der Fälligstellung) erfüllt sind. Prüfung erfolgt bei **Vorratsgründung** im Rahmen der Anmeldung der erforderlichen Satzungsänderungen. Für Verwendung einer unternehmenslosen Ges, **Mantelverwendung,** hat BGH insoweit „rechtsschöpferisch angeordnet",[45] Reaktivierung dem Registergericht offenzulegen, um diesem Anstoß zur Prüfung zu geben, ob für das neue Unternehmen die Kapitalschutzvorschriften beachtet sind.[46] – Neben registerrechtliche Prüfung u mögl Haftung aus übernommener Gfterstellung tritt wie bei Gründung bei Aufnahme der Geschäftstätigkeit vor Anmeldung bzw Offenle-

---

[39] Ulmer/*Ulmer* Rn 152f mwN; *K. Schmidt* GesR § 4 III 3b; bereits *Priester* DB 1983, 2291, 2297f.

[40] Ulmer/*Ulmer* Rn 152; *K. Schmidt* GesR § 4 III 3b; aA *Peters* 33ff; insoweit zu eng OLG Koblenz DB 1989, 373 aE, wenn auch iE wohl zutr.

[41] BGHZ 153, 158 = NJW 2003, 892; NZG 2006, 306, 307 (jew Vorratsgründung); BGHZ 155, 318 = NZG 2003, 972 (Altmantel-Verwendung); auch BGHZ 117, 323, 331 obiter; BAG NZI 2008, 450 Rn 61ff; Ulmer/*Ulmer* Rn 146ff; Scholz/*Emmerich* Rn 39ff; *K. Schmidt* GesR § 4 III 3d; *Priester* DB 1983, 2295; *Ulmer* BB 1983, 1123; *Peters* 23ff, 71ff; jetzt auch *Lutter*/Hommelhoff/*Bayer* Rn 10; begrenzt auf den Kauf des Mantels einer früher aktiven (gebrauchten) GmbH auch *Raiser/Veil* § 26 Rn 35; *Michalski* Rn 25. – Abl bei Erwerb eines Mantels aus Vorratsgründung *Raiser/Veil* § 26 Rn 33; *Michalski* Rn 25; – ganz abl BayObLG DStR 1999, 1036 mit ausführl Begr; mit verfehltem Hinweis auf strafrechtliche Sanktion von Gründungsbestimmungen auch OLG Frankfurt DB 1991, 2328; grds abl ferner *K. Schmidt* NJW 2004, 1345, 1350ff; *ders* GesR § 4 III 3e; *Altmeppen* NZG 2003, 145, 147ff; *Bohrer* DNotZ 2003, 888; *Kallmeyer* GmbHR 2003, 322; *Heidenhain* NZG 2003, 1051ff; ferner *Roth*/Altmeppen Rn 14 unter Hinweis auf mögliche Haftung wegen materieller Unterkapitalisierung; *Bärwaldt/Schabacker* GmbHR 1998, 1005; *Mayer* NJW 2000, 178; *Meller-Hannich* ZIP 2000, 345; *Kallmeyer* GmbHR 2003, 322, 323ff.

[42] AA *Wicke* NZG 2005, 409, 412.

[43] BGHZ 153, 158 = NJW 2003, 892 u BGHZ 155, 318 = NZG 2003, 972 (obiter); dazu *Goette* DStR 2004, 461ff.

[44] BGHZ 153, 158 = NJW 2003, 892; Ulmer/*Ulmer* Rn 148; *K. Schmidt* GesR § 4 III 2d.

[45] So die Formulierung von *Goette* DStR 2004, 461, 463.

[46] *Goette* DStR 2004, 461, 463.

gung **materiellrechtliche Haftung.**[47] Grds anwendbar danach vor allem §§ 5, 7 II, 8 II, 9, einschl der der Haftung für Vorbelastungen,[48] § 11 II[49] ggf auch der §§ 16 II,[50] 19 ff,[51] ferner §§ 30 ff. **Maßgebend ist Zeitpunkt der Anmeldung** bzw Offenlegung gegenüber RegGericht, nicht Eintragung.[52]

13a Soweit Einlage nicht wirksam erbracht wurde, etwa Einlage in Form eines Darlehens, das Voraussetzungen des § 19 V nF nicht erfüllt, an Gfter zurückgeflossen ist, erfüllt Wiedereinzahlung im Rahmen der Aktivierung der Ges Einlageforderung auch dann, wenn sie nicht ausdrücklich auf Einlageforderung, sondern auf vermeintliche Darlehensforderung erfolgt (§ 19 Rn 26).[53] Soweit bei Altmantel-Verwendung GesVermögen Stammkapital nicht erreicht, tritt Vorbelastungshaftung ein, sodass für **Verjährung § 9 II analog** (§ 11 Rn. 64) gilt.[54] Verjährungsbeginn bei **Altfällen** (vor Veröffentlichung des BGH-Beschlusses vom 7. 3. 2003) aus Gründen des Vertrauensschutzes bereits Altmantelverwendung u nicht erst später durch BGH geforderte Anmeldung bzw Offenlegung.[55] Für diese Fälle gilt nach Übergangsregelung (dazu § 9 Rn 10) alte 5-jährige Verjährung. Anwendung der Regeln über verdeckte Sacheinlage bei von vornherein beabsichtigtem Erwerb sacheinlagefähiger Gegenstände durch Ges von Gfter im Rahmen wirtschaftlicher Neugründung umstr, aber wohl unvermeidlich,[56] weil Übergang von Geld in Sacheinlage an sich offenlegungspflichtig (§ 5 Rn 52). § 19 IV nach Maßgabe der Übergangsregelung (§ 19 Rn 89) auch auf Altfälle anwendbar.

13b **Kapitalaufbringungspflicht** u damit ggf Vorbelastungshaftung ist entgegen verbreiteter Ansicht in Lit u Teilen der instanzgerichtl Rspr nicht an gesetzlichem Mindeststammkapital, sondern an **satzungsmäßigem Stammkapital zu orientieren,** da Ges bei Mantelverwendung mit diesem im Rechtsverkehr auftritt.[57] – **RegGericht** prüft bei Offenlegung oder sonstigen

---

47 BGHZ 155, 318 = NZG 2003, 972, 974.

48 Im Grds BGHZ 153, 158 = NJW 2003, 892; BGHZ 155, 318 = NZG 2003, 972; auch BGHZ 117, 323, 331 obiter; im einzelnen Ulmer/*Ulmer* Rn 146 ff; Scholz/*Emmerich* Rn 44 ff; *K. Schmidt* GesR § 4 III 3 d; *Priester* DB 1983, 2295; *Ulmer* BB 1983, 1123; *Peters* 23 ff, 71 ff; begrenzt auf den Kauf des Mantels einer früher aktiven (gebrauchten) GmbH auch *Raiser/Veil* § 26 Rn 35; *Michalski* Rn 25.

49 BGHZ 155, 318, 327 = NZG 2003, 972, 975; *Goette* DStR 2004, 461, 464.

50 OLG Düsseldorf ZIP 2003, 1501; NZG 2004, 380.

51 OLG Düsseldorf NZG 2004, 380.

52 BGHZ 155, 318 = NZG 2003, 972, 975; *Goette* DStR 2004, 461, 464.

53 BGH NZG 2006, 716; BGHZ 165, 352, 356 = NJW 2006, 906, 907; BGHZ 165, 113 = NJW 2006, 509.

54 BGH DStR 2008, 933; OLG Schleswig NZG 2007, 75 u ZIP 2007, 822; allg zur Verjährung der Vorbelastungshaftung BGHZ 105, 300, 304.

55 BGH DStR 2008, 933 mit Anm *Goette;* dort auch zur Geltung der damals 5-jährigen Verjährung nach § 9 II aF.

56 Wie hier für AG GroßkommAktG/*Röhricht* § 23 Rn 136 aE; aA *Heidinger* ZGR 2005, 101, 115; *Swoboda* GmbHR 2005, 649, 655 unter Berufung auf Formulierungen in BGHZ 155, 318; wohl auch *K. Schmidt* GesR § 4 III 3 e.

57 BGHZ 155, 318 = NZG 2003, 972, 974; ebenso OLG Frankfurt GmbHR 1999, 32; MünchKommAktG/*Pentz* § 23 Rn 101; *Goette* DStR 2004, 461, 464; *Peters* 71 ff; *Ihrig* ZHR 154 (1990), 291; *Schick* GmbHR 1997, 984; *Ahrens* DB 1998, 1069; zur Folgrichtigkeit dieser Lösung auch *K. Schmidt* GesR § 4 III 3 d. – Für Orientierung am ges Mindeststammkapital aber Ulmer/*Ulmer* Rn 146 ff; *K. Schmidt* GesR § 4 III 3 d; *Göz/Gehlich* ZIP 1999, 1659; *Ulmer* BB 1983, 1123; *Priester* DB 1983, 2295; OLG Brandenburg NZG 2002, 641; LG Dresden GmbHR 2000, 1151; AG Duisburg GmbHR 1998, 87.

Indizien für Vorliegen einer Mantelverwendung (zB kumulative Änderung von Unternehmensgegenstand, Firma, Gesellschaftssitz, Organmitgliedern) analog § 9c im Rahmen einer Gründungsprüfung, ob Versicherung über Leistung und freie Verfügbarkeit nicht durch Verluste geminderter Einlagen erfolgt u Werthaltigkeit der Sacheinlagen ausreichend belegt ist.[58] – Erfolgt Mantelverwendung durch entspr **Geschäftsaufnahme vor Offenlegung** mit Zust der Gfter, kommt Verlustdeckungshaftung in Betracht[59] (zu dieser allg § 11 Rn 24). Auch entspr Anwendung der Handelndenhaftung gem § 11 II möglich, wenn vor Offenlegung Geschäfte ohne Zust der Gfter aufgenommen wurden.[60] – Keine entspr Anwendung jedoch bei bloßer Umstrukturierung, auch wenn tiefgreifend u mit Satzungsänderung verbunden, innerhalb bestehender GmbH.[61] Abgrenzung problematisch.[62] Maßgebend ist, ob Anknüpfung an bisherigen Geschäftsbetrieb erfolgt oder nicht. Anknüpfung fehlt jedenfalls, wenn bisheriger Geschäftsbetrieb tatsächlich bereits stillgelegt war.[63] Keine bloße Umstrukturierung, wenn bei Gfterwechsel bisherige Tätigkeit aufgegeben und völlig neue unternehmerische Tätigkeit aufgenommen wird (Milchproduktion/Baugeschäft).[64] – **Vertrauensschutz** für Altfälle sollte gewährt werden, soweit nicht ohnehin deliktische Vorschriften erfüllt sind.[65]

d) Betrag des Stammkapitals, Abs 1 Nr 3. Das Stammkapital benennt **Grundlage der GmbH als Kapitalgesellschaft.** Es kennzeichnet das bei der Gründung durch Einlagen der Gfter aufzubringende GesVermögen u gibt insofern Aufschluss über die ursprüngliche Eigenkapitalausstattung. Vor allem aber legt es als **Garantieziffer** den Betrag fest, der mindestens als Reinvermögen zur Befriedigung der GesGläubiger zur Verfügung stehen soll, Haftungsfonds. Dadurch wird die weitgehende Haftungsbefreiung der Gfter gerechtfertigt. Deshalb gewährleistet das Gesetz die möglichst vollständige Aufbringung u Erhaltung des GesVermögens in Höhe des Stammkapitals durch strenge Einlagevorschriften (insbes §§ 5, 7 II u III, 9, 19 ff, 24) u durch Verbot von Auszahlungen sowie bilanziellem Gewinnausweis zu dessen Lasten (§§ 30 ff, 42 I mit § 266 III, A. I. HGB); s auch Einl Rn 27. Allerdings 14

---

58 BGHZ 153, 158 = NJW 2003, 892; BGHZ 155, 318 = NZG 2003, 972, 975 gegen BayObLG DStR 1999, 1036 u OLG Frankfurt/M DB 1991, 2328.

59 LG Berlin BeckRS 2008, 10297.

60 BGHZ 155, 318 = NZG 2003, 972, 975; Ulmer/*Ulmer* Rn 150 f, § 11 Rn 103; *Michalski* Rn 25; *Lutter*/Hommelhoff/*Bayer* § 11 Rn 22; *Raiser/Veil* § 26 Rn 36; – abl OLG Karlsruhe NJW 1978, 1219; OLG Brandenburg GmbHR 1998, 1031 bei Vorratsgründung; Scholz/*Schmidt* § 11 Rn 99; Rowedder/*Schmidt-Leithoff* Rn 14, § 11 Rn 102; *Bommert* GmbHR 1983, 211; *Priester* DB 1983, 2296 f; *Bärwaldt/Schabacker* GmbHR 1998, 1005; *Ahrens* DB 1998, 1069; *Heerma* GmbHR 1999, 640; *K. Schmidt* GesR § 4 III 3 e.

61 BGHZ 155, 318 = NZG 2003, 972, 974; OLG Schleswig NZG 2007, 75; s auch Ulmer/*Ulmer* Rn 150 f, § 11 Rn 103; Scholz/*Emmerich* Rn 37; *Michalski* Rn 22, 25.

62 Dazu OLG Jena NZG 2004, 1114, 1115 sowie verbreitete Krit in Lit, etwa *Altmeppen* DB 2003, 2050; auch *Heidenhain* NZG 2003, 1051, 1052; *Lutter*/Hommelhoff/*Bayer* Rn 19.

63 OLG Jena NZG 2004, 1114; *Leuering* NJW-Spezial 2008, 175.

64 LG Berlin BeckRS 2008, 10297.

65 OLG Köln ZIP 2008, 973; LG München II NZG 2006, 318; *Goette* DStR 2004, 461, 464; *Bärwaldt/Balda* GmbHR 2004, 350, 354; *Schumacher* DStR 2003, 1884, 1886; *Ulrich* WM 2004, 915, 920; in diese Richtung auch OLG Jena NZG 2004, 114 (stichtagsbezogene Vorbelastungshaftung). – Gegen Gewährung von Vertrauensschutz *Lutter*/Hommelhoff/*Bayer* § 3 Rn 13 aE unter Hinweis auf BGHZ 117, 323.

keine Gewähr für dem Geschäftsvolumen angemessene Eigenkapitalausstattung; zur Unterkapitalisierung unten § 5 Rn 5f. Auch im Übrigen bleibt Informationswert der Angabe begrenzt, keine Aussage über Beitreibbarkeit von Resteinlagen u über spätere Entwicklung des GesVermögens, insbes dessen Verringerung durch Verluste. – Zum Mindestbetrag des Stammkapitals § 5 I (s dort Rn 4).

15 Die **Angabe** des Stammkapitals muss **im Gesellschaftsvertrag** selbst erfolgen; Nennung in anderen Urkunden, zB HRAnmeldung, genügt nicht.[66] Genaue Bezeichnung als **fester Betrag in Euro** (Übergangsvorschr § 1 EGGmbHG, s § 5 Rn 3, 58 ff) erforderlich, nicht lediglich ungefährer oder Höchstbetrag. Angabe aller GAnteile mit genauen Nennbeträgen (Abs 1 Nr 4, unten Rn 16) dürfte zwar grds ausreichen, da Höhe des Stammkapitals aus ihrer Summe zu entnehmen ist; jedoch sollte RegGericht das als nicht ganz dem Gesetz entspr beanstanden.[67] – **Änderung des Stammkapitals** vor HREintragung durch Vertragsänderung in der Form des § 2; später Kapitalerhöhung oder -herabsetzung nur durch Satzungsänderung (§§ 55 ff, 58 ff mit Erl). Danach ist nur noch der neue Betrag im GesVertrag anzugeben, die frühere Zahl kann entfallen.[68]

16 **e) Zahl und die Nennbeträge der Geschäftsanteile, Abs 1 Nr 4.** Während bisher jeder Gfter bei der Gründung nur einen GAnteil übernehmen durfte, erlaubt Änderung des § 5 II durch MoMiG auch Übernahme mehrerer GAnteile (Begriff § 14 Rn 3). Entsprechend sind nach Abs 1 Nr. 4 nunmehr Zahl und Nennbeträge der GAnteile anzugeben. Nummerierung in der Satzung verlangt Gesetzeswortlaut nicht.[69] Sie erfolgt in der Gfterliste (§§ 8 I Nr. 3, 40 I). An Nennbetrag des GAnteils wird bei Gründung u Kapitalerhöhung Einlageverpflichtung geknüpft. Nach wie vor ist daher zwischen Einlagepflicht (bisher Stammeinlage) und GAnteil zu unterscheiden. Maßgebend ist Nennbetrag des GAnteils für Einlagepflicht bei Gründung wie bei Kapitalerhöhung (§ 14 II). Dagegen keine Einlagepflicht zB bei Kapitalerhöhung aus Gesellschaftsmitteln. Nennbetrag des neu geschaffenen oder erhöhten GAnteils entspricht in diesem Fall keiner Einlagepflicht. Mit der grds Anknüpfung der Einlagepflicht an den Nennbetrag des GAnteils soll die Mitgliedschaft gegenüber der Einlageverpflichtung als deren Folge in den Vordergrund gerückt werden,[70] ohne dass damit aber Klarheit gegenüber bisheriger Anknüpfung an Stammeinlage gefördert wird. Soweit mit GAnteil Einlagepflicht verbunden, bestimmt Nennbetrag den **von jedem Gesellschafter auf das Stammkapital einzulegenden Wert.** Dieser ist in Form einer Bareinlage zu erbringen, wenn nicht die Voraussetzungen des § 5 IV erfüllt sind. Zur Mindesthöhe des einzelnen GAnteils u sonstigen Gestaltung der Einlage, auch als Sacheinlage, § 5 mit Erl. Abweichender höherer Ausgabetrag (Agio) gehört, anders als nach AktG, nicht hierzu,[71] sondern stellt statutarische oder schuldrechtliche Nebenabrede dar (unten Rn 31, 57). An-

---

66 KGJ 51, 133.

67 Ulmer/*Ulmer* Rn 24; ganz abl Scholz/*Emmerich* Rn 49;25; *Lutter*/Hommelhoff/*Bayer* Rn 21, 25; Rowedder/*Schmidt-Leithoff* Rn 15.

68 KG JW 1937, 2655; anders noch JFG 2, 262; iE wie hier auch BayObLG DB 1971, 88 f; in der Lit heute ganz hM.

69 AA *Bormann/Urlichs* GmbHR Sonderheft Oktober 2008, 37, 38.

70 RegBegr BR-Drucks 354/07, 63 f.

71 BGH NZG 2008, 73.

zugeben ist Nennbetrag des GAnteils als **fester Betrag in Euro,** auch bei Sacheinlage (§ 5 Rn 7, 14), u zwar erkennbar als mitgliedschaftlicher Beitrag iSv Abs 1 Nr 4, nicht nur als Leistung nach Abs 2 oder rein schuldrechtliche Verpflichtung. – Anzugeben sind nach Abs 1 Nr 4 mit den GAnteilen im ursprünglichen GesVertrag auch die **Namen der Gesellschafter** (allgM). Das deckt sich mit dem Erfordernis des Vertragschlusses bzw der einseitigen Errichtung durch Gründer nach § 2; daher Namensangabe auch bei Einmanngründung notwendig.[72] Ist GbR (Mit-) Gründerin, müssen ungeachtet der inzwischen anerkannten Teilrechtsfähigkeit deren Gfter angegeben werden, da es an sonstiger Registerpublizität der GbR fehlt.[73]

Summe der Nennbeträge aller GAnteile entspricht bei Gründung dem Betrag des Stammkapitals, § 5 III, 2 (s dort Rn 9). – Nach neuem Recht soll dagegen nach Ansicht der RegBegr die Übereinstimmung nicht nur für Gründung, sondern auch im Fall der Einziehung (§ 34 Rn 17 a), der Kapitalerhöhung und -herabsetzung zwingend sein.[74] S dazu § 5 Rn 9 f. **17**

Abs 1 Nr 4 gilt für Gründung u ist an § 2 AktG angelehnt.[75] Ähnlich wie in § 23 II AktG u wie schon bisher[76] müssen Namen der Gründer u die von diesen übernommenen GAnteile bei **späteren Neufassungen der Satzung** jedenfalls dann nicht mehr übernommen werden, wenn die Einlagen voll geleistet sind. Weitergehend hält neuere Lit u Rspr überw bei späteren Satzungsänderungen die Beibehaltung der Angaben nach Eintragung der GmbH ins HR auch ohne Rücksicht auf den Stand der Einlagen für entbehrlich, da die ursprl Fassung bei den Registerakten verbleibt;[77] dem ist auch für Regelung nach MoMiG zuzustimmen, zumal sich Zahl u Nennbetrag der GAnteile durch spätere Teilung, Zusammenlegung oder Einziehung (§ 46 Nr 4) außerhalb der Satzung ändern können. Zur mindestens fünfjährigen Beibehaltung der Angaben über Sacheinlagen § 5 Rn 49. – Bei **Kapitalerhöhung** ist das erhöhte Stammkapital in die Satzung aufzunehmen (oben Rn 15), jedoch nicht die GAnteile u ihre Übernehmer, da die Übernahme nicht Inhalt des satzungsändernden Kapitalerhöhungsbeschlusses ist, sondern sich außerhalb der Satzung vollzieht.[78] Zur nominellen Aufstockung der nach einer Einziehung verbleibenden Anteile § 34 Rn 20 f. – Aufnahme der Namen der jeweiligen Gfter, dh auch der durch späteren Erwerb hinzugekommenen Inhaber von GAnteilen in die Satzung wurde früher überwiegend als außersatzungsmäßig bedingt abgelehnt.[79] Jedoch bestehen gegen eine solche **18**

---

[72] Hamm OLGZ 86, 159 = NJW 1987, 263; *Michalski* Rn 31.

[73] Vgl zur Übernahme der Kommanditistentstellung durch GbR BGHZ 148, 291 = NZG 2001, 1132.

[74] BR-Drucks 354/07, 69 f; *Gehrlein* Der Konzern 2007, 771, 774.

[75] RegBegr BR-Drucks 354/07, 64.

[76] Seit langem ganz hM, KG DR 1939, 2162; 1943, 983; BayObLG DB 1971, 88 u ZIP 1996, 2109; OLG Frankfurt BB 1981, 695 obiter.

[77] Ulmer/*Ulmer* Rn 29; Scholz/*Emmerich* Rn 56; Scholz/*Priester* 9. Aufl § 53 Rn 23; *Lutter*/Hommelhoff/*Bayer* Rn 23 f; Rowedder/*Schmidt-Leithoff* Rn 19, 21; *Michalski* Rn 32; *Priester* GmbHR 1973, 170 f; *K. Müller* GmbHR 1998, 923; auch BGH NJW 1989, 169 obiter; BayObLG ZIP 1996, 2109; LG Stuttgart NJW 1972, 1997; dagegen Hamm OLGZ 84, 266.

[78] So zum bisherigen Recht KG JFG 2, 261; DNotZ 1940, 157; BayObLG DB 1971, 89; Ulmer/*Ulmer* Rn 29; Scholz/*Priester* 9. Aufl § 55 Rn 36; *Roth*/Altmeppen Rn 19; auch unten § 55 Rn 31 ff.

[79] KG DR 1941, 2129; LG Hamburg GmbHR 1952, 155; LG Köln DNotZ 1953, 106.

nur deklaratorisch wirkende Benennung als fakultativer Satzungsinhalt keine Bedenken, wenn die Gfter das entspr beschlossen haben.[80] Rechtlich maßgebend ist jedoch die ins HR aufgenommene Gfterliste, §§ 16, 40.

19 **2. Bestimmtheit.** Nach Abs 1 **notwendige Angaben** müssen **bestimmt und unbedingt** sein. Andernfalls ist der GesVertrag mangelhaft; dazu unten Rn 22 sowie § 2 Rn 37 ff; über mangelnde Individualisierung des Unternehmensgegenstands oben Rn 8. – Insbes die **Beitrittserklärung** als solche durch Übernahme eines GAnteils und die mit ihm verbundene Einlagepflicht sind bedingungsfeindlich. Abs 1 Nr 4 lässt keine nur vorläufige, hinausgeschobene oder sonst ungewisse Beteiligung zu; keine Stufengründung (§ 2 Rn 11). Unschädlich bloße Rechtsbedingung, die ohnehin Geltendes wiederholt; unbeachtlich Vorbehalte außerhalb des beurkundeten GesVertrags. Im Übrigen machen Bedingung oder sonstiger Vorbehalt Beitrittserklärung unwirksam u dadurch ganzen GesVertrag mangelhaft.[81]

20 Als Folge des Mangels besteht grundsätzlich ein **Eintragungshindernis** (§ 9 c II Nr 1). Möglichkeit für dessen Behebung str: Nach einer Ansicht[82] Vertrag von Anfang an nichtig, Bestätigung nur durch Neuvornahme nach § 141 I BGB in der Form des § 2, sofern Beschränkung nicht allein Zeit vor Eintragung betrifft. – Nach überwM hat hingegen RegGericht einzutragen, wenn Wegfall der Beschränkung, insbes Eintritt einer aufschiebenden bzw endgültiger Ausfall einer auflösenden Bedingung, nachgewiesen wird.[83] Dem ist zu folgen; Bestimmtheit der Beitrittserklärungen soll eindeutige Beteiligungsverhältnisse an der GmbH sicherstellen u schließt deshalb Bedingungen u Vorbehalte im Rahmen der Vertragsfreiheit nicht aus, die auf das Gründungsstadium beschränkt sind oder sich in dessen Verlauf erledigen. Daher ist nach hM auch formloser Verzicht des Begünstigten auf eine Beschränkung möglich.[84] – Wird die Beschränkung der Beitrittserklärung nicht behoben u ist daher HREintragung nicht zu erreichen, greifen die Regeln über die fehlerhafte Ges ein (§ 2 Rn 37 ff), insbes kann jeder Beteiligte Auflösung u Abwicklung einer schon in Vollzug gesetzten Vorges verlangen.

21 **Eintragung ins Handelsregister** ohne vorherige Bereinigung des Mangels lässt GmbH entstehen u führt zur Heilung. Uneingeschränkte Bindung des unter Bedingung oder Vorbehalt Beigetretenen aus Gründen des Verkehrsschutzes geboten. Es liegt ein zurechenbarer Erklärungstatbestand vor (§ 2 Rn 44), der lediglich eine unzulässige Einschränkung enthält. Deshalb ist der Erklärende entspr den allg für Willensmängel beim Beitritt entwickelten Grundsätzen (§ 2 Rn 43) nach Eintragung, die insoweit heilend wirkt, uneingeschränkt an seine Erklärung gebunden. Wenn das im Verkehrsinteresse für

---

[80] Ulmer/*Ulmer* Rn 31; Scholz/*Emmerich* Rn 59; Scholz/*Priester* 9. Aufl § 53 Rn 25; Rowedder/*Schmidt-Leithoff* Rn 21, *Michalski* Rn 33; auch OLG Frankfurt GmbHR 1973, 172; LG Stuttgart NJW 1972, 1997. – Abl aber OLG Hamm DB 1996, 322 bei Verwechslungsgefahr mit GründungsGftern.

[81] RGZ 33, 93; 83, 258; stRspr, ganz hM, Ulmer/*Ulmer* § 2 Rn 113; Scholz/*Emmerich* Rn 58; *Michalski* § 2 Rn 66.

[82] Ulmer/*Ulmer* § 2 Rn 113 f; teilw ähnlich *Lutter,* Kapital, Sicherung der Kapitalaufbringung und Kapitalerhaltung in den Aktien- und GmbH-Rechten der EWG, 1964, 94 f; *Michalski* § 2 Rn 66.

[83] Scholz/*Emmerich* Rn 58; *Roth*/Altmeppen § 2 Rn 38 aE; *Feine* 181; *Anton* GmbHR 1973, 75 ff, 77.

[84] *Roth*/Altmeppen § 2 Rn 38; auch *Lutter,* Kapital, Sicherung der Kapitalaufbringung und Kapitalerhaltung in den Aktien- und GmbH-Rechten der EWG, 1964, 96.

denjenigen gilt, der der Ges auf Grund von Irrtum oder Täuschung beigetreten ist, so erst recht für den bewusst, wenn auch unter Bedingung oder Vorbehalt, Beigetretenen.[85]

3. Mängel des notwendigen Inhalts (Abs 1) machen den GesVertrag nichtig. Die Folgen richten sich grds nach den Regeln über die fehlerhafte Ges, dazu § 2 Rn 37 ff. Insbes ist die Eintragung ins HR nach § 9 c II Nr 1 abzulehnen. – Aus einem wirksamen Vorvertrag (§ 2 Rn 33 ff) kann jeder Gfter auf Abschluss des GesVertrags klagen, entspr auch auf Korrektur von Inhaltsmängeln durch formgültigen Vertrag. 22

Nach Eintragung ins Handelsregister können Mängel nach Abs 1 nur noch beschränkt u nur mit Wirkung für die Zukunft in besonderen Verfahren geltend gemacht werden (s auch § 2 Rn 40): § 75 sieht Nichtigkeitsklage nur vor, wenn die Höhe des Stammkapitals (Nr 3) oder der Unternehmensgegenstand (Nr 2) nicht angegeben ist oder wenn die Angabe des letzteren nichtig ist; kein Mangel dieser Art ist unzureichende Individualisierung (oben Rn 8). Heilung bzgl Unternehmensgegenstands durch einstimmigen GfterBeschluss nach § 76; fehlende Angabe des Stammkapitals nicht heilbar. – In denselben Fällen findet das Amtslöschungsverfahren nach § 397 FamFG statt. – Im Übrigen, also bei Fehlen oder Nichtigkeit der Angaben über Firma u Sitz (Nr 1) oder über die von den Gftern übernommenen GAnteile (Nr 4) ferner bei Nichtigkeit der Angabe des Stammkapitals ist nur das Amtsauflösungsverfahren nach § 399 IV FamFG mit § 60 I Nr 5 vorgesehen. Heilung durch Satzungsänderung, auch während des Verfahrens (§ 399 I 1 u II FamFG). – Einzelheiten zum Ganzen §§ 75 ff mit Erl. 23

III. Fakultativer, aber formbedürftiger Inhalt, Abs 2 ua

Lit: *Bayer,* Schiedsfähigkeit von GmbH-Streitigkeiten, ZIP 2002, 881; *Ebbing,* Satzungsmäßige Schiedsklauseln, NZG 1999, 754; *Noack,* Gesellschaftervereinbarungen bei Kapitalgesellschaften, 1994; *K. Schmidt,* Nebenleistungsgesellschaft (§§ 55 AktG, 3 Abs. 2 GmbHG) zwischen Gesellschaftsrecht, Schuldrecht und Kartellrecht. – Von der Rübenzucker-AG zum Nebenleistungsnetzwerk, FS Immenga, 2004, 705; *Reichert/Harbarth,* Statutarische Schiedsklauseln, NZG 2003, 379; *Schneider,* Schiedsverfahren in GmbH-Beschlussmängelstreitigkeiten. Anforderungen an Schiedsvereinbarungen in Gesellschaftsverträgen, GmbHR 2005, 86; *Westermann,* Das Verhältnis von Satzung und Nebenordnungen in der Kapitalgesellschaft, 1994; *Wiedemann,* Beiratsverfassung in der GmbH, FS Lutter, 2000, 821; *Zöllner,* RWS-Forum Gesellschaftsrecht 1996, 89 ff.

1. Allgemeines. Bestimmungen der in Abs 2 genannten Art können **nur im Gesellschaftsvertrag wirksam** getroffen werden; ihre Schaffung ist **den Gesellschaftern freigestellt.** Ist aber eine Regelung gewollt, muss sie, um wirksam zu sein, in den GesVertrag aufgenommen werden. Sie unterliegt damit der Form des § 2 (s dort Rn 8 ff, insbes 12); Bezugnahme auf sonstiges Schriftstück genügt nicht.[86] Umdeutung in schuldrechtliche Verpflichtung 24

---

[85] Ulmer/*Ulmer* § 2 Rn 115 f; Scholz/*Emmerich* Rn 58; *Lutter*/Hommelhoff/*Bayer* § 2 Rn 23; Rowedder/*Schmidt-Leithoff* § 2 Rn 72; *Roth*/Altmeppen § 2 Rn 38; *Michalski* § 2 Rn 70. – Abw vor allem ältere Lit u Rspr, RGZ 83, 258; *Feine* 180 f, 215; *Lutter,* Kapital, Sicherung der Kapitalaufbringung und Kapitalerhaltung in den Aktien- und GmbH-Rechten der EWG, 1964, 95.

[86] RGZ 79, 423, hM.

außerhalb des GesVertrags widerspricht Gesetzeszweck.[87] – **Mängel** der Regelung, insbes Nichtigkeit, hindern die bindende Wirkung des GesVertrags als solchen nur gem § 139 BGB. Nur bei Gesamtnichtigkeit kann RegGericht Eintragung nach § 9c II Nr 3 ablehnen. Nach Eintragung wird Wirksamkeit der GmbH als solcher nicht mehr berührt; §§ 75 ff sowie §§ 397 u 399 FamFG sind nicht anwendbar, aber in schwerwiegenden Fällen uU Auflösungsklage nach § 61.

25 Abs 2 enthält **keine abschließende Regelung,** sondern betrifft nur zwei wichtige Anwendungsfälle. Zahlreiche weitere nennt das Gesetz, teils wie Abs 2 als zusätzliche, ergänzende bzw ausfüllende, Regelungen, – so §§ 5 IV, 15 V, , 26 I, 34 I, 52 I, 60 II, – teils als Abweichungen von dispositiven Normen, – so §§ 28, 29, 35 II, 37 I, 38 II, 45 II, 53 II, 60 I Nr 2, 66 I, 72 S 2 –, stets allein dem GesVertrag vorbehalten.– Allg ist zu beachten, dass Vereinbarungen im Rahmen vertraglicher Gestaltungsfreiheit die Rechtsstellung der Ges u ihr Verhältnis zu den Gftern nur bei Aufnahme in den GesVertrag satzungsmäßig, dh über den Einzelfall hinaus für alle, auch die künftigen, Beteiligten regeln können. Auch ohne ausdrückliche Nennung im Gesetz können manche Regelungen, vor allem solche zur Organisation bzw Verfassung der Ges, nur in dieser Weise getroffen werden, zB Schaffung eines Beirats als weiteres Organ u Regelung seiner Kompetenzen[88] (§ 45 Rn 17 ff). In anderen Fällen ist daneben auch Gestaltung außerhalb des GesVertrags möglich (unten Rn 56 f). So kann **Schiedsvereinbarung** in der Satzung getroffen werden (§ 1029 II, 1066 ZPO) u bindet dann auch GmbH u spätere Gfter[89] (s auch § 13 Rn 9 u Anh § 47 Rn 32 ff).

26 **Rechte und Pflichten Dritter** gegenüber der Ges können im Verhältnis zu diesen **nicht satzungsmäßig** begründet werden.[90] Möglich sind insoweit nur schuldrechtliche Regelungen, die als unechter Satzungsbestandteil auch Teil des GesVertrags sein können (unten Rn 54).[91] Aufnahme in GesVertrag allein bindet Dritten grds nicht; dazu jew Vertrag mit Drittem erforderlich, anders allenfalls, wenn bloße Berechtigung durch Vertrag zugunsten Dritter iSv § 328 BGB gewollt ist. Regelung im GesVertrag kann aber im Verhältnis von Ges u Gftern sowie letzterer untereinander Art u Umfang bestimmter Beziehungen zu Dritten klarstellen u insoweit je nach Inhalt auch satzungsmäßige oder schuldrechtliche (unten Rn 54 f) Wirkung für Ges u Gfter haben.[92]

27 **2. Zeitliche Beschränkung des Unternehmens** kann wirksam nur im GesVertrag erfolgen, Abs 2 u § 60 I Nr 1. § 10 II schreibt HREintragung vor; beides aber nicht Wirksamkeitsvoraussetzung. Ohne solche Regelung ist GmbH auf unbestimmte Zeit gegründet; dann gelten die allg Auflösungs-

---

[87] Abw *Roth*/Altmeppen Rn 21.

[88] Dazu *Wiedemann* FS Lutter, 2000, 821.

[89] Ausführl mwN *Schneider* GmbHR 2005, 86 ff; ferner *Lutter*/Hommelhoff/*Bayer* Rn 57; *Bayer* ZIP 2002, 881; *Reichert/Harbarth* NZG 2003, 379; *Behme* BB 2008, 685 ff; auch BGH NJW 2004, 2892.

[90] Ausführl *Ulmer* FS Wiedemann, 2002, 1297 ff; *ders* FS Werner, 1984, 911 ff mwN; ferner Ulmer/*Ulmer* Rn 39 ff; *Michalski* Rn 70; *Roth*/Altmeppen Rn 46; *Lutter*/Hommelhoff/*Bayer* Rn 69; *K. Schmidt* GesR § 34 II 2 g cc; – deutlich weitergehend aber *Herfs*, Einwirkung Dritter auf den Willensbildungsprozess der GmbH, 1994, 61 ff; *Hammen* WM 1994, 765 ff; s auch Scholz/*Emmerich* § 2 Rn 11.

[91] Näher *Ulmer* FS Werner, 1984, 927 ff; auch *Michalski* Rn 70.

[92] *K. Schmidt* GesR § 34 II 2 g cc.

gründe, insbes §§ 60 I Nr 2 u 3 sowie 61 (dazu § 60 Rn 17 ff, 23). Nach Abs 2 muss Zeitraum gewiss sein, daher Befristung nur auf eine bestimmte oder objektiv genau bestimmbare Zeit. Möglich Angabe eines Datums oder einer Frist, aber auch eines künftigen Ereignisses, sofern dessen Eintritt gewiss sowie hinreichend sicher feststellbar ist, mag auch der Zeitpunkt dafür unbestimmt sein,[93] zB bestimmtes Lebensalter oder Tod eines Gfters oder GFührers, Ablauf eines gewerblichen Schutzrechts. – Nicht unter Abs 2 fallen dagegen auflösende Bedingung, da Eintritt ungewiss, u Kündigungsrecht, da Ausübung ungewiss. Doch kann beides Auflösungsgrund nach § 60 II sein u ist dann ebenfalls im GesVertrag zu regeln, allerdings nicht nach § 10 II ins HR einzutragen; Näheres § 60 Rn 89 f.

Folgen: Mit Ablauf der bestimmten Zeit ist die Ges automatisch aufgelöst, § 60 I Nr 1; HREintragung nach § 65 I nur deklaratorisch. Über Bedeutung der Auflösung u Beendigung näher § 60 Rn 2, 9 ff. – Tatsächliche Fortsetzung ändert daran nichts.[94] Möglich ist aber satzungsändernder Fortsetzungsbeschluss, dazu § 60 Rn 16, 94. **28**

Abänderung der Zeitbestimmung – Verkürzung, Verlängerung oder Beseitigung – erfolgt vor HREintragung der Ges durch einvernehmliche Vertragsänderung in der Form des § 2, später durch Satzungsänderung gem §§ 53, 54. Über Fortsetzung nach Zeitablauf oben Rn 28, sowie § 60 Rn 16, 91. – **Verlängerung** u völlige Beseitigung der Befristung können grds mit satzungsändernder Mehrheit gem § 53 II beschlossen werden. Ein allg Gfter-Recht auf Auflösung u Liquidation bei satzungsmäßigem Fristablauf ist entgegen älterer Auffassung normalerweise nicht anzuerkennen. Daher ist weder Zustimmung aller Gfter erforderlich, noch den überstimmten Gftern generell ein Austrittsrecht gegen Abfindung einzuräumen; letzteres kommt vielmehr nur nach den allg Regeln (§ 34 Anh Rn 18 ff) bei schwerwiegenden Gründen im Einzelfall in Betracht.[95] **29**

Dagegen ist die **Zustimmung der einzelnen Gesellschafter** erforderlich, wenn sie nebenleistungspflichtig sind u die Änderung ihre Leistungspflicht verlängert, § 53 III;[96] Pflicht zur Leistung ausstehender Einlagen oder mögliche Nachschusspflicht lösen diese Folge hingegen nicht aus (§ 60 Rn 15). Ferner ist Zustimmung nötig, wenn Gftern ein Sonderrecht auf Auflösung zum satzungsmäßigen Zeitpunkt zusteht (§ 35 BGB), das aber nur bei deutlichem Hinweis im GesVertrag anzunehmen ist (§ 60 Rn 15).[97] Entspr muss bei Verkürzung der Frist gelten, falls ausnahmsweise ein Sonderrecht auf Einhaltung der satzungsmäßigen Dauer besteht.[98] Das Zustimmungserforder- **30**

---

[93] BayObLG BB 1975, 249; ganz hM; Ulmer/*Ulmer* Rn 49; Scholz/*Emmerich* Rn 64; *Michalski* Rn 38.

[94] Ulmer/*Ulmer* Rn 63 sowie Ulmer/*Casper* § 60 Rn 26; Scholz/*Emmerich* Rn 65; Scholz/*Schmidt* § 60 Rn 9.

[95] HM, § 60 Rn 15; mwN auch zur Entwicklung Ulmer/*Ulmer* Rn 107; Scholz/*Emmerich* Rn 66; – mit Neigung zu verstärkter Zuerkennung eines Austrittsrechts Scholz/*Schmidt* § 60 Rn 10, auch 51; *Lutter*/Hommelhoff/*Bayer* Rn 27; Rowedder/*Schmidt-Leithoff* Rn 25; Rowedder/Schmidt-Leithoff/*Rasner* § 60 Rn 13; *Roth*/Altmeppen Rn 24; *Altmeppen* § 60 Rn 11 f.

[96] RGZ 136, 188, ganz hM, vgl Scholz/*Emmerich* Rn 66; *Michalski* Rn 39; *Altmeppen* § 60 Rn 11.

[97] Ulmer/*Casper* § 60 Rn 28; zu weitgehend insoweit RGZ 136, 190.

[98] Scholz/*Schmidt* 9. Aufl § 60 Rn 10 mwN; Rowedder/Schmidt-Leithoff/*Rasner* § 60 Rn 14.

nis kann in diesen Fällen entgegen hM mangels gesetzlicher Grundlage nicht dadurch ausgeräumt werden, dass den betr Gftern der Austritt gegen Abfindung zugestanden wird (§ 60 Rn 15).[99]

31 **3. Nebenleistungspflichten, Sonderpflichten, besondere Rechte. – Statutarische Nebenleistungspflichten der Gesellschafter,** auch als Sonderpflichten einzelner, lässt Abs 2 in weitem Umfang zu. Entspr können auch **besondere Rechte** sowohl als allg GfterRechte wie auch als Sonderrechte einzelner im GesVertrag begründet werden.[100] Statutarische Nebenleistungspflichten sind zu unterscheiden von **Pflichten aus schuldrechtlichen Nebenverträgen** (unten Rn 56).

32 **a) Bedeutung.** Die praktische Bedeutung der Nebenleistungs-GmbH ist sehr groß. IGgs zur Nebenleistungs-AG, für die § 55 AktG nur wiederkehrende nicht in Geld bestehende Leistungen zulässt, ist bei der GmbH die Schaffung von Nebenpflichten unbeschränkt möglich. Durch Aufnahme in den GesVertrag können alle Arten von GfterPflichten begründet werden; sie können Geld- u Sachleistungen ebenso wie Handlungen, insbes Dienstleistungen, u Unterlassungen zum Gegenstand haben (s auch unten Rn 39 ff). Ferner sind, ebenfalls iGgs zur AG, in weitem Umfang zusätzliche GfterRechte möglich (unten Rn 46). Hinzu tritt die gesvertragliche Regelbarkeit wesentlicher Elemente der inneren Organisation, insbes des Einflusses der Gfter auf die GFührung nach § 45 I (s dort). So ergibt sich ein **sehr weiter Rahmen satzungsautonomer Gestaltungsfreiheit** für die Rechtsstellung der Gfter u ihr Verhältnis zur GmbH. § 3 II bildet zusammen mit § 45 I die Grundlage für die flexible u weitgespannte Verwendungsmöglichkeit dieser Rechtsform (dazu Einl Rn 12 ff, auch § 1 Rn 6 ff; zu Grenzen der Satzungsautonomie § 45 Rn 6 ff).

33 Das **Erscheinungsbild** der Nebenleistungs-GmbH kann sehr verschiedenartig sein. Häufig bleibt sie dem gesetzlichen Grundmuster entspr **Kapitalgesellschaft,** dann der Nebenleistungs-AG vergleichbar. – Möglich u weit verbreitet, insbes bei einer großen Zahl mittelständischer Unternehmen, ist eine mehr oder weniger stark ausgeprägte **personalistische Ausgestaltung.**[101] Im Innenverhältnis ist die GmbH dann den Personenges angenähert, von denen sie sich aber durch die für alle Gfter bestehende Haftungsbeschränkung unterscheidet. Besonders deutlich wird das personalistische Element, wenn alle Gfter zur aktiven Mitarbeit als GFührer, Verwaltungsrats-(Aufsichtsrats-)Mitglieder oder in sonstiger Weise verpflichtet sind. Zwar sind Einlagepflicht u damit Bildung u Erhaltung des Stammkapitals schlechthin unabdingbar, doch kann im Übrigen die persönliche gegenseitige Bindung so ausgeprägt sein, dass das kapitalistische Element in der Bedeutung für die

---

[99] Ausführl Ulmer/*Casper* § 60 Rn 28; ähnlich wohl *Hofmann* GmbHR 1975, 218; – anders unter Treuepflichtgesichtspunkten hM, Scholz/*Schmidt* 9. Aufl § 60 Rn 10; *Lutter*/Hommelhoff/*Bayer* Rn 27; Rowedder/*Schmidt-Leithoff* Rn 25; *Michalski* Rn 39; *Fischer* GmbHR 1955, 165 ff, 168; *Altmeppen* § 60 Rn 12.

[100] Allg anerkannt, – dazu u zum Folgenden *Noack,* Gesellschaftervereinbarungen bei Kapitalgesellschaften, 1994; *Immenga,* Die personalistische Kapitalgesellschaft, 1970, insbes 101 ff; *Teichmann,* Gestaltungsfreiheit in Gesellschaftsverträgen, 1970, insbes 145 ff; *Ullrich* ZGR 1985, 235; auch ausführl mwN Ulmer/*Ulmer* Rn 54 ff; Scholz/*Emmerich* Rn 68 ff; ferner *Lutter*/Hommelhoff/*Bayer* Rn 40 ff; Rowedder/*Schmidt-Leithoff* Rn 26 ff; *Roth*/Altmeppen Rn 26 ff.

[101] Dazu Einl Rn 4.

Beteiligten ganz dahinter zurücktritt. Wirtschaftliche Funktion u bis zu einem erheblichen Grad auch rechtliche Gestalt entsprechen dann einer Personenges – als Einmannges einem Einzelunternehmen – mit beschränkter Haftung, also einer Rechtsform, die das Gesetz so nicht ausdrücklich regelt. Jedoch besteht ein klares wirtschaftliches Bedürfnis für solche Gestaltungen. Ihre rechtliche Zulässigkeit ist seit langem allg anerkannt. Die gesetzliche Regelung der Einmann-GmbH, insbes die Zulassung ihrer Gründung durch die GmbH-Novelle 1980, bestätigt das (allg zur Einmann-GmbH § 1 Rn 49 ff). Möglichen Missbräuchen begegnen die Regeln über den Durchgriff sowie das Deliktsrecht (dazu § 13 Rn 43 ff, 57).

b) Wesen und Ausgestaltung. Durch Aufnahme in den GesVertrag gem Abs 2 werden **gesellschaftliche Pflichten und Rechte** der Gfter gegenüber der Ges begründet. Sie beruhen auf der Mitgliedschaft, sind daher mit dem GAnteil verbunden (auch unten Rn 49) u wirken satzungsmäßig, also gegenüber allen, auch künftigen Gftern u ggf Dritten. Sie haben somit andere rechtliche Qualität als nur schuldrechtliche Verpflichtungen der Gfter untereinander, die außerhalb des GesVertrags möglich sind u auch mit diesem verbunden werden können (unten Rn 54, 56). Abgrenzung ua wegen der Formbedürftigkeit der Nebenpflichten erforderlich. Sie treten nach Abs 2 zusätzlich zur Kapitaleinlage hinzu u sind daher strikt von ihr wie auch von Nachschusspflichten (§§ 26 ff) zu unterscheiden. 34

Abgrenzung zu Einlage u Nachschusspflicht normalerweise nicht schwierig, ggf Auslegung des GesVertrags[102] nach den Regeln für körperschaftliche Bestimmungen (§ 2 Rn 29, 31).[103] Leistungsgegenstand allein gibt jedoch bei einmaligen Geld- oder Sachleistungen keinen Aufschluss, da beides sowohl Inhalt der Einlage wie auch einer Nebenleistung sein kann u auch Nachschusspflicht auf Geld gerichtet ist. **Maßgebend** sind Ziel u Art der Regelung im GesVertrag: Einlagen dienen Bildung des Stammkapitals u stimmen, wie die ihnen zugrunde liegenden Nennbeträge der GAnteile, in der Summe mit diesem überein (§ 5 III, 2); sie sind in der nach Abs 1 Nr 4 gebotenen Weise anzugeben (oben Rn 16), u zwar auch bei Sacheinlagen als Euro-Betrag (§ 5 IV, II). Nachschüsse dienen ebenfalls zur Stärkung der Kapitalgrundlage der Ges; ihre Einforderung ist an GfterBeschluss gebunden (§ 26 I; – daher bei Ermächtigung des GFührers iZw keine Nachschusspflicht gewollt). Das alles gilt für Nebenleistungen nicht. Sie können wesentlich freier gestaltet werden (nachfolgend Rn 36); deshalb sprechen Abweichungen von der strengen gesetzlichen Ausgestaltung für bloße Nebenleistungspflicht. – Bei Sacheinlagen kann Einlage auch Nebenpflichten umfassen; zB Garantie für Erfüllung der Außenstände, wenn Handelsgeschäft als Einlage eingebracht wird; dagegen isolierte Übernahme einer Garantiehaftung als Nebenleistungspflicht.[104] – **Abgrenzung zu schuldrechtlichen Vereinbarungen** s Rn 56. 35

Nebenleistungspflichten betreffen **zusätzliche Leistungen,** die anders als Einlagen u Nachschüsse nicht der Bildung u nur ausnahmsweise (so vor allem bei Finanzplankrediten, dazu § 30 Anh Rn 20) der Ergänzung des Stammkapitals dienen. Das ist für ihre **rechtliche Ausgestaltung** wesentlich, denn sie unterliegen deshalb, von den erwähnten Ausnahmen abgesehen, nicht den 36

[102] Dazu Ulmer/*Ulmer* Rn 58 ff; auch Scholz/*Emmerich* Rn 74 f; *Michalski* Rn 43.
[103] BGH DB 1989, 221.
[104] Ulmer/*Ulmer* Rn 58 ff; Scholz/*Emmerich* Rn 76; *Michalski* Rn 43; vgl. auch RGZ 79, 273.

strengen Regeln für die Kapitalaufbringung u -bindung (Einl Rn 5), insbes also nicht §§ 7 II, III, 9, 19–24, auch nicht § 30. Allerdings setzen sie diese für das Stammkapital als solches nicht außer Kraft; so rechtfertigt Entgeltlichkeit einer Nebenleistung nicht überhöhte Zahlungen unter Verletzung von § 30 (dazu § 30 Rn 21);[105] erst recht müssen zusätzliche GfterRechte diese Schranken beachten. – Im Übrigen können Nebenleistungspflichten aber frei gestaltet werden als einmalige oder wiederkehrende Leistungen, ein- oder zweiseitig, also unentgeltlich oder gegen Entgelt, wobei keineswegs eine Vermutung für Unentgeltlichkeit spricht. Sie können bedingt oder befristet sein, auch brauchen sie die Gfter nicht gleichmäßig zu treffen.[106]

37 c) **Begründung, Bestimmtheit. – Begründung** gesellschaftsrechtlicher Nebenleistungspflichten erfordert nach Abs 2 zwingend Aufnahme in den GesVertrag, ebenso die Schaffung zusätzlicher GfterRechte.[107] Die Regelung kann im ursprünglichen GesVertrag erfolgen oder später durch Satzungsänderung (§§ 53, 54). Spätere Belastung mit neuen Pflichten bedarf der Zustimmung der betr Gfter nach § 53 III. Bei nachträglicher Einführung von Rechten, ebenso bei der näheren Ausgestaltung von Pflichten u Rechten ist der Gleichbehandlungsgrundsatz zu beachten (§ 13 Rn 31 ff, § 14 Rn 16, 18). – Entspr gilt für inhaltliche **Änderungen** der Nebenpflichten oder Rechte; bei Beeinträchtigung von Rechten kann § 35 BGB zu beachten sein. Zur Beendigung u Übertragung unten Rn 49 ff.

38 **Bestimmtheit.** Wirksame Regelung im GesVertrag setzt voraus, dass Inhalt hinreichend bestimmt ist; Verpflichtete Gfter müssen insbes. bei Verlustausgleichspflicht in der Lage sein, Ausmaß der auf sie zukommenden Verpflichtungen ohne weiteres zu überschauen.[108] Insbes genügen ganz allg gehaltene Formeln über die Förderung des GesZwecks nicht, zB nicht die allg Pflicht, die Ges „durch Bürgschaften u sonstige Sicherheitsleistungen zu stützen".[109] Andererseits ist vielfach detaillierte Festlegung im Voraus nicht möglich. Jedoch muss der GesVertrag einen festen Rahmen geben, der den wesentlichen Kern der Verpflichtung erkennen lässt.[110] Auch sonstige Einzelheiten sind im GesVertrag zu regeln, insbes der oder die Verpflichteten, wenn nicht alle Gfter gleichmäßig betroffen sind, ferner Gegenleistung bzw Unentgeltlichkeit, Fälligkeit, Bedingung udgl. Fehlendes ist durch Auslegung zu ergänzen. Bestimmung im Einzelnen kann den GesOrganen oder Dritten überlassen werden; dann gelten §§ 315 ff BGB.[111] Möglich, aber nicht notwendig, ist auch Konkretisierung durch schuldrechtlichen Ausführungsvertrag;[112] zB Anstellungsvertrag (§ 35 Rn 13 ff, 163) neben gesvertraglicher

---

105 Ulmer/*Ulmer* Rn 75; *Roth*/Altmeppen Rn 32; vgl auch BGHZ 103, 223 betr eG.

106 Ganz hM, Ulmer/*Ulmer* Rn 64; Scholz/*Emmerich* Rn 72, 78; *Roth*/Altmeppen Rn 31; *Michalski* Rn 46.

107 RGZ 170, 367 f; BGH NJW 1969, 131; OLG Dresden GmbHR 1997, 746; LG Berlin GmbHR 2000, 234.

108 BGH NZG 2008, 148; DB 1989, 221.

109 So aber Tatbestand bei KartG JW 1924, 724; – ähnlich RG JW 1937, 2836, jedoch für besonders gelagerten Fall.

110 RGZ 87, 265 f; JW 1937, 2836; BGH DB 1989, 221, dazu *Stein* ZGR 1990, 357; stRspr; – ganz hM, Ulmer/*Ulmer* Rn 78; Scholz/*Emmerich* Rn 70; Rowedder/*Schmidt-Leithoff* Rn 31; *Michalski* Rn 44; *Feine* 130.

111 RGZ 87, 265; Ulmer/*Ulmer* Rn 79; Rowedder/*Schmidt-Leithoff* Rn 31; *Michalski* Rn 44; *Lutter*/Hommelhoff/*Bayer* Rn 36.

112 Stärker betont von Ulmer/*Ulmer* Rn 66, 81 ff.

GFührungspflicht; auch Liefer-, Lizenz- oder Gebrauchsüberlassungsverträge udgl. – Für GfterRechte gilt grds Entsprechendes.[113] Insbes sind an die Bestimmtheit strenge Anforderungen zu stellen, wenn die Rechte die Ges wirtschaftlich belasten.

d) Inhalt der Nebenleistungspflichten. Der Inhalt der Nebenleistungspflichten unterliegt keiner speziellen Beschränkung (oben Rn 32); insoweit besteht Gestaltungsfreiheit wie im Schuldrecht. Das gilt ebenso für den Leistungsgegenstand – Geld- oder Sachleistung, Tun oder Unterlassen – wie für die Ausgestaltung im Übrigen (auch oben Rn 36 aE). Dementspr vielgestaltig sind die rechtstatsächlichen Erscheinungsformen.[114] – **Beispiele: Geldleistungen** können in einmaligen oder regelmäßig, wie auch unregelmäßig wiederkehrenden Zahlungen an die Ges außerhalb von Einlage u Nachschüssen bestehen; einmalig etwa Zahlung eines **Aufgelds** bei Übernahme eines GAnteils (Agio, § 5 Rn 9);[115] wiederkehrend zB Beiträge zu laufenden Unkosten oder Verpflichtung zum Ausgleich bestimmter Fehlbeträge; auch Wiedereinzahlung eines meist prozentual festgelegten Teils der Dividenden als Gewinnrückführung zur Stärkung der Eigenkapitalbasis im sog **Ausschüttungs-Rückholverfahren**[116] (dazu § 29 Rn 65 ff). Möglich auch **Verlustausgleichspflicht,** die jedoch Haftungsprivileg der GmbH im wirtschaftlichen Ergebnis weitgehend aufheben würde und daher nur bei eindeutiger Regelung angenommen werden kann u bei Fehlen von Obergrenze u zeitlicher Begrenzung unwirksam ist.[117] – Statt reiner Geldeinzahlungen oft Pflicht zur Darlehensgewährung,[118] meist, aber nicht notwendig, verzinslich. Dabei sind die insolvenz- u anfechtungsrechtlichen Regeln über GfterDarlehen zu beachten (näher § 30 Anh); entspr bei Pflicht zur Übernahme einer Bürgschaft oder Leistung einer anderen Sicherheit. 39

Sachleistungen betreffen oft Gebrauchsüberlassung von Sachen für den Geschäftsbetrieb der GmbH, etwa Geschäftsräume; iwS auch die Überlassung von Rechten zur Ausübung,[119] zB gewerbliche. Wichtig, wenn entspr Sacheinlagen auf das Stammkapital nicht erwünscht oder unzweckmäßig sind; sie brauchen auch nicht wie diese nach § 7 III vor Anmeldung zum HR erbracht zu werden. Weitergehend sind auch Pflichten zur vollen Übertragung von Sachen oder Rechten möglich, etwa als laufende Lieferpflichten für bestimmte Erzeugnisse der Gfter; umgekehrt auch Abnahmepflichten der Gfter gegenüber der Ges. Für beides gelten aber Schranken des GWB, insbes bei ausschließlichen Liefer- oder Abnahmepflichten, ebenso bei sonstiger zu weitgehender Bindung.[120] 40

---

[113] BGH GmbHR 1982, 129.

[114] Übersicht bei Scholz/*Emmerich* Rn 74 ff; auch Ulmer/*Ulmer* Rn 67 ff; *Michalski* Rn 56 ff; *K. Schmidt* FS Immenga 2004, 705 ff; allg *Immenga* Die personalistische Kapitalgesellschaft, 1970, 101 ff, 103; *Noack,* Gesellschaftervereinbarungen bei Kapitalgesellschaften, 1994.

[115] Dazu BGH NZG 2008, 73; Ulmer/*Ulmer* Rn 67; Scholz/*Emmerich* Rn 74; *Michalski* Rn 57.

[116] Rowedder/*Schmidt-Leithoff* Rn 33; *Michalski* Rn 57; *Lutter*/Hommelhoff/*Bayer* Rn 30.

[117] BGH NZG 2008, 148; auch OLG Brandenburg NZG 2006, 765.

[118] LG Berlin GmbHR 2000, 234; auch BGH DB 1989, 221 mit Besprechung *Stein* ZGR 1990, 357, Darlehen in Höhe öffentlicher Abgaben, im konkreten Fall vom BGH abgelehnt. Zum Finanzplankredit (näher § 30 Anh Rn 20 f) BGHZ 142, 123 ff.

[119] Vgl OLG Dresden GmbHR 1997, 746.

[120] BGHZ 65, 30; auch unten Rn 42 f.

41 Sachleistungen anderer Art, auf der Grenze zu den Handlungspflichten betreffen **Ankaufsrechte und Erwerbsvorrechte für Geschäftsanteile (Eintrittsrechte).** Erstere begründen die Verpflichtung, unter bestimmten Voraussetzungen, etwa Kündigung, Beendigung der aktiven Mitarbeit uam, den GAnteil an die Ges oder einen von ihr bzw schon im GesVertrag bestimmten Dritten zu übertragen.[121] Praktisch häufiger ist die auf den Fall der Veräußerungswilligkeit beschränkte u als Erwerbsvorrecht an ein besonderes Verlangen des Begünstigten geknüpfte Übertragungspflicht. Regelung nach § 15 V reicht in diesen Fällen nicht aus.[122] – **Andienverpflichtung** bedeutet idR, dass veräußerungswilliger Gfter den GAnteil vor Abtretung an Dritten den Mitgftern zum Erwerb anzubieten hat. Wirksamkeit der Übertragung hängt dann iZw von Nichtausübung des Erwerbsvorrechts ab. Hierzu ist, wie bei Vorkaufsrecht, ordnungsgem anzudienen. Bloße Mitteilung einer generellen Verkaufsabsicht genügt nicht.[123]

42 Unter den **Handlungspflichten** ist die Pflicht zur **Geschäftsführung** sehr verbreitet. Allerdings ergibt sie sich nicht bereits aus der Bestellung zum GFührer im GesVertrag nach § 6 III, 2; vielmehr muss im Einzelfall geprüft werden, ob eine echte GfterPflicht, uU auch ein entspr Recht, gewollt ist.[124] Möglich, wenn auch seltener, sind andere Dienstleistungspflichten, etwa Mitarbeit im technischen Bereich. Auch Handlungspflichten anderer Art kommen vor, so die oben (Rn 41) erwähnten Abnahmepflichten.

43 Wichtigste u häufigste **Unterlassungspflichten** sind **Wettbewerbsverbote.**[125] Ihre Vereinbarkeit mit § 1 GWB u Art 81 EGV hängt von den Verhältnissen im Einzelfall ab.[126] Bei der Beurteilung können die vor allem im Recht der Personenges entwickelten Grundsätze entspr herangezogen werden.[127] Danach idR zulässig, soweit erforderlich, um iü kartellrechtsneutrales Unternehmen in Bestand u Funktionsfähigkeit zu erhalten;[128] ggf sind dabei besondere Einflussmöglichkeiten des Verpflichteten zu berücksichtigen[129] oder Zusammenhang mit GFührungspflichten.[130] – Unter dem Gesichtspunkt der Berufsfreiheit unterliegen **nachvertragliche Wettbewerbsverbote** Schranken im Rahmen des § 138 BGB. Sie müssen insbes erforderlich sein,

---

121 BayObLG DB 1989, 215 f iGgs zur AG.

122 Ulmer/*Ulmer* Rn 70; Scholz/*Emmerich* Rn 77; näher *G. Hueck* FS Larenz, 1973, 749, 756 f; *H. P. Westermann* FS Quack, 1991, 545, Vorkaufsrechte; vgl auch OLG Stuttgart GmbHR 1997, 1108; RG JW 1928, 2622; sowie den Fall BGH NJW 1969, 2049; BayObLG DB 1989, 215 f.

123 OLG Schleswig GmbHR 1999, 35.

124 OLG Hamm NZG 2002, 421; Ulmer/*Ulmer* Rn 72; Scholz/*Emmerich* Rn 77; *Michalski* Rn 59; auch BGH GmbHR 1982, 129.

125 Allg dazu *Ivens*, Das Konkurrenzverbot des GmbH-Gesellschafters, 1987; *Schulze-Osterloh* FR 1993, 73, 76 ff; s auch § 13 Rn 26.

126 Näher dazu *Immenga/Mestmäcker*, GWB, 4. Aufl 2007 § 1 Rn 177; MünchKommKartellrecht/*Säcker*, 2008, § 1 GWB Rn 23 ff.; *Beuthien* ZHR 142 (1978), 259, 282, 288 f; *Kellermann* FS Fischer, 1979, 307; *Ivens* DB 1988, 215; MünchHdbGmbH/*Schiessl* § 34 Rn 9 ff; allg auch *Wiedemann* § 13, II, 1; *K. Schmidt* GesR § 20 V; Scholz/*Emmerich* Rn 88 ff; *Crezelius* RWS-Forum Gesellschaftsrecht 1996, 47 ff.

127 Dazu etwa BGHZ 38, 306; 70, 331; 89, 162.

128 BGHZ 104, 251; OLG Karlsruhe BB 1984, 2015.

129 BGHZ 89, 162: Mehrheitsbeteiligung; 104, 246: 50%-Beteiligung mit GFührerBestellungsR; OLG Karlsruhe GmbHR 1999, 539: nicht bereits bei 50%-Beteiligung.

130 BGHZ 89, 162 – GmbH & Co KG.

dh einem schützenswerten Interesse der Ges dienen u dürfen den Betroffenen nicht unverhältnismäßig belasten.[131] Zum nachvertraglichen Wettbewerbsverbot für GFührer s § 35 Rn 195 ff.

44 Die Möglichkeit der Kombination verschiedenartiger Nebenpflichten wie ausschließliche Liefer- bzw Abnahmepflichten, sonstige Vertriebsbindungen, auch Wettbewerbsverbote hat früher eine erhebliche Rolle gespielt bei der **Kartell-GmbH** als bevorzugter Rechtsform für Kartelle u Syndikate. Ihre Bedeutung ist unter der Geltung des GWB u EU-Kartellrechts nur noch gering; doch ist sie auch jetzt noch im engen Bereich der Ausnahmen vom Kartellverbot geeignete Organisationsform.

45 **e) Rechte** der Gfter, allg GfterRechte u Vorzugsrechte einzelner Gfter (nicht außenstehender Dritter, oben Rn 26), können ebenfalls (nur) im GesVertrag weitgehend frei gestaltet werden.[132] Soweit sie die Ges wirtschaftlich belasten, ist Bindung des Stammkapitals, insbes §§ 30 ff, zu beachten. Wie Nebenleistungen können sie entgeltlich oder unentgeltlich sein. – Vom Entgelt zu unterscheiden ist der Zusammenhang zwischen inhaltlich einander entsprechenden (parallelen oder komplementären) Nebenleistungspflichten u GfterRechten. Beide können jew isoliert bestehen, aber durch die Verknüpfung zur Einheit werden, **Pflichtrecht;**[133] so häufig Recht u Pflicht zur GFührung, auch Verbindung von Liefer- u Abnahmepflicht, Rechtsübertragung u Ausübungspflicht, zB bei Patent, udgl. Jedoch keine Vermutung, dass eine Nebenpflicht entspr Recht begründet oder umgekehrt. Maßgebend vertragliche Regelung, ggf Auslegung.[134] Wenn danach Recht u Pflicht zusammentreffen, sind sie iZw auch als rechtliche Einheit zu behandeln, also in ihrer Wirksamkeit voneinander abhängig.[135]

46 **Beispiele:** Häufig u wichtig Recht auf GFührung, das im GesVertrag bis zur Grenze des § 38 II als unentziehbares Sonderrecht gestaltet werden kann,[136] auch Präsentations- u Abberufungsrecht für GFührer,[137] ferner etwa Warenbezugsrechte, Wiederkaufsrecht an eingebrachter Sache, Recht auf Benutzung von Einrichtungen der Ges, auf ärztliche Tätigkeit in Krankenhaus der Ges,[138] Vorkaufsrechte oder Erwerbsvorrechte (oben Rn 41), falls GesVertrag Begünstigte bestimmt, Recht auf Vorzugsdividende. – Ganz allg bedürfen **Sondervorteile,** die Gründern oder Dritten im Zusammenhang mit der Gründung zugesagt werden, auch ohne eine § 26 AktG entspr Norm zur Wirksamkeit der Aufnahme in den GesVertrag.[139] Dazu u zum **Grün-**

---

131 Vgl näher BGHZ 91, 5; WM 1986, 1282; OLG Düsseldorf GmbHR 1998, 180; zur geltungserhaltenden Reduktion BGH NJW 1994, 386; 1997, 3089; eingehend auch *Michalski* § 13 Rn 205 ff.

132 BGH NJW 1969, 131; ganz hM, Ulmer/*Ulmer* Rn 110 f, auch § 5 Rn 160 ff; Scholz/*Emmerich* Rn 100 f.

133 Ulmer/*Ulmer* Rn 76; Scholz/*Emmerich* Rn 101.

134 Vgl auch BGH GmbHR 1982, 129.

135 Ulmer/*Ulmer* Rn 76; *Michalski* Rn 61.

136 BGH WM 1962, 201; NJW 1969, 131; GmbHR 1982, 129; RGZ 170, 358; dazu näher § 6 Rn 16.

137 OLG Düsseldorf NJW 1990, 1122; s auch Tatbestand von BGHZ 104, 246.

138 RGZ 165, 134.

139 RGZ 113, 241, 244; 125, 335; BGHZ 107, 4 ff; Ulmer/*Ulmer* Rn 110; § 5 Rn 171 ff, insbes 178 ff; Scholz/*Emmerich* Rn 101; Rowedder/*Schmidt-Leithoff* Rn 50; *Roth*/Altmeppen § 5 Rn 72; *Michalski* Rn 68; *Ullrich* ZGR 1985, 235.

dungsaufwand auch § 5 Rn 57, sowie zur Haftung für Vergütungen außerhalb des Gründungsaufwands § 9 a I (s dort Rn 9, 15).

47 **f) Rechtliche Durchführung.** Die rechtliche Durchführung der Nebenleistungspflichten u GfterRechte richtet sich primär nach dem GesVertrag, im Übrigen allg nach BGB. Erwägungen über unmittelbare oder entspr Anwendung der Normen sind mehr theoretisch; Ergebnisse weitgehend gleich.[140] In jedem Fall sind die gesellschaftsrechtliche Grundlage der Verpflichtung bzw des Rechts u der dadurch gesetzte Rahmen zu berücksichtigen, daher grds keine Anwendung der AGB-Kontrolle (§ 310 IV 1 BGB),[141] aber Bindung an Treuepflicht (§ 13 Rn 20 ff), u zwar auch bei Regelung durch schuldrechtlichen Ausführungsvertrag (oben Rn 38).[142]

48 **Nach BGB** richten sich zB: Anfechtung der einzelnen Regelung nach §§ 119, 123 BGB; Schranken für Anfechtung des GesVertrags als solchen (§ 2 Rn 37 ff) gelten hierfür nicht, da Nebenpflichten u Rechte für Entstehung u Fortbestand der Ges rechtlich nicht wesentlich; allenfalls Auflösungsklage nach § 61 bzw Ausschluss oder Austrittsrecht eines Betroffenen (§ 34 Anh Rn 2 ff, 18 ff) bei entspr großer tatsächlicher Bedeutung der weggefallenen Verpflichtung; – falls vorgesehen, Bestimmung der Leistung durch GesOrgane oder Dritte nach §§ 315 ff BGB (oben Rn 38); – Vertragsstrafenregelung nach §§ 339 ff BGB möglich;[143] – Behandlung von Leistungsstörungen nach §§ 275 ff bzw 320 ff BGB; allerdings stets, u zwar auch bei Verpflichtung zu wiederkehrenden Leistungen, nur auf die einzelne gestörte Leistung beschränkt, keine Wirkung darüber hinaus für den GesVertrag als solchen, insbes kein Rücktritt nach §§ 323, 324, 326 V BGB vom ganzen Vertrag, sondern auch hier allenfalls bei entspr Gewicht Auflösungsklage nach § 61, zB bei Unmöglichkeit einer für den Geschäftsbetrieb der GmbH unentbehrlichen Leistung, bzw uU auch hier Ausschluss- oder Austrittsrecht. – Entspr gilt für Gewährleistungsansprüche, so vor allem bei entgeltlicher Sachleistungspflicht nach §§ 437 Nr 2 BGB, bzgl Rücktritt oder Minderung.[144] – Zur Unanwendbarkeit spezieller Kündigungsregeln einzelner Schuldverhältnisse unten Rn 50.

49 **g) Übertragung des Geschäftsanteils** (§ 15) führt zum Übergang der Nebenleistungspflichten u Sonderrechte auf den Erwerber, da sie mit der Mitgliedschaft verbunden sind (oben Rn 34). Die Wirkung tritt für die Zukunft ein; für bereits fällige Leistungen haftet der alte Gfter weiter,[145] daneben nach § 16 II auch der Erwerber.[146] Ausgenommen vom Übergang sind höchstpersönliche Pflichten u Rechte. Sofern nicht ausnahmsweise ihr Fortbestehen in der Person des ausscheidenden Gfters vereinbart ist – dann aber iZw schuldrechtliche Vereinbarung (unten Rn 55) –, gehen sie, abge-

---

140 Ulmer/*Ulmer* Rn 81 ff; Scholz/*Emmerich* Rn 82 ff; *Michalski* Rn 47 ff, jew mwN.

141 Grds auch nicht des Ausführungsvertrags, vgl BGHZ 103, 224 ff zur eG; *Michalski* Rn 47.

142 Ulmer/*Ulmer* Rn 82; *Michalski* Rn 48; ferner etwa Rowedder/*Schmidt-Leithoff* Rn 41.

143 Vgl KGJ 35, 178.

144 Ausführl zum Ganzen mit weiteren Einzelheiten u mwN Ulmer/*Ulmer* Rn 81 ff; Scholz/*Emmerich* Rn 73, 82 ff; *Michalski* Rn 48.

145 RG DR 1940, 2013 = HRR 1940, 1204; *Michalski* Rn 51.

146 Dazu u zum Folgenden Ulmer/*Ulmer* Rn 98 ff; Scholz/*Emmerich* Rn 80 f; Rowedder/*Schmidt-Leithoff* Rn 44 f; *Roth*/Altmeppen Rn 37.

sehen von Rückständen, bei Übertragung des GAnteils unter.[147] Übertragung der GAnteile ist bei Nebenleistungs-GmbH nicht gesetzlich beschränkt (anders § 55 AktG), aber Bindung durch Satzung nach § 15 V (dort Rn 37 ff) zweckmäßig, evtl auch Ankaufs- oder Erwerbsvorrechte (oben Rn 41). – **Tod des Gesellschafters** beendet höchstpersönliche Pflichten u Rechte; im Übrigen Übergang auf die Erben (§ 15, s dort Rn 9 ff), soweit die Satzung nichts anderes vorsieht.

h) Befreiung von Nebenleistungspflichten. Eine Befreiung von Nebenleistungspflichten ist durch Satzungsänderung (§ 53) möglich; kein Erlass durch den GFührer. Aufhebung von Sonderrechten bedarf der Zustimmung der Betroffenen (§ 35 BGB). Es gibt kein allg Recht zur einseitigen Lossage von Nebenpflichten, kein ges Kündigungsrecht, auch kein Preisgabe-(Abandon-) Recht; § 27 ist nicht entspr anwendbar. Beides kann aber ebenso wie eine Befristung oder auflösende Bedingung (oben Rn 36) im GesVertrag vorgesehen werden. Ohne solche Regelung sind für die Nebenleistungspflicht angesichts deren gesellschaftsrechtlicher Grundlage auch die gesetzlichen Kündigungsregeln der inhaltlich entspr Schuldverhältnisse nicht heranzuziehen, insbes nicht § 624 BGB bei Dienstleistungspflichten.[148] 50

Wohl aber ist ein allg **Kündigungsrecht aus wichtigem Grund** als äußerste Möglichkeit zur Lösung des Gfters von der Nebenleistungspflicht anzuerkennen, wenn diese ihn auf die Dauer unzumutbar belastet u er sich auch nicht durch Veräußerung des GAnteils (oben Rn 49) davon befreien kann. Ansatz hierfür waren zunächst § 8 KartellVO vom 2. 11. 1923 u § 626 BGB. Das daraus abgeleitete außerordentliche Kündigungsrecht ist später allg auf Nebenleistungspflichten erstreckt worden[149] u heute durch § 314 BGB im Grds auch gesetzlich anerkannt. Zu weitgehend wäre es, in derartigen Fällen den betr Gfter stets auf ein außerordentliches Austrittsrecht (§ 34 Anh Rn 18 ff) bzw die Kündigung seiner Mitgliedschaft zu verweisen.[150] Das ist als ultima ratio nur gerechtfertigt, wenn die Nebenleistungspflicht solches Gewicht hat, dass ein Verbleiben ohne sie den anderen Gftern nicht zuzumuten ist, diese daher ihrerseits den betr Gfter ausschließen könnten. 51

Ob in der **Insolvenz** der Ges oder bei Auflösung während der Abwicklung Nebenleistungspflichten weiter zu erfüllen sind, hängt von deren Inhalt ab u kann nur im Einzelfall unter Treuepflichtgesichtspunkten (§ 13 Rn 20 ff) entschieden werden.[151] – In der Insolvenz des Gfters ist die Ges mit der Nebenleistungsforderung einfache Insolvenzgläubigerin.[152] 52

---

147 *Roth*/Altmeppen Rn 34; *Michalski* Rn 51.

148 Heute hM, Ulmer/*Ulmer* Rn 84; *Michalski* Rn 53; *Roth*/Altmeppen Rn 33; wohl auch Scholz/*Emmerich* Rn 83; ebenso schon *Feine* 345; – anders noch RGZ 128, 17.

149 RGZ 128, 1, 16 f; Scholz/*Winter* 6. Aufl 1978/1983, Rn 37; *Roth*/Altmeppen Rn 33; *Feine* 351 f; noch stärker einschr Ulmer/*Ulmer* Rn 106.

150 So aber hM, Ulmer/*Ulmer* Rn 94, 106; *Lutter*/Hommelhoff/*Bayer* Rn 37; Rowedder/*Schmidt-Leithoff* Rn 49; jew mit Hinweis auf RGZ 73, 433; Scholz/*Emmerich* Rn 87; *Michalski* Rn 53; MünchHdbGmbH/*Schiessl* § 32 Rn 10; vgl auch *Wiedemann,* Die Übertragung u Vererbung von Mitgliedschaftsrechten bei Handelsgesellschaften, 1965, 91.

151 Vgl auch Ulmer/*Ulmer* Rn 85.

152 Scholz/*Emmerich* Rn 79; *Michalski* Rn 55; – abw Ulmer/*Ulmer* Rn 96: Masseschulden; ebenso *Lutter*/Hommelhoff/*Bayer* Rn 39.

IV. Sonstiger fakultativer Inhalt

Lit: *Milch,* Schuldrechtliche Absprachen in der GmbH, 2004; *Noack,* Gesellschaftervereinbarungen bei Kapitalgesellschaften, 1994; *Westermann,* Das Verhältnis von Satzung und Nebenordnungen in der Kapitalgesellschaft, 1994; *Zöllner* RWS-Forum Gesellschaftsrecht 1996, 89 ff.

53 Über § 3 hinaus können die Gfter **weitere Regelungen in den Gesellschaftsvertrag** aufnehmen, die aber **auch in anderer Weise wirksam möglich,** insbes nicht an die Form des § 2 gebunden sind. In Betracht kommen neben beliebigen schuldrechtlichen Vereinbarungen (unten Rn 54 f) bestimmte **innergesellschaftliche Regelungen,** die ebenso außerhalb des GesVertrags durch GfterBeschluss getroffen werden können.[153] So Bestellung der GFührer nach § 6 III, 2 (dazu § 46 Nr 5) u Ausgestaltung ihrer persönlichen Stellung, insbes der Bezüge;[154] entspr Besetzung anderer Organe, zB Beirat,[155] auch Aufsichtsrat, soweit nicht zwingende gesetzliche Regeln, insbes nach Mitbestimmungsrecht, eingreifen (§ 52 Rn 6); ferner Geschäftsordnungen für GesOrgane (§ 52 Rn 84) uam,[156] Regelungen dieser Art können körperschaftliche Vorgänge betreffen u unterliegen dann der eingeschränkten, objektivierten Auslegung (oben Rn 3, § 2 Rn 31). Dagegen macht Aufnahme in die Satzung sie nicht notwendig zum echten, nur in der Form des § 53 abänderbaren Satzungsbestandteil (§ 53 Rn 14, 18) u begründet auch keine Vermutung hierfür;[157] vielmehr kann gleichermaßen im GesVertrag eine einfache, durch normalen GfterBeschluss beeinflussbare Regelung erfolgen.[158] Maßgebend für die Art der Regelung ist der Parteiwille, ggf nach Auslegung.[159] Zu **Schiedsvereinbarung** oben Rn 25.

54 In den GesVertrag können ferner beliebig **schuldrechtliche Vereinbarungen** zwischen den Gftern aufgenommen werden, die auch getrennt davon formfrei möglich wären (unten Rn 56 f). Es handelt sich dann nur um eine nicht selten aus Gründen der Übersichtlichkeit u Vollständigkeit vorgenommene **äußerliche Verbindung.** Regelungen dieser Art sind stets individualrechtlich. Ihre Wirkung richtet sich ganz nach BGB u beschränkt sich auf die unmittelbar Beteiligten; bei Anteilsveräußerung kein automatischer Übergang auf den Erwerber, ganz allg keine Bindung künftiger Gfter oder Dritter; daher auch Auslegung nicht eingeschränkt (oben Rn 3, § 2 Rn 32). Als unechte Satzungsbestandteile sind sie nicht nach § 53 abzuändern (s dort Rn 4 ff, 16 ff), sondern formfrei durch Vertrag zwischen den Beteiligten.[160]

55 Wichtig ist daher die **Abgrenzung gegenüber gesellschaftlichen Nebenleistungspflichten,** die teilw entspr Inhalt, jedoch als echte Satzungs-

---

153 Scholz/*Emmerich* Rn 107 ff; *Michalski* Rn 72; *Roth*/Altmeppen Rn 47.

154 BGHZ 18, 205.

155 BGH WM 1970, 247.

156 Vgl dazu auch *Westermann,* Das Verhältnis von Satzung und Nebenordnungen in der Kapitalgesellschaft, 1994; *Zöllner* RWS-Forum Gesellschaftsrecht 1996, 89 ff.

157 Für indizielle Wirkung im Sinne echten Satzungsbestandteil außer im Fall des § 6 *Michalski* Rn 74; *Lutter*/Hommelhoff/*Bayer* Rn 59; auch *Roth*/Altmeppen Rn 47 f; Scholz/*Emmerich* Rn 108.

158 BGHZ 18, 205, 207 f stellt das in den Vordergrund.

159 BGH WM 1970, 247.

160 Ausführl zum Ganzen *Priester* DB 1979, 681 mwN; ferner allg, sowie vor allem zum Folgenden Scholz/*Emmerich* Rn 102 ff; auch Ulmer/*Ulmer* Rn 36 ff; *Lutter*/Hommelhoff/*Bayer* Rn 59; *Roth*/Altmeppen Rn 48; *K. Schmidt* GesR § 34 II g cc.

bestandteile andere rechtliche Qualität haben (oben Rn 31 ff). Allerdings sind manche Verpflichtungen nur als schuldrechtliche möglich, wie Zusagen von Gftern untereinander über Vergütung für Beitritt oder Garantie einer Mindestverzinsung.[161] Soweit aber beide Gestaltungen in Betracht kommen, entscheidet der ggf durch Auslegung zu ermittelnde Parteiwille.[162] Aufnahme in den GesVertrag begründet keine Vermutung für gesellschaftliche Pflicht,[163] ebenso wenig entgegengesetzte Vermutung bei Verpflichtung nur eines Gfters, zB zur GFührung. Dagegen spricht fortdauerndes Interesse der Ges an persönlicher Erfüllung nach Ausscheiden als Gfter für schuldrechtliche Verpflichtung;[164] so kann Verpflichtung eines Gfters ggü Ges zu Leistung von erheblicher wirtschaftlicher Bedeutung ohne schuldrechtliche Gegenleistung für formbedürftige Nebenleistungspflicht sprechen.[165]

V. Nebenverträge

Außerhalb des Gesellschaftsvertrags können die Gfter untereinander 56
durch Nebenverträge beliebige **zusätzliche Verpflichtungen** im Hinblick auf das GesVerhältnis begründen.[166] Sie können zwischen einigen oder allen Gftern vereinbart werden u Leistungspflichten einzelner oder aller betreffen, auch nach § 328 BGB zugunsten der Ges; dagegen wird diese selbst nicht verpflichtet. Nebenverträge richten sich nur nach BGB. Sie **wirken rein schuldrechtlich,** nicht gesellschaftsrechtlich (s aber unten Rn 57 aE), u sind formlos gültig, jedoch Schriftform empfehlenswert; § 2 gilt für sie nicht (§ 2 Rn 12). Keine mitgliedschaftliche Bindung der Gfter, daher bei Veräußerung eines GAnteils kein Übergang der Verbindlichkeit auf den Erwerber, sofern nicht vereinbart.[167] Ausschluss der Inhaltskontrolle nach § 310 IV 1 BGB gilt für sie nicht.[168] Dagegen kann GfterStellung der Parteien Auslegung des Vertrages u daraus folgende Verpflichtungen prägen.[169]

Der **Inhalt** kann im Rahmen der Vertragsfreiheit grundsätzlich frei gestaltet 57
werden.[170] Ausgeschlossen sind Regeln für das GesVerhältnis selbst; sie sind dem GesVertrag vorbehalten; unzulässig ferner Umgehung zwingender gesetzlicher Regelungen, zB für Sacheinlagen § 5 IV (s dort Rn 14, 18 f). Im

---

161 *Priester* DB 1979, 682; sowie Ulmer/*Ulmer* Rn 38 gegen BayObLG OLGZ 5, 281.

162 BGHZ 38, 160 f; WM 1970, 247; auch BB 1969, 1410 f; ganz hM.

163 Insoweit aA *Michalski* Rn 74; *Lutter*/Hommelhoff/*Bayer* Rn 59; auch *Roth*/Altmeppen Rn 48 ; Scholz/*Emmerich* Rn 108.

164 RG DR 1940, 2013 = HRR 1940, 1204; BGH GmbHR 1970, 12 = BB 1969, 1410.

165 OLG Dresden GmbHR 1997, 746.

166 Unstr, RGZ 79, 335; 83, 218 f; 112, 275, 277; 151, 324 stRspr; BGH WM 1965, 1076; BB 1969, 1410 f; auch 1977, 1729; DB 1993, 829; dazu u zum Folgenden Ulmer/*Ulmer* Rn 36 f, 112 ff; Scholz/*Emmerich* Rn 114 ff; *Lutter*/Hommelhoff/*Bayer* Rn 59; *Roth*/Altmeppen Rn 49 ff; *Jäger* DStR 1996, 1935; grundlegend *Noack,* Gesellschaftervereinbarungen bei Kapitalgesellschaften, 1994; ferner *Joussen,* Gesellschafterabsprachen neben Satzung und Gesellschaftsvertrag, 1995.

167 Näher Ulmer/*Ulmer* Rn 116 mwN.

168 *Lutter*/Hommelhoff/*Bayer* Rn 61.

169 Dazu BGH DB 1986, 1512.

170 Allg anerkannt, Ulmer/*Ulmer* Rn 117; Scholz/*Emmerich* Rn 114 ff; *Michalski* Rn 78; alle mwN u mit Beispielen; rechtstatsächliche Erhebungen bei *Baumann/Reiss* ZGR 1989, 157.

Übrigen steht es den Gftern frei, ihre Verpflichtungen, etwa Agio,[171] mitgliedschaftlich als Nebenleistungspflichten (oben Rn 31 ff, insbes 39 ff), dann als Teil des GesVertrags formgebunden nach § 2, oder nur schuldrechtlich zu regeln (dazu auch oben Rn 55). Zwar ist bei nicht formgerechter Regelung außerhalb des GesVertrags nicht ohne weiteres eine schuldrechtliche Gestaltung zu vermuten;[172] ist aber ein hierauf gerichteter Parteiwille anzunehmen, so bleibt er auch dann allein maßgebend, wenn objektiv gesehen eine gesellschaftliche Bindung näher liegend oder natürlicher gewesen wäre.[173] Ganz allg ist formlose schuldrechtliche Abrede auch dann wirksam, wenn sie die Erreichung des wirtschaftlichen Ziels der GmbH erst ermöglicht oder sonst für sie besonders wichtig ist.[174] Fortdauerndes Interesse der Ges an persönlicher Erfüllung nach Ausscheiden des Gfters spricht auch hier (ebenso oben Rn 55) für dessen schuldrechtliche Verpflichtung,[175] die seine Mitgliedschaft überdauert.

58 Bei Verpflichtung zu dauernden oder wiederkehrenden Leistungen, die ein Zusammenwirken der am Nebenvertrag beteiligten Gfter erfordern, kann eine BGB-Ges zwischen ihnen vorliegen, die neben der GmbH besteht, so bei Verpflichtung zu gemeinsamer Stimmrechtsausübung (Stimmbindungsvertrag, dazu § 47 Rn 113 ff), oder sonstiger gegenseitiger Unterstützung bei Ausübung von GfterRechten.[176] Die BGB-Ges kann mit einer Vorgründungsges (§ 2 Rn 36, § 11 Rn 35 ff) verbunden sein bzw aus ihr hervorgehen u sie fortsetzen. – Auch dann **wirken** Nebenabreden grds **nur schuldrechtlich** zwischen den daran beteiligten Gftern, dagegen nicht im Innenverhältnis der GmbH (oben Rn 56, ganz hM). Abw allerdings BGH,[177] wonach ausnahmsweise Anfechtbarkeit von an sich satzungsgem GfterBeschlüssen eintreten soll bei Verstoß gegen eine alle Gfter bindende schuldrechtliche Verpflichtung. Das stößt zu Recht in der Lit überw auf Bedenken u ist so nicht verallgemeinerungsfähig.[178]

59 **Geltendmachung** rein schuldrechtlicher Ansprüche grds durch Anspruchsinhaber. Dies kann, je nach Ausgestaltung Ges sein, MitGfter oder auch Dritter. Soweit Ges Berechtigte, gilt Vorbehalt des Beschlusses nach § 46 Nr 2 nicht. Beschlusserfordernis als Voraussetzung der Einforderung kann

---

171 BGH NZG 2008, 73; OLG Köln NZG 2007, 108.

172 OLG Dresden GmbHR 1997, 746.

173 BGH BB 1969, 1410 f = GmbHR 1970, 11; DB 1993, 829; BB 1977, 1729; auch schon RGZ 112, 277.

174 RGZ 112, 278; 151, 324; DR 1940, 2013 = HRR 1940, 1204; BGH WM 1965, 1076; BB 1969, 1410 f = GmbHR 1970, 11.

175 RG DR 1940, 2013 = HRR 1940, 1204; BGH GmbHR 1970, 12 = BB 1969, 1411.

176 Ulmer/*Ulmer* Rn 112, 117; Scholz/*Emmerich* Rn 117; *Joussen,* Gesellschafterabsprachen neben Satzung und Gesellschaftsvertrag, 1995, 59 ff; für Gründer einer AG im Ansatz RGZ 158, 252.

177 NJW 1983, 1910 u 1987, 1890.

178 Näher § 47 Rn 117 f mwN, auch Anh § 47 Rn 111; ferner krit etwa Ulmer/*Ulmer* Rn 121 ff; *Lutter/Hommelhoff* Anh § 47 Rn 48; *Winter* ZHR 154 (1990), 259 ff; *Michalski/Römermann* § 47 Rn 536; Ulmer/*Hüffer* § 47 Rn 84; Ulmer/*Raiser* Anh § 47 Rn 84; Rowedder/*Koppensteiner* § 47 Rn 118; *Winter* ZHR 154 (1990), 259 ff; – aA, dem BGH zust aber Scholz/*Schmidt* § 45 Rn 116, § 47 Rn 53; alle mwN; tendenziell auch *Zöllner* RWS-Forum Gesellschaftsrecht 1996, 89 ff; *Jäger* DStR 1996, 1935. – Ausführl sowie mit guten Gründen für eine ausgewogen differenzierende Lösung *Noack,* Gesellschaftervereinbarungen bei Kapitalgesellschaften, 1994, 97 ff, 156 ff.

jedoch schuldrechtlich vereinbart werden. In der Insolvenz macht Insolvenzverwalter Anspruch der GmbH geltend.[179]

Firma

4 Die Firma der Gesellschaft muß, auch wenn sie nach § 22 des Handelsgesetzbuchs oder nach anderen gesetzlichen Vorschriften fortgeführt wird, die Bezeichnung „Gesellschaft mit beschränkter Haftung" oder eine allgemein verständliche Abkürzung dieser Bezeichnung enthalten.

Übersicht

[179] BGH NZG 2008, 73.

Lit: *Bokelmann,* Das Recht der Firmen und Geschäftsbezeichnungen, 5. Aufl 2000; *Heinrich,* Firmenwahrheit und Firmenbeständigkeit, 1982; *Lutter/Welp,* Das neue Firmenrecht der Kapitalgesellschaften, ZIP 1999, 1073; *Möller,* Das neue Firmenrecht in der Rechtsprechung. Eine kritische Bestandsaufnahme, DNotZ 2000, 830; *Paulick,* Das Ende der gGmbH im Gemeinnützigkeitsrecht?, DNotZ 2008, 167; *K. Schmidt,* Das Handelsrechtsreformgesetz, NJW 1998, 2161; *Schulenburg,* Die Abkürzung im Firmenrecht der Kapitalgesellschaften, NZG 2000, 1156; *Schulte/Warnke,* Vier Jahre nach der HGB-Reform – Das neue Firmenrecht der GmbH im Handelsregisterverfahren, GmbHR 2002, 626; *Uhlenbruck,* Die Firma als Teil der Insolvenzmasse, ZIP 2000, 401; *Wessel/Zwernemann/Kögel,* Die Firmengründung, 7. Aufl 2001.

I. Allgemeines

1 **Bedeutung der Vorschrift.** Vorschrift mit Wirkung vom 1. 1. 1999 neu gefasst durch HRefG.[1] Frühere Regelung des § 4 I aF beschränkte Firmenbildung auf Namens- oder Sachfirma, auch gemischte Firma, schloss aber insbes Phantasiefirmen aus. Diese Beschränkungen sind durch Streichung des gesamten Abs 1 aF entfallen. Geblieben ist als nunmehr einzige Regelung das **zwingende Erfordernis des Rechtsformzusatzes,** das gegenüber dem früheren § 4 II aF klarstellend auch auf die Fälle der Firmenfortführung nach § 22 HGB erweitert und durch ausdrückliche Zulassung von allgemein verständlichen Abkürzungen des Rechtsformzusatzes ergänzt wurde. **Zweck der Neuregelung** ist eine **Erleichterung der Firmenbildung,** die nunmehr auch Phantasiefirmen erlaubt und dadurch sowohl den Erfordernissen des modernen Wirtschaftslebens als auch der Angleichung an andere europäischen Rechtsordnungen dienen soll.[2] – Neben § 4 finden die ebenfalls durch HRefG teilweise neugefassten **allg Regeln der §§ 17 ff HGB** über die Firma Anwendung (§ 13 III iVm § 6 I HGB), insbes § 18 I HGB Unterscheidungs- u Kennzeichnungskraft, § 18 II HGB Irreführungsverbot, § 30 HGB Unterscheidbarkeit, sowie §§ 22 ff HGB für abgeleitete Firma. Deshalb sei generell auf die allg Lit zum Firmenrecht des HGB verwiesen. Von Bedeutung ferner Schutz von geschäftlichen Bezeichnungen nach §§ 5, 15 MarkenG sowie bei Personenfirmen § 12 BGB.

II. Firma, Firmenschutz

2 **1. Firma der GmbH allgemein.** Die Firma der GmbH ist ihr **Name.** Auch bei nichtwirtschaftlichem GesZweck ist GmbH Handelsges (§ 13 III) u muss eine Firma haben (§ 3 I Nr 1). Allg Name als jur Person, auch außerhalb des Handelsverkehrs, u Firma, unter der GmbH als Kaufmann (§ 13 III iVm § 6 I HGB) gem § 17 HGB ihre Geschäfte betreibt, sind notwendig identisch. – **Firmeneinheit.** Die GmbH kann nur einheitlich eine Firma führen (zur Zweigniederlassung Rn 17). Das gilt auch, wenn sie mehrere getrennte, auch verschiedenartige, Handelsgeschäfte betreibt oder diese mit

[1] BGBl 1998 I, 1474.
[2] RegBegr BT-Drucks 13/8444, 35.

Firma erwirbt.[3] Für Rechts- u Verkehrssicherheit ist eindeutige Bezeichnung der GmbH durch einheitliche Firma unerlässlich. Dagegen kann Interesse an Erhaltung übernommener Firma auch durch Fortführung anstelle der bisherigen oder durch Verbindung mit dieser (Rn 21), ferner durch Bildung einer Zweigniederlassung mit Filialfirma (Rn 17) oder Gründung einer rechtlich selbständigen Tochterges mit eigener Firma gewahrt werden.

Aufnahme eines Familiennamens in die Firma bedarf der **Zustimmung des namengebenden Namensträgers** (§ 12 BGB). Diese liegt bei Gftern als Namensgebern in Unterzeichnung des GesVertrags, der die Firma regelt, bzw später in Zustimmung zu einer entspr Satzungsänderung; andernfalls muss sie gesondert eingeholt werden. – Ist Firma wirksam gebildet, kann GmbH sie auch nach **Ausscheiden** eines namengebenden Gfters ohne dessen Zustimmung fortführen, sofern nicht etwas anderes vereinbart ist; § 24 II HGB gilt für GmbH nicht. Dementspr kann die GmbH, in GesInsolvenz auch der Insolvenzverwalter, ihr Geschäft mit Firma ohne Zustimmung des namengebenden Gfters an einen Dritten veräußern.[4] Dagegen braucht ein (ausgeschiedener) Gfter namensrechtlich keine Vervielfältigung des als Firma fortgeführten Namens durch gesonderte Veräußerungen von Zweigniederlassungen mit der Firma zu dulden.[5] 3

2. Firmenschutz. Für ihre Firma genießt die GmbH (auch Vorges, s Rn 18) vollen **Firmen- und Namensschutz.**[6] § 12 BGB, §§ 5, 15 MarkenG u § 37 HGB finden Anwendung; in Sonderfällen können ggf auch §§ 3, 4 Nr. 7 UWG in Betracht kommen.[7] – Zur Frage der Berücksichtigung im Eintragungsverfahren s Rn 29. 4

III. Grundsätze der Firmenbildung

1. Freiheit der Firmenbildung. Firma kann gebildet werden als Sachfirma, als Personenfirma, ferner auch als Phantasiefirma und als Kombination aus diesen Möglichkeiten. Frühere Abgrenzungsprobleme und zugehörige Kasuistik[8] sind insoweit weitgehend entfallen. Die frühere Bindung der Sachfirma an den 5

[3] BGH 1967, 166 für KG, grds u umfassend mwN für alle Handelsges; ferner zur GmbH RGZ 85, 399; 113, 216; KGJ 14, 33; OLG Stuttgart BB 1983, 1688; LG Bochum BB 1973, 1000; Staub/*Hüffer* § 17 Rn 28f; HeidelbergerKommHGB/*Ruß* § 17 Rn 20; *Bokelmann* Rn 394; ausführl mwN Ulmer/*Heinrich* Rn 1; ferner Scholz/*Emmerich* Rn 6; *Lutter*/Hommelhoff/*Bayer* Rn 3; *Michalski* Rn 2; Rowedder/*Schmidt-Leithoff* Rn 6, 25 aE; *Roth*/Altmeppen Rn 2; – dagegen unter bestimmten Voraussetzungen für doppelte Firmenführung *Kraft,* Die Führung mehrerer Firmen, 1966, vor allem 47ff, 65; *Knieper/Jahrmarkt,* Zweigniederlassung, Zweigbüro, Filiale, Nebenbetrieb, 1972 Rn 122ff, insbes 143f.

[4] BGHZ 85, 221; hM, dazu *Ulmer* NJW 1983, 1697 mwN; *Steinbeck* NZG 1999, 133ff; *Michalski* Rn 117; *Lutter*/Hommelhoff/*Bayer* Rn 43; ausführl *Uhlenbruck* ZIP 2000, 401.

[5] BGH DB 1980, 2434 iGgs zu OLG Nürnberg DB 1979, 1267 u OLG Frankfurt DB 1980, 250; wie hier Scholz/*Emmerich* Rn 35; Rowedder/*Schmidt-Leithoff* Rn 64; aA Ulmer/*Heinrich* Rn 65.

[6] BGHZ 11, 215; auch BGH DB 1994, 831, begrenzter Persönlichkeitsschutz; *Michalski* Rn 96; *Roth*/Altmeppen Rn 57; ganz hM.

[7] Zum Firmen- u Namensschutz ausführl mwN Staub/*Hüffer* Erl zu § 37 u Anh § 37; *Fezer* Markenrecht, 3. Aufl 2001, § 15 Rn 2, 106ff; Baumbach/*Hopt* § 17 Rn 32ff.

[8] Dazu 16. Aufl 1995, Rn 5ff.

Unternehmensgegenstand und der Personenfirma an den Gesellschafterkreis (Entlehnungsgebot) wurde durch die Neufassung des § 4 vom Gesetzgeber ebenso fallengelassen wie das Erfordernis eines zusätzlichen Gesellschaftszusatzes neben dem Rechtsformzusatz bei Nennung nur eines Gfters. Die Probleme liegen nunmehr bei der Unterscheidbarkeit (nachfolgend Rn 6) u vor allem dem Irreführungsverbot (nachfolgend Rn 7). Ferner können einschränkende Regelungen außerhalb des Handels- u GesellschaftsR zu beachten sein.[9]

6 **2. Kennzeichnungs- u Unterscheidungskraft, § 18 I HGB.** Die Firma muss nach § 18 I HGB zur Kennzeichnung der GmbH geeignet sein und Unterscheidungskraft besitzen.

6a **a)** Erfordernis der **Kennzeichnungskraft** ist Folge der Namensfunktion (abstrakte Namensfähigkeit). Sie setzt voraus, dass Firma aus einer aussprechbaren Bezeichnung gebildet wird,[10] die reinen Bildzeichen fehlt.[11] Unzulässig dann auch Verwendung als Bestandteil der Firma. Buchstabenfolgen und Zahlen, die sich als Wort aussprechen lassen, erfüllen dagegen idR diese Voraussetzung, soweit nicht missbräuchlich.[12] Anerkannt auch für „&" oder „+" als Bestandteil der Firma;[13] nunmehr auch für „@" als Bestandteil der Firma.[14] Frühere Bedenken[15] sind überholt.

6b **b) Unterscheidungskraft** ist zweifelhaft bei sog **Allerweltsnamen.**[16] Sie muss daher ggf durch Individualisierungszusatz gewährleistet werden. Entspr lässt die Rspr mit der hM eine bloße **Branchenbezeichnung** bzw Gattungsbezeichnung für Waren oder Dienstleistungen idR nicht ohne individualisierenden Zusatz zu, da solche auf unbestimmte Vielzahl anderer Unternehmen derselben Branche zutreffen;[17] so zB „Transportbeton",[18] „Stapler-Vermietung",[19] „Industrie- u Baubedarf",[20] „Baumaschinen Consulting",[21] „Das Bad-

---

9 OLG Frankfurt NJW-RR 2001, 172 betr Führung des Firmenbestandteils „Pro-Architektur" bei GmbH nach hessischem Landesrecht.

10 BGHZ 14, 160; NZG 2009, 192 HM & A.

11 BGHZ 14, 160; Röhricht/Graf von Westphalen/*Ammon/Ries* § 18 Rn 16; Koller/*Roth*/Morck § 18 Rn 3; Scholz/*Emmerich* Rn 12; *Michalski* Rn 11.

12 Vorlageentscheidung OLG Hamm ZIP 2008, 791 „HMA GmbH & Co. KG" gegen OLG Celle NJOZ 2006, 3512 „AKDV GmbH"; *Lutter*/Hommelhoff/*Bayer* Rn 18; Koller/*Roth*/Morck § 18 Rn 3; weitergehend *Lutter/Welp* ZIP 1999, 1078; einschr OLG Frankfurt NJW 2002, 2400; OLG Celle DB 1999, 40 für endlose Buchstabenfolgen; die Grenze des Rechtsmissbrauchs betonend auch *Canaris* § 10 Rn 15 f; zum Ganzen ausführl *Schulenburg* NZG 2000, 1156.

13 BGH NZG 2009, 192 HM & A.

14 LG Berlin NZG 2004, 532; Ulmer/*Heinrich* Rn 15; jetzt auch Röhricht/Graf von Westphalen/*Ammon/Ries* § 18 Rn 17; Koller/*Roth*/Morck § 18 Rn 3.

15 BayObLG NJW 2001, 2337; Rowedder/*Schmidt-Leithoff* Rn 17; *Michalski* Rn 11.

16 „Müller GmbH", ablehnend daher Koller/*Roth*/Morck § 18 Rn 4; *Michalski* Rn 15; *Müther* GmbHR 1998, 1059; wohl auch Röhricht/Graf von Westphalen/*Ammon/Ries* § 18 Rn 19; großzügiger *Canaris* § 10 Rn 20; *Lutter*/Hommelhoff/*Bayer* Rn 11; *Lutter/Welp* ZIP 1999, 1075.

17 Röhricht/Graf von Westphalen/*Ammon/Ries* § 18 Rn 22; Heidelberger-KommHGB/*Ruß* § 18 Rn 4; Koller/*Roth*/Morck § 18 Rn 4; *Michalski* Rn 18; *Lutter*/Hommelhoff/*Bayer* Rn 10; zum alten Recht auch BayObLG BB 1997, 1707 – dagegen aber Ulmer/*Heinrich* Rn 25 mwN; auch Staub/*Hüffer* § 19 Rn 40.

18 OLG Hamm NJW 1961, 2018.

19 OLG Düsseldorf BB 1971, Beil 9, 15.

20 OLG Hamm DNotZ 1978, 112.

21 OLG Oldenburg DB 1990, 519.

GmbH";[22] „Mineralöl-Vertrieb",[23] „Gebäudereinigung";[24] Ortsangabe reicht zur Individualisierung idR nicht (Freihaltebedürfnis)[25] – dagegen ausreichend individualisiert „inter-handel" iGgs zu „Internationale Handelsges".[26] – Unterscheidungskraft kann ferner fehlen bei **Gattungsbegriffen der Umgangs-, Fremd- oder Fachsprache**[27] sowie bei reinen **geographischen Angaben.**[28]

3. Unterscheidbarkeit, § 30 HGB. Daneben muss allg firmenrechtlich Unterscheidbarkeit von anderen Firmen am Ort (§ 30 HGB; – ferner §§ 5, 15 MarkenG) gewährleistet sein, dies ggf durch Zusätze. Der Rechtsformzusatz GmbH (s Rn 14) macht ansonsten gleiche Firma allein nicht unterscheidungskräftig.[29] 7

4. Irreführungsverbot, § 18 II HGB. a) Allgemeines. Verbot irreführender Bezeichnungen entspricht dem Grundsatz der **Firmenwahrheit** u gilt als allgemeines Prinzip für die ganze Firma. Entspr galt bereits nach § 18 II HGB aF auch für die Firma der GmbH.[30] Nach der Neufassung des § 18 II HGB erübrigt sich die Unterscheidung zwischen Firmenkern und Firmenzusatz.[31] Neufassung hat Irreführungsverbot nunmehr allerdings auf Angaben begrenzt, die für die **angesprochenen Verkehrskreise wesentlich** sind u registerrechtliche Überprüfung auf ersichtliche Irreführungseignung begrenzt, was umfangreiche Beweisaufnahmen vermeiden soll.[32] – Angaben sind unzulässig, wenn sie die **Gefahr einer Täuschung über geschäftliche Verhältnisse** (§ 18 II HGB), namentlich Art oder Umfang des Geschäfts oder die Verhältnisse des Inhabers begründen. Zu beurteilen ist in erster Linie Gesamteindruck der Firma, aber auch einzelne Bestandteile für sich, wenn Möglichkeit isolierter Verwendung, insbes als Schlagwort, besteht.[33] Nicht erforderlich ist Täuschungsabsicht oder -bewusstsein.[34] Es kommt allein auf Eignung zur Täuschung der angesprochenen Verkehrskreise an, wobei auf die Sicht eines durchschnittlichen Angehörigen des angesprochenen Personenkreises abzustellen ist.[35] Bloße Mehrdeutigkeit unschädlich, wenn Firmenbestandteil wahr und im Verkehr keine nennenswerten Schäden zu erwarten.[36] 8

b) Eingeschränkte Berücksichtigung der Täuschungsgefahr im Verfahren **vor dem Registergericht,** § 18 II 2 HGB, s unten Rn 29. 8a

---

[22] BayObLG NJW-RR 1998, 40.
[23] LG Hannover BB 1969 Beil 10, 14.
[24] LG Aachen BB 1971 Beil 9, 15.
[25] AA neuerdings KG GmbHR 2008, 146 „Autodienst-Berlin Limited".
[26] BayObLG BB 1973, 305. Zu den Anforderungen an die Firma eines Programmanbieters im Medienbereich BayObLG NJW 1988, 2480.
[27] „VIDEO-Rent", BGH NJW 1987, 438; Röhricht/Graf von Westphalen/*Ammon/Ries* § 18 Rn 22; Koller/*Roth*/Morck § 18 Rn 4; *Lutter*/Hommelhoff/*Bayer* Rn 12.
[28] „Bonn GmbH", *Lutter*/Hommelhoff/*Bayer* Rn 10; *Lutter/Welp* ZIP 1999, 1075; *Michalski* Rn 19.
[29] BGHZ 24, 245; 46, 12; hM, Ulmer/*Heinrich* Rn 78 f, 83; *Michalski* Rn 31.
[30] RGZ 127, 80 f; BGHZ 65, 92; allgM.
[31] Abw wohl Scholz/*Emmerich* Rn 21.
[32] RegBegr BR-Drucks 340/97, 54.
[33] BGHZ 22, 88; Staub/*Hüffer* § 18 Rn 31.
[34] RGZ 156, 22; BayObLG NJW 1972, 165.
[35] RegBegr BR-Drucks 340/97, 53.
[36] OLG Köln DB 1976, 863 „Gesellschaftsarchitektur"; BayObLG BB 1999, 1401 „MEDITECH".

9 **c) Einzelfragen.** Wegen des neuen Wesentlichkeitserfordernisses u des Bezugs auf die angesprochenen Verkehrskreise, deren Erwartungen sich ändern, ist Rspr zu § 18 II HGB aF nur noch mit Vorsicht heranzuziehen.[37]

9a **aa) Unzulässigkeit.** Unzulässig sind Firmenteile, die den **Anschein einer anderen Rechtsform** erwecken können, insbes bei Häufung von Rechtsformzusätzen,[38] bei Abkürzungen oder Phantasieworten mit der Endung AG, auch ag, zB „INDROHAG".[39] Da hier jew die Gesamtfirma mit GmbH-Zusatz (unten Rn 14) kaum als AG missdeutet werden könnte, ist es wichtig, dass auch isoliert als Schlagwort verwendbare Firmenteile der Beurteilung unterliegen (oben Rn 7).[40] Unzulässig wegen §§ 2, 11 PartGG ferner Firmenzusatz Partner[41] oder **„& Partner".**[42] – Unzulässig auch **gGmbH** zur Kenntlichmachung der Gemeinnützigkeit, da Anschein einer so nicht existierenden Gesellschaftsform.[43] BR hatte im Rahmen der Beratungen des MoMiG Zulassung angeregt.[44] BReg ist dem jedoch unter Hinweis auf Gefahr, dass dies als Sonderform der GmbH verstanden wird, nicht gefolgt[45] . Die Firmierung der GmbH mit dem Wort „gemeinnützig" sei zulässig und ausreichend. Zulässig aber Verwendung des Wortes **„Stiftung"**, denn im Verkehr wird damit eher eine bestimmte, meist altruistische, Widmung des GesVermögens als die Form der rechtsfähigen Stiftung verbunden.[46]

9b **bb) Eindruck nichtgewerblicher öffentlicher Trägerschaft.** Zurückhaltung ist bei Zusätzen geboten, die durch den Eindruck nichtgewerblicher öffentlicher Trägerschaft oder Förderung irreführen können wie „Akademie", „Institut" udgl,[47] zumal derartige Einrichtungen nicht selten die Form der GmbH haben (§ 1 Rn 12); daher muss Erwerbsabsicht bei Verwendung dieser Bezeichnungen erkennbar sein.[48] Auch hier mögliche Änderung des Verständnisses der angesprochenen Verkehrskreise zu berücksichtigen.[49] Mangels Verbindung zu entspr staatlichen Stellen unzulässig Zusatz „Polizei".[50]

10 **cc) Geographische Zusätze und Ortsbezeichnungen** müssen wahr sein, also Sitz oder Tätigkeitsbereich der Ges, Warenherkunft udgl zutreffend be-

---

37 Koller/*Roth*/Morck § 18 Rn 11.

38 *Lutter*/Hommelhoff/*Bayer* Rn 33.

39 BGHZ 22, 88; ferner etwa BayObLG BB 1979, 1465 u GmbHR 1983, 152; KG DR 1942, 1057 u OLGZ 65, 130; OLG Hamm GmbHR 1965, 113; auch OLG Stuttgart BB 1962, 935 „AG" für Agentur in „Credit- und Finanzierungs-AG GmbH".

40 Dazu Ulmer/*Heinrich* Rn 29.

41 KG NZG 2004, 614.

42 BGHZ 135, 257 = NJW 1997, 1854; OLG Stuttgart ZIP 2000, 1108 = NJW-RR 2000, 1128; auch bei englischer Version, OLG Frankfurt GmbHR 2005, 96. – Übergangsregelung in § 11 S 2 u 3 PartGG für Altges, dazu BayObLG NZG 2003, 477.

43 OLG München NJW 2007, 1601; zur Auswirkung auf die Eintragung im Grundbuch OLG München FGPrax 2008, 98, 99.

44 Stellungnahme des BR vom 6. 7. 2007, BT-Drucks 16/6140, 62.

45 BT-Drucks 16/6140, 74.

46 OLG Stuttgart NJW 1964, 1231; insoweit zust BayObLG NJW 1973, 249.

47 OLG Düsseldorf NJOZ 2004, 3411; Koller/*Roth*/Morck HGB § 18 Rn 12; *Bokelmann* GmbHR 1998, 63; *Müther* GmbHR 1998, 1058; i Grds auch *Lutter*/Hommelhoff/*Bayer* Rn 38 bzgl „Akademie"; *Lutter*/*Welp* ZIP 1999, 1080.

48 BayObLG BB 1985, 2269; OLG Bremen NJW 1972, 164; OLG Frankfurt DB 1981, 2225.

49 *Lutter*/*Welp* ZIP 1999, 1080.

50 OLG Frankfurt OLGZ 84, 42.

zeichnen.[51] Inwieweit sie auch auf eine herausragende Stellung im angegebenen Bereich hinweisen, ist im Einzelfall nach (sich ggf ändernder) Auffassung der angesprochenen Verkehrskreise, insbes nach örtlichen Branchenverhältnissen u Art der Verwendung des Zusatzes zu beurteilen. Dem ist bei Heranziehung der Rspr zu § 18 II HGB aF Rechnung zu tragen. Zwar deutliche Tendenz der Rspr, aber kein allg Erfahrungssatz für Inanspruchnahme herausragender oder Alleinstellung; so zB Landschaftsbezeichnung nur für Warenherkunft;[52] Ortszusatz bei Wohnbauunternehmen allg üblich;[53] auch Kleinbetrieb in Stadt mittlerer Größe;[54] „Süd" wird nicht als aussagekräftig angesehen iGgs zu „Süddeutsch" oder „Südbayerisch";[55] letzteres deutet auf führende Stellung hin wie „Westdeutsch",[56] „Bayerwald"[57] oder „Hanseat" für den norddeutschen Küstenraum bzw die Städte Hamburg, Bremen oder Lübeck;[58] entspr deutet „Inter" idR internationale Geschäftsbedingungen an.[59] Insgesamt neigt Rspr dazu, führende Stellung oder zumindest angemessene Größe für den angegebenen Bereich zu verlangen.[60] Auch dann muss im registerrechtlichen Verfahren Erheblichkeit vorliegen, § 18 II 2 HGB.[61]

dd) Als **Größen- u Artmerkmale** waren nach hM u stRspr anzusehen 11
zB „Werk" für größeres Industrieunternehmen, sofern nicht branchenmäßig anderer Sprachgebrauch wie „Kieswerk", „Sägewerk" udgl; „Fabrik" nur bei entspr nichthandwerklicher Produktion. Auch hier haben sich allerdings Erwartungen der maßgebenden Verkehrskreise teilweise gewandelt;[62] „Palast", „Haus", „Zentrum" bzw „Center" udgl wurden idR als Hinweis auf herausragenden Handelsbetrieb iGgs zu kleinem Ladengeschäft verstanden, aber auch hier branchentypische Ausnahmen wie „Reformhaus", „Leihhaus" udgl. Heute vielfach weitgehender Bedeutungsverlust bei angesprochenen Kreisen.[63] – **Gegenstands- u Tätigkeitsbezeichnungen** dürfen nicht irreführend sein. Sachfirmen müssen daher auch nach neuem Recht mit tatsächlicher Unternehmenstätigkeit übereinstimmen.[64] Sie dürfen keine umfassenderen Leistungen andeuten als tatsächlich geboten. Unzulässig zB „Treuhand" bei reiner Steuerberatung;[65] „Buchführung" bei bloßer Kon-

---

[51] BayObLG DB 1992, 1924.
[52] BGH DB 1982, 1395 „Schwarzwald Bauern-Spezialitäten".
[53] BGH WM 1979, 923; strenger noch KG NJW 1969, 1539.
[54] OLG Düsseldorf BB 1981, 72 „Ratinger Isolierglas"; strenger aber OLG Frankfurt DB 1982, 1052 „Taxendienst Büdingen" sowie BayObLG DB 1986, 1325 „Landshuter Druckhaus".
[55] BayObLG BB 1979, 184; Stuttgart OLGZ 75, 117; zweifelnd bzgl „West" OLG Hamm BB 1984, 1891.
[56] BayObLG DB 1983, 2302.
[57] BayObLG DB 1986, 105.
[58] OLG Hamm BB 1982, 1322.
[59] OLG Stuttgart BB 1986, 1393 „Intermedia"; *Lutter*/Hommelhoff/*Bayer* Rn 29; – einschr LG Stuttgart BB 2000, 1213; dazu abl *Kögel* GmbHR 2002, 642, 644.
[60] BGHZ 53, 339 „Euro-Spirituosen"; OLG Hamm NJW 1970, 2171 „Euro"; stRspr für Ortsnamen großer Städte.
[61] Dies für „Euro-" verneinend OLG Hamm GmbHR 1999, 1254; LG Flensburg GmbHR 1999, 483.
[62] *Lutter*/Hommelhoff/*Bayer* Rn 29; *Lutter*/*Welp* ZIP 1999, 1079.
[63] Koller/*Roth*/Morck § 18 Rn 12 f; *Lutter*/*Welp* ZIP 1999, 1079.
[64] Scholz/*Emmerich* Rn 21, 25; *Lutter*/*Welp* ZIP 1999, 1081.
[65] OLG Frankfurt DB 1980, 1641, s auch allg DB 1986, 33; betont zurückhaltend auch BayObLG BB 1989, 727.

tierungstätigkeit;[66] „Revision", auch „Revisions- u Treuhandges" ohne Wirtschaftsprüfungstätigkeit unzulässig, u zwar auch für Steuerberatungsges;[67] „Logistik" bei weitgehend unbedeutender Rolle im Verhältnis zur Gesamttätigkeit.[68] – Firma darf **gesetzlich vorgeschriebene Gegenstandsbezeichnungen** nur enthalten, wenn die entspr Voraussetzungen erfüllt sind; dann idR auch gesetzliche Pflicht. Im Übrigen macht Verwendung Firma unzulässig. In Betracht kommen vor allem: „Rechtsanwaltsges" (§ 59k II BRAO), „Steuerberatungsges" (§§ 53, 161 StBerG); Anfügen von Zusätzen über besondere Fachkunde in Spezialbereichen ist nach §§ 43 IV 2, 57 I StBerG unzulässig,[69] dagegen hält BFH[70] Hinweis auf Datenverarbeitung für zulässig.[71] – „Wirtschaftsprüfungsges", „Buchprüfungsges" (§§ 31, 128 II, 133 WPO). – „Bank", „Bankier", „Sparkasse", auch in Wortverbindungen, grundsätzlich nur für Kreditinstitute[72] u entspr „Kapitalanlage", „Investment", „Investor", „Invest" nur für Kapitalanlageges (§ 3 InvG).[73] Rspr dehnt Unzulässigkeit auf ähnliche Bezeichnungen aus, die den Eindruck einer entspr Tätigkeit erwecken.[74]

12 **ee) Personennamen.** GfterEigenschaft des Namensträgers nicht mehr zwingend erforderlich; Ausnahme Rechtsanwaltsges § 59k BRAO (s. Rn 16). Dies galt bereits nach früherem Recht im Fall des Ausscheidens des namengebenden Gfters[75] wie auch in den Fällen der Firmenfortführung (§ 22 HGB). Schon nach altem Recht konnte der Rechtsverkehr daher nicht davon ausgehen, dass Namensträger noch Gfter. Hinzu kam, dass für GfterEigenschaft des Namensgebers jede auch noch so geringfügige und einflusslose Beteiligung genügte. § 4 aF erschwerte daher nur die Neubildung der Firma, konnte dagegen Vertrauen in die GfterEigenschaft des Namensgebers oder dessen Einfluss nicht begründen. Da § 4 nF für Firmenbildung nicht mehr verlangt, dass Name eines Gfters zugrunde gelegt wird u § 19 IV aF aufgehoben wurde, wird Zulässigkeit der Verwendung von Namen folgerichtig nur durch Irreführungs- und Verwechslungsgefahr begrenzt.[76] Durch Verwendung des Namens eines NichtGfters tritt nicht ohne weiteres Irreführung ein. Das erfordert schon Zulässigkeit der Phantasiefirmen, da zahlreiche Phantasienamen sich auch als Personennamen finden lassen. Irreführung beginnt erst dort, wo Namen verwendet werden, welche für die beteiligten Verkehrskreise Relevanz haben und in ihrer Verwendung Schluss auf maßgebliche

---

66 OLG Düsseldorf DB 1983, 606.

67 BayObLG BB 1982, 1572; OLG Düsseldorf DB 1976, 2009; Frankfurt OLGZ 80, 151 u DB 1981, 1186.

68 KG GmbHR 1997, 412.

69 BGHZ 79, 390.

70 BB 1981, 602.

71 S auch OLG Frankfurt DB 1986, 33.

72 §§ 39 ff KWG, Koller/*Roth*/Morck § 18 Rn 12.

73 BayObLG GmbHR 1985, 86; DB 1999, 738; Koller/*Roth*/Morck § 18 Rn 12.

74 OLG Köln BB 1980, 652 „prokredit"; LG Düsseldorf BB 1979, 905 „Finanz".

75 BGHZ 58, 322; WM 1969, 1322; BayObLG DB 1984, 1673; OLG München GmbHR 1993, 102, jedoch einschr bei Verwechslungsgefahr; hM Ulmer/*Heinrich* Rn 64 mwN; Rowedder/*Schmidt-Leithoff* Rn 25 f.

76 IE übereinstimmend Koller/*Roth*/Morck § 18 Rn 15; *Michalski* Rn 14; Rowedder/*Schmidt-Leithoff* Rn 26; *Lutter*/Hommelhoff/*Bayer* Rn 34; *Lutter/Welp* ZIP 1999, 1081; *Hüffer* AktG § 4 Rn 14; *Schulte/Warnke* GmbHR 2002, 626, 629; abw HeidelbergerKommHGB/*Ruß* § 18 Rn 16, der Bezug des Namensgebers zum Unternehmen verlangt; ganz abl Ebenroth/Boujong/Joost/Strohn/*Zimmer* § 18 Rn 11; Scholz/*Emmerich* Rn 32.

Beteiligung des Namensträgers nahelegen.[77] – Auch bisher schon zulässig war Verwendung des Namens eines NichtGfters zur Bezeichnung einer Methode oder eines Verfahrens, zB „The Berlitz School of Languages".[78]

ff) Akademische Titel, insbes Doktorgrad, dürfen mit Namen in die Firma aufgenommen werden, u zwar in der Form, auch übliche Abkürzung, in der betr Namensträger zur Führung berechtigt ist. Nach altem Recht, dem auch für Neuregelung zu folgen ist,[79] hatte Rspr allerdings Täuschungsgefahr gesehen, wenn Träger des Titels nur Strohmann,[80] ferner vor allem bei Unternehmensgegenständen, für die wissenschaftliche Qualifikation Bedeutung haben kann; fachfremder Titel darf dann nur mit Fakultätszusatz geführt werden, zB „Dr iur" bei pharmazeutischem Unternehmen;[81] unter gleichen Voraussetzungen an sich zulässige Beibehaltung des Titels in fortgeführter Firma nach Ausscheiden des Trägers irreführend, daher unzulässig.[82] – **Berufsbezeichnungen,** die auf Qualifikation der GFührer hinweisen, müssen richtig sein. „Rechtsanwaltsgesellschaft" (§ 58 k I 1 BRAO), auch zulässig als „Rechtsanwalts GmbH".[83] „Ingenieurgesellschaft" zulässig, auch wenn nur ein GfterGFührer Qualifikation hat.[84] 13

5. Rechtsformzusatz. Stets notwendig ist **Kennzeichnung als GmbH,** bzw **bei Unternehmergesellschaft nach § 5 a die dort in Abs 1 genannte Bezeichnung** (dazu § 5 a Rn 9). Der Rechtsformzusatz ist als Bestandteil in die neu gebildete wie die abgeleitete Firma aufzunehmen, § 4. Stellung des Zusatzes in der Gesamtfirma beliebig, sofern kein Irrtum über Rechtsform entstehen kann. Die nach altem Recht grds erforderliche Verwendung des ausgeschriebenen Rechtsformzusatzes (Abs 2 aF) ist durch Neufassung des § 4 entfallen. Nunmehr genügt auch die Abkürzung GmbH. – Bezeichnung als **Gesellschaft** ausgeschrieben oder als Abkürzung unverzichtbar.[85] Dafür genügt allerdings auch Wortverbindung, zB „Maschinenbaugesellschaft", u getrennte Wortstellung, sofern Zusammengehörigkeit noch deutlich.[86] Da Wortlaut Gesellschaft oder allgemein verständliche Abkürzung vorgeschrieben, reichen andere Bezeichnungen, die auf Mehrheit von Betei- 14

---

[77] IE übereinstimmend LG Wiesbaden NZG 2004, 829; Scholz/*Emmerich* Rn 31 ff; iE auch *Müther* GmbHR 1998, 1060; *Lutter/Welp* ZIP 1999, 1081; enger *Canaris* § 11 Rn 4; *Roth*/Altmeppen Rn 12.

[78] Ulmer/*Heinrich* Rn 23 f; – KG JW 1930, 2716 „Chemisch-Pharmazeutische Fabrik nach Prof. Dr. H." unter Aufgabe des abl Standpunkts in KGJ 35, 167.

[79] Vgl Ebenroth/Boujong/Joost/Strohn/*Zimmer* § 18 Rn 61.

[80] BGH DB 1992, 519.

[81] OLG München JFG 18, 371, auch BB 1958, 317 sowie BGH LM § 18 HGB Nr 1; – allg dazu BGHZ 53, 65; – Staub/*Hüffer* § 18 Rn 39 mwN; – bzgl Fakultätszusatz abw Ulmer/*Heinrich* Rn 22; *Riegger* DB 1984, 441, die jedoch Aussagegehalt der GmbH-Firma unterbewerten.

[82] OLG Düsseldorf DB 1992, 467; LG Nürnberg-Fürth BB 1990, 732. Für die Zulässigkeit von Titelzusatz im Zusammenhang mit Phantasiebezeichnungen und -namen in eindeutigen Fällen *Lutter*/Hommelhoff/*Bayer* Rn 32.

[83] OLG Rostock NJW 2007, 1473.

[84] OLG Hamm BB 1997, 1377.

[85] *Lutter*/Hommelhoff/*Bayer* Rn 25; *Michalski* Rn 38; Scholz/*Emmerich* Rn 51.

[86] So zum alten Recht hM, BGHZ 62, 233 obiter; zum neuen Recht auch *Michalski* Rn 38; Rowedder/*Schmidt-Leithoff* Rn 55; *Bokelmann* Rn 536; *Wessel/Zwernemann/Kögel* Rn 343; – abw *Roth*/Altmeppen Rn 47;– aA Ulmer/*Heinrich* Rn 34 f; *Heinrich* Rn 134.

ligten hinweisen, wie etwa „& Compagnie", „& Co", „& Cie" als Teil des Rechtsformzusatzes nicht aus. Daher muss der Rechtsformzusatz GmbH auch bei Nennung aller Gfter angefügt werden. Kein zulässiger Rechtsformzusatz ist **gGmbH** (oben Rn 9 a). – Auch bei **Einmanngründung** bzw späterer Firmenänderung einer Einmann-GmbH ist die Bezeichnung als Ges im Rechtsformzusatz GmbH zu verwenden.[87] Dafür spricht neben dem Gesetzeswortlaut, dass das Gesetz die Einmanngründung auch im Übrigen wie die Mehrpersonengründung als Gründung einer „Gesellschaft" behandelt, diese also insoweit nicht strikt als Personenmehrheit begreift; das entspricht allg Sprachgebrauch u Verkehrsauffassung, die sich bereits zur nachträglich entstandenen Einmann-GmbH entwickelt haben.

15 **GmbH-Zusatz** ist Teil der Firma u mit ihr **im Geschäftsverkehr** zu verwenden. Weglassen kann zu **Rechtsscheinhaftung** (ausschließlich)[88] des Handelnden, meist des GFührers, uU auch eines Angestellten (Vertreters),[89] neben der Ges führen, wenn dadurch zurechenbar Anschein des Handelns als oder für Einzelkaufmann oder Personenges erweckt u dadurch Vertrauen auf volle persönliche Haftung mindestens einer natürlichen Person begründet wird. Zeichnung als „Firmengruppe" ohne Rechtsformzusatz reicht dafür nicht.[90] Keine allg Vermutung. Zurechenbarkeit des Rechtsscheins und Vertrauen hierauf müssen im konkreten Fall gegeben sein, so idR bei „Zeichnung" ohne Rechtsformzusatz, nicht aber ohne weiteres bei mündlichem Geschäftsabschluss.[91] Berufung auf HREintragung der GmbH nach § 15 II HGB hilft idR nicht, da demgegenüber Rechtsformangabe nach § 4 speziellen Vertrauensschutz bezweckt.[92] Dies gilt entsprechend bei Weglassung des Rechtsformzusatzes einer ausländischen Kapitalgesellschaft, wenn der durch den für sie auftretenden Vertreter verursachte Rechtsschein in Deutschland entstanden ist und sich dort ausgewirkt hat.[93] Die vor allem auf den Gebrauch einer Personenfirma ohne GmbH-Zusatz bezogenen Gesichtspunkte hat der BGH[94] auch auf Sachfirmen erstreckt im Hinblick auf mögliche Führung abgeleiteter Firmen durch Personenges oder Einzelkaufleute; allerdings sollten dabei an die Aufmerksamkeit des Geschäftspartners nicht zu geringe Anforderungen gestellt werden.

IV. Firma in besonderen Fällen, abgeleitete Firma

16 **1. Firma der Rechtsanwaltsgesellschaft.** Firma der Rechtsanwaltsges muss Namen mindestens eines als Rechtsanwalt tätigen Gfters u Bezeichnung

[87] *Michalski* Rn 42; Rowedder/*Schmidt-Leithoff* Rn 55; Scholz/*Emmerich* Rn 52 a; *Roth*/Altmeppen Rn 45; zum alten Recht OLG Frankfurt BB 1982, 694; Staub/*Hüffer* § 19 Rn 44; insoweit wohl auch Ulmer/*Heinrich* Rn 34.

[88] BGH NJW 2007, 1529.

[89] BGH NJW 2007, 1529; NJW 1991, 2627 m krit zust Anm *Canaris*.

[90] OLG Hamm GmbHR 1998, 890.

[91] BGH NJW 1996, 2645; OLG Hamm GmbHR 1998, 890; anders bei Vorlage einer Visitenkarte ohne Hinweis auf Haftungslage LG Wuppertal NZG 2002, 297.

[92] BGHZ 62, 223; 64, 17 f; 71, 356 f; DB 1979, 1598; NJW 1990, 2678; 1991, 2627; NJW 1996, 2645 sowie WM 1976, 770 zur Darlegungs- u Beweislast; ferner BAG DB 1979, 1280; OLG Oldenburg GmbHR 1977, 278; OLG Nürnberg BB 1983, 1941; überwiegend für GmbH u GmbH & Co KG; für Vorges BGH NJW 1996, 2645; OLG Celle GmbHR 1990, 398; – vgl auch Ulmer/*Heinrich* Rn 37; Scholz/*Emmerich* Rn 54; *Haas* NJW 1997, 2854.

[93] BGH NJW 2007, 1529 für die niederländische „BV".

[94] NJW 1981, 2569; zust *Roth*/Altmeppen Rn 49.

Rechtsanwaltsges (§ 59k I BRAO) sowie Rechtsformzusatz nach § 4 enthalten. Sonstige Firmenbestandteile sind grds unzulässig (§ 59k I 3 BRAO). Sonderregelung für Fortführung früherer Sozietätsbezeichnung in § 59k I 2 BRAO. Bezeichnung „Rechtsanwaltsges" ist für zugelassene Rechtsanwalts-GmbH reserviert u darf daher für andere GmbH nicht verwendet werden (§ 59k II BRAO, oben Rn 11).

2. Firma der Zweigniederlassung kann ganz mit Firma der GmbH übereinstimmen, Kennzeichnung grds nicht notwendig;[95] Firmenänderung der GmbH wirkt dann ohne weiteres auch für Zweigniederlassung.[96] Wohl aber ist besondere Firma für Zweigniederlassung zulässig. Sie bedarf der Aufnahme in den GesVertrag[97] u muss, da die GmbH nur eine Firma führen kann (oben Rn 2), den Zusammenhang mit dieser eindeutig erkennen lassen, braucht sich dann aber nicht auf einen bloßen Zusatz, insbes nach § 30 III HGB, zu beschränken.[98] Vielmehr kann Firma der Zweigniederlassung nach überwiegender Ansicht auch weitergehend von der Hauptfirma abweichen (wichtig zB für § 22 HGB), sofern dabei die Identität der GmbH eindeutig erkennbar bleibt.[99] Die so gebildete Firma muss den firmenrechtlichen Anforderungen genügen, darf insbes nach § 18 II HGB nicht irreführend sein. Sie muss wie Hauptfirma auch den Zusatz GmbH enthalten. – Zweigniederlassung kann gesondert mit ihrer Firma veräußert werden, obwohl diese ganz oder teilweise mit derjenigen der Hauptniederlassung übereinstimmt. Ist diese Personenfirma, so ist zu beachten, dass dabei eine Namensvervielfältigung eintritt, die ggf erneuter Zustimmung des namengebenden Gfters bedarf (s Rn 3).[100] 17

3. Bezeichnung der Vorgesellschaft. Die **Vorgesellschaft** (§ 11 Rn 6ff, insbes 12) führt nach den allg Vorschriften des HGB eine **Firma,** falls sie schon Geschäftstätigkeit in einem **Handelsgewerbe aufgenommen** hat,[101] so vor allem bei Einbringung eines entspr Handelsgeschäfts. Bildung der Firma bereits nach § 4 durch Verwendung der Firma der künftigen GmbH. Um Täuschung im Rechtsverkehr zu vermeiden, ist jedoch Hinweis auf Gründungsstadium erforderlich, üblich GmbH „in Gründung" oder „i. G.";[102] bloßes Weglassen des GmbH-Zusatzes genügt nicht, da dann Eindruck einer Personenhandelsges erweckt würde.[103] – In entspr Weise kann Vorges künftige Firma mit Gründungszusatz als **Name** auch dann verwenden, wenn 18

---

[95] RGZ 113, 218, unstr.

[96] BayObLG DB 1990, 1607; LG Nürnberg-Fürth BB 1984, 1066.

[97] BayObLG DB 1990, 1607 obiter u 1992, 1080 für KGaA u allg; Scholz/*Emmerich* Rn 60; *Michalski* Rn 86; Ulmer/*Heinrich* Rn 91.

[98] So noch RGZ 113, 217; 114, 320.

[99] KG JFG 8, 146; OLG Stuttgart JFG 13, 65; OLG München JW 1937, 1268; heute ganz hM, allg mwN auch zur Entwicklung Staub/*Hüffer* § 17 Rn 30 ff; Baumbach/*Hopt* § 13 Rn 7; Ulmer/*Heinrich* Rn 90 mwN; Scholz/*Emmerich* Rn 59; *Michalski* Rn 86; *Hüffer* AktG § 4 Rn 20; auf Zusatz beschränkt Rowedder/*Schmidt-Leithoff* Rn 72.

[100] BGH DB 1980, 2434 iGgs zu OLG Nürnberg DB 1979, 1267 u OLG Frankfurt DB 1980, 250.

[101] Zu dieser Voraussetzung Scholz/*Emmerich* Rn 62; Ulmer/*Heinrich* Rn 85, 89; Rowedder/*Schmidt-Leithoff* Rn 70; *Roth*/Altmeppen Rn 51; für AG auch *Hüffer* AktG § 4 Rn 4; MünchKommAktG/*Heider* § 4 Rn 10; für generelle Firmenfähigkeit der VorGes *Michalski* Rn 89.

[102] BGH NJW 1985, 737 obiter.

[103] BGH NJW 1996, 2645.

sie nicht in der bezeichneten Weise ein Handelsgewerbe betreibt. Darin liegt kein nach § 37 I HGB unzulässiger Firmengebrauch; fraglich allerdings, ob in diesem Fall außer dem allg Namensschutz bereits **Firmenschutz** in Anspruch genommen werden kann; im Hinblick auf besondere Rechtslage der Vorges ist das für künftige GmbH-Firma zu bejahen.[104]

19 **4. Liquidationsfirma.** Im Liquidationsstadium (dazu §§ 66 ff mit Erl) erhält die Firma nach § 68 II einen hierauf hinweisenden Zusatz, üblich „in Liquidation", „i. L." (s auch § 68 Rn 11). Darin liegt keine förmliche Firmenänderung; bei Veräußerung des Geschäfts mit Firma führt Erwerber diese ohne den Zusatz fort. Abwicklungsges muss dann neue Firma annehmen (s Rn 23), ebenfalls mit Liquidationszusatz. – Keine Zusätze zur Firma sind im **Insolvenzverfahren** vorgesehen. Änderung der Firma auf Veranlassung des Insolvenzverwalters möglich.[105] Zur Verwendung der Personalfirma im Insolvenzverfahren vgl oben Rn 3.[106]

20 **5. Abgeleitete Firma. a) Übernahme eines Handelsgeschäfts.** Möglich ist auch **Fortführung einer bestehenden Firma bei Übernahme eines Handelsgeschäfts.** Einzelheiten richten sich nach §§ 22 ff HGB. Bedeutung der Vorschrift hat sich infolge der Liberalisierung des Firmenrechts durch HRefG relativiert.[107] – **Voraussetzungen:** Erwerb u Fortführung eines **bestehenden Handelsgeschäfts,** auch einer Zweigniederlassung mit Firma (hM). Erwerb kann durch Einbringung als Sacheinlage (§ 5 IV), ferner durch Kauf, Pacht, Umwandlung (s Rn 24) udgl, auch von Todes wegen erfolgen (§ 22 I, II HGB). Er muss das Geschäft in seinen wesentlichen Bestandteilen umfassen; Erwerb einzelner Vermögensteile genügt nicht, andererseits Fehlen einzelner Gegenstände unschädlich. Notwendig ferner **Zustimmung des bisher Berechtigten** bzw seiner Erben zur Firmenfortführung, bei OHG, KG Zustimmung aller Gfter.[108] Die GmbH ist dann berechtigt, aber nicht verpflichtet, die Firma fortzuführen.

21 **Fortführung der Firma** grds nur **unverändert.** Das gilt allerdings nicht ausnahmslos.[109] – **Ausnahmen:** Zulässig, aber nicht notwendig ist **Nachfolgezusatz** (§ 22 I HGB), zB „Nachf", „vormals" udgl. – Unerlässlich ist **Beifügung des GmbH-Zusatzes** nach § 4 (s Rn 14); anderer Rechtsformzusatz der übernommenen Firma muss entfallen, sofern nicht ein Nachfolgezusatz die jetzt geltende Form eindeutig klarstellt.[110] Nicht formbezeichnende GesZusätze wie „& Co" kann GmbH beibehalten. – Zulässig sind **unwesentliche Änderungen,** die das Erscheinungsbild der Firma als Ganzes nicht berühren, etwa Modernisierung der Schreibweise, Weglassen von Initialen,[111]

---

104 BGHZ 120, 103; hM, vgl zum Ganzen Ulmer/*Heinrich* Rn 84 mwN; Scholz/*Schmidt* § 11 Rn 30; *Flume* JurPerson § 5 III 3; *Rittner,* Die werdende juristische Person, 1973, 352 f; einschränkend jedoch *Lutter*/Hommelhoff/*Bayer* Rn 42.

105 OLG Karlsruhe DB 1993, 528.

106 *Kern* BB 1999, 1717.

107 *Lutter*/Hommelhoff/*Bayer* Rn 44.

108 RGZ 158, 226; hM, str, dazu Staub/*Hüffer* § 22 Rn 29 ff mwN.

109 Allg dazu u zum Folgenden Staub/*Hüffer* § 22 Rn 44 ff; Ebenroth/Boujong/Joost/Strohn/*Zimmer* § 22 Rn 55 ff; Röhricht/Graf von Westphalen/*Ammon*/*Ries* § 22 Rn 36 ff; Baumbach/*Hopt* § 22 Rn 15 ff; ferner Ulmer/*Heinrich* Rn 57 ff; *Michalski* Rn 72 ff, alle mwN, auch zur Rspr.

110 HM, Ulmer/*Heinrich* Rn 59; *Michalski* Rn 74.

111 RGZ 113, 309.

Übergang von Groß- zu Kleinschreibung.[112] – Weitergehend kommen wesentliche Änderungen in Betracht, wenn dadurch drohende Irreführung des Publikums ausgeschlossen wird; jedoch muss auch dann die übernommene Firma im gesamten Erscheinungsbild erkennbar bleiben;[113] zB anderer Ortszusatz bei Sitzverlegung, Anpassung an geänderten Unternehmensgegenstand[114] oder erweiterten Geschäftsumfang,[115] Weglassen eines irreführenden Dr-Grades. – Nur in ganz engen Grenzen rechtfertigen sachliche Interessen der erwerbenden GmbH eine Änderung, zB Beifügung eines Warenzeichens,[116] Angleichung an durch jahrelangen praktischen Gebrauch erworbenen Besitzstand.[117]

Die GmbH kann **abgeleitete Firma von vornherein** führen, wenn sie bei Entstehung zu ihrer Fortführung berechtigt ist, insbes bei Einbringung eines Handelsgeschäfts. – **Später** ist entspr Satzungsänderung nötig (§ 53). Da GmbH nur eine Firma führen kann (oben Rn 2), nötigt das zur **Aufgabe der bisherigen Firma.**[118] Allerdings lässt hM eine **Vereinigung beider Firmen** dann zu, wenn das übernommene Handelsgeschäft mit dem Unternehmen der GmbH verbunden wird.[119] Möglich auch die Fortführung in der Firma einer Zweigniederlassung (oben Rn 7). 22

Nach §§ 25, 27 HGB hat Fortführung der alten Firma **Haftung** für alle in dem übernommenen Handelsgeschäft begründeten Verbindlichkeiten zur Folge. Abw Vereinbarung ist Dritten gegenüber nach § 25 II HGB nur bei Eintragung ins HR u Bekanntmachung bzw bei besonderer Mitteilung wirksam.[120] Änderungen u Zusätze im Rahmen des Zulässigen (Rn 21 f) lassen Haftung unberührt. Sie tritt auch ein, wenn Firma unzulässigerweise fortgeführt wird, zB ohne Einwilligung des Veräußerers, in unzulässiger Abwandlung oder weil schon Veräußerer sie unbefugt benutzte.[121] 23

b) Umwandlung. Firmenfortführung ist ferner möglich **bei Umwandlung** in eine GmbH.[122] Bei der **formwechselnden Umwandlung** einer Personenhandels- oder Kapitalges in eine GmbH kann Rechtsträger neuer Rechtsform bisherige Firma nach Maßgabe von § 200 UmwG beibehalten. Der bisherige Rechtsformzusatz entfällt, stattdessen ist nach § 4 GmbH-Zusatz anzufügen (§ 200 II UmwG). Einwilligungserfordernis nach § 200 III UmwG für Beibehaltung des Namens einer natürlichen Person in der Firma, 24

---

[112] Staub/*Hüffer* § 22 Rn 50.

[113] BGHZ 44, 116; Staub/*Hüffer* § 22 Rn 54 ff mwN; Röhricht/Graf von Westphalen/*Ammon/Ries* § 22 Rn 40; Ulmer/*Heinrich* Rn 60.

[114] LG Hagen GmbHR 1996, 855.

[115] OLG Rostock GmbHR 1997, 1064.

[116] BGHZ 44, 116 „Frankona"; strenger noch BGHZ 30, 288.

[117] LG München I DB 1990, 1659; Staub/*Hüffer* § 22 Rn 48 ff, 57; – aA Ulmer/*Heinrich* Rn 60.

[118] OLG Stuttgart BB 1983, 1688, *Michalski* Rn 75.

[119] KGJ 51, 114; OLG Dresden RJA 15, 136; Frankfurt OLGZ 71, 50; Staub/*Hüffer* § 22 Rn 51 f; Baumbach/*Hopt* § 22 Rn 19; Ulmer/*Heinrich* Rn 62; *Roth*/Altmeppen Rn 41; – einschr Scholz/*Emmerich* Rn 50: nur unter den Voraussetzungen einer Firmenneubildung.

[120] Dazu BGHZ 29, 1.

[121] BGHZ 22, 234; Staub/*Hüffer* § 25 Rn 46; Baumbach/*Hopt* § 25 Rn 6 ff; Rowedder/*Schmidt-Leithoff* Rn 62.

[122] Lutter/Hommelhoff/*Bayer* Rn 41; MünchHdbGmbH/*Mayer* § 73; *Kögel* GmbHR 1996, 168.

wenn Namensträger zwar an formwechselndem Rechtsträger, nicht aber an Rechtsträger neuer Rechtsform beteiligt. – Ähnliches gilt nach § 18 UmwG bei **Verschmelzung** auf GmbH. Bei Übertragung des gesamten Unternehmens eines Einzelkaufmanns auf GmbH im Wege der **Ausgliederung** erlischt die Firma (§ 15 UmwG). § 18 UmwG gilt nicht (§ 125 S 1 UmwG). Die übernehmende GmbH kann jedoch nach § 22 HGB die Firma fortführen.[123]

V. Änderung und Erlöschen der Firma

25 **1. Änderung der Firma. a) Grundsatz.** Änderung der Firma ist jederzeit möglich. Sie erfordert vor Eintragung der GmbH ins HR einvernehmliche Änderung des GesVertrags in der Form des § 2, später Satzungsänderung (§§ 53 f); in der Insolvenz mit Zustimmung des Insolvenzverwalters zulässig.[124] Änderung kann in Abänderung der bisherigen oder Annahme einer anderen Firma bestehen. In jedem Fall gelten dieselben Erfordernisse wie bei Neubildung einer Firma bzw Fortführung einer abgeleiteten Firma.[125] Sie müssen im Zeitpunkt der Eintragung ins HR (§§ 11 I, 54 III) erfüllt sein. Unrichtig gewordene Zusätze müssen, überflüssige können gestrichen werden.[126] Sachfirma darf nicht über tatsächlich ausgeübten Unternehmensgegenstand irreführen (§ 18 II HGB, oben Rn 8 f); ggf ist Satzungsänderung auf diesen zu erstrecken.[127] Infolge der weitgehenden Aufgabe des Grds der Firmenwahrheit durch Neuregelung von § 4 sind die engen Schranken, die bisher für Änderungen der abgeleiteten Firma als Durchbrechung des Grds der Firmenwahrheit galten,[128] so nicht mehr aufrecht zu erhalten.[129]

26 **b) Notwendige Änderungen.** Notwendig ist eine Änderung der Firma, wenn sie in der bisher geführten Form unzulässig geworden ist, so eine Sachfirma (nur) bei tiefgreifender Änderung des Unternehmensgegenstands mit Gefahr der Irreführung (Rn 9). Entspr sind täuschende Zusätze zu streichen. Dagegen zwingt Wechsel der Gfter bei Personenfirma grds nicht zur Änderung (Rn 12). – Ferner notwendig Annahme einer neuen Firma, wenn GmbH ihr Handelsgeschäft (nicht nur Zweigniederlassung, Rn 17) mit Firma veräußert.[130]

27 **2. Erlöschen der Firma** tritt, abgesehen von der Annahme einer neuen Firma (Rn 25 f), erst mit Abschluss der Liquidation oder sonstiger Beendigung der GmbH, etwa durch Umwandlung oder Verschmelzung ein. Auflösungsgrund als solcher genügt idR nicht (zum Verhältnis von Auflösung u Vollbeendigung § 60 Rn 2, 9 ff). Bloße Betriebseinstellung lässt Firma nicht

---

123 Lutter/*Karollus* § 155 Rn 7; Schmitt/*Hörtnagl*/Stratz, § 155 Rn 4; abw wohl *Kögel* GmbHR 1996, 174.

124 Zur KO OLG Karlsruhe NJW 1993, 1931.

125 KG JW 1929, 1401; 1937, 47; BayObLG DB 1984, 1672; NJW 1988, 2480; OLG Stuttgart GmbHR 1971, 90; unstr.

126 KGJ 41, 110.

127 Vgl OLG Hamm BB 1997, 1377.

128 BGHZ 44, 116 ff.

129 Für mehr Großzügigkeit daher auch *Lutter*/Hommelhoff/*Bayer* Rn 44.

130 RGZ 107, 33; KG JFG 7, 203; OLG Stuttgart BB 1983, 1688 obiter; *Roth*/Altmeppen Rn 44; *Michalski* Rn 84; – zur Problematik der Ersatzfirma bei Veräußerung durch Insolvenzverwalter *Uhlenbruck* ZIP 2000, 401, 403; *Ulmer* NJW 1983, 1697, mit Bezug auf BGHZ 85, 221; auch Ulmer/*Heinrich* Rn 98.

erlöschen; allerdings kann Firmenschutz nach § 12 BGB, §§ 5, 15 MarkenG entfallen, wenn Einstellung endgültig; anders aber, wenn nur vorübergehend.[131] – Firma einer Zweigniederlassung erlischt, wenn diese tatsächlich aufgegeben wird; Anmeldung zum HR nach § 13 V HGB.

VI. Rechtsfolgen unzulässiger Firma

1. Vor Eintragung der GmbH ins Handelsregister. Bestimmung über unzulässige Firma im GesVertrag ist nach § 134 BGB nichtig. Da Firma zum notwendigen Inhalt gehört (§ 3 I Nr 1), ist dann ebenso wie bei völligem Fehlen (praktisch kaum relevant) der ganze GesVertrag nichtig (§ 3 Rn 22).[132] Allg zu den Folgen der Nichtigkeit, insbes zur fehlerhaften Ges § 2 Rn 37 ff. – Nichtig macht grds jeder Verstoß gegen zwingende Vorschriften über Bildung der Firma, vor allem § 4 GmbHG, sowie §§ 18 ff, insbes §§ 18 II u 22 HGB.[133] Verstoß gegen § 30 HGB führt dagegen nicht zur Nichtigkeit (str); sonst wäre trotz korrekt gebildeter Firma Wirksamkeit des GesVertrags immer bis zur Eintragung ins HR ungewiss, weil kurz vorher gleichlautende andere Firma eingetragen werden könnte. Zwar ist dann Unterscheidungszusatz notwendig, Firma ohne ihn unzulässig mit den Folgen nach § 9 c II Nr 1 GmbHG u § 37 I HGB (nachfolgend Rn 29 f); jedoch wären Nichtigkeitsfolge u Anwendung von § 399 FamFG mit Rechtssicherheit unvereinbare Überreaktionen.[134] 28

Unzulässigkeit der Firma ist grds **Eintragungshindernis** nach § 9 c II Nr 1, da Firma zum Mindestinhalt nach § 3 I gehört. Bei **Irreführungsgefahr** jedoch nach Neufassung von § 18 II 2 HGB Eintragungshindernis **nur bei Ersichtlichkeit,** was registerrechtl Prüfung vor umfangreichen Nachforschungen entlasten soll.[135] Im Übrigen wird auf zivilrechtliches Unterlassungsverfahren verwiesen.[136] Zur Beurteilung der Ersichtlichkeit können Kriterien zu § 37 III MarkenG herangezogen werden,[137] also grds Beschränkung auf eigene Sachkenntnis u verfügbare Informationsquellen.[138] – Da es nach Neufassung des § 18 II HGB wesentlich um normative Fragestellungen geht, kommt empirischen Stellungnahmen der Industrie- und Handelskammern insoweit nur noch eingeschränkte Bedeutung zu.[139] § 18 II HGB begrenzt entspr Prüfungspflicht des RegGerichts im Rahmen des § 9 c.[140] 29

---

131 RGZ 170, 274; BGHZ 21, 66; BB 1959, 1185 f; DB 1961, 703; 1967, 38; 1985, 1934 bei angefochtenem Liquidationsbeschluss; auch BayObLG BB 1984, 92 zur Abgrenzung; – dazu u allg zum Erlöschen der Firma Ulmer/*Heinrich* Rn 99 f; Scholz/*Emmerich* Rn 61; *Michalski* Rn 91 ff.

132 *Michalski* Rn 97; teilw abw Ulmer/*Heinrich* Rn 101.

133 Zur Nichtigkeit wegen Verstoßes gegen die öffentliche Ordnung und die guten Sitten *Lutter/Welp* ZIP 1999, 1082.

134 Ulmer/*Heinrich* Rn 101; Ulmer/*Casper* § 60 Rn 63; Scholz/*Schmidt* 9. Aufl § 60 Rn 38; Rowedder/*Schmidt-Leithoff* Rn 66; Rowedder/Schmidt-Leithoff/*Rasner* § 60 Rn 29; bzgl Anwendung des § 144 a FGG auch *Lutter*/Hommelhoff/*Bayer* Rn 47; – aA hM, Scholz/*Emmerich* Rn 63; *Michalski* Rn 97; *Roth*/Altmeppen Rn 59; sowie schematisierend Keidel/Kuntze/*Winkler* § 144 a Rn 4.

135 RegBegr BT-Drucks 13/8444, 54.

136 RegBegr BT-Drucks 13/8444, 54.

137 *Lutter*/Hommelhoff/*Bayer* Rn 30; *Michalski* Rn 53 mwN.

138 Koller/*Roth*/Morck HGB § 18 Rn 10.

139 Koller/*Roth*/Morck HGB § 18 Rn 10; *Lutter/Welp* ZIP 1999, 1079.

140 *Michalski* § 9 c Rn 15.

Andere Beschränkungen (Rn 4) sind außerhalb des Eintragungsverfahrens geltend zu machen.[141]

30 **2. Nach Eintragung.** Eintragung trotz des Mangels lässt GmbH wirksam entstehen. Fehlen oder Unzulässigkeit der Firma ist kein Nichtigkeitsgrund nach § 75 (§ 2 Rn 40, § 3 Rn 2, § 75 Rn 7); daher weder Nichtigkeitsklage noch Amtslöschung nach § 399 FamFG. Wohl aber findet wegen Nichtigkeit der unzulässigen Firma (daher nicht bei Verstoß allein gegen § 30 HGB, str, oben Rn 28) das **Amtsauflösungsverfahren** nach § 399 FamFG statt (§ 399 IV FamFG; – dazu § 77 Anh Rn 31 ff), wobei freilich § 18 II S 2 HGB zu beachten ist. § 395 FamFG ist daneben nicht anwendbar;[142] Ausnahme § 43 II KWG. Wird Mangel nicht behoben, führt Verfahren zur Auflösung der GmbH gem § 60 I Nr 5; mit Beendigung u Löschung im HR erlischt auch unzulässige Firma (oben Rn 27).

31 RegGericht kann ferner im **Firmenmissbrauchsverfahren** nach § 37 I HGB, § 392 I FamFG gegen Gebrauch der unzulässigen Firma, auch durch Bestehen lassen der HREintragung,[143] vorgehen. Dies auch bei Verstoß gegen § 30 HGB, ebenso, obwohl in § 37 I HGB nicht erwähnt, bei Verletzung von § 4 GmbHG.[144] Auch hier gilt Beschränkung des § 18 II 2 HGB.[145] Wahl des Verfahrens grds nach Ermessen des RegGerichts.[146]

32 Durch langjährigen Gebrauch einer unzulässigen Firma in Abweichung von der HREintragung entsteht **kein schutzwürdiger Besitzstand.**[147] – Allerdings kann ausnahmsweise das RegGericht von einem Einschreiten nach § 37 I HGB, § 392 I FamFG absehen, wenn ein starkes Interesse der Ges an der Beibehaltung der Firma besteht u öffentl Belange nicht oder nur geringfügig berührt werden.[148]

33 **Später eintretende Unzulässigkeit** der eingetragenen Firma bei veränderten Verhältnissen stellt hM der ursprünglichen Nichtigkeit gleich u wendet daher § 399 FamFG an.[149] Dagegen aber mit guten Gründen BayObLG.[150] Durch die nachträgliche Veränderung wird die Firma zwar unzulässig, daher auch Verfahren nach § 37 I HGB, § 392 I FamFG möglich; die in § 399 FamFG vorausgesetzte Nichtigkeit der Firma tritt jedoch nachträglich nicht ein.

---

141 *Lutter*/Hommelhoff/*Bayer* Rn 39, 51.

142 BayObLG BB 1989, 727; KG GmbHR 1991, 319; *Michalski* Rn 103.

143 KG OLGZ 34, 331.

144 Ganz hM, *Michalski* Rn 101.

145 Röhricht/Graf von Westphalen/*Ammon/Ries* § 18 Rn 37; Koller/*Roth*/Morck § 18 Rn 10; *Lutter*/Hommelhoff/*Bayer* Rn 31.

146 HM, doch mit Unterschieden in der Gewichtung; allg dazu Röhricht/Graf von Westphalen/*Ammon/Ries* § 37 Rn 25 f; Scholz/*Emmerich* Rn 65 f; Rowedder/*Schmidt-Leithoff* Rn 68; *Roth*/Altmeppen Rn 60; Keidel/Kuntze/*Winkler* § 144 a Rn 4; mit Vorrang für § 144 a FGG Ulmer/*Heinrich* Rn 108; Ulmer/*Ulmer* § 60 Rn 64; mit Vorrang für § 37 I HGB Scholz/*Schmidt* § 60 Rn 38; in ähnlichem Zusammenhang auch *Jansen* NJW 1966, 1814; Staub/*Hüffer* § 37 Rn 24.

147 BGHZ 30, 288; 44, 116; hM, Ulmer/*Heinrich* Rn 105; *Michalski* Rn 104; *Roth*/Altmeppen Rn 60; – ebenso OLG Hamm GmbHR 1965, 113 selbst bei Eintragung der unzulässigen Firma, dazu auch BGHZ 10, 202.

148 KG NJW 1965, 254; OLG Zweibrücken OLGZ 72, 391; Keidel/Kuntze/*Winkler* § 140 Rn 2; Ulmer/*Heinrich* Rn 108; *Michalski* Rn 104.

149 Keidel/Kuntze/*Winkler* § 144 a Rn 4; Ulmer/*Heinrich* Rn 107; Ulmer/*Ulmer* § 60 Rn 63; *Michalski* Rn 105; *Lutter*/Hommelhoff/*Bayer* Rn 48.

150 GmbHR 1980, 11; zust Scholz/*Emmerich* Rn 22, auch 65.

Änderung der Firma (Rn 25). Unzulässigkeit der geänderten Firma ist Eintragungshindernis für den satzungsändernden Beschluss (§§ 53 f); dieser ist analog § 241 Nr 3 AktG nichtig (Anh § 47 Rn 51 ff; dazu § 54 Rn 20) als Verstoß gegen im öffentlichen Interesse zwingendes Firmenrecht (Ausnahme bzgl §§ 18 II 2, 30 HGB, oben Rn 28, 29). – Wird er trotz des Mangels ins HR eingetragen, soll nach hM das Amtsauflösungsverfahren nach § 399 FamFG stattfinden.[151] Demgegenüber hat jedoch Amtslöschung des nichtigen Satzungsänderungsbeschlusses nach § 398 FamFG (dazu Anh § 47 Rn 57, auch § 54 Rn 38) Vorrang als geringerer Eingriff;[152] als Folge gilt alte Firma weiter, Amtsauflösungsverfahren nach § 399 FamFG danach nur, wenn diese ursprünglich unzulässig war (Rn 30 u 33). – Im Übrigen kommt auch hier das Firmenmissbrauchsverfahren nach § 37 I HGB, § 392 I FamFG in Betracht. 34

VII. Firma der GmbH & Co KG

1. **Allgemeines.** Häufigster u praktisch wichtigster Fall einer **Personenhandelsgesellschaft, bei der kein persönlich haftender Gesellschafter eine natürliche Person ist** (§ 19 II HGB), ist KG mit einer GmbH als einzigem Komplementär, GmbH & Co KG ieS. Darstellung der Firmenbildung kann sich hierauf beschränken; für OHG oder KG mit mehreren jur Personen als persönlich haftenden Gftern gilt Entsprechendes. § 19 II HGB regelt nur die Rechtsformkennzeichnung (unten Rn 36). Früheres Problem, dass KG als Personengesellschaft notwendig Firma der GmbH als Name der persönl haftenden Gfterin führen musste, sodass sich vor allem Probleme bei der Firmenunterscheidbarkeit ergaben, ist durch Liberalisierung des Firmenrechts entschärft.[153] KG kann nunmehr unabhängig von Firma der Komplementär-GmbH jede ausreichend kennzeichnungs- und unterscheidungskräftige Firma führen. Es besteht daher nur noch, wenn KG aus besonderen Gründen nach ihrer Komplementärin benannt werden soll. Insoweit bleibt die Möglichkeit, die Firmenunterscheidbarkeit durch Aufnahme eines Funktionszusatzes bei der Firma der GmbH herzustellen.[154] Weitere Einzelheiten zum alten Recht 16. Aufl Rn 56 ff. 35

2. **Rechtsformzusatz.** § 19 II HGB verlangt für Personenhandelsges, bei denen keine natürliche Person persönlich haftet, eine **Kennzeichnung der Haftungsbeschränkung** in der Firma. Der auf Verkehrsschutz gerichtete Normzweck entspricht § 4 GmbHG u § 4 AktG. Weglassen im Geschäftsverkehr kann wie bei GmbH zu Rechtsscheinhaftung führen (Rn 15). Gesetz schreibt keine bestimmte Formulierung vor. Schon vor Regelung durch GmbH-Novelle 1980 seit langem gebräuchlich, heute verkehrsüblich u allg verständlich ist Bezeichnung „GmbH & Co KG" bzw „GmbH & Co".[155] 36

Irreführend u daher **unzulässig** ist vor allem die bloße Aneinanderreihung zweier Rechtsformzusätze, auch mit zwischengeschobenem sonstigem Fir- 37

---

151 Ulmer/*Heinrich* Rn 106; Ulmer/*Ulmer* § 60 Rn 63; *Michalski* Rn 106; *Lutter*/Hommelhoff/*Bayer* Rn 49.

152 Ebenso Geßler/Hefermehl/*Eckardt* AktG § 4 Rn 48 aE.

153 *K. Schmidt* HandelsR, § 12 III 3 b; *Michalski* Rn 77.

154 BGHZ 80, 353.

155 BGH NJW 1980, 2084 stRspr.

menbestandteil, etwa Sachzusatz, da das verwirrend wirkt, insbes maßgebende Rechtsform nicht erkennen lässt.[156] In diesen Fällen ist der Zusatz „& Co" einzuschieben; dann stört auch zwischengeschobener Regionalzusatz nicht;[157] dagegen soll Bezeichnung „Co" ohne & nicht genügen.[158] – Unzulässig auch das Voranstellen des Rechtsformzusatzes KG, da so die Form des Ganzen als GmbH & Co KG verschleiert wird, u zwar auch bei Verwendung von Einschüben, Satzzeichen, Klammern udgl.[159] Der BGH hat das auf das Voranstellen neutraler GesZusätze, insbes die doppelte Verwendung von „& Co" erstreckt.[160]

38 3. **Firmenfortführung.** Falls GmbH & Co KG dadurch entsteht, dass GmbH in Einzelhandelsgeschäft, bestehende OHG oder KG als Komplementärin eintritt u gleichzeitig die beteiligten natürlichen Personen Kommanditisten werden, kann nach § 24 HGB bisherige Firma fortgeführt werden. Auch dann muss gem § 19 II HGB ein die Rechtsform als GmbH & Co KG kennzeichnender Zusatz in die Firma aufgenommen werden.[161] Das oben (Rn 35 f) Ausgeführte gilt hier ebenso streng. Auch jahrzehntelange Firmenführung befreit nicht.[162] Allerdings darf RegGericht Eintragung des Gfter-Wechsels nicht deshalb ablehnen, weil dadurch Firma ohne gleichzeitige Beifügung bzw Änderung des Rechtsformzusatzes unzulässig wird.[163] – Führt KG Firma der Komplementär-GmbH als Namensfirma, kann sie beim Ausscheiden der Komplementär-GmbH Firma nach § 24 HGB fortführen, muss aber Hinweis auf Form als GmbH & Co KG streichen, wenn neuer Komplementär eine natürliche Person ist.[164] Entsprechendes gilt gem § 19 II HGB bei Erwerb eines Handelsgeschäfts mit Firma u Fortführung als **abgeleitete Firma** durch GmbH & Co KG nach § 22 HGB.

Sitz der Gesellschaft

4a **Sitz der Gesellschaft ist der Ort im Inland, den der Gesellschaftsvertrag bestimmt.**

---

156 BGH NJW 1980, 2084 u OLG Bremen BB 1980, 68 „H-GmbH Holzbau KG"; BayObLG NJW 1973, 1845 „G Verlag GmbH Informationsmedien KG"; OLG Stuttgart BB 1977, 1417 „M GmbH Handels KG"; auch OLG Hamm DB 1987, 1245 „oHG mbH".

157 OLG Stuttgart BB 1976, 1575 „L GmbH Filder & Co KG".

158 OLG Stuttgart BB 1977, 711 „X GmbH Co KG".

159 BGH NJW 1979, 1986 „KG-GmbH & Cie"; BayObLG 1978, 40 „X KG. (GmbH & Co)"; DB 1978, 579 u 838 „X KG, GmbH & Co", mit oder ohne Komma; OLG Hamm DB 1981, 521 „X KG Müller und Meier, GmbH & Co"; ferner LG Berlin DB 1976, 41; LG Köln GmbHR 1976, 195; 1977, 84.

160 BGH NJW 1981, 342, unzulässig „K & Co GmbH & Co KG", gegen OLG Frankfurt BB 1980, 960; wie BGH aber OLG Oldenburg DB 1990, 519; ferner auch BGH NJW 1985, 736, unzulässig „HM & Sohn GmbH & Co".

161 So früher schon BGHZ 62, 216; 65, 103; – allg dazu Staub/*Hüffer* § 24 Rn 28 ff mwN; zur Rechtslage nach HRefG Röhricht/Graf von Westphalen/*Ammon/Ries* § 24 Rn 10 a; *Roth*/Altmeppen Rn 71.

162 OLG Frankfurt DB 1980, 1210.

163 BGH DB 1977, 1696.

164 OLG Frankfurt DB 1970, 583.

Übersicht

Lit: *Campos Nave,* Die Liberalisierung der Wegzugsfreiheit in Europa, BB 2008, 1410; *Eidenmüller* (Hrsg.), Ausländische Kapitalgesellschaften im deutschen Recht, 2004). *Fingerhuth/Rumpf,* MoMiG und die grenzüberschreitende Sitzverlegung – Die Sitztheorie ein lebendes Fossil, IPRax 2008, 90; *Franz/Laeger,* Die Mobilität deutscher Kapitalgesellschaften nach Umsetzung des MoMiG unter Einbeziehung des Referentenentwurfs zum internationalen Gesellschaftsrecht, BB 2008, 678; *Grohmann/Gruschinske,* Die identitätswahrende grenzüberschreitende Satzungssitzverlegung in Europa – Schein oder Realität? GmbHR 2008, 27; *Kindler,* GmbH-Reform und internationales Gesellschaftsrecht, AG 2007, 721; *Peters,* Verlegung des tatsächlichen Verwaltungssitzes der GmbH ins Ausland. Aufgabe der Sitztheorie durch das MoMiG?, GmbHR 2008, 245; *Süß/Wachter,* Handbuch des Internationalen Gesellschaftsrechts, 2006; *Ulmer,* Rechtsfolgen nachträglicher Diskrepanz zwischen Satzungssitz und tatsächlichem Sitz der GmbH – § 4 a GmbHG als Schlag ins Wasser?, FS Th. Raiser, 2005, 439; *Wachter,* Die GmbH nach MoMiG im internationalen Rechtsverkehr, GmbHR Sonderheft Oktober 2008, 80; *Weller,* Zum identitätswahrenden Wegzug deutscher Gesellschaften, DStR 2004, 1218.

I. Grundgedanke und Funktion

Vorschrift bezieht sich auf **Satzungssitz** u lässt freie Sitzwahl **innerhalb Deutschlands** zu, ohne Anknüpfung an tats (operativen, Verwaltungs-) Sitz zu verlangen. Neu gefasst durch MoMiG. Bisherige Fassung war 1999 eingeführt worden,[1] um bis dahin freie Sitzwahl[2] zur Vermeidung von Mißbräuchen stärker zu beschränken,[3] namentlich Sitzverlegungen mit dem Ziel zu verhindern, sich dem Gläubigerzugriff zu entziehen oder Zuständigkeit eines eintragungsfreundlicheren Registergerichts zu erschleichen.[4] Von diesen Bedenken hat GesGeb im MoMiG Abstand genommen u durch Änderung von bisherigem Abs 1 u Aufhebung von Abs 2 ausdrücklich freie (Satzungs-) Sitzwahl im Inland zugelassen. Gleichzeitig wird jedoch durch §§ 8 IV 1 u 10 I 1 nF Angabe u Registrierung einer Geschäftsanschrift verlangt, unter der Zustel- 1

[1] HRefG BGBl 1998 I, 1474.
[2] 16. Aufl 1995 § 3 Rn 6.
[3] BegrRegE BT-Drucks 13/8444, 75; dazu auch BGH NJW 2008, 2914 Rn 6.
[4] Zu den praktischen Schwierigkeiten nach früherer Rechtslage vgl *Kögel* GmbHR 1998, 1108.

lungen erfolgen können. Streichung von Abs 2, der bisher Satzungssitz mit Betrieb, Geschäftsführung oder Verwaltung der Ges verknüpfte, soll ferner bei Beibehaltung des inländischen Satzungssitzes **tats Verwaltungssitz im Ausland** ermöglichen. Damit soll die nach EuGH für ausländische Gesellschaften bestehende Möglichkeit, gesamte Geschäfts- und Verwaltungstätigkeit der ausländischen Gesellschaft in Deutschland aufzunehmen oder dorthin zu verlagern, spiegelbildlich auch für deutsche GmbH geschaffen werden, etwa in Form der Gründung von im Inland eingetragen GmbH als Tochtergesellschaften deutscher Konzernmütter. Ferner sieht GesGeb Anreiz für ausländische Unternehmen, deutsche TochterGmbH mit ausländischer Verwaltung zu gründen.[5] Da keine anderweitige Übergangsregelung, können bereits vor Inkrafttreten bestehende Verstöße gegen nunmehr aufgehobene Regelung nicht mehr verfolgt werden. Ergänzung durch Regelung in Art 10 EGBGB (Referentenentwurf) geplant (Einl Rn 61).

II. Bestimmung im Gesellschaftsvertrag

2 **1. Maßgeblichkeit des Satzungssitzes.** Vorschr hält am Grundsatz der **Maßgeblichkeit des Gesellschaftsvertrags (Satzungssitz)** fest, lässt aber im Inland freie Satzungssitzwahl (auch durch Satzungsänderung) zu. – Sitz der Ges wesentlich für Zuständigkeit des RegGerichts (§ 7), des Prozessgerichts (§ 17 ZPO) u des Insolvenzgerichts (§§ 3, 4 InsO), ferner für Bestimmung der Hauptniederlassung iSd § 13 I HGB[6] sowie für Ort der GfterVersammlung (§ 51 Rn 15). Bestimmung des Sitzes ist notwendiger Satzungsbestandteil nach § 3 I Nr 1. Für **Anknüpfung im IPR** richtet sich Personalstatut der Ges derzeit noch je nach Anwendbarkeit der Sitz- oder Gründungstheorie nach tats Sitz der (Haupt-) Verwaltung oder nach Gründungsstaat (näher Einl Rn 59). Einheitliche Anknüpfung an Satzungssitz (Gründungstheorie) geplant durch IPR Novelle Art 10.[7]

3 **2. Sitzwahl. a) Satzungssitz** kann nur ein **Ort innerhalb Deutschlands** sein; andernfalls keine Anmeldung zum HR nach § 7 möglich.[8] Notwendig ist Angabe einer bestimmten Gemeinde; zusätzliche Angabe eines Gemeindeteils mit eigenem Namen schadet nicht.[9] Sammelbezeichnung für mehrere Gemeinden genügt dagegen nicht. Bei Großgemeinden mit mehreren Gerichtsbezirken (zB Berlin) ist weitere Konkretisierung geboten.[10]

4 **Sitzwahl** muss nach Aufhebung von Abs 2 aF nicht mehr zwingend in örtl Zusammenhang mit Betrieb, Geschäftsführung oder Verwaltung stehen. Damit kehrt Ges in gewisser Weise zum Rechtszustand vor Einf des § 4 a durch HRefG zurück, bei dem anerkannt war, dass freie Sitzwahl nicht missbräuchlich ausgeübt werden darf, worunter ua auch Sitzwahl gerechnet wurde, die keinerlei räumliche Beziehung der Ges zu diesem Ort aufwies und allein deshalb gewählt wurde, um Zuständigkeit von RegGericht mit eintragungs-

---

[5] BegrRegE, BR-Drucks 354/07, 65.

[6] *Michalski* Rn 18; Rowedder/*Schmidt-Leithoff* Rn 2; Scholz/*Emmerich* Rn 17, str.

[7] RefE eines Gesetzes zum Internationalen Privatrecht der Gesellschaften, Vereine und juristischen Personen, vom 7. 1. 2008, www.bmj.de.

[8] Unstr, vgl auch BGHZ 19, 105; 29, 328, beide für AG.

[9] BayObLG BB 1976, 622 für eV.

[10] Ganz hM, Ulmer/*Ulmer* Rn 10; Scholz/*Emmerich* Rn 9; allg auch *Wessel* BB 1984, 1057.

freundlicher Praxis zu erreichen.[11] Zwar könnte aus Aufhebung von Abs 2 aF geschlossen werden, GesGeb habe völlig beliebige Sitzwahl ermöglichen wollen, zumal Unternehmensdaten inzwischen zentral über elektronisches Unternehmensregister (§ 8 b HGB) abgefragt werden können. Das ist jedoch nicht zwingend, da mit Aufhebung von Abs 2 aF lediglich die Verwendung der GmbH auch bei ausländischem tats (operativem) Sitz, Sitz der Hauptverwaltung, ermöglicht werden sollte.[12] Da ausdifferenzierte örtliche Zuständigkeit der Registergerichte für Eintragungen nach wie vor besteht u örtliche Anknüpfung auch weiterhin sachlichen Grund etwa bzgl Firmenunterscheidbarkeit (§ 30 HGB) hat, ist es zur Vermeidung möglichen Missbrauchsvorwurfs nach wie vor ratsam, zumindest in Inlandsfällen sachlichen Anknüpfungspunkt für Sitzwahl zu suchen. Fallen Satzungssitz u tatsächlicher Sitz auseinander, kann für letzteren Eintragung als Zweigniederlassung erforderlich sein.[13] Zur **Sitzverlegung** unten Rn 8 ff.

b) Inländische Geschäftsadresse. Nicht zu verwechseln mit Satzungssitz 5
ist Erfordernis der Angabe u Registrierung einer inländischen Geschäftsadresse, §§ 8 IV Nr. 1 u 10 I 1. Deren Angabe ist kein notwendiger Satzungsbestandteil nach § 3. Angabe erfolgt im Rahmen der Anmeldung durch GFührer (§ 78 I). Geschäftsadresse wird idR Verwaltungssitz bzw Sitz der Geschäftsleitung sein, kann aber auch, vor allem bei ausländischem Verwaltungssitz, willkürlich gewählt werden (Briefkastenadresse). Zusammenhang mit Satzungssitz nicht erforderlich; näher § 8 Rn 17.

c) Kein Doppelsitz. Die Ges hat nur einen Sitz. Zulassung eines Doppel- 6
sitzes, für AG ausnahmsweise bei besonderem Bedürfnis vor allem infolge Nachkriegsentwicklung, ist bei der GmbH unter heutigen Verhältnissen nicht mehr gerechtfertigt (str).[14] Möglichkeit einer Zweigniederlassung reicht aus.

III. Rechtsfolgen unzulässiger Sitzbestimmung

Da Bestimmung des Satzungssitzes zum zwingenden Mindestinhalt des 7
Gesellschaftsvertrags gehört (§ 3 I Nr 3), hat Registergericht bei **anfänglichem Mangel** nach § 9 c Eintragung bei unzulässiger Sitzbestimmung (Satzungssitz im Ausland) abzulehnen. Dennoch erfolgte Eintragung berührt jedoch wirksames Entstehen der Ges nicht. Unzulässige Sitzbestimmung stellt Mangel des Gesellschaftsvertrags dar, die nach §§ 399 FamFG, 60 I Nr 6 zum Amtsauflösungsverfahren führen kann. Bei **unzulässiger Änderung** der Sitzbestimmung ist der zugrunde liegende GfterBeschluss analog § 241 Nr 3 AktG nichtig, sodass vorhergehende Satzungsregelung fortgilt.[15] Ist unzulässige

---

[11] OLG Stuttgart GmbHR 1991, 316; OLG Köln BB 1984, 1065; BayObLG BB 1982, 578.

[12] BegrRegE BR-Dr 354/07, 65.

[13] *Wicke* Rn 7; *Heckschen* DStR 2009, 166, 168; – aA *Otte* BB 2009, 344, 345.

[14] *Michalski Rn 16;* Rowedder/*Schmidt-Leithoff* Rn 15; *Kögel* GmbHR 1998, 1108; – für enge Ausnahmen, etwa in Fusionsfällen, Ulmer/*Ulmer* Rn 32 ff mwN auch zur AG; Scholz/*Emmerich* Rn 17; für AG auch MünchKommAktG/*Heider* § 5 Rn 46; *Hüffer* AktG § 5 Rn 10; *Roth*/Altmeppen Rn 9; *Lutter*/Hommelhoff/*Bayer* Rn 10; – weitergehend *König* AG 2000, 18; generell für Zulässigkeit des Doppelsitzes *Borsch* GmbHR 2003, 258; *Pluskat* WM 2004, 601.

[15] Scholz/*Emmerich* Rn 20; *Lutter*/Hommelhoff/*Bayer* Rn 29; Rowedder/*Schmidt-Leithoff* Rn 18; ebenso für AG *Hüffer* AktG § 5 Rn 9.

Änderung dennoch eingetragen, erfolgt Amtslöschung des Beschlusses nach § 398 FamFG (zum Amtslöschungsverfahren s Anh § 47 Rn 57 ff).

IV. Sitzverlegung, grenzüberschreitende Umwandlung

8 **1. Verlegung des Satzungssitzes im Inland.** Verlegung des **Satzungssitzes** nach Abs 1 erfordert **Satzungsänderung** nach § 53, die zum HR des alten Sitzes anzumelden (§ 54) u vom RegGericht dem Gericht des neuen Sitzes mitzuteilen ist; dieses nimmt Prüfung u ggf Eintragung vor; Einzelheiten in § 13 h HGB.[16] Sitzverlegung im Rahmen sog Firmenbestattung **(Unternehmensbestattung)** kann missbräuchlich sein, was zu Nichtigkeit des Satzungsänderungsbeschlusses führt.[17] – Veränderung des tatsächlichen Sitzes im Zusammenhang mit Insolvenzantragstellung führt nicht zu Änderung der Eröffnungszuständigkeit, da diese grunds dem allg Gerichtsstand folgt (§§ 3 I S 1, 4 InsO, 12, 17 I ZPO), der vom Satzungssitz (auch bei Vorges[18]) bestimmt ist, u Voraussetzungen des § 3 I S 2 InsO idR mangels relevanter wirtschaftlicher Tätigkeit nicht erfüllt sind; reine Abwicklungstätigkeiten genügen nicht.[19] Zur Verlegung des Satzungssitzes im Rahmen des Liquidationsverfahrens § 60 Rn 27.

9 **2. Verlegung des Satzungssitzes ins Ausland** unter Aufrechterhaltung der Identität der Gesellschaft **derzeit noch nicht möglich.**[20] Voraussetzungen für identitätswahrenden Sitzwechsel müssten dazu unstr nicht nur im Zuzugs-, sondern auch im Wegzugsstaat vorliegen.[21] Sie liegen derzeit in Deutschland als Wegzugsstaat nicht vor, da nach noch geltender Sitztheorie (Einl Rn 59), deren Fortgeltung BGH bekräftigt hat,[22] tats Sitz (Verwaltungssitz) u nicht Satzungssitz für Gesellschaftsstatut maßgeblich ist.[23] Daher beseitigt Verlegung des Satzungssitzes nach hM Rechtsfähigkeit nach deutschem Recht, entspricht damit einem Auflösungsbeschluss u führt zur Liquidation.[24] Nach im Vordringen befindlicher Ansicht liegt dagegen iZw nur nichtiger Satzungsänderungsbeschluss vor, weil § 4 a ausländischen Satzungssitz für

---

16 Zum Verfahren OLG Köln BB 1984, 1065; OLG Hamm GmbHR 1991, 321.

17 AG Memmingen NZG 2006, 70; zur missbräuchlichen Sitzverlegung im Auflösungsverfahren LG Berlin GmbHR 1999, 720.

18 OLG Brandenburg NZG 2004, 100.

19 BGH NJW 2006, 847 Rn 11; OLG Stuttgart NZI 2009, 181; BayObLG NZG 2004, 874, 875; OLG Celle NZG 2004, 427; OLG Schleswig NZI 2004, 264.

20 So OLG München NZG 2007, 915; *Wicke* Rn 10; MünchKommBGB/*Kindler* IntGesR Rn 510; *Kindler* AG 2007, 721, 723; Scholz/*Westermann* Einl Rn 154; Scholz/*Schmidt* 9. Aufl § 60 Rn 13; Michalski/*Leible* SystDarst 2 Rn 133; für AG GroßkommAktG/*Brändel* § 5 Rn 28; *Hüffer* AktG § 5 Rn 12; MünchKommAktG/*Heider* § 5 Rn 65.

21 Ulmer/*Behrens* Einl Rn B 117.

22 BGH NJW 2009, 289 (Trabrennbahn); dazu krit *Lieder/Kliebisch* BB 2009, 338.

23 MünchKommBGB/*Kindler* IntGesR Rn 510.

24 Str, RGZ 7, 69 f; 88, 55; 107, 97; jew für AG bzw bergrechtl Gewerkschaft; JW 1934, 2969 für GmbH; auch BGHZ 25, 144 für Genossenschaft; BayObLG BB 1992, 1400 für GmbH, auch bei Verlegung in EU-Land; ebenso OLG Hamm NJW 2001, 2183; BayObLG DStR 2004, 1224; ausführl mwN Staudinger/*Großfeld* IntGesR Rn 605 ff, insbes 617 ff, 630 ff; Ulmer/*Ulmer* Rn 8; Scholz/*Westermann* Einl Rn 152 ff; *Lutter*/Hommelhoff/*Bayer* Rn 22; *Ebert* NZG 2002, 937, 938; iE auch *Roth*/Altmeppen Rn 22.

deutsche GmbH nicht erlaubt.[25] Möglichkeit grenzüberschreitender Verlegung des Satzungssitzes mag rechtspolitisch erwünscht sein, trifft aber derzeit im deutschen Recht nicht zu, da Ges nach deutschem Recht nur am Satzungssitz eingetragen werden kann u dieser daher für Registereintragung in Deutschland liegen muss.[26] Erst geplanter Übergang zur Gründungstheorie u entspr Regelung zum Wechsel des Gesellschaftsstatuts im RefE zu Art 10b EGBGB[27] könnte auf Seiten des deutschen Rechts Voraussetzung für identitätswahrende Verlegung des Satzungssitzes ins Ausland schaffen, nicht jedoch Statutenwechsel erübrigen.[28]

Unzulässigkeit der Verlegung des **Satzungs**sitzes ins Ausland gilt nach **10**
bisher hM auch bei grenzüberschreitender **Verlegung des Satzungssitzes innerhalb der EU.** Niederlassungsfreiheit Art 43, 48 EGV zwingt nach derzeitiger Rechtslage zu keinem anderen Ergebnis, da sie sich nur auf Möglichkeit der Verlegung des Verwaltungssitzes bezieht.[29] Soweit dagegen GmbH ihren tatsächlichen Sitz u Satzungssitz in anderen Mitgliedsstaat verlegt u sich dabei in Gesellschaftsform dieses Mitgliedsstaats umwandelt, ist nach EuGH Niederlassungsfreiheit betroffen, so dass Beschränkungen nur aus zwingenden Gründen des Allgemeinwohls zulässig sind,[30] die derzeit wohl noch in den ungelösten Problemen des Gläubiger- u Minderheitsschutzes liegen,[31] zumal geplante Sitzverlegungsrichtlinie derzeit nicht weiterverfolgt wird (Einl Rn 62). Zur Möglichkeit identitätswahrender grenzüberschreitender Verschmelzung nachfolgend Rn. 15.

3. Verlegung des Verwaltungssitzes ins Ausland. Bislang musste zwar **11**
durch Rspr des EuGH Gründung bzw Zuzug ausländischer Gesellschaften aus EU-Mitgliedsstaaten mit Verwaltungssitz in anderem Mitgliedsstaat im Hinblick auf Niederlassungsfreiheit hingenommen werden (Einl Rn 60), bzgl der Hinausverlegung fehlte jedoch nach Daily Mail[32] eine Klärung. Diese hat nunmehr die CARTESIO-Entscheidung des EuGH gebracht.

---

[25] *Wicke* Rn 10; zu § 4a aF auch MünchKommBGB/*Kindler* IntGesR Rn 510; *Kindler* AG 2007, 721, 723; Michalski/*Leible* SystDarst 2 Rn 133; für AG GroßkommAktG/*Brändel* § 5 Rn 28; *Hüffer* AktG § 5 Rn 12; MünchKommAktG/*Heider* § 5 Rn 65.

[26] BayObLG DStR 2004, 1224; OLG Hamm NJW 2001, 2183; zur Erforderlichkeit eines inländischen Satzungssitzes auch schon BGHZ 29, 320, 328; 19, 102, 105; ferner Ulmer/*Ulmer* Rn 10; *Lutter*/Hommelhoff/*Bayer* Rn 22; Rowedder/*Schmidt-Leithoff* Rn 4; *Triebel/v Hase* BB 2003, 2409, 2414.

[27] RefE eines Gesetzes zum Internationalen Privatrecht der Gesellschaften, Vereine und juristischen Personen, vom 7. 1. 2008, www.bmj.de.

[28] Ulmer/*Behrens* Einl B 119.

[29] OLG München NZG 2007, 915: BayObLG DStR 2004, 1224; OLG Brandenburg ZIP 2005, 489; Süß/Wachter/*Hoffmann,* § 4 Rn 16; *Lutter*/Hommelhoff/*Bayer* Rn 22; *Wicke* Rn 10; *Leible* ZGR 2004, 531, 535; *Horn* NJW 2004, 893, 897; *Roth* ZIP 1999, 864; iE auch *Kindler* NJW 1999, 1993; MünchKommBGB/*Kindler* IntGesR Rn 509; *Zimmer* ZHR 164 (2000), 23; – aA Vorlagebeschluss AG Heidelberg NZG 2000, 927, von EuGH NZG 2001, 1027 als unzulässig zurückgewiesen; *Eidenmüller/Rehm* ZGR 2004, 159, 175 ff; *Kieninger* ZGR 1999, 724.

[30] EuGH C-210/06 (CARTESIO) = NJW 2009, 569 Rn 111 f; *Goette* DStR 2009, 128, 129.

[31] *Weller* DStR 2004, 1218, 1219. Ablehnend auch insoweit OLG München NZG 2007, 915; *Ringe* Anm ZIP 2008, 1072, 1074; – befürwortend dagegen *Campos Nave* BB 2008, 1410.

[32] EuGH Rs 81/87, NJW 1989, 2186.

Danach steht die Niederlassungsfreiheit beim gegenwärtigen Stand des Gemeinschaftsrechts einer Beschränkung der Hinausverlegung des tatsächlichen Sitzes nicht entgegen.[33] Nach deutschem Recht scheiterte eine Verlegung des Verwaltungssitzes deutscher GmbH ins Ausland an Sitztheorie u an nach Abs 2 aF notwendiger Anknüpfung des Satzungssitzes an Ort des Betriebs, der Geschäftsführung oder der Verwaltung. Mit Änderung von § 4 a will GesGeb nunmehr durch Streichung von Abs 2 aF Voraussetzungen für Gründung deutscher GmbH mit **tatsächlichem Sitz** (Verwaltungssitzes) **im Ausland** schaffen bzw entspr Verlegung des Verwaltungssitzes ins Ausland ermöglichen, wobei im Inland lediglich Geschäftsanschrift als Zustellungsadresse vorhanden sein u aufrechterhalten werden muss (§§ 8 IV Nr 1, 10 I 1). Ausländischer Verwaltungssitz ist dann dort als Zweigniederlassung zu registrieren. Verwaltungssitz relevant für besonderen Gerichtsstand nach Art 2, 60 EuGVO u für Eröffnungszuständigkeit nach Art. 3 EuInsVO.[34] Letzteres ist im Gesetzgebungsverfahren im Hinblick auf möglichen Missbrauch („Insolvenztourismus“) kritisiert worden.[35] Ist der tatsächliche Sitz unzulässig, was nach der Neufassung von § 4 a praktisch kaum noch vorkommen kann, fehlt eine unmittelbare gesetzliche Handhabe. Zu § 4 a aF hat der BGH entschieden, dass dies analog § 144 a IV FGG (jetzt § 399 FamFG) zu Beanstandungs- u Auflösungsverfahren führt.[36] – **Keine Übergangsvorschrift für Altgesellschaften.** Daher gilt für diese, soweit sie tatsächlichen Sitz bisher unzulässigerweise ins Ausland verlegt hatten, nunmehr Mangel als geheilt. Zur Pflicht zur Angabe inländischer Geschäftsanschrift s § 8 Rn 17.

12 **Kollisionsrechtlich** ist Verlegung des Verwaltungssitzes ins Ausland dagegen weiterhin problematisch, denn sie setzt Nichtanwendung der im Grundsatz noch geltenden Sitztheorie voraus.[37] Gesetzliche Aufgabe der Sitztheorie als kollisionsrechtliche Anknüpfung soll erst durch Regelung des internationalen Gesellschaftsrechts in Novelle zum EGBGB erfolgen (oben Rn 1). Sie kann daher allenfalls als sog versteckte Kollisionsnorm in § 4 a nF gesehen werden.[38]

13 Begründung des tatsächlichen Sitzes im Ausland ist allerdings nicht auf EU-Mitgliedsstaaten u EWR beschränkt. Außerhalb dieses Bereichs kann **Verlegung** des Verwaltungssitzes **in Staaten, die** in ihrem Kollisionsrecht **der Sitztheorie folgen,** zu Statutenwechsel nach dortigem Recht führen.[39] Zwar ist im Inland GmbH dann nach Übergang zur Gründungstheorie durch geplanten Art 10 EGBGB GmbH weiterhin nach deutschem Recht zu be-

---

[33] EuGH C-210/06 = NJW 2009, 569 (CARTESIO).

[34] Näher *Knof/Morck* GmbHR 2007, 856.

[35] Stellungnahme des Bundesrats BT-Drucks 16/1640, 71 f u Erwiderung der Bundesregierung ebenda S 78 f; auch *Römermann* NZI 2008, 641, 644.

[36] BGH NZG 2008, 2914.

[37] Dazu, dass GesGeb des MoMiG kollisionsrechtliche Bedeutung der Sitzverlegung verkannt haben, *Kindler* NJW 2008, 3249, 3251. Konsequent aA Palandt/*Thorn* Anh zu Art 12 EGBGB Rn 7 auf der Grundlage einer für Sitzverlegung innerhalb EU-Staaten geltenden Gründungstheorie.

[38] So *Goette* DStR 2009, 128, 129; *Paefgen* WM 2009, 529, 531; *Leible/Hoffmann* BB 2009, 58, 62; *Tebben* RNotZ 2008, 441, 447; – gegen kollisionsrechtliche Bedeutung aber *Heckschen* DStR 2009, 166, 169; *Preuß* GmbHR 2007, 57; *Peters* GmbHR 2008, 245, 294.

[39] Palandt/*Thorn* Anh Art 12 EGBGB Rn 5; *Wicke* Rn 13.

handeln.[40] Sitztheoriestaat, in welchem der tats Sitz der Ges liegt, kann diese dann jedoch, wie früher für pseudo foreign corporation auch in Deutschland, seiner eigenen Rechtsordnung unterwerfen u ggf als Personenges qualifizieren, soweit dem nicht völkerrechtliche Verträge entgegenstehen.

4. Sitzverlegung ausländischer Gesellschaften ins Inland. Voraussetzung der Verlegung des **Satzungs**sitzes einer ausländischen GmbH ins Inland derzeit nicht gegeben. Sie scheitert idR daran, dass Recht des Wegzugsstaats Fortbestand zulassen u Ges alle Erfordernisse nach deutschem Recht erfüllen muss;[41] dazu idR Anpassung erforderlich, die faktisch Neugründung entspricht; in jedem Fall HRAnmeldung u Eintragung wie bei Neugründung.[42] Das gilt auch bei Zuzug in Form der Verlegung des Satzungssitzes von Gesellschaften aus anderen EU-Mitgliedsstaaten,[43] jedenfalls solange Sitzverlegungsrichtlinie nicht Zulassung erzwingt. Verlegung nur des **tatsächlichen Sitzes** ins Inland ist bei Ges, die in Mitgliedsstaaten der EU u EWR wirksam gegründet wurden, auf Grund der Niederlassungsfreiheit zulässig (Einl Rn 59 ff). Sie darf allerdings nicht missbräuchlich sein.[44] Registrierung als **Zweigniederlassung** einer ausländischen GmbH. 14

5. Grenzüberschreitende Verschmelzung. EuGH hat noch vor Ablauf der Umsetzungsfrist der VerschmelzungsRL 2005/56/EG in der SEVIC-Entscheidung[45] Verstoß gegen Art. 43, 48 EGV angenommen, wenn grenzüberschreitende Verschmelzung unter Mitgliedsstaaten generell ausgeschlossen wird. Umsetzung der RL ist in Deutschland[46] durch G vom 19. 4. 2007[47] durch Einfügung eines Abschnitts über grenzüberschreitende Verschmelzung von Kapitalgesellschaften in das UmwG (§§ 122 a ff UmwG) mit Wirkung vom 25. 4. 2007 erfolgt.[48] Die damit verbundenen Fragen der Unternehmensmitbestimmung wurden durch das MgVG[49] geregelt. 15

Stammkapital; Geschäftsanteil

5 (1) **Das Stammkapital der Gesellschaft muß mindestens fünfundzwanzigtausend Euro betragen.**

---

[40] *Kindler* AG 2007, 721, 722.

[41] BGHZ 153, 353 = NZG 2003, 531.

[42] BGHZ 97, 269; OLG München NJW 1986, 2197; OLG Zweibrücken WM 1990, 1298 für AG; iE ähnl hM: stets Neugründung, Scholz/*Westermann* Rn 152 ff, 127; Rowedder/*Schmidt-Leithoff* Einl Rn 337; *Lutter*/Hommelhoff/*Bayer* Rn 22; allg auch MünchKommBGB/*Kindler* IntGesR Rn 401; Staudinger/*Großfeld* IntGesR Rn 638 ff, 678 ff; Palandt/*Thorn* Anh zu Art 12 EGBGB Rn 6 ff.; *Roth*/Altmeppen Rn 24, 25.

[43] *Leible* ZGR 2004, 531, 535, 553; MünchKommBGB/*Kindler* IntGesR Rn 404.

[44] EuGH ZIP 2006, 1817 Rn 37 *Cadbury-Schweppes;* EuGH GA RS C-210/06 ZIP 2008, 1067 Rn 29.

[45] EuGH C-411/03 (SEVIC Systems AG) = NJW 2006, 425.

[46] Zur Umsetzung in anderen Mitgliedsstaaten *Winter* GmbHR 2008, 532.

[47] Zweites Gesetz zur Änderung des Umwandlungsgesetzes, BGBl I 2007, 542.

[48] Überblick bei *Neye/Timm* DB 2006, 488; *Simon/Rubner* Der Konzern 2006, 835; *Winter* Der Konzern 2007, 24; *ders.* GmbHR 2008, 532.

[49] Gesetz über die Mitbestimmung der Arbeitnehmer bei einer grenzüberschreitenden Verschmelzung (MgGV) BGBl I 2006, 3332. Überblick bei *Lunk/Hinrichs* NZA 2007, 773; *Teichmann* Der Konzern 2007, 89; *Winter* Der Konzern 2007, 24, 31 ff.

(2) [1] Der Nennbetrag jedes Geschäftsanteils muss auf volle Euro lauten. [2] Ein Gesellschafter kann bei Errichtung der Gesellschaft mehrere Geschäftsanteile übernehmen.

(3) [1] Die Höhe der Nennbeträge der einzelnen Geschäftsanteile kann verschieden bestimmt werden. [2] Die Summe der Nennbeträge aller Geschäftsanteile muss mit dem Stammkapital übereinstimmen.

(4) [1] Sollen Sacheinlagen geleistet werden, so müssen der Gegenstand der Sacheinlage und der Nennbetrag des Geschäftsanteils, auf den sich die Sacheinlage bezieht, im Gesellschaftsvertrag festgesetzt werden. [2] Die Gesellschafter haben in einem Sachgründungsbericht die für die Angemessenheit der Leistungen für Sacheinlagen wesentlichen Umstände darzulegen und beim Übergang eines Unternehmens auf die Gesellschaft die Jahresergebnisse der beiden letzten Geschäftsjahre anzugeben.

Übersicht

Lit: *Ballerstedt,* Kapital, Gewinn und Ausschüttung bei Kapitalgesellschaften, 1949; *Fabritius,* Vermögensbindung in AG und GmbH – tiefgreifender Unterschied oder grundsätzliche Identität?, ZHR 144 (1980), 628; *Fleck,* Der Grundsatz der Kapitalerhaltung – seine Ausweitung und seine Grenzen, FS GmbHG, 1992, 391; *ders,* Kapitalaufbringung, Kapitalerhaltung und Insolvenzprobleme in der GmbH, RWS-Skript, 2. Aufl 1982; *Flume,* Der Gesellschafter und das Vermögen der Kapitalgesellschaft und die Problematik der verdeckten Gewinnausschüttung, ZHR 144 (1980), 18; *Immenga,* Die personalistische Kapitalgesellschaft, 1970, 200 ff; *Priester,* Kapitalaufbringung, FS GmbHG, 1992, 159; *Joost,* Grundlagen und Rechtsfolgen der Kapitalerhaltungsregeln in der GmbH, ZHR 148 (1984), 27; *Lutter,* Kapital, Sicherung der Kapitalaufbringung und Kapitalerhaltung in den Aktien- und GmbH-Rechten der EWG, 1964; *Wiedemann,* Haftungsbeschränkung und Kapitaleinsatz in der GmbH, in Wiedemann/Bär/Dabin, Die Haftung des Gesellschafters in der GmbH, 1968, 5.

I. Allgemeines

1. Funktion, Neuregelung 1

Lit: *Gehrlein,* Der aktuelle Stand des neuen GmbH-Rechts, Der Konzern 2007, 771; *Haas,* Mindestkapital und Gläubigerschutz in der GmbH, DStR 2006, 993; *Heckschen,* Die GmbH-Reform – Wege und Irrwege, DStR 2007, 144; *Hirte,* Die „Große GmbH-Reform" – Ein Überblick über das Gesetz zur Modernisierung des GmbH-Rechts und zur Bekämpfung von Missbräuchen, NZG 2008, 761; *Kindler,* Grundzüge des neuen Kapitalgesellschaftsrechts, NJW 2008, 3249; *Trebben,* Die Reform der GmbH – das MoMiG in der notariellen Praxis, RNotZ 2008, 441; *Wälzholz,* Die Reform des GmbH-Rechts, MittBayNot 2008, 425.

Für **GmbH als Kapitalgesellschaft** bezeichnet Stammkapital die **wesentliche Grundlage;** dementspr wichtig genaue Festsetzung sowie Regelung der auf GAnteile zu leistenden Einlagen. Angaben über Höhe des Stammkapitals und Nennbetrag der GAnteile gehören nach § 3 I Nr 3 u 4 zum notwendigen Inhalt des GesVertrags (§ 3 Rn 14 ff); Höhe des Stammkapitals wird gem § 10 I ins HR eingetragen. – Abs 4 regelt Besonderheiten der **Sachgründung** u fasst dabei Sacheinlagen u Sachübernahmen zusammen. Fakultativer Inhalt des GesVertrags (§ 3 Rn 24 ff); keine Eintragung ins HR. § 5 ist wichtiger Teil der gesetzlichen Regelung zur **Gewährleistung der Aufbringung und Erhaltung des Stammkapitals** im Interesse des Gläubigerschutzes (ferner vor allem §§ 7 II u III, 9, 19 ff, 24 sowie §§ 30 ff, 42 I mit § 266 III, A. I. HGB); § 5 ist in vollem Umfang **zwingendes Recht;** hierfür wichtige Ergänzung durch § 19 (s dort insbes Rn 16 ff, 27 ff, 45 ff zu Folgen von Verstößen bzw Umgehungen, vor allem durch verdeckte Sacheinlagen). Zwingende Mindestzahlen schließen höhere Festsetzungen nicht aus. – Über entspr Geltung bei Kapitalerhöhung § 55 IV, bei Umwandlung zB für Formwechsel § 197 UmwG, ferner auch §§ 36 II, 135 II UmwG (Ausnahme unten Rn 7, 8 aE).

2 **Neuregelung.** Ursprünglich war geplant, durch MoMiG das Mindeststammkapital auf 10 000 € herabzusetzen und damit ungefähr auf den Betrag, der vor der GmbH-Reform von 1980 gegolten hat. Angesichts der im Vergleich zu den Wertverhältnissen bei Entstehung des GmbHG ohnehin schon relativ geringen Höhe des Mindeststammkapitals und der seit 1980 eingetretenen Geldentwertung hätte die geplante Reduzierung die Bedeutung des Stammkapitals marginalisiert. Davon hat der Rechtsausschuss schließlich doch Abstand genommen und das Mindeststammkapital bei dem Betrag von 25 000 € belassen, zumal dem Interesse von Kleinunternehmern und Existenzgründern mit geringem Eigenkapitalbedarf durch die Möglichkeit der Gründung einer UG (haftungsbeschränkt) nach § 5 a Rechnung getragen werde.[1] Daher konnte **Abs 1** insoweit unverändert bleiben. Neuregelung beschränkt sich nunmehr auf die Streichung der bisherigen Mindesteinlage von 100 €. **Abs 2** verlangt gegenüber bisheriger Regelung, die für Stammeinlagen Mindestbetrag von 100 € und Teilbarkeit durch 50 anordnete, nur noch, dass der Nennbetrag jedes Geschäftsanteils auf volle Euro lauten muss. Ferner wird das bisherige Verbot der Zeichnung mehrerer Anteile aufgehoben und Übernahme von mehreren GAnteilen bereits bei der Gründung ausdrücklich erlaubt. **Abs 3 S 1** entspricht in der Sache der bisherigen Regelung, wobei lediglich entspr neuer Terminologie Begriff der Stammeinlage durch den des Nennbetrags der einzelnen GAnteile ersetzt wurde (dazu § 14 Rn 1). S 2 aF, der Teilbarkeit der Stammeinlage durch 50 verlangte, wurde gestrichen. Bisheriger S 3 wurde zu S 2 mit terminologischer Anpassung, die allerdings darüber hinaus materiellrechtliche Folgen haben soll (unten Rn 9). **Abs 4,** der die Voraussetzungen der wirksamen Vereinbarung einer Sacheinlage behandelt, ist in der Sache unverändert geblieben; lediglich der Begriff der Stammeinlage wurde durch den Begriff des Geschäftsanteils ersetzt. Die Neuregelungen sind seit **Inkrafttreten** des MoMiG (1. 11. 2008) anwendbar.

3 **2. Entwicklung, Euro-Umstellung.** Mindesthöhe des Stammkapitals mit 25 000 Euro in Abs 1 eingeführt durch EuroEG 1998[2] im Rahmen der Währungsunion mit Wirkung vom 1. 1. 1999. Während der Übergangszeit 1999–2001 Neugründungen wahlweise in DM oder Euro, bei DM-Gründungen jedoch auf der Umrechnungsbasis der ab 1999 geltenden Euro-Betragsstufen, um spätere Anpassung zu erleichtern. Zur Übergangsregelung im Einzelnen unten Rn 58. Für **Altgesellschaften,** die vor dem 1. 1. 1999 angemeldet wurden und bis zum 31. 12. 2001 eingetragen werden, bleibt grds die Regelung in § 5 I aF maßgebend (zur Umstellung für Altgesellschaften unten Rn 58), wonach das Mindeststammkapital 50 000 DM und die Mindeststammeinlage 500 DM betrug. Diese Fassung beruhte auf GmbH-Novelle 1980 u galt seit 1. 1. 1981. Vorher betrug Mindesthöhe 20 000 DM. Zu den entspr Übergangsregelungen, auch für Alt-GmbH nach DDR-Recht gem Anlage 1 zum Einigungsvertrag unten Rn 59. Bestrebungen, Mindeststammkap wieder auf 10 000 € zu reduzieren oder Höhe nach ganz freizustellen (Einl Rn 39), sind durch MoMiG in Form der Schaffung der UG (haftungsbeschränkt) in § 5 a Gesetz geworden. Dadurch erübrigte sich generelle He-

---

[1] Begr Rechtsausschuss BT-Drucks 16/9737, 96.
[2] BGBl I, 1242.

rabsetzung des Stammkapitals für GmbH im Übrigen. – Über ältere Entwicklung, insbes Einfluss der Währungsreformen der 20er Jahre u von 1948 vgl 13. Aufl A 1 u A 2.[3] – Erfordernis eines Sachgründungsberichts in Abs 4 Satz 2 eingeführt durch GmbH-Novelle 1980. – Bei Umwandlung ehemals volkseigener Betriebe nach § 11 TreuhG sind Vorschriften über Vermögensausgleich u Eigenkapitalsicherung in §§ 24–26 DMBilG vorrangig, die Sachgründungsvorschriften des GmbHG unanwendbar.[4]

II. Stammkapital, Abs 1 und 3

Lit: *Ekhold,* Materielle Unterkapitalisierung, 2002; *Eidenmüller/Engert,* Rechtsökonomik des Mindestkapitals im GmbH-Recht, GmbHR 2005, 433; *G. H. Roth,* Unterkapitalisierung und persönliche Haftung, ZGR 1993, 182; *Weitbrecht,* Haftung der Gesellschafter bei materieller Unterkapitalisierung, 1990; *Wilhelm,* Rechtsform und Haftung bei der juristischen Person, 1981.

1. Höhe, Festsetzung. Zu Begriff u Funktion des Stammkapitals § 3 Rn 14, auch Einl Rn 2 f, 5 f. – Nach Abs 1 beträgt seine **Mindesthöhe 25 000 Euro.** Höherer Betrag beliebig möglich; **keine Obergrenze.** Unterschreitung möglich in Form der UG (haftungsbeschränkt) nach § 5 a. Zumindest bei Gründung müssen Stammkapital u **Summe aller Nennbeträge der GAnteile** übereinstimmen (Abs 3 S 2). – **Festsetzung** erfolgt nach § 3 I Nr 3 im GesVertrag als fester Betrag in Euro (§ 3 Rn 15). Änderung vor HREintragung der Ges durch Vertragsänderung in der Form des § 2 (s § 11 Rn 8). Später Kapitalerhöhung oder -herabsetzung nur durch Satzungsänderung (§§ 55 ff, 58 mit Erl) zulässig. Durch Kapitalherabsetzung darf Mindesthöhe grds nicht unterschritten werden (§ 58 II, Ausnahme: § 58 a IV). – **Übergangsregelung** zur Euro-Einführung früher in § 86, jetzt in § 1 EGGmbHG (oben Rn 3 u unten Rn 58). 4

2. Eigenkapitalausstattung – Unterkapitalisierung. Das Stammkapital ist bislang nach Begriff u Funktion wichtigster, wenn auch nicht einziger, Faktor für die Ausstattung der GmbH mit dem für den GesZweck erforderlichen Eigenkapital. Daran sollte sich die Höhe des Stammkapitals im Einzelfall orientieren. Jedoch besteht keine gesetzlich normierte Pflicht, Ges das betriebswirtschaftlich erforderliche Eigenkapital bereitzustellen.[5] Nur Mindeststammkapital ist vorgeschrieben (Abs 1), im Übrigen bleibt Entscheidung über Art u Umfang der Finanzierung den Gftern überlassen, **Freiheit der Finanzierungsentscheidung.** Gfter können daher grds frei entscheiden, ob sie über Mindeststammkapital hinausgehendes Eigenkapital bereitstellen u in welcher Form. Gesetz geht davon aus, dass ein Maßstab für eine allein angemessene Eigenkapitalausstattung ex ante nicht besteht u es daher den Kräften des Marktes überlassen werden muss, Gfter ggf zu Stärkung der Eigenkapitalausstattung oder zur Aufgabe zu zwingen. – Gesetzliche Regelungen über ein erhöhtes Mindeststammkapital existieren für Kapitalanlageges (§ 2 II lit a KAGG: 2,5 Mio Euro) und andere Kreditinstitute (§§ 10 f, 33 I 5

[3] Ausführl Michalski/*Zeidler* Rn 11 ff; Hachenburg/*Schilling* 6. Aufl 1956, § 5 Einl u Anh; Scholz/*Winter* 6. Aufl 1978/1983, Rn 4 ff.

[4] BGH ZIP 1999, 281 gegen OLG Naumburg GmbHR 1997, 506.

[5] BGHZ 31, 268; 68, 312; BGH NJW 1979, 2104, stRspr, vgl auch BGHZ 127, 23.

Nr 1 KWG: angemessenes haftendes Eigenkapital), die in der Rechtsform der GmbH betrieben werden. Dagegen hat GesGeb nicht nur in der GmbH-Novelle 1980,[6] sondern explizit auch für MoMiG[7] auf besondere Haftung wegen Unterkapitalisierung verzichtet.

6 **Unterkapitalisierung** kann bestehen, wenn Eigenkapital (u damit vor allem Stammkapital) nicht in betriebswirtschaftlich angemessenem Verhältnis zu Geschäftsart u -umfang der betr GmbH steht. Wird Eigenkapitalbedarf im Übrigen durch Gfterdarlehen gedeckt, spricht man von formeller Unterkapitalisierung; von **materieller Unterkapitalisierung** dagegen, wenn wirtschaftlich benötigtes Eigenkapital nicht in zureichemd Maße durch die Gfter aufgebracht wird, die Ges vielmehr insges unter- oder in betriebwirtschaftlich unangemessenem Umfang durch Fremdkapital finanziert ist.[8] Während Gefahr formeller Unterkapitalisierung für Gläubigerschutz im Hinblick auf generelle insolvenzrechtliche Herabstufung der Gfterdarlehen u Anfechtbarkeit ihrer Rückzahlung u Besicherung im Rahmen der §§ 39, 135 InsO im Wesentlichen gelöst ist, ist Problem der materiellen Unterkapitalisierung bislang ungelöst. Zwar befürwortet Teil der **Lit** zumindest bei schwerwiegender, „qualifizierter" (nach manchen bei jeder, auch „einfacher") **materieller Unterkapitalisierung,** insbes wenn diese eindeutig u klar erkennbar ist, eine **Haftung** der Gfter, meist als Haftungsdurchgriff im Insolvenzfall (näher § 13 Rn 47). Gestützt wird eine solche Rechtsfortbildung bevorzugt auf den Normzweck der gesetzlichen Vorschriften über Kapitalhöhe, Kapitalaufbringung u -erhaltung, die nach dieser Auffassung die Haftungsbeschränkung des § 13 II nur bei angemessener Eigenkapitalausstattung rechtfertigen; allerdings bestehen erhebliche Unterschiede in Ansatz u Begründung wie auch hinsichtlich Voraussetzungen, Umfang u Ausgestaltung der Haftung im Einzelnen.[9] – Dem ist die Rspr mit wenigen Ausnahmen[10] u ebenso ein relevanter Teil der neueren Lit[11] nicht gefolgt. Vielmehr ist **BGH** Versuchen, spezifische Durchgriffshaftung wegen Unterkapitalisierung zu begründen, erfreulich klar entgegengetreten.[12] Auch GesGeb des MoMiG geht von Nichtexistenz einer allg Unterkapitalisierungshaftung aus.[13] Ein

---

[6] BT-Drucks 8/1347, 39.

[7] BR-Drucks 354/07, 66.

[8] Vgl etwa *Raiser/Veil* § 29 Rn 39.

[9] Ulmer/*Ulmer* § 13 Rn 153 ff, insbes Rn 157 ff; Scholz/*Emmerich* § 13 Rn 81 ff, 93 f mwN; ferner etwa *Lutter/Hommelhoff* § 13 Rn 6 ff; Roth/*Altmeppen* § 13 Rn 118; *Immenga* 402 ff; *Kübler/Assmann* § 18 VI 5; *Lutter/Hommelhoff* ZGR 1979, 31, 57 ff; *Lutter* ZGR 1982, 249; *Blaurock* FS Stimpel, 1985, 553, 558 ff; *Stimpel* FS Goerdeler, 1987, 607 ff; *Raiser/Veil* § 29 Rn 46; *Wiedemann* § 10 IV 3, insbes b, auch § 4 III 1 b; *Wüst* DStR 1991, 1388 u insbes 1424; zurückhaltend unter Beschränkung auf Innenhaftung der Gfter *K. Schmidt* GesR § 9 IV 4, insbes c, auch § 37 III 7.

[10] So BSG NJW 1984, 2117; bestätigt ZIP 1996, 1134; vorsichtiger aber NZS 1998, 346, 347; – abl aber BAG ZIP 1999, 24 u 878 mit Anm *Altmeppen;* zurückhaltend auch BGH NJW 1999, 2809.

[11] Scholz/*Winter/Westermann* Rn 19; Michalski/*Zeidler* Rn 30; Rowedder/*Schmidt-Leithoff* Rn 8 f; iE auch Rowedder/Schmidt-Leithoff/*Pentz* § 13 Rn 133 ff; ferner *Roth*/Altmeppen Rn 12; *Roth* ZGR 1993, 170, 189 f, 198 ff; *Flume* JurPerson § 3 III 1; *Schulze-Osterloh* ZGR 1983, 143 ff; *Vonnemann* GmbHR 1992, 77; *Wilhelm,* Rechtsform und Haftung bei der juristischen Person, 1981, 308 ff, 325 ff, 356 f; ausführl *Weitbrecht,* Haftung der Gesellschafter bei materieller Unterkapitalisierung der GmbH, 1990.

[12] BGH NZG 2008, 547 (GAMMA); strikt abl auch schon VIII. Senat BGHZ 68, 312.

[13] RegBegr BR-Drucks 354/07, 66.

allgemeiner Haftungstatbestand der Unterkapitalisierung ist somit außerhalb der Voraussetzungen des § 826 BGB **nicht anzuerkennen.** Unterkapitalsierung daher grds auch kein Eintragungshindernis bei Gründung (§ 9 c Rn 4). Davon abgesehen ist in jedem Fall zu prüfen, ob anderer Durchgriffstatbestand vorliegt (Vermögensvermischung, dazu § 13 Rn 45 ff) oder Voraussetzungen eines existenzvernichtenden Eingriffs erfüllt sind (dazu § 13 Rn 49).

III. Geschäftsanteile, Abs 2 u 3

Lit: *Becker,* Aktienrechtliches und handelsrechtliches Agio, NZG 2003, 510; *Wagner,* Gründung bzw. Kapitalerhöhung von Kapitalgesellschaften: Aufgeld auf satzungsmäßiger bzw. schuldrechtlicher Grundlage, DB 2004, 293.

1. Höhe, mehrere Anteile, Festsetzung. Zum Begriff des Geschäftsanteils § 14 Rn 3, auch § 3 Rn 16 f. Kein Höchstbetrag; Mindestbetrag 1 € (Abs 2 S 1). Bisheriges Verbot der Übernahme mehrerer GAnteile, das Personalisierung der Beteiligung stärken u Handel von GAnteilen am öffentlichen Kapitalmarkt unterbinden sollte, durch MoMiG aufgehoben. Öffentl Handel wird weiterhin durch Formvorschrift des § 15 erschwert. Abs 2 S 2 erlaubt ausdrücklich **Übernahme mehrerer GAnteile** durch einen Gfter. Da Erfordernis der Teilbarkeit durch 50 u Mindesteinlage von 100 € aufgehoben, ist lediglich Mindesthöhe von 1 € u Übereinstimmung der Summe der Nennbeträge mit Stammkapital (Abs 3 S 2) zu beachten. Neuregelung u Aufhebung von § 17 aF erleichtern ua spätere Erbauseinandersetzung u Regelung der Unternehmensnachfolge. **Höhe der Nennbeträge** der GAnteile **kann** nicht nur für jeden Gfter, sondern bei Übernahme mehrerer GAnteile auch **bei jedem einzelnen Gfter unterschiedlich** ausgestaltet sein (Abs 3 S 1). § 8 I Nr 3 verlangt Nummerierung der einzelnen GAnteile, die jedoch, wie bei späteren Teilungen, im Rahmen der Einreichung der Gfterliste erfolgt. – **Festsetzung** nach § 3 I Nr 4 im GesVertrag, zugleich für Einlage maßgebend (§ 3 I Nr 4). Angabe gem Abs 1 stets als fester Betrag in Euro, auch bei Sacheinlage (unten Rn 14 ff), da diese sich nach Abs 4 auf bestimmten Nennbetrag des GAnteils beziehen muss. – **Übergangsregelung** zur Euro-Einführung in § 1 EGGmbHG (oben Rn 3 u unten Rn 58). 7

Spätere Teilung, auch durch Teilabtretung, mit Zustimmung der Gfter-Versammlung möglich (§ 46 Nr 4), die auch durch Satzung u durch Beschluss auf Vorrat[14] erfolgen kann. Durch Kapitalerhöhung entstehende GAnteile müssen gleichfalls nur noch die genannten Mindesterfordernisse erfüllen (§ 55 Abs 4). Entspr gilt nach Art 17 MoMiG für Umwandlungen. 8

2. Summe der Nennbeträge, Abs 3 S 2. Nach Abs 3 S 2 muss **Summe der Nennbeträge der GAnteile mit dem Stammkapital übereinstimmen.** Von den Gründern übernommene Nennwerte der GAnteile müssen also Stammkapital voll abdecken (zur Lage bei Unwirksamkeit einer Beitrittserklärung § 2 Rn 44 ff). Zusammenhang mit Stammkapital ergibt zugleich Obergrenze für Betrag des einzelnen GAnteils. – Über das Gründungsstadium hinaus war bisher Übereinstimmung von Stammkapital u Summe der Stammeinlagen vom Gesetz nicht zwingend gefordert, zwar tatsächlich oft gegeben, 9

[14] *Wicke* § 46 Rn 9.

aber etwa im Fall der Einziehung nicht rechtlich gewährleistet.[15] **Nach neuem Recht soll** dagegen nach Ansicht der RegBegr die **Übereinstimmung von Stammkapital u Nennbeträgen der GAnteile** nicht nur für Gründung, sondern **auf Dauer,** insbes auch im Fall der Einziehung (§ 34 Rn 17 a), der Kapitalerhöhung und -herabsetzung **zwingend** sein.[16]

10 Verbot des späteren Auseinanderfallens von Ziffer des Stammkapitals u Summe der Nennbeträge der GAnteile lässt sich jedoch weder aus dem – abgesehen von der Ersetzung des Begriffs der Stammeinlagen durch den des Nennbetrags der GAnteile identischen – Wortlaut der Neuregelung mit der bisherigen Regelung, noch aus der Systematik zwingend herleiten. Will man der Vorstellung der Regierungsbegründung Folge leisten, lässt sich dies nur mit nicht unerheblichen Eingriffen an anderer Stelle verwirklichen,[17] die dem von MoMiG allg angestrebten Ziel der Vereinfachung entgegenlaufen. So müsste man, ohne dass dieser Umschwung in den Voraussetzungen für die Adressaten ohne weiteres erkennbar wäre, die Wirksamkeit etwa der Einziehung von einer gleichzeitigen u bisher allg nicht für erforderlich gehaltenen Beschlussfassung über eine Kapitalherabsetzung, Aufstockung der verbliebenen GAnteile oder Bildung eines neuen GAnteils abhängig machen,[18] was zumindest für Übergangszeit zu einer Vielzahl unwirksamer Einziehungen führen würde (näher § 34 Rn 17 b). Auch fehlt Übergangsregelung für Ges, bei welchen infolge früherer Einziehung keine Übereinstimmung von Stammkapital u Nennbeträgen der GAnteile besteht. Im Hinblick auf ungeklärte Rechtslage ist jedoch Auseinanderfallen zu vermeiden.

11 Kein unzulässiges Auseinanderfallen von Stammkapital u Summe der Nennbeträge der GAnteile liegt bei **Überpariemission** vor. Sie lässt Stammkapital u Nennbetrag der GAnteile unberührt. Verpflichtung zur Zahlung eines Aufgelds **(Agio)** kann als Nebenleistungspflicht gem § 3 II begründet werden (§ 3 Rn 31 ff, 39);[19] bei nur schuldrechtlicher Zahlungsverpflichtung (§ 3 Rn 54, 57) Bindung an Mitgliedschaft u Gleichlauf mit Einlagepflicht nicht gewährleistet. Nach § 272 II Nr 1 HGB ist Aufgeld in der Bilanz als Kapitalrücklage auszuweisen (§§ 266 III A. II., 272 II Nr 1 HGB). – **Unterpariemission,** also Abschlag vom Nennbetrag des oder der GAnteils/GAnteile (Disagio) ist unzulässig, iE wie § 9 I AktG; dazu §§ 9, 19 II, III, 30 mit Erl.[20]

IV. Verstoß gegen Abs 1–3

12 Abs 1–3 sind zwingend (oben Rn 1). Bei Verstoß ist Festsetzung des Stammkapitals bzw der Nennbeträge der GAnteile nichtig (§ 134 BGB). Dies macht, ebenso wie völliges Fehlen einer solchen Regelung, den ganzen **Gesellschaftsvertrag nichtig,** da es sich nach § 3 I Nr 3 u 4 um notwendigen Inhalt handelt (§ 3 Rn 22). Die Folgen richten sich nach den Regeln

[15] Ulmer/*Ulmer* Rn 11; Scholz/*Winter*/*Westermann* Rn 31.

[16] RegBegr BR-Drucks 354/07, 69; befürwortend auch *Gehrlein* Der Konzern 2007, 771, 774; *Wachter* GmbHR Sonderheft Oktober 2008, 5, 11.

[17] *Wicke* Rn 7 u § 34 Rn 3.

[18] So etwa *Wachter* GmbHR Sonderheft Oktober 2008, 5, 11; *Heckschen* DStR 2009, 166, 169.

[19] Heute allgM, Ulmer/*Ulmer* Rn 183.

[20] BGHZ 68, 195, unstr.

über die fehlerhafte Ges (§ 2 Rn 37 ff), insbes besteht ein **Eintragungshindernis** (§ 9 c).

13 Erfolgt dennoch **Eintragung ins Handelsregister,** so entsteht die GmbH wirksam (§ 2 Rn 40, § 3 Rn 23). Nunmehr nach § 75 Nichtigkeit nur noch, wenn Bestimmung über Höhe des Stammkapitals ganz fehlt. Geltendmachung durch Nichtigkeitsklage, ferner Amtslöschungsverfahren gem § 397 FamFG (Einzelheiten § 75 Rn 17 ff, § 77 Anh Rn 24 ff); Mangel nicht heilbar (arg § 76). – Im Übrigen, also bei Nichtigkeit der Bestimmungen über Stammkapital oder GAnteile bzw bei Fehlen der Letzteren ist nur das Amtsauflösungsverfahren nach § 399 IV FamFG mit § 60 I Nr 6 vorgesehen (näher dazu § 77 Anh Rn 31 ff). Heilung durch Satzungsänderung, auch noch während des Verfahrens. Besteht der Mangel darin, dass die Summe der Nennbeträge der GAnteile den Betrag des Stammkapitals nicht erreicht, so können die für die gleiche Frage bei Unwirksamkeit einer Beitrittserklärung entwickelten Gesichtspunkte (§ 2 Rn 44) entspr herangezogen werden.[21]

V. Sacheinlagen, Abs 4

Lit: *Boehme,* Kapitalaufbringung durch Sacheinlagen, 1999; *ders,* Sacheinlagefähigkeit von Lizenzen, GmbHR 2000, 841; *Bongen/Renauld,* Sachübernahmen, GmbHR 1992, 100; *Bork,* Die Einlagefähigkeit obligatorischer Nutzungsrechte, ZHR 154 (1990), 205; *Ekkenga,* Zur Aktivierungs- und Einlagefähigkeit von Nutzungsrechten nach Handelsbilanz- und Gesellschaftsrecht, ZHR 161 (1997), 599; *Ellers,* Die Zurechnung von Gesellschafterwissen an die GmbH – insbesondere beim gutgläubigen Erwerb eines Sacheinlagegegenstands; *Frey,* Einlagen in Kapitalgesellschaften, 1990; *Götting,* Die Einlagefähigkeit von Lizenzen an Immaterialgüterrechten, AG 1999, 1; *Habersack,* Die gemischte Sacheinlage, FS Konzen, 2006, 179; *ders,* Verdeckte (gemischte) Sacheinlage, Sachübernahme und Nachgründung im Aktienrecht, ZGR 2008, 48; *Hoffmann,* Die unzulässige Einlage von Dienstleistungen im GmbH- und Aktienrecht, NZG 2001, 433; *Hoffmann-Becking,* Der Einbringungsvertrag zur Sacheinlage eines Unternehmens oder Unternehmensteils in der Kapitalgesellschaft, FS Lutter, 2000, 453; *Mülbert,* Sacheinlagepflicht, Sacheinlagevereinbarung und Sacheinlagefestsetzungen im Aktien- und GmbH-Recht, FS Priester, 2007, 485; *Pentz,* Genehmigtes Kapital, Belegschaftsaktien und Sacheinlagefähigkeit obligatorischer Nutzungsrechte – das adidas-Urteil des BGH, ZGR 2001, 901; *Sosnitza,* Die Einlagefähigkeit von Domain-Namen bei der Gesellschaftsgründung, GmbHR 2002, 821.

14 **1. Allgemeines, Begriffe und Abgrenzung. a) Bar- und Sachgründung.** Den Gftern steht Wahl zwischen Bar- und Sachgründung frei. Zwar sind Stammkapital u Nennwert der GAnteile im GesVertrag stets als feste Euro-Beträge anzugeben, doch kann die konkrete Einlagepflicht außer auf Geldleistung auch auf Einbringung von Sachen oder sonstigen Vermögenswerten gerichtet sein (Sacheinlagen, Sachgründung). Häufig wird beides kombiniert. Sacheinlagen müssen ausdrücklich im GesVertrag festgesetzt sein (Abs 4; unten Rn 43 ff), bei Kapitalerhöhung entspr im Erhöhungsbeschluss (§ 56, s dort). Andernfalls sind Einlagen notwendig in Geld zu leisten; insoweit hat Bargründung Vorrang.

15 Bei Sacheinlagen besteht erhöhte Gefahr unseriöser Gründungen durch Einbringen mangelhafter oder wertloser Gegenstände. Überbewertung von Sacheinlagen kann Anschein eines solventen Unternehmens erwecken, ob-

[21] Auch Ulmer/*Ulmer* Rn 23.

wohl reale Aufbringung des Stammkapitals nicht gewährleistet ist, u so zu Täuschungen im Geschäftsverkehr u Gefährdung der Gläubiger führen. GmbHG enthält deshalb besondere **Vorschriften über die Sachgründung** – außer Abs 4 auch in §§ 7–9, 9c, 10, 19 sowie 82, entspr §§ 56ff für Kapitalerhöhung. Sie bezwecken vor allem Publizität der Kapitalgrundlage der Ges, reale Einbringung, Überprüfung durch das RegGericht sowie Verhinderung von Überbewertungen u ggf Ausgleich durch Geldeinlagen.

16 **b) Sacheinlage, Sachübernahme.** Abs 4 verwendet nur den Begriff Sacheinlage, ohne ihn näher zu definieren. Vorschrift umfasst **Sacheinlage ieS,** bei welcher Einlagepflicht selbst unmittelbar auf Einbringung von Sachen oder sonstigen Vermögensgegenständen gerichtet ist; Beteiligung wird gegen Sachleistung gewährt. – Ferner **Sachübernahme,** dh Übernahme derartiger Vermögenswerte durch die Ges gegen Vergütung, **die auf die als Bareinlage vereinbarte Einlage angerechnet** wird. Hier kann die Sachleistung ebenso von einem Gfter wie auch von einem Dritten erbracht werden; wesentlich ist, dass sie die Einlagepflicht nur mittelbar erfüllt durch Verrechnung der als Gegenwert angesetzten Vergütung. – Trotz äußerer Ähnlichkeit bestehen somit in der rechtlichen Gestaltung Unterschiede, hingegen idR nicht im wirtschaftlichen Ergebnis, das insbes stets gleichermaßen den Schutz der GesGläubiger erfordert. Abs 4 idF vor der GmbH-Novelle 1980 hatte beide Fälle ausdrücklich unterschieden. Verzicht auf die Differenzierung in der heutigen Fassung von Abs 4 entspr iE § 27 I 2 AktG u soll der sprachlichen Vereinfachung dienen, in der Sache jedoch nichts ändern.[22] **Sacheinlage iSv Abs 4 umfasst** daher **beide Formen,** also neben Sacheinlagen ieS auch Sachübernahmen der bezeichneten Art.[23] Daran ist trotz der Aufhebung des § 19 V aF, der dies klarstellte, durch MoMiG festzuhalten, da GesGeb insoweit keine Änderung beabsichtigte. Die anderen Vorschriften für Sachgründungen (oben Rn 15) verwenden denselben weiten Begriff der Sacheinlage u gelten dementspr ebenfalls für Sachübernahmen mit Anrechnungsabrede.[24] Zur **Mischeinlage** u **gemischten Sacheinlage** unten Rn 20.

17 **c) Nicht erfasste Sachleistungen.** GmbHG enthält keine Regelung für die Vereinbarung einer Sachleistung in zeitlicher Nähe nach der Gründung, sog **Nachgründung** (vgl § 52 AktG). Derartige Geschäfte mit der GmbH, die erst nach der Entstehung vereinbart wurden, unterliegen, soweit sie nicht, wie wohl meist bei engem zeitlichem Zusammenhang, als **verdeckte Sacheinlagen** zu werten sind (unten Rn 18f u § 19 Rn 45), grds keinen Einschränkungen,[25] bedürfen insbes nicht der Aufnahme in die Satzung.[26] – Soll allerdings ein Gfter mitgliedschaftlich zu einer Sachleistung außerhalb der Einlage verpflichtet werden, ist das als Nebenleistungspflicht nach § 3 II in der Satzung zu regeln, unterliegt aber auch dann nicht den Sachgründungs-

---

[22] Bericht des Rechtsausschusses BT-Drucks 8/3908, 69.

[23] AllgM, Ulmer/*Ulmer* Rn 27, 110ff; Scholz/*Winter/Westermann* Rn 37, 70; Scholz/*Priester* 9. Aufl § 56 Rn 6f; Michalski/*Zeidler* Rn 73; *Lutter*/Hommelhoff/*Bayer* Rn 37; Rowedder/*Schmidt-Leithoff* Rn 18; *Roth*/Altmeppen Rn 29.

[24] Ulmer/*Ulmer* Rn 112; Scholz/*Winter/Westermann* Rn 70f; § 7 Rn 21, 41; Scholz/*Priester* 9. Aufl § 56 Rn 6; *Roth*/Altmeppen Rn 29, § 7 Rn 42; HKGmbH-Recht/*Bartl* Rn 23.

[25] Abw *Wohlschlegel* DB 1995, 2053.

[26] BGHZ 28, 318f; allgM, Ulmer/*Ulmer* Rn 111; Scholz/*Winter/Westermann* Rn 75; Michalski/*Zeidler* Rn 85f.

vorschriften. Generell steht es den Gftern frei, selbst für die Ges wichtige Sachleistungen weder als Einlage noch als Nebenleistung, sondern rein schuldrechtlich, auch außerhalb der Satzung, zu vereinbaren[27] – dazu § 3 Rn 56 f.

d) Rechtsfolgen des Fehlens der Festsetzungen, Umgehungsfälle, verdeckte Sacheinlage. Fehlen entspr Festsetzungen nach Abs 4 I, so kann Einlagepflicht **vor Eintragung** weder durch Sachleistung noch im Wege der Aufrechnung einer für Überlassung von Vermögensgegenständen zu gewährenden Vergütung erfüllt werden. § 19 V aF, der dies ausdrücklich ausschloss, ist zwar ungeschickterweise durch MoMiG aufgehoben worden. Aufrechnungsverbot gilt, anders als in sonstigen Aufrechnungsfällen nach § 19 II, für beide Seiten, schließt folglich auch vertragliche Aufrechnungsvereinbarung mit Ges aus (§ 19 Rn 31). **§ 19 IV 1 nF setzt die Unwirksamkeit der Erfüllung vor Eintragung jedoch weiterhin voraus.** Gfter wird daher, wenn den Festsetzungserfordernissen nach Abs 4 nicht entsprochen wurde, durch Leistung eines Vermögensgegenstands oder Aufrechnung mit Vergütung für dessen Überlassung von Bareinlagepflicht zunächst nicht befreit (§ 19 IV 1). **GFührer kann u darf** infolge dessen **nicht nach § 8 II 1** zur Eintragung **erforderliche Versicherung abgeben,** dass Leistungen auf die GAnteile bewirkt sind. **Eintragung kann** daher **nicht erfolgen.** 18

Das gilt auch, wenn ohne die erforderlichen Festsetzungen nach Abs 4 Gfter zunächst Bareinlage gemacht hat, diese aber auf Grund einer im Zusammenhang mit der Gründung oder Kapitalerhöhung getroffenen Abrede vor oder nach Eintragung als Gegenleistung für sacheinlagefähigen Gegenstand wieder an Gfter zurückgeflossen ist, **verdeckte** (verschleierte) **Sacheinlage.** Denn in diesem Fall hat vorübergehende Bareinlage keine schuldbefreiende Wirkung (§ 19 Rn 45 f). GFührer kann auch in diesem Fall nicht nach § 8 II erklären, die Barleistung endgültig zur freien Verfügung erhalten zu haben. Kommt es allerdings dennoch zur Eintragung und wurde anstelle der eigentlich geschuldeten Barleistung entsprechend der im Zusammenhang mit der Gründung getroffenen Abrede die Sachleistung vor oder nach Eintragung tatsächlich erbracht, wird **nach Eintragung** der **Wert der Sachleistung nachträglich auf die Geldeinlagepflicht angerechnet** (§ 19 IV 2), die entspr ganz oder teilweise erlischt (näher § 19 Rn 84). – **Keine verdeckte Sacheinlage** u kein Fall von Abs 4 liegt dagegen vor, wenn Gfter entspr im Zusammenhang mit Gründung oder Kapitalerhöhung vereinbart, dass Geldeinlage an ihn wieder als Darlehen zurückfließen soll (sog Hin- u Herzahlen). Eine solche Vereinbarung u ihr Vollzug ist im Rahmen des § 19 V nF zulässig. Sind dessen Voraussetzungen nicht erfüllt, erfüllt die unter diesen Umständen gegebene u zurückgeflossene Leistung nicht die Einlagepflicht (näher § 19 Rn 70 f).– **Übergangsregelung.** Neuregelung wirkt auf noch nicht rkr abgeschlossene Sachverhalte zurück (§ 3 IV EGGmbHG, dazu § 19 Rn 89). 19

e) Gemischte Sacheinlage (missverständlich zuweilen gemischte Einlage) liegt vor, wenn der Wert der vorgesehenen Sachleistung den Anrechnungsbetrag der nach dem Nennwert des GAnteils zu bestimmenden Einlage übersteigt u der Gfter für die Differenz von der Ges eine Vergütung in Geld, dann oft Gutschrift als Darlehen des Gfters, oder in anderen Werten erhält. Den- 20

[27] BGH BB 1969, 1410.

noch idR einheitliches Rechtsgeschäft, für das als Ganzes Abs 4 u das übrige Sachgründungsrecht gilt.[28] Als Folge ist auch bei Beurteilung der Werthaltigkeit nach § 9 I, entspr bei Prüfung durch RegGericht nach § 9 c I 2 gemischte Sacheinlage als Ganzes zu berücksichtigen[29] (§ 9 Rn 7). Außer dem Betrag der Anrechnung auf die Einlagepflicht ist, falls darüber hinaus fester Betrag für Vergütung vereinbart wird, auch dieser im GesVertrag anzugeben.[30] Möglich u ausreichend aber auch Vereinbarung, dass später (objektiv) festzustellende Wertdifferenz dem Gfter vergütet wird.[31] Letzteres wichtig für Einlagegegenstände mit schwankendem Wert, insbes für Einbringung eines Unternehmens (unten Rn 30 f). Bestehen u Art des Vergütungsanspruchs sollten ausdrücklich geregelt werden, doch genügt auch Ermittlung durch Auslegung.[32] – Höherer Wert einer Sachleistung muss nicht immer Vergütungsanspruch auslösen, vielmehr kann auch Unterbewertung einer Sacheinlage als Form der Überpariemission gewollt sein. – Von der gemischten Sacheinlage zu unterscheiden ist die **Verbindung von Sach- und Geldeinlage, Mischeinlage** (Sprachgebrauch wechselnd; Bezeichnung als gemischte Einlage missverständlich). Auch sie bildet rechtsgeschäftlich eine Einheit u bedarf nach Abs 4 der Aufnahme in den GesVertrag.[33]

21 **2. Einzelheiten der Sacheinlage.** Begriff oben Rn 16; – im Folgenden primär Sacheinlage ieS, Besonderheiten der Sachübernahme unten Rn 40 ff.

a) Sacheinlagevereinbarung ist nach Abs 4 notwendig in den GesVertrag aufzunehmen (unten Rn 43 ff), entspr nach § 56 I in Kapitalerhöhungsbeschluss u Übernahmeerklärung (§ 56 Rn 6 ff, 16) u muss ausreichend bestimmt sein.[34] Sie begründet zusammen mit der Zeichnung des GAnteils (oben Rn 10, § 2 Rn 4) unmittelbar die mitgliedschaftliche Verpflichtung zur Einlage in Form der vereinbarten Sachleistung. Damit ist sie, wie die Beitrittserklärung selbst, Teil des GesVertrags mit körperschaftlicher, nicht nur schuldrechtlicher, Wirkung.[35] Dementspr gilt dafür objektivierte Auslegung (§ 2 Rn 29, 31).

---

[28] RGZ 159, 326 f; OLG Stuttgart GmbHR 1982, 109; auch OLG Zweibrücken GmbHR 1981, 214; für AG BGHZ 170, 47 Rn 17 = NJW 2007, 765; auch BGHZ 173, 145 Rn 15 (Lurgi) = NJW 2007, 3425; BGH NJW 2008, 425 Rn 14 (Rheinmöve); Ulmer/*Ulmer* Rn 118 ff; Scholz/*Winter/Westermann* Rn 82; Michalski/*Zeidler* Rn 81; Rowedder/*Schmidt-Leithoff* Rn 46 f; *Roth*/Altmeppen Rn 53; *Habersack* FS Konzen, 2006, 179, 181; *ders* ZGR 2008, 48 ff (zur AG); *Fleck*, Kapitalaufbringung, 15.

[29] BGHZ 170, 4 = NJW 2007, 765; BGHZ 173, 145 = NJW 2007, 3425 (Lurgi); Ulmer/*Ulmer* § 9 Rn 11; Scholz/*Winter/Veil* § 9 Rn 8.

[30] OLG Stuttgart GmbHR 1981, 109, allgM.

[31] RGZ 159, 327; BayObLG DB 1979, 1075; OLG Zweibrücken GmbHR 1981, 214; LG München I GmbHR 2004, 1223; vgl auch BGHZ 45, 338, 342; hM, Ulmer/*Ulmer* Rn 121; Scholz/*Winter/Westermann* Rn 83; *Roth*/Altmeppen Rn 53; *Fleck*, Kapitalaufbringung, 15; *Priester* BB 1980, 22 u GmbHR 1982, 113; – abw *Günthner* NJW 1975, 526 stets fester Wert; OLG Stuttgart GmbHR 1982, 109 Schätzwert.

[32] RGZ 159, 327; BayObLG DB 1979, 1075.

[33] Zu einer Umwandlung mit Mischeinlage OLG Oldenburg DB 1994, 88.

[34] BGH NZG 2000, 1226.

[35] BGHZ 45, 338, 345; BayObLG DB 1979, 1075; hM, ausführl mwN Ulmer/*Ulmer* Rn 29; ferner Scholz/*Winter/Westermann* Rn 40; Rowedder/*Schmidt-Leithoff* Rn 23; *Roth*/Altmeppen Rn 50; aA aber *Mülbert* FS Priester, 2007, 485, 493; in der Tendenz auch *Lutter*/Hommelhoff/*Bayer* Rn 13: körperschaftliches Hilfsgeschäft als Erfüllungsvereinbarung für primär gedachte Geldschuld; in diesem Sinne wohl auch Scholz/*Scheider/Westermann* § 19 Rn 92.

Erfüllung der Sacheinbringungsverpflichtung ist von dieser zu unterscheiden u erfolgt nach den allg für den jew Einlagegegenstand geltenden Übertragungsregeln, bei beweglichen Sachen also durch Einigung u Übergabe (§§ 929 ff BGB), wobei auch gutgläubiger Erwerb nach §§ 932, 934 BGB möglich ist,[36] bei Grundstücken durch Auflassung u Eintragung (§§ 925, 873 BGB), bei Forderungen durch Abtretung (§ 398 BGB) usw. Leistung muss **vor Anmeldung der Gesellschaft zum Handelsregister** voll bewirkt sein (§ 7 III, s dort Rn 12 ff). Sie ist daher nach Errichtung der Ges (§ 2 Rn 3 f) an diese als Vorges, vertreten durch den GFührer (§ 11 Rn 12 ff, 18), zu erbringen. Soweit das Erfüllungsgeschäft sich als Vertrag dazu eignet, kann es bereits mit unmittelbarer Wirkung für die Ges (Vorges) im GesVertrag selbst vollzogen werden; wichtig bei Formbedürftigkeit, zB gem § 15 Einbringung eines GAnteils an anderer GmbH.[37] Verbindung mit dem GesVertrag berührt Wesen u Eigenständigkeit der Erfüllung als Verfügungsgeschäft nicht. 22

b) Gegenstand der Sacheinlage können Sachen, Rechte u sonstige vermögenswerte Positionen sein, die wie Geldleistungen bei Bareinlage zur Bildung der Kapitalgrundlage der Ges geeignet sind. Einlagefähig ist somit jeder Gegenstand mit gegenwärtig erfassbarem Vermögenswert, der so auf die Ges übertragen werden kann, dass er zu ihrer freien Verfügung steht.[38] Maßgebend funktionale Betrachtungsweise iGgs zu der in der älteren Rspr u Lit vorherrschenden mehr formalen Beurteilung nach Bilanzfähigkeit u Übertragbarkeit.[39] Nach heute hM ist Bilanzfähigkeit nicht maßgebendes Kriterium, sondern Folge des für Einbringung vorausgesetzten Vermögenswerts,[40] der auch Möglichkeit zur Aufnahme in die Eröffnungsbilanz ergibt.[41] Übertragbarkeit an die Ges ist für Einbringung unerlässlich.[42] Dagegen allg Verkehrsfähigkeit, insbes Eignung des einzelnen Gegenstands als Zugriffsobjekt für GesGläubiger nicht notwendig; es genügt, wenn er der Ges zur Verwendung für ihre Zwecke frei zur Verfügung steht u im Rahmen des GesUnternehmens den Gläubigerinteressen nutzbar gemacht werden kann (zB Firma).[43] – Nicht erforderlich ist, dass der einlagepflichtige Gfter Eigentümer (Berechtig- 23

---

[36] BGH NZG 2003, 85, 86; OLG Köln GmbHR 2002, 648; *Ellers* GmbHR 2004, 934, 937.

[37] KG DR 1941, 1087; OLG Celle WM 1988, 1375; – allg auch BGHZ 45, 338, 342; Ulmer/*Ulmer* Rn 30 ff; Scholz/*Winter/Westermann* Rn 41.

[38] Ausführl mwN Ulmer/*Ulmer* Rn 39 ff; ebenso, wenn auch mit gewissen, meist mehr terminologischen Unterschieden in Einzelheiten, die heute ganz hM, BGH NZG 2004, 910; Scholz/*Winter/Westermann* Rn 42; Scholz/*Priester 9.* Aufl § 56 Rn 10 ff, auch 48 ff; *Lutter*/Hommelhoff/*Bayer* Rn 14 ff; Rowedder/*Schmidt-Leithoff* Rn 26 ff; *Roth*/Altmeppen Rn 38 ff; wohl auch *Fleck,* Kapitalaufbringung, 10 unter Hinweis auf § 27 II AktG.

[39] So KGJ 44, 146; 45, 175; auch *Knobbe-Keuk* ZGR 1980, 214; – außer den Genannten krit mwN insbes *Lutter* 228 ff; *Ballerstedt* ZHR 127 (1965), 97.

[40] Daher Indiz hierfür, Ulmer/*Ulmer* Rn 43.

[41] BGHZ 29, 304; Ulmer/*Ulmer* Rn 41 f; Scholz/*Winter/Westermann* Rn 43; Michalski/*Zeidler* Rn 89; *Lutter*/Hommelhoff/*Bayer* Rn 12; Rowedder/*Schmidt-Leithoff* Rn 26; *Boehme* 14 ff; wohl auch *Roth*/Altmeppen Rn 38; *Steinbeck* ZGR 1996, 116, 121 f; – abl *Knobbe-Keuk* ZGR 1980, 216 f; einschr auch noch *Lutter,* Kapital, 231: Aktivierungsfähigkeit als „unterste Grenze".

[42] Einschr wohl Rowedder/*Schmidt-Leithoff* Rn 26.

[43] HM, Ulmer/*Ulmer* Rn 45; Scholz/*Winter/Westermann* Rn 44; Michalski/*Zeidler* Rn 92; *Lutter*/Hommelhoff/*Bayer* Rn 14; insoweit auch Rowedder/*Schmidt-Leithoff* Rn 26.

ter) der Sacheinlage ist; auch Einbringung für ihn durch berechtigten Dritten oder mit dessen Zustimmung ist möglich.[44] Maßgebend allg Regeln für Verfügungsgeschäft, ggf auch gutgläubiger Erwerb vom Nichtberechtigten (oben Rn 22).

24 Eine wichtige **Einschränkung** folgt aus der Funktion der Sacheinlage: Diese kann **nicht** allein in der **Begründung obligatorischer Rechte gegen den einlagepflichtigen Gesellschafter selbst** bestehen, da es an Aussonderung der Mittel u Übertragung an Ges fehlt.[45] Es würde dem Grundsatz der realen Kapitalaufbringung widersprechen, wenn die mitgliedschaftliche Einlagepflicht durch bloßes Eingehen einer anderen, nunmehr rein schuldrechtlichen und damit weniger streng abgesicherten Verpflichtung erfüllt werden könnte. Letzteres erlaubt allerdings nunmehr § 19 V nF unter den dort geregelten engen Voraussetzungen, sodass auf unterschiedlichem Wege vergleichbares wirtschaftliches Ergebnis eintritt. Dennoch kann nicht angenommen werden, dass GesGeb über § 19 V hinaus auch auf zunächst erforderliche Aussonderung aus dem Vermögens des Gfters im Rahmen der Barleistung verzichten wollte. Daher auch künftig keine Sacheinlagefähigkeit von Forderungen gegen Gfter.[46] Ebenso grds **nicht einlagefähig Verpflichtung zu eigenen Dienstleistungen** (vgl auch § 27 II AktG; – möglich aber als Nebenleistungspflicht nach § 3 II, s dort Rn 42); – auch nicht Wechselakzept, Bürgschaft, Darlehensversprechen (zum Kapitalnutzungsrecht aber Rn 25) des Gfters usw.[47]. Entspr können auch schuldrechtliche Forderungen gegen Mitgfter nicht als einlagefähig anerkannt werden.[48] – Dagegen keine Beschränkung für dinglich wirkende Rechte, etwa Grundpfandrecht oder Erbbaurecht an Gesellschaftergrundstück, Nießbrauch ua, da der Ges mit der Einräumung ein gesicherter realer Vermögenswert zufließt. Zur Frage obligatorischer Nutzungsrechte nachfolgend Rn 25. – Hat Gfter gegen ihn gerichtete Forderung erfüllt u daraus Vergütungsforderung gegen Ges, ist diese sacheinlagefähig (unten Rn 28); im Fall verdeckter Einlage kann insoweit Wertanrechnung erfolgen (dazu § 19 Rn 53 a).

25 **c) Einzelfälle.** Allg einlagefähig sind bestehende **Sachen,** gleichermaßen Grundstücke wie bewegliche Sachen. Künftig erst herzustellende Sachen nur, wenn sie bis zur HRAnmeldung der Ges entstanden u übertragen sind (§ 7 III, allgM); sonst allenfalls Forderungseinlage (unten Rn 27), falls Herstellungs-

---

[44] RGZ 118, 120; RG JW 1936, 42; allgM, Ulmer/*Ulmer* Rn 47; Scholz/*Winter/Westermann* Rn 55.

[45] BGHZ 165, 113 = NJW 2006, 509; GmbHR 2006, 306, 307; BGHZ 153, 107 = NJW 2003, 825.

[46] *Seibert/Decker* ZIP 2008, 308; *Bormann*/Kauka/Ockelmann Kap 4 Rn 143; jetzt wohl auch *Wicke* NotBZ 2009, 1, 3; offenlassend Bunnemann/Zirngibl/*Rose* § 6 Rn 58 ff; – für Anerkennung der Zulässigkeit der Einbringung einer Forderung gegen Gfter als Sacheinlage im Hinblick auf § 19 V nF *Wicke* Rn 33; *Gehrlein/Witt* Kap 6 Rn 21; *Heinze* GmbHR 2008, 1065, 1072; *Bormann* GmbHR 2007, 897, 903; *Gehrlein* Der Konzern 2007, 771, 782; *Joost* ZIP 2007, 2242, 2245.

[47] IE ganz hM, wenn auch mit verschiedenen Begründungen, ausführl Ulmer/*Ulmer* Rn 46, 54, 60, 78; Michalski/*Zeidler* Rn 112 f; Rowedder/*Schmidt-Leithoff* Rn 29; *Roth*/Altmeppen Rn 42 f; auch Scholz/*Winter/Westermann* Rn 49, 52; ferner etwa *Fleck,* Kapitalaufbringung, 11; *Lutter,* Kapital, 231 f, 324; *Knobbe-Keuk* ZGR 1880, 221 f; *Boehme,* Kapitalaufbringung, 55 f; – abw bzgl Dienstleistungen *Skibbe* GmbHR 1980, 73; für besicherte Forderungen auch Michalski/*Zeidler* Rn 114.

[48] Ulmer/*Ulmer* Rn 54; *Roth*/Altmeppen Rn 44; Michalski/*Zeidler* Rn 115.

anspruch gegen Dritten besteht. – Neben **Übertragung des Eigentums** erkennt hM auch **Einräumung obligatorischer Nutzungsrechte – Gebrauchsüberlassung –** an Sachen Dritter wie auch des Einlegers (Gfters) durch dessen dauerhafte, insbes langfristige bzw unkündbare Verpflichtung an.[49] Langjährige Praxis entspr hM; ihr ist zu folgen, jedoch nicht ganz ohne Bedenken, weil damit entgegen dem sonst allg geltenden Grundsatz (oben Rn 24) als Sacheinlage ein obligatorisches Recht gegen den Einleger zugelassen wird, das sich von anderen Forderungen nur geringfügig durch die damit verbundene Besitzeinräumung abhebt,[50] deren nachhaltige vertragliche Sicherung gegen Eingriffe Dritter beim Gfter-Eigentümer problematisch ist.[51] Jedenfalls muss Besitzeinräumung im Zeitpunkt des § 7 III erfolgt sein. Auch nach hM bei Bewertung strenger Maßstab geboten.[52] Dafür ua Überlassungsdauer wesentlicher Faktor; deshalb präzise Bestimmung der Zeit bzw (Un-)Kündbarkeit notwendig.[53] – Keine Bedenken bestehen bei **dinglicher Sicherung** des Nutzungsrechts, etwa durch beschränkte persönliche Dienstbarkeit[54] oder Nießbrauch. – Ganz allg sind **beschränkte dingliche Rechte** einlagefähig, zB Erbbaurecht, Grundpfandrechte, u zwar unabhängig davon, ob sie an einer Sache des Einlegers oder eines Dritten bestehen. Bereits bestehender Nießbrauch oder beschränkte persönliche Dienstbarkeit sind unübertragbar, können aber durch Überlassung der Ausübung eingebracht werden (§§ 1059, auch 1059 a ff, § 1092 BGB).[55] – **Kapitalnutzungsrecht** durch (längerfristige) zinslose Zuführung ist entspr den Regeln für obligatorische Nutzungsüberlassung einlagefähig.[56] Kapital muss entspr § 7 III auf Ges übertragen sein; Bedenken gegen Sachnutzungsüberlassung (s oben) greifen dann nicht.

Andere Rechte u Rechtspositionen können Sacheinlage sein, wenn sie der Ges als Vermögenswert übertragen werden können (oben Rn 23). So **Immaterialgüterrechte,**[57] also insbes Urheber-, Verlags-, Geschmacksmus- 26

---

[49] BGH NZG 2004, 910; auch BGHZ 144, 290 = NZG 2000, 836; KGJ 38, A 161, 168; Ulmer/*Ulmer* Rn 52; Scholz/*Winter/Westermann* Rn 46; *Lutter*/Hommelhoff/*Bayer* Rn 21 f; Rowedder/*Schmidt-Leithoff* Rn 28; *Roth*/Altmeppen Rn 39; ausführl mwN *Bork* ZHR 154 (1990), 205; *Haas* FS Döllerer, 1988, 169; trotz gewisser Bedenken auch *Fleck,* Kapitalaufbringung, 11; ähnl *Döllerer* FS Fleck, 1988, 35, 38 ff; – nur für bewegliche Sachen, dagegen abl für obligatorische Nutzungsrechte an Grundstücken Michalski/*Zeidler* Rn 130; ebenso *K. Schmidt* GesR § 20 II 3 a cc; *ders* ZHR 154 (1990), 237, 254 ff; abl auch für obligatorische Nutzungsrechte wegen fehlenden Schutzes bei Insolvenz des Einlegers *Boehme,* 154 ff; – generell abl *Knobbe-Keuk* ZGR 80, 214; *Fabritius,* Die Überlassung von Anlagevermögen an die GmbH durch Gesellschafter, 1988, 161 ff; *Ekkenga* ZHR 161 (1997), 599 ff.

[50] Dazu insbes Ulmer/*Ulmer* Rn 52 f.

[51] *Lutter*/Hommelhoff/*Bayer* Rn 21.

[52] Ulmer/*Ulmer* Rn 52 f; *Döllerer* FS Fleck, 1988, 35, 38 ff; auch insofern krit *Knobbe-Keuk* ZGR 1980, 214.

[53] Allg dazu ausführl *Bork* ZHR 154 (1990), 224 ff, 229 f; *K. Schmidt* ZHR 154 (1990), 251, 254 f, 257.

[54] BGHZ 45, 338.

[55] Ulmer/*Ulmer* Rn 62; Scholz/*Winter/Westermann* Rn 45. – Abw Michalski/*Zeidler* Rn 106.

[56] Wohl hM, Ulmer/*Ulmer* Rn 53 aE; Scholz/*Winter/Westermann* Rn 46 aE; Michalski/*Zeidler* Rn 134 f; *Lutter*/Hommelhoff/*Bayer* Rn 22; *Döllerer* FS Fleck, 1988, 35, 44 ff; *Haas* FS Döllerer, 1988, 169; *Boehme,* Kapitalaufbringung, 145 ff; – abl *K. Schmidt* ZHR 154 (1990), 251, 254 f, 257.

[57] Bewertung allerdings vielfach problematisch, vgl BGHZ 29, 300, 304 für Operette eines unbekannten Komponisten, weitgehend.

terrechte, wohl auch Marken (§ 27 I MarkenG),[58] ferner Patente u Gebrauchsmusterrechte sowie Lizenzen daran,[59] auch noch nicht patentierte Erfindung,[60] Herstellungsverfahren,[61] gewerblich verwertbares Know-how,[62] Lizenz zur Verwertung bekannter Namen und Logos.[63] Firma, Geschäftsbezeichnung u Goodwill können nicht isoliert, aber zusammen mit dem Unternehmen (§ 23 HGB; – vgl auch § 27 II MarkenG, regelm dann Mitübertragung von Marken), auch selbständig geführtem Betriebsteil,[64] Einlage sein. – Einlagefähig sind ferner zB **Mitgliedschaftsrechte,** Aktien u GAnteile anderer Ges,[65] bei Kapitalerhöhung nicht solche der Ges selbst;[66] Beteiligungen an Personenges nur, wenn deren GesVertrag das zulässt oder deren Gfter zustimmen,[67] Erbteile.[68] – Möglich auch **öffentlich-rechtliche Positionen,** insbes Konzessionen, sofern nicht an die Person gebunden.[69]

27 **Forderungen** des Einlegers **gegen Dritte** können Sacheinlage sein, wenn sie bestehen, für die Ges Vermögenswert haben u auf sie übertragbar sind (oben Rn 23; – nicht Forderungen gegen Einleger oder anderen Gesellschafter, oben Rn 24). **Künftige Forderungen** nur, wenn u soweit sie bis zum Einbringungszeitpunkt[70] (§ 7 III) endgültig entstanden sind, daher zB nicht Gehalts- oder Gewinnansprüche für späteren Zeitraum. Bedingte Forderungen sind ungeeignet, da Entstehung bzw späterer Ausfall ungewiss.[71] Befristung schadet hingegen nicht, ferner grds auch nicht, wenn Forderung bestritten oder sonst zweifelhaft ist, aber entspr Berücksichtigung bei Bewertung; ebenso bei Belastung mit Gegenleistungen aus Vertragsverhältnis.[72] – Str Einlagefähigkeit von **Ansprüchen auf Dienstleistungen** oder personengebundene Werkleistungen gegen Dritte (gegen Einleger oder anderen Gfter, oben Rn 24); mit der heute überwM **abzulehnen,** da künftige Erfüllung unsicher u daher Bedenken gegen realen Wert; § 27 II AktG bestätigt das.[73]

---

58 Dazu *Ingerl/Rohnke* NJW 1994, 1253.

59 Dazu *Götting* AG 1999, 1; abw für Lizenzen *Boehme* 143, 162; *Boehme* GmbHR 2000, 841.

60 KGJ 45, 175.

61 RG JW 1936, 42.

62 BGH DB 1993, 323 obiter; Ulmer/*Ulmer* Rn 63, 69 mwN; Scholz/*Winter* Rn 50.

63 BGH GmbHR 2000, 870, 871 (adidas) = NZG 2000, 836; – str, dazu krit *Boehme* GmbHR 2000, 841.

64 BGH GmbHR 2000, 1198.

65 OLG Celle WM 1988, 1375 mit Abgrenzung gegenüber Verschmelzung.

66 Ulmer/*Ulmer* § 56 Rn 18; Scholz/*Priester* 9. Aufl § 56 Rn 16.

67 Ulmer/*Ulmer* R 64; Scholz/*Winter/Westermann* Rn 50; Scholz/*Priester* 9. Aufl § 56 Rn 12.

68 Dazu *Wolf* FS Schippel, 1996, 536.

69 Ulmer/*Ulmer* Rn 63.

70 Auf Anmeldezeitpunkt abstellend aber Scholz/*Winter/Westermann* Rn 47, die auch bedingte Forderungen zulassen wollen, wenn Bedingung bis Anmeldung eingetreten.

71 Ulmer/*Ulmer* Rn 55; iGrds auch Scholz/*Winter/Westermann* Rn 47.

72 HM, Ulmer/*Ulmer* Rn 54 f; Scholz/*Winter/Westermann* Rn 47; *Roth*/Altmeppen Rn 42; zur Bewertung von Forderungen auch *Hannemann* DB 1995, 2055 ff; zu Valutaforderungen *Strober* DNotZ 1975, 17.

73 HM, BGH NZG 2009, 463 Rn 9; Ulmer/*Ulmer* Rn 61; Scholz/*Winter/Westermann* Rn 52; *Lutter*/Hommelhoff/*Bayer* Rn 17; *Lutter,* Kapital, 232, 324; für Ausnahmen im Einzelfall *Roth*/Altmeppen Rn 43 aE; differenzierend Rowedder/*Schmidt-Leithoff* Rn 29; – aA Michalski/*Zeidler* Rn 139; *Skibbe* GmbHR 1980, 73; *Sudhoff/Sudhoff* NJW 1982, 130.

Einlagefähig ist auch **Forderung gegen Gesellschaft** selbst, ebenso Befreiung von Forderung eines Dritten (iZw Einlage der Regressforderung), wegen § 7 III bei Gründung nur gegen Vorges (kaum relevant), gegen GmbH aber bei Kapitalerhöhung.[74] Erfüllung der Einlagepflicht in Höhe des Nennwerts der Forderung aber nur, wenn diese vollwertig ist (allgM,[75] zum Begriff § 19 Rn 70). – Aufrechnungsverbot nach § 19 II 2 hindert Forderungseinbringung als Sacheinlage nicht (allgM), aber wegen Bewertungserfordernis Festsetzung gem Abs 4 S 1 unerlässlich. Sie ermöglicht insbes bei Kapitalerhöhung Überführung von Darlehen in Haftkapital,[76] s auch § 19 Rn 33. Dem steht auch früher mögliche Qualifizierung als eigenkapitalersetzend[77] nicht mehr entgegen, da MoMiG Grundsätze des Eigenkapitalersatzes aufgegeben hat (§ 30 Anh Rn 5 f). Bei Kapitalerhöhung durch Einlage stehengelassener Gewinnansprüche im **Ausschüttungs-Rückholverfahren** (§ 29 Rn 65 ff) hielt der BGH zunächst grds Festsetzung als Sacheinlage für notwendig[78] Hiervon macht BGH jedoch in sinngem Anwendung der Vorschriften zur Kapitalerhöhung aus Gesellschaftsmitteln[79] Ausnahme, wenn im Kapitalerhöhungsbeschluss offengelegt wird, dass Einlage ganz oder teilweise mit künftigen Netto-Gewinnen getilgt wird.[80] 28

Nicht nur einzelne Vermögensgegenstände, sondern auch **Sach- und Rechtsgesamtheiten** können Sacheinlage sein (unstr), zB Warenlager, Produktionsanlage, Betriebs- und Büroeinrichtung, Fuhrpark, Wertpapierdepot, auch Nachlass, Insolvenzmasse oder sonstiges abgegrenztes Vermögen. Verpflichtung durch einheitliche Sacheinlagevereinbarung, die den einzubringenden Komplex bezeichnet; Aufzählung im Einzelnen jedoch nicht nötig, verkehrsübliche Sammelbezeichnung genügt. Erfüllung durch Einzelübertragung der zusammengefassten Gegenstände nach den jew für sie geltenden allg Regeln.[81] 29

Handelsgeschäft, Unternehmen, als Sacheinlage besonders wichtig; Zulässigkeit allg anerkannt.[82] Möglich u üblich ist Einbringung des Geschäfts als 30

---

[74] BGHZ 15, 60; 113, 335, 340 f; 110, 47, 60 f für AG; ferner BGH NJW 1970, 469; auch DB 1986, 318; OLG Düsseldorf GmbHR 1997, 606; ganz hM, Ulmer/*Ulmer* Rn 56 mwN; Scholz/*Winter/Westermann* Rn 48, 51; Scholz/*Priester* 9. Aufl § 56 Rn 48 ff; Rowedder/*Schmidt-Leithoff* Rn 29; *Lutter,* Kapital, 233 ff mwN; *Langenfeld* GmbHR 1981, 55; *Priester* BB 1987, 209; – aA für AG KölnerKomm/*Kraft* § 27 Rn 30 f; – grds abw Generalanwalt beim EuGH DB 1992, 1667 für AG, jedoch vom EuGH DB 1992, 1667 aus Verfahrensgründen nicht entschieden.

[75] BGHZ 132, 133, 144; *Lutter*/Hommelhoff/*Bayer* Rn 16.

[76] OLG Brandenburg GmbHR 1998, 1033; *Möhring* FS Reimer Schmidt, 1976, 85; *Priester* DB 1976, 1801; *Groß* GmbHR 1983, 290; *Westermann* FS Oppenhoff, 1985, 546 ff; Ulmer/*Ulmer* Rn 56; Scholz/*Winter/Westermann* Rn 48.

[77] Michalski/*Zeidler* Rn 120; jedenfalls für den Bereich der Rechtsprechungsregeln nach § 30 auch BGHZ 90, 370 = NJW 1984, 1891 f; BGH NJW 1985, 2947; OLG Schleswig NZG 2001, 566, 568; – nicht eindeutig aber BGHZ 125, 141, 147 = NJW 1994, 1477, 1478 f; – nach den Fällen der §§ 30 u 32 a/b differenzierend Ulmer/*Ulmer* Rn 58; Scholz/*Winter/Westermann* Rn 48; *Lutter/Hommelhoff* § 56 Rn 10; wohl auch *Roth*/Altmeppen § 56 Rn 3.

[78] BGHZ 113, 335; OLG Köln ZIP 1990, 717; 1993, 1389; einschr DB 1996, 2068.

[79] Dazu *Lutter/Zöllner* ZGR 1996, 164, 178.

[80] BGHZ 135, 381; dazu *Priester* ZGR 1998, 856; zust Michalski/*Ebbing* § 19 Rn 146; Rowedder/Schmidt-Leithoff/*Pentz* § 19 Rn 145; *Roth*/Altmeppen § 19 Rn 52.

[81] Ausführl dazu Ulmer/*Ulmer* Rn 65 ff.

[82] Abs 4 S 2 idF der GmbH-Novelle 1980; im Übrigen stRspr, zB RGZ 155, 211; BGHZ 45, 338; 68, 191; auch BGH NJW 1992, 2698 mit Abgrenzung zur Bargründung; BayObLG DB 1979, 1075; OLG Düsseldorf GmbHR 1996, 214; OLG Zweibrü-

Ganzes mit allen Aktiven u Passiven. Letzteres sollte ausdrücklich im GesVertrag festgelegt werden, ist aber iZw auch anzunehmen, wenn ohne Einschränkung nur Einbringung des Handelsgeschäfts vorgesehen ist u nicht besondere Umstände, zB Bewertung, andere Auslegung ergeben.[83] Einlage umfasst dann iZw auch immaterielle Werte wie Kundenstamm, Goodwill, Know-how usw. Fortführung der Firma aber nur mit ausdrücklicher Einwilligung (§ 22 HGB); diese ist zwar noch bei Vollzug der Einbringung möglich, aber Verpflichtung dazu ohne Hinweis im GesVertrag zweifelhaft; außerdem für GmbH selbst satzungsmäßige Regelung unerlässlich (§ 3 I Nr 1, dazu § 4 Rn 20, 22). – Umfang der Einbringung kann durch GesVertrag näher geregelt u im Einzelnen begrenzt, zB auf die Aktiven beschränkt werden. Letzteres ist bei Übernahme aus Insolvenzmasse (insbes Auffangges) sogar ohne ausdrückliche Vereinbarung anzunehmen;[84] der zum 1. 1. 1999 aufgehobene § 419 BGB war auch für Altfälle nicht anwendbar.[85] Auch sonst kann für bestimmte bzw alle Verbindlichkeiten Übernahme ausgeschlossen werden. Andererseits spricht Firmenfortführung iZw für Übernahme aller Passiven im Innenverhältnis, da Ges dann idR nach § 25 I HGB (Ausnahme nach II selten) ohnehin den Gläubigern haftet.[86]

31 **Einbringung** eines lebenden Unternehmens zielt auf dessen kontinuierliche Fortführung, also laufende Veränderungen des Bestands an Aktiven u Passiven. Daher Festsetzung eines Zeitpunkts für deren Übergang wichtig. Möglich u üblich ist Vereinbarung, dass das Geschäft vom letzten Bilanzstichtag an als auf Rechnung der GmbH geführt gilt. Möglich auch anderer Einbringungsstichtag, dann besondere Einbringungsbilanz zwar nicht vorgeschrieben, aber meist unumgänglich (vgl auch unten Rn 45). Als Bewertungszeitpunkt für den Gründungsvorgang ist jedoch nach § 9 I stets Anmeldung zum HR maßgebend (unten Rn 34), während gem § 7 III Einbringung bereits vorher vollständig vollzogen sein muss. Zeitliche Folge von Abschluss des GesVertrags, Einbringung u HRAnmeldung bei fortlaufendem Geschäftsbetrieb erschwert häufig Bewertung.[87] – Da Vollzug durch Einzelübertragungen oft umständlich u Bewertung problematisch, kann statt Sacheinlage durch Einbringung eines Unternehmens bei Gründung einer GmbH **Umwandlung** durch Übertragung nach dem UmwG zweckmäßig sein. Sie ist sowohl für Personenhandelsges möglich durch Formwechsel nach §§ 190ff, insbes 214ff UmwG, als auch für Einzelkaufleute durch Ausgliederung zur Neugründung nach §§ 152, 158ff UmwG.

32 Vor allem bei Unternehmen u anderen Sach- oder Rechtsgesamtheiten, aber auch bei Einzelgegenständen können **mehrere Berechtigte** vorhanden sein. Dann ist zu unterscheiden: Bei Einbringung als Sacheinlage für einzelnen

---

cken GmbHR 1981, 214; allgM in der Lit, so Ulmer/*Ulmer* Rn 71ff mwN; Scholz/*Winter/Westermann* Rn 54; *Lutter*/Hommelhoff/*Bayer* Rn 19; Rowedder/*Schmidt-Leithoff* Rn 32; *Roth*/Altmeppen Rn 48; *Priester* BB 1980, 19.

[83] Ulmer/*Ulmer* Rn 76; Scholz/*Winter/Westermann* Rn 54a, jedoch differenzierend, insbes bei Einbringung ohne Firma; – stets eindeutige Angabe der Passiva verlangt OLG Düsseldorf DB 1993, 974.

[84] Ulmer/*Ulmer* Rn 66; Scholz/*Winter/Westermann* Rn 54a; Michalski/*Zeidler* Rn 212; MünchHdbGmbH/*Heinrich* § 9 Rn 28.

[85] HM, zuletzt Palandt/*Heinrichs* 57. Aufl 1998, § 419 Rn 12.

[86] Ulmer/*Ulmer* Rn 75; Michalski/*Zeidler* Rn 212.

[87] Vgl zum Ganzen *Priester* BB 1980, 19; *Sudhoff/Sudhoff* NJW 1982, 132ff; auch Ulmer/*Ulmer* Rn 86ff; Michalski/*Zeidler* Rn 206.

Mitberechtigten bedarf nur Übertragung an die Ges als Verfügung der Mitwirkung der Mitberechtigten. Möglich aber auch gemeinsame Sacheinlage durch zwei oder mehrere mitberechtigte Gfter; dann entweder Anrechnung je eines Teils auf deren selbständige Einlagen oder gemeinschaftliche Einbringung auf eine einheitliche Einlage als Gesamthänder, insbes als BGB-Ges (§ 1 Rn 32 ff).

d) Bewertung. Wert der Sacheinlage muss Betrag der Anrechnung auf die **33**
Einlage voll decken. Grundsatz der Aufbringung u Erhaltung des Stammkapitals (Einl Rn 5, § 3 Rn 14, oben Rn 2) verbietet Unterpariemission hier ebenso wie bei Geldeinlage (oben Rn 9 aE), daher **Überbewertung unzulässig;** seit GmbH-Novelle 1980 in §§ 9, 9 c S 2 gesetzlich geregelt, bereits vorher überw anerkannt.[88] Wirklicher (objektiver) Wert, Zeitwert[89] des Einlagegegenstands ist Obergrenze für Festsetzung im GesVertrag, insoweit kein Bewertungsspielraum.[90] Bestehende Sicherungsrechte an Gegenständen einer Sacheinlage sind dabei, auch wenn sie der Absicherung einer Gesellschaftsschuld dienen, in Abzug zu bringen, da die Sacheinlage nicht gleichermaßen zur freien Verfügung des Geschäftsführers steht.[91] Allerdings kann Eintragung nur versagt werden, wenn Überbewertung mehr als nur unwesentlich ist, § 9 c I 2 nF. – Nach ganz überwM ist Anrechnung mit niedrigerem Wert zulässig, also zumindest iwS **Unterbewertung;**[92] führt iE zu Überpariemission. Str bilanzielle Behandlung im Hinblick auf § 272 II HGB: Ansatz der eingebrachten Sache zum Zeitwert u Ausweis des die Anrechnung auf die Einlage übersteigenden Betrags wie echtes Agio als Kapitalrücklage.[93] – Davon zu unterscheiden ist gemischte Sacheinlage (oben Rn 20). Bei ihr muss Sachleistung Nennbetrag des oder der dafür übernommenen GAnteil(e) u, falls im GesVertrag beziffert, auch die zusätzliche Vergütung wertmäßig voll decken; fehlt zahlenmäßige Festlegung der Vergütung, darf deren spätere Berechnung jedenfalls Mehrwert nach voller Abdeckung der Einlage nicht überschreiten.

Als **Bewertungszeitpunkt** bestimmt § 9 I **Anmeldung** der Ges zum HR[94] **34**
(§ 9 Rn 4); darauf wird sich Festsetzung im GesVertrag (unten Rn 43 ff) einstellen. Dagegen soll für Beurteilung durch RegGericht im Rahmen von § 9 c Eintragungszeitpunkt maßgebend sein (hM, str, dazu krit § 9 c Rn 8). Gem § 7 III muss Einbringung vor Anmeldung voll bewirkt sein; Risiko einer Wert-

---

[88] BGHZ 68, 195; Ulmer/*Ulmer* Rn 80 ff; Scholz/*Winter/Westermann* Rn 56; *Battes,* Die Überbewertung von Sacheinlagen im in- und ausländischen GmbH-Recht, 1967.

[89] OLG Köln GmbHR 1998, 43; OLG Düsseldorf WM 1991, 1669: regelmäßig Wiederbeschaffungswert; auch OLG München GmbHR 1994, 712, LS; Michalski/*Zeidler* Rn 187 f.

[90] Ulmer/*Ulmer* Rn 80 f, § 9 Rn 13; Scholz/*Winter/Westermann* Rn 57 aE, § 9 Rn 9 aE, § 9 c Rn 40; *Lutter*/Hommelhoff/*Bayer* Rn 23, § 9 Rn 4; *Roth*/Altmeppen § 9 Rn 3, § 9 c Rn 7; – für gewissen Beurteilungsspielraum noch BGHZ 68, 196 vor GmbH-Novelle 1980.

[91] OLG Frankfurt/M NZG 2006, 631, 632; – aA LG Bonn NZG 2006, 632.

[92] Scholz/*Winter/Westermann* Rn 56; Rowedder/*Schmidt-Leithoff* Rn 35; *Lutter*/Hommelhoff/*Bayer* Rn 26; *Roth*/Altmeppen Rn 54; – aA im Hinblick auf § 279 HGB vor allem aktienrechtliche Lit.

[93] *Schulze-Osterloh* ZGR 1993, 429 ff; *Lutter*/Hommelhoff/*Bayer* Rn 26; *Döllerer* BB 1986, 1857, 1860; – dagegen für Bildung stiller Reserve durch Unterbewertung bei Bilanzansatz Ulmer/*Ulmer* Rn 81; Scholz/*Winter/Westermann* Rn 56; wohl auch Rowedder/*Schmidt-Leithoff* Rn 35; – für Wahlrecht zwischen beiden Ansätzen *Adler/Düring/Schmaltz,* 6. Aufl 1995, § 255 HGB Rn 96 f.

[94] S auch OLG Düsseldorf WM 1991, 1669.

minderung bleibt aber bis zur Anmeldung beim Einleger[95] – zur Berücksichtigung von Wertminderungen zwischen Anmeldung u Eintragung § 9 c Rn 10. – **Wertansatz** grds nach allg Bewertungsregeln wie für Eröffnungsbilanz (dazu § 41 Rn 14). Dabei ist Verwendungsmöglichkeit für Zwecke der GmbH zu berücksichtigen, bei Gegenständen des Anlagevermögens daher Nutzungswert im Rahmen des GesVermögens, idR Wiederbeschaffungswert,[96] dagegen grds nur Veräußerungswert bei Zuordnung zum Umlaufvermögen[97] (zur Berücksichtigung von Besonderheiten einzelner Gegenstände Hinweise oben Rn 25 ff); bei Unternehmen Ertragswert zuzüglich geschätzter Nettoeinzelveräußerungspreise der nicht betriebsnotwendigen Vermögensgegenstände, mindestens aber Liquidationswert.[98] Grds geeignet auch Discounted-Cash-Flow-Verfahren.[99] Dazu u zu weiteren Bewertungsverfahren unten § 34 Rn 23. – Zu Nachweis u Prüfung im Eintragungsverfahren § 9 c Rn 2, auch 7.

35 **Folgen einer Überbewertung:** Ablehnung der Eintragung gem § 9 c I 2, also **Eintragungshindernis,** wenn Überbewertung nicht nur unwesentlich (§ 9 c Rn 7 ff); Prüfungspflicht des RegGerichts ergibt sich allg aus § 9 c I (s dort Rn 7). Ferner nach § 9 Bareinlagepflicht in Höhe des Fehlbetrags, **Differenzhaftung** ohne Rücksicht auf Ursache u Ausmaß (Erl bei § 9). Zum Verhältnis der beiden Folgen § 9 c Rn 8. Dagegen auch in schwerwiegenden Fällen kein Nichtigkeitsgrund; früher verbreitete Annahme eines solchen bei willkürlicher oder offenkundiger Überbewertung[100] ist durch die gesetzliche Regelung überholt.[101] – Neben den allg Folgen können bei Überbewertung ggf auch Schadenersatzansprüche aus Gründerhaftung nach § 9 a in Betracht kommen, ferner solche nach allg Grundsätzen, insbes nach § 826 BGB, auch § 823 II BGB iVm § 263 StGB.[102]

36 **e) Mängel.** Die Sacheinlagevereinbarung ist Teil des GesVertrags u hat körperschaftlichen Charakter (oben Rn 21). Das ist bei der Beurteilung von Mängeln der Vereinbarung selbst (Inhalts- u Formmängel unten Rn 50 f), Störungen bei ihrem Vollzug u Fehlern des Einlagegegenstands zu berücksichtigen. Vor allem die Beständigkeit von Ges u mitgliedschaftlicher Bindung sowie der strikt geltende Kapitalaufbringungsgrundsatz, seit der GmbH-Novelle 1980 in § 9 durch die Differenzhaftung besonders betont, führen zu wesentlichen Einschränkungen bzw Abwandlungen der grds auch hier unmittelbar oder entspr anwendbaren allg Regeln des BGB. Das ist im Prinzip heute allgM,[103] wie auch trotz unterschiedlicher dogmatischer Ansätze über die Folgen iE weitgehende Übereinstimmung besteht.[104]

---

[95] Ulmer/*Ulmer* Rn 83, § 9 Rn 15; Scholz/*Winter/Westermann* Rn 58; *Lutter*/Hommelhoff/*Bayer* § 9 Rn 5; Rowedder/*Schmidt-Leithoff* § 9 Rn 5.

[96] OLG Düsseldorf WM 1991, 1669; Ulmer/*Ulmer* Rn 82; Michalski/*Zeidler* Rn 188.

[97] Ulmer/*Ulmer* Rn 82; Scholz/*Winter/Westermann* Rn 57; Michalski/*Zeidler* Rn 188; *Hüffer* JuS 1983, 165.

[98] *Lutter*/Hommelhoff/*Bayer* Rn 24; Scholz/*Winter/Westermann* Rn 57 aE; *Urban* FS Sandrock, 1995, 309 ff.

[99] LG Freiburg BeckRS 2009, 06213.

[100] ZB BGHZ 29, 300, 307.

[101] Ulmer/*Ulmer* Rn 93 ff; Scholz/*Winter/Westermann* Rn 61.

[102] Ulmer/*Ulmer* Rn 95; Scholz/*Winter/Westermann* Rn 60, Scholz/*Winter/Veil* § 9 Rn 24.

[103] Vgl auch BGHZ 45, 338, 345.

[104] Dazu u zum Folgenden ausführl mwN, auch zur Entwicklung, Ulmer/*Ulmer* Rn 96 ff; ebenfalls mwN Scholz/*Winter/Westermann* Rn 62 ff, auch 95 ff; Michalski/

Willensmängel bzgl Sacheinlageversprechen unterliegen vor Eintragung der Ges ins HR den Regeln für mangelhafte GesVerträge (§ 2 Rn 37 ff). Teilanfechtung, die nur Sacheinlagepflicht beseitigt, aber Beitritt mit entspr Bareinlage bestehen lässt, kommt nach allg Regeln nur in Betracht, wenn GesVertrag auch ohne Sacheinlage abgeschlossen worden wäre. – Nach Eintragung ist Beitrittserklärung nicht mehr anfechtbar (§ 2 Rn 43), ebenso grds das damit verbundene Sacheinlageversprechen. Anders aber ausnahmsweise, wenn die genannten Voraussetzungen einer Teilanfechtung vorliegen.[105] Rückgabe der in diesem Fall wegen § 7 III bereits eingebrachten Sache kann Einleger nur gegen die statt dessen zu erbringende Bareinlage verlangen; kann er diese nicht leisten, scheitert Abwicklung am vorrangigen Kapitalaufbringungsgrundsatz. – §§ 116, 118 BGB sind nicht anwendbar (hM). 37

Leistungsstörungen, Sach- und Rechtsmängel können nur unter Wahrung des Bestands der Ges u der Mitgliedschaft bei voller Kapitalaufbringung geltend gemacht werden. Bei ursprünglicher **Unmöglichkeit** ist Sacheinlagevereinbarung zwar nicht mehr nichtig (§ 311 a I BGB); an ihre Stelle tritt jedoch ohne weiteres **Pflicht zur Bareinlage,**[106] ohne dass es auf die weiteren Voraussetzungen des § 311 a II BGB ankommt,[107] da Pflicht zur Barleistung nur von Sacheinlagevereinbarung insoweit überlagert wird, wie Sacheinlage tatsächlich erfolgt u Wert des übernommenen GAnteils erreicht (§ 9 II). Schadenersatz nach § 311 a II BGB nur kumulativ möglich, praktisch relevant insbes, soweit darüber hinaus Schaden verbleibt. Ebenso bei nachträglicher Unmöglichkeit Barleistungspflicht anstelle der nach § 275 BGB entfallenden Sachleistung.[108] Bei vom Einleger zu vertretender Unmöglichkeit kann Ges daneben nach § 283 BGB Ersatz vor allem eines darüber hinaus gehenden Schadens verlangen. Rücktritt nach §§ 323, 326 V BGB erfasst nur Sacheinlagevereinbarung, nicht dagegen Übernahme des GAnteils u subsidiär bestehende Bareinlagepflicht.[109] Rücktritt des Sacheinlegers nach § 326 II BGB ausgeschlossen.[110] – Bei **Verzug** Ersatz des Verzugsschadens nach § 286 BGB. – Unmöglichkeit u Verzug hindern wegen § 7 III Anmeldung zum HR. Ob bloßer Übergang von Sach- zu Barleistungspflicht Hindernis behebt oder ob entspr Änderung des GesVertrags für Anmeldung erforderlich ist, kann zweifelhaft sein; dazu § 9 Rn 6 zur entspr Frage bei Überbewertung. 38

Zeidler Rn 193 ff; *Lutter*/Hommelhoff/*Bayer* Rn 29; Rowedder/*Schmidt-Leithoff* Rn 38 ff; *Roth*/Altmeppen Rn 65 ff; ferner etwa *Fleck,* Kapitalaufbringung, 14; *Lutter,* Kapital, 269; *Wiedemann* FS Hirsch, 1968, 257.

105 Ulmer/*Ulmer* Rn 103; Scholz/*Winter* Rn 96; *Roth*/Altmeppen Rn 66; – in der übrigen Lit wird meist insoweit nicht differenziert, so Rowedder/*Schmidt-Leithoff* Rn 39.

106 AllgM zum Recht vor der Schuldrechtsreform, zB BGH DStR 1997, 588.

107 IE im Grds übereinstimmend, wenn auch mit nicht überzeugender Bezugnahme auf eine verschuldensunabhängige Schadenersatzpflicht Michalski/*Zeidler* Rn 199; Rowedder/*Schmidt-Leithoff* Rn 40.

108 BGH GmbHR 1997, 545 = NJW-RR 1997, 670.

109 Wie hier Rowedder/*Schmidt-Leithoff* Rn 40; Ulmer/*Ulmer* Rn 106, 109; Scholz/*Winter*/*Westermann* Rn 63, 66; ähnlich auch schon für die kaufrechtliche Wandlung nach altem Recht BGHZ 45, 345; – aA Rücktrittsrecht dagegen ganz abl. Michalski/*Zeidler* Rn 201.

110 Rowedder/*Schmidt-Leithoff* Rn 40.

39 Auch **Mängelhaftung** ist vor dem Hintergrund der davon unabhängigen Differenzhaftung aus § 9 zu sehen.[111] Daneben sind jedoch vor allem im Hinblick auf weitergehende Rechte in Übereinstimmung mit der hM Vorschriften des Kaufrechts entspr heranzuziehen, jedoch wegen der Besonderheiten der mitgliedschaftlichen Einlagepflicht (oben Rn 36, 38) nur mit erheblichen Einschränkungen.[112] Für Sachmängel kommen sinngem in Betracht: Nacherfüllung (§ 439 BGB); Schadenersatz (§§ 437, 440 BGB). Hält man Rücktritt für möglich, verbleibt volle Bareinlagepflicht;[113] Rückgabe der mangelhaften Sache an Einleger nur gegen Zahlung der ganzen Bareinlage. Falls Mangel vor Anmeldung zum HR geltend gemacht wird, ist auch hier fraglich, ob Änderung des GesVertrags erforderlich (oben Rn 38 sowie § 9 Rn 6). – Ansprüche aus Mängelgewährleistung verjähren unabhängig von konkurrierender Differenzhaftung nach § 438 BGB, str s § 9 Rn 11.

40 **3. Besonderheiten der Sachübernahme.** Begriff oben Rn 16; dort auch zur einheitlichen Geltung aller Sachgründungsvorschriften seit Zusammenfassung mit der Sacheinlage in Abs 4 durch GmbH-Novelle 1980. Das zur Sacheinlage Ausgeführte (oben Rn 21 ff) gilt daher weitgehend ebenso für Sachübernahmen. Hier nur die wesentlichen Abweichungen: **a) Sachübernahmevereinbarung** legt den Gegenstand der Sachleistung sowie die von der Ges dafür zu gewährende Vergütung fest u sieht deren Anrechnung auf die Einlage vor. Letztere ist hier iGgs zur Sacheinlage ieS (oben Rn 21) Bareinlage, jedoch mit Verrechnungsmöglichkeit. Dafür Aufnahme in Gesvertrag nach § 5 IV unerlässlich (bei Kapitalerhöhung gilt § 56, Erl s dort). Anrechenbar kann auch Vergütung für Sachleistung eines Dritten sein, zB Elternteil, normalerweise aber des Gfters selbst. Formbedürftige Sachübernahmevereinbarung u schuldrechtliches Verpflichtungsgeschäft idR zusammen im Gesvertrag geregelt. Dann umfasst Sachübernahmevereinbarung zugleich Anrechnungsklausel für mitgliedschaftliche Einlage u selbständiges schuldrechtliches Verpflichtungsgeschäft, meist Kauf oder kaufähnlich. Äußerlich vom Gesvertrag getrennter Abschluss des schuldrechtlichen Geschäfts fraglich.[114] Praktische Bedeutung gering, da bloße Gründervereinbarung vor Abschluss des GesVertrags keine anrechenbare Vergütungspflicht der Ges begründet u spätere Vereinbarung mit GmbH selbst, auch schon mit Vorges nach HRAnmeldung, wegen § 7 III ausscheidet.[115] Für verbleibenden Zeitraum zwischen Abschluss des GesVertrags u Anmeldung ist zu bedenken, dass Anrechnungsklausel im GesVertrag ohnehin alle wesentlichen Angaben für Sachübernahme enthalten muss (unten Rn 43 ff); getrenntes Verpflichtungsgeschäft daneben kaum sinnvoll, anders nur, wenn ein Nichtgfter leisten soll.

---

[111] Insoweit zutr Michalski/*Zeidler* Rn 203; ansatzweise auch Rowedder/*Schmidt-Leithoff* Rn 41.

[112] BGHZ 45, 345; Ulmer/*Ulmer* Rn 109; Scholz/*Winter* Rn 66; *Lutter*/Hommelhoff/*Bayer* Rn 29; Rowedder/*Schmidt-Leithoff* Rn 41; *Roth*/Altmeppen Rn 67; *Wachter* GmbHR 2002, 665, 673; – enger Michalski/*Zeidler* Rn 203: ausschließliche Anwendung von § 9, soweit Sache nicht völlig unbrauchbar.

[113] Scholz/*Winter*/*Westermann* Rn 66; für die Wandelung nach altem Recht BGHZ 45, 345; – Rücktritt ganz abl Ulmer/*Ulmer* Rn 109.

[114] Dafür Ulmer/*Ulmer* Rn 115; Scholz/*Winter* Rn 74; *Roth*/Altmeppen Rn 33, 51; MünchHdbGmbH/*Heinrich* § 9 Rn 52; – aM wohl BGHZ 45, 343; Rowedder/*Schmidt-Leithoff* Rn 44.

[115] AA *Roth*/Altmeppen Rn 33, 51.

– Ergibt Auslegung, dass Einlage überhaupt nur als Sachleistung gewollt war, liegt Sacheinlage ieS vor, die nur den dafür geltenden Regeln (oben Rn 21 ff) unterliegt.

b) Gegenstand der Sachübernahme wie bei Sacheinlage ieS (oben Rn 23 ff). Die vorher GmbH-Novelle 1980 bestehende Möglichkeit, künftige Sachen oder Rechte, auch Forderungen, als Sachübernahme vorzusehen u später die Vergütung mit der Resteinlageschuld zu verrechnen, ist durch § 7 III ausgeschlossen, der auch für Sachübernahmen gilt;[116] somit volle Einbringung u Verrechnung vor Anmeldung zum HR.[117] Ein Aufrechnungsvorbehalt für spätere Forderungen gegen die Ges ist damit nicht vereinbar.[118] 41

c) Mängel. Wichtigste Folge der Ausgestaltung des Sachleistungsversprechens als schuldrechtliche Vereinbarung ist, dass iGgs zur Sacheinlage ieS die allg Regeln des BGB über Willensmängel, Leistungsstörungen u Mängelgewährleistung im Wesentlichen uneingeschränkt anwendbar sind. Soweit danach Verrechnung mit Einlage entfällt, bleibt ursprüngliche Barleistungspflicht bestehen. Nicht anwendbar sind lediglich Normen, die die Ges in einer die Kapitalaufbringung beeinträchtigenden Weise belasten, so § 326 II, 442 BGB.[119] 42

4. Festsetzung im Gesellschaftsvertrag ist bei allen Sacheinlagen nach Abs 4 S 1 notwendig, auch bei Sachübernahmen (oben Rn 16), für die insoweit keine Abweichungen gelten (oben Rn 40). Sie soll Form der Kapitalaufbringung eindeutig festlegen, für Gläubiger u interessierte Dritte erkennbar machen u Kontrolle durch RegGericht (§ 9 c I) ermöglichen. Angaben jew auch in Anlage zum GesVertrag möglich, die dem notariellen Errichtungsprotokoll beigefügt wird (§ 9 I 2 BeurkG). – Entspr Festsetzung bei Kapitalerhöhung nach § 56 I (s dort Rn 6 ff, 16). 43

a) Inhalt. Obwohl seit GmbH-Novelle 1980 nicht mehr ausdrücklich erwähnt, stets **Person** des Gfters, auf dessen Einlage sich die Sachleistung bezieht. Anders könnten die übrigen Angaben nicht präzisiert werden.[120] Ausreichend jede Bezeichnung, die Identität eindeutig erkennen lässt. 44

Gegenstand der Sacheinlage bzw Sachübernahme muss ebenfalls so genau bezeichnet werden, dass Identität zweifelsfrei feststeht. Dazu erforderliche Angaben richten sich nach der Art des Gegenstands.[121] Für Sachgesamtheiten genügt verkehrsübliche Bezeichnung, so bei Handelsgeschäften Firma u HR Nr.[122] Werden bei sonst genereller Einbringung einzelne Aktiv- oder Passivwerte ausgenommen, müssen sie genau bezeichnet,[123] zB in Anlage aufgelistet werden; ebenso Belastungen, die mit einem einzelnen Gegenstand übernommen werden. – Angabe des Gegenstands braucht nur gewisse allg Wertvorstellungen zu vermitteln, dagegen nicht genauere Bewertung zu 45

---

[116] AllgM, § 7 Rn 12 u oben Rn 16 u die dort Genannten.

[117] Ulmer/*Ulmer* Rn 113; Scholz/*Winter*/*Westermann* Rn 71; ähnl *Lutter*/Hommelhoff/*Bayer* Rn 37.

[118] Ulmer/*Ulmer* Rn 114 aE; nicht eindeutig *Roth*/Altmeppen Rn 33, 51, § 19 Rn 44.

[119] Scholz/*Winter*/*Westermann* Rn 73 f; ähnlich Ulmer/*Ulmer* Rn 116 f.

[120] AllgM, Ulmer/*Ulmer* Rn 133; Scholz/*Winter*/*Westermann* Rn 87.

[121] Ausführl Ulmer/*Ulmer* Rn 134 ff.

[122] Strenger *Lutter*/Hommelhoff/*Bayer* Rn 30: zusätzlich Formulierung „alle Aktiva und Passiva" u Beifügung der letzten Bilanz.

[123] OLG Düsseldorf GmbHR 1996, 214.

ermöglichen.[124] Dem dienen vielmehr Sachgründungsbericht (Abs 4 S 2, unten Rn 54 ff) u sonstige mit der HRAnmeldung einzureichende Unterlagen (§ 8 I mit Erl). Daher abgesehen von Individualisierungszwecken nähere Beschreibung, Verzeichnis einzelner Gegenstände bei Sachgesamtheiten udgl auch als Anlage nicht erforderlich; dementspr Einbringungsbilanz für Handelsgeschäft nicht notwendig, wenn auch vielfach üblich.[125]

46 **Nennbetrag der GAnteile, Geldwert.** Anzugeben ist der Euro-Betrag des GAnteils bzw der GAnteile, für den die Sacheinlage geleistet werden bzw in deren Höhe bei Sachübernahme die Verrechnung erfolgt;[126] bei Kombination von Sach- u Bareinlagen beide Beträge. Dagegen nicht nötig Wert des Einlagegegenstands;[127] ferner nicht Aufschlüsselung zwischen mehreren Gegenständen.[128] – Übersteigt Wert des Einlagegegenstands denn Nennbetrag des GAnteils u soll Differenz dem Einleger vergütet werden, gemischte Sacheinlage, so ist grds auch Vergütung anzugeben (näher oben Rn 20 u die dort Genannten); das ist zwar nicht unmittelbar Abs 4 S 1 zu entnehmen, entspricht aber dem allg Grundsatz, dass Leistungen an Gfter im Zusammenhang mit Gründung u Einlagepflicht der Aufnahme in den GesVertrag bedürfen (auch unten Rn 57).

47 Zur nachträglichen **Änderung der Einlageform** unten Rn 52.

48 **b) Wahlweise Sach- oder Geldeinlage.** Wahlrecht zwischen Sach- u Geldeinlage, auch zwischen zwei verschiedenen Sacheinlagen kann sowohl dem Gfter als auch der Ges im GesVertrag eingeräumt werden; Angaben nach Abs 4 für jede Sacheinlage. Ausübung der Wahl vor Anmeldung zum HR, da davon Mindesteinlage nach § 7 II, III abhängig.[129]

49 **c) Beibehalten der Festsetzung in der Satzung.** Beibehalten der Festsetzung von Sacheinlagen grds auch bei späteren Satzungsänderungen notwendig. Entgegen RegE hat GmbH-Reform 1980 zeitliche Begrenzung dafür nicht ausdrücklich geregelt (vgl §§ 27 V, 26 V AktG). Dennoch hatte sich im Anschluss daran die Auffassung durchgesetzt, dass die Angabe 5 Jahre nach Abwicklung, idR also Leistung der Sacheinlage (§ 7 III), besser nach HREintragung, durch Satzungsänderung beseitigt werden kann.[130] Diese Ansicht fußte auf der Verjährungsregelung des § 9 II aF. Infolge der Verlängerung der Verjährungsfrist auf nunmehr 10 Jahre wird man entspr die Beibehaltung über diesen Zeitraum verlangen müssen.[131] Ein länger andauerndes Informations-

---

124 HM, Ulmer/*Ulmer* Rn 133; Scholz/*Winter*/*Westermann* Rn 88; Rowedder/*Schmidt-Leithoff* Rn 59.

125 HM, RGZ 159, 327; Ulmer/*Ulmer* Rn 140; Scholz/*Winter*/*Westermann* Rn 88; Rowedder/*Schmidt-Leithoff* Rn 59; *Priester* BB 1980, 21; auch *Sudhoff* 165 ff; – abw *Lutter*/Hommelhoff/*Bayer* Rn 30.

126 AllgM, Neufassung von Abs 4 S 1 hat insoweit nichts geändert, *Gersch*/*Herget*/*Marsch*/*Stützle*, GmbH-Reform, 1980, Rn 52 ff; zum Ganzen auch Ulmer/*Ulmer* Rn 141 ff; Scholz/*Winter* Rn 89.

127 KGJ 38, 161, 170; Michalski/*Zeidler* Rn 159.

128 KGJ 36, 133, 134; Michalski/*Zeidler* Rn 159.

129 Ulmer/*Ulmer* Rn 37 f; Scholz/*Winter*/*Westermann* Rn 110; Michalski/*Zeidler* Rn 158.

130 Michalski/*Zeidler* Rn 167; Rowedder/*Schmidt-Leithoff* Rn 56; *Priester* DNotZ 1980, 520; nunmehr auch *Lutter*/Hommelhoff/*Bayer* § 3 Rn 23 aE; – keine Beibehaltung hält für erforderlich *Michalski* § 3 Rn 32.

131 So auch Ulmer/*Ulmer* Rn 130; weiterhin für nur 5-jährige Frist Scholz/*Winter*/*Westermann* Rn 86.

bedürfnis Dritter ist bei der GmbH nicht anzunehmen. Übernahme der zusätzlichen 30jährigen Frist aus § 26 V AktG hier nicht geboten.[132] – Zur Handhabung bzgl Angaben bei Geldeinlagen § 3 Rn 18.

d) Verstoß gegen Abs 4 S 1, Rechtsfolgen. Fehlen oder Ungenauigkeit[133] erforderlicher Angaben sowie unzulässiger Inhalt, zB ungeeigneter Einlagegegenstand (oben Rn 23 ff), machen Sacheinlagevereinbarung bzw Sachübernahmevereinbarung als solche unwirksam; **Eintragungshindernis** (§ 9 c).[134] Das gilt ungeachtet der Anrechnungsmöglichkeit nach § 19 IV, da diese nicht vor Eintragung erfolgen kann (§ 19 IV 4). Zu sonstigen Mängeln, die nicht Inhalt oder Form betreffen, oben Rn 36 ff; zu Bewertungsmängeln oben Rn 35. – **Fehlt Regelung der Sacheinlage im GesVertrag ganz, liegt Bargründung vor,** daher Geldeinlagepflicht in Höhe des Nennbetrags der jew übernommenen GAnteile. Ist Aufnahme in den Vertrag irrtümlich unterblieben, kann dieser fehlerhaft sein (dazu § 2 Rn 37 ff). **Nach Eintragung** der Ges ins HR ist Unwirksamkeit der Vereinbarung endgültig. Wirksamkeit der Beitrittserklärungen u der Ges selbst wird dadurch nicht berührt. Soweit Sacheinlage- bzw Sachübernahmevereinbarung dem Abs 4 S 1 nicht genügt, gilt **gesetzliche Geldeinlagepflicht.** 50

Gleichwohl erbrachte Sachleistungen oder Verrechnung mit Gegenleistung für diese **befreien vor Eintragung nicht,** § 19 IV 1. Jedoch ist **nach Eintragung** unter den Voraussetzungen von § 19 IV nF auch im Fall der **verdeckten Sacheinlage** Wertanrechnung möglich (dazu oben Rn 18 f u § 19 Rn 49). Von Abs 4 nicht gedeckte kausale Einbringungsabrede sowie dingliche Einbringung des Sachgegenstandes sind nach § 19 IV 2 nF nicht mehr unwirksam. 51

e) Nachträgliche Änderung der Einlageform, dh Übergang von Sach- zu Geldeinlage oder umgekehrt, auch Austausch von Sacheinlagen oder Änderung von Einzelheiten, kann **vor Anmeldung** der Ges zum Handelsregister durch Änderung des GesVertrags unter Mitwirkung aller Gründer in der Form des § 2 (s dort Rn 13) erfolgen, entspricht iE Neuvornahme. – **Nach Anmeldung** muss auch diese unter Berücksichtigung des neuen GesVertrags ganz wiederholt werden. Sacheinlagen sind dann aber idR gem § 7 III bereits voll erbracht, sodass zumindest an einem Wechsel von Sach- zu Geldleistung kaum noch Interesse besteht. – **Nach Eintragung** ließ früher hM nur Umwandlung von **Sach- in Geldeinlage** gleicher Höhe durch satzungsändernden GfterBeschluss (§§ 53 f) – wegen möglicher Haftung nach § 24 nur mit Zustimmung aller Gfter (§ 53 III) – zu.[135] Übergang von **Geld- in Sacheinlage** wurde dagegen im Hinblick auf den Normzweck von Abs 4 sowie § 19 V gänzlich abgelehnt.[136] Für zulässig gehalten wurde nur Kapital- 52

---

[132] AA LG Hamburg GmbHR 1968, 207.

[133] Zur Auslegung unvollständiger Regelung aber KG WM 1996, 631.

[134] So schon KG RJA 12, 59; KGJ 45, 176; hM Ulmer/*Ulmer* Rn 149 ff; Scholz/*Winter/Westermann* Rn 93; Michalski/*Zeidler* Rn 162 f; *Lutter*/Hommelhoff/*Bayer* Rn 31; *Roth*/Altmeppen Rn 55; teilw abw *Hüffer* JuS 1983, 165.

[135] KG JW 1937, 321; auch RG JW 1936, 42; Ulmer/*Ulmer* Rn 35; Scholz/*Winter/Westermann* Rn 109; *Frey,* Einlagen, 45 f; – jetzt zustimmend Rowedder/*Schmidt-Leithoff* Rn 24.

[136] BayObLG DB 1978, 337; KGJ 47, 108; Braunschweig OLGZ 32, 140; auch KG JW 1937, 321 obiter; OLG Frankfurt DB 1983, 1249 obiter; auch noch Ulmer/*Ulmer* Rn 36, 180 jetzt auch nach Eintragung anerkennend, *Ulmer* ZHR 154 (1990), 143 f.

herabsetzung unter Beachtung von §§ 58, 19 III u anschließende Kapitalerhöhung mit Sacheinlage nach §§ 55, 56.[137] Verfahren war jedoch weitgehend unpraktikabel.[138]

53 Seit längerem hat **BGH** im Zusammenhang mit der Frage der Heilung verdeckter Sacheinlagen **Änderung der Geld- in Sacheinlage** durch Satzungsänderung mit entspr Mehrheit anerkannt.[139] Dies muss auch allg für offene **Umwandlung von Geld- in Sacheinlage**[140] sowie **Austausch von Sacheinlagen** gelten.[141] Dafür spricht, dass dem Normzweck des Sachgründungsrechts auch im Rahmen einer Satzungsänderung Rechnung getragen werden kann, absolutes Verbot daher unverhältnismäßig wäre. – **Voraussetzungen** im Einzelnen bislang nicht abschließend geklärt. Erforderlich jedenfalls **Satzungsänderung mit qualifizierter Mehrheit.** Einstimmigkeit nicht erforderlich, da Risiko der Ausfallhaftung nach § 24 für Mitgesellschafter im Fall des § 9 durch Sachgründungsbericht u Registerkontrolle nicht höher als bei Geldeinlage ist.[142] Einbringung zum Zeitwert, bezogen auf Anmeldung der Änderung.[143] **Sachgründungsbericht** mit entspr Wertnachweis, der durch alle GFührer u von der Änderung betroffenen Gfter zu unterzeichnen ist.[144] Jedenfalls bei Verrechnung mit Gewinnansprüchen auch von WP testierte Bilanz.[145] **Prüfung** und Eintragung **durch RegGericht** wie sonst bei Sacheinlage.

54 **5. Sachgründungsbericht** ist nach Abs 4 S 2 für jede Sachgründung zwingend vorgeschrieben. Er ist Teil der gesetzlichen Vorkehrungen zur Sicherung der Kapitalaufbringung u dient als Grundlage für die Prüfung durch das RegGericht gem § 9 c I 2. Daher nach § 8 I Nr 4 bei Anmeldung der Ges zum HR einzureichen, zusammen mit Verträgen über Festsetzung u Ausführung der Sacheinlagen u sonstigen Unterlagen über deren Wert (§ 8 I Nr 4, 5). – Der Bericht ist nicht Teil des GesVertrags, daher auch nicht mit diesem

---

137 BayObLG DB 1978, 377.

138 So mit Recht Ulmer/*Ulmer* Rn 134; Scholz/*Winter/Westermann* Rn 97 a; *Priester* DB 1990, 1758. Vgl zu weiteren Vorschlägen *Kiethe/Imbeck* DStR 1994, 211; *Volhard* ZGR 1995, 289 ff; *Lenz* GmbHR 1996, 163 ff jew mwN; dazu, dass Heilung im Wege der Kapitalherabsetzung u Kapitalerhöhung nach wie vor möglich ist *Lutter*/Hommelhoff/*Bayer* Rn 58.

139 BGHZ 132, 141; 155, 329 = NJW 2003, 3127, 3129; zustimmend *Lutter*/Hommelhoff/*Bayer* Rn 56; *Roth*/Altmeppen Rn 64; Michalski/*Zeidler* Rn 173; Scholz/*Winter* Rn 80 aE, 97 a, 106; im Grds übereinstimmend bereits vor BGHZ 132, 141; Ulmer/*Ulmer* § 19 Rn 140; *Priester* DB 1990, 1753, 1759; – grds für Heilungsmöglichkeit auch *Joost* ZIP 1990, 562; *Butzke* ZHR 154 (1990), 365; *Kiethe/Imbeck* DStR 1994, 209; *Sernetz* ZIP 1995, 173 ff; – auch nach BGHZ 132, 141 noch abl Rowedder/*Schmidt-Leithoff* Rn 51 f.

140 KG GmbHR 2005, 95, 96; OLG Hamburg ZIP 2005, 988.

141 Zutr *Roth*/Altmeppen Rn 64; Scholz/*Winter/Westermann* Rn 106 ff; Michalski/*Zeidler* Rn 173.

142 BGHZ 132, 141; *Lutter*/Hommelhoff/*Bayer* Rn 56; *Priester* DB 1990, 1753, 1759 ff; ähnl *Knobbe-Keuk* ZIP 1986, 889 f; *Lutter/Gehling* WM 1989, 1455; – für Einstimmigkeit aber noch Ulmer/*Ulmer* § 19 Rn 138; *Roth*/Altmeppen Rn 64; Scholz/*Winter/Westermann* Rn 107.

143 HM, BGHZ 132, 155; *Lutter* JZ 1996, 913; – abw *Krieger* ZGR 1996, 683 f mwN.

144 BGHZ 132, 155; Michalski/*Zeidler* Rn 173.

145 BGHZ 132, 155; grds auch *Krieger* ZGR 1996, 688; Michalski/*Zeidler* Rn 173; – insoweit krit *Lutter* JZ 1996, 912; *Priester* ZIP 1996, 1031.

zu beurkunden, doch bedarf er der Schriftform, um § 8 I Nr 4 zu genügen (allgM). Er ist von allen Gründungsgftern zu erstatten u zu unterschreiben, die der Vorges im Zeitpunkt der HRAnmeldung angehören.[146] Erstattung u Unterschrift, wie auch die Strafsanktion in § 82 I Nr 2 zeigt, durch Gfter persönlich; gesetzliche Vertretung nach den allg Regeln, dagegen rechtsgeschäftliche Stellvertretung unzulässig.[147] Erstattung durch GFührer in dieser Eigenschaft weder erforderlich noch ausreichend. Zum Sonderfall der Umwandlung von Bar- in Sacheinlage oben Rn 53.

Inhalt: Sachgründungsbericht muss seinem Zweck entspr alle für die Beur- 55
teilung der Angemessenheit der Sacheinlage durch das RegGericht wesentlichen Angaben enthalten. Abgesehen von Unternehmenseinbringung sind Einzelheiten nicht gesetzlich geregelt; § 32 II AktG kann als Hinweis dienen,[148] jedoch für GmbH nicht bindend. Vielmehr sind Angaben, ggf auch entspr Gutachten als Ergänzung, vom jew Einlagegegenstand abhängig; so neben Art des Gegenstands zB dessen Anschaffungs- bzw Herstellungspreis, auch gegenwärtiger Marktpreis, Zustand, Nutzungsmöglichkeiten, Bedeutung für das Unternehmen der Ges udgl.[149] Für **Einbringung eines Unternehmens** ist zwingend Angabe der beiden letzten Jahresergebnisse vorgeschrieben. Bei kürzerem Bestehen ist entspr über den bisherigen Geschäftsgang zu berichten. Einreichung vollständiger Jahresabschlüsse nicht notwendig, aber idR zweckmäßig; ebenso ggf Einbringungsbilanz (oben Rn 31). Soweit in Umsetzung der geänderten KapitalRL durch ARUG[150] § 33 a AktG nF für grds nach § 33 AktG erforderliche Gründungsprüfung Erleichterungen zulässt,[151] wird man diese entspr auch auf Inhalt des Gründungsberichts u registerrechtliche Prüfung ausdehnen können.

Mängel des Sachgründungsberichts, insbes völliges Fehlen, aber auch Un- 56
vollständigkeit oder Ungenauigkeit, hindern HREintragung (§ 9 c I 2). Mangel durch Nachholung heilbar. Nach Eintragung keine weiteren Folgen.[152] – Falsche Angaben können zur Haftung nach § 9 a führen; Strafbarkeit nach § 82 I Nr 2.

VI. Gründungsaufwand, Sondervorteile

Das GmbHG enthält keine § 26 AktG entspr Vorschrift. Die Notwendig- 57
keit, bestimmte für GesGläubiger gefährliche Belastungen des GesVermögens

---

[146] Ulmer/*Ulmer* Rn 158; Michalski/*Zeidler* Rn 176, ganz hM, nunmehr auch Scholz/*Winter*/*Westermann* Rn 99, aber mit abw Hinweis auf GfterWechsel nach Anmeldung; doch ist insoweit nur bei Eintritt eines neuen Gfters mit Sacheinlage neuer Sachgründungsbericht mit Unterschrift aller Gfter erforderlich, Ulmer/*Ulmer* § 8 Rn 11; *Lutter*/Hommelhoff/*Bayer* Rn 33.

[147] Ulmer/*Ulmer* Rn 158 f; Scholz/*Winter*/*Westermann* Rn 100; Michalski/*Zeidler* Rn 177; *Lutter*/Hommelhoff/*Bayer* Rn 33; Rowedder/*Schmidt-Leithoff* Rn 63; *Priester* DNotZ 1980, 520.

[148] *Roth*/Altmeppen Rn 60; auch *Lutter*/Hommelhoff/*Bayer* Rn 32.

[149] Zum Ganzen auch Ulmer/*Ulmer* Rn 161 f; Scholz/*Winter*/*Westermann* Rn 102 ff; *Lutter*/Hommelhoff/*Bayer* Rn 32; zur Einbringung eines Unternehmens insbes auch Michalski/*Zeidler* Rn 179.

[150] Gesetz zur Umsetzung der Aktionärsrechterichtlinie (ARUG), s Einl Rn 30.

[151] Dazu BT-Drucks 16/11642, 22; *Westermann* ZHR 172 (2008), 144, 149; *Schäfer,* Der Konzern 2007, 407, 408; *Böttcher* NZG 2008, 481.

[152] BGH NZG 2004, 910, 911.

im Gründungsstadium im GesVertrag offenzulegen u hierdurch zu begrenzen, gilt jedoch auch für GmbH (§ 26 II AktG analog). Daher können **Ansprüche der Gesellschafter** auf Ersatz von Kosten im Zusammenhang mit der Gründung, **Gründungsaufwand,** ferner solche auf Vergütung oder sonstige Vorteile für ihre Teilnahme an der Gründung, **Gründerlohn, Sondervorteile,** gegenüber der Ges **nur im Gesellschaftsvertrag** begründet werden. Das ist für letztere unstr, auch für den Gründungsaufwand heute allgM u wird in § 9a I, auch in § 82 I Nr 1, mittelbar bestätigt.[153] Auch der gesetzlich von GmbH geschuldete Gründungsaufwand, wie zB Kosten der Anmeldung, ist von Gründern zu tragen, soweit nicht in der Satzung entspr § 26 II AktG gesondert festgesetzt.[154] Er ist als Gesamtbetrag, notfalls geschätzt, im GesVertrag anzugeben[155] u fällt, soweit das nicht geschehen ist, den Gründern zur Last, die ggf der Ges von ihr getragene Kosten zu erstatten haben. Nachträgliche Übernahme durch GmbH, auch entspr Satzungsänderung nach HREintragung sind ausgeschlossen.[156] Beibehalten der Festsetzung in der Satzung, damit unzulässige Zahlungen bis zum Ablauf der Verjährung (§ 31 V) verfolgt werden können.[157] – Die Aufnahme in den GesVertrag befreit für Zahlungen an Gfter von der Schranke des § 30, wenn es sich um notwendige Aufwendungen für solche Kosten handelt, die kraft Gesetzes oder nach Art u Umfang angemessen die GmbH treffen.[158] Insoweit greift auch die Vorbelastungshaftung nicht ein (§ 11 Rn 64). Unangemessene Vergütungen stellen dagegen Sondervorteil dar, für den §§ 30, 31 gelten. In jedem Fall ist aber bei späterer Gewinnausschüttung § 30 uneingeschr zu beachten. – Nicht unter Privileg der Festsetzung als Gründungsaufwand fallen sonstige Anlaufkosten, etwa GFührergehälter[159] (s auch § 11 Rn 64).

VII. Übergangsregelungen

EGGmbHG § 1 Umstellung auf Euro

(1) [1] Gesellschaften, die vor dem 1. Januar 1999 in das Handelsregister eingetragen worden sind, dürfen ihr auf Deutsche Mark lautendes Stammkapital beibehalten; Entsprechendes gilt für Gesellschaften, die vor dem 1. Januar 1999 zur Eintragung in das Handelsregister angemeldet und bis zum 31. Dezember 2001 eingetragen worden sind. [2] Für Mindestbetrag und Teilbarkeit von Kapital, Einlagen und Geschäftsanteilen sowie für den Umfang des Stimmrechts bleiben bis zu einer Kapitaländerung nach Satz 4 die bis dahin gültigen Beträge weiter maßgeblich. [3] Dies gilt auch, wenn die Gesellschaft ihr Kapital auf Euro umgestellt hat; das Verhältnis der mit den Geschäftsanteilen verbundenen Rechte zueinander wird durch Umrechnung zwischen Deutscher

---

153 BGHZ 107, 1; OLG Hamm BB 1984, 87; OLG Düsseldorf GmbHR 1987, 59; ausführl Ulmer/*Ulmer* Rn 200 ff, insbes 183 ff; Scholz/*Winter/Westermann* Rn 111 ff; *Lutter*/Hommelhoff/*Bayer* § 3 Rn 54; Rowedder/*Schmidt-Leithoff* Rn 67 f; *Roth*/Altmeppen Rn 72; – abw für Gründerlohn Michalski/*Zeidler* Rn 228.

154 BGHZ 107, 1 gegen Vorlagebeschl BayObLG DB 1988, 2351; wie BGH ganz hM, Michalski/*Zeidler* Rn 227, 229; *Roth*/Altmeppen Rn 72.

155 BGHZ 107, 1; OLG Düsseldorf GmbHR 1991, 20; ganz hM. Zur Frage notwendiger Aufschlüsselung s § 9 c Rn 5.

156 HM, aA *Roth*/Altmeppen Rn 72.

157 Abw, nur 5 Jahre, Ulmer/*Ulmer* Rn 217; LG Berlin GmbHR 1993, 590.

158 HM, Ulmer/*Ulmer* Rn 219; Michalski/*Zeidler* Rn 228, 231; auch Scholz/*Winter/Westermann* Rn 113 aE ohne Einschränkung des § 30 für die Zeit der Gründung; ohne Beschränkung auf notwendige Aufwendungen *Lutter*/Hommelhoff/*Bayer* § 3 Rn 54.

159 BGH NJW 2004, 2519 zur Vorstandsvergütung bei AG.

Mark und Euro nicht berührt. [4] Eine Änderung des Stammkapitals darf nach dem 31. Dezember 2001 nur eingetragen werden, wenn das Kapital auf Euro umgestellt wird.

(2) [1] Bei Gesellschaften, die zwischen dem 1. Januar 1999 und dem 31. Dezember 2001 zum Handelsregister angemeldet und in das Register eingetragen worden sind, dürfen Stammkapital und Stammeinlagen auch auf Deutsche Mark lauten. [2] Für Mindestbetrag und Teilbarkeit von Kapital, Einlagen und Geschäftsanteilen sowie für den Umfang des Stimmrechts gelten die zu dem vom Rat der Europäischen Union nach Artikel 123 Abs. 4 Satz 1 des Vertrages zur Gründung der Europäischen Gemeinschaft unwiderruflich festgelegten Umrechnungskurs in Deutsche Mark umzurechnenden Beträge des Gesetzes in der ab dem 1. Januar 1999 geltenden Fassung.

(3) [1] Die Umstellung des Stammkapitals und der Geschäftsanteile sowie weiterer satzungsmäßiger Betragsangaben auf Euro zu dem nach Artikel 123 Abs. 4 Satz 1 des Vertrages zur Gründung der Europäischen Gemeinschaft unwiderruflich festgelegten Umrechnungskurs erfolgt durch Beschluss der Gesellschafter mit einfacher Stimmenmehrheit nach § 47 des Gesetzes betreffend die Gesellschaften mit beschränkter Haftung; § 53 Abs. 2 Satz 1 des Gesetzes betreffend die Gesellschaften mit beschränkter Haftung ist nicht anzuwenden. [2] Auf die Anmeldung und Eintragung der Umstellung in das Handelsregister ist § 54 Abs. 1 Satz 2 und Abs. 2 Satz 2 des Gesetzes betreffend die Gesellschaften mit beschränkter Haftung nicht anzuwenden. [3] Werden mit der Umstellung weitere Maßnahmen verbunden, insbesondere das Kapital verändert, bleiben die hierfür geltenden Vorschriften unberührt; auf eine Herabsetzung des Stammkapitals, mit der die Nennbeträge der Geschäftsanteile auf einen Betrag nach Absatz 1 Satz 4 gestellt werden, ist jedoch § 58 Abs. 1 des Gesetzes betreffend die Gesellschaften mit beschränkter Haftung nicht anzuwenden, wenn zugleich eine Erhöhung des Stammkapitals gegen Bareinlagen beschlossen und diese in voller Höhe vor der Anmeldung zum Handelsregister geleistet werden.

Lit: *Frank/Wachter,* Ungelöste Folgefragen der Euro-Umstellung bei der GmbH, GmbHR 2001, 898; *Geyrhalter,* Auswirkungen der Einführung des Euro zum 1. 1. 1999 auf das GmbHG, BB 1998, 905; *Heidinger,* Die Umstellung der GmbH auf Euro durch Aufstockung der Geschäftsanteile, GmbHR 2000, 264; *Kallmeyer,* Einführung des Euro für die GmbH, GmbHR 1998, 963; *Ries,* Der Euro und die GmbH – Probleme aus der Sicht der handelsregisterrechtlichen Praxis, GmbHR 2000, 464; *U. H. Schneider,* Die Anpassung des GmbH-Rechts bei Einführung des Euro, NJW 1998, 3158; *Seibert,* Die Umstellung des Gesellschaftsrechts auf den Euro, ZGR 1998, 1; *Simon,* Umstellung des Stammkapitals einer GmbH von DM auf Euro: Wahl der richtigen Umrechnungsmethode, DB 2008, 1615.

1. Umstellung auf Euro. Ausweis der Stammkapital- und Stammeinlagebeträge in Euro in Abs 1 sowie entsprechende Anpassung der Teilbarkeit in Abs 3 eingeführt durch EuroEG 1998[160] im Rahmen der Währungsunion mit Wirkung vom 1. 1. 1999. Übergangsregelung ursprgl in § 86, der durch MoMiG aufgehoben wurde. Nunmehr mit geringfügigen Veränderungen, insbes Wegfall der Teilbarkeitsbeschränkungen bei Umstellung des bis dahin noch auf DM lautenden Stammkapitals auf Euro betreffend, in § 1 EGGmbHG übernommen. Danach ist zwischen drei Fallgruppen zu unterscheiden: 58

a) Für **Altgesellschaften,** die vor dem Stichtag 1. 1. 1999 eingetragen oder zumindest angemeldet und bis 31. 12. 2001 eingetragen wurden, gilt folgendes: 59

aa) Unveränderte Fortführung: Altgesellschaften können nach § 86 I ihr **auf DM lautendes Stammkapital** unverändert **fortführen.** Insoweit gilt § 5 I u III idF der GmbH-Novelle (Mindeststammkapital DM 50000, Mindeststammeinlage DM 500, Teilbarkeitsfaktor 100) weiter. Eine Umstellung

[160] BGBl I, 1242.

auf Euro ist nur und erst erforderlich, wenn nach dem 31. 12. 2001 eine sonstige Änderung des Stammkapitals eingetragen werden soll (partielle Registersperre). In diesem Fall müssen nach § 1 I 4 EGGmbHG das Stammkapital und die Nennbeträge der GAnteile auf Euro umgestellt werden (Umrechnungskurs: 1,95 583 DM pro Euro), was zu Nachkommabeträgen führen kann. Anders als nach § 86 I 4 aF ist zwar die weitere, dort genannte Teilbarkeitsvoraussetzung entfallen, da § 5 nF eine solche nicht mehr enthält. Auch nach § 5 II nF muss der Nennbetrag jedes GAnteils jedoch auf volle Euro lauten und nach § 5 III 2 die Höhe des Stammkapitals mit der Summe der Nennbeträge der GAnteile übereinstimmen, sodass weiterhin zur Erreichung dieser Voraussetzungen idR Veränderung (Glättung) des Stammkapitals und der Höhe der GAnteile erforderlich sein wird. Hierfür gelten grds die allg Voraussetzungen der Kapitalerhöhung bzw -herabsetzung (§ 1 III 3 1. Halbs EGGmbHG),[161] wobei § 1 III 3 2. Halbs EGGmbHG bei Verbindung von Kapitalherabsetzung mit Kapitalerhöhung Erleichterungen schafft.

60 **bb) Sofortige Umstellung auf Euro:** Altgesellschaften konnten freiwillig auch **sogleich auf Euro umstellen,** § 1 I 3 EGGmbHG (bisher § 86 I 3). Insoweit bestanden zwei Möglichkeiten:

aaa) Umrechnung: Wurden dabei lediglich das vorhandene Stammkapital und die Stammeinlagen in Euro umgerechnet, galten die Erleichterungen des § 86 III 1 u 2 aF (nunmehr § 1 III 1 u 2 EGGmbHG), also einfache Mehrheit, Verzicht auf notarielle Beurkundung des Beschlusses, keine notarielle Bescheinigung nach § 54 I 2, keine notarielle Beglaubigung der Anmeldung (Art 45 I 1 EGHGB). Etwa entstehende Rundungsdifferenzen zwischen Stammkapital und Summe der Stammeinlagen im Bereich der Dezimalstellen nach dem Komma hat das Gesetz hingenommen.[162] Zweckmäßig, zunächst Stammkapital umzustellen und GAnteile dann durch Quotelung zu errechnen (sog. Herunterbrechen, unten § 55 Rn 56). Zu geringfügig anderen Ergebnissen führt Additionsmethode, die teilweise von Registergerichten abgelehnt wird.[163] Auch nach der Umrechnung gelten jedoch nach § 1 I 2 EGGmbHG (bisher § 86 I 2) wegen der dabei idR entstehenden krummen Euro-Beträge für Mindestbetrag, Teilbarkeit und Stimmrecht die DM-Beträge und die zugehörigen, auf DM-Beträge und deren Teilbarkeit lautenden Vorschriften weiter,[164] was zu praktischen Schwierigkeiten führen kann.[165] Ferner gilt die partielle Registersperre (oben aa), sodass in einem zweiten Schritt über kurz oder lang eine Anpassung der Satzung an die Teilbarkeitserfordernisse des § 86 I 4 bzw nunmehr die nach § 5 II geforderten glatten Euro-Beträge unvermeidlich war bzw ist. Die reine Umrechnung war u ist also wenig sinnvoll.[166]

61 **bbb) Umstellung:** Möglich war u ist auch, dass Altgesellschaften sogleich oder später auf die neuen (glatten) Euro-Beträge nach Maßgabe der ab 1. 1. 1999 geltenden Vorschriften umstellen, also im Wege der Kapitalerhöhung

---

[161] BayObLG GmbHR 2002, 497, 498; Roth/*Altmeppen* § 86 Rn 10.

[162] *Geyrhalter* BB 1998, 907; Rowedder/*Schmidt-Leithoff* § 86 Rn 12; Einzelheiten insbes zu Auf- und Abrundungen bei *Lutter*/Hommelhof/*Bayer* § 86 Rn 3.

[163] Siehe *Simon* DB 2008, 1615 zu LG Bielefeld, Beschluss vom 29. 5. 2008 – 24 T 6/08.

[164] *Kallmeyer* GmbHR 1998, 964; *Lutter*/Hommelhoff/*Bayer* § 86 Rn 3.

[165] Scholz/*Westermann* 9. Auf, Einl Rn 55; *Geyrhalter* BB 1998, 907; krit auch Rowedder/*Schmidt-Leithoff* § 86 Rn 13.

[166] *Kallmeyer* GmbHR 1998, 964; *Geyrhalter* BB 1998, 907.

oder der kombinierten Kapitalherabsetzung und -erhöhung glatte Euro-Beträge für Stammkapital und Stammeinlagen wählen. Dann mussten diese den Größen- und Teilbarkeitsvoraussetzungen des § 86 I 4 aF entsprechen[167] bzw müssen nun auf glatte Euro-Beträge gem § 5 II gestellt werden. Die Umstellung auf glatte Beträge kann durch **Kapitalerhöhung** oder Kapitalherabsetzung erfolgen, die jedoch idR zu einer Veränderung der Beteiligungsquoten führt.[168] Auch scheidet infolge der erforderlichen Kapitalmaßnahmen die erleichterte Satzungsänderung nach § 1 III 1 u 2 (§ 86 III 1 u 2 aF) aus.[169] Die Umstellung konnte u kann auch im Wege einer kombinierten **Kapitalherabsetzung, verbunden mit einer Kapitalerhöhung** erfolgen. Für diese mit nachfolgender Kapitalerhöhung verbundene Kapitalherabsetzung gelten Erleichterungen nach § 1 III 3 (keine Sicherstellung für Gläubiger usw), wenn sie nur dazu dient, die Nennbeträge der Geschäftsanteile an die Voraussetzungen des § 5 I u II (volle Eurobeträge) anzupassen und die Kapitalherabsetzung mit einer Barkapitalerhöhung auf mindestens die bisherige Höhe unter voller Einzahlung vor Anmeldung verbunden wird.[170] Zu weiteren **Einzelheiten** bei Kapitaländerung und Glättung s § 55 Rn 55 ff.[171]

b) Für **Gesellschaften,** die nach dem 31. 12. 1998 zum Handelsregister angemeldet wurden, ist zu unterscheiden: **62**

aa) Übergangsgesellschaften. Bei Eintragung vor dem 31. 12. 2001 konnte die Satzung noch **DM-Beträge** vorsehen, § 1 II EGGmbHG (§ 86 II aF); diese mussten allerdings auf der Basis des festgelegten Umrechnungskurses den **Anforderungen an eine Gründung in Euro** (§ 5 I u III aF) **entsprechen,** also insbesondere die Stammeinlagen bei einer Umrechnung in Euro durch 100 teilbar sein, um spätere Umstellung zu erleichtern. Bezugnahmen auf DM-Beträge in GesVertrag gelten ab 1. 1. 2002 als solche auf Euro-Beträge entspr Umrechnungskurs.[172] Mindesthöhe des Stammkapitals daher DM 48895,75,[173] Mindeststammeinlage DM 195,58, Teilbarkeitsfaktor 97, 79. Daher wenig wahrscheinlich, dass von dieser Möglichkeit häufiger Gebrauch gemacht wurde.[174]

bb) Bei **Eintragung nach dem 31. 12. 2001** (Neugesellschaften) waren die Voraussetzungen des § 5 in der seit 1. 1. 1999 geltenden Fassung in Euro uneingeschränkt zu erfüllen, selbst wenn rechtzeitig beantragte Eintragung rechtsfehlerhaft abgelehnt und dadurch der Stichtag 31. 12. 2001 versäumt wurde.[175] **63**

---

167 *Kallmeyer* GmbHR 1998, 964; *U. H. Schneider* NJW 1998, 3160.

168 *Kallmeyer* GmbHR 1998, 965; *Geyrhalter* BB 1998, 908; *U. H. Schneider* NJW 1998, 3161.

169 BayObLG GmbHR 2002, 497.

170 Krit zur Zweckmäßigkeit dieses Verfahrens *Geyrhalter* BB 1998, 908.

171 Vgl auch LG Bonn GmbHR 2000, 875; LG Bremen GmbHR 2000, 287; *Lutter*/Hommelhoff/*Bayer* § 86 Rn 15 ff; *Seibert* ZGR 1998, 1; *U. H. Schneider* NJW 1998, 3158; *Kallmeyer* GmbHR 1998, 963; *Geyrhalter* BB 1998, 905; *ders* ZIP 1998, 1608; *Theile/Köhler* GmbHR 1999, 516; *Ries* GmbHR 2000, 264; *Frank/Wachter* GmbHR 2001, 898.

172 Art 14, 13, 1 VO (EG) Nr 974/98 des Rates vom 3. 5. 98 über die Euro Einführung, ABl EG 98, L 139, 1. Ebenso Scholz/*Schneider* § 86 Rn 24; Roth/*Altmeppen* § 86 Rn 18; *Geyrhalter* ZIP 1998, 1608, 1613; abw Rowedder/*Schmidt-Leithoff* § 86 Rn 46; *Zöllner* unten § 55 Rn 75.

173 Insoweit krit zum EuroEG *Geyrhalter* BB 1998, 905.

174 *Schneider* NJW 1998, 3158.

175 *Lutter*/Hommelhoff/*Bayer* § 86 Rn 9; Roth/*Altmeppen* § 86 Rn 17.

64 **2. Anpassung von Mindeststammkapital und Mindesteinlagen nach GmbH-Novelle 1980.** Durch Ablauf der Übergangsfristen praktisch nicht mehr relevant. Siehe hierzu 15. Aufl Rn 57 ff.

Unternehmergesellschaft

5a

(1) **Eine Gesellschaft, die mit einem Stammkapital gegründet wird, das den Betrag des Mindeststammkapitals nach § 5 Abs. 1 unterschreitet, muss in der Firma abweichend von § 4 die Bezeichnung „Unternehmergesellschaft (haftungsbeschränkt)" oder „UG (haftungsbeschränkt)" führen.**

(2) [1] **Abweichend von § 7 Abs. 2 darf die Anmeldung erst erfolgen, wenn das Stammkapital in voller Höhe eingezahlt ist.** [2] **Sacheinlagen sind ausgeschlossen.**

(3) [1] **In der Bilanz des nach den §§ 242, 264 des Handelsgesetzbuchs aufzustellenden Jahresabschlusses ist eine gesetzliche Rücklage zu bilden, in die ein Viertel des um einen Verlustvortrag aus dem Vorjahr geminderten Jahresüberschusses einzustellen ist.** [2] **Die Rücklage darf nur verwandt werden**

1. **für Zwecke des § 57 c;**
2. **zum Ausgleich eines Jahresfehlbetrags, soweit er nicht durch einen Gewinnvortrag aus dem Vorjahr gedeckt ist;**
3. **zum Ausgleich eines Verlustvortrags aus dem Vorjahr, soweit er nicht durch einen Jahresüberschuss gedeckt ist.**

(4) **Abweichend von § 49 Abs. 3 muss die Versammlung der Gesellschafter bei drohender Zahlungsunfähigkeit unverzüglich einberufen werden.**

(5) **Erhöht die Gesellschaft ihr Stammkapital so, dass es den Betrag des Mindeststammkapitals nach § 5 Abs. 1 erreicht oder übersteigt, finden die Absätze 1 bis 4 keine Anwendung mehr; die Firma nach Absatz 1 darf beibehalten werden.**

Übersicht

Lit: *Drygala,* Zweifelsfragen im Regierungsentwurf zum MoMiG, NZG 2007, 561; *Freitag/Riemenschneider,* Die Unternehmergesellschaft – „GmbH light" als Konkurrenz für die Limited, ZIP 2007, 1485; *Goette/Habersack* (Hrsg), Das MoMiG in Wissenschaft und Praxis, 2009; *Grigoleit/Rieder,* GmbH-Recht nach dem MoMiG, 2009; *Heinemann,* Die Unternehmergesellschaft als Zielgesellschaft von Formwechsel, Verschmelzung und Spaltung nach dem Umwandlungsgesetz, NZG 2008, 820; *Klose,* Die Stammkapitalerhöhung der Unternehmergesellschaft (haftungsbeschränkt), GmbHR 2009, 294; *Leyendecker,* Rechtsökonomische Überlegungen zur Einführung der Unternehmergesellschaft (haftungsbeschränkt), GmbHR 2008, 302; *Lutter,* Für eine Unternehmer-Gesellschaft (UG) – Zur notwendigen Erweiterung der geplanten GmbH-Reform, Beil zu BB 2006 Heft 27, 1; *Miras,* Die neue Unternehmergesellschaft, 2008; *Niemeier,* Die „Mini-GmbH" (UG) trotz Marktwende bei der Limited?, ZIP 2007, 1794; *Rischbieter/Gröning,* Gründung und Leben der GmbH nach dem MoMiG, 2009; *Seibert,* Der Regierungsentwurf des MoMiG und die haftungsbeschränkte Unternehmergesellschaft, GmbHR 2007, 673; *Tettinger,* UG (umwandlungsbeschränkt)? – Die Unternehmergesellschaft nach dem MoMiG-Entwurf und das UmwG, Der Konzern 2008, 75; *Veil,* Die Unternehmergesellschaft nach dem Regierungsentwurf des MoMiG – Regelungsmodell und Praxistauglichkeit, GmbHR 2007, 1080; *Wachter,* Die neue Unternehmergesellschaft (haftungsbeschränkt), GmbHR Sonderheft Oktober 2008, 25; *ders,* Auswirkungen der Finanzmarktkrise auf die neue Unternehmergesellschaft (haftungsbeschränkt), GmbHR 2008, 1296; *Wilhelm,* „Unternehmergesellschaft (haftungsbeschränkt)" – Der neue § 5 a GmbHG in dem RegE zum MoMiG, DB 2007, 1510.

I. Allgemeines

1. Funktion. Gesetzgeberischer Anlass zur Schaffung der Unternehmergesellschaft (haftungsbechsränkt) – nachfolgend UG – waren rechtspolitische Forderungen nach Herabsetzung des Mindeststammkapitals der GmbH sowie Forderungen nach einer Gesellschaftsform ohne zwingendes Mindestkapital. Hinter diesen Forderungen stand vor allem die Sorge um die Zunahme der britischen *Private Limited Company* (Ltd) mit tatsächlichem Sitz in Deutschland, die durch die Entscheidungen des EuGH in *Centros, Überseering u Inspire Art*[1] möglich geworden war.[2] Durch diese Entwicklung stand die GmbH in Konkurrenz zu anderen europäischen Gesellschaftsformen mit teilweise geringeren Gründungsanforderungen. Es bestand die Sorge, dass die britische Ltd die deutsche GmbH zunehmend verdrängt. Ob diese Sorge allerdings rechtstatsächlich ausreichend begründbar war, ist zweifelhaft u wurde im Rahmen des Gesetzgebungsverfahrens nie ernstlich geprüft.[3] Ebenso wurde nicht ausrei- 1

[1] RS C-212/97 = NJW 1999, 2027; C-208/00 = NJW 2002, 3614; C-167/01 = NJW 2003, 3331.

[2] RegBegr BR-Drucks 354/07, 55; dazu auch *Wachter* GmbHR Sonderheft Oktober 2008, 25; *Miras* Rn 60.

[3] Krit etwa *Niemeier* ZIP 2007, 1794 ff; auch *Goette* Einführung Rn 39; *Gehrlein* Der Konzern 2007, 771, 779.

chend gesehen, dass die effektiven Gründungskosten der GmbH mit gesetzlichem Mindeststammkapital auch ohne UG niedriger sind als die Gründungskosten einer Ltd mit notwendiger Zweigniederlassung in Deutschland.[4]

2 Durch Verzicht auf vorgegebenes Mindeststammkapital sollen darüber hinaus Existenzgründungen vor allem im Bereich von Branchen mit geringen Eigenkapitalerfordernissen gefördert u es auch kapitalschwachen jungen Existenzgründern ermöglicht werden, Haftungsrisiko zu begrenzen. Mit der UG hat Gesetzgeber auf Schaffung eigener Rechtsform unterhalb der GmbH wegen des damit verbundenen unverhältnismäßigen Regulierungsaufwands verzichtet, u statt dessen lediglich Rechtsformvariante der GmbH entwickelt, welche den Bedürfnissen der Praxis entgegenkommt, ohne nach Ansicht des Gesetzgebers Ansehen der GmbH und die bei ihrer Gründung gestellten Seriositätsanforderungen zu beeinträchtigen.[5] Auf diese Weise konnte sich Gesetzgeber auf ein Minimum an Regelungsaufwand in § 5 a beschränken u im Übrigen auf bewährte, durch MoMiG teilweise reformierte Regelung der GmbH zurückgreifen.

3 **2. Überblick.** UG ist **Variante der GmbH,** auf welche alle Vorschriften des GmbHG Anwendung finden, soweit § 5 a keine Abweichungen enthält. **Abs 1** lässt in Abweichung von § 5 Gründung mit geringerem als gesetzlichem Mindeststammkapital zu, wenn dies durch Firmenzusatz (Gesetz spricht ungenau von Firma) klargestellt wird. Stammkapital muss daher nur mindestens 1 € betragen, wird aber aus praktischen Gründen in aller Regel deutlich höher festgesetzt werden müssen. Das weniger als 25 000 € betragende Stammkapital muss abweichend vom sonstigen Recht der GmbH aber sogleich in voller Höhe durch Bareinlagen aufgebracht werden, wobei Sacheinlagen nicht zulässig sind, **Abs 2.** Um UG im Laufe der Zeit an GmbH heranzuführen, verlangt **Abs 3** Zwangsthesaurierung von Teilen des Gewinns durch Dotierung einer gesetzlichen Rücklage. Sobald die UG im Wege einer Kapitalerhöhung das Mindeststammkapital einer GmbH erreicht, gilt sie ab dann als GmbH, **Abs 5.** Dies kann sie nach außen durch Änderung des Firmenzusatzes dokumentieren, muss es aber nicht. Abweichend von § 49 III muss nach **Abs 4** die Gesellschafterversammlung nicht bereits bei einem Verlust der Hälfte des Stammkapitals einberufen werden, sondern erst bei drohender Zahlungsunfähigkeit. Der Grund liegt darin, dass angesichts möglicher sehr geringer Stammkapitalgrößen die Einberufungspflicht nach § 49 III nicht mehr sinnvoll ist.

4 **3. Grundfragen.** Unter dem Gesichtspunkt der Formenvielfalt ist Angebot einer Kapitalges ohne Mindestkapital ohne Zweifel positiv zu bewerten. UG wird, wie sog 1-€-GmbH in anderen Ländern auch, auf großes Interesse für wenig kapitalintensive Unternehmen u als Einstiegsform in die Kapitalges stoßen (statistische Angaben Einl Rn 16 aE) u unternehmerische Tätigkeit in dieser Form fördern. Insoweit wird sie gesetzgeberische Zielsetzung erfüllen u ist auch bereits im Vorfeld von Praxis begrüßt worden. Kehrseite ist, dass sich UG voraussichtlich nicht nur als Einstiegsmodell wenig kapitalintensiver Unternehmen erweisen wird, sondern auch als Sammelbecken für riskante oder wenig aussichtsreiche Gründungen,[6] da Verlustrisiko infolge Verzichts auf

[4] *Miras* Rn 107 ff.

[5] RegBegr BR-Drucks 354/07, 70.

[6] *Heckschen* DStR 2009, 166, 169; *Leyendecker* GmbHR 2008, 302, 304; *Hirte* ZinsO 2008, 933, 935.

Mindeststammkapital minimiert werden kann. Das wird sich auch in der Insolvenzstatistik niederschlagen. Beurteilung in Lit daher gespalten.[7]

5 Eine der wesentlichen Grundfragen der UG ist daher die Sicherung des Gläubigerschutzes, da Mindeststammkapital dafür weitgehend ausfällt.[8] Kein Problem wird sehen, wer ohnehin dem gesetzlichen Mindestkapital keinen nennenswerten Beitrag zum Gläubigerschutz beimißt, wie dies in jüngerer Zeit vielfach[9] u bzgl UG auch von RegBegr vertreten wird.[10] Das ist jedoch nicht die Sicht der bisherigen Rpsr u auch nicht die Sicht der Praxis, die im Mindeststammkapital nach wie vor wichtigen Beitrag zum Gläubigerschutz sieht, der entspr durch Kapitalaufbringung u Kapitalerhaltung auch nach MoMiG noch immer umfangreich abgesichert wird. RegBegr sieht Kompensation in Rechtsformzusatz, durch den Gläubiger auf Fehlen eines gesetzlichen Mindestkapitals hingewiesen werden,[11] sowie in Thesaurierungspflicht. Beides kann allerdings fehlende Schutzfunktion des Mindeststammkapitals nicht ausgleichen.[12] Auch erscheint zweifelhaft, ob sich Erwartung des Gesetzgebers bewahrheitet, dass ungeachtet gleicher Rechtsform notwendige Verwendung des Firmenzusatzes UG (haftungsbeschränkt) ausreichend ist, um nicht auch zugleich Seriosität der GmbH, sofern sie als solche wahrgenommen wird, zu tangieren.

6 Vielmehr erscheint es unvermeidlich, dass Gläubigerschutz bei UG und dann wegen Gleichheit der Rechtsform auch bei GmbH sich zunehmend auf Handlungs- u Unterlassungspflichten im Vorfeld der Insolvenz (Exit-Haftung) verlagern wird.[13] Besondere Rolle kommt dabei GFührer zu, der nach MoMiG auch für Leistungen an Gfter haftet, die voraussehbar zur Zahlungsunfähigkeit führen können (§ 64 S 3).

II. Rechtsnatur, Kaufmannseigenschaft, Unternehmer

7 UG ist **Rechtsformvariante der GmbH** mit wenigen Sonderregelungen, für die alle Vorschriften des GmbHG gelten, soweit nicht in § 5a etwas anderes bestimmt ist. Sie ist wie GmbH Juristische Person, Kaufmann kraft Rechtsform, § 13 III, u Unternehmer iSd § 14 I BGB, soweit sie Leistungen gegen Entgelt anbietet.[14]

III. Gründung

8 **1. Gründer, Form.** Für die Form der Gründung gelten, soweit nicht § 5a Sonderregeln enthält, die allgemeinen Regeln der GmbH. Sie kann daher als

[7] Befürwortend etwa *Joost* ZIP 2007, 2242 ff; *Lutter* Beil zu BB 37/2006; *Hirte* ZInsO 2008, 933, 936; eher krit dagegen *Heckschen* DStR 2007, 1442, 1447; *Freitag/Riemenschneider* ZIP 2007, 1485; *Leyendecker* GmbHR 2008, 303 ff; *Goette* Einführung Rn 35 ff; *ders* WPg 2008, 231, 237; *Niemeier* ZIP 2007, 194 ff; *Grigoleit/Rieder* Rn 104.

[8] *Goette* Einführung, Rn 42.

[9] Etwa *Wilhelm* DB 2007, 1510, 1513; *Haas* ZIP 2006, 1373, 1382; *ders,* Gutachten E zum 66. DJT; *Eidenmüller* ZGR 2007, 168, 184 f; *Gebh/Dranke/Heckelmann* NZG 2006, 88, 92; zu MoMiG auch *Schall* ZGR 2009, 126, 128 ff.

[10] RegBegr BR-Drucks 254/07, 70.

[11] Krit zum Informationswert *Veil* GmbHR 2007, 1080, 1082; *Goette* Einführung Rn 43; *Wilhelm* DB 2007, 1510, 1511.

[12] *Goette* WPg 2008, 231, 236; *ders* Einführung Rn 43, 45.

[13] Folgerichtig *Eidenmüller* ZGR 2007, 168, 188 ff; *Schall* ZGR 2009, 129 f.

[14] *Miras* Rn 6, 7.

Ein- oder Mehrpersonen-Ges durch natürliche oder juristische Personen gegründet werden. Erforderlich ist, wie bei GmbH, **notarielle Beurkundung** der Satzung nach § 2. Auch UG kann nach § 2 II im vereinfachten Verfahren auf der Grundlage eines der beiden gesetzlich vorgegebenen **Musterprotokolle** gegründet werden, was aus Vereinfachungsgründen u im Hinblick auf den damit verbundenen Kostenvorteil[15] sinnvoll sein kann, allerdings vor allem bei Mehrpersonenges auf Kosten individueller Vertragsgestaltung geht.

9 **2. Rechtsformzusatz, Abs 1.** UG muss sich durch Firmenzusatz von GmbH unterscheiden. Dabei soll es sich nicht um einen Rechtsformzusatz, sondern um eine klarstellende Bezeichnung handeln.[16] Daran ist richtig, dass UG keine andere Rechtsform ist als GmbH, sondern nur Variante. Das ändert jedoch nichts daran, dass UG (haftungsbeschränkt) wie auch GmbH Rechtsformzusätze sind.[17] Durch die mit Verwendung des Rechtsformzusatzes verbundene Information der Vertragsgläubiger soll teilweise Fehlen eines Mindeststammkapitals kompensiert werden (oben Rn 5). Gesetz lässt als Rechtsformzusatz nur Unternehmergesellschaft (haftungsbeschränkt) oder Abkürzung UG (haftungsbeschränkt) zu. Alle anderen Abkürzungen oder Zusätze sind unzulässig u hindern Eintragung. Wird im Geschäftsverkehr Rechtsformzusatz weggelassen, unverständlich verkürzt oder falscher Rechtsformzusatz verwendet, tritt unter den allg Voraussetzungen **Rechtsscheinhaftung** ein, wenn hierdurch Rechtsschein unbegrenzter Haftung oder Haftung nach anderer Rechtsform bzw Rechtsformvariante geschaffen wurde u Gläubiger sich im Vertrauen darauf auf Geschäft eingelassen hat.[18]

10 **3. Stammkapital, Geschäftsanteile.** Kennzeichen der UG ist Fehlen eines Mindestkapitalerfordernisses. **Stammkapital** kann von Gründern **frei gewählt** werden, muss jedoch **unter dem Betrag nach § 5 I** liegen, da sonst GmbH. Grds keine Untergrenze; jedoch verlangt § 5 II 1, der auch für UG gilt, dass jeder GAnteil **mindestens 1 €** betragen muss, woraus sich je nach Gfterzahl als Mindestkapital 1 € oder ein mehrfaches davon ergibt. Dabei handelt es sich jedoch eher um theoretische Größe, da jede aktive Ges Minimum an Eigenkapital benötigt, um nicht sofort insolvent zu werden. Im Übrigen kann Kapitalbedarf wie bei GmbH auch durch Nachschüsse oder Fremdkapital, etwa in Form von GfterDarlehen, gedeckt werden. Erfahrungen aus anderen europ Ländern mit GmbH ohne Mindeststammkapital zeigen, dass durchschnittliches Stammkapital bei diesen Rechtsformen bei ca 2500 € liegt.[19] Erste Erfahrungen mit der UG ergeben ein durchschnittliches Stammkapital in Höhe von 1173 € (Einl Rn 51).

11 **4. Volleinzahlungspflicht, Kapitalaufbringungsschutz, Sacheinlageverbot, Abs 2.** Abs 2 verbietet Sacheinlagen u verlangt **Volleinzahlung** vor

---

15 Dazu *Wachter* GmbHR Sonderheft Oktober 2008, 25, 27 ff.

16 Rechtsausschuss BT-Drucks 16/9737, 95.

17 Krit zur Vermischung von Firma u Rechtsformzusatz durch Gesetzgeber auch *Goette* Einführung Rn 47.

18 Vgl Ulmer/*Heinrich* § 4 Rn 37; *Miras* Rn 195 ff; *Wachter* GmbHR Sonderheft Oktober 2008, 25, 35; – aA bzgl Gebrauch des Rechtsformzusatzes GmbH *Gehrlein* Der Konzern 2007, 771, 780; fehlende disziplinierende Wirkung betonend *Veil* GmbHR 2007, 1080, 1082.

19 Nachweise siehe *Miras* Rn 76.

Anmeldung. Grund dafür liegt in Erfordernis von Barmitteln für die Anlaufphase u der Möglichkeit, Stammkapital am geschätzten Eigenkapitalbedarf ohne Untergrenze zu orientieren, wodurch bei GmbH sonst bestehendes Erfordernis der Zulassung einer nur teilweisen Einforderung der Bareinlage entfällt.[20] **Verbot von Sacheinlagen** hat Gründe der Vereinfachung u ist unter dem Gesichtspunkt, dass Gfter Höhe des Stammkapitals auf erforderliche Barmittel begrenzen können,[21] konsequent. Verstoß im GesVertrag führt zu Nichtigkeit der Vereinbarung[22] u hindert Eintragung.

12 Für **Kapitalaufbringung** gelten Grunds des § 19, soweit sich nicht durch Volleinzahlungspflicht u Sacheinlageverbot weitere Schranken ergeben. Volleinzahlung kann seitens des Gfters nicht durch Aufrechnung erbracht werden, § 19 II 2, Ges kann nur unter besonderen Voraussetzungen aufrechnen (näher § 19 Rn 33 ff). § 19 V gilt auch für UG (str).[23] **Sacheinlageverbot** betrifft offene u verdeckte Sacheinlagen. Es kann daher weder durch **verdeckte Sacheinlage** (dazu § 19 Rn 45 ff) noch durch **Annahme** von Sachwerten **an Erfüllungs Statt** umgangen werden; denn dieselben Gesichtspunkte, die gegen Sacheinlage bei UG sprechen, lassen auch Rechtsgeschäfte nicht zu, bei welchen zwar zunächst Bareinlage erfolgt, diese jedoch als Vergütung eines vorabgesprochenen Kaufvertrags oä an Gfter zurückfließt oder bei welchen Sache anstelle der Geldeinlage mit Erfüllungswirkung angenommen wird. Daher keine wirksame Erfüllung der Bareinlagepflicht,[24] keine Anrechnung des Sachwerts auf Einlageforderung nach § 19 IV,[25] was in der Insolvenz nach der insoweit fortgeltenden Rspr des BGH zu Doppelzahlung führen kann (§ 19 Rn 56). Andernfalls wäre Sacheinlageverbot weitgehend wirkungslos.

13 Volleinzahlungsgebot u Verbot von Sacheinlagen erstreckt sich auch auf **Kapitalerhöhungen** gegen Einlagen, solange Stammkapital nicht Mindeststammkapital für GmbH entspricht (Abs 5).[26] Für letzteres genügt nicht, dass Ges Kapitalerhöhung beschließt, durch die Kapital auf oder über Betrag in Höhe des Mindeststammkapitals der GmbH erhöht wird; vielmehr fallen Beschränkungen nach Abs 5 erst weg, wenn Kapital entspr erhöht ist, was Leistung der Einlagen u Eintragung voraussetzt (str, unten Rn 32).

14 Vom Verbot von Sacheinlage umfasst sind auch **Umwandlungsvorgänge,** bei welchen UG durch Abspaltung, Verschmelzung oder Formwechsel entsteht (unten Rn 17).

15 **5. Neugründung, anderweitiges Entstehen.** UG soll Aufnahme unternehmerischer Tätigkeit im Fall der Neugründung erleichtern. Nicht erforder-

---

[20] Vgl RegBegr BR-Drucks 354/07, 70.

[21] RegBegr BR-Drucks 354/07, 70.

[22] *Wicke* Rn 8; *Hirte* ZInsO 2008, 933, 935; – für Nichtigkeit des gesamten GesVertrags aber *Gehrlein* Der Konzern, 771, 779; *Freitag/Riemenschneider* ZIP 2007, 1485, 1486.

[23] *Miras* Rn 363; *Wachter* GmbHR Sonderheft Oktober 2008, 25, 33; *Heckschen* DStR 2009, 166, 171; – aA *Wicke* Rn 7.

[24] BGHZ 28, 317; 113, 345; NJW 1998, 1953; BGHZ 153, 107 = NJW 2003, 825.

[25] *Wicke Rn* 8; *Miras* Rn 155; *Hirte* ZInsO 2008, 933, 935; *Wachter* GmbHR Sonderheft Oktober 2008, 25, 33; *Freitag/Riemenschneider* ZIP 2007, 1485, 1486; *Bormann* GmbHR 2007, 897, 901; auch *Joost* ZIP 2007, 2242, 2244; *Heckschen* DStR 2009, 166, 171; – aA *Gehrlein* Der Konzern 2007, 771, 779; *Wälzholz* GmbHR 2008, 841, 842 ff; *Grigoleit/Rieder* Rn 102; wohl auch *Goette* Einführung Rn 44.

[26] *Wicke* Rn 7; *Miras* Rn 156; *Heckschen* DStR 2009, 166, 170; – aA Handelsrechtsausschuss des DAV NZG 2007, 735, 737.

lich, dass UG in den Händen der urspr Gründer bleibt. Daher auch Gründung als **Vorratsges** möglich; ebenso **Mantelkauf** bei UG, die unternehmerische Tätigkeit eingestellt hatte. Insoweit gelten die allg Regeln der wirtschaftlichen Neugründung auch für UG[27] (dazu § 3 Rn 13).

16 Da die UG lediglich Neugründung erleichtern soll, kann sie **nicht nachträglich aus GmbH durch „Herabstufung" entstehen.**[28] Kapitalherabsetzung unter gesetzliches Mindestkapital nur im Fall des § 58 a IV, verbunden mit gleichzeitiger Kapitalerhöhung auf gesetzliches Mindestkapital nach § 5 I, zulässig. Dadurch entsteht auch nicht vorübergehend UG. Wird Stammkapital auf andere Weise unter gesetzliches Mindeststammkapital herabgesetzt, entsteht ebenfalls keine UG,[29] vielmehr ist Beschluss über die Kapitalherabsetzung nichtig.

17 Str ist, ob und inwieweit **Entstehung durch Umwandlung** möglich. Prinzipiell dagegen spricht Funktion der UG, lediglich Einstiegsform in die GmbH zu bieten.[30] Gesetzgeber hat ersichtlich Neugründung im Auge. Jedenfalls ausscheiden müssen alle Umwandlungsformen, in welchen Stammkapital der UG nicht durch Barleistung, sondern im Wege der Einbringung des Vermögens der umzuwandelnden Ges als Sacheinlage aufgebracht wird, da Sacheinlagen bei UG nicht zulässig, Abs 2 S 2.[31] Damit entfallen Verschmelzung u Aufspaltung zur Neugründunge einer UG.[32] Auch Formwechsel aus GmbH nicht möglich, da UG keine andere Rechtsform iSv §§ 190 ff UmwG darstellt.[33] Formwechsel aus anderen GesFormen scheitert daran, dass auch in diesem Fall vorhandenes Gesellschaftsvermögen zu Vermögen der UG würde, was Sacheinlage entspricht u daher nicht zulässig ist.[34]

18 **Umwandlung auf bestehende UG** nicht prinzipiell ausgeschlossen, führt aber idR durch erforderliche Kapitalerhöhung zu regulärer GmbH.[35] Das ist nur anders im Fall der Verschmelzung ohne Kapitalerhöhung, etwa bei Personengleichheit der Gfter beider Ges. Hier können sich Umgehungsprobleme stellen, wenn GmbH mit Unterbilanz auf bestehende oder hierzu neu gegründete gesellschaftergleiche UG verschmolzen wird.[36] Der Sache nach kann auf diesem Umweg die auf unmittelbarem Wege nicht erreichbare Herabstufung angestrebt werden, indem eine GmbH mit entspr Mindeststammkapital auf eine zuvor errichtete UG ohne Mindeststammkapital unter Verzicht auf eine Kapitalerhöhung verschmolzen wird. Das entspricht nicht der Funktion der UG als Einstiegsmodell in GmbH.

---

27 *Wicke* Rn 4; *Miras* Rn 173 ff.

28 *Wicke* Rn 4, 14; *Seibert* GmbHR 2007, 674, 675; *Gehrlein* Der Konzern 2007, 771, 779; *Bormann* GmbHR 2007, 897, 898; *Miras* Rn 15; *Freitag/Riemenschneider* ZIP 2007, 1485, 1491.

29 *Goette* Einführung Rn 47.

30 *Gehrlein* Der Konzern 2007, 771, 779; *Freitag/Riemenschneider* ZIP 2007, 1485, 1486; *Heckschen* DStR 2009, 166, 171; – differenzierend aber *Miras* Rn 18; *Wicke* Rn 15.

31 Ausführl *Heinemann* NZG 2008, 820, 821.

32 *Wicke* Rn 16, 17; *Tettinger* Der Konzern 2008, 75, 76; *Miras* Rn 20, 21.

33 *Wachter* GmbHR Sonderheft Oktober 2008, 25, 26; *Miras* Rn 14; Bormann/Kauka/Ockelmann/*Friedel* Kap 3 Rn 105.

34 *Miras* Rn 22.

35 *Miras* Rn 25.

36 Zu Recht daher abl *Tettinger* Der Konzern 2008, 75, 77; – aA *Miras* Rn 32.

Umwandlung, bei der **UG übertragender Rechtsträger** ist, unterliegt keinen besonderen Einschränkungen.[37] Ebenso Umwandlung in andere Rechtsform grds uneingeschränkt zulässig; nicht jedoch in GmbH, da insoweit keine andere Rechtsform vorliegt (oben Rn 7). 19

6. Vorgesellschaft, Verlustdeckungs- und Vorbelastungshaftung. Für Vorges besteht angesichts der Kürze des Gründungsverfahrens durch Ausschluss von Sacheinlagen wenig Raum. Im Prinzip aber können sich grds die gleichen Probleme wie bei GmbH (dazu § 11 Rn 6 ff) ergeben. Zahlungsunfähigkeit u Überschuldung sind Insolvenzgrund (§ 11 Rn 17). Gefahr der Überschuldung besteht angesichts geringen Eigenkapitals, wenn Anlaufkosten GesVermögen übersteigen u keine positive Fortführungsprognose besteht, § 19 II InsO idF des FMStG.[38] Soweit Liquidität durch Gfterdarlehen gewährleistet wird, sind diese in Überschuldungsstatus nur dann nicht zu passivieren, wenn Rangrücktrittserklärung vorliegt, § 19 II 2 InsO. Scheitert Eintragung, weil Ges bereits im Eintragungszeitpunkt überschuldet, tritt Verlustdeckungshaftung ein (dazu § 11 Rn 24). Auch Vorbelastungshaftung denkbar, soweit es nicht um satzungsmäßig festgesetzten Gründungsaufwand geht (§ 11 Rn 64). 20

IV. Kapitalaufholung, Thesaurierungspflicht, Abs 3

Solange Stammkapital der UG nicht durch Kapitalerhöhung Betrag von § 5 I erreicht, hat UG jeweils **¹/₄ des** um Verlustvortrag aus dem Vorjahr geminderten **Jahresüberschusses** in Bilanz **in gesetzliche Rücklage** (§ 266 III HGB) einzustellen. Durch diese Thesaurierungspflicht soll Anwachsen der Eigenkapitalausstattung erreicht werden. Thesaurierungspflicht hat, anders als § 150 II AktG, keine Obergrenze. Solange UG als solche besteht, muss Thesaurierungspflicht entsprochen werden, auch wenn Stammkapital zusammen mit Rücklagen Betrag des Mindeststammkapitals der GmbH übersteigt. Thesaurierungpflicht endet erst durch Übergang zur GmbH (Abs 5). Auf diese Weise wird Druck auf Gfter ausgeübt, UG in GmbH zu überführen.[39] 21

Voraussetzung ist Vorliegen eines ggf um Verlustvortrag aus dem Vorjahr zu vermindernden Jahresüberschusses. Jahresüberschuss wird allerdings gerade in Fällen der Neugründung kapitalschwacher Unternehmen durch Bedienung erforderlichen Fremdkapitals einschl der grds zulässigen Verzinsung etwaiger GfterDarlehen u durch Aufwendungen für Mieten u Gehälter idR zunächst kaum anfallen. Daher ist zu erwarten, dass für beträchtliche Zeit gesetzliche Rücklage nicht bedient werden kann.[40] Hinzu kommt, dass Anreiz zu entspr Ausweisung von Jahresüberschüssen gerade in den Gesellschaften, in welchen Gfter als GFührer amtieren, nicht allzu groß sein wird, weil Gfter notwendigen Lebensunterhalt durch (angemessenes) GFührerGehalt, Verzinsung von GfterDarlehen u ggf Beschäftigung weiterer Familienmitglieder bestreiten kann. Dagegen ist iGrds nichts einzuwenden, zumal Gesetzgeber Angemes- 22

[37] *Wicke* Rn 16; *Gehrlein* Der Konzern, 771, 779.

[38] Gesetz zur Umsetzung eines Maßnahmenpakets zur Stabilisierung des Finanzmarktes (Finanzmarktstabilisierungsgesetz – FMStG) vom 17. 10. 2008, BGBl I, 1982. Zur Überschuldungsgefahr der UG Vorges *Wicke* Rn 5; *Miras* Rn 74 f; auf der Grundlage des rechnerischen Überschuldungsbegriffs auch schon *Drygala* NZG 2007, 561 f.

[39] *Wicke* Rn 9; *Joost* ZIP 2007, 2245.

[40] Zweifelnd auch *Veil* GmbHR 2007, 1080, 1083.

senheit der Thesaurierungspflicht gerade mit Sicherung des Lebensunterhalts der Gfter durch GFührergehalt begründet,[41] solange darin **keine verdeckten Gewinnausschüttungen** liegen u insbes Grenzen von § 30 I gewahrt werden. Umgehungsgefahr liegt dabei allerdings auf der Hand.[42] Gesetzliche Rücklage muss vor Ausschüttungen an Gfter zusätzlich zu Stammkapital durch GesVermögen gedeckt sein, § 30 Rn 15.

23 Dem ist ua dadurch entgegenzuwirken, dass verdeckte Gewinnausschüttungen (überhöhte Gehälter, Übertragung stiller Reserven) an Gfter u ihnen gleichzustellende Dritte auch außerhalb der Kapitalbindung nach § 30 durch entspr **Korrektur des Ausweises des Jahresüberschusses in der Bilanz** zu berücksichtigen sind.[43] Dagegen lässt sich keinesfalls der Satz aufstellen, dass GFührergehälter niemals so hoch sein dürften, dass der Ges keine Gewinne verblieben.[44] Grundproblem, dass Jahresüberschüsse über längeren Zeitraum nicht anfallen u daher Rücklagen nicht dotiert werden, ist systemimmanent u von Gesetz in Kauf genommen.

24 Problematisch sind Konstruktionen, bei welchen UG von vornherein keine Chance hat, Rücklage zu dotieren (Aschenputtel-Konstruktionen). Bei diesen geht es nicht um allg Risiko des Nichtanfallens operativer Gewinne, sondern um Einsatz der Rechtsform in einer Weise, die notwendig zum Versagen der Kapitalaufholung u damit eines wesentlichen Bausteins der UG führt. Solche Konstruktionen werden teilw für unzulässig gehalten (s unten Rn 36 f mit Nachw), was jedoch im Fall der Eintragung der Ges nichts nützt. Andere sehen Möglichkeit der Rücklagenbildung nicht als zwingend an, weil Erzielung operativer Gewinne nicht gesichert werden kann (unten Rn 36), was allerdings Unterscheidung von operativen Risiken u konstruktionsbedingten Risiken nicht berücksichtigt. Wenn man mit BGH auch Anwendung der Regeln über existenzvernichtenden Eingriff auf Aschenputtel-Konstruktion ablehnt (§ 13 Rn 51), bleibt, falls man die bewusste Ausschaltung der Kapitalaufholung nicht hinnehmen will, nur in Anlehnung an § 300 AktG Sicherstellung einer Mindestdotierung. Zur Sicherung der **Rücklagenbildung** bei Stellung als **Komplementärin** einer KG oder bei Bestehen eines **Beherrschungs- u Gewinnabführungsvertrags** s unten Rn 36 f.

25 **Auflösung der Rücklage** vor Übergang zu GmbH nur zur Kapitalerhöhung aus Gesellschaftsmitteln (§ 57 c) sowie zum Ausgleich eines nicht durch Gewinnvortrag gedeckten Jahresfehlbetrags oder eines nicht durch Jahresüberschuss gedeckten Verlustvortrags. Andere, nicht gebundene Rücklagen einschl sonstiger Gewinnrücklagen, müssen jedoch, teilw anders als nach § 150 III AktG, nicht vorher aufgelöst werden, da nicht in Abs 3 genannt. Insbes ist, solange UG nicht in GmbH überführt, Ausschüttung an Gfter unzulässig, auch nach Kapitalherabsetzung.[45] Damit wirkt Rücklage wie gebundenes Kapital. Zur Auflösbarkeit nach Übergang in GmbH unten Rn 34.

---

41 RegBegr BR-Drucks 354/07, 72.

42 *Wicke* Rn 11; *Goette* Einführung Rn 45; *ders* WpG 231, 236; *Wachter* GmbHR Sonderheft Oktober 2008, 25, 33; *Freitag/Riemenschneider* ZIP 2007, 1485, 1488 f; *Römermann* NZI 2008, 641, 643; *Veil* GmbHR 2007, 1080, 1083.

43 Baumbach/Hueck/*Schulze-Osterloh*, 18. Aufl 2006, § 42 Rn 224, 438, 444; Staub/*Hüttemann* § 275 HGB Rn 24 jew mwN auch zur Gegenansicht; iE tendenziell wie hier, allerdings unter verfehlter Heranziehung steuerlicher Grenzen, *Miras* Rn 244; – für sanktionslose Hinnahme dagegen *Römermann* NZI 2008, 641, 643.

44 So aber zu Unrecht *Miras* Rn 244 mit Rn 242.

45 *Gehrlein* Der Konzern, 771, 781.

Verstoß gegen Abs 3 führt zur Nichtigkeit der Feststellung des Jahresabschlusses (analog § 256 I Nr 1 AktG) u des darauf aufbauenden Gewinnverwendungsbeschlusses (§ 253 AktG).[46] Wegen Unterlassung der Rückstellung unzulässig gezahlte Gewinne sind nicht nur nach § 812 I 1 BGB, sondern auch nach §§ 30, 31 zurückzugewähren,[47] da die gesetzliche Rücklage in ihrer Funktion gebundenem Stammkapital gleichsteht. 26

V. Krise, Insolvenz, Masselosigkeit

1. Gesellschafterversammlung bei drohender Zahlungsunfähigkeit, Abs 4. Da kein gesetzliches Mindestkapital besteht u Stammkapital sich auf symbolischen Betrag beschränken kann, ist für UG Regelung des § 49 III, wonach bei Verlust der Hälfte des Stammkapitals GfterVersammlung einzuberufen ist, idR nicht sinnvoll.[48] Daher gilt § 49 III bei UG nicht. An deren Stelle tritt bei UG Pflicht zur Einberufung bei **drohender Zahlungsunfähigkeit.** Diese liegt vor, wenn UG voraussichtlich nicht in der Lage sein wird, bestehende Zahlungspflichten im Zeitpunkt ihrer Fälligkeit zu erfüllen **(§ 18 II InsO).** Dass dann GfterVersammlung häufig zu spät kommt,[49] ist rechtspolitisch gesehen zutreffend, ändert aber nichts an gesetzgeberischer Anordnung. Allerdings wird **allgemeine Pflicht des GFührers** nach §§ 49 II, 43 I diesen ohnehin zu Einberufung einer **GfterVersammlung bereits in der Krise** nötigen,[50] sodass Abs 4 lediglich weitere außerordentliche GfterVersammlung bei drohender Zahlungsunfähigkeit erfordert. 27

Unterlassen kann Ersatzpflicht nach § 43 II begründen, dagegen nicht Strafbarkeit nach § 84 I (Analogieverbot). Umgekehrt allerdings keine explizite Ausnahme von Strafbarkeit nach § 84 I bei Unterlassen der Anzeige des Verlusts der Hälfte des Stammkapitals; doch wird man in Verzicht auf Einberufungspflicht zugleich auch Verzicht auf Strafbarkeit der damit in Verbindung stehenden Mitteilungspflicht sehen müssen. 28

2. Unterkapitalisierung, Gesellschafterfinanzierung. Es steht zu erwarten, dass die UG über ihr regelmäßig geringes Eigenkapital hinaus in erheblichem Maße unmittelbar oder mittelbar durch ihre Gfter finanziert wird. Insoweit greifen im Fall der Insolvenz bzw der nicht vollständigen Befriedigung in der Zwangsvollstreckung die durch MoMiG reformierten Grds über Gfterdarlehen (dazu § 30 Anh). Neben solcher nur formeller Unterkapitalisierung, wird bei UG mehr noch als bei GmbH nicht selten auch materielle Unterkapitalsierung festzustellen sein. Die damit aufgeworfene Frage, ob dies bei UG, anders als bei GmbH (dazu § 13 Rn 47f) zu Durchgriffshaftung führen kann, ist zu verneinen. Bereits RegBegr zur geplanten Herabsetzung des Mindeststammkapitals der GmbH u BReg in 29

---

[46] RegBegr BR-Drucks 354/07, 72; *Miras* Rn 231; *Gehrlein* Der Konzern, 771, 780; *Wicke* Rn 12.

[47] RegBegr BR-Drucks 354/07, 72; *Miras* Rn 232; *Gehrlein* Der Konzern, 771, 781; *Gehrlein/Witt* Kap 1 Rn 81; *Freitag/Riemenschneider* ZIP 2007, 1485, 1488; in der Sache auch *Hirte* ZInsO 2008, 933, 935; *Joost* ZIP 2007, 2242, 2247; – aA *Noack* DB 2007, 1395, 1396; *Wachter* GmbHR Sonderheft Oktober 2008, 25, 34.

[48] Krit aber *Wicke* Rn 13.

[49] Krit dazu *Gehrlein/Witt* Kap 1 Rn 80; *Veil* GmbHR 2007, 1080, 1083.

[50] *Miras* Rn 253; *Joost* ZIP 2007, 2242, 2247; zum Zusammenhang zwischen Sorgfaltspflicht des GFührers u Einberufungspflicht auch *Goette* Einführung Rn 46.

Gegenäußerung zu entspr Vorschlag des BR haben sich eindeutig dagegen ausgesprochen; auch ganz überw Lit lehnt Durchgriffshaftung wegen Unterkapitalisierung als Mittel des Gläubigerschutzes bei UG ab.[51] Auch wird Rspr insoweit kein Sonderrecht der UG schaffen.[52] Das schließt freilich bei UG wie bei GmbH nicht aus, in besonderen Fällen, in welchen UG gezielt zur Gläubigerschädigung eingesetzt wird, zu einer Gfterhaftung über § 826 BGB zu gelangen.[53]

30 **3. Zahlungsunfähigkeit, Überschuldung.** Bei nur geringem Eigenkapital liegt angesichts nahezu unvermeidlicher Anlaufverluste Zahlungsunfähigkeit u Überschuldung besonders nahe. Dazu trägt bei, dass typischerweise u so auch nach Musterprotokoll Ges Gründungskosten bis zu 300 €, höchstens jedoch bis zur Höhe des Stammkapitals übernimmt. Da typischerweise weitere Anlaufkosten anfallen, besteht bei geringem Eigenkapital eine besondere Gefahr der Zahlungsunfähigkeit oder Überschuldung, die zu Insolvenzantragstellung zwingt.[54] **Zahlungsunfähigkeit** liegt vor, wenn UG nicht in der Lage ist, ihre fälligen Zahlungspflichten zu erfüllen (§ 17 II InsO). Sie ist zu unterscheiden von der **Zahlungsstockung,** die vorliegen kann, wenn Zahlungsverzögerungen vorübergehend sind u auf unpünktlichen Zahlungseingängen von Schuldnern beruhen.[55] **Drohende Zahlungsunfähigkeit** zwingt zwar zur Einberufung einer GfterVersammlung (Abs 4), nicht jedoch zur Insolvenzantragstellung, die in der freien Entscheidung des Schuldners liegt. Soweit Zahlungsfähigkeit durch GfterDarlehen aufrecht erhalten wird, sind diese gem § 19 II 2 InsO im Überschuldungsstatus zu passivieren, wenn nicht Rangrücktrittserklärungen erfolgt sind. Allerdings zwingt rechnerische **Überschuldung** für die Dauer der Änderung von § 19 II InsO durch FMStG nicht zu Insolvenzantragstellung, solange Fortführung des Unternehmens nach den Umständen überwiegend wahrscheinlich. Das setzt voraus, dass die neu gegründete UG ein solches bereits innehat, wozu die Gründung der UG als solche nicht genügt.[56]

31 **4. Masselosigkeit.** Findet Insolvenzverfahren wegen Masselosigkeit nicht statt, gelten allg Regeln. Gläubiger können inbes von Anfechtungsrecht nach §§ 6, 6 a AnfG Gebrauch machen, wenn Ges, was bei geringem Stammkapital naheliegt, durch unmittelbare oder mittelbare GfterDarlehen oder wirtschaftlich vergleichbare Leistungen finanziert wurde u Gfter diese Leistungen innerhalb der Anfechtungsfristen zurückerhalten haben (s Anh § 30).

---

[51] BR-Drucks 354/07, 66; Gegenäußerung der BReg BT-Drucks 16/6140, Anl 3 S 4; für UG auch *Goette* Einführung Rn 48; *Wachter* GmbHR Sonderheft Oktober 2008, 25, 31; *Gehrlein* Der Konzern 2007, 771, 779; *Grigoleit/Rieder* Rn 96.

[52] Vgl *Goette* Einführung Rn 48; *ders* DStR 2009, 51, 54; – auf eine verschärfte Haftung der Gfter der UG spekulierend dagegen *Miras* Rn 68; *Joost* ZIP 2007, 2242, 2244.

[53] *Goette* Einführung Rn 48; Bildung einer entspr Fallgruppe offen lassend BGH NJW 2008, 2437 (GAMMA) Rn 25; tendenziell weitergehend *Wachter* GmbHR Sonderheft Oktober 2008, 25, 32.

[54] *Miras* Rn 72 ff; *Wicke* Rn 5; *Wachter* GmbHR Sonderheft Oktober 2008, 25, 30 f; *Römermann* NZI 2008, 641, 643.

[55] Näher MünchKommInsO/*Eilenberger* § 17 Rn 5.

[56] Dazu *Wachter* BB 2008, 1296, 1298.

VI. Übergang in die GmbH, Abs 5

32 Mit Erreichen des Mindeststammkapitals der GmbH fallen Beschränkungen des § 5 a weg. Es handelt sich nicht um Umwandlung im Rechtssinne, es liegt auch kein Übergang in eine andere Gesellschaftsform vor, sondern durch § 5 a eingeschränkte GmbH wird zur uneingeschränkten GmbH. Übergang nicht allein durch Ansparung entsprechender Mittel mit Hilfe der gesetzlichen Rücklage. Vielmehr ist **erforderlich, dass Stammkapital** durch effektive Kapitalerhöhung oder Kapitalerhöhung aus Gesellschaftsmitteln (unter Verwendung der gesetzlichen Rücklage) **mindestens auf Betrag von § 5 I erhöht wird.** Erst mit Leistung der Einlagen u Eintragung der Kapitalerhöhung im HR ist diese durchgeführt. Darauf, ob ursprüngliches Stammkapital noch unversehrt ist, kommt es nicht an.[57]

33 Daher fallen erst mit Eintragung der Kapitalerhöhung Beschränkungen nach Abs 1–4 weg.[58] Gegenteilige Ansicht, welche die Schranken namentlich für Sacheinlagen bereits fallen lassen will, wenn durch die infrage stehende Kapitalerhöhung das Mindestkapital der GmbH erreicht oder überschritten wird,[59] stellt der Sache nach auf Beschlussfassung ab u steht mit dem Gesetz nicht in Einklang. Sie müsste folgerichtig für solche Kapitalerhöhung auch keine Voll-, sondern nur Mindesteinzahlung nach §§ 56 a, 7 II 1 verlangen, was jedoch auch von Befürwortern der Zulassung von Sacheinlagen iE zu Recht abgelehnt wird.[60] Da somit bis zur erfolgten Eintragung der Kapitalerhöhung noch Abs 1–4 gelten, gilt bis dahin für effektive Kapitalerhöhung weiterhin Volleinzahlungsgebot u Verbot der Sacheinlage. Dass insoweit für UG strengeres Recht gilt als für GmbH, ist systembedingt der Preis für Wahl des Einstiegsmodells. Es trifft auch an anderer Stelle zu, etwa insoweit als auf Mindeststammkapital der GmbH nur mindestens 12 500 € eingezahlt werden, auf Stammkapital der UG in Höhe von 20 000 € Volleinzahlung erfolgen muss.

34 Nach Übergang zu GmbH kann thesaurierte gesetzliche **Rücklage,** soweit nicht für Kapitalerhöhung aus Gesellschaftsmitteln verbraucht, **aufgelöst** werden.[61]

35 Durch Übergang zur GmbH wird an sich **Rechtsformzusatz** UG (haftungsbeschränkt) unrichtig. Ges kann daher Firmenzusatz in GmbH entspr § 4 ändern. Abs 5 erlaubt daneben auch Beibehaltung des bisherigen Rechtsformzusatzes, was im Hinblick auf angestrebte Transparenz rechtspolitisch fragwürdig ist,[62] aber den Rechtsverkehr nicht negativ täuscht, da Stammkapital tatsächlich höher ist als Rechtsformzusatz erwarten lässt.

---

57 *Miras* Rn 168.

58 So allg *Heckschen* DStR 2009, 166, 170; bzgl Sacheinlage *Gehrlein* Der Konzern 2007, 771, 779; *Gehrlein/Witt* Kap 1 Rn 79; *Seibert* GmbHR 2007, 673, 676; *Wachter* GmbHR Sonderheft Oktober 2008, 25, 32; *Bormann* GmbHR 2007, 897, 901.

59 *Wicke* Rn 7; *Miras* Rn 156, 162; *Freitag/Riemenschneider* ZIP 2007, 1485, 1491; *Klose* GmbHR 2009, 294, 295.

60 *Miras* Rn 165 mit dem unzutreffenden Argument der Korrektur eines gesetzgeberischen Versehens.

61 RegBegr BR-Drucks 354/07, 72; *Veil* GmbHR 2007, 1080, 1082; – krit aber *Freitag/Riemenschneider* ZIP 2007, 1485, 1491.

62 *Heckschen* DStR 2009, 166, 170; – gegen Beibehaltung aber *Goette* Einführung Rn 47.

VII. Sonstiges

Lit: *Heeg,* Die UG (haftungsbeschränkt) & Co. KG als (weiteres) hybrides Rechtsgebilde im deutschen Gesellschaftsrecht, DB 2009, 719.

36 **Beteiligung als Komplementärin** ist ebenso zulässig wie für GmbH.[63] Dass damit persönliche Haftung des Komplementärs uU auf reine Formalie zurückgestuft wird, steht dem nicht entgegen, da Entspr auch für Ltd[64] u GmbH gelten kann. Gesetzgeber u Rspr haben dem Rechnung getragen. Allerdings erfordert Beteiligung der UG nach verbreiteter Ansicht im Hinblick auf Kapitalaufholungskonzept u Gefahr des Leerlaufens des Thesaurierungsgebots, anders als GmbH, zwingend Kapital- oder jedenfalls Gewinnbeteiligung.[65] Das ist jedoch wenig praktikabel, weil kein Maßstab für Angemessenheit der Kapitalbeteiligung u daher Gewinnbeteiligung besteht[66] u weil Gewinnbeteiligung der Komplementärin wirtschaftlichem Zweck der Gestaltung zuwider laufen kann.[67] Wenn man nicht ganz auf die Möglichkeit der Gewinnerzielung als Voraussetzung verzichten will,[68] genügt es für Kapitalaufholungskonzept entspr § 300 I AkG, wenn UG durch gleichmäßige Dotierung gesetzlicher Rücklage innerhalb eines bestimmen Zeitraums gebundene Mittel in Höhe des Mindeststammkapitals der GmbH erreicht. Dieser Zeitraum dürfte mit 10 Jahren angemessen anzusetzen sein. Dotierung der Rücklage setzt in diesem Fall nicht voraus, dass UG mehr Mittel zugewiesen werden als der für Dotierung der Rücklage erforderliche Betrag; vielmehr muss UG nur soviel Mittel erhalten, wie sie danach in Rücklage einzustellen hat.

37 UG kann herrschendes wie abhängiges Unternehmen in **Konzernverbindungen** sein. Auch hier kann sich Problem der Rücklagendotierung stellen. Aus Fehlen einer § 300 AktG entspr Regelung bei Bestehen eines Beherrschungs- u/oder Gewinnabführungsvertrags kann nicht geschlossen werden, dass entspr Unternehmensverträge bei UG unzulässig sind.[69] Stattdessen ist § 300 AktG entspr anzuwenden. Das zwingt nicht dazu, nur Teilgewinnabführungsverträge mit den Folgen analog § 300 Nr 2 AktG zuzulassen.[70] Vielmehr kann auch § 300 Nr 1 AktG sinngemäß herangezogen werden, wobei allerdings Höhe u Frist der Rücklagen nach den Grds oben Rn 36 zu

---

63 *Wicke* Rn 19; *Miras* Rn 398; *Gehrlein/Witt* Kap 1 Rn 78; *Gehrlein* Der Konzern 771, 779; *Wachter* GmbHR Sonderheft Oktober 2008, 25, 33; *Veil* GmbHR 2007, 1080, 1084; *Hirte* ZInsO 2008, 933, 935; *Heeg* DB 2009, 719, 721.

64 Zur Komplementärfähigkeit der Ltd BayObLG NJW 1986, 3029; OLG Frankfurt DNotZ 2008, 860.

65 *Wicke* Rn 19; *Gehrlein/Witt* Kap 1 Rn 78; *Gehrlein* Der Konzern 771, 779; *Wachter* GmbHR Sonderheft Oktober 2008, 25, 33; *Veil* GmbHR 2007, 1080, 1084; – aA *Hirte* ZInsO 2008, 933, 935; *Miras* Rn 399.

66 Zweifel insoweit auch bei *Wicke* Rn 19.

67 Vgl dazu etwa *Miras* Rn 399; *Wachter* GmbHR Sonderheft Oktober 2008, 25, 33.

68 So aber *Heckschen* DStR 2009, 166, 171; *Heeg* DB 2009, 719, 721; – aA *Wicke* NotBZ 2009, 1, 11; *Katschinski/Rawert* ZIP 2008, 1993, 1999; *Veil* GmbHR 2007, 1085.

69 So aber *Veil* GmbHR 2007, 1080, 1084; – dagegen wie hier *Hirte* ZInsO 2008, 933, 935; *Miras* Rn 402; *Wachter* GmbHR Sonderheft Oktober 2008, 25, 33; *Wicke* Rn 20.

70 So aber *Miras* Rn 402; iE ebenso *Wachter* GmbHR Sonderheft Oktober 2008, 25, 33.

berechnen sind. Auf diese Weise lässt sich auch Problem nachteiliger Einflussnahme auf Grund Beherrschungsvertrags lösen.[71]

Geschäftsführer

6 (1) **Die Gesellschaft muß einen oder mehrere Geschäftsführer haben.**

(2) [1] **Geschäftsführer kann nur eine natürliche, unbeschränkt geschäftsfähige Person sein.** [2] **Geschäftsführer kann nicht sein, wer**

1. **als Betreuter bei der Besorgung seiner Vermögensangelegenheiten ganz oder teilweise einem Einwilligungsvorbehalt (§ 1903 des Bürgerlichen Gesetzbuchs) unterliegt,**
2. **aufgrund eines gerichtlichen Urteils oder einer vollziehbaren Entscheidung einer Verwaltungsbehörde einen Beruf, einen Berufszweig, ein Gewerbe oder einen Gewerbezweig nicht ausüben darf, sofern der Unternehmensgegenstand ganz oder teilweise mit dem Gegenstand des Verbots übereinstimmt,**
3. **wegen einer oder mehrerer vorsätzlich begangener Straftaten**
   a) **des Unterlassens der Stellung des Antrags auf Eröffnung des Insolvenzverfahrens (Insolvenzverschleppung),**
   b) **nach den §§ 283 bis 283 d des Strafgesetzbuchs (Insolvenzstraftaten),**
   c) **der falschen Angaben nach § 82 dieses Gesetzes oder § 399 des Aktiengesetzes,**
   d) **der unrichtigen Darstellung nach § 400 des Aktiengesetzes, § 331 des Handelsgesetzbuchs, § 313 des Umwandlungsgesetzes oder § 17 des Publizitätsgesetzes oder**
   e) **nach den §§ 263 bis 264 a oder den §§ 265 b bis 266 a des Strafgesetzbuchs zu einer Freiheitsstrafe von mindestens einem Jahr**

   verurteilt worden ist; dieser Ausschluss gilt für die Dauer von fünf Jahren seit der Rechtskraft des Urteils, wobei die Zeit nicht eingerechnet wird, in welcher der Täter auf behördliche Anordnung in einer Anstalt verwahrt worden ist.

[3] **Satz 2 Nr. 3 gilt entsprechend bei einer Verurteilung im Ausland wegen einer Tat, die mit den in Satz 2 Nr. 3 genannten Taten vergleichbar ist.**

(3) [1] **Zu Geschäftsführern können Gesellschafter oder andere Personen bestellt werden.** [2] **Die Bestellung erfolgt entweder im Gesellschaftsvertrag oder nach Maßgabe der Bestimmungen des dritten Abschnitts.**

(4) **Ist im Gesellschaftsvertrag bestimmt, daß sämtliche Gesellschafter zur Geschäftsführung berechtigt sein sollen, so gelten nur die der Gesellschaft bei Festsetzung dieser Bestimmung angehörenden Personen als die bestellten Geschäftsführer.**

(5) **Gesellschafter, die vorsätzlich oder grob fahrlässig einer Person, die nicht Geschäftsführer sein kann, die Führung der Geschäfte überlassen, haften der Gesellschaft solidarisch für den Schaden, der dadurch entsteht, dass diese Person die ihr gegenüber der Gesellschaft bestehenden Obliegenheiten verletzt.**

[71] Zutr *Veil* GmbHR 2007, 1080, 1084.

Übersicht

I. Bedeutung der Vorschrift, Änderungen durch MoMiG

1 Jede GmbH muss als Körperschaft mindestens zwei **Organe** haben. Oberstes Willensbildungsorgan ist die Gesamtheit der Gfter, **GfterVersammlung** (näher §§ 45 ff mit Erl); Zugehörigkeit durch Teilnahme an Gründung oder späteren Erwerb eines GAnteils. Ferner muss jede GmbH als **Handlungsorgan zur Führung der Geschäfte und Vertretung der Gesellschaft** (§§ 35 ff) einen oder mehrere **Geschäftsführer** haben. **§ 6 Abs 1** schreibt letzteres zwingend vor.

2 Im Übrigen regelt § 6 in Abs 2–4 Fragen der **Bestellung,** und zwar in **Abs 2** bestimmte **persönliche Voraussetzungen u Ausschlussgründe,** die durch MoMiG überarbeitet u erweitert wurden. Während Neuregelung der Nr. 1–2 (Betreuter, Berufsverbot) ledigl der Übersichtlichkeit dient, enthält Nr 3 Erweiterung gegenüber der bisherigen Rechtslage. Relevante Straftaten, die bisher auf Insolvenzstraftaten der §§ 283–283 d StGB begrenzt waren, wurden um bestimmte Vermögensdelikte (§§ 263–264 a, 265 b–266 a StGB), die vorsätzliche Insolvenzverschleppung, sowie einer Verurteilung wegen vorsätzlich falscher Angaben iSd §§ 82 GmbHG, 399 AktG bzw der vorsätzlich unrichtigen Darstellung iSd §§ 400 AktG, 331 HGB, 313 UmwG oder

§ 17 PublG erweitert u um Einbeziehung ausländischer Verurteilungen wegen vergleichbarer Straftaten ergänzt. Zur Geltung für Liquidatoren §§ 67 III, 66 IV. **Abs 3** betrifft **Zulässigkeit der Fremdorganschaft** u **Art der Bestellung, Abs 4 Auslegungsregel** für den Fall, dass GesVertrag sämtliche Gfter zu GFührern bestimmt. Ganz neu ist **Abs 5,** ebenfalls eingefügt durch MoMiG, der **Gfterhaftung** für vorsätzliche oder grob fahrlässige Überlassung der Geschäftsführung an nach Abs 2 untaugliche Person statuiert. **Übergangsvorschrift** § 3 Abs 2 EGGmbHG.– Abs 1, 2 u 5 sind **zwingend.**

Bestellung der GFührer bereits **im Gründungsstadium notwendig** für 3 Handlungsfähigkeit der Vorges (§ 11 Rn 9, 18) u Anmeldung der Ges zum HR (§§ 7 I, 78; auch § 8 I Nr 2, 3, II–V). Da das Eintragungsvoraussetzung ist, kann GmbH ohne GFührer nicht entstehen. Darum u wegen Gestaltungsmöglichkeit im GesVertrag Stellung von § 6 im 1. Abschnitt des GmbHG. Wird Ges nach Anmeldung durch Nichtgeschäftsführer bzw bei nachträglichem Wegfall aller GFührer dennoch versehentlich eingetragen, entsteht GmbH wirksam; kein Nichtigkeitsgrund (§ 75), auch §§ 397 u 399 FamFG nicht anwendbar, wohl aber ggf § 395 FamFG (näher § 7 Rn 4). Im Übrigen gilt dasselbe wie bei späterem Wegfall des GFührers (unten Rn 6), idR unverzügliche Nachholung der Bestellung.[1] – Organfunktion u Rechtsstellung der GFührer richten sich nach §§ 35 ff. Näheres in den Erl dazu; dort auch zu der von der körperschaftlichen Organbestellung zu unterscheidenden persönlichen Anstellung des einzelnen GFührers; zur Abberufung § 38 mit Erl.

Über **weitere Organe,** insbes Aufsichtsrat, der nur bei Mitbestimmung der 4 Arbeitnehmer, ferner bei Investmentgesellschaften (Kapitalanlagegesellschaften) u gemeinnützigen Wohnungsunternehmen obligatorisch (§ 52 Rn 2) sonst fakultativ ist, näher § 52 mit Erl; zur Schaffung zusätzlicher Organe (§ 45 Rn 15; zum Gründungsstadium unten Rn 34).

II. Notwendigkeit der Geschäftsführer, Abs 1

1. Zahl. Jede GmbH muss mindestens einen GFührer haben. Im Geltungs- 5 bereich des MitbestG u der Montanmitbestimmung mindestens zwei, da als weiterer gleichberechtigter GFührer ein Arbeitsdirektor zu bestellen ist (§ 33 MitbestG, § 13 Montan-MitbestG, § 13 MitbestErgG; – dazu näher § 35 Rn 20, § 37 Rn 34, § 44 Rn 6, § 52 Rn 302). – Möglich auch mehrere GFührer. GesVertrag kann bestimmte Zahl, auch Mindest- oder Höchstzahl festlegen. Dann Abweichung oder Abänderung nur durch Satzungsänderung;[2] sonst bei Überschreiten der Höchstzahl GfterBeschluss über Bestellung anfechtbar, bei anderer Zuständigkeit (unten Rn 30 f) Bestellungsakt als Satzungsverstoß unwirksam.[3] – Bloße Bestellung mehrerer GFührer im GesVertrag (unten Rn 26) macht deren Zahl nicht zur später verbindlichen Satzungsbestimmung. Fehlt Regelung im GesVertrag, kann GfterVersammlung mit der Bestellung (unten Rn 28) auch mit einfacher Mehrheit die Zahl bestimmen.[4] Ob gesvertraglich begründete andere Zuständigkeit zur Bestellung (unten Rn 30) auch Bestimmung der Zahl umfasst, ist Auslegungsfrage.[5]

[1] Ulmer/*Ulmer* Rn 4 f; Scholz/*Schneider* Rn 2 ff; – dazu aber § 8 Rn 11 aE.
[2] KGJ 51, 134.
[3] Ulmer/*Ulmer* Rn 6; Scholz/*Schneider* Rn 7 f.
[4] HM, Ulmer/*Ulmer* Rn 6; Scholz/*Schneider* Rn 8.
[5] Im Zweifel ja: Michalski/*Heyder* Rn 16; im Zweifel nein: Scholz/*Schneider* Rn 8; ohne Tendenz: Lutter/*Hommelhoff*/*Kleindiek* Rn 6; Rowedder/*Schmidt-Leithoff* Rn 7.

6 **2. Wegfall von Geschäftsführern.** Wegfall aller Geschäftsführer nach Entstehen der GmbH berührt deren Bestand nicht. Jedoch darf Ges nicht ohne GFührer sein; Vertretung durch Prokuristen, Führung der Geschäfte durch Angestellte als vorübergehende Maßnahme möglich, aber nicht auf Dauer. Daher unverzüglich Neubestellung notwendig. Gfter können Bestellung nach § 50 erzwingen; bei Dringlichkeit ggf gerichtliche Notbestellung (unten Rn 32); äußerstenfalls Auflösungsklage nach § 61, wenn Bestellung auf längere Sicht nicht zustande kommt.[6] Jedoch keine Verpflichtung der Gfter ggü Gläubigern, da diese ggf NotGführer bestellen lassen können.[7] Auch RegGericht kann nicht Bestellung zB durch Zwangsgeld erzwingen.[8] Dem Schutz Dritter wird nunmehr dadurch Rechnung getragen, dass im Fall der **Führungslosigkeit Passivvertretung durch die Gfter** erfolgt, § 35 I 2.

7 Bei **Wegfall eines Geschäftsführers von mehreren** gilt das Ausgeführte nur dann entspr, wenn dadurch die satzungsmäßige oder gesetzliche (Arbeitsdirektor, oben Rn 5) Mindestzahl unterschritten wird. Ggf kann hier auch Satzungsbestimmung geändert werden. Ebenso, wenn die gem Satzung zur Vertretung erforderliche Zahl unterschritten wird. – Im Übrigen steht es den Bestellungsberechtigten frei, ob sie für den ausgeschiedenen einen neuen GFührer bestellen.

III. Allgemeine persönliche Voraussetzungen

Lit: *Drygala,* Zur Neuregelung der Tätigkeitsverbote für Geschäftsleiter von Kapitalgesellschaften, ZIP 2005, 423; *Hirte/Lanzius/Mock,* Tätigkeitsverbote für Organmitglieder als Gläubigerschutzinstrument, in Lutter (Hrsg), Das Kapital der Aktiengesellschaft in Europa, 2006, 301.

8 **1. Drittorganschaft, Abs 3 S 1.** Gfter u andere Personen können gleichermaßen GFührer sein. Keine Selbstorganschaft wie im PersonengesRecht, doch kann durch Bestellung von Gftern entspr Zustand erreicht werden; insbes bei kleinen Ges verbreitet. Terminologisch unterscheidet man Gesellschafter-Geschäftsführer u Dritt- oder Fremdgeschäftsführer. GmbHG macht grds keinen Unterschied; aber Besonderheit: bei Einmann-GmbH gilt für (Einmann-)GfterGFührer § 35 III (s dort Rn 137 ff). GfterGFührer nehmen grds voll an GfterBeschlüssen teil; zur Einschränkung wegen persönlicher Betroffenheit § 47 Rn 76 ff; zur Unvereinbarkeit mit AR-Mandat § 52 Rn 27 f, 39, 169, 289. **Regelung im Gesellschaftsvertrag** kann zusätzliche persönliche Qualifikationsmerkmale verlangen, inbes **Gftereigenschaft.** Abweichung dann nur durch bzw nach Satzungsänderung.[9] Eingeschränkt im Geltungsbereich des MitbestG u der Montanmitbestimmung; dazu § 35 Rn 25 mwN. Verstoß gegen GesVertrag macht Bestellungsbeschluss der Gfter anfechtbar, bei anderer Zuständigkeit Bestellungsakt wegen Satzungsverstoßes nichtig. – Möglich ferner Einräumung eines **Mitgliedschaftsrechts** auf Geschäftsführung (unten Rn 27).

---

[6] Ulmer/*Ulmer* Rn 4; Hachenburg/*Mertens* § 35 Rn 8.

[7] BGH WM 1985, 53.

[8] KGJ 45, 178, allgM, Ulmer/*Ulmer* Rn 4; Scholz/*Schneider* Rn 57; Michalski/*Heyder* Rn 69; Lutter/*Hommelhoff/Kleindiek* Rn 7.

[9] Ulmer/*Ulmer* Rn 22; Ulmer/*Paefgen* Rn 15; Hachenburg/*Mertens* § 35 Rn 12; Scholz/*Schneider* Rn 35 f; Roth/*Altmeppen* Rn 30.

2. Natürliche, unbeschränkt geschäftsfähige Personen, kein Einwilligungsvorbehalt, Abs 2 S 1, 2 Nr 1. Nur unbeschränkt geschäftsfähige natürliche Personen können GFührer sein. **Ausgeschlossen** also Geschäftsunfähige und beschränkt Geschäftsfähige, u zwar Minderjährige auch bei Ermächtigung nach §§ 112, 113 BGB bzw bei Handeln des gesetzl Vertreters u familiengerichtlicher Genehmigung;[10] nach S 2 ebenso ausgeschlossen Betreute, wenn sie ganz oder teilw Einwilligungsvorbehalt gem § 1903 BGB unterliegen;[11] ferner ausgeschlossen jur Personen u sonstige Personengesamtheiten.[12] – Auch **Ausländer** können zu GFührern bestellt werden. Wohnsitz oder ständiger Aufenthalt, Arbeits- oder Gewerbeerlaubnis im Inland sind dafür nicht Voraussetzung.[13] Überw wird bislang vor allem von Rspr aber zumindest Einreisemöglichkeit gefordert, um Erfüllung der gesetzlichen Mindestpflichten zu gewährleisten.[14] Das ist vom Gesetz nicht gedeckt zumal § 8 III 2 idF des MoMiG nunmehr schriftliche Belehrung u Belehrung durch ausl Notar zulässt,[15] u verkennt praktische Erfordernisse u reale Möglichkeiten moderner Kommunikationsmittel. Versagung der HREintragung ist keine geeignete Sanktion für Verstöße gegen Ausländerrecht.[16] – Zur Vereinbarkeit von ARMandat u GFührerstellung § 52 Rn 27 f, 39, 169, 289. 9

3. Kein Ausschluss durch berufsständische Regelungen, zivilrechtliches Tätigkeitsverbot. Beamtenrechtliche Genehmigungserfordernisse haben idR keine unmittelbaren Folgen für die Wirksamkeit der Bestellung.[17] Entspr gilt für **berufsständische Regelungen** wie §§ 59 f II BRAO, 50 I, 57 IV Nr 1 StBerG, 28 I S 1 WPO.[18] Dagegen soll rechtskräftig festgestelltes **zivilrechtliches Tätigkeitsverbot,** zB Wettbewerbsverbot, wirksame Bestellung hindern,[19] – zweifelhaft. 10

---

[10] OLG Hamm DB 1992, 1401.

[11] *Wicke* Rn 3.

[12] Ulmer/*Ulmer* Rn 8; Scholz/*Schneider* Rn 11 ff; Michalski/*Heyder* Rn 18.

[13] Insoweit allgM, OLG Düsseldorf GmbHR 1978, 110; OLG Frankfurt NJW 1977, 1595; GmbHR 2001, 434; OLG Dresden GmbHR 2003, 537; LG Hildesheim GmbHR 1995, 655; Ulmer/*Ulmer* Rn 12 f; Rowedder/*Schmidt-Leithoff* Rn 11 ff; Roth/*Altmeppen* Rn 14; Michalski/*Heyder* Rn 29; ausführlich *Erdmann* NZG 2002, 503 ff.

[14] OLG Celle NZG 2007, 633; OLG Köln DB 1999, 38; BB 1999, 493; OLG Hamm ZIP 1999, 1919; OLG Zweibrücken NZG 2001, 857; LG Gießen GmbHR 2000, 1099; Michalski/*Heyder* Rn 30; Scholz/*Schneider* Rn 17 f.

[15] OLG Düsseldorf NZG 2009, 678; Goette/Habersack/*Wachter* Rn 1.55.

[16] OLG Düsseldorf GmbHR 1978, 110; OLG Frankfurt NJW 1977, 1595; OLG Dresden NZG 2003, 628; LG Braunschweig DB 1983, 706; LG Hildesheim GmbHR 1995, 655; LG Rostock NZG 2004, 532; LG Berlin GmbHR 2004, 951; Ulmer/*Ulmer* Rn 15 f; Roth/*Altmeppen* Rn 15; *Schiedermair* FS Bezzenberger, 2000, 393; *Melchior* DB 1997, 414 f; nunmehr auch Lutter/*Hommelhoff/Kleindiek* Rn 14 a; ausführl *Wachter* ZIP 1999, 1577 ff u NotBZ 2001, 233 ff; – offengelassen OLG Frankfurt/M GmbHR 2001, 434; OLG Stuttgart NZG 2006, 789.

[17] Dazu u zur Frage der Stellung von Mitgliedern der Bundesregierung u Landesministern Rowedder/*Schmidt-Leithoff* Rn 20; Michalski/*Heyder* Rn 32.

[18] Rowedder/*Schmidt-Leithoff* Rn 20; Michalski/*Heyder* Rn 32 f; *Wicke* Rn 9.

[19] BayObLG BB 1989, 1009; Scholz/*Schneider* Rn 29; Michalski/*Heyder* Rn 25.

IV. Besondere gesetzliche Ausschlussgründe, Abs 2 S 2 u 3

11 **1. Funktion.** Ausschlussgründe bestehen im Interesse des Gläubigerschutzes[20] u des Schutzes der Allgemeinheit. Ob auch Schutz der MitGfter intendiert ist, könnte im Hinblick auf Einfluss auf Bestellung u Abberufung u entspr Minderheitsschutz (Treuepflicht) zweifelhaft sein. Gfterhaftung nach Abs 5 nF ggü Ges spricht jedoch für Schutzfunktion auch zu Gunsten von gutgläubigen MitGftern.[21]

12 **2. Gerichtliches oder behördliches Berufs- oder Gewerbeverbot, Abs 2 S 2 Nr 2.** Verbot (§ 70 StGB, § 35 GewO u entspr spezielle Normen; – nicht § 132 a StPO; auch nicht § 16 III HandwO[22]) schließt nach Abs 2 Nr 2 von GFührerstellung (nur) in solchen GmbH aus, deren statutarischer oder tatsächlicher Unternehmensgegenstand ganz oder teilweise im Bereich des vom Verbot umfassten Berufs oder Berufszweiges bzw Gewerbes oder Gewerbezweiges liegt.[23] Verbot muss nicht GFührertätigkeit als solche betreffen[24] u nicht Schwerpunkt der Betätigung, sondern kann auch nebensächlichen Teil des Unternehmensgegenstands betreffen.[25] Behördliche Anordnung des Verbots braucht nicht unanfechtbar zu sein, sofortige Vollziehbarkeit genügt.[26] Dauer des Ausschlusses richtet sich nach Dauer des Verbots, kann daher uU auch unbegrenzt sein;[27] Fünfjahresfrist aus Abs 2 S 2 Nr 3 aE nicht übertragbar. Pflicht zur Versicherung über Nichtvorliegen gegenüber RegGericht nach § 8 III (s dort Rn 16). – Berufs oder Gewerbeverbot kann auch nicht durch Verwendung einer **Auslandsgesellschaft** mit Zweigniederlassung im Inland umgangen werden.[28]

13 **3. Spezielle Straftaten, Abs 2 S 2 Nr 3.** Allg Hindernis für GFührerstellung waren schon bisher rechtskräftige Verurteilung wegen einer **Insolvenzstraftat** der §§ 283–283 d StGB, Bankrott, Verletzung der Buchführungspflicht, Gläubiger- oder Schuldnerbegünstigung (jetzt Abs 2 S 2 **Nr 3 b**). MoMiG hat darüber hinaus Vorschläge des BR aufgegriffen u weitere spezielle u allg Straftaten in den Katalog aufgenommen, und zwar unter **Nr 3 a** Straftat der **Insolvenzverschleppung,** § 15 a IV InsO nF (bisher §§ 84 I Nr. 2 GmbHG, 401 I Nr 2 AktG, 130 b HGB, auch iVm § 177 a HGB),[29] unter **Nr 3 c** die Verurteilung nach § 82 GmbHG wegen **falscher Angaben**

---

20 Vgl zur Diskussion um Entwurf eines ForderungssicherungsG (Entwurf, BT-Drucks 15/3594) *Hirte/Lanzius/Mock,* Tätigkeitsverbote für Organmitglieder als Gläubigerschutzinstrument, in: Lutter (HrsG) Das Kapital der Aktiengesellschaft, 2006, 301 ff, 309; *Drygala* ZIP 2005, 423 ff.

21 Zur Gesetzgebungsgeschichte *Gehrlein/Witt* Kap 5 Rn 27.

22 BayObLG DB 1986, 1768; Scholz/*Schneider* Rn 31; Ulmer/*Ulmer* Rn 21 Fn 58; Michalski/*Heyder* Rn 23.

23 Michalski/*Heyder* Rn 22; Roth/*Altmeppen* Rn 9; begrenzt auf statutarischen Unternehmensgegenstand auch Lutter/*Hommelhoff/Kleindiek* Rn 18 f.

24 OLG Frankfurt GmbHR 1994, 802, auch gegen GFührer als Selbständigen ausgesprochenes Verbot.

25 Michalski/*Heyder* Rn 22; Roth/*Altmeppen* Rn 9; Scholz/*Schneider* Rn 27.

26 Abs 2 Nr 2; zum Ganzen auch Ulmer/*Ulmer* Rn 13 f; Scholz/*Schneider* Rn 27; Lutter/*Hommelhoff/Kleindiek* Rn 19.

27 *Lutter* DB 1980, 1320.

28 BGHZ 172, 200 = NJW 2007, 2328; dazu auch *Bauer/Großerichter* NZG 2008, 253 u *Eidenmüller/Rehberg* NJW 2008, 28.

29 RegBegr BR-Drucks 354/07, 73.

im Zusammenhang mit Gründung, Kapitalerhöhung oder -herabsetzung, GFührerbestellung oder in öffentlichen Mitteilungen über die Vermögenslage der Ges. Gleichgestellt ist eine Verurteilung nach der entspr Vorschrift des § 399 AktG. Ferner hindert nunmehr nach **Nr 3 d** auch eine Verurteilung wegen **unrichtiger Darstellung** nach §§ 400 AktG, 331 HGB, 313 UmwG und 17 PublG. Neu ist auch die Einbeziehung bestimmter allgemeiner Vermögensdelikte, nämlich nach **Nr 3 e** bei einer Verurteilung zu einer **Freiheitsstrafe von mindestens einem Jahr** die **Betrugsdelikte** der §§ 263–264 a StGB sowie die **verwandten Delikte** nach §§ 265 b–266 a StGB, also Kreditbetrug, Untreue und Vorenthaltung und Veruntreuung von Arbeitsentgelt. Keine Erstreckung auf andere wirtschaftliche Straftatbestände.[30] Anders als bisher greift Bestellungshindernis nur bei Verurteilung wegen **vorsätzlicher** Tat.[31] – In allen Fällen der Nr 3 setzt Ausschluss kein zusätzliches Berufsverbot voraus u gilt allg, unabhängig vom Gegenstand der GmbH. Er ist **zeitlich begrenzt auf fünf Jahre** ab Rechtskraft der Verurteilung. Zeit einer behördlich angeordneten Anstaltsverwahrung wird nicht mitgerechnet. Pflicht zur Versicherung über Nichtvorliegen gegenüber RegGericht nach § 8 III (s dort Rn 16). – **Übergangsregelung** bzgl der neu aufgenommenen Straftatbestände s nachf Rn 15.

4. Ausländische Verurteilungen, Abs 2 S 3. Wie schon bisher nach 14 hM,[32] regelt nunmehr Abs 2 S 3 Ausschluss auch bei Verurteilungen im Ausland wegen Straftat, die mit denen nach Nr 3 vergleichbar ist. Das wird wegen nicht immer vergleichbarer rechtsstaatlicher Standards für problematisch gehalten.[33] Hinzu kommt auch ein großes Maß an Rechtsunsicherheit hinsichtlich der Vergleichbarkeit der Vielzahl der nunmehr in Betracht zu ziehenden ausländischen Straftatbestände, da davon unmittelbar die Unwirksamkeit der Bestellung abhängt (unten Rn 33). Keine Gleichstellung ist bzgl von ausländischer Behörde angeordnetem Berufs- oder Gewerbeverbot erfolgt. Die Frage ist im Gesetzgebungsverfahren erörtert u vom Gesetzgeber nicht aufgenommen worden, was eindeutig dafür spricht, in der begrenzten Verweisung in S 3 auf S 2 Nr 3 keine unbeabsichtigte Lücke zu sehen.[34] **Übergangsregelung** im Hinblick auf laufende oder bereits abgeschlossene Strafverfahren s nachf Rn 15.

5. Übergangsregelung, § 3 Abs 2 EGGmbHG

EGGmbHG § 3 Übergangsvorschriften zum Gesetz zur Modernisierung des GmbH-Rechts und zur Bekämpfung von Missbräuchen

(2) [1] § 6 Abs. 2 Satz 2 Nr. 3 Buchstabe a, c, d und e des Gesetzes betreffend die Gesellschaften mit beschränkter Haftung in der ab dem 1. November 2008 geltenden Fassung ist auf Personen, die vor dem 1. November 2008 zum Geschäftsführer bestellt worden sind, nicht anzuwenden, wenn die Verurteilung vor dem 1. November 2008 rechtskräftig geworden ist. [2] Entsprechendes gilt für § 6 Abs. 2 Satz 3 des Gesetzes betreffend die Gesellschaften mit beschränkter

[30] So zum bisherigen Recht BayObLG BB 1991, 1730; Roth/*Altmeppen* Rn 8; Michalski/*Heyder* Rn 20; hM; – zum bisherigen Recht verfassungsrechtliche Bedenken bei *Stein* AG 1987, 165; zust *Voerste* AG 1987, 376.

[31] Dazu Goette/Habersack/*Wachter* Rn 1.125.

[32] OLG Naumburg GmbHR 2000, 378; Scholz/*Schneider* Rn 23; Roth/*Altmeppen* Rn 8; Michalski/*Heyder* Rn 20; aA LG Köln NJW RR 1995, 553.

[33] *Gehrlein* Der Konzern 2007, 771, 793.

[34] *Wicke* Rn 5; *Wachter* GmbHR Sonderheft Oktober 2008, 5, 12.

Haftung in der ab dem 1. November 2008 geltenden Fassung, soweit die Verurteilung wegen einer Tat erfolgte, die den Straftaten im Sinne des Satzes 1 vergleichbar ist.

15 Für GFührer, die vor Inkrafttreten der neu in den Katalog aufgenommenen Straftaten bereits bestellt worden sind, führen Verurteilungen wegen dieser neu aufgenommenen oder vergleichbarer Auslandsstraftaten nicht zum Verlust der Amtsfähigkeit, wenn Verurteilung vor Inkrafttreten (1. 11. 2008) rechtskräftig wurde, § 3 II EGGmbHG. Die Regelung, die dem Gebot des Vertrauensschutzes Rechnung tragen soll,[35] ist allerdings denkbar unklar in ihrem Umfang. Eindeutig fällt darunter nur ein GFührer, der vor Inkrafttreten der Änderungen bestellt wurde und seither als GFührer amtiert. Ist bei ihm eine Verurteilung wegen einer neu in den Katalog aufgenommenen Straftat vor Inkrafttreten der Erweiterungen rechtskräftig geworden, hindert das die Weiterführung des Amtes nicht. Insbes tritt kein automatischer Amtsverlust ein.

16 Nicht eindeutig geregelt ist dagegen, ob Privilegierung nur das bei Inkrafttreten noch bestehende Amt des GFührers betrifft oder ob GFührer, der vor Inkrafttreten der Verschärfungen des Ges bestellt war, auch bzgl nach Inkrafttreten erfolgender Neu- oder Wiederbestellungen amtsfähig bleibt. Die besseren Gründe dürften für eine Begrenzung auf das bei Inkrafttreten bestehende GFühreramt sprechen. Damit wird vermieden, dass GFührer mit Inkrafttreten bestehendes Amt automatisch verliert u Gfter nach § 6 V einschreiten müssen. Dagegen besteht für eine generelle Privilegierung von Personen, die vor Inkrafttreten der Änderungen schon ein GFühreramt innehatten, es aber bei Inkrafttreten nicht mehr bekleiden oder es nach Inkrafttreten verlieren kein Grund. Übergangsvorschrift privilegiert, was allerdings möglich gewesen wäre, nicht alle Personen, die vor Inkrafttreten der Änderungen rechtskräftig wegen der neu aufgenommenen Straftaten verurteilt wurden, sondern nur solche, die vor Inkrafttreten bestellt wurden. Differenzierung ist nur sachgerecht im Hinblick auf Weiterführung eines bestehenden Amtes. Soweit es dagegen um Neubestellungen geht, ist kein ausreichender Grund für eine Differenzierung zwischen verurteilten Personen, die vor Inkrafttreten bereits Geschäftsführeramt innehatten und solchen, bei denen das nicht der Fall ist. Daher ist Privilegierung auf den Fall zu beschränken, dass GFührer bei Inkrafttreten amtiert und endet mit dem Ende dieser Bestellung.

V. Rechtsfolgen des Fehlens der persönlichen Voraussetzungen u des Bestehens von Bestellungshindernissen

17 **1. Nichtigkeit der Bestellung. Verstoß gegen gesetzliche Erfordernisse** bzw gesetzlichen Ausschluss (oben III, IV) macht Bestellung ohne Rücksicht auf Kenntnis des Mangels nichtig. Tritt dieser erst später ein, endet das Amt in diesem Zeitpunkt von selbst.[36] Ein bei Bestellung unentdeckt gebliebener Mangel wird nicht durch Eintragung oder späteren Wegfall der Ursache geheilt. Im Verhältnis zur Ges gelten Grds der **fehlerhaften Organsstellung**[37] (näher § 35 Rn 8). Dritte werden im Vertrauen auf eingetragene

[35] RegBegr BR-Drucks 354/07, 111.

[36] BayObLG BB 1982, 1508; DB 1993, 577; OLG Düsseldorf GmbHR 1994, 114; Ulmer/*Ulmer* Rn 10f, 19f; Ulmer/*Paefgen* § 35 Rn 11; Scholz/*Schneider* Rn 12, 23f; Michalski/*Heyder* Rn 85f; *Goette* § 8 Rn 14f; *Goette* DStR 1998, 939.

[37] *Goette* § 8 Rn 14.

Bestellung nach **§ 15 HGB** geschützt. Bei Fehlen oder späterem Wegfall der unbeschränkten Geschäftsfähigkeit schützt § 15 HGB allerdings nur Vertrauen auf Stellung als GFührer (Vertretungsmacht), dagegen nicht auf Geschäftsfähigkeit als solche, da keine eintragungsfähige Tatsache.[38] Denkbar aber Bindung der Ges nach allg Rechtsscheingrundsätzen wegen zurechenbarer Veranlassung oder Aufrechterhaltung des Anscheins rechtswirksamer Vertretung, wenn Geschäftsunfähigkeit für Gfter, ggf auch andere GFührer, erkennbar war, diese gleichwohl nicht eingegriffen haben.[39] Abs 5 greift insoweit nicht, da nur Innenhaftung. – Erfolgt Bestellung für späteren Zeitpunkt, richtet sich Wirksamkeit nach den dann bestehenden Verhältnissen.

2. Gesellschafterhaftung, Abs 5. Auf Initiative des BR durch MoMiG (Rechtsausschuss) angefügt.[40] RegE hatte entspr Haftung noch mit dem Argument abgelehnt, dass Allein- oder einverständlich handelnde Gfter grds nicht für Schaden haften, den sie selbst oder in Ihrem Einverständnis handelnde GFührer der eigenen Ges zufügen, soweit nicht Kapitalerhaltungsregeln verletzt sind. Vorschrift sei daher mit Gesetzessystematik nicht vereinbar u auch nicht effektiv, da sie Einsetzung u Steuerung von amtsfähigen Stohmännern als GFührer durch selbst amtsunfähige Gesellschafter nicht erfassen kann.[41] Soweit Gesetzessystematik betroffen, ist Regelung nur als Teil eines stillen Umbaus des Gläubigerschutzes in der GmbH zu verstehen. Da es sich um Innenhaftung der Gfter gegenüber Ges handelt, wird bei werbender Ges Geltendmachung idR schon **Erfordernis eines GfterBeschlusses nach § 46 Nr. 8** entgegenstehen, sodass Ansprüche vor allem im Fall der Pfändung, Insolvenz oder Masselosigkeit relevant werden. **Anspruchskonkurrenz mit § 826 BGB** möglich.[42] – Zur Haftung bei Zuständigkeit des **Aufsichtsrats** oder eines Beirats s § 52 Rn 74. 18

Person, die nicht GFührer sein kann, bestimmt sich nach Abs 2, umfasst also nicht nur gesetzliche Ausschlussgründe, sondern auch persönliche Voraussetzungen wie Geschäftsfähigkeit. Nicht erforderlich, dass es sich um den einzigen GFührer handelt. – **Führung der Geschäfte** muss überlassen sein. Da Bestellung idR nichtig, kommt es auf tats Überlassung an, die nach Art, Umfang u Verantwortung GFührertätigkeit ermöglicht. Gewährenlassen als oder wie Prokurist oder Generalbevollmächtigter als solches genügt nicht, da insoweit Ausschluss nicht greift. Abgrenzungsprobleme sind unvermeidlich. 19

Geschäftsführung muss **überlassen** werden; das ist nicht nur der Fall bei förmlicher, freilich unwirksamer Bestellung, sondern schließt auch u insbes rein tats Überlassen an faktischen GFührer ein.[43] Förmliche Überlassung durch (unwirksame) Bestellung erfolgt entweder im GesVertrag oder durch GfterBeschluss. Rein tats Überlassen durch (unwirksame) Beauftragung, Einräumung der Möglichkeit zur u ggf Unterstützung bei Führung der Geschäfte. Ist GFührung an amtsunfähigen GFührer überlassen oder verliert GFührer nach Bestellung Amtsvoraussetzung u damit Organstellung (oben Rn 17), liegt 20

---

38 BGHZ 115, 81; 53, 210, 215; – anders OLG München DB 1990, 1959.

39 BGHZ 115, 82 f; ähnlich *Lutter/Gehling* JZ 1992, 154; *Dreher* DB 1991, 533; *W. H. Roth* JZ 1990, 1030; abw Roth/*Altmeppen* Rn 13: Haftung aus cic.

40 Beschluss BR-Drucks 354/07 (B), S 10; Rechtsausschuss BT-Drucks 16/9737, 96.

41 RegBegr 354/07, S 74 f.

42 *Gehrlein* Der Konzern, 2007, 771, 794; *Gehrlein/Witt* Kap 5 Rn 27 aE.

43 BT-Drucks 16/6140, 154; *Gehrlein* Der Konzern 2007, 771, 793; *Heckschen* DStR 2007, 1442, 1449; *Gehrlein/Witt* Kap 5 Rn 27; Bunnemann/*Zirngibl* § 4 Rn 77.

(weiteres) Überlassen in **Nichteinschreiten.** Dies setzt Pflicht zum Handeln voraus, die sich aus Abs 5 ergibt. Förmlicher Abberufungsbeschluss zur Verhinderung nicht erforderlich, da bei Amtsunfähigkeit Amt automatisch endet, aber für Registerverfahren ggf vereinfachend. Gfter müssen zur Vermeidung weiteren Überlassens sicherstellen, dass Ausscheiden beim RegGericht angemeldet (§ 39 I) u Angabe auf Geschäftsbriefen (§ 35 a) korrigiert wird. Vor allem muss tats Weiterführung der Geschäfte durch amtsunfähige Person verhindert werden. Hausverbot, Information von Vertragspartnern bis hin zu Unterlassungsklage sind Mittel, die erforderlichenfalls durch GfterVers u durch von dieser wirksam bestellten GFührer zu ergreifen sind.

21 Überlassen muss **durch Gfter** erfolgen. Das sind zunächst diejenigen, welche aktiv das Tätigwerden des amtsunfähigen GFührers ermöglichen, im Fall einer (unwirksamen, § 134 BGB) Mehrheitsentscheidung also die Zustimmenden. Problematisch ist Umfang der **Pflicht des einzelnen Gfters zum Einschreiten,** da Ges grds durch ihre Organe handelt. So steht etwa Unterlassungsklage gegen amtsunfähigen GFührer in erster Linie der Ges zu u bedürfte eines entspr Mehrheitsbeschlusses. Einzelner MinderheitGfter kann allenfalls im Rahmen einer actio pro socio (§ 13 Rn 36 ff) für Ges klagen. Vielfach wird Überlassen durch MehrheitsGfter veranlasst sein, sodass sich Frage stellt, bis zu welchem Grade opponierende MinderheitsGfter verpflichtet sind, ggf auch bei geringer Aussicht auf Erfolg auf entspr Beschlussfassung über Unterbindungsmaßnahmen der Ges hinzuwirken u widerstrebenden MehrheitsGfter notfalls auf Mitwirkung in Anspruch zu nehmen. Hier wird man die Obliegenheiten nicht überspannen dürfen, allerdings auch nicht bloße Passivität im Hinblick auf zu erwartende Ablehnung durch MehrheitsGfter genügen lassen. Erwartet werden könnte, dass MinderheitsGfter bei Kenntnis GfterVersammlung beantragt u ggf nach § 50 durchsetzt.[44]

22 **Subj** ist Vorsatz oder grobe Fahrlässigkeit erforderlich, was sowohl Kenntnis oder Kennenmüssen der Amtsunfähigkeit wie auch der Ausübung der GFührerfunktion verlangt.

23 Gfter, die überlassen haben, haften gesamtschuldnerisch (solidarisch) nicht für jeden, sondern nur für den **Schaden der Ges aus Pflichtverletzung** des amtsunfähigen GFührers ggü Ges. Wortlaut könnte für Haftung für jede Pflichtverletzung sprechen, doch liegt Schutzzweck nicht darin, Gftern Risiko der Geschäftsführung insgesamt aufzuerlegen. Vielmehr muss Zurechnungszusammenhang zwischen Grund der Amtsunfähigkeit u Art der Pflichtverletzung vorliegen. Gfter haften nicht für jede Pflichtverletzung des faktischen GFührers, sondern nur für solche, in welchen sich die Gründe der Amtsunfähigkeit verwirklichen.[45] Dadurch Abgrenzung schwierig, dennoch unter Gesichtspunkt des Schutzzwecks der Norm notwendig. Wenn wegen Betrugs verurteilter GFührer, den die Gfter weiter amtieren lassen, anschließend PKW der Ges beschädigt, dann entspricht es nicht Schutzzweck der Norm, Gfter für Schaden am PKW haftbar zu machen. Anders, wenn derselbe GFührer Untreue zu Lasten der Ges begeht oder Kunden mit Haftungsfolge für Ges betrügt. Amtsunfähigkeit wegen Insolvenzstraftat macht Gfter nicht notwendig für Schäden haftbar, die aus unternehmerischer Fehlentscheidung resultieren.[46]

---

[44] Vgl *Wicke* Rn 21.

[45] BR, auf dessen Anregung Vorschrift zurückgeht, wollte keine Haftung für geschäftliche Fehlentscheidungen des GFührers. BR-Drucks 354/07 (B), 10.

[46] Weitergehend aber Bunnemann/*Zirngibl* § 4 Rn 86.

Verjährung nicht besonders geregelt. Anstelle der 3-jährigen Regelverjährung nach § 195 BGB dürfte Analogie zu 5-jähriger Verjährung gem §§ 9b II, 43 IV systemgerecht sein u Willen des Gesetzgebers[47] entspr. Nachträglicher **Verzicht** im Hinblick auf zwingende Wirkung problematisch. Entspr Heranziehung von § 9b I sachgerecht. Darüber hinaus unzulässig, soweit darin Verstoß gegen § 30 I liegt 24

VI. Bestellung, Abs 3 S 2, Abs 4

1. Allgemeines. Bestellung des GFührers macht diesen zum GesOrgan u ist deshalb **körperschaftlicher Akt;** aber Annahme durch den Bestellten erforderlich, da diesem das Amt nicht ohne sein Zutun aufgedrängt werden kann.[48] Davon zu unterscheiden ist das vertragliche Anstellungsverhältnis, das nur die persönliche Rechtsstellung regelt (näher dazu § 35 Rn 12ff, 163ff). – Die Bestellung kann auf verschiedene Weise erfolgen, darüber im Folgenden. – Amt des GFührers **endet** normalerweise durch Abberufung (§ 38). Weitere wichtige Endigungsgründe sind außer Tod des GFührers insbes Erreichen einer im GesVertrag bestimmten Altersgrenze bzw, falls dort feste Amtszeit vorgesehen, Zeitablauf, letzteres kraft Gesetzes bei der mitbestimmten u montanmitbestimmten GmbH (§ 38 Rn 81), uU auch Amtsniederlegung (§ 38 Rn 86ff) oder auflösende Bedingung. Zum Ganzen Erl zu § 38. 25

2. Rechtsgeschäftliche Bestellung. a) Gesellschaftsvertrag. Diese kann **im Gesellschaftsvertrag (Abs 3 S 2, Abs 4)** selbst sowohl für Gfter als auch für Dritten vorgenommen werden. Ersterer nimmt iZw mit Abschluss des Vertrags auch Bestellung an; bei letzterem gesonderte Annahme nötig (Rn 25). Aufnahme in GesVertrag idR nur als einfacher fakultativer Inhalt (§ 3 Rn 53); Bestellung hat iZw nicht Satzungscharakter, sodass Abberufung u Neubestellung eines anderen ohne Satzungsänderung möglich sind.[49] GesVertrag kann aber Bestellung mit Satzungskraft ausstatten, allerdings Abberufung aus wichtigem Grund nicht ausschließen (§ 38 II, s dort Rn 6ff). – Bestellung meist im ursprünglichen GesVertrag, Aufnahme anlässlich späterer Satzungsänderung möglich, doch selten. 26

Weitergehend möglich unentziehbares **Sonderrecht,** oft verbunden mit entspr mitgliedschaftlicher **Nebenpflicht** nach § 3 II zur GFührung; beides auch getrennt möglich.[50] Echter, wenn auch fakultativer Satzungsbestandteil (§ 3 Rn 31ff, insbes 42, 45f). Aus bloßer Bestellung im GesVertrag folgt das jedoch nicht, auch nicht aus Beschränkung der Abberufung auf wichtigen Grund oder Einstimmigkeitserfordernis für Beschlüsse,[51] vielmehr besondere Regelung nötig, die zumindest entspr Auslegung rechtfertigt.[52] Abberufung 27

---

47 Begr BR-Drucks 354/07 (B), 10 verweist mehrfach auf Parallele zu § 43 I u II.

48 Heute ganz hM, Ulmer/*Paefgen* § 35 Rn 16; Scholz/*Schneider* Rn 54; Scholz/*Schmidt* § 46 Rn 79f; Rowedder/*Koppensteiner* § 35 Rn 68; auch Michalski/*Heyder* Rn 39.

49 RGZ 44, 95; BGHZ 18, 205; NJW 1969, 131; GmbHR 1982, 129; allgM, Ulmer/*Ulmer* Rn 24; Roth/*Altmeppen* Rn 29; *Goette* § 8 Rn 12; *ders* DStR 1998, 939.

50 BGH NZG 2004, 516, 517.

51 OLG Hamm NZG 2002, 421 (dazu *Servatius* NZG 2002, 708); abw Michalski/*Heyder* Rn 48; Scholz/*Schneider* Rn 46.

52 RGZ 170, 367f; BGH BB 1962, 196; NJW 1969, 131; GmbHR 1982, 129; OLG Hamm ZIP 1986, 1188; NZG 2002, 421; allgM, Ulmer/*Ulmer* Rn 26; Scholz/*Schneider*

aus wichtigem Grund kann dadurch nicht ausgeschlossen werden (§ 38 II, s dort Rn 6); im Übrigen aber Entzug nur durch satzungsändernden Beschluss mit Zustimmung des Berechtigten (§ 35 BGB). Legt Inhaber Amt nieder, ist durch Auslegung zu ermitteln, ob darin endgültiger Verzicht.[53] Ob GFührungsrecht derart mit GAnteil verbunden ist, dass es mit diesem übertragen u vererbt wird, muss ggf durch Auslegung ermittelt werden; iZw ist das nicht anzunehmen. Das zeigt auch **Auslegungsregel** in Abs 4, wonach Bestellung aller Gfter zu GFührern iZw nur diejenigen meint, die im maßgebenden Zeitpunkt (meist Gründung) der Ges angehören.[54]

28 **b) Gesellschafterbeschluss. – Bestellung durch Gesellschafterbeschluss (Abs 3 S 2, § 46 Nr 5)** greift kraft Verweisung in Abs 3 S 2 auf die Regeln des 3. Abschnitts immer dann ein, wenn GesVertrag nichts anderes bestimmt (§ 45 II) u Mitbestimmung (nachfolgend Rn 29) nicht eingreift. §§ 46 Nr 5, 47 ff anwendbar; Einzelheiten s dort. Maßgebend einfache Mehrheit (§ 47 I); das gilt auch für Bestellung vor Eintragung der Ges ins HR.[55] GesVertrag kann qualifizierte Mehrheit[56] vorschreiben, auch sonstige Einzelheiten, etwa Vorschlagsrecht[57] udgl regeln. GfterBeschluss auch nötig, wenn GesVertrag Bestellung einer bestimmten Person beim Eintritt gewisser Voraussetzungen vorsieht;[58] ebenso bei bindendem Vorschlagsrecht (Benennungsrecht, Präsentationsrecht), ggf von Vorschlagsberechtigtem klageweise erzwingbar,[59] sofern GesVertrag ihm nicht bei unterbliebenem oder ungerechtfertigtem Widerspruch selbst Bestellung namens der Ges eröffnet (unten Rn 30 f).[60] – EinmannGfter kann unter Beachtung von § 48 III sich selbst bestellen; § 35 III iVm § 181 BGB hindert körperschaftlichen Bestellungsakt nicht.[61]

29 **c) Aufsichtsrat der mitbestimmten GmbH. Bestellung durch Aufsichtsrat** zwingend vorgeschrieben für voll mitbestimmte u montanmitbestimmte Ges (§ 31 MitbestG, § 12 Montan-MitbestG, § 13 MitbestErgG). Einzelheiten § 52 Rn 270 ff. Bei anderen Ges kann GesVertrag Bestellung einem freiwillig (§ 52) oder nach § 1 I Nr. 3 DrittelbG gebildeten Aufsichtsrat übertragen (s auch im Folgenden).

30 **d) Andere Zuständigkeit nach Gesellschaftsvertrag.** Andere Zuständigkeit zur Bestellung kann durch GesVertrag (§ 45 II) begründet werden (Übersicht § 35 Rn 7, zur Abberufungskompetenz § 38 Rn 21 ff), von einem bloßen, auch bindenden Vorschlagsrecht (oben Rn 28) zu unterscheiden. Die

---

Rn 27 ff; Michalski/*Heyder* Rn 46; Roth/*Altmeppen* Rn 31 f; ausführl *K. D. Müller,* Die Bestellung des Geschäftsführers im Gesellschaftsvertrag der GmbH als materieller Satzungsbestandteil, 1999.

53 OLG Düsseldorf FGPrax 2007, 32.

54 Roth/*Altmeppen* Rn 32; auch Scholz/*Schneider* Rn 47; Ulmer/*Ulmer* Rn 26, 33.

55 BGHZ 80, 212; BayObLG DB 1989, 2529: m Errichtung der Ges zusammenfallende u beurkundete Beschlussfassung.

56 OLG München FGPrax 2007, 281, 283: bis zur Einstimmigkeit.

57 Dazu OLG Hamm ZIP 1986, 1188.

58 RGZ 170, 371.

59 OLG Düsseldorf NJW 1990, 1122 Präsentations- u Abberufungsrecht in Familienges.

60 Zum Ganzen auch BGH WM 1973, 1295.

61 BGHZ 33, 191 obiter allg für Sozialakt; ferner Ulmer/*Ulmer* Rn 29; auch Scholz/*Schneider* § 35 Rn 121; Michalski/*Heyder* Rn 43; Roth/*Altmeppen* Rn 30; nunmehr auch Lutter/*Hommelhoff*/*Kleindiek* Rn 22; aA Rowedder/*Schmidt-Leithoff* Rn 27.

Regelung gehört zum fakultativen, aber formbedürftigen Inhalt des GesVertrags (§ 3 Rn 24 f) u hat Satzungscharakter. Sie kann die Bestellung ganz oder bzgl einzelner von mehreren GFührern einem anderen Organ,[62] etwa fakultativem Aufsichtsrat (§ 52 Rn 122, auch 251) oder Beirat (§ 35 Rn 7, § 46 Rn 94 f), ferner einzelnen Gftern[63] (s auch oben Rn 28) zuweisen (allgM). Gilt nach ganz hM auch, wenn Bestellungsorgan ganz oder teilw mit Nichtgftern besetzt ist.[64]

Ob auch außenstehenden Stellen, etwa Behörden, Kreditgebern, Konzernmutter, sonstigen Dritten Bestellungskompetenz zugewiesen werden kann, ist hingegen str, aber zu bejahen.[65] Satzung begründet zwar grds nicht unmittelbar Rechte Dritter (§ 3 Rn 26), kann aber organisatorische Kompetenzzuweisung in für Ges u Gfter bindender Weise regeln u dabei Kompetenz Dritter vorsehen. Deren Ausübung ist organschaftliches Handeln, zu dessen Wahrnehmung Dritte persönlich aber nur schuldrechtlich berechtigt u verpflichtet werden können.[66] Selbstbestimmung der Ges bleibt durch Abberufungskompetenz gewahrt, die anders geregelt werden kann u zumindest für Abberufung aus wichtigem Grund (auch) einem GesOrgan, iZw GfterVers, zustehen muss (näher § 38 Rn 21 ff); im Übrigen können Gfter Satzung ohne Zustimmung des betr Dritten ändern. 31

3. Gerichtliche Bestellung eines Notgeschäftsführers. Gerichtliche Bestellung kommt als Notbestellung in entspr Anwendung von § 29 BGB beim Fehlen oder bei rechtlicher Verhinderung der GFührer in Betracht, jedoch nur in dringenden Fällen auf Antrag eines Beteiligten[67] (s auch § 35 Rn 7). Notbestellung ist dringend, wenn Ges oder Beteiligtem Schaden droht oder alsbald erforderliche Handlung nicht vorgenommen werden kann,[68] nicht dagegen wenn Gfter zur rechtzeitigen Bestellung in der Lage sind.[69] Für Notbestellung kann, wenn dringender Anlass besteht, allerdings genügen, dass sich Gfter nicht einigen können,[70] was vor allem bei zerstrit- 32

---

62 BGHZ 43, 261, 264; auch WM 1973, 1295.

63 BGH WM 1973, 1295.

64 Michalski/*Heyder* Rn 60; Roth/*Altmeppen* Rn 27; Rowedder/*Schmidt-Leithoff* Rn 28; Scholz/*Schneider* Rn 51.

65 KG JW 1926, 598; Rowedder/*Schmidt-Leithoff* Rn 25, 28; Michalski/*Heyder* Rn 60; Roth/*Altmeppen* Rn 27; *Beuthien/Gätsch* ZHR 157 (1993), 483, 492 ff; *Fleck* ZGR 1988, 121 f; *Hopt* ZGR 1979, 7 f; auch *Priester* FS Werner, 1984, 665, oft missverständlich für Gegenmeinung zit; *Herfs,* Einwirkung Dritter auf den Willensbildungsprozess der GmbH, 1994, 117 ff, insbes 120 ff; *Hammen* WM 1994, 765 ff; – **aA** *Ulmer* FS Werner, 1984, 911 ff, 919 ff; Ulmer/*Ulmer* § 3 Rn 44; Ulmer/*Hüffer* § 46 Rn 77; Scholz/*Schneider* Rn 49 ff, § 38 Rn 24 f, § 52 Rn 222; Scholz/*Schmidt* § 46 Rn 72; *Teichmann,* Gestaltungsfreiheit in Gesellschaftsverträgen, 1970, 196; auch unten *Zöllner* § 46 Rn 34.

66 Zumindest bzgl Berechtigung aA wohl *Hammen* WM 1994, 765 ff.

67 AllgM, RGZ 116, 118 obiter; 138, 101; BGHZ 6, 232; OLG München FGPrax 2007, 281, 283; BayObLG BB 1997, 2546; DB 1998, 2360; OLG Düsseldorf DB 1997, 1071; OLG Frankfurt/M GmbHR 2001, 436; Ulmer/*Paefgen* § 35 Rn 24; Scholz/*Schneider* Rn 57 ff; Ulmer/*Ulmer* Rn 30; Rowedder/*Schmidt-Leithoff* Rn 32; *Gustavus* GmbHR 1992, 15; *Westermann* FS Kropff, 1997, 683 ff.

68 OLG Frankfurt/M GmbHR 2001, 436; OLG Zweibrücken GmbHR 2001, 571.

69 BayObLG DB 1995, 2364; DB 1998, 2360; OLG Frankfurt/M GmbHR 2001, 436.

70 BayObLG BB 1997, 2546; DB 1998, 2360; Roth/*Altmeppen* Rn 20; auch OLG Frankfurt/M GmbHR 2001, 436, unter Betonung, dass Unfähigkeit zur Einigung alleine nicht ausreicht; ebenso *Michalski* Rn 72.

tener Zweimann-GmbH oft der Fall ist.[71] – Bestellung erfolgt im **Verfahren** nach FamFG. Zuständig Amtsgericht, RegGericht des GesSitzes.[72] Antragsberechtigt sind Gfter u Gläubiger, uU auch ein GFührer, wenn nach der Satzung zur Vertretung ein zweiter nötig ist. RegGericht ist bei Bestellung an die satzungsmäßige Mindestzahl, Vertretungsregelung u die gesetzlichen u satzungsmäßigen Qualifikationsmerkmale gebunden.[73] Daher zB uU Bestellung von zwei NotGFührern. Bestellung für begrenzten Wirkungskreis möglich u idR wegen des wesentlichen Eingriffs in das Bestellungsrecht der Gfter erforderlich,[74] jedoch auch dann Vertretungsmacht unbeschränkt.[75] Niemand kann gegen seinen Willen bestellt werden, insbes sind Gfter nicht Gläubigern gegenüber zur unentgeltlichen Übernahme des Amts verpflichtet.[76] – **Vergütungsanspruch** besteht nur gegenüber der Ges, keine persönliche Haftung oder Nachschusspflicht der Gfter;[77] zur Verlustdeckungshaftung aber § 11 Rn 24 ff. – **Amt** des NotGFührers **endet** mit ordnungsmäßiger Neubestellung des fehlenden GFührers.[78] Abberufung durch Gfter nach § 38 nicht möglich, nur Beschwerde gegen gerichtliche Entscheidung[79] oder Antrag an RegGericht auf Widerruf der Bestellung aus wichtigem Grund.[80] Lange Amtszeit genügt dafür nicht.[81] Gerichtsbeschluss über die Abberufung ist mit einfacher Beschwerde anfechtbar[82] – Im **Prozess** u zur Vertretung bei Antrag auf Eröffnung des Insolvenzverfahrens[83] auch Bestellung eines besonderen Vertreters, Prozesspflegers, durch das Prozessgericht nach § 57 ZPO möglich u ausreichend. Bestellung eines NotGFührers wird dadurch grds nicht ausgeschlossen.[84] Ist bereits Prozess- oder Verfahrenspfleger bestellt, kann Dringlichkeit für Bestellung eines NotGFührers fehlen.[85]

---

71 Vgl OLG München FGPrax 2007, 281; BayObLG DB 1998, 2361; GmbHR 1999, 1291; NZG 2000, 41; *Westermann* FS Kropff, 1997, 683 ff.

72 BayObLG BB 1997, 2546; DB 1998, 2360.

73 BayObLG NJW 1981, 995; DB 1998, 2361.

74 OLG München FGPrax 2007, 281, 283; BayObLG DB 1998, 2361; NZG 2000, 41.

75 BayObLG DB 1986, 422; 1998, 2360.

76 BGH NJW 1985, 637; NZG 2000, 650; OLG München FGPrax 2007, 281, 283; KG GmbHR 2000, 660; Michalski/*Heyder* Rn 75; Rowedder/*Schmidt-Leithoff* Rn 34; Roth/*Altmeppen* Rn 35; aA *Gustavus* GmbHR 1992, 18 f.

77 BGH NJW 1985, 637.

78 BGH NJW 1981, 1041; BayObLG NZG 2000, 41; Ulmer/*Paefgen* § 35 Rn 35; Scholz/*Schneider* Rn 68; Roth/*Altmeppen* Rn 36; Michalski/*Heyder* Rn 79; abw *Westermann* FS Kropff, 1997, 687: für konstitutiven Gerichtsbeschluss, da Gültigkeit der Wahl eines neuen GFührers oft zweifelhaft.

79 BayObLG DB 1998, 2359.

80 BayObLG DB 1978, 2156; OLG Düsseldorf DB 1997, 1071; OLG München GmbHR 1994, 259; Rowedder/*Schmidt-Leithoff* Rn 36; Michalski/*Heyder* Rn 78; Roth/*Altmeppen* Rn 23.

81 OLG Düsseldorf DB 1997, 1071.

82 BayObLG ZIP 1999, 1845.

83 Dazu *Kutzer* ZIP 2000, 654.

84 OLG München ZIP 2008, 160; BayObLG DB 1998, 2361, ganz hM; abw LG Dresden GmbHR 2002, 163 unter Verhältnismäßigkeitsgesichtspunkt, wenn Prozesspfleger ausreicht.

85 OLG Zweibrücken GmbHR 2001, 571; Roth/*Altmeppen* Rn 21; *Fichtelmann* GmbHR 2007, 76, 78 f.

4. Mängel der Bestellung. Verstoß gegen die gesetzlichen Bestellungsvoraussetzungen oder -hindernisse macht Bestellung nichtig (oben Rn 17). Dagegen ist ein satzungswidriger Bestellungsbeschluss der Gfter anfechtbar (s auch oben Rn 8; allg dazu § 47 Anh Rn 110).[86] Bei Unzuständigkeit, Überschreiten der Ermächtigung oder sonstigem Satzungsverstoß eines anderen Bestellungsorgans oder Bestellungsbefugten ist Bestellung nichtig. 33

VII. Weitere Organe im Gründungsstadium

Bildung eines **fakultativen Aufsichtsrats** vor Eintragung der Ges ins HR ist nach § 52 II 1 zulässig, aber nicht zwingend vorgeschrieben; maßgebend Regelung im GesVertrag.[87] Entspr gilt für Beirat u andere im GesVertrag vorgesehene Organe. Ggf durch Auslegung zu ermitteln, ob u inwieweit Regelung im Gründungsstadium gelten soll. So notwendig, wenn erster GFührer durch AR oder sonstiges Organ bestellt werden soll. Frühzeitige Bildung ferner wichtig für Zulassung als KapitalanlageGes (s § 52 Rn 2). – Bei HRAnmeldung der Ges ist vorherige Bildung eines AR urkundlich nachzuweisen gem § 52 II 1 mit § 37 IV Nr 3 AktG (§ 8 Rn 10). 34

Str, ob **mitbestimmter Aufsichtsrat** vor Eintragung ins HR zu bilden ist, etwa nach Einbringung eines Unternehmens mit mehr als 500 bzw 2000 Arbeitnehmern. Zu verneinen, da Mitbestimmung rechtsformabhängig, vor Eintragung aber keine GmbH besteht;[88] §§ 30, 31 AktG nicht entspr anwendbar,[89] sie sind durch insoweit abw Verfassung der AG bedingt, daher rechtsformspezifisch u dementspr auch nicht in gesetzlicher Verweisung der §§ 6 II MitbestG, 1 I Nr 3 DrittelbG für GmbH enthalten.[90] – GFührer aber ist, falls sonstige Voraussetzungen des MitbestG bereits vorliegen, schon vor Eintragung zur Durchführung des Statusverfahrens gem § 6 II S 1 MitbestG, §§ 97 ff AktG (§ 52 Rn 13 ff) verpflichtet, um Bildung des mitbestimmten AR alsbald nach Eintragung vorzubereiten.[91] S ferner § 52 Rn 15. – Zur Amtszeit der vor erstmaligem Eingreifen des MitbestG bestellten GFührer s § 38 Rn 5. 35

---

[86] Ulmer/*Paefgen* § 35 Rn 15; Rowedder/Schmidt-Leithoff/*Koppensteiner* § 35 Rn 75; Roth/*Altmeppen* Rn 35; Scholz/*Schneider* Rn 35; Michalski/*Heyder* Rn 85 ff, 90 ff.

[87] Ganz hM, Ulmer/*Ulmer* § 11 Rn 44; Ulmer/*Raiser/Heermann* § 52 Rn 24; Scholz/*Winter/Veil* § 8 Rn 18; Scholz/*Schmidt* § 11 Rn 52; *Roth*/Altmeppen § 11 Rn 64; Rowedder/*Schmidt-Leithoff* § 11 Rn 48; für notwendige Bildung vor Eintragung aber *Michalski* § 11 Rn 57.

[88] BayObLG NZG 2000, 932, 933.

[89] ÜberwM, abw Rowedder/*Schmidt-Leithoff* § 11 Rn 51 ff: vorsichtige Analogie; auch *Michalski* § 11 Rn 57; vgl auch *Zöllner/Noack* unten § 52 Rn 17 u 59.

[90] Wie hier ausführl *Ulmer/Habersack*/Henssler § 6 Rn 7; ferner Wlotzke/Wißmann/*Koberski/Kleinsorge* § 7 Rn 18; Ulmer/*Ulmer* § 11 Rn 44, auch § 6 Rn 23; Scholz/*Schmidt* § 11 Rn 52; *Roth*/Altmeppen § 11 Rn 64; – aA *Raiser* MitbestG § 1 Rn 22; Ulmer/*Raiser/Heermann* § 52 Rn 169; Rowedder/Schmidt-Leithoff/*Koppensteiner* § 52 Rn 22; *Michalski* § 11 Rn 57.

[91] *Ulmer/Habersack*/Henssler § 6 Rn 7; nach Wlotzke/Wißmann/*Koberski/Kleinsorge* § 7 Rn 18 Verfahren für ersten AR entbehrlich.

Anmeldung der Gesellschaft

7 (1) **Die Gesellschaft ist bei dem Gericht, in dessen Bezirk sie ihren Sitz hat, zur Eintragung in das Handelsregister anzumelden.**

(2) [1]**Die Anmeldung darf erst erfolgen, wenn auf jeden Geschäftsanteil, soweit nicht Sacheinlagen vereinbart sind, ein Viertel des Nennbetrags eingezahlt ist.** [2]**Insgesamt muß auf das Stammkapital mindestens soviel eingezahlt sein, daß der Gesamtbetrag der eingezahlten Geldeinlagen zuzüglich des Gesamtnennbetrags der Geschäftsanteile, für die Sacheinlagen zu leisten sind, die Hälfte des Mindeststammkapitals gemäß § 5 Abs. 1 erreicht.**

(3) **Die Sacheinlagen sind vor der Anmeldung der Gesellschaft zur Eintragung in das Handelsregister so an die Gesellschaft zu bewirken, daß sie endgültig zur freien Verfügung der Geschäftsführer stehen.**

Übersicht

I. Bedeutung der Vorschrift, Neuregelungen

1 **Anmeldung der Gesellschaft, Abs 1,** ist notwendige **Voraussetzung der Eintragung** ins HR, § 10; diese erst bringt die GmbH als solche zur Entstehung, § 11 I. – **Abs 2** neu gefasst durch MoMiG. S 1 u 2 betrifft Mindesteinzahlung auf Bareinlagen. Begriff der Stammeinlage wurde durch MoMiG durch GAnteil ersetzt u entspr Bruchteil auf Nennbetrag bezogen. Zur **Sonderregelung bei UG (haftungsbeschränkt)** unten Rn 7. Abs 2 S 3, der Volleinzahlung bei EinpersonenGmbH verlangte, wurde gestrichen, da Regelung in der Praxis verzichtbar sei u unnötige Komplizierung enthalte.[1] **Abs 3,** eingefügt durch GmbH-Novelle 1980, dient der besseren **Sicherung der Kapitalaufbringung** bei Sacheinlagen. Bei **Kapitalerhöhung** gelten Abs 2 S 1 u Abs 3 entspr, § 56 a. – § 7 I ist Sondervorschrift zu § 29 HGB, Anmeldung der Firma daneben nicht erforderlich (allgM). Den Inhalt der Anmeldung bestimmt § 8 (s dort). Weitere Anmeldungen s §§ 39, 54, 57, 58

[1] RegBegr BR-Drucks 354/07, 76.

I Nr 3, 65, 67, ferner etwa §§ 13 ff, insbes 13 b HGB. – Zur entspr Anwendung bei **wirtschaftlicher Neugründung** § 3 Rn 13.

II. Anmeldung, Abs 1

1. Registergericht, Anmeldung durch Geschäftsführer, Form. Sachlich u örtlich **ausschließlich zuständig** für Anmeldung zum HR ist nach Abs 1 iVm § 8 HGB, § 376 I FamFG das Amtsgericht als **Registergericht,** in dessen Bezirk das jeweils für den GesSitz (§ 4 a Rn 2 ff) zuständige Landgericht seinen Sitz hat, bei Übertragung der HRFührung für mehrere Gerichtsbezirke auf ein Amtsgericht nach § 376 II, 1 FamFG dieses. – Zur Anmeldung **verpflichtet** sind **sämtliche Geschäftsführer** der Vorges (§ 6 Rn 3), § 78, einschl Stellvertreter, § 44.[2] Anmeldung stets im Namen der Ges;[3] idR anzunehmen, wenn GFührer GmbH iGr zur Eintragung anmeldet.[4] Verpflichtung gegenüber der Ges kraft Bestellung.[5] Anmeldung nicht durch RegGericht erzwingbar, § 79 II,[6] da Eintragung der Ges konstitutive Wirkung hat (§ 10 Rn 6, § 11 Rn 2), deren Herbeiführung im Belieben der Beteiligten steht (§ 79 Rn 8). Gründer können gegen GFührer auf Anmeldung klagen;[7] dabei kann Fehlen von Eintragungsvoraussetzungen im Prozess geltend gemacht werden (auf Satzung oder GfterBeschluss beruhende Mängel können GFührer selbst nicht beseitigen).[8] Vollstreckung nach § 888 ZPO, da höchstpersönliche Erklärung (hM, dazu nachfolgend Rn 3). Statt Klage idR Abberufung einfacher; ggf GFührer schadenersatzpflichtig. – Anmeldung hat nach § 12 I HGB **in öffentlich beglaubigter Form** zu erfolgen, also schriftlich mit notarieller Beglaubigung der Unterschrift (§ 129 I BGB), wobei die Beglaubigung in Form eines einfachen elektronischen Zeugnisses erfolgen kann (§ 39 a BeurkG),[9] oder in Form der notariellen Beurkundung (§ 129 II BGB). **Einreichung** der Anmeldung ausschließlich in **elektronischer Form.** Übergangsregelung siehe § 8 Rn 21. 2

2. Persönliche Verpflichtung. Anmeldung durch GFührer **höchstpersönlich,** daher **Bevollmächtigung ausgeschlossen.** Das gilt unstr für Versicherungen nach § 8 II, III (s dort Rn 11 ff), aber auch für Abgabe der Anmeldungserklärung als solcher.[10] **Einreichung** der formgerecht (oben Rn 2) abgegebenen Erklärung ausschließlich elektronisch; kann dann durch Vertreter, Boten, auch Post, erfolgen.[11] Keine nach § 378 FamFG vermutete Vollmacht zur Einreichung des die Gründung beurkundenden Notars,[12] wohl 3

---

[2] RG LZ 1914, 398; BayObLG DB 1987, 216.

[3] BGHZ 105, 327 f.

[4] OLG Naumburg GmbHR 1998, 236.

[5] Ulmer/*Ulmer* Rn 6; Scholz/*Winter/Veil* Rn 6.

[6] BayObLG DB 1978, 880; KG OLGZ 69, 503.

[7] HM, Ulmer/*Ulmer* Rn 8 f; Scholz/*Winter/Veil* Rn 6; *Roth*/Altmeppen Rn 4; zweifelnd, aber grds zust Michalski/*Heyder* Rn 10; – für AktG auch *Hüffer* § 36 Rn 5; MünchKommAktG/*Pentz* § 36 Rn 17 f; – aA KölnerKomm/*Kraft* § 36 Rn 19 mwN.

[8] LG Dresden DB 1994, 321.

[9] *Wicke* Rn 1; Koller/*Roth*/Morck § 12 Rn 3.

[10] Insoweit abw *Roth*/Altmeppen Rn 7.

[11] BayObLG NJW 1987, 136; DB 1987, 216; Ulmer/*Ulmer* Rn 13 f; Scholz/*Winter/Veil* Rn 10 f; *Lutter*/Hommelhoff/*Bayer* Rn 1; Rowedder/*Schmidt-Leithoff* Rn 8; auch *Roth*/Altmeppen Rn 5, 9 f; Michalski/*Heyder* Rn 8; – aA OLG Köln DB 1986, 2376.

[12] BayObLG DB 1978, 880.

aber Ermächtigung des die Anmeldungserklärung beglaubigenden Notars zur Einreichung beim HR (hM).

4 **3. Verfahrensmängel,** insbes Verstöße gegen 1. u 2. (oben Rn 2, 3), bilden Eintragungshindernis u führen, falls sie nicht behoben werden, zur Zurückweisung der Anmeldung. Hiergegen beschwerdeberechtigt Vorges als solche, vertreten durch GFührer in vertretungsberechtigter Zahl;[13] näher dazu § 9c Rn 3 mwN. – Wird Ges dennoch versehentlich eingetragen, entsteht GmbH wirksam (allgM, s auch § 8 Rn 2, § 9c Rn 13). Kein Nichtigkeitsgrund, § 75, auch §§ 397, 399 FamFG nicht anwendbar. Amtslöschung nach § 395 FamFG nur bei schwerwiegenden Verfahrensmängeln (Anh § 77 Rn 19 mwN);[14] daher nicht, wenn nur RegGericht örtlich unzuständig; auch nicht bei unzulässiger Bevollmächtigung (oben Rn 3) oder bei fehlender Mitwirkung einzelner von mehreren GFührern, sofern Anmeldung dem Willen aller GFührer entspricht (nicht maßgebend: Wille der Gründer). Trifft letzteres aber nicht zu, findet Amtslöschung nach § 395 FamFG statt;[15] ebenso, wenn Anmeldung ganz fehlt oder wenn einer von mehreren GFührern gar nicht beteiligt war bzw seine Anmeldung vor Eintragung zurückgenommen hat; ferner etwa bei unbefugter Anmeldung durch Nichtgeschäftsführer; dem gleichzustellen, wenn Bestellung zum GFührer wegen Verstoßes gegen § 6 II nichtig, nicht jedoch bei bloßer Anfechtbarkeit (s § 6 Rn 8, 17); auch bei Wegfall aller GFührer zwischen Anmeldung u Eintragung (dazu § 6 Rn 3).

III. Mindesteinzahlung, Abs 2

Lit: *Cahn,* Kapitalaufbringung im Cash Pool, ZHR 166 (2002), 278; *Ihrig,* Die endgültig freie Verfügung über die Einlage von Kapitalgesellschaften, 1991; *Roth,* Die wertgleiche Deckung als Eintragungsvoraussetzung, ZHR 167 (2003), 89; *ders,* Die freie Verfügung über die Einlage, FS Semler, 1993, 299; *K. Schmidt,* Barkapitalaufbringung und „freie Verfügung" bei der Aktiengesellschaft und der GmbH, AG 1986, 106; *Servatius,* Die besondere Zweckbindung des Stammkapitals bei Drittgeschäften mit Gesellschaftern, DStR 2004, 1176; *Ulmer,* Die Voreinzahlung auf Barkapitalerhöhungen im GmbH-Recht – Von Fallstricken und Fußangeln, FS Westermann, 2008, 1567.

5 **1. Mindestbetrag.** Vor Anmeldung muss bei **GmbHG** bei Bareinlage (zur Sacheinlage unten Rn 12) mindestens **ein Viertel des jew Nennbetrags jedes** einzelnen **GAnteils**[16] (§ 3 Rn 16) eingezahlt sein, bei Mischeinlage (§ 5 Rn 20 aE) neben vollständiger Bewirkung der Sacheinlage ein Viertel des bar zu zahlenden Teils;[17] kein sonstiger Mindestbetrag bzgl der einzelnen Einlage (zum Gesamtbetrag der Einlagen unten Rn 6) erforderlich.[18]

---

[13] S insbes BGHZ 117, 323, 325 ff; auch schon BGHZ 107, 1, 2.

[14] Allg zum Verhältnis von § 142 zu §§ 144, 144a FGG *Jansen/Steder* § 144 Rn 8 ff; Keidel/Kuntze/*Winkler* § 142 Rn 6, § 144 Rn 5.

[15] AllgM, Ulmer/*Ulmer* Rn 11, § 6 Rn 5; *Lutter*/Hommelhoff/*Bayer* Rn 2; *Roth*/Altmeppen Rn 14; Michalski/*Heyder* Rn 16; iE ebenso, aber § 142 FGG nur analog: Scholz/*Winter/Veil* Rn 9, 16; Rowedder/*Schmidt-Leithoff* Rn 16.

[16] RGSt 33, 253.

[17] AllgM, RGSt 48, 160; KGJ 43, 107; Ulmer/*Ulmer* Rn 26; Scholz/*Winter/Veil* Rn 20; Michalski/*Heyder* Rn 20.

[18] Vor GmbH-Novelle 1980: 250 DM.

2. Höhere Einzahlung (Mehreinzahlung). Auf Grund GesVertrags oder freiwillig möglich (§ 19 Rn 6f). Erfüllungswirkung für Einlagepflicht dann auch hinsichtlich des Mehrbetrages,[19] jedenfalls wenn Mitgfter der Mehrzahlung zustimmen u Werthaltigkeit des Stammkapitals durch Vorbelastungshaftung (§ 11 Rn 61 ff) sichergestellt.[20] Abs 2 gilt nicht für Aufgeld (Agio); dafür allein GesVertrag maßgebend. 5a

3. Gesamtbetrag. Der vor Anmeldung erforderliche **Gesamtbetrag der Mindesteinzahlungen** beträgt **12 500 Euro.** Geplante Herabsetzung auf 10 000 Euro im Rahmen des MoMiG, die zu Mindesteinlage von 5000 Euro geführt hätte, wurde vom Rechtsausschuss im Hinblick auf Einführung der UG (haftungsbeschränkt) in § 5 a gestrichen (s § 5 Rn 1). Zu den noch dem alten Recht in DM gegründeten Ges s Übergangsregelung § 1 EGGmbHG (früher § 86) § 5 Rn 58. Mindesteinzahlung soll ein Minimum an Liquidität der Ges u an effektivem finanziellem Einsatz der Gründer bewirken. Sacheinlagen, nach Abs 3 vor Anmeldung vollständig zu bewirken, u Mindesteinzahlungen nach Abs 2 S 1 sind zusammenzurechnen. Wird damit die Summe von 12 500 Euro nicht erreicht, ist über das nach Abs 2 S 1 erforderliche Viertel der Geldeinlage hinaus entspr mehr zu zahlen.[21] Verteilung auf die Gfter nach § 19 I, soweit nicht anders vereinbart (§ 19 Rn 6 ff).[22] 6

4. UG (haftungsbeschränkt). Für **UG (haftungsbeschränkt)** verlangt § 5 a II 1 **Volleinzahlung.** Sacheinlagen sind dort unzulässig, § 5 a II 2, Anm s dort Rn 11. 7

IV. Zahlung

Sie ist bewirkt, wenn auf Einlageforderung geleistet wird, Zahlender Verfügungsbefugnis verliert und GFührer uneingeschränkt für Ges verfügen kann. 8

1. Vorgesellschaft als Empfänger. Die Zahlung (s auch § 19 Rn 12; zur Fälligkeit § 19 Rn 6, § 20 Rn 3) kann bar in Euro oder durch Gutschrift auf ein Konto der Vorges (§ 11 Rn 14) erfolgen.[23] Nicht notwendig Sperrkonto,[24] ebenso wenig ausdrückliche Bezeichnung als „Geschäftsführerkonto" erforderlich.[25] Möglich auch Zahlung auf für Vorges geführtes (Treuhand-) Konto des oder der GFührer[26] oder eines Dritten, zB Anderkonto eines Notars, auch Gemeinschaftskonto der Gründer für Vorges mit Gemeinschaftszeichnungsberechtigung,[27] dagegen nicht Konto der KG bei GmbH & Co

---

[19] BGHZ 105, 300 mit zust Anm *Joost* ZGR 1989, 554; vgl auch OLG Düsseldorf WM 1989, 1512.

[20] Dazu ausführl Ulmer/*Ulmer* Rn 46 f mwN auch zur abw früheren hM; auch *Lutter*/Hommelhoff/*Bayer* Rn 7; weitergehend für stets eintretende Erfüllungswirkung Scholz/*Winter*/*Veil* Rn 43 f; Michalski/*Heyder* Rn 52, jew mwN; auch *Roth*/Altmeppen Rn 22; MünchHdbGmbH/*Gummert* § 50 Rn 10; vgl auch *Stimpel* FS Fleck, 1988, 346 ff; sowie grds *K. Schmidt* ZHR 156 (1992), 104 ff.

[21] Beispiel bei *Lutter*/Hommelhoff/*Bayer* Rn 4.

[22] Ulmer/*Ulmer* Rn 29; Scholz/*Winter*/*Veil* Rn 23; Michalski/*Heyder* Rn 21.

[23] BGHZ 45, 347; allgM.

[24] OLG Hamm BB 1990, 1221.

[25] OLG Frankfurt DB 1992, 1335.

[26] OLG Naumburg GmbHR 1998, 329; Rowedder/*Schmidt-Leithoff* Rn 23; *Roth*/Altmeppen Rn 26; Michalski/*Heyder* Rn 27.

[27] OLG Naumburg WM 1998, 980; zweifelnd *Roth*/Altmeppen Rn 26.

KG,[28] auch nicht Konto des einzahlenden Gfters, das zugleich als Konto der Vorges dient, solange GFührer über Guthaben nicht tatsächlich verfügt hat.[29] Ist kontoführende Bank Mitgfterin, steht das Zahlung nicht entgegen, str.[30] – Zur Erfüllungswirkung bei fehlender **Tilgungsbestimmung** des Gfters § 19 Rn 12. – **Zahlung vor Abschluss des GesVertrags auf ein Konto für Vorges** befreit nur, wenn der Betrag unvermindert an Vorges überging.[31] Erfolgte Zahlung **an Vorgründungsges,** liegt darin wegen fehlender Identität mit Vorges keine solche an Vorges.[32] Insbes keine Erfüllung der Bareinlage, sondern Sacheinlage eines Unternehmens, wenn an Vorgründungsges gezahlt wird u diese Geschäftsbetrieb für künftige Ges aufnimmt u ihr später überträgt.[33] Anderes soll gelten, wenn für die Vorauszahlung klare Zweckbestimmung getroffen wurde u Einlage zZt der Übernahme durch Vorges noch als ausscheidbarer Vermögensgegenstand vorhanden u vom übrigen Vermögen isolierbar ist.[34] Das setzt wegen der Gefahr der Übernahme von Verbindlichkeiten jedoch weiter voraus, dass Vorgründungsges noch keinen Geschäftsbetrieb eröffnet hatte.[35]

9 **2. Zahlungsmodalitäten.** Leistung ist in einer **Art u Weise** vorzunehmen, die auch zur Erfüllung der Einlagepflicht geeignet ist (§ 5 Rn 14 f, § 19 Rn 23 ff u 28 ff), also nicht Aufrechnung, auch nicht seitens der VorGes,[36] ferner nicht Befriedigung eines Gläubigers der Ges (dazu § 19 Rn 13 mwN) uä. Scheckhingabe befreit erst mit Einlösung u Anrechnung auf Einlageforderung.[37] Die bisher überwiegend für zulässig gehaltene Leistung durch bestätigte Bundesbankschecks wird wegen Streichung dieser Zahlungsform in § 54 III AktG nunmehr überwiegend für unzureichend gehalten,[38] iE aber wohl zu Unrecht, da § 54 III AktG keine Beschränkung auf die dort genannten Zahlungsformen bewirkt u für Streichung auch keine überzeugenden Gründe bestehen.[39] Zur Zahlung auf debitorisches Konto, bei der Problem nicht in Zahlung an sich sondern in freier Verfügbarkeit liegt, nachfolgend Rn 11. – Bei **Einmanngründung** muss Einzahlung zum Sondervermögen der Ein-

---

[28] BGH DB 1986, 318; OLG Stuttgart DB 1986, 1514, auch 1985, 1985 mit krit Anm *K. Schmidt.*

[29] BGH NJW 2001, 1647; NZG 2008, 304 Rn 27.

[30] Wie hier Ulmer/*Ulmer* Rn 35; Scholz/*Winter/Veil* Rn 29; *Lutter*/Hommelhoff/*Bayer* Rn 10; MünchHdbGmbH/*Heinrich* § 7 Rn 6; Rowedder/*Schmidt-Leithoff* Rn 23; – aA Michalski/*Heyder* Rn 28; *Roth*/Altmeppen Rn 26.

[31] BGH NJW 2001, 1647.

[32] OLG Köln ZIP 1989, 238; OLG Hamm GmbHR 1992, 750; auch OLG Düsseldorf GmbHR 1994, 398 bzgl Zahlung an künftigen GFührer vor Abschluss des GesVertrags; Scholz/*Winter/Veil* Rn 27; Michalski/*Heyder* Rn 23; *Werner* GmbHR 2002, 530, 533.

[33] BGH NJW 1992, 2698; NZG 2004, 618 f.

[34] OLG Frankfurt/M NZG 2005, 556; OLG Düsseldorf GmbHR 1994, 398; OLG Stuttgart GmbHR 1995, 118; Scholz/*Winter/Veil* Rn 27 aE; *Lutter*/Hommelhoff/*Bayer* Rn 11; *Werner* GmbHR 2002, 530, 534; wohl auch BGH NJW 1992, 2698; dazu *Mayer* FS Schippel, 1996, 447 ff.

[35] BGH NZG 2004, 618 f.

[36] AllgM, Ulmer/*Ulmer* Rn 41; Scholz/*Winter/Veil* Rn 31.

[37] AllgM, OLG Köln GmbHR 2002, 168; OLG Düsseldorf GmbHR 1989, 164; Ulmer/*Ulmer* Rn 32 f; Scholz/*Winter/Veil* Rn 30.

[38] Ulmer/*Ulmer* Rn 39; Scholz/*Winter/Veil* Rn 28; *Wicke* Rn 7.

[39] *Hüffer* AktG § 54 Rn 13. Wie hier Michalski/*Heyder* Rn 26; *Lutter*/Hommelhoff/*Bayer* Rn 9.

mann-Vorges für Außenstehende erkennbar sein.[40] Das setzt zumindest Leistung auf ein nicht auf den Namen des Gfters, sondern für die VorGes iGr errichtetes (oben Rn 8) oder uneigennütziges Treuhandkonto voraus.[41] Vorzeigen von Geld beim Notar genügt nicht.[42] – Zahlung kann gem § 267 BGB auch **durch Dritte** für Gfter erfolgen, wenn sich ausdrücklich oder durch Auslegung entspr Tilgungsbestimmung ergibt.[43] Soweit Einlage mangels Ausscheidens aus Vermögen des Leistenden noch nicht wirksam, kann nachträglich Erfüllungswirkung eintreten, wenn GFührer zu Gunsten der Ges über Einlagebetrag tats verfügt (nachf Rn 10 aE).

3. Leistungen zur endgültigen freien Verfügung. Zur endgültigen freien Verfügung der Geschäftsführer muss Einlagebetrag geleistet worden sein. Das ist nicht identisch mit der Frage, ob der Betrag auch bei Anmeldung noch zur freien Verfügung steht[44] (dazu § 8 Rn 13f). Für § 7 II erforderlich, dass Einleger ihre Verfügungsmacht endgültig u ohne Beschränkungen oder Vorbehalte zugunsten der Vorges aufgegeben haben u GFührer über Einlage verfügen konnten.[45] Daran fehlt es in den Fällen, in welchen der Einlagebetrag aus dem Vermögen der Ges erbracht wird[46] (§ 19 Rn 22) oder verabredungsgemäß wieder an den Gfter zurückfließt, so bei verdeckter Sacheinlage[47] (dazu näher § 19 Rn 45ff mwN), nicht mehr notwendig dagegen, wenn lediglich hin- und hergezahlt wird (§ 19 Rn 70), etwa Ges Einlagebetrag umgehend als Darlehen an Gfter oder mit diesem verbundenes Unternehmen zurückzahlt, da § 19 V nF dies unter dort genannten Voraussetzungen zulässt. Soweit diese Voraussetzungen erfüllt sind, daher auch Umbuchung auf Gfterkonto im Rahmen eines sog. **Cash Pools** zulässig (näher, auch zum zeitlichen Anwendungsbereich der Neuregelung u zur früheren gegenteiligen Rpsr, § 19 Rn 22ff, 70ff, 89ff). **Sonstige Verwendungsabsprachen** mit Gftern oder Dritten, soweit sie nicht gegen die og Schranken des Rückflusses an Gfter oder mit ihm verbundenen Dritten verstoßen, sind unschädlich (nachfolgend Rn 11). – Freie Verfügung kann ferner fehlen, etwa bei Zahlung auf gesperrtes[48] oder gepfändetes[49] Konto oder bei bundesbankbestätigtem Scheck, dem aber Einwendungen des Ausstellers entgegenstehen.[50] – Zahlt Gfter auf eigenes Konto, das zugleich als Geschäftskonto der VorGes genutzt wird, liegt freie Verfügung u damit Tilgung der Einlageschuld (erst) vor, wenn GFührer 10

[40] OLG Oldenburg NZG 2008, 32, 33; BayObLG BB 1994, 530; OLG Hamburg NZG 2002, 53; Ulmer/*Ulmer* Rn 37, 68; Scholz/*Winter/Veil* Rn 46; Michalski/*Heyder* Rn 27.

[41] Ulmer/*Ulmer* Rn 37.

[42] OLG Oldenburg NZG 2008, 32.

[43] OLG Brandenburg GmbHR 2000, 238.

[44] *Goette* § 2 Rn 16.

[45] BGHZ 113, 335, 348f; NJW 2001, 3781; ausführl zum Ganzen mwN Ulmer/*Ulmer* Rn 52ff; *Blecker,* Die Leistung der Mindesteinlage, 1995; *Ihrig,* Die endgültige freie Verfügung über die Einlage von Kapitalgesellschaftern, 1991; *Frey,* Einlagen in Kapitalgesellschaften, 1990, 169ff; *Goette* § 2 Rn 19ff; *Mülbert* ZHR 154 (1990), 156ff, 182ff; auch Scholz/*Winter/Veil* Rn 33ff.

[46] BGH NZG 2004, 618.

[47] BGHZ 96, 231, 241f; 113, 335, 347ff; Scholz/*Winter/Veil* Rn 36; *Henze* ZHR 154 (1990), 117.

[48] BGH GmbHR 1962, 233; BayObLG 1998, 737.

[49] LG Flensburg GmbHR 1998, 739.

[50] RGZ 157, 225.

im Interesse der VorGes darüber verfügt, etwa damit GesVerbindlichkeiten begleicht.[51]

11 **Zahlung auf debitorisches Bankkonto** befreit, wenn GFührer innerhalb nicht gekündigter Kreditlinie – auch vereinbarter Überziehungskredit oder stillschweigende Gestattung[52] – **über Betrag frei verfügen können.**[53] Daran fehlt es, wenn Bank Guthaben lediglich mit Debetsaldo verrechnet,[54] auch bei jew folgender Stornierung durch Bank.[55] Befreiende Wirkung entfällt bei Kündigung der Kreditlinie auch ohne Kenntnis der Gfter.[56] Anders wenn Bank stattdessen im Hinblick auf Kapitalerhöhung anderen Kredit in Höhe des Einlagebetrags zur Verfügung stellt.[57] Weist GFührer Gfter an, auf debitorisches Konto zu leisten, so liegt darin freie Verfügung, sodass entspr Zahlung befreit.[58] – Zu Unrecht verneinen dagegen Teile der Rspr freie Verfügung, wenn der Einlagebetrag **durch GFührer** vor Anmeldung einem NichtGfter als Darlehen ausgezahlt wird[59] oder zur Anschaffung anderer Vermögensgegenstände aufgewendet wurde.[60] Dabei wird die Bedeutung der Überwindung des Vorbelastungsverbots (§ 11 Rn 59 ff) u der damit eröffneten Geschäftsaufnahme durch die Vorges unter Einsatz der ihr als Einlagen zugeflossenen Mittel verkannt u die dadurch erlangte Handlungsfreiheit der Vorges ohne entspr Bedürfnis für Gläubigerschutz systemwidrig eingeschränkt.[61] Vielmehr scheitert freie Verfügung über die Einlagemittel weder an Verwendung für **Geschäfte mit** gesellschaftsfremden **Dritten**[62] noch an dahin gehenden **Verwendungsabsprachen** mit dem Einleger.[63] – Zum gleichen Problem bei **Kapitalerhöhungen** § 57 Rn 12. Sinkt hierdurch im Gründungsstadium Wert des GesVermögens unter Stammkapital, greift Verlustdeckungs- oder Vorbelastungshaftung ein (allg dazu § 11 Rn 24 ff; 61 ff; zur Behandlung nicht ausgeglichener Vorbelastungen im Eintragungsverfahren näher § 9 c Rn 11, auch § 8 Rn 14). – Zur

---

51 BGH NJW 2001, 1647.

52 So BGH NZG 2005, 180 unter Klarstellung gegenüber der engeren Sicht in BGHZ 150, 197 = NJW 2002, 1716.

53 BGH NZG 2005, 180; 2002, 524; NJW 1991, 1294; BayObLG BB 1998, 1496; OLG Dresden GmbHR 1999, 1035; OLG Düsseldorf GmbHR 1995, 122; zur Kapitalerhöhung auch BGHZ 150, 197 = NJW 2002, 1716; NZG 2002, 636, 639; – enger aber bei Kapitalerhöhung BGHZ 158, 283 = NJW 2004, 2592. Aus der Lit Ulmer/*Ulmer* Rn 34, 59; Scholz/*Winter/Veil* Rn 37; *Lutter*/Hommelhoff/*Bayer* Rn 18; ausführl *Priester* DB 1987, 1473.

54 Ganz hM, Ulmer/*Ulmer* Rn 59.

55 OLG Hamm GmbHR 2005, 168 = NJOZ 2004, 4179.

56 *Lutter*/Hommelhoff/*Bayer* Rn 18; MünchHdbGmbH/*Gummert* § 50 Rn 71; – aA Scholz/*Schneider/Westermann* § 19 Rn 99.

57 BGHZ 150, 197, 201 = NJW 2002, 1716, 1717 betr Kapitalerhöhung.

58 OLG Oldenburg GmbHR 2008, 1270, 1271; OLG Bamberg GmbHR 2003, 717; *Lutter*/Hommelhoff/*Bayer* Rn 18.

59 BayObLG NJW 1988, 1599.

60 OLG Köln DB 1988, 955; ZIP 1989, 238, 240.

61 So auch *Lutter*/Hommelhoff/*Bayer* Rn 20; ähnlich *Roth*/Altmeppen Rn 29.

62 BGH DStR 1996, 1417; auch 119, 177, 186 ff mit zust Anm *Hüffer* ZGR 1993, 474, zur Kapitalerhöhung bei AG.

63 BGH NJW 1991, 226; 1992, 2698, 2700; DStR 1996, 1416; OLG Dresden ZIP 1999, 1885; Ulmer/*Ulmer* Rn 58; Scholz/*Winter/Veil* Rn 36; Michalski/*Heyder* Rn 48; *K. Schmidt* AG 1986, 109 ff; *Hommelhoff/Kleindiek* ZIP 1987, 477 ff; *Lutter* NJW 1989, 2659; *Raiser/Veil* § 26 Rn 41; *Goette* § 2 Rn 19.

unmittelbaren **Zahlung der Mindesteinlage an Gesellschaftsgläubiger** durch Gfter § 19 Rn 13.

V. Sacheinlagen, Abs 3

Sacheinlagen, bei UG (haftungsbeschränkt) unzulässig (§ 5 a II 2), sind bei GmbH vor Anmeldung **vollständig zu bewirken,** da besondere Gefahr unseriöser Gründungen besteht (§ 5 Rn 15). Abs 3 durch GmbH-Novelle 1980 eingefügt, entspricht aber sachlich der bereits vorher ganz hM. Erfasst sind **auch Sachübernahmen** mit Anrechnung auf die Einlage[64] (§ 5 Rn 16, 40 f) sowie Sachanteile bei Mischeinlagen (§ 5 Rn 20 aE), nicht dagegen Sachleistungen außerhalb der Festsetzungen nach § 5 (s dort Rn 17, auch § 19 Rn 29). 12

Bewirken bedeutet Vornahme des je nach Einlagegegenstand erforderlichen Erfüllungsgeschäfts (§ 5 Rn 22, Einzelfälle Rn 25 ff) unter Aussonderung des Einlagegegenstands aus dem Vermögen des Schuldners.[65] Dass Sacheinlagen **endgültig zur freien Verfügung der Geschäftsführer** stehen, ist in der Anmeldung zu versichern, § 8 II (dort Rn 13). Daher außer dinglichem Übertragungsakt auch Verschaffung der Unterlagen, die zur Ausübung von Rechten praktisch erforderlich sind, zB Kfz-Brief, Nachweisurkunden uä:[66] nur mündliche Abtretung eines Anspruchs genügt nicht. 13

Bei **Grundstücken** u dinglichen Grundstücksrechten, entspr bei anderen auf Eintragung in öffentl Register beruhenden Rechten, ist Einbringung ebenfalls stets mit abgeschlossenem Erfüllungsgeschäft, also bei Volleintragung, bewirkt. Entstehung u Wortlaut von Abs 3 lassen das als notwendige Voraussetzung erscheinen. Im Hinblick auf Verfahrensdauer, daneben aus Kostengründen, erkennt aber hM weitergehend als Einbringung auch schon an, wenn bindende Einigung u Eintragungsvoraussetzungen den Rechtserwerb sicher gewährleisten,[67] da Kapitalaufbringung bzgl Sacheinlage u Kontrolle durch RegGericht unter diesen Voraussetzungen bereits gewährleistet sind. Ausreichend, aber auch notwendig sind danach bindende Einigung, Auflassung (§§ 873 II, 925 BGB), Eintragungsbewilligung (§§ 19, 20 GBO) u rangwahrender Antrag (§§ 13, 17 GBO). Grundbuchfähigkeit der Vorges ist allg anerkannt, nach Entstehung der GmbH wird Grundbuch nur berichtigt (s § 11 Rn 14); war Grundbucheintragung noch nicht vollzogen, wird GmbH unmittelbar eingetragen. – Vormerkung ist möglich,[68] aber nur zusätzlich als Rangsicherung für Antrag, keinesfalls allein ausreichend.[69] 14

Zur Einbringung eines **Unternehmens** s § 5 Rn 30 ff. Soweit sich Grundstücke im Betriebsvermögen befinden, gilt das oben Rn 14 Gesagte. 15

---

64 Ulmer/*Ulmer* Rn 27; Scholz/*Winter*/*Veil* Rn 21; *Lutter*/Hommelhoff/*Bayer* Rn 3; *Roth*/Altmeppen Rn 42.

65 Ulmer/*Ulmer* Rn 49 f; *Boehme,* Kapitalaufbringung durch Sacheinlagen, 1999, 52 ff.

66 Vgl RG JW 1931, 2991.

67 Ulmer/*Ulmer* Rn 51; *Lutter*/Hommelhoff/*Bayer* Rn 13; *Roth*/Altmeppen Rn 39; *Priester* DNotZ 1980, 523; – abl Scholz/*Winter*/*Veil* Rn 40; Michalski/*Heyder* Rn 42; Rowedder/*Schmidt-Leithoff* Rn 36; *Kreuzer* ZIP 1980, 600; *Hüffer* ZHR 148 (1984), 76.

68 BayObLG DB 1979, 1500; OLG Hamm DB 1981, 1973.

69 Bericht des Rechtsausschusses BT-Drucks 8/3908, 71 linke Sp; Scholz/*Winter*/*Veil* Rn 40; *Roth*/Altmeppen Rn 40; *K. Schmidt* NJW 1980, 1770; – aA (auch Auflassungsvormerkung soll genügen) Ulmer/*Ulmer* Rn 51; *Lutter*/Hommelhoff/*Bayer* Rn 13.

Inhalt der Anmeldung

8 (1) **Der Anmeldung müssen beigefügt sein:**

1. **der Gesellschaftsvertrag und im Fall des § 2 Abs. 2 die Vollmachten der Vertreter, welche den Gesellschaftsvertrag unterzeichnet haben, oder eine beglaubigte Abschrift dieser Urkunden,**
2. **die Legitimation der Geschäftsführer, sofern dieselben nicht im Gesellschaftsvertrag bestellt sind,**
3. **eine von den Anmeldenden unterschriebene Liste der Gesellschafter, aus welcher Name, Vorname, Geburtsdatum und Wohnort der letzteren sowie die Nennbeträge und die laufenden Nummern der von einem jeden derselben übernommenen Geschäftsanteile ersichtlich sind,**
4. **im Fall des § 5 Abs. 4 die Verträge, die den Festsetzungen zugrunde liegen oder zu ihrer Ausführung geschlossen worden sind, und der Sachgründungsbericht,**
5. **wenn Sacheinlagen vereinbart sind, Unterlagen darüber, daß der Wert der Sacheinlagen den Nennbetrag der dafür übernommenen Geschäftsanteile erreicht.**

(2) [1] **In der Anmeldung ist die Versicherung abzugeben, daß die in § 7 Abs. 2 und 3 bezeichneten Leistungen auf die Geschäftsanteile bewirkt sind und daß der Gegenstand der Leistungen sich endgültig in der freien Verfügung der Geschäftsführer befindet.** [2] **Das Gericht kann bei erheblichen Zweifeln an der Richtigkeit der Versicherung Nachweise (unter anderem Einzahlungsbelege) verlangen.**

(3) [1] **In der Anmeldung haben die Geschäftsführer zu versichern, daß keine Umstände vorliegen, die ihrer Bestellung nach § 6 Abs. 2 Satz 2 Nr. 2 und 3 sowie Satz 3 entgegenstehen, und daß sie über ihre unbeschränkte Auskunftspflicht gegenüber dem Gericht belehrt worden sind.** [2] **Die Belehrung nach § 53 Abs. 2 des Bundeszentralregistergesetzes kann schriftlich vorgenommen werden; sie kann auch durch einen Notar oder einen im Ausland bestellten Notar, durch einen Vertreter eines vergleichbaren rechtsberatenden Berufs oder einen Konsularbeamten erfolgen.**

(4) **In der Anmeldung sind ferner anzugeben:**

1. **eine inländische Geschäftsanschrift,**
2. **Art und Umfang der Vertretungsbefugnis der Geschäftsführer.**

(5) **Für die Einreichung von Unterlagen nach diesem Gesetz gilt § 12 Abs. 2 des Handelsgesetzbuchs entsprechend.**

Übersicht

Lit: *Gustavus,* Handelsregisteranmeldungen, 7. Aufl 2009; *Krafka/Willer,* Registerrecht, 7. Aufl 2007.

I. Allgemeines

1. Bedeutung der Vorschrift, Neuregelung. § 8 ergänzt § 7 durch den notwendigen **Anmeldungsinhalt,** der Grundlage für Prüfung durch RegGericht (§ 9 c Rn 2 ff), Eintragung u Bekanntmachung (§ 10) sowie Vertragsauslegung (§ 2 Rn 31) ist. **Abs 1** konkretisiert die zur Anmeldung erforderlichen Urkunden u Unterlagen, neben GesVertrag, GFührerlegitimation u Gfterliste inbes über Wertverhältnisse bei Sachgründung. Durch MoMiG Begriff der Stammeinlage jew durch GAnteil ersetzt (dazu § 14 Rn 1) u Text entspr angepasst. Aufgehoben wurde bisheriges Erfordernis der Vorlage der Genehmigungsurkunde bei genehmigungspflichtigem Unternehmensgegenstand (bisher Nr 6). Damit sollen HR Eintragungen beschleunigt u erleichtert werden, Anreiz zu vorzeitiger Geschäftsaufnahme vermieden u bisherige Praxis der Vorbescheide entbehrlich gemacht werden.[1] **Abs 2 u 3** legen die von dem oder den GFührern abzugebenden Versicherungen fest. Neu durch MoMiG ist Abs 2 S 2, der Frage behandelt, unter welchen Voraussetzungen RegGericht über Versicherung hinaus weitere Nachweise verlangen kann. In **Abs 3,** der Versicherung über Nichtbestehen von Amtshindernissen betrifft, wurde durch MoMiG neu eingeführt, dass Belehrung nach § 53 BZRG nicht nur, wie bisher, durch einen inländischen Notar, sondern auch schriftlich, durch einen ausländischen Notar oder durch Vertreter eines rechtberatenden Berufs oder Konsularbeamten erfolgen kann. **Abs 4,** ursprgl eingefügt durch Gesetz v 15. 8. 1969 zur Durchführung der 1. Gesellschaftsrechtlichen EG-RL (Einl Rn 34 f), neu gefasst u ergänzt durch Erfordernis der Angabe einer **inländische Geschäftsanschrift** durch MoMiG. **Abs 5,** eingefügt durch EHUG,[2] verweist für Form der eingereichten Unterlagen auf § 12 II HGB, 1

[1] RegBegr BR-Drucks 354/07, 77.
[2] BGBl I 2006, 2553.

dh seit 1. 1. 2007 grds Pflicht zu elektronischer Einreichung. Neu durch MoMiG **Verweisung in § 19 V 2 auf § 8** bzgl vorabgesprochener Darlehensgewährung an Gfter, Einbringung in Cash Pool uA, die wirtschaftlich Rückzahlung der Einlage entspr (s unten Rn 13). – Bei **falschen Angaben** Haftung nach § 9 a, Strafbarkeit nach § 82 I. – Zur **entspr Anwendung** bei **wirtschaftlicher Neugründung** unten Rn 3 u § 3 Rn 13.

2 **2. Mängel des Anmeldungsinhalts. Unvollständige** oder **unrichtige Angaben** kann RegGericht nach § 26 S 2 HRV durch anfechtbare[3] Zwischenverfügung beanstanden, bei nicht behebbarem Mangel kann Rücknahme der Anmeldung nahegelegt werden,[4] sonst Ablehnung der Eintragung, § 9 c I 1. Dagegen können Berichtigung u Ergänzung der Anmeldung nicht durch Zwangsgeld erzwungen werden (§ 7 Rn 2, § 79 Rn 5). Eintragung heilt Mängel des Anmeldeverfahrens, Amtslöschung oder Amtsauflösungsverfahren nur in den Fällen der §§ 397 bzw 399 FamFG möglich. Näheres zum Eintragungsverfahren bei § 9 c, zu Verfahrensmängeln auch § 7 Rn 4, Anh § 77 Rn 19 ff.

3 **3. Anwendung bei wirtschaftlicher Neugründung.** HM befürwortet unter dem Gesichtspunkt der **wirtschaftlichen Neugründung** bei Vorratsgründung wie bei Mantelverwendung („Altmantel-Gründung") eine entspr Anwendung der Gründungsvorschriften (näher § 3 Rn 13). Das gilt auch bzgl der präventiven **Registerkontrolle,** zu deren Durchführung Aktivierung des Mantels für neuen Unternehmensgegenstand dem RegGericht offenzulegen ist.[5] Registerrechtl Prüfung erstreckt sich darauf, ob Einlageleistungen wertmäßig weiterhin bzw wieder zur freien Verfügung der GFührer stehen. Daher haben GFührer entspr **Versicherung nach § 8 II** abzugeben.[6]

II. Einzureichende Unterlagen, Abs 1

4 **1. Gesellschaftsvertrag und Vollmachten. a) Gesellschaftsvertrag,** in elektronisch beglaubigter Abschrift (Abs 5 mit §§ 12 II HGB, 39 a BeurkG), in einheitlicher vollständiger Vertragsurkunde,[7] während für §§ 2, 3, 5 getrennte Beurkundung einzelner Teile ggf genügt (§ 2 Rn 10 f, § 5 Rn 43). Aufteilung in Gründungsniederschrift (Mantelurkunde), die auch sonstige schuldrechtliche Abreden enthält (§ 2 Rn 12, § 3 Rn 53 ff), u Satzung ieS (§ 2 Rn 3, 25 u § 3 Rn 3) wird in der Praxis teilw zugelassen.[8] Doch ist, wie bei § 54 I 2 (s dort Rn 10) Zusammenfassung des ganzen korporativen GesVertragsinhalts in einheitlicher Urkunde auch bei Erstanmeldung erforderlich;[9] Folge allerdings höhere Anforderungen an die Praxis. – Für **Ände-**

---

[3] BayObLGZ 70, 245 f.

[4] OLG Hamm OLGZ 73, 267 f.

[5] BGHZ 153, 158 = NJW 2003, 892 u BGHZ 155, 318 = NZG 2003, 972 (obiter); dazu *Goette* DStR 2004, 461 ff.

[6] BGHZ 153, 158 = NJW 2003, 892; Ulmer/*Ulmer* § 3 Rn 148; *K. Schmidt* GesR § 4 III 2 d. Zur Formulierung der Erklärung vgl auch OLG Jena ZInsO 2007, 159 (Vorrats-GmbH).

[7] Ganz hM, BayObLG DB 1988, 2354; OLG Frankfurt BB 1981, 694; OLG Köln GmbHR 1973, 11; OLG Stuttgart DNotZ 1979, 359; Ulmer/*Ulmer* Rn 3; Scholz/*Winter/Veil* Rn 3; *Winkler* DNotZ 1980, 582.

[8] BayObLG DB 1978, 880; auch DB 1988, 2354.

[9] Zum bisherigen Recht hM, OLG Frankfurt BB 1981, 694; OLG Köln GmbHR 1973, 11; OLG Stuttgart DNotZ 1979, 359; Ulmer/*Ulmer* Rn 3; Scholz/*Winter/Veil*

rung des GesVertrags vor Eintragung (§ 2 Rn 13) gilt § 54 I 2 entspr.[10] Redaktionelle Zusammenstellung der geänderten Satzung obliegt GFührern, die damit auch Notar betrauen können;[11] Urkunde kann zur ursprünglichen Anmeldung nachgereicht werden.[12]

b) Gründungsvollmachten (§ 2 Rn 20 f) in elektronisch beglaubigter Abschrift; für Prokuristen genügt HRAuszug (§ 2 Rn 21 mwN). 5

2. Legitimation der Geschäftsführer als solcher, wenn nicht im GesVertrag bestellt (§ 6 Rn 28 ff). Nicht erforderlich Aufenthaltserlaubnis uä bei Ausländern, da keine Residenzpflicht[13] (str, § 6 Rn 9 mwN). GfterBeschluss oder sonstiger Bestellungsakt in elektronischer Aufzeichnung der Urschrift oder elektronisch beglaubigter Abschrift (vgl § 39 II, dort Rn 16),[14] bei zulässiger mündlicher Bestellung elektronische Aufzeichnung der schriftlichen Bestätigung der Mitglieder des Bestellungsorgans.[15] Änderungen zwischen Anmeldung u Eintragung sind nachzureichen, arg § 39.[16] 6

3. Gesellschafterliste (§ 40) mit **Angabe der Nennbeträge u der laufenden Nummern der** jeweils übernommenen **Geschäftsanteile** in elektronischer Form. Regelung über Aufführung der Nennbeträge u lfden Nrn der GAnteile wurde erforderlich, da nach MoMiG bereits bei Gründung jeder Gfter mehrere GAnteile übernehmen kann (§ 5 II 2) u aus Nennbetrag des GAnteils Einlagepflicht folgt (§ 14). Nur Nennbetrag ist anzugeben, aber für jeden GAnteil gesondert; keine Zusammenfassung der Summe der Nennbeträge für jew Gfter. Nicht in Gfterliste anzugeben, ob Sach- oder Geldeinlage vereinbart.[17] **Nummerierung** der GAnteile erforderlich, um Unklarheiten im Hinblick auf unbeschränkte Teilbarkeit zu vermeiden.[18] Zur Frage der Nummerierung bei Teilung u Zusammenlegung s § 40 Rn 13. – **Maßgebend Zeitpunkt der Anmeldung;** Änderung vor Eintragung erfordert keine Berichtigung,[19] sondern Einreichung neuer Liste nach § 40 I.[20] Allg ist Liste unverzüglich nach Veränderungen in GfterZusammensetzung zu aktualisieren, § 40 I, ferner bei Kapitalerhöhung zu ergänzen, § 57 III Nr 2. Bezeichnung der Gfter erfolgt mit Namen, Vornamen, Geburtsdatum u Wohnort, bei jurPerson mit Namen bzw Firma u Sitz, entspr bei eingetragenen Personenhandelsges mit Firma u Sitz, bei sonstigen Gesamthandsgemeinschaften (§ 1 Rn 32–37) im Hinblick auf fehlende Registerpublizität durch Angabe der einzelnen Mitglie- 7

Rn 3 f; *Roth*/Altmeppen Rn 2; MünchHdbGmbH/*Heinrich* § 8 Rn 18; – aA Michalski/*Heyder* Rn 2 f.

[10] KG DB 1997, 270; OLG Schleswig-Holstein GmbHR 1975, 183; iE auch BayObLG DB 1988, 2354; allgM, außer den zuvor Genannten *Winkler* DNotZ 1980, 591.

[11] BayObLG DB 1988, 2354.

[12] BayObLG DB 1978, 880.

[13] Ulmer/*Paefgen* § 39 Rn 34.

[14] BayObLG DB 1989, 2529; auch KGJ 35, 157 für Vorstandsänderung bei AG.

[15] AllgM, zum Ganzen Ulmer/*Ulmer* Rn 6; Scholz/*Winter*/*Veil* Rn 6.

[16] *Roth*/Altmeppen Rn 3.

[17] So zum bisherigen Recht KGJ 38, 162 f.

[18] Darüber hinaus für Nummerierung auch bereits im GesVertrag bzw Kapitalerhöhungsbeschluss *Bormann*/*Urlichs,* GmbHR Sonderheft Oktober 2008, 37, 39.

[19] Zum bisherigen Recht hM, insoweit aA *Roth*/Altmeppen Rn 4.

[20] *Wicke* Rn 4; zum bisherigen Recht Scholz/*Winter*/*Veil* Rn 8; Michalski/*Heyder* Rn 9; iE übereinstimmend auch *Roth*/Altmeppen Rn 4.

der[21] u der Zuordnungsform, zB „in Gesellschaft bürgerlichen Rechts".[22] Für GbR lässt BGH nunmehr aber auch Grundbucheintragung unter ihrer Bezeichnung zu.[23] Problem fehlender Registerpublizität dadurch aber nicht gelöst. Daher sollte an Angabe der Mitglieder festgehalten werden.[24] Beim Einzelkaufmann str, ob so wie im GesVertrag (§ 1 Rn 28) zu bezeichnen[25] oder, wohl besser, in jedem Fall mit bürgerlichem Namen u Firma als Zusatz.[26] Liste muss von den Anmeldern, dh den GFührern (§ 7 Rn 2), unterschrieben sein (§ 40 I 1). – Bei **Gründung im vereinfachten Verfahren** nach § 2 I a ersetzt Musterprotokoll Gfterliste.

8 **4. Verträge über Sacheinlagen und Sachgründungsbericht.** Bei **Sachgründung,** Sacheinlage u Sachübernahme (§ 5 Rn 16), sind die den Festsetzungen zugrunde liegenden oder zu deren Ausführung geschlossenen **Verträge** sowie der **Sachgründungsbericht,** § 5 IV 2, in elektronischer Aufzeichnung beizufügen. Abs 1 Nr 4 lehnt sich an § 37 IV Nr 2 AktG an, zusätzlicher Ausweis des im GesVertrag zu regelnden Gründungsaufwands (§ 5 Rn 57) aber nicht erforderlich, da insoweit dem AktG entspr Vorschrift fehlt, jedoch kann RegGericht für Prüfung nach § 9 c ggf entspr Nachweise verlangen.[27] Einreichung elektronischer Aufzeichnung von Verträgen nur, soweit mindestens in Schriftform verfügbar, andernfalls aber Angabe, dass diese fehlt.[28] Einreichung des Sachgründungsberichts besonders wichtig für Prüfung des RegGerichts nach § 9 c I 2 (s dort Rn 7); Einzelheiten zum Sachgründungsbericht bei § 5 Rn 54 ff.

9 **5. Unterlagen über den Wert der Sacheinlagen.** Ergänzend zum Sachgründungsbericht sind der Anmeldung Unterlagen über den Wert der Sacheinlagen in Form elektronischer Aufzeichnung (§ 12 II HGB) beizufügen, da keine gesonderte Gründungsprüfung, sondern nur Prüfung durch RegGericht im Rahmen des § 9 c stattfindet. Art des Nachweises jew vom Gegenstand der Sacheinlage abhängig. In Betracht kommen elektronische Aufzeichnungen von Kurszetteln, Preislisten, Tarife, Rechnungen udgl, vor allem auch von Sachverständigengutachten;[29] (allg auch § 9 c Rn 2, 7). Bei Einbringung eines Unternehmens zweckmäßig, in schwierigen Fällen unerlässlich Einbringungsbilanz,[30] regelmäßig dabei aber Stichtagsproblem (§ 5 Rn 31, 34; § 9 Rn 4; § 9 c Rn 10). In einfacheren Fällen genügt auch Vorlage GuV der

---

21 OLG Hamm DB 1996, 321; Ulmer/*Ulmer* Rn 7; Scholz/*Winter/Veil* Rn 7; Michalski/*Heyder* Rn 10; *Wicke* Rn 4; – abw *Roth*/Altmeppen Rn 4 für GbR, was aber fehlende Registerpublizität verkennt.

22 *K. Schmidt* BB 1983, 1700.

23 BGH NJW 2009, 594 (V. Senat). Vgl nunmehr auch geplanten § 899 a BGB, BT-Drucks 16/12319.

24 Vgl BGHZ 148, 291 = NJW 2001, 3121.

25 Scholz/*Winter/Veil* Rn 7; Rowedder/*Schmidt-Leithoff* Rn 5; Michalski/*Heyder* Rn 10.

26 Ulmer/*Ulmer* Rn 7 unter Berufung auf OLG Dresden KGJ 49, 272: durch HRAuszug nachgewiesener bürgerlicher Name; als Zusatz befürwortend auch Michalski/*Heyder* Rn 10.

27 Scholz/*Winter/Veil* Rn 11; Michalski/*Heyder* Rn 13.

28 Ganz hM, Ulmer/*Ulmer* Rn 10; Scholz/*Winter/Veil* Rn 10; Michalski/*Heyder* Rn 12; *Priester* DNotZ 1980, 521.

29 Dazu BayObLG NJW 1995, 1971, Grundstückseinbringung.

30 Strenger hM: immer erforderlich, *Priester* BB 1980, 21; Ulmer/*Ulmer* Rn 12; Scholz/*Winter/Veil* Rn 13; *Lutter*/Hommelhoff/*Bayer* Rn 6; – vgl auch OLG Düsseldorf WM 1995, 1840 zur Frage der Erforderlichkeit eines WP-Testats.

beiden letzten Geschäftsjahre, Bilanz u Wertgutachten eines Wirtschaftsprüfers auf der Grdl eines anerkannten Verfahrens.[31] Falsche Angaben sind zu berichtigen (allgM); zur Frage der Berichtigungspflicht bei Änderung der Verhältnisse nach Anmeldung unten Rn 14 u § 9 a Rn 12.

6. Sonstige Anlagen. Als sonstige Anlagen sind der Anmeldung in elektronischer Form beizufügen: Falls die Ges bereits einen **Aufsichtsrat** gebildet hat, elektronische Aufzeichnung der **Urkunde über** dessen **Bestellung,** § 52 II iVm § 37 IV Nr 3 u § 40 I Nr 4 AktG mit Angabe von Namen, Beruf u Wohnort der Mitglieder.[32] Maßgebend GesVertrag; obligatorischer Aufsichtsrat nach den verschiedenen Mitbestimmungsvorschriften kommt nicht in Betracht, da vor Eintragung Rechtsformerfordernis fehlt (dazu § 6 Rn 34 f). – **Nicht mehr erforderlich Vorlage einer Genehmigungsurkunde.** Abs 1 Nr 6 aF wegen der damit verbundenen prakt Schwierigkeiten aufgehoben, um Eintragungsverfahren zu beschleunigen (oben Rn 1). Damit entfällt auch Grundlage für Einholung eines Negativbescheids. Bisher teilweise übliche Einholung einer Stellungnahme der IHK daher allenfalls noch unter Firmierungsgesichtspunkten relevant, um Eintragung zu erleichtern. 10

III. Abzugebende Versicherungen, Abs 2 und 3

Lit: *Cahn,* Kapitalaufbringung im Cash Pool, ZHR 166 (2002), 278; *Ihrig,* Die endgültig freie Verfügung über die Einlage von Kapitalgesellschaften, 1991; *Roth,* Die wertgleiche Deckung als Eintragungsvoraussetzung, ZHR 167 (2003), 89; *ders,* Die freie Verfügung über die Einlage, FS Semler, 1993, 299; *K. Schmidt,* Barkapitalaufbringung und „freie Verfügung" bei der Aktiengesellschaft und der GmbH, AG 1986, 106; *Servatius,* Die besondere Zweckbindung des Stammkapitals bei Drittgeschäften mit Gesellschaftern, DStR 2004, 1176.

1. Allgemeines. Versicherung aller Anmelder, dh aller GFührer einschl Stellvertreter (§ 7 Rn 2). Alle Angaben wegen § 82 nur durch GFührer **persönlich**[33] (s § 7 Rn 3 mwN). Für Abs 3 ergibt sich das aus der Art der Erklärung (Selbstauskunft), bei Abs 2 spricht die zivil- u strafrechtliche Sanktion dafür, §§ 9 a, 82 I. – Das Wort „Versicherung" muss nicht enthalten sein.[34] Erklärung in der Anmeldung oder gesondert in öffentl beglaubigter Form. – Bei GFührerwechsel vor Eintragung (oben Rn 5) hat der neue GFührer die Versicherung nach Abs 3 abzugeben, arg § 39 III; auch die nach Abs 2, wenn er Anmeldung ergänzt u daher als Anmelder verpflichtet ist;[35] – zu nachträglicher Berichtigung oder Ergänzung unten Rn 14. 11

2. Inhalt nach Abs 2. a) Bewirkung der Leistungen und Sicherung gem § 7 II, III. Erforderlicher Inhalt nach Abs 2 sind konkrete Tatsachen, insbes zahlenmäßige **Angaben über Mindesteinzahlungen,** welcher Gfter was geleistet hat. Versicherung, auf jede GAnteil sei „der gesetzliche Anteil" 12

---

[31] LG Freiburg BeckRS 2009, 06213.

[32] Ulmer/*Ulmer* Rn 22; Scholz/*Winter/Veil* Rn 18.

[33] Ulmer/*Ulmer* Rn 25; Scholz/*Winter/Veil* Rn 22; Michalski/*Heyder* Rn 23; *Lutter*/Hommelhoff/*Bayer* Rn 10; *Roth*/Altmeppen Rn 18.

[34] Ulmer/*Ulmer* Rn 27; Scholz/*Winter/Veil* Rn 20; *Lutter*/Hommelhoff/*Bayer* Rn 9.

[35] KG NJW 1972, 951; Ulmer/*Ulmer* Rn 26; Scholz/*Winter/Veil* Rn 22; *Lutter*/Hommelhoff/*Bayer* Rn 10; *Roth*/Altmeppen Rn 19; weitergehend Rowedder/*Schmidt-Leithoff* Rn 16: erneute Versicherung nach Abs 2 in jedem Fall des GFührerwechsels vor Eintragung.

oder „ein Viertel" geleistet, genügt nicht.[36] Nur bei Volleinzahlung genügt eindeutiger entspr Hinweis.[37] Übernimmt Gfter mehrere GAnteile, ist für jeden GAnteil gesondert Einlageleistung zu beziffern.[38] Dagegen sind durch Gesetz wegen zivil- u strafrechtlicher Sanktion formalisierte Angaben nicht verzichtbar, wenn bloß beim RegGericht offenkundig oder anderweitig nachgewiesen.[39] Bei **UG (haftungsbeschränkt)** ist **Volleinzahlung** zu versichern (vgl § 5 II). **Maßgebender Zeitpunkt** für Richtigkeit ist Eingang der Erklärung beim RegGericht.[40] – Bei **Sacheinlagen** Versicherung der Übereinstimmung mit Festsetzungen im GesVertrag u der wirksamen Erfüllung, bei Sachübernahme auch bzgl Durchführung u Höhe der Verrechnung; im Übrigen wird vielfach Bezugnahme auf andere Anmeldungsunterlagen, insbes Sachgründungsbericht genügen.[41] – Versicherung ist in **elektronisch beglaubigter Form** im Rahmen der Anmeldung oder einer selbständigen Erklärung einzureichen.[42]

13 **b) Endgültige freie Verfügung der Geschäftsführer.** Weiter ist zu versichern, dass sämtliche Leistungen **zur freien Verfügung der Geschäftsführer** stehen. Allg zu den Voraussetzungen für Bareinzahlungen § 7 Rn 8 f mwN, ferner für Sacheinlagen § 7 Rn 13 f. Bedeutung der Versicherung in erster Linie, dass keine Beschränkungen oder Vorbehalte der Einleger bestehen, Einlagen also tatsächlich u rechtlich endgültig in das GesVermögen übergegangen u dort zumindest ihrem Wert nach uneingeschränkt, jedoch nicht notwendig gegenständlich unverändert, noch vorhanden sind, wertgleiche Deckung (str).[43] Dies gilt nur eingeschränkt bei Kapitalerhöhung (dazu § 57 Rn 11 ff), bei der im Hinblick auf bereits erfolgte Eintragung nur zu versichern ist, dass Einlage nach dem Kapitalerhöhungsbeschluss zur freien Verfügung der GFührer gelangt u auch in der Folge nicht an Einleger zurückgezahlt wurde.[44] – Ist Einlage auf Grund Vorabsprache wirtschaftlich gesehen im Wege einer **verdeckten Sacheinlage** an Gfter zurückgeflossen oder soll dies im Zusammenhang mit der Gründung erfolgen, dann fehlt es an freier Verfügung u damit wirksamer Einlageleistung (§ 19 IV 1), sodass Erklärung über freie Verfügbarkeit nicht abgegeben werden darf bzw bei Offenlegung RegGericht Eintragung ablehnt. Anders nach § 19 V 1 außerhalb verdeckter Sacheinlage, wenn etwa Einlage im Rahmen eines **Darlehens oder Cash Pools** wirtschaftlich an Gfter zurückgeflossen ist oder alsbald zurückfließen

---

36 BayObLG DB 1980, 438 u 439; OLG Hamm DB 1982, 945; OLG Celle GmbHR 1986, 309; KGJ 38, 161; allgM, Ulmer/*Ulmer* Rn 29; Scholz/*Winter/Veil* Rn 23; Michalski/*Heyder* Rn 27; zur Praxis der RegGerichte *Gustavus* GmbHR 1988, 47.

37 OLG Frankfurt BB 1992, 1160; OLG Düsseldorf DNotZ 1986, 180.

38 *Wicke* Rn 9.

39 Ebenso MünchHdbGmbH/*Heinrich* § 8 Rn 14; – aA OLG Düsseldorf DNotZ 1986, 179; *Lutter*/Hommelhoff/*Bayer* Rn 11; Michalski/*Heyder* Rn 28.

40 BayObLG GmbHR 1992, 109, 110; LG Gießen GmbHR 2003, 543 mit zust Anm *Bärwaldt* GmbHR 2003, 524; Michalski/*Heyder* Rn 25; Scholz/*Winter/Veil* Rn 21; *Roth*/Altmeppen Rn 20.

41 Ulmer/*Ulmer* Rn 30; Scholz/*Winter/Veil* Rn 23.

42 *Wicke* Rn 8.

43 BGHZ 119, 177, 186 ff, insoweit für Gründung nicht durch BGH NZG 2005, 180, 181; NJW 2002, 1716, 1717 überholt, ausführl *Roth* ZHR 167 (2003), 89 ff; Ulmer/*Ulmer* § 7 Rn 55; Scholz/*Winter/Veil* Rn 24; *Roth*/Altmeppen Rn 28; *Wicke* Rn 10. – AA, Frage der Vorbelastungen, *Lutter*/Hommelhoff/*Bayer* Rn 11 u § 7 Rn 20.

44 BGHZ 150, 197, 199 = NJW 2002, 1716, 1717.

soll. In diesem Fall kann Einlage wirksam sein. Damit RegGericht prüfen kann, ist gem § 19 V 2 **Leistung** bzw entsprechende Vereinbarung **in der Anmeldung** nach § 8 **offenzulegen.** – **Form** s Rn 12.

c) Angabe von Vorbelastungen. Nach allgM sind in Versicherung auch **Angaben** darüber aufzunehmen, inwieweit **Anfangskapital** durch Verbindlichkeiten **vorbelastet** ist.[45] Minderung bzw Belastung durch **gründungsbedingte Gebühren u Steuern** (nicht Gründerlohn) unschädlich, sofern im GesVertrag als Gründungsaufwand festgesetzt (§ 5 Rn 57); insoweit Aufnahme in Versicherung nicht notwendig,[46] doch zweckmäßig mit Verweisung auf GesVertrag. Im Übrigen sind alle im **Zeitpunkt der Anmeldung** bestehenden, nichtausgeglichenen Minderungen oder Belastungen des Anfangskapitals anzugeben. Berechnung § 11 Rn 64. Bereits im Zeitpunkt der Anmeldung unrichtige Angaben sind zu berichtigen. – **Nach Anmeldung** entstandene Veränderungen machen Versicherung nicht unrichtig, daher auch keine automatische Nachmeldepflicht der GFührer.[47] Eine solche wäre auch nicht praktikabel, da sich die Vermögenslage der Vorges laufend ändern kann u daher ständig neue Versicherungen abzugeben wären. Möglich ist Anforderung einer ergänzenden Versicherung über das zZt vorhandene Eigenkapital durch RegGericht bei längerer Dauer des Eintragungsverfahrens.[48] – Zur Frage, inwieweit nicht ausgeglichene Vorbelastungen **Eintragungshindernis** darstellen s § 9 c Rn 11 f. – **Form** s Rn 12. 14

d) Nachweise (Einzahlungsbelege uä) grds nicht erforderlich,[49] können aber im Rahmen der Prüfung nach § 9 c bei **erheblichen Zweifeln** an der Richtigkeit der Versicherung vom RegGericht angefordert werden (Abs 2 S 2). Gesetz nennt als Beispiel Einzahlungsbelege. Auch nach bisherigem Recht waren Nachweise idR nicht erforderlich, konnten aber bereits bei begründeten Zweifeln verlangt werden (§ 26 FamFG).[50] Mit der Beschränkung auf erhebliche Zweifel in Abs 2 will GesGeb routinemäßiger Nachweisforderung entgegentreten, zumal Einzahlung auf verschiedene Weise erfolgen kann, sodass Einzahlungsbeleg nicht in jedem Fall sachgerecht ist.[51] – Zweifelhaft ist, ob Abs 2 S 2 auch für die Angaben nach § 19 V 2 gilt. Das wird teilweise bestr u Vorlage eines Sachverständigengutachtens verlangt,[52] was dann jedoch entgegen der Gesamttendenz des Gesetzgebers zur Vereinfachung wiederum zu einer detaillierten Untersuchung durch das RegGericht führen müsste. Umstr ist im 15

[45] BGHZ 80, 129, 143, auch 184 f; ebenso BayObLG DB 1991, 2536; KG DB 1997, 270; Ulmer/*Ulmer* Rn 31; Scholz/*Winter/Veil* Rn 24; Rowedder/*Schmidt-Leithoff* Rn 20; Michalski/*Heyder* Rn 30; *Lutter*/Hommelhoff/*Bayer* Rn 12; *Roth*/Altmeppen Rn 15.

[46] LG Frankfurt DNotZ 1986, 59; Scholz/*Winter/Veil* Rn 24; Michalski/*Heyder* Rn 30; *Roth*/Altmeppen Rn 24; *Wicke* Rn 10, str.

[47] Str, wie hier Ulmer/*Ulmer* Rn 32; *Lutter*/Hommelhoff/*Bayer* Rn 6, 12; Michalski/*Heyder* Rn 34; MünchHdbGmbH/*Heinrich* § 8 Rn 11; *Jäger* MDR 1995, 1185 f; – abw *Roth*/Altmeppen Rn 21, 28; *Lieb* FS Zöllner, 1998, 360 f.

[48] OLG Düsseldorf BB 1998, 1497; *Jäger* MDR 1995, 1185.

[49] BayObLG DB 1993, 2524; LG Erfurt GmbHR 1995, 454.

[50] BGHZ 113, 335, 352; BayObLG DB 1993, 2524; auch BB 1988, 716 für Kapitalerhöhung; OLG Düsseldorf BB 1998, 1497; ZIP 1996, 1705; OLG Frankfurt BB 1992, 1160; allgM, Ulmer/*Ulmer* Rn 28; Scholz/*Winter/Veil* Rn 23; *K. Schmidt* NJW 1980, 1770.

[51] RegBegr BR-Drucks 354/07, 79.

[52] *Wicke* Rn 35; *ders* NotBZ 2009, 1, 3; *Katschinski/Rawert* ZIP 2008, 1993, 2000; *Heckschen* DStR 2009, 166, 173.

Hinblick auf § 37 I 4 AktG Bedeutung einer (für GmbH idR nicht mehr erforderlichen) Bankbestätigung. Wird sie vorgelegt, muss sie zutreffen. Bzgl Bedeutung ist zu differenzieren: **Bankbestätigung der Gutschrift** auf Konto der Ges belegt Zahlung, beinhaltet aber nicht ohne weiteres weitergehend Bestätigung der freien Verfügung.[53] Daher auch keine Haftung der Bank für Unrichtigkeit analog § 37 I 4 AktG, wenn Einzahlungsbetrag mit Sollsaldo verrechnet wird.[54] Bestätigt Bank zB auf Anforderung des RegGerichts auch freie Verfügbarkeit, haftet Bank bei Unrichtigkeit entspr § 37 I 4 AktG auf Schadenersatz.[55] Problematisch ist dies allerdings, wenn GFührer über gutgeschriebene Mittel ganz oder teilweise verfügt haben. Dann kann Bank lediglich bestätigen, dass sich Mittel bis zum jeweils zu bezeichnenden Verfügungszeitpunkt zur freien Verfügung der GFührer auf dem Konto befunden haben, deren Sache es dann ist, erforderlichenfalls wertgleiche Deckung nachzuweisen.[56] Entspr gilt bei Verwendung für festgesetzten Gründungsaufwand.

16 **3. Amtsfähigkeit, erfolgte Belehrung, Abs 3.** Abs 3 verlangt die Versicherung der GFührer, jedes einzelnen für seine Person, dass **keine Bestellungshindernisse gemäß § 6 II 2 Nr 2, 3 u S 3** (dazu § 6 Rn 12 f) vorliegen; davon nicht erfasst sind die persönlichen Bestellungsvoraussetzungen nach § 6 II, 1 u 2 Nr 1 (dort Rn 9). Die gesetzlichen Hindernisse sind unter Berücksichtigung des Unternehmensgegenstands einzeln aufzuführen u zu verneinen.[57] Berufsverbot uä offenzulegen, wenn auch nur im weitesten Sinn auf Unternehmensgegenstand bezogen, da Prüfung, ob Bestellungshindernis gegeben, dem RegGericht obliegt.[58] Pauschale Versicherung, Tätigkeit auf dem Gebiet der Ges sei nicht untersagt, genügt nicht.[59] RegGericht kann unbeschränkte Auskunft verlangen, § 41 I Nr 1 BZRG, dh Führungszeugnis genügt nicht; jedoch nur nach entspr Belehrung (§ 53 II BZRG). Versicherung muss daher **erfolgte Belehrung** umfassen. Diese kann, wie schon bisher, auch schriftlich erfolgen, insbes durch RegGericht, aber auch zB durch deutschen oder ausländischen Notar gegenüber GFührer im Ausland. Durch MoMiG wurde in Abs 3 S 2 HS 2 bisher sehr streitige Frage der Wirksamkeit der Belehrung durch ausländischen Notar im Sinne der Zulässigkeit geklärt u um Vertreter eines vergleichbaren rechtsberatenden Berufs erweitert; das erleichtert nicht nur Abgrenzung hinsichtlich des Begriffs des ausländischen Notars, sondern erstreckt nach RegBegr Belehrungsmöglichkeit generell auch auf Rechtsanwälte.[60] Belehrung kann ferner durch Konsularbeamten erfolgen. RegGericht kann Auskunft aus dem Bundeszentralregister einholen, was durch Abs 3 aber zur Erleichterung u Beschleunigung des Eintragungsverfahrens vermieden werden soll, daher nur in einzelnen Zweifelsfällen praktisch.[61]

---

53 BGH NJW 1997, 945; *Spindler* ZGR 1997, 543 f.

54 BGH NJW 1997, 945 gegen OLG Stuttgart ZIP 1995, 1595.

55 BGHZ 113, 335, 346 ff; zum Anspruchsinhalt auch BGHZ 119, 177 = NJW 1992, 3300 für AG; zur Bestätigung von Geldeingängen aus nicht genannter Quelle BGH NZG 2008, 304 Rn 22 f; ferner OLG München BB 1990, 1151.

56 So für AG MünchKommAktG/*Pentz* § 37 Rn 38.

57 BayObLG DB 1982, 273; 1983, 2408; NZG 2009, 717 (betr Liquidator); hM, einschr OLG Thüringen GmbHR 1995, 453.

58 BayObLG DB 1982, 273; OLG Düsseldorf DB 1992, 1469: auch für Anmeldung inländischer Zweigniederlassung einer ausländischen GmbH.

59 OLG München DB 2009, 1180; OLG Düsseldorf DB 1996, 2381.

60 BegrRegE S 80.

61 BayObLG DB 1982, 273.

Darüber hinaus hat GFührer zu tilgende oder getilgte Eintragungen (§§ 45 ff BZRG) anzugeben, falls die Fünfjahresfrist nach § 6 II 2 Nr 3 noch nicht abgelaufen ist, da insoweit Bestellungshindernis besteht.[62] – Nach Anmeldung auftretende Bestellungshindernisse sind nach § 39 I anmeldepflichtig.[63]

IV. Inländische Geschäftsanschrift und Angabe der Vertretungsbefugnis, Abs 4

Lit: *Steffek,* Zustellungen und Zugang von Willenserklärungen nach dem Regierungsentwurf zum MoMiG – Inhalt und Bedeutung der Änderungen für GmbHs, AGs und ausländische Kapitalgesellschaften, BB 2007, 2077; *Wicke,* Pflicht zur Anmeldung einer inländischen Geschäftsanschrift nach der Übergangsvorschrift des § 3 I EGGmbHG, NZG 2009, 296.

Nr 1 eingefügt durch MoMiG. Angabe der inländischen **Geschäftsanschrift** soll künftig Zustellungsprobleme vermeiden, die bisher zu Lasten der Gläubiger bestehen konnten. Aufnahme in das elektronisch abzufragende HR (§ 10 I 1) soll einfache Ermittlung einer Adresse ermöglichen, unter den an Vertreter der GmbH zugestellt werden kann. Wichtig auch im Hinblick auf nunmehr möglichen Verwaltungssitz im Ausland (dazu § 4 a Rn 5). Geschäftsanschrift wird bei Ges mit Verwaltungssitz im Inland idR mit diesem oder des maßgeblichen Betriebs übereinstimmen, was jedoch, ebenso wie infolge Aufhebung von § 4 a II aF bzgl Satzungssitz, nicht mehr notwendig ist. Geschäftsanschrift ist im Inland grds frei wählbar, womit Ges sicherstellen kann, dass dort auch tats zugestellt werden kann u es nicht zu ansonsten mögl öffentl Zustellung kommt. Bei Ges mit Verwaltungssitz im Ausland kommt als Geschäftsanschrift zB inländische Wohnanschrift eines GFühreres, eines Gfters oder inländische Anschrift eines als Zustellungsbevollmächtigten eingesetzten Vertreters in Betracht, etwa Gfter, Rechtsanwalt, Steuerberater udgl.[64] Anzugeben sind Straße, Hausnummer, Ort u Postleitzahl.[65] Rechtsfolge § 35 II 3. Ist Zustellung unter eingetragener Geschäftsanschrift nicht möglich u ist auch keine andere empfangsberechtigte Person eingetragen (§ 10 II), kann, soweit keine andere Anschrift bekannt ist, nunmehr öffentl zugestellt werden (§§ 185 II ZPO, 15 a HGB). **Änderungen** nach Anmeldung sind gem § 31 I HGB nF durch GFührer anzumelden. Erzwingbarkeit §§ 14 HGB, 388 ff FamFG.[66] 17

Übergangsregelung für bestehende Gesellschaften. Pflicht aus Abs 4 Nr 1, inländische Geschäftsanschrift anzumelden, gilt für Gründung ab Inkrafttreten des MoMiG (1. 11. 2008). Übergangsvorschrift in § 3 I EGGmbHG für Ges, die bei Inkrafttreten bereits eingetragen sind (Altgesellschaften). Für diese besteht Pflicht, inländische Geschäftsanschrift anzumelden nur, soweit nicht Geschäftsanschrift (Lage der Geschäftsräume) RegGericht bereits nach § 24 II HRV mitgeteilt wurde, vollständig u richtig ist oder wenn sie sich geändert hat.[67] 18

---

[62] Hachenburg/*Kohlmann* § 82 Rn 95; Michalski/*Heyder* Rn 36.

[63] Ulmer/*Ulmer* Rn 35; Michalski/*Heyder* Rn 38; mit abw Begr auch *Roth*/Altmeppen Rn 21.

[64] BegrRegE S 81.

[65] *Gehrlein* Der Konzern 2007, 771, 777; *Steffek* BB 2007, 2077. Zur Angabe c/o OLG Naumburg BeckRS 2009, 12918.

[66] *Steffek* BB 2007, 2077, 2078.

[67] OLG München NZG 2009, 304; *Wicke* NZG 2009, 296; – aA für weitergehende Anmeldepflicht *Bunnemann*/Zirngibl § 3 Rn 119.

Soweit danach Anmeldepflicht besteht, ist diese mit erster aus sonstigen Gründen erforderlichen Anmeldung nach Inkrafttreten des MoMiG zu erfüllen, unabhängig davon spätestens jedoch bis 31. 10. 2009. Wird RegGericht bis 31. 10. 2009 keine andere Geschäftsanschrift mitgeteilt, trägt es die ihm nach § 24 II HRV bekannte Geschäftsanschrift in das HR ein. Diese gilt dann unabhängig davon, wann tats Eintragung erfolgt, ab 31. 10. 2009 als Geschäftsanschrift iS von Abs 4 u § 185 II ZPO, wenn sie bereits vor Eintragung gem. § 9 HGB abrufbar ist, sonst ab Eintragung. Will Ges andere Geschäftsanschrift als diejenige, welche im Rahmen von § 24 II HRV angemeldet wurde, als Geschäftsanschrift eintragen lassen, hat sie dafür bis 31. 10. 2009 Zeit, da erst ab diesem Zeitpunkt Wirkungen von Abs 4 u § 185 II ZPO eintreten.

19 Nr 2, eingefügt durch Gesetz v 15. 8. 1969 zur Durchführung der 1. Gesellschaftsrechtlichen EG-RL (Einl Rn 34) durch MoMiG ohne sachliche Änderung umformuliert. **Vertretungsbefugnis** (Einzelheiten bei § 35 Rn 103, 106 ff) ist nach § 10 I 2 eintragungspflichtig, daher entspr Angabe in der Anmeldung erforderlich. Sie muss **ausdrücklich, vollständig und generell formuliert** sein, auch soweit aus dem Gesetz ableitbar, zB dass, wenn nach der Satzung einer oder mehrere GFührer bestellt werden können, bei Bestellung nur eines GFührers dieser alleinvertretungsberechtigt ist;[68] ebenso Vertretungsmacht mehrerer GFührer (Liquidatoren), auch wenn zunächst nur ein GFührer (Liquidator) bestellt wird.[69] Alleinvertretungsbefugnis mehrerer GFührer ist ohne weiteres iSv Einzelvertretungsbefugnis zu verstehen, daher Wortwahl nicht zu beanstanden.[70] Ermächtigung einzelner Gesamtvertreter durch diese ist nicht anzugeben.[71] – Auch **Befreiung vom Verbot des Selbstkontrahierens** (dazu § 35 Rn 132 ff, 140) ist eintragungspflichtig, daher in der Anmeldung anzugeben;[72] gilt auch für Gründung unter Verwendung eines Musterprotokolls[73] u für eingeschränkte Befreiung, sofern nicht nur auf Einzelvorgang beschränkt.[74] Umfang der Befreiung ist zu präzisieren. Nicht eintragungsfähig aber Befreiung unter der Voraussetzung, dass GFührer Alleingfter ist, da das aus dem HR nicht hervorgeht;[75] auch nicht bloße Ermächtigung der GfterVersammlung, von den Beschränkungen des § 181 BGB zu befreien, wenn davon kein Gebrauch gemacht ist;[76] – entspr bzgl bloßer Ermächtigung zur Erteilung von Einzelvertretungsmacht.[77] – Besondere Regelung hinsichtlich einzelner GFührer ist zusätzlich anzugeben,[78] genügt aber allein nicht.[79]

---

68 EuGH Rechtssache 32/74, BB 1974, 1500; BGHZ 63, 261 = NJW 1975, 213; BayObLG DB 1997, 1272; OLG Frankfurt DB 1993, 2478; heute allgM.

69 BGH DStR 2007, 2125; NZG 2007, 595.

70 Str, wie hier OLG Frankfurt DB 1993, 2174 aE obiter; Michalski/*Heyder* Rn 40; offen *Lutter*/Hommelhoff/*Bayer* Rn 15. – Abw (unnötig eng) OLG Zweibrücken DB 1992, 2337; ebenso OLG Naumburg DB 1993, 2277.

71 HM, Michalski/*Lenz* § 35 Rn 64; Roth/*Altmeppen* § 35 Rn 51; *Koller*/Roth/Morck § 106 Rn 2; – abw *Servatius* NZG 2002, 456, 458.

72 BGHZ 87, 59; BayObLG DB 1984, 1517; OLG Frankfurt GmbHR 1997, 349.

73 OLG Stuttgart ZIP 2009, 1011.

74 OLG Düsseldorf DB 1994, 1922; Ulmer/*Ulmer* § 10 Rn 14.

75 BGHZ 87, 59.

76 OLG Hamm DB 1996, 2272; BayObLG BB 1982, 577; OLG Frankfurt BB 1984, 238; DB 1993, 2174; OLG Karlsruhe BB 1984, 238.

77 OLG Hamm GmbHR 1993, 500.

78 BayObLGZ 1974, 55; OLG Hamm NJW 1972, 1763.

79 Dazu auch OLG Frankfurt GmbHR 1988, 65.

V. Sonstige fakultative Angaben

§ 10 II 2 nF lässt fakultativ Anmeldung einer Person, die für Willenserklärungen und Zustellungen an die Gesellschaft empfangsberechtigt ist, mit einer inländischen Anschrift zum HR zu. Diese fakultative Anmeldung einer empfangsberechtigten Person ist nicht zu verwechseln mit der obligatorischen Anmeldung einer Geschäftsanschrift nach Abs 4 Nr 1. Zusätzliche Anmeldung einer empfangsberechtigten Person soll Risiko öffentl Zustellung nach § 185 Nr 2 ZPO nF reduzieren für den Fall, dass unter Geschäftsanschrift Zustellung nicht möglich ist. Näheres § 10 Rn 4. 20

VI. Einreichung in elektronischer Form, Abs 5

Bisheriges Erfordernis einer Zeichnung der Unterschriften durch MoMiG aufgehoben, da bei elektronischer Einreichung Fälschungssicherheit nicht mit zumutbarem Aufwand gesichert werden kann.[80] An die Stelle ist Abs 5 nF getreten mit Bezugnahme für Einreichung von Unterlagen auf § 12 II HGB. Diese hat seit 1. 1. 2007 grds elektronisch in der dort geforderten Form zu erfolgen. Landesregierungen können durch Rechtsverordnung auch noch Einreichung in Papierform bis 31. 12. 2009 zulassen (Art 61 I EGHGB). Zu Einzelheiten siehe Kommentare zum HGB.[81] Informationen zum elektronischen Rechtsverkehr auch im Justizportal des Bundes und der Länder unter www.justiz.de. 21

Überbewertung der Sacheinlagen

9 (1) [1] **Erreicht der Wert einer Sacheinlage im Zeitpunkt der Anmeldung der Gesellschaft zur Eintragung in das Handelsregister nicht den Nennbetrag des dafür übernommenen Geschäftsanteils, hat der Gesellschafter in Höhe des Fehlbetrags eine Einlage in Geld zu leisten.** [2] **Sonstige Ansprüche bleiben unberührt.**

(2) **Der Anspruch der Gesellschaft nach Absatz 1 Satz 1 verjährt in zehn Jahren seit der Eintragung der Gesellschaft in das Handelsregister.**

Übersicht

[80] RegBegr EHUG BT-Drucks 16/960, 47 zu § 14 HGB.
[81] Zum Verfahren u zur notariellen Praxis auch *Wicke* § 9 c Rn 2.

Lit: *Gienow,* Zur Differenzhaftung nach § 9 GmbHG, FS Semler, 1993, 165; *K. Schmidt,* Die Differenzhaftung des Sacheinlegers, GmbHR 1978, 5; *Trölitzsch,* Differenzhaftung für Sacheinlagen in Kapitalgesellschaften, 1998; *Urban,* Die Differenzhaftung des GmbH-Gesellschafters im Zusammenhang mit der Überbewertung von Sacheinlagen, FS Sandrock, 1995, 305.

I. Allgemeines, Neuregelung, Anwendbarkeit

1 § 9, angepasst an geänderten Sprachgebrauch des MoMiG bzgl des Verhältnisses von Einlage u GAnteil, dient der **Sicherung der** realen **Aufbringung des Stammkapitals** u ist daher **zwingend.** – **Abs 1 S 1** normiert **Differenzhaftung,**[1] wenn Sacheinlagen den Nennbetrag bzw die Nennbeträge des oder der dafür übernommenen GAnteils/GAnteile nicht erreichen, u klärt den **Bewertungsstichtag. S 2,** eingefügt durch MoMiG, stellt klar, dass **andere Ansprüche,** etwa wegen eines nicht oder nicht vollständig gedeckten Agio,[2] dadurch nicht ausgeschlossen sind. **Abs 2,** ebenfalls angepasst durch MoMiG, betrifft **Verjährung** der Differenzhaftung u stellt klar, dass dafür geltende Frist nicht auch für in Abs 1 S 2 erwähnte Ansprüche gilt.

Anwendbar auch bei Kapitalerhöhung mit Sacheinlagen, § 56 II (dort Rn 18), sowie bei Umwandlung in GmbH, bei Neugründung einer GmbH im Rahmen von Verschmelzung oder Spaltung u bei Kapitalerhöhung zu deren Durchführung,[3] nicht jedoch auf Kapitalerhöhung im Rahmen einer Verschmelzung.[4] Bei **Umwandlung ehemals volkseigener Betriebe** nach § 11 TreuhG sind Vorschriften über Vermögensausgleich u Eigenkapitalsicherung in §§ 24–26 DMBilG vorrangig, die Sachgründungsvorschriften des GmbHG unanwendbar;[5] anders aber bei Umwandlung nach UntG DDR.[6]

II. Überbewertung der Sacheinlage

2 **1. Sacheinlage** ist auch **Sachübernahme** (§ 5 Rn 16 mwN) u **Sachanteil bei kombinierter** (Sach- u Geld-) **Einlage** (§ 5 Rn 14, 20 aE). Sacheinlagevereinbarung muss wirksam sein, andernfalls Geldeinlagepflicht hinsichtlich des gesamten Nennbetrags des oder der dafür übernommenen GAnteils/GAnteile (§ 5 Rn 50, 51 mwN),[7] ggf mit Anrechnungsmöglichkeit nach § 19 IV. Abs 1 ergibt mittelbar, dass Überbewertung nicht zur Nichtigkeit der Sacheinlagevereinbarung führt (§ 5 Rn 35 mwN).

3 **2. Bewertung.** Für die Bewertung ist der tatsächliche Wert des Einlagegegenstands maßgebend (§ 5 Rn 33 mwN). Jede, auch nur geringfügige, Überbewertung führt zur Differenzhaftung, soweit dadurch Nennwert des oder der GAnteils/GAnteile unterschritten wird. Einschränkung des § 9 c I 2,

[1] BGHZ 68, 195 f; *K. Schmidt* GmbHR 1978, 5; *ders* NJW 1980, 1771; *Wiedemann* FS Hirsch, 1968, 260 ff.

[2] BegrRegE BR-Drucks 354/07, 81.

[3] Ausführl Ulmer/*Ulmer* Rn 6; Scholz/*Winter/Veil* Rn 6; – aA OLG München NZG 2006, 73 für Verschmelzung zweier AG; die dort genannten Gründe treffen für GmbH nicht zu.

[4] OLG München NZG 2006, 73.

[5] BGH ZIP 1999, 281 gegen OLG Naumburg GmbHR 1997, 506.

[6] BGH NZG 2000, 1226.

[7] BGH NZG 2000, 1226; Scholz/*Winter/Veil* Rn 4.

der Ablehnung der Eintragung nur bei nicht unwesentlicher Überbewertung von Sacheinlagen erlaubt, bezieht sich nicht auch auf Differenzhaftung,[8] sondern ist erst vor der Hintergrund rigoroser Differenzhaftung verständlich. Gläubiger sollen vertrauen können, dass Stammkapital bei Gründung wertmäßig uneingeschr vorhanden ist. Mängel des Einlagegegenstands sind in der Bewertung zu berücksichtigen, auch wenn deswegen Gewährleistungsansprüche der Ges bestehen (§ 5 Rn 39; unten Rn 9, 11). Bewertung kann auch zu negativem Wert führen, wenn überschuldetes Unternehmen oder Altlastengrundstück eingebracht wurde.[9] Überbewertung aber nicht schon deshalb, weil sich prognostizierte Verwertungschancen eines Immaterialgüterrechts nicht haben realisieren lassen, da dessen Auswertung stets Risiko beinhaltet,[10] wohl jedoch, wenn überhöhtes Wertgutachten auf falschen Tatsachenangaben des Einlegers beruhte.[11] Angaben im Sachgründungsbericht u nach § 8 I Nr 5 nicht bindend,[12] auch nicht Prüfungsergebnis des RegGerichts nach § 9c I 2.[13] Da nicht unwesentliche Überbewertung Eintragungshindernis (§ 9c Rn 7), wird Differenzhaftung vor allem in Fällen späterer Aufdeckung praktisch,[14] besteht jedoch auch, wenn Eintragung wegen Überbewertung abgelehnt wird.[15]

3. Bewertungszeitpunkt. Maßgeblicher Bewertungszeitpunkt ist nach dem ausdrücklichen Gesetzeswortlaut **Anmeldung zum Handelsregister,** also nicht Abschluss des GesVertrags (§ 5 IV) oder Einbringung (§ 7 III). Dadurch soll Risiko der Wertminderung zwischen Vertragsschluss u Eintragung ins HR zugunsten der GesGläubiger möglichst eingeschränkt werden; für Gfter zumutbar, da diese es in der Hand haben, Zeitabstand zwischen Einbringung u Anmeldung gering zu halten. Gesonderte Bilanz zum Stichtag der Anmeldung dafür nicht erforderlich.[16] – Allerdings beruht Gesetzesfassung noch auf Vorstellungen vor Entwicklung der Vorbelastungshaftung (zu dieser § 11 Rn 61). Heute dagegen sachlich kaum noch gerechtfertigt, Sacheinleger das Risiko des Wertminderung zwischen Leistung der Sacheinlage u Anmeldung uneingeschränkt aufzuerlegen, da dieses Risiko ein solches der Vorges ist u daher von allen Gftern anteilig in Form der Vorbelastungshaftung zu tragen wäre. Eindeutiger Gesetzeswortlaut erlaubt jedoch eine solche Lösung kaum. – **Nachträglich eingetretene Werterhöhung,** die Überbewertung beseitigt, kommt vor Anmeldung Einleger zugute, dagegen nicht Werterhöhung nach Anmeldung, wie die ausdrückliche Stichtagsregelung ergibt;[17] sie steht der Ges zu. Andererseits keine Zuzahlungspflicht des Inferenten aus Abs 1 (ggf aber anteilig aus Vorbelastungshaftung, s nachf), wenn Wert der Sacheinlage nach Anmeldung unter den Wert des dafür übernommenen GAnteils ab- 4

---

[8] Zutr *Wicke* Rn 3.

[9] Scholz/*Winter/Veil* Rn 14; *K. Schmidt* GesR § 37 II 3 c; *Urban* 312; *Gienow* 171 ff; *Dombert* NZG 1998, 413, 414; – aA *Trölitzsch* 221 ff.

[10] BGHZ 29, 309; BGH GmbHR 1999, 232; OLG Köln GmbHR 1998, 43; Scholz/*Winter/Westermann* § 5 Rn 57; einschr Ulmer/*Ulmer* § 5 Rn 82.

[11] BGH GmbHR 1999, 232.

[12] *Roth*/Altmeppen Rn 3.

[13] Michalski/*Heyder* Rn 6.

[14] *Roth*/Altmeppen Rn 7; Michalski/*Heyder* Rn 6.

[15] Scholz/*Winter/Veil* Rn 17; Rowedder/*Schmidt-Leithoff* Rn 6.

[16] Zust Michalski/*Heyder* Rn 7; – abw aber wohl *Sudhoff/Sudhoff* NJW 1982, 132.

[17] Ulmer/*Ulmer* Rn 7, 15 f; Rowedder/*Schmidt-Leithoff* Rn 5; Scholz/*Winter/Veil* Rn 11 f; Michalski/*Heyder* Rn 8; *Lutter*/Hommelhoff/*Bayer* Rn 5.

sinkt.[18] Zur Bedeutung von Wertveränderungen zwischen Anmeldung u Eintragung für Eintragungsprüfung s § 9c Rn 10. Führt Wertverlust nach Anmeldung zu Unterbilanz, ohne das Eintragung abgelehnt wird, ist Differenz nach Grunds der Vorbelastungshaftung (§ 11 Rn 61 ff) anteilig von allen Gftern auszugleichen (§ 9 c Rn 10, 12).[19]

III. Rechtsnatur und Inhalt des Anspruchs

5 **1. Geldeinlagepflicht des Sacheinlegers.** Anspruch führt zu Geldeinlagepflicht des Sacheinlegers, Vorschriften über Geldeinlagen daher grds anwendbar.[20] Verschulden nicht erforderlich,[21] Nachzahlungspflicht vielmehr gesellschaftsrechtliche Pflicht (§ 3 Rn 34) auf Grund Deckungszusage im Einlageversprechen, Verbot der Unterpariemission[22] u Wiederaufleben der primären Bareinlagepflicht.[23] Wichtig vor allem: **Aufrechnungs- und Erlassverbot,** § 19 II, III, **Kaduzierungsmöglichkeit** nach § 21, **Ausfallhaftung der übrigen Gesellschafter** nach § 24.[24] Zur Frage summenmäßiger Begrenzung der Ausfallhaftung s § 24 Rn 7. – Als Teil der Einlagepflicht kein bloßer Ersatzanspruch, daher Beschluss nach § 46 Nr 8 nicht erforderlich.[25]

6 **Zuzahlungsanspruch** ist aber **wie Sacheinlage zu behandeln,** soweit Ergänzungscharakter das erfordert. Nicht anwendbar daher § 19 I, kein Einforderungsbeschluss nach § 46 Nr 2,[26] auch nicht § 46 Nr 8 (oben Rn 5 aE), da Sacheinlagen vor Anmeldung vollständig zu bewirken sind, § 7 III. Eintragungshindernis der Überbewertung kann durch Volleinzahlung der Differenz beseitigt werden mit entspr Angaben der GFührer nach § 8 I Nr 5, II 1[27] (s auch § 9c Rn 9). Wird Behandlung der Nachzahlungspflicht ausschließlich als Geldeinlage angestrebt, insbes Mindesteinzahlung nur eines Viertels nach § 7 II, 1, ist Vertragsänderung (§ 5 Rn 52) notwendig.

7 Ist **gemischte Sacheinlage mit zusätzlicher Vergütung** vereinbart, ist Überbewertung bei deren Berechnung zu berücksichtigen, soweit nach GesVertrag noch offen (§ 5 Rn 20, 33), für ggf noch verbleibenden Fehlbetrag Haftung nach Abs 1. Bei im GesVertrag bezifferter Vergütung bleibt Anspruch zwar bestehen, Ges kann aber wegen Zuzahlungsanspruch Zurückbehaltungsrecht ausüben oder aufrechnen.[28]

---

18 Ulmer/*Ulmer* Rn 16; Rowedder/*Schmidt-Leithoff* Rn 5; *Roth*/Altmeppen Rn 4; *Trölitzsch* 202 f; – aA *Lieb* FS Zöllner, 1998, 359 f.

19 Ebenso *Wicke* Rn 4; – aA für den Fall, dass Wertverlust nicht Folge vorzeitiger Geschäftsaufnahme ist, Scholz/*Winter*/*Veil* Rn 25.

20 AllgM, Ulmer/*Ulmer* Rn 4; Rowedder/*Schmidt-Leithoff* Rn 7; *Roth*/Altmeppen Rn 6.

21 Ulmer/*Ulmer* Rn 10; Scholz/*Winter*/*Veil* Rn 15; Michalski/*Heyder* Rn 9.

22 Ulmer/*Ulmer* Rn 1.

23 *Lutter,* Kapital, Sicherung der Kapitalaufbringung und Kapitalerhaltung in den Aktien- und GmbH-Rechten der EWG, 1964, 269, 285.

24 Ulmer/*Ulmer* Rn 4; Scholz/*Winter*/*Veil* Rn 3; *Lutter*/Hommelhoff/*Bayer* § 21 Rn 3; Rowedder/*Schmidt-Leithoff* Rn 7; *Roth*/Altmeppen Rn 6.

25 IE heute wohl allgM, s etwa *Roth*/Altmeppen Rn 6; Michalski/*Heyder* Rn 14.

26 Ulmer/*Ulmer* Rn 9; Scholz/*Winter*/*Veil* Rn 19; *Lutter*/Hommelhoff/*Bayer* Rn 7; *Roth*/Altmeppen Rn 6; str.

27 Ulmer/*Ulmer* Rn 19; Scholz/*Winter*/*Veil* Rn 22.

28 OLG Köln GmbHR 1999, 288; Ulmer/*Ulmer* Rn 11; Scholz/*Winter*/*Veil* Rn 8; Michalski/*Heyder* Rn 11.

2. Entstehung und Fälligkeit. Anspruch **entsteht** als Teil der Einlagepflicht bereits mit Leistung der Sacheinlage.[29] Eintragung ist nicht erforderlich,[30] diese daher auch nicht für Fälligkeit maßgebend.[31] Das ergibt sich eindeutig aus Abs 1. Str, ob **Fälligkeit** bereits vor[32] oder erst mit Anmeldung[33] eintritt. Für sofortige Fälligkeit bei Einlageleistung sprechen zwar die oben Rn 4 genannten Gründe des Verhältnisses von Einlagen- u Vorbelastungshaftung. Damit verbundene Konsequenzen für Bewertungszeitpunkt sind jedoch kaum mit ges Regelung in Abs 1 vereinbar. Abstellen auf anderen Zeitpunkt vor Anmeldung mag unter Praktikabilitätsgesichtspunkten nahe liegen, steht jedoch ebenfalls mit Abs 1 nicht in Einklang u verfehlt bei schwankenden Werten klaren Berechnungszeitpunkt. Fälligkeit daher nach Gesetzesfassung mit Anmeldung, da auch nur auf diesen Zeitpunkt zu berechnen. Nachweise zur erfolgten Leistung müssen dann im Anmeldeverfahren ggf nachgereicht werden. **Verzinsung** nach Einforderung durch GFührer auch ohne Verzug gem § 20 (s dort). Kein Einforderungsbeschluss nach § 46 Nr 2 oder 8 notwendig (oben Rn 6). – **Beweislast** für fehlende Vollwertigkeit u Wertdifferenz trägt nach allg Regeln Ges, dh GFührer, ggf Insolvenzverwalter,[34] bei begründeten Zweifeln an Vollwertigkeit der Sacheinlage aber Umkehr der Beweislast zugunsten Ges möglich.[35] 8

3. Verhältnis zu anderen Ansprüchen, Abs 1 S 2. Neben Differenzhaftung des Sacheinlegers können **andere Ansprüche** der Ges bestehen. Darauf weist nun Abs 1 S 2 hin. Bei Schlechtleistung, insbes bei Mängeln der Sacheinlage hat Ges Wahl, ob sie **Mängelhaftung** (§ 5 Rn 39) oder Nachzahlung wegen Überbewertung verlangt, wenn Fehlbetrag hinsichtlich des Nennbetrags des übernommenen GAnteils besteht.[36] Eigenständige Bedeutung von § 280 BGB u kaufrechtlichen Sonderregeln, wenn andere Rechtsfolgen als Zuzahlung möglich u wenn Mangel nicht zu Überbewertung iS des § 9 führt, aber höherer, über Nennbetrag des GAnteils hinausgehender Wert[37] (Agio) nicht erreicht wird.[38] Möglich auch über § 9 hinausgehende Garantiehaftung für Vollwertigkeit bis zur Eintragung.[39] Außerdem möglich Schadenersatzansprüche gegen Gfter, GFührer u Hintermänner aus **Gründungshaftung** 9

---

[29] Rowedder/*Schmidt-Leithoff* Rn 7; – aA: erst ab Anmeldung *Lutter*/Hommelhoff/*Bayer* Rn 7.

[30] Scholz/*Winter/Veil* Rn 17; *Lutter*/Hommelhoff/*Bayer* Rn 5, 9; Rowedder/*Schmidt-Leithoff* Rn 6; *Roth*/Altmeppen Rn 7; Michalski/*Heyder* Rn 15; – aA Ulmer/*Ulmer* Rn 7 f; MünchHdbGmbH/*Heinrich* § 9 Rn 59.

[31] Insoweit ganz hM, Ulmer/*Ulmer* Rn 9; Scholz/*Winter/Veil* Rn 19; *Lutter*/Hommelhoff/*Bayer* Rn 5; Rowedder/*Schmidt-Leithoff* Rn 8; *Roth*/Altmeppen Rn 7.

[32] So *Roth*/Altmeppen Rn 7; wohl auch Scholz/*Winter/Veil* Rn 19.

[33] Michalski/*Heyder* Rn 15; Rowedder/*Schmidt-Leithoff* Rn 8; nunmehr auch *Lutter*/Hommelhoff/*Bayer* Rn 7.

[34] HM unter Hinweis auf Wortlaut von Abs 1, Scholz/*Winter/Veil* Rn 15; *Lutter*/Hommelhoff/*Bayer* Rn 10; abw *Roth*/Altmeppen Rn 4: einbringender Gfter.

[35] OLG Naumburg DB 1998, 125; Ulmer/*Ulmer* Rn 14; Michalski/*Heyder* Rn 10; abw Scholz/*Winter/Veil* Rn 15. – Zur Darlegungslast des Gfters bei vormals sicherungsübereigneten Gegenständen LG Bonn GmbHR 1999, 1291.

[36] Scholz/*Winter/Veil* Rn 23; Michalski/*Heyder* Rn 17; Rowedder/*Schmidt-Leithoff* Rn 11.

[37] Überpariemission, § 5 Rn 20, 33.

[38] Ulmer/*Ulmer* Rn 21; auch Michalski/*Heyder* Rn 17.

[39] BGH GmbHR 1999, 232; OLG Köln GmbHR 1998, 42.

(§ 9 a, s dort). Für **Verjährung** dieser Ansprüche gilt, was Abs 2 nunmehr betont, nicht Reglung für Ansprüche aus Differenzhaftung, sondern allg Regeln (unten Rn 11). – Streng zu unterscheiden von der Zuzahlungspflicht des Sacheinlegers sind **Verlustdeckungs- u Vorbelastungshaftung** der Gründer für vor Eintragung eingetretene Verluste (dazu § 11 Rn 24 ff, 61 ff). Überschneidung im Einzelfall möglich,[40] insbes wenn Sacheinlage lebendes Unternehmen. Sacheinleger kann gegen (anteilige) Vorbelastungshaftung nicht einwenden, für Wertverlust nach Anmeldung müsse er nach § 9 nicht einstehen (§ 11 Rn 63).

IV. Verjährung, Abs 2

10 Verjährungsfrist Abs 2 entspr der Regelung der Verjährungsfristen für Einlagen (§ 19 VI) durch Art 13 des G zur Anpassung von Verjährungsvorschriften an das G zur Modernisierung des Schuldrechts v 9. 12. 2004[41] auf **10 Jahre ab Eintragung** verlängert. Übergangsregelung in Art 229 § 12 I EGBGB iVm Art 229 § 6 III EGBGB. Danach bleibt es für noch nicht verjährte Ansprüche aus der Zeit vor Inkrafttreten der Neuregelung bei der früheren 5jährigen Verjährungsfrist. – Frist kann vertraglich nicht abgekürzt werden, da Gläubigerschutz dem entgegensteht;[42] sie kann jedoch vertraglich verlängert werden (§ 202 II BGB).[43]

11 Konkurriert Differenzhaftung mit anderen Ansprüchen, gelten, wie Abs 2 nunmehr klarstellt, für letztere nicht Sonderregelung der Differenzhaftung, sondern die jew besonderen oder allg Verjährungsfristen. Daher bestehen bei Sachmängelansprüchen keine Bedenken gegen kürzere Verjährung nach § 438 BGB. Sacheinleger wird durch zeitliche Begrenzung der Wahlmöglichkeit der Ges zwischen verschiedenen Rechtsfolgen (zB Nachlieferung, Rücktritt mit nachfolgender Volleinzahlungspflicht) geschützt;[44] Kapitalaufbringung bleibt durch Nachzahlungsanspruch gesichert.

Ersatzansprüche der Gesellschaft

9a (1) **Werden zum Zweck der Errichtung der Gesellschaft falsche Angaben gemacht, so haben die Gesellschafter und Geschäftsführer der Gesellschaft als Gesamtschuldner fehlende Einzahlungen zu leisten, eine Vergütung, die nicht unter den Gründungsaufwand aufgenommen ist, zu ersetzen und für den sonst entstehenden Schaden Ersatz zu leisten.**

(2) **Wird die Gesellschaft von Gesellschaftern durch Einlagen oder Gründungsaufwand vorsätzlich oder aus grober Fahrlässigkeit geschädigt, so sind ihr alle Gesellschafter als Gesamtschuldner zum Ersatz verpflichtet.**

(3) **Von diesen Verpflichtungen ist ein Gesellschafter oder ein Geschäftsführer befreit, wenn er die die Ersatzpflicht begründenden Tatsachen**

---

40 Dazu auch Ulmer/*Ulmer* Rn 22.

41 BGBl I, 3214.

42 Scholz/*Winter/Veil* Rn 20; *Lutter*/Hommelhoff/*Bayer* Rn 6; Michalski/*Heyder* Rn 16.

43 *Lutter*/Hommelhoff/*Bayer* Rn 8; anders noch § 225 BGB aF u Lit hierzu.

44 Zum Schutzbedürfnis bei Rücktritt Ulmer/*Ulmer* § 5 Rn 98 f.

weder kannte noch bei Anwendung der Sorgfalt eines ordentlichen Geschäftsmannes kennen mußte.

(4) [1] **Neben den Gesellschaftern sind in gleicher Weise Personen verantwortlich, für deren Rechnung die Gesellschafter Geschäftsanteile übernommen haben.** [2] **Sie können sich auf ihre eigene Unkenntnis nicht wegen solcher Umstände berufen, die ein für ihre Rechnung handelnder Gesellschafter kannte oder bei Anwendung der Sorgfalt eines ordentlichen Geschäftsmannes kennen mußte.**

Übersicht

I. Allgemeines

§ 9 a ist unter weitgehender Anlehnung an §§ 46 ff AktG eingefügt durch GmbH-Novelle 1980. Durch MoMiG Begriff der Stammeinlage in Abs 4 ohne sachliche Änderung durch GAnteil ersetzt. Enthält umfassende zwingende **Gründungshaftung.** Wegen andersartigen Gründungsverfahrens Regeln des Aktienrechts aber nur beschränkt übertragbar. – Nach **Abs 1** haften Gfter u GFührer für **falsche Angaben,** nach **Abs 2** Ersatzpflicht der Gfter bei **Schädigung der Gesellschaft durch Einlagen und Gründungsaufwand,** jew als Gesamtschuldner. **Verschulden** erforderlich, **Abs 3.** Verantwortlichkeit auch der **Hintermänner, Abs 4.** – Normzweck Ergänzung der Kapitalaufbringungsvorschriften, insbes §§ 9 u 24, durch gesellschaftsrechtliche[1] Ver- 1

[1] Str, mit Konsequenzen für Gerichtsstand (unten Rn 20). Wie hier Ulmer/*Ulmer* Rn 11; Scholz/*Winter/Veil* Rn 6; *Raiser/Veil* § 26 Rn 142; zum AktG ferner *Hüffer*

schuldenshaftung zum **Schutz der Gesellschaft.** Daher nur **diese anspruchsberechtigt** nach Eintragung (allgM, unten Rn 19). Nichtbestehen der GmbH als solcher bei Schädigungshandlung steht nicht entgegen.[2] – Daneben Ansprüche, auch Dritter, nach § 826 BGB u § 823 II BGB iVm § 82 I (s dort Rn 9, 25), der im Tatbestand Abs 1 entspricht. GFührer haften bereits der Vorges nach § 43; soweit nach Eintragung § 9a eingreift, geht diese Haftung als lex specialis vor.[3] – Abs 1 u 3 entspr anwendbar bzgl GFührer bei Kapitalerhöhung, § 57 IV.

II. Verpflichtete Personen

2 **1. Gesellschafter und Geschäftsführer.** Anspruchsgegner sind Geschäftsführer u Gesellschafter, Gründer u solche, die vor Eintragung durch Eintritt bzw GfterWechsel hinzukommen.[4] Keine Haftung vor Eintragung ausgeschiedener Personen, da Verantwortung für ordnungsgem Gründung auf Zeitpunkt der Eintragung bezogen.[5] – Verpflichtung als **Gesamtschuldner** iSv §§ 421 ff BGB. Bei falschen Angaben unerheblich, wer diese gemacht hat,[6] bei Schädigungshandlung nach Abs 2, welcher Gfter sie begangen hat.[7] – Als GFührer haftet auch, wer bei fehlender/unwirksamer Bestellung als solcher tätig war;[8] – fehlerhafte Organstellung, § 35 Rn 8.

3 **Bank** oder sonstiges Kreditinstitut haftet analog § 37 I 4 AktG für Richtigkeit einer Bestätigung über Einzahlung u freie Verfügbarkeit von Einlagen gem § 8 II (näher § 8 Rn 15). Formalisierter Nachweis ist bei GmbH anders als bei AG (§ 37 I AktG) nicht gesetzlich vorgeschrieben; Lage aber wie bei AG, wenn Bestätigung gleichwohl freiwillig oder auf Anfordern des RegGerichts vorgelegt wird.[9] Bankbestätigung der Gutschrift auf Konto der Ges beinhaltet nicht Bestätigung der freien Verfügung.[10] Daher auch keine Haftung der Bank für Unrichtigkeit analog § 37 I 4 AktG, wenn Einzahlungsbetrag mit Sollsaldo verrechnet wird.[11]

---

§ 46 Rn 2; MünchKommAktG/*Pentz* § 46 Rn 12f; iE ähnlich *Roth*/Altmeppen Rn 8: Rechtsschein- oder Vertrauenshaftung; Scholz/*Winter*/*Veil* Rn 6; – aA, deliktische Haftung: Rowedder/*Schmidt-Leithoff* Rn 34; zum AktG KölnerKomm/*Kraft* § 46 Rn 14.

[2] RGZ 100, 177; BGHZ 64, 57; allgM.

[3] HM, OLG Celle NZG 2000, 1178; Ulmer/*Ulmer* Rn 56; Scholz/*Winter*/*Veil* Rn 44; Rowedder/*Schmidt-Leithoff* Rn 35; Michalski/*Heyder* Rn 35.

[4] Scholz/*Winter*/*Veil* Rn 23f; Michalski/*Heyder* Rn 15, ganz hM. – Abw Ulmer/*Ulmer* Rn 32ff: differenzierend nach Veranlassung u Einfluss bzgl Angaben, ggf auch nach Zeitpunkt des Beitritts.

[5] OLG Rostock GmbHR 1995, 658; Scholz/*Winter*/*Veil* Rn 24; Rowedder/*Schmidt-Leithoff* Rn 12; – aA *Roth*/Altmeppen Rn 15 für Gfter unter Hinweis auf Exkulpationsmöglichkeit nach Abs 3; wiederum differenzierend Ulmer/*Ulmer* Rn 35.

[6] HM, Scholz/*Winter*/*Veil* Rn 10; *Lutter*/Hommelhoff/*Bayer* Rn 3; Rowedder/*Schmidt-Leithoff* Rn 7; für Gfter einschr Ulmer/*Ulmer* Rn 13, 32f.

[7] Ulmer/*Ulmer* Rn 48; Scholz/*Winter*/*Veil* Rn 37; *Roth*/Altmeppen Rn 18.

[8] Ulmer/*Ulmer* Rn 32; Scholz/*Winter*/*Veil* Rn 23; Michalski/*Heyder* Rn 15.

[9] BGHZ 113, 335, 346; NJW 1997, 945; OLG München BB 1990, 1151; Scholz/*Winter*/*Veil* Rn 43.

[10] BGH NJW 1997, 945; *Spindler* ZGR 1997, 543ff.

[11] BGH NJW 1997, 945 gegen OLG Stuttgart ZIP 1995, 1595.

2. Hintermänner, Abs 4. Nach **Abs 4** haften, gesamtschuldnerisch mit den in Rn 2 genannten Personen, **Hintermänner,** für deren Rechnung Gfter an Gründung teilnimmt, vor allem **Treugeber** bei Strohmanngründungen ua Treuhandverhältnissen (§ 1 Rn 40 ff). Regelung dient dem Schutz der Ges vor Schädigung durch Vorschieben vermögensloser Gründer u Umgehung der Gründerhaftung, erfasst daher nicht Hintermänner, Treugeber ohne relevanten Einfluss, so uU bei Unterbeteiligungsverhältnissen.[12] – **Nicht** genannt sind **Aufsichtsratsmitglieder;** diese haften nur, sofern sie Gründer oder Hintermänner sind, sonst nur nach allg Vorschriften. 4

3. Interner Ausgleich. Interner Ausgleich zwischen mehreren Verpflichteten als Gesamtschuldner richtet sich nach etwa gegebenen vertraglichen Vereinbarungen, dem Verschuldensgrad entspr § 254 I BGB, im Übrigen nach § 426 I 1 BGB.[13] Daher ggf intern auch vollständige Freistellung eines Betroffenen, wenn Verschulden anderer ganz überwiegt, etwa bei Täuschung durch diese. Dagegen im Hinblick auf Haftungsgrund Beteiligungshöhe für Ausgleich grds ohne Bedeutung.[14] 5

4. Verhältnis zu Einlageschuldnern. Treffen Ansprüche nach § 9 a mit Einlagepflichten zusammen (unten Rn 14), besteht kraft ges Anordnung Gesamtschuld, soweit sie nach Inhalt u Höhe deckungsgleich sind,[15] Bedenken mangelnder Gleichstufigkeit[16] nicht gerechtfertigt; insbes kann GFührer bei falscher Angabe über Einlageleistung nicht mit Argument fehlenden Schadens auf Einlageanspruch verweisen, weil dieser ordnungsgem Einlage nicht gleichsteht (unten Rn 14). Einlagepflicht auch durch Dritten erfüllbar (§ 19 Rn 14). – Für internen Ausgleich trifft Verpflichtung unstr allein Einlageschuldner, da abw von § 426 I 1 BGB durch GesVertrag so bestimmt; daher kein Ausgleichsanspruch, wenn er Einlagepflicht erfüllt. Hat ein nach § 9 a Verpflichteter an die Ges geleistet, geht deren Einlageanspruch insoweit entspr § 426 II BGB auf ihn über.[17] 6

III. Haftung wegen falscher Angaben, Abs 1

1. Angaben bei Anmeldung. Haftungsbegründende falsche Angaben sind zunächst solche im Rahmen der Anmeldung gegenüber RegGericht durch GFührer als Anmelder (§ 78).[18] Verantwortlichkeit aller oben Rn 2–4 genannten Personen. 7

a) Einlagen. Angaben können sich beziehen auf Einlagen u deren Übernahme, § 8 I Nr 4 u 5, II (s dort Rn 8, 11 ff), vor allem Wert von Sach- 8

---

[12] Ulmer/*Ulmer* Rn 36; Scholz/*Winter/Veil* Rn 26; *Roth*/Altmeppen Rn 20; *K. Schmidt* NJW 1980, 1771; aA *Lutter*/Hommelhoff/*Bayer* Rn 13; Michalski/*Heyder* Rn 16; wohl auch Rowedder/*Schmidt-Leithoff* Rn 27.

[13] Ganz hM, Ulmer/*Ulmer* Rn 53; Scholz/*Winter/Veil* Rn 41; *Roth*/Altmeppen Rn 11; abw bzgl Verschuldensgrad Rowedder/*Schmidt-Leithoff* Rn 30.

[14] HM, Michalski/*Heyder* Rn 18; abw Ulmer/*Ulmer* Rn 53.

[15] HM, OLG Hamm GmbHR 1994, 399, 401; OLG Celle NZG 2000, 1178, 1179; Ulmer/*Ulmer* Rn 54 f; *Lutter*/Hommelhoff/*Bayer* Rn 7; *Roth*/Altmeppen Rn 11; iE auch Michalski/*Heyder* Rn 18.

[16] So noch Scholz/*Winter* 9. Aufl Rn 42; wie hier nun aber Scholz/*Winter/Veil* Rn 42.

[17] HM, Ulmer/*Ulmer* Rn 54 f; Scholz/*Winter/Veil* Rn 42.

[18] Ausführl Ulmer/*Ulmer* Rn 12 ff u 19 ff.

einlagen, Mindestleistungen u Sicherung nach § 7 II, III sowie freie Verfügbarkeit,[19] u Vorbelastungen (§ 8 Rn 14); ferner Angaben im Sachgründungsbericht (§ 5 Rn 54 f, § 8 Rn 8), solche über Durchführung von Sachübernahmen (§ 5 Rn 40 ff), auch Angaben, die verdeckte Sacheinlagen (§ 5 Rn 18 f) ermöglichen sollen.[20] Ferner solche nach § 19 V 2. – Über falsche Bestätigung der Einzahlung u freien Verfügbarkeit durch Kreditinstitut oben Rn 3.

9 **b) Gründungsaufwand.** Erwähnung von Gründungsaufwand bei den Rechtsfolgen ergibt mittelbar, dass Aufnahme in GesVertrag[21] (§ 5 Rn 57 mwN) u entspr Angaben bei Anmeldung erforderlich. Gilt ebenso für Sondervorteile.

10 **c) Sonstiges.** Haftungssanktion betr auch alle **sonstigen Angaben** im Anmeldungsverfahren, solche nach § 8, auch Ergänzungen, freiwillige u auf Rückfrage des RegGerichts. Dafür, welche Punkte relevant sein können, Aufzählung in § 46 I 1 AktG wichtiger Hinweis, aber nicht allein maßgebend.[22]

11 **2. Angaben außerhalb des Eintragungsverfahrens** beim RegGericht können zum Zweck der Errichtung der Ges gemacht sein. Haftung nur **bei engem Zusammenhang mit Gründungsverfahren.**[23] Auch Angaben Dritter, zB Sachverständiger, Steuerberater, soweit von Bedeutung für Gründung. Ebenso haftungsbegründend falsche Angaben gegenüber solchen Drittpersonen,[24] nicht aber gegenüber Mitgftern ohne unmittelbaren Bezug zur Gründung.[25]

12 **3. Falsche Angaben.** Angaben sind **falsch** iS der Vorschrift, wenn sie **unrichtig** oder **unvollständig** sind, sodass sich falsches Bild ergibt, oder entgegen gesetzlicher Anordnung **ganz fehlen.**[26] – **Maßgeblicher Zeitpunkt** Abgabe der Erklärung, meist also Anmeldung.[27] Bei Berichtigung ursprgl falscher Angaben bis zur Eintragung keine Haftung.[28] – Durch nachträgliche **Veränderung der Verhältnisse** werden ursprünglich richtige Angaben nicht unrichtig. Daher keine generelle Berichtigungspflicht.[29] Ges ist

---

[19] OLG Celle NZG 2000, 1178.

[20] *Lutter*/Hommelhoff/*Bayer* Rn 4; *Roth*/Altmeppen Rn 5; Michalski/*Heyder* Rn 6; näher Ulmer/*Ulmer* Rn 27; *Raiser*/*Veil* § 26 Rn 104.

[21] OLG Hamm BB 1984, 87.

[22] Ulmer/*Ulmer* Rn 15, 19 ff; Rowedder/*Schmidt-Leithoff* Rn 5 f; Michalski/*Heyder* Rn 5; *Roth*/Altmeppen Rn 4: Beispiel Unternehmensgegenstand. Abw, für Beschränkung auf Angaben nach § 46 I 1 AktG, Scholz/*Winter*/*Veil* Rn 13.

[23] Scholz/*Winter*/*Veil* Rn 9; Ulmer/*Ulmer* Rn 12 f; *Roth*/Altmeppen Rn 4; Rowedder/*Schmidt-Leithoff* Rn 7; weitergehend *Lutter*/Hommelhoff/*Bayer* Rn 3.

[24] Scholz/*Winter*/*Veil* Rn 11; Rowedder/*Schmidt-Leithoff* Rn 7.

[25] Ebenso Michalski/*Heyder* Rn 9; *Roth*/Altmeppen Rn 4; differenzierend Rowedder/*Schmidt-Leithoff* Rn 8; – abw Ulmer/*Ulmer* Rn 13.

[26] OLG Bremen GmbHR 1998, 41; Ulmer/*Ulmer* Rn 16; Scholz/*Winter*/*Veil* Rn 20; *Lutter*/Hommelhoff/*Bayer* Rn 4; Rowedder/*Schmidt-Leithoff* Rn 8; *Roth*/Altmeppen Rn 5.

[27] OLG Bremen GmbHR 1998, 41; Ulmer/*Ulmer* Rn 17; Scholz/*Winter*/*Veil* Rn 21; Rowedder/*Schmidt-Leithoff* Rn 10 f; abw *Roth*/Altmeppen Rn 10: Eintragung.

[28] Ulmer/*Ulmer* Rn 18; insoweit übereinstimmend auch *Roth*/Altmeppen Rn 10.

[29] OLG Bremen GmbHR 1998, 40, 41 f; Ulmer/*Ulmer* Rn 17; Scholz/*Winter*/*Veil* Rn 21; Michalski/*Heyder* Rn 13; abw OLG Rostock GmbHR 1995, 658 obiter; *Roth*/Altmeppen Rn 10; *Lutter*/Hommelhoff/*Bayer* Rn 5.

insoweit durch Verlustdeckungs- u Vorbelastungshaftung ausreichend geschützt (s auch § 8 Rn 14 u § 9c Rn 11 jew mwN).

4. Art und Umfang der Haftung entsprechen Funktion der Vorschrift als Einstandspflicht der Gfter, GFührer u Hintermänner dafür, dass zur Errichtung der Ges angegebene Umstände tatsächlich vorliegen bzw hergestellt werden. Ges ist so zu stellen, wie wenn die Angaben richtig wären, nicht nur so, wie wenn sie nicht gemacht worden wären. Daher kein Einwand, ohne falsche Angabe wäre Ges nicht zur Entstehung gekommen.[30] **13**

a) Fehlende Einzahlungen sind zu leisten, soweit Zusammenhang mit falscher Angabe besteht, etwa bei unzutreffender Versicherung nach § 8 II 1. Daneben bestehende Einlagepflicht, auch nach §§ 9, 24, hindert Anspruch nicht.[31] Erst wenn diese erfüllt ist, entfällt Schaden, Einzahlung „fehlt" nicht mehr.[32] Abs 1 gilt trotz des Wortlauts nicht nur für Bareinlagen, sondern auch für **Sacheinlagen;** soweit bei diesen Naturalleistung nicht möglich, ist Geldersatz für vollen Wert zu leisten.[33] **14**

b) Zum **Gründungsaufwand** s § 5 Rn 57; betr auch Sondervorteile. Nicht im GesVertrag festgesetzte u ordnungsgem angegebene Zahlungen sind zu erstatten. Ges braucht sich nicht auf Rückforderung vom Empfänger verweisen zu lassen. **15**

c) Sonstige Schäden in vollem Umfang zu ersetzen, einschl entgangenen Gewinns. Kausalzusammenhang mit falscher Angabe von der Ges zu beweisen. § 9 a I eigenständige Anspruchsgrundlage für Schadenersatz über fehlende Einlagen u unberechtigten Gründungsaufwand hinaus.[34] **16**

IV. Verschulden, Abs 3

Nach Abs 3 **vermutetes Verschulden** bei GFührer u Gftern, iVm Abs 4 auch bei Hintermännern, die sich zudem Verschulden des Strohmanns, Treuhänders zurechnen lassen müssen.[35] Leichte Fahrlässigkeit genügt, auch leicht fahrlässige Unkenntnis der haftungsbegründenden Handlung eines anderen. Maßstab ist Sorgfalt eines ordentlichen Geschäftsmanns, keine Berufung auf mangelnde Vorbildung oder Gewandtheit.[36] **Entlastungsbeweis** durch den jew in Anspruch Genommenen möglich. **17**

V. Schadenersatz nach Abs 2

Ergänzend zur Haftung wegen falscher Angaben verpflichtet Abs 2 Gfter zum Ersatz bei **Schädigung durch Einlagen oder Gründungsaufwand;** **18**

---

[30] RGZ 144, 356 ff betr AG mit Hinweis auf § 9 GmbHG aF; BGHZ 64, 57 f betr Gründungsprüfer bei AG; Ulmer/*Ulmer* Rn 41 ff; Scholz/*Winter/Veil* Rn 30 ff; *Roth/*Altmeppen Rn 16.

[31] Ganz hM, OLG Celle NZG 2000, 1178; Ulmer/*Ulmer* Rn 45; Scholz/*Winter/Veil* Rn 31 f; Michalski/*Heyder* Rn 25 ff; *Roth/*Altmeppen Rn 16; – aA BGHZ 64, 62 f für Haftung des Gründungsprüfers bei AG.

[32] OLG Düsseldorf GmbHR 1995, 582; Scholz/*Winter/Veil* Rn 31.

[33] Ulmer/*Ulmer* Rn 42; Scholz/*Winter/Veil* Rn 32; *Roth/*Altmeppen Rn 16.

[34] HM, Ulmer/*Ulmer* Rn 46; Scholz/*Winter/Veil* Rn 30; Rowedder/*Schmidt-Leithoff* Rn 17; *Roth/*Altmeppen Rn 16; Michalski/*Heyder* Rn 25.

[35] AllgM, Michalski/*Heyder* Rn 20; Scholz/*Winter/Veil* Rn 29.

[36] AllgM, Ulmer/*Ulmer* Rn 38; Scholz/*Winter/Veil* Rn 27 ff.

gegenüber Abs 1 subsidiär.[37] Voraussetzung vorsätzliche oder grob fahrlässige Handlung eines Gfters, übrige Gfter haften dann als Gesamtschuldner schon bei leicht fahrlässiger Unkenntnis des Schädigungstatbestands.[38] Gilt auch für Hintermänner, Abs 4 (oben Rn 4). – Anwendungsfälle selten; Lit nennt zB zutr bewerteten, aber für Ges ganz unbrauchbaren Einlagegegenstand, ferner formal ordnungsgem festgesetzten u deklarierten, aber überhöhten Gründungsaufwand.

VI. Entstehungszeitpunkt, Geltendmachung, Einwendungen, Verjährung

19 **1. Entstehungszeitpunkt. Ansprüche** aus Gründungshaftung **setzen Eintragung** der Ges **voraus.**[39] Möglichkeit einer Schädigungshandlung nach Eintragung wird von § 9 b II 2 vorausgesetzt, könnte aber allenfalls bei Abs 2 vorkommen.[40]

20 **2. Geltendmachung** der Ansprüche gegen Gfter oder GFührer setzt Beschluss gem § 46 Nr 8 (s dort Rn 57 ff, auch bzgl Einzelheiten der Durchführung) voraus; anders, wenn Insolvenzverwalter geltend macht.[41] Gegen Hintermänner kein Beschluss erforderlich.[42] Str, ob u ggf unter welchen Voraussetzungen actio pro socio möglich (dazu § 13 Rn 36 ff). – Gerichtsstand wegen gesellschaftsrechtlichen Charakters (oben Rn 1) der Regelung §§ 12, 22 ZPO, str.[43]

21 **3. Einwendungen.** Als Einwendung kommt **Mitverschulden der Gesellschaft** durch GFührer, §§ 254 I, 31 BGB, **nicht** in Betracht; möglich aber § 254 II BGB, wenn nach Eintragung neu bestellter GFührer Schadensminderungspflicht verletzt.[44] – Auf interne Regress- u Ausgleichsansprüche der Verpflichteten (oben Rn 5) braucht Ges grds nicht Rücksicht zu nehmen, da dies mit dem Schutzzweck der Vorschrift nicht vereinbar wäre.[45]

22 **4. Verjährung** gem § 9 b II 1 in fünf Jahren.

---

[37] HM, Ulmer/*Ulmer* Rn 47; Scholz/*Winter/Veil* Rn 35; *Lutter*/Hommelhoff/*Bayer* Rn 9; Michalski/*Heyder* Rn 29; *Roth*/Altmeppen Rn 19; aA offenbar Rowedder/*Schmidt-Leithoff* Rn 21.

[38] HM, Ulmer/*Ulmer* Rn 51; Scholz/*Winter/Veil* Rn 38; *Roth*/Altmeppen Rn 18.

[39] Ganz hM, Ulmer/*Ulmer* Rn 9; Scholz/*Winter/Veil* Rn 3; *Roth*/Altmeppen Rn 12; Michalski/*Heyder* Rn 32; aA *Raiser/Veil* § 26 Rn 145.

[40] HM, Scholz/*Winter/Veil* § 9 b Rn 17; weitergehend Ulmer/*Ulmer* § 9 b Rn 19: auch in bestimmten Fällen analoger Anwendung von § 9 a I.

[41] OLG Schleswig NZG 2001, 84; allgM, Scholz/*Winter/Veil* Rn 4; Michalski/*Heyder* Rn 24.

[42] Scholz/*Winter/Veil* Rn 5; Michalski/*Heyder* Rn 25; Rowedder/*Schmidt-Leithoff* Rn 29 aE.

[43] Wie hier Ulmer/*Ulmer* Rn 11; Scholz/*Winter/Veil* Rn 6 mwN; zum AktG ferner *Hüffer* § 46 Rn 2; MünchKommAktG/*Pentz* § 46 Rn 77; aA diejenigen, die deliktsähnlichen Charakter der Haftung annehmen, so Rowedder/*Schmidt-Leithoff* Rn 34; Michalski/*Heyder* Rn 22; zum AktG KölnerKomm/*Kraft* § 46 Rn 14.

[44] RGZ 154, 285 f; BGHZ 64, 61 f, jew betr AG; hM, Scholz/*Winter/Veil* Rn 34; *Lutter*/Hommelhoff/*Bayer* Rn 8; KölnerKomm/*Kraft* § 46 Rn 27; zweifelnd Ulmer/*Ulmer* Rn 45.

[45] AA BGH NJW 1984, 1037 betr Erstattungsanspruch nach § 31.

Verzicht auf Ersatzansprüche

9b (1) [1]**Ein Verzicht der Gesellschaft auf Ersatzansprüche nach § 9a oder ein Vergleich der Gesellschaft über diese Ansprüche ist unwirksam, soweit der Ersatz zur Befriedigung der Gläubiger der Gesellschaft erforderlich ist.** [2]**Dies gilt nicht, wenn der Ersatzpflichtige zahlungsunfähig ist und sich zur Abwendung des Insolvenzverfahrens mit seinen Gläubigern vergleicht oder wenn die Ersatzpflicht in einem Insolvenzplan geregelt wird.**

(2) [1]**Ersatzansprüche der Gesellschaft nach § 9a verjähren in fünf Jahren.** [2]**Die Verjährung beginnt mit der Eintragung der Gesellschaft in das Handelsregister oder, wenn die zum Ersatz verpflichtende Handlung später begangen worden ist, mit der Vornahme der Handlung.**

1. Allgemeines. § 9b ist eingefügt durch GmbH-Novelle 1980; entspr weitgehend § 9 II, III aF. Abs 1 S 2 wurde durch Art 48 Nr 1 EGInsO mit Wirkung zum 1. 1. 1999 der neuen Rechtslage angepasst. – **Abs 1** schränkt Möglichkeit der Ges zu **Verzicht** oder **Vergleich** betr Ansprüche aus Gründungshaftung ein. Zweck der Regelung **Schutz der Gläubiger,** nicht der Ges oder Minderheit wie im weitergehenden § 50 AktG.[1] – **Abs 2** regelt **Verjährung.** – § 9b gilt entspr für Ansprüche gegen GFührer bei Kapitalerhöhung, § 57 IV. Abs 1 findet auch auf Ansprüche gegen GFührer wegen Pflichtverletzung Anwendung, § 43 III 2 u § 64 S 4. 1

2. Verzicht und Vergleich. – Verzicht bedeutet Erlassvertrag oder negatives Schuldanerkenntnis iSd § 397 BGB, **Vergleich** s § 779 BGB; auch im Prozess.[2] Verzicht oder Vergleich an sich zulässig, Beschluss nach § 46 Nr 8 erforderlich,[3] bei dem der betroffene Gfter kein Stimmrecht hat (§ 47 IV). Verzicht, Vergleich jedoch **unwirksam,** soweit sie GesGläubiger beeinträchtigen; gilt auch für Verzichtswirkung einer Entlastung gem § 46 Nr 5[4] (s dort Rn 41), für Verzichtswirkung der Annahme minderwertiger Leistung an Erfüllungs Statt oder der Abtretung des Anspruchs aus § 9a ohne adäquate Gegenleistung.[5] Kein Verzicht liegt in bloßer Schiedsabrede.[6] Kann die Ges ohne Ersatzleistungen nach § 9a Gläubiger nicht befriedigen, Wirkung wie auflösende Bedingung, § 158 II BGB.[7] Unwirksamkeit gegeben im Insolvenzfall, auch schon bei Eintritt der Insolvenzantragsvoraussetzungen, § 15a InsO iVm §§ 17ff InsO, u ernsthaften, nicht nur vorübergehenden Zahlungsschwierigkeiten.[8] Gläubiger kann Anspruch pfänden u sich zur Einziehung überweisen lassen, was dann dafür spricht, dass Ersatzbetrag zu seiner Befriedigung erforderlich, das aber nicht notwendig beweist.[9] 2

---

[1] Ulmer/*Ulmer* Rn 2; Michalski/*Heyder* Rn 1.

[2] Ausführl Ulmer/*Ulmer* Rn 8, 11; Michalski/*Heyder* Rn 4; *Roth*/Altmeppen Rn 2.

[3] HM, Ulmer/*Ulmer* Rn 6; Scholz/*Winter/Veil* Rn 4; *Roth*/Altmeppen Rn 2.

[4] BGH ZIP 1987, 1050.

[5] *Lutter*/Hommelhoff/*Bayer* Rn 1; Michalski/*Heyder* Rn 5; Rowedder/*Schmidt-Leithoff* Rn 8; mit Einschränkungen auch Ulmer/*Ulmer* Rn 12.

[6] Michalski/*Heyder* Rn 5; *Bork* ZZP 100 (1987), 249, 264; – aA Rowedder/*Schmidt-Leithoff* Rn 8.

[7] Ulmer/*Ulmer* Rn 15; Scholz/*Winter/Veil* Rn 10; Rowedder/*Schmidt-Leithoff* Rn 9.

[8] Ulmer/*Ulmer* Rn 13; Scholz/*Winter/Veil* Rn 8; *Lutter*/Hommelhoff/*Bayer* Rn 2; Michalski/*Heyder* Rn 7.

[9] Scholz/*Winter/Veil* Rn 9; Michalski/*Heyder* Rn 9.

3 Abs 1 S 2 enthält **Ausnahme** von der Unwirksamkeit nach S 1 für Teilnahme der Ges an **Vergleich** eines zahlungsunfähigen Ersatzpflichtigen zur Abwendung oder, was gleichsteht, Einstellung (§§ 213 ff InsO) eines Insolvenzverfahrens sowie für Regelung der Ersatzpflicht im Insolvenzplan gem §§ 217 ff InsO.[10] Für den überschuldeten Ersatzpflichtigen gilt die Regelung analog.[11]

4 **3. Verjährung** grds nach den allg Regeln, aber nach Abs 2 **Verjährungsfrist 5 Jahre** ab Eintragung der Ges. Nicht maßgebend Schadensentstehung u Kenntnis der die Gründungshaftung auslösenden Tatsachen.[12] Späterer Verjährungsbeginn bei Schädigungshandlung nach Eintragung, S 2 Halbs 2, an § 51 S 2 AktG angelehnt. Kommt wegen andersartiger Gründung u Gründungshaftung im GmbH-Recht kaum in Betracht (§ 9 a Rn 19). – Vertragliche Abkürzung der Verjährung, § 202 BGB unter Gesichtspunkt des Gläubigerschutzes unwirksam.[13]

Ablehnung der Eintragung

9c (1) **[1]Ist die Gesellschaft nicht ordnungsgemäß errichtet und angemeldet, so hat das Gericht die Eintragung abzulehnen. [2]Dies gilt auch, wenn Sacheinlagen nicht unwesentlich überbewertet worden sind.**

(2) **Wegen einer mangelhaften, fehlenden oder nichtigen Bestimmung des Gesellschaftsvertrages darf das Gericht die Eintragung nach Absatz 1 nur ablehnen, soweit diese Bestimmung, ihr Fehlen oder ihre Nichtigkeit**

1. **Tatsachen oder Rechtsverhältnisse betrifft, die nach § 3 Abs. 1 oder auf Grund anderer zwingender gesetzlicher Vorschriften in dem Gesellschaftsvertrag bestimmt sein müssen oder die in das Handelsregister einzutragen oder von dem Gericht bekanntzumachen sind,**
2. **Vorschriften verletzt, die ausschließlich oder überwiegend zum Schutze der Gläubiger der Gesellschaft oder sonst im öffentlichen Interesse gegeben sind, oder**
3. **die Nichtigkeit des Gesellschaftsvertrages zur Folge hat.**

Übersicht

[10] Scholz/*Winter/Veil* Rn 14 f; Michalski/*Heyder* Rn 10 f; *Uhlenbruck* GmbHR 1995, 81, 195; *Pick* NJW 1995, 996.

[11] *Lutter*/Hommelhoff/*Bayer* Rn 3.

[12] Ulmer/*Ulmer* Rn 25 ff; Scholz/*Winter/Veil* Rn 17; Michalski/*Heyder* Rn 14.

[13] Ulmer/*Ulmer* Rn 28; Scholz/*Winter/Veil* Rn 19; *Roth*/Altmeppen Rn 8; *Lutter*/Hommelhoff/*Bayer* Rn 4; Rowedder/*Schmidt-Leithoff* Rn 12.

Lit: *Ammon,* Die Prüfungsbefugnisse des Registerrichters bei GmbH-Anmeldungen – besteht Reformbedarf?, DStR 1995, 1311.

I. Allgemeines

§ 9 c ist mit Inhalt des Abs 1 eingefügt durch GmbH-Novelle 1980; S 2 1
angepasst an § 38 II 2 AktG durch MoMiG, um unverhältnismäßige externe Prüfungen zu vermeiden u Eintragung zu beschleunigen.[1] Abs 2 angefügt durch Art 9 Nr 4 HRefG vom 22. 6. 1998.[2] Vorschrift regelt **Prüfungsrecht und -pflicht des Registergerichts** (§ 7 Rn 2). – Zweck der Norm Verhinderung der Eintragung nicht ordnungsgem errichteter u angemeldeter Ges, Einhaltung der Normativbestimmungen;[3] Bedeutung auch für Aufdeckung von Haftungstatbeständen. Mit dem durch HRefG neu angefügten Abs 2 soll der Umfang der registerrechtlichen Inhaltskontrolle von Regelungen des Gesellschaftsvertrags im Interesse der Beschleunigung des Eintragungsverfahrens präzisiert u beschränkt werden.[4] – **Abs 1 entspr anwendbar bei Kapitalerhöhung,** § 57 a. Darüber hinaus enthält Abs 1 S 1 allg Prüfungsgrundsatz für alle Eintragungen.[5] Zur Frage, inwieweit die Kapitalaufbringung bei **wirtschaftlicher Neugründung** (Mantelgründung bzw -verwendung) zu prüfen ist, s § 3 Rn 13.

II. Prüfungsrecht und -pflicht, Verfahren

1. Umfang der Prüfung. Prüfungsrecht u -pflicht betr alle Formalien u 2
eintragungsrelevanten Tatsachen. Prüfungsgrundlage Anmeldung u Angaben der Anmelder, § 8 (s dort). RegGericht darauf nicht beschränkt, kann bei Zweifeln nach § 26 FamFG weitere Ermittlungen anstellen (allgM), insbes bei erheblichen Zweifeln an Richtigkeit der Versicherung Nachweise zu abgegebenen Versicherungen nach § 8 II verlangen (s § 8 Rn 15 mwN) u, praktisch wichtig vor allem für Sacheinlagen, Sachverständigengutachten einholen,[6] dazu auch selbst sachverständige Prüfer bestellen.[7] Da **Anspruch auf**

---

[1] RegBegr BR-Drucks 354/07, 82.

[2] BGBl I, 1474.

[3] Ulmer/*Ulmer* Rn 1 f, 5; MünchKommHGB/*Krafka* § 8 Rn 13; Staub/*Hüffer* Vor § 8 Rn 3, § 8 Rn 58.

[4] RegBegr BT-Drucks 13/8444, abgedruckt ZIP 1997, 998; krit zu Sinn und Nutzen *Lutter*/Hommelhoff/*Bayer* Rn 14.

[5] Ulmer/*Ulmer* Rn 3; Scholz/*Winter*/*Veil* Rn 3.

[6] BayObLG NJW 1995, 1971, regelmäßig bei Grundstückseinbringung.

[7] Ganz hM, Ulmer/*Ulmer* Rn 14, 40; Scholz/*Winter*/*Veil* Rn 14; Rowedder/*Schmidt-Leithoff* Rn 14; Michalski/*Heyder* Rn 6; im Grds auch *Roth*/Altmeppen Rn 5; *Lutter*/Hommelhoff/*Bayer* Rn 18.

Eintragung besteht, sind unnötige Verzögerungen und Kostenbelastungen zu vermeiden, RegGericht hat daher seine Prüfung im Regelfall auf die vorgeschriebenen Anmeldungsunterlagen zu beschränken. Nur wenn im Einzelfall auf Grund besonderer Umstände **begründete Zweifel an der ordnungsgemäßen Errichtung** bestehen, sind zusätzliche Ermittlungen u Anforderung über § 8 hinausgehender Nachweise zulässig.[8] Dagegen ist RegGericht zur routinemäßigen Anforderung weitergehender Nachweise auf Grund bloßer Vermutungen oder der statistischen Wahrscheinlichkeit von Unregelmäßigkeiten bei bestimmten Konstellationen (zB Kapitalerhöhung im Schütt-aus-hol-zurück-Verfahren) nicht befugt, da Prüfung stets einzelfallorientiert.[9]

3 **2. Verfahren.** Anforderung weiterer Unterlagen u Nachweise, sowie Beanstandung behebbarer Mängel erfolgt durch **Zwischenverfügung** gem § 26 S 2 HRV; anfechtbar.[10] – Stellt RegGericht **nicht behebbaren Mangel** fest, kann Rücknahme der Anmeldung zwecks Kostenersparnis angeregt werden.[11] – **Ablehnung der Eintragung** mit **Beschwerde** anfechtbar, §§ 58 ff FamFG; beschwerdeberechtigt Vorges selbst als Antragstellerin gem § 59 II FamFG, nicht GFührer oder Gfter.[12] Das entspricht neuerer Auffassung zur weitgehend verselbständigten Rechtsträgerschaft der Vorges (dazu § 11 Rn 7, 12 ff). Obwohl bei Anmeldung Vorges durch sämtliche GFührer vertreten wird (§§ 7 I, 78; dazu § 7 Rn 2), lässt BGH[13] für Beschwerde Handeln der GFührer in vertretungsberechtigter Zahl genügen; daran hat Praxis sich zu orientieren.[14] Bei Vorgreiflichkeit eines Rechtsstreits über Eintragungsvoraussetzungen ist Aussetzung des Verfahrens möglich, § 381 FamFG.[15]

III. Prüfungsgegenstände

4 **1. Ordnungsgemäße Errichtung und Anmeldung, Abs 1 S 1.** Prüfung erstreckt sich auf ordnungsgemäße Errichtung und Anmeldung der Ges, dh auf **alle gesetzlichen Eintragungsvoraussetzungen.** Dabei ua wichtig: Rechtswirksames Zustandekommen des GesVertrages;[16] Zulässigkeit von Ges-Zweck u Unternehmensgegenstand (§ 1 Rn 13, 17); Form des GesVertrags (§ 2 Rn 14); Vollmachten zum Vertragsschluss (§ 2 Rn 20); betreuungs- bzw familiengerichtliche Genehmigung (§ 2 Rn 25, 28); Rechtsfähigkeit einer ausl Kapitalges als Gfterin;[17] Individualisierung des Unternehmensgegenstands (§ 3 Rn 10, 20); Firma u Rechtsformzusatz (§ 4 Rn 29; § 5 a Rn 9); Sitz (§ 4 a Rn 7); Stammkapital u Nennbeträge der GAnteile sowie deren voll-

---

[8] BGHZ 113, 352; KG BB 1998, 1548; OLG Düsseldorf WM 1995, 1840; Ulmer/*Ulmer* Rn 13 f; Scholz/*Winter/Veil* Rn 13; Rowedder/*Schmidt-Leithoff* Rn 8, 14; *Lutter*/Hommelhoff/*Bayer* Rn 3; s auch Keidel/Kuntze/Winkler/*Schmidt* § 12 Rn 84 ff.

[9] KG BB 1998, 1548.

[10] BayObLGZ 70, 245 f.

[11] OLG Hamm OLGZ 73, 267 f.

[12] BGHZ 107, 1, 2; 117, 323, 325 ff; BayObLG DB 1995, 1801; zust Scholz/*Winter/Veil* Rn 41; Rowedder/*Schmidt-Leithoff* Rn 21; Michalski/*Heyder* Rn 48; *Roth*/Altmeppen Rn 23; abw die früher hM, Nachw 16. Aufl Rn 2.

[13] BGHZ 117, 327, 329.

[14] So nun auch Scholz/*Winter/Veil* Rn 41.

[15] KG NJW 1967, 401; Keidel/Kuntze/*Winkler* § 127 Rn 31 ff; Ulmer/*Ulmer* Rn 59; Scholz/*Winter/Veil* Rn 38; Michalski/*Heyder* Rn 49.

[16] Scholz/*Winter/Veil* Rn 16; *Lutter*/Hommelhoff/*Bayer* Rn 4.

[17] KG DB 1997, 1124.

ständige Übernahme (§ 5 Rn 12); Mindesteinzahlung nach § 7 II (s dort Rn 5 ff) bzw Volleinzahlung bei UG nach § 5 a II 1; Einbringung von Sacheinlagen nach § 7 III (s dort Rn 12 ff) bzw deren Unzulässigkeit bei UG (§ 5 a II 2); bei Einmanngründung auch, ob separiertes GesVermögen gebildet (§ 11 Rn 40 ff); Anlagen u Versicherungen nach § 8 II u III (s dort Rn 11 ff) einschließlich der Wirksamkeitsvoraussetzungen der Einlage im Fall des dem Registergericht nach § 19 V 2 angezeigten Einlagenrückflusses; wirksame GFührerbestellung[18] u Vorliegen der ges Eignungsvoraussetzungen (§ 6); allg Nichtigkeitsgründe für einzelne Beitrittserklärung (§ 3 Rn 20). **Nicht mehr zu prüfen Genehmigung** bei genehmigungspflichtigem Unternehmensgegenstand, da § 8 I Nr 6 aF, der deren Vorlage vorsah, aus Gründen der Verfahrensbeschleunigung aufgehoben wurde.

2. Inhaltliche Mängel des Gesellschaftsvertrages, Abs 2. 5

Lit: *Ullrich,* Registerrechtliche Inhaltskontrolle von Gesellschaftsverträgen und Satzungsänderungsbeschlüssen, 2006.

Durch HRefG 1998 angefügter **Abs 2** begrenzt Kontrolle von Satzungsmängeln klarstellend auf abschließend aufgezählte Gründe u zwar Mängel betr Mindestinhalt nach § 3 I, Verletzung von Gläubigerschutzvorschriften oder Nichtigkeit des gesamten GesVertrags. Damit soll Satzungskontrolle auf das nach Sinn u Zweck des § 9 c erforderliche Maß begrenzt u Verfahren beschleunigt werden.[19] Neuregelung hat allerdings, wie zu erwarten,[20] wegen Nr 3 nicht zu gravierenden Änderungen der Prüfungspraxis geführt.[21] **Einzelheiten: Nr 1** Nichtigkeit, Mangelhaftigkeit oder Fehlen zwingender **Mindesterfordernisse nach § 3 I:** Firma (einschl des Irreführungsverbots nach § 18 II HGB), Sitz,[22] Gegenstand,[23] Betrag des Stammkapitals, Nennbetrag u Übernehmer der GAnteile (vgl bereits oben Rn 4), Festsetzung zur Übernahme des Gründungsaufwands.[24] Dabei ist in der Praxis str, ob die erstattungsfähigen Einzelkosten jeweils namentlich benannt u beziffert, notfalls geschätzt werden müssen oder ob, wofür mehr spricht, nur Gesamtbetrag genannt werden muss u es Sache des RegGer ist, bei Zweifeln an Angemessenheit Aufstellung zu verlangen.[25] – Andere zwingende gesetzliche Vorschriften sind etwa § 10 I u II: Unwirksame Geschäftsführerbestellung im GesVertrag, unzulässige Regelung über Vertretungsmacht, unwirksame Bestimmung über Zeitdauer. – **Nr 2 Verletzung von Gläubigerschutzvorschriften,** Vorschriften im überwiegenden öffentlichen Interesse: Damit wird insoweit auf Rspr u Lit zu § 241 Nr 3 AktG Bezug genommen[26] (näher Anh § 47 Rn 51 ff). Dazu gehören für die Ordnungsmäßigkeit der Errichtung maß-

[18] Zur in der Praxis vorherrschenden Prüfung der Einreise- u Aufenthaltsmöglichkeit von ausländischen GFührern s § 6 Rn 9.

[19] RegBegr BT-Drucks 13/8444, abgedruckt ZIP 1997, 998.

[20] *Ammon* DStR 1998, 1479; *Lutter*/Hommelhoff/*Bayer* Rn 14; Scholz/*Winter*/*Veil* Rn 2; – aA *Stumpf* BB 1998, 2381.

[21] Michalski/*Heyder* Rn 13.

[22] Zur Nichtigkeit von Sitzverlegungsbeschlüssen § 4 a Rn 8 u AG Memmingen NZG 2006, 70.

[23] OLG Düsseldorf FGPrax 2007, 93 (Tierarztpraxis).

[24] Scholz/*Winter*/*Veil* Rn 20; *Roth*/Altmeppen Rn 18.

[25] LG Gießen GmbHR 2003, 543, 544; ebenso Ulmer/*Ulmer* § 5 Rn 217; generell für Einzelaufstellung LG Essen GmbHR 2003, 471.

[26] RegBegr BT-Drucks 13/8444 = ZIP 1997, 1000.

gebenden Vorschriften (oben Rn 4). Jenseits dieser Voraussetzungen kommen auch Verstöße gegen Vorschriften innerhalb u außerhalb des GmbHG in Betracht, etwa solche gegen Rechnungslegungs-, kartell- u mitbestimmungsrechtliche Vorschriften.[27] Überwiegen bedeutet, dass nicht nur untergeordnete Nebenwirkung vorliegen darf.[28] Bedenklich daher, Satzungsbestimmung über Veröffentlichung der Ges wegen Unklarheit abzulehnen.[29] – **Nr 3 (Gesamt-)Nichtigkeit des GesVertrags:** Soweit es um zwingenden Mindestinhalt geht, greift bereits Nr 1 ein. Nr 3 betrifft daher fakultativen Inhalt, soweit die Teilnichtigkeit nach § 139 BGB zur Gesamtnichtigkeit führt. Damit wird Gericht doch gezwungen, GesVertrag insgesamt durchzusehen,[30] sodass beabsichtigte Beschleunigung u Erleichterung stark relativiert wird.[31]

6 **Nicht Prüfungsgegenstand** sind danach **Mängel des GesVertrags, die nicht unter Abs 2 fallen,** etwa Unklarheiten und Widersprüche, Zweckmäßigkeit des GesVertrags,[32] Auswirkungen künftiger ungewisser Entwicklungen auf GesVertrag,[33] wirtschaftliche Angemessenheit, ausreichende Kapitalisierung[34] (näher § 5 Rn 5 f). Grds auch nicht Solvenz der Gründer,[35] falls nicht ausnahmsweise Anhaltspunkte für schwerwiegende Bedenken hinsichtlich Aufbringung des ausstehenden Stammkapitals oder Realisierung der Haftung für Verluste u Vorbelastungen bestehen[36] (s auch unten Rn 11 f bzgl Vorbelastungen). Überwachung der Einhaltung ausländerrechtlicher Vorschriften ist nicht Aufgabe des RegGerichts (§ 1 Rn 16, 29, § 6 Rn 9, jew mwN).

7 **3. Sacheinlagen, auch Sachübernahmen** (§ 5 Rn 16). **a) Festsetzung.** Zu prüfen ordnungsgem Festsetzung im GesVertrag (§ 5 Rn 43 ff). Anhaltspunkten für verdeckte Sachgründung hat RegRichter nachzugehen[37] (§ 5 Rn 18 f). Bei UG sind Sacheinlagen u Sachübernahmen unzulässig, § 5 a II 2.

7a **b) Bewertung, Abs 1 S 2.** Besonders wichtig, durch MoMiG allerdings auf nicht unwesentl Überbewertung begrenzt, ist gerichtliche Prüfung der Bewertung, da keine obligatorische Gründungsprüfung wie nach §§ 33 ff AktG. Prüfungsgrundlagen sind Sachgründungsbericht u sonstige Unterlagen u Versicherungen nach § 8 I Nr 4 u 5, II; Gericht ist darauf aber bei **begründeten Zweifeln** an Richtigkeit nicht beschränkt (oben Rn 2). Nicht unwesentliche **Überbewertung** ist **Eintragungshindernis,** wenn Wert Nennbetrag der übernommenen GAnteile jenseits üblicher Bewertungsdifferenzen

---

27 Ulmer/*Ulmer* Rn 54.

28 Michalski/*Heyder* Rn 18.

29 So aber OLG München NZG 2006, 35; – iE wie hier LG Bielefeld RPfleger 2007, 32.

30 RegBegr BT-Drucks 13/8444.

31 So auch *Lutter*/Hommelhoff/*Bayer* Rn 12, 14; Michalski/*Heyder* Rn 21.

32 BayObLG BB 1975, 249; 1983, 83; Michalski/*Heyder* Rn 10, 45; *Roth*/Altmeppen Rn 21.

33 OLG Stuttgart GmbHR 1989, 418: Größenmerkmale iSv § 267 I HGB.

34 HM, Scholz/*Winter*/*Veil* Rn 36; Rowedder/*Schmidt-Leithoff* Rn 18 f; *Roth*/Altmeppen Rn 4; einschränkend bei offensichtlicher oder in ähnlicher Weise qualifizierter Unterkapitalisierung Ulmer/*Ulmer* Rn 11, 33; *Raiser*/*Veil* § 26 Rn 50.

35 AllgM; – aA *Koch* ZHR 146 (1982), 136 f.

36 Ulmer/*Ulmer* Rn 33; noch weiter einschränkend Scholz/*Winter*/*Veil* Rn 36; Rowedder/*Schmidt-Leithoff* Rn 19: nur bei sittenwidriger Gläubigerschädigung.

37 Ulmer/*Ulmer* Rn 31.

nicht erreicht.[38] Beschränkung auf nicht unwesentliche Überbewertung eingefügt durch MoMiG, um in Anlehnung an § 38 II 2 AktG routinemäßige Bestellung eines eigenen Sachverständigen zu unterbinden u auf Fälle zu beschränken, in welchen begründete Zweifel auf wesentliche Überbewertung hindeuten. Zu Bewertungsmethode u Zeitpunkt s § 5 Rn 33. **Unterbewertung** von Sacheinlagen zur Schaffung stiller Reserven ist dagegen unter Eintragungsgesichtspunkten unschädlich.[39] Auch **Agio** ist nicht nach Kapitalaufbringungsgrundsätzen geschützt, Arg § 8 I Nr 5, § 9.[40]

c) Bewertungsstichtag. Nach hM ist auf **Eintragung** abzustellen, was bei nicht ausgeglichenem Wertverfall der Sacheinlage zwischen Anmeldung und Eintragung Eintragungshindernis zur Folge haben soll.[41] Da Differenzhaftung nach § 9 ausscheidet, kommt bei fehlender Einigung dann nur Auflösung der Vorges in Betracht. Dem ist nicht zu folgen. Maßgeblicher Zeitpunkt der Bewertung einer Sacheinlage ist nach § 9 I u damit auch für § 9c grds die **Anmeldung der Ges zum Handelsregister.**[42] 8

aa) Nicht nur unwesentliche Überbewertung bei Anmeldung ist Eintragungshindernis, falls nicht bis zur reggerichtlichen Prüfung ausgeglichen. RegGericht hat zu prüfen, ob bei Anmeldung schon Anzeichen für Wertverfall vorhanden waren und deshalb nicht nur unwesentliche Überbewertung vorliegt.[43] 9

bb) Wertverfall nach Anmeldung führt dagegen, da Haftung des Sacheinlegers nach § 9 nicht mehr eingreift, zu Vorbelastungshaftung[44] (§ 11 Rn 61), die auch nach hM Eintragung nicht hindert (unten Rn 12). Abstellen auf Eintragungszeitpunkt bei Wertverfall durch hM führt demgegenüber zu kaum überwindbaren praktischen Problemen, weil bei Gegenständen mit dynamischer Wertentwicklung (Unternehmen) im Eintragungsverfahren ständig neue Angaben gemacht werden müssten (s § 8 Rn 14) u auch diese nicht sicherstellen können, dass nicht zwischen Prüfung u Eintragung Wertangaben überholt sind. Bewertungszeitpunkt der hM lässt sich in der Praxis daher nicht konsequent umsetzen.[45] Weiter ist nicht zu begründen, warum Bewertungsstichtage bei Kapitalerhöhung (§ 57a Rn 11: Anmeldung) und Ersteintragung abweichen sollen. **Grundsatz der realen Aufbringung des Stammkapitals im Zeitpunkt der Entstehung der GmbH** ist auch beim Wertverfall von Sacheinlagen nach Anmeldung durch Vorbelastungshaftung ausreichend 10

---

[38] So hM zu der entspr Regelung in § 38 II 2 AktG, *Hüffer* § 38 Rn 9; Großkomm-AktG/*Röhricht* § 38 Rn 41; MünchKommAktG/*Pentz* § 38 Rn 60.

[39] LG Augsburg GmbHR 1996, 216; Ulmer/*Ulmer* Rn 32; *Roth*/Altmeppen Rn 11; Michalski/*Heyder* Rn 24; zur bilanzrechtlichen Frage der Zulässigkeit s aber *Schulze-Osterloh* ZGR 1993, 420, 429ff.

[40] LG Augsburg GmbHR 1996, 216; Ulmer/*Ulmer* Rn 36; Scholz/*Winter*/*Veil* Rn 32; *Lutter*/Hommelhoff/*Bayer* Rn 18; Michalski/*Hermanns* § 57a Rn 12; Rowedder/Schmidt-Leithoff/*Zimmermann* § 57a Rn 10; – aA *Geßler* BB 1980, 1387.

[41] BGHZ 80, 136f; Ulmer/*Ulmer* Rn 21, 41; *Roth*/Altmeppen Rn 11.

[42] Scholz/*Winter*/*Veil* Rn 33; Rowedder/*Schmidt-Leithoff* Rn 26; zust auch Michalski/*Heyder* Rn 26, 32ff; jetzt auch *Lutter*/Hommelhoff/*Bayer* Rn 17; MünchHdb-GmbH/*Heinrich* § 9 Rn 44.

[43] Scholz/*Winter*/*Veil* Rn 33; Michalski/*Heyder* Rn 35; MünchHdbGmbH/*Heinrich* § 9 Rn 44.

[44] Michalski/*Heyder* Rn 34; Rowedder/*Schmidt-Leithoff* Rn 27; zust *Roth*/Altmeppen Rn 11.

[45] So zutr MünchHdbGmbH/*Heinrich* § 9 Rn 44; Michalski/*Heyder* Rn 29, 33.

geschützt. Außerdem kann Eintragung abgelehnt werden, wenn erhebliche **Zweifel** an Erfüllung möglicher Ansprüche aus Vorbelastungshaftung bestehen (näher unten Rn 12 aE).

11 **4. Vorbelastungen. a) Vor HRAnmeldung entstandene.** Vorbelastungen, die **vor HRAnmeldung entstanden** u bis zu diesem Zeitpunkt nicht ausgeglichen sind, stellen **Eintragungshindernis** dar.[46] Ablehnung der Eintragung insoweit trotz Vorbelastungshaftung erforderlich, um bis zu diesem Zeitpunkt sicherzustellen, dass GmbH mit satzungsgemäßem Haftungsfonds entsteht u unsolide Gründungen ferngehalten werden. Angaben der GFührer zu Vorbelastungen im Eintragungsverfahren nach Rspr des BGH u hM erforderlich (§ 8 Rn 14 mwN, § 11 Rn 61). Erforderlich ist der tats Ausgleich, nicht nur die Aktivierung der Ansprüche aus der Vorbelastungshaftung.[47] Eintragungshindernis gilt auch für nicht ausgeglichene Folgekosten bei Sacheinlagen, insbes durch Unternehmensfortführung;[48] nicht dagegen für notwendige Gründungskosten, sofern diese im GesVertrag als Gründungsaufwand festgesetzt sind (oben Rn 5, § 5 Rn 57 u § 11 Rn 64).

12 **b) Nach HRAnmeldung entstandene.** Nicht ausgeglichene Vorbelastungen, die **nach HRAnmeldung entstanden** sind, stellen hingegen **kein Eintragungshindernis** dar, sondern werden durch Vorbelastungshaftung (§ 11 Rn 61 f) ausgeglichen (str).[49] Auffüllung von Fehlbeträgen kann insoweit für Eintragung nicht verlangt werden (§ 11 Rn 63), sondern Vorbelastungshaftung auf Differenzbetrag nach Eintragung (dazu § 11 Rn 58 ff). Die Gegenansicht berücksichtigt die Interessen der Gründer an baldiger Eintragung unzureichend und führt bei konsequenter Durchführung zu praktischen Problemen u unbilligen Zufälligkeiten, insbes bei unternehmerischer Tätigkeit der Vorges mit der Folge ständiger Änderungen des GesVermögens,[50] s auch oben Rn 10. RegGericht hat aber Eintragung uU abzulehnen, wenn im Einzelfall **erhebliche Zweifel an Leistungsfähigkeit der Gfter** bzgl Erfüllung der Vorbelastungshaftung bestehen u nicht durch geeignete Nachweise ausgeräumt werden.[51] Das liegt insbes dann nahe, wenn nach Anmeldung der Ges über das Vermögen des Alleingfters das Insolvenzverfahren eröffnet oder gar dessen Eröffnung mangels Masse abgelehnt wurde.[52]

---

46 Ganz überwM, Ulmer/*Ulmer* Rn 34 mit § 7 En 62; Michalski/*Heyder* Rn 27; Rowedder/*Schmidt-Leithoff* Rn 30; insoweit auch *Roth*/Altmeppen Rn 12 f; – abw MünchHdbGmbH/*Heinrich* § 8 Rn 36 f.

47 Anders offenbar *Goette* § 1 Rn 29; – wie hier die in Fn 46 Genannten; zur Frage, ob solche Ansprüche bereits vor Eintragung bestehen s § 11 Rn 63.

48 Str, hM, abw wohl Rowedder/*Schmidt-Leithoff* § 11 Rn 28; *Meister* FS Werner, 1984, 529 f; *Fleck* GmbHR 1983, 10 f.

49 HM in der Lit, mit Unterschieden in Einzelheiten, Ulmer/*Ulmer* Rn 34; Scholz/*Winter/Veil* Rn 29; Scholz/*K. Schmidt* § 11 Rn 124 ff; *Lutter*/Hommelhoff/*Bayer* Rn 17; Rowedder/*Schmidt-Leithoff* Rn 17; *K. Schmidt* GesR § 34 III 6; MünchHdbGmbH/*Heinrich* § 8 Rn 36; – aA für Bargründungen BGHZ 80, 129, 143, wohl auch 184 f obiter; OLG Hamm DB 1993, 86; OLG Düsseldorf ZIP 1996, 1705; BayObLG DB 1991, 2536; BB 1998, 2439; *Roth*/Altmeppen Rn 13; *Fleck* GmbHR 1983, 11 f; *Meister* FS Werner, 1984, 534 ff.

50 Scholz/*Winter/Veil* Rn 29.

51 BayObLG DB 1991, 2536; Ulmer/*Ulmer* Rn 33; Michalski/*Heyder* Rn 31; *K. Schmidt* GesR § 34 III 6; Scholz/*Winter/Veil* Rn 29; insoweit auch *Roth*/Altmeppen Rn 13.

52 Vgl BayObLG BB 1998, 2440.

IV. Eintragung unter Verstoß gegen § 9 c

Eintragung, obwohl Ges nicht ordnungsgem errichtet u angemeldet ist, **lässt** gleichwohl **GmbH als juristische Person entstehen.**[53] Rechtsmittel gegen erfolgte Eintragung nicht gegeben.[54] – **Rechtsfolgen** bestimmen sich **nach Art des** übergangenen **Eintragungshindernisses.**[55] Formmängel werden geheilt, zB des GesVertrags (§ 2 Rn 15), einer Vollmacht (§ 2 Rn 23). Bei Inhaltsmängeln des GesVertrags ggf Nichtigkeitsklage nach § 75, Amtslöschungs- bzw Amtsauflösungsverfahren nach §§ 397, 399 FamFG (§ 3 Rn 23). – Zu fehlerhafter Beitrittserklärung § 2 Rn 43 ff. – Überbewertung von Sacheinlagen führt zu Nachzahlungspflicht des Einlegers, § 9 (s dort); zur Gründungshaftung s § 9 a. – Amtshaftung des RegRichters nach § 839 BGB.[56] 13

Inhalt der Eintragung

10 (1) [1]**Bei der Eintragung in das Handelsregister sind die Firma und der Sitz der Gesellschaft, eine inländische Geschäftsanschrift, der Gegenstand des Unternehmens, die Höhe des Stammkapitals, der Tag des Abschlusses des Gesellschaftsvertrages und die Personen der Geschäftsführer anzugeben.** [2]**Ferner ist einzutragen, welche Vertretungsbefugnis die Geschäftsführer haben.**

(2) [1]**Enthält der Gesellschaftsvertrag Bestimmungen über die Zeitdauer der Gesellschaft oder über das genehmigte Kapital, so sind auch diese Bestimmungen einzutragen.** [2]**Wenn eine Person, die für Willenserklärungen und Zustellungen an die Gesellschaft empfangsberechtigt ist, mit einer inländischen Anschrift zur Eintragung in das Handelsregister angemeldet wird, sind auch diese Angaben einzutragen; Dritten gegenüber gilt die Empfangsberechtigung als fortbestehend, bis sie im Handelsregister gelöscht und die Löschung bekannt gemacht worden ist, es sei denn, dass die fehlende Empfangsberechtigung dem Dritten bekannt war.**

Übersicht

[53] AllgM, Ulmer/*Ulmer* § 10 Rn 16; Scholz/*Winter/Veil* § 10 Rn 21; *Lutter*/Hommelhoff/*Bayer* § 10 Rn 6; Michalski/*Heyder* Rn 50; Rowedder/*Schmidt-Leithoff* § 10 Rn 18 ff; Keidel/Kuntze/*Winkler* § 144 Rn 2.

[54] BayObLG DNotZ 1986, 48; Ulmer/*Ulmer* Rn 63; Scholz/*Winter/Veil* Rn 42; *Roth*/Altmeppen Rn 24; Staub/*Hüffer* § 8 Rn 86.

[55] Zum Ganzen ausführl mwN Ulmer/*Ulmer* § 10 Rn 17 ff; Scholz/*Winter/Veil* § 10 Rn 18 ff; Michalski/*Heyder* Rn 51; Keidel/Kuntze/*Winkler* § 144 Rn 2, 5 ff.

[56] Ausführl dazu Ulmer/*Ulmer* § 10 Rn 30 f; Scholz/*Winter/Veil* § 10 Rn 33; Michalski/*Heyder* Rn 52.

1 **1. Allgemeines, Neuregelungen.** § 10, geändert durch MoMiG, bestimmt jew abschließend (allgM) **Inhalt der Eintragung ins Handelsregister.** Neben den bisher schon vorgeschriebenen Eintragungen ist in **Abs 1** durch MoMiG zwingend Eintragung der nach § 8 IV Nr 1 bei der Anmeldung anzugebenden **inländischen Geschäftsanschrift** hinzugekommen. **Abs 2** wurde um S 2 ergänzt, der Eintragung einer **fakultativen weiteren Zustellungsadresse** ermöglicht, u S 1 durch ARUG idF um Aufnahme der Bestimmungen über genehmigtes Kapital ergänzt. Abs. 3 aF, der Inhalt der Bekanntmachung betraf, wurde mit Wirkung vom 1. 1. 2007 durch EHUG[1] aufgehoben. An deren Stelle trat elektronische Veröffentlichung der Eintragungen gem § 10 HGB – Eintragungen u mit der Anmeldung eingereichte Dokumente, die von jedermann ohne Darlegung eines berechtigten Interesses grds online eingesehen werden können (§ 9 I HGB) enthalten wichtigste Grundinformation über die Ges. – Eintragung in Abt B des HR; Verfahren nach §§ 378 ff FamFG) u HRV; zur Zuständigkeit § 7 Rn 2; im Übrigen zum Verfahren auch § 7 Rn 4, § 9c Rn 4, 13. – Auf § 10 verweist § 54 II; weitere Eintragungsfälle s § 7 Rn 1 betr jew erforderliche Anmeldung. – Zur Eintragung bei **Änderung des GesVertrag** s § 54 mit Erl.

2 **2. Eintragungsinhalt, Abs 1 und 2. a) Notwendiger Inhalt, Abs 1.** Stets nach Abs 1 S 1 einzutragen **Firma und Sitz** der Ges (§ 3 I Nr 1), **inländische Geschäftsanschrift** (§ 8 IV Nr 1, s dort Rn 17); unter dieser kann nach § 35 II 3 an GFührer Willenserklärungen abgegeben u zugestellt werden. Sonstige Zustellungsvoraussetzungen werden damit jedoch nicht ersetzt.[2] Einzutragen ferner **Gegenstand des Unternehmens** (§ 3 I Nr 2), **Höhe des Stammkapitals** (§ 3 I Nr 3); nicht Namen der Gfter u Zahl, Nennbeträge der von diesen übernommenen GAnteile; dafür gesonderte Liste zu den HRAkten einzureichen, §§ 8 I Nr 3, 40. – Weiter einzutragen **Tag des Abschlusses des Gesellschaftsvertrags;** ergibt sich aus der notariellen Urkunde, § 9 II BeurkG. Bei getrennter Beurkundung der Vertragserklärungen letzte maßgebend (§ 2 Rn 11). – Personen der **Geschäftsführer,** auch Stellvertreter, § 44, Bezeichnung als solche nicht möglich.[3] Angabe von Vorname, Familienname, Geburtsdatum u Wohnort (§ 43 Nr 4 HRV idF von Art 23 Nr 5 HRefG). – Abs 1 S 2 verlangt Eintragung der **Vertretungsbefugnis** in genereller Form; auch erforderlich, wenn nur gesetzliche Regelung gilt[4] (näher dazu § 8 Rn 17, auch § 35 Rn 103, 106 ff, 142 sowie § 39 Rn 5). Teil der eintragungspflichtigen Vertretungsbefugnis ist Befreiung vom Verbot des Selbstkontrahierens, **§ 181 BGB.** Eintragungspflichtig sowohl generelle Befreiung als auch beschränkte, wobei auch im letztgenannten Fall Umfang der Befreiung ohne Zuhilfenahme von Anmeldungsunterlagen ersichtlich sein muss.[5] Näher s § 35 Rn 128 ff – **ARMitglieder** sind zwar mit anzumelden (§ 8 Rn 10), jedoch nicht einzutragen, wohl aber Hinweis bekanntzumachen (§ 52 II 2, unten Rn 7).

---

1 G v. 10. 11. 2006 (BGBl. I, 2553).
2 Näher dazu *Gehrlein* Der Konzern 2007, 771, 777; *Steffek* BB 2007, 2077, 2079 f.
3 BGH NJW 1998, 1071; BayObLG DB 1997, 818.
4 BayObLG BB 1997, 1327.
5 OLG Stuttgart NZG 2008, 36.

b) Zeitdauer der Gesellschaft, genehmigtes Kapital, Abs 2 S 1. Falls GesVertrag **zeitliche Beschränkung** der Ges enthält (s dazu § 3 Rn 27 ff), ist diese einzutragen, Abs 2. Eintragung nicht Wirksamkeitsvoraussetzung (§ 3 Rn 27). Keine Bestimmung über Zeitdauer der Ges ist Kündigungsrecht (§ 3 Rn 27).[6] Einzutragen sind ferner **Bestimmungen über das genehmigte Kapital,** wenn der GesVertrag entsprechende Regelungen enthält. Klarstellende Regelung war zunächst im Rahmen der Einführung des genehmigten Kapitals (§ 55 a) durch MoMiG übersehen worden u wurde in Anlehnung an § 39 II AktG durch Rechtsausschuss in ARUG als Ergänzung von § 10 II 1 GmbHG aufgenommen (oben Rn 1). 3

c) Empfangsberechtigte Person, Abs 2 S 2. Neben der obligatorischen Anmeldung einer Geschäftsanschrift nach Abs 1 kann **fakultativ** für Ges auch Person, die für Willenserklärungen und Zustellungen an die Gesellschaft empfangsberechtigt ist, mit einer inländischen Anschrift (Vorname, Name, Straße, Hausnummer, Postleitzahl, Ort) zur Eintragung in das HR angemeldet u eingetragen werden. Unter dieser Anschrift können Willenserklärungen u Zustellungen an GFührer für Ges erfolgen, § 35 II 4. Abs 2 S 2 durch MoMiG neu eingeführt u soll für besondere Konstellation insbes Gefahr der öffentl Zustellung (§ 185 Nr 2 ZPO nF) vermindern, die besteht, wenn weder unter der eingetragenen Geschäftsanschrift noch unter einer ohne Ermittlungen bekannten anderen inländischen Anschrift eine Zustellung möglich ist.[7] In Betracht dürften praktisch vor allem Fälle einer Ges mit Verwaltungssitz im Ausland kommen, die als Geschäftsanschrift inländischen Wohnsitz einer Person gewählt hat, der ohne Kenntnis der Ges entfallen kann. Öffentl Zustellung kann dann nicht erfolgen, solange zusätzlich nach Abs 2 S 2 empfangsberechtigte Person eingetragen ist u unter deren Anschrift Zustellung möglich. – Nach system Stellung sieht Abs 2 S 2 Anmeldung u Eintragung empfangsberechtigter Person nur im Rahmen der Gründung vor. Es besteht jedoch kein Grund, entspr Anmeldung u Eintragung bei bestehender Ges abzulehnen, zumal § 13 e HGB nF Entspr für ausl Ges mit Zweigniederlassung im Inland erlaubt. 4

Wie bei § 184 I ZPO kommt als **geeignete Person** sowohl natürliche (zB Steuerberater, Notar) wie juristische Person (zB Anwalts-GmbH) in Betracht,[8] wobei bei letzterer gesetzlicher Vertreter bezeichnet werden muss. Empfangsberechtigung ist, wie sich aus § 35 II 4 ergibt, **nicht subsidiär** gegenüber Zustellung oder Abgabe einer Willenserklärung an Geschäftsanschrift. Daher kein erfolgloser Zustellungsversuch unter Geschäftsanschrift erforderlich.[9] **Änderungen** der Person oder Adresse oder Wegfall der empfangsberechtigten Person sind anzumelden, einzutragen u bekannt zu machen. **Publizitätswirkung** der unrichtig gewordenen HR-Eintragung kraft gesetzl Anordnung in S 2 HS 2, die erforderlich war, da es sich bei empfangsberechtigter Person nicht um eintragungspflichtige Tatsache iSv § 15 HGB handelt.[10] Diese ersetzt allerdings nur im Innenverhältnis fehlende Empfangsberechtigung. Ist an 5

---

[6] BayObLG BB 1975, 250 obiter, hM, Ulmer/*Ulmer* Rn 15; Scholz/*Winter*/*Veil* Rn 14; Rowedder/*Schmidt-Leithoff* Rn 14; Michalski/*Heyder* Rn 11; – aA RGZ 79, 422 f; OLG Hamm GmbHR 1971, 59.

[7] RegBegr BR-Drucks 354/07, 83.

[8] Nicht eindeutig *Steffek* BB 2007, 2077, 2081 „jedenfalls die prozessfähige natürliche Person".

[9] *Gehrlein* Der Konzern 2007, 771, 778; *Steffek* BB 2007, 2077, 2081.

[10] RegBegr BR-Drucks 354/07, 83.

eingetragene Person unter eingetragener Anschrift nicht mehr zuzustellen, weil verzogen, kann unter den weiteren Voraussetzungen des § 185 Nr 2 ZPO nF ggf öffentlich zugestellt werden.[11]

6 **3. Wirkung der Eintragung.** Eintragung ins HR **lässt GmbH als juristische Person entstehen.** Daher wichtig Eintragungstag (§ 382 II FamFG), auch für Verjährungsbeginn nach §§ 9 II, 9b II 2. Bei Mängeln der Eintragung als solcher erfolgt Berichtigung von Schreibfehlern uä offenbaren Versehen von Amts wegen,[12] von sonstigen Unrichtigkeiten auf Antrag der Anmelder.[13] – Zur konstitutiven Wirkung trotz **Fehlens von Eintragungsvoraussetzungen** § 9c Rn 13. – Eintragung ist den Anmeldern bekanntzugeben, § 383 I FamFG. Diese prüfen Vollständigkeit u Richtigkeit, auch um evtl Amtshaftungsansprüche zu erhalten.[14] – **Kosten der Eintragung:** §§ 41a, 79 I mit VOErmächtigung § 79a KostO idF des HRegGebNeuOG v 3. 7. 2004.[15] Neuregelung war notwendig geworden, da nach Ansicht des EuGH GesellschaftssteuerRL[16] Gebührenberechnung nur auf der Grundlage der Kosten erlaubt.[17] Übergangsregelung § 164 KostO mit Regelung von Rückerstattungsansprüchen[18] in Abs 2 u 3.

7 **4. Bekanntmachung, Einsichtnahme. Bekanntmachung,** früher ergänzend in Abs 3 geregelt. Nach § 10 HGB ausschließlich über das von der Landesjustizverwaltung bestimmte elektronische Informations- u Kommunikationssystem. Übergangsweise bis 31. 12. 2008 auch noch zusätzlich in Papierform (Art 61 IV EG HGB). Bekanntgemacht werden nur Eintragungen im HR (einschl Datum, § 382 II FamFG, § 33 II HRV) bzw Hinweise auf eingereichte Unterlagen, soweit Sondervorschr dies regeln, (§ 52 II 2). Der Bekanntmachung der in Abs 3 aF erwähnten Festsetzungen über Sacheinlagen u, soweit im GesVertrag besonders geregelt, Form der Bekanntmachungen der Ges, bedarf es nicht mehr, weil diese in den zum HR eingereichten Dokumenten ersichtlich sind, die online eingesehen werden können (§ 9 I 1 HGB). – **Einsichtnahme** per Internet über das nach Landesrecht bestimmte Informations- u Kommunikationssystem (§ 9 I 2 HGB) oder über Unternehmensregister (§ 8b HGB). Sie ist auch in der Geschäftsstelle des Registergerichts zu ermöglichen (§ 10 I HRV). Näheres über Einsicht in Registerblatt u Registerordner § 9 HGB iVm §§ 9, 13 HRV. – **Publizitätswirkung** eintragungspflichtiger Tatsachen nach § 15 HGB. – Von Bekanntmachung im HR streng zu unterscheiden ist Bekanntmachung der Ges im elektronischen Bundesanzeiger u ggf sonstigen Gesellschaftsblättern (§ 12 iVm §§ 30 II 2, 58 I Nr 1, 65 II 1).

---

[11] RegBegr BR-Drucks 354/07, 83.
[12] § 17 HRV; Keidel/Kuntze/*Winkler* § 142 Rn 2; *Jansen/Steder* § 142 Rn 105.
[13] Keidel/Kuntze/*Winkler* § 142 Rn 2.
[14] RGZ 131, 12; Ulmer/*Ulmer* Rn 31; Scholz/*Winter/Veil* Rn 33 aE.
[15] BGBl I, 1410.
[16] V 17. 7. 1969 (69/335/EWG) idF v 10. 6. 1985 (85/303/EWG).
[17] EuGH NZG 1998, 277 (Dänemark); 2001, 792 (Portugal); NJW 2002, 2377 (Deutschland).
[18] Dazu *Wolf* ZIP 2000, 949 ff.

Rechtszustand vor der Eintragung

11 (1) **Vor der Eintragung in das Handelsregister des Sitzes der Gesellschaft besteht die Gesellschaft mit beschränkter Haftung als solche nicht.**

(2) **Ist vor der Eintragung im Namen der Gesellschaft gehandelt worden, so haften die Handelnden persönlich und solidarisch.**

Übersicht

I. Allgemeines

1 **1. Bedeutung der Vorschrift.** § 11 betrifft sowohl das **Ende des Gründungsvorgangs** als auch die **davor bestehende Rechtslage,** beides jedoch nur fragmentarisch. Aus **Abs 1** ergibt sich die Entstehung der GmbH durch Eintragung ins HR als Abschluss der Gründung. Die negative Formulierung weist zugleich darauf hin, dass vorher zwar nicht die GmbH als solche, wohl aber ein rechtlich relevantes Vorstadium besteht. Hierzu enthält **Abs 2** nur eine beschränkte Teilregelung über die Haftung der für die künftige GmbH handelnden Personen. Im Übrigen überlässt das Gesetz die Rechtsbeziehungen im Vorstadium u den Übergang auf die GmbH bei deren endgültiger Entstehung der Erfassung u Klärung durch Rspr u Lit (unten Rn 4 f).

2 **2. Entstehung der GmbH.** GmbH entsteht als solche, dh als jur Person, in der endgültigen gesetzlichen Ausgestaltung (§ 13) durch die Eintragung ins HR, nicht erst mit Bekanntmachung. Eintragung wirkt konstitutiv. Zum Inhalt § 10 I u II mit Erl; zur vorausgehenden Prüfung durch RegGericht § 9 c mit Erl.

3 **3. Errichtung der Gesellschaft, Vorgesellschaft.** Davon zu unterscheiden ist Errichtung der Gesellschaft. Diese erfolgt bereits durch Abschluss des GesVertrags (§ 2 Rn 4). In ihm schließen sich die Gründer zur Ges zusammen, rufen deren Organisation ins Leben, übernehmen die GAnteile u verpflichten sich damit zur Leistung der Einlagen (vgl auch § 29 AktG). Die künftige GmbH besteht daher zwischen Errichtung u Eintragung ins HR als **Vorgesellschaft, Vor-GmbH.**[1] – Vorausgehen kann, nicht muss, ein Vorvertrag (§ 2 Rn 33 ff), der idR zur Bildung einer **Vorgründungsges** führt, die von der Vorges strikt zu unterscheiden ist (§ 2 Rn 36, unten Rn 35 ff).[2] Eine solche kann auch entstehen, wenn die Errichtung scheitert, jedoch bereits Außenbeziehungen entstanden sind (unten Rn 35 aE).

---

[1] Abw für eine neue Zwischenstufe „GmbH in Anwartschaft" ab Anmeldung nach Maßgabe von § 8 *Baumann* JZ 1998, 597 f; dagegen zu Recht Scholz/*Schmidt* Rn 21.

[2] Abw für ein Modell eines einzigen einheitlichen Gründerverbandes *Kießling,* Vorgründungs- und Vorgesellschaften, 1999, 352 ff.

Rechtliche Erfassung. Außer der knappen u wenig ergiebigen Regelung in § 11 fehlt gesetzliche Grundlage für Vorges, doch wird ihr Bestehen generell in den Gründungsvorschriften vorausgesetzt. Diese ergeben mittelbar auch Anforderungen an die Gestaltung, die zT nur schwer miteinander vereinbar sind. Das erschwert die rechtliche Bewältigung. **Kern der Problematik** ist, kurz gefasst, die Notwendigkeit, entspr dem strikt geltenden Grundsatz der Kapitalaufbringung (Einl Rn 5, auch § 3 Rn 14, § 5 Rn 1) die volle Kapitalausstattung der GmbH bei ihrer Entstehung sicherzustellen (Unversehrtheitsgrundsatz), gleichzeitig aber die teilweise oder sogar volle Teilnahme der Vorges am Geschäftsverkehr zu gewährleisten, die nach den Gründungsvorschriften teils notwendig, teils zumindest zulässig ist; so insbes für Entgegennahme der Mindestbareinlagen u der vollen Sacheinlagen (§ 7 II, III), für deren Verwaltung u Erhaltung, ggf unter Fortführung eines eingebrachten Unternehmens, wie auch ganz allg für das Betreiben der Eintragung ins HR (§§ 7 I, 8). – Zur Problematik der Einmanngründung unten Rn 40 ff. 4

Die rechtliche Behandlung der Vorges durch **Rechtsprechung und Literatur** hat eine lange, vielfältig kontroverse Entwicklung durchgemacht. BGH hat in einer Reihe von Entsch schrittweise durch **Rechtsfortbildung** Lösungen für die wichtigsten grundlegenden Fragen u damit zugleich ein teilw neues, in sich geschlossenes System für das Recht der Vorges geschaffen und fortentwickelt.[3] Diese Rspr hat in der Lit überwiegend Zustimmung gefunden, wenn auch weiterhin Einzelheiten offen oder kontrovers sind[4] (s insbesondere Rn 24 ff). 5

II. Vorgesellschaft

Lit: *Beuthien,* Zur Haftung bei der Vorgenossenschaft – Kritik an der Rechtsprechung des BGH zur Vorgesellschaft, WM 2002, 2201; *Ehses,* Die Gründerhaftung in der Vorgesellschaft, 2000; *Flume,* Die werdende juristische Person, FS Geßler, 1973, 3; *Geißler,* Fragen zum Insolvenzverfahren der Vor-GmbH, DZWiR 2009, 52; *Michalski/Sixt,* Die Haftung in der Vorgründungs-GmbH, FS Boujong, 1996, 349; *Gummert,* Die Haftungsverfassung der Vor-GmbH nach der jüngsten Rechtsprechung des BGH, DStR 1997, 1007; *Hueck,* Vorgesellschaft, FS 100 Jahre GmbHG, 1992, 127; *Kersting,* Die Vorgesellschaft im europäischen Gemeinschaftsrecht, 2000; *Kießling,* Vorgründungs- und Vorgesellschaften, 1999; *Kort,* Die Haftung der Beteiligten im Vorgründungsstadium einer GmbH, DStR 1991, 1317; *Luttermann/Lingl,* Unterbilanzhaftung, Organisationseinheit der Vor-GmbH und Haftungskonzept, NZG 2006, 454; *Lousanoff,* Partei- und Prozessfähigkeit der unechten und fehlgeschlagenen Vor-GmbH, NZG 2008, 490; *Merkt,* Die Einpersonen-Vor-GmbH im Spiegel der rechtswissenschaftlichen Diskussion, FS Karsten Schmidt, 2009, 1161; *Murawo,* Die unechte Vorgesellschaft im GmbH- und Aktienrecht, 2006; *Raab,* Die Haftung der Gesellschafter der Vor-GmbH im System der Gesellschaft, WM 1999, 1596; *Rittner,* Die werdende juristische Person, 1973; *Sandberger,* Die Haftung bei der Vorgesellschaft – Zur Interaktion von Richterrecht und Rechtsdogmatik, FS Fikentscher, 1998, 389; *Servatius,* Der Anfang vom Ende der unechten Vorgesellschaft?, NJW 2001, 1696; *K. Schmidt,* Zur Haftungsverfassung

[3] Grundlegend insbes BGHZ 80, 129 u 134, 333.

[4] Aus der umfangreichen Lit vgl etwa *Stimpel* FS Fleck, 1988, 345 (grundlegend für neuere Entwicklung); *G. Hueck* FS GmbHG, 1992, 127 mwN (Überblick über Entwicklung u Problematik); *Beuthien* ZIP 1996, 305, 360; *Goette,* § 1 II u III; *K. Schmidt* GesR § 11 IV 2, 3 u § 34 III; *Raiser/Veil* § 26 Rn 94 ff; *Ulmer* ZIP 1996, 733; *Sandberger* FS Fikentscher, 1998, 389; *Raab* WM 1999, 1596. Zur älteren Lit vgl Nachweise 16. Aufl Rn 5.

der Vor-GmbH, ZIP 1997, 671; *Stimpel,* Unbeschränkte oder beschränkte, Außen- oder Innenhaftung der Gesellschafter der Vor-GmbH?, FS Fleck, 1988, 345; *Wiegand,* Offene Fragen zur neuen Gründerhaftung in der Vor-GmbH, BB 1998, 1065; *Zöllner,* Die sog. Gründerhaftung – Bemerkungen zum Rätsel der Vorgesellschaft, FS Wiedemann, 2002, 1383.

6 **1. Rechtsnatur und Wesen** lange Zeit sehr umstr, doch hat sich heute weitgehend die Erkenntnis durchgesetzt, dass Einordnung in das allg Schema gesetzlich geregelter GesTypen, sei es als BGB-Ges, uU auch OHG, oder als nichtrechtsf Verein den Verhältnissen der Vorges, insbes den gesetzlichen Gründungsvorschriften, aber idR auch dem Willen der Beteiligten, nicht gerecht wird. Sie ist vielmehr **Personenvereinigung eigener Art,** die nach etwas zu pauschaler u inzwischen teilw überholter Formel der Rspr bis auf die noch fehlende Rechtsfähigkeit bereits der künftigen GmbH als deren Vorstufe entspricht. Danach sind auf Vorges neben dem GesVertrag bereits die Normen des GmbH-Rechts anzuwenden, soweit diese nicht gerade die Rechtsfähigkeit voraussetzen oder sonst mit der Beschränkung auf das Gründungsstadium nicht vereinbar sind.[5] – Etwas anderes gilt bei der sog unechten Vorges, ggf auch bei fehlgeschlagener Gründung (dazu unten Rn 32 f).

7 Fehlen eigener Rechtspersönlichkeit müsste an sich dazu führen, dass das nach § 7 II, III notwendig bei der Vorges zu bildende GesVermögen den Gftern gemeinschaftlich als Sondervermögen zur gesamten Hand zuzurechnen wäre.[6] Doch setzen sich Rspr u Lit ua mit dem Begriff der Personenvereinigung eigener Art[7] oder der Formel der vorläufigen Rechtsfähigkeit zunehmend über die Problematik des Fehlens einer jurPerson als Zurechnungssubjekt hinweg u plädieren für die Anerkennung der Vorges als solcher auch als Rechtsträgerin sui generis.[8] Damit lässt sich das Problem der Einmann-Gründung dogmatisch leichter lösen; allerdings stellt sich dann die Frage, wie bei der unechten Vorges im Fall der Fortsetzung der Ges nach fehlgeschlagener Gründung die Umwandlung in Personenges erfolgt (dazu unten Rn 32).

8 **2. Innenverhältnis. a)** Für **Verhältnis der Gesellschafter untereinander** ergibt Gründungszweck in mancher Hinsicht engere Bindungen in der Vorges als später in der GmbH. So vor allem Gründerpflichten, die neben der

---

[5] BGH stRspr, BGHZ 21, 242, 246; 45, 338, 347; 51, 30, 32; 72, 45, 48 f; 80, 129, 132; 134, 333, 336; NJW 2000, 1193, 1194; ausführl mwN auch zu den vor allem früher vertretenen abw Auffassungen *G. Hueck* FS GmbHG, 1992, 138 ff; Ulmer/*Ulmer* Rn 97 ff; Scholz/*Schmidt* Rn 24; krit aber *Roth*/Altmeppen Rn 9 f; *Beuthien* ZIP 1996, 305: für Einordnung der Vorges als Personenhandelsges bzw als nichtrechtsfähigen Verein, jedoch ohne überzeugende Begründung u ohne wesentl Unterschiede in den Ergebnissen.

[6] BGHZ 65, 378, 382; 72, 45, 48 f; 80, 135; *Roth*/Altmeppen Rn 4; *Flume* JurPerson § 5 III 1; *Beuthien* ZIP 1996, 310.

[7] BGHZ 117, 323, 326; unter Ablehnung der Qualifikation als jurPerson auch BGHZ 143, 314, 319 = NJW 2000, 1193, 1194.

[8] *Goette* § 1 Rn 37; *Lutter*/Hommelhoff/*Bayer* Rn 4; MünchHdbGmbH/*Gummert* § 16 Rn 6; *K. Schmidt* GesR § 11 IV 2 b u 3 a; *Raiser*/*Veil* § 26 Rn 119; GmbH-Hdb/*Kallmeyer* I Rn 845; tendenziell auch Rowedder/*Schmidt-Leithoff* Rn 61; offengelassen bei Scholz/*Schmidt* Rn 28; nicht eindeutig *Michalski* Rn 44 aE einerseits u Rn 74 andererseits.

Leistung der Mindesteinzahlungen (§ 7 II, III) auch die Mitwirkung der Gfter bei allen noch für die Entstehung der GmbH erforderlichen Handlungen umfassen, zB Erstellung des Sachgründungsberichts (§ 5 IV 2), Erteilung von Auskünften, Beibringung von Unterlagen, ggf Mitwirkung bei Bestellung eines GFührers udgl, im Rahmen des Zumutbaren auch Mitwirkung bei Vertragsänderungen zur Beseitigung von Eintragungshindernissen. Erfüllungsanspruch steht den Mitgftern zu.[9] Zur Frage einer Pflicht zur Ergänzung des GesVermögens in Höhe des Stammkapitals als Eintragungsvoraussetzung bei Vorbelastungen s unten Rn 63. – Maßnahmen, die das Grundverhältnis betreffen, erfordern Zustimmung aller Gfter, insbes können Änderungen des GesVertrags in diesem Stadium nur einvernehmlich in der Form des § 2 erfolgen; §§ 53 ff über Satzungsänderungen sind noch nicht anwendbar. Entspr gilt für **GfterWechsel**[10] (s auch § 2 Rn 13 mwN), wobei Verstöße ohne Anwendung der Regeln über fehlerhafte Ges zur Unwirksamkeit führen.[11] Davon zu unterscheiden Beschlüsse, die aufschiebend bedingt erst nach Eintragung wirken sollen (s § 15 Rn 24).[12]

b) Geschäftsführung. Laufende Geschäftsführung obliegt ebenso wie 9
Vertretung (unten Rn 18) auch bei der Vorges den GFührern, die bereits im Gründungsstadium zu bestellen sind (§ 6 Rn 3). Falls Bestellung nicht schon im GesVertrag, muss sie alsbald erfolgen, u zwar grds nach denselben Regeln wie nach Entstehung der GmbH, mangels abw Regelung im GesVertrag also durch Beschluss der Gfter mit einfacher Mehrheit[13] (§ 6 Rn 25 ff, insbes 28); ebenso, wenn späteres Bestellungsorgan, zB mitbestimmter Aufsichtsrat, noch nicht existiert (dazu § 6 Rn 34 f). Für Haftung der GFührer gilt bereits § 43, soweit nicht § 9 a als spezieller Tatbestand eingreift[14] (§ 9 a Rn 1). – Auch **Gesellschafterbeschlüsse** zur laufenden GFührung werden wie bei der späteren GmbH grds mit einfacher Mehrheit gefasst, wenn der GesVertrag nichts anderes vorsieht[15] (s auch § 47 mit Erl).

Umfang der Geschäftsführung. Stets alle zur Durchführung der Grün- 10
dung erforderlichen Maßnahmen, insbes Entgegennahme der Mindestbar- u Sacheinlagen (§ 7 II, III) sowie Anmeldung der Ges zum HR (§ 7 I; s dort Rn 2). Darüber hinaus alle sonstigen Betätigungen der Vorges, soweit sie im GesVertrag oder einem einstimmigen GfterBeschluss ihre Grundlage haben. Das gilt vor allem bei Sacheinlagen für deren Verwaltung u Erhaltung, bei Unternehmenseinbringung daher volle Geschäftsfortführung. Auch bei Bargründung ist weitergehende geschäftliche Betätigung mit der erwähnten Er-

---

[9] HM, Ulmer/*Ulmer* Rn 40 mwN; Scholz/*Schmidt* Rn 43; *Flume* JurPerson § 5 III 2; weitergehend Rowedder/*Schmidt-Leithoff* Rn 40: auch der Vorges.

[10] HM, BGH NJW 1997, 1507; NZG 2005, 263; OLG Frankfurt GmbHR 1997, 896; Ulmer/*Ulmer* Rn 47 f; *Michalski* Rn 48; *Lutter*/Hommelhoff/*Bayer* § 2 Rn 26; – aA Scholz/*Schmidt* Rn 41, 48; *K. Schmidt* GmbHR 1997, 869; Priester ZIP 1987, 280 ff.

[11] BGH NZG 2005, 263.

[12] LG Memmingen NZG 2005, 322.

[13] BGHZ 80, 212; Scholz/*K. Schmidt* Rn 49; *Michalski* Rn 51; *Roth*/Altmeppen Rn 64.

[14] BGH WM 1986, 789; Ulmer/*Ulmer* Rn 43; Scholz/*K. Schmidt* Rn 50; Rowedder/*Schmidt-Leithoff* Rn 46; *Michalski* Rn 56.

[15] Ulmer/*Ulmer* Rn 45; Scholz/*Schmidt* Rn 46; *Michalski* Rn 47; Rowedder/*Schmidt-Leithoff* Rn 42; einschr *Flume* JurPerson § 5 III 2; differenzierend nach, uU zu vermutendem, Willen der Gfter *Roth*/Altmeppen Rn 62; abw für Einstimmigkeit *Lutter*/Hommelhoff/*Bayer* Rn 9.

mächtigung durch GesVertrag oder Gfter möglich.[16] Eine generelle Beschränkung der Geschäftsführung auf notwendige Gründungsvorgänge mag unter der Geltung des sog Vorbelastungsverbots vertretbar, wenn auch praktisch kaum konsequent durchführbar gewesen sein; nach dessen Aufgabe u Anerkennung der Verlustdeckungs- u Vorbelastungshaftung der Gründer (unten Rn 24 ff, 59 ff) entfällt dieser Gesichtspunkt. Andererseits gebietet die unbeschränkte Gesellschafterhaftung doch die Bindung der GFührer an eine Ermächtigung. Zur entspr Lage bei der Vertretungsmacht unten Rn 19 f mit Angaben.

11 **c) Aufsichtsrat.** Soweit fakultativ, ist dieser bereits in der Vorges zu bestellen, wenn nach Satzung erforderlich, zB zur Bestellung der GFührer (§ 6 Rn 34). Obligatorischer ist erst nach Eintragung zu bilden, auch wenn Unternehmen mit an sich mitbestimmungsrelevanter Arbeitnehmerzahl eingebracht wird, str (s § 6 Rn 35). Soweit AR bei Abschluss des Anstellungsvertrags mit GFührern Ges vertritt, können sich diese gegenüber den ARmitgliedern nicht auf § 11 II berufen, da sie nicht zum geschützten Personenkreis gehören (unten Rn 47).

12 **3. Außenverhältnis. a) Teilnahme am Rechtsverkehr.** Auch ohne eigene Rechtspersönlichkeit wird der Vorges die Teilnahme am Rechtsverkehr ermöglicht, sei es durch die oft als Teilrechtsfähigkeit umschriebene weitgehende Verselbständigung des Personenverbandes als Gesamthandsgemeinschaft, der das GesVermögen als Sondervermögen zuzurechnen ist, sei es durch **Anerkennung eigener Rechtsträgerschaft** der Ges (oben Rn 7). Die neuere Entwicklung des Rechts der Vorges, insb die Klärung u Erweiterung der Haftung im Gründungsstadium, haben zu einem Ausbau der teilw Rechtsträgerschaft u der Zubilligung eines weitreichenden geschäftlichen Handlungsspielraums der Vorges geführt. Fähigkeit zur Teilnahme am Rechtsverkehr ist mit Rechtslage bei Personenhandelsges vergleichbar und inzwischen wohl schon gewohnheitsrechtlich anerkannt.[17]

13 Allerdings ist die Vorges nicht ohne weiteres **Handelsgesellschaft;** § 13 III gilt erst nach Eintragung. Sie ist es nur, wenn sie nach Einbringung eines Unternehmens oder sonstiger Geschäftsaufnahme vor Eintragung, auch Abschluss entspr vorbereitender Geschäfte, ein Handelsgewerbe iSd § 1 I/II HGB betreibt.[18] Trifft das zu, findet Handelsrecht Anwendung, zB Bestellung von Prokuristen u Handlungsbevollmächtigten, Anwendung der Vorschriften über Handelsgeschäfte, §§ 343 ff HGB. Dagegen keine Eintragung der Vorges als solcher ins HR; eingetragen wird nur die GmbH. Gleichwohl führt Vorges in diesem Fall bereits eine **Firma,** die derjenigen der künftigen GmbH mit einem Gründungszusatz („in Gründung", „i. G.") entspricht. Auch Vorges,

---

[16] BGHZ 80, 139; auch 86, 126; *Lutter*/Hommelhoff/*Bayer* Rn 11; Ulmer/*Ulmer* Rn 36 f mwN; *Michalski* Rn 53; Scholz/*Schmidt* Rn 49; *Flume* JurPerson § 5 III 2; iE ähnl, doch mit stärkerer Betonung des Gründungszwecks Rowedder/*Schmidt-Leithoff* Rn 45.

[17] *Raab* WM 1999, 1601; Ulmer/*Ulmer* Rn 59 ff; *Michalski* Rn 66; in der Sache auch Rowedder/*Schmidt-Leithoff* Rn 74: beschränkte Rechtsfähigkeit; noch weitergehend für selbständige „vollwertige" Rechtsträgerschaft vor allem Scholz/*Schmidt* Rn 27 ff; MünchHdbGmbH/*Gummert* § 16 Rn 44 u 110; für vorläufige Rechtsträgerschaft *Raiser/Veil* § 26 Rn 119.

[18] Ulmer/*Ulmer* Rn 61; Scholz/*Schmidt* Rn 29 f; *Lutter*/Hommelhoff/*Bayer* Rn 6; MünchHdbGmbH/*Gummert* § 16 Rn 45; abw *Roth*/Altmeppen Rn 44: generell als Handelsgesellschaft zu behandeln; ebenso wohl Rowedder/*Schmidt-Leithoff* Rn 76.

die nicht Handelsges ist, kann künftige GmbH-Firma mit Zusatz als **Namen** führen.[19] Vorges genießt dementspr vollen Namens- u Firmenschutz.[20] Näheres § 4 Rn 18 mit Angaben.

Kontofähigkeit der Vorges folgt unmittelbar aus dem Gesetz: Da Vorges nach § 7 II, III berechtigt und verpflichtet ist, Zahlungen auf Einlagen entgegenzunehmen, können unter ihrem Namen bzw Firma Bankkonten eingerichtet werden.[21] Bei Errichtung eines Gemeinschaftskontos durch Gründungsgfter kann Auslegung ergeben, dass Konto der Vorges vorliegt[22] – **Grundbuchfähigkeit** ist heute nahezu einhellig anerkannt;[23] und zwar nicht nur für im Zusammenhang mit Einlagenleistung stehende, sondern für alle Grundstücksgeschäfte.[24] Einzutragen ist die Vorges unter ihrem Namen bzw Firma.[25] Bei Entstehung der GmbH Übergang auf diese ohne erneute Auflassung (unten Rn 56), Grundbuch ist nur zu berichtigen. Möglich auch Auflassung gleich an künftige GmbH u Vollzug erst nach deren Entstehung, doch wird das §§ 7 III, 8 II nur gerecht, wenn Rechtserwerb gleichwohl bereits sicher gewährleistet ist (dazu § 7 Rn 14 mwN). Bei unechter Vorges (nach Aufgabe der Gründungsabsicht, unten Rn 32) dagegen keine Eintragung der Vorges, da eine solche als Rechtsträger nicht existiert.[26] **14**

Aktive u passive **Wechsel- u Scheckfähigkeit** der Vorges ist heute infolge der neueren Entwicklung des Rechts der Vorges (Ausbau der teilw Rechtsträgerschaft u entspr geschäftlicher Handlungsspielraum) ebenfalls allgemein anerkannt.[27] **15**

Ferner wird der Vorges auch **Komplementärfähigkeit,** dh **Eignung als persönlich haftender Gesellschafter** einer GmbH & Co KG u damit allg einer Personenhandelsges zuerkannt.[28] – Die Vorges kann ferner Gfter, auch Gründer, einer anderen GmbH sein (näher § 1 Rn 31), was insbes bei sog **Stafetten-Gründung** praktisch relevant wird.[29] **16**

Aktive und passive Parteifähigkeit der Vorges sind heute allg anerkannt.[30] Dabei kann Errichtung der Satzung während des Prozesses genügen, **17**

---

[19] BGHZ 117, 323, 326 obiter; Scholz/*Schmidt* Rn 30; *Lutter*/Hommelhoff/*Bayer* Rn 7; *Michalski* Rn 78.

[20] BGHZ 120, 103, 106.

[21] BGHZ 45, 347.

[22] OLG Naumburg GmbHR 1998, 239.

[23] BGHZ 45, 348; BayObLG DB 1986, 106; Ulmer/*Ulmer* Rn 62; Scholz/*Schmidt* Rn 33.

[24] BayObLG DB 1979, 1500.

[25] BGHZ 45, 348; ganz hM. Abw für Eintragung sämtlicher Gründer gemäß § 47 GBO *Flume* JurPerson § 5 III 3.

[26] BayObLG GmbHR 1987, 393.

[27] BGHZ 117, 323, 326 obiter; Ulmer/*Ulmer* Rn 63; Scholz/*Schmidt* Rn 31; *Michalski* Rn 67; Rowedder/*Schmidt-Leithoff* Rn 80; *Raiser/Veil* § 26 Rn 106; Baumbach/Hefermehl/*Casper* WechselG u ScheckG, 23. Aufl 2008, Einl WG Rn 21; anders noch BGH NJW 1962, 1008 obiter.

[28] BGHZ 80, 132; NJW 1985, 736; Ulmer/*Ulmer* Rn 160 mwN; Scholz/*Schmidt* Rn 31, 162 mwN; *Michalski* Rn 82; *Lutter*/Hommelhoff/*Bayer* Rn 10; Rowedder/*Schmidt-Leithoff* Rn 80, 167; *Roth*/Altmeppen Rn 92.

[29] Zu den damit verbundenen Kapitalaufbringungsproblemen *Wälzholz/Bachner* NZG 2006, 361.

[30] BGH NJW 1998, 1079; BGHZ 79, 239, 241; Ulmer/*Ulmer* Rn 64 mwN; Scholz/*Schmidt* Rn 34 f; *Michalski* Rn 68; *Lutter*/Hommelhoff/*Bayer* Rn 7; Rowedder/*Schmidt-Leithoff* Rn 81.

wenn Vorges bisherige Prozessführung genehmigt;[31] s aber unten Rn 38 zum Vermögensübergang von Vorgründungsges auf Vorges. Auch im Verfahren der **Freiwilligen Gerichtsbarkeit** kann Vorges Beteiligte sein,[32] und zwar auch schon bei der eigenen HRAnmeldung[33] (s auch § 9 c Rn 3 mwN). Bei rechtskräftiger Ablehnung der Eintragung oder Aufgabe der Eintragungsabsicht bleibt Ges als Liquidationsgesellschaft bzw Personengesellschaft rechts- u parteifähig.[34] – Für **Zwangsvollstreckung** gegen Vorges genügt entspr § 735 ZPO ein Titel gegen diese.[35] – **Insolvenzfähigkeit** der Vorges[36] ergibt sich aus entspr Anwendung von § 11 I InsO; wegen Nähe zur juristischen Person ist nicht § 11 II Nr 1 InsO heranzuziehen. Neben der Zahlungsunfähigkeit (§ 17 InsO) und drohender Zahlungsunfähigkeit (§ 18 InsO) ist trotz der unbeschränkten Gründerhaftung (unten Rn 24 ff) auch die Überschuldung (§ 19 InsO) Eröffnungsgrund[37], wobei der Ausgleichsanspruch der Gesellschaft bei der Überschuldungsbilanz zu berücksichtigen ist.[38] – Zur Konkurs- und Vergleichsfähigkeit nach altem Recht siehe 16. Aufl. – **Allg Gerichtsstand** gem § 17 ZPO Satzungssitz, § 4 a.[39]

18 **b) Vertretung durch Geschäftsführer, Führungslosigkeit.** Gführer sind auch für Vorges notwendiges Handlungsorgan u daher im Gründungsstadium zu bestellen (§ 6 Rn 3, auch oben Rn 9). Als Organ der Vorges handeln sie unmittelbar nur für diese. Die früher verbreitete Differenzierung zwischen Auftreten im Namen der Vorges, der künftigen GmbH oder beider wird dem nicht gerecht, ist zudem oft mangels präziser Unterscheidung im Geschäftsverkehr nicht durchführbar u hat sich überdies rechtlich als wenig fruchtbar erwiesen. Nach den Regeln über unternehmensbezogene Rechtsgeschäfte vertreten GFührer vielmehr, auch wenn sie die Firma der künftigen GmbH ohne Zusatz verwenden, die Vorges, da diese bis zur Eintragung Trägerin des Unternehmens ist.[40] Im Einzelfall kann allerdings Abhängigkeit eines Rechtsgeschäfts von Eintragung der GmbH vereinbart werden, doch muss entspr Wille deutlich erkennbar sein; er wird nicht vermutet, auch nicht bei Verwendung der künftigen Firma ohne Gründungszusatz. Im Übrigen zum Übergang von Rechten u Pflichten auf GmbH bei HREintragung durch Gesamtrechtsnachfolge unten Rn 56.

19 **Umfang der Vertretungsmacht** ist umstr. Die in der älteren Lit[41] verbreiteten Beschränkungen, insbes für Bargründungen, auf einen mehr oder weniger engen Kreis von zur Gründung notwendigen Geschäften zielten im Wesentlichen auf das sog Vorbelastungsverbot (unten Rn 59) und sind nach

---

31 OLG Köln NZG 2000, 151, 152.

32 BGHZ 117, 323, 325 ff; Scholz/*Schmidt* Rn 32; *Michalski* Rn 68; *Lutter*/Hommelhoff/*Bayer* Rn 7.

33 BGHZ 117, 323, 325 ff.

34 BGH NZG 2008, 466.

35 AllgM, Ulmer/*Ulmer* Rn 64; Scholz/*Schmidt* Rn 34; *Michalski* Rn 68.

36 BGH NZG 2003, 1167.

37 *Haas* DStR 1999, 986; *Michalski* Rn 69; – str; aA Scholz/*Schmidt* Rn 35; Roth/*Altmeppen* § 64 Rn 5; *Altmeppen* ZIP 1997, 273 ff.

38 *Haas* DStR 1999, 986; *Michalski* Rn 69, näher unten § 64 Rn 2.

39 OLG Brandenburg NZG 2004, 100.

40 AllgM, BGH BB 1990, 86; BayObLG BB 1986, 549; KG GmbHR 1993, 648; Ulmer/*Ulmer* Rn 73 f; Scholz/*Schmidt* Rn 61; Rowedder/*Schmidt-Leithoff* Rn 83 f, 89 f; iE auch *Roth*/Altmeppen Rn 28 f, 48.

41 Angaben bei Ulmer/*Ulmer* Rn 68 ff; Scholz/*Schmidt* Rn 63 f.

dessen Aufgabe überholt. Dagegen nehmen in der neueren Lit manche zum Schutz des Rechtsverkehrs unbeschränkte Vertretungsmacht gem § 37 II bereits für Vorges an.[42] Das geht jedoch daran vorbei, dass Vorges keineswegs generell Aufnahme des vollen Geschäftsbetriebs zum Ziel hat und der beschränkte Zweck einer Vorges bei deren Auftreten im Rechtsverkehr regelmäßig erkennbar wird.[43] Vor allem aber stößt uneingeschränkte Vertretungsmacht im Hinblick auf die nunmehr in allen Entstehungsstadien unbeschränkte Haftung der Gfter in der Vorges (unten Rn 24 ff, 61 ff) insbes bei Fremdorganschaft auf erhebliche Bedenken.[44] Im Verkehr mit einer noch nicht eingetragenen GmbH erscheint vielmehr Berücksichtigung der konkret bestehenden Vertretungsmacht auch für Dritte zumutbar, zumal zu ihrem Schutz auch bei Überschreitungen idR die Handelndenhaftung nach § 11 II eingreift.[45]

Vertretungsmacht richtet sich grds nach den **Verhältnissen der einzelnen** 20
Vorges, wobei allerdings eine gewisse Typisierung stattfindet. Dafür sind **drei Faktoren bestimmend,** Gesetz, GesVertrag u sonstige Ermächtigung durch die Gfter: Immer umfasst Vertretungsmacht alle Handlungen zur Wahrnehmung der **gesetzlichen Aufgaben** der GFührer im Gründungsstadium, also insbes alles, was mit Empfang der Einlagen (§ 7 II, III) u Herbeiführung der Eintragung (§§ 7 I, 8) zusammenhängt (unstr). – **Gesellschaftsvertrag** kann darüber hinaus Vertretungsmacht erweitern u näher regeln. Insbes enthält Vereinbarung von Sacheinlagen stets konkludente Ermächtigung für Handlungen zu deren weiterer Verwaltung u Erhaltung (ganz hM). Bei Einbringung eines Unternehmens liegt daher Ermächtigung zur Aufnahme des vollen Geschäftsbetriebs vor, die iE unbeschränkter Vertretungsmacht nach § 37 II entspricht.[46] Eine solche Ermächtigung kann GesVertrag auch bei Bargründung vorsehen, doch muss das ebenso wie weniger weitgehende Vertretungsregelungen deutlich vereinbart sein. – Auch **außerhalb des Gesellschaftsvertrags** u ohne die Form des § 2 kann den GFührern die Ermächtigung zur vollen oder in bestimmter Weise beschränkten Aufnahme des Geschäftsbetriebs erteilt werden, jedoch nur durch alle Gfter gemeinsam.[47] Fehlt solche Ermächtigung, kann wegen des Haftungsrisikos auch faktische Teilnahme am Rechtsverkehr in kaufmännischem Umfang keine unbeschränkte Vertretungsmacht begründen.[48] – Bei **Führungslosigkeit** tritt Passivvertretung durch Gfter nach § 35 I 2 u Insolvenzantragspflicht nach § 15 a III InsO ein, die insoweit auch für Vorges anzuwenden sind.

4. Haftung der Vorgesellschaft. a) Allgemeines, Haftungsmodell. 21
Bei der Haftung für Verbindlichkeiten der Vorges, die vor allem durch

---

[42] Scholz/*Schmidt* Rn 63 f; *K. Schmidt* GesR § 34 III 3 b; *Raiser/Veil* § 26 Rn 122; *Michalski* Rn 55; *Theobald,* Vor-GmbH und Gründerhaftung, 1984, 29 ff; *W.-H. Roth* ZGR 1984, 608 f.

[43] *Lutter* JuS 1998, 1076; *Lachmann* NJW 1998, 2264.

[44] BGHZ 86, 122, 125 obiter; *Wiegand* BB 1998, 1071; *Lutter*/Hommelhoff/*Bayer* Rn 11; *Roth*/Altmeppen Rn 47; iE auch Rowedder/*Schmidt-Leithoff* Rn 85; abw vor allem Scholz/*Schmidt* Rn 64 unter Berufung auf das Gründerrisiko.

[45] Letzteres zutr betont von *Fleck* GmbHR 1983, 9.

[46] BGHZ 45, 343; 65, 382; 72, 45; 86, 122, 125 f obiter.

[47] BGHZ 80, 129, 139; 80, 183; OLG Hamm WM 1985, 658; Ulmer/*Ulmer* Rn 68 ff; *Lutter*/Hommelhoff/*Bayer* Rn 11; *Roth*/Altmeppen Rn 47; Rowedder/*Schmidt-Leithoff* Rn 87; *Kübler/Assmann* § 25 II 3 a; *Lutter* JuS 1998, 1076.

[48] So aber *Beuthien* NJW 1997, 566; *Kießling* 250 ff.

Rechtsgeschäfte der GFührer im Rahmen ihrer Vertretungsmacht begründet werden, ist zunächst **strikt zu unterscheiden** zwischen **Haftung der Vorgesellschaft, der ihrer Gesellschafter** u der sog **Handelndenhaftung** derjenigen, die für die Vorges bzw die künftige GmbH handeln, vornehmlich also der GFührer (§ 11 II; – unten Rn 45 ff). Das ist früher in Rspr u Lit nicht immer scharf getrennt worden; vor allem hat man letztere zeitweise stark ausgeweitet, insbes unter dem Gesichtspunkt mittelbaren Handelns extensiv auf Gfter angewandt, um das bei der Vorges gebildete Vermögen der künftigen GmbH von Belastungen freizuhalten. Nach Aufgabe des Vorbelastungsverbots und der schrittweisen Entwicklung einer unbeschränkten internen Gründerhaftung ist das überholt, die Handelndenhaftung der Gfter hat praktisch nur noch geringe Bedeutung[49] (näher unten Rn 45 ff). Der BGH hat seither, gestützt auf Vorarbeiten in der Lit,[50] ein einheitliches System der Haftung der Gründer für Verbindlichkeiten der Vorges entwickelt,[51] das sich aus einer internen Verlustdeckungshaftung bis zur Eintragung (dazu Rn 24 ff) und der an die Eintragung geknüpften Vorbelastungs- (Unterbilanz-)haftung (dazu unten Rn 61 ff) zusammensetzt. Dieses zunächst kontrovers diskutierte neue Haftungsmodell ist auch für die Vor-AG übernommen worden.[52]

22 **b) Haftung mit Gesellschaftsvermögen.** Als allg Grundsatz ist für Verbindlichkeiten der Vorges deren Haftung mit dem Gesellschaftsvermögen nahezu einhellig anerkannt. Sie wird als dessen Träger durch das Handeln der GFührer als Organ verpflichtet. In diesem Sinn wird zutreffend von **Haftung der Vorgesellschaft** als solcher gesprochen. Dagegen ist § 13 I u II mangels eigener Rechtspersönlichkeit noch nicht anwendbar. Für zum Schadenersatz verpflichtendes, insbes deliktisches Verhalten der GFührer in ihrer Eigenschaft als Organ der Vorges gilt § 31 BGB entspr.[53]

23 **5. Haftung der Gesellschafter. a) Frühere Rechtslage.** Während die hM seit der Entscheidung BGHZ **80,** 129 die Gfter im Fall der Eintragung der Ges für Vorbelastungen, die das GesVermögen unter den Betrag des Stammkapitals mindern, im Innenverhältnis unbeschränkt anteilig haften lässt (unten Rn 61 ff), nahm der BGH zunächst in ständiger Rechtsprechung im Stadium bis zur Eintragung eine **beschränkte persönliche Außenhaftung** an.[54] Danach hafteten die Gfter den Gläubigern der Vorges persönlich **bis zur Höhe ihrer Einlageschuld** auch mit ihrem Privatvermögen, soweit die Einlage noch nicht geleistet war. Die Haftungsbeschränkung wurde darauf gestützt, dass bei einem Handeln im Namen einer „GmbH" oder „GmbH i G." für den Vertragspartner erkennbar war, dass nur ein auf die Einlagen beschränkter Haftungsfonds zur Verfügung stehe und mit einer weitergehenden Verpflichtung auch der Gfter nicht gerechnet werden könne. Dieses Haftungskonzept hatte allerdings Schwächen: Zum einen versagte die Begründung der Haftungsbeschränkung für nicht rechtsgeschäftlich begründete

---

49 Ausführlich Ulmer/*Ulmer* Rn 122 ff mwN zur Entwicklung; anders *Beuthien* ZIP 1996, 309; *Wilhelm* DB 1996, 921.

50 Grundlegend Ulmer/*Ulmer* Rn 123 f; *Stimpel* FS Fleck, 1988, 345 ff.

51 BGHZ 134, 333.

52 OLG Karlsruhe ZIP 1998, 1981; MünchKommAktG/*Pentz* § 41 Rn 22 ff; *Hüffer* § 41 AktG Rn 9 a mwN.

53 AllgM, Ulmer/*Ulmer* Rn 85; *Beuthien* BB 1996, 1337 f mwN.

54 BGHZ 65, 378; 72, 45; 80, 182; weitere Nachweise s 16. Aufl Rn 22.

Verbindlichkeiten.[55] Vor allem aber ergaben sich nach Ersetzung des Vorbelastungsverbots durch die unbeschränkte Vorbelastungshaftung[56] (näher unten Rn 59 ff) Unstimmigkeiten. Auf den Wertungswiderspruch zwischen beschränkter Außenhaftung vor Eintragung und unbeschränkter Einstandspflicht nach Eintragung wurde in der Lit schon früh hingewiesen[57] und die Gefahr eines Anreizes für die Gründer hervorgehoben, bei Verlusten der Vorges die Eintragung nicht weiterzubetreiben und die Gesellschaft – rechtzeitig vor Entstehen einer sog. unechten Vor-GmbH mit der Folge unbeschränkter Haftung (dazu unten Rn 32 f) – zu liquidieren.[58] Auch die unbeschränkte Haftung des GFührers der Vorges nach § 11 II war mit der beschränkten Gründerhaftung kaum in Einklang zu bringen,[59] wenn trotz der Schwierigkeit ihrer dogmatischen Konstruktion Regressansprüche des GFührers gegen die mit der Geschäftsaufnahme einverstandenen Gründer anerkannt wurden.[60]

b) Verlustdeckungshaftung als einheitliche unbeschränkte Innenhaftung. Der BGH hat diese und andere Bedenken aufgegriffen und sich daraufhin einerseits gegen die bis dahin anerkannte Beschränkung der Haftung auf die Höhe der Einlageverpflichtung, andererseits aber auch gegen die bis dahin vertretene Konzeption einer Außenhaftung der Gfter ausgesprochen. An deren Stelle hat BGH das Konzept einer einheitlichen Gründerhaftung aus Verlustdeckungs- und Vorbelastungs- (Unterbilanz-)haftung als Innenhaftung gesetzt.[61] Dem haben sich BAG, BSG u BFH angeschlossen.[62] Eine unmittelbare persönliche Inanspruchnahme der Gfter durch Gläubiger der Vorges scheidet damit bis auf Ausnahmefälle aus, die allerdings praktisch sehr bedeutsam sind und entspr kontrovers diskutiert werden (unten Rn 27). An ihre Stelle tritt eine **gesellschaftsinterne anteilige Verlustdeckungshaftung** der mit der Aufnahme der Geschäftstätigkeit einverstandenen Gründer für sämtliche Anlaufverluste der Vorges. Diese Verlustdeckungshaftung ist notwendiges Äquivalent der nach Eintragung eingreifenden Vorbelastungs- oder Unterbilanzhaftung[63] und auch weitgehend entspr ausgestaltet (unten Rn 25). 24

c) Ausgestaltung der Verlustdeckungshaftung ist sowohl in der grundsätzlichen Frage einer Innen- oder Außenhaftung der Gfter nach wie vor umstr (dazu unten Rn 29) als auch in Einzelheiten teilw ungeklärt.[64] Der **BGH** hat die Verlustdeckungshaftung entsprechend seinem Konzept einer einheitlichen Gründerhaftung wie die Vorbelastungshaftung (dazu unten Rn 61 ff) als **anteilige Innenhaftung** ausgestaltet, dh der eingetretene Ver- 25

[55] Vgl BSG BB 1986, 2272; ebenso OLG Frankfurt GmbHR 1994, 708; dagegen *Kort* ZIP 1996, 116.
[56] BGHZ 80, 129.
[57] Vgl auch 16. Aufl Rn 30.
[58] *Flume* NJW 1981, 1755; *Meister* FS Werner, 1984, 548; *Lieb* FS Stimpel, 1985, 414.
[59] Ulmer/*Ulmer* Rn 80 f mwN; *Dauner-Lieb* GmbHR 1996, 86; *Kleindiek* ZGR 1997, 431.
[60] BGHZ 86, 122; näher s 16. Aufl Rn 49 a.
[61] BGHZ 134, 333, 336 = NJW 1997, 1507.
[62] BAG NJW 1996, 3165; 1997, 3331; 2000, 2915, 2917; BSG ZIP 2000, 494, 496; BFH NJW 1998, 2926.
[63] BGHZ 134, 333, 337 = NJW 1997, 1507; *Ulmer* ZIP 1996, 734.
[64] Überblick dazu bei *Wiegand* BB 1998, 1066 ff.

lust ist von den Gftern im Verhältnis ihrer Kapitalanteile abzudecken;[65] bei Undurchsetzbarkeit des Anspruchs Ausfallhaftung der übrigen Gfter entspr § 24.[66] Haftung trifft alle Mitglieder der Vorges, die Geschäftsaufnahme vor Eintragung zugestimmt haben.[67] Ungeklärt, iE aber zu bejahen, allerdings Haftung für Verluste, die zB bei Verzögerung der Eintragung auch ohne bes Geschäftsaufnahme entstehen, etwa durch wirksam übernommene Gründungskosten, Geschäftsführergehalt usw, wenn diese Vermögen der Vorges übersteigen. Insoweit anteilige Verlustdeckungspflicht aller Gfter auch ohne bes Zustimmung zu Geschäftsaufnahme sachgerecht.[68] – **Höhe unbegrenzt,** Verlustdeckungshaftung umfasst aber im Unterschied zur Vorbelastungshaftung (Einzelheiten s unten Rn 64) keine Pflicht, Stammkapital wieder aufzufüllen, sondern begrenzt auf Verluste, die nach erforderlicher Liquidation der Vorges verbleiben.[69]

26 **Zeitpunkt des Entstehens u Fälligkeit** des Anspruchs umstr. Während BGH offenbar von Entstehung erst **mit Scheitern der Eintragung** ausgeht[70] u ihm darin Teil der Lit folgt,[71] sprechen sich andere für ein Entstehen bereits bei Eintritt von Verlusten[72] und die Möglichkeit jederzeitiger Geltendmachung durch pfändende Gläubiger nach Geschäftsaufnahme[73] aus. Auf der Grundlage der Innenhaftung ist Annahme einer permanenten Pflicht zur Deckung von Verlusten jedenfalls weder sachgerecht noch praktikabel, da Verluste nicht laufend berechnet werden u bis zum Scheitern der Vorges jederzeit durch Gewinne aus anderen Geschäften kompensiert werden können.[74] Vorzugswürdig erscheint, zwischen Entstehung u Fälligkeit zu unterscheiden.[75] **Anspruch entsteht** mit Eintritt von Verlusten, **Fälligkeit** tritt erst mit Scheitern der Vorges ein. Daher Geltendmachung der Haftung jedenfalls nicht vor Scheitern der Vorges. Auf diesen Zeitpunkt lassen sich Verluste bilanziell errechnen, können sich jedoch im Hinblick auf Bewertungsunsicherheiten u Ablauf des Liquidationsverfahrens erhöhen oder verringern. Um Verzögerungen des Ausgleichs zu Lasten der Gläubiger durch Nichtbetreiben der Liquidation zu verhindern, ist zu erwägen, **Berechnung** der Verluste vorläufig durch Erstellung einer Bilanz unter Ansatz von Liquidationswerten mit Stichtag des Scheiterns der Vorges vorzunehmen u damit

---

65 BGHZ 134, 333, 339 ff = NJW 1997, 1507, 1508 bestätigt durch BGHZ 149, 273, 274. Ebenso BAG NJW 1998, 628; BSG NZG 2000, 590; BFH NJW 1998, 2926.

66 Zu dieser *Goette* § 1 Rn 82.

67 Zu dieser Einschränkung BGHZ 134, 333, 342 = NJW 1997, 1507, 1508; NJW 1996, 1210, 1212; Ulmer/*Ulmer* Rn 120 mit Rn 102.

68 So iE auch *Roth*/Altmeppen Rn 51.

69 Ulmer/*Ulmer* Rn 120; *Gummert* DStR 1997, 1009.

70 BGHZ 134, 333, 341 = NJW 1997, 1507, 1508 unter Berufung auf Ulmer/*Ulmer* Rn 95; ebenso *Stimpel* FS Fleck, 1988, 345, 358 ff; *Meister* FS Werner, 1984, 549 f; *Lieb* FS Stimpel, 1985, 414 f; offengelassen in BSG ZIP 2000, 494, 497.

71 *Gummert* DStR 1997, 1009 f; *Monhemius* GmbHR 1997, 387; *Wiegand* BB 1998, 1067.

72 Ulmer/*Ulmer* Rn 121; *Ulmer* ZIP 1996, 738. Zu weitgehend jedenfalls *Roth*/Altmeppen Rn 55: Erhaltung der Stammkapitaldeckung.

73 So vor allem die Vertreter der Außenhaftung, etwa Scholz/*Schmidt* Rn 84; *Lutter*/Hommelhoff/*Bayer* Rn 11; *Zöllner* FS Wiedemann 2002, 1383, 1410.

74 Zu entspr Berechnungsproblemen u damit verbundenen Prozessrisiken für Gläubiger *Monhemius* GmbHR 1997, 387; *Gummert* DStR 1997, 1009 f.

75 Ähnlich Ulmer/*Ulmer* mit Unterscheidung von Entstehen und Feststehen der Höhe nach.

insoweit Fälligkeit herbeizuführen, endgültig allerdings erst bei Abschluss der Liquidation, da auch Liquidationsverluste von der Haftung umfasst sein müssen. – **Scheitern**[76] entweder evident durch Rücknahme des Eintragungsantrags, soweit diese nicht lediglich registergerichtlicher Beanstandung Rechnung trägt u Antrag alsbald erfolgreich neu gestellt wird,[77] Ablehnung der Eintragung, Auflösungsbeschluss,[78] Stellung des Insolvenzantrags durch GFührer[79] (zur Insolvenzantragspflicht bei der Vorges s § 64 Rn 2) oder Eröffnung des Insolvenzverfahrens oder dessen Ablehnung mangels Masse oder zu vermuten bei überlanger Verfahrensdauer, Nichtbeachtung von Zwischenverfügungen,[80] Aufgabe des Geschäftsbetriebs.[81] – Bei **Gesellschafterwechsel** vor Eintragung (nur durch einstimmige Vertragsänderung in der Form des § 2 möglich,[82] s § 2 Rn 13) haften bei Scheitern vorhandene Gfter; hinsichtlich der Ausgeschiedenen ist subsidiäre Haftung entspr § 22 zu erwägen. Anders nur bei Ausscheiden vor Entstehen der Haftung.[83] – Anspruch kann aber bereits vorher durch GesGläubiger gepfändet u diesem überwiesen werden.[84] – **Verjährung** wie bei Vorbelastungshaftung (unten Rn 64) entspr § 9 II.

d) Unmittelbare Gesellschafterhaftung in Sonderfällen. Nach dem Haftungskonzept des BGH kommt ein unmittelbarer Zugriff der Gläubiger auf einen Gfter nur noch in – allerdings praktisch bedeutsamen – Ausnahmefällen in Betracht,[85] wobei vor allem Praktikabilitätserwägungen zur Vermeidung unnötiger Abwicklungsschwierigkeiten eine Rolle spielen. – Bei **Einpersonengründung** scheidet eine nur anteilige Haftung aus, sodass schon Prozessökonomie hier für Außenhaftung spricht.[86] Vor allem kommt Abwicklung über GesVermögen nicht in Betracht, da mit Scheitern der Einmann-Vor-GmbH nach hM Sondervermögen ohne Liquidation automatisch dem einzigen Gfter im Wege der Gesamtrechtsnachfolge zufällt (unten Rn 43). Ferner soll Außenhaftung greifen, wenn Ges nur einen Gläubiger hat.[87] – Praktisch sehr bedeutsam und zugleich besonders problematisch ist vom BGH in Anlehnung an *Ulmer*[88] unter Durchgriffsgesichtspunkten zugelassener unmittelbarer Zugriff auf Gfter bei **Vermögenslosigkeit der Vorges.**[89] Zwar spricht auch hier Verfahrensökonomie gegen Abwicklung über GesVermögen, doch führt Abstellen auf vom BGH nicht näher definierte Vermögenslosigkeit zu erheblichen Unsicherheiten. Außerdem besteht gerade in 27

[76] Dazu Ulmer/*Ulmer* Rn 119; *Wiegand* BB 1998, 1067 f.
[77] Vgl OLG Celle NZG 2000, 790.
[78] BAG NJW 2003, 429, 430; BAG NJW 1998, 628.
[79] BGH NJW 2003, 429, 430; BAG NJW 2000, 2915.
[80] BGH NJW 2003, 429, 430; BFH NZG 1998, 723.
[81] *Wiegand* BB 1998, 1067 f.
[82] BGH NJW 1997, 1507; *Goette* DStR 1997, 629; aA *K. Schmidt* GmbHR 1997, 869.
[83] OLG Düsseldorf GmbHR 1995, 823; *Michalski* Rn 64.
[84] BGHZ 134, 333, 339 = NJW 1997, 1507, 1508; Ulmer/*Ulmer* Rn 121.
[85] BGHZ 134, 333, 341 = NJW 1997, 1507, 1508.
[86] *Gummert* DStR 1997, 1010.
[87] BGHZ 134, 333, 341 = NJW 1997, 1507, 1508.
[88] Ulmer/*Ulmer* Rn 83; *Ulmer* ZIP 1996, 735 f.
[89] BGHZ 134, 341 = NJW 1997, 1507, 1508; BAG NZG 2006, 507; NJW 2000, 2915, 2917; BFH NJW 1998, 2926; BSG ZIP 2000, 494, 497 = NJW-RR 2000, 1125, 1127.

diesen Fällen Gefahr des unerwünschten Gläubigerwettlaufs.[90] Nach Sinn u Zweck dieses Haftungsdurchgriffs wird man Vermögenslosigkeit schon dann annehmen müssen, wenn Vorges nicht zahlen kann (vgl entspr Voraussetzung in § 93 V AktG), also mit Ausnahme der Verlustdeckungsansprüche der Vorges kein nennenswertes Vermögen vorhanden ist.[91] Rspr nimmt Vermögenslosigkeit zutr jedenfalls dann an, wenn Eröffnung des Konkurs- bzw Insolvenzverfahrens mangels Masse abgelehnt oder Verfahren deswegen eingestellt wurde und keine Anhaltspunkte für dennoch vorhandenes Vermögen bestehen.[92] Die vom BGH angedeuteten weiteren Kriterien (Nichtvorhandensein eines Geschäftsführers oder weiterer Gläubiger) sind zu unsicher und können zur voreiligen Geltendmachung einer Außenhaftung führen.[93] Im Übrigen wird die Ges nunmehr bei Führungslosigkeit passiv durch Gfter vertreten, § 35 I 2 nF. Gfter haften **nicht als Gesamtschuldner, sondern nur anteilig entspr ihrer Beteiligung.**[94] Die abw Auffassung[95] verkennt, dass entspr dem neuen Konzept der einheitlichen Gründerhaftung unmittelbare Haftung der Gfter bei Vermögenslosigkeit keine eigenständige Außenhaftung ist, sondern (vergleichbar der unmittelbaren Inanspruchnahme von Vorstandsmitgliedern nach § 93 V AktG) nur Verlustdeckungsanspruch der Vorges ausnahmsweise vom Gläubiger ohne Pfändung und Überweisung direkt gegen Gfter geltend gemacht werden kann.

28 **e) Kritik. Aufgabe der Haftungsbeschränkung** durch den BGH hat als folgerichtige Ausformung des Haftungssystems im Rahmen der Gründung **grds Zustimmung auch in der Lit** gefunden.[96] Die Annahme einer beschränkten Haftung bedarf als Ausnahme vom allgemeinen Grundsatz der unbeschränkten Haftung für geschäftliche Tätigkeit einer vertraglichen oder gesetzlichen Begründung.[97] § 13 II ist aber auf die Vorges nicht anwendbar; erst die eine gerichtliche Prüfung der Einhaltung der Kapitalaufbringungsvorschriften dokumentierende Eintragung kann das Privileg der beschränkten Haftung begründen.[98] Die neue Rspr des BGH ist Folge der wohl zutr Erkenntnis, dass die Gfter in allen Phasen der Gründung das Risiko von Verlusten der Vorges zu tragen haben, sofern diese mit ihrer Billigung schon wirtschaftlich tätig war.[99] Dieses Risiko fällt ihnen nach Eintragung der Ges in Form der Vorbelastungshaftung zu; es ist nicht ersichtlich, warum bei Schei-

---

[90] *Wiegand* BB 1998, 1069; *Raab* WM 1999, 1610 f.

[91] *Gummert* DStR 1997, 1010; *Brandes* WM 1998, 2; aA *Haas* DStR 1999, 987.

[92] BAG NJW 1997, 3331; 1998, 628; BFH NJW 1998, 2926; BSG ZIP 2000, 494, 497 = NJW-RR 2000, 1125, 1127; LG Braunschweig GmbHR 2001, 920.

[93] *Gummert* DStR 1997, 1010; unter Betonung der Risiken auch für Gläubiger zutr *Monhemius* GmbHR 1997, 390.

[94] BAG NJW 1997, 3331; BFH NJW 1998, 2926; BSG ZIP 2000, 494, 497 = NJW-RR 2000, 1125, 1127; *Ulmer* ZIP 1996, 736; offengelassen bei BGHZ 134, 341; BAG NJW 1998, 629.

[95] LAG Hessen GmbHR 1998, 783; Rowedder/*Schmidt-Leithoff* Rn 100; *Ensthaler* BB 1997, 1210 f.

[96] Ulmer/*Ulmer* Rn 66; Scholz/*Schmidt* Rn 77 f; Rowedder/*Schmidt-Leithoff* Rn 96 f; *Roth*/Altmeppen Rn 49; auch Rowedder/*Schmidt-Leithoff* Rn 91 ff.

[97] *K. Schmidt* GesR § 18 IV 1 mwN, § 34 III 3 c.

[98] BGHZ 134, 333, 336 f.

[99] So vor allem *Flume* JurPerson § 5 III 3; *Stimpel* FS Fleck, 1988, 345 ff; auch *K. Schmidt* ZHR 156 (1992), 93 ff; *Lieb* FS Zöllner, 1998, 349; krit wegen fehlenden Einflusses der Gfter auf Vollzug der Eintragung, aber iE zustimmend *Kleindiek* ZGR 1997, 434 f.

tern der Eintragung die Gläubiger (über eine Haftungsbeschränkung) oder die GFührer (über Haftung gem § 11 II) damit belastet werden sollen.

Konzept der Innenhaftung ist dagegen **in der Lit vielfach kritisiert** und statt dessen eine unbeschränkte gesamtschuldnerische Außenhaftung der Gfter entspr § 128 HGB oder § 54 BGB vorgeschlagen worden.[100] Nach dieser Auffassung schützt interne Verlustdeckungshaftung Gläubigerinteressen nicht ausreichend, Verweisung auf Pfändung der Verlustdeckungsansprüche auf Grund eines gegen Vorges gerichteten Titels und Einklagen von Teilbeträgen und anschließender Geltendmachung der Ausfallhaftung gem § 24 soll unzumutbar sein; auch werden Abgrenzungsprobleme zu den auch vom BGH angenommenen Ausnahmefällen einer unmittelbaren Gfterhaftung (unten Rn 27) genannt.[101] Dem hat sich vereinzelte untergerichtliche Rspr insb im Hinblick auf die Erschwerung der Rechtsdurchsetzung für Gläubiger angeschlossen.[102] Die Ausgestaltung der Gfterhaftung als interne anteilige Verlustdeckungshaftung oder unmittelbare gesamtschuldnerische Außenhaftung kann aber nicht auf die Frage der Zuweisung von Abwicklungslast und Prozessrisiken reduziert werden.[103] Beide Formen der Haftung unterscheiden sich erheblich. Während erstere nur bei entstandenen Verlusten eingreift, erfasst letztere alle Verbindlichkeiten der Vorges, auch wenn Vorges über ausreichendes Vermögen verfügt, auch solche aus Beschaffungsgeschäften, bei denen die Vorges einen aktivierbaren Vermögensgegenstand erworben und damit keinen Verlust erlitten hat.[104] Mit der Anerkennung einer so weitgehenden Haftung würde das Konzept der Vorges grundlegend verändert u diese entgegen langjährigen Bestrebungen in der zentralen Fragen der Haftung OHG gleichgestellt. Außenhaftung führt auch zu Problemen bei prozessual geltend gemachten Ansprüchen, wenn sich dann die bis dahin bestehende Außenhaftung bei Eintragung in eine Innenhaftung verwandeln soll. Einer auf Verbindlichkeiten, die eine Unterbilanz auslösen, begrenzten Außenhaftung,[105] stehen zusätzlich Praktikabilitätsgesichtspunkte entgegen, da Feststellung einer Unterbilanz – jedenfalls für außenstehende Dritte – problematisch (oben Rn 25).[106] Die angestrebte Einheitlichkeit der Gründerhaftung vor und nach Eintragung lässt sich nur erreichen, wenn Verlustdeckungshaftung wie Vorbelastungshaftung als anteilige Innenhaftung ausgestaltet 29

---

100 Scholz/*Schmidt* Rn 82 ff; *Roth*/Altmeppen Rn 51; *Michalski* Rn 63 (anders aber offenbar Rn 114); Rowedder/*Schmidt-Leithoff* Rn 96 ff, 98; *Zöllner* FS Wiedemann, 2002, 1383, 1406 ff; *Beuthien* GmbHR 1996, 311 ff u erneut WM 2002, 2261, 2262; *Raiser/Veil* BB 1996, 1344 ff; *Ensthaler* BB 1997, 258 ff; *Altmeppen* NJW 1997, 1509 f u 3272 ff; *Flume* DB 1998, 48 ff; *Kleindiek* ZGR 1997, 427, 436 ff, 448; *Wilhelm* DStR 1998, 457 ff; *Michalski/Barth* NZG 1998, 527 ff; *Raab* WM 1999, 1604 ff; für AG auch MünchKommAktG/*Pentz* § 41 Rn 55 ff, 65.

101 *K. Schmidt* ZHR 156 (1992), 116 ff; *Kleindiek* ZGR 1997, 443 ff; Scholz/*Schmidt* Rn 82.

102 LSG Baden-Württemberg ZIP 1997, 1651; LAG Köln ZIP 1997, 1921; krit auch LAG Hessen GmbHR 1998, 783, 785; tendenziell auch OLG Thüringen GmbHR 1999, 773.

103 So aber die meisten Befürworter der Außenhaftung und auch ein Teil ihrer Gegner, ausdrücklich auch BGHZ 134, 341; dagegen zutreffend *Flume* DB 1998, 47; *Wiegand* BB 1998, 1066.

104 Ausführl *Monhemius* GmbHR 1997, 384 ff; *Kort* ZIP 1996, 113; MünchHdb-GmbH/*Gummert* § 16 Rn 61.

105 So *K. Schmidt* ZIP 1996, 356 f.

106 *Monhemius* GmbHR 1997, 386.

wird.[107] Auch ist gesamtschuldnerische Außenhaftung vor allem für geringfügig beteiligte Gfter trotz Regressmöglichkeit **unzumutbar.**[108] Ferner führt Außenhaftung zu Gefahr eines Wettlaufs der Gläubiger um Verwirklichung der Gründerhaftung,[109] während Abwicklung im Innenverhältnis gleichmäßige Befriedigung sicherstellt, weshalb § 93 InsO bei Durchführung eines Insolvenzverfahrens auch nur noch diese zulässt.

30 **6. Beendigung der Vorgesellschaft** normalerweise durch Entstehen der GmbH bei Eintragung ins HR. GmbH tritt dann von selbst u ohne Abwicklung an ihre Stelle (unten Rn 55 ff). – Im Übrigen sind die wichtigsten **Auflösungsgründe:** endgültige **Ablehnung der Eintragung** als Zweckverfehlung (entspr § 726 BGB), da Vorges als solche, auch wenn sie Geschäfte bereits aufgenommen hat, ausschließlich auf die künftige GmbH ausgerichtet ist u Geschäfte nicht ohne Änderung ihrer rechtlichen Struktur fortführen kann (unten Rn 32 ff); – **Eröffnung des Insolvenzverfahrens** über Vermögen der Vorges oder dessen Ablehnung mangels Masse (zur Insolvenzfähigkeit oben Rn 17); – **Auflösungsbeschluss** der Gfter, der, obwohl er die Grundlage des GesVerhältnisses betrifft (oben Rn 8), wie unmittelbar nach Eintragung der GmbH sinngem auch vorher bereits entspr § 60 I Nr 2 mit Dreiviertel-Mehrheit bzw abw satzungsmäßiger Mehrheit gefasst werden kann;[110] – **außerordentliche Kündigung** durch einen Gfter aus wichtigem Grund, der bei personalistischer Ausgestaltung auch Person eines Gfters betreffen kann;[111] Geltendmachung durch Erklärung gegenüber allen Mitgftern, nicht nötig Auflösungsklage nach § 61, da diese dem Sinn nach auf die entstandene GmbH als jur Person ausgerichtet u nicht für die Vorges passt.[112] Auch Analogie zu § 133 HGB passt selbst dann nicht, wenn Vorges Handelsgewerbe betreibt, da sie OHG u KG nicht vergleichbar, insbes nicht auf Dauer angelegte Erwerbsgrundlage der Gfter ist. Entspr gilt für Geltendmachen des Mangels bei fehlerhafter Vorges nach Invollzugsetzen (§ 2 Rn 39). Allg zur fehlerhaften Vorges § 2 Rn 37 ff. – **Keine Auflösungsgründe,** sondern nur je nach den Verhältnissen Gründe für außerordentliche Kündigung sind Tod oder Insolvenz eines Gfters.[113] – Auch **Ausschluss** eines Gfters aus wichtigem Grund in seiner Person ist bereits im Gründungsstadium möglich[114] (s auch Anh § 34); dafür aber einstimmiger Beschluss der übrigen Gfter erforderlich,[115] außerdem Angleichung des Stammkapitals durch entspr

[107] BGHZ 134, 339 f; *Stimpel* FS Fleck, 1988, 361; Ulmer/*Ulmer* Rn 120; *Gehrlein* DB 1996, 567; *Lutter* JuS 1998, 1077; *Sandberger* FS Fikentscher, 1998, 412 ff.

[108] Illustrativ *Ulmer* ZIP 1996, 736; *Monhemius* GmbHR 1997, 387; auch *Kort* ZIP 1996, 113 unter Hinweis auf negative wirtschaftliche Auswirkungen durch Abschreckungseffekt.

[109] BGHZ 134, 340.

[110] HM, Ulmer/*Ulmer* Rn 53; Scholz/*Schmidt* Rn 55; *Lutter*/Hommelhoff/*Bayer* Rn 17; Rowedder/*Schmidt-Leithoff* Rn 66; *Flume* FS Geßler, 1971, 29.

[111] Ulmer/*Ulmer* Rn 53; – aM *Flume* aaO; wohl auch OLG Hamm DB 1994, 1232.

[112] IGrds zust für AG-Vorges BGH NJW 2007, 589 Rn 15; für GmbH Ulmer/*Ulmer* Rn 53; *Lutter/Hommelhoff/Bayer* Rn 17; – aM Scholz/*Schmidt* Rn 55; Rowedder/*Schmidt-Leithoff* Rn 66.

[113] RGZ 82, 290; ganz hM, Ulmer/*Ulmer* Rn 54 mwN; Rowedder/*Schmidt-Leithoff* Rn 67.

[114] OLG Hamm DB 1994, 1232; Ulmer/*Ulmer* Rn 50; Scholz/*Schmidt* Rn 40; Rowedder/*Schmidt-Leithoff* Rn 63.

[115] Insoweit aA OLG Hamm DB 1994, 1232: Ausschlussklage.

Änderung des GesVertrags wie bei jedem GfterWechsel (dazu § 2 Rn 13). – **Änderung der Gfterstruktur,** zB Entstehen einer EinpersonenGes durch Ausscheiden eines GründungsGfters berührt Kontinuität der Vorges auch dann nicht, wenn mit Rücknahme u Erneuerung des Eintragungsantrags verbunden.[116]

Vorliegen eines Auflösungsgrundes führt abgesehen vom besonderen Fall **31** des Insolvenzverfahrens zur **Liquidation** der Vorges.[117] Nach früherer Auffassung[118] galt Liquidationsrecht der Personenges (§§ 730 ff BGB, §§ 145 ff HGB) entspr, dh Gfter fungierten als gemeinsame Liquidatoren. Angesichts der Nähe der Vorges zur künftigen GmbH u ihrer heute anerkannten Selbstständigkeit im Rechtsverkehr (oben Rn 12) zieht heute hM zu Recht §§ 66 ff entspr heran, soweit diese passen, dh nicht unmittelbar auf die jur Person u deren Eintragung abstellen (s auch § 66 Rn 3).[119] Als Liquidationsgesellschaft bleibt sie bis zur Vollbeendigung bestehen u als solche auch **weiterhin partei- u prozessfähig.**[120] – Zur Frage einer Ausgleichspflicht der Gfter untereinander bei Abwicklung BGHZ **86,** 122.

7. Unechte bzw fehlgeschlagene Vorgesellschaften sind solche, bei **32** denen trotz formgerechten GesVertrags (§ 2) die Gründung einer GmbH von vornherein nicht beabsichtigt war[121] oder später aufgegeben worden ist.[122] In solchen Fällen findet **Recht der Vorgesellschaft keine Anwendung,** denn Vorges ist bloßes Durchgangsstadium bei Entstehung einer GmbH, daher notwendig auf diese ausgerichtet. Allein hierauf gründet sich die rechtliche Anerkennung, die bereits weitgehend GmbH-Recht zur Geltung bringt, insbes Außenhaftung der Gesellschafter ausschließt. Personenzusammenschluss ohne diese Zielrichtung unterliegt daher vom Zeitpunkt des Wegfalls der Gründungsabsicht an dem **Recht der BGB-Gesellschaft oder OHG;** maßgebend GesForm, deren Tatbestandsmerkmale im Einzelfall tatsächlich verwirklicht sind.[123] – Bei Betrieb eines Handelsgewerbes gilt nach § 105 HGB zwingend OHG-Recht;[124] Bezeichnung im GesVertrag oder etwa geführte Firma nicht maßgebend.[125] – **Aufgabe der Eintragungsabsicht** durch Gründer im Einzelfall schwer feststellbar; gegeben, wenn bei Eintritt eines Auflösungsgrundes (vor allem endgültiges Scheitern der Eintragung, oben Rn 30) statt alsbaldiger Liquidation der Vorges werbende Tätigkeit fortgesetzt

---

116 OLG Celle NZG 2000, 790.

117 OLG Köln GmbHR 1997, 601; iE auch BGH NZG 2008, 466 Rn 6; Ulmer/*Ulmer* Rn 52; *Lutter*/Hommelhoff/*Bayer* Rn 17; zust *Roth*/Altmeppen Rn 58.

118 BGHZ 51, 30, 34; 86, 122, 127; NJW 1963, 859.

119 BGH NJW 2008, 2441 Rn 6; 1998, 1079, 1080; BGH NJW 2007, 589 (AG-Vorges); ebenso bereits BAG NJW 1963, 681; OLG Hamm WM 1985, 658; Ulmer/*Ulmer* Rn 55; Scholz/*Schmidt* Rn 56 mwN; *Lutter*/Hommelhoff/*Bayer* Rn 17; Rowedder/*Schmidt-Leithoff* Rn 69; iE wohl jetzt auch *Roth*/Altmeppen Rn 59.

120 BGH NJW 2008, 2441.

121 BGHZ 22, 240 ff; NJW 2000, 1193, 1194; *Goette* § 1 Rn 66; praktisch selten, vgl Scholz/*Schmidt* Rn 21.

122 BGH NZG 2004, 663; NJW 2003, 429, 430; BAG NJW 2000, 2915; NJW 1997, 3331; BFH DStR 1998, 1129; OLG Jena NZG 2002, 571; Ulmer/*Ulmer* Rn 26 f; *Michalski* Rn 81; *Goette* § 1 Rn 67.

123 OLG Hamm NZG 2006, 754 (Vertretung der unechten Vorges).

124 BGH NZG 2004, 663.

125 BGHZ 22, 245; 32, 310; NJW 2000, 1193, 1194; OLG Brandenburg NZG 2001, 896 (Form von Vertragsänderungen).

wird, auch wenn Anmeldung nicht vorgenommen oder zurückgenommen wird[126] oder vom RegGericht moniertes Eintragungshindernis nicht umgehend beseitigt wird;[127] anders, wenn Rücknahme lediglich dazu dient, registerrechtlicher Beanstandung Rechnung zu tragen um dann alsbald erneuert zu werden.[128] Soweit Eintragungsabsicht aufgegeben u Vorges nicht liquidiert, sondern als unechte Vorges fortgesetzt wird, **geht Vorges** vergleichbar einer gesetzlichen Umwandlung mit allen Rechten u Pflichten im Wege der Universalsukzession **in BGB-Ges oder OHG über.** Damit verbunden ist Wechsel der organschaftlichen Vertretung. **Anhängige Prozesse** werden, jedenfalls wenn Vorges anwaltlich vertreten war, nicht unterbrochen, da die Prozessvollmacht fortbesteht (§ 86 ZPO).[129]

33 **Haftung.** Bei Entstehung einer unechten Vorges mangels ernsthafter Gründungsabsicht sind personengesellschaftsrechtliche Haftung wie auch § 28 HGB uneingeschränkt anwendbar. Entsteht unechte Vorges erst nachträglich durch Weiterführung des Unternehmens trotz Aufgabe der Eintragungsabsicht haften die Gfter jedenfalls ab diesem Zeitpunkt nach § 128 HGB unbeschränkt persönlich.[130] Andere Ansätze, wie etwa Haftung nach § 11 Abs 2 für diejenigen Gfter, die nach Aufgabe der Eintragungsabsicht Geschäfte fortführen,[131] oder Durchgriffshaftung der Gfter wegen Fortführung der infolge Zweckverfehlung in Liquidation befindlichen Vorges[132] haben sich bisher nicht durchgesetzt. Zwar schien der BGH vorübergehend im Zuge der Entwicklung der neuen unbeschränkten internen Verlustdeckungshaftung im Hinblick auf einen möglichen Bruch im neuen System der einheitlichen internen Gründerhaftung und die unvermeidlichen Abgrenzungsprobleme[133] zunächst dazu zu neigen, eine Inanspruchnahme der Gfter nach den Grundsätzen der Haftung in der OHG zunächst in Frage stellen zu wollen;[134] er hat zunächst aber die Frage ausdr offengelassen[135] u sich dann wieder zur Haftung nach OHG-Grundsätzen bekannt.[136] Diese Form der unbeschränkten Außenhaftung bei Fortführung der geschäftlichen Tätigkeit nach Aufgabe der Eintragungsabsicht hat unter dem neuen Modell der Gründerhaftung an Bedeutung gewonnen, da sie unmittelbaren Zugriff auf Gfter ohne Prüfung der problematischen Sonderfälle nach der Rspr des BGH (dazu oben Rn 27) und ohne Beschränkung auf anteilige Haftung in Höhe der Beteiligung an der Vorges ermöglicht.[137] Haftung für vor Aufgabe der Eintragungsabsicht ent-

---

126 Rücknahme durch einen von mehreren anmeldenden GFührern genügt, LG Berlin ZIP 1991, 1180.

127 BGH NJW 2003, 429, 430; BFH NJW 1998, 628.

128 Vgl OLG Celle NZG 2000, 790.

129 BGH NJW 2008, 2441 Rn 7.

130 BGHZ 22, 240, 243; 51, 32; 80, 142; BAG NJW 1998, 628; BFH NJW 1998, 2926; OLG Dresden GmbHR 1998, 186; OLG Thüringen GmbHR 1999, 772; Ulmer/*Ulmer* Rn 26 ff mwN; Scholz/*Schmidt* Rn 89 f, 143; iE auch Rowedder/*Schmidt-Leithoff* Rn 22 f; *Roth*/Altmeppen Rn 58; ebenso schon *Schwarz* ZIP 1996, 2006; *Gummert* DStR 1997, 1010; *Kleindiek* ZGR 1997, 446 f; *Lutter* JuS 1998, 1077 f.

131 Dazu auch *Sandberger* FS Fikentscher, 1998, 416.

132 *Servatius* NJW 2001, 1696, 1698.

133 Dazu *Gehrlein* DB 1996, 565 f; *Kleindiek* ZGR 1997, 446 f.

134 Vorlageentscheidung NJW 1996, 1212; zust OLG Bremen GmbHR 2001, 25; *Münnich* EWiR 2000, 1015; *Gehrlein* DB 1996, 565.

135 BGHZ 134, 333, 341.

136 BGH NJW 2000, 1193, 1194.

137 Vgl etwa BAG NJW 1998, 629; BFH NJW 1998, 2926; BSG NZG 2000, 590.

standene Verbindlichkeiten der Vorges **(Altschulden)** entweder durch rückwirkende Anwendung der OHG Haftung[138] oder als Haftung der Gfter für auf OHG entspr §§ 25, 28 HGB übergegangene Verbindlichkeiten.[139] Sie umfasst aber nicht Verbindlichkeiten, für welche die Vorges als solche nicht haften würde, da Anwendung der unbeschränkten Außenhaftung Gläubiger der Vorges, nicht dagegen nach § 28 HGB auch Gläubiger eines Einzelkaufmanns bei Einbringung seines Unternehmens in Vor-GmbH schützen soll.[140] Sie erstreckt sich nach § 160 HGB auf nach Entstehen der unechten Vorges ausgeschiedene Gfter,[141] nicht jedoch auf vor der Umwandlung ausgeschiedene.[142]

8. Steuern. Die echte Vorges unterliegt bereits wie die GmbH der Körperschaftsteuer. Vorausgesetzt ist Abschluss des GesVertrags in der Form des § 2[143] sowie Aufnahme der Geschäftstätigkeit u spätere Eintragung ins HR.[144] Kommt es nicht zur Eintragung, ist für die Besteuerung die dann bestehende GesForm maßgebend.[145] – Unter denselben Voraussetzungen wie bei der Körperschaftsteuer ist die Vorges nach Aufnahme des Geschäftsbetriebs gewerbesteuerpflichtig; für Grunderwerbsteuer werden Vorges u GmbH bei deren Entstehung als Einheit behandelt.[146] 34

III. Vorgründungsgesellschaft

Lit: *Kießling*, Vorgründungs- und Vorgesellschaften, 1999.

1. Wesen. Von der Vorges ist die Vorgründungsges streng zu unterscheiden. Vorges entsteht als notwendige Vorstufe zur GmbH stets mit deren Errichtung durch Abschluss des GesVertrags (oben Rn 3). Dagegen ist Vorgründungsges ein vorbereitender Zusammenschluss der Gründer durch einen Vorvertrag mit dem Ziel, zur Gründung zusammenzuwirken, daher auch Vorgründungsvertrag. Dieser bedarf, wenn er zum Abschluss des GesVertrags verpflichten soll, der Form des § 2 (näher § 2 Rn 33 ff). Dagegen können sonstige Vorbereitungshandlungen auch formlos vereinbart werden (§ 2 Rn 35); auch können andere Personen als die Gründer daran teilnehmen. – Abschluss eines Vorvertrags u Bildung einer Vorgründungsges sind 35

---

138 So *Goette* § 1 Rn 68; iE auch BGH NJW 2003, 429, 430.

139 BGHZ 80, 129, 142; BayObLG BB 1986, 549; KG GmbHR 1993, 648; *Wiegand* BB 1998, 1070; Scholz/*Schmidt* Rn 143.

140 BGHZ 143, 314, 318 f = NJW 2000, 1193, 1194; zust *Servatius* NJW 2001, 1696 ff; iE auch *Michalski* Rn 81; abw *Roth*/Altmeppen Rn 58.

141 OLG Thüringen GmbHR 1999, 773.

142 Scholz/*Schmidt* Rn 143.

143 Zum formgerechten Vorvertrag BFH BStBl 1973 II, 568, 569 f.

144 ZB BFH BStBl 1993 II, 353, 354 mwN = NJW 1993, 1222, stRspr, in der Lit hinsichtlich Geschäftstätigkeit u Eintragung str, Angaben bei Ulmer/*Ulmer* Rn 152 ff; Scholz/*Schmidt* Rn 173 ff; Rowedder/*Schmidt-Leithoff* Rn 153 ff; *Streck* KStG 5. Aufl 1997 § 1 KStG A 8.

145 BFH BStBl 1993 II, 353, 354 = NJW 1993, 1222; zust Scholz/*Schmidt* Rn 177; vgl auch *Roth*/Altmeppen Rn 67; zutr differenzierend zwischen bloßem Scheitern mit nachfolgender Liquidation u unechter Vorges Ulmer/*Ulmer* Rn 152 ff; MünchKomm-AktG/*Pentz* § 41 Rn 95 jew mwN.

146 BFH BStBl 1957 III, 28, 29.

für Gründung nicht notwendig, daher normalerweise entbehrlich, können aber bei komplizierten größeren Gründungen zweckmäßig sein. Vorgründungsges kann auch entstehen, wenn Außenbeziehungen im Rahmen beabsichtigter Errichtung der GmbH aufgenommen wurden, Errichtung aber an fehlender Genehmigung des vollmachtslos geschlossenen GesVertrags scheitert.[147]

36 **2. Rechtliche Behandlung. a) Rechtsnatur, Auftreten im Rechtsverkehr.** Vorgründungsges ist als auf Abschluss des GesVertrages gerichtete Innengesellschaft idR **BGB-Ges nach §§ 705 ff BGB.** Auftreten im Rechtsverkehr und Handeln im Namen der Vorgründungsges ist nach allgM schon möglich. Wird bereits das GmbH-Unternehmen in kaufmännischem Umfang betrieben, entsteht unter den Gründern kraft Rechtsformzwangs nach §§ 1 I, 105 I HGB eine OHG.[148] Eine klare Unterscheidung zwischen Vorvertragspflichten der Gründer im Innenverhältnis (Vorgründungsges als Innengesellschaft) und auf Grund vorweggenommener Mitunternehmerschaft entstehender OHG im Außenverhältnis[149] mag zum besseren Verständnis beitragen, ist aber nicht zwingend geboten. Wird ohne Offenlegung noch ausstehender Gründung schon vor Abschluss des GesVertrages **für die künftige GmbH gehandelt,** wird weder diese noch die Vorges verpflichtet, sondern nach den Grundsätzen des betriebsbezogenen Geschäfts der wahre Rechtsträger des Unternehmens, dh entweder die Vorgründungsges als OHG oder ein einzelner Gründer als Einzelkaufmann.[150] Entspr kann auch bei Offenlegung gelten, wenn Auslegung ergibt, dass Vertrag nicht unter aufschiebender Bedingung geschlossen werden sollte.[151]

37 **b) Persönliche Haftung der Gesellschafter.** Für Verbindlichkeiten aus Geschäften der Vorgründungsges haften Gfter nach Regeln der BGB-Ges bzw OHG grds unmittelbar persönlich. Entstehen der persönlichen Haftung kann vermieden werden durch Vereinbarung der Beschränkung der Haftung auf das Vermögen der Vorgründungsges mit Vertragspartner[152] oder Abschluss der Geschäfte unter aufschiebender Bedingung (§ 158 BGB) des Entstehens der GmbH und Vorbehalt ihrer Genehmigung nach § 177 BGB.[153] Entspr Vereinbarung ist auch stillschweigend möglich, bloßer Bezug des Geschäfts auf künftige GmbH oder Handeln unter Bezeichnung GmbH i Gr genügen dafür aber nicht.[154] Erforderlich, aber auch ausreichend ist dagegen Offenlegung, dass GmbH noch nicht errichtet ist u Klarstellung, dass Leistung nur aus

---

147 BGH NZG 2004, 663.

148 BGH NJW 1983, 2822 f; BGHZ 91, 151; NJW 1992, 2698; 1998, 1645; Ulmer/*Ulmer* § 2 Rn 50 ff mwN; *Lutter*/Hommelhoff/*Bayer* Rn 2; *Roth*/Altmeppen Rn 73; Abgrenzung bei OLG Stuttgart NZG 2002, 910, 912.

149 *K. Schmidt* GmbHR 82, 6 ff; 98, 614 ff; *Michalski* Rn 22 ff; *Michalski/Sixt* FS Boujong, 1996, 364 ff; dagegen aber Ulmer/*Ulmer* § 2 Rn 51; MünchHdbGmbH/*Priester* § 15 Rn 28 f; *Priester* GmbHR 1995, 484 ff;

150 BGH NJW 1998, 1645; ZIP 1998, 1223 f; *K. Schmidt* GmbHR 1998, 615 f.

151 So im Fall der Kenntnis OLG Koblenz NZG 2003, 32, 33; dazu auch nachfolgend Rn 37.

152 Zu dieser Möglichkeit bei der BGB-Ges s BGH NJW 1999, 3483 u MünchKommBGB/*Ulmer/Schäfer* § 714 BGB Rn 66 ff.

153 *K. Schmidt* GmbHR 1998, 616 f; *Michalski* Rn 37, iE auch OLG Stuttgart NZG 2001, 86.

154 BGH NJW 1983, 2822; GmbHR 1992, 164; OLG Düsseldorf BB 1987, 1624; OLG Hamm BB 1992, 1081; *K. Schmidt* GmbHR 1998, 616.

Erträgen der späteren GmbH erbracht werden soll.[155] Beweislast für haftungsbeschränkende Vereinbarungen trifft Gfter.[156] Hiervon **zu unterscheiden ist Erlöschen der persönlichen Haftung bei befreiender Schuldübernahme** durch zwischenzeitlich entstandene GmbH oder Vorges (dazu unten Rn 38). – **Handelndenhaftung** gem **§ 11 II** ist im Vorgründungsstadium nicht anwendbar, da sie auf die Besonderheiten der Vorges zugeschnitten ist u neben der unbeschränkten Haftung der Gründer kein Bedürfnis für weitere Haftung besteht[157] (s auch unten Rn 50).

c) Verhältnis zur Vorgesellschaft. Vorgründungsges ist **nicht Vorläufer der künftigen GmbH,** auch **nicht der Vorgesellschaft** u geht deshalb nicht etwa bei deren Entstehung in diese über.[158] Daher auch kein allg Vermögensübergang. Falls Vermögensgegenstände vorhanden sind, die der Vorges oder GmbH zukommen sollen, ist Einzelübertragung erforderlich, die auch konkludent erfolgen kann.[159] Ferner ist Berechtigung der künftigen GmbH durch Vertrag zugunsten Dritter möglich. Barleistung auf künftige Einlage kann bei Übertragung auf Vorges uU dort Bareinlage erfüllen (s § 7 Rn 9). Bei **Verbindlichkeiten** ist **gesonderte Übernahme** durch Vorges oder GmbH durch Vertrag nach §§ 414, 415 BGB notwendig. Dazu ist Genehmigung oder vorherige Zustimmung des Gläubigers erforderlich (§ 415 I 2 BGB). Allein Bereitschaft zum Vertragsabschluss mit noch nicht errichteter GmbH begründet keine schlüssige Zustimmung zur späteren Übernahme der Verbindlichkeit durch GmbH, da nicht notwendig Personenidentität der haftenden Gfter besteht u Außenhaftung durch Innenhaftung ersetzt wird.[160] Anders uU, wenn klare u zutreffende Unterrichtung über Verhältnisse erfolgt ist.[161] Soweit keine Übernahme erfolgt, bleibt daher Haftung der Gfter der Vorges bestehen.[162] 38

3. Beendigung. Die Vorgründungsges endet idR durch **Zweckerreichung** (§ 726 BGB) bei Abschluss des GesVertrags für die GmbH. Sie besteht aber selbständig neben der dadurch entstandenen Vorges, uU auch später neben der GmbH fort, wenn im Vorvertrag ausnahmsweise weitergehende Zwecke in Bezug auf die Gründung oder die künftige GmbH vereinbart sind.[163] – Ordentliche **Kündigung** der Vorgründungsges (§ 723 BGB) ist im Hinblick auf den idR zeitlich begrenzten Gründungszweck ausgeschlossen bzw erst bei deutlicher Zeitüberschreitung möglich, außerordentliche Kündigung (§ 723 I 2 BGB) dagegen stets bei Vorliegen eines wichtigen Grundes. 39

---

155 BGH NJW 1982, 932; BGHZ 91, 153; DStR 1996, 1015; WM 1996, 723; BB 1997, 1212; OLG Celle GmbHR 1999, 612; anders daher im Fall OLG Koblenz NZG 2003, 32, 33.

156 BGH NJW 1983, 2282.

157 Heute ganz hM, BGHZ 91, 148 ff; DStR 1996, 1015; NJW-RR 2001, 1042, 1043; Ulmer/*Ulmer* Rn 131; Scholz/*Schmidt* Rn 18; *Gehrlein* DB 1996, 561.

158 BGHZ 91, 151; WM 1996, 722; NJW 1998, 1645; NJW-RR 2001, 1042, 1043; hM, s *Michalski* Rn 26; abw gegen strenge Zäsur bei Errichtung der Ges *Roth*/Altmeppen Rn 74; *Kießling* 352 ff.

159 OLG Hamm GmbHR 1997, 602: Weiterführung eines Kontos durch Vorges.

160 Zur Rechtslage vor Anerkennung der unbegrenzten Gfterhaftung in der Vorges BGH NJW 1998, 1645.

161 *Gehrlein* NJW 1998, 2651 f.

162 BGH NJW 1983, 2822; NJW-RR 2001, 1042, 1043.

163 Scholz/*Schmidt* Rn 13, 19; *Michalski* Rn 26.

Ob Tod eines Gfters die Vorgründungsges auflösen soll (§ 727 BGB), ist durch Auslegung zu ermitteln, iZw aber nicht anzunehmen.

IV. Einpersonen-Gründung

Lit: *Bode,* Die gescheiterte Gründung der Einmann-GmbH, Diss Hannover, 1994; *Buchmann,* Registerpublizität und Gläubigerschutz bei der Einmann-Gesellschaft, 1984; *Flume,* Die GmbH-Einmanngründung, ZHR 146 (1982), 205; *John,* Die Gründung der Einmann-GmbH, 1986; *Petersen,* Die fehlgeschlagene Einmanngründung – liquidationsloses Erlöschen oder Fiktion des Fortbestandes?, NZG 2004, 400; *Kusserow,* Die Einmann-GmbH in Gründung: Gründungs- und Haftungsprobleme, 1986; *K. Schmidt,* Einmanngründung und Einmann-Vorgesellschaft, ZHR 145 (1981), 540; *Ulmer/Ihrig,* Die Rechtsnatur der Einmann-Gründungsorganisation, GmbHR 1988, 373.

40 **1. Grundlage** der durch die GmbH-Novelle 1980 eingeführten Einpersonen- bzw Einmanngründung bildet **§ 1,** der das in knappster Form zum Ausdruck bringt. Daneben gibt es weiter keine gesetzlichen Sonderbestimmungen für den Gründungsvorgang. Dadurch unterstellt das Gesetz die Einpersonengründung ganz allg denselben Regeln wie die Mehrpersonengründung (§ 1 Rn 4, 21; – allg zur Einpersonen- bzw Einmann-GmbH § 1 Rn 49 ff). Dementspr durchläuft auch die werdende Einpersonen-GmbH zwischen Errichtung durch den GesVertrag, hier als einseitiger Organisationsakt in der Form des § 2 (s dort Rn 7), u endgültiger Entstehung der GmbH durch Eintragung ins HR (oben Rn 2) eine Gründungsphase. Sie dient auch hier der Vorbereitung der künftigen GmbH durch Schaffung der entspr Organisation, Aufbringung eines bei der GmbH aus den Mindestbareinlagen u den vollen Sacheinlagen (§ 7 II, III), bei der UG aus den vollen Bareinlagen (§ 5 a II) bestehenden GesVermögens u Nachweisung der Gründungsvoraussetzungen in der Anmeldung zum HR (§§ 7 I u 8) zur Prüfung durch das RegGericht (§ 9 c) vor der die Gründung abschließenden Eintragung ins HR (§ 10). – Für Einbringung des Unternehmens eines Einzelkaufmanns ist statt Einpersonengründung auch Ausgliederung des Unternehmens auf eine GmbH nach §§ 152, 158 ff UmwG möglich.

41 **2. Einpersonen-Vor-GmbH.** Vorhandensein nur eines GründerGfters ergibt besondere **Problematik** für Vermögens- u Haftungslage im Gründungsstadium. Da noch keine jurPerson vorliegt, ist zweifelhaft, ob Vorges als solche Träger von Rechten u Pflichten, insbes Zuordnungssubjekt des Gesvermögens sein kann (dazu oben Rn 7 u 12) oder ob, wie traditionelle Ansicht vertritt (oben Rn 7), Adressaten der Mindesteinlagen u Träger des dadurch gebildeten GesVermögens Gesellschafter zur gesamten Hand sind. Nimmt man letzteres an, fehlt bei Einpersonengründung ein aus mehreren Personen gebildeter Personenverband als Gesamthandsgemeinschaft. Daher stellt sich die Frage nach dem Zurechnungssubjekt für das auch hier nach dem Gesetz vor Anmeldung zum HR zu bildende GesVermögen u zusätzlich für die vom Alleingründer nach § 7 II 3 zu bestellende Sicherung der Resteinlage, schließlich auch nach der Haftung für die in diesem Stadium gegenüber Dritten begründeten Verbindlichkeiten.

42 Da das Gesetz die Einpersonengründung ganz in Übereinstimmung mit der Mehrpersonengründung regelt, ist möglichst weitgehende Parallele in der rechtlichen Behandlung durch weitgehende **Anwendung der Regeln über**

die Vorgesellschaft geboten, die insbes eine klare Trennung der Vermögensmassen erfordern. Dies ist bei der Einmann-Vorgs mit der Gesamthandskonstruktion nicht zu leisten. Man müsste dann, wenn man die Vorges nicht als solche als Zuordnungssubjekt anerkennen will, das Vermögen der Vorges als Sondervermögen dem Gründer selbst zuordnen,[164] wobei sich allerdings **rechtstechnische und rechtsdogmatische Probleme** ergeben, deren Lösung bislang nicht befriedigend gelungen ist.[165] So besteht zwar Einigkeit, dass Vermögen bereits der Verwaltung durch die auch für sie zu bildende GesOrganisation (GFührer) unterstellt u daher als **Gesellschaftsvermögen** zu bezeichnen ist.[166] Die rechtsgeschäftliche Übertragung der Einlagen, bei der Einmann-Gfter auf beiden Seiten des Rechtsgeschäfts steht, ist so jedoch trotz Trennung der Vermögensmassen dogmatisch kaum konstruierbar. Solche Probleme lassen sich nur vermeiden, wenn man die Vorges als solche bereits als Zuordnungssubjekt anerkennt, was in der Konsequenz der Anerkennung ihrer weitestgehenden Rechtsfähigkeit liegt u neuerer Entwicklung entspr.[167]

Einzelheiten. Auch Einmann-Vorges muss gem § 6 mindestens einen **43**
Geschäftsführer haben. Alleingfter kann sich selbst bestellen; dann ist § 35 IV zu beachten (§ 35 Rn 137 ff). Aufgaben wie bei jeder Vorges, insbes Betreiben der Anmeldung zum HR (§ 7 I), intern Führung der laufenden Geschäfte, Vertretung nach außen, Handelndenhaftung nach § 11 II[168] (unten Rn 45 ff). – **Einbringen der Einlagen** durch rechtsgeschäftliche Übertragung an Vorges,[169] diese durch GFührer vertreten; auch bei Annahme letztlich bestehender Identität des Trägers, die jedoch nach Anerkennung der (Teil-)-Rechtsfähigkeit der Vorges nicht mehr relevant ist,[170] genügt nicht bloße Bereitstellung, Umbuchung oder dgl, da Übergang in Vermögen der Vorges nach außen erkennbar sein muss.[171] Bei Grundstücken daher Auflassung an Vorges unter deren Namen bzw Firma, dh idR Firma der künftigen GmbH mit Gründungszusatz (oben Rn 14). Entspr gehen vor Errichtung der (Vor-) GmbH vom Einmann-Gründer für diese begründete Verbindlichkeiten nicht auf Vorges, auch nicht auf GmbH bei Entstehung über[172] (s auch oben Rn 38 für Mehrpersonen-Vorgründungsges, sowie unten Rn 57). – Allg **Teilnahme am Geschäftsverkehr,** Kontofähigkeit, Grundbuchfähigkeit, Wechselfähig-

---

164 HM, Ulmer/*Ulmer* Rn 22; für AG auch *Hüffer* § 41 AktG Rn 17 c.

165 Vgl vor allem Ulmer/*Ulmer* Rn 18 ff; *Ulmer/Ihrig* GmbHR 1988, 373; *Roth*/Altmeppen Rn 69 ff.

166 Zu den strafrechtlichen und steuerstrafrechtlichen Folgen *Wagner/Hermann* BB 1999, 610 ff.

167 Von Einmann-Gründungsgesellschaft spricht daher auch BGH NZG 1999, 960, 961; ebenso LG Berlin GmbHR 2001, 391, 392; offen gelassen BGH NJW 2002, 747. Wie hier *Goette* DStR 2001, 1395, 1397; in der Sache ebenso, mit Unterschieden im Einzelnen, Scholz/*Schmidt* Rn 147; *Michalski* Rn 74; *K. Schmidt* GesR § 40 II 3; *Raiser/Veil* § 26 Rn 87; MünchHdbGmbH/*Gummert* § 16 Rn 110; iE auch Rowedder/*Schmidt-Leithoff* Rn 142; *Roth*/Altmeppen Rn 81; *Petersen* ZGR 2004, 400, 405 ff.

168 BGHZ 91, 149.

169 HM, *Michalski* Rn 78; wohl auch *Roth*/Altmeppen Rn 80 f unter Hinweis auf die alternative Möglichkeit der Leistung unter aufschiebender Bedingung an GmbH.

170 Zutr *Lutter*/Hommelhoff/*Bayer* Rn 28.

171 BayObLG DB 1994, 524; Scholz/*Schmidt* Rn 151; *Flume* JurPerson § 5 IV 2; Rowedder/*Schmidt-Leithoff* Rn 147; *Roth*/Altmeppen Rn 76; *Lutter*/Hommelhoff/*Bayer* Rn 28.

172 BGH NJW-RR 2001, 1042, 1043; OLG Hamm GmbHR 1993, 105.

keit, Parteifähigkeit[173] usw wie bei Mehrpersonen-Vorges (oben Rn 12 ff). – **Gesellschaftsvermögen** geht auf entstandene GmbH über ohne erneute Übertragungsakte (unten Rn 56). Bereits vorher ist stets auf strikte, auch äußerlich erkennbare **Trennung von Gesellschaftsvermögen und sonstigem Vermögen** des Gründers zu achten; bei HRAnmeldung im Rahmen von § 8 II nachzuweisen u vom RegGericht nach § 9 c zu prüfen. – Einmann-Vorges erlischt nach hM bei **Aufgabe oder Scheitern der Gründung,** da Grund für Vermögenstrennung mit Wegfall des Gründungszwecks entfällt. Alleingfter tritt danach im Wege der Gesamtrechtsnachfolge ohne Liquidation in Rechte u Pflichten der Vorges ein.[174] Das ist allerdings mit **neuerer Sicht der Einmann-Vorges** kaum zu vereinbaren[175] u auch nicht notwendig, da Gläubiger der Vorges durch unbeschränkte Außenhaftung des Einmann-Gfters (nachfolgend Rn 44) ausreichend geschützt sind.

44 **3. Haftung.** Anders als bei Mehrpersonen-Vorges, bei der für Verbindlichkeiten der Vorges die Gründer grds nur im Innenverhältnis u anteilig haften (oben Rn 24 ff), kann bei Einpersonen-Vorges Verlustdeckungsanspruch unmittelbar gegen Gründer geltend gemacht werden, **Außenhaftung.**[176] Persönliche Inanspruchnahme kommt aber auch bei Einpersonen-Vorges erst nach Scheitern der Eintragung in Betracht[177] (oben Rn 26, anders diejenigen, die auch bei Mehrpersonen-Vorges unbeschränkte Außenhaftung annehmen, oben Rn 29). – **Nach Eintragung** nur noch Haftung im Innenverhältnis, Vorbelastungshaftung, gegenüber der entstandenen GmbH (unten Rn 61 ff). – Ist der Alleingfter auch GFührer, haftet er für sein Handeln nach § 11 II (unten Rn 47 ff). Im Übrigen kann ein Haftungsdurchgriff unter denselben Voraussetzungen wie bei der entstandenen GmbH in Betracht kommen (§ 13 Rn 43 ff);[178] daran ist zu denken, wenn GesVermögen u sonstiges Vermögen nicht in der gebotenen Weise getrennt bleiben.

V. Handelndenhaftung, Abs 2

45 **1. Bedeutung und Anwendungsbereich.** Abs 2 regelt die Haftung derjenigen, die vor Eintragung u Entstehung der GmbH für diese handeln. Hinsichtlich Funktion und Anwendungsbereich hat sich im Lauf der Entwicklung ein **Meinungswandel** vollzogen. Ursprünglich gedacht als strafähnliche Sanktion für grds missbilligtes Handeln namens der künftigen GmbH, rückte bald der Gedanke einer Sicherung für die Gläubiger, denen noch keine jur Person haftet, ganz in den Vordergrund. Dieser Gesichtspunkt ist jedoch in

---

173 OLG Köln BB 1997, 1119.

174 BGH NZG 1999, 960, 961; LG Berlin GmbHR 2001, 391, 392; Scholz/*Schmidt* Rn 148; mit teilw abw Begründung auch BayObLG GmbHR 1987, 393; *Lutter*/Hommelhoff/*Bayer* Rn 18; Rowedder/*Schmidt-Leithoff* Rn 151; *Roth*/Altmeppen Rn 87; MünchHdbGmbH/*Gummert* § 16 Rn 125; *Ulmer/Ihrig* GmbHR 1988, 383; *Monhemius* GmbHR 1997, 391.

175 Zu Recht aA daher *Petersen* NZG 2004, 400, 405 ff; insoweit auch Scholz/*Schmidt* Rn 148: „rechtsdogmatisch schwer zu begründen".

176 BGHZ 134, 333, 341; Ulmer/*Ulmer* Rn 84; *Michalski* Rn 77; *Roth*/Altmeppen Rn 87; von Standpunkt genereller Außenhaftung auch *Lutter*/Hommelhoff/*Bayer* Rn 18.

177 AA *Roth*/Altmeppen Rn 87.

178 Auch *Fleck* GmbHR 1983, 17.

dem Maß wieder zurückgetreten, in dem eine Haftung der Vorges u ihrer Gfter anerkannt wurde. Gegenüber der nunmehr in allen Gründungsstadien unbegrenzten Haftung der Gfter (oben Rn 21 ff) ist die Handelndenhaftung zweitrangig, aber nicht völlig entbehrlich, sie behält ihre Funktion eines Ausgleichs dafür, dass vor Eintragung die durch die Prüfung des RegGerichts u die Kapitalerhaltungsvorschriften begründete Gewährleistung der Kapitalgrundlage noch fehlt.[179] Auch behält die Sicherungsfunktion ihre Bedeutung, besonders in Randbereichen, für die die Haftung der Vorges u der Gfter nicht ausreicht, so wenn GFührer der Vorges Vertretungsmacht (oben Rn 20) überschreiten[180] oder wenn andere Personen ohne Vertretungsmacht wie GFührer handeln,[181] ferner bei gescheiterter Gründung.[182] Daneben wurde u wird zT auch heute der Handelndenhaftung Druckfunktion beigemessen, die zum Betreiben der HREintragung anhalten soll[183] sowie in ihr ein Ausgleich für fehlende Registerpublizität gesehen.[184] Insgesamt hat die Handelndenhaftung jedoch erheblich an Bedeutung verloren.[185]

Anwendungsbereich. Zum personellen Anwendungsbereich nachfolgend Rn 47. Handelndenhaftung ist beschränkt auf **Stadium der Vorges,** dagegen unanwendbar im Rahmen der Vorgründungsges (unten Rn 50). Nicht endgültig geklärt ist Anwendbarkeit im Rahmen der **fehlgeschlagenen Vorges** (oben Rn 33), aber nach Entscheidung der Rspr für Anwendung von OHG-Recht wohl zu verneinen. – § 11 II gilt bei wirtschaftlicher Neugründung durch **Mantelkauf u -verwendung** (allg dazu § 3 Rn 11 ff) zur Vermeidung der Umgehung der Gründungsvorschriften und zur Schließung von Haftungslücken entspr, wenn vor Eintragung der Satzungsänderung Tätigkeit ohne Zustimmung aller Gfter begonnen wird.[186] – **Rechtsscheinhaftung** in Form persönlicher Haftung mögl bei Zeichnung ohne Kenntlichmachung des Handelns für Vorges oder GmbH.[187] – Früher von hM vertretene **entspr Anwendung** des § 11 II bei Handeln für sog „pseudo foreign corporation" (Einl Rn 59) wegen der Schwierigkeit des Zugriffs auf Ges u Gfter[188] lässt sich 46

[179] BGHZ 80, 184; *Sandberger* FS Fikentscher, 1998, 414 ff, für völlige Entbehrlichkeit dagegen wohl *Lieb* FS Zöllner, 1998, 349.

[180] BGH NJW 2004, 2519 (AG); BGHZ 155, 318, 327 = NZG 2003, 972, 975; insoweit für ausschließliche Anwendung von § 179 BGB aber *Beuthien* GmbHR 1996, 561 ff.

[181] Hierauf allein abstellend BGH WM 2004, 1585, 1586 betreffend AG.

[182] *Sandberger* FS Fikentscher, 1998, 416.

[183] Insoweit für Bedeutungsverlust BGH NJW 2004, 2519 (AG) mwN.

[184] *Bergmann* GmbHR 2003, 563, 572 mit entspr Vorschlag zur Haftungsbegrenzung.

[185] HM, Ulmer/*Ulmer* Rn 122 ff; Scholz/*Schmidt* Rn 92; *Lutter*/Hommelhoff/*Bayer* Rn 21; nur noch marginale Funktion sieht insoweit *Michalski* Rn 88 f; zur Entwicklung vgl auch *K. Schmidt* GmbHR 1973, 146; *Fleck* GmbHR 1983, 5; *Weimar* GmbHR 1988, 289.

[186] BGHZ 155, 318, 327 = NZG 2003, 972, 975; KG Berlin GmbHR 1998, 739; LG Hamburg GmbHR 1997, 895; auch schon OLG Hamburg BB 1983, 1116; LG Hamburg NJW 1985, 2427; *Lutter*/Hommelhoff/*Bayer* Rn 22; dagegen unter Hinweis auf fehlende Analogievoraussetzungen krit *Bärwaldt/Schabacker* GmbHR 1998, 1012 f; *Ahrens* DB 1998, 1073; *Heerma* GmbHR 1999, 643; Scholz/*Schmidt* Rn 99; *Michalski* Rn 93; bzgl Vorrats-GmbH auch OLG Brandenburg GmbHR 1998, 1031, 1032.

[187] BGH ZIP 1996, 1511 = NJW 1996, 2645; NJW 2001, 2092; zur Rechtsscheinhaftung im Stadium der Vorgründungsges BGH ZIP 1998, 1223 = NJW 1998, 2897.

[188] OLG Hamburg NJW 1986, 2199; KG NJW 1989, 3100, 3101; OLG Oldenburg NJW 1990, 1422, 1423; OLG Düsseldorf ZIP 1995, 1009, 1013; Staudinger/*Großfeld*

für Gften aus Mitgliedsstaaten der EU u des EWR nicht mehr aufrecht erhalten[189] u kann daher nur noch Bedeutung haben für körperschaftl strukturierte Gften anderer Staaten, die tats Verwaltungssitz ins Inland verlegt haben, soweit keine abw staatsvertragliche Vereinbarung besteht (Einl Rn 60).

47 2. **Handelnder** iSv Abs 2 ist (nur), wer als **GFührer oder wie ein solcher**[190] für die künftige GmbH (oder Vorges, unten Rn 50) tätig wird. Soweit AR Ges vertritt, kann auch er Handelnder sein; allerdings trifft Schutzzweck von Abs 2 bei Abschluss des Dienstvertrags mit GFührer idR nicht zu.[191] Unmittelbares Handeln in eigener Person nicht erforderlich. Daher haftet auch, wer als GFührer einen anderen für sich handeln, insbes sich durch einen Bevollmächtigten vertreten lässt.[192] Dagegen unterliegt ein bloßer Vertreter seinerseits nicht der Handelndenhaftung;[193] anders, wenn bei Gesamtvertretung ein GFührer zugleich für den anderen handelt. Mit Beendigung der GFührerstellung endet auch Handelndenhaftung für danach abgeschlossene Geschäfte.[194] – Ist GFührer als Gfter zugleich **Treuhänder,** bezieht sich Haftung aus Abs 2 nicht auf Treugeber.[195] – Entgegen der älteren Rspr u Lit können dagegen **Gesellschafter** nicht allein deshalb als Handelnde angesehen werden, weil sie der Aufnahme des Geschäftsbetriebs durch die Vorges zugestimmt oder diese veranlasst haben.[196]

48 3. **Handeln im Namen der Gesellschaft** setzt nach vor allem in der älteren Rspr verbreiteten Auffassung ein Auftreten namens der künftigen GmbH voraus; Handeln nur namens der Vorges soll dagegen nicht genügen.[197] Vor allem die neuere Lit tritt dagegen mit guten Gründen dafür ein, diese ohnehin oft tatbestandlich problematische Differenzierung aufzugeben angesichts der Entwicklung des Rechts der Vorges u im Hinblick auf den Bedeutungswandel der Handelndenhaftung[198] (zur entspr Entwicklung bei der Vertretung der Vorges oben Rn 18). Danach kann **jedes Handeln** die Haftung auslösen, das erkennbar **für die künftige GmbH oder die Vorges,** auch Einmann-Vorges, nicht nur im eigenen Namen des Handelnden erfolgt.[199] Bloße Eröffnung eines Kontos begründet aber keine Haftung für späteren Sollsaldo, sondern erst Veranlassung späterer Abbuchungen und Überweisungen.[200] – Darauf, ob der Geschäftspartner Nichtbestehen der

IntGesR Rn 402; differenzierend *Eidenmüller/Rehm* ZGR 1997, 89, 100; abl zu Gunsten OHG-Haftung *Müller* ZIP 1997, 1049 ff mwN.

189 AA bzgl fehlender Eintragung als Zweigniederlassung *Lutter*/Hommelhoff/*Bayer* Rn 22, die jedoch Analogievoraussetzungen verkennen.

190 StRspr seit BGHZ 47, 25; 65, 378, 380; 91, 148, 149; ganz hM, Ulmer/*Ulmer* Rn 133 ff mwN; Scholz/*Schmidt* Rn 101 ff mwN; *Lutter*/Hommelhoff/*Bayer* Rn 23.

191 BGH NJW 2004, 2519, 2520 (AG).

192 BGHZ 53, 206; NJW 1974, 1284; WM 1983, 230; OLG Hamm GmbHR 1997, 602.

193 BGHZ 66, 359.

194 BAG NJW 1998, 2846; Ulmer/*Ulmer* Rn 138.

195 BGH NJW 2001, 2092; OLG Oldenburg NZG 2000, 378.

196 HM, abw *Beuthien* ZIP 1996, 309 ff; *Wilhelm* DB 1996, 923.

197 BGHZ 51, 33; 53, 214; 65, 380 f; 66, 360; OLG Hamm WM 1985, 658; zust *Roth*/Altmeppen Rn 24.

198 Ulmer/*Ulmer* Rn 137; Scholz/*Schmidt* Rn 107; *Michalski* Rn 103; Rowedder/*Schmidt-Leithoff* Rn 118; nunmehr auch *Lutter*/Hommelhoff/*Bayer* Rn 24.

199 BGHZ 91, 148, 149.

200 OLG Koblenz ZIP 1998, 1670, 1671; OLG Brandenburg NZG 2002, 182, 183.

GmbH gekannt hat, kommt es nicht an. Etwas anderes gilt nur, wenn Geschäfte erkennbar allein für die künftige GmbH nur unter der Voraussetzung ihres Entstehens geschlossen werden; bloßes Handeln unter ihrer Firma genügt dafür aber nicht.[201] – Möglich bleibt vertraglicher Haftungsausschluss (unten Rn 52); er liegt aber nicht schon in der bloßen Bezeichnung der Vorges als Vertragspartner.

Haftung nach § 11 II umfasst nur **rechtsgeschäftliches Handeln gegenüber Dritten;**[202] auch **rechtsgeschäftsähnliches,** zu Ansprüchen aus ungerechtfertigter Bereicherung führendes Handeln,[203] **nicht** dagegen gesetzliche Verbindlichkeiten, insbes von der Ges nicht abgeführte **Sozialversicherungsbeiträge.**[204] Ebenso scheiden Handlungen gegenüber Gftern u Beitrittswilligen, ganz allg interne Vorgänge u solche vor u beim Beitritt neuer Gfter aus.[205] 49

4. Im Vorgründungsstadium, also vor Entstehung der Vorges durch Abschluss des GesVertrags bzw Einmann-Gründungsakts (§ 2 Rn 7), ist **Abs 2 nicht anwendbar.** Das entspricht dem infolge der Weiterentwicklung des Rechts der Vorges geänderten Verständnis der Handelndenhaftung (oben Rn 21, 45) u ist heute allg anerkannt.[206] Danach werden Handlungen im Vorgründungsstadium nur nach allg Regeln den jew konkret vertretenen Rechtsträgern, dh den Mitgliedern einer Vorgründungsges bzw einzelnen künftigen Gründern zugerechnet, einem als Vertreter Handelnden selbst nur nach § 179 BGB bei fehlender Vertretungsmacht (s auch oben Rn 36).[207] Doch kann Handelndenhaftung eingreifen, wenn Übertragung der Rechte u Pflichten auf Vorges erfolgt.[208] 50

5. Inhalt und Umfang der Haftung bestimmen sich so, als wäre der Vertrag mit der GmbH abgeschlossen. Gläubiger sollen nicht schlechter, aber auch nicht besser gestellt werden.[209] Daher gilt bei Handelsgeschäften auch die entspr Verjährung für den Haftenden.[210] Gegenansprüche aus Vertrag stehen aber nicht ihm, sondern der von ihm vertretenen Vorges zu. Für Leistungsstörungen haftet er nur, wenn die Voraussetzungen bei ihm persönlich vorliegen.[211] – Mehrere gemeinsam Handelnde haften gem § 11 II als Gesamtschuldner. Soweit Vorges u deren Gfter (letztere nur noch in Sonder- 51

---

201 Ulmer/*Ulmer* Rn 137; *Michalski* Rn 104; *Roth*/Altmeppen Rn 24.

202 BGHZ 53, 214; 65, 380; 76, 320, 325; Ulmer/*Ulmer* Rn 136 f; *Michalski* Rn 97; Rowedder/*Schmidt-Leithoff* Rn 120.

203 ZB unberechtigte Mahnung und Zahlungsaufforderung, OLG Karlsruhe ZIP 1998, 958, 959 = NZG 1998, 268, 269; *Lutter*/Hommelhoff/*Bayer* Rn 24; *Michalski* Rn 97; *Roth*/Altmeppen Rn 35; aA Scholz/*Schmidt* Rn 106.

204 BSG BB 1986, 2272; BAG ZIP 1995, 1893; OLG Saarbrücken GmbHR 1992, 307, 309; Scholz/*Schmidt* Rn 106; *Michalski* Rn 97; aA *Jestaedt* MDR 1996, 541 ff.

205 BGHZ 15, 206; OLG Hamm NJW 1974, 1472.

206 BGHZ 91, 148; BAG NJW 2006, 3230; OLG Hamburg GmbHR 1987, 477; OLG Hamm BB 1992, 1081; OLG Karlsruhe GmbHR 1988, 482; Ulmer/*Ulmer* Rn 30, 129; Scholz/*Schmidt* Rn 18, 97; *Michalski* Rn 92; *Lutter*/Hommelhoff/*Bayer* Rn 2; *Roth*/Altmeppen Rn 71; *Kort* DStR 1991, 1317.

207 BGH ZIP 1998, 1223.

208 OLG Hamm GmbHR 1997, 602.

209 BGHZ 53, 214; 69, 104; allgM.

210 RGZ 75, 205; BGHZ 69, 104.

211 Weitere Einzelheiten bei Ulmer/*Ulmer* Rn 141 ff; Scholz/*Schmidt* Rn 111 f.

fällen, oben Rn 27) haften, besteht zu ihnen ebenfalls ein Gesamtschuldverhältnis.[212]

52 **6. Haftungsausschluss.** Die Handelndenhaftung kann durch Vertrag mit dem Geschäftspartner ausgeschlossen oder beschränkt werden. Abs 2 ist insofern dispositiv.[213] Stillschweigender Haftungsausschluss ergibt sich aber nicht schon daraus, dass Vertragspartner bei Abschluss Verhältnisse kennt.

53 **7. Erlöschen der Haftung.** Die Handelndenhaftung erlischt ohne Mitwirkung des Gläubigers, wenn die betr Verbindlichkeit bei Entstehung der GmbH durch HREintragung auf diese übergeht (unten Rn 56). Damit ist ihr Zweck erfüllt; dem Gläubiger haftet nunmehr die GmbH entspr dem bei Abschluss für die künftige GmbH vorgesehenen Endzustand. Erlöschen der Haftung war früher str, ist aber nunmehr allgemein anerkannt.[214] Da nach heute maßgebender Sicht einerseits geschäftliches Handeln der GFührer weitgehend die Vorges wirksam verpflichtet (oben Rn 18 ff), andererseits diese Verbindlichkeiten generell bei Eintragung auf die GmbH übergehen (unten Rn 56 f), ist Erlöschen der Handelndenhaftung in diesem Zeitpunkt die Konsequenz. – Dagegen **bleibt Haftung bestehen,** soweit GFührer ihre Vertretungsmacht überschritten oder andere Personen ohne Vertretungsmacht wie GFührer gehandelt haben (zum Vorgründungsstadium oben Rn 50). Denn dadurch konnte, vom Fall wirksamer Genehmigung durch die Vorges abgesehen, weder diese noch als Folge die GmbH verpflichtet werden.[215] Die Handelndenhaftung bleibt ferner in allen Fällen bestehen, in denen es nicht zur Eintragung der GmbH kommt (insbes oben Rn 32 f). Handeln unter ungenauer Firmenbezeichnung schließt Erlöschen der Haftung nicht aus, wenn Vertrag sich auf Vorges bezog u diese, wenn auch unter anderer Firma, eingetragen wurde.[216]

54 **8. Regressansprüche** des Handelnden nach Inanspruchnahme durch GesGläubiger aus Anstellungsvertrag (§§ 675, 670 BGB) **gegen Vorges,** nach zwischenzeitlicher Eintragung gegen GmbH. Entspr vorher auch Freistellungsanspruch (§ 257 BGB) gegen Vorges. Bei Überschreitung der durch GesVertrag oder Einvernehmen der Gfter erteilten GFührungsbefugnis allenfalls Anspruch nach § 683 BGB. – **Regress gegen Gfter persönlich** grds nur, soweit diese ausnahmsweise unmittelbar für Verbindlichkeiten der Vorges haften (oben Rn 27), ansonsten Teil der Verlustdeckungshaftung der Gfter gegenüber Ges (oben Rn 24 ff).[217] Weitergehende Haftung bei Treuhand möglich[218] oder entspr Zusage aller oder einzelner Gfter, die sich insbes

---

212 RGZ 72, 406; hM, Rowedder/*Schmidt-Leithoff* Rn 128; aA Scholz/*Schmidt* Rn 113; für bloße Ausfallhaftung *Lieb* FS Stimpel, 1985, 405 f.

213 BGHZ 15, 206; 53, 213; NJW 1973, 798; allgM.

214 BGHZ 80, 182; auch 80, 145; NJW 1982, 932; 1983, 2822; vorher schon BGHZ 69, 103; 70, 139; 76, 323; Ulmer/*Ulmer* Rn 146 mwN; Scholz/*Schmidt* Rn 118 mwN; *Lutter*/Hommelhoff/*Bayer* Rn 26; *Roth*/Altmeppen Rn 33.

215 BGHZ 80, 182; auch NJW 1982, 932 für einen Fall des Eintritts der Vorges; ganz hM in Lit, Ulmer/*Ulmer* Rn 147; *Michalski* Rn 110; teilw abw Scholz/*Schmidt* Rn 120, nur Anwendung von § 179 BGB.

216 OLG Oldenburg NZG 2001, 811, 812.

217 Ulmer/*Ulmer* Rn 149; *Michalski* Rn 114; abw für volle Regresspflicht auf der Grundlage genereller Außenhaftung der Gfter *Roth*/Altmeppen Rn 34, 55; Scholz/*Schmidt* Rn 116; Rowedder/*Schmidt-Leithoff* Rn 129; *Lutter*/Hommelhoff/*Bayer* Rn 27.

218 BGH NJW 2001, 2092; *Goette* § 1 Rn 81.

aus einer über die bloße Ermächtigung hinausgehenden Anweisung zu erweiterter Geschäftstätigkeit ergeben kann.[219] Aufgrund der nunmehr grds auf das Innenverhältnis beschränkten Haftung der Gfter (oben Rn 21 ff) kann eine solche Zusage nur noch bei besonderen Begleitumständen angenommen werden, der nur auf die Vorges als solche bezogene Anstellungsvertrag genügt nicht.[220]

VI. Rechtslage nach Eintragung der GmbH

1. Entstehung der GmbH, Vermögensübergang. Mit Eintragung ins HR entsteht die GmbH als jur Person in ihrer endgültigen Gestalt (oben Rn 2); maßgebend Gesetz u Satzung (GesVertrag). Gleichzeitig endet die Vorges als bloße Vorstufe. Organisation u Mitgliedschaft setzen sich in der GmbH fort, für die sie nach dem Gesetz im Gründungsstadium geschaffen worden sind. 55

Auch das **Gesellschaftsvermögen geht mit allen für die Vorgesellschaft begründeten Rechten und Verbindlichkeiten auf die GmbH über.** Das geschieht, ohne dass es einer besonderen Übertragung des Aktivvermögens oder einer Übernahme der Verbindlichkeiten bedarf, durch Gesamtrechtsnachfolge der als Rechtssubjekt neu entstandenen GmbH, nach anderen iE ganz entspr ipso iure kraft deren Identität mit der Vorges.[221] Für Verbindlichkeiten war der generelle Übergang im Hinblick auf § 41 II AktG früher sehr umstr, ist heute jedoch nach Aufgabe des Vorbelastungsverbots (unten Rn 59) allgM.[222] 56

Die Anerkennung der Gesamtrechtsnachfolge, die nicht nur die Aktivmasse betrifft, sondern auch **Übergang der Verbindlichkeiten** in vollem Umfang umfasst, trägt der Fähigkeit der Vorges zur Teilnahme am Rechtsverkehr (oben Rn 12 ff) Rechnung. Mit dieser ist sie zumindest mittelbar in den Gründungsvorschriften des Gesetzes angelegt u wird von ihnen vorausgesetzt. Parallele dazu in §§ 190 ff, insbes 202, sowie 214 ff UmwG, die mit der Umwandlung einer Personenhandelsges in eine Kapitalges einen vergleichbaren Vorgang ausdrücklich regeln. – Erfasst werden alle Verbindlichkeiten der Vorges, aber auch nur diese. Keine Haftung, soweit Vorges durch Rechtshandlungen nicht gebunden war; dafür wesentlich jeweilige Vertretungsmacht der GFührer im Stadium der Vorges (oben Rn 18 ff). 57

2. Sicherung des Gesellschaftskapitals, Unversehrtheitsgrundsatz. Übergang aller Verbindlichkeiten der Vorges auf die GmbH im Zeitpunkt der Entstehung entbindet nicht vom Grundsatz der Aufbringung u Erhaltung des Stammkapitals (Einl Rn 5, auch § 3 Rn 14, § 5 Rn 1). Dieser gebietet Sicherstellung der vollen Kapitalausstattung der GmbH im Zeitpunkt ihrer Entstehung, **Unversehrtheitsgrundsatz,** s bereits oben Rn 4 f. 58

---

[219] Dazu BGHZ 86, 122; Ulmer/*Ulmer* Rn 151; Scholz/*Schmidt* Rn 116; *Michalski* Rn 115.

[220] *Lutter*/Hommelhoff/*Bayer* Rn 27; anders noch BGHZ 86, 122.

[221] Näher zu dieser mehr theoretisch-dogmatischen Unterscheidung *G. Hueck* FS GmbHG, 1992, 127, 147 ff mwN.

[222] Grundsatzentsch BGHZ 80, 137 ff; auch 80, 183; 91, 148, 151; 134, 338 f; Ulmer/*Ulmer* Rn 90 f; *Lutter*/Hommelhoff/*Bayer* Rn 4; *Michalski* Rn 119; Rowedder/*Schmidt-Leithoff* Rn 32, 135 f; *Flume* JurPerson § 5 III 4; iE ebenso, doch m weitergehenden Folgerungen aus der Identität von Vorges u GmbH *Roth*/Altmeppen Rn 19, 60; Scholz/*Schmidt* Rn 133 ff.

59 a) **Kein Vorbelastungsverbot.** Mit Anerkennung der vollen Haftung der GmbH für alle Verbindlichkeiten der Vorges hat die nunmehr ganz hM die lange Zeit für Rspr u Lit bestimmende Lehre vom Vorbelastungsverbot aufgegeben.[223] Diese suchte die Kapitalausstattung dadurch zu sichern, dass zwar stets alle Aktiva, hingegen Verbindlichkeiten der Vorges nur eng begrenzt auf die GmbH übergehen sollten, um das GesVermögen möglichst von vorher begründeten Belastungen freizuhalten.[224] Verwirklichung dieses Ziels war jedoch selbst bei strenger Anwendung nur eingeschränkt möglich, denn das Gesetz selbst zwingt zu bestimmten Aufwendungen, die als rechtlich notwendige Geschäfte auch die GmbH belasten. Hinzu kam eine fortschreitende Durchbrechung der Vorbelastungssperre, so bei wirtschaftlich notwendigen Geschäften, etwa als Folge von Sacheinlagen, insbes bei Unternehmensfortführung, ferner bei satzungsmäßig vorgesehenen Geschäften, nach manchen sogar bei wirtschaftlich nützlichen Geschäften. So war iE ein unübersichtliches, teilw unklares und umstr System entstanden, das die Anwendung des Vorbelastungsverbots problematisch, seine Effektivität fragwürdig machte.

60 Allerdings hat sich hM bei Preisgabe des Vorbelastungsverbots über § 41 II AktG hinweggesetzt, der dessen Bestehen voraussetzt. Entspr Anwendung auf die GmbH ist jedoch trotz vergleichbarer Problemlage nicht geboten.[225] Andererseits ist verschiedene Behandlung von Vor-GmbH u Vor-AG nicht tragbar; Problem aber für letztere bisher nicht eindeutig geklärt,[226] doch spricht sich neuere aktienrechtliche Lit überw für inhaltliche Übertragung auf AG aus.[227]

61 b) **Vorbelastungshaftung,** auch **Unterbilanzhaftung** (früher auch als allgemeine Differenzhaftung bezeichnet). Aufgabe des Vorbelastungsverbots macht es notwendig, die volle Kapitalausstattung der GmbH bei ihrer Entstehung auf andere Weise wirkungsvoller zu gewährleisten. Hierfür hat der BGH, gestützt auf Vorarbeiten in der Lit, durch Rechtsfortbildung eine allg Differenzhaftung der Gfter, die **Vorbelastungshaftung** entwickelt: Soweit sich durch Verbindlichkeiten der Vorges im Zeitpunkt der Entstehung der GmbH bei Eintragung ins HR eine Differenz zwischen Stammkapital u Wert des GesVermögens ergibt, haften die Gfter der GmbH gegenüber anteilig auf Ausgleich. Reine Innenhaftung, auch im Fall der Vermögenslosigkeit oder EinpersonenGes.[228] Diese Haftung kann ebenso wie die (restliche) Einlagepflicht eine Ausfallhaftung der Mitgfter nach § 24 auslösen.[229]

---

223 BGHZ 80, 129 hebt das ausdrücklich hervor.

224 Vgl noch BGHZ 65, 383; Übers zum älteren Meinungsstand bei *G. Hueck* FS GmbHG, 1992, 127, 138 ff.

225 BGHZ 70, 139 f; 80, 129, 139.

226 Für Aufgabe des Vorbelastungsverbots der Sache nach wohl BGH NJW 2004, 2519; OLG Karlsruhe AG 1999, 132; deutlich zurückhaltend dagegen noch BGHZ 80, 129.

227 So insbes KölnerKomm/*Kraft* § 41 Rn 118 ff mit 72 ff, 78 ff; MünchKomm-AktG/*Pentz* § 41 Rn 105 ff, 107; *Hüffer* AktG § 41 Rn 2, 12; Spindler/Stilz/*Heidinger* § 41 Rn 73; MünchHdbAG/*Hoffmann-Becking* § 3 Rn 33; auch *K. Schmidt* GesR § 27 II 3 d, § 11 IV 2 b; in der Tendenz auch BGH NJW 2004, 2519.

228 BGH NZG 2006, 64.

229 Grundlegend BGHZ 80, 129, 140 ff; auch 80, 183 f; 105, 300, 302 ff; 134, 333, 338; heute ganz hM, ausführl Ulmer/*Ulmer* Rn 112 ff; Scholz/*Schmidt* Rn 124 ff; *Michalski* Rn 132 ff; *Lutter*/Hommelhoff/*Bayer* Rn 29 ff; Rowedder/*Schmidt-Leithoff* Rn 26 ff; *Roth*/Altmeppen Rn 11 ff; *Lieb* FS Zöllner, 1998, 347 ff; *Flume* JurPerson § 5 III 4; *Flume* DB 1998, 45 f; *Fleck* GmbHR 1983, 9 ff; *Meister* FS Werner, 1984, 525 ff; *K. Schmidt* ZHR 156 (1992), 93 ff; *Stimpel* FS Fleck, 1988, 345; *Ulmer* ZGR 1981, 602.

BGH[230] stützt die von ihm vollzogene **Rechtsfortbildung** vornehmlich auf die für Fälle der Überbewertung von Sacheinlagen schon länger anerkannte Pflicht zum Ausgleich der Wertdifferenz durch bare Zuzahlungen,[231] die seit der GmbH-Novelle 1980 als spezielle Differenzhaftung in § 9 geregelt ist. Diese ist allerdings auf den engen Bereich der Überbewertungsproblematik beschränkt u stellt im Übrigen nur auf die HRAnmeldung als Bewertungszeitpunkt ab.[232] Immerhin konnte ein allg Grundgedanke daraus entnommen werden u als Ansatz für die Rechtsfortbildung durch den BGH dienen, die im Übrigen vor allem durch das allg Kapitalaufbringungsgebot (Unversehrtheitsgrundsatz) als einen der strengsten Grundsätze des Gründungsrechts getragen wird.[233] – Zur Vorbelastungshaftung als GfterHaftung im Fall der Eintragung hat Rspr bei Scheitern der Eintragung als Äquivalent **Verlustdeckungshaftung** entwickelt, die ihrer Funktion entsprechend jedoch nur auf Abdeckung offener Verbindlichkeiten der Vorges gerichtet ist[234] (oben Rn 24 ff) u bei Eintragung in Vorbelastungshaftung aufgeht. **62**

c) Einzelheiten. Notwendige **Voraussetzung** ist Entstehung der GmbH durch **Handelsregistereintragung.** Daher keine Vorbelastungshaftung, sondern ggf Verlustdeckungshaftung, wenn Eintragung unterbleibt. Ges hat über Verlustdeckungshaftung (oben Rn 24 ff) hinaus vor Eintragung grds keinen vom Eintragungswillen der Gfter unabhängigen Anspruch auf Auffüllung des GesVermögens in Höhe des Stammkapitals. Gfter können, ggf nach Rücknahme eines schon gestellten Eintragungsantrags, durch Auflösung u sofortige Liquidation der Vorges Vorbelastungshaftung als solche vermeiden,[235] dann aber uU Verlustdeckungshaftung (s oben Rn 24 ff). Da Weiterverfolgen der Eintragung Gfter neben Verlustdeckung uU auch zu nochmaligem Aufbringen der Einlage zwingt, wird man bei erheblichen Vorbelastungen widerstrebenden Gesellschaftern Auflösungs- oder Austrittsrecht einräumen müssen; dies folgt aus den Grenzen der urspr Kapitaldeckungszusage. – **HREintragung auch Berechnungsstichtag** für Fehlbetrag u damit für Höhe der Haftung maßgebend.[236] Bei HRAnmeldung Angaben über bis zu diesem Zeitpunkt entstandene Vorbelastungen erforderlich (§ 8 Rn 14); Prüfung durch RegGericht im Rahmen von § 9 c. Vorhergehender Ausgleich von Vorbelastungen ist Eintragungsvoraussetzung,[237] allerdings nur, soweit bis zur HRAnmeldung ent- **63**

---

230 BGHZ 80, 129, 140 ff.

231 Dazu BGHZ 68, 191; auch 64, 52 für AG.

232 Zu der deshalb durch die Rechtsfortbildung entstandenen Divergenz zwischen Haftung nach § 9 und Vorbelastungshaftung *Lieb* FS Zöllner, 1998, 350 ff mwN.

233 Zur Begründung der Vorbelastungshaftung die oben Fn 215 Genannten, vor allem Ulmer/*Ulmer* Rn 98 ff.

234 BGHZ 134, 333.

235 BGHZ 80, 129, 142.

236 BGHZ 80, 141; auch 80, 184; BGH NZG 2003, 393, heute ganz hM, Ulmer/*Ulmer* Rn 105; *Lutter*/Hommelhoff/*Bayer* Rn 29; Rowedder/*Schmidt-Leithoff* Rn 28; *Roth*/Altmeppen Rn 13; ausführl *Stimpel* FS Fleck, 1988, 349 ff; differenzierend Scholz/*K. Schmidt* Rn 122, 126: Ausgleichspflicht nur für operative Verluste zwischen Anmeldung u Eintragung, nicht für reine Wertverluste des Anlagevermögens.

237 Anspruch aus Vorbelastungshaftung genügt als solcher nicht, str, wie hier BayObLG GmbHR 1992, 109; OLG Hamm NJW-RR 1993, 1381; OLG Düsseldorf ZIP 1996, 1705; Scholz/*K. Schmidt* Rn 123, 127; Rowedder/*Schmidt-Leithoff* § 9 c Rn 30; *Michalksi* Rn 162; *Lutter*/Hommelhoff/*Bayer* Rn 34; *Roth*/Altmeppen § 9 c Rn 10; aA GmbH-Hdb/*Kallmeyer* Rn 720; wohl auch Ulmer/*Ulmer* Rn 113; für AG auch MünchKommAktG/*Pentz* § 38 Rn 21.

standen. Dagegen hindern erst danach entstandene Fehlbeträge nach hM Eintragung idR nicht[238] (dazu näher § 9 c Rn 12 mwN). Jedoch hat RegGericht Eintragung abzulehnen, wenn ernstliche Zweifel an Leistungsfähigkeit der Gfter bzgl Erfüllung der Vorbelastungshaftung bestehen u nicht durch geeignete Nachweise ausgeräumt werden (§ 9 c Rn 12). **Darlegungs- u Beweislast** für Vorbelastungen trägt grds Ges bzw Insolvenzverwalter,[239] bei hinreichenden Anhaltspunkten für Minderung des Stammkapitals u Fehlen einer Vorbelastungsbilanz u ausr Aufzeichnungen Darlegungspflicht der Ges, dass keine Unterbilanz.[240] – Bei **Umwandlung ehemals volkseigener Betriebe** nach § 11 TreuhG sind Sonderregelungen in §§ 24–26 DMBilG auch gegenüber Vorbelastungshaftung der Gfter vorrangig (s auch § 9 Rn 1).[241]

64 **Inhalt und Umfang der Haftung.** Nicht auszugleichen ist der notwendige **Gründungsaufwand,** der zu Lasten der GmbH geht, aber nur, wenn förmliche Übernahme in der Satzung (§ 5 Rn 57) erfolgt ist[242] (s auch § 8 Rn 14). Im Übrigen Ausgleich jeder durch Geschäftstätigkeit der Vorges entstandenen Deckungslücke für das Stammkapital; Im Interesse der vollen Kapitalausstattung strenge Haftung auch für Fehlbeträge aus satzungsgem Geschäften.[243] – Feststellung der Höhe idR durch **Vorbelastungsbilanz** auf den Zeitpunkt der HREintragung.[244] Noch nicht fällige Einlagen sind entspr zu berücksichtigen. Bei negativer Fortbestehensprognose Bilanzierung zu Veräußerungswerten, nicht zu Fortführungswerten,[245] für durch Aufnahme der Geschäftstätigkeit der Vorges bereits entstandenes Unternehmen, das als solches zu bewerten ist,[246] kann nach Ertragswertmethode zu ermittelnder Geschäftswert angesetzt werden,[247] allerdings nur, was selten ist, wenn das Unternehmen bereits seine Bestätigung am Markt gefunden hat.[248] Die umstrittene Frage, ob **Anlaufkosten** (Geschäftsführergehälter, Mieten usw) nach § 269 HGB aktiviert werden dürfen,[249] hat sich infolge der Aufhebung der Vorschrift durch BilMoG erledigt. Da auch keine Festsetzung als Gründungsaufwand,[250] wird die Grün-

---

[238] Ulmer/*Ulmer* Rn 113 f; Scholz/*K. Schmidt* Rn 123; *Lutter*/Hommelhoff/*Bayer* § 9 c Rn 19; für AG auch *Hüffer* AktG § 38 Rn 10; aA für Bargründungen BGHZ 80, 141; 80, 184; BayObLG GmbHR 1992, 109; BB 1998, 2439; OLG Hamm NJW-RR 1993, 1381.

[239] BGH NZG 2003, 393; NJW 1998, 233.

[240] BGH NZG 2003, 393.

[241] BGH ZIP 1999, 281.

[242] BGH NJW 1998, 233.

[243] So in der Tendenz auch BGH NJW 1998, 233 f; LG Berlin GmbHR 1999, 1034; Ulmer/*Ulmer* Rn 87 mwN; *Lutter*/Hommelhoff/*Bayer* Rn 30; *Roth*/Altmeppen Rn 7, 17; *Flume* JurPerson § 5 III 4; *Kübler/Assmann* § 25 II 3 b; *Raiser/Veil* § 26 Rn 121; für Beschränkung auf „operative Verluste" dagegen *K. Schmidt* ZHR 156 (1992), 122 ff, da Wertverluste im Bereich von Sacheinlagen nach Wertung des § 9 I nicht zu Lasten der Gründer gehen; ähnlich Rowedder/*Schmidt-Leithoff* Rn 30; *Meister* FS Werner, 1984, 529 f; *Lieb* FS Zöllner, 1998, 353 ff.

[244] Näher *Schulze-Osterloh* FS Goerdeler, 1987, 531; *Priester* ZIP 1994, 413; *Hey* GmbHR 2001, 905; *Fleischer* GmbHR 1999, 752.

[245] BGH NJW 1998, 233.

[246] BGH NZG 2002, 524.

[247] BGHZ 140, 35 = NJW 1999, 283; BGH NZG 2002, 524, 525 u 636, 637.

[248] BGHZ 165, 391 = NJW 2006, 1594.

[249] So auch Ulmer/*Ulmer* Rn 109.

[250] Dazu, dass hins gezahlter Vorstandsgehälter kein Gründungsaufwand iSd § 26 AktG vorliegt BGH NJW 2004, 2529 u § 5 Rn 57.

dung im Regelfall zur Vorbelastungshaftung führen.[251] – Auffüllung des Fehlbetrags durch **Geldleistung.** Gfter haften anteilig im Verhältnis der Nennbeträge der von ihnen übernommenen GAnteile, nicht als Gesamtschuldner. Haftung ist nicht auf Höhe der Nennbeträge der GAnteile beschränkt, sondern umfasst auch durch Geschäftsaufnahme der Vorges entstandene weitere Verluste.[252] Im Interesse der vollen Kapitalausstattung ist insoweit äußerste Zurückhaltung geboten, um Haftung nicht ähnlich dem Vorbelastungsverbot auszuhöhlen; daher iZw strenge Haftung auch für Fehlbeträge aus satzungsgem Geschäften.[253] – Ziel der Haftung ist Auffüllung des schon gebildeten GesVermögens, also Ergänzung bereits geleisteter Einlagen; daher **Einforderung** nicht nach § 46 Nr 2, auch nicht Nr 8, sondern **durch GFührer.** Im Übrigen wie Einlagepflicht:[254] Einzahlung gem § 19, Verzugszinsen nach § 20, Kaduzierung nach §§ 21 ff u Ausfallhaftung nach § 24;[255] aber **Verjährung** analog § 9 II entspr dessen Änderung in 10 (früher 5) Jahren ab HREintragung[256] (§ 9 Rn 10). – Durch anderweitige Wiederherstellung des Gesellschaftsvermögens in Höhe des Stammkapitals erlischt Anspruch nicht, auch nicht bei Vorliegen ausschüttbarer aber nicht ausgeschütteter Gewinne, solange nicht Ges nach Ergebnisverwendungsbeschluss oder Auflösung von Kapital- oder Gewinnrücklagen im Anschluss an Feststellung des Jahresabschlusses verrechnet[257] (s auch § 29 Rn 24, § 42a Rn 36). Ausgleich der Unterdeckung durch **Gfterdarlehen** nicht möglich, selbst wenn für dieses Darlehen Rangrücktritt erklärt wurde,[258] auch nicht durch Gfterbürgschaft für Drittdarlehen, sodass hier in der Insolvenz doppelte Inanspruchnahme droht.[259] Allerdings müssen folgerichtig wie für Einlagen auch hier §§ 19 V nF gelten, sodass allenfalls mit dem Argument der fehlenden Mitteilung an das RegGericht (§ 19 V 2), wenn man

---

251 Str, wie hier *Lutter*/Hommelhoff/*Bayer* Rn 30; – aA Ulmer/*Ulmer* Rn 107, wonach zwar Ablehnung der Eintragung erfolgen kann, für Haftung aber Zustimmung zur vorzeitigen Geschäftsaufnahme bzw deren Kausalität fehlt.

252 BGH WM 1982, 40; BGHZ 105, 300, 303; hM, Ulmer/*Ulmer* Rn 105 mwN; Scholz/*K. Schmidt* Rn 129 mwN; *Lutter*/Hommelhoff/*Bayer* Rn 30; *Michalski* Rn 142; *Roth*/Altmeppen Rn 13; nur für Bargründung Rowedder/*Schmidt-Leithoff* Rn 29.

253 So in der Tendenz auch BGH NJW 1998, 233 f; LG Berlin GmbHR 1999, 1034; Ulmer/*Ulmer* Rn 107 mwN; *Lutter*/Hommelhoff/*Bayer* Rn 30; *Roth*/Altmeppen Rn 7, 17; *Flume* JurPerson § 5 III 4; *Kübler*/*Assmann* § 25 II 3 b; *Raiser*/*Veil* § 26 Rn 121; für Beschränkung auf „operative Verluste" dagegen *K. Schmidt* ZHR 156 (1992), 122 ff, da Wertverluste im Bereich von Sacheinlagen nach Wertung des § 9 I nicht zu Lasten der Gründer gehen; ähnlich Rowedder/*Schmidt-Leithoff* Rn 30; *Meister* FS Werner, 1984, 529 f; *Lieb* FS Zöllner, 1998, 353 ff.

254 BGHZ 165, 391 = NJW 2006, 1594; OLG Celle NZG 2000, 1134, 1135.

255 *Michalski* Rn 146; Scholz/*K. Schmidt* Rn 128; Ulmer/*Ulmer* Rn 112; zur Haftung nach § 24 auch BGHZ 80, 129, 141; WM 1982, 40.

256 Für Analogie zu § 9 II aF BGHZ 105, 300, 304; Ulmer/*Ulmer* Rn 118; Scholz/*Schmidt* Rn 131; *Lutter*/Hommelhoff/*Bayer* Rn 33; *Roth*/Altmeppen Rn 17; iE auch *Michalski* Rn 148; aA *Schulze-Osterloh* FS Goerdeler, 1987, 547 f.

257 BGHZ 165, 391, 401 = NJW 2006, 1594, 1597; *Lutter*/Hommelhoff/*Bayer* Rn 31; *Schulze-Osterloh* FS Goerdeler, 1987, 544 ff, 546, auch zur bilanziellen Behandlung; *Servatius* GmbHR 2000, 1028, 1032; – vgl zu § 31 BGHZ 144, 336 (Balsam/Procedo I) u § 31 Rn 13.

258 BGHZ 124, 282 = NJW 1994, 724; OLG Naumburg GmbHR 1999, 665; Scholz/*K. Schmidt* Rn 129; *Michalski* Rn 145; – zweifelnd *Lutter*/Hommelhoff/*Bayer* Rn 31.

259 OLG München NJW-RR 2001, 968, 969; zu dieser Konsequenz s auch *Lutter*/Hommelhoff/*Bayer* Rn 31.

diese als Wirksamkeitsvoraussetzung qualifiziert (dazu § 19 Rn 72), verhindert werden kann, dass die erfolgten Zahlungen unter den dort genannten weiteren Voraussetzungen sogleich wieder darlehensweise an Gfter zurückfließen.

65 **Beweislast** für Voraussetzungen der Vorbelastungshaftung trägt nach allg Regeln Ges, dh GFührer, ggf Insolvenzverwalter, bei Pfändung des Anspruchs der Ges durch Gläubiger dieser.[260] Dagegen Beweislast der Gfter für die Haftung ausschließende Tatsachen, zB fehlendes Einverständnis mit vorzeitiger Geschäftsaufnahme.[261] Zur Beweissicherung ist Erstellung einer Vorbelastungsbilanz auf den Eintragungsstichtag (oben Rn 64) zweckmäßig.[262]

66 **3. Folgen für Haftung aus dem Gründungsstadium. a) Gesellschafterhaftung.** Soweit **Verlustdeckungshaftung** (als Innenhaftung) aus dem Gründungsstadium besteht, geht diese in der Vorbelastungshaftung auf. Fallkonstellation ist allerdings auf der Grundlage der Rspr kaum denkbar, da Verlustdeckungshaftung vom Scheitern der Eintragung abhängig ist (oben Rn 25). – Bestehen bleibt dagegen, sofern nicht anders vereinbart, eine vertraglich übernommene zusätzliche Haftung. Ebenso bleibt mangels abw Vereinbarung eine persönliche Haftung aus Rechtsgeschäften im Vorgründungsstadium bestehen, da die GmbH in diese nicht eintritt[263] (oben Rn 38).

67 **b) Handelndenhaftung.** Auch die Handelndenhaftung **nach § 11 II erlischt,** soweit sie sich auf Verbindlichkeiten der Vorges bezieht, die bei HREintragung auf die GmbH übergehen, da damit ihr Zweck erfüllt ist – Einzelheiten u weitere Angaben oben Rn 53.[264]

VII. GmbH & Co KG im Gründungsstadium

68 **1. Allgemeines.** Die Rechtsverhältnisse im Gründungsstadium der GmbH & Co KG, insbes die Haftungslage, waren lange Zeit unklar u umstr. Die Entwicklung des Rechts der Vorges (oben Rn 6 ff), vor allem die rechtsfortbildende Rspr des BGH,[265] hat wesentlich zur Klärung beigetragen, zumal sie gerade auch die Stellung der Vor-GmbH & Co KG betrifft. Besonders wichtig Anerkennung der **Komplementärfähigkeit der Vor-GmbH** (oben Rn 16) wie allg Erweiterung des geschäftlichen Handlungsspielraums der Vorges u weitgehende Klärung der Haftungsverhältnisse.[266]

---

260 BGH NJW 1998, 233, 234; OLG Düsseldorf WM 1993, 1961; *Lutter*/Hommelhoff/*Bayer* Rn 33; abw für gepfändete Ansprüche LG Frankfurt GmbHR 1998, 242; allg für Beweislastumkehr bzgl Unversehrtheit des Stammkapitals bei Eintragung wegen Sachnähe der Gfter *Roth*/Altmeppen Rn 18; offen lassend *Michalski* Rn 150.

261 Ulmer/*Ulmer* Rn 117; Scholz/*Schmidt* Rn 129.

262 *Lutter*/Hommelhoff/*Bayer* Rn 33; *Roth*/Altmeppen Rn 18.

263 BGH NJW 1983, 2822.

264 BGHZ 80, 182, ganz hM.

265 Grundsatzentscheidung BGHZ 80, 129 mit Modifikationen der Gfterhaftung durch BGHZ 134, 333.

266 Zur neueren Entwicklung Ulmer/*Ulmer* Rn 159 ff mwN; Scholz/*Schmidt* Rn 160 ff mwN; *Michalski* Rn 82 ff; Rowedder/*Schmidt-Leithoff* Rn 166 ff; *Roth*/Altmeppen Rn 83 ff; Baumbach/*Hopt* Anh § 177 a Rn 12 ff; *Binz*/*Sorg* § 3; Hesselmann/Tillmann/Mueller-Thuns/*Lücke* § 4 Rn 62 ff; *Hennerkes*/*Binz* DB 1982, 1971; *K. Schmidt* NJW 1981, 1347; *Ulmer* ZGR 1981, 614 ff.

2. Haftungsprobleme im Gründungsstadium entstehen durch Aufnahme der Geschäftstätigkeit vor Eintragung ins HR. Dabei ist zwischen fehlender Eintragung der GmbH, der KG oder beider zu unterscheiden: 69

a) Haftung vor Eintragung der GmbH. Ist bei Aufnahme der Geschäftstätigkeit (nur) die GmbH noch nicht eingetragen, finden die Regeln über die Vorges Anwendung. Diese kann bereits einer KG als persönlich haftende Gfterin beitreten (oben Rn 16). Falls im GmbH-GesVertrag oder durch alle Gfter entspr Ermächtigung für GFührer erteilt (oben Rn 20), haftet **Vorges nach § 128 HGB** aus Geschäften, die dieser für KG tätigt. Haftung trifft nach neuer Haftungsverfassung der Vorges (oben Rn 21 ff) grds nur noch GesVermögen. Der Gläubigerschutz wird durch die als anteilige Innenhaftung ausgestaltete Verlustdeckungshaftung (oben Rn 24 ff) im Fall des Scheiterns der Vorges bzw der Vorbelastungshaftung (oben Rn 61 ff) im Fall der späteren Eintragung gewährleistet. Ebenso greift **Handelndenhaftung entspr § 11 II** ein (oben Rn 45 ff), da der GFührer mit den Geschäften der KG, auch wenn er nach außen nur in deren Namen auftritt, zugleich solche der geschäftsführungsbefugten Komplementär-Vorges tätigt.[267] Nach Eintragung tritt Vorbelastungshaftung an Stelle der Verlustdeckungshaftung. Handelndenhaftung erlischt mit Eintragung der GmbH (oben Rn 53), auf Eintragung der KG kommt es dafür nicht an. – Als persönlich haftende Gfterin der KG **kann die Vorges als solche,** also noch vor HREintragung der GmbH, **mit der KG ins HR eingetragen werden.**[268] Nach Entstehung der GmbH tritt diese von selbst an die Stelle der Vorges; HR ist zu berichtigen. 70

b) KG. Hat die KG **vor Eintragung ins Handelsregister** ihre Geschäfte aufgenommen, gilt für die GmbH & Co KG grds dasselbe wie allg für andere KG, insbes also § 176 HGB für die Kommanditistenhaftung, sofern KG bereits ein Handelsgewerbe mit kaufmännischem Umfang gem § 1 II HGB betreibt. – Tritt allerdings KG im Geschäftsverkehr schon als GmbH & Co KG auf, kann aus der Firma jeder betroffene Dritte ohne weiteres die Kommanditisteneigenschaft der beteiligten natürlichen Personen entnehmen, da das dem nahezu ausschließlichen Erscheinungsbild der GmbH & Co KG entspricht. Insoweit greift daher nach der Ausnahmeregelung gem § 176 I 1 aE HGB die unbeschränkte persönliche Haftung nicht ein.[269] 71

c) GmbH und KG. Sind bei Geschäftsaufnahme GmbH und KG **noch nicht ins Handelsregister eingetragen,** so treffen die beiden vorausgehend behandelten Haftungslagen zusammen. Sind beide Ges ganz oder teilw personengleich, führt die doppelte Mitgliedschaft der Gfter dann auch zur Haftung nach beiden Regelungen, soweit deren jew Voraussetzungen vorliegen. 72

---

[267] HM, vgl BGHZ 80, 134 ff; KG GmbHR 1996, 56; *Michalski* Rn 83; Rowedder/*Schmidt-Leithoff* Rn 176 f; *Roth*/Altmeppen Rn 94; *Hopt* Anh § 177 Rn 17; aA *Hennerkes/Binz* DB 1982, 1971 f.

[268] BGH NJW 1985, 736, 737; Ulmer/*Ulmer* Rn 160; Scholz/*Schmidt* Rn 162; *Michalski* Rn 82; *Roth*/Altmeppen Rn 92.

[269] HM, Ulmer/*Ulmer* Rn 164 f; Scholz/*Schmidt* Rn 166; Hueck/*Windbichler* GesR § 37 Rn 19; Baumbach/*Hopt* Anh § 177 a Rn 19; – aA *Roth*/Altmeppen Rn 89; auch noch BGH NJW 1980, 54; mit Tendenz zur hM aber NJW 1983, 2258 im Hinblick auf § 19 V HGB.

Bekanntmachungen der Gesellschaft

12 **[1] Bestimmt das Gesetz oder der Gesellschaftsvertrag, dass von der Gesellschaft etwas bekannt zu machen ist, so erfolgt die Bekanntmachung im elektronischen Bundesanzeiger (Gesellschaftsblatt). [2] Daneben kann der Gesellschaftsvertrag andere öffentliche Blätter oder elektronische Informationsmedien als Gesellschaftsblätter bezeichnen. [3] Sieht der Gesellschaftsvertrag vor, dass Bekanntmachungen der Gesellschaft im Bundesanzeiger erfolgen, so ist die Bekanntmachung im elektronischen Bundesanzeiger ausreichend.**

Lit: *Noack,* Pflichtbekanntmachungen bei der GmbH: Neue Regeln durch das Justizkommunikationsgesetz, DB 2005, 599; *ders,* Elektronische Publizität im Aktien- und Kapitalmarktrecht in Deutschland und Europa, AG 2003, 537.

I. Allgemeines

1 **Gesetzesfassung, Bedeutung.** § 12 neu gefasst durch Art 12 des Justizkommunikationsgesetzes (JKomG) vom 2. 3. 2005, in Kraft seit 1. 4. 2005.[1] Er tritt an die Stelle des bereits seit 1. 11. 1993 aufgehobenen § 12 aF über Zweigniederlassungen. S 3 angefügt mit Wirkung vom 1. 1. 2007 durch EHUG.[2]

2 S 1 bestimmt elektronischen Bundesanzeiger als **Pflichtmedium** für alle gesetzlich oder durch GesVertrag vorgeschriebene Veröffentlichungen. Daneben erlaubt S 2, dass GesVertrag **zusätzlich** Veröffentlichung in anderen öffentl Blättern oder elektronischen Informationsmedien bestimmen kann. S 3, auf Initiative des BR zur Klarstellung angegfügt, klärt die bis dahin nicht einheitliche beantwortete Frage der Interpretation von gesvertraglichen Regelungen, die für Veröffentlichung nur auf den Bundesanzeiger verweisen.

II. Elektronischer Bundesanzeiger als Pflichtmedium für Bekanntmachungen der Gesellschaft

3 **1. Elektronischer Bundesanzeiger** (www.ebundesanzeiger.de) wird vom BMJ herausgegeben. Betreiber ist Bundesanzeiger Verlagsgesellschaft mbH in Köln. Einsicht und Recherche sind unentgeltlich. Veröffentlichung erfolgt montags bis freitags mit Ausnahme ges Feiertage idR ab 15 Uhr eines Veröffentlichungstages.

4 **2. Pflichtmedium.** Nach Vorbild des AktG wird mit elektronischem Bundesanzeiger Pflichtmedium für Bekanntmachungen der Ges eingeführt (Basis-Gesellschaftsblatt). Vorschrift ist zwingend.[3] Bisher gab es für Veröffentlichung der Ges kein einheitliches Pflichtmedium; maßgebend waren primär die im GesVertrag bezeichneten GesBlätter, hilfsweise galten §§ 10, 11 HGB (vgl § 30 II S 2 aF). Vorschrift lässt **zusätzlich** aber weiterhin andere öffentliche Blätter u jetzt auch öffentliche elektronische Informationsmedien zu (unten Rn 7).

---

[1] BGBl I, 837, 852.
[2] G v 10. 11. 2006, BGBl I, 2553.
[3] RegBegr zu Art 12 des JKomG, BT-Drucks 15/4067, 56 = http://www.bmj.bund.de/media/archive/724.pdf.

3. Bekanntmachungen der Gesellschaft. Nur für diese gilt § 12. Für Bekanntmachungen des HR gilt § 10 HGB. Unter § 12 fallen jedenfalls **Pflichtbekanntmachungen.**[4] Solche sieht Gesetz etwa in §§ 30 II S 2, 58 I Nr 1, 65 II S 2, 73 I, 75 II vor. GesVertrag kann, wie aus S 1 folgt, **weitere Fälle** für Veröffentlichung vorsehen, die dann ebenfalls im elektronischen Bundesanzeiger zu erfolgen hat. Dies folgt aus Wortlaut u Sinn der Neuregelung, im Interesse der Sicherheit des Rechtsverkehrs elektronischen Bundesanzeiger als Basis-Gesellschaftsblatt zwingend zu etablieren. Insoweit weicht Regelung von § 25 AktG ab, nach dessen Wortlaut Veröffentlichung im elektronischen Bundesanzeiger nur zwingend ist, wenn Gesetz oder Satzung diese in den Gesellschaftsblättern vorschreibt. Demgegenüber verlangt § 12 lediglich, dass etwas nach Gesetz oder Satzung bekannt zu machen ist, was auch gegeben ist, wenn es sich nicht um Pflichtbekanntmachungen handelt. Daher wird man Vorschrift dahin verstehen müssen, dass auch Veröffentlichungen, die nicht zu den Pflichtbekanntmachungen gehören, im elektronischen Bundesanzeiger zu erfolgen haben[5] u im GesVertrag nicht anders geregelt werden dürfen, mit der Folge, dass dafür vorgesehene Veröffentlichung in überregionaler Tageszeitung nur zusätzlich möglich ist. 5

4. Gesellschaftsvertragsbestimmungen, die auf den Bundesanzeiger verweisen. Neuregelung enthält keine Übergangsvorschrift, sodass Pflichtbekanntmachungen seit Inkrafttreten des Gesetzes im elektronischen Bundesanzeiger zu erfolgen haben. Verweist bei Inkrafttreten der Neuregelung bestehender GesVertrag oder übernimmt neuer GesVertrag die früher gebräuchliche Formel der Verweisung für Pflichtbekanntmachungen auf **Bundesanzeiger** als Veröffentlichungsmedium, wurde dies ganz überwiegend iS einer ausschließlichen Veröffentlichung im elektronischen Bundesanzeiger interpretiet u nicht iSv S 2 als Hinweis auf das Erfordernis einer zusätzlichen Veröffentlichung in der Papierausgabe des Bundesanzeigers.[6] Die Praxis, vor allem der Registergerichte war allerdings nicht einheitlich; zT wurde auch eine Klarstellung der Satzungsregelung gefordert. Hier hat nun GesGeb durch Anfügung von S 3 Klarheit iSd schon bisher hM geschaffen, wonach die Veröffentlichung im elektronischen Bundesanzeiger ausreicht. – Sieht GesVertrag dagegen Veröffentlichung allein in **Tageszeitung** vor, muss nunmehr Veröffentlichung im elektronischen Bundesanzeiger als Pflichtmedium hinzukommen; Veröffentlichung in Tageszeitung kann hier nicht entfallen; das verlangt Gfter- u Gläubigerschutz, die auf fortbestehende Satzungsregelung vertrauen dürfen.[7] 6

III. Andere Blätter oder elektronische Informationsmedien

Neuregelung lässt andere Blätter oder andere elektronische Informationsmedien[8] **nur zusätzlich** zur Veröffentlichung im elektronischen Bundes- 7

[4] *Noack* DB 2005, 599.

[5] Scholz/*Veil* Rn 5; Ulmer/*Ulmer* Rn 5; *Roth*/Altmeppen Rn 5.

[6] OLG München NZG 2006, 35; RegBegr zu Art 12 des JKomG, BT-Drucks 15/4067, 56; Ulmer/*Ulmer* Rn 9; Scholz/*Veil* Rn 8 jew mwN zur gegenteiligen Ansicht; ebenso schon *Noack* DB 2005, 599, 600; zur gleichen Frage bei der AG auch *Hüffer* AktG § 25 Rn 3.

[7] IE ebenso *Noack* DB 2005, 599, 600.

[8] Zu diesen *Noack* AG 2003, 537 ff.

anzeiger zu, nicht an dessen Stelle. Regelung dürfte künftig von geringer praktischer Bedeutung sein, weil damit zusätzliche Kostenbelastung verbunden u Fristbeginn sich ggf verzögert (nachfolgend Rn 8). Daher wird empfohlen, von der Möglichkeit keinen Gebrauch zu machen.[9] Auch die RegBegr geht davon aus, dass eine Auslegung entsprechender Klauseln in alten GesVerträgen, wonach neben der Veröffentlichung im elektronischen Bundesanzeiger diese zusätzlich auch in anderen Blättern erfolgen soll, äußerst unwahrscheinlich sei.[10] Veröffentlichen GFührer ohne entspr Satzungsregelung zusätzlich in weiteren Medien, handelt es sich nicht um GesBlätter im Sinne von Abs 2.[11] Fristbeginn (nachfolgend Rn 8) wird durch solche Veröffentlichung nicht tangiert.

8 Setzt GesVertrag neben elektronischem Bundesanzeiger weitere Gesellschaftsblätter oder elektronische Informationsmedien für Veröffentlichungen fest, kommt es für **Fristbeginn,** soweit das Gesetz nicht alleinige Maßgeblichkeit der Veröffentlichung im elektronischen Bundesanzeiger anordnet, auf Zeitpunkt der ersten Veröffentlichung im zuletzt erschienenen Blatt an;[12] denn Gfter u Dritte dürfen darauf vertrauen, dass es ausreicht, eines der GesBlätter uu verfolgen.

IV. Fehlerhafte Bekanntmachung

9 Fehlerhafte Bekanntmachungen sind grds unwirksam u setzen keine Frist in Gang.[13] Anders aber wohl bei nicht sinnverändernden Schreibfehlern oder sonstigen Fehlern, die ohne Einfluss auf den notwendigen Inhalt der Information sind.

---

9 Ebenso Scholz/*Veil* Rn 7; für AktG *Hüffer* AktG § 25 Rn 4.

10 RegBegr zu Art 12 des JKomG, BT-Drucks 15/4067, 56 = http://www.bmj.bund.de/media/archive/724.pdf.

11 Für AG MünchKommAktG/*Pentz* § 25 Rn 15.

12 Ulmer/*Ulmer* Rn 8; Scholz/*Veil* Rn 9; für vergleichbare Neuregelung im AktG *Hüffer* § 25 Rn 5 a; MünchKommAktG/*Pentz* § 25 Rn 13.

13 Scholz/*Veil* Rn 10. Zum AktG *Hüffer* AktG § 25 Rn 5 a; MünchKommAktG/*Pentz* § 25 Rn 14.

Abschnitt 2. Rechtsverhältnisse der Gesellschaft und der Gesellschafter

Vorbemerkungen

Die GmbH ist **juristische Person** (§ 13 I) u stets notwendig **Handelsgesellschaft** (§ 13 III). Den GesGläubigern haftet nur das GesVermögen (§ 13 II). 1

Im Übrigen regelt der 2. Abschnitt hauptsächlich das **Recht des Geschäftsanteils,** dh des Mitgliedschaftsrechts oder, bei Übernahme mehrerer GAnteile, der Mitgliedschaftsrechte des Gfters, aus dem bzw denen seine Rechte u Pflichten einschl der Einlageverpflichtung folgen. Der jeweilige Anteil bestimmt sich nach seinem Nennbetrag (§ 14), also nicht als Bruchteil. Er ist veräußerlich u vererblich (§§ 15 f), dabei mit Genehmigung der Ges auch teilbar (§ 46 Nr. 4). Er kann mehreren Mitberechtigten gemeinschaftlich zustehen (§ 18). Ein Gfter kann bei Gründung beliebig viele GAnteile übernehmen, auch alle, hinzuerwerben (§ 5 II, dort Rn 10 f; – zur Einpersonen –, Einmannges § 1 Rn 49 ff). Auch die Ges selbst darf voll eingezahlte GAnteile erwerben, jedoch nur mit dem das Stammkapital übersteigenden Vermögen, nicht voll eingezahlte überhaupt nicht; Entspr gilt für Inpfandnahme (§ 33). Einziehung von GAnteilen sieht das Gesetz nur bei Regelung im GesVertrag vor (§ 34); vgl aber zur Ausschließung u zum Austritt von Gftern § 34 Anh 2 ff, 18 ff. 2

Der 2. Abschnitt sichert ferner, soweit nicht schon im 1. Abschnitt enthalten (insbes § 3 I Nr 4, § 7 II, III, § 9), zusammen mit den **Zahlungspflichten** der Gfter (§§ 19 ff) u der **Ergebnisverwendung** (§ 29) durch zwingende Vorschriften (§ 25) die **Aufbringung und Erhaltung des Stammkapitals** (dazu Einl Rn 5, auch § 3 Rn 14, § 5 Rn 2). Keine Befreiung von der Einlagepflicht, auch Aufrechnung u Zurückbehaltungsrecht ausgeschlossen (§ 19). Allg strenge Haftung (§§ 19 ff), die durch Kaduzierung zu Verlust u Verwertung des GAnteils führt (§§ 21 ff). Notfalls Ausfallhaftung aller Mitgfter (§ 24). Die Regelungen, die lange Zeit als Kernstück der GmbHG betrachtet wurden, sind allerdings insbes durch Zulassung der UG (haftungsbeschränkt) u die Neuregelungen in § 19 IV u V durch das MoMiG in ihrer Bedeutung deutlich gemindert worden. – Weniger streng, Nachschusspflicht zur Ergänzung der Kapitalausstattung über das Stammkapital hinaus, falls im GesVertrag vorgesehen (§§ 26 ff). – Erhaltung des Stammkapitals durch striktes Rückzahlungsverbot (§ 30) mit strenger Erstattungspflicht bei Verstoß (§§ 31 f). Die bisherige zusätzlich Bindung von eigenkapitalersetzenden GfterDarlehen (§§ 32 a, 32 b aF) wurde durch MoMiG aufgegeben u in insolvenz- u anfechtungsrechtliche Reglung ohne Rücksicht auf eigenkapitalersetzenden Charakter umgeformt (dazu § 30 Anh Rn 6 ff). 3

Hinweise: Weitere GfterRechte u -pflichten vor allem im 3. u 4. Abschnitt, Mitverwaltungsrechte in Angelegenheiten der Ges (§§ 45 ff mit Erl) u Satzungsgewalt (§§ 53 ff mit Erl). Im übrigen Regelung durch GesVertrag, insbes als Nebenleistungspflichten, Sonderpflichten u -rechte (§ 3 Rn 31 ff). Allg zur Rechtsstellung der Gfter § 13 Rn 18, auch § 14 Rn 11 ff. 4

Juristische Person; Handelsgesellschaft

13 (1) **Die Gesellschaft mit beschränkter Haftung als solche hat selbständig ihre Rechte und Pflichten; sie kann Eigentum und andere dingliche Rechte an Grundstücken erwerben, vor Gericht klagen und verklagt werden.**

(2) **Für die Verbindlichkeiten der Gesellschaft haftet den Gläubigern derselben nur das Gesellschaftsvermögen.**

(3) **Die Gesellschaft gilt als Handelsgesellschaft im Sinne des Handelsgesetzbuchs.**

Übersicht

I. Allgemeines

Abs 1 verleiht der GmbH eigene Rechtspersönlichkeit; sie ist also **juristische Person.** Trotz des nur umschreibenden Inhalts entspricht Abs 1 sinngem dem moderner formulierten § 1 I 1 AktG. – **Abs 2 beschränkt Haftung** für GesVerbindlichkeiten auf das GesVermögen. Zusammen mit Abs 1 ist damit **Trennungsprinzip** Grundlage der Vermögens- u Haftungsverfassung der GmbH. – Nach **Abs 3** gilt GmbH stets als **Handelsgesellschaft.** Gem § 6 HGB sind daher die Vorschriften des Handelsrechts ohne Rücksicht auf GesZweck u Unternehmensgegenstand anzuwenden. – Kein Unterschied zwischen Mehrpersonen- u Einmann-GmbH (§ 1 Rn 49 ff, insbes 56 ff). 1

II. Rechtspersönlichkeit und Haftung der Gesellschaft

1. Juristische Person, Trennungsprinzip, Abs 1. Die GmbH ist juristische Person.[1] Sie erlangt eigene Rechtspersönlichkeit u damit volle Rechtsfähigkeit durch Eintragung ins HR (§ 11 I, s dort Rn 1 f, vorher Vorges, Rn 6 ff) u verliert sie erst bei Vollbeendigung (dazu § 60 Rn 2 ff). – Zur Anknüpfung im IPR, Personalstatut, Einl Rn 37. 2

Ihre Rechtsfähigkeit ist innerhalb der für jurPersonen des Privatrechts bestehenden Möglichkeiten **umfassend.** Abs 1 erläutert nur beispielsweise, schränkt nicht ein. Ebenso nicht Gesellschaftszweck oder Unternehmensgegenstand.[2] Der GmbH stehen daher alle privatrechtlichen Rechte u Pflichten offen, soweit sie nicht ausdrücklich oder durch ihren Inhalt auf natürliche Personen beschränkt sind. Sie ist nach Art 19 III GG grundrechtsfähig.[3] Anwendung öffentl-rechtl Normen hängt von deren jew Inhalt ab. Im Steuerrecht ist sie selbst Steuerschuldner. Strafrechtlich sind die jew handelnden Organmitglieder verantwortlich, doch können als Nebenfolgen bei Straftaten oder Ordnungswidrigkeiten, die sich auf Pflichten oder Vorteile der Ges beziehen, gegen diese nach § 30 OWiG Geldbußen festgesetzt werden. 3

Beispiele: GmbH nimmt durch ihre Organe, insbes Geschäftsführer (§ 35), am **Rechtsverkehr** teil. Besitz der GmbH wird durch Geschäftsführer 4

[1] Ganz hM; differenzierend, aber iE ohne wesentliche Abweichungen, *Michalski* Rn 4 ff.

[2] Zur insoweit nicht anwendbaren *ultra vires* Doktrin *Michalski* Rn 36 ff.

[3] Einzelheiten bei *Michalski* Rn 102 ff.

ausgeübt, sog Organbesitz.[4] Für schadenersatzpflichtige Handlungen haftet Ges nach § 31 BGB (§ 35 Rn 155 ff). – Man kann GmbH bevollmächtigen, auch durch Handlungsvollmacht, aber wegen bes Vertrauensstellung nicht Prokura.[5] Sie kann Handelsvertreter sein, dagegen nicht Handlungsgehilfe, überhaupt nicht Arbeitnehmer, sondern Verpflichtung zu Dienstleistungen nur durch nicht arbeitsrechtlichen Dienstvertrag. – GmbH kann **Mitglied anderer Ges** u Vereine sein, insbes auch Gfter einer OHG u Komplementär einer KG oder KGaA.[6] – Sie kann ferner zB erben u Vermächtnisnehmer sein, auch **Testamentsvollstrecker,** Nachlasspfleger u Nachlassverwalter,[7] dagegen nicht Vormund, Pfleger, Betreuer, auch nicht Insolvenzverwalter (§ 56 I InsO). – GmbH selbst kann nicht Urheber oder Erfinder sein, aber Rechte an geschützten Werken sowie gewerbliche Schutzrechte erwerben, also insbes Patente, Gebrauchsmuster- u Warenzeichenrechte. – Kein umfassendes allg Persönlichkeitsrecht,[8] aber begrenzter Schutz,[9] vor allem **Firmen- u Namensschutz** (§ 4 Rn 4), auch zivil- u strafrechtlicher Ehrenschutz,[10] insbes Schutz der sozialen Geltung als Wirtschaftsunternehmen.[11]

5 Folge der rechtlichen Verselbständigung als jurPerson ist die prinzipielle Trennung zwischen der GmbH als Rechtssubjekt und ihren Gftern **(Trennungsprinzip).**[12] GmbH u Gfter sind zwar organisatorisch miteinander verbunden; sie sind aber rechtlich keine Einheit, sondern treten sich als unterschiedliche Rechtssubjekte gegenüber. Das zeigt sich mit besonderer Deutlichkeit bei der Anerkennung der Einpersonen-GmbH. Prinzipielle Trennung gilt sowohl für die gesellschaftsrechtlichen Rechtsbeziehungen, in welchen GmbH u Gfter gegeneinander Recht u Pflichten haben, als auch im **Geschäftsverkehr,** in dem die GmbH auch ihren **Gesellschaftern** als selbstständige Rechtsperson gegenüber tritt. Sie kann also Verträge beliebiger Art, Kauf, Miete, Dienst-, Werkvertrag usw, mit ihren Gftern wie mit Dritten abschließen, sog **Drittgeschäfte.** Eigenschaft als Gfter kann dabei grds außer Betracht bleiben; über Ausnahmen aber Rn 10 ff, insbes 43 ff. Begrenzung der Haftung auf GesVermögen wird ebenfalls vielfach auf Trennungsprinzip zurückgeführt, was jedoch, wie KGaA zeigt, dafür nicht wesensnotwendig, sondern allenfalls typisch ist.

6 Wie jedes Prinzip ist das Trennungsprinzip zunächst und vor allem ein **Leitgedanke.** Es darf daher nicht verabsolutiert werden, sondern es steht in Konkurrenz mit gegenläufigen Wertungen und Prinzipien, die Einschränkungen erfordern können, ohne dass es damit aber zur Disposition gestellt werden dürfte. Das ist im Grundsatz anerkannt. Die Rspr hat zu Recht immer wieder betont, dass über die Rechtsform der juristischen Person nicht leichtfertig und

---

4 Dazu OLG Brandenburg GmbHR 1996, 453.

5 Letzteres str, hM, KG NZG 2002, 48; Staub/*Joost* § 48 Rn 28 ff; Baumbach/*Hopt* § 48 Rn 2; Koller/*Roth*/Morck § 48 Rn 4; Röhricht/Graf von Westphalen/*Wagner* § 48 Rn 20.

6 BGH NJW 1997, 1923.

7 Letzteres str, wie hier *Michalski* Rn 59; Roth/*Altmeppen* Rn 3; – aA Rowedder/Schmidt-Leithoff/*Pentz* Rn 15.

8 AA *Michalski* Rn 54.

9 BGHZ 98, 94, 97; BGH DB 1994, 831 = NJW 1994, 1281, 1282; Scholz/*Emmerich* Rn 11; Roth/*Altmeppen* Rn 3; vgl auch *Wagner/Sommer* AG 1995, 452.

10 OLG Bamberg WM 1977, 1417; BGH DB 1954, 673 = BGHSt 6, 186; str.

11 BGHZ 98, 94, 98.

12 Dazu etwa *Wiedemann* GesR I § 4 I 2 b; *Michalski* Rn 307.

schrankenlos hinweggegangen werden dürfe.[13] Gleichzeitig hat sie jedoch immer auch die Grenzen der Anerkennung betont. Wie diese Grenzen zu ziehen sind, gehört nach wie vor zu den außerordentlich umstrittenen Fragen, die zwar in erster Linie im Hinblick auf den Haftungsdurchgriff auf die Gfter diskutiert werden (unten Rn 43 ff), ebenso aber auch Zurechnungs- und umgekehrten Durchgriff betreffen (unten 15 f).

2. Haftung der Gesellschaft, Abs 2. Haftung für Gesellschaftsschulden 7 ist nach Abs 2 **auf Gesellschaftsvermögen beschränkt.** Entspricht der im geltenden deutschen Recht für jur Personen des Privatrechts typischen Regelung, ist aber, dafür nicht wesensnotwendig (oben Rn 2). Ges haftet unbeschränkt mit ganzem GesVermögen. Dieses umfasst auch Anspr der Ges gegen Gfter. Zwangsvollstreckung in GesVermögen ermöglicht daher GesGläubigern Zugriff auf diese Ansprüche gem §§ 829, 835 ff ZPO (§ 19 Rn 42 ff). Dazu bei ausstehenden Einlagen Einforderungsbeschluss nicht nötig;[14] s auch § 19 Rn 6; dagegen entsteht Anspruch auf Nachschusszahlung gem § 26 I erst durch entspr GfterBeschluss, ist also ohne diesen nicht pfändbar. – Dagegen haften Gfter den GesGläubigern auch dann nicht unmittelbar, wenn sie der Ges Resteinlagen, Nachschüsse, Beträge aus Gründerhaftung bzw aus Vorbelastungshaftung (zur Verlustdeckungshaftung im Rahmen der Vorges s § 11 Rn 23 ff) oder Erstattung verbotswidriger Auszahlungen schulden. Keine dem § 62 II AktG entspr Regelung. Zum **Durchgriff** unten Rn 10 ff.

3. Stellung der GmbH im Prozess. Im Prozess ist GmbH als jurPerson 8 parteifähig (§ 50 I ZPO). Sie kann unter ihrer Firma klagen u verklagt werden (Abs 1 aE). Dabei handeln für sie die GFührer (alle bzw in nach GesVertrag vertretungsberechtigter Zahl, § 35 II); nach hM ist daher GmbH als solche nicht prozessfähig, sondern ges Vertretung iSv § 51 I ZPO;[15] – jedoch sprechen gute Gründe für Zurechnung als Organhandeln u daher Prozessfähigkeit gem § 52 ZPO.[16] Fehlt GFührer, kann für Passivprozess nach § 57 ZPO (ggf analog) Prozesspfleger bestellt werden. GFührer unterliegen als gesetzliche Vertreter bzw Organmitglieder der Parteivernehmung (§§ 445 ff, 455 ZPO). Dagegen können Gfter Zeugen sein; ihr wirtschaftliches Interesse ist für Beweiswürdigung wichtig, begründet aber kein Zeugnisverweigerungsrecht nach § 384 Nr 1 ZPO. – Allg Gerichtsstand der GmbH richtet sich nach ihrem Sitz (§ 17 I ZPO). – Im Prozess mit der GmbH ergangenes Urteil wirkt nur für oder gegen diese.

Dieselbe verfahrensrechtliche Stellung, insbes Parteifähigkeit, hat GmbH im 9 **Prozess mit Gesellschaftern** nicht nur in Bezug auf Drittgeschäfte, sondern auch bei Streitigkeiten aus dem GesVerhältnis.[17] – Für letztere u ebenso für entspr körperschaftliche Streitigkeiten zwischen Gftern kann nach hM Satzung

---

[13] RGZ 156, 271, 277; 169, 240, 248; BGHZ 20, 4, 11; 26, 31, 37; 54, 222, 224 = NJW 1970, 2015; 61, 383; BGHZ 78, 318, 333 = NJW 1981, 522; 102, 95, 101; BGH NJW 1988, 255, 256; auch BSG ZIP 1996, 1134.

[14] RGZ 131, 147; 149, 301.

[15] BGHZ 38, 75 obiter; für gesetzliche Vertretung auch BGHZ 36, 207; DB 1981, 368; Baumbach/Lauterbach/*Hartmann* § 51 Rn 16; Thomas/Putzo/*Hüßtege* § 51 Rn 6, § 52 Rn 4.

[16] Ulmer/*Raiser* Rn 34; Scholz/*Emmerich* Rn 23, *Michalski* Rn 69 jew mwN; Rowedder/Schmidt-Leithoff/*Pentz* Rn 24; Roth/*Altmeppen* Rn 6; GmbH-Hdb/*Kallmeyer* Rn 54; vgl auch BGH NJW 1965, 1666; Köln OLGZ 75, 349.

[17] AllgM, teilw kritisch *Joost* ZGR 1984, 71.

Schiedsgericht vorsehen (§§ 1029 II, 1066 ZPO), daher ohne die Form des § 1031 I, V ZPO,[18] die jedoch durch not Beurk gewahrt wäre (§ 1031 V S 3, 2. HS ZPO). Gilt für Auskunfts- u Einsichtsrechte,[19] für Auflösungsklage (§ 61 Rn 20), Gfterausschluss (Anh § 34 Rn 17), auch für Kapitalaufbringung[20] (§ 19 Rn 20), für Anfechtungsklage str[21] (näher Anh § 47 Rn 32 ff).

10 **4. Einschränkungen des Trennungsprinzips.** Selbständigkeit der GmbH als jurPerson (Rn 2 ff) – **Trennungsprinzip** – hindert nicht, dass unter besonderen Voraussetzungen Gfter für Verbindlichkeiten der Ges in Anspruch genommen werden können **(Haftungsdurchgriff)** oder bei den Gftern gegebene rechtlich relevante Tatsachen oder Vorgänge ausnahmsweise unmittelbar der GmbH zugerechnet werden u umgekehrt **(Zurechnungsdurchgriff).**[22] Rechtsgrund dafür kann nicht einheitlich u schematisch bestimmt werden, ein allg anerkanntes Rechtsinstitut des Durchgriffs hat sich bisher nicht herausgebildet. Bereits die Terminologie ist uneinheitlich. Bei der dogmatischen Begründung lassen sich im Wesentlichen, wenn auch mit zahlreichen Varianten im Einzelnen, folgende Richtungen feststellen: Die **institutionelle Durchgriffslehre** durchbricht das Trennungsprinzip, wenn die Verwendung der Form einer jurPerson nicht der Rechtsordnung entspricht, vor allem die Form missbraucht wird (daher auch: **Missbrauchslehre**) oder die Berufung auf die Trennung von Ges u Gftern gegen Treu u Glauben verstoßen würde.[23] Damit gedanklich verwandt, aber weniger weitgehend, weil das Trennungsprinzip nur partiell einschränkend, sind neuere Tendenzen, welche bei der Frage der **Rechtfertigung des Haftungsprivilegs des § 13 II** ansetzten, die nur gegeben ist, wenn das System der Kapitalerhaltung und der vorrangigen Befriedigung der Gesellschaftsgläubiger nicht unterlaufen wird.[24] Die Lehre vom **Durchgriff als Normanwendung, Normzwecklehre,** geht dagegen nicht von der jurPerson als solcher aus, sondern von der jew anzuwendenden Vorschrift, deren Normzweck ggf eine entspr Zurechnung gebietet, wenn sie ihrem Sinngehalt nach nur so vollzogen werden kann.[25] Auch aus dem grds Verhältnis der jurPerson zu ihren Mitgliedern

---

18 BGH NJW 2000, 1713; Ulmer/*Raiser* Rn 37 ff; Scholz/*Emmerich* Rn 29 f; *Michalski* Rn 91, 94; Rowedder/Schmidt-Leithoff/*Pentz* Rn 29; Baumbach/Lauterbach/*Hartmann* § 1066 Rn 3 ff; Thomas/Putzo/*Reichold* § 1066 Rn 1, 3; *von Trotha* DB 1988, 1367; jetzt auch Stein/Jonas/*Schlosser* § 1066 Rn 10 ff; ausführlich *Haas* SchiedsVZ 2007, 1, 4, 7 f.

19 *Lutter*/Hommelhoff/*Bayer* § 3 Rn 57 mwN.

20 BGH NJW 2004, 2898.

21 BGHZ 132, 278, 285 ff, bejahend OLG Düsseldorf GmbHR 2004, 572, 576.

22 Zur Unterscheidung *Wiedemann* § 4 III; *Raiser/Veil* § 29 Rn 1; ähnl Scholz/*Emmerich* Rn 68 ff, 74 ff; – ferner *Lutter/Hommelhoff* Rn 6 ff: 5 Fallgruppen; s auch Ulmer/*Raiser* Rn 51 ff.

23 Grundlegend zur institutionellen Durchgriffslehre *Serick,* Rechtsform und Realität juristischer Personen, 1955; *Drobnig,* Haftungsdurchgriff bei Kapitalgesellschaften, 1959; *Kuhn* FS Fischer, 1979, 351.

24 BGHZ 151, 181 (KBV) = NJW 2002, 3024, 3025; zu der hier vorgenommenen Einordnung auch *Wiedemann* ZGR 2003, 283, 286.

25 Zur Normzwecklehre *Müller-Freienfels* AcP 156 (1957), 522; *E. Rehbinder,* Konzernaußenrecht und allgemeines Privatrecht, 1969, 85 ff, 103 ff (unter Anerkennung der ergänzenden Bedeutung des institutionellen Durchgriffs); *E. Rehbinder* FS Fischer, 1979, 579; *Coing* NJW 1977, 1793; *Schanze,* Einmanngesellschaft und Durchgriffshaftung, 1975.

werden Lösungsansätze abgeleitet.[26] Keine der Theorien kann für sich allein die einschlägigen Probleme lösen.[27] Daher mit Recht zunehmende Tendenz in der neueren Lit zur Verbindung der verschiedenen Gesichtspunkte.

Rspr folgt keiner dieser Richtungen generell, sondern **verwendet** fallweise **unterschiedliche Begründungselemente.** Auf der Linie der institutionellen Durchgriffslehre liegt die **Durchgriffshaftung** des Gfters für Verbindlichkeiten der GmbH[28] **wegen** objektiven **Rechtsformmissbrauchs, Institutsmissbrauchs,** bzw wenn die Berufung auf das Trennungsprinzip gegen Treu u Glauben verstoßen würde.[29] So bei Vorschieben der Ges zum Empfang von Schmiergeldern[30] oder für Sanierungsarbeiten am Hausgrundstück des Gfters.[31] BGH neigt insgesamt zu **strengen Anforderungen,** ausgedrückt durch die Formel, über die Rechtsform einer jurPerson dürfe „nicht leichtfertig u schrankenlos hinweggegangen werden".[32] **11**

Abgrenzung. Abstrakt-generelle Tatbestandsmerkmale für Durchgriffsfälle können nach dem Stand der Entwicklung nicht formuliert werden. So ist insbes Einschaltung eines Treuhänders (§ 1 Rn 40 ff) als solche kein Anlass zur Durchbrechung des Trennungsprinzips,[33] auch nicht Vorliegen einer Einmann-GmbH, wenngleich die Wahrscheinlichkeit einer Durchgriffssituation hier rein tatsächlich größer ist (§ 1 Rn 57 f mwN). – **Erteilung von Weisungen** (§ 37 I) allein rechtfertigt keinen Haftungsdurchgriff auf Gfter,[34] soweit nicht die Voraussetzungen des existenzvernichtenden Eingriffs erfüllt sind (Rn 49). Ebenso nicht **Konzernbindung** u damit verbundene Fremdbestimmung **als solche,** die vielmehr spezifisch konzernrechtliche Reaktionen auslöst[35] (ausführl dazu SchlAnhKonzernR Rn 118 ff); daneben aber Durchgriffshaftung möglich, falls deren Voraussetzungen gleichzeitig vorliegen. **12**

Durchgriff ieS als ausnahmsweise Gleichsetzung von Ges u Gftern liegt nur vor, wenn ein an sich ausschließliches rechtliches Betroffensein von jener auf diese erstreckt wird oder umgekehrt. Daher ganz allg **nicht bei eigenständi-** **13**

---

26 *Flume* JurPerson § 3; *Wilhelm,* Rechtsform und Haftung bei der juristischen Person, 1981.

27 Übers über Entwicklung u Stand der Lehre jew mwN bei Ulmer/*Raiser* Rn 69 ff; Scholz/*Emmerich* Rn 78 ff; *Michalski* Rn 306 ff; Rowedder/Schmidt-Leithoff/*Pentz* Rn 122 ff; MünchKommBGB/*Reuter* Vor § 21 Rn 21 ff; *K. Schmidt* GesR § 9, auch § 40 III 3, 4; *Wiedemann* § 4 III; *Kübler/Assmann* § 23; *Hueck/Windbichler* GesR § 24 Rn 27 ff; *Raiser/Veil* § 29; MünchHdbGmbH/*Schiessl* § 35 Rn 16; GmbH-Hdb/*Kallmeyer* Rn 60 ff; zusammenfassend u krit eingrenzend *Stimpel* FS Goerdeler, 1987, 601; *Boujong* FS Odersky, 1996, 739; eingehend zur methodischen Herleitung, insgesamt jedoch ablehnend, *Ehricke* AcP 199 (1999), 257 ff; – zur juristisch-ökonomischen Analyse der Haftungsbeschränkung *Lehmann* ZGR 1986, 345; dazu krit *Roth* ZGR 1986, 371; ferner *Lehmann* GmbHR 1992, 200.

28 Insoweit §§ 128, 129 HGB analog, BGHZ 95, 330.

29 BGHZ 22, 230; 68, 315 f; NJW 1974, 1371; BSG ZIP 1996, 1134; OLG Hamm BB 1984, 873; Haftung jew verneint, dagegen bejahend OLG Düsseldorf GmbHR 1990, 44; vgl auch BGHZ 102, 95 (für Bauhandwerkerhypothek, dazu unten Rn 22).

30 RG DR 1940, 580.

31 BGH DB 1988, 1848.

32 BGHZ 20, 11; 26, 37; 54, 224; 61, 383; 78, 333; 102, 95, 101; NJW 1974, 1372; auch BSG ZIP 1996, 1134.

33 HM, BGH WM 1977, 75.

34 BGHZ 31, 258, 278; OLG Köln AG 1978, 17 betr KGaA.

35 So grds schon BGHZ 68, 312, 320.

ger Verpflichtung der Gfter neben der GmbH, sog unechter Durchgriff,[36] insbes bei eigens vertraglich begründeter Zurechnung oder zusätzlicher Haftung, zB Bürgschaft, Garantieversprechen udgl, ferner Haftung aus unerlaubter Handlung (insbes § 826 BGB), nach Rechtsscheingrundsätzen, aus Geschäftsführung ohne Auftrag oder aus culpa in contrahendo (näher oben Rn 9 mwN). – Allenfalls im **Grenzbereich zum Durchgriff** liegt **generelle Berücksichtigung** des Gesellschafterkreises **kraft Gesetzes,** zB § 116 I Nr 2 ZPO (Prozesskostenhilfe); auch steuerrechtliche Organschaft.[37] Kein Durchgriff im Rechtssinne auch Berücksichtigung von Regressansprüchen eines ausgeschiedenen Gfters gegen verbliebenen Alleingfter nach Treu u Glauben bei Anspruch der GmbH nach § 31 gegen ersteren.[38]

14 **a) Vertragsauslegung.** Kein eigentlicher Fall des Durchgriffs ist die Erstreckung von Verpflichtungen der Ges auf Gfter, die sich bereits im Wege der **Vertragsauslegung unter Berücksichtigung von Treu u Glauben** ergibt. Relevant, freilich nicht allein ausschlaggebend dafür kann insbes Teilnahme bzw (konkludente) Vertretung des Allein- oder Mehrheitsgfters, auch aller Gfter bei Vertragsschluss sein, ferner Umgehungsgesichtspunkte. Vor allem **Wettbewerbsverbote** ua Unterlassungspflichten, Auskunftspflichten uä der Ges können nach dem konkreten Zweck der Verpflichtung auch Gfter treffen.[39] Entspr Pflichten des Gfters können nicht durch Zwischenschaltung der GmbH umgangen werden.[40] – GmbH kann keine **Maklerprovision** für mit Hauptgfter vermitteltes Geschäft verlangen u umgekehrt, da insofern keine Leistung iS des § 652 I BGB.[41] – Str, ob **Bauhandwerker-Sicherungshypothek** am Grundstück des Gfters verlangt werden kann, wenn Ges Besteller ist.[42] – Nicht zur Durchgriffsproblematik gehört Sachmängelgewährleistung beim Anteilskauf (s § 15 Rn 7), da keine Frage des Trennungsprinzips.

15 **b) Zurechnungsdurchgriff.** Als Fälle von Normanwendung sind zu nennen **Zurechnung von Kenntnissen und Eigenschaften** der Gfter, zB Anfechtung nach § 119 II BGB gegenüber Ges wegen Irrtums über Person u Eigenschaften des Alleingfters u faktischen GFührers,[43] ferner AlleinGfter bei arglistiger Täuschung nicht Dritter iSv § 123 II BGB.[44] Gfter u deren nahe Angehörige gelten als „nahe Angehörige" der GmbH iSv § 138 InsO, § 3 II AnfG,[45] uU auch umgekehrt.[46] Ferner werden im Rahmen des Kapitalerhal-

---

36 Terminologie bei Scholz/*Emmerich* Rn 55 f; *Michalski* Rn 312, 316 ff.

37 Dazu *Raupach,* Der Durchgriff im Steuerrecht, 1968. Weitere Zurechnungsnormen bei *Wiedemann* § 4 III 2 vor a.

38 BGH NJW 1984, 1037 „durchgriffsähnlich".

39 Ulmer/*Raiser* Rn 90, § 14 Rn 99.

40 BGHZ 89, 162, Verstoß gegen Wettbewerbsverbot durch Mehrheitsbeteiligung an GmbH; – uU Anspruch gegen Gfter, nicht gegen GmbH, *Lutter/Hommelhoff* Rn 39; auch Scholz/*Emmerich* Rn 62; – ausführl zum Ganzen *Wiedemann* § 4 III 2 a bb.

41 BGH NJW 1971, 1839; 1973, 1649; 1974, 1130; DB 1975, 2319.

42 Dafür OLG München NJW 1975, 220; – grds dagegen aber zutr BGHZ 102, 95, jedoch ggf Durchgriff gem § 242 BGB; ferner Braunschweig OLGZ 74, 210; OLG Bremen NJW 1976, 1320; LG Düsseldorf BB 1975, 901; die letzteren jew zu GmbH & Co KG.

43 RGZ 143, 431.

44 BGH NJW 1990, 1915.

45 Dazu BGHZ 58, 24; auch OLG Hamm GmbHR 1987, 23; *Plander* GmbHR 1972, 121.

46 BGH NJW 1986, 1047.

tungsgebots nach § 30 Leistungen an „nahe Angehörige" unter bestimmten Voraussetzungen dem Gfter zugerechnet (näher § 30 Rn 26). Ebenso hat BGH[47] Darlehen einer dritten GmbH an die Ges als GfterDarlehen Gfter zugerechnet, wenn dieser sämtliche Anteile der Darlehensgeberin hielt[48] oder Darlehen von Dritten aus Mitteln des Gfters gewährt wurden.[49] Dieselbe Zurechnungsproblematik stellt sich auch im Hinblick auf die Neuregelung der GfterDarlehen durch MoMiG (dazu § 30 Anh Rn 27). – Am Normzweck ausgerichtet ist auch die Nichtanwendung der Regeln über **Rechtsscheinerwerb** zwischen Alleingfter bzw allen Gftern u Ges, da kein „Verkehrsgeschäft" iS dieser Vorschriften.[50]

c) Umgekehrter Durchgriff. Durchbrechung des Trennungsprinzips ist auch der von der Rspr gelegentlich vorgenommene **umgekehrte gesellschafterfreundliche Durchgriff** bei Schädigung der Ges durch Verletzungshandlung nur gegenüber Alleingfter, der Schaden als eigenen im eigenen Namen geltend macht.[51] Lösungsansatz nach allg Grundsätzen der Drittschadensliquidation, ggf des Vertrags mit Schutzwirkung für Dritte, vorzuziehen.[52] Alte Rspr[53] jedenfalls abzulehnen, wenn dadurch der Ges u damit den GesGläubigern Vermögen entzogen bzw vorenthalten wird; Gfter kann dann nur Leistung an Ges verlangen.[54] – Entspr gilt für sog **Reflexschaden:** sind Ges u Gfter nebeneinander verletzt u selbständig anspruchsberechtigt, kann Gfter, soweit sein Schaden in Wertminderung seines GAnteils durch Schädigung der Ges besteht, nur Ersatz durch Leistung an Ges verlangen.[55] – **Umgekehrter Haftungsdurchgriff zugunsten von Privatgläubigern** der Gfter durch Inanspruchnahme des GesVermögens für GfterSchulden ist ausgeschlossen,[56] auch bei Einmann-GmbH,[57] bei der das GesVermögen für deren Gläubiger reser- 16

---

47 BGHZ 81, 311.

48 BGH NZG 2005, 395, 396.

49 BGH DB 1991, 798; NJW 1993, 2180; 1995, 330; 1999, 2123, 2125.

50 HM, RGZ 126, 46; Ulmer/*Raiser* Rn 96; Scholz/*Emmerich* Rn 74; *Lutter/Hommelhoff* Rn 38; – aA *Wilhelm,* 259 ff; differenzierend *Flume* JurPerson § 3 II.

51 BGHZ 61, 380; GmbHR 1995, 666 = NJW-RR 1995, 864; nach BGH NJW 1977, 1283 betr AG zwar Anspruch aus eigenem Recht, aber auf Ausgleich des Schadens bei der Ges; Rspr bestätigt BGH DB 1989, 374, 375 betr ausld KapGes; auch NJW 1992, 368, 369 obiter für GmbH.

52 Ebenso *Michalski* Rn 394; krit auch Rowedder/Schmidt-Leithoff/*Pentz* Rn 157.

53 Vor BGH NJW 1977, 1283.

54 HM in der Lit, Einzelheiten str; Ulmer/*Raiser* Rn 61 f; *Lutter/Hommelhoff* Rn 29 f; Scholz/*Emmerich* Rn 140; *Wiedemann* § 4 IV 2; *Lieb* FS Fischer, 1979, 385; *E. Rehbinder* FS Fischer, 1979, 592 ff; *Brandes* FS Fleck, 1988, 21 ff; *Kowalski,* Der Ersatz von Gesellschafts- und Gesellschafterschaden, 1990, 187 ff, 152 ff.

55 BGHZ 105, 121, 130 f; NJW 1987, 1077, 1079, jew für AG; NJW 1992, 368, 369 obiter auch für GmbH; OLG Hamm NZG 2002, 780, 781; hM, Scholz/*Emmerich* Rn 141; *Lutter/Hommelhoff* Rn 30; ausführl *Brandes* FS Fleck, 1988, 14 ff; sowie *Kowalski,* Der Ersatz von Gesellschafts- und Gesellschafterschaden, 1990, 23 ff, 122 ff; *Mertens* FS Hermann Lange, 1992, 569 ff.

56 BGH BB 1990, 730; DStR 1999, 1822; KG NZG 2003, 333; LG Düsseldorf GmbHR 2000, 332; Ulmer/*Raiser* Rn 58; Scholz/*Emmerich* Rn 139; *Michalski* Rn 393; einschr für Einmann-GmbH OLG Düsseldorf GmbHR 2000, 283; AG Brühl NZG 2002, 584.

57 BGH NJW 2004, 217, 218; KG Berlin NZG 2003, 333, jew betr Drittwiderspruchsklage der GmbH.

viert ist. Ebenso Berufung des GesSchuldners auf Ansprüche gegen (Allein-)-Gfter.[58]

17 **d) Haftungsdurchgriff.** Dazu unten Rn 43 ff.

III. Rechtsstellung der Gesellschafter

Lit zur Treuepflicht: *Beuthien,* Zur Mitgliedschaft als Grundbegriff des Gesellschaftsrechts – Subjektives Recht oder Stellung im pflichthaltigen Rechtsverhältnis?, FS Wiedemann, 2002, 755; *Flume,* Die Rechtsprechung des II. Zivilsenats des BGH zur Treuepflicht des GmbH-Gesellschafters und des Aktionärs, ZIP 1996, 161; *Hartmann,* Der Schutz der GmbH vor ihren Gesellschaftern – Zu den Grenzen gesellschafterlicher Disposition über die Treuepflicht gegenüber der Gesellschaft, GmbHR 1999, 1061; *Henze,* Treuepflichten der Gesellschafter im Kapitalgesellschaftsrecht, ZHR 162 (1998), 186; *A. Hueck,* Der Treuegedanke im modernen Privatrecht in: Sitzungsberichte der bayerischen Akademie der Wissenschaften, Philosophisch-historische Klasse, Heft 7, 1947; *Hüffer,* Zur gesellschaftsrechtlichen Treupflicht als richterrechtlicher Generalklausel, FS Steindorff, 1990, 59; *Immenga,* Die personalistische Kapitalgesellschaft, 1970, 261 ff; *ders,* Bindung von Rechtsmacht durch Treuepflichten, FS 100 Jahre GmbHG, 1992, 189; *Koppensteiner,* Treuwidrige Stimmabgaben bei Kapitalgesellschaften, ZIP 1994, 1325; *Lutter,* Treupflichten und ihre Anwendungsprobleme, ZHR 162 (1998), 164; *ders,* Theorie der Mitgliedschaft, AcP 180 (1980), 84; *Pfeifer,* Die Pflichtenstellung des Alleingesellschafters gegenüber der GmbH, GmbHR 2008, 1074; *Raiser,* Treuepflichten im GmbH-Recht als Beispiel der Rechtsfortbildung, ZHR 151 (1987), 422; *K. Schmidt,* Die Behandlung treuwidriger Stimmen in der Gesellschafterversammlung im Prozess, GmbHR 1992, 9; *Ulmer,* Zur Treuepflicht zwischen GmbH-Gesellschaftern, NJW 1976, 192; *Vorwerk/Winners,* Treuebindungen des Mehrheitsgesellschafters, GmbHR 1998, 717; *M. Weber,* Vormitgliedschaftliche Treuebindungen, 1999; *Wiedemann,* Rechtsethische Maßstäbe im Unternehmens- und Gesellschaftsrecht, ZGR 1980, 147; *ders,* Zu den Treuepflichten im Gesellschaftsrecht, FS Heinsius, 1991, 949; *M. Winter,* Mitgliedschaftliche Treuebindung im GmbH-Recht, 1988; *ders,* Eigeninteresse und Treuepflicht bei der Einmann-GmbH in der neueren BGH-Rechtsprechung, ZGR 1994, 570; *Zöllner,* Die Schranken mitgliedschaftlicher Stimmrechtsmacht bei den privatrechtlichen Personenverbänden, 1963, 335 ff; *Zöllner,* Treuepflichtgesteuertes Aktienkonzernrecht, ZHR 162 (1998), 235; *Zwissler,* Treuegebot – Treuepflicht – Treuebindung, 2002.

Lit zur Gleichbehandlung: *G. Hueck,* Der Grundsatz der gleichmäßigen Behandlung im Privatrecht, 1958; *Konow,* Der Grundsatz der gleichmäßigen Behandlung der GmbH-Gesellschafter bei der Gewinnverteilung, GmbHR 1973, 121; *L. Raiser,* Der Gleichheitsgrundsatz im Privatrecht, ZHR 111 (1948), 75; *Verse,* Der Gleichbehandlungsgrundsatz im Recht der Kapitalgesellschaften, 2006.

Lit zur Gesellschafterklage (actio pro socio): *Altmeppen,* Zur Rechtsnatur der actio pro socio, FS Musielak, 2004, 1 ff; *Berger,* Die actio pro socio im GmbH-Recht, ZHR 149 (1985), 599; *Eickhoff,* Die Gesellschafterklage im GmbH-Recht, 1988; *von Gerkan* ZGR 1988, 441; *Grunewald,* Die Gesellschafterklage in der Personengesellschaft und der GmbH, 1990; *Kort,* Actio pro socio auch bei Klagen gegen Nicht-Gesellschafter, DStR 2001, 2162; *Lutter,* Theorie der Mitgliedschaft, AcP 180 (1980), 84, 135 ff; *ders,* Treuepflichten und ihre Anwendungsprobleme, ZHR 162 (1998), 164, 176 ff; *Raiser,* Das Recht der Gesellschafterklagen, ZHR 153 (1989), 1; *K. Schmidt,* GesR, § 21 IV; *Schanbacher,* Aktio pro socio – Zur Dogmatik der Gesellschafterklage, AG 1999, 21; *Wiedemann* § 8 IV 1 c bb; *Zöllner,* Die sog. Gesellschafterklage im Kapitalgesellschaftsrecht, ZGR 1988, 392.

---

[58] BGH DStR 1996, 975.

1. Grundlagen. Eigene Rechtspersönlichkeit der GmbH, zumindest im Ansatz körperschaftliche Organisation u mit dem Stammkapital notwendig kapitalbezogene Grundlage schließen eine im Vergleich zur AG stärker personalistisch orientierte innere Struktur der Ges nicht aus (Einl Rn 3 ff, auch § 3 Rn 33). Diese wird bereits in manchen Einzelheiten des gesetzlichen Normalstatuts deutlich, so insbes in der dominierenden, grds auch die laufende GFührung beherrschenden Stellung der GfterVersammlung, aber zB auch im solidarischen Einstehenmüssen bei der Ausfallhaftung nach §§ 24, 31 III. Darüber hinaus eröffnet das GmbHG anders als das AktG durch die Gestaltungsmöglichkeiten des GesVertrags eine wesentlich weitergehende personenbezogene Orientierung der Ges. Sie bildet, mehr oder weniger stark ausgeprägt, praktisch die Regel, vielfach in deutlicher struktureller Annäherung an die Personenhandelsges. Generell steht die GmbH somit zwischen AG u Personenges u wird zutreffend allg als **Personenverband** charakterisiert, durch dessen grds **personalistische Ausrichtung** die mitgliedschaftliche Rechtsstellung der Gfter im Verhältnis zur Ges geprägt wird.[59] **18**

Im Gegensatz zur älteren hM hat sich in neuerer Zeit die Erkenntnis immer mehr durchgesetzt, dass neben der mitgliedschaftlichen Rechtsstellung gegenüber der Ges als jurPerson auch **Rechtsbeziehungen der Gesellschafter untereinander** bestehen, die sich aus der Mitgliedschaft im Personenverband ergeben.[60] **19**

2. Treuepflicht. a) Grundlagen, Funktion, Anwendungsbereich. Im Ergebnis, wenn auch mit unterschiedlicher dogmatischer Begründung wird heute nahezu einhellig eine allg Treuepflicht der Gfter gegenüber der GmbH u ganz überwiegend auch gegenüber den Mitgftern[61] anerkannt. Eine solche besteht nach Ansicht des BGH sogar in der AG[62] u insofern erst recht in der GmbH. Diese Treuebindung, die über Treu u Glauben hinausgeht,[63] entspricht bei der GmbH nach Art u Umfang im Wesentlichen den im Recht der Personenges entwickelten Grundsätzen, geht also weiter als vergleichbare Bindungen bei der AG.[64] – **Funktion der Treuepflicht** ist ganz allg die einer generellen Verhaltensregel für die Beziehungen zwischen Ges u Gftern wie **20**

---

59 AllgM, Ulmer/*Raiser* Rn 9; Scholz/*Emmerich* Rn 4, 38; Rowedder/Schmidt-Leithoff/*Pentz* Rn 5.

60 Zu Entwicklung u Meinungsstand mwN Ulmer/*Raiser* Rn 12 ff; ferner *Michalski* Rn 137; Scholz/*Emmerich* Rn 36 ff; Rowedder/Schmidt-Leithoff/*Pentz* Rn 35 ff; Roth/*Altmeppen* Rn 14 sowie die Mehrzahl der nachfolgend für die Treuepflicht Genannten; in der Tendenz auch BGHZ 65, 15, 18; – abl vor allem *Flume* JurPerson § 8 I (268 ff).

61 BGHZ 65, 17, 18 f; in der Sache auch BGH NZG 2004, 516, 517; aus der Lit insbes Ulmer/*Raiser* § 14 Rn 72 ff; *Michalski* Rn 143; Rowedder/Schmidt-Leithoff/*Pentz* Rn 37; Scholz/*Winter/Seibt* § 14 Rn 52; zur Treuepflicht der GmbH gegenüber Gfter, BGH NJW 1992, 368.

62 BGHZ 103, 193 f; 129, 143.

63 Zutr *Lutter*/Hommelhoff/*Bayer* § 14 Rn 18; tendenziell auch Ulmer/*Raiser* § 14 Rn 68.

64 BGHZ 9, 163; 14, 38; 16, 322; 65, 18; 98, 276; NJW 1989, 166, 167 obiter; auch schon RGZ 164, 262; 165, 79; 169, 333 f, 338; 170, 373, 379; ausführl mwN Scholz/*Emmerich* Rn 36 ff; Scholz/*Winter/Seibt* § 14 Rn 50 ff; Ulmer/*Raiser* Rn 13, § 14 Rn 52 ff; *Michalski* Rn 137 ff; Rowedder/Schmidt-Leithoff/*Pentz* Rn 35 ff; Roth/*Altmeppen* Rn 28; *Raiser/Veil* § 28 Rn 36 ff; umfassend mwN *Winter,* Mitgliedschaftliche Treuebindung im GmbH-Recht, 1988.

auch zwischen den letzteren untereinander hinsichtlich ihrer mitgliedschaftlichen Belange. Treuepflicht wird dabei methodologisch in zweifacher Funktion verwendet: Zum einen dient sie durch nähere Bestimmung der Rechte u Pflichten dem Schutz legitimer Erwartungen der am Rechtsverhältnis Beteiligten (Ergänzungs- und Präzisierungsfunktion); hierzu ist etwa die Bindung an den Gesellschaftszweck zu rechnen.[65] Zum anderen wird Treuepflicht auch als Durchgangsstation für Rechtfortbildungen herangezogen, die sich im Grunde nur aus übergeordneten Prinzipien begründen lassen.[66] – Heranziehung der Treupflicht setzt mitgliedschaftliche Beziehungen voraus, ist also nicht anwendbar, wenn es lediglich um den Schutz Dritter geht. Treuepflicht besteht bereits im Stadium der Vorges[67] und reicht bis ins Abwicklungsstadium.[68] Bei **Einmann-GmbH** ist Rückgriff auf Treuepflicht gegenüber Mitgftern naturgem nicht möglich, aber auch zwischen Ges u Gfter nach derzeitiger Erkenntnis (s aber unten Rn 55) wegen Interessengleichlaufs zumindest bis zur Grenze zwingenden gesetzlichen Gläubigerschutzes durch Kapitalerhaltung (§ 30) u Rspr zum existenzvernichtenden Eingriff ausgeschlossen[69] (str, näher mwN SchlAnhKonzernR Rn 111 f).

21 **b) Inhalt. Inhalt** der Treuepflicht ist es, als Mitglied der GmbH deren Interessen zu wahren, sie insbes nicht durch schädigendes Verhalten zu beeinträchtigen u sie ggf aktiv zu fördern, entspr auch auf die mitgliedschaftlichen (grds nicht sonstigen privaten) Interessen der Mitgfter Rücksicht zu nehmen; zusammenfassend häufig als allg **Loyalitäts- und Förderpflicht** umschrieben.[70] Treuepflicht bildet damit allg Verhaltensregel gegenüber Ges u Mitgftern für Ausübung von Rechten u sonstigen Befugnissen wie auch für tatsächliche Einflussnahme innerhalb des GesVerhältnisses, ohne dabei aber Berücksichtigung von Eigeninteressen ganz auszuschließen. **Allgemeiner Rechtsgrundsatz,** nicht beschränkt auf bestimmte einzelne Tatbestände. Daher keine abstrakt-generellen Anwendungsregeln, deren Aufstellung kaum möglich erscheint. Auch Bildung von Fallgruppen nur beschreibend, nicht abschließend.

22 Obwohl Treuepflicht dem Grunde nach ganz allg für jede GmbH u alle Gfter, nicht nur Inhaber von Mehrheit oder Sperrminorität, gilt (allgM), sind **Intensität und Tragweite** der Treuebindung im Einzelnen ganz **unterschiedlich** je nach den Verhältnissen **im konkreten Anwendungsfall.** Bestimmende Faktoren vielfältig, Einzelheiten noch wenig geklärt;[71] hervorzuheben: GesZweck u vor allem interne Ausgestaltung der Ges, **„Realstruk-**

---

65 Dazu *Zöllner* ZHR 162 (1998), 235, 239.

66 Dazu *Zwissler* 68 ff, 104 ff.

67 Dazu *M. Weber,* Vormitgliedschaftliche Treuebindungen, 1999; Rowedder/Schmidt-Leithoff/*Pentz* Rn 45.

68 BGH GmbHR 1971, 112.

69 BGHZ 119, 257, 259 ff; 122, 333, 336; ähnl auch *Lutter/Hommelhoff* Anh § 13 Rn 27; MünchHdbGmbH/*Schiessl* § 32 Rn 14; *Pfeifer* GmbHR 2008, 1074, 1076; krit, iE abl *Priester* ZGR 1993, 512, 517 ff; differenzierend *Winter;* 191 ff; *Winter,* ZGR 1994, 570, 580 ff; jew mwN; – zur abw Beurteilung durch die Strafsenate des BGH *Winter,* 192 f; *Winter* ZGR 1994, 575 ff; *Gribbohm* ZGR 1990, 1 ff; auch *Fleck* ZGR 1990, 31 ff.

70 Trotz vielfältig variierender Formulierungen iE ganz hM, etwa Rowedder/Schmidt-Leithoff/*Pentz* Rn 35; *Michalski* Rn 137; die Förderpflicht betont auch *Ivens* GmbHR 1988, 249.

71 Allg u zum Folgenden BGHZ 65, 19 (dazu teilw krit *Ulmer* NJW 1976, 192 f); für AG auch BGHZ 103, 184; 129, 136; ferner Scholz/*Winter/Seibt* § 14 Rn 51 ff; *Michalski*

tur“, insbes mehr kapitalistische oder stärker personalistische Orientierung der Mitgliedschaft.[72] Kapitalistische Gestaltung schließt Treuebindung keineswegs aus, gilt begrenzt sogar bei AG; letzteres für kapitalistische GmbH Mindestmaß, das hier aber idR überschritten wird.[73] Im Übrigen umso höhere Anforderungen, je stärker persönliche Bindung (allgM). – Maß des Einflusses.[74] – Wichtig ferner **Art u gesellschaftliche Funktion** des ausgeübten Rechts oder der sonstigen Maßnahme, „Gemeinschafts-“ bzw „Zweckverfolgungsnähe“.[75] Daher stärkere Bindung bei allen GFührungsvorgängen, sowie allg bei sog uneigennützigen oder Pflichtrechten, geringer hingegen bei eigennützigen Rechten (auch Rn 33 ff).

Danach sind **Wirkungen (Inhalt)** der Treuepflicht im Einzelnen weitgehend von **Interessenabwägung,** Abwägung zwischen Eigeninteressen der handelnden Gfter u GesInteresse sowie mitgliedschaftlichen Interessen anderer Gfter abhängig (auch unten Rn 33 ff). Generell kann Treuepflicht einerseits Erfüllung von Mitgliedspflichten u Ausübung von Rechten, Befugnissen u tatsächlichen Einflussmöglichkeiten inhaltlich näher bestimmen, auch umgestalten sowie Ausübung beschränken, andererseits darüber hinaus Handlungs- u Unterlassungspflichten begründen.[76] Letztere betreffen vornehmlich ohnehin bestehende Rechte u Befugnisse, zB Stimmrecht.[77] Ihre Wahrnehmung, uU in einem bestimmten Sinn, auch umgekehrt ihre Nichtausübung kann durch Treuebindung zur Pflicht werden. Dagegen ist treupflichtbedingte Entstehung zusätzlicher neuer Pflichten, insbes Leistungspflichten der Gfter zwar nicht ausgeschlossen, aber im Hinblick auf die grds abschließende Regelung in Gesetz u Satzung (zum GesVertrag § 3 Rn 31 ff iVm § 2 Rn 12) u die strenge Schranke des § 53 III mit größter Zurückhaltung zu beurteilen. **23**

Bedeutung der Treuepflicht insges sehr groß u im Einzelnen vielgestaltig: Besonders hervorzuheben sog **Schrankenfunktion** für Ausübung von Gfter-Rechten u -befugnissen,[78] vor allem wichtig für **Verhältnis von Mehrheit und Minderheit,** insbes als Schranke der Mehrheitsmacht, **Minderheitsschutz.** Bindung der Mehrheit bei allen GFührungsmaßnahmen an GesInte- **24**

Rn 146 ff, 149 ff; Rowedder/Schmidt-Leithoff/*Pentz* Rn 37 ff; 43 ff; Roth/*Altmeppen* Rn 31 ff.

72 BGHZ 9, 163; 65, 19; 103, 195 für AG; OLG Düsseldorf DB 1993, 2474, 2476; OLG Naumburg DB 1995, 723; ganz hM, Ulmer/*Raiser* § 14 Rn 69; Scholz/*Winter/Seibt* § 14 Rn 53; *Lutter/Hommelhoff* § 14 Rn 18; Roth/*Altmeppen* Rn 39; *Lutter* AcP 180 (1980), 105 ff; *Wiedemann* § 8 II 3 b; *Winter,* 185 ff.

73 Dazu *Hueck/Windbichler* GesR § 22 Rn 42 ff mwN sowie § 30 Rn 33 f.

74 Mehrheit, Sperrminorität, BGHZ 129, 136 für AG; für GmbH auch schon BGHZ 65, 19; Scholz/*Winter/Seibt* § 14 Rn 53, auch 54; Rowedder/Schmidt-Leithoff/*Pentz* Rn 40; *Zöllner,* Schranken, 342 ff; *Immenga* 267 ff, auch 277 ff.

75 Scholz/*Winter/Seibt* § 14 Rn 53, auch 56; *Michalski* Rn 147; Rowedder/Schmidt-Leithoff/*Pentz* Rn 40; *Zöllner,* Schranken, 344 f.

76 AllgM, zum Ganzen etwa Ulmer/*Raiser* Rn 11, § 14 Rn 78 ff; Scholz/*Emmerich* Rn 38 ff; Scholz/*Winter/Seibt* § 14 Rn 54 ff; *Michalski* Rn 150 ff, 166 ff; Rowedder/Schmidt-Leithoff/*Pentz* Rn 43 ff; auch *Lutter/Hommelhoff* § 14 Rn 19 ff; Roth/*Altmeppen* Rn 43 ff; *Winter,* 95 ff, 130 ff.

77 Für AG BGHZ 129, 136; hinsichtlich der Frage einer Stimmpflicht *Zöllner,* Schranken, 353 f.

78 Allg dazu u zum Folgenden etwa Scholz/*Winter/Seibt* § 14 Rn 54 ff; Scholz/*Emmerich* Rn 39 d ff; *Michalski* Rn 150 ff; Roth/*Altmeppen* Rn 40; *Lutter* ZHR 162 (1998), 166 f; *Vorwerk/Wimmers* GmbHR 1998, 717; *Wiedemann* § 8 II 3; sinngem Ulmer/*Raiser* § 14 Rn 78 f.

resse (unten Rn 27); dabei u darüber hinaus auch bei anderen Vorgängen Rücksichtnahme auf Interessen der Minderheitsgfter nach den Grundsätzen der Erforderlichkeit u Verhältnismäßigkeit (unten Rn 27 f). Andererseits aber auch Bindung der Minderheit, insbes Sperrminorität, wie jedes einzelnen Gfters an GesInteresse bei Ausübung von Mitverwaltungs- u Kontrollrechten (unten Rn 32). – Wichtig ferner etwa **Gewährleistung des Zusammenwirkens,** vor allem bei personalistischer Ausgestaltung; kann zur Begründung von **Handlungspflichten,** Mitwirkung u Förderung des GesZwecks, führen (unten Rn 28 f), äußerstenfalls auch zur Ausschließung störender Gfter[79] (Rn 35 sowie § 34 Anh Rn 3).

25 Treuepflicht, vor allem in ihrer Funktion als Minderheitsschutz, ist ein **Ansatz für eigenständiges GmbH-Konzernrecht,** das zumindest teilw anderen Grundsätzen folgt als im AktG, darin eher den in Entwicklung begriffenen Konzernregeln für Personenges nahe stehend. Näher **SchlAnhKonzernR.**

26 **c) Anwendungsfälle,** angesichts umfassender Geltung nur beispielsweise:[80] Besondere Bedeutung hat Treuepflicht für Ausübung der sog **uneigennützigen Mitgliedschaftsrechte** oder Pflichtrechte, insbes in **Geschäftsführungsangelegenheiten.** Sie bewirkt hier generellen Vorrang des GesInteresses vor Eigeninteressen der Handelnden; Verfolgung von Sondervorteilen daher unzulässig.[81] Zweckmäßigkeitserwägungen im Rahmen unternehmerischen Ermessens zulässig,[82] aber kein Vorrang von Konzerninteressen[83] (dazu SchlAnhKonzernR, insbes Rn 76 ff.). Mitgliedschaftliche Interessen von Mitgftern dürfen nur beeinträchtigt werden (Sonderrechte überhaupt nicht, § 35 BGB), wenn u soweit das im GesInteresse erforderlich ist, dabei ist von mehreren Möglichkeiten die schonendere zu wählen, also Bindung an Erforderlichkeit u Verhältnismäßigkeit.[84] – Treuebindung betrifft vor allem Stimmabgabe bei GfterBeschlüssen (§ 47 Rn 107, § 47 Anh Rn 98 ff), ferner Ausübung aller sonstigen den Gftern, auch einzelnen unter ihnen, u sei es als Sonderrecht, eingeräumten Rechte oder Befugnisse zur Vornahme von oder Mitwirkung bei Maßnahmen der GFührung iwS, also bei entspr gemeinschaftsnahen Vorgängen, etwa satzungsmäßig eingeräumtem Widerspruchsrecht.[85] Schließlich erfasst Treuebindung auch tatsächliche Einflussnahme in diesem Bereich, verbietet also insbes nachteilige faktische Einwirkung auf GFührung durch Mehrheitsgfter;[86] wichtig bei faktischer Konzernbindung, hierzu SchlAnhKonzernR Rn 45 u 76 ff.

27 Treuepflicht gilt auch für Ausübung **anderer Rechte und Befugnisse,** die den Gftern ganz oder überwiegend als **eigennützige** zustehen. Auch bei ihnen

---

[79] BGHZ 9, 163; *Michalski* Rn 185; Rowedder/Schmidt-Leithoff/*Pentz* Rn 81.

[80] Ausführlich etwa *Michalski* Rn 149 ff; Rowedder/Schmidt-Leithoff/*Pentz* Rn 43 ff; zur Rspr des BGH auch *Raiser* ZHR 151 (1987), 422 mwN.

[81] BGHZ 65, 15, 19; allgM, Ulmer/*Raiser* § 14 Rn 78, 80; Scholz/*Winter/Seibt* § 14 Rn 56; *Michalski* Rn 155; *Ivens* GmbHR 1988, 254; *Immenga,* 266 ff; *Zöllner,* Schranken, 344.

[82] Sinngem die Vorgenannten; sowie iE BGH DB 1977, 85 obiter.

[83] BGHZ 65, 15.

[84] HM, Ulmer/*Raiser* § 14 Rn 78; Ulmer/*Hüffer* § 47 Rn 196; Scholz/*Winter/Seibt* § 14 Rn 58; *Michalski* Rn 148; Rowedder/Schmidt-Leithoff/*Pentz* Rn 40; *Lutter/Hommelhoff* § 14 Rn 19; *Wiedemann* § 8 II 3; *Zöllner,* Schranken, 351 ff; *Winter,* 144 ff; krit aber *Lutter* ZGR 1981, 179.

[85] OLG Stuttgart NZG 2000, 490.

[86] BGHZ 65, 15, allgM.

kann Zweckverfolgungsnähe relevant sein, insgesamt aber in geringerem, im Einzelnen unterschiedlichem Ausmaß. Daher gehen Interessen der Ges u der Mitgfter den Eigeninteressen nicht vor, wohl aber ist auch hier Interessenabwägung unter Berücksichtigung der allg Kriterien (insbes Rn 28) erforderlich,[87] wie auch Erforderlichkeit u Verhältnismäßigkeit gegenüber mitgliedschaftlichen Interessen anderer Gfter zu beachten sind (oben Rn 20). – So darf zB Entsendungsrecht in den Aufsichtsrat nicht zum Nachteil der Ges ausgeübt werden;[88] Gleiches hat bei Vorschlags- u Entsendungsrechten für andere Organe zu gelten. – Abstimmung über Gewinnverwendung (§ 29) muss kraft Treuebindung Ges- u GfterInteresse berücksichtigen[89] (§ 29 Rn 29 ff mwN, insbes in Rn 32), wie auch die Geltendmachung von Gewinnansprüchen ggf auf die wirtschaftliche Lage der Ges Rücksicht zu nehmen hat.[90] Auch Ausübung von Sonderrechten unterliegt der Treuepflicht,[91] dagegen grds nicht Verhalten des Gfters im Rahmen von Drittgeschäften mit der Ges.[92]

Im Übrigen gilt die Treuepflicht als **allgemeine Loyalitäts- und Förderpflicht** in einer Vielzahl von Anwendungsfällen, die sich teilw mit den vorgenannten Fallgruppen berühren u überschneiden. Dabei ist zu unterscheiden: Treuepflicht ist stets wesentlich für Inhalt u Erfüllung bereits kraft Gesetzes oder Satzung **bestehender Gesellschafterpflichten,** zB für Nebenleistungspflichten (§ 3 Rn 31 ff, 47).[93] – Treuepflicht kann darüber hinaus **Grundlage für weitere Pflichten** sein, die sich aus der mitgliedschaftlichen Bindung erst in besonderen Situationen ergeben. Das entspricht der oben (Rn 27) erwähnten Gewährleistungsfunktion für das gesellschaftliche Zusammenwirken. So bereits im Gründungsstadium Pflicht zur Behebung von Eintragungshindernissen (§ 11 Rn 8 mwN). Später etwa Aufklärungspflicht gegenüber unerfahrenen Mitgftern,[94] vertrauliche Behandlung gesellschaftsinterner Informationen, insbes im Zusammenhang mit Informationsrecht nach § 51 a,[95] auch gegenüber unterbeteiligten Konkurrenten.[96] Allg Pflicht zur Unterlassung kreditschädigender Äußerungen.[97] Zwar ohne besondere Vereinbarung (s § 3 Rn 43) kein generelles **Wettbewerbsverbot** für Gfter, die nicht zugleich GFührer sind[98] – für GFührer unten § 35 Rn 41 f, 195; anders 28

---

[87] BGHZ 14, 38; BGH GmbHR 1991, 362; allgM, Scholz/*Winter/Seibt* § 14 Rn 57; *Michalski* Rn 147; *Lutter/Hommelhoff* § 14 Rn 22 aE; *Zöllner,* Schranken, 344 f.

[88] RGZ 165, 68, 79; *Michalski* Rn 165.

[89] Scholz/*Winter/Seibt* § 14 Rn 56; stärker differenzierend *Michalski* Rn 157.

[90] Ebenso Scholz/*Winter/Seibt* § 14 Rn 57; *Michalski* Rn 160, 164; Roth/*Altmeppen* Rn 54.

[91] Scholz/*Emmerich* Rn 39 f; *Michalski* Rn 159.

[92] BGH NJW 1989, 166, 167 f; – zu Ausnahmen bzw Einschränkungen vgl aber *Michalski* Rn 155; *Winter,* 124 ff.

[93] Ulmer/*Ulmer* § 3 Rn 118 f.

[94] BGH DB 1991, 2588.

[95] S dort, auch *Michalski* Rn 161; Rowedder/Schmidt-Leithoff/*Pentz* Rn 65; *Lutter/Hommelhoff* § 51 a Rn 24 a.

[96] OLG Frankfurt DB 1992, 2489, dagegen Einräumung der Unterbeteiligung an ihn als solche nicht treuwidrig – bedenklich. Zur Frage der Weitergabe von Informationen im Rahmen des Beteiligungserwerbs *Götze* ZGR 1999, 212 ff.

[97] Rowedder/Schmidt-Leithoff/*Pentz* Rn 62; *Lutter/Hommelhoff* § 14 Rn 22; Roth/*Altmeppen* Rn 50.

[98] OLG Frankfurt DB 1992, 2489, 2490; OLG Köln BB 1991, 859; OLG Karlsruhe GmbHR 1999, 539: auch nicht bei 50%iger Beteiligung; abw Rowedder/Schmidt-Leithoff/*Pentz* Rn 89.

aber bzgl Verwertung spezieller Kenntnisse oder Verbindungen aus dem Bereich der GmbH oder bei bestimmendem Einfluss auf diese.[99] Zur Vereinbarkeit mit § 1 GWB u Art 81 EGV s auch § 3 Rn 43. Mangels Treuepflicht kein Wettbewerbsverbot für Gfter einer Einmann-Ges.[100] Grenzen aber ggf auch unter Gesichtspunkt des existenzvernichtenden Eingriffs[101] (unten Rn 63 ff).

29 **Stimmpflicht.** Treuebindung kann Ausübung des Stimmrechts gebieten, sei es nur bzgl Teilnahme an Abstimmung als solcher, sei es in bestimmtem Sinn, dann idR als Zustimmung zu einem Beschluss[102] (näher dazu § 47 Rn 110 ff, auch § 53 Rn 85). Bei personalistisch ausgestalteter Ges Zustimmungspflicht, wenn Satzungsänderung im GesInteresse dringend geboten u Gfter zumutbar.[103] Anforderungen umso strenger, je stärker Eingriff in die Rechtsstellung der betr Gfter; daher größte Zurückhaltung bzgl Zustimmung zu Satzungsänderung. Zustimmungspflicht ist hier aber etwa angenommen worden für Kapitalerhöhungsbeschluss, der infolge GmbH-Novelle notwendig geworden ist, wenn damit keine Nachteile für den widerstrebenden Gfter verbunden sind,[104] ferner – nach altem Recht – für Mitwirkung zur Heilung verdeckter Sacheinlage, jedenfalls wenn sich die Gfter über geplante faktische Einlage der Sache einig waren u das gegen §§ 5 IV, 19 V aF verstoßende Umgehungsgeschäft sonstige Voraussetzung wirksamer Heilung erfüllte.[105] Ggf genügt Nichtausübung einer Sperrminorität.[106] Soweit im Einzelfall Zustimmung dringend geboten u Gfter zumutbar, bezeiht sich Zustimmungspflicht nur auf konkrete Maßnahme u nicht darüber hinaus auf Beseitigung minderheitsschützender Sperrechte, wenn diese nicht missbraucht werden.[107]

30 **d) Rechtsfolgen bei Verstoß. Rechtsfolgen bei Verstoß gegen Treuepflicht** sind von der Art der jew Maßnahme abhängig: Treuwidriger **Gfter-Beschluss ist anfechtbar**[108] (dazu § 47 Anh Rn 98 ff). Anfechtung jedoch entbehrlich, wenn Beschlussergebnis nicht förmlich festgestellt wurde.[109] Pflichtwidriger Widerspruch daher unbeachtlich.[110] – Durch Treuepflicht

---

[99] BGHZ 89, 162, 165 f; s auch 80, 69; *Hartmann* DB 1981, 1073; *Röhricht* WPg 1992, 766, insbes 771 ff; *Timm* GmbHR 1981, 177; *Lutter/Hommelhoff* § 14 Rn 24 ff; Rowedder/Schmidt-Leithoff/*Pentz* Rn 88 f; Roth/*Altmeppen* Rn 45 ff; *Schulze-Osterloh* FR 1993, 73, 76 ff; *Crezelius* RWS-Forum GesR 1995, 47, 59 ff; ausführl *Ivens,* Das Konkurrenzverbot des GmbH-Gesellschafters, 1987, insbes 168 ff.

[100] Dazu BGHZ 122, 333, 336; auch 119, 257, 259 ff; Rowedder/Schmidt-Leithoff/*Pentz* Rn 88; – abw AnwaltsHdbGmbH/*Terlau* § 8 Rn 20.

[101] AnwaltsHdbGmbH/*Terlau* § 8 Rn 20.

[102] BGHZ 98, 276; BB 1987, 1200; OLG Hamm GmbHR 1992, 612; *A. Hueck* ZGR 1972, 237 ff, 253; *Zöllner,* Schranken, 353 f; allg auch Scholz/*Winter/Seibt* § 14 Rn 60; *Michalski* Rn 151, 167; *Lutter/Hommelhoff* § 14 Rn 20; Roth/*Altmeppen* Rn 51 f; *Henze* ZHR 162 (1998), 191 ff; zurückhaltend *Michalski* Rn 167.

[103] BGHZ 98, 280.

[104] BGHZ 98, 276; auch BGH BB 1987, 1200.

[105] BGHZ 155, 329 = NJW 2003, 3127; *Krieger* ZGR 1996, 686; für weitergehende Mitwirkungspflicht *Priester* DB 1990, 1761; wohl auch *Roth*/Altmeppen § 5 Rn 64.

[106] BGHZ 129, 153 für AG.

[107] BGHZ 14, 38; BGHZ 98, 276; auch BGH BB 1987, 1200.

[108] BGHZ 76, 357; hM.

[109] OLG Stuttgart NZG 2000, 490, 492; HansOLG GmbHR 1992, 43; *K. Schmidt* GmbHR 1992, 9.

[110] OLG Stuttgart NZG 2000, 490, 492; *Michalski* Rn 178.

gebotene Handlungen sind als Erfüllungsanspruch durchsetzbar.[111] – Treuwidrige Rechtsausübung außerhalb von GfterBeschlüssen idR unwirksam, daher unbeachtlich.[112] – Schuldhafte Treuepflichtverletzung begründet **Schadenersatzpflicht** gegenüber Ges, ggf auch gegenüber Gfter bei zusätzlichem individuellem Schaden;[113] Verjährung des Anspruchs nach Neufassung des § 195 BGB 3 Jahre,[114] Verjährungsbeginn § 199 BGB. Bei konkurrierender Haftung aus § 43 (GfterGFührer) gilt die jeweils längere Frist.[115] Ob bei Treuepflichtverletzung im Abstimmungsverhalten Schadenersatzansprüche grds nur bei Anfechtung des zugrunde liegenden Beschlusses geltend gemacht werden können, ist str[116] (näher § 47 Rn 109) u vom BGH für AG offengelassen worden.[117] – Äußerstes Mittel bei schweren Verstößen, die Vertrauensgrundlage zerstören, **Ausschließung des Gfters**[118] (§ 34 Anh Rn 3), falls nicht milderes Mittel, etwa Entzug von Sonderrechten oder Einsetzung eines Treuhänders zur Ausübung von Mitverwaltungsrechten genügt.[119]

3. Gleichbehandlung. Bei allen Vorgängen im Rahmen des GesVerhältnisses sind die Gfter unter gleichen Voraussetzungen gleichmäßig zu berücksichtigen. **Allgemeiner Rechtsgrundsatz** für privatrechtliche Personenzusammenschlüsse. So für AG ausdrücklich § 53 a AktG. Im GmbHG nur Einzelbestimmungen: §§ 19 I, 24, 26 II, III, 29 III, 31 III, 47 II, 72; auch §§ 14 u 53 III beruhen ua hierauf. Generelle Geltung darüber hinaus, ebenso Inhalt u Rechtsfolgen sind heute ganz überw anerkannt, nur Rechtsgrundlage seit jeher str, doch im Wesentlichen nur noch theoretisch bedeutsam.[120] Wesentlich ist Zusammenschluss in privatrechtlicher Personenvereinigung; dagegen kommt es, wie Geltung auch für AG zeigt, nicht auf personalistische Ausgestaltung an, insbes kein unmittelbarer Zusammenhang mit Treuepflicht u deren Voraussetzungen 31

111 Ulmer/*Raiser* § 14 Rn 90; Scholz/*Winter/Seibt* § 14 Rn 61; – zur Durchsetzung einer Stimmpflicht BGHZ 48, 163; HansOLG GmbHR 1992, 43; *Koppensteiner* ZIP 1994, 1325; *K. Schmidt* GmbHR 1992, 9.

112 Ulmer/*Raiser* § 14 Rn 89; Scholz/*Winter/Seibt* § 14 Rn 61; *Michalski* Rn 179; Roth/*Altmeppen* Rn 40.

113 BGHZ 65, 15, 21; auch 95, 340; ganz hM, Ulmer/*Raiser* § 14 Rn 91; Scholz/*Winter/Seibt* § 14 Rn 62 mwN; *Lutter/Hommelhoff* § 14 Rn 28; Rowedder/Schmidt-Leithoff/*Pentz* Rn 82 ff; – einen besonderen Fall behandelt BGH NJW 1992, 368.

114 Ulmer/*Raiser* § 14 Rn 92; *Michalski* Rn 184; Roth/*Altmeppen* Rn 41.

115 So zum alten Recht iE BGH NJW 1999, 781; anders aber *Michalski* Rn 184 und Rowedder/Schmidt-Leithoff/*Pentz* Rn 85 unter unzutreffender Berufung auf BGH: § 43 Abs 4 werde auch nach neuem Recht verdrängt.

116 Bejahend *Michalski* Rn 182; anders Rowedder/Schmidt-Leithoff/*Pentz* Rn 42: Erlöschen bei Eintritt der Bestandskraft des Beschlusses; vgl auch *Winter,* 320 ff mwN zur älteren Lit.

117 BGHZ 129, 160 f.

118 BGHZ 9, 157, 163; 16, 317, 322; auch OLG Frankfurt DB 1992, 2489 im konkreten Fall zurückhaltend; bereits RGZ 169, 330, 333 f; allgM, Scholz/*Emmerich* Rn 51 a; Scholz/*Winter/Seibt* § 14 Rn 61; Ulmer/*Raiser* § 14 Rn 83; *Lutter/Hommelhoff* § 14 Rn 28; Rowedder/Schmidt-Leithoff/*Pentz* Rn 81; Roth/*Altmeppen* Rn 41.

119 BGHZ 16, 317, 322; RGZ 164, 262; 169, 333 f.

120 Dazu u zum Folgenden Ulmer/*Raiser* § 14 Rn 102 ff; Scholz/*Emmerich* Rn 52; Scholz/*Winter/Seibt* § 14 Rn 40 ff; *Michalski* Rn 123 ff; *Lutter/Hommelhoff* § 14 Rn 30; Rowedder/Schmidt-Leithoff/*Pentz* Rn 94 ff; Roth/*Altmeppen* Rn 60; allg auch *Wiedemann* § 8 II 2; *Raiser/Veil* § 12 Rn 55 ff; *K. Schmidt* GesR § 16 II 4 b; ausführl mwN *G. Hueck,* Der Grundsatz der gleichmäßigen Behandlung im Privatrecht, 1958; *Zöllner* Schranken 301 ff.

zungen.[121] Lediglich funktionale Berührung dadurch, dass Gleichbehandlungsgebot ebenfalls ua dem **Minderheitsschutz** dient, darüber hinaus aber ganz allg **Schutz vor Diskriminierung** für jeden Gfter. – **AGG** im Verhältnis der Gfter untereinander u zur Ges wegen Nichtvorliegens eines Massengeschäfts (§ 19 I Nr 1 AGG) u Nichtvorliegens eines Schutzzweck nach § 2 Abs 1 Nrn 5–8 AGG intendierenden Rechtsgeschäfts (§ 19 II AGG) grds nicht anwendbar.[122]

32 **Inhalt** des Gleichbehandlungsgrundsatzes ist nicht schematische Gleichstellung, sondern gleichmäßige Behandlung der Gfter unter gleichen Voraussetzungen. Differenzierungen sind daher nur ausgeschlossen, wenn sie willkürlich, dh durch keinen sachlichen Grund gerechtfertigt sind, **Willkürverbot.**[123] Entspr Bewusstsein oder Absicht der Beteiligten nicht maßgebend, sondern objektive Beurteilung. Dabei bleiben außerhalb der Ges liegende persönliche Verhältnisse der Gfter grds außer Betracht.[124] Gleichmäßige Behandlung erfolgt nach den gesetzlichen Einzelbestimmungen (Rn 41) iZw im Verhältnis der GAnteile, ebenso entspr bei allen sonstigen quantifizierbaren Vorgängen; im übrigen Gleichbehandlung nach Köpfen.

33 Gleichbehandlungsgebot im Einzelnen nicht zwingend. **Abweichungen mit Zustimmung** der davon nachteilig betroffenen Gfter zulässig; daraus folgt Vorrang für **Vertragsfreiheit** (unstr). Daher können vor allem im GesVertrag unterschiedliche Rechte u Pflichten begründet werden (s auch § 3 Rn 31 ff), ebenso später durch Satzungsänderung mit Zustimmung der benachteiligten Gfter (insbes § 53 III). Entspr gilt für Einzelmaßnahmen, die die Gfter ungleich treffen. – Dagegen kann Geltung des Gleichbehandlungsgrundsatzes als allg Rechtsgrundsatz nicht generell, also losgelöst vom konkreten Vorgang, ausgeschlossen werden. Gfter können sich nicht im Vorhinein der Willkür der GesOrgane oder einer Mehrheit unterwerfen.[125]

34 **Anwendungsbereich.** Gleichbehandlungsgrundsatz bindet Ges als solche u damit alle Organe, insbes auch GfterVers bei Mehrheitsbeschlüssen, ebenso einzelne Mitgfter bei Ausübung von Organfunktionen u sonstigem Handeln für die Ges.[126] – Inhaltlich erfasst Gleichbehandlung das ganze GesVerhältnis, also grds alle die Gfter betreffenden Vorgänge, soweit nicht GesVertrag Abweichungen vorsieht (Rn 42). Besonders wichtig die gesetzlich geregelten Fälle, insbes Einzahlungspflicht auf Einlagen gem § 19 I, auch Ausfallhaftung nach §§ 24, 31 III, Nachschusspflicht nach § 26 II, III, sowie vor allem Gewinnausschüttung gem § 29 III; gilt auch für verdeckte Gewinnausschüttung (§ 29 Rn 68 ff), an der Gfter gleichmäßig Anteil haben müssen.[127] – Grds keine Geltung für reine Drittgeschäfte mit Gftern. Anders aber, falls für Abschluss oder Konditionen GfterEigenschaft (mit-)bestimmend ist, auch wenn darin keine verdeckte Gewinnausschüttung liegt.[128]

---

121 AA Scholz/*Winter/Seibt* § 14 Rn 41; Roth/*Altmeppen* Rn 62; auch Rowedder/Schmidt-Leithoff/*Pentz* Rn 96.

122 MünchKommBGB/*Thüsing* § 19 AGG Rn 98.

123 BGHZ 116, 359, 373; auch 111, 224, 227 obiter; für AG auch BGHZ 33, 175, 186; BGH DB 1972, 1576; allgM.

124 Scholz/*Winter/Seibt* § 14 Rn 45 a; *Michalski* Rn 126; *G. Hueck*, Gleichbehandlung, 54 ff, 190 ff.

125 *G. Hueck*, Gleichbehandlung, 267 f; ganz hM.

126 Scholz/*Winter/Seibt* § 14 Rn 42 ff; *G. Hueck,* Gleichbehandlung, 226.

127 BGH DB 1972, 1575.

128 Scholz/*Winter/Seibt* § 14 Rn 43; *Zöllner* Schranken 305 ff; weitergehend wohl Roth/*Altmeppen* Rn 63.

Folgen bei Verstoß gegen Gleichbehandlungsgebot richten sich nach der jew Maßnahme: GfterBeschluss, der Gleichbehandlung verletzt, ist anfechtbar (§ 47 Anh Rn 91).[129] – Andere rechtliche oder tatsächliche Maßnahmen sind unzulässig. Folgen können je nach Art u Inhalt des Vorgangs sehr verschieden sein; generell sind Auswirkungen der Ungleichbehandlung zu verhindern, ggf rückgängig zu machen oder in geeigneter Weise auszugleichen.[130] **35**

4. Gesellschafterklage. Verfolgung mitgliedschaftlicher Ansprüche der Ges gegen ihre Gfter obliegt in erster Linie den GesOrganen. Daneben erkennt hM in der neueren Lit auch Recht des einzelnen Gfters zur Geltendmachung u gerichtlichen Durchsetzung solcher Ansprüche gegen Mitgfter an, allerdings nur, soweit die Verbandsorganisation versagt (unten Rn 39). Klage im eigenen Namen auf Leistung an Ges, **actio pro socio.**[131] Im PersonengesRecht entwickelt u im Hinblick auf personalistische Struktur (oben Rn 24), die auch mehr kapitalistisch ausgestaltete GmbH von AG unterscheidet, auf GmbH übertragen.[132] – Rspr bisher zurückhaltend, doch lässt ITT-Entsch des BGH[133] trotz anderen speziellen Sachverhalts u entspr tragender Gründe auch Tendenz zu begrenzter Zulassung der GfterKlage erkennen; vom BGH bestätigt für den Fall besonderer gesellschafts- oder schuldrechtlicher Beziehungen gegenüber mitbetroffenem Gfter.[134] **36**

Grundlage für GfterKlage ist Mitgliedschaft als solche, Mitgliedschaftsrecht. Bei Personenges übliche Ableitung als (auch) eigener Anspruch aus GesVertrag nicht auf GmbH übertragbar. GfterKlage im eigenen Namen betrifft bei GmbH nur deren Recht gegen anderen Gfter, daher **Prozessstandschaft** (zunehmend str);[135] Voraussetzungen auch in Revisionsinstanz zu prüfen.[136] **37**

---

129 Heute ganz überwM, Ulmer/*Raiser* § 14 Rn 108; Scholz/*Winter/Seibt* § 14 Rn 47; *Michalski* Rn 134;: s auch BGHZ 116, 359, 372; ferner 111, 224, 227 obiter.

130 Dazu mit weiteren Einzelheiten Scholz/*Winter/Seibt* § 14 Rn 48; auch Ulmer/*Raiser* § 14 Rn 107; *Michalski* Rn 135 f; allg *G. Hueck,* Gleichbehandlung, 129, 296 ff; – vgl auch BGH DB 1972, 1575, Ausgleich von ungleicher verdeckter Gewinnausschüttung durch entspr Zahlung.

131 Von manchen abgewandelt in actio pro societate, dagegen mit Recht zB *Flume* JurPerson § 8 V; *K. Schmidt* GesR § 21 IV.

132 Ulmer/*Raiser* § 14 Rn 47 f mwN; Scholz/*Emmerich* Rn 53 mwN; Scholz/*Schmidt* § 46 Rn 161 f; *Lutter/Hommelhoff* Rn 31 ff, § 14 Rn 28; Rowedder/Schmidt-Leithoff/*Pentz* Rn 114 ff; Roth/*Altmeppen* Rn 15; allg dazu *Lutter* AcP 180 (1980), 135 ff; *ders* ZHR 162 (1998), 176 ff; *Raiser/Veil* § 27 Rn 24 ff; *Raiser* ZHR 153 (1989), 1; *K. Schmidt* GesR § 21 IV; *Wiedemann* § 8 IV 1 c bb; *Zöllner* ZGR 1988, 392 u *von Gerkan* ebendort 441; *Grunewald,* Die Gesellschafterklage in der Personengesellschaft und der GmbH, 1990; *Schanbacher* AG 1999, 21; trotz deutlicher Zurückhaltung iE auch ausführl *Eickhoff,* Die Gesellschafterklage im GmbH-Recht, 1988, dazu krit *Emmerich* AG 1989, 108; – hier iE zust auch *Flume* JurPerson § 8 V; ferner etwa *Immenga,* 283 ff; *Martens,* Mehrheits- und Konzernherrschaft in der personalistischen GmbH, 1970, 157 ff; auch *Winter,* 307 ff.

133 BGHZ 65, 15, 21.

134 WM 1982, 928; auch NJW 1990, 2627; allg auch OLG Düsseldorf DB 1993, 2474; OLG Köln GmbHR 1993, 816.

135 Wohl noch hM, OLG Düsseldorf ZIP 1994, 621; Michalski/*Ebbing* § 14 Rn 95 f; *K. Schmidt* GesR § 21 IV 4 a – abw *Flume* JurPerson § 8 V 2 zu Fn 179; Ulmer/*Raiser* § 14 Rn 52 sowie *Raiser/Veil* § 27 Rn 27; Rowedder/Schmidt-Leithoff/*Pentz* Rn 117; *Lutter/Hommelhoff* Rn 34; Roth/*Altmeppen* Rn 17; *Zöllner* ZGR 1988, 392, 437; *Altmeppen* FS Musielak, 2004, 1, 10 ff, 24.

136 BGH WM 1986, 1201 für gewillkürte Prozessstandschaft; auch OLG Düsseldorf ZIP 1994, 621.

Ggf davon zu unterscheiden besonderer eigener Anspruch des klagenden gegen Mitgfter, worauf ein Teil der Lit allein abstellen will.[137] – Bedeutung hat GfterKlage vor allem für **Minderheitsschutz,** auch im Konzernverhältnis (dazu auch SchlAnhKonzernR Rn 88, 129). Daher **zwingend,** nicht durch GesVertrag oder GfterBeschluss im Einzelfall abdingbar (allgM).

38 **Voraussetzungen und Abgrenzung** der GfterKlage im Einzelnen str. Geltung ausschließlich für mitgliedschaftl **Ansprüche der Gesellschaft gegenüber Gesellschaftern,** nicht gegenüber Dritten, auch nicht GFührer,[138] soweit nicht gleichzeitig GfterPflicht verletzt (s auch § 43 Rn 32); darüber hinaus in engen Grenzen, insbes bzgl Hintermännern, auch bei Konzernbindung, Erstreckung auf dem Gfter nahe stehende Personen.[139] – Dagegen in der Lit teilw Ausdehnung auch auf Ansprüche der Gesellschaft gegen Geschäftsführer und andere Organmitglieder.[140] Dafür ergeben weder Gesetz noch Entwicklung u Ableitung der actio pro socio als allg Rechtsinstitut hinreichende Grundlage.[141] Auch Berufung auf erweiterten Minderheitsschutz zur Begründung erweiterter Zulassung von Gfterklagen gegen GesOrgane entspricht zunächst nur einem umstr rechtspolitischen Anliegen u rechtfertigt weitergehende Durchbrechung der Zuständigkeitsordnung des GmbH-Rechts durch Rechtsfortbildung nicht. – GfterKlage kommt nach ganz hM für alle **Ansprüche** der Ges gegen Gfter **aus der Mitgliedschaft** in Betracht (zu Voraussetzungen für Entstehung u Fälligkeit aber unten Rn 40 aE), daher vor allem für Einlagen u Nachschüsse sowie alle verwandten Ansprüche wie Verlustdeckungs- u Vorbelastungshaftung oder Rückzahlungspflicht nach § 31, aber zB auch für Unterlassungsansprüche, etwa bei Verstoß gegen Wettbewerbsverbot (oben Rn 28 aE, § 3 Rn 43), ferner für Schadenersatzansprüche, insbes bei Treuepflichtverletzung (oben Rn 30). Dagegen gehören nicht hierher Ansprüche aus bloßen Drittgeschäften zwischen Ges u Gfter,[142] daher grds auch nicht aus Tätigkeit als GFührer. Allerdings GfterKlage bei Anspruch gegen GfterGFührer aus GFührung ausnahmsweise dann möglich, wenn gleichzeitig GfterPflicht verletzt ist, falls GFührung mitgliedschaftlich als satzungsgem Pflicht bzw Pflichtrecht des betr Gfters (§ 3 Rn 42, 45) gestaltet ist.

39 **Verhältnis zur Organzuständigkeit.** Innere Zuständigkeitsordnung der Ges (insbes GFührer, § 35, GfterVers, § 46 Nr 2, 8) hat grds Vorrang vor GfterKlage. Diese daher ausgeschlossen, wenn zuständiges Organ Anspruch verfolgt.[143] Bei Untätigkeit der Organe sind zunächst rechtliche Einwirkungs-

---

137 So insbes ausführl *Zöllner* ZGR 1988, 392, 437.

138 BGH WM 1982, 928; bisher hM, so Rowedder/Schmidt-Leithoff/*Pentz* Rn 114 f.

139 Michalski/*Ebbing* § 14 Rn 101; *Lutter/Hommelhoff* Rn 33.

140 So *Wiedemann* § 8 IV 1 c bb; Ulmer/*Raiser* § 14 Rn 60 u *Raiser/Veil* § 27 Rn 28; iE, wenn auch zurückhaltend, Rowedder/Schmidt-Leithoff/*Koppensteiner* § 43 Rn 47 f; nunmehr auch Roth/*Altmeppen* Rn 27; ferner Scholz/*Schmidt* § 46 Rn 161; *K. Schmidt* GesR § 21 IV; *von Gerkan* ZGR 1988, 448 f; *Grunewald,* 96 ff; wohl auch OLG Köln GmbHR 1993, 816 obiter.

141 Eingehend differenzierend *Zöllner* ZGR 1988, 392 ff; abl. auch Michalski/*Ebbing* § 14 Rn 101; ausführl mwN *Binge,* Gesellschafterklagen gegen Maßnahmen der Geschäftsführer in der GmbH, 1994.

142 Ganz hM, Michalski/*Ebbing* § 14 Rn 101; Rowedder/Schmidt-Leithoff/*Pentz* Rn 115; in engen Grenzen abw *Berger* ZHR 149 (1985), 606.

143 HM; – für uneingeschränkte Zulässigkeit aber Ulmer/*Raiser* § 14 Rn 52; *Raiser/Veil* § 27 Rn 26; *ders* ZHR 153 (1989), 22 ff; *Flume* § 8 V 2; *Wiedemann* § 8 IV 1 c bb; *ders* JZ 1976, 395; iE auch *Rehbinder* ZGR 1976, 394; *Berger* ZHR 149 (1985), 607 f.

möglichkeiten auszuschöpfen; daher zB Anfechtungsklage gegen rechtswidrig abl GfterBeschluss nötig;[144] anders wenn dieser nichtig (allg zu Beschlussmängeln § 47 Anh). Im Übrigen aber keine zu hohen Anforderungen; Kennzeichnung als „subsidiäre Zuständigkeit" durch hM,[145] darf nicht zu eng verstanden werden. GfterKlage ohne Versuch interner Einwirkung möglich, wenn Nichtgeltendmachung rechtswidrig wäre u interne Einwirkung aussichtslos oder als unnötiger Umweg bzw zu zeitaufwändig erscheint.[146] Dabei ist insbes konkrete Einflussverteilung im Einzelfall zu berücksichtigen, so Verhältnisse in Zweimannges oder Minderheitsstellung gegenüber konsequentem Zusammenwirken einer Mehrheit;[147] letzteres ggf auch bei Anspruch gegen alle anderen Gfter. – Sofern GfterBeschluss Voraussetzung schon für Entstehung oder Fälligkeit des Anspruchs (zB § 26 I, § 46 Nr 2, auch Nr 8, letzteres str), ist auch GfterKlage hieran gebunden,[148] sodass nur Weg über Anfechtungs- bzw Zustimmungsklage bleibt. – Rechtskräftige Entsch über GfterKlage bindet auch Ges (hM, abw zT diejenigen, die für weitergehende Zulässigkeit eintreten). Prozesskostenrisiko trägt allein der klagende Gfter (allgM).

IV. Haftung der Gesellschafter gegenüber Gesellschaftsgläubigern

1. Grundsatz: Keine Haftung für Gesellschaftsschulden, Abs 2. Dass Gfter grds nicht für Schulden der Ges haftet, ist für GmbH essentiell u darf nicht leichtfertigt relativiert werden (oben Rn 6). Für Inanspruchnahme der Gfter durch Gläubiger bedarf es daher besonderer Grundlage, etwa **Vertrag** (nachf Rn 42) oder **Delikt** (nachf. Rn 50 ff, 57 ff). Von diesem Grds sind unter engen Voraussetzungen Ausnahmen in Form der sog. **Durchgriffshaftung** anerkannt, freilich nach wie vor nicht unproblematisch (oben Rn 10 ff). Lit wie zunächst auch BGH im Rahmen der Existenzvernichtungshaftung tendierten zu Ausweitungen, die BGH inzwischen jedoch auf der Grundlage eines deliktsrechtlichen Konzepts dieser Haftung wieder aufgegeben und Tendenzen zu weiterer Ausweitung klare Absage erteilt hat. 40

Grundlegende Darstellung des **neuen Konzepts** des **BGH** in **GAMMA-Entscheidung.**[149] Danach Gfterhaftung für Verbindlichkeiten der GmbH im Wege des **Durchgriffs** nur in der Fallgruppe der Vermögensvermischung (unten Rn 45). Rechtsfortbildende Entwicklung einer gesellschaftsrechtlich fundierten Unterkapitalisierungshaftung lehnt BGH ab. Deliktische **Haftung aus § 826 BGB** gegenüber GesGläubigern **(Außenhaftung)** kann sich insoweit nur in besonderen Einzelfällen ergeben.[150] Als deliktische Haftung der Gfter gegenüber Gläubigern der GmbH kommt schließlich Haftung unter dem Gesichtspunkt der Teilnahme an Insolvenzverschleppung in Betracht, 41

---

144 OLG Köln GmbHR 1993, 816, str, aA Michalski/*Ebbing* § 14 Rn 104.

145 Sinngem Michalski/*Ebbing* § 14 Rn 194; Rowedder/Schmidt-Leithoff/*Pentz* Rn 118; *Zöllner* ZGR 1988, 410; *von Gerkan* ZGR 1988, 449 f; *K. Schmidt* GesR § 21 IV 6 b; *Lutter* AcP 180 (1980), 136; *ders* ZHR 162 (1998), 182 f.

146 BGHZ 65, 21; WM 1982, 928; OLG Düsseldorf DB 1993, 2474; wohl allgM.

147 BGHZ 65, 21; WM 1982, 928.

148 Roth/*Altmeppen* Rn 21, 25; aA Michalski/*Ebbing* § 14 Rn 104; *Lutter/Hommelhoff* Rn 35, allerdings mit Einschränkungen unter dem Gesichtspunkt der Treuepflicht des Anspruchstellers.

149 BGHZ 176, 204 = NJW 2008, 2437 (GAMMA).

150 BGHZ 176, 204 = NJW 2008, 2437 (GAMMA) Rn 21; *Goette* § 9 Rn 45 mwN.

§§ 823 II, 830 II BGB, 15 a I InsO,[151] im Fall der Führungslosigkeit auch nach § 15 a III InsO. Auch **Haftung wegen existenzvernichtenden Eingriffs** wird nach neuer Konzeption des BGH in Ergänzung zu §§ 30, 31 GmbHG als besondere Fallgruppe auf § 826 BGB gestützt, u zwar als **Innenhaftung** der Gfter gegenüber Ges.[152] Kennzeichnend ist dabei, dass es um **ergänzende Entnahmesperre**[153] geht u BGH von Entwicklung einer Fallgruppe spricht, die sonstiger Anwendung des § 826 BGB (zB bei Unterkapitalisierung) gegenübergestellt wird, welche (zumindest noch) nicht als Fallgruppe anzuerkennen ist.[154] Dagegen lehnt BGH Herleitung entspr Ansprüche im Innenverhältnis zwischen Ges u Gfter aus Treuepflicht vor allem mit dem Argument der fehlenden Begrenzung auf Vorsatz ab (unten Rn 54).

42 **2. Vertragliche u quasivertragliche Haftung.** Unmittelbare Haftung der Gesellschafter oder Geschäftsführer gegenüber GesGläubigern setzt grds **selbständigen Verpflichtungsgrund** voraus. So vor allem bei eigener vertraglicher Verpflichtung, sei es durch Beteiligung an Vertragsabschluss der Ges oder Beitritt als Mitschuldner, auch stillschweigend (Auslegung), sei es durch Bürgschaft, Garantieversprechen udgl.[155] Auch aus eigener unerlaubter Handlung, ggf neben Haftung der Ges nach § 31 BGB, so bei Verletzung von Eigentumsvorbehalt,[156] oder im Rahmen einer Geschäftsführung ohne Auftrag. Vor allem aktiv Handelnde, insbes GFührer, aber auch Gfter kann, soweit im Einzelfall zurechenbar, Rechtsscheinhaftung treffen, wenn gegenüber gutgläubigem Partner Eindruck persönlicher Haftung erweckt worden ist, insbes bei Firmenführung ohne Rechtsformzusatz (näher § 4 Rn 14 f, 21 mwN).[157] Auch Haftung aus **culpa in contrahendo** ist möglich, falls bei Vertragsanbahnung oder -abschluss mitwirkende GFührer, auch Gfter, in besonderem Maß Vertrauen des Vertragspartners in Anspruch genommen haben (§ 311 III BGB).[158] Str vor allem, inwieweit maßgeblicher Einfluss auf Geschäftsabschluss u eigener wirtschaftlicher Nutzen daraus hier bereits haftungsauslösend wirken; während Rspr zunächst teilw sehr weitgehend Eigeninteresse als Allein- oder Mehrheitsgfter bei Mitwirkung an Verhandlungen genügen ließ,[159] ist heute in der Rspr anerkannt, dass jedenfalls normales, durch Beteiligung begründetes Interesse eines GfterGFührers, auch als Alleingfter, Eigenhaftung nicht begründet,[160] auch dann nicht, wenn er bei den

---

151 BGH NJW 2005, 3137.

152 BGHZ 173, 246 = NJW 2007, 2689 (Trihotel); BGHZ 176, 204 = NJW 2008, 2437 (GAMMA).

153 BGHZ 176, 204 Rn 13 = NJW 2008, 2437 (GAMMA).

154 Die Bildung einer eigenen Fallgruppe im Rahmen des § 826 BGB offen lassend BGH NJW 2008, 2437 Rn 25.

155 BGHZ 31, 271; WM 1977, 73; NJW 1986, 580; allgM, Ulmer/*Raiser* Rn 48, 110; Scholz/*Emmerich* Rn 61 ff; *Wiedemann* § 4 IV 1.

156 BGHZ 109, 297.

157 Auch Scholz/*Emmerich* Rn 63; Roth/*Altmeppen* Rn 71.

158 So schon vor Inkrafttreten des § 311 III BGB stRspr, zB BGHZ 87, 27; NJW 1978, 1374; 1983, 676; 1990, 389; DB 1990, 2313; 1991, 1765; ferner BAG AP Nr 1 mit Recht zurückhaltend; ebenso OLG Hamm BB 1984, 873; Scholz/*Emmerich* Rn 64 ff; Rowedder/Schmidt-Leithoff/*Koppensteiner* § 43 Rn 82; Roth/*Altmeppen* Rn 69; krit *Ulmer* NJW 1983, 1577; auch *Brandner* FS Werner, 1984, 53; sowie *Grunewald* ZGR 1986, 580 mwN; ganz ablehnend *Geißler* ZIP 1997, 2184.

159 So etwa BGHZ 87, 27.

160 BGHZ 129, 183.

Verhandlungen Täuschungen begeht;[161] näher zum Ganzen mwN § 43 Rn 4ff; ferner § 64 Rn 160ff bei Insolvenzverschleppung. – Von diesen u ähnlichen Fällen eigenständiger Verpflichtungen neben der Ges zu unterscheiden ist die **Durchgriffshaftung,** bei der die Gfter ausnahmsweise aus besonderem Grund unter Durchbrechung der selbständigen Rechtspersönlichkeit der Ges unmittelbar für deren Verbindlichkeiten in Anspruch genommen werden; dazu nachfolgend Rn 43ff.

3. Haftungsdurchgriff.

Lit: *Altmeppen,* Abschied vom „Durchgriff" im Kapitalgesellschaftsrecht, NJW 2007, 2657; *Drobnig,* Haftungsdurchgriff bei Kapitalgesellschaften, 1959; *Ehricke,* Das abhängige Konzernunternehmen in der Insolvenz, 2000; *ders,* Zur Begründbarkeit der Durchgriffshaftung in der GmbH, insbesondere aus methodischer Sicht, AcP 199 (1999), 257; *Fleischer,* Konzernuntreue zwischen Straf- und Gesellschaftsrecht: Das Bremer Vulkan-Urteil, NJW 2004, 2867; *Harrer,* Haftungsprobleme bei der GmbH, 1990; *Henze,* Gesichtspunkte des Kapitalerhaltungsgebots und seiner Ergänzung im Kapitalgesellschaftsrechts in der Rechtsprechung des BGH, NZG 2003, 649; *Jansen,* Publizitätsverweigerung und Haftung in der GmbH, 1999; *G. Kuhn,* Haften die GmbH-Gesellschafter für Gesellschaftsschulden persönlich?, FS Robert Fischer, 1979, 351; *Nassal,* Der existenzvernichtende Eingriff in die GmbH: Einwendungen aus verfassungs- und insolvenzrechtlicher Sicht, ZIP 2003, 969; *Müller-Freienfels,* Zur Lehre vom sog. „Durchgriff" bei juristischen Personen des Privatrechts, AcP 156 (1957), 522; *Priester,* Die eigene GmbH als fremder Dritter – Eigensphäre der Gesellschaft und Verhaltenspflichten ihrer Gesellschafter, ZGR 1993, 512; *Raiser,* Die Haftungsbeschränkung ist kein Wesensmerkmal der juristischen Person, FS Lutter, 2000, 637; *E. Rehbinder,* Zehn Jahre Rechtsprechung zum Durchgriff im Gesellschaftsrecht, FS Robert Fischer, 1979, 579; *G. H. Roth,* Gläubigerschutz durch Existenzschutz, NZG 2003, 1081; *Röhricht,* Die GmbH im Spannungsfeld zwischen wirtschaftlicher Dispositionsfreiheit ihrer Gesellschafter und Gläubigerschutz, FS 50 Jahre Bundesgerichtshof, 2000, Bd I, 83; *ders,* Insolvenzrechtliche Aspekte im Gesellschaftsrecht, ZIP 2005, 505; *Serick,* Rechtsform und Realität juristischer Personen, 1955; *K. Schmidt,* Zur Durchgriffsfestigkeit der GmbH, ZIP 1994, 837; *Schön,* Zur Existenzvernichtungshaftung der juristischen Person, ZHR 168 (2004), 268; *Steffek,* Der subjektive Tatbestand der Gesellschafterhaftung im Recht der GmbH – zugleich ein Beitrag zum Haftungsdurchgriff, JZ 2009, 77; *Stimpel,* „Durchgriffshaftung" bei der GmbH: Tatbestände, Verlustausgleich, Ausfallhaftung, FS Goerdeler, 1987, 601; *Tiedemann,* Zur Altlastensanierungspflicht des GmbH-Gesellschafters bei Haftung wegen existenzvernichtenden Eingriffs, NZG 2004, 177; *Ulmer,* Haftung von GmbH-Gesellschaftern, JZ 2002, 1049; *Veil,* Existenzvernichtungshaftung in: Gesellschaftsrecht in der Diskussion 2005, 103; *Wackerbarth,* Existenzvernichtungshaftung 2005: Unternehmerische Entscheidungen auf dem Prüfstand?, ZIP 2005, 877; *H. P. Westermann,* Haftungsrisiken eines „beherrschenden" GmbH-Gesellschafters, NZG 2002, 1129; *Wiedemann,* Reflexionen zur Durchgriffshaftung – Zugleich Besprechung des Urteils BGH WM 2002, 1804 – KBV –, ZGR 2003, 283; *Wilhelm,* Rechtsform und Haftung bei der juristischen Person, 1981.

a) Grundlagen. Zentrale Bedeutung hat die Durchgriffsdiskussion vor 43 allem für den Haftungsdurchgriff, nämlich der Frage, ob und unter welchen Voraussetzungen Gfter auch ohne besonderen rechtsgeschäftlichen Verpflichtungsgrund u ohne Erfüllung der Voraussetzungen des § 826 BGB unmittelbar nach außen für Verbindlichkeiten der GmbH (wie OHG-Gfter nach § 128 HGB) haften, dh ausnahmsweise über Begrenzung der Haftung auf GesVermögen in Abs 2 hinweggegangen werden kann. Dass dies nur unter ganz besonderen Voraussetzungen der Fall sein kann, folgt aus der **Funktion**

[161] BGH DB 1991, 1765.

der GmbH, die gerade darin liegt, es **Gftern** mit Gründung der Ges **zu ermöglichen,** am Rechtsverkehr **ohne pers Haftungsrisiko** teilzunehmen. GmbH als Rechtsform sollte u soll weiterhin, nicht zuletzt auch im Hinblick auf UG, Unternehmensgründer aus volkswirtschaftlichen Gründen ermutigen, am Wirtschaftsverkehr teilzunehmen, ohne persönlich der Gefahr unbegrenzter Haftung ausgesetzt zu sein. Unvermeidliche Folge ist, dass Gläubiger grds jedenfalls Risiko des unternehmerischen Misserfolgs im Fall der Insolvenz oder ihrer Ablehnung mangels Masse mit zu tragen hat, soweit er sich nicht weitergehend abgesichert hat. Diese vom Ges als unvermeidlich hingenommene u gesetzlicher Regelung immanente Folge darf nicht unter Gläubigerschutzgesichtspunkten durch großzügige Anwendung des Haftungsdurchgriffs etwa in Form vorschneller teleologischer Reduktion von Abs 2 im Fall des Scheiterns der Ges unterlaufen werden. Keinesfalls kann daher Insolvenz als solche oder Unterkapitalisierung, auch nicht qualifizierte, genügen, zumal GesGeb mit UG auf Mindeststammkapital u damit auch auf eine Mindesteigenkapitalausstattung bewusst verzichtet. Ebenso hat Rspr zur Recht immer wieder betont, dass Verwendung einer Einpersonen-GmbH, die in § 1 ausdrücklich zugelassen wird, also solche kein Durchgriffsgrund sein kann.[162] GmbH, bei welcher Gründer generell befürchten müssen, in der Insolvenz letztlich doch persönlich zu haften, verfehlt ihren Sinn.

44 Haftungsdurchgriff kann daher, wenn überhaupt (dazu noch Rn 10 f) nur dort in Betracht kommen, wo es sich um Haftung für **Risiken** handelt, die **nicht lediglich auf unternehmerischen Fehlentscheidungen** (Managementfehlern) beruhen,[163] sondern ein Missbrauch der Rechtsform vorliegt, bei dem Funktionsbedingungen der Gläubigerschutzregeln unterlaufen wurden[164] u Berufung auf Haftungsprivileg gewissermaßen „verwirkt" ist.[165] Auch dann ist zu berücksichtigen, dass Durchgriff nach BGH nicht lediglich durch Zustand ausgelöst werden kann, sondern nur durch **zurechenbares Verhalten** (Verhaltenshaftung).[166] Insgesamt ist die bisherige Durchgriffsdiskussion überwiegend den Beweis dafür schuldig geblieben, dass es dieser Rechtsfigur wirklich bedarf.

45 **b) Fallgruppen.** In Rspr u Lit wurden u werden im Wesentlichen folgende Fallgruppen diskutiert:

aa) Vermögensvermischung. Vermischung von Ges- u Privatvermögen zB durch mangelnde oder undurchsichtige Buchführung, wenn Gfter als GFührer oder auf Grund seines wahrgenommenen Einflusses[167] dafür verantwortlich ist u dadurch insbes Beachtung der Kapitalerhaltungsvorschriften unkontrollierbar wird (sog Waschkorblagen).[168] Haftung kann auch Treugeber

---

162 Übereinstimmend Hueck/*Windbichler* GesR § 24 Rn 27.

163 BGH NZG 2005, 214, insoweit auch nach Aufgabe der DurchgriffsRspr zur Existenzvernichtungshaftung immer noch zutreffend.

164 BGHZ 151, 181 186 f. = NZG 2002, 914 (KBV); BGH NJW 2005, 177, 178, insoweit weiterhin klärend. Zu weitgehend daher OLG Naumburg GmbHR 2008, 1149.

165 Gesellschafter verliert, wie BGH NZG 2005, 214 formuliert, grundsätzlich die Berechtigung, sich auf die Haftungsbeschränkung des § 13 II GmbHG zu berufen.

166 So zur Fallgruppe der Vermögensvermischung durch undurchsichtige Buchführung des FremdGFührers BGH NJW 2006, 1344.

167 Klarstellend BGH NJW 2006, 1344.

168 BGHZ 125, 366, 368 = NJW 1994, 1801, 1802; BGHZ 95, 330, 333 f (Autokran) = NJW 1986, 188; BGH BB 1985, 77; OLG Celle GmbHR 2001, 1042; OLG

treffen, wenn dieser als faktischer GFührer wirkt u Treuhänder lediglich Strohmann ist.[169] Daher nicht bereits bei Unklarheit über Zuordnung einzelner Gegenstände, erst recht nicht bei buchmäßig erfassbaren Entnahmen durch Gfter (dann ggf §§ 30, 31). Haftung ist Verhaltens-, nicht Zustandshaftung u setzt Verantwortlichkeit des Gfters für Vermögensvermischung, insbes entspr Einfluss auf Herbeiführung oder Aufrechterhaltung dieses Zustands voraus, [170] trifft daher iZw einflusslosen Minderheitsgfter nicht.[171] Daneben Haftung aus § 826 BGB möglich.[172]

bb) Sphärenvermischung. Sie liegt vor, wenn Gfter im Rechtsverkehr 46
zu Dritten nicht ausreichend zwischen den von ihm repräsentierten bzw vertretenen Rechtssubjekten trennt. Dabei handelt es sich nicht eigentlich um ein Durchgriffsproblem, sondern um eine Frage der Rechtsscheinhaftung.[173] Teilweise wird darunter jedoch auch nur ein Fall der Vermögensvermischung (vorstehend Rn 45) verstanden.[174]

cc) Unterkapitalisierung. Als Problem der Durchgriffshaftung oft erörtert 47
(dazu näher § 5 Rn 5 f). Zu unterscheiden ist zunächst zwischen materieller Unterkapitalisierung, bei der Eigenkapital der Ges nicht in angemessenem Verhältnis zur Geschäftstätigkeit steht, u nomineller Unterkapitalisierung, bei welcher Kapitalbedarf durch Gfterdarlehen uä gedeckt ist u lediglich die Form der Deckung des Eigenkapitalbedarfs in Insolvenznähe keine uneingeschränkte Anerkennung findet. Letzteres keine Durchgriffsfrage,[175] sondern betrifft Verhältnis Ges u Gfter (zur anfechtungs- u insolvenzrechtlichen Behandlung Anh § 30 Rn 99). Hinsichtlich der Frage der **Durchgriffs wegen (qualifizierter) materieller Unterkapitalisierung** hat BGH geschwankt, sich aber dann gegen eine Durchgriffslösung und für eine Lösung über § 826 BGB entschieden,[176] u diese in jüngster Zeit, ebenso wie RegBegr MoMiG, nochmals eindeutig bekräftigt.[177] Für Durchgriffslösung fehlt es nach wie vor an

---

Jena GmbHR 2002, 112, 114; LG Hildesheim DStR 2001, 1447; aus der umfangreichen Lit etwa *K. Schmidt* BB 1985, 2074; s im übrigen SchlAnhKonzernR LitÜbers; ferner allg hierzu *Röhricht* FS BGH, 2000, Bd I, 83, 89; *Boujong* FS Odersky, 1996, 739, 742; *Stimpel* FS Goerdeler, 1987, 606 f; ferner OLG Karlsruhe DR 1943, 811; OLG Nürnberg WM 1955, 1566.

169 KG NZG 2008, 344.

170 BGH NJW 2006, 1344 Rn 17.

171 BGHZ 125, 366, 368 f; dazu *K. Schmidt* ZIP 1994, 837; auch *Stimpel* FS Goerdeler, 1987, 612.

172 BGH NJW 2006, 1344 Rn 17 aE.

173 *Michalski* Rn 356; Rowedder/Schmidt-Leithoff/*Pentz* Rn 142; auch Scholz/*Emmerich* Rn 95; Ulmer/*Raiser* Rn 131; *K. Schmidt* GesR § 9 IV 2 a.

174 Roth/*Altmeppen* Rn 112; wohl auch *Lutter* ZGR 1982, 251; wie hM aber nunmehr *Lutter/Hommelhoff* Rn 11.

175 *Michalski* Rn 360; Rowedder/Schmidt-Leithoff/*Pentz* Rn 134.

176 Bejahend zum Durchgriff zunächst BGHZ 54, 222, 224 ff (Verein) = NJW 1970, 2015; ablehnend BGHZ 68, 312, 316 ff = BGH NJW 1977, 1449; wieder sympathisierend BGH NJW 1977, 1683, 1686 (obiter dictum); wieder zu Gunsten der Haftung aus § 826 BGB ablehnend NJW 1979, 2104; BGH NJW-RR 1991, 1312; auch BGHZ 142, 116 = NJW 1999, 2809; zur Rspr der BGH auch *Boujong* FS Odersky, 1996, 739, 745; *Goette* § 9 Rn 45 u DStR 2005, 197, 198. Eine Lösung über § 826 BGB suchen ferner BAG NJW 1999, 740; OLG Karlsruhe WM 1978, 962; OLG Oldenburg NZG 2000, 555.

177 BGHZ 176, 204 Rn 21 = NJW 2008, 2437 (GAMMA); Durchgriff ebenfalls ablehnend RegBegr MoMiG BR-Drucks 354/07, 66.

ausreichend klaren Maßstäben für die notwendige Höhe des Eigenkapitals.[178] Ohne solche klare Maßstäbe liefe der Ausschluss der Haftung für Schulden der Ges u damit die Rechtsform der GmbH Gefahr, seine Funktion zu verlieren, weil in der Insolvenz nahezu immer damit gerechnet werden müsste, dass diese aus der Sicht ex post auf Unterkapitalisierung zurückgeführt wird. Im Übrigen liegt meist auch Problem der Insolvenzverschleppung vor, dem BGH durch Verschärfung der Haftung in diesem Bereich entgegensteuert.[179]

48 **dd) Qualifizierter faktischer Konzern.** Bis zur Entscheidung des BGH im Fall Bremer Vulkan[180] wurde die Haftung des herrschenden Unternehmens im qualifizierten faktischen GmbH-Konzern wegen Vermögensbeeinträchtigungen vielfach als Fallgruppe des Haftungsdurchgriffs behandelt.[181] BGH zog hierbei wegen der mit Bestehen eines Beherrschungsvertrags vergleichbaren Dichte des Einflusses u damit verbundener Schädigungsgefahr ursprgl Gedanken der internen Verlustausgleichspflicht aus § 302 AktG heran, die unter bestimmten Voraussetzungen Sicherstellungspflicht nach § 303 AktG zur Folge hat. Über etwas gewaltsame Konstruktion sollte diese Sicherstellungspflicht dann in Außenhaftung umschlagen.[182] Ob es sich dabei rechtlich gesehen um Durchgriff handelte oder ob Rspr besser als analoge Anwendung konzernrechtlicher Sondertatbestände erfasst werden konnte,[183] soll hier nicht entschieden werden. **BGH** hat Konzept einer Haftung wegen schädigender Einflussnahme zu Gunsten einer weiter greifenden, auch Nichtkonzernfälle umfassenden Haftung wegen existenzvernichtenden Eingriffs **aufgegeben.**[184] Ob beide Problemgruppen sinnvoll unter dem Gesichtspunkt des existenzvernichtenden Eingriffs zusammengefasst werden können, ist allerdings in Lit nicht unumstritten. Gute Gründen sprechen für **Weiterführung der konzernspezifischen Rspr** neben der inzwischen auf § 826 BGB gestützten Figur des existenzvernichtenden Eingriffs,[185] zumal nach neuer Konzeption des BGH erforderliches Verschulden iS einer vorsätzlichen sittenwidrigen Schädigung den Gefahren qualifizierter Konzernierung kaum gerecht wird. Einzelheiten SchlAnhKonzernR Rn 152 ff.

49 **ee) Existenzvernichtender Eingriff.** Haftung bei existenzvernichtendem Eingriff wurde von **BGH** zunächst als Durchgriffstatbestand entwickelt (unten Rn 57). Dieser Ansatz wurde jedoch mit der **Trihotel-Entscheidung** zu Gunsten einer Innenhaftung des Gfters gegenüber GmbH auf der Grundlage des § 826 BGB wieder **aufgegeben.**[186] Näher dazu unten Rn 57 ff.

---

178 So auch *Michalski* Rn 365; dies einräumend auch *Wiedemann* ZGR 2003, 283, 296.

179 Zutr Roth/*Altmeppen* Rn 118 unter Hinweis auf BGHZ 126, 181 = NJW 1994, 2220.

180 BGHZ 149, 10 (Bremer Vulkan) = NZG 2002, 38.

181 Hachenburg/*Mertens* Anh § 13 Rn 47; zu dieser Einordnung auch *Michalski* Rn 357.

182 BGHZ 122, 123, 130, NJW 1993, 1200 (TBB); dazu auch *Goette* DStR 2007, 1593, 1594.

183 So etwa *Michalski* Rn 357.

184 BGHZ 149, 10 (Bremer Vulkan) = NZG 2002, 38; BGHZ 150, 61, 68 = NJW 2002, 1803, 1805.

185 Scholz/*Emmerich* Rn 138 u Anh § 13 Rn 120 ff.

186 BGHZ 173, 246 Rn 17 (Trihotel) = NJW 2007, 2689.

4. Deliktische Außenhaftung. a) Unterkapitalisierung. Haftung unter dem Gesichtspunkt vorsätzlicher sittenwidriger Gläubigerschädigung ist seit langem als gegenüber Durchgriffslösung vorzuziehende Rechtsgrundlage gesehen worden. Auch BGH hat sich dem angeschlossen.[187] Voraussetzungen können allenfalls in Fällen krasser Unterkapitalisierung vorliegen. Dabei ist allerdings zu berücksichtigen, dass Gfter keine Pflicht zu angemessener Kapitalausstattung trifft u sie auch nicht verpflichtet sind, in der Krise Kapital nachzuschießen.[188] Auch hat GesGeb, wie BGH betont,[189] bewusst darauf verzichtet, eine am jeweiligen Kapitalbedarf ausgerichtete Mindestkapitalausstattung vorzuschreiben, sondern durch Einführung der UG (§ 5 a) u damit verbundenem Verzicht auf nennenswertes Mindestkapital eine der Einführung einer Unterkapitalisierungshaftung entgegengesetzte Richtung[190] verfolgt. Das schließt eine deliktische Haftung nicht aus; die darin liegende Wertung ist jedoch bei Bewertung des GfterVerhaltens als sittenwidrig zu berücksichtigen. **Qualifizierte Unterkapitalisierung als solche genügt nicht.** Andererseits liegt in Zulassung der UG ohne Mindeststammkapital nicht ohne weiteres die Aussage, dass Eigenkapital in keinem Fall erforderlich ist u uneingeschränkt zu Lasten der Gläubiger Risiken eingegangen werden können. Grenzziehung daher schwierig, aber unvermeidbar. Zur qualifizierten Unterkapitalisierung muss bes Art u Weise der gläubigerschädigenden Verwendung der Ges hinzukommen, die erst den Vorwurf der Sittenwidrigkeit rechtfertigt.[191] Bisherige **Rspr des BGH** hierzu, von atypischen Ausnahmen abgesehen, **im Wesentlichen negativ.**[192] Ebenso BAG, allerdings mit einzelnen Ausnahmen.[193] BSG zunächst eher haftungsfreudig, dann aber zunehmend enger.[194] 50

b) Sog. „Aschenputtel"-Konstellationen. Nahe verwandt mit der Frage einer Haftung wegen Unterkapitalisierung ist diejenige einer Haftung der Gfter, wenn Gfter GmbH u deren Vertragsbeziehungen so ausgestaltet haben (etwa Vorenthaltung angemessener Geschäftschancen), dass Nachteile aus der Geschäftstätigkeit notwendig Gläubiger der Ges treffen müssen.[195] Unter diesem Gesichtspunkt hat BGH vereinzelt Haftung der Gfter gegenüber Gläubigern bejaht, wenn Gfter mit GFührer in bewussten u gewollten Zusammenwirken Rechtsbeziehungen zwischen Ges u Gftern auf Grund ihrer beherrschenden Stellung einseitig zum Nachteil der Ges ausgestaltet u diese so angelegt haben, dass die Nachteile der Konstruktion notwendig die GesGläubiger treffen mussten.[196] **BGH** hat in GAMMA-Entscheidung klargestellt, dass 51

[187] BGHZ 176, 204 = NJW 2008, 2437 (GAMMA) Rn 21; zuvor schon etwa BGH NJW 1979, 2104.

[188] BGHZ 90, 381, 388 = NJW 1984, 1893; Scholz/*Emmerich* Rn 90; *Altmeppen* ZIP 2008, 1201, 1205.

[189] BGHZ 176, 204 = NJW 2008, 2437 (GAMMA) Rn 18 ff.

[190] BegrRegE BR-Drucks 354/07, 66.

[191] Ähnlich *Altmeppen* ZIP 2008, 1201, 1206.

[192] BGHZ 22, 226, 231; 31, 258, 271; BGHZ 68, 312, 316 = NJW 1977, 1449; – anders nur BGHZ 54, 222, 224 (Siedlerfall).

[193] BAG NJW 1999, 740; NJW 1999, 2299; NJW 2003, 1340. – Haftung bejaht dagegen NJW 1999, 2612.

[194] Haftung bejaht BSG NJW 1984, 2117; NJW 1978, 2527; – verneint NJW-RR 1995, 730; 1997, 94, 95.

[195] BGHZ 176, 204 = NJW 2008, 2437 (GAMMA) Rn 27; zur „Aschenputtel"-Gesellschaft auch *Röhricht* FS BGH, 2000, Bd I, 83, 97, 111.

[196] BGH NJW 1979, 2104.

eine solche Konstellation **keinesfalls** unter die von ihm entwickelte **Fallgruppe einer Existenzvernichtungshaftung** fällt, weil diese als Innenhaftung ausgestaltete Haftung einen Eingriff in das geschützte Vermögen voraussetze.[197] Das kann aber nicht ausschließen, in besonderen Fällen eine **vorsätzliche sittenwidrige Gläubigerschädigung** mit der Folge einer Außenhaftung der Gfter zu bejahen, wenn GmbH gezielt zur Gläubigerschädigung eingesetzt wird.[198] Bei der Bestimmung, wo ein noch vom Gesetz tolerierter Gebrauch der GmbH vorliegt u wo Grenze zur Sittenwidrigkeit überschritten wird, darf allerdings nicht übersehen werden, dass Einsatz einer GmbH als solcher zur Haftungsbegrenzung u die damit verbundene Risikozuweisung an Gläubiger auch bei Ges nahezu ohne oder mit geringem Eigenkapital toleriert wird. Dass Gfter sich hinter Haftungsschild einer GmbH „verstecken", ist gesetzl Regelung immanent. Als sittenwidrig kann nur gewertet werden, wenn Gläubigerschädigung Teil einer Strategie der Gfter ist, die gewissermaßen Gläubigerschädigung als Geschäftsmodell verwendet. Dies wird in Lit etwa bejaht bei sog **Staffettengründung.**[199] – Zur Frage, ob Aschenputtel-Konstruktion bei **UG** gegen Kapitalaufholungsgebot verstößt s § 5 a Rn 24.

52 **c) Insolvenzverschleppung. Haftung von Gftern als Gehilfen** (§ 830 II BGB) für Insolvenzverschleppung kommt in Betracht, wenn sie vorsätzlich GFührer im Entschluss zur Unterlassung des gebotenen Insolvenzantrags (jetzt § 15 a I InsO nF) bestärkt oder Tat anderweit gefördert haben (näher § 64 Rn 164).[200] Nicht umfasst ist Haftung aus § 64, da es sich dabei um „Ersatzanspruch eigener Art" handelt, der Gehilfenhaftung nach § 830 BGB nicht zugänglich ist.[201] Darüber hinaus kommt nach neuem Recht **deliktische Haftung als Täter** nach § 823 II BGB unter den Voraussetzungen von § 15 a III InsO nF in Betracht, wenn Ges führungslos ist u Gfter Führungslosigkeit sowie Überschuldung oder Zahlungsunfähigkeit kannte u Insolvenzantrag nicht stellt. Unterlassen strafbar nach § 15 a IV u V InsO. Näher § 64 Rn 168 ff.

53 **d) Sonstige Fälle vorsätzlich sittenwidriger Gläubigerschädigung.** Vorstehend aufgeführte Fälle u Fallgruppen sind nicht abschließend. So hat BGH trotz seines Konzepts der deliktischen Innenhaftung bzgl Existenzvernichtungshaftung durchaus konzediert, dass der Tatbestand des § 826 BGB unabhängig von den besonderen Voraussetzungen einer Existenzvernichtungshaftung auch in sonstiger Weise erfüllt sein kann, wenn etwa ein Gesellschafter für sich Forderungen vereinnahmt, die Bestandteil des Vermögens der Ges sind und wenn diese infolge dessen insolvent wird.[202]

V. Haftung der Gesellschafter gegenüber der Gesellschaft

Lit: *Altmeppen,* Zur vorsätzlichen Gläubigerschädigung, Existenzvernichtung und materiellen Unterkapitalisierung in der GmbH, ZIP 2008, 1201; *Dauner-Lieb,* Die Exis-

197 BGHZ 176, 204 = NJW 2008, 2437 (GAMMA) Rn 13.

198 Bildung einer entspr Fallgruppe offen lassend BGHZ 176, 204 = NJW 2008, 2437 (GAMMA) Rn 25.

199 Ulmer/*Raiser* Rn 120; *Stimpel* FS Goerdeler 1987, 611; zur Staffettengründung auch *Hörstel* BB 1997, 1645.

200 BGHZ 164, 50, 57 = NJW 1995, 3137, 3139; BGHZ 75, 96, 107 (Herstattbank) = NJW 1979, 1823, 1825 betr Aufsichtsrat einer AG.

201 BGH NZG 2008, 468 Rn 6.

202 BGH NZG 2008, 187 Rn 13.

tenzvernichtungshaftung als deliktische Innenhaftung gemäß § 826 BGB, ZGR 2008, 34; *Eidenmüller/Engert,* Insolvenzrechtliche Ausschüttungssperren, FS Karsten Schmidt, 2009, 305; *Emmerich/Habersack,* Aktien- und GmbH-Konzernrecht, 5. Aufl 2008; *Gehrlein,* Die Existenzvernichtungshaftung im Wandel der Rechtsprechung, WM 2008, 761; *Goette,* Das Kapitalschutzsystem auf der neuen Grundlage der Existenzvernichtungshaftung, DStR 2007, 1593; *ders,* Aktuelle Rechtsprechung des II. Zivilsenats zum Gesellschafts- und Insolvenzrecht, ZInsO 2007, 1177; *Grigoleit,* Gesellschafterhaftung für interne Einflussnahme im Recht der GmbH, 183; *Haas,* Reform des gesellschaftsrechtlichen Gläubigerschutzes, Gutachten E zum 66. Deutschen Juristentag Stuttgart 2006, 2006; *Habersack,* Trihotel – Das Ende der Debatte?, ZGR 2008, 533; *Heeg/Manthey,* Existenzvernichtender Eingriff – Fallgruppen der Rechtsprechung und Praxisprobleme, GmbHR 2008, 798; *Hönn,* Roma lucuta? – Trihotel, Rechtsfortbildung und die gesetzliche Wertung, WM 2008, 769, 778; *Ihrig,* Einzelfragen zur Existenzvernichtungshaftung, DStR 2007, 1170; *Kleindiek,* Materielle Unterkapitalisierung, Existenzvernichtung und Deliktshaftung – GAMMA, NZG 2008, 686; *Noack,* Neue Konzeption der Existenzvernichtungshaftung – „TRIHOTEL", LMK 2007, 240726; *Osterloh-Konrad,* Abkehr vom Durchgriff: Die Existenzvernichtungshaftung des GmbHG-Gesellschafters nach „Trihotel", ZHR 2008, 274, 305; *Raiser,* Durchgriffshaftung nach der Reform des GmbH-Rechts, FS Priester, 2007, 619; *K. Schmidt,* GmbH-Reform auf Kosten der Geschäftsführer? GmbHR 2008, 449; *Schwab,* Die Neuauflage der Existenzvernichtungshaftung – Kein Ende der Debatte!, ZIP 2008, 341; *Ulrich,* Zur Frage der dogmatischen Einordnung der Existenzvernichtungshaftung, GmbHR 2008, 810; *Veil,* Gesellschafterhaftung wegen existenzvernichtenden Eingriffs und materieller Unterkapitalisierung, NJW 2008, 3264; *Vetter,* Die neue dogmatische Grundlage des BGH zur Existenzvernichtungshaftung, BB 2007, 1965; *Wackerbarth,* Zur Frage der Existenzvernichtungshaftung und Durchgriffshaftung auf Gesellschafter wegen materieller Unterkapitalisierung, JZ 2008, 1166; *Weller* Die Neuausrichtung der Existenzvernichtungshaftung durch den BGH und ihre Implikationen für die Praxis, ZIP 2007, 1681; *Zöllner,* Gläubigerschutz durch Gesellschafterhaftung bei der GmbH, FS Konzen, 2006, 999.

1. Wegen Verletzung mitgliedschaftlicher Pflichten. Grds haften Gfter 54
bei **schuldhafter Verletzung mitgliedschaftlicher Pflichten,** etwa von Treuepflichten (oben Rn 20 ff), die zu Schaden bei MitGftern oder GmbH führt, nach schuldrechtl Grds auf Schadenersatz. Das ist iGrds seit ITT- u Girmes- Entscheidung des BGH anerkannt. Soweit Ges geschädigt wurde, ist Ersatz an diese zu leisten (zur Bedeutung von § 46 Nr 8 in diesem Zusammenhang s dort Rn 61). Nur wenn Schaden der Gfter Reflexschaden übersteigt, hat geschädigter MitGfter eigenen Anspruch. Problematisch ist, ob Gfter darüber hinaus auch haften, wenn sie einvernehmlich oder als Allein-Gfter Ges schädigen. Rspr verneint dies bislang jenseits der Stammkapitalbindung mit dem Argument des Fehlens eines vom Gfterinteresse unabhängigen GesInteresses, wenn Alleingesellschafter handelt oder Gfter einvernehmlich handeln.[203] Allerdings hat BGH bereits vereinzelt Frage aufgeworfen, ob das auch gelte, wenn betreffende Maßnahme Existenz der Ges gefährde.[204] HM in Lit stimmt dem iGrds zu, freilich ebenfalls mit der Maßgabe, dass auch AlleinGfter gewisse Eingriffsgrenzen zum Schutz der Gläubiger wahren müsse.[205] Entspr wird **in Lit** mit Unterschieden im Detail **zunehmend Sonderverbindung als mögliche Grundlage von GfterHaftung ggü GmbH**

---

[203] BGHZ 95, 330, 340; BGHZ 119, 257, 262 = NJW 1993, 193; BGHZ 122, 333, 336; 142, 99 = NJW 1999, 2817, 2818; auch schon BGHZ 56, 97, 101 u 95, 330, 340.

[204] BGHZ 122, 333, 336 = NJW 1993, 1922.

[205] *Zöllner* SchlAnhKonzernR Rn 111; *Lutter/Hommelhoff* Anh § 13 Rn. 27.

unter Gläubigerschutzgesichtspunkten herangezogen.[206] **Zu weitgehend** dagegen, wenn in Lit teilweise auf der Grundlage der Sonderverbindung zwischen Ges u Gfter nicht nur verschuldensabhängige Haftung für Schädigungen der Ges etwa durch existenzvernichtende Eingriffe, sondern darüber hinaus **allg Vermögensfürsorgepflicht** oder Finanzierungsverantwortung für Gründung oder Fortführung ohne zureichendes Eigenkapital anstelle gebotener Liquidation gefordert wird.[207] Das verkennt, dass eben solche Finanzierungspflicht GmbHG fremd ist (oben Rn 21) u Pflicht zur rechtzeitigen Liquidation allenfalls GFührer u nur bei Führungslosigkeit Gfter (§ 15 a II InsO) in Form der Insolvenzantragspflicht treffen kann.

55 Begrenzt man Fragestellung auf Grundlage der **Haftung wegen existenzvernichtender Eingriffe,** lässt sich zunächst feststellen, dass **Treuepflicht** nach bisheriger Erkenntnis grds nur im **Gesellschafter- und nicht primär im Gläubigerinteresse** besteht. Wenn man daher Sonderverbindung für Begründung einer Pflicht zur Beachtung eines Eigeninteresses der Ges zur Befriedigung ihrer Gläubiger heranziehen will, liegt darin eine rechtsfortbildende Erweiterung unter Gläubigerschutzgesichtspunkten,[208] die zwar keineswegs ausgeschlossen, aber eben nicht ohne weiteres aus bisheriger Erkenntnis abzuleiten ist (oben Rn 20). Das zeigt sich auch daran, dass GmbHG mit §§ 30, 31 Sonderregelung enthält, mit der nach Ansicht des historischen GesGeb Problem abgedeckt war. Richtig ist allerdings auch, was BGH im Zusammenhang mit seiner Qualifikation der Existenzvernichtungshaftung als deliktische Haftung betont, dass sich System der §§ 30, 31 in bestimmten Konstellationen als lückenhaft u unzureichend erwiesen hat, was Rechtsfortbildung rechtfertigt.[209] Eine solche **Rechtsfortbildung** kann nicht nur auf der Ebene des Deliktsrechts vorgenommen werden, und sie ist dort auch nicht erforderlich, soweit sie nur in der Anwendung des Gesetzes besteht,[210] sondern auch u gesellschaftsrechtsnäher **durch Entwicklung von gesellschaftsrechtlich fundierten Pflichten.**[211] Dies entspricht insoweit der Erkenntnis

---

206 *Zöllner* FS Konzen 2006, 999, 1011 f, 1014; ähnlich auch *Grigoleit,* Gesellschafterhaftung für interne Einflussnahme im Recht der GmbH, 2006, 283 ff, 321 ff; *Dauner-Lieb* ZGR 2008, 35, 40, 43; *Hönn* WM 2008, 769, 776; *Schwab* ZIP 2008, 341, 343; *Ihrig* DStR 2007, 1170, 1171; *Osterloh-Konrad* ZHR 171 (2008), 274, 291 ff; sympathisierend auch Scholz/*Emmerich* Rn 93 f; vgl auch *Schwab* ZIP 2008, 341, 343; – im Grundsatz auch schon *Ulmer* ZHR 148 (1984), 391 ff; *ders* ZIP 2001, 2021, 2026; *K. Schmidt* NJW 2001, 3577, 3579 f; *M. Winter,* Mitgliedschaftliche Treuebindungen im GmbHG-Recht, 1988, 190 ff, 202 ff; *Wilhelm* Rechtsform und Haftung bei juristischen Personen, 1981, 285 ff, 330 ff, 244 ff; *ders* NJW 2003, 175, 178 ff; – krit *Altmeppen* ZIP 2002, 1553,1562, der darin *petitio principii* sieht.

207 *Wilhelm* NJW 2003, 175, 178 ff; *ders,* Rechtsform u Haftung bei der juristischen Person, 1981, 285, 335 ff; *K. Schmidt* GesR § 9 IV4 c) bb); auch *Burgard* ZIP 2002, 827 ff.

208 Diesen Gesichtspunkt zur Recht betonend *Zöllner* FS Konzen, 2006, 999, 1011 f; *Hönn* WM 2008, 769, 777.

209 Reglungslücke weiterhin betonend BGHZ 173, 246 Rn 16 (Trihotel) = NJW 2007, 2689, 2690.

210 Anders freilich BGHZ 173, 246 Rn 23 (Trihotel) = NJW 2007, 2689, der darin „richterrechtlichen Gestaltungsakt" sehen will.

211 *Zöllner* FS Konzen 2006, 999, 1014 f; ausführlich *Osterloh-Konrad* ZHR 171 (2008), 274, 290 ff; ähnlich *Hönn* WM 2008, 769, 777; für mitgliedschaftsrechtlich begründete Haftung auch *K. Schmidt* GmbHR 2008, 449, 458; – dagegen aber *Haas,* Gutachten E zum 66. DJT S E 102 f.

Röhrichts, dass Existenzvernichtungshaftung spezifisch kapitalgesellschaftsrechtlicher Tatbestand darstellt.[212] Die Lösung passt auch besser zur parallelen Haftung des GFührers aus § 43 II[213] u nunmehr auch aus § 64 S 3 nF, wenn GFührer, wie meist, an Eingriff beteiligt. Wenn sich BGH durch deliktsrechtliche Fundierung zunächst über Fallgruppenbildung unter § 826 BGB an Problem herantastet, entspricht Vorgehensweise richterlicher Vorsicht gegenüber in ihren Folgen noch nicht ausreichend abschätzbarer dogmatischer Festlegung, schließt aber späteren Übergang zu gesellschaftsrechtlich fundierter Lösung nicht aus.[214]

Dabei ist allerdings zu beachten, dass Anerkennung einer Sonderverbindung nichts über daraus folgende Pflichten besagt, deren Bestehen u Inhalt vielmehr rechtsfortbildend entwickelt werden muss. Entspr gilt aber auch für von BGH vorgezogene deliktische Haftung. Dogmatisch ist es wenig überzeugend, dass Pflichten gegenüber der Ges nicht aus ihrer Sonderverbindung mit Gfter entnommen werden, sondern allein aus dem prinzipiell gegenüber jedermann geltenden Deliktstatbestand. Vielmehr ist idR Verletzung des Deliktstatbestands im Rahmen einer Sonderverbindung zugleich und erst recht Verletzung von Pflichten aus der Sonderverbindung.[215] Daher war BGH zunächst – wenn auch im Verhältnis zu der von ihm zunächst favorisierten Durchgriffshaftung – von einer (nur) konkurrierenden Deliktshaftung aus § 826 BGB ausgegangen.[216] Was BGH vor allem von Rückgriff auf Sonderverbindung abhält, ist vermeintlich damit eintretende Haftung für jede Fahrlässigkeit u Beweislastregelung des § 280 I 2 BGB.[217] Das verkennt jedoch die auch auf der Ebene der Sonderverbindung vorliegende Rechtsfortbildung, die zunächst Bestehen u Inhalt von Pflichten begründen u in weiterem Schritt nicht notwendig im subj Tatbestand jede Fahrlässigkeit genügen lassen muss, sondern, soweit das sachgerecht ist, ohne weiteres Haftung auf **Handeln mit bedingtem Schädigungsvorsatz** (dolus malus) oder grobe Fahrlässigkeit begrenzt werden könnte.[218] Entspr gilt für Frage der Anwendung der Beweisregel des § 280 I 2 BGB, deren Anwendbarkeit im Rahmen der Rechtsfortbildung nicht zwingend wäre. Auch auf diese Weise ließe sich dem berechtigten Postulat Rechnung tragen, dass nicht Grds des § 13 II zur Disposition gestellt u, was BGH befürchtet,[219] Gesellschaftsform der GmbH der Boden entzogen wird. Damit ließen sich auch die bei Anwendung von § 826 BGB zu erwartende Überspannung des subj Tatbestands[220] vermeiden. Entsprechende Fragestellung wird infolge Relativierung der Bedeutung des Stammkapitals in Form der **UG** u Erleichterungen bei Kapitalaufbringung u Erhaltung (bilanziel- 56

[212] *Röhricht* FS BGH, 2000, Bd I, 83, 116.

[213] Vgl *Lutter/Banerjea* ZIP 2003, 2177.

[214] Vgl zum Gesichtspunkt verdeckter Rechtsfortbildung bereits BGH NJW 1993, 2931, 2934; *Hönn* WM 2008, 769, 776; auch *Gehrlein* WM 2008, 761, 767; *Vetter* BB 2007, 1965 f.

[215] *Gehrlein* WM 2008, 761, 767; *Vetter* BB 2007, 1965; krit zur Umkehrung des Spezialitätsverhältnisses auch *Weller* ZIP 2007, 1684.

[216] BGHZ 149, 10 = NJW 2001, 3622; BGHZ 151, 181 (KBV) = NJW 2002, 3024; NZG 2004, 1107, 1108 (Rheumaklinik).

[217] BGHZ 173, 246 Rn 27, 31, 36 (Trihotel) = NJW 2007, 2689.

[218] Vgl *Grigoleit,* 198 ff, 239 ff, 366 ff; gegen eine Begrenzung auf Vorsatz aber *Zöllner* FS Konzen, 2006, 999, 1019.

[219] BGHZ 173, 246 Rn 27 (Trihotel) = NJW 2007, 2689.

[220] *Röhricht* FS BGH, 2000, Bd I, 83, 116.

le Betrachtungsweise) infolge MoMiG neue Bedeutung gewinnen als **Gewährleistung von unverzichtbarem Gläubigerschutz mit anderen Mitteln.**

57 **2. Deliktische Innenhaftung, insbes wegen existenzvernichtenden Eingriffs. a) Grundlagen.** Bereits Rspr zum qualifizierten faktischen Konzern beruhte auf Erkenntnis, dass Einzelausgleich über §§ 30, 31 oder § 311 AktG nicht in jedem Fall Schädigung der Ges ausgleichen kann, wenn herrschendes Unternehmen nicht nur einzelne, isolierbare Nachteile zufügt, sondern mit Intensität Einfluss nimmt, die Beherrschungsvertrag entspricht.[221] Es hat sich jedoch als schwierig erwiesen, im Wege der Rechtsfortbildung geeignete Haftungsmaßstäbe u Rechtsfolgen zu entwickeln (oben Rn 49). Mit Bremer Vulkan[222] u KBV[223] hatte BGH im Anschluss an *Röhricht* an die Stelle einer konzernrechtlichen eine Durchgriffslösung gesetzt, die nicht mehr an konzernspezifische Einflussnahmen, sondern an den offenen oder verdeckten Entzug von Vermögenswerten anknüpfte, welche die Ges zur Erfüllung ihrer Verbindlichkeiten gegenüber den GesGläubigern benötigte.[224] Grundgedanke dieser Rechtsfortbildung ist, dass die Funktionsfähigkeit des Systems des Gläubigerschutzes in der GmbH auf der Voraussetzung aufbaut, dass die Gfter GesVermögen, welches Ges zur Erfüllung der von ihr eingegangenen Verbindlichkeiten benötigt, der Ges nicht entziehen, soweit Entzug erkennbar zum Zusammenbruch der Ges führen muss oder im Fall der Insolvenzreife diese noch vertieft.[225] Rechtsdogmatisch wurde in der Beachtung der genannten Funktionsbedingung eine Voraussetzung für die Anwendung des Haftungsprivilegs des § 13 II gesehen, mit der Folge, dass bei ins Gewicht fallenden Verstößen, das Haftungsprivileg nicht angewandt u statt dessen auf den oder die einverständlich handelnden Gfter durchgegriffen wurde (Durchgriffshaftung).

58 In der weiteren Entwicklung der Rspr hat sich jedoch gezeigt, dass Konzept der Durchgriffshaftung als verschuldensunabhängige Haftung zu weitgehend u in ihren Rechtsfolgen als unbegrenzte, nicht nur den verursachten Schaden umfassende Haftung zu undifferenziert war. BGH hat daher mit der **Trihotel-Entscheidung,** wie dort formuliert, „Konzept einer eigenständigen Haftungsfigur, die an den Missbrauch der Rechtsform anknüpft und als **Durchgriffs**(außen)**haftung** des Gesellschafters gegenüber den Gesellschaftsgläubigern ausgestaltet, aber mit einer Subsidiaritätsklausel im Verhältnis zu den §§ 30, 31 BGB versehen ist, **auf(gegeben).**“ Statt dessen knüpft er unter Aufrechterhaltung der Funktion u der Grundvoraussetzungen Existenzvernichtungshaftung des Gfters nunmehr an die missbräuchliche Schädigung des im Gläubigerinteresse zweckgebundenen Gesellschaftsvermögens an und ordnet sie – in Gestalt einer **schadensersatzrechtlichen Innenhaftung** gegenüber der Gesellschaft – allein in **§ 826 BGB als eine besondere Fallgruppe der sittenwidrigen vorsätzlichen Schädigung** ein.“[226] Ob daneben in Sonderfällen auch unmittelbare Außenhaftung gegenüber Gläubigern in Be-

221 Vgl zuletzt BGHZ 122, 123 (TBB) = NJW 1993, 1200 m Anm *Kübler.*
222 BGHZ 149, 10 (Bremer Vulkan) = NZG 2002, 38.
223 BGHZ 151, 181 (KBV) = NJW 2002, 3024, 3025.
224 BGHZ 151, 181 (KBV) = NJW 2002, 3024, 3025.
225 BGHZ 151, 181 (KBV) = NJW 2002, 3024, 3025; *Röhricht* FS BGH, 2000, Bd I, 83, 101.
226 BGHZ 173, 246 Rn 23 (Trihotel) = NJW 2007, 2689.

tracht kommt, wenn etwa Restvermögen insges beiseite geschafft wurde, hat BGH offengelassen.[227]

Heranziehung von § 826 BGB an sich nicht neu, sondern schon bisher parallel erfolgt. Insofern nicht ersichtlich, warum BGH in Trihotel hervorhebt, es liege „richterrechtlicher Gestaltungsakt“ [228] vor. Dieser liegt eher in der **Ausgestaltung als Innenhaftung** ggü Ges.[229] Das setzt Schutzpflichten gegenüber der Ges voraus, über die Gfter im Rahmen der Willensbildung der Ges nicht durch Einwilligung disponieren können. Nur wenn man diese Prämisse teilt, die allerdings dann auch in Richtung einer Haftung aus der Sonderbeziehung tendiert, welche BGH gerade ablehnt (oben Rn 53 ff), ist Innenhaftung unter Gesichtspunkt folgerichtig, dass Vermögensentzug primär zu auszugleichendem Schaden der Ges führt u daraus resultierende Schäden der Gläubiger idR lediglich Reflexschäden darstellen.[230] Dagegen könnte unmittelbare Geltendmachung von Schäden, die über Reflexschaden hinausgehen, kaum ausgeschlossen werden.[231] Auch dann bleiben allerdings subjektive Voraussetzungen problematisch, die von BGH sehr in die Nähe der groben Fahrlässigkeit gerückt werden.[232] Schwäche des Konzepts zeigt sich ferner im Fall der masselosen Insolvenz.[233] 59

b) Abgrenzung. Qualifizierter faktischer Konzern: BGH hat Konzept der Haftung im qualifizierten faktischen Konzern aufgegeben (oben Rn 57).[234] Zwar werden in der Praxis häufig Beherrschungs- oder Konzernverhältnisse eine Rolle spielen. Für Anwendbarkeit des Durchgriffs wegen existenzvernichtenden Eingriffs aber deren Vorliegen nicht notwendig.[235] – **Haftung nach §§ 30, 31:** Haftung wegen existenzvernichtenden Eingriffs soll Schädigung der Ges erfassen, die über Tatbestand der §§ 30, 31 hinausgeht, sei es, dass Vorschriften nicht eingreifen, weil konkreter Nachteil bilanzmäßig nicht oder nur unzureichend erfasst wird (Wertloswerden von Produktionsmitteln bei Entnahme von Patent oder Lizenz,[236]) sei es, dass die Schädigung der Ges trotz Eingreifens der Vorschriften durch Ansprüche nicht annähernd kompensiert wird (Entzug von Liquidität, die trotz gegebener Rückzahlungsansprüche zum Zusammenbruch führt).[237] Frühere Annahme einer Subsidiarität der Existenzvernichtungshaftung gegenüber Ansprüchen aus §§ 30, 31[238] ist mit Übergang zu deliktsrechlicher Grundlage obsolet.[239] 60

---

227 BGHZ 173, 246 Rn 33 (Trihotel) = NJW 2007, 2689; vgl. auch NZG 2008, 187 Rn 13.

228 BGHZ 173, 246 Rn 23 (Trihotel) = NJW 2007, 2689.

229 *Kleindiek* ZGR 2008, 686, 690; *Habersack* ZGR 2008, 533, 547.

230 Das sehen die Befürworter nicht scharf genug, vgl etwa *Habersack* ZGR 2008, 533, 547; *Altmeppen* ZIP 2008, 1201, 1204.

231 Vgl BGH NZG 2008, 187 Rn 13; *Hönn* WM 2008, 769, 772.

232 *Hönn* WM 2008, 769; 773; auf die Gefahr der Überspannung des subjektiven Tatbestands hinweisend auch schon *Röhricht* FS BGH, 2000, Bd I, 83, 116.

233 Dazu *Habersack* ZGR 2008, 533, 548.

234 BGHZ 149, 10 (Bremer Vulkan) = NJW 2001, 3622; auch BGHZ 150, 61, 68 = NJW 2002, 1803, 1805; für Fortsetzung aber *Zöllner* SchlAnhKonzernR Rn 133 ff.

235 *Röhricht* FS BGH, 2000, Bd I, 83, 118 ff.

236 *Röhricht* FS BGH, 2000, Bd I, 83, 93.

237 *Röhricht* FS BGH, 2000, Bd I, 83, 94.

238 BGHZ 151, 181 (KBV) = NJW 2002, 3024, 3025; *Röhricht* FS BGH, 2000, Bd I, 83, 93 ff, 105 ff; *Henze* NZG 2003, 649, 657.

239 BGHZ 173, 246 (Trihotel) = NJW 2007, 2689.

Vielmehr kann Tatbestand der §§ 30, 31 sowohl kumulativ vorliegen (Anspruchsgrundlagenkonkurrenz)[240] wie auch ganz fehlen. – **Verletzung mitgliedschaftlicher Pflichten** (dazu oben Rn 53 ff; – **Haftung nach § 826 BGB im Außenverhältnis** (s oben Rn 59). – **Haftung des Geschäftsführers nach § 64 S 3** (dazu § 64 Rn 2, 94 ff).

61 **Dispositionsfreiheit der Gfter:** Haftung wegen existenzvernichtenden Eingriffs enthält weiterhin keine irgendwie geartete Pflicht, Ges mit angemessenem Eigenkapital auszustatten.[241] Soweit dadurch nicht „Weichenstellung ins Aus" vorgenommen wird, ist unter rein gläubigerschutzrechtlichen Gesichtspunkten weiterhin Abzug von Vermögenswerten oberhalb des Stammkapitals zulässig; auch Geschäftschancen können unter Gläubigerschutzgesichtspunkten nach wie vor entzogen werden, wenn diese für Fortbestand der Ges nicht entscheidend sind oder Verlust so kompensiert wird, dass Ges in der Lage bleibt, ihren Verbindlichkeiten nachzukommen.[242] Desinvestitionsfreiheit bleibt erhalten, wenn diese im Wege der dafür vorgesehenen Auflösung der Ges mit anschließender Liquidation durchgeführt wird.[243]

62 **Risiken unternehmerischen Handelns:** Deren Eingehung führt, auch wenn Maßnahme ungeeignet oder fehlerhaft war u in den Zusammenbruch geführt hat, nicht zur Existenzvernichtungshaftung[244] (unten Rn 67). – **Geschäftsführerhaftung:** Durch § 64 S 3 nicht iS der Spezialität ausgeschlossen.[245] Vgl im übrigen Anm § 43 Rn 33, § 64 Rn 94 ff. – **Insolvenzrecht:** Insolvenzantragspflicht u Anfechtungsmöglichkeiten bestehen ggf neben Existenzvernichtungshaftung, machen diese jedoch auf der Grundlage des derzeitigen Standes der insolvenzrechtlichen Diskussion nicht entbehrlich.[246]

63 **c) Voraussetzungen, Rechtsfolgen.** Wie schon von BGH für Durchgriffshaftung entwickelt, setzt Haftung zunächst **kompensationslosen Eingriff in das** auch als Haftungsfonds für Gläubiger dienende **GesVermögen** voraus, **welcher zur Insolvenz führt oder diese vertieft.**[247] Insbes kann, wie *Goette* betont, aus der bloßen Tatsache, dass GmbH ihre Schulden nicht bezahlen kann, keine Haftung wegen existenzvernichtenden Eingriffs hergeleitet werden.[248]

64 **aa) Kompensationsloser Entzug von Gesellschaftsvermögen.** Durch kompensationslosen Eingriff in das im Gläubigerinteresse zweckgebundene GesVermögen unterscheidet sich Existenzvernichtungshaftung von sonstigen Schädigungen der Ges oder der Gläubiger, die zwar ebenfalls unter § 826 BGB fallen können, aber nicht die bes Voraussetzungen der Fallgruppe der Existenzvernichtungshaftung erfüllen. BGH hat in Trihotel hervorgehoben, dass Anknüpfungspunkt (nur) die missbräuchliche Schädigung des im Gläubigerinteresse zweckgebundenen Gesellschaftsvermögens ist (Eingriff in den Haftungs-

---

240 BGHZ 173, 246 Rn 40 (Trihotel) = NJW 2007, 2689.

241 *Röhricht* FS BGH, 2000, Bd I, 83, 104 f; vgl auch oben Rn 16.

242 *Röhricht* FS BGH, 2000, Bd I, 83, 106.

243 BGHZ 176, 204 = NJW 2008, 2437 Rn 23 (GAMMA); NZG 2005, 177, 178.

244 BGHZ 176, 204 = NZG 2005, 214; *Röhricht* FS BGH, 2000, Bd I, 83, 105; *Henze* NZG 2003, 649, 658; *Roth* NZG 2003, 1081, 1082.

245 BegrRegE S 106; *Wicke* § 64 Rn 25.

246 *Röhricht* ZIP 2005, 505, 515; – aA *Nasall* ZIP 2003, 969, 973 ff.

247 BGHZ 173, 246 Rn 31 (Trihotel) = NJW 2007, 2689. Zur Anwendung im Stadium der Liquidation BGH NJW 2009, 2127 (Sanitary).

248 DStR 2007, 1593, 1594.

fonds[249]), der jedoch nicht durch Stammkapitalziffer begrenzt wird.[250] Die Existenzvernichtungshaftung solle wie eine das gesetzliche Kapitalerhaltungssystem ergänzende, aber deutlich darüber hinausgehende **„Entnahmesperre"** wirken, indem sie die „Selbstbedienung" des Gesellschafters vor den Gläubigern der Gesellschaft durch die repressive Anordnung der Schadensersatzpflicht in Bezug auf das beeinträchtigte Gesellschaftsvermögen ausgleiche.[251] **Andere Gestaltungen,** etwa Aschenputtel-Konstellation[252] oder bloße Unterlassung der Absicherung von für das Weiterleben der Ges erforderlichen Vermögenszufluss,[253] der bloße Entzug von Sicherungsgut eines Gläubigers[254] oder gar Betreiben einer unterkapitalisierten GmbH[255] stellen keinen Eingriff in das zweckgebundene GesVermögen dar u **fallen daher nicht unter die Fallgruppe** der Existenzvernichtungshaftung. Zur Frage einer dennoch außerhalb der Fallgruppe möglichen deliktischen (Außen-) Haftung[256] oben Rn 50.

bb) Verletzung einer Verhaltenspflicht durch Gfter, fehlende Rechtfertigung, Sittenwidrigkeit. Konzept des BGH geht von Verhaltenshaftung aus für Verletzung der **Pflicht zur Rücksichtnahme des Gfters auf Zweckbindung** des der vorrangigen Gläubigerbefriedigung unterliegenden **GesVermögens.**[257] Grundlage ist GfterStellung, was besser zu Haftung aus Sonderverbindung passen würde als zu deliktischer Grundlage[258] (oben Rn 54 ff), die an sich auch NichtGfter, etwa SchwesterGes, erfassen könnte.[259] Eingriff muss **durch Gfter** (AlleinGfter oder einvernehmlich handelnde Gfter)[260] erfolgen, mag er auch unmittelbar durch GFührer als ausführendes Organ vollzogen worden sein. Dem unmittelbaren Gfter ist der **mittelbare Gfter** gleichzustellen, also Beteiligung über Mittels- oder Strohmann ebenso wie GesellschafterGfter sein kann, der zwar nicht an der geschädigten GmbH, wohl aber an einer Gesellschaft mit beherrschendem Einfluss ist, die ihrerseits Gesellschafterin der GmbH ist.[261] Für diesen „Durchgriff" ist nach der Rspr maßgebend, ob GesellschafterGfter wie ein Gfter der geschädigten Ges handeln kann, was nach Ansicht des BGH jedenfalls dann der Fall ist, wenn GesellschafterGfter beherrschenden Einfluss auf die (geschädigte) Gesellschaft ausüben kann.[262] Unter Voraussetzungen von § 830 II (doppelter Teilnehmervorsatz) können auch Dritte gesamtschuldnerisch als Teilnehmer haften.[263] 65

249 BGH NZG 2005, 214.
250 BGHZ 173, 246 Rn 28 (Trihotel) = NJW 2007, 2689.
251 BGHZ 173, 246 Rn 28 (Trihotel) = NJW 2007, 2689.
252 BGHZ 176, 204 = NJW 2008, 2437 (GAMMA) Rn 13; – aA Ulmer/*Casper* Anh § 77 Rn 128.
253 BGHZ 176, 204 = NJW 2008, 2437 (GAMMA) Rn 12.
254 BGH NZG 2005, 215.
255 BGHZ 176, 204 = NJW 2008, 2437 (GAMMA) Rn 13.
256 BGHZ 176, 204 = NJW 2008, 2437 (GAMMA) Rn 21.
257 BGHZ 173, 246 Rn 31 (Trihotel) = NJW 2007, 2689; *Röhricht* FS BGH, 2000, Bd I, 83, 117.
258 Zur möglichen Konsequenz für von BGH in Bremer Vulkan bejahte Untreue *Weller* ZIP 2007, 1681, 1687.
259 BGHZ 151, 181, 186 (KBV) = NJW 2002, 3024, 3025.
260 BGH NJW 2005, 145.
261 BGH NZG 2005, 177, 178 (BMW-Vertragshändler); BGHZ 173, 246 Rn 44 (Trihotel) = NJW 2007, 2689.
262 BGHZ 173, 246 Rn 44 (Trihotel) = NJW 2007, 2689 unter Berufung auf BGH NZG 2005, 177.
263 *Weller* ZIP 2007, 1681, 1687.

66 Verhaltenspflicht zur Rücksichtnahme auf Zweckbindung des GesVermögens wird beeinträchtigt, wenn Eingriff GesVermögen zu **betriebsfremden Zwecken** entzieht u dies **Insolvenz zur Folge hat oder diese vertieft.**[264] Verhindert werden soll, wie BGH betont, „Selbstbedienung" des Gfters zu Lasten des der Gläubigerbefriedigung gewidmeten GesVermögens.[265] Geschützt ist nicht nur GesVermögen in Höhe des Stammkapitals, vorhandene oder durch Eingriff entstandene Unterbilanz also nicht notwendige Voraussetzung, sondern GesVermögen insgesamt, soweit Eingriff dazu führen muss, dass Ges zusammenbricht u Gläubiger nicht mehr vollständig befriedigen kann („Weichenstellung ins Aus"). Bsp etwa Entzug eines betriebsnotwendigen Patents auch bei bis dahin nicht in der Krise befindlichen Ges, wenn dies notwendig Insolvenz zur Folge hat. **Keine Verletzung** liegt vor, wenn Gfter entspr Anspruch hat oder Vermögensentzug ausreichend kompensiert wird.[266]

67 Eingriff ist **sittenwidrig,** wenn er Mindestmaßstäbe ordentlichen kaufmännischen Verhaltens im Hinblick auf Zweckbindung des GesVermögens verletzt u zur Insolvenz führt oder diese vertieft. Er darf insbes **nicht lediglich Folge fehlerhafter Geschäftsführung** (Managementfehler) sein, also nicht nur auf Fehleinschätzung im Rahmen der Geschäftsführung beruhen.[267] Risiken unternehmerischen Handelns hat Gläubiger im Rahmen des Insolvenzrisikos mit zu tragen. Deren Eingehung führt, auch wenn Maßnahme ungeeignet oder fehlerhaft war u in den Zusammenbruch geführt hat, nicht zur Existenzvernichtungshaftung.[268] Entscheidend ist also letztlich, ob die Maßnahme noch als (ggf auch fehlerhafte) Verfolgung eines (fiktiven) Gesellschafts- oder Unternehmensinteresses der Ges verstanden werden kann oder ob gegenläufige GfterInteressen im Vordergrund stehen. Auch dann muss, was BGH nicht immer ausreichend betont, Eingriff besondere Schwere aufweisen, um nicht lediglich als rechts-, sondern als sittenwidrig iS von verwerflich gewertet werden zu können, insbes planmäßiges Handeln zum Schaden der Ges u damit der GesGläubiger darstellen. Verwerflichkeit möglich unter Gesichtspunkt der Ziel-Mittel-Relation bzw eintretender Rechtsfolgen.

68 **cc) Schaden.** Rspr fußt auf Gedanken, dass durch parallel anwendbare §§ 30, 31 nur der unmittelbare Vermögensentzug u auch dieser auf Grund bilanzieller Betrachtungsweise nicht immer vollständig rückgängig gemacht werden kann, während damit verbundene weitere Schäden der Ges („Kollateralschäden")[269] auf dieser Rechtsgrundlage nicht erstattungsfähig sind. Mit deliktischer Haftung aus existenzvernichtendem Eingriff, soll bestehende Lücke geschlossen werden. Anders als nach der urspr Durchgriffslösung haftet Gfter jedoch nicht notwendig insgs für zur Gläubigerbefriedigung fehlendes Kapital, sondern nur für den **durch Entzug von Mitteln konkret verursachten Schaden.** Das ist zunächst der unmittelbare Ausgleich in Höhe des entzogenen Vermögens (Eingriffsausgleich). Ersatzpflicht kann jedoch

---

264 BGHZ 173, 246 Rn 28 (Trihotel) = NJW 2007, 2689.

265 BGHZ 173, 246 Rn 28 (Trihotel) = NJW 2007, 2689; BGHZ 176, 204 = NZG 2008, 957 Rn 10 (GAMMA); NJW 2009, 2127 Rn 21 (Sanitary).

266 *Weller* ZIP 2007, 1681, 1685.

267 BGH NZG 2005, 214.

268 BGH NZG 2005, 214; *Röhricht* FS BGH, 2000, Bd I, 83, 105; *Henze* NZG 2003, 649, 658; *Roth* NZG 2003, 1081, 1082.

269 BGHZ 173, 246 Rn 21, 32 (Trihotel) = NJW 2007, 2689; *Röhricht* FS BGH 2000, Bd I, 93 f.

über entnommene Werte wesentlich hinaus gehen, wenn infolge des Eingriffs weitere Schäden im GesVermögen eingetreten sind, etwa die Ges ohne das entzogene Wirtschaftsgut nicht mehr rentabel geführt werden konnte oder wenn infolge des durch den Eingriff schuldhaft bedingten Insolvenzverfahrens Werte vernichtet werden,[270] die andernfalls zur Befriedigung der Gläubiger zur Verfügung gestanden hätten. Obergrenze ist Wiederherstellung der Schuldendeckungsfähigkeit der Ges bzw bei bloßer Vertiefung der Insolvenz Ersatz des insoweit verursachten Vermögensverlusts sowie entspr Insolvenzkosten, nicht aber Wiederherstellung der Ges als werbendes Unternehmen.[271]

dd) Kausalität. Eingriff muss für Zusammenbruch der Ges oder Vertiefung der Insolvenz kausal sein. Mitursächlichkeit genügt, muss allerdings von den subj Voraussetzungen iS der Inkaufnahme des Zusammenbruchs als Folge des Eingriffs mit umfasst sein. 69

ee) Vorsatz. Subj erforderlich ist mindestens eventualvorsätzliches Handeln[272] iS einer Inkaufnahme der Schädigung der Ges u der daraus folgenden Insolvenz bzw deren Vertiefung. Gläubigerschädigung muss nicht beabsichtigt sein; es genügt nach Rspr, wenn Zusammenbruch oder Vertiefung der Insolvenz als Folge der Maßnahme voraussehbar ist u von Gfter als mögl Folge billigend in Kauf genommen wurde. Vorsatz fehlt daher, wenn Insolvenz nicht billigend in Kauf genommen wird,[273] insbes wenn diese allein durch den Eingriff nicht zwingend zu erwarten war, sondern erst durch zusätzliche Fehler der Geschäftsführung oder eine unerwartete Entwicklung der Umstände eingetreten ist. Bewusstsein der Sittenwidrigkeit nicht erforderlich; es genügt, dass Gfter Tatsachen bekannt sind, die Eingriff oder dessen Förderung sittenwidrig machen.[274] 70

ff) Darlegungs- und Beweislast für obj u subj Tatbestandsmerkmale einschl Kausalität von Eingriff, Schaden u Insolvenz liegt bei Ges, dh in der Insolvenz bei Insolvenzverwalter.[275] 71

d) Fallgruppen. Planmäßiger Entzug vorhandenen Vermögens einschließlich der Verlagerung von Geschäftschancen ohne ausreichende Kompensation inbes bei übertragender Sanierung; sog kalte Liquidation[276] zB Entzug überlebenswichtiger Patente oder Produktionsmittel auf andere Ges ohne vorherige Durchführung der Liquidation.[277] Auferlegung existenzvernichtender Risiken,[278] etwa Haftungsverbund mit anderen Ges, Cash-Pool, 72

---

270 Zerschlagungsverluste, *Weller* ZIP 2007, 1681, 1686.

271 *Zöllner* FS Konzen 2006, 999, 1008; *Weller* ZIP 2007, 1681, 1686.

272 BGHZ 173, 246 Rn 31 (Trihotel) = NJW 2007, 2689. Zur damit verbundenen Gefahr der Überspannung des subj Tatbestands s *Röhricht* FS BGH, 2000, Bd I, 83, 116; auch *Hönn* WM 2008, 769, 773; für Zureichen von Fahrlässigkeit auf anderer dogmatischer Grundlage aber *Zöllner* FS Konzen, 2006, 999, 1018.

273 Zur Bedeutung für Cash-Pool- oder LBO-basierten Vermögenstransfer *Weller* ZIP 2007, 1681, 1686.

274 BGHZ 173, 246 Rn 30 (Trihotel) = NJW 2007, 2689.

275 BGHZ 173, 246 Rn 41 (Trihotel) = NJW 2007, 2689.

276 BGH NZG 2005, 177, 178 (BMW-Vertragshändler); BGHZ 151, 181, 186 (KBV) = NJW 2002, 3024, 3025; auch NZG 2005, 214, 215; OLG Jena GmbHR 2002, 112.

277 BGH NZG 2005, 177; *Röhricht* FS BGH, 2000, Bd. I, 83, 93; *Henze* NZG 2003, 649, 658.

278 Vgl BGH NJW 2000, 1571, 1572; auch schon BGH ZIP 1994, 207, 208 (EDV-Peripherie); BGHZ 122, 123, 132 (TBB); *Röhricht* FS BGH, 2000, Bd I, 83, 109; *Henze* NZG 2003, 649, 658; *Lutter/Banerjea* ZGR 2003, 402, 414; *Goette* DStR 1996, 1593.

mit wirtschaftlich gefährdeten Ges ohne Vorsorge für rechtzeitige Ausstiegsmöglichkeit;[279] Bestellung von Sicherheiten für Gfter oder andere konzernangehörige Unternehmen bei absehbarem Ausfall.[280] Leistungen auf Kredit an andere Konzernunternehmen ohne Absicherung, soweit deren Stützung nicht im Interesse der Ges.[281] Ferner werden genannt: Abzug betriebsnotwendiger Liquidität;[282] Entzug von überlebenswichtigen Geschäftschancen,[283] Lizenzen[284] oder Produktionslinien,[285] Kündigung und Übertragung überlebenswichtiger Miet-, Pacht- u Dienstverträge, um Unternehmen ohne Rücksicht auf entstandene Schulden u ohne gebotener Liquidation im Wege der Liquidation mit neuer Ges weiterbetreiben zu können.[286]

VI. Handelsgesellschaft, Abs 3

73 Nach Abs 3 ist **jede GmbH notwendig Handelsgesellschaft** iSv § 6 I HGB unabhängig vom Unternehmensgegenstand (§ 1 Rn 5 ff, § 3 Rn 7 ff), auch wenn sie kein Erwerbsgeschäft betreibt. Sie ist **Formkaufmann** gem § 6 II HGB. Auf sie finden die Vorschriften des 1., 3. u 4. Buchs des HGB grds volle Anwendung. Ihre Geschäfte sind stets Handelsgeschäfte; auch für § 343 HGB kommt es bei einer Handelsges nicht auf die Art ihrer Betätigung an.[287] – Ebenso sind Vorschriften außerhalb des HGB, denen dessen Kaufmannsbegriff direkt oder sinngem zugrunde liegt, auf jede GmbH anzuwenden. GmbH ist Unternehmer iSv § 14 BGB[288] u damit nach § 310 I BGB nur eingeschränkt gegenüber AGB geschützt.[289] Für sie gelten §§ 38 ZPO, 95 I Nr. 1 GVG. Dagegen ist GmbH Gewerbetreibender iS der GewO nur, wenn sie tatsächlich ein entspr Gewerbe betreibt.[290]

Einlagepflicht

14 **[1] Auf jeden Geschäftsanteil ist eine Einlage zu leisten. [2] Die Höhe der zu leistenden Einlage richtet sich nach dem bei der Errichtung der Gesellschaft im Gesellschaftsvertrag festgesetzten Nennbetrag des Geschäftsanteils. [3] Im Fall der Kapitalerhöhung bestimmt sich die Höhe der zu leistenden Einlage nach dem in der Übernahmeerklärung festgesetzten Nennbetrag des Geschäftsanteils.**

---

279 *Henze* NZG 2003, 649, 658; *Heeg/Manthey* GmbHR 2008, 798, 799.

280 BGHZ 122, 123, 128 f (TBB); OLG Rostock NZG 2004, 385 (Sicherungsübereignung ohne Gegenleistung); *Diem* ZIP 2003, 1283; zum fremdfinanzierten Leveraged Buyout auch *Schrell/Kirchner* BB 2003, 1451 ff; MünchHdbGmbH/*Schiessl* § 35 Rn 22; abl *Schulz/Israel* NZG 2005, 329.

281 BGH NZG 2005, 214, 215.

282 Ulmer/*Casper* § 77 Anh Rn 129; Emmerich/*Habersack* § 318 Anh Rn 37.

283 NZG 2005, 214, 215.

284 *Röhricht* ZIP 2005, 505, 515.

285 *Lutter/Banerjea* ZGR 2003, 402, 415.

286 OLG Rostock NZG 2004, 385, 386; vgl auch BGH NZG 2004, 1107 (Rheumaklinik); – einschr aber BGHZ 173, 246 Rn 49 (Trihotel) = NJW 2007, 2689.

287 Heute allgM, Ulmer/*Raiser* Rn 49; Scholz/*Emmerich* Rn 33 f; Staub/*Brüggemann* § 6 Rn 21.

288 Roth/*Altmeppen* Rn 12.

289 *Michalski* Rn 305; Rowedder/Schmidt-Leithoff/*Pentz* Rn 34.

290 *Michalski* Rn 305.

Übersicht

Lit: *Habersack,* Die Mitgliedschaft – subjektives und „sonstiges" Recht, 1996; *Huber,* Vermögensanteil, Kapitalanteil und Gesellschaftsanteil an Personalgesellschaften des Handelsrechts, 1970; *Noack,* Gesellschaftervereinbarungen bei Kapitalgesellschaften, 1994; *Reichert/Weller,* Der GmbH-Geschäftsanteil, 2006; *Wiedemann,* Die Übertragung und Vererbung von Mitgliedschaftsrechten bei Handelsgesellschaften, 1965.

I. Allgemeines; Bedeutung der Vorschrift

§ 14, **neu gefasst durch MoMiG,** behandelt das **Verhältnis von Geschäftsanteil u Einlagepflicht.** Während nach der alten Fassung der Vorschrift sich der GAnteil nach der übernommenen (Stamm-) Einlage bestimmte, kehrt Neufassung Verhältnis um u bestimmt Einlagepflicht nach Nennbetrag des GAnteils. Damit soll, wie schon durch entspr Neufassung von § 3 I Nr 4, die Mitgliedschaft gegenüber der Einlagepflicht in den Vordergrund gerückt u Sprachgebrauch durch Anlehnung an § 2 AktG Vorstellungen der Gfter angeglichen werden,[1] Auch entspricht Neufassung besser der Möglichkeit, bereits bei Gründung mehrere GAnteile zu übernehmen u damit nicht nur eine, sondern mehrere, ggf auch verschiedene mit dem jew GAnteil verbundene Einlagepflichten zu begründen. Zur Frage der Bedeutung der Änderung im Hinblick auf § 5 III 2 s dort. Weitere sachliche Änderungen sind damit aber nicht verbunden. 1

II. Einlagepflicht

Diese wird, wie Gesetz in S 1 iVm § 3 I Nr 4 klarstellt, durch Übernahme von GAnteilen im Rahmen der Gründung oder Kapitalerhöhung begründet. Sie bestimmt sich der Höhe nach Nennbetrag des GAnteils oder Nennbeträgen der GAnteile, die jeder Gesellschafter übernimmt. Einlagepflicht resultiert also aus Übernahme des GAnteils, nicht mehr umgekehrt GAnteil aus Übernahme einer Einlage. Keine zusätzliche Einlagepflicht bei Erhöhung des Nennbetrags im Fall der Kapitalerhöhung aus GesMitteln oder der Einziehung. Einzelheiten zu Gegenstand der Einlagepflicht, Fälligkeit, Erfüllung, Verjährung s §§ 5, 19 mit Anm. 2

[1] Begr RegE S. 63.

III. Geschäftsanteil

3 **1. Begriff und Bedeutung.** Der GAnteil bezeichnet nach allg Verständnis in Rspr u Lit[2] die Gesamtheit der Rechte u Pflichten eines Gfters aus dem GesVerhältnis in ihrer Zusammenfassung als **Mitgliedschaft.** Er wird gem § 14 nicht als Bruchteil iS einer Beteiligungsquote festgesetzt, sondern durch den Nennbetrag bestimmt, aus dem sich im Verhältnis zu den Nennbeträgen der übrigen GAnteile Beteiligungsmaßstab ergibt.[3] Maßgebend also die gezeichnete, nicht die jew darauf geleistete Einlage; nach § 5 II 1 stets bestimmter Euro-Betrag (§ 3 Rn 16, auch § 5 Rn 7). Daher **Kennzeichnung** des GAnteils **durch festen Nennbetrag.** Dieser kann für die einzelnen GAnteile verschieden hoch sein; praktisch sehr häufig.

4 Da Gfter nunmehr bereits bei Gründung mehrere GAnteile übernehmen kann (§ 5 II 2), ergibt sich jew Mitgliedschaft u daraus folgende Rechte u Pflichten aus der Summe der dem Gfter zustehenden GAnteile. **Nennbetrag maßgebend für Einlagepflicht** (oben Rn 2); dagegen Stand der Erfüllung der Einlagepflicht für Mitgliedschaftsrechte im Übrigen nicht entscheidend, soweit nicht GesVertrag abw bestimmt. Summe der Nennbeträge muss Stammkapital entspr (§ 5 III 2). Dazu, inwieweit dies auch im Fall der Kapitalerhöhung aus Gesellschaftsmitteln, der Einziehung u der Unwirksamkeit einer Beteiligung gesichert ist, s § 5 Rn 9 f.

5 **Funktion** des GAnteils einerseits als Bezeichnung für jew **Mitgliedschaftsanteil im Ganzen,** insbes im Zusammenhang mit Übertragung, Teilung oder Zusammenlegung, Mitberechtigung udgl (§§ 15, 46 Nr 4). – Andererseits gibt Nennbetrag jedes GAnteils im Verhältnis zu den anderen (ohne die eigenen der Ges, § 33) Aufschluss über Beteiligungsverhältnis. Deshalb ist GAnteil normalerweise **Maßstab für** von der Höhe der Beteiligung abhängige **Rechte und Pflichten,** so Gewinnanspruch (§ 29 III), Stimmrecht (§ 47 II), Auseinandersetzungsguthaben (§ 72), aber auch Ausfallhaftung (§§ 24, 31 III), Nachschusspflicht (§ 26 II, III), ganz allg Maßstab für Gleichbehandlung der Gfter bei quantifizierbaren Vorgängen (§ 13 Rn 30 ff); allerdings überwiegend nicht zwingend, sondern nur mangels anderer Regelung im GesVertrag (so ausdrücklich §§ 29 III 2 u 72 S 2, auch §§ 47 II mit 45 II, vgl ferner § 13 Rn 32, sowie § 26 Rn 5, 8).

6 Mit der Mitgliedschaft verkörpert der GAnteil ein **subjektives Recht** des Gfters. Dieses ist sonstiges Recht iSv § 823 I BGB.[4] Schadenersatzpflicht allerdings nur bei Beeinträchtigung des Mitgliedschaftsrechts als solchen, Schädigung nur der GmbH u dadurch bedingte Wertminderung des Anteils reichen dafür nicht;[5] dann nur ggf Anspruch der GmbH selbst. Zur davon zu unterscheidenden Frage der Schadenszurechnung beim Alleingfter s § 13 Rn 16. – Inwieweit Mitgliedschaftsrecht u somit GAnteil als **Wertanteil** nicht nur wirtschaftlich, sondern auch rechtlich Teilhabe an Substanz des GesVermögens vermittelt, ist str, jedoch, da über die Folgen iE Einigkeit besteht,

---

[2] ZB BGH DB 1972, 132; Michalski/*Ebbing* Rn 3; Rowedder/Schmidt-Leithoff/*Pentz* Rn 1, 13.

[3] *Priester* FS Kellermann 1991, 337, 344.

[4] RGZ 100, 278; BGHZ 110, 323 betr eV; allgM, ausführl Ulmer/*Paefgen* § 43 Rn 1078 ff; Scholz/*Winter/Seibt* Rn 7 f; Michalski/*Ebbing* Rn 43; allg auch MünchKommBGB/*Wagner* § 823 Rn 164 ff, allerdings einschr Rn 166 bzgl Schutz im Innenverhältnis; *Wiedemann* 39 ff; *Habersack* 117 ff; alle mwN.

[5] RGZ 158, 255 für AG, allgM; vgl aber OLG München ZIP 1990, 1552.

allenfalls theoretisch von Interesse.[6] Alleinige dingliche Zuordnung der Vermögensgegenstände zur GmbH als jurPerson wird dadurch nicht berührt.

2. Wert des Geschäftsanteils ist nicht mit dem Nennbetrag identisch, sondern wird als wirtschaftlicher Wert der Mitgliedschaft (Verkehrswert, wahrer Wert) durch mehrere variable Faktoren bestimmt. Wesentlich vor allem Bestand des GesVermögens, das größer, aber auch geringer als das Stammkapital sein kann, ferner gesamte wirtschaftliche Lage der Ges; zusätzlich können mit dem GAnteil verbundene Sonderrechte, aber auch besondere Pflichten, insbes Nebenleistungen, auch Kündigungsrecht[7] zu berücksichtigen sein. – Wert rechtlich u tatsächlich vielfältig von Bedeutung, so abgesehen von entgeltlicher Veräußerung zB für Abfindung bei Einziehung sowie bei Ausscheiden durch Austritt oder Ausschließung aus wichtigem Grund (§ 34 Rn 22 ff mwN sowie § 34 Anh Rn 11, 25) bzw im Rahmen formwechselnder Umwandlung, für Umtauschverhältnis bei Verschmelzung udgl, auch etwa bei Zugewinnausgleich,[8] ferner als gemeiner Wert im Steuerrecht für Vermögen- u Erbschaftsteuer sowie Besteuerung nach Gewerbekapital. – **Bewertung** nach betriebswirtschaftlichen Grundsätzen idR unter Berücksichtigung von Ertrags- u Substanzwert mit deutlicher Betonung des ersteren; aber im Bereich des Privatrechts keine Bindung an bestimmte Methode (näher § 34 Rn 22 f).[9] 7

3. Anteilscheine über GAnteile iGgs zur Aktie nicht gesetzlich geregelt. Aber Ausstellung durch GmbH zulässig (selten), auch ohne Regelung in der Satzung.[10] Anspruch auf Ausstellung haben Gfter nur, wenn durch Satzung oder GfterBeschluss vorgesehen. – Der Schein ist nur **Beweisurkunde,** nicht Wertpapier.[11] Ausstellung nicht an Order oder auf den Inhaber, sondern allein auf den Namen des Berechtigten. Ferner zumindest Angabe der Ges u des Nennbetrags, da sonst Beweiszweck verfehlt wird; entspr ggf Angabe von Nebenpflichten u Sonderrechten. Schriftform nach § 127 BGB, aber vervielfältigte Unterschrift analog § 13 AktG ausreichend, wenn Satzung nichts anderes vorsieht. Verstoß gegen satzungsmäßige Form nach außen belanglos. 8

Rechtliche Bedeutung gering, grds nur Beweiswirkung. Satzung kann Zahlung der Dividende an Vorlegung des Scheins binden (hM). Für Abtretung des GAnteils bleibt Form des § 15 III zwingend, doch kann Satzung Übergabe des Scheins als zusätzliche Voraussetzung gem § 15 V vorschreiben;[12] gilt auch für Verpfändung. Dagegen spielt Schein bei Pfändung des GAnteils keine Rolle, daher Wegnahme nicht erforderlich; wohl aber Anspruch des Erwerbers in der Zwangsversteigerung auf Herausgabe nach §§ 402, 413 BGB, auch nach § 952 analog mit § 985 BGB. Gleichen An- 9

---

[6] Scholz/*Winter/Seibt* Rn 3 mwN; ferner etwa *Wiedemann* 39 ff; *Habersack* 89 ff; *Huber* 151 ff, 165 ff.

[7] BGH WM 1988, 1370.

[8] BGH DB 1986, 2427.

[9] Ferner ausführl Scholz/*Winter/Seibt* Rn 12 ff mwN; auch Ulmer/*Raiser* Rn 11 ff; *Reichert/Weller* § 14 Rn 21 ff. – Einzelfälle zB BGH NJW 1967, 1464; 1973, 509; DB 1975, 1934; BB 1987, 710; BayObLG BB 1983, 147; OLG München BB 1987, 2392; vgl aber auch BGH BB 1984, 2083 zur KG. Zur kostenrechtlichen Behandlung BayObLG BB 1985, 7; DB 1988, 1007.

[10] HM, nunmehr auch Rowedder/Schmidt-Leithoff/*Pentz* Rn 40.

[11] RGZ 53, 109; 57, 415; OLG Köln GmbHR 1995, 293, unstr.

[12] RGZ 98, 278, allgM.

spruch hat jeder andere Erwerber, wenn Übergabe nicht satzungsmäßiges Abtretungserfordernis ist (allgM). – Da GmbH keine TeilGAnteile schaffen kann, würden Teilanteilscheine, etwa nach Art von Aktien Scheine in gleicher Höhe von je 1 Euro, nur irreführen; kein Vertrauensschutz u kein Beweiswert für Stückelung; Ausstellung zwar nicht unzulässig, sollte aber unterbleiben.[13] Die Schaffung ist nach MoMiG auch nicht mehr erforderlich, da nach § 5 II 2 jeder Gfter beliebig viele u auch gleich große GAnteile erwerben u bei bestehenden Ges nach Aufhebung von § 17 mit Zust der Ges bestehende GAnteile beliebig geteilt werden können, solange der Nennbetrag die Grenze von 1 € (§ 5 II 1) nicht unterschreitet.

10 Als Wertpapiere können **Gewinnanteilscheine und Genussscheine** ausgestellt werden (dazu § 29 Rn 87, 89).

IV. Gestaltung der Rechte und Pflichten aus der Mitgliedschaft

11 **1. Grundlagen und Abgrenzung.** Die im GAnteil verkörperte Mitgliedschaft umfasst alle **Rechte und Pflichten** der Gfter **aus dem Gesellschaftsverhältnis.** Rechtsgrundlage teils unmittelbar im Gesetz, im Übrigen im GesVertrag, der sowohl gesetzliche Rechte u Pflichten konkretisieren als auch weitere begründen kann (dazu § 3 Rn 31 ff u die dort genannte allg Lit). Sie sind **gesellschaftlich** begründet, also **körperschaftsrechtlich** u umfassen die gesamte Rechtsstellung als Gfter in u gegenüber der Ges. – Zu den allg Grundsätzen für die Stellung der Gfter § 13 Rn 18 ff, insbes zur Treuepflicht Rn 20 ff, zum Gleichbehandlungsgrundsatz Rn 31 ff; zur Gfter-Klage Rn 36 ff.

12 Davon zu unterscheiden sind rein **schuldrechtliche Rechte und Pflichten.** Sie können sowohl zwischen Gftern als auch zwischen Ges und Gftern bestehen. Grundlage nicht im GesVerhältnis, sondern Rechtsgeschäfte wie mit jedem Dritten, daher Bezeichnung als **Drittgeschäfte.** Entstehung meist außerhalb des GesVertrags, aber auch äußerliche Verbindung mit diesem möglich; Näheres s § 3 Rn 54 ff, auch zur Abgrenzung gegenüber gesellschaftlichen Vereinbarungen. Zusammenhang von Drittgeschäften mit Gfter-Stellung, wenn diese für Zustandekommen oder Konditionen von Bedeutung ist, ändert schuldrechtlichen Charakter nicht, aber ggf Erstreckung von Gleichbehandlung (§ 13 Rn 34 aE), uU auch Treuepflicht (§ 13 Rn 23 ff); möglicherweise verdeckte Gewinnausschüttung (§ 29 Rn 68 ff). – Schuldrechtliche Ansprüche von Gftern können auch aus gesellschaftsrechtlichen Positionen entstehen, so vor allem Anspruch auf einzelnen festgesetzten Gewinnanteil (§ 29 Rn 49), ferner etwa auf Gegenleistung bei entgeltlicher Nebenleistungspflicht (§ 3 Rn 36), sog **Gläubigerrechte.** Sie nehmen eine Zwischenstellung ein, sind enger gesellschaftsbezogen als Drittgeschäfte, unterliegen daher eher einer Treuebindung, sind aber dennoch nur schuldrechtliche Forderungen, daher zB iGgs zu den Mitgliedschaftsrechten einzeln zu übertragen (Rn 19).[14]

---

[13] Str, wie hier Scholz/*Winter/Seibt* Rn 64; Rowedder/Schmidt-Leithoff/*Pentz* Rn 39; *Reichert/Weller* § 14 Rn 44; – aA für Unzulässigkeit Ulmer/*Raiser* Rn 16; Roth/*Altmeppen* Rn 9.

[14] Scholz/*Winter/Seibt* Rn 17; Michalski/*Ebbing* Rn 54; Roth/*Altmeppen* Rn 15; auch *Lutter*/Hommelhoff/*Bayer* Rn 12 f; ausführl *Wiedemann,* 292 ff.

2. Allgemeine Mitgliedschaftsrechte und -pflichten kommen normalerweise für alle Gfter in Betracht. **a) Inhalt.** Nach ihrem Inhalt unterscheidet man meist zwischen Verwaltungsrechten u Vermögensrechten (auch Herrschafts- oder Organschafts- gegenüber Wertrechten) u den entspr Pflichten bzw iE ähnlich zwischen personen- u vermögensrechtlicher Seite der Mitgliedschaft.[15] Bedeutung vorwiegend deskriptiv, doch ergeben sich auch gewisse rechtliche Folgerungen. So sind Verwaltungsrechte vielfach, insbes soweit sie GFührung betreffen, zugleich uneigennützig im Interesse der Ges u daher zB stärker der Treuebindung unterworfen als die vorwiegend im Eigeninteresse gegebenen Vermögensrechte (dazu § 13 Rn 29 f); zur Übertragbarkeit unten Rn 19. – Beispiele zahlreich: Verwaltungsrechte insbes Stimmrecht (§ 47), auch Auskunfts- u Einsichtsrecht (§ 51 a); Verwaltungspflichten nicht im Gesetz, doch kann Treuebindung Ausübung gesetzlicher Rechte zur Pflicht machen (zB Stimmpflicht, § 13 Rn 29), ferner Nebenleistungspflichten gem § 3 II kraft GesVertrags, insbes GFührungspflicht (§ 3 Rn 42); Vermögensrechte etwa Dividendenrecht (§ 29), Recht auf Liquidationserlös (§ 72); Vermögenspflichten vor allem Einlagepflicht (§ 3 I Nr 4 ua), auch Differenz- u Ausfallhaftung (§§ 9, 24, 31 III), Nachschusspflicht kraft GesVertrags (§§ 26 ff). 13

b) Regelung. Die üblichen Mitgliedsrechte u die wichtigsten Pflichten gelten bereits **kraft Gesetzes.** Regelung vielfach dispositiv, doch auch **teilweise absolut zwingend,** vorwiegend als Individual- oder Minderheitsschutz, sog **Kernbereich,** ferner zur Kapitalaufbringung u -erhaltung. Das ist oft ausdrücklich gesetzlich bestimmt, zB §§ 25, 31 IV, 51 a III ua, u im Übrigen für die einzelnen Vorschriften nach Inhalt u Bedeutung durch Auslegung zu ermitteln (Hinweise jew in den Erl); keine allg Formel. – Zwingend sind danach zB: Informationsrechte nach § 51 a, Abandonrecht im Rahmen von § 27 IV, Recht zum Austritt aus wichtigem Grund (Rechtsfortbildung § 34 Anh Rn 1), ferner bestimmte Minderheitsrechte wie Berechtigung zur Erhebung der Auflösungsklage nach § 61. Besonders wichtig: absolut zwingende Pflichten, so vor allem gem § 19 Einlagepflicht, ferner zB Rückzahlungspflicht gem § 31, Ausfallhaftung nach §§ 24, 31 III, Differenzhaftung nach § 9 u praeter legem Verlustdeckungs- u Vorbelastungshaftung im Zusammenhang mit der Gründung (§ 11 Rn 24 ff, 61 ff). 14

Im Übrigen Regelung durch GesVertrag, **Satzung.** Dabei für GmbH iGgs zur AG weitgehende Gestaltungsfreiheit. Erweiterung u Begründung neuer Pflichten nach § 3 II, Nebenleistungs- bzw Sonderpflichten, ebenso weitere Rechte möglich (ausführl § 3 Rn 31 ff mwN). Auch Abwandlung, Einschränkung oder völliger Ausschluss gesetzlicher Rechte u Pflichten zulässig, soweit diese nicht absolut zwingend sind (oben Rn 14, vgl auch § 45 I u II). GesVertrag kann daher alle oder einzelne Gfter von einzelnen, auch normalerweise zentralen, Rechten ausschließen, so vom Stimmrecht[16] (§ 47 Rn 33), vom Gewinnanteilsrecht (§ 29 I 1), vom Liquidationsanteil (§ 72 S 2), nach BGH[17] allerdings nicht von allen drei Rechten gleichzeitig. Letzteres im Ansatz zutr, aber iE wohl zu eng: maßgebend sollte sein, dass Mitgliedschaft 15

---

[15] Ausführl mwN Scholz/*Winter/Seibt* Rn 14; sowie *Wiedemann,* 32 ff; auch Ulmer/*Raiser* Rn 21; *Lutter*/Hommelhoff/*Bayer* Rn 10; Rowedder/Schmidt-Leithoff/*Pentz* Rn 13 ff; *Raiser*/Veil §§ 27, 28; *K. Schmidt* GesR § 35 I.

[16] *Schäfer* GmbHR 1998, 113 ff, 168 ff.

[17] BGHZ 14, 270, 273; zust *Lutter*/Hommelhoff/*Bayer* Rn 10.

nicht sinnentleert werden darf, dem Gfter also ein sein Beteiligungsinteresse tragender Rest von Verwaltungs- bzw Vermögensrechten verbleibt; Beurteilung im Einzelfall.[18] Unzulässig aber Ausschluss aller Gfter vom Stimmrecht, da dadurch gesellschaftsinterne Willensbildung lahmgelegt, Funktion der GfterGesamtheit, GfterVers als notwendiges Organ beseitigt würde. – GesVertrag braucht **nicht für alle Gesellschafter gleiche Rechte und Pflichten** vorzusehen, also **unterschiedlich ausgestaltete Geschäftsanteile** möglich. Nebenleistungspflichten können sie ungleich treffen (ganz hM, § 3 Rn 36 aE mwN); ebenso können Rechte unterschiedlich gestaltet werden (zu Sonderrechten Rn 17). Gleichbehandlungsgrundsatz steht nicht entgegen, da einvernehmliche Regelung im GesVertrag Vorrang hat (§ 13 Rn 33).

16 **Spätere Umgestaltung** von Mitgliedschaftsrechten u -pflichten nur durch **Satzungsänderung.** Erweiterung oder Schaffung neuer Pflichten aber nur mit Zustimmung aller betroffenen Gfter gem § 53 III (s dort Rn 32 ff). Stets ist Gleichbehandlungsgrundsatz zu beachten, daher bei für Gfter ungleichmäßiger Regelung, insbes bei ungleichen Rechten oder anderen Vorteilen, wenn sie nicht durch einen sachlichen Grund gerechtfertigt sind, Zustimmung der nachteilig betroffenen bzw nicht begünstigten Gfter unerlässlich (§ 13 Rn 33).

17 Einschränkung oder **Entziehung von Mitgliedschaftsrechten** ist ausgeschlossen, soweit sie absolut zwingend (oben Rn 14), daher auch absolut unentziehbar u unverzichtbar sind. Darüber hinaus können manche Rechte nach Gesetz oder GesVertrag einem Gfter auch durch Satzungsänderung nur mit dessen Zustimmung entzogen werden, selbst wenn das alle Gfter gleichmäßig trifft, relative Unentziehbarkeit. Diese Wirkung ist, soweit nicht ausdrücklich geregelt, nur im Einzelnen nach Inhalt u Zweck durch Auslegung zu ermitteln. So kann Mitgliedschaft selbst, abgesehen von bestimmten besonderen Situationen (Kaduzierung nach § 21, Ausschließung aus wichtigem Grund, § 34 Anh Rn 2 ff), nicht ohne Zustimmung entzogen werden; iZw gilt das auch für Stimmrecht, Gewinnanteilsrecht u Liquidationsanteil, wenn GesVertrag nichts anderes ergibt.[19] Auch hier kann Zustimmung des Betroffenen zur Entziehung ausnahmsweise entbehrlich sein, wenn dafür ein wichtiger Grund vorliegt.[20] Insoweit gilt Ähnliches wie bei der Ausschließung aus wichtigem Grund (§ 34 Anh Rn 3 ff), wobei Entziehung eines einzelnen Rechts uU als weniger einschneidende Maßnahme vorzuziehen ist (§ 34 Anh Rn 6).

18 **3. Sonderrechte, Vorzugsgeschäftsanteile. Sonderrechte** sind Mitgliedschaftsrechte, die nur einem oder einzelnen Gftern oder einer Gruppe als **Vorrechte** eingeräumt sind; weitergehende Einbeziehung aller nur mit Zustimmung entziehbaren allg Mitgliedschaftsrechte (oben Rn 16) durch einen Teil der älteren Lit heute überholt, engerer Begriff nunmehr allg anerkannt.[21]

---

[18] IE ähnlich Ulmer/*Raiser* Rn 34; Scholz/*Winter/Seibt* Rn 33; Michalski/*Ebbing* Rn 68; *Reichert/Weller* Rn 92; zurückhaltender Scholz/*Schmidt* § 47 Rn 11.

[19] Zum Ganzen Ulmer/*Raiser* Rn 36; Scholz/*Winter/Seibt* Rn 35 ff mwN; auch Rowedder/Schmidt-Leithoff/*Pentz* Rn 17 ff; allg *Flume* JurPerson § 8 I.

[20] Scholz/*Winter/Seibt* Rn 38 mwN; Michalski/*Ebbing* Rn 67; *Reichert/Weller* § 14 Rn 94.

[21] BGH NJW 1969, 131; ausführl zum Ganzen mwN Scholz/*Winter/Seibt* Rn 19 ff; sowie Ulmer/*Raiser* Rn 24 ff; ferner Roth/*Altmeppen* Rn 21; *Lutter*/Hommelhoff/*Bayer* Rn 11; allg *Flume* JurPerson § 8 II; *Waldensberger* GmbHR 1997, 49, 50 ff.

Begründung im GesVertrag;[22] Einführung auch später durch Satzungsänderung, jedoch unter Berücksichtigung des Gleichbehandlungsgrundsatzes, daher nur mit Zustimmung aller nicht bevorzugten Gfter (§ 13 Rn 33). Inhalt ähnlich wie bei allg Mitgliedschaftsrechten (oben Rn 12), jedoch stets auf einen oder einige Bevorrechtigte beschränkt, zB Recht auf Vorzugsdividende, Recht auf GFührung, Entsendungsrecht in GesOrgan,[23] insbes Aufsichts- oder Beirat udgl. Durch Ausstattung mit Sonderrechten entstehen sog **Vorzugsgeschäftsanteile** (§ 3 Rn 45, § 5 Rn 10).[24]

Sonderrechte sind, sofern Satzung nichts anderes bestimmt, **nur mit Zustimmung des Berechtigten entziehbar,**[25] u zwar durch Satzungsänderung.[26] Entspr gilt für Einschränkung. Zustimmung ausnahmsweise entbehrlich, wenn wichtiger Grund für Entziehung vorliegt.[27] Praktisch wichtig vor allem bei Sonderrecht zur Geschäftsführung, § 38 II (dazu § 38 Rn 8).[28] Hier wird bei wichtigem Grund auch Satzungsänderung für entbehrlich gehalten.[29] Ob im Entzug eines Sonderrechts gegenüber Ausschließung aus der Ges (§ 34 Anh Rn 6) eine weniger einschneidende Maßnahme liegt, kann wegen der uU großen Bedeutung des Sonderrechts für den Betroffenen nur im Einzelfall entschieden werden.[30] 19

4. Übertragung. Allg Mitgliedschaftsrechte u Sonderrechte beruhen auf der Mitgliedschaft u sind grds an sie gebunden. Sie werden daher auch mit ihr zusammen übertragen (allgM, s dazu § 15 mit Erl). Ausschließliche Bindung an die Person eines oder bestimmter Berechtigter ist, insbes bei Sonderrechten, möglich, zB persönliches GFührungsrecht. Praktisch relativ selten, iZw nicht zu vermuten. Trifft das zu, endet das betr Recht mit der Mitgliedschaft des Berechtigten (§ 3 Rn 49). – **Gesonderte Übertragung,** sog **Abspaltung, einzelner Verwaltungsrechte,** insbes auch Stimmrecht, ist nach ganz überwM nicht möglich (§ 47 Rn 40).[31] – Grds gilt dasselbe auch für **Vermögensrechte,** allerdings nur für das mit der Mitgliedschaft verbundene Stammrecht. Davon zu unterscheiden:[32] Die daraus erwachsenden konkreten 20

---

22 BGH NJW 1969, 131, allgM.

23 Dazu auch BGH WM 1989, 250 betr GFührer-Bestellung.

24 Ausführl Ulmer/*Ulmer* § 5 Rn 188 ff.

25 § 35 BGB – BGH WM 1989, 250.

26 HM, Scholz/*Winter/Seibt* § 14 Rn 25, 27 aE; Michalski/*Ebbing* Rn 89; – str.

27 HM, Scholz/*Winter/Seibt* Rn 27 mwN; Ulmer/*Raiser* Rn 31; Rowedder/Schmidt-Leithoff/*Pentz* Rn 35 f.

28 Ulmer/*Raiser* Rn 26 aE; Scholz/*Winter/Seibt* Rn 27: keine Satzungsänderung.

29 Scholz/*Winter/Seibt* Rn 27; Ulmer/*Raiser* Rn 32 aE; Michalski/*Ebbing* Rn 90.

30 Ebenso Scholz/*Winter/Seibt* Rn 27; Ulmer/*Raiser* Rn 32; gegen ungerechtfertigte Verallgemeinerung in Teilen der Lit.

31 BGHZ 43, 267; NJW 1968, 397; BayObLG DB 1986, 421; OLG Koblenz NJW 1992, 2163, 2164; Scholz/*Winter/Seibt* § 15 Rn 16 ff; Scholz/*Schmidt* § 47 Rn 20 mwN für Stimmrecht; Ulmer/*Raiser* Rn 41 ff; Michalski/*Ebbing* Rn 70; Roth/*Altmeppen* § 15 Rn 25; MünchHdbGmbH/*Schiessl* § 31 Rn 29; GmbH-Hdb/*Kallmeyer* Rn 896; *Lutter*/Hommelhoff/*Bayer* Rn 14, jedoch etwas offener für Stimmrechtsabspaltung, s auch § 47 Rn 2; ähnl Rowedder/Schmidt-Leithoff/*Koppensteiner* § 47 Rn 24 ff; – zum Ganzen *K. Schmidt* GesR § 19 III 4 mwN; ausführl *Wiedemann* 274 ff; ferner *Habersack* 78 ff; *Herfs,* Einwirkungen Dritter auf den Willensbildungsprozess der GmbH, 1994.

32 So auch Roth/*Altmeppen* Rn 15 u § 15 Rn 25; Scholz/*Winter/Seibt* § 15 Rn 20; Michalski/*Ebbing* Rn 74; MünchHdbGmbH/*Schiessl* § 31 Rn 29; iE auch Ulmer/*Raiser* Rn 31; in der Lit vielfach nicht hinreichend beachtet.

Ansprüche auf vermögenswerte Leistungen, zB auf festgestellten u verteilten Gewinnanteil, haben als sog **Gläubigerrechte** (Rn 11) schuldrechtlichen Charakter u können frei, auch formfrei (§ 15 Rn 26 aE), abgetreten werden (unstr). Abtretung auch der künftigen Forderungen kann einer Übertragung des Vermögensrechts als solchem iE nahekommen; uU verbietet aber Treuepflicht dem Gfter ein solches Vorgehen, falls für Ges in erheblichem Maß nachteilig.

Übertragung von Geschäftsanteilen

15

(1) **Die Geschäftsanteile sind veräußerlich und vererblich.**

(2) **Erwirbt ein Gesellschafter zu seinem ursprünglichen Geschäftsanteil weitere Geschäftsanteile, so behalten dieselben ihre Selbständigkeit.**

(3) **Zur Abtretung von Geschäftsanteilen durch Gesellschafter bedarf es eines in notarieller Form geschlossenen Vertrages.**

(4) [1] **Der notariellen Form bedarf auch eine Vereinbarung, durch welche die Verpflichtung eines Gesellschafters zur Abtretung eines Geschäftsanteils begründet wird.** [2] **Eine ohne diese Form getroffene Vereinbarung wird jedoch durch den nach Maßgabe des vorigen Absatzes geschlossenen Abtretungsvertrag gültig.**

(5) **Durch den Gesellschaftsvertrag kann die Abtretung der Geschäftsanteile an weitere Voraussetzungen geknüpft, insbesondere von der Genehmigung der Gesellschaft abhängig gemacht werden.**

Übersicht

Lit: *Armbrüster,* Treuhänderische Beteiligung an Gesellschaften, 2001; *Asmus,* Die vinkulierte Mitgliedschaft, Köln 2001; *Brauer/Levedag,* Die Zusammenlegung eines verpfändeten GmbH-Geschäftsanteils mit einem pfandfreien GmbH-Geschäftsanteil ohne Zustimmung des Pfandgläubigers, GmbHR 2002, 572; *Däubler,* Die Vererbung des Geschäftsanteils bei der GmbH, 1965; *Diem,* Akquisitionsfinanzierungen, 2. Aufl 2009; *Fischer,* Der Haftung des Unternehmensverkäufers nach neuem Schuldrecht, DStR 2004, 276; *Fricke,* Die Nießbrauch an einen GmbH-Geschäftsanteil – Zivil- und Steuerrecht, GmbHR 2008, 739; *Grunewald,* Rechts- und Sachmängelhaftung beim Kauf von Unternehmensteilen, NZG 2003, 372; *Heckelmann,* Abfindungsklauseln in Gesellschaftsverträgen, 1973; *Hilgard,* Bagatell- und Cap-Klauseln beim Unternehmenskauf, BB 2004, 1233; *Immenga,* Die personalistische Kapitalgesellschaft, 1970; *Jasper/Rust,* Die Zusammenlegung von GmbH-Geschäftsanteilen, DB 2000, 1549; *Jedlitschka,* Die Rückabwicklung einer unwirksamen Übernahme einer GmbH-Anteilsmehrheit, Berlin 2004; *Kowalski/Bormann,* (Manager-) Beteiligung auf Zeit – ein Fall der Sittenwidrigkeit?, GmbHR 2004, 1438; *Langner/Heydel,* Vererbung von GmbH-Geschäftsanteilen – Sicherstellung einer familieninternen Nachfolge, GmbHR 2005, 377; *Liebscher,* Umgehungsresistenz von Vinkulierungsklauseln, ZIP 2003, 825; *Liebscher/Lübke,* Die zwangsweise Verwertung vinkulierter Anteile – zur angeblich vinkulierungsfreien Pfand- und Insolvenzverwertung, ZIP 2004, 241; *Maier-Reimer/Webering,* Verwertung von Pfandrechten an Unternehmensbeteiligungen, BB 2003, 1630; *Meyer,* Der Nießbrauch an GmbH-Geschäftsanteilen und an Aktien, 2002; *Priester,* Die Zusammenlegung von GmbH-Anteilen, GmbHR 1976, 130; *Reichert/Weller,* Der GmbH-Geschäftsanteil, Übertragung und Vinkulierung, 2006; *Rieder/Ziegler,* Die Auswirkungen einer Pfändung von Kapitalgesellschaftsanteilen auf Strukturmaßnahmen der Gesellschaft, ZIP 2004, 481; *Roth,* Pfändung und Verpfändung von Gesellschaftsanteilen, ZGR 2000, 187; *Schäfer/Hillesheim,* Die Gesellschafterstellung auf Zeit im Rahmen eines Geschäftsführerbeteiligungsmodells (Managermodells), DStR 2003, 2122; *Schlieter,* Die Verpfändung von GmbH-Geschäftsanteilen, 2009; *Schmitz,* Vinkulierungs- und Ausschließungsklauseln – Überschneidung und Gestaltungsmöglichkeiten in der Satzung der GmbH, FS Wiedemann, 2002, 1223; *Seibt,* Rechtssicherheit beim Unternehmens-, Beteiligungs- und Anteilsverkauf – Analyse der Änderungen bei §§ 444, 639 BGB, NZG 2004, 801; *Singhoff/Seiler/Schlitt,* Mittelbare Geschäftsbeteiligungen, Köln 2004; *Soufleros,* Ausschließung und Abfindung eines GmbH-Gesellschafters, 1983; *Triebel/*

Hölzle, Schuldrechtsreform und Unternehmenskaufverträge, BB 2002, 521; *Wiedemann,* Die Übertragung und Vererbung von Mitgliedschaftsrechten bei Handelsgesellschaften, 1965; *Zeilinger,* Das Verhältnis der Parteien zur GmbH und ihren Gesellschaftern bei der fehlerhaften rechtsgeschäftlichen Übertragung eines GmbH-Geschäftsanteils, NZG 2001, 871.

I. Allgemeines

1 § 15 regelt die Übertragung von GAnteilen. **Abs 1** enthält den **Grundsatz der freien Übertragbarkeit,** doch binden **Abs 3 und 4** die **Veräußerung** zur Unterbindung des freien Handelsverkehrs von GAnteilen sowie im Interesse des Beweises der Anteilsinhaberschaft an die Form der **notariellen Beurkundung** der Abtretung sowie des dieser zu Grunde liegenden Verpflichtungsgeschäfts. **Abs 5** lässt weitere **gesellschaftsvertragliche Erschwerungen** der Übertragung zu. **Abs 2** regelt das Schicksal der GAnteile bei nachträglicher **Vereinigung** mehrerer in einer Hand. – Übertragung erfolgt auch in der Liquidation nach § 15.[1] Zur Übertragung der Gfterstellung in der **Vorges** § 2 Rn 13.

II. Veräußerlichkeit und Vererblichkeit, Abs 1

2 **1. Veräußerlichkeit. a) Allgemeines.** Die **Geschäftsanteile** (zum Begriff § 14 Rn 3) sind nach Abs 1 grds **frei veräußerlich.** Regelung aber insoweit nicht zwingend, als nach Abs 5 Satzung die Abtretung erschweren u nach heute allg Ansicht auch ganz ausschließen kann (Rn 37). Satzung kann auch für bestimmte Fälle Veräußerung vorschreiben, ebenso ein Rückkaufs- oder Vorkaufsrecht festsetzen (dazu § 3 Rn 41). – **Teile eines Geschäftsanteils** sind, soweit nicht GesVertrag etwas anderes bestimmt, nur mit Zustimmung der GfterVersammlung (§ 46 Nr 4) abtretbar. Dagegen kann ein GAnteil an mehrere Erwerber gemeinsam übertragen werden. Dann entsteht Bruchteils- oder Gesamthandsgemeinschaft mit der Folge des § 18. Werden sämtliche GAnteile an denselben Erwerber veräußert, entsteht Einpersonen-GmbH (§ 1 Rn 49 ff, 52). – Bedingte, auch befristete Veräußerung, ebenso **Veräußerung künftiger Geschäftsanteile** ist möglich (dazu Rn 24, 32). Sie kommt in Betracht vor Eintragung der GmbH oder bei Kapitalerhöhung, da GAnteile erst mit Eintragung entstehen (§ 14 Rn 4, § 55 Rn 49). Davon zu unterscheiden ist Gfter-Wechsel in der Vorges (dazu § 2 Rn 13, § 11 Rn 8). IZw liegt ersteres vor.[2] Zur Veräußerung des Bezugsrechts bei Kapitalerhöhung § 55 Rn 24. – Von der Veräußerung von GAnteilen ist die einzelner Vermögensrechte (Gläubigerrechte) zu unterscheiden. Soweit diese gesondert übertragbar sind (§ 14 Rn 20), findet § 15 keine Anwendung, allgM (Rn 27 aE).

3 **b) Familien- bzw betreuungsgerichtliche Genehmigung**[3] ist für Erwerb oder Veräußerung eines GAnteils durch nicht unbeschränkt Geschäftsfähigen oder Betreuten (unter Mitwirkung des gesetzlichen Vertreters[4] bzw Betreuers) **normalerweise nicht erforderlich.** Insbes ist Erwerb eines GAn-

---

[1] KG GmbHR 1996, 921.

[2] KG OLGZ 68, 477.

[3] Zuständigkeit des FamG früher umstr; für Erfordernis vormundschaftsgerichtl Genehmigung bei Ausschluss der Eltern von Vertretung BayObLG NJW 2004, 2264.

[4] Zu den Einzelheiten *Rowedder*/Schmidt-Leithoff/*Bergmann* Rn 107 ff.

teils nicht gleichzusetzen mit Abschluss eines GesVertrages (zum Ganzen, insbes zur Gründung § 2 Rn 21 ff, auch § 1 Rn 25 f); § 1822 Nr 3 Halbs 2 BGB ist nicht entspr anwendbar.[5]

Jedoch **ausnahmsweise Genehmigungspflicht** von entgeltl Erwerb oder Veräußerung einschl Verpflichtung dazu nach §§ 1643 I, 1822 Nr 3 Halbs 1, 1908 i I BGB als **Erwerb oder Veräußerung eines Erwerbsgeschäfts,** wenn es dem nach Größe des Anteils, Art u Ausgestaltung der Ges u Stellung des Gfters wirtschaftlich gleichkommt.[6] – Mit Recht beschränkt das ein Teil der Lit im Interesse der Rechtssicherheit u -klarheit auf Erwerb bzw Veräußerung aller Anteile, also Einpersonen-GmbH.[7] – Da Abtretung nicht ins HR eingetragen wird, hat RegGericht Genehmigung nicht zu prüfen, auch nicht bei Einreichung der GfterListe nach § 40 (s dort Rn 7 b).[8] 4

Genehmigungspflicht nach §§ 1643, 1822 Nr 10, 1908 i I BGB kommt für Erwerb eines GAnteils ferner in Betracht **bei konkreter Möglichkeit der Inanspruchnahme für Verbindlichkeiten von Mitgesellschaftern** nach §§ 24 oder 31 III, also nur, wenn bei diesen noch Einlagen, auch Verbindlichkeiten aus Differenzhaftung (§ 9 Rn 5 ff) oder Vorbelastungshaftung (§ 11 Rn 61 ff) rückständig sind oder Rückzahlungspflichten nach § 31 tatsächlich bestehen;[9] – andere halten § 1822 Nr 10 BGB generell für unanwendbar;[10] – oder andererseits stets anwendbar im Hinblick auf § 31 III,[11] doch ist die bloße Möglichkeit künftiger unzulässiger Rückzahlungen iSv § 31 I, III zu ungewiss, um für sich allein Genehmigungspflicht auszulösen.[12] Bei Veräußerung eines GAnteils durch Minderjährigen besteht keine Genehmigungspflicht. Etwas anderes kann jedoch bei Mehrheit von Veräußerern u gesamtschuldnerischer Gewährleistungshaftung im Rahmen eines Unternehmensverkaufs gelten.[13] 5

c) Haftung für Rechts- und Sachmängel bei Anteilskauf. Kauf von GAnteilen ist Rechtskauf. Wenngleich § 453 I BGB Sach- u Rechtskauf gleichstellt, unterliegt Verkäufer im Regelfall nur **Rechtsmängelhaftung** entspr § 435 BGB (zu den Besonderheiten beim Unternehmenskauf unten 6

---

[5] HM, KGJ 34 A 89; auch BGHZ 107, 23, 28 ff; dazu *Winkler* ZGR 1990, 131, 132 ff; nunmehr auch Ulmer/*Winter/Löbbe* Rn 275.

[6] HM, KG JW 1926, 600; 1927, 2578; NJW 1976, 1946; OLG Hamm DB 1984, 1822; auch RGZ 133, 11; Ulmer/*Winter/Löbbe* Rn 276 mwN; Komm zu § 1822 BGB, etwa MünchKommBGB/*Wagenitz* Rn 17; Soergel/*Zimmermann* Rn 17, 20; Palandt/*Diederichsen* Rn 6 f.

[7] Scholz/*Winter/Seibt* Rn 244 m zahlr wN auch zur hM; Michalski/*Ebbing* Rn 168; *Lutter*/Hommelhoff/*Bayer* Rn 4 nahezu alle GAnteile; Roth/*Altmeppen* Rn 24; *Wiedemann,* Übertragung, 247; *Winkler* ZGR 1973, 177, 186 u 1990, 131, 134; alle mwN.

[8] BayObLG DB 1985, 1521.

[9] BGHZ 107, 23, 26 ff, 28; KG NJW 1962, 54; hM Ulmer/*Winter/Löbbe* Rn 277; auch Ulmer/*Ulmer* § 2 Rn 74; Scholz/*Winter/Seibt* Rn 244; *Lutter*/Hommelhoff/*Bayer* Rn 4; *Rowedder*/Schmidt-Leithoff/*Bergmann* Rn 112; Soergel/*Zimmermann* § 1822 Rn 42; alle mwN; vgl auch Palandt/*Diederichsen* § 1822 Rn 21.

[10] *Wiedemann,* Übertragung, 248; *Winkler* ZGR 1973, 177, 188 u 1990, 131, 136 ff; nunmehr auch Erman/*Holzhauer* § 1822 Rn 31.

[11] KGJ 44 A 145; KG JW 1927, 2578.

[12] BGHZ 107, 23, 28; KG NJW 1962, 54 u die Vertreter der hM.

[13] So im Hinblick auf drohende Rückgriffsansprüche anderer Veräußerer gemäß § 426 BGB *Fortun* NJW 1999, 754, 757; ihm folgend Michalski/*Ebbing* Rn 169.

Rn 7).[14] Rechtsmangel liegt vor, wenn das verkaufte Recht nicht im vertraglich vereinbarten Umfang besteht oder wenn das Recht eines Dritten entgegensteht.[15] Besteht gekaufter GAnteil nicht oder nicht mehr, liegt, anders als nach dem Recht vor der Schuldrechtsreform, kein Rechtsmangel, sondern Nichterfüllung vor.[16] Verkäufer haftet nach §§ 453 I, 435, 437 BGB insbes für Größe des GAnteils,[17] Freiheit von dinglichen Rechten Dritter (Pfandrecht, Nießbrauch), für Nichtbestehen von nicht übernommenen Einlagerückständen,[18] sowie dafür, dass nicht Bestand des GAnteils gefährdet, weil Verfahren zu seiner Beseitigung schwebt oder ernstlich droht,[19] u dafür, dass sich Ges nicht im Insolvenzverfahren oder in Liquidation befindet;[20] ferner für Übertragbarkeit,[21] gewöhnliche[22] oder vereinbarte[23] rechtliche Eigenschaften, wie Umfang des Stimmrechts, Höhe der Gewinnbeteiligung.[24] – Dagegen grds keine Haftung für Wert des GAnteils, Überschuldung (str),[25] Nichtbestehen in der Bilanz nicht ausgewiesener Verbindlichkeiten, Mangelhaftigkeit des von der Ges betriebenen Unternehmens oder einzelner Bestandteile des GesVermögens, falls nicht vertraglich Gewährleistung oder Garantie übernommen wurde.[26] Auf (vermutetes) Verschulden des Verkäufers kommt es nur für Schadensersatz gem § 437 Nr 3 BGB an, nicht bei Rücktritt oder Minderung (§ 437 Nr 2 BGB). Verjährung nach § 438 BGB, wenn GAnteil übertragen wurde, andernfalls (Nichterfüllung) nach §§ 195, 199 BGB.[27] – **Aufklärungspflichten** des Verkäufers bestehen beim (reinen) Anteilskauf grds in geringerem Umfang als beim Unternehmenskauf.[28] Denkbar aber auch hier Haftung gem §§ 311 II, 241 II, 280 I BGB, zB wegen unzureichender

---

[14] StRspr u hM zum Recht vor Schuldrechtsreform, BGHZ 65, 250; BGH NJW 1980, 2408; Scholz/*Winter/Seibt* Rn 137 ff; Roth/*Altmeppen* Rn 6 ff; *Hommelhoff* ZGR 1982, 366 ff; *Wiedemann* FS Nipperdey I, 1965, 815 ff; im Grds auch *U. Huber* ZGR 1972, 395 ff; *H. P. Westermann* ZGR 1982, 45 ff; – zum geltenden Schuldrecht Scholz/*Winter/Seibt* Rn 143 ff; Michalski/*Ebbing* Rn 177; *Rowedder*/Schmidt-Leithoff/*Bergmann* Rn 31 ff; Palandt/*Weidenkaff* § 453 Rn 23; *Fischer* DStR 2004, 276, 279; nicht eindeutig Roth/*Altmeppen* Rn 13 ff. – Anders bereits im Ansatz *Canaris* ZGR 1982, 403 ff.

[15] Palandt/*Weidenkaff* § 453 Rn 18.

[16] Scholz/*Winter/Seibt* Rn 146; *Wicke* Rn 4; Palandt/*Weidenkaff* Rn 19, str.

[17] Palandt/*Weidenkaff* § 453 Rn 23.

[18] RGZ 96, 230; OLG Nürnberg GmbHR 1977, 251; Scholz/*Winter/Seibt* Rn 145; einschr *Grunewald* NZG 2003, 372, 373.

[19] Scholz/*Winter/Seibt* Rn 145.

[20] Zum Recht vor Schuldrechtsreform RGZ 99, 220; LZ 1917, 1101 – jew für bergrechtl Gewerkschaft; *Wiedemann* JZ 1977, 132. – Zum geltenden Recht wie hier Scholz/*Winter/Seibt* Rn 145; Roth/*Altmeppen* Rn 15.

[21] Roth/*Altmeppen* Rn 7; MünchKommBGB/*H. P. Westermann* § 437 Rn 5; abw Scholz/*Winter* Rn 79: Nichtigkeit nach § 306 BGB aF.

[22] Vgl RGZ 99, 220.

[23] MünchKommBGB/*H. P. Westermann* § 437 Rn 17.

[24] Scholz/*Winter/Seibt* Rn 150.

[25] BGH NJW 1980, 2408 (VII. Senat); OLG München GmbHR 1998, 934; – aA Scholz/*Winter/Seibt* Rn 145; *Wicke* Rn 4; *Lutter*/*Hommelhoff*/*Bayer* Rn 6.

[26] BGH NJW 1980, 2408; Michalski/*Ebbing* Rn 177; *Grunewald* NZG 2003, 372, 373; abw *Gaul* ZHR 166 (2002), 35, 39.

[27] Umstr, vgl *Grunewald* NZG 2003, 372, 374 mwN; *Eidenmüller* NJW 2002, 1625, 1627.

[28] *Grunewald* NZG 2003, 372, 374; vgl jedoch BGH NZG 2001, 751, 752 (Erwerb von 40% des Stammkapitals).

Aufklärung über drohende Zahlungsunfähigkeit.[29] Verjährung nach §§ 195, 199 BGB.

Wenn es sich bei Anteilskauf **wirtschaftlich** um **Unternehmenskauf** handelt, gilt auch **Sachmängelhaftung** gem §§ 453 I, 434, 437 BGB.[30] Verkäufer haftet in diesem Fall auch für Fehler des von der Ges betriebenen Unternehmens oder Teilen davon. Unternehmenskauf liegt vor bei Erwerb sämtlicher Anteile oder wenn verbleibender Rest so geringfügig, dass dennoch Unternehmen im Ganzen als verkauft angesehen werden kann.[31] Im Übrigen Grenzziehung aber sehr str. Nach Ansicht des BGH[32] kommt es hierfür vor allem auf wirtschaftlichen Vertragszweck u Umfang der durch den Erwerb vermittelten unternehmerischen Einflussmöglichkeit an, die durch Beteiligungsgröße u gesvertragliche Gestaltung bestimmt wird. Danach wirtschaftlich Unternehmenskauf, wenn Wille der Parteien auf Erwerb des Unternehmens insgesamt gerichtet ist, Kaufpreis sich daran orientiert u Erwerber uneingeschränkte Verfügungsmacht über das Unternehmen erhält. Dafür genügt weder Minderheitsbeteiligung[33] noch einfache Mehrheit.[34] Erforderlich ist jedenfalls satzungsändernde Mehrheit,[35] wobei aber Tendenz des BGH mit Recht wohl zu wesentlich schärferen Anforderungen geht.[36] – Verkäufer trifft bei Unternehmenskauf regelmäßig **gesteigerte Aufklärungspflicht** über wertbildende Faktoren des Unternehmens.[37] Haftung für unrichtige Angaben ggf aus culpa in contrahendo (§§ 311 II, 241 II, 280 I BGB).[38] Dabei muss sich Verkäufer Verhalten seiner Erfüllungsgehilfen, zB Buchhalter, zurechnen lassen.[39] Als Schadensersatz kommt auch die Rückgängigmachung des gesamten Vertrages in Betracht.[40] 7

Umstr war bei Einführung von § 444 BGB nF rechtl Behandlung von **Garantien.** Wegen § 444 Alt 2 BGB wurde in Lit vertreten, dass die beim Unternehmenskauf weithin üblichen Garantien oder ähnl Zusicherungen[41] im 8

---

[29] BGH NJW 2001, 2163, 2165.

[30] Dazu allg Palandt/*Weidenkaff* § 453 Rn 7 mwN; Scholz/*Winter/Seibt* R 153 ff; Michalski/*Ebbing* § 15 Rn 179 ff; Roth/*Altmeppen* Rn 9 f, 13 ff; *Grunewald* NZG 2003, 372; *Gaul* ZHR 166 (2002), 35; *Fischer* DStR 2004, 276, 279; *Hommelhoff,* Die Sachmängelhaftung beim Unternehmenskauf, 1975; – krit *Canaris* ZGR 1982, 395 ff.

[31] BGHZ 65, 250; NJW 1969, 184; DB 1970, 1313; WM 1978, 59; NJW 1980, 2408; BGHZ 138, 195, 204; BGH NZG 2001, 751, 752 (m Anm *Meyer-Sparenberg*), stRspr u hM, Scholz/*Winter/Seibt* Rn 151, 153; MünchKommBGB/*H. P. Westermann* § 433 Rn 14; *Hommelhoff* ZHR 140 (1976), 277; *H. P. Westermann* ZGR 1982, 52 ff; *Wiedemann* JZ 1977, 133; einschr Roth/*Altmeppen* Rn 7 ff.

[32] BGHZ 65, 250; NJW 1980, 2409; dazu auch *Hiddemann* ZGR 1982, 439 ff.

[33] BGHZ 65, 251 f: 49%.

[34] BGH NJW 1980, 2409: 60%; abw BGH DB 1980, 679, obiter für AG in einem Sonderfall; dazu *Hiddemann* ZGR 1982, 441.

[35] BGH NJW 1980, 2409; OLG Naumburg NJW-RR 1995, 799, das bereits vorhandene Anteile des Erwerbers nicht berücksichtigen will.

[36] Scholz/*Winter/Seibt* Rn 153 u *Hiddemann* ZGR 1982, 441: 90–95%; MünchHdb-GmbH/*Jasper* § 24 Rn 120; GmbH-Hdb/*Kallmeyer* Rn 1049 ff; vgl auch BGHZ 65, 252.

[37] BGH DStR 2002, 1098.

[38] Vgl BGH NJW 1980, 2408 mwN; NZG 2001, 751, 752 (auch zur Eigenhaftung eines Verhandlungsgehilfen); *Rowedder*/Schmidt-Leithoff/*Bergmann* Rn 28; *Canaris* ZGR 1982, 415 ff (krit gegenüber BGH); *Hiddemann* ZGR 1982, 447 ff; *H. P. Westermann* ZGR 1982, 57 ff.

[39] BGH GmbHR 2003, 1062.

[40] BGH NZG 2001, 751, 753 (stRspr).

[41] Beispiele bei *Triebel/Hölzle* BB 2002, 521, 528.

Fall des Gewährleistungsausschlusses wirkungslos seien.[42] Vorschrift verhindert jedoch lediglich widersprüchliches Verhalten.[43] Gewährleistungsausschluss ist daher nach wie vor zulässig, soweit hiermit nicht ausdrücklich oder konkludent gegebene Garantie konterkariert wird.[44] Nicht geklärt war auch rechtliche Behandlung summenmäßig beschränkter Garantien.[45] Klarstellung des Gesetzgebers zur Reichweite von § 444 BGB durch Änderung des Wortlauts mit Wirkung zum 28. 10. 2004 hat insofern notwendige Rechtssicherheit gebracht.[46]

9 **2. Vererblichkeit. a) Allgemeines.** Vererbung des GAnteils richtet sich ausschließlich nach Erbrecht. Der GAnteil fällt in den Nachlass. Durch Satzung kann keine Sonderrechtsnachfolge, wie im Recht der Personenhandelsges,[47] begründet werden.[48] Satzung kann Vererblichkeit nicht ausschließen, aber das weitere Schicksal der Mitgliedschaft des oder der Erben in gewissem Umfang bestimmen (Rn 37 ff). – Möglich, aber praktisch wenig geeignet, ist allerdings eine auf den Todesfall bedingte Übertragung gem § 2301 BGB.[49]

10 Mit dem Erbfall geht die **Mitgliedschaft** grds mit dem **Inhalt** auf den Erben über, wie sie beim Erblasser bestand. Das gilt auch für Sonderrechte u Nebenleistungspflichten, soweit diese nicht höchstpersönlich sind (§ 3 Rn 49). Anders als nach früherer Rechtslage ist § 16 I auch auf den Erwerb durch Erbfall anwendbar, sodass der Erbe im Verhältnis zur Ges erst dann als Gfter gilt, wenn er in die Gftliste u diese in das HR aufgenommen wurde; umgekehrt ergibt sich für wahren Erben bei Aufnahme eines Scheinerben in Gfterliste Gefahr des Rechtsverlustes durch gutgläubigen Erwerb im Fall der Weiterveräußerung des GAnteils durch Scheinerben (näher § 16 Rn 9, 25 ff). – Der **Erbe haftet** auch für rückständige Einlagen u Nachschüsse (§ 26), jedoch beschränkbar.[50]

11 **Mehrere Erben** sind Inhaber des GAnteils zur gesamten Hand (dazu § 18 mit Erl). Abtretung im Rahmen der **Auseinandersetzung** sowohl zum Zweck der Realteilung (§ 46 Nr 4) als auch zur Übertragung auf einen Gfter oder Dritten unterliegt den gesetzlichen Formvorschriften (Rn 25, 33) u iZw

---

42 Vgl nur *von Westphalen* ZIP 2001, 2107; *Hermanns* ZIP 2002, 696, 697; Roth/*Altmeppen* Rn 16; *Triebel/Hölzle* BB 2002, 520, 530 ff; *Gronstedt/Jörgens* ZIP 2002, 52, 56 ff; *von Gierke/Paschen* GmbHR 2002, 457, 459 ff.

43 *Hermanns* ZIP 2002, 696, 697; *Fischer* DStR 2004, 276, 282; abw Bamberger/Roth/*Faust* BGB § 444 Rn 18.

44 Im Ergebnis ähnlich Bamberger/Roth/*Faust* BGB § 444 Rn 20 auf der Grundlage von § 444 BGB als Auslegungsregel; vgl auch *Fischer* DStR 2004, 276, 281.

45 *Dauner-Lieb/Thiessen* ZIP 2002, 108, 114. Zu den Lösungsversuchen der Praxis Bamberger/Roth/*Faust* BGB § 444 Rn 19 mwN.

46 Vgl Roth/*Altmeppen* 5. Aufl Rn 16.

47 Dazu Hueck/*Windbichler* GesR § 16 Rn 6; *K. Schmidt* GesR § 45 V.

48 Ganz überwM, Ulmer/*Winter/Löbbe* Rn 12; Scholz/*Winter/Seibt* Rn 24 ff, 27 f; *Wiedemann,* Übertragung, 95 f, jew mwN; – dazu u zum Folgenden auch *Däubler,* Die Vererbung des Geschäftsanteils bei der GmbH, 1965; *Vogel* GmbHR 1971, 132; MünchHdbGmbH/*Jasper* § 25 Rn 2 ff; – abw *Kesselmeier,* Ausschließungs- und Nachfolgeregelung in der GmbH-Satzung, 1989, 257 ff mwN.

49 Dazu Ulmer/*Winter/Löbbe* Rn 13; Scholz/*Winter/Seibt* Rn 28 mwN; *Wiedemann,* Übertragung, 94 f; *Käppler* ZGR 1978, 542.

50 Str, wie hier Scholz/*Winter/Seibt* § 18 Rn 27; *Lutter*/Hommelhoff/*Bayer* § 15 Rn 8, jew zur Haftung von Miterben; ferner etwa *Rowedder*/Schmidt-Leithoff/*Bergmann* Rn 122; *Däubler* 12; nunmehr auch Ulmer/*Winter/Löbbe* Rn 19; anders *Wiedemann,* Übertragung, 229 ff.

auch etwaigen gesvertraglichen Beschränkungen (Rn 37 ff, über Differenzierungen, auch teilw Erleichterungen Rn 39).[51] Dagegen ist Verfügung über den Erbteil (§ 2033 BGB) keine Abtretung iSd Abs 3 u 4.[52] Auch gesvertragliche Beschränkungen gelten hier nicht.[53]

b) Satzungsregelungen. Satzung kann **Vererblichkeit** des GAnteils als solche **nicht ausschließen.**[54] Sie kann auch nicht den unmittelbaren Übergang des GAnteils auf einen Dritten außerhalb der Erbfolge festsetzen, bestimmte Personen vom Erwerb von Todes wegen ausschließen (Rn 9) oder seine „automatische" Einziehung bestimmen.[55] – Ggf ist Auslegung als schuldrechtliche Nachfolgeregelung möglich (nachfolgend Rn 13). 12

Durch **Nachfolgeregelung,** Nachfolgeklausel, kann die Satzung jedoch den endgültigen Verbleib des auf den oder die mehreren Erben übergegangenen GAnteils regeln mit der Folge, dass die Erben nicht oder nur unter bestimmten Voraussetzungen Gfter bleiben können, denn sie haben die Mitgliedschaft nur in ihrer konkreten satzungsmäßigen Ausgestaltung mit allen entspr Rechten u Pflichten erworben.[56] So kann die Satzung anordnen, dass der **Geschäftsanteil** vom Erben an eine bestimmte Person, die GmbH, einen der übrigen Gfter oder eine der GmbH genehme Person **abzutreten** ist, Abtretungsklausel (dazu § 3 Rn 40). Abtretung grds gegen Entgelt, das wie Abfindung (Rn 14) durch Satzung geregelt werden kann. Der Erbe ist iZw der Ges gegenüber zur Übertragung verpflichtet.[57] Auch der Begünstigte selbst kann Anspruch auf Übertragung erhalten, Eintrittsrecht.[58] Sieht Satzung bestimmten Nachfolger vor, Nachfolgeklausel ieS, ist evtl Umdeutung als Eintrittsrecht möglich.[59] – Ebenso kann Satzung allg oder unter bestimmten Voraussetzungen die (nachträgliche) **Einziehung** vorsehen, Einziehungsklau- 13

---

51 HM, OLG Düsseldorf DB 1987, 526; anders aber GmbHR 1990, 504; wie hier ausführl Ulmer/*Winter/Löbbe* Rn 38; *Wiedemann,* Übertragung, 94; *Petzoldt* GmbHR 1977, 26; differenzierend Roth/*Altmeppen* Rn 35 ff; aA Scholz/*Winter/Seibt* Rn 36; *Lutter*/Hommelhoff/*Bayer* Rn 9; – zur Auslegung solcher Klauseln für den Erbfall, insbes in Familienges, *H. P. Westermann* ZIP 1985, 1249; allg auch *Lessmann* GmbHR 1986, 409.

52 BGHZ 92, 386, 393; Ulmer/*Winter/Löbbe* Rn 36; Scholz/*Winter/Seibt* Rn 93.

53 BGHZ 92, 386, 393; str, Scholz/*Winter/Seibt* § 18 Rn 9; *Vogel* GmbHR 1971, 134; nunmehr auch Ulmer/*Winter/Löbbe* Rn 36; aA *Däubler* 22 f mwN.

54 Ganz hM, ausführl Ulmer/*Winter/Löbbe* Rn 9 mwN u Rn 11; Scholz/*Winter/Seibt* Rn 27; Roth/*Altmeppen* Rn 31; *Rowedder*/Schmidt-Leithoff/*Bergmann* Rn 114; *Reuter,* Privatrechtliche Schranken der Perpetuierung von Unternehmen, 1973, 409; *Wiedemann,* Übertragung, 93 f; – vgl auch *Petzoldt* GmbHR 1977, 29; *Priester* GmbHR 1981, 208.

55 Ulmer/*Winter/Löbbe* Rn 9, 10; Ulmer/*Ulmer* § 34 Rn 49, 116 ff, differenzierend in Rn 118, jew mwN auch zur Gegenansicht; sinngem Scholz/*Winter/Seibt* Rn 27; *Lutter*/Hommelhoff/*Bayer* Rn 8; – offengelassen in BGH GmbHR 1977, 81.

56 Allg BGHZ 92, 386; GmbHR 1997, 165; *Promberger* ZHR 150 (1986), 585; ferner *Fleck* FS Stimpel, 1985, 354; ausführl mwN *Kesselmeier,* Ausschließungs- und Nachfolgeregelung in der GmbH-Satzung, 1989, insbes 239 ff; *Langner/Heydel* GmbHR 2005, 377.

57 Ulmer/*Winter/Löbbe* Rn 14; Scholz/*Winter/Seibt* Rn 32; *Lutter*/Hommelhoff/*Bayer* Rn 9; *Priester* GmbHR 1981, 208 f; sinngem *Rowedder*/Schmidt-Leithoff/*Bergmann* Rn 116 ff.

58 Ulmer/*Winter/Löbbe* Rn 13; Scholz/*Winter/Seibt* Rn 32.

59 Ulmer/*Winter/Löbbe* Rn 13; Scholz/*Winter/Seibt* Rn 29; auch *Lutter*/Hommelhoff/*Bayer* Rn 9.

sel,[60] etwa für den Fall, dass die Erben ihrer Abtretungspflicht nicht nachkommen oder dass Anteil auf Familienfremden übergegangen ist.[61] – Sind von mehreren Miterben einige nachfolgeberechtigt, andere nicht, können vorrangig erstere durch Erbauseinandersetzung GAnteil ganz übernehmen. Anderenfalls greift Nachfolgeregelung der Satzung ein, die andere Verfügung der Erben ausschließt.[62] – Zur nachträglichen Beeinträchtigung erbrechtlicher Anwartschaften durch Maßnahmen der Gfter.[63]

14 Für Einziehung kann Satzung **Abfindung** regeln u ausnahmsweise auch ganz ausschließen (allg dazu § 34 Rn 22 ff, insbes 34).[64] Darin kann allerdings eine unentgeltliche Zuwendung auf den Todesfall (§ 2301 BGB) an den Begünstigten liegen,[65] die jedoch, soweit die gesvertragliche Regelung nicht ohnehin (§ 2) die erforderliche Form erfüllt, meist bereits vollzogen ist.[66] – Allg zur Einziehung u Abfindung § 34 mit Erl.

15 **c) Letztwillige Verfügungen. aa)** Durch **Vermächtnis** kann GAnteil einem Dritten zugewendet werden. Er geht dann auf den Erben über, der nach § 2174 BGB zur Abtretung verpflichtet ist.[67] Vermächtnis unterliegt nicht der Form des Abs 4 (Rn 31), seine Erfüllung durch Abtretung aber der des Abs 3 (Rn 25). Ist die Abtretung durch die Satzung an Voraussetzungen gebunden, gelten diese auch für die Abtretung auf Grund eines Vermächtnisses.[68] – Eine erforderliche **Genehmigung** hat der Erbe zu beantragen und ihr zuzustimmen. Liegen die satzungsmäßigen Voraussetzungen für die Abtretung des GAnteils an den Vermächtnisnehmer zunächst nicht vor, ist damit Erfüllung des Vermächtnisses nicht ohne weiteres unmöglich.[69] Keine Unmöglichkeit liegt vor, wenn Vermächtnisnehmer den Anspruch an jemanden abtritt, dessen Erwerb der Genehmigung nicht bedarf,[70] diese selbst erhält[71] bzw die sonstigen satzungsmäßigen Voraussetzungen erfüllt. UU kann Vermächtnis eines vinkulierten GAnteils, wenn Erfüllung wegen entgegenstehender Satzungsbestimmungen unmöglich ist, in Vermächtnis der vermögensrechtlichen Bezüge (Gewinn u Liquidationsguthaben) umgedeutet werden.[72]

---

[60] BGH BB 1977, 563; Ulmer/*Winter/Löbbe* Rn 15; Scholz/*Winter/Seibt* Rn 30; *Lutter*/Hommelhoff/*Bayer* Rn 11.

[61] BGH BB 1977, 563; *Priester* GmbHR 1981, 209.

[62] Näher BGH 1992, 386; zust Scholz/*Winter/Seibt* Rn 32.

[63] Vgl *Fleck* FS Stimpel, 1985, 353.

[64] BGH BB 1977, 564; Ulmer/*Winter/Löbbe* Rn 16 f; Scholz/*Winter/Seibt* Rn 33 mwN; *Lutter*/Hommelhoff/*Bayer* Rn 11 u *Lutter/Hommelhoff* § 34 Rn 64.

[65] Dazu Ulmer/*Ulmer* § 34 Rn 101 f mwN; Ulmer/*Winter/Löbbe* Rn 18; 111; Scholz/*Winter/Seibt* Rn 31; *Heckelmann* 45 ff, 77 ff; *Käppler* ZGR 1978, 551 ff; – abw *Priester* GmbHR 1981, 211 ff.

[66] Dazu Ulmer/*Ulmer* § 34 Rn 103; Scholz/*Winter/Seibt* Rn 31; *Däubler* 94; *Heckelmann* 87 ff; – abw *Käppler* ZGR 1978, 555 ff mwN.

[67] Vgl Ulmer/*Winter/Löbbe* Rn 21; Scholz/*Winter/Seibt* Rn 36 ff; *Rowedder*/Schmidt-Leithoff/*Bergmann* Rn 125; *A. Hueck* DB 1956, 735.

[68] HM, vgl *Rowedder*/Schmidt-Leithoff/*Bergmann* Rn 125; *Lutter/Hommelhoff* Rn 10; – aA *Petzoldt* GmbHR 1977, 27.

[69] Scholz/*Winter/Seibt* Rn 37; weiter differenzierend Ulmer/*Winter/Löbbe* Rn 22; vgl auch BGHZ 32, 41 f.

[70] BGHZ 32, 40.

[71] Ebenso Scholz/*Winter/Seibt* Rn 37; iE Ulmer/*Winter/Löbbe* Rn 22.

[72] *A. Hueck* DB 1956, 736; zust Ulmer/*Winter/Löbbe* Rn 22; Scholz/*Winter/Seibt* Rn 37.

bb) Ist **Nacherbfolge** angeordnet, unterliegt der **Vorerbe** auch bzgl eines zum Nachlass gehörenden GAnteils den erbrechtlichen Beschränkungen.[73] Als **Nutzungen** gebühren dem Vorerben für die Dauer der Vorerbschaft die Gewinnanteile (§ 29) sowie Vergütungen für von ihm erbrachte Nebenleistungen oder besondere Tätigkeiten. Dagegen gehören **Surrogate** nach § 2111 I BGB zur Erbschaft, vor allem Liquidationsquote, Einziehungsentgelt sowie GAnteil bei Kapitalerhöhung aus GesMitteln; darüber hinaus auch bei sonstiger Kapitalerhöhung,[74] jedenfalls wenn Übernahme auf Grund Bezugsrechts (dazu § 55 Rn 20 ff) oder mit Mitteln der Erbschaft erfolgt.[75] – **Unentgeltliche Verfügungen** des Vorerben über den GAnteil sind nach Maßgabe des § 2113 II BGB unwirksam. Eine solche kann in der Zustimmung zur entschädigungslosen Aufhebung von Sonderrechten oder Einziehung liegen, nicht dagegen generell bei nachteiligen rechtsändernden Beschlüssen.[76] 16

cc) Der **Testamentsvollstreckung** unterliegen grds auch im Nachlass befindliche GAnteile (§ 1 Rn 45).[77] Testamentsvollstrecker ist mangels abw Anordnungen des Erblassers berechtigt u verpflichtet, alle Rechte des Erben aus der Beteiligung geltend zu machen.[78] Jedoch gelten die erbrechtlichen Beschränkungen.[79] Testamentsvollstrecker ist in diesem Rahmen insbes zur Ausübung des Stimmrechts berechtigt, auch bei Satzungsänderungen.[80] – **Satzung** kann aber Ausübung von Verwaltungsrechten durch Außenstehende, wie Testamentsvollstrecker, ausschließen.[81] Dann stehen sie dem Erben zu. In diesem Fall ist nach Erblasserwillen zu entscheiden, ob zumindest vermögensrechtliche Ansprüche der Testamentsvollstreckung unterliegen.[82] 17

---

[73] Dazu Ulmer/*Winter/Löbbe* Rn 23 ff; Scholz/*Winter/Seibt* Rn 40 ff; *Lutter*/Hommelhoff/*Bayer* Rn 12; *Rowedder*/Schmidt-Leithoff/*Bergmann* Rn 123; *Hadding* GmbHR 1975, 73 ff; *Michalski* DB 1987, Beil 16.

[74] Ulmer/*Winter/Löbbe* Rn 28; Scholz/*Winter/Seibt* Rn 44; – zur Frage des Aufwendungsersatzes neben den Genannten auch BGHZ 58, 316 für vergleichbaren Fall des Nießbrauchs.

[75] *Hadding* GmbHR 1975, 78; auch die soeben Genannten, zu weitgehend aber Ulmer/*Winter/Löbbe* Rn 28 u *Rowedder*/Schmidt-Leithoff/*Bergmann* Rn 123.

[76] Dazu näher Ulmer/*Winter/Löbbe* Rn 25 f; auch Scholz/*Winter/Seibt* Rn 42; *Lutter* ZGR 1982, 117 ff; – allg zur Beeinträchtigung der Stellung des Nacherben durch GfterBeschlüsse *Fleck* FS Stimpel, 1985, 353.

[77] Ulmer/*Winter/Löbbe* Rn 29; Scholz/*Winter/Seibt* Rn 250 ff; *Lutter*/Hommelhoff/*Bayer* Rn 13; für Differenzierung nach Testamentsvollstreckung zur Erbauseinandersetzung und verwaltender Testamentsvollstreckung *Rowedder*/Schmidt-Leithoff/*Bergmann* Rn 127 ff; – dazu u zum Folgenden auch *Däubler* 39; *Priester* FS Stimpel, 1985, 463; *Vogel* GmbHR 1971, 137.

[78] BGH NJW 1959, 1820.

[79] Dazu Ulmer/*Winter/Löbbe* Rn 30; Scholz/*Winter/Seibt* Rn 251; *Wiedemann,* Übertragung, 338.

[80] BayObLG NJW 1976, 1692, formwechselnde Umwandlung ohne zusätzliche Pflichten der Erben.

[81] Str, wie hier Ulmer/*Winter/Löbbe* Rn 29; Scholz/*Winter/Seibt* Rn 250 aE; *Lutter*/Hommelhoff/*Bayer* Rn 13; *Rowedder*/Schmidt-Leithoff/*Bergmann* Rn 131; *Däubler* 42; *Petzoldt* GmbHR 1977, 28; *Priester* FS Stimpel, 1985, 471; – aA *Wiedemann,* Übertragung, 338 mwN.

[82] HM, Ulmer/*Winter/Löbbe* Rn 29; Scholz/*Winter/Seibt* Rn 250 aE; – generell bejahend *Däubler* 42; *Petzoldt* GmbHR 1977, 28.

III. Selbständigkeit der Geschäftsanteile, Abs 2

18 **1. Grundsatz. Jeder Geschäftsanteil bleibt selbständig,** auch wenn sich mehrere oder sämtliche Anteile durch Veräußerung oder Vererbung in einer Hand vereinigen. Regelung war erforderlich, solange jeder Gfter bei Gründung u Kapitalerhöhung nur einen GAnteil erwerben konnte. Abs 2 durchbrach Grds der einheitlichen Beteiligung[83] mit dem Ziel, bei nicht voll eingezahlter Einlage oder offener Nachschusspflicht Rückgriff gegen Vormänner im Hinblick auf § 22 IV zu sichern.[84] Seit Änderung von § 5 II durch MoMiG kann Gfter bei Gründung u Kapitalerhöhung auch mehrere selbständige GAnteile erwerben, sodass Abs 2 mit Sebständigbleiben der Anteile in der Hand eines Gfters nunmehr an sich Selbstverständliches ausdrückt.

19 **2. Zusammenlegung.** Zusammenlegung durch Gfterbeschluss nach § 46 Nr 4 grds zulässig; allerdings darf hierdurch nicht Rückgriff auf Vorinhaber bei nicht voll eingezahlten Anteilen beeinträchtigt werden. Daher nur zulässig, wenn die Einlage voll erbracht u Nachschuss nicht rückständig ist. Ebenso Zusammenlegung wohl zulässig bei nicht volleingezahlten Anteilen, wenn Inanspruchnahme eines Vorgängers wegen § 22 III nicht mehr in Frage kommt.[85] Zusammenlegung u Neustückelung[86] mit gleichen Rechten u Pflichten ausgestatteter GAnteile sind deshalb trotz des abw Gesetzeswortlauts unter diesen Voraussetzungen **zulässig.**[87] Dasselbe gilt bei fehlender Nachschusspflicht für die Zusammenlegung voll eingezahlter GAnteile mit einem von der Ges nach § 23 verwerteten kaduzierten Anteil.[88] Zusammenlegung verpfändeter u nicht verpfändeter GAnteile ist wegen notwendiger Teilung bei Verwertung unzulässig.[89] – Zusammenlegung erfolgt durch **Gesellschafterbeschluss mit Zustimmung des betroffenen Gesellschafters.**[90] Eine entspr Regelung in der Satzung oder deren Änderung ist nicht erforderlich.[91] Es kann aber abw Verfahrensregelung getroffen werden.[92] – Probl ist Zusammenlegung verpfändeter GAnteile; hier Zustimmungserfordernis des Pfandgläubigers gem § 1276 BGB.

---

83 Vgl BGHZ 42, 92; 63, 117.

84 BGHZ 42, 91.

85 Weitergehend *Rowedder*/Schmidt-Leithoff/*Bergmann* Rn 192.

86 Insoweit einschr Ulmer/*Winter/Löbbe* Rn 289.

87 Heute allgM, RGZ 142, 38 u 40; BGHZ 42, 89; 63, 118; NJW 1989, 168; Ulmer/*Winter/Löbbe* Rn 286 f; Ulmer/*Ulmer* § 53 Rn 121; Scholz/*Winter/Seibt* Rn 45; *Rowedder*/Schmidt-Leithoff/*Bergmann* Rn 191; *Priester* GmbHR 1976, 130, 131 mwN auch zur früheren Gegenansicht.

88 BGHZ 42, 92; Ulmer/*Winter/Löbbe* Rn 287; Scholz/*Winter/Seibt* Rn 45.

89 Ulmer/*Winter/Löbbe* Rn 287; abw *Brauer/Levedag* GmbHR 2002, 572, 574 ff.

90 Str, wie hier RGZ 142, 39; Scholz/*Winter/Seibt* Rn 46; *Lutter*/Hommelhoff/*Bayer* Rn 14; Michalski/*Ebbing* Rn 175; nunmehr auch ausführl Ulmer/*Winter/Löbbe* Rn 288; – anders *Priester* GmbHR 1976, 132 u ihm folgend Ulmer/*Ulmer* § 53 Rn 121; *Loritz* FS Schippel, 1996, 445 f, die umgekehrt Erklärung des betr Gfters genügen lassen; tendenziell zustimmend *Rowedder*/Schmidt-Leithoff/*Bergmann* Rn 196, die betroffenem Gfter Anspruch auf Zustimmung zubilligen.

91 KG NZG 2000, 787, 788; Ulmer/*Ulmer* § 53 Rn 121; *Lutter*/Hommelhoff/*Bayer* Rn 14; *Rowedder*/Schmidt-Leithoff/*Bergmann* Rn 191; *Priester* GmbHR 1976, 132; – aA Ulmer/*Winter/Löbbe* Rn 288; Scholz/*Winter/Seibt* Rn 46; Roth/*Altmeppen* Rn 31; MünchHdbGmbH/*Jasper* § 24 Rn 220.

92 Scholz/*Winter/Seibt* Rn 46; wohl auch Ulmer/*Ulmer* § 53 Rn 121.

3. Aufstockung. Aufstockung des GAnteils nur unter Berücksichtigung von § 5 III 2 zulässig, also zur Anpassung des Nennbetrags der verbliebenen GAnteile bei Einziehung ohne Kapitalerhöhung, ferner als Alternative zur Bildung eines neuen GAnteils bei Kapitalerhöhung (dazu 55 Rn 46 u § 57 h Rn 1, 7). 20

IV. Abtretung, Formerfordernis, Abs 3

Lit: *Barth,* Keine Erfüllung der Formerfordernisse des § 15 Abs. 3 und Abs. 4 GmbHG durch antizipierende Satzungsklausel, GmbHR 2004, 383; *Berger/Kleissl,* Neue Unsicherheiten bei Auslandsbeurkundung von GmbH-Geschäftsanteilen, DB 2008, 2235; *Binz/Mayer,* Beurkundungspflichten bei der GmbH & Co. KG, NJW 2002, 3054; *Dignas,* Die Auslandsbeurkundung im deutschen GmbH-Recht, GmbHR 2005, 139; *Engel,* Die Auslandsbeurkundung nach MoMiG und Schweizer GmbH-Reform, DStR 2008, 1593; *König,* Zur notariellen Beurkundung der Abtretung von GmbH-Geschäftsanteilen – Ein Vorschlag zur Einschränkung des § 15 Abs. 3 und 4 GmbHG, ZIP 2004, 1838; *Kröll,* Beurkundung gesellschaftsrechtlicher Vorgänge durch einen ausländischen Notar, ZGR 2000, 111; *Menke,* Beurkundungspflicht von Verträgen über den Verkauf oder die Abtretung ausländischer GmbH-Geschäftsanteile?, BB 2004, 1807; *Reichert/Weller,* Geschäftsanteilübertragung mit Auslandsberührung, DStR 2005, 250 u 292; *Saenger/Scheuch,* Auslandsbeurkundung bei der GmbH – Konsequenzen aus MoMiG und Reform des Schweizer Obligationenrechts, BB 2008, 65; *Trendelenburg,* Die Beurkundung von Anteilskaufverträgen und gesellschaftsrechtlichen Maßnahmen nach der Reform des Schweizer Obligationenrechts GmbHR 2008, 644; *Schulz,* Zur Formbedürftigkeit von Vereinbarungs- und Erwerbstreuhand an GmbH-Geschäftsanteilen, GmbHR 2001, 282; *Walz/Fembacher,* Zweck und Umfang der Beurkundung nach § 15 GmbHG, NZG 2003, 1134; *Witt,* Formbedürftigkeit und Heilung von Formmängeln bei der gleichzeitigen Einbringung von KG- und GmbH-Geschäftsanteilen in eine Holding-Gesellschaft, ZIP 2000, 1033.

1. Allgemeines, Form, Vollmacht. Das Gesetz knüpft die Abtretung des GAnteils, das dingliche Rechtsgeschäft der Übertragung (zum Verpflichtungsgeschäft Rn 30 ff), im Interesse des Anlegerschutzes (Einl Rn 5) an Förmlichkeiten, um den leichten u spekulativen Handel mit GAnteilen auszuschließen sowie aus Gründen der Beweiserleichterung.[93] Die Vorschrift ist daher **zwingend.** – Sie ist jedoch nicht, auch nicht entspr anwendbar auf in Deutschland vorgenommene Übertragung von Anteilen an der GmbH vergleichbarer ausländischer Ges.[94] 21

Form ist **notarielle Beurkundung** (§§ 8 ff BeurkG).[95] Da Abtretung Vertrag ist (§§ 413, 398 BGB), muss dieser u nicht nur Erklärung des Abtretenden beurkundet werden.[96] Nach § 128 BGB genügt aber getrennte Beurkundung von Angebot u Annahme. Auf Angabe des Rechtsgrundes kommt es nicht an. Beurkundung des Verpflichtungsgeschäfts nach Abs 4 ersetzt nicht die der 22

---

[93] BGH NZG 2008, 377 Rn 14; BGHZ 13, 51 f; 127, 135; NJW 1996, 3339.

[94] OLG München DB 1993, 876; Roth/*Altmeppen* Rn 92; *Gätsch/Schulte* ZIP 1999, 1909; abw OLG Celle NJW-RR 1992, 1126; offen gelassen von BGH DStR 2004, 2205, 2207; hierzu *Menke* BB 2004, 1807; – vgl auch *Lutter*/Hommelhoff/*Bayer* Rn 22; *Reichert/Weller* DStR 2005, 292, 293 f.

[95] Für Einschränkung, wenn Rechtsanwälte in die Beratung, Erstellung und Verhandlung der Vertragsentwürfe eingebunden waren, *König* ZIP 2004, 1839; – zweifelhaft.

[96] BGHZ 21, 247.

Abtretung. Beides kann u wird meist in einer Urkunde zusammengefasst werden. Es ist daher Auslegungsfrage, was vorliegt. Gebrauch des Wortes Abtretung oder Übertragung nicht erforderlich. Doch muss Übertragungswille[97] eindeutig hervorgehen, sowie Erwerber[98] u Abtretungsgegenstand[99] ausreichend bestimmt sein. Besitzt Abtretender mehrere GAnteile, muss Abtretungserklärung ergeben, welcher Anteil abgetreten ist; andernfalls ist Abtretung nichtig (Bestimmtheitsgrundsatz).[100] Beurkundung ist auch erforderlich, wenn die Abtretungspflicht auf Gesetz beruht oder das Verpflichtungsgeschäft selbst nicht der Form bedarf (Rn 25, 34).[101] Bedingte Abtretung kann auch im Voraus im GesVertrag erfolgen.[102] Aufnahme der Erklärungen in Prozessvergleich (auch schiedsgerichtlichen Vergleich gem § 1053 ZPO)[103] nach Maßgabe des § 127 a BGB sowie rechtskräftige Verurteilung zur Abtretung (§ 894 ZPO) ersetzen die Form.[104] – **Kostenberechnung** nach Gegenstandswert gem KostO als verkappte Steuer von EuGH für beamtete Notare verworfen.[105] – Bei **Beurkundung im Ausland** wurden bisher wegen der unterschiedlichen Funktion des Formerfordernisses Anforderungen weniger streng als bei Beurkundung von Statusänderungen (Satzungsfeststellung oder Umwandlungsverträge) angesehen. Daher galten im Rahmen von Abs 3 grds beide Alternativen von Art 11 I EGBGB gleichberechtigt. Für das Wirkungsstatut (Art 11 I 1. Alt EGBGB) vgl das in § 2 Rn 9 Ausgeführte, vor allem zum Erfordernis der Gleichwertigkeit mit deutschem Notar. Daneben genügt für Abs 3 grds Einhaltung der Ortsform (Ortsstatut, Art 11 I 2. Alt EGBGB), soweit das Ortsrecht ein Rechtsgeschäft der betr Art kennt (str).[106] Die Diskussion ist im Hinblick auf die Zulassung der schriftlichen Abtretung nach der Schweizer GmbH-Reform u im Hinblick auf die Konsequenzen für Einrei-

---

97 RGZ 68, 397.

98 RG JW 1932, 1009.

99 RG JW 1930, 2680; 1932, 1008.

100 KG GmbHR 1997, 603; OLG Brandenburg GmbHR 1998, 935; OLG Düsseldorf MDR 1978, 668; Scholz/*Winter/Seibt* Rn 89; *Lutter*/Hommelhoff/*Bayer* Rn 19; Roth/*Altmeppen* Rn 20; *Michalski/Ebbing* Rn 116; teilw abw Ulmer/*Winter/Löbbe* Rn 113.

101 Zum Ganzen Ulmer/*Winter/Löbbe* Rn 111 ff, 131 ff; Scholz/*Winter/Seibt* Rn 77 ff; *Lutter*/Hommelhoff/*Bayer* Rn 16.

102 BGH NZG 2003, 871, 872; zur Umgehung der Formvorschrift aber unten Rn 25 aE.

103 Michalski/*Ebbing* Rn 96. – Nicht jedoch Vergleich vor einer Gütestelle oder Anwaltsvergleich (Palandt/*Heinrichs/Ellenberger* § 127 a Rn 2 aE).

104 Scholz/*Winter/Seibt* Rn 80 aE.

105 EuGH C-466/03 = NJW 2007, 3051 (Albert Reiss Beteiligungsgesellschaft mbH); zur dadurch entstandenen Rechtslage in Baden-Württemberg *Meyer* ZIP 2008, 1661.

106 HM, RGZ 160, 229 f; BayObLG DB 1977, 2320; OLG Frankfurt DB 1981, 1456; OLG Frankfurt NZG 2005, 820; wohl auch BGH NZG 2005, 41, 42 (obiter); ausführlich Scholz/*Winter/Seibt* Rn 82 ff; Ulmer/*Winter/Löbbe* Rn 89; MünchHdb-GmbH/*Jasper* § 24 Rn 100; Palandt/*Heldrich* Art 11 EGBGB Rn 8, 13 (mwN zur Gegenmeinung); Roth/*Altmeppen* Rn 90; Michalski/*Ebbing* Rn 97; ferner *Goette* MittRhNotK 1997, 1, 3 f; *ders* DStR 1006, 709, 711; *Gätsch/Schulte* ZIP 1999, 1954; *Kröll* ZGR 2000, 111, 122 ff; *Reichert/Weller* DStR 2005, 250, 254 f; – aA für den amerikanischen notary public OLG Stuttgart NZG 2001, 40; ferner allg *Lutter*/Hommelhoff/*Bayer* Rn 16 mwN; *Rowedder*/Schmidt-Leithoff/*Bergmann* Rn 54; MünchKommBGB/*Kindler* IntGesR Rn 535; Staudinger/*Großfeld* IntGesR Rn 492 ff; *Dignas* GmbHR 2005, 139, 140.

chung der Gfterliste nach MoMiG neu entbrannt.[107] Teilweise wird nun Auslandsbeurkundung der Abtretung wegen der für ausl Notar nicht bestehenden Pflicht zur Einreichung der Gfterliste nach § 40 II für ganz unzulässig gehalten,[108] wodurch dann für Abtretung schärfere Voraussetzungen gelten würden als für Beurkundung von Satzungsänderungen. Das kann jedoch § 40 II nicht entnommen werden und ist auch nicht wertungsgerecht.[109] – Zur Übertragung von Anteilen an ausländischen Ges im Inland oben Rn 21 aE.

Vollmacht zur Abtretung ist **formlos wirksam,** § 167 II BGB. § 2 II gilt 23
nicht entspr. Das gilt auch bei Befreiung von § 181 BGB.[110] Dagegen Blankovollmacht im Hinblick auf Gesetzeszweck (Rn 21) selbst bei notarieller Form unwirksam, da sie iE freie Übertragbarkeit bewirken könnte.[111] – Vollmacht bedarf auch nicht allein deshalb der Form, weil sie unwiderruflich ist.[112] Die Grundsätze zur Vollmacht bei § 311 b I BGB sind wegen des abw Gesetzeszwecks nicht übertragbar.[113] – Formfrei ist auch Genehmigung nach §§ 182 II, 185 II BGB sowie eine Verpflichtung zu dieser.[114]

2. Abtretung des Geschäftsanteils ist jede Veräußerung unter Lebenden. 24
Auf den rechtlichen Grund kommt es nicht an. Auch **künftiger Geschäftsanteil** (im Stadium der Vor-GmbH oder vor Kapitalerhöhung, § 2 Rn 13) kann abgetreten werden; auch dafür gilt Formerfordernis,[115] ebenso für anderweitig bedingte oder befristete Abtretung.[116] Wirkung tritt ein mit HREintragung der Ges oder KE bzw Bedingungseintritt oder Fristablauf; auf Bedingung kann Begünstigter einseitig formlos verzichten.[117] – Abs 3 gilt grds auch für **Abtretung durch die Gesellschaft,** wenn diese den Anteil frei erworben hat[118] oder bei freihändigem Verkauf nach §§ 23 S 2, 27 II 2.[119] Anders bei Versteigerung (Rn 27).

---

107 Dazu etwa *Saenger/Scheuch* BB 2008, 65; *Berger/Kleissl* DB 2008, 2235; *Trendelenburg* GmbHR 2008, 644.

108 Bormann/Kauka/Ockelmann/*Schulze Steinen* Kap 9 Rn 97.

109 IE ebenso *Grunewald* ZIP 2006, 685, 688; *Breitenstein/Meyding* BB 2006, 1457, 1460; *Götze/Bressler* NZG 2007, 894, 896; – für immerhin möglich halten Einreichung der Gfterliste durch ausländischen Notar *Mayer* DNotZ 2008, 403, 411; *Vossius* DB 2007, 2299, 2304; für entspr Verpflichtung *Rau* DStR 2006, 1892, 1894; *Zöllner* in Gesellschaftsrechtliche Vereinigung (Hrsg), Die GmbH-Reform in der Diskussion, 175, 180: Notar unterwirft sich entspr Vertragspflicht. – Offenlassend *Wicke* Rn 20.

110 Heute ganz hM, BGHZ 13, 51 ff; 19, 72; Ulmer/*Winter/Löbbe* Rn 131, 85; Scholz/*Winter/Seibt* Rn 95; *Lutter*/Hommelhoff/*Bayer* Rn 21; Roth/*Altmeppen* Rn 89.

111 BGHZ 13, 53; 19, 72; Ulmer/*Winter/Löbbe* Rn 131, 85; Scholz/*Winter/Seibt* Rn 95; *Lutter*/Hommelhoff/*Bayer* Rn 21.

112 RGZ 135, 70; Ulmer/*Winter/Löbbe* Rn 131, 85; Scholz/*Winter/Seibt* Rn 96; *Lutter*/Hommelhoff/*Bayer* Rn 21; Roth/*Altmeppen* Rn 89.

113 BGHZ 13, 52.

114 BGH NJW 1996, 3338.

115 BGHZ 21, 245 u 383; 29, 303; BGH NJW 1995, 128, 129; NJW 1999, 2594; NZG 2006, 590; Ulmer/*Winter/Löbbe* Rn 122; Scholz/*Winter/Seibt* Rn 12; *Rowedder*/Schmidt-Leithoff/*Bergmann* Rn 7; Roth/*Altmeppen* Rn 20; einschr *Lutter*/Hommelhoff/*Bayer* Rn 18.

116 BGHZ 127, 133; BB 1989, 372, aufschiebende Bedingung; Ulmer/*Winter/Löbbe* Rn 123 mwN; Scholz/*Winter/Seibt* Rn 91.

117 BGH BB 1989, 372; BGHZ 127, 133; dazu krit *Pohlmann* NJW 1999, 191 f; BGHZ 138, 195.

118 RG JW 1907, 370; Ulmer/*Winter/Löbbe* Rn 129 f; Scholz/*Winter/Seibt* Rn 97.

119 Ulmer/*Winter/Löbbe* Rn 129 f; Roth/*Altmeppen* Rn 80; – aA wohl RG JW 1907, 371 obiter.

25 **Formbedürftig** ist deshalb nicht nur die Erfüllung einer vertraglich eingegangenen Abtretungspflicht, sondern auch einer kraft Gesetzes oder letztwilliger Verfügung bestehenden, zB in Erfüllung eines Vermächtnisses.[120] Der Form bedarf auch Sicherungs- oder Treuhandabtretung (dazu im Einzelnen unten Rn 55 ff), Verpfändung (Rn 48 ff); ebenso Rückabtretung, Rückübertragung, auch im Fall der Aufhebung des Abtretungsvertrages.[121] Zur Abtretung des Anspruchs auf Übertragung eines GAnteils unten Rn 26. Einbringung eines GAnteils in Gesamthandsgemeinschaft oder jurPerson bedarf förmlicher Abtretung,[122] wie auch Auseinandersetzung, u zwar sowohl bei Realteilung (§ 46 Nr 4) als auch bei Übertragung zu Alleineigentum eines Mitglieds.[123] Ebenso Überführung von Gesamthands- in Bruchteilseigentum u umgekehrt[124] sowie bei Umwandlung einer Erbengemeinschaft in OHG.[125] **Umgehung** des Formerfordernisses durch antizipierende Satzungsklausel, welche alle folgenden Abtretungen umfasst, ist abzulehnen.[126]

26 Im Hinblick auf Zweck der Regelung (Rn 21) ist das Formerfordernis nach Abs 3 über den Wortlaut hinaus grds auch auf die **Abtretung des Anspruchs auf Übertragung** des GAnteils zu erstrecken.[127] Ausnahmen unten Rn 57.

27 Dagegen liegt **keine formbedürftige Abtretung** vor bei Übergang des Anteils kraft Gesetzes, Übertragung kraft Hoheitsaktes sowie bei Anwachsung. Abs 3 gilt daher nicht für die Fälle der Gesamtrechtsnachfolge, zB Erbfolge, auch nicht bei Umwandlungsvorgängen wie Formwechsel, Spaltung oder Verschmelzung,[128] für Fälle der dinglichen Surrogation,[129] im Fall des § 22 IV, der Einziehung nach § 34[130] sowie bei Übertragung des versteigerten GAnteils durch Gerichtsvollzieher im Wege der Zwangsvollstreckung,[131] wie bei Versteigerung nach §§ 23 S 1, 27 II 1;[132] anders bei freihändigem Verkauf (Rn 24). – Förmliche Abtretung auch nicht erforderlich bei Mitgliederwech-

---

120 Ulmer/*Winter/Löbbe* Rn 115; *Michalski*/Ebbing Rn 37.

121 Ulmer/*Winter/Löbbe* Rn 128; Scholz/*Winter/Seibt* Rn 91, auch 89; Michalski/*Ebbing* Rn 118 aE.

122 Ulmer/*Winter/Löbbe* Rn 115; *Lutter*/Hommelhoff/*Bayer* Rn 17; *Petzoldt* GmbHR 1976, 81.

123 Ulmer/*Winter/Löbbe* Rn 115; Scholz/*Winter/Seibt* Rn 93; *Schneider* GmbHR 1964, 158; *Petzoldt* GmbHR 1976, 83.

124 Ulmer/*Winter/Löbbe* Rn 52 f, 55; Michalski/*Ebbing* Rn 118; *Petzoldt* GmbHR 1976, 81 f.

125 BGH DStR 1995, 1395.

126 Zutr *Barth* GmbHR 2004, 383; – abw *Kleinert/Blöse/Xylander* GmbHR 2004, 630 sowie GmbHR 2003, 1230. Zur zulässigen antizipierten Abtretung durch die Satzung oben Rn 22.

127 Früher sehr str, heute hM, BGHZ 75, 352, 354 = NJW 1980, 1100, 1101; *Lutter*/Hommelhoff/*Bayer* Rn 18; Ulmer/*Winter/Löbbe* Rn 67; – abw Scholz/*Winter/Seibt* Rn 94 mwN, die auf den Einzelfall abstellen. – Für Anwendung von Abs 4 *Rowedder*/Schmidt-Leithoff/*Bergmann* Rn 42; Roth/*Altmeppen* Rn 79 (insbes für entspr Anwendung von IV 2).

128 Dazu im einzelnen Ulmer/*Winter/Löbbe* Rn 118 ff; Scholz/*Winter/Seibt* Rn 93; Michalski/*Ebbing* Rn 119 ff.

129 Ulmer/*Winter/Löbbe* Rn 116; Michalski/*Ebbing* Rn 119.

130 OLG Karlsruhe GmbHR 2003, 1482, 1483.

131 Scholz/*Winter/Seibt* Rn 93; *Rowedder*/Schmidt-Leithoff/*Bergmann* Rn 40; Michalski/*Ebbing* Rn 120.

132 Ulmer/*Winter/Löbbe* Rn 129 f; Ulmer/*Müller* § 23 Rn 11; Scholz/*Winter/Seibt* Rn 97 aE; Scholz/*Emmerich* § 23 Rn 6 f.

sel in Gesamthandsgemeinschaften, zu deren Vermögen GAnteil gehört, **Anwachsung,** so bei Eintritt oder Austritt eines Mitglieds oder Übertragung der Mitgliedschaft[133] (unten Rn 35) oder Erbteils, § 2033 BGB,[134] u nicht im Fall des § 140 I 2 HGB.[135] – Abs 3 gilt nicht für **Abtretung einzelner** aus dem GAnteil fließender **Vermögensrechte,** Gläubigerrechte (§ 14 Rn 12, 20), wie Anspruch auf Gewinnanteil, Auseinandersetzungsguthaben.[136] Ebenso nicht bei **Unterbeteiligung** (s auch Rn 59).[137]

3. Wirkung. Übergang des GAnteils grds mit allen Rechten (auch Nebenrechten, §§ 413, 401 BGB) u Pflichten, auch aus gesondertem Schiedsvertrag des Veräußerers über Streitigkeiten aus dem GesVerhältnis ohne besonderen Beitritt.[138] Gewinnansprüche auch für Zeiten vor Übertragung gehen mit Gewinnstammrecht auf Erwerber über, soweit diese noch nicht durch Gewinnfeststellungs- und -verwendungsbeschluss verselbständigt (näher dazu § 29 Rn 59). Interner Ausgleich nach § 101 Nr 2 HS 2 BGB bzw vertraglicher Vereinbarung.[139] Dagegen kein Übergang höchstpersönlicher Rechte u Pflichten (dazu § 3 Rn 49, § 14 Rn 20). Über mögliche weitere gesvertragliche Voraussetzungen unten Rn 37 ff. Übergang erfolgt mit Beendigung der Beurkundung, im Verhältnis zur Ges jedoch erst mit Einreichung geänderter Gfterliste durch den Notar (§ 40 II) u Aufnahme der geänderten Gfterliste in HR. Zu Rückwirkung der unverzüglichen Aufnahme der geänderten Gfterliste in HR bzgl Rechtshandlung in Bezug auf GesVerhältnis § 16 I 2 nF. – Mit formgerechter Abtretung wird formnichtiger Verpflichtungsvertrag geheilt (dazu Rn 36). War Veräußerer Nichtberechtigter, ist gutgläubiger Erwerb nach Maßgabe von § 16 III nF möglich (s dort). Besonderheiten gelten bei Abtretung an Nichtberechtigten in Rechtsanwalts-GmbH.[140] – Veräußerung von Geschäftsanteilen hat regelmäßig **steuerrechtliche Folgen.**[141] 28

4. Nichtigkeit. Bei **Verstoß gegen Formvorschrift** ist **Abtretung nichtig,** § 125 BGB, auch wenn Verpflichtungsgeschäft wirksam. Berufung auf Nichtigkeit verstößt wegen im öffentlichen Interesse liegender Schutzzwecke des Formerfordernisses (Rn 21) im Regelfall nicht gg § 242 BGB.[142] Keine Heilung wie bei Abs 4, sondern nur formgerechte Nachholung, § 141 29

---

133 BGH NZG 2008, 377 Rn 10; zur Zulässigkeit des Gfterwechsels allg *A. Hueck* OHG § 27 II; Hueck/*Windbichler* GesR § 10 Rn 15 jew mwN.

134 Ulmer/*Winter/Löbbe* Rn 115, 54, 36; Scholz/*Winter/Seibt* Rn 93; Michalski/*Ebbing* Rn 121, vgl jedoch Rn 123.

135 Ulmer/*Winter/Löbbe* Rn 115; Scholz/*Winter/Seibt* Rn 93, 44, jew zu § 142 HGB aF; – zur erweiterten Anwendung des Rechtsgedankens des § 142 HGB aF vgl BGHZ 32, 314; 50, 309; *U. Huber,* Vermögensanteil, Kapitalanteil und Gesellschaftsanteil an Personengesellschaften des Handelsrechts, 1970, 67 ff mwN.

136 RGZ 82, 170; BGH DB 1983, 2513; Ulmer/*Winter/Löbbe* Rn 124; Scholz/*Winter/Seibt* Rn 20, 94; *Lutter*/Hommelhoff/*Bayer* Rn 20; Michalski/*Ebbing* Rn 123.

137 Ulmer/*Winter/Löbbe* Rn 207; Scholz/*Winter/Seibt* Rn 224; *Rowedder*/Schmidt-Leithoff/*Bergmann* Rn 40 aE; Michalski/*Ebbing* Rn 187; *Hesselmann* GmbHR 1964, 27.

138 BGH DB 1979, 1550; WM 1998, 129; Roth/*Altmeppen* Rn 22.

139 BGH NJW 1998, 1314 u 3646; vgl auch BGH NZG 2004, 912.

140 Roth/*Altmeppen* Rn 3 mwN.

141 Überblick bei *Rowedder*/Schmidt-Leithoff/*Bergmann* Rn 197 ff; Roth/*Altmeppen* Rn 121 ff.

142 Offengelassen von OLG Düsseldorf GmbHR 1997, 742, 743, im Fall fehlender Unterschrift.

BGB, mit Wirkung ex nunc;[143] dann gilt auch § 141 II BGB. Im Übrigen gelten für Anfechtbarkeit u Nichtigkeit die allg Voraussetzungen des BGB.[144] Bestätigung bedarf auch dann der Form des Abs 3, wenn Mangel nicht auf Formverstoß beruht.[145] Auch andere Nichtigkeitsgründe möglich, etwa **Anfechtung wegen arglistiger Täuschung,**[146] die jedenfalls für den Fall der Arglist des Geschäftspartners nicht im Voraus vertraglich ausgeschlossen werden.[147] Abtretung kann auch als **Rechtsmissbrauch** nichtig sein, insbes in Fällen der sog Firmenbestattung, wenn sie erfolgt, um Insolvenzantragspflicht nach § 64 aF (§ 15 a InsO nF) zu umgehen.[148] Problem durch § 15 a III InsO nF nur teilweise gelöst. – Für gleichwohl tatsächlich **vollzogenen fehlerhaften Gesellschafterwechsel** gelten nicht Regeln der fehlerhaften Ges; vielmehr treten nach heute hM **Nichtigkeitsfolgen** uneingeschränkt ein. Schutz der Ges u der MitGfter wird jedoch durch § 16 I/II, Schutz möglicher Erwerber durch § 16 III ausreichend gewahrt. Auch Verhältnis zwischen den Parteien der fehlerhaften Abtretung erfordert den Rückgriff auf die Grundsätze für Personenges nicht, selbst wenn die Rückabwicklung nach allg Regeln, insbes nach Bereicherungsgrundsätzen im Einzelfall umständlich sein kann.[149]

V. Verpflichtungsvertrag, Formerfordernis, Heilung, Abs 4

30 **1. Allgemeines, Form, Vollmacht.** Vertragliche **Verpflichtung zur Abtretung** eines GAnteils ist **formbedürftig,** Abs 4. Zweck der Regelung ist derselbe wie bei Abs 3 (Rn 21), insbes den spekulativen Handel mit GAnteilen zu unterbinden. Auch Abs 4 ist daher **zwingend** u gilt auch, wenn die Verpflichtung Handelsgeschäft ist,[150] andererseits nicht bzgl Anteilen an ausländischer Ges (vgl Rn 21 aE). – Notarieller Beurkundung (dazu oben Rn 22) bedarf nicht nur die Hauptpflicht, sondern grds **auch Nebenabreden,** die nach dem Willen der Parteien Bestandteil der Vereinbarung über die Verpflichtung zur Abtretung sein sollen.[151] Eine Beschränkung des Formerfordernisses auf die Abtretungsverpflichtung[152] oder wesentliche Vereinbarungen, aus denen sich die Abtretungspflicht ergibt,[153] würde zwar mit dem Zweck der Regelung im Einklang stehen, ist aber unter Rechtssicherheitserwägungen u im Hinblick auf die Einheit des Verpflichtungsgeschäfts

---

143 Ulmer/*Winter/Löbbe* Rn 133; Scholz/*Winter/Seibt* Rn 103.

144 Ulmer/*Winter/Löbbe* Rn 140; Scholz/*Winter/Seibt* Rn 103.

145 BGH NJW 1985, 2579.

146 BGH NJW 1990, 1915; auch NZG 2007, 271 (VIII. Senat).

147 BGH NZG 2007, 271 (VIII. Senat).

148 AG Memmingen MittBayNot 2004, 292; *Reichert/Weller* § 15 Rn 28.

149 BGH NZG 2007, 271 Rn 20 (VIII. Senat).

150 Scholz/*Winter/Seibt* Rn 50.

151 BGH NJW 1969, 2049; 1983, 1843; DStR 2000, 1272 (mit Einschränkung bzgl einzelner Details, zB einzelner Rechnungsposten); NZG 2001, 940, 941; hierzu kritisch *Pohlmann* GmbHR 2002, 41, 42 ff; OLG Düsseldorf MDR 1978, 668; OLG München NJW 1967, 1328; Ulmer/*Winter/Löbbe* Rn 77; Scholz/*Winter/Seibt* Rn 50; Roth/*Altmeppen* Rn 75; *Walz/Fembacher* NZG 2003, 1134, 1141 ff; – zur Heranziehung formnichtiger Vereinbarung zur Auslegung formgültigen Vertrags BGH WM 1987, 686. Zur GmbH & Co. KG vgl *Binz/Mayer* NJW 2003, 3054, 3059; *Witt* ZIP 2000, 1033.

152 So *Schlüter* FS Bartholomeyczik, 1973, 366; ferner *Sigle/Maurer* NJW 1984, 2657; *Heidenhain* NJW 1999, 3073; *Pohlmann* GmbHR 2002, 41, 42 ff.

153 OLG München NJW 1967, 1328.

abzulehnen.[154] – Formbedürftig sind **auch spätere Änderungen** u Zusätze, falls sie nicht lediglich klarstellende Funktion haben,[155] so als Vertragsänderung Aufhebung einer aufschiebenden Bedingung im Verpflichtungsgeschäft (formfrei aber Verzicht auf Bedingung der Abtretung selbst, s auch Rn 24).[156] – **Nicht** dagegen bedürfen nach erfolgter formgültiger Abtretung die Verpflichtung bestätigende (§ 141 BGB) oder ändernde Vereinbarungen der Form des Abs 4,[157] wenn sie nicht neue Verpflichtungen zur Abtretung, zB zur Rück- oder Weiterübertragung begründen.[158] – **Abschlussvollmacht** ist grds formfrei, § 167 II BGB, falls nicht Gesetzeszweck ausnahmsweise entgegensteht (vgl auch Rn 23),[159] ebenso Genehmigung (§ 182 II BGB) u Verpflichtung hierzu.[160]

2. Vereinbarung. Abs 4 gilt nur für Vereinbarungen, also **Verträge,** nicht 31
einseitige Rechtsgeschäfte. Nicht formbedürftig nach Abs 4 daher etwa Auslobung (§ 657 BGB), testamentarische Anordnungen wie Vermächtnis (§ 2174 BGB) oder Teilungsanordnung (§ 2048 BGB), Teilungsplan des Testamentsvollstreckers (§ 2204 BGB) ua.[161] Auf Rechtsnatur des Vertrages kommt es nicht an. Formbedürftig daher nicht nur Kauf, sondern zB auch Schenkung (über § 518 I 1 BGB hinaus), Vergleich,[162] Vereinbarung eines Vorkaufs- oder Übernahmerechts (Option), GesVertrag, soweit darin eine mindestens bedingte Verpflichtung zur Abtretung enthalten ist. Dagegen ist die Erklärung der Ausübung eines Vorkaufs- oder Übernahmerechts grds formfrei.[163]

3. Verpflichtung zur Abtretung. Der Vertragsinhalt muss unmittelbar 32
auf die **Verpflichtung zur Abtretung** gerichtet sein, nicht diese nur mittelbar oder als gesetzliche Folge begründen.[164] Soweit danach Vertrag formbedürftig ist, gilt das auch für einen Vorvertrag.[165] Nicht vom Wortlaut von Abs 3 unmittelbar umfasst ist (Weiter-) **Abtretung des Abtretungs-**

---

154 IE ganz hM, ausführl Ulmer/*Winter/Löbbe* Rn 77 f; Scholz/*Winter/Seibt* Rn 66; *Lutter/Hommelhoff* Rn 18; *Walz/Fembacher* NZG 2003, 1134, 1141 ff; auch *Wiesner* NJW 1984, 97.

155 OLG München NJW 1967, 1328; OLG Hamm GmbHR 1979, 59; Ulmer/*Winter/Löbbe* Rn 81; Scholz/*Winter/Seibt* Rn 66; Roth/*Altmeppen* Rn 76; Michalski/*Ebbing* Rn 92; vgl auch BGH WM 1979, 1259.

156 BGH BB 1989, 372.

157 RGZ 88, 65; 112, 241; BGH LM § 15 Nr 5.

158 Ulmer/*Winter/Löbbe* Rn 105; Scholz/*Winter/Seibt* Rn 66; Michalski/*Ebbing* Rn 92.

159 BGHZ 13, 49; sowie ausführl Ulmer/*Winter/Löbbe* Rn 85 ff; Michalski/*Ebbing* Rn 93 ff.

160 BGH NJW 1996, 3338.

161 Ulmer/*Winter/Löbbe* Rn 43 ff; Scholz/*Winter/Seibt* Rn 48; auch Roth/*Altmeppen* Rn 82; GmbH-Hdb/*Kallmeyer* Rn 981.

162 OLG München DB 1993, 2477; OLG Dresden NZG 1999, 170.

163 RGZ 113, 149 f; BGH NJW 1969, 2049; DStR 1998, 539; – zum Ganzen auch Ulmer/*Winter/Löbbe* Rn 47, 51, 59 ff; Scholz/*Winter/Seibt* Rn 48 ff; Michalski/*Ebbing* Rn 68 ff; *Rowedder*/Schmidt-Leithoff/*Bergmann* Rn 18.

164 HM u stRspr, RGZ 50, 45; 82, 354; 124, 376; BGHZ 19, 70; Ulmer/*Winter/Löbbe* Rn 70; Scholz/*Winter/Seibt* Rn 53; *Lutter*/Hommelhoff/*Bayer* Rn 29 ff; Roth/*Altmeppen* Rn 82.

165 Ulmer/*Winter/Löbbe* Rn 76; *Lutter*/Hommelhoff/*Bayer* Rn 30; Michalski/*Ebbing* Rn 64; Einzelfälle bei MünchHdbGmbH/*Jasper* § 24 Rn 46 ff.

anspruchs. Für diese muss jedoch nach Sinn u Zweck grds dasselbe gelten (oben Rn 26).

33 **a) Formbedürftig** ist die **vertragliche** Begründung einer **Abtretungspflicht** auch dann, wenn diese bedingt,[166] wahlweise[167] oder nur auf Verlangen zu erfüllen ist,[168] daher auch Begründung eines **Vorkaufsrechts** (Rn 31).[169] Ebenso, wenn sie nach Gründung[170] einen erst zu beschaffenden[171] oder erst künftig entstehenden[172] GAnteil betrifft.[173] Hiervon abzugrenzen ist GfterWechsel vor Eintragung der Ges, der nur durch Satzungsänderung erfolgen kann (vgl § 11 Rn 8).[174] Unerheblich ist auch, ob die Abtretung an den Vertragsgegner oder einen Dritten erfolgen soll.[175] Nach hM ist selbst eine Verpflichtung zur Abnahme eines GAnteils, **Erwerbspflicht,** formbedürftig, da auch diese, wenn sie geltend gemacht wird, eine korrespondierende Verpflichtung zur Abtretung bewirkt.[176] Das gilt grds auch für eine Rückkaufsvereinbarung bzw Rücknahmegarantie.[177] GesVerträge u Auseinandersetzungsvereinbarungen fallen unter Abs 4, soweit sie zur Abtretung verpflichten (dazu Rn 25);[178] Regelung im GesVertrag der GmbH selbst als satzungsgem oder schuldrechtliche Pflicht (§ 3 Rn 40, 54) wegen § 2 formwahrend, aber trotz Eintritts der Voraussetzungen erneut formbedürftig bei abw Veräußerungsbedingungen.[179] Enthält GesVertrag bedingte Übertragungspflicht, muss GfterBeschluss, der Bedingung herbeiführt, nicht der Form entsprechen (Rn 31).[180] – Formbedürftig ist nicht nur die Verpflichtung eines Gfters, sondern auch der Ges, eigene GAnteile abzutreten,[181] ebenso freihändiger Verkauf nach §§ 23, 27.[182]

34 Verträge, die eine Abtretungspflicht nur mittelbar oder als gesetzliche Folge begründen, so bei Auftrag zum Erwerb eines GAnteils, sind dagegen nicht

---

166 OLG Karlsruhe GmbHR 1991, 19; Scholz/*Winter/Seibt* Rn 50; Michalski/*Ebbing* Rn 64; Roth/*Altmeppen* Rn 81.

167 RG LZ 13, 141.

168 Ulmer/*Winter/Löbbe* Rn 47, 50.

169 Ulmer/*Winter/Löbbe* Rn 59 f; Scholz/*Winter/Seibt* Rn 54; *Lutter*/Hommelhoff/*Bayer* Rn 30; *Rowedder*/Schmidt-Leithoff/*Bergmann* Rn 18; Michalski/*Ebbing* Rn 70.

170 BGH ZIP 1999, 925.

171 RGZ 149, 397.

172 BGHZ 21, 245; ZIP 1999, 925.

173 Ulmer/*Winter/Löbbe* Rn 48, 57; Scholz/*Winter/Seibt* Rn 50; Michalski/*Ebbing* Rn 85.

174 Michalski/*Ebbing* Rn 85; *Rowedder*/Schmidt-Leithoff/*Bergmann* Rn 14.

175 RGZ 50, 165; 149, 397; Ulmer/*Winter/Löbbe* Rn 48; Scholz/*Winter/Seibt* Rn 50.

176 HM, teilweise auch ohne Rücksicht auf Abtretungsverpflichtung, RG in stRspr u hM, RGZ 57, 61; 82, 353; 102, 64; 127, 71; 149, 397; OLG München BB 1995, 427 u 1996, 1296; Ulmer/*Winter/Löbbe* Rn 65; Scholz/*Winter/Seibt* Rn 52; Michalski/*Ebbing* Rn 83.

177 RGZ 76, 310; Ulmer/*Winter/Löbbe* Rn 66; Scholz/*Winter/Seibt* Rn 60; Michalski/*Ebbing* Rn 82; – zu anderen Garantieabreden vgl aber Ulmer/*Winter/Löbbe* Rn 66, 73; Scholz/*Winter/Seibt* Rn 60.

178 Ausführl Ulmer/*Winter/Löbbe* Rn 51; Scholz/*Winter/Seibt* Rn 50 f; Michalski/*Ebbing* Rn 66; *Petzoldt* GmbHR 1976, 81.

179 BGH NJW 1986, 2642; Roth/*Altmeppen* Rn 81.

180 BGH DStR 1998, 539.

181 Ulmer/*Winter/Löbbe* Rn 61; Scholz/*Winter/Seibt* Rn 65; *Lutter*/Hommelhoff/*Bayer* Rn 30; Roth/*Altmeppen* Rn 80; Michalski/*Ebbing* Rn 88.

182 Wie hier Ulmer/*Müller* § 23 Rn 29; Scholz/*Emmerich* § 23 Rn 9; Roth/*Altmeppen* Rn 80; Michalski/*Ebbing* Rn 88.

formbedürftig, da Abtretungspflicht unmittelbar aus § 667 BGB folgt.[183] Entsprechendes gilt für Kommissionsvertrag.[184] In solchen Fällen ist auch ausdrückliche Aufnahme der Abtretungsverpflichtung in den Vertrag lediglich deklaratorisch u deshalb formfrei.[185] Etwas anderes kann sich jedoch unter Schutzzweck von Abs 3 u 4 ergeben, Handel mit GAnteilen zu verhindern, so insbes bei Vereinbarungstreuhand (unten Rn 56).

b) Nicht formbedürftig sind dagegen Vereinbarungen, die Abtretung 35 eines erst noch zu schaffenden GAnteils betreffen, wenn Abrede vor Beurkundung des GesVertrags getroffen wird;[186] ebenso nicht einseitige Verpflichtungserklärung eines Gfters (Rn 31). Nicht unter Abs 4 fällt Maklervertrag, selbst bei Nichtabschlussvergütung.[187] Keine Abtretungspflicht begründet das Rückgängigmachen einer Abtretungsverpflichtung, Aufhebungsvertrag.[188] Abs 4 gilt ferner nicht, wenn Übergang des GAnteils kraft Gesetzes erfolgt, so insbes in den Fällen der Anwachsung (Rn 27). Deshalb ist Abs 4 nicht anzuwenden auf Verpflichtungsgeschäft zur Übertragung eines Gesellschaftsanteils an einer GbR, deren Gesellschaftsvermögen aus einem GmbH-Anteil besteht, soweit nicht Errichtung der GbR dazu dient, Abs 4 zu umgehen. Dies ist der Fall, wenn zB unkontrollierter Handel ermöglicht werden soll, nicht dagegen allein deshalb, weil Zweck der GbR auf Halten u Verwalten der GAnteile beschränkt ist;[189] ferner nicht auf OHG-Vertrag, der bei Beendigung zur Übernahme des GesVermögens mit Aktiven u Passiven berechtigt, auch wenn GAnteil zum GesVermögen gehört.[190] – Nicht unter Abs 4 fällt weiter Verpflichtung zur Abtretung vermögensrechtlicher Ansprüche aus der Mitgliedschaft.[191]

4. Formnichtigkeit, Heilung, sonstige Mängel. Verstoß gegen Form- 36 vorschrift macht Verpflichtungsvertrag nichtig, § 125 BGB. Etwas anderes gilt, wenn Verstoß bloß Nebenabrede betrifft.[192] Die **Formnichtigkeit** wird nach Abs 4 S 2 **durch formgerechte Abtretung geheilt.** Abtretung muss sich auf die nichtige Verpflichtung beziehen[193] u setzt Fortbestehen der

---

183 RGZ 124, 376; BGHZ 19, 70; WM 1971, 307; OLG Hamm GmbHR 1994, 880, LS; OLG Rostock GmbHR 1998, 641.

184 RGZ 80, 102, Einkaufskommission; Ulmer/*Winter/Löbbe* Rn 71; Scholz/*Winter/Seibt* Rn 53; Roth/*Altmeppen* Rn 82.

185 RGZ 82, 354.

186 BGHZ 141, 207, 213 = NJW 1999, 2594, 2595; NZG 2006, 590; OLG Celle NZG 2001, 368; *Goette* § 5 Rn 17; OLG Frankfurt GmbHR 1992, 368 auch für spätere schriftliche Bestätigung einer mündlichen Vereinbarung bei Gründung; – krit MünchHdbGmbH/*Sommer* § 26 Rn 19.

187 BGH GmbHR 1997, 605.

188 Ulmer/*Winter/Löbbe* Rn 69; Scholz/*Winter/Seibt* Rn 61.

189 BGH NZG 2008, 377 Rn 12 ff; – aA Ulmer/*Winter/Löbbe* Rn 53; MünchKommBGB/*Ulmer/Schäfer* § 719 Rn 35 f.

190 Ulmer/*Winter/Löbbe* Rn 74; Scholz/*Winter/Seibt* Rn 53.

191 Ulmer/*Winter/Löbbe* Rn 62; Scholz/*Winter/Seibt* Rn 57; *Lutter*/Hommelhoff/*Bayer* Rn 32.

192 So mit verfehltem Verweis auf § 15 III BGH DStR 2000, 1272 (bzgl. als Anlage beigefügte Rechnungsposten).

193 BGH NZG 2001, 940, 941 (im Fall verschiedener Vertragsparteien); zust. *Pohlmann* GmbHR 2002, 41, 44 (auch zur Heilung bei Leistung an einen von mehreren Vertragspartnern, bei der Kettenabtretung sowie bei der Vertragsübernahme); Roth/*Altmeppen* Rn 85.

Willensübereinstimmung im Zeitpunkt der Abtretung voraus.[194] Außerdem muss Abtretung nicht nur formgerecht, sondern auch im Übrigen wirksam sein (dazu Rn 24).[195] – Betraf formnichtige Verpflichtung mehrere GAnteile, so heilt wirksame Abtretung nur eines Anteils allein darauf bezüglichen Teil des Verpflichtungsgeschäfts; bildete dieses sachlich eine Einheit, tritt Heilung nicht ein (§ 139 BGB).[196] – Heilung erfolgt sowohl, wenn Verpflichtungsvertrag als solcher nicht formgerecht, als auch, wenn Nebenabreden oder Änderungen nicht beurkundet.[197] Ist unrichtiger Kaufpreis beurkundet, § 117 I BGB, heilt formgerechte Abtretung formlose Vereinbarung über den richtigen, § 117 II BGB.[198] Heilung auch, wenn unvollständige oder unrichtige Beurkundung des Verpflichtungsgeschäfts in derselben notariellen Urkunde wie Abtretung.[199] – Heilung wirkt **ex nunc,** bei Heilung durch bedingte Abtretung mit Bedingungseintritt bzw Verzicht auf Bedingung.[200] § 141 II BGB gilt entspr.[201] Sie ergreift formlose Zwischenveräußerungen.[202] – Geheilt werden **nur Formmängel,** keine sonstigen Mängel der Vereinbarung.[203] Berufung auf Formmangel kann in bes Ausnahmefällen missbräuchlich sein.[204] – Für **sonstige Mängel** gelten allg Regeln. Anfechtung wegen arglistiger Täuschung kann jedenfalls für den Fall der Arglist des Geschäftspartners nicht im Voraus vertraglich ausgeschlossen werden.[205] Zur **Anfechtung der Abtretung** oben Rn 29.

VI. Gesellschaftsvertragliche Erschwerung der Veräußerung, Abs 5

37 **1. Allgemeines, zusätzliche Abtretungserfordernisse.** Satzung kann zwar nicht schuldrechtliche Verpflichtung (allgM), wohl aber Abtretung an weitere Voraussetzungen binden, **Vinkulierung.**[206] Einhaltung, bei Vor-

194 BGHZ 127, 131; OLG München BB 1996, 1296; BGH NJW 2002, 142; Ulmer/*Winter/Löbbe* Rn 99; Scholz/*Winter/Seibt* Rn 71; MünchHdbGmbH/*Jasper* § 24 Rn 105.

195 Ulmer/*Winter/Löbbe* Rn 94; Scholz/*Winter/Seibt* Rn 70; *Rowedder*/Schmidt-Leithoff/*Bergmann* Rn 44; – zur Bedeutung einer bedingten Abtretung BGHZ 127, 129; 138, 195.

196 RGZ 112, 241; Ulmer/*Winter/Löbbe* Rn 97; Scholz/*Winter/Seibt* Rn 70; Michalski/*Ebbing* Rn 110.

197 BGH NZG 2001, 940, 941.

198 RGZ 168, 296; BGHZ 127, 131; NJW 1983, 1843; *Rowedder*/Schmidt-Leithoff/*Bergmann* Rn 43; Michalski/*Ebbing* Rn 110.

199 BGHZ 127, 132; NJW 1983, 1843; GmbHR 1993, 106; Ulmer/*Winter/Löbbe* Rn 98; Scholz/*Winter/Seibt* Rn 72; aA OLG Düsseldorf MDR 1978, 668.

200 BGHZ 138, 195; *Rowedder*/Schmidt-Leithoff/*Bergmann* Rn 44; Michalski/*Ebbing* Rn 111.

201 Ulmer/*Winter/Löbbe* Rn 104; Scholz/*Winter/Seibt* Rn 76.

202 RGZ 71, 402.

203 Ulmer/*Winter/Löbbe* Rn 100; Scholz/*Winter/Seibt* Rn 75; *Rowedder*/Schmidt-Leithoff/*Bergmann* Rn 43, 45; Michalski/*Ebbing* Rn 109.

204 BGH DStR 2006, 1378.

205 BGH NZG 2007, 271 (VIII. Senat).

206 *G. Hueck* FS Larenz, 1973, 749 ff; *Lessmann* GmbHR 1985, 179, auch 1986, 409; zu Entwicklung Bedeutung u Tragweite *Reichert/Winter* FS GmbHG, 1992, 209; zur Ausgestaltung unter Berücksichtigung von Umgehungen u deren Vermeidung *Lutter/Grunewald* AG 1989, 109 u 409; *Kowalski* GmbHR 1992, 347; zu besonderen Anwen-

kaufs- u anderen Erwerbsvorrechten ggf deren Nichtausübung, ist idR **Wirksamkeitsvoraussetzung für Abtretung** (s auch Rn 47).[207] Bei Abtretung unter Verstoß gegen satzungsmäßige Beschränkung, aber mit Zustimmung aller Gfter, gelten Grundsätze für satzungsdurchbrechende GfterBeschlüsse (§ 53 Rn 40 ff). – Praktische Bedeutung der Beschränkungen sehr groß u bei besonderen Gesellschaften zwingend vorgeschrieben.[208] Umgehung durch schuldrechtliche Übertragung von Verwaltungsrechten auf Dritte bzw Zwischenholding oder ähnl ist nur begrenzt möglich.[209]

Als zusätzliche Abtretungserfordernisse kommen neben der in Abs 5 genannten **Genehmigung** iSv Zustimmung (Rn 41) der Ges selbst vor allem auch in Betracht: Zustimmung der GfterVers,[210] der GFührer, eines AR,[211] eines Schiedsgerichts[212] aller oder einzelner Gfter, aber auch eines Dritten;[213] ferner Vorkaufsrecht oder sonstige **Erwerbsvorrechte** zu Gunsten der Gfter oder der Ges (dazu § 3 Rn 41),[214] **Übernahme bestimmter Verpflichtungen** durch Erwerber. Die Abtretung kann auch von bestimmten **Eigenschaften des Erwerbers** abhängig gemacht werden, etwa Fachkunde, GfterEigenschaft, Familienzugehörigkeit ua.[215] – Auch **Ausschluss der Abtretbarkeit** ist möglich.[216] Darin liegt keine unzulässige Bindung des Gfters, da ihm Austritts- bzw Kündigungsrecht aus wichtigem Grund verbleibt (dazu § 34 Anh Rn 15 ff). 38

Erschwerung braucht nicht alle GAnteile zu betreffen, auch nicht alle Arten der Abtretung. **Satzung kann differenzieren,** zB bestimmte Abtretungsfälle von Zustimmung befreien, etwa Abtretung an Mitgfter oder im Rahmen einer Erbauseinandersetzung (dazu Rn 11 ff); sie kann sie auch umgekehrt nur für bestimmte Abtretungsfälle verlangen, etwa Veräußerung an außenstehende Dritte.[217] – Erschwerungen oder Ausschluss haben **keine Geltung** im **Insol-** 39

---

dungsfällen *Ehlke* DB 1995, 561. – Zu anderen Vertragsgestaltungen mit ähnlicher Zielsetzung *Otto* GmbHR 1996, 16. – Ferner ausführl *Reichert* Zustimmungserfordernis; *Wiedemann,* Übertragung, 98 ff; grds u krit zur Dogmatik *Wagner,* Vertragliche Abtretungsverbote im System zivilrechtlicher Verfügungshindernisse, 1994, insbes 349 f, 351 ff, auch 107 ff, 152, 212 f, 448 f.

[207] OLG Schleswig GmbHR 1999, 35.

[208] Für Wirtschaftsprüfungs- u Steuerberatungsges gem §§ 28 V 2 u 3 WPO, §§ 50 I 2 u 3 StBerG.

[209] Ausführl zur Umgehungsproblematik Scholz/*Winter/Seibt* Rn 111 f; *Liebscher* ZIP 2003, 825 unter besonderer Betonung der (mittelbaren) Treuepflicht.

[210] Auch zusätzlich, BGH WM 1976, 204.

[211] Vgl. OLG Schleswig ZIP 2003, 1703; Roth/*Altmeppen* Rn 104; Michalski/*Ebbing* Rn 152.

[212] *Rowedder*/Schmidt-Leithoff/*Bergmann* Rn 175.

[213] Str, wie hier KG DR 1942, 1059; *Lutter*/Hommelhoff/*Bayer* Rn 48; Michalski/*Ebbing* Rn 152; *Lessmann* GmbHR 1985, 185; *Reichert* 62 mwN; – aA Ulmer/*Winter/Löbbe* Rn 240; Scholz/*Winter/Seibt* Rn 122; *Wiedemann,* Übertragung, 104; vgl auch *Ulmer* FS Werner, 1984, 911, 922 ff.

[214] BayObLG DB 1989, 214, 215 f iGgs zur AG; *G. Hueck* FS Larenz, 1973, 749 ff, 755 ff.

[215] Dazu mit weiteren Beispielen Ulmer/*Winter/Löbbe* Rn 264;Scholz/*Winter/Seibt* Rn 116.

[216] Heute ganz hM, RGZ 80, 179; BayObLG DB 1989, 214, 215 f; Ulmer/*Winter/Löbbe* Rn 4; Scholz/*Winter/Seibt* Rn 135; *Lutter*/Hommelhoff/*Bayer* Rn 41; *Rowedder*/Schmidt-Leithoff/*Bergmann* Rn 161; Roth/*Altmeppen* Rn 107; Michalski/*Ebbing* Rn 138; *Wiedemann,* Übertragung, 76 ff mwN zur früheren Gegenansicht.

[217] Vgl RGZ 101, 246; – zum Ganzen auch Ulmer/*Winter/Löbbe* Rn 215; Scholz/*Winter/Seibt* Rn 120; Beispiele bei *Reichert* 62 ff.

venzverfahren u in der Zwangsvollstreckung (Rn 61, 64). Bei Einpersonen-GmbH sind sie gegenstandslos,[218] ebenso, wenn bei Zweipersonen-GmbH der eine Gfter alle seine GAnteile an den anderen veräußert. – Sie erstrecken sich nicht auf Abtretung vermögensrechtlicher Ansprüche, Gläubigerrechte, wie Gewinnanspruch, Liquidationsguthaben (§ 14 Rn 20);[219] Satzung kann deren Abtretung aber einschränken oder ausschließen, §§ 399, 413 BGB.[220] – Beschränkungen **gelten entsprechend für Abtretung eines Bezugsrechts** bei Kapitalerhöhung.[221]

40 Abtretungsbeschränkungen müssen **klar und eindeutig** sein;[222] im Einzelfall Auslegungsfrage (zur Auslegung § 2 Rn 29 ff). Es genügt, wenn sie sich mit hinreichender Deutlichkeit aus der Satzung ergeben.[223] Vereinbarung von Nebenleistungspflichten allein enthält aber nicht zugleich Genehmigungsvorbehalt für Abtretung.[224] Bei Unklarheit bzgl satzungsmäßiger Vinkulierung kann GfterVers über Zustimmungsbedürftigkeit Beschluss fassen.[225] – Sind Erschwerungen nicht in der ursprünglichen oder, für neue GAnteile, in der bei Kapitalerhöhung geänderten Satzung enthalten, ist ihre **nachträgliche Einführung** nur mit Zustimmung aller (betroffenen) Gfter möglich (dazu § 53 Rn 33).[226] Satzungsändernde Mehrheit allein genügt nicht, da in grds unentziehbares Recht eingegriffen wird (§ 14 Rn 17).[227] Das gilt auch für Wegfall von Ausnahmeregelungen.[228] – Für **Aufhebung** genügt idR satzungsändernde Mehrheit, soweit nicht Satzung weitergehende Mehrheitserfordernisse vorsieht (§ 53 Rn 33, ganz hM). Jedoch ist Zustimmung der jew betroffenen Gfter erforderlich, falls Abtretungsbeschränkung für sie Sonderrecht enthält, zB auf Zustimmung oder Erwerbsvorrecht; Zustimmung aller Gfter, wenn Abtretung an Zustimmung aller Gfter als (relativ, § 14 Rn 17) unentziehbares Mitgliedschaftsrecht gebunden ist.[229]

---

218 BGH DB 1991, 1218, 1219; Scholz/*Winter/Seibt* Rn 134; Roth/*Altmeppen* Rn 96.

219 BGH DB 1983, 2513.

220 Scholz/*Winter/Seibt* Rn 110; *Rowedder*/Schmidt-Leithoff/*Bergmann* Rn 188 f; *Wiedemann*, Übertragung, 119.

221 Scholz/*Winter/Seibt* Rn 110; s auch Scholz/*Priester* § 55 Rn 51; Michalski/*Ebbing* Rn 137; – zur Erstreckung auf andere Fälle des GfterEintritts, insbes Übernahme von GAnteilen bei Kapitalerhöhungen *Ehlke* DB 1995, 561.

222 BGHZ 48, 144.

223 Ulmer/*Winter/Löbbe* Rn 216; Scholz/*Winter/Seibt* Rn 109; *Lutter*/Hommelhoff/*Bayer* Rn 42; Michalski/*Ebbing* Rn 133.

224 Ulmer/*Ulmer* § 3 Rn 103; Michalski/*Ebbing* Rn 133.

225 BGH NZG 2003, 127, 129.

226 HM, RGZ 68, 211 f; OLG München NZG 2008, 320; OLG Dresden GmbHR 2004, 1080; Ulmer/*Ulmer* § 53 Rn 139; Scholz/*Winter/Seibt* Rn 108; Scholz/*Priester* § 53 Rn 161; Rowedder/Schmidt-Leithoff/*Zimmermann* § 53 Rn 26, auch 45; Roth/*Altmeppen* Rn 95; *G. Hueck* FS Larenz, 1973, 757 f; *Reichert* BB 1985, 1499; *Zöllner*, Die Schranken mitgliedschaftlicher Stimmrechtsmacht bei den privatrechtlichen Personenverbänden, 1963, 114; nunmehr auch Ulmer/*Winter/Löbbe* Rn 217 u *Lutter*/Hommelhoff/*Bayer* Rn 42; abw *Lutter/Timm* NJW 1982, 416; *Fette* GmbHR 1986, 73.

227 Ulmer/*Ulmer* § 53 Rn 139; Scholz/*Priester* § 53 Rn 161.

228 OLG München DB 2008, 923 = NZG 2008, 320 (nur LS).

229 OLG Stuttgart NJW 1974, 1566; OLG Hamm GmbHR 2001, 974; Ulmer/*Winter/Löbbe* Rn 218 f; Ulmer/*Ulmer* § 53 Rn 139; Scholz/*Priester* § 53 Rn 162; Michalski/*Ebbing* Rn 134; *G. Hueck* FS Larenz, 1973, 758 f; *Reichert* BB 1985, 1497 ff. – Zu Einführung u Aufhebung von Vinkulierungsklauseln bei Umstrukturierungsmaßnahmen nach dem UmwG *Reichert* GmbHR 1995, 176.

2. Genehmigung, Zustimmung. Genehmigung nach Abs 5 ist **Zustimmung** iSv §§ 182 ff BGB.[230] Sie kann daher vor, bei oder nach Abtretung erteilt werden.[231] Das gilt selbst dann, wenn Satzung vorherige verlangt.[232] Ist sie für Abtretung erforderlich, gilt das grds auch für Rückübertragung. Zur Treuhand vgl aber Rn 58. 41

a) Zuständigkeit für Erteilung richtet sich danach, wer nach Satzung zu genehmigen hat: **Zustimmung der Gesellschaft,** Abs 5, wird durch GFührer erteilt.[233] Ob im Innenverhältnis GfterBeschluss erforderlich ist, hängt, falls nicht in der Satzung geregelt, von der organisatorischen Ausgestaltung der Ges ab, § 45 I (s dort Rn 10 f; auch § 46 Rn 5 f), u ist im Hinblick auf vergleichbare Regelung des § 46 Nr 4 iZw zu bejahen.[234] Beschlussfassung mangels abw Satzungsbestimmung mit einfacher Mehrheit, wobei beteiligter Gfter Stimmrecht hat (unten § 47 Rn 90).[235] Fehlen wirksamen Beschlusses macht nach überwM Zustimmung durch GFührer grds nicht unwirksam,[236] doch sind nach wohl hM die allg Regeln über Missbrauch der Vertretungsmacht zu beachten (s § 35 Rn 92).[237] 42

Sieht Satzung Zustimmung durch **Gesellschafterversammlung** oder **anderes Gesellschaftsorgan** vor, ist von diesem Zustimmung zu erteilen u mit Außenwirkung zu erklären.[238] Das entspricht, da es sich um Zustimmung zu GfterWechsel handelt, dem vergleichbaren Fall des Zulassungsbeschlusses bei Kapitalerhöhung[239] (§ 55 Rn 21). IZw genügt auch hier einfache Mehrheit,[240] wobei die Beteiligten nicht von der Abstimmung ausgeschlossen sind.[241] Ges- 43

---

230 RGZ 160, 232; BGHZ 13, 184; allgM.

231 Ulmer/*Winter/Löbbe* Rn 220; Scholz/*Winter/Seibt* Rn 128, 132;Michalski/*Ebbing* Rn 140; allg auch *Wagner,* Vertragliche Abtretungsverbote im System zivilrechtlicher Verfügungshindernisse, 1994, 349 f, 351 ff.

232 BGH NJW 1965, 1377; OLG Celle GmbHR 1999, 131.

233 Heute ganz hM, BGHZ 14, 31 zu § 17 aF; Ulmer/*Winter/Löbbe* Rn 231; Scholz/*Winter/Seibt* Rn 122 ff, 129; *Lutter*/Hommelhoff/*Bayer* Rn 46; *Rowedder*/Schmidt-Leithoff/*Bergmann* Rn 175 f; Michalski/*Ebbing* Rn 143; *Reichert* 69; *K. Schmidt* FS Beusch, 1993, 759, 761 ff; – aA *Immenga* 80.

234 IE ganz hM, OGHBrZ 3, 93; BGH NJW 1988, 2241; auch OLG Hamburg DB 1992, 1628; Ulmer/*Winter/Löbbe* Rn 232; Scholz/*Winter/Seibt* Rn 123; *Lutter*/Hommelhoff/*Bayer* Rn 46; *Rowedder*/Schmidt-Leithoff/*Bergmann* Rn 176; Michalski/*Ebbing* Rn 146; *Wiedemann,* Übertragung, 104.

235 BGHZ 48, 167; Ulmer/*Winter/Löbbe* Rn 234; Scholz/*Winter/Seibt* Rn 125; *Rowedder*/Schmidt-Leithoff/*Bergmann* Rn 177; Michalski/*Ebbing* Rn 147; – für Stimmrechtsausschluss aber *Zöllner,* Die Schranken mitgliedschaftlicher Stimmrechtsmacht bei den privatrechtlichen Personenverbänden, 1963, 245 ff u GmbHR 1968, 177.

236 RGZ 160, 231; BGHZ 14, 31 zu § 17 aF, offengelassen aber für personalistische GmbH; Ulmer/*Winter/Löbbe* Rn 233; Scholz/*Winter/Seibt* Rn 123; *Lutter*/Hommelhoff/*Bayer* Rn 46; *Rowedder*/Schmidt-Leithoff/*Bergmann* Rn 176; Roth/*Altmeppen* Rn 97 ff.

237 BGH NJW 1988, 2241; Ulmer/*Winter/Löbbe* Rn 233; Scholz/*Winter/Seibt* Rn 123; *Rowedder*/Schmidt-Leithoff/*Bergmann* Rn 176; Michalski/*Ebbing* Rn 143; *Wicke* Rn 24; iE auch *Lutter*/Hommelhoff/*Bayer* Rn 46.

238 Sehr str, wie hier OLG Koblenz DB 1989, 672; Ulmer/*Winter/Löbbe* Rn 237; Scholz/*Winter/Seibt* Rn 130; Michalski/*Ebbing* Rn 148; *Reichert* 69 f; *K. Schmidt* FS Bensch, 1993, 763 ff mwN.

239 Dazu BGHZ 49, 119.

240 BGHZ 48, 167; allgM, Ulmer/*Winter/Löbbe* Rn 237; Scholz/*Winter/Seibt* Rn 125; zu einem Sonderfall bei Einstimmigkeit BayObLG DB 1991, 1270.

241 Michalski/*Ebbing* Rn 149.

Organ kann Mitglied oder GFührer zur Mitteilung ermächtigen.[242] – Nach anderer Ansicht gilt Entspr wie bei Genehmigung durch Ges; hiernach ist Genehmigungserklärung allein durch die Gf abzugeben.[243] Begründung heute vor allem mit Analogie zu § 68 II AktG.[244] Doch könnte das allenfalls insoweit gerechtfertigt sein, als zum Schutz des außenstehenden Erwerbers diesem gegenüber die Genehmigung durch GFührer genügt; hiergegen sprechen jedoch dieselben Bedenken wie Rn 42 aE.

44 Zustimmung durch **„die Gesellschafter"** ist auslegungsbedürftig, ob alle gemeint sind oder die Mehrheit (GfterVers). Kriterium kann ua Struktur der Ges sein. Personalistische Struktur (Familienges) kann für Zustimmung aller, große Zahl der Gfter für Mehrheitsbeschluss sprechen.[245] Soweit alle oder einzelne Gfter oder Dritte (Rn 38) zustimmen müssen, ist Zustimmung von diesen zu erklären (hM, str, wie Rn 43).

45 **b) Erteilung** kann gegenüber Veräußerer oder Erwerber erfolgen, § 182 I BGB.[246] Sie bedarf keiner besonderen Form, falls Satzung solche nicht vorschreibt, daher auch konkludent, etwa durch Behandlung des Erwerbers durch sämtliche Gfter u GFührer als Gfter[247] oder deren (widerspruchslose) Teilnahme an der Abtretung.[248] Sieht Satzung besondere Form vor, führt Nichteinhaltung iZw zu Nichtigkeit, § 125 S 2 BGB;[249] Formbedürftigkeit kann aber auch bloße Beweisfunktion haben.

46 Erteilung oder Versagung steht allg **im Ermessen** des Zustimmungsberechtigten.[250] Deshalb grds kein Anspruch auf Erteilung; bei Rechtsmissbrauch nach hM nur Versagung unwirksam. Missbraucht nur ein Gfter Stimmrecht, ist zu prüfen, ob rechtsmissbräuchliche Stimme unbeachtlich ist.[251] Dagegen positiver Anspruch auf Erteilung nur, wenn Satzung ihn durch konkrete Regelung der Voraussetzungen für Erteilung bzw Versagung einräumt oder wenn Gleichbehandlungsgrundsatz oder ausnahmsweise gesellschafterliche Treuepflicht Erteilung gebieten.[252] Soweit Erwerber MitGfter,

---

242 IZw, vgl BGHZ 49, 120 für Kapitalerhöhung.

243 RGZ 104, 414; 160, 231; *Lutter*/Hommelhoff/*Bayer* Rn 47; *Rowedder*/Schmidt-Leithoff/*Bergmann* Rn 178; nunmehr auch Roth/*Altmeppen* Rn 106; *Wiedemann,* Übertragung, 101, 103; *Fischer* ZHR 130 (1968), 367.

244 *Fischer* ZHR 130 (1968), 367; Roth/*Altmeppen* Rn 106.

245 RGZ 159, 278; vgl auch BGH DB 1981, 931; ferner Ulmer/*Winter*/*Löbbe* Rn 238; Scholz/*Winter*/*Seibt* Rn 126; Michalski/*Ebbing* Rn 151 u *K. Schmidt* FS Beusch, 1993, 766, die iZw Mehrheitsentscheidung annehmen; sowie *Rowedder*/Schmidt-Leithoff/*Bergmann* Rn 179, iZw für Einstimmigkeit; zum Abstimmungsmodus bei Einstimmigkeit BayObLG DB 1991, 1270.

246 Ulmer/*Winter*/*Löbbe* Rn 226; Scholz/*Winter*/*Seibt* Rn 128.

247 RGZ 104, 415; 160, 234; vgl auch BGH NZG 2006, 627 betr Treuhandvertrag.

248 BGHZ 15, 328 f; BB 1968, 1053.

249 OGHBrZ NJW 1950, 347; Scholz/*Winter*/*Seibt* Rn 131; – offengelassen in BGHZ 15, 330; vgl aber auch BGHZ 22, 108 f.

250 RGZ 88, 325; ausführlich Ulmer/*Winter*/*Löbbe* Rn 241 ff, zur Treuepflicht insbes Rn 243; Scholz/*Winter*/*Seibt* Rn 127; *Wiedemann,* Übertragung, 106 f; *Immenga* 83 ff; einschr *Reichert* 224; *Reichert*/*Winter* FS GmbHG, 1992, 209; enger *Rowedder*/Schmidt-Leithoff/*Bergmann* Rn 183: Bindung an allg Willkürverbot; *Lutter*/Hommelhoff/*Bayer* Rn 49; wohl auch Michalski/*Ebbing* Rn 155.

251 BGH NZG 2006, 627 Rn 7.

252 OLG Koblenz DB 1989, 672; KG NZG 2001, 508; OLG Hamm NJW-RR 2001, 109, 111; Scholz/*Winter*/*Seibt* Rn 127; Ulmer/*Winter*/*Löbbe* Rn 243; Roth/*Altmeppen* Rn 101; *Wiedemann,* Übertragung, 106 f; *Immenga* 84; weitergehend *Reichert*

reichen in der Person des Veräußerers oder Dritter mit dem Erwerber liegende Gründe sowie eine durch den Anteilserwerb entstehende Stimmenmehrheit in der Ges zu Ablehnung nicht aus.[253] – Genehmigungsanspruch hat grds nur veräußernder Gfter, nicht Erwerber;[254] etwas anderes gilt hingegen, wenn Erwerber bereits Gfter.[255] Veräußerer darf Entscheidung in angemessener Frist verlangen, nach deren Ablauf Genehmigung als verweigert gilt;[256] danach erklärte Zustimmung ist wirkungslos.[257]

c) Wirkung. Bis zur Erteilung oder Verweigerung der Genehmigung ist Abtretung schwebend unwirksam.[258] Vertragsteile sind für angemessene Zeit gebunden.[259] **Erteilung wirkt zurück,** § 184 I BGB. Gegenüber Ges ist § 16 I/II zu beachten (Erl s dort). Bei mehrfacher Abtretung wird die wirksam, welche genehmigt wurde. Zwischenverfügungen des Veräußerers sind unwirksam, soweit nicht gutgläubiger Erwerb nach § 16 III erfolgt ist. Zwangsvollstreckungsmaßnahmen dagegen nach § 184 II BGB wirksam.[260] **Erteilte Zustimmung ist unwiderruflich.**[261] – **Verweigerung** vor Abtretung hindert spätere Erteilung nicht.[262] Dagegen macht Verweigerung nach Abtretung diese endgültig unwirksam.[263] – Endgültige **Verweigerung macht Erfüllung** der Übertragungspflicht **unmöglich,** § 275 BGB,[264] falls nicht durch Abtretung des Übertragungsanspruchs binnen angemessener Frist auf akzeptierten Erwerber Hindernis beseitigt wird.[265] Verkäufer muss alles tun, um Genehmigung zu erhalten,[266] insbes sein Stimmrecht in diesem Sinn ausüben.[267] Er haftet ggf gem. §§ 280 I, 283 BGB wegen Nichterfüllung, wenn er die Ablehnung der Genehmigung verschuldet oder insoweit das Risiko übernommen hat;[268] ggf auch aus §§ 311 a II, 280 I BGB, wenn er Hinweis auf Genehmigungserfordernis unterließ.[269] 47

242; – abw *Lutter*/Hommelhoff/*Bayer* Rn 49: Austrittsrecht; ausführlich *Reichert/Winter* FS GmbHG, 1992, 209 mwN.

253 KG NZG 2001, 508, 509.

254 Ulmer/*Winter/Löbbe* Rn 243, 245; *Rowedder*/Schmidt-Leithoff/*Bergmann* Rn 183.

255 KG NZG 2001, 508.

256 Ulmer/*Winter/Löbbe* Rn 245; Michalski/*Ebbing* Rn 153; – für Analogie zu §§ 177, 178 BGB Roth/*Altmeppen* Rn 10; *Wicke* Rn 26.

257 KG GmbHR 1998, 641.

258 BGHZ 13, 186 obiter; ganz hM, Ulmer/*Winter/Löbbe* Rn 246; Scholz/*Winter/Seibt* Rn 133; *Rowedder*/Schmidt-Leithoff/*Bergmann* Rn 187; Michalski/*Ebbing* Rn 156.

259 RGZ 64, 154.

260 Ulmer/*Winter/Löbbe* Rn 247; Scholz/*Winter/Seibt* Rn 133; *Lutter*/Hommelhoff/*Bayer* Rn 52; Michalski/*Ebbing* Rn 156.

261 Michalski/*Ebbing* Rn 156.

262 BGHZ 48, 166.

263 BGHZ 13, 187; 48, 166; hM, krit mwN *K. Schmidt* FS Bensch, 1993, 778 ff.

264 Roth/*Altmeppen* Rn 15; Palandt/*Heinrichs* § 275 Rn 42.

265 *Wiedemann,* Übertragung, 119 f; Michalski/*Ebbing* Rn 159.

266 RGZ 88, 323; BGHZ 48, 166; allgM.

267 BGH NJW 1965, 1377; *Rowedder*/Schmidt-Leithoff/*Bergmann* Rn 187; Michalski/*Ebbing* Rn 158.

268 Zu den Einzelheiten Michalski/*Ebbing* Rn 159.

269 *Rowedder*/Schmidt-Leithoff/*Bergmann* Rn 187; Roth/*Altmeppen* Rn 94.

VII. Einzelne Problemgruppen

48 1. **Verpfändung** eines GAnteils ist grds unter den gleichen Voraussetzungen zulässig wie Abtretung, § 1274 I 1 BGB.[270] Verpfändung kann sich daher auch auf künftigen GAnteil[271] oder auf Teil des GAnteils (§ 46 Nr 4)[272] beziehen sowie aufschiebend u auflösend bedingt erfolgen.[273] Praktische Bedeutung der Verpfändung insbes zur Kreditbesicherung im Konzern oder beim fremdfinanzierten Anteilskauf.[274]

49 **Bestellung** bedarf wie Abtretung der notariellen Beurkundung nach Abs 3.[275] Auch gesvertragliche Beschränkungen nach Abs 5 gelten. Satzung kann aber Verpfändung auch ausschließen, wenn Abtretung zulässig u umgekehrt.[276] § 16 ist nicht mehr entspr anzuwenden, da Gfterliste nach § 40 nF nur noch Gfter enthält (§ 40 Rn 6). Formlos wirksam dagegen Verpfändung einzelner Vermögensrechte (Gewinnanspruch, Liquidationsguthaben). Verpfändungsanzeige gem § 1280 BGB nicht erforderlich.[277] Zur Erstreckung auf neuen oder erhöhten GAnteil bei KE aus GesMitteln § 57m III (Erl s dort, insbes Rn 13f). – **Aufhebung** des Pfandrechts ist formlos wirksam (allgM). Ebenso Abtretung der gesicherten Forderung. Pfandrecht geht kraft Gesetzes nach § 401 I BGB auf Zessionar über. Verpflichtung zur Bestellung eines Pfandrechts am GAnteil bedarf nicht der Form des Abs 4.[278]

50 **Verpfänder bleibt Gesellschafter** mit allen Mitgliedschaftsrechten u -pflichten, insbes auch **Stimmrecht.**[279] Ausübung des Stimmrechts ist durch Verpfändung gegenüber Ges **nicht beschränkt,** auch nicht, wenn Ausübung zur Beseitigung des GAnteils führt (zB Preisgabe nach § 27, Auflösung der Ges).[280] Wohl aber ist gem § 1276 I BGB Einverständnis des Pfandgläubigers erforderlich für wirksame Zustimmung zur Einziehung, § 34 II, u gesvertraglich zulässiger ordentlicher Kündigung.[281] – Im Innenverhältnis aber Pflicht-

---

270 Hadding/Schneider/*Mühl,* Gesellschaftsanteile als Kreditsicherheit, 1979, 155ff; *Müller* GmbHR 1969, 4ff, 34ff, 57ff; *Rodewald* GmbHR 1995, 418; *Mertens* ZIP 1998, 1787; *Wiedemann,* Übertragung, 421ff; *Büchner,* Verpfändung von Anteilen einer Gesellschaft mit beschränkter Haftung, 1989; *Sieger/Hasselbach* GmbHR 1999, 633; *Roth* ZGR 2000, 187, 218ff.

271 Roth/*Altmeppen* Rn 56; Scholz/*Winter/Seibt* Rn 172; Michalski/*Ebbing* Rn 221.

272 Michalski/*Ebbing* Rn 221; *Rowedder*/Schmidt-Leithoff/*Bergmann* Rn 85.

273 *Rowedder*/Schmidt-Leithoff/*Bergmann* Rn 84; Michalski/*Ebbing* Rn 221.

274 *Brauer/Levedag* GmbHR 2002, 572; *Mertens* ZIP 1998, 1787.

275 Zum Umfang der Beurkundungspflicht *Heidenhain* GmbHR 1996, 275.

276 AllgM, Ulmer/*Winter/Löbbe* Rn 156; Scholz/*Winter/Seibt* Rn 172; *Lutter*/Hommelhoff/*Bayer* Rn 66; *Rowedder*/Schmidt-Leithoff/*Bergmann* Rn 82, 88; Michalski/*Ebbing* Rn 220; Roth/*Altmeppen* Rn 54.

277 RGZ 57, 414, 415; Ulmer/*Winter/Löbbe* Rn 157; Scholz/*Winter/Seibt* Rn 173; *Rowedder*/Schmidt-Leithoff/*Bergmann* Rn 86; *Roth* ZGR 2000, 187, 219.

278 Ulmer/*Winter/Löbbe* Rn 155; Scholz/*Winter/Seibt* Rn 176 mwN; Michalski/*Ebbing* Rn 222; abw MünchKommBGB/*Damrau* § 1274 Rn 56.

279 RGZ 139, 227; 157, 55.

280 Str, wie hier Ulmer/*Winter/Löbbe* Rn 160; Scholz/*Winter/Seibt* Rn 178, 192; Michalski/*Ebbing* Rn 227; *Müller* GmbHR 1969, 7f; Roth/*Altmeppen* Rn 62f; aA *Sieger/Hasselbach* GmbHR 1999, 637; *Roth* ZGR 2000, 187, 220; – differenzierend *Wiedemann,* Übertragung, 430f.

281 Scholz/*Winter/Seibt* Rn 192, 193; Michalski/*Ebbing* Rn 228; *Teichmann* ZGR 1972, 16; jetzt auch Ulmer/*Winter/Löbbe* Rn 161; Roth/*Altmeppen* Rn 62; weitergehend *Wiedemann,* Übertragung, 430; – aA *Müller* GmbHR 1969, 8f.

bindung des Gfters gegenüber Pfandgläubiger.[282] – Stimmrecht kann nicht zur Ausübung im eigenen Namen abgetreten werden, Abspaltungsverbot, auch nicht durch Legitimationszession[283] (letzteres str, dazu § 47 Rn 40 f, auch § 14 Rn 20). Dagegen ist **Bevollmächtigung des Gläubigers** grds zulässig. Zur Frage der Zulässigkeit einer unwiderruflichen Vollmacht vgl § 47 Rn 50. Werden Pfandgläubiger umfangreiche Gfterrechte eingeräumt, können auf ihn die Vorschriften der Kapitalerhaltung Anwendung finden[284] (§ 30 Rn 25). Zur Frage der Anwendbarkeit der insolvenz- u anfechtungsrechtlichen Regeln über Gfterdarlehen s § 30 Anh Rn 59.

Nutzungen (Gewinnanspruch) sind dem Gläubiger nur mitübertragen, 51
wenn das besonders vereinbart ist, §§ 1273 II 2, 1213 I BGB (Nutzungspfand).[285] Eine andere Frage ist, ob sie analog § 1289 BGB dem Pfandrecht unterliegen; das ist zu verneinen.[286] – Bei **Liquidation** der Ges setzt sich Pfandrecht am Liquidationsguthaben fort (§ 1287 BGB entspr), ebenso am Einziehungsentgelt, Abfindungsanspruch bei Austritt oder Ausschluss u an dem Gfter zustehendem Überschuss aus Verkauf abandonnierten GAnteils.[287] – **Befriedigung des Gläubigers** aus dem GAnteil nach § 1277 BGB im Wege der Zwangsvollstreckung oder nach §§ 1235, 1245 BGB.[288] Bei freihändiger Veräußerung muss Pfandgläubiger Form der Abs 3 u 4 beachten.[289] Zustimmungserfordernisse iSd Abs 5 gelten jedoch nicht, da sie von der Zustimmung zur Verpfändung nach Abs 5 umfasst werden.[290]

2. Bestellung eines Nießbrauchs an einem GAnteil ist nach § 1068 I 52
BGB zulässig.[291] **Bestellung** erfolgt wie Übertragung, § 1069 I BGB. Es gilt Entspr wie bei Verpfändung (Rn 49). Sie ist formbedürftig nach Abs 3, Aufhebung dagegen formfrei. Beschränkungen nach Abs 5 gelten auch hier.[292] Verpflichtung zur Nießbrauchbestellung bedarf nicht der Form des Abs 4. Keine Aufnahme in die Gfterliste (§ 40 Rn 6).

---

[282] Roth/*Altmeppen* Rn 61; *Rowedder*/Schmidt-Leithoff/*Bergmann* Rn 96.

[283] Offengelasen BGH NZG 2008, 468 Rn 4; Wie hier Scholz/*Winter/Seibt* Rn 179; Ulmer/*Winter/Löbbe* Rn 162; *Lutter*/Hommelhoff/*Bayer* § 15 Rn 66; Roth/*Altmeppen* Rn 60; Michalski/*Ebbing* Rn 230; – aA OLG Celle NZG 2007, 391; *Wicke* Rn 29;

[284] Michalski/*Ebbing* Rn 231.

[285] HM, Ulmer/*Winter/Löbbe* Rn 158; Scholz/*Winter/Seibt* Rn 181; *Rowedder*/Schmidt-Leithoff/*Bergmann* Rn 97; Michalski/*Ebbing* Rn 223 f.

[286] HM, Scholz/*Winter/Seibt* Rn 181; Michalski/*Ebbing* Rn 223; *Müller* GmbHR 1969, 57; – aA *Wiedemann,* Übertragung, 426 mwN; *Roth* ZGR 2000, 187, 219.

[287] Ulmer/*Winter/Löbbe* Rn 165; Scholz/*Winter/Seibt* Rn 184 ff; *Müller* GmbHR 1969, 36.

[288] Zum Ganzen *Maier-Reimer/Webering* BB 2003, 1451.

[289] RGZ 164, 170.

[290] Str, wie hier Ulmer/*Winter/Löbbe* Rn 167; *Lutter*/Hommelhoff/*Bayer* Rn 66; Michalski/*Ebbing* Rn 235; *Wiedemann,* Übertragung, 433 f; – abw Scholz/*Winter/Seibt* Rn 194; Roth/*Altmeppen* Rn 59.

[291] Dazu u zum Folgenden Ulmer/*Winter/Löbbe* Rn 170 ff; Scholz/*Winter/Seibt* Rn 212 ff; *Lutter*/Hommelhoff/*Bayer* Rn 67 f; *Rowedder*/Schmidt-Leithoff/*Bergmann* Rn 70 ff; GmbH-Hdb/*Kallmeyer* Rn 931 ff; Hadding/Schneider/*Mühl,* Gesellschaftsanteile als Kreditsicherheit, 1979, 158 ff; *Meyer* Die Nießbrauch an GmbH-Geschäftsanteilen und an Aktien, 2002; *Sudhoff* GmbHR 1971, 53 u NJW 1974, 2205; *Teichmann* ZGR 1972, 1 u 1973, 24; *Petzold* GmbHR 1987, 387; *Reichert/Schlitt/Düll* GmbHR 1998, 565; allg u grds zum Nießbrauch im GesR *Schön* ZHR 158 (1994), 229 ff.

[292] HM, vgl *Rowedder*/Schmidt-Leithoff/*Bergmann* Rn 70; *Meyer* 26; *Lutter*/Hommelhoff/*Bayer* Rn 66.

53 **Nießbrauchbesteller bleibt Gesellschafter.** Er bleibt daher gegenüber Ges verpflichtet. Nicht abspaltbare Mitgliedschaftsrechte stehen nur ihm zu. Str, ob das auch für Stimmrecht gilt; hM bejaht das (§ 47 Rn 35).[293] Allerdings mehren sich die Stimmen, die hier Legitimationszession des Stimmrechts zulassen wollen.[294] Gfter hat aber jedenfalls im Verhältnis zum Nießbraucher dessen Interessen bei Ausübung der Mitgliedschaftsrechte zu berücksichtigen. Hieraus kann sich, wenn ein Beschluss nur die Interessen des Nießbrauchers berührt, Pflicht ergeben, Stimmrecht nach dessen Willen auszuüben.[295] Zur Möglichkeit einer Bevollmächtigung des Nießbrauchers Rn 50 sowie § 47 Rn 50.[296] – Ein mit GAnteil etwa verbundenes Sonderrecht auf GFührerstellung u die damit verbundene Vergütung verbleiben dem Gfter.[297] Für Erforderlichkeit der Zustimmung des Nießbrauchers zu einzelnen beeinträchtigenden Handlungen des Gfters gilt das oben Rn 50 Ausgeführte entspr.[298] – Nießbraucher unterliegt Regeln der Kapitalerhaltung (§ 30 Rn 25). Zur Frage der Anwendbarkeit der insolvenz- u anfechtungsrechtlichen Regeln über Gfterdarlehen s § 30 Anh Rn 59.

54 Nießbraucher hat Anspruch auf **Nutzungen,** insbes Gewinnanteil.[299] Nicht dazu gehört Bezugsrecht (dazu § 55 Rn 20 ff) bei KE.[300] Eine andere Frage ist, inwieweit sich Nießbrauch auf bei KE vom Besteller hinzuerworbene GAnteile erstreckt. Das ist bei KE aus GesMitteln zu bejahen (§ 57 m Rn 14); dagegen bei KE gegen Einlagen Anspruch auf Bestellung des Nießbrauchs am neuen GAnteil nur anteilig, soweit der belastete GAnteil dabei Werteinbuße erlitten hat.[301] – Bei Liquidation setzt sich Nießbrauch am Liquidationsguthaben fort, ebenso am Einziehungsentgelt, Abfindungsanspruch bei Austritt oder Ausschluss u dem Gfter zustehenden Überschuss aus Verkauf abandonnierten GAnteils.[302] Nießbraucher kann nur gemeinsame Zahlung an ihn u den Gfter u Anlage gem § 1079 BGB verlangen.[303]

---

[293] OLG Koblenz NJW 1992, 2163 mit Hinweis auf Umdeutung in Stimmrechtsvollmacht; ausführl Ulmer/*Winter/Löbbe* Rn 178 ff; Scholz/*Winter/Seibt* Rn 217 jew mwN zur Gegenansicht; *Rowedder*/Schmidt-Leithoff/*Bergmann* Rn 76; Roth/*Altmeppen* Rn 39; *Wiedemann,* Übertragung, 413 f; *K. Schmidt* ZGR 1999, 607 ff; *Teichmann* ZGR 1972, 9 ff mwN; vgl aber auch *Goette* DStR 1996, 714; – für gemeinschaftliche Ausübung des Stimmrechts *Schön* ZHR 158 (1994), 251 ff, 260 ff.

[294] Ulmer/*Winter/Löbbe* Rn 181; Rowedder/Schmidt-Leithoff/*Koppensteiner* § 47 Rn 25 mit 27; *Lutter*/Hommelhoff/*Bayer* Rn 66; *Wicke* Rn 30; *Fleck* FS Fischer, 1979, 107 mwN; vgl auch BGHZ 108, 187, 199 (obiter) = NJW 1989, 3152, 3155; OLG Celle NZG 2007, 391.

[295] Scholz/*Winter/Seibt* Rn 217; *Lutter/Hommelhoff* Rn 50; einschr *Rowedder*/Schmidt-Leithoff/*Bergmann* Rn 77.

[296] Zu weiteren Gestaltungsmöglichkeiten *Meyer* 235 ff.

[297] RGZ 170, 369.

[298] AA OLG Hamm BB 1971, 13.

[299] Hierzu ausführl *Meyer* 67 ff.

[300] BGHZ 58, 319 obiter; Ulmer/*Winter/Löbbe* Rn 176; Scholz/*Winter/Seibt* Rn 214; *Teichmann* ZGR 1972, 18; *Wiedemann,* Übertragung, 405 ff; *Meyer* 140 ff.

[301] Insbes letzteres str, aber hM, dazu Scholz/*Winter/Seibt* Rn 216 mwN; *Lutter*/Hommelhoff/*Bayer* Rn 66; *Rowedder*/Schmidt-Leithoff/*Bergmann* Rn 74; *Meyer* 153 f, 157 ff; *Wiedemann,* Übertragung, 406 ff; ähnl *Teichmann* ZGR 1972, 16 ff; für automatische Ausdehnung Ulmer/*Winter/Löbbe* Rn 176.

[302] Zum Ganzen *Meyer* 103 ff, 119 ff.

[303] Ulmer/*Winter/Löbbe* Rn 172; Scholz/*Winter/Seibt* Rn 215; *Wiedemann,* Übertragung, 403; *Meyer* 103 ff; – differenzierend für teilw weitergehende Rechte *Schön* ZHR 158 (1994), 245 ff.

3. Sicherungs- und Treuhandabtretung, fiduziarische Abtretung, macht Empfänger gegenüber Ges grds zum vollberechtigten u -verpflichteten Gfter (allg dazu § 1 Rn 40 ff). Sie unterliegt daher uneingeschränkt den Voraussetzungen der Abs 3–5.[304] – Erstreckung auch auf neuen oder erhöhten GAnteil bei KE aus GesMitteln (dazu § 57 m Rn 14). In besonderen Fällen kann Treugeber dem Gfter gleichzustellen sein (vgl § 30 Rn 25) Zur Frage der Anwendbarkeit der insolvenz- u anfechtungsrechtlichen Regeln über Gfterdarlehen s § 30 Anh Rn 59. 55

Schuldrechtliche Vereinbarung der fiduziarischen Übertragung, auch in Form der Vereinbarungstreuhand,[305] bedarf der Form des Abs 4; das gilt nach Sinn u Zweck der Vorschrift zur Vermeidung von Umgehungen entgegen früherer Ansicht grds auch für Verpflichtung, als Treuhänder (Strohmann) einen GAnteil für Dritten zu erwerben (Erwerbstreuhand).[306] Anders nur, wenn beurkundeter GesVertrag[307] oder beurkundete KE[308] u damit ein im Entstehen begriffener GAnteil noch nicht vorliegt. Ob sich dann Beurkundungspflicht auch unter dem Gesichtspunkt der Erwerbsverpflichtung (dazu Rn 33) ergibt,[309] ist zweifelhaft u eher abzulehnen. 56

Abtretung und Rückabtretung sind jew nach Abs 3 zu beurkunden.[310] Abtretung kann jedoch auch auflösend bedingt erfolgen, sodass förmliche Rückübertragung entfällt.[311] Abtretung des Rückübertragungsanspruchs ist nach dem Normzweck des Abs 3 (Rn 21) formbedürftig, wenn damit Treugeberwechsel verbunden ist,[312] formfrei dagegen dessen Abtretung an neuen Treuhänder.[313] Über den Wortlaut des Abs 3 hinaus **formbedürftig auch** Vereinbarung mit Gfter, dass dieser künftig GAnteil für Dritten hält, 57

---

304 Hierzu u zum Folgenden ausführl Scholz/*Winter/Seibt* Rn 230 ff; Ulmer/*Winter/Löbbe* Rn 187 ff; *Rowedder* Rn 24 ff; *Schaub* DStR 1995, 1634; *Däubler* GmbHR 1966, 243; *Müller,* Die Sicherungsübertragung von GmbH-Anteilen, 1969; *Serick* GmbHR 1967, 133; *Ulmer* WPg 1963, 120; *Roth/Thöni* FS GmbHG, 1992, 245; – grds zum Verhältnis von Treuhand u Unterbeteiligung BGH NJW 1994, 2887; – allg zur Treuhand an GAnteilen § 1 Rn 39 mwN.

305 BGHZ 141, 207, 211 f = NJW 1999, 2594, 2595; OLG Frankfurt GmbHR 2005, 764; Ulmer/*Winter/Löbbe* Rn 195; Scholz/*Winter/Seibt* Rn 230.

306 So im Anschluss an BGHZ 141, 208 = NJW 1999, 2594 *Rowedder*/Schmidt-Leithoff/*Bergmann* Rn 57; *Schulz* GmbHR 2001, 282, 284 ff; mit abw Begr auch Michalski/*Ebbing* Rn 208; – anders die bisher hM RGZ 124, 376; BGHZ 19, 70; WM 1971, 307; weiterhin auch Scholz/*Winter/Seibt* Rn 230; Ulmer/*Winter/Löbbe* Rn 195; AnwaltsHdbGmbH/*Leistikow* § 10 Rn 36 sowie für den Erwerb bestehender Anteile auch MünchHdbGmbH/*Sommer* § 26 Rn 17.

307 BGHZ 141, 207, 213 = NJW 1999, 2594, 2595; OLG Celle NZG 2001, 368; krit MünchHdbGmbH/*Sommer* § 26 Rn 19.

308 OLG Köln NZG 2001, 810.

309 So Michalski/*Ebbing* Rn 208; MünchHdbGmbH/*Sommer* § 26 Rn 19; dagegen Scholz/*Winter/Seibt* Rn 53 Fn 5.

310 BGH NJW 1965, 1376.

311 RGZ 79, 185; Ulmer/*Winter/Löbbe* Rn 123 u Rn 197; Scholz/*Winter/Seibt* Rn 94; *Däubler* GmbHR 1966, 246; *Müller,* Die Sicherungsübertragung von GmbH-Anteilen, 1969, 7 f; *Serick* GmbHR 1967, 134 Fn 14.

312 Ausführl Scholz/*Winter/Seibt* Rn 230; ferner Ulmer/*Winter/Löbbe* Rn 197; Michalski/*Ebbing* Rn 213.

313 BGHZ 19, 71; 75, 352, 355 = NJW 1980, 1100, 1101; Scholz/*Winter/Seibt* Rn 230; *Rowedder*/Schmidt-Leithoff/*Bergmann* Rn 67; str, abw *Lutter*/Hommelhoff/*Bayer* Rn 63; zweifelnd auch Roth/*Altmeppen* Rn 51.

Vereinbarungstreuhand, weil das wirtschaftlich Anteilsabtretung gleichsteht.[314]

58 Auch **gesellschaftsvertragliche Beschränkungen** (Abs 5) gelten uneingeschränkt. Erforderliche Genehmigung zur Rückübertragung ist jedoch idR in Genehmigung zur fiduziarischen Abtretung enthalten, wenn Sicherungs- oder Treuhandcharakter bei Genehmigung offengelegt war.[315] Der Genehmigung bedarf der Wechsel des Treuhänders, aber nach dem Zweck des Genehmigungserfordernisses auch der des Treugebers.[316] Ebenso ist Vereinbarungstreuhand (dazu oben Rn 57) genehmigungspflichtig.[317] Ist Erwerb von bestimmten persönlichen Eigenschaften abhängig, müssen diese idR nicht nur beim Treuhänder, sondern auch beim Treugeber vorhanden sein.[318]

59 **4. Unterbeteiligung** am GAnteil begründet BGB-Innenges.[319] Im Verhältnis zur GmbH ist Gfter nur der Hauptgfter, nicht der Unterbeteiligte.[320] Daher gelten Vorschriften des GmbHG grds nicht für Unterbeteiligten; so unterliegt Begründung, Übertragung u Beendigung der Unterbeteiligung nicht den §§ 15 ff,[321] falls nicht ausnahmsweise Unterbeteiligungsvertrag unter bestimmten Voraussetzungen Übertragung des GAnteils oder Realteilung, etwa bei Auseinandersetzung, vorsieht.[322] Ist Hauptgfter Treuhänder des Unterbeteiligten als Treugeber gilt das zur Treuhand Ausgeführte (oben Rn 55 ff sowie allg § 1 Rn 39 ff). – Im Übrigen kann Unterbeteiligter in einzelnen Aspekten Gfter gleichzustellen sein, wenn Zweck der jew Vorschrift das verlangt; im Verhältnis zum Hauptgfter ggf §§ 230 ff HGB entspr anwendbar, zB Informationsrecht nach § 233 I HGB,[323] Schranke jedoch Treuepflicht des Hauptgfters gegenüber Ges (dazu § 13 Rn 20).[324]

---

314 BGHZ 141, 207, 211 f = NJW 1999, 2594, 2595; OLG Bamberg NZG 2001, 509, 510; Scholz/*Winter/Seibt* Rn 36, 59; *Rowedder*/Schmidt-Leithoff/*Bergmann* Rn 56; Ulmer/*Winter/Löbbe* Rn 195; – aA *Beuthien* ZGR 1974, 77.

315 BGHZ 77, 392; NJW 1965, 1376; auch BayObLG DB 1991, 1270, 1272; zur Offenlegungspflicht OLG Hamburg DB 1993, 1081; – vgl im Übrigen Ulmer/*Winter/Löbbe* Rn 201; Scholz/*Winter/Seibt* Rn 233; *Rowedder*/Schmidt-Leithoff/*Bergmann* Rn 67.

316 RGZ 159, 282; BGH NJW 1965, 1376; auch BayObLG DB 1991, 1270, 1272; insoweit zust Ulmer/*Winter/Löbbe* Rn 201; ferner Scholz/*Winter/Seibt* Rn 232.

317 Str, wie hier Ulmer/*Winter/Löbbe* Rn 200; Scholz/*Winter/Seibt* Rn 235; *Blaurock* 153; *Schaub* DStR 1995, 1637; – aA *Beuthien* ZGR 1974, 39 u 78.

318 RGZ 103, 199 Strohmann; BayObLG DB 1991, 1270, 1272; Scholz/*Winter/Seibt* Rn 229.

319 Str, hM, BGHZ 50, 320; OLG Frankfurt GmbHR 1987, 57; MünchKommBGB/*Ulmer* Vor § 705 Rn 92 ff; *H. Westermann,* Handbuch der Personengesellschaften I, 4. Aufl Rn 939 ff; *Rowedder*/Schmidt-Leithoff/*Bergmann* Rn 69; allg dazu u zum Folgenden *Roth/Thöni* FS GmbHG, 1995, 245; *Blaurock/Beringer* GmbHR 1990, 11 u 87; ausführl *Blaurock*; – grds zum Verhältnis von Unterbeteiligung u Treuhand BGH NJW 1994, 2887.

320 BGHZ 50, 324 für OHG; OLG Frankfurt GmbHR 1987, 57; Ulmer/*Winter/Löbbe* Rn 206; Scholz/*Winter/Seibt* Rn 224; Roth/*Altmeppen* Rn 43.

321 RG LZ 15, 1011; OLG Frankfurt GmbHR 1987, 57 sowie DB 1992, 2489; OLG Schleswig GmbHR 2002, 652, 654 (mit Abgrenzung zur Vereinbarungstreuhand).

322 Ulmer/*Winter/Löbbe* Rn 207; Scholz/*Winter/Seibt* Rn 226; Roth/*Altmeppen* Rn 43.

323 OLG Frankfurt GmbHR 1987, 57.

324 Auch OLG Frankfurt DB 1992, 2489, Konkurrent als Unterbeteiligter.

5. Pfändung von Geschäftsanteilen erfolgt immer nach § 857 ZPO.[325] Die Ges ist Drittschuldner iSv §§ 857, 829 ZPO, sodass zur Bewirkung der Pfändung Zustellung auch an diese erforderlich.[326] § 16 nicht anwendbar, solange Gfterwechsel nicht erfolgt, da sich Gfterliste nur auf diesen bezieht (§ 40 Rn 6). – Auch Teil eines GAnteils ist pfändbar.[327] – Pfändung einzelner Vermögensrechte (Gewinnanspruch, Liquidationsguthaben) nach §§ 828 ff ZPO. **60**

Satzung kann Pfändung nicht ausschließen. Auch sonstige gesvertragliche Erschwerungen gelten nicht.[328] GesVertrag kann aber **Einziehung** allg oder für Fall der Pfändung vorsehen. Im letzten Fall allerdings grds nur gegen vollwertiges Entgelt;[329] dagegen ist allg Einziehungsregelung, die Berücksichtigung des Firmenwerts ausschließt, auch bei Pfändung wirksam. Ebenso, wenn Beschränkung der Abfindung nicht nur für Pfändung oder Insolvenz, sondern zumindest auch für Einziehung aus wichtigem Grund gilt.[330] – Ferner kann vorgesehen werden, dass Ges Recht haben soll, den pfändenden Gläubiger zu befriedigen u sodann den GAnteil unentgeltlich, gegen nicht vollwertiges Entgelt oder zum Nennwert einzuziehen;[331] wie bei Einziehung (§ 34 III) ist § 30 zu beachten, u zwar auch für Ablösung der GfterSchuld.[332] **61**

Wirkung. Durch Pfändung erhält Gläubiger Pfändungspfandrecht am GAnteil. Verfügungsverbot, § 829 I 2 ZPO, hindert Gfter nur an solchen Verfügungen, die Stellung des Gläubigers beeinträchtigen, nicht aber an Veräußerung des GAnteils, da Pfandrecht bestehen bleibt.[333] Ausübung der Verwaltungsrechte durch Gfter, insbes Stimmrecht, wird durch Pfändung grds nicht beschränkt.[334] Jedoch kann beeinträchtigende Verfügung in der Zustim- **62**

---

[325] AllgM, Stein/Jonas/Münzberg/*Brehm* § 859 Rn 18; Thomas/Putzo/*Hüßtege* § 857 Rn 2; Ulmer/*Winter/Löbbe* Rn 290; Scholz/*Winter/Seibt* Rn 195; – dazu u zum Folgenden auch *Wiedemann,* Übertragung, 421 ff; *Heuer* ZIP 1998, 405.

[326] Heute hM, Ulmer/*Winter/Löbbe* Rn 290; Scholz/*Winter/Seibt* Rn 195; Roth/*Altmeppen* Rn 41; *Rowedder*/Schmidt-Leithoff/*Bergmann* Rn 134; Michalski/*Ebbing* Rn 236; Baumbach/Lauterbach/*Hartmann* § 859 Anh Rn 4; Stein/Jonas/Münzberg/*Brehm* § 859 Rn 18; Thomas/Putzo/*Hüßtege* § 857 Rn 10; – abw RGZ 57, 415 sowie die ältere gesrechtliche Lit, so noch *Meyer-Landrut* Rn 52. – Zur Auslandspfändung vgl OLG Oldenburg GmbHR 1996, 365.

[327] Ulmer/*Winter/Löbbe* Rn 304; Scholz/*Winter/Seibt* Rn 195; *Rowedder*/Schmidt-Leithoff/*Bergmann* Rn 140; Michalski/*Ebbing* Rn 237.

[328] AllgM, RGZ 70, 66; 142, 376; BGHZ 32, 155; 65, 24 f; ausführlich dazu Ulmer/*Winter/Löbbe* Rn 306 ff; Scholz/*Winter/Seibt* Rn 202; *Rowedder*/Schmidt-Leithoff/*Bergmann* Rn 141; *Lutter*/Hommelhoff/*Bayer* Rn 56; *Roth* ZGR 2000, 187, 212 f.

[329] BGHZ 32, 151; 65, 26.

[330] BGHZ 65, 27; heute hM, Ulmer/*Winter/Löbbe* Rn 310 f; Scholz/*Winter/Seibt* Rn 205 f; *Rowedder*/Schmidt-Leithoff/*Bergmann* Rn 148; Michalski/*Ebbing* Rn 247; abl Roth/*Altmeppen* Rn 73; *Bischoff* GmbHR 1984, 61 ff; *Roth* ZGR 2000, 187, 215; – zur vom BGHZ 65, 27 offengelassenen Frage weitergehender Abfindungsbeschränkungen OLG Frankfurt DB 1977, 2040; OLG Hamburg DB 1982, 2344; *Geßler* GmbHR 1984, 32; *Priester* GmbHR 1976, 9; *Sachs* GmbHR 1976, 60; – zum Ganzen auch *Soufleros* 279 ff; sowie § 34 Rn 26; – über weitere Gestaltungsmöglichkeiten, insbes statutarische Erwerbsrechte *Ulmer* ZHR 149 (1985), 28; s auch *Soufleros* 279 ff.

[331] Roth/*Altmeppen* Rn 41, 71 f; abl *Rowedder*/Schmidt-Leithoff/*Bergmann* Rn 149.

[332] Scholz/*Winter/Seibt* Rn 203 aE, 206.

[333] Ulmer/*Winter/Löbbe* Rn 296; Scholz/*Winter/Seibt* Rn 197; Roth/*Altmeppen* Rn 41; auch *Wiedemann,* Übertragung, 429; Stein/Jonas/Münzberg/*Brehm* § 829 Rn 90.

[334] Ulmer/*Winter/Löbbe* Rn 296; Scholz/*Winter/Seibt* Rn 197; *Rowedder*/Schmidt-Leithoff/*Bergmann* Rn 146; Michalski/*Ebbing* Rn 239 f; *Rieder/Ziegler* ZIP 2004, 481; abw *Heuer* ZIP 1998, 405, 410: Ausübung nur mit Zustimmung des Gläubigers.

mung des Gfters zur Einziehung, § 34 II, u gesvertraglich zulässiger ordentlicher Kündigung liegen.[335] – Pfändung des GAnteils erfasst in gleichem Umfang wie Verpfändung (Rn 51) Ansprüche, die als Surrogate des GAnteils anzusehen sind, wie Abfindungsanspruch bei Austritt oder Ausschluss u Liquidationsguthaben,[336] geht insoweit auch einer vorherigen Einzelabtretung solcher (künftigen) Ansprüche durch den Gfter vor.[337] Sie erfasst dagegen nicht ohne Weiteres Gewinnanspruch.[338]

63 **Verwertung** erfolgt nach § 844 ZPO, idR durch Veräußerung, § 857 V ZPO; Überweisung unzulässig.[339] Übertragung bedarf nur bei freihändigem Verkauf der Form des Abs 3 (auch oben Rn 27).[340] Gesvertragliche Beschränkungen gelten nicht.[341] Bereitet die Errechnung des zu erzielenden Mindestpreises erhebliche Schwierigkeiten, kann Vollstreckungsgericht beantragte Versteigerung wegen der Gefahr der Verschleuderung des Schuldnervermögens ablehnen.[342]

64 **6.** Bei **Insolvenz** des Gfters übt Insolvenzverwalter GfterRechte aus, auch Stimmrecht.[343] Satzung kann jedoch für diesen Fall Ruhen anordnen.[344] Im Übrigen gilt für gesvertragliche Beschränkungen, auch Einziehung, Entspr wie bei Pfändung (oben Rn 61). Veräußerung durch Insolvenzverwalter hat in der Form der Abs 3 u 4 zu erfolgen; Beschränkungen nach Abs 5 gelten nicht; Erwerber hat § 16 zu beachten.[345]

65 **7. Rückübertragungsklauseln.** Solche sind verbreitet bei Mitarbeiter- oder Managementmodellen, wobei GFührer häufig bereits im Rahmen des Erwerbs ihrer Beteiligung formgerecht deren Rückübertragung unter der Bedingung des Verlusts der Organstellung anbieten.[346] Wirksamkeit solcher Modelle unter dem Gesichtspunkt des § 138 BGB inzwischen von BGH iGrds anerkannt (s § 34 Rn 10).

---

335 Str, so Scholz/*Winter/Seibt* Rn 197; Michalski/*Ebbing* Rn 240; nunmehr auch Ulmer/*Winter/Löbbe* Rn 296; weitergehend *Wiedemann,* Übertragung, 429; *Roth* ZGR 2000, 187, 217.

336 BGH BB 1972, 10; OLG Hamburg DB 1982, 2344 f; Ulmer/*Winter/Löbbe* Rn 291; Scholz/*Winter/Seibt* Rn 196; *Rowedder*/Schmidt-Leithoff/*Bergmann* Rn 136; *Wiedemann,* Übertragung, 426 f.

337 BGHZ 104, 351; dazu auch BGHZ 88, 205; hM, abl *Marotzke* ZIP 1988, 1524.

338 Str, hM, Scholz/*Winter/Seibt* Rn 211; *Noack* DB 1969, 471; *Rowedder*/Schmidt-Leithoff/*Bergmann* Rn 138; – abw Ulmer/*Winter/Löbbe* Rn 293; *Fischer* GmbHR 1961, 22; *Wiedemann,* Übertragung, 426.

339 AllgM, KG OLG 10, 393; dazu u zum Folgenden Ulmer/*Winter/Löbbe* Rn 298; Scholz/*Winter/Seibt* Rn 199 ff; *Rowedder*/Schmidt-Leithoff/*Bergmann* Rn 142; auch *Noack* MDR 1970, 892; abw *Raiser/Veil* § 30 Rn 34.

340 RGZ 164, 170.

341 Ausführl Ulmer/*Winter/Löbbe* Rn 306 ff; Scholz/*Winter/Seibt* Rn 202.

342 OLG Düsseldorf GmbHR 2000, 621.

343 Ulmer/*Winter/Löbbe* Rn 316; Scholz/*Winter/Seibt* Rn 254; *Lutter*/Hommelhoff/*Bayer* Rn 57.

344 Ulmer/*Winter/Löbbe* Rn 316; Scholz/*Winter/Seibt* Rn 254; Michalski/*Ebbing* Rn 250; – aA *Rowedder*/Schmidt-Leithoff/*Bergmann* Rn 151.

345 Ulmer/*Winter/Löbbe* Rn 316; Scholz/*Winter/Seibt* Rn 256; Michalski/*Ebbing* Rn 251; Roth/*Altmeppen* Rn 42.

346 Dazu *Schäfer/Hillesheim* DStR 2003, 2122; *Kowalski/Bormann* GmbHR 2004, 1438.

Rechtsstellung bei Wechsel der Gesellschafter oder Veränderung des Umfangs ihrer Beteiligung; Erwerb vom Nichtberechtigten

16 (1) [1] **Im Verhältnis zur Gesellschaft gilt im Fall einer Veränderung in den Personen der Gesellschafter oder des Umfangs ihrer Beteiligung als Inhaber eines Geschäftsanteils nur, wer als solcher in der im Handelsregister aufgenommenen Gesellschafterliste (§ 40) eingetragen ist.** [2] **Eine vom Erwerber in Bezug auf das Gesellschaftsverhältnis vorgenommene Rechtshandlung gilt als von Anfang an wirksam, wenn die Liste unverzüglich nach Vornahme der Rechtshandlung in das Handelsregister aufgenommen wird.**

(2) **Für Einlageverpflichtungen, die in dem Zeitpunkt rückständig sind, ab dem der Erwerber gemäß Absatz 1 Satz 1 im Verhältnis zur Gesellschaft als Inhaber des Geschäftsanteils gilt, haftet der Erwerber neben dem Veräußerer.**

(3) [1] **Der Erwerber kann einen Geschäftsanteil oder ein Recht daran durch Rechtsgeschäft wirksam vom Nichtberechtigten erwerben, wenn der Veräußerer als Inhaber des Geschäftsanteils in der im Handelsregister aufgenommenen Gesellschafterliste eingetragen ist.** [2] **Dies gilt nicht, wenn die Liste zum Zeitpunkt des Erwerbs hinsichtlich des Geschäftsanteils weniger als drei Jahre unrichtig und die Unrichtigkeit dem Berechtigten nicht zuzurechnen ist.** [3] **Ein gutgläubiger Erwerb ist ferner nicht möglich, wenn dem Erwerber die mangelnde Berechtigung bekannt oder infolge grober Fahrlässigkeit unbekannt ist oder der Liste ein Widerspruch zugeordnet ist.** [4] **Die Zuordnung eines Widerspruchs erfolgt aufgrund einer einstweiligen Verfügung oder aufgrund einer Bewilligung desjenigen, gegen dessen Berechtigung sich der Widerspruch richtet.** [5] **Eine Gefährdung des Rechts des Widersprechenden muss nicht glaubhaft gemacht werden.**

Übersicht

Lit: *Apfelbaum,* Das Merkmal der Zurechenbarkeit beim gutgläubigen Erwerb von GmbH-Anteilen, BB 2008, 2470; *Bednarz,* Die Gesellschafterliste als Rechtsscheinträger für einen gutgläubigen Erwerb von GmbH-Geschäftsanteilen, BB 2008, 1854; *Böttcher/Blaschke,* Gutgläubiger Erwerb von Geschäftsanteilen entsprechend der in der Gesellschafterliste eingetragenen Stückelung nach dem MoMiG, NZG 2007, 565; *Bohrer,* Fehlerquellen und gutgläubiger Erwerb im Geschäftsanteilsverkehr – Das Vertrauensschutzkonzept im Regierungsentwurf des MoMiG, DStR 2007, 995; *Elsing,* Gesellschafterliste und Anzeigen von Gesellschaftsanteilsabtretungen mit Blick auf das MoMiG, ZNotP 2007, 332; *Gasteyer/Goldschmidt,* Der schwebend unwirksam bestellte Geschäftsführer nach einem Gesellschafterwechsel – Wirksamkeit seiner Rechtshandlungen nach § 16 Abs. 1 GmbHG idF des MoMiG, ZIP 2008, 1906; *Götze/Bressler,* Praxisfragen der Gesellschafterliste und des gutgläubigen Erwerbs von Geschäftsanteilen nach dem MoMiG, NZG 2007, 894; *Grunewald,* Der gutgläubige Erwerb von GmbH-Anteilen: Eine neue Option, Der Konzern 2007, 13; *Grunewald/Gehling/Rodewig,* Gutgläubiger Erwerb von GmbH-Anteilen, ZIP 2006, 685; *Hamann,* GmbH-Anteilserwerb vom Nichtberechtigten, NZG 2007, 492; *Harbarth,* Gutgläubiger Erwerb von GmbH-Geschäftsanteilen nach dem MoMiG-RegE, ZIP 2008, 57; *Heckschen,* Auswirkungen des MoMiG auf die Übertragung von GmbH-Anteilen von Todes wegen und im Wege der vorweggenommenen Erbfolge, ZErb 2008, 246; *Klöckner,* Praxisprobleme beim gutgläubigen Erwerb von GmbH-Geschäftsanteilen, NZG 2008, 841; *Kort,* Offene Fragen zu Gesellschafterliste, Gesellschafterstellung und gutgläubigem Anteilserwerb (§§ 40 und 16 GmbHG nF), GmbHR 2009, 169; *Marx,* Die Publizität des GmbH-Gesellschafters, 2002; *Mayer,* Der Erwerb einer GmbH nach den Änderungen durch das MoMiG, DNotZ 2008, 403; *Schockenhoff/Höder,* Gutgläubiger Erwerb von GmbH-Anteilen nach dem MoMiG – Nachbesserungsbedarf aus Sicht der M&A-Praxis, ZIP 2006, 1841; *Preuß,* Gesellschafterliste, Legitimation gegenüber der Gesellschaft und gutgläubiger Erwerb von GmbH-Anteilen, ZGR 2008, 676; *Pentz,* Anmeldung und Anfechtung des Geschäftsanteilserwerbs, DStR 2006, 855; *Reymann,* Gutgläubiger Erwerb und Rechte an GmbH-Geschäftsanteilen, WM 2008, 2095; *ders,* Zurechnungssystem und Regelungsebene der GmbH-Gesellschafterliste, BB 2008, 506; *Rodewald,* Gutgläubiger Erwerb von Geschäftsanteilen nach dem MoMiG – drei Fragen zum Umfang der Legal Due Diligence, GmbHR 2009, 196; *Vossius,* Gutgläubiger Erwerb von GmbH-Anteilen nach dem MoMiG, DB 2007, 2299; *Wachter,* GmbH-Reform – Auswirkungen auf die Übertragung von GmbH-Geschäftsanteilen, ZNotP 2008, 378; *Weigl,* Die Sicherung des Erwerbers oder Treugebers eines Geschäftsanteils durch eine aufschiebend bedingte Abtretung nach Inkrafttreten des MoMiG, MittBayNot 2009, 116; *Zessel,* Gutgläubiger Erwerb von GmbH-Geschäftsanteilen nach dem MoMiG, GmbHR 2009, 303; *Zöllner,* Übertragung von GmbH-Anteilen – Zwei rechtspolitische Grundsatzfragen, in Gesellschaftsrechtliche Vereinigung (Hrsg), Die GmbH-Reform in der Diskussion, 2006, 175.

I. Allgemeines

1. Funktion, Inhalt. Vorschrift neu gefasst teilw in Anlehnung an § 67 AktG durch MoMiG, wertet insges GfterListe auf. Für **Legitimation gegenüber Ges** ist in **Abs 1** an die Stelle der bisherigen Anmeldung bei der Ges die ins HR aufgenommene GfterListe getreten. Dies soll Transparenz verbessern u Missbrauchsbekämpfung (Geldwäsche) dienen.[1] Aufnahme in GfterListe keine Wirksamkeitsvoraussetzung für Verfügung über GAnteil (Rn 2), sondern dient allein Legitimation gegenüber Ges u ermöglicht unter den Voraussetzungen von Abs 3 gutgläubigen Erwerb. Abs 2 aF ist entfallen, da Regelungsinhalt bereits in Abs 1 mit enthalten. **Abs 2** nF entspr mit Modifikationen bisherigem Abs 3 u betrifft **Haftung des Erwerbers für rückständige Einlagen.** Neuer **Abs 3** ermöglicht erstmals **gutgläubigen Erwerb** von GAnteilen auf der Grundlage der in HR aufgenommenen GfterListe. § 16 ist zwingend. **Übergangsvorschrift** für Abs 3 in § 3 III EGGmbHG (unten Rn 42 f). 1

2. Keine materielle Wirksamkeitsvoraussetzung für Verfügungen. 2
Aufnahme in die im HR aufgenommene GfterListe ist **keine Wirksamkeitsvoraussetzung der Abtretung** oder sonstigen Verfügung (Verpfändung, Nießbrauchbestellung),[2] dementspr nicht materiell Teil des Abtretungsgeschäfts (§ 15 III), ebenso wenig zu nachträglicher Heilung von Mängeln desselben geeignet (dazu § 15 Rn 28), soweit nicht gutgläubiger Erwerb nach Abs 3 erfolgt. Bei wirksamer Abtretung ist Erwerber auch ohne Aufnahme in GfterListe u deren Veröffentlichung im HR Inhaber des GAnteils u kann über diesen verfügen. Deshalb im Grds weiterhin auch **stille Abtretung** möglich, dh zedierender Gfter bleibt gegenüber Ges Berechtigter.[3] Wegen Amtspflicht des deutschen Notars zur Einreichung richtiger GfterListe gem § 40 II, die durch Weisungen der Gfter nicht beeinflusst werden kann,[4] allerdings nur noch in Ausnahmefällen, wenn etwa im Fall der bedingten Übertragung Notar nicht über Eintritt der Bedingung informiert wird (§ 40 Rn 47), da Gfter zur dessen Mitteilung nicht verpflichtet sind (unten Rn 14), oder im Fall der Beurkundung durch ausländischen Notar, der zur Einreichung einer GfterListe nicht nach § 40 II verpflichtet ist, str (unten Rn 15). Entspr Vereinbarung zwischen Veräußerer u Erwerber nach bisherigen Verständnis zulässig.[5] Darin liegt auch keine unzulässige Legitimationszession oder Stimmrechtsabspaltung (dazu § 47 Rn 41, auch § 14 Rn 20).[6] Allerdings Risiko, dass in GfterListe Eingetragener an Gutgläubigen verfügt (Abs 3). – **Gegenüber Ges** ist Erwerb dagegen **erst durch Aufnahme** des Erwerbers **in GfterListe** u deren Aufnahme im HR wirksam, soweit nicht Voraussetzungen von Abs 1 S 2 vorliegen.

---

[1] RegBegr BR-Drucks 354/07, 84.

[2] RegBegr BR-Drucks 354/07, 85; *Grunewald* Der Konzern 2007, 13, 14; *Kort* GmbHR 2008, 169, 173; allgM auch zu Anmeldung nach bisherigen Recht, RGZ 127, 240; BGH LM § 16 Nr 1; Ulmer/*Winter/Löbbe* Rn 7; Scholz/*Winter/Seibt* Rn 1; Michalski/*Ebbing* Rn 2 jew mwN.

[3] Vgl zur Anmeldung nach bisherigem Recht BGH NJW 1969, 133.

[4] Unten § 40 Rn 53; *Wicke* § 40 Rn 13; – aA offenbar *Apfelbaum* BB 2008, 2470, 2473 im Anschluss an *Bohrer* DStR 2007, 995, 1000, wonach Antrag erforderlich sein soll.

[5] So zum bisherigen Recht Ulmer/*Winter/Löbbe* Rn 23; Scholz/*Winter/Seibt* Rn 10 mwN.

[6] Zum bisherigen Recht Ulmer/*Winter/Löbbe* Rn 23.

II. Legitimationswirkung der in das Handelsregister aufgenommenen Gesellschafterliste, Abs 1

3 **1. Legitimationserfordernis und Legitimationswirkung, Altfälle.** Legitimation ist (nur) erforderlich bei Veränderung in den Personen der Gesellschafter oder des Umfangs ihrer Beteiligung, also nicht für Gründer, solange sich deren Beteiligung nicht ändert. Anders als nach altem Recht gilt Legitimationserfordernis dagegen nicht nur für Veränderungen **auf rechtsgeschäftlicher Grundlage,** sondern **auch für solche kraft Gesetzes,** etwa Erbgang, Umwandlung.[7] Über Wortlaut des Ges hinaus auch bei Teilung, Änderung der Stückelung (Arg § 5 III 2), s § 40 Rn 4. Dagegen sind dingl Belastungen des GAnteils, die nach bisherigem Recht anzumelden waren, nach neuem Recht nicht in die GfterListe aufzunehmen.[8] Das entwertet teilweise Möglichkeit des gutgläubigen Erwerbs (unten Rn 25). **Legitimation der dingl Berechtigten,** soweit sie Rechte gegenüber Ges haben (zB Nießbraucher), nur durch Abtretungsanzeige mit Folge des § 409 BGB.

4 Voraussetzung ist **förmliche GfterListe (§ 40), die in HR aufgenommen wurde.** Diese hängt, soweit nicht Notar nach § 40 II zuständig ist, nunmehr von pflichtgem Entscheidung der GFührer ab, die zu umfänglicher Prüfung der Rechtslage kaum in der Lage sind. Je nachdem, welche Anforderungen man an Nachweis stellt (§ 40 Rn 23), kann es dazu kommen, dass Einreichung neuer GfterListe zunächst unterbleibt, was Auswirkungen auf Ausübung der Gfterrechte haben kann. Dies gilt insbes in Erbfällen, in welchen etwa Testierfähigkeit des Erblassers zweifelhaft sein kann (dazu näher unten Rn 9). Ohne förmliche Legitimation können Gfterrechte gegenüber Ges grds nicht geltend gemacht werden. **Ausnahme** von Erfordernis vorheriger förmlicher Legitimation nach S 2 nur **für von Erwerber bzgl des GesVerhältnisses vorgenommener Rechtshandlungen,** etwa Teilnahme an Beschlussfassung, wenn Liste unverzüglich (§ 40 Rn 31) nach Vornahme in HR aufgenommen wird. Bis dahin ist sie schwebend unwirksam (näher unten Rn 18 ff). Als legitimiert gilt, wer in GfterListe ausgewiesen ist, die in HR aufgenommen wurde. Für Umfang der Beteiligung gilt Entspr. Maßgebend ist jew letzte veröffentl Liste. Förmliche Legitimation durch in HR aufgenommene GfterListe erforderlich für Geltendmachung sämtlicher Gfter-Rechte.

5 Soweit Inhaberschaft, Umfang der Beteiligung, Stückelung in GfterListe aufzunehmen u aufgenommen sind, gilt nach Aufnahme der Liste in HR **unwiderlegliche Vermutung**[9] der Berechtigung der in der GfterListe Eingetragenen, u zwar sowohl bzgl Person des Inhabers als auch des Umfangs seiner Beteiligung. Letzteres wichtig ua für Gewinnverteilung, Stimmrecht usw. Regelung dient der Rechtssicherheit im Interesse der Ges, die von der Prüfung entlastet werden soll, ob in GfterListe Eingetragener auch materiell wirksam Gfter geworden ist. Damit ist allerdings nicht ohne weiteres vereinbar, dass Grundlage der unwiderleglichen Vermutung in allen Fällen, in welchen nicht der Notar nach § 40 II die Liste unterschreibt u einreicht, auch durch GFührer herbeigeführt u beeinflusst werden kann. Daher ist es geboten,

---

[7] RegBegr BR-Drucks 354/07, 86; *Kort* GmbHR 2008, 169, 173.

[8] *Wicke* Rn 10; *Grunewald* Der Konzern 2007, 13, 15; *Mayer* DNotZ 2008, 403, 407.

[9] *Wicke* Rn 3; zu § 67 II AktG Spindler/Stilz/*Cahn* AktG § 67 Rn 31; *Hüffer,* AktG § 67 Rn 13; MünchKommAktG/*Bayer* § 67 Rn 37; ähnlich zum alten Recht BGH NJW 2009, 229 Rn 7 „gesetzliche Fiktion".

entspr der Rechtslage bei § 67 II AktG, auf die RegBegr auch mehrfach Bezug nimmt, **Grenze** der unwiderleglichen Legitimationswirkung gegenüber der Ges (nicht auch bzgl Abs 3) dort zu ziehen, **wo Ges Fehler der Liste selbst zu verantworten** hat, etwa bei Fehlen der Mitteilung oder Abweichen der Liste von ihr.[10] Umgekehrt kann sich Ges nicht auf unwiderlegliche Vermutung der im HR veröffentlichten GfterListe berufen, wenn Mitteilung vorliegt, GFührer jedoch Aufnahme in GfterListe oder deren Einreichung verzögert.[11]

Vermutungswirkung muss darüber hinaus **dem** durch sie **Benachteiligten zurechenbar** sein. Diese wird zwar nicht dadurch in Frage gestellt, dass **Mitteilung** durch Anfechtung, Rücknahme usw widerrufen wird. Insoweit kann Vermutung nur durch Einreichung neuer Liste mit abweichenden Angaben beendet werden. Auch Widerspruch (Abs 3) beendet Legitimationswirkung gegenüber Ges nicht,[12] sondern zerstört lediglich Grundlage für gutgläubigen Erwerb nach Abs 3. Nicht zurechenbar dagegen unrichtige Mitteilung u entspr GfterListe, wenn Mitteilung durch Fälschung,[13] nicht befugten Dritten oder durch nicht unbeschränkt Geschäftsfähigen[14] oder durch vis absoluta[15] erfolgt. Auch Anfechtung oder sonstige Unwirksamkeit der **Abtretung** berührt Wirkung der eingereichten GfterListe grds nicht.[16] Jedoch sind unter Zurechnungsgesichtspunkten dieselben Ausnahmen anzuerkennen wie bezüglich der Mitteilung.[17] Ein durch Geschäftsunfähigen erfolgter nichtiger Erwerb, der zu Einreichung einer neuen GfterListe geführt hat, führt nicht zu Erwerberhaftung nach Abs 2. Bis zur Aufnahme neuer GfterListe in HR gilt daher, von den genannten Ausnahmen fehlender Zurechenbarkeit abgesehen, auch bei **materiell unrichtiger Liste** für Ges Eingetragener als Berechtigter, selbst wenn Ges Unrichtigkeit bekannt ist[18] (zB bei stiller Zession, oben Rn 2). 6

Für **Altfälle fehlt Übergangsregelung.** Rechtslage bzgl Abs 1 u 2 daher derzeit ungeklärt.[19] Übergangsregelung § 3 III EGGmbHG (unten Rn 42 ff) bezieht sich nur auf Sonderfall des Abs 3 u hat mit Drittschutz anderen Schutzzweck. Sie kann daher nicht entspr herangezogen werden. Vielmehr muss vor Inkrafttreten der Änderung (1. 11. 2008) erfolgte **Anmeldung Legitimationswirkung behalten,**[20] da sich Abs 1 auf § 40 nF u damit auf nach neuem Recht elektronisch eingereichte Liste bezieht. Alte Listen hatten 7

---

[10] Spindler/Stilz/*Cahn* AktG § 67 Rn 31; MünchKommAktG/*Bayer* § 67 Rn 69.

[11] MünchKommAktG/*Bayer* § 67 Rn 69.

[12] RegBegr BR-Drucks 354/07, 89; *Mayer* DNotZ 2008, 403, 422.

[13] *Wicke* Rn 9; hM auch zu § 16 aF, Ulmer/*Winter/Löbbe* Rn 60; Scholz/*Winter/Seibt* Rn 25; *Lutter*/Hommelhoff/*Bayer* Rn 10; GmbH-Hdb/*Kallmeyer* Rn 1035.

[14] *Wicke* Rn 9; allgM zu § 16 aF, Ulmer/*Winter/Löbbe* Rn 51; Scholz/*Winter/Seibt* Rn 23; zu § 67 II AktG auch Spindler/Stilz/*Cahn* AktG § 67 Rn 31; – abw *Lutter*/Hommelhoff/*Bayer* Rn 11.

[15] *Wicke* Rn 9; so zu § 16 aF auch Roth/*Altmeppen* Rn 16.

[16] Wie hier zu § 16 aF BGH NJW 2007, 1058 Rn 20 (VIII. Senat); Roth/*Altmeppen* Rn 16 u *Lutter*/Hommelhoff/*Bayer* Rn 11; – aA OLG Frankfurt DB 1992, 1878 für Verstoß gegen § 1 GWB; iE auch Rowedder/Schmidt-Leithoff/*Pentz* Rn 44.

[17] *Wicke* Rn 9.

[18] Zu § 67 II AktG OLG Jena ZIP 2004, 563; MünchKommAktG/*Bayer* § 67 Rn 39, 40; Schmidt/Lutter/*Bezzenberger* AktG § 57 Rn 12.

[19] Lösungsvorschläge DNotI-Report 2008, 185.

[20] So wohl auch *Wicke* NotBZ 2009, 1, 12; *Hasselmann* NZG 2009, 409, 412; – aA *Reymann* BB 2009, 506, 511; DNotI-Report 2008, 185.

nicht dieselbe Funktion, für sie galt auch nicht die strengere Haftung der GFührer nach § 40 III nF, ihnen kommt deshalb auch nicht die erforderliche Richtigkeitswahrscheinlichkeit zu u sie liegen häufig auch nicht in der für leichte Einsehbarkeit erforderlichen digitalisierten Form vor. Es wäre widersinnig, ungeachtet ordnungsgemäßer Anmeldung der aktuellen Gfter nach altem Recht mit Inkrafttreten von § 16 nF nun Gfter, die ausgeschieden sind, als Gfter behandeln zu müssen, weil in einem Zeitpunkt, in welchem Gfterlisten noch keine Legitimationswirkung hatten, versäumt wurde, aktuelle Liste einzureichen. **Legitimationswirkung** nach Abs 1 u 2 kann vielmehr **nur Liste** entfalten, **die nach Inkrafttreten von § 40 nF** in elektronischer Form **eingereicht wurde.**

8 **2. Rechtslage bis zur Aufnahme neuer Liste in das HR.** Bis zur Aufnahme der geänderten GfterListe in HR gilt durch alte Liste legitimierter **Inhaber** (Gründer, Erbe) gegenüber Ges **weiter als Gesellschafter** mit allen Rechten u Pflichten. Auch Ges ist daran gebunden,[21] bei stiller Abtretung (oben Rn 2) uU dauerhaft, da kein Anspruch der Ges auf Anmeldung.[22] Nicht angemeldeter Erwerber muss bis zur Aufnahme der neuen Liste in HR alle Rechtshandlungen gegen sich gelten lassen, die zuletzt legitimierter Inhaber gegenüber Ges oder diese gegenüber Veräußerer vornimmt. Daher sind Zahlungen, vor allem Gewinnausschüttungen, weiterhin an den noch formell Legitimierten zu leisten. Leistet Ges an Erwerber, so leistet sie auf eigene Gefahr; sie wird zB nicht befreit, wenn nach Anteilskaufvertrag Veräußerer noch die nächste Dividende erhalten sollte. Erwerber kann vor Aufnahme der GfterListe in HR auch sonstige GfterRechte gegenüber Ges nicht geltend machen, insbes Stimmrecht nicht ausüben.[23] Auch zur Erhebung einer Anfechtungsklage bleibt Veräußerer legitimiert;[24] nachfolgende Einreichung der neuen GfterListe u deren Aufnahme in HR lässt nach entspr anzuwendendem § 265 II ZPO Prozessführungsbefugnis nicht entfallen.[25] Entspr gilt für Ausschluss bzw Einziehung des GAnteils,[26] doch kann Erwerber durch Mitteilung u Nachweis die Einreichung einer der materiellen Rechtslage entspr GfterListe veranlassen u Verfahren im Rahmen von § 265 II ZPO übernehmen oder seinerseits anfechten.

9 Für Verpflichtungen gegenüber Ges aus Mitgliedschaft **haftet vor Aufnahme entspr neuer** GfterListe in HR nur Veräußerer. Das gilt grds auch für solche, die in der Zeit zwischen Veräußerung u Aufnahme neuer Liste in HR fällig werden.[27] Zwar ist diese Zwischenzeit idR nur kurz, weil Notar neue GfterListe unverzüglich nach Abtretung zum HR einzureichen hat (§ 40 II). Ist Erwerb jedoch von Bedingungen abhängig oder erfolgt Abtretung vor ausländischem Notar (zur Zulässigkeit § 15 Rn 22), kann es nach neuem Recht zu Verzögerungen dadurch kommen, dass dann für Erstellung u Einreichung zuständiger GFührer Nachweisprobleme sieht (oben Rn 4).

---

21 AllgM, BGH NJW 1969, 133; NJW 1990, 1915, 1916; OLG Düsseldorf DB 1996, 568.

22 Michalski/*Ebbing* Rn 13; zu den Motiven Rowedder/Schmidt-Leithoff/*Pentz* Rn 35.

23 BGHZ 15, 331.

24 BGH NJW 1969, 133; OLG Düsseldorf DB 1996, 568.

25 BGHZ 43, 261, 267 f; *Goette* § 5 Rn 29.

26 OLG Hamm GmbHR 1993, 660.

27 AllgM, Ulmer/*Winter/Löbbe* Rn 42.

Besondere Probleme ergeben sich im **Erbfall,** da es hier keinen bisherigen Gfter mehr gibt, auf den Rechte u Pflichten vor Einreichung geänderter GfterListe bezogen werden könnten, gleichzeitig Erbe jedoch im Wege der Universalsukzession nicht nur in Gfterstellung, sondern auch in sonstige Pflichtenstellung des Erblassers einrückt. Das erübrigt jedoch für Ausübung von Rechten nicht Erfordernis der Eintragung in GfterListe,[28] auch wenn dies bei Erbstreitigkeit zu länger dauernder Verhinderung an der Ausübung von Gfterrechten führen kann. Gesetz will Ges durch Erfordernis formeller Legitimation von Risiken der Unsicherheit über materielle Gfterstellung befreien. **Haftung für offene Einlagen** trifft vor Aufnahme des Erben in GfterListe diesen als Rechtsnachfolger des bisherigen Gfters kraft Erbrechts mit der Möglichkeit, Erbenhaftung zu beschränken (§§ 1975 ff BGB).[29] Lässt sich Erbe in GfterListe aufnehmen, entfällt dagegen Möglichkeit der Haftungsbeschränkung, da mit § 16 II eigenständiger Verpflichtungsgrund vorliegt (str).[30] Entspr befreit Anfechtung nach §§ 1942, 1953 BGB nur vor, nicht aber nach Aufnahme geänderter GfterListe in HR von Haftung nach Abs 2.[31] **Gewinnansprüche,** die **vor Aufnahme der neuen GfterListe** in das HR fällig geworden sind, fallen Erben kraft Erbrechts zu; zu ihrer Geltendmachung ist jedoch Aufnahme in GfterListe zur Legitimation erforderlich.[32] Soweit es um **Ausübung von Gfterrechten** geht, ist Erbe dazu erst nach Aufnahme geänderter GfterListe in HR in der Lage. Teilnahme u Abstimmung in Gfterversammlung vorher nicht rechtswirksam möglich.[33] Legitimationserfordernis u Legitimationswirkungen der Aufnahme geänderter GfterListe soll Ges davor schützten, dass nicht formell legitimierter Scheingfter an Beschlussfassung u. ä. teilnimmt, umgekehrt aber auch davor, dass Ausübung von Gfterrechten durch materiell nicht Berechtigten der Ges Risiko von Veränderungen außerhalb ihres Einflussbereichs auferlegt. Daher bleiben Maßnahmen des in GfterListe aufgenommenen Scheinerben ebenso wirksam wie solche des Vorerben nach Eintritt des Nacherbfalls oder Erben nach Anfechtung, solange keine Veränderung der GfterListe erfolgt ist.[34] Während der Zeit der Aufnahme in GfterListe begründete Verbindlichkeiten werden durch materiellrechtlichen Wegfall der Erbenstellung nicht berührt.[35] Erbe eines AlleinGfterGFührers kann nach Abs 1 S 2 verfahren[36] (unten Rn 18 ff) oder aufgrund postmortaler Vollmacht;[37] daher NotGFührer idR nicht erforderlich. 10

---

[28] *Wicke* Rn 6; str für Eintragung im Aktienregister, tendenziell wie hier MünchKommAktG/*Bayer* § 67 Rn 64; Spindler/Stilz/*Cahn* AktG § 67 Rn 38 mit Einschränkungen bei Vorlage eines Erbscheins; – für Einrücken in Stellung des eingetragenen Erblassers KölnerKomm/*Lutter* § 67 Rn 34 mwN.

[29] Ebenso *Wicke* Rn 6, 7; zum AktG *Hüffer* Rn 15; Spindler/Stilz/*Cahn* AktG § 67 Rn 38.

[30] Zum AktG *Hüffer* AktG § 67 Rn 15; Spindler/Stilz/*Cahn* AktG § 67 Rn 38; KölnerKommAktG/*Lutter* § 67 Rn 26; – aA *Wicke* Rn 7; MünchKommAktG/*Bayer* § 67 Rn 65.

[31] Zum AktG MünchKommAktG/*Bayer* § 67 Rn 66; – aA *Wicke* Rn 7.

[32] IE übereinstimmend *Wicke* Rn 6. Zum AktG MünchKommAktG/*Bayer* § 67 Rn 64.

[33] *Wicke* Rn 6; zum AktG auch MünchKommAktG/*Bayer* § 67 Rn 64.

[34] *Wicke* Rn 7.

[35] Zum AktG MünchKommAktG/*Bayer* § 67 Rn 66.

[36] *Bunnemann/Zirngibl* § 3 Rn 46 u § 4 Rn 10; *Wachter* BB 2009, 159, 161 f.

[37] *Wachter* BB 2009, 159, 161 f.

11 **3. Rechtslage nach Aufnahme neuer Liste in das HR a) Einreichung neuer GfterListe.** Für Erstellung neuer GfterListe u deren Einreichung zum HR sind allein GFührer u bei Mitwirkung von inländischem Notar an Veränderungen dieser zuständig (§ 40 mit Anm). Zu erstellen u einzureichen ist neue GfterListe **nur bei Veränderung in den Personen der Gfter oder des Umfangs ihrer Beteiligung,** § 40 I 1. Anders als bisher daher nicht bei Nießbrauchsbestellung, Pfändung, Verpfändung des GAnteils (§ 40 Rn 7).

12 GFührer u Notar handeln auf Grund gesetzlicher Verpflichtung u sind Weisungen von Veräußerer u Erwerber bzw GfterVersammlung nicht unterworfen. Allerdings handeln **GFührer grds nur auf Mitteilung u Nachweis,** § 40 I 2 mit Anm ebenda Rn 16 ff. Mitteilung kann als geschäftsähnliche Handlung angefochten werden (§ 40 Rn 20). Dann darf GFührer nicht auf ihrer Grundlage neue GfterListe erstellen. Bereits in HR aufgenommene GfterListe wird davon aber nicht berührt. Widersprüchliche Mitteilungen sind unwirksam (s § 40 Rn 19).[38] Satzung kann vorschreiben, dass beide mitteilen müssen. Beide dürfen auch durch Bevollmächtigte anmelden (§ 40 Rn 17).

13 Stellt sich **nachträglich Unrichtigkeit der GfterListe** heraus, ist GFührer grds nicht von sich aus befugt, neue Liste einzureichen[39] (§ 40 Rn 36); RegBegr will davon Ausnahme machen, wenn es an Voraussetzungen für Aufstellung u Einreichung neuer Liste fehlte, etwa erforderliche Mitteilung des Erwerbers (Erben) nicht vorlag. GFührer soll dann nach Anhörung der Betroffenen, wenn keiner widerspricht, selbst Liste durch Neueinreichung mit Wirkung ex nunc korrigieren können (§ 67 V AktG analog),[40] str, aA unten § 40 Rn 36. Darüber hinaus wird vereinzelt Widerspruch des GFührers entspr Abs 3 zur Vermeidung seiner Haftung im Fall gutgläubigen Erwerbs für möglich gehalten.[41]

14 Besondere Form ist für Mitteilung u Nachweis nicht vorgesehen (s § 40 Rn 21). Erforderlich nur, dass Ges vom Rechtsübergang **überzeugend unterrichtet** wird.[42] GesVertrag kann auf Nachweis nicht verzichten, jedoch besondere Form vorschreiben. Beurteilung, ob Nachweis erbracht, grds im pflichtgemäßen Ermessen der GFührer (näher § 40 Rn 16 ff), dessen Ausübung gerichtlich überprüfbar ist.[43] Nachzuweisen ist auch Erfüllung etwaiger gesvertraglicher Abtretungserfordernisse sowie gesetzliche Vertretung, Vollmacht u dgl. Hat Gführer sichere **Kenntnis, dass Abtretung nicht wirksam,** ist Nachweis nicht erbracht.[44] Besondere Haftungsregelung für GFührer in § 40 III. **Pflicht zu Mitteilung u Nachweisen seitens Gfter** besteht gegenüber Ges nicht[45] auch nicht gegenüber Notar,[46] was etwa hinsichtlich

---

[38] So für die Anmeldung nach altem Recht Roth/*Altmeppen* Rn 20.

[39] *Mayer* DNotZ 2008, 403, 412; *Götze/Bressler* NZG 2007, 894, 895.

[40] RegBegr BR-Drucks 354/07, 102; zust *Wicke* Rn 5.

[41] *Mayer* DNotZ 2008, 403, 422; *Harbarth* ZIP 2008, 57, 61; – aA Handelsrechtsausschuss des DAV NZG 2007, 735, 739.

[42] Zum alten Recht BGH NJW 2009, 229 Rn 9; NJW 1960, 628; GmbHR 1997, 166; allgM.

[43] OLG Dresden DB 1999, 326.

[44] Unten § 40 Rn 23; zu § 16 aF BGH GmbHR 1997, 166; NJW 1995, 129; vgl auch DB 1991, 1218 f; zur Kenntnis der Anfechtbarkeit OLG Hamburg GmbHR 1998, 591.

[45] Unten § 40 Rn 22; – aA *Wicke* Rn 1 u § 40 Rn 8; wie hier *Grigoleit/Rieder* Rn 160 u hM zum alten Recht, Ulmer/*Winter/Löbbe* Rn 23; Scholz/*Winter/Seibt* Rn 8; Michalski/*Ebbing* Rn 13; Rowedder/Schmidt-Leithoff/*Pentz* Rn 34.

[46] *Götze/Bressler* NZG 2007, 894, 896; *Peetz* GmbHR 2006, 852, 859.

Bedingungseintritt bei bedingter Übertragung von Bedeutung; sie kann aber als Nebenpflicht aus schuldrechtlicher Vereinbarung folgen, Vertragsdurchführung zu fördern. Mitteilung u Nachweis **entbehrlich** bei Veräußerung oder Erwerb durch Ges selbst oder wenn GFührer Veränderung infolge Beteiligung im Rahmen seines GFührerAmtes sicher bekannt (§ 40 Rn 24, 26). Im Übrigen kann Ges jedoch nach neuem Recht auf Nachweis nicht verzichten.[47]

In engen Grenzen können daher, wie weitergehend nach altem Recht, Wirkungen der Übertragung durch Vornahme oder Unterlassung entspr Mitteilung uU beeinflusst werden, **stille Zession.** Zwar muss inländischer Notar bei Mitwirkung an Änderungen, insbes Abtretungen, unverzüglich Liste erstellen u einreichen (§ 40 II), sodass insoweit stille Zession ausscheidet. Anderes gilt jedoch bei Beurkundung der Übertragung durch ausländischen Notar[48] (zur Wirksamkeit § 15 Rn 22). Insoweit hat Änderung der GfterListe durch GFührer zu erfolgen, die nach § 40 I 2 von Mitteilung u Nachweis abhängig ist u nicht ohne diese eigenmächtig erfolgen darf (s § 40 Rn 36, 63). **15**

Erwerber hat, abgesehen von Mitteilung u Nachweis (oben Rn 11) auf Einreichung der GfterListe keinen unmittelbaren Einfluss u ist von pflichtgemäßem u haftungsbelegtem Handeln des GFühreres (§ 40 III) bzw Notars abhängig. Über Gesetzeswortlaut hinaus steht jedoch eintretendem Gfter entspr der Rechtslage bei § 67 III AktG[49] **Rechtsanspruch** gegen Ges **auf Einreichung der GfterListe zum HR** zu, der durch einstweilige Verfügung durchgesetzt werden kann.[50] Da GFührer Nachweise prüfen[51] u bei Mitwirkung eines Notars dieser Wirksamkeit der von ihm beurkundeten Übertragung prüfen[52] u bescheinigen muss (§ 40 II 2), kann es zu Verzögerungen kommen, wenn schwierige rechtliche Prüfungen erforderlich sind oder Streit über Wirksamkeit, etwa über Eintritt einer Bedingung besteht. Anders bei nachträglich eintretenden Unwirksamkeitsgründen, etwa Anfechtung, § 40 II 1 (§ 40 Rn 56). **16**

b) Übergang von Mitgliedschaftsrechten u -pflichten. Mit erfolgter Aufnahme neuer GfterListe (Rn 8) tritt Erwerber als Gfter auch gegenüber Ges an die Stelle des Veräußerers. Sämtliche **Mitgliedschaftsrechte und -pflichten gehen** von diesem Zeitpunkt an **auf Erwerber über.**[53] Nur dieser kann nach Aufnahme entspr GfterListe in HR entstandene fällige Ansprüche erheben, etwa Gewinnauszahlung verlangen.[54] Dagegen verbleiben **17**

---

[47] Anders nach altem Recht BGH NJW 2009, 229 Rn 13.

[48] Dazu *Grunewald* ZIP 2006, 685, 688; *Breitenstein/Meyding* BB 2006, 1457, 1460; *Götze/Bressler* NZG 2007, 894, 896; *Rodewald* GmbHR 2009, 196, 197; – für immerhin möglich halten Einreichung der GfterListe durch ausländischen Notar *Mayer* DNotZ 2008, 403, 411; *Vossius* DB 2007, 2299, 2304; für entspr Verpflichtung *Rau* DStR 2006, 1892, 1894; *Zöllner* in Gesellschaftsrechtliche Vereinigung (Hrsg), Die GmbH-Reform in der Diskussion, 175, 180: Notar unterwirft sich entspr Vertragspflicht – Dezidiert gegen Möglichkeit ausländischer Beurkundung im Hinblick auf § 40 II jetzt aber Bormann/Kauka/Ockelmann/*Schulze/Steinen* Kap 9 Rn 97.

[49] *Hüffer* AktG § 67 Rn 13.

[50] RegBegr BR-Drucks 354/07, 85 f.

[51] RegBegr BR-Drucks 354/07, 105; *Götze/Bressler* NZG 2007, 894, 895; zu Prüfungsrecht u -pflicht nach § 67 III AktG BGHZ 160, 253, 257 f = NJW 2004, 3561; *Hüffer* AktG § 67 Rn 18.

[52] *Mayer* DNotZ 2008, 403, 410.

[53] Ausführl *Schnorbus* ZGR 2004, 126.

[54] Zum Ganzen *Zeilinger* NZG 2001, 871, 874 ff.

Veräußerer Ansprüche, die bereits vor Aufnahme der neuen Liste fällig waren.[55] Anderweitige Vereinbarungen über solche Ansprüche sind möglich u der Ges nachzuweisen.[56] – Vorschrift hat bei unwirksamer Anteilsübertragung materielle Wirkung (relative GfterStellung) u bindet auch das RegGericht;[57] für die Lehre von der fehlerhaften Ges ist insoweit kein Raum (vgl § 15 Rn 29). Behandelt Ges formell nicht legitimierten Gfter als solchen oder umgekehrt formell legitimierten nicht als solchen, erfolgt Rückabwicklung geleisteter Zahlungen nach Bereicherungsrecht.[58] Strukturmaßnahmen unter Mitwirkung des formell legitimierten Schein-Gfters sind grds wirksam.[59] Zur **Rechtsstellung des Erben** oben Rn 9.

18 **4. Rückwirkung der unverzüglichen Aufnahme in die GfterListe, Abs 1 S 2.** Nach Abs 1 S 2 wird von Erwerber vorgenommene Rechtshandlung in Bezug auf Gesellschaftsverhältnis als **von Anfang an wirksam, wenn Liste unverzüglich** nach Vornahme der Rechtshandlung **in das HR aufgenommen wird.** Gesetzgeber will damit, wie RegBegr ausführt, Erwerber Möglichkeit eröffnen, unmittelbar nach Rechtswirksamkeit des Erwerbs an satzungsänderndem Gfterbeschluss oder Bestellung neuer GFührer mitzuwirken.[60] Rechtshandlung soll nach Ansicht der RegBegr im Hinblick auf fehlende Verlautbarung der GfterListe zunächst schwebend unwirksam sein u, soweit sonst keine Hindernisse entgegenstehen, endgültig wirksam werden, wenn Liste unverzüglich nach Vornahme in HR aufgenommen wird, andernfalls soll sie endgültig unwirksam bleiben. Maßgeblichkeit unverzüglicher Aufnahme in GfterListe ist unter Zurechnungsgesichtspunkten problematisch, da Unverzüglichkeit Verschuldenselement beinhaltet (§ 121 BGB), das für Erwerber kaum passt, da dieser nur beschränkten Einfluss auf Erstellung, Einreichung u Aufnahme der GfterListe in HR hat.

19 In der Sache geht es dabei um **vorläufige Zulassung** des nur materiell Berechtigten zur Beschlussfassung ohne bereits vorliegende formelle Legitimation, die zur Erlangung der Wirksamkeit gegenüber Ges unverzüglich nachgeholt werden muss. Gfter, der nur materiell berechtigt ist, wird so gestellt, als ob er bei Beschlussfassung bereits formell legitimiert gewesen wäre (gilt als von Anfang an wirksam). Das führt bzgl Satzungsänderung zwar rechtlich zu keinem schwerwiegenden Schwebezustand, da diese erst mit Eintragung wirksam wird u bis dahin idR geklärt ist, ob unverzüglich Aufnahme in GfterListe erfolgt ist oder nicht. In der Praxis wird allerdings die Beurteilung der Streitfrage, ob Unverzüglichkeit gegeben war oder nicht zu Problemen führen.

20 Besondere Probleme ergeben sich aber vor allem für **Statusmaßnahmen** wie **Abberufung oder Bestellung von GFührern** oder AR-Mitgliedern. Schwebezustand ist hier wegen der Rechtswirkungen der Bestellung auch gegenüber Dritten (Vertretung der Ges) nicht hinnehmbar;[61] denn GFührer muss ggf Ges nach außen vertreten u, falls nicht deutscher Notar mitwirkt,

---

[55] Ulmer/*Winter/Löbbe* Rn 29; Scholz/*Winter/Seibt* Rn 33; *Wiedemann,* Übertragung und Vererbung, 135.

[56] Ulmer/*Winter/Löbbe* Rn 29; Scholz/*Winter/Seibt* Rn 33; *Loritz* DStR 1998, 85 f.

[57] OLG Hamm GmbHR 2001, 920, 921.

[58] Rowedder/Schmidt-Leithoff/*Pentz* Rn 34.

[59] Hierzu umfassend *Schnorbus* ZGR 2004, 126.

[60] RegBegr BR-Drucks 354/07, 85.

[61] Krit *Bohrer* DStR 2007, 995, 1002.

neue GfterListe aufstellen u an HR weiterleiten. **Schwebende Unwirksamkeit passt hier nicht,** auch nicht für Kündigung des Anstellungsvertrags. Entspr Befugnis des neu bestellten GFührers dürfte Absicht des Gesetzgebers entsprechen.[62] Sieht man in Abs 1 S 2 eine partielle Ausnahme vom Prinzip vorheriger formeller Legitimation, dann handelt der Erwerber bei wirksamem Erwerb an sich als materiell Berechtigter. Infolge dessen ist Abberufung u Neubestellung der GFührer wirksam, sodass neu bestellter GFührer zuständig ist.[63] Nur wenn unverzügliche Nachholung der formellen Legitimation versäumt wird, entfällt Berechtigung des Erwerbers, sodass dann Abberufung u Neubestellung von Anfang an unwirksam sind. Ist dagegen Erwerber, etwa infolge anderweit fehlenden Bedingungseintritts, noch nicht materiell Gfter, greift Abs 1 S 2 nicht.

Auf Zulassung des Erwerbers zu vorzeitiger Beschlussteilnahme besteht gegenüber MitGftern grds kein Anspruch, soweit sich nicht aus zugrundeliegendem Schuldverhältnis anderes ergibt. Wird Liste nicht unverzüglich zum HR aufgenommen, zB wegen offener Bedingung, fehlender Genehmigung, wird Rechtshandlung endgültig unwirksam.[64] Schuldhaftes Zögern (§ 121 I 1 BGB) sollte auf Einflussbereich des Erwerbers bezogen werden. Daher nicht, wenn Verzögerung trotz sofortiger u ordnungsgem Übersendung der GfterListe im Bereich des HR liegt, etwa bei Systemausfall, der zu verzögerter Aufnahme führt. Denkbar ist darüber hinaus, auch Verzögerungen im Bereich des Notars oder der ansonsten zuständigen GFührer Erwerber nicht zuzurechnen.[65] 21

5. Haftung, Abs 2. a) Veräußerer scheidet mit Aufnahme entspr GfterListe in HR gegenüber Ges aus dem GesVerhältnis u den aus ihm weiter fließenden Pflichten aus; so aus nicht fälligen Einlageverpflichtungen[66] oder einem Wettbewerbsverbot.[67] Dagegen **haftet** Veräußerer **weiter für vor Anmeldung fällige Leistungen.** Dazu gehören nicht nur rückständige Einlagepflichten, sondern auch Haftung aus §§ 24 u 31 III sowie für Nachschüsse u Nebenleistungspflichten,[68] ebenso Ansprüche aus Differenzhaftung nach § 9,[69] aus Vorbelastungshaftung aus Gründung (§ 11 Rn 61 ff mwN)[70] oder Mantelverwendung (§ 3 Rn 13).[71] Dagegen haftet Veräußerer, der Einlagepflicht erfüllt hat, nicht, wenn Erwerber Betrag sogleich wieder entnimmt.[72] 22

b) Erwerber haftet nach Abs 2 mit Aufnahme der GfterListe in das HR **für Einlageforderungen;** in RefE MoMiG war noch Haftung für rückständige Leistungen auf den GAnteil vorgesehen, was bisheriger Regelung in Abs 3 aF entsprach u neben offenen Einlageansprüchen Differenzhaftung, 23

---

62 *Wicke* Rn 11.

63 IE übereinstimmend *Wicke* Rn 11; *ders* NotBZ 2009, 1, 12; auch *Gasteyer/Goldschmidt* ZIP 2008, 1906, 1908.

64 RegBegr BR-Drucks 354/07, 85; *Mayer* DNotZ 2008, 403, 405.

65 *Wicke* NotBZ 2009, 1, 12 Fn 110.

66 BGHZ 127, 137; GmbHR 2006, 306, 308.

67 RG JW 1899, 444.

68 Ulmer/*Winter/Löbbe* Rn 43; Scholz/*Winter/Seibt* Rn 40; *Lutter*/Hommelhoff/*Bayer* Rn 17; Michalski/*Ebbing* Rn 51 f; einen bes Fall zu § 24 behandelt OLG Köln ZIP 1993, 1389, 1393.

69 BGHZ 68, 196.

70 Zur Behandlung nach § 16 II *Schulze-Osterloh* FS Goerdeler, 1987, 548 Fn 84.

71 OLG Düsseldorf NZG 2004, 380; OLG Frankfurt NZG 1999, 450.

72 BGHZ 165, 352 = NJW 2006, 906.

Vorbelastungshaftung, Nachschüsse, Nebenleistung u Ausfallhaftung umfasste, u zwar auch solche aus der Zeit früherer Anteilsinhaber,[73] nicht dagegen Haftung aus § 31 I (s dort Rn 10 mwN). Wortlaut deckt dies teilweise nicht mehr. Nach RegBegr sollte jedoch insoweit die bisherige Regelung des Abs 3 aF aufgegriffen u Regelung lediglich an in HR aufgenommene GfterListe als maßgebenden Zeitpunkt angepasst werden.[74] Das spricht dafür, insoweit keine Einschränkungen gegenüber bisheriger Rechtslage zu sehen.[75] Erwerber eines Teils eines GAnteils haftet pro rata.[76] – Haftung des Erwerbers nach Abs 3 ist nicht subsidiär. Veräußerer u Erwerber haften als Gesamtschuldner.[77] – Neben Haftung nach Abs 2 bleibt subsidiäre Haftung nach §§ 22, 28 unberührt.[78]

24 **c) Scheinerwerber.** Problematisch ist Rechtslage beim **Scheinerwerber.** Dieser ist grds als Gfter mit allen Rechten u Pflichten zu behandeln (oben Rn 17). Nach Rspr des **BGH** zu Abs 3 aF konnte sich Erwerber daher auch von der Haftung für rückständige Einlagebeträge nicht mehr durch nachfolgende Anfechtung seines Anteilserwerbs u entspr Anmeldung (Widerruf) befreien.[79] Dagegen differenzierte **neuere Lit:** Ex nunc-Wirkung der Anmeldung (des Widerrufs) verhinderte zwar, dass zwischenzeitlich erfolgte Leistungen rechtsgrundlos werden, bildete aber keinen hinreichenden Grund für Haftung hinsichtl noch ausstehender Beträge.[80] An letztgenannter Lösung sollte ungeachtet des durch Aufnahme der GfterListe in HR verstärkten Verkehrsschutzes auch für Abs 3 nF jedenfalls insoweit festgehalten werden, als geschaffener Rechtsschein Erwerber **nicht zurechenbar ist.** Verkehrsschutz verlangt nicht, dass etwa bei verfrühter Einreichung neuer GfterListe infolge Nichtbeachtung einer Bedingung durch Notar oder GFührer, Personenverwechslung oder Missbrauch Unbeteiligter allein auf Grund des durch Einreichung unrichtiger Liste geschaffenen Rechtsscheins für alle offenen Einlageansprüche haftet.[81] Ob dagegen Haftung für offene Einlageansprüche auch durch Anfechtung der Mitteilung iS von § 40 I 2 zu Fall gebracht werden kann, wenn neue GfterListe bereits in HR aufgenommen, erscheint zweifelhaft u ist wohl abzulehnen (s § 40 Rn 20). Zahlt Erwerber gleichwohl, befreiende Wirkung für Veräußerer nur nach § 267 I BGB.[82]

---

73 Scholz/*Winter/Seibt* Rn 40; *Lutter*/Hommelhoff/*Bayer* Rn 17; Michalski/*Ebbing* Rn 59.

74 BR-Drucks 354/07, 86 f.

75 Für klarstellende Umformulierung in diesem Sinn *Götze/Bressler* ZIP 2007, 894; *Mayer* DNotZ 2008, 403, 405.

76 Ulmer/*Winter/Löbbe* § 17 Rn 41; Scholz/*Winter/Seibt* § 17 Rn 41; *Lutter*/Hommelhoff/*Bayer* § 17 Rn 21.

77 BGHZ 68, 197; 132, 137.

78 Ulmer/*Winter/Löbbe* Rn 45; Scholz/*Winter/Seibt* Rn 43.

79 BGHZ 84, 47; NJW 1990, 1915, 1916; DB 1991, 1218, 1219; ebenso OLG Hamburg GmbHR 1998, 591 mit Ausnahme bei Kenntnis oder grob fahrlässiger Unkenntnis der Anfechtbarkeit.

80 *Altmeppen* ZIP 2009, 345, 352; zu § 16 aF inzwischen auch OLG Hamm NZG 2006, 268 unter Berufung auf RG JW 1915, 588. Aus der Lit: Ulmer/*Winter/Löbbe* Rn 56; Scholz/*Winter/Seibt* Rn 23 a, 26; *Lutter*/Hommelhoff/*Bayer* Rn 19; Michalski/*Ebbing* Rn 61 f; Roth/*Altmeppen* Rn 26 ff; iE ähnl *Limmer* ZIP 1993, 417 f; *Müller* NJW 1999, 544; grds bereits *Wiedemann,* Übertragung und Vererbung, 144.

81 Abw zum alten Recht LG Flensburg GmbHR 2001, 863, 864.

82 BGH NJW 1995, 128. Zur Haftung des Scheinerwerbers bei Ausschlachtung der GmbH vgl *Lass* ZGR 1997, 401 ff.

6. Innenverhältnis zwischen Veräußerer und Erwerber. § 16 regelt nicht Innenverhältnis zwischen Veräußerer und Erwerber. Hierfür ist Kausalgeschäft der Abtretung maßgebend. Nutzungen u Lasten gehen iZw mit vollendeter Abtretung auf Erwerber über ohne Rücksicht auf Anmeldezeit.[83] Veräußerer hat gem § 101 Nr 2 Halbs 2 BGB schuldrechtl Anspruch gg Erwerber auf zeitanteilige Abführung des bezogenen Gewinns.[84] Vom Erwerber nicht übernommene fällige Einlagepflichten sind iZw intern vom Veräußerer zu tragen. Bei unentgeltlicher Übertragung kann im Innenverhältnis auch Erwerber allein verpflichtet sein, Auslegungsfrage.[85] Ist GAnteil als voll eingezahlt verkauft, haftet Verkäufer nach §§ 453 I, 437 BGB (dazu u zur Gewährleistung allg § 15 Rn 6). – Ist die Anteilsübertragung unwirksam, richten sich die Rechtsbeziehungen zwischen Veräußerer und Erwerber nach Bereicherungsrecht.[86] 25

III. Gutgläubiger Erwerb, Abs 3

1. Allgemeines, Grenzen. Mit der neu geschaffenen Möglichkeit eines gutgläubigen Erwerbs soll das bisher die Praxis belastende Risiko gemindert werden, dass Erwerb unerkannt fehlschlägt, weil Veräußerer Nichtberechtigter ist. Dieses Risiko, das bislang zu umfangreichen Nachprüfungen über Abtretungsketten seit Gründung der Ges im Rahmen von Due Diligence Prüfungen gezwungen u teilweise problematische Rückabwicklungen erfordert hat, wird aus Gründen des Verkehrsschutzes durch Möglichkeit gutgläubigen Erwerbs vermindert.[87] Gedanklich lehnt sich Regelung teilw an § 892 BGB an.[88] Jedoch besteht für Erwerber Unsicherheit fort, ob GfterListe ggf bereits seit 3 Jahren unrichtig ist oder zumindest Unrichtigkeit dem wahren Berechtigten zurechenbar war; auch ist gutgläubig lastenfreier Erwerb nicht möglich, was Wert der Regelung für Praxis einschränkt.[89] Auf der anderen Seite ist Möglichkeit des Verlusts eines Rechts bereits bei 3-jähriger Unrichtigkeit der GfterListe in der vorliegenden Form nicht unbedenklich.[90] – **Geschützt wird** guter Glaube an Berechtigung u Anteilsgröße (letzteres str, unten Rn 28) des in GfterListe eingetragenen Inhabers bzgl Erwerb von GAnteil, auch Erwerb von Mitberechtigung an diesem, sowie bzgl Erwerb von beschränkten dinglichen Rechten am GAnteil[91] (Pfandrecht, Nießbrauch, nicht dagegen Unterbeteiligung). **Nicht geschützt** guter Glaube an Existenz u Lastenfreiheit des GAnteils,[92] ebenso nicht an Bestehen oder Nichtbestehen 26

---

[83] Scholz/*Winter/Seibt* Rn 10 f; GmbH-Hdb/*Kallmeyer* Rn 1023.

[84] BGH NJW 1998, 1314; *Goette* § 5 Rn 37.

[85] OLG Hamm GmbHR 1979, 18.

[86] Hierzu ausführlich *Lass* ZGR 1997, 401, 416 ff.

[87] RegBegr BR-Drucks 354/07, 87.

[88] RegBegr BR-Drucks 354/07, 87.

[89] Zur Kritik schon *Ziemons* BB Beil 7/2006, 9, 11; *Noack* DB 2006, 1478; *Eidenmüller* ZGR 2007, 168, 201 f; *Böttcher/Blasche* NZG 2007, 565, 566; *Bohrer* DStR 2007, 995, 1001; *Hamann* NZG 2007, 494.

[90] Krit etwa *Ziemons* BB Beil 7/2006, 9, 11; *Preuß* ZGR 2008, 676, 699 f; *Bednarz* BB 2008, 1854, 1856;

[91] Zu damit verbundenen Problemen ausführl *Reymann* WM 2008, 2095 ff.

[92] *Wicke* Rn 15; *Gehrlein* Der Konzern 2007, 771; 791; *Vossius* DB 2007, 2299, 2300; *Böttcher/Blasche* NZG 2007, 565 f; *Mayer* DNotZ 2008, 403, 418; *Götze/Bressler* ZIP 2007, 894, 897; – aA bzgl Lastenfreiheit *Reymann* WM 2008, 2095, 2101.

von beschränkten dinglichen Rechten, da diese in GfterListe nicht eintragungsfähig sind (oben Rn 11); auch nicht an Nichtbestehen von Vinkulierung.[93] Regelung macht idR auch Nachforschungen über Berechtigung des Eingetragenen für die letzten drei Jahre nicht entbehrlich, da etwaige Zurechenbarkeit einer Unrichtigkeit der GfterListe für Erwerber nicht erkennbar ist.[94] – Übergangsregelung unten Rn 42.

27 **2. Grundvoraussetzungen.** Grundvoraussetzung sind: (1) Existenz des GAnteils, (2) unrichtige Wiedergabe des Inhabers oder des Umfangs seiner Beteiligung in der ins HR aufgenommenen GfterListe, (3) rechtsgeschäftlicher Erwerb eines GAnteils, (4) Zurechenbarkeit beim Berechtigten oder Ablauf der 3-Jahres-Frist, (5) kein Widerspruch, (6) keine Kenntnis oder grobfahrlässige Unkenntnis von der fehlenden Berechtigung durch Erwerber.

28 **3. Existenz des Geschäftsanteils, Stückelung.** Nur **Erwerb eines existierenden GAnteils** ist möglich.[95] Umstr ist, ob dagegen gutgläubiger Erwerb des GAnteils auch bzgl der in der GfterListe ausgewiesenen Stückelung **(nicht so bestehender GAnteil)** möglich ist.[96] Das dürfte jedenfalls möglich sein, soweit entspr GAnteil existiert, jedoch anderem Gfter gehört.[97] Wenn etwa Gfter mit GAnteil im Nennbetrag von 100.000 € in GfterListe steht, davon aber ein GAnteil im Nominalwert von 90.000 € an Gfter B abgetreten hat, ohne dass Teilung u Abtretung in der GfterListe vermerkt wurden, dann sollte Erwerber in Hinblick auf gutgläubigen Erwerb nicht schlechter stehen als wenn Gfter A ohne Änderung der GfterListe seinen ganzen Anteil an B abgetreten hätte. Das ist anders, wenn GAnteil von vornherein zu groß ausgewiesen wurde, sodass im Fall gutgläubigen Erwerbs die Summe der Nennbeträge aller GAnteile das Stammkapital übersteigen würden; denn insoweit läge in der Tat teilweiser Erwerb eines nicht existierenden GAnteils vor, den Abs 3 nicht ermöglichen will.[98] Ebenso **scheidet** ein **gutgläubig lastenfreier Erwerb aus** (oben Rn 26).

29 **4. Unrichtigkeit der Gesellschafterliste.** Es muss **förmliche GfterListe** (§ 40) vorliegen, die in HR aufgenommen wurde. **Mängel der Liste** hindern gutgläubigen Erwerb nur, wenn offensichtlich, etwa fehlende Unterzeichnung durch GFührer, legitimierter Inhaber nicht eindeutig identifizierbar oder Liste in sich widersprüchlich.[99] Fehlen einzelner Angaben unschädlich, solange Inhaber eindeutig identifizierbar.[100] Vertretungsbefugnis der GFührer bei Erstellung u Einreichung der Liste nicht erforderlich, da Fehlen für Erwerber nicht offensichtlich.[101] Vertrauen wird geschützt auf aus GfterListe ersicht-

---

[93] *Rodewald* GmbHR 2009, 196, 197.

[94] *Götze/Bressler* NZG 2007, 894, 899; *Rodewald* GmbHR 2009, 196, 197 f.

[95] RegBegr BR-Drucks 354/07, 88; *Wicke* Rn 15; *Böttcher/Blasche* NZG 2007, 565 f; *Götze/Bressler* NZG 2007, 894, 897; *Gehrlein* Der Konzern 2007, 771, 791; *Vossius* DB 2007, 2299, 2300; *Haas/Oechsler* ZIP 2006, 806, 812; – dafür aber *Grunewald* Der Konzern 2007, 13, 14.

[96] Ablehnend *Mayer* DNotZ 2008, 403, 418; – dafür aber *Böttcher/Blasche* NZG 2007, 565, 566 ff mit Arg des Erwerbs vom nicht so Berechtigten; sympathisierend auch *Götze/Bressler* ZIP 2007, 894, 897.

[97] IE übereinstimmend *Wicke* Rn 15; *Leistikow,* Das neue GmbH-Recht, 2009, Rn 196.

[98] *Böttcher/Blasche* NZG 2007, 565, 567.

[99] *Vossius* DB 2007, 2299, 2300; *Mayer* DNotZ 2008, 403, 418.

[100] *Mayer* DNotZ 2008, 403, 419.

[101] *Apfelbaum* BB 2008, 2470, 2471; – aA *Vossius* DB 2007, 2299, 2300; *Mayer* DNotZ 2008, 403, 418.

licher Anteilsinhaberschaft (Berechtigung).[102] Unrichtigkeit kann vorliegen, wenn mit materieller Rechtslage nicht übereinstimmende GfterListe eingereicht wurde, Erwerber also nicht wirksam erworben hat (Formmangel, Verstoß gegen Bestimmtheitsgrunds, entgegenstehende Vinkulierung, mangelnde Vertretungsmacht, wirksame Anfechtung usw[103]). Unrichtigkeit ferner möglich, wenn durch nachträgliche Rechtsänderung (Nacherbfall, Bedingungseintritt) in HR aufgenommene Liste unrichtig geworden u nicht rechtzeitig durch neue Liste korrigiert worden ist.[104] – Bei **aufschiebend oder auflösend bedingter Übertragung** gelten § 161 I/II BGB, dh die Zwischenverfügungen werden unwirksam. Ob über § 161 III BGB iVm § 16 III gutgläubiger Erwerb des Zwischenerwerbers möglich ist, ist str.[105] Abs 3 ist jedenfalls nicht unmittelbar anwendbar, da Veräußerer als Berechtigter verfügt u entspr GfterListe im Zeitpunkt der Verfügung nicht unrichtig ist. § 161 III BGB ordnet zwar entspr Anwendung der Gutglaubensvorschriften an, was dahin verstanden wird, dass Zwischenerwerber geschützt ist, wenn er auch im Fall der Nichtberechtigung des Veräußerers geschützt gewesen wäre, da Erwerb vom (noch) Berechtigten nicht ungünstiger behandelt werden kann als Erwerb vom Nichtberechtigten.[106] Danach wäre darauf abzustellen, ob im Fall der Nichtberechtigung des Veräußerers der Zwischenerwerber hätte gutgläubig erwerben können. Das hängt im Fall des § 16 III, anders als nach sonstigen Gutglaubensvorschriften, entscheidend von der Zurechenbarkeit der Unrichtigkeit der GfterListe zum Risikobereich des bedingten Erwerbers ab. Diese setzt voraus, dass Berechtigter Anlass u Möglichkeit hatte, Richtigkeit der GfterListe rechtzeitig zu initiieren (unten Rn 33). Solche Möglichkeit fehlt jedoch bei GfterListe,[107] da GfterListe bis zum Bedingungseintritt nicht unrichtig u für Eintragung einer Verfügungsbeschränkung, wie sie Praxis bei Grundbuch zulässt,[108] Grundlage fehlt, da auch dingliche Rechte Dritter dort nicht eingetragen werden können (oben Rn 26). Infolge dessen scheitert gutgläubiger Erwerb.[109] Die vielfach empfohlene Eintragung eines Widerspruchs[110] dürfte dagegen nicht helfen, da Veräußerer bis zum Eintritt der Bedingung als Berechtigter handelt.

5. Rechtsgeschäftlicher Erwerb. Nur rechtsgeschäftlicher Erwerb des GAnteils oder eines Rechts an einem solchen kann zu gutgläubigem Erwerb führen, **nicht solcher kraft Gesetzes,** also insbes nicht bei Erwerb durch Erbgang, da es insoweit an einem zureichenden Vertrauenstatbestand für 30

102 RegBegr BR-Drucks 354/07 spricht S 88 missverständlich von Verfügungsbefugnis. Dagegen zutr *Götze/Bressler* ZIP 2007, 894, 897; *Bohrer* DStR 2007, 995, 998.

103 Vgl zu den möglichen Unwirksamkeitsgründen *Mayer* DNotZ 2008, 403, 417.

104 *Götze/Bressler* ZIP 2007, 894, 897.

105 Bejahend *Reymann* WM 2008, 2095, 2097; *Klöckner* NZG 2008, 841, 842; *Wachter* ZNotP 2008, 378, 396 f; *Vossius* DB 2007, 2299, 2301; – verneinend *Weigl* MittBayNot 2009, 116, 117; *Preuß* ZGR 2008, 676, 691 f; *Zessel* GmbHR 2009, 303, 305.

106 Palandt/*Heinrichs* § 161 Rn 3.

107 *Weigl* MittBayNot 2009, 116, 117; *Preuß* ZGR 2008, 676, 691 f; – abw *Vossius* DB 2007, 2299, 2301, der insoweit Widerspruch zuordnen lassen will. Das muss jedoch daran scheitern, dass Liste im Zeitpunkt der Zuordnung des Widerspruchs auch aus der Sicht des bedingten Erwerbers noch richtig wäre.

108 MünchKommBGB/*Westermann* § 161 Rn 21 mwN.

109 IE ebenso *Weigl* MittBayNot 2009, 116, 117; *Preuß* ZGR 2008, 676, 692; *Zessel* GmbHR 2009, 303, 305.

110 *Wicke* Rn 20; *ders* NotBZ 2009, 1, 16; *Wälzholz* MittBayNot 2008, 436.

Erwerber fehlt. Rechtsgeschäftlicher Erwerb insbes Abtretung, Teilabtretung, auch Verkauf durch Ges nach erfolgter Kaduzierung, Verpfändung, Nießbrauchbestellung, nicht aber Erwerb im Rahmen der Zwangsvollstreckung in den GAnteil,[111] oder Erwerb durch Gfterbeschluss,[112] da insoweit originärer Erwerb vorliegt.

31 Voraussetzung ist weiter, dass **Verkehrsgeschäft** (wirtschaftliche Nichtidentität von Erwerber u Veräußerer) vorliegt,[113] daher **nicht** zB bei Teilung in der Hand des nichtberechtigten Gfters (anders Veräußerung der neu geschaffenen Teile), nicht bei Übertragung/Rückübertragung im Rahmen **fremdnütziger Treuhand,** auch nicht bei Veräußerung an von Gfter beherrschte Ges. Anders bei eigennütziger Treuhand, zB Sicherungsübertragung an Bank. Problem des Rückerwerbs des Nichtberechtigten. Verkehrsgeschäft fehlt ferner bei Übertragung von Erbengemeinschaft auf personengleiche BGB-Ges.[114] Wohl aber Verkehrsgeschäft, wenn Scheingfter auf anderer Seite als TestVollstr oder Vertreter des Erwerbers tätig ist.[115]

32 **Verfügungsgeschäft muss seinerseits bis auf fehlende Berechtigung des Verfügenden wirksam sein.**[116] Daher kein gutgläubiger Erwerb, wenn Verfügungsgeschäft gegen Gesetz (auch § 81 I InsO)[117] oder Satzung (Vinkulierung) verstößt, wirksam angefochten wurde u solange Bedingung nicht eingetreten. Zur Frage, ob bei Bedingungseintritt GfterListe noch unrichtig sein u guter Glaube noch vorliegen muss, unten Rn 37.

33 **6. Ausschlussgründe. a) Fehlende Zurechenbarkeit vor Erreichen der 3-Jahres Frist.** Ist 3-Jahres Frist noch nicht erreicht, scheitert gutgläubiger Erwerb, wenn Berechtigtem Unrichtigkeit der Liste nicht zuzurechnen ist. **Beweislast** trifft den Berechtigten, der sich auf fehlende Zurechenbarkeit beruft.[118] Zurechenbarkeit betrifft **Frage der Risikoverteilung**[119] zwischen Berechtigtem und auf GfterListe Vertrauendem, was freilich noch nichts über die maßgeblichen Zurechnungsgründe besagt. Einigkeit besteht, dass **Verschulden nicht erforderlich** ist. Verbreitete Formulierung, Zurechenbarkeit sei gegeben, wenn Berechtigter Unrichtigkeit (mit-) veranlasst oder jedenfalls (mit) zu verantworten habe,[120] ist bzgl der (Mit-) Verantwortung tautologisch u auch unvollständig, weil etwa fehlende Geschäftsfähigkeit des Berechtigten als Zurechnungsausschlussgrund[121] nicht berücksichtigt wird. Maßgebend ist nach Sinn u Zweck, **ob Unrichtigkeit im Risikobereich des Berechtigten lag,**[122]

---

111 *Gehrlein* Der Konzern 2007, 771, 191; *Wicke* NotBZ 2009, 1, 13; abw aber im Rahmen von § 892 BGB MünchKommBGB/*Wacke* § 892 Rn 34.

112 *Gehrlein* Der Konzern 2007, 771, 791; *Vossius* DB 2007, 2299, 2300; – aA *Wicke* Rn 18.

113 *Mayer* DNotZ 2008, 403, 420; *Vossius* DB 2007, 2299, 2300; vgl bzgl § 892 BGB auch MünchKommBGB/*Kohler* § 892 Rn 33.

114 Vgl bzgl § 892 BGB MünchKommBGB/*Kohler* § 892 Rn 34, 37.

115 Zu § 982 BGB Palandt/*Bassenge* BGB § 892 Rn 5.

116 *Wicke* Rn 20; zu § 932 BGB auch MünchKommBGB/*Oechsler* § 932 Rn 14; – aA aber *Mayer* DNotZ 2008, 403, 420; *Vossius* DB 2007, 2299, 2301; *Leistikow* Rn 199 .

117 *Vossius* DB 2007, 2299, 2302 mit näherer Begründung.

118 *Gehrlein* Der Konzern 2007, 771, 792; *Noack* DB 2007, 1395, 1398.

119 *Götze/Bressler* NZG 2007, 894, 897; *Apfelbaum* BB 2008, 2470, 2471.

120 *Götze/Bressler* NZG 2007, 894, 897; *Mayer* DNotZ 2008, 403, 421.

121 *Apfelbaum* BB 2008, 2470, 2471.

122 So iE auch *Götze/Bressler* NZG 2007, 894, 897; *Leistikow,* Das neue GmbH-Recht, 2009, Rn 199; *Grigoleit/Rieder* Rn 159.

dieser insbes Anlass u Möglichkeit hatte, Richtigkeit der GfterListe rechtzeitig zu initiieren oder in HR aufgenommene Liste zu überprüfen u Unrichtigkeit als Rechtsscheingrundlage zu verhindern.

Zurechenbare Unrichtigkeit liegt zunächst vor, wenn Berechtigter an materiell unwirksamer Übertragung mitgewirkt hat[123] insbes wenn sie auf fehlender oder materiell unrichtiger Information des Berechtigten beruht. Dazu gehört das **Unterlassen der Erwerbsmitteilung** bei gesetzlichem Erwerb, etwa des wahren Erben, sobald dieser von seinem Erbrecht Kenntnis erlangt[124] oder in den Fällen des Erwerbs durch Rechtsgeschäft, in welchen nicht der Notar von sich aus tätig wird, etwa bei aufschiebend bedingter Abtretung oder Beurkundung der Abtretung im Ausland. Ferner liegt im Riskobereich des Berechtigten, wenn Liste durch nachträgliche Anfechtung der Abtretung (zB im Fall der Geschäftseinheit) wahren Inhaber unrichtig wiedergibt;[125] denn Täuschungsrisiko ist dem wahren Berechtigten u nicht dem auf Angaben in der GfterListe Vertrauenden zuzuweisen. 34

Darüber hinaus kann für Berechtigten auch **Obliegenheit** bestehen, **Richtigkeit erfolgter Eintragungen zu überprüfen,** ggf Zuordnung eines Widerspruchs zu veranlassen u auf Korrektur hinzuwirken. Das dürfte **generell bei rechtsgeschäftlichem Erwerb** gefordert sein (str),[126] ferner beim gesetzlichen Erwerb, wenn etwa wahrem Erben **Eintragung eines Scheinerben bekannt** wird.[127] Solange wahrer Erbe dagegen von seinem Erbrecht nichts weiß, trifft ihn auch keine entspr Obliegenheit.[128] Ebenso Berechtigten nicht, der von Einreichung unrichtiger Liste nichts erfährt[129] u auch nicht infolge Mitwirkung an Rechtsveränderung Anlass hatte, sich von Richtigkeit der in HR aufgenommenen Angaben der GfterListe zu überzeugen. Unterlassen einer regelmäßigen Kontrolle der in HR aufgenommenen GfterListe ist nicht ohne weiteres zurechenbar, da sonst 3-Jahres-Frist, nach der gutgläubiger Erwerb auch ohne Rücksicht auf Zurechnungsgründe möglich ist, obsolet würde. Dagegen sollte man entspr Obliegenheit zur Veranlassung eines Widerspruchs u Korrektur der Liste annehmen, wenn wahrer **Berechtigter Kenntnis von Unrichtigkeit der GfterListe** erhält, etwa weil GFührer anlässlich anderweit begründeter Einreichung neuer Liste oder aus anderen Gründen unrichtige Liste zum HR eingereicht hat. Zurechenbarkeit setzt in diesen Fällen aber voraus, dass Berechtigter überhaupt Möglichkeit gehabt haben muss, unrichtige Liste zu verhindern oder rechtzeitig zu berichtigen. Daher Zurechenbarkeit erst, wenn Berechtigter Widerspruch oder Korrektur innerhalb zumutbarer Frist versäumt hat. Registerrechtliche **Verzögerungen** sind nicht zurechenbar, bzgl vom Berechtigten nicht beeinflussbarer Verzögerungen durch GFührer oder Notar dürfte deren Haftung ausreichen.[130] 35

Unabhängig von Zurechenbarkeit ist gutgläubiger Erwerb möglich, wenn **Liste mindestens drei Jahre unrichtig** war. Auf Fristablauf kommt es nur an, 36

---

123 *Götze/Bressler* NZG 2007, 897; *Mayer* DNotZ 2008, 403, 421.

124 *Gehrlein* Der Konzern 2007, 771, 792.

125 AA *Vossius* DB 2007, 2299, 2302 für Anfechtung nach § 123 BGB.

126 Wie hier *Gehrlein* Der Konzern 2007, 771, 792; *Grigoleit/Rieder* Rn 161; – aA *Bohrer* DStR 2007, 995, 999; *Harbarth* ZIP 2007, 57, 61.

127 RegBegr BR-Drucks 354/07, 88; *Gehrlein* Der Konzern 2007, 771, 792; *Kort* GmbHR 2008, 169, 175.

128 *Gehrlein* Der Konzern 2007, 771, 792; *Vossius* DB 2007, 2299, 2302.

129 RegBegr BR-Drucks 354/07, 88; *Gehrlein* Der Konzern 2007, 771, 792.

130 Auch insoweit für Karenzzeit *Mayer* DNotZ 2008, 403, 421.

wenn Unrichtigkeit Berechtigtem nicht zuzurechnen ist (oben Rn 31 ff). Maßgebender **Zeitpunkt für Fristbeginn** ist Aufnahme der unrichtigen GfterListe in HR. Ist ursprünglich richtige Liste infolge nachträglichen Wechsels der Inhaberschaft unrichtig geworden, ist letztgenannter Zeitpunkt maßgeblich.[131] Bei mehrfacher nacheinander erfolgender Aufnahme einer unrichtigen Liste bzgl desselben GAnteils (G1 an G2, G2 an G3, beide Erwerbe werden eingetragen, sind aber materiell unwirksam) läuft Frist ab der Aufnahme der ersten unrichtigen Liste (Zusammenrechnung).[132] Gleiches gilt auch ohne erneute unwirksame Übertragungen, wenn etwa nach Erbgang Liste zunächst Scheinerben E1, dann den Scheinerben E2 als Gfter ausweist. Ist dagegen Liste 1 unrichtig, Liste 2 richtig, Liste 3 wieder unrichtig, läuft Frist erst ab Liste 3; keine Zusammenrechnung, sondern Unterbrechung durch richtige Liste.[133]

37 **b) Widerspruch.** Widerspruch **verhindert gutgläubigen Erwerb,** u zwar auch dann, wenn Erwerbstatbestand mit Ausnahme von Bedingungseintritt oder erforderlicher Genehmigung (dazu nachf Rn 38) vor Zuordnung des Widerspruchs bereits vollendet.[134] Anlehnung an § 899 BGB.[135] Er hindert Verfügungen des Berechtigten nicht.[136] Zuordnung (§ 9 HRVO)[137] im HR entweder mit Zustimmung dessen, gegen dessen formale Stellung sich Widerspruch richtet, oder auf Grund einstw Vfg gegen diesen mit entspr Glaubhaftmachung der wahren Rechtsstellung, nicht aber auch einer konkreten Gefährdung (Abs 3 S 5). Insoweit genügt abstrakte, durch Unrichtigkeit der GfterListe begründete Gefahr gutgläubigen Erwerbs. Bei unberechtigtem Widerspruch soll Berechtigter gegen Widersprechenden auf Rücknahme des Widerspruchs klagen können.[138] Grundlage Sonderbeziehung und/oder Beeinträchtigung des absolut geschützten Mitgliedschaftsrechts.

38 **c) Kenntnis, grobfahrlässige Unkenntnis der mangelnden Berechtigung, Zeitpunkt.** Kenntnis ist wie bei § 932 BGB Bewusstsein der fehlenden Rechtsstellung des Veräußerers. Kenntnis der Tatsachen, aus denen sich für Fachmann fehlende Rechtsstellung ergibt, ist für Nichtfachmann nicht notwendig Kenntnis,[139] kann aber ggf Voraussetzungen grobfahrl Unkenntnis erfüllen. – **Grobfahrl Unkenntnis liegt,** wie bei gutgläubigem Erwerb nach § 932 BGB, nur vor, wenn im Verkehr erforderliche Sorgfalt in besonderem Maße außer Acht gelassen wird, dh nicht beachtet wird, was unter gegebenen Umständen jedermann hätte einleuchten müssen. Erwerber darf grds auf in HR aufgenommene GfterListe vertrauen; das ist gerade deren Sinn. Er ist daher ohne besonderen Anlass zu Nachforschungen nicht verpflichtet,[140] insbes nicht zu Durchführung einer Due Diligence Prüfung.

---

131 *Mayer* DNotZ 2008, 403, 420; *Götze/Bressler* NZG 2007, 894, 897.

132 RegBegr BR-Drucks 354/07, 88; *Götze/Bressler* ZIP 2007, 894, 897; *Vossius* DB 2007, 2299, 2302.

133 *Wicke* Rn 21.

134 *Götze/Bressler* NZG 2007, 894, 899; zu § 892 BGB MünchKommBGB/*Kohler* § 892 Rn 40, 42; – abw für Unterscheidung zwischen Bedingungen, deren Eintritt in den Händen von Parteien liegen *Wicke* Rn 24 mit Rn 23.

135 RegBegr BR-Drucks 354/07, 89.

136 *Wicke* Rn 24.

137 Dazu *Mayer* DNotZ 2008, 403, 422.

138 RegBegr BR-Drucks 354/07, 89; zur Rechtslage bei § 899 BGB MünchKommBGB/*Kohler* § 899 Rn 29.

139 Zu § 932 MünchKommBGB/*Oechsler* § 932 Rn 38.

140 *Götze/Bressler* NZG 2007, 894, 898; – aA *Rodewald* GmbHR 2009, 196, 198.

Nachforschungen sind erst veranlasst, wenn **konkrete Verdachtsmomente** bzgl mögl Nichtberechtigung vorliegen,[141] etwa Kenntnis von Rechtstreit über Berechtigung des Veräußerers. Dass Verdachtsmomente erst im Rahmen einer an sich unter Gutglaubensgesichtspunkten nicht erforderlichen Due Diligence Prüfung auftauchen, entlastet Erwerber nicht.[142] Kenntnis der Anfechtbarkeit steht nach Anfechtung Kenntnis gleich, § 142 II BGB. – **Maßgebender Zeitpunkt für Bösgläubigkeit,** wie bei §§ 892, 932 BGB,[143] grds Vollendung des Rechtserwerbs. Ob davon abweichend, wie bei §§ 892, 932 BGB, bei Bedingung, auf deren Eintritt Parteien keinen Einfluss haben, fehlende Bösgläubigkeit bei Abtretung genügt,[144] ist zweifelhaft, da dies zu Ausweitung des ohnehin schon nicht unproblematischen Risikos des wahren Berechtigten führt (oben Rn 26), für das die Wertungen des Sachenrechts nicht ohne weiteres übertragbar sind. Daher sollte auch bei noch ausstehenden Genehmigungen nicht auf Zeitpunkt der Antragstellung,[145] sondern auf den der Erteilung abgestellt werden.[146]

7. Wirkung, interner Ausgleich. a) Rechtserwerb, je nach Rechts- **39**
geschäft entweder der Mitgliedschaft oder eines dinglichen Rechts an ihr, Nießbrauch, Pfandrecht. Vorhandene Belastungen des GAnteils durch Berechtigten bleiben jedoch vorrangig bestehen (oben Rn 3). Rechtserwerb kann auch, solange Unrichtigkeit der GfterListe fortbesteht, durch erneute Abtretung seitens des Nichtberechtigten wieder entfallen; ebenso bei **nachträglichem Wegfall des Verfügungsgeschäfts,** etwa im Fall des Eintritts auflösender Bedingung oder wirksamer Anfechtung nicht nur des Verpflichtungs-, sondern auch des Verfügungsgeschäfts. Dann fällt GAnteil an wahren Inhaber (nicht etwa an nichtberechtigten Veräußerer) zurück. **Kein gutgläubiger Erwerb** von in Wahrheit nicht bestehenden dinglichen Rechten an GAnteil, kein **gutgläubig lastenfreier Erwerb,** da dingliche Rechte an GAnteil nicht in GfterListe aufgenommen werden u daher Grdl für Vertrauen des Erwerbers an Bestand fehlt (oben Rn 26).

b) Rückerwerb des Nichtberechtigten vom gutgläubigen Erwerber **40**
wirksam, führt allerdings im Verhältnis zum wahren Berechtigten zu schuldrechtlicher Übertragungspflicht.[147]

c) Interner Ausgleich §§ 816, 822 BGB.[148] **41**

8. Übergangsregelung zu Abs 3. § 3 III EGGmbHG lautet:

(3) [1] Bei Gesellschaften, die vor dem 1. November 2008 gegründet worden sind, findet § 16 Abs. 3 des Gesetzes betreffend die Gesellschaften mit beschränkter Haftung in der ab dem

---

141 *Götze/Bressler* NZG 2007, 894, 898; *Mayer* DNotZ 2008, 403, 422; *Zessel* GmbHR 2009, 303, 304.

142 *Rodewald* GmbHR 2009, 196, 198; *Wachter* GmbHR Sonderheft Oktober 2008, 59.

143 Str, MünchKommBGB/*Kohler* § 892 BGB Rn 55; *Oechsler* ebenda, § 932 Rn 37 jew mwN.

144 *Wicke* Rn 23; *Götze/Bressler* NZG 2007, 894, 899; *Vossius* DB 2007, 2299, 2303; *Mayer* DNotZ 2008, 403, 422.

145 So aber *Götze/Bressler* NZG 2007, 894; *Mayer* DNotZ 2008, 422; *Leistikow* Rn 213; zu § 892 BGB auch MünchKommBGB/*Kohler* § 892 Rn 55.

146 So die wohl hM zu § 892 BGB, Soergel/*Stürner* BGB § 892 Rn 38; Staudinger/*Gursky* BGB § 892 Rn 196, 211; Palandt/*Bassenge* § 892 Rn 25.

147 Palandt/*Bassenge* § 932 BGB Rn 17.

148 *Wicke* Rn 26; *Grunewald* ZIP 2006, 685, 688.

1. November 2008 geltenden Fassung für den Fall, dass die Unrichtigkeit in der Gesellschafterliste bereits vor dem 1. November 2008 vorhanden und dem Berechtigten zuzurechnen ist, hinsichtlich des betreffenden Geschäftsanteils frühestens auf Rechtsgeschäfte nach dem 1. Mai 2009 Anwendung. [2]Ist die Unrichtigkeit dem Berechtigten im Fall des Satzes 1 nicht zuzurechnen, so ist abweichend von dem 1. Mai 2009 der 1. November 2011 maßgebend.

42 Bei Ges, die bei Inkrafttreten der Neuregelung (1. 11. 2008) bereits bestehen (Altgesellschaften), findet Abs 3 nF in folgender Weise Anwendung: Ist **GfterListe** bzgl eines GAnteils **bereits vor Inkrafttreten des Gesetzes unrichtig,** gilt, **wenn Unrichtigkeit Berechtigtem zuzurechnen** ist, Neuregelung frühestens für alle Rechtsgeschäfte, die 6 Monate nach Inkrafttreten (nach dem 1. 5. 2009) getätigt wurden. Es besteht also eine 6-monatige Karenzzeit, in welcher sich Berechtigter auf Neuregelung einstellen, seine Eintragung durchsetzen u ggf Widerspruch zuordnen lassen kann. Wichtig vor allem für bisher unproblematischere Fälle der stillen Zession, bei welchen Erwerber bislang vor Verfügungen des nicht mehr berechtigten Veräußerers geschützt war. Ist GfterListe bei Inkrafttreten des Gesetzes unrichtig, aber **Unrichtigkeit Berechtigtem nicht zuzurechnen,** findet Gutglaubenserwerb erst auf Rechtsgeschäfte Anwendung, die nach dem 1. 11. 2011 vorgenommen wurden. – Infolge der großzügigen Karenzfristen wird der Fall einer **unrichtigen** alten, vor dem 1. 1. 2007 eingereichten **nicht digitalisierten GfterListe,** die dann auch nicht elektronische eingesehen werden kann, kaum auftreten. Nach dem Wortlaut der Übergangsvorschrift müsste nach Inkrafttreten der Neuregelung u Ablauf der jeweiligen Karenzfrist gutgläubiger Erwerb möglich sein. Wenn aber GfterListe nicht nach § 9 II HRV nachträglich in elektronisches Register aufgenommen, fehlt es an der Rechtscheingrundlage für die Anwendung der darauf basierenden Neuregelung. Daher sollte man in solchen Fällen weiterhin für Frage des gutgläubigen Erwerbs altes Recht anwenden und diesen verneinen.

43 Wird **GfterListe erst nach Inkrafttreten des Gesetzes unrichtig,** gilt Abs 3 nF allerdings auch für Altgesellschaften uneingeschränkt, sodass bei zurechenbarer Unrichtigkeit gutgläubiger Erwerb unmittelbar nach Aufnahme der unrichtigen Liste in das HR, theoretisch also vom ersten Tag nach Inkrafttreten des Gesetzes möglich ist. Im Fall der Nichtzurechenbarkeit der Unrichtigkeit beginnt die 3-Jahres-Frist entspr mit der Aufnahme der unrichtigen Liste in das HR. Problematisch ist Fall der unrichtigen alten, vor dem 1. 1. 2007 eingereichten nicht digitalisierten GfterListe, die daher nicht elektronisch eingesehen werden kann.

17

(weggefallen)

§ 17 aF im Interesse der Flexibilisierung der GAnteile mit Wirkung vom 1. 11. 2008 durch MoMiG aufgehoben. Nach neuem Recht können gem § 5 II 2, 55 IV bereits bei Gründung oder im Rahmen der KE von jedem Gfter beliebig viele GAnteile übernommen werden, solange deren Nennbetrag mindestens 1 € beträgt. Damit ist Grundlage für Verbot der Vorratsteilung (Abs 6 aF) ebenso wie Verbot der Veräußerung mehrerer Teile von GAnteilen an denselben Erwerber (Abs 5 aF) entfallen. Teilung oder Zusammenlegung nur noch in § 46 Nr. 4 als Gegenstand der Beschlussfassung der GfterVersammlung geregelt.

Mitberechtigung am Geschäftsanteil

18 (1) **Steht ein Geschäftsanteil mehreren Mitberechtigten ungeteilt zu, so können sie die Rechte aus demselben nur gemeinschaftlich ausüben.**

(2) **Für die auf den Geschäftsanteil zu bewirkenden Leistungen haften sie der Gesellschaft solidarisch.**

(3) [1] **Rechtshandlungen, welche die Gesellschaft gegenüber dem Inhaber des Anteils vorzunehmen hat, sind, sofern nicht ein gemeinsamer Vertreter der Mitberechtigten vorhanden ist, wirksam, wenn sie auch nur gegenüber einem Mitberechtigten vorgenommen werden.** [2] **Gegenüber mehreren Erben eines Gesellschafters findet diese Bestimmung nur in bezug auf Rechtshandlungen Anwendung, welche nach Ablauf eines Monats seit dem Anfall der Erbschaft vorgenommen werden.**

Übersicht

Lit: *Berner/Stadler,* Die uneinheitliche Stimmabgabe beim GmbH-Geschäftsanteil – Gesetzesverstoß oder sinnvolles, gleichermaßen auch zulässiges Gestaltungsmittel?, GmbHR 2003, 1407; *Buchwald,* Gesellschaftsanteil und Erbrecht, AcP 154 (1955), 22; *Großfeld/Spennemann,* Die Teilnahmeberechtigung mehrerer gestzlicher Vertreter von Gesellschaften in Mitgliederversammlungen von Kapitalgesellschaften und Genossenschaften, AG 1979, 128; *Däubler,* Die Vererbung des Geschäftsanteils bei der GmbH, 1965; *Hohner,* Zur Beteiligung von Personengesellschaften an Gesellschaften, NJW 1975, 718; *Koch,* Die Beteiligung einer Gesellschaft bürgerlichen Rechts an der GmbH-Gründung, ZHR 146 (1982), 118; *K. Schmidt,* Die obligatorische Gruppenvertretung im Recht der Personengesellschaften und der GmbH, ZHR 146 (1982), 525; *Schulze zur Wiesche,* Unterbeteiligung an einem GmbH-Anteil, GmbHR 1986, 236; *Schwichtenberg,* Gemeinschaftliche Berechtigung bei Geschäftsanteilen bzw Aktien, die zum Gesellschaftsvermögen einer OHG oder KG gehören, DB 1976, 375; *Wiedemann,* GmbH-Anteile in der Erbengemeinschaft, GmbHR 1969, 247.

I. Allgemeines

1. Bedeutung der Vorschrift. § 18, der mit geringfügigen Abweichungen § 69 AktG entspricht, dient dem Schutz der Ges, falls ein GAnteil ungeteilt **mehreren Mitberechtigten** zusteht. Hierdurch soll die Ges nicht 1 belastet werden. Zur Vermeidung von Unklarheiten gestattet **Abs 1** daher gegenüber der Ges nur die gemeinschaftliche u dadurch einheitliche Ausübung der GfterRechte, während **Abs 2** hinsichtlich der GfterPflichten Gesamtschuld anordnet, um Ges nicht auf anteilsweise Geltendmachung zu verweisen. **Abs 3,** der einem allg Rechtsgrundsatz entspricht (vgl §§ 69 III, 78 II 2 AktG; 125 II 3 HGB; 28 II BGB), ergänzt Regelung des Abs 1, indem er Rechtshandlungen der Ges bei Vornahme gegenüber einem Mitberechtigten Wirkung für alle beilegt, falls Mitberechtigte nicht gemeinsamen Vertreter bestellt haben; im Erbfall gilt diese Regelung jedoch erst nach Ablauf eines Monats, um den Miterben Bestellung eines Vertreters zu ermöglichen. – Abs 2 ist weitgehend zwingend, Abs 1 u 3 unterliegen gesvertraglichen Modifikationen.

2 **2. Mitberechtigung. Mitberechtigung** iSd § 18 ist **Bruchteilsgemeinschaft** (§§ 741 ff BGB) **u Gesamthandsgemeinschaft,** soweit bei dieser nicht bereits personengesellschaftsrechtlich einheitliche Rechtsausübung, gesamtschuldnerische Haftung der Mitglieder sowie Passivvertretung iSd Abs 3 gesichert ist, insbes Erbengemeinschaft u Gütergemeinschaft (§§ 1415 ff, 2038 ff BGB).[1] **Nicht unter § 18 fallen** dagegen jurPersonen, also alle Personenmehrheiten mit eigener Rechtspersönlichkeit, ferner Personenhandelsges (OHG, KG, § 124 HGB),[2] jedenfalls seit Anerkennung der Teilrechtsfähigkeit u akzessorischer Haftung der Gfter[3] auch BGB-Ges als Außenges (str),[4] ferner Vorges[5] (zur Rechtsnatur § 11 Rn 6), Partnerschaftsges u EWIV.[6] Str für nichtrechtsfähigen Verein; Anwendbarkeit des § 18 ist im Hinblick auf körperschaftliche Organisation u Stellung des Vorstands[7] zu verneinen.[8] – Keine Mitberechtigung besteht ferner bei Unterbeteiligung,[9] Nießbrauch, Pfandrecht.[10] – **Erwerbsgrund** der Mitberechtigung (zB Kauf eines Bruchteils, Miterbschaft) ist unerheblich.[11]

---

[1] Ulmer/*Winter/Löbbe* Rn 7 f; Scholz/*Winter/Seibt* Rn 6; Roth/*Altmeppen* Rn 2; Michalski/*Ebbing* Rn 21 ff, 24 ff; Rowedder/Schmidt-Leithoff/*Pentz* Rn 3.

[2] BGHZ 78, 316 obiter, nahezu einhM, Ulmer/*Winter/Löbbe* Rn 12; Scholz/*Winter/Seibt* Rn 3 a.

[3] BGHZ 142, 315, 318; 146, 341, 343, 358 = NJW 2001, 1056.

[4] So auch Ulmer/*Winter/Löbbe* Rn 5, 6; Scholz/*Winter/Seibt* Rn 3 a; Roth/*Altmeppen* Rn 6; Rowedder/Schmidt-Leithoff/*Pentz* Rn 4; GmbH-Hdb/*Kallmeyer* Rn 884. – Abw die früher hM, BGHZ 78, 311, 314; weiterhin auch noch *Goette* § 5 Rn 61; Michalski/*Ebbing* Rn 18 f; *Lutter*/Hommelhoff/*Bayer* Rn 2, analoge Anwendung.

[5] Rowedder/Schmidt-Leithoff/*Pentz* Rn 4.

[6] Scholz/*Winter/Seibt* Rn 3 a; Rowedder/Schmidt-Leithoff/*Pentz* Rn 4; Roth/*Altmeppen* Rn 4; bzgl Partnerschaftsges auch Michalski/*Ebbing* Rn 14.

[7] Dazu MünchKommBGB/*Reuter* § 54 Rn 1, 15 ff; Soergel/*Hadding* § 54 Rn 12, 14, 16; Erman/*Westermann* § 54 Rn 2, 6; Staudinger/*Weick* § 54 Rn 28, 32.

[8] So auch Ulmer/*Winter/Löbbe* Rn 13; Scholz/*Winter/Seibt* Rn 3 a; Roth/*Altmeppen* Rn 5; Rowedder/Schmidt-Leithoff/*Pentz* Rn 4; GmbH-Hdb/*Kallmeyer* Rn 884; – aA Michalski/*Ebbing* Rn 32 f.

[9] Vgl BGHZ 50, 324, OHG.

[10] AllgM, Ulmer/*Winter/Löbbe* Rn 2; Scholz/*Winter/Seibt* Rn 16; Roth/*Altmeppen* Rn 7; Rowedder/Schmidt-Leithoff/*Pentz* Rn 7; Michalski/*Ebbing* Rn 4 aE.

[11] Ulmer/*Winter/Löbbe* Rn 6 ff; Scholz/*Winter/Seibt* Rn 3 ff; Rowedder/Schmidt-Leithoff/*Pentz* Rn 3 f; Roth/*Altmeppen* Rn 2 ff; für BGB-Ges früher auch BGHZ 78, 316.

§ 18 betrifft nur Verhältnis der Mitberechtigten zur Ges. **Rechtsbeziehungen der Mitberechtigten untereinander** richten sich nach dem jew Gemeinschaftsverhältnis (für Miterben s auch § 15 Rn 9 ff, 11). 3

II. Gemeinschaftliche Rechtsausübung, Abs 1

1. Gemeinschaftliche Ausübung. Gemeinschaftliche Ausübung der Rechte aus dem GAnteil ist hinsichtlich **aller Mitgliedschaftsrechte erforderlich,** falls nicht gemeinsamer Vertreter vorhanden (nachfolgend Rn 5). Das gilt nicht nur für Ausübung der Mitverwaltungsrechte wie Stimmrecht,[12] Auskunftsrecht usw, sondern auch für Geltendmachung von Vermögensrechten (Gewinnanspruch, Liquidationsguthaben); ebenso für Sonderrechte (dazu § 3 Rn 45 ff, § 14 Rn 18 f), soweit nicht höchstpersönlich.[13] Notwendigkeit gemeinschaftlicher Ausübung bedeutet auch, dass jeder Mitberechtigte Teilnahmerecht an GfterVersammlung hat.[14] Auch Anfechtungs- oder Nichtigkeitsklagen können nur gemeinschaftlich erhoben, ein Austrittsrecht nur gemeinschaftlich ausgeübt werden. – Soweit für Rechtsstellung des Gfters Kenntnis bestimmter Umstände, Kennenmüssen u dgl wesentlich, genügt Vorliegen bei einem der Mitberechtigten; so schließt Bösgläubigkeit auch nur eines von ihnen guten Glauben „des Gesellschafters" iSv § 32 aus.[15] – **Ausübung** kann **nur einheitlich** erfolgen. Zulässig ist jedoch Alleinhandeln eines Einzelnen u Genehmigung der übrigen gem § 184 I BGB[16] (zum gemeinsamen Vertreter Rn 5). Können sich Mitberechtigte nicht einigen, hat Ausübung grds zu unterbleiben.[17] Das gilt jedoch nicht für Handlungsbefugnisse einzelner Mitberechtigter oder Mehrheitsentscheidungen nach den für die jew Rechtsgemeinschaft geltenden Regeln (insbes §§ 744 II, 745 I, 2038 I 2 u II BGB), wenn diese zum Handeln mit Außenwirkung berechtigen.[18] 4

2. Gemeinsamer Vertreter. Mitberechtigte können gemeinsamen Vertreter bestellen,[19] auch zeitlich u sachlich beschränkt.[20] Ges kann Bestellung aber nicht verlangen,[21] falls Satzung sie nicht vorschreibt (Rn 6). **Bestellung** grds **formlos,** nur für Stimmrechtsausübung Schriftform (§ 47 III, s dort Rn 44 ff). § 174 BGB gilt, also Zurückweisung möglich bei Unkenntnis von Bevollmächtigung u fehlendem schriftlichem Nachweis. Bestellung erfolgt 5

---

12 Vgl § 47 Rn 11; abw *Berner/Stadler* GmbHR 2003, 1407.

13 Ulmer/*Winter/Löbbe* Rn 19.

14 Ulmer/*Winter/Löbbe* Rn 20.

15 Ulmer/*Winter/Löbbe* Rn 35; Michalski/*Ebbing* Rn 77.

16 Roth/*Altmeppen* Rn 11; wohl auch Michalski/*Ebbing* Rn 44.

17 Ulmer/*Winter/Löbbe* Rn 21; Scholz/*Winter/Seibt* Rn 17, 20, 22; *Lutter*/Hommelhoff/*Bayer* Rn 4; Rowedder/Schmidt-Leithoff/*Pentz* Rn 6.

18 Str, BGHZ 108, 21, 30 f bzgl § 2038 I 2 BGB; OLG Karlsruhe GmbHR 1995, 926 bzgl § 745 I BGB; Roth/*Altmeppen* Rn 12 f; Rowedder/Schmidt-Leithoff/*Pentz* Rn 8; *Lutter*/Hommelhoff/*Bayer* Rn 3; MünchKommBGB/*K. Schmidt* §§ 744, 745 Rn 8, 38; *Goette* § 5 Rn 62 f; nunmehr auch Ulmer/*Winter/Löbbe* Rn 21; – abw unter Hinweis auf Normzweck Scholz/*Winter/Seibt* Rn 20; Michalski/*Ebbing* Rn 44, abw für Anfechtungsklagen in Rn 45.

19 BGHZ 49, 191.

20 Michalski/*Ebbing* Rn 13; Rowedder/Schmidt-Leithoff/*Pentz* Rn 55.

21 Ulmer/*Winter/Löbbe* Rn 23; Roth/*Altmeppen* Rn 14; Rowedder/Schmidt-Leithoff/*Pentz* Rn 49, 58; teilw abw im Hinblick auf Treuepflicht wohl Michalski/*Ebbing* Rn 11.

nach den Vorschriften des jew Gemeinschaftsverhältnisses, also ggf auch auf Grund Mehrheitsbeschlusses, als gemeinschaftsinterner Vorgang von Handeln gegenüber Ges (Rn 4 aE) zu unterscheiden.[22] Bereits vorhandener Vertreter genügt, wenn Vertretungsmacht Ausübung der GfterRechte umfasst. Auch Testamentsvollstrecker u Nachlassverwalter üben Rechte für zum Nachlass gehörenden GAnteil einheitlich aus wie Vertreter iSd § 18[23] u schließen insoweit Erben oder von diesen bestellten Vertreter aus. – Vertreter muss nicht Mitberechtigter oder Gfter sein, wenn Satzung dies nicht verlangt. Auch Gesamtvertretung mehrerer ist zulässig.[24]

6 **3. Satzungsregelung.** Satzung kann **abweichende Regelung** für Ausübung der Rechte gegenüber Ges treffen, diese zB (zweckmäßig) nur durch gemeinschaftlichen Vertreter zulassen, auch bestimmte Anforderungen für dessen Person aufstellen.[25]

III. Haftung der Mitberechtigten, Abs 2

7 **1. Verpflichtungen. Auf den Geschäftsanteil zu bewirkende Leistungen** sind nicht nur rückständige Einlagen, Ansprüche aus Differenzhaftung nach § 9 sowie aus Verlustdeckungs- u Vorbelastungshaftung (§ 11 Rn 23 ff, 61 ff), sondern alle, die auf der GfterStellung beruhen.[26] Abs 2 gilt also ebenso für Nachschüsse (§§ 26 ff), Nebenleistungspflichten (§ 3 II), sowie im Rahmen der §§ 24, 31 III für Ausfall bei anderen Gftern. Dazu gehören auch solche Leistungen, für die Mitberechtigte als Erwerber nach § 16 II haften. – Dagegen gilt Abs 2 nicht für höchstpersönliche Verpflichtungen, wie Pflicht zur GFührung, oder rein schuldrechtliche Verpflichtungen eines Gfters gegenüber Ges.

8 **2. Solidarhaftung.** Mitberechtigte haften solidarisch, dh als **Gesamtschuldner,** §§ 421 ff BGB, auch bei Bruchteilsgemeinschaft.[27] Miterben haften unbeschadet des Rechts, ihre Haftung nach § 2059 BGB auf den Nachlass zu beschränken;[28] dagegen sind §§ 2060, 2061 BGB durch Abs 2 ausgeschlossen (allgM). Im Übrigen betrifft Abs 2 nur Haftung ggü Ges u ist ohne Auswirkungen auf Verteilung der Lasten im Innenverhältnis.[29]

---

[22] BGHZ 49, 191 ff; vgl auch BGHZ 56, 49.

[23] Ulmer/*Winter/Löbbe* Rn 23.

[24] Ulmer/*Winter/Löbbe* Rn 25; Scholz/*Winter/Seibt* Rn 21; Rowedder/Schmidt-Leithoff/*Pentz* Rn 56.

[25] Ulmer/*Winter/Löbbe* Rn 18; Scholz/*Winter/Seibt* Rn 19; *Lutter*/Hommelhoff/*Bayer* Rn 3; Rowedder/Schmidt-Leithoff/*Pentz* Rn 58; Michalski/*Ebbing* Rn 12; vgl auch *K. Schmidt* ZHR 146 (1982), 525 zur in mancher Hinsicht vergleichbaren obligatorischen gemeinsamen Vertretung selbständiger Gfter.

[26] AllgM, Ulmer/*Winter/Löbbe* Rn 27; Scholz/*Winter/Seibt* Rn 31.

[27] Ulmer/*Winter/Löbbe* Rn 28; Scholz/*Winter/Seibt* Rn 25.

[28] HM, str, ebenso Ulmer/*Winter/Löbbe* Rn 28; Scholz/*Winter/Seibt* Rn 27; *Lutter*/Hommelhoff/*Bayer* Rn 5; Rowedder/Schmidt-Leithoff/*Pentz* Rn 29 f; Roth/*Altmeppen* Rn 15; *Wiedemann,* Die Übertragung und Vererbung von Mitgliedschaftsrechten bei Handelsgesellschaften, 1965, 239; – zur Teilnahme an Gründung § 1 Rn 35.

[29] Roth/*Altmeppen* Rn 16; Rowedder/Schmidt-Leithoff/*Pentz* Rn 25.

IV. Rechtshandlungen der Gesellschaft, Abs 3

1. Rechtshandlungen. Rechtshandlungen iSd Abs 3 sind **nur einseitige Rechtsgeschäfte und geschäftsähnliche Handlungen,** also zB Einforderung von Leistungen auf den GAnteil, Kaduzierung, Kündigung, Mahnung, Einladung zu GfterVers. – Dagegen gilt Abs 3 nicht für Zahlungen u Verträge,[30] auch nicht für Vertragsangebot oder Annahme.[31] 9

2. Wirksamkeit gegenüber Mitberechtigten. Hinsichtlich der Wirksamkeit der Rechtshandlungen **gegenüber allen Mitberechtigten** ist zu unterscheiden: Ist **gemeinsamer Vertreter** (Rn 5) vorhanden u der Ges bekannt, kann Rechtshandlung entweder diesem gegenüber erfolgen, oder auch gegenüber sämtlichen Beteiligten, da Abs 3 die Vornahme lediglich erleichtern will.[32] Die letztgenannte Möglichkeit scheidet allerdings aus, wo Vertreter aus anderen Gründen passiv ausschließlich legitimiert ist. 10

Ist **kein gemeinsamer Vertreter** vorhanden, genügt Vornahme gegenüber einem Mitberechtigten. Sie wirkt dann für u gegen alle Mitberechtigten. Hat Mitberechtigter noch weiteren GAnteil, erstreckt sich Wirkung nach Abs 3 nicht auf diesen. Umgekehrt wirkt Vornahme einer Rechtshandlung gegenüber Mitberechtigtem, der weiteren GAnteil besitzt, nur dann auch für andere, wenn sie ihm erkennbar auch in seiner Eigenschaft als Mitberechtigter zugegangen ist.[33] – Bei **Erben** ist Regelung erst nach Ablauf eines Monats seit Erbfall, auch Nacherbfall, anzuwenden. Vor Ablauf sind deshalb Rechtshandlungen sämtlichen Miterben gegenüber vorzunehmen, falls nicht Vertreter vorhanden.[34] Ausschlagung begründet keine neue Frist.[35] 11

Leistung der Einlagen

19 (1) **Die Einzahlungen auf die Geschäftsanteile sind nach dem Verhältnis der Geldeinlagen zu leisten.**

(2) [1] **Von der Verpflichtung zur Leistung der Einlagen können die Gesellschafter nicht befreit werden.** [2] **Gegen den Anspruch der Gesellschaft ist die Aufrechnung nur zulässig mit einer Forderung aus der Überlassung von Vermögensgegenständen, deren Anrechnung auf die Einlageverpflichtung nach § 5 Abs. 4 Satz 1 vereinbart worden ist.** [3] **An dem Gegenstand einer Sacheinlage kann wegen Forderungen, welche sich nicht auf den Gegenstand beziehen, kein Zurückbehaltungsrecht geltend gemacht werden.**

---

[30] Ganz hM, Scholz/*Winter/Seibt* Rn 34; *Lutter*/Hommelhoff/*Bayer* Rn 6; Rowedder/Schmidt-Leithoff/*Pentz* Rn 29; Michalski/*Ebbing* Rn 76; – abw jetzt aber Ulmer/*Winter/Löbbe* Rn 32.

[31] Insoweit abw Roth/*Altmeppen* Rn 17.

[32] Ebenso Ulmer/*Winter/Löbbe* Rn 30 f; Scholz/*Winter/Seibt* Rn 35; Roth/*Altmeppen* Rn 18; Michalski/*Ebbing* Rn 73.

[33] BGHZ 49, 189; zust Ulmer/*Winter/Löbbe* Rn 35; Scholz/*Winter/Seibt* Rn 34 aE; Michalski/*Ebbing* Rn 74: Im Zweifel Wirkung nur für eigenen GAnteil des Gfters.

[34] Ulmer/*Winter/Löbbe* Rn 37; Scholz/*Winter/Seibt* Rn 36.

[35] Ulmer/*Winter/Löbbe* Rn 37; Roth/*Altmeppen* Rn 19; Rowedder/Schmidt-Leithoff/*Pentz* Rn 32; Michalski/*Ebbing* Rn 81.

(3) **Durch eine Kapitalherabsetzung können die Gesellschafter von der Verpflichtung zur Leistung von Einlagen höchstens in Höhe des Betrags befreit werden, um den das Stammkapital herabgesetzt worden ist.**

(4) [1]**Ist eine Geldeinlage eines Gesellschafters bei wirtschaftlicher Betrachtung und aufgrund einer im Zusammenhang mit der Übernahme der Geldeinlage getroffenen Abrede vollständig oder teilweise als Sacheinlage zu bewerten (verdeckte Sacheinlage), so befreit dies den Gesellschafter nicht von seiner Einlageverpflichtung.** [2]**Jedoch sind die Verträge über die Sacheinlage und die Rechtshandlungen zu ihrer Ausführung nicht unwirksam.** [3]**Auf die fortbestehende Geldeinlagepflicht des Gesellschafters wird der Wert des Vermögensgegenstandes im Zeitpunkt der Anmeldung der Gesellschaft zur Eintragung in das Handelsregister oder im Zeitpunkt seiner Überlassung an die Gesellschaft, falls diese später erfolgt, angerechnet.** [4]**Die Anrechnung erfolgt nicht vor Eintragung der Gesellschaft in das Handelsregister.** [5]**Die Beweislast für die Werthaltigkeit des Vermögensgegenstandes trägt der Gesellschafter.**

(5) [1]**Ist vor der Einlage eine Leistung an den Gesellschafter vereinbart worden, die wirtschaftlich einer Rückzahlung der Einlage entspricht und die nicht als verdeckte Sacheinlage im Sinne von Absatz 4 zu beurteilen ist, so befreit dies den Gesellschafter von seiner Einlageverpflichtung nur dann, wenn die Leistung durch einen vollwertigen Rückgewähranspruch gedeckt ist, der jederzeit fällig ist oder durch fristlose Kündigung durch die Gesellschaft fällig werden kann.** [2]**Eine solche Leistung oder die Vereinbarung einer solchen Leistung ist in der Anmeldung nach § 8 anzugeben.**

(6) [1]**Der Anspruch der Gesellschaft auf Leistung der Einlagen verjährt in zehn Jahren von seiner Entstehung an.** [2]**Wird das Insolvenzverfahren über das Vermögen der Gesellschaft eröffnet, so tritt die Verjährung nicht vor Ablauf von sechs Monaten ab dem Zeitpunkt der Eröffnung ein.**

Übersicht

I. Allgemeines

Lit: *Bayer,* Moderner Kapitalschutz, ZGR 2007, 220; *Bormann,* Die Kapitalaufbringung nach dem Regierungsentwurf des MoMiG, GmbHR 2007, 897; *Bormann/Urlichs,* Der Entwurf des MoMiG zur Regelung des Hin- und Herzahlens – ein Fremdkörper im GmbH-Gesetz, GmbHR 2008, 119; *Bormann/Urlichs,* Kapitalaufbringung und Kapitalerhaltung nach dem MoMiG, in Römerann/Wachter (Hrsg), GmbH-Beratung nach dem MoMiG, GmbHR 2008 Sonderheft Oktober 2008, 37; *Büchel,* Kapitalaufbringung, insbesondere Regelung der verdeckten Sacheinlage nach dem Regierungsentwurf des MoMiG, GmbHR 2007, 1065; *Bunnemann/Zirngibl* (Hrsg), Auswirkungen des MoMiG auf bestehende GmbHs, 2008; *Drygala,* Zweifelsfragen im Regierungsentwurf zum MoMiG, NZG 2007, 561; *Gesell,* Verdeckte Sacheinlage & Co. im Lichte des MoMiG – Das „Hin- und Herzahlen" de lege lata und del lege ferenda-, BB 2007, 2241; *Giedinghagen/Lakenberg,* Kapitalaufbringung durch Dienstleistungen?, NZG 2009, 201; *Goette,* Kapitalaufbringung und Kapitalschutz in der GmbH, 2004; *Habersack,* Dienst- und Werkleistungen des Gesellschafters und das Verbot der verdeckten Sacheinlage und des Hin- und Herzahlens, FS Priester 2007, 157; *Heckschen,* Die GmbH-Reform – Wege und Irrwege, DStR 2007, 1442; *Heinze,* Verdeckte Sacheinlagen und verdeckte Finanzierungen nach dem MoMiG, GMbHR 2008, 1065; *Kallmeyer,* Kapitalaufbringung und Kapitalerhaltung nach dem MoMiG: Änderungen für die GmbH-Beratungspraxis, DB 2007, 2755; *Hentzen,* Die Abgrenzung von Kapitalaufbringung und Kapitalerhaltung im Cash-Pool, DStR 2006, 948; *Ihrig,* Die endgültig freie Verfügung über die Einlage von Kapitalgesellschaften, 1991; *Maier-Reimer/Wenzel,* Kapitalaufbringung in der GmbH nach dem MoMiG, ZIP 2008, 1449; *Markwadt,* Kapitalaufbringung nach dem MoMiG, BB 2008, 2414; *Mülbert,* Zukunft der Kapitalaufbringung/Erhaltung, Der Konzern 2004, 151; *Noack,* Der Regierungsentwurf des MoMiG – Die Reform des GmbH-Rechts geht in die Endrunde, DB 2007, 1395; *Noack/Grunewald,* Zur Zukunft des Kapitalsystems der GmbH – Die Ein-Euro-GmbH in Deutschland, GmbHR 2005, 189; *Priester,* Kapitalaufbringung nach Gutdünken? Ein Zwischenruf zum MoMiG, ZIP 2008, 55; *Schall,* Kapitalaufbringung nach dem MoMiG, ZGR 2009, 126; *Schön,* Die Zukunft der Kapitalaufbringung/-erhaltung, Der Konzern 2004, 162; *Schulze-Osterloh,* Erneuter Beginn der Verjährung von Ansprüchen gegen Gesellschafter durch Feststellung des Jahresabschlusses, FS Westermann 2008, 1487; *ders,* Bilanzielle Voraussetzungen und bilanzielle Folgen unzulässiger Darlehensgewährung am GmbH-Gesellschafter, FS Eisenhardt, 2007, 505; *Seibert/Decker,* Die GmbH-Reform kommt!, ZIP 2008, 1208; *Servatius,* Die besondere Zweckbindung des Stammkapitals bei Drittgeschäften mit Gesellschaftern, DStR 2004, 1176; *Ulmer,* Der „Federstrich des Gesetzgebers" und die Anforderungen der Rechtsdogmatik, ZIP 2008, 45; *ders,* Die „Anrechnung" (MoMiG) des Wertes verdeckter Sacheinlagen auf die Bareinlageforderung der GmbH, ZIP 2009, 293; *Veil,* Die Reform des Rechts der Kapitalaufbringung nach dem RegE MoMiG, ZIP 2007, 1241; *Wälzholz,* Das MoMiG kommt: Ein Überblick über die neuen Regelungen; GmbHR 2008, 841; *Winter,* Die Rechtsfolgen der verdeckten Sacheinlage- Versuch einer Neubestimmung, FS Priester, 2007, 867; *Wirsch,* Die Legalisierung verdeckter Sacheinlage – Das Ende der präventiven Wertkontrolle?, GmbHR 2007, 736.

1 **1. Inhalt und Bedeutung der Vorschrift, Neuregelungen.** § 19 neu gefasst durch MoMiG. Ersatzlos aufgehoben wurde bisheriger Abs 4, der in Ergänzung zu § 7 II 3 Volleinzahlung bzw Sicherheitsleistung bei nachträglich entstandener Einpersonen GmbH betraf. Bereits entstandene Resteinlageansprüche werden davon nicht berührt.[1] Bisheriger Abs 5, der durch GmbH-Novelle 1980 eingeführt worden war u Erfüllungswirkung einer Sachleistung von entspr Satzungsregelung nach § 5 IV abhängig machte u verallgemeinernd als Verbot der verdeckten Sacheinlage interpretiert wurde, sachlich in den im Übrigen unveränderten Abs 2 übernommen. Neu aufgenommen wurden Abs 4 u 5, welche Rechtsfolgen der verdeckten Sacheinlage u des Hin- u Herzahlens abw von bisheriger Rspr regeln. Damit sollen einerseits als katastrophal empfundene Rechtsfolgen der bisherigen Rspr zur

[1] KG GmbHR 2009, 544.

verdeckten Sacheinlage in der Insolvenz entschärft werden, andererseits Probleme gelöst werden, welche namentlich für das Cash-Pooling daraus entstanden, dass nach der Rspr der vorabgesprochene darlehensweise Rückfluss der Einlage deren Erfüllungswirkung hinderte.[2] – Im Einzelnen: **Abs 1** betrifft Gleichbehandlung der Gfter bei Bareinlagen u ist insoweit dispositiv. **Abs 2** verbietet generell Befreiung von Einlageforderung u Aufrechnung des Gfters gegen diese, soweit nicht in der Satzung in Form des § 5 IV vereinbart. Ferner wird Ausübung des Zurückbehaltungsrechts bzgl Sacheinlagen eingeschränkt. **Abs 3** formuliert Ausnahme vom Verbot der Befreiung von Einlagepflicht für Kapitalherabsetzung. Neuer **Abs 4** schränkt nunmehr Rechtsfolgen verdeckter Sacheinlagen ein. Diese bleiben zwar an sich unzulässig u befreien Gfter zunächst nicht von Einlagepflicht; im Fall ihrer Durchführung sind jedoch entspr Vereinbarungen u Rechtshandlungen zu ihrer Durchführung nicht mehr nichtig, sondern wirksam u ermöglichen nach erfolgter Eintragung der Ges eine Anrechnung des Werts der Sachleistung auf die an sich fortbestehende Bareinlageforderung. **Abs 5,** ebenfalls neu, formuliert namentlich im Interesse der Erleichterung des Cash-Pooling eine begrenzte Ausnahme von der an sich fehlenden Erfüllungswirkung der Einlageleistung bei vorabgesprochenem Rückfluss als Darlehen an Gfter. **Abs 6** regelt Verjährung der Einlageansprüche. – Geltung von **Abs 2–6 zwingend.**

Mit den Leistungen auf die GAnteile regelt § 19 die **Pflicht zur realen Bildung des Stammkapitals.** Dem wurde bislang u wird iGrds nach wie vor, zusammen mit dem in §§ 30, 31 geregelten Grds der Erhaltung des Stammkapitals zentrale Bedeutung für Gläubigerschutz beigemessen. (Einl Rn 5 f, auch § 3 Rn 14, § 5 Rn 2).[3] Effizienz dieser Säule des Gläubigerschutzes ist allerdings zunehmend in die Diskussion geraten (Einl Rn 8). Konkurrenz der englischen Ltd hat es für GesGeb notwendig erscheinen lassen, in § 5 a mit UG Form der GmbH zu Verfügung zu stellen, die kein Mindeststammkapital verlangt. Auch enthalten Abs 4 u 5 nF Einschränkungen der bis dahin strikten Absicherung der Kapitalaufbringung, sodass System des Mindestkapitals zwar keineswegs aufgehoben, aber doch in seiner Bedeutung zumindest partiell relativiert wurde, wobei sich bei genauerem Hinsehen zeigt, dass die vorgenommenen Relativierungen aus Gründen der Wertungskongruenz weitere Konzessionen nach sich ziehen, die zwar keinesfalls zu einer Kapitalaufbringung „nach Gutdünken",[4] wohl aber zu einer deutlichen Abschwächung der bisherige Rigorosität führen. 2

Durch diese Einzeleingriffe des GesGeb, welchen in erster Linie Bewältigung praktischer Erfordernisse zugrunde liegt, ist Wertungskonsistenz gegenüber bestehen bleibenden Ge- u Verboten beeinträchtigt u bisheriges System der Kapitalaufbringung partiell in Frage gestellt worden. GesGeb hat keine generelle Neukonzeption versucht,[5] hat auch aus guten Gründen entgegen eigenen Äußerungen keine durchgängige bilanzielle Betrachtungsweise zugrunde gelegt. Entstanden ist so eine von Wertungskonflikten nicht 3

---

[2] RegBegr BR-Drucks 354/07, 78.

[3] Allg dazu *Priester* FS GmbHG, 1992, 159 ff; Überblick über höchstrichterliche Rechtsprechung *Henze,* Handbuch zum GmbH-Recht, Rn 256 ff; *Goette* §§ 2 u 3.

[4] So der provokante Titel des Zurufs von *Priester* ZIP 2008, 55 zu den dann vom Rechtsausschuss doch noch geänderten Vorschlägen des RegE.

[5] Zu entspr Ansätzen unter Verzicht auf besonders geschützte Kapitalaufbringung *Bayer* ZGR 2007, 220.

freie[6] Mischung aus strengen Grds des bisherigen Rechts mit fallgruppenbezogenen Aufweichungen. Da Gesetzgeber einen Systemwandel nicht beabsichtigt hat, wird nachfolgend in der Tendenz eine enge Auslegung der Neuregelungen als Ausnahmen vertreten. Insgesamt haben Eingriffe Bedeutung der realen Aufbringung des Stammkapitals entgegen bisheriger Tendenz der Rspr stark relativiert.[7] Wenn man ausreichenden Gläubigerschutz bei Kapitalges für unverzichtbar hält, muss diese Entwicklung die Frage aufwerfen, ob sich der Schwerpunkt des Gläubigerschutzes von den Grds der Kapitalaufbringung u -erhaltung auf andere Instrumentarien verlagern wird. Ansatzpunkte dafür bietet die verschärfte GFührerhaftung, die sich auch in § 64 S 3 nF niederschlägt. – Auch nach Neuregelung bleibt Kapitalaufbringungsrecht kompliziert u bleiben Gefahren für Gfter schwer zu erfassen. Daher hat auch weiterhin **Beratungsvertrag** eines **RA mit GmbH** über Kapitalmaßnahme in Ansehung der Gefahren verdeckter Sacheinlagen **Schutzwirkung** zugunsten AltGftern.[8]

4 **2. Anwendungsbereich.** § 19 gilt für **alle Einlagepflichten,** also für Bar- u Sacheinlagen, bei Gründung u über §§ 55 IV, 56 II, 56 a bei Kapitalerhöhung, vor[9] u nach HREintragung. Auch für ersetzende oder ergänzende Pflichten, etwa die bei Leistungsstörungen oder Sachmängeln ganz oder teilw an die Stelle von Sachleistungen tretenden Barleistungen, ferner für Differenzhaftung nach § 9, Verlustdeckungs- u Vorbelastungshaftung aus dem Gründungsstadium (§ 11 Rn 24 ff, 61 ff), ebenso für Ausfall- u Rechtsvorgängerhaftung nach §§ 21 III, 22, 24[10] (zur Erstreckung auf Hintermann bei Treuhand § 1 Rn 44 u unten Rn 13). Nur **Abs 1** ist auf Bareinlagen beschränkt; entspr anwendbar auf gleichmäßig geschuldete Geldleistungen wie Verlustdeckungs- u Vorbelastungshaftung (§ 11 Rn 24 ff, 61 ff), iE ebenso nach Gleichbehandlungsgrundsatz (§ 13 Rn 40 ff); Aufteilung der Ausfallhaftung in § 24 besonders geregelt. **Abs 4 gilt nicht für UG,** da dort Sacheinlage generell ausgeschlossen u folgerichtig auch nicht auf dem Umweg über Verdeckung Erfüllungswirkung für Bareinlage haben kann (str, unten Rn 48).

5 **§ 19 II gilt analog für Erstattung verbotener Rückzahlungen**[11] (dazu § 31 Rn 19), Vorbelastungshaftung als Teil des Systems der Kapitalaufbringung, ebenso für Verlustdeckungshaftung,[12] nicht aber für Verzugszinsen u Vertragsstrafen (s § 20 Rn 1, 7, 9; abdingbar), ebenso nicht für Agio,[13] Nebenleistungen nach § 3 II u Nachschusspflicht nach §§ 26 ff. Soweit dabei Gleichbehandlung relevant, kann diese aus dem allg gesellschaftsrechtlichen Gleichbehandlungsgrundsatz (§ 13 Rn 31) begründet werden. – Zur Geltung im Liquidationsverfahren Rn 17.

---

[6] Vgl etwa *Dauner/Lieb* AG 2009, 217, 218 ff; ferner die weiterhin berechtigte Kritik von *Drygala* NZG 2007, 561, 564 zu §§ 8 II u 19 IV des RegE; Systembrüche kritisiert etwa auch *Ulmer* ZIP 2008, 45, 51. Positiv zur Neuregelung aber etwa *Noack* DB 2007, 1395, 1397.

[7] Krit *Gehrlein* Der Konzern 2007, 771, 786.

[8] BGH NJW 2000, 725.

[9] Insoweit teilw abw für Vorges nun *Lutter*/Hommelhoff/*Bayer* Rn 4.

[10] RGZ 98, 277; 123, 9; – zum Ganzen Ulmer/*Ulmer* Rn 65 ff; Scholz/*Schneider/Westermann* Rn 5, 7, auch 30 ff; *Lutter*/Hommelhoff/*Bayer* Rn 2 ff; allgM.

[11] BGHZ 146, 105 = NJW 2001, 830.

[12] OLG Köln GmbHR 2002, 1066; Michalski/*Ebbing* Rn 7.

[13] Ganz hM, Ulmer/*Ulmer* Rn 41; Scholz/*Schneider/Westermann* Rn 31; mit Ausnahme von Abs 1 auch *Lutter*/Hommelhoff/*Bayer* Rn 2, 3; Michalski/*Ebbing* Rn 7, 33.

II. Einzahlungen auf Bareinlagen

1. Einlageanspruch, Fälligkeit. Einforderung von Einzahlungen geschieht, soweit nicht in Satzung feste Einzahlungstermine vorgesehen (dazu § 20 Rn 3), durch GfterBeschluss (§ 46 Nr 2, s dort Rn 25 ff). Er konkretisiert die mit GAnteil übernommene Einzahlungspflicht zeitlich in Höhe des eingeforderten Betrags, bildet **Voraussetzung für** dessen **Fälligkeit** u liegt im unternehmerischen Ermessen der Gfter (zu Auswirkungen unten Rn 21).[14] Für Mindesteinzahlungen (§§ 7 II, 56) GfterBeschluss entbehrlich. § 46 Nr 2 ist nicht zwingend. Satzung kann gem § 45 II andere Regelung treffen, etwa ohne Verstoß gegen Stundungsverbot (unten Rn 21) unmittelbar Zahlungstermine festsetzen oder zeitlichen Rahmen für Einforderung bestimmen, diese einem anderen Organ (GFührer) übertragen. Dies muss wegen der strengen Folgen der nicht rechtzeitigen Zahlung in der Satzung deutlich bestimmt sein.[15] – Einlagepflicht richtet sich gegen Gfter. Ist Gfter **Strohmann,** erstreckt BGH entgegen Lit Verantwortlichkeit für Aufbringung des Stammkapitals auch auf Hintermann.[16] Näher dazu § 1 Rn 44 mwN. 6

Konkreter Vollzug durch **Anforderung** der Zahlungen bei den einzelnen Gftern seitens der Gführer (s auch § 46 Rn 25), die jedoch entbehrlich sein soll, wenn Gfter bei Beschlussfassung anwesend.[17] Dem ist nicht zu folgen. Anforderung ist empfangsbedürftige Willenserklärung, die Gfterbeschluss hinsichtlich des Empfangskontos konkretisiert u **Fälligkeit herbeiführt;**[18] auch für Verzugszinsen nach § 20 (s dort Rn 3) u Kaduzierung nach § 21 (s dort Rn 4) wesentlich. Ohne gültigen Einforderungsbeschluss bzw der nach Satzung stattdessen maßgebenden Fälligkeitsvoraussetzungen ist sie jedoch unwirksam.[19] Auch insoweit Satzungsregelung möglich, zB über Form oder auch Wegfall einer besonderen Anforderung (s auch § 20 Rn 4); ob feste **Zahlungstermine in der Satzung** zusätzliche Anforderung entbehrlich machen (hM, s § 20 Rn 3) oder nur deren Voraussetzung bilden sollen, ist ggf durch Auslegung zu ermitteln. **Mindesteinzahlungen** nach § 7 II können GFührer iZw ohne weiteres anfordern, wenn nicht gesvertraglich anders geregelt; ebenso, wenn GesVertrag sofortige Mehr- oder Volleinzahlung vorsieht.[20] – Einforderungsbeschluss gem § 46 Nr 2 entfällt bei Pfändung (Rn 44 mwN) sowie in Insolvenz u Liquidation.[21] 7

---

[14] BFHE 93, 414.

[15] BGH DStR 1996, 111; OLG Celle GmbHR 1997, 749.

[16] BGHZ 31, 258, 266; auch WM 1977, 75; ausdrücklich bestätigt in BGHZ 118, 107, 111; ferner OLG Hamburg DB 1984, 1515.

[17] OLG Hamburg GmbHR 1991, 578; OLG Dresden GmbHR 1997, 947; 1999, 233; *Lutter*/Hommelhoff/*Bayer* § 21 Rn 7; Michalski/*Ebbing* Rn 39; Ulmer/*Hüffer* § 46 Rn 32; Rowedder/Schmidt-Leithoff/*Pentz* Rn 9; Scholz/*Schneider*/*Westermann* Rn 10; Roth/*Altmeppen* § 20 Rn 5; tendenziell auch BGH NZG 2003, 771, 772.

[18] Wie hier OLG München GmbHR 1985, 56; OLG Jena NZG 2007, 717; ferner im Rahmen des § 22 OLG Hamm DB 1988, 1311; Ulmer/*Müller* § 22 Rn 17; Michalski/*Ebbing* § 22 Rn 51; Roth/*Altmeppen* § 22 Rn 6; für den ähnlich liegenden Fall des § 26 auch Rowedder/Schmidt-Leithoff/*Pentz* Rn 32; Michalski/*Zeidler* § 26 Rn 26; Roth/*Altmeppen* § 26 Rn 11.

[19] BGH BB 1961, 953; auch OLG München GmbHR 1985, 56; Scholz/*Schneider*/*Westermann* Rn 10; auch Roth/*Altmeppen* § 20 Rn 3; Rowedder/Schmidt-Leithoff/*Koppensteiner* § 46 Rn 17.

[20] RGZ 138, 110 f; MünchHdbGmbH/*Gummert* § 50 Rn 9.

[21] RGZ 138, 111; OLG Hamm DB 1995, 1907; OLG Jena NZG 2007, 717; allgM, Ulmer/*Ulmer* Rn 29; Scholz/*Schmidt* § 46 Rn 53 f mwN; Scholz/*Schneider*/*Westermann* Rn 27; Michalski/*Ebbing* Rn 25, 27.

8 Abw von hM wird teilw in der Lit (mit Unterschieden in Einzelheiten) generell oder bei dringendem Kapitalbedarf Fälligkeit der Einlagen vor satzungsgem Zahlungstermin, ggf auch ohne Einforderungsbeschluss angenommen.[22] Kapitalaufbringungsgrundsatz u Verkehrsinteresse rechtfertigen solche Durchbrechung von §§ 45, 46 Nr 2 jedoch nicht, zumal autonome Bestimmung der Fälligkeit mit allg anerkannter Freiheit der Finanzierungsentscheidung (§ 5 Rn 5) korrespondiert u Beschränkung einer sachlich uU richtigen Fälligkeitsgestaltung nur Wahl anderer, für Gläubiger weniger abgesicherter Finanzierungsformen fördern würde. Auch wäre die im Hinblick auf §§ 21 ff erforderliche Rechtssicherheit zu weitgehend beeinträchtigt.[23] Anzuerkennen ist aber bei dringendem Finanzbedarf Stimmpflicht der Gfter für Einforderungsbeschluss,[24] ggf auch für vorzeitige Einforderung ermöglichende Satzungsänderung[25] (§ 46 Rn 25); ferner erleichterte Einforderung bei Zwangsvollstreckung (unten Rn 44), Insolvenz (§ 46 Rn 27) u Liquidation (§ 69 Rn 4).

9 **2. Gleichbehandlung, Abs 1.** Abs 1 verlangt **gleichmäßige Behandlung** der Gfter **bei Geldeinlagen** bzgl Einzahlungsbetrag u -zeitpunkt,[26] auch schon vor HREintragung. Einzahlungen jew im Verhältnis der ganzen Geldeinlagen. Abs 1 gilt nicht für Sacheinlagen; diese sind gem § 7 III (s dort Rn 12 ff) stets vollständig vor HRAnmeldung zu leisten; entspr bei Kapitalerhöhung gem § 56 a. Von Mischeinlage (§ 5 Rn 20 aE) ist nur Betrag der Geldleistung für Einzahlungsverhältnis maßgebend. – Bei Kapitalerhöhung keine Pflicht zur Voreinzahlung offener alter Einlageansprüche, sondern nach Mindesteinzahlung gem § 56 a iZw gleichmäßige Heranziehung aus alten u neuen Geldeinlagepflichten, da § 19 I insoweit nicht trennt.[27] – Über Durchsetzung der Gleichbehandlung unten Rn 11. – Abs 1 gilt auch bei Insolvenz u Liquidation (allgM), Ausnahme aber nach Pfändung einer Einlageforderung (Rn 44).

10 **Abs 1 ist abdingbar** (allgM). Abweichungen können im GesVertrag sowie später mit Zustimmung aller dadurch benachteiligten Gfter vorgenommen werden. Dafür gilt das allg zum Gleichbehandlungsgrundsatz Ausgeführte (§ 13 Rn 31); ungleiche Einzahlungsquoten, auch unterschiedliche Zahlungszeiten möglich. Nachträgliche Veränderung darf aber nicht iE auf Stundung hinauslaufen u dadurch gegen Abs 2 verstoßen (unten Rn 21).[28] Zulässig zB einvernehmlich vorgezogene oder stärkere Heranziehung Einzelner. Unbedenklich ferner, wenn Kapitalerhöhungsbeschluss von vornherein mit Zustimmung der Benachteiligten ungleiche Quoten oder Fälligkeiten für die neuen Einlagen vorsieht.

---

[22] *Roth*/Altmeppen Rn 9; MünchHdbGmbH/*Gummert* § 50 Rn 13; im Fall drohender Zahlungsunfähigkeit bei besonderer Eilbedürftigkeit auch Michalski/*Ebbing* Rn 12.

[23] Rowedder/Schmidt-Leithoff/*Pentz* Rn 10; Lutter/Hommelhoff/*Bayer* Rn 8; im Grds, wenn auch mit Einschränkung Michalski/*Ebbing* Rn 12.

[24] Zust Michalski/*Ebbing* Rn 12; *Lutter*/Hommelhoff/*Bayer* Rn 8; auch Rowedder/Schmidt-Leithoff/*Pentz* Rn 10.

[25] Zust Ulmer/*Ulmer* Rn 59; auch Rowedder/Schmidt-Leithoff/*Pentz* Rn 10.

[26] RGZ 132, 396 obiter, unstr.

[27] Ulmer/*Ulmer* Rn 20 f; Ulmer/*Ulmer* § 56 a Rn 36; Scholz/*Schneider*/*Westermann* Rn 15; *Lutter*/Hommelhoff/*Bayer* Rn 2; – aA *Feine* 296.

[28] Ulmer/*Ulmer* Rn 38, 58 f; Scholz/*Schneider*/*Westermann* Rn 20.

Verstoß gegen Abs 1 macht Einforderungsbeschluss anfechtbar[29] (§ 13 Rn 31, § 47 Anh Rn 91). Wird Beschluss nicht angefochten, müssen dadurch benachteiligte Gfter ihn gegen sich gelten lassen u können sich dann nicht gegen die dem Beschluss entspr Anforderung durch GFührer wenden. Davon abgesehen ist aber Anforderung unwirksam, wenn sie gegen Abs 1 verstößt u nicht durch abw Satzungsregelung oder Zustimmung der Betroffenen gedeckt ist. Läßt Anforderung gleichmäßige Inanspruchnahme der Gfter nicht erkennen, kann der aufgeforderte Gfter Auskunft hierüber verlangen u kommt vor deren Erteilung nicht in Verzug, auch keine Verzögerung iSd §§ 20, 21.[30] Andererseits darf aber Zahlung nicht verweigert werden, weil zahlungsunfähige andere Gfter nicht zahlen oder gar nicht erst aufgefordert werden.[31] – Einen freiwillig oder in Verkennung des Verstoßes gegen Abs 1 gezahlten **Mehrbetrag** kann der Gfter nicht zurückfordern. Er ist aber bei künftiger Einforderung anzurechnen[32] (näher oben § 7 Rn 5 mwN). 11

3. Zahlung, Tilgungsbestimmung, Zahlungsempfänger. Zahlung. Soweit nicht formgerecht nach §§ 5 IV, 56 Sacheinlagen vereinbart sind, ist Einlage als Bareinlage geschuldet. **Zahlung** erfolgt in Euro in bar oder entspr § 54 III 1 AktG durch Überweisung auf Konto der Ges (zur Vorges s § 11 Rn 6 ff). Bei **Zahlung auf gemeinsames** Konto von Ges u Gfter ist Einlage solange noch nicht erbracht, wie Gfter noch verfügungsberechtigt ist u Einlage abziehen kann.[33] – Tats Einlageleistung genügt, wenn Leistung Einlageforderung zugeordnet werden kann.[34] **Tilgungsbestimmung** nur **bei mehreren offenen Forderungen** erforderlich, auch konkludent möglich;[35] für Auslegung Empfängerhorizont der Ges (GFührer) maßgebend;[36] Leistung auf Einlageschuld muss zweifelsfrei erkennbar sein.[37] Dazu genügt es aber, wenn bei mehreren offenen Forderungen genau Betrag in Höhe der offenen Einlage gezahlt wird.[38] Rechtsirrtümliche Tilgungsbestimmung kann durch Auslegung korrigiert werden.[39] Zur irrtümlichen Leistung auf nicht bestehende Darlehensschuld anstelle der Einlageforderung unten Rn 26. Nachträgliche Änderung der Zweckbestimmung scheidet aus.[40] Bei zunächst vorbehaltener Zweckbestimmung kann Gfter Zahlung später nur dann als Einlage bestimmen, wenn sie noch unverbraucht der Ges zur Verfügung 12

---

29 Ulmer/*Ulmer* Rn 32; Scholz/*Schneider/Westermann* Rn 24.

30 RGZ 65, 435.

31 RGZ 149, 300; OLG München BB 1954, 758; – zust zum Ganzen Ulmer/*Ulmer* Rn 28, 33; Scholz/*Schneider/Westermann* Rn 24; Michalski/*Ebbing* Rn 21 f; auch Rowedder/Schmidt-Leithoff/*Pentz* Rn 25 für Zahlungsunfähigkeit, – unwilligkeit; *Roth*/Altmeppen Rn 5.

32 Ulmer/*Ulmer* Rn 36; Scholz/*Schneider/Westermann* Rn 25; Rowedder/Schmidt-Leithoff/*Pentz* Rn 24; – zur Erfüllungswirkung bei Mehrleistung vor HREintragung BGHZ 105, 300.

33 BGH NJW 2001, 1647, vgl § 7 Rn 6.

34 BGH NJW 1991, 1294, 1295; OLG München GmbHR 2006, 935.

35 OLG Frankfurt GmbHR 1991, 103; OLG Dresden GmbHR 1999, 234.

36 BGH NJW 1992, 2698; ZIP 1998, 601; OLG Köln NZG 2001, 1042.

37 OLG Dresden GmbHR 1999, 233; OLG Schleswig GmbHR 1998, 1226.

38 BGH NJW 2001, 3781 = GmbHR 2001, 1114, 1115.

39 BGH NZG 2006, 716; BGHZ 165, 352, 356 = NJW 2006, 906, 907; BGHZ 165, 113 = NJW 2006, 509.

40 BGH DStR 1995, 1158 u 1137.

steht.[41] Mit einer Leistung verbundene **Vorbehalte** oder Bedingungen sind bei Geld- u Sachleistungen unwirksam.[42] – Gläubiger kann Einlageforderung unter Voraussetzungen der gewillkürten Prozessstandschaft zu Gunsten der Ges geltend machen.[43]

13 Zahlung des Gfters **direkt an Gesellschaftsgläubiger** auch bei entspr Einwilligung der GFührer (§ 362 Abs 2 BGB) als **Bareinlage für Mindesteinzahlungen** nach hM ausgeschlossen;[44] das entspricht, wie bei § 54 III AktG, Erfordernis freier Verfügbarkeit (§§ 7 II, 8 II u §§ 56 a, 57 II) u registergerichtlicher Nachprüfbarkeit (§ 9 c u § 57 a). Soweit Zahlung an GesGläubiger **nicht zur Erfüllung der Mindesteinzahlung** erfolgt u daher nach hM Erfordernis freier Verfügbarkeit u registerrechtlicher Prüfung nicht gilt, kann Bareinlagepflicht auch durch Zahlung an GesGläubiger erfüllt werden, wenn vom GFührer veranlasst u dadurch getilgte Forderung gegen Ges vollwertig, fällig u liquide;[45] Anforderungen an Drittforderung wie bei Aufrechnung durch Ges,[46] (Rn 33). Im Übrigen grds nur als Sacheinlage gem §§ 5 IV, 56 möglich (dazu § 5 Rn 28). – Bei GmbH & Co KG unter entspr Voraussetzungen auch an KG-Gläubiger mögl.[47] Begriff der Vollwertigkeit umfasst dann jedoch auch Erfüllung aller KG-Schulden durch Komplementär-GmbH.[48] – Zahlung auf **debitorisches Konto** s § 7 Rn 11.

14 Gfter hat nach hM unverzüglich, genauer wohl sofort (dazu § 20 Rn 5 mwN) nach ordnungsgem Anforderung durch GFührer bzw Eintritt der in der Satzung statt dessen vorgesehenen Voraussetzungen (Rn 6) zu leisten. **Zahlung** kann auch **von einem Dritten** für Gfter oder von diesem mit Mitteln des Dritten bewirkt werden, sofern Betrag der Ges uneingeschränkt zufließt; wichtig bei Einschaltung eines Treuhänders, Strohmanns (§ 1 Rn 40 ff). Für Durchführung gilt grds Gleiches wie bei Leistung der Mindesteinlagen nach § 7 II (Einzelheiten mwN dort Rn 6 ff). Zum Problem der **Voreinzahlung** bei Kapitalerhöhung § 56 a Rn 9 ff,[49] bei Gründung § 7 Rn 8; zur Mehreinzahlung vor Eintragung § 7 Rn 5 a mwN.

---

[41] BGHZ 51, 157; in der Sache auch BGH ZIP 1996, 1466; ferner OLG Hamburg DB 1994, 1409; OLG Köln GmbHR 2001, 628; Ulmer/*Ulmer* § 7 Rn 32; Scholz/*Schneider/Westermann* Rn 5, 68; *Lutter*/Hommelhoff/*Bayer* Rn 12; MünchHdbGmbH/*Gummert* § 50 Rn 44; str.

[42] *Lutter*/Hommelhoff/*Bayer* Rn 11.

[43] OLG Stuttgart GmbHR 2002, 1123.

[44] BGH NJW 1986, 989; vgl auch BGHZ 119, 177 für AG; OLG Köln ZIP 1989, 239; OLG Düsseldorf BB 1988, 2126; hM, Scholz/*Winter/Veil* § 7 Rn 31; Scholz/*Schneider/Westermann* Rn 103; jetzt auch Ulmer/*Ulmer* § 7 Rn 42; ausführl *Priester* BB 1987, 208 mwN, der Zahlung an Dritte vor HREintragung grds ablehnt; – abw Rowedder/*Schmidt-Leithoff* § 7 Rn 24, Rowedder/Schmidt-Leithoff/*Pentz* Rn 53; *Lutter*/Hommelhoff/*Bayer* Rn 35; auch noch *Ulmer* GmbHR 1993, 192 f.

[45] BGH NJW 1986, 989; OLG Naumburg GmbHR 1999, 1037; OLG Hamburg GmbHR 1982, 157; DStR 1991, 158; OLG Köln WM 1984, 742; 1987, 537; Ulmer/*Ulmer* Rn 52; Scholz/*Schneider/Westermann* Rn 103 f; *Lutter*/Hommelhoff/*Bayer* Rn 37; Rowedder/Schmidt-Leithoff/*Pentz* Rn 52.

[46] Gegen jegliche Beschränkung unter Hinweis auf Rechtslage bei Anweisung *Wilhelm* ZHR 152 (1988), 335 f, 364 ff.

[47] OLG Hamm BB 2000, 319.

[48] OLG Hamm BB 2000, 319.

[49] Dazu BGH ZIP 1996, 1466; OLG Schleswig NZG 2000, 319; 2001, 137; OLG Düsseldorf DB 2000, 612.

15 4. **Beweislast** für Einzahlung auf Einlageforderung trägt der Gfter,[50] auch der spätere Erwerber. Dafür genügt der Ausweis in der Jahresbilanz allein nicht ohne weiteres, auch nicht bei lange zurückliegenden Einzahlungen.[51] Allerdings unterliegt Beweismaß tatrichterlicher Beurteilung. Daher kann Tatrichter den Nachweis auch auf Grund unstreitiger oder erwiesener Indiztatsachen als geführt ansehen.[52] Ferner können sich die Anforderungen an Beweisführung des Gfters im Laufe der Zeit bei lange zurückliegenden Einzahlungen reduzieren, wenn keine substantiierten Anhaltspunkte für Nichtleistung. Insoweit können Grundsätze der sekundären Behauptungslast eingreifen.[53] Ist Einzahlung bewiesen oder unstr, muss Anspruchsteller ggf konkrete Anhaltspunkte für fehlende Erfüllung vortragen.[54] Seit Verkürzung der Verjährungsfristen (Rn 85) ist Problem entschärft. – Im Übrigen ist im Hinblick auf Vorbelastungshaftung u registerrechtliche Prüfung teilw zu differenzieren, ob Zahlung vor Eintragung im Rahmen der Vorges oder einer Kapitalerhöhung oder zur Leistung der Resteinlage nach Eintragung erfolgt.

III. Verbot einschränkender Disposition über den Einlageanspruch

16 **1. Keine Befreiung von der Einlagepflicht, Abs 2 S 1, Kapitalherabsetzung, Abs 3.** Abs 2 S 1 verbietet zunächst vollständigen oder teilweisen **Erlass u negatives Schuldanerkenntnis** (§ 397 I/II BGB). Gilt ganz allg für Bar- u Sacheinlagen u die damit verbundenen Verpflichtungen (Rn 3). Vorschrift wurde als Ausprägung des Grds **realer Aufbringung des Stammkapitals** weit interpretiert im Sinne des Verbots jeder quantitativen oder qualitativen Abschwächung der Einlagepflicht, etwa durch Annahme anderer Leistung an Erfüllungs Statt, Novation, Stundung udgl. Allerdings lässt Gesetz nunmehr in Abs 4 bei verdeckter Sacheinlage Anrechnung des Werts der Sachleistung auf Bareinlageforderung zu u erlaubt in Abs 5 den Rückfluss der Einlage gegen jederzeit fälligen u vollwertigen Rückgewähranspruch, was zur Vermeidung von Wertungswidersprüchen auch im Rahmen der Zulässigkeit von qualitativen Abschwächungen der Einlagepflicht nicht unberücksichtigt bleiben kann.

17 Soweit danach **Verstoß,** bleibt Einlagepflicht unverändert bestehen, u zwar unabhängig von Form u Art des jew Vorgangs. Kenntnis des Verbots oder Umgehungsbewusstsein der Gfter nicht erforderlich. GfterBeschluss nicht nur anfechtbar, sondern nichtig, da öffentl Interesse, Gläubigerschutz, verletzt[55] (§ 47 Anh Rn 53). Entspr Handlungen anderer Organe sind unwirksam, gegen Abs 2 verstoßende Rechtsgeschäfte nichtig (§ 134 BGB), soweit sich nicht aus Abs 4 nF anderes ergibt. Inhaltlich neutrale Geschäfte u sonstige Vorgänge können im Einzelfall wirksam sein, jedoch ohne Einfluss auf Einlagepflicht. – Allerdings **kein Verstoß** gegen Abs 2, wenn noch im **Gründungsstadium** durch Änderung des GesVertrags (einstimmig in der Form

---

50 BGH NJW 2007, 3067; 1992, 2698; DStR 2004, 2112.

51 BGH DStR 2004, 2112; OLG Koblenz NZG 2002, 821; OLG Frankfurt/M NZG 2005, 898; – großzügiger OLG Frankfurt NJW-RR 2001, 402 (nach 20 Jahren); ebenso NZG 2002, 822.

52 BGH NJW 2007, 3067.

53 BGH DStR 2004, 2112: OLG Brandenburg NZG 2006, 948; KG NZG 2005, 48.

54 BGH DStR 2005, 297.

55 Scholz/*Schneider/Westermann* Rn 41; allgM.

des § 2, s dort Rn 13) Kapitalausstattung der Ges u Einlagepflicht neu festgesetzt werden;[56] § 58 gilt dafür nicht. Später nur Kapitalherabsetzung gem § 58 möglich (Abs 3, nachf Rn 18). – Ferner kein Verstoß, wenn im **Liquidationsstadium** Geschäftsbetrieb eingestellt ist, alle GesGläubiger befriedigt u weitere Verbindlichkeiten nicht mehr zu erwarten sind; Normzweck des Abs 2 (Rn 16) erfordert dann nicht länger Einhaltung des Befreiungsverbots, auch nicht des Aufrechnungsverbots, Abs 2 S 1, 2.[57]

18 **Ausnahme** vom Verbot der Einlagenbefreiung gilt bei **Kapitalherabsetzung, Abs 3.** Verfahren nach § 58 ist einzuhalten, dabei § 58 II 2 zu beachten. Herabsetzungsbetrag bildet zwingend Obergrenze für die gesamte Verringerung der Einlagen.

19 **2. Erlass, Verzicht, Forderungsauswechslung.** Unzulässig vor allem **Erlass** als völlige oder teilweise Befreiung von der satzungsmäßig festgelegten Einlagepflicht. Gilt für Erlassvertrag (§ 397 I BGB) wie für negatives Schuldanerkenntnis (§ 397 II BGB) u jeden anderen rechtsgeschäftlichen Verzicht, zB auch auf Differenz-, Verlustdeckungs-, Vorbelastungs- oder Ausfallhaftung (Rn 3) u soll auch für Verzicht auf Gewährleistungsansprüche bei Sacheinlage gelten.[58] Auch Verminderung des Nennbetrags einzelner GAnteile bei gleichzeitiger entspr Erhöhung anderer ist als Teilerlass der Ersteren unzulässig.[59] – Stärker gesicherter korporationsrechtlicher Einlageanspruch (§§ 21 ff) kann auch nicht ohne weiteres durch bloßen schuldrechtlichen Anspruch gegen Gfter ersetzt werden, da darin unzulässige Abschwächung des Einlageanspruchs liegt u GFührer über Einlageanspruch nicht verfügen kann.[60] Unzulässig daher insbes **Forderungsauswechselung,** Novation,[61] etwa in Form von **Vereinbarungsdarlehen.** Zwar ist nunmehr unter den Voraussetzungen von **Abs 5 nF** Gewährung von Darlehen an Gfter im Zusammenhang mit Einlageleistung zulässig. Das setzt aber iGgs zu Vereinbarungsdarlehen voraus, dass Einlage in bar tatsächlich erbracht wurde,[62] während bei Vereinbarungsdarlehen lediglich schuldrechtliche Forderung an die Stelle der stärker gesicherten Einlageforderung gesetzt wird u es für Erfüllung an einer Vermögensaussonderung bei Gfter fehlt.

20 **3. Vergleich, Schiedsvereinbarung.** Zulässig soll nach hM Vergleich iSv § 779 BGB über die Einlageverpflichtung sein, auch wenn er diese verringert; Voraussetzung aber, dass er wirklich der Beseitigung von Streit bzw Rechtsunsicherheit, etwa über Wert oder Mängel von Sacheinlagen, dient u nicht lediglich vorgeschoben ist.[63] Das ist im Hinblick auf Kapitalaufbringungs-

---

[56] Ulmer/*Ulmer* Rn 44; Scholz/*Schneider/Westermann* Rn 34; Michalski/*Ebbing* Rn 34; *Roth*/Altmeppen Rn 25.

[57] RGZ 149, 298; BGH DB 1968, 166; auch BB 1976, 852 bzgl Aufteilung auf mehrere Einlageschuldner; Ulmer/*Ulmer* Rn 46, 67, allgM.

[58] Ulmer/*Ulmer* Rn 40; Rowedder/Schmidt-Leithoff/*Pentz* Rn 43.

[59] RGZ 130, 43.

[60] BGH NZG 2009, 463 Rn 10 (Qivive); BGHZ 165, 113, 116 = NJW 2006, 509; Ulmer/*Ulmer* Rn 50 aE; Scholz/*Schneider/Westermann* Rn 37; Michalski/*Ebbing* Rn 40; Rowedder/Schmidt-Leithoff/*Pentz* Rn 46; auch *Ulmer* ZIP 2008, 45, 51.

[61] So auch zur Rechtslage nach MoMiG *Wicke* § 19 Rn 9; *Gehrlein/Witt* Kap 6 Rn 29.

[62] *Bormann*/Kauka/Ockelmann Kap 4 Rn 38.

[63] RGZ 79, 274; auch OLG Hamm GmbHR 1988, 308 zurückhaltend; ganz hM, allerdings einschr mit teilw unterschiedlichen Schwerpunkten, so Scholz/*Schneider/Wes-*

grundsatz bedenklich.[64] Vergleich allenfalls über Sekundäransprüche, etwa Sachmängelgewährleistung, falls ernstlich zweifelhaft;[65] nach überw Meinung bedarf Vergleich der Zustimmung der GfterVers.[66] Entspr gilt für Prozessvergleich. Ausgeschlossen jedenfalls Vergleich wegen Zahlungsunfähigkeit des Gfters, Abwendungsvergleich;[67] insoweit geht die Regelung der §§ 21 ff vor. Streitigkeiten über wirksame Stammkapitalaufbringung sind schiedsfähig (§ 1030 ZPO),[68] näher § 13 Rn 9.

4. Stundung ist als zeitweise Befreiung von der Einlageleistung durch rechtsgeschäftliches Hinausschieben der Fälligkeit **weiterhin unzulässig u unwirksam.** Stundungsverbot war ausdrücklich im Gesetz vor Novelle 1980 in § 19 II 1 enthalten u nach allg M durch Novelle 1980 nicht beseitigt worden, da Stundung von Befreiungsverbot umfasst.[69] An Unzulässigkeit der Stundung hat auch Abs 5 nF nichts geändert, da dort der Einlageanspruch nicht gestundet wird u für dort geregelte Ausnahme der Erfüllung der Einlagepflicht trotz Rückgewähr der Einlageleistung in Form eines Darlehens o. ä. Fälligkeit des Rückgewähranspruchs jederzeit gegeben sein muss u gerade nicht hinausgeschoben werden darf.[70] – **Keine unzulässige Stundung** enthält Regelung von Zahlungsterminen in der Satzung bzw im Kapitalerhöhungsbeschluss für die neuen Einlagen, da vorher noch keine Fälligkeit besteht (s auch Rn 7).[71] Dagegen kein späteres Hinausschieben durch Satzungsänderung.[72] – Bloßes Unterlassen des Einforderungsbeschlusses oder der Anforderung durch GFührer auch bei satzungsgem Fälligkeit ist keine verbotene Stundung; unzulässig u daher unwirksam aber verbindliche Zusage solchen Verhaltens. 21

5. Keine Finanzierung durch Gesellschaft; keine Ersetzung durch andere Forderung gegen Gfter. Wirksame Einzahlung ist grds nicht anzuerkennen, wenn Leistung des Gfters aus **Mitteln der Gesellschaft** erfolgt, die Sie dem Gfter als Darlehen[73] oder in sonstiger Weise zur Verfügung gestellt oder die sie für ihn bzw mit ihm haftend als Darlehen aufgenommen hatte. Auch daran hat Abs 5 nF nichts geändert. Unzulässige Zahlung mit Mitteln der Ges liegt auch vor, wenn Einlage aus Mitteln erbracht wird, die Gfter unter Verstoß gegen §§ 30, 31 von Ges erhalten hat,[74] sowie bei Zahlung durch einzelkaufmännisches Unternehmen des Gfters, das auf Grund abge- 22

---

termann Rn 49 f; Michalski/*Ebbing* Rn 49 ff; Rowedder/Schmidt-Leithoff/*Pentz* Rn 57 bzgl Wert von Sacheinlagen; *Roth*/Altmeppen Rn 24.

64 So auch Ulmer/*Ulmer* Rn 53 ff.

65 Ulmer/*Ulmer* Rn 54; tendenziell ähnl *Lutter*/Hommelhoff/*Bayer* Rn 16.

66 Michalski/*Ebbing* Rn 52; Rowedder/Schmidt-Leithoff/*Pentz* Rn 60; wohl auch *Roth*/Altmeppen Rn 24 aE; auch *Lutter*/Hommelhoff/*Bayer* Rn 116.

67 BayObLG DB 1985, 107; hM, str, ausführl Ulmer/*Ulmer* Rn 56; Scholz/*Schneider*/*Westermann* Rn 50; Rowedder/Schmidt-Leithoff/*Pentz* Rn 58; *Roth*/Altmeppen Rn 24.

68 BGH NJW 2004, 2898.

69 Statt anderer Scholz/*Schneider*/*Westermann* Rn 44; Ulmer/*Ulmer* Rn 57.

70 IE für Rechtslage nach MoMiG *Wicke* § 19 Rn 9.

71 HM, Ulmer/*Ulmer* Rn 59; Scholz/*Schneider*/*Westermann* Rn 46; Michalski/*Ebbing* Rn 44 f; Rowedder/Schmidt-Leithoff/*Pentz* Rn 56; – aA *Roth*/Altmeppen Rn 8, 23 aE.

72 AllgM, Scholz/*Schneider*/*Westermann* Rn 45; Ulmer/*Ulmer* Rn 58.

73 BGHZ NZG 2006, 716; NZG 2004, 618; vgl auch BGHZ 165, 352 = NJW 2006, 906.

74 BGH NJW 2009, 1418 Rn 10

schlossenen Vertrags alsbald von Ges übernommen wurde.[75] – **Einlageforderung** darf grds auch **nicht lediglich durch andere,** weniger stärker gesicherte **Forderung gegen Gfter ersetzt werden.** Daher war es bis zum Inkrafttreten des MoMiG einhellige Auffassung, dass Forderung der Ges gegen Gfter nicht als Sacheinlage eingebracht werden konnte (§ 5 Rn 24). Daran ist festzuhalten.[76] Zwar enthält **Abs 5** eine begrenzte Ausnahme für das sog Hin- u Herzahlen; diese bestätigt im Übrigen jedoch die Regel, dass eine solche Ersetzung außerhalb des dort geregelten Falles nicht zulässig ist.

23 **6. Zahlung zur endgültigen freien Verfügung; Hin- und Herzahlen; Verwendungsabsprachen.** Einzahlung jedenfalls der **Mindesteinlage** (bei UG Volleinzahlung, § 5 a II 1) ist so zu bewirken, dass Ges, im Gründungsstadium Vorges, durch GFührer **endgültig frei über den Betrag verfügen kann** (näher dazu § 7 Rn 10, § 8 Rn 13, jew mwN). Erfordernis der Zahlung zur endgültigen freien Verfügung ist über die Erbringung der Mindesteinlage hinaus zwar nicht ausdrücklich erwähnt, stellt jedoch Grundvoraussetzung für wirksame Einlageleistung dar u ist daher auf Einlageleistung schlechthin zu erstrecken (str).[77]

24 Verwendungsabsprachen, die zu **Rückfluss der Einlageleistung an Gfter**[78] oder von ihm beherrschte Ges,[79] führen, sind nach Rspr unzulässig u hindern Erfüllungswirkung der Bareinlage. Das gilt auch für Rückzahlungen, die in Raten an den Inferenten zurückfließen sollten.[80] Das Verbot entsprechender Verwendungsabsprachen bleibt auch nach MoMiG grds bestehen, ist **durch Abs 5 aber gelockert** für den bisher auch erfüllungsschädlichen Fall, dass Einlage ganz oder teilweise als Darlehen zurückfließt, Rückgewähranspruch aber vollwertig u jederzeit fällig ist bzw gestellt werden kann. Diese auf Cash-Pooling zugeschnittene, aber nicht darauf begrenzte Ausnahme legitimiert Verwendungsabsprache unter der Einschränkung, dass Darlehensvaluta jederzeit rückforderbar ist u damit weiterhin mittelbar zur Verfügung des GFührers steht; die tatsächliche Verfügbarkeit der darlehensweise überlassenen Mittel zeigt sich auch dann allerdings erst im Bedarfsfall.

25 **Soweit** dagegen **Voraussetzungen von Abs 5 nicht erfüllt sind,** weil Rückgewähranspruch nicht vollwertig oder nicht jederzeit fällig ist oder

---

75 OLG Hamm GmbHR 1999, 773.

76 BGH NZG 2009, 463 Rn 10 (Qivive); *Bormann*/Kauka/Ockelmann Kap 4 Rn 143; *Seibert/Decker* ZIP 2008, 308; jetzt wohl auch *Wicke* NotBZ 2009, 1, 3; offenlassend Bunnemann/Zirngibl/*Rose* § 6 Rn 58 ff; – tendenziell dagegen für Anerkennung als Sondertatbestand zulässiger Einbringung einer Forderung gegen Gfter als Sacheinlage *Wicke* Rn 33; *Gehrlein/Witt* Kap 6 Rn 21; *Heinze* GmbHR 2008, 1065, 1072.

77 Wie hier Rowedder/Schmidt-Leithoff/*Pentz* Rn 39; *Servatius* DStR 2004, 1176, 1181; der Sache nach wohl BGHZ 153, 107 = NJW 2003, 825; BGH NZG 2004, 618; – aA hM BGH NZG 2009, 463 Rn 10 (Qivive); BGHZ 125, 141, 151 = NJW 1994, 1477, 1479; sowie dezidiert Scholz/*Schneider/Westermann* § 19 Rn 36; *Roth*/Altmeppen Rn 18; *Lutter*/Hommelhoff/*Bayer* Rn 10 mwN; nunmehr auch Ulmer/*Ulmer* Rn 11.

78 BGHZ 165, 113 = NJW 2006, 509; GmbHR 2006, 306, 307; BGHZ 153, 107 = NJW 2003, 825; BGH GmbHR 2006, 305, 307; BGH DStR 1999, 1451; OLG Hamm DB 1992, 2131; GmbHR 1994, 472; auch OLG Köln BB 1994, 1374; OLG Schleswig NZG 2004, 969; *Goette* § 2 Rn 20 ff, – hins Darlehen an KG bei GmbH & Co KG auch BGH NZG 2008, 143; OLG Hamm NZG 2007, 395.

79 OLG Hamm BB 1997, 433.

80 BGH NZG 2006, 511.

gestellt werden kann, wird durch **Hin- u Herzahlen** auch weiterhin **keine Erfüllung des Einlageanspruchs** erreicht. Insoweit gilt bisherige Rechtslage fort, sodass Erfüllungswirkung zu verneinen ist, wenn u soweit Leistung, ohne dass Voraussetzungen von Abs 5 nF vorliegen, absprachegemäß umgehend an Gfter oder mit diesem verbundenes Unternehmen[81] (vgl aber Rn 27) zurückfließt u so, ggf. auch in Form eines Zahlungskarussells,[82] Gfter unmittelbar oder mittelbar zugute kommt.[83] Daher auch keine wirksame Einlageleistung, wenn, ohne dass Voraussetzungen von Abs 5 vorliegen, GmbH Einlage als Darlehen an Gfter, auf Treuhandkonto des Gfters oder bei GmbH & Co Bareinlage alsbald an von Inferenten beherrschte KG weiterreicht.[84] Erst recht bleibt zeitnahe **kompensationslose Rückzahlung** der Einlage an Gfter ohne Tilgungswirkung, wenn von vornherein abgesprochen, da dann nicht zur freien Verfügung geleistet;[85] andernfalls ggf. Verstoß gegen § 30.

Gegen Rückzahlungsverbot verstoßende Darlehensverträge sind außer im Fall des Abs 5 unwirksam (zur Heilung in Altfällen unten Rn 88 f). Wird danach vermeintliches Darlehen zurückgezahlt, hat dies Erfüllungswirkung für den Einlageanspruch, auch wenn **irrtümlich Leistung auf** in Wahrheit nicht bestehende **Darlehensschuld** erfolgt.[86] Voraussetzung aber, dass Leistung der Einlageforderung eindeutig zuzuordnen ist.[87] Entspr kann gelten, wenn Ges oder Gfter in deren Einvernehmen mit später entstandenen Neuforderungen gegen vermeintliche Darlehensrückzahlungsforderung aufrechnet, soweit Aufrechnung nach Abs 2 zulässig ist.[88] 26

Verwendungsabsprachen mit Gftern **über Leistungen an Dritte,** die nicht Gftern zuzurechnen sind, hindern freie Verfügung u Erfüllungswirkung nicht. Ein solcher Sachverhalt liegt nach Rspr des BGH auch vor, wenn unter gemeinsamem Konzerndach Einlage einer Tochtergesellschaft an deren Tochter (Enkelgesellschaft) absprachegemäß zum Erwerb eines Unternehmens der Schwestergesellschaft verwendet wird, an welcher Tochtergesellschaft selbst weder unmittelbar noch mittelbar beteiligt ist.[89] 27

7. Keine Annahme anderer Leistung an Erfüllungs Statt; Verbot verdeckter Sacheinlagen. Erfüllungswirkung hat nur die **geschuldete Leistung.** Über satzungsmäßig begründeten Einlageanspruch kann GFührer nicht abschwächend verfügen.[90] Unzulässig daher **Annahme einer anderen** 28

---

[81] BGHZ 170, 147 = NJW 2007, 765.

[82] OLG Oldenburg GmbHR 2007, 1043.

[83] BGH NZG 2009, 944 Rn 19 (Cash-Pool II); NZG 2007, 300; 2007, 765 (AG); 2004, 618; BGHZ 110, 47, 66 ff (AG Kapitalerhöhung) = NJW 1990, 982.

[84] BGHZ 174, 370 = NZG 2008, 143; BGH NJW 2006, 509 (AG); BGHZ 165, 352, 356 = NJW 2006, 906, 907 (GmbH Treuhandkonto des Gfters); BGHZ 174, 370 = NZG 2008, 143 (GmbH & Co); – krit aber *K. Schmidt* ZIP 2008, 481.

[85] OLG Hamburg NZG 2007, 393, nrkr; OLG Schleswig BeckRS 2006, 14 372.

[86] BGH NZG 2006, 716; BGHZ 165, 352, 356 = NJW 2006, 906, 907; BGHZ 165, 113 = NJW 2006, 509; in der Tendenz bereits BGHZ 153, 107, 112 = NJW 2003, 825, 826; OLG Hamburg NZG 2005, 483; *Werner* DStR 2005, 525; *Bayer* GmbHR 2004, 445, 452; – dagegen noch OLG München NZG 2005, 311; OLG Schleswig NZG 2004, 969 u GmbHR 2005, 357; OLG Stuttgart NZG 2004, 675, 677.

[87] BGH NZG 2008, 511.

[88] Vgl BGHZ 153, 107 = NJW 2003, 825; jetzt auch OLG Schleswig NZG 2004, 969.

[89] BGHZ 171, 113 (Friedr. Flender AG) = NJW 2007, 3285; BGHZ 153, 107 = NJW 2003, 825; NJW 1991, 226, 227.

[90] *Ulmer* ZIP 2008, 45, 51.

Leistung an Erfüllungs Statt,[91] u zwar sowohl für eine Bareinlage, als auch, selbst bei Gleichwertigkeit,[92] für eine geschuldete andere Sacheinlage. Praktisch wichtig vor allem für Begleichung der Einlage durch Abtretung von Forderungen uä. Abs 4 nF lässt zwar bei verdeckter Sacheinlage, dh wenn eine Bareinlage vereinbart wird, die Gesellschaft aber bei wirtschaftlicher Betrachtung von dem Einleger auf Grund eines im Zusammenhang mit der Übernahme der Einlage abgeschlossenen Gegengeschäfts oder einer sonstigen Absprache einen Sachwert erhalten soll (dazu unten Rn 44 ff) iE Anrechnung des Werts der Sachleistung auf Geldeinlagepflicht zu. Anrechnung unterscheidet sich jedoch von Annahme an Erfüllungs Statt (unten Rn 62). Auch ist auch **nach Abs 4 nF verdeckte Sacheinlage nach wie vor nicht erlaubt** u hat zunächst auch keine Erfüllungswirkung (unten Rn 44, 53), sodass aus der dort enthaltenen Rechtsfolgeregelung, welche Gefahr der Doppelbelastung des Gfters vermeiden will, nicht generell auf Zulässigkeit der Annahme einer anderen Leistung an Erfüllungs Statt geschlossen werden kann.[93] Zur Frage einer **analogen Anwendung von Abs 4** unten Rn 53. IdR wird allerdings bei zeitlichem u sachlichem Zusammenhang Vermutung der Vorabsprache nicht widerlegt werden (unten Rn 49), so dass Abs 4 unmittelbar eingreift. – Ebenso kann auch weiterhin **Einlagepflicht nicht durch bloßes Zahlungsversprechen erfüllt** oder ersetzt **werden** (zur Novation bereits oben Rn 19), etwa in Form der Begründung einer Darlehensverbindlichkeit gegenüber Ges (§ 364 II BGB). Daran ist trotz begrenzter Zulassung des sog Hin- u Herzahlens in Abs 5 nF festzuhalten (oben Rn 22), da Abs 5 eine nicht generalisierbare Ausnahme enthält, die insbes voraussetzt, dass zunächst Barleistung an Ges erfolgt ist, die erst in weiterem Schritt an Gfter unter den dort genannten weiteren Voraussetzungen an Gfter zurückfließen darf (unten Rn 74).

29 **Keine verdeckte Sacheinlage** liegt vor, wenn Einbringung eines Sachwerts nicht im Zusammenhang mit Gründung oder KE erfolgt oder namentlich bei KE aus freien Mitteln finanziert wird.[94] Inwieweit **gewöhnliche Umsatzgeschäfte** der laufenden Geschäftsführung **zwischen GmbH und Gfter (Drittgeschäfte)** vom Verbot ausgenommen sind, ist str. Während verbreitet befürwortet wurde, sog Drittgeschäfte auch bei zeitlicher Nähe zur Einlageleistung nicht als verdeckte Sacheinlage zu werten,[95] hat BGH sich mehrfach gegen vollständige Ausklammerung gewandt, allerdings in Fällen, in welchen derartige Geschäfte iE auch nicht vorlagen.[96] Daher kann Rspr auch nicht generelle Einbeziehung gewöhnlicher Umsatzgeschäfte entnommen werden. Ausnahmslose Einbeziehung aller, auch viel späterer Umsatzgeschäfte über einlagefähige Gegenstände in Umgehungstatbestand würde angesichts des weiten Rahmens für letztere (§ 5 Rn 23 ff), Möglich-

---

[91] Zum bisherigen Recht allgM, KGJ 47, 108; Ulmer/*Ulmer* Rn 49; zur Rechtlage nach MoMiG auch *Wicke* Rn 9; Bunnemann/Zirngibl/*Rose* § 6 Rn 66; aA wohl *Bormann*/Kauka/Ockelmann Kap 4 Rn 28; *Heinze* GmbHR 2008, 1065, 1069.

[92] KG JW 1933, 1031.

[93] Abw zur insoweit unterschiedlichen Regelung des RegE *Veil* ZIP 2007, 1241, 1246.

[94] BGH NZG 2008, 76 (AG); *Wicke* Rn 23.

[95] OLG Hamm BB 1990, 1222; OLG Karlsruhe ZIP 1991, 17; Ulmer/*Ulmer* § 5 Rn 171 a; *Roth*/Altmeppen Rn 47; *Lutter*/Hommelhoff/*Bayer* § 5 Rn 43; *Ulmer* ZHR 154 (1990), 142; *Henze* ZHR 154 (1990), 113.

[96] BGH NZG 2008, 311; BGHZ 170, 47 = NJW 2007, 765 (AG).

keit sog Drittgeschäfte zwischen Ges u Gfter ungerechtfertigt stark beschränken. Gewöhnliches Drittgeschäft liegt jedoch nicht vor, wenn Gegenstände erworben werden, die für Aufnahme des Geschäftsbetriebs erforderlich sind u daher von vornherein als Sacheinlage hätten vorgesehen werden müssen, so bei Übernahme eines für Eröffnung des Geschäftsbetriebs notwendigen Warenlagers[97] von Gründungsgfter oder sonstiger für die Geschäftsaufnahme notwendiger Gegenstände.[98] Umsatzgeschäft als solches ist wirksam ohne Folgen für Einlagepflicht.[99] Das gilt grds auch für Verträge mit Gftern über Dienstleistungen;[100] diese scheitern auch nicht am grds Verbot verdeckter Sacheinlagen (unten Rn 37).[101] – Keine verdeckte Sacheinlage, sondern, soweit nicht Voraussetzungen von Abs 5 nF erfüllt sind, unzulässige Verwendungsabsprache liegt vor, wenn getätigte Einlage vereinbarungsgem als Darlehen uä an Gfter oder ihm zuzurechnenden Dritten zurückfließt (oben Rn 24 ff).

IV. Aufrechnung und Zurückbehaltungsrecht, Abs 2 S 2 und 3

1. Aufrechnung durch Gesellschafter, Abs 2 S 2. a) Grundsätzliche Unzulässigkeit. Allg Aufrechnungsverbot, Abs 2 S 2, schließt **für Gesellschafter** einseitige Aufrechnung gegen Einlageforderung der Ges aus, auch gegen solche aus Ausfallhaftung nach § 24.[102] Abw Regelung nur im GesVertrag für Sachübernahmen, durch § 7 III aber auf Gründungsstadium bis zur HRAnmeldung beschränkt (unten Rn 31 sowie § 5 Rn 40 ff); entspr § 56 II für Kapitalerhöhungen, gem § 56 a ebenfalls nur bis zur HRAnmeldung. Ferner eng begrenzte Ausnahme unter Berücksichtigung des Normzwecks im Liquidationsstadium (Rn 17 mwN). Im Übrigen gilt Aufrechnungsausschluss strikt; dennoch erklärte Aufrechnung lässt Forderungen nicht erlöschen. Demgegenüber auch keine Berufung auf § 242 BGB.[103] Rechtsgrund der Gegenforderung ohne Bedeutung,[104] zB Verbot auch bei Schadenersatzanspruch aus dem GesVerhältnis,[105] bei durch Abtretung von einem Dritten erworbener Forderung,[106] bei Vergütungsanspruch aus verdeckter Sacheinlage zugrunde liegendem Geschäft.[107] Erfasst werden auch alle Umgehungsgeschäfte, so vor allem bei verdeckter Sacheinlage (Rn 37 ff), oder zB wenn Einlageschuldner selbst Einlageanspruch der Ges pfänden u sich überweisen lässt.[108] – 30

---

[97] BGHZ 170, 47 Rn 30 = NJW 2007, 765 (AG); aA OLG Hamm NZG 2005, 184 (AG).

[98] BGH NZG 2008, 311 Rn 13.

[99] Vgl BGHZ 153, 107 = NJW 2003, 825 sowie Scholz/*Winter/Westermann* § 5 Rn 78; Scholz/*Schneider/Westermann* Rn 118; weitergehend Ulmer/*Ulmer* Rn 108 u Rowedder/Schmidt-Leithoff/*Pentz* Rn 126, wonach bei normalen Umsatzgeschäften auch die Vermutungswirkung der zeitlichen Nähe nicht gelten soll.

[100] Zutr *Habersack* FS Priester 2007, 157, 170; *Wicke* Rn 23.

[101] BGH NZG 2009, 463 (Qivive).

[102] AllgM, Ulmer/*Ulmer* Rn 63; Scholz/*Schneider/Westermann* Rn 53, 56; Rowedder/Schmidt-Leithoff/*Pentz* Rn 63.

[103] BGHZ 37, 79; auch BGH GmbHR 1983, 194.

[104] AllgM, zum Ganzen Ulmer/*Ulmer* Rn 66 f; Scholz/*Schneider/Westermann* Rn 54 f.

[105] RGZ 93, 330.

[106] BGHZ 53, 72.

[107] *Heinze* GmbHR 2008, 1065, 1068.

[108] KG JW 1930, 3779; Ulmer/*Ulmer* Rn 146.

Nach wirksamer Pfändung oder Abtretung der Einlageforderung an anderen GesGläubiger kann Einlageschuldner aber mit einer ihm unmittelbar gegen diesen zustehenden Forderung aufrechnen.[109] – Aufrechnungsverbot gilt auch im Insolvenzverfahren der GmbH.[110]

31 **b) Im GesVertrag förmlich vereinbarte Anrechnung, Sachübernahmevereinbarung.** Zulässig nach Abs 2 S 2 ist Aufrechnung (nur), soweit Verrechnung einer nach § 5 IV 1 oder § 56 **festgesetzten Sachübernahme** (§ 5 Rn 16, 40 ff).[111] Abs 2 S 2, erweitert für diesen Fall Aufrechnungsmöglichkeit doppelt: Gfter kann aufrechnen u Ges kann dies ohne Rücksicht auf Vollwertigkeit. Letzteres hindert allerdings weder Eingreifen der Differenzhaftung nach §§ 9, 56 II noch Ablehnung der HREintragung nach §§ 9 c, 57 a wegen Überbewertung des Gegenstands der Sachübernahme. Aufrechnung zeitlich begrenzt bis HRAnmeldung durch §§ 7 III, 56 a. Vor GmbH-Novelle 1980 bestehende Möglichkeit späterer Verrechnung ist dadurch ausgeschlossen (hM, dazu § 5 Rn 41 mwN).

32 **c) Verstoß.** Soweit Voraussetzungen von § 5 IV 1 bzw § 56 nicht erfüllt sind, schließt Abs 2 S 2 für Gfter jede Aufrechnung einer Einlageforderung gegen Vergütung für Sachleistung aus. Dennoch erklärte Aufrechnung ist unwirksam, Einlageforderung bleibt bestehen. An dieser bisher allg akzeptierten Rechtsfolge ergeben sich allerdings nunmehr Zweifel, weil nach Abs 4 nF Anrechnung hätte erfolgen können, wenn Gfter nicht mit seiner Forderung aufgerechnet, sondern diese im Wege verdeckter Sacheinlage als Erfüllungssurrogat eingebracht hätte. In einem solchen Fall wäre nach Abs 4 nF mit Eintragung der Ges Anrechnung des Werts der eingebrachten Forderung erfolgt. Daraus wird teilweise geschlossen, dass Folgen des Verstoßes gegen Aufrechnungsverbot nicht strenger sein dürfen u daher auch im Rahmen der an sich unzulässigen Aufrechnung Anrechnung zu erfolgen hat.[112] Dem ist nicht zu folgen,[113] da Abs 4 als Ausnahmeregelung eng zu interpretieren ist u Aufrechnung im Ggs zu verdeckter Sacheinlage von Gfter einseitig erklärt wird, während im Fall des Abs 4 GFührer mitwirken u Haftungsverantwortung tragen muss. Zur Frage der Aufrechnung durch Ges nachfolgend Rn 34 ff.

33 **2. Aufrechnung durch Gesellschaft. a) Allgemeine Aufrechnungsschranken.** Aufrechnung seitens der Gesellschaft mit der Einlageforderung durch Abs 2 nicht ausdrücklich ausgeschlossen. Dennoch schränken stRspr u ganz überwM in der Lit im Hinblick auf Erfordernis realer Kapitalaufbringung auch hier ein. Für Vorges ist Aufrechnung jedenfalls **in Höhe der Mindesteinlage ganz ausgeschlossen.**[114] – Auch sonst ist Aufrechnung der Ges

---

[109] BGHZ 53, 71, 76.

[110] BGHZ 15, 56; OLG Köln WM 1984, 742; näher Ulmer/*Ulmer* Rn 68; Scholz/*Schneider/Westermann* Rn 58; Rowedder/Schmidt-Leithoff/*Pentz* Rn 69; *Lutter*/Hommelhoff/*Bayer* Rn 17.

[111] Ulmer/*Ulmer* Rn 91 ff, 98; Scholz/*Schneider/Westermann* Rn 121; *Lutter*/Hommelhoff/*Bayer* Rn 46; Michalski/*Ebbing* Rn 130 ff; Rowedder/Schmidt-Leithoff/*Pentz* Rn 86.

[112] *Wicke* Rn 12; zum RegE auch *Veil* ZIP 2007 1241, 1246; *Gsell* BB 2007, 2245.

[113] Ablehnend auch *Gehrlein* Der Konzern 2007, 771, 784; Bunnemann/Zirngibl/*Rose*, § 6 Rn 63.

[114] Ganz hM jedenfalls bzgl Mindesteinlagen, § 7 Rn 7; Ulmer/*Ulmer* § 7 Rn 41; Scholz/*Winter/Veil* § 7 Rn 31; Scholz/*Schneider/Westermann* Rn 61; – aA aber Michalski/*Ebbing* Rn 66.

unzulässig u daher unwirksam, wenn sie wirtschaftlich nicht zur vollen Einbringung der Einlage führt, sondern iE einer, sei es auch nur teilw, Befreiung von dieser gleichkommt. Aufrechnung daher grds nur zulässig, wenn **Gegenforderung vollwertig, fällig und liquide** iSv ganz unbestr ist.[115] – Gegenforderung ist nur **liquide,** wenn sie nach Prüfung durch GFührer außer Zweifel steht; bloßes Nichtbestreiten reicht nicht.[116] – **Vollwertigkeit** setzt voraus, dass GesVermögen nach Höhe u Liquidität im Zeitpunkt der Aufrechnungserklärung[117] zur Befriedigung aller fälligen GesSchulden einschl der zur Aufrechnung stehenden GfterForderung sicher ausreicht.[118] Maßgebend objektiver Bestand, nicht nur Auffassung der Beteiligten.[119] Also vor allem keine Aufrechnung, wenn Ges überschuldet oder zahlungsunfähig ist. Dagegen eigenkapitalersetzender Charakter des Darlehens nicht mehr per se hindernd,[120] da Eigenkapitalersatzrecht durch MoMiG aufgehoben u durch insolvenzrechtliche Regelung ersetzt ist. Fehlt Vollwertigkeit, ist Aufrechnung stets ganz, nicht nur anteilig ausgeschlossen.[121] – Darüber hinaus Aufrechnung zulässig, wenn durch schlechte wirtschaftliche Lage des Schuldners **Einlageforderung gefährdet** u Ges zur Bezahlung ihrer Schuld mehr aufwenden müsste, als sie durch Einziehen der Einlage erhalten würde[122] Aussichten eines Vorgehens nach §§ 21 ff sind dabei angemessen zu berücksichtigen.[123] – Beweislast für Vorliegen der Aufrechnungsvoraussetzungen trifft idR den Einlagepflichtigen, der sich darauf beruft.[124]

b) Aufrechnung gegen Entgeltforderungen aus sacheinlagefähigen Leistungen. aa) Grundsatz. Aufrechnungsbeschränkung des Abs 2 S 2 hinsichtlich Forderungen aus Überlassung von Vermögensgegenständen gilt dem Wortlaut nach nur für Gfter. Doch kann es auch Ges grds nicht erlaubt sein, 34

115 BGHZ 15, 52; 42, 93; 90, 370; 125, 141, 143; stRspr; ausführl zum Ganzen mwN, auch zur Rspr des RG, Ulmer/*Ulmer* Rn 62, 65, 69 ff; sowie Scholz/*Schneider/Westermann* Rn 61 ff; Michalski/*Ebbing* Rn 60 ff; *Lutter*/Hommelhoff/*Bayer* Rn 22 ff; Rowedder/Schmidt-Leithoff/*Pentz* Rn 70 ff; ganz hM; – abw für weitergehende Zulässigkeit *Möhring* FS Reimer Schmidt, 1976, 85; ausführl krit mit bedenkenswerten Gründen *Frey,* Einlagen, 49–72.

116 RGZ 85, 354.

117 RGZ 54, 393, allgM.

118 RG JW 1938, 1401; BGHZ 90, 370; 125, 141, 145; ganz hM, dazu außer den Fn 114 Genannten etwa *Priester* DB 1976, 1803 mwN, auch BB 1987, 210; einschr *Reuter* BB 1978, 1195.

119 RGZ 134, 268.

120 Anders zum alten Recht BGHZ 90, 370; Ulmer/*Ulmer* Rn 75; Michalski/*Ebbing* Rn 64; MünchHdbGmbH/*Gummert* § 50 Rn 49; *Raiser/Veil* § 28 Rn 12; iE auch Rowedder/Schmidt-Leithoff/*Pentz* Rn 78, allerdings unter dem Gesichtspunkt fehlender Liquidität der Rückzahlungsforderung.

121 RGZ 94, 63; hM, Ulmer/*Ulmer* Rn 72; Scholz/*Schneider/Westermann* Rn 68; Rowedder/Schmidt-Leithoff/*Pentz* Rn 77; auch Michalski/*Ebbing* Rn 73; – aA *Priester* DB 1976, 1805.

122 BGHZ 15, 57 f; allgM, vgl die Fn 114 Genannten.

123 Ulmer/*Ulmer* Rn 76; Michalski/*Ebbing* Rn 65; Rowedder/Schmidt-Leithoff/*Pentz* Rn 80; *Lutter*/Hommelhoff/*Bayer* Rn 30; nunmehr wohl auch Scholz/*Schneider/Westermann* Rn 67.

124 RG JW 1938, 1400, 1401; BGH NJW 1992, 2229; OLG Düsseldorf DB 1993, 1714; OLG Hamburg WM 1990, 636, 638; Ulmer/*Ulmer* Rn 80; Scholz/*Schneider/Westermann* Rn 65, 68; *Lutter*/Hommelhoff/*Bayer* Rn 29, jedenfalls für Geltendmachung durch Insolvenzverwalter oder Gläubiger; – aA OLG Karlsruhe BB 1971, 146.

ohne gebotene Festsetzungen nach § 5 IV gegen Entgeltforderungen aus sacheinlagefähigen Leistungen aufzurechnen, da ansonsten Gefahr des Leerlaufens der mit gebotener Offenlegung verbundenen Prüfungspflichten bestünde. Daher **gelten Aufrechnungsbeschränkungen** unter dem Gesichtspunkt der Unzulässigkeit verdeckter Sacheinlagen **grds auch für Aufrechnung durch Ges,** wenn nach § 5 IV Festsetzung als Sacheinlage hätte erfolgen müssen u nicht erfolgt ist.[125] Allerdings ist bei Fehlen der Voraussetzungen **ggf analog Abs 4 Wertanrechnung** möglich (unten Rn 51 ff). – **Kein Aufrechnungsverbot** für Ges, soweit Voraussetzungen von §§ 5 IV, 56 dagegen eingehalten sind, also Aufrechnung auf Grund wirksamer förmlicher Sachübernahmevereinbarung (oben Rn 31) erfolgt. Darüber hinaus kann Ges (nicht Gfter) **ausnahmsweise ohne Festsetzung** gem §§ 5 IV 1 oder 56 gegen Vergütungsanspruch für eine Sachleistung aufrechnen, wenn **Einlageforderung** wegen wirtschaftlicher Lage des Gfters uneinbringlich oder ernstlich **gefährdet** ist u Einhaltung des Aufrechnungsverbots deshalb Ges schädigen würde.[126] Gleicher Rechtsgedanke wie oben (Rn 33) bei Aufrechnung trotz fehlender Vollwertigkeit.

35 **bb) Altforderungen.** Abgrenzung zwischen allgemein unter Voraussetzung der Vollwertigkeit, Fälligkeit, Liquidität erlaubter u wegen Umgehung von § 5 IV verbotener Aufrechnung macht Abgrenzung der danach nicht aufrechenbaren von grds aufrechenbaren Forderungen notwendig. **Nicht aufrechenbar** sind **bei Begründung der Einlagepflicht** durch Übernahme eines GAnteils bei Gründung oder (praktisch wichtiger) bei Kapitalerhöhung **bestehende Gesellschafterforderungen** (sog **Altforderungen**), auch wenn sie nicht als Vergütung für eine Sachleistung, sondern auf andere Weise entstanden sind, so insbes **Gesellschafterdarlehen.** Sie sind unabhängig vom Entstehungsgrund sacheinlagefähig (§ 5 Rn 28) u können nach ganz hM auch nur in dieser Form zur Begleichung einer Einlageschuld verwendet werden, um so die damit verbundene Vermögensumschichtung aufzudecken, Prüfung der Bewertung durch RegGericht sicherzustellen u nach außen den mit Bareinlage verbundenen Eindruck der Zuführung neuen Barkapitals zu vermeiden. IGgs zu bloßen Sachleistungsvergütungen ist hier Forderung selbst Gegenstand der nach § 5 IV 1 oder § 56 festzusetzenden Sachleistung; dementspr ist, in beiden Fällen iE übereinstimmend, ohne diese Festsetzung Aufrechnung ausgeschlossen.[127] Zur Frage der Heilung analog Abs 4 durch Wertanrechnung unten Rn 51 ff.

36 Ebenso verlangte Rspr ursprgl bei Kapitalerhöhung im Wege des **Ausschüttungs-Rückholverfahrens** (§ 29 Rn 65 ff) für Aufrechnung der Einlageschuld mit dem Gewinnanspruch des Gfters generell Festsetzung als Sacheinlage.[128] BGH macht davon jedoch im Anschluss an Lit[129] Ausnahme, wenn

---

[125] IE übereinstimmend *Wicke* Rn 14; zum bisherigen Recht im Hinblick auf Abs 5 aF allgM, Ulmer/*Ulmer* Rn 93; Scholz/*Schneider/Westermann* Rn 106.

[126] BGHZ 15, 59; auch RGZ 141, 212; hM, Ulmer/*Ulmer* Rn 101; Scholz/*Schneider/Westermann* Rn 122; Michalski/*Ebbing* Rn 140.

[127] BGHZ 152, 37, 42 = NJW 2002, 3774, 3776; 153, 107 = NJW 2003, 825, hM, Ulmer/*Ulmer* Rn 123 ff ausführl mwN, insbes 127 f, § 56 Rn 17; Scholz/*Schneider/Westermann* Rn 119 ff, insbes 120; MünchHdbGmbH/*Gummert* § 50 Rn 84; Michalski/*Ebbing* Rn 138; – abw für ordnungsgemäß festgesetzen Gründungsaufwand Ulmer/*Ulmer* Rn 112: Rowedder/Schmidt-Leithoff/*Pentz* Rn 198; *Henze* 133.

[128] BGHZ 113, 335; 132, 145; OLG Köln DB 1996, 2068.

[129] *Lutter/Zöllner* ZGR 1996, 164.

offengelegt wird, dass Einlage ganz oder teilw mit ausgeschütteten Netto-Gewinnen getilgt wird.[130] Dabei sind Voraussetzungen der Kapitalerhöhung aus Gesellschaftsmitteln zu beachten.[131]

cc) Neuforderungen. Dagegen ist bei **später entstandenen Forderungen** (sog **Neuforderungen**) für Aufrechenbarkeit durch Ges, zu unterscheiden: Aufrechnung durch Ges ist bei diesen insoweit unzulässig als eine Festsetzung nach § 5 IV hätte erfolgen müssen. Soweit es um Vergütung für nach Begründung der Einlagepflicht entstandene Sachleistungen geht, ist **Aufrechnung nur ausgeschlossen, wenn diese von Anfang an geplant** war, dh die Parteien im Zusammenhang mit Entstehen der Einlagepflicht eine nicht den Voraussetzungen der §§ 5 IV, 19 II 2 entspr Verrechnungsabrede getroffen haben bzw unwiderlegtes Indiz dafür vorliegt[132] (zur Heilungsmöglichkeit nach Abs 4 unten Rn 45). Dagegen kann bei fehlender Sacheinlagefähigkeit, zB **Dienstleistungen,** auch bei Vorabsprache Aufrechnung zulässig sein, etwa bei Vereinbarung der Aufrechnung gegen künftige Lohnforderungen des GfterGFührers, weil mangels Einlagefähigkeit Grds der verdeckten Sacheinlage nicht greifen.[133] Zur Frage eines verbotenen Hin- u Herzahlens der Einlagemittel BGH aaO. 37

Nicht unter § 5 IV fallend u daher im Rahmen des Abs 2 unter Mitwirkung der Ges grds **aufrechnungsgeeignet** sind dagegen nach Begründung der Einlagepflicht entstandene **GfterForderungen** (nur), **wenn Aufrechnung nicht vorabgesprochen,** Vorabsprache auch nicht wegen zeitl oder sachlichem Zusammenhang zu vermuten war u daher Sacheinlagevorschriften auch nicht umgangen worden sind.[134] Unter diesen Voraussetzungen kommen unter der Voraussetzung der Vollwertigkeit, Fälligkeit u Liquidität als aufrechnungsgeeignet zB in Betracht Ansprüche auf Gewinn,[135] auch in Form des Ausschüttungs-Rückholverfahrens bei Kapitalerhöhung,[136] (näher dazu § 29 Rn 65 ff), Vergütung für Nebenleistungen gem § 3 II, Aufwendungsersatz, Forderungen aus späteren GfterDarlehen, im GesVertrag vorgesehener (§ 5 Rn 57) Ersatz von Gründungsaufwand,[137] ferner Ansprüche aus Drittgeschäften mit Gftern, etwa Pachtzinsforderungen aus späterer Verpachtung.[138] 38

Aufrechnungsgeeignet sind auch fällige Ansprüche auf Entgelt für Dienstleistungen, insbes **Geschäftsführervergütung**[139] (aber zur Geltendmachung Rn 40). – Aufrechnung bei **Gesellschafterdarlehen** aus der Zeit **nach** 39

---

130 BGHZ 135, 381.

131 BGHZ 135, 381; 152, 37, 42 = NJW 2002, 3774, 3776.

132 BGHZ 152, 37 = NJW 2002, 3774; BGHZ 153, 107 = NJW 2003, 825; Ulmer/*Ulmer* Rn 108, 109; Scholz/*Schneider/Westermann* Rn 115; Michalski/*Ebbing* Rn 136; Rowedder/Schmidt-Leithoff/*Pentz* Rn 109.

133 BGH NZG 2009, 463 Rn 12 (Qivive); – aA noch OLG Düsseldorf DStR 2008, 2079; wohl auch BGH NJW 1979, 216; Scholz/*Winter/Westermann* § 5 Rn 78; *Hoffmann* NZG 2001, 433, 435.

134 So zu § 19 II des RegE auch *Veil* ZIP 2007, 1241, 1246.

135 Scholz/*Schneider/Westermann* Rn 62; MünchHdbGmbH/*Gummert* § 50 Rn 49; – BGHZ 113, 355, der darin verdeckte Sacheinlage sah, ist durch BGHZ 135, 381 überholt.

136 BGHZ 152, 37 = NJW 2002, 3774.

137 Dazu Ulmer/*Ulmer* Rn 112 aE; Rowedder/Schmidt-Leithoff/*Pentz* Rn 108; differenzierend Scholz/*Schneider/Westermann* Rn 123.

138 BGHZ 153, 107, 112 = NJW 2003, 825, 826.

139 BGH NZG 2009, 463 Rn 12 (Qivive); Scholz/*Schneider/Westermann* Rn 62; MünchHdbGmbH/*Gummert* § 50 Rn 49; auch Michalski/*Ebbing* Rn 60.

Begründung der Einlagepflicht grds möglich[140] (zu Darlehen aus der Zeit vor Begründung der Einlagepflicht Rn 35). Das nach altem Recht geltende Aufrechnungsverbot für eigenkapitalersetzende Darlehen[141] ist mit Aufhebung des Eigenkapitalersatzrechts durch MoMiG entfallen.[142] Aufrechnung kann allerdings nach § 135 InsO anfechtbar sein. – Einstellung der Einlageforderung in ein **Kontokorrent** grds unwirksam wegen Stundungswirkung (Rn 21) u als vorweggenommene Verrechnungsabrede.[143] Einlageforderung erlischt jedoch, wenn alle Aufrechnungsvoraussetzungen im konkreten Verrechnungszeitpunkt vorliegen.[144] Sind jedoch Gegenforderungen Vergütunganspruche aus Sachübernahmen, ist zusätzlich Rn 35 zu beachten.[145]

40 **c) Erklärung der Aufrechnung** durch GFührer, der darüber nach pflichtgem Ermessen entscheidet. GfterGFührer kann auch bei Befreiung von § 181 BGB nicht gegenüber sich selbst aufrechnen; das wäre mit striktem Vorrang des Gläubigerschutzes gem Abs 2 nicht vereinbar.[146] Möglich auch **zweiseitige Aufrechnung** durch Vertrag, also im Einvernehmen mit dem Einlageschuldner, oft als Verrechnungsabrede bezeichnet, aber von Abrede über künftige Verrechnung (unten) zu unterscheiden. Dafür gelten die gleichen strengen Voraussetzungen. Praktische Bedeutung neben einseitiger Aufrechnung gering, etwa wenn Einlageforderung noch nicht fällig.[147] **Unzulässig** u unwirksam dagegen vertragliche **Verpflichtung zu künftiger Aufrechnung,**[148] ebenso Aufrechnungsbeschluss der betroffenen Gfter.[149]

41 **3. Zurückbehaltungsrecht, Abs 2 S 3.** Bei **Sacheinlagen** nur wegen Forderungen, die sich unmittelbar auf deren Gegenstand beziehen, idR also nur bei fälligem Anspruch auf Verwendungsersatz (§§ 273 II, 1000 BGB); somit enger als § 273 I BGB, bloße Konnexität reicht nicht aus. Kaufmännisches Zurückbehaltungsrecht (§§ 369, 370 HGB) scheidet aus.[150] – Zurückbehaltung bei **Barleistungen** nicht ausdrücklich geregelt, jedoch unzulässig,

---

140 HM, Ulmer/*Ulmer* Rn 125 aE; Scholz/*Schneider/Westermann* Rn 62; MünchHdbGmbH/*Gummert* § 50 Rn 49; ausführl mwN *H. P. Westermann* FS Oppenhoff, 1985, 535 ff.

141 BGHZ 90, 370; OLG Köln ZIP 1986, 571 f; Scholz/*Schneider/Westermann* Rn 66; Michalski/*Ebbing* Rn 64; MünchHdbGmbH/*Gummert* § 50 Rn 49; Rowedder/Schmidt-Leithoff/*Pentz* Rn 78.

142 *Bormann*/Kauka/Ockelmann Kap 4 Rn 135.

143 Dazu BGH NJW 1979, 216; DB 1996, 711.

144 Näher Ulmer/*Ulmer* Rn 81 f mwN; Scholz/*Schneider/Westermann* Rn 73; Michalski/*Ebbing* Rn 71; Rowedder/Schmidt-Leithoff/*Pentz* Rn 84; GroßkommHGB/*Canaris* § 355 Rn 40; – generell abl *Lutter*/Hommelhoff/*Bayer* Rn 22.

145 Scholz/*Schneider/Westermann* Rn 73; *Schick* GmbHR 1997, 1049.

146 AA ohne Begründung BGHZ 152, 37, 44 = NJW 2002, 3774, 3776; in der Sache auch BGHZ 153, 107 = NJW 2003, 825; OLG Karlsruhe BB 1971, 176; – wie hier dagegen OLG Düsseldorf BB 1989, 1711 f; GmbHR 1993, 292; auch DB 1993, 1714 betr wechselseitige Erklärung mehrerer GfterGFührer; OLG Hamm ZIP 1988, 1057; Ulmer/*Ulmer* Rn 77; Scholz/*Schneider/Westermann* Rn 74; Michalski/*Ebbing* Rn 72.

147 Zum Ganzen Ulmer/*Ulmer* Rn 69; Scholz/*Schneider/Westermann* Rn 69 ff; Michalski/*Ebbing* Rn 67; allgM.

148 BGHZ 15, 60; 132, 145; NJW 1979, 216; unstr.

149 OLG Hamburg WM 1990, 636.

150 Zum Ganzen Ulmer/*Ulmer* Rn 83; Scholz/*Schneider/Westermann* Rn 75 ff; Michalski/*Ebbing* Rn 74 f; allgM.

da generell mit Normzweck des Abs 2 nicht vereinbar; würde iE unzulässiger Aufrechnung gleichkommen.[151]

V. Abtretung, Verpfändung und Pfändung der Einlageforderung

1. Zulässigkeit der Abtretung, Verpfändung u Pfändung von Einlageforderungen früher str, jetzt allg anerkannt.[152] Von manchen[153] angenommene Ausnahme für Mindesteinlage vor HREintragung erscheint mit hM nicht geboten. Generell gilt allerdings grds Beschränkung auf Fälle vollwertiger Gegenleistungen (Rn 33) entspr Regelungsgehalt von § 19, Grundsatz der Kapitalaufbringung (Rn 16). Auch Anspruch eines pfändenden Gläubigers muss vollwertig sein.[154] – Vollwertigkeit aber ohne Bedeutung, wenn Aufbringung u Erhaltung der Kapitalgrundlage für Ges u Gläubiger nicht mehr erforderlich. So vor allem, wenn Ges in Liquidation Geschäftsbetrieb eingestellt hat, weiteres Vermögen nicht vorhanden ist u Abtretung bzw Pfändung zugunsten des einzigen GesGläubigers erfolgt;[155] weiter auch, wenn nach Ablehnung der Eröffnung eines Insolvenzverfahrens mangels Masse u Löschung der Ges oder in ähnlicher Lage trotz Vorhandenseins weiterer Gläubiger mit anderweitiger Geltendmachung der Einlageforderung nicht mehr zu rechnen ist.[156] – Abtretung an GfterGläubiger darf nicht zu vorrangiger Befriedigung vor Drittgläubigern dienen.[157] Pfändung der Einlageforderung gegen sich selbst als Umgehung von Abs 2 unzulässig[158] (Rn 30). 42

2. Rechtsfolgen. Abtretung, entspr **Verpfändung,** lässt Rechtsstellung des Einlageschuldners im Wesentlichen unberührt. Fälligkeit grds nach Satzung. Soweit danach keine Fälligkeit, Einforderungsbeschluss gem § 46 Nr 2 iGgs zur Pfändung (Rn 44) erforderlich.[159] Denn unstr ist Zessionar an Abs 1 gebunden (Rn 6 ff); auch besteht kein Grund, Schuldner im Fall der Abtretung schlechter zu stellen. Aufrechnungsverbot für Forderungen gegen Ges 43

---

151 RGZ 83, 268; auch JW 1929, 1744; allgM.

152 StRspr, RGZ 85, 352; BGHZ 53, 71, 73; 69, 282; ausführl mwN Ulmer/*Ulmer* Rn 140 ff; Scholz/*Schneider/Westermann* Rn 129 ff; Michalski/*Ebbing* Rn 80 ff, 95 f; ferner *Lutter*/Hommelhoff/*Bayer* Rn 38; *Roth*/Altmeppen Rn 13, 16; Rowedder/Schmidt-Leithoff/*Pentz* Rn 170 ff; auch *Müller* GmbHR 1970, 57 u 82; *Bayer* ZIP 1989, 8.

153 Scholz/*Schneider/Westermann* Rn 129.

154 RGZ 133, 82 ff; stRspr, so auch BGHZ 53, 71, 72 ff, zuletzt NJW 1992, 2229; für Abtretung auch OLG Celle NZG 2001, 228; nur für ähnl, doch nicht voll vergleichbarer Anspruch aus § 31 I etwas freizügiger BGHZ 69, 274, 283 f; – überwM in Lit wie BGH, vgl etwa *Lutter*/Hommelhoff/*Bayer* Rn 38; – dagegen generell für Verzicht auf Vollwertigkeit auch bei Abtretung mit immerhin bedenkenswerten Gründen *Frey,* Einlagen, 35 ff; *K. Schmidt* ZHR 157 (1993), 291 ff; im Anschluss an diesen auch Rowedder/Schmidt-Leithoff/*Pentz* Rn 170 f; vgl auch *Volmer* GmbHR 1998, 580 f.

155 RGZ 149, 298; 156, 25; BGHZ 53, 73 obiter: BGH NJW 1980, 2253; 1992, 2229; auch OLG Celle GmbHR 1994, 246.

156 BGH NJW 1963, 102; DB 1968, 166; BB 1976, 853; NJW 1992, 2229; OLG Celle NZG 2000, 148.

157 BGHZ 53, 71.

158 KG JW 1930, 3779.

159 Ulmer/*Ulmer* Rn 143 mit Rn 9; Scholz/*Schneider/Westermann* Rn 136; Michalski/*Ebbing* Rn 97; *Lutter*/Hommelhoff/*Bayer* Rn 40; auch Scholz/*Schmidt* § 46 Rn 54; vgl auch BGHZ 69, 274, 282 für Pflichteinlage bei KG. – AA die früher wohl hM, RGZ 76, 436; 149, 301.

(Abs 2 S 2, Rn 19) besteht fort, umfasst aber nicht Forderungen direkt gegen Zessionar; mit diesen kann Gfter aufrechnen.[160] Da Einlageforderung nach Abtretung nicht mehr der Kapitalaufbringung dient, ist Zessionar grds nicht an Beschränkungen nach Abs 2 gebunden, sofern keine Rückwirkungen für Ges. Ebenso Kaduzierung als spezifisch gesellschaftsrechtliche Maßnahme zur Kapitalaufbringung nach wirksamer Abtretung nicht mehr möglich.[161]

44 Bei **Pfändung** gilt im wesentlichen Gleiches, aber Einforderungsbeschluss nach § 46 Nr 2 (oben Rn 6) weder für Pfändung der Einlageforderung noch für deren Einziehung Voraussetzung.[162] Entgegen früher verbreiteter Ansicht schließt Vollstreckungscharakter der Pfändung Bindung an Gleichbehandlung nach Abs 1 aus.[163]

VI. Rechtsfolgen verdeckter Sacheinlagen, Abs 4

Lit: *Fuchs,* Die Neuregelung zur verdeckten Sacheinlage durch das MoMiG und ihre Rückwirkung, BB 2009, 170; *Gesell,* Verdeckte Sacheinlage & Co. Im Lichte des MoMiG, BB 2007, 2241; *Heinze,* Verdeckte Sacheinlagen und verdeckte Finanzierungen nach dem MoMiG, GmbHR 2008, 1065; *Herrler,* Kapitalaufbringung nach dem MoMiG – Verdeckte Sacheinlagen und Hin- und Herzahlen (§ 19 Abs. 4 und 5 GmbHG nF) –, DB 2008, 2347; *Kersting,* Verdeckte Sacheinlage, in Gesellschaftsrechtliche Vereinigung (Hrsg), Gesellschaftsrecht in der Diskussion 2008, 2009, 101; *Pentz,* Die verdeckte Sacheinlage im GmbH-Recht nach dem MoMiG, FS Karsten Schmidt, 2009, 1265; *ders,* Verdeckte Sacheinlagen nach dem MoMiG und prozessuale Folgen des Übergangsrechts, GmbHR 2009, 126; *Ulmer,* Die „Anrechnung“ (MoMiG) des Wertes verdeckter Sacheinlagen auf die Bareinlageförderung der GmbH – ein neues Erfüllungssurrogat?, ZIP 2009, 293

45 **1. Begriff, Normzweck, Regelungsinhalt, Anwendungsbereich.** Verdeckte Sacheinlage liegt nach Rspr vor, wenn die gesetzlichen Regeln für Sacheinlagen objektiv dadurch unterlaufen werden, dass zwar eine Bareinlage vereinbart wird, die Gesellschaft aber bei wirtschaftlicher Betrachtung von dem Einleger auf Grund eines im Zusammenhang mit der Übernahme der Einlage abgeschlossenen Gegengeschäfts oder einer sonstigen Absprache einen Sachwert erhalten soll.[164] Sie ist grds in jeder Form unzulässig u führt, soweit nicht Sonderregelung von Abs 4 eingreift, zum Fortbestand der Bareinlageverpflichtung.[165]

---

[160] BGHZ 53, 76.

[161] Ulmer/*Ulmer* Rn 143 f; Scholz/*Schneider/Westermann* Rn 137 f; Michalski/*Ebbing* Rn 98; *Lutter*/Hommelhoff/*Bayer* Rn 40; – aA bzgl Kaduzierung nach Pfändung OLG Celle GmbHR 1994, 801, 802; *Lutter*/Hommelhoff/*Bayer* Rn 40.

[162] RGZ 131, 147; 149, 301; allgM.

[163] BGH NJW 1980, 2253; Ulmer/*Ulmer* Rn 30; Scholz/*Schneider/Westermann* Rn 134; Michalski/*Ebbing* Rn 89.

[164] So die Formulierung des BGH in BGHZ 173, 145 Rn 14 = NJW 2007, 3425 (Lurgi); NZG 2009, 463 Rn 8 (Qivive); vgl ferner etwa BGHZ 155, 329, 334; BGHZ 166, 8.

[165] BGH NZG 2009, 944 Rn 19 (Cash-Pool II); BGHZ 173, 145 Rn 14 (Lurgi) = NJW 2007, 3425 (zur AG); zur GmbH BGH NJW 2003, 3127; NJW 1998, 1951; ferner BGHZ 28, 314, 319; 113, 335; 125, 141; 132, 135 u 144; Ulmer/*Ulmer* Rn 85 ff, 118 ff, § 5 Rn 164 ff, Scholz/*Schneider/Westermann* Rn 124; Scholz/*Winter/Westermann* § 5 Rn 76 ff; Michalski/*Ebbing* Rn 108 ff; ferner Rowedder/Schmidt-Leithoff/*Pentz* Rn 110 ff; *Roth*/Altmeppen Rn 48 ff, § 5 Rn 68 ff.

46 Das gilt zunächst bei **nur förmlichem Hin- und Herzahlen** zur Vermeidung einer nach Abs 2 unzulässigen Aufrechnung;[166] dafür gleichgültig, ob Bareinzahlung auf Grund einer Übernahme- oder ähnlichen Abrede als Vergütung für Sachleistung zurückfließt[167] oder umgekehrt Mittel für Einzahlung vorher durch entspr Geschäft mit Ges beschafft werden.[168] Unwirksames Hin- u Herzahlen auch bei Einbeziehung Dritter möglich, wenn Zahlung an Dritten Gfter in gleicher Weise begünstigt wie Leistung an ihn selbst,[169] so bei Übertragung des einzubringenden Gegenstands an Ehepartner des Gfters, der Gegenstand absprachegemäß an Ges weiterveräußert.[170] Erfasst wird auch **jede andere Art der Umgehung von § 5 IV,** etwa durch **Abrede über Anrechnung künftiger Ansprüche** aus Gewinn, GFührervergütung udgl,[171] sowie **Aufrechnung mit Altforderung,** etwa Gfterdarlehen, oder deren Vermeidung durch dessen Rückzahlung mit Bareinlagemitteln[172] an Gfter oder an ein vom diesem maßgeblich beeinflusstes Unternehmen.[173] Ebenso, soweit nicht offengelegt u entspr Vorschriften über Kapitalerhöhung aus GesMitteln durchgeführt,[174] durch Erfüllung der Bareinlage mit Mitteln, die der Gfter als Gewinnanteil stehengelassen bzw zeitnah ausgezahlt erhalten hatte, **Ausschüttungs-Rückholverfahren,** s § 29 Rn 67 u § 5 Rn 28. Sog **Stafetten-Gründung** kann je nach Gestaltung verdeckte Sacheinlage enthalten.[175] Auch verdeckte **gemischte Sacheinlage** unzulässig, die etwa bei Erwerb von Warenlager von Gfter oder bei Übernahme von Passiva bei übertragender Sanierung vorliegen kann, wenn sie unteilbare Leistung betrifft.[176] Bei verdeckter **Mischeinlage** (zum Begriff § 5 Rn 20) ist Bareinlage nur insoweit unwirksam, wie vorabgesprochener Rückfluss an Gfter erfolgt.

47 **Abs 4 soll** die vielfach **als katastrophal empfundenen Rechtsfolgen**[177] verdeckter Sacheinlage **mildern.** Anders als noch RegE spricht Abs 4 verdeckter Sacheinlage weiterhin Erfüllungswirkung ab, sodass GFührer im Rah-

---

166 BGHZ 125, 141, 143; 152, 37, 42 = NJW 2002, 3774, 3776; bestätigt durch BGHZ 116, 8 = NJW 2006, 1736.

167 BGHZ 28, 314; 132, 135; auch BGH NJW 2001, 3781 = GmbHR 2001, 1114; OLG Köln ZIP 1999, 400.

168 BGHZ 113, 340 ff; 125, 143 f; BGH NJW 1998, 1952; auch OLG Hamburg GmbHR 2006, 934 u OLG Braunschweig GmbHR 1999, 773, jew Darlehensrückzahlung unmittelbar vor Einlage; OLG Köln NZG 2000, 489: Erwerb von Umlaufvermögen.

169 BGHZ 125, 141, 144; BGH NJW 1996, 1287; BGHZ 153, 107 = NJW 2003, 825; OLG Hamm ZIP 1999, 1135; LG Dresden GmbHR 2001, 29 (Zahlung an die Eltern).

170 BGH DB 1992, 1972, 1974.

171 BGHZ 132, 141; NJW 1979, 216.

172 BGH NZG 2006, 344, 345 (cash-pool) = GmbHR 2006, 764 m Anm *Goette;* auch BGHZ 110, 47 für AG.

173 BGHZ 125, 141, 144; dazu *Müller* ZGR 1995, 327; ferner OLG Hamm DB 1997, 433.

174 Dazu BGHZ 135, 381.

175 *Wälzholz/Bachner* NZG 2006, 361.

176 BGHZ 170, 47 = NJW 2007, 765; BGH NJW 2007, 3425 (Lurgi); BGHZ 175, 265 = NZG 2008, 425 (Rheinmöve).

177 So etwa KölnerKommAktG/*Lutter* § 66 Rn 31; *Brandner,* FS Boujong, 1996, 37, 42; *Heidenhain* GmbHR 2006, 455; vgl auch *K. Schmidt* GesR § 29 II 1 b (S 889) „von drakonischer Härte".

men von § 8 nicht Erfüllung versichern darf.[178] Verheimlichung durch GFührer u Gfter enthält daher falsche Angabe über Einlageleistung iSv §§ 9a u 82.[179] Damit soll weiterhin **Einhaltung der Sacheinlagevorschriften** (zu ihrer Bedeutung allg § 5 Rn 15) **gesichert** werden. Rechtsfolgen des Verstoßes werden jedoch gemildert, indem Wert des Vermögensgegenstands nach erfolgter Eintragung auf fortbestehenden Bareinlageanspruch angerechnet wird. Darauf, ob Verstoß gegen Sacheinlagevorschriften vorsätzlich erfolgt ist, kommt es für Anrechnungsfolge nach Eintragung nicht an.[180] Problematisch ist, dass auf § 8 aufbauende Sanktion teilw leerläuft, wenn GFührer in Absprache nicht einbezogen worden ist, ferner dass Anrechnung ohne Satzungsänderung erfolgt u damit **Rechte widerstrebender Gfter nicht gesichert** sind.[181] Gesetzliche Regelung ist dogmatisch auch im Übrigen nicht überzeugend u steht in gewissem inneren Widerspruch zu Abs 5, der dort Einlageleistung unter Vorabsprache des Rückflusses unter den dort genannten Voraussetzungen von vornherein als wirksam behandelt.

48 **Fraglich** ist, **ob Abs 4 auf UG anwendbar ist,** da bei dieser auch offene Sacheinlagen materiellrechtlich unzulässig sind (§ 5a II 2). Für Anwendbarkeit könnte sprechen, dass drakonische Folge der Nichtanwendung von Abs 4 gerade häufig auf rechtlich eher unerfahrene Gfter trifft, die Gefahr der Doppelzahlung in der Insolvenz also besonders groß ist. Andererseits heilt Abs 4 nur den formellen Mangel der fehlenden Festsetzung in der Satzung nebst entsprechender Prüfung, erlaubt aber nicht, Sacheinlagen als Erfüllung anzuerkennen, wo Sacheinlagen generell unzulässig sind. Sie können daher auch nicht über Abs 4 legitimiert werden (näher § 5a Rn 12).[182]

49 **2. Voraussetzungen. a) Verdeckte Sacheinlage** Geldeinlage muss bei wirtschaftlicher Betrachtung u im Hinblick auf Abrede als **verdeckte Sacheinlage** zu werten sein. Diese liegt nach der von Abs 4 in Bezug genommenen Rspr vor, wenn die gesetzlichen Regeln für Sacheinlagen objektiv dadurch unterlaufen werden, dass zwar eine Bareinlage vereinbart wird, die Gesellschaft aber bei wirtschaftlicher Betrachtung von dem Einleger auf Grund eines im Zusammenhang mit der Übernahme der Einlage abgeschlossenen Gegengeschäfts oder einer sonstigen Absprache einen Sachwert erhalten soll.[183] Entspr Vorabsprache **(Abrede),** die den wirtschaftlichen Erfolg einer

---

178 Begr Rechtsausschuss BT-Drucks 16/9737, 97.

179 *Bormann/Urlichs* GmbHR Sonderheft Oktober 2008, 37, 40; *Bormann*/Kauka/Ockelmann Kap 4 Rn 212; auch schon Michalski/*Danneker* § 82 Rn 95, 164ff; Rowedder/Schmidt-Leithoff/*Schaal* § 82 Rn 42f; *Ulmer* ZIP 2009, 293, 301; Ulmer/*Ransiek* § 82 Rn 31; – aA hinsichtlich Strafbarkeit nach § 82 aber BegrRegE BR-Drucks 354/07, 92.

180 So BegrRegE BT-Drucks 354/07, 95, wonach Ausnahme für vorsätzliche Umgehung nicht vorgesehen sei.

181 Dazu schon *Handelsrechtsausschuss des DAV,* NZG 2007, 211 Rn 116; *Veil* ZIP 2007, 1241, 1244; *Ulmer* ZIP 2008, 45, 52; *Heckschen* DStR 2007, 1442, 1449.

182 IE ebenso *Wicke* § 5a Rn 8; *Miras,* Die neue Unternehmergesellschaft, 2008, Rn 155, 349ff; *Bormann* GmbHR 2007, 897, 901; *Joost* ZIP 2007, 2244; – aA *Gehrlein* Der Konzern 2007, 771, 779; *Wälzholz* GmbHR 2008, 841, 842ff; *Herrler* DB 2008, 2347, 2349; *Heinze* GmbHR 2008, 1065, 1066; *Grigoleit/Rieder* Rn 102.

183 So die Formulierung des BGH NZG 2009, 463 Rn 8 (Qivive); BGHZ 173, 145 Rn 44 = NJW 2007, 3425; vgl ferner etwa BGHZ 155, 329, 334; BGHZ 166, 8.

Sacheinlage umfasst,[184] kann zwischen Einlageschuldner u/oder Mitgftern oder GFührern getroffen sein.[185] Sie wird **widerleglich** bei engem zeitlichem u sachlichem Zusammenhang **vermutet.**[186] Für **engen zeitlichen Zusammenhang** gelten keine festen Fristen, idR aber innerhalb einer Frist von etwa 6 Monaten anzunehmen,[187] bei 8 Monaten regelmäßig bereits überschritten.[188] Auf Umgehungsabsicht kommt es nicht an (heute allgM).

b) Fallgrupppen, Anwendbarkeit. aa) Typischer Fall verdeckter Sacheinlage liegt bei vorabgesprochenem **Rückfluss** der Bareinlage **als Entgelt für Erwerb eines sacheinlagefähigen Gegenstands** vor, wenn ohne Festsetzungen nach § 5 IV **zunächst Bareinlage geleistet** wird, diese aber ganz oder teilweise auf Grund **Vorabsprache** (Abrede) der Beteiligten als Entgelt für nachfolgende Sachleistung oder Tilgung einer Altforderung eines oder mehrerer Gfter an diese **zurückfließt** (oben Rn 46).[189] Hierdurch werden die Sacheinlagevorschriften (§ 5 IV u entspr Berichts- u Prüfungspflichten) unzulässig umgangen. Die grds Unzulässigkeit wird zT auch mit dem Gesichtspunkt der infolge der Vorabsprache fehlenden freien Verfügung des GFührers über eingelegten Geldbetrag begründet (oben Rn 23). Für diesen Fall passen Wortlaut u Rechtsfolgen von Abs 4 ohne weiteres.[190] Soweit Ges eingetragen, erfolgt nach Abs 4 S 3 kraft Gesetzes Anrechnung des Werts der Sachleistung (unten Rn 58). 50

bb) Sonstige Fälle der verdeckten Sacheinlage. Verbotene Verrechnung liegt vor, wenn entweder eine bereits bestehende **Forderung des Gfters gegen die Ges (Altforderung)** mit dem Einlageanspruch verrechnet wird, ohne dass Festsetzungen nach § 5 IV im Gesellschaftsvertrag getroffen wären. Die Einbringung einer Forderung stellt keine Bareinlage dar und hätte daher nach der Rspr des BGH bei Gründung oder Kapitalerhöhung in der Form der §§ 5 IV, 56 GmbH erfolgen müssen.[191] Oder es wird, ohne dass die 51

[184] BGHZ 152, 37 = NJW 2002, 3774; BGHZ 153, 107 = NJW 2003, 825; BGHZ 132, 139; OLG Hamm DB 1992, 2131; Ulmer/*Ulmer* Rn 108, 109 u § 5 Rn 170 ff; Scholz/*Schneider/Westermann* Rn 113; Scholz/*Winter/Westermann* § 5 Rn 77 u 79; *Ulmer* ZHR 154 (1990), 139 ff; *Henze* ZHR 154 (1990), 114; *Priester* ZIP 1991, 351 f; *Mülbert* ZHR 154 (1990), 187 ff.

[185] BGHZ 132, 133 = NJW 1996, 1286; *Bormann*/Kauka/Ockelmann Kap 4 Rn 193; *Bormann/Urlichs* GmbHR Sonderheft Oktober 2008, 37, 43; – abw *Lutter*/Hommelhoff/*Bayer* § 5 Rn 43; (nur Abrede zwischen Gftern); *Veil* ZIP 2007, 1241, 1242 (nur Abrede zwischen Gfter u GFührer).

[186] BGHZ 132, 133 = NJW 1996, 1286; BGHZ 132, 390 = NJW 1996, 2306; *Goette* § 2 Rn 49.

[187] Vgl die Erwägungen bei BGHZ 132, 141, 146; OLG Köln ZIP 1999, 400; Ulmer/*Ulmer* § 5 Rn 171; *Ulmer* ZHR 154 (1990), 140 u *Priester* ZIP 1991, 350; *Lutter/Gehling* WM 1989, 1447; *Lutter*/Hommelhoff/*Bayer* § 5 Rn 44; *Langenbucher* NZG 2003, 211, 212; im Grds auch Rowedder/Schmidt-Leithoff/*Pentz* Rn 125; für Zeitraum von 6–12 Monaten Michalski/*Ebbing* Rn 144; gegen allg zeitliche Begrenzung *Henze* ZHR 154 (1990), 113 f.

[188] BGHZ 152, 37, 45 = NJW 2002, 3774, 3777.

[189] Ulmer/*Ulmer* § 5 Rn 173; Scholz/*Winter/Westermann* § 5 Rn 78; *Goette* § 2 Rn 48.

[190] Vgl auch *Bormann/Urlichs* GmbHR Sonderheft Oktober 2008, 37, 29, deren Ausführungen sich auf Fragen der Rückzahlung der erbrachten Einlage beziehen.

[191] BGHZ 119, 47; BGHZ 113, 335, 341 = NJW 1991, 1754, 1755; BGHZ 153, 37, 42 = NJW 2002, 3774, 3776; Ulmer/*Ulmer* Rn 110 f; *Veil* ZIP 2007, 1241, 1245; *Goette* § 2 Rn 46.

Voraussetzungen von §§ 5 IV, 19 II 2 erfüllt sind, auf Grund einer bereits im Rahmen der Gründung oder Kapitalerhöhung unter den Beteiligten getroffenen Vorabsprache (Abrede) eine später entstandene Forderung eines Gfters **(Neuforderung),** etwa Gewinnanspruch, mit der Einlageforderung verrechnet. Verrechnung ist dann nicht nur nach Abs 2 für Gfter unzulässig, sondern unter dem Gesichtspunkt des Verbots verdeckter Sacheinlage auch für Ges oder in deren Einvernehmen.[192]

52 Ob in diesen Fällen verdeckter Sacheinlage im Sinne von Abs 4 von einer Geldeinlage gesprochen werden kann, die als Sacheinlage zu bewerten ist u ob Abs 4 daher auch für diese Fälle anwendbar sein soll, ist nicht ganz eindeutig, wird jedoch allg u auch von BGH bejaht.[193] Dagegen könnte sprechen, dass, wenn man Anwendbarkeit verneint, unter Abs 4 u 5 einheitlich nur Sachverhalte fielen, in welchen GFührer zunächst Verfügungsmacht über Geldeinlage erhielten u erst dann auf Grund eigener Verantwortung Sache erwerben oder Einlage in Form von Darlehen an Gfter zurückfließen lassen. Auch Rechtsfolgenregelung von Abs 4 passt für unzulässige Verrechnung mit Altforderung nicht ohne weiteres; denn Aufrechnung wäre als Rechtshandlung zur Durchführung der Vereinbarung über Sacheinlage, wie Abs 4 S 2 bestimmt, von Anfang an wirksam u hätte damit Erlöschen der Einlageforderung (§ 389 BGB) zur Folge, was jedoch mit Abs 4 S 4 in Widerspruch stünde, wonach Anrechnung frühestens mit Eintragung wirksam werden kann. Für Anwendbarkeit spricht dagegen, dass aus RegBegr nicht zu entnehmen, dass GesGeb nur Teilregelung im Sinne der Fallgruppe oben aa) für verdeckte Sacheinlage treffen wollte. Hinzu kommt, dass sich nur durch Erstreckung der Regelung auch auf diese Fallgruppe gesetzgeberisches u von Praxis gefordertes Ziel erreichen lässt, dass verdeckte Sacheinlagen, die etwa im Rahmen einer Due Diligence Prüfung entdeckt werden, nicht nach Jahr u Tag noch rückabgewickelt werden müssen.[194]

53 **c) Anwendbarkeit auf die nicht vorabgesprochene Tilgung von Restbareinlagen durch Sachleistung.** Ungeklärt ist die Frage der Anwendbarkeit der Anrechnung auf die nicht vorabgesprochene Tilgung von Resteinlagen durch Sachleistung ohne Vorabsprache im Zusammenhang mit Gründung oder KE. In diesem Fall ist Abs 4 vom Wortlaut her nicht unmittelbar anwendbar, da es an einer im Zusammenhang mit der Übernahme der Geldeinlage getroffene Abrede fehlt. Gleichwohl war bislang anerkannt, dass die Voraussetzung der Festsetzung von Sacheinlagen im GesVertrag oder Kapitalerhöhungsbeschluss ohne Einschränkung auch für die Resteinlagen gelten, deren Einforderung ggf in weitem Abstand zur Gründung oder Kapitalerhöhung erfolgen kann. Begründet wurde dies aus Abs 5 aF sowie dem Verbot der Abschwächung des Erfüllungsanspruchs in Abs 2 S 1. Eine dem widersprechende Annahme an Erfüllungs Statt war daher unzulässig u hatte keine Erfüllungswirkung (oben Rn 28).[195] An der grds Unzulässigkeit hat Abs 4, der sich schon vom Wortlaut her nicht darauf

[192] BGHZ 132, 141 = NJW 1996, 1473.

[193] S nur BGH NZG 2009, 944 Rn 10, 13 (Cash-Pool II); Goette/Habersack/*Winter* 2.9; – direkte Anwendbarkeit verneinend aber immerhin *Heinze* GmbHR 2008, 1065, 1069.

[194] Zu diesem Praxisgesichtspunkt s Bunnemann/Zirngibl/*Rose*, Auswirkungen des MoMiG auf bestehende GmbH, 2008, § 6 Rn 30.

[195] Ulmer/*Ulmer* Rn 89, 96; Scholz/*Schneider*/*Westermann* Rn 90.

erstreckt, nichts geändert.[196] Allerdings wäre es wertungswidersprüchlich, wenn man auf die nicht vorabgesprochene Erfüllung der Restbareinlageforderung durch Sachleistung nicht ebenfalls **Wertanrechnung von Abs 4 S 4** erstreckte, da die weniger gravierende Verletzung der Kapitalaufbringungsvorschriften nicht strenger behandelt werden kann als die von Abs 4 geregelte, welche geplant erfolgt u auch gesetzliche Mindesteinlage umfasst.[197] Dies setzt allerdings voraus, dass Ges Sachleistung als Einlage annimmt bzw bei Verrechnung dieser zustimmt. Annahme an Erfüllungs Statt hat daher nicht per se schuldtilgende Wirkung, sondern, abweichend von § 364 I BGB, nur in dem Umfang, wie nach Abs 4 Anrechnung erfolgt. Das folgt auch aus dem zwingenden Grds realer Kapitalaufbringung u Verbot des Teilerlasses in Abs 2 S 1.

3. Rechtsfolgen. a) Zunächst keine Befreiung von der Bareinlagepflicht, da vorübergehend erbrachter Barleistung als Umgehung der Sachgründungsvorschriften u unter Gesichtspunkt der Verwendungsabsprache zu Gunsten des Gfters (oben Rn 28) Erfüllungswirkung fehlt. Dies wird von Abs 4 S 3 („fortbestehende Geldeinlagepflicht") bestätigt u ist Sinn der Konstruktion von Abs 4, die sicherstellen soll, dass GFührer, wenn er Vorabsprache kennt, nicht wirksame Einlageleistung versichern kann (oben Rn 47). Bzgl nicht an Gfter oder ihm zuzurechnenden Dritten zurückgeflossener Teile der Bareinlage kann dagegen Erfüllungswirkung nicht verneint werden, da insoweit kein Hin- u Herzahlen vorliegt.[198] Soweit danach Einlage nicht wirksam erbracht, kann **GFührer bei Kenntnis nach § 8 nicht versichern,** dass Mindesteinlage erbracht u endgültig zur freien Verfügung steht (zur Folge unrichtiger Versicherung oben Rn 47).[199] Bei Offenlegung besteht **Eintragungshindernis,** § 9c I 1.[200] Soweit Vorabsprache dahin getroffen, dass Mindesteinlage bar geleistet u der Ges zur freien Verfügung verbleiben u Sachleistung erst später vereinbarungsgemäß aus Resteinlagemitteln erworben werden soll, dürfte allerdings Schranke des § 8, der auf Mindesteinlage begrenzt ist, ebenso leerlaufen wie bei fehlender Einbeziehung des GFührers in die Absprache. 54

Gfter können **vor Eintragung Satzung** entspr § 5 IV 1 **ändern** u nach Durchführung des weiteren Sacheinlageverfahrens Eintragungsantrag entspr korrigieren (zur Heilung nach Eintragung unten Rn 66). Problematisch ist dagegen, ob Gfter durch **Verzicht auf abgesprochene verdeckte Sacheinlage** Eintragung erreichen können. Dies muss möglich sein, weil sonst trotz aufgegebener Absprache über verdeckte Sacheinlage Eintragung der Ges dauerhaft verhindert wäre. Daher wird man bei ernsthaftem Abstandnehmen Eintragungsfähigkeit bejahen müssen. Rückabwicklung der erfolgten Barleistung, die zunächst nicht zur Erfüllung geführt hat, u deren erneute Leistung in diesem Fall nicht erforderlich. 55

---

196 Abw zur insoweit unterschiedlichen Regelung des RegE *Veil* ZIP 2007, 1241, 1246.

197 IE übereinstimmend *Veil* ZIP 2007, 1241, 1246; *Gesell* BB 2007, 2241, 2245; Bunnemann/Zirngibl/*Rose* § 6 Rn 66; *Herrler* DB 2008, 2347, 2351; *Heinze* GmbHR 2008, 1065, 1069.

198 *Bormann*/Kauka/Ockelmann Kap 4 Rn 202; – auf vereinbarten, nicht tatsächlichen Rückfluss stellt allerdings BGHZ 165, 113 Rn 6 = NJW 2006, 509 im Fall des Rückflusses als Darlehen ab.

199 Begr Rechtsausschuss BT-Drucks 16/9737, 97.

200 Begr Rechtsausschuss BT-Drucks 16/9737, 97.

56 **b) Wirksamkeit der Verträge über die Sacheinlage und der Rechtshandlungen zu ihrer Ausführung.** Anders als nach bisheriger Rspr[201] sind nach Abs 4 S 3 Verträge über Sacheinlage u Rechtshandlungen zu ihrer Ausführung trotz Umgehung der Sacheinlagevorschriften **nicht unwirksam** (Abs 4 S 2). Damit soll nicht nur Anrechnung ermöglicht werden, sondern zugleich für die Praxis die durch von BGH nach altem Recht befürwortete Heranziehung des § 27 III AktG aFentstandenen Probleme gelöst werden.[202] Die Wirksamkeit auch des schuldrechtlichen Verpflichtungsgeschäfts wirft allerdings die Frage auf, ob Gfter, der Bareinlage wegen entspr Abrede über Rückfluss für Sachleistung erfüllungsunwirksam geleistet hat, trotz fehlender Festsetzung nach § 5 IV die Durchführung des verdeckten Geschäfts erzwingen kann. Ob das Sinn der in erster Linie auf Korrektur der ansonsten drohenden Doppelzahlung ausgerichteten Neuregelung entspricht, ist zweifelhaft. Übersteigt das von Ges nach Vertrag zu zahlende Entgelt Wert der dafür erworbenen Sache, kommt es dadurch im Zusammenhang mit verdeckter Sacheinlage zu zusätzlichem Vermögensabfluss, der durch Anrechnung des tatsächlichen Werts nicht geheilt wird. Bsp:[203] Einlageforderung 10.000 €, auf die eine entspr Bareinlage erfolgt, vorabgesprochener Kauf eines PKW von Gfter zum Kaufpreis von 60.000 €. Der PKW ist tatsächlich nur 10.000 € wert. Dann ist zwar Einlageforderung durch Wert des PKW gedeckt; es kommt aber zu einem Vermögensabfluss in Höhe von 50.000 €. Das Problem kann nicht dadurch gelöst werden, dass man für diesen Fall die Einlagepflicht des Gfters mit dem Kaufpreis gleichsetzt u hierauf Wert anrechnet.[204] Vielmehr handelt es sich um einen von der Einlagepflicht unabhängigen u diese ggf auch übersteigenden Vermögensabfluss, der als unzulässige Auszahlung nach § 30 I zu erfassen ist.[205] – **Andere Unwirksamkeitsgründe** werden durch Abs 4 S 3 nicht ausgeschlossen.

57 **c) Anrechnung des Werts des Vermögensgegenstands. aa) Grundsatz.** Anrechnung soll bisherige Härte der doppelten Inanspruchnahme auf Barleistung beseitigen. Sie führt, soweit Wert der Sachleistung geschuldete Bareinlage deckt, nach Eintragung der Ges zu nachträglicher Wirksamkeit der Erfüllung der Bareinlagepflicht. Das gilt nicht nur in den Fällen, in welchen die Gfter Vorliegen einer verdeckten Sacheinlage nicht erkannt haben, sondern auch, wenn Form der verdeckten Sacheinlage bewusst gewählt wurde, um lästige Formalien der Sacheinlage zu umgehen. Mögliche Verletzung von § 8 durch GFührer ändert daran nichts. Damit wird an sich gebotenes Verfahren nach § 5 IV entwertet, zumal GFührer nicht notwendig in Vorabsprache einbezogen sein muss (oben Rn 49).

58 **bb) Anrechnung.** Wird Ges eingetragen u ist Sachleistung an Ges erbracht worden, tritt kraft Gesetzes Anrechnung u damit insoweit Erfüllungswirkung der zunächst unwirksamen Geldleistung ein. Das gilt auch für gesetzliche Mindesteinlage (§ 7 II). Soweit Wert der Sachleistung Betrag der Einlage

---

201 So entgegen der früher hM auch für Unwirksamkeit des dinglichen Erfüllungsgeschäfts BGHZ 155, 329 = NJW 2003, 3127.

202 Dazu Bunnemann/Zirngibl/*Rose*, Auswirkungen des MoMiG auf bestehende GmbH, 2008, § 6 Rn 30.

203 S dazu *Bormann*/Kauka/Ockelmann Kap 4 Rn 218 ff.

204 So aber *Bormann*/Kauka/Ockelmann Kap 4 Rn 220.

205 Ablehnend *Bormann*/Kauka/Ockelmann Kap 4 Rn 222.

nicht erreicht, besteht Bareinlagepflicht fort. Gfter bleibt insoweit in Verzug. Deckungslücke kann allerdings iE wohl durch Anrechnung weiterer Sachleistung erfüllt werden (oben Rn 53).[206]

Anrechnung erfolgt kraft Gesetzes; jedoch **frühestens mit Eintragung der Ges,** wenn Sachleistung zu diesem Zeitpunkt bereits erfolgt ist, sonst mit rechtswirksamer Erbringung der Sachleistung an Ges. Aufrechnung oder Willenserklärung der Parteien daher nicht erforderlich.[207] Ist Sachleistung zwischen Anmeldung u Eintragung bei Ges untergegangen, kann Anrechnung gleichwohl erfolgen, da Festsetzung des Zeitpunkts der Anrechnung lediglich sicherstellen soll, dass Anrechnung noch nicht im Zeitpunkt der Anmeldung wirksam wird, damit GFührer Angaben nach § 8 machen muss. Soweit Wert anrechenbar, ist Einlage erloschen. Subsidiäre Haftung der MitGfter nach § 24 lediglich bzgl nicht gedeckter offener Einlagereste. Für Abschluss u Ausführung der Verträge über verdeckte Sacheinlage trägt GFührer Verantwortung nach § 43 II. Ferner Haftung der GFührer nach § 9a I, der Gfter nach § 9a II wegen Nichtoffenlegung der Vorabsprache möglich.[208] – Erfolgt verdeckte Sacheinlage nicht im Wege des Rückflusses der Bareinlage als Entgelt für Erwerb eines sacheinlagefähigen Gegenstands (Fallgruppe aa, oben Rn 50), sondern ohne vorherige Barleistung durch an sich unzulässige vorabgesprochene **Verrechnung mit Alt- bzw Neuforderung** gegen Ges (Fallgruppe bb, oben Rn 51), können sich Probleme ergeben, da bei bestehenden Alt- wie auch bei Neuforderungen zuvor noch eine Verrechnung unter Mitwirkung des GFührers erfolgen muss, ohne die gar nicht erkennbar ist, ob die betreffende Alt- bzw Neuforderung überhaupt auf die Einlageförderung angerechnet werden soll. In diesen Fällen versagt daher die automatische Anrechnung, was die Zweifel bestärkt, ob Gesetzgeber diese Fälle überhaupt Abs 4 unterstellen wollte (oben Rn 52). Jedenfalls kann in solchen Fällen eine Anrechnung erst erfolgen, wenn GFührer Verrechnung erklärt. Dass die Alt- bzw Neuforderung zu diesem Zeitpunkt möglicherweise nicht mehr vollwertig ist, hindert solche Verrechnung nicht, da Abs 4 insoweit dem allg Aufrechnungserfordernis der Vollwertigkeit vorgeht.[209] 59

Anrechnung hat im **Verhältnis der Gfter untereinander** keine legitimierende Wirkung, sodass Minderheitsgfter ggf auf Unterlassung oder Schadenersatz im Wege der actio pro socio (§ 13 Rn 36) vorgehen können.[210] 60

Problematisch ist Konstruktion der Anrechnung.[211] **Unbefriedigend** ist zunächst Qualifizierung der zunächst erbrachten Barleistung oder der Sachleistung als **Leistung erfüllungshalber** (§ 364 II BGB). Letzteres scheidet aus, weil Sachleistung mangels entspr Festsetzungen im GesVertrag nicht erfüllungstauglich ist.[212] Ersteres scheitert daran, dass Geldleistung mit fehlender Erfüllungswirkung keine neue Verbindlichkeit iS von § 364 II BGB darstellt. 61

---

[206] *Veil* ZIP 2007, 1241, 1246 zu der Regelung des RegE.

[207] Begr Rechtsausschuss BT-Drucks 16/9737, 97.

[208] BegrRegE S 92; *Wicke* Rn 28.

[209] AA *Heinze* GmbHR 2008, 1065, 1068.

[210] *Handelsrechtsausschuss des DAV* NZG 2007, 735, 740 Rn 52; *Wicke* Rn 28.

[211] Darauf, dass eine Anrechnung bisher als Erfüllungssurrogat unbekannt ist, weisen *Ulmer* ZIP 2008, 45, 52 Fn 41 u *Maier-Reimer/Wenzel* ZIP 2008, 1449, 1451 hin.

[212] Zu diesem Gesichtspunkt, allerdings in Bezug auf Regelung des RegE, abl *Ulmer* ZIP 2008, 45, 51.

62 Näherliegend ist, Abs 4 S 3 als Fall nachträglich kraft Gesetzes wirksam werdender **Leistung an Erfüllungs Statt** zu qualifizieren.[213] Sachleistung träte mit Annahme an die Stelle der Barleistung. Für Mängel würde grds § 365 BGB gelten. **Lösung passt** jedoch **nicht,** weil Einlageanspruch nur in Höhe des Werts der Sachleistung erfüllt wird, während bei Annahme an Erfüllungs Statt Anspruch auf ursprüngliche Leistung insges erfüllt wird. Auch wirft diese Konstruktion bei Hin- u Herzahlen komplizierte Folgeprobleme auf, so Schicksal der unwirksamen Barleistung, die Bereicherungsforderung des Gfters entstehen ließe u deren Verhältnis zu Entgeltanspruch des Gfters für Verkehrsgeschäft.[214] Keine Lösung bietet Konstruktion für den Fall, in welchem beabsichtigte Sachleistung schließlich doch unterbleibt. Einlageanspruch wäre dann weiterhin trotz erfolgter Barleistung nicht wirksam erfüllt u Anrechnung könnte nicht erfolgen. Im Insolvenzfall träte Gefahr der Doppelzahlung ein, obwohl Gefährdung durch Annahme einer Sachleistung nicht eingetreten ist. – Ähnlichen Einwänden ist der Versuch ausgesetzt, Anrechnung als **verrechnungsähnliches Erfüllungssurrogat eigener Art**[215] zu qualifizieren, weil daraus keine konkreten Rechtsfolgen ableitbar sind. *Ulmer* hat dagegen vorgeschlagen, in der Anrechnung einen Fall der **Vorteilsausgleichung** zu sehen, was allerdings voraussetzt, dass der Inferent nicht im Hinblick auf die nicht eingetretene Erfüllungswirkung zugleich einen Bereicherungsanspruch erhält.[216] Auch das ist konstruktiv unbefriedigend u unnötig kompliziert.

63 Für Hin- u Herzahlen ist mit Funktion des Verbots u der partiellen Korrektur der Rechtsfolgen eher Annahme vereinbar, dass **Anrechnung,** soweit sie reicht, lediglich die **ursprüngliche Unwirksamkeit der Erfüllung** der erfolgten Bareinlage ex nunc **beseitigt.**[217] Barleistung ist ursprgl unwirksam, weil sie gemäß Vorabsprache an Gfter gegen wertmäßig nicht geprüfte Sachleistung zurückfließen soll. Mit erlaubter Anrechnung nach Abs 4 entfällt jedoch der Grund für die Unwirksamkeit der Barleistung, sodass nunmehr ex nunc Erfüllung in Höhe des tatsächlichen Werts der eingebrachten Sachleistung eintritt. Es tritt also nicht, was Abs 4 S 3 nahelegt, Sachleistung durch Anrechnung auf offene Geldeinlagepflicht an Erfüllungs Statt; vielmehr wird ursprgl Geldleistung voll erfüllungswirksam. Entspr muss gelten, wenn Gfter geplante Sachleistung endgültig aufgeben, da dann kein Grund mehr besteht, erbrachter Geldleistung weiter Erfüllungswirkung zu versagen. Gfter hat daher keinen Bereicherungsanspruch bzgl zunächst ohne Erfüllungswirkung erbrachter Barleistung, da u soweit Anrechnung zur nachträglichen Erfüllungswirkung der Barleistung führt. – In den Fällen **unzulässiger Verrechnung** seitens der Ges, wenn man sie unter Abs 4 fasst (oben Rn 52) wird dagegen die wegen der Umgehung der Sacheinlagevorschriften zunächst generell unwirksame Verrechnung in dem Umfang wirksam, welcher dem Wert der Alt- bzw Neuforderung entspricht. Ist die Verrechnung im Zeitpunkt der Eintragung noch nicht vollzogen, erlischt die Bareinlage-

---

213 So *Maier-Reimer/Wenzel* ZIP 2008, 1449, 1452; zust *Fuchs* BB 2009, 170, 172; – dagegen, allerdings in Bezug auf die abweichende Regelung des RegE *Ulmer* ZIP 2008, 45, 51; *ders* ZIP 2009, 293; *Dauner-Lieb* AG 2009, 217, 222.

214 Einzelheiten u Lösungsvorschläge bei *Maier-Reimer/Wenzel* ZIP 2008, 1449, 1452.

215 *Pentz* FS K. Schmidt 2009, 1265, 1275; *ders* GmbHR 2009, 1226, 1227 f.

216 *Ulmer* ZIP 2009, 293, 298.

217 Ähnlich bereits *Heinze* GmbHR 2008, 1065, 1066; *Kersting* 111.

forderung durch die Aufrechnung seitens der Ges bzw die einverständliche Verrechnung in dem Umfang, in welchem die Gegenforderung werthaltig ist. Insoweit geht Abs 4 der allg Voraussetzung, dass Ges nur gegen vollwertige Forderung aufrechnen kann, vor (oben Rn 59). Der Beweis für Werthaltigkeit liegt beim Gfter.

cc) Bewertung der Sachleistung nach **Verkehrswert. Maßgebender Zeitpunkt** für Bewertung ist nach Abs 4 S 3 derjenige der Anmeldung der Ges, wenn Sachleistung vorher erfolgt, erfolgt sie später, ist Bewertungszeitpunkt derjenige der Sachleistung (idR Eigentum und Besitz).[218] **Mängel der Sachleistung** mindern deren Wert. Sachmängelansprüche sind nicht zu berücksichtigen, erst erfolgte Nachlieferung oder Nachbesserung. Problematisch Bewertung von aufgerechneten Altforderungen des Gfters gegen Ges. Diese sind nach bisheriger Rspr u hM in der Lit unter Berücksichtigung vorhandener oder fehlender Vollwertigkeit, Fälligkeit u Liquidität zu bewerten.[219] Strikte Durchführung der von GesGeb auch bei Kapitalaufbringung verstärkt herangezogenen bilanzielle Betrachtungsweise könnte jedoch nunmehr zu dem Schluss führen, dass infolge des Wegfalls eines dem Nennwert entspr Passivpostens auf der einen u Aktivpostens auf der anderen Bilanzverkürzung ohne Erfordernis gesonderter Bewertung eintritt.[220] Dagegen spricht Grds der realen Kapitalaufbringung. 64

4. Beweislast. Die Beweislast für Wert des Vermögensgegenstands trägt nach Abs 4 S 5 Gfter. Gfter riskiert daher bis zum Ablauf der Verjährung noch inbes in der Insolvenz der Ges in Anspruch genommen zu werden, weil zu späterem Zeitpunkt Beweis der Werthaltigkeit nicht gelingt. Anerkenntnisse der Ges uä sind insoweit wirkungslos. Auch vorsorglich zeitnah erstellte Gutachten (Schubladengutachten) werden nicht ohne weiteres als Beweis ausreichen.[221] Allerdings liegt es nahe, Erleichterungen nach § 33 a AktG nF analog heranzuziehen.[222] 65

5. Heilung durch Satzungsänderung. Nach Rspr zum Recht vor MoMiG war Heilung ex nunc möglich durch **Satzungsänderung** mit entspr Mehrheit u den Angaben nach § 5 IV, wonach bisherige Bar- in Sacheinlage umgewandelt wurde. Einlagegegenstand war Sache, die infolge der Anwendung von § 27 AktG aF nicht wirksam übereignet war.[223] Dann konnte Sachgründungsverfahren durchlaufen werden, also **Sachgründungsbericht** mit entspr Wertnachweis, der durch alle GFührer u von der Änderung betroffenen Gfter zu unterzeichnen ist.[224] Jedenfalls bei Verrechnung mit Gewinnansprüchen auch von WP testierte Bilanz.[225] HR-Anmeldung unter 66

---

218 Abw *Bormann*/Kauka/Ockelmann Kap 4 Rn 226: maßgeblich nur Eigentumsübergang.

219 BGHZ 90, 370, 373 = NJW 1984, 1891; Ulmer/*Ulmer* § 5 Rn 57.

220 So schon *Reuter* BB 1978, 1195; *Meilicke* DB 1989, 1072, 1119 ff.

221 *Gehrlein* Der Konzern 2007, 771, 784.

222 Ebenso *Bormann*/Kauka/Ockelmann Kap 4 Rn 234.

223 Zur Nichtigkeit des Erfüllungsgeschäfts nach bisherigem Recht BGHZ 155, 329 = NJW 2003, 3127; Ulmer/*Ulmer* Rn 135, 138; *Roth*/Altmeppen Rn 59; zu Folgeansprüchen *Ettinger*/*Reiff* NZG 2004, 258, 259 ff; – anders wohl Scholz/*Winter*/*Westermann* § 5 Rn 80 d u 107; Michalski/*Ebbing* § 5 Rn 152.

224 BGHZ 132, 141, 155.

225 BGHZ 132, 141, 155; grds auch *Krieger* ZGR 1996, 688; insoweit krit *Lutter* JZ 1996, 912; *Priester* ZIP 1996, 1031.

Vorlage des Sachgründungsberichts, der Einbringungsverträge u einer Versicherung der GFührer über Werthaltigkeit u Einbringung der Sacheinlage.[226] – **Prüfung** und Eintragung **durch RegGericht,** wobei sich Prüfung auf Vorliegen einer verdeckten Sacheinlage erstrecken solle.[227]

67 Ungeachtet der Erfüllungswirkung der Sachleistung durch Anrechnung **soll** durch Abs 4 bisherige Möglichkeit einer **Heilung durch Satzungsänderung nicht ausgeschlossen** sein.[228] Sie soll auch gegenüber MitGftern die Sachleistung legalisieren, GFührer von evtl Haftung befreien u zu Wiederherstellung der Beweislast für Werthaltigkeit im Hinblick auf trotz Bewertungsverfahrens mögliche Differenzhaftung nach § 9 I für Ges bzw Insolvenzverwalter.[229]

68 Problematisch ist dies, wenn u weil nach Abs 4 bereits Anrechnung u damit Heilung eingetreten ist. Anders als nach altem Recht, nach dem Einbringung der Sache ohne erforderliche Festsetzungen keine Erfüllungswirkung hatte u daher durch Satzungsänderung Einbringung der Sachleistung erst ermöglicht werden sollte, würde nach neuem Recht eine durch Anrechnung **erfüllte Bareinlagepflicht** aufgehoben werden müssen. Ob gewünschte Legitimation im Innenverhältnis für Inanspruchnahme des registerrechtlichen Prüfungsverfahrens genügt, erscheint zweifelhaft u ist zumindest nicht gesichert,[230] zumal solche Legitimation auch durch bloßen GfterBeschluss mit entspr Mehrheit herbeigeführt werden könnte.

69 Wird dieser Weg dennoch gewählt, gilt für den Bewertungszeitpunkt der erneut einzubringenden Sache nicht mehr der Einbringungs-, sondern wie bisher der Anmeldungszeitpunkt,[231] sodass zwischenzeitliche Wertminderungen zu berücksichtigen sind.[232] Ob in diesem Fall Mitgfter kraft **Treuepflicht zur Mitwirkung** an Heilung in Form der Satzungsänderung verpflichtet sind, hängt von ihrem zuvor gegebenen Einverständnis mit der Durchführung einer verdeckten Sacheinlage ab.[233]

VII. Begrenzte Zulässigkeit vorabgesprochenen Rückflusses der Einlage, Abs 5

70 **1. Begriff, Normzweck, Regelungsinhalt, Anwendungsbereich.** Mit Abs 5 will GesGeb Rechtsfolgen des sog Hin- u Herzahlens, bei welchem

---

226 BGHZ 132, 141, 155; *Ettinger/Reiff* NZG 2004, 258.

227 So wohl BGHZ 132, 141, 146 f; – aA mit guten Gründen *Priester* ZIP 1996, 1027 f; *Lutter* JZ 1996, 913. Weitere Einzelheiten bei *Reuter* BB 1999, 217; *Sciessl/Rosengarten* GmbHR 1997, 773.

228 BegrRegE BT-Drucks 354/07, 91; *Gehrlein* Der Konzern 2007, 771, 784; *Gehrlein/Witt* Kap 6 Rn 52; *Wicke* Rn 29; *Bormann*/Kauka/Ockelmann Kap 4 Rn 254.

229 Einzelheiten zur Durchführung bei *Bormann*/Kauka/Ockelmann Kap 4 Rn 255 f.

230 Zweifelnd auch *Handelsrechtsausschuss des DAV* NZG 2007, 735, 739 Rn 46, „entfällt das Thema der Heilung des Einbringungsgeschäfts". Für Zulässigkeit aber wohl *Gehrlein* Der Konzern 2007, 771, 784; *M. Winter,* FS Priester 2007, 867, 877.

231 HM, BGHZ 132, 141, 155; *Lutter* JZ 1996, 913; – abw *Krieger* ZGR 1996, 683 f mwN.

232 AA *Winter,* FS Priester, 2007, 867, 877.

233 Zum Recht vor MoMiG in diesem Sinne BGHZ 155, 329, 338 = NJW 2003, 3127; *Krieger* ZGR 1996, 686; für weitergehende Mitwirkungspflicht *Priester* DB 1990, 1761; wohl auch *Roth*/Altmeppen § 5 Rn 64; zum neuen Recht unklar *Bormann*/Kauka/Ockelmann Kap 4 Rn 261, 269.

Bareinlage nach entspr Vorabsprache alsbald wieder an Gfter zurückfließt, ohne dass die Voraussetzungen der in Abs 4 gesondert geregelten verdeckten Sacheinlage vorliegen, abweichend von bisheriger Rspr regeln (oben Rn 1). Nach bisherigem Recht ist Hin- u Herzahlen nicht als Rückzahlung einer wirksam erfolgten Einlage zu qualifizieren, sondern hindert wegen der bei Gründung oder KE getroffenen Absprache bereits Erfüllungswirkung (oben Rn 23). Abs 5 weicht für begrenzte Fallgestaltungen davon ab. Im Blick hat GesGeb dabei vor allem das sog **Cash-Pooling.** Regelung ist darauf jedoch nicht beschränkt.[234] Sie lässt iGgs zur bisherigen Rspr den Rückfluss zu, obwohl er im wirtschaftlichen Ergebnis zu einer Ersetzung des Einlageanspruchs durch bloße Forderung gegen Gfter führt, für deren Erfüllung Mitgfter infolge wirksamer Erfüllung der Einlage nicht mehr haften. Darin liegt unvermeidlich gewisser Systembruch, der allerdings durch weitere Voraussetzungen, die im Rahmen des Gesetzgebungsverfahrens auf Empfehlung von *Ulmer*[235] durch Rechtsausschluss eingefügt wurden, in seiner Wirkung gemildert wurde. – Abs 5 ist **sowohl auf die Mindest- als auch auf die Resteinlagen anwendbar.** Erfordernis freier Verfügbarkeit geht ihm nicht vor.[236]

Vorschrift enthält **keine Einschränkung für UG.** Da auch bei GmbH unter den Voraussetzungen von Abs 5 sogar Mindesteinlage als Darlehen an Gfter zurückfließen kann, besteht kein Grund, UG anders zu behandeln.[237] 71

2. Voraussetzungen. Abs 5 enthält Ausnahme vom Grundsatz fehlender Erfüllungswirkung des sog Hin- u Herzahlens (oben Rn 23), der damit als solcher bestätigt wird. Regelung ist abzugrenzen von verdeckter Sacheinlage (oben Rn 45 ff), für die partielle Sonderregelung in Abs 4 besteht, u von sonstigen Geschäften mit Gfter (auch Drittgeschäften), die nicht im Zusammenhang mit Einlageleistung stehen u sich daher nach § 30 bemessen.[238] 72

Kriterium für Zusammenhang des Vermögensabflusses bei Ges mit Einlageleistung des Gfters ist, wie bei verdeckter Sacheinlage (s dort Rn 49), **Vorabsprache (Abrede)** unter den Beteiligten. **Abgrenzung zur Sacheinlage,** dass kein sacheinlagefähiger Gegenstand erworben oder GfterForderung mit Einlageforderung verrechnet, sondern gezahlte Bareinlage an Gfter zurückfließt u dadurch Rückgewährforderung gegen Gfter begründet wird. Abgrenzung zur Sacheinlage kann etwa bei Cash-Pool problematisch sein, wenn Ges innerhalb des Cash-Pools im Debet steht u im Rahmen nachfolgender Kapitalerhöhung zwar Bareinlage erfolgt, diese jedoch unter Verrechnung mit Debet wieder an Cash-Pool u damit MutterGes zurückfließt. Dann liegt nach den Grunds des BGH verdeckte Sacheinlage[239] u nicht Hin- u Herzahlen vor, Voraussetzungen und Rechtsfolgen bestimmen sich damit 73

---

234 Anders offenbar *Goette* Einführung Rn 21.

235 Vgl *Ulmer* ZIP 2008, 45, 54 „systematischer Widerspruch" zum RegE § 8 II u Regelungsvorschlag ebenda.

236 *Veil* ZIP 2007, 1241, 1243; *Bormann/Urlichs* GmbHR 2008, 119, 120; *Maier-Reimer/Wenzel* ZIP 2008, 1449, 1453; – aA *Heinze* GmbHR 2008, 1065, 1072.

237 *Miras,* Die neue Unternehmergesellschaft, 2008, Rn 363; *Wachter* GmbHR Sonderheft Oktober 2008, 25, 33; – aA *Wicke* Rn 7.

238 *Wicke* Rn 36; *Gehrlein* Der Konzern 2007, 771, 781; *Bormann* GmbHR 2007, 897, 902.

239 BGH NZG 2009, 944 Rn 10 (Cash-Pool II); BGHZ 166, 8 Rn 12 = NJW 2006, 1736; BGHZ 110, 47 (IBH/Lemmerz) = NJW 1992, 982, betr AG.

nach Abs 4 u nicht nach Abs 5, zumal es an einem Rückgewähranspruch der Ges, dessen Vollwertigkeit geprüft werden könnte, fehlt.[240] Kein Hin- u Herzahlen iSv Abs 5 liegt ferner vor, wenn ohne vorherige Barleistung anstelle der Bareinlage lediglich Darlehen vereinbart wird, das nach Rspr nicht sacheinlagefähig ist (Vereinbarungsdarlehen, oben Rn 19).[241] **Vorabsprache** muss **vor der Erbringung der Einlage u vor Anmeldung** getroffen sein. Spätere Darlehensgewährungen, die nicht auf Vorabsprache beruhen u bei welchen Vermutung der Vorabsprache widerlegt ist oder wegen zeitlicher Distanz nicht besteht, beurteilen sich daher nach § 30.[242]

74 Gfter muss zunächst, bis auf die an sich erfüllungshindernde Absprache, **Barleistung erbracht** haben.[243] Leistung muss entspr Vorabsprache an Gfter in der Weise zurückgeflossen sein, dass **Rückgewähranspruch für Ges begründet** wurde. Das setzt Wirksamkeit des entspr Rechtsverhältnisses, meist Darlehen, voraus, die nach bisheriger Rspr[244] nicht gegeben war u daher, ähnlich wie in den Fällen des Abs 4, durch Abs 5 begründet wird, soweit dessen weitere Voraussetzungen erfüllt sind.

75 Fraglich, ob Abs 5 auch eingreift, **wenn Ges zunächst Darlehen gewährt,** mit dessen Mitteln dann Einlage erbracht wird. In diesem Fall wurde bisher Wirksamkeit der Einlage versagt, weil sie aus Mitteln der Ges stammt (oben Rn 22). Einbeziehung auch dieser Gestaltung in Abs 5 vom Wortlaut her nicht nahe liegend, weil darin keine Rückzahlung der Einlage iS von S 1 liegt.[245] Auch Sinn u Zweck der Regelung, Cash-Pooling zu ermöglichen, legt Erstreckung von Abs 5 auf diese Fallgestaltung nicht nahe.

76 **Leistung der Ges** idR Geldleistung, denkbar aber auch Forderungsabtretung oder sonstiger Sachwert (Sachdarlehen). Leistung der Ges muss durch vollwertigen Rückgewähranspruch gedeckt sein. Maßgeblich sind nicht bilanzielle, sondern tatsächliche Verkehrswerte. **Vollwertigkeit des Rückgewähranspruchs,** wenn Vermögen des Gfters zur Deckung sämtlicher Verbindlichkeiten ausreicht.[246] Abzustellen ist auf **tatsächliche Lage,** nicht auf Kenntnis oder Erkenntnismöglichkeit des GFührers, auch nicht auf bilanzielle Bewertung (str),[247] die ebenfalls auf auf Erkennbarkeit aus der Sicht der Ges abstellt u bei Fehlen gegenteiliger Hinweise von Vollwertigkeit ausgeht.

---

240 *Bormann/Urlichs* GmbHR Sonderheft Oktober 2008, 37, 43; *Bormann*/Kauka/Ockelmann Kap 4 Rn 40.

241 BGHZ 165, 113, 117 = NZG 2006, 24, 25; BGHZ 165, 113 Rn 8 = NJW 2006, 509; für MoMiG auch *Seibert/Decker* ZIP 2008, 1210; *Bormann/Urlichs* GmbR Sonderheft Oktober 2008, 37, 45; *Wälzholz* GmbHR 2008, 841, 846; – aA *Wicke* Rn 33; tendenziell ebenso *Drygala* NZG 2007, 561, 564; zweifelnd auch *Bormann* GmbHR 2007, 897, 903.

242 *Bormann* GmbHR 2007, 897, 902; *Maier-Reimer/Wenzel* ZIP 2008, 1449, 1453; auch *Gehrlein/Witt* Kap 6 Rn 16.

243 *Heckschen* DStR 2009, 166, 171. Dazu, dass Vereinbarungsdarlehen nicht genügt oben Rn 19.

244 BGHZ 165, 113 Rn 8 = NJW 2006, 509.

245 Ablehnend auch *Bormann/Urlichs* GmbHR Sonderheft Oktober 2008, 37, 43; offen lassend aber *Bormann*/Kauka/Ockelmann Kap 4 Rn 39. – Für Anwendbarkeit von Abs 5 *Maier-Reimer/Wenzel* ZIP 2008, 1449, 1454; *Wicke* Rn 33.

246 *Gehrlein/Witt* Kap 6 Rn 15; unzutreffend auf GesVermögen bezogen bei *Gehrlein* Der Konzern 2007, 771, 781.

247 *Bormann/Urlichs* GmbR Sonderheft Oktober 2008, 37, 43 f; – aA, Forderungsbewertung nach § 253 HGB bzgl § 311 AktG BGHZ 179, 71 Rn 13 (MPS) = NJW 2009, 850; *Büchel* GmbHR 2007, 1065, 1067; *Kallmeyer* DB 2007, 2755; *Winter* DStR

Nichterfüllung der Einlageverpflichtung bei fehlender, aber von Ges nicht erkennbarer Vollwertigkeit ist Risiko des Gfters, der seine Solvenz kennt. Erkenntnismöglichkeit des GFührers lediglich für Haftung maßgebend, wobei in faktischen Konzernverhältnissen namentlich bei Cash-Pool Vollwertigkeit schwer zu beurteilen sein u zu Haftungsgefahren für GFührer führen wird.[248] Zu entspr Informationspflichten im Konzern Rn 79.

Nicht erforderlich ist **Sicherheit,** soweit Gfter ausreichend solvent.[249] Ges stellt nicht auf abstrakte, sondern auf konkrete Vollwertigkeit ab.[250] Zwar wird für Darlehen an Dritte vertreten, dass GFührer Pflicht verletzt, wenn er diese ungesichert gibt.[251] Übertragung der Wertung auf Abs 5 würde jedoch Zweck der Regelung namentlich für Cash-Pool im Konzern weitgehend unterlaufen[252] u kann daher nicht im Sinne der gesetzlichen Regelung liegen. Umgekehrt kann Sicherheit zwar ansonsten zweifelhafte Vollwertigkeit gewährleisten, wird aber häufig nicht jederzeitige Verfügbarkeit sicherstellen. Keine Frage der Vollwertigkeit, sondern allenfalls eine solche der Deckung ist fehlende **Verzinsung;** diese hat mit der Bewertung der Sicherheit des Rückgewähranspruchs nichts zu tun. Verbreitete gegenteilige Ansicht, die nach bilanziellen Grunds[253] jedenfalls Verzinsung für Darlehen mit längerer als einjähriger Laufzeit verlangt,[254] kann sich nur auf Frage beziehen, ob Rückgewähranspruch in nomineller Darlehenshöhe im Hinblick auf Geldentwertung noch Wert der ursprügl Darlehensleistung deckt. Dies kann zum maßgebenden Zeitpunkt (nachf Rn 79) jedoch nicht unter Berücksichtigung der Laufzeit in Frage gestellt werden, da infolge der jederzeitigen Fälligkeit bzw Kündbarkeit Laufzeit nicht feststeht.[255] **Gedeckt** ist Rückfluss durch Rückgewähranspruch, wenn letzterer seiner Höhe nach nicht hinter Verkehrswert der tatsächlichen Leistung der Ges zurückbleibt. 77

Rückgewähranspruch muss ferner **jederzeit fällig sein oder durch fristlose Kündigung fällig werden können.** Durch diese Einschränkung, die durch Rechtsausschuss eingefügt wurde, wird Bedenken der Lit[256] gegen Aushöhlung des Grds realer Kapitalaufbringung Rechnung getragen, gleichzeitig aber Cash-Pooling ermöglicht. Die Idee ist, Wertungskonflikt mit Kapitalaufbringungsgrunds dadurch zu vermeiden, dass GFührer weiterhin die erforderliche freie Verfügung über Einlage haben, wenn sie jederzeitigen 78

2007, 1484, 1486; auf die objektive Möglichkeit eines Ansatzes zum Nominalwert abstellend jetzt auch *Bormann*/Kauka/Ockelmann Kap 4 Rn 45.

248 *Goette* Einführung Rn 24 mit dem Hinweis, es werde unerlässlich sein, dem GFührer der Tochterges ein autonomes Informationsrecht einzuräumen. Krit zur damit verbundenen Haftungsgefahr *K. Schmidt* GmbHR 2008, 449, 452 f.

249 *Wicke* Rn 32; *ders* NotBZ 2009, 1, 3; – offengelassen für § 57 AktG aF BGHZ 179, 71 Rn 11 (MPS) = NJW 2009, 850; ebenda Rn 13 aber verneint für § 311 AktG; – aA *Bormann*/Kauka/Ockelmann Kap 4 Rn 49 sowie hM zu § 57 AktG aF, MünchKommAktG/*Bayer* § 57 Rn 100; *Hüffer* AktG § 57 Rn 3 a.

250 Vgl zu § 311 AktG BGHZ 179, 71 Rn 10 (MPS) = NJW 2009, 850.

251 BGH NJW 1980, 1629; ZIP 2002, 214.

252 S zur Förderung des Cash-Pooling im Konzern als Regelungszweck RegBegr BR-Drucks 354/07, 78; insoweit auch *Bormann*/Kauka/Ockelmann Kap 4 Rn 49.

253 Dazu Baumbach/Hueck/*Schulze-Osterloh* 18. Aufl 2006 § 42 Rn 367.

254 *Bormann*/Kauka/Ockelmann Kap 4 Rn 50; vgl auch *Wicke* Rn 32; ferner zur vergleichbaren Frage bei § 30 auch *Drygalla*/*Kremer* ZIP 2007, 1289, 1293; *Winter* DStR 2007, 1484, 1487.

255 *Bormann*/Kauka/Ockelmann Kap 4 Rn 50.

256 Siehe nur *Ulmer* ZIP 2008, 45, 54.

Zugriff auf die an den Inferenten zurückgeflossenen Bareinlagen haben. Ob dafür Zugriffsmöglichkeit im Cash-Pool genügt, ist str.[257] Das Problem ist nur, dass sich die Frage, ob der jederzeitige Zugriff dann auch tatsächlich realisierbar ist, sich erst im Ernstfall beantworten lässt, in dem es, etwa bei überraschenden Verlusten des Gfters, zu spät sein kann.[258]

79 **Maßgeblicher Zeitpunkt** für Beurteilung von Vollwertigkeit, Deckung u jederzeitiger Realisierbarkeit des Rückgewähranspruchs ist derjenige der Leistung der Ges; spätere Verschlechterungen bei Gfter beeinflussen Wirksamkeit nicht mehr, sondern sind Anlass für GFührer, pflichtgem rückzufordern.[259] Das kann im Fall der *upstream loans* geeignete Informationspflichten bis hin zur Einrichtung eines Frühwarnsystems erforderlich machen.[260]

80 Zweifelhaft ist, ob **Offenlegung** nach Abs 5 S 2 nur gesetzliche Pflicht der GFührer oder darüber hinaus Wirksamkeitsvoraussetzung für ansonsten nicht gegebene Erfüllungswirkung ist. Begr des Rechtsausschusses führt nur aus, „zudem" sei das Hin- u Herzahlen in der Anmeldung offenzulegen, damit der Registerrichter prüfen könne, ob die Voraussetzungen einer Erfüllungswirkung trotzdem gegeben seien.[261] Das lässt beide Deutungen zu. Gesetzesfassung spricht eher gegen Wirksamkeitsvoraussetzung, da diese ansonsten in Abs 5 S 1 hätte geregelt werden müssen. Regelung in gesondertem S 2 spricht daher für bloße Pflicht der GFührer ohne Einfluss auf Wirksamkeit der Leistungserbringung. Anders kann auch Anwendung der Übergangsvorschrift für noch nicht abgeschlossene Altfälle nicht funktionieren, da es bei diesen immer an der Offenlegung fehlt (unten Rn 92). Dennoch sieht **hM** in ihr **Wirksamkeitsvoraussetzung.**[262]

81 **Beweislast** für Leistung der Bareinlage bei Gfter, für ggf erfüllungshindernden Rückfluss bei Ges, für dennoch bestehende Erfüllungswirksamkeit nach Abs 5, insbes Vollwertigkeit u jederzeitige Fälligkeit wieder bei Gfter.[263]

82 **3. Rechtsfolge.** Rechtsfolge ist **wirksame Erfüllung der Einlagepflicht** trotz vorabgesprochenen Rückflusses. Auch hier ist die rechtliche Konstruktion nicht ganz unzweifelhaft, etwa in Fällen, in welchen der Rückfluss an den Gfter erst nach Eintragung der Ges erfolgt, sodass auch erst zu diesem Zeitpunkt geklärt ist, ob der Rückgewähranspruch den Voraussetzungen von Abs 5 entspricht oder nicht. Fraglich ist daher, ob Erfüllungswirkung sofort oder erst nach registerrechtlicher Prüfung u Eintragung eintritt. Nach der hier

---

257 Verneinend BGH NZG 2009, 944 Rn 26 (Cash-Pool II); bejahend *Ulmer* ZIP 2008, 45, 54.

258 In der tatbestandlich weiteren Fassung des RegE wurde daher eine weitgehende Entwertung der Kapitalaufbringung gesehen, *Gehrlein* Der Konzern 2007, 771, 782; *Heckschen* DStR 2007, 1442, 1447; – aA *Joost* ZIP 2007, 2242, 2244.

259 BGHZ 179, 71 (MPS) Rn 14 = NJW 2009, 850 zu § 311 AktG; *Bormann/Urlichs* GmbR Sonderheft Oktober 2008, 37, 43; wohl auch *Wälzholz* MittBayNot 2008, 425, 431.

260 BGHZ 179, 71 (MPS) Rn 14 = NJW 2009, 850 zu § 311 AktG; *Goette* Einführung Rn 24; *ders* GmbHR 2009, 51, 53.

261 Begr Rechtsausschuss BT-Drucks 16/9737, 98.

262 BGH NZG 2009, 944 Rn 25 (Cash-Pool II); NJW 2009, 2375 Rn 16 (Qivive); auch *Pentz* GmbHR 2009, 505, 511; *Bormann/Urlichs* GmbR Sonderheft Oktober 2008, 37, 44; *Bormann*/Kauka/Ockelmann Kap 4 Rn 64.

263 Vgl *Gehrlein* Der Konzern 2007, 771, 781; *Bormann*/Kauka/Ockelmann Kap 4 Rn 58; – aA unter unzutreffender Heranziehung von § 363 BGB *Büchel* GmbHR 2007, 1065, 1067 f.

vertretenen Auffassung, die in Offenlegung u Prüfung kein Wirksamkeitserfordernis sieht, tritt Erfüllungswirkung ungeachtet der Vorabsprache bereits mit Leistung der Bareinlage ein, wenn Voraussetzungen des Abs 5 S 1 hinsichtlich der vereinbarten Leistung vorliegen.

Mit Zahlung der Bareinlage **erlischt** ungeachtet des vorabgesprochenen Rückflusses die **potentielle Haftung der Rechtsvorgänger, Rechtsnachfolger u MitGfter nach §§ 22–24.**[264] Daher auch keine unmittelbare oder analoge Anwendung von § 20, falls Gfter bei Rückforderung nicht sofort leistet.[265] Rechtsfolge ist von Gesetz in Kauf genommen, was auch daraus folgt, dass Gesetzesbegründung einräumt, dass gegen Regelung eingewandt werden kann, dass Einlageforderung durch schwächere schuldrechtliche Forderung ersetzt wird.[266] Weitere, nicht unbedenkliche Konsequenz ist, dass nunmehr kaum zu verhindern ist, dass Gfter im Rahmen der Darlehenstilgung ohne Rücksicht auf Abs 2 S 2 gegen Rückforderungsanspruch aufrechnen kann.[267] Auch Verzicht wird für möglich gehalten, was dann allerdings, ebenso wie verspätete Rückforderung bei gefährdeter Vollwertigkeit, zur Haftung des GFührers führen wird.[268] Zur Haftung des GFührers für Fehler s § 43 mit Anm. 83

Soweit Wirksamkeitsvoraussetzungen von Abs 5 nicht erfüllt sind, tritt wie bisher Erfüllungswirkung der Bareinlage nicht ein. Darlehensvertrag ist nichtig. GFührer verstößt gegen Pflichten u haftet bei Schaden. Pflicht zur Beurteilung des Vorliegens der Voraussetzungen von Abs 5 u möglicher Konflikt mit Gfterinteressen schafft für GFührer gefährliches Haftungsrisiko. – **Rückzahlung der zu Unrecht überlassenen Valuta an Ges führt** in diesem Fall **zur Erfüllung** des Einlageanspruchs ex nunc auch dann, wenn auf vermeintliche Darlehensforderung gezahlt wird[269] (näher oben Rn 26). 84

VIII. Verjährung, Abs. 6

Lit: *Stenzel,* Verjährung des Anspruchs von Kapitalgesellschaften auf Erbringung der Gesellschaftereinlage, BB 2008, 1077; *Thiessen,* Zur Neuregelung der Verjährung im Handels- und Gesellschaftsrecht, ZGR 168 (2004), 503.

Verjährung des Einlageanspruchs war ursprünglich im Gesetz nicht geregelt. Bis zum Inkrafttreten der Schuldrechtsreform wurde daher die allg 30-jährige Verjährungsfrist (§§ 195, 198 BGB aF) herangezogen.[270] Nach geänderter Rechtslage durch SchuldrechtsmodernisierungsG hätte dies konsequenterweise zur Geltung der nur 3-jährigen Regelverjährung der §§ 195, 199 I BGB nF führen müssen, was nicht nur in Wertungswiderspruch zu der vom GmbHG selbst festgelegten 5-jährigen Verjährung der die Kapitalauf- 85

[264] *Goette* GmbHR 2009, 51, 53; *Schall* ZGR 2009, 126, 140; *Bormann* GmbHR 2007, 897, 902; *Gehrlein* Der Konzern 2007 771, 782; – aA *Wicke* Rn 37; *Heinze* GmbHR 2008, 1065, 1071.

[265] Inkonsequent *Bormann*/Kauka/Ockelmann Kap 4 Rn 56, 65.

[266] BegrRegE BR-Drucks 354/07, 79.

[267] *Bormann* GmbHR 2007, 897, 903; für analoge Anwendung des Aufrechnungsverbots aber *Heinze* GmbHR 2008, 1065, 1071.

[268] *Bormann*/Kauka/Ockelmann Kap 4 Rn 68.

[269] BGHZ 165, 113 = NJW 2006, 509; auf diese verbleibende Heilungsmöglichkeit weist ausdrücklich BegrRegE BR-Drucks 354/07, 78 hin.

[270] BGH NZG 2000, 1226; NJW 2001, 3781; BGHZ 118, 101; BGH NJW 1987, 779 obiter; OLG Koblenz BB 1989, 451, 452; Rowedder/Schmidt-Leithoff/*Pentz* Rn 138 f.

bringung absichernden Ansprüche (zB § 9 II aF) gestanden,[271] sondern die Kapitalaufbringung als zentrales Institut des Gläubigerschutzes entwertet hätte.[272] Gesetzgeber, der das Problem zunächst wohl übersehen hat, hat dann durch Art 13 des G zur Anpassung von Verjährungsvorschriften an das Gesetz zur Modernisierung des Schuldrechts v 9. 12. 2004[273] Abs 6 mit Sonderregelung für Einlageansprüche eingefügt, wonach der Einlageanspruch in 10 Jahren ab seiner Entstehung, und, soweit noch nicht verjährt, im Fall der Eröffnung eines Insolvenzverfahrens nicht vor Ablauf von sechs Monaten seit der Eröffnung verjährt (Ablaufhemmung). An objektivem Merkmal ausgerichteter Verjährungsbeginn u gegenüber allg Regeln verlängerte Frist soll in erster Linie Gläubigerschutz dienen.[274]

86 **Beginn** trotz abw Wortlauts mit Fälligkeit, nicht bereits mit Entstehung.[275] Mindest- u Sacheinlagen sind im Rahmen der Gründung bereits vor Anmeldung fällig (§ 7 II, III), iü Fälligkeit entspr Regelung im GesVertrag oder mit Einforderung (§ 20 Rn 3). Erfolgt im Rahmen verdeckter Sacheinlage Rückfluss bereits gezahlter Bareinlage als Gegenleistung für Sachwert (dazu oben Rn 50), beginnt Verjährung für nicht durch Anrechnung (Abs 4) erfüllte Resteinlage gleichwohl mit Fälligkeit der Barleistung, da danach erfolgte Geldleistung infolge der Vorabsprache keine Erfüllungswirkung hat.[276] **Ablaufhemmung** durch Eröffnung des Insolvenzverfahrens, Abs 6 S 2, um Insolvenzverwalter bei bevorstehender Verjährung Möglichkeit zu geben, Ansprüche zu prüfen u ggf verjährungshemmende Maßnahmen zu ergreifen.[277] – Verjährungsregelung bezieht sich auf **Einlageforderungen** (Bar- wie Sacheinlage), daher nicht auf Ansprüche bzgl Nebenleistungen oder **Agio,** da diese nicht primär im Gläubiger-, sondern im Gesellschaftsinteresse[278] bestehen. Insoweit verbleibt es bei allg Regelung der §§ 195, 199 BGB.[279] – Verjährenlassen kann **Haftung der GFührer** nach § 43 begründen, wonach endgültiger Verlust für Ges um weitere 5 Jahre hinausgeschoben wird (§ 43 IV).[280] Ferner kann in Verjährenlassen anfechtbare Rechtshandlung iSd §§ 129 InsO, 3 AnfG liegen.[281] – **Zeitliche Anwendbarkeit.** Neuregelung der Verjährung in Abs 6 in Kraft seit 15. 12. 2004.

87 Um möglichem Ablauf kurzer Verjährungsfrist der §§ 195, 199 BGB iVm Art 229 § 6 Abs 4 EGBGB zuvorzukommen, sieht **Übergangsregelung** in Art 229 § 12 II EGBGB vor, dass für die Verjährung am 15. 12. 2004 noch nicht verjährter Einlageansprüche, für die nach Ansicht des Gesetzgebers zuvor eine kürzere Frist (dh die Regelverjährung des Schuldrechtsmodernisierungsgesetzes) galt, die längere Frist des Abs 6 gilt, wobei die bereits vor dem 15. 12. 2004 verstrichenen Verjährungszeiträume auf

271 Insoweit übereinstimmend Rowedder/Schmidt-Leithoff/*Pentz* Rn 27.
272 Zutr Rowedder/Schmidt-Leithoff/*Pentz* Rn 27.
273 BGBl I, 3214.
274 RegBegr BT-Drucks 15/3653, 20.
275 RegBegr BT-Drucks 15/3653, 20; *Roth*/Altmeppen Rn 70; *Thiessen* ZHR 168 (2004), 503, 519.
276 AA *Bormann*/Kauka/Ockelmann Kap 4 Rn 241.
277 RegBegr BT-Drucks 15/3653, 20.
278 Dazu, dass Agio bei GmbH nicht Teil der Pflicht zur Aufbringung der Einlage BGH NZG 2008, 73 Rn 13.
279 *Schulze-Osterloh* FS Westermann 2008, 1487, 1493 f.
280 RegBegr BT-Drucks 15/3653, 21, 25; *Roth*/Altmeppen Rn 71.
281 RegBegr BT-Drucks 15/3653, 21, 25.

die 10-Jahres-Frist anzurechnen sind.[282] Letzteres bezieht sich nur auf Verjährungszeiträume seit Inkrafttreten des Schuldrechtsmodernisierungsgesetzes (1. 1. 2002),[283] sodass Diskussion um rückwirkende Verkürzung der davor geltenden 30jährigen Verjährung[284] Scheinproblem darstellt. Ist von ursprgl 30-jähriger Verjährung bei Inkrafttreten des SchuldrechtsmodernisierungsG mehr als 20 Jahre abgelaufen, könnte rein wortlautbezogene Anwendung der Übergangsregelung zu Verlängerung der Verjährung auf mehr als 30 Jahre führen. Dem steht jedoch Sinn der Übergangsregelung entgegen, die nur vorzeitige Verjährung durch zwischenzeitlich geltende 3-Jahres-Frist verhindern wollte, nicht jedoch zu Verlängerung der ursprgl 30-järhigen Verjährungsfrist führt.[285]

Verwirkung des Einlageanspruchs ist zwar nicht ganz ausgeschlossen, doch 88
ist auch insoweit im Hinblick auf strenge Bindung der Kapitalaufbringung u -erhaltung entspr der klaren Wertung in Abs 2 äußerste Zurückhaltung geboten.[286]

IX. Übergangsregelung zu Abs 4 und 5

EGGmbHG § 3 IV lautet:

(4) [1] § 19 Abs. 4 und 5 des Gesetzes betreffend die Gesellschaften mit beschränkter Haftung in der ab dem 1. November 2008 geltenden Fassung gilt auch für Einlagenleistungen, die vor diesem Zeitpunkt bewirkt worden sind, soweit sie nach der vor dem 1. November 2008 geltenden Rechtslage wegen der Vereinbarung einer Einlagenrückgewähr oder wegen einer verdeckten Sacheinlage keine Erfüllung der Einlagenverpflichtung bewirkt haben. [2] Dies gilt nicht, soweit über die aus der Unwirksamkeit folgenden Ansprüche zwischen der Gesellschaft und dem Gesellschafter bereits vor dem 1. November 2008 ein rechtskräftiges Urteil ergangen oder eine wirksame Vereinbarung zwischen der Gesellschaft und dem Gesellschafter getroffen worden ist; in diesem Fall beurteilt sich die Rechtslage nach den bis zum 1. November 2008 geltenden Vorschriften.

§ 3 IV EGGmbHG regelt **Anwendbarkeit der Vorschriften der neu-** 89
en Abs 4 u 5. Diese sollen auf alle noch nicht endgültig geklärten Sachverhalte Anwendung finden. Das strengere alte Recht gilt daher nur, wenn gerichtliches Verfahren über Einlageanspruch bereits rechtskräftig entschieden oder Vereinbarung, idR Vergleich, zwischen Ges u Gfter wirksam abgeschlossen. Im Übrigen wird in durch Rspr entwickelte Rechtslage eingegriffen. Regelung wirft zahlreiche Zweifelsfragen auf. – Übergangsregelung gilt nicht für bereits entstandene Ansprüche nach Abs 4 aF (oben Rn 1).

Problematisch ist zunächst, ob Gesetz **echte oder unechte Rückwirkung** 90
anordnet. **Echte Rückwirkung** wird teilweise für **verfassungsrechtlich problematisch** gehalten.[287] Weniger problematisch wäre **Heilung ex nunc**

---

[282] Vgl RegBegr BT-Drucks 15/3653, 16.

[283] BGH NZG 2008, 311 Rn 28 u 2008, 598; OLG Brandenburg ZInsO 2007, 106; OLG Düsseldorf NZG 2006, 432; OLG Köln ZIP 2007, 819.

[284] Dazu *Thiessen* NJW 2005, 2120 mwN.

[285] *Stenzel* BB 2008, 1077, 1080.

[286] Vgl RGZ 134, 270; Ulmer/*Ulmer* Rn 16; Michalski/*Ebbing* Rn 15; – ganz abl Rowedder/Schmidt-Leithoff/*Pentz* Rn 27.

[287] Rechtliche Bedenken dagegen bei BGH NZG 2009, 944 Rn 38 (Cash-Pool II); *Bormann*/Kauka/Ockelmann Kap 4 Rn 249; *Bormann* GmbHR 2007, 897, 901; *Wälzholz* MittBayNot 2008, 425, 430; auch *Goette* Einführung Rn 86.

mit Inkrafttreten der Übergangsregelung. Sie würde bei noch nicht rechtskräftig entschiedenen Sachverhalten u fehlender Vereinbarung bei verdeckter Sacheinlage Eigentum ex nunc übergehen lassen.[288] Bis dahin unwirksame Aufrechnung würde nach Maßgabe von Abs 4 wirksam, bislang unzulässige Beteiligung an Cash-Pool unter den Voraussetzungen von Abs 5 ex nunc geheilt. Bis dahin angefallene Verzugszinsen nach § 20 wären bis zum Inkrafttreten der Neuregelung verwirkt. Klagen der Insolvenzverwalter auf Leistung der Einlage wären zunächst begründet u erst durch Inkrafttreten des MoMiG unter den Voraussetzungen von Abs 4 u 5 unbegründet geworden, was im Fall der Erledigungserklärung für Kostenfolge relevant wäre.[289] Entspr würde umgekehrt für Feststellungsklagen des Gfters über wirksame Einlageleistung gelten, die nach bisheriger Rechtslage unbegründet waren, nach Abs 4 oder 5 aber begründet würden. Soweit sich Verfahren insoweit bereits in der Revision befände, müsste idR Rückverweisung zur Prüfung der nunmehr geltenden Voraussetzungen der Abs 4 u 5 erfolgen.

91 **Echte Rückwirkung** (ex tunc) führt dagegen zu rückwirkender Korrektur der Eigentumslage bzgl der nach altem Recht unwirksam eingebrachten Sachleistungen. Ihr Vorzug liegt darin, dass Rechtssicherheit vor allem bzgl in der Vergangenheit bereits abgeschlossenen Transaktionen, deren Unwirksamkeit nach altem Recht nicht erkannt wurde, sich nur bei Annahme von ex tunc Wirkung sicherstellen lässt. Auch ist im Rahmen der Anrechnung auf den Wert zurückzugreifen, den Sachleistung bei deren Erbringung hatte, was Eigentumsübergang an Ges zum Zeitpunkt ex tunc voraussetzt. Daher ist grds von echter Rückwirkung auszugehen.[290] Soweit lediglich das Verhältnis von Inferent u Ges betroffen u Rückabwicklung des nach altem Recht unwirksamen dinglichen Geschäfts noch nicht vollzogen, wird durch rückwirkende Wirksamkeit lediglich der Zustand hergestellt, den die Parteien von vornherein angestrebt haben.[291] Bilanziell verliert Ges zwar Einlageforderung, zugleich entfällt jedoch auch Verbindlichkeit aus Rückabwicklungspflicht. Wurde Charakter als verdeckte Sacheinlage erkannt u Geschäft daher vor Inkrafttreten der Übergangsregelung rückabgewickelt, dürfte darin eine **Vereinbarung** iSd Übergangsvorschrift zu sehen sein, sodass nicht nachträglich Rückabwicklung etwa durch fehlende Rückübertragung des nach Rspr zum alten Recht nicht auf die Ges übergegangenen Eigentums in Frage gestellt wird. Problematisch sind allenfalls Fälle, in welchen Rechte Dritter betroffen sind. Soweit die Sache an die Ges dinglich unwirksam übertragen wurde u die Ges ihrerseits über den Gegenstand verfügt hat, tritt jedoch auch hier mit dem rückwirkenden Eigentumserwerb durch die Ges nur das Ergebnis ein, das die Parteien angestrebt hatten. Hatte der Gfter dagegen der Ges die Sache noch nicht dinglich übertragen, sondern statt dessen an einen Dritten verfügt, bleibt es bei seiner Berechtigung, weil in diesem Fall nur das schuldrechtliche, nicht aber das dingliche Rechtsgeschäft geheilt werden

[288] *Gehrlein/Witt* Kap 6 Rn. 51; *Gehrlein* Der Konzern 2007, 771, 784; *Heinze* GmbHR 2008, 1065, 1073; wohl auch *Bormann* GmbHR 2007, 897, 891; – aA jetzt aber *Bormann/Urlichs* GmbHR Sonderheft Oktober 2008, 37, 41; *Goette* Einführung Rn 86.

[289] *Goette* Einführung Rn 86; *Bormann/Urlichs* GmbHR Sonderheft Oktober 2008, 37, 41.

[290] *Gehrlein* Der Konzern 2007, 771, 784; Bunnemann/Zirngibl/*Rose* § 6 Rn 22; *Fuchs* BB 2009, 170, 174 f; – offen lassend *Bormann* GmbHR 2007, 897, 901.

[291] *Fuchs* BB 2009, 170, 174 f.

kann. Dass er der Ges weiterhin die Übertragung der Sache schuldet ist Folge seiner eigenen Vertragsuntreue und daher nicht unangemessen. Soweit danach noch Verfassungsrechtliche Bedenken verbleiben, sind sie ggf durch verfassungskonforme Einschränkung der Rückwirkung im Einzelfall Rechnung zu tragen.[292]

Problematisch ist Übergangsregelung auch im Hinblick auf **Abs 5,** da nach altem Recht erfüllungsschädlicher Rückfluss idR häufig schon deshalb nicht rückwirkend geheilt werden kann, weil Voraussetzung der Vollwertigkeit u jederzeitigen Fälligkeit usw bei Darlehenshingabe gefehlt haben wird. In Lit vorgeschlagene Heilung durch Rückzahlung u Neuvergabe nach Voraussetzungen von Abs 5[293] ist zwar möglich, führt jedoch zu sinnlosem Hin- u Herzahlen der Einlage- bzw Darlehenssumme. Statt dessen kann genügen, dass Darlehen bei seiner Hingabe vollwertig war[294] u Fälligkeitsvoraussetzungen nachträglich hergestellt werden. Soweit erfüllungsschädlicher Rückfluss an Gfter durch inzwischen erfolgte Rückgewähr an Ges beendet wurde, hat vermeintliche Darlehensrückzahlung die fortbestehende Einlageforderung erfüllt (oben Rn 26). **92**

Im Hinblick auf nach bisherigem Recht unwirksame Einlageleistung eingeleitete, aber noch nicht durch Zugang der Ausschlusserklärung abgeschlossene **Kaduzierungsverfahren** werden wegen Wegfalls der Voraussetzungen unwirksam. Dagegen bleibt bei vor Inkrafttreten abgeschlossenen Verfahren Haftung der Rechtsvorgänger bestehen. **93**

Verzugszinsen

20 **Ein Gesellschafter, welcher den auf die Stammeinlage eingeforderten Betrag nicht zur rechten Zeit einzahlt, ist zur Entrichtung von Verzugszinsen von Rechts wegen verpflichtet.**

Übersicht

292 So auch *Fuchs* BB 2009, 170, 174 f.
293 *Bormann/Urlichs* GmbHR Sonderheft Oktober 2008, 37, 45.
294 *Bormann*/Kauka/Ockelmann Kap 4 Rn 79.

I. Allgemeines

1 §§ 20 bis 24 regeln die **Rechtsfolgen versäumter Zahlung** von Stammeinlagebeträgen. § 20 ordnet bei Rückstand eingeforderter Beträge deren **Verzinsung** an. Die Vorschrift ist nicht zwingend, da in § 25 nicht aufgeführt (str).[1] Die Satzung kann daher Verzinsung auch ausschließen.

II. Voraussetzungen

2 **1. Stammeinlage**[2] iSd Vorschrift ist **nur die Einlage in Geld,** Bareinlage, bei Mischeinlage (§ 5 Rn 20) nur Geldanteil, dagegen nicht auch die Sacheinlage.[3] Letztere ist schon vor Anmeldung zum HR voll zu leisten (§ 7 III), bei Verzug gelten die allg Vorschriften (§ 5 Rn 38). § 20 gilt auch nicht für andere Verpflichtungen als die zur Bareinzahlung der Stammeinlage, zB nicht für Agio, Nachschüsse (§ 26), Nebenpflichten (§ 3 II), ebenso nicht für Haftung nach §§ 16 II, 22, 24. Dagegen findet § 20 Anwendung auf Ansprüche aus Differenzhaftung nach § 9 (s dort Rn 8), aus Verlustdeckungs- (§ 11 Rn 24 ff) u Vorbelastungshaftung (§ 11 Rn 64) sowie Bareinlagepflichten, die an Stelle einer fehlgeschlagenen Sacheinlage treten (dazu auch § 5 Rn 36 ff; § 21 Rn 3);[4] auch im Fall nachträglicher Heilung bis zu dieser.[5] – Zur Möglichkeit der gesvertraglichen Vereinbarung einer Vertragsstrafe auch bei den nicht unter § 20 fallenden Pflichten Rn 9.

3 **2. Eingeforderte Beträge** sind nur solche, die **durch Geschäftsführer angefordert** (zur Terminologie § 19 Rn 6) wurden, auch schon vor Eintragung der GmbH.[6] Dieser fordert vor Eintragung der GmbH die gem § 7 II oder nach dem GesVertrag weiter zu leistenden Einzahlungen, ggf auch Volleinzahlung, ohne weiteres an,[7] danach in Durchführung eines entspr Beschlusses der GfterVers, § 46 Nr 2, soweit nicht Satzung ein anderes bestimmt (§ 45 II). Fehlt erforderlicher Einforderungsbeschluss oder ist er nichtig, ist Anforderung unwirksam (§ 19 Rn 6).[8] Sind betroffene Gfter sowie GFührer bei Beschlussfassung über Einforderung der Einlage anwesend, kann erforderliche Anforderung konkludent ergehen.[9] – Sieht **Satzung Zahlungstermine** vor, bedarf es für Eintritt der Verzinsungspflicht keiner Anforderung.[10] – Davon zu

[1] Wie hier Ulmer/*Müller* Rn 6; – nicht festgelegt, aber tendenziell wie hier Scholz/*Winter/Westermann* Rn 1, 18; Michalski/*Ebbing* Rn 1; *Wachter* GmbHR 2002, 665, 667; MünchHdbGmbH/*Gummert* § 50 Rn 117; – aA *Lutter*/Hommelhoff/*Bayer* Rn 5; Roth/*Altmeppen* Rn 12; nunmehr auch Rowedder/Schmidt-Leithoff/*Pentz* Rn 2, die aber Erlass zulassen wollen, Rn 28; *Wicke* Rn 6.

[2] Anders als in §§ 5 II u 14 wurde der Begriff der Stammeinlage durch MoMiG nicht durch Einlage bzw GAnteil ersetzt, sondern für Übergangsphase beibehalten, BegrRegE BR-Drucks 354/07, 64.

[3] AllgM, Ulmer/*Müller* Rn 7 f; Scholz/*Winter/Westermann* Rn 2 u 4; Michalski/*Ebbing* Rn 6.

[4] Zust Scholz/*Winter/Westermann* Rn 2; Ulmer/*Müller* Rn 8.

[5] *Banerjea* AG 1998, 498.

[6] Ulmer/*Müller* Rn 2, 17, 28, 39; Scholz/*Winter/Westermann* Rn 8.

[7] RGZ 138, 111.

[8] Ulmer/*Müller* Rn 15, 17; Scholz/*Winter/Westermann* Rn 10 f; Rowedder/Schmidt-Leithoff/*Pentz* Rn 13 ff.

[9] Vgl BGH NZG 2003, 771, 772.

[10] HM, OLG Zweibrücken GmbHR 1996, 122; OLG Celle GmbHR 1997, 749; OLG Dresden GmbHR 1997, 947; Ulmer/*Müller* Rn 31; Scholz/*Winter/Westermann*

unterscheiden ist die Frage, ob bei gesvertraglicher Bestimmung der Einzahlungstermine mit Eintritt des Termins Fälligkeit zB iSd § 16 II eintritt. Auch das ist iZw zu bejahen.[11]

Eine besondere **Form** ist für die Anforderung nicht vorgeschrieben. Satzung kann Regelung treffen, etwa nur schriftlich, durch Einschreiben, öffentliche Bekanntmachung usw. Mangels solcher Bestimmung auch formlos durch einseitige empfangsbedürftige Willenserklärung. 4

3. Verspätete Zahlung. Zahlung ist verspätet, wenn sie nicht sofort nach Zugang der Anforderung erfolgt. Sofort bedeutet, wie bei § 271 I BGB[12] einen ausschließlich objektiven Maßstab, dh Gfter muss so schnell leisten, wie nach den Umständen möglich.[13] Der Zeitraum beträgt bei sofortiger Fälligkeit zwei bis drei Tage nach Errichtung der Ges;[14] idR genügt sofortige Überweisung. Von manchen wird dagegen unverzügliche Zahlung verlangt.[15] Doch enthält dies Berücksichtigung eines Verschuldenselements, vgl § 121 I 1 BGB. Auf Verschulden kommt es jedoch bei § 20 nicht an, da Vorschrift keine Verzugsregelung iSd BGB enthält.[16] Es handelt sich vielmehr um Fälligkeitszinsen (vgl die Parallelnorm § 63 II AktG), für die § 286 BGB nicht gilt, sodass auch Mahnung entbehrlich.[17] – Satzung kann Zahlungsfristen vorsehen. Dann gelten diese. 5

III. Zinsen

1. Zinssatz. Fälligkeitszinssatz 4% (§ 246 BGB). Dass § 20 von Verzugszinsen spricht, kann nicht als Verweisung auf § 288 BGB verstanden werden;[18] auch im Aktienrecht des HGB war zunächst von Verzugszinsen die Rede, was aber bereits 1897 in § 218 HGB im Sinne von Fälligkeitszins korrigiert wurde. Dieser wurde für AG auf 5% festgesetzt, während für GmbH nach einhelliger Ansicht[19] die 4%ige Verzinsung galt. Davon auszugehen, dass nunmehr für GmbH abweichend von AG der wesentlich höhere Zinssatz des § 288 BGB gelten soll, ist nicht sachgerecht.[20] Ebensowenig gilt § 352 HGB, wenn Übernahme der Einlage ein Handelsgeschäft ist, denn sie ist es nie auf 6

Rn 14; Rowedder/Schmidt-Leithoff/*Pentz* Rn 6; *Lutter*/Hommelhoff/*Bayer* Rn 3 mit § 16 Rn 18; Michalski/*Ebbing* Rn 17; Roth/*Altmeppen* Rn 4.

11 Insoweit übereinstimmend auch BGH LM § 16 Nr 2 sowie die oben Genannten.

12 Dazu Palandt/*Heinrichs* § 271 Rn 10; Staudinger/*Selb* § 271 Rn 8.

13 Ulmer/*Müller* Rn 20; Scholz/*Winter*/*Westermann* Rn 15; *Lutter*/Hommelhoff/*Bayer* Rn 4; OLG Köln WM 1995, 490: 2–3 Tage bei Fälligkeit mit Vertragsabschluss; Rowedder/Schmidt-Leithoff/*Pentz* Rn 17.

14 OLG Brandenburg NZG 2001, 366, 367.

15 Meyer-Landrut/*Miller* Rn 6.

16 OLG Brandenburg NZG 2001, 366. Ganz hM, Ulmer/*Müller* Rn 20; Scholz/*Winter*/*Westermann* Rn 15; Michalski/*Ebbing* Rn 22; MünchHdbGmbH/*Gummert* § 50 Rn 119; – abw aber Rowedder/Schmidt-Leithoff/*Pentz* Rn 19 im Widerspruch zu Rn 17.

17 OLG Brandenburg NZG 2001, 366, 367.

18 Zust OLG Brandenburg NZG 2001, 366, 368; ebenso auch Scholz/*Winter*/*Westermann* Rn 17; Ulmer/*Müller* Rn 43; Michalski/*Ebbing* Rn 30; – aA Rowedder/Schmidt-Leithoff/*Pentz* Rn 19.

19 Ulmer/*Müller* Rn 42, 43; Scholz/*Winter*/*Westermann* Rn 17.

20 So aber Rowedder/Schmidt-Leithoff/*Pentz* Rn 19; ohne Begründung auch *Wachter* GmbHR 2002, 665, 667; wie hier Roth/*Altmeppen* Rn 11; Michalski/*Ebbing* Rn 30.

Seiten der Ges.[21] – Erhöhung über 4% ist zulässig (allgM); Herabsetzung unter 4% wird von denjenigen für unzulässig gehalten, die § 20 als zwingend ansehen (Rn 1).

7 **2. Aufrechnung, Erlass. Aufrechnung** gegen Zinsanspruch ist **zulässig,** da Zinsanspruch nicht mit Einlage iSd § 19 II (dazu § 19 Rn 5) gleichzusetzen.[22] Ebenso darf Ges nach Fälligkeit Zinsen erlassen.[23] – Zinspflicht trifft nur säumigen Gfter sowie dessen Rechtsnachfolger, § 16 II, nicht dagegen **Haftung** der Mitgfter nach § 24 oder Rechtsvorgänger nach § 22.[24]

IV. Sonstige Verzugsfolgen, Vertragsstrafe

8 **1. Weitergehende Ersatzansprüche.** § 20 schließt weitergehende Ersatzansprüche bei Verzug aus §§ 280 I, II, 286 BGB nicht aus, wenn Voraussetzungen des Verzugs nach BGB vorliegen.[25] Es kann daher ein über die Fälligkeitszinsen nach § 20 hinausgehender Anspruch auf Verzugszinsen gem § 288 I BGB anfallen (nicht aber gem § 288 II BGB).[26] Entspr gilt für einen weitergehenden Schaden iSv § 288 IV BGB.

9 **2. Vertragsstrafe.** Satzung kann von § 20 abweichende Regelung treffen, insbes für den Fall nicht rechtzeitiger Einzahlung Vertragsstrafe vorsehen;[27] nachträgliche Einführung durch Satzungsänderung nur mit Zustimmung aller möglicherweise betroffenen Gfter, § 53 III, bei Beschränkung auf neue GAnteile aber auch im Kapitalerhöhungsbeschluss. Für Vertragsstrafe gelten grds Vorschriften des BGB; Verzug erforderlich, § 339 BGB. Herabsetzung der Vertragsstrafe nach § 343 BGB möglich, falls nicht § 348 HGB eingreift.[28] Grundsätze über Aufbringung des Stammkapitals sind aber zu beachten. Deshalb Vertragsstrafe nicht nach § 340 I BGB anstatt Erfüllung, weil darin entgegen §§ 5, 19, 21 Verzicht auf Einlage läge.[29] Zulässig aber neben Geldbetrag auch Rechtsbeschränkungen oder Rechtsverlust,[30] dagegen nicht Einziehung, solange nicht voll eingezahlt.[31] – Vertragsstrafe kann auch für andere

---

[21] Ganz hM, OLG Köln WM 1995, 488; Ulmer/*Müller* Rn 45; Scholz/*Winter/Westermann* Rn 17; Roth/*Altmeppen* Rn 9; Rowedder/Schmidt-Leithoff/*Pentz* Rn 19; Michalski/*Ebbing* Rn 31.

[22] Scholz/*Winter/Westermann* Rn 20; Roth/*Altmeppen* Rn 12; Rowedder/Schmidt-Leithoff/*Pentz* Rn 28; vgl auch Ulmer/*Müller* Rn 47; – abw *Lutter*/Hommelhoff/*Bayer* Rn 5; Michalski/*Ebbing* Rn 38.

[23] HM, Ulmer/*Müller* Rn 47; Rowedder/Schmidt-Leithoff/*Pentz* Rn 28; – abw aber Roth/*Altmeppen* Rn. 12; Michalski/*Ebbing* Rn 38.

[24] Ebenso Ulmer/*Müller* Rn 46; Scholz/*Winter/Westermann* Rn 19; Michalski/*Ebbing* Rn 35.

[25] AllgM, Ulmer/*Müller* Rn 50 f; Scholz/*Winter/Westermann* Rn 21; Michalski/*Ebbing* Rn 39; *Wachter* GmbHR 2002, 665, 667.

[26] Roth/*Altmeppen* Rn 10; *Wachter* GmbHR 2002, 665, 667.

[27] AllgM, Ulmer/*Müller* Rn 52, 56; Scholz/*Winter/Westermann* Rn 22 ff; Rowedder/Schmidt-Leithoff/*Pentz* Rn 21 ff; Michalski/*Ebbing* Rn 42 ff.

[28] Ulmer/*Müller* Rn 58; Scholz/*Winter/Westermann* Rn 27; Michalski/*Ebbing* Rn 47; abw Rowedder/Schmidt-Leithoff/*Pentz* Rn 25; Roth/*Altmeppen* Rn 14.

[29] Ulmer/*Müller* Rn 57; Scholz/*Winter/Westermann* Rn 25; *Lutter*/Hommelhoff/*Bayer* Rn 7; Roth/*Altmeppen* Rn 14; Rowedder/Schmidt-Leithoff/*Pentz* Rn 22; Michalski/*Ebbing* Rn 45.

[30] Ulmer/*Müller* Rn 56; Scholz/*Winter/Westermann* Rn 26.

[31] Zutr Ulmer/*Müller* Rn 56; auch Scholz/*Winter/Westermann* Rn 26.

Fälle nicht gehöriger Erfüllung vorgesehen werden, insbes hinsichtlich solcher Pflichten, die nicht unter § 20 fallen.

Kaduzierung

21 (1) [1]**Im Fall verzögerter Einzahlung kann an den säumigen Gesellschafter eine erneute Aufforderung zur Zahlung binnen einer zu bestimmenden Nachfrist unter Androhung seines Ausschlusses mit dem Geschäftsanteil, auf welchen die Zahlung zu erfolgen hat, erlassen werden.** [2]**Die Aufforderung erfolgt mittels eingeschriebenen Briefes.** [3]**Die Nachfrist muß mindestens einen Monat betragen.**

(2) [1]**Nach fruchtlosem Ablauf der Frist ist der säumige Gesellschafter seines Geschäftsanteils und der geleisteten Teilzahlungen zugunsten der Gesellschaft verlustig zu erklären.** [2]**Die Erklärung erfolgt mittels eingeschriebenen Briefes.**

(3) **Wegen des Ausfalls, welchen die Gesellschaft an dem rückständigen Betrag oder den später auf den Geschäftsanteil eingeforderten Beträgen der Stammeinlage erleidet, bleibt ihr der ausgeschlossene Gesellschafter verhaftet.**

Übersicht

Lit: *Heckschen,* Aktuelle Beratungshinweise bei Kündigung, Einziehung und Ausschluss von GmbH-Geschäftsanteilen, GmbHR 2006, 1254; *Hörstel,* Der Ausschluss eines GmbH-Gesellschafters durch Kaduzierung, NJW 1994, 965; *Melber,* Die Kaduzierung in der GmbH, 1993; *Michalski/Schulenburg,* Pfändung von Kaduzierungsansprüchen und Kaduzierung bei Einmann-Gesellschaften, NZG 1999, 431; *Polzius,* Die Versteigerung von GmbH-Anteilen nach der ZPO und dem GmbHG, DGVZ 1987, 17; *Soufleros,* Ausschließung und Abfindung eines GmbH-Gesellschafters, 1983.

I. Allgemeines

1 **1. Bedeutung der Vorschrift.** §§ 21 bis 25 ermöglichen **Ausschluss** von Gftern **wegen nicht rechtzeitiger Einzahlung** von Stammeinlagen, **Kaduzierung,** u regeln deren weitere Folgen. Kaduzierungsverfahren ist schärfstes Mittel, rückständige Beträge auf Stammeinlage zu realisieren. Stattdessen kann Ges zunächst auch versuchen, Einzahlung offener Beträge im Klageweg durchzusetzen.[1] Geringe Bedeutung der Kaduzierung in der höchstrichterlichen Rechtsprechung[2] besagt aber nichts über praktische Relevanz, da Regelung des § 21 ihren Zweck vor allem als Druckmittel gegenüber säumigem Gfter erfüllt, Einlage doch noch zu leisten. Deshalb sieht **Abs 1** zunächst erneute Aufforderung zur Leistung unter Nachfristsetzung u Androhung des Ausschlusses vor. Nach erfolglosem Ablauf kann dann Ausschluss in Form des **Abs 2** erfolgen. Dieser befreit jedoch ausgeschlossenen Gfter nicht völlig, sondern wandelt Einlageverpflichtung in Ausfallhaftung um, **Abs 3.** – §§ 21 bis 24 sind Teil des Prinzips der **Sicherung der Kapitalaufbringung** (dazu Einl Rn 6) u daher **zwingend,** § 25. Verschärfung aber zulässig (allgM). Dagegen ist nicht zwingend vorgeschrieben, dass Ges beim Vorliegen der Voraussetzungen von Kaduzierungsmöglichkeit Gebrauch macht (allgM); Entsch hierüber im Ermessen der Ges (Rn 6, 10).[3]

2 **2. Andere Ausschließungsfälle, Austritt.** Kaduzierungsregelung, § 21, ermöglicht nur zwangsweisen Ausschluss wegen rückständiger Stammeinlagebeträge. Sie gilt entspr bei Nachschusspflicht unter den Voraussetzungen des § 28 I. Verfahren kann aber durch Satzung auch auf andere Fälle nicht ordnungsgem Erfüllung von GfterPflichten erstreckt, dabei im Einzelnen auch abgewandelt werden, freilich nur, soweit dadurch nicht Aufbringung des Stammkapitals gefährdet wird.[4] – Davon abgesehen ist Ausschließung eines Gfters auch in anderen Fällen möglich (dazu § 34 Anh Rn 2 ff), ebenso Austritt (dazu § 34 Anh Rn 18 ff).

II. Anwendungsbereich und Voraussetzungen, Abs 1

3 **1. Verzögerte Einzahlung von Bareinlagen.** Verzögerte Einzahlung liegt vor, wenn Gfter angeforderten (§ 19 Rn 6) Bareinlagebetrag nicht rechtzeitig leistet. Insoweit gelten entspr Voraussetzungen wie für Verzugszinsen (dazu

---

[1] MünchHdbGmbH/*Gummert* § 50 Rn 129.

[2] *Lutter*/Hommelhoff/*Bayer* Rn 1; auch *Priester* FS GmbHG, 1992, 182 f m kurzem Überbl über Entwicklung.

[3] Ausführlich zu Entwicklung u Dogmatik der Kaduzierung sowie zur Einordnung in das System des Gesellschafterausschlusses gegen Abfindung *Melber* aaO.

[4] KG OLGZ 42, 220; auch BGH NJW 1983, 2880 obiter; dazu Ulmer/*Müller* Rn 83 ff; Scholz/*Emmerich* Rn 6; 7; auch *Melber* 233 ff, insbes 257 ff, mwN.

§ 20 Rn 5). § 21 nicht anwendbar bei rückständiger Sacheinlage (allgM), falls diese entgegen §§ 7 III, 8 II nicht geleistet wurde, wohl aber, wenn Verpflichtung zu Geldzahlung an deren Stelle getreten ist (s § 5 Rn 38 f, 42, auch 48);[5] denn es handelt sich dabei um Wiederaufleben der zu Grunde liegenden Bareinzahlungspflicht.[6] Aus diesem Grund auch anwendbar bei eingeforderten Beträgen aus **Differenzhaftung** nach § 9 (s dort Rn 5) oder **Vorbelastungshaftung** (§ 11 Rn 59).[7] Ebenso bei **Mischeinlage** (Begriff § 5 Rn 20 aE) bzgl des Geldeinlageanteils. Folgen der Kaduzierung erstrecken sich dann auf den ganzen GAnteil, auch soweit durch Sacheinlage gedeckt, da dieser nicht in Sach- u Geldeinlage teilbar.[8] Zur Rückständigkeit von Nachschüssen vgl § 28 I mit Erl. Sacheinlagen sind bereits vor Eintragung vollständig zu leisten, sodass es zur Situation des § 21 nur kommen kann, wenn sich Sacheinlage in Geldeinlage umgewandelt hat.[9] – Dagegen **nicht anwendbar** bei verzögerter Erfüllung sonstiger Pflichten wie Agio, Mithaftung nach § 24, Zinspflicht nach § 20 usw (allgM), soweit keine entspr Satzungsregelung;[10] auch nicht bei Verlustdeckungshaftung (§ 11 Rn 23 ff), da vor Eintragung noch keine kaduzierbaren GAnteile bestehen.[11] – Auf die Höhe des Rückstands, dessentwegen Kaduzierung erfolgt, kommt es nicht an.[12] Grenze aber Rechtsmissbrauch[13] u Gleichbehandlungsgrundsatz[14] (vgl Rn 7). – Zur Rechtslage nach Abtretung, Verpfändung, Pfändung des Einlageanspruchs § 19 Rn 42 f.

2. Erneute Aufforderung zur Zahlung. a) Sie setzt **Fälligkeit** (§ 19 **4**
Rn 6) u damit grds voraus, dass zunächst Einforderung u Anforderung vorausgegangen sind.[15] Beides ist wie bei Verzinsungspflicht (§ 20 Rn 3) entbehrlich, wenn Leistung der Stammeinlagebeträge nach gesvertraglich festgesetzten Terminen zu erfolgen hat.[16] Ob dagegen Einforderungsbeschluss ohne gesonderte Anforderung durch GFührer zumindest gegenüber anwesenden Gftern genügt, ist str (allg zur Anforderung § 19 Rn 6), sollte jedoch im Hinblick auf Form-

---

[5] Insoweit str, wie hier Ulmer/*Müller* Rn 11; Scholz/*Emmerich* Rn 5 f; *Lutter*/Hommelhoff/*Bayer* Rn 3; Roth/*Altmeppen* Rn 5; Michalski/*Ebbing* Rn 17; *Wicke* Rn 3; – aA RGZ 68, 273; Rowedder/Schmidt-Leithoff/*Pentz* Rn 26.

[6] So auch Ulmer/*Müller* Rn 11; *Lutter,* Kapital, Sicherung der Kapitalaufbringung und Kapitalerhaltung in den Aktien- und GmbH-Rechten der EWG, 1964, 269, 285; vgl auch KölnerKommAktG/*Lutter* § 63 Rn 7.

[7] Zust Ulmer/*Müller* Rn 11; Scholz/*Emmerich* Rn 5 f; *Lutter*/Hommelhoff/*Bayer* Rn 3; Roth/*Altmeppen* Rn 5; Michalski/*Ebbing* Rn 18; krit *Melber* GmbHR 1991, 566 f.

[8] Ganz hM, Ulmer/*Müller* Rn 11, 53, 57; *Lutter*/Hommelhoff/*Bayer* Rn 3; Roth/*Altmeppen* Rn 17; Rowedder/Schmidt-Leithoff/*Pentz* Rn 27; Michalski/*Ebbing* Rn 19 f.

[9] HM, Ulmer/*Müller* Rn 11; – für Möglichkeit der Kaduzierung auch bei entgegen § 7 nicht vor Eintragung geleisteten Sacheinlagen Rowedder/Schmidt-Leithoff/*Pentz* Rn 26.

[10] Hierzu Michalski/*Ebbing* Rn 26 ff; vgl auch Roth/*Altmeppen* Rn 5 aE.

[11] Ulmer/*Müller* Rn 23; Scholz/*Emmerrich* Rn 9; Rowedder/Schmidt-Leithoff/*Pentz* 13.

[12] Ulmer/*Müller* Rn 57; Scholz/*Emmerich* Rn 25; Michalski/*Ebbing* Rn 31.

[13] Roth/*Altmeppen* Rn 17.

[14] Rowedder/Schmidt-Leithoff/*Pentz* Rn 8.

[15] OLG Celle GmbHR 1997, 749.

[16] Str, hM, Ulmer/*Müller* Rn 26; Scholz/*Emmerich* Rn 7 b f; *Lutter*/Hommelhoff/*Bayer* Rn 7; Rowedder/Schmidt-Leithoff/*Pentz* Rn 10; Michalski/*Ebbing* Rn 36 f; *Goette* GmbH § 2 Rn 64 ; – aA OLG München GmbHR 1985, 56.

strenge des Kaduzierungsverfahrens u dessen einschneidende Folgen verneint werden.[17] – Umgekehrt ersetzt Anforderung nicht erneute Aufforderung nach Abs 1 u kann auch nicht mit ihr verbunden werden, da letztere verzögerte Einzahlung voraussetzt.[18] Während Anforderung bereits vor Eintragung erfolgen kann (§ 20 Rn 3), darf erneute Aufforderung nach Abs 1 erst nach Eintragung erfolgen.[19] Zeitlicher Abstand zwischen Fälligkeit durch Anforderung bzw Satzungsbestimmung u erneuter Aufforderung nicht gesetzlich geregelt, daher kurzfristig möglich, doch ist Gfter Zeit zur Prüfung u Zahlung zu lassen.[20]

5 **b) Notwendiger Inhalt. aa) Aufforderung zur Leistung unter Bezifferung des Betrags.** Zahlungsaufforderung muss wie Mahnung iSv § 286 BGB eindeutig sein.[21] Ist Betrag unzutreffend, macht dies Aufforderung grds nicht unwirksam.[22] Bei Zuvielforderung ist nur der rückständige Betrag, bei zu geringer nur dieser zu leisten. **bb) Setzen einer angemessenen Nachfrist** von mindestens einem Monat. Das gilt auch, wenn sich Ges bereits in der Insolvenz befindet.[23] Keine wirksame Fristsetzung ist Aufforderung, „prompt" zu zahlen.[24] Frist von 4 Wochen ist keine Monatsfrist. Zu kurz bemessene Frist ist unwirksam u gilt nicht als mit einem Monat bemessen.[25] Andernfalls wäre Erfordernis der Fristsetzung sinnlos. Frist beginnt mit Zugang der Aufforderung bei Gfter.[26] Zur Zugangsvereitelung unten Rn 8. Für Fristberechnung gelten die §§ 187 ff BGB. **cc) Androhung des Ausschlusses mit dem Geschäftsanteil** für den Fall nicht fristgerechter Zahlung. Kein bestimmter Wortlaut vorgeschrieben, insbes Gebrauch des Wortes „Ausschluss" oder Androhung des Verlustes geleisteter Teilzahlungen nicht nötig, aber Androhung muss deutlich sein.[27]

6 **c) Zuständigkeit, Adressat.** Aufforderung usw erfolgt durch die Ges. **Zuständig sind Geschäftsführer,** im Insolvenzverfahren Insolvenzverwalter.[28]

---

[17] Wie hier im Rahmen des § 22 OLG Hamm DB 1988, 1311; Ulmer/*Müller* § 22 Rn 17; Michalski/*Ebbing* Rn § 22 Rn 51; Roth/*Altmeppen* § 22 Rn 6; für § 26 auch Rowedder/Schmidt-Leithoff/*Pentz* Rn 32; Michalski/*Zeidler* § 26 Rn 26; Roth/*Altmeppen* § 26 Rn 11; – abw überwiegend für § 21 OLG Dresden GmbHR 1999, 233; *Lutter*/Hommelhoff/*Bayer* Rn 7; Michalski/*Ebbing* Rn 39; Ulmer/*Hüffer* § 46 Rn 32; Rowedder/Schmidt-Leithoff/*Pentz* Rn 9; Scholz/*Schneider/Westermann* § 19 Rn 10; Roth/*Altmeppen* § 20 Rn 5.

[18] KG OLGZ 19, 370 f; OLG München GmbHR 1985, 56; Ulmer/*Müller* Rn 27; Scholz/*Emmerich* Rn 15; Michalski/*Ebbing* Rn 81; *Goette* GmbH § 2 Rn 64.

[19] AllgM, RGZ 58, 57; OLG München GmbHR 1985, 56.

[20] Ulmer/*Müller* Rn 28; Scholz/*Emmerich* Rn 15; Michalski/*Ebbing* Rn 83.

[21] Michalski/*Ebbing* Rn 66.

[22] OLG Hamburg WM 1993, 1751; Ulmer/*Müller* Rn 31; Michalski/*Ebbing* Rn 67 f; differenzierend Scholz/*Emmerich* Rn 16; Roth/*Altmeppen* Rn 11; Rowedder/Schmidt-Leithoff/*Pentz* Rn 15.

[23] OLG Jena NZG 2007, 717.

[24] OLG Köln OLGZ 19, 369.

[25] HM, Ulmer/*Müller* Rn 31 ff; *Lutter*/Hommelhoff/*Bayer* Rn 10; Roth/*Altmeppen* Rn 12; GmbH-Hdb/*Kallmeyer* Rn 314; Rowedder/Schmidt-Leithoff/*Pentz* Rn 20; *Wicke* Rn 7; iE auch Scholz/*Emmerich* Rn 17; – aA München OLGZ 22, 16; Michalski/*Ebbing* Rn 71.

[26] Ganz hM, OLG Hamburg OLGZ 37, 3.

[27] Ebenso Ulmer/*Müller* Rn 35; Scholz/*Emmerich* Rn 18; Michalski/*Ebbing* Rn 74.

[28] OLG Jena NZG 2007, 717; *Häsemeyer,* Insolvenzrecht, 3. Aufl 2003, Rn 30, 54; zur KO ebenso RGZ 86, 422; OLG Hamm GmbHR 1995, 633; OLG Köln ZIP 1993, 1389, 1391; auch OLG Hamburg WM 1993, 1751; Ulmer/*Müller* Rn 19; Scholz/

Ges ist zur Kaduzierung nicht verpflichtet. GFührer haben daher pflichtgem zu entscheiden, § 43 I. Ermächtigung durch GfterBeschluss ist nicht erforderlich; wird er gefasst, sind GFührer aber mit Außenwirkung gebunden.[29] – Recht zur Kaduzierung ist nicht übertragbar, auch nicht bei Abtretung der Einlageforderung, nicht durch Dritte ausübbar, nicht pfändbar u nicht verpfändbar (allgM). Gläubiger können Kaduzierung deshalb nicht erzwingen.[30] In der Insolvenz kann Insolvenzverwalter Resteinlage auch ohne Gfterbeschluss einfordern, die damit fällig wird.

Aufforderung usw hat **gegenüber säumigem Gesellschafter** zu erfolgen. 7
Maßgebend ist insoweit in HR aufgenommene GfterListe (§ 16 I/II). Bei Mitberechtigten gilt § 18 III. Aufforderung wirkt gegen späteren Erwerber. Begonnene Maßnahmen sind nach GfterWechsel gegenüber legitimiertem Erwerber fortzusetzen.[31] Insolvenzverfahren des Gfters hindert Kaduzierung nicht;[32] Kaduzierungsverfahren richtet sich gegen den Insolvenzverwalter. Hat Gfter mehrere Anteile (§§ 5 II 2, 15 II), muss klar sein, auf welchen Anteil sich Aufforderung bezieht.[33] – Sind **mehrere Gesellschafter säumig,** muss Ges Kaduzierung nicht notwendig gegen alle betreiben. Gleichbehandlungspflicht (dazu § 13 Rn 31 ff) steht dem nicht entgegen, soweit sachlicher Grund, Interesse an Kapitalaufbringung, unterschiedliches Vorgehen rechtfertigt, zB bei einem Kaduzierung, bei anderem Zahlungsklage, bei drittem Zuwarten auf in Aussicht stehende Zahlungsfähigkeit. Dagegen ist willkürliche Ungleichbehandlung unzulässig.[34] Ist Einlageschuldner bereits gelöschte Kapitalges, soll Aufforderung an den Verwahrer der Bücher und Schriften (§ 74 II 2 GmbHG) gerichtet werden können, eine Nachtragsliquidation somit entbehrlich sein,[35] zweifelhaft.

d) Form, Zugang, Beweis. Abs 1 verlangt aus Beweisgründen **eingeschriebenen Brief.** Dabei handelt es sich um Mindesterfordernis (str), dh strengere Form mit mindestens gleichem Beweiswert genügt, zB Zustellung durch Gerichtsvollzieher, § 132 I BGB, oder öffentliche Zustellung, § 132 II BGB.[36] Bekanntmachung in öffentl Blättern reicht nicht aus,[37] auch nicht Erklärung zu Protokoll eines Gerichts, wenn dieses nicht förmlich zugestellt wurde.[38] Abweichende Satzungsregelung nicht möglich, auch nicht Verschärfung,[39] da Regelung nicht nur Interesse des Gfters als Erklärungsempfänger,[40] 8

Emmerich Rn 9, 11; Rowedder/Schmidt-Leithoff/*Pentz* Rn 65; Roth/*Altmeppen* Rn 10; Michalski/*Ebbing* Rn 61; MünchHdbGmbH/*Gummert* § 50 Rn 135.

[29] Ulmer/*Müller* Rn 22; Scholz/*Emmerich* Rn 10, 23; Rowedder/Schmidt-Leithoff/*Pentz* Rn 23; einschr Michalski/*Ebbing* Rn 59 für den Fall der Umgehung der §§ 21 ff.

[30] RGZ 86, 421.

[31] Ulmer/*Müller* Rn 14; Scholz/*Emmerich* Rn 13.

[32] Zur KO: RGZ 79, 178.

[33] Scholz/*Emmerich* Rn 18; Roth/*Altmeppen* Rn 13; Rowedder/Schmidt-Leithoff/*Pentz* Rn 14.

[34] AllgM, Ulmer/*Müller* Rn 7; Scholz/*Emmerich* Rn 14; Michalski/*Ebbing* Rn 58; Roth/*Altmeppen* Rn 9; MünchHdbGmbH/*Gummert* § 50 Rn 136.

[35] OLG Jena NZG 2007, 717.

[36] Ebenso OLG Hamm DB 1995, 1907; Ulmer/*Müller* Rn 37; Scholz/*Emmerich* Rn 19 a; Michalski/*Ebbing* Rn 76.

[37] Ulmer/*Müller* Rn 38; Michalski/*Ebbing* Rn 76.

[38] OLG Rostock GmbHR 1997, 449, 450; Roth/*Altmeppen* Rn 14.

[39] Str, wie hier Ulmer/*Müller* Rn 37; Michalski/*Ebbing* Rn 77; – abw Scholz/*Emmerich* Rn 19 b; Rowedder/Schmidt-Leithoff/*Pentz* Rn 18, MünchHdbGmbH/*Gummert* § 50 Rn 132.

[40] So aber Rowedder/Schmidt-Leithoff/*Pentz* Rn 18.

sondern ebenso Effektivität u Praktikabilität der Sicherung der Kapitalaufbringung dient u insoweit zwingend ist (§ 25).– Aufforderung ist einseitige empfangsbedürftige Willenserklärung u muss Gfter zugehen, § 130 I BGB. Bei Zugangsvereitelung durch Gfter gelten die allg Regeln.[41] Ges genügt ihrer Beweislast durch Nachweis ordnungsgem Absendung. Gfter kann dann verspäteten oder nicht erfolgten Zugang beweisen.[42]

III. Ausschluss, Abs 2

9 **1. Erfolgloser Fristablauf.** Sind Voraussetzungen des Abs 1 erfüllt, darf Ausschluss erfolgen, wenn gesetzte Frist fruchtlos verstrichen ist. Vorzeitige Ausschlusserklärung ist nichtig, auch wenn Zahlung bis Fristablauf nicht mehr erfolgt.[43] Sie kann dann aber nachgeholt werden (Rn 17). – Fristbeginn mit Zugang der Aufforderung nach Abs 1 (Rn 5). Berechnung nach §§ 187 ff BGB. Für Rechtzeitigkeit gilt § 271 BGB. Zahlung kann aber nach Fristablauf noch bis zum Zugang der Kaduzierungserklärung deren Wirkungen verhindern.[44] Insoweit ist Eingang der Zahlung bei Ges maßgebend. Bei Gleichzeitigkeit ist Zahlung vorrangig.[45] – Zur Abwendung der Kaduzierung ist nur rechtzeitige Zahlung des angeforderten Stammeinlagebetrags erforderlich, nicht auch der Verzugszinsen, Vertragsstrafen usw.[46] – Insolvenzverfahren des Gfters hindert Kaduzierung nicht (Rn 7). Insolvenzverwalter muss voll zahlen, wenn er der Masse den GAnteil erhalten will.[47]

10 **2. Ausschlusserklärung.** Ausdrückliche Erklärung erforderlich; Ausschluss tritt nicht kraft Gesetzes ein. Trotz des Wortlauts von Abs 2 muss Ges bei Vorliegen aller Voraussetzungen Kaduzierung nicht aussprechen,[48] sondern kann auch dann noch Befriedigung anderweitig suchen, zB klagen oder Forderung im Insolvenzverfahren anmelden.[49] Ges braucht Ausschluss auch nicht unverzüglich vorzunehmen, darf aber aus Verwirkungsgründen nicht zu lange zögern.[50] – **Zuständig** sind, wie bei Abs 1 (Rn 6), die GFührer, die über Vorgehen pflichtgem zu entscheiden haben, § 43 I.[51] GfterBeschluss ist auch hier nicht erforderlich, bindet diese jedoch.[52] Im Insolvenzverfahren ist Insolvenzverwalter zuständig (Rn 6). Für **Form** u **Adressaten** gilt Entspr wie

---

41 Dazu MünchKommBGB/*Einsele* § 130 Rn 34 ff; Soergel/*Hefermehl* § 130 Rn 24 ff; Staudinger/*Singer/Benedict* § 130 Rn 80.

42 Roth/*Altmeppen* Rn 14; Michalski/*Ebbing* Rn 79.

43 Ulmer/*Müller* Rn 48; Scholz/*Emmerich* Rn 32; auch *Lutter*/Hommelhoff/*Bayer* Rn 12, die mit Recht auf Zugang der Erklärung abstellen.

44 AllgM, Ulmer/*Müller* Rn 51; Scholz/*Emmerich* Rn 20 b; Rowedder/Schmidt-Leithoff/*Pentz* Rn 28; Roth/*Altmeppen* Rn 15.

45 Ulmer/*Müller* Rn 51.

46 Roth/*Altmeppen* Rn 15.

47 Ulmer/*Müller* Rn 17; Rowedder/Schmidt-Leithoff/*Pentz* Rn 64; Michalski/*Ebbing* Rn 52.

48 RGZ 51, 417; Michalski/*Ebbing* Rn 90.

49 Ulmer/*Müller* Rn 3, 41 ff; Scholz/*Emmerich* Rn 21 ff; *Lutter*/Hommelhoff/*Bayer* Rn 6.

50 Dazu OLG Hamburg WM 1993, 1751: Geringe Überschreitung unschädlich, wenn für säumigen Gfter Weiterbetreiben des Verfahrens deutlich.

51 OLG Hamburg WM 1993, 1751.

52 HM, einschr jedoch Michalski/*Ebbing* Rn 92 für den Fall der Umgehung der §§ 21 ff.

bei Aufforderung nach Abs 1 (dazu Rn 7, 8). – **Inhalt** der Erklärung muss deutlich zum Ausdruck bringen, dass Gfter wegen Nichtleistung seiner Stammeinlage des GAnteils u der geleisteten Teilzahlungen zu Gunsten der Ges verlustig ist. Verwendung der Formulierung des Gesetzes zweckmäßig, doch ist der genaue Wortlaut belanglos. – Die einmal zugegangene Ausschlusserklärung ist **unwiderruflich.**

3. Wirkung. a) Verlust der Mitgliedschaftsrechte. Mit Zugang verliert Gfter sämtliche Mitgliedsrechte, seinen GAnteil u die darauf geleisteten Zahlungen oder Sacheinlagen, ferner seinen Gewinnanspruch für das laufende Jahr. Kaduzierung hat keine Rückwirkung. Deshalb behält Gfter Anspruch auf rückständigen Gewinn, der bereits zum Gläubigerrecht wurde.[53] Der Ausgeschlossene wird von den nicht rückständigen mitgliedschaftlichen Pflichten frei, für rückständige haftet er weiter.[54] Für Einlagepflicht gilt Sonderregelung des Abs 3 (Rn 14); ein Abfindungsanspruch des ausgeschlossenen Gfters besteht nicht.[55] 11

b) Verfall zu Gunsten der Gesellschaft. Der **Geschäftsanteil** verfällt zu Gunsten der Gesellschaft. Das bedeutet nicht, dass GAnteil untergeht oder rechtsträgerlos wird,[56] sondern Ges wird durch §§ 22, 23 gebundener, in diesem Sinn treuhänderischer Inhaber des GAnteils, bis er nach §§ 22, 23 auf neuen Erwerber übergegangen ist.[57] Entspr sollte Ges nach neuem Recht als Inhaber in Gfterliste aufgenommen werden (zu den eigenen Anteilen auch § 40 Rn 14), was vor allem früher nicht möglichen gutgläubigen Erwerb nach § 16 III nF bei späterem Verkauf des GAnteils nach § 23 bei unerkannten Fehlern im Kaduzierungsverfahren ermöglichen würde (§ 23 Rn 10). Ges ist weder Rechtsnachfolger des Kaduzierten, noch Rechtsvorgänger eines Erwerbers nach §§ 22, 23.[58] – Bis zum Erwerb des Anteils durch Vormann oder Dritten **ruhen Stimmrecht und andere Mitgliedschaftsrechte,** nicht aber Gewinnbezugsrecht. Späterer Erwerber erhält nach Kaduzierung angefallenen Gewinn als Rückstand.[59] Ges darf kaduzierten Anteil nicht als Aktivum in der Bilanz ausweisen u kann über ihn nur nach Maßgabe der §§ 22, 23 verfügen. Deshalb auch keine Vollstreckung in den Anteil durch Gläubiger der Ges.[60] Ausgestellter Anteilsschein wird ungültig. Ges muss an dessen Stelle neuen ausstellen.[61] – Ges muss nach erfolgter Kaduzierung gem §§ 22, 23 vorgehen, also zunächst Vormänner heranziehen, dann darf sie nach § 23 12

53 OLG Hamm DB 1989, 167; Ulmer/*Müller* Rn 55; Scholz/*Emmerich* Rn 27; *Lutter*/Hommelhoff/*Bayer* Rn 14; Rowedder/Schmidt-Leithoff/*Pentz* Rn 38.

54 AllgM, vgl die in Fn 51 Genannten.

55 Rowedder/Schmidt-Leithoff/*Pentz* Rn 8; – aA *Melber* 208 ff.

56 So aber RGZ 98, 278; BGHZ 42, 92.

57 HM; Begr allerdings str, dazu ausführl Ulmer/*Müller* Rn 61; Scholz/*Emmerich* Rn 29 f; *Lutter*/Hommelhoff/*Bayer* Rn 15; MünchHdbGmbH/*Gummert* § 50 Rn 141; Hdb-GmbH/*Kallmeyer* Rn 317; tendenziell auch *Goette* GmbH § 2 Rn 69; abw – kein Treuhandverhältnis – Roth/*Altmeppen* Rn 19; Rowedder/Schmidt-Leithoff/*Pentz* Rn 44.

58 BGHZ 42, 92.

59 Str, wie hier zB MünchHdbGmbH/*Gummert* § 50 Rn 141; – aA (Ausschluss von der Gewinnverteilung) Ulmer/*Müller* Rn 62; *Lutter*/Hommelhoff/*Bayer* Rn 15; Rowedder/Schmidt-Leithoff/*Pentz* Rn 46; Roth/*Altmeppen* Rn 20.

60 Ulmer/*Müller* Rn 61 ff; Scholz/*Emmerich* Rn 30; vgl auch Rowedder/Schmidt-Leithoff/*Pentz* Rn 44 f; Roth/*Altmeppen* Rn 20.

61 Abw Ulmer/*Müller* Rn 65.

verkaufen, schließlich den Ausgeschlossenen belangen, Abs 3. Jede andere Art der Verwertung ist unzulässig.[62] – Kaduzierung kann auch zum Ausschluss des einzigen oder letzten Gfters führen, sodass sog **„Keinmann-GmbH"** entsteht[63] (dazu § 33 Rn 19 u 60 Rn 81).

13 **c) Rechte Dritter** am GAnteil (Pfandrecht, Nießbrauch) **erlöschen,** Zwangsvollstreckung in den Anteil wird unzulässig u ist aufzuheben. Das folgt aus Sinn u Zweck der Regelung, Kapitalaufbringung sicherzustellen, da andernfalls Ges Einlage nicht ungeschmälert erhielte, u ist auch unter Prioritätsgesichtspunkten gerechtfertigt.[64]

IV. Ausfallhaftung, Abs 3

14 **1. Gegenstand.** Nach Kaduzierung haftet ausgeschlossener Gfter für den **Ausfall der Gesellschaft an rückständigen sowie an später auf Geschäftsanteil eingeforderten Beträgen der Stammeinlage.** Haftung ist Ausdruck des Prinzips der Aufbringung u Erhaltung des Stammkapitals (dazu Einl Rn 7). Sie bezieht sich nur auf Bareinlagepflicht, bei Mischeinlage (§ 5 Rn 20 aE) auf Bareinlageanteil, nicht auf sonstige GfterPflichten, deren Nichterfüllung Kaduzierung nicht begründet (Rn 3). Soweit diese bei Kaduzierung rückständig waren, haftet Gfter weiter (Rn 11). Kosten der Verwertung nach §§ 22, 23 sind dem Ausfall hinzuzurechnen.[65] Ausfallhaftung nach Abs 3 ist eine solche auf die Stammeinlage. Daher gilt für sie § 19 II.[66] Erlass, Verzicht, Stundung u grds auch Aufrechnung sind deshalb unwirksam.

15 **2. Subsidiarität. Ausgeschlossener Gesellschafter haftet** nach Abs 3 **nur für Ausfall,** also subsidiär nach Vorgehen der Ges gem §§ 22, 23, aber nicht § 24. Wegen der bei Kaduzierung rückständigen Beträge muss Ges zunächst alle Rechtsvorgänger heranziehen, § 22. Ist dies erfolglos, hat Ges Anteil nach § 23 zu verkaufen. Findet sich kein Käufer oder führt Verkauf nicht zur (vollständigen) Aufbringung der rückständigen Einlage, Ausfall, kann ausgeschlossener Gfter in dessen Höhe in Anspruch genommen werden. Der Erfolglosigkeit des Verkaufs steht es gleich, wenn er von Anfang an aussichtslos ist.[67] Mit Verkauf nach § 23 erlischt Haftung der Rechtsvorgänger.[68] – Für nach Kaduzierung fällig werdende Beträge haftet Ausgeschlossener erst, wenn Erwerber selbst wegen Nichtzahlung kaduziert wurde;[69] nur dann liegt Ausfall vor.

16 **3. Prozessuales.** Gerichtsstand für Klage nach Abs 3 ist der allg der Ges, § 22 ZPO (allgM). Ges hat Ausfall durch Nachweis der Erfolglosigkeit der Deckungsversuche nach §§ 22, 23 zu beweisen. Dabei gilt Vermutung des

---

62 Ulmer/*Müller* Rn 64; vgl auch Scholz/*Emmerich* Rn 4; abw für Rückerwerwerb des GAnteils durch den Ausgeschlossenen Rowedder/Schmidt-Leithoff/*Pentz* Rn 49.

63 Vgl Michalski/*Ebbing* § 22 Rn 92.

64 Ganz hM, Ulmer/*Müller* Rn 59; Scholz/*Emmerich* Rn 28; jew mwN.

65 Ulmer/*Müller* Rn 75 f; Scholz/*Emmerich* Rn 36; Rowedder/Schmidt-Leithoff/*Pentz* Rn 50; Roth/*Altmeppen* Rn 25.

66 AllgM, RGZ 98, 277; Ulmer/*Müller* Rn 75; Scholz/*Emmerich* Rn 33 a; Rowedder/Schmidt-Leithoff/*Pentz* Rn 50.

67 Ulmer/*Müller* Rn 76; Scholz/*Emmerich* Rn 33; Roth/*Altmeppen* Rn 23.

68 RGZ 85, 241; Ulmer/*Müller* Rn 78; Scholz/*Emmerich* Rn 38.

69 Ulmer/*Müller* Rn 79; Scholz/*Emmerich* Rn 34 f; Roth/*Altmeppen* Rn 26; – aA *Schuler* GmbHR 1961, 103.

§ 22 II zu ihren Gunsten. Ist Verkauf nach § 23 aussichtslos, genügt entspr Nachweis. Ausgeschlossener Gfter kann Vermutung des § 22 II widerlegen u nachweisen, dass Inanspruchnahme der Rechtsvorgänger möglich.[70] Ist aber Verkauf nach § 23 erfolgt, ist dieser Nachweis mangels fortbestehender Haftung (Rn 15) gegenstandslos.[71]

V. Mängel, Rechtsbehelfe

1. **Mängel des Kaduzierungsverfahrens** führen grds zu dessen Nichtigkeit. Ausnahme bei fehlerhafter Angabe des rückständigen Betrags (Rn 5). Formfehlerhafte Akte können formgerecht wiederholt werden, erfordern dann aber Neuvornahme der nachfolgenden Maßnahmen.[72] Soweit Kaduzierung unwirksam, ist es auch ein nachfolgender Erwerb nach §§ 22 IV, 23.[73] Gutgläubiger Erwerb scheidet insoweit aus, da es sich nicht um rechtsgeschäftlichen Erwerb handelt.[74] Zum Verkauf nach § 23 s aber oben Rn 12. 17

2. Ein **Rechtsbehelf** gegen die Kaduzierung ist nur in Form der Klage auf Feststellung der Fortdauer der Mitgliedschaft gegeben. Ggf kann auch auf Leistungen der Ges geklagt werden. Für Anfechtungsklage ist kein Raum.[75] 18

Haftung der Rechtsvorgänger

22 (1) **Für eine von dem ausgeschlossenen Gesellschafter nicht erfüllte Einlageverpflichtung haftet der Gesellschaft auch der letzte und jeder frühere Rechtsvorgänger des Ausgeschlossenen, der im Verhältnis zu ihr als Inhaber des Geschäftsanteils gilt.**

(2) **Ein früherer Rechtsvorgänger haftet nur, soweit die Zahlung von dessen Rechtsnachfolger nicht zu erlangen ist; dies ist bis zum Beweis des Gegenteils anzunehmen, wenn der letztere die Zahlung nicht bis zum Ablauf eines Monats geleistet hat, nachdem an ihn die Zahlungsaufforderung und an den Rechtsvorgänger die Benachrichtigung von derselben erfolgt ist.**

(3) [1]**Die Haftung des Rechtsvorgängers ist auf die innerhalb der Frist von fünf Jahren auf die Einlageverpflichtung eingeforderten Leistungen beschränkt.** [2]**Die Frist beginnt mit dem Tag, ab welchem der Rechtsnachfolger im Verhältnis zur Gesellschaft als Inhaber des Geschäftsanteils gilt.**

(4) **Der Rechtsvorgänger erwirbt gegen Zahlung des rückständigen Betrages den Geschäftsanteil des ausgeschlossenen Gesellschafters.**

---

[70] OLG Hamburg OLGZ 37, 3.

[71] Zum Ganzen Ulmer/*Müller* Rn 82; auch Scholz/*Emmerich* Rn 38.

[72] Ulmer/*Müller* Rn 69; Scholz/*Emmerich* Rn 32; zum Ganzen Rowedder/Schmidt-Leithoff/*Pentz* Rn 52 ff.

[73] OLG Rostock GmbHR 1997, 449.

[74] Zum bisherigen Recht Ulmer/*Müller* Rn 68; Scholz/*Emmerich* Rn 32 b.

[75] Scholz/*Emmerich* Rn 32 a; *Lutter*/Hommelhoff/*Bayer* Rn 18; Roth/*Altmeppen* Rn 22; grds ebenso Ulmer/*Müller* Rn 70 ff mit Hinweis auf mögliche Bedeutung eines GfterBeschlusses; so auch Rowedder/Schmidt-Leithoff/*Pentz* Rn 62.

Übersicht

Lit: Vgl § 21

I. Allgemeines

1 **1. Bedeutung der Vorschrift.** § 22, im Text durch MoMiG sprachlich modernisiert u an geänderten § 16 I angepasst, ergänzt die Kaduzierungsregelung des § 21 bzgl **Haftung** der Rechtsvorgänger **für rückständige Einlagebeträge.** Sie erweitert damit die Rückgriffsmöglichkeiten der Ges im Interesse der Kapitalaufbringung. **Abs 1** enthält Grundsatz der Haftung aller nach § 16 I ggü Ges legitimierten Rechtsvorgänger, des früheren jedoch gegenüber der des späteren subsidiär, Staffelregress, **Abs 2.** Haftung ist nach **Abs 3** zeitlich limitiert. **Abs 4** ordnet Übergang des GAnteils kraft Gesetzes an, wenn haftender Rechtsvorgänger den rückständigen Betrag leistet. – § 22 dient der Kapitalaufbringung u ist daher **zwingend,** § 25. Verschärfungen sind aber zulässig (allgM).

2 **2. Verhältnis zu § 16 Abs 2.** Solange Kaduzierung nicht erfolgt, haftet Rechtsvorgänger für bereits bei Veräußerung rückständige Leistungen (dazu § 16 Rn 22) nur nach § 16 II. Auch nach Kaduzierung besteht diese gesamtschuldnerische Haftung neben der zweitschuldnerischen aus § 22 fort.[1] Kaduzierung schließt Geltendmachung des Anspruchs nach § 16 II nicht aus. Haftung nach § 16 II u nach § 22 trifft bei einem Rechtsvorgänger zusammen, wenn die rückständigen Stammeinlagebeträge bereits im Zeitpunkt der Veräußerung durch den nach § 22 II unmittelbar haftenden Rechtsvorgänger fällig waren. Dann handelt es sich, soweit sich die Ansprüche decken, um Anspruchskonkurrenz. Erfüllung der offenen Einlagepflicht führt zum Erwerb des GAnteils nach Abs 4. Ges hat Wahlrecht, ob sie nach § 16 II oder § 22 vorgeht.[2]

---

[1] Heute allgM, Ulmer/*Müller* Rn 6; Scholz/*Emmerich* Rn 5; Rowedder/Schmidt-Leithoff/*Pentz* Rn 4.

[2] Ulmer/*Müller* Rn 6; Scholz/*Emmerich* Rn 5; *Lutter*/Hommelhoff/*Bayer* Rn 19; Michalski/*Ebbing* Rn 77, 101 f; ähnlich auch Roth/*Altmeppen* Rn 8 u Rowedder/Schmidt-Leithoff/*Pentz* Rn 4: pflichtgemäßes Ermessen des GFührers.

II. Voraussetzungen, Abs 1

1. Kaduzierung, rückständige Stammeinlagebeträge. GAnteil muss nach § 21 wirksam kaduziert sein. Ohne wirksame Kaduzierung tritt weder Haftung ein noch erfolgt bei Zahlung Rückerwerb nach Abs 4.[3] Haftung bezieht sich nur auf rückständige Bareinlage, aber im Interesse der Kapitalaufbringung nicht nur auf bei Kaduzierung fällige, sondern nach allgM über den nicht eindeutigen Wortlaut des Abs 1 hinaus auch auf danach fällig gewordene.[4] Im Übrigen gilt für Begriff der Bareinlage Entspr wie bei § 21 (dort Rn 3). Deshalb Haftung für Nachschüsse nur, wenn Kaduzierung wegen dieser erfolgte, § 28 I (dort Rn 4).– **Rechtskraft eines** die Voraussetzungen feststellenden **Urteils im Kaduzierungsverfahren** erstreckt sich nicht auf Rechtsvorgänger.[5] 3

2. Rechtsvorgänger. Als Rechtsvorgänger, Vormänner, haften alle, die mit Wirkung gegenüber Ges vor dem Kaduzierten als Inhaber des GAnteils Gfter waren, auch wenn nur als Treuhänder.[6] Gemeinschaftlich Berechtigte (§ 18 I) haften als Gesamtschuldner gem § 18 II. Wortlaut des Abs 1 ist zu eng. Es haften nicht nur die in der GfterListe aufgenommenen (§ 16 I), wozu nach neuem Recht auch die Erben gehören (§ 16 Rn 3), sondern auch[7] die Gründer.[8] Bei Pfandverkauf ist der Schuldner, nicht der (Vollstreckungs-) Gläubiger Rechtsvorgänger.[9] Dagegen keine Haftung eines nach § 16 nicht in GfterListe aufgenommenen Zwischenerwerbers.– Ist Abtretung rückgängig gemacht, beseitigt das Haftung des Zwischenerwerbers nicht, auch nicht bei Rückerwerb durch Treugeber, wenn Rechtsübergang in Gfterliste u diese in HR aufgenommen war. Anders aber, in Abweichung zu § 16 (dort Rn 6) bei Nichtigkeit oder Anfechtung der Übertragung.[10] – Nach § 21 ausgeschlossener Gfter kann im Fall früherer Inhaberschaft selbst Rechtsvorgänger sein u haftet daher ebenfalls nach Abs 2. Als solcher kann er GAnteil, anders als im Rahmen von § 21 Abs 3, gem Abs 4 erwerben.[11] 4

III. Haftung, Abs 2 u 3

1. Staffelregress, Abs 2. Rechtsvorgänger (Rn 4) haften nicht gleichrangig, sondern sukzessiv in umgekehrter Reihenfolge ihres Erwerbs, Staffelregress, Abs 2. Ausnahme § 18 II: Mehrere Rechtsvorgänger in Gemeinschaft haften gesamtschuldnerisch. Nach Abs 2 haftet also in erster Linie der unmittelbare Rechtsvorgänger des Kaduzierten, u zwar primär, ohne dass es auf 5

[3] RGZ 86, 420.

[4] Ulmer/*Müller* Rn 11 ff; Scholz/*Emmerich* Rn 13; *Lutter*/Hommelhoff/*Bayer* Rn 2; Rowedder/Schmidt-Leithoff/*Pentz* Rn 21; Michalski/*Ebbing* Rn 66.

[5] BGH NZG 2005, 180.

[6] LG Ulm GmbHR 2000, 241.

[7] Ebenso schon zum alten Recht Ulmer/*Müller* Rn 19; Scholz/*Emmerich* Rn 6 a; *Lutter*/Hommelhoff/*Bayer* Rn 4; Rowedder/Schmidt-Leithoff/*Pentz* Rn 7 f.

[8] Rowedder/Schmidt-Leithoff/*Pentz* Rn 8.

[9] Ulmer/*Müller* Rn 27; Scholz/*Emmerich* Rn 7 a aE; Rowedder/Schmidt-Leithoff/*Pentz* Rn 9; Michalski/*Ebbing* Rn 13.

[10] Ulmer/*Müller* Rn 28 f; Scholz/*Emmerich* Rn 7; Michalski/*Ebbing* Rn 14; – abw *Lutter*/Hommelhoff/*Bayer* Rn 4.

[11] Michalski/*Ebbing* Rn 16.

Zahlungsunfähigkeit des letzteren ankommt.[12] Fernere Rechtsvorgänger haften nur subsidiär in der Reihenfolge vom jeweils nächsten zum entfernteren. Reihenfolge zwingend, Ges darf nicht beliebigen Rechtsvorgänger herausgreifen.[13] Rechtsvorgänger haftet somit nur, wenn u soweit von allen zwischenzeitlichen Erwerbern Zahlung nicht zu erlangen ist.

6 **Nachweis der Zahlungsunfähigkeit** ist zu Gunsten der Ges erleichtert durch (widerlegliche) Vermutung, wenn Zahlungspflichtiger nicht innerhalb eines Monats nach Aufforderung an ihn u Benachrichtigung seines Rechtsvorgängers leistet, Abs 2 Halbs 2. Maßgebend für Fristberechnung ist Zugang der jew letzten von beiden Erklärungen.[14] Besondere Form der Erklärung nicht vorgeschrieben, deshalb auch mündlich wirksam, aus Beweisgründen aber unzweckmäßig. – Vermutung gilt auch hinsichtlich des letzten (frühesten) Rechtsvorgängers, obwohl hier Benachrichtigung ausscheidet.[15] Dies ist insofern von Bedeutung, als nach fruchtlosem Ablauf eines Monats Verkauf des Anteils nach § 23 zulässig ist (§ 23 Rn 2). – Vermutung der Zahlungsunfähigkeit ist durch Beweis der Zahlungsfähigkeit eines vorrangig haftenden Rechtsvorgängers widerlegbar. Umgekehrt darf Ges Zahlungsunfähigkeit auch anderweitig beweisen,[16] hierfür erfolgloser Vollstreckungsversuch nicht in jedem Fall erforderlich.[17] Stellt sich nachträglich Zahlungsfähigkeit eines vorrangig nach § 22 Haftenden heraus, kann Inanspruchgenommener Leistung verweigern.[18] Nach erfolgter Zahlung ist Rechtserwerb gem Abs 4 endgültig.[19]

7 **Zahlungsunfähigkeit lässt Haftung** des betreffenden Rechtsvorgängers als solche **nicht entfallen,** sondern eröffnet nur weiteren Regress.[20] Auch Vermutung des Abs 2 bindet Ges nicht. Diese kann daher auch nach Ablauf der Monatsfrist gegen einen erfolglos zur Zahlung aufgeforderten Rechtsvorgänger vorgehen oder einen bereits erfolglos in Anspruch genommenen erneut belangen, wenn das nunmehr aussichtsreich erscheint.[21] Haftung erlischt erst durch Leistung des rückständigen Betrags oder Veräußerung nach § 23 (Rn 8).[22]

8 Rückgriffshaftung nach Abs 1 betrifft Leistung von Einlagebeträgen. Daher **gilt §§ 19 II.**[23] – Ohne Rücksicht auf Einforderungszeitpunkt erlischt Haftung aller Rechtsvorgänger aus § 22 bei Verwertung des GAnteils nach § 23, da Rückerwerb nach § 22 IV dann nicht mehr möglich.[24] Im **Insolvenz-**

---

12 OLG Dresden GmbHR 1998, 884; Ulmer/*Müller* Rn 7, 9; Scholz/*Emmerich* Rn 6; Roth/*Altmeppen* Rn 10; Michalski/*Ebbing* Rn 10, 27.

13 Ulmer/*Müller* Rn 42 f; Scholz/*Emmerich* Rn 8 f; *Lutter*/Hommelhoff/*Bayer* Rn 5; Roth/*Altmeppen* Rn 9; Michalski/*Ebbing* Rn 30.

14 Ulmer/*Müller* Rn 53; Scholz/*Emmerich* Rn 9 a; Michalski/*Ebbing* Rn 43.

15 Ganz hM, Ulmer/*Müller* Rn 54; Scholz/*Emmerich* Rn 11; *Lutter*/Hommelhoff/*Bayer* Rn 6; Roth/*Altmeppen* Rn 14; Rowedder/Schmidt-Leithoff/*Pentz* Rn 13; – aA noch RGZ 85, 241.

16 Scholz/*Emmerich* Rn 9; Roth/*Altmeppen* Rn 11; Michalski/*Ebbing* Rn 33 ff; MünchHdbGmbH/*Gummert* § 50 Rn 145.

17 OLG Hamburg OLGZ 37, 5.

18 Ulmer/*Müller* Rn 23; Michalski/*Ebbing* Rn 45.

19 Roth/*Altmeppen* Rn 13.

20 Scholz/*Emmerich* Rn 10; Ulmer/*Müller* Rn 45; Michalski/*Ebbing* Rn 32.

21 Roth/*Altmeppen* Rn 15.

22 *Schuler* GmbHR 1961, 100.

23 AllgM, Ulmer/*Müller* Rn 5; Scholz/*Emmerich* Rn 14; Rowedder/Schmidt-Leithoff/*Pentz* Rn 23; Michalski/*Ebbing* Rn 71; s dazu auch OLG Köln WM 1987, 537.

24 RGZ 85, 241; BGHZ 42, 92; Ulmer/*Müller* Rn 23; Scholz/*Emmerich* Rn 17; Michalski/*Ebbing* Rn 62.

verfahren wird Haftungsanspruch durch Insolvenzverwalter geltend gemacht.[25]

2. Erlöschen, Abs 3. Haftung des jew Rechtsvorgängers ist **beschränkt** 9
auf die **innerhalb von 5 Jahren** seit Aufnahme des Rechtsnachfolgers in die in HR aufgenommene Gfterliste (§ 16 I) **eingeforderten Einzahlungen.** Ob Einforderung innerhalb der Frist erfolgte, richtet sich auch hier grds nicht allein nach dem Einforderungsbeschluss der GfterVersammlung nach § 46 Nr 2, sondern nach Anforderung (Begriff § 19 Rn 6) durch GFührer.[26] Anforderung ist entbehrlich, wenn Satzung Zahlungstermin für Einzahlung enthält.[27] Frist nach Abs 3 ist keine Verjährung, sondern vom Amts wegen zu berücksichtigende Ausschlussfrist;[28] Verjährung der jew innerhalb der 5 Jahre entstandenen Ansprüche nach den allg Regeln (vgl dazu § 19 Rn 85, 87).

IV. Übergang des Geschäftsanteils, Abs 4

1. Zahlung des rückständigen Betrags. Gegen Zahlung des rückständi- 10
gen Betrags erwirbt der Rechtsvorgänger den GAnteil. Erforderlich ist **vollständige Leistung der** bei Kaduzierung **rückständigen u seither fällig gewordenen** (Rn 3) **Einlageschuld,** nicht dagegen angefallener Verzugszinsen u Vertragsstrafen.[29] Unvollständige Erfüllung begründet keine Rechte nach Abs 4. Sie befreit die weiteren Rechtsvorgänger in Höhe des geleisteten Betrags, sodass diese durch Zahlung des dann noch offenen Restbetrags den gesamten Anteil erwerben.[30] Gilt auch, wenn ein Rechtsvorgänger wegen Abs 3 nur für Teil der rückständigen Einlage haftet. Er erwirbt Anteil nur, wenn er den vollen ausstehenden Betrag leistet, da andernfalls Kapitalaufbringung gefährdet wäre.[31] Zahlung muss **durch nach § 22 II haftenden Rechtsvorgänger** (Rn 5) erfolgen. Kein Erwerb durch Zahlung eines nicht, nicht mehr oder noch nicht nach § 22 Haftenden; dh kein fernerer Rechtsnachfolger kann Anteil zum Nachteil des näher Haftenden erwerben, solange nicht dessen Zahlungsunfähigkeit feststeht oder nach Abs 2 zu vermuten ist.[32] Dagegen kann Nichthaftender wie ein Dritter für haftenden Rechtsvorgänger leisten, § 267 BGB, mit der Folge, dass Haftender ohne seinen Willen dann GAnteil gem Abs 4 erwirbt, weil Interesse der Kapitalaufbringung vorrangig ggü möglicher Gefahren aus aufgedrängtem GAnteil.[33] – Vorschrift begründet

---

25 OLG Hamburg BB 2001, 2182 (zur KO).

26 OLG Hamm DB 1988, 1311; Ulmer/*Müller* Rn 17; Roth/*Altmeppen* Rn 6; Michalski/*Ebbing* Rn 51.

27 Str, hM, vgl § 20 Rn 3 mwN; Ulmer/*Müller* Rn 17; Scholz/*Emmerich* Rn 15 a; Michalski/*Ebbing* Rn 52.

28 Rowedder/Schmidt-Leithoff/*Pentz* Rn 17.

29 Roth/*Altmeppen* Rn 19.

30 AllgM, Ulmer/*Müller* Rn 62; Scholz/*Emmerich* Rn 18 f; Rowedder/Schmidt-Leithoff/*Pentz* Rn 28; Michalski/*Ebbing* Rn 86.

31 Roth/*Altmeppen* Rn 19; Scholz/*Emmerich* Rn 18 a.

32 OLG Hamm DB 1988, 1311; Ulmer/*Müller* Rn 60; Scholz/*Emmerich* Rn 19 mit Relativierungen in Rn 19 a; Roth/*Altmeppen* Rn 17.

33 Ulmer/*Müller* Rn 59; einschr *Lutter*/Hommelhoff/*Bayer* Rn 13; abw Scholz/*Emmerich* Rn 19 a; Roth/*Altmeppen* Rn 18; Michalski/*Ebbing* Rn 84; Rowedder/Schmidt-Leithoff/*Pentz* Rn 32.

keine Ausgleichs- u Erstattungsansprüche der Gfter untereinander, hierfür vielmehr vertragliche Grundlage erforderlich.[34]

11 **2. Übergang des Geschäftsanteils.** Erwerb des GAnteils erfolgt mit Zahlung **kraft Gesetzes.** Aufnahme in Gfterliste nach § 16 I keine Wirksamkeitsvoraussetzung, aber für Geltendmachung von Gfterrechten erforderlich (§ 16 Rn 2). Gesvertragliche Abtretungsbeschränkungen nach § 15 V wirken nicht.[35] Erwerb ist unverzichtbar u weder vom Willen der Ges noch des Erwerbers abhängig (allgM). Unwirksame Kaduzierung steht dem Erwerb entgegen;[36] der Zahlende kann seine Leistung aus ungerechtfertigter Bereicherung von Ges zurückfordern.

12 Anteil geht mit allen **Rechten und Pflichten** auf Erwerber über, wie sie **im Zeitpunkt des Übergangs** bestehen, auch soweit zwischenzeitlich durch Satzungsänderung begründet.[37] Erwerber schuldet insbes später fällig werdende Einlagebeträge. Sonstige Pflichten (Verzugszinsen, Vertragsstrafen, Nebenpflichten), die bei Kaduzierung fällig waren, schuldet nur der Ausgeschlossene (§ 21 Rn 11),[38] später fällig gewordene nur der Erwerber. Dieser hat auch Anspruch auf die nach Kaduzierung angefallenen Gewinnanteile (§ 21 Rn 12).[39] – **Rechte Dritter** sind durch Kaduzierung erloschen (§ 21 Rn 13) u leben auch dann nicht wieder auf, wenn sie der rückerwerbende Rechtsvorgänger begründet hatte.[40] – Erwerber nach Abs 4 ist weder iSd § 22 Rechtsnachfolger des Ausgeschlossenen noch der Ges.[41] Rückerwerb nach Abs 4 versetzt im Hinblick auf Haftung für neuerlich rückständige Einlagebeträge Erwerber an seinen ursprünglichen Platz zurück. Im Fall erneuter Kaduzierung haften daher nach § 22 nur seine damaligen Rechtsvorgänger, während seine Rechtsnachfolger mit dem Rückerwerb frei geworden sind.[42]

Versteigerung des Geschäftsanteils

23 **[1] Ist die Zahlung des rückständigen Betrages von Rechtsvorgängern nicht zu erlangen, so kann die Gesellschaft den Geschäftsanteil im Wege öffentlicher Versteigerung verkaufen lassen. [2] Eine andere Art des Verkaufs ist nur mit Zustimmung des ausgeschlossenen Gesellschafters zulässig.**

---

34 HM, Ulmer/*Müller* Rn 56; Scholz/*Emmerich* Rn 12 f; Roth/*Altmeppen* Rn 23; Michalski/*Ebbing* Rn 106 f; Rowedder/Schmidt-Leithoff/*Pentz* Rn 24; – teilw abw *Lutter*/Hommelhoff/*Bayer* Rn 17.

35 Ulmer/*Müller* Rn 68; Scholz/*Emmerich* Rn 20 f; Rowedder/Schmidt-Leithoff/*Pentz* Rn 34; Michalski/*Ebbing* Rn 91; Roth/*Altmeppen* Rn 21; MünchHdbGmbH/*Gummert* § 50 Rn 147.

36 Ulmer/*Müller* Rn 39; Scholz/*Emmerich* Rn 20; Rowedder/Schmidt-Leithoff/*Pentz* Rn 2, 34; Michalski/*Ebbing* Rn 80.

37 Ulmer/*Müller* Rn 63; Scholz/*Emmerich* Rn 22; Rowedder/Schmidt-Leithoff/*Pentz* Rn 33; Michalski/*Ebbing* Rn 93.

38 Michalski/*Ebbing* Rn 94; MünchHdbGmbH/*Gummert* § 50 Rn 146.

39 Str, wie hier zB MünchHdbGmbH/*Gummert* § 50 Rn 141; – aA Ulmer/*Müller* Rn 64 f; Scholz/*Emmerich* Rn 22; Rowedder/Schmidt-Leithoff/*Pentz* Rn 33; *Lutter*/Hommelhoff/*Bayer* Rn 14.

40 Ebenso Ulmer/*Müller* Rn 67; Scholz/*Emmerich* Rn 22; Rowedder/Schmidt-Leithoff/*Pentz* Rn 36; Michalski/*Ebbing* Rn 95.

41 BGHZ 42, 92, allgM.

42 HM, Ulmer/*Müller* Rn 66; Scholz/*Emmerich* Rn 23; krit Roth/*Altmeppen* Rn 22; – aA *Lutter*/Hommelhoff/*Bayer* Rn 15; Rowedder/Schmidt-Leithoff/*Pentz* Rn 35; Michalski/*Ebbing* Rn 21.

Übersicht

Lit: *Guntau,* Die Versteigerung eines Geschäftsanteils durch den Gerichtsvollzieher in den Fällen der §§ 23, 27 und 28 GmbH-Gesetz sowie des § 65 Akt-Gesetz, DGVZ 1982, 161; *Polzius,* Die Versteigerung von GmbH-Anteilen nach der ZPO und dem GmbHG, DGVZ 1987, 17; vgl ferner bei § 21.

I. Allgemeines

1 § 23 gibt mit **Zwangsverkauf** weiteres Mittel, der Ges nach Kaduzierung u erfolgloser Inanspruchnahme der Rechtsvorgänger die rückständige Stammeinlage zuzuführen. Durchführung ist grds Voraussetzung einer Inanspruchnahme des Ausgeschlossenen nach § 21 III u der anderen Gfter nach § 24 auf den Ausfall. Vorschrift dient der Kapitalaufbringung u ist daher **zwingend,** § 25.

II. Verkauf

2 **1. Voraussetzungen.** Zwangsverkauf setzt voraus, dass GAnteil wirksam kaduziert (§ 21 mit Erl) u dass von den Rechtsvorgängern Zahlung des rückständigen Betrags der Stammeinlage nicht zu erlangen war (§ 22 mit Erl). Vermutung des § 22 II gilt auch hier (s dort Rn 6).[1] Zu sonstigem Nachweis der Zahlungsunfähigkeit § 22 Rn 6. – Liegen Voraussetzungen nicht vor, ist Verkauf grds unwirksam (Rn 10). Mangels Gefährdung kann ausgeschlossener Gfter daher nicht mit einstweiliger Verfügung gegen Versteigerung auf Grund fehlerhafter Kaduzierung vorgehen.[2]

3 **2. Recht zum Verkauf.** Liegen Voraussetzungen vor, kann Ges verkaufen; **Pflicht** hierzu besteht **weder ggü Gftern noch dem Ausgeschlossenen** oder dessen Rechtsvorgängern.[3] Insbes muss sie nicht sofort verkaufen, sondern

---

[1] Ulmer/*Müller* Rn 8; *Lutter*/Hommelhoff/*Bayer* Rn 2; Roth/*Altmeppen* Rn 3; iE auch Scholz/*Emmerich* Rn 3 mit § 22 Rn 11.

[2] OLG Rostock GmbHR 1997, 449; abw Michalski/*Ebbing* Rn 83.

[3] Ulmer/*Müller* Rn 9; Roth/*Altmeppen* Rn 5; GmbH-Hdb/*Kallmeyer* Rn 331; – insoweit Stellungahme missverstanden bei Michalski/*Ebbing* Rn 13; Rowedder/

kann auf günstigen Zeitpunkt warten.[4] Verwertung aber grds Voraussetzung für weiteres Vorgehen nach § 21 III u § 24, sofern nicht Verkaufsversuch von vornherein aussichtslos (unten Rn 6). – Verkauf ist Mittel der Kapitalaufbringung. Dafür haben gegenüber Ges GFührer Sorge zu tragen (§ 35 Rn 29). Sie haben daher über Ort u Zeitpunkt des Verkaufs pflichtgem zu befinden.[5] GfterBeschluss ist nicht erforderlich, kann GFührer aber anweisen (§ 37 Rn 21 ff).[6] Im Insolvenzverfahren erfolgt Verkauf durch Insolvenzverwalter.[7]

4 **3. Öffentliche Versteigerung.** Verkauf erfolgt regelmäßig durch öffentliche Versteigerung, §§ 383 III, 156 BGB, im Namen der Ges. Versteigerung kann dort erfolgen, wo sie am aussichtsreichsten erscheint, nicht nur am Sitz der Ges.[8] Erforderlich öffentl Bekanntmachung von Zeit u Ort der Versteigerung; diese erfolgt durch Gerichtsvollzieher oder sonstige dazu befugte Person, etwa Notar.[9] Bieten dürfen alle, auch der Ausgeschlossene, nicht aber Ges,[10] da diese nach § 33 I nicht voll eingezahlten Anteil nicht erwerben kann. Beschränkungen sind unzulässig. Formvorschriften nach § 15 III, IV sowie gesvertragliche Abtretungsbeschränkungen nach § 15 V finden keine Anwendung.[11] Erwerb durch Zuschlag. Ges kann sich aber auch ohne Zustimmung des Ausgeschlossenen Genehmigung vorbehalten.[12] Zahlungspflicht des Käufers ist entspr § 1238 I BGB auf sofortige Barzahlung gerichtet.[13] Obwohl Ges an Verkauf des GAnteils unmittelbar beteiligt ist, kann Erwerber, anders als nach § 16 I aF, Gfterrechte erst nach Aufnahme geänderter Gfterliste in HR ausüben.[14] Das entspricht vom Gesetz gewollten Transparenzerfordernis, ist aber im Hinblick auf mögliche Verzögerungen seitens des GFührers nicht unproblematisch.

5 **4. Andere Art des Verkaufs** ist **mit Zustimmung** des ausgeschlossenen Gfters **zulässig,** insbes freihändiger Verkauf[15] oder Versteigerung unter Beschränkung des Bieterkreises.[16] Satzung kann andere Art des Verkaufs bereits

Schmidt-Leithoff/*Pentz* Rn 3; – abw Scholz/*Emmerich* Rn 4 f; auch *Lutter*/Hommelhoff/*Bayer* Rn 3.

[4] KG OLGZ 19, 371, allgM.

[5] Insoweit übereinstimmend auch *Lutter*/Hommelhoff/*Bayer* Rn 3; Michalski/*Ebbing* Rn 11 ff; Rowedder/Schmidt-Leithoff/*Pentz* Rn 3.

[6] Ulmer/*Müller* Rn 14 f; Rowedder/Schmidt-Leithoff/*Pentz* Rn 8 f; differenzierend Michalski/*Ebbing* Rn 17.

[7] Rowedder/Schmidt-Leithoff/*Pentz* Rn 42.

[8] Ulmer/*Müller* Rn 20; Scholz/*Emmerich* Rn 7; Michalski/*Ebbing* Rn 26.

[9] *Wicke* Rn 3; zum Ganzen Rowedder/Schmidt-Leithoff/*Pentz* Rn 11 ff; Michalski/*Ebbing* Rn 21 ff; weitergehend *Lutter*/Hommelhoff/*Bayer* Rn 4 für gesonderte Unterrichtung des Ausgeschlossenen u der MitGfter entspr § 65 III 4 AktG.

[10] RGZ 98, 279.

[11] Ulmer/*Müller* Rn 22 ff; Scholz/*Emmerich* Rn 7 c; *Lutter*/Hommelhoff/*Bayer* Rn 4; Roth/*Altmeppen* Rn 9; Rowedder/Schmidt-Leithoff/*Pentz* Rn 6; Michalski/*Ebbing* Rn 30, 32.

[12] Scholz/*Emmerich* Rn 7 a; *Lutter*/Hommelhoff/*Bayer* Rn 4; Michalski/*Ebbing* Rn 32; bzgl Zustimmungserfordernis abw wohl Ulmer/*Müller* Rn 25; Rowedder/Schmidt-Leithoff/*Pentz* Rn 6, 18 f.

[13] Scholz/*Emmerich* Rn 7 a; Rowedder/Schmidt-Leithoff/*Pentz* Rn 17; abw *Lutter*/Hommelhoff/*Bayer* Rn 4.

[14] *Wicke* Rn 3.

[15] BGHZ 42, 89.

[16] Scholz/*Emmerich* Rn 8; Rowedder/Schmidt-Leithoff/*Pentz* Rn 19; Michalski/*Ebbing* Rn 39.

zulassen oder erfordern;[17] dann Zustimmung des Gfters nicht erforderlich. Nachträgliche Einführung entspr Satzungsregelung nur mit Zustimmung aller Gfter gem § 53 III.[18] – Für freihändigen Verkauf u Übertragung ist Form des § 15 III u IV einzuhalten (§ 15 Rn 23), ebenso gelten Beschränkungen nach § 15 V,[19] doch liegt im Verkauf eine etwa erforderliche Genehmigung der Ges, nicht aber eine etwa erforderliche der GfterVers.[20] Zustimmung kann auch zu Versteigerung unter Abweichung von den Verfahrenserfordernissen nach S 1 erteilt werden, auch nachträglich. Deshalb heilt Genehmigung des ausgeschlossenen Gfters Verfahrensfehler bei öffentl Versteigerung.[21] Der Zustimmung anderer Mithaftender bedarf es nicht. – Wird bei freihändigem Verkauf Kaufpreis gestundet, kann Anteil erneut kaduziert werden, wenn Erwerber mit Zahlung des Kaufpreises in Rückstand gerät.[22]

5. Unverkäuflichkeit. Ist Geschäftsanteil dauernd unverkäuflich, fällt er der Ges, die ihn zunächst nur treuhänderisch verwaltet (§ 21 Rn 12), endgültig als Eigentum anheim.[23] Das hat für Haftung nach §§ 21 III, 24 die gleichen Wirkungen wie Ausfall bei Zwangsverkauf.[24] Für das weitere Schicksal des Anteils gilt Entspr wie bei zulässigem Erwerb nach § 33 (s dort Rn 22 ff).[25] 6

III. Wirkungen, Mängel

1. Rechtsstellung des Erwerbers. Erwerber wird gem §§ 398, 413 BGB **Gesellschafter** mit allen Rechten u Pflichten. Ausüben kann er diese aber, anders als nach altem Recht, erst nach Aufnahme geänderter Gfterliste in HR (oben Rn 4 aE). Er erwirbt den Anteil so, wie er besteht. Erwerber wird, da es sich um Zwangsverkauf handelt, von der Haftung für alle auf den Anteil rückständigen Einlagebeträge frei, insbes auch in Bezug auf die Rate, derentwegen Kaduzierung erfolgte.[26] Er haftet insoweit auch nicht nach § 24 (§ 24 Rn 4).[27] Später fällige Einlagebeträge schuldet er dagegen als Gfter, daher kann bei Rückstand ebenfalls kaduziert werden. Erwerber hat Anspruch auf zwischenzeitlich angefallene Gewinnanteile (str, § 21 Rn 12). – **Rechte** 7

---

[17] Ulmer/*Müller* Rn 4; Scholz/*Emmerich* Rn 8 a; Rowedder/Schmidt-Leithoff/*Pentz* Rn 20.

[18] Ulmer/*Müller* Rn 4; Scholz/*Emmerich* Rn 8 a; Roth/*Altmeppen* Rn 10; Rowedder/Schmidt-Leithoff/*Pentz* Rn 20; Michalski/*Ebbing* Rn 43.

[19] Str, bejahend Ulmer/*Müller* Rn 29; Rowedder/Schmidt-Leithoff/*Pentz* Rn 7, 23; zweifelnd Roth/*Altmeppen* Rn 12; – aA Scholz/*Emmerich* Rn 9; Michalski/*Ebbing* Rn 48.

[20] Rowedder/Schmidt-Leithoff/*Pentz* Rn 7.

[21] IE übereinstimmend Ulmer/*Müller* Rn 45; Scholz/*Emmerich* Rn 8; Rowedder/Schmidt-Leithoff/*Pentz* Rn 22, zu den Folgen auch Rn 41.

[22] BGHZ 42, 93; Ulmer/*Müller* Rn 35; Scholz/*Emmerich* Rn 9 a; gegen Zulässigkeit einer Stundung Rowedder/Schmidt-Leithoff/*Pentz* Rn 24.

[23] RGZ 86, 421; allgM, Ulmer/*Müller* Rn 47; Scholz/*Emmerich* Rn 18; *Lutter*/Hommelhoff/*Bayer* Rn 6; Roth/*Altmeppen* Rn 20; Rowedder/Schmidt-Leithoff/*Pentz* Rn 36; Michalski/*Ebbing* Rn 71.

[24] OLG Köln OLGZ 13, 25.

[25] Roth/*Altmeppen* Rn 20; iE auch Ulmer/*Müller* Rn 47 f; wohl auch Scholz/*Emmerich* Rn 18.

[26] RG JW 1937, 2284; allgM, Ulmer/*Müller* Rn 34; Scholz/*Emmerich* Rn 13; Rowedder/Schmidt-Leithoff/*Pentz* Rn 25; Michalski/*Ebbing* Rn 53.

[27] RG JW 1937, 2284.

Dritter an GAnteil (Pfandrecht, Nießbrauch) sind durch Kaduzierung untergegangen (§ 21 Rn 13). Erwerber erwirbt daher frei von dinglichen Belastungen (allgM). Einer Heranziehung des § 1242 II BGB bedarf es daher nicht.[28]

8 2. **Erlös** aus dem Verkauf steht der Ges zu, auch soweit er rückständige Einlage übersteigt. Zweckgebunden, denn Ges muss ihn zur Deckung der rückständigen Stammeinlage verwenden. Kosten der Versteigerung sind abzuziehen.[29] Mehrerlös verbleibt der Ges darüber hinaus; ist nicht auf später fälligen Einlagerest des Erwerbers zu verrechnen.[30] Infolge dessen kann Mehrerlös auch nicht Ausfallhaftung für künftig fällige Einlageforderungen nach § 21 III beseitigen.[31] – Da Verkaufserlös an die Stelle der rückständigen Stammeinlage tritt, kann Erwerber gegen den Kaufpreisanspruch nicht aufrechnen, § 19 II 2.[32] Ferner gelten Einschränkungen aus § 19 II 1 u III.[33]

9 3. **Ausfallhaftung.** Reicht Verkaufserlös nicht zur Deckung der rückständigen Einlage oder ist Verkauf aussichtslos, liegt Ausfall vor, für den Ausgeschlossener nach § 21 III u subsidiär die übrigen Gfter nach § 24 haften, nicht aber der Erwerber (§ 24 Rn 4).[34] Dagegen entfällt Haftung der Rechtsvorgänger aus § 22 mit Zwangsverkauf, da Rückerwerb nach § 22 IV nicht mehr möglich (§ 22 Rn 9).

10 4. **Mängel. a) Fehlende Voraussetzungen.** Liegen **Voraussetzungen des Zwangsverkaufs** nicht vor, ist dieser grds unwirksam. Ohne wirksame Kaduzierung erwirbt Ges nicht den GAnteil u hat keine Verfügungsmacht zur Veräußerung.[35] Trotzdem erfolgte ist daher unwirksam, kann allerdings durch nachträgliche wirksame Kaduzierung geheilt werden, § 185 II BGB.[36] – Ist Inanspruchnahme der Rechtsvorgänger nach § 22 unterblieben, ist Verkauf ebenfalls unwirksam;[37] denn wirksame Kaduzierung berechtigt Ges zu Verfügung nur unter den Voraussetzungen des § 23. Vorherige Inanspruchnahme der Rechtsvorgänger im Interesse der Kapitalaufbringung erforderlich, da diese durch Veräußerung nach § 23 frei werden u Ges damit Haftungsschuldner verlöre. Anders deshalb, wenn Kaufpreis rückständige Einlage deckt, weil dann Kapitalaufbringung nicht gefährdet.[38] – Guter Glaube schützt Erwerber, anders als nach altem Recht, wenn, was nach neuem Recht möglich er-

---

28 Teilw abw Ulmer/*Müller* Rn 36; Michalski/*Ebbing* Rn 51.

29 Rowedder/Schmidt-Leithoff/*Pentz* Rn 31; MünchHdbGmbH/*Gummert* § 50 Rn 152.

30 Ganz hM, anders *Melber* 184 f.

31 Str, wie hier *Lutter*/Hommelhoff/*Bayer* Rn 8; Rowedder/Schmidt-Leithoff/*Pentz* Rn 32; aA Ulmer/*Müller* Rn 39; Scholz/*Emmerich* Rn 14 a; Roth/*Altmeppen* Rn 16; Michalski/*Ebbing* Rn 60; wohl auch MünchHdbGmbH/*Gummert* § 50 Rn 152.

32 BGHZ 42, 93; allgM.

33 Zum alten Recht Roth/*Altmeppen* Rn 15; Michalski/*Ebbing* Rn 46, 57.

34 RG JW 1937, 2285.

35 OLG Rostock GmbHR 1997, 449.

36 RGZ 85, 239; – abw *Lutter*/Hommelhoff/*Bayer*, Neuvornahme aller Verfahrensschritte notwendig.

37 Str, wie hier OLG Hamm DB 1988, 1311; Ulmer/*Müller* Rn 42; Scholz/*Emmerich* Rn 15 f; *Lutter*/Hommelhoff/*Bayer* Rn 11; Roth/*Altmeppen* Rn 2; jetzt auch Rowedder/Schmidt-Leithoff/*Pentz* Rn 39 – aA RGZ 85, 241 f.

38 Scholz/*Emmerich* Rn 15 a; Roth/*Altmeppen* Rn 4; – aA Ulmer/*Müller* Rn 42, 44; Michalski/*Ebbing* Rn 85 ff; Rowedder/Schmidt-Leithoff/*Pentz* Rn 40.

scheint, Ges nach erfolgter Kaduzierung als treuhänderischer Rechtsinhaber des GAnteils (§ 23 Rn 12) in Gfterliste aufgenommen wurde.

b) Verfahrensfehler bei Zwangsverkauf machen diesen unwirksam, jedenfalls soweit wesentliche Erfordernisse der öffentl Versteigerung nicht eingehalten.[39] Gutgläubiger Erwerb insoweit nicht möglich, da § 16 III nur fehlende Rechtsinhaberschaft des Veräußernden, nicht aber Mängel der Veräußerung heilt (§ 16 Rn 32). Veräußerung wird jedoch ex tunc wirksam, wenn ausgeschlossener Gfter verfahrensfehlerhafte Versteigerung nachträglich genehmigt (oben Rn 5). 11

c) Haftung der Gesellschaft. Soweit Veräußerung unwirksam, haftet Gesellschaft gegenüber Erwerber nach §§ 453, 275, 280 ff, 323 ff BGB. Ist Anteil nichtig, gilt § 311 a BGB.[40] 12

Aufbringung von Fehlbeträgen

24 **[1] Soweit eine Stammeinlage weder von den Zahlungspflichtigen eingezogen, noch durch Verkauf des Geschäftsanteils gedeckt werden kann, haben die übrigen Gesellschafter den Fehlbetrag nach Verhältnis ihrer Geschäftsanteile aufzubringen. [2] Beiträge, welche von einzelnen Gesellschaftern nicht zu erlangen sind, werden nach dem bezeichneten Verhältnis auf die übrigen verteilt.**

Übersicht

Lit: *Gaiser,* Die Freistellung geringfügig beteiligter Gesellschafter von der Ausfallhaftung nach § 24 GmbHG im Rahmen einer Kapitalerhöhung, GmbHR 1999, 210; *Gätsch,* Ausfallhaftung von Mitgesellschaftern für rückständige Einlagen und verbotswidrige Ausschüttungen – Summenmäßige Beschränkung?, BB 1999, 701; *Grunewald,* Die Verantwortlichkeit des gering beteiligten GmbH-Gesellschafters für Kapitalaufbringung und -erhaltung, FS Lutter, 2000, 413; *Köhl,* Die Ausfallhaftung von Hintermännern bzw. Treugebern für nicht geleistete Stammeinlagenzahlungen, GmbHR 1998, 119; *Melber,* Die Kaduzierung in der GmbH, 1993; *Robrecht,* Haftungsgefahren der GmbH-Gesellschafter für nicht eingezahlte Stammeinlagen, insb. bei der Insolvenz der GmbH, DB 1972, 1469; *K. Schmidt,* Summenmäßige Grenzen der Haftung von Mitgesellschaftern aus rückständigen Einlagen (§ 24 GmbHG) und verbotenen Ausschüttungen (§ 31 Abs. 3 GmbHG), BB 1985, 154; *ders,* Die begrenzte Ausfallhaftung nach §§ 24, 31 Abs 3 GmbHG im System des GmbH-Haftungsrechts, FS Raiser, 2005, 311;

[39] Ulmer/*Müller* Rn 45; Scholz/*Emmerich* Rn 16; einschr *Lutter*/Hommelhoff/*Bayer* Rn 11.

[40] Michalski/*Ebbing* Rn 80; – abw Roth/*Altmeppen* Rn 13.

Ulmer, Zur Treuhand an GmbH-Anteilen: Haftung des Treugebers für Einlageansprüche der GmbH?, ZHR 156 (1992), 377.

I. Allgemeines

1 § 24 erlegt den Gftern anteilige **Ausfallhaftung** gegenüber der Ges für nach §§ 21 bis 23 uneinbringliche Einlagebeträge u darüber hinaus auch für entspr Haftungsanteile von Mitgftern auf. Dadurch wird, freilich nur subsidiär an letzter Stelle, Haftung jedes einzelnen Gfters über seine Stammeinlage hinaus, uU bis zum gesamten auf das Stammkapital rückständigen Betrag, erhöht. – Regelung dient der Kapitalaufbringung u ist Ausgleich für die gegenüber dem Aktienrecht geringeren Gründungssicherungen. Sie ist daher **zwingend,** § 25. Verschärfungen aber auch hier zulässig (allgM).

II. Voraussetzungen

2 **1. Stammeinlage.** Ausfallhaftung bezieht sich, wie Zusammenhang mit §§ 21 ff ergibt, nur auf rückständige **Bareinlagebeträge** u diesen gleichzustellende Verbindlichkeiten (dazu § 21 Rn 3), also auch Anspruch aus **Differenzhaftung** nach § 9 oder **Vorbelastungshaftung**[1] (§ 11 Rn 61 ff), sowie Verpflichtung zu Geldzahlung, die an Stelle einer Sacheinlage getreten ist.[2] Sie ist nicht auf bei Kaduzierung rückständige Einlagen beschränkt, sondern umfasst danach bis zum Verkauf nach § 23 fällig gewordene.[3] Entspr anwendbar auf **Verlustdeckungshaftung**[4] (s auch § 11 Rn 23 ff), auch wenn dort Kaduzierung als Voraussetzung ausscheidet. – Dagegen keine Haftung der Gfter für Sachleistungen, soweit entgegen §§ 7 III, 8 II rückständig, sonstige Geldleistungen (Zinsen, Vertragsstrafen), Nebenleistungen u Nachschüsse, auch nicht, soweit Kaduzierung wegen letzteren erfolgte, § 28 I. – Wird im Prozess zwischen Ges u Gfter rkr festgestellt, dass Einlage rückständig, entfaltet dies im Prozess gegen übrige Gfter auf Ausfallhaftung keine Bindungswirkung.[5]

3 **2. Ausfall, Subsidiarität.** Haftung der Gfter ist Ausfallhaftung (§ 21 Rn 14 f, auch § 23 Rn 9), aber gegenüber der des Ausgeschlossenen nach § 21 III subsidiär. Gfter haften nur letztrangig. Alle anderen Mittel zur Erlangung der rückständigen Einlagebeträge nach §§ 21 ff müssen erschöpft sein, also Ausschließung nach § 21,[6] gleichgültig, ob der Ausgeschlossene zahlungsunfähig war; Inanspruchnahme der Rechtsvorgänger, soweit vorhanden, nach § 22, wobei Vermutung des § 22 II gilt; Verkauf des Anteils nach § 23, ohne dass dies zur vollständigen Deckung des Rückstands geführt hat, erfolgloser Versuch eines solchen Verkaufs oder Aussichtslosigkeit dieses Versuchs.[7] Zu wieder-

---

1 BGHZ 80, 141; WM 1982, 40.

2 Ulmer/*Müller* Rn 16; Scholz/*Emmerich* Rn 3; auch Roth/*Altmeppen* Rn 2; Michalski/*Ebbing* Rn 12; *K. Schmidt* BB 1985, 154 f mwN.

3 Scholz/*Emmerich* Rn 3; *Lutter*/Hommelhoff/*Bayer* Rn 3; Michalski/*Ebbing* Rn 57; auch Ulmer/*Müller* Rn 15.

4 Ulmer/*Ulmer* § 11 Rn 82; *Gummert* DStR 1997, 1009; – abl Roth/*Altmeppen* Rn 3; einschr *Lutter*/Hommelhoff/*Bayer* Rn 13.

5 BGH NZG 2005, 180.

6 RGZ 86, 421.

7 OLG Köln OLGZ 13, 25; OLG Köln ZIP 1993, 1389, 1392 sowie OLG Hamm DB 1993, 1765 betr GAnteil an Ges im Konkurs.

holtem Versuch ist Ges nicht verpflichtet;[8] Erforderlich ferner Erfolglosigkeit oder Aussichtslosigkeit[9] der Inanspruchnahme des Ausgeschlossenen nach § 21 III. Dessen Zahlungsunfähigkeit ist zu beweisen;[10] Vermutung greift hierfür nicht ein, erfolgloser Vollstreckungsversuch aber nicht in jedem Fall erforderlich,[11] auch nicht Anfechtungsprozess gegen Empfänger von Leistungen aus Vermögen des Gfters.[12] – Beweislast für Voraussetzungen hat Ges.[13] Ob sie rückständigen Einlagebetrag wirtschaftlich braucht, ist unerheblich.

III. Haftung

4 **1.** Alle übrigen **Gesellschafter** haften, auch Sacheinleger. Nicht unter § 24 fallen der Ausgeschlossene u seine Rechtsvorgänger, auch nicht der Erwerber nach § 23, weil dieser seine Verpflichtungen mit Zahlung des Kaufpreises erfüllt hat (§ 23 Rn 7). Anders aber, wenn Erwerber weiteren GAnteil hat.[14] Ebenso nicht Ges selbst, soweit sie eigene Anteile hat (Rn 7); auch nicht Gfter der Vorges, der vor Eintragung ausgeschieden ist.[15] – Einem Gfter soll derjenige (Treugeber) gleichstehen, in dessen Auftrag u für dessen Rechnung Strohmann (Treuhänder) an der Gründung teilgenommen hat.[16] Das ist wegen fehlender GfterStellung bedenklich (ausführl dazu § 1 Rn 44 mwN).[17]

5 Bei **Kapitalerhöhungen** haften alte u neue Gfter ohne Unterschied im Rahmen des § 24 für Rückstände bei allen GAnteilen.[18] Dafür spricht schon der Wortlaut des § 24, der keinen der „übrigen" Gfter ausnimmt, entscheidend aber der darin enthaltene Gedanke der Aufbringung u Erhaltung des Stammkapitals (Rn 1, Einl Rn 7), der Ausfall von Einlagen nicht zulässt, solange noch ein Gfter zahlungsfähig ist. Deshalb nicht nur Haftung der Übernehmer neuer Stammeinlagen für Ausfälle auch bei alten Einlagen,[19] sondern ebenso Haftung der alten Gfter für Rückstände aus späterer Erhöhung.[20] Differenzierung zwischen Gftern, die Kapitalerhöhung zugestimmt u solchen, die nicht zugestimmt haben, ist weder gegenüber Gläubigerinteressen noch gegenüber möglicherweise allein im GesInteresse zustimmenden Mitgftern zu rechtfertigen. Allerdings kann Austrittsrecht aus wichtigem Grund

---

[8] Ulmer/*Müller* Rn 25.

[9] OLG Hamburg OLGZ 37, 5; großzügig OLG Köln GmbHR 2005, 1587: Befriedigung durch Lohnpfändung über 55 Monate spricht nicht gg Aussichtslosigkeit.

[10] OLG Celle GmbHR 1994, 801.

[11] OLG Hamburg OLGZ 37, 5.

[12] OLG Hamm DB 1993, 1765.

[13] *Goette* § 2 Rn 70; Michalski/*Ebbing* Rn 78 f.

[14] RG JW 1937, 2286.

[15] OLG Köln GmbHR 1997, 546.

[16] BGHZ 31, 258; ausdrücklich gegen Kritik bestätigt BGHZ 118, 107; auch OLG Hamburg DB 1984, 1515; zust *Lutter*/Hommelhoff/*Bayer* Rn 10; Rowedder/Schmidt-Leithoff/*Pentz* Rn 18.

[17] Ulmer/*Müller* Rn 34; Scholz/*Emmerich* Rn 11 mit § 2 Rn 59 a; Michalski/*Ebbing* Rn 45.

[18] Heute ganz hM, LG Mönchengladbach ZIP 1986, 306; Ulmer/*Müller* Rn 19 f; Scholz/*Emmerich* Rn 16 f; *Lutter*/Hommelhoff/*Bayer* Rn 8; Rowedder/Schmidt-Leithoff/*Pentz* Rn 30; Roth/*Altmeppen* Rn 16; Michalski/*Ebbing* Rn 51; – Nachw zur früheren Gegenansicht bei Ulmer/*Müller* Rn 19 f; Scholz/*Emmerich* Rn 16 f.

[19] RGZ 132, 396.

[20] RGZ 93, 252; für Heranziehung des Kleinbeteiligtenprivilegs aber *Grunewald,* FS Lutter, 2000, 413, 419.

für Altgfter in Betracht kommen, die gegen Kapitalerhöhung gestimmt haben (§ 34 Anh Rn 20), jedoch nur unverzüglich nach Kapitalerhöhung u nicht erst bei Eintritt des Haftungsfalls.[21] – Bei **Verschmelzungen** haften sowohl die Gfter der aufnehmenden Ges für ausstehende Einlagen des übertragenden Rechtsträgers wie auch umgekehrt die Gfter der übertragenden Ges für Stammeinlagen der aufnehmenden Ges.[22] Hier besteht entspr Schutz durch Zustimmungserfordernisse gem §§ 51 I 1 u 3 UmwG.

6 **Maßgebender Zeitpunkt** für haftungsbegründende GfterEigenschaft ist Fälligkeit (dazu § 19 Rn 6) der betr Einlagerate,[23] denn damit entsteht aufschiebend bedingt bereits die Ausfallhaftung. Gegenansicht[24] will statt dessen den Zeitpunkt entscheiden lassen, in dem nach Erschöpfung der §§ 21–23 die Haftung aus § 24 geltend gemacht wird; aber dann könnte Gfter durch zwischenzeitliche Veräußerung des GAnteils der Haftung entgehen.[25] Gfter-Eigenschaft zu keinem der Zeitpunkte, sondern nur dazwischen genügt jedenfalls nicht.[26] – Entscheidend ist Aufnahme entspr Gfterliste in HR, § 16.

7 **2. Anteilige Haftung.** Gesellschafter haften anteilig nach dem Verhältnis ihrer GAnteile, also nicht als Gesamtschuldner. Berechnung nach Nennbeträgen, ohne Rücksicht auf Stand der Einzahlungen. Dabei sind weder der kaduzierte noch eingezogene oder eigene Anteile der Ges zu berücksichtigen.[27] Dies erfordert das durch GmbH-Novelle 1980 noch verschärfte Prinzip der Kapitalaufbringung. Deshalb kommt es nicht darauf an, ob der auf eigene Anteile entfallende Betrag durch freie Rücklagen gedeckt wäre (früher str). – Sehr umstr ist, ob **summenmäßige Begrenzung** der Haftung auf den Betrag der Stammeinlage des ausgefallenen Gfters bzw auf Höhe des Stammkap bei Differenz- u Vorbelastungshaftung wegen Einbringung eines unerkannt mit Altlasten behafteten Grundstücks oder überschuldeten Unternehmens zu rechtfertigen ist.[28] Eine solche Begrenzung ist zu befürworten, weil sonst die Beteiligung an einer GmbH mit untragbaren Risiken verbunden wird. Soweit die Gfter Kenntnis haben müssen, kann jedoch Haftung nach § 9a sowie unter dem Gesichtspunkt des existenzvernichtenden Eingriffs in Betracht kommen (dazu § 13 Rn 49ff).

---

[21] LG Mönchengladbach ZIP 1986, 306, ganz hM, Ulmer/*Müller* Rn 21; Michalski/*Ebbing* Rn 52; Roth/*Altmeppen* Rn 16; – abw jedoch Rowedder/Schmidt-Leithoff/*Pentz* Rn 31.

[22] Roth/*Altmeppen* Rn 12 mwN; *Lutter*/Hommelhoff/*Bayer* Rn 9.

[23] BGHZ 132, 390; OLG Köln ZIP 1993, 1389, 1392; ausführlich dazu Scholz/*Emmerich* Rn 15f; ferner *Lutter*/Hommelhoff/*Bayer* Rn 7; Rowedder/Schmidt-Leithoff/*Pentz* Rn 17; Roth/*Altmeppen* Rn 13f; *Goette* § 2 Rn 71.

[24] RG JW 1937, 2286; ihm folgend LG Aachen GmbHR 1992, 751; Ulmer/*Müller* Rn 29f; tendenziell auch Michalski/*Ebbing* Rn 30f.

[25] So auch BGHZ 132, 390.

[26] OLG Celle GmbHR 1995, 124.

[27] Bzgl letzterer wie hier *Lutter*/Hommelhoff/*Bayer* Rn 5; Ulmer/*Hohner*/*Paura* § 33 Rn 27; Ulmer/*Müller* Rn 41; Scholz/*Emmerich* Rn 14; Rowedder/Schmidt-Leithoff/*Pentz* Rn 22; Roth/*Altmeppen* Rn 11; – früher str.

[28] *Roth*/Altmeppen § 9 Rn 6 aE; *K. Schmidt* BB 1985, 154; *ders* GesR § 37 II 5d; *ders* FS Raiser, 2005, 311, 317; *Grunewald* FS Lutter, 2000, 413, 416. – Gegen Begrenzung aber *Wilhelm* FS Flume, 1978, Bd II, 337, 361f; *Lutter*/Hommelhoff/*Bayer* Rn 6; *Gätsch* BB 1999, 701, 703ff; Rowedder/Schmidt-Leithoff/*Pentz* Rn 24; nunmehr auch Ulmer/*Müller* Rn 23; Scholz/*Emmerich* Rn 2e.

Ist von einem Gfter **keine Befriedigung zu erlangen,** verteilt sich der auf ihn entfallende Haftungsanteil wiederum auf die übrigen Gfter nach dem Verhältnis der Nennbeträge ihrer GAnteile, S 2. Vermutung des § 22 II gilt nicht, daher Beweislast für Anspruchsvoraussetzungen bei Ges.[29] Ausfall eines Gfters liegt schon dann vor, wenn Inanspruchnahme aussichtslos. Zwangsvollstreckung braucht nicht in jedem Fall versucht zu werden.[30] Kaduzierungsrecht gegen den Säumigen hat Ges insoweit nicht (§ 21 Rn 3). Sie kann aber dessen Anteil pfänden (dazu § 15 Rn 59 ff), soweit § 33 nicht entgegensteht. – Maßgebender Zeitpunkt für GfterEigenschaft der übrigen ist derselbe wie für Haftung nach S 1 (Rn 6).[31] 8

3. Geltendmachung des Anspruchs aus § 24 erfolgt durch GFührer. GfterBeschluss nicht erforderlich. Im Insolvenzverfahren der Ges fordert Insolvenzverwalter die Beträge ein, aber nur, soweit zur Befriedigung der Gläubiger nötig.[32] Entspr gilt bei Liquidation.[33] Der zahlende Gfter erwirbt keinerlei Rechte am GAnteil.[34] – Für Anspruch aus § 24 gelten §§ 19 II–V, da es sich um Beträge zur Aufbringung des Stammkapitals handelt.[35] Anspruch ist übertragbar wie Anspruch auf Einzahlung der Stammeinlage (dazu § 19 Rn 42), ebenso pfändbar.[36] Beweislast Ges (OLG Köln DStR 2009, 1047). Verjährung § 19 VI (vgl § 19 Rn 85 ff). 9

4. Interner Ausgleich. Zahlender Gfter erwirbt, anders als gem § 22, nicht den GAnteil.[37] Er kann aber bei Ausgeschlossenem u im Fall des S 2 bei säumigem Mitgfter, dessen Haftungsanteil er bezahlt, Regress nehmen.[38] Dagegen kein Anspruch gegen Rechtsvorgänger iSd § 22,[39] zumal diese durch Veräußerung nach § 23 auch von ihrer Haftung gegenüber Ges frei werden (§ 22 Rn 9, auch § 23 Rn 9). – **Anspruch gegen Geschäftsführer** wegen Verletzung von Sorgfaltspflichten bei Einziehung der Einlagebeträge steht nur Ges zu, nicht Gftern. Die von der hM für Haftung auch gegenüber Gftern herangezogene Analogie zu § 31 VI[40] passt nicht, weil GFührer danach nur für unzulässige Auszahlungen, nicht aber für nachlässige Rückforderung haften. Haftung gegenüber Gftern deshalb nur, falls unerlaubte Handlung, insbes § 826 BGB. 10

---

[29] Scholz/*Emmerich* Rn 21; Rowedder/Schmidt-Leithoff/*Pentz* Rn 25.

[30] Ulmer/*Müller* Rn 49; Scholz/*Emmerich* Rn 21; Rowedder/Schmidt-Leithoff/*Pentz* Rn 25; Michalski/*Ebbing* Rn 73.

[31] Ebenso Ulmer/*Müller* Rn 49.

[32] OLG Hamm NJOZ 2006, 920; Scholz/*Emmerich* Rn 9, 20 f; Michalski/*Ebbing* Rn 55; dazu auch *Robrecht* DB 1972, 1471.

[33] OLG Köln OLGZ 13, 25.

[34] RGZ 86, 420 f.

[35] RGZ 92, 366; 123, 8; JW 1937, 2284; heute allgM.

[36] Str, wie hier Scholz/*Emmerich* Rn 22; Rowedder/Schmidt-Leithoff/*Pentz* Rn 34; Roth/*Altmeppen* Rn 19; nunmehr auch Ulmer/*Müller* Rn 14.

[37] Scholz/*Emmerich* Rn 23; Michalski/*Ebbing* Rn 88; Roth/*Altmeppen* Rn 24.

[38] AllgM, Begr str, dazu ausführl Ulmer/*Müller* Rn 62; Scholz/*Emmerich* Rn 24; *Lutter*/Hommelhoff/*Bayer* Rn 14; Roth/*Altmeppen* Rn 25 ff; Rowedder/Schmidt-Leithoff/*Pentz* Rn 26; Michalski/*Ebbing* Rn 90 f.

[39] Scholz/*Emmerich* Rn 24; Roth/*Altmeppen* Rn 25 ff; Michalski/*Ebbing* Rn 92.

[40] Ulmer/*Müller* Rn 65; Scholz/*Emmerich* Rn 25; Roth/*Altmeppen* Rn 27; Rowedder/Schmidt-Leithoff/*Pentz* Rn 27; Michalski/*Ebbing* Rn 97; *Lutter*/Hommelhoff/*Bayer* Rn 14.

Zwingende Vorschriften

25 **Von den in den §§ 21 bis 24 bezeichneten Rechtsfolgen können die Gesellschafter nicht befreit werden.**

1 §§ 21 bis 24 sind Teil des Systems der Sicherung der Kapitalaufbringung (dazu Einl Rn 7, auch § 3 Rn 14, § 5 Rn 2). Sie sind daher nach § 25 in dem Sinn zwingend, dass sie zwar eine Verschärfung der Haftung zulassen, nicht aber Milderung oder gar Beseitigung, u zwar weder im Voraus noch nach Eintritt der Haftungsvoraussetzungen. Insoweit deckt sich die Regelung teilw mit der des § 19 II.

Nachschusspflicht

26 (1) **Im Gesellschaftsvertrag kann bestimmt werden, daß die Gesellschafter über die Nennbeträge der Geschäftsanteile hinaus die Einforderung von weiteren Einzahlungen (Nachschüssen) beschließen können.**

(2) **Die Einzahlung der Nachschüsse hat nach Verhältnis der Geschäftsanteile zu erfolgen.**

(3) **Die Nachschußpflicht kann im Gesellschaftsvertrag auf einen bestimmten, nach Verhältnis der Geschäftsanteile festzusetzenden Betrag beschränkt werden.**

Übersicht

Lit: *Hommelhoff/Kleindiek,* Flexible Finanzierungsinstrumente im GmbH-Recht, FS GmbHG, 1992, 421; *Kaminski,* Nachschusspflichten, 1965; *Weisser,* Nachschusspflicht von GmbH-Gesellschaftern für sog. Milestone Payments im Insolvenzfall, GmbHR 2004, 1370.

I. Allgemeines

1 **1. Bedeutung der Vorschrift.** Vorschrift durch MoMiG sprachlich durch Verwendung des Begriffs der GAnteile anstelle des Begriffs der Stammein-

lagen modernisiert. § 26 bestimmt, dass GmbH über das feste Stammkapital (§ 3 Rn 14f) hinaus zusätzlich durch **Nachschüsse der Gesellschafter** Eigenkapital bilden kann. Zwingend vorausgesetzt stets **Grundlage im Gesellschaftsvertrag und Gesellschafterbeschluss, Abs 1.** Grds **Einforderung** im Verhältnis der GAnteile, **Gleichbehandlung, Abs 2.** Für Betrag **Beschränkungsmöglichkeit in Abs 3.** – Nachschüsse haben als Finanzierungsinstrument wenig praktische Bedeutung erlangt.[1] Sie sind aber von Interesse für Struktur der GmbH, vor allem iGgs zur AG, die Nachschusspflicht nicht kennt. – Mögliche Gestaltungsform für sog Ausschüttungs-Rückholverfahren (§ 29 Rn 65ff), falls Pflicht zur Gewinnrückführung in Form von Einlagen ohne förmliche Erhöhung des Stammkapitals, aber mit stärkerer Bindung als Nebenleistung (§ 3 Rn 39) gewünscht wird.[2] Ob Nachschusspflicht dadurch Verbreitung findet, hängt wesentlich mit der Entwicklung von Steuerrecht u -praxis zusammen.

2. Begriff des Nachschusses. Nachschüsse sind in der Satzung vorgese- 2
hene Einzahlungen mit Eigenkapitalcharakter, deren Aufbringung besonders gesichert ist (§§ 27, 28, s dort; auch § 16 II), jedoch nicht so streng wie die der Einlagen, vor allem keine Ausfallhaftung der übrigen Gfter nach § 24.[3] – Nachschusspflicht stets in Geld, Ges kann aber Sachleistung an Erfüllungs Statt annehmen; Stundung, Erlass u Aufrechnung möglich, § 19 II nicht anwendbar (§ 19 Rn 4).[4] Verwendung der Nachschüsse im Ermessen der Ges. Auflösung des Nachschusskapitals durch Rückzahlung an Gfter möglich auf Grund GfterBeschlusses gem § 46 Nr 3 u unter Beachtung von § 30 II, ferner zur Deckung eines Verlustes u zur Kapitalerhöhung aus GesMitteln (§ 57d Rn 2). – Nachschüsse sind streng zu unterscheiden von Einlagen (§ 3 Rn 16), Nebenleistungspflichten (§ 3 Rn 31ff, insbes 35), freiwilligen Zuzahlungen (außerhalb der Satzung u ohne Rückzahlungsanspruch)[5] u GfterDarlehen § 30 Anh mit Erl).[6] – Zur Bilanzierung § 42 II (s dort Rn 7ff).

II. Gesellschaftsvertragliche Grundlage

1. Gründungsstatut. Zwingend erforderlich **Grundlage der Nach-** 3
schusspflicht in der ursprünglichen Satzung oder nachträglich durch Satzungsänderung (unten Rn 6). Ausgestaltung im Einzelnen dispositiv. Ausdrückliche Bezeichnung als Nachschusspflicht nicht notwendig.[7] – **a) Unbeschränkte Nachschusspflicht. Höhe** kann **unbeschränkt** sein, dann Preis-

---

[1] Dazu allg *Hommelhoff/Kleindiek* FS GmbHG, 1992, 421, 422ff; rechtstatsächliche Angaben bei *Winter* GmbHR 1969, 146; *Kornblum und andere* GmbHR 1985, 42, 47.

[2] Ulmer/*Ulmer* § 55 Rn 92; Scholz/*Emmerich* § 29 Rn 91ff, insbes 94; *Roth/* Altmeppen § 29 Rn 71; *Esch* NJW 1978, 2531; *Priester* ZGR 1977, 445, 457; *Tillmann* GmbHR 1977, 283f.

[3] Ulmer/*Müller* Rn 65; Scholz/*Emmerich* Rn 23; Roth/*Altmeppen* Rn 3.

[4] RGZ 133, 297, 298; ganz hM, Ulmer/*Müller* Rn 61f; Scholz/*Emmerich* Rn 20; *Lutter*/Hommelhoff/*Bayer* Rn 8; Rowedder/Schmidt-Leithoff/*Pentz* Rn 37.

[5] Hierzu OLG München GmbHR 2000, 981.

[6] Zur Abgrenzung OLG München GmbHR 2000, 981; KG NZG 2000, 688, 689; ausführlich Ulmer/*Müller* Rn 4, 21ff; Scholz/*Emmerich* Rn 4ff; Rowedder/Schmidt-Leithoff/*Pentz* Rn 12ff; Michalski/*Zeidler* Rn 6ff.

[7] Ulmer/*Müller* Rn 22; Michalski/*Zeidler* Rn 13; abw wohl Rowedder/Schmidt-Leithoff/*Pentz* Rn 18 im Widerspruch zu Rn 17.

gaberecht nach § 27 (s dort). Gefährdungspotential durch Missbrauchsmöglichkeit zum Hinausdrängen von MinderheitsGftern.[8]

4 **b) Beschränkte Nachschusspflicht,** Abs 3, ermöglicht Kaduzierung nach § 28 (s dort). Beschränkung der Nachschusspflicht ist Ausnahme (Abs 3), sodass hierfür eindeutige Regelung erforderlich; fehlt diese, gilt Regelfall der unbeschränkten Nachschusspflicht.[9] Beschränkungsbestimmung sollte so genau sein, dass Gfter Höhe der Nachschusspflicht vorausberechnen kann.[10] Daher zweifelhaft, ob Nachschusspflicht in Höhe eines Prozentsatzes des ausgeschütteten Gewinns als beschränkt angesehen werden kann.[11] Beschränkungswirkung kann aber durch zusätzliche Angabe eines bestimmten Betrags erreicht werden.

5 **c)** Die beiden Formen können verbunden werden als **unbeschränkte Nachschusspflicht mit beschränktem Preisgaberecht,** § 27 IV (s dort Rn 3, § 28 Rn 2).

6 **d) Gleichbehandlungsgrundsatz. Nachschusspflicht** u ggf Beschränkung grds **nach Verhältnis der Geschäftsanteile** festzusetzen, Abs 3; etwa in Form eines Höchstbetrags sämtlicher Nachschüsse, in Bruchteilen oder Vielfachem der GAnteile. Ausprägung des Gleichbehandlungsgrundsatzes, sachlich begründete Differenzierung daher zulässig (§ 13 Rn 31 ff); persönliche Verhältnisse eines Gfters, zB Einkommensteuersatz, aber grds kein maßgebliches Kriterium. – Abw Regelung möglich mit Zustimmung aller nachteilig Betroffenen, die bei Gründungsstatut stets gegeben ist (§ 13 Rn 32, § 14 Rn 15).[12]

7 **2. Nachträgliche Einführung durch Satzungsänderung** bedarf außer satzungsändernder Mehrheit der Zustimmung aller Gfter, die mit Nachschusspflicht belastet werden sollen, § 53 III.[13] Ebenso Änderung bestehender Regelung, die zu neuer oder größerer Belastung führt, zB Übergang von unbeschränkter zu beschränkter Nachschusspflicht, da Preisgaberecht nach § 27 entfällt.[14] – Verstoß gegen § 53 III macht Beschluss iZw unwirksam (dazu § 47 Anh Rn 20). – Wie stets auch bei Satzungsänderung betr Nachschüsse Gleichbehandlungsgrundsatz zu beachten, abw Regelung nur mit Zustimmung der nachteilig Betroffenen, sonst anfechtbar (§ 13 Rn 34, § 47 Anh Rn 91). Wird Beschluss nicht angefochten, ist Änderung bindend; danach kein Leistungsverweigerungsrecht.[15] – Wird Satzungsänderung nicht notariell beurkundet (§ 53 II) u ins HR eingetragen (§ 54), ist Einführung der Nachschusspflicht unwirksam u kann auch nicht in wirksame schuldrechtl Abrede außerhalb des GesVertrags umgedeutet werden.[16]

---

[8] Dazu näher Michalski/*Zeidler* § 27 Rn 2.

[9] Michalski/*Zeidler* Rn 13, 15.

[10] Scholz/*Emmerich* Rn 11 f.

[11] So *Esch* NJW 1978, 2532; dagegen zutr Roth/*Altmeppen* Rn 17.

[12] AllgM, Ulmer/*Müller* Rn 55; Scholz/*Emmerich* Rn 12.

[13] KG NZG 2000, 688, 689.

[14] Ulmer/*Müller* Rn 30; Scholz/*Emmerich* Rn 9 a; Roth/*Altmeppen* Rn 8; Rowedder/Schmidt-Leithoff/*Pentz* Rn 18; Michalski/*Zeidler* Rn 13.

[15] AA wohl Ulmer/*Müller* Rn 29 aE, s auch Rn 56 f.

[16] Vgl Fall bei OLG München GmbHR 2000, 981; im Ergebnis auch KG NZG 2000, 688, 689; zust *Lutter*/Hommelhoff/*Bayer* Rn 6; *Wicke* Rn 3.

III. Einforderungsbeschluss

1. Allgemeines. Anspruch der Ges auf Nachschüsse entsteht nicht allein durch Satzungsbestimmung, sondern erst mit entspr **Gesellschafterbeschluss,** Abs 1.[17] Vorher kein übertragbarer oder pfändbarer Anspruch; Gläubiger oder Insolvenzverwalter können Einforderung nicht erzwingen.[18] Für Einforderung von Nachschüssen gilt insofern etwas anderes als für Einforderung von Resteinlagen (vgl § 46 Rn 27). – Mehrheitserfordernis entspr Satzung; falls diese keine Bestimmung enthält, reicht einfache Mehrheit aus. Beschluss ist unabdingbares Erfordernis. Kompetenz kann nicht auf anderes GesOrgan, etwa Aufsichtsrat, übertragen werden;[19] Erfordernis einer kumulativen Zustimmung durch weiteres Organ ist hingegen zulässig.[20] – Fehlt gesvertragliche Grundlage, kann einstimmiger Beschluss unter Zustimmung aller diese für den konkreten Fall zugleich schaffen.[21] – **Weitere Voraussetzung** ist vollständige Einforderung, nicht jedoch Einzahlung der Einlagen.[22] Einforderung von Einlagen u Nachschüssen kann jedoch gleichzeitig erfolgen.[23] Bei beschränkter Nachschusspflicht kann Satzung schon frühere Einforderung zulassen, § 28 II. Dann strengere Rückzahlungssperre nach § 30 II 3. – Wirtschaftliche Notwendigkeit der Einforderung nicht erforderlich, GfterVersammlung hat insofern Ermessen. Einschr folgt jedoch aus der Treuepflicht, etwa wenn Gfter missbräuchlich zur Preisgabe ihrer GAnteile (§ 27) gezwungen werden.[24] Darüber hinaus können in Satzung besondere Voraussetzungen für Geltendmachung der Nachschusspflicht bestimmt werden, zB Eintritt der Liquidationsphase.[25] 8

2. Inhalt des Beschlusses. Höhe der Nachschüsse u Verteilung auf die Gfter. Letztere grds nach Verhältnis der GAnteile, soweit nicht Satzung andere Verteilung vorsieht. Sonstige Abweichungen gem Abs 2 nur unter Berücksichtigung des Gleichbehandlungsgrundsatzes oder mit Zustimmung der nachteilig Betroffenen,[26] andernfalls anfechtbar (§ 13 Rn 34, § 47 Anh Rn 91). – Weitere **Durchführung** durch GFührer, insbes Aufforderung zur Einzahlung erforderlich.[27] Ob diese im Fall der Teilnahme des Gfters am Einforderungsbeschluss entbehrlich ist, ist vor allem im Rahmen der Einforderung von Einlagen str (§ 19 Rn 7) u sollte auch hier verneint werden. Wegen fristgebundenem Preisgaberecht nach § 27 I Schriftform mit Zustellungsnachweis 9

---

[17] OLG Frankfurt GmbHR 1992, 665.

[18] Dazu auch BGH DStR 1994, 1129.

[19] RGZ 70, 330 f; allgM, Ulmer/*Müller* Rn 41; ausführlich auch zu den Rechtsfolgen Scholz/*Emmerich* Rn 14 f; Rowedder/Schmidt-Leithoff/*Pentz* Rn 22.

[20] Scholz/*Emmerich* Rn 14 a; *Lutter*/Hommelhoff/*Bayer* Rn 7; Roth/*Altmeppen* Rn 10; Rowedder/Schmidt-Leithoff/*Pentz* Rn 24; Michalski/*Zeidler* Rn 18.

[21] RGZ 81, 370 f; zum satzungsdurchbrechenden GfterBeschluss § 53 Rn 41 ff.

[22] RGZ 87, 180; allgM, Ulmer/*Müller* Rn 45; Scholz/*Emmerich* Rn 17; Rowedder/Schmidt-Leithoff/*Pentz* Rn 25; Michalski/*Zeidler* Rn 21.

[23] Rowedder/Schmidt-Leithoff/*Pentz* Rn 25.

[24] Ulmer/*Müller* Rn 40; Rowedder/Schmidt-Leithoff/*Pentz* Rn 30 f; Michalski/*Zeidler* Rn 22.

[25] OLG Schleswig GmbHR 1994, 250; Michalski/*Zeidler* Rn 14.

[26] Ulmer/*Müller* Rn 54, 56 f; Scholz/*Emmerich* Rn 24 f; Roth/*Altmeppen* Rn 14; Rowedder/Schmidt-Leithoff/*Pentz* Rn 27, 33.

[27] Ulmer/*Müller* Rn 58 f; Roth/*Altmeppen* Rn 11, anders aber *ders* § 20 Rn 5 für Einlagen; Rowedder/Schmidt-Leithoff/*Pentz* Rn 32.

ratsam.[28] – § 19 II auf Einforderung von Nachschüssen nicht anwendbar (s oben Rn 2 mwN, § 19 Rn 4); **Verzicht, Aufrechnung, Stundung** u Sachleistung unter Beachtung des Gleichbehandlungsgrundsatzes zulässig.[29] Soweit Nachschussforderung bereits entstanden, gehört sie zum nach § 30 gebundenen GesVermögen; daher darf Verzicht Stammkapitaldeckung nicht beeinträchtigen;[30] das stellt § 30 II für Rückzahlung klar. – **Verjährung** eingeforderter Nachschüsse früher (§ 195 aF BGB) 30 Jahre. Da kein Einlageanspruch (zu diesem § 19 Rn 85), gilt heute grds 3-jährige Frist gem § 195 BGB.[31]

10 **3. Behandlung eigener Geschäftsanteile.** Hat Ges eigene Geschäftsanteile, besteht keine Nachschusspflicht an sich selbst, Anteile zählen aber mit bei Aufteilung der Nachschüsse.[32] Erwirbt Ges GAnteil, auf den fälliger Nachschuss aussteht, erlischt Erwerberhaftung nach § 16 II durch Konfusion. Veräußert Ges Anteil vor Fälligkeit des Nachschusses, lebt Verpflichtung beim Erwerber wieder auf.[33] Näheres zur Behandlung eigener GAnteile § 33 Rn 22 ff. – Durch Einziehung untergegangene GAnteile bleiben außer Betracht. Bei durch Gesamtsumme begrenzter Nachschusspflicht kann Amortisation daher zu Erhöhung der auf die einzelnen GAnteile entfallenden Nachschüsse führen.

Unbeschränkte Nachschusspflicht

27 (1) **¹Ist die Nachschußpflicht nicht auf einen bestimmten Betrag beschränkt, so hat jeder Gesellschafter, falls er die Stammeinlage vollständig eingezahlt hat, das Recht, sich von der Zahlung des auf den Geschäftsanteil eingeforderten Nachschusses dadurch zu befreien, daß er innerhalb eines Monats nach der Aufforderung zur Einzahlung den Geschäftsanteil der Gesellschaft zur Befriedigung aus demselben zur Verfügung stellt. ²Ebenso kann die Gesellschaft, wenn der Gesellschafter binnen der angegebenen Frist weder von der bezeichneten Befugnis Gebrauch macht, noch die Einzahlung leistet, demselben mittels eingeschriebenen Briefes erklären, daß sie den Geschäftsanteil als zur Verfügung gestellt betrachte.**

(2) **¹Die Gesellschaft hat den Geschäftsanteil innerhalb eines Monats nach der Erklärung des Gesellschafters oder der Gesellschaft im Wege öffentlicher Versteigerung verkaufen zu lassen. ²Eine andere Art des Verkaufs ist nur mit Zustimmung des Gesellschafters zulässig. ³Ein nach Deckung der Verkaufskosten und des rückständigen Nachschusses verbleibender Überschuß gebührt dem Gesellschafter.**

---

[28] Rowedder/Schmidt-Leithoff/*Pentz* Rn 29.

[29] RGZ 133, 298.

[30] Ulmer/*Müller* Rn 61; Scholz/*Emmerich* Rn 20; Rowedder/Schmidt-Leithoff/*Pentz* Rn 37; *Lutter*/Hommelhoff/*Bayer* Rn 7.

[31] Roth/*Altmeppen* Rn 15; *Wicke* Rn 5; Ulmer/*Müller* Rn 60.

[32] IE hM, Begründung str, Ulmer/*Müller* Rn 49 f; Ulmer/*Hohner*/*Paura* § 33 Rn 80; Scholz/*Emmerich* Rn 22; Scholz/*Westermann* § 33 Rn 36; Michalski/*Sosnitza* § 33 Rn 61.

[33] Scholz/*Emmerich* Rn 22; Scholz/*Westermann* § 33 Rn 40 aE; *Winkler* GmbHR 1972, 79.

(3) [1]**Ist die Befriedigung der Gesellschaft durch den Verkauf nicht zu erlangen, so fällt der Geschäftsanteil der Gesellschaft zu.** [2]**Dieselbe ist befugt, den Anteil für eigene Rechnung zu veräußern.**

(4) **Im Gesellschaftsvertrag kann die Anwendung der vorstehenden Bestimmungen auf den Fall beschränkt werden, daß die auf den Geschäftsanteil eingeforderten Nachschüsse einen bestimmten Betrag überschreiten.**

Übersicht

I. Allgemeines

1. Bedeutung der Vorschrift. § 27 regelt **Preisgabe,** auch **Abandon** genannt, durch den sich Gfter unter Aufgabe des GAnteils von unbeschränkter Nachschusspflicht befreien kann, **Abs 1.** Ges hat dann **Befriedigung aus dem Geschäftsanteil** zu suchen, **Abs 2.** Ist das nicht möglich, fällt der Anteil der Ges selbst zu, **Abs 3. Anwendungsbereich** stets bei unbeschränkter Nachschusspflicht; Satzung kann Anwendung auf den Fall beschränken, dass Nachschüsse einen bestimmten Betrag übersteigen, **Abs 4,** oder schon für beschränkte Nachschüsse ermöglichen.[1] – Hat ein Gfter mehrere GAnteile, sind diese auch für die Nachschusspflicht rechtlich selbständig, jeder unterliegt besonderer Behandlung.[2] – Rechtsgedanke des § 27 vom RG[3] herangezogen bei unzumutbar drückend gewordener Nebenleistungspflicht. Austrittsrecht auf gesvertraglicher Grundlage oder aus wichtigem Grund heute allg anerkannt (Näheres § 34 Anh Rn 18 ff). 1

2. Wesen des Preisgaberechts. Zwingend als Korrelat zu der für die GmbH wesentlichen beschränkten Haftung, da Gfter für Nachschüsse mit seinem ganzen Vermögen haftet u bei unbeschränkter Nachschusspflicht ggf nicht überschaubarer Inanspruchnahme ausgesetzt ist.[4] Regelung kann durch GesVertrag nicht abbedungen oder erschwert werden, aber Erleichterung des Abandons, etwa durch Fristverlängerung, möglich; Anwendung der §§ 21 ff 2

---

[1] Ulmer/*Müller* Rn 7, auch § 28 Rn 2; Scholz/*Emmerich* Rn 2; Michalski/*Zeidler* Rn 8; Roth/*Altmeppen* Rn 10, 22.
[2] Ulmer/*Müller* Rn 22; Scholz/*Emmerich* Rn 5.
[3] RGZ 128, 16 f, ganz hM, Ulmer/*Müller* Rn 7; Michalski/*Zeidler* Rn 9.
[4] Ulmer/*Müller* Rn 1; Scholz/*Emmerich* Rn 1; Roth/*Altmeppen* Rn 2.

kann nicht vereinbart werden, keine Aufrechnung der Ges gegen Forderungen des Gfters oä Maßnahmen mit Umgehungswirkung.[5] – IGgs zu Ausschließung u Austritt (dazu näher § 34 Anh Rn 11, 25) keine Abfindung des Gfters, sondern nur Anspruch auf Übererlös nach Verwertung des GAnteils, Abs 2 S 3. – Wird Preisgaberecht bzgl aller GAnteile ausgeübt, entsteht sog Keinmann-GmbH[6] (zu den Folgen § 33 Rn 19).

II. Voraussetzungen, Abs 1

3 **1. Preisgabe durch Gesellschafter. a) Einforderung des Nachschusses.** Voraussetzung des Preisgaberechts ist unbeschränkte Nachschusspflicht in der Satzung, sodann Einforderungsbeschluss und Anforderung durch GFührer (§ 26 Rn 7 f). Preisgabe kann wirksam erst nach Anforderung durch GFührer erfolgen;[7] wird sie bereits im Zusammenhang mit Einforderungsbeschluss erklärt, tritt Wirksamkeit erst mit dieser ein. Betrag der Einforderung ist ohne Belang; anders nur bei Regelung nach Abs 4, dann muss eingeforderter Nachschuss im Vertrag genannte Höhe übersteigen.

4 **b) Volleinzahlung der Stammeinlage.** Stammeinlage muss voll eingezahlt sein, vollständige Einforderung wie allg für Nachschüsse (§ 26 Rn 7) genügt hier nicht. Auf andere Rückstände kommt es dagegen nicht an.[8] Aufbringung des Stammkapitals darf durch Abandon nicht beeinträchtigt werden. Wegen rückständiger Einlagen kann Ges kaduzieren, §§ 21 ff; Ausschließung befreit Gfter nur von zukünftigen Nachschüssen (§ 21 Rn 11). Gfter kann abandonnieren, wenn Volleinzahlung des GAnteils vor Fristablauf (Rn 5) bewirkt wird.[9]

5 **c) Preisgabeerklärung.** Zur Preisgabe berechtigt, nicht verpflichtet, ist der Gfter. Zur Feststellung, wer Gfter ist, § 16 I m Erl. Erklärungsfrist ein Monat; Berechnung nach §§ 187 I, 188 II BGB. Für Fristbeginn maßgebend Zahlungsaufforderung durch GFührer, die ihrerseits keine Fristsetzung enthalten muss. GesVertrag kann Frist verlängern, aber nicht verkürzen (Rn 2). Verspätete Preisgabe kann Ges gelten lassen, da sie selbst zur Erklärung nach Abs 1 S 2 (Rn 6) berechtigt ist.[10] – Preisgabe ist **formlose Erklärung** gegenüber GFührer, dass Gfter den GAnteil der Ges zur Befriedigung wegen der Nachschussforderung zur Verfügung stellt. Wortlaut im Einzelnen unerheblich. Erklärung unwiderruflich, nach allg Regeln (§§ 119 ff BGB) anfechtbar. Erklärung steht in der freien Entscheidung des Gfters;[11] auf fehlende Leistungsfähigkeit kommt es nicht an.[12]

---

[5] Ulmer/*Müller* Rn 3, 34; Scholz/*Emmerich* Rn 1 aE, 12, 14; Scholz/*Emmerich* Rn 2, 12, 14; Rowedder/Schmidt-Leithoff/*Pentz* Rn 27; teilw abw Michalski/*Zeidler* Rn 26.

[6] Rowedder/Schmidt-Leithoff/*Pentz* Rn 28; Michalski/*Zeidler* Rn 43 aE.

[7] Str, wie hier Michalski/*Zeidler* Rn 23; – abw Ulmer/*Müller* Rn 12; Scholz/*Emmerich* Rn 9; Rowedder/Schmidt-Leithoff/*Pentz* Rn 16.

[8] Michalski/*Zeidler* Rn 17 f.

[9] Ulmer/*Müller* Rn 15 ff; Rowedder/Schmidt-Leithoff/*Pentz* Rn 13; Roth/*Altmeppen* Rn 5; vgl auch Scholz/*Emmerich* Rn 7.

[10] Ulmer/*Müller* Rn 12 ff, 29; Scholz/*Emmerich* Rn 12; Roth/*Altmeppen* Rn 7; Rowedder/Schmidt-Leithoff/*Pentz* Rn 18, 36; Michalski/*Zeidler* Rn 30.

[11] Michalski/*Zeidler* Rn 37.

[12] RGZ 128, 17.

2. Fingierte Preisgabe. Ges kann Preisgabe nach Abs 1 S 2 fingieren, wenn Gfter weder Nachschuss zahlt noch abandonniert. Auch hier Volleinzahlung des GAnteils vorausgesetzt. – Frist: Ablauf der Monatsfrist, ggf der Verlängerung, muss abgewartet werden; dann keine zeitliche Begrenzung, solange Nachschuss nicht gezahlt ist. Ges entscheidet nach ihrem Ermessen, ist dabei aber an Gleichbehandlungsgrundsatz (§ 13 Rn 31 ff) gebunden. – Form: eingeschriebener Brief durch GFührer;[13] GfterBeschluss nicht erforderlich. – Rechtsfolgen mit Zugang wie bei Preisgabe durch Gfter.[14] 6

III. Rechtsfolgen, Abs 2 und 3

1. Befreiung von der Nachschusspflicht. Preisgabe durch Gfter bzw fingierte Preisgabe führt zur Befreiung von der Pflicht zur Zahlung des auf den GAnteil entfallenden Nachschusses. Haftung des Gfters wird auf realisierbaren Wert des GAnteils beschränkt.[15] Dagegen keine Befreiung von anderen rückständigen Verbindlichkeiten, etwa früheren Nachschüssen, Nebenleistungen usw. Solange GAnteil nicht verkauft ist, behält Gfter seine Stellung u auch das Recht zur vollständigen Zahlung des Nachschusses, die Wirkungen der Preisgabe entfallen läßt.[16] 7

2. Verwertung des Geschäftsanteils. Ges muss binnen eines Monats nach Preisgabeerklärung GAnteil im Wege **öffentlicher Versteigerung** verkaufen lassen, **andere Verwertungsart** nur mit Zustimmung des Gfters. Vorgehen wie nach Kaduzierung (§ 23 Rn 4 f), jedoch mit folgenden Unterschieden:[17] Gfter ist nach wie vor Inhaber des GAnteils; Ges veräußert im eigenen Namen für Rechnung des Gfters, haftet daher auch als Verkäufer. – Sowohl Gfter als auch Ges selbst können als Bieter auftreten; da Abandon nur bei voll eingezahltem GAnteil zulässig, steht § 33 I Erwerb durch Ges nicht entgegen. – Ges darf zu jedem annehmbaren Preis verkaufen, braucht Zuschlag aber nicht erteilen zu lassen, wenn ihre Forderung nicht gedeckt ist.[18] – Haftung des Erwerbers nach § 16 II, jedoch nicht für Nachschusspflicht, von der Befreiung durch Preisgabe eingetreten ist. – Übererlös über Verkaufskosten u rückständigen Nachschuss hinaus gebührt dem Gfter; Ges kann dagegen mit anderen Verbindlichkeiten des Gfters aufrechnen.[19] – Unterlassen der Versteigerung, etwa wegen Aussichtslosigkeit, nur mit Zustimmung des Gfters. 8

3. Erwerb durch die Gesellschaft. Bleibt Veräußerungsversuch erfolglos oder unterbleibt er mit Zustimmung des Gfters, fällt GAnteil der **Gesellschaft** 9

---

[13] Im Hinblick auf Gesetzeswortlaut ganz hM, Rowdder/Schmidt-Leithoff/*Pentz* Rn 34; Roth/*Altmeppen* Rn 11; – abw für Ausreichen der Form nach § 126 BGB Michalski/*Zeidler* Rn 34.

[14] Dazu u zum Ganzen Ulmer/*Müller* Rn 39 ff; Scholz/*Emmerich* Rn 16 f.

[15] Ulmer/*Müller* Rn 46.

[16] Ulmer/*Müller* Rn 45; Scholz/*Emmerich* Rn 11 f; *Lutter*/Hommelhoff/*Bayer* Rn 2; Roth/*Altmeppen* Rn 12; Rowedder/Schmidt-Leithoff/*Pentz* Rn 32 f.

[17] Zum Ganzen Ulmer/*Müller* Rn 50 ff; Scholz/*Emmerich* Rn 22 ff; Rowedder/Schmidt-Leithoff/*Pentz* Rn 41.

[18] Ulmer/*Müller* Rn 58 f; Michalski/*Zeidler* Rn 46 mwN; Rowedder/Schmidt-Leithoff/*Pentz* Rn 41.

[19] Scholz/*Emmerich* Rn 27; Michalski/*Zeidler* Rn 50; Rowedder/Schmidt-Leithoff/*Pentz* Rn 44.

zu, Abs 3. Sie erwirbt kraft Gesetzes u kann darüber frei verfügen. Veräußert sie nunmehr den Anteil, gebührt ihr der Erlös in voller Höhe.[20] Erwerber haftet nicht für Rückstände, da er nicht Rechtsnachfolger des früheren Gfters ist.

10 **4. Rechte Dritter.** Bestehen an dem GAnteil Rechte Dritter (Pfandrecht, Nießbrauch), bedarf Einführung einer unbeschränkten Nachschusspflicht nicht der Zustimmung zB des Pfandgläubigers; §§ 1071, 1276 BGB nicht anwendbar.[21] Gilt auch für die Erklärung der Preisgabe (s auch § 15 Rn 49).[22] – Bei Veräußerung nach Abs 2 S 1 u 2 sowie bei Erwerb durch die Ges nach Abs 3 gehen Rechte Dritter an dem GAnteil unter; Pfandrecht setzt sich an evtl dem Gfter zustehenden Erlösanteil fort.[23]

Beschränkte Nachschusspflicht

28 (1) [1] **Ist die Nachschußpflicht auf einen bestimmten Betrag beschränkt, so finden, wenn im Gesellschaftsvertrag nicht ein anderes festgesetzt ist, im Fall verzögerter Einzahlung von Nachschüssen die auf die Einzahlung der Stammeinlagen bezüglichen Vorschriften der §§ 21 bis 23 entsprechende Anwendung.** [2] **Das gleiche gilt im Fall des § 27 Abs. 4 auch bei unbeschränkter Nachschußpflicht, soweit die Nachschüsse den im Gesellschaftsvertrag festgesetzten Betrag nicht überschreiten.**

(2) **Im Gesellschaftsvertrag kann bestimmt werden, daß die Einforderung von Nachschüssen, auf deren Zahlung die Vorschriften der §§ 21 bis 23 Anwendung finden, schon vor vollständiger Einforderung der Stammeinlagen zulässig ist.**

Übersicht

[20] Ulmer/*Müller* Rn 65; Rowedder/Schmidt-Leithoff/*Pentz* Rn 51.

[21] Scholz/*Winter/Seibt* § 15 Rn 191; *Wiedemann,* Die Übertragung und Vererbung von Mitgliedschaftsrechten bei Kapitalgesellschaften, 1965, 431 f.

[22] Scholz/*Winter/Seibt* § 15 Rn 192; Michalski/*Zeidler* Rn 16; *Müller* GmbHR 1969, 7.

[23] HM; Ulmer/*Müller* Rn 57; Scholz/*Emmerich* Rn 28; Roth/*Altmeppen* Rn 18; Rowedder/Schmidt-Leithoff/*Pentz* Rn 48; Michalski/*Zeidler* Rn 48, 53; *Müller* GmbHR 1969, 36 f.

1. Allgemeines. Bei beschränkter Nachschusspflicht ist Befreiungsmöglichkeit aus Gründen der Haftungsbegrenzung (§ 27 Rn 2) nicht zwingend notwendig. **Abs 1** enthält dagegen Recht zur **Ausschließung, Kaduzierung,** zur Sicherung der Aufbringung der Nachschüsse, auch der Nachschussbeträge, die gem § 27 IV noch kein Preisgaberecht auslösen. Verfahren u Rechtsfolgen durch Verweisung auf §§ 21 bis 23 geregelt; keine Ausfallhaftung der anderen Gfter entspr § 24. – Vorschrift ist dispositiv; GesVertrag kann sowohl abw Verfahren als auch insgesamt andere Rechtsfolgen vorsehen. – **Abs 2** lässt entgegen der allg Regel (§ 26 Rn 7) Einforderung beschränkter **Nachschüsse** schon **vor vollständiger Einforderung der Stammeinlagen** zu, wenn satzungsmäßig vorgesehen u Anwendbarkeit der §§ 21 bis 23 auf Nachschüsse nicht abbedungen. 1

2. Voraussetzungen. a) Ausschließungsmöglichkeit nur bei **Nichtleistung auf beschränkte Nachschusspflicht** nach § 26 III (s dort Rn 4) oder iSv § 27 IV bei unbeschränkter Nachschusspflicht, wenn eingeforderte Summe gesvertraglich festgesetzten Betrag für Preisgaberecht nicht überschreitet, Abs 1 S 2. Für letztere sind alle geleisteten Nachschüsse zusammenzurechnen.[1] – Nachschuss muss durch GfterBeschluss eingefordert u durch GFührer angefordert sein (letzteres str, § 26 Rn 7 f); grds erst nach vollständiger Einforderung der Stammeinlage, sonst nur auf Grund besonderer Zulassung durch Satzung, Abs 2. – Zum Begriff verspäteter Zahlung s § 20 Rn 5. 2

b) GesVertrag kann **andere Regelung** vorsehen, da Nachschüsse nicht den strengen Vorschriften zur Aufbringung des Stammkapitals unterliegen. Möglich zB Preisgaberecht, aber nur in der Form des § 27, insbes unter Voraussetzung der vorherigen Volleinzahlung der Stammeinlage, da sonst Kapitalaufbringung gefährdet.[2] Auch Verschärfung durch Ausfallhaftung entspr § 24 oder andere Art der Einstandspflicht der übrigen Gfter denkbar. Belässt es die Satzung bei Kaduzierungsmöglichkeit, kann Verfahren im Einzelnen anders als nach §§ 21 bis 23, auf die Abs 1 S 1 verweist, gestaltet werden.[3] 3

3. Rechtsfolgen. a) Verweisung auf §§ 21 bis 23 (nicht §§ 24, 25): Ges kann erneute Zahlungsaufforderung mit Fristsetzung u Androhung des Ausschlusses erlassen, nach fruchtlosem Fristablauf Gfter ausschließen. 4

aa) Gfter verliert Anteil u darauf erbrachte Leistungen, haftet weiter für rückständige Verbindlichkeiten. Ferner haftet er entspr § 21 III für Ausfälle der Ges: bei rückständigen Einlagen (s auch Rn 8); bei dem Nachschuss, dessentwegen kaduziert wurde; bei später eingeforderten Beträgen der Stammeinlage im Fall des Abs 2; bei künftigen Nachschüssen nur, soweit diese bereits beschlossen sind,[4] da auch beschränkte, dh überschaubare Nachschusspflicht iGgs zur Stammeinlagepflicht erst mit entspr GfterBeschluss zur Entstehung kommt (§ 26 Rn 7). 5

---

[1] Michalski/*Zeidler* Rn 5; Rowedder/Schmidt-Leithoff/*Pentz* Rn 13.

[2] Rowedder/Schmidt-Leithoff/*Pentz* Rn 11.

[3] Ulmer/*Müller* Rn 10; Scholz/*Emmerich* Rn 5; *Lutter*/Hommelhoff/*Bayer* Rn 4; Roth/*Altmeppen* Rn 7 ff; Rowedder/Schmidt-Leithoff/*Pentz* Rn 4 ff.

[4] Jetzt hM, Ulmer/*Müller* Rn 6; Scholz/*Emmerich* Rn 3; Roth/*Altmeppen* Rn 4; Rowedder/Schmidt-Leithoff/*Pentz* Rn 2; Michalski/*Zeidler* Rn 9; – aA *Lutter*/Hommelhoff/*Bayer* Rn 2.

6 **bb) Haftung der Rechtsvorgänger** entspr § 22 für Nachschuss, jedoch beschränkt auf satzungsmäßigen Höchstbetrag zum Zeitpunkt des jew Ausscheidens.[5] Keine Haftung der übrigen Gfter nach § 24.

7 **cc) Verwertung des GAnteils** entspr § 23. – Zum Ganzen s auch §§ 21 bis 23 mit Erl.

8 **b) Konkurrenz mit Kaduzierungsrecht wegen rückständiger Stammeinlage** möglich, nicht nur im Fall des Abs 2, auch bei vollständig eingeforderter, aber nicht gezahlter Stammeinlage. Beschränkt sich Ges auf Ausschließung nach Abs 1, könnten ihr, vor allem bei satzungsmäßig vereinfachtem Verfahren, die unabdingbaren Rechte aus §§ 21 ff entgehen, da derselbe Gfter nicht nochmals wegen rückständiger Einlage kaduziert werden kann. Insbes würden tatbestandsmäßige Voraussetzungen der Ausfallhaftung nach § 24 fehlen, worauf sich die anderen Gfter ggf berufen können. In solchen Fällen kann Ges daher im Interesse der Kapitalaufbringung nur aus beiden Gründen zugleich oder nur wegen rückständiger Einlage ausschließen.[6]

Ergebnisverwendung

29 (1) [1]**Die Gesellschafter haben Anspruch auf den Jahresüberschuß zuzüglich eines Gewinnvortrags und abzüglich eines Verlustvortrags, soweit der sich ergebende Betrag nicht nach Gesetz oder Gesellschaftsvertrag, durch Beschluß nach Absatz 2 oder als zusätzlicher Aufwand auf Grund des Beschlusses über die Verwendung des Ergebnisses von der Verteilung unter die Gesellschafter ausgeschlossen ist.** [2]**Wird die Bilanz unter Berücksichtigung der teilweisen Ergebnisverwendung aufgestellt oder werden Rücklagen aufgelöst, so haben die Gesellschafter abweichend von Satz 1 Anspruch auf den Bilanzgewinn.**

(2) **Im Beschluß über die Verwendung des Ergebnisses können die Gesellschafter, wenn der Gesellschaftsvertrag nichts anderes bestimmt, Beträge in Gewinnrücklagen einstellen oder als Gewinn vortragen.**

(3) [1]**Die Verteilung erfolgt nach Verhältnis der Geschäftsanteile.** [2]**Im Gesellschaftsvertrag kann ein anderer Maßstab der Verteilung festgesetzt werden.**

(4) [1]**Unbeschadet der Absätze 1 und 2 und abweichender Gewinnverteilungsabreden nach Absatz 3 Satz 2 können die Geschäftsführer mit Zustimmung des Aufsichtsrats oder der Gesellschafter den Eigenkapitalanteil von Wertaufholungen bei Vermögensgegenständen des Anlage- und Umlaufvermögens und von bei der steuerrechtlichen Gewinnermittlung gebildeten Passivposten, die nicht im Sonderposten mit Rücklageanteil ausgewiesen werden dürfen, in andere Gewinnrücklagen einstellen.** [2]**Der Betrag dieser Rücklagen ist entweder in der Bilanz gesondert auszuweisen oder im Anhang anzugeben.**

---

[5] HM, Ulmer/*Müller* Rn 6; Scholz/*Emmerich* Rn 4; Roth/*Altmeppen* Rn 5.

[6] Ulmer/*Müller* Rn 9; Scholz/*Emmerich* Rn 3 a; Rowedder/Schmidt-Leithoff/*Pentz* Rn 9; Roth/*Altmeppen* Rn 6; Michalski/*Zeidler* Rn 10; ähnl iE wohl auch *Lutter*/Hommelhoff/*Bayer* Rn 3.

Übersicht

I. Allgemeines

1 **1. Bedeutung.** § 29 regelt **Verwendung des im Jahresabschluss ausgewiesenen Geschäftsergebnisses** u weist Entsch hierüber grds der Gfter-Vers zu. Grundlage dafür ist nur bilanziell ausgewiesener Jahresüberschuss bzw Bilanzgewinn, sei es auch nach Auflösung von Reserven; daher der Sache nach stets **Gewinnverwendung** (über Verlust Rn 6). Bis auf Abs 3, früher Abs 2, ist § 29 neu gestaltet durch BiRiLiG (Einl Rn 22). Kern der Neuregelung war Ersatz des früher geltenden generellen Vollausschüttungsanspruchs der Gfter (§ 29 I aF, unten Rn 97) durch Mehrheitsentsch über Umfang von Gewinnausschüttung u Reservenbildung im Ergebnisverwendungsbeschluss. Dadurch wurde Möglichkeit eröffnet, Gewinn teilw, uU auch ganz zur Eigenkapitalbildung (Selbstfinanzierung) zu verwenden. Das sollte einerseits Ausgleich dafür bieten, dass Bilanzrecht des BiRiLiG früher bei GmbH mögliche[1] u tatsächlich viel praktizierte Bildung stiller Reserven weitgehend beschränkt. Andererseits trug Neuregelung dem Umstand Rechnung, dass die am Bild des Klein- u Mittelunternehmens zZ der Entstehung des GmbHG orientierte grds Vollausschüttung des erwirtschafteten Gewinns praktisch schon lange überholt u mit neueren betriebswirtschaftlichen Erfordernissen nicht mehr vereinbar war. Weit verbreitete abw Satzungsregelungen machen das deutlich; sie sind auch weiterhin zulässig u ermöglichen Anpassung an praktische Bedürfnisse der einzelnen Ges. – **BilMoG** hat keine unmittelbaren Auswirkungen auf § 29. Mit Modernisierung des HGB-Bilanzrechts will GesGeb gleichwertige, aber einfachere u kostengünstigere Alterna-

[1] Teilw str, vgl 14. Aufl 1985, § 42 Rn 77.

tive zu IFRS zur Verfügung stellen, wobei handelsrechtlicher Jahresabschluss Funktion als Grdl der Gewinnausschüttung behält. Auch sollen nach dem Willen des GesGeb GoB u Prinzipienorientierung des Handelsbilanzrechts nicht tangiert werden. Dagegen wurde umgekehrte Maßgeblichkeit für Steuerbilanz aufgegeben.[2] Soweit zur Verstärkung des Informationswerts in Annäherung an true-value-Bilanzierung Aktivierung bisher nicht aktivierbarer Vermögenswerte (selbst geschaffene immaterielle Vermögensgegenstände des Anlagevermögens durch § 225 IIa HGB nF, aktive latente Steuern, § 274 I HGB nF) erlaubt oder fordert, hat GesGeb daher Ausschüttungssperren vorgesehen (§ 268 VIII HGB nF).[3] Inwieweit darüber hinaus Änderungen im Detail u Neuinterpretation bisheriger Regelungen bilanzrechtlichen Gewinnausweis verändern können, muss erst künftige Entwicklung zeigen.[4]

Inhalt: **Abs 1** gibt **Gftern Anspruch auf Gewinnausschüttung,** jedoch eingeschränkt durch den Vorbehalt anderweitiger Verwendung des Betrags nach Gesetz, Satzung oder dem in **Abs 2** geregelten **Ergebnisverwendungsbeschluss,** der der GfterMehrheit Reservenbildung durch Einstellung in Gewinnrücklage oder Gewinnvortrag ermöglicht. **Abs 3** sieht **gleichmäßige Gewinnverteilung** im Verhältnis der Geschäftsanteile vor. **Abs 4** enthält **Sonderregelung für Rücklagenbildung** aus Eigenkapitalanteil bestimmter Wertaufholungen. 2

§ 29 ist in allen Abs **dispositiv.** Abweichungen in der Satzung möglich u besonders unter § 29 aF, aber auch heute tatsächlich häufig. 3

§ 29 regelt **Leistungen an Gesellschafter nicht abschließend.** Zwar werden diese normalerweise, solange Ges besteht, an deren Erträgen durch **Gewinnanteil, Dividende,** beteiligt; nach Auflösung gilt § 72 für Liquidationsguthaben. Aber Leistungen an Gfter sind bei GmbH anders als bei AG nicht notwendig hierauf beschränkt; iGgs zu § 57 III AktG schließt § 29 **sonstige Leistungen,** auch weitergehende Ausschüttungen nicht aus (auch Rn 60 ff, 68 ff sowie § 30 Rn 12 ff). Das ist Folge unterschiedlicher Kapitalbindungssysteme im AktG u GmbHG (s auch § 30 Rn 3). Letzteres verbietet in § 30 Auszahlungen iSv Leistungen aller Art an Gfter nur, aber auch stets u strikt, soweit durch sie das zur Deckung des Stammkapitals erforderliche GesVermögen beeinträchtigt wird (§§ 30 ff mit Erl). Innerhalb der dadurch gezogenen Grenzen können jedoch den Gftern Rechte verschiedener Art gegen GmbH zustehen, zB Anspruch auf Vergütung für Nebenleistungen nach § 3 II (s dort Rn 36), Mitgliedschaftsrechte oder Sonderrechte auf Benutzung von Einrichtungen der Ges udgl (§ 3 Rn 45 f). 4

2. Geltung des § 29 uneingeschränkt für Ges, die seit Inkrafttreten des BiRiLiG am 1. 1. 1986 (Art 13 BiRiLiG) durch HREintragung als GmbH entstanden sind. Für vor dem 1. 1. 1986 eingetragene **Altgesellschaften** enthält Art 12 § 7 ÄndG 1980 (idF von Art 11 II BiRiLiG) differenzierende **Übergangsregelung,** dazu Rn 97 ff. Danach gelten Abs 1 u 2 unter bestimmten engen Voraussetzungen ohne weiteres auch für Altges, im Übrigen aber erst nach einer die Ergebnisverwendung regelnden Satzungsänderung. 5

---

[2] Dazu *Dörfler/Adrian* DB Beil 5, 2009, 58 ff.

[3] Zur Bilanzierung *Gelhausen/Althoff* WPg 2009, 584 ff, 629 ff.

[4] S dazu *Rammert/Thies* WPg 2009, 34, 36; ferner Beiträge von *Melcher/Schaier, Stibi/Fuchs, Kühne/Melcher, Laubach/Kraus/Bornhofen, Beyhs/Melcher, Helke/Wiechens/Klaus, Hasenburg/Hausen, Drihausen/Ramsauer, Schurbohn-Ebneth/Zoeger, Dörfler/Adrian, Wenhodt/Wesemann* in DB Beil 5, 2009; *Petersen/Zwirner,* BilMoG, 2009.

Dagegen gelten Abs 3 u 4 ohne Übergangsregelung für alle Ges. – Hiervon zu unterscheiden ist die erstmalige Anwendung der durch BiRiLiG neu geregelten Vorschriften über Jahresabschluss, Lagebericht, Abschlussprüfung u Offenlegung; dazu § 41 Rn 9, § 42 Rn 18 u § 42 a Rn 3. Dafür maßgebender Art 23 I EGHGB (idF von Art 11 I BiRiLiG) betrifft § 29 nicht.

6 **3. Verlust. Keine unmittelbare Beteiligung** der Gfter **am Verlust** der Ges. Ergebnisverwendungsbeschluss entfällt, wenn Geschäftsjahr bilanziell mit Verlust (Jahresfehlbetrag bzw Bilanzverlust) abschließt. Dieser wird ins folgende Geschäftsjahr übertragen, Verlustvortrag. Mittelbare Wirkung für Gfter durch Wegfall der Dividende, Verwendung der Erträge späterer Jahre zur Tilgung des Verlustvortrags, ggf Auffüllung des Stammkapitals wegen § 30; uU noch Auswirkungen auf Liquidationserlös gem § 72.[5] – Satzung kann zum Verlustausgleich Nachschusspflicht (§§ 26 ff), auch Nebenleistungspflichten (§ 3 II) vorsehen. Ferner schuldrechtliche Verpflichtung zum Ausgleich von Verlusten zwischen Ges u Gftern, auch Dritten, etwa als Verlustübernahmevertrag udgl möglich; dann auch bei Aufnahme in GesVertrag (§ 3 Rn 54 f) nur persönliche Bindung.[6] Verlustausgleich kann auch lediglich zwischen Gftern oder zwischen diesen und Dritten vereinbart werden ohne Berechtigung der Ges selbst.[7]

II. Ergebnisverwendung

Lit: *Arnold,* Der Gewinnauszahlungsanspruch des GmbH-Minderheitsgesellschafters, 2001; Blumers/Beinert/*Witt,* Individuell gesteuerter Gewinnzufluss zur Gesellschafterebene bei Kapitalgesellschaften DStR 2002, 565, 616; *Bork/Oepen,* Schutz des GmbH-Minderheitsgesellschafters vor der Mehrheit bei der Gewinnverteilung, ZGR 2002, 241; *Crezelius,* Gewinnermittlung versus Gewinnverwendung, FS 100 Jahre GmbHG, 1992, 315; *Ehlke,* Die Ergebnisverwendung bei der GmbH, DB 1987, 671; *Erhart/Riedel,* Disquotale Gewinnausschüttungen bei Kapitalgesellschaften – gesellschafts- und steuerrechtliche Gestaltungsmöglichkeiten, BB 2008, 2266; *Falkenstein,* Grenzen für die Entnahmerechte der GmbH-Gesellschafter, 1992; *Goerdeler,* Gewinnverwendung in der GmbH, FS Werner, 1984, 153; *Hartmann,* Das neue Bilanzrecht und der Gesellschaftsvertrag der GmbH, 1986; *Hommelhoff,* Die Ergebnisverwendung in der GmbH, ZGR 1986, 418; *ders,* Auszahlungsanspruch und Ergebnisverwendungsbeschluss in der GmbH, FS Rowedder, 1994, 171; *Hommelhoff/Hartmann/Hillers,* Satzungsklauseln zur Ergebnisverwendung in der GmbH, DNotZ 1986, 323, 395; *Hommelhoff/Priester,* Bilanzrichtliniengesetz und GmbH, ZGR-Sonderheft 1986; *Hueck,* Minderheitenschutz bei der Ergebnisverwendung in der GmbH, FS Steindorff, 1990, 45; *Joost,* Beständigkeit und Wandel im Recht der Gewinnverwendung, FS 100 Jahre GmbHG, 1992, 289; *Vonnemann,* Ausschüttungen an die Gesellschafter einer GmbH, GmbHR 1992, 637; *Walk,* Die zweckmäßige Gewinnverwendungsklausel in der GmbH, 1993; *Wilhelm,* Vermögen, Kapital, Gewinn bei Einzelkaufmann, Personengesellschaften und Kapitalgesellschaften, ZHR 159 (1995), 454.

7 **1. Allgemeines.** Ergebnisverwendung in diesem Zusammenhang stimmt nur teilw überein mit dem entspr Begriff des Bilanzrechts, wie er insbes für § 268 I HGB maßgebend ist. **§ 29** regelt Ergebnisverwendung speziell unter

[5] RG JW 1915, 335; OLG Nürnberg BB 1981, 1293.
[6] RGZ 101, 160; – zum Ganzen Ulmer/*Müller* Rn 16; Scholz/*Emmerich* Rn 3.
[7] RG JW 1915, 335; BGH DB 1986, 1512; OLG Nürnberg BB 1981, 1293, in der Beschränkung hierauf zu eng.

dem **Gesichtspunkt des – eingeschränkten – Gewinnausschüttungsanspruchs** der Gfter u legt hierfür Voraussetzungen u Beschränkungen im Interesse zusätzlicher Reservenbildung fest. Konkretisierung jew nur auf der Grundlage des bereits bindend festgestellten Jahresabschlusses durch Beschluss der GfterVers nach Abs 2, Ergebnisverwendungsbeschluss. Dieser betrifft nur begrenzten Ausschnitt aus dem umfassenderen Komplex der Ergebnisverwendung iSd Bilanzrechts.[8] Dazu gehören Positionen, die notwendig in die Bilanz aufzunehmen sind, daher mit dem Jahresabschluss bereits bindend festgestellt werden u deshalb nicht mehr der Disposition durch Beschluss nach § 29 II unterliegen. Ergebnisverwendung iSd Bilanzrechts umfasst aber auch Einstellungen in Gewinnrücklagen, über die je nach Sachlage, zT auch wahlweise, entweder mit Feststellung des Jahresabschlusses oder im Ergebnisverwendungsbeschluss entschieden werden kann. Allein dem letzteren vorbehalten ist Gewinnausschüttung. Sie gehört nicht mehr zur bilanziellen Ergebnisverwendung; § 29 greift insoweit über diese hinaus.

2. Grundlagen. a) Festgestellter Jahresabschluss. Notwendige Voraus- 8
setzung für Entsch über Ergebnisverwendung ist jew rechtswirksam u damit bindend[8a] für Ges u Gfter festgestellter Jahresabschluss. Einzelheiten in den Erl zu §§ 41 bis 42 a. Feststellung durch Beschluss der GfterVers, § 46 Nr 1 (s dort Rn 9 ff), unter Beachtung von § 42 a (s dort insbes Rn 14 ff). Feststellungsbeschluss muss ganzen Jahresabschluss, also Bilanz, GuV u Anhang (§§ 242, 264 I HGB) umfassen; jedoch verkürzende Bezeichnung als Bilanzfeststellungsbeschluss verbreitet. Fehlt dem Jahresabschluss der Anhang, sind der Jahresabschluss u der darauf beruhende Gewinnverwendungsbeschluss nichtig.[9] – Satzung kann Zuständigkeit für Feststellung des Jahresabschlusses abw regeln (näher dazu § 46 Rn 11, 68 f). Dann ist satzungsgem Feststellung Voraussetzung für Ergebnisverwendung gem § 29.

Festgestellter Jahresabschluss legt Grundlagen der Ergebnisverwendung, vor 9
allem nach § 29 disponible Masse, **für Gesellschafter bindend** fest. Änderungen hieran im Ergebnisverwendungsbeschluss nicht möglich, insbes Erweiterung des Volumens durch zusätzliche Auflösung von Kapital- oder Gewinnrücklagen ausgeschlossen; Entsch hierüber nur im Jahresabschluss möglich u daher mit dessen Feststellung bindend. Diese Trennung ist zwingend. Bei vom Gesetz abw Zuständigkeitsregelung (oben Rn 8 aE) hat das zur Folge, dass Ergebnisverwendung an bilanzielle Vorgaben durch ein anderes Organ gebunden ist. Dagegen Auswirkung weniger schwerwiegend, wenn Gfter entspr dem ges Normalstatut sowohl über Jahresabschluss als auch über Ergebnisverwendung entscheiden, somit beide Beschlüsse aufeinander abstimmen, auch miteinander verbinden können (Rn 38 sowie § 46 Rn 19).

**b) Gegenstand der Ergebnisverwendung, Verwendungsmasse, 10
Abs 1.** Dafür ist je nach Art der Bilanzierung u dementspr Darstellung in der Bilanz vom Jahresüberschuss (S 1) oder vom Bilanzgewinn (S 2) auszugehen. Dabei kommt es nicht auf Stand der Einzahlungen auf die Stammeinlagen an. – Dagegen keine Ergebnisverwendung nach § 29, wenn Jahresfehlbetrag oder Bilanzverlust ausgewiesen ist; führt zu Verlustvortrag auf das folgende Geschäftsjahr (Rn 6). **aa) Jahresüberschuss** bildet im vom Gesetz angenom-

---

[8] Dazu BeckBilkomm/*Elrott/Krämer* § 268 Rn 1 ff; auch 18. Aufl § 42 Rn 223 ff.
[8a] BGH NJW 2009, 68.
[9] OLG Stuttgart DStR 2004, 1972.

menen Normalfall nach Abs 1 S 1 Ausgangsgröße für Ergebnisverwendung. Er ergibt sich aus GuV u entspr Position in der Bilanz (§ 275 II Nr 20 bzw III Nr 19 u § 266 III A V HGB, dazu 18. Aufl § 42 Rn 222). Etwa vorhandener Gewinnvortrag ist hinzuzurechnen, Verlustvortrag abzuziehen (Bilanz § 266 III A IV HGB, dazu 18. Aufl § 42 Rn 221 f). Der so errechnete Betrag ist der Berechnung des Ausschüttungsanspruchs der Gfter (Rn 14 ff) u dem Ergebnisverwendungsbeschluss nach Abs 2 zugrunde zu legen.

11 **bb) Bilanzgewinn** tritt nach Abs 1 S 2 dann als Bezugsgröße an die Stelle des Jahresüberschusses, wenn **Bilanz** gem § 268 I HGB unter Berücksichtigung der **teilweisen Verwendung des Jahresergebnisses** aufgestellt ist oder wenn Rücklagen aufgelöst worden sind.[10] Darin ist Gewinn- oder Verlustvortrag rechnerisch bereits einbezogen (§ 268 I, 2 Halbs 2 HGB). S 2 stellt den bei dieser Bilanzierungsweise für Ergebnisverwendung nach § 29 maßgebenden Bilanzposten klar. Hiervon ausgehend errechnet sich dann der Ausschüttungsanspruch der Gfter (Rn 14 ff) wie nach S 1 unter Berücksichtigung der dort genannten Abzugsposten; ebenso ist Bilanzgewinn Ausgangsgröße für Ergebnisverwendungsbeschluss nach Abs 2.[11] Dabei ist wichtig, dass durch Bilanzierung mit teilw Ergebnisverwendung bereits im Jahresabschluss Beträge gebunden werden, über deren Verwendung sonst erst im Beschluss nach Abs 2 entschieden wird (Rn 7); so sind insbes satzungsmäßig gebotene Einstellungen in Gewinnrücklagen nach § 270 II HGB bei diesem Verfahren schon in der Bilanz zu berücksichtigen. Gfter werden das bei ihrer Entsch über weitere Gewinnrücklagen oder Gewinnvortrag durch Beschluss nach Abs 2 beachten.

12 Dagegen ist rechtlich auch in diesem Fall nach Abs 1 S 2 nicht eine bestimmte Gewinnausschüttung vorgeschrieben, insbes besteht **kein Anspruch auf Vollausschüttung** des Bilanzgewinns.[12] Andernfalls würde entgegen dem Grundgedanken des § 29 die Entsch über die Reservenbildung mit der Bilanz ganz in den Beschluss über die Feststellung des Jahresabschlusses vorverlegt u damit die freie Mehrheitsentsch der Gfter auf dessen möglichen Inhalt verkürzt, bei satzungsmäßig abw Feststellungskompetenz (Rn 8 aE) sogar ganz ausgeschlossen. Damit würde Abs 1 S 2 ganz aus dem Kontext gelöst u dabei vor allem Abs 2 außer acht gelassen. Dazu zwingen weder Wortlaut noch Entstehungsgeschichte; vielmehr wäre das – zumindest ohne in diese Richtung gehende abw Regelung in der Satzung (Rn 35 ff) – mit dem Normzweck von Abs 1 u 2 nicht vereinbar. Dieser erfordert, dass die Gfter auch im Fall des Abs 1 S 2 über Verwendung des Bilanzgewinns durch Beschluss nach Abs 2 entscheiden, der daher selbst bei vorher in Aussicht genommener Vollausschüttung nicht nur deklaratorischen, allenfalls den vorbestimmten Anspruch konkretisierenden Charakter hat.[13] Denn die Gfter können mangels abw Satzungsregelung im Rahmen von Abs 2 auch anders

---

[10] 18. Aufl § 42 Rn 213; *Crezelius* FS GmbHG, 1992, 320 f; Scholz/*Emmerich* Rn 56; – abw *Lutter/Hommelhoff* Rn 30.

[11] Ulmer/*Müller* Rn 56 f; Scholz/*Emmerich* Rn 56; *Roth*/Altmeppen Rn 16; *Lutter/Hommelhoff* Rn 3 mit 2; Küting/Weber/*Bohl/Schaumburg-Dickstein* § 29 GmbHG Rn 13; *Hartmann* 201 mit Fn 12; *Liebs* GmbHR 1986, 147; *Renkl* DB 1986, 1108.

[12] Ulmer/*Müller* Rn 66; Scholz/*Emmerich* Rn 57; *Roth*/Altmeppen Rn 18; *Walk* 22; wohl auch *Joost* FS GmbHG, 297 f; – abw *Crezelius* FS GmbHG, 1992, 321; *Hommelhoff* ZGR 1986, 418, 420 f; sowie mit von der hM abw Deutung des Gewinnverwendungsbeschlusses *Hommelhoff* FS Rowedder, 1994, 171; *Lutter/Hommelhoff* Rn 3, 8, 21.

[13] So aber konsequent *Hommelhoff* ZGR 1986, 418, 420 f; *Crezelius* FS GmbHG, 1992, 321.

entscheiden, ohne dass es dafür eines Vorbehalts bei Feststellung des Jahresabschlusses bedarf.

13 Ergebnisverwendungsbeschluss nach § 29 entfällt, wenn **Bilanz** unter Berücksichtigung der **vollständigen Ergebnisverwendung** gem § 268 I, 1 1. Alt HGB aufgestellt ist, da dann Ausweis eines weiteren verwendungsfähigen Betrages fehlt.[14] Grundlage dafür aber vollständige Regelung der Gewinnverwendung in der Satzung ohne Ausschüttungen an Gfter, die nicht Gegenstand bilanzieller Ergebnisverwendung sind.[15]

14 **cc) Gewinnausschüttungsanspruch** der Gfter entspricht nicht ohne weiteres den unter aa) u bb) dargestellten Ausgangsgrößen, also um Gewinn- oder Verlustvortrag ergänztem Jahresüberschuss (Rn 10) oder Bilanzgewinn (Rn 11). Vielmehr sind vor Verteilung an Gfter ggf weiter die in Abs 1 S 1 genannten **Abzugsposten** zu berücksichtigen:

15 **Nach Gesetz oder Satzung gebundene Beträge.** Dabei kann es sich entweder um positive Zweckbindungen handeln, die eine bestimmte Verwendungsweise vorschreiben u insoweit Gewinnverteilung ausschließen oder um bloße Ausschüttungsverbote oder -begrenzungen, die eine Entsch über die anderweitige Verwendung der betr Beträge durch GfterBeschluss offen lassen, zB bilanzrechtlich zweckgebundene Ausschüttungssperre nach § 268 VIII HGB bei Aktivierung von selbst geschaffenen immateriellen Vermögenswerten.[16] Allg sind Ausschüttungsbeschränkungen durch Satzung häufiger u wichtiger als solche durch Gesetz; für sie besteht weiter Gestaltungsspielraum (s auch Rn 35 f).

16 **Nicht** hierher gehören durch Gesetz oder Satzung gebundene Beträge, die notwendig bereits in der Bilanz zu berücksichtigen sind, zB Rücklage nach § 5a III oder Ausschüttungssperre nach § 268 VIII HGB nF bzgl aktiver latenter Steuern. Dem trägt die nach § 268 I HGB vorzunehmende Bilanzierung bereits bei Ausweis des dann gem Abs 1 S 2 für Gewinnverwendung maßgebenden Bilanzgewinns Rechnung. Entspr gilt für Beträge, deren Berücksichtigung in der Bilanz möglich ist, wie vor allem nach § 272 III, 2 HGB bei Einstellungen in Gewinnrücklagen kraft Gesetzes oder Satzung, falls diese Möglichkeit verwirklicht worden ist. Trifft das nicht zu, bleibt es bei Abs 1 S 1 für mögliche Nachholung des Vorgangs.

17 Einstellung in **Gewinnrücklage oder Gewinnvortrag durch Beschluss nach Abs 2;** dazu Rn 23 ff. – **Zusätzlicher Aufwand** infolge dieses Beschlusses konnte vor allem durch Erhöhung des Körperschaftsteueraufwandes gegenüber Ansatz in der Bilanz entstehen, wenn die diesem zugrundeliegende Annahme der GFührer bei Bilanzaufstellung hinsichtlich der erwarteten Gewinnausschüttung (dazu § 278 HGB)[17] später im Ergebnisverwendungsbeschluss unterschritten wurde. Verringerung oder Wegfall der nach KStG aF begünstigten Gewinnausschüttung führte mit höherer Gewinneinbehaltung auch zu erhöhter steuerlicher Belastung nach § 23 KStG aF. Infolge Vereinheitlichung des Steuersatzes ab VZ 2008 (Rn 94) in Zukunft insoweit ohne Bedeutung. – Jedoch kann sich zusätzlicher Aufwand oder Ertrag auf Grund des Beschlusses nach Abs 2 bei anderen von der Höhe der Gewinnausschüttung bzw der Einstellung in Gewinnrücklagen abhängigen Vorgängen erge-

[14] Dazu Küting/Weber/*Bohl/Schaumburg-Dickstein* § 29 GmbHG Rn 15 mit 26 ff.
[15] Küting/Weber/*Bohl/Schaumburg-Dickstein* § 29 GmbHG Rn 15 mit 26 ff.
[16] Dazu *Gelhausen/Althoff* WPg 2009, 584, 585 ff.
[17] Näher *Schulze-Osterloh* ZHR 150 (1986), 550.

ben. So vor allem bei gewinnbezogenen Ansprüchen Dritter, wenn deren Höhe nicht vom Jahresergebnis als solchem, sondern von der konkreten Ausschüttung abhängt; kommt zB bei Vergütungen für GFührer oder AR-Mitglieder, auch bei bestimmten Formen von Genussrechten vor. Solche Leistungen sind für die Ges Aufwand, der sich proportional zur Gewinnausschüttung auf Grund des Beschlusses gegenüber dem Bilanzansatz erhöhen oder vermindern kann.

18 **c) Gewinnrücklagen aus Wertaufholungen ua, Abs 4.** Besondere Regelung für Einstellung in Gewinnrücklagen erfasst zwei verschiedene Vorgänge: (1) Nach § 253 V HGB nF (bisher § 280 I HGB) gebotene Wertaufholungen durch **Rücknahme** bestimmter **sachlich überholter Abschreibungen** bei Vermögensgegenständen des Anlage- u Umlaufvermögens. (2) Bei der steuerlichen Gewinnermittlung gebildete **Passivposten, die nicht** nach § 273 HGB **als solche in der Bilanz ausgewiesen werden dürfen.** Das war bisher im Hinblick auf Grds der umgekehrten Maßgeblichkeit die Ausnahme u betraf nur seltenen Fall.[18] Da § 273 wie entspr 247 III HGB aF u damit Grds der umgekehrten Maßgeblichkeit durch BilMoG ersatzlos aufgehoben wurden, kann insoweit Sonderposten mit Rücklagenanteil in Handelsbilanz nicht mehr gebildet werden, was Anwendungsbereich von Abs 4 künftig tendenziell erweitert. **Übergangsvorschrift** Artt 66 V, 67 III EGHGB – **Rücklagenbildung** erfolgt durch Einstellung des jew **Eigenkapitalanteils** in sonstige Gewinnrücklagen, regelmäßig bei Bilanzaufstellung, die in diesem Fall nach § 268 I HGB erfolgt.[19]

19 **Regelungsziel.** Die von Abs 4 erfassten Beträge aus Wertaufholungen u nicht bilanzierbaren Steuerrückstellungen erhöhen bilanziell das für Ergebnisverwendung durch Gfter verfügbare Jahresergebnis. Um sie aber möglichst der Ges zu erhalten, sucht Abs 4 die Zuführung als Eigenkapital durch Gewinnrücklagen zu fördern u so den Abfluss an die Gfter als Gewinnausschüttung zu verhindern. Dadurch soll Ausgleich geschaffen werden für vor Geltung des BiRiLiG in diesen Fällen zulässige Bildung stiller Reserven.[20] Praktische Bedeutung bisher gering, zudem dadurch relativiert, dass Gfter über Rücklagenbildung nach Abs 4 ebenso mit einfacher Mehrheit entscheiden (Rn 21) wie über Gewinnrücklagen bei Ergebnisverwendung nach Abs 2. Wesentlich wichtiger ist, dass Abs 4 auch unmittelbar für Altges gilt u für sie das Vollausschüttungsgebot (Art 12 § 7 I ÄndG 1980, Rn 104) durchbricht; in den Fällen des Abs 4 können daher auch hier die Gfter mit einfacher Mehrheit Rücklagen bilden. Ganz entspr setzt sich Abs 4 gegenüber Satzungsregelungen durch, die Vollausschüttung oder entspr wirkende abw Gewinnverteilung bei Altges wie auch bei Neuges vorsehen. Vorbehalt in Abs 4 S 1 aA bringt das zum Ausdruck.[21] – Abs 4 ist nach allgM **dispositiv.** Seine Geltung kann in der Satzung ausgeschlossen oder eingeschränkt, auch inhalt-

---

[18] 18. Aufl § 42 Rn 228.

[19] Einzelheiten zu Inhalt u bilanzieller Erfassung dieser Vorgänge 18. Aufl § 42 Rn 219 f; auch BeckBilKomm/*Hense/Taetzner* § 280 Rn 38 ff; Scholz/*Emmerich* Rn 48 ff.

[20] Bericht des Rechtsausschusses zu entspr Regelung in § 58 Abs 2 a AktG BT-Drucks 10/4268, 123 f, 130 l Sp.

[21] Ebenso *Lutter/Hommelhoff* Rn 36; *Roth*/Altmeppen Rn 46; *Hommelhoff* ZGR 1986, 418, 437; auch Scholz/*Emmerich* Rn 49 a; Ulmer/*Müller* Rn 174; zumindest für Altges Küting/Weber/*Bohl/Schaumburg-Dickstein* § 29 GmbHG Rn 71.

lich näher ausgestaltet oder abgewandelt werden. Dafür genügt aber, wie Abs 4 S 1 zeigt, nicht bloße Gewinnverteilungsregelung; Abweichung muss deutlich zum Ausdruck kommen.

Zuständigkeit und Verfahren. Wortlaut von Abs 4 S 1 deutet auf besondere Zuständigkeit hin, ohne diese aber klar zu regeln. Kein hinreichender Anhalt für Abweichung von allg Kompetenzverteilung des GmbH-Rechts. Ihre punktuelle Durchbrechung bei relativ nebensächlichem Vorgang in Abs 4 ist auch sachlich nicht begründet.[22] Immerhin weist Abs 4 den **Geschäftsführern** Initiative zu, die sie durch Bildung der entspr Rücklage bei Aufstellung der Bilanz ausüben; darin liegt teilw Ergebnisverwendung iSv § 268 I HGB. Bindung der GFührer an Weisungen der GfterVers (§ 37 Rn 19 ff) gilt auch hier. Diese kann GFührer sowohl zur Vornahme der Rücklage gegen deren Vorstellung[23] als auch umgekehrt zur Unterlassung verbindlich anweisen; besonderes Interesse an Weisung für Bilanzaufstellung uU bei großen u mittelgroßen Ges im Hinblick auf Abschlussprüfung u Offenlegung. Kaum geeignet Vorschlag der GFührer an GfterVers außerhalb der Bilanz, zumal bei GmbH kein formeller Ergebnisverwendungsvorschlag vorgesehen ist (§ 42 a Rn 3, str). 20

Wenn Ges **Aufsichtsrat** hat, umfasst dessen Zuständigkeit zur Prüfung des Jahresabschlusses nebst Bericht an GfterVers (§ 52 Rn 109 ff, 245 ff, 300) auch Rücklagenbildung nach Abs 4. Weitergehende Kompetenz verleiht Abs 4 nicht, insbes nicht für GfterVers; bindende Entsch des AR nach Vorschlag der GFührer.[24] Durch Satzung begründete Befugnisse des AR gelten auch hier. – Mangels abw Satzungsregelung entscheidet endgültig **Gesellschafterversammlung** über Gewinnrücklage nach Abs 4 im Beschluss zur Feststellung des Jahresabschlusses gem § 46 Nr 1 mit einfacher Mehrheit (allg zum Beschluss § 42 a Rn 17 ff, § 46 Rn 9).[25] Ggf ist Nachholung im Ergebnisverwendungsbeschluss neben oder an Stelle von nach Abs 2 zu bildenden Gewinnrücklagen möglich. 21

3. Inhalt der Ergebnisverwendung umfasst gesamte Verwendungsmasse, die sich nach Jahresüberschuss, ergänzt um Gewinn- bzw Verlustvortrag, oder nach Bilanzgewinn richtet (Rn 10, 11). Letzterer berücksichtigt bilanzielle Ergebnisverwendung gem § 268 I HGB (s Rn 7), die daher hier nicht mehr in Erscheinung tritt. Über Ergebnisverwendung iSv § 29 entscheidet GfterVers durch Beschluss nach § 46 Nr 1 (Rn 38 sowie § 46 Rn 9 f). Hierfür schreibt GmbHG anders als § 174 II AktG keinen bestimmten Inhalt vor, doch empfiehlt sich ähnl Gestaltung schon im Hinblick auf Offenlegungspflicht nach §§ 325, 326 HGB. Beschluss betrifft grds ganze Ergebnisverwendung u sollte das auch zum Ausdruck bringen. Durch Gesetz oder Satzung vorgeschriebene Verwendung, soweit nicht bereits nach § 268 I HGB berücksichtigt (oben), ist einzubeziehen, denn sie wird erst durch Beschlussfassung für das betr Geschäftsjahr verbindlich konkretisiert. Nur bei Aufnahme aller Positionen in Verwendungsbeschluss ergibt sich aus ihm volle Ausschöp- 22

---

[22] Überzeugend *Hommelhoff* ZGR 1986, 418, 434 ff; zust *Lutter/Hommelhoff* Rn 35; Ulmer/*Müller* Rn 180; *Roth*/Altmeppen Rn 46.

[23] *Hommelhoff* ZGR 1986, 418, 434 ff: kein Veto.

[24] HM, *Hommelhoff* ZGR 1986, 436 f; *Lutter/Hommelhoff* Rn 35; auch Ulmer/*Müller* Rn 180.

[25] IE auch die oben Genannten, teilw einschr allerdings Ulmer/*Müller* aaO; vgl ferner Scholz/*Schmidt* § 46 Rn 32; *Roth*/Altmeppen Rn 47.

fung der Verwendungsmasse in Übereinstimmung mit deren Ausweis im Jahresabschluss u damit vor allem zutr Bemessung der Gewinnausschüttung (Rn 14 ff); auch für Offenlegung nach §§ 325, 326 HGB wichtig. Zu den Folgen betragsmäßiger Abweichungen des Beschlusses von der Verwendungsmasse unten Rn 45.

23 **a) Verwendungsarten.** Ergebnisverwendung im Einzelnen erfolgt gem **Abs 1 und 2** teilw nach Gesetz oder Satzung u wird im Übrigen durch den Beschluss der Gfter bestimmt, die im Rahmen der zulässigen Verwendungsarten grds frei entscheiden: **aa) Einstellung in Gewinnrücklagen** kann, auch kumulativ, verschiedene Grundlagen haben: (1) GmbHG schreibt anders als § 150 AktG keine allg gesetzliche Rücklage vor; anders nur gem § 5 a III bei UG; sonstige gesetzliche Pflicht zur Rücklagenbildung (Abs 1 S 1) nur vereinzelt, praktische Bedeutung dementspr nicht groß (im Übrigen bereits Rn 15 f). – (2) Wichtig u häufig dagegen Regelung durch Satzung (Abs 1 S 1, unten Rn 35 ff). Soweit gesetzliche u satzungsgem Rücklagen nach §§ 268, 270 II HGB schon in der Bilanz berücksichtigt sind, bleiben sie hier außer Betracht. – (3) Unabhängig davon können Gfter im Ergebnisverwendungsbeschluss nach Abs 2 den verfügbaren Betrag teilw oder ganz in freiwillig gebildete Gewinnrücklagen einstellen u so mit einfacher Mehrheit zusätzlich Reserven bilden. Satzung kann das näher regeln, auch ganz ausschließen (Rn 35); im Übrigen sind Gfter in ihrer Entscheidung hierüber grds frei, eingeschränkt nur durch allg Grundsätze (Rn 29 ff). – (4) Endlich kann mit Ergebnisverwendungsbeschluss auch im Jahresabschluss versäumte Rücklagenbildung gem Abs 4 nachgeholt werden (Rn 18 ff, 21 aE). – Auflösung von Gewinnrücklagen erfolgt, wenn Satzung nichts anderes bestimmt, nur durch Beschluss der GfterVers bei Feststellung des Jahresabschlusses.

24 **bb) Verrechnung mit** Anspruch der Ges gegen Gfter aus **Vorbelastungshaftung** (§ 11 Rn 64 aE mwN, hM) können Gfter in von ihnen bestimmter Höhe als Ergebnisverwendung nach Abs 2 beschließen. Zulässigkeit entspricht Freiheit zur Bildung von Gewinnrücklagen, die auch zweckgebunden sein können; Einstellung in Rücklage u deren anschließende zweckgebundene Auflösung wäre gegenüber Verrechnung nur formaler Umweg. Auch hierfür Regelung durch Satzung möglich. Verrechnung befreit Gfter in entspr Höhe von Vorbelastungshaftung, daher Gleichbehandlung wie bei Gewinnverteilung nach Abs 3 zu beachten; bei gleichmäßiger Verrechnung idR gewahrt, weil Vorbelastungshaftung Gfter, auch Rechtsnachfolger (dazu § 16 II), im Verhältnis ihrer GAnteile trifft (§ 11 Rn 64); anderenfalls, etwa wenn einzelner Gfter Haftung schon getilgt hat, ist entspr Ausgleich, ggf durch Barauszahlung, geboten.

25 **cc) Gewinnvortrag.** Gfter können im Ergebnisverwendungsbeschluss nach Abs 2 einen Betrag als Gewinn auf das nächste Geschäftsjahr vortragen. Das ist Reservenbildung durch Mehrheitsbeschluss wie bei freiwilliger Gewinnrücklage (Rn 23), jedoch geringere, stets relativ kurzfristige Bindung, weil Gewinnvortrag mit Ergebnis des nächsten Geschäftsjahrs wieder zur Disposition der Gfter steht, ohne dass es einer Auflösung durch Beschluss bedarf.[26] Mangels abw Regelung in der Satzung entscheiden Gfter auch über Gewinnvortrag frei, nur eingeschränkt durch allg Grundsätze (Rn 29 ff).

---

[26] Scholz/*Emmerich* Rn 72.

dd) Gewinnverteilung an Gfter. Umfang wird im Ergebnisverwendungsbeschluss festgesetzt, hat den gesamten Betrag zu umfassen, über den nicht in der dargestellten Weise anderweitig nach Gesetz, Satzung oder sonst im Beschluss verfügt wird. Das entspricht eingeschränktem Ausschüttungsanspruch nach Abs 1 (Rn 14 ff). Gesetzliche Ausschüttungsbeschränkungen u -verbote sind zu beachten (praktisch selten, s Rn 15), ebenso Beschränkungen durch Satzung (Rn 35 f). Übersteigt verfügbarer Betrag danach zulässige Gewinnverteilung, ist er insoweit anders zu verwenden, insbes durch Einstellung in Gewinnrücklagen oder Gewinnvortrag nach Abs 2. – Verteilung an Gfter im Verhältnis ihrer GAnteile; Satzung kann anderen Verteilungsmaßstab vorsehen, Abs 3. Beschluss lässt konkreten Auszahlungsanspruch des einzelnen Gfters entstehen, Auszahlung jedoch an Schranke des § 30 I, Kapitalerhaltungsgrundsatz, gebunden (Rn 56). Letzteres hindert zwar Beschluss über entspr Gewinnverteilung als solchen nicht (str, unten Rn 45), wohl aber ggf deren Durchführung; Gfter sollten das bei Entsch über Ergebnisverwendung berücksichtigen. Einzelheiten zum Gewinnanspruch unten Rn 48 ff. – Zu Gewinnbeteiligungen Dritter s Rn 79 ff. Für Ges handelt es sich dabei grds um Aufwendungen, die bereits bei Aufstellung der Bilanz zu berücksichtigen sind. Hängt Anspruch des Dritten vom Inhalt des Ergebnisverwendungsbeschlusses ab, kann das uU zu zusätzlichem Aufwand bzw Ertrag führen (nachfolgend Rn 27, oben Rn 17). Zuwendung an Dritte ohne Anspruch ist gleichfalls nicht Gewinnverteilung ieS, sondern sonstige satzungsgemäße Verwendung (Rn 28). 26

ee) Zusätzlicher Aufwand oder Ertrag auf Grund des Ergebnisverwendungsbeschlusses (Abs 1 S 1 mit Abs 2) entsteht, wenn Gewinnverwendung durch GfterVers von den Annahmen abweicht, die GFührer bei Bilanzierung derjenigen Posten zugrunde gelegt haben, deren endgültiger Betrag von der Höhe der Gewinnausschüttung oder Rücklagenbildung abhängt. Betrifft vor allem Ansätze für Körperschaftsteuer, auch für ausschüttungsabhängige Gewinnbeteiligungen Dritter. Näher oben Rn 17. Zusätzlicher Aufwand oder Ertrag ist in den Ergebnisverwendungsbeschluss aufzunehmen u verringert bzw erhöht den für Verwendung im Übrigen verfügbaren Betrag. Ab VZ 2008 gilt einheitlicher Steuersatz, unten Rn 94. 27

ff) Sonstige Ergebnisverwendung kann **kraft Satzung** vorgesehen sein, auch in der Weise, dass GfterVers zu näherer Bestimmung im Gewinnverwendungsbeschluss ermächtigt ist. In Betracht kommt zB Verwendung für karitative Zwecke, zur Förderung von Kunst u Wissenschaft uam. Im Einzelnen ist jew zu prüfen, ob es sich nicht um Aufwendungen handelt, die bereits in der Bilanz zu erfassen sind. Bei Zuwendungen an bestimmte Personen ist das iZw anzunehmen, wenn diese einen rechtsgeschäftlichen Anspruch auf die Leistung haben, mag dieser auch gewinnabhängig sein (Rn 80 ff). – Ohne Grundlage in der Satzung ist eine vom Vorausgehenden (aa–ee) abw Ergebnisverwendung grds unzulässig, da sie das in Abs 1 gewährleistete Gewinnausschüttungsrecht beeinträchtigt. Gleichwohl gefasster Beschluss ist wegen Gesetzesverstoßes entspr § 243 I AktG anfechtbar (Rn 43). Anders nur bei einstimmigem Beschluss aller Gfter, die insoweit auf Gewinnanspruch verzichten. 28

b) Begrenzung der Reservenbildung, Minderheitsschutz. Gfter-Mehrheit entscheidet nach Abs 2 grds frei über Gewinnrücklagen u Gewinnvortrag. Sie kann dadurch Gewinnverteilung einschränken, auch ganz aus- 29 schließen. Mehrheitsentsch über Reservenbildung (Gewinnthesaurierung zur Selbstfinanzierung) durch BiRiLiG eingeführt zur Sicherung der wirtschaftlichen Lage der Ges und ihrer Fortentwicklung. Früher durch Vollausschüttungsgebot in § 29 aF vorrangig berücksichtigtes Dividendeninteresse der Gfter ist demgegenüber zurückgetreten, jetzt mehrheitsabhängig. Darin liegt Gefahr einer Benachteiligung der Minderheit durch übermäßige Reservenbildung zu Lasten der Gewinnverteilung.[27] Im Extremfall des gezielten „Aushungerns" durch jahrelanges Vorenthalten einer Dividende liegt klarer Rechtsmissbrauch. Tatbestandsmäßig viel problematischer aber Fälle mit weniger deutlichem Missverhältnis. Jedoch keine besondere Regelung zum Schutz der Gewinninteressen einzelner Gfter oder einer Minderheit; dafür im RegE BiRiLiG entspr § 254 I AktG vorgesehener § 42 h E-GmbHG ist nicht Gesetz geworden. Minderheitsschutz dadurch keineswegs ausgeschlossen, aber auf **allgemeine Grundsätze** verwiesen (ganz hM, s Rn 32 mwN): **Gleichbehandlung** (§ 13 Rn 31 ff) sichert für alle Gfter gleichmäßige Berücksichtigung bei Gewinnverteilung (Abs 3, Rn 51), auch bei verdeckter Gewinnausschüttung (Rn 73), führt aber nicht weiter, wenn sachlich ungerechtfertigte Reservenbildung Ausschüttung als solche verhindert oder beeinträchtigt.

30 Wesentlich wichtiger daher Bindung der Mehrheit an **Treuepflicht** (§ 13 Rn 20 ff, insbes 23), deren Schrankenfunktion hier Grundlage für Minderheitsschutz bildet.[28] Im Prinzip allg anerkannt, jedoch ist Konkretisierung im Einzelnen problematisch u str. Entspr Regelung für AG kann als Anhalt dienen; allg gesetzliche Wertung in § 254 I AktG für Verhältnis von berechtigtem GfterInteresse an angemessener Mindestdividende u GesInteresse an Reservenbildung zur Sicherung der wirtschaftlichen Bestandsfähigkeit sowie Beurteilung nach objektivierten kaufmännischen Gesichtspunkten gilt entspr auch für GmbH.

31 Dagegen Übernahme von Einzelheiten, insbes **Zahlenrelationen** aus AktG **nur begrenzt möglich.** Insoweit ist zu differenzieren: Kapitalistisch strukturierte, insbes auf Anlegerinteressen der Gfter ausgerichtete GmbH entspricht in dieser Beziehung AG; daher kommt für sie analoge Anwendung von § 254 I AktG in Betracht (s auch § 47 Anh Rn 107)[29] – zu entspr Überlegungen mit Bezug auf § 58 II AktG unten. Das schließt weitergehende Geltendmachung treuwidrigen Mehrheitsmissbrauchs nicht aus, doch hat Beurteilung kapitalistische Struktur zu berücksichtigen (§ 13 Rn 22). Entgegen hM hindert Streichung des § 42 h RegE (Rn 29) Analogie nicht, zumal sich dieser gerade nicht auf AG-ähnl GmbH beschränkt hätte. – Dagegen ist Analogie nicht möglich bei (zahlenmäßig überw) personalistischer GmbH, bei der idR von AG abw persönliche Bindung u auch im Übrigen breit variierende abw Ausgestaltung andere, flexiblere Maßstäbe für Mindestdividende u Zumutbarkeit von Opfern im GesIntersse erfordern. – Ähnl Bedenken begegnet der Versuch *Hommelhoffs,*[30] gestützt auf § 58 II AktG ein System quantifi-

[27] Dazu auch Scholz/*Emmerich* Rn 70 ff; *Bork/Oepen* ZGR 2002, 241, 252 ff. Zu den besonderen Gefahren im faktischen GmbH-Konzern *Henssler* FS Zöllner, 1998, 203 ff.

[28] OLG Hamm DB 1991, 2477; allgM, Angaben zur Lit im Folgenden.

[29] Abl ohne Differenzierung hM, *Ehlke* DB 1987, 677; *Hommelhoff* ZGR 1986, 423; iE *Liebs* DB 1986, 2421; auch Ulmer/*Müller* Rn 82 mit 84; Scholz/*Schmidt* § 46 Rn 31.

[30] ZGR 1986, 423 ff insbes 427 ff; *Lutter/Hommelhoff* Rn 28; – krit dazu zB *Ehlke* DB 1987, 677 f; *Liebs* DB 1986, 2421; Scholz/*Schmidt* § 46 Rn 31; trotz teilw billigender Tendenz iE abl auch Ulmer/*Müller* Rn 84; Scholz/*Emmerich* Rn 71; *Roth*/Altmeppen Rn 20.

zierbarer Beurteilungsfreiräume u -grenzen zumindest iSv Richtwerten für Thesaurierungsentsch der Gfter zu entwickeln. Doch abgesehen von Vorbehalten gegenüber dem eher GmbH-fremden Ansatz wird auch hier trotz des Bemühens um eine gewisse Flexibilität letztlich die durch die Treuepflicht gebotene individuelle Beurteilung unterschiedlichster Fälle kaum hinreichend gewährleistet.

Beurteilung im Einzelfall erfolgt unter den für Treuepflichtbindung der Mehrheit gegenüber Minderheit allg geltenden Gesichtspunkten der Erforderlichkeit u Verhältnismäßigkeit (§ 13 Rn 23, 26 f mit Angaben). Abwägung zwischen GesInteresse an Reservenbildung u GfterInteresse an Gewinnausschüttung unter Berücksichtigung der gesamten Verhältnisse der betr Ges (dazu Rn 33).[31] **Kreis der potentiell relevanten Umstände** sehr weit, besonders wichtig zB: GesZweck u dafür erforderliche Mittel einschließlich angemessener Planung für weitere Entwicklung, auch nach Art u Umfang für Ges ungewöhnliche Planung, die Minderheitsgfter jedenfalls insoweit als ordnungsgem hinnehmen müssen, als sie ihr zugestimmt haben; – ferner wirtschaftliche Lage der Ges, vor allem Ausstattung mit Eigenkapital, dabei insbes Höhe u Verfügbarkeit bereits vorhandener Rücklagen, auch sonstiger bilanzieller Vorkehrungen für laufende u künftige Vorgänge, ebenso Kreditfähigkeit der Ges bzw Grad der Ausschöpfung vorhandener Kreditrahmen, Höhe u Laufzeit von Verbindlichkeiten udgl; – allg Wirtschaftslage, vor allem Marktsituation u -prognose im Tätigkeitsbereich der Ges; – Aufzählung keineswegs erschöpfend. 32

Nicht anzuerkennen sind **gesellschaftsfremde Interessen** der Gfter-Mehrheit, grds auch nicht Konzerninteressen (näher SchlussAnhKonzernR Rn 76 ff), ebenso wenig Privatinteressen der Minderheitsgfter. Insoweit ist zu unterscheiden: Dividendeninteresse als solches, dh Interesse auf angemessene Gewinnverteilung, betrifft Gewinnbezugsrecht als Gfter u ist unmittelbar gesellschaftsbezogen, persönliche Ausgabenplanung ist reine Privatsache. Bei personalistischer Struktur, vor allem in kleiner Ges mit wenig Mitgliedern, im Einzelfall Gewinnausschüttung auch ohne Anhalt in der Satzung generell derart zum Bestreiten des Lebensunterhalts der Gfter bestimmt sein, dass das ebenfalls Angemessenheit berührt, dann aber unabhängig vom konkreten privaten Ausgabeverhalten. 33

Maßstab für Erforderlichkeit der Reservenbildung ist **objektiv** bestimmt, maßgebend **verständige kaufmännische Beurteilung** (allgM, Angaben Rn 32, s auch § 254 I AktG, dazu Rn 30, 31). Diese belässt der GfterMehrheit **weiten unternehmerischen Ermessensspielraum.** Beurteilung umfasst ganzen Ergebnisverwendungsbeschluss, also neben Gewinnrücklagen u Gewinnvortrag nach Abs 2 auch Rücklagen, die im Beschluss nach Gesetz oder Satzung (Abs 1 S 1) erfolgen müssen; schon im zugrundeliegenden Jahresabschluss gebildete Rücklagen gehören ebenso wie andere be- 34

---

[31] BGHZ 132, 263 für KG; OLG Nürnberg NZG 2008, 948 (nrkr); OLG Hamm DB 1991, 2477; iE ganz hM, Ulmer/*Müller* Rn 85; Scholz/*Schmidt* § 46 Rn 31; Scholz/*Emmerich* Rn 70; *Roth*/Altmeppen Rn 21; ferner mit gewissen Unterschieden in der Grenzziehung Küting/Weber/*Bohl/Schaumburg-Dickstein* § 29 GmbHG Rn 54; *Ehlke* DB 1987, 677 f; *Liebs* DB 1986, 2422; *Renkl* DB 1986, 1109; s auch *Lutter/Hommelhoff* Rn 25 ff; – für Beschränkung auf Rechtsmissbrauchskontrolle aber *Joost* FS GmbHG, 1992, 298 ff, insbes 303 f; – abw *Hommelhoff* ZGR 1986, 418, 425 ff, der S 426 unzutr der hM Einbeziehung von Privatangelegenheiten der Gfter unterstellt.

reits vorhandene zu den Beurteilungsgrundlagen (Rn 32). Weiter wesentlich Relation zur verbleibenden Gewinnausschüttung. Auch Minderheitsgfter unterliegen Treuepflicht (§ 13 Rn 34); bei schlechter Ertragslage muss daher Dividendeninteresse ggf ganz hinter unerlässlich notwendiger, dann ohnehin meist geringer Reservenbildung zurücktreten. Umgekehrt großzügigere Bedienung der Reserven, wenn trotzdem hohe Gewinnverteilung möglich. – Nach Gesamtwürdigung **kaufmännisch nicht gerechtfertigte Reservenbildung** ist nur mit Zustimmung aller Gfter möglich, da darin entspr Dividendenverzicht liegt, anderenfalls unzulässig. Gleichwohl gefasster Gfter-Beschluss ist wegen Treuepflichtverletzung **anfechtbar** (näher § 47 Anh Rn 98 ff). Im Streitfall Beweislage für Minderheitsgfter meist schwierig; zudem Entsch über unternehmerische Fragen durch Sachverständige u Gericht zeitaufwändig u in der Sache problematisch.[32] Daher Regelung der Gewinnverwendung durch Satzung zweckmäßig. Von rechtswidriger Ergebnisverwendung benachteiligte Gfter haben grds kein Austrittsrecht[33] (s auch Anh § 34 Rn 18).

35 **c)** Von Abs 1–3 **abweichende Regelung der Ergebnisverwendung durch Satzung** möglich u, wie schon unter § 29 aF, weit verbreitet, auch für Überleitung von Altges wichtig (unten Rn 108). Weiter Gestaltungsrahmen, Praxis sehr vielfältig.[34] Wegen großer Bedeutung für Gfter hohe Anforderungen an Klarheit u Verständlichkeit.[35] Inhaltlich kann Satzung vom gesetzlichen Normalstatut in verschiedener Hinsicht, auch kombiniert, abweichen: Verlagerung der Zuständigkeit u Regelung des Verfahrens für Entsch über Ergebnisverwendung (Rn 46), abw Verteilungsmaßstab für Gewinnausschüttung nach Abs 3 (Rn 52) u vor allem Bestimmungen über **materiellen Inhalt der Ergebnisverwendung.** Letztere können gesetzliche Regelung in Abs 1 u 2 ergänzen oder ganz ersetzen. Satzung kann zB Vollausschüttung nach dem Vorbild des § 29 aF vorsehen[36] (meist unzweckmäßig) oder feste Relation zwischen Ausschüttung u Reservenbildung herstellen bzw für erstere oder letztere Höchst- oder Mindestsatz bestimmen, dann meist prozentual bezogen auf Verwendungsmasse oder Stammkapital, bei Ausschüttung auch auf jew GAnteil. Satzung kann auch sonstige Voraussetzungen aufstellen, etwa Reservenbildung in Beziehung zu bereits vorhandenen Rücklagen setzen, ganz allg Rahmenbestimmungen für Entsch durch GfterVers oder anderes Organ festlegen. Soweit Satzung Raum für Entsch lässt, gilt auch hier Bindung an Gleichbehandlung u Treuepflicht (Rn 29 ff, § 13 Rn 20 ff, 31 ff) als Gfter-, insbes Minderheitsschutz. – Vgl im Übrigen auch unten Rn 60 ff zu besonderen Gestaltungen, die teilw durch Satzung geregelt werden können, insbes Bindung von Gewinn im Ausschüttungs-Rückhol-Verfahren, Rn 65 ff. – Schränkt Satzung Reservenbildung gegenüber Abs 1 u 2 ein, sind Gfter daran gebunden, auch wenn später höhere Reserven betriebswirtschaftlich notwen-

---

[32] Zu restriktiv aber OLG Nürnberg BB 2008, 2415, 2419 (n rkr).

[33] OLG München BB 1990, 368.

[34] Ulmer/*Müller* Rn 77 ff mwN; Scholz/*Emmerich* Rn 30 ff, 76 ff; Michalski/*Salje* Rn 34, 116 ff; – Regelungs- u Formulierungsvorschläge bei *Hommelhoff/Priester* ZGR 1986, 497 ff, insbes 509 ff; *Hommelhoff/Hartmann/Hillers* DNotZ 1986, 323 ff; auch *Ehlke* DB 1987, 675 ff; ausführl, auch rechtstatsächlich, mwN *Walk,* Die zweckmäßige Gewinnverwendungsklausel in der GmbH, 1993.

[35] BayObLG DB 1987, 2350; OLG Köln WM 1987, 375.

[36] Michalski/*Salje* Rn 34.

dig erscheinen. Insoweit zu § 29 aF entwickelte sehr str Ausnahmen (Rn 107) sind nicht auf Rechtslage nach § 29 nF übertragbar. Nur bei ganz unabweisbarem Bedürfnis im GesInteresse können Gfter kraft Treuepflicht zur Mitwirkung bei einmaliger einstimmiger Reservenbildung durch Ausschüttungsverzicht oder bei entspr Satzungsänderung verpflichtet sein (Rn 108).[37]

Satzung kann **Gewinnausschüttung** zeitweise oder dauernd **ausschließen,**[38] ggf nur für einzelne Gfter durch Verteilungsregelung gem Abs 3 (Rn 52). Gänzlicher Ausschluss vor allem bei gemeinnütziger oder sonstiger ideeller Zielsetzung;[39] dann zugleich Bestimmung über anderweitige Verwendung des Ergebnisses (Rn 28) möglich, letzteres auch bei entspr Einschränkung der Gewinnausschüttung. – Ausschüttung ganz ausgeschlossen auch bei sog gewinnlosen Ges, die, zB als Ein- oder Verkaufsges, nur für Rechnung ihrer Gfter gegen bloßen Aufwendungsersatz tätig werden.[40] 36

Nachträglich können Bestimmungen für Gewinnverwendung durch **Satzungsänderung** eingeführt oder abgeändert werden. Diese kann bei Altges zur Überleitung auf Neuregelung des BiRiLiG einmalig mit einfacher Mehrheit beschlossen werden (Rn 115). Im Übrigen ist, auch wenn Gewinnrecht gegenüber vorher geltender Regelung eingeschränkt wird, grds nicht Zustimmung aller Gfter entspr § 53 III nötig, sondern normale satzungsändernde Mehrheit (§ 53 II); heute ganz überwM, allerdings mit teilw unterschiedlicher Gewichtung der immanenten **Schranken.**[41] So unterliegt Satzungsänderung unstr Gleichbehandlungsgrundsatz; werden Gfter ungleich behandelt, ist Zustimmung der benachteiligten erforderlich (§ 13 Rn 31 ff). Darüber hinaus allg Schranken für Gestaltungsfreiheit durch Treuepflicht (§ 13 Rn 20 ff; § 47 Anh Rn 98 ff). Regelung muss am GesIntersse orientiert sein u darf Belange der Gfter, insbes auch einer Minderheit, nur unter Beachtung von Erforderlichkeit u Verhältnismäßigkeit beeinträchtigen (§ 13 Rn 19, 21 f mwN, § 47 Anh Rn 102). Tiefgehende Eingriffe daher idR nur mit Zustimmung aller Gfter. Letzteres gilt nach überwM zumindest bei dauerndem Ausschluss des Gewinnrechts, zumal dadurch Zweck einer bisher gewinnorientierten Ges grundlegend verändert wird (s auch § 14 Rn 17 mwN sowie die oben Genannten; ferner § 53 Rn 29). Verstoß macht wie bei Verletzung der Gleichbehandlung Satzungsänderungsbeschluss anfechtbar (§ 13 Rn 29, 34; § 47 Anh Rn 91 ff). 37

4. Ergebnisverwendungsbeschluss, Abs 2. a) Allgemeines. Beschluss ist, sofern Satzung kein anderes Verfahren vorsieht, unerlässliche Voraussetzung für Wirksamkeit der Ergebnisverwendung, insbes für Entstehung des Anspruchs auf Gewinnauszahlung in Konkretisierung des mitgliedschaftlichen Gewinnrechts (Rn 48 f). Daher Beschluss selbst dann notwendig, wenn Ergebnisverwendung vollständig durch Gesetz u Satzung vorgegeben (oben Rn 35 f). Normalerweise aber erst im Beschluss Entsch nach Abs 2 über Reservenbildung, Gewinnausschüttung u evtl sonstige Verwendung (oben 38

---

[37] Zust Michalski/*Salje* Rn 37.

[38] BGHZ 14, 271; BayObLG DB 1987, 2350, allgM.

[39] Michalski/*Salje* Rn 34.

[40] Ulmer/*Müller* Rn 78 mwN auch zur steuerlichen Behandlung; Scholz/*Emmerich* Rn 30; Michalski/*Salje* Rn 38.

[41] Scholz/*Emmerich* Rn 79; *Roth*/Altmeppen Rn 23; ähnl Ulmer/*Müller* Rn 80; Scholz/*Priester* § 53 Rn 141 ff; tendenziell strenger HachenburgUlmer/*Ulmer* § 53 Rn 59; *Lutter/Hommelhoff* Rn 3.

Rn 23 ff). – **Zuständigkeit** der GfterVers nach § 46 Nr 1 (s dort Rn 17 ff), die mit einfacher Mehrheit entscheidet (§ 47 I mit Erl, insbes Rn 22 ff). Zu Voraussetzungen, Gegenstand u Inhalt oben Rn 8 f, 10 ff u 22 ff. Beschlussfassung hat zwingend ebenso wie Feststellung des Jahresabschlusses in den ersten acht Monaten des folgenden Geschäftsjahrs, bei kleinen Ges iSv § 267 I HGB innerhalb von elf Monaten zu erfolgen, § 42 a II; Einzelheiten s dort Rn 7 ff sowie zum Verfahren Rn 38 ff. Verbindung der Beschlussfassung über Feststellung des Jahresabschlusses u Ergebnisverwendung ist zulässig u meist zweckmäßig, aber nicht notwendig (dazu auch § 46 Rn 19). Pflicht zur Offenlegung des Beschlusses nach §§ 325 I, 326 HGB.[42]

39 **b) Erzwingbarkeit.** Wenn Satzung nichts anderes bestimmt, begründet Ergebnisverwendungsbeschluss Anspruch des einzelnen Gfters auf Gewinnauszahlung u konkretisiert so mitgliedschaftliches Gewinnrecht (Rn 38, Rn 48 f). Dieses wird unzulässig beeinträchtigt, wenn Beschlussfassung hierüber, ggf auch schon bzgl Feststellung des Jahresabschlusses, ohne sachlichen Grund verzögert wird oder ganz unterbleibt. GfterMinderheit mit mindestens 10 Prozent des Stammkapitals kann dagegen gem § 50 vorgehen, äußerstenfalls Auflösungsklage nach § 61 erheben.

40 Unabhängig von Beteiligungshöhe hat jeder Gfter klagbaren **Anspruch auf Beschlussfassung.**[43] Zum Anspruch auf Feststellung des Jahresabschlusses u dessen Durchsetzung näher § 42 a Rn 20, § 46 Rn 11 (s auch § 42 a Rn 39, § 46 Rn 18 zum Folgenden). Grundlage für Anspruch auf Ergebnisverwendungsbeschluss ist Gewinnausschüttungsanspruch der Gfter nach Abs 1 bei positivem Jahresergebnis. Einschränkung gegenüber § 29 aF durch BiRiLiG (Rn 1, 14 ff) hindert Anspruch als solchen nicht, verstärkt aber noch Bedeutung des GfterBeschlusses; außerdem schreibt § 42 a II nunmehr fristgem Beschlussfassung zwingend vor. Voraussetzung ist festgestellter Jahresabschluss (Rn 8 f); fehlt Feststellung, kann Anspruch hierauf gleichzeitig geltend gemacht werden.

41 Anspruch, ggf **Klage** ist gegen Ges zu richten.[44] Bei personalistischer GmbH auch Klage gegen Mitgfter auf Grund der Treuepflicht möglich; praktisch wichtig, wenn sich einzelne der Beschlussfassung widersetzen, bei großer Zahl untunlich. Klagen mehrerer Gfter sind zu verbinden; andere Gfter können als Nebenintervenienten beitreten. Einklagbarer Beschlussinhalt ergibt sich aus Abs 1 u 3: Gewinnausschüttung ist unter Berücksichtigung der durch Gesetz u Satzung vorgeschriebenen Ergebnisverwendung, ggf auch eines zusätzlichen Aufwands oder Ertrags, zu berechnen (Rn 14 ff, 22 ff) u im Verhältnis der GAnteile bzw abw gem Satzung zu verteilen (Rn 51 ff). Dagegen entfällt idR zusätzliche Reservenbildung nach Abs 2, da entspr GfterBeschluss hier gerade fehlt; anders allenfalls, wenn Mehrheitswille insoweit

---

[42] Zur Änderung des Beschlusses *Priester* ZIP 2000, 261.

[43] Str, iE heute ganz hM, Ulmer/*Müller* Rn 71; Ulmer/*Hüffer* § 46 Rn 20; Scholz/*Emmerich* Rn 64 mit 34 ff; *Lutter/Hommelhoff* Rn 32; *Roth*/Altmeppen Rn 50; Rowedder/Schmidt-Leithoff/*Pentz* Rn 66 ff; Michalski/*Salje* Rn 110 f; grds dazu *Zöllner* ZGR 1988, 392, 416 ff, insbes 418 f; *G. Hueck* FS Steindorff, 1990, 52 ff mwN; *Bork/Oepen* ZGR 2002, 241, 249 ff; – aA wohl Rowedder/Schmidt-Leithoff/*Koppensteiner* § 46 Rn 6, 10; krit auch *Hommelhoff* FS Rowedder, 1994, 171, 174 ff, doch wird sich von ihm postulierter automatisch entstehender Auszahlungsanspruch kaum ohne Klage durchsetzen lassen, daher iE kaum Unterschied zu unten Rn 41, 42; dazu *Lutter/Hommelhoff* Rn 34, relativierend.

[44] Auch bei Zweimann-GmbH, LG Karlsruhe GmbHR 1998, 687.

feststeht, zB bzgl Mindestbetrag, wenn zwischen Gftern nur Höhe zusätzlicher Gewinnrücklagen str ist. Hilfsweise Ergänzung fehlender Beschlussteile durch Gericht nach billigem Ermessen analog §§ 315 ff BGB. – Urteil legt bestimmten Beschlussinhalt fest; Vollstreckung nach § 894 ZPO (auch § 42 a Rn 20, 39 u § 46 Rn 11, 18).[45]

Erst Beschluss oder dessen Ersetzung durch rechtskräftiges Urteil lässt konkreten Gewinnanspruch entstehen. Daher **kein unmittelbarer Auszahlungsanspruch** des Gfters, entspr auch keine Zahlungsklage ohne Beschluss, selbst wenn Jahresabschluss, Gesetz u Satzung für dessen Inhalt keinen Spielraum lassen.[46] Entspr gilt bei Nichtigkeit bzw wirksamer Anfechtung des Ergebnisverwendungsbeschlusses (Rn 44). 42

c) Mängel des Beschlusses. Für Mängel des Ergebnisverwendungsbeschlusses gelten die allg Regeln, s dazu § 47 Anh. Hervorzuheben: Ist Beschluss über Feststellung des Jahresabschlusses nichtig bzw erfolgreich angefochten, ist auch darauf beruhender Ergebnisverwendungsbeschluss entspr § 253 AktG nichtig (dazu § 47 Anh Rn 62 – zu Mängeln des Feststellungsbeschlusses ausführl § 42 a Rn 25 ff mwN).[47] Eine danach vorgenommene rechtsgrundlose Ausschüttung ist gem § 812 BGB an die Ges zurückzuerstatten.[48] Da zwingende sachliche Verknüpfung beider Beschlüsse (Rn 8 ff) der Wahrung von § 30 im Gläubigerinteresse dient, gilt grds dasselbe gem § 241 Nr 3 AktG, wenn Feststellungsbeschluss ganz fehlt; allerdings kann letzterer konkludent im Ergebnisverwendungsbeschluss enthalten sein, falls diesem von GFührern aufgestellter Jahresabschluss zugrunde liegt (s auch § 46 Rn 16).[49] Zur Situation bei Änderung des Jahresabschlusses u Nachtragsprüfung s § 42 a Rn 40. – Anfechtbarkeit des Ergebnisverwendungsbeschlusses entspr § 243 I AktG vor allem, wenn dieser von Gesetz u Satzung abw Verwendungsart vorsieht (Rn 23 ff, insbes 28 aE) oder Satzungsbestimmungen über Aufteilung unter verschiedene Verwendungsarten mißachtet (Rn 35), wegen Treuepflichtverletzung bei unangemessen hoher Reservenbildung (Rn 30 ff, insbes 34), bei kapitalistisch strukturierter GmbH uU auch entspr § 254 I AktG (Rn 31); jedoch keine Anfechtung in diesen Fällen, wenn alle Gfter der betr Ergebnisverwendung zugestimmt haben (s auch § 46 Rn 17). Überschreitung der Frist des § 42 a II begründet keinen Beschlussmangel (dazu § 42 a Rn 38, § 46 Rn 18). 43

Erfolgreiche Anfechtung beseitigt mit Ergebnisverwendungsbeschluss von vornherein auch Gewinnauszahlungsansprüche der Gfter; entspr hindert Nichtigkeit ihre Entstehung. Dann **kein unmittelbarer Anspruch auf berichtigten Gewinn** ohne erneuten Beschluss. Rspr zu § 29 aF jedoch gelegentlich für Verbindung von Zahlungsklage mit Anfechtungsklage;[50] abzulehnen, insbes keinesfalls auf § 29 nF übertragbar (s auch Rn 42). – Ohne wirksamen Beschluss **ausgezahlter Gewinn** ist nach § 31 zurückzuzahlen, soweit 44

---

[45] Str, überw Lit zieht § 888 ZPO heran, vgl Mehrzahl der oben Rn 40 Genannten; dagegen aber ausführl *G. Hueck* FS Steindorff, 1990, 52 ff mwN.

[46] Ganz hM, abw aber *Lutter/Hommelhoff* Rn 4, 21, Auszahlungsanspruch nur vorläufig – bzw vorübergehend – gehemmt; näher *Hommelhoff* FS Rowedder, 1994, 171.

[47] OLG Hamm DB 1991, 1924; Ulmer/*Müller* Rn 47; Scholz/*Emmerich* Rn 80.

[48] OLG Stuttgart DStR 2004, 1972 für den Fall, dass im Jahresabschluss der Anhang fehlt; dagegen unter Hinweis auf § 32 kritisch *Wälzholz* DStR 2004, 1972, 1973 f.

[49] Küting/Weber/*Bohl/Schaumburg-Dickstein* § 42 a GmbHG Rn 48.

[50] RGZ 80, 335 ff; auch 87, 386 obiter.

dabei Stammkapital beeinträchtigt worden ist. Sonst gilt § 812 BGB;[51] dann aber Schutz gutgläubiger Empfänger gem § 32.

45 Bei **Abweichung von festgestelltem Jahresabschluss** ist zu unterscheiden: Umfasst Ergebnisverwendungsbeschluss nicht ganze Verwendungsmasse (Jahresüberschuss, ergänzt um Gewinn- oder Verlustvortrag, bzw Bilanzgewinn, Rn 10, 11), wird dadurch iZw den Gftern ein Teil der ihnen nach Abs 1 zustehenden Gewinnausschüttung vorenthalten oder zumindest sonstige gesetzliche oder satzungsmäßig gebotene Verwendung nicht erfüllt. In beiden Fällen ist Beschluss anfechtbar.[52] – Überschreitet bei Berücksichtigung der sonst noch beschlossenen Verwendung Gewinnausschüttung die Verwendungsmasse, kann darin zusätzliche Ausschüttung außerhalb der Ergebnisverwendung liegen. Diese ist nach dem für GmbH iGgs zur AG geltenden Kapitalbindungssystem (§ 30 Rn 3) zulässig, sofern sie aus verfügbaren Mitteln ohne Beeinträchtigung des zur Deckung des Stammkapitals erforderlichen GesVermögens erfolgen kann (§§ 30 ff mit Erl, auch Rn 4).[53] Wahrt Beschluss diese Grenze, ist er nur anfechtbar, falls er gegen sonstige satzungsmäßige Bestimmung verstößt. Wird Stammkapital unterschritten, ist Beschluss nach hM wegen Verletzung zwingender Gläubigerschutzvorschriften entspr § 241 Nr 3 AktG nichtig (dazu u zur Gegenansicht auch § 30 Rn 66).[54] Hier vorliegende zusätzliche Ausschüttung ist insoweit strenger zu beurteilen als bloße Gewinnverteilung im Rahmen der Verwendungsmasse nach Abs 1, bei der ggf § 30 I nicht Beschlussfassung, sondern nur Durchführung hindert (Rn 56, auch schon Rn 26).

46 **d) Abweichende Regelung des Verfahrens durch Satzung** (allg Rn 35; für Verteilungsmaßstab Rn 52 f) in zwei Richtungen, auch kombiniert, möglich: als Änderung der Zuständigkeit für Ergebnisverwendung u als Verfahrensregelung.[55] **Änderung der Zuständigkeit:** Kompetenzzuweisung zB an AR,[56] an GfterAusschuss oder Beirat,[57] auch an GFührer, doch liegt das, ggf zusammen mit AR (vgl § 172 AktG), für Feststellung des Jahresabschlusses näher. Zuständigkeiten dafür u für Ergebnisverwendung können, müssen aber nicht gleich sein. Zum Ganzen auch § 42 a Rn 16, 35, ferner allg zu zusätzlichen Organen § 45 Rn 15 ff sowie zur Verlagerung von Kompetenzen der GfterVers § 46 Rn 93 f. – **Verfahrensregeln** können etwa Verbindung der Beschlüsse über Jahresabschluss u Ergebnisverwendung vorschreiben oder qualifizierte Mehrheit für letztere festsetzen, sei es generell, sei es für Reservenbildung bzw Gewinnausschüttung allein, ggf auch nur bei Überschreiten bestimmter Grenzen oder Relationen; umgekehrt kann begrenzte Reservenbildung schon bei bestimmtem Minderheitsvotum vorgesehen werden; möglich auch Zustimmungspflicht durch anderes Organ oder insoweit sonderberechtigten Gfter, Regeln für Stichentscheid udgl. – Klag-

---

51 Vgl OLG Stuttgart DStR 2004, 1972.

52 Zust Michalski/*Salje* Rn 83.

53 Zust Scholz/*Emmerich* Rn 81.

54 Zust Michalski/*Salje* Rn 84.

55 AllgM, Scholz/*Emmerich* Rn 61 ff; Ulmer/*Müller* Rn 68; Michalski/*Salje* Rn 68 ff, 78 ff; – differenziert einschr *Hommelhoff/Priester* ZGR 1986, 498 ff mwN; dem zust *Lutter/Hommelhoff* Rn 24; *Liebs* DB 1986, 2424; – Regelungsvorschläge bei *Hommelhoff/Hartmann/Hillers* DNotZ 1986, 338 ff.

56 Auch mitbestimmt, dazu *Vollmer* ZGR 1979, 164 f.

57 OLG Düsseldorf GmbHR 1983, 124 f.

barer Anspruch des einzelnen Gfters auf Entscheidung besteht auch hier, stets gerichtet gegen Ges; soweit bei personalistischer GmbH Mitgfter zuständig sind, auch gegen diese, im Einzelnen wie Rn 40 ff. – Unabhängig von Zuständigkeit u Verfahren ist Entsch an die gesetzlichen u satzungsmäßigen Regeln über Ergebnisverwendung, auch Treuepflicht gebunden. Daher gilt auch für Beschlussmängel das (Rn 43 ff) zu c) Ausgeführte entspr. Soweit nicht GfterVers entscheidet, hängt Form der Geltendmachung von Entsch-Träger u -Art ab; näher dazu § 47 Anh Rn 206 f.

5. Wirkung der Ergebnisverwendung wird durch Beschluss unmittelbar herbeigeführt. Vor allem keine Änderung des zugrundeliegenden Jahresabschlusses; § 174 III AktG gilt entspr (dazu 18. Aufl § 42 Rn 566). Auswirkung der Folgen auf nächsten Jahresabschluss. Von Ergebnisverwendungsbeschluss abhängige Ansprüche entstehen durch diesen, insbes Gewinnauszahlungsansprüche der Gfter, auch ausschüttungsabhängige Ansprüche Dritter in ihrer endgültigen Höhe. Soweit Inhalt des Beschlusses Maßnahmen zur Durchführung erfordert, obliegen diese iZw den GFührern, so neben den dadurch veranlassten Zahlungen vor allem auch Verwirklichung besonderer Verwendungsformen (insbes Rn 28), wenn Beschluss hierfür nur generelle Zweckbestimmung u Rahmen festlegt. 47

III. Gewinnanspruch

Lit: *Geßler,* Unterschiedliche gesetzliche Gewinnansprüche, BB 1986, 227; *Koch,* Gewinnansprüche und Ausgleichsforderungen beim Erlöschen des Nießbrauchs an Geschäftsanteilen und Aktien, ZHR 168 (2004), 55; *Schulze-Osterloh,* Ausweis der Sachdividende im Jahresabschluß und im Gewinnverwendungsbeschluß, FS Priester 2007, 749; *Walk,* Die zweckmäßige Gewinnverwendungsklausel in der GmbH, 1993.

1. Mitgliedschaftliches Gewinnrecht, Abs 1. Abs 1 gewährt Gftern generell **Recht auf Gewinnausschüttung** nach Maßgabe des jew Jahresabschlusses. Durch BiRiLiG eingeführte Einschränkung (im Einzelnen Rn 14 ff) hat zwar im Interesse angemessener Reservenbildung das frühere Vollausschüttungsgebot gem § 29 I aF beseitigt, aber das für Gfter idR ganz wesentliche Recht auf persönliche Teilhabe am Geschäftsergebnis keineswegs aufgehoben (über Ausschluss durch Satzung Rn 36 f). Allg Mitgliedschaftsrecht, Vermögensrecht (§ 14 Rn 13), das als solches mit Mitgliedschaft untrennbar verbunden u nur mit dieser, nicht getrennt übertragbar ist (§ 14 Rn 20, auch unten Rn 58 f). Es handelt sich dabei um Gewinnstammrecht, aus dem sich jew erst der einzelne Anspruch durch Ergebnisverwendungsbeschluss ergibt (Rn 38, nachfolgend Rn 49); daher ohne Beschluss kein Gewinnauszahlungsanspruch des einzelnen Gfters (wichtig deshalb Erzwingbarkeit, Rn 39 ff, auch 46). 48

2. Anspruch auf Gewinnauszahlung, Dividendenrecht, erwächst für den einzelnen Gfter aus dem allg mitgliedschaftlichen Gewinnrecht als **schuldrechtlicher Anspruch auf den konkreten Anteil an der Gewinnausschüttung für ein Geschäftsjahr.** Vom Gewinnstammrecht als Mitgliedsrecht streng zu unterscheidendes u von ihm losgelöstes Gläubigerrecht,[58] 49

[58] RGZ 87, 386; 98, 320; BGH NJW 1998, 3646.

als solches abtretbar, verpfändbar u pfändbar (§ 14 Rn 12, 20, auch Rn 58). Es entsteht als sofort fälliger, klagbarer Anspruch erst mit dem Ergebnisverwendungsbeschluss (Rn 38), dh dem Beschluss der GfterVers, von dem im festgestellten Jahresabschluss ausgewiesenen Jahresüberschuss bzw Bilanzgewinn einen bestimmten Betrag in näher bezeichneter Weise an die Gfter auszuschütten (dazu bereits Rn 40, 42).[59] **Voraussetzungen** also zusammengefasst (Einzelheiten Rn 7 ff): Ausweis eines entspr Jahresüberschusses bzw Bilanzgewinns im Jahresabschluss, dessen Feststellung durch GfterBeschluss bzw satzungsgem in anderer Weise u Festlegung der Ausschüttung an die Gfter im Ergebnisverwendungsbeschluss. Letzterer für Entstehung des Anspruchs auch erforderlich, wenn Satzung Vollausschüttung vorsieht bzw diese bei Altges (Rn 104) kraft Gesetzes gilt (allgM). Ohne abw Regelung durch Satzung wird Anspruch mit dem Beschluss fällig; besondere Mitteilung dafür nicht nötig (unstr).

50 Wirksam **entstandener Anspruch** auf Gewinnauszahlung ist endgültig u kann als **Gläubigerrecht** durch späteren GfterBeschluss nicht mehr abgeändert oder entzogen werden. Derartiger Beschluss unwirksam; Gfter braucht ihn nicht anzufechten.[60] Auch Mangel an flüssigen Mitteln oder Verluste späterer Jahre ändern daran nichts, berechtigen grds Ges nicht zur Verweigerung der Auszahlung; aber Begrenzung durch § 30 I, dazu Rn 56.

51 **3. Verteilungsmaßstab, Abs 3. a) Gleichbehandlung** der Gfter, Abs 3 S 1. Verteilung des Gewinns mangels abw Satzungsbestimmung entspr Gleichbehandlungsgrundsatz (§ 13 Rn 31 ff) **im Verhältnis der Geschäftsanteile.** Maßgebend deren Nennbeträge, nicht tatsächlich geleistete Einlagen, auch nicht bei ungleicher Einzahlung;[61] § 60 II AktG nicht entspr anwendbar. Ebenso bleibt Agio außer Betracht. Kein Unterschied zwischen Geld- u Sacheinlagen; Überbewertung letzterer u Zahlung des Differenzbetrags nach § 9 hier ohne Bedeutung.

52 **b) Abweichende Regelung des Verteilungsmaßstabs durch Satzung** (allg Rn 35; für Verfahren Rn 46) in weitem Umfang möglich, Abs 3 S 2.[62] Satzung kann zB auf Verhältnis der geleisteten Einlagen abstellen oder Gewinnbezug von Volleinzahlung abhängig machen,[63] auch erst von einem bestimmten Zeitpunkt an gewähren.[64] Ferner Verteilung nach Köpfen bzw teils nach GAnteilen als Sockelbetrag, teils nach Köpfen oder etwa bei Nebenleistungsges nach den im Geschäftsjahr getätigten Lieferungen.[65] – Zulässig **ungleiche Ausgestaltung** der Gewinnbeteiligung in der Satzung, so durch bevorzugte Berücksichtigung bestimmter Gfter, **Vorzugsdividende** (auch § 14 Rn 18). Kein Verstoß gegen Gleichbehandlungsgrundsatz, da ursprüng-

---

[59] BGH NJW 1998, 1314 u 3646; vgl bereits RGZ 87, 386; 98, 320, auch 167, 68; – ganz überwM, zum Ganzen Ulmer/*Müller* Rn 6 ff, 114; Scholz/*Emmerich* Rn 25 ff, 58 ff, 82 ff; *Roth*/Altmeppen Rn 52; – teilw abw *Hommelhoff* FS Rowedder, 1994, 171 ff u nunmehr auch *Lutter/Hommelhoff* Rn 41 mit 21.

[60] RGZ 87, 387; allgM, Ulmer/*Müller* Rn 114; Scholz/*Emmerich* Rn 83; beide mwN.

[61] HM, Scholz/*Emmerich* Rn 76; *Lutter/Hommelhoff* Rn 38; jetzt auch Rowedder/Schmidt-Leithoff/*Pentz* Rn 103.

[62] Allg dazu Ulmer/*Müller* Rn 94; Scholz/*Emmerich* Rn 78; Michalski/*Salje* Rn 34 ff.

[63] BGHZ 14, 273.

[64] BGHZ 14, 273.

[65] RGZ 104, 350.

liche Satzung im GesVertrag vom Einvernehmen aller Gfter getragen wird (§ 13 Rn 33). Ebenso können andererseits auch einzelne Gfter mit ihrem Einverständnis, zeitweise oder auf Dauer, teilw oder ganz vom Gewinnbezug ausgeschlossen werden. Darin liegt grds keine sittenwidrige Gestaltung (als societas leonina), da Gfter auch andersartige positive Beteiligungsinteressen haben können (allg zum Ausschluss von zentralen Rechten § 14 Rn 15).[66]

Für die Ges geltender gesetzlicher oder satzungsmäßiger Verteilungsmaß- 53
stab kann ebenso wie allg Regelung der Gewinnverwendung auch später noch durch **Satzungsänderung** umgestaltet werden. Das (Rn 37) Ausgeführte gilt entspr, doch ist zu beachten, dass hier nahezu jede Änderung die Gfter ungleich treffen wird; deshalb ist Geltung des Gleichbehandlungsgrundsatzes besonders wichtig: Zustimmung aller jew gegenüber bisher geltender Regelung zurückgesetzten Gfter erforderlich (§ 13 Rn 31 ff, 33).[67] – Außerhalb der Satzung können alle oder einzelne Gfter untereinander beliebige **schuldrechtliche Abreden** über einmalige oder dauernde anderweitige Gewinnverteilung treffen, insbes einer dem anderen einen Teil des ihm an sich zustehenden Gewinns überlassen.

c) Eigene Geschäftsanteile. Stets vom Gewinnbezug ausgeschlossen ist 54
Ges selbst mit eigenen Geschäftsanteilen, da Gewinnrecht ruht. Das ist iE unstr, Auswirkung auf Gewinnverteilung jedoch str (s auch § 33 Rn 25). Keine gesetzliche Bestimmung hierüber, aber Satzung kann Vorsorge treffen. Sonst jew Entsch durch Gfter im Ergebnisverwendungsbeschluss. Dieser kann auf eigene Anteile entfallenden Gewinn zwar wahlweise rechnerisch ermitteln u über ihn dann nach den Regeln der Ergebnisverwendung gem Abs 1 u 2 (Rn 23 ff) verfügen, ihn insbes auch als Gewinnrücklage oder Gewinnvortrag thesaurieren,[68] doch liegt es näher, ihn von vornherein in Gewinnverteilung an Gfter einzubeziehen, iE also eigene Anteile unberücksichtigt zu lassen.[69] Entsch erfolgt im Gewinnverwendungsbeschluss, daher von vornherein keine Forderung der Ges gegen sich selbst; verbreitete Konstruktion einer Konfusion somit entbehrlich. Soweit **Rechte Dritter** auf Gewinn aus eigenem GAnteil der Ges bestehen, ist dieser bei Verteilung normal zu berücksichtigen (auch Rn 58; § 33 Rn 25). – Letzteres gilt auch für **kaduzierte Anteile** (näher § 21 Rn 12). Dagegen nehmen während des Geschäftsjahrs **eingezogene Anteile** am Gewinn dieses Jahrs nicht mehr teil (§ 34 Rn 17).[70] Zur Wirkung von Ausschluss u Austritt § 34 Anh Rn 13, 22.

4. Auszahlung. a) Allgemeines. Auszahlung des Gewinns hat in Geld zu 55
erfolgen. Satzung, dagegen nicht GfterBeschluss, kann etwas anderes bestimmen, insbes Sachleistungen, etwa in Produkten der Ges. Auch sonst können

[66] Früher str, heute allgM, BGHZ 14, 271; Ulmer/*Müller* Rn 79; Scholz/*Emmerich* Rn 31 mwN; *Roth*/Altmeppen Rn 48.

[67] Ulmer/*Müller* Rn 79; Scholz/*Emmerich* Rn 79; *Roth*/Altmeppen Rn 48; unter dem Aspekt von § 53 III auch *Lutter/Hommelhoff* Rn 40.

[68] Scholz/*Emmerich* Rn 77.

[69] HM, BGH NJW 1998, 1314; 1995, 1027, 1028; Ulmer/*Hohner/Paura* § 33 Rn 74 f mwN; *Lutter/Hommelhoff* Rn 39, § 33 Rn 20; Rowedder/Schmidt-Leithoff/*Pentz* § 33 Rn 45; Roth/*Altmeppen* § 33 Rn 24; – differenzierend, iE der hM nahe Scholz/*Westermann* § 33 Rn 33 mwN.

[70] BGH NJW 1998, 3646.

Gfter solche Leistungen gem § 364 I BGB an Erfüllungs Statt annehmen. Ergebnisverwendungsbeschluss, auch gesonderter GfterBeschluss kann das wahlweise neben Geld anbieten.[71]

56 **b) Begrenzung durch § 30 I.** Gewinnauszahlung darf nicht zu Lasten des Stammkapitals erfolgen, dh nicht unter Beeinträchtigung des zur Erhaltung des Stammkapitals erforderlichen GesVermögens. Zwar lässt Ergebnisverwendungsbeschluss einen der Einwirkung der Ges entzogenen Auszahlungsanspruch entstehen, doch bleibt dessen Grundlage das GesVerhältnis, sodass der im ganzen GmbH-Recht strikt geltende **Kapitalerhaltungsgrundsatz, § 30 I,** Anwendung findet.[72] Das wird vor allem für den Fall betont, dass bei unrichtiger Bilanz kein verteilungsfähiges Ergebnis vorlag, muss aber ebenso gelten, wenn erst späterer Verlust im lfd Geschäftsjahr, auch erst nach Ergebnisverwendungsbeschluss, Auszahlung ohne Beeinträchtigung des Stammkapitals unmöglich macht.[73] – In der **Insolvenz** der Ges ist dementspr Gewinnauszahlungsanspruch als § 30 unterliegende gesellschaftsrechtliche Forderung als nachrangige Insolvenzforderung entspr § 39 Abs 1 Nr 5 InsO zu behandeln.[74]

57 **5. Verjährung** des einzelnen Auszahlungsanspruchs nach § 195 BGB aF in 30 Jahren,[75] nunmehr gem §§ 195, 199 BGB in drei Jahren. Satzung kann Frist gem § 202 II BGB abkürzen oder verlängern. Sind nach Satzung Inhaber-Gewinnanteilscheine ausgegeben (Rn 87), gelten die Fristen für Vorlegung u Verjährung nach § 801 II mit I, 2 bzw III BGB.[76]

58 **6. Übertragung.** Anspruch auf Gewinnauszahlung ist selbständige schuldrechtliche Forderung, Gläubigerrecht, u kann frei abgetreten u verpfändet, auch gepfändet werden (Rn 49 sowie § 14 Rn 12, 20; – unstr). Abtretung u Verpfändung sind an keine Form gebunden (§ 15 Rn 26 aE mwN, auch Rn 48). – **Künftiger Anspruch** auf Auszahlung eines Jahresgewinns kann bereits abgetreten (verpfändet) werden, sofern Satzung nicht entgegensteht.[77] Auch dann entsteht wirksamer Anspruch erst durch Ergebnisverwendungsbeschluss bzw durch an dessen Stelle nach Satzung maßgebende Voraussetzung (Rn 49, 46). Entstehung unmittelbar für Zessionar ohne Durchgangserwerb beim Gfter, da Rechtsgrund vor Abtretung schon bestand.[78] Gleiches

---

[71] Zum Ganzen Ulmer/*Müller* Rn 122 f; Scholz/*Emmerich* Rn 84; unstr.

[72] Ganz überwM, Ulmer/*Müller* Rn 124; Scholz/*Emmerich* Rn 85 f beide mwN; *Roth*/Altmeppen Rn 54; *Falkenstein,* Grenzen für die Entnahmerechte der GmbH-Gesellschafter, 1992, 64 ff; – aA unter Bilanzierungsgesichtspunkten *Sieker* ZGR 1995, 263 ff; ferner aA *Wilhelm* FS Flume, 1978, Bd II, 359 f mwN; hiergegen vom gleichen Ansatz aus *Fabritius* ZHR 144 (1980), 633.

[73] Ulmer/*Müller* Rn 124; Scholz/*Emmerich* Rn 85 f; Rowedder/Schmidt-Leithoff/*Pentz* Rn 35 ff; *Wiedemann* § 10 IV, 2 b; vgl ferner Kommentierungen zu § 32, die hiervon ausgehen, zB Scholz/*Westermann* § 32 Rn 1.

[74] Scholz/*Emmerich* Rn 85 a; *Roth*/Altmeppen Rn 54; auch Ulmer/*Müller* Rn 130; abw Rowedder/Schmidt-Leithoff/*Pentz* Rn 28: reines Gläubigerrecht, dessen Geltendmachung aber idR an eigenkapitalersetzendem Charakter der stehengelassenen Forderung scheitert.

[75] BGHZ 80, 357 für BGB-Ges u allg.

[76] Ulmer/*Müller* Rn 129; Scholz/*Emmerich* Rn 84 ff; *Lutter/Hommelhoff* Rn 42; Rowedder/Schmidt-Leithoff/*Pentz* Rn 156.

[77] RGZ 98, 320; BGH NZG 2004, 912, 913; allgM.

[78] RGZ 98, 320; Ulmer/*Müller* Rn 117; Scholz/*Emmerich* Rn 28; – allg dazu MünchKommBGB/*Roth* § 398 Rn 79 f; Palandt/*Heinrichs* § 398 Rn 11 f; alle mwN.

gilt für Anspruchserwerb eines Nießbrauchers.[79] Bis zur realen Entstehung bleibt Anspruch mit dem Stammrecht des GAnteils verbunden, daher wie beim Gfter selbst den gesellschaftsinternen Vorgängen unterworfen. GesOrgane brauchen bei den zur Gewinnverteilung führenden oder diese beeinflussenden Maßnahmen, auch diesbzgl Satzungsänderungen, Interessen von Nießbraucher, Zessionar oder Pfandgläubiger nicht zu berücksichtigen.[80] Diese Personen haben nicht GfterStellung, daher auch nicht Auskunfts- u Einsichtsrecht nach § 51 a; sie nehmen an Beschlüssen nicht teil u können diese nicht anfechten.[81] Erwerber eines GAnteils kann sich jedoch ggü seinem Vertragspartner schadensersatzpflichtig machen, wenn vertragliche Ergebnisabgrenzungsvereinbarung durch entspr Beschlussfassung gem Abs 2 vereitelt wird.[82]

Übertragung eines Geschäftsanteils umfasst stets das volle Gewinnstammrecht (Rn 48). Daher steht dem Erwerber grds ganzer Gewinnauszahlungsanspruch für zurückliegendes Geschäftsjahr zu, wenn er zZ der Entstehung durch Ergebnisverwendungsbeschluss Gfter ist; dagegen verbleibt Anspruch dem Veräußerer, wenn Übertragung erst danach erfolgt, auf Zeitpunkt der Auszahlung kommt es dafür nicht an (zur Bedeutung der Aufnahme in Gfterliste nach § 16 s dort Rn 9, 11). Erhält im ersten Fall Erwerber ganzen Gewinn, Ausgleich zwischen ihm u Veräußerer für dessen Beteiligungszeit nur intern gem § 101 Nr 2 BGB bzw abw Verrechnungsabrede.[83] Behält sich dagegen Veräußerer im Vertrag mit Erwerber Gewinnanspruch für Geschäftsjahr bzw Zeit bis zur Übertragung vor, liegt darin (Rück-)Abtretung des künftigen Auszahlungsanspruchs bzw eines Teils durch Erwerber. Veräußerer hat dann Stellung eines Zessionars (Rn 58).[84] 59

IV. Besondere Gestaltungen

Lit: *Lutter/Zöllner,* Zur Anwendung der Regeln über die Sachkapitalerhöhung auf das Ausschüttungs-Rückhol-Verfahren, ZGR 1996, 164; *Priester,* GmbH-Kapitalerhöhung im Wege des Ausschüttungs-Rückholverfahrens, ZGR 1998, 856; *Sernitz,* Die zweckmäßige Ausgestaltung beim Schütt-aus-Holzurück-Verfahren, ZIP 1993, 1685; *Sieger/Hasselbach,* Die Kapitalerhöhung im „Schütt-aus-hol-zurück"-Verfahren bei der GmbH, GmbHR 1999, 205.

1. Vorabausschüttung auf den erwarteten Jahresgewinn, auch Gewinnvorschuss, Abschlags- oder Zwischendividende, ist vorweggenommene Gewinnausschüttung während des Geschäftsjahrs oder nach dessen Ende vor 60

---

79 RGZ 87, 386; Ulmer/*Winter/Löbbe* § 15 Rn 172; Ulmer/*Müller* Rn 120; insoweit noch abw Hachenburg/*Goerdeler/Müller* 8. Aufl 1992 Rn 92. Zum ganzen *Koch,* ZHR 168 (2004), 55.

80 Einschr nunmehr BGH NZG 2004, 912.

81 RGZ 98, 320 u 321 f; Ulmer/*Müller* Rn 11; Scholz/*Emmerich* Rn 28; Scholz/*Schmidt* § 46 Rn 16.

82 BGH NZG 2004, 912.

83 BGH NJW 1998, 1314 u 3646; 1995, 1027, 1028 f; BFH DB 1974, 268; Ulmer/*Müller* Rn 12; Scholz/*Emmerich* Rn 26 a mwN.

84 RGZ 98, 320; BGH NJW 1995, 1027, 1028 f; BGH NZG 2004, 912, 913; Scholz/*Emmerich* Rn 29; auch Ulmer/*Müller* Rn 120; zur steuerlichen Zurechnung *Gondert/Behrens* GmbHR 1997, 682; – zum Sonderfall der Übertragung an die Ges BGH NJW 1998, 1314; krit dazu *Loritz* DStR 1998, 84.

Erstellung des Jahresabschlusses bzw Eintritt der sonstigen Voraussetzungen für die endgültige Gewinnverteilung. Im GmbHG nicht geregelt; enge u kaum praktizierte Regelung in § 59 AktG trifft nur Verhältnisse bei AG, auf GmbH nicht übertragbar. Hier weitergehende Freiheit für Ausschüttungen; strikte Grenze nur § 30, Erhaltung des GesVermögens zur Deckung des Stammkapitals. In diesem Rahmen bei GmbH generell zulässig u tatsächlich weit verbreitet.[85]

61 **Voraussetzung** für Vorabausschüttung ist begründete Erwartung eines Gewinns für lfd Geschäftsjahr.[86] Gewinn muss in der angenommenen Höhe bei gewissenhafter Prüfung nach ordentlichen kaufmännischen Grundsätzen wahrscheinlich sein. Förmliche Zwischenbilanz nicht zwingend notwendig,[87] doch entspr aussagekräftige Unterlagen idR unentbehrlich, um Voraussetzungen festzustellen. Denn ferner muss gem § 30 Zahlung aus GesVermögen ohne Beeinträchtigung des Stammkapitals im Auszahlungszeitpunkt möglich sein. Satzungsmäßige Grundlage nicht erforderlich (ganz hM, vgl die in Rn 60 Genannten),[88] aber möglich. Satzung kann Einzelheiten regeln, zB auch GFührer ermächtigen. Sonst stets GfterBeschluss nötig, einfache Mehrheit genügt. – Als Vorabausschüttung steht Zahlung unter **Vorbehalt** eines entspr Jahresergebnisses.[89] Ergeben festgestellter Jahresabschluss u Ergebnisverwendungsbeschluss keine endgültige Dividende in ausreichender Höhe, sind Gfter nach § 812 I 2 BGB zur **Rückzahlung** der nicht gedeckten Beträge verpflichtet. Wegen des Vorbehalts keine Berufung auf § 32 u § 818 III BGB. Verstieß schon Auszahlung gegen § 30, gilt § 31.

62 **2. Fester Gewinnbezug, Verzinsung der Stammeinlage.** Feste Bezüge, insbes Verzinsung der Stammeinlagen, auch von Ges selbst garantierte Dividende (im Unterschied zur Dividendengarantie seitens Dritter, etwa herrschender Ges bei Konzernbindung), können den Gftern nicht ohne Rücksicht auf Geschäftsergebnis bzw Stand des GesVermögens zugesagt werden, da das entgegen § 30 Zahlungen unter Beeinträchtigung des zur Erhaltung des Stammkapitals erforderlichen Vermögens einschließen würde. **Zulässig** sind solche Zusagen in der Satzung aber, sofern sie nur Zahlungen aus Jahresüberschuss bzw Bilanzgewinn (Rn 10, 11) bei Wahrung des Stammkapitals betreffen, zB Mindestdividende vor Bildung neuer Gewinnrücklagen als satzungsmäßige Ergebnisverwendungsregelung (Rn 35) oder Vorzugsdividende

---

[85] RGZ 85, 44 f; 92, 82; DR 1942, 41; BFH BB 1977, 880; tendenziell auch BGH DB 1972, 1575; WM 1977, 1446; zur GmbH & Co KG AG 1978, 106, 107; zur GmbH ferner OLG Hamm GmbHR 1992, 456; ganz überwM, Ulmer/*Müller* Rn 132 ff; Scholz/*Emmerich* Rn 45 ff; *Lutter/Hommelhoff* Rn 86 f; *Roth*/Altmeppen Rn 56 f; Rowedder/Schmidt-Leithoff/*Pentz* Rn 98; bzgl Umfang einschr *Renkl* BB 1988, 2069; dagegen erweiternd *Vonnemann* BB 1989, 877; ausführl zum Ganzen *G. Hueck* ZGR 1975, 133; unter steuerlichen Gesichtspunkten *Döllerer* in Pro GmbH, 1980, 179; *Gschwendtner* BB 1978, 109; – abw insbes für Satzung unter Verkennung von § 30 OLG Hamburg GmbHR 1973, 123 = MDR 1969, 848; auch MDR 1971, 1015; dem folgend *Böttcher* DB 1973, 358; dagegen *Priester* DB 1973, 2382; vgl auch *Voerste* DB 1979, 2167.

[86] Ganz hM, abw *Vonnemann* BB 1989, 877 für weitere Zulässigkeit.

[87] Str, aber hM, Ulmer/*Müller* Rn 141 mwN; Scholz/*Emmerich* Rn 86 a; *Lutter/Hommelhoff* Rn 45; *Roth*/Altmeppen Rn 56; *G. Hueck* ZGR 1975, 151 ff mwN auch zur Gegenmeinung in meist älterer Lit.

[88] Abw LG Essen ZIP 1981, 1094.

[89] BGH NZG 2009, 659 Rn 21; OLG Hamm GmbHR 1992, 456; allgM.

für bestimmte Gfter als Verteilungsregelung nach Abs 3 S 2 (Rn 52) udgl. Vorbehalt dieses Inhalts ist iZw anzunehmen, ggf Auslegung maßgebend. Daher Verstoß gegen § 30 mit Nichtigkeitsfolge für die Satzungsbestimmung nur, wenn wirklich Auszahlung auch unter Beeinträchtigung des Stammkapitals zugesagt; bloße Möglichkeit, dass Stammkapital trotz (ggf konkludenten) Vorbehalts beeinträchtigt werden könnte, schadet nicht.[90]

Entspr gilt für Zusage sog **Bauzinsen** als Sondervergütung für Gfter in Anlaufphase des Unternehmens der GmbH. Nicht generell unzulässig, aber wegen § 30 keinesfalls zu Lasten des Stammkapitals zahlbar.[91] Letzteres erfordert strenge Beurteilung. Praktische Bedeutung gering. 63

3. Entnahmerecht. Rechte der Gfter, unabhängig von der Ertragslage Geld oder andere Werte aus dem GesVermögen zu entnehmen, sind bei der GmbH als Kapitalges anders als bei Personenhandelsges (§§ 122, 161 II HGB) ungewöhnlich, aber im Rahmen des für sie geltenden Kapitalbindungssystems iGgs zur AG (Rn 4) grds möglich.[92] **Grds Regelung durch Satzung erforderlich;** auch als Sonderrecht einzelner Gfter möglich, dann aber nachträgliche Einführung nur mit Zustimmung aller anderen Gfter entspr § 53 III. Einmalige Entnahme auch durch GfterBeschluss möglich,[93] einvernehmliche Entnahme von Forderungen bei zweigliedriger Ges; – falls Satzung durchbrechend, zB strikte Ergebnisbindung, s § 53 Rn 40 ff); soweit dabei nicht alle Gfter gleichmäßig behandelt werden, ist Zustimmung der benachteiligten nötig (§ 13 Rn 39). Entnahme kann zugleich verdeckte Gewinnausschüttung sein (Rn 68 ff). Ist sie von Ertragslage abhängig, iE also an künftigem Gewinn orientiert, entspricht sie Vorabausschüttung (Rn 60 f).[94] Regelung muss in jedem Fall **Einhaltung von § 30** sicher gewährleisten, anderenfalls Satzungsbestimmung (dazu § 2 Rn 43) bzw GfterBeschluss (entspr § 241 Nr 3 AktG) nichtig. 64

4. Bindung ausgeschütteten Gewinns. a) Begriff u Funktion. Durch Satzung oder auf schuldrechtlicher Grundlage kann Verpflichtung von Gftern begründet werden, ausgeschütteten Gewinn an Ges in Form von Darlehen oder als Sacheinlage im Rahmen einer Kapitalerhöhung an Ges zurückzuführen – **Ausschüttungs-Rückholverfahren,** auch Schütt-aus-Hol-zurück-Verfahren. Sinnvoll idR nur aus steuerlichen Gründen, die derzeit jedoch nicht mehr bestehen. Die durch den früher gespaltenen Steuersatz u das Anrechnungsverfahren nach §§ 23, 27 ff KStG aF bedingte unterschiedliche steuerliche Belastung ausgeschütteter u von der Ges einbehaltener thesaurierter Gewinne hat Interesse der Gfter an möglichst vollständiger Gewinnaus- 65

---

[90] Früher str, jetzt hM, Ulmer/*Müller* Rn 151; Scholz/*Emmerich* Rn 80 ff; *Roth/* Altmeppen Rn 55; *Lutter,* Kapital, Sicherung der Kapitalaufbringung und Kapitalerhaltung in den Aktien- und GmbH-Rechten der EWG 1964, 417 ff, 424; – enger noch 13. Aufl 1970, A 2 E; auch RG DR 1942, 40 obiter; – ganz abl *Feine* 365.

[91] Ulmer/*Müller* Rn 152 ff; Scholz/*Emmerich* Rn 89; – jetzt auch Rowedder/ Schmidt-Leithoff/*Pentz* Rn 101.

[92] BGH NJW 1984, 1037; Ulmer/*Müller* Rn 155; Scholz/*Emmerich* Rn 90; *Teichmann,* Gestaltungsfreiheit in Gesellschaftsverträgen, 1970, 159; *Falkenstein,* Grenzen für die Entnahmerechte der GmbH-Gesellschafter, 1992, auch Entnahme ausgeschütteten Gewinns umfassend.

[93] BGH NJW 1984, 1037.

[94] Hierauf beschränkend *Lutter/Hommelhoff* Rn 47; insbes bzgl Auflösung von Rücklagen enger *Renkl* BB 1988, 2069; dagegen *Vonnemann* BB 1989, 877.

schüttung begründet. Dem standen Erfordernisse einer betriebswirtschaftlich sinnvollen Selbstfinanzierung gegenüber. Um beides zu verbinden u für die Ges die notwendigen Mittel sicherzustellen, konnten unter Wahrung der steuerlichen Vorteile Verpflichtungen der Gfter zur Rückführung von Gewinnanteilen an die Ges als Eigen- oder Fremdkapital vorgesehen werden, Ausschüttungs-Rückholverfahren.[95] Die Finanzverwaltung erkannte das Ausschüttungs-Rückholverfahren an.[96] Bereits durch Einführung des Halbeinkünfteverfahren war praktische Bedeutung dieses Verfahrens nunmehr gesunken. Mit Vereinheitlichung des Steuersatzes ab VZ 2008 auf 15% (unten Rn 94) dürfte derzeit steuerrechtlicher Gesichtspunkt entfallen sein.[97] Auf der Grundlage der seit 1. 1. 2009 geltenden Abgeltungssteuer kommen steuerliche Gründe für Bindung ausgeschütteten Gewinns wohl nicht mehr in Betracht.

66 **b) Rechtliche Gestaltung. Rechtliche Gestaltung** auf verschiedene Weise; grds hervorzuheben: Rein **schuldrechtliche Verpflichtung** zur Rückführung von Gewinnen durch Vereinbarung zwischen Ges u Gftern oder zwischen Gftern untereinander, auch zugunsten der Ges (§ 328 BGB); Wirkung allerdings sachlich u personell begrenzt. Stärkere u weiterreichende Bindung durch Aufnahme in Satzung als **Nebenleistungspflicht** nach § 3 II (dort Rn 39) oder **Nachschusspflicht** nach §§ 26 ff (§ 26 Rn 1). Einführung durch Satzungsänderung bedarf in jedem Fall der Zustimmung aller betroffenen Gfter (§ 53 III), u zwar auch dann, wenn Rückführungspflicht über bestehende satzungsmäßige Gewinnausschüttungsbeschränkung (Rn 35 f) nicht hinausgeht, also wirtschaftlich nicht zusätzlich belastet.[98] In diesem Fall kann aber Verpflichtung der Gfter zur Zustimmung zu bejahen sein;[99] allerdings müsste Rückholquote dann so bemessen sein, dass verbleibender Betrag durch Ausschüttung entstehende Steuerbelastung des Gfters deckt. Ausgestaltung als Nebenleistungspflicht meist gegenüber Nachschusspflicht vorzuziehen, weil dann §§ 26 I u 30 II, 2 nicht beachtet werden müssen; letztere aber angebracht, wenn stärkere Bindung ohne förmliche Kapitalerhöhung gewünscht. – Während Nachschüsse stets Eigenkapital (Nachschusskapital, dazu 18. Aufl § 42 Rn 7 ff) bilden, können Nebenleistungspflicht u rein schuldrechtliche Verpflichtung entweder auf Zuzahlung als Eigenkapital, dann Einstellung in Kapitalrücklage (§ 272 II Nr 4 HGB, dazu 18. Aufl § 42 Rn 207 f), oder auf Darlehensgewährung oder stille Beteiligung als Fremdkapital (18. Aufl § 42 Rn 294 ff) gerichtet sein; das führt ggf zur Anwendung von §§ 39 I Nr 5, 135 InsO, 6, 6 a AnfG.

---

95 Dazu BGHZ 113, 335; OLG Köln ZIP 1990, 717; LG Aachen GmbHR 1990, 512; Ulmer/*Ulmer* § 55 Rn 96 ff; Scholz/*Emmerich* Rn 91 ff; Scholz/*Priester* § 53 Rn 116 f, § 55 Rn 12 f; alle mwN; auch *Lutter/Hommelhoff* Rn 48 ff; *Roth*/Altmeppen Rn 68 ff; *ders* NJW 1991, 1913; *Priester* ZIP 1991, 345; *Crezelius* ZIP 1991, 499; – mit Hinweisen zur Ausgestaltung *Hommelhoff/Priester* ZGR 1986, 515 ff; *Liebs* GmbHR 1986, 148 f; *Walk* 234 ff, insbes 241 ff; *Sernetz* ZIP 1993, 1685, teilw krit; – mit Betonung steuerlicher Gesichtspunkte etwa Küting/Weber/*Bohl/Schaumburg-Dickstein* § 29 GmbHG Rn 111 ff; *Orth* GmbHR 1987, 195; *Priester* ZGR 77, 445; *H.* u *M. Sudhoff* GmbHR 1984, 77; *Sieger/Hasselbach* GmbHR 1999, 205.

96 KStR 95 Abschn 77 VI.

97 Rowedder/Schmidt-Leithoff/*Zimmermann* § 55 Rn 60; vgl aber Michalski/*Spönemann*, Syst. Darstellung 3 Rn 135.

98 Ulmer/*Ulmer* § 55 Rn 98; *Priester* ZGR 1977, 466.

99 Scholz/*Priester* § 53 Rn 117; *Lutter* DB 1978, 1969.

Kapitalerhöhung zur Gewinnrückführung für einzelnes Geschäftsjahr wie auch zur langfristigen Bindung größerer, durch wiederholte sonstige Rückführung angesammelter Beträge geeignet. Dabei ist grds Verbot verdeckter Sacheinlagen zu beachten (§ 19 Rn 28, 54; § 5 Rn 28). Daraus folgt: Sind rückgeführte Gewinne zeitlich angemessen vorausgehend in festgestellter Bilanz[100] als Eigenkapital in **Kapitalrücklage** gestellt, ist **Kapitalerhöhung aus Gesellschaftsmitteln** möglich (Einzelheiten §§ 57 c ff mit Erl).[101] Zustimmung hierzu kann Gftern als satzungsmäßige Nebenleistungspflicht auferlegt werden.[102] Sind rückgeführte Gewinne als GfterDarlehen, stille Beteiligung oder in ähnl Weise der Ges als **Fremdkapital** überlassen, kann dieses für **effektive Kapitalerhöhung** nach §§ 55 ff grds **nur** durch Forderungseinbringung **als Sacheinlage** verwendet werden.[103] Dafür wesentlich, dass es sich wirtschaftlich stets um Einbringung eines (Gewinn-)Anspruchs des Gfters gegen die Ges als Einlage handelt, u zwar unabhängig von der gewählten Form als Darlehen, stehengelassener Gewinn, stille Beteiligung uä sowie ungeachtet der technischen Durchführung durch wechselseitige Zahlungen zwischen Ges u Gfter (Hin- u Herzahlen), Verrechnung, Umbuchung usw. Strenge Regeln für verdeckte Sacheinlagen (näher dazu § 19 Rn 50 ff) werden hier in vollem Umfang angewandt. Bei Kapitalerhöhung durch Einlage stehengelassener Gewinnansprüche im Ausschüttungs-Rückholverfahren sind Grundsätze über **verdeckte Sacheinlage** jedenfalls dann anzuwenden, wenn bei der Kapitalerhöhung und entspr gegenüber dem Registergericht **nicht offengelegt** wird, dass die Kapitalerhöhung im „Schütt-aus Hol-zurück"-Verfahren erfolgen soll.[104] Wird dagegen im Kapitalerhöhungsbeschluss **offengelegt,** dass Einlage ganz oder teilweise durch Umbuchung ausgeschütteter Netto-Gewinne getilgt wird, macht BGH in Parallele zur Kapitalerhöhung aus Gesellschaftsmitteln[105] Ausnahme, weil dann die Kapitalaufbringung durch sinngemäße Anwendung der **Grundsätze der Kapitalerhöhung aus Gesellschaftsmitteln** sichergestellt werden kann (s auch § 19 Rn 36).[106] – Soweit es zu Verstoß gegen grds Verbot verdeckter Sacheinlage gekommen ist, kann **Heilung nach § 19 IV** unter den dort genannten Voraussetzungen erfolgen (näher § 19 Rn 45 ff). 67

V. Verdeckte Gewinnausschüttung

Lit: *Fiedler,* Verdeckte Vermögensverlagerungen bei Kapitalgesellschaften, 1994; *Hey,* Bedeutung und Besteuerungsfolgen der verdeckten Gewinnausschüttung nach der Unternehmenssteuerreform, GmbHR 2001, 1; *Lange,* Rückgängigmachung einer verdeckten Gewinnausschüttung, GmbHR 1993, 762; *Mertens/Cahn,* Wettbewerbsverbot und verdeckte Gewinnausschüttung im GmbH-Konzern, FS Heinsius, 1991, 545; *Paus,* Verdeckte Gewinnausschüttung wegen unüblicher Vereinbarungen mit einem Minderheitsgesellschafter, GmbHR 2001, 328; *Rodewald,* Schadensersatzanspruch bei verdeckter Gewinnausschüttung, BB 1994, 2013; *Schiffers,* Konsequenzen verdeckter Gewinn-

[100] LG Aachen GmbHR 1990, 512: testierte Bilanz.

[101] HM, Ulmer/*Ulmer* § 55 Rn 96; Scholz/*Emmerich* Rn 93.

[102] Ulmer/*Ulmer* § 55 Rn 99; Scholz/*Priester* § 55 Rn 13; *Esch* NJW 1978, 2533 f.

[103] BGHZ 113, 335; OLG Köln ZIP 1990, 717; 1993, 1389; LG Aachen GmbHR 1990, 512.

[104] BGHZ 113, 335, 341; OLG Köln DB 1996, 208.

[105] Dazu *Lutter/Zöllner* ZGR 1996, 164, 178.

[106] BGHZ 135, 381; zustimmend *Priester* ZGR 1998, 856.

ausschüttungen nach dem Systemwechsel bei der Besteuerung von Kapitalgesellschaften, GmbHR 2001, 885; *Schön,* Die Verdeckte Gewinnausschüttung – eine Bestandsaufnahme, FG Flume, 1998, 265; *Schulze-Osterloh,* Die verdeckte Gewinnausschüttung bei der GmbH als kompetenzrechtliches Problem, FS Stimpel, 1985, 487; *Servatius,* Nutzungsweise Überlassung von Betriebsmitteln der GmbH an Gesellschafter als Auszahlung iSv §§ 30, 31 GmbHG, GmbHR 1998, 723; *Tries,* Verdeckte Gewinnausschüttungen im GmbH-Recht, 1991; *Wassermeyer,* Verdeckte Gewinnausschüttung – Bundesfinanzhof versus Finanzverwaltung, GmbHR 2002, 1; *Zimmermann,* Prüfung der Angemessenheit der Vergütung von (Gesellschafter-)Geschäftsführern in kleineren GmbHs, GmbHR 2002, 353.

68 **1. Tatbestand, Abgrenzung gegenüber Drittgeschäften.** Verdeckte Gewinnausschüttung liegt vor, wenn Ges einzelnen oder auch allen Gftern außerhalb förmlicher Gewinnverteilung Leistungen aus dem GesVermögen ohne äquivalente Gegenleistung gewährt.[107] Für § 29 relevanter gesellschaftsrechtlicher Begriff der verdeckten Gewinnausschüttung ist wegen unterschiedlicher Zielrichtung nicht identisch mit steuerlichem Begriff. Erfasst wird ferner Verzicht auf Rechte, insbes Ersatzansprüche gegenüber einem Gfter, uU auch schon konsequente Nichtgeltendmachung.[108] Auch bloßer Verzicht auf möglichen Gewinn bei Leistungen der Ges zu Selbstkosten kann nach überwM verdeckte Gewinnausschüttung enthalten;[109] das kann allerdings im Einzelfall anders zu beurteilen sein, wenn das der Satzung entspricht, wie insbes bei sog gewinnlosen Ges (Rn 36 aE).

69 **Beispiele:**[110] Warenlieferungen oder sonstige Leistungen an Gfter unter Marktpreis bzw zu Vorzugspreisen[111] oder Bezug von ihnen zu überhöhten Preisen;[112] Nutzungsüberlassung von GesEigentum ohne Entgelt[113] oder gegen zu geringe Vergütung, etwa billige Vermietung von Räumen;[114] überhöhtes Entgelt für Leistungen des Gfters, insbes Dienstleistungen[115] u vor allem ungewöhnliche Bezüge als GfterGFührer;[116] übermäßige Vorschüsse auf nicht fällige Forderungen;[117] zu hohe Verzinsung von GfterDarlehen wie andererseits gering- oder unverzinsliche Darlehensgewährung an Gfter,[118] nicht dagegen bei marktüblicher Verzinsung u werthaltigem Rückzahlungs-

---

107 Sinngem nahezu einhellige Begriffsbestimmung, Scholz/*Emmerich* Rn 98; Ulmer/*Müller* Rn 162; Rowedder/Schmidt-Leithoff/*Pentz* Rn 160; Michalski/*Salje* Rn 102; – abl *Tries* 26, der einen einheitlichen Begriff leugnet, stattdessen tatbestandlich jew an die konkret verletzten Normen anknüpfen will, sich damit in den Ergebnissen aber doch wieder der hM nähert.

108 Ulmer/*Müller* Rn 160; *Roth*/Altmeppen Rn 60; näher *Schulze-Osterloh* FR 1993, 74 ff.

109 Scholz/*Emmerich* Rn 100; *Roth*/Altmeppen Rn 60; *Servatius* GmbHR 1998, 723.

110 Entspr allgM, vgl auch Ulmer/*Müller* Rn 162, 165 mit 157 ff, dazu auch Ulmer/*Habersack* § 30 Rn 75 ff, insbes 82; Scholz/*Emmerich* Rn 99 a f; Scholz/*Westermann* § 30 Rn 32 f; ausführl systematisierend *Tries* 5, 184 ff; alle mwN.

111 BGH NJW 1987, 1194, Bauleistungen.

112 BGHZ 31, 275; OLG Celle NJW 1993, 739, GfterGrundstück; auch RGZ 88, 428, als verdeckte Gründervergütung.

113 BGHZ 31, 275 f.

114 BGH DB 1972, 1575.

115 RG DR 1942, 40.

116 BGHZ 111, 224; OLG Düsseldorf DB 1989, 1963; auch OLG Hamm DB 1992, 673.

117 RG HRR 1941, 132.

118 RG JW 1936, 180.

anspruch (darin kann allerdings Verstoß gegen § 30 liegen);[119] ferner Konzernumlage ohne hinreichende Gegenleistung.[120] – Bereich verdeckter Gewinnausschüttungen umfasst auch sonstige Leistungen der Ges an Gfter, die im Verhältnis zu Dritten kaum oder gar nicht in Betracht kommen: so etwa Verzicht auf Anspruch gegen Gfter, insbes Ersatzansprüche gegenüber einem Gfter, uU auch schon konsequente Nichtgeltendmachung;[121] Verzicht ausgeschlossen bzgl Stammeinlage u ihr entspr Ansprüchen, § 19 II, s dort Rn 4, 16 ff), uU auch bereits Stundung;[122] ferner **Zahlung oder sonstige Leistung an Dritten** für Rechnung oder zum Vorteil eines Gfters (s § 30 Rn 24; dort auch zum maßgeblichen Zeitpunkt),[123] wobei allerdings im Einzelfall Eigeninteresse der Ges eine abw Beurteilung ergeben kann;[124] auch Zahlungen auf Veranlassung von Konzernunternehmen (dazu SchlAnhKonzernR).[125]

Abgrenzung gegenüber bloßen Drittgeschäften, insbes einfachen **70** Umsatzgeschäften der Ges mit Gftern erfolgt unter dem Gesichtspunkt, ob ein gewissenhaft nach kaufmännischen Grundsätzen handelnder GFührer in sonst gleicher Lage zu gleichen Bedingungen auch mit Nichtgfter abgeschlossen hätte, ob also die Leistung durch betriebliche Gründe unter Berücksichtigung des Gesellschaftszwecks gerechtfertigt erscheint.[126] Das schließt einen Beurteilungsspielraum ein, dessen Ausfüllung einer durch den Maßstab ordentlichen kaufmännischen Handelns **objektivierten Bewertung** unterliegt. Darüber hinaus sind subjektive Merkmale, insbes Begünstigungsabsicht udgl für tatbestandliche Abgrenzung nicht maßgebend.[127] Anderes gilt teilw für die Rechtsfolgen, soweit Schadenersatzansprüche in Betracht kommen (Rn 78). – Buchmäßige u **bilanzielle Behandlung** des Vorgangs **als Kriterium ungeeignet.**[128] Das folgt ohne weiteres aus der Vielfalt möglicher Erscheinungsformen, die entspr unterschiedlich zu erfassen sind u sich insbes bei verdeckter Ausschüttung im Gewand von Drittgeschäften zunächst gerade

---

[119] BGHZ 157, 72 = NJW 2004, 1111; dazu § 30 Rn 21, 26.

[120] BGHZ 65, 15 (ITT).

[121] Ulmer/*Müller* Rn 160; näher *Schulze-Osterloh* FR 1993, 74 ff.

[122] Zumindest im Bereich des § 30, BGHZ 81, 311, 320 f.

[123] BGHZ 60, 330 f, Steuerschulden; LM § 30 Nr 3, Maklerprovision; GmbHR 1996, 111, Leistung an von Gfter beherrschte GmbH; OLG Köln BB 1996, 2217 Zahlung von Verbindlichkeiten einer GbR, an der AlleinGfter beteiligt ist; OLG Karlsruhe WM 1984, 656, Beteiligungsveräußerung sowie BFH BB 1985, 1899, sonstige Leistung an andere Ges zum Vorteil bestimmter Gfter.

[124] BGH LM § 30 Nr 3.

[125] Ausführl *U. H. Schneider* ZGR 1985, 279 mwN, auch BB 1986, 201; vgl auch BGHSt NJW 1989, 307.

[126] BGHZ 111, 224, 227 f; GmbHR 1996, 112; NJW 1987, 1194; auch WM 1986, 237, 239; AG 1987, 247; BGHSt NJW 1993, 739; OLG Düsseldorf DB 1989, 1963; OLG Celle NJW 1993, 739; allgM, Ulmer/*Müller* Rn 167 mit 162 ff, auch 157 ff; Scholz/*Emmerich* Rn 98 ff, insbes 171; Scholz/*Westermann* § 30 Rn 32 f; *Lutter/Hommelhoff* Rn 52; Roth/*Altmeppen* § 30 Rn 76; *Wiedemann* § 8 III, 1 a; *Flume* JurPerson § 8 IV, 2 b u ZHR 144 (1980), 19 ff; *Geßler* FS Fischer, 1979, 135 f; *Hager* ZGR 1989, 72 ff; *Schulze-Osterloh* FS Stimpel, 1985, 497; *Winter* ZHR 148 (1984), 583 ff; *Servatius* DStR 2004, 1176, 1179 ff unter Betonung der Zweckgebundenheit des Gesellschaftsvermögens; alle mwN, meist auch zur Grundlage dieser Formel in der Rspr des BFH zur körperschaftsteuerlichen Erfassung.

[127] BGH GmbHR 1996, 111; str, doch überwM, vgl die Genannten mwN auch zu abw Äußerungen; krit insbes *Wilhelm* FS Flume, 1978, Bd II, 378 ff.

[128] So ausdrücklich *Wiedemann* § 8 III, 1 a.

nicht äußerlich buchungstechnisch erkennen u abgrenzen lassen. – **Bilanzielle Erfassung** als Ausschüttung erfolgt erst nachträglich im Jahresabschluss für das betr Geschäftsjahr, dazu 18. Aufl § 42 Rn 223 f.

71 **2. Eingeschränkte Zulässigkeit.** Verdeckte Gewinnausschüttung ist iGgs zum strikten Verbot des AktR (§§ 57, 58 V AktG) bei GmbH nicht notwendig unzulässig. Zulässigkeit beurteilt sich vielmehr einerseits unter Gläubigerschutzgesichtspunkten nach Grds der Kapitalerhaltung (§ 30), andererseits unter dem Gesichtspunkt des Verhältnisses des Gfter zueinander unter den Gesichtspunkten der Gleichbehandlung, der Treuepflicht u der innerges Kompetenzverteilung.[129] Daher (vom Fall des existenzvernichtenden Eingriffs abgesehen) kein Anspruch der GmbH gegen AlleinGfter, wenn dieser ohne Verletzung von § 30 GesVermögen in Privatvermögen überführt.[130]

72 **a) Kapitalerhaltung, § 30.** Verdeckte Ausschüttungen aller Art sind strikt an **Grenze des § 30, Kapitalerhaltungsgrundsatz** gebunden (unstr, s § 30 Rn 23 f).[131] GfterBeschluss, der Leistung unter Verstoß gegen § 30 vorsieht, ist entspr § 241 Nr 3 AktG nichtig[132] (§ 47 Anh Rn 51 ff, vgl auch Rn 45 aE); für Ausschüttung fehlt dann Rechtsgrundlage. Auch im Übrigen jede Leistung unter Beeinträchtigung des zur Erhaltung des Stammkapitals erforderlichen GesVermögens unzulässig, ggf Rückzahlungspflicht nach § 31. – Je nach Art des Vorgangs aber hier wie in den folgenden Fällen Wiederholung als echtes Drittgeschäft zu Marktbedingungen möglich.

73 **b) Gleichbehandlung.** Ferner gilt Gleichbehandlungsgrundsatz (allg zur Gleichbehandlung § 13 Rn 31 ff). Verdeckte Ausschüttung muss allen Gftern gleichmäßig zugute kommen, aber Abweichungen kraft Satzung möglich, zB als Vorzugsrecht auf billigen Warenbezug, Benutzungsrecht bzgl GesEigentum udgl (§ 3 Rn 46), ebenso im Einzelfall mit Zustimmung aller zurückgesetzten Gfter (§ 13 Rn 33). Bei Verstoß unmittelbar durch GfterBeschluss ist dieser anfechtbar (§ 13 Rn 35, § 47 Anh Rn 91). Unterbleibt Anfechtung, ist Beschluss wirksam, ungleiche Behandlung daher insoweit zulässig; erfolgreiche Anfechtung beseitigt mit dem Beschluss Grundlage für Ausschüttung. Gleichbehandlungsverstoß durch anderes Organ, insbes GFührer, verletzt meist zugleich gesellschaftsinterne Kompetenzverteilung (Rn 75) mit deren uU weitergehenden Folgen (Rn 76). Trifft das nicht zu u liegt auch kein

---

129 Das entspricht ganz hM, allerdings mit unterschiedlicher Gewichtung der Schranken: weitgehend für Zulassung BGH DB 1972, 1575; NJW 1984, 1037; GmbHR 1997, 791; auch RG JW 1936, 180; DR 1942, 40; OLG Düsseldorf DB 1989, 1963; OLG Hamm DB 1992, 673; Ulmer/*Müller* Rn 162, Ulmer/Habersack § 30 Rn 12; Rowedder/Schmidt-Leithoff/*Pentz* Rn 164 f; *Roth*/Altmeppen Rn 61; *Tries* 68 ff; – iE ähnl, doch Schranken stärker betont bei *Wiedemann* § 8 III, 1 a; auch *K. Schmidt* GesR § 37 III 1 c u 2 d; ferner *Schulze-Osterloh* FS Stimpel, 1985, 488 ff; – für enge Beschränkung, insbes Bindung an entspr Voraussetzungen wie Vorabausschüttung von Gewinn (vgl Rn 61) *Lutter/Hommelhoff* Rn 50, doch geht das daran vorbei, dass Kapitalbindungssystem bei GmbH auch andere Leistungen zulässt (Rn 4); – mit Tendenz zu pauschalem Erfordernis der Zustimmung aller Gfter zu eng *Flume* JurPerson § 8 IV, 2 d u ZHR 144 (1980), 26, in teilw Anlehnung an *Wilhelm* FS Flume, 1978, Bd II, 368 ff, 373 ff, der jedoch beim Versuch möglichster Annäherung an AG den Besonderheiten der GmbH nicht hinreichend Rechnung trägt.

130 BGHZ 122, 333, 336; 119, 257, 262; ZIP 1999, 1352; OLG Brandenburg GmbHR 1997, 1147; einschr OLG Karlsruhe GmbHR 1998, 235.

131 OLG Düsseldorf DB 1989, 1963; auch OLG Celle NJW 1993, 739.

132 Rowedder/Schmidt-Leithoff/*Pentz* Rn 167.

Verstoß gegen § 30 vor (Rn 72), ist Ungleichbehandlung auf im konkreten Fall geeignete Weise zu beheben (§ 13 Rn 35 mwN) durch Gewährung entspr Leistungen an übergangene Gfter, uU statt dessen Ausgleich in Geld[133] – oder durch Rückabwicklungen wegen Unzulässigkeit nach Bereicherungsrecht (s Rn 76; – hM allein für Rückabwicklung).

c) Treuepflicht. Geringere, eher ergänzende Bedeutung hat in diesem Zusammenhang Treuepflicht (allg dazu § 13 Rn 20 ff). Ist insbes verletzt, wenn Gfter, meist, aber nicht notwendig Mehrheitsgfter, besonderen Einfluss zur Durchsetzung verdeckter Gewinnausschüttung im eigenen oder sonstigen gesellschaftsfremden Interesse missbraucht. IdR zugleich Verletzung der Gleichbehandlung, die dann im Vordergrund steht (Rn 73). Wie bei dieser ist auch treuwidriger GfterBeschluss anfechtbar (§ 13 Rn 30; § 47 Anh Rn 98 ff). Im Übrigen bildet schuldhafte Treuepflichtverletzung, insbes treuwidrige Beeinflussung der GFührer Grundlage für Schadenersatzpflicht des Gfters gegenüber der Ges, grds aber nicht gegenüber Mitgftern für deren mittelbaren Schaden (§ 13 Rn 29).[134] 74

d) Innergesellschaftliche Kompetenzverteilung. Nach dem gesetzlichen Normalstatut ist Entsch über Gewinnausschüttung wie allg Ergebnisverwendung in § 46 Nr 1 (s auch §§ 29 I, II, 42 a II; – Rn 1) der GfterVers zugewiesen; das gilt ebenso für sonstige Ausschüttungen aus GesVermögen an Gfter. Verdeckte Gewinnauschüttung ohne entspr GfterBeschluss[135] allein durch ein anderes Organ, praktisch vor allem oft nur durch GFührer, verstößt somit gegen die gesetzliche Zuständigkeitsordnung u ist daher unzulässig.[136] Das gilt allerdings nicht bei Entnahmen des AlleinGfters (Rn 71 aE) oder bei Einverständnis aller Gfter,[137] ferner nicht, sofern bloßer Vollzug einer entspr Regelung in der Satzung, zB Bedienung des Sonderrechts eines Gfters. Ferner nicht bei Ausübung einer satzungsmäßig abw vom gesetzlichen Normalstatut zugewiesenen Zuständigkeit,[138] dann meist auf bestimmte Arten von Vorgängen beschränkt oder in sonstiger Weise inhaltlich konkretisiert. Falls Kompetenzverstoß vorliegt, ist Ausschüttung unzulässig u rückgängig zu machen (nachfolgend Rn 76), sofern sie nicht nachträglich durch entspr GfterBeschluss genehmigt, Zuständigkeitsmangel dadurch geheilt wird. 75

---

133 BGH DB 1972, 1575; iE auch OLG Karlsruhe WM 1984, 656, 660, aber unzutr Treuepflicht; – str, ähnl wie hier Roth/*Altmeppen* § 13 Rn 64; Scholz/*Emmerich* Rn 109; differenzierend *Winter* ZHR 148 (1984), 597 ff; auch *Lutter/Hommelhoff* Rn 57.

134 Scholz/*Emmerich* Rn 106; *Lutter/Hommelhoff* Rn 54 aE; *Roth*/Altmeppen Rn 62; ausführl zum Ganzen *Schulze-Osterloh* FS Stimpel, 1985, 499 f, 501; *Winter* ZHR 148 (1984), 592 ff; *Tries* 212 mwN; vgl auch BGHZ 65, 15 sowie GmbHR 1996, 112; insoweit nicht überzeugend OLG Karlsruhe WM 1984, 656.

135 Zu den Voraussetzungen OLG Brandenburg GmbHR 1997, 750.

136 OLG Brandenburg GmbHR 1997, 750; ausführl *Schulze-Osterloh* FS Stimpel, 1985, 487; *Hager* ZGR 1989, 77 ff; *Tries* 89 ff mwN; ferner etwa Scholz/*Emmerich* Rn 104; Scholz/*Westermann* § 30 Rn 34; *Lutter/Hommelhoff* Rn 50, insoweit unter Verkennung des hier vertretenen Standpunkts; *Flume* JurPerson § 8 IV, 2 d aE u ZHR 144 (1980), 26; *K. Schmidt* GesR § 37 III 2 d; *Wiedemann* § 8 III, 1 a; *Winter* ZHR 148 (1984), 582 f; *Crezelius* FS GmbHG, 1992, 332 f; – abl *Fleck* ZIP 1986, 270; *Wilhelm* FS Flume, 1978, Bd II, 373.

137 *Roth*/Altmeppen Rn 62 a.

138 Zulässigkeit solcher Kompetenzverlagerungen str, aber im Rahmen satzungsmäßiger Gestaltungsfreiheit grds zu bejahen, dazu § 46 Rn 93 f, auch oben Rn 46 für Ergebnisverwendung.

76 **Rückzahlungspflicht** bei unzulässiger verdeckter Gewinnausschüttung im Grundsatz allg anerkannt, jedoch Rechtsgrundlage str. Eindeutig nur bei Verstoß gegen § 30 Rückzahlungspflicht nach § 31. – Im Übrigen führt die Unwirksamkeit des Ausschüttungsgeschäfts, falls der Mangel nicht durch entspr GfterBeschluss geheilt wird (Rn 75 aE), zur **Rückabwicklung nach Bereicherungsrecht.**[139] Diese erfasst grds das ganze Geschäft; ein Wahlrecht der Ges oder des Gfters auf bloße Differenzzahlung ergibt sich daraus nicht, doch besteht in geeigneten Fällen Möglichkeit der Wiederholung als echtes Drittgeschäft zu Marktbedingungen (auch Rn 72 aE).[140] In Lit wird teilw statt dessen analoge Anwendung von § 31, meist jedoch ohne § 31 III, wohl auch II, auf andere Fälle verdeckter Gewinnausschüttung befürwortet.[141] Doch ist Regelung der Stammkapitalerhaltung primär im Interesse des Gläubigerschutzes nicht übertragbar auf im Prinzip erlaubte (Rn 71, auch Rn 4) Ausschüttungen, die allein im GfterInteresse bei fehlender Organzuständigkeit oder Gleichbehandlungsverstoß unzulässig sind. Daran ändert auch der Hinweis nichts, dass andere Ansprüche im Vergleich zu § 31 uU weiter reichen; das geht daran vorbei, dass §§ 30, 31 einerseits umfassender, nämlich auch für an sich wirksam begründete, nur im Hinblick auf die Stammkapitalsicherung nicht zu erfüllende Verpflichtungen gelten (§ 30 Rn 19 ff) u dass sie andererseits weitergehende Ansprüche auf Grund anderer gleichzeitig verwirklichter Tatbestände keineswegs ausschließen (§ 31 Rn 4). – Wesentlich bei kompetenzwidriger verdeckter Gewinnausschüttung ist vielmehr ganz unabhängig vom Kapitalerhaltungsgrundsatz der Verstoß gegen die nach Gesetz u Satzung maßgebende Ergebnisverwendungs- u sonstige Ausschüttungsordnung. Das macht den betr Vorgang gesellschaftsrechtlich unzulässig u hat dessen Unwirksamkeit zur Folge ohne Rücksicht darauf, ob der Ausschüttung offen ein innergesellschaftlicher Akt zugrunde liegt oder ob sie äußerlich durch die Form eines Drittgeschäfts verdeckt ist. Hierzu weist *Schulze-Osterloh*[142] treffend auch auf ein Versagen der Vertretungsmacht der GFührer im innergesellschaftlichen Bereich mangels Organzuständigkeit hin (allg dazu, dass § 37 II bei sozialrechtlichen Geschäften nicht greift, § 37 Rn 39); die dabei auch befürwortete Erstreckung dieses Gedankens auch auf dingliche Erfüllungsgeschäfte verdeckter Ausschüttungen dürfte allerdings am Erfordernis der Rechtssicherheit wie auch daran scheitern, dass insoweit die Ausübung der Vertretungsmacht den rein sozialrechtlichen Bereich verlässt. – Ggü **Dritten als Leistungsempfängern** (vgl Rn 69) kann Erstattungsanspruch unter dem Aspekt des Missbrauchs der Vertretungsmacht in Betracht kommen.[143]

---

[139] Ebenso OLG Brandenburg GmbHR 1997, 750; Scholz/*Emmerich* Rn 107; Scholz/*Westermann* § 30 Rn 34; *Hager* ZGR 1989, 76 ff, 87 ff; *Schulze-Osterloh* FS Stimpel, 1985, 494 ff; *K. Schmidt* GesR § 37 III 2 d; auch *Wiedemann* § 8 III, 1 a; wohl auch *Roth*/Altmeppen Rn 62; weitergehend *Tries* 223 ff: am Gleichbehandlungsgebot orientierte mitgliedschaftliche Erstattungspflicht.

[140] Zur Frage des zivilrechtlichen Ausgleichs von Steuernachteilen der Ges *Stengel/Scholderer* ZGR 1997, 41.

[141] Ulmer/*Müller* Rn 168; *Lutter/Hommelhoff* Rn 54; *Flume* JurPerson § 8 IV, 2 e u ZHR 144 (1980), 27; *Winter* ZHR 148 (1984), 587 ff.

[142] *Schulze-Osterloh* FS Stimpel, 1985, 487, 490 ff; zust insbes *K. Schmidt* GesR § 37 III 2 d; auch *Hager* ZGR 1989, 79 ff.

[143] BGH GmbHR 1996, 113.

3. Folgen der Unzulässigkeit verdeckter Gewinnausschüttungen sind, wie gezeigt (Rn 72–76), unterschiedlich je nach Art des Verstoßes. Verschiedenartige Verstöße u deren Folgen können auch zusammentreffen. 77

Gesellschafterbeschluss, der Leistung entgegen § 30 vorsieht, ist entspr § 241 Nr 3 AktG nichtig (Rn 72), daher keine Rechtsgrundlage für betr Ausschüttung. Dagegen machen Verstöße gegen Gleichbehandlungsgrundsatz oder Treuepflicht Beschluss nur anfechtbar (Rn 73, 74); ohne Anfechtung sind Beschluss u darauf beruhende Ausschüttung wirksam; bei erfolgreicher Anfechtung fehlt Grundlage für Ausschüttung.

Bei sonstigem **Gleichbehandlungsverstoß** ist Ausschüttung grds unzulässig; Folgen sind auszugleichen, in geeigneten Fällen durch entspr **Leistungs- oder Ausgleichsansprüche** der zurückgesetzten Gfter (Rn 73), anderenfalls Rückzahlungspflicht der begünstigten Gfter.

Rückzahlungspflicht bzgl Ausschüttung (zur bilanziellen Erfassung § 42 Rn 11 ff) bei Leistungen unter Verstoß gegen § 30 stets nach § 31 (Rn 72); im Übrigen, ggf auch kumulativ, nach Bereicherungsrecht (Rn 76 aE) wegen Unzulässigkeit der Ausschüttung; bei Nichtigkeit oder wirksamer Anfechtung des zugrunde liegenden GfterBeschlusses (vorausgehend Rn 77 zu 1), bei anders nicht auszugleichendem Gleichbehandlungsverstoß (vorausgehend Rn 77 zu 2, Rn 73) sowie bei Verstoß, insbes der GFührer, gegen innergesellschaftliche Kompetenzverteilung (Rn 75). **Geltendmachung ggf durch GfterKlage,** actio pro socio[144] (näher § 13 Rn 36 ff mwN). 78

Schadenersatzansprüche der Ges nach den allg Regeln, insbes gegen Einfluss nehmenden Gfter bei schuldhafter Treuepflichtverletzung (Rn 74), auch gegen pflichtwidrig handelnden GFührer nach § 43 II, ggf III.

Unzulässigkeit der verdeckten Gewinnausschüttung schließt in dafür geeigneten Fällen Wiederholung durch **Neuabschluss als echtes Drittgeschäft** zu Marktbedingungen nicht aus (Rn 72 u 76, jew aE).

VI. Gewinnbeteiligung Dritter

Lit: *Heining,* Gewinnbeteiligung von Nichtgesellschaftern bei der GmbH, GmbHR 1950, 166.

1. Allgemeines. Nichtmitgliedschaftliche Ansprüche auf Teilhabe am Jahresergebnis der Ges sind im Rahmen vertraglicher Gestaltungsfreiheit vielfältig möglich, auch tatsächlich sehr verbreitet. Bezeichnung als Gewinnbeteiligung üblich, kennzeichnet Abhängigkeit von positivem Geschäftsergebnis als Berechnungsgrundlage. Der Sache nach rechtlich, auch bilanziell, sowie aus Sicht der Ges u Gfter überw nicht echte Teilhabe an Gewinnverteilung, sondern gewinnmindernder Vorgang (insbes Rn 82, anders nur vereinzelt Rn 85). – Zu unterscheiden von abgeleiteter Berechtigung Dritter bei Abtretung von Dividendenansprüchen der Gfter (Rn 58). 79

2. Gegenleistung in laufenden Rechtsbeziehungen. Selbständige Gewinnbeteiligung kommt vor allem als besondere Form der Gegenleistung bei laufenden Rechtsbeziehungen vor. Vielfach üblich Tantieme als gewinnabhängige Vergütung für GFührer, meist neben festem Gehalt (näher § 35 Rn 182 ff, insbes 188); ähnl Vergütung für AR- u Beiratsmitglieder (dazu 80

[144] Ulmer/*Müller* Rn 171; Rowedder/Schmidt-Leithoff/*Pentz* Rn 168.

§ 52 Rn 60, 203, 295). Ferner verbreitet Gewinnbeteiligung leitender Angestellter; möglich darüber hinaus als Ergebnisbeteiligung für bestimmte oder alle anderen Arbeitnehmer. In Betracht kommen auch andere Rechtsgeschäfte unterschiedlichen Inhalts auf partiarischer Basis, vor allem Darlehen. Trotz anderer Grundlage letzterem iE im Wesentlichen gleichgestellt stille Ges.

81 Einige **Hinweise zu Einzelheiten:**[145]

a) Begründung des Rechts auf Tantieme für GFührer im Anstellungsvertrag, für den idR GfterVers, bei voll mitbestimmter GmbH AR zuständig ist (§ 46 Nr 5, s dort Rn 34, ferner § 35 Rn 167, § 52 Rn 303); Tantieme für AR- u Beiratsmitglieder wird durch Satzung oder GfterBeschluss geregelt (§ 113 I AktG, dazu § 52 Rn 60, 203, 295). Abgesehen von Vergütung für Organmitglieder entsteht Gewinnbeteiligung bei den hier behandelten Vorgängen jew im Rahmen lfd Geschäfte, daher grds in der Kompetenz der GFührer (§ 35), doch ist deren Bindung an GfterBeschlüsse (§ 46 Rn 91) hier häufig bedeutsam. Auch Regelung durch Satzung möglich, vor allem als Rahmenbestimmungen, die dann GfterVers u GFührer, ggf AR binden, zB Höchstsätze für GFührer- u Angestelltentantiemen. – Gewinnbeteiligungen bilden in diesen Fällen als Gegenleistungen aus lfd Rechtsbeziehungen für Ges **Geschäftskosten,** also **Aufwendungen,** die das Jahresergebnis, dh Jahresüberschuss bzw Bilanzgewinn (Rn 10, 11, Verwendungsmasse) mindern.[146]

82 **b) Berechnungsgrundlage** richtet sich grds in erster Linie nach vertraglicher Vereinbarung, ggf auslegungsbedürftig.[147] Für GFührer-Tantieme ist § 86 AktG entspr anwendbar, doch ohne zwingende Wirkung nach Abs 2 S 2 (hM, str, dazu § 35 Rn 188 mwN); für AR-Mitglieder gilt § 113 III AktG, jedoch nur bei mitbestimmter GmbH zwingend, sonst gem § 52 I abdingbar (§ 52 Rn 60, 203). Im Übrigen ist für Berechnung iZw Bilanzgewinn (Rn 11), jedoch ohne Gewinnvortrag aus Vorjahr u vor Berücksichtigung der Gewinnbeteiligung bzw unter Hinzurechnung hierfür vorgenommener Rückstellungen maßgebend.[148] Erfolgt Bilanzierung nicht unter teilw Berücksichtigung der Ergebnisverwendung iSv § 268 I HGB, ist statt Bilanzgewinn Jahresüberschuss maßgebend (Rn 10), aber entspr um die sonst bereits im Bilanzgewinn erfassten Positionen rechnerisch zu ergänzen, insbes also um Verlustvortrag aus Vorjahr u nach Gesetz oder Satzung zu bildende Gewinnrücklagen (§ 270 II HGB). Allg ist darauf zu achten, dass Form der Bilanzierung mit oder ohne teilw Ergebnisberücksichtigung, auch Wechsel zwischen beiden, materiellen Gehalt des Anspruchs nicht ändert. Das gilt entspr für ältere Verträge über Gewinnbeteiligungen beim Übergang zur Bilanzierung nach BiRiLiG. Erst im Ergebnisverwendungsbeschluss gem Abs 2 gebildete Reserven, also freiwillige Gewinnrücklagen (Rn 23) oder Gewinnvortrag (Rn 25), mindern nach dem Gesagten iZw Gewinnbeteiligung Dritter nicht. Anders, wenn diese vertraglich ausschüttungsabhängig gestaltet, also am jew zur Verteilung kommenden Gewinn (Rn 26) orientiert ist. Weicht in diesem Fall Ausschüttung von der bei Bilanzaufstellung angenommenen Größe ab, ist ggf auch Auswirkung als zusätzlicher Aufwand gem

145 Im Übrigen ausführl zum Ganzen Ulmer/*Müller* Rn 101 ff; Scholz/*Emmerich* Rn 50 ff m Lit-Übers.

146 BGHZ 18, 208, allgM.

147 Dazu u zum Folgenden Ulmer/*Müller* Rn 102 ff; Scholz/*Emmerich* Rn 50, 52 ff; jew mit weiteren Einzelheiten u mwN.

148 BGH WM 1963, 55 = BB 1963, 55 mit 323; – iE ähnl wie § 86 II AktG.

Abs 1 S 1 (Rn 17 aE, 27) zu berücksichtigen. – Zur Anpassungsproblematik bei Kapitalerhöhungen § 57 m III mit Erl.[149]

c) Entstehen des Anspruchs. Konkreter Anspruch entsteht iZw mit Feststellung des Jahresabschlusses, also verbindlicher Bilanzfeststellung (Rn 8 f), unabhängig von Ergebnisverwendungsbeschluss.[150] Nur wenn Gewinnbeteiligung ausschüttungsabhängig ist (Rn 82 aE), kann Anspruch erst mit Ergebnisverwendungsbeschluss entstehen, der Höhe der Gewinnverteilung festlegt (Rn 26, 38). 83

d) Verbindung mit Drittgeschäften. Das Ausgeführte gilt grds auch, wenn für Gfter gewinnabhängiges Entgelt im Rahmen von Drittgeschäften vereinbart ist, so insbes Tantieme für GfterGFührer. Allerdings ist dabei stets auch Möglichkeit unzulässiger verdeckter Gewinnauschüttung zu bedenken (näher Rn 68 ff). 84

3. Sonstige Gewinnbeteiligungen Dritter außerhalb lfd Rechtsbeziehungen bedürfen als Abweichung von Abs 1 satzungsmäßiger Grundlage.[151] So zB, wenn ein Teil des Gewinns Träger gemeinnütziger Aufgaben zufließen soll (s auch Rn 28);[152] grds auch, wenn Gewinnrecht Gegenleistung oder Ausgleich für einmalige Leistung oder sonstiges Opfer bzw Entgegenkommen des Berechtigten ist. Dieser kann auch Gfter sein, dem solches Gewinnrecht unabhängig von Mitgliedschaft zusteht, etwa als persongebundener Sondervorteil bei Gründung (§ 3 Rn 46, § 5 Rn 57) oder Ausgleich für Kapitalzuzahlung udgl; dann oft Ausgestaltung als Genussrecht (Rn 88 ff). – Berechnungsweise, Fälligkeit usw von Gegenstand u Zweck des Gewinnrechts abhängig; ausdrückliche Regelung zweckmäßig, sonst Auslegung unter Berücksichtigung des oben (Rn 81 ff) Ausgeführten. 85

4. Gewinnabführungsvertrag. Am weitesten reicht Gewinnbeteiligung Dritter beim Gewinnabführungsvertrag, der auf Abführung des gesamten Gewinns an ein anderes Unternehmen gerichtet ist. Wichtiges Instrument des Konzernrechts. Unter dem hier behandelten Gesichtspunkt des Gewinnbezugs Dritter ist hervorzuheben, dass Abschluss des Vertrags nach ganz hM der Zustimmung aller Gfter u in Übereinstimmung mit dem oben (Rn 85) vertretenen Standpunkt nach überwM auch satzungsmäßiger Grundlage bedarf; ausführl dazu SchlussAnhKonzernR Rn 52 ff mit zahlr Angaben, s dort auch Rn 105 ff, zum Teilgewinnabführungsvertrag Rn 56 aE. 86

VII. Gewinnanteilscheine

Gewinnanteilscheine, Dividendenscheine verbriefen die einzelnen Ansprüche der Gfter auf den jew festgestellten Gewinn. Ausstellung zulässig, aber nicht notwendig; maßgebend Satzung. Möglich als echtes Wertpapier oder schlichte Beweisurkunde, Schuldschein; letzteres selten. Meist Inhaberpapier, Inhaberschuldverschreibung gem §§ 793 ff BGB. Zulässig auch Orderpapier gem § 363 I HGB. Verbriefung erleichtert Geltendmachung, auch Übertra- 87

---

149 Ausführl mwN *Zöllner* ZGR 1986, 288, insbes zur effektiven Kapitalerhöhung.

150 Ganz hM, Scholz/*Emmerich* Rn 53; abw *Rowedder* Rn 70, doch ist kein Grund für zusätzliche GfterBeschlüsse ersichtlich.

151 *Roth*/Altmeppen Rn 65; für Genussrechte differenzierend Scholz/*Emmerich* Rn 55 u Scholz/*Winter/Seibt* § 14 Rn 69 f; abw Ulmer/*Müller* § 29 Anh Rn 29.

152 RG JW 1936, 180.

gung nach Wertpapiergrundsätzen; erhöhte Verkehrssicherheit. Veräußerung des Gewinnanteilscheins vor Gewinnverteilungsbeschluss ist Übertragung künftiger Forderung (Rn 58). Mitgliedsrechte werden durch Verbriefung nicht erfasst (über die ganz andersartigen GmbH-Anteilscheine § 14 Rn 8f); sie können daher nicht vom Erwerber, sondern nur vom Gfter ausgeübt werden.[153]

VIII. Genussrechte

Lit: *Claussen,* Der Genußschein und seine Einsatzmöglichkeiten, FS Werner, 1984, 81; *Ernst,* Der Genußschein als Kapitalbeschaffungsmittel, AG 1967, 75; *Frantzen,* Genußscheine, 1993; *Göhrum,* Einsatzmöglichkeiten von Genußrechten bei einer notleidenden GmbH oder AG, 1992; *Gottlieb,* Der Genußschein im deutschen Recht, 1931; *Luttermann,* Unternehmen, Kapital und Genußrechte, 1998; *Nied-Riebler,* Genußrechte als Instrument zur Eigenkapitalbeschaffung über den organisierten Kapitalmarkt für die GmbH, 1989; *Pougin,* Genußrechte, FS Oppenhoff, 1985, 275.

88 **1. Allgemeines. Genussrechte** sind für GmbH nicht gesetzlich geregelt, aber wie bei AG (in §§ 160 I Nr 6, 221 III AktG erwähnt; im Übrigen allg in § 10 V KWG vorausgesetzt, ferner zB in § 23 UmwG) zulässig. Sie gewähren **auf schuldrechtlicher Basis** einzelne Vermögensrechte gegenüber Ges, die denen von Gftern entsprechen, dh als rein schuldrechtliche Ansprüche Gfterrechten nachgebildet sind ohne mitgliedschaftlichen Charakter.[154] – Mit Genussrecht verwandt ist Besserungsrecht, vor allem aus der Insolvenzpraxis geläufig, idR in **Besserungsschein** verbrieft, der nach Verzicht auf Forderung dem Gläubiger Nachzahlung aus künftigem Gewinn gewährt.[155]

89 **Inhalt** kann vielfältig sein, vertragliche Gestaltungsfreiheit;[156] meist Gewinnbezugsrecht, evtl daneben, selten statt dessen allein Teilhabe am Liquidationserlös, ferner etwa Recht auf Sachbezüge, Benutzung von GesEinrichtungen udgl. Dagegen **niemals Mitgliedschaftsrechte,** insbes nicht Stimmrecht in GfterVers oder Recht zur Anfechtung von GfterBeschlüssen.[157] Möglich aber wie bei anderen Gläubigern vertragliche Gewährung schuldrechtlicher Informationsrechte, ferner wohl auch vertragliches Recht zur passiven Teilnahme an GfterVers; letzteres fraglich, dazu jedenfalls entspr Ermächtigung durch Satzung nötig;[158] in der Lit vorgeschlagene Kontrollrechte entspr § 233 HGB nur bei Ausgestaltung des Genussrechtsverhältnisses

---

153 Ausführl zum Ganzen mwN Ulmer/*Müller* Rn 196ff; auch Scholz/*Winter/Seibt* § 14 Rn 66.

154 BGHZ 119, 305 – bestätigt in 120, 141, 146f – für AG, jedoch grds Bedeutung auch für GmbH; dazu *Lutter* ZGR 1993, 291; *Feddersen/Meyer-Landrut* ZGR 1993, 312; *Knauth* DZWiR 1993, 97; *Schön* JZ 1993, 325; ausführl, auch zur GmbH *Sethe* AG 1993, 293u 351; – allg zu Genussrechten bei der GmbH Ulmer/*Müller* Anh § 29 mit ausführl LitNachweisen vor Rn 1; Scholz/*Winter/Seibt* § 14 Rn 67ff; Rowedder/Schmidt-Leithoff/*Pentz* Rn 138ff; *Vollmer* ZGR 1983, 445, vorwiegend zur GmbH.

155 Zum Begriff BGH NJW 1984, 2762f; s im Übrigen Ulmer/*Müller* Rn 110; *Rid-Niebler* 12; Rowedder/Schmidt-Leithoff/*Pentz* Rn 155.

156 BGHZ 119, 309.

157 BGHZ 119, 305; unstr, Ulmer/*Müller* Anh § 29 Rn 11; Scholz/*Winter/Seibt* § 14 Rn 74.

158 HM, vgl BGHZ 119, 305, 309; Scholz/*Winter/Seibt* § 14 Rn 74; Michalski/*Fleischer,* Syst. Darstellung 6 Rn 113; ferner *Rid-Niebler* 49ff; alle mwN.

als stille Ges,[159] doch trifft das angesichts der unterschiedlichen Struktur der Beteiligung regelm gerade nicht zu.[160] – Inhalt im Einzelnen ist durch Vertrag zu regeln, zB Laufzeit bzw Kündigung, Präzisierung des Gewinnbezugsrechts hinsichtlich Berechnungsgrundlage, auch garantierter Mindestbetrag, Kombination mit festen Zinsen (beides bei Genussgläubigern iGgs zu Gftern zulässig), Vorrang vor Gftern, Nachzahlg ausgefallenen Gewinns udgl, ferner Rangrücktritt von Genussscheinkapital gegenüber anderen Gläubigern, Vorrang vor Gftern oder Gleichrang bei Liquidation uam.[161] – Ausgabe von Genussrechten in größerer Zahl erfolgt regelm zu einheitlichen Bedingungen. Diese unterliegen der **Inhaltskontrolle** nach §§ 305 ff BGB; Ausnahme nach § 23 I gilt nicht, da Genussrechtsverträge nicht gesellschaftsrechtlich-mitgliedschaftlich wirken, sondern nur schuldrechtliche Gläubigerstellung begründen.[162]

Möglichkeiten zur **Verwendung** von Genussrechten vielfältig, neben Einsatz zur Kapitalbeschaffung (darüber sogleich) zB als Vergütung für besondere Leistungen, etwa an Gfter als Gründervorteil (§ 3 Rn 46, § 5 Rn 57) oder Entgelt für Nebenleistungen (§ 3 Rn 36), auch Wertausgleich für Überlassung von, meist immateriellen, Gegenständen, Überbrückung von Bewertungsschwierigkeiten bei Sacheinlagen, ferner Leistung an Dritte, wie zusätzliche Vergütung für GFührer, AR-Mitglieder, leitende Angestellte, auch allg als Form der Mitarbeiterbeteiligung uam.[163] – Praktische **Bedeutung** der Genussrechte gleichwohl bei GmbH iGgs zur AG nur gering (s auch unten).[164] Das gilt auch für ihren in jüngerer Zeit viel erörterten Einsatz als Mittel der Kapitalbeschaffung. Vertragliche Gestaltungsfreiheit ermöglicht auf der schuldrechtlich-vermögensmäßigen Seite weitgehende Annäherung an Gfter-Stellung ohne Begründung einer Mitgliedschaft. Ausgabe hinreichend attraktiv ausgestatteter u in Inhaberpapieren verbriefter Genussrechte gegen Kapitaleinzahlung kann Vermehrung bzw Ergänzung des Eigenkapitals ohne förmliche Kapitalerhöhung und ohne Veränderung der Beteiligungsverhältnisse dienen, **Finanzierungsgenussrechte;** bei AG aktiengleiche bzw aktienähnl Genussscheine.[165] Entspr Ausgabe von eigenkapitalähnl bzw -gleichen Genussscheinen – ggf mit **Börsenzulassung**[166] – an sich ebenso bei GmbH möglich;[167] praktisch hat jedoch Unterbringung am Kapitalmarkt kaum Aussicht auf Erfolg[168] (Zur Problematik des Börsenzugangs für GmbH allg oben Einl Rn 56 mwN). So finden sich bisher am Markt für Genussscheine neben den zahlenmäßig beachtlichen u weiter zunehmenden Emissionen großer Publikums-AG nur ganz vereinzelt solche größerer GmbH. 90

---

159 Ausführl befürwortend *Schön* JZ 1993, 928 ff mwN auch zur abl hM.

160 Ulmer/*Müller* Anh § 29 Rn 6; ausführl *Frantzen* 15 ff mwN; *Sethe* AG 1993, 297; *Vollmer* ZGR 1983, 450.

161 Ausführl zum Ganzen *Frantzen* 97 ff; auch *Rid-Niebler* 5 ff.

162 BGHZ 119, 305, 312; allgM.

163 Dazu Ulmer/*Müller* Anh § 29 Rn 9; *Rid-Niebler* 9 f; ausführl *Frantzen* 37 ff.

164 Scholz/*Winter/Seibt* § 14 Rn 67.

165 Anforderungen an Ausstattung sowie Abgrenzung str, dazu BGHZ 119, 305 u die oben Rn 88 Genannten mwN; KölnerKomm/*Lutter* § 221 insbes Rn 273 ff, auch 224 ff; *Hüffer* AktG § 221 insbes Rn 25, 30 ff.

166 Dazu Ulmer/*Müller* Anh § 29 Rn 34; *Vollmer* ZGR 1983, 445, 456 ff.

167 Auch dazu Mehrzahl der oben Rn 88 Genannten.

168 Michalski/*Fleischer,* Syst. Darstellung 6 Rn 115; ganz betont krit auch *Ehlke* ZHR 154 (1990), 409 ff; sowie *Rid-Niebler* 165 f; *Sethe* AG 1993, 307.

91 **2. Entstehung.** Genussrechte möglich für Gfter u für Dritte entweder als individuell gestaltetes Einzelrecht oder, wesentlich wichtiger, als größere Zahl gleichartiger Rechte, dann regelm mit einheitlichen Ausgabebedingungen (Inhaltskontrolle nach §§ 305 ff BGB, Rn 89 aE). Begründung jew durch **Vertrag** mit der Ges, der Inhalt u Ausgestaltung des Rechts festlegt. Zuständig GFührer. Je nach Inhalt u Sachzusammenhang aber Regelung in der **Satzung** Voraussetzung, so bei Genussrecht als Gründervorteil (§ 3 Rn 46, § 5 Rn 57), als Entgelt für Nebenleistung (§ 3 II s dort Rn 36) oder iVm Sacheinlage (§ 5 IV s dort Rn 20, 43), für Teilnahmerecht an GfterVers (Rn 89) uam; dagegen ohne Satzungsermächtigung Genussrechte iVm laufenden Geschäften, etwa als Vergütung für leitende Angestellte (Rn 90, allg dazu Rn 80 ff). Ausgabe von **Finanzierungsgenussscheinen** (Rn 90) geht durch eigenkapitalähnl bzw -gleichen Charakter über bloßes laufendes Darlehensgeschäft hinaus, dem Gewinnrecht der Gfter stark angenähert, das dadurch beeinträchtigt werden kann; deshalb Ermächtigung durch Satzung erforderlich (s auch Rn 85).[169] – IGgs zur AG (§ 221 IV AktG) haben Gfter der GmbH bei Ausgabe von Genussrechten **kein Bezugsrecht,**[170] immerhin bei Finanzierungsgenussrechten (Rn 90) erwägenswert (allg zum Bezugsrecht u dessen Ausschluss § 55 Rn 20 ff), jedenfalls kann ein solches durch Satzung oder GfterBeschluss gewährt werden. Stets ist bei Ausgabe an Gfter der **Gleichbehandlungsgrundsatz** zu beachten (§ 13 Rn 31 ff).

92 **3. Sonstige rechtliche Behandlung.** Genussrechte sind, wenn nicht anders vereinbart, frei veräußerlich u vererblich. Sie können, nicht müssen, als **Genussscheine** verbrieft werden. Davon wird bei Ausgabe an mehrere Personen regelm Gebrauch gemacht; besonders wichtig für Finanzierungsgenussrechte (Rn 90) u deren Plazierung am Kapitalmarkt. Genussscheine können wie Gewinnanteilscheine (Rn 87) als Inhaberpapiere gem §§ 793 ff BGB ausgestellt werden, auch (seltener) im gegenständlichen Rahmen von § 363 I HGB (Geld, Waren, Wertpapiere) als Orderpapiere oder nur als bloße Beweisurkunden.

93 Gegen **unmittelbare Beeinträchtigung** ihrer Rechte sind Genussrechtsgläubiger nach vertragsrechtlichen Regeln geschützt. Dagegen müssen sie **mittelbare Beeinträchtigungen** durch Satzungsänderungen u dgl grds hinnehmen, allerdings nicht ohne weiteres bei Kapitalerhöhungen: Vielmehr bei Kapitalerhöhung aus GesMitteln Schutz durch § 57 m III (Erl s dort).[171]

---

[169] Str, wie hier *Roth*/Altmeppen Rn 65; *Rid-Niebler* 85 ff: hilfsweise GfterBeschluss mit satzungsändernder Mehrheit; zumindest iE ähnl *Sethe* AG 1993, 313 f, GfterBeschluss; – trotz sonst ähnl Differenzierung insoweit abw Scholz/*Winter/Seibt* § 14 Rn 69 ff, insbes 70; zurückhaltend auch Ulmer/*Müller* Anh § 29 Rn 29, GfterBeschluss nur, wenn Gewinnbeteiligungen im Ausmaß Gewinnabführung nahe kommen.

[170] HM, Ulmer/*Müller* Anh § 29 Rn 30; Scholz/*Winter/Seibt* § 14 Rn 72; – aA *Rid-Niebler; Lutter* FS Döllerer, 1988, 383, 385.

[171] Dazu u vor allem zur Anpassungsproblematik bei effektiver Kapitalerhöhung ausführl *Zöllner* ZGR 1986, 288 mwN iE differenzierend; ferner *Emde* DB 1989, 209. – Zum Ganzen mit weiteren Einzelheiten Ulmer/*Müller* Anh § 29 Rn 10 ff u 13 ff; Scholz/*Winter/Seibt* § 14 Rn 74 ff; *Frantzen* 136 ff, 197 ff. – Zur bilanziellen Behandlung 18. Aufl § 42 Rn 284.

IX. Steuern

1. Körperschaftsteuer. GmbH ist mit ihrem Einkommen körperschaftsteuerpflichtig (§§ 1 I Nr 1, 7 I KStG).[172] – Einkommen der Ges wird nach § 8 I, II KStG als Einkünfte aus Gewerbebetrieb nach den Regeln des EStG ermittelt. Ausgangspunkt ist Gewinn, der sich aus einem Betriebsvermögensvergleich im Rahmen einer aus der Handelsbilanz unter Anwendung steuerrechtlicher Ansatz- u Bewertungsvorschriften entwickelten Steuerbilanz für das jew Wirtschaftsjahr ergibt (§§ 4 I, 5 I EStG). Spenden, soweit nicht nach § 9 I Nr 2 KStG abzugsfähig, u in § 10 KStG genannte nichtabziehbare Aufwendungen erhöhen Gewinn. Verdeckte Gewinnausschüttungen (Voraussetzungen im Wesentlichen wie zivilrechtlicher Begriff, Rn 68, 70), die den Gewinn gemindert haben, sind hinzuzurechnen (§ 8 III, 2 KStG); sie führen beim Gfter ebenfalls zu Einkünften aus Kapitalvermögen (§ 20 I Nr 1 S 2 EStG). Entspr gilt für Ausschüttungen auf Genussrechte mit Beteiligung am Gewinn u am Liquidationserlös (§ 8 III, 2 KStG, § 20 I Nr 1 EStG). – **Steuersatz** für GmbH beträgt einheitlich seit VZ 2008 15% (davor 25%) des zu versteuernden Einkommens (§ 23 I KStG). Früher notwendige Differenzierung nach Ausschüttung u Thesaurierung findet nicht statt. Einzelne Einkommensbestandteile sind steuerfrei (nach § 3 EStG, ferner ausländische Einkünfte, sofern nach Doppelbesteuerungsabkommen von inländischer Besteuerung freigestellt) oder unterliegen einem ermäßigten Steuersatz (so im Fall der Anrechnung ausländischer Steuern nach einem Doppelbesteuerungsabkommen oder nach § 26 KStG). 94

2. Einkommensteuer, Kapitalertragsteuer. Beim **Gfter,** der natürliche Person ist, unterliegen ausgeschüttete Dividenden als Einkünfte aus Kapitalvermögen der Einkommensteuer (§ 20 I Nr 1 EStG). **Ab 2009** gilt für entspr Einnahmen nach § 32d I EStG ein Steuersatz von 25% zzgl Solidaritätszuschlag. Die Steuer wird als Kapitalertragsteuer nach § 43 EStG im Steuerabzugsverfahren als Quellensteuer erhoben, sodass GmbH zum Steuerabzug u zur Abführung verpflichtet ist. Anders als zuvor findet jedoch kein Anrechnungsverfahren auf die individuell zu berechnende Einkommensteuer statt, sondern die Kapitalertragsteuer ist ab 2009 mit dem Steuersatz von 25% **Abgeltungsteuer.** Mit ihr ist insoweit Steuerpflicht des Gfters aus entspr Einnahmen abgegolten, sodass ohne besonderen Antrag keine Einbeziehung in sonstige Einkünfte u damit keine Anwendung des individuellen ESt-Tarifs erfolgt. – Soweit Abzug etwa bei verdeckter Gewinnausschüttung unterbleibt, haftet ausschüttende Ges nach § 44 V EStG.[173] 95

Bis 2008 galt gem §§ 3 Nr 40 S 1 Buchst d, e EStG sog **Halbeinkünfteverfahren,** wonach Einnahmen aus Beteiligungen an Kapitalges zum Ausgleich für Wegfall des früheren KSt-Anrechnungsverfahrens zur Hälfte von der Besteuerung freigestellt waren, jedoch nach dem individuellen Steuersatz versteuert werden mussten. Erhebung erfolgte im Wege der Kapitalertragsteuer (§ 43 I S 1 Nr 1 EStG) als Quellensteuer, die beim Gfter auf dessen Einkommensteuer angerechnet (§ 36 II Nr 2 EStG) oder ihm erstattet (§ 44b EStG) wurde.[174] Der Steuersatz betrug gem § 43a I Nr 1 EstG 20% des 96

[172] Zum Ganzen ausführl Michalski/*Spönemann,* Syst. Darstellung 3; *Schiffers* GmbHR 2004, 69.

[173] BFH BStBl 1984 II, 842, 844.

[174] Michalski/*Spönemann,* Syst. Darstellung 3 Rn 767 ff.

Kapitalertrags, wenn die Kapitalertragsteuer von der Ges einbehalten wurde, u 25% des tats ausgezahlten Betrags, wenn die Ges die Steuer übernahm. Abzug wurde nach § 44 EStG von Ges für Rechnung des Gfters vorgenommen.

X. Übergangsregelung nach dem BiRiLiG für Altgesellschaften

97 Da die Übergangsregelungen nur noch in wenigen Fällen praktische Bedeutung haben, wird auf die Kommentierung an gleicher Stelle in der 18. Aufl verwiesen.

Kapitalerhaltung

30

(1) [1] **Das zur Erhaltung des Stammkapitals erforderliche Vermögen der Gesellschaft darf an die Gesellschafter nicht ausgezahlt werden.** [2] **Satz 1 gilt nicht bei Leistungen, die bei Bestehen eines Beherrschungs- oder Gewinnabführungsvertrags (§ 291 des Aktiengesetzes) erfolgen, oder durch einen vollwertigen Gegenleistungs- oder Rückgewähranspruch gegen den Gesellschafter gedeckt sind.** [3] **Satz 1 ist zudem nicht anzuwenden auf die Rückgewähr eines Gesellschafterdarlehens und Leistungen auf Forderungen aus Rechtshandlungen, die einem Gesellschafterdarlehen wirtschaftlich entsprechen.**

(2) [1] **Eingezahlte Nachschüsse können, soweit sie nicht zur Deckung eines Verlustes am Stammkapital erforderlich sind, an die Gesellschafter zurückgezahlt werden.** [2] **Die Zurückzahlung darf nicht vor Ablauf von drei Monaten erfolgen, nachdem der Rückzahlungsbeschluß nach § 12 bekanntgemacht ist.** [3] **Im Fall des § 28 Abs. 2 ist die Zurückzahlung von Nachschüssen vor der Volleinzahlung des Stammkapitals unzulässig.** [4] **Zurückgezahlte Nachschüsse gelten als nicht eingezogen.**

Übersicht

Lit: *Ballerstedt,* Kapital, Gewinn und Ausschüttung bei Kapitalgesellschaften, 1949; *Ballweg,* Der Gläubigerschutz bei Management Buyout einer GmbH unter Verwendung von Gesellschaftsmitteln, 2. Aufl 1997; *Bayer,* Zentrale Konzernfinanzierung, Cash Management und Kapitalerhaltung, FS Lutter, 2000, 1011; *Cahn,* Kapitalerhaltung im Konzern, 1998; *Canaris,* Die Rückgewähr von Gesellschaftereinlagen durch Zuwendung an Dritte, FS Robert Fischer, 1979, 31; *Eidenmüller/Engert,* Insolvenzrechtliche Ausschüttungssperren, FS K. Schmidt, 2009, 305; *Enneking/Heckschen,* Gesellschafterhaftung beim down-stream-merger, DB 2006, 1099; *Fiedler,* Verdeckte Vermögensverlagerungen bei Kapitalgesellschaften, 1994; *Fleck,* Der Grundsatz der Kapitalerhaltung – seine Ausweitung und seine Grenzen, FS 100 Jahre GmbHG, 1992, 391; *ders,* Kapitalaufbringung, Kapitalerhaltung und Insolvenzprobleme in der GmbH, RWS-Skript, 2. Aufl 1982, 29 ff; *Gehrlein,* Der aktuelle Stand des neuen

GmbH-Rechts, Der Konzern 2008, 771; *Goette,* Kapitalaufbringung und Kapitalschutz in der GmbH, 2004; *Hentzen,* Die Abgrenzung von Kapitalaufbringung und Kapitalerhaltung im Cash-Pool, DStR 2006, 948; *Henze,* Gesichtspunkte des Kapitalerhaltungsgebots und seiner Ergänzung im Kapitalgesellschaftsrecht in der Rechtsprechung des BGH, NZG 2003, 649; *G. Hueck,* Gewinnvorschuss bei der GmbH. Zur Zulässigkeit sogenannter Abschlags- oder Zwischendividenden, ZGR 1975, 133; *Joost,* Kapitalsicherung einmal anders, FS Lutter, 2000, 473; *Kort,* Das Verhältnis von Auszahlungsverbot (§ 30 Abs. 1 GmbHG) und Erstattungspflicht (§ 31 GmbHG), ZGR 2001, 615; *Mülbert/Leuschner,* Aufsteigende Darlehen im Kapitalerhaltungs- und Konzernrecht – Gesetzgeber und BGH haben gesprochen, NZG 2009, 281; *Noack/Grunewald,* Zur Zukunft des Kapitalsystems der GmbH – Die Ein-Euro-GmbH in Deutschland, GmbHR 2005, 189; *Röhricht,* Die GmbH im Spannungsfeld zwischen wirtschaftlicher Dispositionsfreiheit ihrer Gesellschafter und Gläubigerschutz, FS 50 Jahre Bundesgerichtshof, 2000, Bd I, 83; *K. Schmidt,* Reform der Kapitalsicherung und Haftung in der Krise nach dem Regierungsentwurf des MoMiG, GmbHR 2007, 1072; *Schön,* Die Zukunft der Kapitalaufbringung/-erhaltung, Der Konzern 2004, 162; *Schulze-Osterloh,* Die verdeckte Gewinnausschüttung bei der GmbH als kompetenzrechtliches Problem, FS Stimpel, 1985, 487; *Servatius,* Nutzungsweise Überlassung von Betriebsmitteln der GmbH an Gesellschafter als Auszahlung iSv §§ 30, 31 GmbHG, GmbHR 1998, 723; *ders,* Über die Beständigkeit des Erstattungsanspruchs wegen Verletzung des Stammkapitals, GmbHR 2000, 1028; *ders,* Die besondere Zweckbindung des Stammkapitals bei Drittgeschäften mit Gesellschaftern, DStR 2004, 1176; *Steinbeck,* Besicherung von Gesellschafterverbindlichkeiten durch die GmbH, WM 1999, 885; *Stimpel,* Zum Auszahlungsverbot des § 30 Abs. 1 GmbHG, FS 100 Jahre GmbH, 1992, 335; *Tänzer,* Die angemessene Geschäftsführervergütung – Die Gesamtbezüge für Geschäftsführer: Welche Gehälter, Tantiemen und Zusatzleistungen sind angemessen?, GmbHR 2003, 754; *Tries,* Die verdeckte Gewinnausschüttung im GmbH-Recht, 1991; *Ulmer,* Gesellschafterhaftung gegenüber der GmbH bei Vorteilsgewährung unter Verstoß gegen § 30 Abs 1 GmbHG, FS 100 Jahre GmbHG, 1992, 363; *Westermann,* Kapitalschutz als Gestaltungsmöglichkeit, ZHR 172 (2008), 144; *Wilhelm,* Die Vermögensbindung bei der Aktiengesellschaft und der GmbH und das Problem der Unterkapitalisierung, FS Flume II, 1978, 337; *Wilhelmi,* Der Grundsatz der Kapitalerhaltung im System des GmbH-Rechts, 2001; *Winter,* Upstream-Finanzierung nach dem MoMiG-Regierungsentwurf-Rückkehr zum bilanziellen Denken, DStR 2007, 1484.

I. Allgemeines, Neuregelung

1 **1. Bedeutung der Vorschrift.** § 30 regelt **Kapitalbindung** durch am Stammkapital orientiertes Auszahlungsverbot.[1] Dient der Erhaltung von Ges-Vermögen in satzungsmäßig bestimmter Mindesthöhe dadurch, dass willkürliche Verringerung durch Leistungen an Gfter ausgeschlossen wird. Das hat bei GmbH als Kapitalges mit Haftungsausschluss aller Gfter besondere Bedeutung für **Gläubigerschutz** u ist als wichtigste Grundlage der Kapitalerhaltung wesentlich für den das ganze GmbH-Recht beherrschenden **Grundsatz der Aufbringung und Erhaltung des Stammkapitals** (Einl Rn 7, auch § 3 Rn 14, § 5 Rn 2 mwN zur umfangreichen Lit). Geltung dementspr **zwingend.** Durch Einfügung von S 2 u 3 in Abs 1 durch MoMiG aber **Rückkehr zur bilanziellen Betrachtungsweise** u **Beendigung der von Rspr getragenen Entwicklung eines an § 30 angelehnten Eigenkapitalersatzrechts.** Dieses findet jedoch auf Ansprüche, die vor Inkrafttreten der Neu-

---

[1] Grds zur Entwicklung u Bedeutung *Fleck* FS GmbHG, 1992, 391; auch *Stimpel* FS GmbHG, 1992, 335.

regelung durch MoMiG (1. 11. 2008) entstanden sind, weiter Anwendung[2] (dazu 18. Aufl § 32 a Rn 89 ff). – **BilMoG** hat Kapitalerhaltung nicht unmittelbar geändert. Erhebliche Eingriffe in das Kapitalerhaltung zugrunde liegende Bilanzrecht werden überwiegend durch Ausschüttungssperren kompensiert (unten Rn 15). Wirkungen insges auf Kapitalerhaltung lässt sich derzeit jedoch noch nicht voraussagen.[3] § 30 ist **nicht Schutzgesetz** iSv § 823 II BGB für GesGläubiger (oder Gfter), da § 31 u sonstige Sanktionen (Rn 66 u Erl zu § 31) ausreichend spezielleren Schutz bieten.[4] – Kapitalerhaltungsgebot steht **Rückforderung von Beihilfe** auf Grund einer Entscheidung der Europäischen Kommission nicht entgegen.[5] – Zum Verhältnis von §§ 30, 31 zu den Sonderregeln des § 25 V, VI DMBilG s 18. Aufl § 30 Rn 1.

2. Inhalt. Abs 1 S 1 enthält **generelles Auszahlungsverbot,** soweit GesVermögen unter Betrag des Stammkapitals vermindert wird; grundlegende Vorschrift für Kapitalerhaltung. **Abs 1 S 2 u 3 neu eingefügt durch** MoMiG. Mit S 2 stellt Gesetz klar, was schon bisher hM entsprach,[6] dass Auszahlungsverbot von S 1 bei Leistungen innerhalb eines Beherrschungs- oder Gewinnabführungsvertrags keine Anwendung findet. Vor allem aber kehrt Gesetz bzgl des Begriffs der Auszahlung in S 1 zur sog **bilanziellen Betrachtungsweise** zurück, wie sie vor der sog November-Rspr des BGH galt, allerdings ergänzt um Voraussetzungen der **Vollwertigkeit u Deckung** des Gegenleistungs- bzw Rückgewähranspruchs. Damit sollen insbes Darlehen der Ges an Gfter (Upstream-Loans) u das durch Rspr des BGH beeinträchtigte Cash-Pooling wieder erleichtert werden.[7] S 3, neu eigenführt durch MoMiG, wendet sich **gegen** materiellrechtlich fundierte **Rpsr des BGH** zu **eigenkapitalersetzenden GfterDarlehen** u ist Teil der Verlagerung der Regelungsmaterie in das Insolvenz- u Anfechtungsrecht. – In **Abs 2** Sonderregelung für **Rückzahlung von Nachschüssen.** Lässt diese grds zu, jedoch nur in den Grenzen von Abs 1; außerdem Regelung zusätzlicher Voraussetzungen. Nachschusskapital ist danach zwar weniger streng gebunden als Stammkapital, aber stärker als sonstiges darüber hinausgehendes Eigenkapital (allg zur Bedeutung von Nachschüssen § 26 Rn 1 f). Vorschrift wurde in Satz 2 **geändert** durch Art 12 des Justizkommunikationsgesetzes (JKomG) vom 22. 3. 2005.[8] An die Stelle der Bekanntmachung in den Gesellschaftsblättern ist mit Wirkung vom 1. 4. 2005 die Verweisung auf § 12 nF getreten. – **Ergänzend** regelt § 31 Rückzahlungspflicht bei Auszahlungen, die gegen § 30 verstoßen. Auf Grenze des Abs 1 stellen ferner ab § 33 II für Erwerb u Inpfandnahme eigener GAnteile u § 34 III für Einziehung. 2

3. System der Kapitalbindung, Abgrenzung. Ziel ist bei GmbH ebenso wie bei AG Erhaltung von GesVermögen als Grundlage für kapitalistisch ausgestaltete jur Person im Interesse sowohl der GesGläubiger als auch der 3

---

[2] BGH NJW 2009, 1277 Rn 17 (Gut Buschow) u 1418 Rn 8; s auch § 30 Anh Rn 110.

[3] *Rammert/Thies* WPg 2009, 34, 38.

[4] BGHZ 110, 342; 148, 167, 171 = NJW 2001, 3123, 3124; hM, Ulmer/*Habersack* Rn 22; *Lutter/Hommelhoff* Rn 1; Roth/*Altmeppen* Rn 1; iE nunmehr auch Scholz/*Westermann* Rn 11.

[5] BGHZ 173, 129 = NZG 2007, 868; vgl auch BGH NZG 2007, 791.

[6] BGHZ 168, 385 = NJW 2006, 3279.

[7] BegrRegE BR-Drucks 354/07, 93.

[8] BGBl I, 837.

Gfter. Trotz entspr Zielsetzung jedoch Unterschiede bei GmbH u AG in der konkreten Ausgestaltung.

4 **a) System des festen Stammkapitals.** Von den Gftern aufzubringender u im HR offenzulegender Haftungsfonds für Gläubiger soll bei GmbH als Ausgleich für fehlende Haftung der Gfter dienen. Daher wird nicht nur Aufbringung präventiv ua durch Vorbelastungshaftung, Erlass-, Aufrechnungsverbot (§ 19 II), Möglichkeit der Kaduzierung u Ausfallhaftung der MitGfter (§§ 21 ff) sichergestellt, sondern es muss auch dafür Sorge getragen werden, dass offene oder verdeckte Ausschüttungen des so geschaffenen Risikofonds an Gfter u ihnen zuzurechnende Personen unterbleiben. Sicherung der Kapitalaufbringung u Sicherung der Kapitalerhaltung ergänzen sich u stehen so in funktionellem Zusammenhang (allg zu Bedeutung nach MoMiG § 19 Rn 2 f). Allerdings ist Kapitalerhaltung nicht in gleichem Umfang wie Kapitalaufbringung geschützt. Versuche der Rspr u Lit, Kapitalerhaltung in Anlehnung an Vorschriften für Kapitalaufbringung zu verschärfen u im Interesse des Gläubigerschutzes über reine Werterhaltung auf Liquiditätssicherung auszudehnen,[9] ist durch Änderung von § 30 I durch MoMiG Grundlage entzogen worden. – System des festen Stammkapitals kann allerdings weder verhindern, dass Haftungsfonds durch operative Verluste aufgezehrt wird, noch sicherstellen, dass seine Höhe dem Eigenkapitalbedarf u den jeweils übernommenen Risiken entspricht. Vor allem im Hinblick auf Vielzahl masseloser Insolvenzen bei GmbH mehren sich die kritischen Stimmen, die System des festen Stammkapitals in der vorliegenden Form für weitgehend nutzlos u überholt halten.[10] Dem hat sich GesGeb des MoMiG nicht angeschlossen, allerdings mit UG (haftungsbeschränkt) konkurrierende Form der GmbH zugelassen, bei der Kapitalfonds zunächst u ggf auch auf Dauer nur gering.

5 **b) Stammkapitalbindung gem § 30. aa) Grundgedanke** ist Widmung des Haftungsfonds für Gläubiger, die es nicht nur notwendig macht, im Rahmen der Kapitalaufbringung diese effektiv zu gewährleisten u offene oder verdeckte Rückflüsse an Gfter zu verhindern, sondern ebenso in der Folgezeit GesVermögen bis zur Höhe der Stammkapitalziffer als zweckgebundenes Betriebskapital[11] vor Zweckentfremdung durch Gfter, insbes vor offenem oder verdecktem Abfluss an diese zu schützen u damit in seiner Funktion als Mindestbetriebsvermögen u Befriedigungsreserve für GesGläubiger zu erhalten.[12] Dabei geht es nicht um gegenständlichen, sondern um wertmäßigen Schutz.[13] Die darüber hinausgehende Erstreckung auch auf Liquiditätsfragen[14] und Apekte des Zugriffs der GesGläubiger hat GesGeb durch MoMiG aufgegeben.

6 **bb) Begrenzung auf Stammkapitalerhaltung.** Soweit Erhaltung des Stammkapitals nicht tangiert wird, sind Gfter durch § 30 nicht gehindert, sich nicht nur Gewinne der Ges, sondern auch deren übriges freies Vermögen auszahlen zu lassen.[15] Grenze § 826 BGB u § 64 S 3 nF. Regelung kann

[9] BGHZ 157, 72 = NJW 2004, 1111, 1112; BGH NJW 2001, 3781.

[10] *Mülbert,* Der Konzern 2004, 151 ff mwN; *Schall* ZGR 2009, 126 ff mwN.

[11] Dazu *Servatius* DStR 2004, 1176, 1179 ff.

[12] *Stimpel* FS GmbHG, 1992, 335, 349.

[13] BGHZ 157, 72 = NJW 2004, 1111, 1112 = ZIP 2004, 263, 264, allgM.

[14] Insoweit abl *Bayer/Lieder* ZGR 2004, 131, 141 ff.

[15] BGHZ 95, 330, 340; BGH v. 20. 11. 2006 II ZR 6/06 Rn 7 = BeckRS 2006, 14699.

systembedingt nicht gewährleisten, dass Ges über ausreichendes Eigenkapital verfügt oder zumindest Ausschüttungen an Gfter unter Berücksichtigung aktuellen oder künftigen Eigenkapitalbedarfs[16] begrenzt. Diese gesetzlich vorgegebene Beschränkung des Funktionsbereichs von § 30 kann auch nicht durch entspr Anwendung des davon abweichenden aktienrechtlichen Kapitalbindungssystems relativiert werden. Bei AG strikte u nahezu ausschließliche Beschränkung von Ausschüttungen an die Aktionäre auf im Jahresabschluss ausgewiesenen Bilanzgewinn (vor allem §§ 57, insbes III, auch 58 AktG); dagegen bei GmbH lediglich generelles Verbot von Auszahlungen an Gfter unter Beeinträchtigung des zur Erhaltung des Stammkapitals erforderlichen GesVermögens (Abs 1). Letzteres allerdings verbunden mit der im Vergleich zu § 62 AktG in Einzelheiten, insbes durch Ausfallhaftung aller Gfter, schärferen Rückzahlungspflicht des § 31 bzgl verbotener Auszahlungen. Kapitalbindung bei der GmbH kennt keine zwingende unmittelbare Bindung von Ausschüttungen an konkreten Jahresüberschuss bzw Bilanzgewinn u erweist sich auch im Übrigen hinsichtlich des den Betrag des Stammkapitals übersteigenden Reinvermögens gegenüber AG als flexibler. Das entspricht sachlich der unterschiedlichen wirtschaftlichen u personellen Struktur beider GesFormen (dazu Einl Rn 4) u kommt in der gesetzlichen Regelung zum Ausdruck.[17] Demgegenüber rechtfertigt die nur im grds Anliegen gleiche Zielsetzung der Kapitalbindung weder eine Übertragung der aktienrechtlichen Regelung auf die GmbH noch eine Interpretation der Vorschriften des GmbHG, die iE zu möglichst enger Annäherung führt.[18]

cc) Rückkehr zur bilanziellen Betrachtungsweise, Aufgabe des Eigenkapitalersatzrechts. Rspr hat in der Vergangenheit auf Grdl von § 30 Kapitalbindungssystem in mehrerer Hinsicht über Wortlaut u ursprgl Funktion der Vorschrift ausgedehnt. Zum einen hat BGH in Abkehr von bilanzieller Betrachtungsweise u entgegen langjähriger hM bei Leistungen an Gfter u ihnen zuzurechnende Dritte Gegenansprüche nicht als gleichwertig berücksichtigt, wenn diese zwar vollwertig, aber infolge zeitlich hinausgeschobener Fälligkeit nicht als liquides Mindestbetriebsvermögen der Ges u Befriedigungsreserve ihrer Gläubiger Ges zur Verfügung stehen. In sog **November-Urteil** hat BGH daher Darlehenshingabe der GmbH an Gfter bei Unterbilanz ungeachtet der Vollwertigkeit des Rückzahlungsanspruchs als Verstoß gegen § 30 gewertet.[19] **7**

Rspr hat vor allem aus der Praxis wegen Folgen für Cash-Pooling im (faktischen) Konzern Widerspruch erfahren. Dem hat GesGeb in Abs 1 S 2 nF durch Klarstellung, dass Auszahlungsverbot nach Abs 1 S 1 nicht bei Leis- **8**

---

[16] *Röhricht* FS BGH, 2000, 83, 95 f gegen *Ulmer* FS Pfeiffer, 1988, 853, 866.

[17] Ganz überwM, Scholz/*Westermann* Rn 7 f; Ulmer/*Habersack* Rn 18 ff; *K. Schmidt* GesR § 37 III u § 29 II 2; *Wiedemann* § 10 IV 2 b; *Ballerstedt,* Kapital, 89 ff; *Fleck,* Kapitalaufbringung, 29 ff; *Immenga,* Die personalistische Kapitalgesellschaft, 1970, 220 ff; *G. Hueck* ZGR 75, 137 ff; *Priester* DB 1973, 2382; auch *Joost* ZHR 148 (1984), 27, 149 (1985), 419 u GmbHR 1983, 285; – offen lassend Michalski/*Heidinger* Rn 3.

[18] Vgl aber *Wilhelm* FS Flume, 1978, Bd II, 337, 348 ff; ihm teilw folgend *Flume* ZHR 144 (1980), 18 f; – dagegen Ulmer/*Habersack* Rn 21; ähnl, allenfalls für vorsichtige Analogie in Ausnahmefällen Scholz/*Westermann* Rn 8 aE; – vermittelnd, iE der hM nahe, *Fabritius* ZHR 144 (1980), 628 ff; – zum Ganzen auch *Fleck* FS GmbHG, 1992, 394 ff.

[19] BGHZ 157, 72 = NJW 2004, 1111; aufgegeben in BGHZ 179, 71 Rn 12 (MPS) = NJW 2009, 850.

tungen, die bei Bestehen eines Beherrschungs- oder Gewinnabführungsvertrags erfolgen, anzuwenden ist, u durch **Rückkehr zu bilanziellen Betrachtungsweise,** wonach es für die Zulässigkeit von Leistungen an Gfter wie vor November-Urteil des BGH darauf ankommt, ob Leistung der Ges durch einen vollwertigen Gegenleistungs- oder Rückgewähranspruch gegen den Gesellschafter gedeckt ist, Rechnung getragen. Damit soll Cash-Pooling erleichtert u auf sichere Rechtsgrundlage gestellt werden, auch wenn Voraussetzung der Vollwertigkeit weiterhin unvermeidliche Risiken für GFührer u Gfter birgt. Darüber hinaus ist weiterhin auch der Erwerb von Sachwerten von u Vergütung von Dienstleistungen des Gfters unter Kapitalerhaltungsgrds (zu Kapitalaufbringung § 19 Rn 29) nicht zu beanstanden, wenn Gegenleistungsanspruch vollwertig ist u nach Marktwerten eingesetztem Kapital entspricht. Gesetzgeberischer Eingriff muss auch im Kontext der Korrekturen bei § 19 durch dessen neuen Abs 4 u 5 gesehen werden. Danach kann bereits bei Gründung oder Kapitalerhöhung die Einlageleistung ganz oder teilweise an Gfter darlehensweise zurückfließen. Neuregelung führt damit unvermeidlich dazu, dass Ges bei Rückforderung zulässig Gftern überlassener Leistungen Gefahr läuft, letztlich doch mit ihrer Forderung auszufallen.[20] IE kann im ungünstigsten Fall Kapitalaufbringung u Erhaltung hinter der Kommanditistenhaftung zurückbleiben.[21]

9 Auch die von BGH u weiten Teilen der Lit befürwortete Heranziehung von § 30 auf Rückzahlung von **eigenkapitalersetzenden GfterDarlehen** hat GesGeb durch Abs 1 S 3 die Grundlage entzogen und unter Aufhebung der §§ 32 a/b eine **rein insolvenzrechtliche Lösung** an deren Stelle gesetzt. Rückzahlung von GfterDarlehen wie auch Zinszahlungen für diese ist daher grds auch bei Bestehen einer Unterbilanz zulässig, wobei allerdings Möglichkeit der Insolvenzanfechtung (insbes § 135 InsO) u Anfechtungsmöglichkeiten nach dem AnfG (insbes § 6 a AnfG) zu berücksichtigen sind. Aufgabe des komplizierten Eigenkapitalersatzrechts wird für Praxis erhebliche Erleichterung bringen, freilich auch Versuche fördern, Ges nach Rückzahlung von GfterDarlehen noch so lange am Leben zu halten, bis Anfechtungsfrist des § 135 InsO verstrichen ist.

10 **c) Unterkapitalisierung.** Nicht, auch nicht mittelbar, vorgeschrieben ist angemessene, über die Mindestanforderungen von § 5 I hinaus dem Geschäftsvolumen angepasste Eigenkapitalausstattung der GmbH;[22] **§ 30 hindert materielle Unterkapitalisierung** nicht (näher dazu § 5 Rn 5 f mwN, auch § 13 Rn 47). Sowohl im Rahmen der GmbH-Novelle 1980 als auch im Rahmen des MoMiG hat der GesGeb bewusst auf eine gesetzlich normierte Unterkapitalisierungsregelung u mit der UG nach § 5 a sogar auf jedes Mindeststammkapital verzichtet.[23] Insoweit ist Gläubigerschutz allenfalls über § 826 BGB gegeben,[24] dessen subj Voraussetzungen allerdings in der Praxis schwer beweisbar sind.

11 **d) Delikts- und strafrechtlicher Existenzschutz.** Durch Rspr wird Ges u damit mittelbar auch Gläubiger gegen **existenzvernichtenden Eingriff**

---

[20] *Gehrlein* Der Konzern, 2007, 771, 786; *Drygala/Kremer* ZIP 2007, 1289, 1291.

[21] *Gehrlein* Der Konzern, 2007, 771, 786; *Joost* ZIP 2007, 2242, 2245.

[22] BGHZ 176, 204 Rn 17 ff (GAMMA) = NJW 2008, 2437; BGHZ 76, 333, allgM.

[23] BT-Drucks 8/1347, 39; BR-Drucks 354/07, 66; BGHZ 176, 204 = NJW 2008, 2437 Rn 19 f (GAMMA).

[24] BGHZ 176, 204 = NJW 2008, 2437 Rn 21 (GAMMA).

seitens der Gfter geschützt. Gemeint ist damit missbräuchlicher kompensationsloser Entzug von GesVermögen, der Insolvenz zur Folge hat. Entspr Gläubigerschutz wurde zunächst über Durchgriffshaftung versucht, die sich jedoch als zu weitgehend erwiesen hat. BGH ist daher in Trihotel mit § 826 BGB zu deliktischer Grundlage zurückgekehrt, allerdings nicht als Außenhaftung der Gfter ggü Gläubigern, sondern als Innenhaftung im Verhältnis zur Ges (näher § 13 Rn 49). Parallel dazu sieht **strafrechtliche Rspr** seit längerem ein über Stammkapitalbindung hinausgehendes Leistungsverbot unter dem Aspekt der **Untreue** des Gf u ggf auch des Alleingfters bzw der einvernehmlich handelnden Gfter **wegen konkreter Existenzgefährdung.**[25] Eine solche liegt nach modifizierter Rspr des BGH[26] jedenfalls bei Angriff auf nach § 30 geschütztes Stammkapital vor, auch mittelbar über Beteiligung als Komplementär-GmbH; einvernehmliches Handeln der Gfter steht etwaiger Strafbarkeit nicht entgegen.[27] Die an strafrechtl Rspr früher geäußerte Kritik[28] hat sich im Hinblick auf die zwischenzeitlichen Modifizierungen des zunächst zu weiten Ansatzes u Abstimmung mit II. Zivilsenat des BGH weitgehend erledigt.[29] Darüber hinaus kann sich GFührer bereits durch **vorsätzlichen Verstoß gegen § 30** strafbar machen.[30] – Ausdehnung des Vermögensschutzes im Rahmen von § 266 StGB ist zivilrechtl im Rahmen von § 823 II BGB relevant (vgl § 43 Rn 80) u ist vom II. Zivilsenat des BGH für Fall des existenzvernichtenden Eingriffs ausdrücklich gebilligt worden.[31]

e) Sonstige Auszahlungsbeschränkungen. Zu anderen Auszahlungs- 12
beschränkungen bei verdeckten Gewinnausschüttungen s § 29 Rn 71 ff. Im Übrigen sind Schranken zu beachten, die durch § 64 S 3 nF gezogen werden. So muss GFührer sicherstellen, dass Teilnahme an Cash-Pool nicht absehbar zu Illiquidität seiner Ges führt.[32] Ferner sind allg insolvenzrechtliche Anfechtungstatbestände zu beachten, die durch § 30 nicht ausgeschlossen sind.[33]

II. Auszahlungsverbot, Abs 1

Lit: *Bormann/Urlichs,* Kapitalaufbringung und Kapitalerhaltung nach dem MoMiG, in Römermann/Wachter (Hrsg), GmbH-Beratung nach dem MoMiG, GmbHR 2008 Sonderheft Oktober 2008, 37; *Drygalla/Kremer,* Alles neu macht der Mai – Zur Neuregelung der Kapitalerhaltungsvorschriften im Regierungsentwurf zum MoMiG, ZIP 2007, 1289; *Grigoleit,* Gesellschafterhaftung für interne Einflussnahme im Recht der

---

25 BGHSt 34, 384 ff; auch 35, 333; NJW 2000, 154; NJW 2003, 2996, 2998; NJW 1997, 66, 68 f; NJW 2004, 2248, 2253 (Bremer Vulkan); NStZ-RR 2005, 86; JR 2008, 384; grds zust Ulmer/*Paefgen* § 43 Rn 213; *Gehrlein* NJW 2000, 1089; *Gribbohm* ZGR 1990, 1, insbes 5 ff, 26 ff.

26 NJW 2000, 154, 155 f.

27 BGH GmbHR 1995, 654.

28 *Ulmer* FS Pfeiffer, 1988, 853, 868 ff; *Fleck* ZGR 1990, 33 ff; *Stimpel* FS GmbHG, 1992, 336 f.

29 Weiterhin krit aber Rowedder/Schmidt-Leithoff/*Pentz* Rn 50; Roth/*Altmeppen* § 43 Rn 129.

30 BGH NStZ 2009, 153 Rn 15.

31 BGHZ 149, 10, 17 (Bremer Vulkan I) = NJW 2001, 3622, 3623; zuvor schon bzgl Schutz des Stammkapitals unter ausdr Offenlassung eines darüber hinausgehenden Existenzschutzes BGHZ 142, 92 = NZG 1999, 1001, 1002.

32 Bormann/Kauka/Ockelmann/*Hollstein* Kap 5 Rn 211.

33 Dazu *Eidenmüller/Engert* FS Karsten Schmidt, 2009, 305 ff.

GmbH, 2006; *Kropff,* Nettoausweis des Gezeichneten Kapitals und Kapitalschutz, ZIP 2009, 1137; *Mülbert/Leuschner,* Aufsteigende Darlehen im Kapitalerhaltungs- und Konzernrecht – Gesetzgeber und BGH haben gesprochen, NZG 2009, 281; *Rammert/Thies,* Mit dem Bilanzrechtsmodernisierungsgesetz zurück in die Zukunft – was wird aus der Kapitalerhaltung und Besteuerung?, WPg 2009, 34; *Schall,* Kapitalaufbringung nach dem MoMiG, ZGR 2009, 126; *Schulze-Osterloh,* Bilanzielle Voraussetzungen und bilanzielle Folgen unzulässiger Darlehensgewährung an GmbH-Gesellschafter, FS Eisenhardt, 2007, 505; *Spliedt,* MoMiG in der Insolvenz – ein Sanierungsversuch, ZIP 2009, 149; *Westermann,* Kapitalschutz als Gestaltungsmöglichkeit, ZHR 172 (2008), 144; *M. Winter,* Upstream-Finanzierung nach dem MoMiG-Regierungsentwurf – Rückkehr zum bilanziellen Denken, DStR 2007, 1484.

13 **1. Zur Erhaltung des Stammkapitals erforderliches Gesellschaftsvermögen.** Nur dieses unterliegt bei der GmbH der strengen Kapitalbindung. Abs 1 verbietet Zahlungen an Gfter ausnahmslos, wenn der Betrag des Stammkapitals nicht durch das GesVermögen gedeckt ist bzw dieses durch die Zahlung darunter absinken würde.

14 **a) Stammkapital.** Für **Stammkapital** als feststehende Rechnungsziffer ist gem § 3 I Nr 3 Satzung maßgebend, Angabe im HR gem § 10 I. Änderungen gelten erst nach Eintragung der Kapitalerhöhung oder -herabsetzung ins HR (§ 54 III). Stets voller Betrag anzusetzen. Auf Einzahlung der Einlagen kommt es nicht an; zu abw bilanzieller Behandlung nach BilMoG nach Rn 15.

15 **b) Gesellschaftsvermögen** ist zunächst (zum Vorliegen einer Auszahlung Rn 33) grds nach **Bilanzgrundsätzen** rechnerisch mit dem Stammkapital zu vergleichen. Hierfür ist nur das Reinvermögen anzusetzen, bestehend aus den Aktiva vermindert um die Verbindlichkeiten einschließlich der Rückstellungen für ungewisse Verbindlichkeiten u gesetzl Rücklage zB nach § 5 a III. – Zu den **Aktiva** gehörten bisher auch die eingeforderten u noch nicht eingeforderten Einlageansprüche, die gem § 272 I 2 u 3 als Forderungen in der Bilanz aktiviert werden durften. Nach Änderung von § 272 I HGB für Geschäftsjahre nach dem 31. 12. 2009 (Art 66 III EGHGB) durch BilMoG künftig nur noch Nettoausweis zulässig, dh Aktivierung nur der **eingeforderten Einlagen** zulässig, während **nicht eingeforderte Einlagen** vom Posten Gezeichnetes Kapital offen abzusetzen sind. Wird in diesem Fall Auszahlungsverbot am Stammkapital orientiert, kann fehlende Aktivierung nicht eingeforderter Einlagen iGgs zum bisherigen Recht zu Ausschüttungssperre trotz Gewinnausweis in der Bilanz führen.[34] Das ließe sich vermeiden, wenn man für Ausschüttungssperre nicht satzungsmäßiges Stammkapital, sondern eingefordertes Kapital zugrunde legt. Dies würde es aber nicht ermöglichen, bei Zweifeln an der Einbringlichkeit der noch nicht eingeforderten Einlagen entspr Abschreibungen vorzunehmen. Empfohlen wird daher, für **die Beurteilung der Ausschüttungssperre** wie bisher zu verfahren u in Nebenrechnung Einlageansprüche zu aktivieren u dabei ggf auch abzuschreiben.[35] Zu den **Verbindlichkeiten** gehören ungeachtet eines etwa vereinbarten Rangrücktritts[36] auch **GfterDarlehen,**[37] einschl der Sanierungsdarlehen, zumal

[34] Dazu u zum Folgenden *Kropff,* ZIP 2009, 1137, 1139 f.

[35] *Kropff,* ZIP 2009, 1137, 1140.

[36] BGH NJW 2009, 68 Rn 11 u Scholz/*Westermann* Rn 24 f jew zum Recht vor MoMiG, insoweit aber weiterhin maßgebend.

[37] Ganz hM schon zum bisherigen Recht, BGH NJW 2009, 68 Rn 11; NJW 1994, 724; BFH BB 1992, 676, 677; KG NZG 2001, 989; Ulmer/*Habersack* Rn 27, 39;

diese nach neuem Recht außerhalb der Insolvenz uneingeschränkt zu befriedigen sind (§ 30 Anh Rn 71). Verbindlichkeit auch Einlage eines stillen Gfters[38] (18. Aufl § 42 Rn 285).

16 **Nicht abzuziehen** sind dagegen Rücklagen,[39] soweit keine sonstigen Ausschüttungsbegrenzungen bestehen, etwa Gewinnrücklagen (außer in den Fällen von § 268 VIII), Gewinnvorträge, Nachschusskonten u vergleichbare Reserveposten der Passivseite, da sie das Reinvermögen nicht verringern.[40] Ebenso nicht Rücklagenanteil (nach Herausrechnung der Steuerrückstellung) von Sonderposten mit Rücklagenanteil.[41] Wert eigener GAnteile bleibt außer Betracht, da nach § 272 I a nF HGB Aktivierung eigener Anteile nicht erfolgt (zur Bilanzierung eigener Anteile § 33 Rn 9).

17 **Berechnung,** insbes Ansätze u Bewertung, **nach allgemeinen Bilanzierungsgrundsätzen** für Jahresbilanz unter Fortführung der Buchwerte.[42] Kein echter Vermögensstatus, insbes nicht gleichzusetzen mit Überschuldungsbilanz für § 15 a InsO, also nicht Ansatz zu Verkehrswerten bzw Liquidationswerten, „Zerschlagungswerten",[43] da hier Auszahlung lfd Geschäftsvorgang einer weiterhin wirtschaftenden Ges.[44] Maßgebend vielmehr **fortgeschriebene Buchwerte** der letzten Jahresbilanz; grds keine Berücksichtigung **stiller Reserven,** anders allenfalls, wenn deren Auflösung ordnungsmäßiger Bilanzierung entspricht.[45] Bisher angewandte Bilanzierungspraxis ist fortzusetzen, auch soweit an sich Wahlmöglichkeit besteht, kein willkürlicher Wechsel der Bewertungsmethode für diesen Zweck.[46] Ausnahmsweise kann aber Treuepflicht Auflösung stiller Reserven gebieten.[47]

18 Nach Sinn u Zweck der Vorschrift dürfen bei der Prüfung, ob eine Auszahlung erfolgen kann, jedoch nicht aus früheren unzulässigen Auszah-

---

Roth/*Altmeppen* Rn 10; Rowedder/Schmidt-Leithoff/*Pentz* Rn 10; auch Michalski/*Heidinger* Rn 11 (anders jedoch für sonstige Verbindlichkeiten der Ges ggü Gftern); *Fleck* GmbHR 1989, 316; *Fleck* FS GmbHG, 1992, 393 f; *Priester* DB 1991, 1923; *Niemann/Mertzbach* DStR 1992, 929; einschr nunmehr jedoch Scholz/*Westermann* Rn 15: keine Passivierung bei Rangrücktritt.

38 OLG Brandenburg GmbHR 1998, 190; Roth/*Altmeppen* Rn 10.

39 Vgl BGHZ 157, 72 = NJW 2004, 1111 = ZIP 2004, 263.

40 Ulmer/*Habersack* Rn 36, 37, 40; Scholz/*Westermann* Rn 7 f; *Lutter/Hommelhoff* Rn 3; *Wiedemann* § 10 IV, 2 b; – aA aber *Wilhelm* FS Flume, 1978, Bd II, 368 ff, 373 ff; zust *Flume* ZHR 144 (1980), 26.

41 Ulmer/*Habersack* Rn 40; Rowedder/Schmidt-Leithoff/*Pentz* Rn 10; Michalski/*Heidinger* Rn 23; s auch unten § 42 Rn 226; – aA (nur bei vorheriger Auflösung) ausführl Schmitt GmbHR 2002, 349, 352. Für Zurechnung der Sonderrücklage nach § 27 DMBilG zu den Passiva OLG Brandenburg GmbHR 1999, 299.

42 BGHZ 109, 337 ff, NJW 2009, 68 Rn 11, stRspr; *Schulze-Osterloh* FS Eisenhardt, 2007, 505, 506. Zum Problem der IFRS Bilanzierung nach True und Fair Value und der Notwendigkeit von ergänzenden Instrumenten *Westermann* ZHR 172 (2008) 144, 147.

43 BGHZ 109, 337 ff, auch 76, 335; DB 1987, 1782.

44 Abw Scholz/Westermann Rn 17: Abstellen auf Liquidationswerte bei existenzbedrohenden Auszahlungen; ähnl Michalski/*Heidinger* Rn 14.

45 BGHZ 109, 338; KG NZG 2000, 1224, 1225.

46 RGZ 88, 429; sinngem auch BGHZ 76, 326, 335; NJW 1988, 139; hM, Ulmer/*Habersack* Rn 32; Scholz/*Westermann* Rn 17; *Lutter/Hommelhoff* Rn 13 ff, 15, 18; Roth/*Altmeppen* Rn 10 ff; auch *Fleck,* Kapitalaufbringung, 29; *Joost* GmbHR 1983, 287; *K. J. Müller* DStR 1997, 1577 ff; – abw, für Berücksichtigung stiller Reserven, *Sonnenhol/Stützle* DB 1979, 927 f; *Meister* WM 1980, 394.

47 Vgl BGH NZG 2006, 341 (stille Ges).

lungen bestehende **Rückzahlungsansprüche gegen Gfter wegen unzulässiger Auszahlungen** aus § 31 berücksichtigt werden, da bestehende unzulässigen Beeinträchtigung des Stammkap andernfalls für Frage der Zulässigkeit späterer weiterer Auszahlungen ohne Folgen bliebe. Da solche Ansprüche in der Handelsbilanz zu aktivieren sind (18. Aufl § 42 Rn 106) u Frage des Bestehens einer Unterbilanz aus dieser abzuleiten ist, wird insoweit zur Feststellung der Zulässigkeit einer Auszahlung ggf. Nebenrechnung erforderlich sein, in der entspr Forderungen, solange sie nicht erfüllt sind, wie verlorenes Eigenkapital zu behandeln sind.[48] – **Zwischenbilanz** auf den Auszahlungszeitpunkt (Rn 22) für Beurteilung vor allem in Zweifelsfällen nützlich, wichtig als Beweismittel,[49] uU unentbehrlich; jedoch förmliche Bilanzerrichtung nicht notwendig, auch im Hinblick auf mögliche Zahl u Häufigkeit einschlägiger Geschäftsvorgänge (Rn 33 ff) nicht durchgängig praktikabel; sorgfältige Beurteilung nach entspr aussagekräftigem sonstigem Zahlenwerk grds ausreichend. Soweit Leistungen an Gfter mit Abs 1 vereinbar, hängt deren Zulässigkeit nicht von Bilanzerrichtung ab.[50]

19 c) **Unterbilanz** liegt vor, wenn das solchermaßen errechnete Reinvermögen die Stammkapitalziffer nicht erreicht, oder gleichbedeutend, wenn nach den dargestellten Grundsätzen die Aktiva hinter der Summe von Stammkapital u echten Passiva zurückbleiben.[51] Nach Abs 1 sind Leistungen an Gfter (Rn 33 ff) unzulässig, wenn bereits Unterbilanz besteht oder dadurch entstehen würde.[52] Verlustausweis in der Bilanz, **Passivbilanz,** führt nicht notwendig zu Unterbilanz u damit zu Auszahlungshindernis, denn Passivseite kann Rücklagen u vergleichbare Eigenkapitalposten enthalten, die Reinvermögen für Berechnung nach Abs 1 nicht vermindern.[53] – Hier wie ganz allg ist für Zulässigkeit von Auszahlungen vorherige förmliche **Auflösung von Gewinnrücklagen nicht erforderlich** (s Rn 15). Rspr u Lit ziehen förmliche Rücklagenauflösung meist gar nicht in Betracht; vielmehr genügt im Rahmen von Abs 1, dass rechnerisch keine Unterbilanz entsteht (zur Rückzahlung von Nachschüssen aber Rn 71 ff). Dagegen bleiben **sonstige Zulässigkeitsvoraussetzungen** für Auszahlung **unberührt,** zB satzungsmäßige Bindung von Gewinnrücklagen, Gleichbehandlung, gesellschaftsinterne Kompetenzverteilung udgl[54] (dazu auch § 29 Rn 73 ff). Selbstgeschaffener Firmenwert ist nicht zu aktivieren.[55]

---

[48] Zur Fiktion der Wertlosigkeit *Lutter/Hommelhoff* § 43 a Rn 1, 9. Grds krit zum Ansatz von Bilanzwerten *Stimpel* FS BGH, 335, 340 f; zum ähnlichen Problem unzulässiger Auflösung stiller Reserven *Schulze-Osterloh* WFuP 2004, 81, 90 f.

[49] RG JW 1938, 1177.

[50] Str, wie hier Ulmer/*Habersack* Rn 41; Rowedder/Schmidt-Leithoff/*Pentz* Rn 9; *K. J. Müller* DStR 1997, 1578; iE auch *Lutter/Hommelhoff* Rn 20; auch BGHZ 109, 339; DB 1987, 1782; GmbHR 1989, 154; können wohl nicht im gegenteiligen Sinn verstanden werden; – abw wohl Scholz/*Westermann* Rn 16; für Erforderlichkeit einer Zwischenbilanz; *Röhrkasten* GmbHR 1974, 36; einschr auf Zweifelsfälle Michalski/*Heidinger* Rn 29; *Meister* WM 1980, 394.

[51] OLG Düsseldorf GmbHR 2006, 535, 536.

[52] BGHZ 31, 276; LM GmbHG § 30 Nr 3; stRspr, allgM, Ulmer/*Habersack* Rn 28, 42; Scholz/*Westermann* Rn 15; Michalski/*Heidinger* Rn 13.

[53] Ulmer/*Habersack* Rn 28; Scholz/*Westermann* Rn 29; Roth/*Altmeppen* Rn 14.

[54] Scholz/*Westermann* Rn 9 f.

[55] OLG Celle NZG 2004, 424; *Lutter/Hommelhoff* Rn 15.

20 Abs 1 gilt auch bei **Überschuldung,** wenn also die echten Passiva die Aktiva selbst bei Ansatz von Verkehrs- bzw Liquidationswerten übersteigen (näher § 64 Rn 43 ff), das Eigenkapital somit wirtschaftlich verbraucht ist. Dass Auszahlungsverbot gerade auch dann eingreift, wenn Leistung an Gfter nur noch zu Lasten des Fremdkapitals möglich, ist iE allg anerkannt. Normzweck des § 30 I gebietet direkte Anwendung.[56] Frühere Bedenken gegen direkte Anwendung mit Blick auf Folge der unbegrenzten Haftung für Mitgfter[57] sind durch weitere Entwicklung der Rspr, die im Anschluss an hM in der Lit Begrenzung auf Stammkapitalziffer vertritt,[58] ausgeräumt (zum Ganzen auch § 31 Rn 17 mwN).

21 **d) Rückzahlung der Einlage** ist nicht immer Rückzahlung von nach Abs 1 gebundenem GesVermögen u umgekehrt. Trotz Einlagenrückgewähr kann ausreichendes Reinvermögen in Höhe des Stammkapitals vorhanden sein, sodass keine Unterbilanz eintritt. Dann hindert Abs 1, anders als § 57 AktG, Rückzahlung nicht (zum Unterschied der Kapitalbindungssysteme Rn 3).

22 **e) Beurteilungszeitpunkt.** Für Beurteilung des Vorliegens einer **Unterbilanz** maßgebend ist Zeitpunkt der jew Auszahlung oder sonstigen Leistung, also der **Erfüllung** der entspr Verbindlichkeit. Dagegen kommt es – insoweit anders als für GfterEigenschaft (nachfolgend Rn 23) – nicht auf Zeitpunkt der Begründung an; diese steht vielmehr grds unter dem Vorbehalt der Vereinbarkeit mit Abs 1 im Erfüllungszeitpunkt;[59] zur besonderen Lage bei Bestellung von Sicherheiten Rn 58, bei Einbeziehung Dritter Rn 24 ff.

23 **2. Gesellschafter als Leistungsempfänger; Leistung der Gesellschaft an Dritte. a) Gesellschafter** ist grds nur der GmbH-Gfter, nicht dagegen stiller Gfter als solcher (zu Ausnahmen nachfolgend Rn 24; zur Stellung der Kommanditisten einer GmbH & Co. KG Rn 68). Eigenschaft als Gfter muss für Anwendung von Abs 1 im **Zeitpunkt** der **Begründung der Verpflichtung** für Ges zur Auszahlung vorliegen, dagegen nicht mehr notwendig bei deren Durchführung.[60] Letztere aber als Zeitpunkt für Beurteilung einer Unterbilanz maßgebend (Rn 22). Übernimmt Ges bei Erwerb von GAnteilen

---

[56] BGH NJW 1990, 1730, 1732; ganz überwM in der Lit, etwa Ulmer/*Habersack* Rn 42; Scholz/*Westermann* Rn 30 mwN; *Lutter/Hommelhoff* Rn 13; Rowedder/Schmidt-Leithoff/*Pentz* Rn 13; Roth/*Altmeppen* Rn 17; *Fleck,* Kapitalaufbringung, 31; *Fabritius* ZHR 144 (1980), 634; *Joost* GmbHR 1983, 287; *Wilhelm* FS Flume, 1978, Bd II, 361; – für nur entspr Anwendung aber *Meyer-Landrut* Rn 3; *Raiser/Veil* § 37 Rn 12.

[57] So noch BGHZ 60, 324, 331; bestätigt durch 67, 174; 81, 259; auch WM 1986, 237, 239; BGHSt BB 1989, 1712; – dagegen bereits *Immenga* ZGR 1975, 491; *K. Schmidt* BB 1985, 156.

[58] BGHZ 150, 61, 65 = NJW 2002, 1803; Ulmer/*Habersack* Rn 42; Scholz/*Westermann* § 31 Rn 30; Rowedder/Schmidt-Leithoff/*Pentz* Rn 14; *Lutter/Hommelhoff* § 31 Rn 21; Roth/*Altmeppen* Rn 19.

[59] RGZ 133, 395; 142, 290; JW 1938, 1176; BGHZ 9, 169; LM GmbHG § 30 Nr 3; NJW 1987, 1194; 1988, 139; stRspr, ganz hM, Ulmer/*Habersack* Rn 50; Scholz/*Westermann* Rn 62; Roth/*Altmeppen* Rn 15; Rowedder/Schmidt-Leithoff/*Pentz* Rn 11; – abw unter Bilanzgesichtspunkten *Sieker* ZGR 1995, 259 ff, insbes 263 ff; wohl auch Michalski/*Heidinger* Rn 88: „faktische Unwirksamkeit"; *Flume* ZHR 144 (1980), 18, 23: „Art schwebender Unwirksamkeit".

[60] RGZ 133, 395; JW 1938, 1176; BGHZ 13, 54; 69, 280; 81, 258; LM GmbHG § 30 Nr 3; NZG 2005, 179; stRspr, allgM, Ulmer/*Habersack* Rn 62; Scholz/*Westermann* Rn 61 mwN.

durch Gfter (auch mittelbaren) Verpflichtung zur Zahlung des Kaufpreises gegenüber Veräußerer, findet Abs 1 auch im Verhältnis zu diesem Anwendung, da er zZ der Verpflichtung noch Gfter war;[61] BGH lässt dafür auch schon genügen, dass Erwerber u Veräußerer begründet von Zahlung durch Ges ausgingen.[62] Dagegen ist nach BGH Zeitpunkt der Leistung maßgebend, soweit es um die Frage geht, ob Zahlung an mit Gfter verbundenes Unternehmen (dazu nachfolgend Rn 27) vorliegt.[63] BGH-Entscheidung betraf allerdings nur den Fall, dass im Leistungszeitpunkt GmbH-Gfter nicht mehr am Empfängerunternehmen beteiligt war. Daher ist bzgl Verallgemeinerung unter Umgehungsgruds Vorsicht geboten.[64] – Einbeziehung künftiger Gfter, wenn bereits im Zeitpunkt der Verpflichtung Zusammenhang mit geplanter GfterStellung,[65] so zB bei sog Leveraged-Buyout.[66] Hier kann es zu gesamtschuldnerischer Haftung von Veräußerern u Erwerbern kommen.[67] Bei ausgeschiedenem Gfter kann es genügen, wenn Leistung mit Bezug auf GfterStellung auch ohne rechtliche Verpflichtung vor bzw bei Ausscheiden konkret vorgesehen war.[68]

24 **b) Leistungen an Dritte.** Leistung an Nichtgfter, kann unter zwei Gesichtspunkten bei Unterbilanz Abs 1 S 1 unterliegen, nämlich im Fall der mittelbaren Leistung an den Gfter u im Fall der engen rechtlichen oder persönlichen Verbundenheit mit dem Gfter.[69] Dagegen ist eine generelle Erstreckung von § 30 I auf Vorteilsgewährung an Dritte abzulehnen.[70]

25 **aa) Leistung für Rechnung des Gesellschafters.** Leistet die Ges an einen Dritten **für Rechnung des Gesellschafters** zur Erfüllung einer diesen treffenden Verbindlichkeit (in den Rn 23 erwähnten Fällen der Finanzierung von Anteilskäufen waren dagegen nur Gfter Leistungsempfänger), liegt darin eine mittelbare Auszahlung an den Gfter;[71] dieser, nicht der Dritte ist Empfänger iSv Abs 1 u § 31.[72] Ggf genügt auch Eingehung einer Verbindlichkeit gegenüber Drittem, wenn diese Interesse eines Gfters dient.[73] Zur Sicherheitsleistung für Gfter Rn 58.

26 **bb) Persönliches oder wirtschaftliches Näheverhältnis.** Bei Leistung an Dritten kann auch **persönliches oder wirtschaftliches Näheverhältnis**

---

[61] BGHZ 173, 1 Rn 12 = NZG 2007, 704; RGZ 80, 148; 133, 393; 136, 260; 168, 292; BGHZ 13, 54 f.

[62] BGHZ 13, 54 f.

[63] BGH NJW 1996, 589 = GmbHR 1996, 111.

[64] Krit auch *Goette* § 3 Rn 37.

[65] BGH NZG 2008, 106 (AG); Scholz/*Westermann* Rn 61; *Lutter/Hommelhoff* Rn 22; Roth/*Altmeppen* Rn 25; *Canaris* FS Fischer, 1979, 32 f; einschr Ulmer/*Habersack* Rn 63, nur bei Umgehungstatbestand.

[66] BGHZ 173, 1 Rn 12 = BGH NZG 2007, 704; Roth/*Altmeppen* Rn 25, 106 ff.

[67] BGHZ 173, 1 Rn 14 = NZG 2007, 704.

[68] BGHZ 13, 54 f; zust Scholz/*Westermann* Rn 61; *Lutter/Hommelhoff* Rn 22; *Canaris* FS Fischer, 1979, 32 f.

[69] Allg dazu mit teilw abw Differenzierungen Ulmer/*Habersack* Rn 65 ff; Scholz/*Westermann* Rn 40 ff; *Lutter/Hommelhoff* Rn 23, 24 f; Roth/*Altmeppen* Rn 31 ff; *Altmeppen* FS Kropff, 1997, 641 ff; *Canaris* FS Fischer, 1979, 31 ff, 54 ff; *Sonnenhol/Stützle* WM 1983, 2; *Fleck* FS GmbHG, 1992, 408 ff.

[70] So aber *Tries* 81 f; dagegen *Fleck* FS GmbHG, 1992, 406 f.

[71] BGHZ 60, 330 f; LM GmbHG § 30 Nr 3; NZG 2000, 883, 886 (insoweit in BGHZ 144, 336 nicht abgedruckt); NJW 2009, 68 Rn 8.

[72] BGHZ 81, 365, 368; AG 1981, 227.

[73] OLG Rostock GmbHR 1998, 329.

zur Einbeziehung unter Abs 1 führen.[74] Dann ist grds der Dritte selbst als Leistungsempfänger iSv Abs 1 u § 31 zu behandeln;[75] daneben idR auch der begünstigte Gfter (s auch § 31 Rn 8), nur er allein, wenn der Dritte Leistung lediglich für ihn als Vertreter entgegennimmt (oben aa). So kann Leistung der Ges an **nahe Angehörige des Gfters,** insbes an Ehegatten oder minderjährige Kinder § 30 unterfallen.[76] §§ 89 III, 115 II AktG für Abgrenzung dieses Personenkreises dienlich;[77] obwohl in § 43 a GmbHG nicht übernommen, hier näher liegend als steuerliche Abgrenzung, aber Erweiterung unter dem Gesichtspunkt von Unterhaltspflicht u enger persönlicher Lebensgemeinschaft.[78] Im Übrigen kann Einzelfallbeurteilung, zB bei enger Vertrauensperson, zu Einbeziehung führen.

Außerhalb bestehender Beherrschungs- oder Gewinnabführungsverträge, 27
für die Abs 1 S 2 gilt, gehören hierher ferner im faktischen Konzern Fälle der Leistung an **mit Gesellschafter verbundenes Unternehmen**[79] oder an andere Kapitalges, deren Alleingfter er oder ein naher Angehöriger ist (auch Rn 24 f).[80] Ferner Zahlung für Rechnung einer mit GmbH gftergleichen BGB-Ges,[81] Rspr stellt teilweise etwas undifferenziert auf maßgebliche Beteiligung ab. Soweit Mutter Gfterin u Leistung an Tochter erfolgt, haftet dafür nur die Mutterges.[82] Ist dagegen Tochterges Gfterin u erfolgt Leistung an unmittelbar nicht beteiligte Mutter, dann haftet Tochterges als Gfterin, wenn sie Leistung an die Mutter veranlasst hat u Mutterges als mittelbare Gfterin, wenn sie über beherrschenden Einfluss verfügt.[83] Entspr müsste man zu Haftung der nur mittelbar beteiligten Mutterges kommen, die über Tochterges als Gfterin Leistung an abhängige Schwesterges veranlasst.[84] Daneben müsste die unmittelbare Gfterin haften, wenn sie Leistung an Schwesterges veranlasst hat, während die Schwesterges selbst nicht haften würde, weil sie weder unmittelbar noch mittelbar an leistender GmbH beteiligt ist. Allerdings gilt nach **BGH für Kapitalaufbringung,** dass trotz gemeinsamen Konzerndachs Schwestergesellschaften, die untereinander nicht beteiligt sind, im Verhältnis zueinander als Dritte zu qualifizieren sind.[85] Entscheidung, die auch auf

---

[74] Ulmer/*Habersack* Rn 65; Scholz/*Westermann* Rn 40 f; *Lutter/Hommelhoff* Rn 25; auch Rowedder/Schmidt-Leithoff/*Pentz* Rn 25; ähnl *Fleck* FS GmbHG, 1992, 412 ff.

[75] BGHZ 81, 365, 368 f; hM, vgl Rowedder/Schmidt-Leithoff/*Pentz* § 31 Rn 10; iE ähnl, doch unter stärkerer Betonung bloßer Analogie *Canaris* FS Fischer, 1979, 31 ff, 54 ff.

[76] BGHZ 81, 365; auch WM 1986, 237, 239; DB 1991, 798; NJW 1996, 589.

[77] BGHZ 81, 365, 369: allgemeiner Grundsatz; auch *Canaris* FS Fischer, 1979, 38 f; Ulmer/*Habersack* Rn 65 ff; für Analogie Scholz/*Westermann* Rn 41.

[78] Ähnl Scholz/*Westermann* Rn 41; offengelassen von BGH DB 1991, 798.

[79] Dazu BGHZ 81, 311; ferner WM 1986, 789; ZIP 1987, 1050; NJW 1991, 357; 1992, 1168; NJW 1996, 589; ausführl Ulmer/*Habersack* Rn 71 ff; Scholz/*Westermann* Rn 51 ff; s auch Schlussanh Rn 105 f; allg *U. H. Schneider* ZGR 1985, 279.

[80] BGHZ 31, 275; auch WM 1986, 237, 239; ferner BGHZ 122, 333 hinsichtlich Zurechnung des Unternehmens, im konkreten Fall fraglich allerdings Vorliegen einer für § 30 relevanten Leistung.

[81] OLG Köln BB 1996, 2217.

[82] Roth/*Altmeppen* Rn 62; Ulmer/*Habersack* Rn 72.

[83] Ulmer/*Habersack* Rn 72; Roth/*Altmeppen* Rn 59, 60.

[84] Roth/*Altmeppen* Rn 61; Ulmer/*Habersack* Rn 72.

[85] So bzgl Einlagenrückgewähr an Gfter BGHZ 171, 113 (Friedr. Flender AG) = NJW 2007, 3285; ähnlich für die Zurechnung von Gfterdarlehen BGH NZG 2008, 507 Rn 12, 13.

Fehlen gesellschaftsrechtlich fundierter Weisungsbefugnisse gegenüber AG-Vorstand abstellt, betrifft jedoch mit Zurechnung verdeckter Sacheinlage anderes Problem u ist daher nicht ohne weiteres zu übertragen. – Zur Frage der Kreditgewährung der GmbH an KG bei GmbH & Co KG Rn 68. – Zum maßgeblichen Zeitpunkt Rn 22.

28 **cc) Besondere Gestaltungen.** Bei **Treuhand** führt Leistung an Treuhänder-Gfter, Strohmann, zu dessen Haftung nach § 30, da er selbst Gfter ist. Zugleich liegt jedoch auch mittelbar Leistung an Treugeber vor.[86] Erfolgt Leistung direkt an Treugeber, Hintermann, ist dieser insoweit Gfter gleichzustellen.[87] Auch dann haftet daneben wegen der rechtlichen Verbundenheit Treuhänder als Gfter,[88] es sei denn, dass er Leistung nicht veranlasst hat.[89] Bei **Nießbrauch** an einem GAnteil gilt Abs 1 für den Nießbraucher ebenso wie für einen Gfter;[90] dagegen bei **Pfandrecht** an GAnteil für Pfandgläubiger nur, wenn er zusätzlich wesentl Einfluss auf Ges ähnl wie Gfter hat,[91] ebenso bei **atypischem stillen Gesellschafter** mit entspr Einfluss.[92]

29 **3. Leistungen auf Grund des Gesellschaftsverhältnisses, Drittgeschäfte. a) Abgrenzung.** Als ungeschriebene Voraussetzung für Abs 1 gilt, dass Leistung an Gfter **auf Grund des Gesellschaftsverhältnisses** (causa societatis) erfolgt u nicht im Rahmen einer Drittbeziehung, bei der Gfter wie unabhängiger Dritter Ges gegenübersteht.[93] Daran sollte trotz früher einschr Stellungnahmen[94] festgehalten werden. Abs 1 verbietet somit auch bei Unterbilanz Geschäfte mit Gftern nicht per se, wenn sie durch betriebliche Gründe gerechtfertigt sind, also in gleicher Weise auch und zu entspr Konditionen auch mit Dritten abgeschlossen worden wären,[95] so etwa bei Zahlung des üblichen u angemessenen GFührergehalts an GfterGFührer. Das setzt voraus, dass das Geschäft im Interesse des Unternehmens liegt u insbes nach Ob und Wie, also unter Marktbedingungen, auch mit fremden Dritten abgeschlossen würde.

30 **b) Echte Drittgeschäfte** fallen damit von vornherein nicht in den Anwendungsbereich von Abs 1; zudem schließt bei diesen regelmäßig vollwertige Gegenleistung Anwendung von Abs 1 aus (Rn 35 mwN). Im Unterschied zu bilanzieller Betrachtungsweise ist Gegenleistung jedoch auch

---

[86] BGH NZG 2008, 106 (AG); Rowedder/Schmidt-Leithoff/*Pentz* Rn 22; Michalski/*Heidinger* Rn 73; Roth/*Altmeppen* Rn 32; einschr *Fleck* FS GmbHG, 1992, 411: nur, wenn Treuhänder Leistung weitergeleitet hat.

[87] BGHZ 157, 72, 74 = NJW 2004, 1111; BGHZ 107, 7, 11 f = NJW 1989, 1800; BGHZ 75, 334, 335 f = NJW 1980, 592; BGHZ 31, 258, 266 f; s ferner § 31 Rn 12, aber auch § 1 Rn 43.

[88] Ulmer/*Habersack* Rn 66; Roth/*Altmeppen* Rn 34; *Canaris* FS Fischer, 1979, 41; *Fleck* FS GmbHG, 1992, 410.

[89] *Fleck* FS GmbHG, 1992, 411.

[90] Ulmer/*Habersack* Rn 67; Scholz/*Westermann* Rn 42; Michalski/*Heidinger* Rn 76.

[91] BGHZ 119, 191.

[92] BGHZ 106, 7; NZG 2006, 341; OLG Saarbrücken GmbHR 1999, 350. Allg zum Verhältnis von Gläubigeranfechtung u Kapitalschutz *Hüttemann* GmbHR 2000, 357, für Vorrang des Anfechtungsrechts eines GfterGläubigers ggü § 30.

[93] BGHZ 13, 49, 54; allgM, Ulmer/*Habersack* Rn 82; Scholz/*Westermann* Rn 31; Rowedder/Schmidt-Leithoff/*Pentz* Rn 31; Michalski/*Heidinger* Rn 41.

[94] *Stimpel* FS GmbH, 1992, 335, 353 f.

[95] S BGHZ 179, 71 Rn 9 (MPS) = NJW 2009, 850; OLG Köln BeckRS 2009, 13388, jew zu § 57 AktG.

zu berücksichtigen, wenn sie bilanziell nicht erfasst werden kann, etwa bei GFührergehalt.[96] Kreis der in Betracht kommenden Rechtsgeschäfte sehr weit, vor allem Umsatzgeschäfte aller Art. Ges in der Wahl der Vertragspartner grds frei; häufiger, auch vorrangiger Abschluss mit Gftern hindert Eigenschaft als Drittgeschäft nicht, gibt aber Anlass zu besonders genauer Prüfung des Drittvergleichs bei den Bedingungen. Sind diese zu Lasten der Ges unüblich (zB überhöhte GFührervergütung für GfterGFührer), liegt kein Drittgeschäft, sondern unzulässige verdeckte Gewinnausschüttung vor (Rn 49). Anders bei angemessener vertraglicher Vergütung einschl Tantiemen,[97] auch kein Verstoß bei angemessenen Leistungen betrieblicher Altersversorgung oder Auszahlung des Rückkaufswerts einer entspr Versicherung.[98]

Ausnahmsweise kann selbst Warenveräußerung zum Einstandspreis[99] als Drittgeschäft zulässig sein, wenn das Geschäft im Interesse der Ges liegt, etwa bei Abverkauf von Ladenhütern an Gfter u Dritte zu marktmäßig realisierbaren Konditionen. Ist hiernach Verbindlichkeit der Ges ggü Gfter verbotsfrei begründet worden, darf Ges selbst dann erfüllen, wenn mittlerweile Unterbilanz entstanden ist.[100] **31**

c) Erfüllung sonstiger Verbindlichkeiten. Nicht von Abs 1 erfasst werden ferner die **Erfüllung sonstiger, von der Gesellschafterstellung unabhängiger, Verbindlichkeiten,** etwa aus Delikt[101] oder auch Erfüllung eines Rückzahlungsanspruchs aus § 31 gegen GmbH wegen unzulässiger Auszahlung von Tochter- oder Schwester-GmbH an diese.[102] **32**

4. Verbotene Auszahlung, Abs 1 S 1 u 2. a) Begriff der Auszahlung. Auszahlung iSv Abs 1 ist nicht nur Geldzahlung, sondern umfasst **Leistungen aller Art, die wirtschaftlich das GesVermögen verringern.**[103] Darauf, ob sich Vermögensminderung bilanziell unmittelbar niederschlägt kommt es nicht entscheidend an (unten Rn 37, 39). Daher fallen auch Dienstleistungen der Ges unter den Begriff der Auszahlung, wenn sie zu tats Verringerung des GesVermögens führen. Begriff im Interesse der Kapitalerhaltung weit zu fassen, gilt für offene u verdeckte, unmittelbare u mittelbare Zuwendungen an Gfter, auch Umgehungstatbestände[104] wie Aufgabe eines Forderungsrechts durch Verrechnung mit Forderung eines dem Gfter wirtschaftlich gehörenden Unternehmens gegen Ges.[105] Auch **Vergleich** kann bei unangemessener Bewertung der betroffenen Ansprüche verbotene Auszahlung enthalten.[106] Kasuistik unten Rn 48 ff. **33**

---

96 *M. Winter* DStR 2007, 1484, 1487.
97 BGH NJW 1992, 2894.
98 KG Berlin ZIP 2003, 2253.
99 Insoweit übereinstimmend Roth/*Altmeppen* Rn 78.
100 OLG Brandenburg GmbHR 1999, 298.
101 Ulmer/*Habersack* Rn 80, 82 aE; Rowedder/Schmidt-Leithoff/*Pentz* Rn 32.
102 AA KG NZG 2000, 1224, 1226.
103 RGZ 136, 264; BGHZ 31, 258, 276 = NJW 1960, 285; NJW 1987, 1194; stRspr, unstr. s Ulmer/*Habersack* Rn 75; Michalski/*Heidinger* Rn 34; *Wicke* Rn 8.
104 BGH LM GmbHG § 30 Nr 3, unstr.
105 BGHZ 122, 333, im konkreten Fall allerdings sehr weitgehend, iE zweifelhaft; einschr nunmehr BGH ZIP 2000, 493: keine Auszahlung, wenn Verhalten der Gfter zu Ansprüchen Dritter gg die Ges führt.
106 OLG Dresden GmbHR 2002, 1245.

34 Problematisch ist, ob u inwieweit **Verhinderung der Vermögensmehrung** Auszahlung gleichzusetzen ist. Das hängt ua davon ab, ob man in § 30 nur Substanzschutz sieht oder geschütztes Vermögen darüber hinaus auch auf Geschäfts- u Gewinnchancen erstreckt. HM in Lit, die im Anschluss an *Stimpel* § 30 von handelsbilanziellem Denken befreien wollte, hat möglichen erzielbaren Gewinn wie allgemein auch Geschäftschancen als von § 30 geschützt angesehen.[107] Dem könnte durch Wiedereinführung der bilanziellen Betrachtungsweise in MoMiG die Grundlage entzogen worden sein. Die Frage kann jedoch nicht allein unter bilanziellen Gesichtspunkten gesehen werden, da diese für Vorliegen einer Auszahlung nicht entscheidend sind (oben Rn 33). Entspr war seit jeher anerkannt, dass verdeckte Gewinnausschüttungen, die nicht notwendig zu Verringerung der Vermögenssubstanz führen, unter Auszahlungsverbot fallen (unten Rn 52). Daher hält Lit nach MoMiG überw daran fest, dass etwa **Verzicht auf Darlehenszinsen** bei Darlehensvergabe an Gfter[108] oder Verzicht auf Avalprovision bei Stellung von Sicherheit[109] für diesen Auszahlung darstellen kann (unten Rn 35). Dabei ist jedoch auf konkrete Gewinnmöglichkeiten abzustellen (unten Rn 35). Auch darf Schutz von Geschäftschancen nicht so weit gehen, dass Gfter gehindert wird, Geschäftsbetrieb einzustellen u sich bietende Geschäftschancen anderweit zu verwerten.[110]

34 a Keine Auszahlung, wenn zwar Gfter Vorteil hat, solange Ges keine Vermögenseinbuße erleidet u nicht auf sonst realisierbare Gewinnchance verzichtet (str). Folglich **Überlassung von Vermögensgegenständen zu Selbstkosten** nur dann unzulässig, wenn darin konkrete Gefährdung des GesVermögens liegt oder Ges konkrete Gewinnchance entgeht.[111] Soweit dies nicht der Fall ist, ist auch unentgeltliche Gebrauchsüberlassung an Gfter nur insoweit Auszahlung als Wertminderung durch Abnutzung usw erfolgt. Entspr ist **Darlehen** an Gfter zur Vermeidung einer unzulässigen Auszahlung nur u in der Höhe zu **verzinsen,** wie Ges ansonsten Kapitalerträge hätte erzielen können. Nicht abzustellen ist auf Zinssatz für Bankkredit, da GesGeb Vorschläge, Drittvergleich zur Grundlage zu machen, nicht übernommen hat.[112] Bei Gewährung von Sicherheiten idR keine Auszahlung in Höhe der banküblichen **Avalprovision,** wenn Ges entspr Geschäfte mit Dritten nicht macht u durch Einschränkung ihrer Besicherungsfähigkeit keinen sonstigen Vermögensverlust erleidet. Wollte man anders entscheiden, würde Cash-Pooling entgegen gesetzgeberischer Absicht gefährdet werden.

35 **b) Deckung durch vollwertigen Gegenleistungs- oder Rückgewähranspruch, Abs 1 S 2.** Da § 30 keinen gegenständlichen Schutz des Ver-

---

107 *Stimpel* FS GmbHG 335, 340; Ulmer/*Habersack* Rn 45 ff, 75; *Goette* § 3 Rn 34 unter Hinweis auf Verstoß gegen § 30 nahelegende Formulierungen in BGH NJW 1987, 1194; für Nutzungsüberlassung auch *Servatius* GmbHR 1998, 723 ff.

108 Insoweit übereinstimmend *Drygalla/Kremer* ZIP 2007, 1289, 1293; *Winter* DStR 2007, 1484, 1487.

109 AA aber offenbar *Winter* DStR 2007, 1484, 1488.

110 Vgl entspr Aussage der Rspr zum existenzvernichtenden Eingriff, BGH NZG 2005, 177, 178.

111 *Lutter/Hommelhoff* Rn 11; Roth/*Altmeppen* Rn 78; *Servatius* GmbHR 1998, 726; – strenger aber *Brandes* ZGR 1989, 244, 254; auch *Stimpel* FS GmbHG, 1992, 343 ff; nicht eindeutig Rowedder/Schmidt-Leithoff/*Pentz* Rn 39.

112 *Drygala/Kremer* ZIP 2007, 1289, 1292.

mögens gewährleisten soll, sondern nur GesVermögen in seinem Wert vor Zugriffen der Gfter schützt, liegt verbotene Auszahlung als Vermögensminderung nur vor, wenn Leistung der Ges nicht durch Gegenleistung kompensiert wird.

aa) Funktion der Regelung. Klarstellende Begrenzung des Auszahlungsverbots in Abs 1 S 2 ist gesetzgeberische Reaktion auf sog November-Rspr des BGH, die in Verschärfung des Kapitalerhaltungsgebots über die bilanzielle Erhaltung des Stammkapitals hinaus auch die Erhaltung einer die Stammkapitalziffer deckenden realen Haftungsmasse verlangte, die es ausschließen sollte, dass innerhalb der zur Erhaltung des Stammkapitals erforderlichen Vermögensmasse liquide Haftungsmasse gegen einen schuldrechtlichen Anspruch mit hinausgeschobener Fälligkeit gegen den Gesellschafter ausgetauscht werden konnte.[113] Der Gesetzgeber des MoMiG hat sich gegen diese von ihm als Abschied von der bilanziellen Betrachtungsweise gewertete Sicht gewandt und ist insoweit wieder zum bilanziellen Denken zurückgekehrt, wie es bis zur November-Rspr des BGH bereits hM entsprach. Danach liegt bei einer Leistung der Ges an einen Gfter, die durch einen vollwertigen Gegenleistungs- oder Rückerstattungsanspruch gedeckt ist, lediglich ein Aktiventausch vor.[114] Diese bilanzielle Betrachtungsweise greift allerdings erst auf der Grundlage zuvor festgestellter tatsächlicher (Verkehrs-)Werte des von der Ges an Gfter hingegebenen Vermögenswerts. Das ist mit Deckungsgebot gemeint, welches nach Reg Begr bedeutet, dass als Wert der Leistungen der Ges nach Markt- u nicht nach bilanziellen Abschreibungswerten zu bestimmen ist.[115] Bilanzielle Betrachtungsweise ist daher erst auf der Grundlage der tatsächlichen Verkehrswerte der Leistung der Ges anzuwenden (Deckungsgebot, nachf Rn 37 f). 36

bb) Deckungsgebot. Maßgebend für Frage des Vermögensabflusses bei Ges ist zunächst Verkehrswert der Leistung der Ges. Auf **Bilanzierbarkeit des Vermögensabflusses** bei Ges kommt es **nicht entscheidend** an.[116] Das folgt schon daraus, dass Abs 1 S 2 für die dort als zulässig geregelte Auszahlung neben dem Bestehen eines vollwertigen Gegenleistungs- oder Rückgewähranspruch zusätzlich verlangt, dass die Leistung der Ges durch diesen Anspruch **„gedeckt"** ist, was inbes die Auskehrung bilanziell nicht erfasster stiller Reserven, aber auch Berücksichtigung bilanzieller Abschreibungen, soweit sie sich nicht mit Verkehrswert decken, sowie Vermögensabfluss durch Dienstleistungen, Nutzungsüberlassungen u nicht aktivierungsfähigen immateriellen Vermögenswerten verhindern soll.[117] 37

Dagegen kommt es nicht darauf an, ob nur **Verkehrswert** oder auch darüber hinaus auch ein diesen **übersteigender individueller Wert** für Ges (Betriebsgrundstück, betriebsnotwendige Lizenz, Patent) gedeckt ist. Ausgangspunkt auch hier, dass Vermögensschutz von Verkehrswerten auszugehen 38

---

[113] BGHZ 157, 72 = NJW 2004, 1111, 1112.

[114] Begr RegE BR-Drucks 354/07, 94.

[115] Begr RegE BR-Drucks 354/07, 94.

[116] Ulmer/*Habersack* Rn 43 ff, 75; *Grigoleit,* Gesellschafterhaftung, 87 ff.

[117] *Drygala/Kremer* ZIP 2007, 1289, 1292; *Bormann/Urlichs* GmbHR Sonderheft Oktober 2008, 37, 48; *Gehrlein* Der Konzern 2007, 771, 786; *Winter* DStR 2007, 1484, 1486 auch BegrRegE BR-Drucks 354/07, 94; – schon bisher hM, Ulmer/*Habersack* Rn 43; Rowedder/Schmidt-Leithoff/*Pentz* Rn 11 aE; Scholz/*Westermann* Rn 15; Michalski/*Heidinger* Rn 33.

hat. Ansatz eines höheren individuellen Werts für konkrete Ges würde schwer lösbare Bewertungsprobleme aufwerfen u zu Schadenersatz tendieren, der § 30 an sich fremd ist. Lehnt man daher Berücksichtigung solcher individueller Werte im Rahmen von § 30 ab, kann dennoch auch bei Übertragung an Gfter zu Verkehrswert im Innenverhältnis Treupflichtverstoß u im Fall der absehbaren Insolvenzfolge existenzvernichtender Eingriff vorliegen, der entspr Lücken von § 30 schließt.

39 **cc) Bilanzelle Betrachtungsweise, Abs 1 S 2,** gilt erst **auf der Grundlage des Ansatzes von Verkehrswerten für Leistung der Ges.**[118] Leistung der Ges, der nach Verkehrswerten vollwertige Gegenleistung des Gfters oder vollwertiger Rückgewähranspruch gegenübersteht, stellt nach Abs 1 S 2 keine verbotene Vermögensminderung im Rechtsinne vor, sondern ein wertmäßig ausgeglichenes Geschäft, das **bilanziell als Aktiventausch** erfasst werden kann. Regelung betrifft in erster Linie Darlehensgewährung u Cash-Pooling, gilt aber auch für sonstige Austauschgeschäfte.[119] Zu sog Drittgeschäften oben Rn 30.

40 **Keine Auszahlung** liegt nach neuem Recht iGgs zum November-Urteil des BGH[120] vor, wenn bei Vollwertigkeit des Rückgewähranspruchs durch Austausch liquider Haftungsmasse gegen zeitlich hinausgeschobene schuldrechtliche Forderung lediglich **Zugriffschance für GesGläubiger verschlechtert** u Schutz des gebundenen Kapitals dadurch allenfalls mittelbar beeinträchtigt wird. Es war Ziel der Neuregelung, die abweichende Rspr zurückzuführen u daran insbes Darlehensgewährung an Gfter nicht scheitern zu lassen. Nichtberücksichtigung solcher Auszahlungsfolgen gilt nicht nur für Darlehen an Gfter (upstream loan), sondern in gleicher Weise für anderen Leistungsaustausch mit Gfter, bei dem es zu Gegenleistungsanspruch der Ges kommt.

41 Soweit wertmäßige Kompensation durch vollwertigen Gegenanspruch erfolgt, ist es für Beurteilung, ob Auszahlung vorliegt, **nicht entscheidend,** ob Darlehenshingabe oder **Leistungsaustausch im Interesse der Ges** liegt. Entspr Vorschlag des RefE MoMiG, ist nicht Gesetz geworden. Maßgebend nur, ob Gegenleistung bzw Rückgewähranspruch nach Verkehrswerten gedeckt u vollwertig sind. – Beschränkungen der Interpretation des Begriffs der Auszahlung mögen bedenklich erscheinen; sie sind aber unvermeidliche Folge des in der Neuregelung zum Ausdruck gebrachten Willens des GesGeb, Verkehrswerte zugrunde zu legen. **Grenze** jedoch **existenzvernichtender Eingriff.** Außerdem Haftung des GFührers nach §§ 43 II u 64 S 3 möglich.[121]

42 **dd) Vollwertigkeit** des Gegenleistungs- oder Rückgewähranspruchs erfordert Prognose, wenn Leistungen nicht Zug um Zug abgewickelt werden, sondern Gegenleistung des Gfters oder Rückgewähr zu einem Zeitpunkt in der Zukunft erfolgen sollen.[122] Auf die Unsicherheit solcher Prognose bei längerfristigen Darlehen weist in Zusammenhang mit § 19 V Rechtsausschuss

---

118 Ebenso *Spliedt* ZIP 2009, 149

119 *Drygalla/Kremer* ZIP 2007, 1289, 1292.

120 BGHZ 157, 72 = NJW 2004, 1111, 1112; vgl auch in der Tendenz zuvor schon BGHZ 81, 311, 320 f; *Stimpel* FS GmbH, 1992, 335, 352; *Schön* ZHR 159 (1995), 351, 359 ff.

121 BegrRegE BR-Drucks 354/07, 94.

122 *Schall* ZGR 2009, 126, 142, freilich mit anderem Ergebnis.

hin, zieht jedoch für § 30 keine Konsequenzen.[123] Nach dem **Willen des Gesetzgebers** dürfte daher auch insoweit entscheidend bilanzielle Betrachtung sein, nach der Forderung grds mit Nennbetrag zu aktivieren ist u Einzelwertberichtigungen/Abschreibungen nur dann erfolgen, wenn bekannte oder vermutete Bonitätsrisiken auf Seiten des Gfters vorliegen.[124] **Maßgebend ist vernünftige kaufmännische Beurteilung.**[125] An sich vorzugswürdige rein objektive Sicht der Vermögenssituation des Gfters dürfte mit bilanzieller Sicht schwer vereinbar sein. Jedenfalls dürfen aber vor allem bei Darlehensgewährung an Gfter (näher unten Rn 56) Informationspflichten des GFührers bei Darlehensvergabe nicht hinter dem zurückbleiben, was Rspr unter Haftungsgesichtspunkten für weitere Beobachtung des Kreditrisikos verlangt. Wenn BGH daher bei umfangreichen u langfristigen Darlehen oder bei Cash-Management unter Haftungsgesichtspunkten Einrichtung eines „Frühwarnsystems" verlangt,[126] kann Beurteilung der Vollwertigkeit bei Vergabe nicht ohne entspr Informationen über Solvenz beurteilt werden. Vollwertigkeit sollte danach voraussetzen, dass zwar nicht mit an Sicherheit grenzender Wahrscheinlichkeit,[127] wohl aber mit großer Sicherheit damit gerechnet werden kann, dass Gfter **im Fälligkeitszeitpunkt** seiner Gegenleistung oder Rückzahlungspflicht erfüllen kann. Sicherheitsleistung dafür nicht zwingend;[128] sie kann ansonsten fehlende Vollwertigkeit jedoch gewährleisten. Prüfung hat auf den Einzelfall abzustellen. Für **Leveraged Buy-Out** ist zu beachten, dass nach RegBegr Vollwertigkeit bei nur mit geringen Mitteln ausgestalteter Erwerbsgesellschaft (special purpose vehicle) im Regelfall Vollwertigkeit des Rückzahlungsanspruchs idR nicht gegeben sein wird.[129] **Fehlende Verzinsung** unten Rn 56.

Maßgebender Zeitpunkt für Bewertung ist **Leistung der Ges,** bei Verlängerung derjenige der Verlängerung.[130] Spätere Änderung der Vermögensverhältnisse des Gfters, die bilanziell Abschreibung erforderlich machen, führen nicht ohne weiteres dazu, dass Leistung ex nunc unzulässig wird.[131] Vielmehr greift § 30 nur bei fehlender Vollwertigkeit im Zeitpunkt der Leistung der Ges, die auch bei erneuter Gewährung, Prolongation oder Stundung vorliegt. Dagegen ist bloßes „Stehenlassen", anders als nach früherer Rspr zum Kapitalersatz, keine Auszahlung u daher für Zeitpunkt der Vollwertigkeit nicht entscheidend.[132] Doch haftet ggf GFührer, wenn er Fortbestand der Solvenz des Gfters nicht prüft[133] oder trotz vorhandener Zweifel an Bonität des Gfters bei Darlehen von Kündigungsmöglichkeit keinen Gebraucht macht 43

---

123 Rechtsausschuss BT-Drucks 16/9737, 97.

124 Vgl *Wicke* Rn 10; *Schall* ZGR 2009, 126, 142f; *Drygalla/Kremer* ZIP 2007, 1289, 1293; *Winter* DStR 2007, 1481, 1486; zur bilanziellen Behandlung MünchKommHGB/*Ballwieser* § 249 Rn 13.

125 BGHZ 179, 71 Rn 13 (MPS) = NJW 2009, 850.

126 BGHZ 179, 71 Rn 14 (MPS) = NJW 2009, 850.

127 So aber iE *Altmeppen* ZIP 2009, 49, 53; ihm zustimmend *Spliedt* ZIP 2009, 149, 151; – dagegen aber BGHZ 179, 71 Rn 13 (MPS) = NJW 2009, 850.

128 BGHZ 179, 71 Rn 13 (MPS) = NJW 2009, 850.

129 BR-Drucks 354/07, 94.

130 *Gehrlein* Der Konzern, 771, 785.

131 *Wicke* Rn 11.

132 Reg Begr BR-Drucks 354/07, 94; – aA offenbar *Wicke* Rn 11; *Drygala/Kremer* ZIP 2007, 1293.

133 Vgl BGHZ 179, 71 Rn 14 (MPS) = NJW 2009, 850 (AG).

oder sonstige Forderungen nicht unverzüglich geltend macht.[134] – Zum Leistungszeitpunkt bei Stellung von Sicherheiten unten Rn 59.

44 **c) Leistungen bei Bestehen eines Beherrschungs- oder Gewinnabführungsvertrags (§ 291 AktG).** Nur diese, nicht auch solche im Rahmen nach § 292 AktG, sind vom Auszahlungsverbot ausgenommen, Abs 1 S 2. Das rechtfertigt sich aus der mit Abschluss verbundenen Aufhebung der Kapitalbindung (§ 291 III AktG) u der Kompensation durch Verlustübernahmepflicht des anderen Vertragsteils (§ 302 I AktG). Darauf, ob Leistung auf rechtmäßiger Ausübung des Weisungsrechts beruht, kommt es nicht an u umfasst auch bei isoliertem Gewinnabführungsvertrag Darlehensgewährung u sonstige Leistungen, insbes Teilnahme an Cash-Pool.[135] Nicht entscheidend auch, ob Auszahlung an Partei des Beherrschungs- oder Gewinnabführungsvertrags erfolgt oder auf Weisung des herrschenden Unternehmens an Dritte erfolgt, zB an andere Konzernunternehmen oder sonstige Unternehmen, welche mit herrschendem Unternehmen oder anderen Konzernunternehmen in Geschäftsbeziehung stehen.[136]

45 Ist allerdings **herrschendes Unternehmen** voraussichtlich **nicht in der Lage, seiner Verpflichtung** auf Verlustausgleich **vollständig nachzukommen,** sind neue Darlehensgewährung, weitere Teilnahme an Cash-Pool oder Leistungen ohne vollwertige Gegenleistung an MutterGes oder andere Konzernunternehmen nicht nur konzernrechtlich, sondern **bei Unterbilanz** auch nach § 30 unzulässig[137] u verpflichten GFührer ggf nach § 43 III zum Schadenersatz. Zur Vermeidung der Haftung werden GFührer sicherstellen müssen, dass sie über Leistungsfähigkeit der MutterGes zureichend unterrichtet sind.[138] Bereits gewährte Darlehen werden zwar nicht nach § 30 unzulässig; sie sind jedoch im Rahmen der Geschäftsführerpflichten unverzüglich abzuziehen. Hierfür hat GFührer ausreichende Informationen durch herrschende Ges sicherzustellen.[139]

46 **d) Altfälle, Übergangsrecht.** Anders als für § 19 IV/V enthält des EG GmbHG **keine Übergangsvorschrift** für Altfälle zur Anwendung von Abs 1 S 2, in welchen die Darlehensgewährung usw vor Inkrafttreten des MoMiG erfolgte. Für solche Fälle gilt an sich die Rechtslage vor Inkrafttreten des MoMiG.[140] Diese war geprägt durch das November-Urteil des BGH u spätere einschränkende Stellungnahmen des Vorsitzenden des II. Zivilsenats.[141] **BGH** hat jedoch in Entscheidung betr AG **mit Wirkung auch für Altfälle November-Rspr aufgegeben,**[142] sodass auch für Altfälle bei GmbH Rechtslage vor November-Urteil gelten dürfte, die bzgl Anwendung der bilanziellen Betrachtungsweise der Rechtslage nach MoMiG weitgehend entsprach. Dies

---

134 RegBegr BR-Drucks 354/07, 94; *Gehrlein* Der Konzern 2007, 771, 785.

135 *Drygala/Kremer* ZIP 2007, 1289, 1295 mit Hinweis auf Überlegungen im Vorfeld des RegE.

136 Begr Rechtsausschuss BT-Drucks 16/9737, 98; *Wicke* Rn 14.

137 *Bormann/Urlichs* GmbHR Sonderheft Oktober 2008, 37, 47; zum Recht vor MoMiG auch Ulmer/*Habersack* Rn 86; Scholz/*Westermann* Rn 10, 51; Roth/*Altmeppen* Rn 54 ff jew mwN zur Gegenansicht.

138 *Bormann/Urlichs* GmbHR Sonderheft Oktober 2008, 37, 47.

139 BGHZ 179, 71 (MPS) = NJW 2009, 850.

140 *Bormann*/Kauka/Ockelmann Kap 4 Rn 25.

141 *Goette* DStR 2006, 767, 768.

142 BGHZ 179, 71 Rn 12 (MPS) = NJW 2009, 850.

gilt auch für Nichtanwendung von § 30 im Rahmen von Beherrschungs- u Gewinnabführungsverträgen, da insoweit Privilegierung auch vor MoMiG bereits von hM anerkannt war.[143]

5. Keine Anwendung auf Rückzahlung von Gesellschafterdarlehen und wirtschaftlich vergleichbaren Leistungen. Mit S 3 ist bisherige analoge Anwendung von Abs 1 aF durch Rspr im Rahmen des Eigenkapitalersatzrechts (sog. Rechtsprechungsregeln) aufgegeben worden. Vorschrift ist Teil der Verlagerung der Materie der GfterDarlehen in das **Insolvenz- u Anfechtungsrecht** unter Aufgabe des Gedankens der Finanzierungs(folgen)verantwortung der Gfter. Regelung betrifft Rückzahlung, Tilgung, aber auch gezahlte Zinsen, soweit nicht in diesen, weil überhöht, eigener Verstoß gegen Abs 1 liegt. Mit der Herausnahme von GfterDarlehen aus Abs 1 haben GfterDarlehen grds wieder Charakter von Drittgeschäften. Daher kann – anders als bei Kapitalaufbringung (§ 19 Rn 6 ff) – auch seitens der Ges gegen Darlehensrückzahlungsforderung des Gfters aufgerechnet werden, ohne dass weiterhin zu prüfen ist, ob die Forderung des Gfters im Hinblick auf etwaige Krise der Ges noch vollwertig ist.[144] Ob darin ggf Verletzung von § 64 S 3 liegt, ist andere Frage. – **Übergangsregelung** fehlt. Zur Frage der Fortgeltung des alten Rechts § 30 Anh Rn 110. 47

6. Kasuistik. a) Leistungen unmittelbar aus dem Gesellschaftsverhältnis. Abs 1 betrifft vor allem **Leistungen unmittelbar aus dem Gesellschaftsverhältnis,** GfterRechte, auch Sonderrechte, u daraus entstandene Gläubigerrechte (§ 14 Rn 11 f). Für diese müssen die nach Gesetz, Satzung oder GfterBeschluss erforderlichen Voraussetzungen erfüllt sein; ihr Vorliegen befreit aber nicht von Beschränkung nach Abs 1. Gilt für alle Vorgänge dieser Art ohne Rücksicht auf konkreten Anlass. So vor allem für **Gewinnauszahlung,** selbst wenn Unterbilanz erst nach Gewinnverwendungsbeschluss eintritt[145] (§ 29 Rn 56 mwN); ebenso für Gewinnvorrechte u sonstige Gewinnzusagen an Gfter ohne Rücksicht auf Art der Berechnung (§ 29 Rn 62), **Entnahmerechte** (§ 29 Rn 64), auch Vorabausschüttungen (§ 29 Rn 60 f). Abs 1 gilt ferner zB für Zahlung von Bauzinsen (§ 29 Rn 63 mwN), Erfüllung von **Gründervorteilen** (§ 5 Rn 55 mwN).[146] Auch **Abfindung** bei Einziehung von GAnteilen gem § 34 III an Abs 1 gebunden (s dort Rn 19 ff, insbes 33 mwN). Gleiches gilt für Abfindung bei Ausschluss u Austritt von Gftern (§ 34 Anh Rn 11, 25). Anders nur, soweit Kapital nach § 58 entspr herabgesetzt wird.[147] 48

Bei **Gewinnrechten,** auch Genussrechten (§ 29 Rn 85, 88), ist Ausgestaltung im Einzelnen maßgebend, insbes Charakter als Gegenleistung; enge Anlehnung an Rechte der Gfter kann für Bindung an Abs 1 sprechen; diese zwingend, wenn Ausgabe an Gfter ohne vollwertige Gegenleistung (Rn 33). Dagegen unterliegen gewinnorientierte nichtmitgliedschaftliche Ansprüche 49

---

143 Ulmer/*Habersack* Rn 86; Scholz/*Westermann* Rn 35; Roth/*Altmeppen* Rn 55; vgl auch BGHZ 103, 1, 10 = NJW 1988, 1326; – aA noch Hachenburg/*Goerdeler/Müller* Rn 72 f;

144 Vgl Ulmer/*Habersack* Rn 78 für Forderungen des Ges, die keinen eigenkapitalersetzenden Charakter haben.

145 Ulmer/*Habersack* Rn 82; – aA Rowedder/Schmidt-Leithoff/*Pentz* Rn 32.

146 RGZ 113, 241; Scholz/*Westermann* Rn 31; vgl auch OLG München DB 1983, 166, 168.

147 MünchHdbGmbH/*Mayer/Fronhöfer* § 51 Rn 28.

Dritter (§ 29 Rn 79 ff), auch Gfter im Rahmen von Drittgeschäften, als Gegenleistung aus schuldrechtlicher Beziehung grds nicht Abs 1 (auch Rn 30). – Für **Vergütung bei Nebenleistungen** nach § 3 II (s dort Rn 36) gilt Abs 1 nicht, soweit nur angemessene Gegenleistung (Rn 33); überhöhte Zahlung kann aber als verdeckte Gewinnausschüttung (Rn 52) hinsichtlich des Mehrbetrags Abs 1 unterliegen.[148]

50 **Rückzahlung der Einlage** idR bereits nach § 19 II u III unzulässig, soweit nicht besondere gesetzliche Grundlage als Kapitalherabsetzung nach § 58 (Erl s dort) oder bei Einziehung des GAnteils nach § 34 (s dort Rn 9 f) besteht. – Nicht als Verstoß gegen § 30 hat BGH **Rückgewähranspruch des Gläubigers eines Gesellschafters nach § 11 AnfG** (§ 7 I AnfG aF) bei danach anfechtbarer Einlageleistung gewertet.[149]

51 **b) Sonstige durch Gesellschafterstellung beeinflusste Geschäfte.** Grundlage im GesVerhältnis haben aber auch solche Geschäfte, die zwar sonstige schuldrechtliche Rechtsgrundlage haben, deren Abschluss oder Inhalt maßgeblich durch Gfterstellung beeinflusst ist u die daher mit Dritten nicht oder nicht so zustande gekommen wären, zB wenn Geschäft nicht im Interesse der Ges u in Verfolgung des Unternehmensgegenstands erfolgt (so idR bei Darlehensgewährungen an Gfter, unten Rn 54).

52 **Verdeckte Gewinnausschüttungen.** Ergibt Drittvergleich, dass Gfter Leistungen aus GesVermögen ohne äquivalente Gegenleistungen erhält, also verdeckte Gewinnausschüttung vorliegt, greift Abs 1 ein. Einzelheiten dazu § 29 Rn 68 ff mwN. Dort dargelegte Kriterien für Abgrenzung gegenüber bloßen Drittgeschäften gelten auch hier: Maßgebend, ob Geschäft nach allg kaufmännischen Grundsätzen zu gleichen Bedingungen auch mit Nichtgfter abgeschlossen worden wäre, also durch betriebliche Gründe gerechtfertigt[150] u nicht in erster Linie durch GesVerhältnis bedingt ist (näher § 29 Rn 70 mwN). Verstoß gegen Abs 1 zB bei **überhöhter Vergütung an GfterG-Führer,** auch faktischen. Auszahlungsverbot gilt aus den Rn 37 genannten Gründen auch für den Fall, dass einem Gfter ein Vermögensgegenstand zu unter dem Zeitwert liegendem Preis, zB zum Buchwert übertragen wird oder es sich um nicht bilanzwirksamen Vermögensabfluss handelt.[151] Auf weitere Zulässigkeitsvoraussetzungen bzw Schranken verdeckter Ausschüttungen (§ 29 Rn 71 ff) kommt es dafür nicht an.

53 Entgeltzahlung beim **Erwerb eigener GAnteile** durch Ges unterliegt Abs 1 entspr Beschränkung nach § 33 II, ebenso Inpfandnahme bzgl gesicherter Forderung (§ 33 Rn 9 ff mwN). Entspr Problematik bei Erwerb von GAnteilen der Komplementär-GmbH durch KG bei GmbH & Co KG,

---

148 Ulmer/*Habersack* Rn 82; Scholz/*Westermann* Rn 31.

149 IX. Senat, BGHZ 128, 184 = DB 1995, 365, 367. So bereits RGZ 74, 16, 18; zust Scholz/*Emmerich* § 2 Rn 77; *Hüttemann* GmbHR 2000, 357, 362; Ulmer/*Ulmer* § 2 Rn 133; – dagegen für Vorrang des Kapitalerhaltungsgrundsatzes noch Hachenburg/*Ulmer* 8. Aufl 1992 § 2 Rn 133 ff; auch Rowedder/*Schmidt-Leithoff* § 2 Rn 77.

150 BGHZ 179, 71 Rn 9 (MPS) = NJW 2009, 850; GmbHR 1996, 112; NJW 1987, 1194; OLG Düsseldorf DB 1989, 1963; OLG Celle NJW 1993, 739; – krit Michalski/*Heidinger* Rn 45: etwas unscharf.

151 Ulmer/*Habersack* Rn 43; Roth/*Altmeppen* Rn 12; *Stimpel* FS GmbHG, 1992, 335, 344 f; *Fiedler,* Verdeckte Vermögensverlagerungen, 17; *Schulze-Osterloh* ZIP 1993, 1838, 1842; *Servatius* GmbHR 1998, 723; auch *Tries* 36 f; zweifelnd Scholz/*Westermann* Rn 15.

ferner bei Anteilserwerb durch wechselseitig beteiligte Kapitalges (dazu § 33 Rn 20 u 21 jew mwN).

c) Kreditgewährung an Gesellschafter, Stundung. Während nach dem **November-Urteil des BGH** bei Unterbilanz Darlehensgewährung an Gfter trotz üblicher Verzinsung u vollwertigen Rückzahlungsanspruchs als verbotene Auszahlung gewertet wurde (oben Rn 35 f), hat Abs 1 S 2 nF dieser Rspr **die Grdl entzogen.** Neuregelung ist unter dem Schlagwort der Rückkehr zur bilanziellen Betrachtungsweise zu der vor der November-Rspr herrschenden Sicht[152] zurückgekehrt, wonach bei Vollwertigkeit des Rückzahlungsanspruchs (oben Rn 7) Darlehenshingabe an Gfter rechnerischen Wert des GesVermögens nicht negativ beeinflusst. Damit sollte ua **Cash-Pooling** erleichtert werden, das im Vertragskonzern allerdings bereits durch Nichtanwendung von § 30 I bei Bestehen von Beherrschungs- oder Gewinnabführungsvertrag (Abs 1 S 2, 1. Alt, dazu unten Rn 56) in weitem Umfang ohne Rücksicht auf Vollwertigkeit u Deckung zugelassen wird. Regelung des Abs 1 S 2, 2. Alt daher für Cash-Pooling vor allem im faktischen Konzern relevant, für den **BGH inzwischen seine November-Rspr aufgegeben** hat.[153] Bedeutung ist jedoch auf Cash-Pooling nicht begrenzt, sondern enthält allg Regel, die auch für sonstigen Rückgewähranspruch u darüber hinaus auch für jede Gegenleistung gilt (oben Rn 39 ff). 54

Sie erlaubt damit insbes auch **sonstige Darlehensgewährung** an Gfter, soweit die Voraussetzung der Vollwertigkeit u Deckung erfüllt sind. Erfordernis jederzeitiger Fälligkeit (§ 19 V) gilt hier nicht.[154] Daher Abgrenzung von Darlehen, die im Zusammenhang mit Gründung oder Kapitalerhöhung gegeben wurden u sonstigen Darlehen, für die § 30 anwendbar ist, erforderlich. **Laufzeit des Darlehens** spielt nur im Zusammenhang mit Solvenzprognose für den Zeitpunkt der Rückzahlung (oben Rn 42) eine Rolle. Ist Rückzahlungsanspruch bereits im Zeitpunkt der Darlehensgewährung nicht vollwertig, bleibt Darlehensgewährung insgesamt u nicht nur hinsichtlich des infolge fehlender Vollwertigkeit nicht gedeckten Teils unzulässig, da Voraussetzungen des Erlaubnistatbestands von Abs 1 S 2 Alt 2 nicht vorliegen u Bestimmung der Höhe des nötigen Abschlags zu unsicher.[155] – Für **Gesellschafter-Geschäftsführer gilt § 43 a.** Bilanzielle Betrachtungsweise von Abs 1 S 2 ist nicht analog anwendbar, da Gesetzgeber der GmbH-Novelle 1980 bewusst zwischen Personenkreis des § 30 u des § 43 a unterschieden[156] u MoMiG daran ungeachtet entspr Diskussion festgehalten hat (näher § 43 a Rn 1). 55

Darlehensrückzahlungsforderungen gegen Gfter sind **vollwertig,** wenn Solvenz des Gfters im Zeitpunkt der Darlehensvergabe keinen Anlass gibt, an Rückzahlung bei Fälligkeit zu zweifeln. Maßgebend ist **vernünftige kaufmännische Betrachtung.**[157] Allein **Fehlen banküblicher Sicherheiten** stellt bei ausreichender Bonität des Gfters Vollwertigkeit nicht in Frage,[158] 56

---

152 So die bisher hM, 17. Aufl Rn 16 mwN.

153 BGHZ 179, 71 (MPS) = NJW 2009, 850.

154 *Bormann/Urlichs* GmbHR Sonderheft Oktober 2008, 37, 48.

155 IE übereinstimmend *Bormann/Urlichs* GmbHR Sonderheft Oktober 2008, 37, 48; *Gehrlein* Der Konzern 2007, 771, 782.

156 Vgl RegBegr zur GmbH-Novelle 1980, BT-Drucks 8/1347, 74.

157 BGHZ 179, 71 Rn 13 (MPS) = NJW 2009, 850.

158 BGHZ 179, 71 Rn 13 (MPS) = NJW 2009, 850 zu § 311 AktG.

da Vollwertigkeit insoweit nicht auf der Grundlage eines Drittvergleichs zu beurteilen ist.[159] Zwar wird für Darlehen an Dritte vertreten, dass GFührer Pflicht verletzt, wenn er diese ungesichert gibt.[160] Übertragung der Wertung auf § 30 würde jedoch Zweck der Regelung zumindest für Cash-Pool im faktischen Konzern (zum Vertragskonzern dagegen unten Rn 56) weitgehend unterlaufen,[161] insoweit zu strengerer Regelung als für Kapitalaufbringung nach § 19 V führen u kann daher nicht im Sinne der gesetzlichen Regelung liegen. Auch angemessene **Verzinsung** einschließlich einer ggf höheren Verzinsung ungesicherter Darlehen ist daher keine Voraussetzung der Vollwertigkeit des Rückzahlungsanspruchs,[162] sondern allenfalls gesondert zu beurteilende Frage einer Auszahlung in Höhe der Zinsdifferenz zum Marktzins[163] (oben Rn 34). Bei längerfristigen unverzinslichen Darlehen kann sich allerdings bilanziell die Frage einer Abzinsung im Hinblick auf Geldentwertung stellen.[164] Aus § 43 II/III folgt, dass **GFührer sich laufend über Solvenz des Gfters zu informieren** hat, was im faktischen Konzern auch Einrichtung eines Informations- u Frühwarnsystems zwischen Mutter- u Tochtergesellschaft erfordern kann.[165] Entspr muss sich Gführer auch **bei Darlehensvergabe konkret über Solvenz informieren** u kann sich nicht lediglich damit zufrieden geben, dass ihm nichts Negatives bekannt ist; denn Pflichtenmaßstab bei Vergabe des Darlehens kann nicht weniger streng sein als bei Überwachung. Zu Risiken unter dem Gesichtspunkt der **Anfechtbarkeit** der Rückzahlung **von GfterDarlehen** s § 30 Anh Rn 58 ff. – Auf Vollwertigkeit des Rückzahlungsanspruchs kommt es bei Darlehen u im Cash-Pool nur bei **Fehlen eines Beherrschungs- und/oder Gewinnabführungsvertrags** an, da Abs 1 S 2 für Verträge nach § 291 AktG Anwendbarkeit von § 30 ausschließt. Zur Frage der Solvenz der MutterGes als Voraussetzung für Darlehensgewährung u Teilnahme an Cash-Pool oben Rn 45.

57 **Stundungen** uä Hinausschiebungen der Gegenleistung wurden seit November-Urteil des BGH als Verschlechterung der tats Vermögenslage der Ges gewertet u damit grds als Verstoß gegen Abs 1.[166] Das lässt sich unter Neuregelung nicht mehr aufrecht erhalten, da Stundungen nicht anders behandelt werden können als Darlehensgewährungen. Wenn daher im Zeitpunkt der Stundung Forderung gegen Gfter vollwertig u entspr bilanziell keine Abschreibungen auf die Forderung geboten sind, liegt kein Vermögensabfluss

---

159 *Wicke* Rn 10; *Gehrlein* Der Konzern 2007, 771, 785; *Drygalla/Kremer* ZIP 2007, 1289, 1293; *Winter* DStR 2007, 1484, 1487; *Bayer/Lieder* GmbHR 2006, 449, 452.

160 BGH NJW 1980, 1629; ZIP 2002, 214.

161 S zur Förderung des Cash-Pooling im Konzern als Regelungszweck RegBegr BR-Drucks 354/07, 78, 94; insoweit auch *Bormann*/Kauka/Ockelmann Kap 4 Rn 49.

162 *Drygalla/Kremer* ZIP 2007, 1289, 1293; *Brocker/Rockstroh* BB 2009, 730, 731; *Mülbert/Leuschner* NZG 2009, 281, 282; – aA *Winter* DStR 2007, 1484, 1487; zweifelnd *Spliedt* ZIP 2009, 149, 150 unter Hinweis auf Delkredere-Risiko.

163 *Wicke* Rn 10; *Gehrlein* Der Konzern 2007, 771, 785; iE auch *Spliedt* ZIP 2009, 149, 150; tendenziell auch BGHZ 179, 71 Rn 17 (MPS) = NJW 2009, 850.

164 *Drygalla/Kremer* ZIP 2007, 1289, 1293; *Winter* DStR 2007, 1484, 1487; *Gehrlein,* Der Konzern 2007, 771, 785; *Brocker/Rockstroh* BB 2009, 730, 731; – insoweit aA *Mülbert/Leuschner* NZG 2009, 281, 282; zur Bilanzierung Baumbach/Hueck/*Schulze-Osterloh* 18. Aufl § 42 Rn 367.

165 BGHZ 179, 71 Rn 14 (MPS) = NJW 2009, 850; vgl auch BGHZ 149, 10, 18, 26 = NJW 2001, 3622, 3623, 3626.

166 BGHZ 81, 311, 320 f; BGHZ 157, 72 = NJW 2004, 1111, 1112 = ZIP 2004, 263, 264.

vor, sondern lediglich ein nach neuem Recht zu § 30 I nicht mehr relevanter Verzicht auf Liquidität. Solange Solvenz des Gfters nicht in Zweifel steht, sind daher Stundungen nicht (mehr) als Auszahlung zu werten. Auszahlung kann jedoch in Verzicht auf Stundungszins liegen (oben Rn 34).

d) Bestellung von Sicherheiten. Soweit Sicherheit im Rahmen von **Beherrschungs- oder Gewinnabführungsvertrag** geleistet wird, ist Anwendbarkeit von § 30 nach Abs 1 S 2, 1. Alt ausgeschlossen (oben Rn 54, 56). Die Gewährung von Sicherheiten durch TochterGes an MutterGes (upstream loan) ist unter diesen Voraussetzungen ohne weiteres auch bei Unterbilanz der TochterGes zulässig, zumindest solange keine Zweifel an Solvenz der MutterGes bestehen (dazu oben Rn 45). Allerdings ist GFührer verpflichtet, im Hinblick auf Durchsetzbarkeit eines evtl Verlustausgleichs Solvenz der ausgleichspflichtigen Ges laufend zu beobachten (oben Rn 43). **58**

Soweit Gewährung der Sicherheit außerhalb von Beherrschungs- oder Gewinnabführungsvertrag erfolgt, kommt es für Beurteilung auf Frage des Vorliegens einer Vermögensminderung an. Bei Bestellung von Sicherheiten fällt idR Zeitpunkt der Bestellung u derjenige der Inanspruchnahme auseinander. Daher ist problematisch, ob es für Anwendung von § 30 I u entspr auch für Verjährung nach § 31 V auf **Zeitpunkt** der Stellung der Sicherheit oder den der Verwertung ankommt. Für Bestimmung des für Abs 1 maßgeblichen Zeitpunkts des Vermögensabflusses ist **zwischen Bestellung** von Sicherheit **gegenüber Gesellschafter u solcher gegenüber Dritten** für dessen Forderung gegen Gfter **zu unterscheiden.** Die ältere Rspr betrifft überw Bestellung von Grundpfandrechten zugunsten ihre GAnteile veräußernder Gfter,[167] ebenso Bürgschaft der Ges,[168] doch hat auch Absicherung von Forderungen Dritter gegen Gfter, besonders auch im Konzernverbund, größere praktische Bedeutung.[169] Abs 1 kann vor allem auch bedeutsam sein bei Bestellung von Sicherheiten am Vermögen der abhängigen Ges im Rahmen eines Cash–pool-Systems[170] u im Rahmen von Leveraged Buy-Outs.[171] **59**

Bei **Sicherheit,** welche Ges **gegenüber Gesellschafter** für Forderung des Gesellschafters gegen Dritten **stellt** oder zusagt, tritt **Auszahlung idR erst mit Inanspruchnahme der Sicherheit** ein.[172] Stellung der Sicherheit führt noch nicht zu Vermögensminderung, weil Ges Verpflichtung ggü Gfter nur unter dem Vorbehalt erfüllen muss, dass Inanspruchnahme nicht zu Unterbilanz führt oder diese vertieft. Das gilt nicht nur bei schuldrechtlicher Sicherheit, sondern grds auch bei Sicherungsübereignung u Sicherungszession an Gfter oder ihm zuzurechnenden Dritten, da auch deren Verwertung unter Vorbehalt des § 30 I steht. Wird durch nicht Gfter zuzurechnenden Dritten **60**

---

167 RGZ 80, 148; 133, 395; 136, 264; 168, 297, hier sogar, falls Bestellung unwirksam.

168 RGZ 146, 96 obiter, für AG.

169 ZB OLG Koblenz AG 77, 231; OLG Düsseldorf BB 1980, 1343; jew für AG bzgl Verpfändung von GesVermögen, Wertpapieren; – s auch BGH WM 1982, 1402; – allg zur Kreditsicherung im Konzern *Früh* GmbHR 2000, 105; ferner *Messer* ZHR 159 (1995) 375; *Sonnenhol/Groß* ZHR 159 (1995), 388; *Sonnenhol/Groß* GmbHR 1995, 561.

170 Dazu etwa Scholz/*Westermann* Rn 43 mwN.

171 Bormann/Kauka/Ockelmann/*Hollstein* Kap 5 Rn 214.

172 *Stimpel* FS GmbHG, 1992, 354 ff; Rowedder/Schmidt-Leithoff/*Pentz* Rn 36; Michalski/*Heidinger* Rn 56.

(Bank) auf Grund vorrangigen Rechts verwertet, soll allerdings hinsichtlich des die vorrangige Forderung übersteigenden Erlöses, der sicherungshalber an Gfter abgetreten war, Vermögensminderung u damit Auszahlung bereits mit Verwertung u nicht erst mit Auskehr des Resterlöses erfolgen, wenn Rückgriffsforderung gegen Dritten nicht vollwertig.[173]

61 Hat Ges dagegen **Sicherheit Gläubigern des Gfters gegenüber** übernommen (zB bei Leveraged Buy-Out, Management Buy-Out),[174] kann Inanspruchnahme diesen ggü grds nicht mehr unter Berufung auf § 30 abgewendet werden, da Vorschrift nur in Bezug auf Gfter u ihm gleichzustellender Personen, nicht aber zu Lasten außenstehender Dritter gilt. **Dritte als Sicherungsnehmer** unterliegen der Anwendung von Abs 1 u § 31 nur unter den oben dargestellten engen Voraussetzungen (oben Rn 24); darüber hinaus allenfalls bei abweichender vertraglicher Regelung (unten Rn 62 aE) oder bewusstem Zusammenwirken zum Schaden der Ges, Kollusion.[175] Daher muss für Frage der Auszahlung auf **Zeitpunkt der Stellung der Sicherheit** abgestellt werden.[176] Anders als nach Rechtslage vor MoMiG[177] ist jetzt nicht mehr die bilanziell nicht erfassbare Entziehung von Liquidität oder Einschränkung von Zugriffs- oder Sicherungsmöglichkeiten der Kreditgeber der Ges maßgebend.[178] Entscheidend ist nach Abs 1 S 2 vielmehr, ob in diesem Zeitpunkt bereits **fassbarer Vermögensabfluss** vorliegt, dem kein iSv Abs 1 S 2 vollwertiger Aufwendungsersatz- oder Rückgriffsanspruch gegenübersteht.

62 Ist im Zeitpunkt der Stellung der Sicherheit das **Ob der Inanspruchnahme offen,** würde sich allerdings auf der Grundlage der bilanziellen Betrachtungsweise Gewährung der Sicherheit allein noch keine Auszahlung darstellen. Die in der Bestellung einer Sicherheit liegende abstrakte Vermögensgefährdung wird bilanzrechtlich noch nicht als Auszahlung erfasst.[179] Die Haftungsverhältnisse sind nach § 251 HGB nur unterhalb der Bilanz auszuweisen. Daher käme es, soweit bei Bestellung der Sicherheit noch nicht mit Inanspruchnahme zu rechnen ist, an sich auf Vollwertigkeit des Aufwendungsersatz- oder Rückgriffsanspruchs aus der Sicherungsabrede bzw §§ 670, 774 BGB nicht an. **Bilanziell** ist für Sicherheit nur **Rückstellung** zu bilden,

---

173 BGHZ 173, 1 Rn 25 = NZG 2007, 704 mit Anm *Goette* DStR 2007, 1874, 1878.

174 Dazu, auch zum neuen Recht im Grds weiterhin relevant Scholz/*Westermann* Rn 43, 47 mwN; Roth/*Altmeppen* Rn 106, 108; *Lutter* AG 1989, 13 ff; *Becker* DStR 1998, 1429; *Kerber* WM 1989, 473 ff u 513 ff; *Koppensteiner* ZHR 155 (1991), 97 ff; *Weber* ZHR 155 (1991), 120 ff; *Fischer/Gasteyer* NZG 2003, 515 ff; vgl auch *Ballweg,* Der Gläubigerschutz bei Management Buyout einer GmbH unter Verwendung von Gesellschaftsmitteln, 2. Aufl 1997. – Zur Bedeutung von § 30 I bei der Verschmelzung *Baumann* BB 1998, 2323; *Bock* GmbHR 2005, 1023; *Enneking/Heckschen* DB 2006, 1099.

175 BGH WM 1982, 1402; BGHZ 138, 291 = DStR 1998, 1272; weitergehend u differenzierend Scholz/*Westermann* Rn 14, 9; Roth/*Altmeppen* Rn 103 f; vgl auch *Canaris* FS Fischer, 1979, 45 ff; *Groß/Sonnenhol* GmbHR 1995, 561 mwN.

176 *Gehrlein* Der Konzern 2007, 771, 785; *Drygala/Kremer* ZIP 2007, 1289, 1295; *K. Schmidt* GmbHR 2007, 1072, 1076; zum Recht vor MoMiG auch Ulmer/*Habersack* Rn 54; – abw Bormann/Kauka/Ockelmann/*Hollstein* Kap 5 Rn 226.

177 Zur Entwicklung des Meinungsstands Ulmer/*Habersack* Rn 52 ff; Scholz/*Westermann* Rn 43 ff; *Lutter/Hommelhoff* Rn 29 ff; Roth/*Altmeppen* Rn 95 ff.

178 *Winter* DStR 2007, 1484, 1488.

179 BGHZ 173, 1 Rn 24 = NZG 2007, 704 mit Anm *Goette* DStR 2007, 1874, 1878.

wenn mit Inanspruchnahme zu rechnen ist (§ 249 I 1 HGB).[180] Nach hier vertretener Auffassung ist jedoch **für die Frage des Vermögensabflusses** auch weiterhin **nicht allein bilanzielle Sicht maßgebend,** sondern auch tatsächlicher Vermögensabfluss, weshalb nicht nur, wie allg anerkannt, die Auskehr stiller Reserven u nicht bilanzierbare Dienstleistungen zu Gunsten von Gfter weiterhin unzulässig sind (oben Rn 33, 37), sondern ebenso sonstige nicht bilanzierungsfähige Vermögensminderungen, da sich die bilanzielle Betrachtung erst auf die Kompensation durch eine Gegenleistung bezieht (oben Rn 37). Entsprechend ist für die Frage, ob die Stellung einer Sicherheit das Gesellschaftsvermögen mindert, keine rein bilanzielle, sondern wirtschaftliche Sicht zugrundezulegen, wonach die Übernahme von Risiken für den Gesellschafter ohne entsprechende Gegenleistung weiterhin als Auszahlung zu qualifizieren ist, deren **Zulässigkeit** infolge dessen nach Abs 1 S 2 davon abhängt, ob der **entsprechende Aufwendungsersatz- oder Rückgriffsanspruch gegen den Gfter vollwertig** ist **u Risiko „deckt".**[181] Ist das nicht gegeben, wie etwa bei der von RegBegr genannten Erwerbsgesellschaft (oben Rn 42), liegt unzulässige Auszahlung bereits mit Einräumung der Sicherheit vor.[182] Soweit danach Gefahr einer Auszahlung gegeben, kann dem uU durch vertragliche Beschränkung der Inanspruchnahme der Sicherheit im Fall der Beeinträchtigung des gebundenen Vermögens (limitation language) Rechnung getragen werden.[183]

Spätere Verschlechterungen der Lage des Gfters macht Stellung der 63
gegebenen Sicherheit nicht nachträglich zu Auszahlung (vgl oben Rn 61), verbietet aber deren erneute Gewährung oder Verlängerung. Soweit eine solche nicht vorliegt, ist für GFührer zwar nicht nach § 30, wohl aber nach § 43 II verpflichtet, Sicherheit zurückzufordern oder Freistellung zu verlangen u muss dies auch im faktischen Konzern durch entspr Informations- u „Frühwarnsystem" sicherstellen (oben Rn 56).

7. Adressaten des Verbots. Verbot gilt schlechthin, nicht nur für GFüh- 64
rer, sodass es bzgl der Unzulässigkeit der Auszahlung gleichgültig ist, wer Auszahlung veranlasst hat. Auch wenn Prokurist oder Gfter Auszahlung veranlasst, ist diese unter den Voraussetzungen von Abs 1 unzulässig und führt bei Verstoß zum Anspruch nach § 31.[184] Davon ist Frage zu unterscheiden, ob und nach welchen Vorschriften derjenige haftet, der unzulässige Auszahlung veranlasst hat. Insoweit gilt für GFührer Sonderregelung in § 43 III, während für ohne Zustimmung des GFührers handelnden Prokuristen ggf Haftung aus Verletzung des Anstellungsvertrags,[185] für verbotswidrig

[180] *Wicke* Rn 12; *Drygala/Kremer* ZIP 2007, 1289, 1295; *Freitag* WM 2007, 1685; zum alten Recht auch Scholz/*Westermann* Rn 46; *Lutter/Hommelhoff* Rn 31 ff; Michalski/*Heidinger* Rn 57; MünchHdbGmbH/*Mayer/Fronhöfer* § 51 Rn 12 – abw zum alten Recht Ulmer/*Habersack* Rn 54.

[181] IE ebenso *Gehrlein* Der Konzern 2007, 771, 785; *Drygala/Kremer* ZIP 2007, 1289, 1295; *K. Schmidt* GmbHR 2007, 1072, 1076; zum Recht vor MoMiG auch Ulmer/*Habersack* Rn 54; – abw Bormann/Kauka/Ockelmann/*Hollstein* Kap 5 Rn 226.

[182] Gleichsetzend daher etwa *Gehrlein* Der Konzern 2007, 771, 785 auch *Bormann/Urlichs* GmbHR Sonderheft Oktober 2008, 37, 49; sehr eng auch *Spliedt* ZIP 2009, 149, 152: Vollwertigkeit die Ausnahme.

[183] *Bormann/Urlichs* GmbHR Sonderheft Oktober 2008, 37, 49; Bormann/Kauka/Ockelmann/*Hollstein* Kap 5 Rn 233; *Diem* Akquisitionsfinanzierungen, 2005, 213.

[184] Ulmer/*Habersack* Rn 23.

[185] BGHZ 148, 167 = NJW 2001, 3123; zust *Müller* ZGR 2003, 441.

weisenden oder sonst zu unzulässiger Entnahme verhelfenden Gfter aus Verletzung einer entspr Gesellschafterpflicht.[186] – Abs 1 gilt iSv Anspruchskonkurrenz auch, wenn Gfter GesVermögen stiehlt oder unterschlägt. Gegenansicht, die aus begrifflichen Gründen **Veranlassung durch Ges** verlangt,[187] stellt zu Unrecht deliktisch handelnden Gfter ua verjährungsmäßig besser.

65 8. **Darlegungs- und Beweislast** für positive Voraussetzungen von Abs 1 trägt grds Ges,[188] für Vorliegen der Einschränkungen von S 2 Gfter. Allerdings sollte man insbes bei Überschuldung in zeitlicher Nähe sekundäre Beweislast des GfterGFührers anerkennen, wenn dieser zur Aufklärung besser in der Lage ist.[189] Darlegungs- u Beweislast für Vorliegen eines Drittgeschäfts als Ausnahme trägt Gfter.[190]

66 9. **Rechtsfolgen** beim Vorliegen der Voraussetzungen für Abs 1 S 1 in erster Linie **Unzulässigkeit der betreffenden Leistung.** Etwa zugrunde liegender GfterBeschluss, zB über Ergebnisverwendung, insoweit nicht vollziehbar, als dadurch gegen § 30 verstoßen würde (s auch § 29 Rn 56 mwN); Beschluss nach bislang hM[191] entspr § 241 Nr 3 AktG nichtig, wenn auf Auszahlung trotz Verletzung von § 30 gerichtet (§ 47 Anh Rn 51, auch § 29 Rn 45 aE). Ob daran im Hinblick auf Rspr des BGH zu § 134 BGB (nachfolgend Rn 67) festzuhalten ist, ist zweifelhaft.[192] – Erfolgt Leistung unter Verstoß gegen das Auszahlungsverbot, gilt besondere gesellschaftsrechtliche **Erstattungspflicht** hinsichtlich des Empfangenen **nach § 31** (Einzelheiten, auch zu weitergehenden Ersatzansprüchen, s dort; darüber, dass § 30 kein Schutzgesetz iSv § 823 II BGB ist, bereits oben Rn 1 mwN). Zu sonstigen Ansprüchen u zur Frage der Strafbarkeit wegen Untreue oben Rn 11.

67 Nach stRspr von RG u BGH **keine generelle Nichtigkeit der jew Verpflichtungs- oder Verfügungsgeschäfte** nach § 134 BGB; auch nicht bei bewusster Zuwiderhandlung gegen Bindung des Abs 1.[193] Verpflichtung steht aber unter Vorbehalt der Vereinbarkeit mit Abs 1, daher bei Unterbilanz **Leistungsverweigerung** zulässig u geboten.[194] Dem ist mit hM in

---

[186] BGHZ 93, 146 = BGH NJW 1985, 1030.

[187] Ulmer/*Habersack* Rn 80; Rowedder/Schmidt-Leithoff/*Pentz* Rn 30; Michalski/*Heidinger* Rn 38.

[188] OLG Düsseldorf GmbHR 2006, 535, 536; *Lutter/Hommelhoff* Rn 26; Michalski/*Heidinger* Rn 91; zu Sonderfall OLG Celle GmbHR 1997, 647; differenzierend Roth/*Altmeppen* Rn 16.

[189] Zur sekundären Beweislast des GFührers bei Ansprüchen aus § 43 III BGH GmbHR 2006, 537, 538.

[190] Vgl BGHZ 157, 72 = NJW 2004, 1111 zum Vorliegen einer Darlehenshingabe im Interesse der Ges unter gegenüber Dritten üblichen Bedingungen.

[191] Scholz/*Schmidt* § 45 Rn 74; Ulmer/*Habersack* Rn 95; Ulmer/*Raiser* § 47 Anh Rn 52.

[192] Abl Scholz/*Westermann* Rn 13.

[193] BGHZ 136, 125, 129 f = NJW 1997, 2599, 2600; 148, 167, 171 = NJW 2001, 3123, 3124; Roth/*Altmeppen* Rn 79 f; Rowedder/Schmidt-Leithoff/*Pentz* Rn 45 f; Michalski/*Heidinger* Rn 87; *Kort* ZGR 2001, 615, 623 f; – anders die früher hM vor allem für bewussten Verstoß, vgl 16. Aufl 1996, mwN.

[194] StRspr, zum Ganzen insbes RGZ 168, 302; auch 133, 244; JW 1938, 1176; DR 1942, 40; BGH LM GmbHG § 30 Nr 1; BGHZ 69, 280; 81, 367; 95, 191 f, 136, 125, 129 f; = NJW 1997, 2599, 2600; BGHZ 148, 167, 171 = NJW 2001, 3123, 3124; GmbHR 1996, 111; ferner WM 1982, 1402, auch für Bestellung einer Sicherheit.

der Lit[195] zuzustimmen. Unter den zahlreichen Argumenten hervorzuheben: Wirksamkeit des Verpflichtungsgeschäfts schon deshalb systembedingt notwendig, weil für Beurteilung des GesVermögens nicht Abschluss, sondern erst Zeitpunkt der Erfüllung maßgebend (Rn 22). Spezielle gesellschaftsrechtliche Sanktion des § 31 sichert Rückabwicklung des Verfügungsgeschäfts ohne die mit Blick auf das Abstraktionsprinzip ohnehin zweifelhafte Nichtigkeitsfolge. Auch durch GmbH-Novelle 1980 eingeführte Sonderregelung der Rechtsfolgen in § 33 II 3 spricht deutlich für Wirksamkeit des Verfügungsgeschäfts auch bei Verstoß gegen die Grundnorm in § 30 I. §§ 30, 31 gehen **Grundsätzen des Missbrauchs der Vertretungsmacht** vor, wenn dieser in bewusster Verletzung der Kapitalerhaltungsregelung liegt.[196] Dagegen bleiben Missbrauchsgrundsätze bei darüber hinausgehender Schädigung anwendbar.[197]

10. Bei **GmbH & Co KG** gelten grds die gesetzlichen Vorschriften über Kapitalrückzahlungen für die beiden GesFormen gesondert, je nachdem aus welchem Bereich eine Zahlung erfolgt.[198] – Darüber hinaus können übergreifend Leistungen der KG an **Kommanditisten, die zugleich Gfter der Komplementär-GmbH** sind (zu „Nur-Kommanditisten" Rn 70), auch gegen § 30 I verstoßen u Erstattungsansprüche der KG (hM, str s § 31 Rn 7) nach § 31 auslösen.[199] Daneben KG-rechtliche Folgen gem §§ 171 f HGB, die aber weitergehende Haftung nach §§ 30, 31 nicht beschränken.[200] Auch Zahlung der GmbH an die von ihren Gfter beherrschte KG kann einer solche an deren Gfter gleichzusetzen sein.[201] – **Voraussetzung** ist, dass Zahlung ohne vollwertige Gegenleistung zur Stammkapitaldeckung erforderliches GesVermögen der GmbH angreift. Das kann in zwei Formen geschehen, die auch zusammentreffen können: Soweit Komplementär-GmbH, was nicht unbedingt erforderlich ist, mit Kapitaleinlage an KG beteiligt, sinkt deren Wert durch Abfluss von KG-Vermögen; Wertminderung verringert dann GmbH-Vermögen. Führt Leistung der KG zu deren Überschuldung, wird GmbH-Vermögen durch Haftung nach § 128 HGB belastet, auch wenn keine Kapitalbeteiligung besteht. **68**

---

195 Ausführl mwN Ulmer/*Habersack* Rn 96 f; Scholz/*Westermann* Rn 12 f; ferner *Lutter/Hommelhoff* Rn 42 ff; *Raiser/Veil* § 37 Rn 31 f; Roth/*Altmeppen* Rn 79; *K. Schmidt* GesR § 37 III 2 c; *Fleck,* Kapitalaufbringung, 32; *Meister* WM 1980, 396; krit, aber iE wie hM *Joost* ZHR 148 (1984), 30 ff mwN.

196 *Schön* ZHR 159 (1995), 351, 366 Fn 59; *Joost* ZHR 148 (1984), 27, 30 Fn 10; – abw Rowedder/Schmidt-Leithoff/*Pentz* Rn 53; Roth/*Altmeppen* Rn 82; *Steinbeck* WM 1999, 889.

197 BGH GmbHR 1996, 113.

198 BGHZ 174, 370 Rn 9 = NZG 2008, 143; Rowedder/Schmidt-Leithoff/*Pentz* Rn 66; Michalski/*Heidinger* Rn 100; *K. Schmidt* GmbHR 1989, 141 mit Vorschlägen de lege ferenda.

199 HM, BGHZ 60, 324; 67, 178; 69, 274; 76, 326; 95, 188; 123, 289, 296; auch WM 1986, 448; OLG München DB 1983, 166; OLG Hamburg DB 1986, 1329; OLG Celle GmbHR 1998, 1131; auch OLG Köln GmbHR 1992, 182 für mittelbare Kommanditistenstellung; Ulmer/*Habersack* Rn 101 ff; Scholz/*Westermann* Rn 57 ff mwN; Roth/*Altmeppen* Rn 118; MünchKommHGB/*K. Schmidt* §§ 171, 172 Rn 128; Baumbach/*Hopt* § 172 a Rn 32 ff; *Binz/Sorg* § 12 Rn 32 ff; *K. Schmidt* GesR § 56 V 1 b; *Canaris* FS Fischer, 1979, 58 ff.

200 BGHZ 60, 324.

201 So zu § 19 GmbHG BGHZ 174, 340 Rn 9 = NZG 2008, 143.

69 Zum Erstattungsanspruch nach § 31 s dort Rn 7. Verjährung nach § 31 V, wobei Kenntnis des Empfängers vom Wiederaufleben der Haftung nach § 172 IV HGB allein noch nicht bösliche Handlungsweise begründet.[202] – Weitgehend ungeklärt ist Behandlung von nicht ausgeglichenen Leistungen der GmbH an KG u Folgen für Kommanditisten, die zugleich GmbH-Gfter sind. Nach OLG Köln liegt bei Kreditgewährung der GmbH an KG keine unter § 30 fallende Leistung an GmbH-Gfter vor, die zugleich Kommanditisten sind, weil KG nicht mit dem GmbH-Gfter zuzurechnenden Drittunternehmen gleichzusetzen sei.[203] Diese Einheitsbetrachtung berücksichtigt jedoch nicht, dass damit Vermögensverlagerungen Tür u Tor geöffnet werden u GmbH-Gfter als Kommanditisten mittelbar partizipieren.[204]

70 Enstpr gilt für Leistung an **„Nur-Kommanditisten", die nicht zugleich GmbH-Gfter** sind.[205] Im Übrigen gelten Grundsätze für Zurechnung von Leistungen an Dritte (Rn 24 ff) auch hier. – Anwendung von § 30 auch auf Leistungen der KG an **GmbH-Gfter** möglich, **der nicht Kommanditist** ist.[206] – Zum Erwerb von GAnteilen der Komplementär-GmbH durch KG § 33 Rn 20.

III. Rückzahlung von Nachschüssen, Abs 2

71 **1. Voraussetzungen für Rückzahlung** von Nachschüssen in Abs 2 besonders geregelt, da Nachschüsse zwar Eigenkapitalbildung dienen, aber nicht derselben strengen Bindung wie Stammkapital unterliegen (zu Begriff u Bedeutung § 26 Rn 1 f). – Rückzahlung nur zulässig beim Vorliegen aller vier folgenden Voraussetzungen: **(1)** Nur, soweit nicht zur **Deckung eines Verlustes am Stammkapital** benötigt, soweit also bei ordnungsgem Bilanzierung Aktiva des GesVermögens nach Abzug der echten Passiva u der Nachschussrückzahlung noch Nennbetrag des Stammkapitals decken, also keine Unterbilanz entsteht. Maßgebend Zeitpunkt der Auszahlung. Für Rückzahlung ist Abs 1 voll anzuwenden. **(2)** Rückzahlungsbeschluss der Gfter, § 46 Nr 3. **(3)** Ablauf einer **Dreimonatsfrist** seit Bekanntmachung des Beschlusses gem Abs 2 S 2. Bekanntmachung nunmehr ausschließlich nach § 12 (früher Bestimmung der GesBlätter durch Satzung, sonst §§ 10, 11 HGB). Fristbeginn auch nach Neufassung mit erster Veröffentlichung im zuletzt erschienenen Blatt,[207] da auch § 12 nF zusätzlich andere öffentliche Blätter oder Informationsmedien zulässt. Sperrfrist soll Gläubigern Wahrung

---

[202] OLG München DB 1983, 167 f.

[203] OLG Köln GmbHR 2002, 968 = NZG 2003, 42.

[204] Zum vergleichbaren Problem der Kapitalaufbringung BGHZ 174, 370 = NZG 2008, 143.

[205] BGHZ 110, 342, 355 ff; NJW 1995, 1960; Ulmer/*Habersack* Rn 105; Roth/*Altmeppen* Rn 118; Michalski/*Heidinger* Rn 108; *K. Schmidt* GesR § 56 V 1 b; *Binz/Sorg* § 12 Rn 36 ff; *Lutter/Hommelhoff* Rn 50; – zurückhaltend hingegen Scholz/*Westermann* Rn 59.

[206] Ulmer/*Habersack* Rn 104; Scholz/*Westermann* Rn 58; Roth/*Altmeppen* Rn 118; Rowedder/Schmidt-Leithoff/*Pentz* Rn 73; *Canaris* FS Fischer, 1979, 62; *Fleck* FS GmbHG, 1992, 419.

[207] So für vergleichbare Neuregelung im AktG *Hüffer* § 25 Rn 5; MünchKomm-AktG/*Pentz* § 25 Rn 12; iE ebenso für die bisherige Regelung Ulmer/*Habersack* Rn 124; Scholz/*Westermann* Rn 68; Roth/*Altmeppen* Rn 115.

ihrer Rechte ermöglichen. **(4) Volleinzahlung des Stammkapitals;** in Abs 2 S 3 ausdrücklich für den Fall des § 28 II, der allein Satzungsbestimmung über Einforderung von Nachschüssen vor voller Einforderung des Stammkapitals zulässt, während diese sonst Voraussetzung für Nachschusseinforderung ist (§ 26 Rn 7). Jedoch muss Abs 2 S 3 erst recht in den letzteren Fällen gelten, da Gläubigerschutz das umso mehr verlangt, wenn nicht durch Satzung auf frühere Nachschusseinforderung hingewiesen wird.[208] – Bei **Verstoß** gegen Abs 2 richten sich Folgen nach § 31 (s dort).

2. Anwendungsbereich. Abs 2 gilt für offene u verdeckte Rückzahlungen; Nachschusskapital darf ohne die Voraussetzungen des Abs 2 in keiner Weise beeinträchtigt werden. Unabhängig davon sind aber Erlass, Aufrechnung u Stundung gegenüber noch nicht gezahlten Nachschüssen zulässig, da § 19 II für sie nicht gilt (§ 19 Rn 5).[209] Auch Aufhebung des Einforderungsbeschlusses möglich, jedoch nur bis zur ersten darauf erfolgten Zahlung.[210] **72**

3. Folge zulässiger Rückzahlung ist, dass Nachschuss insoweit als nicht eingezogen gilt, Abs 2 S 4. Das bedeutet bei beschränkter Nachschusspflicht (§ 26 III), dass zurückgezahlter Nachschuss für Bestimmung der Grenze nicht mitgerechnet wird; entspr keine Anrechnung im Rahmen von § 27 IV. Satzung kann aber abw hiervon Erlöschen der Nachschusspflicht trotz Rückzahlung vorsehen.[211] Zulässigkeit der Rückzahlung nach Abs 2 schließt jedoch Haftung nach anderen Vorschriften, etwa GFührer nach § 64 S 3, nicht aus. **73**

Anhang nach § 30

Gesellschafterfinanzierung

[208] Ulmer/*Habersack* Rn 120; Scholz/*Westermann* Rn 67; Rowedder/Schmidt-Leithoff/*Pentz* Rn 59.
[209] Ulmer/*Habersack* Rn 115; Scholz/*Westermann* Rn 64; Roth/*Altmeppen* Rn 114; Michalski/*Zeidler* § 26 Rn 30, hM, str.
[210] Scholz/*Westermann* Rn 64.
[211] Ulmer/*Habersack* Rn 127; Scholz/*Westermann* Rn 69; Rowedder/Schmidt-Leithoff/*Pentz* Rn 53.

Lit: *Altmeppen,* Das neue Recht der Gesellschafterdarlehen in der Praxis, NJW 2008, 3601; *Bartsch/Weber,* Doppelbesicherung durch Gesellschafts- und Gesellschaftersicherheit nach dem MoMiG: Hat der Gesellschaftsgläubiger weiterhin ein Wahlrecht?, DStR 2008, 1884; *Dahl/Schmitz,* Eigenkapitalersatz nach dem MoMiG aus insolvenzrechtlicher Sicht, NZG 2009, 325; *Eidenmüller,* Gesellschafterdarlehen in der Insolvenz, FS Canaris, 2007, 49; *Fastrich,* Ketzerisches zur sogenannten Finanzierungsverantwortung FS Zöllner, 1998, 143; *Gehrlein,* Die Behandlung von Gesellschafterdarlehen durch das MoMiG, BB 2008, 846; *Haas,* Die Passivierung von Gesellschafterdarlehen in der Überschuldungsbilanz nach MoMiG und FMStG, DStR 2009, 326; *ders,* Das neue Kapitalersatzrecht nach dem RegE-MoMiG, ZInsO 2007, 617; *ders,* Reform des gesellschaftsrechtlichen Gläubigerschutzes, Gutachten E zum 66. Deutschen Juristentag Stuttgart 2006; *Hirte,* Die Neuregelung des Rechts der (früher: kapitalersetzenden) Gesellschafterdarlehen durch das „Gesetz zur Modernisierung des GmbH-Rechts und zur Bekämpfung von Missbräuchen" (MoMiG), WM 2008, 1429; *Hirte/Knof/Mock,* Ein Abschied auf Raten? – Zum zeitlichen Anwendungsbereich des alten und neuen Rechts der Gesellschafterdarlehen, NZG 2009, 48; *Huber,* Finanzierungsfolgenverantwortung de lege lata und de lege ferenda, FS Priester, 2007, 259; *Huber/Habersack,* Zur Reform des Rechts der kapitalersetzenden Gesellschafterdarlehen, in: Lutter, Das Kapital der Aktiengesellschaft in Europa, 2006, 370; *dies,* GmbH-Reform: Zwölf Thesen zu einer möglichen Reform des Rechts der kapitalersetzenden Gesellschafterdarlehen, BB 2006, 1; *Klinck/Gärtner* Versetzt das MoMiG dem Cash-Pooling den Todesstoß? NZI 2008, 475; *Krolop* Zur Anwendung der MoMiG-Regelungen zu Gesellschafterdarlehen auf gesellschaftsfremde Dritte, GmbHR 2009, 397; *Mylich,* Probleme und Wertungswidersprüche beim Verständnis von § 135 Abs 1 Alt. 2 Nr. 2 InsO n. F., ZGR 2009, 474; *Noack,* Kapitalersatz bei verbundenen Unternehmen, GmbHR 1996, 153; *J. Roth,* Reform des Kapitalersatzrechts durch das MoMiG – Der Verzicht auf das Krisenkriterium und seine Folgen, GmbHR 2008, 1184; *K. Schmidt,* Eigenkapitalersatz, oder: Gesetzesrecht versus Rechtsprechungsrecht, ZIP 2006, 1925; *Spliedt,* MoMiG in der Insolvenz – ein Sanierungsversuch, ZIP 2009, 149.

I. Überblick, Rechtsentwicklung

1 **1. Grundsatz der Finanzierungsfreiheit.** Gfter können grds frei entscheiden, ob sie über Mindeststammkapital hinausgehendes Eigenkapital bereitstellen u in welcher Form (dazu § 5 Rn 5). GmbHG **begründet keine allg Pflicht zur Ausstattung der Ges mit angemessenem Eigenkapital** u ist auch nicht als Hinweis hierauf zu verstehen.[1] Das kommt durch § 5 a, eingeführt durch MoMiG, mit besonderer Deutlichkeit zum Ausdruck. **Ebensowenig** drückt bisherige oder neue gesetzliche Regelung der Gfter-Darlehen allg Verbot oder **Mißbilligung dieser Finanzierungsform** aus.[2] Ihre Wahl kann unter verschiedensten Gesichtspunkten sachlich berechtigt sein, so vor allem wegen der gegenüber Stamm- oder Nachschusskapital größeren Flexibilität ihrer rechtlichen Ausgestaltung, uU auch aus steuerlichen Gründen.[3] BGH hat daher schon frühzeitig betont, Fremdfinanzierung durch Gfter sei üblich u könne bis zu einem gewissen Grade wirtschaftlich vernünftig sein.[4]

2 **2. Rückstufung von Gesellschafterdarlehen. a) Rechtslage nach bisherigem Recht.** Nach ganz überw Ansicht rechtfertigte sich System des festen Stammkapitals unter Ausschluss weitergehender Gesellschafterhaftung nicht nur daraus, dass Haftungsfonds aufgebracht und vor Auszahlungen an Gfter geschützt wird (§ 30), sondern bedingt darüber hinaus, dass **bei Verlust des Haftungsfonds Ges entweder liquidiert oder ihr neues Haftkapital zugeführt wird.**[5] Freiheit der Finanzierungsentscheidung beruhte im bisherigen System darauf, dass Eigeninteresse der Gfter, Kräfte des Kapitalmarkts und betriebswirtschaftliche Erfordernisse idR von selbst dafür sorgen, dass Ges entweder mit dem erforderlichen Eigenkapital ausgestattet wird oder im Fall des wirtschaftlichen Fehlschlags durch Mittelentzug oder -verweigerung der Fremdkapitalgeber rechtzeitig in die freiwillige Abwicklung oder Insolvenz gezwungen wird.

3 Dieses System versagt, wenn in der **Krise** Eigenkapitalbedarf durch Fremdkapital aus Gfterhand gedeckt wird, weil Gfter sich einerseits in der Krise typischerweise nicht wie Fremdkreditgeber verhält u nicht durch Kapitalentzug Ges frühzeitig in Liquidation oder Insolvenz zwingt, andererseits durch Insiderstellung Realisierungsvorsprung gegenüber anderen Gläubigern hat, der dazu führt, dass vielfach dennoch Gfterdarlehen im letzten Moment vor dem Zusammenbruch zurückgezahlt u Insolvenzmasse dadurch vermindert wird. Zweck der Regeln über Eigenkapitalersatz war es daher, das durch die

---

1 BGHZ 127, 344; 105, 175, stdg Rspr; Ulmer/*Habersack* §§ 32 a/b Rn 8 f, 26; Scholz/*Schmidt* §§ 32 a, 32 b Rn 3, 9; Rowedder/Schmidt-Leithoff/*Pentz* § 32 a Rn 18; *Lutter/Hommelhoff* §§ 32 a/b Rn 3; *Roth*/Altmeppen § 5 Rn 12; *Flume* JurPerson § 3 III, 2; *Boujong* GmbHR 1992, 298; *Claussen* ZHR 147 (1983), 206; v. Gerkan/*Hommelhoff* Rn 2.9; *Goette* ZHR 162 (1998), 224; *K. Schmidt* ZHR 147 (1983), 166; *Schulze-Osterloh* ZGR 1983, 134; *Ullrich* GmbHR 1983, 141; *Ulmer* ZIP 1984, 1166; *Wilhelm,* Rechtsform und Haftung bei der juristischen Person, 1981, 309 ff. – Abw aber etwa *Wiedemann* § 10 IV, 3 a. – Zur umstr Frage einer davon zu unterscheidenden besonderen Haftung bei Unterkapitalisierung § 5 Rn 6 mwN.

2 Ganz hM, so insbes schon *Ulmer* ZIP 1984, 1166 mwN gegen Kritik bei *Flume* JurPerson § 3 III, 2; ferner etwa Rowedder/Schmidt-Leithoff/*Pentz* § 32 a Rn 18.

3 *Hommelhoff/Kleindiek* FS GmbHG, 421.

4 BGHZ 76, 326, 330 = NJW 1980, 1524, 1525.

5 BGHZ 127, 345; *Goette* ZHR 162 (1998), 224.

Möglichkeit der Fremdkapitalfinanzierung **in der Krise entstehende Funktionsdefizit zu kompensieren.**[6] Dies erfolgte dadurch, dass es Ges verwehrt wurde, Gfterdarlehen u wirtschaftlich vergleichbare Gfterleistungen in der Krise zurückzuzahlen u durch Rückstufung solcher Gfterleistungen in der Insolvenz. Gfter waren danach zwar weiterhin nicht verpflichtet, Ges in oder außerhalb der Krise über satzungsmäßiges Stammkapital hinaus Einlagemittel zur Verfügung zu stellen: Er wurde jedoch in der Krise vor die Wahl gestellt, durch Nichtgewährung oder Abzug der Fremdmittel Ges bereits zu Beginn der Krise in die Liquidation zu zwingen oder sie durch Zuführung oder Belassung der Fremdmittel zu stützen, dies aber für den Preis ihrer Rückstufung und Nichtrückforderbarkeit bis zu Bewältigung der Krise.[7] Für diese Folgen seiner Entscheidung wurde der Begriff der **Finanzierungsfolgenverantwortung**[8] geprägt.

Entspr Grundsätze wurden von Rspr und Lit zunächst auf der Grundlage der §§ 30, 31 entwickelt (Rspr-Regeln) u sollten durch **GmbH-Novelle 1980** durch neu geschaffene §§ 32 a, 32 b iVm §§ 32 a KO, 3 a AnfG (Novellen-Regeln), die später in §§ 39 I Nr 5, 135 InsO, 6 AnfG überführt wurden, auf sichere dogmatische Grundlage gestellt werden. Novellen-Regeln waren nach Rspr des BGH u hM in Lit jedoch missglückt, da Novellenregeln teilw hinter Grundsätzen der BGH-Rspr zu §§ 30, 31 zurückblieben: § 32 a erfasste kapitalersetzende Darlehen in ganzer Höhe u griff damit einerseits weiter als die nach §§ 30, 31 am Betrag des Stammkapitals oder einer weitergehenden Überschuldung orientierte Rspr. Andererseits blieb § 32 a durch Bindung an Eröffnung eines Insolvenzverfahrens deutlich hinter der nicht an förmliches Insolvenzverfahren gebundenen Heranziehung der §§ 30, 31 durch Rspr zurück. Mit einer nicht unproblematischen Entscheidung sah BGH in Novellen-Regeln nur Teilkodifikation u setzte unter Zust der hM in der Lit Rspr zum Kapitalersatz auf der Grundlage der §§ 30, 31 neben Anwendung von §§ 32 a, 32 b fort, was zu hoch kompliziertem, nicht ganz widerspruchsfreiem u wenig übersichtlichem **zweistufigen System**[9] des Eigenkapitalersatzes führte. 4

b) Änderung durch MoMiG. aa) Änderungsgründe. Kompliziertheit u Unübersichtlichkeit auf der einen, Verhinderung weiterer Benachteiligung der GmbH gegenüber in Inland tätigen ausländischen Gesellschaften (insbes Limited) auf der anderen Seite hat Gesetzgeber zu **rechtsformneutraler, rein insolvenz- u anfechtungsrechtlicher Regelung** in Anknüpfung an Novellen-Regeln veranlasst. Mit Streichung von §§ 32 a/b u expliziter Aufgabe der Anknüpfung an §§ 30, 31 durch § 30 I 3 soll zum Ausdruck gebracht werden, dass **Gedanke des Eigenkapitalersatzes** als Grundlage **aufgegeben** u an dessen Stelle vereinfachte, alle Gfterdarlehen erfassende 5

---

[6] Näher *Fastrich* FS Zöllner, 2000, 143, 149; *v. Gerkan* FS Lutter, 2000, 1317, 1322 ff; *Lutter* DB 1994, 129, 135; auch Rowedder/Schmidt-Leithoff/*Pentz* § 32 a Rn 17.

[7] BGHZ 127, 345; 109, 57 f; 105, 168, 175 f; NJW 1989, 1734; 96, 3203; grds bereits BGHZ 90, 381, 389, die vorausgegangene Rspr zusammenfassend; – auch hM Lit, Ulmer/*Habersack* §§ 32 a/b Rn 11; Scholz/*Schmidt* §§ 32 a, 32 b Rn 4; *Lutter/Hommelhoff* §§ 32 a/b Rn 3; Roth/*Altmeppen* § 32 a Rn 16 f; v Gerkan/*Hommelhoff* Rn 2.24; *Goette* ZHR 162 (1998), 224; *Habersack* ZHR 162 (1998), 205; *Wiedemann* FS Beusch, 1993, 893, 909 ff.

[8] BGHZ 127, 345; *Goette* ZHR 162 (1998), 224.

[9] *Lutter/Hommelhoff* §§ 32 a/b Rn 10; Michalski/*Heidinger* §§ 32 a, 32 b Rn 19; *Goette* § 4 Rn 9; – krit Rowedder/Schmidt-Leithoff/*Pentz* § 32 a Rn 215: Nebeneinander.

insolvenzrechtliche Rückstufung bzw Anfechtungsmöglichkeit gesetzt wurde.[10]

6 **bb) Grundgedanke neuer Regelung,** der ua Konsequenzen für Ausdehnung der Regeln auf Dritte haben kann,[11] ist problematisch. Er ist weder aus der Gesetzesbegründung noch aus den Vorarbeiten in der Lit eindeutig erkennbar. Eindeutig ist nur, dass sich Neuregelung **nicht mehr** auf Gedanken des **Eigenkapitalersatzes** stützt. Das schließt es freilich nicht zwingend aus, Grundgedanken weiterhin zwar nicht in Finanzierungsverantwortung, wohl aber in Aufrechterhaltung der **Steuerungsfunktion des Eigenkapitalrisikos** zu sehen, die es erfordert, bei Scheitern der Ges Gfter Rückzug auf Kreditgeberrolle zu versagen u gleichberechtigte Konkurrenz mit nicht an der Ges beteiligten Kreditgebern um verbliebene Vermögensmasse zu verhindern.[12] Eines Rückgriffs auf die nach neuem Recht gerade nicht intendierte Anknüpfung auf eine Krisenfinanzierung[13] bedarf es dazu nicht, weil es nicht um die Unangemessenheit der Finanzierung, sondern lediglich um Verhinderung eines Fehlanreizes mit Blick auf das Scheitern der Ges geht.[14] Damit sind Begründungen mit einem Näher-Dran-Prinzip, der Nähebeziehung des Gfters zu Ges,[15] der Insiderrolle[16] u dem Einfluss auf die Geschäftsführung,[17] mit der Rückstufung von Gfterdarlehen als Gegenstück zur Haftungsbegrenzung[18] bzw einen Wechsel von Finanzierungsfolgenverantwortung zu Verhinderung des Missbrauchs der Finanzierungsform[19] nicht unvereinbar, haben jedoch mehr beschreibende als erklärende Funktion.

7 **cc) Auswirkungen der Neuregelung.** Auswirkungen der Neuregelungen für Gfter u Gläubiger sind ambivalent. Angestrebte **Vereinfachung** wird grds durch Beseitigung des unübersichtlichen Nebeneinanders von bisherigen Novellen- u Rspr-Regeln sowie durch Erfassung aller Gfterdarlehen ohne Voraussetzung einer Krisenfinanzierung erreicht. Unter Vereinfachungsgesichtspunkten positiv vor allem aber Regelung der Nutzungsüberlassung in § 135 III InsO.

8 Für **Gesellschafter verschärfend** wirkt sich entgegen der Absicht der RegBegr[20] **Verzicht auf** zusätzliche **Voraussetzung einer Krise** aus, die es bisher erlaubte, Darlehen bei Eintritt der Kreditunwürdigkeit noch abzuziehen, Ges dadurch in die Abwicklung zu zwingen u ggf Sicherheiten in

---

[10] RegBegr BR-Drucks 354/07, 95, 129; *Gehrlein* Der Konzern 2007, 771, 786; *Habersack* ZIP 2007, 2145; *Haas* ZInsO 2007, 617; *Noack* DB 2007, 1395, 1398.

[11] *K. Schmidt* BB 2008, 1966, 1969; *Krolop* GmbHR 2009, 397, 400.

[12] *Servatius* aaO 481 ff.

[13] Dafür aber nachdrücklich *Altmeppen* NJW 2008, 3601, 3603; im Grds auch *Bork* ZGR 2007, 250, 257; ähnlich auch noch *Haas* ZInsO 2007, 617, 619 „Todeskampf verlängern"; *ders,* DJT-Gutachten, E 79 f; *Spliedt* ZIP 2009, 145, 153; – dagegen zu Recht *Habersack* ZIP 2007, 2145, 2146 f; auch *Wicke* § 30 Rn 22.

[14] *Servatius* aaO, 480.

[15] *K. Schmidt* ZIP 2006, 1925, 1934; *Habersack* ZIP 2007, 2145, 2147; *Wicke* § 30 Rn 22.

[16] *Haas* ZIP 2007, 617, 618; *Eidenmüller* FS Canaris Bd 2, 2007, 49, 63; *Mylich* ZGR 2009, 474, 488.

[17] *Eidenmüller* FS Canaris, 2007, 49, 63 f; eingehend *Servatius* aaO, 335 ff.

[18] So *Huber* FS Priester 2007, 259, 275; *Habersack* ZIP 2007, 2145, 2147; *Huber/Habersack* in Lutter, 370, 393 ff, 405 ff; *Gehrlein* BB 2008, 846, 849.

[19] *Habighorst,* Finanzplanfinanzierungen, 2006, 236 ff.

[20] BR-Drucks 354/07, 130 „nicht schlechter gestellt".

Anspruch zu nehmen.[21] Fehlen dieser Möglichkeit reduziert bisherigen Anreiz, Ges durch Abzug der Mittel frühzeitig in Abwicklung zu zwingen[22] u wird sich negativ auf Konzernfinanzierung auswirken.[23] Problematisch auch für Unternehmensverkauf, wenn Käufer gesundes Unternehmen innerhalb der Jahresfrist in die Insolvenz führt.[24]

Umgekehrt führt **Wegfall der Rspr-Regeln** ggf zu **günstigerer** Stellung für Gfter, da außerhalb der Jahresfrist von § 135 Nr 1 InsO Befriedigung des Darlehensanspruchs trotz bereits bestehender Krise nicht mehr ohne weiteres unwirksam ist. Das kann u wird Versuche provozieren, nach Rückzahlung des Darlehens Ges über Jahresfrist hinaus am Leben zu halten, um Anfechtbarkeit nach § 135 I Nr 2 InsO zu entgehen.[25] Das wird noch dadurch erleichtert, dass die im Rahmen des FMStG[26] erfolgte Änderung der Überschuldungsdefinition in § 19 II InsO wieder zum früheren zweistufigen Überschuldungsbegriff zurückkehrt, der die Insolvenzantragstellung trotz Überschuldung nicht mehr verlangt, solange eine positive Fortführungsprognose besteht.[27] Rückzahlung kann allerdings auch gegen § 64 S 3 verstoßen (unten Rn 18). Zu Ausweichfinanzierungen kann auch Begrenzung der Rechtsfolgen der **Nutzungsüberlassung** führen, da diese im Vergleich zur Darlehensfinanzierung relativ risikolos geworden ist. Im übrigen ist offen, inwieweit Rspr versuchen wird, entstehende Lücken mit Hilfe anderer Instrumentarien zu schließen. In Betracht kommt Anfechtung nach § 133 InsO (unten Rn 70). Genannt werden ferner Grds des Finanzplankredits[28] u Existenzvernichtungshaftung.[29] 9

Ausschließliche insolvenzrechtliche Anknüpfung enthält Risiko, dass sich Gfter durch nunmehr nach § 4a mögliche **Verlagerung des tatsächlichen Sitzes** u des Schwerpunkts der wirtschaftlichen Tätigkeit ins Ausland Anwendung des deutschen Insolvenzrechts u damit der neuen Regeln entziehen.[30] 10

dd) Übergangsregelung, §§ 103 d EGInsO, 20 III AnfG. Für Geltung des neuen Rechts ist nach § 103 d EGInsO entscheidend, ob Insolvenzverfahren vor oder nach Inkrafttreten des MoMiG (1. 11. 2008) eröffnet worden ist. Für vor Inkrafttreten eröffnete Verfahren gilt weiterhin altes Recht, für seit 1. 11. 2008 eröffnete gilt dagegen grds neues Recht mit Einschränkungen für Rechtshandlungen, die vor Inkrafttreten des MoMiG vorgenommen wurden. Nicht geklärt ist Wirkung des § 31 I 3 nF auf vor Inkrafttreten des MoMiG erfolgte Rückzahlungen in der Krise. Näher unten Rn 110 ff. 11

c) Regelungstechnik. aa) Grundtatbestand, Rückstufung. Grundtatbestand der Herabstufung von Gfterdarlehen u Rechtshandlungen, die einem 12

---

21 *Roth* GmbHR 2008, 1184, 1186; *Thiessen* DStR 2007, 202, 206.

22 *Roth* GmbHR 2008, 1184, 1186.

23 *Wicke* § 30 Rn 22; eingehend *Klinck/Gärtner* NZI 2008, 457, 459; krit ferner *Burg/Westerheide* BB 2008, 62; *Burg/Poertzgen* ZInsO 2008, 473, 476 f; *Roth* GmbHR 2008, 1184, 1187.

24 *Gehrlein* BB 2008, 846, 852; *Heckschen* DStR 2007, 1242, 1248.

25 *Wicke* § 30 Rn 22; *Hölzle* GmbHR 2007, 729, 733; *Gehrlein* BB 2008, 846, 852; *Bayer/Graff* DStR 2006, 1654, 1657.

26 Gesetz zur Umsetzung eines Maßnahmenpakets zur Stabilisierung des Finanzmarktes (Finanzmarktstabilisierungsgesetz – FMStG) vom 17. 10. 2008, BGBl I, 1982.

27 Krit dazu etwa *Hölzle* ZIP 2008, 2003.

28 *Wicke* § 30 Rn 22; *Gehrlein* BB 2008, 846, 853; *Hirte* ZInsO 2008, 689, 696.

29 *Wicke* § 30 Rn 22; *Gehrlein* BB 2008, 846, 853.

30 *Hirte* ZInsO 2008, 689, 696.

solchen Darlehen wirtschaftlich entsprechen enthält § 39 I Nr 5 InsO, der Rangfolge in der Insolvenz bestimmt. § 39 IV InsO enthält Regelung der betroffenen Gesellschaftsformen, durch die Regelung über bisherigen, vor allem GmbH betreffenden Geltungsbereich hinaus rechtsformneutral auf alle Ges, soweit InsO Anwendung findet, auch auf ausländische, erstreckt werden soll, bei welchen keine natürliche Person als Gfter unmittelbar oder mittelbar als Gfter eines Gfters haftet. **Eingeschränkt** wird der **sachliche Anwendungsbereich** der Regelung durch Abs 4 S 2, der das schon bisher geltende Sanierungsprivileg enthält. Der **persönliche Anwendungsbereich** wird durch Abs 5 eingeschränkt durch schon bisher bekannte, erstmals durch KapAEG eingeführte Herausnahme von Darlehen eines nicht geschäftsführenden Gesellschafters, der mit zehn Prozent oder weniger am Haftkapital beteiligt ist.

13 Grundtatbestand wird **erweitert durch** die schon bisher in § 32a II aF enthaltene u lediglich neu formulierte **Regelung der gesellschafterbesicherten Drittdarlehen** in § 44a InsO, wonach bei Besicherung durch Gfter Darlehensgeber nur anteilsmäßige Befriedigung aus der Insolvenzmasse verlangen kann, soweit er bei der Inanspruchnahme der Sicherheit oder des Bürgen ausgefallen ist.

14 **bb) Insolvenzanfechtung.** Herabstufungsregelung wird, wie bisher, **flankiert durch besondere Anfechtungsregelung** in § 135 InsO, die von größerer praktischer Bedeutung sein wird als Grundregel der Herabstufung, weil in der GmbH-Insolvenz auch für vorrangige Forderungen nur selten nennenswerte Quoten zu erzielen sein werden.[31] Anfechtbar ist Befriedigung einer unter § 39 I Nr 5 InsO fallenden Darlehens- oder vergleichbarer Rückzahlungsforderung, wenn diese im letzten Jahr vor dem Antrag auf Eröffnung des Insolvenzverfahrens oder nach diesem Antrag erfolgt ist (Nr 2). Gleiches gilt, wenn Ges innerhalb der letzten 10 Jahre vor diesem Zeitpunkt Gfter für Rückzahlungsforderung Sicherheit gewährt hat. Letzteres wird idR nicht praktisch, da abgesonderte Befriedigung ohnehin schon auf Grund des Nachrangs der gesicherten Forderung ausgeschlossen ist.[32] – Entspr Regelung für die Befreiung eines Gfters aus für Drittdarlehen bestellter GfterSicherheit findet sich in § 135 II InsO. Da die Insolvenzanfechtung, die grds nach § 143 I InsO zur Rückerstattungspflicht des Leistungsempfängers an die Insolvenzmasse führt, für gesellschafterbesicherte Drittdarlehen nicht passt, wurde in § 143 III InsO entspr Regelung aufgenommen, wie sie schon bisher in § 32b enthalten war.

15 Etwas unsystematisch wurde durch Rechtsausschuss in § 135 III InsO eine an sich nicht zur Insolvenzanfechtung, sondern eher in den Regelungsbereich der §§ 108, 109 InsO gehörende Regelung eines Rechts des Insolvenzverwalters zur vorübergehenden entgeltlichen Weiternutzung eines vom Gfter der Ges überlassenen Gegenstands **(Nutzungsüberlassung)** angefügt. Die Regelung soll keine Rückkehr zur Einbeziehung der Nutzungsüberlassung in den eigentlichen Anfechtungstatbestand darstellen, sondern in Anlehnung an § 26a der österreichischen Konkursordnung es dem Insolvenzverwalter ermöglichen, die Sache für Zeitraum bis zu einem Jahr entgeltlich weiter zu benutzen, wenn der Gegenstand für die Fortführung

---

[31] *Gehrlein* BB 2008, 846, 852.

[32] So zum insoweit nicht geänderten bisherigen Recht MünchKommInsO/*Stodolkowitz/Bergmann* § 135 Rn 75, 81.

des Unternehmens des Schuldners von erheblicher Bedeutung ist. Gedacht ist dabei insbes an die Ermöglichung Erfolg versprechender Sanierungsversuche.[33]

cc) Anfechtung nach dem AnfG. Außerhalb des Insolvenzverfahrens, insbes auch für den Fall der Ablehnung der Insolvenzeröffnung mangels Masse, kann nach **§ 6 AnfG** Befriedigung der Darlehensrückzahlungsforderung oder gleichgestellter Forderung angefochten werden, wenn diese im letzten Jahr vor Erlangung des vollstreckbaren Schuldtitels oder danach erfolgt ist (Abs 1 S 1 Nr 2) oder wenn für entspr Forderung Sicherung innerhalb der letzten zehn Jahre vor diesem Zeitpunkt gewährt wurde (Abs 1 S 1 Nr 1). Das galt iGrds schon bisher so; allerdings stellt Gesetz für Fristlauf nicht mehr auf Erklärung der Anfechtung, sondern Erlangung des Schuldtitels ab. Neu hinzugefügt wurde Erweiterung des Anfechtungsfensters durch Vorverlagerung des Fristbeginns für den Fall, dass im Zeitpunkt der Abweisung des Insolvenzantrags mangels Masse (§ 26 InsO) der Gläubiger noch nicht über einen vollstreckbaren Schuldtitel verfügt (Abs 1 S 2). Damit durch Abstellen der Jahres- bzw Zehnjahresfrist auf Erlangung des Schuldtitels bei Erfüllung der Voraussetzungen Anfechtung nicht beliebig lange hinausgezögert werden kann und in der Schwebe bleibt, hat Neufassung in Abs 2 Ausschlussfrist von 3 Jahren gesetzt, die mit Ablauf des Jahres beginnt, in welcher Gläubiger vollstreckbaren Schuldtitel erlangt hat. Bei Sicherung oder Befriedigung erst nach Erlangung des Schuldtitels läuft Ausschlussfrist ab der entspr Handlung des Schuldners. 16

Neu eingefügt wurde **§ 6 a AnfG,** der bisherige Lücke im AnfG hinsichtlich Befriedigung gesellschafterbesicherter Darlehen durch Ges schließt. Regelung entspr in der Sache weitgehend § 135 II InsO. 17

dd) Geschäftsführerhaftung nach § 64 S 3. Die Anfechtbarkeit der Rückzahlung von Gfterdarlehen oder vergleichbarer Forderung nach § 135 InsO wird ergänzt durch GFührerhaftung für Zahlungen an Gfter, die zu Zahlungsunfähigkeit der Ges führen mussten nach § 64 S 3. Vorschrift ist auch auf Rückzahlung von Gfterdarlehen u zumindest theoretisch auch außerhalb der Jahresfrist von §§ 135 I 1 Nr 2 InsO, 6 I 1 Nr 2 AnfG anwendbar. Auf diese Ergänzung weist auch RegBegr hin.[34] 18

ee) Sonstige Schadenersatzpflichten. Finanzierung durch GfterDarlehen als solche keine sittenwidrige Gläubigerbenachteiligung,[35] zumal gesetzliche Regelung ausreichenden Gläubigerschutz gewährleist. Daher Voraussetzungen des § 826 BGB nicht generell erfüllt. Dagegen bleibt deliktische Haftung nach allg Regeln bei weiterem Hinzutreten besonderer Umstände unberührt, so etwa bei Kreditbetrug, Insolvenzverschleppung durch entspr Einflussnahme auf GFührung udgl (§ 64 Rn 109 ff mwN).[36] – Zur Haftung aus culpa in contrahendo § 13 Rn 42 mwN. 19

3. Finanzplankredite. 20

Lit: *Buschmann,* Finanzplankredit und MoMiG, NZG 2009, 91; *Habighorst,* Finanzplanfinanzierungen, 2006.

---

[33] Rechtsausschuss BT-Drucks 16/9737, 106.
[34] BR-Drucks 354/07, 95.
[35] BGHZ 31, 271, auch oben Rn 1.
[36] Scholz/*Schmidt* §§ 32 a, 32 b Rn 10; Ulmer/*Habersack* §§ 32 a/b Rn 26, auch § 30 Anh Rn 30 ff; Rowedder/Schmidt-Leithoff/*Pentz* § 32 a Rn 20.

Beim Finanzplankredit stellen Gfter nach dem Finanzierungsplan der Ges zur Verwirklichung des GesZwecks notwendige Mittel als GfterKredit oder Besicherung von Fremdkredit ergänzend zum Eigenkapital u/oder zur Vermeidung von Liquiditätsengpässen zur Verfügung.[37] Soweit sie in Form von Darlehen oder wirtschaftlich entsprechenden Rechtshandlungen gewährt werden, unterfallen sie den Regeln über Gfterdarlehen u können daher in der Insolvenz nur nachrangig geltend gemacht werden.[38] Ihre Rückzahlung im letzten Jahr vor Insolvenzeröffnung bzw der Erlangung eines vollstreckbaren Titels nach den Vorschriften der InsO u des AnfG anfechtbar. Entspr gilt für bei Insolvenzeröffnung noch bestehende oder innerhalb der Frist des § 135 I InsO frei gewordene finanzplanmäßige Sicherheit eines Gfters für Drittdarlehen.

21 Die eigentliche Besonderheit der Finanzplankredite u –sicherheiten besteht demgegenüber in **Rechtsfolgen der vertraglichen Vereinbarung,** wenn das Darlehen/Sicherheit noch nicht gegeben oder außerhalb der Anfechtungsfrist des § 135 I Nr 2 InsO zurückgezahlt bzw frei wurde. Vereinbarung ist zunächst nach deren Regelung in oder außerhalb des GesVertrags und Sinn und Zweck zu beurteilen. Danach ist zu beurteilen, ob der vereinbarte Finanzplankredit nach den getroffenen Abreden ein gewöhnliches GfterDarlehen darstellt, das unter Berufung auf wesentliche Verschlechterung der Vermögensverhältnisse der Ges nach § 490 BGB gekündigt u dessen Leistung entspr verweigert werden kann, oder ob nach Sinn u Zweck der vertraglichen Zusage Kreditzusage wie eine Einlagepflicht zu behandeln ist (so auch bei gesplitteter Einlage). Im letztgenannten Fall führt finanzplanmäßige vertragliche Vereinbarung zu einer über § 490 I BGB hinausgehenden, gerade auch die Stützung der Ges im Fall der Liquiditätskrise umfassenden Bindung[39] mit der Folge, dass Darlehen deshalb ohne Möglichkeit der Berufung auf § 490 I BGB gewährt werden bzw belassen werden muss,[40] soweit nicht vorrangige Gläubiger vollständig befriedigt sind. An dieser vertraglich begründeten Rechtsfolge hat Abschaffung des Eigenkapitalersatzrechts nichts Grunds geändert,[41] da Rspr schon bisher Unabhängigkeit von Eigenkapitalersatzrecht betont hat.[42] Da es um rechtsgeschäftliche Bindung des Finanzplankredits geht, ist Kleinbeteiligungsschwelle des § 39 V InsO irrelevant.[43] Gleiches gilt für das Sanierungsprivileg nach § 39 IV 2 InsO.[44]

22 **Rechtsgeschäftliche Aufhebung** bestehender Finanzplanbindung durch entspr Satzungs- bzw Vertragsänderung grds möglich. Gesellschaftsrechtliche,

---

[37] Ulmer/*Habersack* §§ 32 a/b Rn 236; Scholz/*Schmidt* §§ 32 a, 32 b Rn 97.

[38] BGHZ 142, 116 = NJW 1999, 2809.

[39] BGHZ 142, 121 = NJW 1999, 2809, 2810: einlageähnliche Darlehenszusage, sinnentsprechende Heranziehung der gesetzlichen Regeln zur Erfüllung von Einlagepflichten; *Lutter/Hommelhoff* §§ 32 a/b Rn 171, 181 f: Bindung kraft Zweckkonsenses der Gfter entsprechend §§ 19 II, 30 f; allg zum rechtsgeschäftlichen Charakter der Bindung Scholz/*Schmidt* § 32 a Rn 90, 99; *Fleischer* DStR 1999, 1775; *Habersack* ZHR 161 (1997), 478; *Altmeppen* NJW 1999, 2812.

[40] BGH DStR 1997, 505; BGHZ 142, 116, 121; *Goette* § 4 Rn 98.

[41] *Hirte* WM 2008, 1429, 1430; *Knof* ZInsO 2007, 125, 128; *Buschmann* NZG 2009, 91, 92; iE auch schon mit Blick auf geplante Regelung *K. Schmidt* ZIP 2006, 1925, 1933.

[42] BGHZ 142, 116, 121 = NJW 1999, 2809, 2810.

[43] So zum Recht vor MoMiG auch *Fleischer* DStR 1999, 1780; *K. Schmidt* ZIP 1999, 1272 f.

[44] Ebenso zum Recht vor MoMiG Scholz/*Schmidt* § 32 a Rn 220; – abw *Lutter/Hommelhoff* §§ 32 a/b Rn 180.

der Vereinbarung der Gfter entzogene Einschränkung der Aufhebbarkeit in der Krise, wie sie analog §§ 19 II, 30 zum alten Recht vertreten wurde,[45] greift nach Aufgabe des Eigenkapitalersatzrechts durch MoMiG nicht mehr (str).[46] Allerdings kann in Insolvenznähe Aufhebung, soweit nicht ohnehin mit Rückzahlung verbunden u daher unter § 135 I Nr 2 fallend, Anfechtungsvoraussetzungen der §§ 129 ff InsO erfüllen.[47]

4. Insolvenzdarlehen, Insolvenzplandarlehen. Insolvenzdarlehen, 23
die Insolvenzverwalter zum Zweck der Fortführung oder Abwicklung des Unternehmens aufnimmt, sind nach § 55 I Nr 1 InsO Masseverbindlichkeiten. Das muss auch für den Fall gelten, dass Insolvenzverwalter Darlehen uä bei Gfter aufnimmt.[48] § 39 I Nr 5 InsO ist für diese nicht anwendbar, da andernfalls der mit Kreditaufnahme bei Gfter verbundene Zweck, Fortführung bzw Abwicklung des Unternehmens trotz Kreditunwürdigkeit zu ermöglichen, nicht erreichbar wäre.[49]

Gesellschafterdarlehen, das Schuldner oder Übernahmegesellschaft nach 24
Aufhebung des Insolvenzverfahrens im Rahmen der Durchführung des Insolvenzplans aufnimmt **(Insolvenzplandarlehen),** kann nicht in den Kreditrahmen des Insolvenzplans (§ 264 I InsO) aufgenommen werden. Für Gesellschafterdarlehen verweist § 264 III InsO auf § 39 I Nr 5 InsO, wodurch klargestellt wird, dass ihr Nachrang nicht durch Aufnahme in den Kreditrahmen beseitigt werden kann, weil dies dem Ziel einer ordnungsgemäßen Kapitalausstattung der sanierten Ges widersprechen würde.[50] Verweisung auf § 39 I Nr 5 InsO lässt für Interpretation, wonach Gfterdarlehen während der Sanierungsphase nicht unter Nachrang fallen, keinen Raum.[51] Sanierungsprivileg nur nach § 39 IV 2 bei Anteilserwerb zum Zweck der Sanierung.

5. Verhältnis zur Insolvenzantragspflicht. Str war, ob trotz des Leis- 25
tungsverweigerungsrechts der Ges nach §§ 30, 31 u der Rückstufung im Insolvenzverfahren GfterDarlehen in der **Überschuldungsbilanz** als Passivposten zu berücksichtigen waren. Die hM zum alten Recht hat das bejaht.[52] RegE MoMiG wollte umgekehrt entscheiden. Rechtsausschuss ist jedoch auf

---

45 BGHZ 142, 116, 121 = NJW 1999, 2810; Ulmer/*Habersack* §§ 32 a/b Rn 248; Lutter/*Hommelhoff* §§ 32 a/b Rn 171; *Habersack* ZHR 161 (1997), 457, 479.

46 So wohl auch Bormann/Kauka/*Ockelmann* Kap 10 Rn 29; für AG auch MünchKommAktG/*Bayer* § 57 Rn 242 f; – aA, sogar mit möglicher Ausweitungstendenz aber *Gehrlein* BB 2008, 846, 854; *Hirte* ZInsO 2008, 689, 696; Bunnemann/Zirngibl/*Desch* § 8 Rn 61.

47 *Krolop* GmbHR 2009, 397, 398; zum bisherigen Recht ebenso Ulmer/*Habersack* §§ 32 a/b Rn 248; iGrds auch *Fleischer* DStR 1999, 1774, 1777.

48 *Bork,* Einführung in das neue Insolvenzrecht, 3. Aufl 2002 Rn 373; Kübler/Prütting/*Noack* Rn 209; *Noack* FS Claussen, 1997, 307, 316; zust Michalski/*Heidinger* §§ 32 a, 32 b Rn 75.

49 Einschränkend Scholz/*Schmidt* §§ 32 a, 32 b Rn 65.

50 RegBegr BT-Drucks 12/2443, 216; *Schmidt-Räntsch* § 264 Rn 4; Scholz/*Schmidt* §§ 32 a, 32 b Rn 67; krit *Kämpfer,* Die Stellung von Sanierungskrediten im Insolvenzrecht, 1993, 150 f; Kübler/Prütting/*Noack* Rn 217 f; MünchKommInsO/*Drukarczyk* § 264 Rn 16.

51 Vgl auch *Kämpfer,* Die Stellung von Sanierungskrediten im Insolvenzrecht, 1993, 150 f.

52 BGHZ 146, 264; NJW 2001, 1280.

Anraten der Lit[53] zu Recht zur Passivierungspflicht zurückgekehrt. Das ist nicht nur wegen der von Rechtsausschuss genannten Warnfunktion sachgerecht,[54] sondern auch, weil Gfterdarlehen ohne Rangrücktritt vorbehaltlich der Anfechtungsmöglichkeit nach § 135 I Nr 2 InsO bis zur Eröffnung des Insolvenzverfahrens grds zurückgezahlt werden können.[55] Entspr sind **Gfterdarlehen nach § 19 II 2 InsO zu passivieren,** soweit nicht zusätzlich **Nachrang** im Insolvenzverfahren[56] vereinbart. Besondere zusätzliche Qualifizierungen des Rangrücktritts nicht mehr erforderlich.[57] Gesetzgeber wollte Beurteilung durch GFührer erleichtern.[58] Rangrücktritt führt nach § 39 II InsO iZw zu Rangstelle nach den in § 39 I InsO bezeichneten Forderungen. Davon darf Rangrücktrittserklärung nicht abweichen, also keinen besseren Rang vereinbaren.[59] Begr Rechtsausschuss verlangt dagegen unter Berufung auf Auslegungsregel des § 39 II InsO ausdrückliche Erklärung des Rangrücktritts auch bzgl Rangstelle hinter Ansprüche nach § 39 I Nr 1–5 InsO.[60] Das ist im Hinblick auf § 39 II InsO redundant, aber der Praxis zu empfehlen.

26 Rangrücktritt entspr Lösung auch bei gfterbesicherten Fremddarlehen möglich, wenn entweder Dritter sich auf entspr Rangrücktritt einlässt oder sichernder Gfter gegenüber Ges Freistellung von Darlehensrückzahlungsanspruch des Dritten u Rangrücktritt seiner Regressforderung vereinbart.[61]

27 Ob Gfterdarlehen als fällige Forderung bei Prüfung der Insolvenzantragspflicht wegen Zahlungsunfähigkeit zu berücksichtigen sind, war nach altem Rechts umstr.[62] Da nach neuem Recht, abgesehen von möglichem Schadenersatz nach § 64 S 3, kein Auszahlungsverbot mehr besteht, sind Darlehensrückzahlungsforderungen im Liquiditätsstatus zu berücksichtigen.[63]

II. Gesellschafterdarlehen

Lit: *Habersack,* Die Erstreckung des Rechts der Gesellschafterdarlehen auf Dritte insbesondere im Unternehmensverbund, ZIP 2008, 2385; *Krolop,* Zur Anwendung der MoMiG-Regelungen zu Gesellschafterdarlehen auf gesellschaftsfremde Dritte, GmbHR 2009, 397.

28 **1. Gesellschafter als Darlehensgeber. a) Gesellschaftereigenschaft, maßgebender Zeitpunkt. Gfter** ist jew der **materiellrechtliche Inhaber** der GAnteile. Zu VorGes BGH NZG 2009, 782. Aufnahme in Gfterliste

---

53 *K. Schmidt* BB 2008, 461, 462; *Haas* ZInsO 2007, 617, 626 f; *Hölzle* GmbHR 2007, 729, 735 f.

54 Rechtsausschuss BT-Drucks 16/9737, 104 f.

55 *Haas* DStR 2009, 326; vgl *K. Schmidt* BB 2008, 461, 463.

56 S aber *Haas* DStR 2009, 326, 327 mwN, der Begrenzung auf Insolvenzeröffnung für Redaktionsversehen hält.

57 AA Bunnemann/Zirngibl/*Desch* § 8 Rn 81: Wortlaut der Auslegungsregel des § 39 II InsO ist zu wiederholen.

58 Rechtsausschuss BT-Drucks 9737, 105.

59 *K. Schmidt* BB 2008, 1966.

60 BT-Drucks 16/9737, 105.

61 *K. Schmidt* BB 2008, 1966, 1971.

62 Abl Michalski/*Heidinger* §§ 32 a, 32 b Rn 60; *Uhlenbruck* InsO, 12 Aufl 2003, § 17 Rn 7; zweifelnd auch *Goette* § 4 Rn 22 f; bejahend Roth/*Altmeppen* § 64 Rn 10.

63 Bunnemann/Zirngibl/*Desch* § 8 Rn 85; für die nur den Novellenregeln unterliegenden Gfterdarlehen vor MoMiG schon *Schulze-Osterloh* in Baumbach/Hueck, 17. Aufl § 64 Rn 8; HeidelbergerKommInsO/*Kirchhof* § 17 Rn 7.

nicht entscheidend, da diese keine konstitutive Wirkung hat.[64] Letztere betrifft Legitimation gegenüber Ges, nicht Wirksamkeit des Rechtsübergangs als solchen (§ 16 Rn 2), daher auch nicht insolvenzrechtlich für Gläubigerschutz maßgebend.[65]

Maßgebend nach hM zur **Rechtslage vor MoMiG** grds Gesellschaftereigenschaft im Zeitpunkt der Krisenfinanzierung.[66] Diese prägte bisher Inhalt des Anspruchs auf Dauer.[67] HM griff insoweit auf §§ 404, 412 BGB zurück.[68] Gfterdarlehen sollte Nachrang u Anfechtbarkeit grds nicht durch spätere Abtretung des Rückzahlungsanspruchs an NichtGfter verlieren.[69] Entspr galt dann auch für späteres Ausscheiden des Gfters aus Ges. Entspr vertritt verbreitete Ansicht zum **neuen Recht,** nach dem es auf Krisenfinanzierung nicht mehr ankommt, dass Gfterdarlehen von vornherein mit Nachrangrisiko belegt sind u dieses durch Abtretung der Forderung oder Ausscheiden aus Ges nicht mehr beseitigt werden kann.[70] Abstellen auf Darlehensgewährung passt jedoch nicht mehr uneingeschränkt für neues Recht. Warum ursprüngl Gfterdarlehen, das Jahre vor Insolvenz an außenstehenden Dritten abgetreten oder von Gfter gewährt wurde, der seit Jahren ausgeschieden ist, in späterer Insolvenz nicht geltend gemacht werden darf, ist nach neuem Recht sachlich kaum begründbar. Vorgeschlagen wird daher, dass bei Abtretung zwar Nachrang u Anfechtbarkeit nicht berührt wird, jedoch zeitlich nicht unbegrenzt. Da Gfter sich Darlehen außerhalb der Jahresfrist der §§ 135 I Nr 2 InsO, 6 I 1 Nr 2 AnfG hätte anfechtungsfest zurückzahlen lassen können, soll auch Abtretung an Dritten nicht anders zu behandeln sein.[71] Das müsste dann auch umgekehrt gelten, wenn Gfter ausscheidet, aber Darlehensgeberstellung behält.[72] Dem ist zu folgen. IE nach neuem Recht maßgebend daher nicht GfterEigenschaft bei Gewährung des Darlehens, sondern **Inhaberschaft des Rückzahlungsanspruchs im Zeitraum der Anfechtbarkeit bis zur Insolvenzeröffnung.** Wer vorher als Darlehensgeber Gfter war, ist folglich für §§ 39 I Nr 5 InsO nicht mehr relevant. – Im Hinblick auf ungeklärte Rechtsfrage wird in **Praxis empfohlen,** Anteil zusammen mit Gfterdarlehen abzutreten.[73] **29**

Soweit danach die Abtretung an Dritten oder das Ausscheiden des Gfters in **30**
den Zeitrahmen der Anfechtbarkeit bis zur Insolvenzeröffnung fällt, müsste

---

64 Wie hier zu § 16 I aF Scholz/*Schmidt* §§ 32 a, 32 b Rn 32 f; Michalski/*Heidinger* §§ 32 a, 32 b Rn 122. – Abw Ulmer/*Habersack* §§ 32 a/b Rn 52.

65 So zum Recht vor MoMiG Ulmer/*Habersack* §§ 32 a/b Rn 53; Scholz/*Schmidt* §§ 32 a, 32 b Rn 33; *Lutter/Hommelhoff* § 32 a/b Rn 53; iE auch *Claussen* ZHR 147 (1983), 216, der Priorität der GfterStellung wohl nur iGgs zum zeitlich nachfolgenden Anteilserwerb durch Kreditgeber betont.

66 Ulmer/*Habersack* §§ 32 a/b Rn 53; Scholz/*Schmidt* §§ 32 a, 32 b Rn 33.

67 BGHZ 127, 1, 6 f (Lagergrundstück III); 110, 353; NJW 1996, 1342; GmbHR 1999, 916; NZG 2005, 179; Ulmer/*Habersack* §§ 32 a/b Rn 56; Scholz/*Schmidt* §§ 32 a, 32 b Rn 34, 153; Roth/*Altmeppen* § 32 a Rn 47, 185; Rowedder/Schmidt-Leithoff/*Pentz* § 32 a Rn 133 ff.

68 Ulmer/*Habersack* §§ 32 a/b Rn 57.

69 Ulmer/*Habersack* §§ 32 a/b Rn 57.

70 *Wicke* § 30 Rn 24; *Gehrlein* Der Konzern 2007, 771, 287; *ders* BB 2008, 846, 850; *Habersack* ZIP 2007, 2145, 2149; *Hirte* WM 2008, 1429, 1431.

71 Für Analogie *Wicke* § 30 Rn 24; *Habersack* ZIP 2007, 2145, 2149; *Hirte* WM 2008, 1420, 1431; *Haas* ZInsO 2007, 617, 626; auch *Gehrlein* BB 2008, 846, 850.

72 *Hirte* WM 2008, 1429, 1431; *Gehrlein* BB 2008, 846, 850.

73 *Wicke* § 30 Rn 22; *Hirte* WM 2008, 1429, 1431; *Heckschen* DStR 2007, 1442, 1448; *Wälzholz* DStR 2007, 1914, 1920.

die Rechtsfolge der §§ 39 I Nr 5, 135 I Nr 2 InsO eingreifen. Die entspr Rechtsfolgen passen allerdings im Grunde nur für den Fall des Verlusts der Gfterstellung im genannten Zeitrahmen, während die **Belastung des Dritten im Fall der Abtretung,** soweit nicht § 145 II Nr 1 InsO eingreift, **der inneren Legitimation ermangelt.** Gesetzliche Regelung zielt auf Gfter, nicht auf ggf gutgläubigen Dritten. Lösung über §§ 404, 412 BGB ist Notbehelf. Im Grunde führt nämlich Abtretung im Zeitrahmen zwischen Anfechtbarkeit u Insolvenzeröffnung zu mindestens teilweiser Befriedigung des Gfters durch Dritten; folglich müsste die Folge des Freiwerdens oder Nichtfreiwerdens auf ihn bezogen werden. Entspr Regelung des § 143 III InsO für Ablösung eines Drittdarlehens durch Ges, die zu Erstattungspflicht des Gfters an Ges führt, passt allerdings nicht.

31 Wird **Darlehensgeber nachträglich Gfter,** so erfolgt Qualifizierung als Gfterdarlehen ohne weiteres. Insbes kommt es, anders als bisher, nicht auf Voraussetzung des Stehenlassens an,[74] da diese auf Finanzierungs(folgen)verantwortung und Krise aufbaut, welche für formalisierende Neuregelung tatbestandlich nicht mehr maßgeblich ist (oben Rn 6). – Ob Darlehen bereits im Hinblick auf Beitritt zur Ges gegeben wurde, ist, anders als bisher,[75] ohne Relevanz, solange Beitritt nicht vollzogen wurde. Ebenso fällt erst nach Ausscheiden gewährtes Darlehen bzw sonstige Leistung, etwa Stundung des Abfindungsguthabens, anders als bisher,[76] auch dann nicht mehr unter die insolvenz- u anfechtungsrechtlichen Sonderregeln, wenn es von dem Gfter bereits vorher oder beim Ausscheiden zugesagt wurde. Das folgt aus der vom Gesetzgeber gewollten stärkeren Formalisierung der Voraussetzungen und dem Verzicht auf die Heranziehung der Finanzierungsfolgenverantwortung.

b) Kleinbeteiligtenprivileg, § 39 Abs 5 InsO

InsO § 39 Nachrangige Insolvenzgläubiger

(1)–(4) …

(5) Absatz 1 Nr. 5 gilt nicht für den nicht geschäftsführenden Gesellschafter einer Gesellschaft im Sinne des Absatzes 4 Satz 1, der mit 10 Prozent oder weniger am Haftkapital beteiligt ist.

32 Ursprgl durch KapAEG in § 32 a III 2 aF eingefügtes u umstr[77] **Kleinbeteiligtenprivileg** wurde von Gesetzgeber in § 39 V InsO wörtlich übernommen u in §§ 135 IV InsO, 6 a S 2 AnfG auf Anfechtung erstreckt. Privilegierungsgrund sollte bisher fehlende unternehmerische Verantwortung des nur geringfügig Beteiligten sein.[78] Daran hat sich nichts

---

74 Wie hier *Roth* GmbHR 2008, 1184, 1185; – anders aber *Gehrlein* Der Konzern 2007, 771, 787; *Haas* ZInsO 2007, 617, 619.

75 BGHZ 81, 317 f; OLG Hamm DB 1986, 2320; Ulmer/*Habersack* §§ 32 a/b Rn 54; Scholz/*Schmidt* §§ 32 a, 32 b Rn 35; *Lutter/Hommelhoff* §§ 32 a/b Rn 58; Staudinger/*Hopt/Mülbert* § 607 Rn 131; Roth/*Altmeppen* § 32 a Rn 184; Rowedder/Schmidt-Leithoff/*Pentz* § 32 a Rn 134.

76 Zum Recht vor MoMiG Michalski/*Heidinger* §§ 32 a, 32 b Rn 130; *v. Gerkan*/Hommelhoff Rn 3.39; – differenzierend Rowedder/Schmidt-Leithoff/*Pentz* § 32 a Rn 149.

77 Krit etwa Ulmer/*Habersack* §§ 32 a/b Rn 190; Scholz/*Schmidt* §§ 32 a, 32 b Rn 17, 198; *Altmeppen* ZIP 1996, 1455; *Goette* § 4 § 32 a Rn 15.

78 RegBegr KapAEG, BT-Drucks 13/7141, abgedruckt auch ZIP 1997, 707, 709; vgl auch *Seibert* GmbHR 1998, 309; DStR 1997, 35; grds zust *Lutter/Hommelhoff* §§ 32 a/b Rn 66.

geändert. Umstr war bisher schon, ob Privilegierung bei anderweit begründeter unternehmerischer Einflussnahme einzuschränken oder bei fehlender Einflussmöglichkeit auszudehnen ist.[79] Privilegierung bezieht sich wegen des eindeutigen Wortlauts auf **Kapitalbeteiligung u grds nicht auf Stimmgewicht.** Mit mehr als 10% beteiligter Gfter kann sich daher nicht darauf berufen, dass Stimmrecht unterhalb der 10%-Grenze bleibt.[80] Allerdings können umgekehrt koordiniertes Verhalten von KleinGftern (zB über Stimmbindungsvertrag, aber auch dauerhafte tats Koordination[81]) oder statutarisch eingeräumter erhöhter Stimmwert wegen des Merkmals unternehmerischer Verantwortung Ausnahme von der Privilegierung rechtfertigen.[82] – **Fehlende Geschäftsführung** bezieht sich nicht nur auf satzungsmäßige GFührerStellung, sondern auch auf faktische; Umfang der eingeräumten Befugnisse ist unerheblich.[83] Aufsichtsratsstellung,[84] Handlungsvollmacht oder Prokura reichen aber idR nicht.[85] – Für Frage der **Zurechnung u Zusammenrechnung von GfterLeistungen** gelten die Rn 20 ff dargestellten Grundsätze entsprechend.[86] **Umgehungsversuche** können im übrigen über Gleichstellung anderer Rechtshandlungen in § 39 I Nr 5 InsO aufgefangen werden.[87]

Maßgebender Zeitpunkt nach Rechtslage vor MoMiG war Darlehensgewährung. Späteres Herabsinken der Beteiligung unter Schwellenwert führte ebenso wenig wie nachträgliche Aufgabe der Geschäftsführung zu Eingreifen der Privilegierung.[88] Da es nach neuem Recht jedoch nicht mehr auf durch Darlehensgewährung begründete Finanzierungsfolgenverantwortung ankommt, sondern nur noch darauf, ob im Zeitpunkt der Insolvenzeröffnung bzw im Fall der Anfechtung innerhalb eines Jahres vor Antrag auf Insolvenzeröffnung Gfterstellung vorlag, ist nur auf die diesbezüglichen Zeitpunkte abzustellen (vgl oben Rn 14).[89] Das Argument, dadurch könne Gfter durch Reduzierung seines Anteils den Folgen entgehen,[90] trifft nicht, da Gfter sich außerhalb der Jahresfrist des § 135 I Nr 2 InsO das Darlehen auch unanfecht- 33

[79] Grds dafür, allerdings weiter differenzierend *Pentz* GmbHR 2004, 529, 533; Rowedder/Schmidt-Leithoff/*Pentz* § 32 a Rn 87 ff; abl *Tillmann/Tillmann* GmbHR 2003, 325, 329 f.

[80] *Gehrlein* Der Konzern 2007, 771, 787; *ders* BB 2008, 846, 851; *Habersack* ZIP 2007, 2145, 2149.

[81] Vgl BGH NZG 2005, 712, 714.

[82] So zur Rechtslage vor MoMiG Michalski/*Heidinger* §§ 32 a, 32 b Rn 211; Rowedder/Schmidt-Leithoff/*Pentz* § 32 a Rn 91, 93; Roth/*Altmeppen* § 32 a Rn 10; auch *Lutter/Hommelhoff* §§ 32 a/b Rn 67.

[83] *Lutter/Hommelhoff* § 32 a Rn 73.

[84] BGH NZG 2005, 712, 713 für AG.

[85] AA *Pentz* GmbHR 1999, 447; wie hier *Lutter/Hommelhoff* §§ 32 a/b Rn 74; Scholz/*Schmidt* § 32 a, 32 b Rn 202; ganz auf den Einzelfall abstellend Michalski/*Heidinger* §§ 32 a, 32 b Rn 215.

[86] Ausführl *Pentz* GmbHR 1999, 444 f; zu Einzelfragen der Berechnung u Zurechnung auch *v Gerkan* GmbHR 1997, 679 ff; die Grenzen der Zurechnung betonend *K. Schmidt* GmbHR 1999, 1269; vgl auch Scholz/*Schmidt* §§ 32 a, 32 b Rn 203 ff.

[87] *Seibert* GmbHR 1998, 309; *K. Schmidt* GmbHR 1999, 1269.

[88] Scholz/*Schmidt* §§ 32 a, 32 b Rn 33; Ulmer/*Habersack* §§ 32 a/b Rn 195 mit Rn 53, 55; Lutter/*Hommelhoff* §§ 32 a/b Rn 53.

[89] AA *Haas* ZInsO 2007, 617, 619; *Wicke* § 30 Rn 25; Bunnemann/Zirngibl/*Desch* § 8 Rn 29.

[90] Bunnemann/Zirngibl/*Desch* § 8 Rn 29.

bar hätte zurückzahlen lassen können. Wird Beteiligung innerhalb der Jahresfrist des § 135 I Nr 2 InsO reduziert, ändert dies allerdings nichts mehr an seiner Verstrickung. Entspr unterfällt Darlehen nicht mehr der Privilegierung, wenn es zwar zu einem Zeitpunkt gewährt wurde, in welchem der Gfter nur mit 10% oder weniger beteiligt war, seine Beteiligung jedoch bis zur Insolvenzeröffnung über die 10%-Schwelle erhöht wurde.[91] Soweit Anfechtung in Frage steht, ist entspr darauf abzustellen, ob Gfter innerhalb der Jahresfrist des § 135 I Nr 2 InsO 10% Schwelle überschritten hat.

34 **2. Gleichgestellte Kreditgeber. a) Grundsätze.** Gleichstellung Dritter, bisher ausdr geregelt in § 32 a Abs 3 S 1 aF, nun in § 39 I Nr 5 InsO durch allg Einbeziehung von Rechtshandlungen umfasst, die einem solchen Darlehen wirtschaftlich entsprechen, was sowohl persönlichen wie sachlichen Anwendungsbereich erweitern soll.[92] Bisherige Erkenntnisse zu § 32 a III 1 aF nur mit Vorsicht übertragbar, da **Grundgedanke neuer GfterDarlehensregelung** wegen Verzichts auf Gedanken des Kapitalersatzes u der Finanzierungsverantwortung nicht völlig identisch, was **sich auf Einbeziehung Dritter als Kreditgeber auswirken kann.**[93] Bisher wurde Gleichstellung vor allem unter dem Gesichtspunkt der Finanzierungsfolgenverantwortung gesehen,[94] einem Gesichtspunkt, der nach neuem Recht nicht mehr greift (oben Rn 3), sondern durch Leitgedanken der Steuerungsfunktion des Eigenkapitalrisikos ersetzt wurde (oben Rn 6).

35 In erster Linie einzubeziehen sind Fälle, in welchen die Darlehensgewährung einem Gfter bzw Gfterstellung einem Kreditgeber zuzurechenen ist, insbes **Umgehungsfälle,** in welchen Gfterstellung u Darlehensgewährung förmlich getrennt werden, um Anwendbarkeit der Rückstufung usw von Gfterdarlehen zu vermeiden. Hier passt Grundgedanke der Aufrechterhaltung der **Steuerungsfunktion des Eigenkapitalrisikos** (oben Rn 6) unmittelbar. Darlehensgewährung durch Gfter vergleichbar, wenn **Darlehenskapital wirtschaftlich aus dem Vermögen des Gfters** stammt.[95] Das gilt daher insbes für **fremdnützige Treuhand,**[96] aber auch für Vermögensverlagerungen innerhalb der Familie. Gleichzustellen auch, wenn Darlehenskapital zwar aus anderer Vermögensmasse stammt, an der Gfter aber maßgeblich beteiligt ist u auf die **Gfter entscheidenden Einfluss** hat, so wenn vom Gfter abhängiges Unternehmen an dessen Stelle ein Darlehen gewährt.[97] In all diesen Fällen ist es mittelbar der Gfter, der Darlehen gewährt.

36 Problematisch ist, inwieweit darüber hinaus auch **sonstige Dritte, die nicht einem Gfter zuzurechnen sind,** auf Grund besonderer Einflussnahme auf die Geschicke der Ges einem Gfter gleichzustellen sind. Rspr u überw

---

[91] Insoweit übereinstimmend *Haas* ZInsO 2007, 617, 620.

[92] RegBegr BR-Drucks 354/07, 130; *Gehrlein* Der Konzern 2007, 771, 787; *ders* BB 2008, 846, 850; *Habersack* ZIP 2007, 2145, 2148; – aA bzgl pers Anwendungsbereich *Wälzholz* DStR 2007, 1914, 1918.

[93] *Habersack* ZIP 2007, 2145, 2149; *Huber* FS Priester, 2007, 259, 280; *Haas* ZInsO 2007, 617, 620.

[94] *Noack* GmbHR 1996, 153.

[95] BGH NZG 2008, 507 (zum alten Recht); *Gehrlein* BB 2008, 846, 850; *Habersack* ZIP 2007, 2145, 2149; *Wicke* § 30 Rn 26.

[96] *Gehrlein* BB 2008, 846, 850; *Habersack* ZIP 2008, 2385, 2387.

[97] *Gehrlein* BB 2008, 846, 850; *Wicke* § 30 Rn 26.

Lit hatten dies nach altem Recht für atypischen stillen Gfter,[98] atypischen Nießbraucher[99] u atypischen Pfandgläubiger[100] überw befürwortet. Dies hat auch für neues Recht Zustimmung gefunden,[101] ist aber teilweise auch mit Blick auf Regelungen des MoMiG kritisiert worden.[102] Dass Einflussnahme auf laufende Geschäfte allein kaum entscheidend sein kann, zeigt sich schon daran, dass dann vor allem FremdGFührer mit kreditierten Ansprüchen Gftern gleich zu behandeln wären. Daher sollte man, einem Vorschlag *Hubers* u *Habersacks* folgend, bei der Gleichstellung Dritter maßgeblich darauf abstellen, ob der Dritte mit seinem Einfluss in der Ges primär unternehmerisch tätig u daher von der Interessenlage einem Gfter vergleichbar ist, oder ob er mit dem unternehmerischen Einfluss lediglich sein Kreditgeberinteresse absichert, sich also idR anders verhält als Gfter, der seine Beteiligung durch Kredite sichern will.[103] Gleichzustellen ist danach zwar ggf unter den schon bisher anerkannten engen Voraussetzungen der Nießbraucher, wenn er auf Geschicke der Ges besonderen Einfluss nehmen kann,[104] weil er insoweit Gfterinteresse nahesteht. Dagegen sollten nicht mehr die Fälle hinzugerechnet werden, in welchen der Dritte, der das Darlehen gegeben hat, lediglich zum Erhalt seines Darlehens auf die Gesellschaft Einfluss genommen hat, insbes der atypische Pfandgläubiger.[105] Darüber hinausgehende Ausweitung des Personenkreises auch unter insolvenzrechtlichen Gesichtspunkten nicht geboten.[106] – Soweit danach Gleichstellung erfolgt, gilt auch insoweit Kleinbeteiligtenprivileg (oben Rn 32).

Von Erstreckung auf Dritte **zu unterscheiden Kredit** eines ganz außenstehenden Dritten, **der durch Gfter abgesichert wird,** mittelbares Gfter- **37**

---

98 BGHZ 106, 7, 9 ff; ähnl OLG Hamburg ZIP 1990, 792 f; auch OLG Saarbrücken GmbHR 1999, 350; – mit geringfügig unterschiedlicher Gewichtung auch Großkomm/*Habersack* §§ 32 a/b Rn 150; Scholz/*Schmidt* §§ 32 a, 32 b Rn 152; *Häuselmann/Rümker/Westermann* 22 f; *K. Schmidt* ZIP 1981, 690; weitergehend Roth/*Altmeppen* § 32 a Rn 175 ff.

99 So in Anlehnung an BGHZ 119, 191 (Pfandgläubiger) *Meyer,* Der Nießbrauch an GmbH-Geschäftanteilen und an Aktien, 2002, 283; v. Gerkan/Hommelhoff/*Johlke* Rn 5.33; Michalski/*Heidinger* §§ 32 a, 32 b Rn 199; weitergehend Rowedder/Schmidt-Leithoff/*Pentz* § 32 a Rn 74: wenn sich Rechte auf gesamten GAnteil oder gesamten Ertrag erstrecken.

100 BGHZ 119, 191; dazu *Dreher* ZGR 1994, 144; *Lutter/Hommelhoff* §§ 32 a/b Rn 54; *Goette* DStR 1992, 1480.

101 *Gehrlein* Der Konzern 2007, 771, 787; *ders* BB 2008, 846, 850; *Hirte* WM 2008, 1429, 1431; *Wicke* § 30 Rn 26.

102 Ulmer/*Habersack* §§ 32 a/b Rn 151; *Habersack* ZIP 2007, 2145, 2148.

103 *Huber* FS Priester, 2007, 259, 280; ähnlich im Ansatz bereits *Habersack* ZGR 2000, 384, 396; *ders* ZIP 2007, 2145, 2148; Ulmer/*Habersack* §§ 32 a/b Rn 151; Scholz/*Schmidt* §§ 32 a, 32 b Rn 45, 149 mit dem Vorschlag zum Recht vor MoMiG, dem Dritten zumindest den Nachweis zu erlauben, dass Finanzierungsleistung mit Gfter-Stellung nichts zu tun hatte; einschränkend zum alten Recht jetzt auch OLG Köln DB 2009, 609, 610, das Gleichstellung bei stiller Beteiligung ablehnt, wenn sich stiller Gfter nur solche Einflussrechte einräumen lässt, wie sie sich auch ein externer Darlehensgeber einräumen ließe.

104 Insoweit übereinstimmend auch zum neuen Recht *Gehrlein* Der Konzern 2007, 771, 787; *ders* BB 2008, 846, 850; *Hirte* WM 2008, 1429, 1431; *Habersack* ZIP 2007, 2145, 2148 f; *Wicke* § 30 Rn 26.

105 Insoweit übereinstimmend *Habersack* ZIP 2007, 2145, 2148 f; *Huber* FS Priester, 2007, 259, 280 Fn 76; *Freitag* WM 2007, 1681, 1682.

106 AA, für weitergehende Erstreckung auf Dritte als bisher, *Goette* WPg 2008, 326.

Darlehen, § 44 a InsO, dazu Rn 94 ff. Ebenso zu unterscheiden Darlehensrückzahlungsforderung, die Dritter **von Gfter erworben** hat (oben Rn 34).

38 **b) Treuhand.** Beim **Treuhandverhältnis** an einem GAnteil ist **Treuhänder** Gfter mit allen Rechten u Pflichten (§ 1 Rn 42). Für ihn gilt Abs 1 unmittelbar, u zwar im Interesse des Gläubigerschutzes ebenso bei eigennütziger wie bei fremdnütziger Treuhand.[107] – **Treugeber** ist einem Gfter gleichzustellen, weil er wirtschaftlich Anteilsinhaber ist.[108] Beweislast für evtl Fortfall des Treuhandverhältnisses vor Darlehensgewährung trägt (ehemaliger) Treugeber.[109] Ohne Treugeberstellung reicht bloße Einflussmöglichkeit nicht, um Gleichstellung mit Gfter zu begründen.[110]

39 **c) Leistung für Rechnung des Gesellschafters.** Allg gleichzustellen sind Dritte bei Darlehensgewährung an Ges u entspr **Leistung für Rechnung eines Gesellschafters.**[111] So etwa bei Darlehensgewährung durch Komplementär der GfterKG, der Darlehen an GmbH im Interesse der KG gibt u damit Aufwendungsersatzanspruch nach § 110 HGB erwirbt.[112] Ebenso bei Gewährung für Rechnung einer nach § 39 I Nr 5 InsO einem Gfter gleichgestellten Person.[113] – Zu unterscheiden Handeln des Dritten auf eigene Rechnung, auch wenn von Gfter vermittelt oder veranlasst. Aber Geltung von § 44 a InsO, falls Sicherung durch Gfter; insbes wichtig für nicht, auch nicht mittelbar an Ges beteiligte Kreditinstitute.

40 **d) Familienangehörige,** insbes Ehegatte u minderjährige Kinder, können Gfter nicht ohne weiteres gleichgestellt werden, sondern nur, wenn Darlehen aus dessen Mitteln stammt.[114] Entspr gilt, wenn Gfter dem Angehörigen Mittel zu diesem Zweck vorher unentgeltlich zugewendet hat oder im Innenverhältnis Ausgleich schuldet;[115] ferner auch, wenn umgekehrt Angehöriger Mittel für Gfter vorübergehend bevorschusst.[116] Dagegen genügt nicht, dass Kreditgeber Ehegatte eines Gesellschafters und zugleich Geschäftsführer ist.[117] – § 32 a Abs 6 RegE zur GmbH-Novelle 1980[118] sah Umkehr der **Beweislast** für Herkunft der Mittel vor; dies ist nicht in § 32 a aF übernommen worden u gilt mangels gesetzlicher Grundlage auch nicht im Rahmen von § 39 I Nr 5 InsO. Möglich im Einzelfall Beweis-

---

107 Ganz hM, BGHZ 105, 174 f; auch NJW 1991, 1058 f; *Lutter/Hommelhoff* §§ 32 a/b Rn 56; Michalski/*Heidinger* §§ 32 a, 32 b Rn 194; Scholz/*Schmidt* §§ 32 a, 32 b Rn 32, teilw einschr aber Rn 45; – einschr *Rümker* FS Stimpel, 1985, 688.

108 *Gehrlein* BB 2008, 846, 850.

109 BGH NJW 1989, 1219.

110 So aber OLG Hamm GmbHR 1994, 56.

111 *Gehrlein* BB 2008, 846, 850; *Habersack* ZIP 2007, 2145, 2149; wie hier zum Recht vor MoMiG auch schon BGHZ 81, 368; NJW 2000, 3278; auch OLG Celle ZIP 1985, 100; OLG Hamburg GmbHR 1991, 108 f; Ulmer/*Habersack* §§ 32 a/b Rn 142; sinngem auch Scholz/*Schmidt* §§ 32 a, 32 b Rn 146, 152; *Lutter/Hommelhoff* §§ 32 a/b Rn 61; Roth/*Altmeppen* § 32 a Rn 144.

112 BGH DStR 1999, 510.

113 Ulmer/*Habersack* §§ 32 a/b Rn 142 mwN.

114 BGH NZG 2009, 782 Rn 8; DB 1991, 798; NJW 1993, 2180; 1995, 330; 1999, 2123, 2125; hM, Ulmer/*Habersack* § 32 a Rn 143; Scholz/*Schmidt* §§ 32 a, 32 b Rn 146; *Lutter/Hommelhoff* §§ 32 a/b Rn 62; Roth/*Altmeppen* § 32 a Rn 144.

115 BGH NZG 2000, 1029; OLG Schleswig ZIP 2007, 1217, 1219.

116 BGH NJW 1995, 326, 330; vgl auch BGH NJW 2000, 3278.

117 BGH NJW 1999, 2123; NZG 2009, 782 Rn 9.

118 BT-Drucks 8/1347, 10.

erleichterung durch Anscheinsbeweis.[119] Nicht ausreichen sollte, dass Darlehen eines Familienangehörigen nicht die Voraussetzungen eines sonstigen Fremddarlehens erfüllt, weil es aus familiären Gründen erfolgt,[120] etwa zur Rettung der Ges als Grundlage des Familienunterhalts; denn das entspricht nicht mehr Grundgedanken der Herabstufung von Gfterdarlehen (oben Rn 6).

e) Verbundene Unternehmen. Für mit Ges oder einem Gfter **verbundene Unternehmen,** die nicht selbst Gfter sind, wurde nach altem Recht vielfach generelle oder doch weitgehende Einbeziehung nach § 32a Abs 3 S 1 aF befürwortet.[121] Demgegenüber trat beträchtlicher Teil der Lit für am Gesichtspunkt der wirtschaftlichen Einheit orientierte, einzelfallbezogene Zurechnung ein, allerdings mit unterschiedlicher Abgrenzung.[122] Ist Mutterges unmittelbar an Darlehensnehmerin beteiligt, so ist nach BGH **Darlehen einer abhängigen Tochter-** oder Enkelges als Gfterdarlehen zu behandeln, wenn Mutterges auf Darlehensvergabe in der Tochter- oder Enkelges unmittelbaren Einfluss hat.[123] BGH unterscheidet bzgl unmittelbaren Einflusses danach, ob darlehensgebende Tochter GmbH oder AG ist. Bei GmbH genügt für unmittelbaren Einfluss auf Darlehensgewährung Beteiligung von mehr als 50%.[124] Bei AG soll dagegen auch Mehrheitsbeteiligung u Mitgliedschaft im Aufsichtsrat nicht genügen, da Entscheidung über Darlehensvergabe zur eigenverantwortlichen Aufgabe des Vorstands gehört.[125] Konzept des BGH wird zwar für neues Recht mit beachtlichen Erwägungen in Frage gestellt,[126] die jedoch inakzeptable Umgehungsmöglichkeiten eröffnen würden. – Keine unmittelbare oder mittelbare Gfter-Finanzierung liegt dagegen bei sog **aufsteigenden Finanzhilfen** (Darlehen der Tochterges an Mutter) vor, da Tochterges nicht Gfterin der Mutterges ist.[127] 41

Umgekehrt kann auch **mittelbar an GmbH Beteiligter** Darlehensgeber Gfter gleichzustellen sein.[128] So vor allem, aber nicht notwendig nur Mehr- 42

---

119 BGH NZG 2009, 782 Rn 9 (restiktiv); KG GmbHR 2004, 1334; bejahend auch Ulmer/*Habersack* §§ 32a/b Rn 143u Scholz/*Schmidt* §§ 32a, 32b Rn 146; *K. Schmidt* ZIP 1981, 694.

120 Bedenklich insoweit KG GmbHR 2004, 1334.

121 Ulmer/*Habersack* §§ 32a/b Rn 144; *Hüffer* ZHR 153 (1989), 330ff; *Cahn,* Kapitalerhaltung im Konzern, 1998, 235ff; *Kühbacher,* Darlehen an Konzernunternehmen – Besicherung und Vertragsanpassung, 1993, 88f; *Kamprad* 43; *ders* GmbHR 1984, 341; *K. Schmidt* ZIP 1981, 694.

122 *Lutter/Hommelhoff* §§ 32a/b Rn 64; Rowedder/Schmidt-Leithoff/*Pentz* § 32a Rn 82; Roth/*Altmeppen* § 32a Rn 152ff; iE auch Scholz/*Schmidt* §§ 32a, 32b Rn 147ff; *Altmeppen* FS Kropff, 1997, 642, 658ff, 661; *Noack* GmbHR 1996, 153.

123 BGH NZG 2008, 507.

124 BGH NZG 2008, 507 Rn 10; NJW 2001, 1940; *Gehrlein* BB 2008, 846, 850; *Wicke* § 30 Rn 26.

125 BGH NZG 2008, 507 Rn 12, 13; ähnlich bzgl Zurechnung einer Einlagenrückgewähr an Gfter im Rahmen von § 19 BGHZ 171, 113 Rn 8 (Friedr. Flender AG) = NZG 2007, 300.

126 *Habersack* ZIP 2008, 2385, 2389.

127 LG Bonn NJOZ 2005, 2611; Ulmer/*Habersack* §§ 32a/b Rn 147; Roth/*Altmeppen* § 32a Rn 173; Rowedder/*Schmidt-Leithoff* Rn 82; *K. Schmidt* GesR § 37 IVa (1159); – aA wohl OLG Stuttgart GmbHR 2007, 651.

128 OLG Hamburg GmbHR 2006, 200.

heitsGfter der AlleinGfterin.[129] Entspr dem hier vertretenen Konzept kommt es entscheidend darauf an, ob mittelbar beteiligte Ges mit Darlehensgewährung primär Kreditgeber- oder Gesellschafterineressen verfolgt (oben Rn 36). – Verbundenes Unternehmen kann auch eine Gebietskörperschaft sein.[130] – **Wirtschaftliche Einheit** ausreichend, vor allem bei **Betriebsaufspaltung,**[131] sodass Unternehmenseigenschaft iSd §§ 15 ff AktG nicht entscheidend;[132] daher auch bei Darlehensgewährung durch Komplementär einer **KG als Gfterin der GmbH,** wenn dieser die KG beherrscht.[133]

43 f) **Stiller Gesellschafter** ist als solcher nicht Gfter der GmbH, sondern der mit dieser gebildeten stillen Ges, ist also ihr gegenüber Dritter (anders bei stiller Beteiligung eines Gfters der GmbH, vgl Rn 54). Daher grds keine Einbeziehung nach § 39 I Nr 5 InsO in dieser Eigenschaft. Da nach § 236 HGB stille Einlage am Insolvenzverfahren der GmbH teilnimmt, gilt das grds auch für von stillem Gfter zusätzlich gewährtes Darlehen.[134] – Strikt zu unterscheiden ist der Fall, dass **GmbH-Gfter zugleich Einlage als stiller Gfter** leistet. Zugehörigkeit zum erfassten Personenkreis dann als GmbH-Gfter; stille Einlage von ihm als darlehensähnliche Finanzierungsform nach § 39 I Nr 5 InsO einzubeziehen (unten Rn 55). – Keine Frage der Gleichstellung auch Abtretung eines GfterDarlehens an Dritten, der Darlehensrückzahlungsforderung als stille Einlage einbringt.[135] Insoweit gelten Grunds oben Rn 34. Wird dem stillen Gfter für seine Einlage von einem GmbH-Gfter Sicherheit geleistet, kann § 44 a InsO eingreifen.

44 Nach Rechtslage vor MoMiG erfolgte bei **atypischer stiller Ges** entspr Heranziehung des § 32 a I aF zumindest dann, wenn der Stille ähnl wie Gfter Geschicke der GmbH bestimmt sowie an Vermögen u Ertrag beteiligt war.[136] Das wird man auch für § 39 I Nr 5 InsO anerkennen können,[137] soweit Vermögensbeteiligung u Einfluss auf GFührung Kleinbeteiligungsgrenze von § 39 V InsO übersteigt. Herabzustufen sind dann jedenfalls Darlehensrückzahlungsansprüche, nach bisheriger Sicht auch Anspruch auf Auseinandersetzungsguthaben,[138] was von neuem Recht aber wohl nicht mehr gedeckt ist.[139] Entspr Rspr des BFH zur Mitunternehmerschaft soll auch schon genügen, dass Gewinn- u Verlustbeteiligung nicht ausgeschlossen ist, wenn mit entspr verstärkten Informations- u Kontrollrechten ver-

---

129 KG GmbHR 2001, 568; offen gelassen BGH NZG 2008, 507 Rn 13; für Einbeziehung des Mitglieds einer ungeteilten Erbengemeinschaft OLG Düsseldorf GmbHR 2004, 305, 307.

130 BGHZ 105, 176 ff.

131 BGHZ 121, 31, 35 u 127, 1, 5 (Lagergrundstück II u III).

132 BGHZ 105, 168, 176 f.

133 BGH DStR 1999, 510.

134 BGHZ 106, 7, 9; für weitergehende Einbeziehung aber *Krolop* GmbHR 2009, 397, 404.

135 Zum bisherigen Recht BGH NZG 2005, 137, 138.

136 BGHZ 106, 7, 9 ff; ähnl OLG Hamburg ZIP 1990, 792 f; auch OLG Saarbrücken GmbHR 1999, 350; zurückhaltend aber jetzt für AG OLG Köln DB 2009, 609; – mit geringfügig unterschiedlicher Gewichtung auch Ulmer/*Habersack* §§ 32 a/b Rn 150; Scholz/*Schmidt* §§ 32 a, 32 b Rn 152; *Häuselmann/Rümker/Westermann* 22 f; *K. Schmidt* ZIP 1981, 690; weitergehend Roth/*Altmeppen* § 32 a Rn 175 ff; – generell abl *Gersch/Herget/Marsch/Stützle* Rn 284 f.

137 *Wicke* § 30 Rn 26; *Gehrlein* BB 2008, 846, 850; *Habersack* ZIP 2008, 2385, 2388.

138 BGHZ 106, 11.

139 AA *Krolop* GmbHR 2009, 397, 402.

bunden.[140] Das ist jedoch mit § 236 HGB kaum vereinbar. Pflicht, noch nicht geleistete Einlage bei Auflösung der stillen Ges über den Verlustanteil hinaus in voller Höhe zu leisten, kann sich nur aus Grundsätzen von Finanzplandarlehen ergeben (dazu oben Rn 20 f); denn §§ 39 I Nr 5, 135 InsO begründen Herabstufung bzw Rückzahlungsbeschränkung, jedoch keine Nachschusspflicht.[141]

g) Unterbeteiligte. Auch an GAnteil **Unterbeteiligter** ist nicht Gfter (näher § 15 Rn 59 mwN). Kann gleichzustellen sein, so bei enger Ausgestaltung des Beteiligungsvertrages, die ihn wirtschaftlich zum Mitgfter macht, uU sogar zur Darlehensgewährung verpflichtet.[142] 45

h) Nießbraucher, Pfandgläubiger am GAnteil sind nicht Gfter u diesen auch nicht ohne weiteres gleichzustellen.[143] Nach Rechtslage vor MoMiG wurde Gleichstellung für **Nießbraucher** vor allem bei langjähriger Berechtigung überwiegend befürwortet, wenn er über den Gfter Einfluss auf Ges ausübt;[144] jedoch erfolgte keine schematische Einbeziehung, sondern Prüfung im Einzelfall.[145] Dies soll nach verbreiteter Ansicht auch nach neuem Recht gelten.[146] Schon nach altem Recht war freilich Gleichstellung nicht unumstritten.[147] Sie hat auch Auswirkungen auf die Anwendbarkeit des Sanierungsprivilegs (unten Rn 47). Legt man als Kriterium die typische Interessenausrichtung als Gfter oder Kreditgeber an[148] (oben Rn 36), kommt des darauf an, ob Nießbrauch primär Kreditsicherungsfunktion hat oder, was meist näher liegen wird, Funktion der dauernden Teilnahme am unternehmerischen Erfolg. Nur im letztgenannten Fall ist es zu rechtfertigen, den Nießbraucher einem Gfter hinsichtlich einer Darlehenshingabe gleichzustellen.[149] Entsprechendes wurde nach altem[150] u wird 46

---

140 *Krolop* GmbHR 2009, 397, 402.

141 BGHZ 133, 303 zu § 32 a aF.

142 So nach bisherigem Recht schon Ulmer/*Habersack* §§ 32 a/b Rn 152; Scholz/*Schmidt* §§ 32 a, 32 b Rn 152; Michalski/*Heidinger* §§ 32 a, 32 b Rn 195; *Blaurock/Berninger* GmbHR 1990, 13.

143 Ulmer/*Habersack* §§ 32 a/b Rn 52; Scholz/*Schmidt* §§ 32 a, 32 b Rn 32; *Lutter/Hommelhoff* §§ 32 a/b Rn 54; Michalski/*Heidinger* §§ 32 a, 32 b Rn 199; *K. Schmidt* ZIP 1981, 690.

144 BGHZ 119, 191; *Lutter/Hommelhoff* §§ 32 a/b Rn 54; Ulmer/*Habersack* §§ 32 a/b Rn 152; Scholz/*Schmidt* §§ 32 a, 32 b Rn 152; *Lutter/Hommelhoff* §§ 32 a/b Rn 54; Michalski/*Heidinger* §§ 32 a, 32 b Rn 199; in Anlehnung an BGHZ 119, 191 (Pfandgläubiger) auch *Meyer,* Der Nießbrauch an GmbH-Geschäftanteilen und an Aktien, 2002, 283; v. Gerkan/Hommelhoff/*Johlke* Rn 5.33; Michalski/*Heidinger* §§ 32 a, 32 b Rn 199; weitergehend Rowedder/Schmidt-Leithoff/*Pentz* § 32 a Rn 74: wenn sich Rechte auf gesamten GAnteil oder gesamten Ertrag erstrecken. – Krit Roth/*Altmeppen* § 32 a Rn 182.

145 Ulmer/*Habersack* §§ 32 a/b Rn 152; Scholz/*Schmidt* §§ 32 a, 32 b Rn 152; iE auch Rowedder/Schmidt-Leithoff/*Pentz* § 32 a Rn 74.

146 *Gehrlein* Der Konzern 2007, 771, 787; *ders* BB 2008, 846, 850; *Hirte* WM 2008, 1429, 1431; *Wicke* § 30 Rn 26.

147 Abl etwa Roth/*Altmeppen* § 32 a Rn 182.

148 Vgl dazu auch *Wicke* § 30 Rn 26; *Habersack* ZIP 2007, 2145, 2148 f; zum Recht vor MoMiG auch Ulmer/*Habersack* §§ 32 a/b Rn 151.

149 Für generelle Gleichstellung ohne die hier getroffene Differenzierung nach der typischen Interessenlage *Wicke* § 30 Rn 27; *Gehrlein* BB 2008, 846, 850; *Habersack* ZIP 2008, 2385, 2388; – grds gegen Gleichstellung zum alten Recht Roth/*Altmeppen* § 32 a Rn 182.

150 BGHZ 119, 191; *Lutter/Hommelhoff* §§ 32 a/b Rn 54; *Goette* DStR 1992, 1480.

überwiegend nach neuem Recht für **Pfandgläubiger** befürwortet,[151] wenn dieser umfassende Mitspracherechte hatte, auf Grund derer er insoweit ähnlich wie ein Gfter Einfluss auf die GFührung nehmen konnte. Da u soweit Pfandgläubiger jedoch typischerweise Kreditgeberinteressen vertritt u Einflussnahme auf Ges typischerweise Kreditgeberinteresse dient, sollte jedenfalls für Rechtslage nach MoMiG keine Gleichstellung mit Gfter erfolgen.[152]

47 **i) Sonstige Kreditgeber mit Einfluss auf die Gesellschaft. Kreditgeber** sind als solche Gftern nicht allein deshalb gleichzustellen, weil sie, etwa durch *Covenants* oder auch nur rein tatsächlich Einfluss auf Entscheidungen der Ges nehmen.[153] Wie sich bereits aus Sanierungsprivileg des § 39 IV 2 ergibt, wird Fremddarlehen nur dann zu Gfterdarlehen, das ggf als Sanierungsdarlehen privilegiert ist, wenn Kreditgeber durch Beteiligung **als Gesellschafter** Doppelrolle als Gfter u Kreditgeber einnimmt (zum Grds bereits oben Rn 35 f).

48 **k) Maßgebender Zeitpunkt.** Für mittelbare Gfter gilt Gleiches wie für unmittelbare Gfterstellung.[154] Dazu oben Rn 33.

49 **3. Darlehensgewährung und Forderungen aus Rechtshandlungen, die einem Darlehen wirtschaftlich entsprechen. a) Darlehensgewährung. Darlehen** im Grundtatbestand wie § 488 I BGB. Nicht nur Überlassung von Geld, sondern auch von anderen vertretbaren Sachen, die in GesVermögen übertragen werden mit Verpflichtung, Sachen gleicher Art u Güte zurückzuerstatten, **Sachdarlehen** (§ 607 BGB).[155] Unerheblich, ob Darlehen verzinslich oder unverzinslich; auch **partiarisches Darlehen,** Beteiligungsdarlehen.[156] Erfasst wird auch, jedenfalls in Höhe des Anteils eines daran beteiligten Gfters, **Konsortialkredit.**[157] Die **verbindliche Zusage** der Darlehenshingabe **steht Darlehen nicht gleich,** da es nicht mehr, wie vor MoMiG, auf Stützungsfunktion ankommt, sondern lediglich auf Doppelstellung als Gfter u Kreditgeber. Dagegen wird weiterhin Darlehensgewährung Vereinbarung gleichgestellt, die bestehende Schuld von Geld oder vertretbaren Sachen in Darlehensschuld überführt (Vereinbarungsdarlehen, §§ 311 I, 488 I BGB). Darlehen muss **gewährt** worden sein. Verpflichtung zur Darlehensgewährung steht nicht gleich, zumal Rechtsfolgen der Rückstufung oder Anfechtung nicht passen.

---

[151] *Gehrlein* Der Konzern 2007, 771, 787; *ders* BB 2008, 846, 850; *Hirte* WM 2008, 1429, 1431; *Wicke* § 30 Rn 26.

[152] Ebenso *Habersack* ZIP 2007, 2145, 2148 f; *Freitag* WM 2007, 1681, 1682; *Wicke* § 30 Rn 26; zu § 32 a aF auch Ulmer/*Habersack* §§ 32 a/b Rn 151; Roth/*Altmeppen* § 32 a Rn 179.

[153] IE übereinstimmend *Habersack* ZBB 2006, 494, 499; *ders* ZIP 2008, 2385, 2388; *ders* ZIP 2007, 2145, 2148; *Huber* FS Priester, 2007, 259, 279; *Krolop* GmbHR 2009, 397, 399; zum Recht vor MoMiG auch Ulmer/*Habersack* §§ 32 a/b Rn 153; Scholz/*Schmidt* §§ 32 a, 32 b Rn 154; *Westermann* FS Odersky, 1996, 916 ff; – aA *Lutter/Hommelhoff* §§ 32 a/b Rn 55; Rowedder/Schmidt-Leithoff/*Pentz* § 32 a Rn 76; *Servatius* aaO, 494 ff mit eingehender Begründung.

[154] OLG München GmbHR 1992, 665.

[155] Davon zu unterscheiden Nutzungs- bzw Gebrauchsüberlassung, unten Rn 32 ff.

[156] Rowedder/Schmidt-Leithoff/*Pentz* § 32 a Rn 149; *Geßler* BB 1980, 1391; *Müller* WPg 1980, 375; *Häuselmann/Rümker/Westermann* 29 f.

[157] Zu Einzelheiten *Lutter/Hommelhoff* §§ 32 a/b Rn 41 f; *v Gerkan*/Hommelhoff § 32 a Rn 3.66 ff.

Nicht entscheidend Rechtsgrund für Darlehensgewährung, insbes ob GesVertrag, GfterVereinbarung oder bloßes Drittgeschäft.[158] Ebenso grds nicht Zweck, auch nicht bei Finanzierung einer Einzelmaßnahme;[159] oder Darlehensdauer. Entscheidend allein, dass Rückzahlung in Jahresfrist der §§ 135 InsO, 6 AnfG fällt bzw Rückzahlungsforderung im Zeitpunkt der Insolvenz noch offen ist. **Keine Ausnahme mehr für kurzfristige Überbrückung** eines nur vorübergehenden Finanzbedarfs, da nicht mehr Finanzierungsfunktion, sondern ausschließlich Doppelstellung als Gfter u Darlehensgeber maßgeblich. Keine Sonderstellung bei Gfterdarlehen zu Sanierungszweck, falls nicht Beteiligungserwerb selbst zu diesem Zweck erfolgte, § 39 IV 2 InsO. **50**

b) Forderungen aus Rechtshandlungen, die einem Darlehen wirtschaftlich entsprechen. aa) Stundung. Darlehen gleichzustellen als wirtschaftlich entsprechende Rechtshandlungen ist, wie schon bisher,[160] insbes **Stundung** von fälligen vermögenswerten Forderungen gegen Ges.[161] Ebenso bei *pactum de non petendo.*[162] Stundungsdauer grds ohne Bedeutung, wenn Rückforderung in die Jahresfrist der §§ 135 I Nr 2 InsO, 6 I 1 Nr 2 AnfG fällt oder während Stundung Insolvenz eintritt. Übereignung von Kaufgegenständen, welche im Bewusstsein vorgenommen wird, dass Ges Kaufpreis nicht zahlen kann, enthält konkludente Stundung, die Darlehensgewährung gleichsteht u sich im Fall der Aufhebung des Kaufvertrags wegen Zahlungsunfähigkeit am Nutzungsentschädigungsanspruch fortsetzt.[163] – Für fällige Zinsen sind Stundung u deren Wirkung gesondert zu beurteilen.[164] **51**

bb) Fälligkeitsvereinbarung zugunsten der Ges bei Verkehrsgeschäft, Austauschvertrag, mit Gfter kann Darlehensgewährung gem § 39 I Nr 5 InsO entsprechen.[165] Dies allerdings nur bei abw vom Verkehrsüblichen so weit hinausgeschobener Fälligkeit für Gegenleistung, dass das wirtschaftlich Nutzung des Kapitalwerts durch Ges gleichkommt; Einzelfallbeurteilung notwendig.[166] Vorgang ähnelt einerseits Vereinbarungsdarlehen (oben Rn 49), andererseits Stundung (Rn 51). **52**

cc) Stehenlassen. Auch ohne eine rechtsgeschäftliche Vereinbarung kann **Nichtgeltendmachung fälliger Forderung (Stehenlassen)** Kreditierungsfunktion haben u daher Darlehensgewährung gleichzustellen sein. In Betracht kommen stehengelassene Gewinnansprüche ebenso wie nicht ausgezahlte **53**

---

158 So bisher schon Scholz/*Schmidt* §§ 32 a, 32 b Rn 29; Michalski/*Heidinger* §§ 32 a, 32 b Rn 99.

159 BGHZ 133, 298.

160 BGHZ 76, 329; 81, 253, 263; NZG 2001, 895; OLG Celle DB 1977, 1839; OLG Hamm GmbHR 1992, 753; Ulmer/*Habersack* §§ 32 a/b Rn 46, 110; Scholz/*Schmidt* §§ 32 a, 32 b Rn 49; Rowedder/Schmidt-Leithoff/*Pentz* § 32 a Rn 144 ff – einschr *Ullrich* GmbHR 1983, 145: nur Verkehrsgeschäfte.

161 *Habersack* ZIP 2007, 2145, 2150; *Hirte* WM 2008, 1431; *Wicke* § 30 Rn 27.

162 *Lutter/Hommelhoff* §§ 32 a/b Rn 51; Michalski/*Heidinger* §§ 32 a, 32 b Rn 107.

163 BGH NZG 2001, 985

164 *Kamprad* GmbHR 1984, 340.

165 So bereits zur Rechtslage vor MoMiG Ulmer/*Habersack* §§ 32 a/b Rn 112; Scholz/*Schmidt* §§ 32 a, 32 b Rn 123; Rowedder/Schmidt-Leithoff/*Pentz* § 32 a Rn 156; ferner OLG Karlsruhe DB 1989, 316; OLG Hamm GmbHR 1992, 753, auch zu den Folgen für mit Kaufpreisstundung verbundenem Eigentumsvorbehalt.

166 Dazu BGH NJW 1995, 457, 458, durchschnittlich 8,5 Monate; OLG Bamberg GmbHR 2003, 1130.

Gehälter von GfterGFührern u Forderungen aus Drittgeschäften, etwa Miet- oder Pachtzinsforderungen.[167] Für stehengelassenen Arbeitslohn ist europarechtlich gewährleistete Schranke von Art 4 II der Insolvenzschutz-Richtlinie zu beachten.[168] Kreditierung liegt jedoch erst bei Überschreitung geschäftsüblicher Zahlungsziele u nur vor, wenn Gfter Eintreibung seiner Forderung nicht mit notwendigem Nachdruck verfolgt. Insofern genügt es, dass Gfter von bestehender Möglichkeit, Forderung einzuziehen, faktisch keinen Gebrauch macht.[169]

54 **dd) Stille Beteiligung eines Gesellschafters.** Stille Beteiligung eines Gfters der GmbH neben seinem GAnteil (strikt zu unterscheiden außenstehender stiller Gfter, oben Rn 43) steht Darlehensgewährung gleich.[170] § 39 I Nr 5 geht dann § 236 HGB vor u führt zu Nachrangigkeit des Anspruchs auf Rückzahlung der Einlage mit entspr Folgen für Anfechtung nach §§ 135 I Nr 2 InsO, 6 I 1 Nr 2 AnfG bei Rückzahlung vor Insolvenzeröffnung.

55 **ee) Sonstige Finanzierungsformen** die zu unmittelbarer oder mittelbarer Stützung der Ges durch GfterVermögen führen, sind nach § 39 I Nr 5 InsO insoweit gleichgestellt, als sie Kreditierungswirkung haben u nicht als Nutzungsüberlassung zu qualifizieren sind, die nach neuem Recht nicht mehr Darlehen gleichzustellen ist (unten Rn 79 ff). Abgrenzung war schon bisher problematisch u wird es bleiben. Gleichzustellen jedenfalls Einzahlungen von Privatvermögen auf **Treuhandkonto,** über das Zahlungsverkehr der Ges abgewickelt wird.[171]

56 Dagegen zweifelhaft, ob **Finanzierungsleasing** wie nach bisher hM[172] Darlehensgewährung gleichzustellen ist oder Schwerpunkt in Nutzungsüberlassung liegt, was Gleichstellung nunmehr ausschließen würde. Entspr gilt für Überlassung von Sachwerten durch Gfter als Folge **offener oder verdeckter Kreditsicherung** für ihn durch Ges, bei welcher nach bisher hM Finanzierungsfunktion im Vordergrund steht,[173] so bei verschiedenen Gestaltungen von **Eigentumsvorbehalt** u Sicherungsübereignung, auch in der Form des **„sale and lease back".**[174] Bei solchen Gestaltungen wird man wohl weiterhin im Finanzierungsgeschäft enthaltene Geldleistung selbst bereits als Kreditgewährung nach iSv § 39 I Nr 5 InsO qualifizieren können; Gebrauchsüberlassung ist dann nur Modalität der ergänzenden offenen oder verdeckten

---

167 *Habersack* ZIP 2007, 2145, 2150; *Wicke* § 30 Rn 27.

168 Richtlinie 80/987/EWG, s EuGH NZA 2003, 1083.

169 *Gehrlein* BB 2008, 846, 850.

170 Zum Recht vor MoMiG BGH NJW 1983, 1855; Ulmer/*Habersack* §§ 32 a/b Rn 113 f; Scholz/*Schmidt* §§ 32 a, 32 b Rn 127; Rowedder/Schmidt-Leithoff/*Pentz* § 32 a Rn 155; auch *Koller/Roth/Morck* HGB § 236 Rn 4 ff.

171 OLG Düsseldorf ZIP 1998, 2101.

172 Dazu ausführl mwN Ulmer/*Habersack* §§ 32 a/b Rn 117; Scholz/*Schmidt* §§ 32 a, 32 b Rn 130 ff; ferner etwa *Lutter/Hommelhoff* §§ 32 a/b Rn 153; *Häuselmann/Rümker/Westermann* 46 ff; *G. Hueck* ZGR 1989, 226 f; *Priester/Timm* 12 ff; MünchHdbGmbH/*Rümker* § 52 Rn 88; – abw Roth/*Altmeppen* § 32 a Rn 212 f: allenfalls Bindung stehengelassener Leasingraten.

173 Näher Ulmer/*Habersack* §§ 32 a/b Rn 115 ff; Scholz/*Schmidt* §§ 32 a, 32 b Rn 130; auch *Lutter/Hommelhoff* §§ 32 a/b Rn 153; *G. Hueck* ZGR 1989, 226 f; *Priester/Timm* 12 ff.

174 OLG Düsseldorf GmbHR 1997, 353; Ulmer/*Habersack* §§ 32 a/b Rn 116; Rowedder/Schmidt-Leithoff/*Pentz* § 32 a Rn 160; Michalski/*Heidinger* §§ 32 a, 32 b Rn 161, 184; MünchHdbGmbH/*Rümker* § 52 Rn 87; *Ziegler* 145 ff; – abw Roth/*Altmeppen* § 32 a Rn 214.

Sicherungsabrede (zur Behandlung der Sicherheit im Insolvenzfall Rn 68 f). Auch sog **unechtes Factoring,** das nicht auf Forderungsankauf, sondern auf zwischenzeitliche Kreditierung bis zum Einzug der erfüllungshalber abgetretenen Forderung der Ges gerichtet ist, kann Darlehensgewährung gleichstehen.[175]

c) Erwerb von kreditierter Drittforderung durch Gesellschafter, nachträglicher Erwerb der Gesellschafterstellung durch Kreditgeber, Herauswachsen aus Kleingesellschafterprivileg. Erwerb gestundeter Forderung eines Dritten gegen Ges durch Gfter kommt Stundung einer GfterForderung gleich.[176] Wirtschaftlich entspr auch Erwerb fremder Darlehensrückzahlungsforderung gegen Ges durch Gfter.[177] Entspr gilt auch für Fallgestaltungen, in welchen **Darlehensgeber** etwa **nachträglich Gfter** wird oder in welchen **Kleingesellschafter,** der Darlehen gegeben hat, Schwelle des § 39 V InsO überschreitet. In all diesen Fällen gelten insolvenz- u anfechtungsrechtliche Folgen ohne weiteres im Zeitpunkt des Zusammenfallens von Darlehens- u Gfterstellung,[178] soweit nicht oder nicht mehr Voraussetzungen von § 39 IV 2 oder V erfüllt sind, ohne dass es, wie nach altem Recht, ggf darauf ankommt, ob frühere Voraussetzungen eines der Darlehensgewährung vergleichbaren Stehenlassens erfüllt sind (oben Rn 31). 57

4. Rechtsfolgen. Grundlegende Neuerung gegenüber früherem Rechtszustand ist, dass Rangrücktritt wie Anfechtbarkeit in der Insolvenz wie nach AnfG **nicht mehr auf eigenkapitalersetzende Gfterdarlehen begrenzt** sind, sondern alle Gfterdarlehen betreffen. Die darin liegende Vereinfachung bedeutet für die Darlehensgeber eine nicht unbeträchtliche **Verschärfung,** die auch im Hinblick auf die entsprechenden Übergangsregelungen zu Härten führen können (unten Rn 108 ff). 58

a) In der Insolvenz.

aa) Gesetzlicher Rangrücktritt, § 39 Abs 1 Nr 5 InsO.

InsO § 39 Nachrangige Insolvenzgläubiger

(1) Im Rang nach den übrigen Forderungen der Insolvenzgläubiger werden in folgender Rangfolge, bei gleichem Rang nach dem Verhältnis ihrer Beträge, berichtigt:

1.–4. …

5. nach Maßgabe der Absätze 4 und 5 Forderungen auf Rückgewähr eines Gesellschafterdarlehens oder Forderungen aus Rechtshandlungen, die einem solchen Darlehen wirtschaftlich entsprechen.

MoMiG hat **Rechtsfolgen für Rückzahlungsanspruch** auf **Rückstufung u Anfechtung in der Insolvenz** bzw Anfechtungsmöglichkeit nach AnfG bei nicht vollständiger Befriedigung in Zwangsvollstreckung **beschränkt.** Bestand der GfterForderung als solcher gegenüber Ges wird, wie bisher, nicht berührt;[179] kann daher unter Fortgeltung des Rangrück- 59

---

175 OLG Köln ZIP 1986, 1585; Ulmer/*Habersack* §§ 32 a/b Rn 40; Scholz/*Schmidt* §§ 32 a, 32 b Rn 124; Rowedder/Schmidt-Leithoff/*Pentz* § 32 a Rn 158; iE auch Roth/*Altmeppen* § 32 a Rn 215.

176 Ganz hM im Anschluß an § 32 a II, 1 RegE, BT-Drucks 8/1347, Ulmer/*Habersack* §§ 32 a/b Rn 112; Scholz/*Schmidt* §§ 32 a, 32 b Rn 131 mwN; *v. Gerkan/Hommelhoff,* Handbuch des Kapitalersatzrechts, 2000, 119.

177 Scholz/*Schmidt* §§ 32 a, 32 b Rn 131.

178 AA offenbar *Gehrlein* Der Konzern 2007, 771, 787; *Haas* ZInsO 2007, 617, 619.

179 *Lutter/Hommelhoff* §§ 32 a/b Rn 91.

tritts[180] abgetreten, nach Maßgabe von § 174 III InsO im Insolvenzverfahren angemeldet werden, erhält in diesem Fall Nachrangvermerk u ist vom Insolvenzverwalter zu erfüllen, falls noch Liquidationsmasse vorhanden.[181] Zweck ist Gesamtabwicklung der insolventen Ges.[182]

60 Fortbestand der Forderung auch außerhalb des Insolvenzverfahrens relevant, insbes bei Drittsicherung (Rn 68, zur Sicherung durch Ges selbst Rn 69). Erfüllung durch Ges vor Eröffnung eines Insolvenzverfahrens durch Abs 1 nicht ausgeschlossen,[183] jedoch Anfechtung nach § 135 I Nr 1 InsO, allerdings auf 1 Jahr, für Sicherheiten nach §§ 135 I Nr 2 bzw 6 I 1 Nr 1 AnfG auf 10 Jahre begrenzt. Auch **Aufrechnung** mit Rückzahlungsforderung gegen GesForderung im Insolvenzfall ausgeschlossen, außerhalb der Insolvenz im Rahmen von § 135 I Nr 2 InsO anfechtbar.[184] RegE zur GmbH-Novelle[185] hatte in § 32 a I 3 RegE ausdrückliches Verbot vorgesehen.

61 **Offene Zinsen** u entspr Nebenforderungen sind grds ebenso zu behandeln wie Hauptforderung (§ 39 III InsO); soweit daher Hauptforderung unter § 39 I Nr 5 fällt, gilt das auch für noch offene Zinsen u entspr Nebenforderungen. Fällt Hauptforderung, zB Rückgabepflicht bei Nutzungsüberlassung, dagegen nicht unter § 39 I Nr 5 InsO, können nicht eingeforderte **Nutzungsvergütungen** gleichwohl selbständig unter § 39 I Nr 5 InsO fallen, wenn sie kreditiert wurden, wofür es genügen kann, dass sie nicht mit entspr Nachdruck eingefordert worden sind (oben Rn 53). **Gezahlte Zinsen** für die Zeit vor Insolvenzeröffnung können anfechtbar sein, wenn man den Einwand des Bargeschäfts (§ 142 InsO) nicht zulässt,[186] was jedoch wegen der damit verbundenen Weiterungen[187] nicht unbedenklich ist, zumal die Anfechtung nach § 135 I Nr 2 InsO an sich nur für die Rückgewähr kreditierter GfterForderungen gedacht ist.[188]

bb) Anfechtbarkeit vorangegangener Sicherungen oder Befriedigungen des Gesellschafters, § 135 Abs 1 InsO.

InsO § 135 Gesellschafterdarlehen

(1) Anfechtbar ist eine Rechtshandlung, die für die Forderung eines Gesellschafters auf Rückgewähr eines Darlehens im Sinne des § 39 Abs. 1 Nr. 5 oder für eine gleichgestellte Forderung

1. *Sicherung gewährt hat, wenn die Handlung in den letzten zehn Jahren vor dem Antrag auf Eröffnung des Insolvenzverfahrens oder nach diesem Antrag vorgenommen worden ist, oder*
2. *Befriedigung gewährt hat, wenn die Handlung im letzten Jahr vor dem Eröffnungsantrag oder nach diesem Antrag vorgenommen worden ist.*

(2)–(3) …

(4) § 39 Abs. 4 und 5 gilt entsprechend

---

180 BGH NZG 2007, 29 Rn 9; BGHZ 104, 33, 43 = NJW 1988, 1841, 1843.
181 Scholz/*Schmidt* §§ 32 a, 32 b Rn 58.
182 Scholz/*Schmidt* §§ 32 a, 32 b Rn 58.
183 *Lutter/Hommelhoff* §§ 32 a/b Rn 94.
184 Ganz hM, Ulmer/*Habersack* §§ 32 a/b Rn 90; Scholz/*Schmidt* §§ 32 a, 32 b Rn 60; Rowedder/Schmidt-Leithoff/*Pentz* § 32 a Rn 201; zu §§ 30, 31 BGHZ 81, 314; s auch 90, 370; ZIP 1982, 1320.
185 BT-Drucks 8/1347.
186 Näher *Gehrlein* BB 2008, 846, 853.
187 *Haas* ZInsO 2007, 617, 623 f; *Gehrlein* BB 2008, 846, 853.
188 AA aber etwa *Habersack* ZIP 2007, 2145, 2150 unter Bezugnahme auf das bisherige, freilich durch Rspr zu §§ 30, 31 geprägte Recht.

Anfechtungsrecht als Ergänzung der Rückstufung bereits durch GmbH-Novelle 1980 als §§ 32 a KO eingeführt u durch InsO u EGInsO mit unterschiedlicher Fristberechnung übernommen (Übergangsregelung in Art 103, 106 EGInsO). Durch MoMiG Wegfall des Tatbestandsmerkmals „kapitalersetzend“. **62**

Anfechtbar nach § 135 InsO im Insolvenzverfahren durch Insolvenzverwalter **Sicherung** oder **Befriedigung** des Gfters oder ihm gleichzustellender Dritter zu Lasten des GesVermögens von GfterDarlehen u ihnen entspr Vorgänge. Vorschr verweist insoweit auf § 39 I Nr 5 u in Abs 4 auch auf Privilegierungen des § 39 IV u V (Kleinbeteiligtenprivileg, Sanierungsprivileg). – **Rechtshandlung** ist weit zu fassen, darunter ist nach Rspr jede Willensbetätigung zu verstehen, die eine rechtliche Wirkung auslöst, gleichgültig ob diese selbst gewollt ist oder nicht,[189] so auch Zwangsvollstreckungsmaßnahme.[190] – **Sicherung** nicht nur bei Absicherung des Darlehens, sondern ebenso bei Rücksicherung von GfterSicherheit.[191] – **Befriedigung** ist Tilgung, auch durch Aufrechnung[192] u Erfüllungssurrogate. Anwendbar auch auf Nebenforderungen, Zinsforderungen. – Im **Kontokorrent** erfolgt Befriedigung (Erfüllung) idR nicht bereits durch Leistung (so nur bei Staffelkontokorrentabrede), sondern erst durch periodische Verrechnung.[193] Entspr gilt, soweit nicht andere Vereinbarungen getroffen wurden, auch im **Cash-Pool.** Für die Befriedigung von *downstream loans* der Mutterges folgt daraus, dass diese iZw nach § 355 I HGB nicht bereits mit Umbuchung von Guthaben der darlehensnehmenden Tochterges auf zentrales Verrechnungskonto erfolgt, sondern erst mit periodischer Saldierung.[194] Bis dahin stellt Verrechnungslage Sicherheit dar, deren gesonderte Anfechtbarkeit[195] im Fall der nachfolgenden Verrechnung allerdings nicht auf diesem Umweg zu einer Verlängerung der Anfechtbarkeit der Befriedigung führen kann (nachf Rn 64). – Für Anfechtung immer erforderlich, dass objektive **Gläubigerbenachteiligung** vorliegt, was fehlt, wenn Befriedigungsmöglichkeit der Insolvenzgläubiger durch Rechtshandlung nicht beeinträchtigt wird, etwa weil Insolvenzmasse zur Befriedigung aller vorrangigen Gläubiger ausreicht.[196] Darauf, ob Darlehen eigenkapitalersetzend war oder ist, kommt es nach neuem Recht nicht mehr an. Auch Rückzahlung eines von Anfang an voll besicherten Darlehens oder Inanspruchnahme der Sicherheit ist anfechtbar, wenn Rückzahlung binnen Jahresfrist vor Antrag auf Insolvenzeröffnung erfolgte. **63**

Anfechtung gem § 135 InsO durch Insolvenzverwalter nach den Regeln der §§ 129 ff InsO; sie ist keine Gestaltungserklärung, sondern Geltendmachung eines Anspruchs (§ 143 InsO).[197] **Fristen:** Rechtshandlungen, die Sicherung gewähren, sind anfechtbar, wenn die Handlung in den letzten zehn **64**

---

[189] BGH NJW 2004, 1660 f.

[190] MünchKommInsO/*Stodolkowitz/Bergmann* § 135 Rn 74.

[191] Ulmer/*Habersack* §§ 32 a/b Rn 97; Michalski/*Heidinger* §§ 32 a, 32 b Rn 319; MünchKommInsO/*Stodolkowitz/Bergmann* § 135 Rn 75.

[192] BGH NJW 1997, 1857, 1859.

[193] *Canaris* Handelsrecht § 25 Rn 15, 18.

[194] *Klinck/Gärtner* NZI 2008, 457, 459.

[195] *Klinck/Gärtner* NZI 2008, 457, 459.

[196] BGHZ 105, 168, 187 zu § 32 a KO; MünchKommInsO/*Stodolkowitz/Bergmann* § 135 Rn 74; Uhlenbruck/*Hirte* § 135 Rn 36.

[197] BGH NJW 1997, 1857, 1859; MünchKommInsO/*Stodolkowitz/Bergmann* § 135 Rn 74.

Jahren vor Antrag auf Eröffnung des Insolvenzverfahrens oder nach diesem Antrag vorgenommen worden ist (§ 135 I Nr 1 InsO); solche, die Befriedigung gewähren, wenn innerhalb des letzten Jahres vor Antrag auf Eröffnung des Insolvenzverfahrens oder danach erfolgte (§ 135 I Nr 2 InsO).[198] Berechnung § 139 InsO. Rechtspolitisches Problem der Kürze der Jahresfrist (oben Rn 9), kann nicht dadurch behoben werden, dass man Frist statt dessen von Zeitpunkt der Antragspflicht berechnet.[199] – Wird **gesicherte Forderung** außerhalb der Jahresfrist getilgt, ist Tilgung nach § 135 I Nr 2 nicht angreifbar.[200] Das muss auch für Umbuchung von Guthaben der darlehensnehmenden Tochterges auf zentrales **Cash-Pool** Konto gelten. Sicherungscharakter der Verrechnungslage im Kontokorrent (oben Rn 63) kann nicht dazu führen, dass anstelle der Jahresfrist entspr Guthaben rückwirkend für die vorausgegangenen 10 Jahre anfechtbar werden.[201] Das würde die Funktion der Anfechtbarkeit der Sicherheit verkennen u dieser weitergehende Rechtsfolgen beimessen als der Befriedigung, was nicht dem Sinn der Neuregelung entspr. – Umgekehrt können Härten für Gfter im Fall eines völlig unerwarteten Insolvenzeintritts kaum über analoge Anwendung von § 136 II InsO[202] vermieden werden, da Abstellen auf den Einzelfall durch pauschale Fristenregelung gerade vermieden werden sollte u es insoweit an gesellschaftsrechtlicher Bindung fehlt, die für §§ 236 HGB, 136 InsO konstitutiv ist.[203] – Längere Fristen gelten für Anfechtung nach § 133 InsO (unten Rn 70).

65 **Rechtsfolgen.** Anfechtung der Befriedigung führt zu Anspruch auf Rückgewähr zur Insolvenzmasse nach Maßgabe von § 143 I 1 InsO, bei dessen Erfüllung Anspruch des Gfters nach § 144 I InsO wiederauflebt, und zwar mit Nachrang gem § 39 I Nr 5 InsO.[204] Anfechtung der Gewährung einer Sicherung begründet nach § 143 InsO Anspruch auf deren Aufhebung oder Rückgewähr. Dass Sicherheit für nachrangigen Anspruch (§ 39 I Nr 5 InsO) nicht in Anspruch genommen werden kann, ergibt sich schon aus dem Nachrang der gesicherten Forderung[205] (oben Rn 59).

66 **Verjährung.** Soweit Rechtshandlung in diesem Bezugsrahmen liegt, ist für Insolvenzanfechtung Verjährung nach § 146 InsO zu beachten, die nach Neuregelung durch G zur Anpassung von Verjährungsvorschriften an das G zur Neuregelung des Schuldrechts vom 9. 12. 2004[206] sich nach der regelmäßigen Verjährung des BGB (§ 195) bestimmt.

67 **cc) Zinsen.** Erfolgte Zinszahlungen für Darlehen oder wirtschaftlich vergleichbare Gfterleistungen, waren auf der Grundlage des Kapitalersatzrechts nach §§ 30, 31 rückforderbar.[207] Entspr wurde in der Lit unter Hinweis darauf

---

[198] *K. Schmidt* ZGR 1980, 578.

[199] *Gehrlein* BB 2008, 846, 852 gegen *Hölzle* GmbHR 2007, 729, 733.

[200] *Spliedt* ZIP 2009, 145, 153.

[201] So aber in der Tat *Klinck/Gärtner* NZI 2008, 457, 459 f; dagegen zu Recht *Bormann/Urlichs* DStR 2009, 641, 645 Fn 31; *Hamann* NZI 2008, 667.

[202] Dafür aber *Haas* ZInsO 2007, 717, 622; *ders* DJT-Gutachten, E 80 f; auch schon Scholz/*Schmidt* §§ 32 a, 32 b Rn 12 mwN; *K. Schmidt* ZIP 1981, 697; – zweifelnd Ulmer/*Habersack* §§ 32 a/b Rn 30; Rowedder/Schmidt-Leithoff/*Pentz* § 32 a Rn 21.

[203] Ebenso zu § 237 HGB aF *Gersch/Herget/Marsch/Stützle* Rn 267 aE.

[204] Kübler/Prütting/*Paulus* § 135 Rn 32.

[205] MünchKommInsO/*Stodolkowitz/Bergmann* § 135 Rn 75.

[206] BGBl I, 3214.

[207] BGHZ 67, 171, 179.

auch die Anfechtbarkeit nach § 135 Nr 2 InsO aF bejaht.[208] Dem entspr eine verbreitete Sicht in der Lit auch zum neuen Recht.[209] Nach neuem Recht ist jedoch nach § 135 I Nr 2 InsO nur die Rückgewähr einer kreditierten Gfterforderung anfechtbar. Das trifft für gezahlte Zinsen nicht zu.[210] Sie sind auch nicht Nebenforderungen der anfechtbaren Rückgewähr, sondern der nicht anfechtbaren Kapitalüberlassung. Zu einer Anfechtbarkeit gezahlter Zinsen kommt man daher wohl nur nach allg Anfechtungstatbeständen im Wege der Versagung des Einwands des Bargeschäfts (§ 142 InsO).[211] Dann müsste man konsequenterweise freilich auch den Schritt gehen und sämtliche Austauschgeschäfte mit Gfter innerhalb der Anfechtungsfristen der Anfechtung unterwerfen,[212] eine Konsequenz, die in der Diskussion im Vorfeld des MoMiG vorgeschlagen wurde,[213] die der Gesetzgeber mit der Begrenzung der Anfechtung in § 135 I Nr 2 auf kreditierte Gfterforderungen gerade nicht ziehen wollte.

dd) Sicherheiten für Gesellschafterdarlehen. Von Drittem bestellte 68
Sicherheit, auch Bürgschaft eines Mitgesellschafters,[214] umfasste nach altem Recht idR auch Eigenkapitalersatzrisiko einschl der weiter laufenden Zinsen.[215] Nach neuem Recht tritt Sicherungsfall jedenfalls mit Ausfall der gesicherten Darlehensforderung in Insolvenz ein. Sicherheit kann daher uneingeschränkt verwertet werden.[216] Dem steht gleich, wenn Darlehensrückzahlung nach § 135 I Nr 2 InsO angefochten u Anspruch nach § 143 InsO befriedigt wird. Da damit gesicherte Forderung nach § 144 I InsO wieder auflebt, lebt auch Bürgschaft wieder auf[217] u kann im Fall des endgültigen Ausfalls der Sicherungsforderung geltend gemacht werden. Gilt auch bei Kürzung oder Ausschluss im Insolvenzplan (§§ 224, 225 InsO) bzw bei Altfällen für Zwangsvergleich u Vergleich nach VerglO, § 193 S 2 KO, § 82 II VerglO aF. § 32 a aF begründete keine Einrede iSv §§ 768, 1137, 1211 BGB.[218] Bei Inanspruchnahme der Sicherung bleibt auf Sicherungsgeber oder Bürgen

---

[208] MünchKommInsO/*Stodolkowitz/Bergmann* § 135 Rn 76; Scholz/*Schmidt* §§ 32 a, 32 b Rn 71 mwN; Ulmer/*Habersack* §§ 32 a/b Rn 99.

[209] Ausdr nur zu Miet- u Pachtzinsen bei der Nutzungsüberlassung *Wicke* § 30 Rn 30; *Habersack* ZIP 2007, 2145, 2150; *Heinze* ZIP 2008, 110; auch *Haas* ZInsO 2007, 617, 624 u *Hirte* ZInsO 2008, 689, 694.

[210] IE ebenso *Mylich* ZGR 2009, 474, 496.

[211] Vgl zur parallelen Problematik der Anfechtung von Mietzinszahlungen bei der Nutzungsüberlassung Bormann/Kauka/*Ockelmann* Kap 10 Rn 159 ff; *Gehrlein* BB 2008, 846, 853.

[212] So wohl *Bork* ZGR 2007, 250, 266; *Haas* ZInsO 2007, 617, 623 f; – dagegen aber *Gehrlein* BB 2008, 846, 853: schwerlich vom Willen des Gesetzgebers getragen; ebenso *Gehrlein/Witt* Kap 8 Rn 21.

[213] *Huber/Habersack* in Lutter, 370, 405 ff.

[214] BGH NZG 2008, 595 Rn 21; NJW 1996, 1341; OLG Hamm BB 1998, 1655; – abw Michalski/*Heidinger* §§ 32 a, 32 b unter Hinweis auf § 32 a II, der jedoch nur Darlehen Dritter betrifft; dagegen Rowedder/Schmidt-Leithoff/*Pentz* § 32 a Rn 203.

[215] BGH NJW 1996, 1341.

[216] Zum bisherigen Recht Scholz/*Schmidt* §§ 32 a, 32 b Rn 62; *Lutter/Hommelhoff* §§ 32 a/b Rn 100; Michalski/*Heidinger* §§ 32 a, 32 b Rn 324.

[217] Zum Wiederaufleben der Sicherungsrechte MünchKommInsO/*Kirchhof* § 144 Rn 10.

[218] Zum früheren Recht BGH NJW 1996, 1343; LG Hamburg ZIP 1981, 730; Scholz/*Schmidt* §§ 32 a, 32 b Rn 58, 153; Ulmer/*Habersack* §§ 32 a/b Rn 171; *Feuerborn* BB 1982, 401 f; – abw *Beinert/Hennerkes/Binz* GmbHR 1981, 12.

übergehender **Rückforderungsanspruch** den Beschränkungen des § 39 I Nr 5 InsO unterworfen.

69 **Von Gesellschaft bestellte Sicherheit** kann in der Insolvenz schon wegen der Nachrangigkeit der Hauptforderung (§ 39 I Nr 5 InsO) nicht geltend gemacht werden. Das ergibt sich für akzessorische Sicherheit aus Nachrang der Hauptforderung, für nicht akzessorische daraus, dass ein nachrangiger Anspruch kein Recht auf abgesonderte Befriedigung vor den vorrangigen Insolvenzgläubigern geben kann.[219] Darüber hinaus ist die Gewährung der Sicherheit an Gfter im Insolvenzfall nach § 135 I Nr 1 InsO anfechtbar. Ihrer Geltendmachung steht in der Insolvenz bei **akzessorischer Sicherheit** die Nachrangigkeit der Hauptforderung (§ 39 I Nr 5 InsO) der Geltendmachung entgegen, da entweder noch freie Liquidationsmasse zur Erfüllung der Darlehensrückzahlungsforderung vorhanden ist, sodass Sicherungsfall nicht eintritt, oder nachrangige Darlehensrückzahlungsforderung nicht erfüllt werden darf, sodass auch Inanspruchnahme der Sicherheit Einrede gegenübersteht.[220] Entspr gilt für **nicht akzessorische Sicherheiten,** da ein nachrangiger Anspruch kein Recht auf abgesonderte Befriedigung vor den vorrangigen Insolvenzgläubigern geben kann.[221]

70 **ee) Verhältnis zu sonstigen Insolvenzanfechtungstatbeständen.** Außer Sonderanfechtungstatbestand des § 135 I InsO kommt auch 2-jährige Anfechtung nach § 133 InsO in Betracht.[222] Praktisch relelvant vor allem § 133 II InsO, wenn Gfter nach § 138 II Nr 1 InsO wegen Beteiligung mit mehr als 25% oder als GfterGFührer als nahe stehende Person gilt u Gläubigerbenachteiligung durch Befriedigung zu einem Zeitpunkt erfolgt, zu dem sie nicht mehr vollwertig ist, u vermutete Benachteiligungsabsicht nicht widerlegt werden kann.[223] Darüber hinaus kommt auch unter entspr Voraussetzungen Absichtsanfechtung nach § 133 I InsO in Betracht.[224]

71 **b) Außerhalb der Insolvenz. aa) Grundsätzlich keine Rückzahlungssperre.** Außerhalb der Insolvenz können Gfterdarlehen grds zurückgezahlt u dafür gestellt Sicherheiten in Anspruch genommen werden. Ein der Rspr zu § 30 aF entspr Zahlungsverbot unter Kapitalerhaltungsgesichtspunkten besteht nach ausdr ges Anordnung in § 30 I 3 nF nicht mehr.[225] Darlehensrückzahlungsforderung kann als Sacheinlage mit ggf angepasster Bewertung (§ 5 Rn 28) eingebracht werden. Verrechnung mit Bareinlageforderung steht idR Verbot verdeckter Sacheinlage entgegen,[226] dessen Nichtbeachtung nach neu-

---

[219] So zum bisherigen Recht zutr Roth/*Altmeppen* §§ 32 a Rn 101; Scholz/*Schmidt* §§ 32 a, 32 b Rn 61; iE unter Betonung des Sicherungszwecks auch Rowedder/Schmidt-Leithoff/*Pentz* Rn 202; zu § 32 a aF auch BGHZ 133, 298, 305.

[220] *Lutter/Hommelhoff* §§ 32 a/b Rn 100; Rowedder/Schmidt-Leithoff/*Pentz* § 32 a Rn 202; iE auch Michalski/*Heidinger* §§ 32 a, 32 b Rn 318.

[221] So zutr Roth/*Altmeppen* § 32 a Rn 101; Scholz/*Schmidt* §§ 32 a, 32 b Rn 61; iE unter Betonung des Sicherungszwecks auch Rowedder/Schmidt-Leithoff/*Pentz* Rn 202; zu § 32 a aF auch BGHZ 133, 298, 305.

[222] *Gehrlein/Witt* Kap 8 Rn 22; Bormann/Kauka/*Ockelmann* Kap 10 Rn 182 ff.

[223] *Gehrlein* BB 2008, 846, 853; Bormann/Kauka/*Ockelmann* Kap 10 Rn 198; ausführl *Spliedt* ZIP 2009, 149, 154; – weitergehend für generelle Nichtanerkennung des Einwands des Bargeschäfts (§ 142 InsO), *Bork* ZGR 2007, 250, 266; *Haas* ZInsO 2007, 617, 623 f.

[224] Näher Bormann/Kauka/*Ockelmann* Kap 10 Rn 182 ff; *Spliedt* ZIP 2009, 145, 154.

[225] *Altmeppen* NJW 2008, 3601, 3606.

[226] BGHZ 90, 370, 374; Roth/*Altmeppen* § 32 a Rn 105; – zur Aufrechnung gegen sonstige GesForderung unten Rn 66.

em Recht allerdings Anrechnung nach § 19 IV nicht ausschließt. Kommt es danach zur Insolvenz, greifen die oben Rn 62 ff genannten Anfechtungsrechte des Insolvenzverwalters nach § 135 I in dem dort genannten zeitlichen Rahmen. Zur Frage der GFührer-Haftung im Fall des § 64 S 3 oben Rn 18. Zur Anfechtbarkeit nach dem AnfG nachfolgend Rn 72.

bb) Anfechtbarkeit nach § 6 AnfG.

§ 6 AnfG Gesellschafterdarlehen

(1) [1] Anfechtbar ist eine Rechtshandlung, die für die Forderung eines Gesellschafters auf Rückgewähr eines Darlehens im Sinne des § 39 Abs. 1 Nr. 5 der Insolvenzordnung oder für eine gleichgestellte Forderung

1. *Sicherung gewährt hat, wenn die Handlung in den letzten zehn Jahren vor Erlangung des vollstreckbaren Schuldtitels oder danach vorgenommen worden ist, oder*
2. *Befriedigung gewährt hat, wenn die Handlung im letzten Jahr vor Erlangung des vollstreckbaren Schuldtitels oder danach vorgenommen worden ist.*

[2] Wurde ein Antrag auf Eröffnung eines Insolvenzverfahrens nach § 26 Abs. 1 der Insolvenzordnung abgewiesen, bevor der Gläubiger einen vollstreckbaren Schuldtitel erlangt hat, so beginnt die Anfechtungsfrist mit dem Antrag auf Eröffnung des Insolvenzverfahrens.

(2) [1] Die Anfechtung ist ausgeschlossen, wenn nach dem Schluss des Jahres, in dem der Gläubiger den vollstreckbaren Schuldtitel erlangt hat, drei Jahre verstrichen sind. [2] Wurde die Handlung später vorgenommen, so ist die Anfechtung drei Jahre nach dem Schluss des Jahres ausgeschlossen, in dem die Handlung vorgenommen worden ist.

Voraussetzungen der Gläubigeranfechtung nach § 6 AnfG (Rechtshandlung, Sicherung, Befriedigung, Gläubigerbenachteiligung) entspr wie bei § 135 I InsO (dazu oben Rn 63). Anstelle fehlender Insolvenzeröffnung tritt fehlende Befriedigung oder fehlende Aussicht auf Befriedigung in der Zwangsvollstreckung, § 2 AnfG. – **Fristen:** Jahres- bzw 10-Jahresfrist berechnet sich grds von Erlangung eines vollstreckbaren Schuldtitels, im Fall davor erfolgter Ablehnung des Insolvenzantrags von dieser an (§ 6 I 2 AnfG). Hat Gläubiger eine Forderung, die vor Ablauf der jeweiligen Frist zwar besteht, aber noch nicht fällig ist u daher auch noch keinen vollstreckbaren Schuldtitel erlangt, kann er nach § 7 II AnfG Anfechtungsgegner seine Anfechtungsabsicht schriftlich mitteilen mit der Folge, dass Fristberechnung dann von Mitteilungszeitpunkt an rückwärts zu rechnen ist, wenn Schuldner zu dieser Zeit bereits nicht mehr in der Lage war, Gläubiger zu befriedigen u innerhalb von zwei Jahren Anfechtbarkeit gerichtlich geltend gemacht wird. **Rechtsfolgen** § 11 I AnfG. – **Verjährung** § 6 II AnfG. 72

5. Sanierungsprivileg, § 39 Abs 4 InsO. 73

InsO § 39 Nachrangige Insolvenzgläubiger

(1)–(3) ....

(4) [1] Absatz 1 Nr. 5 gilt für Gesellschaften, die weder eine natürliche Person noch eine Gesellschaft als persönlich haftenden Gesellschafter haben, bei der ein persönlich haftender Gesellschafter eine natürliche Person ist. [2] Erwirbt ein Gläubiger bei drohender oder eingetretener Zahlungsunfähigkeit der Gesellschaft oder bei Überschuldung Anteile zum Zweck ihrer Sanierung, führt dies bis zur nachhaltigen Sanierung nicht zur Anwendung von Absatz 1 Nr. 5 auf seine Forderungen aus bestehenden oder neu gewährten Darlehen oder auf Forderungen aus Rechtshandlungen, die einem solchen Darlehen wirtschaftlich entsprechen.

Bisheriges Sanierungsprivileg des § 32 a III 3 aF, das durch KonTraG erstmals eingeführt wurde, wurde durch MoMiG unter Anpassung an insolvenzrechtliche Regelung in § 39 IV 2 InsO übernommen. Damit verbundene

Anknüpfung an drohende oder eingetretene **Zahlungsunfähigkeit oder Überschuldung verschiebt Privilegierungszeitpunkt** gegenüber zuvor geltender Maßgeblichkeit der Krise weiter nach hinten u verengt dadurch den zeitlichen Rahmen der vorinsolvenzrechtlichen Sanierung.[227] Das ist rechtspolitisch wenig überzeugend, wie auch die Begrenzung auf Sanierungsbeteiligungen,[228] aber hinzunehmen.

74 **Erwerb** der Beteiligung muss bei drohender oder eingetretener Zahlungsunfähigkeit der Gesellschaft oder bei Überschuldung **zum Zweck der Sanierung** erfolgen. Das Sanierungsdarlehen von bereits beteiligten Gesellschaftern soll wie bisher grundsätzlich nicht privilegiert werden, da dieses den Hauptfall des § 39 I Nr 5 darstellt. Darlehensgeber darf also entweder bis dahin **noch nicht Gesellschafter** sein oder allenfalls Kleinbeteiligter iSv § 39 V InsO,[229] der Beteiligung nun zu Sanierungszwecken aufstockt oder Geschäftsführung übernimmt. Sanierungsprivileg gilt dagegen nicht für Gfter, der bereits mit mehr als 10% beteiligt ist u seine Beteiligung im Rahmen der Sanierung erhöht.[230] Ebenso auch bei Kleinbeteiligung nicht für geschäftsführenden Gfter.

75 Erwerb der Beteiligung muss nicht notwendig im Wege der **Kapitalerhöhung** erfolgen; auch **Erwerb** einer Beteiligung **von Altgesellschaftern** ist möglich.[231] Erwerb der unmittelbaren Beteiligung als Gfter kann Erwerb einer nach § 39 I Nr 5 InsO gleichzustellenden gesellschafterähnlichen Kreditgeberstellung (dazu Rn 34 ff) gleichzusetzen sein.[232] Umgekehrt unterfallen nach § 39 I Nr 5 InsO einem Gfter gleichzustellende Dritte im Fall ihres Beitritts als Gfter dann nicht der Privilegierung, wenn sie bereits Darlehen oder wirtschaftlich entspr Leistung gewährt haben.[233] Auf Höhe der Beteiligung kommt es nicht an. Auch Beteiligung von 10% oder weniger genügt.[234]

76 Sanierungszweck erfordert, wie bisher, neben Sanierungswillen auch Sanierungsfähigkeit u objektive Eignung der in Angriff genommenen Sanierungsmaßnahmen.[235] Beteiligung darf daher nicht nur erfolgen, um Kreditrück-

---

[227] *Gehrlein* BB 2008, 846, 851.

[228] Vgl *Gehrlein* BB 2008, 846, 851.

[229] RegBegr BR-Drucks 354/07, 131; *Wicke* § 30 Rn 28; Bormann/Kauka/*Ockelmann* Kap 10 Rn 117; hM auch zum bisherigen Recht, Ulmer/*Habersack* §§ 32 a/b Rn 200; Scholz/*Schmidt* §§ 32 a, 32 b Rn 192; *Lutter/Hommelhoff* §§ 32 a/b Rn 80; Rowedder/Schmidt-Leithoff/*Pentz* § 32 a Rn 114; *Seibert* GmbHR 1998, 310; *Dörrie* ZIP 1999, 16; Kübler/Prütting/*Noack* Rn 196; – aA aber Roth/*Altmeppen* § 32 a Rn 65 ff in rechtsfortbildender Korrektur des Gesetzes; sympathisierend auch für Rechtslage nach MoMiG *Haas* ZInsO 2007, 617, 625; *Gehrlein* BB 2008, 846, 851.

[230] *Lutter/Hommelhoff* §§ 32 a/b Rn 39; Scholz/*Schmidt* §§ 32 a, 32 b Rn 214; Kübler/Prütting/*Noack* Rn 196; *Dauner-Lieb* DStR 1998, 1517, 1520; – abw Rowedder/Schmidt-Leithoff/*Pentz* § 32 a Rn 115; *Pentz* GmbHR 1999, 449; krit, iE aber wohl hM zust Roth/*Altmeppen* § 32 a Rn 60, 66.

[231] Ulmer/*Habersack* § 32 a Rn 200; *Lutter/Hommelhoff* §§ 32 a/b Rn 81; *Seibert* GmbHR 1998, 310; – krit *Kallmeyer* GmbHR 1998, 307.

[232] Zum Recht vor MoMiG Scholz/*Schmidt* §§ 32 a, 32 b Rn 216; differenzierend Rowedder/Schmidt-Leithoff/*Pentz* § 32 a Rn 116 ff.

[233] So zum Recht vor MoMiG auch Scholz/*Schmidt* §§ 32 a, 32 b Rn 214.

[234] Zum Recht vor MoMiG Ulmer/*Habersack* §§ 32 a/b Rn 199 mwN.

[235] Bormann/Kauka/*Ockelmann* Kap 10 Rn 118 ff; zum Recht vor MoMiG BGH NJW 2006, 1283; OLG Düsseldorf ZIP 2004, 508 u *Lutter/Hommelhoff* §§ 32 a/b Rn 84; ähnlich Roth/*Altmeppen* § 32 a Rn 66; Rowedder/Schmidt-Leithoff/*Pentz*

zahlung durchzusetzen. Dagegen schadet Kreditgeberinteresse nicht, solange Sanierung als Mittel der Kreditrettung verwendet wird. Beweislast für Sanierungsabsicht trägt Erwerber. Sanierungsprivileg dauert an bis zur nachhaltigen Sanierung. Ungeklärt, ob Sanierungsdarlehen Privilegierung verliert, wenn es trotz Eintritts der Aussichtslosigkeit der Sanierung stehengelassen wird. Wurde Gesellschaft nachhaltig saniert, sind Darlehen bei **erneuter Überschuldung oder drohender bzw eingetretener Zahlungsunfähigkeit** nicht mehr privilegiert.[236]

Rechtsfolgen: Weder vor noch nach Erwerb der GfterStellung gegebene Kredite,[237] also Darlehen u wirtschaftlich vergleichbare Leistungen iS des § 39 I Nr 5 InsO einschl Sicherheiten,[238] werden allein wegen des Erwerbs der GfterStellung von weiterer Gfterdarlehensregelung erfasst. Allerdings können Altdarlehen, die an Dritten abgetreten wurden u zum Zeitpunkt des Beteiligungserwerbs bereits von der Jahresfrist der §§ 135 I Nr 2 InsO, 6 I 1 Nr 2 AnfG erfasst wurden, nicht durch Beteiligung des Dritten an Ges von ihrer Verstrickung befreit werden, weil sie mit dieser Belastung von AltGfter erworben wurden (oben Rn 28 ff). Sie bleiben zurückgestuft,[239] ihre Rückzahlung bleibt im Rahmen der §§ 135 InsO, 6 AnfG anfechtbar. – Unabhängig von Frage der Anwendbarkeit oder Nichtanwendbarkeit des Sanierungsprivilegs kann sich Problem der **sittenwidrigen Gläubigerschädigung** durch Sanierungsdarlehen stellen.[240] 77

6. Weitere Ausnahmen. Nach § 24 UBGG finden § 39 I Nr 5 InsO u damit auch die auf die Vorschrift verweisenden §§ 43 a, 135, 143 InsO, 6, 6 a AnfG keine Anwendung auf Unternehmensbeteiligungsgesellschaften oder an ihr beteiligte Gesellschafter, die einem Unternehmen, an dem die Unternehmensbeteiligungsgesellschaft beteiligt ist, ein Darlehen gewährt oder eine andere einer Darlehensgewährung wirtschaftlich entsprechende Rechtshandlung vorgenommen haben. 78

III. Nutzungsüberlassung, § 135 Abs 3 InsO

Lit: *Burg/Blasche,* Eigenkapitalersetzende Nutzungsüberlassung nach dem MoMiG, GmbHR 2008, 1250; *Heinze,* Die (Eigenkapital ersetzende) Nutzungsüberlassung in der GmbH-Insolvenz nach dem MoMiG, ZIP 2008, 110; *Hesse,* Eigenkapitalersetzende Nutzungsüberlassungen in der Gesellschafterinsolvenz, FS Eisenhardt, 2007, 441; *K. Schmidt,* Nutzungsüberlassung nach der GmbH-Reform, DB 2008, 1727.

InsO § 135 Gesellschafterdarlehen

(1)–(2) …

(3) [1] Wurde dem Schuldner von einem Gesellschafter ein Gegenstand zum Gebrauch oder zur Ausübung überlassen, so kann der Aussonderungsanspruch während der Dauer des Insolvenz-

---

§ 32 a Rn 119 ff; *Pentz* GmbHR 1999, 459; enger Michalski/*Heidinger* §§ 32 a, 32 b Rn 223; zweifelnd Scholz/*Schmidt* §§ 32 a, 32 b Rn 217.

236 So zum Recht vor MoMiG *Lutter/Hommelhoff* §§ 32 a/b Rn 87; *Seibert* GmbHR 1998, 310.

237 Dazu zust OLG Düsseldorf ZIP 2004, 508, 509.

238 *Lutter/Hommelhoff* §§ 32 a/b Rn 86; Rowedder/Schmidt-Leithoff/*Pentz* § 32 a Rn 125; Michalski/*Heidinger* §§ 32 a, 32 b Rn 224; *Seibert* GmbHR 1998, 310.

239 Vgl *Seibert* GmbHR 1998, 310; Rechtsausschuss, BT-Drucks 13/10 038.

240 Dazu Staub/*Canaris,* Bankvertragsrecht 4. Aufl Rn 130 f.

verfahrens, höchstens aber für eine Zeit von einem Jahr ab der Eröffnung des Insolvenzverfahrens nicht geltend gemacht werden, wenn der Gegenstand für die Fortführung des Unternehmens des Schuldners von erheblicher Bedeutung ist. ²Für den Gebrauch oder die Ausübung des Gegenstandes gebührt dem Gesellschafter ein Ausgleich; bei der Berechnung ist der Durchschnitt der im letzten Jahr vor Verfahrenseröffnung geleisteten Vergütung in Ansatz zu bringen, bei kürzerer Dauer der Überlassung ist der Durchschnitt während dieses Zeitraums maßgebend.

(4) § 39 Abs. 4 und 5 gilt entsprechend.

79 **1. Grundsatz, Neuregelung.** Rpsr hatte vor MoMiG mit Zust der Lit Überlassung von Anlagegegenständen, insbes beweglichen Sachen u Grundstücken an die Ges zu Nutzung bzw Gebrauch (Nutzungsüberlassung) Darlehensgewährung unter bestimmten Voraussetzungen unter Umgehungsgesichtspunkten u im Hinblick auf entspr Finanzierungs(folgen)verantwortung gleichgestellt.[241] Grundlegend Lagergrundstück-Entscheidungen des BGH.[242] Gleichstellung mit Gfterdarlehen entsprach Gedanken der Finanzierungsverantwortung, da Unternehmen durch nicht marktgerechte Überlassung von Anlagegegenständen in vergleichbarer Weise in der Krise gestützt werden konnte wie durch darlehensweise Überlassung der dafür benötigten Mittel. Außerdem sollte Umgehung der Rückstufung von Darlehen durch Finanzierung der Ges über Nutzungsüberlassung von Anlagegütern verhindert werden. Wirtschaftliche Gleichbehandlung erforderte allerdings angesichts rechtlich unterschiedlicher Struktur namentlich in der Insolvenz problematische Rechtsfolgelösungen.

80 Wortlaut des § 39 I Nr 5 nF InsO würde an sich Gleichstellung in gleicher Weise wie bei § 32a III 1 aF zulassen. Dem stand jedoch von Anfang an RegBegr entgegen, die infolge des Verzichts auf den Gedanken der Finanzierungsverantwortung, der BGH-Rspr zur Nutzungsüberlassung zugrunde lag, **Anwendbarkeit verneinte,** ausdrückliche negative Regelung insoweit jedoch nicht für erforderlich hielt.[243] Vor diesem Hintergrund und unter Betonung, dass dogmatische Grundlage der bisherigen Rspr zur eigenkapitalersetzenden Nutzungsüberlassung entfallen sei,[244] hat **Rechtsausschuss** in Anlehnung an § 26a der österreichischen KO in **§ 135 III InsO** Lösung zur vorübergehenden Sicherung der Fortführung des Unternehmens in der Insolvenz geschaffen, die Weiternutzungsmöglichkeit zeitlich auf höchstens ein Jahr beschränkt u Insolvenzverwalter zur Zahlung eines Nutzungsentgelts verpflichtet. Systematisch handelt es sich dabei nicht mehr um Anknüpfung an Regelung der GfterDarlehen u wirtschaftlich vergleichbarer Sachverhalte.[245] Vielmehr soll nur noch verhindert werden, dass Sanierungschancen nicht durch

---

[241] BGH std Rspr, grundlegend BGHZ 109, 55 (Lagergrundstück I); BGHZ 121, 31 (Lagergrundstück II); ferner BGH NJW 1993, 2179f; BGH NZG 2005, 346; grds zu den Folgen vor allem BGHZ 127, 1 u 127, 17; NJW 1997, 3026 (Lagergrundstück III, IV u V); NZG 2005, 346; zur Entwicklung der Rspr *G. Hueck* FS Odersky, 1996, 823ff; Ulmer/*Habersack* §§ 32a/b Rn 121ff; *Lutter/Hommelhoff* §§ 32a/b Rn 138ff; Rowedder/Schmidt-Leithoff/*Pentz* § 32a Rn 162ff; Michalski/*Heidinger* §§ 32a, 32b Rn 174; – schon bisher betont aA Scholz/*Schmidt* §§ 32a, 32b Rn 135: Fehlentwicklung; *K. Schmidt* GesR § 37 IV 3b; *ders* ZIP 1990, 69, 71ff sowie 1993, 161; gegen BGH auch Roth/*Altmeppen* § 32a Rn 202ff.

[242] BGHZ 109, 55; 121, 31; 127, 1; 127, 17; NJW 1997, 3026.

[243] BegrRegE BR-Drucks 345/07, 130.

[244] Rechtsausschuss BT-Drucks 16/9737, 106.

[245] AA offenbar aber *Hirte* ZInsO 2008, 689, 693, der darin teilweise Fortführung der Rspr zur Kapital ersetzenden Nutzungsüberlassung sehen will.

Entzug für die Fortführung des Unternehmens wesentlicher Gegenstände vereitelt werden.[246] Regelung gehört daher systematisch eher in den Bereich der §§ 108 f InsO als in die Anfechtungsregelungen der §§ 129 ff InsO.[247]

Bisherige Gleichstellung der Nutzungsüberlassung **mit Gfterdarlehen** 81
daher **nicht mehr möglich.**[248] Gesetzgeber hat insoweit **abschließende Sonderregelung in Abs 3** getroffen, die daneben Anwendung der bisherigen Grunds ausschließt, auch wenn damit unvermeidlich bequeme Umgehungsmöglichkeit der schärferen Folgen der Gesellschafterdarlehensregelung geschaffen wird. Schon bisher war die Gleichsetzung der Nutzungsüberlassung mit einer Darlehenshingabe dogmatisch nicht unproblematisch. Sie beruhte auf einer Interpretation der §§ 32 a/b sowie des § 30 durch die Rspr und hat mit den diesbezüglichen Änderungen durch das MoMiG ihre Grundlage verloren.[249] Die **Treuepflicht** nunmehr an deren Stelle zu setzen,[250] widerspricht dem Geist des MoMiG, nicht zuletzt auch deshalb, weil Rechtsausschuss gerade unter deren Heranziehung Folgen auf grds entgeltliches Belassen begrenzt hat. Von der Sonderregelung des § 135 III InsO abgesehen kann daher die Nutzungsüberlassung der Darlehensgewährung nicht gleichgestellt werden.

Zum Verhältnis von Abs 3 zu den Rechten des Insolvenzverwalters aus 82
§§ 103 ff InsO unten Rn 91.

2. Voraussetzungen. a) Überlassung zur Nutzung oder Ausübung. 83
Nutzungsüberlassung zu unterscheiden von Sachdarlehen, § 488 BGB, das unter §§ 39 I Nr 5, 135 I Nr 2 InsO fällt. Über Nutzungsüberlassung hinaus betrifft Neuregelung auch Ausübung von Rechten, etwa Patenten, Lizenzen.[251] Tatsächliche Überlassung genügt, doch regelmäßig **schuldrechtliche Überlassungsverpflichtung,** auch ohne ausdrückliche Abrede iZw gewollt, also vor allem Miete, Pacht, Leihe, auch einfaches (Operation-) Leasing; ferner dingliche Nutzungsrechte, zB Nießbrauch, möglich, doch für diesen Zweck kaum praktisch. Auch im Zusammenhang mit Unternehmenskauf mögl.[252] Während Abs 1 über Verweisung auf § 39 I Nr 5 InsO Darlehen **Dritter** umfassen kann, fehlt entspr Erweiterung in Abs 3. Das schließt zwar nicht aus, Abs 3 in Umgehungsfällen auf die Nutzungsüberlassung durch Dritte anzuwenden, wenn diese dem Gfter zuzurechnen sind.[253] Eine weitergehende Gleichstellung, wie sie für Abs 1 vertreten wird, ist dagegen mit der Begrenzung in Abs 3 auf Gfter kaum vereinbar.[254]

---

[246] Beschlussempfehlung Rechtsausschuss BT-Drucks 16/9737, 106.

[247] Zutr *K. Schmidt* DB 2008, 1727, 1732; *Altmeppen* NJW 2008, 3601, 3607; *Dahl/Schmitz* NZG 2009, 325, 328.

[248] *K. Schmidt* DB 2008, 1727, 1732; *Wicke* § 30 Rn 30; *Spliedt* ZIP 2009, 149, 155; *Dahl/Schmitz* NZG 2009, 325, 328; – aA offenbar aber *Marotzke* ZInsO 2008, 1281, 1284 ff; *Heinze* ZIP 2008, 110; zur Rechtslage nach RegE wohl auch *Habersack* ZIP 2007, 2145, 2150.

[249] *K. Schmidt* DB 2008, 1727, 1732 „vollständige Loslösung"; vgl auch *Gehrlein* BB 2008, 846, 851.

[250] *K. Schmidt* ZInsO 2007, 975, 977.

[251] Rechtsausschuss BT-Drucks 16/9737, 106; *Gundlach/Frenzel/Strandmann* NZI 2008, 647, 651.

[252] BGH DB 1997, 1662; *Goette* § 4 Rn 88.

[253] AA *Spliedt* ZIP 2009, 149, 156.

[254] *Dahl/Schmitz* NZG 2009, 325, 329; insoweit übereinstimmend auch *Spliedt* ZIP 2009, 149, 156.

84 Überlassung muss zur Zeit der Insolvenzeröffnung noch vorliegen. Ungeachtet der systematisch unglücklichen Stellung der Regelung in § 135 III InsO ist die Rückgabe des zur Nutzung oder Ausübung überlassenen Gegenstands vor Insolvenzeröffnung bzw Erlangung eines vollstreckbaren Titels daher nicht nach § 135 I Nr 2 InsO, 6 I Nr 2 AnfG anfechtbar, sondern unterliegt lediglich den allgemeinen Anfechtungsgründen (unten Rn 91).[255] Problematisch ist, ob Abs 3 als lex specialis zu §§ 103 ff InsO zu sehen ist oder kumulativ oder alternativ im Verhältnis zu den §§ 103 ff InsO anwendbar ist. Im ersten Fall würden die bisher bestehende Möglichkeit der Fortsetzung des Nutzungsverhältnisses ohne Jahresbegrenzung u ohne das Erfordernis der erheblichen Bedeutung für die Fortführung des Unternehmens entfallen, in den anderen Varianten stellt sich die Frage, ob Abs 3 lediglich die Rechtsfolgen der §§ 103 ff InsO bezüglich des Entgelts modifiziert oder ob der Insolvenzverwalter wählen kann, ob er Nutzung nach §§ 103 ff InsO fortsetzt oder beendet u im letztgenannten Fall von Abs 3 Gebrauch macht (dazu unten Rn 91).

85 **b) Erhebliche Bedeutung für die Fortführung des Unternehmens.** Voraussetzung entspr § 21 II 1 Nr 5 InsO (vgl Kommentare dazu). Darlegungs- u Beweislast trägt Insolvenzverwalter. Die zur Nutzung überlassene Sache hat nur dann erhebliche Bedeutung, wenn sie nicht leicht auch von Dritten beschafft werden kann.[256] Überlassung der Nutzung an Dritte kann für Fortführung erhebliche Bedeutung haben, wenn Geschäftszweck des Unternehmens in dieser Überlassung besteht, dagegen nicht, wenn Überlassung an Dritte lediglich bessere Erlöse verspricht als Eigennutzung; denn in diesem Fall ist Eigennutzung für Fortführung des Unternehmens nicht erforderlich.[257]

86 **3. Rechtsfolgen. a) Zeitliche Beschränkung des Aussonderungsrechts, Abs 3 S 1.** Gfter bleibt uneingeschränkt Eigentümer bzw Rechtsinhaber. Aussonderungsrecht des Gfters kann grds für die Dauer der Erforderlichkeit für Fortführung des Unternehmens, höchstens aber für ein Jahr nicht geltend gemacht werden. Rechtsfolge hängt nicht davon ab, dass Insolvenzverwalter nach § 103 InsO Erfüllung wählt bzw von Sonderkündigungsrecht keinen Gebrauch macht (dazu unten Rn 91), da Beschränkung des Aussonderungsrechts auf gesonderter gesetzlicher Grundlage besteht.[258] Jahresfrist muss nicht ausgeschöpft werden. Insolvenzverwalter kann Gegenstand jederzeit an Gfter zurückgeben u damit Ausgleichspflicht beenden.[259]

87 Problematisch ist **Zusammentreffen von Rechten Dritter** an überlassenem Gegenstand mit Aussonderungsbeschränkung des Gfters. Das war schon bisher problematisch u bleibt es auch nach Neuregelung.[260] Nach bisherigem Recht gebührte den Gläubigern des Grundstückseigentümers im Interessenkonflikt zwischen diesen u den Gesellschaftergläubigern grds der

[255] Vgl zum österreichischen Recht Schopper/*Vogt* EKEG, § 26 a KO Rn 6; – abw für Heranziehung der Treuepflicht *K. Schmidt* DB 2008, 1727, 1734.

[256] So zum österreichischen Recht Schopper/*Vogt* EKEG, § 26 a KO Rn 3.

[257] Bormann/Kauka/*Ockelmann* Kap 10 Rn 106.

[258] *K. Schmidt* DB 2008, 1727, 1732; *Gundlach/Frenzel/Strandmann* NZI 2008, 647, 651.

[259] *Gundlach/Frenzel/Strandmann* NZI 2008, 647, 651.

[260] *Dahl/Schmitz* NZG 2009, 325, 330. Zur vergleichbaren Problematik nach öEKEG Schopper/*Vogt* EKEG, 2003, § 26 a KO Rn 9 ff.

Vorrang.[261] Dieser Grds ist nach wie vor sachgerecht,[262] wobei allerdings die rechtlichen Grundlagen insofern verändert sind als einerseits nunmehr in Abs 3 eine explizite u wohl auch die Gläubiger des Gfters bindende gesetzliche Beschränkung des Aussonderungsrechts vorliegt,[263] andererseits das Nutzungsrecht nicht mehr unentgeltlich ist u daher, anders als früher,[264] keinen Stundungscharakter mehr hat.

Soweit daher nicht vertragliches Nutzungsverhältnis fortgesetzt wird, wofür dann §§ 57, 152 II ZVG[265] bzw 103 ff InsO gelten,[266] kann der Insolvenzverwalter sich auf Abs 3 berufen. Damit entsteht **gesetzliches Nutzungsverhältnis.**[267] Solange für dieses ein dem vereinbarten entspr Nutzungsentgelt gezahlt wird, steht dies einer entgeltlichen Nutzung auf vertraglicher Grundlage gleich. Problematisch wird die Rechtslage, wenn der geschuldete Ausgleich hinter dem vertraglich vereinbarten zurückbleibt oder ganz entfällt, weil Gfter im letzten Jahr vor Verfahrenseröffnung keine Miet- oder Pachtzinsen mehr erhalten hat. Geht man auch hier vom genannten Grds aus, dass den Interessen der Gläubiger des Gfters der Vorrang vor den Interessen der Gläubiger der Ges gebührt, andererseits aber der Ges der dringend benötigte Gegenstand nicht entzogen werden soll, müsste man hier verlangen, dass der Insolvenzverwalter nicht nur die im Bezugszeitraum geleistete, sondern bei deren Unangemessenheit eine angemessene Vergütung an den Zwangsverwalter bzw den Insolvenzverwalter des Gfter zu zahlen hat, wenn er sich auf Abs 3 berufen will. 88

b) Ausgleich, Abs 3 S 2 beruht nicht auf vertraglicher Grundlage, sondern stellt **gesetzlichen Anspruch** dar. Das ergibt sich aus Berechnungsweise, die nicht auf vereinbartes Entgelt abstellt, sondern auf Durchschnitt der im letzten Jahr vor Verfahrenseröffnung bzw bei kürzerer Dauer der Überlassung auf Durchschnitt während dieses Zeitraums. Wirksam angefochtene Mietzahlungen rechnen nicht mit.[268] Problematisch ist Anknüpfung an Verfahrenseröffnung, wenn vorläufiger Insolvenzverwalter keine Zahlungen leistet. Dies kann für Berechnung nicht Gfter zur Last fallen.[269] Ausgleichsansprüche für Nutzung durch Insolvenzverwalter sind **Masseverbindlichkeiten.**[270] 89

c) Miet- und Pachtzinsen vor Insolvenzeröffnung. Ungeachtet der systematischen Stellung des § 135 III InsO erfasst Gesetz Nutzungsüberlassung nicht als Darlehensgewährung entspr Rechtshandlung, sondern stellt davon zu unterscheidenden Sondertatbestand der Überlassung gegen entspr Ausgleich dar. Da Nutzungsrecht auch in der Insolvenz nicht unentgeltlich ist, kann **gezahltes Nutzungsentgelt** im Wege der Anfechtung nach §§ 135 InsO, 6 90

---

261 BGH NJW 2008, 2188 Rn 15.

262 *Dahl/Schmitz* NZG 2009, 325, 329; – aA *Göcke/Henkel* ZInsO 2009, 170.

263 Insoweit aA *Dahl/Schmitz* NZG 2009, 325, 331.

264 Dazu BGH NJW 2008, 2188 Rn 15.

265 Zum Recht vor MoMig *Lutter/Hommelhoff* §§ 32 a/b Rn 155, 157; Michalski/*Heidinger* §§ 32 a, 32 b Rn 305; *Goette* DStR 1999, 38.

266 *Hirte* ZInsO 2008, 689, 694.

267 Vgl *K. Schmidt* DB 2008, 1727, 1732.

268 *Dahl/Schmitz* NZG 2009, 325, 330, dort auch zum Problem der Durchsetzung.

269 *Dahl/Schmitz* NZG 2009, 325, 330.

270 Begr Rechtsausschuss BT-Drucks 16/9737, 102; *K. Schmidt* DB 2008, 1727, 1732; zur Problematik der Masseunzulänglichkeit *Burg/Blasche* GmbHR 2008, 1250, 1254.

AnfG nur zurückgefordert werden, wenn es zuvor innerhalb des Jahreszeitraums von § 135 I Nr 2 InsO kreditiert wurde.[271] Entspr werden offene Nutzungsentgeltforderungen im Insolvenzverfahren auch nur herabgestuft, wenn sie zumindest durch Stehenlassen kreditiert wurden.[272] Versuche, dies noch auf der Grundlage des RegE, der keine Sonderregelung für Nutzungsüberlassung enthielt, unter dem Gesichtspunkt eines schädigenden Austauschgeschäfts zu begründen,[273] dürften durch die danach erfolgte positive gesetzliche Regelung u die ihr zugrunde liegende Wertung überholt sein, da die Entgeltlichkeit des Nutzungsanspruchs des Insolvenzverwalters das Vorliegen eines Bargeschäfts iSd § 124 InsO bestätigt. Das schließt allerdings **Anfechtung nach anderen Anfechtungsgründen** nicht aus (dazu nachfolgend Rn 91). – Eine andere Frage ist, ob das gezahlte Nutzungsentgelt angemessen war. Rechtsfolgen **überhöhten Nutzungsentgelts** beurteilen sich nach § 30.

91 **4. Verhältnis zu den §§ 103 ff InsO.** Sonderregelung von **Abs 3 verdrängt allg Regelung der §§ 103 ff InsO nicht,**[274] da kein Grund besteht, Gfter durch Abs 3 gegenüber allg Regeln zu privilegieren. Umgekehrt darf allerdings durch ausdehnende Interpretation der allgemeine insolvenzrechtlichen Vorschriften nicht versucht werden, von Gesetzgeber nicht gewollte unentgeltliche Überlassungspflicht auf anderer Rechtsgrundlage erneut zu installieren. Da nach neuem Recht synallagmatische Leistungsbeziehung fortbesteht, finden §§ 103 ff, u insbes auch § 109 I 1 InsO für Grundstücke alternativ zu Abs 3 Anwendung.[275] Damit kann Insolvenzverwalter bei Mobilien zwischen Erfüllung u deren Ablehnung wählen bzw bei Grundstücken sein Sonderkündigungsrecht ausüben.[276] Er kann daher, auch wenn Voraussetzungen von Abs 3 nicht erfüllt sind, weil überlassener Gegenstand nicht dringend erforderlich oder weil Gegenstand länger als Höchstfrist von einem Jahr benötigt wird, ggf Erfüllung wählen bzw auf Sonderkündigungsrecht verzichten. Bzgl vor Insolvenzeröffnung gezahlter Nutzungsvergütungen kann § 133 II InsO in Betracht kommen, wenn Voraussetzungen des Bargeschäfts (§ 142 InsO) nicht erfüllt sind.[277] – Zum **Verhältnis des Nutzungsrechts des Insolvenzverwalters** der Ges zu Rechten **in Insolvenz des Gfters** oder Zwangsversteigerung u Zwangsveralterung oben Rn 87 f.

---

[271] *K. Schmidt* DB 2008, 1727, 1728; *Dahl/Schmitz* NZG 2009, 325, 329; *Mylich* ZGR 2009, 474, 502; ebenso die Lösung des § 3 III öEigenkapitalersatzgesetz (EKEG); – aA *Wicke* § 30 Rn 30; *Habersack* ZIP 2007, 2145, 2150; *Heinze* ZIP 2008, 110; auch *Haas* ZInsO 2007, 617, 624 u *Hirte* ZInsO 2008, 689, 694 jew unter Hinweis auf der öEKEG, das jedoch ebenfalls nur kreditierte Nutzungsentgelte erfasst, dazu *Schopper/Vogt* EKEG, 2003, § 3 Rn 31.

[272] Zu Letzterem *Gehrlein* BB 2008, 846, 850; *Dahl/Schmitz* NZG 2009, 325, 329; iE ebenso wohl *K. Schmidt* DB 2008, 1727, 1728 u 1732; – für Anfechtbarkeit gezahlter Miet- u Pachtzinsen dagegen Bormann/Kauka/*Ockelmann* Kap 10 Rn 107 unter verfehlter Bezugnahme auf Lit zum Stand des RegE.

[273] Dazu *Haas* ZInsO 2007, 617, 624.

[274] Wie hier *K. Schmidt* DB 2008, 1727, 1732; *Heinze* ZIP 2008, 110, 111; *Hirte* ZInsO 2008, 689, 694; – aA *Burg/Blasche* GmbHR 2008, 1250, 1253.

[275] *K. Schmidt* DB 2008, 1727, 1732; – abw *Wicke* § 30 Rn 30, der § 135 III InsO auf der Grundlage von §§ 103 ff anwenden will; ähnlich *Dahl/Schmitz* NZG 2009, 325, 329.

[276] *K. Schmidt* DB 2008, 1727, 1732; *Hirte* ZInsO 2008, 689, 694; Bormann/Kauka/*Ockelmann* Kap 10 Rn 104.

[277] Insoweit zutr *Hirte* ZInsO 2008, 689, 694.

5. Betriebsaufspaltung regelmäßig, wenn auch nicht notwendig, mit Gebrauchs- u Nutzungsüberlassung verbunden, entspr verbreitetem Standardfall: Besitzges, oft Personenges, überlässt Güter des Anlagevermögens pachtweise an Betriebsges, meistens GmbH, häufig nur mit geringem Eigenkapital ausgestattet. Überlassung kann gesamtes Anlagevermögen umfassen[278] oder nur wesentliche Teile, etwa Grundstücke u Großgeräte.[279] Großer Gestaltungsspielraum, Praxis dementspr vielfältig. Nutzungsüberlassung kommt jew neben bzw als Folge von allen drei im UmwG (§§ 123 ff) geregelten Formen der Spaltung in Betracht, ebenso auch unabhängig davon ohne Vermögensübertragung iS des UmwG. Nachträglich durch Spaltung entstandene Überlassungssituation kann auch von vornherein bei Gründung zweier neuer Ges herbeigeführt werden, die in entspr Verhältnis zueinander stehen. BGH nimmt zutr idR **wirtschaftliche Einheit** an,[280] sodass es insbes bei weitgehender Gfteridentität für Anwendung der Regeln über Nutzungsüberlassung nicht auf Gftereigenschaft der Besitz- an der Betriebsges ankommt.[281] In der Insolvenz der Betriebsges greift daher idR § 135 III InsO. 92

Darüber hinaus kann jedoch auch **finanzplanmäßige Bindung** auf gesellschaftsrechtlicher Grundlage (oben Rn 20) vorliegen.[282] Im Übrigen ist für die häufig unter Gläubigerschutzgesichtspunkten besonders problematischen Fälle der Betriebsaufspaltung auf das allg Instrumentarium gläubigerschützender Haftungsregelungen zu verweisen, insbes im Recht der Unternehmensverbindungen,[283] wie auch allg auf Regeln über existenzvernichtenden Eingriff (§ 13 Rn 57 ff). 93

IV. Mittelbare Gesellschafterdarlehen und verwandte Tatbestände

InsO § 44 a Gesicherte Darlehen

In dem Insolvenzverfahren über das Vermögen einer Gesellschaft kann ein Gläubiger nach Maßgabe des § 39 Abs. 1 Nr. 5 für eine Forderung auf Rückgewähr eines Darlehens oder für eine gleichgestellte Forderung, für die ein Gesellschafter eine Sicherheit bestellt oder für die er sich verbürgt hat, nur anteilsmäßige Befriedigung aus der Insolvenzmasse verlangen, soweit er bei der Inanspruchnahme der Sicherheit oder des Bürgen ausgefallen ist.

Lit: *K. Schmidt,* Gesellschafterbesicherte Drittkredite nach neuem Recht, BB 2008, 1966; *Thonfeld,* Eigenkapitalersetzende Gesellschaftersicherheiten und der Freistellungsanspruch der Gesellschaft, 2005.

1. Funktion, Tatbestand. Ergänzend zur Rückstufung von unmittelbaren GfterDarlehen u der Anfechtung ihrer Rückgewähr im letzten Jahr vor dem Antrag auf Eröffnung des Insolvenzverfahrens in §§ 39 I Nr 5, 135 I Nr 2 InsO erfassen §§ 44 a, 135 II InsO, 6 a AnfG Kredite, die von außenstehenden Dritten gewährt, aber durch Gfter gesicherte wurden (gfterbesicherte Dritt- 94

278 So im Fall BGHZ 121, 31 (Lagergrundstück II).

279 So im Fall BGHZ 127, 1 (Lagergrundstück III).

280 BGHZ 121, 34 f; 127, 5; – s im Übrigen oben Rn 41 mwN.

281 Zum Recht vor MoMiG BGHZ 121, 31, 33 f; 127, 1, 4 f; Ulmer/*Habersack* §§ 32 a/b Rn 136; *Lutter/Hommelhoff* §§ 32 a/b Rn 138; *Schulze-Osterloh* ZGR 1983, 123, insbes 139 ff; *G. Hueck* ZGR 1989, 216 ff; *Brandes* ZGR 1989, 244 ff.

282 Ulmer/*Habersack* §§ 32 a/b Rn 136.

283 Dazu Schlussanh Rn 99 ff; ausführl *Holzwarth,* Konzernrechtlicher Gläubigerschutz bei der klassischen Betriebsaufspaltung, 1994; *Drygala* 75 ff; *Ziegler* 155 ff.

darlehen, mittelbare GfterDarlehen). Gleichstellung mit GfterDarlehen beruht darauf, dass es sich nur um Sonderfall der mit in § 39 I Nr 5 InsO genannten Darlehensgewährung vergleichbaren Finanzierungsleistungen eines Gfters handelt.[284] Ebenso wie bei Gfterdarlehen ist Verzicht auf Inanspruchnahmen durch Gläubiger, Geltendmachung des Regressanspruchs des in Anspruch genommenen Gfters grds jederzeit ohne Rücksicht auf bestehende Krise zulässig, jedoch innerhalb der Fristen des § 135 InsO anfechtbar. Darüber hinaus kann Befriedigung des Regressanspruchs ggf Schadenersatzansprüche nach § 64 S 3 auslösen. – Unabhängig von Voraussetzungen der gfterbesicherten Drittdarlehen kommt Bindung unter dem Gesichtspunkt der **finanzplanmäßigen Gewährung einer Sicherheit** in Betracht (oben Rn 20).

95 **a) Drittdarlehen. Darlehen** oder gleichgestellte Forderung wie bei unmittelbarem Gfterdarlehen (oben Rn 49 ff), also jede Darlehen wirtschaftlich entspr Kapitalüberlassung. **Drittdarlehen,** wenn es von Kreditgeber gewährt wird, der Gfter ist u nicht zu den nach § 39 I Nr 5 InsO gleichgestellten Personen (oben Rn 28 ff) gehört. Häufig Bankdarlehen, Kontokorrentkredit, Betriebsmittelkredit.[285] Subjektive Merkmale bei Kreditgeber, insbes Kenntnis der GfterEigenschaft des Sicherungsgebers bzw Bürgen nicht maßgebend.[286]

96 **b) Sicherung durch Gesellschafter** oder durch andere nach § 39 I Nr 5 einem Gfter **gleichzustellende Personen** wie bei GfterDarlehen,[287] so etwa auch durch Komplementär der Gfterin[288] oder durch vertretungsbefugten Gfter einer GbR,[289] nicht dagegen ohne weiteres, wenn Gfter nicht dem Darlehensgeber, sondern dessen Kreditgeber gegenüber Mithaftung übernimmt. Anders aber, wenn Gfter im Innenverhältnis zum Darlehensgeber dessen Kreditgeber befriedigen soll.[290] Sanierungsprivileg (oben Rn 73) gilt auch hier.[291] – Begriff **Sicherung** weit zu fassen,[292] umfasst alle Kreditsicherungsmittel, Mobiliar-, Immobiliar- u Personalsicherheiten, insbes Hypothek, Grundschuld,[293] Rentenschuld, Sicherungsübereignung bzw -abtretung, Verpfändung, Kaution,[294] Hinterlegung, Schuldmitübernahme,[295] Schuldbeitritt,[296] Rückzahlungsgarantie, Bürgschaft,[297] Ankaufsverpflichtung,[298] auch

---

284 *K Schmidt* BB 2008, 1966, 1968.

285 OLG Celle NZG 2000, 104, 105.

286 Ulmer/*Habersack* §§ 32 a/b Rn 159 aE; Scholz/*Schmidt* §§ 32 a, 32 b Rn 159 aE.

287 Oben Rn 28 ff, insbes 34 ff; Ulmer/*Habersack* §§ 32 a/b Rn 160; Scholz/*Schmidt* §§ 32 a, 32 b Rn 160.

288 BGH NJW 1997, 740; DStR 1999, 510.

289 OLG Jena NJOZ 2007, 324.

290 BGH NZG 2000, 1029.

291 OLG Düsseldorf ZIP 2004, 508.

292 Ulmer/*Habersack* §§ 32 a/b Rn 161 f; Scholz/*Schmidt* §§ 32 a, 32 b Rn 161; Roth/*Altmeppen* § 32 a Rn 128.

293 BGH DB 1990, 319, Eigentümergrundschuld; OLG Hamburg ZIP 1984, 584, Sicherungsgrundschuld, auch DB 1986, 2015, 2016.

294 BGH NJW 1989, 1734.

295 LG Hamburg ZIP 1981, 730.

296 OLG München GmbHR 2006, 814; *Lutter/Hommelhoff* §§ 32 a/b Rn 116; Roth/*Altmeppen* § 32 a Rn 128; zur Anwendbarkeit der §§ 491 ff BGB (früher §§ 1 ff VerbrKrG) beim Schuldbeitritt BGHZ 133, 71, 74; zu den Rechtsfolgen im Rahmen des § 32 a II *Lutter/Hommelhoff* §§ 32 a/b Rn 117.

297 BGHZ 81, 252; auch 67, 171; ZIP 1995, 646; NJW 1992, 1166, 1169 u 1764; auch OLG Hamburg ZIP 1986, 227; OLG Hamm GmbHR 1994, 56.

298 *Goette* DStR 1999, 1410.

Patronatserklärung, soweit rechtlich bindend u entspr Befriedigungsmöglichkeit für Kreditgeber.[299] Ob Sicherheit rechtl wirksam bestellt (zB Übersicherung), ist grds nicht entscheidend, wenn Darlehen im Vertrauen auf Wirksamkeit gewährt u Gfter Unwirksamkeit nicht unverzüglich geltend macht, da Gläubigerschutz vorgeht;[300] anders aber bei Nichtigkeit nach §§ 491 ff BGB (Verbraucherdarlehensvertrag).[301] Sicherung iSv Abs 2 auch Ausfallsicherheiten.[302]

c) Maßgebender Zeitpunkt. Entscheidend ist allein, dass ein durch GfterSicherheit unterlegtes Drittdarlehen bei Insolvenzeröffnung noch bestand oder jedenfalls nicht früher als ein Jahr vor Insolvenzeröffnung zurückgezahlt wurde. Auf die Frage, ob die Sicherheit innerhalb oder außerhalb einer Krise bestellt oder stehengelassen wurde, kommt es dagegen nach neuem Recht nicht mehr an. Soweit Drittdarlehen nicht bereits bei Gewährung, sondern erst später durch Gfter besichert wurde, kommt es auf den Zeitpunkt der Gewährung der Sicherheit an. Wird Sicherheit außerhalb der Jahresfrist von §§ 135 II InsO, 6 a AnfG frei, weil Darlehensgeber auf sie verzichtet, aber dennoch Darlehen aufrecht erhält, greifen die speziellen Gfterdarlehens-Regelungen nicht mehr. Verzichtet Darlehensgeber dagegen innerhalb der genannten Jahresfrist auf Sicherheit, muss dies einer Rückzahlung durch Ges iSv § 135 I Nr 2 InsO gleichstehen, da Dritter nicht seine Stellung als Insolvenzgläubiger dadurch verbessern kann, dass er vorhandene GfterSicherheit aufgibt (unten Rn 99). 97

d) Kleinbeteiligten- und Sanierungsprivileg (oben Rn 32, 73) findet auch bei mittelbaren Gfterdarlehen Anwendung.[303] 98

2. Rechtsfolgen. a) In der Insolvenz, § 44 a InsO. aa) Verweisung auf Inanspruchnahme der Sicherheit. § 44 a verweist Gläubiger durch Beschränkung seines Anspruchs im Insolvenzverfahren auf Inanspruchnahme der Sicherheit. Dazu gehören alle Arten dinglicher oder persönlicher Absicherungen, auch Kaution,[304] Garantieerklärung,[305] Prozessbürgschaft,[306] rechtsverbindliche (harte) Patronatserklärungen,[307] Kreditauftrag, Schuldbeitritt, Schuldversprechen[308] u dgl. **Verzicht** hierauf kann nach Normzweck von Abs 2 Teilnahme am Insolvenzverfahren nicht zu Lasten der anderen Gläubiger auf vollen Rückforderungsbetrag erweitern.[309] – **Einrede der Vorausklage** bei Bürgschaft, § 771 BGB, idR schon nach § 773 I Nr 3, 4 BGB 99

[299] Ulmer/*Habersack* §§ 32 a/b Rn 161 f; Scholz/*Schmidt* §§ 32 a, 32 b Rn 161; *Thonfeld* 38 ff; *Obermüller* ZIP 1982, 919 f; – aA *Kamprad* 38.

[300] OLG Dresden NZG 2002, 292, 293 obiter.

[301] BGH ZIP 2000, 1523; OLG Dresden NZG 2002, 292, 293; – aA *Lutter/Hommelhoff* §§ 32 a/b Rn 117.

[302] Ulmer/*Habersack* §§ 32 a/b Rn 161 f; Scholz/*Schmidt* §§ 32 a, 32 b Rn 161; *Fastrich* NJW 1983, 260, 263; zur Rechtsfolge unten Rn 99.

[303] *Gehrlein* BB 2008, 846, 852; *Freitag* WM 2007, 1681, 1684.

[304] BGH NJW 1989, 1733, 1734.

[305] MünchKommInsO/*Stodolkowitz/Bergmann* § 135 Rn 82.

[306] BGH NJW-RR 1990, 230.

[307] Rowedder/Schmidt-Leithoff/*Pentz* § 32 a Rn 177; MünchKommInsO/*Stodokowitz/Bergmann* § 135 Rn 83.

[308] BGH NJW 1992, 1763.

[309] Ganz hM, Ulmer/*Habersack* §§ 32 a/b Rn 170; Scholz/*Schmidt* §§ 32 a, 32 b Rn 174; Roth/*Altmeppen* § 32 a Rn 126; Michalski/*Heidinger* §§ 32 a, 32 b Rn 338.

ausgeschlossen, sonst sinngem nach Abs 2.[310] Ebenso soll bei **Ausfallsicherheit** u Ausfallbürgschaft Subsidiaritätsabrede Inanspruchnahme der Sicherheit bzw des Bürgen nicht hindern.[311] Einer solchen Vertragskorrektur bedarf es jedoch nicht, da Ges durch § 143 III InsO gesichert ist.[312]

100 Verwertung von **Sicherheiten der Gesellschaft** bei **Doppelsicherung** setzt nicht vorherige Inanspruchnahme der GfterSicherheit bzw Bürgschaft voraus.[313] Dritter soll Freiheit der Wahl der Inanspruchnahme behalten, da sich Darlehensregelung primär zu Lasten des Gfters, nicht des Dritten auswirken soll. Vielmehr besteht **Freistellungs-** oder **Erstattungsanspruch gegen Gfter,** dessen Sicherheit freigeworden ist, entspr § 134 III InsO.[314] Anspruch grds auf Wertersatz, auf Übertragung der freigewordenen Sicherheit nur, wenn vereinbart.[315]

101 Bei Inanspruchnahme der Sicherung durch Darlehensgeber auf Gfter übergegangener Anspruch gegen Ges, **Rückgriffsanspruch,** ggf auch Anspruch aus § 670 BGB, kann im Insolvenzfall nur nachrangig geltend gemacht werden.[316] Insoweit gilt Gleiches wie für GfterDarlehen nach § 39 I Nr 5 InsO.

102 **bb) Beschränkung der Rückzahlungsforderung auf Ausfallbetrag. Rückzahlungsforderung** des Kreditgebers aus Darlehen oder gem § 39 I Nr 5 InsO entspr Mittelzuführung **im Insolvenzverfahren** der Ges **beschränkt auf Ausfallbetrag** nach Inanspruchnahme der GfterSicherheit bzw des GfterBürgen. Dagegen vor Eröffnung des Insolvenzverfahrens Geltendmachung nicht eingeschränkt; wird Sicherung durch Erfüllung frei, gelten §§ 135 II, 143 III InsO (unten Rn 104). – Teilnahme am Insolvenzverfahren u Anmeldung der Forderung auch schon vor Inanspruchnahme der Sicherung,[317] wobei str ist, ob nur mit zu erwartendem Ausfall-

[310] *K. Schmidt* ZIP 1981, 693.

[311] BGHZ 105, 168, 185 = NJW 1988, 3143, 3147; NJW 1988, 824; Scholz/*Schmidt* §§ 32 a, 32 b Rn 175; Ulmer/*Habersack* §§ 32 a/b Rn 171; *K. Schmidt* ZIP 1999, 1827; zust Michalski/*Heidinger* §§ 32 a, 32 b Rn 338.

[312] *Fastrich* NJW 1983, 261.

[313] *Dahl/Schmitz* NZG 2009, 325, 328; so auch hM zur Rechtslage vor MoMiG, BGH NJW 1985, 858; 1986, 429, 430; 1992, 1166; *Lutter/Hommelhoff* §§ 32 a/b Rn 126; Michalski/*Heidinger* §§ 32 a, 32 b Rn 339; zurückhaltend Ulmer/*Habersack* §§ 32 a/b Rn 175; Roth/*Altmeppen* § 32 a Rn 139 f; – aA zum neuen Recht *K. Schmidt* BB 2008, 1966, 1970; zum Recht vor MoMiG auch Scholz/*Schmidt* §§ 32 a, 32 b Rn 178; *K. Schmidt* ZIP 1999, 1827; Rowedder/Schmidt-Leithoff/*Pentz* § 32 a Rn 187; *K. Schmidt* BB 2008, 1966, 1970.

[314] So zu § 32 b II aF BGH NJW 1985, 858; 1986, 429, 430; 1988, 824; 1992, 1166; OLG Hamm GmbHR 1992, 461 f; Scholz/*Schmidt* §§ 32 a, 32 b Rn 178; *Lutter/Hommelhoff* §§ 32 a/b Rn 126, 131 ff; MünchKommInsO/*Stodolkowitz/Bergmann* § 135 Rn 87; Roth/*Altmeppen* § 32 a Rn 140; Michalski/*Heidinger* §§ 32 a, 32 b Rn 345; ausführl *Thonfeld,* 126 ff.

[315] BGH NJW 1985, 858; 1986, 429, 430; 1988, 824; 1992, 1166.

[316] Zur Rechtslage nach MoMiG *K. Schmidt* BB 2008, 1966, 1968; zum Recht vor MoMiG Scholz/*Schmidt* §§ 32 a, 32 b Rn 181; *K. Schmidt* ZIP 1999, 1824; *Lutter/Hommelhoff* §§ 32 a/b Rn 130, 136; Rowedder/Schmidt-Leithoff/*Pentz* § 32 a Rn 183; Michalski/*Heidinger* §§ 32 a, 32 b Rn 354: vgl zum Recht nach KO auch schon BGHZ 81, 258.

[317] Ulmer/*Habersack* §§ 32 a/b Rn 179; Scholz/*Schmidt* §§ 32 a, 32 b Rn 169; *Lutter/Hommelhoff* §§ 32 a/b Rn 124 f; Rowedder/Schmidt-Leithoff/*Pentz* § 32 a Rn 172; Roth/*Altmeppen* § 32 a Rn 124; ausführl *Peters* ZIP 1987, 621 mwN; weitergehend *K. Schmidt* ZIP 1999, 1826.

betrag[318] oder, was im Hinblick darauf vorzuziehen ist, dass hier Darlehensgeber nicht Adressat der Rückstufung von Gfterdarlehen ist u daher nicht schlechter gestellt werden darf als bei anderen Darlehen, in Höhe der Forderung.[319] Dagegen Berücksichtigung bei der Schlussverteilung nur, wenn vorher Sicherheit verwertet bzw Bürge in Anspruch genommen wurde.[320] Dabei steht Gläubiger Quote auf gesamte Forderung bis zur Höhe des Ausfalls zu[321] u nicht nur Quote auf den Ausfallbetrag.[322] Insoweit entspricht Lage bei GfterSicherheit derjenigen bei GesSicherheit gem § 52 InsO.

Aufrechnung mit Rückzahlungsforderung auch im Insolvenzverfahren **103** (§ 94 InsO) durch § 44 a InsO nicht ausgeschlossen.[323] Dann aber Anfechtbarkeit nach § 135 II InsO u Erstattungsanspruch der Ges gegen Gfter nach § 143 III InsO.[324]

b) Freiwerden der Sicherheit oder Befriedigung des Erstattungsanspruchs vor Eröffnung des Insolvenzverfahrens.

InsO § 135 Gesellschafterdarlehen

(1) …

(2) Anfechtbar ist eine Rechtshandlung, mit der eine Gesellschaft einem Dritten für eine Forderung auf Rückgewähr eines Darlehens innerhalb der in Absatz 1 Nr. 2 genannten Fristen Befriedigung gewährt hat, wenn ein Gesellschafter für die Forderung eine Sicherheit bestellt hatte oder als Bürge haftete; dies gilt sinngemäß für Leistungen auf Forderungen, die einem Darlehen wirtschaftlich entsprechen.

(3) …

(4) § 39 Abs. 4 und 5 gilt entsprechend.

InsO § 143 Rechtsfolgen

(1)–(2) …

(3) [1] Im Fall der Anfechtung nach § 135 Abs. 2 hat der Gesellschafter, der die Sicherheit bestellt hatte oder als Bürge haftete, die dem Dritten gewährte Leistung zur Insolvenzmasse zu erstatten. [2] Die Verpflichtung besteht nur bis zur Höhe des Betrags, mit dem der Gesellschafter als Bürge haftete oder der dem Wert der von ihm bestellten Sicherheit im Zeitpunkt der Rückgewähr des Darlehens oder der Leistung auf die gleichgestellte Forderung entspricht. [3] Der Gesellschafter wird von der Verpflichtung frei, wenn er die Gegenstände, die dem Gläubiger als Sicherheit gedient hatten, der Insolvenzmasse zur Verfügung stellt.

---

318 Ulmer/*Habersack* §§ 32 a/b Rn 179; Michalski/*Heidinger* §§ 32 a, 32 b Rn 336; 17. Aufl Rn 68; MünchKommInsO/*Stodolkowitz/Bergmann* Rn 85; wohl auch Uhlenbruck/*Hirte* InsO § 135 Rn 27.

319 Scholz/*Schmidt* §§ 32 a, 32 b Rn 171; *K. Schmidt/Bitter* ZIP 2000, 1077, 1088; nunmehr auch Rowedder/Schmidt-Leithoff/*Pentz* § 32 a Rn 172; Roth/*Altmeppen* § 32 a Rn 125.

320 *Lutter/Hommelhoff* §§ 32 a/b Rn 125; Scholz/*Schmidt* §§ 32 a, 32 b Rn 170; Michalski/*Heidinger* §§ 32 a, 32 b Rn 336.

321 Zutr Scholz/*Schmidt* §§ 32 a, 32 b Rn 171; *K. Schmidt/Bitter* ZIP 2000, 1077, 1088; nunmehr auch Rowedder/Schmidt-Leithoff/*Pentz* § 32 a Rn 172; Roth/*Altmeppen* § 32 a Rn 125.

322 So aber bisher hM, 17. Aufl Rn 68; Ulmer/*Habersack* §§ 32 a/b Rn 178; *Lutter/Hommelhoff* §§ 32 a/b Rn 125.

323 Zur Rechtslage vor MoMiG Ulmer/*Habersack* §§ 32 a/b Rn 169; Scholz/*Schmidt* §§ 32 a, 32 b Rn 172; Michalski/*Heidinger* §§ 32 a, 32 b Rn 337; Roth/*Altmeppen* § 32 a Rn 138.

324 Zur entspr Rechtslage vor MoMiG Ulmer/*Habersack* §§ 32 a/b Rn 169; Michalski/*Heidinger* §§ 32 a, 32 b Rn 337; v. Gerkan/Hommelhoff/*Fleischer* Rn 6.34.

104 Vorschrift ist missverständlich formuliert: Nicht die Befriedigung des dritten Kreditgebers, der nur verfahrensrechtlich den Vorschriften über Gfterdarlehen unterliegt, wird **angefochten,** sondern das **Freiwerden der Real- bzw Personalsicherheit** des Gfters.[325] Folge ist die Erstattungspflicht des Gfters nach § 143 III InsO. Von der Erstattungspflicht kann sich Gfter bei Realsicherheit durch deren Preisgabe zugunsten der Masse befreien.

105 Hat Gfter innerhalb der Jahresfrist vor Insolvenzantragstellung bei der Ges wegen Inanspruchnahme **Regress** genommen, ist Befriedigung seiner Regressforderung in gleicher Weise anfechtbar wie Darlehensrückzahlungsforderung, da auch Regeressforderung in der Insolvenz nachrangig iSv § 39 I Nr 5 InsO ist.[326]

106 Außer Sonderanfechtungstatbestand des § 135 I InsO kommt auch 2-jährige **Vorsatzanfechtung** nach § 133 II InsO in Betracht,[327] wenn Gfter nach § 138 II Nr 1 InsO wegen Beteiligung mit mehr als 25% oder als GfterGFührer als nahe stehende Person gilt u Gläubigerbenachteiligung durch Befriedigung zu einem Zeitpunkt erfolgt, zu dem sie nicht mehr vollwertig ist u vermutete Benachteiligungsabsicht nicht widerlegt werden kann.

c) Anfechtung nach dem AnfG, §§ 6 a, 11 III AnfG.

AnfG § 6 a Gesicherte Darlehen

[1] Anfechtbar ist eine Rechtshandlung, mit der eine Gesellschaft einem Dritten für eine Forderung auf Rückgewähr eines Darlehens innerhalb der in § 6 Abs. 1 Satz 1 Nr. 2 und Satz 2 genannten Fristen Befriedigung gewährt hat, wenn ein Gesellschafter für die Forderung eine Sicherheit bestellt hatte oder als Bürge haftete; dies gilt sinngemäß für Leistungen auf Forderungen, die einem Darlehen wirtschaftlich entsprechen. [2] § 39 Abs. 4 und 5 der Insolvenzordnung und § 6 Abs. 2 gelten entsprechend.

AnfG § 11 Rechtsfolgen

(1)–(2) …

(3) [1] Im Fall der Anfechtung nach § 6 a hat der Gesellschafter, der die Sicherheit bestellt hatte oder als Bürge haftete, die Zwangsvollstreckung in sein Vermögen bis zur Höhe des Betrags zu dulden, mit dem er als Bürge haftete oder der dem Wert der von ihm bestellten Sicherheit im Zeitpunkt der Rückgewähr des Darlehens oder der Leistung auf die gleichgestellte Forderung entspricht. [2] Der Gesellschafter wird von der Verpflichtung frei, wenn er die Gegenstände, die dem Gläubiger als Sicherheit gedient hatten, dem Gläubiger zur Verfügung stellt.

107 Regelung der §§ 6 a, 11 AnfG schließt nach altem Recht bestehende Regelungslücke. Regelung entspr der Insolvenzanfechtung, sodass weitgehend auf Ausführungen oben Rn 63 ff verwiesen werden kann. Bzgl Fristberechnung siehe oben Rn 64.

V. Übergangsregelung §§ 103 d EGInsO, 20 III AnfG

EGInsO Art. 103 d Überleitungsvorschrift zum Gesetz zur Modernisierung des GmbH-Rechts und zur Bekämpfung von Missbräuchen

[1] Auf Insolvenzverfahren, die vor dem Inkrafttreten des Gesetzes vom 23. Oktober 2008 (BGBl. I S. 2026) am 1. November 2008 eröffnet worden sind, sind die bis dahin geltenden

---

[325] *Gehrlein* BB 2008, 846, 853; *K. Schmidt* BB 2008, 1966, 1969; *Altmeppen* NJW 2008, 3601, 3607.

[326] *K. Schmidt* BB 2008, 1966, 1970.

[327] *Spliedt* ZIP 2009, 145, 155.

gesetzlichen Vorschriften weiter anzuwenden. ²Im Rahmen von nach dem 1. November 2008 eröffneten Insolvenzverfahren sind auf vor dem 1. November 2008 vorgenommene Rechtshandlungen die bis dahin geltenden Vorschriften der Insolvenzordnung über die Anfechtung von Rechtshandlungen anzuwenden, soweit die Rechtshandlungen nach dem bisherigen Recht der Anfechtung entzogen oder in geringerem Umfang unterworfen sind.

AnfG § 20 Übergangsregeln

(1)–(2) …

(3) Die Vorschriften dieses Gesetzes in der ab dem Inkrafttreten des Gesetzes vom 23. Oktober 2008 (BGBl. I S. 2026) am 1. November 2008 geltenden Fassung sind auf vor dem 1. November 2008 vorgenommene Rechtshandlungen nur anzuwenden, soweit diese nicht nach dem bisherigen Recht der Anfechtung entzogen oder in geringerem Umfang unterworfen sind; andernfalls sind die bis zum 1. November 2008 anwendbaren Vorschriften weiter anzuwenden.

Lit: *Gutmann/Nawroth,* Der zeitliche Anwendungsbereich des MoMiG aus insolvenzrechtlicher Sicht – oder das Ende von Ansprüchen aus Eigenkapitalersatzrecht?, ZInsO 2009, 174; *Haas,* Eigenkapitalersatzrecht und Übergangsrecht, DStR 2009, 976; *Hirte/Knof/Mock,* Ein Abschied auf Raten? – Zum zeitlichen Anwendungsbereich des alten und neuen Rechts der Gesellschafterdarlehen, ZGR 2009, 48; *Holzer,* Insolvenzrechtliche Überleitungsvorschriften des MoMiG in der Praxis, ZIP 2009, 206; *Lorenz,* Die Auswirkungen des MoMiG auf vor dem 1. 11. 2008 entstandene Ansprüche nach §§ 30, 31 GmbHG (analog), GmbHR 2009, 135.

1. Vor oder nach Inkrafttreten des MoMiG eröffnete Insolvenzverfahren. Übergangsregelung betrifft nach ihrem systematischen Standort das Verhältnis alter und neuer insolvenzrechtlicher Regelungen, zu denen sachlich auch §§ 32 a/b GmbHG aF gehören.[328] Die **Grundregel** des § 103 d S 1 InsO lautet, dass die neuen Vorschriften der InsO betreffend die Gesellschafterdarlehen nur auf solche Insolvenzverfahren anzuwenden sind, die frühestens am 1. 11. 2008 eröffnet wurden. Für diese Verfahren gilt das neue Recht also grds auch dann, wenn die betreffenden Rechtshandlungen weit vor dem Inkrafttreten des MoMiG lagen.[329] Allerdings wird diese Regel der rückwirkenden Anwendung der neuen insolvenzrechtlichen Vorschriften auf Rechtshandlungen, die vor Inkrafttreten der Neuregelung vorgenommen wurden, durch S 2 im Interesse des Vertrauensschutzes des Gfters wieder **eingeschränkt.** Danach gelten die neuen Regelungen über die Anfechtung nicht, soweit die **Rechtshandlungen nach bisherigem Recht der Anfechtung entzogen** oder in geringerem Umfang unterworfen waren. Die (unechte) Rückwirkung der neuen Regelung erfolgt also zu Gunsten, nicht zu Lasten der betroffenen Gfter. Maßgebend ist insoweit die Eröffnung des Insolvenzverfahrens, nicht die Antragstellung.[330] – **Vor Inkrafttreten der Gesetzesänderung eröffnete Insolvenzverfahren** sind dagegen weiterhin nach den vor MoMiG geltenden Regeln (dazu s 18. Aufl) abzuwickeln. Zur Frage der Fortgeltung der auf § 30 aF aufbauenden RsprRegeln unten Rn 110. 108

Rechtshandlung ist die Rückzahlung des Darlehens, nicht dessen Gewährung.[331] Die Folge ist, dass etwa **vor Inkrafttreten nicht kapitalersetzende Gfterdarlehen,** die auch vor Inkrafttreten der Neuregelung zurückgezahlt 109

328 BGH NJW 2009, 1277 Rn 16 (Gut Buschow); *Scholz/Schmidt* §§ 32 a/32 b Rn 185.
329 *Hirte/Knof/Mock* NZG 2009, 48.
330 AA offenbar *Holzer* ZIP 2009, 206, 207.
331 *Hirte/Knof/Mock* NZG 2009, 48.

wurden, nicht nach § 135 I Nr 2 InsO nF anfechtbar sind, da die vorhergehende Regelung des § 135 Nr 2 InsO aF nur für die Befriedigung eines kapitalersetzenden Gfterdarlehens galt. Wird das vor Inkrafttreten der Neuregelung nicht kapitalersetzende Gfterdarlehen dagegen nach Inkrafttreten der Neuregelung zurückgezahlt, greift im Fall der nachfolgenden Insolvenz die neue Anfechtungsregelung des § 135 I Nr 2 InsO nF ein, die alle Gfterdarlehen ohne Rücksicht auf ihren kapitalersetzenden Charakter erfasst u damit eine Verschärfung gegenüber der bisherigen Rechtslage darstellt. § 103 d S 2 EGInsO greift hier nicht, da die Rückzahlung als Rechtshandlung nach Inkrafttreten der Gesetzesänderung liegt. Gleiches gilt für die Nachrangigkeit von Darlehen in der Insolvenz. Auch Darlehen, die vor Inkrafttreten der Neuregelung mangels eigenkapitalersetzender Funktion nicht nachrangig waren u daher nach altem Recht in der Insolvenz nicht nachrangig gewesen wären, werden bei Insolvenzeröffnung nach Inkrafttreten der Neuregelung nach § 39 I Nr 5 InsO nachrangig.[332]

110 Nicht ausdrücklich geregelt ist, ob und unter welchen Voraussetzungen die **auf § 30 aufbauenden sog Rechtsprechungsregeln** in Altfällen durch die Neuregelung in § 30 I 3 nF oder durch die Übergangsregelung in § 103 d EGInsO verdrängt werden. Nach **Ansicht des BGH** sind auf § 30 I aF, 31 aufbauende RsprRegeln kraft Sachzusammenhangs mit §§ 32 a/b aF von § 103 d EGInsO als gesetzliche Vorschriften umfasst, sodass es für Geltung des neuen oder alten Rechts auf Zeitpunkt der Insolvenzeröffung ankommt.[333] Gleichzeitig beruft sich BGH jedoch auch auf Grds des intertemporalen Schuldrechts[334] was bei genauerem Hinsehen jedoch zu unterschiedlichen Rechtsfolgen führen kann. Bei Anwendung von § 103 d EGInsO bestünde bei Insolvenzeröffnung vor dem Stichtag 1. 11. 2008 insges Rechtslage nach altem Recht fort, sodass Rückzahlungen eigenkapitalersetzender Darlehen u dafür gezahlte Zinsen bis zur Grenze der Verjährung nach § 31 V vom Insolvenzverwalter zurückgefordert werden können. Im Fall der Insolvenzeröffnung nach dem Stichtag wäre dagegen grds neues Recht anzuwenden mit der Folge, dass das alte Recht nur noch anwendbar wäre, soweit danach entspr Rechtshandlungen der Anfechtung entzogen oder in geringerem Umfang unterworfen sind. Das kann inbes für § 135 InsO aF zutreffen, da die Anfechtung davon abhängig war, dass das Darlehen eigenkapitalersetzend, also in der Krise gegeben oder stehen gelassen worden war.

111 Einheitliche Heranziehung von § 103 d EGInsO hat Klarheit u Einfachheit für sich, berücksichtigt jedoch nicht, dass RsprRegeln nicht oder jedenfalls nicht nur insolvenzrechtlichen, sondern zumindest auch **materiellrechtlichen Inhalt** haben.[335] Insoweit passt insolvenzrechtliche Übergangsregelung auch nicht, weil Anspruch aus §§ 30 I aF, 31 auch außerhalb der Insolvenz durch GFührer geltend gemacht werden konnte u ggf musste.[336] Darauf, ob das in der

---

[332] Bunnemann/Zirngibl/*Desch* § 8 Rn 74.

[333] BGH NJW 2009, 1277 Rn 17 (Gut Buschow); NJW 2009, 1418; *Goette* Anm DStR 2009, 702; *Haas* DStR 2009, 976, 979; *Römermann* Anm NZG 2009, 425, 426.

[334] AaO Rn 20.

[335] *Hirte* ZInsO 2008, 689, 697; *Blöse* Anm GmbHR 2009, 430, 431; *Dahl/Schmitz* Anm NJW 2009, 1279, 1280.

[336] *Lorenz* GmbHR 2009, 135, 136.

Praxis relevant war oder nicht, kann es für dogmatische Einordnung nicht ankommen.[337] Insoweit geht daher Anknüpfung an Zeitpunkt der Insolvenzeröffnung fehl.[338] Heranziehung der Übergansregelung des § 103 d EGInsO könnte darüber hinaus zu Verlust bereits entstandener Ansprüche führen; denn Rückgriff auf das alte Recht im Fall der Insolvenzeröffnung nach Inkrafttreten der Neuregelung kann nicht auch als Verweisung auf eine Fortgeltung des auf § 30 I aF gestützten Kapitalersatzrechts verstanden werden.[339] Regelung soll lediglich das günstigere alte Anfechtungsrecht zur Geltung bringen.[340] Infolge dessen wäre im Fall der Insolvenzeröffnung nach dem Stichtag insoweit neues Recht anzuwenden mit der Folge, dass nach altem Recht unzulässige Darlehensrückzahlungen wie auch nach altem Recht unzulässige Zinszahlungen nicht mehr der Rückforderung nach §§ 30 I aF, 31 unterlägen, sondern nur noch Anfechtung iRd § 135 I InsO aF als ggf günstigerer Regelung ggü § 135 I InsO nF. Das könnte zu einem Wegfall bereits begründeter materiellrechtlicher Ansprüche führen, was sich nur durch Heranziehung der von BGH ebenfalls erwähnten allg Regeln des intertemporalen Privatrechts verhindern ließe. Ausgangspunkt ist insoweit, dass § 30 I 3 nF mangels abw Sonderregelung gem Art 25 MoMiG ab 1. 11. 2008 Anwendung findet. Daraus folgt allerdings nicht, dass nach altem Recht **entstandene Ansprüche** aus den RsprRegeln mit Inkrafttreten von § 30 I 3 nF ersatzlos entfallen;[341] denn nach den allg **Regeln des intertemporalen Schuldrechts** untersteht ein Schuldverhältnis nach seinen Voraussetzungen, seinem Inhalt und seinen Wirkungen dem Recht, welches zur Zeit seiner Entstehung galt (Art 170, 229 § 5, Art 232 § 1 EGBGB analog).[342] § 30 I 3 nF findet daher erst auf Sachverhalte Anwendung, in welchen Anspruch aus §§ 30 I aF, 31 bei Inkrafttreten noch nicht entstanden war,[343] so dass **bis 30. 10. 2008 entstandene Ansprüche unabhängig von der Frage der Insolvenzeröffnung** auf der Grdl des von BGH entwickelten und auf § 30 I aF gestützten Kapitalersatzrechts **weiterverfolgt werden können.**[344] Maßgeblich ist danach, ob Rückgewähr vor oder nach Inkrafttreten der Neuregelung erfolgte. Entspr Grds, die auf die Verwirklichung des Haftungstatbestands abstellt, wurden auch bei früheren Gesetzesänderungen etwa in Bezug auf die Einführung des Kleinbeteiligtenprivilegs durch das KapAEG vom BGH angewandt.[345]

Anwendung der RsprRegeln erschöpfte sich allerdings nicht in der Anwendung der §§ 30 I aF, 31. Vielmehr war sie Folge einer **Umqualifikation der** 112

337 AA *Haas* DStR 2009, 976, 979.

338 OLG Jena DStR 2009, 651; *Lorenz* GmbHR 2009, 135, 136.

339 So iE auch OLG Köln NZI 2009, 128, 129.

340 Zur Frage der Anwendung des § 103 d II EGInsO auf die RsprRegeln *Haas* DStR 2009, 976, 977.

341 So aber *Hirte/Knof/Mock* NZG 2009, 48, 49; *Hirte* ZInsO 2008, 1429, 1435; *Holzer* ZInsO 2009, 206, 207; – dagegen zu Recht BGH NJW 2009, 1277 Rn 18 (Gut Buschow); OLG Köln NZI 2009, 128; OLG Thüringen GmbHR 2009, 431, 432; *Gutmann/Nawroth* ZInsO 2009, 174, 179.

342 Insoweit übereinstimmend auch BGH NJW 2009, 1277 Rn 19 (Gut Buschow); OLG Köln NZI 2009, 128; OLG Thüringen GmbHR 2009, 431, 433; ferner *Lorenz* GmbHR 2009, 135, 136; *Goette* Anm DStR 2009, 702; *Blöse* Anm GmbHR 2009, 430, 431; *Dahl/Schmitz* Anm NJW 2009, 1279, 1280.

343 *Lorenz* GmbHR 2009, 135, 136.

344 So iE Bormann/Kauka/*Ockelmann* Kap 10 Rn 88; *Lorenz* GmbHR 2009, 135, 136; *Dahl/Schmitz* NZG 2009, 325, 331.

345 BGH NZG 2005, 845, 846.

Darlehen zu Kapitalersatz für die Dauer der Krise, in welcher die eigentliche Rechtsfortbildung lag. Wenn und soweit daher vor Inkrafttreten eingetretene Krise Rückzahlung des Darlehens u Zinszahlung verbot, könnte der Status des Darlehens als eigenkapitalersetzend auch nach Inkrafttreten der Neuregelung andauern, sodass bis dahin eigenkapitalersatzrechtlich gebundenes Darlehen auch weiterhin nicht zurückgezahlt werden dürfte, obwohl eine schuldrechtliche Forderung aus §§ 30 I aF, 31 mangels Rückzahlung nach altem Recht noch gar nicht entstanden ist. In anderem Zusammenhang hat BGH nach altem Recht davon gesprochen, dass Krisenfinanzierung Rückzahlungsanspruch auf Dauer prägt.[346] Das könnte dazu führen, dass die Darlehensvaluta als Kapitalersatz auch weiterhin nach RsprRegeln sistiert bliebe u Zinsen nicht gezahlt werden dürften, bis Krise überwunden ist.[347] Auf diese Weise würde das strengere alte Recht zeitlich unbeschränkt fortgelten, solange Krise nicht endgültig überwunden. Das entspr jedoch kaum dem Willen des GesGeb u ist unter Gesichtspunkt unechter Rückwirkung der Neuregelung nicht gefordert. Die besseren Argumente sprechen dafür, Problematik entspr den intertemporalen Regeln für Dauerschuldverhältnisse (vgl Art 171 EGBGB) zu behandeln u daher für noch nicht in Ansprüche verfestigte Rechtsfolgen von Krisendarlehen ab dessen Inkrafttreten neues Recht anzuwenden.

113 Entspr muss folgerichtig auch für die nach altem Recht auf §§ 30 I aF, 31 gestützte **Rspr zur eigenkapitalersetzenden Nutzungsüberlassung** gelten. Würde man allein auf § 103d EGInsO abstellen, würde auch hier die materielle Rechtslage außerhalb der Insolvenz unberücksichtigt bleiben. Der nach altem Recht bereits entstandene Rückgewähranspruch nach §§ 30 I aF, 31 entfiele im Fall der erst nach Inkrafttreten der Neuregelung erfolgenden Insolvenzeröffnung ersatzlos mit deren Inkrafttreten;[348] ebenso könnten nach altem Recht unzulässige Nutzungsentgelte nicht mehr zurückgefordert werden. Dieser **Verlust entstandener Ansprüche widerspräche den Grundsätzen des intertemporalen Schuldrechts.** Daher muss auch hier die materiellrechtliche Seite mit bedacht werden, die durch die insolvenzrechtliche Übergangsregelung nicht ausreichend reflektiert wird. Das bedeutet wiederum, dass bereits entstandene Ansprüche aus §§ 30 I aF, 31 nicht durch die Neuregelung tangiert werden. Nach altem Recht zu Unrecht gezahlte Nutzungsvergütungen müssen daher an die Ges zurückerstattet werden, auch wenn die Insolvenzeröffnung erst nach Inkrafttreten der Neuregelung erfolgt. Wie oben Rn 112 stellt sich allerdings auch hier die Frage, ob darüber hinaus eine nach altem Recht begründete Qualifikation der erfolgten Nutzungsüberlassung als Kapitalersatz diese auf Dauer u damit über den Zeitpunkt des Inkrafttretens der Neuregelung prägt u allenfalls erlischt, wenn Krise endgültig überwunden wurde. Nach der oben Rn 112 vertretenen Ansicht ist dies nicht der Fall, da sich entspr den intertemporalen Grds für Dauerschuldverhältnisse (oben Rn 112) die aus dem nach altem Recht begründeten Schuldverhältnis

---

[346] BGHZ 127, 1, 6 f (Lagergrundstück III); 110, 353; NJW 1996, 1342; GmbHR 1999, 916; NZG 2005, 179; Zustimmend Ulmer/*Habersack* §§ 32 a/b Rn 56; Scholz/*Schmidt* §§ 32 a, 32 b Rn 34, 153; Roth/*Altmeppen* § 32 a Rn 47, 185; Rowedder/Schmidt-Leithoff/*Pentz* § 32 a Rn 133 ff.

[347] So zum Übergangsproblem bei Inkrafttreten des KapAEG Ulmer/*Habersack* §§ 32 a/b Rn 18; *Lutter/Hommelhoff* § 32 a/b Rn 77 f.

[348] So in der Tat *Holzer* ZIP 2009, 206, 207.

neu entstehenden Ansprüche ab Inkrafttreten der Neuregelung nach neuem Recht bestimmen, das entspr Bindung nicht kennt, § 30 I 3 nF. Insoweit gelten dann § 135 III InsO u die allg Anfechtungsvorschriften des Insolvenzrechts.

2. Gläubigeranfechtung. Grundregel lautet hier, dass §§ 6, 6 a nF AnfG ab Inkrafttreten am 1. 11. 2008 auch auf Sicherungen u Befriedigungen anzuwenden sind, die vor Inkrafttreten der Neuregelung erfolgt sind. Ähnlich wie für § 135 I InsO wird Grundregel dann durch S 2 aber insoweit eingeschränkt als dies nicht gelten u statt dessen die vorher geltenden insolvenzrechtlichen Vorschriften Anwendung finden sollen, soweit die **Rechtshandlungen nach bisherigem Recht der Anfechtung entzogen** oder in geringerem Umfang unterworfen sind. Die (unechte) Rückwirkung der neuen Regelung erfolgt also auch hier zu Gunsten, nicht zu Lasten der betroffenen Gfter. Die **Rechtsfolge** ist die gleiche wie bzgl der Anwendung bzw Nichtanwendung der Insolvenzanfechtung (dazu oben Rn 108 f). Auch hier stellt sich die Frage, welche Bedeutung die materiellrechtliche Beendigung der Eigenkapitalersatzrspr auf der Grundlage des § 30 I aF durch § 30 I 3 nF hat. Insoweit gilt entspr wie oben Rn 110 ff. **114**

3. Frühere Übergangsregelungen. Für etwa noch relevante frühere Übergangsregelungen zu KapAEG, KonTraG u InsO s 17. Aufl § 32 a Rn 7, 17. **115**

Erstattung verbotener Rückzahlungen

31 (1) **Zahlungen, welche den Vorschriften des § 30 zuwider geleistet sind, müssen der Gesellschaft erstattet werden.**

(2) **War der Empfänger in gutem Glauben, so kann die Erstattung nur insoweit verlangt werden, als sie zur Befriedigung der Gesellschaftsgläubiger erforderlich ist.**

(3) [1] **Ist die Erstattung von dem Empfänger nicht zu erlangen, so haften für den zu erstattenden Betrag, soweit er zur Befriedigung der Gesellschaftsgläubiger erforderlich ist, die übrigen Gesellschafter nach Verhältnis ihrer Geschäftsanteile.** [2] **Beiträge, welche von einzelnen Gesellschaftern nicht zu erlangen sind, werden nach dem bezeichneten Verhältnis auf die übrigen verteilt.**

(4) **Zahlungen, welche auf Grund der vorstehenden Bestimmungen zu leisten sind, können den Verpflichteten nicht erlassen werden.**

(5) [1] **Die Ansprüche der Gesellschaft verjähren in den Fällen des Absatzes 1 in zehn Jahren sowie in den Fällen des Absatzes 3 in fünf Jahren.** [2] **Die Verjährung beginnt mit dem Ablauf des Tages, an welchem die Zahlung, deren Erstattung beansprucht wird, geleistet ist.** [3] **In den Fällen des Absatzes 1 findet § 19 Abs. 6 Satz 2 entsprechende Anwendung.**

(6) [1] **Für die in den Fällen des Absatzes 3 geleistete Erstattung einer Zahlung sind den Gesellschaftern die Geschäftsführer, welchen in betreff der geleisteten Zahlung ein Verschulden zur Last fällt, solidarisch zum Ersatz verpflichtet.** [2] **Die Bestimmungen in § 43 Abs. 1 und 4 finden entsprechende Anwendung.**

Übersicht

Lit: *Altmeppen,* „Dritte" als Adressaten der Kapitalerhaltungs- und Kapitalersatzregeln in der GmbH, FS Kropff, 1997, 641; *ders,* Ausfall- und Verhaltenshaftung des Mitgesellschafters in der GmbH, ZIP 2002, 961; *Cahn,* Ausfallhaftung des GmbH-Gesellschafters, ZGR 2003, 298; *Fleck,* Kapitalaufbringung, Kapitalerhaltung und Insolvenzprobleme in der GmbH, RWS-Skript 2. Aufl 1982; *Geißler,* Verdeckte Gewinnausschüttungen und Rückforderungsansprüche der GmbH, GmbHR 2003, 394; *Görner/Kling,* Die Ausfallhaftung des GmbH-Gesellschafters. Ausgewählte Fragen zum Anwendungsbereich im Rahmen der Kapitalaufbringung und -erhaltung, GmbHR 2004, 714; *Hommelhoff,* Zum Wegfall des Erstattungsanspruchs aus § 31 GmbHG, FS Kellermann, 1991, 165; *Koch,* Die Verzinsung des Rückgewährsanspruchs beim Empfang verbotener Leistungen im Aktien- und GmbH-Recht, AG 2004, 20; *Kort,* Das Verhältnis von Auszahlungsverbot (§ 30 I GmbHG) und Erstattungspflicht (§ 31 GmbHG), ZGR 2001, 615; *Langer,* Die anderweitige Wiederherstellung der Stammkapitaldeckung vor dem Hintergrund des Gegenstands und der Rechtsnatur des Erstattungsanspruchs aus § 31 GmbHG, 2002; *Lutter,* Kapital, Sicherung der Kapitalaufbringung und Kapitalerhaltung in den Aktien- und GmbH-Rechten der EWG, 1964; *Schulze-Osterloh,* Bilanzielle Voraussetzungen und bilanzielle Folgen unzulässiger Darlehensgewährung an Gesellschafter, FS Eisenhardt 2007, 505; *Servatius,* Über die Beständigkeit des Erstattungsanspruchs wegen Verletzung des Stammkapitals, GmbHR 2000, 1028; *Tillmann,* Zum Rechtsschicksal des Erstattungsanspruchs gem. § 31 Abs. 1 GmbHG nach Wiederauffüllung des Stammkapitals, in: Verantwortlichkeit im Wirtschaftsrecht: Beiträge zum

Versicherungs- und Wirtschaftsrecht der Schüler von Ulrich Hübner, 2002, 425; *Tries,* Verdeckte Gewinnausschüttungen im GmbH-Recht, 1991; *Ulmer,* Gesellschafterhaftung gegenüber der GmbH bei Vorteilsgewährung unter Verstoß gegen § 30 I GmbHG, FS 100 Jahre GmbHG, 1992, 363.

I. Allgemeines

1. Bedeutung der Vorschrift. § 31 begründet **Erstattungspflicht bei Verstoß gegen § 30** als Sanktion für diesen mit dem Ziel der Wiederherstellung des GesVermögens in der dadurch geschützten Mindesthöhe (näher § 30 Rn 1, 3). Daher große Bedeutung für Grundsatz der Aufbringung u Erhaltung des Stammkapitals, **Gläubigerschutz.** Geltung **zwingend.** Insgesamt strenge Haftung, die nach Abs 3 auch die nicht durch Auszahlung begünstigten MitGfter treffen kann. Haftungsgrund kann während der gesamten Zeit des Bestehens der Ges eintreten. Deshalb entspr Überwachung der GFührer durch Gfter in deren eigenem Interesse geboten; uU problematisch für MinderheitsGfter, immerhin Auskunftsrecht nach § 51 a. 1

Inhalt. Grundlage des Erstattungsanspruchs in **Abs 1;** teilw Einschränkung zugunsten gutgläubiger Empfänger, jedoch mit Vorrang des Gläubigerschutzes, **Abs 2;** dagegen greift weitergehender Schutz für gutgläubigen Gewinnbezug nach § 32 hier nicht ein. **Abs 3** sieht ähnlich wie § 24 Ausfallhaftung der anderen Gfter vor. Wird diese realisiert, haften den betr Gftern die GFührer nach **Abs 6.** Für Erstattungsanspruch u Ausfallhaftung gilt Erlassverbot, **Abs 4.** Verjährung gem **Abs 5.** Abs 5 u 6 geändert durch G zur Anpassung von Verjährungsvorschriften an das G zur Modernisierung des Schuldrechts vom 9. 12. 2004.[1] 2

2. Erstattungsanspruch ist eigenständiger **gesellschaftsrechtlicher Anspruch,** nicht bloßer Bereicherungsanspruch.[2] Daher Besonderheiten des Bereicherungsrechts, insbes §§ 814, 817, 818 BGB nicht anwendbar (unstr; s auch nachfolgend Rn 4). – Funktional steht Erstattungsanspruch dem Einlageanspruch nahe, insofern zutr als Wiederaufleben der Einlagepflicht bezeichnet.[3] Auch rechtliche Ausgestaltung in vielem ähnlich, jedoch in § 31 für Erstattungsanspruch teilw selbständig geregelt. Soweit das nicht der Fall ist, kommt sinngem Heranziehung von § 19 in Betracht (dazu Rn 19). Unstr sind §§ 20 bis 25 nicht unmittelbar anwendbar; daher Verzugszinsen nur nach allg Regeln, nicht § 20;[4] kein Kaduzierungsverfahren. Auch § 16 II u § 18 II gelten nicht (Rn 8). Vgl ferner zu Ausfallhaftung u Erlass unten Rn 15 ff u 19. 3

Erstattungsanspruch schließt **andere Ansprüche** nicht aus. So insbes nicht Bereicherungsansprüche bei fehlgeschlagenem Verpflichtungs- oder Verfügungsgeschäft, auch nicht dingliche Ansprüche auf Rückgewähr. Allerdings 4

[1] BGBl I, 3214.

[2] RGZ 168, 301; BGHZ 31, 265; ganz hM, Scholz/*Westermann* Rn 1; Rowedder/Schmidt-Leithoff/*Pentz* Rn 12; jew mwN.

[3] BGHZ 144, 336, 341 (Balsam/Procedo) = NJW 2000, 2577, 2578 = ZIP 2000, 1256; NZG 2004, 233, 235; grundlegend *Lutter* 381, in diesem Sinn beschreibend in der neueren Komm-Lit allg übernommen. – Krit *Servatius* GmbHR 2000, 1028, 1029 ff: über Einlagepflicht hinausgehende gesetzliche Haftung.

[4] Ulmer/*Habersack* Rn 26; Scholz/*Schmidt* Rn 4; *Lutter*/Hommelhoff/*Bayer* Rn 10; *Koch* AG 2004, 20, 25 f.

führt Verstoß gegen § 30 allein nicht zur Nichtigkeit.[5] Liegt aber darüber hinaus ein Nichtigkeitsgrund vor (s dazu § 30 Rn 67), stehen Bereicherungs- u andere Ansprüche selbständig neben dem Erstattungsanspruch des § 31 u sind gesondert nach den jew für sie geltenden Regeln zu beurteilen, zB auch bzgl Verjährung.[6] Entspr gilt für sonstige Ansprüche, etwa aus Delikt. Zur Frage der Haftung wegen Verletzung der Treuepflicht unten Rn 25.

II. Voraussetzungen, Inhalt und Umfang des Erstattungsanspruchs, Abs 1 und 2

5 **1. Voraussetzungen.** Erstattungsanspruch der Ges gegen Zahlungsempfänger entsteht stets bei **Verstoß gegen § 30 Abs 1 oder 2** (Einzelheiten s dort), also Auszahlung an Gfter oder gleichgestellte Person trotz Unterbilanz (§ 30 I, dort Rn 13 ff) oder Nachschussrückzahlung entgegen § 30 II (dort Rn 71 ff), auch wenn hier nur formelle Erfordernisse verletzt.[7] – § 30 I erfasst nach hM auch Auszahlungen bei Überschuldung, dementspr gilt § 31 unmittelbar[8] (näher Rn 17 u § 30 Rn 71 ff mwN); – Anspruch besteht von der nach § 30 unzulässigen Leistung an u ist **sofort fällig,**[9] Geltendmachung setzt keinen GfterBeschluss nach § 46 Nr 2 voraus.[10] Zur späteren Behebung der Unterbilanz Rn 13.

6 **2. Berechtigter.** Berechtigt aus Erstattungsanspruch ist nur die **Gesellschaft,** Abs 1, für die GFührer bzw Liquidatoren handeln; dabei gilt § 46 Nr 2 nicht entspr. Im Insolvenzverfahren Einziehung durch Insolvenzverwalter (§ 148 I InsO). – Dagegen können GesGläubiger Anspruch nicht geltend machen;[11] keine § 62 II AktG entspr Regelung im GmbHG, auch keine analoge Anwendung; Abs 2 ergibt nichts anderes.[12] Wohl aber kann **GesGläubiger Anspruch pfänden** u sich überweisen lassen; dabei gilt die für Einlageanspruch aus § 19 (dort Rn 42) folgende Beschränkung auf Fälle vollwertiger Gegenleistung nach hM hier nicht; (allg zur Parallele zwischen Erstattungsanspruch u Einlagepflicht Rn 3).[13] Gegen Abtretung insoweit vorgebrachte Bedenken (dazu nachfolgend), gelten für Pfändung nicht, weil diese dem Gläubiger ohne unmittelbare Geltung einer entspr strengen Norm nicht verwehrt werden kann. – Auch **Abtretung** des Erstattungsanspruchs möglich, nach früher hM im Anschluss an RG[14] jedoch nur bei vollwertiger Gegenleistung. Dagegen hat BGH mit Zust der Lit **Abtretung an GesGläubiger**

---

[5] Ganz hM, BGHZ 136, 125 = NJW 1997, 2599; ZIP 1997, 1450; näher § 30 Rn 21 mwN, zu § 31 auch Scholz/*Westermann* Rn 4.

[6] RGZ 168, 301; OLG München DB 1983, 166; allgM.

[7] Ulmer/*Habersack* Rn 8; Scholz/*Westermann* § 30 Rn 70.

[8] BGH NJW 1990, 1730; Scholz/*Westermann* Rn 3; Ulmer/*Habersack* Rn 5; Roth/*Altmeppen* Rn 2 anders noch BGHZ 60, 324, 331; 67, 174; 81, 259.

[9] BGH NJW 1987, 779; auch BGHZ 76, 328.

[10] BGH ZIP 1987, 371; *Lutter/Hommelhoff* Rn 10; *Raiser/Veil* § 37 Rn 25.

[11] RGZ 92, 81.

[12] Ulmer/*Habersack* Rn 11 f; Scholz/*Westermann* Rn 8; ganz hM; – für Parallele zum AktG aber wohl *Wilhelm* FS Flume, 1978, Bd II, 359.

[13] RGZ 92, 81; Scholz/*Westermann* Rn 8; Ulmer/*Habersack* Rn 12; Michalski/*Heidinger* Rn 7; differenzierend Rowedder/Schmidt-Leithoff/*Pentz* Rn 4; grds auch *Lutter/Hommelhoff* Rn 3.

[14] HRR 1930, 1825 für AG.

mit guten Gründen auch zugelassen, wenn dessen Forderung fällig, aber wegen Lage der Ges nicht vollwertig ist.[15]

Beruht bei **GmbH & Co KG** Verstoß gegen § 30 auf Leistungen **aus Vermögen der KG** (§ 30 Rn 68 ff), steht **Erstattungsanspruch** nach Auffassung des BGH **der KG** zu,[16] wird aber durch GmbH als Komplementär geltend gemacht, ohne diese Stellung ggf durch actio pro socio.[17] Nach anderer Ansicht handelt es sich um eigenen Anspruch der GmbH.[18] Nach beiden Auffassungen kann iE GmbH durch ihren GFührer Erstattungsanspruch erheben, der unstr stets nur auf Leistung in das KG-Vermögen gerichtet ist. Daher Unterschied materiell nicht groß, bedeutsam aber für Personenkreis, dem actio pro socio zustehen kann, u prozessual bzgl Grundlage für Aktivlegitimation. Praxis folgt BGH, obwohl dogmatisch bessere Gründe für Gegenmeinung sprechen, da Anspruch nach § 31 aus GfterStellung zur GmbH folgt. Erwägenswert, dass Gründe des BGH Berechtigung beider Ges rechtfertigen. 7

3. Verpflichteter. a) Gesellschafter. Grds **Gesellschafter** als Empfänger. Dafür wie bei § 30 (dort Rn 23 mwN auch zur mögl gesamtschuldnerischen Haftung von Veräußerer u Erwerber bei GAnteilsübertragung) GfterStellung bei Begründung der Verpflichtung maßgebend, nicht mehr notwendig bei Empfang der Leistung, erst recht nicht bei Erhebung des Erstattungsanspruchs.[19] Geltendmachung gegenüber ausgeschiedenem Gfter nicht von vorheriger Gesamtabrechnung abhängig.[20] Durchgriffsähnliche Berücksichtigung eines Regressanspruchs des ausgeschiedenen Gfters gegen verbliebenen Alleingfter[21] wegen Strenge des Erstattungsanspruchs bedenklich. Veräußern Gfter GAnteil untereinander u übernimmt Ges Zahlungspflicht oder wird dafür Sicherheit der Ges in Anspruch genommen, haften veräußernder u erwerbender Gfter als Gesamtschuldner.[22] – Erstattungspflicht folgt kraft Gesetzes aus Empfang der unzulässigen Leistung; persönliche Verpflichtung des betr Gfters, nicht mit GAnteil verbunden. Daher haftet bei dessen späterer Veräußerung Erwerber nicht nach § 16 II,[23] soweit § 30 nicht im Rahmen des Erwerbs verwirklicht wird. Entspr haftet bei Mitberechtigung am GAnteil 8

15 BGHZ 69, 274, 282 ff; BGH NJW 1995, 326, 330; OLG Stuttgart GmbHR 1998, 935; vgl auch BGHZ 144, 336, 340 (Balsam/Procedo) = NJW 2000, 2577; Ulmer/*Habersack* Rn 13; *Lutter/Hommelhoff* Rn 3; Roth/*Altmeppen* Rn 8; Rowedder/Schmidt-Leithoff/*Pentz* Rn 4; Michalski/*Heidinger* Rn 9 f; *Fleck* 34; – Bedenken hiergegen vor allem wegen Umgehungsgefahr bei Scholz/*Westermann* Rn 9; *Ulmer* FS GmbHG, 1992, 363, 382 f.

16 BGHZ 60, 324, 329 f; 110, 342, 357.

17 Zust Ulmer/*Habersack* Rn 6; Baumbach/*Hopt* § 172 a Rn 35; Michalski/*Heidinger* Rn 11 f; *Binz/Sorg* § 12 Rn 41; *Raiser/Veil* § 45 Rn 15; *K. Schmidt* GesR § 56 V 1 b.

18 Scholz/*Westermann* Rn 10; *Lutter/Hommelhoff* Rn 2, 9; *Wilhelm* FS Flume, 1978, Bd II, 363 f; *Winkler* NJW 1969, 1011.

19 BGHZ 69, 280; 81, 252, 258; auch schon 13, 54; RGZ 133, 395; JW 1938, 1176; ganz hM, Ulmer/*Habersack* Rn 15; Rowedder/Schmidt-Leithoff/*Pentz* Rn 8; Roth/*Altmeppen* Rn 3; insoweit auch *Canaris* FS Fischer, 1979, 55; trotz Betonung der Entgegennahme iE auch Scholz/*Westermann* Rn 11 mit 25 u § 30 Rn 61.

20 BGHZ 76, 326 für GmbH & Co KG; Scholz/*Westermann* Rn 5.

21 BGH NJW 1984, 1037.

22 BGHZ 173, 1 Rn 12 = NZG 2007, 704.

23 HM Ulmer/*Habersack* Rn 15; Scholz/*Westermann* Rn 15; abw Michalski/*Heidinger* Rn 20.

nur Leistungsempfänger persönlich, unter mehreren jeder nur für seinen Teil; § 18 II gilt nicht.[24] Wohl aber unterliegen jew alle Beteiligten der Ausfallhaftung nach Abs 3 (Rn 15 ff).

9 **b) Haftung Dritter,** Nichtgfter, nach Abs 1 als Empfänger unzulässiger Auszahlungen im Einzelnen str[25] (Einzelheiten nachfolgend Rn 10). Wortlaut der §§ 30, 31 für Lösung unergiebig, wird für gegensätzliche Standpunkte herangezogen; zum AktG entwickelte Grundsätze nicht übertragbar angesichts unterschiedlicher Kapitalbindungssysteme (§ 30 Rn 3 f). Wesentlich ist Zusammenhang mit § 30, der tatbestandliche Grundlage des Erstattungsanspruchs regelt; dessen Geltung bei Leistungen der Ges an Dritte (§ 30 Rn 25 f) deshalb auch hier für haftungsmäßige Zurechnung maßgebend. Das führt zu differenzierender Lösung.

10 **c) Einzelfragen. aa) Normalerweise haftet** nach Abs 1 **nur Gfter** als Empfänger (Rn 8). Gilt auch, wenn Dritter Leistung als **Vertreter** oder in sonstiger Weise nur für Gfter in Empfang genommen hat.[26] Ebenso haftet nur **Gesellschafter als mittelbarer Empfänger,** wenn zur Erfüllung einer eigtl ihn treffenden Verbindlichkeit Ges für seine Rechnung an Dritten gezahlt hat[27] (s auch § 30 Rn 25). Entspr gilt bei Bestellung bzw Inanspruchnahme (§ 30 Rn 28) einer Sicherheit der Ges.[28] Zur Kollusion unten Rn 15.

11 **bb) Anders** im Fall der **Abtretung** bzw **Pfändung** u Überweisung **des Anspruchs** gegen die Ges; hier haftet bei Auszahlung an Zessionar bzw Pfändungsgläubiger nur dieser als Empfänger, da Anspruch von vornherein mit potentieller Erstattungspflicht behaftet war; gesellschaftsrechtlicher Ursprung hindert entspr Heranziehung des Grundgedankens von § 404 BGB nicht.[29]

12 **cc)** War **Anspruch von vornherein für Dritten begründet,** haftet dieser nur ausnahmsweise als Empfänger der Auszahlung nach Abs 1, wenn Leistung an ihn auf besonderer **enger persönlicher oder rechtlicher Verbindung** zu einem Gfter beruht (dazu u zum Folgenden allg § 30 Rn 26 mwN). So, wenn Gfter nur Treuhänder, Strohmann: Erfolgt Leistung direkt

---

[24] Ulmer/*Habersack* Rn 17; Scholz/*Westermann* Rn 15; Rowedder/Schmidt-Leithoff/*Pentz* Rn 8; Michalski/*Heidinger* Rn 22.

[25] Überblick bei *Altmeppen* FS Kropff, 1997, 641 ff; generell abl *Canaris* FS Fischer, 1979, 54 ff, der aber in den hier wesentlichen Fällen Nichtigkeit der Erfüllungsgeschäfte u dementspr dingliche bzw Bereicherungsansprüche annimmt; ähnlich Roth/*Altmeppen* § 30 Rn 52 unter dem Gesichtspunkt des Missbrauchs der Vertretungsmacht; abl auch *Barth/Gelsen* DB 1981, 2265; – andererseits für weitgehende Haftung außenstehender Empfänger ältere Lit: *Meister* WM 1980, 395.

[26] RGZ 136, 266 obiter; Scholz/*Westermann* Rn 11; Rowedder/Schmidt-Leithoff/*Pentz* Rn 8; Michalski/*Heidinger* Rn 15.

[27] BGHZ 81, 368 obiter; auch WM 1982, 1402; ganz hM, Ulmer/*Habersack* Rn 19; *Lutter/Hommelhoff* Rn 5; Rowedder/Schmidt-Leithoff/*Pentz* Rn 8 f; Michalski/*Heidinger* Rn 15; Roth/*Altmeppen* Rn 4; *Fleck* 34; iE Scholz/*Westermann* Rn 12; vgl auch *Cahn* ZGR 2003, 298, 324 f.

[28] BGH WM 1982, 1402; BGHZ 138, 291, 301 = NJW 1989, 2592; – abw LG Frankfurt/M ZIP 1997, 1464: Anspruch auch gegen bösgläubigen Sicherungsnehmer.

[29] HM, *Lutter/Hommelhoff* Rn 5; Rowedder/Schmidt-Leithoff/*Pentz* Rn 8; Roth/*Altmeppen* Rn 4; Michalski/*Heidinger* Rn 23; *Sonnenhol/Stützle* WM 1983, 4; – im Wesentlichen abl Scholz/*Westermann* Rn 12, Schutz gutgläubiger Dritter; abl auch Ulmer/*Habersack* Rn 18, Gesamtschuld zwischen Gfter u Zessionar; ihm folgend Roth/*Altmeppen* Rn 3; strikt abl *Canaris* FS Fischer, 1979, 55, gesellschaftsrechtlicher Anspruch.

an **Treugeber,** Hintermann, steht dieser bzgl §§ 30, 31 einem Gfter gleich (s aber auch § 1 Rn 44).[30] Er haftet allein; gesamtschuldnerische Mithaftung des Gfters, Treuhänders, nur, wenn dieser die Leistung veranlasst hat.[31] Haftung des Hintermanns auch zu bejahen, wenn Leistung an ihn mittelbar über Gfter als Strohmann; dieser haftet dann zusätzlich als empfangender Gfter. Strohmann haftet als Gfter allein für Leistung an ihn bzw für ihn an Dritten ohne Veranlassung durch Treugeber.[32]

dd) Hat Ges an **nahen Angehörigen** eines Gfters geleistet (zur Abgrenzung § 30 Rn 25), ist der Angehörige zumindest dann zur Erstattung verpflichtet, wenn er – ggf sein gesetzlicher Vertreter – den Verstoß gegen § 30 gekannt hat oder hätte kennen müssen.[33] Daneben muss auch **Gfter** selbst **als Veranlasser** bzw mittelbar Begünstigter der Leistung haften.[34] Er haftet allein, wenn Haftung des Angehörigen bei Gutgläubigkeit verneint wird. War Gfter diesem gegenüber verpflichtet, zB Unterhaltspflicht, gilt zusätzlich das oben (Rn 10) Ausgeführte. – Entspr gilt bei sonstiger enger rechtlicher, persönlicher oder wirtschaftlicher Verbindung, so in den § 30 Rn 28 aE genannten Fällen, insbesondere bei Leistung der Ges an mit Gfter **verbundenes Unternehmen.**[35] Das gilt auch, wenn Gfter als MinderheitsGfter Leistung an das mit ihm verbundene Unternehmen nur mitveranlasst.[36] 13

ee) Bei **Pfandrecht an Geschäftsanteil** u bei atypischer **stiller Beteiligung** löst gegen § 30 verstoßende Leistung an Berechtigten Erstattungsanspruch gegen diesen nur aus, wenn er wesentl Einfluss auf Ges ähnl wie Gfter hat.[37] 14

ff) Durch das besondere Verhalten der Beteiligten bedingt kann ein Dritter neben Gfter erstattungspflichtig sein, wenn Auszahlung an ihn auf **Kollusion** mit Gfter beruht.[38] 15

---

30 BGHZ 31, 258, 266 f; 75, 335; 107, 7; OLG Hamburg DB 1984, 1515; ganz hM, Ulmer/*Habersack* Rn 18; Rowedder/Schmidt-Leithoff/*Pentz* Rn 10; Roth/*Altmeppen* § 30 Rn 31 ff; iE ähnl Scholz/*Westermann* Rn 12, 14; insoweit zust auch *Canaris* FS Fischer, 1979, 44; *Ulmer* ZHR 156 [1992], 385, doch im Übrigen differenzierend; – abl *Ehlke* DB 1985, 795.

31 Rowedder/Schmidt-Leithoff/*Pentz* Rn 10 f; Roth/*Altmeppen* § 30 Rn 47, tatsächliche Vermutung für Veranlassung; weitergehend Ulmer/*Habersack* Rn 19, stets Gesamtschuld mit Treuhänder; wohl auch Michalski/*Heidinger* Rn 17.

32 Zutr *Ulmer* ZHR 156 (1992), 385.

33 BGHZ 81, 365; auch WM 1986, 237, 239; zust Scholz/*Westermann* Rn 12; *Fleck* 34; *Sonnenhol/Stützle* WM 1983, 4; allg auch *Lutter/Hommelhoff* Rn 5; krit zur Rspr Roth/*Altmeppen* § 30 Rn 51 f; *Hager* ZGR 1989, 98 ff mwN; *Tries* 84 ff; einschränkend Rowedder/Schmidt-Leithoff/*Pentz* Rn 10: Haftung nur bei Kenntnis; ebenfalls einschränkend Ulmer/*Habersack* Rn 19: grds Anspruch gegen Gfter, Gesamtschuld nur bei kollusivem Zusammenwirken.

34 Roth/*Altmeppen* § 30 Rn 48 f: tatsächliche Vermutung für Veranlassung.

35 BGH DStR 2007 Rn 6; auch BGHZ 122, 333; 81, 311; auch 31, 275; BGH NJW 1996, 589 sowie bei doppelstöckiger Beteiligung mit uU doppelter Inanspruchnahme des Gfters BGH NJW 1991, 357; dazu Scholz/*Westermann* Rn 13; Rowedder/Schmidt-Leithoff/*Pentz* Rn 10; Roth/*Altmeppen* § 30 Rn 54 ff; – zum Ganzen *Cahn* Kapitalerhaltung, 39 ff, 51 ff, 81 ff; *Fleck* 34.

36 BGH DStR 2007 Rn 6.

37 BGHZ 106, 7; 119, 191; weitergehend Rowedder/Schmidt-Leithoff/*Pentz* Rn 11 u Michalski/*Heidinger* Rn 18; differenzierend Roth/*Altmeppen* Rn 59 ff.

38 BGH WM 1982, 1402; Ulmer/*Habersack* Rn 19; *Fleck* 34; Michalski/*Heidinger* Rn 19; *Sonnenhol/Stützle* WM 1983, 5; insoweit übereinstimmend auch Roth/*Altmeppen* § 30 Rn 42 ff unter dem Aspekt des Missbrauchs der Vertretungsmacht. Für Haf-

16 **4. Inhalt, Umfang, Erfüllung.** Erstattungsanspruch ist auf **volle Rückgewähr** der gegen § 30 verstoßenden Leistung gerichtet. Ist verbotene Auszahlung Geldleistung der Ges, erstreckt sich Erstattungsanspruch auf Geldbetrag. Problematisch ist Behandlung von Sachleistungen an Gfter, vor allem im Zusammenhang mit unangemessenen Austauschgeschäften. Nach hM sind Sachleistungen, soweit noch möglich, grds gegenständlich zurückzugewähren.[39] Generelle Beschränkung auf bloßen Wertausgleich[40] lässt sich kaum mit dem Regelungszweck von § 31 vereinbaren.[41] Wohl aber sprechen gute Gründe dafür, dem für eine Sachleistung Erstattungspflichtigen insbes bei Austauschgeschäften wahlweise ein Ablösungsrecht zu gewähren, das der Ges vollen Wertausgleich erbringen muss.[42] Dies kommt jedoch nicht in Betracht, wenn Gegenstand zur Erfüllung satzungsmäßiger Ziele erforderlich (zB wichtige Maschine oder Patent).[43] – Ist Herausgabe des Gegenstands unmöglich, schuldet Gfter in Analogie zu § 9 I Wertersatz.[44] Gleiches gilt bei empfangenen Dienstleistungen der Ges u Nutzungsüberlassung.[45] Auch zwischenzeitlich erfolgte **Wertverluste** sind grds durch Zuzahlung auszugleichen, soweit sie nicht in gleicher Weise bei Ges eingetreten wären.[46] Hat die Ges unter Verstoß gegen § 30 Gfter unwirks Darlehen gewährt, erfüllt die vermeintliche Darlehensrückzahlung die Erstattungsforderung.[47] **Abweichende Tilgungsbestimmung** kann auch unbeachtlich sein, wenn nach unzulässiger Auszahlung entsprechender Betrag umgehend zur Deckung offener Einlageschuld verwendet wird.[48]

---

tung bereits bei Bösgläubigkeit unter Rückgriff auf Wertung des Art 17 WG LG Frankfurt/M ZIP 1997, 1464, 1469; *Abramenko* GmbHR 1995, 875.

39 BGH NJW 2008, 2118 Rn 9; Scholz/*Westermann* Rn 2; Ulmer/*Habersack* Rn 23; Rowedder/Schmidt-Leithoff/*Pentz* Rn 14 ff; Roth/*Altmeppen* Rn 10; *Lutter/Hommelhoff* Rn 7; *Raiser/Veil* § 37 Rn 25; offengelassen von BGHZ 122, 333, 338.

40 *Joost* ZHR 148 (1984), 53 f mwN; zust *Tries* 43; – für Wertausgleich bei verdeckter Gewinnausschüttung auch *Flume* JurPerson § 8 IV, 2 c u ZHR 144 (1980), 23; *Wilhelm* FS Flume, 1978, Bd II, 387.

41 *Ulmer* FS GmbHG, 1992, 363, 376 ff; Ulmer/*Habersack* Rn 23; *Hommelhoff* FS Kellermann, 1991, 168 f; Rowedder/Schmidt-Leithoff/*Pentz* Rn 15; vgl auch Scholz/*Westermann* Rn 2 sowie Roth/*Altmeppen* § 30 Rn 83 ff.

42 Näher *Ulmer* FS GmbHG, 1992, 363, 376 ff; Ulmer/*Habersack* Rn 25 M iE auch *Lutter/Hommelhoff* Rn 7; Rowedder/Schmidt-Leithoff/*Pentz* Rn 16; *K. Schmidt* GesR § 37 III 2 a; *Langer* 56 ff.

43 Rowedder/Schmidt-Leithoff/*Pentz* Rn 16; ähnlich *Lutter/Hommelhoff* Rn 7: Ersetzungsbefugnis nur bei leicht wiederbeschaffbaren Erstattungsgegenständen.

44 BGH NJW 2008, 2118 Rn 10; BGHZ 122, 333, 339; *Ulmer* FS GmbHG, 1992, 363, 381; *Lutter/Hommelhoff* Rn 13; Scholz/*Westermann* Rn 2; Rowedder/Schmidt-Leithoff/*Pentz* Rn 15; Michalski/*Heidinger* Rn 33; auch *Raiser/Veil* § 37 Rn 25.

45 Ulmer/*Habersack* Rn 24; Roth/*Altmeppen* Rn 10; zur Lage bei Sicherungsrechten *Meister* WM 1980, 395; zur Erstattung entgangenen Gewinns *Servatius* GmbHR 1998, 723, 727.

46 BGHZ 122, 333, 338 f; BGH NZG 2008, 467; zur letztgenannten Entscheidung krit *K. Schmidt* Anm JZ 2008, 734, 735 ff; Ulmer/*Habersack* Rn 24; *Lutter/Hommelhoff* Rn 13; Rowedder/Schmidt-Leithoff/*Pentz* Rn 15; Michalski/*Heidinger* Rn 33; einschr Scholz/*Westermann* Rn 2.

47 BGHZ 165, 113 Rn 11 (obiter) = NJW 2006, 509.

48 BGH NJW 2009, 1418 Rn 8 unter Aufgabe der gegenteiligen Ansicht in BGHZ 146, 105, 106 = NJW 2001, 830.

5. Spätere nachhaltige **Behebung der Unterbilanz** durch Gewinne udgl **lässt Erstattungsanspruch nicht erlöschen.** BGH hat die an den Aspekt der Zweckerreichung anknüpfende frühere Rspr[49] aufgegeben.[50] – Von Frage des Fortbestands der Erstattungspflicht zu unterscheiden sind Auswirkungen nachhaltiger Behebung der Unterbilanz auf Anspruch aus dem der Auszahlung (meist) zugrunde liegenden Kausalgeschäft, dessen Wirksamkeit nicht notwendig entfällt (dazu § 30 Rn 66f). Da verbotene Auszahlung keine Erfüllungswirkung entfaltet, steht Gfter bei Entfallen der Unterbilanz ggf nunmehr durchsetzbarer Erfüllungsanspruch aus Kausalgeschäft zu.[51] Nach BGH kann dieser vom Gfter entgegen früher hM[52] dem Erstattungsanspruch weder im Wege der **Aufrechnung** noch durch **Erhebung des dolo-petit-Einwands** entgegengesetzt werden.[53] Das zwingt Gfter uU zu sinnlosem Hin- und Herzahlen. In Analogie zu § 19 II ist aber jedenfalls Aufrechnung durch Ges wie auch einverständliche Verrechnung bei Vollwertigkeit usw zulässig,[54] nicht aber **Erlassvertrag** (Abs 4) oder **Stundung.**[55] Bei fehlender Vollwertigkeit kommt auch Anrechnung entspr der Wertung des § 19 IV in Betracht, wenn man Fallgruppe der verbotenen Verrechnung dazu rechnet (dazu § 19 Rn 51), da die Rechtsfolgen einer Verrechnung im Rahmen von § 31 nicht strenger sein sollten als diejenigen einer Verrechnung im Rahmen einer verdeckten Sacheinlage (vgl auch unten Rn 26). 17

6. Gutgläubiger Empfang, Abs 2. Beschränkung der Erstattungspflicht **bei gutgläubigem Empfang nach Abs 2** auf zur Befriedigung der GesGläubiger erforderlichen Betrag. Voraussetzungen: **a) Guter Glaube** bzgl der tatsächlichen Umstände, aus denen sich Unzulässigkeit der Auszahlung nach § 30 ergibt, insbes bzgl zur Unterbilanz führender Vermögenslage der Ges. Bösgläubigkeit ähnl wie in § 932 II BGB bei Kenntnis oder grob fahrlässiger Unkenntnis dieser Umstände; Kenntnis der gesetzlichen Regelung nicht vorausgesetzt, ihre Unkenntnis hindert daher Bösgläubigkeit nicht, anders nur bzgl der formellen Rückzahlungsvoraussetzungen in § 30 18

---

[49] BGH NJW 1988, 139, 140; auch OLG Stuttgart GmbHR 1998, 935; vgl 17. Aufl 2000, Rn 6 (mwN).

[50] BGHZ 144, 336 (Balsam/Procedo I) = NJW 2000, 2577; NZG 2000, 888 (Balsam/Procedo III); zust Rowedder/Schmidt-Leithoff/*Pentz* Rn 18; *Lutter/Hommelhoff* Rn 11; *Kort* ZGR 2001, 615, 617ff; *Benecke* ZIP 2000, 1969; iE auch trotz Kritik an Begründung des BGH *Altmeppen* NZG 2000, 887; Roth/*Altmeppen* Rn 13ff; *Servatius* GmbHR 2000, 1028; wie jetzt BGH bereits früher vielfach Lit, so Scholz/*Westermann* Rn 6f; *Brandner* FS Fleck, 1988, 23, 30ff; *Butzke* ZHR 154 (1990), 357, 366ff; *Hommelhoff* FS Kellermann 1991, 165ff; *Ulmer* FS GmbHG, 1992, 363, 383ff. – AA weiterhin *Langer* 70ff; *Tillmann* 425, 431ff.

[51] Vgl *Kort* ZGR 2001, 615, 631ff; *Benecke* ZIP 2000, 1969, 1971ff; *Servatius* GmbHR 2000, 1028, 1033f; jew mwN.

[52] Zur früher hM vgl 17. Aufl 2000, Rn 6; *Ulmer* FS GmbHG, 1992, 363, 384f, 387; *Fleck* 34; – krit zur Aufrechnung früher bereits *Brandner* FS Fleck, 1988, 23, 31; *Tries* 55.

[53] BGHZ 144, 336 (Balsam/Procedo) = NJW 2000, 2577 = ZIP 2000, 1251, 1253; zustimmend *Kort* ZGR 2001, 615, 631f; *Benecke* ZIP 2000, 1969, 1973; *Servatius* GmbHR 2000, 1028, 1033f.

[54] Ulmer/*Habersack* Rn 30; Scholz/*Westermann* Rn 7; *Benecke* ZIP 2000, 1969, 1973; *Servatius* GmbHR 2000, 1028, 1033f.; – früher bereits *Lutter/Hommelhoff* Rn 12, 24f; *Hommelhoff* FS Kellermann, 1991, 175ff. – für Zulässigkeit im Gegenschluss zu Abs 4 auch *Kort* ZGR 2001, 615, 637f.

[55] *Benecke* ZIP 2001, 1969, 1974; – abw Rowedder/Schmidt-Leithoff/*Pentz* Rn 19, 43f u früher bereits *Ulmer* FS GmbHG, 1992, 363, 387f.

II.[56] Entspr gesetzliche Regelung in § 62 I 2 AktG seit 1978, die Haftung auf einfache Fahrlässigkeit erstreckt, ist nicht auf GmbH übertragbar,[57] da Änderung GmbHG nicht betraf u auch in GmbH-Novelle 1980 nicht übernommen. – **Maßgebend Zeit des Leistungsempfangs;** späterer böser Glaube schadet nicht. Beurteilung für jeden Empfänger gesondert, auch im Fall des § 18. Soweit Gfter als mittelbarer Empfänger bei Zahlung an Dritten haftet (Rn 10), kommt es auf Gutgläubigkeit des Gfters an;[58] anders, wenn Dritter durch Abtretung oder Pfändung Anspruchsinhaber gegen Ges wurde und verbotene Leistung empfängt.[59] Soweit Nichtgfter haftet (Rn 11), wird ihm Bösgläubigkeit des Gfters, mit dem er in Verbindung steht, grds nicht zugerechnet, anders nur, wenn sich das aus besonderer Beziehung ergibt, etwa bei gesetzlicher Vertretung,[60] idR auch zwischen Strohmann u Hintermann; sonst nur für gleichzeitige Haftung des Gfters selbst wesentlich.[61]

19 **b) Erforderlichkeit zur Gläubigerbefriedigung** nicht nur bei Überschuldung der Ges,[62] sondern bei jeder nicht nur vorübergehenden Zahlungsstockung gegeben, auch wenn diese erst nach Leistungsempfang, aber vor Verjährung nach Abs 5 eingetreten ist.[63] Maßgebend ist **Zeitpunkt** der Geltendmachung des Erstattungsanspruchs, nicht verbotswidrige Auszahlung.[64] Auszahlung nachfolgende Vermögensverbesserung kann daher zu Gunsten des gutgläubigen Gfters wirken. Bei gerichtlicher Durchsetzung soll Zeitpunkt der letzten mündlichen Verhandlung maßgebend sein.[65] Letzteres ist nicht unbedenklich, weil damit Gfter ggf lange Prozessdauer ungerechtfertigt zugute kommen kann. Fehlt Erforderlichkeit zur Gläubigerbefriedigung im maßgebenden Zeitpunkt, schließt das bei Vermögensverschlechterung erneute Geltendmachung für späteren Zeitpunkt innerhalb der Verjährungsfrist nicht aus. Klageabweisung entfaltet für späteren Zeitpunkt keine Rechtskraft.[66]

---

[56] OLG München DB 1983, 67; Ulmer/*Habersack* Rn 31 ff; *Lutter/Hommelhoff* Rn 16; Rowedder/Schmidt-Leithoff/*Pentz* Rn 21 f; Michalski/*Heidinger* Rn 43 f, 45; Roth/*Altmeppen* Rn 16.

[57] Abw Scholz/*Westermann* Rn 18 f; *Peltzer/Bell* ZIP 1993, 1764.

[58] Zum Ganzen Rowedder/Schmidt-Leithoff/*Pentz* Rn 25; Michalski/*Heidinger* Rn 47.

[59] Michalski/*Heidinger* Rn 49.

[60] BGHZ 81, 365.

[61] Zum Ganzen Scholz/*Westermann* Rn 20; teilw abw Ulmer/*Habersack* Rn 36 f; *Lutter/Hommelhoff* Rn 17; Rowedder/Schmidt-Leithoff/*Pentz* Rn 25; Michalski/*Heidinger* Rn 48.

[62] Zur maßgeblichen Überschuldungsbilanz u zur Berücksichtigung von Rückstellungen BGH NZG 2003, 1116.

[63] Ulmer/*Habersack* Rn 41; *Lutter/Hommelhoff* Rn 18; Roth/*Altmeppen* Rn 16; Rowedder/Schmidt-Leithoff/*Pentz* Rn 27; enger Scholz/*Westermann* Rn 22 f; Michalski/*Heidinger* Rn 51.

[64] So aber Rowedder/Schmidt-Leithoff/*Pentz* Rn 28; zweifelnd auch *Lutter/Hommelhoff* Rn 18.

[65] BGH NZG 2003, 1116, 1118; Ulmer/*Habersack* Rn 41; Scholz/*Westermann* Rn 23; Michalski/*Heidinger* Rn 52; – aA Scholz/*Westermann* Rn 23; Michalski/*Heidinger* Rn 52.

[66] Ulmer/*Habersack* Rn 41; Scholz/*Westermann* Rn 23; Rowedder/Schmidt-Leithoff/*Pentz* Rn 29.

c) Beweislast nach allg Regeln: für guten Glauben Empfänger beweispflichtig, da Ausnahme von Abs 1; dagegen hat Ges Anspruchsvoraussetzungen nach Abs 1 u Erforderlichkeit für Gläubigerbefriedigung zu beweisen.[67] 20

III. Ausfallhaftung der Gesellschafter, Abs 3, und Verschuldenshaftung

1. Ausfallhaftung. Abs 3 regelt ähnlich wie § 24 **subsidiäre Haftung aller** – übrigen – **Gesellschafter,** soweit Erstattungsbetrag vom primär verpflichteten Empfänger nicht zu erlangen, aber zur Befriedigung der GesGläubiger erforderlich ist. Haftung trifft sämtliche nicht bereits als Empfänger nach Abs 1 oder 2 verpflichteten Gfter. Ist ausnahmsweise nur ein Dritter erstattungspflichtig (Rn 11 ff), sind das alle Gfter, so bei Abtretung des Auszahlungsanspruchs an Dritten auch der Zedent.[68] Bei Mitberechtigung ist § 18 II anzuwenden. **Maßgebender Zeitpunkt** für Eigenschaft als Gfter (§ 16 I) ist die gegen § 30 verstoßende Auszahlung, weil sie mit Empfängerhaftung nach Abs 1 im Ansatz bereits Ausfallhaftung nach Abs 3 begründet; bei nachfolgender Veräußerung haften Rechtsnachfolger nach § 16 II.[69] Keine Unterscheidung zwischen alten u neuen GAnteilen (str, s § 24 Rn 5 mwN). Haftung der Ges aus eigenen Anteilen kommt praktisch nicht in Betracht, da ohnehin nur Haftung, wenn Ges selbst Gläubiger nicht befriedigen kann; daher Umlegung des auf eigene Anteile entfallenden Betrags auf übrige Gfter nach Abs 3 S 2.[70] 21

2. Haftungsvoraussetzungen. Erstattung der Auszahlung darf vom Empfänger nicht zu erlangen sein. Dafür genügt Aussichtslosigkeit der Beitreibung; erfolglose Zwangsvollstreckung oder Insolvenzverfahren bzw dessen Ablehnung mangels Masse nicht nötig, aber stets ausreichend.[71] Außerdem muss Betrag zur Befriedigung der GesGläubiger erforderlich sein (wie bei Abs 2, Rn 14). Guter oder böser Glaube für Umfang der Haftung belanglos; Umdeutung in Haftung für (vermutetes) Verschulden ist mit gesetzlicher Regelung auch als Rechtsfortbildung nicht vereinbar.[72] Zur weitergehenden Haftung bei Verschulden Rn 18. 22

3. Umfang der Haftung. a) MitGfter haften **anteilig im Verhältnis der Geschäftsanteile.** An gemeinsamem Anteil Mitberechtigte haften nach § 18 23

---

[67] AllgM, Ulmer/*Habersack* Rn 43; Scholz/*Westermann* Rn 21; Rowedder/Schmidt-Leithoff/*Pentz* Rn 30 f; Michalski/*Heidinger* Rn 53 f.

[68] AllgM, zum Ganzen Ulmer/*Habersack* Rn 47 ff; Scholz/*Westermann* Rn 24 f; Michalski/*Heidinger* Rn 59 ff.

[69] BGHSt BB 1991, 713, 714; Ulmer/*Habersack* Rn 45 f; Rowedder/Schmidt-Leithoff/*Pentz* Rn 33, 35; Roth/*Altmeppen* Rn 18; Rowedder/Schmidt-Leithoff/*Pentz* Rn 35; *Lutter* 382 Fn 209; – abw Scholz/*Westermann* Rn 25: Gfter zZ des Ausfalls, aber Zeitpunkt oft nicht genau zu ermitteln.

[70] Ulmer/*Habersack* Rn 49; Scholz/*Westermann* Rn 26; Rowedder/Schmidt-Leithoff/*Pentz* Rn 34; Michalski/*Heidinger* Rn 58. Zur Haftung der Kommanditisten in der GmbH & Co KG vgl BGH ZIP 1995, 736.

[71] Ulmer/*Habersack* Rn 52 ff; Scholz/*Westermann* Rn 27; Michalski/*Heidinger* Rn 55; – strenger wohl *Lutter/Hommelhoff* Rn 19.

[72] So aber *Reemann* ZIP 1990, 1309, 1314 f; dagegen *Ulmer* FS GmbHG, 1992, 363, 370 ff; auch Scholz/*Westermann* Rn 28; Roth/*Altmeppen* Rn 17; Rowedder/Schmidt-Leithoff/*Pentz* Rn 32; Michalski/*Heidinger* Rn 56.

II für ihre Quote gesamtschuldnerisch. Haftung stets nur in Geld.[73] Was von einem Gfter nicht zu erlangen ist, verteilt sich nach Abs 3 S 2 entspr auf die anderen. Das entspricht § 24 S 2 (s dort Rn 7 f u zum internen Ausgleich Rn 10).

24 **b) Obergrenze** der Ausfallhaftung ist auch im Fall bestehender oder durch Auszahlung bewirkter Überschuldung (dazu § 30 Rn 20) **Betrag der Stammkapitalziffer.**[74] Dies folgt rechnerisch aus § 30 I u stellt wegen fehlender gesetzlicher Nachschusspflicht u weitergehender Haftung des GFührer keine unangemessene Gläubigerbenachteiligung dar. Beschränkung der anteiligen Ausfallhaftung auf Nennbetrag des GAnteils (Stammeinlage) des Auszahlungsempfängers[75] entspricht zwar Konzeption des § 24, ist mit Abs 3 jedoch nur schwer vereinbar.[76] Auch Abzug der eigenen Einlage des solidarisch Haftenden ist nicht gerechtfertigt.[77]

25 **4. Weitergehende Haftung bei Verschulden.** Über Abs 3 hinaus nahm Rspr früher[78] umfassende Haftung derjenigen MitGfter an, die nach § 30 unzulässige Leistung schuldhaft durch zust Mitwirkung bei entspr, auch unwirksamem, GfterBeschluss oder durch sonstige Einflussnahme in der Ges gefördert haben, Treuepflichtverletzung; Verschuldensmaßstab § 276 I BGB, also Vorsatz u jede Fahrlässigkeit, Haftung jedes betr Mitgfters in Höhe der ganzen unzulässigen Leistung ohne Begrenzung auf Stammkapital oder Nennbetrag des GAnteils (Stammeinlage),[79] Verjährung dann analog Abs 5.[80] Diese weitgehende Haftung hat der BGH für den Fall des einvernehmlichen Handelns aufgegeben, weil sonst die auf die Haftungsbegrenzung angelegte Regelung des Abs 3 unterlaufen würde.[81] Dagegen Haftung aus **Treuepflichtverletzung** weiterhin bei unberechtigten **Entnahmen ohne Einverständnis der MitGfter** sowie **Existenzvernichtungshaftung** (§ 13 Rn 57) möglich.[82]

---

[73] Rowedder/Schmidt-Leithoff/*Pentz* Rn 37; Michalski/*Heidinger* Rn 64.

[74] BGHZ 150, 61, 65 = NJW 2002, 1803, 1804; NJW 2003, 2629, 3632; NZG 2005, 845, 846; Ulmer/*Habersack* Rn 55; Rowedder/Schmidt-Leithoff/*Pentz* Rn 38; Michalski/*Heidinger* Rn 65 f; iE zust *Altmeppen* ZIP 2002, 961, 962 ff; Roth/*Altmeppen* Rn 17; *Raiser/Veil* § 37 Rn 35; – abw für unbeschränkte Haftung *Fabritius* ZHR 144 (1980), 635; *Wilhelm* FS Flume, 1978, Bd II, 361; *Gätsch* BB 1999, 704; wohl auch *Immenga* ZGR 1975, 491.

[75] *K. Schmidt* BB 1985, 157 u 1995, 529; *ders* DB 1992, 1917; *ders* GesR § 37 III 3 b; zust Scholz/*Westermann* Rn 30, für Beschränkung auf Betrag der Stammeinlage(n) des (auch mehrerer) Empfängers.

[76] Offengelassen BGHZ 150, 61, 66 = NJW 2002, 1803, 1804; vgl auch *Cahn* ZGR 2003, 298, 305 f.

[77] BGH NZG 2003, 1116 u hM in Lit; anders aber weiterhin *Lutter/Hommelhoff* Rn 21; zust *Geißler* GmbHR 2003, 394, 399.

[78] BGHZ 93, 146; NJW 1995, 1960.

[79] Zust *Fleck* FS GmbHG, 1992, 407 f.

[80] BGH NJW 1995, 1960.

[81] BGH GmbHR 1999, 921; BGHZ 150, 61 = NJW 2002, 1803, 1804; zust Scholz/*Westermann* Rn 31; *Lutter/Hommelhoff* Rn 22; Rowedder/Schmidt-Leithoff/*Pentz* Rn 48; *Geißler* GmbHR 2003, 394, 399; – aA jedoch unter Betonung des Verschuldenserfordernisses *Altmeppen* ZIP 1999, 1355; Roth/*Altmeppen* Rn 22 f; vgl auch *Altmeppen,* ZIP 2002, 961, 963 f, 966 f.

[82] BGH NJW 2009, 68 Rn 21; ebenso schon BGH GmbHR 1999, 921; BGHZ 150, 61 = NJW 2002, 1803, 1804.

IV. Erlass und Verjährung, Abs 4 und 5

1. Erlass, Abs 4. Nach Abs 4 ist für alle Verpflichtungen aus Abs 1–3 **Erlass ausgeschlossen.** Gilt zwingend für primäre Erstattungspflicht, auch bei EinmannGes,[83] u für Ausfallhaftung. Rechtliche Form, insbes Erlassvertrag oder negatives Schuldanerkenntnis (§ 397 I, II BGB), gleichgültig. Erlass stets nichtig; Bedeutung für Kapitalerhaltung gebietet strengen Maßstab auch bzgl Umgehungsgeschäften. – Umstr ist, ob über Abs 4 hinaus auch **Verbot der Leistung an Erfüllungs Statt, der Aufrechnung durch Gfter u der Stundung** entspr bisheriger Interpretation von § 19 II gilt. Dies wurde vor MoMiG zunächst von überw Lit ua mit dem Argument abgelehnt, dass § 19 II Regelung der Kapitalaufbringung u nicht -erhaltung enthält u GmbH-Novelle 1980 trotz Neufassung von § 19 die seit jeher weniger strenge Regelung in § 31 IV unverändert gelassen u auch keine Verweisung eingefügt hat.[84] Jedoch hat sich **BGH** mit Gegenansicht in Lit für analoge Anwendung von § 19 II 2 aF wegen des engen Zusammenhangs von Kapitalaufbringung u Kapitalerhaltung ausgesprochen.[85] Interpretation muss jedoch Änderungen, die MoMiG eingeführt hat, berücksichtigen. Dazu gehört, dass Gesetzgeber explizit etwa in § 30 I 2 für Darlehen an Gfter weniger enge Schranken aufstellt als in § 19 V im Rahmen der Kapitalaufbringung. Hinzu kommt, dass nach neuem Recht selbst im Rahmen der Kapitalaufbringung verdeckte Sacheinlage zu einer zwar zunächst unwirksamen, nach Eintragung dann aber doch wirksam werdenden Wertanrechnung führt, die in ihrer Wirkung einer Annahme an Erfüllungs Statt nahe kommt (§ 19 IV nF, dazu § 19 Rn 57 f). Wenn dies nach strengerer Regelung der Kapitalaufbringung möglich ist, lässt sich bisher hM zur Rechtslage vor MoMiG[86] zur Unwirksamkeit einer Annahme an Erfüllungs Statt unter Gesichtspunkt der Wertungskonsitenz mit neuem Recht nur schwer aufrecht erhalten. Daher muss nunmehr wohl bei Annahme einer Leistung an Erfüllungs Statt im Rahmen von § 31 Wertanrechnung zugelassen werden.[87] Anderes gilt für Aufrechnung durch Gfter[88] u Stundung, da diese weiterhin auch nach § 19 unzulässig sind (§ 19 Rn 30 f). Aufrechnung der Ges zulässig bei vollwertiger Gegenforderung des Gfters (s § 19 Rn 33), darüber hinaus, wenn man § 19 IV auch auf Verrechnungsfälle erstreckt (dazu § 19 Rn 51), wohl auch Wertanrechnung nicht vollwertiger Gegenforderung denkbar, da Verrechnung im Rahmen verdeckter Sacheinlage kaum weniger streng behandelt werden kann als Verrechnung im Rahmen von § 31. Für zulässig gehalten wird ferner wie bei § 19 II (s dort Rn 20 mwN) ernst gemeinter **Vergleich,** auch Prozess- 26

[83] OLG Karlsruhe BB 1991, 1728.

[84] *Fleck* 35; so noch Hachenburg/*Goerdeler/Müller* 8. Aufl 1992 Rn 59; vgl auch 17. Aufl 2000, Rn 18.

[85] BGHZ 146, 105 = NJW 2001, 830, 831; zustimmend Ulmer/*Habersack* Rn 64; früher bereits *Lutter/Hommelhoff* Rn 23 f; *Fleck* 35; *Lutter* 381 Fn 205; *Hommelhoff* FS Kellermann, 1991, 175 f; stark einschr auch schon Scholz/*Westermann* Rn 32; *Ulmer* FS GmbHG, 1992, 363, 380 ff.

[86] Dazu BGHZ 157, 72, 77 = NZG 2004, 233, 235; Rowedder/Schmidt-Leithoff/*Pentz* Rn 44 u Michalski/*Heidinger* Rn 74, 77.

[87] So schon bisher Roth/*Altmeppen* Rn 28 f. – AA auch zum neuen Recht *Wicke* Rn 7, der insoweit weiterhin auf Rspr vor MoMiG abstellt.

[88] BGHZ 146, 105 = NJW 2001, 830, 831; zustimmend Rowedder/Schmidt-Leithoff/*Pentz* Rn 44; Michalski/*Heidinger* Rn 76; – aA Roth/*Altmeppen* Rn 26.

vergleich;[89] das ist ebenso jedoch problematisch u eher abzulehnen.[90] – Zum Fortbestehen des Erstattungsanspruchs im Fall der nachträglichen Behebung der Unterbilanz Rn 13.

27 **2. Verjährung, Abs 5. Verjährung** der Ansprüche der Ges aus **Abs 1** beträgt seit Neuregelung 2004 (Rn 2) 10 Jahre, Abs 5 S 1. **Übergangsregelung** s in Art 229 § 12 II EGBGB[91] (dazu § 19 Rn 89). Verjährungsfrist gilt entspr bei GmbH & Co KG auch für Leistung durch KG[92] (Rn 8, § 30 Rn 68). Verjährung beginnt mit Ablauf des Tages der unzulässigen Leistung, Abs 5 S 1 aE, u zwar gleichermaßen für primären Anspruch u Ausfallhaftung. Fordert GFührer nicht zurück u verjährt Rückzahlungsforderung, führt dies nicht zu Kumulation der Verjährungsfristen aus §§ 31 V u 43 IV, da verjährungsbegründende Pflichtverletzung des GFührers bereits Auszahlung.[93] Bei Sicherheitsgewährung gegenüber Gfter ist Zeitpunkt der Auszahlung iSd § 30 maßgebend (dazu § 30 Rn 59), bei dinglicher Sicherheit also deren Verwertung.[94] Bei **Stellung von Sicherheit** gegenüber Gläubiger des Gfters kann bereits Gewährung Auszahlung enthalten, wenn Aufwendungsersatz- oder Rückgriffsanspruch nicht vollwertig (§ 30 Rn 62). Insoweit wird Ges-Vermögen allerdings lediglich durch Risikoübernahme gemindert, sodass später erfolgende tatsächliche Inanspruchnahme der Sicherheit gesonderten Vermögensabfluss enthält. Daher ist für Verjährungsbeginn für Erstattung der in Anspruch genommenen Sicherheit auf Zeitpunkt der tatsächlichen Inanspruchnahme abzustellen, da bis dahin effektiver Vermögensabfluss lediglich in Form einer Risikoübernahme erfolgte u frühzeitiger Verjährungsbeginn Gfter ungerechtfertigt begünstigen würde (str).[95] – Die frühere Unterscheidung zwischen gutgläubigen Verpflichteten und böslicher Handlungsweise (Abs 5 S 2 aF) ist für Verjährung entfallen. In beiden Fällen gilt jetzt einheitlich die 10-Jahresfrist. Unterscheidung gilt allerdings weiter im Rahmen des Abs 2 für Haftungsumfang. Verweisung auf § 19 VI 2 bedeutet **Ablaufhemmung durch Eröffnung des Insolvenzverfahrens** (§ 19 Rn 85). Für Altfälle kann noch relevant sein, dass für bösliche Handlungsweise nach Abs 5 S 2 aF **Entgegennahme in Kenntnis der Unzulässigkeit** ausreichte.[96] Bei **GmbH & Co KG** genügte dafür allerdings nicht allein Kenntnis des Wiederauflebens der Kommanditistenhaftung nach § 172 IV HGB.[97] – Andere Ansprüche zB aus Bereicherung, die neben § 31 bestehen, verjähren selbständig, nicht nach Abs 5 (Rn 4 mwN).

---

[89] Michalski/*Heidinger* Rn 78.

[90] Ulmer/*Habersack* Rn 65; *Lutter/Hommelhoff* Rn 23; auch *Timm/Genting* ZIP 1992, 529 f in Auseinandersetzung mit LG Frankenthal WM 1992, 1865; einschr auch Rowedder/Schmidt-Leithoff/*Pentz* Rn 45 f.

[91] Dazu BGH NJW 2009, 68 Rn 16.

[92] OLG München DB 1983, 166; Michalski/*Heidinger* Rn 81.

[93] BGH NJW 2009, 68 Rn 16.

[94] BGH NZG 2007, 704 Rn 25.

[95] AA bisher hM, etwa Scholz/*Westermann* Rn 35; Michalski/*Heidinger* Rn 80.

[96] BGH DB 1987, 1781, 1782; bestätigt durch BGHZ 110, 352; vgl dazu Hachenburg/*Goerdeler/Müller* 8. Aufl 1992 Rn 69; *Lutter/Hommelhoff* Rn 27; Rowedder/Schmidt-Leithoff/*Pentz* Rn 51 f; Roth/*Altmeppen* Rn 31; – aA, maßgebend vielmehr Bewusstsein, dass Ges oder ihre Gläubiger dadurch geschädigt werden, OLG München DB 1983, 166; auch RGZ 1, 22; JW 1913, 49; 16. Aufl 1995, Rn 20. – Zum Rechtsirrtum vgl OLG Bremen GmbHR 2001, 672.

[97] OLG München DB 1983, 166; zust Scholz/*Westermann* Rn 34.

Ansprüche aus Abs 3 verjähren in 5 Jahren, und zwar auch dann, wenn der wegen des Ausfalls in Anspruch genommene Gfter bewusst an der unzulässigen Leistung zu Gunsten des primären Schuldners mitgewirkt hat.[98] 28

V. Haftung der Geschäftsführer, Abs 6

1. Haftung gegenüber Gesellschaft. Geschäftsführer haften der Gesellschaft gem § 43 gesamtschuldnerisch für Schaden aus gegen § 30 verstoßender Leistung, wenn sie Verschulden trifft; dabei zu beachten ausdrückliche Regelung in § 43 III (dazu dort Rn 28 sowie allg zu Einzelheiten § 43 mit Erl). – GfterGFührer haften auch ohne Verschulden als MitGfter nach Abs 3, auch mit dessen Beschränkung (Rn 15 ff), sowie nach Abs 1, wenn sie selbst Empfänger der Leistung sind (Rn 5 ff), wobei Berufung auf Abs 2 für GFührer kaum in Betracht kommt. Zur Frage einer Haftung nach § 64 S 3 s dort. 29

2. Haftung gegenüber Gesellschaftern, Abs 6. Nach Abs 6 haften Geschäftsführer den Gesellschaftern auf Ersatz der Beträge, die diese nach Abs 3 der Ges gezahlt haben. Regresshaftung ist auf Inanspruchnahme der Gfter im Wege der Ausfallhaftung (Rn 15 ff) beschränkt u gilt nicht bei primärer Erstattungspflicht nach Abs 1 u 2. GFührer haften gesamtschuldnerisch, jedoch nur bei Verschulden bzgl Auszahlung;[99] Maßstab hierfür nach § 43 I, was durch ausdr gesetzlich Regelung klargestellt wird. Berufung auf GfterBeschluss, der Zahlung anordnet, entlastet grds nicht, da GFührer von Einhaltung des § 30 nicht befreit,[100] aber gegen Inanspruchnahme ggf Einwand unzulässiger Rechtsausübung, insbes wenn GFührer bei Beschlussfassung auf Unzulässigkeit hingewiesen hat oder Gfter sich des Verstoßes gegen § 30 bewusst waren.[101] Maßgeblicher Zeitpunkt für die GFührer-Eigenschaft ist verbotene Auszahlung.[102] – Für **Verjährung** der Regressansprüche gilt kraft ausdr gesetzlicher Verweisung § 43 IV. – Gesamtschuldnerisch haftende GFührer haben untereinander **Regressansprüche** gem § 426 BGB.[103] 30

Rückzahlung von Gewinn

32 Liegt die in § 31 Abs. 1 bezeichnete Voraussetzung nicht vor, so sind die Gesellschafter in keinem Fall verpflichtet, Beträge, welche sie in gutem Glauben als Gewinnanteile bezogen haben, zurückzuzahlen.

---

98 RegBegr zum G zur Anpassung von Verjährungsvorschriften an das G zur Modernisierung des Schuldrechts vom 9. 12. 2004, BGBl I, 3214 zu Art 14 Nr 3 a.

99 Michalski/*Heidinger* Rn 92.

100 Dazu BGHZ 31, 278.

101 HM, Ulmer/*Habersack* Rn 69; Roth/*Altmeppen* Rn 36; Rowedder/Schmidt-Leithoff/*Pentz* Rn 60; Michalski/*Heidinger* Rn 91; mit anderer Begründung iE ähnl Scholz/*Westermann* Rn 40.

102 Ulmer/*Habersack* Rn 70; Michalski/*Heidinger* Rn 92.

103 Michalski/*Heidinger* Rn 93; Rowedder/Schmidt-Leithoff/*Pentz* Rn 71 aE. – Zu weiteren Ausgleichansprüchen Roth/*Altmeppen* Rn 38; Ulmer/*Habersack* Rn 76.

Übersicht

1 **1. Allgemeines.** § 32 gewährleistet den Gftern **Schutz für gutgläubigen Gewinnbezug** durch Ausschluss der Rückzahlungspflicht bei mangelhafter Rechtsgrundlage. Allerdings behält dabei Grundsatz der Kapitalerhaltung Vorrang durch uneingeschränkten Vorbehalt zugunsten der Ansprüche aus § 31 I. Insoweit ist GmbHG strenger als entspr Vorschrift für AG in § 62 I 2 AktG, die ihrerseits aber in den Anforderungen an die Gutgläubigkeit weitergeht (Rn 6).

2 **2. Anwendungsbereich. a) Vorrang von § 31 I.** Ausdrücklicher Vorrang von § 31 I sichert Erstattungsansprüche bei Auszahlungen unter Verstoß gegen § 30 (s Erl zu § 31). Wer Gewinn zu Lasten des Stammkapitals (§ 30 I, auch bei Überschuldung, s dort Rn 20) oder unter Verletzung der Bindung des Nachschusskapitals (§ 30 II) bezogen hat, ist nach § 31 I zur Rückgewähr verpflichtet. War er gutgläubig, greift lediglich § 31 II ein (s dort Rn 18). § 32 ist insoweit ausgeschlossen. – Bei teilw Verstoß gegen § 30 gilt § 31 nur für diesen Teil, im Übrigen ist dann § 32 anwendbar.[1]

3 **b) Gewinnbezug.** Geschützt ist nur echter Gewinnbezug, also Leistungen, die den Gftern in Vollzug von § 29 als Gewinnanteile, Dividende, zugeflossen sind. Nicht hierher gehören andere Leistungen an Gfter oder Dritte, auch wenn sie gewinnabhängig oder gewinnähnlich gestaltet sind (§ 29 Rn 60 ff, 68 ff, 79 ff), so Zinsen, Tantiemen, Bezüge aus partiarischen Rechtsverhältnissen udgl; auch nicht Gewinnvorschüsse, da sie notwendig unter Vorbehalt stehen; ebenso nicht versehentlich doppelte Zahlung des Gewinnanteils oder Zahlung an falschen Empfänger, zB bei nichtiger Abtretung; ferner nicht verdeckte Gewinnausschüttung, da gerade nicht als Gewinn ausgezahlt.[2]

4 **c) Geschützter Personenkreis, Abtretung.** Beschränkung auf echten Gewinnbezug ergibt **geschützten Personenkreis,** denn gewinnberechtigt sind grds nur Gfter. Für sie gilt § 32 in erster Linie. Bei **Abtretung** des (vermeintlichen) Gewinnanspruchs treffen positive wie negative Folgen des § 32 aber auch den Zessionar, da sie mit dem Anspruch verbunden sind, der nur in seinem realen Bestand übertragen wird; für Gut- oder Bösgläubigkeit

---

[1] Ulmer/*Habersack* Rn 2; Scholz/*Westermann* Rn 1; Rowedder/Schmidt-Leithoff/*Pentz* Rn 4.

[2] AllgM, zum Ganzen Ulmer/*Habersack* Rn 8 ff; Scholz/*Westermann* Rn 6; *Lutter/Hommelhoff* Rn 2; Rowedder/Schmidt-Leithoff/*Pentz* Rn 6; – zu Gewinnvorschüssen *G. Hueck* ZGR 1975, 142.

(Rn 6) aber unabhängig vom Zeitpunkt der Abtretung nur Person des Gfters maßgebend.[3]

3. Wegfall der Rückzahlungspflicht greift nach dem oben Ausgeführten ausschließlich bei zu Unrecht erfolgter echter Gewinnausschüttung ein, die nicht gegen § 30 verstößt, u zwar nur zugunsten gutgläubiger Gfter. 5

a) Fehlerhafte Ausschüttung hat ihren Grund meist in mangelhaftem Ergebnisverwendungsbeschluss, auch iVm Fehlern der Feststellung des Jahresabschlusses oder in Abweichung von diesem (Einzelheiten § 29 Rn 43 ff). War Ergebnisverwendungsbeschluss nichtig, kann Ges grds sofort Rückzahlung verlangen, war er anfechtbar, erst nach dessen rechtskräftiger Anfechtung. Regelt Satzung Verfahren für Ergebnisverwendung abw vom Gesetz (§ 29 Rn 46), kommt es auf Wirksamkeit oder Mängel der danach maßgebenden Voraussetzungen an.

b) Guter Glaube des Gfters muss Gewinnbezug betreffen. Vorausgesetzt 6
also normalerweise äußerlich ordnungsgemäßer Ergebnisverwendungsbeschluss, dessen Nichtigkeit oder Anfechtbarkeit Gfter ohne grobe Fahrlässigkeit nicht kannte. Gilt bei vom Gesetz abw satzungsmäßigem Ergebnisverwendungsverfahren (§ 29 Rn 46) entspr für die danach wesentlichen Ausschüttungsvoraussetzungen. Leicht fahrlässige Unkenntnis schadet nicht; Maßstab also wie bei § 31 II (dort Rn 18, auch bzgl Unanwendbarkeit von § 62 II 2 AktG auf GmbH) in Anlehnung an § 932 II BGB.[4] Maßgebender Zeitpunkt ist der des Empfangs.[5] Bei Abtretung des Gewinnanspruchs wie auch bei Nießbrauch kommt es für Gutgläubigkeit auf Person des Gfters, nicht des Empfängers an[6] (oben Rn 4 mwN). – Beweislast für Unbegründetheit der Zahlung trägt Ges; dagegen muss Gfter guten Glauben als Grundlage seiner Leistungsbefreiung beweisen;[7] dabei kommen ihm formell ordnungsgem Beschlüsse über Jahresabschluss u Ergebnisverwendung erleichternd zugute.

c) Rechtsfolgen. Liegt guter Glaube vor, wird durch § 32 **jeder Rück-** 7
zahlungsanspruch ausgeschlossen mit Ausnahme des stets vorrangigen Erstattungsanspruchs nach § 31 I (Rn 2). Betroffen sind normalerweise Bereicherungsansprüche wegen ungerechtfertigten Gewinnbezugs, doch gilt der Ausschluss generell, also auch für ggf bestehende sonstige Ansprüche.

32a, 32b

§§ 32 a/b aufgehoben durch MoMiG u wesentlicher Regelungsgehalt unter teilweiser Abänderung in §§ 39 I Nr 5, IV, V, 44 a, 135 II InsO übertragen. S dazu Erl § 30 Anh.

---

[3] Ganz hM, Ulmer/*Habersack* Rn 8; Scholz/*Westermann* Rn 7, 9; *Lutter/Hommelhoff* Rn 3, 5; Rowedder/Schmidt-Leithoff/*Pentz* Rn 6; – anders für Nießbraucher Ulmer/*Habersack* Rn 9.

[4] Ganz hM, Ulmer/*Habersack* Rn 12 iVm § 31 Rn 33 ff; *Lutter/Hommelhoff* Rn 4; Roth/*Altmeppen* Rn 5 mit § 31 Rn 16; iE ähnl Scholz/*Westermann* Rn 8.

[5] AllgM, vgl die Genannten.

[6] Abw bzgl Nießbrauch Rowedder/Schmidt-Leithoff/*Pentz* Rn 17, die zu Unrecht auf Teilnahme an der Beschlussfassung abstellen. – Wie hier Michalski/*Heidinger* Rn 14.

[7] HM, Ulmer/*Habersack* Rn 14; *Lutter/Hommelhoff* Rn 8; Roth/*Altmeppen* Rn 5 mit § 31 Rn 16; – aA Scholz/*Westermann* Rn 10.

Erwerb eigener Geschäftsanteile

33 (1) **Die Gesellschaft kann eigene Geschäftsanteile, auf welche die Einlagen noch nicht vollständig geleistet sind, nicht erwerben oder als Pfand nehmen.**

(2) [1] **Eigene Geschäftsanteile, auf welche die Einlage vollständig geleistet ist, darf sie nur erwerben, sofern sie im Zeitpunkt des Erwerbs eine Rücklage in Höhe der Aufwendungen für den Erwerb bilden könnte, ohne das Stammkapital oder eine nach dem Gesellschaftsvertrag zu bildende Rücklage zu mindern, die nicht zur Zahlung an die Gesellschafter verwandt werden darf.** [2] **Als Pfand nehmen darf sie solche Geschäftsanteile nur, soweit der Gesamtbetrag der durch Inpfandnahme eigener Geschäftsanteile gesicherten Forderungen oder, wenn der Wert der als Pfand genommenen Geschäftsanteile niedriger ist, dieser Betrag nicht höher ist als das über das Stammkapital hinaus vorhandene Vermögen.** [3] **Ein Verstoß gegen die Sätze 1 und 2 macht den Erwerb oder die Inpfandnahme der Geschäftsanteile nicht unwirksam; jedoch ist das schuldrechtliche Geschäft über einen verbotswidrigen Erwerb oder eine verbotswidrige Inpfandnahme nichtig.**

(3) **Der Erwerb eigener Geschäftsanteile ist ferner zulässig zur Abfindung von Gesellschaftern nach § 29 Abs. 1, § 122i Abs. 1 Satz 2, § 125 Satz 1 in Verbindung mit § 29 Abs. 1 und § 207 Abs. 1 des Umwandlungsgesetzes, sofern der Erwerb binnen sechs Monaten nach dem Wirksamwerden der Umwandlung oder nach der Rechtskraft der gerichtlichen Entscheidung erfolgt und die Gesellschaft im Zeitpunkt des Erwerbs eine Rücklage in Höhe der Aufwendungen für den Erwerb bilden könnte, ohne das Stammkapital oder eine nach dem Gesellschaftsvertrag zu bildende Rücklage zu mindern, die nicht zur Zahlung an die Gesellschafter verwandt werden darf.**

Übersicht

Lit: *Fleck,* Kapitalaufbringung, Kapitalerhaltung und Insolvenzprobleme bei der GmbH, 1982; *Geißler,* Der Erwerb eigener GmbH-Anteile zur Realisierung von Strukturmaßnahmen, GmbHG 2008, 1018; *Hennrichs,* Bilanzrechtsmodernisierung – erste Grundsatzfragen aus handels- und gesellschaftsrechtlicher Sicht, FS Karsten Schmidt, 2009, 581; *Kropff,* Nettoausweis des gezeichneten Kapitals und Kapitalschutz, ZIP 2009, 1137; *Rodewald/Pohl,* Neuregelungen des Erwerbs von eigenen Anteilen durch die GmbH im Bilanzrechtsmodernisierungsgesetz (BilMoG) – Möglichkeiten einer „vereinfachten" Kapitalherabsetzung oder (nur) verminderte Aussagekraft der Bilanz? GmbHR 2009, 32; *Rose,* Verdeckte Gewinnausschüttungen im Zusammenhang mit eigenen GmbH-Anteilen, GmbHR 1999, 373; *Schulze-Petzold,* Die GmbH als Trägerin eigener Geschäftsanteile, 1991; *Verhoeven,* GmbH Konzernrecht: Der Erwerb von Anteilen der Obergesellschaft , GmbHR 1977, 97; *Ziebe,* Der Erwerb eigener GmbH-Geschäftsanteile in den Staaten der Europäischen Gemeinschaft, GmbHR 1983, 38.

I. Allgemeines, Bedeutung der Vorschrift, Änderung durch BilMoG

§ 33 schränkt grds zulässigen Erwerb eigener GAnteile durch Ges erheblich ein, dient damit der **Kapitalaufbringung und -erhaltung.** Vorschrift ist **zwingend.** Weitere Einschränkungen durch GesVertrag (§ 15 Rn 36 ff) aber möglich. Vorschrift mehrfach geändert u verschärft, so durch GmbH-Novelle 1980; durch BiRiLiG (Einl Rn 22) u Abs 3 angefügt durch Art 4 Nr 1 UmwBerG vom 28. 10. 1994[1] u ergänzt durch Zweites G zur Reform der UmwG vom 19. 4. 2007 (BGBl I, 542). Abs 2 S 1 u Abs 3 erneut geändert durch BilMoG[2] mit Wirkung vom 29. 5. 2009 zur Anpassung an geänderte Bilanzierung eigener Anteile in §§ 266, 272 Ia u IV nF HGB. – **Abs 1 verbietet** der Ges **Erwerb** u Inpfandnahme **eigener Geschäftsanteile,** auf die **Einlage nicht vollständig eingezahlt** ist. **Abs 2** S 1 lässt **Erwerb voll** 1

[1] BGBl I, 3210.
[2] Gesetz zur Modernisierung des Bilanzrechts (Bilanzrechtsmodernisierungsgesetz – BilMoG) vom 20. 5. 2009, BGBl I, 1102.

eingezahlter Anteile nur zu, soweit dafür ohne Beeinträchtigung des Stammkapitals oder Minderung gesvertraglich zu bildender Rücklagen in Höhe der Aufwendungen Rücklage gebildet werden kann, dh ausreichend freie, zur Erhaltung des Stammkapitals u der gesetzlichen u satzungsmäßigen Rücklagen nicht erforderliche Mittel vorhanden sind. S 2 beschränkt **Inpfandnahme** ebenfalls nach Maßgabe der Vermögenslage der Ges. S 3 bestimmt **Rechtsfolgen** des Verstoßes gegen Abs 2 S 1 u 2. – **Abs 3** gestattet u begrenzt systemkonform Erwerb eigener GAnteile durch Ges zum Zweck der **Abfindung von Gesellschaftern bei** den aufgeführten **Umwandlungsvorgängen** (Verschmelzung, Spaltung, Formwechsel).

II. Nicht voll eingezahlte Geschäftsanteile, Abs 1

2 **1. Fehlende Einlageleistung.** Abs 1 verbietet Erwerb von GAnteilen, auf die **Einlage nicht vollständig geleistet** ist u dient damit Kapitalaufbringung. Nicht vollständige Leistung liegt vor, wenn objektiv irgendein Teil der Einlage rückständig ist, auch bei Anspruch auf Zuzahlung nach § 9 (§ 56 II), der Einlagecharakter hat (§ 9 Rn 5), entspr auch Anspruch aus Vorbelastungshaftung (§ 11 Rn 61 ff) als Gewähr für unversehrte Kapitalaufbringung.[3] Unbeachtlich, ob Einlage eingefordert. Auch subjektive Annahme der Volleinzahlung, zB bei Aufrechnung unter Verstoß gegen § 19 II 2 (s dort Rn 30) hilft nicht (allgM). – **Rückstand bei anderer Leistungspflicht** (Agio, Nebenleistungen usw) schadet nicht. Auch Ausfallhaftung nach § 24 gehört nicht zur Einlage auf den jeweiligen GAnteil (allgM). – Ist Einlage unter Verstoß gegen § 30 zurückgewährt, ist Erstattungsanspruch nach § 31 keine rückständige Einlage iSd § 33,[4] da Erstattungsanspruch nicht mit GAnteil verbunden, sondern persönliche Schuld; daher nicht § 16 II, sondern Veräußerer haftet weiter.[5]

3 **2. Erwerb.** Verbot des Erwerbs soll verhindern, dass Haftung für ausstehende Einlage durch Konfusion erlischt oder Sicherung des Resteinlageanspruchs durch Haftung des Erwerbers (§ 16 II) bei Ges als Erwerberin ausfällt.[6] Daher jeder Erwerb nicht voll eingezahlter GAnteile **verboten** u damit nach § 134 BGB nichtig (Ausnahme Abs 3, str, unten Rn 16), auch unentgeltlicher, von Todes wegen,[7] anlässlich des Ausschlusses eines Gfters, durch Zuschlag in öffentl Versteigerung, in Ausübung von Erwerbsvorrechten, für fremde Rechnung als Treuhänder usw. Zulässig dagegen Erwerb unter der aufschiebenden Bedingung vollständiger Einlagezahlung.[8]– Bei Erwerb durch Dritten für Rechnung der Ges sind Erstattungsvereinbarungen zwischen Ges u Drittem entspr § 33 I nichtig, während Dritter mit allen Rechten u Pflichten erwerben kann, iE aber auf eigene Rechnung.[9] – Zu

---

[3] Jetzt ganz hM, Ulmer/*Hohner/Paura* Rn 25; Scholz/*Westermann* Rn 6; *Lutter/Hommelhoff* Rn 2; Rowedder/Schmidt-Leithoff/*Pentz* Rn 6; Michalski/*Sosnitza* Rn 13.

[4] Ulmer/*Hohner/Paura* Rn 26; Roth/*Altmeppen* Rn 6; Michalski/*Sosnitza* Rn 15; *Winkler* GmbHR 1972, 74; – aA Scholz/*Westermann* Rn 5; *Lutter/Hommelhoff* Rn 2; Rowedder/Schmidt-Leithoff/*Pentz* Rn 7.

[5] § 31 Rn 8; auch Scholz/*Westermann* § 31 Rn 15.

[6] BGHZ 15, 391,392 = NJW 1955, 222; Ulmer/*Hohner/Paura* Rn 22.

[7] Str., wie hier Michalski/*Sosnitza* Rn 5; – aA *Lutter/Hommelhoff* Rn 4.

[8] RGZ 93, 326, 329; Ulmer/*Hohner/Paura* Rn 31; *Wicke* Rn 5.

[9] Scholz/*Westermann* Rn 12; Roth/*Altmeppen* Rn 31; Rowedder/Schmidt-Leithoff/*Pentz* Rn 19.

Erwerb von GAnteilen bei **GmbH & Co,** an **herrschendem Unternehmen** oder im Rahmen **wechselseitiger Beteiligung** unten Rn 20 f.

Kein Erwerb iSd Vorschrift tritt dagegen ein bei **Kaduzierung** des GAnteils, auch nicht wenn Ges endgültig Inhaberin des GAnteils wegen Unverkäuflichkeit wird (§ 23 Rn 6). Kaduzierungsverfahren insoweit Sonderregelung gegenüber § 33.[10] Bei öffentl Versteigerung darf Ges nicht mitbieten (oben Rn 3, § 23 Rn 4). – Kein Erwerbstatbestand ist ferner Einziehung, da GAnteil dadurch nach hM untergeht, jedoch auch dafür Volleinzahlung erforderlich (§ 34 Rn 11, 18). – Wirkt Ges lediglich bei Verkauf eines GAnteils an Dritten mit, liegt kein Erwerb iSd § 33 vor.[11] – § 33 betrifft nicht originären Erwerb bei KE. Teilnahme der Ges stets bei KE aus GesMitteln (§ 57 I), dagegen unzulässig bei KE gegen Einlagen (allgM; – Näheres § 55 Rn 19). – Kein Erwerb dadurch möglich, dass Gfter bei KE GAnteil einbringt; als Sacheinlage ungeeignet.[12] 4

3. Inpfandnahme von GAnteilen durch Ges seit GmbH-Novelle 1980 dem Erwerb ausdrücklich gleichgestellt. Damit soll Umgehung des Erwerbsverbots begegnet werden, auch möglicher Gefahr, dass Begründung eines Befriedigungsrechts letztlich zum Anteilserwerb führen kann.[13] – Wortlaut „als Pfand nehmen", auch Erwähnung des „schuldrechtlichen Geschäfts" in Abs 2 S 3, sprechen gegen Anwendung auf Pfandrechtserwerb kraft Gesetzes, zB nach § 401 BGB;[14] anders nur bei Umgehungsgeschäft, etwa bei rechtsgeschäftlichem Erwerb von zu diesem Zweck durch Pfandrecht an GAnteil gesicherter Forderung.[15] – Vorschrift nicht anwendbar auf Pfändungspfandrecht.[16] Ges muss bei Vollstreckung in eigenen, nicht voll eingezahlten GAnteil aber Aussichten eines Vorgehens nach §§ 21 ff angemessen berücksichtigen (s auch § 19 Rn 33). – Begründung anderer Rechte, insbes Bestellung eines Nießbrauchs, kann Inpfandnahme nicht gleichgesetzt werden (allgM). 5

4. Rechtsfolge bei Verstoß gegen Erwerbsverbot nach Abs 1: **Nichtigkeit** sowohl **des Schuldvertrags** wie **des Verfügungsgeschäfts** (§ 134 BGB, allgM). Veräußerer bleibt Inhaber des GAnteils, haftet als solcher weiter. Entgelt ist der Ges nach §§ 812 ff BGB zurück zu gewähren. Keine Heilung durch nachträgliche Volleinzahlung, doch uU ergänzende Vertragsauslegung für Anteilserwerb unter Bedingung der Volleinzahlung. Veräußert Ges vermeintlich eigenen GAnteil weiter, nunmehr gutgläubiger Erwerb unter den Voraussetzungen von § 16 III möglich.[17] Haftung für offene Ein- 6

---

[10] Ebenso *Lutter/Hommelhoff* Rn 4, Michalski/*Sosnitza* Rn 7.

[11] RGZ 71, 403.

[12] Ulmer/*Ulmer* § 56 Rn 18; Scholz/*Priester* 9. Aufl, § 56 Rn 16.

[13] BegrRegE BT-Drucks 8/1347, 41 r Sp.

[14] *Lutter/Hommelhoff* Rn 11; *Wicke* Rn 12; MünchHdbGmbH/*Kort* § 27 Rn 13; Roth/*Altmeppen* Rn 30; für gleichgelagertes Problem im AktR *Hüffer* § 71 e Rn 2; – differenzierend für AktG KölnerKomm/*Lutter* § 71 e Rn 4; – aA (für erweiterte Anwendung) Ulmer/*Hohner/Paura* Rn 14; Scholz/*Westermann* Rn 8 aE; Michalski/*Sosnitza* Rn 9; MünchKommAktG/*Oechsler* § 71 e Rn 5; Spindler/Stilz/*Cahn* § 71 e Rn 3.

[15] Insoweit zutr Scholz/*Westermann* Rn 8.

[16] Roth/*Altmeppen* Rn 30; Rowedder/Schmidt-Leithoff/*Pentz* Rn 21; wohl auch *Lutter/Hommelhoff* Rn 11; für AktR MünchKommAktG/*Oechsler* § 71 e Rn 6; Spindler/Stilz/*Cahn* § 71 e Rn 3; KölnerKomm/*Lutter* § 71 e Rn 4 u *Hüffer* § 71 e Rn 2; – aA Ulmer/*Hohner/Paura* Rn 14; Scholz/*Westermann* Rn 8; Michalski/*Sonsnitza* Rn 10.

[17] *Wicke* Rn 4.

lageforderung bleibt bei Erwerber wie ursprgl Veräußerer nach § 16 II bestehen, da Erwerb durch Ges unwirksam. Soweit gutgläubiger Erwerb scheitert, kann wie bisher Gfter Erwerb durch Dritten formlos (§ 15 Rn 22) nach §§ 182 ff BGB genehmigen.[18] – Daneben Haftung der GFührer nach § 43, insbes Abs 3 S 1, auf Schadenersatz.

7 **5. Erwerb im Zusammenhang mit Maßnahmen zur Kapitaldeckung.** Erwerb eigener GAnteile kann mit Maßnahmen zur vollen Deckung des Stammkapitals verbunden werden, sodass Verbot des Abs 1 nicht eingreift.

a) Durch **Kapitalherabsetzung** (§ 58) in entspr Ausmaß wird Erlass ausstehender Einlageforderung möglich, § 19 III. Ist verbleibende Einlage vollständig geleistet, kann Ges Anteil erwerben oder zum Pfand nehmen.[19] Jedoch kaum praktikabel wegen Einhaltung der Kapitalherabsetzungsvorschriften einschließlich Sperrjahr (§§ 58 ff mit Erl).

b) Volleinzahlung der ausstehenden Einlage ermöglicht Erwerb. Kann durch Gfter selbst oder Dritte, auch die übrigen Gfter[20] erfolgen. Schuldrechtliche Vereinbarung über Erwerb eigener Anteile für den Fall der Volleinzahlung schon vorher möglich (oben Rn 3).

8 **c) Keine Einzahlung durch Kaufpreisverrechnung.** Verrechnung des Kaufpreises mit ausstehender Einlage nicht möglich, da vor Volleinzahlung wegen § 134 BGB Kaufpreisforderung nicht wirksam entstehen kann;[21] auch rechtsgeschäftliche Rückbeziehung (§ 159 BGB) scheidet gerade wegen § 33 I aus. Ob Ges Kaufpreis aus freiem Vermögen iSd § 30 leisten könnte, ist hierfür unerheblich; Bestreiten einer Einlage aus eigenen Mitteln der Ges widerspricht Grds der realen Kapitalaufbringung (s auch § 24 Rn 7). Soll Ges Einlageleistung durch Zahlung aus anderem Rechtsgrund oder ohne Rechtsgrund, auch durch Verrechnung gegen andere Forderung, ermöglichen, sind Schranken des § 19 zu beachten (s dort Rn 14, 30 ff).

III. Voll eingezahlte Geschäftsanteile, Abs 2

9 **1. Beschränkung zulässigen Erwerbs.** Beschränkung grds zulässigen Erwerbs voll eingezahlter GAnteile im Interesse der Erhaltung des Stammkapitals. Vorschrift ergänzt § 30.[22] Form u Voraussetzungen des Erwerbs (oben Rn 3 f) nach allg Regeln u Bestimmungen der Satzung (§ 15 m Erl). –

a) Fiktive Rücklage aus freiem Vermögen. Nach bis zum 28. 5. 2009 geltender Fassung von Abs 2 S 1 erforderte Erwerb voll eingezahlter Anteile, dass dieser aus freien Mitteln erfolgte u Rücklage nach § 272 IV HGB ohne Minderung des Stammkapitals oder gesvertraglich zu bildender Rücklage erfolgen konnte. Nach neuem Recht darf Ges voll eingezahlte Anteile nur erwerben, **wenn Ges Rücklage in Höhe der Aufwendungen für den Erwerb bilden könnte,** ohne das Stammkapital oder eine nach dem Ges-

[18] Zum Ganzen Scholz/*Westermann* Rn 15 f; Ulmer/*Hohner/Paura* Rn 30 ff, insbes 33 ff; Roth/*Altmeppen* Rn 26 ff; Michalski/*Sosnitza* Rn 20.
[19] RGZ 93, 329.
[20] RGZ 93, 329.
[21] Ulmer/*Hohner/Paura* Rn 32; *Lutter/Hommelhoff* Rn 6; Scholz/*Westermann* Rn 11 aE; Roth/*Altmeppen* Rn 8; Rowedder/Schmidt-Leithoff/*Pentz* Rn 17, früher str.
[22] BGHZ 139, 132, 136 = NJW 1998, 3121, 3122.

Vertrag zu bildende Rücklage zu mindern, die nicht zur Zahlung an die Gfter verwandt werden darf. Das **trägt** durch BilMoG **geänderter Bilanzierung** von eigenen Anteilen **Rechnung.** Danach werden eigene Anteile nicht mehr aktiviert (§ 266 Abs 2 B III nF HGB) u entspr darf auch keine Rücklage für eigene Anteile mehr gebildet werden (Änderung von § 272 IV aF HGB). Statt dessen sind für nach dem 31. 12. 2009 beginnende Geschäftsjahre (Art 66 III EGHGB) nach § 272 Abs 1a nF HGB eigene Anteile in Höhe ihres Nennbetrags auf der Passivseite der Bilanz vom Posten Gezeichnetes Kapital abzusetzen, wobei der Unterschiedsbetrag zwischen dem Nennbetrag u den Anschaffungskosten mit den frei verfügbaren Rücklagen zu verrechnen ist (Nettomethode). Wenn Rücklage aus freiem Vermögen in Höhe des Erwerbspreises geschaffen werden könnte, genügt das zunächst, um Rückzahlung von Einlage aus gebundenem Kapital zu verhindern.[23] Zur Bedeutung für künftige Gewinnausschüttungen nachf Rn 10.

Möglichkeit der Rücklagenbildung ist wie bisher auf der Grdl einer den Anforderungen des § 42 entspr **Bilanz zu fortgeführten Buchwerten** ohne Berücksichtigung nicht aufgelöster stiller Reserven festzustellen.[24] Zum maßgebenden Zeitpunkt nachf Rn 11. Dabei sind im Gesamtvollstreckungsverfahren offene Entgeltforderungen aus Erwerb mehrerer Anteile zu addieren, sodass Erwerb nur zulässig ist, wenn alle Entgeltforderungen aus freiem Vermögen erfüllt werden können.[25] Außerhalb der Insolvenz ist dagegen eine Erfüllung der einzelnen Anteilserwerbe so lange möglich, wie dafür freies Vermögen ausreicht. Gleichbehandlung ist zu beachten, die jedoch idR einer vorrangigen Erfüllung des zeitlich früheren Erwerbsgeschäfts nicht entgegensteht. – **Problematisch** ist jedoch, dass infolge der offenen bilanziellen Absetzung des Nennbetrags der GAnteile vom Posten „Gezeichnetes Kapital" in der Vorspalte gem § 272 Abs 1a nF HGB) **bilanziell quasi eine Kapitalherabsetzung** erfolgt.[26] Um in der Folge Ausschüttung der gesrechtlich weiterhin in voller Höhe gebundenen Mittel zu gewährleisten, ist **für Zulässigkeit von Ausschüttungen** Kapitalerhaltung entweder von bilanzieller Behandlung, welche die effektive Rücklagenbildung nicht mehr zulässt, abzukoppeln, indem ggf in Form von Nebenrechnung Zulässigkeit von Ausschüttungen, wie § 30 bestimmt, auf der Grdl des satzungsmäßigen Stammkapitals zu beurteilen ist, das sich aus dem HR[27] bzw aus der Satzung selbst ergibt, oder zur Vermeidung eines Auseinanderfallens von bilanzieller Gewinnermittlung u Ausschüttungssperre Gleichlauf über entspr Dotierung der Kapitalrücklage zu gewährleisten[28] – **Übergangsregelung** besteht nur **bzgl der bilanziellen Behandlung** der eigenen GAnteile. Gem Art 66 III EGHGB sind §§ 266, 272 Ia u IV HGB idF des BilMoG erstmals auf Jahres- u Konzernabschlüsse anzuwenden, die das nach dem 31. 12. 2009 beginnende Geschäftsjahr betreffen. Bis dahin ist daher ungeachtet der Neufassung 10

[23] *Rodewald/Pohl* GmbHR 2009, 32, 34.
[24] BGH NJW 1997, 196.
[25] BGH NJW 1998, 3121 bzgl Gesamtvollstreckung.
[26] Ausführlich zum Problem *Kropff* ZIP 2009, 1137, 1143 f; *Carsten P. Claussen u.a.*, Arbeitskreis Bilanzrecht der Hochschullehrer Rechtswissenschaft BB 2008, 209, 215; auch *Rodewald/Pohl* GmbHR 2009, 32, 34.
[27] So *Rodewald/Pohl* GmbHR 2009, 32, 34 f.
[28] In diesem Sinne *Kropff* ZIP 2009, 1137, 1143 f.

von Abs 2 S 1 u Abs 3 weiterhin Aktivierung u Bildung der Rücklage wie nach bisherigem Recht (dazu 18. Aufl Rn 9 ff) geboten.

11 **b) Zeitpunkt,** zu dem zu beurteilen ist, ob Rücklage aus freien Vermögen gebildet werden könnte, im Gesetz nicht ausdrücklich geregelt. Maßgeblich nicht Bilanzstichtag, sondern **Erwerb.** Str ist, ob dabei auf Entstehung der **schuldrechtlichen Verpflichtung,** idR also Abschluss des Verpflichtungsgeschäfts, ggf auch erst Eintritt einer aufschiebenden Bedingung, abzustellen ist[29] oder auf den **Zeitpunkt, in dem Ges Leistung erbringt,**[30] oder auf beide.[31] BGH stellt jedenfalls (auch) auf Auszahlungszeitpunkt ab, wobei Frage der weiteren Maßgeblichkeit des Zeitpunkts des Vertragsschlusses offengelassen wurde.[32] Am **Erfordernis** ausreichenden freien Vermögens **zu beiden Zeitpunkten** sollte festgehalten werden. Alleinige Maßgeblichkeit des Auszahlungszeitpunkts, wie nach ganz hM bei § 30 I (s dort Rn 22), erfüllt zwar wesentliche Funktion der Vorschrift, die insoweit der des § 30 I entspricht.[33] Doch gehen Wortlaut u Sinn des Abs 2 S 3 über eine bloße Auszahlungssperre hinaus, indem, anders als bei § 30 I (dazu § 30 Rn 67), ausdrücklich die Nichtigkeit des schuldrechtlichen Geschäfts angeordnet wird,[34] was nur sinnvoll ist, wenn wegen des Erwerbsverbots auch die Finanzlage der Ges bei dessen Abschluss maßgeblich ist. Daher kann gegen ein Abstellen sowohl auf Zeitpunkt des Vertragsschlusses als auch auf den der Auszahlung nicht eingewandt werden, dass bei fehlendem freiem Vermögen im Zeitpunkt des Vertragsschlusses u späterer Besserung der Vermögenslage neuer Vertrag abgeschlossen werden müsste.[35] Das ist vielmehr der Wille des Gesetzes. Allerdings kann durch entspr Vertragsgestaltung Risiko der Unwirksamkeit verhindert werden, indem Entgeltanspruch von Vermögensverhältnissen der Ges abhängig gemacht wird; so etwa Vereinbarung, dass Kaufpreis für GAnteile nach Zwischenbilanz auf einen späteren Stichtag ermittelt werden soll.[36] – Näher zu Rechtsfolgen unten Rn 14.

12 **c) Anlass des Erwerbs.** Abgesehen von Abs 3 (dazu unten Rn 15 ff) **keine Ausnahme** von Erwerbsbeschränkungen je **nach Anlass des Erwerbs.** Früher für zulässig erachteter Erwerb eigener GAnteile entgegen Abs 2 zur Abwendung eines schweren Schadens von der Ges[37] seit GmbH-Novelle 1980 ausgeschlossen.[38] – Aber auch keine gesetzliche Beschränkung des Erwerbs eigener GAnteile auf bestimmte Anlässe oder bestimmten Teil

---

[29] Scholz/*Westermann* Rn 26.

[30] Ulmer/*Hohner/Paura* Rn 48; *Lutter/Hommelhoff* Rn 7; Michalski/*Sosnitza* Rn 27; *Goette* DStR 1994, 107; *Henze* BB 1998, 1968.

[31] OLG Hamm GmbHR 1994, 179 obiter: Zeit des Vertragsschlusses u seiner Erfüllung; ebenso Roth/*Altmeppen* Rn 11; MünchHdbGmbH/*Kort* § 27 Rn 17; iE auch Rowedder/Schmidt-Leithoff/*Pentz* Rn 24 aE.

[32] BGH NJW 1998, 3122.

[33] BegrRegE BT-Drucks 8/1347, 421 Sp; – insoweit zutr Ulmer/*Hohner/Paura* Rn 48; *Lutter/Hommelhoff* Rn 7.

[34] Abw *Lutter/Hommelhoff* Rn 9.

[35] So aber *Henze* BB 1998, 1968; iE auch *Lutter/Hommelhoff* Rn 9.

[36] BGH DStR 1994, 107; OLG Hamm GmbHR 1994, 179.

[37] BGH NJW 1956, 1328; vgl auch § 71 I Nr 1 AktG.

[38] HM, *Lutter/Hommelhoff* Rn 9; Rowedder/Schmidt-Leithoff/*Pentz* Rn 23; Roth/*Altmeppen* Rn 25; MünchHdbGmbH/*Kort* § 27 Rn 21.

des Stammkapitals wie in § 71 II AktG. Zum Sonderproblem bei Erwerb sämtlicher GAnteile, sog Keinmann-GmbH unten Rn 19.

13 **2. Beschränkung zulässiger Inpfandnahme.** Inpfandnahme voll eingezahlter GAnteile durch Ges aus Gründen des Kapitalschutzes ebenfalls nur beschränkt zulässig. Gesamtbetrag der Forderungen, zu deren Sicherung eigene GAnteile als Pfand genommen werden, darf freies Vermögen (dazu § 30 Rn 15 ff) nicht übersteigen. Falls Wert der verpfändeten Anteile niedriger als Gesamtbetrag der gesicherten Forderungen, darf dieser niedrigere Betrag freies Vermögen nicht übersteigen. Schutz des Stammkapitals, das bei Pfandverwertung beeinträchtigt werden könnte, wird dadurch vorverlegt.[39] – Unerheblich, ob zu sichernde Forderung gegen Gfter oder Dritten besteht.

14 **3. Rechtsfolgen bei Verstoß** gegen Abs 2 S 1 u 2 bestimmt S 3: **schuldrechtliches Geschäft nichtig,**[40] Verfügung dagegen wirksam. Darin liegt gewisser Schutz der Ges u eines evtl Dritterwerbers, dem Ges Anteil wirksam übertragen kann. Nichtigkeit des Schuldvertrags gibt Leistungsverweigerungsrecht. Geleistete Zahlungen u übertragener GAnteil sind nach §§ 812 ff BGB zurückzugewähren, letzterer nur Zug um Zug gegen Kaufpreiserstattung.[41] Bestätigung durch formgerechte Durchführung des Geschäfts (§ 141 I BGB iVm § 15 IV 2, s dort Rn 35) möglich.[42] Das gilt jedenfalls dann, wenn man hinsichtlich des maßgebenden Zeitpunkts nur auf den der Zahlung u nicht auch auf den des Vertragsschlusses abstellt. – Mit guten Gründen wird allerdings in Lit Nichtigkeit teilw iSv schwebender Unwirksamkeit interpretiert,[43] was jedenfalls dann vorzugswürdig ist, wenn man, wie hier, zunächst auf den Zeitpunkt des Vertragsschlusses abstellt (oben Rn 11), da dies Bestätigung oder Neuvornahme entbehrlich macht, wenn sich Finanzlage bis zur Erfüllung bessert. Dagegen endgültige Unwirksamkeit, wenn im Zeitpunkt der Leistung kein ausreichendes freies Vermögen vorhanden ist. Entfallen Erwerbsvoraussetzungen nach Vertragsschluss, darf nicht erfüllt werden, vgl § 30 I.[44] Darauf, ob auch zum Bilanzstichtag Rücklage noch gebildet werden kann,[45] kommt es nach neuem Recht nicht mehr an. – **Beweislast** für Rückgewähransprüche richtet sich nach allg Regeln, dh Ges hat Unzulässigkeit u Unwirksamkeit des Erwerbs zu beweisen.[46] – **Anspruchskonkurrenz** mit Erstattungsanspruch wegen verbotener Einlagenrückgewähr nach § 31 (s dort Rn 3 f). Darüber hinaus Schadenersatzanspruch der Ges gegen GFührer, § 43 III (s dort Rn 35).

---

[39] Zum Ganzen Ulmer/*Hohner/Paura* Rn 52; Scholz/*Westermann* Rn 17, 25; Roth/*Altmeppen* Rn 29.

[40] HM, Ulmer/*Hohner/Paura* Rn 54; Rowedder/Schmidt-Leithoff/*Pentz* Rn 36; Scholz/*Westermann* Rn 29.

[41] Ulmer/*Hohner/Paura* Rn 57; Scholz/*Westermann* Rn 29; *Lutter/Hommelhoff* Rn 9; Roth/*Altmeppen* Rn 27.

[42] Roth/*Altmeppen* Rn 7, 11.

[43] *Lutter/Hommelhoff* Rn 9 a unter Berufung auf BGH GmbHR 1998, 933, 934: wirksam, aber nicht erfüllbar; wieder anders Michalski/*Sosnitza* Rn 27 Kausalgeschäft zunächst schwebend wirksam u wird ex tunc unwirksam, wenn bei Zahlung kein ausreichendes Vermögen vorhanden ist.

[44] LG Leipzig GmbHR 1997, 451.

[45] So zum Recht vor BilMoG noch *Lutter/Hommelhoff* Rn 8; Michalski/*Sosnitza* Rn 28; iE auch Ulmer/*Hohner/Paura* Rn 50; – aA Scholz/*Westermann* Rn 26.

[46] BGH ZIP 1996, 1986 obiter.

IV. Erweiterte Zulässigkeit des Erwerbs in Umwandlungsfällen, Abs 3

15 **1. Allgemeines. Abs 3,** neu gefasst durch BilMoG (oben Rn 1), **erweitert Zulässigkeit des Erwerbs** eigener GAnteile durch Ges im Rahmen bestimmter Umwandlungsvorgänge: Verschmelzung, Spaltung u Formwechsel (näher unten Rn 17). Läßt zur Förderung von Strukturmaßnahmen durch Nutzung umwandlungsrechtlicher Gestaltungsmöglichkeiten **begrenzte Durchbrechung des in Abs 1 u 2 sonst strikt gewahrten Kapitalschutzes** (oben Rn 1) bei Teilnahme von GmbH als übernehmender bzw neugebildeter Rechtsträger zu.[47] Regelung knüpft an vorher schon geltende Befreiung von den Schranken des § 33 (Abs 1 u 2) im Umwandlungs- u Verschmelzungsrecht an.

16 **2. Inhalt.** Abs 3 betrifft ausschließlich Erwerb eigener GAnteile zum Zweck der umwandlungsrechtlich gebotenen **Abfindung von Minderheitsgesellschaftern,** die bei einem der nachfolgend genannten Umwandlungsvorgänge förmlich Widerspruch gegen den maßgebenden GfterBeschluss erhoben haben. GmbH jew als aufnehmender, neugegründeter bzw umgewandelter Rechtsträger: – bei Verschmelzung durch Aufnahme oder Neugründung (§ 29 I, auch § 36 I UmwG), – bei Spaltung durch Aufspaltung oder Abspaltung (§ 125 S 1 iVm § 29 I UmwG; Ausgliederung von dieser Verweisung ausgenommen, da bei ihr keine Abfindung), bei Verschmelzung auf Ges, die nicht deutschem Recht unterliegt (§ 122 i UmwG), – bei Formwechsel in GmbH (§ 207 I 1 UmwG). **Abs 3,** geändert durch BilMoG (oben Rn 1) **erfordert,** insoweit übereinstimmend mit Neuregelung von Abs 2 S 1, dass auch hier Ges im Zeitpunkt des Erwerbs **Rücklage** in Höhe der Aufwendungen für den Erwerb **bilden könnte** ohne Beeinträchtigung des Stammkapitals oder Zugriff auf gesvertraglich zu bildende Rücklage, die nicht zur Ausschüttung an Gfter bestimmt ist (dazu oben Rn 9). Maßgebend Zeitpunkt des Erwerbs des Anteils. Ist fiktive Bildung der Rücklage aus nicht gebundenen Mitteln nicht möglich, muss Abfindung unterbleiben mit der Folge, dass Umwandlungsmaßnahme nicht durchgeführt werden kann.[48] Zur **Übergangsfrage,** die sich daraus ergibt, dass Inkrafttreten der Neufassung durch BilMoG u Inkrafttreten der neuen Bilanzierungsregelung auseinanderfällt oben Rn 10. – Abs 3 unterscheidet für Abfindung nach dem UmwG nicht zwischen voll- u nur teileingezahlten GAnteilen; vor allem fehlt eine solche Unterscheidung auch in den Bestimmungen des UmwG (§§ 29 I, 36 I u 125 S 1, ferner §§ 207 I 1, 122 i), die den Anspruch auf Abfindung den betr Gftern ohne Rücksicht auf den Stand ihrer Einlagen gewähren. Daher ist Abs 3 auch auf **nicht voll eingezahlte Geschäftsanteile** anzuwenden, deren **Erwerb** zur Abfindung des betr Gfters damit entgegen Abs 1 (oben Rn 2 ff) **zulässig** ist.[49] Erwerb eines nicht voll eingezahlten GAnteils durch Ges lässt Anspruch auf ausstehende Resteinlage durch Konfusion endgültig, also auch für den Fall späterer Weiterveräußerung (unten

---

[47] BegrRegE UmwBerG BT-Drucks 12/6699, 175 zu Art 4 Nr 1.

[48] Ebenso Scholz/*Westermann* Rn 45; *Lutter/Hommelhoff* Rn 12; Rowedder/Schmidt-Leithoff/*Pentz* Rn 69; MünchHdbGmbH/*Kort* § 27 Rn 32.

[49] So ausdrücklich BegrRegE UmwBerG BT-Drucks 12/6699, 175 zu Art 4 Nr 1, zust Ulmer/*Hohner/Paura* Rn 63; Scholz/*Westermann* Rn 45; Roth/*Altmeppen* Rn 43; MünchHdbGmbH/*Kort* § 27 Rn 33; *Lutter/Hommelhoff* Rn 13.

Rn 28), erlöschen.[50] Daraus ergeben sich unter dem Gesichtspunkt der Kapitalaufbringung beachtliche rechtspolitische Bedenken.[51] Diese reichen jedoch nicht aus, die Wirkung von Abs 3 entgegen eindeutiger Intention der Regelung auf Abs 2 zu reduzieren u so den Erwerb teileingezahlter Anteile nach Abs 1 davon auszunehmen. Hinzu kommt, dass auch die mit Abs 3 fortgeschriebene frühere Regelung (oben Rn 15) den Abfindungserwerb eigener GAnteile bereits von § 33 generell, also auch von Abs 1 freigestellt hatte.[52]

3. Hinweise zur Durchführung. Voraussetzungen: Abfindung durch Anteilserwerb seitens der Ges steht nur Gftern zu, die beim übertragenden Rechtsträger gegen den Verschmelzungs- bzw Spaltungsbeschluss **Widerspruch zur Niederschrift** erklärt haben. Hinzukommen muss, dass der übertragende Rechtsträger keine GmbH war oder dass bei gleicher Rechtsform die GAnteile der übernehmenden bzw neuen GmbH mit satzungsmäßigen Verfügungsbeschränkungen belastet sind (§ 29 I 1 u 2, § 36 I, § 125 S 1 iVm § 29 I UmwG) oder dass übernehmende oder neue Ges nicht dem deutschen Recht unterliegt (§ 122 i). Entspr können bei Formwechsel in eine GmbH nur Gfter Abfindung verlangen, die gegen den Umwandlungsbeschluss Widerspruch zur Niederschrift erklärt haben (§ 207 I 1 UmwG). – **Abfindungsanspruch** entsteht **durch Annahme des Abfindungsangebots,** das jew im Verschmelzungs- bzw Spaltungsvertrag oder den entspr Entwürfen enthalten sein u ggf mit ihnen bekanntgemacht werden muss (§ 31 mit § 29 I nebst Verweisungen in §§ 36 I, 125 S 1 UmwG). Entspr gilt bei Formwechsel (§ 209 mit § 207 I 1 UmwG). Annahme ist **fristgebunden,** nur binnen zwei Monaten ab HR-Eintragung u Bekanntmachung der Strukturmaßnahme möglich (näher §§ 31 iVm 19 III sowie §§ 209 iVm 201 UmwG). Wird wegen zu niedrigem oder fehlendem Angebot gerichtliche Bestimmung der Abfindung beantragt, beginnt Frist mit Bekanntmachung der Entsch (§§ 31 S 2, 34 sowie §§ 209 S 2, 212 UmwG). Anspruch umfasst gesamten Anteilsbesitz des betr Gfters, ggf auch Kleinbesitz, der zur Bildung eines GAnteils nicht ausreichen würde; Beschränkung auf einen oder einige von mehreren selbständigen GAnteilen eines Gfters, Teilabfindung, nicht ausgeschlossen, da widersprechendem Gfter Annahme des Abfindungsangebots ohnehin völlig freisteht.[53] Widerspruch des Gfters gegen Strukturbeschluss auch in diesen Fällen unerlässlich. 17

Anteilserwerb erfolgt – Zug um Zug gegen Zahlung der Abfindung – nach den allg Regeln, also § 15 III; Beschränkungen nach § 15 V gelten hier nicht. Kosten der Übertragung trägt die Ges (§ 29 I 5 sowie § 207 I 3 UmwG). – **Frist** für Anteilserwerb zur Abfindung nach Abs 3 mit teilw Durchbrechung des Kapitalschutzes auf **6 Monate** (Abs 3 S 1) begrenzt, **Ausschlussfrist.** Fristbeginn nach Abs 3 normalerweise mit Wirksamwerden der Strukturmaßnahme; dafür maßgebend Eintragung in das HR der übernehmenden oder neugegründeten bzw umgewandelten Ges (dazu insbes §§ 19, 20, 36 I, ferner 18

---

[50] Ulmer/*Hohner/Paura* Rn 70; Scholz/*Westermann* Rn 45; *Lutter/Hommelhoff* Rn 13.

[51] Scholz/*Westermann* Rn 45; *Lutter/Hommelhoff* Rn 13.

[52] Vgl dazu GroßkommAktG/*Meyer-Landrut* 3. Aufl § 375 A 3 aE; KölnerKommAktG/*Zöllner* 1. Aufl § 375 Rn 17; Geßler/Hefermehl/*Grunewald* AktG § 375 Rn 14; allerdings alle mit zutr Hinweis auf nach der früheren Regelung möglicherweise geringe quantitative Folgen wegen damals strengerer Mehrheitserfordernisse.

[53] So iE zum früheren Recht KölnerKommAktG/*Zöllner* 1. Aufl § 375 Rn 21; Geßler/Hefermehl/*Grunewald* AktG, 1993, § 375 Rn 18; aA GroßkommAktG/*Meyer-Landrut* 3. Aufl § 375 A 3.

§§ 130, 131, 135, 137 sowie §§ 201, 202 UmwG). Bei gerichtlicher Nachprüfung der Abfindung (§§ 34, 36 I, 125 sowie § 212 UmwG) beginnt Frist erst mit Rechtskraft der gerichtlichen Entsch. Im Hinblick auf deutlich kürzere Frist zur Annahme des Abfindungsangebots (dazu oben) fristgem Vollzug durch formgebundene Übertragung gewährleistet. Da Abfindungsanspruch nicht vor Wirksamkeit der Strukturmaßnahme entstehen kann, unterliegt früherer, vorsorglicher oder aus sonstigen Gründen vorgezogener Anteilserwerb durch Ges in vollem Umfang den allg Regeln nach Abs 1 u 2; ebenso späterer Erwerb nach Ablauf der Ausschlussfrist.[54] – **Folgen des Anteilserwerbs** zur Abfindung nach Abs 3 entsprechen sonstigem Erwerb eigener GAnteile durch Ges; dazu unten Rn 22 ff. Teilw Durchbrechung des Kapitalschutzes gem Abs 3 ergibt insoweit keine Besonderheiten. Bei Veräußerung eines ursprünglich nicht voll eingezahlten GAnteils ist zu beachten, dass durch Konfusion erloschener Einlageanspruch nicht wieder auflebt (oben Rn 16).

V. Sonderfälle

19 **1. Keinmann-GmbH.** Zur sog Keinmann-GmbH würde Erwerb sämtlicher GAnteile durch Ges führen; wohl eher theoretisch als praktisch relevant. Als Dauerzustand jedenfalls nicht möglich, da kein funktionsfähiges Willensbildungsorgan (GfterVers) mehr vorhanden. Sehr str, ob Ges für kurzen Übergangszeitraum als Keinmann-GmbH bestehen kann. Nach heute überwM vorübergehende, insbes auf Gesetz beruhende Vereinigung aller Anteile bei der GmbH nicht gänzlich ausgeschlossen; sie führt nicht zum Erlöschen der Ges, aber zur Auflösung, wobei str ist, ob diese sofort eintritt, wobei nach Veräußerung eines GAnteils Fortsetzungsbeschluss durch Erwerber möglich bleibt[55] oder erst, wenn Zustand nicht nach angemessener Zeit beendet wird.[56] Ersteres ist im Interesse der Rechtsklarheit vorzuziehen. Früher überwM nahm dagegen Nichtigkeit des Erwerbs des letzten GAnteils an;[57] Lösung passt allenfalls bei rechtsgeschäftlichem,[58] nicht bei gesetzlichem Erwerbstatbestand.[59] – Kein Fall der gfterlosen GmbH ist GmbH & Co KG, bei der KG Alleingfter der Komplementär-GmbH ist, sog Einheitsges[60] (näher unten Rn 20 mwN).

20 **2. GmbH & Co KG.** Eng verwandt mit unmittelbarem Erwerb eigener Anteile ist bei GmbH & Co KG Erwerb von Anteilen der Komplementär-GmbH durch KG. Dadurch erwirbt GmbH gesamthänderische Mitberechtigung am eigenen GAnteil. Bei nicht voll eingezahlter Einlage kann deren

---

54 IE ebenso Scholz/*Westermann* Rn 46.

55 Wohl hM, dazu § 60 Rn 42, 62 mwN; Ulmer/*Hohner/Paura* Rn 118; Ulmer/*Ulmer* § 60 Rn 107; Scholz/*Schmidt* § 60 Rn 65 (Fortsetzungsbeschluss durch GmbH als AlleinGfterin); Rowedder/Schmidt-Leithoff/*Pentz* Rn 27; Michalski/*Sosnitza* Rn 54; *Lutter/Hommelhoff* § 60 Rn 24; – aA, generell für Zulässigkeit der Keinmann-GmbH *Kreutz* FS Stimpel, 1985, 379 ff; *Meyer-Landrut* Rn 12.

56 Scholz/*Westermann* Rn 44; Scholz/*Emmerich* § 13 Rn 9; MünchHdbGmbH/*Kort* § 27 Rn 42; *Mertens* NJW 1966, 1054; *Paulick,* Die GmbH ohne Gesellschafter, 1979, 92, allerdings Verzögerung sanktionslos.

57 *Winkler* GmbHR 1972, 77 mwN aus der älteren Lit.

58 Ulmer/*Ulmer* § 60 Rn 107; Scholz/*Emmerich* § 13 Rn 9.

59 So aber *Oldenburg,* Die Keinmann-GmbH, 1985, 121 ff.

60 Ulmer/*Hohner/Paura* Rn 120.

Aufbringung dadurch, vor allem bei sog **Einheitsgesellschaft,** in Gefahr geraten, sodass Anwendung von § 33 I wohl sachgerecht.[61] – Anwendbarkeit von Abs 2 hängt davon ab, ob Zahlung eines Entgelts durch KG Rückwirkung auf zur Erhaltung des GmbH-Stammkapitals erforderliches Vermögen hat. Das ist der Fall, wenn Haftung der Komplementär-GmbH aus § 128 HGB auf Grund der Vermögenslage der KG kein vollwertiger Regressanspruch aus § 110 HGB gegenübersteht.[62] Bei mittelbarer Beeinträchtigung des Stammkapitals der GmbH durch Entgeltzahlungen der KG auch Rückzahlungspflicht nach § 30.[63] – Zu Kapitalerhaltungsgesichtspunkten nach GmbH-Recht kommt bei Kommanditisten als Veräußerer Problem der Rückzahlung der Kommanditeinlage hinzu mit Haftung nach § 172 HGB (insb Verbot der Einlagenleistung in GmbH-Anteilen, § 172 VI).[64]

3. Entsprechende Anwendung im Rahmen von Unternehmensverbindungen. Die Entstehung wechselseitiger Beteiligungen insbes in Konzernverhältnissen (zur Bilanzierung § 272 IV nF HGB), kann ebenfalls zu Gefährdung des Stammkapitals führen. Erwerb von GAnteilen der Komplementär-GmbH durch KG begründet gesamthänderische Berechtigung der GmbH am eigenen Anteil (oben Rn 20), Sonderfall wechselseitiger Beteiligung. Bei Erwerb von GAnteilen durch Kapitalges, die ihrerseits maßgeblich an GmbH beteiligt ist, kann sich Erwerb wirtschaftlich wie Erwerb eigener Anteile auswirken („mittelbare Selbstbeteiligung"). Daher analoge Anwendung von § 33 zu erwägen. Frage durch GmbH-Novelle 1980 ausdrücklich der Rspr überlassen;[65] RegE hatte noch Erwerbsverbot von Anteilen einer herrschenden oder mit Mehrheit beteiligten Ges bei fehlender Volleinzahlung oder mangelndem freien Vermögen mit Rechtsfolge entspr § 33 II 3 vorgesehen.[66] Jedenfalls bei Mehrheitsbeteiligung (aus Rechtssicherheitsgründen aber nicht bei anderweitiger Abhängigkeit) ist daher derivativer Erwerb von nicht voll eingezahlten Anteilen der Oberges durch Unterges entspr § 33 I unzulässig u damit unwirksam.[67] Ebenso unzulässig originärer Erwerb im Wege der KE gegen Einlagen; das folgt entweder aus dem § 33 zugrunde liegenden Kapitalschutzgedanken[68] oder aus entspr Anwendung von § 56 II AktG.[69] 21

[61] Str, wie hier Scholz/*Westermann* Rn 14; Rowedder/Schmidt-Leithoff/*Pentz* Rn 58; MünchKommHGB/*Grunewald* § 161 Rn 96; *Fetsch* DNotZ 1969 Sonderbeil, 119; *Winkler* GmbHR 1972, 81; zT auch *Hunscha,* Die GmbH & Co KG als Alleingesellschafterin ihrer Komplementärin, 1974, 102 ff; – aA, für unbeschränkte, persönliche, gesamtschuldnerische Haftung der Kommanditisten für ausstehende Stammeinlagen Ulmer/*Hohner/Paura* Rn 113; Roth/*Altmeppen* Rn 38; *Binz/Sorg* § 8 Rn 37; Staub/*Schilling* § 161 Rn 36.

[62] Roth/*Altmeppen* Rn 40.

[63] BGHZ 60, 324; 69, 274; Scholz/*Westermann* § 30 Rn 38 ff; Ulmer/*Habersack* § 30 Rn 101 ff; *Binz/Sorg* § 8 Rn 33.

[64] Näher zum Ganzen Scholz/*Westermann* Rn 14, 23; Ulmer/*Hohner/Paura* Rn 112 f; *Winkler* GmbHR 1972, 79 ff; *Schilling* FS Barz, 1974, 67 ff.; *Binz/Sorg* § 8 Rn 31; auch Kommentare zu § 172 HGB.

[65] Rechtsausschuss BT-Drucks 8/3908, 74 r Sp.

[66] BT-Drucks 8/1347, 10 f, 42.

[67] Scholz/*Westermann* Rn 13; *Lutter/Hommelhoff* Rn 24; MünchHdbGmbH/*Kort* § 27 Rn 47; – aA Großkomm/*Hohner/Paura* Rn 106; Roth/*Altmeppen* Rn 33, da kein Untergang der Einlagepflicht durch Konfusion; ebenso *Wicke* Rn 15.

[68] *Lutter/Hommelhoff* Rn 21 ff.

[69] Roth/*Altmeppen* Rn 36; *Wicke* Rn 15.

Erwerb voll eingezahlter GAnteile der Oberges ist nur unter den Voraussetzungen des § 33 II (oben Rn 9 ff) zulässig.[70] Nach hM sollen die gleichen Grds bei wechselseitiger Beteiligung (jew mindestens 25%, vgl § 19 AktG) gelten.[71] Das ist jedoch kaum mehr mit dem Schutzzweck des § 33, sondern allenfalls konzernrechtlich zu begründen.[72]

VI. Wirkungen zulässigen Erwerbs eigener Geschäftsanteile.

22 **1. Fortbestehen des Anteils. Anteil besteht fort,** allgM; Untergang nur bei Einziehung (§ 34 Rn 19). Aufnahme in Gfterliste (§ 40 Rn 8) anders als nach § 16 aF erforderlich. Ges kann Anteil wieder veräußern (unten Rn 28). – Wirkungen der Inhaberschaft der Ges selbst im Einzelnen umstr.[73] Vergleich mit Eigentümerhypothek anschaulich, zur unmittelbaren Ableitung dogmatischer Lösungen aber nicht geeignet.[74]

23 **2. Rechte** (u Pflichten) **aus eigenem Geschäftsanteil** nicht gesetzlich geregelt. Grds davon auszugehen, dass diese **ruhen.**[75] Bedeutung hängt von Art u Rechtsnatur der betr Position ab, differenzierende Lösungen daher notwendig.[76] Vorsicht vor allem geboten bei Verwendung des schuldrechtlichen Begriffs der Konfusion, der auf mitgliedschaftliche Rechte u Pflichten nicht ohne weiteres passt. – Zur bilanziellen Behandlung oben Rn 9.

24 **a) Stimmrecht** ruht (allgM), dh kann nicht ausgeübt werden u zählt nicht mit bei der Berechnung der Stimmenmehrheit; eigene GAnteile auch bei Berechnung einer statutarischen oder gesetzlichen Quote des Stammkapitals nicht mitzurechnen.[77] – Ges hat kein Recht zur Anfechtung von Gfterbeschlüssen.[78]

25 **b) Gewinnbezugsrecht** in Einzelheiten str; iE hat Ges keinen Gewinnanspruch gegen sich selbst (§ 29 Rn 54). Gewinnverwendung unterliegt Disposition der Gfter durch Beschluss gem § 29 (s dort Rn 54). Da Ges keinen Gewinnanspruch hat, fällt Gewinn anderen Gftern zu; diese haben dann Anspruch aus eigenem Recht.[79] Auch Rücklagenbildung zulässig, da keine Pflicht zur vollen Gewinnausschüttung (§ 29 Rn 54). – Rechte Dritter am GAnteil, zB Nießbrauch, auch im Voraus abgetretener Gewinnanspruch[80] (§ 14 Rn 20, § 29 Rn 58), bleiben bei nicht lastenfreiem Erwerb bestehen. Gfter sind aber nicht zur Rücksichtnahme auf solche Rechte beim Gewinn-

---

70 *Wicke* Rn 15.

71 *Lutter/Hommelhoff* Rn 21; MünchHdbGmbH/*Kort* § 27 Rn 46; Roth/*Altmeppen* Rn 33.

72 Vgl Scholz/*Westermann* Rn 13.

73 Zusammenfassend *Schultze-Petzold,* Die GmbH als Trägerin eigener Geschäftsanteile, 1991.

74 *Skibbe* GmbHR 1971, 64.

75 BGH NJW 1995, 1027, 1028.

76 Scholz/*Westermann* Rn 32.

77 HM; Großkomm/*Hohner/Paura* Rn 81 f; Scholz/*Westermann* Rn 37; Roth/*Altmeppen* Rn 24; *Zöllner,* Die Schranken mitgliedschaftlicher Stimmrechtsmacht bei den privatrechtlichen Personenverbänden, 1963, 142 f; vgl auch § 14 Rn 5.

78 Großkomm/*Hohner/Paura* Rn 83.

79 BGH NJW 1995, 1027, 1028.

80 Str, wie hier Michalski/*Sosnitza* Rn 57; – aA Rowedder/Schmidt-Leithoff/*Pentz* Rn 46.

verteilungsbeschluss verpflichtet (§ 29 Rn 58 mwN). Werden Ansprüche durch Erwerb des GAnteils durch Ges beeinträchtigt, betrifft das nur Beziehung zwischen Veräußerer u Drittem, nicht die Ges oder die übrigen Gfter. – Ges kann eigenen GAnteil nicht belasten u auch keinen Gewinnanspruch abtreten, da solcher in ihrer Hand nicht besteht.[81]

c) Sonstige Rechte. Zur Teilnahme an KEen s oben Rn 4. Bei nomineller KE sind eigene Anteile zu berücksichtigen, §§ 57j, 57l. Bei Erhöhung gegen Einlagen kein Bezugsrecht, daher auch keine Möglichkeit, Bezugsrecht zu übertragen.[82] Letzteres iE durch Zulassung des Interessenten im Erhöhungsbeschluss erreichbar, daher keine Notwendigkeit für Bezugsrechtsveräußerung.[83] – Keine Rückzahlung von Nachschüssen an Ges selbst, auch keine Umlegung auf die übrigen Gfter; betr Liquidationsquote sind eigene GAnteile als nicht vorhanden anzusehen.[84] – Sonderrechte (§ 3 Rn 32, 45 f; § 14 Rn 18) ruhen. 26

3. Pflichten aus dem GAnteil ruhen. Auswirkungen allg u bei übrigen Gftern verschieden je nach Art der Pflicht. Nach Verhältnis der GAnteile aufgeteilte Nachschusspflicht bleibt unverändert (§ 26 Rn 9). Ausfallhaftung nach §§ 24 u 31 III dagegen auf übrige Gfter zu verteilen (§ 24 Rn 7, § 31 Rn 15). – Fällige Ansprüche aus Nebenleistungspflichten (§ 3 Rn 31 ff), auch bereits fällige Nachschusspflichten (§ 26 Rn 9) gehen durch Konfusion unter, ebenso Resteinlagepflicht bei ausnahmsweise zulässigen Erwerb in Fällen des Abs 3 (oben Rn 16). Keine Erwerberhaftung der Ges nach § 16 II; dadurch aber keine Entlastung des Veräußerers, § 425 II BGB.[85] 27

VII. Veräußerung eigener Geschäftsanteile

Weiterveräußerung eigener Anteile durch Ges jederzeit möglich. Voraussetzungen u Form nach allg Vorschriften u Bestimmungen der Satzung, § 15. Umstr, ob Veräußerung von eigenen Geschäftsanteilen einer GmbH in die Vertretungskompetenz des GFührers fällt[86] oder auch im Außenverhältnis GfterBeschluss erforderlich. Veräußerung an Dritten oder einzelnen Gfter berührt Verhältnis der Gfter untereinander, daher bedarf GFührer der Ermächtigung durch GfterVers,[87] die grds mit einfacher Mehrheit beschließt.[88] Ein besonderes Bezugsrecht haben Gfter dabei nicht.[89] Anders als vor Mo- 28

[81] Scholz/*Westermann* Rn 33; *Lutter/Hommelhoff* Rn 20; Michalski/*Sosnitza* Rn 57; – abw noch 17. Aufl Rn 20.

[82] § 55 Rn 22; *Lutter/Hommelhoff* Rn 21; Rowedder/Schmidt-Leithoff/*Pentz* Rn 48; – aA Scholz/*Westermann* Rn 35.

[83] Zust Rowedder/Schmidt-Leithoff/*Pentz* Rn 48.

[84] Scholz/*Westermann* Rn 35; Großkomm/*Hohner/Paura* Rn 78; Michalski/*Sosnitza* Rn 59 f.

[85] Dazu u zum Ganzen Scholz/*Westermann* Rn 36; MünchHdbGmbH/*Kort* § 27 Rn 31; Michalski/*Sosnitza* Rn 61.

[86] Offengelassen BGH NJW 2004, 365, 366; bejahend *Roth/Altmeppen* § 34 Rn 46; Rowedder/Schmidt-Leithoff/*Pentz* Rn 52; Michalski/*Sosnitza* Rn 67.

[87] HM; Ulmer/*Hohner/Paura* Rn 87; Scholz/*Westermann* Rn 38; *Lutter/Hommelhoff* Rn 15; MünchHdbGmbH/*Kort* § 27 Rn 41.

[88] Str, wie hier MünchHdbGmbH/*Kort* § 27 Rn 41; *Lutter/Hommelhoff* Rn 15 aE; für qualifizierte Mehrheit Ulmer/*Hohner/Paura* Rn 87; Scholz/*Westermann* Rn 38.

[89] Insoweit übereinstimmend Scholz/*Westermann* Rn 38; Michalski/*Sosnitza* Rn 67; MüchHdbGmbH/*Kort* § 27 Rn 41; Rowedder/Schmidt-Leithoff/*Pentz* Rn 52; – aA *Lutter/Hommelhoff* Rn 15; Ulmer/*Hohner/Paura* Rn 88.

MiG, bei der zu Legitimation ggü Ges Anmeldung genügte, die bei Veräußerung durch Ges aber für nicht erforderlich gehalten wurde,[90] ist nach neuem Recht auch bei Erwerb von Ges Aufnahme in GfterListe u deren Aufnahme in HR Voraussetzung für Rechtsausübung ggü Ges. Das folgt aus stärkerer Formalisierung des Ausweises. Haftung des Erwerbers nach § 16 II wird nicht praktisch, wenn Erwerb durch Ges wirksam war, da rückständige Leistungen bei Ges selbst als Veräußerer nicht in Betracht kommen.[91] Anders im Fall gutgläubigen Erwerbs eines von Ges wegen Verstoßes gegen Abs 1 nicht wirksam erworbenen GAnteils (oben Rn 6). Im Übrigen leben Rechte u Pflichten aus GAnteil wieder auf. Nach Erwerb durch Dritten fällig werdende Ansprüche (auf Gewinn etc) stehen diesem zu. Durch entspr Vertragsgestaltung Einzelheiten regelbar; Zeitpunkt der Gewinnbeteiligung wird sich im Kaufpreis niederschlagen.

Einziehung von Geschäftsanteilen

34 (1) **Die Einziehung (Amortisation) von Geschäftsanteilen darf nur erfolgen, soweit sie im Gesellschaftsvertrag zugelassen ist.**

(2) **Ohne die Zustimmung des Anteilsberechtigten findet die Einziehung nur statt, wenn die Voraussetzungen derselben vor dem Zeitpunkt, in welchem der Berechtigte den Geschäftsanteil erworben hat, im Gesellschaftsvertrag festgesetzt waren.**

(3) **Die Bestimmung in § 30 Abs. 1 bleibt unberührt.**

Übersicht

[90] Scholz/*Winter* Rn 30; *Lutter*/Hommelhoff/*Bayer* Rn 4; Rowedder/Schmidt-Leithoff/*Pentz* Rn 21; Roth/*Altmeppen* Rn 2; iE auch Hachenburg/*Zutt* Rn 5 u Michalski/*Ebbing* Rn 6, konkludente Anmeldung; in diese Richtung auch *Zutt* FS Oppenhoff, 1985, 558.

[91] Oben Rn 27; Scholz/*Westermann* Rn 40; Ulmer/*Hohner*/*Paura* Rn 91.

Lit: *Goette,* Zum Zeitpunkt des Wirksamwerdens des Zwangseinziehungsbeschlusses, FS Lutter, 2000, 399; *Grunewald,* Der Ausschluss aus Gesellschaft und Verein, 1987; *dies,* Wer kann ohne besonderen Anlass seine Gesellschafterstellung verlieren?, FS Priester 2007, 123; *Heckelmann,* Abfindungsklauseln in Gesellschaftsverträgen, 1973; *Immenga,* Die personalistische Kapitalgesellschaft, 1970; *Kesselmeier,* Ausschließungs- und Nachfolgeregelung in der GmbH-Satzung, 1989; *Kowalski/Bormann,* (Manager-)Beteiligung auf Zeit – ein Fall der Sittenwidrigkeit?; GmbHR 2004, 1438; *Michalski,* Die Zwangseinziehung eines GmbH-Anteils im Falle der Anteilspfändung, ZIP 1991, 147; *Müller,* Folgen der Einziehung eines GmbH-Geschäftsanteils, DB 1999, 2045; *Niemeier,* Rechtstatsachen und Rechtsfragen der Einziehung von GmbH-Anteilen, 1982; *Noack,* Fehlerhafte Beschlüsse in Gesellschaften und Vereinen, 1989; *Peetz,*

Voraussetzungen und Folgen der Einziehung von GmbH-Geschäftsanteilen. Gesellschafts- und steuerrechtliche Gesichtspunkte, GmbHR 2000, 749; *Piltz,* Die Unternehmensbewertung in der Rechtsprechung, 3. Aufl 1994; *Roth,* Einziehung des Geschäftsanteils und Dauer der Gewinnbeteiligung, ZGR 1999, 715; *Schäfer/Hillesheim,* Die Gesellschafterstellung auf Zeit im Rahmen eines Geschäftsführerbeteiligungsmodells (Managermodells), DStR 2003, 2122; *Spieth,* Die Rechtsfolgen fehlerhafter Abfindungsklauseln in GmbH-Gesellschaftsverträgen, 2002; *Ulmer,* Zwangseinziehung von Geschäftsanteilen und Ausschließung von GmbH-Gesellschaftern aus wichtigem Grund – Wirksamkeit schon vor Abfindung des Betroffenen?, FS Rittner, 1991, 735; *ders,* Abfindungsklauseln in Personengesellschafts- und GmbH-Verträgen-Plädoyer für die Ertragswertklausel, FS Quack, 1991, 477; *H. P. Westermann,* Einziehung und Abfindung (§ 34 GmbHG), FS 100 Jahre GmbHG, 1992, 447; *Westermann/Pöllath,* Abberufung und Ausschließung von Gesellschaftern/Geschäftsführern in Personengesellschaften und GmbH, RWS-Skript, 4. Aufl 1988; *Wiedemann,* Die Übertragung und Vererbung von Mitgliedschaftsrechten bei Handelsgesellschaften, 1965; *Wolff,* Das Schicksal eingezogener GmbH-Geschäftsanteile und alternative Satzungsregelungen, GmbHR 1999, 958.

I. Allgemeines

1 **1. Bedeutung der Vorschrift.** § 34 lässt **Einziehung (Amortisation) von Geschäftsanteilen** zu, ohne allerdings Voraussetzungen u Wirkungen erschöpfend zu regeln. Voraussetzung ist nach **Abs 1** allg Grundlage in der **Satzung.** Im Übrigen ist zu unterscheiden zwischen **freiwilliger** Einziehung mit **Zustimmung** des betroffenen Anteilsinhabers (unten Rn 3 ff) und praktisch bedeutsamerer **Zwangseinziehung,** die genaue gesvertragliche Regelung der Einziehungsvoraussetzungen erfordert (unten Rn 7 f), u zwar grds vor Erwerb des Anteils durch den Betroffenen, **Abs 2.** Auch ohne Satzungsregelung Einziehung ausnahmsweise zulässig im Fall des GfterAusschlusses (Anh § 34 Rn 2 ff). Grundsatz der Aufbringung u Erhaltung des Stammkapitals verlangt in allen Fällen, dass Einziehung nur nach **Volleinzahlung** erfolgt u etwaige **Abfindung nur aus Stammkapital übersteigenden Mitteln** der Ges geleistet wird. Ersteres folgt aus § 19 II, letzteres aus § 30 I, auf den **Abs 3** ausdrücklich verweist. – Einziehung, die ursprgl vor allem als **Veränderung der Kapitalverhältnisse** konzipiert war,[1] kollidiert mit Gebot der **Übereinstimmung von Stammkapital und Summe der Nennbeträge der GAnteile** in § 5 III 2, wenn man Ansicht der RegBegr folgt, wonach diese Übereinstimmung, anders als bisher, nicht nur bei Gründung, sondern für gesamte Dauer des Bestehens der Ges gewährleistet sein muss.[2] Zu den Lösungsmöglichkeiten unten Rn 17 a).

2 **2. Einziehung, Ausschluss, Austritt, Kündigung. Einziehung** bedeutet nach bislang ganz hM **Vernichtung des Geschäftsanteils** u der entspr Mitgliedschaftsrechte durch GmbH (unten Rn 20). Sie unterscheidet sich dadurch vom Erwerb des Anteils durch Ges (§ 33), der Anteil bestehen lässt. Zweck der Einziehung häufig Ausschluss eines missliebigen Gfters, Verhinderung des Eindringens unerwünschter Dritter, etwa bei Pfändung des GAnteils oder Insolvenz des Gfters, Sanktion bei schweren Zuwiderhandlungen

[1] *H. P. Westermann* FS GmbHG, 2002, 447 ff; Scholz/*Westermann* Rn 1; *Zeilinger* GmbHR 2002, 772 ff.

[2] RegBegr BR-Drucks 354/07, 69.

des Gfters uam.[3] Nicht möglich Einziehung aller GAnteile bzw des letzten verbliebenden GAnteils einer Ges, da anteilslose GmbH rechtlich ausgeschlossen;[4] Einziehungsbeschluss entspr § 241 Nr 3 AktG nichtig. – Einziehung unterscheidet sich nach bisheriger Sicht vom **Ausschluss** eines Gfters dadurch, dass sie sich unmittelbar gegen einzelnen GAnteil richtet, während letzterer Gfter persönlich u nicht nur bestimmten Anteil betrifft.[5] Sie ist dabei jedoch eines von mehreren Mitteln zur Durchführung des Ausschlusses u kann als solches mit gesvertraglicher Ausschlussregelung verbunden werden. Entspr gilt für **Austritt** eines Gfters. Zu Ausschluss u Austritt s nachfolgend Anh nach § 34. Darüber hinaus kann GesVertrag Voraussetzungen u Folgen einer **Kündigung der Mitgliedschaft** regeln (§ 34 Anh Rn 16 ff, § 60 II, dazu ebenda Rn 90), wobei hins Abfindung § 30 zu beachten ist (unten Rn 11 ff). Letzteres gilt entspr für Kündigung der Mitgliedschaft bei **atyp stiller Ges.**[6]

II. Voraussetzungen der freiwilligen Einziehung

1. Allgemeine Grundlage in der Satzung. Diese ist trotz Zustimmung erforderlich, **Abs 1,** weil Einziehung Kräfteverhältnis innerhalb der Ges durch Veränderung des Stimmengewichts beeinflusst u gesellschaftsrechtliche Pflichten der verbleibenden Gfter erhöhen kann (unten Rn 21).[7] 3

a) Regelung im Gesellschaftsvertrag. Einziehung mit Zustimmung des betroffenen Gfters setzt Zulassung in der Satzung voraus, **Abs 1.** Es genügt allgemeine Satzungsbestimmung, dass Einziehung zulässig ist; nähere Voraussetzungen muss Satzung nur bei Zwangseinziehung (unten Rn 7 f) regeln. Ausdrückliche Regelung zweckmäßig, aber nicht zwingend erforderlich. Es genügt, wenn sich Zulässigkeit durch Auslegung der Satzung mit hinreichender Sicherheit entnehmen lässt,[8] etwa bei ordentlichem Kündigungs- bzw Austrittsrecht.[9] Zwangseinziehungsregelung ist dagegen idR nicht ausreichend.[10] 4

b) Satzungsänderung. Freiwillige Einziehung kann durch spätere **Satzungsänderung** zugelassen werden. Dafür genügt Dreiviertelmehrheit nach § 53 II.[11] Die Gegenansicht, die grds Zustimmung aller Gfter nach § 53 III für erforderlich hält,[12] unterscheidet nicht ausreichend zwischen nachträglicher Einführung der Zwangseinziehung u der Einziehung mit Zustimmung des betroffenen Gfters. Letztere ist ohnehin Voraussetzung der freiwilligen Ein- 5

---

[3] Zur Entwicklung *Westermann* FS GmbHG, 447; *Niemeier* 26 ff; *Fingerhut/Schröder* BB 1997, 1805; zur besonderen Problematik in der Zweimann-GmbH *Wolf* ZGR 1998, 92.

[4] Dazu auch Ulmer/*Ulmer* Rn 28; zum verwandten Problem der Keinmann-GmbH § 33 Rn 19, auch § 60 Rn 42.

[5] BGH NJW 1977, 2316 f.

[6] BGH NZG 2006, 341 Rn 24.

[7] Scholz/*Westermann* Rn 7; Ulmer/*Ulmer* Rn 14; *Niemeier* 126 ff.

[8] Ulmer/*Ulmer* Rn 15; Scholz/*Westermann* Rn 7; – Bedenken bei *Rowedder*/Schmidt-Leithoff/*Bergmann* Rn 8 f.

[9] Anh § 34 Rn 27; *Niemeier* 174 ff.

[10] Ulmer/*Ulmer* Rn 15; *Niemeier* 172 f.

[11] Ebenso Ulmer/*Ulmer* Rn 17 f; Scholz/*Westermann* Rn 10 f; Roth/*Altmeppen* Rn 8; *Niemeier* 147 ff.

[12] BGHZ 9, 160; WM 1976, 206; BayObLG DB 1978, 2164; KGJ 25, 258; *Lutter/Hommelhoff* Rn 9; *Rowedder*/Schmidt-Leithoff/*Bergmann* Rn 10; Michalski/*Sosnitza* Rn 11.

ziehung. Zustimmung aller Gfter nur erforderlich, wenn Einziehung zu Pflichtvermehrung iSd § 53 III bei den übrigen Gftern führen würde, zB bei nur dem Gesamtbetrag nach beschränkter Nachschusspflicht (§ 26 Rn 9 aE). Dagegen enthält die mit der Einziehung mittelbar verbundene Erhöhung der auf die übrigen Gfter entfallenden Anteile einer nur möglichen Ausfallhaftung nach §§ 24, 31 III keine nach § 53 III zustimmungsbedürftige Pflichtvermehrung,[13] zumal auch Entstehen eines entspr Risikos bei Kapitalerhöhung diese nicht zustimmungsbedürftig macht (§ 53 Rn 33 aE). – Zur Frage des satzungsdurchbrechenden GfterBeschlusses § 53 Rn 40 ff.

6 **2. Zustimmung des betroffenen Anteilsinhabers** zur Einziehung formlos gültig; gegenüber Ges zu erteilen, aber auch gegenüber GfterVers wirksam möglich,[14] da diese nach § 46 Nr 4 bindend beschließt. Vorherige Zustimmung nicht vorgeschrieben, deshalb auch bei oder nach Beschlussfassung möglich (allgM). Bei Mitberechtigung am einzuziehenden GAnteil (§ 18) ist Zustimmung aller mitberechtigten Gfter erforderlich. Ist GAnteil mit Rechten Dritter belastet (Pfandrecht, Nießbrauch), mussten bisher auch die dinglich Berechtigten zustimmen, wenn nach § 16 angemeldet. Durch MoMiG ist Möglichkeit zur förmlichen Legitimation der Inhaber dinglicher Rechte am GAnteil beseitigt worden (§ 16 Rn 3 aE). Schutz des Inhabers dinglicher Rechte hier nur durch entspr Anwendung der §§ 407, 409 BGB.[15]

III. Voraussetzungen der Zwangseinziehung

7 **1. Satzungsgrundlage. a) Voraussetzungen bereits bei Erwerb.** Zwangseinziehung nach Abs 2 nur zulässig, wenn deren Voraussetzungen bereits bei Erwerb des GAnteils durch betroffenen Gfter hinreichend bestimmt in der Satzung geregelt waren.[16] Insbes bei Einziehung ohne volle Abfindung müssen Voraussetzungen u Rechtsfolgen so deutlich erkennbar sein, dass Gfter sich darauf einstellen kann[17] u Vorliegen rechtlich überprüfbar ist.[18] Dazu soll es nicht ohne weiteres genügen, wenn im Fall des erfolgten Ausschlusses aus wichtigem Grund die Satzung vorsieht, dass der Gfter nach Wahl der Ges die Einziehung zu dulden hat.[19] – Zur Abfindung unten Rn 22 ff.

8 **b) Nachträgliche Einführung** der Zwangseinziehung durch Satzungsänderung auch für bereits bestehende Geschäftsanteile möglich, allerdings nur **mit Zustimmung aller betroffenen Gfter.**[20] Abs 2 steht Erstreckung auf

[13] Str, ebenso Ulmer/*Ulmer* Rn 17 f; Scholz/*Westermann* Rn 10 f; – aA BayOblG DB 1978, 2164; KGJ 25, 258; *Lutter/Hommelhoff* Rn 9.

[14] RG JW 1934, 977; Ulmer/*Ulmer* Rn 21; Scholz/*Westermann* Rn 12.

[15] *Wicke* Rn 14.

[16] OLG München DB 1994, 320, 321. Zum Sonderfall des Ausschlusses aus wichtigem Grund Anh § 34 Rn 2 ff.

[17] BGH NJW 1977, 2316 f.

[18] Ulmer/*Ulmer* Rn 38; Scholz/*Westermann* Rn 13; Roth/*Altmeppen* Rn 33; *Niemeier* 221.

[19] BGH DStR 2001, 1898; auch BayObLG NZG 2004, 98; – zu Recht zweifelnd *Lutter/Hommelhoff* Rn 16.

[20] HM, BGHZ 9, 160; 116, 359, 363; WM 1976, 206; NJW 1977, 2316; BayObLG DB 1978, 2164; Ulmer/*Ulmer* Rn 35 f; Scholz/*Westermann* Rn 21 f; *Lutter/Hommelhoff* Rn 16; Roth/*Altmeppen* Rn 9.

bisherige Gfter nicht entgegen, da Schutzzweck nicht berührt, wenn sie sich entspr Regelung freiwillig unterwerfen.[21] Betroffen sind alle Gfter, wenn Einziehungsregelung, wovon iZw auszugehen ist,[22] zu Lasten aller gehen soll. Zustimmung aller Betroffenen ebenso erforderlich, wenn gesvertragliche **Anforderungen an Zwangseinziehung erleichtert** werden; das gilt auch bei nachträglicher Herabsetzung der Abfindung, denn auch dadurch wird Einziehung erleichtert.[23] – Zustimmung aller Inhaber der betroffenen GAnteile auch notwendig, wenn Zwangseinziehung zwar nicht für die bisherigen, wohl aber **für alle späteren Anteilserwerber** Anwendung finden soll; denn hierdurch kann Recht auf freie Veräußerlichkeit des Anteils beeinträchtigt werden.[24] Anders dagegen, wenn Zwangseinziehung nur für im Zuge einer Kapitalerhöhung zu schaffende **neue GAnteile** möglich sein soll; dann genügt satzungsändernde Mehrheit nach § 53 II, da lediglich Modalität der Kapitalerhöhung. – An GAnteil dinglich Berechtigte brauchen der Satzungsänderung nicht zuzustimmen[25] (§ 53 Rn 39, auch § 15 Rn 50, 53, 62). Gfter ist aber gegenüber dinglich Berechtigten gehalten, Zustimmung nicht zu erteilen; gleichwohl erteilte Zustimmung ist wirksam. – Soweit Zustimmung aller Gfter erforderlich, aber nicht erreicht wird, sind iZw auch die Zustimmenden nicht gebunden.[26]

2. Einziehungsgründe. a) In der Satzung festgelegter sachlicher Grund. Einziehung gegen den Willen eines Gfters nur zulässig, wenn dafür ein in der Satzung festgelegter sachlicher Grund vorliegt. Bei Mitberechtigung nach § 18 Auslegungsfrage, ob Einziehungsvoraussetzungen bei allen erforderlich oder Vorliegen bei einem genügt.[27] Änderungen der einer Zwangseinziehungsregelung zugrunde liegenden Verhältnisse können deren Anwendbarkeit beeinflussen.[28] 9

b) Sachlicher Grund muss nicht das Gewicht eines wichtigen Grundes haben, da insoweit bereits Ausschlussklage ohne besondere Satzungsregelung möglich ist (unten Anh § 34 Rn 2 ff). Die Ausgestaltung der Einziehungsgründe ist jedoch auch nicht beliebig zulässig; Zwangseinziehung nach freiem Belieben der Mehrheit (bloßer Mehrheitsbeschluss) oder einzelner Gfter **(Hinauskündigungsklausel)** ist wie bei Personenges grds unzulässig, weil Abhängigkeit vom Wohlwollen der GfterMehrheit zu Aushöhlung des Kernbereichs der Mitgliedschaft führt.[29] Anders nur, wenn in den besonderen 9 a

---

[21] BGH NJW 1977, 2316.

[22] Ulmer/*Ulmer* Rn 37; Scholz/*Westermann* Rn 22; auch BGHZ 116, 372 obiter.

[23] BGHZ 116, 359, 363, 372.

[24] OLG Hamm OLGE 32, 137; Ulmer/*Ulmer* Rn 36; *Niemeier* 209 ff; Roth/*Altmeppen* Rn 9.

[25] Ebenso Michalski/*Sosnitza* Rn 33; MünchHdbGmbH/*Kort* § 28 Rn 8; – abw *Lutter/Hommelhoff* Rn 16.

[26] Ulmer/*Ulmer* Rn 37; Scholz/*Westermann* Rn 22; *Niemeier* 212 ff; ausführl *Zöllner,* Die Schranken mitgliedschaftlicher Stimmrechtsmacht bei den privatrechtlichen Personenverbänden, 1963, 112.

[27] Scholz/*Westermann* Rn 37; ähnl Ulmer/*Ulmer* Rn 40, iZw für letzteres.

[28] BGH DB 1977, 342.

[29] BGHZ 112, 103, 107 f; BGH GmbHR 1989, 462, 463 unter Bezugnahme auf stRspr zur Personenges, vgl dazu BGHZ 125, 74, 79 mwN; grds bejaht auch in BGHZ 164, 98 u 107 = NJW 2005, 3641, 3643 u 3644; zust Ulmer/*Ulmer* Rn 42; Scholz/*Westermann* Rn 17; *Lutter/Hommelhoff* Rn 20; Michalski/*Sosnitza* Rn 41; – aA Roth/*Altmeppen* Rn 41 unter Bezugnahme auf die Lehre vom Gfter minderen Rechts.

Verhältnissen der Ges ein sachlicher Grund für Zulassung der Zwangseinziehung nach freiem Belieben besteht, etwa weil Satzungsregelung Gfter betrifft, der quasi Treuhänderstellung für Ausschlussberechtigten innehat,[30] bei Anknüpfung an eine **vorübergehende Organ- oder Mitarbeiterstellung** des Gfters oder bei ganz untergeordneter Bedeutung der Beteiligung Ankúpfung an das Fortbestehen eines Kooperationsvertrags (unten Rn 10). Danach unwirksame Hinauskündigungsklausel kann aber mit dem Inhalt aufrechterhalten werden, dass Einziehung aus wichtigem Grund zulässig.[31] Kein Ausschluss nach freiem Belieben liegt vor, wenn Ausschlussbefugnis nach Satzung an festes Tatbestandsmerkmal, etwa den Tod des Gfters, anknüpft u binnen kurzer Frist durchgeführt werden muss.[32]

10 c) Als **gesvertraglich regelbare Einziehungsgründe** anerkannt sind: **Wichtiger Grund in der Person des betroffenen Gfters.**[33] Einziehungsregelung wirkt sich dann als Verzicht auf andernfalls erforderliche Ausschließungsklage (unten Anh § 34 Rn 8) aus. Wichtiger Grund bei nachhaltigen groben Pflichtverletzungen, die so schwer wiegen, dass nach umfassender Interessenabwägung unter Berücksichtigung aller Umstände des Einzelfalls eine andere Lösung den übrigen Gftern nicht zumutbar ist;[34] schwerer Verstoß gegen gesvertragliches Wettbewerbsverbot,[35] auch gegen Treuepflicht;[36] Vielzahl kleinerer Verfehlungen, die in ihrer Gesamtheit weitere Zusammenarbeit unzumutbar machen;[37] nicht ausreichend jedoch nur leichte Pflichtverletzung,[38] bloße Nichtgenehmigung von Jahresabschlüssen oder Widerstand gegen die Aufnahme neuer Gfter bei Wahrnehmung berechtigter eigener Interessen.[39] Wichtiger Grund muss in der Person des Gfters selbst vorliegen, auch wenn dieser nur Treuhänder ist.[40] Soweit Gründe Verhalten als GfterGFührer betreffen, ist nach ultima ratio Prinzip zu prüfen, ob nicht Abberufung ausreicht.[41] – Als **sonstige** regelbare **sachliche Gründe** kommen ferner in Betracht zB Ausscheiden als Kommanditist bei GmbH & Co KG,[42] Verlust der Anwaltszulassung bei Anwalts-GmbH;[43] Erreichen eines bestimmten Alters;[44] **Beendigung der Organstellung** (Managermodell),[45] Kündigung des Dienst- oder Arbeitsverhältnisses bei **Mitarbeiterbeteiligung**[46] (zum Abtretungsmodell s § 15 Rn 65) oder als untergeordneter Bestandteil eines Kooperationsvertrags.[47] – **Insolvenz des Gfters, Pfändung**

---

30 BGHZ 112, 108 ff.
31 BGH GmbHR 1989, 462.
32 BGHZ 105, 213, 217.
33 BGH NJW 1977, 2316.
34 BGH GmbHR 1994, 408, 409; OLG Brandenburg GmbHR 1998, 194; vgl auch unten Anh § 34 Rn 3.
35 OLG Nürnberg GmbHR 1994, 252.
36 OLG München DB 1994, 320, 321.
37 BGH GmbHR 1987, 202, 203.
38 OLG Brandenburg GmbHR 2006, 204.
39 OLG Celle GmbHR 1998, 140.
40 OLG München BB 1997, 491.
41 Vgl OLG Rostock NZG 2002, 294.
42 Ulmer/*Ulmer* Rn 40; Scholz/*Westermann* Rn 15; Michalski/*Sosnitza* Rn 35.
43 Vgl *Lutter/Hommelhoff* Rn 18; Michalski/*Sosnitza* Rn 35.
44 *Lutter/Hommelhoff* Rn 18; Michalski/*Sosnitza* Rn 35.
45 BGHZ 164, 98, 104 = NJW 2005, 3641, 3643.
46 BGHZ 164, 107, 115 = NJW 2005, 3644, 3646.
47 BGH NZG 2005, 479.

des GAnteils[48] kann sachlicher Grund sein. Ausübung der Zwangseinziehung unterliegt jedoch Treuepflicht. Pfändungsmaßnahme muss daher im Zeitpunkt des Einziehungsbeschlusses noch fortbestehen.[49] – **Verhinderung des Eindringens unerwünschter Dritter,** zB Veräußerung des GAnteils, Anteilsvererbung an familienfremde Person bei Familienges,[50] ferner Ausschluss, Austritt, Kündigung, Erhebung der Auflösungsklage, wobei schon die Äußerung der Absicht genügen kann.[51] – Einziehungsgründe unterliegen der Verwirkung.[52] Darüber hinaus darf keine unangemessen lange Schwebelage entstehen, da sonst die Grdse über den Ausschluss nach freiem Ermessen (oben Rn 9) eingreifen können.[53] Ausschließung jeden Rechtswegs ist unzulässig,[54] Schiedsgericht zulässig (str).[55]

IV. Beschränkungen durch Grundsatz der Aufbringung und Erhaltung des Stammkapitals

1. Volleinzahlung der Einlage. Einziehung darf Aufbringung und Erhaltung des Stammkapitals nicht beeinträchtigen, **Abs 3** (dazu allg Einl Rn 5; § 3 Rn 14; § 5 Rn 1). Deshalb darf Einziehung nur nach **Volleinzahlung der Einlage** erfolgen (allgM). Das folgt aus Verbot der Befreiung von der Einlageverpflichtung, § 19 II 1, da Einziehung GAnteil und alle damit verbundenen Rechte u Pflichten untergehen lässt.[56] Verbot gilt ebenso uneingeschränkt wie bei Erwerb eigener Anteile (§ 33 Rn 2 f, 7 f; – s dort auch zu den Voraussetzungen nicht vollständiger Einzahlung). Verbot gilt auch, wenn Ges in entspr Höhe über Mittel verfügt, die nicht der Kapitalbindung nach § 30 I unterliegen;[57] ebenso Verrechnung von Einlagerest u Abfindungsforderung unzulässig.[58] Auch Teileinziehung (unten Rn 18) ist insoweit nicht zulässig.[59] Falls Einlage nicht voll eingezahlt, können daher Voraussetzungen nur durch Herabsetzung des Stammkapitals geschaffen werden.[60] 11

2. Leistung der Abfindung aus ungebundenem Vermögen. Soweit Einziehung gegen **Abfindung** erfolgt, darf diese **nicht aus nach § 30 I gebundenen Mitteln** geleistet werden, Abs 3 (unten Rn 39). Nach wohl noch hM steht Einziehung unter der gesetzlichen Bedingung, dass Stammkapital durch Abfindung nicht beeinträchtigt wird (unten Rn 41). 12

---

48 BGHZ 65, 22; *Michalski* ZIP 1991, 147.

49 OLG Hamburg BB 1997, 431; zust *Lutter* GmbHR 1997, 1135; vgl auch *van Venrooy* GmbHR 1995, 339.

50 BGH DB 1977, 343.

51 Scholz/*Westermann* Rn 15; *Rowedder*/Schmidt-Leithoff/*Bergmann* Rn 30 f; s auch § 34 Anh Rn 3 ff u *Volhard* GmbHR 1995, 617.

52 BGH WM 1977, 192; OLG München ZIP 1984, 1349, 1350; OLG Frankfurt/M ZIP 1998, 1107; OLG Celle GmbHR 1999, 551.

53 BGHZ 105, 213, 218.

54 RGZ 57, 156 eG.

55 Näher unten § 47 Anh Rn 32 ff; wie hier Ulmer/*Raiser* Anh § 47 Rn 233; – aA BGH WM 1966, 1133; Scholz/*Westermann* Rn 20.

56 BGHZ 9, 168.

57 Ulmer/*Ulmer* Rn 19; Scholz/*Westermann* Rn 52.

58 Insoweit abw Scholz/*Westermann* Rn 52; *Niemeier* 293.

59 Ulmer/*Ulmer* Rn 24; *Niemeier* 292.

60 RGZ 93, 329.

13 **3. Einziehung eigener Geschäftsanteile,** die wegen § 33 I idR voll eingezahlt sind, ohne Rücksicht auf § 30 I zulässig, da Abfindung nicht in Frage steht. Auch hier jedoch satzungsmäßige Grundlage erforderlich.[61] Eine besondere Zustimmung (oben Rn 6) ist nicht nötig. Nach § 33 III erworbene, ausnahmsweise **nicht voll eingezahlte GAnteile** können eingezogen werden,[62] da § 33 III zur Förderung von umwandlungsrechtlichen Strukturmaßnahmen den Kapitalschutz durchbricht (§ 33 Rn 15 f). Einziehung eigener GAnteile bilanziell neutral. Bisher war in entspr Höhe gem § 272 IV HGB Rücklage für eigene Anteile zu bilden, die im Fall der Einziehung nach § 272 IV 2 HGB aufgelöst wurde. Daher konnte, wenn bei Erwerb eigener Anteile § 33 eingehalten u Rücklage nach § 272 IV gebildet ist, Einziehung nicht zu Unterbilanz führen.[63] – Nach **BilMoG** sind eigene Anteile weder zu aktivieren, noch ist für sie Rücklage zu bilden; vielmehr ist nach § 272 Abs 1 a HGB der Nennbetrag bzw der rechnerische Wert der erworbenen eigenen Anteile in der Vorspalte offen vom Posten „Gezeichnetes Kapital" als Kapitalrückzahlung abzusetzen, während der Unterschiedsbetrag zwischen dem Nennbetrag oder dem rechnerischen Wert und den Anschaffungskosten der eigenen Anteile mit den frei verfügbaren Rücklagen zu verrechnen ist. Einziehung ist auch hier bilanzneutral, da durch diese Bilanzierung eigenen Anteilen von vornherein Eigenschaft eines Vermögensgegenstands nicht beigemessen wird (§ 266 Abs 2 B III HGB nF). Jedoch ist Einziehung unzulässig, wenn bereits Unterbilanz besteht.[64] Zwar ist Vorgang an sich bilanzneutral; doch ist für Vermögensminderung bei Ges auf tats Vermögenswerte abzustellen (§ 30 Rn 19). Daher verletzt die in Einziehung liegende Beseitigung eines ggf verwertbaren Vermögenswertes in dieser Lage der Ges Grundsatz der Kapitalerhaltung.[65]

V. Verfahren

14 **1. Gesellschafterbeschluss.** Einziehung erfolgt grds durch Gesellschafterbeschluss nach § 46 Nr 4 u dessen formfreie Mitteilung an betroffenen Gfter. Für Beschlussfassung genügt einfache Mehrheit (§ 47 I), falls Satzung nichts anderes bestimmt.[66] Betroffener Gfter hat grds **Stimmrecht,**[67] außer wenn Zwangseinziehung aus wichtigem bzw sonst in seiner Person liegendem Grund erfolgt oder Auslegung der Satzung anderes ergibt.[68] Dem nicht stimmberechtigten Gfter darf aber Teilnahme an der GfterVers u Möglichkeit zur Stellungnahme zu den gegen ihn erhobenen Vorwürfen nicht verwehrt werden,

[61] HM, Ulmer/*Ulmer* Rn 27; ausführl *Niemeier* 141 ff; abw Scholz/*Westermann* Rn 39.

[62] Ulmer/*Ulmer* Rn 27; MünchHdbGmbH/*Kort* § 28 Rn 46; aA Scholz/*Westermann* Rn 39; Roth/*Altmeppen* Rn 10.

[63] Zutr Roth/*Altmeppen* Rn 13.

[64] Ganz hM, Ulmer/*Ulmer* Rn 25; *Lutter/Hommelhoff* Rn 7; Scholz/*Westermann* Rn 54; – aA Roth/*Altmeppen* Rn 13; Michalski/*Sosnitza* Rn 72.

[65] Ebenso Ulmer/*Ulmer* Rn 25; Scholz/*Westermann* Rn 54; MünchHdbGmbH/*Kort* § 28 Rn 46; – aA Roth/*Altmeppen* Rn 13.

[66] Ulmer/*Ulmer* Rn 49; Scholz/*Westermann* Rn 42; dazu u zum Folgenden auch *Niemeier* GmbHR 1983, 168.

[67] Ulmer/*Ulmer* Rn 52; Roth/*Altmeppen* Rn 59.

[68] BGH DB 1777, 343; OLG Celle GmbHR 1998, 140; näher § 47 Rn 88; stärker differenzierend *Niemeier* 255 ff, 263 f.

andernfalls ist Beschluss anfechtbar.[69] Weitergehend wird in neuerer Lit teilw Stimmverbot auch bei freiwilliger Einziehung erwogen, wenn diese gegen Abfindung erfolgt.[70] – Satzung kann **anderes Organ** ermächtigen (§ 45 II), zB GFührer, AR oder Beirat.[71] Betreiben bei Zweipersonenges beide Gfter gegenseitig Zwangseinziehung, ist gemeinsame Behandlung erforderlich.[72] – **Beschlussinhalt:** Beschluss muss deutlich machen, dass GAnteil eingezogen u nicht Ausschlussklage erhoben werden soll, da rechtlich wesentlicher Unterschied. Verstoß führt zur Nichtigkeit,[73] jedoch ist Auslegung eines Beschlusses zur „Beendigung der Gesellschafterstellung" als Zwangseinziehung möglich, wenn Satzung Ausschluss nur durch Urteil zulässt.[74] Gleichzeitige Festsetzung einer Abfindung nur erforderlich, wenn im GesVertrag vorgeschrieben.[75]

Für **Mängel des Einziehungsbeschlusses** gelten allg Regeln.[76] Fehlen 15
gesetzliche oder satzungsmäßige Voraussetzungen der Einziehung ist Einziehungsbeschluss idR unwirksam,[77] so bei Einziehung ohne ausreichende Satzungsgrundlage.[78] Anfechtbarkeit ist dagegen gegeben, wenn von der Satzung geforderte Voraussetzungen fehlen oder Gleichbehandlung verletzt wird.[79] Daher macht Fehlen eines schlüssig dargelegten satzungsgem Einziehungsgrundes Beschluss anfechtbar, nicht unwirksam;[80] zur angemessenen Anfechtungsfrist bei Einziehungsbeschluss näher Anh § 47 Rn 144 ff.[81]

Mitteilung erfolgt, wenn Gfter an Beschlussfassung nicht teilnimmt, regel- 16
mäßig durch GFührer, der dazu iZw ermächtigt ist; doch kann GfterVers auch Mitglied ermächtigen.[82] Nimmt Gfter an Beschlussfassung teil, ist besondere Mitteilung überflüssig.[83] Dagegen führt Mitteilung der Einziehung ohne wirksamen Beschluss Einziehungsfolgen nicht herbei.[84]

---

[69] BGH DStR 1997, 1257; OLG München DB 1998, 304.

[70] Mit guten Gründen in Anlehnung an § 47 IV 2 Ulmer/*Ulmer* Rn 51; Ulmer/*Hüffer* § 47 Rn 165; *Niemeier* 242 ff; – aA hM, Scholz/*Westermann* Rn 43, aber Hinweis auf Rechtsmissbrauch; Scholz/*Schmidt* § 47 Rn 138; *Lutter/Hommelhoff* § 46 Rn 10 u § 47 Rn 24; *Rowedder*/Schmidt-Leithoff/*Bergmann* Rn 14; MünchHdbGmbH/*Kort* § 28 Rn 12.

[71] LG Heilbronn GmbHR 1994, 322; Ulmer/*Ulmer* Rn 110; Scholz/*Westermann* Rn 42; Roth/*Altmeppen* Rn 57; einschr *Rowedder*/Schmidt-Leithoff/*Bergmann* Rn 15: nicht GFührer.

[72] OLG München DB 1993, 2477, 2478; für Verweisung der Gfter auf Ausschließungsklage *Wolf* ZGR 1998, 104.

[73] OLG Hamm GmbHR 1995, 736, 783.

[74] BGH ZIP 1995, 835.

[75] BGH ZIP 1995, 835.

[76] Ausführl Anh § 47 mwN; zum Rechtsschutz bei Einziehung u prozessualen Problemen auch *Niemeier* ZGR 1990, 314; *Lorenz* DStR 1996, 1774.

[77] Scholz/*Westermann* Rn 48.

[78] BGH GmbHR 1999, 1194.

[79] Scholz/*Westermann* Rn 48.

[80] OLG München GmbHR 1992, 808.

[81] BGH NJW 1993, 129.

[82] *Niemeier* 285 ff mit ausführl Begr; iE ebenso Ulmer/*Ulmer* Rn 55; auch Scholz/*Westermann* Rn 46 mit stärkerer Betonung der GfterVers; – aA nur GFührer zuständig, *Lutter/Hommelhoff* Rn 13; *Rowedder*/Schmidt-Leithoff/*Bergmann* Rn 17.

[83] RG JW 1934, 977; hM, Scholz/*Westermann* Rn 46; *Rowedder*/Schmidt-Leithoff/*Bergmann* Rn 18; Roth/*Altmeppen* Rn 66; iE auch Ulmer/*Ulmer* Rn 56; differenzierend *Niemeier* 288 f; – aA: konstitutive Erklärung: KG FGPrax 2006, 29, 30; *Lutter/Hommelhoff* Rn 13; *Singer/Mertens* ZIP 1996, 1494.

[84] RG JW 1934, 977; allgM.

17 **Einziehung** ohne besonderen Einziehungsbeschluss allein **kraft Satzung** durch Erfüllung der satzungsmäßigen Voraussetzungen ist **nicht möglich.** Entscheidend dagegen sprechen Gründe der Rechtssicherheit, insbes Abhängigkeit der Einziehung von Volleinzahlung des GAnteils und der jew Vermögenslage der Ges für Leistung der Abfindung (oben Rn 9), aber auch Gefahr, dass dadurch ungewollt Keinmannges (dazu § 33 Rn 19) entstehen könnte. Automatische Einziehung wird daher zutr ganz überw für unzulässig gehalten.[85]

17 a **2. Grundsatz der Übereinstimmung von Stammkapital und Summe der Nennbeträge der Geschäftsanteile.** Nach § 5 III 2 muss **Summe der Nennbeträge der GAnteile mit Stammkapital übereinstimmen.** Ob darin Wirksamkeitsvoraussetzung für Einziehung u damit für Einziehungsbeschluss gesehen werden muss, ist bislang nicht geklärt. Bisherige, sachlich gleiche Regelung in § 5 III 3 aF wurde lediglich als zwingend für Gründung verstanden, während späteres formelles Auseinanderfallen inbes durch Einziehung hingenommen wurde.[86] Nach RegBegr MoMiG soll dagegen Neufassung von § 5 III 2, die an sich lediglich Anpassung an modernere Begrifflichkeit enthält, Bedeutung zukommen, dass Übereinstimmung auf Dauer zwingend geboten u im Fall der Einziehung durch Aufstockung bestehender Anteile, Kapitalherabsetzung oder Neuschaffung eines entspr GAnteils gewährleistet werden soll.[87] Dafür spricht durch MoMiG angestrebte Beteiligungstransparenz etwa in Bezug auf § 16 III. Versteht man § 5 III 2 so,[88] dann kann dem Gebot nur dadurch effektiv Rechnung getragen werden, dass man entweder entgegen bisher überw Ansicht von automatischer anteiliger Erhöhung der Nennbeträge der verbliebenen GAnteile[89] oder entspr Entstehung eines gemeinschaftlichen GAnteils[90] ausgeht, die nur durch mit Einziehung verbundener Kapitalherabsetzung oder Neubildung eines entspr GAnteils verhindert werden könnte; oder man müsste entgegen der bisherigen Praxis die Wirksamkeit des Einziehungsbeschlusses unter die (aufschiebende) Wirksamkeitsvoraussetzung gestellt sehen, dass Übereinstimmung von GAnteilen u Stammkapital durch Kapitalherabsetzung, Aufstockung bestehender Anteile oder Neubildung eines entsprechenden Anteils gesichert wird.[91] Eine dritte Möglichkeit besteht schließlich darin, die Vernichtungswirkung der Einziehung wie im AktG auf Kapitalherabsetzung zu beschrän-

---

85 Scholz/*Winter* § 15 Rn 27, auch 30; *Lutter/Hommelhoff* Rn 10; *Rowedder*/Schmidt-Leithoff/*Bergmann* Rn 11; *Paulick* GmbHR 1978, 122 f; *Wiedemann* 79; differenzierend, doch iE der hM nahe Ulmer/*Ulmer* Rn 116 ff ausführl mwN zum Meinungsstand; so auch *Kesselmeier* 215 ff; – aA OLG Hamm GmbHR 1988, 308; *Grunewald* 203 f; grds auch *Niemeier* 338 ff; für Zulässigkeit in engen Grenzen MünchHdbGmbH/*Kort* § 28 Rn 14.

86 Ulmer/*Ulmer* Rn 65; Scholz/*Westermann* Rn 58; Michalski/*Sosnitza* Rn 115; ausführliche *Niemeier* 357 ff; – für automatische Aufstockung der verbleibenden GAnteile dagegen *Lutter/Hommelhoff* Rn 2; *Priester* FS Kellermann 1991, 337, 346 ff, 351.

87 BR-Drucks 354/07, 69.

88 Zweifelnd aber *Wicke* Rn 3.

89 *Lutter/Hommelhoff* Rn 2 f; *Priester* FS Kellermann, 1991, 346 ff; – aA hM, KG RJA 1912, 133; BayObLG DB 1991, 2537; ganz hM, Ulmer/*Ulmer* Rn 65; Scholz/*Westermann* Rn 62; Michalski/*Sosnitza* Rn 115; *Singer/Mertens* ZIP 1996, 1494; *Wolff* GmbHR 1999, 960 f; ausführl *Niemeier* 357 ff.

90 *Wicke* Rn 3.

91 *Gehrlein* Der Konzern 2007, 771, 774; wohl auch *Gehrlein/Witt* Kap 3 Rn 18.

ken, während in allen anderen Fällen GAnteil wie bei GfterAusschluss zumindest zunächst bestehen bliebe (unten § 46 Rn 33) u bis zu weiterer Entscheidung von Ges gehalten würde.

Gegen automatische anteilige Erhöhung spricht, dass es hierdurch zu Bruchteilen von Nennbeträgen kommen kann, die gegen § 5 II 1 verstoßen.[92] Außerdem würden sich Belastungen des eingezogenen Anteils durch automatische Aufstockung an allen anderen Anteilen fortsetzen. Einem automatischen Entstehen eines gemeinschaftlichen GAnteils steht allg anerkannte Wirkung der Einziehung als Vernichtung des GAnteils entgegen, die ad absurdum geführt würde, wenn vernichteter GAnteil sogleich wieder in den Händen der MitGfter entstünde. Gegen Gewährleistung der Übereinstimmung von Stammkapital u Nennbeträgen der verbliebenen GAnteile in Form einer Wirksamkeitsvoraussetzung der Einziehung sprechen vor allem die für Praxis überraschenden Folgen einer in ihrer Wirkung für Einziehung nicht erkennbaren geringfügigen Wortlautanpassung von § 5 III 2, die nicht nur zu zahlreichen unwirksamen Einziehungen führen würde, sondern durch damit verbundene Komplizierung auch Vereinfachungstendenz des Gesetzgebers entgegenliefe. Diese Nachteile ließen sich vermeiden, wenn man sich dazu durchringen würde, der Einziehung außerhalb des Falls der Kapitalherabsetzung von vornherein nicht die Wirkung einer Vernichtung des Geschäftsanteils beizumessen, sondern, wie bei Kaduzierung und GfterAusschluss, zunächst lediglich die Wirkung des Ausschlusses, des Gfters unter Anfall des GAnteils an die Ges mit der Folge, dass GfterVers über weiteres Schicksal beschließen kann (unten § 46 Rn 33). Ob das alles allerdings besser ist als bisherige **Akzeptanz des nachträglichen Auseinanderfallens,** ist zweifelhaft.[93] Insges sollte daher Praxis zwar zur Vermeidung von Risiken Einziehungsbeschluss jeweils mit Maßnahme zur Gewährleistung des Gleichlaufs von Stammkapital u Nennbeträgen der GAnteile verbinden, bei Fehlen sollte es jedoch wie bisher der GfterVers überlassen bleiben, auch nachträglich Entscheidung über Aufstockung, Neubildung oder endgültige Vernichtung durch Kapitalherabsetzung zu treffen.[94] **17 b**

3. Weitere Einzelheiten. Einziehung darf nicht zu Lasten des Stammkapitals erfolgen; **Kapitalerhaltung** hat nach Abs 3 Vorrang (oben Rn 11 f, unten Rn 39 ff). –**Teileinziehung** ist zulässig.[95] – Einziehung unterliegt dem **Gleichbehandlungsgrundsatz** (dazu § 13 Rn 31 ff). Ges darf daher bei Einziehung keinen Gfter ohne dessen Zustimmung gegenüber anderen benachteiligen.[96] – Einziehung ist auch noch im **Liquidationsstadium** möglich,[97] dagegen noch nicht bei Vorges, da noch keine GAnteile bestehen (möglich aber Ausschluss, da personenbezogen, dazu § 11 Rn 30 aE, auch Anh § 34 Rn 2). – Notarielle Beurkundung des Beschlusses nicht erforderlich, da weder Übertragung noch Satzungsänderung.[98] **Eintragung** in das HR nicht erforderlich, falls Einziehung nicht mit Kapitalherabsetzung verbunden.[99] **18**

---

92 *Wicke* Rn 3.
93 In der Tendenz ebenso *Wicke* Rn 3.
94 IE übereinstimmend *Wicke* Rn 3.
95 BGHZ 9, 169; Ulmer/*Ulmer* Rn 24; Scholz/*Westermann* Rn 40.
96 BGHZ 116, 359, 373.
97 BGHZ 9, 179; Ulmer/*Ulmer* Rn 6; Scholz/*Westermann* Rn 45.
98 OLG Karlsruhe GmbHR 2003, 1482.
99 KG OLG 27, 373, allgM.

VI. Wirkung

19 **1. Geschäftsanteil geht** nach allgM mit Wirksamwerden der Einziehung **unter.** Betroffener verliert Mitgliedschaft mit allen Rechten u Pflichten, jedoch erst, wenn er die ihm zustehende Abfindung vollständig erhalten hat[100] (s auch unten Rn 41). Weitere Rechte u Pflichten aus ihr entstehen nicht mehr. Bis zur Einziehung fällig gewordene bleiben aber bestehen, zB auf Nebenleistungen, Nachschüsse, Haftung aus § 24 oder Ansprüche auf fälligen **Gewinn.**[101] Dagegen geht Anspruch auf Gewinnanteil für abgelaufenes Geschäftsjahr unter, wenn Einziehung vor Gewinnfeststellungs- und Ergebnisverwendungsbeschluss erfolgt.[102] Im Streitfall Klärung durch Prozess nur mit Ges.[103] – **Rechte Dritter** am GAnteil erlöschen mit diesem (allgM). Daher ist Zustimmung der Pfandgläubiger oder Nießbraucher neben der des Gfters erforderlich, wenn Einziehung überhaupt der Zustimmung bedarf (oben Rn 6). Abtretung künftiger Gewinnansprüche für Zeit nach Einziehung wird wirkungslos. – Zu abweichenden Konzepten im Hinblick auf § 5 III 2 oben Rn 17 a/b.

20 **2. Stammkapital** bleibt **unverändert,** falls Einziehung nicht mit Herabsetzung verbunden; letztere nur unter Beachtung von § 58, ggf auch §§ 58 a ff. Betrag des Stammkapitals stimmt dann nicht mehr mit Summe der Nennbeträge der GAnteile überein, wenn nicht gleichzeitig Kapitalherabsetzung, Aufstockung der übrigen Anteile oder Schaffung eines neuen GAnteils erfolgt. Nach hM vor MoMiG verlangte das Gesetz solche Übereinstimmung auch nicht.[104] Geänderte Fassung des **Übereinstimmungsgebots in § 5 III 2 nF** durch MoMiG, die an moderneren Sprachgebrauch angepasst wurde, wird von RegBegr jedoch iSd Notwendigkeit dauernder Übereinstimmung interpretiert. Welche Konsequenzen daraus zu ziehen sind, ist noch nicht geklärt (oben Rn 17 a/b). Jedenfalls empfiehlt es sich, Unstimmigkeit durch gleichzeitige Kapitalherabsetzung, nominelle Aufstockung der verbleibenden GAnteile oder Neubildung eines GAnteils nicht entstehen zu lassen. Dies kann durch entspr Anpassung der Nennwerte der verbliebenen Geschäftsanteile erfolgen, nominelle **Aufstockung.** Sie erfordert nach hM GfterBeschluss, stellt aber keine Satzungsänderung dar, da Nennbeträge der GAnteile nicht materieller Satzungsbestandteil sind (dazu auch § 3 Rn 18; abw aber unten § 46 Rn 31 f); daher einfache Mehrheit ausreichend u notarielle Form entbehrlich.[105] – Möglich nach hM auch **Neubildung** eines GAnteils an Stelle des eingezogenen ohne Kapitalerhöhung, sog Revalorisie-

---

[100] BGHZ 9, 157; DStR 1997, 1336; OLG Frankfurt/M ZIP 1997, 644; *Singer/Mertens* ZIP 1996, 1494.

[101] Ulmer/*Ulmer* Rn 57; Scholz/*Westermann* Rn 64.

[102] BGHZ 139, 299; zust *Gehrlein* DB 1998, 2355; *Roth* ZGR 1999, 718; Michalski/*Sosnitza* Rn 119; – aA *Salje* NZG 1998, 986 f (Anwartschaftsrecht).

[103] BGH WM 1985, 515.

[104] KG RJA 1912, 133; BayObLG DB 1991, 2537; ganz hM, Ulmer/*Ulmer* Rn 65; Scholz/*Westermann* Rn 62; Michalski/*Sosnitza* Rn 115; *Singer/Mertens* ZIP 1996, 1494; *Wolff* GmbHR 1999, 960 f; ausführl *Niemeier* 357 ff; – aA *Lutter/Hommelhoff* Rn 2 f; *Priester* FS Kellermann, 1991, 346 ff.

[105] BGH NJW 1989, 168, 169 obiter; BayObLG DB 1991, 2537; Ulmer/*Ulmer* Rn 68 f; Scholz/*Westermann* Rn 67; Michalski/*Sosnitza* Rn 115; – aA, Aufstockung kraft Gesetzes, *Lutter/Hommelhoff* Rn 2 f; *Priester* FS Kellermann, 1991, 346 ff, 351 f.

rung.[106] Das ist konsequent, wenn man auch Aufstockung zulässt, weil sich entspr Ergebnis dann über Teilabtretung u Zusammenlegung (§ 15 Rn 18) ebenfalls ohne Kapitalerhöhung erzielen ließe.[107] Neugebildeter Anteil steht Ges als eigener GAnteil zu.[108] Gläubigerinteressen werden nicht beeinträchtigt. Durchführung bei Fehlen besonderer Satzungsregelung[109] jedenfalls bei gleichzeitig mit Einziehung erfolgender Neubildung nach bisher hM mit qualifizierter Mehrheit.[110] Ein solches Verfahren ist allerdings entbehrlich, wenn man der Ansicht folgt, dass eingezogener Anteil ohne Kapitalherabsetzung zunächst bestehen bleibt (oben Rn 17 a/b u unten § 46 Rn 33). Für dessen weitere Verwendung müssten dann entspr Grds wie bei eigenen Anteilen gelten (dazu § 33 Rn 28).

3. Beteiligungsverhältnisse. Nach bislang hM ändern sich auch ohne förmliche Anwachsung **Beteiligungsverhältnisse** der übrigen Gfter an Ges nach dem neuen Verhältnis ihrer Anteile zum unveränderten Stammkapital. Entspr erhöhen sich Gewinnanteile u Liquidationsquote, aber auch Pflichten, die Gfter anteilig treffen, zB Haftung nach §§ 24, 31 III,[111] bei entspr gesvertraglicher Ausgestaltung auch Nachschusspflicht (§ 26 Rn 9 aE). Nach Ansicht RegBegr MoMiG müsste dagegen mit Einziehung Aufstockung, Neubildung oder Kapitalherabsetzung erfolgen (oben Rn 20). Sieht man dagegen als Folge der Einziehung außerhalb der Kapitalherabsetzung zunächst lediglich Entzug der Mitgliedschaft, wäre eingezogener Anteil wie eigener Anteil iSv § 33 zu behandeln (s dort Rn 22 ff). 21

VII. Abfindung

Lit: *Drukarczyk,* Unternehmensbewertung, 5. Aufl 2007; *Großfeld,* Recht der Unternehmensbewertung, 5. Aufl 2009; *Großfeld/Merkelbach,* Wirtschaftsdaten für Juristen: Grundlagen einer disziplinierten Unternehmensbewertung, NZG 2008, 241; *Ulmer,* Nochmals: Zum Wirksamkeitszeitpunkt der Zwangseinziehung von GmbH-Anteilen – auf der Suche nach einem interessengerechten Lösungsmodell, FS Priester 2007, 775.

1. Abfindungsanspruch, Berechnung, Fälligkeit. Abfindungsanspruch im GmbHG nicht geregelt, aber auch ohne gesetzliche oder gesvertragliche Regelung als allg Rechtsgrds u in Analogie zu § 738 I 2 BGB heute allg anerkannt.[112] Soweit Satzung nichts anders bestimmt (unten Rn 25 ff), hat Gfter gegen Ges Anspruch auf vollen wirtschaftlichen Wert seiner Betei- 22

106 KG DR 1943, 1230; BayObLG DB 1991, 2537; Ulmer/*Ulmer* Rn 68, 70; Scholz/*Westermann* Rn 67, 66; jew mwN; ferner *Rowedder*/Schmidt-Leithoff/*Bergmann* Rn 53 f; Roth/*Altmeppen* Rn 72; – aA *Wolff* GmbHR 1999, 963.

107 Für alleinige Zulässigkeit dieses Weges *Lutter/Hommelhoff* Rn 4; *Priester* FS Kellermann, 1991, 356 ff.

108 Ulmer/*Ulmer* Rn 70; Scholz/*Westermann* Rn 70.

109 Dazu KG DR 1943, 1230.

110 Ulmer/*Ulmer* Rn 70; Scholz/*Westermann* Rn 70; MünchHdbGmbH/*Kort* § 28 Rn 43; Michalski/*Sosnitza* Rn 117; *Niemeier* 370 f; – aA *Rowedder*/Schmidt-Leithoff/*Bergmann* Rn 54; Voraufl Rn 20.

111 Ulmer/*Ulmer* Rn 63 f; Scholz/*Westermann* Rn 66.

112 Vgl nur Ulmer/*Ulmer* Rn 72 ff; Scholz/*Westermann* Rn 25; jew mwN zur Entwicklung u dogmatischen Begründung.

ligung. – **Berechnung.** Maßgeblich ist **Verkehrswert** des eingezogenen GAnteils.[113] Das entspricht dem bei Veräußerung des GAnteils an Dritten erzielbaren Preis, beim Fehlen zeitnaher objektiv vergleichbarer Anteilsverkäufe idR dem Betrag, der bei Veräußerung des Unternehmens als Ganzes u Liquidation der Ges auf den GAnteil entspr der Liquidationsquote (§ 72) entfallen würde.[114]

23 Wenn entspr Vergleichszahlen fehlen, Berechnung des Abfindungsanspruchs nach dem auf den GAnteil entfallenden **Teil des Unternehmenswerts,** der nach betriebswirtschaftlichen Grundsätzen zu ermitteln ist.[115] Bestimmte Methode nicht vorgeschrieben.[116] In Betriebswirtschaft u Rechtslehre seit langem Berechnung auf Grundlage des **Ertragswerts** bevorzugt,[117] der auch Rspr zuneigt.[118] Dieser beruht auf Kapitalisierung nachhaltig zu erwartender künftiger Erträge (iSv Ertragsüberschuss, Gewinn), die auf der Basis der gegenwärtigen Ertragslage des Unternehmens unter Berücksichtigung erkennbarer Entwicklungsfaktoren ermittelt werden.[119] Ähnlich Discounted Cash-Flow-Verfahren (DCF), bei dem auf der Grdl der Unternehmensplanung zukünftige Zahlungsüberschüsse ermittelt u mit Hilfe von Kapitalkosten auf den Bewertungsstichtag diskontiert werden.[120] – Neben Ertragswert kann **Substanzwert** des nicht betriebsnotwendigen Vermögens zu berücksichtigen sein.[121] Substanzwert-Komponente uU auch zu beachten, wenn Ertragskraft der Ges weniger in Unternehmensorganisation als in persönlichem Einsatz der Gfter begründet.[122] – IdR **Sachverständigengutachten** erforderlich.[123] Wegen Bewertungsproblematik **Schiedsgutachter-Klausel** in Satzung zweckmäßig. – Dem von der Einziehung betroffenen Gfter muss für einen Zeitraum von bis zu einem Jahr nach seinem Ausscheiden **Einsicht** in Geschäftsbücher u Bilanzen gewährt werden, damit Angemessenheit der Abfindung überprüft werden kann.[124]

---

113 BGHZ 116, 359, 365, 370 f, 375 mwN zur früheren Rspr; Ulmer/*Ulmer* Rn 77 ff; Scholz/*Westermann* Rn 25; *Lutter/Hommelhoff* Rn 49 ff.

114 BGHZ 116, 359, 370 f; krit *Sigle* ZGR 1999, 669 f.

115 Hierzu u zum Folgenden neben den oben im Litverz Genannten IDW Standard: Grundsätze zur Durchführung von Unternehmensbewertungen: IDW S 1 idF 2008; *Baetge* (Hrsg), Unternehmensbewertung im Wandel, 2001; *Ballwieser,* Unternehmensbewertung, 2. Aufl 2007; *Moxter,* Grundsätze ordnungsgemäßer Unternehmensbewertung, 2. Aufl 1983, Nachdruck 1991; *Kraus-Grünewald* BB 1995, 1839.

116 BGHZ 116, 359, 371; BGH NJW 1993, 2101, 2103 für OHG; auch NJW 1991, 1547, 1548 für Arztpraxis.

117 Vgl die in Fn 115 Genannten; ferner MünchHdbGmbH/*Kort* § 28 Rn 18.

118 BGHZ 116, 359, 371; BGH NJW 1985, 192, 193 für KG; OLG Düsseldorf WM 1984, 732 u DB 1988, 1109, jew für AG.

119 Einzelheiten der Bewertung bei den in Fn 115 Genannten, so bei *Großfeld* Rn 944 ff.

120 Näher *Großfeld* Rn 966 ff; MünchKommBGB/*Ulmer/Schäfer,* § 738 Rn 36, jew mwN. Zur Eignung im Rahmen der Bewertung als Sacheinlage auch LG Freiburg BeckRS 2009, 06213.

121 BGH NJW 1993, 2101, 2103 für OHG; *Piltz* 30 f, 181 ff.

122 BGH NJW 1991, 1547, 1548 für Arztpraxis; ähnl BGH BB 1987, 710; auch Ulmer/*Ulmer* Rn 77; Scholz/*Westermann* Rn 25.

123 BGHZ 116, 359, 371; BGH NJW 1985, 192, 193 für KG.

124 BGH DB 1977, 1248; Ulmer/*Ulmer* Rn 76; MünchHdbGmbH/*Kort* § 28 Rn 19.

Fälligkeit. Von Gesetzes wegen ist gesamtes **Abfindungsguthaben mit Wirksamwerden der Einziehung fällig.**[125] Zu abweichenden Vertragsregelungen nachfolgend Rn 38. 24

2. Abfindungsbeschränkung durch Satzungsregelungen. a) Zweck und Zulässigkeit. Satzung kann bzgl Art u Höhe der Abfindung sowie Berechnungsverfahren u Zahlungsmodalitäten von allg Grds abw Regelung treffen. Einschränkungen im Interesse des Bestandsschutzes der Ges durch Vermeidung von erheblichem Kapitalabfluss, dessen zeitliche Streckung u im Interesse der Rechtssicherheit durch vereinfachte u beschleunigte Berechnung der Abfindung weit verbreitet. Zulässigkeit derartiger Abfindungsbeschränkungen kraft Satzungsautonomie ist im Grds unbestr.[126] – Rechtsgeschäftliche Abfindungsregeln sind nur bindend, wenn in die **Satzung** aufgenommen;[127] idR Teil einer Einziehungs- oder Ausschlussregelung, aber auch isoliert möglich. Regelung hat als Satzungsbestimmung körperschaftlichen Charakter.[128] Als Teil der Einziehungsregelung mit dieser vom Einverständnis des betroffenen Gfters bei Gründung oder Beitritt, durch Zustimmung (oben Rn 5, 7) zur Satzungsänderung bzw zur Einziehung umfasst. Nachträgliche Einführung einer Abfindungsbeschränkung durch Satzungsänderung bedarf als Erweiterung der Voraussetzungen der Zwangseinziehung im gleichen Umfang der Zustimmung.[129] – Einschränkungen müssen für Gfter deutlich als solche **erkennbar** sein, doch genügt es, wenn Inhalt im Wege der (objektivierten, s § 2 Rn 29, 31) Satzungsauslegung konkretisierbar, sodass Gfter sich darauf einstellen kann.[130] Konkretisierung der Abfindung im Einzelfall durch schuldrechtliche Abrede, etwa bei Zustimmung des Gfters zur Einziehung, dadurch nicht ausgeschlossen. 25

b) Grenzen der Gestaltungsfreiheit. Abfindungsbeschränkungen unterliegen **inhaltlichen Schranken,** die sich sowohl aus dem Gesichtspunkt des Schutzes des betroffenen Gfters als auch dem des Schutzes der GfterGläubiger ergeben können. Umfang des Schutzes des Gfters davon abhängig, ob Einziehung mit Zustimmung des betroffenen Gfters erfolgt oder als Zwangseinziehung. Im erstgenannten Fall auch Verzicht auf Abfindung ohne weiteres zulässig, soweit nicht Gläubigerinteressen unangemessen beeinträchtigt werden. Schutz des betroffenen Gfters daher nur bei Zwangseinziehung problematisch. Insoweit wird jedoch zu Recht auf Bedeutung privatautonomer Regelung verwiesen, die Schutz der Ges u Rechtssicherheit gewährleisten soll u bei der Beteiligung unter entspr Bedingung Ausdruck der Selbstverantwortung ist.[131] Umstr ist, ob sich die Frage der Nichtigkeit allg 26

---

125 § 271 I BGB; Scholz/*Winter* § 15 Rn 33, 126; Scholz/*Priester* § 53 Rn 110; einschr Ulmer/*Ulmer* Rn 80.

126 BGHZ 65, 22, 27; 116, 359, 368; auch 123, 281, 285 f; BayObLG DB 1983, 99; – allgM, Ulmer/*Ulmer* Rn 82 f; *Ulmer* FS Quack, 1991, 477 f; Scholz/*Westermann* Rn 29; *Lutter/Hommelhoff* Rn 52.

127 AllgM, Ulmer/*Ulmer* Rn 82; Scholz/*Westermann* Rn 32 aE; in Rspr u Lit meist als selbstverständlich vorausgesetzt.

128 BGHZ 116, 359, 364; – dazu § 2 Rn 31.

129 Dazu BGHZ 116, 363.

130 BGH NJW 1977, 2316, 2317; BayObLG DB 1983, 99; Ulmer/*Ulmer* Rn 82, auch 89; Scholz/*Westermann* Rn 32; ausführl *Niemeier* ZGR 1990, 314, 316.

131 Michalski/*Sosnitza* Rn 88.

nach § 138 BGB,[132] oder, was vorzuziehen ist, analog §§ 241 ff AktG beurteilt.[133] Dabei ist, jedenfalls soweit nicht Gläubigerschutz tangiert ist, nach hM Heilungsmöglichkeit analog § 242 II AktG zu berücksichtigen (unten Rn 32 f).

27 **aa) Grobes Missverhältnis zwischen** satzungsgem bemessenem **Abfindungsbetrag und Anteilswert** iSv wirklichem Wert (Verkehrswert, oben Rn 22) oder unzumutbar belastende Auszahlungsmodalitäten können entweder bereits durch ihren Inhalt gegen gute Sitten verstoßen oder durch Beweggrund, Zweck oder Art ihres Zustandekommens.[134] Vereinzelt auch § 138 II BGB bei unangemessener Benachteiligung einzelner Gfter unter Ausnutzung ihrer Unerfahrenheit oder eine Zwangslage.[135] **Grobes Missverhältnis** liegt vor, wenn gesetzlich vorgesehene volle Abfindung vollkommen unangemessen verkürzt wird.[136] Schematische prozentuale Grenzen für grobes Missverhältnis gibt es nicht, da stets Einzelfallabwägung von Vermögensinteressen des betroffenen Gfters u Bestandsinteresse der Ges u der verbleibenden Gfter erforderlich.[137] Dafür ua auch wesentlich, ob Regelung allg für alle Abfindungen gelten soll oder nur für bestimmte Arten von Abfindungsvorgängen, etwa für Zwangseinziehung bzw Ausschluss iGgs zu Austritt oder Kündigung. In die Beurteilung weiter einzubeziehen sind in der Abfindungsregelung enthaltene Auszahlungsmodalitäten, die Gesamtbild der Abfindung wesentlich beeinflussen können (dazu unten Rn 38). **Einschränkungen über die sonst geltenden Grenzen hinaus** können insbes zulässig sein bei gemeinnützigen Ges,[138] in Erbfällen (unten Rn 34) sowie in Sonderfällen der Verknüpfung von GFührer- oder Mitarbeiter- und GfterStellung.[139] Insges Rspr daher sehr uneinheitlich.[140] – Ferner darf Abfindungsbeschränkung **unabdingbares Austrittsrecht** des Gfters aus wichtigem Grund (Anh § 34 Rn 18 ff, zur Unentziehbarkeit dort Rn 1 mwN) nicht unbillig mittelbar einschränken bzw

---

132 So etwa Michalski/*Sosnitza* Rn 55, anders aber Rn 83.

133 So BGHZ 164, 107, 113 = NJW 2005, 3644, 3645; BGHZ 116, 359, 368; 144, 365, 367 f = NJW 2000, 2819 u hM in Lit.

134 BGHZ 116, 374; ausführlich Ulmer/*Ulmer* Rn 91 ff; Scholz/*Westermann* Rn 31, 35 f; *Lutter/Hommelhoff* Rn 53 ff; ferner zur neueren Entwicklung, insbes zur Rspr des BGH etwa *Büttner* FS Nirk, 1992, 119 ff; *Dauner-Lieb* ZHR 158 (1994), 271; *dies* GmbHR 1994, 836; *Rasner* ZHR 158 (1994), 292; *Schulze-Osterloh* JZ 1993, 45 f; *Ulmer/Schäfer* ZGR 1995, 134 ff; ausführl *Kesselmeier* 127 ff, 136 ff, 144 ff; *Brückner,* Die Kontrolle von Abfindungsklauseln in Personengesellschafts- und GmbH-Verträgen, 1995; – krit aber *Volmer* DB 1998, 2507 ff; *Sigle* ZGR 1999, 663 ff.

135 Dazu Ulmer/*Ulmer* Rn 93; *Kesselmeier* 137; vgl Sachverhalt BGH WM 1975, 325.

136 Deutlich BGHZ 116, 359, 368, 376; vgl auch BGHZ 126, 226, 240 f; zu Unrecht weitergehend OLG München BB 1987, 2392, wonach Abfindung im Wesentlichen vollem Anteilswert entsprechen müsste; – zust zu BGH *Lutter/Hommelhoff* Rn 46; in gleicher Richtung ganz hM, Ulmer/*Ulmer* Rn 91; Scholz/*Westermann* Rn 31.

137 BGHZ 116, 359, 371, 376; OLG Oldenburg GmbHR 1997, 503.

138 OLG Hamm DB 1997, 1612; *Jäger* DB 1997, 1607.

139 BGHZ 164, 98 = NJW 2005, 3641, 3643; BGHZ 164, 107 = NJW 2005, 3644, 3646; BGH/OLG Celle bei *Goette* DStR 1997, 336.

140 Beschränkung des Abfindungsanspruchs auf 1/3 des Zeitwerts nach OLG Hamm NZG 2003, 440 sittenwidrig; anders bei Mitarbeitermodell, bei dem es genügt, wenn dieser beim Ausscheiden für Erwerb des GAnteils aufgewandten Betrag erhält, u zwar nach BGH/OLG Celle bei *Goette* DStR 1997, 336 selbst dann, wenn der Verkehrswert Abfindung um das 200-fache übersteigt; nach BGH DB 1977, 342 ist bei Familiengesellschaft auch entschädigungslose Einziehung des Anteils des familienfremden Erben zulässig.

faktisch ausschließen durch für Gfter unzumutbare Vermögenseinbuße bei Ausübung **(mittelbare Austrittsbeschränkung).** Auch unter diesem Gesichtspunkt ist Abfindungsklausel bei anfänglichem grobem Missverhältnis nichtig, sofern sie (auch) für Austritt bzw Kündigung aus wichtigem Grund gelten soll.[141] Austrittserschwerung hier meist nur ergänzender Gesichtspunkt, da Beurteilung des Missverhältnisses idR nach gleichen Kriterien; aber auch als Wertungselement für Sittenwidrigkeit bedeutsam.

Maßgeblicher Zeitpunkt für Vorliegen des groben Missverhältnisses ist Beschlussfassung über Abfindungsregelung;[142] – **anfängliches Missverhältnis.** Ist dagegen Missverhältnis erst durch zwischenzeitliche wirtschaftliche Entwicklung der Ges bzw des Gesvermögens entstanden **(nachträgliches Missverhältnis),** bleibt ursprünglich gültige Abfindungsklausel weiterhin wirksam, da Abfindungsklausel nicht bei wechselhafter Entwicklung des Anteilswerts je nach dessen Stand zu verschiedenen Zeitpunkten wirksam oder unwirksam sein kann.[143] BGH gewährt im Wege **ergänzender Vertragsauslegung** des GesVertrages nach Treu und Glauben unter Abwägung der beiderseitigen Interessen von Ges und ausscheidendem Gfter **Anspruch auf Abfindung in angemessener Höhe.**[144] Angemessenheit bedeutet weder gerade noch zumutbares Mindestmaß noch vollen Anteilswert, sondern beiden Seiten zumutbaren Interessenausgleich unter Berücksichtigung von Zweck der Abfindungsklausel, Einziehungsgrund, Entwicklung der Vermögens- und Ertragslage der Ges.[145] Die mit dem Ziel weitestgehender Rücksichtnahme auf den im GesVertrag verkörperten Parteiwillen zunächst für Personenges entwickelte Lösung über ergänzende Vertragsauslegung mit übertriebenem Einzelfallbezug bringt Gefahr der Rechtsunsicherheit[146] und ist auf GmbH im Hinblick auf die hier strenger gebotene objektivierte Auslegung der Abfindungsregelung als körperschaftliche Satzungsbestimmung (s § 2 Rn 31) nicht ohne weiteres übertragbar. – Dem Vorgang besser gerecht wird mit im Wesentlichen gleichem Ergebnis eine von vornherein einzelfallbezogene **Ausübungskontrolle,** die Vorliegen eines Rechtsmissbrauchs durch Berufung der Ges auf Abfindungsklausel bei nachträglichem grobem Missverhältnis von Anteilswert u Abfindungshöhe unter dem Gesichtspunkt der Zumutbarkeit für den ausscheidenden Gfter nach Treu u Glauben überprüft; dabei sind, wie auch vom BGH[147] gefordert, beiderseitige Interessen von Ges u Gfter unter Berücksichtigung der gegenseitigen Treuepflichten u der sonstigen Umstände des konkreten Falles zu berücksichtigen.[148] Auch 28

---

141 BGHZ 116, 359, 360, 369; auch 126, 226, 230 ff; aus der Lit etwa Ulmer/*Ulmer* Rn 96; Scholz/*Westermann* Rn 31; Roth/*Altmeppen* § 60 Rn 68.

142 BGHZ 116, 359, 368; BGH/OLG Celle bei *Goette* DStR 1997, 337.

143 BGHZ 123, 281, 283 ff, 126, 226, 242 f; Roth/*Altmeppen* Rn 49, *Lutter/Hommelhoff* Rn 48; *Dauner-Lieb* ZHR 158 (1994) 271, 276 ff; *Ulmer/Schäfer* ZGR 1995, 136 ff; aA noch BGHZ 116, 359, 360.

144 BGHZ 116, 359, 371; 123, 281, 289; 126, 226, 242 (BGB-Ges).

145 BGHZ 116, 359, 371; 123, 281, 289; Ulmer/*Ulmer* Rn 111; Roth/*Altmeppen* Rn 50; nur nach dem Anlass des Ausscheidens differenzierend *Lutter/Hommelhoff* Rn 50.

146 Zu Recht krit gegenüber der Rspr daher *Ulmer/Schäfer* ZGR 1995, 134; *Dauner-Lieb* GmbHR 1994, 836; Roth/*Altmeppen* Rn 50; MünchHdbGmbH/*Kort* § 28 Rn 27.

147 Insbes BGHZ 123, 281, 284.

148 Vor allem ausführl *Ulmer/Schäfer* ZGR 1995, 134, 146 ff; auch schon Ulmer/*Ulmer* Rn 98 f, 111; *Ulmer* FS Quack, 1991, 189 f; Scholz/*Westermann* Rn 35 f.

danach ist bei festgestellter Unzumutbarkeit für Gfter nach Treu u Glauben statt satzungsmäßiger eine angemessene Abfindung zu zahlen.

29 **bb) Gleichbehandlung.** Abfindungsbeschränkungen müssen **Gleichbehandlungsgrundsatz** im Verhältnis der Gfter untereinander berücksichtigen.[149] Danach muss, soweit Gfter Ungleichbehandlung nicht zustimmt, Inhalt der Regelung für Gfter unter gleichen Voraussetzungen gleichmäßig gelten. Das schließt sachlich begründete Differenzierungen nicht aus, jedoch Willkürverbot. Nach BGH[150] kein Verstoß hiergegen, wenn im Übrigen am Nennwert des GAnteils orientierte Abfindung zusätzlich ua nach Dauer der Mitgliedschaft gestaffelt wird als Zeitmaß für Wirtschaften der Ges mit vom einzelnen Gfter jew zur Verfügung gestelltem Kapital.

30 **cc) Schutz der Gläubiger des Gesellschafters.** Abfindungsbeschränkung darf nicht ausschließlich Gläubiger des Gfters treffen, zB nur oder in verschärftem Maß bei Anteilspfändung oder Insolvenz eines Gfters gelten, sonst ist sie nach § 241 I Nr 3 AktG nichtig.[151] Einschränkende Satzungsregelung muss daher für dem Anlass nach **vergleichbare Abfindungsvorgänge einheitlich** gelten, so etwa (praktisch besonders wichtig) für Einziehung wegen Anteilspfändung, Insolvenz eines Gfters u ebenso dessen Ausschluss aus sonstigem wichtigem Grund, auch Zwangseinziehung aus solchem Grund in der Person des Gfters.[152] Im Übrigen jedoch keine starre Einheitsregelung geboten; vielmehr kann Satzung unterschiedliche Abfindung für dem Grund nach verschiedenartige u dementspr verschieden gewichtete Anwendungsfälle vorsehen.[153] Entspr wirken allg Abfindungsbeschränkungen grds auch zu Lasten der Gläubiger, wenn sie in vergleichbaren Fällen, insbes bei Anteilseinziehung aus wichtigem Grund, ebenso zu Lasten des betroffenen Gfters gehen u ihm gegenüber wirksam sind; denn Gläubiger muss grds GAnteil so hinnehmen, wie er besteht, solange er nicht wegen Gläubigerstellung als solcher benachteiligt wird.[154] Danach Beschränkung der Abfindung auf Substanzwert unter Nichtberücksichtigung des Geschäfts- oder Firmenwerts (unten Rn 36) auch bei Einziehung wegen Pfändung wirksam, wenn sie gleichermaßen bei Ausschluss des Gfters aus wichtigem Grund gilt u hier Bestand hat.[155] Unter gleichen Voraussetzungen auch weitergehende Abfindungsbeschränkungen gegenüber Gläubigern wirksam;[156] jedoch strenge Maßstäbe zum Schutz des Gfters (oben Rn 25 ff)

---

149 BGHZ 116, 359, 373; Scholz/*Westermann* Rn 29; Ulmer/*Ulmer* Rn 93; *Lutter/Hommelhoff* Rn 53; – allg zur Gleichbehandlung § 13 Rn 31 ff.

150 BGHZ 116, 359, 373 f.

151 BGHZ 144, 365, 366 f = NJW 2000, 2819; Roth/*Altmeppen* Rn 53; *Ulmer* FS Quack, 1991, 487 f; *K. Schmidt* GesR § 50 IV 2 c aa.

152 BGHZ 65, 22, 28 f; 144, 365, 366 f = NJW 2000, 2819; auch BGH NJW 1993, 2101, 2102 für OHG; hM, Ulmer/*Ulmer* Rn 95; Scholz/*Westermann* Rn 30; – zum Ausschluss aus wichtigem Grund Anh § 34 Rn 2 ff.

153 BGHZ 65, 22, 28 f; Scholz/*Westermann* Rn 30; – aA *Rowedder*/Schmidt-Leithoff/*Bergmann* Rn 107.

154 BGHZ 65, 22, 24 ff; OLG Celle WM 1986, 161, 162; OLG Frankfurt NJW 1978, 328; OLG Hamburg DB 1982, 2344; Ulmer/*Ulmer* Rn 95; Scholz/*Westermann* Rn 30; *Lutter/Hommelhoff* Rn 53; einschr *Grunewald* 206 ff; – aA ältere Rspr u Lit; neuerdings wieder *Roth* ZGR 2000, 215.

155 BGHZ 65, 22, 24 ff.

156 OLG Frankfurt NJW 1978, 328; OLG Hamburg DB 1982, 2344, beide für Buchwertklausel; OLG Celle WM 1986, 161, 162 für Nennwertklausel; Ulmer/*Ulmer* Rn 95 mwN; offen BGHZ 65, 22, 27 f.

auch gegenüber Gläubigern zu beachten. – Entspr wie für Höhe der Abfindung gilt für Zahlungsmodalitäten (unten Rn 38). Zur Frage der Heilung nachfolgend Rn 31.

c) Folgen von inhaltlichen Verstößen. aa) Schutz der Gesellschafter. 31
Zu unterscheiden ist zwischen Verstößen gegen Schutz der Gfter u solchen gegen Schutz der Gläubiger eines Gfters.[157] Bei Verstößen gegen **Schutz der Gesellschafter** ist weiter zwischen in der urspr Satzung enthaltenen und durch Satzungsänderung nachträglich eingeführten Abfindungsbeschränkungen zu differenzieren.[158] Sittenwidrige Abfindungsbeschränkung in **ursprünglicher Satzung** ist nach hM grds nichtig,[159] wobei nach in Angleichung an Rechtslage bei nachträglicher Einführung der Abfindungsregelung durch Satzungsänderung § 241 Nr 3 u 4 mit § 242 II AktG entspr gelten sollen.[160] Bei **nachträglich eingeführten Abfindungsbeschränkungen** ist zwischen Anfechtbarkeit und Nichtigkeit zu unterscheiden: Bei Abfindungsregelungen, die durch ihren **Inhalt gegen die guten Sitten** verstoßen, tritt Nichtigkeit analog § 241 Nr 4 AktG ein.[161] Entspr ist nach BGH **Heilung analog § 242 II** AktG möglich.[162] Inhaltliche Sittenwidrigkeit betrifft insbes Fälle des groben Missverhältnisses zwischen Abfindungsbetrag u Anteilswert (oben Rn 27). Beschlüsse über Abfindungsregelungen, die nur nach **Beweggrund, Zweck oder Art ihres Zustandekommens** sittenwidrig sind, können analog § 243 AktG angefochten werden.[163] Entspr gilt für Beschlüsse, die unter Ausnutzung der Unerfahrenheit oder Zwangslage usw (§ 138 II BGB) zustande gekommen sind. Bloßer Gleichbehandlungsverstoß reicht dagegen idR nicht, da Einführung der Beschränkung nur mit Zustimmung des Benachteiligten wirksam ist (oben Rn 29) und in dieser idR der Verzicht auf Gleichbehandlung liegt.[164] – Zur Frage des **maßgebenden Zeitpunkts für die Beurteilung der Sittenwidrigkeit** und den Rechtsfolgen eines sich erst nach Vereinbarung der Abfindungsbeschränkung durch zwischenzeitliche wirtschaftliche Entwicklung ergebenden Missverhältnisses s oben Rn 28.

bb) Schutz der Gläubiger des Gesellschafters. Verstöße gegen 32
Schutz der Gläubiger des Gesellschafters (oben Rn 30) machen Satzungsregelung grds nichtig (§ 241 Nr 3 AktG).[165] Heilung analog § 242 II AktG kommt entgegen BGH[166] bei gläubigerbenachteiligender Regelung weder in ursprüngl Satzung noch bei nachträglicher Einführung in Betracht, da etwaige Heilungswirkung entspr § 242 II AktG nicht nach außen zu Lasten der GfterGläubiger wirkt.[167] **cc) Abfindung nach ge-**

---

157 Ausführl *Spieth* 31 ff; auch *Bacher/Spieth* GmbHR 2003, 517, 519 ff.

158 Abw aber *Spieth* 203 ff, der einheitlich § 243 AktG analog anwenden will.

159 BGHZ 116, 368; Ulmer/*Ulmer* Rn 106 im Anschluss an *Geßler* ZGR 1980, 453; auch *Lutter/Hommelhoff* Rn 47; *Ebenroth/Müller* BB 1993, 1157.

160 BGHZ 116, 368; iE auch BGHZ 144, 365, 367 f = NJW 2000, 2819.

161 BGHZ 116, 374; – abw aber *Spieth* 114 ff, nach dessen Ansicht sich die Sittenwidrigkeit überhaupt nicht allein aus dem Inhalt ergibt, sodass nur Anfechtbarkeit in Betracht kommt.

162 BGHZ 116, 368.

163 BGHZ 116, 374.

164 Vgl BGHZ 116, 372.

165 Ulmer/*Ulmer* Rn 94 f mwN.

166 So aber BGHZ 144, 365, 367 f = NJW 2000, 2819.

167 Ulmer/*Ulmer* Rn 108; *Lutter/Hommelhoff* Rn 55; Roth/*Altmeppen* Rn 54; *Spieth* 126 f.

setzlichen Regeln. Soweit danach Abfindungsregelung nichtig, ist **Abfindungsanspruch nach den gesetzlichen Regeln** (oben Rn 22 f) zu bemessen.[168]

33 **dd) Folgen für Einziehungsklausel.** Ist danach Abfindungsregelung nichtig, unwirksam oder undurchsetzbar, berührt das **Wirksamkeit einer** in der Satzung enthaltenen **Einziehungsklausel** oder eines ihr entspr Einziehungsbeschlusses nicht, ohne dass es dafür auf § 139 BGB ankommt. Mangelfolge bleibt vielmehr auf Abfindungsregelung beschränkt.[169] – Ist Abfindungsregelung unwirksam, führt Einziehung zu Abfindungsanspruch in gesetzlicher Höhe (oben Rn 22). Zur Bedeutung der Möglichkeit der Abfindungszahlung aus freien Mitteln aber unten Rn 40 ff.

34 **d) Einzelne Abfindungsklauseln.** Ausgestaltung gesvertraglicher Abfindungsregelungen sehr vielfältig, doch einige Grundformen. Gefahr anfänglicher Unwirksamkeit u vor allem späterer Undurchsetzbarkeit je nach Inhalt u Tragweite (zB für alle oder nur bestimmte Abfindungsfälle) verschieden hoch.[170] Regelungsmuster u deren Wertungen in Lit u Rspr für Personenges im Wesentlichen auf GmbH übertragbar. **aa) Vollständiger Ausschluss der Abfindung** bei Zwangseinziehung grds ausgeschlossen, nur ausnahmsweise zulässig, soweit durch besondere sachliche Gründe gerechtfertigt.[171] So etwa bei Ges mit ideellem Zweck.[172] Ferner rechtfertigt Interesse an Erhaltung einer Ges als Familienunternehmen unentgeltliche Anteilseinziehung von familienfremden Erben.[173] Zulässig auch Abfindungsausschluss für Einziehung bei Tod eines Gfters.[174] Abfindungsausschluss kommt auch bei **Mitarbeiterbeteiligungsmodellen** (Managementbeteiligung, Geschäftsführerbeteiligungsmodellen) in Betracht, wenn Beteiligung unentgeltlich überlassen wurde oder zumindest Erwerbskosten erstattet werden[175] (zur Zulässigkeit des Ausschlusses oben Rn 10). Dagegen Zwangseinziehung aus wichtigem Grund wegen schuldhaften Verstoßes des Betroffenen gegen GfterPflichten kein hinreichender Grund für vollständigen Abfindungsausschluss.[176] – Abfindungsausschluss kann **unentgeltliche Verfügung zugunsten der Mitgesellschafter** enthalten, die idR schon mit Abschluss des ohnehin formgebundenen GesVertrags iSv §§ 518, 2301 II

168 BGHZ 116, 375 f; Ulmer/*Ulmer* Rn 110 mwN; *Lutter/Hommelhoff* Rn 55; – krit *Sigle* ZGR 1999, 667 ff.

169 BGH NJW 1977, 2316, 2317; 1983, 2880, 2881; erkennbar hiervon ausgehend BGHZ 116, 359; – heute ganz hM, Ulmer/*Ulmer* Rn 107; Scholz/*Westermann* Rn 36; *Goette* § 6 Rn 53; *Niemeier* 102; *ders* ZGR 1990, 333; – aA früher RGZ 142, 373, 377; auch noch BGHZ 32, 151, 156, jedoch aufgegeben von BGH 65, 22, 29.

170 Allg hierzu *Großfeld* Rn 1187 ff; *Ebenroth/Müller* BB 1993, 1153; *Rasner* ZHR 158 (1994), 292, 294 f, 302 ff; *Grunewald* 152 ff; *Kort* DStR 1995, 1961.

171 Ulmer/*Ulmer* Rn 100 ff; *Lutter/Hommelhoff* Rn 54.

172 BGH NJW 1997, 2592 zur BGB-Ges; Ulmer/*Ulmer* Rn 103; *Lutter/Hommelhoff* Rn 54.

173 BGH DB 1977, 342, 343.

174 Ulmer/*Ulmer* Rn 101; *Lutter/Hommelhoff* Rn 55.

175 OLG Celle GmbHR 2003, 1428; für den Fall der Erstattung der Erwerbskosten auch BGHZ 164, 107, 115 = NJW 2005, 3644, 3646; ferner BGH/OLG Celle bei *Goette* DStR 1997, 336 wonach Abfindungsklausel auch bei 200-fachem Verkehrswert nicht zur Sittenwidrigkeit führt; vgl zum Ganzen auch *Schäfer/Hillesheim* DStR 2003, 2122; *Kowalkski/Bormann* GmbHR 2004, 1438.

176 AA Ulmer/*Ulmer* Rn 104 mwN.

BGB aufschiebend bedingt vollzogen ist.[177] Entspr gilt, wenn bei nicht nur unwesentlich unter Anteilswert liegender Abfindung teilw Unentgeltlichkeit angenommen wird.

bb) Buchwertklauseln legen im vorausgehenden oder folgenden Jahresabschluss ausgewiesene Buchwerte des GesVermögens abzüglich der Schulden zugrunde, berücksichtigen dabei offene Rücklagen einschl Gewinnvortrag, dagegen nicht stille Reserven u Geschäfts- oder Firmenwert. Mit mancherlei Modifikationen sehr verbreitet. Grds zulässig,[178] jedoch ist Risiko späterer Unanwendbarkeit sehr hoch, da weites Zurückbleiben der Buchwerte hinter wirklichem Unternehmenswert bei erfolgreichen Ges geradezu vorgezeichnet mit der Folge angemessener höherer Abfindung.[179] Abfindungsbeschränkung auf halben Buchwert als solche bereits sittenwidrig u daher von vornherein nichtig, vertieft noch bei überlanger Auszahlungsfrist;[180] keine andere Beurteilung solcher Beschränkung, wenn Beteiligung schenkweise erworben.[181] **cc) Nennwertklauseln.** Noch höher Risiko späterer Unanwendbarkeit, uU sogar anfänglicher Nichtigkeit bei **Nennwertklauseln,** die Abfindung auf Betrag der nicht durch Verlust geminderten Einlage beschränken u selbst offen ausgewiesene Rücklagen außer Betracht lassen.[182] Ausnahmen können sich aus besonderer Interessenlage ergeben[183] (oben Rn 34). Nicht ganz selten sind modifizierte, dh durch zusätzliche Elemente verbesserte Nennwertklauseln; ihre Tragfähigkeit kann nur im Einzelfall beurteilt werden.[184] 35

dd) Substanzwertklauseln stellen auf Marktwert der im GesVermögen stehenden einzelnen Wirtschaftsgüter abzüglich der Schulden ab u schließen ausscheidenden Gfter damit vom anteiligen Geschäfts- oder Firmenwert aus. Von Rspr bisher für zulässig erachtet.[185] Jedoch bei ertragsstarken Unternehmen im Einzelfall bedenklich,[186] soweit nicht Erträge überwiegend auf persönlicher Arbeitsleistung der Gfter beruhen u insoweit vergegenständlichte Unternehmensorganisation in den Hintergrund tritt.[187] Wegen Bewertungsproblemen aber meist unpraktikabel.[188] **ee) Vermögensteuerwert.** Hinsichtlich Wirksamkeit u späterer Anwendbarkeit als im allg unbedenklich gehalten wurde Abfindung zum **Vermögensteuerwert** nach § 11 II, III BewG aF. 36

---

177 Ulmer/*Ulmer* Rn 101 f; Scholz/*Westermann* Rn 26 ff; Roth/*Altmeppen* Rn 47; ausführl *Habersack* ZIP 1990, 625; MünchHdbGmbH/*Kort* § 28 Rn 22; *Niemeier* 105 ff; alle mwN; – s auch § 15 Rn 14 mwN.

178 OLG Frankfurt NJW 1978, 328; OLG Hamburg DB 1982, 2344; OLG München DB 1993, 2325; krit jedoch OLG München BB 1987, 2392.

179 Vgl dazu etwa BGHZ 123, 281; BGH NJW 1993, 2101, 2102; Ulmer/*Ulmer* Rn 98; *Lutter/Hommelhoff* Rn 54; MünchHdbGmbH/*Kort* § 28 Rn 30; ausführlich *Müller* ZIP 1995, 1561; s auch unten Rn 36.

180 BGH NJW 1989, 2685 zur KG; zust *Lutter/Hommelhoff* Rn 54; Michalski/*Sosnitza* Rn 66; – aA *Sigle* ZGR 1999, 662 f.

181 BGH NJW 1989, 2685 zur KG.

182 Vgl BGHZ 116, 359, 367 ff, 375 f, der allerdings im konkreten Fall nur Anfechtbarkeit annimmt; für Nichtigkeit bei krasser Differenz zum wahren Anteilswert OLG Hamm DB 1997, 1612; MünchHdbGmbH/*Kort* § 28 Rn 31; anders noch OLG Celle WM 1986, 161, 162.

183 Zur Managementbeteiligung BGH/OLG Celle bei *Goette* DStR 1997, 336.

184 ZB BGHZ 116, 359; 126, 226.

185 BGHZ 65, 22, 26 f; OLG München BB 1987, 2392.

186 Andeutungsweise BGHZ 65, 22, 29; auch Ulmer/*Ulmer* Rn 84.

187 BGH NJW 1991, 1547, 1548 für Arztpraxis; ähnl BB 1987, 710.

188 *Ulmer* FS Quack, 1991, 482 f.

Bewertung wurde ua auch als geeignet angesehen, wenn Ertragskraft der Ges vorwiegend auf persönlicher Tätigkeit der Gfter beruht.[189] Soweit sich dabei Anteilswert nicht aus vorangegangenen Verkäufen ableiten ließ, erfolgte Bewertung durch Schätzung nach dem Stuttgarter Verfahren[190] auf der Grundlage des Einheitswerts unter begrenzter Berücksichtigung des Ertragswerts.[191] Allerdings barg hierauf verweisende Abfindungsklausel erhebliche Bewertungsunsicherheiten.[192] Entspr Bewertung trotz Aufhebung der Vermögensbesteuerung weiterhin möglich. Die häufig praktizierte gesvertragliche Verweisung auf zuletzt vom Finanzamt festgestellten Vermögensteuerwert geht nunmehr allerdings meist ins Leere, da insoweit Feststellungsbescheid auf letzten Stichtag vor Ausscheiden[193] maßgeblich war, der infolge Aufhebung der Vermögensbesteuerung idR zu weit zurückliegen wird. Ergänzende Vertragsauslegung kann dann für Bewertung durch Sachverständige nach entspr Bewertungsgrundlagen sprechen. Anders, wenn Verweisung auf Steuerbilanz (nachf Rn 37 aE).

37 **ff) Ertragswertklausel.** Möglich u oft sinnvoll ist schließlich Abfindung auf Ertragswertbasis, **Ertragswertklausel,** die strukturelle Abweichung von gesetzlicher Anteilsbewertung vermeidet u es dennoch der Satzung ermöglicht, in diesem Rahmen den Abfluss von GesVermögen durch Abfindungsbeschränkung zu begrenzen, etwa durch hohen Kapitalisierungszinsfuß u maßvolle Ermittlung künftiger Erträge oder durch offene prozentuale Verkürzung der Abfindung.[194] Verweisung auf **Grundsätze der Steuerbilanz** bedeutet Abfindung nach dem tatsächlichen Ertragswert, wie er sich auf der Grundlage der Steuerbilanz und des darin ausgewiesenen tats erwirtschafteten Gewinns ergibt.[195]

38 **gg) Fälligkeitsklauseln, Auszahlungsmodalitäten.** Fälligkeit tritt grds mit Wirksamwerden der Einziehung ein (oben Rn 24). Satzung kann **abweichende Auszahlungsmodalitäten** regeln. Üblich ist zeitliche Streckung, etwa Auszahlung in mehreren gleichen Jahres- oder Halbjahresraten bei marktüblicher Verzinsung, dafür ist bei Ungewissheit oder Streit über Abfindungshöhe zunächst unstr Betrag der Auszahlung zugrundezulegen. Auch in dieser Hinsicht darf jedoch Satzung nicht grob unbillig vom Gesetz abweichen (vgl oben Rn 26 ff) u übermäßig langen Auszahlungszeitraum bestimmen. Bis zu fünf Jahre idR nicht zu beanstanden;[196] bei sonst gfterfreundlicher Abfindungsklausel uU auch längerer Zeitraum;[197] mehr als acht Jahre dagegen kaum noch zumutbar.[198] Letztlich Frage des Gesamtzusammenhangs von Abfin-

---

189 BGH BB 1987, 710; OLG München BB 1987, 2392 f.

190 Abschn 4 ff VStR 1995;– s auch oben § 14 Rn 7.

191 Dazu *Großfeld* Rn 209 ff, 1192 mwN; Ulmer/*Ulmer* Rn 86; *Christoffel* GmbHR 1993, 205 u 272.

192 *Großfeld* Rn 216, 1192; *Ulmer* FS Quack, 1991, 483 f.

193 BGH GmbHR 1992, 757.

194 Ulmer/*Ulmer* Rn 87; grdlegend *Ulmer* FS Quack, 1991, 490 ff mit Gestaltungsvorschlag, 501 f.

195 OLG Köln GmbHR 1998, 641.

196 Betont streng Ulmer/*Ulmer* Rn 92, mehr als fünf Jahre sehr bedenklich.

197 BayObLG DB 1983, 99 f, sechs Jahre bei Abfindung zum vollen Anteilswert.

198 BGH NJW 1989, 2685, 2686, 15 Jahre sittenwidrig, dabei Zulässigkeit einer Zehnjahresfrist offengelassen; ebenso Scholz/*Westermann* Rn 34; für Sittenwidrigkeit von gestaffelter Auszahlung nach 5, 8 u 10 Jahren OLG Dresden NZG 2000, 1042.

dungshöhe u Auszahlungsmodalität.[199] – Von Gesetzes wegen keine **Verzinsung** des ausstehenden Abfindungsguthabens,[200] doch gesvertraglich regelbar u üblich. Fehlende Regelung kann bei Zusammentreffen mit weiteren Abfindungsbeschränkungen diese unzumutbar machen.[201]

3. Kapitalerhaltung, Abs 3. Abfindung darf **nicht aus nach § 30 I gebundenen Mitteln** geleistet werden. **Maßgebender Zeitpunkt** für Vorhandensein freier Mittel ist, wie allg bei § 30 I (dort Rn 22), derjenige der **Auszahlung,** nicht der Entstehung des Abfindungsanspruchs.[202] Ges darf also Entgelt für eingezogenen Anteil nur aus Überschuss des reinen GesVermögens über das Stammkapital gewähren, etwa aus geeigneten Rücklagen. Anders nur bei entspr Kapitalherabsetzung.[203] Zahlung unter Verstoß gegen § 30 I löst Rückzahlungspflicht nach § 31 aus. – Zur notwendigen Volleinzahlung der Einlage auf den eingezogenen Anteil oben Rn 11. **39**

4. Verhältnis von Kapitalerhaltung, Abfindung und Einziehung. Im Regelfall entgeltlicher Einziehung ist zu gewährleisten, dass betroffener Gfter GAnteil nicht ohne Abfindung verliert; das ist insbes wegen deren Bindung an § 30 I (Abs 3, oben Rn 39, auch Rn 11) problematisch: **a) Anfänglicher Verstoß gegen § 30.** Steht bereits bei Beschlussfassung über Einziehung fest, dass geschuldete Abfindung nach Vermögenslage der Ges nur unter Verletzung von § 30 gezahlt werden könnte oder sogar nach Beschlussinhalt so gezahlt werden soll, ist **Beschluss nichtig** entspr § 241 Nr 3 AktG wegen Verstoßes gegen Grundsatz der Kapitalerhaltung[204] u nicht nur anfechtbar.[205] Zwar verletzt Einziehungsbeschluss § 30 nicht unmittelbar, sondern erst durch Auszahlung der Abfindung; doch kann ein Beschluss keine Gültigkeit haben, dessen Durchführung von vornherein und auf Dauer in offenem Widerspruch zum Kapitalerhaltungsgrundsatz steht. Ggf ist allerdings die Möglichkeit einer Kapitalherabsetzung zu bedenken.[206] Dagegen keine Nichtigkeit, wenn Beschluss klarstellt, dass Zahlung nur bei Vorhandensein ungebundenen Vermögens erfolgen darf.[207] **40**

b) Späteres Eingreifen von § 30. aa) Aufschiebende Bedingung. Ist bei Beschlussfassung noch nicht klar absehbar, ob Abfindung aus ungebundenem Vermögen wird geleistet werden können, steht nach **bisher hM** zur Sicherung des betroffenen Gfters **Einziehungsbeschluss unter aufschiebender gesetzlicher Bedingung,** dass Zahlung der Abfindung ohne Beein- **41**

---

199 BGH NJW 1989, 2685, 2686; Ulmer/*Ulmer* Rn 88, 92; Scholz/*Westermann* Rn 34.

200 BayObLG DB 1983, 99; aA Ulmer/*Ulmer* Rn 79.

201 BayObLG DB 1983, 99f.

202 BGHZ 9, 169; hM, Scholz/*Westermann* Rn 51; *Lutter/Hommelhoff* Rn 14; Roth/*Altmeppen* Rn 16; Michalski/*Sosnitza* Rn 17; aA Ulmer/*Ulmer* Rn 20, 74; *Rowedder/*Schmidt-Leithoff/*Bergmann* Rn 21: Fälligkeit maßgebend.

203 BGHZ 9, 169; 65, 29.

204 BGH NZG 2009, 221; BGHZ 9, 157, 173f; BGHZ 144, 365, 369f = NJW 2000, 2819, 2820; BGH DStR 2001, 1898; 2006, 1900, 1901 m Anm *Goette;* Ulmer/*Ulmer* Rn 62, auch 20 u 30; Scholz/*Westermann* Rn 55; *Ulmer* FS Rittner, 1991, 735, 742f; *Kesselmeier* 202ff; MünchHdbGmbH/*Kort* § 28 Rn 39.

205 So aber OLG Celle GmbHR 1998, 141; Roth/*Altmeppen* Rn 22 mit dem Argument, Gefährdung des Abfindungsanspruchs betreffe allein Interesse des Gfters.

206 BGHZ 9, 157, 169; *Goette* FS Lutter, 2000, 399, 407f.

207 BGHZ 144, 365 = NJW 2000, 2819.

trächtigung des Stammkapitals erfolgt.[208] Danach bleiben GAnteil u mit ihm GfterStellung mit allen Rechten u Pflichten bis zur vollständigen Zahlung der Abfindung bestehen.[209] Anteil kann daher von GfterGläubiger bis zur Zahlung der Abfindung gepfändet werden.[210] Ruhen der Rechte des betroffenen Gfters während dieser Schwebezeit kommt nur bei entspr Satzungsbestimmung in Betracht,[211] jedoch ist Gfter bei Ausübung von Rechten, insbes Stimmrecht, durch **Treuepflicht** gebunden, daher ggf Korrektur unter Missbrauchsgesichtspunkten.[212] Steht fest, dass Abfindung nicht mehr unter Wahrung von § 30 gezahlt werden kann, ist aufschiebende Bedingung ausgefallen, Einziehung also ohne Wirkung.[213] Zur Begrenzung des die Beteiligten belastenden Schwebezustands ist ergänzend klarzustellen, dass diese Folge eintritt, wenn Zahlung nicht in angemessener Zeit erfolgen kann; Angemessenheit kann allerdings nur nach den Umständen des konkreten Falls beurteilt werden. Ungewissheit über Wirksamwerden der Einziehung führt zu erheblicher Rechtsunsicherheit, vor allem bei langandauernden Abfindungsstreitigkeiten. Konsequenzen wurden aber von hM im Interesse des betroffenen Gfters in Kauf genommen.[214]

42 **bb) Neuere Tendenz.** Von dieser wenig praktikablen Lösung scheint der **BGH** sich aber zunehmend zu distanzieren.[215] Jedenfalls lässt er jetzt **Satzungsregelungen** zu, nach welchen ein kündigender oder ausgeschlossener Gfter auch schon vor Zahlung der Abfindung ausscheidet u damit Gfterstellung mit sofortiger Wirkung verliert,[216] wobei die bloße Trennung der Folgen der Kündigung von der Regelung der Abfindung zu genügen scheint. Entspr wird, auch ohne Rückgriff auf die entspr getrennte Behandlung in der Satzung, neuerdings im Falle der Zwangseinziehung aus wichtigem Grund durch GfterBeschluss die unbedingte und endgültige Wirksamkeit der Einziehung bejaht, auch wenn dann die Abfindung nicht gezahlt werden kann, da das Interesse des ausscheidenden Gfters an einer vollwertigen Abfindung zurückzutreten habe.[217] Damit wird der ausscheidende Gfter jedoch unge-

---

[208] RGZ 142, 286, 290 f; BGH DStR 1997, 1336 mit Anm *Goette*; OLG Düsseldorf NZG 2007, 278; KG GmbHR 2005, 1612; OLG Schleswig NZG 2000, 703; OLG Zweibrücken GmbHR 1997, 939; Scholz/*Westermann* Rn 56 mit 58; *Rowedder*/Schmidt-Leithoff/*Bergmann* Rn 28; MünchHdbGmbH/*Kort* § 28 Rn 40; Michalski/*Sosnitza* Rn 75; zur vergleichbaren Lage bei Ausschluss eines Gfters BGHZ 9, 157, 173; gegen die Vergleichbarkeit jetzt aber *Goette* FS Lutter, 2000, 399, 401 f.

[209] Offengelassen aber BGH NJW-RR 1995, 667; BGHZ 139, 299, 301 f = NJW 1998, 3647; die dadurch entstehende schwierige Schwebelage betonend BGH NZG 2003, 871, 872.

[210] OLG Koblenz LSK 2007, 150 128.

[211] BGHZ 88, 320, 325 ff; OLG Frankfurt ZIP 1997, 644; *Lutter/Hommelhoff* Rn 29; *Rowedder*/Schmidt-Leithoff/*Bergmann* Rn 46, aber nicht Stimmrecht; aA Scholz/*Westermann* Rn 60; *Raiser/Veil* § 30 Rn 59.

[212] BGHZ 88, 320, 325 ff; *Lutter/Hommelhoff* Rn 29.

[213] OLG Düsseldorf NZG 2007, 278.

[214] Krit betont von Scholz/*Westermann* Rn 60 u *Lutter/Hommelhoff* Rn 29; – vgl im Übrigen krit gegen hM die unten Rn 42 f Genannten; *Roth* ZGR 1999, 720.

[215] Offen gelassen BGH NJW-RR 1995, 667; BGHZ 139, 299, 301 f = NJW 1998, 3647; die dadurch entstehende schwierige Schwebelage betonend BGH NZG 2003, 871, 872; *Goette FS* Lutter, 2000, 399, 405 ff; distanzierende auch *ders* Anm DStR 2008, 2121.

[216] BGH NZG 2009, 221 Rn 5; NZG 2003, 871, 872; zust *Löwe/Thoß* NZG 2003, 1005; – aA noch KG Berlin GmbHR 1999, 1203, 1205; 17. Aufl Rn 35.

[217] KG NZG 2006, 437; *Lutz* DStR 1999, 1861 f; *Löwe/Thoß* NZG 2003, 1005, 1007.

rechtfertigt benachteiligt, da dieser im Fall späterer Liquidation nicht mehr beteiligt ist, sodass sich die übrigen Gfter den Wert seiner Beteiligung aneignen könnten. Daher wollen andere dann dem ausgeschiedenen Gfter einen Anspruch gegen seine früheren MitGfter geben,[218] was allerdings systemwidrig erscheint u wofür eine Rechtsgrundlage nicht erkennbar ist. Praxis ist einstweilen Satzungsregelung zu empfehlen, nach welcher Gfter mit Bestandskraft des Beschlusses ausscheidet. Problem der Abfindung unter Gesichtspunkt der Kapitalerhaltung lösbar, wenn MitGfter anstelle der Ges Abfindung übernehmen.[219]

cc) Lösungsvorschlag. Nachteile der Bedingungskonstruktion können de lege lata ohne unangemessene Beeinträchtigung des Ausgeschlossenen dadurch vermieden werden, dass dieser mit Rechtskraft des (unbedingten) Ausschlussurteils zwar Befugnis zur Ausübung der GfterRechte verliert, aber zunächst Inhaber des GAnteils bleibt u nur Zug um Zug gegen Zahlung der Abfindung verpflichtet ist, diesen der Ges zur Einziehung oder sonstigen Verwertung zur Verfügung zu stellen.[220] Schutz des Ausgeschlossenen gegen unangemessene Verzögerung der Verwertung kann, zumindest als ultima ratio durch Auflösungsrecht entspr § 61 II Rechnung getragen werden, wenn Abfindungsanspruch nicht binnen angemessener, auf Antrag auch im Urteil festzusetzender[221] Frist erfüllt wird,[222] da Fortführung weder mit dem untragbaren Gfter sinnvoll, noch Ges ohne dessen Kapital fortbestehen kann. Ausgeschlossener kann sich dann aus Liquidationsüberschuss befriedigen.[223] 43

dd) Andere Lösungsvorschläge: Nicht durchgesetzt hat sich der Vorschlag, die Einziehung ohne Bedingung zuzulassen, dem betroffenen Gfter aber in Anlehnung an zum GfterAusschluss verbreitet anerkannte Lösung (Anh § 34 Rn 13 mwN) entspr § 61 klageweise geltend zu machendes **Auflösungsrecht** einzuräumen, wenn Abfindungszahlung an § 30 scheitert.[224] – Mit den zwingenden Regeln des GmbH-Rechts über die Stammkapitalbindung unvereinbar ist Versuch, die in Abs 3 bestimmte unmittelbare Anwendung von § 30 I durch der Vorbelastungshaftung (§ 11 Rn 61) nachgebildete besondere Differenzhaftung der Gfter zu ersetzen.[225] – Mit bemerkenswerten Gründen schlägt *Ulmer*[226] anstelle von aufschiebender Bedingung des Einziehungsbeschlusses dessen **auflösende Bedingung** vor, sodass (nur) bei Nichtleistung der Abfindung Beschluss u damit Einziehung rückwirkend unwirk- 44

---

218 Roth/*Altmeppen* Rn 22; zust *Goette* FS Lutter, 2000, 399, 405 ff, 410; – abl Michalski/*Sosnitza* Rn 75; *Löwe/Thoß* NZG 2003, 1005, 1007; *Peetz* GmbHR 2000, 749, 752.

219 Zu beidem *Goette* Anm DStR 2008, 2121.

220 Zust *Westermann/Pöllath* 142; ähnlich *Peetz* GmbHR 2000, 749, 753.

221 S auch Ulmer/*Ulmer* Anh § 34 Rn 38.

222 Vgl BGHZ 32, 23; – zust *Rowedder*/Schmidt-Leithoff/*Bergmann* Rn 104; auch noch *Ulmer* FS Rittner, 1991, 754 f; ähnl *Grunewald* 243 mwN.

223 Zum Ganzen schon *A. Hueck* DB 1953, 777 f; zust *Rowedder*/Schmidt-Leithoff/*Bergmann* Rn 104; *Westermann/Pöllath* 142; s auch *Canaris,* Die Feststellung von Lücken im Gesetz, 2. Aufl 1983, 168 Fn 92.

224 Dafür mit guten Gründen *Niemeier* 239 ff; auch *Grunewald* 242 ff, primär für Ausschluss; – dagegen Scholz/*Westermann* Rn 58; Ulmer/*Ulmer* Rn 64; *Ulmer* FS Rittner, 1991, 747 f; *Kesselmeier* 200 f.

225 *Kesselmeier* 211 ff; Roth/*Altmeppen* Rn 28; dagegen Ulmer/*Ulmer* Rn 63 u *Ulmer* FS Rittner, 1991, 747 ff.

226 Ausführl FS Rittner, 1991, 735 ff, insbes 748 ff; *ders* FS Priester, 2007, 775, 793 ff; Ulmer/*Ulmer* Rn 61, auch 20; krit *Goette* FS Lutter, 2002, 399, 408.

sam werden u GAnteil zugunsten des betroffenen Gfters wiederauflebt. Bei grds dogmatischer Gleichwertigkeit beider Bedingungslösungen könnte für auflösende Bedingung sprechen, dass sie sich nur bei real an § 30 scheiternder Abfindung auswirkt, während nach hM der aufschiebenden Bedingung alle Einziehungsbeschlüsse unterliegen, selbst wenn wirksame Abfindung (zunächst) gesichert erscheint. Diesem praktischen Vorteil stehen jedoch wesentlich schwerer wiegende Rückabwicklungsprobleme beim Eintritt der auflösenden Bedingung u damit im Vergleich zur aufschiebenden Bedingung deutlich größere Rechtsunsicherheiten gegenüber.[227] Nicht geringer sind die Schwierigkeiten bei Gewährung eines **Wiedereintrittsrechts** für den betroffenen Gfter, wenn nach einer stets als wirksam zu behandelnden Einziehung die Abfindung an § 30 scheitert.[228] Abgesehen davon, dass hier die konstruktive Begründung schwerfällt, erscheint die Stellung des betroffenen Gfters im Hinblick auf zwischenzeitliche Veränderungen noch stärker gefährdet als bei der Rückabwicklung nach Eintritt auflösender Bedingung.

Anhang nach § 34

Ausschluss und Austritt von Gesellschaftern

Übersicht

---

[227] Ausführl in diesem Sinn Scholz/*Westermann* Rn 59.

[228] Dafür aber *Grunewald* 243; *dies* GmbHR 1991, 185 f; auch *Niemeier* ZGR 1990, 314, 353 ff.

Lit: S zu § 34. Ferner *Bacher/von Blumenthal,* Die Verwertung von GmbH-Gesellschaftsanteilen bei Ausscheiden eines Gesellschafters, NZG 2008, 406; *Balz,* Die Beendigung der Mitgliedschaft in der GmbH, 1984; *Battke,* Der Ausschluss von Gesellschaftern aus der GmbH, GmbHR 2008, 850; *Gehrlein,* Ausschluss u Abfindung von GmbH-Gesellschaftern, 1997; *Grunewald,* Der Ausschluss aus Gesellschaft und Verein, 1987; *Hartmann,* Der ausscheidende Gesellschafter in der Wirtschaftspraxis, 4. Aufl 1983; *Hülsmann,* Rechtspraktische Probleme beim Austritt von Gesellschaftern aus der GmbH, GmbHR 2003, 198; *Kesselmeier,* Ausschließungs- und Nachfolgeregelung in der GmbH-Satzung, 1989; *Kulka,* Die gleichzeitige Ausschließung mehrerer Gesellschafter aus Personengesellschaften und GmbH, 1983; *Meyer-Landrut,* Die Auslegung einfacher Kündigungsklauseln in der GmbH-Satzung, FS Stimpel, 1985, 431; *Müller,* Das Austrittsrecht des GmbH-Gesellschafters, 1996; *Schröer,* Der wichtige Grund für den Ausschluss eines Gesellschafters aus der GmbH, 1995; *Soufleros,* Ausschließung und Abfindung eines GmbH-Gesellschafters, 1983; *Spitze,* Der Ausschluss des GmbH-Gesellschafters aus wichtigem Grund bei Schweigen der Satzung, 1985; *Ulmer,* Zwangseinziehung von Geschäftsanteilen und Ausschließung von GmbH-Gesellschaftern aus wichtigem Grund – Wirksamkeit schon vor Abfindung des Betroffenen?, FS Rittner, 1991, 735; *Westermann/Pöllath,* Abberufung und Ausschließung von Gesellschaftern/Geschäftsführern in Personengesellschaften und GmbH, RWS-Skript, 4. Aufl 1988; *Wiedemann,* Die Übertragung und Vererbung von Mitgliedschaftsrechten bei Handelsgesellschaften, 1965.

I. Allgemeines, Grundlagen

Satzung kann Ausschluss u Austritt im Rahmen der Gestaltungsfreiheit 1
regeln. So ist Ausschluss häufig in Form der Zwangseinziehung oder –abtretung ausgestaltet (dazu § 34 Rn 7 ff). Dann besteht für Ausschlussklage kein Rechtschutzbedürfnis.[1] Ausschluss u Austritt sind jedoch auch ohne Satzungsgrundlage möglich. Da insoweit Regelung im GmbHG fehlt (Regelung war im RegE 1972 vorgesehen),[2] beruhen die hier als Anhang darzustellenden Grunds auf Rechtsfortbildung u greifen nur ein, soweit Satzungsregelung fehlt oder unwirksam ist. – **Ausschluss** ist zwangsweises, **Austritt** freiwilliges Ausscheiden eines Gfters aus der Ges. Beides auf Person des Gfters bezogen iGgs zur Einziehung, die GAnteil als solchen betrifft[3] (§ 34 Rn 2) u als eine

[1] OLG Jena NZG 2006, 36; OLG Thüringen DStR 2006, 152; OLG Stuttgart WM 1989, 1252, 1253.
[2] BT-Drucks 7/3088, §§ 207, 211, abgedr bei Ulmer/*Ulmer* Rn 8; *Rowedder/* Schmidt-Leithoff/*Bergmann* § 34 Rn 66.
[3] BGH NJW 1977, 2316.

der möglichen Folgen von Ausschluss oder Austritt in Betracht kommt (unten Rn 10 u 26). – GmbHG enthält nur ganz spezielle Ausschluss- u Preisgabetatbestände, u zwar in §§ 21, 28 I Regelung des Ausschlusses wegen Säumnis bei Einzahlung von Bareinlagen bzw Nachschüssen, in § 27 I 1 Austrittsrecht bei unbeschränkter Nachschusspflicht durch Preisgabe des GAnteils u in § 15 I Grundsatz der Übertragbarkeit der Mitgliedschaft durch Abtretung des GAnteils. Dagegen fehlt eine dem Recht der Personenhandelsges entspr allg Regelung des Ausschlusses u Austritts aus wichtigem Grund. Diese ist, was bei Schaffung der GmbH nicht gesehen wurde, wegen der gegenüber der AG mehr personalistischen Struktur u der geringeren Fungibilität der Anteile nicht entbehrlich. Zwar ermöglicht § 34 gesvertragliche Ausschlussregelung u § 61 Auflösungsklage aus wichtigem Grund. Erstere erfordert jedoch entspr vorausschauende Satzungsregelung, die zwar weithin üblich ist, aber keineswegs immer vorliegt; letztere führt zur Zerstörung der Ges u wird deshalb vor allem bei ausschließlich in der Person einzelner Gfter liegenden wichtigen Gründen den praktischen Erfordernissen nicht gerecht. Rspr u Wissenschaft haben dem durch rechtsfortbildende Entwicklung allg Grundsätze Rechnung getragen nach dem Prinzip der Lösbarkeit personenbezogener Dauerrechtsverhältnisse aus wichtigem Grund in Anlehnung an gesetzliche Regelung bei Personenhandelsges.[4] Grds Zulässigkeit von Ausschluss u Austritt aus wichtigem Grund heute unstr, nicht dagegen Einzelheiten. RegE 1971 zur geplanten Großen GmbH-Reform (Einl Rn 36) sah ausführl Regelung in §§ 207–211 vor, die teilw auch in der neueren Lit als Grundlage für Problemlösungen herangezogen wird. – **Ausschluss- und Austrittsrecht aus wichtigem Grund** folgen aus unabdingbarem Prinzip. Daher zwar durch Satzung näher auszugestalten, jedoch **nicht einschränkbar.**[5] – Dagegen ohne entspr Satzungsregelung bei GmbH keine ordentliche Kündigung ohne wichtigen Grund entspr § 723 BGB (s auch unten Rn 21); aber Sonderregelung in § 18 III des 5. VermBG, Kündigung der Mitgliedschaft eines Arbeitnehmers bei Wegfall steuerlicher Förderung.[6]

II. Ausschluss

2 **1. Zulässigkeit** des Ausschlusses von Gftern aus wichtigem Grund auch ohne besondere Satzungsregelung im Grundsatz **allg anerkannt.**[7] Ausschluss kann auch gegen Mehrheitsgfter erfolgen.[8] Zulässig ebenso bei Zweipersonen-GmbH,[9] die dadurch zur Einpersonen-GmbH wird. Kapitalistische Struktur der Ges hindert Ausschluss als solchen nicht.[10] – Aus-

---

[4] BGHZ 9, 157, 161 ff; 116, 359, 360, 369; Ulmer/*Ulmer* § 34 Anh Rn 3; *Balz* 28 ff, 90 ff; *Soufleros* 12 ff; *Spitze* 17 ff; *Schröer* 26 ff.

[5] AllgM, Ulmer/*Ulmer* § 34 Anh Rn 19, 68; Scholz/*Winter/Seibt* § 34 Anh Rn 19; *Lutter/Hommelhoff* § 34 Rn 32, 43.

[6] Dazu *Bösert* GmbHR 1994, 293.

[7] BGHZ 9, 157; 16, 322; 32, 22; 80, 349; BGH GmbHR 1987, 302; NJW 2000, 35; Ulmer/*Ulmer* § 34 Anh Rn 9; Scholz/*Winter/Seibt* § 34 Anh Rn 21; *Lutter/Hommelhoff* § 34 Rn 32; Roth/*Altmeppen* § 60 Rn 77; *Rowedder*/Schmidt-Leithoff/*Bergmann* Rn 63 f; – grundlegend *Scholz,* Ausschließung und Austritt aus der GmbH, 3. Aufl 1950.

[8] BGHZ 9, 178; Ulmer/*Ulmer* § 34 Anh Rn 26; einschr *v. Stetten* GmbHR 1982, 106.

[9] BGHZ 16, 317; 32, 18; 80, 351; *Wolf* ZGR 1998, 95 mwN.

[10] HM, Ulmer/*Ulmer* § 34 Anh Rn 14; Scholz/*Winter/Seibt* § 34 Anh Rn 22; jew mwN.

schlussregeln grds schon auf Vorges anwendbar[11] (näher § 11 Rn 30 aE mwN). Auch Liquidationsverfahren steht Ausschluss nicht notwendig entgegen,[12] ist jedoch bei Würdigung des wichtigen Grundes zu berücksichtigen.[13]

2. Voraussetzungen. a) Wichtiger Grund. Ausschluss setzt wichtigen Grund in der Person des auszuschließenden Gfters voraus. Ein solcher liegt vor, wenn den übrigen Gftern Fortsetzung der Ges mit dem betr Mitglied infolge seines Verhaltens oder seiner Persönlichkeit nicht mehr zuzumuten ist, seine weitere Mitgliedschaft also den Fortbestand der Ges unmöglich macht oder doch ernstlich gefährdet (allgM). Maßgebend ist Abwägung aller wesentlichen Umstände des Einzelfalls,[14] so etwa auch bei Gründung bereits vorgegebene, für Mitgesellschafter ungünstige Struktur, deren Folgen dann idR nicht als Ausschlussgrund geltend gemacht werden können.[15] Verschulden des auszuschließenden Gfters nicht unbedingt erforderlich,[16] Vorhandensein oder Fehlen aber im Rahmen der Abwägung zu berücksichtigen.[17] Verfehlungen im privaten Bereich genügen idR nicht, falls nicht unmittelbar gegen Lebensbereich von Mitgftern gerichtet oder geschäftsschädigend.[18] – **Beispiele:** Schwere Pflichtverletzungen, auch der Treuepflicht[19] (§ 13 Rn 30), Zerstörung des Vertrauensverhältnisses,[20] auch durch Vielzahl kleinerer Pflichtverstöße;[21] schuldhafte Herbeiführung eines tiefgreifenden, unheilbaren Zerwürfnisses unter den Gftern, insbes bei personalistisch strukturierter Ges, auch wenn auszuschließenden Gfter nicht alleinige Schuld trifft,[22] sofern er Zerwürfnis überw verursacht hat;[23] treuwidrige Zuarbeit für Konkurrenzunternehmen;[24] Denunziation eines Mitgfters;[25] ungerechtfertigte ehrenrührige Vorwürfe gegen MitGfter u ihnen nahe stehende Personen;[26] Verlust gesvertraglich geforderter persönlicher Eigenschaften[27] oder sonstiger Voraussetzungen, etwa Familienzugehörigkeit bei Aufnahme in Familienges wegen Einheirat;[28] geschäftsschädigendes Auftreten in der Öffentlichkeit;[29] uU auch Verhalten vor oder bei Abschluss des Gesvertrages bzw Beitritt, insbes Erschleichen der Mitgliedschaft,[30] etwa Verschweigen relevanter Vorstrafen, 3

---

11 OLG Hamm DB 1994, 1232; Scholz/*Winter/Seibt* § 34 Anh Rn 23.
12 BGHZ 9, 178.
13 OLG Frankfurt/M NZG 2002, 1022, 1023; Ulmer/*Ulmer* § 34 Anh Rn 9; Scholz/*Winter/Seibt* § 34 Anh Rn 24.
14 BGHZ 16, 322; 32, 31; 80, 350; ZIP 1995, 567, 569; OLG Brandenburg GmbHR 1998, 194.
15 OLG Karlsruhe NZG 2004, 335, 336 (Zapf Transporte).
16 BGHZ 9, 164.
17 Scholz/*Winter/Seibt* § 34 Anh Rn 26.
18 BGH NJW 1973, 92 für KG.
19 BGH/OLG Nürnberg DStR 1993, 1266; OLG München DB 1994, 320, 321.
20 BGHZ 32, 35.
21 OLG Brandenburg GmbHR 1998, 196 obiter.
22 BGHZ 80, 349; RGZ 164, 258.
23 BGH GmbHR 1991, 362; auch OLG Frankfurt GmbHR 1993, 659.
24 OLG Frankfurt DB 1992, 2489.
25 OGHBrZ GmbHR 1950, 14 für OHG; BGH NJW 1969, 794 für KG.
26 OLG Hamm GmbHR 1993, 743.
27 BGHZ 9, 159.
28 BGH NJW 1973, 92 für KG.
29 Ulmer/*Ulmer* § 34 Anh Rn 12.
30 BGHZ 9, 159.

Vorspiegeln von Fachkenntnissen.[31] – Dagegen **nicht ausreichend** gerichtliche Geltendmachung berechtigter Ansprüche gegen Ges;[32] bloßes Versagen als GFührer.[33] Auch gegen anderen Gfter gerichtete Strafanzeige reicht nicht aus, wenn Versuche innergesellschaftlicher Klärung gescheitert sind u Gfter nach gewissenhafter Prüfung der Auffassung sein kann, es lägen strafbare Verhaltensweisen vor.[34] – Satzung kann Begriff des wichtigen Grundes näher bestimmen (s unten Rn 16).

4 **Mitverschulden** anderer Gfter an Zerwürfnis ist zu berücksichtigen, steht aber Ausschluss nicht notwendig entgegen.[35] Anders, wenn diese gleiches oder gar überwiegendes Verschulden trifft oder in ihrer Person ebenfalls Ausschlussgründe vorliegen;[36] denn kein Gfter kann von ihm selbst ganz oder überwiegend verschuldeten Streit zum Anlass für Ausschluss eines Mitgfters nehmen.[37] Bei Zweipersonen-GmbH hindert gesellschaftswidriges Verhalten auch des verbleibenden Gfters Ausschluss des anderen nur, wenn es ebenfalls Voraussetzungen des wichtigen Grundes für seinen Ausschluss erfüllen würde.[38] Entspr gilt für Mehrpersonen-GmbH, wenn Gfter sich in zwei geschlossenen Fronten gegenüberstehen.[39] Soweit danach Ausschluss nicht zulässig, bleibt nur Auflösung.[40]

5 Gründe in der Person eines **Vertreters,** der mit der Ausübung von GfterRechten betraut ist, können genügen, wenn Vertretungsverhältnis nicht nur kurzfristig u Abberufung nicht erfolgt oder nicht möglich.[41] Bei **Treuhand** grds Person des Treuhänders maßgebend; anders, wenn Treugeber auf GesVerhältnisse einwirkt oder an Stelle des Treuhänders wieder in Ges eintreten kann[42] (§ 1 Rn 42 f). **Gesellschafterwechsel** auf Seiten des Auszuschließenden lässt Ausschlussgrund entfallen u erledigt Ausschlussklage in der Hauptsache;[43] anders, wenn wegen fehlender oder fehlerhafter Mitteilung der Übertragung u entspr fehlerhafter Gfterliste (§ 16 I) Veräußerer gegenüber Ges noch als Gfter gilt.[44] Bei Veräußerung an Strohmann kann uU dieser ausgeschlossen werden.[45] – Auf Seiten eines den Ausschluss betreibenden neuen Mitgfters kann Verhalten des Rechtsvorgängers mitzuberücksichtigen sein.[46]

6 **b) Äußerstes Mittel.** Ausschluss eines Gfters nur äußerstes Mittel, wenn keine weniger einschneidende Möglichkeit zur Beseitigung des Missstandes

---

31 OLG Frankfurt NJW 1948, 429.
32 OLG Hamm GmbHR 1993, 656; ähnl OLG Frankfurt GmbHR 1993, 659.
33 OLG Hamm GmbHR 1998, 1081.
34 BGH NZG 2003, 530.
35 RGZ 164, 257; BGHZ 80, 351; BGH DB 1990, 929; OLG München DB 1993, 2477, 2478; 1994, 320, 311.
36 BGH DB 1990, 929; GmbHR 1991, 362; ZIP 1995, 567, 569; OLG Frankfurt GmbHR 1993, 659.
37 Scholz/*Winter/Seibt* § 34 Anh Rn 29; auch Ulmer/*Ulmer* Anh § 34 Rn 11.10.
38 BGHZ 80, 352; 32, 31, 35; 16, 322; Ulmer/*Ulmer* Anh § 34 Rn 15 mwN.
39 BGHZ 80, 351.
40 BGHZ 32, 35.
41 RGZ 105, 377; Scholz/*Winter/Seibt* § 34 Anh Rn 28.b.
42 BGHZ 32, 33; OLG München BB 1997, 491 für Einziehung; Scholz/*Winter/Seibt* § 34 Anh Rn 28.
43 Scholz/*Winter/Seibt* § 34 Anh Rn 37; Ulmer/*Ulmer* Anh § 34 Rn 16.
44 OLG Hamm GmbHR 1993, 660.
45 BGHZ 9, 170.
46 BGH DB 1990, 929, 930.

besteht, Treuepflicht.[47] Als solche kommen etwa in Betracht: Abberufung als GFührer bei GfterGFührer;[48] Entzug von Sonderrechten (dazu § 14 Rn 19), auch bzgl GFührung; Übertragung der Ausübung von Mitverwaltungsrechten auf Vertreter; Übertragung des GAnteils auf Treuhänder; Pflegerbestellung bei dauernder Unerreichbarkeit des Gfters;[49] Teileinziehung (§ 34 Rn 18) zur Überwindung einer querulatorisch ausgeübten Sperrminorität. Soweit Mitwirkung des betroffenen Gfters erforderlich, kann bei Verweigerung Ausschluss erfolgen.[50] – Gegenüber Auflösungsklage ist Ausschluss als die Ges erhaltende Maßnahme idR milderes Mittel[51] (§ 61 Rn 5 mwN). Deshalb Auflösungsklage abzuweisen, wenn gegen Auflösungskläger Ausschließung betrieben wird u begründet erscheint.[52] Sieht Satzung Zwangseinziehung oder -abtretung vor, scheidet Ausschlussklage aus (oben Rn 1).

c) Der **Grundsatz der Aufbringung und Erhaltung des Stammkapitals** (Einl Rn 7) darf nicht verletzt werden. Daher Ausschluss nicht möglich, wenn GAnteil nicht voll eingezahlt u weder Mitgfter oder Dritter bereit, Anteil zu übernehmen, noch entspr Kapitalherabsetzung möglich; denn Ges darf nicht voll eingezahlten Anteil weder einziehen (§ 34 Rn 11) noch erwerben, § 33 I.[53] Ebenso darf Abfindung nur unter Beachtung des § 30 I geleistet werden (unten Rn 11, § 34 Rn 40 ff). Steht bereits fest, dass Verwertung des GAnteils u Zahlung der Abfindung ohne Verstoß gegen § 30 nicht innerhalb angemessener Zeit möglich, ist Ausschlussklage trotz Vorliegens eines wichtigen Grundes abzuweisen.[54] 7

3. Verfahren erfolgt in drei Schritten: Gfterbeschluss über Erhebung der Ausschlussklage (nachfolgend b), Durchführung der Ausschlussklage (nachfolgend a), Verwertung des Anteils (nachfolgend c). **a) Ausschlussklage.** Ausschluss erfolgt durch Gestaltungsurteil auf Grund Ausschlussklage der Ges.[55] Erhebung der Klage namens der Ges durch GFührer, bei Zweipersonenges aus Praktikabilitätsgründen auch durch anderen Gfter;[56] auf mehrgliedrige Ges nicht übertragbar.[57] GfterVers kann analog § 46 Nr 8 auch besonderen Prozessvertreter bestellen, da vergleichbarer Interessenkonflikt bei GFührern bestehen kann.[58] Ausschlussurteil ergeht nach hM unter **aufschiebender Bedingung** rechtzeitiger Zahlung der im Urteil festzusetzen- 8

---

47 RGZ 164, 262; 169, 334; BGHZ 16, 322; allgM.

48 OLG Rostock NZG 2002, 294.

49 Dazu *Beckmann* DNotZ 1971, 132; *Schmitz* GmbHR 1971, 226.

50 Zum Ganzen Ulmer/*Ulmer* § 34 Anh Rn 17 f; Scholz/*Winter/Seibt* § 34 Anh Rn 30; *Soufleros* 40 f.

51 Abw Ulmer/*Ulmer* Anh § 34 Rn 18.

52 BGHZ 80, 346.

53 Scholz/*Winter/Seibt* § 34 Anh Rn 32.

54 BGHZ 9, 175.

55 BGHZ 9, 166; 80, 349; GmbHR 1987, 302; Ulmer/*Ulmer* § 34 Anh Rn 21; Scholz/*Winter/Seibt* § 34 Anh Rn 33; *Lutter/Hommelhoff* § 34 Rn 37; Roth/*Altmeppen* § 60 Rn 82; *Rowedder*/Schmidt-Leithoff/*Bergmann* Rn 83; *Balz* § 46; *Grunewald* 107 ff; *Soufleros* 49; *Spitze* 81 ff.

56 HM, Ulmer/*Ulmer* § 34 Anh Rn 33; Scholz/*Winter/Seibt* § 34 Anh Rn 34; *Lutter/Hommelhoff* § 34 Rn 36; *Winter,* Mitgliedschaftliche Treuebindungen im GmbH-Recht, 1988, S 307 ff; *Soufleros* 73; *Wolf* ZGR 1998, 105 mwN; – aA OLG Nürnberg BB 1970, 1371.

57 HM, aA *Joost* ZGR 1984, 80, 100.

58 Ulmer/*Ulmer* § 34 Anh Rn 32; Scholz/*Winter/Seibt* § 34 Anh Rn 34.

den Abfindung (unten Rn 12). – Ausschlussklage **entbehrlich,** wenn nach Satzung GfterBeschluss ausreichend[59] (unten Rn 16), ebenso für Alleingfter, der Teil seiner Anteile verkauft hat, wenn gegenüber Käufer Gründe bestehen, die dessen Ausschluss aus der Ges rechtfertigen würden. Dann genügt Erfüllungsverweigerung, u zwar auch, wenn Ausschluss nicht das einzige Mittel zur Herstellung zumutbarer Verhältnisse in der GmbH wäre;[60] denn Käufer, der noch nicht Gfter geworden ist, ist weniger schutzbedürftig.[61]

9 **b) Gesellschafterbeschluss.** Entscheidung über Erhebung der Ausschlussklage erfolgt durch GfterBeschluss, bei dem **betroffener Gesellschafter kein Stimmrecht** hat,[62] doch ist ihm ausreichend **Gelegenheit zur Stellungnahme** zu gewähren.[63] Fehlen eines wirksamen Beschlusses führt, wie bei § 46 Nr 8, zur sachlichen Klageabweisung. Erforderlich ist **nach hM Dreiviertelmehrheit.**[64] Die Gegenansicht,[65] die einfache Mehrheit genügen ließ, weil Dreiviertelmehrheit nach § 60 I Nr 2 nur für Auflösung ohne wichtigen Grund erforderlich ist, während bei wichtigem Grund für Auflösungsklage sogar Antrag einer Minderheit genügt, § 61 II, ist durch Rspr des BGH überholt. – Beschluss ist **anfechtbar,** allerdings nicht wegen Fehlens der materiellen Ausschlussvoraussetzungen, die erst im Ausschlussverfahren geprüft werden,[66] wohl aber wegen formaler Mängel[67] wie auch wegen Treupflichtverletzung bei leichtfertiger oder gar missbräuchlicher Klageerhebung. Mitwirkungspflicht in Form positiver **Stimmpflicht** kann bestehen.[68] – Beschluss ist keine Satzungsänderung u bedarf weder notarieller Form nach § 53 II noch nach § 15 III.[69] – Bei **gleichzeitigem Ausschluss mehrerer** grds getrennte Beschlussfassung erforderlich, jedenfalls wenn dies beantragt wird, doch sind bei einheitlichem Ausschließungsgrund auch bei getrennter Abstimmung jew alle Betroffenen vom Stimmrecht ausgeschlossen.[70] – Bei **Zweipersonenges Beschlussfassung entbehrlich.**[71]

---

[59] OLG Stuttgart WM 1989, 1252.

[60] BGHZ 35, 272.

[61] *Fischer* LM § 34 Nr 4.

[62] BGHZ 9, 177 f; OLG Düsseldorf GmbHR 1999, 543; OLG Stuttgart WM 1989, 1252, 1253; Ulmer/*Ulmer* § 34 Anh Rn 22, 27; Scholz/*Winter/Seibt* § 34 Anh Rn 36; Roth/*Altmeppen* § 60 Rn 84; *Grunewald* 108; *Soufleros* 56; s auch unten § 47 Rn 56.

[63] OLG München DB 1998, 304; Scholz/*Winter/Seibt* § 34 Anh Rn 36; *Soufleros* 42; zu Einzelheiten *Abramenko* GmbHR 2001, 501.

[64] BGHZ 153, 285, 288 f = NJW 2003, 2314, 2315; NZG 2003, 284, 285; so auch schon BGHZ 9, 157, 177; ferner OLG Frankfurt DB 1979, 2127; Ulmer/*Ulmer* § 34 Anh Rn 25 f mwN; *Lutter/Hommelhoff* § 34 Rn 36; *Rowedder*/Schmidt-Leithoff/*Bergmann* Rn 82; Roth/*Altmeppen* § 60 Rn 86; Michalski/*Sosnitza* Rn 25.

[65] 17. Aufl Rn 9; OLG Köln NZG 2001, 82; LG Köln GmbHR 2000, 141; Scholz/*Winter/Seibt* § 34 Anh Rn 35; *Balz* 38 ff; *Soufleros* 59.

[66] BGHZ 153, 285, 287 = NJW 2003, 2314, 2315; Ulmer/*Ulmer* Rn 29 f.

[67] BGHZ 153, 285, 287 = NJW 2003, 2314, 2315.

[68] Vgl. BGH NZG 2003, 530; ebenso Michalski/*Sosnitza* Rn 26; *Balz* 40 ff; *Soufleros* 63 ff; grundlegend *Winter,* 167 ff, 175 ff; – s auch § 47 Rn 110 ff.

[69] OLG Frankfurt DB 1979, 2127.

[70] Ulmer/*Ulmer* Anh § 34 Rn 27; Ulmer/*Hüffer* § 47 Rn 164; Scholz/*Schmidt* § 47 Rn 139; Scholz/*Winter/Seibt* § 34 Anh Rn 36.

[71] OLG Jena NZG 2006, 36; Ulmer/*Ulmer* § 34 Anh Rn 28; Michalski/*Sosnitza* Rn 26; *Schneider* FS Kellermann, 1991, 403, 416; *Kulka* 129, 209; *Soufleros* 74.

c) Verwertung des Anteils erfolgt nach Wahl der Ges durch Einziehung oder Übertragung auf Ges, Mitgfter oder Dritten;[72] denn Anteil kann nicht ohne weiteres untergehen. Vielmehr besteht GAnteil fort, bis er durch Ges eingezogen oder anderweitig verwertet wird.[73] (Automatischer) Anfall bei Ges[74] wäre problematisch, da § 33 entgegenstehen kann. Konstruktion eines trägerlosen Rechts[75] nicht erforderlich. Ges kann nach Rechtskraft des Urteils gegen Zahlung der Abfindung Abtretung verlangen oder Anteil einziehen. Einziehung auch zulässig, wenn als solche nicht in der Satzung vorgesehen.[76] Zustimmung des Ausgeschlossenen nicht erforderlich. Sonstige Voraussetzungen der Einziehung müssen dagegen vorliegen; insbes gelten die aus dem Grundsatz der Kapitalaufbringung u -erhaltung folgenden Einschränkungen[77] (§ 34 Rn 11). 10

4. Abfindung. a) Abfindungsanspruch. Ausschluss hat keinen Strafcharakter u soll nicht zu finanzieller Schädigung des Ausgeschlossenen führen. Ausgeschlossener Gfter hat daher grds **Anspruch auf Abfindung** in Höhe des vollen wirtschaftlichen Werts des GAnteils, Verkehrswert.[78] Zur Berechnung § 34 Rn 22 ff; Abfindungsbeschränkungen durch Satzung sind möglich[79] u bei Fehlen ausdrückl Regelung ggf von anderen geregelten Fällen übertragbar.[80] **Maßgebender Zeitpunkt** ist hier grds derjenige der Klageerhebung.[81] Fehlt zu diesem Zeitpunkt noch wirksamer GfterBeschluss, ist für Wertberechnung Zeitpunkt der wirksamen Beschlussfassung maßgebend.[82] – Zahlung der Abfindung darf unstr nur unter **Beachtung von § 30 I** erfolgen, also aus dem Vermögen der Ges nur, wenn entspr Mittel über den Betrag des Stammkapitals hinaus vorhanden sind; Verstoß löst Rückzahlungspflicht nach § 31 aus. 11

b) Verhältnis von Abfindung und Ausschlussfolge. aa) Problem. Da Abfindung aus GesVermögen nach § 30 I nicht Erhaltung des Stammkapitals beeinträchtigen darf (oben Rn 11) und die übrigen Gfter, anders als im Fall des § 140 HGB, nicht persönlich für Abfindung haften,[83] könnte Gfter bei Trennung von Ausschluss u Abfindung **Gefahr** laufen, **Geschäftsanteil zu verlieren, ohne sogleich Gegenwert dafür zu erhalten.** Problem wie bei der Einziehung, dass Gfter Anteil nicht ohne durchsetzbaren Abfindungsanspruch verlieren soll (§ 34 Rn 40 f). Gleichwohl bestehende Unterschiede bzgl Voraussetzungen, Verfahren u möglichen Folgen bei einfacher Gleichset- 12

---

72 Str, Ulmer/*Ulmer* § 34 Anh Rn 39; trotz teilw abw Konstruktion iE ähnl Scholz/*Winter/Seibt* § 34 Anh Rn 47.

73 BGH NJW 2000, 35.

74 So BGHZ 9, 178.

75 Ulmer/*Ulmer* Anh § 34 Rn 39; Scholz/*Winter/Seibt* § 34 Anh Rn 47; *Soufleros* 123; jew mwN.

76 BGHZ 9, 168; NJW 1977, 2316; – aA *Soufleros* 133.

77 BGHZ 9, 169; allgM.

78 BGHZ 9, 168; 16, 322; 32, 23; allgM, Ulmer/*Ulmer* § 34 Anh Rn 41 f; Scholz/*Winter/Seibt* § 34 Anh Rn 48.

79 BGHZ 116, 359, 365; BGH NZG 2002, 176.

80 BGH NZG 2002, 176.

81 BGHZ 9, 176; 16, 323; Ulmer/*Ulmer* § 34 Anh Rn 41 f; Scholz/*Winter/Seibt* § 34 Anh Rn 48; *Soufleros* 198 ff mwN; *Rowedder*/Schmidt-Leithoff/*Bergmann* Rn 106.

82 BGH NJW 1972, 1320.

83 Anders Roth/*Altmeppen* Rn 28; *Goette* FS Lutter, 2000, 399, 410; auch schon *Fischer* FS W. Schmidt, 1959, 132 f.

zung; in Lit nicht immer hinreichend beachtet.[84] **bb) Aufschiebend bedingtes Gestaltungsurteil.** Nach **bisheriger Ansicht** von **BGH und hM** hat daher **Ausschlussurteil unter aufschiebender Bedingung rechtzeitiger Zahlung** der im Urteil festzusetzenden Abfindung zu ergehen, falls Ges nicht entspr Betrag hinterlegt. Für Zahlung ist angemessene Zahlungsfrist festzusetzen.[85] Wesentlicher **Nachteil dieser Lösung** ist Abhängigkeit des Ausschlusses von der Entscheidung oft schwieriger Bewertungsfragen, sodass Streit über Höhe der Abfindung Ausschluss untragbar verzögern kann. BGH hat daher Ausschluss ohne endgültige Festsetzung zugelassen, wenn Betroffener nicht alles in seinen Kräften Stehende unternimmt, um Wertfestsetzung zu ermöglichen.[86] Auch kann durch Zwischenfeststellungsurteil über Berechtigung zur Ausschließung entschieden werden, wenn Höhe der Abfindung noch nicht feststeht.[87]

13 **cc) Kritik.** Bedingungskonstruktion ist in der **Lit** und zunehmend auch in der Rspr auf **Kritik** gestoßen,[88] ohne dass über Lösung Einigkeit besteht. Auch der **BGH** scheint sich zunehmend von dieser wenig praktikablen Lösung zu distanzieren.[89] Lösung des Problems jedoch weiterhin offen. Gesvertragliche Abkoppelung der Abfindungs- von der Ausschlussfolge nach BGH zulässig.[90] Ohne eine solche werden überw ohne Differenzierung zu Ausschlusslage u -folgen gleiche Vorschläge wie bei Einziehung gemacht; dazu bereits § 34 Rn 43. Neuerdings wird Schutzwürdigkeit des auszuschließenden Gfters hinsichtlich Verknüpfung von Ausschluss u Abfindung ganz in Abrede gestellt, sodass Ausschluss auch erfolgen kann, wenn Gfter wegen fehlender freier Mittel keine Aussicht auf Realisierung seines Abfindungsanspruchs hat.[91] Damit wird der ausscheidende Gfter jedoch ungerechtfertigt benachteiligt, da dieser im Fall späterer Liquidation nicht mehr beteiligt ist, sodass sich die übrigen Gfter den Wert seiner Beteiligung aneignen könnten. Daher wollen andere dann dem ausgeschiedenen Gfter einen **Anspruch gegen seine früheren MitGfter** geben,[92] was allerdings systemwidrig erscheint u wofür eine Rechtsgrundlage nicht erkennbar ist.

14 **dd) Lösungsvorschlag.** Nachteile der Bedingungskonstruktion können de lege lata ohne unangemessene Beeinträchtigung des Ausgeschlossenen dadurch vermieden werden, dass dieser mit Rechtskraft des unbedingten Ausschlussurteils zwar Befugnis zur Ausübung der GfterRechte verliert, aber

---

84 Zum Meinungsstand Ulmer/*Ulmer* Anh § 34 Rn 34 ff; Scholz/*Winter/Seibt* § 34 Anh Rn 39 ff; auch *Ulmer* FS Rittner, 1991, 735, 751 ff; *Kesselmeier* 193 ff; alle mwN.

85 BGHZ 9, 174, 179; 16, 325; OLG Hamm DB 1992, 2181, 2182; OLG Jena NZG 2006, 36, 38; OLG Düsseldorf NZG 2007, 287; zust Scholz/*Winter/Seibt* § 34 Anh Rn 39, 43; *Lutter/Hommelhoff* § 34 Rn 38; *Rowedder*/Schmidt-Leithoff/*Bergmann* Rn 123, aber krit Rn 101 ff.

86 BGHZ 16, 317, 325; OLG Hamm DB 1992, 2181, 2182; zust mwN Scholz/*Winter/Seibt* § 34 Anh Rn 39, 43; *Lutter/Hommelhoff* § 34 Rn 38.

87 OLG Celle GmbHR 1997, 1003.

88 Ulmer/*Ulmer* § 34 Anh Rn 35, 37; *Grunewald* 111 ff; *Kesselmeier* 197 ff; *Soufleros* 78 ff mwN.

89 Offen gelassen BGHZ 139, 299, 301 f; die dadurch entstehende schwierige Schwebelage betonend auch BGH NZG 2003, 871, 872; *Goette* FS Lutter, 2000, 399, 405 ff.

90 BGH NZG 2003, 871, 872 obiter.

91 KG NZG 2006, 437; *Löwe/Thoß* NZG 2003, 1005, 1006.

92 Offengelassen BGH NZG 2003, 871, 872; bejahend Roth/*Altmeppen* Rn 22; zust *Goette* FS Lutter, 2000, 399, 410; – abl Michalski/*Sosnitza* Rn 75; *Löwe/Thoß* NZG 2003, 1005, 1007; *Peetz* GmbHR 2000, 749, 752.

zunächst Inhaber des GAnteils bleibt u nur Zug um Zug gegen Zahlung der Abfindung verpflichtet ist, diesen der Ges zur Einziehung oder sonstigen Verwertung zur Verfügung zu stellen.[93] Schutz des Ausgeschlossenen gegen unangemessene Verzögerung der Verwertung kann, zumindest als ultimo ratio durch Auflösungsrecht entspr § 61 II Rechnung getragen werden, wenn Abfindungsanspruch nicht binnen angemessener, auf Antrag auch im Urteil festzusetzender[94] Frist erfüllt wird,[95] da Fortführung weder mit dem untragbaren Gfter sinnvoll, noch Ges ohne dessen Kapital fortbestehen kann. Ausgeschlossener kann sich dann aus Liquidationsüberschuss befriedigen.[96] Daran anknüpfend will Teil der neueren Lit entspr Vorschlag des RegE 1971 zur gescheiterten Großen GmbH-Reform (oben Rn 1) endgültige Berechnung der Abfindung gesondertem Rechtsstreit überlassen, zum Schutz des Auszuschließenden jedoch Ausschluss von rechtzeitiger Zahlung einer im Urteil vorläufig festzusetzenden Abfindung abhängig machen.[97]

5. Wirkung. a) Inhaber des Geschäftsanteils. Ausschluss richtet sich gegen Gfter, nicht gegen GAnteil (oben Rn 1). Letzterer geht nur durch Einziehung unter. Ausgeschlossener bleibt daher zunächst **Inhaber des Geschäftsanteils,** bis dieser nach Wahl der Ges eingezogen oder auf Ges, Mitgfter oder Dritten übertragen ist. **b) Verlust der Gesellschafterrechte.** Mit **Rechtskraft des Ausschlussurteils** verliert Ausgeschlossener Befugnis zur Ausübung seiner **Gesellschafterrechte,** insbes **Stimmrecht;** so trotz unterschiedlicher Konstruktionen iE wohl hM in der Lit,[98] die jedoch auf der Grundlage der Bedingungskonstruktion teilw entspr Anordnung im Ausschlussurteil verlangt. Dagegen verneint **BGH** Stimmrecht nur bei solchen Maßnahmen, die der Durchführung des Ausschlusses dienen.[99] Ebenso entfällt **Gewinnanspruch.**[100] Das ergibt sich aus der Wahl des Stichtags für Abfindungsberechnung.[101] **Bis zur Rechtskraft des Ausschlussurteils** bleibt der Betroffene Gfter mit allen Rechten u Pflichten; soweit Zusammenarbeit mit ihm nicht möglich, kann durch **einstwVfg vorläufige Regelung** getroffen werden.[102] GfterRechte sollen Ausgeschlossenem auf der Grundlage der hM wieder zufallen, wenn Abfindung nicht ordnungsgemäß geleistet wird.[103] 15

---

93 Zust *Westermann/Pöllath,* 142; ähnlich *Peetz* GmbHR 2000, 749, 753.

94 S auch Ulmer/*Ulmer* Anh § 34 Rn 38.

95 Vgl BGHZ 32, 23; – zust *Rowedder*/Schmidt-Leithoff/*Bergmann* Rn 104; auch noch *Ulmer* FS Rittner, 1991, 754 f; ähnl *Grunewald* 243 mwN.

96 Zum Ganzen schon *A. Hueck* DB 1953, 777 f; zust *Rowedder*/Schmidt-Leithoff/*Bergmann* Rn 104; *Westermann/Pöllath,* 142; s auch *Canaris,* Die Feststellung von Lücken im Gesetz, 2. Aufl 1983, 168 Fn 92.

97 Ausführl Ulmer/*Ulmer* § 34 Anh Rn 36, 18; zust *Rowedder*/Schmidt-Leithoff/*Bergmann* Rn 102; auch *Raiser* § 30 Rn 79; ähnl *Soufleros* 91 ff.

98 Ulmer/*Ulmer* § 34 Anh Rn 37; Scholz/*Winter/Seibt* § 34 Anh Rn 46 f; *Balz* 67; *Soufleros* 104; *Westermann/Pöllath* 141 f, 145.

99 BGHZ 9, 176; vgl auch BGHZ 88, 324 zum Austritt; zust, doch etwas stärker einschr *Lutter/Hommelhoff* § 34 Rn 38.

100 Str, wie hier Michalski/*Sosnitza* Rn 38; *Soufleros* 104; *Westermann/Pöllath* 146; von anderem Ansatz aus auch Ulmer/*Ulmer* Anh § 34 Rn 37, 42; – abw wohl hM, Scholz/*Winter/Seibt* § 34 Anh Rn 46; *Lutter/Hommelhoff* § 34 Rn 38 mit 29; *Balz* 67.

101 Vgl auch BGHZ 88, 322 zum Austritt.

102 Ebenso Ulmer/*Ulmer* § 34 Anh Rn 31.

103 Vgl nur Scholz/*Winter/Seibt* § 34 Anh Rn 46 aE; von anderem Ansatz aus Ulmer/*Ulmer* Anh § 34 Rn 37.

16 **6. Regelungen durch Satzung. a) Ausschluss** kann in der Satzung näher geregelt werden, insbes hinsichtlich Voraussetzungen u Verfahren,[104] aber auch bzgl Abfindung[105] (§ 34 Rn 25 ff). Satzung kann **Ausschlussgründe** präzisieren u erweitern, dadurch auch einen mehr oder minder strengen Beurteilungsmaßstab vorgeben, jedoch weder Geltendmachung weiterer Ausschlussgründe ganz abschneiden, da Ausschluss aus wichtigem Grund zwingend[106] (oben Rn 1 aE), noch ohne besonderen Sachgrund Ausschluss ins Belieben der Mitgfter stellen (oben § 34 Rn 9 zur Einziehung). Beispiele: Beendigung der Mitarbeit bei auf Mitarbeit aller Gfter angelegter Ges,[107] Erwerb der Mitgliedschaft durch Außenstehenden bei Familienges.[108] Nachträgliche Einführung oder Erweiterung von Ausschlussgründen bedarf der Zustimmung aller betroffenen Gfter.[109] – Satzung kann **Verfahren u Zuständigkeit** abw regeln, insbes Ausschluss durch rechtsgestaltenden GfterBeschluss vorsehen;[110] dann keine Ausschlussklage als Gestaltungsklage möglich (oben Rn 1). Auch Möglichkeit der Einziehung macht Ausschlussklage unstatthaft.[111] Ausschlussbefugnis kann wie Einziehung von GAnteilen auch auf Aufsichtsrat oder Beirat übertragen werden.[112] – **Fehlerhafter Ausschließungsbeschluss** entspr § 243 AktG anfechtbar.[113] Ausschluss jeden Rechtswegs zur Überprüfung des Ausschlusses unzulässig; Schiedsgericht zulässig (str, s auch § 34 Rn 10 aE mwN).[114] Wirksamkeit des Ausschlusses nicht von angemessener Abfindung abhängig[115] (dazu § 34 Rn 33), wohl aber von Möglichkeit der Abfindung aus freien Mitteln (§ 34 Rn 40 ff).

17 **b) Verwertung des Anteils.** GesVertrag kann Verwertung des Anteils durch Kaduzierungsverfahren, Einziehung oder Abtretung vorsehen oder auch Entscheidung zwischen diesen Verwertungsmöglichkeiten GfterVers überlassen.[116] Erfolgt Verwertung des Anteils durch Abtretung, ist Zeitpunkt des Ausschlusses nicht notwendig von Abfindungszahlung abhängig.[117] Ausschluss kann ferner mit Einziehung in einem Akt verbunden werden, Einziehung aus wichtigem Grund[118] (oben Rn 10, § 34 Rn 9). Ebenso kann Satzung GfterBeschluss vorsehen, der sofortigen Übergang des GAnteils auf im Beschluss Benannten zur Folge hat;[119] dann notarielle Beurkundung nötig, § 15 III.

---

104 BGHZ 9, 160.

105 Ausführl *Grunewald* 125 ff; – rechtstatsächliches Material bei *Balz* 126 ff, 142 ff u GmbHR 1983, 185.

106 Ulmer/*Ulmer* § 34 Anh Rn 19; Scholz/*Winter/Seibt* § 34 Anh Rn 50; *Grunewald* 169, 193 ff; auch OLG Nürnberg GmbHR 1994, 252.

107 BGH NJW 1983, 2880.

108 BGH BB 1977, 563.

109 BGH DStR 1991, 1597.

110 BGHZ 9, 160; 32, 22; BGH GmbHR 1991, 362; OLG Oldenburg GmbHR 1992, 667; allgM, Ulmer/*Ulmer* Anh § 34 Rn 40; Scholz/*Winter/Seibt* § 34 Anh Rn 50.

111 AA OLG Düsseldorf GmbHR 1999, 543.

112 LG Heilbronn GmbHR 1994, 322, 323, str, vgl § 34 Rn 14 zur Einziehung.

113 BGH GmbHR 91, 362; hM.

114 BGH WM 1983, 1207.

115 BGHZ 32, 22; NJW 1977, 2316; NJW 1983, 2880; OLG Hamm GmbHR 1993, 743.

116 BGH NJW 1983, 2881.

117 BGH NJW 1983, 2880.

118 BGH NJW 1977, 2316; auch OLG München DB 1994, 320, 321.

119 BGH NJW 1983, 2881.

c) Abfindung. Satzung kann Regelung über Art, Höhe, Berechnung u Fälligkeit der **Abfindung** enthalten, insbes auch Abfindung beschränken[120] (näher § 34 Rn 25 ff). Auch Verbindung von Ausschluss u Abfindung iS einer Bedingung kann aufgehoben werden. BGH lässt jetzt **Satzungsregelungen** zu, nach welchen ein kündigender oder ausgeschlossener Gfter auch schon vor Zahlung der Abfindung ausscheidet u damit Gfterstellung mit sofortiger Wirkung verliert,[121] wobei die bloße Trennung der Folgen der Kündigung von der Regelung der Abfindung zu genügen scheint (s § 34 Rn 42).

III. Austritt

1. Zulässigkeit des Austritts, Kündigung, aus wichtigem Grund auch ohne entspr Satzungsregelung allg anerkannt.[122] Reine Kapitalbeteiligung schließt Austritt nicht aus, kann aber relevante Gründe einengen.[123] Str, ob Austrittsrecht als **ultima ratio** nur besteht, wenn Übertragung des GAnteils nicht möglich, weil Satzung Übertragung ausschließt oder einschränkt u erforderliche Genehmigung nicht erteilt wird bzw Anteil unverkäuflich ist, weil es sich um Nebenleistungsges handelt[124] oder ob es uU genügt, dass Veräußerung aus tatsächlichen Gründen aussichtslos.[125] Dabei handelt es sich um eine Frage des Beteiligungsrisikos u der Zumutbarkeit weniger einschneidender Maßnahmen,[126] die nur unter Berücksichtigung der Umstände des Einzelfalls, insbes des Austrittsgrundes,[127] beurteilt werden kann. 18

2. Voraussetzungen. a) Wichtiger Grund. Austrittsrecht besteht bei Vorliegen eines wichtigen Grundes, der für Gfter Fortdauer der Mitgliedschaft unzumutbar macht. Wichtiger Grund kann in der Person des betr Gfters oder den Verhältnissen der Ges, auch dem Verhalten der Mitgfter liegen.[128] Maßgebend Umstände des Einzelfalls, auch mehr personalistische oder kapitalistische Struktur der Ges. Verschulden der übrigen Gfter nicht Voraussetzung. Umgekehrt schließt Verschulden aufseiten des austrittswilligen Gfters wichtigen Grund nicht notwendig aus, ist aber bei Abwägung der Umstände zu berücksichtigen. Für Zumutbarkeit grds zwischen Herkunft der Gründe aus der Sphäre der Ges oder der Mitgfter u solchen aus der 19

---

[120] Ulmer/*Ulmer* § 34 Anh Rn 45; Scholz/*Winter/Seibt* § 34 Anh Rn 52.

[121] BGH NZG 2009, 221 Rn 5; NZG 2003, 871, 872; zust *Löwe/Thoß* NZG 2003, 1005; – aA noch KG Berlin GmbHR 1999, 1203, 1205; 17. Aufl Rn 35.

[122] RGZ 128, 16; BGHZ 9, 162 f; 116, 359, 369; OLG Hamm GmbHR 1993, 656, 657; OLG München DB 1990, 473; Ulmer/*Ulmer* § 34 Anh Rn 46; Scholz/*Winter/Seibt* § 34 Anh Rn 3; *Lutter/Hommelhoff* § 34 Rn 43; Roth/*Altmeppen* § 60 Rn 100; *Rowedder*/Schmidt-Leithoff/*Bergmann* Rn 75; ausführl *Röhricht* FS Kellermann, 1991, 361 ff; *Balz* 105; – grundlegend *Scholz,* Ausschließung und Austritt aus der GmbH, 3. Aufl 1950.

[123] Ähnl hM, Ulmer/*Ulmer* § 34 Anh Rn 51; Scholz/*Winter/Seibt* § 34 Anh Rn 6; *Immenga* 305; nach *Rowedder*/Schmidt-Leithoff/*Bergmann* Rn 78 ganz ohne Bedeutung.

[124] Ulmer/*Ulmer* § 34 Anh Rn 55; Scholz/*Winter/Seibt* § 34 Anh Rn 4; *Lutter/Hommelhoff* § 34 Rn 44 f; *Wiedemann* 91; *Balz* 113.

[125] Roth/*Altmeppen* § 60 Rn 104; ferner *Immenga* 305.

[126] Zutr Ulmer/*Ulmer* § 34 Anh Rn 55; Scholz/*Winter/Seibt* § 34 Anh Rn 4, 11.

[127] Zutr Roth/*Altmeppen* § 60 Rn 104; Michalski/*Sosnitza* Rn 53.

[128] BGHZ 116, 359, 369; – dazu u zum Folgenden Ulmer/*Ulmer* § 34 Anh Rn 51 ff; Scholz/*Winter/Seibt* § 34 Anh Rn 8 ff; *Lutter/Hommelhoff* § 34 Rn 44; Roth/*Altmeppen* § 60 Rn 101.

Sphäre des Gfters zu differenzieren. Zustimmung des Gfters zur Vornahme tatsächlicher oder rechtlicher Maßnahmen der Ges schließt deren Berücksichtigung als wichtigen Grund idR aus, falls nicht Mitwirkung durch Treuepflicht geboten war u Gfter alsbald Austritt erklärt; ebenso Nichtabstimmung, Stimmenthaltung. Soweit Austrittsrecht wegen Risikoerhöhung besteht, darf Gfter nicht dessen Eintritt abwarten, sondern muss Austritt unverzüglich erklären.

20 **Beispiele für Austrittsgründe:** Maßnahmen der Ges, durch die sich ihre rechtlichen u wirtschaftlichen Verhältnisse in einer für den Gfter nicht zumutbaren Weise ändern (§ 211 I RegE 1971, oben Rn 1); grundlegende Umgestaltung der Struktur der Ges, die GfterStellung erheblich beeinflusst;[129] Pflicht zur Duldung erheblicher Eingriffe in GfterStellung, auch wenn durch Treuepflicht geboten; unzumutbare Erhöhung des Risikos der Ausfallhaftung aus § 24 durch Kapitalerhöhung; schwerwiegende Gefährdung der wirtschaftlichen Existenz oder des Fortkommens durch drückende Nebenleistungspflicht;[130] – **keine Austrittsgründe:** Weigerung der Mehrheit, Gewinne auszuschütten, oder zu geringe Ausschüttungen durch unangemessene Reservenbildung, da hier Anfechtung der Gewinnausschüttungsbeschlüsse milderes Mittel[131] (unten Rn 22, näher oben § 29 Rn 29 ff, 34), solange nicht krass treuwidriges „Aushungern";[132] ebenso wenig Verzögerung der Rechnungslegung durch GFührer;[133] auch nicht dringender Geldbedarf des Gfters, auch wenn anderweitig nicht zu decken.[134]

21 Versuche, Austrittsrecht bei unbefristeter Ges auch **ohne wichtigen Grund** unter weiteren Voraussetzungen bei Bestehen persönlicher Nebenleistungspflichten oder Vinkulierung der GAnteile zu begründen,[135] haben sich zu Recht nicht durchgesetzt.[136] Dagegen kann im GesVertrag ordentliches Austrittsrecht eingeräumt werden (unten Rn 27). Auch ohne eine solche Satzungsregelung kann ein Austritt ohne wichtigen Grund mit Zustimmung der GfterVers erfolgen.[137]

22 **b) Äußerstes Mittel.** Austritt nur zulässig als äußerstes Mittel, wenn auf weniger einschneidende Weise, namentlich Veräußerung des GAnteils, zumutbare Umstände nicht geschaffen werden können.[138] Erhebliche finanzielle Opfer bei Veräußerung sind vom Gfter grds hinzunehmen, da dieser wirt-

---

[129] *Wiedemann* § 8 IV, 3 a; *Röhricht* FS Kellermann, 1991, 361, 378 ff; – abw *Immenga* 306.

[130] RGZ 128, 16 f.

[131] OLG München DB 1990, 473 f.

[132] *Röhricht* FS Kellermann, 1991, 382 f; tendenziell etwas weiter Ulmer/*Ulmer* § 34 Anh Rn 54; Michalski/*Sosnitza* Rn 51.

[133] OLG Hamm GmbHR 1993, 656, 657.

[134] So aber Ulmer/*Ulmer* § 34 Anh Rn 52; *Rowedder*/Schmidt-Leithoff/*Bergmann* Rn 76; – dagegen wie hier Scholz/*Winter/Seibt* § 34 Anh Rn 9.

[135] *Reuter,* Privatrechtliche Schranken der Perpetuierung von Unternehmen, 1973, 390 ff; *ders* GmbHR 1977, 77; *Wiedemann* § 7 IV, 2 b.

[136] Dagegen OLG Hamm GmbHR 1993, 656, 657; ausführl mwN Ulmer/*Ulmer* § 34 Anh Rn 48; Scholz/*Winter/Seibt* § 34 Anh Rn 7; *Röhricht* FS Kellermann, 1991, 374 ff; *Schwerdtner* GmbHR 1976, 104.

[137] OLG Köln GmbHR 1996, 609, 610.

[138] KG NZG 2008, 790; OLG Hamm GmbHR 1993, 656, 657; OLG München DB 1990, 473 f; hM Ulmer/*Ulmer* § 34 Anh Rn 55; Scholz/*Winter/Seibt* § 34 Anh Rn 11; Michalski/*Sosnitza* Rn 53; *Immenga* 305; *Wiedemann* 91; – krit *Röhricht* FS Kellermann, 1991, 361, 384 ff, vgl aber 381.

schaftliches Risiko der Beteiligung nicht durch Austritt auf verbleibende Gfter abwälzen darf;[139] doch gilt das entgegen verbreiteter Meinung nicht generell, sondern nur dann, wenn Grund für Unzumutbarkeit des Verbleibens in der Ges in der Sphäre des Gfters[140] u nicht in derjenigen der Ges liegt.[141] Austritt grds auch unzulässig, wenn Gfter Nachteile durch **andere zumutbare Mittel** abwenden kann, insbes Anfechtungs- oder Nichtigkeitsklage,[142] auch Kündigung von Nebenleistungspflichten (§ 3 Rn 31). – Möglichkeit der Auflösungsklage steht Austritt idR nicht entgegen,[143] da Austritt Bestand der Ges nicht unmittelbar berührt.[144]

c) Aufbringung und Erhaltung des Stammkapitals. Austritt darf Aufbringung und Erhaltung des Stammkapitals nicht beeinträchtigen. Daher keine Einziehung oder Erwerb eines nicht voll eingezahlten Anteils durch Ges. In diesem Fall Austritt nur möglich, wenn vorher entspr Kapital herabgesetzt wird oder Mitgfter bereit ist, Anteil zu erwerben, worauf austrittswilliger Gfter aber keinen Anspruch hat.[145] Andernfalls Austritt unzulässig.[146] Ebenso darf Abfindung auch im Fall des Austritts nicht unter Verstoß gegen § 30 I geleistet werden. Treuepflicht kann ausnahmeweise Auflösung stiller Reserven zur Ermöglichung der Abfindung gebieten.[147] – Scheitert danach Austritt, kommt Auflösungsklage in Betracht[148] (s auch nachfolgend Rn 24 aE). 23

3. Verfahren. Austritt erfolgt durch **einseitige Erklärung** des austrittswilligen Gfters gegenüber Ges.[149] Diese begründet Anspruch des Gfters gegen Ges auf Abnahme des GAnteils gegen Abfindung.[150] Zustimmung dinglich Berechtigter (Pfandgläubiger, Nießbraucher) bei Austritt aus wichtigem Grund nicht erforderlich.[151] Ges kann dann nach ihrer Wahl unter Beachtung des Grundsatzes der Kapitalaufbringung u -erhaltung (oben Rn 23) gegen Zahlung der Abfindung GAnteil einziehen oder Übertragung auf sich, Mitgfter oder Dritten verlangen. Hierfür gilt § 15.[152] Erfolgen Zahlung der Abfin- 24

---

139 RGZ 128, 17; Ulmer/*Ulmer* § 34 Anh Rn 55; Scholz/*Winter/Seibt* § 34 Anh Rn 11; *Wiedemann* 91.

140 So in RGZ 128, 17.

141 Differenzierend auch *Röhricht* FS Kellermann, 1991, 384 ff; Roth/*Altmeppen* § 60 Rn 104.

142 Scholz/*Winter/Seibt* § 34 Anh Rn 11;120; Michalski/*Sosnitza* Rn 54; *Immenga* 305; einschr Ulmer/*Ulmer* § 34 Anh Rn 54, insoweit zutr, als bei sich häufig wiederholenden Anlässen für betroffenen Gfter Notwendigkeit ständiger Abwehr Mitgliedschaft unzumutbar machen kann.

143 Ulmer/*Ulmer* § 34 Anh Rn 56; Scholz/*Schmidt* § 61 Rn 3; *Lutter/Hommelhoff* § 61 Rn 1; Roth/*Altmeppen* § 60 Rn 102; Michalski/*Sosnitza* Rn 55.

144 Vgl BGHZ 80, 346 zum Verhältnis von Ausschluss- u Auflösungsklage; – näher dazu § 61 Rn 5 mwN.

145 Ulmer/*Ulmer* § 34 Anh Rn 49; Scholz/*Winter/Seibt* § 34 Anh Rn 16; Roth/*Altmeppen* § 60 Rn 112.

146 RG DR 1943, 811.

147 Vgl BGH NZG 2006, 341 (Ausscheiden eines stillen Gfters).

148 *Grunewald* GmbHR 1991, 185, 187.

149 RGZ 128, 17; ganz hM, Ulmer/*Ulmer* § 34 Anh Rn 57; Scholz/*Winter/Seibt* § 34 Anh Rn 13; *Lutter/Hommelhoff* § 34 Rn 47; Roth/*Altmeppen* § 60 Rn 107.

150 BayObLG BB 1975, 250; OLG Köln GmbHR 1998, 641; OLG Celle GmbHR 2002, 1063, 1064; *Balz* 123; *Hülsmann* GmbHR 2003, 198, 200.

151 Scholz/*Winter/Seibt* § 34 Anh Rn 192; Roth/*Altmeppen* Rn 63.

152 BGHZ 88, 322.

dung u Verwertung nicht in angemessener Zeit, kann austrittsberechtigter Gfter auch Auflösungsklage erheben.[153]

25 **4. Abfindung. a) Anspruch auf Abfindung.** Durch Austritt aus wichtigem Grund ausscheidender Gfter hat **Anspruch auf Abfindung** grds in Höhe des vollen wirtschaftlichen Werts des GAnteils, Verkehrswert[154] (vgl oben § 34 Rn 22 f). Maßgebender Zeitpunkt ist derjenige des Zugangs der Austrittserklärung bei der Ges.[155]

b) Kapitalerhaltung. Abfindungsanspruch darf **Kapitalerhaltung** nicht beeinträchtigen, § 30 I.[156] Ges darf daher Anteil weder einziehen noch erwerben, solange nicht Abfindung aus dem über Betrag des Stammkapitals hinaus vorhandenen Vermögen möglich. Steht fest, dass Ges Abfindung nicht ohne Verstoß gegen §§ 30 I, 33 II leisten kann u sind Mitgfter nicht zur Übernahme des Anteils gegen Leistung der Abfindung bereit, bleibt nur Auflösungsklage (oben Rn 23).

26 **5. Wirkung.** Durch Austritt geht **Geschäftsanteil** nicht unter. Gfter bleibt daher Inhaber bis zu dessen Verwertung nach Wahl der Ges entweder durch Einziehung oder durch Übertragung an Ges, Mitgfter oder Dritten. Einziehung auch ohne entspr Satzungsregelung oder Zustimmung des Betroffenen zulässig.[157] Doch gelten die sonstigen Voraussetzungen der Einziehung, insbes auch die aus Grundsatz der Kapitalaufbringung u -erhaltung folgenden Einschränkungen (s § 34 Rn 11 ff). Auch hier Einziehung nur unter der aufschiebenden Wirkung der Zahlung der Abfindung.[158] Bis zum Verlust des GAnteils durch Abtretung oder Einziehung verbleiben dem Austretenden alle Gfter-Rechte grds in vollem Umfang, allerdings mit der Situation entspr Bindung für Ausübung des Stimmrechts kraft Treuepflicht.[159] Entspr gilt für Pflicht zur Aufbringung nach Austrittserklärung eingeforderter Einlagebeträge u eventuelle Ausfallhaftung aus §§ 24, 31 III.[160] Gewinnanspruch kann durch Abfindung ausgeschlossen sein.[161]

27 **6. Satzungsregelungen.** Austritt kann in der Satzung näher geregelt,[162] nicht aber ausgeschlossen oder wesentlich beschränkt werden (oben Rn 1). Satzung kann Austrittsgründe erweitern, auch ordentliches Austrittsrecht ein-

---

153 BGHZ 88, 326; BayObLG BB 1975, 250; Ulmer/*Ulmer* § 34 Anh Rn 59; Scholz/*Winter/Seibt* § 34 Anh Rn 18; *Lutter/Hommelhoff* § 34 Rn 48; *Grunewald* GmbHR 1991, 185, 186; – einschr Roth/*Altmeppen* § 60 Rn 112.

154 RGZ 125, 118; auch OLG Köln GmbHR 1999, 712; Ulmer/*Ulmer* § 34 Anh Rn 59, 64; Scholz/*Winter/Seibt* § 34 Anh Rn 17; *Lutter/Hommelhoff* § 34 Rn 49.

155 Ulmer/*Ulmer* § 34 Anh Rn 65; Scholz/*Winter/Seibt* § 34 Anh Rn 17; – abw RGZ 125, 118.

156 Ulmer/*Ulmer* § 34 Anh Rn 49; Scholz/*Winter/Seibt* § 34 Anh Rn 17.126.

157 Scholz/*Winter/Seibt* 34 Anh Rn 16; Michalski/*Sosnitza* Rn 58.

158 OLG Köln GmbHR 1999, 712; Scholz/*Westermann* § 34 Rn 62; vgl ferner § 34 Rn 41 ff mwN zur Gegenansicht.

159 BGHZ 88, 320; OLG Celle GmbHR 1983, 273; hM, Scholz/*Winter/Seibt* § 34 Anh Rn 14 mwN; *Lutter/Hommelhoff* § 34 Rn 47; Roth/*Altmeppen* § 60 Rn 109; – aA Ulmer/*Ulmer* Anh § 34 Rn 60 mwN.

160 BGHZ 88, 326 f; auch OLG Karlsruhe BB 1984, 2015, jedoch einschr bzgl Wettbewerbsverbot.

161 BGHZ 88, 323.

162 Rechtstatsächliches Material bei *Balz* 142 ff u GmbHR 1983, 185.

räumen.[163] Räumt Satzung Kündigungsrecht ein, ist es Auslegungsfrage, ob damit Auflösung der Ges oder Austrittsrecht begründet wird.[164] – Satzung kann für Austritt bestimmte Art der Verwertung des Anteils vorsehen oder Einziehung bzw Abtretung zur Wahl stellen. Auch Regelung der GfterRechte zwischen Austrittserklärung u Einziehung bzw Abtretung möglich, insbes Ruhen des Stimmrechts.[165] Darüber hinaus kann endgültiges Ausscheiden mit Kündigung festgelegt u von Abfindungszahlung getrennt werden.[166] – Art, Höhe, Berechnung u Fälligkeit der Abfindung können geregelt werden (vgl oben Rn 16 sowie § 34 Rn 25 ff). Jedoch darf Abfindungsregelung Austritt aus wichtigem Grund nicht so erschweren, dass das praktisch Ausschluss des Austrittsrechts nahekommt.[167]

---

163 BGH NJW 1969, 2049; auch NZG 2003, 871, 872; BayObLG BB 1975, 249.

164 Dazu § 60 Rn 51; ausführl *Topf-Schleuning,* Einfache Kündigungsklauseln in GmbH-Satzungen, 1993; vgl auch *Meyer-Landrut* FS Stimpel, 1985, 431.

165 BGHZ 88, 322.

166 BGH NZG 2003, 871, 872.

167 Oben Rn 1; BGHZ 116, 359, 368 ff; Ulmer/*Ulmer* § 34 Anh Rn 66 ff; Scholz/*Winter/Seibt* § 34 Anh Rn 19; Michalski/*Sosnitza* Rn 67; stärker einschr Roth/*Altmeppen* § 60 Rn 74.

Abschnitt 3. Vertretung und Geschäftsführung

Vorbemerkungen

Lit zur Verfassung der GmbH: *Buck-Heeb,* Selbstregulierung im Gesellschaftsrecht – Corporate Governance-Regeln für die GmbH?, FS Westermann, 2008, 845; *Hommelhoff,* Die deutsche GmbH im System der Kapitalgesellschaften im Umbruch, 1990, 26; *Immenga,* Die personalistische Kapitalgesellschaft, 1970; *Kalls/Eckert,* Zentrale Fragen des GmbH-Rechts, 2005; *Konzen,* Geschäftsführung, Weisungsrecht und Verantwortung in der GmbH und GmbH & Co KG, NJW 1989, 2977; *Limbach,* Theorie und Wirklichkeit der GmbH, 1966; *Martens,* Mehrheits- und Konzernherrschaft in der GmbH, 1970; *Mertens,* Die Verfassung der GmbH, in: Probleme der GmbH-Reform, 1970, 96; *P. Ulmer,* Der Einfluss des Mitbestimmungsgesetzes auf die Struktur von AG und GmbH, 1979; *Vollmer,* Die mitbestimmte GmbH, ZGR 1979, 135; *Weber, Ch.,* Privatautonomie und Außeneinfluss im Gesellschaftsrecht, 2000; *Westermann,* Die GmbH in der nationalen und internationalen Konkurrenz der Rechtsformen, GmbHR 2005, 4; *Zöllner,* Inhaltsfreiheit von Gesellschaftsverträgen, FS 100 Jahre GmbHG, 1992, 85; *ders,* Unternehmensinnenrecht: Gibt es das?, AG 2003, 2.

I. Überblick über die Regelung im Dritten Abschnitt

Überschrift des Dritten Abschnitts kennzeichnet Inhalt nicht vollständig, 1
aber doch hinsichtlich der meisten Regelungen treffend. Moderner u umfassender wäre er mit **„Verfassung der GmbH"** zu überschreiben. **Vier Regelungskomplexe** sind abzugrenzen: (1) §§ 35–44 befassen sich mit den GFührern, (2) innerhalb dieser Regelung sind von selbständiger, über GFührer weit hinausreichender Bedeutung die Vorschriften über die Rechnungslegung, §§ 41–42 a; (3) Vorschriften über Rechte der Gfter sowie über Zuständigkeit u Beschlussfassung der GfterVers, §§ 45–51 b, (4) über den „fakultativen" AR, § 52; diese Vorschrift wird ergänzt durch die nur unter bestimmten Voraussetzungen, insbes ab bestimmter Größe anwendbaren Regelungen der Mitbestimmungsgesetze, die einen AR zwingend vorsehen.

II. Organisationsverfassung der GmbH

1. Im Normalfall hat GmbH nur **zwei notwendige Organe: GFührer** u 2
GfterVers. Durch Satzung können weitere Organe hinzugefügt werden (§ 45 Rn 15 ff), insbes ein AR (§ 52) oder anderes Organ (Beirat) mit Kontroll- oder Leitungszuständigkeit.

2. Satzung kann Verhältnis der beiden notwendigen Organe vom Gesetz 3
abw ausgestalten, insbes Kompetenzen der GFührer (mit Ausnahme der Vertretung) ausweiten oder eingrenzen, Zuständigkeiten der GfterVers beschneiden u entsprechend auf andere Organe (GFührer, AR) übertragen. Näher dazu § 45 Rn 19. Sie kann auch zusätzliches Organ schaffen (zB Beirat, GfterAusschuss) u diesem Kompetenzen überlassen. GmbH ist damit **flexible Rechtsform,** die sich hervorragend für kleinere u mittlere Unternehmen eignet u unterschiedlichen Bedürfnissen der Kompetenzverteilung weitgehend angepasst werden kann.

4 **3.** In der Praxis findet sich große Zahl von Ges mit wenigen Gftern. In 80 u mehr % der Ges sind **alle** GFührer zugleich Gfter (GfterGFührer). Nach den Erhebungen von *Kornblum*[1] haben nur 1% der GmbH mehr als 5 Gfter, die übrigen sind „personalistisch" strukturiert. Die **interne Verfassung** der GmbH wird bei diesen Ges stark den **Personenhandelsgesellschaften** OHG u KG **angenähert.** Die vom Gesetz modellhaft vorgestellte körperschaftliche Verfassung der GmbH verflüchtigt sich dann in wesentlichen Bezügen. Tritt eine den Verhältnissen bei der OHG vergleichbare Lenkung des Anteilsübergangs hinzu, hat man es mit einer Personenges im Gewand einer jur Person zu tun.[2]

5 Noch weiter entfernt sich die in der Praxis ebenfalls häufige **Einpersonen-GmbH** (in den genannten Erhebungen von *Kornblum* liegt sie je nach Registerbezirk bei 26–40%) von der körperschaftlichen Normalverfassung, u zwar in ganz besonderem Maße dann, wenn der AlleinGfter auch das GFühreramt innehat, wie dies gesetzlich zulässig ist. Freilich wäre es verfehlt, von einem „Einzelkaufmann mbH" zu sprechen. Gesetz sorgt durch eine Reihe von Vorschriften dafür, dass Minimum an wenigstens formal geteilter Zuständigkeit verbleibt.[3] Vgl zur Einpersonen-GmbH § 1 Rn 49–58, § 35 Rn 137–145 (Selbstkontrahieren), § 46 Rn 7, § 48 Rn 46–51.

6 **4. Flexibilität** der Verfassung ist erheblich **eingeschränkt,** soweit durch Sondervorschriften, wie insbes die **Mitbestimmungsregelungen,** ein **AR als notwendiges Organ** hinzutritt, dessen Kompetenzen vom Gesetz weitgehend zwingend festgelegt werden. Gleichwohl bestehen auch bei diesen Ges nicht unbeträchtliche Gestaltungsmöglichkeiten. Dazu § 52 Rn 160 u 282.

7 **5. Neben der GesVerfassung stehende** von ihr zu unterscheidende **„Unternehmensverfassung"**[4] ist für realtypische GmbH von vornherein wenig sinnvolle, auch aus Gründen der Wirtschaftsordnung zu verwerfende Vorstellung. Soweit nach einer Unternehmensverfassung gesucht wird, kann es nicht um eine von der GesVerfassung unabhängige rechtlich normierte Verfassung gehen. Auch Mitbestimmung auf Unternehmensebene ist nicht Unternehmensverfassung, sondern Eingriff in GesVerfassung. Bemühungen um Ausweitung einer rechtsformunabhängigen Unternehmensverfassung sind schon vor längerer Zeit gescheitert.[5] Ausmachen lassen sich allenfalls unternehmensbezogene Elemente einer Verfassung, wie die Pflicht zur Bestellung von Unternehmensbeauftragten, denen die Kontrolle der Beachtung als besonders schützenswert angesehener Allgemeininteressen obliegt.[6] Ihre Implantierung in GesVerfassung bei unterschiedlichen Rechtsformen ist zwar mög-

---

[1] *Kornblum* GmbHR 1994, 507; GmbHR 1997, 630; GmbHR 2005, 39; GmbHR 2006, 28; GmbHR 2007, 25; GmbHR 2008, 19.

[2] Zur Lückenausfüllung des GmbH-Rechts durch das Recht der Personengesellschaften *Fleischer* GmbHR 2008, 1121.

[3] Krit zur europäisch beeinflussten Rechtsentwicklung *Lutter* FS Brandner, 1996, 81.

[4] Dazu näher *Zöllner* AG 2003, 2 ff.

[5] Vgl den Bericht über die Verhandlungen der Unternehmensrechtskommission, hgg vom BMJ 1980.

[6] Insbes Daten- und Umweltschutzbeauftragte, AGG-Beauftragte. Dazu ausführlich *Haouache,* Unternehmensbeauftragte und Gesellschaftsrecht der AG und GmbH, 2003; ferner *Schürnbrand,* Organschaft im Recht der privaten Verbände, 2007, 224 f.

lich, die Ausstattung mit zwingendem Charakter stört jedoch die privatautonome Gestaltung der Organisation empfindlich.[7]

6. Auch die vor Jahrzehnten propagierte Entwicklung sog **partnerschaftlicher Unternehmensverfassungen,** bei denen über die Mitbestimmung im AR hinaus eine gleichberechtigte Mitwirkung der Arbeitnehmer als solcher (dh auf anderen als dem Weg echter mitgliedschaftlicher Beteiligung) „auf allen Ebenen" des Unternehmens angestrebt wird, sind bislang theoretisch geblieben.[8] Es ist nicht erkennbar, dass einschlägige Modelle in einer freiheitlichen Wirtschaft in nennenswertem Umfang freiwillig etabliert würden, was von vornherein gegen die Sinnhaftigkeit spricht, u erst recht ist nicht erkennbar, dass sie, zwangsweise installiert, erfolgreich zu wirtschaften vermögen. Vor allem wird mit ihnen eine Grundvoraussetzung erfolgreicher marktwirtschaftlicher Steuerung des Ressourceneinsatzes konterkariert.[9] 8

7. Davon zu unterscheiden ist die freiwillige Einführung, Ausweitung oder Aufrechterhaltung der Arbeitnehmermitbestimmung im Aufsichtsrat von Kapitalgesellschaften, wie sie früher namentlich bei Unternehmen im Alleinbesitz der öffentlichen Hand und im Umkreis der Montanindustrie zu finden war. Soweit die Anteilseigner aus freien Stücken Arbeitnehmer in den Aufsichtsrat wählen, ist dagegen nichts einzuwenden. Problematisch sind hingegen sog **Mitbestimmungsvereinbarungen,** wie sie vor allem mit Gewerkschaften geschlossen worden sind.[10] Für Unternehmen der öffentlichen Hand können sich Bedenken aus verfassungs- u verwaltungsrechtlichen Gründen ergeben. Für private Unternehmen stellen sich Probleme aus der durch die einschlägigen mitbestimmungsrechtlichen Regeln zwingend etablierten Mitbestimmungsverfassung u der zwingenden Einbeziehung aktienrechtlicher Normen. 9

8. Mit der Unternehmensverfassung angestrebte Mitwirkung und Beteiligung der Arbeitnehmer wird am positivsten beurteilt in Gestalt der **Beteiligung von Arbeitnehmern am Kapital der Gesellschaft,** die zu deren mitgliedschaftlicher Partizipation am ausgeschütteten Gewinn u am Substanzzuwachs des Unternehmens führt.[11] Modelle dafür sind in großer Vielfalt entwickelt worden. Ihre Akzeptanz ist freilich begrenzt, namentlich soweit 10

---

[7] Vgl als abschreckendes Beispiel *E. Rehbinder,* Andere Organe der Unternehmensverfassung – die institutionalisierte Vertretung diffuser Interessen im Unternehmen unterhalb der GesOrgane, ZGR 1989, 305, in der (wenig überzeugend) sog Unternehmensbeauftragte unterschiedlicher Zweckrichtung zu Unternehmensverfassungsorganen stilisiert werden. Vgl näher *Haouache* (Fn 6), 75 ff u passim.

[8] Vgl dazu *Wiedemann* GesR I S 303 f; *Vollmer,* Die Entwicklung partnerschaftlicher Unternehmensverfassungen, 1976.

[9] Zum Ganzen *Zöllner* AG 2003, 2; *Rittner* FS Peltzer, 2001, 367.

[10] *Henssler* FS Westermann, 2008, 1019; *Seibt* AG 2005, 413; ferner etwa *Mertens* AG 1982, 141; *Peus* AG 1982, 206; *Konzen* AG 1983, 289; *Raiser* FS Werner 1984, 681; *Beuthien* ZHR 148 (1984), 95; *Hommelhoff* ZHR 148 (1984), 118; *Püttner* BB 1987, 1122; s unten § 52 Rn 12.

[11] *Claussen* FS Zöllner, 1999, 111 ff; Arbeitsgemeinschaft Partnerschaft in der Wirtschaft: www.agpev.de; früher bereits Arbeitskreis GmbH-Reform, Thesen und Vorschläge zur GmbH-Reform, Band II, 1972, 73 ff; *Lutter,* Vermögensbildung und Unternehmensrecht, 1975; *Laßmann/Schwark* (Hrsg), Beteiligung der Arbeitnehmer am Produktivvermögen, 1985 (ZGR Sonderheft); *Loritz,* Die Mitarbeit Unternehmensbeteiligter, 1984.

die Gewährung einer Beteiligung durch das Unternehmen der vollen Einkommensteuer unterworfen wird, u ihre Ausgestaltung ist nach vielen Richtungen problematisch, insbesondere wenn ein Gleichlauf von Beteiligung u Arbeitnehmerstellung gewahrt werden soll. Bei der GmbH ist in Folge der Mobilitätsbeschränkungen der Mitgliedschaft sowie der internen Haftungsrisiken jedenfalls eine direkte mitgliedschaftliche Beteiligung kaum zu verwirklichen.

11 **9. Corporate Governance.** Unter diesem **Begriff** werden Bestrebungen zusammengefasst, die Leitung des Unternehmens u ihre Überwachung optimal auszugestalten iS einerseits effektiver, andererseits Interessen von Anteilseignern, Gläubigern u Allgemeinheit (etwa Umweltschutz) wahrender Geschäftsführung.[12] In der Diskussion wird mit viel Wasser gekocht iS teilweise unerfüllbarer, der Praxis nicht gerecht werdender oder banaler Forderungen. Andererseits sind durch die Diskussion auch beherzigenswerte sachkundige Vorschläge zutage getreten u in das Gestaltungsbewusstsein des Gesetzgebers u der innergesellschaftlichen Instanzen gehoben worden.[13]

12 Die **gesetzgeberische Umsetzung** etlicher Überlegungen ist mit den Reformgesetzen KonTraG (1998) TransPuG (2002) u UMAG (2005) versucht worden, die freilich auf das **Aktienrecht** abzielten, in ihren aufsichtsratsbezogenen Bestimmungen aber auch indirekt für GmbH mit AR einige Änderungen brachten.[14]

13 Der **Deutsche Corporate Governance Kodex** (DCGK)[15] wendet sich an **börsennotierte Unternehmen** (Präambel). Für die (große) GmbH hat er indirekte Bedeutung, soweit dort Grundsätze über die ordnungsgemäße, arbeitsteilige Führung eines Unternehmens formuliert sind, deren Einhaltung als Organpflicht angesehen werden kann. Eine Erklärungspflicht nach § 161 AktG besteht nicht. Auswirkungen auf das Kreditrating geben (Stichwort: Basel II) und damit die Vergabepraxis der Banken sind möglich.[16]

14 Idee der Corporate Governance hat einerseits Auswirkungen auf die Unternehmensverfassung; zwar verlangt sie nicht Schaffung neuer Organe, aber sie formt deren Zusammensetzung, Umfang u Zuständigkeit. Andererseits stellt sie **Anforderungen an die Organisation und Arbeitsweise der Leitungs- und Kontrollgremien,** die zwar nicht im eigentlichen Sinn zur Verfassung der Ges gehören, gleichwohl aber rechtliche Qualität iSv Organpflichten haben, die zumindest durch Haftungsfolgen sanktioniert sind. Im Einzelnen zu diesen Pflichten unten bei § 35. Im Zentrum der Überlegungen stehen Organisationspflichten verschiedener, aber umfassender Art. Dazu gehören

---

[12] Satirisch *Sebastian Hakelmacher* WPg 1995, 147.

[13] *Buck-Heeb* FS Westermann, 2008, 845; *Claussen* FS Priester, 2007, 4; *Hommelhoff/Hopt/v. Werder* (Hrsg), Handbuch Corporate Governance, 2002; *Abeltshauser/Buck* (Hrsg), Corporate Governance, 2004; *Druey,* Verantwortlichkeit aus Leitung, FS Zöllner 1998, 129 mit tiefgründigen grds Überlegungen; *C. Teichmann* ZGR 2001, 645; auch *Baums* (Hrsg), Bericht der Regierungskommission Corporate Governance, 2001 (mit Schwerpunkt Aktienrecht).

[14] *Hommelhoff/Mattheus* AG 1998, 249 (zum KonTraG); *Gaul/Otto* GmbHR 2003, 6 (zum TransPuG).

[15] Dazu die Kommentierung von *Ringleb/Kremer/Lutter/v. Werder,* DCGK, 3. Aufl 2007.

[16] Dazu *Weipert,* Handlungsbedarf für kleine und mittlere Unternehmen: Corporate Governance und Ausrichtung auf die Herausforderungen von Basel II, in: VGR-Schriftenreihe, 2004, 133 ff.

vor allem Informationssysteme, die ua der Früherkennung von Gefahren, aber auch der Überwachung von Entscheidungsträgern zu dienen haben (dazu § 35 Rn 33). Überlegungen zur Corporate Governance überschneiden sich mit neueren Bemühungen um die Herausarbeitung von Grundsätzen ordnungsmäßiger Unternehmensführung, die unter dem ebenso modischen Begriff **„Corporate Compliance"** vorgetragen werden;[17] dazu unten § 35 Rn 68a u § 43 Rn 19.

10. Die große **MoMiG-Reform 2008** (Einl Rn 38 ff), deren Schwerpunkt bei der Finanzverfassung lag, hat die **Organisationsverfassung** der GmbH nur **am Rande** betroffen. Die **Gesellschafterliste** (§ 40) wurde wesentlich aufgewertet und zur Grundlage sowohl für die Legitimation ggüber der Ges als auch für den – neu eingeführten – gutgläubigen Erwerb gemacht (§ 16). § 36 wurde aufgehoben. Bei § 35 wurden Empfangs- und Zustellungserleichterungen etabliert, insbes in der Situation der „Führungslosigkeit" durch Wegfall der GFührer. Hingegen war das gesetzlich ungeregelte Beschlussmängelrecht der GmbH (Anh § 47) nicht einmal im Ansatz durch die Reform berührt. **15**

11. Im **Rechtsformvergleich** kann sich die deutsche GmbH mit ihrer liberalen Binnenorganisation gelassen der europäischen Konkurrenz, etwa durch die englische Limited, stellen.[18] Der im Sommer 2008 präsentierte und im Frühjahr 2009 vom Europäischen Parlament nachdrücklich unterstützte Vorschlag für eine **Europäische Privatgesellschaft**[19] enthält eine der GmbH ähnliche Organisationsverfassung. Diese freie Gestaltung der inneren Verhältnisse steht rechtspolitisch in der EU nicht grundsätzlich im Streit (anders dagegen – wie stets – die Mitbestimmung, an der das Projekt zu scheitern droht). **16**

Vertretung der Gesellschaft

35 (1) [1]**Die Gesellschaft wird durch die Geschäftsführer gerichtlich und außergerichtlich vertreten.** [2]**Hat eine Gesellschaft keinen Geschäftsführer (Führungslosigkeit), wird die Gesellschaft für den Fall, dass ihr gegenüber Willenserklärungen abgegeben oder Schriftstücke zugestellt werden, durch die Gesellschafter vertreten.**

(2) [1]**Sind mehrere Geschäftsführer bestellt, sind sie alle nur gemeinschaftlich zur Vertretung der Gesellschaft befugt, es sei denn, dass der Gesellschaftsvertrag etwas anderes bestimmt.** [2]**Ist der Gesellschaft gegenüber eine Willenserklärung abzugeben, genügt die Abgabe gegenüber einem Vertreter der Gesellschaft nach Absatz 1.** [3]**An die Vertreter der Gesellschaft nach Absatz 1 können unter der im Handelsregister einge-**

---

[17] *Hauschka* (Hrsg) Corporate Compliance – Handbuch der Haftungsvermeidung im Unternehmen, 2007.

[18] Krit. zur Vorstellung einer Rechtsformenkonkurrenz *Zöllner* GmbHR 2006, 1, 11 f; umfassend *Zimmer*, FS K. Schmidt, 2009, 1789.

[19] Alle Informationen unter www.europeanprivatecompany.eu; s. auch die Stellungnahme des Arbeitskreises Europäisches Unternehmensrecht, NZG 2008, 897 zum Verordnungsentwurf v. 25. 6. 2008; ferner *Peters/Wüllrich* NZG 2008, 807; *Siems/Rosenhäger/Herzog* Der Konzern 2008, 393; *Maul/Röhricht* BB 2008, 1574; *Lanfermann/Richard* BB 2008, 1610; *Hommelhoff/Teichmann* GmbHR 2008, 897.

tragenen Geschäftsanschrift Willenserklärungen abgegeben und Schriftstücke für die Gesellschaft zugestellt werden. [4]Unabhängig hiervon können die Abgabe und die Zustellung auch unter der eingetragenen Anschrift der empfangsberechtigten Person nach § 10 Abs. 2 Satz 2 erfolgen.

(3) **[1]Befinden sich alle Geschäftsanteile der Gesellschaft in der Hand eines Gesellschafters oder daneben in der Hand der Gesellschaft und ist er zugleich deren alleiniger Geschäftsführer, so ist auf seine Rechtsgeschäfte mit der Gesellschaft § 181 des Bürgerlichen Gesetzbuchs anzuwenden. [2]Rechtsgeschäfte zwischen ihm und der von ihm vertretenen Gesellschaft sind, auch wenn er nicht alleiniger Geschäftsführer ist, unverzüglich nach ihrer Vornahme in eine Niederschrift aufzunehmen.**

Übersicht

Lit: *Fleischer,* Zur Privatsphäre von GmbH-Geschäftsführern und Vorstandsmitgliedern: Organpflichten, organschaftliche Zurechnung und private Umstände, NJW 2006, 3239; *Gehrlein/Witt,* GmbH-Recht in der Praxis, 2. Aufl. 2008, 191 ff; *Goette,* Das Organverhältnis des GmbH-GFührers in der Rspr des BGH, DStR 1998, 938; *Hoffmann/Liebs,* Der GmbH-Geschäftsführer, 2. Aufl 2000; *Jaeger,* Der Anstellungsvertrag des GmbH-Geschäftsführers, 4. Aufl 2001; *Jula,* Der GmbH-Geschäftsführer, 2006; *Jungkurth,* Konzernleitung bei der GmbH, 2000; *Mildenberger,* Der Geschäftsführervertrag, Tübingen Diss 2000; *Mohr,* Besonderheiten für den Geschäftsführer im mittelständischen Konzern, GmbH-StB 2001, 290; *Peters,* Ressortaufteilung zwischen GmbH-Geschäftsführern und ihre Folgen, GmbHR 2008, 682; *Reiserer/Heß-Emmerich/Peters,* Der GmbH-Geschäftsführer, 3. Aufl 2008; *D. Reuter,* Bestellung und Anstellung von Organmitgliedern im Körperschaftsrecht, FS Zöllner, 1998 Bd I, 487; *Schürnbrand,* Organschaft im Recht der privaten Verbände, 2007; *Stück,* Der GmbH-Geschäftsführer zwischen Gesellschafts- und Arbeitsrecht im Spiegel aktueller Rechtsprechung, GmbHR 2006, 1009; *Tillmann/Mohr,* GmbH-Geschäftsführer, Rechts- und Steuerberatung, Vertragsgestaltung, 8. Aufl 2003; *van Venrooy,* Anspruch der GmbH auf sachkundige Geschäftsführung, GmbHR 2004, 237; *Westermann,* Der Notgeschäftsführer der GmbH – der Mann zwischen den Fronten, FS Kropff, 1997, 681.

A. Entwicklung der Vorschrift

1 Die Abs 1–3 des § 35 GmbHG sind seit 1892 unverändert. Im Rahmen der GmbH-Novelle 1980 wurde Abs 4 (heute: Abs 3) angefügt.[1] Danach findet **Selbstkontrahierungsverbot** auf Geschäfte der GmbH mit dem Alleingesellschafter der zugleich alleiniger GFührer ist, Anwendung. Abs 4 Satz 2 aF (heute Abs 3 S 2) wurde angefügt durch Gesetz vom 18. 12. 1991[2] in Umsetzung von Art 5 Abs 1 der 12. EG-Richtlinie.[3] **Dokumentations-**

[1] Gesetz v 4. 7. 1980, BGBl I, 836.
[2] Gesetz v 18. 12. 1991, BGBl I, 2206.
[3] 89/667/EWG, ABl L 395 S 40 (Einpersonen-Gesellschaft).

erfordernis geht über deren Vorgabe hinaus, denn erfasst sind auch einseitige Rechtsgeschäfte.[4] Ziel der **Änderungen** durch das am 1. 11. 2008 in Kraft getretene **MoMiG**[5] ist insbesondere die Erreichbarkeit der GmbH. Die Neuerungen betreffen die **Passivvertretung** und die **Zustellung.** Abs 1 wurde Satz 2 angefügt, Abs 2 neu gefasst, Abs 3 aufgehoben, der bisherige Abs 4 wurde Abs 3. Der inhaltlich mit § 164 I BGB übereinstimmende und damit überflüssige **§ 36** wurde **aufgehoben.**

B. Organstellung des GFührers

I. Zwingende Erforderlichkeit

Ges muss **einen oder mehrere GFührer** haben, § 6 I. Die zwingende Erforderlichkeit erklärt sich aus Bedürfnissen des Rechtsverkehrs nach genau definiertem Vertretungsorgan mit fest umschriebenen Vertretungskompetenzen. Wer der Sache nach über die Geschäfte entscheidet (häufig: die Gfter), oder wer sie de facto führt (nicht selten: ein Prokurist), ist gleichgültig. Es bedarf der förmlichen u förmlich so bezeichneten Bestellung von GFührern. Sie müssen in der Satzung u im HR (einschließlich der Anmeldung zu ihm) u auf Geschäftsbriefen (§ 35 a) so bezeichnet sein. **Zuerkennung von besonderen Titeln** (Direktor, Generaldirektor) ist zulässig, wenn sie nicht zu im Rechtsverkehr verdrängendem Gebrauch führt.[6] Titel „Vorstand“ bedeutet Irreführung des Rechtsverkehrs wegen Verwechslung mit AG u ist deshalb unzulässig.[7] GFührer im echten, korporationsrechtlichen Sinn ist auch der **NotGFührer** (zu ihm näher Rn 7), nicht aber der unglücklicherweise vielfach sog **faktische GFührer** (unten Rn 9), bei dem förmliche Bestellung fehlt.[8] 2

II. Grundsätzliche Funktion der GFührer

Den GFührern obliegen grds GFührung u Vertretung. 3

1. Vertretung der Ges. Zwingend obliegt ihnen die **Vertretung** der GmbH (gerichtlich u außergerichtlich) im Rechtsverkehr, Abs 1, u zwar uneingeschränkt u uneinschränkbar. Lediglich in einigen Sonderfällen sind statt der GFührer andere Personen oder Gremien zur Vertretung der Ges zuständig (GfterVers; AR; besondere Vertreter zur Geltendmachung von Ersatzansprüchen; s unten Rn 92 ff) Gfter können Vertretung im Rechtsverkehr, anders als GFührung, nicht an sich ziehen.[9] Vertretung umfasst Abgabe u Empfangnahme von Willenserklärungen u rechtsgeschäftsähnlichen Handlungen gegenüber Dritten (insbes auch den ArbN der Ges). Dazu unten Rn 78–105.

---

[4] Ulmer/*Paefgen* Rn 62.

[5] Gesetz zur Modernisierung des GmbH-Rechts und zur Bekämpfung von Missbräuchen (MoMiG) v 23. 10. 2008, BGBl I, 2026.

[6] Ulmer/*Paefgen* Rn 8.

[7] Str, **abw** Rowedder/*Schmidt-Leithoff* § 6 Rn 4 (nur bei entspr Satzungsbestimmung); Lutter/*Hommelhoff*/*Kleindiek* § 6 Rn 4; HK-GmbHR/*Fichtelmann* Rn 4; Michalski/*Lenz* Rn 10; Ulmer/*Paefgen* Rn 8; wie hier Scholz/*Schneider* § 6 Rn 6.

[8] BayObLG GmbHR 1997, 453; Michalski/*Lenz* Rn 24.

[9] Roth/*Altmeppen* Rn 8; Michalski/*Lenz* Rn 5; Ring/Grziwotz/*Klingelhöfer* Rn 3.

4 **2. Gführung.** Den GFührern obliegt auch die GFührung, dh die Entschließung über Art u Weise der Verfolgung des GesZwecks, soweit nicht die Gfter diese Aufgabe an sich ziehen oder sie durch die Satzung einem anderen Organ übertragen. Näher zum Umfang u zu den Begrenzungsmöglichkeiten unten Rn 29–32 sowie § 37 Rn 2–36 u § 46 Rn 92f. Vielfach wird auch von Geschäftsleitung gesprochen.[10] Versteht man Geschäftsleitung in Parallele zur Unternehmensleitung iSv § 76 AktG, umfasst sie nur einen Teilausschnitt aus der GFührung, der durchaus verdrängend allein von Gftern wahrgenommen werden kann. Jedenfalls sind GFührer nicht die Unternehmensleitung im gleichen Sinn wie der Vorstand der AG. Sie haben deshalb auch keine Befugnis zu sozial ausgerichtetem Engagement gegen den Willen der Gfter.[11] Zur Aufgabe der Konzernleitung vgl SchlAnhKonzernR Rn 159.

5 **3. Bedeutung der Unterscheidung.** Der **Unterscheidung zwischen GFührung und Vertretung** entspricht rechtlich die für das gesamte GesR grundlegende Trennung zwischen GFührungsbefugnis u Vertretungsmacht.[12] Während Vertretungsmacht maßgebend ist für *Wirksamkeit* von Willenserklärungen gegenüber Dritten (für das rechtliche Können im Außenverhältnis), sagt GFührungsbefugnis, in welchem Umfang GFührungshandlungen (zweckverfolgende Maßnahmen) *zulässig* sind (entscheidend also für das rechtliche Dürfen im Innenverhältnis). Die Stringenz dieser Unterscheidung ist in nicht unerheblichem Umfang abgebaut worden durch Anwendung von Missbrauchsgrundsätzen auf Vertretungshandeln (dazu § 37 Rn 43ff).

6 **4. Sonstiges organschaftliches Handeln mit unmittelbarer Außenwirkung** ist grds nur GFührern möglich. Rechtswirkungen nicht rechtsgeschäftlicher Handlungen (Realakte) im Außenverhältnis kommen vor allem in Betracht in Gestalt der Besitzergreifung und -innehabung für GmbH u in Gestalt der Verarbeitung iSv § 950 BGB. Insoweit ist Handeln des GFührers als organschaftliches Handeln unmittelbar der GmbH zuzurechnen (Organwirkung außerhalb der Vertretungswirkung). Verbotene Eigenmacht des GFührers steht Besitzerwerb der Ges nicht entgegen, ebenso wenig gegensätzlicher Wille von MitGFührern bei GesamtGFührung.[13]

III. Bestellung der GFührer

7 **1. Arten der Bestellung.** Sie kann erfolgen

a) im **GesVertrag** (dazu § 6 Rn 26).

b) durch **Beschluss der Gfter** (dazu § 6 Rn 28 u § 46 Rn 33ff).[14]

c) auf dem **durch die Satzung geregelten besonderen Weg.** In Betracht kommt Bestellungskompetenz eines anderen GesOrgans (zB AR oder Beirat, dazu § 6 Rn 30 sowie § 46 Rn 34, 94 u § 52 Rn 122, 251).

---

10 *Höhn,* Die Geschäftsleitung der GmbH, 2. Aufl 1995; *Baums,* Der Geschäftsleitervertrag, 1987; s a Rn 29.

11 Dazu etwa *Schmidt-Leithoff,* Die Verantwortung der Unternehmensleitung, 1989.

12 Dazu allg *Wiedemann* 83f; Hueck/*Windbichler,* 21. Aufl 2008, § 8 Rn 2; *Schmidt-Tiedemann,* Geschäftsführung und Vertretung im Gesellschaftsrecht Deutschlands, Frankreichs und Englands, 2004, 45ff.

13 **Abw** OLG Brandenburg GmbHR 1996, 453 (nur Leitsatz).

14 Zum durch die MoMiG-Neuregelung des § 16 I entstandenen Problem des schwebend unwirksam bestellten Geschäftsführers nach einem Gesellschafterwechsel s. *Gasteyer/Goldschmidt* ZIP 2008, 1906.

Übertragung auf anderen (Fremd-)GFührer ist nicht möglich.[15] Bestellungskompetenz kann auch einzelnen Gftern zuerkannt werden **(= Entsendungsrecht)** u zwar bestimmten Gftern persönlich wie auch dem jeweiligen Inhaber eines bestimmten GAnteils. Gfter kann sich dann auch selbst bestellen. Ferner kann Bestellungsrecht auch Gftergruppe zustehen, zB Familienstamm; innerhalb dessen entscheidet iZw einfache Mehrheit.[16] S auch § 46 Rn 33. Zu Bedeutung u Durchsetzung von **Vorschlagsrechten** s § 6 Rn 28; § 46 Rn 33; § 47 Rn 112. Zur umstrittenen Bestellungskompetenz für Dritte s (befürwortend) § 6 Rn 31.

d) bei den unter das **MitbestG,** das Montan-MitbestG u das MitbestErgG fallenden Ges kraft Gesetzes nur durch den AR (dazu § 6 Rn 29 u § 52 Rn 302). Wächst Ges nachträglich in Größenordnung des MitbestG hinein, gilt § 37 III 5 MitbestG. Dazu § 38 Rn 5.

e) durch das Gericht beim **NotGFührer**[17] (dazu auch § 6 Rn 32) analog § 29 BGB (unter dem MitbestG § 85 AktG mit § 31 I MitbestG). Fehlen von GFührern iS dieser Vorschrift liegt nicht nur bei Amtsbeendigung, sondern auch bei rechtlicher oder tatsächlicher Verhinderung am Amtieren vor.[18] Teilregelung zur Führungslosigkeit in Abs 1 S 2 ändert hieran nichts. Bestellung kommt auch in Betracht bei Streit über Wirksamkeit einer Abberufung,[19] jedoch nicht mehr, sobald Unwirksamkeit der Abberufung feststeht.[20] Erforderlich ist Bestellung nur, wenn ohne sie Handeln der GmbH nicht möglich. Dringender Fall iS der Vorschrift nur gegeben, wenn ohne Einsetzung Schaden entstehen würde oder alsbald erforderliche Handlung nicht vorgenommen werden könnte[21] und Ges sich nicht durch eigene Maßnahmen selbst zu helfen vermag; deshalb kein dringender Fall zur Notbestellung bei Vorhandensein eines MehrheitsGfters.[22] Unzweckmäßige u selbst treuwidrige Handlungen eines GFührers bilden keine Grundlage für Einsetzung eines NotGFührers.[23] Fehlen des Arbeitsdirektors begründet nicht per se Dringlichkeit;[24] ebenso wenig grundsätzlich Beste-

---

[15] *Goette* § 8 Rn 10; **aA** Michalski/*Lenz* Rn 13.

[16] BGH GmbHR 1990, 75; s a *Zöllner* FS Ulmer, 2003, 725.

[17] *M. Hohlfeld* GmbHR 1986, 181; *Westermann* FS Kropff, 1997, 681. Zu den Bestellungsvoraussetzungen auch BayObLG GmbHR 1997, 1002; OLG Frankfurt a. M. GmbHR 2001, 436; *Kögel* NZG 2000, 20; *Gustavus* GmbHR 1992, 15; *Helmschrott* ZIP 2001, 636. Zu den Gerichtskosten für Bestellung BayObLG DB 1984, 1295. Zu Voraussetzungen für gerichtliche Bestellung OLG München BB 2007, 2311; zur Zuständigkeit der ordentl Gerichte für Vergütungsanspruch des NotGFührers vgl bejahend BayObLG DB 1988, 1945; für FamFG-Verfahren aber *Lutter/Hommelhoff* Vor § 35 Rn 24; zur Beschwerdeberechtigung eines abberufenen GFührers gegen gerichtlichen Bestellungsbeschl für NotGFührer BayObLG GmbHR 1998, 1123.

[18] *Helmschrott* ZIP 2001, 636 f.; Ulmer/*Paefgen* Rn 24.

[19] BayObLG GmbHR 1998, 1123, 1125; *Bergwitz* GmbHR 2008, 225, 229; *Heller* GmbHR 2002, 1227, 1230.

[20] BayObLG NZG 2000, 98 m Anm *Kögel.*

[21] OLG München DStR 2007, 1925; BayObLG NJW-RR 1999, 1259, 1260; Rowedder/Schmidt-Leithoff/*Koppensteiner* Rn 76; Ulmer/*Paefgen* Rn 25; *Kögel* NZG 2000, 20.

[22] BayObLG GmbHR 1995, 896; OLG Frankfurt GmbHR 2001, 436, 437.

[23] OLG Frankfurt a. M. BB 1986, 1601.

[24] Ebenso Rowedder/Schmidt-Leithoff/*Koppensteiner* Rn 76; **aA** Ulmer/*Paefgen* Rn 28; *Raiser,* MitbestG, § 33 Rn 9; UHH/*Henssler* § 33 MitbestG Rn 18 (spätestens bei Verhinderung von mehr als einem Jahr).

hen von Differenzen zwischen den Gftern[25] oder die Weigerung des GFührers an einem bestimmten Geschäft mitzuwirken.[26] Ausnahmsweise Dringlichkeit, wenn wegen der internen Streitereien die Erfüllung best ges Pflichten (zB aus §§ 41, 43 III und 64) gefährdet ist.[27] Ist für das Insolvenzverfahren der Gesellschaft ein Verfahrenspfleger nach §§ 4 InsO, 57 ZPO bestellt und reicht diese Maßnahme aus, drohende Schäden zu verhindern, muss mangels Dringlichkeit kein NotGFührer bestellt werden.[28] Bestellung kann mit umfassender GFührungsbefugnis erfolgen, aber bei geeigneter Sachlage u beschr Zweck mit eingeschränkten Befugnissen (zur Vertretungsmacht s Rn 79; zur Gestattung des Selbstkontrahierens Rn 132).[29] Letzteres kann nach Grds der Erforderlichkeit geboten sein.[30] Bestellung kann sogar für ein einziges Rechtsgeschäft erfolgen.[31] Bestellung setzt Antrag eines „Beteiligten" (Gfter, Organmitglied der GmbH und jeder, der an der Notbestellung ein unmittelbares eigenes Interesse hat)[32] voraus. Das Registergericht kann einen Gesellschafter nicht gegen seinen Willen zum Notgeschäftsführer bestellen.[33] Zur Annahme der Bestellung Rn 10; zur Abberufung § 38 Rn 98; zum Erlöschen der Bestellung § 6 Rn 32. Bestellungsverfahren richtet sich nach FamFG. Bestellung als NotGFührer kann durch mit einfacher Beschwerde anfechtbaren Gerichtsbeschluss aufgehoben werden.[34]

Bestellung eines NotGFührers vielfach nicht praktikabel, weil keine geeignete Person zur Amtsübernahme bereit steht.[35] Auch ist Schuldner der Kosten des Notgeschäftsführers die (oft notleidende) GmbH,[36] weshalb Antragsteller deren Insolvenzrisiko trägt, wenn er Betrag vorzuschießen hat.[37] Aufwendungen eines Notgeschäftsführers für allgemeine Prozessvorbereitung sind für die Ges nicht im Kostenfestsetzungsverfahren erstattungsfähig.[38]

---

[25] OLG München FGPrax 2007, 281; OLG Frankfurt GmbHR 2001, 436 f m Anm *Hohlfeld;* Ulmer/*Paefgen* Rn 25.

[26] OLG Frankfurt GmbHR 1986, 432.

[27] OLG München FGPrax 2007, 281, 283.

[28] OLG Zweibrücken NJW-RR 2001, 1057 = NZI 2001, 378; *Kutzer* ZIP 2000, 654; Roth/*Altmeppen* § 6 Rn 21; Ulmer/*Paefgen* Rn 26; für die Bestellung eines Notgeschäftsführers OLG Köln GmbHR 2000, 390; Zur Bestellung im Insolvenzverfahren vgl a OLG Nürnberg WPg 1985, 54.

[29] BayObLG GmbHR 1998, 1123; LG Frankenthal GmbHR 2003, 586; zu den Beschränkungen der GFührungsbefugnis im Prozess zwischen GmbH u ausgeschiedenen Gftern BayObLG DB 1999, 2557.

[30] OLG München FGPrax 2007, 281, 283.

[31] LG Frankenthal GmbHR 2003, 586 f.

[32] Ulmer/*Paefgen* Rn 33; Rowedder/Schmidt-Leithoff/*Koppensteiner* Rn 77; MünchKommBGB/*Reuter* § 29 Rn 13.

[33] KG GmbHR 2000, 660 m Anm *Hohlfeld; Hirte,* KapitalGesR, 5. Aufl 2006, § 3 Rn 3.19; Roth/*Altmeppen* § 6 Rn 22; Ulmer/*Paefgen* Rn 27.

[34] BayObLG ZIP 1999, 1845 = NZG 2000, 98 m Anm *Kögel.*

[35] *Kutzer* ZIP 2000, 655.

[36] Rowedder/Schmidt-Leithoff/*Koppensteiner* Rn 86; *Lutter/Hommelhoff* Rn 24; Roth/*Altmeppen* § 6 Rn 25; *Helmschrott* ZIP 2001, 636, 639 f; der allerdings eine subsidiäre Haftung der Staatskasse befürwortet.

[37] *Link,* Amtsniederlegung, 147 f; *Eckert* KTS 1990, 33, 39; irreal die subsidiäre Haftung des Fiskus, dafür *Helmschrott* ZIP 2001, 636, 640.

[38] OLG Karlsruhe GmbHR 2003, 39.

Schon deshalb muss für geeignete Fälle auch einfachere, beschränktere Vertretungsregelung möglich sein, insbes Bestellung eines Prozesspflegers nach § 57 ZPO;[39] s a unten Rn 105. § 29 BGB ist ggü § 57 ZPO nicht von vorneherein subsidiär.[40]

8 **2. Fehlerhafte Organstellung.** Ist **Bestellungsakt nichtig oder unwirksam,** amtiert GFührer jedoch, ist Organhandeln einschließlich der Vertretung der Ges für Zeit bis zur Geltendmachung des Mangels nach den für fehlerhafte PersonenGes u fehlerhaftes Arbeitsverhältnis maßgebenden Grundsätzen idR als wirksam zu behandeln. Darüber hinaus wird heute überwiegend angenommen, dass die gesamte Rechts- u Pflichtenstellung der eines wirksam bestellten Organmitglieds entspricht.[41] Er vertritt die Ges auch im Beschlussmängelprozess über die Wirksamkeit der eigenen Bestellung.[42] Ist GFührer im HR eingetragen, gilt Rechtsschein der HR-Eintragung auch für Prozessfähigkeit eines fehlerhaft bestellten GFührers.[43] Zu Einzelfragen dieser sog **fehlerhaften Organstellung**[44] vgl § 9 a (Gründungshaftung), § 41 Rn 6 (Buchführungspflicht), § 43 Rn 2 (GFührerhaftung), § 64 Rn 9 f (Insolvenzantragspflicht), § 82 Rn 86 u § 84 Rn 16 (strafrechtl Verantwortlichkeit).

9 Von fehlerhaft bestelltem GFührer zu unterscheiden sind sog **faktische GFührer,** die ohne Vorliegen eines Bestellungsakts de facto GFührerkompetenzen in Ges ausüben (neben oder anstelle bestellter GFührer).[45] Erforderlich ist ein nach außen hervortretendes, üblicherweise der Geschäftsführung zuzurechnendes Handeln.[46] Allein Zugriffsmöglichkeit auf Bankkonto begründet nicht Stellung als faktischer GFührer.[47] Auf fakt GFührer finden § 84 I Nr 2 und § 64 Anwendung (näher unten § 64 Rn 9 f u § 84 Rn 16). Ihr Organhandeln ist grds unwirksam, Ges muss sich aber evtl hinsichtlich Vertretungshandelns nach den Regeln der Anscheinsvollmacht behandeln lassen.[48] Zu Verantwortlichkeit u Haftung dieser Personen § 43 Rn 3. Evtl geleistetes Entgelt ist nur angemessen, wenn es im unteren Bereich eines üblichen GFührergehalts anzusiedeln ist, sonst ggf unzulässige Einlagenrückgewähr iSd §§ 30 ff.[49] Ist nur der Anstellungsvertrag nichtig, Organbestellungsakt hin-

---

[39] BayObLG NZG 2000, 41; *Kutzer* ZIP 2000, 654, 655; nach BayObLG NZG 1998, 944, 945 ist § 57 ZPO gegenüber § 29 BGB subsidiär.

[40] § 6 Rn 32; Ulmer/*Paefgen* Rn 26; KG GmbHR 2000, 660, 661; **aA** *Bergwitz* GmbHR 2008, 225, 229; OLG Dresden GmbHR 2002, 163.

[41] BGHZ 41, 282, 287 für Vorstandsmitglieder von Aktiengesellschaften; BGH AG 1999, 80 für Liquidator; *Goette* § 8 Rn 10, der allerdings in diesem Fall von einem „faktischen GFührer" spricht.

[42] OLG Köln NZG 1999, 773.

[43] OLG Naumburg BeckRS 2008, 18 874.

[44] Zur Problematik insgesamt *Jarzembowski,* Fehlerhafte Organakte, 1982; *U. Stein,* Das faktische Organ, 1984; *Geißler* GmbHR 2003, 1106; *R. Weimar* GmbHR 1997, 473 u 538; *U. Haas* DStR 1998, 1359.

[45] BayObLG GmbHR 1997, 453; *Flore/Lewinski* GmbH-StB 2001, 178; *Robrecht* GmbHR 2003, 762, 763; zur Haftung *Geißler* GmbHR 2003, 1106; zur Trennung vom faktischen GFührer bei formalen Fehlern des Anstellungsvertrages *Pröpper* GmbH-StB 2008, 87.

[46] BGHZ 150, 61 = NJW 2002, 1803 (im Anschluss an BGHZ 104, 4, 48); Ring/Grziwotz/*Klingelhöfer* Rn 8.

[47] BGH NZG 2008, 468.

[48] Ebenso Michalski/*Lenz* Rn 24.

[49] OLG Stuttgart GmbHR 1999, 1039.

gegen wirksam (zur Trennung unten Rn 209), stellt sich Problematik fehlerhafter Organtätigkeit sowie der Wirksamkeit der Vertretung etc gar nicht.

10 **3. Annahme durch den Bestellten.** Zustandekommen der Organstellung – auch bei Bestellung NotGFührer (Rn 7) – setzt neben körperschaftlichem Bestellungsakt die **Annahme** (= Zustimmung) **durch den Bestellten** voraus (§ 6 Rn 25). Sie kann vorgängig, gleichzeitig oder nachfolgend, auch konkludent, erklärt werden. Erklärung ggü einem MitGFührer genügt, Abs 2 S 3. Hat Ges keinen GFührer sind alle Gfter empfangsberechtigt, Abs 1 S 2.[50] Hat GFührer in GfterVers für sich selbst gestimmt (zur Zulässigkeit § 46 Rn 33 u § 47 Rn 83), bedarf es gesonderter Annahme nicht. Zur Bestellung des EinmannGfters als GFührer s § 6 Rn 28. Beschluss des bestellenden Gremiums muss bei Abwesenheit des Bestellten diesem bekanntgegeben werden. Zufällige Kenntniserlangung des Bestellten reicht nicht aus. Bestellungsorgan kann sich beliebiger Person als Boten zur Bekanntgabe der Bestellung und Entgegennahme der Annahme bedienen (§ 38 Rn 42 f). Auch bei NotGFührung ist Annahme erforderlich. Diese kann ggü Gftern oder ggü RegGericht erklärt werden. Eine Verpflichtung zur Annahme besteht grds nicht, kann sich aber aus dem GesVertrag (§ 3 II oder auch Treuepflicht) ergeben.[51]

11 **4. Eintragung im HR** ist gesetzlich vorgeschrieben, aber **ohne konstitutive Bedeutung.** Näher dazu § 39 Rn 3 u 24.

IV. Organstellung u begleitende Rechtsbeziehung zur Ges

12 Mit der Wirksamkeit der Organstellung werden die spezifischen **organschaftlichen Rechte u Pflichten** sowie die **Vertretungsmacht** begründet. Rechtsbeziehungen zwischen GFührer u Ges werden jedoch durch die Organstellung allein nur unvollständig geregelt. Insbes sagt Organstellung nichts aus über den Umfang der Leistungspflichten des GFührers u über Gegenleistungen der Ges, sie sagt nichts aus über den Schutz bestimmter „sozialer" Interessen, über Aufwendungsersatz u Herausgabepflichten.[52]

13 **1. Regelung durch Satzung.** Nicht selten wird Verhältnis zwischen GFührer u Ges durch die Satzung näher geregelt. Insoweit kann es sich um unechte („zufällige") Satzungsteile handeln. Regelung ist dann nur maßgebend, solange u soweit außerhalb der Satzung nichts Abweichendes mit dem GFührer vereinbart wird. Ist Regelung hingegen **echter Satzungsbestandteil,**[53] so bestehen zwei Möglichkeiten. Sie kann entweder **verbindliche Vorgabe** für eine gesondert mit dem GFührer abzuschließende schuldrechtliche Vereinbarung sein (zum Grad der Verbindlichkeit § 53 Rn 15). Sie kann aber bei GfterGFührern auch bedeuten, dass die Beziehung des GFührers ausschließlich oder partiell **Teil seines Mitgliedschaftsrechts** sein soll, wie insbes dann, wenn Recht zur GFührung als Sonderrecht eingeräumt wird (dazu Rn 19 sowie § 38 Rn 8, 10 f) oder GFührer keine bes Vergütung

---

[50] Dazu im Einzelnen Rn 105 b.

[51] MünchAnwaltsHdbGmbH/*Lenz* § 7 Rn 17.

[52] Zum Folgenden *D. Reuter* FS Zöllner, 1998, 489 ff; *Mildenberger,* Der Geschäftsführervertrag, 2000.

[53] Zur Unterscheidung § 53 Rn 4 ff; ähnl Scholz/*Schneider* Rn 153 f; Lutter/*Hommelhoff/Kleindieck* Anh § 6 Rn 1; MünchHdbGmbH/*Marsch-Barner/Dieckmann* § 43 Rn 4; *Servatius* NZG 2002, 708 f.

erhält, sondern auf mitgliedschaftlichen Gewinnanspruch verwiesen wird. Soweit Regelung echten Satzungsbestandteil darstellt und gleichzeitig korporative Regelung des mitgliedschaftlichen Verhältnisses, ist daneben abzuschließender Anstellungsvertrag nicht erforderlich, je nach Sachlage gesrechtlich auch nicht sinnvoll. Aus steuerlichen Gründen erfolgt meist trotzdem Abschluss.

Regelungen des Organverhältnisses durch echte Satzungsbestimmungen **14** sind auch für **FremdGFührer** verbindlich, weil Organverhältnis Teil der korporativen Ordnung ist, der die Organmitglieder ohne Rücksicht auf Mitgliedschaft in der Ges unterworfen sind. Kenntnis des GFührers vom Satzungsinhalt bei Bestellung oder Anstellung ist für Verbindlichkeit nicht erforderlich. Weicht Anstellungsvertrag von Satzungsvorgaben zugunsten des GFührers ab, ist dies nur verbindlich, wenn entsprechender wirksamer Gfter-Beschluss vorliegt; Wirksamkeit kann auf unterlassener oder erfolgloser Anfechtung wegen Satzungsverletzung beruhen, aber auch auf wirksamer Satzungsdurchbrechung (zu dieser § 53 Rn 40 ff).[54] Schwieriger zu beurteilen ist, ob Satzung nachträglich vom Anstellungsvertrag Abweichendes ohne Einverständnis des GFührers für diesen verbindlich regeln, insbes seine Position verschlechtern kann. Das ist grds zu verneinen, soweit Anstellungsvertrag, wie iZw anzunehmen ist, GFührer geschützte Position einräumen will.[55]

2. Fehlende Satzungsregelung. Die bei Schweigen oder Unvollstän- **15** digkeit der Satzung erforderlichen rechtlichen Regelungen könnten an sich als Teil oder Annex der Organstellung in deren Rahmen sachgerecht entwickelt werden. Gesellschaftsrechtliche Dogmatik hat dies bislang nicht getan, weist vielmehr entspr Ordnung einem besonderen eigens zwischen GmbH u GFührer zu schließenden **schuldrechtlichen Verhältnis** zu (Dienstvertrag oder Auftrag).[56] § 84 AktG hat diese Auffassung für das Aktienrecht gesetzgeberisch bestätigt. Im GmbH-Recht ist sie nur mit Einschränkungen akzeptabel.[57] Denn jedenfalls beim GfterGFührer ist, wenn nach der Satzung die GFührerbeziehung Teil des Mitgliedschaftsverhältnisses sein soll, die rechtliche Regelung nicht in einem bes Anstellungs- oder Auftragsverhältnis zu suchen, sondern im Rahmen der mitgliedschaftsrechtlichen Beziehungen.[58] Insoweit geht es also nicht um eine zusätzlicher Begründung bedürftige Rechtsbeziehung, sondern nur um die zweckgerechte Ausgestaltung einer ohnehin bestehenden. Soll Rechtsbeziehung zum Organmitglied nicht mitgliedschaftsrechtlich oder körperschaftlich ausgestaltet werden, ist beim GfterGFührer u beim FremdGFührer (nicht beim NotGFührer) in Analogie zu § 84 AktG ein das Rechtsverhältnis näher regelnder besonderer Vertrag erforderlich. Gesonderte vertragliche Regelung bietet den Vorteil flexibler u unterschiedlicher Ausgestaltung u entlastet die Satzung.[59]

---

[54] Nach MünchHdbGmbH/*Marsch-Barner/Diekmann* § 43 Rn 6; Ulmer/*Paefgen* Rn 140 ff hat die Satzung grundsätzlich Vorrang (Vorrang des Korporationsrechts).

[55] Anders wohl Ulmer/*Paefgen* Rn 141.

[56] Roth/*Altmeppen* § 6 Rn 18; Michalski/*Lenz* § 35 Rn 109; *K. Schmidt,* GesR, § 36 II 2 c (S 1073 f); Rowedder/Schmidt-Leithoff/*Koppensteiner* Rn 69; Lutter/*Hommelhoff/Kleindieck* § 6 Rn 1 u Anh § 6 Rn 1; *Freckmann* DStR 2008, 52.

[57] *Loritz,* Die Mitarbeit Unternehmensbeteiligter, 1984; *Link,* Amtsniederlegung, 19 f.

[58] Ähnlich Scholz/*Schneider* Rn 153.

[59] Zu Bedeutung u Entwicklung näher *Baums,* Der Geschäftsleitervertrag, 1987, 33 ff.

16 **3. Verhältnis zwischen Organstellung u schuldrechtlicher Beziehung.** Damit stellt sich die Frage nach dem **Verhältnis zwischen Organstellung u schuldrechtlicher Beziehung.** Beide sind aufeinander nicht iSv rechtlichem Grundverhältnis (Kausalverhältnis) u abstrakter Rechtszuordnung bezogen.[60] Vielmehr ergänzen sie sich vom Regelungsgegenstand her (mit Überschneidungen).[61] Sie sind aber nicht Teile eines einheitlichen Rechtsgeschäfts, auf das § 139 BGB anwendbar wäre.[62] So ändert sich etwa nicht der Charakter des Anstellungsverhältnisses durch Verlust der Organstellung.[63] Ebenso ist die Organstellung daher grds wirksam, auch wenn schuldrechtliches Verhältnis unwirksam oder noch nicht zum Abschluss gekommen ist.[64] Gleichwohl kann es für GFührer misslich sein, Organpflichten auszuüben, wenn schuldrechtlicher Vertrag fehlt oder nicht wirksam ist. **Drei** hauptsächliche **Lösungsmöglichkeiten** dieser Problematik bestehen: (1) GFührer braucht Amt erst anzutreten, wenn Anstellungsvertrag zum Abschluss gekommen ist (Bestimmung eines Anfangstermins); (2) Organstellung nur wirksam, wenn Anstellungsvertrag abgeschlossen wird (aufschiebende Bedingung). Beides kann sich aus Satzung oder Bestellungsbeschluss, auch durch (ergänzende) Auslegung, ergeben; auch Zustimmung des GFührers zur Bestellung kann unter entspr Maßgaben gestellt werden; (3) Organstellung zwar wirksam, GFührer hat aber Recht zur Amtsniederlegung, wenn ein Anstellungsvertrag binnen angemessener Frist nicht zum Abschluss kommt.[65] Welche dieser Lösungsmöglichkeiten greift, ist durch Auslegung der getroffenen Regelungen unter Berücksichtigung aller Umstände zu ermitteln. Lässt sich (1) oder (2) nicht durch Auslegung feststellen, gilt im Zweifel (3).

17 Eine fortbestehende Organstellung mit einer Ges steht der rechtsgeschäftlichen Begründung eines **Arbeitsverhältnisses** mit einem Drittunternehmer nicht entgegen. Dies gilt uU auch dann, wenn die Willenserklärungen zur Begründung des Arbeitsverhältnisses anlässlich einer geplanten Verschmelzung beider Unternehmen abgegeben werden und die Verschmelzung scheitert.[66]

V. Anspruch auf Bestellung

18 Gfter können Anspruch gegen **Ges** auf Bestellung als GFührer aus der **Satzung** haben. Zweifelhaft ist, ob Satzung auch Anspruch für Dritte begründen kann. Dafür spricht nicht nur praktisches Bedürfnis, sondern auch (mindestens analoge) Anwendbarkeit von § 328 BGB.[67] Davon zu unterscheiden sind Ansprüche auf Bestellung gegen **Gfter,** die entspr **Stimmbindung**

---

60 BAG NJW 2008, 3514, 3515; DB 2008, 355 = NJW 2008, 1018; BGH NJW 2003, 351; Ulmer/*Paefgen* Rn 18; **krit** *D. Reuter* FS Zöllner, 1998, 489 ff.

61 *Goette* § 8 Rn 4 spricht von gegenseitiger Beeinflussung.

62 Etwas anders *Baums* (Fn 56), der von ergänzender Funktion ausgeht, beides aber offenbar als zu einem einheitlichen Rechtsverhältnis verschmelzend ansieht.

63 BGH NJW 2000, 1864 = DStR 2000, 564 m Anm *Goette* (freies Dienstverhältnis wird nicht zu einem Arbeitsverhältnis); BAG GmbHR 2003, 765; *Bauer/Krieger* ZIP 2004, 1247; *Hillmann-Stadtfeld* GmbHR 2004, 1457; **abw** OLG Frankfurt a. M. NZA-RR 2000, 385; s a BGH NJW 2003, 351.

64 *Goette* § 8 Rn 5; *Nägele* BB 2001, 305; *Freckmann* DStR 2008, 52.

65 Scholz/*Schneider* Rn 151.

66 BAG DB 2003, 942, 943.

67 Ebenso Ulmer/*Paefgen* Rn 19; **abw** *D. Reuter* FS Zöllner, 1998, 487, 492.

bedeuten können. Gegen Ges ist individualrechtlicher, nicht in der Satzung geregelter Anspruch nur wirksam, wenn GfterVers oder alle Gfter zugestimmt haben.[68] **Schuldrechtliche Verpflichtung** der Ges[69] ist nicht erzwingbar und begründet keine Erfüllungsansprüche, sondern nur Sekundäransprüche.[70]

VI. GFührerstellung als mitgliedschaftliches Recht u mitgliedschaftliche Pflicht

19 Innehabung der GFührerstellung kann durch Satzung als mit der Mitgliedschaft verbundenes Recht oder als ebensolche Pflicht (zweckmäßig als Kombination von beidem) ausgestaltet werden (oben Rn 13 f).[71] Beides kann dabei für die Dauer der Mitgliedschaft ad personam, aber auch als mit dem GAnteil verbunden vorgesehen werden. Steht Recht nicht allen Gftern zu, lässt sich von Sonderrecht sprechen, ist es für alle gegeben, von allg Mitgliedschaftsrecht. Diese Ausgestaltung hat erhebliche Bedeutung sowohl für die Entziehbarkeit als auch für das Recht zur Niederlegung (zu beidem § 38 Rn 8, 10 f, 85 f).

VII. Arten der GFührer

20 Wichtig ist Unterscheidung zwischen sog **FremdGFührer** und dem in der Praxis wohl noch überwiegenden **GfterGFührer.**[72] GmbHG kennt Unterscheidung zwar in § 6 III, zieht aus ihr aber keine Folgerungen (anders die gerichtliche Praxis). Der nach § 33 MitbestG[73] zu bestellende **Arbeitsdirektor** ist dadurch gekennzeichnet, dass ihm zwingend ein Personal- u Sozialfragen umfassender Geschäftsbereich zugewiesen ist (§ 37 Rn 34 zu seiner Bestellung § 52 Rn 302). Zur Titulierung als stellvertretender GFührer § 44 Rn 6; zum **NotGFührer** vgl Rn 7 u 24.

21 Das **Steuerrecht** knüpft insofern an Unterscheidung zwischen FremdGFührer und GfterGFührer an, als bei Zuwendungen der Ges an FremdGFührer in aller Regel nur Lohnsteuerpflichtigkeit angenommen wird. Allerdings ist GmbH nicht Arbeitgeber iSd § 42 d I Nr 1 EStG ihrer von der Obergesellschaft entlohnten und nur vorübergehend entsandten GFührer.[74] Bei GfterGFührern hingegen wird Angemessenheit der Zuwendung als dienstvertragliche Vergütung geprüft. Die Angemessenheit übersteigende Teile werden als verdeckte Gewinnausschüttung qualifiziert, dem Gewinn der Ges hinzugerechnet u deren Abzugsfähigkeit als Betriebsausgabe verneint (Rn 182 ff).

22 **Sozialversicherungsrecht** unterscheidet zwischen abhängigen GFührern, die grds sozialversicherungspflichtig sind u solchen, die nicht in einem abhängigen Beschäftigungsverhältnis stehen. FremdGFührer sind nach dieser theo-

68 Dazu *D. Reuter* FS Zöllner, 1998, 487 ff.

69 Beispiel in BAG NZG 2002, 1179, 1177.

70 *Moll* FS Schwerdtner, 2003, 453, 457.

71 Roth/*Altmeppen* § 6 Rn 31.

72 Zahl der FremdGFührer nimmt zu laut *Reichold/Heinrich* FS Westermann 2008, S 1315, 1316 u *Kuhn,* Abgestuftes Arbeitsrecht am Beispiel des abhängigen GmbH-GFührers, Diss Tübingen 2006.

73 Zur Verfassungsgemäßheit dieser Regelung BVerfGE 50, 290, 378 f; Ulmer/*Paefgen* Rn 22.

74 BFH BB 2004, 1089.

retisch abwegigen, praktisch aber fest etablierten Unterscheidung in aller Regel als abhängig idS anzusehen, sofern sie nicht eigenverantwortliche Stellung nach Art von Vorstandsmitgliedern einer AG haben. Auch GfterGFührer gelten als abhängig, sofern ihnen nicht maßgeblicher Einfluss auf die Willensbildung der GmbH zukommt wie stets bei MehrheitsGftern; dazu Rn 181.

23 Das Recht der **betrieblichen Altersversorgung** unterscheidet zwischen einem arbeitnehmerähnlichen schutzbedürftigen GFührer und sog UnternehmerGFührern. Für die zweitgenannten gilt das BetrAVG entgegen der dort in § 17 getroffenen Regelung nicht. Das kann auch ein MinderheitsGfter mit Leitungsmacht sein; dazu Rn 194.

VIII. Eignungsvoraussetzungen

24 Zu unterscheiden ist zwischen gesetzlichen u satzungsrechtlichen Voraussetzungen. Zu den **gesetzlichen** vgl § 6 Rn 9 ff, dort insb auch zur Frage des Ausländers als GFührer. Wegen Unzulässigkeit der Zugehörigkeit von GFührern zum AR können AR-Mitglieder nur bestellt werden, wenn sie aus dem AR ausscheiden (Ausnahme analog § 105 II AktG), vgl dazu § 52 Rn 28, 39, 169 sowie Anh § 47 Rn 61. Zu den **satzungsrechtlichen Eignungsvoraussetzungen** für die NormalGmbH ebenfalls § 6 Rn 8. Diese gelten grds auch für **NotGFührer.**[75]

25 Für die **Mitbestimmungsgesetzen unterliegende Ges** ist Aufstellung von persönlichen Voraussetzungen durch Satzung ebenfalls zulässig.[76] Auswahlermessen des AR muss aber ebensoweit erhalten bleiben wie für AR der AG. Zulässig daher alle sachbezogenen Voraussetzungen, sofern sie nicht ihrer Art nach oder durch Kumulation das Auswahlermessen des AR unverhältnismäßig einengen.[77] Sachbezogen sind Voraussetzungen, die im Hinblick auf GesZweck, Unternehmensart u -größe sowie Ressortaufgaben u Verantwortungsbereich zu bestellender GFührer sinnvoll sind. Hingegen ist Zusammensetzung des Anteilseignerkreises (zB Charakter als FamilienGes[78]) idR unerheblich, idR auch Bestehen u Art von Konzernbeziehungen, soweit es nicht Aufgabenbereich u -umfang tangiert.[79] Fehlen zulässiger Satzungsvoraussetzungen macht Bestellung nicht nichtig (ganz hM), bildet aber idR wichtigen Grund für Abberufung.[80]

IX. Zahl der GFührer

26 Dazu § 6 Rn 5. Vorschlagsrecht eines Gfters oder einer Gftergruppe in Satzung kann dahin auszulegen sein, dass GfterVers Zahl der GFührer auf Verlangen erhöhen muss, da sonst Mehrheit Vorschlagsrecht konterkarieren kann.[81]

---

75 BayObLG NJW 1981, 995.

76 **Abw** *Naendrup* AuR 1977, 268, 271; *Säcker* DB 1977, 1791, 1792.

77 HM, UHH/*Ulmer/Habersack* § 31 MitbestG Rn 13; *Raiser,* MitbestG, 4. Aufl 2002, § 31 Rn 9 f; WWKK/*Wißmann,* § 31 MitbestG Rn 11, 13; *Duden* ZHR 142 (1977), 175; *Reuter* AcP 179 (1979), 526; Rowedder/Schmidt-Leithoff/*Koppensteiner* Rn 72; MünchAnwaltsHdbGmbH/*Lenz* § 7 Rn 14; Ulmer/*Paefgen* Rn 13.

78 Dazu Rowedder/Schmidt-Leithoff/*Koppensteiner* Rn 72, der Vorrang eines Familienmitglieds bei ansonsten gleicher Qualifikation als zulässig ansieht.

79 **Abw** insoweit UHH/*Ulmer/Habersack* § 31 MitbestG Rn 14.

80 Sehr str; wie hier Rowedder/Schmidt-Leithoff/*Koppensteiner* Rn 75.

81 Bedenklich OLG Stuttgart GmbHR 1999, 538.

X. Beendigung der Organstellung

Vgl dazu § 38 Rn 2, 81 ff. 27

C. Rechte u Pflichten der GFührer aus ihrer Organstellung

I. Geschäftsführung

Grundaufgabe der GFührer ist die GFührung. Gesetz erwähnt dies als selbstverständlich nicht eigens, drückt aber schon durch die Bezeichnung hinlänglich aus, dass es von der Betrauung der GFührer mit der Aufgabe ausgeht. Mittelbar wird diese Vorstellung durch § 37 bestätigt, der der Sache nach im GesVertrag oder ad hoc durch Beschl aufgestellte Grenzen der GFührungsbefugnis behandelt, wie sie nur auf der Basis einer an sich bestehenden, weitreichenden GFührungsbefugnis denkbar sind. 28

1. Begriff u Reichweite. GFührung umfasst die zur **Verfolgung des GesZwecks erforderlichen Entscheidungen,** insbes Bestimmung über den Einsatz u die Koordinierung der Unternehmensressourcen, darunter die Vorgabe von sachlichen u zeitlichen Teilzielen an die Bediensteten der Ges. Begriff der GFührung umfasst auch die Leitung des Unternehmens, die freilich in real höchst unterschiedlichem Umfang auch von GfterVers wahrgenommen wird. Je größer das Unternehmen, desto mehr wird sich GFührung durch GFührer auf leitende Funktion konzentrieren u zahlreiche zur GFührung gehörende Aufgaben u Entscheidungen delegieren.[82] Zur GFührung gehört nicht Wahrnehmung der GfterRechte sowie die Änderung des GesVertrags. GFührung als Konkretisierung des GesZwecks kann sich immer nur im durch den GesVertrag gegebenen Rahmen bewegen. 29

Das bedeutet vor allem, dass **Unternehmensgegenstand Grenze für GFührung** darstellt.[83] Geschäfte müssen sich danach grds im Rahmen des satzungsmäßigen Unternehmensgegenstands halten u dürfen diesen nicht ausweiten oder auf andere Felder verlagern. Das gilt uneingeschränkt für Haupttätigkeit des Unternehmens. Ausnahmen sind nur nach zwei Richtungen zulässig: (a) in zeitlicher Beziehung. Vorübergehend können Erwerbschancen außerhalb des Unternehmensgegenstands wahrgenommen werden, wenn sonst vorhandene Ressourcen der Ges brachlägen, weil gewinnbringende Verwendung innerhalb des Unternehmensgegenstands derzeit nicht möglich ist (Beispiel: Vermietung oder Verpachtung derzeit nicht benötigter Grundstücke; verzinsliche Anlage von Reserven). Zulässig ferner Kurssicherung bei in fremder Währung abgeschlossenen Auslandsgeschäften. (b) In sachlicher Beziehung können unternehmensgegenstandsfremde Geschäfte zulässig sein, soweit es sich um Rand- oder Annexbereiche handelt, etwa zum Zweck besserer Auslastung eigener Einrichtungen. Nach beiden Richtungen muss gegenstandsfremder Geschäftsumfang aber untergeordnet bleiben.[84] 30

[82] Zum Wesen der Leitung s ua *Druey* FS Zöllner, 1998, 129; *Goette* FS 50 Jahre BGH, 2000, 123 ff; **abw** versucht *Henze* BB 2000, 209 zwischen Leitung u GFührung rechtlich zu unterscheiden.

[83] *Lutter* GmbHR 2000, 301, 303.

[84] Näher zur Problematik Ulmer/*Ulmer* § 3 Rn 11 ff; *Geßler* FS Stimpel 1985, 782 f; *Wallner* JZ 1986, 724.

31 Bei kleineren und mittleren GmbH ist Spielraum für **gegenstandsfremde Geschäfte** daher von vornherein gering. Erwerb von Beteiligungen an anderen Unternehmen kann als reine Finanzanlage in den obengenannten Grenzen zulässig sein. Auch Beteiligungserwerb unternehmerischer Art ist in den genannten Grenzen ohne besondere Satzungsermächtigung zulässig.[85] Andererseits können GFührer den vorgegebenen Rahmen voll ausschöpfen. Dazu sind sie grds auch verpflichtet, verletzen ihre Pflichten aber nicht, soweit Satzungsvorgaben derzeit keinen wirtschaftlichen Erfolg versprechen oder nicht finanzierbar sind. Satzungsvorgaben können auch als reine Erlaubnis oder Beispiele gemeint sein.[86] Einstellung der Geschäfte, auch vorübergehende, ist GFührern nur mit Zustimmung der Gfter erlaubt oder zur Insolvenzvermeidung. Vom in Satzung geregelten Unternehmensgegenstand abweichende Haupttätigkeit der Ges **(sog faktische Gegenstandsänderung)** führt nach hM zur Nichtigkeit der Satzungsregelung mit theoretisch schwerwiegenden Folgen. Näher unten § 75 Rn 16.

32 Befugnis der GFührer zur GFührung findet **Schranken** außer an den durch Gesetz u Satzung für sie aufgestellten Grenzen[87] an den Beschlüssen, die die Gfter in Wahrnehmung ihrer eigenen GFührungskompetenz fassen. Wie weit GFührungsbefugnis auch ungewöhnliche Geschäfte umfasst, ist str. Dazu näher § 37 Rn 7 ff; zur Frage der Einzel- oder GesamtGFührungsbefugnis dort Rn 29 ff.

33 **2. GFührung ist Pflicht der GFührer.** Sie müssen Geschäfte in angemessenem Umfang so zweckfördernd wie möglich führen. Diese Pflicht wird nicht erst durch Anstellungsvertrag begründet, sondern ist Organpflicht auf Grund der Organstellung.[88] Teil der GFührungspflicht ist die **Pflicht zur Kooperation** mit den anderen GFührern,[89] aber auch die **Pflicht zu** deren **Überwachung.**[90] Sie besteht nicht nur im Rahmen eigener Sachzuständigkeit, sondern auch im fremden Ressort bei Aufteilung der Kompetenzen,[91] insb in finanziellen Krisensituationen.[92] Selbst ressortlose GFührer (sog. ZölibatsGFührer) trifft Überwachungspflicht.[93] Zur Geschäftsverteilung u ihren

---

[85] Zum ganzen mit Nachw KölnerKomm/*Zöllner* § 179 Rn 119 ff.

[86] Näher KölnerKomm/*Zöllner* § 179 Rn 18.

[87] Zur Besorgung von Rechtsangelegenheiten durch GFührer s. *Grunewald* FS Horn 2006, 329 ff. Die Frage, unter welchen Voraussetzungen der für die GmbH handelnde GFührer eine aus seiner Sicht fremde und damit erlaubnispflichtige Rechtsangelegenheit der Ges besorgt stellt sich genauso nach der Neuregelung durch das seit 1. 7. 2008 geltende Rechtsdienstleistungsgesetz, *Schürnbrand,* Organschaft im Recht der privaten Verbände, 2007, S 25 f.

[88] Zur entsprechenden Pflicht des faktischen GFührers BGH GmbHR 1990, 298; *Flore/Lewinski* GmbH-StB 2001, 178, 179 f.

[89] Roth/*Altmeppen* § 43 Rn 12; Ulmer/*Paefgen* § 43 Rn 25; BGH WM 1966, 968; *Raiser/Veil* § 32 Rn 84.

[90] Rowedder/Schmidt-Leithoff/*Koppensteiner* § 43 Rn 11, mwN; *U. H. Schneider* FS 100 Jahre GmbHG, 1992, 473, 481; *Goette* § 8 Rn 53; *Peters* GmbHR 2008, 682, 684; *Pröpper* GmbH-StB 2008, 214; OLG Koblenz GmbHR 2008, 37, 39.

[91] RGZ 98, 98; BGH ZIP 1987, 1050; OLG Düsseldorf GmbHR 1994, 403; Roth/*Altmeppen* § 43 Rn 12; Ulmer/*Paefgen* § 43 Rn 25; Rowedder/Schmidt-Leithoff/*Koppensteiner* § 43 Rn 11 u 12; *U. H. Schneider* FS 100 Jahre GmbHG, 1992, 473, 481 mwN; *Peters* GmbHR 2008, 682; zur Gestaltung der Ressortaufteilung in der Geschäftsordnung oder durch Gfterbeschl *Pröpper* GmbH-StB 2008, 214, 215 f.

[92] OLG Schleswig-Holstein GmbHR 2002, 216, 218; zur Überwachungspflicht in Krisensituationen sa *Sikora* NWB 2007, 1165, 1167.

[93] *Peters* GmbHR 2008, 682, 685; OLG Koblenz GmbHR 2008, 37, 38.

Folgen für Verantwortlichkeit s auch § 37 Rn 32 u § 43 Rn 26. Zur Überwachungspflicht gehört, dass GFührer von ihrem weitreichenden Informationsrecht Gebrauch machen (Rn 62). Ergeben sich Anhaltspunkte, dass ressortzuständiger GFührer in seinem Aufgabenbereich Geschäfte nicht ordnungsgemäß führt, besteht Rückholpflicht der übrigen GFührer.[94] Ferner besteht für jeden GFührer **Organisationspflicht** dahingehend, dass ausreichende Übersicht über wirtschaftliche u finanzielle Situation der Ges jederzeit verfügbar ist.[95] Entlastet ist GFührer nicht schon bei faktischer Beschneidung von Informationsmöglichkeiten durch MitGFührer oder Gfter, wohl aber, soweit rechtlich wirksame Grenzen gesetzt sind. Vorstandspflicht gem § 91 II AktG zur **Einrichtung eines Überwachungssystems**[96] zwecks Früherkennung fortbestandsgefährdender Entwicklungen (Risikowarnsystem) ist analog auf GFührung der GmbH anzuwenden.[97] Frühwarnsystem muss jedem GFührer zugänglich sein. Die Steigerung im Sinne der Pflicht zur Einrichtung eines Managementsystems für Risiken ist schon aktienrechtlich fragwürdig und bei GmbH allenfalls ab entspr Größe u Komplexität in Betracht zu ziehen.[98]

Inwieweit **GFührung auch Recht der GFührer** ist,[99] bedarf differenzierender Beantwortung. Für **GfterGFührer** kann GFührung als echtes mitgliedschaftliches Recht ausgestaltet sein. GFührer hat dann nicht nur Anspruch darauf, als solcher bestellt und nicht ohne wichtigen Grund abberufen zu werden, sondern selbstverständlich auch, als GFührer tätig zu sein. GfterVers kann ihn dann nicht grundlos suspendieren, ihm keine Weisung zur Enthaltung von GFührertätigkeit erteilen u sie darf nicht GFührungsaufgaben auf andere GFührer so verteilen, dass nichts Relevantes für den Betroffenen übrig bleibt. Anspruch richtet sich gegen Ges aber als mitgliedschaftliches Recht auch gegen die übrigen Gfter. **34**

Für **FremdGFührer** (und ebenso für GfterGFührer ohne mitgliedschaftlichen Anspruch auf GFührung) ergibt sich **Anspruch auf GFührungstätigkeit** nicht schon ohne weiteres aus dem Organverhältnis, das durch Bestellung zustande kommt, sondern erst aus dem Anstellungsvertrag. Soweit aber Bestellung frei widerruflich (gesetzlicher Regelfall; unten § 38 Rn 3) kann der Tätigkeit durch Abberufung gesellschaftsrechtliche Grundlage entzogen werden. Anspruch auf Bestellung oder Wiederbestellung besteht im Regelfall also nicht und damit auch nicht auf GFührungstätigkeit (s Rn 18). Bei solcher freier Widerruflichkeit können Gfter auch statt Abberufung die Suspendierung oder schlichte Nichtbeschäftigung als GFührer anordnen. Es ist kein Grund ersichtlich, warum Gfter zu der stärkeren und für GFührer idR belastenderen Maßnahme der Abberufung greifen müssten. Freistellungsbefug- **35**

94 *Peters* GmbHR 2008, 682, 685.

95 BGH WM 1995, 709.

96 *Henze* BB 2000, 209; *T. Drygala/A. Drygala* ZIP 2000, 297; *Eggemann/Konradt* BB 2000, 503; *Holst/Holtkamp* BB 2000, 815; *Weidemann/Wieben* DB 2001, 1789; *Wolz* WPg 2001, 798; *Preußner/Becker* NZG 2002, 846; *Pahlke* NJW 2002, 1680.

97 *Seibert,* Das Gesetz zur Kontrolle und Transparenz im Unternehmensbereich (KonTraG) in Reform des Aktienrechts, der Rechnungslegung und der Prüfung, hrsg von Dörner u. a., 1999, 1, 10; krit gegenüber analoger Anwendung noch *Hommelhoff* FS Sandrock, 2000, 373, 376 ff.

98 *Zöllner* in Noack/Spindler, Unternehmensrecht und Internet, 2001, 69, 76 ff; *Hommelhoff* FS Sandrock, 2000, 373, 376; *Lutter* GmbHR 2000, 301, 305; *Goette* § 8 Rn 55.

99 *Leuchten* GmbHR 2001, 750.

nis[100] braucht daher GFührerAnstellungsvertrag idR nicht zu enthalten. Ist Abberufung nur aus wichtigem Grund zulässig, kann GFührer aus dem Anstellungsvertrag seine Bestellung und entsprechende Beschäftigung verlangen. Ist er bestellt u nicht wirksam abberufen, kann er Fortsetzung seiner GFührungstätigkeit **(Weiterbeschäftigung)** von Ges (nicht den Gftern) verlangen. Insoweit kann Vorbehalt der Freistellung von GFührungstätigkeit oder Recht zur Suspendierung im Anstellungsvertrag[101] Bedeutung erlangen. Recht zur Suspendierung kann sich auch ohne ausdrücklichen Vorbehalt bei Vorliegen wichtiger Gründe ergeben, die schwächer sein können als wichtiger Grund zur Abberufung (Beispiele: mittlerer Verdacht auf Unregelmäßigkeiten, Verletzung eines Wettbewerbsverbotes etc). Wird FremdGFührertätigkeit ohne Anstellungsvertrag erbracht, etwa auf Grund bloßer Satzungsregelung (oben Rn 13) kann sich Recht auf GFührung, falls Bestellung nicht frei widerruflich ist, auch aus dem satzungsrechtlich gestalteten Organverhältnis ergeben.

36 Ist GFührer wirksam abberufen, kann sich Frage einer Beschäftigungs- oder Weiterbeschäftigungspflicht im Rahmen des evtl fortbestehenden Anstellungsvertrags ergeben.[102] Beschäftigungspflicht ist im Rahmen ungekündigter Arbeitsverhältnisse grds anerkannt. Auch ehemaliger GFührer kann solchen Anspruch haben, jedoch geht dieser gerade nicht auf GFührertätigkeit, sondern nur auf andere geeignete und zumutbare Tätigkeit. Der Anspruch kann auch mit Hilfe einer einstweiligen Verfügung durchgesetzt werden.[103] Steht andere geeignete und zumutbare Tätigkeit nicht zur Verfügung, ruht der Anspruch. Dazu auch Rn 250.

37 **3. Zeitlicher Umfang.** GFührungspflicht beginnt mit Wirksamwerden der Bestellung und endet mit wirksamer Beendigung der GFührerstellung (beides mit entsprechender Variation bei Fehlerhaftigkeit, aber faktischer Durchführung). Umfang im Einzelnen richtet sich nach den Umständen, idR wird GFührer verpflichtet sein, „seine ganze Arbeitskraft in den Dienst des Unternehmens zu stellen" (so steht es vielfach in Verträgen; s Rn 49). Zeitaufwand hängt dann stark von Fähigkeit, Erfahrung, Bereitschaft zur Delegation von Aufgaben uva ab. Klare Regeln wie für Arbeitnehmer lassen sich nicht aufstellen, arbeitsrechtliche Arbeitszeitregeln gelten nicht. Zum Urlaubsanspruch s Rn 50. Ist GFührer nicht in der Lage, alle Pflichten zu erfüllen, auch nicht im Rahmen zulässiger Delegation auf Arbeitnehmer, hat er GfterVers einzuberufen und auf Abhilfe, evtl Berufung weiterer GFührer zu dringen.

II. Treupflichten u Wettbewerbsverbot

Lit: *Bauer/Diller,* Wettbewerbsverbote, 4. Aufl 2006; *Bergwitz,* Möglichkeiten des abberufenen GmbH-Geschäftsführers zur Befreiung vom Wettbewerbsverbot, GmbHR 2006, 1129; *Fleischer,* Zur organschaftlichen Treuepflicht der Geschäftsführer im Aktien-

---

100 Wie in LG Köln GmbHR 1997, 1104; OLG Oldenburg NZG 2000, 1038; zur Freistellung *Neu,* Die Beendigung der Anstellungsverhältnisse von GmbH-Geschäftsführern, 2000, 143 ff.

101 LG Köln GmbHR 1997, 1104.

102 S dazu *Leuchten* GmbHR 2001, 750; *Moll* FS Schwerdtner, 2003, 453, 461 ff.

103 *Leuchten* GmbHR 2001, 750, 752 ff.

und GmbH-Recht, WM 2003, 1045; *ders,* Gelöste und ungelöste Probleme der gesellschaftsrechtlichen Geschäftschancenlehre NZG 2003, 985; *ders,* Wettbewerbs- und Betätigungsverbote für Vorstandsmitglieder im Aktienrecht, AG 2005, 336.

GFührer haben gegenüber der Ges eine intensive Treupflicht auf Grund der Organstellung.[104] 38

1. Grundlage u allg Bedeutung. Treupflicht der GFührer ist Korrelat ihrer weitreichenden Befugnisse, des Informationsvorsprungs und der faktischen Einwirkungsmöglichkeiten.[105] Ihnen sind das GesVermögen u sämtliche (wirtschaftlichen u ideellen) Interessen der Ges anvertraut, zu deren Sicherung sie durch Treubindung in Pflicht genommen werden. Aus Treubindungen ergeben sich vor allem Schutz- und Rücksichtspflichten in Gestalt von Unterlassungspflichten, sie sind aber auch bestimmend für das Maß der aktiven Förderungs- (Handlungs-)pflichten, wie insbes der GFührungspflicht.[106] Treupflicht verbietet GFührer Nutzung der GesResourcen im eigenen privaten Interesse,[107] sowie Ableitung persönlicher Vorteile aus der geschäftlichen Tätigkeit, etwa durch Entgegennahme von Provisionen oder Schmiergeldern.[108] Diesbezüglich hat GFührer kein unternehmerisches Ermessen.[109] Leistung adäquaten Entgelts kann, wenn sonst keine GesInteressen entgegenstehen, Verstoß ausschließen. Treuepflicht gebietet GFührer, Interessenkonflikte bei Geschäften mit Ges offen zu legen.[110] 39

Begleitende Rechtsbeziehung, insbes Anstellungsverhältnis, erzeugt idR kongruente Treubindungen, vermag aber auch in bestimmtem Maß zu modifizieren, zB können bei unentgeltlicher Tätigkeit Treubindungen in bestimmter Hinsicht geringer sein. Treupflichten wirken in bestimmtem Umfang über Beendigung der Organstellung hinaus nach, insbes Rücksichtspflichten.[111]

2. Wichtige Ausprägungen der Treupflichten des GFührers. a) Verschwiegenheitspflicht.[112] Von ihrem Bestehen geht § 85 aus. Sie ist stets gegeben bei objektivem Geheimhaltungsinteresse. Dazu gehört auch Einhaltung der Verschwiegenheitspflichten, die der Ges selbst obliegen (zB aus Datenschutz oder bes Vertrauensbeziehung). Aktueller oder erkennbarer Geheimhaltungswille bei objektivem Geheimhaltungsinteresse nicht erforderlich. GFührer selbst, AR und auch MehrheitsGfter können über Geheimhaltungsinteresse nicht verfügen, wohl aber Gftergesamtheit einstimmig. Einfache Mehrheit im Fall des Management Buy-Out (dazu Rn 48) und zu diesem 40

[104] So auch *Fleischer* WM 2003, 1045, 1046; *Schmolke* RIW 2008, 365, 369; *Palzer,* Fortwirkende organschaftliche Pflichten des Geschäftsführers der GmbH, 2001, 15 f.

[105] Ähnlich Roth/*Altmeppen* § 43 Rn 17; MünchHdbGmbH/*Marsch-Barner/Diekmann* § 45 Rn 2; *Palzer* (Fn 104), 15; *Schmolke* RIW 2008, 365, 371.

[106] OLG Hamm GmbHR 1997, 999.

[107] OLG Naumburg NZG 1999, 353; *Fleischer* WM 2003, 1045, 1049; *Schmolke* RIW 2008, 365, 369.

[108] OLG Düsseldorf NZG 2000, 933.

[109] *Schmolke* RIW 2008, 365, 369.

[110] *Schmolke* RIW 2008, 365, 370.

[111] OLG Hamm GmbHR 1985, 157; *Palzer* (Fn 104), 19 f, 94 ff, 148 ff, 177 ff; sowie Rn 40, 46 u 195 ff.

[112] Teilw wird Verschwiegenheitspflicht auch nur aus Pflicht zur sorgfältigen GFührung, so Scholz/*Schneider* § 43 Rn 144; *Bihr* BB 1998, 1198; Ulmer/*Paefgen* § 43 Rn 74; teilweise aus dieser und der Treuepflicht abgeleitet, so Michalski/*Haas* § 43 Rn 127.

Zwecke notwendige Offenbarungen von Geheimtatsachen gegenüber Dritten (Finanzierungsinstitute, Berater) genügen nicht.[113] Zu Einzelheiten s § 85 Rn 7 ff. Über dortige Ausführungen hinaus kann auch subjektives Geheimhaltungsinteresse Verschwiegenheitspflicht im zivilrechtlichen Sinn begründen.[114] Verschwiegenheitspflicht verbietet Mitteilungen etc an Dritte. Das sind auch ArbN der Ges, soweit nicht funktionell damit befasst, hingegen Gfter oder ARMitglieder nur ausnahmsweise.[115] Keine Verletzung der Verschwiegenheitspflicht liegt in Abtretung von Vergütungsansprüchen des GFührers.[116] Im Einzelfall besteht Ausnahme von Verschwiegenheitspflicht auf Grund besonderen Gesellschaftsinteresses,[117] etwa um Schaden von der Gesellschaft abzuwenden.[118] Auch bei einer im Rahmen eines Unternehmenskaufs vereinbarten **Due Diligence** darf der GFührer nicht eigenmächtig, sondern nur auf Grund entsprechender Entscheidung der Gesellschafter, die das kollektive Geheimhaltungsinteresse gegen das Interesse an einer Offenlegung abzuwägen haben, Informationen weitergeben.[119] Verschwiegenheitspflicht dauert **nach Beendigung der Amtszeit** fort.[120]

41 **b) Wettbewerbsverbot u Geschäftschancenbindung.** GFührer unterliegen während der Dauer ihres Amtes auch ohne dahingehende Vereinbarung oder Satzungsregelung einem Wettbewerbsverbot.[121] Das bedeutet zum einen, dass sie kein Handelsgewerbe konkurrierender Art betreiben dürfen. Ihnen sind ferner auch einzelne Geschäfte im Geschäftszweig der Ges verboten, gleichgültig ob für eigene oder fremde Rechnung (vgl § 88 I 1 Hs 2 AktG).[122] Das Wettbewerbsverbot untersagt des Weiteren, Vorstandsmitglied, GFührer oder pers haftender Gfter einer konkurrierenden HandelsGes zu sein.[123] Richtiger Auffassung nach erstreckt Wettbewerbsverbot sich auch auf beherrschende Beteiligung an konkurrierender KapitalGes.[124] Ein in Satzung einer Komplementär-GmbH geregeltes Wettbewerbsverbot schützt KG

---

[113] So aber *Koppensteiner* ZHR 155 (1991), 101; Michalski/*Haas* § 43 Rn 135.

[114] Dazu BGH GRUR 1961, 43; Roth/*Altmeppen* § 43 Rn 16; Ulmer/*Paefgen* § 43 Rn 77; *Erker/Freund* GmbHR 2001, 463 für AR-Mitglieder bei GmbH; anders Groß-KommAktG/*Harro*, 4. Aufl 1997, § 404 Rn 16; Michalski/*Haas* § 43 Rn 130.

[115] Ebenso MünchHdbGmbH/*Marsch-Barner/Diekmann* § 45 Rn 4; Michalski/*Haas* § 43 Rn 131.

[116] BGH GmbHR 1996, 612; OLG Köln DB 2000, 765; *Armbrüster* GmbHR 1997, 56; s a Michalski/*Haas* § 43 Rn 129.

[117] *Schroeder* DB 1997, 2161, 2162; *Rozijn* NZG 2001, 494, 497; Michalski/*Haas* § 43 Rn 132.

[118] BGHZ 64, 325, 331; *Lutter* ZIP 1997, 613, 617; *Schroeder* DB 1997, 2161, 2162.

[119] Michalski/*Haas* § 43 Rn 132; *Ziegler* DStR 2000, 249, 251 f; *Götze* ZGR 1999, 202, 225 f; *Bremer* GmbHR 2000, 176.

[120] BGHZ 91, 6; OLG Hamm GmbHR 1985, 157; Michalski/*Haas* § 43 Rn 136; *Thüsing* NZG 2004, 9, 15; *Palzer* (Fn 104), 23 f, 99 ff; 151 f, 177 ff (Einheitslösung der Fortwirkung organschaftlicher Pflichten).

[121] OLG Oldenburg NZG 2000, 1038; Ulmer/*Paefgen* Rn 248; *Kallmeyer* GmbHR-Handbuch Stand Juli 2005 Rn 2185.

[122] Zum Begriff des „Geschäftemachens" in dieser Norm BGH ZIP 1997, 1063.

[123] BGHZ 80, 69; *Raiser/Veil* § 32 Rn 88; *Timm* GmbHR 1981, 177; *Röhricht* WPg 1992, 766; *Fleischer* WM 2003, 1045, 1054 mit Vergleich zum US-amerikanischen und englischen Recht; Scholz/*Schneider* § 43 Rn 153 ff; *Claussen/Korth* FS Beusch, 1993, 111; ausführlich *Polley*, Wettbewerbsverbot und Geschäftschancenlehre, 1993, 84 ff.

[124] *Röhricht* WPg 1992, 768; Scholz/*Schneider* § 43 Rn 165.

nicht zwingend.[125] Wettbewerbsverbot ist nur Teilausprägung der aus der Treupflicht folgenden Bindung des GFührers, Organstellung nicht zu seinen eigenen Gunsten auf Kosten der Ges auszunutzen.[126] Unter rechtsvergleichender Heranziehung der corporate opportunity doctrine des US-amerikanischen Rechts hat sich dazu in unserem Rechtsbereich die **Geschäftschancenlehre** entwickelt,[127] die Kriterien herausarbeitet, welche Geschäftschancen nur von der Gesellschaft genutzt und welche dem freien Zugriff der Organmitglieder offen stehen.[128] Verbot, Geschäftschancen der Ges wahrzunehmen und dieser zu entziehen, ist in seinen Voraussetzungen teilweise weiter als Wettbewerbsverbot, teilweise auch enger, überschneidet sich aber in großen Bereichen mit diesem.[129] Der Geschäftsleiter darf die Kenntnis (auch die private)[130] von sich bietenden in den Geschäftskreis ihrer Ges fallenden Geschäftsvorteilen nicht für sich selbst nutzen, insbes auch nicht, um sich selbständig zu machen.[131]

Noch umfassender formuliert der BGH dahin, dass GFührer, soweit Inte- **42**
ressen der Ges berührt sind, **nicht zum eigenen Vorteil** handeln darf.[132] GFührer darf bei Aufgabenwahrnehmung **nur das Wohl der GmbH** im Auge haben, nicht eigene wirtschaftliche Vorteile oder die Vorteile Dritter.[133] Verbot erfasst damit alle denkbaren geschäftlichen Möglichkeiten, die der GFührer für die Ges auch nur wahrnehmen könnte und untersagt Geschäfte für sich selbst und für Dritte, soweit daraus ein Konflikt mit den von GFührer wahrzunehmenden Geschäften entstehen könnte.[134] Die Bindung des GFührers besteht insoweit jedenfalls stets und immer für den durch die Satzung abgegrenzten Bereich des Unternehmensgegenstands, ohne Rücksicht darauf, ob dieser voll ausgenutzt ist oder nicht (str),[135] ferner auch für einen über die Satzung hinaus durch die tatsächliche Entwicklung gegebenen Gegenstandsbereich (ganz hM) sowie zukünftige Geschäftsbereiche.[136] Inwieweit darüber hinausgehend auch im gegenstandsneutralen Bereich auftretende Geschäftschancen für Ges wahrgenommen werden müssen (zB Erwerb eines Grund-

125 OLG Köln BB 2008, 800, 802.

126 Ulmer/*Paefgen* § 43 Rn 38 ff; *Kübler* FS Werner, 1984, 438; sa Rn 39.

127 Initiierend *Timm* GmbHR 1981, 177; Überblick über die Geschäftschancenlehre bei *Fleischer* DStR 1999, 1249; *ders* NZG 2003, 985; Michalski/*Haas* § 43 Rn 116 ff; Scholz/*Schneider* § 43 Rn 201 ff; GroßkommAktG/*Hopt,* 4. Aufl 1999, § 93 Rn 166 ff; sa *Abeltshauser,* Leitungshaftung im Kapitalgesellschaftsrecht, 1998, 374 ff; s. a. *Steck* GmbHR 2005, 1157 (zur Geschäftschancenlehre bei GmbH-Gftern).

128 *Fleischer* NZG 2003, 985, 986.

129 OLG Köln BB 2008, 800, 802; GroßKommAktG/*Hopt,* 4. Aufl 1999, § 93 Rn 167; Michalski/*Haas* § 43 Rn 117.

130 Einschränkend *Fleischer* NZG 2003, 985, 988 f; *ders,* NJW 2006, 3239, 3240.

131 Dazu *Timm* GmbHR 1981, 177; *Kübler* FS Werner, 1984, 438; *Schießl* GmbHR 1988, 53; *Weisser,* Corporate Opportunities, 1991; *Kübler/Waltermann* ZGR 1991, 162; *Röhricht* WPg 1992, 766; *Schuhknecht,* Schranken der Geschäftschancenwahrnehmung und Wettbewerbsverbot beim GmbHGFührer, 1992; *Polley,* Wettbewerbsverbot und Geschäftschancenlehre, 1993, 84 ff; *Weisser* GmbHR 1997, 429; *Lawall* NJW 1997, 1742; differenzierend *Fleischer* NZG 2003, 985, 991 f.

132 BGH NJW 1986, 586.

133 *Röhricht* WPg 1992, 766, 768.

134 So *Röhricht* WPg 1992, 766, 769; der Sache nach ähnlich OLG Frankfurt a. M. GmbHR 1998, 376; KG NZG 2000, 129.

135 Wie hier MünchHdbGmbH/*Marsch-Barner/Diekmann* § 43 Rn 62; Lutter/*Hommelhoff/Kleindiek* Anh § 6 Rn 22; **aA** *Tillmann* FS Felix, 1989, 507, 510 f.

136 MünchHdbGmbH/*Marsch-Barner/Diekmann* § 43 Rn 62.

stücks), hängt von Umständen ab. Ist Geschäft für Ges nötig oder auch nur dringend wünschenswert, kann Treupflicht dem GFührer Pflicht auferlegen, Chance für Ges wahrzunehmen. Vermögensanlage in Werten, mit denen auch Ges handelt, ist kein Verstoß,[137] sofern keine Absicht alsbaldiger Weiterveräußerung mit Gewinn besteht u Zahl der erworbenen Objekte Rahmen privater Bedürfnisse nicht deutlich überschreitet. Im Zweifel muss GFührer **Entscheidung der GfterVers einholen.** Behinderung oder Unterlassung der Nutzung von Geschäftschancen ist treuwidrig und, wenn es zum eigenen Vorteil geschieht, sittenwidrig.[138] Verstoß gegen Wettbewerbsverbot oder Geschäftschancenbindung zieht Unterlassungsanspruch der Ges u Schadensersatzpflicht des GFührers nach sich, ferner Pflicht zur Vorteilsherausgabe = Gewinnabschöpfung (Rechtsgedanke aus § 88 II 2 AktG und § 113 I HGB); wahlweise auch Eintrittsrecht der Ges.[139] Nicht ohne weiteres zulässig ist Verweigerung der Vergütung des GFührers.[140] Für Verjährung gilt nicht § 43 IV, sondern § 88 III AktG analog; vgl auch § 113 III HGB, der aber hinsichtlich des kenntnisnehmenden Personenkreises nicht herangezogen werden kann.[141] Verzicht auf Schadensersatz oder Vorteilsherausgabe (ebenso bloße Nichtgeltendmachung) kann – wie bereits die Überlassung der Geschäftschance[142] – verdeckte Gewinnausschüttung auch iSd Steuerrechts mit erheblichen steuerlichen Folgen sein.[143] Hat die Ges keinen zivilrechtlichen Anspruch auf Schadensersatz oder Vorteilsherausgabe, dennoch vGA, wenn ein fremder Dritter für die Überlassung der Geschäftschance ein Entgelt gezahlt hätte.[144] Zudem besteht bei Verstößen gegen das Wettbewerbsverbot uU Recht auf Abberufung und fristlose Kündigung.[145]

---

137 BGH DStR 1997, 1053 (Erwerb von zwei Hausgrundstücken durch GFührer gemeinnütziger WohnungsbauGes) m Anm *Goette;* BGH NJW 2001, 2476 (zu § 88 AktG).

138 BGH GmbHR 1989, 365.

139 *Kübler* FS Werner, 1984, 438, 441; *Timm* GmbHR 1981, 177, 185; Rowedder/Schmidt-Leithoff/*Koppensteiner* § 43 Rn 19.

140 BGH GmbHR 1988, 100.

141 Im Ergebnis ebenso: GroßKommAktG/Hopt, 4. Aufl 1999, § 93 Rn 167; Scholz/*Schneider* § 43 Rn 170 (aber nur für das Eintrittsrecht und nicht für Schadensersatzansprüche wegen Verletzung des Wettbewerbsverbots); *Kübler* FS Werner, 1984, 438, 448; OLG Köln BB 2008, 802, 803 für den GFührer einer Komplementär-GmbH (jedenfalls soweit sich die Geschäftschancenlehre mit dem Wettbewerbsverbot überschneidet) mit Anm. *Thiergart* Status:Recht 2008, 161.

142 BFH DB 2003, 2470, 2472; BFH GmbHR 2003, 183.

143 BFH GmbH-StB 2002, 219, 220 (anders beim Forderungsverkauf) = GmbHR 2002, 748 m Anm *Hoffmann;* BFH GmbHR 1987, 323; 1989, 431; 1989, 433; 1989, 529; 1996, 58; 1996, 219; **aA** Scholz/*Schneider* § 43 Rn 171; umfassend *Welper,* Verdeckte Gewinnausschüttung bei Konkurrenzhandlungen von GmbH-Gesellschaftern zu ihrer Gesellschaft, 2001; *Wassermeyer* GmbHR 1994, 27; *ders* DB 1994, 1105; *Gosch* DStR 1995, 1863; *W.D. Hoffmann* WiB 1996, 15 u 208; *Buyer* GmbHR 1996, 98; *Lawall* DStR 1996, 605; *ders* NJW 1997, 1742; *Pezzer* FR 1996, 379; *A. Müller,* Das Wettbewerbsverbot des GmbH-Gesellschafters u seine körperschaftsteuerlichen Folgen, 1995. Zur strafrechtlichen Seite LG Potsdam GmbHR 1997, 261; *Herlinghaus* GmbHR 2003, 373, 385 f; zum Rückforderungsanspruch der Gesellschaft bei verdeckten Gewinnausschüttungen *Geißler* GmbHR 2003, 394.

144 BFH GmbHR 2003, 183, 184.

145 MünchHdbGmbH/*Marsch-Barner/Diekmann* § 43 Rn 66; OLG Celle GmbHR 2005, 541.

43 **Ausnahmen vom Wettbewerbsverbot.** Wettbewerbsverbot und Geschäftschancenbindung besteht nicht, soweit abw Regelung in ursprünglicher Satzung getroffen ist. Durch Satzungsänderung kann Einschränkung idR nur mit Zustimmung aller Gfter erfolgen, da Zweckbindung involviert ist.[146] Satzungsänderung ist stets erforderlich für abstrakte Regelung. Davon zu unterscheiden ist **Dispens** iS konkreter Entscheidung über bestimmt umrissene Maßnahme des GFührers. Er ist möglich auch durch nichtsatzungsändernden Gfterbeschl (Analogie zu § 88 I AktG; dort ist Dispens durch AR-Beschl möglich). Durch Mehrheitsentscheidung kann solcher Dispens nur getroffen werden, wenn er im GesInteresse liegt und für eventuelle Nachteile der Ges zusätzlich Ausgleich geleistet wird.[147] Auch soweit Mehrheitsentscheidung zulässig ist, unterliegt vom Dispens begünstigter Gfter einem Stimmverbot gemäß § 47 IV 1 (Befreiung von einer Verbindlichkeit), iE ganz hM.[148] Dispens ist ferner möglich ohne GfterBeschluss durch Zustimmung aller Gfter. In solchen Fällen überlagert GfterAbsprache die korporative Rechtslage mit körperschaftsrechtlicher Wirkung (dazu § 53 Rn 18). Diese Sachlage findet sich zB in GfterGruppen mit partiell kongruentem GfterBestand, namentlich solchen familiären Zuschnitts. Zustimmung auch formlos möglich. Annahme konkludenter Zustimmung setzt allerdings voraus, dass Gftern die Konkurrenztätigkeit nach Art und Umfang im Wesentlichen bekannt ist. **AlleinGfter** unterliegt weder als Gfter noch als GFührer einem Wettbewerbsverbot oder der Geschäftschancenbindung.[149] Jedoch ist Wettbewerbsverbot der Ges, welches Alleingesellschafter und GFührer, der gewerbliches Handeln der GmbH bestimmt, für die GmbH *vereinbart* hat, für Alleingesellschafter/GFührer auch persönlich bindend.[150] Inwieweit Abgrenzung der Aufgabenkreise der Ges und des GFührers durch Zivilrecht (u dh auch: durch die Gfter) für Steuerrecht maßgebend ist, unterliegt Streit. Rspr des BFH tendiert zu Vorrang des Zivilrechts.[151] Nach Ansicht des BFH besteht Wettbewerbsverbot für AlleinGfter solange nicht wie er Ges kein zur Stammkapitalerhaltung erforderliches Vermögen entzieht. Formulierung insofern unglücklich, als solche Entziehung zwar verboten ist, aber nicht auf Grund Treupflicht oder Wettbewerbsverbot.

44 Wettbewerbsverbot kann **durch Satzung** nicht nur eingeschränkt, sondern auch erweitert werden; letzteres wird für GFührer selten praktisch, da sich Verbot ohnehin weit erstreckt. Anders liegt es für Wettbewerbsverbot gegenüber Gftern.[152] In Satzung festgeschriebene Wettbewerbsverbote sind nur wirksam, wenn sie schutzwürdigem Interesse entsprechen und sich ihrem Umfang nach im Rahmen des Angemessenen halten. Angemessen ist jeden-

---

146 Ebenso *Mayer* NZG 2007, 448, 449; **abw** *Röhricht* WPg 1992, 766, 781.

147 Dazu BGH GmbHR 1981, 190f; *Timm* GmbHR 1981, 177, 182ff.

148 *Röhricht* WPg 1992, 781; Roth/*Altmeppen* § 43 Rn 22.

149 Vgl den Grundgedanken der Entscheidung BGHZ 119, 257; *Röhricht* WPg 1992, 766, 784; Ulmer/*Paefgen* § 43 Rn 39; Scholz/*Schneider* § 43 Rn 161; *Fleischer* AG 2005, 336, 340; ähnlich MünchAnwaltsHdbGmbH/*Terlau* § 8 Rn 20. Grenze liegt nach Bremer-Vulkan-Urteil des BGH NJW 2001, 3622ff bei Existenzgefährdung der Gesellschaft; **aA** MünchHdbGmbH/*Marsch-Barner/Diekmann* § 43 Rn 60 (Wettbewerbsverbot mit jederzeitiger Befreiungsmöglichkeit durch den AlleinGfter).

150 BGH NZG 2005, 274, 275.

151 BFH GmbHR 1996, 58u 1996, 219; 1997, 362 = BFHE 182, 190; dazu *Crezelius* in Henze ua (Hrsg), RWS Forum 8 Gesellschaftsrecht, 1995 (1996), 47.

152 Dazu LG Hamburg GmbHR 1998, 739 sowie oben § 3 Rn 43.

falls Regelung, die keine nachvertraglichen Bindungen vorsieht, sondern nur aktuellen GFührern und Gftern Konkurrenztätigkeit verbietet.[153]

45 Wettbewerbsverbot und Geschäftschancenbindung bestehen auch **im Konzern** sowie in anderen, dem Konzernbegriff nicht unterfallenden Unternehmensverbindungen und Gesellschaftsgruppen.[154] Falls GFührer für mehrere Unternehmen der Gruppe tätig sein soll, tun Gfter gut daran, sorgfältige Regelung zu treffen. Frei schalten können GFührer hier nur, sofern Unternehmensverbindung durch 100% Beteiligung vermittelt oder durch Beherrschungsvertrag sanktioniert ist oder sonst Zustimmung der Minderheit vorliegt. GFührer werden hier oft Interessenkonflikten unterworfen sein, die für sie nicht lösbar sind. Vorlage an GfterVersammlungen aller betroffenen Unternehmen ist idR zu umständlich. Regelung muss hinreichend deutlich erkennbar machen, wieweit Konkurrenztätigkeit im jeweils anderen Unternehmen zulässig sein soll.

46 Wettbewerbsverbot und Geschäftschancenbindung enden mit Amtszeit. Auch bei außerordentlicher Kündigung und Schadensersatzanspruch nach § 628 II BGB keine Fortdauer des Wettbewerbsverbots bis zum Ende vereinbarter Kündigungsfrist.[155] **Nachvertragliche Bindung** bedarf besonderer Vereinbarung (allgM),[156] welche entweder bereits im Anstellungsvertrag selbst oder nachträglich erfolgt.[157] Für GesellschafterGFührer Regelung auch im GesVertrag möglich.[158] Diese unterliegt engen Grenzen. Zwar sind §§ 74 ff HGB nicht anwendbar (str), aus § 138 BGB sind aber zum Teil ähnliche Beschränkungen abzuleiten. Dazu näher Rn 197 ff. Allerdings treffen GFührer nach Ausscheiden auch ohne bes Vereinbarung etliche Rücksichtspflichten, die wettbewerbsbeschränkend wirken können, wie Verschwiegenheitspflicht (vgl Rn 40).

Ist GFührer abberufen, besteht das Anstellungsverhältnis noch fort und bezieht er Vergütung, ist GFührer entsprechend in § 60 HGB zum Ausdruck kommender allgemeiner Loyalitätspflicht zur Wettbewerbsunterlassung verpflichtet.[159] Wettbewerbsverbot gilt grds auch während gerichtlicher Auseinandersetzung um Wirksamkeit der Kündigung.[160]

47 **c) Herausgabepflicht von Vorteilen** aus Geschäftsabschlüssen der GmbH. Vorteile, die GFührern in Zusammenhang mit dem Abschluss von Geschäften der GmbH von Dritten gewährt werden (Schmiergelder, Provisionen),[161] sind der Ges herauszugeben. Auch Maklerprovisionen gehören

---

153 OLG Brandenburg Urteil vom 23. 7. 2008 – 7 U 180/07, zitiert nach Juris.

154 Ulmer/*Paefgen* § 43 Rn 40; *Tiedchen* GmbHR 1993, 616.

155 OLG Frankfurt GmbHR 1998, 376; zur zulässigen Konkurrenztätigkeit nach Abberufung während der Freistellungszeit vgl OLG Oldenburg NZG 2000, 1038.

156 BGH GmbHR 1977, 43 u WM 1990, 13; OLG Hamm GmbHR 1989, 259; OLG Düsseldorf GmbHR 1999, 123; *Hoffmann-Becking* FS Quack, 1991, 273; *Manger* GmbHR 2001, 89; *Weidelener,* Der richterliche Vertragsschutz, 2002 S 29; zur umsatzsteuerlichen Behandlung BFH GmbHR 2004, 373.

157 *Kamanabrou* ZGR 2002, 898, 899.

158 *Manger* GmbHR 2001, 89 Fn 3.

159 OLG Oldenburg NZG 2000, 1038; OLG Celle GmbHR 2005, 541, 542; *Diller* ZIP 2007, 201, 202.

160 *Diller* ZIP 2007, 201 ff.

161 Zur Annahme von Schmiergeldern und Provisionen s OLG Düsseldorf GmbHR 2000, 666, 669; BGH NJW 2001, 2476, 2477; *Fleischer* WM 2003, 1045, 1056.

hierzu.[162] Nichteinforderung kann bei GfterGFührer verdeckte Gewinnausschüttung sein.[163]

d) Management-Buy-Out. Pflichtenlage beim sog Management-Buy-Out[164] ist durch einen Interessenkonflikt geprägt. Teilweise wird eine auf Drittschutzwirkungen des Organverhältnisses gestützte Treuepflicht des GFührers gegenüber den Gesellschaftern befürwortet,[165] was jedoch de lege lata fraglich erscheint.[166] 48

e) Einsatz der ganzen Arbeitskraft; Erfindungen. Treupflicht verlangt von GFührer in der Regel, seine **ganze Arbeitskraft** bei GmbH **einzusetzen.**[167] Das beinhaltet die Verpflichtung zur Leistung von Überstunden in außergewöhnlichen Situationen oder auch zum Abbruch oder Verschiebens eines Urlaubs.[168] Regelung des § 88 I AktG, dass Vorstand weder Handelsgewerbe betreiben darf, noch Mitglied des Vorstands oder der GFührung oder persönlich haftender Gfter einer anderen HandelsGes sein darf, auch soweit keine Konkurrenzsituation besteht, Wettbewerbsverbot daher nicht eingreift, gilt für GFührer analog. Für Dispens ist Bestellorgan zuständig, idR also GfterVers. Generell wird davon auszugehen sein, dass auch nicht unter § 88 I AktG fallende Nebentätigkeiten, sofern nach Umfang erheblich, ohne Rücksicht auf Entgeltlichkeit etc der Zustimmung der GfterVers bedürfen (zB Präsidentschaft in einem Sportverein). **Erfindungen,** die GFührer im Rahmen seiner Dienstpflichten macht, wird er idR der Ges zu überlassen haben.[169] Sinnvoll ist es, GFührererfindungen im Anstellungsvertrag zu regeln.[170] 49

3. Treupflichten der GmbH gegenüber GFührer bestehen insbes als Schutz- u Rücksichtspflichten. Dazu gehört Verschwiegenheitspflicht über den GFührer betreffende Informationen u Pflicht zur angemessenen Freistellung von seiner Tätigkeit zu Erholungszwecken (Urlaub)[171] unter Fortzahlung etwaiger Bezüge.[172] Pflicht wird nicht erst durch Anstellungsvertrag begründet, sondern besteht auch im gesrechtl Organverhältnis. 50

---

162 BGH GmbHR 1975, 177; 1976, 12; Roth/*Altmeppen* § 43 Rn 21.

163 BFH DB 1987, 2018. Vgl auch Rn 42.

164 *Koppensteiner* ZHR 155 (1991), 97 ff; *Weber* ZHR 155 (1991), 120 ff; *Wittkowski* GmbHR 1990, 544; *Rhein,* Der Interessenkonflikt der Manager beim Management Buy-Out, 1996.

165 *Rhein,* Der Interessenkonflikt der Manager beim Management Buy-Out, 1996 S 173 ff.

166 Skeptisch auch Rowedder/Schmidt-Leithoff/*Koppensteiner* § 43 Rn 45.

167 *Fleischer* WM 2003, 1045, 1050; *ders,* NJW 2006, 3239, 3241; *Nägele* BB 2001, 305, 306; *Rischar* GmbHR 2003, 15, 19; **aA** *Weber/Dahlbender* GmbH-StB 2002, 83; s. a. o. Rn 37.

168 *Fleischer* NJW 2006, 3239, 3241.

169 Dazu OLG Düsseldorf GmbHR 1999, 1093; zur Vergütung s Rn 64.

170 Dazu *Friemel/Kamlah* BB 2008, 613 ff.

171 *Haase* GmbHR 2005, 338, 343; Scholz/*Schneide/Sether* Rn 247; *Kallmeyer* GmbH-Handbuch (Stand 2005) Rn 2200; zum Urlaubsanspruch s a Rn 177; Muster bei *Jaeger,* Anstellungsvertrag, 156.

172 BGH WM 1975, 761; *Haase* GmbHR 2005, 338, 343; Ulmer/*Paefgen* Rn 201, 243.

III. Rechnungslegungs- u verwandte Pflichten

51 **1. Buchführung und Aufstellung des Jahresabschlusses.** GFührer sind zu ordnungsgemäßer Buchführung u zur Aufstellung des Jahresabschlusses verpflichtet, § 41 I GmbHG, § 264 I HGB. GesVertrag kann davon nicht dispensieren, auch nicht Fristen verlängern. GFührer haben auch ein entspr **Recht zur Rechnungslegung,** an dessen Wahrnehmung ihnen aus verschiedenen Gründen gelegen sein kann, insbes weil ihnen auch Pflicht obliegt, sich über die Angelegenheiten, den Vermögensstand u die Gewinnsituation der Ges fortlaufend zu informieren (Rn 33). Bei Verlust der Hälfte des Stammkapitals muss GfterVers berufen u unterrichtet werden, § 49 III, bei Zahlungsunfähigkeit u Überschuldung ist **Insolvenzantrag** zu stellen, § 15 a I InsO (unten Anh zu § 64),[173] die Masse ist zu sichern.[174] GFührer müssen darüber hinaus für Organisation sorgen, die auch außerhalb der Aufstellung des Jahresabschlusses jederzeitige Übersicht über wirtschaftliche und finanzielle Lage ermöglicht, vgl oben Rn 33.

52 **2. Auskunftspflicht.** GFührer haben gegenüber Ges Auskunftspflicht über deren Angelegenheiten und über eigene GFührung, die aus Organstellung folgt, auch durch andere GFührer geltend gemacht werden kann u nach Beendigung der Organstellung fortbesteht, soweit nur der Ausgeschiedene über die Information verfügt.[175]

IV. Auf Gesellschaftsverhältnis und Mitgliedschaft bezogene Pflichten

53 **1. Gfterbezogene Pflichten.** Bestimmte Pflichten gehören nicht primär zur Geschäftsführung, sondern sind auf das GesVerhältnis sowie auf Gfter u ihre Interessen bezogen. Sie sind dennoch Pflichten **gegenüber der Ges,** nicht gegenüber Gftern. Diese haben daher grds keinen eigenen Anspruch gegen GFührer.

54 **a) Einberufungspflichten.** Den GFührern obliegt die Einberufung der GfterVers, § 49, u deren Vorbereitung, ferner die Herbeiführung von Beschlüssen im Umlaufverfahren. Näher dazu § 49 Rn 3, 12, 16 ff; dort auch zu den Gründen, welche zu unverzüglicher Einberufung verpflichten.

55 **b) Auskunftspflichten.** GFührer sind zur Gewährung von Auskunft u Büchereinsicht an Gfter zuständig, § 51 a. Näher dazu Anm zu § 51 a. Daneben besteht selbständige Informationspflicht gegenüber Ges einschl GfterVers, vgl Rn 52.

56 **c) Besonders übertragene Pflichten.** Auch GesVertrag u Gfterbeschlüsse können GFührer Pflichten übertragen wie insbes **Einforderung von Einlagen.** Näher unten § 46 Rn 25.

57 **2. Pflichten mit Schutzwirkung zugunsten der Gfter.** GFührerpflichten können kraft bes Abrede oder Umstände mit Schutzwirkung zugunsten der Gfter ausgestattet sein. Diese haben dann zwar keinen Erfüllungsanspruch,

---

173 Vgl zur Haftung bei Verletzung der Buchführungspflicht *Stapelfeld* GmbHR 1991, 94 sowie zu Bilanzrecht und Organverantwortung *H. P. Müller* FS Quack, 1991, 345.

174 BGHZ 146, 264 ff.

175 BGH DStR 1993, 1752; *Palzer* (Fn 104), 28 ff, 103 f; 152 ff, 177 ff.

wohl aber Anspruch auf Schadensersatz bei schuldhafter Verletzung. Dazu näher § 43 Rn 64.

V. Handelsregisterpflichten

1. Anmeldepflichten. Pflicht zur Anmeldung bestimmter Vorgänge zum HR kann einmal allein gegenüber der Ges bestehen, so in den Fällen der §§ 7, 54, 57, 58 GmbHG, §§ 16 I, 129, 198 UmwG.[176] Besteht sie gegenüber dem Staat, kann Anmeldung vom RegGericht erzwungen werden, so in den Fällen der §§ 39, 65, 67 I.[177] Begleitet wird Anmeldepflicht verschiedentlich von Pflicht, das Vorliegen bestimmter Tatsachen zu versichern, zB §§ 8 II u III, 57 II. Unkorrekte Versicherung kann persönliche Haftung des GFührers nach sich ziehen; dazu § 43 Rn 62 f. **58**

2. Bedeutsame Einreichungspflicht besteht hinsichtlich **Gfterliste** (§ 40) zum HReg. Ferner hinsichtlich Jahresabschluss, Lagebericht, Ergebnisverwendungsvorschlag u -beschluss beim Betreiber des elektronischen Bundesanzeigers (§ 325 I 1 HGB) mit anschließender Bekanntmachung nach § 325 II HGB. Schließlich bei den mitbestimmten Ges hinsichtlich der Einreichung der Liste der ARMitglieder zum HR gemäß § 106 AktG. **59**

VI. Sonstige allgemeinheits- u drittbezogene Pflichten

Neuere Entwicklung neigt dazu, immer mehr Pflichten, die eigentlich GmbH obliegen, dem GFührer (mit-)aufzuerlegen. Das geschieht, wie zB im Umweltrecht, teils ausdrücklich, teils durch Auslegung von gesetzlichen Regelungen als vom GFührer verletzbare Schutzgesetze iSv § 823 II BGB (dazu § 43 Rn 84 u 103). Im Gefolge dieses Trends lässt sich heute beispielsweise auch von **Umweltschutzpflichten oder Datenschutzpflichten** der GFührer sprechen. Steuerrecht und Sozialversicherungsrecht pflegen eine entsprechende Gestaltung der Pflichtenlage zum Nutzen der öffentlichen Kassen schon länger (dazu § 43 Rn 89 ff, 91 ff). **60**

VII. Pflichtenintensität, Sorgfaltsmaßstab u Haftung

Einen Anhalt für Art und Weise sowie Intensität der Erfüllung von Pflichten vermögen bis zu einem gewissen Grad die zur sog Corporate Governance entwickelten Grundsätze sowie die Grundsätze ordnungsgemäßer Unternehmensleitung (zu beiden oben vor § 35 Rn 11) zu geben. Der Maßstab der von den GFührern bei Erfüllung ihrer Pflichten zu erfüllenden Sorgfalt bestimmt sich nach § 43 I, ihre Haftung bei Pflichtverletzung nach § 43 II–IV. **61**

VIII. Informationsrechte

GFührer haben grds das Recht, sich über alle Angelegenheiten des Ges-Unternehmens zu unterrichten.[178] Einsicht in Buchführung hat jeder von **62**

[176] *Roth* /Altmeppen § 7 Rn 4; § 54 Rn 4; Ulmer/*Ulmer* § 7 Rn 5.
[177] Scholz/*Schmidt* § 65 Rn 11.
[178] Zur Informations*pflicht* als Teil der Überwachungspflicht oben Rn 33.

ihnen zwingend.[179] Soweit EinzelGFührungsbefugnis besteht oder die Geschäfte ressortmäßig aufgeteilt sind, kann jeder gleichwohl vom anderen Unterrichtung über alle wesentlichen Vorgänge und Angelegenheiten verlangen, auch Einsicht in Unterlagen u Schriften nehmen („jeder darf alles wissen, und jeder hat Anspruch darauf, über alles informiert zu werden"). RessortGFührer kann erforderliche Informationen über Angelegenheiten des anderen Ressorts von dem zuständigen MitGFührer verlangen, aber auch vom Personal des Unternehmens.[180] Beschränkung dieses Rechts möglich durch Satzung, GfterBeschl oder Beschl des sonst etwa nach GesVertrag zuständigen Organs, soweit dafür sachlicher Grund besteht, wie bei besonderem Geheimhaltungsinteresse oder ad hoc zu befürchtender Interessenkollision.

IX. Vergütung u Aufwendungsersatz

63 **1. Anspruch auf Vergütung** der GFührertätigkeit gegen GmbH ergibt sich **aus dem Organverhältnis als solchem nicht ohne weiteres,** da auch unentgeltliche GFührertätigkeit in Betracht kommt, insbes bei Leitung gemeinnütziger oder Idealzwecke verfolgender Unternehmen, ferner auch Tätigkeit durch den mitgliedschaftlichen Gewinnbezug abgegolten sein kann. Grundlage einer speziell für GFührertätigkeit gewährten Vergütung ist idR der **Anstellungsvertrag** (Rn 163 ff).[181] Zu seinem Abschluss ist Ges nicht schon deswegen verpflichtet, weil GFührer bestellt worden ist. Doch kann in dem Bestellungsvorgang oder in Vorgesprächen ein bindender Vorvertrag zum Abschluss eines Anstellungsvertrags liegen (Rn 166). Fehlt Vergütungsregelung im Anstellungsvertrag, gilt § 612 I u II BGB,[182] allerdings ohne die generelle Erwartung des Tätigwerdens gegen Entgelt.[183] Für FremdGFührer in gewerblich tätiger GmbH ist Vergütung als üblich anzusehen, hingegen nicht ohne weiteres für relevant beteiligten GfterGFührer.[184] Kommt Anstellungsvertrag nicht zustande, kann für die geleistete Tätigkeit ein Bereicherungsanspruch gemäß §§ 812, 818 II BGB bestehen. Gfter sind nicht verpflichtet, GFühreramt unentgeltlich zu übernehmen.[185] Vergütungsanspruch kann im **Urkundenverfahren** geltend gemacht werden.[186]

64 **Vergütung für Erfindungen** des GFührers, wird in der Regel geschuldet sein, es sei denn, im Dienstvertrag oder anderweitig wurde eine abweichende Regelung getroffen.[187] ArbNErfG findet keine Anwendung.[188] Erfindungen

---

179 BGH DB 1977, 1248; OLG Koblenz GmbHR 2008, 37, 38.

180 OLG Koblenz GmbHR 2008, 37, 39 f.

181 Scholz/*Schneider/Sethe* Rn 217 ff; Ulmer/*Paefgen* Rn 181 ff; *Raiser/Veil* § 32 Rn 48; *Jaeger* C § 7 mit Erläuterung der Gestaltungsformen der GFührervergütung.

182 Lutter/*Hommelhoff/Kleindiek* Anh § 6 Rn 31; Rowedder/Schmidt-Leithoff/*Koppensteiner* Rn 86; Ulmer/*Paefgen* Rn 187.

183 LG Essen DB 2000, 2421; Roth/*Altmeppen* § 6 Rn 52.

184 OLG Frankfurt GmbHR 1993, 358; zur Angemessenheit der Vergütung in solchen Fällen vgl BGH NZG 2008, 783; s auch *Wackerbarth* GmbHR 2009, 65, 68.

185 BGH BB 1985, 6.

186 *Fröhlich* ArbRB 2007, 282; *Reiserer/Peters* DB 2008, 167, 170 ff; *Schönhöft* GmbHR 2008, 95 in krit Auseinandersetzung mit OLG Düsseldorf GmbHR 2005, 991 (zum Abfindungsanspruch im Urkundenverfahren).

187 BGH NJW-RR 2007, 103; OLG Düsseldorf GmbHR 1999, 1093; OLG München NJOZ 2007, 4716.

188 BGH GRUR 1965, 302, 304; BGH GmbHR 1990, 160; OLG Düsseldorf GmbHR 1999, 1093; *Jestädt* FS Nirk, 1992, 493 ff; *Gaul* DB 1990, 671; Scholz/

stehen dem GFührer zunächst grundsätzlich selbst zu. Wenn die Erfindung jedoch in den Geschäftsbereich fällt, hat der GFührer eine Anbietungspflicht.[189] Vertragliche Bestimmung zur Regelung etwaiger Erfindungen durch den GFührer ist daher sinnvoll.[190] Bemessung richtet sich bei fehlender vertraglicher Vereinbarung nach § 612 II BGB.[191] Verlangt werden kann weder generell die Lizenzgebühr freier Erfinder,[192] noch sind die Vergütungsgrundsätze des ArbNErfG entsprechend anwendbar.[193] Zu berücksichtigen ist etwa, ob die Erfindung im Rahmen des Betriebs mit betrieblichen Mitteln erfolgte oder im Aufgabenkreis des GFührers lag.[194] Vergütungsanspruch kann auf Grund Auslegung des Anstellungsvertrages ausscheiden oder gemindert sein, wenn GFührer gerade mit dem Ziel angestellt wird, persönlich auf Neuerungen hinzuarbeiten, die zu Schutzrechten führen.[195]

2. **Aufwendungsersatzansprüche** ergeben sich aus § 670 BGB, wenn ein Auftrag oder ein Dienstvertrag (§§ 611, 675 BGB) zustande gekommen ist.[196] Wird GFührertätigkeit als mitgliedschaftliche Pflicht im Rahmen des Mitgliedschaftsverhältnisses erbracht, folgt Aufwendungsersatzanspruch aus analoger Anwendung von §§ 713 BGB, 110 HGB. Auch ohne diese bes Ausgestaltung ist § 670 auf Organtätigkeit entspr anwendbar. § 683 BGB passt nur, soweit Organstellung allein keine Tätigkeitsverpflichtung begründet. Alsdann kann Aufwendung auch die Verwendung der eigenen Arbeitskraft des GFührers sein, wie nach der Rspr in den Fällen, in denen GFührer in seine berufliche Tätigkeit fallende Dienstleistungen erbringt, zu denen er nicht schon auf Grund seiner Organstellung oder aus Anstellungsvertrag verpflichtet ist.[197] GFührer hat keinen Anspruch auf Erstattung von Geldstrafen oder Geldbußen, wenngleich auch deren Erstattung nicht unzulässig ist.[198] **65**

3. **Freistellungsvereinbarungen** können Grundlage von Aufwendungsersatzansprüchen sein, soweit sie wirksam sind. Wirksamkeit ist grds zu verneinen für Freistellung von Schadensersatzansprüchen aus § 43 GmbHG **66**

Schneider/Sethe Rn 246; *Bartenbach/Volz,* Arbeitnehmererfindungen, 4. Aufl 2006, Rn 55; MünchHdbGmbH/*Marsch-Barner/Diekmann* § 43 Rn 55; **aA** analoge Anwendung für weisungsgebundene Organmitglieder *Heyl,* Die Anwendung von Arbeitsrecht auf Organmitglieder, 1994, 129, 260 ff. Zum Ganzen: *Trimborn,* Erfindungen von Organmitgliedern, 1998.

189 Scholz/*Schneider/Sethe* Rn 246.

190 *Jaeger* C § 11.

191 BGH NJW-RR 2007, 103.

192 BGH GRUR 1962, 509, 513.

193 BGH GmbHR 1990, 160; *Bartenbach/Volz,* Arbeitnehmererfindungsgesetz, 4. Aufl 2002, § 1 Rn 68; OLG Düsseldorf GRUR 2000, 49.

194 BGH GmbHR 1990, 160 (für GmbH & Co KG); *Bartenbach/Volz,* Arbeitnehmererfindungsgesetz, 4. Aufl 2002, § 1 Rn 75 f; OLG Düsseldorf GRUR 2000, 49, 50; Zum Ganzen vgl *Gaul* DB 1990, 671; *Jestaedt* FS Nirk, 1992, 493.

195 BGH NJW-RR 2007, 103; Bestätigung von NJW-RR 2001, 472 = GRUR 2000, 788 – Gleichstromsteuerschaltung.

196 Ulmer/*Paefgen* Rn 241; Scholz/*Schneider/Sethe* Rn 242; Rowedder/Schmidt-Leithoff/*Koppensteiner* Rn 105.

197 BGH WM 1989, 801.

198 MünchHdbGmbH/*Marsch-Barner/Diekmann* § 43 Rn 54; Scholz/*Schneider/Sethe* Rn 243; die Übernahme stellt allerdings nach BFH DStR 2008, 2310 „Arbeitslohn" dar; näher dazu *Geuenich* BB 2009, 204.

durch Ges (§ 43 Rn 46, 104) u auch für Bußgelder aus künftigen Ordnungswidrigkeiten mit Ausnahme fahrlässig begangener.[199]

67 **4. Vermögensschaden-Haftpflichtversicherung.** Ein Anspruch auf den Abschluss einer Vermögensschaden-Haftpflichtversicherung (sog. D&O-Versicherung; § 43 Rn 108) zugunsten des GFührers oder auf die Erstattung der dafür erforderlichen Beträge besteht nicht auf Grund der Organstellung.[200] Die Frage wird vielfach in den Anstellungsverträgen geregelt.

X. Anspruch auf Entlastung

68 GFührer haben Anspruch gegen Ges auf Entlastung.[201] Näher dazu § 46 Rn 46.

XI. Compliance

Lit: *Bachmann,* Compliance – Rechtsgrundlagen und offene Fragen –, Gesellschaftsrecht in der Diskussion 2007, 65; *Cauers/Haas/Kremer/Schartmann/Welp,* Ist der gegenwärtig viel diskutierte Begriff „Compliance" nur alter Wein in neuen Schläuchen?, BB 2008, 2717; *Hauschka/Greve,* Compliance in der Korruptionsprävention – was müssen, was sollen, was können die Unternehmen tun?, BB 2007, 165; *Kiethe,* Vermeidung der Haftung von geschäftsführenden Organen durch Corporate Compliance, GmbHR 2007, 393; *Kort,* Verhaltensstandardisierung durch Corporate Compliance, NZG 2008, 81; *Rodewald/Unger,* Corporate Compliance – Organisatorische Vorkehrungen zur Vermeidung von Haftungsfällen der Geschäftsleitung, BB 2006, 113; *dies.,* Kommunikation und Krisenmanagement im Gefüge der Corporate Compliance-Organisation, BB 2007, 1629; *Schneider,* Compliance als Aufgabe der Unternehmensleitung, ZIP 2003, 645.

68 a Neumodisch „Compliance" genannt wird die Gesamtheit aller Maßnahmen zur Gewährleistung der Einhaltung rechtlicher Gebote und des Nichtverstoßens gegen gesetzliche Verbote durch Unternehmen, Organmitglieder und Mitarbeiter.[202] Speziell gebildet hat sich Begriff der **Corporate Compliance,** welcher zum einen Maßnahmen zur Gewährleistung rechtmäßigen Verhaltens im Unternehmen, zum anderen solche zur Risikofrüherkennung und Risikominimierung bezeichnet.[203] Besondere Regeln der § 25 a KWG, § 33 WpHG, § 64 a VAG sind für Normal-GmbH nicht einschlägig. Com-

---

[199] *Rehbinder* ZHR 148 (1984), 555; Scholz/*Schneider/Sethe* Rn 244; MünchHdbGmbH/*Marsch-Barner/Diekmann* § 43 Rn 54; vorsichtiger *Bayer* FS K. Schmidt, 2009, 85, 92 ff für „nützliche Gesetzesverstöße".

[200] *Henssler,* D&O-Versicherung in Deutschland, in Henze/Hoffmann-Becking (Hrsg), Gesellschaftsrecht 2001, 131; *Koch* GmbHR 2004, 160, 168; Zum Ganzen *Küpper-Dirks,* Managerhaftung und D&O-Versicherung, 2002; *Schüppen/Sana* ZIP 2002, 550; *Lohr* NZG 2000, 1204; *Bender/Vater* VersR 2003, 1376; *Bauer/Krets* DB 2003, 811, 814; *Koch,* Die Rechtsstellung der Gesellschaft und des Organmitglieds in der DO-Versicherung, GmbHR 2004, 18 ff, 160 ff, 288 ff; *ders,* Aktuelle und zukünftige Entwicklungen in der D&O-Versicherung, WuB, 2173 ff; *Seibt/Saame,* Geschäftsleiterpflichten bei der Entscheidung über D&O-Versicherungsschutz, AG 2006, 901; *Kort,* Voraussetzungen der Zulässigkeit einer D&O-Versicherung von Organmitgliedern, DStR 2006, 799; *Graf von Westphalen,* Ausgewählte neuere Entwicklungen in der D&O-Versicherung, VersR 2006, 17.

[201] **Abw** BGHZ 94, 324 = DB 1985, 2290.

[202] *Schneider* ZIP 2003, 645.

[203] *Kort* NZG 2008, 81; *Kiethe* GmbHR 2007, 393, 394; *Rodewald/Unger* BB 2006, 113.

pliance-Pflichten gehören zu den Organisationspflichten. Eine Compliance-Organisation ist nur einzurichten, wenn sie erforderlich und zumutbar ist.[204] Art und Umfang der Maßnahmen richten sich nach Größe, Branche und den Umständen des Unternehmens.[205] In Betracht kommt die Schaffung eines Verantwortungsbereichs „Compliance" durch Zuweisung an einen von mehreren GFührern,[206] sachgemäße Auswahl, Einweisung und Überwachung der Angestellten, Sorge für klare Zuständigkeiten und Verantwortungsbereiche im Unternehmen, ausreichende Informationsversorgung und Verfolgung von Verdachtsfällen.[207] Man sieht: im Grunde alles Selbstverständlichkeiten. Neu ist nur der Begriff und ggf. die Absicherung durch Organisationsmaßnahmen. Zu Rechtsfolgen versäumter Compliance, § 43 Rn 17.

D. Die Vertretung der GmbH

Lit: *Beuthien,* Zur Theorie der Stellvertretung im GesR, FS Zöllner, 1998 Bd I, 87; *Schwarz,* Die Gesamtvertreterermächtigung – Ein zivil- und gesellschaftsrechtliches Rechtsinstitut, NZG 2001, 529; *Steffek,* Zustellungen und Zugang von Willenserklärungen nach dem Regierungsentwurf zum MoMiG – Inhalt und Bedeutung der Änderungen für GmbHs, AGs und ausländische Kapitalgesellschaften, BB 2007, 2077; *Schürnbrand,* Organschaft im Recht der privaten Verbände, 2007, 326 ff.

I. Aufhebung des § 36 GmbHG aF

Vertretungswirkung eines rechtsgeschäftlichen Handelns des GFührers setzt **69** nach § 164 I BGB Handeln im Rahmen der Vertretungsmacht (Rn 78 ff) und im Namen der GmbH (Rn 123) voraus. Die Regelung des § 36 GmbHG, die inhaltlich mit § 164 I BGB voll übereinstimmte und daher der Sache nach überflüssig war, wurde durch Art. 1 Nr 25 MoMiG zum 1. 11. 2008 aufgehoben.

II. Vertretungsberechtigte Personen

1. Vertretung durch GFührer. Notwendige und umfassende Vertretung **69 a** der GmbH erfolgt durch GFührer, Abs 1 (dazu schon oben Rn 3). Im Einzelnen dazu Rn 75 ff.

2. Vertretung durch rechtsgeschäftlich bestellte Vertreter (Bevoll- 70 mächtigte). Organschaftliche Vertretung durch GFührer reicht für praktische Bedürfnisse der GmbH idR nicht aus. Daher sind für GmbH je nach Größe des Unternehmens und Art der Geschäftstätigkeit oft zahlreiche rechtsgeschäftlich bestellte Vertreter tätig, insbes **Prokuristen** und mit Handlungsvollmacht ausgestattete Bedienstete der Ges. Alle diese Vollmachten müssen,

[204] *Fleischer* AG 2003, 291, 300; *Bürkle* BB 2005, 565, 569 (jeweils für die AG); generell für die Bildung einer Compliance-Organisation *Kiethe* GmbHR 2007, 393, 397 ff.

[205] *Bachmann,* Compliance – Rechtsgrundlagen und offene Fragen –, Gesellschaftsrecht in der Diskussion 2007, 65, 80; *Bürkle* BB 2007, 1797, 1798; *Uwe H. Schneider* ZIP 2003, 645, 646 f.

[206] *Kiethe* GmbHR 2007, 393, 397; *Cauers/Haas/Kremer/Schartmann/Welp* BB 2008, 2717.

[207] *Bachmann,* Compliance – Rechtsgrundlagen und offene Fragen –, Gesellschaftsrecht in der Diskussion 2007, 65, 80 f; *Kiethe* GmbHR 2007, 393, 397 ff.

um gültig zu sein, entweder von den GFührern in vertretungsberechtigter Zahl erteilt werden oder auf einen von diesen bestellten Vollmachtträger zurückführbar sein. Das gilt auch für Duldungsvollmacht iSv von konkludent erteilter Vollmacht. Ausnahmsweise kommt auch Vollmachterteilung durch AR oder GfterVers im Rahmen von deren Vertretungsbefugnissen in Betracht. Denkbar ist auch Begründung einer **Anscheinsvollmacht** nach allg Rechtsscheingrds.[208] Zu den Besonderheiten einer **Generalvollmacht** Rn 76.

71 **3. Vertretung durch AR.** Soweit GmbH einen AR hat, ist dieser zur Vertretung der Ges gegenüber GFührern berufen (näher dazu § 52 Rn 116, 250, 305).

72 **4. Vertretung durch GfterVers.** Zuständigkeit der GfterVers (zu ihr § 46 m Anm) hat in zahlreichen Angelegenheiten nur **innergesellschaftliche Bedeutung** iS einer für Ges selbst u ihre Organe maßgebenden Entscheidung. Soweit Umsetzung erforderlich ist, insbes gegenüber Dritten, ist vielfach zur Erzielung von Außenwirkungen zusätzlich Einschaltung des GFührers oder anderer Vertreter erforderlich. In solchen Fällen liegt kein Vertreterhandeln der GfterVers vor, ihre Beschlussfassung wird aber gleichwohl in den meisten Fällen als Voraussetzung wirksamen GFührerhandelns anzusehen sein, wie zB bei Einforderung von Einlagen (§ 46 Rn 25), Teilung von Geschäftsanteilen (§ 46 Rn 31), Genehmigung der Veräußerung vinkulierter Anteile (Rn 87), nicht aber bei Bestellung von Prokuristen (§ 46 Rn 52), wo Schutz des Rechtsverkehrs Klarheit der Rechtslage auf Grund GFührerhandelns erfordert; insoweit ist GfterBeschl nur interne Handlungsvoraussetzung ohne Hinderung der Wirksamkeit des GFühreraußenhandelns.

73 GfterVers ist in einer Reihe von Angelegenheiten aber nicht nur zu interner Beschlussfassung, sei es mit, sei es ohne Bedeutung für die Wirksamkeit des GFührerhandelns berufen, sondern auch zur **Umsetzung** und damit Vertretung der Ges ermächtigt, wie insbes zur Bestellung von GFührern (§ 46 Rn 33), zum Abschluss von Anstellungsverträgen mit GFührern (§ 46 Rn 36 ff), zur Bestellung von Vertretern für Geltendmachung von Ersatzansprüchen gegen Gfter u GFührer (§ 46 Rn 65 f) u zur Vertretung der Ges in Prozessen mit GFührern (dazu unten Rn 100 u § 46 Rn 67 ff).

74 **5. GfterKlage.** Die im Einzelnen sehr streitigen Möglichkeiten einer sog Gfterklage (dazu oben § 13 Rn 37 ff)[209] iS der Befugnis der Geltendmachung von Ansprüchen der Ges durch einen einzelnen Gfter führen jedenfalls nicht zu offener Stellvertretung für die Ges. Vielmehr muss der Gfter im eigenen Namen klagen. Dass es sich der Sache nach um eine besondere Art der Vertretung handelt, steht auf einem anderen Blatt.

III. Organschaftlicher Charakter der Vertretung

75 Vertretung der GmbH durch GFührer kennzeichnet man dogmatisch als organschaftlich, im Gegensatz zur Vertretung durch rechtsgeschäftlich bestellte

---

[208] Ebenso *Wicke* Rn 3; *Borsch* GmbHR 2004, 1376 zur Anscheinsvollmacht des sogenannten „head of", „vice president" oder „general manager" einer GmbH.
[209] Tiefschürfend *Schanbacher* AG 1999, 21 ff.

Vertreter wie Prokuristen, Handlungs- u Generalbevollmächtigte.[210] Bestellung der GFührer zielt nicht auf ihre Bevollmächtigung, sondern auf Schaffung eines Organs, durch das die jurPerson GmbH handeln kann. Nach dieser Vorstellung bringt GFührer den **Willen der jurPerson** unmittelbar nach außen zum Ausdruck, ähnlich dem Selbsthandeln natürlicher Personen. Bedeutung dieser Kennzeichnung der Vertretung durch GFührer ist nicht groß (vgl aber Rn 147 ff – Wissenszurechnung – und § 37 Rn 43 f – Rechtsmissbrauch –). GFührer sind nicht die einzigen organschaftlichen Vertreter, die bei der GmbH vorkommen. Organschaftlich ist auch Vertretung durch AR gegenüber GFührern analog § 112 AktG (dazu § 52 Rn 116, 250, 305) u durch bestellte besondere Vertreter (§ 46 Rn 65 u 67 ff), ferner durch GfterVers bei gesellschaftsrechtlichen Innengeschäften (Rn 92) u in einigen anderen Fällen (Rn 93 ff).

Organschaftliche Vertretung durch GFührer ist **zwingendes Element der GmbHVerfassung** u kann weder durch Satzung noch durch sonstige Regelung beseitigt werden. Daraus folgt Unzulässigkeit einer die GFührerVertretungsmacht verdrängenden oder ersetzenden **Generalvollmacht,**[211] selbst wenn alle Gfter zugestimmt haben.[212] Zulässig ist aber Erteilung einer im rechtsgeschäftlichen Außenverkehr der GFührerVertretungsmacht gleichkommenden Generalvollmacht.[213] Sie muss allerdings jederzeit widerruflich sein u sie bedarf im Innenverh eines Gfterbeschlusses, § 46 Nr 7. Generalvollmacht ist iü stets insofern von organschaftlicher Vertretung durch GFührer abgeleitet, als ihre Erteilung durch GFührer erfolgen muss (freilich auch durch GfterVers mittels Weisung erzwungen werden kann) u Bevollmächtigter immer der Kontrolle der GFührer unterliegt. 76

Der organschaftliche Vertreter kann nicht zugleich rechtsgeschäftlicher Vertreter – Prokurist – sein.[214] Umgekehrt kann dem rechtsgeschäftlichen Vertreter keine organschaftliche Vertretungsmacht eingeräumt werden. Eine dennoch erteilte angebliche Organkompetenz kann uU in eine Generalvollmacht iSd §§ 164 ff BGB umgedeutet werden, die alle Rechtsgeschäfte außer denjenigen, die einem Organ vorbehalten sind, umfasst (zum Umfang 77

---

210 Zu Begriff u Besonderheit der organschaftlichen Vertretung grds *Schürnbrand,* Organschaft im Recht der privaten Verbände, 9 ff; *Beuthien* FS Zöllner, 1998, 87, 97 ff; *ders* NJW 1999, 1142, 1144; *ders* FS Canaris Band II 2007, 41; *Köhl* NZG 2005, 197 ff befürwortet die Einbindung des Prokuristen in die organschaftliche Vertretung bei der unechten Gesamtvertretung (dazu Rn 111 ff); **aA** BGHZ 99, 76, 79 (nur rechtsgeschäftliche Vertretung).

211 BGH NZG 2002, 813, 814; BGH NJW 1977, 199; BFH GmbHR 2002, 803, 805; Roth/*Altmeppen* Rn 11; Rowedder/Schmidt-Leithoff/*Koppensteiner* Rn 9.

212 Scholz/*Schneider* Rn 17.

213 Sehr str, wie hier Scholz/*Schneider* Rn 17 ff; *U. Hübner* ZHR 143 (1979), 1 ff; *Geck* DStR 1988, 90, 96; *Geitzhaus* GmbHR 1989, 229, 232 f; iE auch KG GmbHR 1991, 579; **abw** Rowedder/Schmidt-Leithoff/*Koppensteiner* Rn 9; Michalski/*Lenz* Rn 7; Roth/*Altmeppen* Rn 11; *Lutter/Hommelhoff* Rn 1; BGHZ 34, 27, 31; BGH WM 1976, 1246; BGH NJW 1977, 199; BGH NJW-RR 2002, 1325; BFH GmbHR 2002, 803, 805 (Unzulässigkeit einer Bevollmächtigung des Prokuristen zur Stellung eines Antrags auf Investitionszulage); OLG Düsseldorf NZG 1999, 833 (LS); LG Köln NJW-RR 2001, 1692.

214 Michalski/*Lenz* Rn 7; Roth/*Altmeppen* Rn 10; Scholz/*Schneider* Rn 16; Rowedder/Schmidt-Leithoff/*Koppensteiner* Rn 8; Ulmer/*Paefgen* Rn 38; anders für den Fall der Gesamtvertretung *K. Schmidt,* HandelsR, 5. Aufl 1999, § 16 III 2 c (S 462); s a § 46 Rn 52.

der rechtsgeschäftlich erteilten Generalvollmacht s a Rn 76).[215] Unterschiede zwischen rechtsgeschäftlicher und organschaftlicher Vertretungsmacht bestehen auch hinsichtlich der Übertragbarkeit. Der Geschäftsführer kann seine organschaftliche Vertretungsmacht nur auf einen anderen Geschäftsführer, nicht aber auf einen Dritten übertragen.[216] Erfolgt dennoch eine Übertragung, kann diese möglicherweise in eine rechtsgeschäftliche Erteilung einer Generalhandlungsvollmacht iSd § 54 HGB bzw Generalvollmacht iSd §§ 164 ff BGB umgedeutet werden.[217]

IV. Gesetzlicher Umfang der Vertretungsmacht

78 **1. Eintragung im Handelsregister. Art und Umfang der Vertretungsmacht** sind nach (durch das MoMiG geänderten) § 8 IV Nr 2 in der Anmeldung der Eintragung der Ges zum HReg anzugeben (s im Einzelnen § 8 Rn 19).

78 a **2. Gegenstand der Vertretung.** GFührern obliegt nach Abs 1 die gesamte außergerichtliche u gerichtliche Vertretung der GmbH.

79 **a) Außergerichtliche Vertretung** umfasst Abgabe von Willenserklärungen der GmbH nach außen (Aktivvertretung) u Entgegennahme von an die GmbH gerichteten empfangsbedürftigen Willenserklärungen Dritter (Passivvertretung). Das Gleiche gilt für rechtsgeschäftsähnliche Handlungen[218] wie die Mahnung. **Vertretungsmacht umfasst nur den Außenverkehr,** diesen aber grundsätzlich ganz. Dies gilt auch für mit bestimmtem Wirkungskreis bestellten NotGFührer (Rn 6); dessen Beschränkung wirkt nicht im Außen-, sondern nur bezüglich GFührung im Innenverhältnis.[219]

80 Auch bei Zugehörigkeit eines Geschäfts zum Außenverkehr, u damit grds zur Vertretungskompetenz der GFührer, ist zu prüfen, (1) ob **Ausnahme** vorliegt (wie zB für Abschluss des Anstellungsvertrags mit anderen GFührern), (2) ob konkrete Einschränkungen der Vertretungsmacht bestehen (zB nach § 32 MitbestG für Stimmrechtsausübung, dazu Rn 90) (3) ob Einschränkungen der GFührungsbefugnis (Innenbeschränkungen) generell (wie idR gegenüber Gftern u GFührern) oder nach Sachlage des Einzelfalls eine wirksame Vertretung nach Maßgabe der Grundsätze über den Missbrauch der Vertretungsmacht ausschließen.[220] Auch kollusives Zusammenwirken von GFührer u Vertragspartner der GmbH kommt in Betracht.[221] Wichtig ist, dass Vertretungsmacht weder durch den Gewinnerzielungszweck noch durch den Unternehmensgegenstand begrenzt wird. Auch unlukrative (Spenden, Schenkungen[222]) u gegenstandsfremde Geschäfte sind daher grds wirksam (abw die **ultra-vires-Lehren** mancher ausländischen Rechte, die dort inzwischen aber

---

215 Roth/*Altmeppen* Rn 11; Michalski/*Lenz* Rn 8.

216 BGH NZG 2002, 813, 814.

217 Michalski/*Lenz* Rn 8; BGH NZG 2002, 813, 814.

218 Dazu eingehend *Ulrici* NJW 2003, 2053.

219 BayObLG DB 1986, 422; Ulmer/*Paefgen* Rn 38.

220 Roth/*Altmeppen* Rn 15 u § 37 Rn 37 ff, der generelle Annahme einer beschränkenden Wirkung von Innenschranken auf Vertretung gegenüber Gftern und GFührern bei Verkehrsgeschäften im Ansatz zu Recht, in der praktischen Tendenz aber zu weitgehend ablehnt; Scholz/*Schneider* Rn 132 ff; LG Kaiserslautern NZG 2001, 763.

221 OLG Hamm GmbHR 1997, 999.

222 Rowedder/Schmidt-Leithoff/*Koppensteiner* § 37 Rn 46.

auch weithin überwunden sind). Geschäftspartner soll nicht jeweils Legitimation der GFührer überprüfen müssen.[223] Anderes gilt aber für Geschäfte, die rechtliches Hindernis für Weiterverfolgung des GesZweckes bilden (Rn 89). Zur Frage, ob der Liquidationszweck die Vertretungsmacht der Liquidatoren beeinflusst s § 70 Rn 2.

Zum **Außenverkehr** zählen insbesondere: 81

aa) Sämtliche **Rechtsgeschäfte im Rahmen von Arbeitsverhältnissen,** 82 insbes Abschluss, Kündigung u Erteilung von Weisungen.[224] GFührer üben Direktionsrecht für Ges aus.[225] Das gilt im Ausgangspunkt auch bei Arbeitsverhältnissen mit Gftern, wenn Satzung oder GfterBeschl solche Rechtsgeschäfte von GfterBeschlüssen abhängig machen. Allerdings wird in solchen Fällen bei Fehlen des Beschlusses meist Missbrauch der Vertretungsmacht vorliegen,[226] der zur Unwirksamkeit des Rechtsgeschäfts, etwa einer Kündigung des Arbeitsverhältnisses führt.[227]

bb) Ferner **Verträge des kollektiven Arbeitsrechts** wie Betriebsverein- 83 barungen u Firmentarifverträge.[228]

cc) Erteilung u Widerruf von Vollmachten (einschließlich Prokura, 84 Handlungs- u Generalvollmacht). Befugnis der GFührer im Innenverhältnis ist beschränkt, § 46 Nr 7. Dazu § 46 Rn 52; zu den Grenzen der Außenwirkung dieser Beschränkung § 37 Rn 32, 38 ff. Zur str Frage der Erteilung einer der GFührerVertretungsmacht gleichzusetzenden Generalvollmacht s Rn 76.

dd) Individualrechtliche Rechtsgeschäfte mit einzelnen Gftern 85 (Kauf, Miete, Werkvertrag etc).[229] Gfter muss sich aber idR Beschränkungen der GFührungsbefugnis wie eine Beschränkung der Vertretungsmacht entgegenhalten lassen (§ 37 Rn 40).[230]

ee) Individualrechtliche Rechtsgeschäfte mit einzelnen GFührern 86 (Rn 96 ff)[231] Diese müssen sich, da nicht beliebige Dritte, alle Beschränkungen der die Ges Vertretenden durch das Innenverhältnis entgegenhalten lassen.

ff) Beteiligungserwerb an Kapitalges, Erwerb der Mitgliedschaft in ande- 87 ren Körperschaften (Vereinen etc), Eingehung von PersonengesVerträgen (BGB-Ges, OHG, KG, Stille Ges) sowie deren Kündigung.[232] Im Innenverhältnis kann derartiges Handeln Grenzen unterliegen wie insbes dann, wenn Zweckverfolgung der GmbH relevant tangiert wird (bei stiller Ges Zust der Gfter erforderl, wenn nicht unbedeutende Gewinnbeteiligung vorgesehen wird).[233] Diese Beschränkungen haben meist auch Außenwirkung, da solche Geschäfte selten mit beliebigen Dritten abgeschlossen werden.

---

223 Scholz/*Schneider* Rn 22.

224 Scholz/*Schneider* Rn 32.

225 Scholz/*Schneider* Rn 32; zur widersprüchlichen Ausübung des arbeitsrechtlichen Direktionsrechts durch mehrere GFührer s *van Venrooy* GmbHR 2001, 7.

226 Ebenso: Scholz/*Schneider* Rn 32; ungenau ArbG Chemnitz GmbHR 1996, 929.

227 Ebenso iE BAG GmbHR 1998, 931; dort wird auch mit Recht Anwendbarkeit von § 12 III KSchG bejaht.

228 Scholz/*Schneider* Rn 32.

229 Roth/*Altmeppen* Rn 15.

230 Ebenso Scholz/*Schneider* Rn 30 b.

231 Einschränkend auf Verkehrsgeschäfte Scholz/*Schneider* Rn 30 ff bzw auf Evidenzfälle Roth/*Altmeppen* § 37 Rn 48.

232 Michalski/*Lenz* Rn 35; vgl für Kündigung stiller Ges durch GmbH & Co KG BGH DB 1979, 644.

233 *Schneider/Reusch* DB 1989, 713.

88 gg) **Verschmelzungsverträge** mit anderen Rechtsträgern. Sie bedürfen zur Wirksamkeit auch im Außenverhältnis **zusätzlich eines GfterBeschlusses** der GmbH, gleichgültig, ob sie aufnehmender oder übertragender Teil ist, § 13 UmwG. Gleiches gilt für den Spaltungs- und Übernahmevertrag nach § 126 mit §§ 125, 13 UmwG.

89 **hh) Abschluss von Beherrschungs- oder Gewinnabführungsverträgen** stellt auf Seiten einer abhängigen GmbH Zweckänderung, nicht bloß Zweckverstoß dar. Rechtsverbindlichkeit tritt Dritten gegenüber daher nur mit Zustimmung aller Gfter u Änderung der Satzung ein, str (zu den Erfordernissen im einzelnen SchlAnhKonzernR Rn 52 ff). Auf Seiten einer herrschenden GmbH ist str, inwieweit explizite Schranken für Vertretung bestehen. Zum Schutz der Minderheit ist entspr Anwendung von § 293 II AktG auf herrschende GmbH erforderlich.

90 **ii) Ausübung von Beteiligungsrechten,** insbes des Stimmrechts aus GesAnteilen. Insoweit bestehen aber Beschränkungen für Ausübung nach § 32 MitbestErgG, § 15 MitbestG, denen nach hM Außenwirkung zukommt.[234] Ausübung von Beteiligungsrechten kann je nach Sachlage und Bedeutung auch intern an Zustimmung der GfterVers der MutterGes gebunden oder durch Weisung der GfterVers festgelegt sein. Stimmt GFührer ohne erforderliche Zustimmung oder entgegen erteilter Weisung ab, kann dies nach Grundsätzen über Missbrauch der Vertretungsmacht unwirksam sein.[235]

91 **jj) Ausübung der Leitungsmacht aus Beherrschungsverträgen.**

92 **b) Gesrechtliche Innengeschäfte mit einzelnen Gftern. Nicht zum Außenverkehr** u damit nicht zur Vertretungsmacht der GFührer gehören alle **gesrechtlichen Rechtsgeschäfte mit einzelnen Gftern** (teilw sehr str) wie Genehmigung der Veräußerung von GAnteilen bei Vinkulierung, § 15 V (hM: Außengeschäft, § 15 Rn 42); Genehmigung der Teilung von GAnteilen § 46 Nr 4; Stundung u Erlass von Nebenleistungspflichten (hM: Außengeschäft); Einziehung von GAnteilen (dazu § 34 Rn 14 ff); Erwerb eigener Anteile (hM: Außengeschäft); Veräußerung eigener Anteile (hM: Außengeschäft); Zuteilung von GAnteilen bei Kapitalerhöhung (§ 55 Rn 28, 34). Richtig ist Einordnung aller dieser Rechtsakte als **Innengeschäft.** GFührer ist daher nur zuständig, soweit ihm Kompetenz durch Satzung oder GfterBeschluss übertragen ist. Erklären Gfter bei Zuständigkeit der GfterVers Genehmigung einer Anteilsveräußerung durch GfterBeschl, bedarf es daher keiner Erklärung durch GFührer mehr. Auch bei Einordnung als Außengeschäft müssten sich Gfter u Anteilserwerber alle Beschränkungen des Innenverhältnisses entgegenhalten lassen, da sie nicht beliebige Dritte sind.[236]

93 **c) Satzungs- und gesverhältnisbezogene Geschäfte. Nicht zum rechtsgeschäftlichen Außenverkehr** u damit auch nicht zur außergerichtlichen Vertretung durch die GFührer **gehören** ferner

---

234 *UHH/Ulmer/Habersack* § 32 MitbestG Rn 15; WWKK/*Wißmann,* 3. Aufl 2008, § 32 MitBestG Anm. 23; Ulmer/*Paefgen* Rn 55; Scholz/*Schneider* Rn 35 ff mwN zur umstrittenen Rechtsnatur.

235 Zur Problematik OLG Köln DB 1996, 1713; **abw** Scholz/*Schneider* Rn 37; GK-MitbestG/*U. H. Schneider* § 32 Anm 61, der Handeln mit Vertretungsmacht – ohne Korrektur über den Missbrauch der Vertretungsmacht – annimmt.

236 Str, wie hier Roth/*Altmeppen* § 37 Rn 47; Scholz/*Schneider* Rn 27 f mit Einschränkungen für Publikumsges; ähnl OLG Zweibrücken NZG 2001, 763; dazu auch § 37 Rn 40.

aa) alle satzungsändernden Erklärungen einschließlich Kapitalerhöhung oder -herabsetzung (anders bei Nutzung genehmigten Kapitals, § 55 a), Änderung der Firma, sowie die Eingehung von Verpflichtungen der Ges zu satzungsändernden Maßnahmen,[237] ferner die Auflösung; 94

bb) alle das GesVerhältnis der GmbH sonst betreffenden Rechtsgeschäfte mit vorhandenen oder zukünftigen Gftern (Rn 92).[238] 95

d) Vertretung gegenüber GFührern. Für **rechtsgeschäftlichen Verkehr mit GFührern** gelten Besonderheiten.[239] 96

aa) Großenteils gehören einschlägige Willenserklärungen zu gesrechtlichen Innengeschäften, wie Bestellung u Abberufung sowie Weisungen an GFührer. Dafür ist grds GfterVers zuständig sowohl hins Willensbildung wie -bekanntgabe ggü GFührer (§ 38 Rn 24 f; § 46 Rn 33 ff u 89), soweit nicht Satzung anderes regelt. Gleiches gilt für Anstellungsvertrag, dessen die Bestellung ergänzende Funktion ihn zum Innengeschäft macht (zur Zuständigkeit Rn 165). Gesrechtl Innengeschäfte mit GfterZuständigkeit sind auch Entlastung u Kontrolle der GFührer. Für Geltendmachung von Ersatzansprüchen vgl § 46 Rn 61. Für Ges, die Mitbestimmungsregelungen unterliegt, ist für Bestellung, Abberufung u Anstellungsvertrag AR zuständig, Rn 167. 97

bb) Bei **individualrechtlichen Geschäften des Außenverkehrs** mit GFührern kann Ges durch andere GFührer, aber auch durch Prokuristen etc vertreten werden (Rn 135 f), jedoch nur, falls nicht Zuständigkeit eines AR nach § 112 AktG eingreift (dazu § 52 Rn 116, 250, 305). 98

e) Gerichtliche Vertretung der Ges obliegt ebenfalls grds allein den GFührern. Sie umfasst die Vornahme aller Prozesshandlungen gegenüber Gerichten aller Gerichtszweige im Namen der GmbH, sowie die Vorbereitung von Prozessen durch Erteilung von Prozessvollmacht. Häufige Fälle bilden die Anmeldungen zum HR. Insoweit wird § 35 durch § 78 ergänzt: Für normale Anmeldungen gilt Gesamtvertretungsmacht des Abs 2 S 1 oder abw Regelung der Satzung, für die in § 78 hervorgehobenen qualifizierten Anmeldungsfälle stets Gesamtvertretung. Ist GFühreramt beendet (zB durch Abberufung oder Amtsniederlegung), kann ausgeschiedener GFührer auch sein eigenes Ausscheiden nicht mehr zum HR anmelden (§ 39 Rn 9). 99

Ist **Prozessgegner** der GmbH ein **GFührer,** muss besonderer Vertreter für GmbH bestellt werden, § 46 Nr 8 (§ 46 Rn 65 ff);[240] vorläufige Bestellung durch Prozessgericht nach § 57 ZPO möglich in Passivprozessen;[241] anders in Aktivprozessen. Im Verfahren der einstw Vfg zwischen GFührer und Ges kann anderer GFührer Ges vertreten (sofern einzelvertretungsberechtigt),[242] jedoch richtigerweise nur, bis Gfterbeschl gem § 46 Nr 8 vorliegt. Wird der Bestellungsbeschl mit einer Anfechtungs- oder Nichtigkeitsklage angegriffen, so vertritt der GFührer, dessen Bestellung streitig ist, die GmbH im Rechtsstreit; es ist also derjenige gesetzlicher Vertreter, der bei Abweisung der Klage als solcher anzusehen wäre.[243] Bei **Vorhandensein eines AR** obliegt Ver- 100

---

[237] Roth/*Altmeppen* Rn 13; Scholz/*Schneider* Rn 38 ff; *Fleck* ZGR 1988, 111.
[238] Scholz/*Schneider* Rn 38 ff.
[239] Zum folgenden *Gach/Pfüller* GmbHR 1998, 64.
[240] *Bergwitz* GmbHR 2008, 225 ff.
[241] RGZ 129, 108; Scholz/*Schmidt* § 46 Rn 166 u 175.
[242] OLG Hamm GmbHR 1993, 743.
[243] BGH NJW 1981, 1041; OLG Köln NZG 2003, 395; OLG Hamm GmbHR 1993, 743, 745; OLG Köln NZG 1999, 773 (LS).

tretung idR ihm (näher § 46 Rn 66, 69 u § 52 Rn 116, 250, 305), auch gegenüber abberufenem GFührer, wenn Abberufung im Streit, was auch bei Prozess über Wirksamkeit der Beendigung des Anstellungsvertrags der Fall sein kann.[244] Zur Vertretungsmacht der GFührer in **Prozessen gegen Gfter** vgl § 46 Rn 65. Vernehmung von GFührern in GmbH-Prozessen nicht als Zeuge, sondern als Partei, § 455 I ZPO. Eine vorübergehende Abberufung des Gführers zur Ermöglichung der Vernehmung als Zeuge kann rechtsmissbräuchlich und damit unwirksam sein.[245] Eine Zeugenvernehmung ist unzulässig bzw – falls sie dennoch erfolgt ist – unverwertbar.[246] Abgabe eidesstattlicher Versicherung für GmbH obliegt zum Abgabezeitpunkt amtierenden GFührern.[247]

101 In Passivprozessen der GmbH ist, wenn keine vertretungsberechtigte Person vorhanden ist, Bestellung eines **Prozesspflegers** durch das Gericht auf Antrag des Klägers nach § 57 ZPO möglich.[248]

102 Die gerichtliche Vertretung beinhaltet auch, dass der GFührer die **eidesstattliche Versicherung** für die GmbH abgibt[249] und er im **Zwangsvollstreckungsverfahren** persönlich Adressat der Ordnungsmittel nach §§ 888, 890 ZPO ist.[250]

103 **3. Gesamtvertretung durch alle GFührer bei Aktivvertretung.** Ist nur ein GFührer bestellt, kann er allein vertreten, bei mehreren hingegen greift nach Abs 2 S 1 Gesamtvertretung durch alle ein, soweit Satzung nichts anderes vorsieht. Der durch das MoMiG geänderte Abs 2 S 1 schreibt den **Grundsatz der Gesamtvertretung** – der auch zuvor galt – fest.[251] Ohne Satzungsregelung verliert einziger GFührer Einzelvertretungsmacht, wenn zweiter bestellt wird;[252] umgekehrt entsteht Einzelvertretungsmacht, wenn einer von zwei GFührern fortfällt (zB durch Abberufung oder Tod[253], aber auch bei Verlust der unbeschränkten Geschäftsfähigkeit).[254] Anders bei bloßer tatsächlicher Verhinderung eines Gesamtvertreters; hier können nicht verhinderte GFührer nicht allein vertreten.[255] Sieht GesVertrag Zahl oder Mindestzahl von GFührern vor, bedeutet dies nicht, dass nur Gesamtvertretung durch

---

244 BGH DB 1986, 2592; OLG München NZG 2003, 634; *Brandner* FS Quack, 1991, 201.

245 Ebenso *Wicke* Rn 4.

246 *Schmitz* GmbHR 2000, 1140, 1143; Roth/*Altmeppen* Rn 20; **krit** *Happ,* Die GmbH im Prozess, 1997, § 8 Rn 3.

247 Roth/*Altmeppen* Rn 22; Michalski/*Lenz* Rn 37; dazu OLG Hamm DB 1984, 1927 u DB 1985, 105 zu den Auswirkungen der Beendigung der Organstellung auf die Pflicht vgl *Palzer* (Fn 104), 33 ff, 105 ff, 158 ff, 177 ff.

248 *Bergwitz* GmbHR 2008, 225, 228; *Gach/Pfüller* GmbHR 1998, 71.

249 OLG Hamm GmbHR 1984, 318.

250 Roth/*Altmeppen* Rn 21; Michalski/*Lenz* Rn 37.

251 Scholz/*Schneider* Rn 406.

252 Ebenso *Gehrlein/Witt* 5. Kap Rn 9.

253 S den Fall BGH NZG 2007, 595.

254 Roth/*Altmeppen* Rn 32, 34; *Lutter/Hommelhoff* Rn 26, 38; *Goette* § 8 Rn 21, 63; Michalski/*Lenz* Rn 46 f; Scholz/*Schneider* Rn 77; *Wicke* Rn 14; aus der Rspr BGH BB 1960, 880; LG Mainz GmbHR 1986, 163; **abw** OLG Hamburg WM 1987, 1298; s a zur echten Gesamtvertretung *Buß* GmbHR 2002, 374 ff.

255 RGZ 103, 417; BGHZ 34, 27, 29; BGH WM 1975, 158; Scholz/*Schneider* Rn 76; *Lutter/Hommelhoff* Rn 26; Ulmer/*Paefgen* Rn 75; Roth/*Altmeppen* Rn 33; Rowedder/Schmidt-Leithoff/*Koppensteiner* Rn 60; *Goette* § 8 Rn 63; Michalski/*Lenz* Rn 45.

mindestens diese Zahl möglich sei.[256] Zur Frage der Ermächtigung oder Bevollmächtigung einzelner Gesamtvertreter durch die übrigen Rn 120 f; zu den Fragen gemeinschaftlichen Handelns Rn 117 ff.

4. Passivvertretung. a) Grundsätze. Für **Passivvertretung** genügt Abgabe u Zugang der Willenserklärung an einen der Gesamtvertreter, Abs 2 S 2;[257] das Gleiche gilt für **Zustellungen** in gerichtlichen Verfahren, § 170 III ZPO. Regelung ist zwingend.[258] **104**

GFührer ist nach § 170 II ZPO Zustellungsadressat, auch bei Interessenkollisionen (wie der Zustellung der Anfechtungsklage des GfterGFührers) bleibt anfechtender GFührer Zustelladressat, selbst wenn er die Gesellschaft im Prozess nicht wirksam vertreten kann (s Rn 100 f).[259] Zustellung möglich durch Einlegen in Briefkasten eines Geschäftsraums (§§ 178 I Nr 2, 180 ZPO), der eindeutig der Ges zugeordnet werden kann,[260] Diese Zustellmöglichkeit besteht auch noch nach Inhaftierung des GFührers.[261] Zustellung an GmbH kann nicht nur in Geschäftsräumen der GmbH erfolgen, sondern an jedem Ort, an dem der GFührer angetroffen wird, §§ 170, 177 ZPO, also auch in der Wohnung des GFührers.[262] Zugang an GmbH auch, wenn Schreiben in privates Postfach des GFührers gelegt wird.[263]

Grundsatz des Abs 2 S 2 findet auch auf Rechtsverhältnisse Anwendung, in denen die GmbH gemeinsam durch ihre Gesellschafter – insb. in den Fällen des § 46 Nr 5[264] – vertreten wird.

b) Bedeutung der eingetragenen inländischen Geschäftsanschrift für Zugang und Zustellung. Gem Abs 2 S 3 können Willenserklärungen an die Vertreter der Ges auch unter der im HR eingetragenen **Geschäftsanschrift** abgegeben u Schriftstücke für die Ges zugestellt werden. Nach § 8 IV Nr 1 ist in der Anmeldung zum HR „eine inländische Geschäftsanschrift" anzugeben. Für Altgesellschaften, die bis zum 31. 10. 2009 keine neue Mitteilung an das Registergericht machen, wird nach § 3 Abs 1 EGGmbH die zuletzt bekannt gewordene Geschäftsanschrift iSd § 24 II 1 HRV von Amts wegen eingetragen.[265] Die Regelung des Abs 2 S 3 1. Alt. zur Abgabe von Willenserklärungen begründet eine unwiderlegliche Vermutung, dass unter der eingetragenen Adresse ein Vertreter der Gesellschaft erreicht werden kann (= Möglichkeit der Kenntnisnahme hat).[266] Sie greift auch ein, wenn der Erklärende weiß, dass Vertreter der Ges sich tatsächlich nicht dort auf- **104 a**

---

256 So aber Scholz/*Schneider* Rn 78; wie hier Ulmer/*Paefgen* Rn 80.

257 S dazu BGH NZG 2002, 43, 44.

258 MünchHdbGmbH/*Marsch-Barner/Diekmann* § 44 Rn 16; Scholz/*Schneider* Rn 64; Ulmer/*Paefgen* Rn 78.

259 *Nietsch* GmbHR 2004, 1518, 1520 ff; *Bergwitz* GmbHR 2008, 225, 231 f; **aA** OLG München NZG 2004, 422.

260 *Steffek* BB 2007, 2077, 2080; *Gehrlein* Der Konzern 2007, 771, 777; *Wicke* Rn 31.

261 BGH ZIP 2008, 1747.

262 Roth/*Altmeppen* Rn 23.

263 BGH WM 2003, 1820; *Scholz/Schneider* Rn 52; krit Roth/*Altmeppen* Rn 55; **aA** *Fleischer* NJW 2006, 3239, 3242.

264 BGHZ 149, 28 = ZIP 2001, 2227 f; s a § 38 Rn 83.

265 *Wachter* GmbHR Sonderheft Oktober 2008, 5, 14; auch bei sonstigen Änderungen keine zusätzliche Mitteilungspflicht OLG München BB 2009, 572.

266 Begr RegE MoMiG BT-Drucks 16/6140, 43; *Steffek* BB 2007, 2077, 2079; *Gehrlein/Witt* 5. Kap Rn 12.

halten, weil sie etwa im Ausland untergetaucht sind.[267] Der Absender hat im Zweifel zu beweisen, dass die Erklärung in den Machtbereich der GmbH gelangt ist.[268] Für Wirksamkeit des Zugangs der WE kommt es nicht darauf an, ob Vertreter der Ges zutreffend bezeichnet ist.[269] Angesichts vergleichbarer Interessenlage ist es sachgerecht, die Regelung auch bei geschäftsähnlichen Handlungen, wie etwa Mängelanzeigen, anzuwenden.

Für die Zustellung wird nach Abs 2 S 3 2. Alt. unwiderleglich vermutet, dass unter der im HR eingetragenen Geschäftsanschrift der Ges „Schriftstücke" zugestellt werden können. Die Vermutung umfasst nicht das Vorliegen der Voraussetzungen des Zustellrechts.[270]

Ist eine Zustellung an die im HR eingetragene inländische Geschäftsanschrift nicht möglich (etwa kein Geschäftslokal am angegebenen Ort), kann Zustellung im Wege **öffentlicher Bekanntmachung** (§ 15 a HGB nF für privatrechtliche WE und § 185 Nr 2 ZPO für zivilprozessuale Dokumente)[271] in Betracht kommen. Es ist nicht erforderlich vor der öffentl Zustellung etwa die Wohnanschriften der Vertreter der Ges zu ermitteln und dort Zustellversuche zu unternehmen[272] Die Erleichterung der öffentl Zustellung wird als zentraler Bestandteil des Reformkonzepts bezeichnet.[273]

104 b **c) Empfangsberechtigte Person.** Nach dem ebenfalls neu angefügten Abs 2 S 4 können unabhängig von Abs 2 S 3 Abgabe[274] von Willenserklärungen und Zustellung auch unter der eingetragenen Anschrift der empfangsberechtigten Person nach § 10 II 2 (s § 10 Rn 4 f) erfolgen. Ges wird dadurch die Möglichkeit eingeräumt, die öffentl Zustellung abzuwenden, die Gläubiger erhalten eine weitere Variante der Zustellung.[275] Die Zustellung an die empfangsberechtigte Person iSd § 10 II 2 kann unabhängig davon erfolgen, ob eine Zustellung an die Vertreter oder die inländische Geschäftsanschrift möglich ist.[276] Die Passivvertretung nach Abs 2 S 4 steht nicht in einem Subsidiaritätsverhältnis zu den übrigen Zustellmöglichkeiten.[277] Ist Person iSd § 10 II 2 im HR eingetragen, kann öffentl Zustellung nur erfolgen, wenn bei ihr Zustellung nicht möglich ist, § 185 Nr 2 ZPO.

104 c **5. Anfang und Ende der Vertretungsmacht.** Vertretungsmacht entsteht mit Wirksamwerden der Bestellung zum GFührer (Rn 10) und endet mit Beendigung der Organstellung (dazu § 38 Rn 101). Organstellung ohne Vertretungsmacht gibt es nicht. Eintragung im HR (dazu § 39 Rn 24) hat lediglich deklaratorische Bedeutung.

---

267 Begr RegE MoMiG BT-Drucks 16/6140, 43.

268 *Steffek* BB 2007, 2077, 2079; *Gehrlein* Der Konzern 2007, 771, 777; *Wicke* Rn 30.

269 *Breitenstein/Meyding* BB 2007, 1457, 1460; Begr RegE MoMiG BT-Drucks 16/6140, 43.

270 *Steffek* BB 2007, 2077, 2080; *Gehrlein/Witt* 5. Kap Rn 12; *Gehrlein* Der Konzern 2007, 771, 777; *Wicke* Rn 31.

271 Regelungen wurden durch das MoMiG neu eingefügt; vgl auch Ring/Grziwotz/*Klingelhöfer* Rn 50.

272 *Breitenstein/Meyding* BB 2007, 1457, 1460.

273 Begr RegE MoMiG BT-Drucks 16/6140, 53.

274 Einbeziehung der „Abgabe" in Normtext erfolgte durch BT-Rechtsausschuss.

275 Begr RegE MoMiG BT-Drucks 16/6140, 43.

276 Begr RegE MoMiG BT-Drucks 16/6140, 43.

277 *Steffek* BB 2007, 2077, 2081.

6. Vertretung der Ges bei Fehlen von GFührern. a) Aktivvertretung. 105
In Angelegenheiten, in denen Vertretung der Ges ausschließlich durch GFührer möglich ist, muss, wenn kein GFührer vorhanden ist oder nur eine zur Gesamtvertretung nicht ausreichende Anzahl zwecks **Aktivvertretung** ein **NotGFührer** bestellt werden (Rn 7).[278] Lediglich zur Geltendmachung von Ansprüchen gegen Gfter oder GFührer aus dem GesVerhältnis kann Gfterklage durch einzelnen Gfter in Betracht kommen (Rn 74; sa Rn 73 zur Aktivvertretung durch GfterVers).

b) Passivvertretung. Passivvertretung einer führungslosen GmbH ist 105 a
durch MoMiG in Abs 1 S 2 geregelt. Zuvor versuchten sog. Firmenbestatter[279] vielfach den Zugang von Willenerklärungen und die Zustellung von Schriftstücken dadurch zu verhindern, dass Sitzverlegungen erfolgten bzw die GFührer abberufen wurden,[280] um letzterenfalls Zustellung nach §§ 170 I 1, 171 I ZPO unmöglich zu machen. Die Missbrauchsbekämpfung besteht in der Regelung, dass bei Führungslosigkeit **jeder Gfter als Passivvertreter** gilt.[281]

Eine Ges ist führungslos, wenn sie **keinen GFührer** oder – über den zu engen Wortlaut hinaus[282] – keinen Liquidator hat. Die Führungslosigkeit tritt mit Wirksamkeit der Abberufung oder der Amtsniederlegung ein. Für die hier in Frage stehende Passivvertretung kommt es aber auch auf die ggf fortbestehende Eintragung als GFührer im HR an. Wird die Amtsbeendigung dort nicht eingetragen (§ 39 I), so ergibt sich mit Blick auf § 15 I HGB, dass für Rechtsverkehr vorbehaltlich anderer positiver Kenntnis die dort genannte Person als GFührer fungiert. Dann kann nach den Vorgaben des Abs 2 S 3, 4 und ggf öffentlich zugestellt werden (Rn 104 a, 104 b). Der Dritte kann sich freilich auch auf die wahre Rechtslage berufen[283] und Willenserklärung an Gfter mit Wirkung für die Ges abgeben bzw an Gfter zustellen.

Sog. **faktischer GFührer genügt nicht,** um Führungslosigkeit zu vermeiden.[284] Der Grund für die fehlende GFührung ist unerheblich.[285] Keine Führungslosigkeit ist gegeben bei Krankheit, Haft, Abwesenheit, Handlungsunwilligkeit des GFührers.[286] Bei einem Rechtsstreit um die Bestellung bzw Abberufung ist von der vorläufigen Wirksamkeit des angefochtenen Beschl auszugehen.[287]

Dass der Erklärende bzw Zustellungsveranlasser von der Führungslosigkeit **Kenntnis** hat, ist **nicht verlangt,** ebenso wenig müssen die Gfter davon

---

278 Ebenso Scholz/*Schneider* Rn 51.

279 Dazu AG Memmingen GmbHR 2004, 952; *Hirte* ZinsO 2003, 833; *Wachter* GmbHR 2004, 955; *Seibert* FS Röhricht 2005, S 585, 589 ff; *Kleindiek* ZGR 2007, 276, 277.

280 Scholz/*Schneider* Rn 396; *Steffek* BB 2007, 2077; s a *Link* BB 2006, 1180: passive Handlungsunfähigkeit.

281 Ring/Grziwotz/*Klingelhöfer* Rn 24. Skeptisch *Wälzholz* GmbHR 2008, 841, 850; *Bittmann* GmbHR 2007, 70, 77; ferner *Gehrlein* Der Konzern 2007, 777; *Kleindiek* ZGR 2007, 276 ff.

282 Besser: § 10 II InsO.

283 Herrschende Meinung zu § 15 I HGB; s Baumbach/*Hopt,* HGB, § 15 Rn 6; BGH 55, 273; 65, 310.

284 *Wicke* Rn 26 aE; aA für § 10 II InsO *Schmahl* NZI 2008, 6, 7.

285 Ebenso *Wicke* Rn 26.

286 Scholz/*Schneider* Rn 400.

287 Ebenso *Wicke* Rn 26.

wissen.[288] Es reicht für die Passivvertretung durch jeden Gfter die objektive Lage, dass kein GFührer amtiert. Diese Passivvertretung durch Gfter kommt auch dann zum Zug, wenn Ges einen (fakultativen oder obligatorischen) AR hat.[289]

105 b Die Abgabe bzw der Zugang unter Abwesenden kann sowohl an **Geschäftsanschrift** als auch an die **Privatanschrift eines Gfters** erfolgen.[290] Der Erklärende ist nicht gehalten, den MehrheitsGfter auszuwählen. Freilich können allg Grundsätzen über Zugangsverzögerung eingreifen, wenn ausgerechnet und wissentlich ein fernstehender Gfter mit Zwerganteil adressiert wird. Der die WE empfangende Gfter ist auf Grund seiner gesellschaftsrechtlichen Treuepflicht verpflichtet, die MitGfter zu informieren bzw bei Bestellung eines neuen GFührers an diesen weiterzuleiten.[291]

105 c Führungslosigkeit hat zur weiteren Folge, dass jeder **Gfter** zur **Stellung eines Insolvenzantrags berechtigt** ist (§ 15 I InsO), wobei Führungslosigkeit glaubhaft zu machen ist. Bei Kenntnis eines Insolvenzgrundes und Kenntnis der Führungslosigkeit ist jeder Gfter zur Antragstellung auch **verpflichtet** (§ 15 a III InsO).[292]

V. Abweichende Regelung der Vertretungsmacht

106 Vom Gesetz für Aktivvertretung vorgesehene Gesamtvertretung durch alle GFührer ist **dispositiv,** Abs 2 S 1. Abweichung muss in Satzung vorgesehen, aber nicht unbedingt selbst geregelt sein, kann vielmehr GfterBeschl oder Festlegung durch Beirat oder AR überlassen werden. Erforderlich also nur Ermächtigung durch Satzung zur abw Regelung.[293] Abw Regelung durch GfterBeschl ohne Ermächtigung in der Satzung ist unwirksam.[294] Nicht zulässig ist Überlassung der Festlegung an GFührer, vgl § 78 III AktG.[295]

107 **1. Einzelvertretungsmacht bzw. Alleinvertretungsbefugnis**[296] für alle oder einzelne GFührer ist **zulässig,** aber nur allg, nicht für bestimmte

---

288 Begr RegE MoMiG BT-Drucks 16/6140, 42 f; *Steffek* BB 2007, 2077, 2082; *Gehrlein/Witt* 5. Kap Rn 13.

289 Anders noch RegE v 23. 5. 2007 BT-Drucks 16/6140, der bei Ges mit AR Passivvertretung durch dessen Mitglieder vorsah.

290 Ebenso Scholz/*Schneider* Rn 402; vor dem MoMiG bejahend BGH NJW 2003, 3270; **krit** Roth/*Altmeppen* Rn 55; **aA** *Fleischer* NJW 2006, 3239, 3242.

291 *Römermann* GmbHR Sonderheft Oktober 2008, 62, 71.

292 Dazu ua *Horstkotte* ZInsO 2009, 209; *Schmahl* NZI 2008, 6; *Göcke* ZInsO 2008, 1305.

293 Ganz hM, Ulmer/*Paefgen* Rn 78 f; Rowedder/Schmidt-Leithoff/*Koppensteiner* Rn 53; Scholz/*Schneider* Rn 64 ff; Roth/*Altmeppen* Rn 36; Michalski/*Lenz* Rn 49; RGZ 164, 182; BGH NJW 1975, 1741.

294 Zur abw Regelung durch Geschäftsordnung *U. H. Schneider* FS Mühl, 1981, 638.

295 Roth/*Altmeppen* Rn 36; **abw** Michalski/*Lenz* Rn 36; Rowedder/Schmidt-Leithoff/*Koppensteiner* Rn 53; Scholz/*Schneider* Rn 67; Ulmer/*Paefgen* Rn 79.

296 Die Begriffe können synonym verwendet werden, so zutr BGH NJW 2007, 3287; OLG Frankfurt a. M. NJW-RR 1994, 165 = DB 1993, 2174; *Gustavus* NotBZ 2000, 198; *Kanzleiter* DNotZ 1993, 201; *Buchberger,* Rechtspfleger 1993, 406; *Michalski/Heyder,* GmbHG, § 8 Rn 40; Achilles/Ensthaler/Schmidt/*Achilles* § 8 Rn 20; OLG Jena OLGZ 2002, 418, 421; **aA** LG Zweibrücken DB 1992, 2337; OLG Naumburg DB 1993, 2277; LG Neubrandenburg NotBZ 2000, 198; *Vazquez* NZG 1998, 73; Roth/*Altmeppen* Rn 32.

Geschäfte oder für Verhinderungsfall;[297] möglich auch, dass von zwei GFührern einer allein, der andere hingegen nur in Gemeinschaft handeln kann.[298] Einzelvertretungsmacht gilt nicht für qualifizierte Fälle der Anmeldung zum HR in § 78.

2. Ausschluss eines GFührers von **Vertretungsmacht** ist **unzulässig.**[299] 108

3. Modifizierte Gesamtvertretung. Abw Regelung kann auch Gesamtvertretung durch bestimmte Anzahl von GFührern vorsehen, etwa durch zwei oder drei, bei zahlreichen GFührern eine empfehlenswerte Abschwächung der gesetzlichen Gesamtvertretung durch alle. Anders als bei Gesamtvertretung durch alle vorhandenen GFührer erwächst hier bei Wegfall von GFührern den in nichtgesamtvertretungsberechtigter Zahl verbleibenden keine Vertretungsmacht, vielmehr bedarf es der Bestellung der erforderlichen Zahl weiterer GFührer, evtl NotGFührer.[300] 109

Zahl der jeweils vertretungsberechtigten GesamtGFührer darf **nicht von variablen Umständen** (Art oder Umfang des Geschäfts, Verhinderungsfall, jeweilige Gesamtzahl der GFührer) abhängig gemacht werden.[301] Das gilt auch für Mitwirkung von GFührerStellvertretern an Gesamtvertretung. Sie sind stets mitwirkungsbefugt. Prüfung, ob Stellvertretungsvoraussetzungen vorliegen, für Rechtsverkehr nicht zumutbar, vgl § 44 Rn 7. 110

4. Unechte Gesamtvertretung ist ebenfalls als Abweichung von gesetzlicher Regelung zulässig. 111

a) Vertretung durch GFührer und Prokurist. Sie besteht in Vertretungsbefugnis eines von mehreren GFührern in Gemeinschaft mit einem Prokuristen (Analogie zu § 78 III AktG, 125 III HGB). Auch sie kann für alle GFührer oder einzelne von ihnen vorgesehen werden. Für unechte Gesamtvertretung gilt als strukturierender Grundsatz, dass sie immer nur der Erleichterung einer ohnehin bestehenden Gesamtvertretung mehrerer GFührer dient, nicht der Beschränkung organschaftlicher Vertretungsmacht.[302] Sie ist daher **nicht zulässig für einzigen vorgesehenen GFührer,** da Behinderung der vom Gesetz verlangten organschaftlichen Vertretung.[303] Nicht zulässig ferner unechte Gesamtvertretung im Fall des Wegfalls eines von zwei gesamtvertretungsberechtigten GFührern. Hier erwächst dem verbleibenden GFührer keine Vertretungsmacht, sondern es bedarf der Neubestellung eines 112

---

297 RGZ 103, 417; KG JW 1934, 988; Ulmer/*Paefgen* Rn 80; Scholz/*Schneider* Rn 76; MünchHdbGmbH/*Marsch-Barner/Diekmann* § 44 Rn 19; Michalski/*Lenz* Rn 50; zur Abgrenzung von der „Alleinvertretungsberechtigung" LG Neubrandenburg RPfleger 2000, 338.

298 Str, wie hier RGZ 90, 21, 22 f (für OHG); Ulmer/*Paefgen* Rn 80; Rowedder/Schmidt-Leithoff/*Koppensteiner* Rn 50; Scholz/*Schneider* Rn 68.

299 Ulmer/*Paefgen* Rn 81; Scholz/*Schneider* Rn 69; Roth/*Altmeppen* Rn 41; MünchHdbGmbH/*Marsch-Barner/Diekmann* § 44 Rn 16.

300 BGHZ 34, 27; BGH WM 1975, 157; Ulmer/*Paefgen* Rn 80; Scholz/*Schneider* Rn 76, 129; Rowedder/Schmidt-Leithoff/*Koppensteiner* Rn 60; MünchHdbGmbH/*Marsch-Barner/Diekmann* § 44 Rn 17; Roth/*Altmeppen* Rn 38. Zu den Gestaltungsmöglichkeiten auch *J. Reichel* MDR 1996, 759.

301 Ulmer/*Paefgen* Rn 80; Rowedder/Schmidt-Leithoff/*Koppensteiner* Rn 52; Scholz/*Schneider* Rn 69 f.

302 BGHZ 26, 332 f.

303 Wie hier Roth/*Altmeppen* Rn 56; Ulmer/*Paefgen* Rn 86; Michalski/*Lenz* Rn 57.

weiteren GFührers, evtl NotGFührers.[304] Nicht zulässig ferner **als einzige Form der Gesamtvertretung** bei Vorhandensein mehrerer GFührer; kann einer zusammen mit Prokuristen vertreten, müssen auch zwei GFührer ohne Prokuristen vertreten können (Rechtsgedanke des § 125 III 2 HGB).[305] Vertretungsmacht bei Handeln als Prokurist bleibt durch Statuierung unechter Gesamtvertretungsbefugnis der GFührer unberührt. Bei Handeln des Prokuristen als unechter Gesamtvertreter zusammen mit GFührer ist gegenständliche Beschränkung der Prokura in § 49 HGB unbeachtlich. Gegenständlicher Umfang seiner Vertretungsmacht erweitert sich vielmehr.[306] An unechter Gesamtvertretung durch GFührer kann auch ein Prokurist mitwirken, dem nur Gesamtprokura erteilt ist.

113 **b) Nur gemeinschaftliches Handeln.** Möglich nach Rspr u hL auch Erteilung einer **„Gesamtprokura"** an Prokuristen dergestalt, dass dieser nur gemeinschaftlich mit einem GFührer handeln darf.[307] Im Unterschied zur unechten Gesamtvertretung wird hier die gegenständliche Vertretungsmacht des Prokuristen gegenüber § 49 HGB nicht erweitert. Gestaltung nicht unbedenklich, weil sie keine echte Vertretungsmacht des Prokuristen begründet. In ihrer Konsequenz läge, dass man auch die Erteilung von Prokura durch einen Einzelkaufmann unter Bindung der Vertretung an die Mitwirkung des Prinzipals für zulässig hält,[308] was jedoch §§ 48 ff HGB eher widerspräche. Nach Rspr muss bei dieser Form der Gesamtprokura GFührer nicht Einzelvertretungsmacht haben.[309] Erhebliches praktisches Bedürfnis für diese Vertretungsform ist zu verneinen.[310] Bei GmbH & Co KG ist nicht zulässig, Gesamtvertretung durch GFührer der GmbH und Prokuristen der KG vorzusehen.[311]

114 **c) Grenzen.** Nicht zulässig ist unechte **Gesamtvertretung** durch GFührer zusammen **mit anderen vertretungsberechtigten Personen** (zB Handlungsbevollmächtigten), ferner erst recht nicht mit grds nicht zur Vertretung berufenen, aber **gesellschaftsrechtlich definierten Personen** wie ARMitgliedern oder Gftern.

---

304 LG Wuppertal GmbHR 1992, 380; Ulmer/*Paefgen* Rn 87; so jetzt auch Roth/*Altmeppen* Rn 57; Rowedder/Schmidt-Leithoff/*Koppensteiner* Rn 61; vgl auch oben Rn 109.

305 Ulmer/*Paefgen* Rn 86; Roth/*Altmeppen* Rn 56; Michalski/*Lenz* Rn 57; vgl auch BGHZ 26, 333.

306 HM, BGHZ 13, 64; 62, 170; Scholz/*Schneider* Rn 71; Rowedder/Schmidt-Leithoff/*Koppensteiner* Rn 57; Michalski/*Lenz* Rn 57; *Roquette* FS Oppenhoff, 1985, 336; *Köhl* NZG 2005, 197, 199.

307 BGHZ 99, 76 m zahlr Nachw; Ulmer/*Paefgen* Rn 88; Ebenroth/Boujong/Joost/Strohn/*Weber* § 48 Rn 43; Koller/*Roth*/Morck § 48 Rn 19; Baumbach/*Hopt* § 48 Rn 6; **abw** *Beuthien/Müller* DB 1995, 461.

308 So in der Tat Staub/*Joost* HGB, 5. Aufl 2008, § 48 Rn 97; *Bärwaldt/Hadding* NJW 1998, 1103.

309 BGHZ 99, 76; anders noch OLG Hamm Rpfleger 1983, 355.

310 **Abw** Staub/*Joost,* HGB, 5. Aufl 2008, § 48 Rn 99; Ulmer/Habersack/Winter/*Paefgen* Rn 88.

311 BayObLG DB 1994, 1922; Staub/*Joost,* HGB, 5. Aufl 2008, § 48 Rn 101; Rowedder/Schmidt-Leithoff/*Koppensteiner* Rn 112; Roth/*Altmeppen* Rn 61; Scholz/*Schneider* Rn 70 a Zu den Gestaltungsmöglichkeiten bei der GmbH & Co KG vgl *Germer* BW NotZ 1986, 54.

5. Eintragungsbedürftigkeit im HR. Jede abweichende Regelung der Vertretungsmacht, gleich durch wen sie erfolgt, bedarf der Anmeldung zur Eintragung im HR, vgl § 39 Rn 5. Das gilt für die erste Abweichung von der gesetzlichen Normalregel (Gesamtvertretung aller GFührer) als auch für jede spätere Änderung der Abweichung, auch die Rückkehr zur gesetzl Normalregel. Statt „Einzelvertretungsbefugnis" kann gleichbedeutend auch „Alleinvertretungsbefugnis" eingetragen werden.[312] Zur Bedeutung der Eintragung bzw ihres Fehlens § 39 Rn 24. 115

6. Unbeschränkbarkeit des sachlichen Umfangs. Der sachliche Umfang der Vertretungsmacht der GFührer kann weder durch die Satzung noch durch Gfterbeschl beschränkt werden, § 37 II. Zu Bedeutung und Reichweite dieser Regelung sowie zu den Folgen der Überschreitung von Innenschranken unter dem Aspekt des **Missbrauchs der Vertretungsmacht** vgl § 37 Rn 43 ff. 116

VI. Gemeinsames Handeln bei Gesamtvertretung

Bei (echter u unechter) Gesamtvertretung müssen Gesamtvertreter in der erforderlichen Zahl (bei der gesetzlich vorgesehenen Gesamtvertretung also alle GFührer) mitwirken. **Grundform gemeinschaftlichen Handelns** ist die gemeinsame Abgabe der Willenserklärung. Sie ist vielfach unpraktisch. Statt dessen vor allem **folgende Möglichkeiten:** 117

1. Getrennte Abgabe der gleichen Willenserklärung durch alle Gesamtvertreter.[313] Bei formlosen Erklärungen genügt Bezugnahme auf Erklärung eines andern. Bei formbedürftigen Erklärungen muss für jede Einzelerklärung Form gewahrt werden.[314] 118

2. Abgabe der Erklärung durch einen Gesamtvertreter. Abgabe der Erklärung durch einen der Gesamtvertreter allein u nachträgliche Genehmigung durch die übrigen gemäß oder analog § 177 I BGB.[315] Vertragsgegner kann Klärung gemäß § 177 II BGB erzwingen. Genehmigung ist formlos möglich, § 182 II BGB.[316] Im HR- u Grundbuchverfahren allerdings Nachweis in öffentlich beglaubigter Form erforderlich. Genehmigung wirkt zurück, § 184 II BGB. Sie kann dem Handelnden oder dem Geschäftsgegner erklärt werden.[317] Genehmigung auch wirksam ohne Kenntnis der Einzelheiten des Geschäfts. Handelnder Gesamtvertreter kann seine Erklärung nicht bis zur Genehmigung durch den anderen widerrufen.[318] Alleinabgabe der Erklärung durch einen Gesamtvertreter unter Vortäuschung ihrer rechtlichen 119

312 BGH NJW 2007, 3287; mit zust Anm. *Terner* EWiR § 10 GmbHG 1/07, 401 f; s auch die weiteren Nachweise in Fn 296.

313 BGH NJW 1959, 1183; Rowedder/Schmidt-Leithoff/*Koppensteiner* Rn 42.

314 BGHZ 53, 215; Ulmer/*Paefgen* Rn 92; Scholz/*Schneider* Rn 54; Rowedder/Schmidt-Leithoff/*Koppensteiner* Rn 42.

315 RGZ 81, 325; BGH MDR 1965, 818; BGH Beschl v 20. 12. 2007– IX ZR 210/05, (zur AG) zitiert nach Juris; Roth/*Altmeppen* Rn 48; Rowedder/Schmidt-Leithoff/*Koppensteiner* Rn 43.

316 RGZ 101, 343; 116, 118; BGH WM 1976, 1053; BGH Beschl v 20. 12. 2007 – IX ZR 210/05 (zur AG), zitiert nach Juris; Scholz/*Schneider* Rn 61; Michalski/*Lenz* Rn 62.

317 BGH Beschl v 20. 12. 2007 – IX ZR 210/05 (zur AG), zitiert nach Juris.

318 Wie hier Roth/*Altmeppen* Rn 48; Michalski/*Lenz* Rn 62; Scholz/*Schneider* Rn 63 a; Ulmer/*Paefgen* Rn 94 unter Aufgabe der Ansicht der Vorauflage (Hachenburg/*Mertens*).

Verbindlichkeit kann unerlaubte Handlung des Handelnden sein. GmbH braucht dafür nach § 31 BGB idR nicht einzustehen, weil sonst Schutzwirkung der Gesamtvertretung ausgehöhlt würde.[319]

120 **3. Vorgängige Ermächtigung eines Gesamtvertreters.**[320] Sie bedarf der Mitwirkung einer gesamtvertretungsberechtigten Zahl von GFührern (gerechnet unter Einschluss des Ermächtigten), vgl § 78 IV AktG, § 125 II 2 HGB, kann formlos und auch konkludent erteilt werden.[321] Es handelt sich nicht um Ermächtigung im technischen Sinn von § 185 BGB, die ohnehin nur für verfügende Rechtsgeschäfte zulässig wäre, auch nicht um Erteilung einer Untervollmacht durch die einzelnen Gesamtvertreter zur Abgabe der Einzelerklärungen für alle Gesamtvertreter. Nach BGH u hM bedeutet Ermächtigung organschaftlichen Akt bes Art, durch den organschaftliche Gesamtvertretungsmacht zur Alleinvertretungsmacht „erstarkt".[322] Auf Erteilung der Ermächtigung sind Grundsätze über **Anscheins- und Duldungsvollmacht** anwendbar;[323] freilich entsteht Duldungsvollmacht nicht bereits durch alleiniges Wissen des handelnden GFührers.[324] Der Mitwirkung des Ermächtigten an Vollmachterteilung steht § 181 BGB nicht entgegen (Analogie zu § 78 IV AktG, § 125 II 2 HGB).[325] Unzutr allerdings begriffsjuristische Ableitung[326], gesamtvertretungsberechtigter GFührer könne auch zu Geschäft mit sich selbst ermächtigen (Rn 135). Satzungsregelung, die Mitwirkung des AR oder der Gfter – Zustimmung zur Ermächtigung – vorsieht, hat keine Außenwirkung.[327] Ermächtigung kann jederzeit durch jeden GFührer widerrufen werden.[328] Ges muss für Handeln des ermächtigten GFührers nach § 31 BGB einstehen. Ermächtigter GFührer haftet für Sorgfaltsverletzungen bei Handeln auf Grund Ermächtigung nach § 43; bei durch Erklärung gegenüber Drittem erteilter Ermächtigung gelten für Wirkungsdauer §§ 170, 171 II BGB. Gegen organschaftlichen Charakter spricht auch, dass keine Eintragung gemäß §§ 10 I, 39 I ins HR erfolgt.

121 Die **Ermächtigung** ist **nur mit Beschränkungen zulässig:** entweder für konkretes Geschäft oder für bestimmte Arten von Geschäften, vgl § 78 IV AktG, § 125 II 2 HGB. Keinesfalls darf der Sache nach volle oder weitgehende Einzelvertretungsmacht eines GFührers entstehen, da dies dem Sinn der Gesamtvertretung widerspräche.[329] Deshalb Erteilung einer Generaler-

[319] RGZ 134, 375; BGH DB 1967, 1629; **abw** BGH DB 1986, 2275; s a Rn 158.

[320] Dazu etwa BGH DB 1968, 847; BGH WM 1986, 315; Ulmer/*Paefgen* Rn 96.

[321] Scholz/*Schneider* Rn 56; Ulmer/*Paefgen* Rn 100 a.

[322] So in wenig glücklicher Bilder- u Begriffsjurisprudenz BGHZ 64, 75; Scholz/*Schneider* Rn 55; Ulmer/*Paefgen* Rn 97; Rowedder/Schmidt-Leithoff/*Koppensteiner* Rn 44; ausf *Wiedemann,* Die Übertragung und Vererbung von Mitgliedschaftsrechten bei Handelsgesellschaften, 1965 S 381 f; *Schwarz* ZGR 2001, 744, 749 f (zur Vorstandsermächtigung nach § 78 IV AktG); *ders* NZG 2001, 529, 534 ff.

[323] Scholz/*Schneider* Rn 56; Ulmer/*Paefgen* Rn 100 a; *Reinicke/Tiedtke* DB 1988, 1203.

[324] BGH BB 1988, 291; *Lutter/Hommelhoff* Rn 34.

[325] RGZ 80, 182.

[326] BGHZ 64, 75.

[327] Scholz/*Schneider* Rn 56.

[328] Scholz/*Schneider* Rn 56; Ulmer/*Paefgen* Rn 101.

[329] BGHZ 34, 30; BGH WM 1978, 1047; BGH GmbHR 1975, 201; BGH WM 1986, 315; Ulmer/*Paefgen* Rn 98; Michalski/*Lenz* Rn 65; *Raiser/Veil* § 32 Rn 28; Rowedder/Schmidt-Leithoff/*Koppensteiner* Rn 45; *Lutter/Hommelhoff* Rn 33; **aA**

mächtigung an gesamtvertretungsberechtigten GFührer nur mit Zustimmung der GfterVers zulässig; im Außenverhältnis aber wirksam, falls nicht Missbrauchsgrundsätze eingreifen (zu diesen § 37 Rn 43 ff).[330] Im Zweifel ist Begrenzung des § 54 HGB bei Ermächtigung mitzudenken.[331] Möglich auch Umdeutung der Generalvollmacht in eine Generalhandlungsvollmacht gemäß § 54 HGB.[332] Ressortmäßige Aufteilung mit voller Einzelvertretungsmacht für alle dort anfallenden Geschäfte dürfte zu weit gehen.[333]

Widerruf der Ermächtigung jederzeit u ohne Begründung möglich, **122** auch durch GFührer, die nicht an der Erteilung mitgewirkt haben.[334] Zur Anwendbarkeit von §§ 170, 171 BGB s Rn 120. Es genügt Widerruf eines Gesamtvertreters, da Ermächtigung vom Vertrauen aller Gesamtvertreter getragen sein muss.[335]

VII. Art u Weise der Vertretung

1. Handeln im Namen der GmbH. Damit Vertretungswirkung eintritt, **123** müssen GFührer **im Namen der GmbH auftreten,** ausdrücklich oder konkludent, **Offenkundigkeitsprinzip.** Nach § 164 I 2 BGB genügt, dass Fremdhandlungswille des Vertreters sich aus den Umständen ergibt. Das gilt nicht nur für mündliche, sondern auch für schriftliche Erklärungen. **Handeln ausdrücklich für Rechnung** der Ges kann als Handeln auch im Namen der Ges zu deuten sein.[336] Abschluss eines Geschäfts, das zum Unternehmensgegenstand der GmbH gehört, durch GFührer ist als im Namen der GmbH abgeschlossen anzusehen, falls dem Geschäftspartner Vertreterstellung des Handelnden und Unternehmensgegenstand bekannt waren u keine Umstände vorlagen, die auf ein Handeln im eigenen Namen schließen lassen konnten.[337] Weitergehend ist bei **unternehmensbezogenen Geschäften** Wille der Beteiligten im Zweifel dahin auszulegen, dass der Inhaber des Unternehmens Vertragspartei werden soll, nicht der für das Unternehmen Handelnde. Das gilt auch bei Falschbezeichnung des Inhabers oder anderen Fehlvorstellungen über ihn (zB über Rechtsform).[338] Haftung des Handelnden anstelle des

---

Roth/*Altmeppen* Rn 54 (Zulässigkeit einer ressortmäßigen Aufteilung). Vgl zum Ganzen auch *Geitzhaus* GmbHR 1989, 229 (I) u GmbHR 1989, 278 (II); *Schwarz* ZGR 2001, 744 zur Vorstandsermächtigung. Zur Einzelermächtigung bei der unechten Gesamtvertretung s *Köhl* NZG 2005, 197, 200.

330 Für Unzulässigkeit u Unwirksamkeit der Generalermächtigung *Lutter/Hommelhoff* Rn 33; Scholz/*Schneider* Rn 57 u BGHZ 34, 30; wie hier *Flume,* Die juristische Person, 1983, 367.

331 So auch Ulmer/*Paefgen* Rn 97; **abw** Roth/*Altmeppen* Rn 54 mit Hinweis auf organschaftlichen Charakter der Vertretungsmacht.

332 BGH WM 1978, 1047; BGH NZG 2002, 813, 814 = NJW-RR 2002, 1325, 1326.

333 BGH BB 1988, 291; *Lutter/Hommelhoff* Rn 33; *Geitzhaus* GmbHR 1989, 229 (I) und 278 (II); **aA** Roth/*Altmeppen* Rn 54; Scholz/*Schneider* Rn 57.

334 Ulmer/*Paefgen* Rn 101.

335 Ulmer/*Paefgen* Rn 101; Roth/*Altmeppen* Rn 53; Rowedder/Schmidt-Leithoff/*Koppensteiner* Rn 48; **aA** GroßkommAktG/*Habersack,* 4. Aufl 2003, § 78 Rn 56.

336 Scholz/*Schneider* § 36 Rn 2.

337 OLG Köln GmbHR 1999, 410.

338 BGH NJW 1990, 2678; BGH GmbHR 1998, 883; OLG Hamm GmbHR 1998, 890, 891.

Unternehmens tritt nach § 179 BGB ein, wenn Unternehmensträger (noch) nicht existiert oder wenn dem Handelnden Vertretungsmacht fehlte.[339]

124 Ist ein Gfterbeschl die Grundlage für ein Rechtsgeschäft des Vertretungsorgans, wird dieser bereits mit Außenwirkung im Zeitpunkt seines Zustandekommens „umgesetzt", wenn sowohl der vertretungsberechtigte GFührer als auch der Erklärungsempfänger bei der Beschlussfassung anwesend sind.[340] Insoweit lässt sich von einem konkludenten Vertreterhandeln sprechen.

125 **2. Anforderungen des GesVertrages an Kundgabe.** Der GesVertrag kann mit Außenwirkung keine Vorgaben über die Form der Willenserklärung machen, diese bestimmt sich nach materiellem Recht. Die Zeichnungsregeln des Abs 2 S 2 aF und Abs 3 aF, denen ohnehin nur Ordnungscharaker zukam,[341] wurden durch das MoMiG aufgehoben. Der Klarheit und Sicherheit des Rechtsverkehrs tragen die §§ 164 ff BGB hinreichend Rechnung.[342]

126 **3. Folgen fehlender Erkennbarkeit des Vertreterhandelns oder unzureichender Verdeutlichung des Fremdwirkungswillens.** War **Vertreterhandeln nicht erkennbar** u hielt Vertragspartner Handelnden für den Unternehmensinhaber, tritt Vertretungswirkung nicht ein. Handeln eines für mehrere Ges zuständigen GFührers (zB im Konzern), bei dem unklar geblieben ist, für welche Ges er auftritt, bindet nur diejenige Ges, mit der Ausführung des Geschäfts eingeleitet worden ist, vorher nur den GFührer.[343]

Beweislast für Handeln im fremden Namen obliegt dem, der sich darauf beruft;[344] dass sie beim Vertreter liege,[345] ist nur praktischer Regelfall. Zum **Vertretungshandeln des GFührers im Stadium der VorGes** oben § 11 Rn 18 ff. Bei **Zeichnung von Wechseln oder Schecks** wird Ges wertpapierrechtlich nur verpflichtet, wenn sie selbst als (bei Zeichnung durch GFührer vertretener) Zeichner (zB Aussteller, Indossant etc) genannt wird.[346] GFührer haftet dann mangels Hinweis auf Vertretungsverhältnis persönlich aus der Papierzeichnung.[347]

Bei **fehlender Erkennbarkeit des Fremdwirkungswillens** kann gleichwohl Fremdwirkung des Geschäfts eintreten nach den Grundsätzen über das **verdeckte Geschäft wen es angeht,** die auch im Rahmen der GmbH-Vertretung anwendbar sind, freilich ihre Hauptbedeutung bei Verfügungsgeschäften zu Erfüllungszwecken haben.[348] Die Anwendung bei Grundstücksgeschäften ist zweifelhaft.[349] Greifen diese Grundsätze nicht ein, wird der

---

339 OLG Naumburg GmbHR 2000, 1258 (nur LS).

340 BGH NZG 2003, 771.

341 RGZ 119, 115; OLG München NZG 2000, 892, 893; m Anm *Waldner* NZG 2000, 1037; Roth/*Altmeppen* Rn 23; *Lutter/Hommelhoff* Rn 16; Rowedder/Schmidt-Leithoff/*Koppensteiner* Rn 24; Michalski/*Lenz* Rn 77.

342 Begr RegE MoMiG BT-Drucks 16/6140, 43.

343 Teilweise **abw** BGH WM 1978, 1151; Scholz/*Schneider* § 36 Rn 4; Michalski/*Lenz* § 36 Rn 4.

344 BGHZ 85, 258; BGH WM 1992, 568; Michalski/*Lenz* § 36 Rn 4.

345 BGH NJW 1995, 43, 44; BGH NJW 2000, 2984, 2985.

346 BGHZ 65, 219; BGH WM 1992, 567; Scholz/*Schneider* § 36 Rn 3; Michalski/*Lenz* § 36 Rn 5.

347 OLG Frankfurt GmbHR 1993, 158.

348 Vgl dazu allg BGHZ 114, 79; *Jauernig* BGB, 12. Aufl 2007, § 164 Rn 5.

349 BGH WM 1973, 870; WM 1978, 13; BayObLG MDR 1984, 232.

GFührer persönlich berechtigt u verpflichtet.[350] Anfechtung nach § 119 BGB durch ihn wegen Irrtums über die Fremdwirkung ist auf Grund des anwendbaren § 164 II BGB ausgeschlossen.

4. Haftung wegen Veranlassung des Rechtsscheins der Verpflichtung einer natürlichen Person. Trotz Verpflichtung der GmbH auf Grund wirksamer Vertretung durch den GFührer kommt nach der Rspr dessen persönliche Haftung in Betracht, wenn er die Haftungsbeschränkung entgegen § 4 GmbHG durch **Weglassen des Rechtsformzusatzes** nicht erkennbar gemacht hat u dadurch Rechtsschein der Haftung einer natürlichen Person erweckt worden ist;[351] siehe oben § 4 Rn 15 u unten § 43 Rn 69. Doch Weglassen des GmbH-Zusatzes erweckt nicht notwendig Rechtsschein, dass natürliche Person haftet. Das gilt zum einen für mündliche Geschäftsabschlüsse, weil dort Benützung des GmbH-Zusatzes weithin unüblich ist,[352] anderes kann gelten, wenn der GFührer vorher durch Überreichung einer Visitenkarte des Unternehmens, welche keinen Rechtsformzusatz beinhaltete, ein entsprechendes Vertrauen hervorgerufen hatte.[353] Auch bei schriftlichen Geschäftsabschlüssen resultiert aus Weglassen des Rechtsformzusatzes nicht ohne weiteres berechtigtes Vertrauen auf Haftung natürlicher Personen.[354] – Zur **Eigenhaftung des GFührers nach §§ 280 I, 311 III BGB (cic)** siehe § 43 Rn 70 ff. 127

VIII. Selbstkontrahieren der GFührer

Lit: *Auktor,* Praktische Probleme bei der Mehrfachvertretung von Gesellschaften, NZG 2006, 334; *Baetzgen,* Insichgeschäfte im Gesellschaftsrecht, RNotZ 2005, 193; *Claussen, S.,* Grenzen der Insichgeschäfte im Gesellschaftsrecht, 2000; *Götze,* „Selbstkontrahieren" bei der Geschäftsführerbestellung in der GmbH, GmbHR 2001, 217; *Simon,* Die nur teilweise Befreiung vom Selbstkontrahierungsverbot und das Handelsregister, GmbHR 1999, 588.

1. Grds Reichweite des Verbots. Gemäß § 181 BGB kann GFührer bei einem mit ihm abzuschließenden Geschäft die GmbH nicht vertreten (**Selbstkontrahieren ieS**), desgleichen nicht bei einem Geschäft der GmbH mit einem Dritten, den er ebenfalls vertritt, sei es als gesetzlicher oder rechtsgeschäftlich bestellter Vertreter, sei es als Organ (sog **Mehrvertretung**).[355] Bei GmbH & Co KG treten als Problem häufiger die zwischen GmbH u KG vorzunehmenden Rechtsgeschäfte auf, ferner die Rechtsgeschäfte zwischen der GmbH als Komplementärin u den Kommanditisten (Gründung der KG, Vertragsänderung).[356] Wurde eine GmbH zu dem Zweck gegründet, einzige 128

---

350 Zur Rechtsscheinhaftung eines AlleinGfters u AlleinGFührers, der sich selbst als Kaufmann bezeichnet LG Oldenburg NJW-RR 1996, 286.

351 OLG Karlsruhe GmbHR 2004, 1016, 1017; BGH NJW 1990, 2678; BGH GmbHR 1998, 883; *U. Haas* NJW 1997, 2854.

352 OLG Hamm GmbHR 1998, 890; BGH DB 1996, 1915 = DStR 1996, 1372 m Anm *Goette.*

353 LG Wuppertal NZG 2002, 297, 298.

354 OLG Hamm GmbHR 1998, 890 mit Hinweis auf schriftliches Handeln im Namen der Firmengruppe.

355 Generell zu Insichgeschäften im GesR *Baetzgen* RNotZ 2005, 193, zur Mehrfachvertretung *Auktor* NZG 2006, 334.

356 Dazu BGH BB 1968, 481; BGH GmbHR 1976, 242; zur entsprechenden Befreiung siehe Rn 132.

Komplementärin einer GmbH & Co KG zu werden u sind die GmbHGFührer zugleich Kommanditisten der KG, so ist im GmbH-Vertrag konkludent Befreiung von § 181 BGB für den Abschluss des KG-Vertrags erklärt.[357] Erfasst von § 181 BGB sind auch Geschäfte, die GFührer der KomplementärGmbH für KG mit sich selbst abschließt.[358]

129 Soweit **AR** kraft Gesetzes oder Satzung vorgesehen ist, erfolgt Vertretung der GmbH gegenüber GFührer nach § 112 AktG stets durch AR. Selbstkontrahieren der GFührer ieS kommt insoweit nicht in Betracht, auch nicht Gestattung. Eingreifen von § 181 BGB in solchen Ges daher nur bei sog Mehrvertretung. Eine Sonderproblematik sind Insichgeschäfte im Konzern.[359]

130 **2. Erfüllung wirksamer Verbindlichkeit.** § 181 BGB lässt Selbstkontrahieren zu, wenn es ausschließlich um Erfüllung einer wirksamen Verbindlichkeit geht. Daher kann GFührer sich **Bargeld aus der Kasse** der GmbH übereignen, um sein Gehalt zu bezahlen.[360] Ausstellung eines Schecks an sich als Nehmer begründet hingegen keine wirksame Scheckverpflichtung (Art 12 ScheckG) des Ges als Aussteller, weil nicht lediglich Erfüllungsakt. Scheck als Anweisung an Bank aber wirksam. Rechtsgeschäfte sind ferner trotz § 181 BGB wirksam, wenn für vertretene Ges lediglich rechtl vorteilhaft.[361]

131 **3. Folge unzulässigen Selbstkontrahierens** ist **Unwirksamkeit** des Geschäfts, jedoch nur schwebende (wohl allgM); §§ 177–180 BGB sind anwendbar.[362] **Ges kann** daher **genehmigen.** Dafür ist idR GfterVers zuständig, auch ohne Ermächtigung in der Satzung, Genehmigung auch durch schlüssiges Verhalten der Gfter möglich;[363] für EinmannGes gelten Besonderheiten (vgl dazu Rn 137). Ist GFührer vorhanden, der das wegen § 181 BGB unwirksame Geschäft mit dem Vertragspartner wirksam abschließen könnte, kann auch dieser genehmigen.[364] Genehmigung wirkt zurück, § 184 I BGB; dadurch werden aber nicht alle Vorgänge wirksam, die mit dem selbstkontrahierten Geschäft zusammenhängen.[365]

132 **4. Vorgängige Gestattung des Selbstkontrahierens.** Unwirksamkeit des Insichgeschäfts greift nach § 181 BGB nicht ein bei vorgängiger Gestattung des Selbstkontrahierens. Diese wird weithin als **Befreiung vom Verbot des Selbstkontrahierens** bezeichnet. Rechtlich handelt es sich um die Erklärung der Einwilligung des Vertretenen zu vom Vertreter abgeschlossenem Geschäft. Diese Einwilligung braucht sich nicht auf bestimmtes Geschäft zu beziehen, sondern kann wie Generalkonsens bestimmte Arten oder alle Geschäfte des Vertreters umfassen. **Gestattung** kann unzweifelhaft in der

---

357 BGH GmbHR 1979, 252. S auch Michalski/*Lenz* Rn 86.

358 BGH ZIP 1995, 377; BayObLG NZG 2000, 138; Rowedder/Schmidt-Leithoff/*Koppensteiner* Rn 29.

359 Dazu *Bachmann* ZIP 1999, 85 ff.

360 Ulmer/*Paefgen* Rn 56; Scholz/*Schneider* Rn 96; MünchHdbGmbH/*Marsch-Barner/Diekmann* § 44 Rn 30; *Römermann* GmbHR Sonderheft Oktober 2008, 16, 22.

361 BGH NJW 1989, 2543; Michalski/*Lenz* Rn 82; Scholz/*Schneider* Rn 97; Roth/*Altmeppen* Rn 64; *Lutter/Hommelhoff* Rn 19.

362 BGH BB 1994, 165.

363 Scholz/*Schneider* Rn 95; Michalski/*Lenz* Rn 81.

364 BGH BB 1994, 165; Michalski/*Lenz* Rn 81.

365 BGH DB 1991, 1976.

Satzung – von vornherein oder nachträglich –[366] erfolgen (dann meist generell oder jedenfalls für bestimmte Arten von Geschäften), außer im zwingenden Anwendungsbereich von § 112 AktG. **Gestattung durch Bestellungsorgan** (meist also durch GfterVers, nicht durch AR) ist ebenfalls zulässig,[367] nach einer Meinung jedoch nur, soweit dafür Grundlage in der Satzung besteht,[368] nach anderer Meinung auch ohne solche Grundlage, sofern es sich um Einzelgestattung ad hoc handelt (für welche die Satzung unpraktischer Ort wäre),[369] nach richtiger Auffassung hingegen auch generell und ohne das Erfordernis einer Ermächtigung durch die Satzung.[370] Gestattung des Selbstkontrahierens ist **keine Satzungsänderung.** Wäre sie es, könnte Gestattung auch nicht durch Ermächtigung in der Satzung erfolgen, weil es Ermächtigung der GfterVers zur Satzungsänderung mit einfacher Mehrheit nicht gibt; auch Ermächtigung auf Grund der Satzung zu ad hoc Gestattung – mithin zur Satzungsdurchbrechung – mittels einfachen Gfterbeschlusses wäre dann nicht möglich.[371] Für EinmannGes besteht allerdings Sonderlage (Rn 137). Befreiung kann abstrakt den GFührern oder konkret bestimmten GFührern erteilt werden. Unzulässig ist Befreiung abstrakt für den Fall, dass GFührer alleiniger Gfter ist, weil Beteiligung im HR nicht eingetragen wird.[372] Befreiung des Notgeschäftsführers (Rn 7) durch Gerichtsbeschluss möglich, wenn Satzung Befreiung der Gführer zulässt.[373] Einem von den Beschränkungen des § 181 BGB befreiten GFührer einer Komplementär-GmbH kann im Verhältnis zur KG – auch wenn deren Gesellschaftsvertrag eine allgemeine Erlaubnis nicht vorsieht – durch die GmbH als GFührer der KG eine auf den Einzelfall bezogene Erlaubnis erteilt werden.[374]

Gestattung des Selbstkontrahierens ist, sofern nicht auf konkretes Geschäft **133**
beschränkt, **eintragungspflichtige Tatsache** (nicht wegen Satzungscharakters, sondern als Vertretungsregelung gemäß § 39), denn sie führt zu einer Erweiterung der grundsätzlich durch § 181 BGB eingeschränkten Vertretungsbefugnis.[375] Fehlende Eintragung löst daher Rechtswirkungen des § 15 I HGB aus.[376] Selbstverständlich gilt das nicht nur bei umfassender genereller,

---

366 BGH NJW 2000, 664, 665.

367 *Goette* DStR 2000, 697; Ulmer/*Paefgen* Rn 64; *Gehrlein/Witt* 5. Kap Rn 7; **abw** *Ekkenga* AG 1985, 47: nur durch u in der Satzung.

368 BayObLG DB 1984, 1517; BayObLG MitBayNot 1980, 170; OLG Köln GmbHR 1993, 37; OLG Celle GmbHR 2000, 1098; KG NZG 2006, 718.

369 KG GmbHR 2002, 327; *Fleck* WM 1985, 677 f; *Tiedtke* GmbHR 1993, 388; *Wicke* Rn 10; so wohl auch Rowedder/Schmidt-Leithoff/*Koppensteiner* Rn 30; *K. Schmidt,* GesR, S 1075.

370 *Lutter/Hommelhoff* Rn 20; Ulmer/*Paefgen* Rn 64; Roth/*Altmeppen* Rn 66; LG Köln RNotZ 2001, 403; zum Ganzen auch *Lohr* RNotZ 2001, 403.

371 Das verkennt *Tiedtke* GmbHR 1993, 388.

372 BGHZ 87, 61. Zur teilweisen Befreiung *Simon* GmbHR 1999, 588.

373 OLG Düsseldorf ZIP 2002, 481; Ulmer/*Paefgen* Rn 32; *Reimann* EWiR § 46 GmbHG 1/02, 911, 912; **aA** *Hohlfeldt* GmbHR 1999, 1294 f.

374 OLG Düsseldorf NZG 2005, 131.

375 So iE auch BGHZ 87, 61 f; 114, 167, 170 ff; BGH NZG 2000, 256, 257; BayObLG DB 1982, 689; 1984, 1517; OLG Stuttgart OLGZ 85, 37; OLG Frankfurt GmbHR 1997, 349; OLG Hamm DB 1998, 1456; OLG Stuttgart NZG 2008, 36; Rowedder/Schmidt-Leithoff/*Koppensteiner* Rn 30; **abw** Roth/*Altmeppen* Rn 66; *ders* NJW 1995, 1185 f; *ders* DNotZ 2008, 305; Michalski/*Lenz* Rn 83; MünchHdbGmbH/*Marsch-Barner/Diekmann* § 44 Rn 30; *Kanzleiter* DNotZ 1996, 819.

376 Rowedder/Schmidt-Leithoff/*Koppensteiner* Rn 30; Scholz/*Schneider* Rn 124.

sondern auch bei eingeschränkter Befreiung.[377] Solche **eingeschränkte oder teilweise Befreiung** ist unproblematisch, wenn sie gegenständlich erfolgt, zB nur bestimmte Arten oder Größenordnungen von Geschäften erfasst oder von genereller Befreiung ausnimmt. Möglich auch Beschränkung der Befreiung auf Mehrfachvertretung.[378] Eintragung im HR muss so erfolgen, dass sich Umfang der Vertretungsbefugnis sowie Befreiung vom Verbot des § 181 BGB ohne Zuhilfenahme der Anmeldungsunterlagen und ohne Kenntnis sonstiger tatsächlicher Umstände ergibt.[379] Auch die Gestattung des GFührers einer Komplementär-GmbH, mit sich und der KG Geschäfte abzuschließen, bedarf einer entsprechenden Eintragung.[380]

134 Ob im GesVertrag angeordnete Befreiung der GFührer auch für **Liquidatoren** gilt, ist Frage der Auslegung des GesVertrages.[381] Die uneinheitliche übergerichtl Rspr tendiert zur Verneinung.[382] Davon zu unterscheiden ist Frage, ob satzungsmäßige Ermächtigung der GfterVers zur Befreiung der GFührer auch für Befreiung der Liquidatoren gilt. Sie stellt sich nur für diejenigen, die Befreiung durch GfterVers ohne Grundlage in der Satzung nicht für zulässig halten (wie insbes das BayObLG). Von dessen Auffassung aus ist Geltung der Ermächtigung zur Befreiung auch gegenüber Liquidatoren durchaus sinnvoll.[383]

135 **5. Gesamtvertretung.** Bei Gesamtvertretung kann Geschäft mit einem rechtlich durch § 181 BGB verhinderten GFührer nur durch die **erforderliche Zahl gesamtvertretungsberechtigter GFührer ohne Einschluss des Verhinderten** bzw durch entspr Ermächtigung eines Einzelnen ermöglicht werden.[384] Die vom BGH vertretene Auffassung,[385] der durch § 181 BGB verhinderte GFührer könne andere Gesamtvertreter vorgängig ermächtigen, das Geschäft mit ihm vorzunehmen (dazu Rn 120), überzeugt nicht.[386] Einschränkend später der BGH,[387] wonach die gegen § 181 BGB verstoßende Vertragserklärung eines von zwei handelnden Gesamtvertretern nicht in eine Ermächtigung des anderen zur Alleinvertretung umgedeutet werden kann, weil dies dem Sinn von § 181 BGB zuwiderliefe. Nach Ausscheiden eines von zwei handelnden Gesamtvertretern kann der verbleibende, sofern ihm Einzelvertretungsmacht zuwächst u er nicht von § 181 BGB erfasst ist, den zuvor gegen § 181 BGB verstoßenden Vertragsschluss genehmigen.[388]

---

377 OLG Stuttgart NZG 2008, 36; OLG Düsseldorf DB 1994, 1922, dazu *Simon* GmbHR 1999, 588.

378 *Simon* GmbHR 1999, 588.

379 OLG Stuttgart NZG 2008, 36.

380 BayObLG NZG 2000, 138; NZG 2000, 475; NZG 2000, 684.

381 So auch Rowedder/Schmidt-Leithoff/*Koppensteiner* Rn 38; zur Auslegung im Falle der Liquidation einer Ein-Mann-Gesellschaft siehe BFH GmbHR 2001, 927, 930 ff.

382 OLG Rostock NZG 2004, 288; OLG Hamm GmbHR 1997, 553; anders OLG Saarbrücken OLG Report 2001, 227; s. dazu unten § 68 Rn 4.

383 Bejahend auch BayObLG GmbHR 1996, 56; OLG Zweibrücken GmbHR 1999, 237, 238; *S Claussen* 223.

384 *Reinicke* NJW 1975, 1185.

385 BGHZ 64, 72.

386 Bejahend aber Roth/*Altmeppen* Rn 69; Ring/Grziwotz/*Klingelhöfer* Rn 58; Scholz/*Schneider* Rn 94; Michalski/*Lenz* Rn 84; Ulmer/*Paefgen* Rn 56; *Gehrlein/Witt* 5. Kap Rn 6; *Wicke* Rn 9. Gegen die Auffassung des BGH wie hier Hachenburg/*Mertens* Rn 68; *Lutter/Hommelhoff* Rn 19.

387 BGH ZIP 1991, 1582.

388 BGH WM 1994, 63.

6. Unterbevollmächtigung. Anwendung von § 181 BGB kann durch Unterbevollmächtigung nicht vermieden werden, u zwar nicht nur, wenn der Unterbevollmächtigte weisungsabhängig ist.[389] § 181 BGB gilt auch, wenn GFührer sich auf Vertragspartnerseite vertreten lässt.[390] Handelt Prokurist für Ges, liegt keine Untervertretung des GFührers vor, § 181 BGB steht nicht entgegen.[391] **136**

7. Befreiung im Musterprotokoll. Bei durch das MoMiG ermöglichter vereinfachter Gründung mittels Musterprotokoll gem § 2 I a (§ 2 Rn 16 ff) ist die Befreiung des GFührers von den Beschränkungen des § 181 BGB zwingend.[392] Das gilt sowohl für den FremdGFührer als auch für GfterGFührer. Im Übrigen bestehen keine Besonderheiten gegenüber der Befreiung in der Satzung bei der klassischen GmbH-Gründung (Rn 132). Wird später ein weiterer GFührer berufen, sind beide nach Abs 1 S 2 gesamtvertretungsberechtigt. Befreiung im Musterprotokoll gilt für ihn nicht ohne weiteres,[393] es kann aber Befreiung durch das Bestellungsorgan – auch ohne entsprechende Festschreibung in der Satzung – erfolgen (Rn 132). **136 a**

8. Selbstkontrahieren des EinmannGfters als GFührer. a) Gleiche Beschränkung wie andere GFührer. Der EinmannGfter ist durch § 181 BGB in gleicher Weise in seiner Vertretungsmacht beschränkt wie andere GFührer, Abs 3 Satz 1. Zum Abschluss des Anstellungsvertrages s Rn 167.[394] Rechtliche Regelung ist sachlich wenig glücklich, weil materieller Interessenkonflikt für EinmannGfterGFührer nur bei Insolvenzgefährdung besteht, es daher letztlich nur um **hinreichende Dokumentation** gehen kann.[395] Über Wortlaut hinaus gilt Vorschrift nicht nur für eigene Rechtsgeschäfte des EinmannGfters, sondern auch für Mehrvertretung, falls der GFührer jeweils alle Anteile hält,[396] u zwar auch im Konzern, soweit der GFührer alle Anteile der Muttergesellschaft hält.[397] **137**

Was Abs 3 für Einmann als alleinigen GFührer bestimmt, gilt erst recht für **Einmann als GFührer unter mehreren.**[398] Ges kann aber gegenüber Ein- **138**

---

389 BGHZ 64, 76; Ulmer/*Paefgen* Rn 57; Scholz/*Schneider* Rn 91; MünchHdbGmbH/*Marsch-Barner/Diekmann* § 44 Rn 31; **abw** Roth/*Altmeppen* Rn 70, der nur Unterbevollmächtigung einer weisungsabhängigen Person für schädlich hält.

390 OLG Hamm NJW 1982, 1105.

391 BGHZ 91, 334; Scholz/*Schneider* Rn 92; MünchHdbGmbH/*Marsch-Barner/Diekmann* § 44 Rn 32; **aA** Rowedder/Schmidt-Leithoff/*Koppensteiner* Rn 34.

392 *Römermann* GmbHR-Sonderheft Oktober 2008, 16, 22.

393 Frage offen gelassen von *Wicke* § 2 Rn 17.

394 Zu den Anforderungen an die Darlegungs- und Beweislast hinsichtlich der Aktivlegitimation im Hinblick einer an sich selbst angetretenen Forderung der Gesellschaft vgl BGH GmbHR 2004, 949.

395 Ähnlich *Goette* DStR 2000, 697; vgl a BGH DStR 2000, 645 und dazu *Altmeppen* DB 2000, 657; *Klepsch/Klepsch* NotBZ 2008, 321; idS auch *vor* der Gesetzesnovelle von 1980 BGHZ 56, 97; 75, 360.

396 Scholz/*Schneider* Rn 108; *Bachmann* ZIP 1999, 85; Rowedder/Schmidt-Leithoff/*Koppensteiner* Rn 29.

397 *Schneider* BB 1986, 205; für analoge Anwendung *Bachmann* ZIP 1999, 85; *S Claussen* 86 ff; Rowedder/Schmidt-Leithoff/*Koppensteiner* Rn 29. Zum ganzen *Ziche,* Die Verweisung des § 35 Abs 4 GmbHG auf das Verbot der Vornahme von Insichgeschäften, 1991. Zum Begriff der EinmannGes idS vgl § 48 Rn 47.

398 Scholz/*Schneider* Rn 107; *Lutter/Hommelhoff* Rn 24; *Ekkenga* AG 1985, 40; *Claussen* 153 f; **abw** Ulmer/*Paefgen* Rn 59; Rowedder/Schmidt-Leithoff/*Koppensteiner* Rn 28.

mann durch einzelvertretungsberechtigten FremdGFührer vertreten werden.[399] Ermächtigung eines nur zur Gesamtvertretung mit dem Einmann-GFührer berechtigten GFührers durch Einmann nicht möglich, vgl oben Rn 135.[400] Möglich aber Vertretung der Ges durch Prokuristen[401] oder NotGFührer.[402] Nicht anwendbar sind Abs 3 u § 181 BGB auf Selbstbestellung des EinmannGfters zum GFührer (§ 6 Rn 17; allgM) sowie auf Abschluss seines Anstellungsvertrags (str, Rn 167).[403]

139 Verstoß gegen § 181 BGB führt auch hier zu **(schwebender) Unwirksamkeit** des Geschäfts (oben Rn 131). EinmannGfter kann daher nachträglich durch Satzungsänderung Selbstkontrahieren gestatten u dann Geschäft mit ex-tunc-Wirkung genehmigen.[404] Fehlende Dokumentation kann verdeckte Gewinnausschüttung begründen.[405]

140 **b) Gestattung des Selbstkontrahierens** (generell oder für bestimmte Arten von Geschäften) kann beim Einmann als GFührer **nur in der Satzung** erfolgen (str), wofür bei der „üblichen notariellen Satzungsgestaltung" eine tatsächliche Vermutung sprechen soll.[406] Ein einfacher **Beschl der GfterVers genügt nicht.**[407] Das steht zwar nicht in Abs 3, liegt der Regelung des S 1 aber als gesetzgeberische Vorstellung zugrunde.[408] Befreiung von § 181 BGB bei der Bestellung zum GFührer liegt vor, wenn Satzung Befreiungsmöglichkeit vorsieht, AlleinGfter sich vor dem Notar zum von den Beschränkungen des § 181 BGB befreiten GFührer bestellt[409] und diese Tatsachen in das Handelsregister eingetragen werden. Es bedarf keiner Satzungsregelung, dass der konkret benannte oder der jeweilige AlleinGfterGFührer dispensiert sein soll.[410] Gestattung durch einfachen GfterBeschl hätte bei der EinmannGes nicht viel Sinn, auch nicht im Konzern. Dort Satzungsregelung für Gestattung auch erforderlich, wenn 100% Tochter mit MutterGes kontrahiert u ihr GFührer auch MutterGes vertritt.[411] Möglich selbstverständlich Gestattung durch Satzungsänderung. Den Anforderungen des § 53 GmbHG an eine Satzungsänderung genügt ein notariell beurkundeter Beschluss des Alleingesellschafters, der den namentlich benannten GFührer von den Beschränkungen des § 181 BGB befreit. Der Beschluss muss nicht als Satzungsänderung bezeichnet wer-

---

399 Str, wie hier: *Lutter/Hommelhoff* Rn 24; **aA** *Ekkenga* AG 1985, 44.

400 Scholz/*Schneider* Rn 112; *Lutter/Hommelhoff* Rn 24.

401 Str, **abw** Scholz/*Schneider* Rn 92, 113; Rowedder/Schmidt-Leithoff/*Koppensteiner* Rn 34; MünchHdbGmbH/*Marsch-Barner/Diekmann* § 44 Rn 34.

402 Dazu *Kreutz* FS Mühl, 1981, 428.

403 So auch Michalski/*Lenz* Rn 87; MünchHdbGmbH/*Marsch-Barner/Diekmann* § 44 Rn 34.

404 Scholz/*Schneider* Rn 109; *Brandes* WM 2000, 217, 225; **abw** *Kreutz* FS Mühl, 1981, 428; *Ekkenga* AG 1985, 46; Ulmer/*Paefgen* Rn 67; OLG Hamm GmbHR 1992, 669.

405 *Wicke* Rn 12; s zur vGA a Rn 182 ff.

406 BGH GmbHR 2004, 949.

407 BGHZ 87, 60; Ulmer/*Paefgen* Rn 65; *K. Schmidt* NJW 1980, 1775; *ders,* GesR, 1253; *Deutler* GmbHR 1980, 146; *Goette* DStR 2000, 697; *S Claussen* 164; **abw** *Bühler* DNotZ 1983, 596; Roth/*Altmeppen* Rn 73, 77; *ders* NJW 1995, 1185; *Lutter/Hommelhoff* Rn 21.

408 Vgl Bericht des Rechtsausschusses BT-Drucks 8/3908, 74.

409 Zur Amtspflicht des Notars bei Beurkundung der Befreiung BGH WM 2000, 35.

410 BGH DStR 2000, 697 m Anm *Goette.*

411 *Schneider* BB 1986, 205; **abw** *Bachmann* ZIP 1999, 85.

den.[412] Nach der **Rspr**[413] soll auch Gestattung durch einfachen GfterBeschl möglich sein, *wenn* dies Satzung so vorsieht.[414] Das harmoniert eher nicht mit **Schutztendenz des Abs 3.** Zuzugeben ist freilich, dass Sinnhaftigkeit der Regelung des Abs 3 zweifelhaft ist (Rn 137). Volle Stimmigkeit der abgeleiteten Folgen daher kaum zu erzielen. Sieht Satzung einer mehrgliedrigen GmbH Befreiung eines bestimmten GFührers vor, so gilt diese allerdings weiter, wenn GFührer Allein-Gfter wird.[415]

Durchführung nicht ordnungsgemäß gestatteter Insichgeschäfte des EinmannGfters birgt Risiko der steuerlichen Qualifikation als **verdeckte Gewinnausschüttung.**[416] BFH lässt aber nachträgliche Genehmigung durch satzungsändernde Befreiung samt Eintragung im HR mit steuerlicher Wirkung zu.[417] **141**

c) Eintragung im HR. Befreiung von § 181 BGB gehört auch beim EinmannGfter als GFührer zu den nach §§ 10 I, 39 **besonders einzutragenden Angaben** über die Vertretungsbefugnis der GFührer.[418] Fortbestand einer in mehrgliedriger Ges erteilten Befreiung für den Fall der AlleinGfterstellung des GFührers ist nicht eigens einzutragen.[419] **142**

d) Verlautbarung von Insichgeschäften. Von inhaltlicher Problematik des § 181 BGB zu unterscheiden ist, in welcher Weise der Einmann als GFührer **Insichgeschäfte zu verlautbaren** hat. Hierzu bestimmt Abs 3 S 2,[420] dass Rechtsgeschäfte zwischen dem EinmannGfter und der von ihm vertretenen Ges, auch wenn er nicht alleiniger GFührer ist, unverzüglich nach ihrer Vornahme in eine **Niederschrift** aufzunehmen sind. Vorschrift erfasst **alle Rechtsgeschäfte,** nicht nur Verträge, sondern auch einseitige (Kündigung, Rücktritt, Anfechtung); lediglich Beschlüsse der EinmannGfterVers (desgleichen „Entschlüsse" des EinmannGfters in seiner Gfterrolle) unterfallen nicht dieser Regelung, sondern § 48 III. Abs 3 S 2 gilt für alle Fälle des Selbstkontrahierens durch den Einmann, bei denen Ges von ihm vertreten wird, also auch bei seinem Anstellungsvertrag als GFührer, bei dem er Ges als GfterVers vertritt;[421] jedoch genügt auch Niederschrift gemäß § 48 III dem **143**

---

412 BGH WM 2000, 35; 36; *Brandes* WM 2000, 217, 225.

413 BGH GmbHR 2000, 136, 137 f; BGH DStR 2000, 697; BayObLG DB 1984, 1517.

414 Vgl auch BayObLG DNotZ 1986, 170 für Liquidator sowie BayObLG WM 1987, 982; OLG Hamm DB 1998, 1456; zust Ulmer/*Paefgen* Rn 65; Scholz/*Schneider* Rn 120; *Bachmann* ZIP 1999, 86, 88.

415 BGHZ 114, 167; *Lutter/Hommelhoff* Rn 22; *Tiedtke* ZIP 1991, 355; *Mayer* GmbHR 1991, 261; BFH NJW 1991, 2039; OLG Düsseldorf DB 1991, 379; *Tiedtke* GmbHR 1993, 385; anders BayObLG WM 1987, 982 u DB 1989, 2530; **krit** dazu *Baums* WuB II C § 35 GmbHG 2.87 u *Reinicke/Tiedtke* WM 1988, 441 sowie GmbHR 1990, 200.

416 BFHE 169, 171; BFH GmbHR 1997, 34; BFH GmbHR 1996, 60; *Lange* GmbHR 1999, 327.

417 BFH GmbHR 1997, 34 u 266.

418 BGHZ 33, 189; BGHZ 87, 60; BayObLG DB 1984, 1517; BayObLG WM 1987, 982; Scholz/*Schneider* Rn 124; *Raiser/Veil* § 32 Rn 35; Rowedder/Schmidt-Leithoff/*Koppensteiner* Rn 36. **Abw** Roth/*Altmeppen* Rn 77 u (noch zum alten Recht) *U. Hübner,* Interessenkonflikt u Vertretungsmacht, 1977, 234. Vgl auch § 8 Rn 17 zur generellen Eintragungsbedürftigkeit sowie *Bärwaldt* RPfleger 1990, 102.

419 **Abw** BayObLG DB 1989, 2529.

420 In Durchführung der 12. EG Richtlinie auf dem Gebiet des Gesellschaftsrechts durch G v 18. 12. 1991 dem Abs 4 aF angefügt, s Rn 1.

421 Scholz/*Schneider* Rn 131 b.

Erfordernis. Regelung greift ein, auch wenn EinmannGfter als GFührer Ges nicht allein vertritt, sondern in Gesamtvertretung (ein wohl eher seltenerer Fall) zusammen mit anderem (Fremd-)GFührer.

144 Erforderlich ist unverzügliche, dh ohne schuldhaftes Zögern vorgenommene **Dokumentation.** Diese Dokumentation kann herkömmliche Niederschrift sein oder in digitaler Gestalt[422] erfolgen. Ein Schriftstück ist zu unterzeichnen, bei der elektronischen Variante muss der Erklärende kenntlich gemacht werden.[423] Niederschrift muss nicht gesamten Inhalt des Rechtsgeschäfts enthalten, es genügen Zeitpunkt und wesentliche Konditionen; mindestens erforderlich Art und Umfang von Leistung und Gegenleistung. Praktische Bedeutung der Regelung ist wegen steuerlicher Anforderungen an Dokumentation gering. Dokumentation ist **kein Gültigkeitserfordernis für Rechtsgeschäft.**[424] Nichterfüllung soll aber zu **Schadensersatzansprüchen** von Gläubigern, wohl gegen EinmannGfter, führen können;[425] Interpretation als Schutzgesetz für Gläubiger iSv § 823 II BGB möglich.[426] Kausalität eines Verstoßes für Gläubigerschaden wird aber praktisch selten sein. Begr RegE BT-Drucks 12/625, 6 spricht von Durchgriffshaftung gegenüber Gläubigern. Daran anknüpfend wird vertreten, dass diese Haftung einen Schaden der Ges voraussetze.[427] Gedacht ist dabei an Geschäfte, für die Ges Ersatzanspr gegen Einmann hat. Um Durchgriffshaftung geht es hierbei nicht, sondern um Geltendmachung durch Gläubiger. Für diese ist Abs 3 S 2 schwerlich geeignete Grundlage. Pflichtwidrige Unterlassung der Dokumentation kann für EinmannGFührer **Beweislastfolgen** haben.[428]

145 Von gesellschaftsrechtlicher Anforderung des Abs 3 S 2 ist zu unterscheiden, welche **Verlautbarungserfordernisse nach bürgerlichem Recht** bestehen. Für dingliche Geschäfte ist im Immobiliarbereich in aller Regel für hinreichende Publizität durch das Grundbuch gesorgt, bei beweglichen Sachen verlangt Rspr gewisse erkennbare Vollzugsakte.[429] Das gilt neben Abs 3 S 2 weiter. Für Verpflichtungsverträge gibt es hingegen, soweit nicht Formbedürftigkeit besteht, bürgerlichrechtlich kein Verlautbarungserfordernis als Wirksamkeitsvoraussetzung.[430] Hingegen kann Beachtung gewisser Erfordernisse Voraussetzung für Nachweis des Zustandekommens bilden, u zwar sowohl in steuerlicher Hinsicht[431] als auch in zivilrechtlicher. Praktisch geht es um zweierlei: Darf EinmannGfter Zustandekommen selbstkontrahierten Geschäfts bei Fehlen unverzüglicher Dokumentation auch mit **anderen Beweismitteln** nachweisen? Frage ist zu bejahen, weil sonst Dokumentationserfordernis praktisch einem Wirksamkeitserfordernis gleich käme. Erst recht muss, wenn Dritte von dem selbstkontrahierten Geschäft einen Vorteil herleiten, Beweis mit anderen Beweismitteln geführt werden können. In ganz andere

422 Zu Datenträgern bereits RegE BTDr 12/625.
423 Scholz/*Schneider* Rn 131 c; Michalski/*Lenz* Rn 94.
424 Scholz/*Schneider* Rn 131 d; Roth/*Altmeppen* Rn 81.
425 Scholz/*Schneider* Rn 131 d; Ulmer/*Paefgen* Rn 62; *Schwarz* DStR 1992, 222.
426 So auch Michalski/*Lenz* Rn 95.
427 Roth/*Altmeppen* Rn 83.
428 Zutr Roth/*Altmeppen* Rn 83; Michalski/*Lenz* Rn 95.
429 BGH GmbHR 1980, 166.
430 **Abw** hM, für sie MünchKommBGB/*Schramm* § 181 Rn 60; gegen diese Auffassung *Kreutz* FS Mühl, 1981, 429.
431 Vgl zB BFH WM 1968, 341; 1975, 456; *Heinemann* GmbHR 1985, 176; *Späth* DStZ 1989, 502 u 1990, 364.

Richtung geht die Frage, welche **zivilprozessuale Bedeutung** der erfolgten Dokumentation eines Insichgeschäfts zukommt, wenn seine Vornahme bestritten wird. Vermutungscharakter ist sicher zu verneinen. Sie hat im Prozess nicht mehr als Indizcharakter.

IX. Willensmängelzurechnung u Wissenszurechnung

Lit: *Altmeppen,* Verbandshaftung kraft Wissenzurechnung, BB 1999, 749; *Baumann,* Die Kenntnis juristischer Personen des Privatrechts von rechtserheblichen Umständen, ZGR 1973, 284; *Buck,* Wissen und juristische Person: Wissenszurechnung und Herausbildung zivilrechtlicher Organisationspflichten, 2001; *Fassbender/Neuhaus,* Zum aktuellen Stand der Diskussion um die Wissenszurechnung, WM 2002, 1253; *Grunewald,* Wissenszurechnung bei juristischen Personen, FS Beusch, 1993, 301; *Kieser/Kloster,* Wissenszurechnung bei der GmbH, GmbHR 2001, 176; *Schilken,* Wissenszurechnung im Zivilrecht, 1983; *Schüler,* Die Wissenszurechnung im Konzern, 2000; *Schürnbrand,* Organschaft im Recht der privaten Verbände, 2007, 27 f; *Spindler,* Unternehmensorganisationspflichten, 2001; *Waltermann,* Zur Wissenszurechnung – am Beispiel der juristischen Person des privaten und öffentlichen Rechts, AcP 192 (1992), 181.

1. Zurechnung von Willensmängeln. Für Zurechnung von Willensmängeln iSd §§ 116 ff BGB, insbes also eines Irrtums nach § 119 BGB, ist nach § 166 I BGB Person des Vertreters maßgebend. Bei **Gesamtvertreterhandeln** genügt Willensmangel bei einem einzigen der beteiligten Vertreter.[432] Handelt einer von ihnen auf Grund Ermächtigung durch die übrigen (dazu Rn 120), ist grds seine Person allein maßgebend; Willensmangel bei einem ermächtigenden Gesamtvertreter daher nur erheblich, wenn er sich im Ermächtigten fortsetzt.[433] Haftet Willensmangel der Ermächtigung des handelnden Gesamtvertreters an, wird vielfach dessen Vertreterhandeln nach außen gleichwohl nach Rechtsscheingrundsätzen als wirksam zu gelten haben.[434] 146

2. Zurechnung der Kenntnis von Umständen. Für die Zurechnung der Kenntnis oder des Kennenmüssens von Umständen, soweit es für die rechtlichen Folgen einer Willenserklärung von Belang ist (zB in §§ 122 II, 892, 932 ff BGB, § 366 HGB),[435] ist im Grundsatz von den **Bestimmungen des § 166 I, II BGB** auszugehen.[436] Danach ist idR das Wissen der Person des Vertreters entscheidend, § 166 I BGB; bei **Gesamtvertretung** schadet danach bereits Kenntnis bzw Kennen müssen nur eines am Gesamtvertreterhandeln Beteiligten.[437] Bei Handeln eines Gesamtvertreters auf Grund Er- 147

---

432 RGZ 78, 347, 354; *Wicke* Rn 22; GroßKommAktG/*Habersack* § 78 Rn 26 aE; *Schilken* 142; *Köhl* NZG 2005, 197, 198.

433 *Baumann* ZGR 1973, 284, 296 f; **abw** GroßKommAktG/*Habersack* § 78 Rn 26; *Buck* 382; *Schilken* 138, die stets zurechnen wollen.

434 *Grunewald* FS Beusch, 1993, 301, 308; zur Frage der Folgen der Nichtigkeit bzw Anfechtbarkeit ausgeübter Vollmacht MünchKommBGB/*Schramm* § 167 Rn 105 ff; Staudinger/*Schilken* § 167 Rn 75 ff.

435 *Grunewald* FS Beusch, 1993, 302.

436 **Abw** im Ansatz GroßKommAktG/*Habersack* § 78 Rn 23, 26; *Schürnbrand,* Organschaft im Recht der privaten Verbände, S 27, die von § 31 BGB ausgehen. Zum Problem der Zurechnung privaten Wissens s *Fleischer* NJW 2006, 3239, 3242.

437 BGH LM BGB § 819 Nr 5; RGZ 53, 231; RGZ 78, 347, 354; 134, 33, 36; OLG Köln OLGZ 77, 343; Roth/*Altmeppen* Rn 86; Staudinger/*Schilken* § 166 Rn 24; *Buck* 376 ff; *Schilken* 119 ff.

mächtigung schadet Kenntnis eines Ermächtigenden nur über § 166 II BGB, dh wenn Ermächtigung sich auf konkretes Geschäft bezog.[438]

148 Bei **Einzelvertretung** schadet nach dem Grundgedanken des § 166 I BGB grds nur Bösgläubigkeit des vertretenden, nicht auch eines an dem Geschäftsabschluss nicht beteiligten GFührers, außer über § 166 II BGB. Da das Gesetz in § 166 BGB Kenntnis des Vertretenen selbst grds nicht schaden lässt, erscheint es in diesem Rahmen wertungswidrig, Kenntnis eines anderen, nicht am Handeln beteiligen Organmitglieds schaden zu lassen.[439] Eine auf die handelnden Organe begrenzte Wissenszurechnung wird jedoch dem modernen Geschäftsverkehr arbeitsteiliger Organisation nicht mehr gerecht.[440] Schließlich besteht Einigkeit darüber, dass unter dem Gesichtspunkt des Verkehrsschutzes der Vertragspartner der GmbH nicht schlechter gestellt werden darf, als wenn er mit einer natürlichen Person ohne Aufspaltung des Wissens kontrahiert hätte **(Gleichstellungsthese).**[441]

149 Nach der **Organtheorie** soll daher unabhängig von der Frage des handelnden Organs die Kenntnis jedes einzelnen Organmitgliedes zur Kenntnis der juristischen Person selbst führen.[442] Dies führe zu einer angemessenen Risikoverteilung; es würde verhindert, dass die GmbH durch ihre arbeitsteilige Organisation besser stehe. Die so vorgenommene Wissenszurechnung wird dabei teilweise noch auf **„Wissensvertreter"** ausgedehnt.[443] Anknüpfungspunkt der Zurechnung soll dabei nicht mehr die Organstellung sein, sondern die Tatsache, dass eine Person als sogenannter Wissensvertreter im Rechtsverkehr in eigener Verantwortung als Repräsentant der juristischen Person bestimmte Aufgaben zu erledigen hat und die dabei angefallenen Informationen zur Kenntnis nimmt.[444]

150 Nach neuerer und richtiger Auffassung,[445] zu der auch der BGH[446] tendiert, ist eine **wertende Betrachtung** im Einzelfall vorzunehmen. Anknüpfungspunkt ist die Begründung einer aus Verkehrsschutzgründen gebotenen Pflicht zur ordnungsgemäßen Organisation der Kommunikation und damit auch Verfügbarkeit einmal erlangten Wissens. Wissenszurechnung hat deshalb nicht mehr länger auf der Position des Handelnden oder der Organstellung bzw

---

438 IE ebenso *Buck* 382; s a Rn 151.

439 *Baumann* ZGR 1973, 290 ff.

440 So auch BGHZ 109, 327, 331; BGHZ 132, 30, 35; Rowedder/Schmidt-Leithoff/*Koppensteiner* Rn 63; *Lutter/Hommelhoff* § 36 Rn 6; Michalski/*Lenz* Rn 102; MünchHdbGmbH/*Marsch-Barner/Diekmann* § 44 Rn 39; Scholz/*Schneider* Rn 83; **aA** *Altmeppen,* der die Problematik im Rahmen der Beweislastverteilung lösen will, vgl Roth/*Altmeppen* Rn 91; *ders* BB 1999, 749.

441 BGHZ 132, 30, 35; Michalski/*Lenz* Rn 102; *Ellers* GmbHR 2004, 934, 935.

442 So BGHZ 41, 282, 287; BGHZ 109, 327, 331; BGH NJW 1999, 284, 286; MünchHdbGmbH/*Marsch-Barner/Diekmann* § 44 Rn 39; *Raiser/Veil* § 32 Rn 31; *Beuthien* FS Zöllner, 1998, 87, 102.

443 So BGHZ 117, 104, 106 f; BGH NJW 2000, 1411, 1412; *Lutter/Hommelhoff* § 36 Rn 6.

444 BGHZ 117, 104, 106 f.

445 Scholz/*Schneider* Rn 83; Rowedder/Schmidt-Leithoff/*Koppensteiner* Rn 63; Michalski/*Lenz* Rn 104 ff; *Kieser/Kloster* GmbHR 2001, 176; *Schürnbrand,* Organschaft im Recht der privaten Verbände, 2007, 17 ff („moderne Spielart der klassischen Organtheorie"); wohl auch *Lutter/Hommelhoff* Rn 5.

446 BGHZ 132, 30, 35 ff; 109, 327, 331; BGH NJW 2001, 359; BGH NJW 1999, 284 (GbR-Fall); *Altmeppen* BB 1999, 749; *Kieser/Kloster* GmbHR 2001, 176, 179; *Fassbender/Neuhaus* WM 2002, 1253.

eines Wissensvertreters zu basieren, sondern vielmehr auf dem **Verkehrsschutzgedanken** u der aus ihm entwickelten Pflicht zur ordnungsgemäßen Organisation der unternehmensinternen Kommunikation.[447] Die **Organisationspflicht** leitet sich, analog den Verkehrspflichten, aus der „Beherrschung eines selbsteröffneten Verkehrsbereiches" ab. Die Unternehmensorganisation muss zum einen sicherstellen, dass Informationen mit erkennbarer Relevanz für andere Personen (Vertragspartner als Verkehrsteilnehmer) diesen übermittelt werden **(Informationsweiterleitungspflicht)** u zum anderen dass innerhalb der Unternehmensorganisation nach vorhandenen einschlägigen Informationen gefahndet wird **(Informationsabfragepflicht).** Eine Zurechnung erfolgt daher, wenn die zumutbare Möglichkeit besteht, auf die Daten Zugriff zu nehmen.[448] Einschränkend sind der Wissenszurechnung persönliche und zeitliche Grenzen zu ziehen, damit Zurechnung nicht weit über jede menschliche Fähigkeit hinaus geht und der Vertragspartner nicht letztlich besser gestellt wird, als wenn er mit einer natürlichen Person kontrahierte.[449] Speicherung von Information nur insoweit erforderlich, wie ihre eventuelle spätere Erheblichkeit im Zeitpunkt der Wahrnehmung erkennbar war. Dauer der Speicherung, auch über das **Ausscheiden des die Kenntnis erlangenden Organs** bzw Mitarbeiters der GmbH, richtet sich nach der Bedeutung gespeicherter Umstände. Die Rechtsprechung knüpft hierbei an die berechtigten Interessen des Verkehrsschutzes und die Figur des „typischerweise aktenmäßig festgehaltenen Wissen" an.[450]

Zurechnung des Wissens eines Gfters erfolgt idR nicht.[451] Zurechnung ist hier nur über § 166 II BGB möglich, wenn **Handeln auf Weisung** erfolgt. Diese auf rechtsgeschäftlich erteilte Vertretungsmacht (im Gegensatz zur gesetzlichen, etwa des Vormunds) beschränkte Zurechnung lässt sich entspr auch auf die organschaftliche der GFührer anwenden, soweit sie etwa auf Weisung der GfterVers, des AR oder eines Beirats handeln.[452] Begriff der Weisung ist weit auszulegen.[453] Nach ganz hM unterfällt ihm nicht nur bindende Weisung, sondern bereits Äußerung eines Wunsches oder einer Empfehlung. Gleichzustellen ist Handeln durch Einzelvertreter, wenn ihm ein entspr GFührungsbeschl mehrerer GFührer oder auch nur Abstimmung mit einem (Kenntnis besitzenden) GFührer vorangegangen ist.[454] **151**

3. Wissenszurechnung in anderen Beziehungen beurteilt sich nicht nach § 166 BGB, sondern nach den jeweils für konkrete Rechtsfrage maßgebenden Grundsätzen. So kann es für Wirkung kaufmännischen Bestätigungsschreibens nur auf dessen Zugang ankommen. Maßgebend sind daher Grundsätze über Empfang von Willenserklärungen, dh es genügt Zugang **152**

---

447 BGHZ 132, 30, 37; zT **abw** *Spindler* 642 ff.

448 BGHZ 123, 224; Ulmer/*Paefgen* Rn 122; eingehend *Spindler* 599 ff, inbes 625 ff, 649; zu Einschränkungen des Informationsflusses *Buck* 464 ff.

449 BGHZ 117, 104, 108; BGH WM 1995, 1145, 1147; BGH DVBl 2000, 272, 273; Michalski/*Lenz* Rn 104.

450 BGHZ 109, 327, 332.

451 Dazu *Ellers* GmbHR 2004, 934.

452 *Baumann* ZGR 1993, 292.

453 BGHZ 50, 368; 51, 147; MünchKommBGB/*Schramm* § 166 Rn 58; Staudinger/*Schilken* § 166 Rn 33.

454 Scholz/*Schneider* Rn 85.

auch bei nicht beteiligtem GesamtGFührer.[455] Ähnliches gilt für Wissen von der Einstellung u Tätigkeit eines Angestellten auf Grund fehlerhaften Anstellungsvertrags,[456] von der Einbeziehung einer Forderung in Kontokorrentverhältnis,[457] oder von der Sittenwidrigkeit einer Abtretung;[458] in allen diesen Fällen genügt Kenntnis irgendeines GFührers. Nicht genügen kann Kenntnis irgendeines GFührers für Beginn der Kündigungserklärungsfrist des § 626 II BGB,[459] weil sachlich unzuständiges GFührungsmitglied weder ausreichende eigene Beurteilungsmöglichkeiten hat noch ihm grds die Weitergabe jeder einschlägigen Information zumutbar ist.

153 Diffizil ist die Frage der **Zurechnung des Wissens innerhalb eines Konzerns.** Eine Zurechnung kann uU bei vollständiger oder teilweiser Organidentität[460] oder aktivem Datenaustausch zwischen den beiden Unternehmen erfolgen.[461] Ansonsten ist Zurückhaltung geboten, da eine Pflicht zur aktiven Konzernleitung nicht besteht.[462]

154 Die Zurechnung der Kenntnis von Mitarbeitern der GmbH zu Lasten Ihrer Organe ist grundsätzlich nicht möglich,[463] es sei denn sie sind nach der Organisation der Ges (oben Rn 149 f) in vertikaler Hinsicht als „eingeschaltete Kenntnisvertreter" für die Geschäftsführung tätig.[464]

X. Haftung der Ges für GFührerhandeln außerhalb der Vertretungswirkung

155 **1. Leistungsstörungen.** Bei Leistungsstörungen im Rahmen bestehender Schuldverhältnisse wird Ges vielfach wegen Verschuldens von Angestellten über § 278 BGB einzustehen haben. Ob § 278 BGB auch für Organe jur Personen gilt, ist str.[465] Auf jeden Fall haftet GmbH für GFührerverschulden bei Leistungsstörungen über § 31 BGB, nach zutr hM ausschließlich nach dieser Vorschrift, die der GmbH Verschulden der GFührer als eigenes zurechnet. Daher Anwendung von § 278 S 2 BGB nicht möglich.[466]

156 **2. Nichtrechtsgeschäftliche Haftungsfälle.** § 31 BGB (Anwendbarkeit auf GmbH u ihren GFührer unstr) führt zur Haftung der GmbH auch bei **unerlaubten Handlungen** (§ 831 nicht anwendbar, daher keine Exkulpation), im Rahmen von **Vertragsanbahnungsverhältnissen** (culpa in contra-

---

455 BGHZ 20, 149; BGH WM 1988, 216; unzutr *Wiesner* BB 1981, 1533, der Grundsätze über Empfang von Willenserklärungen generell auf Beurteilung der Kenntnis einer jurPerson anwenden will u § 166 BGB demgegenüber generell zurücktreten lässt.

456 Ähnlich BGHZ 41, 287.

457 BGH WM 1959, 84.

458 BGH WM 1955, 832.

459 Dazu u Rn 225.

460 Michalski/*Lenz* Rn 107; MünchHdbGmbH/*Marsch-Barner/Diekmann* § 44 Rn 42.

461 BGHZ 123, 224; Scholz/*Schneider* Rn 88.

462 MünchKommAktG/*Spindler* § 78 Rn 93; weitergehend wohl Ulmer/*Paefgen* Rn 123 (bei arbeitsteiliger Aufgabenwahrnehmung Schutz vor Wissensorganisationsmängeln nicht nur in der einzelnen Ges, sondern im Konzern).

463 BGH ZIP 2001, 26.

464 *Spindler* 649.

465 Bejahend zB Staudinger/*Löwisch* § 278 Rn 111.

466 BGH NJW 1973, 456, 457; MünchKommBGB/*Grundmann* § 278 Rn 10; Jauernig/*Stadler* BGB, 12. Aufl 2007, § 278 Rn 17.

hendo, § 311 II BGB) u bei **sonstiger gesetzlicher Haftung** auf Grund bestimmten Verhaltens, zB §§ 228, 231, 904 BGB, 18 StVG.

157 **3. Handeln des GFührers in Ausführung seiner Verrichtungen.** Voraussetzung der Haftung nach § 31 BGB ist, dass GFührer **in Ausführung der ihm zustehenden Verrichtungen** Schaden zugefügt hat. Das ist jedenfalls dann zu bejahen, wenn Verhalten des GFührers in seinen Pflichtenbereich fällt (Rn 29 ff). Es gilt aber für positives Tun darüber hinaus bei jedem subjektiv-gesellschaftsbezogenen Handeln des GFührers.

158 Für **Unterlassungen** wird man so weit nicht gehen können. Durch Anwendung von § 31 BGB dürfen nicht zum Schutz der Ges bestehende Regeln über Grenzen der Vertretungsmacht, insbes Erforderlichkeit einer Gesamtvertretung, iE außer Wirkung gesetzt werden.[467] Dazu oben Rn 119 aE. Auch Vorbereitungshandlungen eines GFührers zu unerlaubter Handlung, die er erst nach Ausscheiden durchführt, können Ersatzpflicht begründen.[468]

XI. Folgen organschaftlichen Handelns ohne Vertretungsmacht

159 Organschaftliches Vertreterhandeln für GmbH, dh Handeln zur Vornahme eines Rechtsgeschäfts im Namen der GmbH kann, wenn Organbefugnisse überschritten werden, zu unterschiedlichen Folgen führen.

160 **1. Kollusion/Missbrauch der Vertretungsmacht.** Hält Organ sich innerhalb seiner für das Außenverhältnis in bestimmter Weise abgegrenzten Vertretungsmacht, treten idR die in § 164 I u III BGB normierten Vertretungswirkungen ein. Eine Ausnahme hiervon bilden Fälle der Kollusion mit dem Geschäftsgegner oder des Missbrauchs der Vertretungsmacht (§ 37 Rn 43 ff). Die Vertretungswirkung greift dann nicht Platz. Das Handeln des Organs ist wie dasjenige eines **falsus procurator** zu behandeln; bei Verträgen tritt daher gem § 177 BGB schwebende Unwirksamkeit ein. Die GmbH kann aber das Geschäft genehmigen.

161 **2. Überschreitung der Vertretungsmacht.** Typischen Fall der Überschreitung der Vertretungsmacht, den das BGB in §§ 177 ff BGB im Auge hat, kennt GmbHRecht nicht, weil Vertretungsmacht der GmbHOrgane in ihrem jeweiligen Wirkungskreis sachlich nicht beschränkt ist. Von Vertretungsmacht nicht gedecktes Handeln weist vielmehr besondere Züge auf:

a) als **Handeln außerhalb der Organzuständigkeit** (zB AR schließt GFührerGeschäft)
b) als **Handeln eines unvollständigen Organs** (einzelner GFührer anstelle von mehreren Gesamtvertretungsberechtigten; GfterVersMehrheit ohne Beteiligung der Minderheit)
c) als **Handeln ohne die erforderliche Zustimmung** eines anderen Organs (GFührer braucht für gesellschaftsrechtliches Geschäft – also nicht reines Drittgeschäft – Zustimmung der GfterVers).

162 Fraglich ist, inwieweit in diesen Fällen Unwirksamkeit nur eine schwebende ist, dh Genehmigung möglich ist oder evtl unheilbare Nichtigkeit eintritt. Eine Patentregel zur einheitlichen Beantwortung der Frage lässt sich nicht

---

[467] Zutr Ulmer/*Paefgen* Rn 125.
[468] *Reuter* JR 1987, 369; **abw** BGHZ 99, 298, 301; Roth/*Altmeppen* Rn 85.

aufstellen. Vielmehr muss differenziert werden. Handelt Organ, dem Kompetenz zur inhaltlichen Entscheidung fehlt u dem Zuständigkeit auch nicht delegiert werden könnte, wird Möglichkeit der Genehmigung zu verneinen sein. Hätte hingegen Handelndem vom zuständigen Organ entsprechende Ermächtigung zu inhaltlicher Entscheidung erteilt werden können, ist Möglichkeit nachträglicher Genehmigung unbedenklich.[469]

E. Anstellungsverhältnis u andere, das Organverhältnis begleitende Rechtsbeziehungen

Lit: *Brandmüller,* Der GmbH-Geschäftsführer im Gesellschafts-, Steuer- und Sozialversicherungsrecht, 16. Aufl 2004; *Baums,* Der Geschäftsleitervertrag, 1987; *Busch/Schönhöft,* Anwendbarkeit des TzBfG auf den Geschäftsführeranstellungsvertrag?, DB 2007, 2650; *Flatten,* Dauer von Geschäftsführerverträgen, GmbHR 2000, 922; *Fleck,* Das Dienstverhältnis der Vorstandsmitglieder u GFührer in der GmbH, WM 1994, 1957; *Freckmann,* Der GmbH-Geschäftsführer im Arbeits- und Sozialversicherungsrecht – Ein Überblick unter Berücksichtigung der neuesten Rechtsprechung, DStR 2008, 52; *Fuhrmann,* Der GmbH-Geschäftsführer-Vertrag, 2001; *Gehrlein,* Die Entlassung eines GmbHGFührers, BB 1996, 2257; *Gissel,* Arbeitnehmerschutz für den GmbH-Geschäftsführer, 1987; *Goette,* Der Geschäftsführerdienstvertrag zwischen Gesellschafts- und Arbeitsrecht in der Rechtsprechung des Bundesgerichtshofs, FS Wiedemann, 2003, 873; *Haase,* Der Erholungsurlaub des Geschäftsführers einer GmbH, GmbHR 2005, 265, 338; *Henssler,* Das Anstellungsverhältnis der Organmitglieder, RdA 1992, 289; *Heyll,* Die Anwendung von Arbeitsrecht auf Organmitglieder, 1994; *Hoffmann/Liebs,* Der GmbH-Geschäftsführer, 2. Aufl 2000; *Holthausen/Steinkraus,* Die janusköpfige Rechtsstellung des GmbH-Geschäftsführers im Arbeitsrecht, NZA-RR 2002, 281; *Horstmeier,* Geschäftsführer und Vorstände als „Beschäftigte" – Diskriminierungsschutz für Organe nach dem Allgemeinen Gleichbehandlungsgesetz, GmbHR 2007, 125; *G. Hueck,* Zur arbeitsrechtichen Stellung des GmbH-Geschäftsführers, ZfA 1985, 25; *Hümmerich,* Der Verbraucher-Geschäftsführer – Das unbekannte Wesen, NZA 2006, 709; *Hümmerich/Schmidt-Westphal,* Integrierte Aufhebungsvereinbarungen im Dienstvertrag des GmbH-Geschäftsführers, DB 2007, 222; *Jaeger,* Der Anstellungsvertrag des GmbH-GFührers, 4. Aufl 2001; *ders,* Die Zuständigkeit des ArbG und Geltung des Kündigungsschutzes für Geschäftsführer, NZA 1998, 961; *Kamanabrou,* Das Anstellungsverhältnis des GmbH-Geschäftsführers im Lichte neuerer Rechtsprechung, DB 2002, 146; *Khanian,* Die Inhaltskontrolle von Organanstellungsverträgen am Beispiel des GmbH-Geschäftsführervertrages, 2008; *Kitzinger,* Der GmbH-Geschäftsführer zwischen Arbeits- und Gesellschaftsrecht, 2001; *Klamroth,* Der GmbH-GFührer, 13. Aufl 2000; *Koch,* Die Gestaltung der Geschäftsführervergütung bei einer personalistischen GmbH, 2001; *Kuhn,* Abgestuftes Arbeitsrecht am Beispiel des abhängigen GmbH-Geschäftsführers, Diss, Tübingen 2006; *Langner,* Die aktuelle Rechtsprechung zu § 623 BGB bei der Bestellung von Arbeitnehmern zu Organmitgliedern, DStR 2007, 535; *Lieb/Eckhardt,* Der GmbH-GFührer in der Grauzone zwischen Arbeits- u Gesellschaftsrecht, 1987; *Mildenberger,* Der Geschäftsführervertrag, 2000; *Moll,* Arbeitsverhältnis nach „Beförderung" zum Organmitglied, GmbHR 2008, 1024; *Reichold/Heinrich,* Zum Diskriminierungsschutz des GmbH-Geschäftsführers, FS Westermann, 2008, 1315; *Reiserer,* Der GmbH-Geschäftsführer – ein Arbeitnehmer? Eine völlige Kehrtwende in der Rechtsprechung, DStR 2000, 31; *Reiserer/Heß-Emmerich/Peters,* Der GmbH-Geschäftsführer, 3. Aufl 2008; *Sasse/Schnitger,* Das ruhende Arbeitsverhältnis des GmbH-Geschäftsführers, BB 2007, 154; *Schlegel,* Versicherungspflicht von Geschäftsführern einer GmbH, FS Küttner 2006, 31; *Schliemann,* Rentenversicherungspflicht für alle GmbH-Geschäftsführer?, FS Küttner,

[469] Zum Ganzen *Stein* AG 1999, 28 ff.

2006, 51; *Schmitt-Rolfes,* Anwendbarkeit von AGB-Recht auf Verträge mit Organmitgliedern, FS Hromadka 2008, 393; *Schrader/Schubert,* Der Geschäftsführer als Arbeitnehmer, DB 2005, 1457; *dies,* Der „getarnte" Arbeitnehmer-Geschäftsführer, BB 2007, 1617; *Schwab,* Das Dienstverhältnis des GmbH-Geschäftsführers insbesondere unter arbeitsrechtlichen Aspekten, NZA 1987, 839; *Seibt,* Geschäftsführerbestellung und Anstellungsvertrag, NJW-Spezial 2004, 123; *Spiegelberger,* MittBayNot 1989, 237; *Sudhoff,* Rechte und Pflichten des Geschäftsführers einer GmbH und einer GmbH & Co, 14. Aufl 1994; *Tillmann/Mohr,* GmbH-Geschäftsführer, 8. Aufl 2003; *Ullrich,* Geschäftsführerdienstvertrag mit Arbeitnehmer, SAE 2008, 117; *Wank,* Der Fremdgeschäftsführer der GmbH als Arbeitnehmer, FS Wiedemann, 2003, 587; *Wank/Maties,* Arbeitnehmer oder Gesellschaftsorgan oder Vereinsmitglied?, NZA 2007, 353; *Wimmer,* Der Anstellungsvertrag des GmbH-Geschäftsführers, DStR 1997, 247.

I. Grundsätzliches

1. Rechtsbeziehungen Nebenorganverhältnis. Rechtsbeziehungen zwischen GFührer u GmbH erschöpfen sich nicht im bloßen Organverhältnis. Vielmehr werden eine Reihe die GFührertätigkeit betreffender wichtiger Fragen im Rahmen gesonderter Rechtsbeziehungen geregelt, wie dem nur bei GfterGFührern in Betracht kommenden mitgliedschaftlichen Verhältnis, dem **Auftrag** (bei Unentgeltlichkeit) oder **Dienstvertrag** (bei Entgeltlichkeit). Zum Grundsätzlichen sowie zur mitgliedschaftlichen Ausgestaltung Rn 12–19. In der Praxis ist Abschluss von Anstellungsverträgen weithin üblich, u zwar auch bei GfterGFührern, u bei diesen selbst dann, wenn mitgliedschaftliches Recht zur GFührung eingeräumt wird. Vielfach sind dafür steuerliche Gründe (Vermeidung verdeckter Gewinnausschüttung) maßgebend,[470] jedoch auch unzureichend reflektierte Gepflogenheiten. Den Beteiligten steht frei, ob sie **GFührerverhältnis eines Gfters mitgliedschaftsrechtlich, auftragsrechtlich oder dienstvertraglich ausgestalten** wollen. Insbes kommt bei Gftern, auch wenn sie nur Minderheitsbeteiligung halten, nicht schon allein deshalb bei rein mitgliedschaftsrechtlicher Ausgestaltung missbräuchliche Rechtswahl oder Umgehung von Dienstvertragsrecht (oder gar Arbeitsrecht) in Betracht. Ebenso wenig besteht umgekehrt ein Grund, Organtätigkeit eines Gfters ausschließlich Mitgliedschaftsrecht zu unterwerfen. Im Folgenden wird näher nur auf die entgeltliche, nicht mitgliedschaftsrechtliche Rechtsbeziehung zwischen GmbH u GFührer eingegangen. 163

2. Beraterverträge von GFührern mit ihrer Ges, die neben dem Anstellungsvertrag für besondere Aufgaben geschlossen werden, sind **nicht schlechterdings unzulässig,**[471] auch nicht wenn sie eine gesonderte Vergütung auswerfen. Allerdings ist der GFührer idR verpflichtet, seine gesamte Arbeitskraft u sein gesamtes Wissen der GmbH zur Verfügung zu stellen (Rn 49). Insofern ist ein derartiger Beratervertrag als Annex zum Anstellungsvertrag anzusehen u die Angemessenheit der Vergütung ist anhand der Gesamtvergütung zu prüfen. Die Separierung der Beratungsaufgabe kann aber dennoch sinnvoll sein, zB wenn sie auf besonderem Know-how des GFührers basiert u unabhängig von der Organstellung des GFührers für die Ges erhalten bleiben soll. BGH lässt deshalb zu Recht Abberufung des GFührers u fristlose 164

---

[470] MünchAnwaltsHdbGmbH/*Lenz* § 8 Rn 3; *Goette* FS Wiedemann, 2002, 873, 875; *Tillmann/Mohr,* GmbH-GFührer, 9. Aufl 2009, Rn 163 ff.

[471] BGH NJW-RR 1996, 145.

Kündigung seines Anstellungsvertrags nicht ohne weiteres auf separaten Beratervertrag durchschlagen.[472] Nicht selten sind auch Beraterverträge mit designierten GFührern, die seitens einer VorGes oder auch nur eines GründungsGfters geschlossen werden.[473]

II. Parteien u Zustandekommen

165 **1. Parteien.** Dienstvertrag des GFührers wird im Regelfall **zwischen GFührer u GmbH** abgeschlossen. Denkbar ist jedoch, dass Dienstvertrag **mit** einer **anderen Institution** (Gemeinde; herrschendes Unternehmen; nicht selten KG bei GmbH & Co KG) besteht oder eigens abgeschlossen wird u GFührer von dort besoldet wird, sog **Drittanstellung.**[474] Vertrag zugunsten Dritter kann vorliegen, muss aber nicht.[475] Organpflichten einschließlich Treupflicht bestehen aber in jedem Fall gegenüber der GmbH.[476] Höchst zweifelhaft ist, inwieweit Dienstvertrag mit Dritten, der grds Arbeitsvertrag ist, begleitendes Rechtsverhältnis der Organstellung sein kann.[477] Da für Arbeitsverh typische Weisungsgebundenheit jedenfalls nicht hins Organtätigkeit bestehen kann, ist Frage eher zu verneinen. Anstellungsvertrag mit Dritten bedarf der Grundlage in der Satzung oder der Zustimmung des für die Anstellung zuständigen Gesellschaftsorgans, str.[478]

166 **2. Vertragsschluss.** Dienstvertrag kommt **nicht** schon **automatisch durch Bestellungsakt** u erklärte Zustimmung seitens des GFührers zustande.[479] Zwar kann Vertrag auch konkludent abgeschlossen werden,[480] da er nicht formbedürftig ist (Rn 168). Vorstellungen u Wille der Beteiligten werden aber jedenfalls bei erstmaliger Bestellung in aller Regel dahin gehen, ausdrücklichen, vielfach sogar förmlichen Vertrag mit Festlegung wenigstens der wichtigsten Bedingungen zu schließen. Auch konkludent geschlossener bindender **Vorvertrag** wird in aller Regel nicht vorliegen, da die hierfür notwendige Bestimmbarkeit des abzuschließenden Hauptvertrags

---

472 BGH NJW-RR 1996, 145 = WM 1995, 2064.

473 Beispielsfall für letztere Konstellation BGH DB 1997, 1272.

474 BAG DB 2008, 355; BAG NJW 2003, 3290; BAG AP BGB § 626 Nr 4 Ausschlussfrist; AP BGB § 611 Nr 2 Gemischter Vertrag; AP ArbGG 1979 § 5 Nr 1; OLG München ZIP 2003, 1367; OLG Frankfurt a. M. GmbHR 1997, 1106; *Martens* FS Hilger/Stumpf, 1983, 446 ff; *G. Hueck* ZfA 1985, 36 f; *Fleck* ZHR 149 (1985), 387; *U. H. Schneider* GmbHR 1993, 10; *Nägele* BB 2001, 305, 308 f; *K. Schmidt,* GesR, § 36 II 2 c (S 1074); *Tillmann/Mohr,* GmbH-GFührer, 9. Aufl 2009, Rn 41, 45 f; *Goette* § 8 Rn 6; *Binz/Sorg,* GmbH & Co KG, 10. Aufl 2005, § 8 Rn 7 ff; *Freckmann* DStR 2008, 52, 54; zur mitbestimmungsrechtlichen Qualifikation dieses Personenkreises *Windbichler,* Arbeitsrecht im Konzern, 1989, 502 ff; zum Eingreifens des KSchG *Bauer/Ch Arnold* DB 2008, 350, 352 (s a Rn 245). Zur Zuständigkeitsverteilung zwischen Zivil- und Arbeitsgerichten s u Rn 179.

475 Vgl etwa den Fall BGH GmbHR 1965, 194.

476 OLG Celle GmbHR 1980, 32; Rowedder/Schmidt-Leithoff/*Koppensteiner* Rn 79.

477 Bejahend *G. Hueck* ZfA 1985, 36 f mN; *Gaul* GmbHR 1989, 357. Zurückhaltend Michalski/*Lenz* Rn 116; Ulmer/*Paefgen* Rn 168.

478 Lutter/*Hommelhoff/Kleindiek* Anh § 6 Rn 9; Rowedder/Schmidt-Leithoff/*Koppensteiner* Rn 79; **aA** Ulmer/*Paefgen* Rn 170; Scholz/*Schneider* Rn 193.

479 BAG DB 2008, 355.

480 Vgl etwa den Fall LG Frankfurt/Oder GmbHR 2000, 979 m Anm *Peetz* (Aufnahme der Tätigkeit und Vergütung); Roth/*Altmeppen* § 6 Rn 39.

fehlt.[481] Nur wenn vor der Bestellung schon Einigkeit über die wesentlichen Bedingungen der Tätigkeit erzielt wurde, kann stillschweigender Abschluss eines Dienstvertrags oder wenigstens Vorvertrags in Betracht kommen. Zu den Auswirkungen auf Organbeziehung, wenn es nicht zum Abschluss des Dienstvertrags kommt, Rn 16. Praktisch häufiger als konkludenter Erstabschluss des Anstellungsvertrags ist konkludente Verlängerung etwa bei wegen Befristung wiederholter Bestellung oder bei Wiederbestellung nach Abberufung etwa im Zuge von Umwandlungsvorgängen.[482]

3. Zuständigkeit auf Seiten der Ges. Zuständigkeit für Abschluss des Anstellungsvertrags liegt für GmbH iZw beim **Bestellungsorgan,** normalerweise also **GfterVers** (dazu § 46 Rn 36; zur Stimmberechtigung des GfterGFührers bei seiner eigenen Anstellung s § 47 Rn 83),[483] es sei denn anderweitige Satzungsregelung (insb. Übertragung auf Beirat oder AR).[484] Das gilt auch für sog. faktischen GFühreranstellungsvertrag, der als Geschäftsbesorgungsvertrag abgeschlossen wird, aber dazu dient, GFührer eine Vergütung zukommen zu lassen.[485] GfterVers kann für Vertragsabschluss Vollmacht erteilen.[486] Handelt einzelner Gfter ohne Vertretungsmacht für die übrigen Gfter mit, kann Haftung nach § 179 III 1 BGB ausgeschlossen sein.[487] Satzung kann aber Bestellung u Anstellung unterschiedlichen Zuständigkeiten unterwerfen.[488] In unter das **MitbestG,** MontanMitbestG u MitbestErgG fallenden Ges ist **zwingend der AR zuständig,** (§ 52 Rn 303). Mit EinmannGfter als GFührer kann bei Zuständigkeit der GfterVers Einmann selbst abschließen, § 181 BGB steht nicht entgegen. Abs 3 gilt dafür nicht,[489] weil unnötiger Formalismus, den Gesetzeszweck nicht fordert. Bei Abschluss durch unzuständiges Organ kann Geltendmachung nach Ablauf bestimmter Zeit verwirkt sein.[490] GFührerstellung als solche ist aber nur mangelhaft, falls auch Bestellung unwirksam, vgl dazu oben Rn 8 sowie unten § 43 Rn 2. 167

4. Formbedürftigkeit für Anstellungsvertrag besteht **nicht.**[491] Nachweisgesetz[492] gilt nur für Arbeitnehmer, mithin nicht für GFührer. Allerdings werden steuerliche Gründe schriftliche Fixierung des Vertrags oft nahelegen. Soll mündliche Vereinbarung erst nach schriftlicher Fixierung gelten, Schriftform also konstitutiv sein, trägt dafür derjenige die Beweislast, der sich darauf beruft. Trotz Vereinbarung konstitutiver Schriftform gilt bloß mündlich Vereinbartes, wenn der Vertrag einverständlich zur Durchführung kommt.[493] 168

---

481 Zum arbeitsrechtlichen Vorvertrag *Zöllner* FS Floretta, 1983, 455 ff.

482 Dazu zB BGH GmbHR 1997, 645.

483 BGH NJW 2000, 2983 = GmbHR 2000, 876.

484 *Wicke* Anh § 6 Rn 8; BGH NJW-RR 2008, 484.

485 OLG Brandenburg, Urt v 5. 12. 2007, 7 U 24/07, zitiert nach Juris.

486 OLG Brandenburg, Urt v 5. 12. 2007, 7 U 24/07, zitiert nach Juris.

487 BGH NJW 1990, 387.

488 *Brandes* WM 2000, 217, 223; *Nägele* BB 2001, 305.

489 Ebenso MünchHdbGmbH/*Marsch-Barner/Diekmann* § 43 Rn 13; **abw hM,** Ulmer/*Paefgen* Rn 58 f; AnwaltsHdbGmbH/*Terlau* § 8 Rn 5; Scholz/*Schneider* Rn 121 ff; *Goette* § 8 Rn 86 f; Rowedder/Schmidt-Leithoff/*Koppensteiner* § 46 Rn 20; danach wäre entweder Gestattung durch Satzung oder Bestellung eines Notorgans erforderlich.

490 BGHZ 65, 194; OLG Hamm GmbHR 1991, 466.

491 BGH ZIP 1994, 206; BGH GmbHR 1997, 548; Michalski/*Lenz* Rn 118; *Rischar* GmbHR 2003, 15.

492 Gesetz v 20. 7. 1995, BGBl. I, 946.

493 BGH GmbHR 1997, 548.

169 **5. Vertragsänderungen** unterliegen ebenfalls der **Zuständigkeit des Bestellungsorgans** (§ 46 Rn 38).[494] Nicht selten wird im Anstellungsvertrag für Änderungen Schriftform vereinbart. Mündliche Änderung kann gleichwohl wirksam sein, sofern Schriftformklausel nicht als qualifizierte vereinbart ist. Steuerrechtliche Anerkennung mündlicher Änderungen (insbes Erhöhung der Bezüge) aber problematisch.[495] Vereinbart künftiger AlleinGfter mit bisherigem GfterGFührer neue Anstellungsbedingungen, die für diesen als verbleibenden GFührer nach Übertragung seiner Anteile auf dadurch zum AlleinGfter werdenden gelten sollen, wird Vertragsänderung mit Vollzug der Transaktion wirksam. Zwar kann AlleinGfter Anstellungsvertrag erst mit Erwerb aller Anteile bindend für Ges abschließen. Genehmigung des vorher schwebend unwirksamen Vertrags erfolgt aber konkludent mit Erlangung der GAnteile; unzutreffend ist die Konstruktion, wonach der AlleinGfter den Vertrag dadurch genehmige, dass er den GFührer weiter habe tätig sein lassen.[496] Dies würde den GFührer dem Wohlwollen des späteren AlleinGfters ausliefern.

170 **6. Fehlerhaftigkeit des Anstellungsvertrags.** Fehlerhaftigkeit des Anstellungsvertrags kann nach Beginn der Tätigkeit nur mit **ex-nunc-Wirkung geltend** gemacht werden.[497] Ein fehlerhafter Vertrag kann für die Zukunft jederzeit „aufgelöst“ werden.[498] Das gilt auch für Anstellungsvertrag mit KG, den GFührer unter Verstoß gegen § 181 BGB für KG selbst abschließt.[499] Für den fehlerhaften „freien Dienstvertrag“ gilt insoweit nichts anderes als für den fehlerhaften Arbeitsvertrag. Es handelt sich nicht um Anwendung von Arbeitsrecht auf den GFührer, sondern um die Berücksichtigung von Überlegungen und Prinzipien, die von der Schutzbedürftigkeit des Dienstnehmers unabhängig sind, wie ja die gleichen Grundsätze auch beim fehlerhaften GesVertrag auf rein gesellschaftsrechtliche Beziehungen zur Anwendung kommen. Zur Fehlerhaftigkeit der Bestellung des GFührers vgl oben Rn 8.

III. Charakter des Anstellungsvertrags

171 **1. Inhalt des Anstellungsvertrags.** Anstellungsvertrag des GFührers ist insofern untypisch, als er nicht eigentliche Rechtsgrundlage der Organpflichten des GFührers ist, es gar nicht sein kann, weil der spezifische Inhalt dieser Pflichten Bestellung zum GFührer voraussetzt. Eigentlicher **Inhalt des Dienstvertrags** betrifft Fragen, deren Regelung sich nicht aus dem Organverhältnis ergibt, wie insbes der Vergütung, vielfach auch einer Altersversorgung.[500] Anstellungsvertrag kann dabei nicht von sich aus in das körperschaftliche Rechtsverhältnis der Organbeziehung eingreifen. Dessen Regelung ist vielmehr zunächst ausschließlich Sache des Gesetzes u der Satzung. Regelung durch einfachen Beschluss der

---

494 *Meier* GmbHR 2001, 913.

495 BFH GmbHR 1990, 412; *Schuhmann* GmbHR 1993, 79.

496 So BGH GmbHR 1997, 548.

497 BGHZ 41, 282; BGH NJW 1995, 1158; BGH GmbHR 1998, 1133 – danach Geltung auch für Liquidatoren; KG NZG 2000, 43; Lutter/*Hommelhoff*/*Kleindiek* Anh § 6 Rn 73 f; Rowedder/Schmidt-Leithoff/*Koppensteiner* Rn 108; Roth/*Altmeppen* § 6 Rn 44; Scholz/*Schneider*/*Sethe* Rn 208; *Bauer*/*Gragert* ZIP 1997, 2178.

498 BGH NJW 2000, 2983 = GmbHR 2000, 876 m Anm *Haase; Nägele* BB 2001, 305.

499 BGH ZIP 1995, 377.

500 *Kallmeyer* GmbHR-Handbuch Stand Juli 2005, Rn 2175.

Gfter kommt nur insoweit in Betracht, als dafür Ermächtigung besteht. Deshalb kann Haftung des GFührers gegenüber § 43 nur auf Grund Satzung, nicht im Anstellungsvertrag allein vermindert werden (dazu § 43 Rn 5). Regelmäßig enthält Anstellungsvertrag auch Regelung zum Wettbewerbsverbot.[501] Zur Entbindung des GFührers vom Wettbewerbsverbot s Rn 43.

2. Rechtscharakter als nicht arbeitsrechtlicher Dienstvertrag. Anstellungsvertrag ist Dienstvertrag in Gestalt des **Geschäftsbesorgungsvertrags** nach §§ 611 ff, 675 BGB; bei Unentgeltlichkeit der Tätigkeit handelt es sich um einen Auftragsvertrag iSd § 662 BGB.[502] Er ist **nicht Arbeitsvertrag.**[503] **172**

a) Bestellung eines bisherigen Arbeitnehmers. Wird bisheriger **ArbN der GmbH zum GFührer** bestellt, ist für dessen Arbeitsvertrag die zwingende Regelung des § 623 BGB zu beachten, nach der die Beendigung der Schriftform bedarf.[504] Wird **GFührerdienstvertrag schriftlich**[505] abgeschlossen, enthält dieser Vertrag die **(konkludente) Aufhebung des Arbeitsvertrages.**[506] Nach zutr neuer Rspr des BAG wird vermutet, dass mit schriftlichem GFührerdienstvertrag das bisherige Arbeitsverhältnis einvernehmlich und formwirksam beendet wird, soweit nicht eindeutig etwas anderes vereinbart worden ist.[507] Dies gilt auch bei vorformuliertem Vertrag, Unklarheiten- **173**

---

501 *Hirte,* KapitalGesR, 5. Aufl 2006, § 3 Rn 3.50; zu Zulässigkeit und Grenzen arbeitsrechtlicher Regelungen über Wettbewerbsverbote *Gaul/Khanian* MDR 2006, 181.

502 HansOLG Hamburg NZG 2000, 698.

503 So die zutr **Rspr des BGH**: BGHZ 10, 187; BGH NJW 2000, 1638; BGH ZIP 2001, 1957; BGH ZIP 2003, 485; **enger das BAG**, welches nur *regelmäßig* – abhängig vom Grad der persönlichen Abhängigkeit – ein Dienstverhältnis annimmt: BAG NJW 1999, 3069; BAG NJW 1999, 3731; dazu *Reiserer* DStR 2000, 31; *Freckmann* DStR 2008, 52, 53. Wie hier *Boemke* ZfA 1998, 209, 210; *Holthausen/Steinkraus* NZA-RR 2002, 281, 282; *Nägele* BB 2001, 305 ff; Hueck/*Windbichler,* Gesellschaftsrecht, 21. Aufl 2008, § 22 Rn 6; Ulmer/*Paefgen* Rn 144; *Keil* EWiR 2006, 601, 602; *Bauer/Ch Arnold* DB 2008, 350, 351; gegen die generelle Qualifizierung als Dienstvertrag *Frisch,* Haftungserleichterung für GmbH-Geschäftsführer nach dem Vorbild des Arbeitsrechts, 1998, 106 ff; *Annuß* ZInsO 2001, 344, 345; *Krause,* Mitarbeit in Unternehmen, 2002, 303 ff, 331 ff; *Kamanabrou* DB 2002, 146, 147; *Wank* FS Wiedemann, 2002, 587 ff; *Wank/Maties* NZA 2007, 353; *Buchner/Schlobach* GmbHR 2004, 1, 5; Scholz/*Schneider/Sethe* Rn 175 ff; *Schrader/Schubert* BB 2007, 1617 (aber auch bei Bejahung der ArbN-Eigenschaft kein vollständiger Rückgriff auf Arbeitsschutzbestimmungen); speziell zum TzBfG *Busch/Schönhöft* DB 2007, 2650, 2652. Zur **AGB-Kontrolle** differenzierend *Hümmerich* NZA 2006, 709, 710 ff; *Schmitt-Rolfes,* FS Hromadka 2008, 393, 396.

504 Zusammenfassende Darstellungen bei *U. Fischer* NJW 2003, 2417; *Dollmann* BB 2003, 1838 ff; *Nägele* BB 2001, 305, 308; *Holthausen/Steinkraus* NZA-RR 2002, 281, 285 ff; *Haase* GmbHR 2004, 279; *Richardi/Annuß* NJW 2000, 1231; *Jaeger,* Anstellungsvertrag, 49.

505 Unterzeichnung mit dem Zusatz i. A. soll nicht genügen, LAG Rheinland-Pfalz DB 2008, 821; ebenso wenig bloße Paraphierung mit Namenskürzel, BAG NJW 2008, 2521.

506 BAG NJW 2007, 3228; LAG Berlin NZA-RR 2006, 433; *Nägele* BB 2001, 305, 308; *Baeck/Hopfner* DB 2000, 1914; *Kamanabrou* DB 2002, 146, 150; *Schrader/Straube* GmbHR 2005, 904, 906; *Müller-Glöge* FS Hromadka, 2008, 255, 267; *Sasse/Schnitger* BB 2007, 154, 156; *Langner* DStR 2007, 535, 537; zurückhaltend *Holthausen/Steinkraus* NZA-RR 2002, 281, 288; **aA** *Fischer* NJW 2003, 2417, 2418; *Wackerbarth* RdA 2008, 376, 379.

507 BAG NJW 2008, 3514, 3515; NJW 2007, 3228 u NJW 2006, 1899; zust *Ullrich* SAE 2008, 117; *Bauer/Ch. Arnold* DB 2008, 350, 353; *Nimmerjahn* EWiR 2008, 77, 78; *Keil* EWiR 2006, 601, 602; *Moll* GmbHR 2008, 1024 f; *Dzida* NJW 2008, 3516.

regelung des § 305 c II BGB greift nicht.[508] Parteien des alten Arbeits- und neuen Dienstverhältnisses müssen identisch bzw. entsprechend vertreten sein, damit vorstehende Regeln greifen.[509] GfterVers schließt GFührerdienstvertrag und kann – trotz grundsätzlicher Zuständigkeit des GFührers – als Annexkompetenz auch den alten Arbeitsvertrag aufheben.[510]

Ein nur **mündlich oder konkludent geschlossener GFührerdienstvertrag** hebt Arbeitsverhältnis nicht auf; man spricht vom **ruhenden Arbeitsverhältnis,**[511] das mit der Beendigung der Organstellung als GFührer wieder auflebt. Wenn das alte Arbeitsverhältnis freilich nicht wieder auflebt, die Parteien dann aber eine Weiterbeschäftigung ohne wesentliche Aufgabenänderung im Rahmen eines Arbeitsverhältnisses vereinbaren (zB Beschäftigung als Assistent der Geschäftsleitung), wird im Rahmen der Wartezeit nach § 1 I KSchG die Beschäftigungszeit als Geschäftsführer auf das neu begründete Arbeitsverhältnis angerechnet.[512]

Ob bei der „Beförderung" eines Arbeitnehmers ein **zusätzlicher GFührerdienstvertrag** überhaupt **konkludent vereinbart** wurde oder ob bisheriger Arbeitsvertrag weiter die schuldrechtliche Grundlage bildet, ist anhand von Indizien zu beurteilen: Aufgabenänderung, deutliche Gehaltssteigerung, Dienstwagen mit Fahrer, D&O-Versicherung, Angebot einer Management-Beteiligung. [513] Behauptet gekündigter GFührer, es hätten zwei Schuldverhältnisse bestanden – GFührerdienstverhältnis und ruhendes Arbeitsverhältnis – muss er darlegen, woraus sich Verdoppelung der Rechtsverhältnisse ergibt.[514]

174 **b) FremdGFührer u soziale Schutzbedürftigkeit. Bei FremdGFührern und geringfügig Beteiligten** wird **vielfach** eine **gewisse soziale Schutzbedürftigkeit** bestehen; entgegen verbreiteten Vorstellungen ist sie aber nicht notwendiger- oder auch nur typischerweise gegeben[515] und sie macht GFührer in keinem Fall zum Arbeitnehmer. Es fehlt dazu an den Voraussetzungen der Unselbständigkeit iSd Arbeitsrechts, insbes an der Unterworfenheit unter ein arbeitsrechtliches Weisungsrecht. Auch Verkehrsanschauung sieht in GFührern keine Arbeitnehmer.[516]

175 Grdsätzliche **Anwendbarkeit des Arbeitsrechts** scheidet daher aus.[517] Auch **Drittanstellung des GFührers** durch KG macht idR nicht zum

---

508 **AA** *Gravenhorst* NJW 2007, 3230 f.

509 *Sasse/Schnitger* BB 2007, 154; *Freckmann* DStR 2008, 52, 54; *Nagele* BB 2001, 305, 309; keine Parteiidentität bestand etwa im Fall BAG BB 2000, 2154, dennoch bejahte das BAG eine Aufhebung des Anstellungsverhältnisses.

510 So auch *Bauer,* Arbeitsrechtliche Aufhebungsverträge, 8. Aufl 2007, III Rn 78 ff; *Langner* DStR 2007, 535, 539; *Nimmerjahn* EWiR 2008, 77, 78; *Moll* GmbHR 2008, 1024, 1025 ff; *Dzida* NJW 2008, 3516; **aA** *Hümmerich/Schmidt-Westphal* DB 2007, 222, 224 ff, die von schwebender Unwirksamkeit mit Genehmigungsmöglichkeit ausgehen.

511 So im Fall des LAG Niedersachsen NZA-RR 2007, 522; *Lembke* BB 2008, 393, 394.

512 BAG NJW 2006, 1899 mit zustimmender Anm. *Keil* EWiR 2006, 601, 602; *Stück* GmbHR 2006, 1009, 1017; im Ergebnis zustimmend *Wank/Maties* NZA 2007, 353, 354.

513 *Bauer/Ch. Arnold* DB 2008, 350, 354; s auch LAG Berlin ZIP 2008, 334.

514 BAG DB 2008, 355 = NJW 2008, 1018.

515 So aber *Reichold/Heinrich* FS Westermann 2008, 1315, 1316; *Kuhn* 10 ff.

516 Zu den Voraussetzungen der Arbeitnehmereigenschaft *Zöllner/Loritz/Hergenröder,* Arbeitsrecht, 6. Aufl, 2008, § 4 III (S 34 ff).

517 **ArbNEigenschaft** wie hier **verneinend** BGHZ 10, 191; 49, 31; 79, 293; 91, 1; 91, 217; BGH NJW 2000, 1638; BGH ZIP 2001, 1957; BAG GmbHR 1986, 263 (auch für

ArbN.[518] In **Konzernen** kommt nicht selten Entsendung gehobener oder leitender Angestellter als GFührer anderen Konzernunternehmens unter Fortbestand des bisherigen Arbeitsverhältnisses vor.[519] Weisungsrecht des Arbeitgeberunternehmens gilt dann aber nicht für GFührertätigkeit, Arbeitspflicht für dieses wird suspendiert oder mindestens verringert.

Arbeitnehmereigenschaft fehlt auch bei GFührer einer VorGmbH.[520] Wird **176** Dienstnehmer eingestellt, der zum GFührer ernannt werden soll, so liegt kein Arbeitsverhältnis vor, auch nicht, wenn Bestellung zum GFührer unterbleibt. Umgekehrt wird Dienstverhältnis eines GFührers nicht ohne weiteres zum Arbeitsverhältnis, nur weil Abberufung aus GFührer-Organstellung erfolgt[521] oder der GFührer sein Amt niederlegt.[522] Freilich ist Verwandlung des Dienstverhältnisses in Arbeitsverhältnis unvermeidlich, wenn Dienstnehmer in Unterordnung unter GFührer weiter beschäftigt wird. Es liegt dann stillschweigende, von beiden Seiten konsentierte Vertragsänderung vor.

c) Einzelfragen. Dem vielfach richtig gesehenen Anliegen, einen gewissen **177** **Sozialschutz des GFührers** sicherzustellen, lässt sich in ausreichendem Maß ohne Annahme eines Arbeitsverhältnisses Rechnung tragen.[523] Allerdings können arbeitsrechtliche Prinzipien nur zum Tragen kommen, soweit die ungestörte Funktion des Organverhältnisses gewährleistet ist.[524] Wichtige

---

FremdGFührer, der erheblichen Einschränkungen der GFührungsbefugnis im Innenverhältnis unterliegt); BAG BB 1999, 1437 (in kaum verständlichem Gegensatz dazu obiter die Möglichkeit der Arbeitnehmereigenschaft bejahend BAG GmbHR 1999, 925); LAG Berlin GmbHR 1997, 839; LAG Berlin GmbHR 1998, 886; LAG Hamm ZIP 2004, 2251; OLG Thüringen GmbHR 2001, 672, 673 (gilt auch für Insolvenzrecht); OLG Hamm GmbHR 2007, 820; Lutter/*Hommelhoff*/*Kleindiek* Anh § 6 Rn 3; Rowedder/Schmidt-Leithoff/*Koppensteiner* Rn 78; MünchKommBGB/*Müller-Glöge* § 611 Rn 146 ff; *Fleck* FS Hilger/Stumpf, 1983, 197; *Holthausen/Steinkraus* NZA-RR 2002, 281, 282; *Nägele* BB 2001, 305; *Heyll,* 34 ff; *Bauer,* Arbeitsrechtliche Aufhebungsverträge, 8. Aufl 2007, III Rn 3; *Sandmann,* Die Haftung von Arbeitnehmern, Geschäftsführern und leitenden Angestellten, 2001, 261 f; ausführlich *G. Hueck,* Zur arbeitsrechtlichen Stellung des GmbH-Geschäftsführers, ZfA 1985, 25 ff mN; ferner *Boemke* ZfA 1998, 209; *Hohlfeld* GmbHR 1987, 255; *Eckardt* ZfA 1987, 467; *Hümmerich* NJW 1995, 1177, 1178; *Neu,* Die Beendigung der Anstellungsverhältnisse von GmbH-Geschäftsführern, 2000, 35 ff; *Goette* FS Wiedemann, 2002, 873 ff. Die **ArbNEigenschaft** hingegen in unterschiedlicher Abgrenzung **bejahend:** *Miller* BB 1977, 726; *Diller,* Gfter u GesOrgane als Arbeitnehmer 1993, 137 ff; *Frisch,* Haftungserleichterung für GmbH-Geschäftsführer nach dem Vorbild des Arbeitsrechts, 1998, 106 ff; *Krause,* Mitarbeit in Unternehmen, 2002, 303 ff, 331 ff; Scholz/*Schneider/Sethe* Rn 175 ff; funktionell differenzierend *Nikisch,* Arbeitsrecht I, 3. Aufl 1961, 98 ff; *Krauss* Status u Kündigungsschutz v arbeitnehmerähnlichen Vorstandsmitgliedern der AG, 1989, 129 ff; *Schaub,* AR Hdb, 12. Aufl 2007, § 8 Rn 36; *Haase* GmbHR 2007, 821, 822; differenzierend für GFührer in konzernabhängigen Ges *Martens* FS Hilger/Stumpf, 1983, 441.

518 BAG NJW 2003, 3290 (zu § 5 I 3 ArbGG); OLG München ZIP 2003, 1367, 1368; *Fleck* ZHR 149 (1985), 387, 400.

519 BAG ZIP 1996, 514; OLG Frankfurt GmbHR 1997, 1106; *Freckmann* DStR 2008, 52, 54.

520 BAG NZA 1996, 952.

521 BAG GmbHR 1997, 837 mN.

522 *Bauer/Ch. Arnold* DB 2008, 350, 353.

523 *G. Hueck* ZfA 1985, 25 ff mN; Roth/*Altmeppen* § 6 Rn 41; *Bauer,* Arbeitsrechtliche Aufhebungsverträge, 8. Aufl 2007, III Rn 3 a; OLG Hamm GmbHR 2007, 820, 821; ausf ferner *Boemke* ZfA 1998, 209.

524 *Goette* FS Wiedemann, 2002, 873, 886.

Schutzpflichten der GmbH resultieren aus schon **dem Organverhältnis immanenten Treubindungen** (oben Rn 50). **Urlaubsanspruch** ist auch ohne besondere Vereinbarung anzunehmen.[525] Urlaubsabgeltungsanspruch (§ 7 IV BUrlG) nur bei Vereinbarung im Anstellungsvertrag,[526] Unmöglichkeit der Freizeitgewährung wegen Beendigung der GFühreranstellung oder auf Grund einer speziellen betrieblichen Situation.[527] Pflicht zur **Lohnfortzahlung im Krankheitsfall** ergibt sich aus § 616 BGB ohne Bejahung eines Arbeitsverhältnisses, da er auch für selbständige Dienstverhältnisse gilt[528] u für diese bei Krankheit als Verhinderungsgrund nicht durch das Entgeltfortzahlungsgesetz ausgeschlossen ist. EntgeltfortzahlungsG u das BUrlG finden keine Anwendung,[529] ebenso wenig das Arbeitszeitgesetz.[530] Um keine Versorgungslücken entstehen zu lassen, erteilt Ges für längere Krankheiten vielfach Zusage der Gehaltsfortzahlung im Anstellungsvertrag.[531] Zur Kündigungsfrist vgl Rn 243. In den Anwendungsbereich des **Betriebsrentengesetzes** (BetrAVG) sind GFührer durch § 17 I dieses Gesetzes einbezogen, soweit sie nicht wegen der Höhe ihrer Beteiligung als Unternehmer anzusehen sind,[532] vgl schon oben Rn 23.

178 Andererseits darf man in der **Gewährung von Sozialschutz für den GFührer nicht zu weit** gehen. Gleichstellung mit einem Arbeitnehmer wäre auch rechtspolitisch verfehlt.[533] Insbes gilt das für Kündigungsschutz. § 14 I Nr 1 KSchG nimmt GFührer denn auch ohne Rücksicht auf arbeitsrechtliche Qualifizierung von der Anwendung des KSchG aus.[534] Privatautonom ausgehandelter Schutz durch befristete Verträge mit langer Befristungsdauer oder Vereinbarung langer Kündigungsfristen.[535] Auch Kündigungsschutz als Schwerbehinderter[536] oder Mutterschutz[537] und Anwendung des SGB IX (Gesetz über Rehabilitation und Teilhabe behinderter Menschen)[538] wäre nicht tragbar. Dies gilt auch für die Zeit nach Übernahme der GmbH durch den Insolvenzverwalter.[539]

---

525 BGH LM Nr 5; eingehend *Haase* GmbHR 2005, 265 ff, 338 ff; Ulmer/*Paefgen* Rn 243; *Wimmer* DStR 1997, 247, 250; s a Rn 50.

526 OLG Frankfurt GmbHR 2007, 1222 (Einbeziehung tarifvertraglicher Regelungen zum Urlaubsanspruch in Anstellungsverhältnis).

527 OLG Düsseldorf GmbHR 2000, 278; OLG Celle NZG 1999, 78 f; *Jaeger* 125 f.

528 MünchKommBGB/*Henssler* § 616 Rn 11; *Wimmer* DStR 1997, 247, 249.

529 *Oberath* MDR 1999, 134, 136 f; Scholz/*Schneider/Sethe* Rn 182, 297, 247; Ulmer/*Paefgen* Rn 144, 243; **aA** für FremdGFührer *Wank* FS Wiedemann, 2002, 587, 610.

530 *Freckmann* DStR 2008, 52, 56.

531 *Tänzer* BB 2004, 2757, 2760; *Freckmann* DStR 2008, 52, 56.

532 BGHZ 77, 96 ff u 236 f; BGH GmbHR 1997, 843; dazu auch OLG Köln ZIP 1989, 182.

533 Ebenso *Fleck* WM 1981, Beilage 3, 226.

534 BAG DB 2008, 355 f; BGH NJW 2000, 1864, 1865; s a BAG DB 2003, 942 = GmbHR 2003, 765; *Goette* § 8 Rn 70; *Diller* ZIP 2007, 201; *Nägele* BB 2001, 305, 309; *Freckmann* DStR 2008, 52, 56; *Wicke* Anhang § 6 Rn 7.

535 *Reiserer* DB 2006, 1787, 1788.

536 Verneinend BGH DB 1978, 878; BAG AP § 38 Nr 1; *Neu, D*ie Beendigung der Anstellungsverhältnisse von GmbH-Geschäftsführern, 2000, 58.

537 Ebenso *Freckmann* DStR 2008, 52, 56; Ulmer/*Paefgen* Rn 144, 146; krit *Oberrath* MDR 1999, 134, 138 f; *Hümmerich* NJW 1995, 1177, 1181; **aA** Scholz/*Schneider/Sethe* Rn 180.

538 *Freckmann* DStR 2008, 52, 56.

539 OLG Hamm GmbHR 1987, 307.

Dass GFührer nicht dem Betriebsverfassungsrecht, auch nicht § 105 BetrVG unterstellt werden können, versteht sich, u ebenso wenig kommt Regelung ihrer Dienstverhältnisse durch Tarifvertrag in Betracht (möglich aber Verweisung auf tarifliche Regelung im Dienstvertrag).[540] Verfehlt wäre auch die Anwendung von § 613 a BGB.[541] Mangels planwidriger Regelungslücke hinsichtlich der im Dienstverhältnis stehenden Organmitglieder auch keine analoge Anwendung.[542] Nicht in Betracht kommt Haftungsmilderung gegenüber § 43 nach arbeitsrechtlichen Grundsätzen.[543] GFührer unterliegen auch nicht dem **Gleichbehandlungsgrundsatz.** Weder können sie Gleichbehandlung unter sich[544] noch gar mit ArbN des Unternehmens, etwa den leitenden Angestellten fordern.[545] Das ArbNErfG gilt für sie nicht.[546] Schließlich gilt auch das Gesetz zur Einführung des Elterngeldes nicht.[547]

Anwendbar auf den GFührer ist hingegen der **arbeitsrechtliche Teil des AGG,**[548] **und zwar gem** Wortlaut des § 6 III AGG hinsichtlich des Zugangs zur Erwerbstätigkeit und des beruflichen Aufstiegs,[549] nicht hinsichtlich anderer Bereiche wie etwa der Kündigung[550] oder einer Höchstaltersgrenze.[551]

d) Rechtswegzuständigkeit für Rechtsstreitigkeiten aus dem Anstellungsvertrag liegt nach § 5 I 3 ArbGG, welcher das der Organstellung zugrunde liegende Rechtsverhältnis betrifft,[552] grds bei der **ordentlichen Zivilgerichtsbarkeit, nicht bei der Arbeitsgerichtsbarkeit.** Bei den Landgerichten sind nach § 95 I Nr 4 a GVG die Kammern für Handelssachen zuständig. Zuständigkeit der Zivilgerichte trifft auch dann zu, wenn das zugrunde liegende Rechtsverhältnis ausnahmsweise als Arbeitsverhältnis zu qualifizieren sein sollte, weil GFührer als gesetzlicher Vertreter nicht als Arbeitnehmer gilt.[553] Arbeitsgerichtsbarkeit, auch nicht unter dem Gesichtspunkt der Arbeitnehmerähnlichkeit aus wirtschaftlicher Unselbständigkeit gemäß **179**

---

540 BGH ZIP 1998, 605.

541 BAG NJW 2003, 2473, 2474 f; LAG Hamm ZInsO 2001, 282; OLG Hamm GmbHR 1991, 466; Palandt/*Putzo* § 613 a Rn 5; MünchHdbGmbH/*Marsch-Barner/Diekmann* § 43 Rn 9; *Oberrath* MDR 1999, 134, 139; *Wank* FS Wiedemann, 2002, 587, 608; *Freckmann* DStR 2008, 52, 56; **aA** *Annuß* ZInsO 2001, 344, 347.

542 BAG DB 2003, 942, 943.

543 *G. Hueck* ZfA 1985, 33 mN; *Goette* § 8 Rn 70; *Oberrath* MDR 1999, 134, 137; s auch § 43 Rn 6.

544 So aber *Oberrath* MDR 1999, 134, 136; *Wank* FS Wiedemann, 2002, 587, 610 f; *Freckmann* DStR 2008, 52, 56; Scholz/*Schneider/Sethe* Rn 181, 218.

545 Ebenso *Goette* § 8 Rn 70; anders für den unselbständigen GFührer BGH GmbHR 1990, 389; vgl aber auch BGH GmbHR 1994, 546.

546 S die Nachw oben Rn 64.

547 Scholz/*Schneider/Sethe* Rn 182; Ulmer/*Paefgen* Rn 144; *Freckmann* DStR 2008, 52, 56.

548 Allgemeines Gleichbehandlungsgesetz v 14. 8. 2006, BGBl I, 1897.

549 Dazu *Reichold/Heinrich* FS Westermann, 2008, 1315 ff; *Bauer/Arnold* ZIP 2008, 993 ff; *Mansel* FS Canaris, Band I 2007, 809 ff; *Lutter* BB 2007, 725 ff (zur Anwendbarkeit der Altersbestimmungen); *Willemsen/Schweikert* NJW 2006, 2583 ff; *Horstmeier* GmbHR 2007, 125 ff.

550 So auch *Bauer/Arnold* ZIP 2008, 993, 1002.

551 *Lutter* BB 2007, 725, 728; **aA** *Reichold/Heinrich* FS Westermann, 2008, 1315, 1330.

552 BAG NJW 2003, 3290, 3291; LAG Hamm Beschl v 23. 7. 2008 – 2 Ta 232/08, zitiert nach Juris.

553 Zutreffend BAG NJW 2003, 3290, 3291; BAG NJW 2007, 3228.

§ 5 I 2 ArbGG, ganz hM;[554] sie kann aber nach § 2 IV ArbGG vereinbart werden.[555] Zuständigkeit kann auch durch rügelose Einlassung des Bekl. zur Hauptsache nach § 39 ZPO begründet werden.[556] Zuständigkeit wird nicht begründet, wenn Bestellung unterbleibt oder GFührer abberufen ist[557] oder GFührer geltend macht, er sei wegen seiner eingeschränkten Kompetenz tatsächlich Arbeitnehmer.[558] Auch der GFührer der Komplementär-GmbH, der einen Anstellungsvertrag mit der KG abgeschlossen hat, ist kein Arbeitnehmer, sondern gesetzlicher Vertreter iSd § 5 I 3 ArbGG.[559] Ebenso wenig mutiert das „organschaftliche Anstellungsverhältnis" (BGH) durch Umwandlung in GmbH & Co KG und Bestellung zum GFührer der Komplementär GmbH in Arbeitsverhältnis.[560]

Ausnahmsweise Zuständigkeit des ArbGerichts kann sich ergeben, wenn alter Arbeitsvertrag nach Abberufung des GFührers wieder auflebt[561] oder GFührer nach Abberufung auf Grund Anstellungsvertrag in unselbständiger Stellung weiterarbeitet (was zu stillschweigender partieller Änderung des Vertrages führt).[562] Das gilt auch wenn der gekündigte GFührer den Bestand dieses neuen Arbeitsverhältnisses feststellen lassen will. Die Arbeitsgerichte sind dann nach § 2 I Nr 3b ArbGG zuständig.[563] Das BAG befürwortet über die sog. sic-non Rechtsprechung[564] den Weg zu den Arbeitsgerichten wenn der abberufener GFührer gegen ordentliche Kündigung ausschließlich auf Sozialwidrigkeit (§ 1 KSchG) gestützte Kündigungsschutzklage mit der Behauptung, früheres Arbeitsverhältnis sei durch Abberufung wieder aufgelebt, erhebt.[565]

180 Konsequent bestimmt § 22 II Nr 2 ArbGG, dass GFührer als ehrenamtliche Richter vor den Arbeitsgerichten dem Kreis der Arbeitgeber zugerechnet werden.[566]

---

554 BAG AP ArbGG 1979 § 5 Nr 6; BAG AP ArbGG 1979 § 2 Nr 3, 4 Zuständigkeitsprüfung; BAG NJW 1999, 3069; BAG NJW 2003, 3290; MünchHdbGmbH/*Marsch-Barner/Diekmann* § 43 Rn 114; *Nägele* BB 2001, 305, 307; *Holthausen/Steinkraus* NZA-RR 2002, 281, 282; *Reiserer* DB 2006, 1787, 1789.

555 Ebenso Ulmer/*Paefgen* Rn 265.

556 *Holthausen/Steinkraus* NZA-RR 2002, 281, 283.

557 BAG GmbHR 1997, 837; Germelmann/Matthes/Prütting/*Müller-Glöge,* ArbGG, 6. Aufl 2008, § 5 Rn 45; anders wenn sich das Dienstverhältnis nach Beendigung der Organstellung in ein Arbeitsverhältnis umgewandelt hat, OLG Frankfurt a. M. NZA-RR 2000, 385.

558 BAG NJW 1999, 3069.

559 BAG NJW 2003, 3290 = BB 2003, 2353 m Anm *Graef* unter Aufgabe der älteren Rspr; *Kitzinger* 72 ff; *Moll* RdA 2002, 226; *Reiserer* BB 1996, 2461, 2463; *Brandmüller,* Der GmbH-Geschäftsführer im Gesellschafts-, Steuer- und Sozialversicherungsrecht, 17. Aufl 2006 Rn 194, 1; **aA** *Reinecke* ZIP 1997, 1525, 1529; *Weber/Burmester* GmbHR 1997, 778, 779 f; *Jaeger* NZA 1998, 961, 966 f.

560 Zutr BGH NZG 2007, 590, 591.

561 *Bauer* DB 2008, 350; BAG EzA Nr 3 zu § 5 ArbGG 79; BAG GmbHR 1988, 179; BAG ZIP 1999, 1456, 1457; zum Ruhen bzw Wiederaufleben des vorherigen Arbeitsverhältnisses s Rn 173.

562 BAG GmbHR 1988, 179; LAG Hamm Beschl v 23. 7. 2008 – 2 Ta 232/08 zitiert nach Juris; kritisch *Grunsky* ZIP 1988, 76.

563 LAG Hamm Beschl v 23. 7. 2008 – 2 Ta 232/08 zitiert nach Juris; Ulmer/*Paefgen* Rn 265.

564 Dazu *Kluth* NJW 1999, 342.

565 BAG NJW 1997, 1722; BAG GmbHR 1997, 838; dazu *Reiserer* DStR 2000, 31, 32.

566 *Goette* FS Wiedemann, 2002, 873, 876.

3. Einbeziehung in Sozialversicherungspflicht wird für GFührer trotz Verneinung der Arbeitnehmereigenschaft in breitem Umfang bejaht,[567] weil Beschäftigtenbegriff des Sozialversicherungsrechts anders abgrenzt. Sozialversicherungspflicht besteht, wenn abhängiges Beschäftigungsverhältnis iSd § 7 I SGB IV vorliegt.[568] Nach der Rechtsprechung des BSG ist Einbeziehung nur dann nicht erforderlich, wenn der GFührer entweder durch seine Kapitalbeteiligung über maßgeblichen Einfluss verfügt, oder sonst eine selbstbestimmte Tätigkeit ausübt.[569] Bei FremdGFührern regelmäßig abhängige Beschäftigung,[570] ebenso bei GesGFührern, die weder über die Mehrheit der GesAnteile noch über eine sog Sperrminorität verfügen.[571] Besondere Umstände, die zur Einordnung als Selbständiger führen, können auch die Alleinvertretungsbefugnis oder die tatsächliche Gleichstellung im Verhältnis zum Mehrheits Gfter sein.[572] Für die **Krankenversicherung** besteht in der Praxis vielfach auf Grund des Überschreitens der Jahresarbeitsentgeltgrenze Versicherungsfreiheit und es bleibt nur bei der Versicherungspflicht für die Renten- und Arbeitslosenversicherung.[573] Aber auch ohne Kapitalbeteiligung kann FremdGFührer weisungsfrei sein und als Unternehmer gelten.[574] Eine mehr als **50% Beteiligung eines GfterGFührers schließt Beschäftigteneigenschaft grds aus.**[575] Ebenso wenig genießen MehrheitsGfter als GFührer Unfallversicherungsschutz.[576] Fehlen Umstände, die selbständige Tätigkeit rechtfertigen (zB Beteiligung an Gewinn und Verlust, Zahlung von gewinnabhängigen Tantiemen, eigenständige Festlegung des Urlaubs)[577] und überwiegt die durch 181

---

567 Für den GmbH-GFührer gibt es keine den für Vorstandsmitglieder geltenden §§ 1 S 4 SGB VI, 27 I Nr 5 SGB III vergleichbare Regelung.

568 BSG BB 2000, 674, 675 m Anm *Reiserer; Nägele* BB 2001, 305, 310; Centrale Gutachtendienst GmbHR 2004, 947; *Reichold/Heinrich* FS Westermann 2008, 1315, 1317; *Schlegel* FS Küttner 2006, 31, 33 ff; *Stück* GmbHR 2007, 1099; *Freckmann* DStR 2008, 52, 57; näher *Jaeger,* Anstellungsvertrag, 62.

569 BSG GmbHR 1975, 36; 1975, 133; 1977, 131; 1987, 351; 1989, 32; 1991, 461; 1992, 172 (Sperrminorität); 1992, 810 (bei verheirateten Gftern); NZA 1990, 950 (Familiengesellschaft); 1993, 430; BB 1984, 1049; GmbHR 1998, 1127 (Sperrminorität); FG Saarland GmbHR 1983, 284. Dazu *Figge* GmbHR 1987, 338; *Schuhmann* GmbHR 1991, 375; *Straub* DB 1992, 1087 f; *Reiserer/Schulte* BB 1995, 2162; *J. Winkler* DStR 1997, 289; *Louven* DB 1999, 1061; *Reiserer/Heß-Emmerich/Peters,* Der GmbH-Geschäftsführer, 3. Aufl 2008; *Brandmüller,* Der GmbH-Geschäftsführer im Gesellschafts-, Steuer- und Sozialversicherungsrecht, 17. Aufl 2006, Rn 789 ff; *Hillmann-Stadtfeld* GmbHR 2004, 1207; *Freckmann* DStR 2008, 52, 57 f; ; *dies* BB 2006, 2077 ff.

570 BSG GmbHR 2004, 494, 496; 2002, 324.

571 BSG GmbHR 2004, 494, 496; LSG Nordrhein-Westfalen UV-Recht Aktuell 2007, 1468; jüngst SG Karlsruhe Urteil vom 23. 1. 2008, Az. S 4 U 4767/06, zitiert nach Juris.

572 LSG Nordrhein-Westfalen UV-Recht Aktuell 2007, 1468.

573 *Reichold/Heinrich* FS Westermann, 2008, 1315, 1317; dazu *Schlegel* FS Küttner, 2006, 31, 40 ff; *Schliemann* FS Küttner, 2006, 51, 54 f zur Rentenversicherungspflicht des GfterGFührers bei Ein-Mann-GmbH, s BSG NJW 2006, 964.

574 BSG BB 2000, 674; denkbar etwa auch bei Familienges, *Freckmann* DStR 2008, 52, 59.

575 BSG GmbHR 1995, 584; GmbHR 1997, 697. Ansätze dazu schon BSG NZA 1986, 805; vgl aber auch BSG DB 1988, 452; zur Abgrenzung s a *Nägele* BB 2001, 305, 310; *Freckmann* DStR 2008, 52, 57.

576 BSG NZA 1990, 960; SG Karlsruhe Urt v 23. 1. 2008 – S 4 U 4757/06, zitiert nach Juris; daher privater Schutz wichtig, dazu *Tänzer* BB 2004, 2757, 2760.

577 *Nägele* BB 2001, 305, 311; s a die Indizienlisten von *Stück* GmbHR 2007, 1099 f u *Freckmann* DStR 2008, 52, 58.

den Anstellungsvertrag begründete Abhängigkeit, ist von sozialversicherungspflichtiger Tätigkeit auszugehen.[578] Bejaht wurde die Beschäftigteneigenschaft bei nur treuhänderischer Mehrheitsbeteiligung.[579] Wie stark Sozialrecht bei Abgrenzung eigene Wege geht, zeigt Verneinung der Beschäftigteneigenschaft für AlleinGfter, der als dem FremdGFührer unterstellter Angestellter für GmbH tätig ist.[580]

Wer abhängig Beschäftiger iSd § 7 I SGB IV ist, unterfällt der **Rentenversicherungspflicht** nach § 1 S 1 Nr 1 SGB VI.[581] Rentenversicherungspflichtig sind ferner nach § 2 S 1 Nr 9 a SGB VI arbeitnehmerähnliche Selbständige. Das sind im Wesentlichen Personen, die nur für einen Arbeitgeber tätig sind und die keinen versicherungspflichtigen Arbeitnehmer beschäftigen, dessen Gehalt mehr als 400 EUR beträgt. Für viel Unruhe sorgte das Urteil des BSG vom 24. 11. 2005: GmbH-GFührer seien auch als AlleinGfter arbeitnehmerähnliche Selbständige rentenversicherungspflichtig, wenn die GmbH ihr einziger Arbeitgeber ist.[582] Durch das am 1. 7. 2006 in Kraft getretene Haushaltsbegleitgesetz[583] hat der Gesetzgeber durch Neuregelung des § 2 S 1 Nr 9 b SGB und Anfügung des § 2 Satz 4 SGB VI klargestellt, dass die Voraussetzungen für die Versicherungspflicht bei der Ges und nicht bei den Gftern bestehen müssen.[584] Der GfterGFührer ist nicht rentenversicherungspflichtig, wenn die Ges mindestens einen versicherungspflichtigen Arbeitnehmer beschäftigt oder wenn die GmbH selbst auf Dauer und im Wesentlichen für mehr als einen Auftraggeber tätig ist. FremdGFührer können unter § 2 S 1 Nr 9 a SGB VI fallen.[585]

IV. Bezüge

Lit: *Ax/Harle,* Die „unangemessene" Gesellschafter-Geschäftsführer-Vergütung – Hat die verdeckte Gewinnausschüttung im neuen Besteuerungssystem ihren Schrecken verloren?, GmbHR 2001, 763; *Bascopé/Hering,* Verdeckte Gewinnausschüttungen im Zusammenhang mit der Vergütung von Gesellschafter-Geschäftsführern, GmbHR 205, 741; *Böth,* Die Angemessenheitsprüfung bei Gesellschafter-Geschäftsführer-Vergütungen, Die Steuerliche Betriebsprüfung 2002, 5; *Dahlbender,* Tantieme für (Fremd-)Geschäftsführer, Musterklauseln für den Anstellungsvertrag, GmbH-StB 2004, 119; *Fröhlich,* GmbH-Musterformulierungen, Durchsetzung der Geschäftsführervergütung im Urkundenprozess GmbH-StB 2007, 322; *ders,* Durchsetzung von Geschäftsführervergütungsansprüchen im Urkundenprozess ArbRB 2007, 282; *Harle/Kulemann,* Die Widersprüche der Finanzverwaltung im BMF-Schr v 1. 2. 2002 und v 14. 10. 2002, GmbHR 2002, 291 und 1152 – Ergänzungen zu Krupske, GmbHR 2003, 208, GmbHR 2003, 941; *Hoffmann,* Das angemessene Geschäftsführergehalt im Schätzungs-

578 BSG NZS 2000, 147.

579 BSG GmbHR 1997, 696.

580 BSG GmbHR 1990, 300. Zum ganzen *Reiserer* BB 1999, 2027; *Reiserer/Heß-Emmerich/Peters,* Der GmbH-Geschäftsführer, 3. Aufl 2008; *Brandmüller,* Der GmbH-Geschäftsführer im Gesellschafts-, Steuer- und Sozialversicherungsrecht, 17. Aufl 2006, Rn 772 ff.

581 *Nägele* BB 2001, 305, 311 f; *Stück* GmbHR 2007, 1099.

582 BSG NJW 2006, 1162; dazu *Schrader/Straube* NZA 2006, 358; *Hidalgo/Schmid* BB 2006, 602; *Müller* DB 2006, 614; *Schlegel* FS Küttner, 2006, 31, 46 ff; *Schliemann* FS Küttner, 2006, 51, 60 ff.

583 BGBl 2006 I, 1405.

584 *Stück* GmbHR 2007, 1099, 1100.

585 Scholz/*Schneider/Sethe* Rn 392.

intervall des Finanzgerichts, GmbHR 2003, 1197; *ders,* Beraterhinweise für den GmbH-Unternehmer: Feste und weniger feste Regeln für Geschäftsführerbezüge, GmbH-StB 2004, 154; *Krupske,* Zur unendlichen Streitfrage: Angemessenheit der Gehälter von Gesellschafter-Geschäftsführern, GmbHR 2003, 208; *Peetz,* Die Angemessenheit der Vergütung von (Gesellschafter-)Geschäftsführern in der Krise einer GmbH, GmbHR 2001, 699; *Rischar,* Geschäftsführerentgelte und verdeckte Gewinnausschüttungen, GmbHR 2003, 15; *Schmidt,* Checkliste zur Höhe der Geschäftsführer-Bezüge, GmbH-StB 2001, 262; *ders,* Checkliste zur Tantieme für Gesellschafter-Geschäftsführer, GmbH-StB 1999, 325; *ders,* Die Tantieme des beherrschenden Gesellschafter-Geschäftsführers – Hinweise zur steuerorientierten Vertragsgestaltung, GmbH-StB 2004, 242; *Schuhmann,* Die Umsatztantieme – ein Dauerbrenner?, GmbHR 2005, 921; *ders,* Umsatztantieme: Muss sie immer verdeckte Gewinnausschüttung sein?, GmbHR 2007, 977; *Tänzer,* Die angemessene Geschäftsführervergütung. Die Gesamtbezüge für Geschäftsführer: Welche Gehälter, Tantiemen und Zusatzleistungen sind angemessen?, GmbHR 2003, 754; *ders,* Aktuelle Geschäftsführervergütung in der kleinen GmbH, GmbHR 2000, 596; *ders,* Die angemessene Höhe der Geschäftsführervergütung: Marktübliche Bezüge, BB 2004, 2757; *Zimmermann,* Die Angemessenheit der Gesamtbezüge eines Gesellschafter-Geschäftsführers, DB 2003, 786; *ders,* Prüfung der Angemessenheit der Vergütung von Gesellschafter-Geschäftsführern in kleineren GmbHs, GmbHR 2002, 353.

1. Grundsätzliches; verdeckte Gewinnausschüttung. Zum **Anspruch auf Vergütung** u deren **grds Höhe** s Rn 63. Für Überstunden oder sonstige Mehrarbeit kann bes Vergütung nur verlangt werden, wenn dies vereinbart ist.[586] Auffälliges, Sittenwidrigkeit begründendes Missverhältnis zwischen Leistung u Gegenleistung nicht zwingend allein deswegen, weil für dauernde GFührerleistung nur gewinnabhängige **Tantieme** zugesagt wird.[587] 182

In der Praxis sind selten zu niedrige, sondern meist **zu hohe Vergütungen** problematisch.[588] § 87 AktG, der Angemessenheit der Vorstandsbezüge verlangt, gilt für GFührerbezüge zwar nicht unmittelbar.[589] Treupflicht verlangt aber bei Vorhandensein einer Minderheit, dass Bezüge angemessen sind, sofern Minderheit einer höheren Festsetzung nicht zustimmt.[590] Treuepflichtverletzung auch bei völlig unangemessen überhöhter Vergütung, die die Existenz der Ges gefährdet; entsprechender GfterBeschl ist nichtig.[591] Überhöhte Bezüge eines GfterGFührers können außerdem als verdeckte Einlagenerstattung gegen § 30 GmbHG verstoßen[592] oder zumindest, auch wenn das Stammkapital nicht angegriffen wird, den Gleichbehandlungsgrundsatz verletzen.[593] 183

---

586 OLG Dresden GmbHR 1998, 197; Roth/*Altmeppen* § 6 Rn 52.

587 So aber KG Berlin GmbHR 1996, 613.

588 Zur Vergütungssituation von GFührern s a *Tänzer* GmbHR 2003, 754; *Evers/Grätz/Näser,* Die Gehaltsfestsetzung bei GmbH-Geschäftsführern, 5. Aufl 2001; MünchAnwaltsHdbGmbH/*Terlau* § 8 Rn 12f; zur Aufbauphase einer GmbH *Peetz* GmbHR 2001, 699; für die kleinere GmbH *Tänzer* GmbHR 2000, 596; *Zimmermann* GmbHR 2002, 353; zur Bemessung der Höhe des Gehalts bei Paralleltätigkeit für anderes Unternehmen BFH GmbHR 2004, 1400; zur Angemessenheit der Gesamtausstattung des Gehalts bei Vereinbarung einer Gewinntantieme OFD Düsseldorf/Köln GmbHR 2004, 1114; zur Bemessung der Tantieme Rn 185.

589 Generell gegen die Anwendung des § 87 AktG Ulmer/*Paefgen* Rn 182.

590 BGHZ 111, 227; *Zimmermann* DB 2003, 786.

591 LG Mainz NZG 2002, 918.

592 Roth/*Altmeppen* § 6 Rn 53; Scholz/*Schneider/Sethe* Rn 220; *Remmert/Schmalz* GmbHR 2008, 85, 87; *Glade* DB 1998, 691; Ulmer/*Paefgen* Rn 183.

593 Scholz/*Schneider/Sethe* Rn 222; Ulmer/*Paefgen* Rn 183.

184 Höhe der Vergütung ist vor allem durch steuerliche Gesichtspunkte[594] geprägt: Vermeidung **verdeckter Gewinnausschüttungen,**[595] Minderung des steuerpflichtigen Gewinns der Gesellschaft durch die Gehaltszahlungen auf Grund des Anstellungsvertrages sowie Vermeidung von Gewinnausschüttungen an die Gesellschafter, die zunächst der Körperschaftssteuer unterliegen.[596] Steuerrechtlich werden überhöhte Bezüge der GfterGFührer als verdeckte Gewinnausschüttung angesehen u deren Abzugsfähigkeit als Betriebsausgaben verneint.[597] Die Finanzverwaltung überprüft die Angemessenheit in Anlehnung an BFH-Rechtsprechung[598] dreistufig.[599] Die Höhe der angemessenen Bezüge ist durch Schätzung zu ermitteln.[600] Tätigkeiten für weitere Unternehmen sind idR mindernd zu berücksichtigen.[601] Bei einem GfterG-Führer ist entscheidend, ob ein ordentlicher und gewissenhafter Geschäftsleiter eine solche Gesamtvergütung[602] unter vergleichbaren Umständen einem FremdGFührer gewährt hätte, sog. **Fremdvergleich**[603] Einflussfaktoren sind insbesondere die Unternehmensgröße, die Ertragslage, die Branche bzw der Wirtschaftszweig, Qualifikation des GFührers sowie bei mehreren GFührern ihr hierarchischer Rang.[604] Vergütungsabschläge sind vorzunehmen bei Bestellung mehrerer GfterGFührer in einer kleineren GmbH.[605]

185 Zu **verdeckten Gewinnausschüttungen durch Zahlungen an Gfter-GFührer** existiert inzwischen eine kaum noch überschaubare Kasuistik. VGA sind etwa alle nicht im Voraus geregelten Sondervergütungen für beherr-

---

594 Zur Umsatzsteuerpflicht des GFührers unter Berücksichtigung des BMF-Schreibens v 31. 5. 2007, s *Fromm* GmbHR 2007, 865.

595 S dazu a *Prühs,* GmbH-Geschäftsführer-Vergütung, 3. Aufl 2006; *Bascopé/Hering* GmbHR 2005, 597; *Rischar* BB 1997, 2302; *Senger/Schulz* DStR 1997, 1830; Zur verdeckten Gewinnausschüttung s a § 29 Rn 68 ff.

596 *Wimmer* DStR 1997, 247, 248; *Tänzer* BB 2004, 2757; *Hirte,* KapitalGesR, 5. Aufl 2006, Rn 5.84.

597 BFH GmbHR 2003, 1214; BFH GmbHR 2003, 1369; FG Hamburg BeckRS 2006, 26 020 947; FG Baden-Württemberg DStRE 2006, 1279 (dort Bejahung der Angemessenheit des GFührergehalts); *Gehrlein/Witt* 5. Kap R 49; *Krupske* GmbHR 2003, 208; *Kulemann/Harle* GmbHR 2003, 941; *Rischar* GmbHR 2003, 15; *Schmidt* GmbH-StB 2001, 262; *Zimmermann* DB 2003, 786; *Ax/Harle* GmbHR 2001, 763. Zum Begriff der verdeckten Gewinnausschüttung s etwa BFH GmbHR 2001, 115; BFH GmbHR 2001, 580 m Anm *Schröder;* BFH GmbHR 2003, 549, 550; *Schnittker/Best* GmbHR 2002, 565.

598 *Zimmermann* DB 2003, 786, 790.

599 S dazu *Kulemann/Harle* GmbHR 2003, 941, 942 ff; *Krupske* GmbHR 2003, 208; *Zimmermann* DB 2003, 786; *Tänzer* BB 2004, 2757.

600 BFH DStR 2003, 1567, 1568; BFH GmbHR 2003, 1071 m Anm *Hoffmann;* BFH GmbHR 2003, 1369 = DStR 2003, 1789; *Hoffmann* GmbHR 2003, 1197, 1198.

601 BFH DStR 2003, 1567, 1570; BFH GmbHR 2005, 635; BFH GmbHR 2005, 697; *Schwedhelm/Olbing/Binnewies* GmbHR 2003, 1385; *Rischar* GmbHR 2003, 15, 19 f.

602 BFH GmbHR 2002, 1148; BFH GmbHR 2004, 512.

603 BFH BB 2008, 875, 876; GmbHR 2006, 1339, 1340; GmbHR 2005, 1442, 1443; GmbHR 2002, 272, 273 f; BFH GmbHR 2003, 1214, 1215; OLG Naumburg GmbHR 2004, 423; *Remmert/Schmalz* GmbHR 2008, 85, 87; *Herlinghaus* GmbHR 2003, 373, 382, 384; *Ax/Harle* GmbHR 2001, 763, 764; *Schröder* GmbHR 2003, 1218; *Bascopé/Hering* GmbHR 2005, 741 ff.

604 *Tänzer* BB 2004, 2757 f; Ulmer/*Paefgen* Rn 183.

605 BFH GmbHR 2003, 1369 = DStR 2003, 1789; FG Brandenburg GmbHR 2003, 1373; FG München v 5. 6. 2008, 7 K 2486/06, zitiert nach Juris.

schenden GfterGFührer,[606] oder rückwirkende Zahlungen von GFührerGehältern nach ursprünglichem Verzicht.[607] Die Veranlassung der unentgeltlichen und vertraglich nicht geregelten Nutzung eines der GmbH gehörenden PKW durch den GfterGFührer ist im Gesellschaftsverhältnis zu suchen und ruft damit dem Grunde nach eine vGA hervor.[608] Problem der vGA stellt sich auch bei wegen Formverstoßes unwirksamer Gehaltserhöhung.[609] Steuer- wie zivilrechtlich zulässig ist statt Barbezug der Vergütung auch eine angemessene Versorgungszusage für GfterGFührer **(sog Nur-Pension).**[610] Für den EinmannGfterGFührer gilt dies auch im Fall der Tätigkeitsvergütung in Form der Nur-Gewinntantieme.[611] Grundsätzlich unschädlich sind auch Zuschüsse zur Sozialversicherung bzw freiwilligen Alters- und Krankenversicherung[612] Keine vGA ist grundsätzlich die Abgeltungszahlung für nicht in Anspruch genommenen Urlaub jedenfalls dann, wenn betriebliche Gründe der Urlaubsinanspruchnahme entgegenstanden.[613] Vergütungen für Sonntags-, Feiertags- und Nachtarbeit an GesGFührer sind nicht stets vGA, nämlich dann nicht, wenn sie durch „überzeugende betriebliche Gründe" gerechtfertigt sind.[614] Übernahme der Kosten für die Geburtstagsveranstaltung des GfterGFührers durch die GmbH ist vGA.[615] Ausschluss der ordentlichen Kündigung seitens der Ges führt nicht zur totalen vGA (vGA in Höhe der gesamten GFührergehälter).[616] VGA auch möglich bei zinslosen oder sehr gering verzinsten Darlehen.[617] Ebenso können vorzeitige Erhöhungen von Lizenzzahlungen an einen nicht beherrschenden GfterGFührer auf Grund des Fremdvergleichs verdeckte Gewinnausschüttungen sein.[618]

Problem der vGA stellt sich insb. auch bei **Tantiemen.**[619] Tantiemen werden regelmäßig erfolgsabhängig gewährt, von der Rspr. anerkannt sind

---

606 BFH GmbHR 2005, 176, 177; BFH NZG 2004, 974, 975; BFH BB 1985, 982; Überblick über die Rechtsprechung zur verdeckten Gewinnausschüttung im Zeitraum 2007/2008 – Leistungen an GfterGFührer bei *Kohlhepp* DB 2008, 1523, 1527 ff.

607 BFH GmbHR 2003, 546.

608 BFH DStR 2008, 865 – das Urteil beseitigt die Divergenzen zwischen dem 1. Senat, der bereits zuvor von vGA ausging (BFH Urt v 23. Februar 2005 – I R 70/04, BStBl II 2005, 882) und dem 6. Senat (BFH/NV 2004, 488; BFH/NV 2005, 1300), der dem 1. Senat auf Nachfrage mitgeteilt hat, an seiner Auffassung nicht länger festzuhalten, s a *Kohlhepp* DB 2008, 1523, 1527; *Kratzsch* StB 2009, 20.

609 BFH BB 1992, 51.

610 FG Nürnberg DStR 2007, 885; anders für den MinderheitsGfterGFührer Sächsisches FG DStRE 2007, 756; s a *Felix* GmbHR 1990, 98; 1990, 323; *Frohnwieser* DB 1990, 1434; zur steuerlichen Behandlung von Pensionszusagen BFH DStR 2005, 63; *Briese* DStR 2005, 272; *Bascopé/Hering* GmbHR 2005, 741, 745 ff.

611 Dazu *Felix* BB 1992, 2478. Vgl zu den steuerlichen Problemen *Knobbe-Keuk* S 650 ff.

612 *Tillmann/Mohr,* GmbH-GFührer, 9. Aufl 2009, Rn 281 ff.

613 BFH GmbHR 2004, 671.

614 BFH NJW-RR 2004, 1685; **krit** *Peetz* GmbHR 2005, R 49 f; vGA bejahend etwa BFH GmbHR 2005, 109 oder für Überstunden BFH GmbHR 2006, 1163; s a *Ziehenhagen/Schmidt* DB 2006, 181 ff.

615 BFH GmbHR 2004, 1350 m Anm *Schröder.*

616 *Kohlhepp* DB 2008, 1523, 1528; **aA** FG des Landes Sachsen-Anhalt EFG 2008, 884.

617 Scholz/*Schneider/Sethe* Rn 223; BFH GmbHR 2004, 1402, 1403; dazu a *Frotscher* FS Raupach, 2006, 363 ff.

618 BFH GmbHR 2003, 549.

619 Zu den Angemessenheitskriterien für die Gewinntantieme BFH DStR 2003, 1567, 1569 f; *Schwedhelm/Olbig/Binneweis* GmbHR 2003, 1385, 1386; *Kulemann/Harle* GmbHR

aber auch erfolgsunabhängige Mindesttantiemen.[620] Als vGA wurden insb. eingestuft: nachträgl beschlossene Tantiemen für unterschiedlich beteiligte GfterGFührer,[621] sowie branchenunübliche umsatzabhängige Tantiemen.[622] An einen GfterGFührer gezahlte **Umsatzprovisionen,** die weder zeitlich noch der Höhe nach beschränkt sind, stellen nach BFH auch dann regelmäßig vGA dar, wenn die Provisionen nur für die von ihm selbst abgeschlossenen Geschäfte geleistet werden.[623] Derartige Gehaltszuschläge an GfterGFührer einer GmbH halten regelmäßig einem Fremdvergleich nicht stand. Ein ordentlicher und gewissenhafter Geschäftsleiter wird im Regelfall eine Erfolgsvergütung in Form einer Gewinn-, nicht hingegen in Form einer Umsatztantieme gewähren.[624] Auch Verzicht auf rückständige Tantiemezahlungen[625] oder auf Verzinsung eines Tantiemevorschusses[626] kann verdeckte Gewinnausschüttung sein.

Die sog 75/25 Aufteilungsregel zwischen fixen und variablen Gehaltsteilen nach der neuen Rspr. des BFH nur noch Angemessenheitsindiz.[627] Nach der Rspr des BFH hat keine Angemessenheitsbetrachtung der einzelnen Vergütungstatbestände, sondern eine Betrachtung der Gesamtausstattung im Zusagezeitpunkt zu erfolgen, sog **Bandbreitenbetrachtung.**[628] Verlustvorträge sind in die Bemessungsgrundlage der Tantieme einzubeziehen, wenn der tantiemeberechtige GfterGFührer für den Verlust (mit)verantwortlich ist.[629] Nichtberücksichtigung eines Vorjahresverlustes bei der Berechnung der Gewinntantieme ist nach dem BFH selbst dann vGA-begründend, wenn der Verlust durch Gewinnvorträge aus den Vorjahren ausgeglichen ist.[630] In der Anlaufphase einer neu gegründeten GmbH ist die Annahme einer vGA grundsätzlich restriktiver zu handhaben.[631]

2003, 941, 942 ff; *Tillmann/Mohr,* GmbH-GFührer, 9. Aufl 2009, Rn 265 ff; Musterformulierungen für einen beherrschenden GesGFührer bei *Schmidt* GmbH-StB 2004, 242.

[620] OLG Celle NZG 2008, 79.

[621] BFH WPg 1986, 421; BFH BB 1993, 849.

[622] BFH FR 1978, 150; BFH DB 1989, 2049; BFH GmbHR 2005, 111, 112; kritisch dazu *Meier* FR 1989, 547; ausführlich zu Folgen unüblicher Tantieme-Vereinbarung mit GfterGFührern *Schnittker/Best* GmbHR 2002, 565; zur Angemessenheit einer Tantieme bei überraschend hohen Unternehmenserfolg vgl BFH GmbHR 2003, 120.

[623] BFH GmbHR 2006, 1339, 1340; krit gegenüber der restriktiven Einstellung des BFH *Schumann* GmbHR 2007, 977.

[624] BFH GmbHR 2006, 1339, 1340; GmbHR 2005, 1442, 1443; zur Umsatztantieme s. a. *Schumann* GmbHR 2005, 921.

[625] Centrale-Gutachtendienst GmbHR 2001, 431, 432.

[626] BFH GmbHR 2004, 369.

[627] BFH GmbHR 2003, 1214; BFH GmbHR 2003, 1365 m Anm *Hoffmann;* BFH GmbHR 2004, 512 m Anm *Hoffmann;* zustimmend *Plewka/Klümpen-Neusel* NJW 2003, 3668, 3670; kritisch gegenüber der 75/25 Aufteilungsregel FG Baden-Württemberg GmbHR 2001, 780; FG Düsseldorf GmbHR 2004, 515; für die 75/25-Regel FG Nürnberg GmbHR 2003, 552; *Buciek* DStZ 2000, 867; zu Tantiemen für MinderheitsGfter-GFührer Centrale Gutachtendienst GmbHR 2003, 406.

[628] BFH GmbHR 2003, 1214; BFH GmbHR 2003, 1365; dazu OFD Düsseldorf Verfügung v 17. 6. 2004, GmbHR 2004, 1114; *Friedrich/Steidle* BB 2004, 2665, 2669.

[629] BFH DB 2004, 1075.

[630] BFH BB 2008, 875 unter Aufhebung der Entscheidung der Vorinstanz FG Mecklenburg-Vorpommern DStRE 2007, 224; krit gegenüber der BFH-Rspr *Hoffmann* GmbHR 2008, 268; *Ortmann-Babel* BB 2008, 877, 878.

[631] BFH GmbHR 2000, 1158; BFH GmbHR 2004, 672, 674.

Bei einem beherrschenden GfterGFührer erfolgt Zufluss bereits, wenn eindeutige u unbestrittene Forderung gegen zahlungsfähige Ges fällig ist, denn beherrschender GfterGFührer hat es regelmäßig in der Hand, sich geschuldete Beträge auszahlen zu lassen.[632]

2. Vergütungsansprüche nach Abberufung aus der Organstellung. S dazu unten Rn 250. **Vergütungsansprüche nach eigener Kündigung** durch GFührer entfallen, auch wenn Kündigung nicht wirksam ist, solange GFührer Tätigkeit eingestellt hat. Sie können aber aufleben, wenn GFührer Ges in Annahmeverzug setzen kann.[633] 186

3. Anpassung der Tätigkeitsvergütung. Bei **wesentlicher Verschlechterung wirtschaftlicher Verhältnisse** der Ges kann GFührer nach Treuegesichtspunkten verpflichtet sein, einer **Minderung** seiner **Bezüge** zuzustimmen.[634] § 87 II AktG lässt sich zur Konkretisierung heranziehen.[635] Schwere Unbilligkeit ist anzunehmen, wenn Ges durch Auszahlung Mittel entzogen werden, auf die sie zum Überleben dringend angewiesen ist.[636] Die Darlegungs- und Beweislast trägt Ges.[637] Herabsetzung kann auch nach Eröffnung des Insolvenzverfahrens erfolgen.[638] Umgekehrt sind Gfter zur **Anpassung der Tätigkeitsvergütung** von GfterGFührern **nach oben** verpflichtet, wenn durch Veränderung der Verhältnisse evident unangemessene Verteilung eintritt. Die für PersonenGes entwickelten Grundsätze können insoweit entsprechende Anwendung finden.[639] Auch der FremdGFührer hat unter entspr Voraussetzungen Anpassungsanspruch gegen Ges insbes, wenn er entweder keine Möglichkeit baldiger Lösung des GFührerverhältnisses hat oder ihm diese Lösung unzumutbar ist (zB wenn er sich der Altersgrenze nähert), aber auch schon, wenn er Leitung der Ges in Aufbauphase innehat u bei Besserung oder Konsolidierung auf Anpassung vertrauen darf.[640] Ist Veränderung der Vergütung von GFührern, die gleichzeitig bei einer Tochtergesellschaft tätig sind, nur durch einstimmigen Gesellschafterbeschluss zulässig, so hat der einzelne Gfter Anspruch auf Unterlassung der Entgegennahme einer höheren 187

---

632 BFH GmbHR 2005, 176, 178 m zust Anm *Schröder* GmbHR 2005, 179.

633 Diese Möglichkeit bei „definitiver" außerordentl Kündigung zu strikt ablehnend BGH WM 1999, 2548; s a Rn 250.

634 BGH ZIP 1992, 1152; OLG Naumburg GmbHR 2004, 423; OLG Köln NZG 2008, 637; *Bauder* BB 1993, 369; Roth/*Altmeppen* § 6 Rn 54.

635 Für analoge Anwendung *Raiser/Veil* § 32 Rn 50; MünchHdbGmbH/*Marsch-Barner/Diekmann* § 43 Rn 24; OLG Köln NZG 2008, 637.

636 Lutter/*Hommelhoff/Kleindiek* Anh § 6 Rn 34 a; OLG Naumburg GmbHR 2004, 423.

637 OLG Naumburg GmbHR 2004, 423.

638 Dazu *H.-F. Müller,* Der Verband in der Insolvenz, 2002, 81 ff.

639 Zu diesen ausführlich *Zöllner,* Die Anpassung von Personengesellschaftsverträgen an veränderte Umstände, 1979; *H. P. Westermann* FS Hefermehl, 1976, 239; allg *Hau,* Vertragsanpassung und Anpassungsvertrag, 2003. Stark retardierend unter Rückgriff auf veraltete Rspr *Schneider* FS Semler, 1993, 347; Rowedder/Schmidt-Leithoff/*Koppensteiner* Rn 100 treten für analoge Anwendung des § 315 III BGB ein.

640 Grds bejahend auch BGH GmbHR 1998, 280. Zum Anspruch auf Gehaltsanpassung auf Grund betrieblicher Übung vgl BGH WM 1990, 1461 m Anm *Soehring* WuB II C § 35 GmbHG 2.90; kritisch abl dazu *Nebendahl* NZA 1992, 289.

Vergütung bis zur Neuregelung durch einstimmigen Gesellschafterbeschluss in der Muttergesellschaft.[641]

188 4. Für **Gewinnbeteiligung (Tantieme)** der GFührer, mit denen Leistungen des GFührers honoriert werden sollen[642] und die ein großer Teil der GFührer auch erhält,[643] bestehen, anders als nach § 86 II 2 AktG keine zwingenden gesetzl Vorgaben, allgM.[644] Im Voraus festgesetzte klare und eindeutige Bemessungsgrundlage sollte sich an den Zielsetzungen des Unternehmens und den Gehaltsvorstellungen des GFührers orientieren.[645] Ist Tantieme zugesagt, Höhe aber nicht geregelt, ist diese analog § 315 BGB nach billigem Ermessen zu bestimmen. Ist Bemessungsgrundlage nicht geregelt, sollte § 86 II 1 AktG herangezogen werden. Soll hingegen diese Grdl erkennbar nicht maßgebend sein, erfolgt ebenfalls Bestimmung nach billigem Ermessen.[646] Zur Tantieme als verdeckte Gewinnausschüttung s Rn 185.

189 **Gratifikationen** werden freiwillig aus besonderen Anlässen gewährt (zB Weihnachts- und Urlaubsgeld). Anspruch besteht uU bei mehrfacher Gewährung, wenn GFührer daraus auf weitere zukünftige Zahlungen schließen darf.[647] Vertraglich zugesagt werden kann schließlich ein **Übergangsgeld,** etwa bis zum Eintritt der Rente oder bis zur Aufnahme einer anderweitigen Tätigkeit.[648] Lösung von einer derartigen Zusage ist leichter möglich als von einer Pensionszusage. Zahlung kann auch unter die Bedingung des Unterlassens einer schädigenden Konkurrenztätigkeit gestellt werden.[649]

190 **5. Ansprüche im Insolvenzverfahren.** Bei Eröffnung des Insolvenzverfahrens **rückständige Bezüge** des GFührers sind einfache Insolvenzforderungen (§ 38 InsO).[650] **Nach Insolvenzeröffnung entstandene Vergütungsansprüche** sind Masseverbindlichkeiten (§ 55 I Nr 2 InsO).[651] Nach wohl hM soll der Insolvenzverwalter nur nach § 113 InsO mit einer Frist von 3 Monaten zum Monatsende kündigen können.[652] Kürzere Kündigungsfristen

---

641 BGH WM 2004, 879.

642 *Goette* § 8 Rn 117.

643 *Tänzer* BB 2004, 2757, 2759; *Friedrich/Steidle* BB 2004, 2665, 2668.

644 Zur steuerrechtlichen Frage des Vorliegens einer verdeckten Gewinnausschüttung o Rn 185.

645 *Kuntze* GmbH-StB 1999, 328; zur Bemessungsgrundlage a *Schnittker/Best* GmbHR 2002, 565, 566 ff; *Dahlbender* GmbH-StB 2004, 119; zur sog „Zielerreichungstantieme" *Tänzer* BB 2004, 2757, 2759.

646 BGH GmbHR 1994, 546; OLG Oldenburg NZG 2000, 939; allgemein zu Tantiemen *Schmidt* GmbH-StB 1999, 325; Zum Tantiemeanspruch bei Ausscheiden nach kurzer Probezeit OLG Hamm GmbHR 1985, 155; zur Interpretation der Zusage einer Mindesttantieme OLG München GmbHR 1999, 184.

647 MünchHdbGmbH/*Marsch-Barner/Diekmann* § 43 Rn 32.

648 BGH DStR 2000, 1783 = NJW-RR 2000, 1277.

649 *Goette* § 8 Rn 111.

650 Zur Rechtslage vor Inkrafttreten der InsO BGH ZIP 2003, 485 (Gehaltsansprüche als uU bevorrechtigte Forderungen).

651 Uhlenbruck/*Hirte,* InsO, 12. Aufl, § 11 Rn 127; *Noack,* InsO-GesR 1999, Rn 364; *Fichtelmann* GmbHR 2008, 76, 81.

652 *Uhlenbruck* BB 2003, 1185, 1187; *Moll* in Kübler/Prütting, InsO, § 113 Rn 29; *H.-F. Müller,* Der Verband in der Insolvenz, 2002, 66 ff, 86; OLG Naumburg GmbHR 2004, 423; zur insoweit ähnlichen Rechtslage nach der früheren KO BGH ZIP 1980, 453, 456.

bleiben unberührt, § 113 I 2 2. HS InsO,[653] längere Fristen – wie etwa § 622 BGB – und der Ausschluss der ordentlichen Kündigung werden verdrängt.[654] Kündigungsrecht nach § 626 BGB wird nicht eingeschränkt, die Insolvenz ist für sich genommen kein wichtiger Grund iSd § 626 BGB,[655] wohl aber eine schuldhafte Insolvenzverschleppung.[656] Da die Kündigungsfrist drei Monate beträgt, kommt es zu einer entsprechenden Belastung der Masse mit Gehaltsforderungen. Dass GfterGFührer auf Kosten der Gläubiger in der Insolvenz der GmbH ein reguläres GFührergehalt beziehen, ist anstößig. Daher ist dem Insolvenzverwalter bei GfterGFührern, die sich auf Grund der Mehrheitsverhältnisse selbst bestellen konnten, das Wahlrecht nach § 103 InsO zuzubilligen.[657] Der Insolvenzverwalter kann die weitere Erfüllung des Dienstvertrages ablehnen und den GFührer auf die einfache Insolvenzforderung wegen Nichterfüllung beschränken.[658] Gesetzliches Wettbewerbsverbot endet mit Organstellung, nachvertragliches Wettbewerbsverbot wirkt bei Fortbestehen des Unternehmens zunächst fort, Insolvenzverwalter kann es aber nach §§ 74 ff HGB ablösen.[659] Im Falle der **Eigenverwaltung**[660] gibt es keine insolvenzrechtliche Auflösungsmöglichkeiten, weder nach § 103 InsO noch nach § 113 InsO, vielmehr bleibt es bei den allgemeinen Zuständigkeiten für die Kündigung des Anstellungsvertrages (Rn 216, 242);[661] bis zu deren Wirksamkeit sind die Bezüge Masseverbindlichkeiten. **191**

Die Bejahung eines Anspruchs auf **Insolvenzgeld nach § 183 SGB III** liegt angesichts der sozialgerichtlichen Rspr, die „unselbständige" GFührer als Beschäftigte iS des Sozialversicherungsrechts qualifiziert (Rn 181), nahe.[662] Rechtspolitisch ist dies problematisch, weil es Sache des GFührers ist, bei Überschuldung rechtzeitig Insolvenzantrag zu stellen. Andererseits stellt Zuerkennung die unvermeidliche Konsequenz aus der inzwischen durch die sozialgerichtliche Rspr fest etablierten Rechtslage dar, nach der unselbständige GFührer sozialversicherungspflichtig auch in der Arbeitslosenversicherung sind. Zu Unrecht einbehaltene Arbeitnehmeranteile eines nicht sozialver-

---

653 BAG NJW 2001, 317.

654 BAG NZA 1999, 1331; Roth/*Altmeppen* § 6 Rn 83; **aA** *Fichtelmann* GmbHR 2008, 76, 81.

655 OLG Düsseldorf NZG 2000, 1044; OLG Naumburg GmbHR 2004, 423; *Noack,* InsO-GesR 1999, Rn 300; *Fichtelmann* GmbHR 2008, 76, 81; s a § 64 Rn 59.

656 BGH NJW 2005, 3069.

657 **AA** *Henssler* in Kölner Schrift zur Insolvenzordnung, 2. Aufl 2000, 1283, 1287 Rn 10; Bertram/Gottwald/*Haas,* Insolvenzrechtshandbuch, 3. Aufl 2006, § 92 Rn 265; Uhlenbruck/*Hirte,* InsO, 12. Aufl, § 11 Rn 127; nunmehr auch Lutter/*Hommelhoff*/*Kleindiek* Anh § 6 Rn 69.

658 *Noack,* InsO-GesR 1999, Rn 298 ff; *Heilmann* ZIP 1980, 344; *Timm* ZIP 1987, 69, 72; *Grüneberg,* Die Rechtsposition der Organe der GmbH und des Betriebsrats im Konkurs, 1988, 121; **krit** Roth/*Altmeppen* § 6 Rn 84; Lutter/*Hommelhoff*/*Kleindiek* Anh § 6 Rn 69. Zur Herabsetzung der Vergütung s Rn 187.

659 *Fichtelmann* GmbHR 2008, 76, 83.

660 *Uhlenbruck* BB 2003, 1185, 1188.

661 *Hess/Ruppe* NZI 2002, 577, 580.

662 Bejahend: MünchHdbGmbH/*Marsch-Barner*/*Diekmann* § 43 Rn 58; Roth/*Altmeppen* § 6 Rn 71; Scholz/*Schneider*/*Sethe* Rn 366; *Oberrath* MDR 1999, 134, 137; *Uhlenbruck* BB 2003, 1185, 1188; Uhlenbruck/*Hirte,* InsO, 12. Aufl 2003, § 11 Rn 130; *Stück* GmbHR 2007, 1099, 1100 f; **aA** *Heilmann* NJW 1974, 1895; *Henssler* ZInsO 1999, 121.

sicherungspflichtigen GFührers kommen bei der Rückerstattung in der Insolvenz nicht der Masse zugute sondern stehen dem Gführer zu.[663]

192 6. **Pfändungsschutz.** GFührerbezüge geniessen idR Pfändungsschutz nach §§ 850 ff ZPO (str). In diesen einbezogen sind nach § 850 II ZPO nicht nur Einkünfte aus echten Arbeitsverhältnissen, sondern Vergütungen für Dienstleistungen aller Art, die die Erwerbstätigkeit des Schuldners vollständig oder zu einem wesentlichen Teil in Anspruch nehmen. Entscheidend ist, dass nicht durch Pfändung ein zur Lebensführung unentbehrlicher Mindestbetrag mit Wirkung für die Zukunft im Dauerschuldverhältnis mit Beschlag belegt werden darf. Pfändungsschutz daher zu bejahen[664] u zwar auch für UnternehmerGfterGFührer.[665]

193 7. **Verjährung.** Anspruch auf Bezüge unterliegt der regelmäßigen dreijährigen **Verjährung** des § 195 BGB. Verjährungsbeginn bestimmt sich nach § 199 BGB.

V. Ruhegehalt und Hinterbliebenenversorgung

194 **Ruhegehalt u Hinterbliebenenversorgung** sind häufiger Gegenstand einer Vereinbarung im **Anstellungsvertrag.**[666] Auch ohne Vereinbarung kann sich Anspruch aus Branchenüblichkeit (selten!) oder Unternehmensüblichkeit (vulgo betriebliche Übung) ergeben.[667] Gewährung von Ruhegehalt an Angestellte verschafft aber keinen solchen Anspruch.[668] Ruhegehaltszusage ist formlos möglich.[669] Sofern nicht UnternehmerGFührer,[670] ist auf Ruhegehaltszusage grds das BetrAVG anwendbar, § 17 I 2 BetrAVG.[671] Ruhegehaltsansprüche nichtunternehmerischer GFührer sind nach § 7 Betr-

663 BGH DB 1990, 1080; vgl zur möglicherweise durch den Anstellungsvertrag ausgeschlossenen Rückforderung der Arbeitgeberanteile in diesem Fall OLG Köln KTS 1992, 131 sowie *Onusseit* KTS 1992, 1.

664 BGH AG 1978, 165 f; BGH DStR 1998, 576; *Goette* § 8 Rn 72; Thomas/Putzo/*Hüßtege,* ZPO, 29. Aufl 2008, § 850 Rn 6; Zöller/*Stöber,* ZPO, 26. Aufl 2007, § 850 Rn 9.

665 Wie hier Ulmer/*Paefgen* Rn 163; Scholz/*Schneider/Sethe* Rn 250; Lutter/*Hommelhoff/Kleindiek* Anh § 6 Rn 35; Stein/Jonas/*Brehm,* ZPO, 22. Aufl 2002, § 850 Rn 39; im Wesentlichen auch Rowedder/Schmidt-Leithoff/*Koppensteiner* Rn 89; *Timm* ZIP 1981, 11; **abw** *Fleck* WM 1968, Sonderbeilage 3, 1; BGHZ 41, 288 (für Vorstandsmitglieder), teilweise durch BGH AG 1978, 166 überholt.

666 *Tänzer* GmbHR 2005, 1256, 1259; zur Zuständigkeit der Gfter für Ruhegeldzusagen s. *Samwer* FS Luer, 2008, 295; zur Aufrechnung von Schadensersatzansprüchen der Ges gegen den Anspruch auf Ruhegehalt *Uwe H. Schneider/Brouwer* FS Röhricht, 2005, 541; *dies* GmbHR 2006, 1019.

667 **AA** hinsichtlich betrieblicher Übung: Rowedder/Schmidt-Leithoff/*Koppensteiner* Rn 93; Roth/*Altmeppen* § 6 Rn 56; Ulmer/*Paefgen* Rn 218; Scholz/*Schneider/Sethe* Rn 251; *Nebendahl* NZA 1992, 289.

668 RGZ 169, 302; BGH DB 1969, 1057; BGH WM 1969, 686; Scholz/*Schneider/Sethe* Rn 252.

669 BGH ZIP 1994, 206.

670 BGH DB 2008, 287; BGHZ 77, 94; 77, 233; 108, 330; BGH NJW 1997, 2882; BGH WM 2003, 1779; BAG GmbHR 1998, 84, 86; OLG Köln GmbHR 1989, 81; OLG Stuttgart GmbHR 1998, 684; *Goette* § 8 Rn 113; s a bereits Rn 23.

671 So auch Lutter/*Hommelhoff/Kleindiek* Anh § 6 Rn 37; ähnlich, aber komplizierter Rowedder/Schmidt-Leithoff/*Koppensteiner* Rn 94 ff; zur Abgrenzung vor allem *Blomeyer/Otto,* BetrAVG, 4. Aufl 2004, § 17 Rn 100.

AVG insolvenzgesichert.[672] Die Ges kann eine Versorgungszusage freiwillig der Geltung des BetrAVG unterwerfen,[673] wenn die Voraussetzungen für einen insolvenzgesicherten Versorgungsanspruch (noch) nicht erfüllt sind.[674] Pensions- und steuerrechtliche Fragen können in diese Kommentierung des GmbH-Gesetzes nicht sinnvoll einbezogen werden. Vielmehr ist auf Spezialschrifttum zu verweisen.[675]

VI. Nachvertragliches Wettbewerbsverbot

Lit: *Bauer,* Nachvertragliche Wettbewerbsverbote mit Organmitgliedern, FS Schwerdtner, 2003, 441; *Bauer/Diller,* Wettbewerbsverbote, 4. Aufl 2006; *Diller/Wilske,* Grenzüberschreitende Durchsetzung nachvertraglicher Wettbewerbsverbote, DB 2007, 1866; *Goette,* Der Geschäftsführerdienstvertrag zwischen Gesellschafts- und Arbeitsrecht in der Rechtsprechung des Bundesgerichtshofs, FS Wiedemann, 2002, 873; *Heidenhain,* Nachvertragliches Wettbewerbsverbot des GmbH-Geschäftsführers, NZG 2002, 605; *Heller,* Nachträgliches Wettbewerbsverbot bei Geschäftsführern, GmbHR 2000, 371; *Kamanabrou,* Teilverbindlichkeit überschießender nachvertraglicher Wettbewerbsverbote für GmbH-Geschäftsführer, ZGR 2002, 898; *Kukat,* Vorsicht ist besser als Nachsicht – Praktische Hinweise zur Vereinbarung nachvertraglicher Wettbewerbsverbote für Geschäftsführer und zur Anrechnung anderweitigen Erwerbs, BB 2001, 951; *Manger,* Das nachträgliche Wettbewerbsverbot des GmbH-Geschäftsführers, GmbHR 2001, 89; *Menke,* Gestaltung nachvertraglicher Wettbewerbsverbote mit GmbH-Geschäftsführern, NJW 2009, 636; *Schnelle,* Wettbewerbsverbot für Gesellschafter-Geschäftsführer bei

---

672 *Uhlenbruck* BB 2003, 1185, 1188; *Paulsdorff/Wohlleben,* Kölner Schrift zur InsO, 2. Aufl 2000, 1655, 1670 ff; *Häsemeyer* Insolvenzrecht, 4. Aufl 2007, Rn 23, 28 ff.; *Wicke* Anhang § 6 Rn 12.

673 BGH DB 2008, 287, 288.

674 BGH GmbHR 2002, 380; *Gehrlein* BB 2004, 2585, 2590.

675 *Förster/Rühmann/Cisch,* BetrAVG, 11. Aufl 2007; *Blomeyer/Otto,* BetrAVG, 4. Aufl 2004; *Kemper/Kisters-Kölkes/Berenz/Bode/Pühler,* BetrAVG, 3. Aufl 2008; *Höfer/Reiners/Wüst,* BetrAVG (Losebl); *Tillmann/Mohr,* GmbH-GFührer, 9. Aufl 2009, Rn 305 ff; *Tillmann/Schiffers/Wälzholz,* Die GmbH im Gesellschafts- und Steuerrecht, 5. Aufl 2009; *Weber/Dahlbender* GmbH-StB 2001, 329; *Langohr-Plato* ZAP 2003, 415; *Bauer,* Arbeitsrechtliche Aufhebungsverträge, 8. Aufl 2007, IV Rn 269 ff; zu Ausgestaltungskriterien für Pensionszusage *Förster/Heger* DStR 1994, 507; zur Altersversorgung nach wirksamer Kündigung s *Lohr* NZG 2001, 826, 834; zur grundsätzlichen Unverfallbarkeit der Versorgungszusage bis zur Grenze des Rechtsmissbrauchs s a BGH NJW-RR 2000, 1275; BGH NJW-RR 2000, 1277; BGH GmbHR 2002, 380; OLG München NZG 2002, 978; OLG Düsseldorf NZG 2000, 933. Zur Angemessenheit von Versorgungszusagen an beherrschenden GfterGFührer *Höfer/Kaiser* DStR 2004, 2136; zur Behandlung der passivierten Pensionszusage an den beherrschenden GfterG-Führer im Rahmen des Anteilsverkaufs einer GmbH s *Lederle* GmbHR 2004, 269. Zu den Auswirkungen des seit 2005 geltenden Alterseinkünftegesetzes auf GmbH-Gesellschafter-Geschäftsführer *Maute* GmbHR 2004, 1198. Zu den **Steuerfragen** *Höfer,* Die Besteuerung der betrieblichen Altersversorgung von Kapitalgesellschaftern, 2. Aufl 2000; *Hieb/Leser* GmbHR 2001, 453; *Haßelberg* DStR 2002, 1803; *Herlinghaus* GmbHR 2003, 373, 374 ff; zur sofortigen Unfallverfallbarkeit von Pensionszusagen BMF-Schr v 9. 12. 2002, GmbHR 2002, 1262; zur Kapitalisierung des Pensionsanspruchs des GfterGFührers bei Veräußerung der GmbH *Hoffmann* DStR 2002, 2211; *Beck* DStR 2002, 473; zur Angemessenheit von Pensionszusagen an GfterGFührer auf Grund der BFH-Rspr zu Invalidenrentenanwartschaften, *Haßelberg* GmbHR 2004, 1056; zur Körperschaftssteuer-vGA: BFH DB 2008, 1183; zu der nicht starren Erdienungszeit einer Pensionszusage von 10 Jahren BFH DB 2002, 2248; FG Berlin-Brandenburg EFG 2007 S 1731.

Unternehmensverkauf, GmbHR 2000, 599; *Thüsing,* Nachorganschaftliche Wettbewerbsverbote bei Vorständen und Geschäftsführern, NZG 2004, 9.

195 Zum Wettbewerbsverbot während der GFührertätigkeit vgl Rn 41 ff. Vertragliche Regelung empfiehlt sich; hinsichtlich eines nachvertraglichen Verbots ist sie erforderlich (Rn 46). Zwar kann sich nachvertragliches Verbot theoretisch auch aus ergänzender Vertragsauslegung ergeben.[676] Konturen werden aber idR zu unscharf sein.

196 Unklar und str ist, welche **Schranken gegenüber nachvertraglichen Wettbewerbsverboten** eingreifen.[677]

197 **1. Geltung der §§ 74 ff HGB.** §§ 74 ff HGB gelten für nachvertragliches Verbot **nicht direkt** u generell.[678] Da aber gewisser Schutz des GFührers erforderlich ist u Regelungsprobleme strukturell ähnlich sind, können über die Generalklauseln durchaus einzelne den §§ 74 ff HGB nachgebildete Grds zur Anwendung kommen.[679] Auch ergänzende Vertragsauslegung kann je nach den Umständen zu solchen Grds führen. Nicht zu folgen ist der differenzierenden Auffassung, nach der §§ 74 ff HGB analog auf sozial abhängigen oder arbeitnehmerähnlichen GFührer anwendbar seien.[680]

198 **2. Kontrolle anhand von § 138 BGB. Rspr nimmt** für die Überprüfung wettbewerbsbeschränkender Abreden meist **§ 138 BGB zum Ausgangspunkt** und zieht später für Konkretisierung ua am Recht der Berufswahlfreiheit des Art 12 I GG entwickelte Grundsätze heran.[681] Nach der zweistufigen Prüfung[682] muss (1) das nachträgliche Wettbewerbsverbot dem Schutz eines berechtigten geschäftlichen Interesses der Ges dienen (vgl § 74 I 1 HGB). Soweit Berufsausübung des GFührers solche Interessen nicht beeinträchtigt, ist sie unbedenklich. (2) Das Wettbewerbsverbot hat auf das örtlich,[683] zeitlich u gegenständlich notwendige Maß beschränkt zu bleiben (Gesamtbetrachtung[684]). Weniger brauchbar, aber in Grenzfällen unverzichtbar sind normativ wertende Formeln wie die, dass das Wettbewerbsverbot die Berufsausübung u wirtschaftliche Betätigung nicht unbillig erschweren oder dass es nur vor illoyaler Verwertung von Arbeitserfolgen und vor missbräuchlicher Ausnutzung der Berufsfreiheit schützen darf. (3) Bedenklich sind For-

---

676 BGH GmbHR 1990, 77 = WM 1990, 13.

677 Guter Überblick bei *Jaeger,* Anstellungsvertrag, 168 ff.

678 BGHZ 91, 1; BGH BB 1992, 723; BGH NJW 2002, 1875; BGH DStR 2008, 1394; BGH NZG 2008, 753; Roth/*Altmeppen* § 6 Rn 48; *Fleck* WM 1981, Sonderbeilage 3, 14; Lutter/*Hommelhoff/Kleindiek* Anh § 6 Rn 25; *Heidenhain* NZG 2002, 605, 606; *Weidelener,* Der richterliche Vertragsschutz, 2002 S 35; *Thüsing* NZG 2004, 9; *Gehrlein* BB 2004, 2585, 2591; *Bauer* FS Schwerdtner, 2003, 441.

679 *Hoffmann-Becking* FS Quack, 1991, 273; *Jäger* DStR 1995, 724; *Kukat* BB 2001, 951, 952.

680 So Rowedder/Schmidt-Leithoff/*Koppensteiner* Rn 106; Scholz/*Schneider* § 43 Rn 182; *Bellstedt* GmbHR 1976, 238 f; *Bauer/Diller* Wettbewerbsverbote, 4. Aufl 2006, Rn 716; *Kamanabrou* ZGR 2002, 898, 902 ff; wie hier Ulmer/*Paefgen* Rn 248; Roth/*Altmeppen* § 6 Rn 48.

681 BGHZ 91, 1, 5; OLG Düsseldorf BB 2001, 956; OLG Oldenburg NZG 2000, 1038, 1039.

682 *Heller* GmbHR 2000, 371, 372; *Bauer/Diller* GmbHR 1999, 885, 887 f; *Bauer* FS Schwerdtner, 2003, 441, 444 f.

683 OLG Celle NZG 2001, 131; BGH NZG 2005, 274 f.

684 *Thüsing* NZG 2004, 9, 10.

mulierungen, dass es kein schutzwürdiges Interesse der GmbH daran geben könne, dass der ehemalige GFührer unbefristet oder für eine bestimmte Zeit vollständig als Wettbewerber ausgeschaltet werde.[685] Selbstverständlich muss für eine gewisse, dh angemessene Zeit die Ausschaltung als Wettbewerber vollständig möglich sein. Die Zulässigkeit von teilweisem Wettbewerb lässt sich nicht sinnvoll abgrenzen. Zu eng ist auch, die Zulässigkeit von Schutzklauseln darauf zu beschränken, dass der GFührer nach seinem Ausscheiden Kunden abzieht („Kunden- und Mandantenschutzklauseln"),[686] zu denen er nur auf Grund seiner Tätigkeit bei der GmbH Verbindung gewinnen konnte, oder dass er sich sonstige Informationen zu nutze macht, zu denen er sich nur durch seine GFührertätigkeit Zugang hatte verschaffen können.[687] Was an Schranken zulässig ist, dürfen vielmehr die Parteien innerhalb dessen, was objektiv die Interessen der GmbH berührt, privatautonom regeln.[688] Um einer Karenzentschädigung (Rn 202) zu entgehen, kann nachträgliches Wettbewerbsverbot von auflösenden oder aufschiebenden Bedingungen abhängig gemacht werden, die an objektive Faktoren anknüpfen.[689] Denkbar sind etwa bedingte Wettbewerbsverbote, nach denen der GFührer nur mit Zustimmung der Ges eine Konkurrenztätigkeit aufnehmen kann. Entscheidungsfrist der Ges muss angemessen beschränkt sein.[690] Ein Wettbewerbsverbot mit Karenzentschädigungspflicht wird nicht allein deswegen hinfällig, weil GFührer vom Ausspruch der Kündigung bis zum Ablauf der Kündigungsfrist freigestellt wird.[691]

3. Erstreckung des Wettbewerbsverbots auf Tätigkeitsfelder von Tochtergesellschaften. Zulässig ist Erstreckung des Wettbewerbsverbots auf Tätigkeitsfelder von Tochtergesellschaften, an denen wesentliche Beteiligung der Ges besteht, sofern GFührer auf deren Leitung Einfluss u auf deren Informationen Zugriff hatte.[692] Wettbewerbsverbot kann ferner nicht nur leitende, sondern auch beratende u ebenso auch unselbständige (dh Arbeitnehmer-)Tätigkeit des GFührers für Konkurrenten umfassen, ferner den Erwerb von Beteiligungen an Konkurrenzunternehmen, sofern Beteiligung beherrschend ist oder auch nur, wie bei typischer personalistischer GmbH, Mitwirkung an der GFührung ermöglicht. 199

4. Zeitliche Beschränkung. Wettbewerbsverbot muss, dem Grundgedanken des § 74a I 3 HGB entsprechend, **zeitlich beschränkt** sein. Die Zweijahresgrenze dieser Regelung kann dabei zu eng sein. Sie darf daher je nach den Umständen (insbes konkrete Bedeutung für die GmbH einerseits, 200

---

685 So aber OLG Düsseldorf GmbHR 1999, 120, 121; OLG Düsseldorf NZG 2000, 737; *Thüsing* NZG 2004, 9, 10; zu Recht krit gegenüber dieser Rspr *Manger* GmbHR 2001, 89, 91 ff.

686 So *Heller* GmbHR 2000, 371, 373.

687 OLG Düsseldorf GmbHR 1999, 120, 121 = BB 2001, 956.

688 *Bauer/Diller* GmbHR 1999, 885 ff sowie umfassend *dies* Wettbewerbsverbote, 4. Aufl 2006, Rn 719 ff.

689 *Kukat* BB 2001, 951, 954; *Bauer/Diller* DB 1997, 94 ff; *Heller* GmbHR 2000, 371, 373.

690 *Thüsing* NZG 2004, 9, 11.

691 BGH NJW 2002, 1875 = LM Nr 38 m Anm *M. Haas; Gehrlein* BB 2004, 2585, 2591; **aA** vorinstanzliches Urteil OLG Köln NZG 2000, 740.

692 Zurückhaltender Roth/*Altmeppen* § 6 Rn 48; *U. H. Schneider* GmbHR 1993, 10, 18 f; *Bauer/Diller* GmbHR 1999, 885, 889.

anderweitige Fortkommensmöglichkeiten des GFührers andererseits) länger, allerdings wohl kaum je über vier Jahre hinaus erstreckt werden (sehr str).[693] **Sachlich** erfasst das Wettbewerbsverbot nicht bloße Vorbereitungshandlungen zum Aufbau eines eigenen oder fremden Unternehmens.[694]

201 **5. Rechtsfolge der Schrankenüberschreitung.** Rechtsfolge der Nichtbeachtung dieser Regeln ist nicht die Gesamtnichtigkeit des nachvertraglichen Wettbewerbsverbots, sondern seine regelentsprechende Reduzierung.[695] Das folgt zum einen schon aus den Formulierungen in § 74 a I HGB („insoweit unverbindlich", „kann nicht erstreckt werden"), aber auch daraus, dass die beschränkenden Grundsätze letztlich in Anlehnung an Art 12 GG entwickelt wurden. Insoweit hat das Prinzip verfassungskonformer Auslegung Vorrang vor der Nichtigkeit. Dieses Prinzip ist zwar für an der Verfassung überprüfte Gesetze entwickelt worden. Für Verträge kann schwerlich anderes gelten. Hinsichtlich der zeitlichen Dauer des Wettbewerbsverbots ergibt sich die lediglich vorliegende Teilnichtigkeit auch aus § 139 BGB, da es sich bei dem GFühreranstellungsverhältnis um ein in einzelne Zeitabschnitte zerlegbares Dauerschuldverhältnis handelt.[696]

202 **6. Angemessene Entschädigung.** Zentrale Bedeutung für Interessenausgleich hat, dass durch Wettbewerbsverbot gebundener GFührer für Dauer des Verbots angemessenen Ausgleich erhält.[697] FremdGFührer wird dabei grds entsprechend der Regel des § 74 II HGB eine Entschädigung in Höhe von mindestens der Hälfte seiner zuletzt bezogenen Vergütung zu zahlen sein. Bei GfterGFührer, dem Beteiligung u Gewinnanteile verbleiben, kann dies überflüssig sein, wenn daraus dem GFührer zufließende Beträge höher sind als seine Vergütung. Fehlen der Vereinbarung einer angemessenen Entschädigung macht Wettbewerbsverbot analog § 74 II HGB grds unverbindlich.[698] Verzichtbar ist Entschädigung etwa bei Kunden- bzw Mandantenschutzklauseln.[699] Regelung im Anstellungsvertrag, wonach Karenzentschädigung entfällt, wenn GFührer durch sein Verhalten Anlass zur außerordentlichen Kündigung gegeben hat, ist wirksam.[700] Ehemaliger GFührer muss einen Erwerb durch eine anderweitige Tätigkeit nicht analog § 74 c HGB auf Karenzentschädigung anrechnen lassen.[701] Zweckgedanke des § 74 c HGB, ArbN nicht

---

693 Wie hier AnwaltsHdbGmbHR/*Terlau* § 8 Rn 22; Lutter/*Hommelhoff/Kleindiek* Anh § 6 Rn 25; ähnlich *Thüsing* NZG 2004, 9, 11.

694 OLG Oldenburg NZG 2000, 1038.

695 AnwaltsHdbGmbHR/*Terlau* § 8 Rn 24; *Bauer* FS Schwerdtner, 2003, 441, 448; **abw** OLG Düsseldorf GmbHR 1999, 120 = BB 2001, 956, 121; *Kukat* BB 2001, 951, 952; differenzierend, aber iE ebenso *Kamanabrou* ZGR 2002, 898 ff; *Thüsing* NZG 2004, 9, 13 f; krit gegenüber der geltungserhaltenden Reduktion bei mit § 138 BGB nicht zu vereinbarender *örtlicher* Erstreckung des Wettbewerbsverbots *Manger* GmbHR 2001, 89, 90 f; s a *Heller* GmbHR 2000, 371, 373.

696 *Manger* GmbHR 2001, 89, 90.

697 Zur Angemessenheit OLG Celle GmbHR 1980, 32; OLG Düsseldorf GmbHR 1993, 581; OLG Düsseldorf GmbHR 1998, 180; *Bellstedt* GmbHR 1976, 236; *Peltzer* BB 1976, 1252; *Jäger* DStR 1995, 724; *Weidelener,* Der richterliche Vertragsschutz, 2002, 280 ff; *Thüsing* NZG 2004, 9, 12; *Menke* NJW 2009, 636.

698 So auch Scholz/*Schneider* § 43 Rn 183; gegen generelle Unwirksamkeit BGH NJW 2002, 1875; Ulmer/*Paefgen* Rn 254; *Goette* FS Wiedemann, 2002, 883 f.

699 *Heller* GmbHR 2000, 371, 373.

700 OLG Köln DB 2008, 1791.

701 BGH DStR 2008, 1394; **aA** *Kukat* BB 2001, 951, 952 f; Ulmer/*Paefgen* Rn 255.

zur Kündigung zu verleiten, allein um die Karenzentschädigung zu beziehen, passt für GFührer nicht.[702]

Gesellschaft wird bei **Verzicht auf nachvertragl Wettbewerbsverbot** analog § 75 a HGB von Pflicht zur vertragl Karenzentschädigung frei.[703] Verzicht muss dann aber vor Beendigung des Dienstverhältnisses erklärt werden.[704] Wird Verzicht erst nach ordentlicher Kündigung des Anstellungsvertrages zu einem Zeitpunkt erklärt, in dem sich der ehem GFührer bereits auf die Einschränkungen durch das Wettbewerbsverbot eingerichtet hat, entfällt die Karenzentschädigungspflicht nicht (Dispositionsschutz des GFührers).[705] **203**

7. Form. Formerfordernis des § 74 I HGB gilt für GFührer nicht, doch wird auf Schriftform schon aus praktischen Gründen kaum je verzichtet werden können. Sie kann jedoch im Rahmen des GFühreranstellungsvertrags gewahrt werden. Der Aushändigung einer besonderen Urkunde bedarf es nicht. **204**

8. Anspruch auf Unterlassung und Schadensersatz. Bei **Verstößen** gg das Wettbewerbsverbot hat Ges gegen ehem GFührer Anspruch auf Unterlassung und Schadensersatz, der auch im Wege des einstweiligen Rechtsschutzes geltend gemacht werden kann.[706] Für den Fall der Zuwiderhandlung enthalten die Anstellungsverträge oft Vertragsstrafenregelungen.[707] **205**

9. Nachwirkende Treupflicht. Den ausgeschiedenen Gführer trifft nachwirkende Treupflicht.[708] Inwieweit Aufhebungsvertrag für Dienstverhältnis auch nachvertragl Wettbewerbsverbot umfasst, ist Auslegungsfrage.[709] **206**

VII. Kreditgewährung an GFührer

Zur **Kreditgewährung** an GFührer durch die Ges vgl § 43 a. **207**

VIII. Erfüllungsort für Geldforderungen

Erfüllungsort für Geldforderungen der GmbH gegen GFührer aus dem Anstellungsverhältnis ist idR der Sitz der Ges.[710] **208**

---

702 BGH DStR 2008, 1394, 1395.

703 BGH NJW 2002, 1875; BGH NJW 1992, 1892; OLG Koblenz NZG 2000, 653; OLG Hamm DB 1991, 1066; *Bauer* FS Schwerdtner, 2003, 441, 450.

704 LG Frankfurt a. M. GmbHR 1994, 803; *Kukat* BB 2001, 951, 954; **abw** OLG Düsseldorf DB 1996, 2273; Ulmer/*Paefgen* Rn 257; zweifelnd *Heller* GmbHR 2000, 371, 374.

705 BGH NJW 2002, 1875 = LM Nr 38 m Anm *M. Haas;* ähnlich Scholz/*Schneider* § 43 Rn 183; Ulmer/*Paefgen* Rn 258; krit *Heidenhain* NZG 2002, 605; *Gehrlein* BB 2004, 2585, 2591; Roth/*Altmeppen* § 6 Rn 49; *Goette* FS Wiedemann, 2002, 873, 884 f.

706 *Thüsing* NZG 2004, 9, 14.

707 *Kukat* BB 2001, 951, 954; OLG Oldenburg NZG 2000, 1038 (dort auch zur Abgrenzung von erlaubten Handlungen zur Vorbereitung künftiger Berufsausübung).

708 Dazu BGH GmbHR 1977, 43; OLG Hamm GmbHR 1985, 157; Roth/*Altmeppen* § 6 Rn 47 f; *Fleck* WM 1968, Sonderbeilage 3, 15; *Thüsing* NZG 2004, 9, 15; s a Rn 39.

709 OLG Köln GmbHR 1997, 743.

710 BGH WM 1985, 283; OLG München GmbHR 1999, 981, 982; Ulmer/*Paefgen* Rn 264.

IX. Beendigung des Anstellungsvertrags

Lit: *Bauer/Arnold,* Kein Kündigungsschutz für „Arbeitnehmer-Geschäftsführer" – oder doch?, DB 2008, 355; *Bauer/Diller,* Koppelung von Abberufung und Kündigung bei Organmitgliedern, Zulässige Gestaltung oder sittenwidrige Falle?, GmbHR 1998, 809; *Bauer/Gragert,* Der GmbH-Geschäftsführer zwischen Himmel und Hölle, ZIP 1997, 2183; *Bauer/Krets,* Gesellschaftsrechtliche Sonderregeln bei der Beendigung von Vorstands- und Geschäftsführerverträgen, DB 2003, 811; *Bauer/Krieger,* Formale Fehler bei Abberufung und Kündigung vertretungsberechtigter Organmitglieder, ZIP 2004, 1247; *Bayer/Rempp,* Probleme bei der Kündigung von GmbH-Geschäftsführern, GmbHR 1999, 530; *Döge/Jobst,* Abmahnung von GmbH-Geschäftsführern in befristeten Anstellungsverhältnissen, GmbHR 2008, 527; *Hillmann-Stadtfeld,* Beendigung von Geschäftsführer-Dienstverträgen. Hier: Koppelungsklauseln bei befristeten Verträgen, GmbHR 2004, 1457; *Hoger,* Fortdauer und Beendigung der organschaftlichen Rechtsstellung von Geschäftsleitern beim Formwechsel nach dem UmwG, ZGR 2007, 869; *Holthausen/Steinkraus,* Die janusköpfige Rechtsstellung des GmbH-Geschäftsführers im Arbeitsrecht, NZA-RR 2002, 281; *Hümmerich/Schmidt-Westphal,* Integrierte Aufhebungsvereinbarungen im Dienstvertrag des GmbH-Geschäftsführers, DB 2007, 222; *Lohr,* Die fristlose Kündigung des Dienstvertrages eines GmbH-GFührers, NZG 2001, 826; *Lunk,* Rechtliche und taktische Erwägungen bei Kündigung und Abberufung des GmbH-Geschäftsführers, ZIP 1999, 1777; *Neu,* Die Beendigung der Anstellungsverhältnisse von GmbH-Geschäftsführern, 2000; *Pröpper,* Kündigung und Abberufung eines faktischen Geschäftsführers, GmbH-StB 2008, 88; *Reiserer,* Die außerordentliche Kündigung des Dienstvertrages des GmbH-Geschäftsführers, BB 2002, 1199; *Reiserer/Peters,* Die anwaltliche Vertretung von Geschäftsführern und Vorständen bei Abberufung und Kündigung, DB 2008, 167; *Schneider,* Abmahnung des Geschäftsführers vor Kündigung des Anstellungsvertrages aus wichtigem Grund?, GmbHR 2003, 1; *Schumacher-Mohr,* Das Abmahnungserfordernis im Fall der außerordentlichen Kündigung von Organmitgliedern, DB 2002, 1606; *Stein,* Die neue Dogmatik der Wissensverantwortung bei der außerordentlichen Kündigung von Organmitgliedern der Kapitalgesellschaften, ZGR 1999, 264; *Trappehl/Scheuer,* Abmahnung jetzt auch bei Vorständen und Geschäftsführern Kündigungsvoraussetzung?, DB 2005, 1276; *Tschöpe/Wortmann,* Abberufung und außerordentliche Kündigung von geschäftsführenden Organvertretern – Grundlagen und Verfahrensfragen, NZG 2009, 85; *dies,* Der wichtige Grund bei Abberufungen und außerordentlichen Kündigungen von geschäftsführenden Organvertretern, NZG 2009, 161; *Voigt,* Die Entlassung des GmbH-Geschäftsführers aus wichtigem Grund, 2001, S 45; *Winzer,* Die Abmahnung des GmbH-Geschäftsführers, GmbHR 2007, 1190.

209 **1. Verhältnis der Beendigung der Organstellung zum Anstellungsvertrag.** Versteht man den Anstellungsvertrag als neben dem Organverhältnis stehendes selbständiges Rechtsverhältnis, hat Beendigung der Organstellung des GFührers **nicht automatisch** auch Beendigung des Anstellungsvertrags zur Folge.[711] Abberufung des GFührers führt nur dann auch zur Beendigung des Anstellungsvertrags, wenn gleichzeitig außerordentliche Kündigung des Anstellungsvertrags erklärt wird u Anstellungsverhältnis aus wichtigem Grund fristlos gelöst werden kann.[712] Auch verwandelt sich mit dem Verlust der

[711] BAG GmbHR 2003, 765; BGH NJW 2000, 1864, 1865; BAG NJW 1999, 3096; OLG Köln NZG 2000, 551, 552; *Tschöpe/Wortmann* NZG 2009, 85, 87; s a Rn 16.

[712] BGHZ 79, 38, 41; Roth/*Altmeppen* § 38 Rn 5; Scholz/*Schneider* § 38 Rn 33 f, Rowedder/Schmidt-Leithoff/*Koppensteiner* § 38 Rn 31; Lutter/*Hommelhoff/Kleindiek* Anh § 6 Rn 45; MünchHdbGmbH/*Marsch-Barner/Diekmann* § 43 Rn 78; *Lohr* NZG 2001, 826, 827; *Hillmann-Stadtfeld* GmbHR 2004, 1457, 1458.

Organstellung der GFühreranstellungsvertrag nicht in einen Arbeitsvertrag.[713] Ob Amtsniederlegung auch Kündigung bedeutet, ist Auslegungsfrage.[714]

Nicht ohne weiteres überzeugend ist Annahme eines vom Organverhältnis unabhängigen Anstellungsverhältnisses, soweit dieses nur die **Aufgabe der ergänzenden Regelung** hat (Rn 12 ff) u bereits die GFührerstellung nicht frei, sondern nur aus bestimmten Gründen, etwa nur aus wichtigem Grund (§ 38 Rn 6 ff) widerruflich ist. In solchen Fällen kann anzunehmen sein, dass Parteien den Anstellungsvertrag nicht als selbständiges, vom Schicksal des Organverhältnisses unabhängiges Rechtsverhältnis, sondern als dessen Annex gewollt haben. Abberufung führt dann automatisch auch zu sofortiger Beendigung des Anstellungsvertrages. 210

Möglich ist konstruktive Verknüpfung, dass Abberufung stets automatisch auch fristlose Kündigung des Anstellungsverhältnisses bedeutet. Zwar muss wichtiger Grund zur Abberufung nicht notwendig auch für Anstellungsverhältnis wichtig sein. Für dieses kann aber, da nicht Arbeitsverhältnis, auch fristlose ordentliche Kündigung vereinbart werden (Rn 244).[715] Wenn man die konstruktive Verknüpfung beider Rechtsverhältnisse als durch eine **auflösende Bedingung** (Abberufung aus der Organstellung) bewirkt ansieht, stehen dem keine Bedenken entgegen, weil Vereinbarung auflösender Bedingung bei Nichtarbeitsverhältnissen zulässig ist.[716] Unzutreffend ist die Auffassung, **Koppelungsklauseln** würden gegen § 305 c I BGB verstoßen u seien mit § 622 VI BGB nicht vereinbar.[717] 211

Ist Organstellung beendet, Anstellungsvertrag aber nicht, muss GFührer grds auch Tätigkeiten unterhalb der Organebene übernehmen, sofern er nicht seinen Gehaltsanspruch verlieren will. Abstrakt gilt als Grenze für Übernahme anderer Tätigkeit, dass nur zumutbare Arbeit ausgeführt werden braucht. Für Zumutbarkeit kann erheblich sein, ob GFührer Abberufung zu verantworten hat.[718] 212

2. Zur umgekehrten Problemstellung, den **Auswirkungen der Beendigung des Dienstverhältnisses auf Organstellung,** vgl § 38 Rn 96. 213

---

713 BAG NJW 2008, 3514, 3515.

714 BGH BB 1978, 520; OLG Düsseldorf GmbHR 1989, 469.

715 OLG Hamm GmbHR 2007, 442, 443; zur Koppelung bei Unzulässigkeit der ord Kündigung (zB wegen § 620 I BGB) mit der außerord Kündigung BGH NJW 1999, 3263, 3264.

716 BGH BB 2006, 14, 15; BGH NJW 1999, 3263, 3264; *Fleck* ZIP 1986, 270; Scholz/*Schneider/Sethe* Rn 305; MünchHdbGmbH/*Marsch-Barner/Diekmann* § 43 Rn 78; teilw **abw** BGH NJW 1989, 2683 für VorstMitgl von AGen (Anstellungsverhältnis endet mit Ablauf der Frist des § 622 BGB); *Hillmann-Stadtfeld* GmbHR 2004, 1457, 1458; gänzlich verneinend für VorstMitgl wegen angeblich aus § 84 AktG folgendem Trennungsprinzip *B. Eckhardt* AG 1989, 431. Zur Problematik *Bauer/Diller* GmbHR 1998, 809; *Lohr* NZG 2001, 826, 832; *Moll* FS Schwerdtner, 2003, 453, 455 ff; *Grumann/Gillmann* DB 2003, 770 (für Vorstandsmitglieder einer AG). Zur Erforderlichkeit zurückhaltender Auslegung von Koppelungsklauseln BGH GmbHR 1998, 534; zur bedenklichen Verwendung bei befristeten Verträgen *Hillmann-Stadtfeld* GmbHR 2004, 1457.

717 So aber *Bauer/Diller* GmbHR 1998, 809; *Bauer,* Arbeitsrechtliche Aufhebungsverträge, 8. Aufl 2007, III Rn 29 ff für auf längere Zeit befristete Verträge bzw Verträge mit langer Kündigungsfrist.

718 *Bauer/Gragert* ZIP 1997, 2183; *Kothe-Heggeman/Dahlbender* GmbHR 1996, 650.

214 **3. Beendigungsgründe.** Die wichtigsten Beendigungsgründe für GFühreranstellung sind **Befristung** (Rn 215) u **Kündigung** (Rn 216 ff, 242 ff). Daneben kommen vor allem vertragliche Aufhebung, auflösende Bedingung (str, Rn 211) u Tod in Betracht. Auflösung der Ges beendet Anstellung nicht, GFührer werden vielmehr zu Liquidatoren, soweit Satzung nichts anderes bestimmt, § 66 I, u ebenso wenig beendet Insolvenzverfahren.[719]

215 **4. Beendigung durch Befristung.** Anstellungsvertrag kann auf bestimmte Zeitdauer befristet werden, § 620 I BGB.[720] Arbeitsrechtliche Beschränkungen der Befristung sind auf GFühreranstellung nicht übertragbar; insbes gilt das TzBfG für GFühreranstellungsvertrag nicht, da kein Arbeitsvertrag (vgl § 620 III BGB).[721] Befristung bedarf daher keines Sachgrundes u sie kann wiederholt erfolgen.[722] Zumindest ist sie unbedenklich, wenn sie mit der Befristung des Organverhältnisses gekoppelt wird; letzteres ist im Aktienrecht u für mitbestimmte Ges zwingend vorgeschrieben. Vereinbarung einer vertraglichen Altersgrenze unterliegt weder dem AGG (Rn 178) noch den Vorgaben von § 41 S 2 SGB VI. Befristetes Anstellungsverhältnis kann vorzeitig nur aus wichtigem Grund – durch Koppelung an einen Widerruf der Organstellung oder außerordentliche Kündigung – beendet werden, unten Rn 242.[723] Wegen Möglichkeit stillschweigender Verlängerung (§ 625 BGB) ist Fristablauf sorgfältig zu kontrollieren.[724]

216 **5. Beendigung durch außerordentliche Kündigung. a) Zuständigkeit.** Beendigung des Anstellungsvertrages ist idR **Annexkompetenz zur Abberufung** u obliegt daher dem für diese zuständigen Gremium, **idR also GfterVers;** vgl dazu u zur Abgrenzung § 46 Rn 36 ff. Diese Zuständigkeitsregelung begegnet der Gefahr kollegialer Rücksichtnahmen.[725] Gfterbeschl ist nicht nur interne Voraussetzung der Kündigung, sondern Wirksamkeitserfordernis.[726] Eine Vertretung im Willen, dh eine Übertragung auf ein anderes Gremium oder eine andere Person, ist ausgeschlossen,[727] es sei denn es besteht anderweitige Satzungsregelung (§ 38 Rn 24). Kündigung bedarf wie Abberufung Erklärung gegenüber GFührer; dabei ist Stellvertretung zulässig (vgl § 38 Rn 42 f). Nur bei dessen Anwesenheit in GfterVers kann Erklärung schon im GfterBeschluss liegen und unmittelbar wirksam werden durch Unterzeichnung des Protokolls.[728] Ist GFührer nicht anwesend, muss ihm Erklärung

---

719 BGHZ 75, 209; 1979, 291; OLG Düsseldorf NZG 2000, 1044; Uhlenbruck/*Hirte,* InsO, 12. Aufl 2003 § 11 Rn 125; Scholz/*Schneide/Sether* Rn 305; Rowedder/Schmidt-Leithoff/*Koppensteiner* § 38 Rn 53; näher unten § 60 Rn 24, § 64 Rn 59; s a Rn 190.

720 Zur Laufzeit von GFührerverträgen *Flatten* GmbHR 2000, 922; zum GFührer als Interimsmanager *Pröpper* GmbH-StB 2007, 353.

721 Ebenso *Stück* GmbHR 2006, 1009, 1014; für Anwendung des TzBfG wenn GFührer ausnahmsweise ArbN ist *Busch/Schönhöft* DB 2007, 2650, 2652 ff.

722 Rowedder/Schmidt-Leithoff/*Koppensteiner* § 38 Rn 44.

723 BGH WM 1999, 2026 = NZG 1999, 1215, 1216; BGH WM 1998, 712; *Brandes* WM 2000, 217, 223.

724 *Stück* GmbHR 2006, 1009, 1014.

725 *Hirte* NJW 2000, 3531, 3534.

726 OLG Nürnberg NZG 2001, 810; *Reiserer* BB 2002, 1199; *Lunk* ZIP 1999, 1777 f.

727 OLG Düsseldorf DB 2004, 920, 921 (für die AG); *Bauer/Krieger* ZIP 2004, 1247, 1248.

728 OLG Nürnberg NZG 2001, 810, 811; für Vorstand einer Genossenschaft Saarländisches OLG WM 2006, 2364, 2366.

übermittelt werden.[729] Der Beifügung eines gesonderten GfterBeschlusses bedarf es nicht.[730]

217 Schrift- oder Textformerfordernis für Kündigungserklärung kann in Satzung vorgesehen oder im Anstellungsvertrag, auch mit konstitutiver Bedeutung, vereinbart werden.[731] § 623 BGB gilt nicht.[732] Wenn nicht alle Gfter unterschreiben, liegt in schriftlicher Erklärung Vertretung der GfterVers, nicht lediglich Botenübermittlung. GFührer kann gem. § 174 S 1 BGB zurückweisen,[733] es sei denn, Bevollmächtigung ist bekannt, sei es auf Grund einer entsprechenden Satzungsregelung[734] oder gem. § 174 S 2 BGB weil der Vollmachtgeber den anderen Teil von der Bevollmächtigung in Kenntnis gesetzt hat,[735] oder aber, weil im Anstellungsvertrag vorgesehen ist, ein Mit-GFührer vertrete bei Ausspruch einer Kündigung die Ges.[736] Zum Nachweis der Vollmacht iSd § 174 BGB reicht die Übergabe des Originalprotokolls über die Beschlussfassung,[737] nicht hingegen die Übergabe einer Abschrift oder eines Auszugs des Protokolls.[738] Erfordernis eingeschriebenen Briefs hat nur Beweisfunktion.[739]

218 **b) Wichtiger Grund. Außerordentliche Kündigung** des Anstellungsverhältnisses setzt wichtigen Grund voraus, § 626 BGB. Dazu müssen Tatsachen vorliegen, die Fortsetzung des Dienstverhältnisses bis zum Ablauf ordentlicher Kündigungsfrist oder etwaiger Befristung **unzumutbar** machen. Verschulden ist nicht erforderlich.[740] Maßstab ist selbstverständlich nicht subjektives Empfinden des kündigenden Teils, sondern ob objektiv aus Sicht eines verständigen Betrachters unter Berücksichtigung der beiderseitigen Interessen der weiteren Zusammenarbeit die Grundlage entzogen ist. GFührer ist bei Verhandlungen über die Aufhebung seines Dienstvertrages nicht verpflichtet zur außerordentlichen Kündigung berechtigende bisher unentdeckte Umstände offen zu legen.[741] Verschweigen erlaubt daher auch nicht Anfechtung einer Abfindungsvereinbarung.[742]

219 **Wichtiger Grund für GFührer:** Zumutung gesetzwidriger Maßnahmen durch GfterVers oder AR; grundlose Versuche einer Entziehung oder Beschränkung der Vertretungsbefugnis;[743] idR auch Abberufung aus Organstellung;[744] schwerwiegende unberechtigte Vorwürfe des MitGfter-GFührers, die

---

729 Zum Zugang der Kündigung *Lohr* NZG 2001, 826, 829.

730 BGH NZG 2003, 86, 87; BGH NJW 1995, 1750; OLG Nürnberg NZG 2001, 810.

731 *Lohr* NZG 2001, 826, 829; *Bauer/Krieger* ZIP 2004, 1247, 1250.

732 Zutr *Lohr* NZG 2001, 826, 828; Roth/*Altmeppen* § 6 Rn 91; *Bauer/Krieger* ZIP 2004, 1247, 1250; Staudinger/*Oetker* § 623 Rn 8; Palandt/*Weidenkaff* § 623 Rn 2; einschränkend ErfK/*Müller-Glöge* § 623 Rn 2 (Geltung, wenn Arbeitsverhältnis).

733 *Hirte,* KapitalGesR, 5. Aufl 2006, § 3 Rn 3.34; *Bauer/Krieger* ZIP 2004, 1247, 1248; OLG Düsseldorf DB 2004, 920, 921 ff (für die AG).

734 *Bauer/Krieger* ZIP 2004, 1247, 1248.

735 BGH BeckRS 2008, 23 770.

736 KG NZG 1999, 764, 765.

737 *Bauer/Krieger* ZIP 2004, 1247, 1248; *Gach/Pfüller* GmbHR 1998, 64, 67.

738 OLG Düsseldorf DB 2004, 920, 923.

739 KG NZG 1999, 764.

740 *Lohr* NZG 2001, 826, 829 ff; *Tschöpe/Wortmann* NZG 2009, 161, 163.

741 OLG Düsseldorf NZG 2000, 933.

742 OLG Düsseldorf NZG 2000, 933.

743 OLG München OLGZ 32, 112.

744 Rowedder/Schmidt-Leithoff/*Koppensteiner* § 38 Rn 51; Scholz/*Schneider* § 38 Rn 34; s a Rn 222.

ein Verbleiben im Amt unzumutbar machen;[745] nachträgliche Beschränkung der GFührungsbefugnisse im Kernbereich.[746]

220 **Wichtiger Grund für Ges:** Erhebliche oder wiederholte Pflichtverletzung, wie insbes Annahme von Schmiergeldern;[747] Verletzung der Schweigepflicht; schwerer Vertrauensbruch oder sonstiger Treueverstoß, zB Spekulation entgegen den Interessen der Ges;[748] wenn für echte GFührertätigkeit in der vereinbarten Art kein Raum mehr ist;[749] geschäftliches Versagen;[750] unberechtigte Amtsniederlegung;[751] Verletzung der Pflicht zur Überwachung der wirtschaftl Entwicklung;[752] ständige Widersetzlichkeit gegen Weisungen der Gfter;[753] und gravierender Verstoß gg innergesellschaftl Kompetenzordnung;[754] Weigerung, einen bindenden Beschl der GfterVers umzusetzen, wenn damit zum Ausdruck gebracht wird, dass der GFührer mit der Geschäftspolitik nicht mehr übereinstimmt;[755] Pflichtverstöße, die zeigen, dass der GFührer nicht mehr willens ist, mit dem AR und/oder den weiteren GFührern zusammenzuarbeiten;[756] Übernahme entgeltlicher Geschäfte für die GmbH durch eigene Firma des GFührers ohne Unterrichtung der Gfter;[757] Verweigerung von Auskünften gegenüber den Gftern;[758] unzureichende Information des AlleinGfters auf dessen Frage nach Stand einzelner Geschäfte;[759] Tätigung für die Gesellschaft wirtschaftlich nachteiliger Geschäfte mit Verwandten,[760] Handgreiflichkeiten gegenüber Gftern oder MitGFührern;[761] sexuelle Belästigungen,[762] uU auch unterlassenes Einschreiten gegen sexuelle Belästigungen durch MitGFührer,[763] Vorenthaltung wichtiger Informationen über Lage der Ges;[764] Verletzung von Berichtspflichten,[765] Überführung von GesGeldern auf Privatkonto zur Sicherung künftiger Ansprüche;[766] Verletzung der Insolvenzantragspflicht,[767] unterlassene Aufklärung erheblicher Bewertungsdivergenzen bei Erstellung des Jahresabschlusses;[768] Verwendung von

[745] BGH GmbHR 1992, 301; Michalski/*Lenz* Rn 164.

[746] OLG Frankfurt GmbHR 1993, 288. Zur Frage des wichtigen Grundes allg s Staudinger/*Preis* § 626 Rn 49 ff; MünchKommBGB/*Henssler* § 626 Rn 128 ff.

[747] BAG NJW 1973, 533.

[748] BGH BB 1967, 731; BGH WM 1975, 176; RGZ 75, 239.

[749] BGH WM 1975, 761; **krit** *Lohr* NZG 2001, 826, 830 f.

[750] BGH WM 1976, 379; OLG Düsseldorf BB 1986, 567; Scholz/*Schneider,* 6. Aufl Rn 185.

[751] BGH DStR 1995, 1359 m Anm *Goette;* OLG Celle NZG 2004, 475; *Lohr* RNotZ 2002, 164, 171.

[752] BGH GmbHR 1995, 299.

[753] OLG Düsseldorf ZIP 1984, 1476; OLG Nürnberg NZG 2000, 154, 155.

[754] BGH DB 2008, 805.

[755] OLG Celle NZG 2004, 475.

[756] LG Berlin GmbHR 2004, 741.

[757] OLG Karlsruhe GmbHR 1988, 484.

[758] OLG Frankfurt DB 1993, 2324.

[759] OLG München DB 1994, 828.

[760] OLG Brandenburg NZG 2000, 143, 144.

[761] BGH DStR 1994, 1746.

[762] *Haase* GmbHR 2007, 824.

[763] OLG Hamm GmbHR 2007, 823.

[764] OLG Hamm GmbHR 1996, 178.

[765] KG NZG 2000, 101, 102.

[766] OLG Köln GmbHR 1996, 290.

[767] BGH DB 2008, 287.

[768] OLG Hamburg EWiR 1997, 499; ähnlich OLG Bremen GmbHR 1998, 536.

Materialien u Arbeitskräften der Ges für private Zwecke;[769] nachhaltige (Umfang, Intensität, Dauer) Verstöße gegen das Wettbewerbsverbot,[770] dringender Verdacht strafbarer Handlungen oder schwerer dienstvertraglicher Verfehlungen (Verdachtskündigung);[771] tiefgreifende Zerrüttung des Verhältnisses zwischen den GFührern;[772] verunglimpfendes Schreiben u üble Nachrede gegenüber Bürgermeister der MehrheitsGfterin;[773] beleidigende Äußerungen über die Gesellschafter,[774] unerklärbares Verschwinden des Kassenbuchs sowie nachweislose Abhebungen von Geschäftskonto;[775] Verrat durch Zusage an Streitgegner der Ges, gegen Postengewährung mit vertraulichen Aussagen seine Partei zu ergreifen;[776] unberechtigte Abrechnung privater Kosten als Spesen;[777] Duldung illegaler Reisekostenabrechnung.[778] Krankheit, auch schwere oder langwierige, wird jedenfalls bei Möglichkeit ordentlicher Kündigung mit für Ges zumutbarer Frist meist nicht ausreichen.[779] **Kein wichtiger Grund** ist die Abrechnung *offen* ausgewiesener Spesen, welche die Alleingesellschafterin nicht für erstattungsfähig hält;[780] private Firmenhandy-Nutzung ohne ausdrückliches Verbot;[781] die Entscheidung der Muttergesellschaft, den Betrieb ihrer Tochtergesellschaft einzustellen;[782] die ethnische Herkunft;[783] die Bestellung eines weiteren GFührers;[784] oder auch die Nichtaufnahme einer anderweitigen angemessenen Tätigkeit iSv § 615 Satz 2 BGB.[785] Nicht jedwede fehlerhafte Leistungserbringung – sondern nur gravierende Pflichtverletzungen – rechtfertigen außerordentliche Kündigung.[786] Wichtiger Grund kann fehlen, wenn Gesellschaft sich ihrerseits gegenüber dem GFührer vertragsuntreu und rechtswidrig verhält, weil dann ein Festhalten am Vertrag bis zu dessen normalen Ablauf zumutbar ist.[787] Befindet sich der GFührer bis zum Ende der regulären Arbeitszeit im Erholungsurlaub, besteht regelmäßig kein Grund zur außerordentlichen Kündigung.[788] Gefahr der Insolvenz rechtfertigt die außerordentliche Kündigung nicht.[789] Zur Kündigung im Insolvenzverfahren s oben Rn 190 und unten Rn 255.

---

769 BGH GmbHR 1997, 998 (Bau des Privathauses).

770 OLG Düsseldorf GmbHR 2000, 1050, 1054 f; 2005, 541; BGH DB 1995, 970.

771 LAG Berlin GmbHR 1997, 839; OLG Celle GmbHR 2003, 773; *Lohr* NZG 2001, 826, 831 (dort auch zur sog „Druckkündigung").

772 LG Karlsruhe GmbHR 1998, 684.

773 BGH DB 1998, 1608.

774 BGH GmbHR 1998, 827; DStR 2000, 695 m Anm *Goette.*

775 OLG Rostock GmbHR 1999, 344.

776 KG NZG 1999, 764; weitere Einzelfälle bei *Fleck* WM 1968, Beil 3, 13 u bei *Fleck* WM 1981, Beil 3, 12; *ders* WM 1994, 1965.

777 KG NZG 2001, 325 (s aber auch bei Fn 634).

778 OLG Hamm Urt v 28. 2. 2008 – 27 U 115/06, zitiert nach Juris.

779 Kündigungsgrund bejahend bei dauerhafter Erkrankung: OLG Zweibrücken GmbHR 2003, 1206, 1207.

780 BGH NZG 2003, 86 (anders die Vorinstanz KG NZG 2001, 325).

781 LAG Rheinland-Pfalz v 23. 10. 2008, 10 Sa 787/05, BeckRS 2009 50489.

782 BGH NZG 2003, 86.

783 LG Frankfurt a. M. GmbHR 2001, 925.

784 OLG Dresden NJOZ 2002, 1857, 1860.

785 *Moll* FS Schwerdtner, 2003, 453, 466.

786 OLG Dresden NJOZ 2002, 1857, 1861; OLG Naumburg GmbHR 2005, 757; weitere Beispiele bei *Tschöpe/Wortmann* NZG 2009, 161, 163 ff.

787 BGH DStR 2001, 1312 m Anm *Goette.*

788 OLG Jena NZG 1999, 1069 (für Vorstand einer AG).

789 OLG Naumburg GmbHR 2004, 423; MünchKommBGB/*Henssler* § 626 Rn 213; Staudinger/*Preis* § 626 Rn 236; **aA** *Timm* ZIP 1987, 69, 78.

221 Bei einer verhaltensbedingten Kündigung ist eine **Abmahnung** auf Grund fehlender Schutzbedürftigkeit des GFührers **regelmäßig nicht erforderlich,**[790] auch nicht bei FremdGFührer.[791] Leitungsorgane von Kapitalgesellschaften sind sich regelmäßig über ihre Pflichten und Tragweite etwaiger Pflichtverletzungen auch ohne besondere Hinweise und Ermahnungen im Klaren.[792] Das Erfordernis einer Abmahnung[793] wird man nur bei leichteren Pflichtverletzungen annehmen können, insb. wenn der GFührer mit der Akzeptanz seiner Handlungen rechnen konnte.[794] § 314 II BGB gebietet keine andere Beurteilung, denn Wahrnehmung der Arbeitgeberfunktion durch den GFührer ist ein besonderer Umstand iSd § 323 II Nr 3 BGB, auf den § 314 II 2 BGB verweist.[795]

222 Wichtiger Grund, der **Abberufung** rechtfertigt (§ 38 Rn 12), wird nicht immer – aber vielfach –[796] auch für außerordentliche Kündigung des Anstellungsvertrags ausreichen.[797] Zu Recht hält BGH insoweit ua Länge der ordentlichen Kündigungsfrist für erheblich; je kürzer diese ist, desto eher ist für Ges deren Einhaltung zumutbar. Das gilt insbes, wenn GFührer aus Gründen abberufen wird, die er nicht oder nicht allein verschuldet hat.[798] Davon zu unterscheiden ist, ob Widerruf der Organstellung als solcher seinerseits wichtigen Grund für Kündigung des Anstellungsverhältnisses abgibt. Das ist nicht eindeutig zu beantworten. Besteht keine Möglichkeit, abberufenen GFührer angemessen zu beschäftigen u ist dieser nicht mit Beschäftigung auf geringer wertigem Platz einverstanden, kann Fortsetzung des Anstellungsvertrages unzumutbar sein, insbes wenn ordentliche Kündigung nicht oder nur mit langer Frist möglich oder Gehalt hoch ist. Dies gilt allerdings nicht, wenn Widerruf der Bestellung ohne Sachgrund, wenn auch wirksam, erfolgt ist, weil sich dann Ges selbst in Zwangslage gebracht hat.[799]

223 Was wichtiger Grund ist, unterliegt nicht der Vereinbarung.[800] **Vertragliche Festlegung** kann aber bei Abwägung der Zumutbarkeit berücksichtigt

---

790 BGH NZG 2007, 674; BGH NJW 2000, 1864; BGH NJW 2000, 1638 = GmbHR 2000, 431 = DStR 2000, 695 jeweils mit Anm *Goette;* BGH ZIP 2001, 1957; Saarländisches OLG WM 2006, 2364, 2367; OLG Celle NZG 2004, 475, 478; *Nägele* BB 2001, 305, 310; MünchHdbGmbH/*Marsch-Barner/Diekmann* § 43 Rn 88; Ulmer/*Paefgen* § 38 Rn 45; *Gehrlein* BB 2004, 2585, 2590; *Goette* FS Wiedemann, 2002, 873, 880 ff; *Trappehl/Scheuer* DB 2005, 1276, 1278 f; *Stück* GmbHR 2006, 1009, 1016; krit gegenüber der generellen Entbehrlichkeit der Abmahnung *Teigelkötter* GmbHR 2001, 1158, 1161; *Schneider* GmbHR 2003, 1, 4; *Koch* ZIP 2005, 1621, 1623 ff, *Winzer* GmbHR 2007, 1190, 1192; *Döge/Jobst* GmbHR 2008, 527, 528 ff jew unter Berufung auf § 314 II BGB.

791 BGH ZIP 2001, 1957; *Lohr* NZG 2001, 826, 830; *Reiserer* BB 2002, 1199, 1200.

792 Saarländisches OLG WM 2006, 2364, 2367; OLG Celle NZG 2004, 475, 478; BGH NJW 2000, 1638.

793 Zu Mindestanforderungen einer Abmahnung s. *Möller* JuS 2008, 134 f; *Döge/Jobst* GmbHR 2008, 527, 531 f.

794 BGH NJW 1993, 463, 464; OLG Celle NZG 2004, 475, 478.

795 BGH NZG 2007, 674.

796 *Lohr* RhNotZ 2002, 164, 171; s a Rn 219.

797 BGH NJW RR 1990, 1123 u (der Sache nach) BGH WM 1995, 2064; s auch BGH GmbHR 1998, 534.

798 Zu einseitig BGH DStR 1999, 1537 m Anm *Goette,* auf arbeitsrechtl Grds der Druckkündigung könne nur Abberufung, nicht fristlose Kündigung gestützt werden.

799 Zustimmend *Neu* 93 f.

800 Anders wohl *Reiserer* DB 2006, 1787, 1789.

werden. Sie kann weiter bedeuten, dass für vorgesehenen Grund ordentliche Kündigung ohne Frist möglich sein soll (Rn 244).[801]

c) Kündigungserklärungsfrist. Außerordentliche Kündigung muss innerhalb zwei Wochen seit Kenntnis vom wichtigen Grund erfolgen (sog **Kündigungserklärungsfrist**), § 626 II BGB. Problematisch vor allem die **Zeitpunktfrage,** wann GmbH **Kenntnis von wichtigem Grund** hat. 224

aa) Erforderlich **dazu Kenntnis des zur Kündigung zuständigen Organs,** im Normalfall also **der GfterVers.**[802] Kenntnis „des Organs" besteht erst vom **Zusammentritt zur Beratung** über die Frage der Entlassung des GFührers auf Grund entspr Ankündigung zur Tagesordnung an,[803] ferner bei entspr Information in einer VollVers; Kenntnis aller Gfter als einzelne genügt nicht.[804] Kenntnis einer nach § 50 III einberufungsfähigen 10% Minderheit der GFter reicht nicht, weil dies innergesellschaftlichen Machtverhältnissen u Frontstellungen im Regelfall keine Rechnung trägt, erst Recht genügt nicht Kenntnis eines einzigen Organmitglieds.[805] Kenntnis von Fremd-MitGFührern selbstverständlich unerheblich,[806] auch wenn sie GfterVers einberufen könnten. 225

Auch bei **Kenntnis *aller* Gfter** läuft entgegen früherer Rspr Zweiwochenfrist nicht ab, wenn Einberufung der GfterVers innerhalb ihrer möglich war,[807] sondern beginnt nach zutr Rspr (Rn 225) erst mit der stattfindenden GfterVers. Einberufung der GfterVers und Fristbeginn dürfen bei Kenntnis aller Gfter jedoch nicht beliebig hinausgeschoben werden. Dies würde mit dem Sinn von § 626 II BGB in Widerspruch stehen.[808] Bei unangemessener Verzögerung muss derjenige Termin zugrundegelegt werden, der zumutbarer Beschleunigung entsprochen hätte. Wird dem Einberufungsverlangen von Gftern durch GFührer pflichtwidrig nicht rechtzeitig entsprochen, müssen Gfter von ihrem Ersatzeinberufungsrecht nach § 50 III Gebrauch machen.[809] 226

---

801 Ebenso iE Roth/*Altmeppen* § 6 Rn 97 (bei irritierendem Eingangssatz).

802 BGH WM 1992, 2142; BGH GmbHR 1997, 998; BGH NZG 1998, 634 = BGHZ 139, 89; BGH NJW 2000, 1864; BGH ZIP 2001, 1957; OLG Düsseldorf GmbHR 2003, 1006, 1008; OLG Köln NZG 2000, 551; LG Berlin GmbHR 2004, 741, 743 (Zuständigkeit des AR); Saarländisches OLG WM 2006, 2364, 2367 (zur Genossenschaft); *Plander* ZHR 133 (1970), 363 ff; *Brandes* WM 2000, 217, 224; ErfK/*Müller-Glöge* § 626 Rn 207; Staudinger/*Preis* § 626 Rn 304; *Bauer/Krieger* ZIP 2004, 1247, 1251; *Tschöpe/Wortmann* NZG 2009, 85, 87.

803 BGH NZG 1998, 634 = BGHZ 139, 89.

804 BGHZ 139, 89; OLG Düsseldorf GmbHR 2003, 1006; 1008; *Wiesner* BB 1981, 1540; *Brandes* WM 2000, 217, 224; Lutter/*Hommelhoff/Kleindiek* Anh § 6 Rn 64; Ulmer/*Paefgen* § 38 Rn 52; nun auch Scholz/*Schneider/Sethe* Rn 339 f; **abw** *Fleck* WM 1981, Sonderbeilage 3, 13; BGH NJW 1980, 2411.

805 **AA** *Lüders* BB 1990, 790.

806 BGH WM 1992, 2142; vgl noch BGH WM 1984, 1187 (Kenntnis des Konkursverwalters).

807 In diese Richtung etwa BGH DB 1980, 1686 u BGH GmbHR 1997, 998, wonach Frist seit Kenntnis aller Gfter läuft, „sofern die GfterVers innerhalb der Zwei-Wochenfrist zusammentreten, wirksam beschließen u die Kündigungserklärung dem GFührer zugehen lassen kann".

808 So zu Recht BGHZ 139, 89; dazu *Stein* ZGR 1999, 264; *Rottnauer* NZG 1998, 636; *Slabschi* ZIP 1999, 391; *Reiserer* BB 2002, 1199, 1201; *Bauer/Krieger* ZIP 2004, 1247, 1250; Scholz/*Schneider/Sethe* Rn 240; Saarländisches OLG WM 2006, 2364, 2366 (zur Genossenschaft).

809 BGH NJW 1980, 2411; *Stein* ZGR 1999, 264, 280 f.

Untätigbleiben des nicht einberufungsberechtigten Gfters bzw des Fremd-GFührers wird Ges nicht angelastet.[810] Sofortiges Handeln ist nicht erforderlich, sondern nur angemessenes u zumutbares Reagieren. BGH[811] hat bspw Dreiwochenfrist als angemessen eingestuft. Erfolgt Kündigung auf Grund eines mit Erfolg angefochtenen GfterBeschlusses und wird Kündigung später auf der Grundlage eines Bestätigungsbeschlusses wiederholt, beginnt Zweiwochenfrist erst mit zweiter – rechtzeitig einberufener – GfterVers.[812]

227 Diese Grundsätze gelten auch in dem praktisch wichtigen Fall, dass **abzuberufender GFührer selbst Gfter** ist u die übrigen Gfter den wichtigen Grund erfahren. Auch hier beginnt Zweiwochenfrist in dem Zeitpunkt, zu dem Zusammentritt bei zumutbarer Bemühung der anderen Gfter möglich war.[813]

228 Bei **EinpersonenGes** beginnt Frist, da Zusammentritt einer GfterVers nicht erforderlich, mit Kenntnis des AlleinGfters.[814] Hält eine jurPerson sämtliche Geschäftsanteile der den GFührer anstellenden GmbH, so beginnt die Zweiwochenfrist des § 626 II BGB mit der Kenntnis des vertretungsberechtigten Organs dieser jurPerson.[815]

229 Schwierige vom BGH nicht näher erörterte Frage ist, inwieweit Zeitpunkt möglichen Zusammentritts der GfterVers Frist auch dann in Gang setzt, wenn nicht alle Gfter Kenntnis vom wichtigen Grund haben. **Kenntnis einzelner Gfter** kann **nicht genügen,** aus Gründen des Minderheitsschutzes auch nicht die einer Mehrheit, weil sonst die Minderheit keine Chance hat, die Kündigung eines GFührers, der Mehrheitsrepräsentant ist, durchzusetzen, auch wenn schwerwiegende Gründe vorliegen. Hierbei ist auch zu bedenken, dass bei Vorliegen wichtigen Grundes in aller Regel Anspruch auf Mitwirkung an der Maßnahme gegen MitGfter aus der Treupflicht besteht.[816]

230 **Bei Zuständigkeit des AR** ist Kenntnis des Gremiums erforderlich.[817] Anwesenheit aller nicht erforderlich, sofern Ladung ordnungsgemäß erfolgt ist.[818] Kenntnis einzelner ARMitglieder genügt nicht.[819] Nicht genügend ist Kenntnis des ARVorsitzenden[820] u erst recht nicht Kenntnis von zwei AR-Mitgliedern.[821] Auch hier muss in Rechnung gestellt werden, dass es unterschiedliche Gruppen u Interessenrichtungen gibt. Organmitglieder sind verpflichtet, die Einberufung des AR zu veranlassen, § 52; § 110 II AktG.[822] Bei

---

810 *Lohr* NZG 2001, 826, 833.

811 BGHZ 139, 89, 94.

812 OLG Düsseldorf GmbHR 2003, 1006.

813 **AA** OLG Düsseldorf GmbHR 1999, 549; unklar BGH GmbHR 1997, 998 = DStR 1997, 1338 m Anm *Goette.*

814 Zust Roth/*Altmeppen* § 6 Rn 100.

815 OLG Düsseldorf GmbHR 2003, 1133 in Abgrenzung zu BGH NJW 1998, 3274.

816 Zum ganzen *Goette* DStR 1998, 1104 ff; *Stein* ZGR 1999, 264 ff.

817 So zutr im Ausgangspunkt *Wiesner* BB 1981, 1536 ff; *Lohr* NZG 2001, 826, 833; *Gehrlein* BB 2004, 2585, 2590.

818 BGH NJW 1981, 166.

819 BGH NJW 1981, 166; BAG DB 1978, 353 für eG; BGHZ 41, 287 hat diese Frage nicht entschieden; **aA** *Lüders* BB 1990, 790, 795; *Grunewald* FS Beusch, 1993, 315; s hierzu auch *Densch/Kahlo* DB 1983, 812; *Fleck* WM 1981, Sonderbeilage 3, 13.

820 Ebenso BGH NZG 2002, 46, 48; Lutter/*Hommelhoff/Kleindiek* Anh § 6 Rn 66; *Gehrlein* BB 2004, 2585, 2590; **abw** *Wiesner* BB 1981, 1536, 1538.

821 So aber *Wiesner* BB 1981, 1536, 1538 wegen deren Einberufungskompetenz nach § 110 II AktG.

822 *Stein* ZGR 1999, 264, 283; Lutter/*Hommelhoff/Kleindiek* Anh § 6 Rn 66.

Kenntnis aller ARMitglieder läuft entspr den Grundsätzen bei Zuständigkeit der GfterVers (Rn 225) Frist vom Zeitpunkt an, zu dem nach den Gesamtumständen die nächste AREntscheidung hätte herbeigeführt werden können.[823]

bb) Nicht weniger zweifelhaft ist, wann **Kenntnis** von den der Kündigung zugrundeliegenden **Tatsachen** anzunehmen ist. Es muss sichere u umfassende Kenntnis gegeben sein.[824] Dazu muss nach der Formulierung des BGH „alles in Erfahrung gebracht sein, was als notwendige Grundlage für die Entscheidung über Fortbestand oder Auflösung des Dienstverhältnisses anzusehen ist".[825] Solange noch Sachverhaltsaufklärung für die Beurteilung von Vorgängen als wichtiger Grund notwendig ist, liegt sichere u umfassende Kenntnis nicht vor. Allerdings darf Aufklärung auch nicht verzögert werden.[826] Zur sachgerechten Aufklärung wird regelmäßig auch Anhörung des zu Kündigenden erforderlich sein. Ist diese nicht tunlich, etwa wegen Urlaub oder Krankheit, beginnt Frist nicht. 231

cc) Zweifelhaft ist schließlich, **welche Tatsachen für zeitliche Fixierung des wichtigen Grundes maßgebend** sind, wenn nicht einzelner spektakulärer Vorfall für Kündigung maßgebend, sondern wiederholte Vorkommnisse, langsam sich entwickelnde Defizite etc (sog „Dauertatbestände"). Kenntnis hier nicht schon mit dem Zeitpunkt endgültig eingetreten, zu dem Tatsachen erstmals ausgereicht hätten, wichtigen Grund zu bilden. Vielmehr wird wichtiger Grund immer wieder erneuert, sobald weitere Tatsachen hinzutreten.[827] 232

dd) Die dargelegten Anwendungsschwierigkeiten zeigen, dass **§ 626 II BGB** auf Kündigung des Anstellungsverhältnisses von GFührern eigentlich **nicht passt.**[828] Jedenfalls muss angenommen werden, dass Frist dort nicht läuft, wo wichtiger Grund der Abberufung u der Kündigung identisch sind u der Ges die unverzügliche Abberufung aus besonderen Gründen nicht zumutbar war, zB weil Ersatz für den abberufenen GFührer nicht zur Verfügung stand, aber unbedingt erforderlich war.[829] In solchen Fällen ist auch die Einhaltung der Frist des § 626 II BGB für die Kündigung des Anstellungsvertrages für Ges nicht zumutbar.[830] Überhaupt steht Berufung des GFührers 233

---

823 Ulmer/*Paefgen* § 38 Rn 56; *Wiesner* BB 1981, 1536, 1539.

824 BGH GmbHR 1996, 452, 453; **abw** wohl Michalski/*Lenz* Rn 163, wonach Kenntnis „relative Wahrscheinlichkeit" bedeute, doch was heißt das?

825 BGH GmbHR 1996, 452, 453 sowie WM 1976, 78; *Goette* DStR 1996, 676.

826 BGH NJW 1998, 3274; LAG Berlin GmbHR 1997, 842; OLG Celle GmbHR 2003, 773; Ulmer/*Paefgen* § 38 Rn 50.

827 Zum Zeitpunktproblem BGH GmbHR 1975, 201; BGH WM 1976, 379; 1984, 1187 (Verdachtskündigung); BGH ZIP 1984, 884; BGH GmbHR 1992, 301; BAG AP BGB § 626 Nr 4 Ausschlussfrist = DB 1972, 2406; BAG AP BGB § 626 Nr 7 Ausschlussfrist = DB 1975, 1656; BAG DB 1978, 353; DB 1983, 1605; DB 1984, 884; DB 1985, 1846; LAG Hamm BB 1983, 1473; LG Karlsruhe GmbHR 1998, 684 für den insoweit besonders kritischen Fall eines unheilbaren Zerwürfnisses zwischen den GfterGFührern; *Fleck* WM 1981, Sonderbeilage 3, 13; MünchKommBGB/*Henssler* § 626 Rn 307 f; Staudinger/*Preis* § 626 Rn 89 ff; ErfK/*Müller-Glöge* § 626 Rn 212 ff; *Zöllner/Loritz/Hergenröder*, Arbeitsrecht, 6. Aufl 2008, § 23 III 3 a (S 272 f).

828 Ebenfalls krit zur Anwendung auf GFührer *Kübler* FS Werner 1984, 441, 448; *Martens* FS Werner, 1984, 495.

829 Zu einem weiteren Sonderfall Roth/*Altmeppen* § 6 Rn 101 (Kündigung nach erfolglosem Verständigungsversuch).

830 **AA** Lutter/*Hommelhoff/Kleindiek* Anh § 6 Rn 67; BGH GmbHR 1975, 201; BGH WM 1975, 793; 1976, 77. Tendenziell wie hier *Martens* FS Werner 1984, 503 ff.

auf § 626 II BGB unter Vorbehalt von Treu u Glauben.[831] Gfter tun gut daran, sich hinsichtlich der Möglichkeit der Beendigung des Anstellungsverhältnisses in dem oben Rn 211 dargelegten Sinn abzusichern.

234 **ee)** Für Rechtzeitigkeit der Kündigung maßgebend ist nicht Gfterbeschl, sondern Erklärung der Kündigung gegenüber GFührer (zur Unterscheidung Rn 216). Ist aber Gfterbeschl bereits verspätet, liegt Gesetzesverstoß vor, der mit **Beschlussmängelklage** verfolgt werden kann,[832] soweit nicht Rechtsschutzbedürfnis fehlt. Allerdings ist Klageerhebung nicht erforderlich, auch nicht für GfterGFührer; es genügt, wenn er sich gegen Kündigung wendet.

235 **Nachschieben von Kündigungsgründen** ist unter Beachtung der Grenzen des § 626 II BGB (2 Wochen ab Kenntnis) zulässig, soweit diese bereits bei Ausspruch der Kündigung bestanden.[833] Sachlicher Zusammenhang zwischen dem ursprünglichen und dem nachgeschobenen Kündigungsgrund ist nicht erforderlich.[834] Soweit nicht lediglich Ergänzung bestehender Gründe, ist erneuter Gfterbeschl erforderlich.[835] Bei Ausspruch der Kündigung wegen Ablauf der 2-Wochen-Frist des § 626 II BGB verfristete Gründe können ergänzend bei der Gesamtabwägung herangezogen werden, wenn sie mit der letzten nicht verfristeten Verfehlung in einem inneren Zusammenhang stehen.[836]

236 **d) Keine Geltung des KSchG.** GFührer unterliegt, wenn er Unwirksamkeit der außerordentlichen Kündigung geltend machen will, nicht dem Erfordernis des § 13 I 2 KSchG, binnen drei Wochen Klage auf Feststellung zu erheben, dass Dienstverhältnis nicht aufgelöst sei, vgl § 14 I Nr 1 KSchG.[837] Wohl aber ist bei längerem Verzögern jeglicher Geltendmachung **Verwirkung** möglich.

237 Hat der GFührer selbst die außerordentliche Kündigung seines Anstellungsvertrages erklärt und seine Tätigkeit für die GmbH eingestellt, kann er sich nicht später auf ein Fortbestehen seines Vertrages mangels Wirksamkeit der eigenen Kündigung berufen. Die GmbH gerät dem GFührer gegenüber nicht in Annahmeverzug.[838]

238 **e) Keine Anwendung besonderer Kündigungsschutzvorschriften.** Vorschriften des arbeitsrechtlichen **besonderen Kündigungsschutzrechts,** die die außerordentliche Kündigung beschränken (§§ 85 ff SGB IX, § 9 I MuSchG, § 2 III ArbPlSchG, § 2 I Eignungsübungsgesetz) finden auf den GFührer keine Anwendung,[839] wohl aber gilt für ihn Art 48 II 2 GG.

---

831 Lutter/*Hommelhoff/Kleindiek* Anh § 6 Rn 67; Rowedder/Schmidt-Leithoff/*Koppensteiner* § 38 Rn 48.

832 Anders *Slabschi* ZIP 1999, 391.

833 BGH NJW 2004, 1528; OLG Hamm Urt v 28. 2. 2008 – 27 U 115/06 zitiert nach Juris; Roth/*Altmeppen* § 6 Rn 102; Ulmer/*Paefgen* § 38 Rn 60; *Graef* BB 2004, 125, 126; *Bauer/Krieger* ZIP 2004, 1247, 1251; *Gehrlein* BB 2004, 2585, 2590; zur Unzulässigkeit OLG Naumburg GmbHR 2003, 38.

834 BGH NJW 2004, 1528, 1529.

835 OLG Köln NZG 2000, 501, 502; *Bauer/Krets* DB 2003, 811, 817; *Haase* GmbHR 2007, 824; krit *Bauer/Krieger* ZIP 2004, 1247, 1250.

836 BGH NZG 2002, 46, 48; *Gehrlein* BB 2004, 2585, 2590.

837 Zum Feststellungsinteresse vgl OLG Celle GmbHR 2003, 775.

838 BGH NJW 2000, 1329 = NZG 2000, 207.

839 Vgl *Heyll,* Die Anwendung von Arbeitsrecht auf Organmitglieder, 1994, 198 ff; *Lunk* ZIP 1999, 1777, 1778.

f) Für die **Vergütung nach fristloser Kündigung** gilt § 628 BGB.[840] Sind Folgen außerordentlicher Kündigung durch Vereinbarung abgefedert, dass GFührer gewisse Ansprüche behalten soll, sofern nicht bestimmte erschwerende Umstände vorliegen, kann Ges diese Umstände auch geltend machen, wenn sie sich bei Erklärung der Kündigung nicht darauf berufen hat.[841] Zur anders liegenden Problematik der Vergütung nach Abberufung vor Beendigung des Anstellungsverhältnisses unten Rn 250. Kündigt der GFührer nach § 626 BGB, begibt er sich seiner vertraglichen Ansprüche und hat lediglich einen Schadensersatzanspruch nach § 628 II BGB,[842] wenn die Kündigung auf einem vertragswidrigen Verhalten der GmbH beruht. Nicht vertragswidrig ist der Widerruf nach § 38 I.[843] 239

g) Weitere **Folgen der Kündigung.** GFührer hat Anspruch auf Zeugniserteilung (§ 630 BGB)[844] und Urlaubsabgeltung.[845] Ges kann (sofortige) Herausgabe des Dienstwagens[846] und überlassener Materialien und Unterlagen verlangen. 240

h) Parteivereinbarung. Das Recht zur außerordentlichen Kündigung kann durch **Parteivereinbarung** weder ausgeschlossen noch beschränkt werden.[847] Die Vereinbarung einer Abfindung für den Fall der Kündigung aus wichtigem Grund stellt eine unzulässige Einschränkung des außerordentlichen Kündigungsrechts dar und ist nichtig.[848] 241

6. Beendigung durch ordentliche Kündigung. a) Voraussetzungen und Zuständigkeit. Beendigung des Anstellungsverhältnisses durch ordentliche Kündigung ist möglich, **sofern** es **nicht befristet** ist, § 620 II BGB. Ist es befristet, kann gleichwohl ordentliche Kündigung als zusätzlicher Beendigungsgrund vereinbart werden.[849] Ordentliche Kündigung kann auch in unbefristetem Vertrag ausgeschlossen werden; gelegentlich ist dies Folge der Verweisung auf Tarifvertrag, etwa auf BAT[850] bzw des ab 1. 10. 2005 geltenden TVöD[851] oder des ab 1. 11. 2006 geltenden TV-L:[852] Dadurch wird Schutz des GFührers verstärkt. Ordentliche Kündigung bedarf keines rechtfertigenden Grundes.[853] Eine Kündigung, die mit den guten Sitten nicht zu 242

---

840 BGH NJW 2003, 351; Ulmer/*Paefgen* § 38 Rn 68.

841 BGH DB 1995, 621.

842 OLG Karlsruhe GmbHR 2003, 771; BAG NZG 2002, 1177; *Schulte* FS Schwerdtner, 2003, 183; *Moll* FS Schwerdtner, 2003, 453, 458 ff; *Kleinebrink* ArbRB 2004, 385; *Bauer/Diller/Krets* DB 2003, 2687 ff.

843 BGH NJW 2003, 351; *Bauer/Diller/Krets* DB 2003, 2687 ff; *Gehrlein* BB 2004, 2585, 2591; s a § 38 Rn 23.

844 BGHZ 94, 326; Michalski/*Lenz* Rn 157; *Nägele* BB 2001, 305, 307.

845 BGH NJW 1999, 3263, 3264 (r Sp).

846 OLG Düsseldorf GmbHR 2000, 27; *Lohr* NZG 2001, 826, 835; Scholz/*Schneider/Sethe* Rn 353.

847 *Lohr* NZG 2001, 826, 835.

848 BGH DB 2008, 1314 (für die Genossenschaft) im Anschluss an BGH NJW 2000, 2983 = GmbHR 2000, 876 m Anm *Haase;* MünchKommBGB/*Henssler* § 626 Rn 55.

849 OLG Hamm GmbHR 2008, 542, 543 (mit der Annahme, dass in der Probezeit für beide Teile ein Kündigungsrecht bestehe).

850 BGH GmbHR 1998, 375.

851 Tarifvertrag für den öffentlichen Dienst.

852 Tarifvertrag für den öffentlichen Dienst der Länder.

853 BGH GmbHR 2004, 57; *Gehrlein* BB 2004, 2585, 2590; *Hillmann-Stadtfeld* GmbHR 2004, 1457, 1458; *Stück* GmbHR 2006, 1009, 1015.

vereinbaren ist, insb. weil sie auf verwerflichen Motiven wie Rachsucht, Vergeltung oder ähnlichen dem Anstandsgefühl widersprechenden Beweggründen beruht, ist nichtig.[854] Zur **Zuständigkeit** für Kündigung vgl Rn 216. Als außerordentliche erklärte Kündigung, die wegen Fehlens eines wichtigen Grundes als solche nicht wirksam ist, kann gem § 140 BGB in ordentliche Kündigung **umzudeuten** sein. Entspr Wille des Kündigenden, der auch in seiner Erklärung gegenüber dem Kündigungsempfänger erkennbar zum Ausdruck kommen muss, wird idR nur anzunehmen sein, wenn Kündigungsgrund als wichtiger nicht schwer genug war, nicht hingegen wenn er gar nicht vorlag.[855] Auch für die ordentliche Kündigung muss eine Mehrheit in der Gesellschafterversammlung – hypothetisch – vorhanden gewesen sein.[856] Umdeutung kommt auch in Betracht, wenn außerordentliche Kündigung wegen Versäumung der Kündigungserklärungsfrist des § 626 II BGB nicht wirksam ist.[857]

243 **b) Kündigungsfrist.** Für die **Frist** gilt grds § 621 BGB.[858] Maßgebend daher Bemessung der Zeitabschnitte, nach denen sich Vergütung richtet. Soll Anstellungsverhältnis selbständig neben Organstellung stehen u in seiner Geltung von diesem unabhängig sein (Rn 209), ist allerdings § 621 Nr 3 BGB im Regelfall unangemessen. Wille der Vertragsschließenden wird eher auf Anwendung von § 622 BGB, zumindest dessen Abs 1 gehen.[859] Der BGH[860] bejaht Anwendbarkeit von § 622 I BGB für alle nicht beherrschenden GFührer; das ist zwar angesichts des Wortlauts und der Vergleichbarkeit der Interessenlagen problematisch, aber idR zweckmäßig.[861] Ähnlich ist die Differenzierung zwischen UnternehmerGFührer – dann § 621 Nr 3 BGB – u arbeitnehmerähnlichem GFührer – dann nur § 622 BGB.[862] Für unter der Neufassung des § 622 BGB abgeschlossene Verträge wird vielfach im Weg der Auslegung anzunehmen sein, dass sich die Kündigungsfristen nach dessen

---

854 OLG Karlsruhe NJOZ 2002, 626, 628.

855 BGH GmbHR 1997, 1062; BGH GmbHR 2000, 376; LAG Berlin GmbHR 1997, 843.

856 BGH GmbHR 2000, 376; *Hirte,* KapitalGesR, 5. Aufl 2006, § 3 Rn 3.34.

857 BGH GmbHR 2000, 376; OLG Düsseldorf NZG 2000, 1044, 1045; OLG Düsseldorf GmbHR 1999, 549; KG GmbHR 1999, 918.

858 OLG Düsseldorf BB 1976, 901; *Säcker* BB 1979, 1324; *Hümmerich* NJW 1995, 1177.

859 Lutter/*Hommelhoff/Kleindiek* Anh § 6 Rn 53; *Heyll,* Die Anwendung von Arbeitsrecht auf Organmitglieder, 1994, 208.

860 BGHZ 79, 291 u 91, 217 (in dessen älterer, für GFührer günstigerer Fassung); sowie BGH ZIP 1987, 707 für Anstellungsvertrag des GFührers der Komplementär-GmbH mit der KG; OLG München WM 1984, 897; OLG Düsseldorf NZG 2000, 1044, 1045; OLG Düsseldorf NZG 2004, 478, 481; *Bauer* DB 1979, 2178 f; *ders* BB 1994, 855; *Miller* ZIP 1981, 578; *Lunk* ZIP 1999, 1777, 1780; Scholz/*Schneider/Sethe* Rn 313 f.

861 Zust Roth/*Altmeppen* § 6 Rn 81; Ulmer/*Paefgen* § 38 Rn 38; Staudinger/*Preis* § 621 Rn 7 ff; *Heyll,* Die Anwendung von Arbeitsrecht auf Organmitglieder, 1994, 209; *Bauer,* Arbeitsrechtliche Aufhebungsverträge, 8. Aufl 2007, III Rn 24; *Reiserer* DB 2006, 1787, 1788.

862 Rowedder/Schmidt-Leithoff/*Koppensteiner* § 38 Rn 42; AnwaltsHdbGmbHR/*Terlau* § 8 Rn 30; MünchHdbGmbH/*Marsch-Barner/Diekmann* § 43 Rn 91; *Reiserer* DB 2006, 1787, 1788; *Stück* GmbHR 2006, 1009, 1015; *Neu,* 60 ff; OLG Hamm WM 1992, 914; LAG Köln EWiR § 622 BGB 1/99, 493 m Anm *W. Müller.*

Abs 2 bestimmen sollen, dessen Anwendung dann aber keinen zwingenden Charakter hat.[863]

Kündigungsfrist bei Nichtarbeitsverhältnissen ist dispositiv. Daher Vereinbarung kürzerer Fristen u sogar Fristlosigkeit grds zulässig, bei FremdGFührern aber nur angemessen für den Fall der Kündigung bei Widerruf der GFührerBestellung aus wichtigem Grund. Sie erspart Ges Prüfung der Frage, ob wichtiger Grund auch Kündigung des Anstellungsverhältnisses rechtfertigt u vermeidet Fristprobleme des § 626 II BGB. Dass Vereinbarung im Anstellungsvertrag, Widerruf der Bestellung gelte als wichtiger Grund für Kündigung (sog. Kopplungsklausel, s a bereits Rn 211) nur zur Möglichkeit der Kündigung unter Wahrung der gesetzlichen Mindestfrist (?) führe, falls GFührer Gfter sei und GFührertätigkeit Existenzgrundlage bildet,[864] übersieht Disposivität von § 621 BGB wie auch des § 622 BGB, wenn seine Anwendung nur auf Vereinbarung beruht. 244

c) Kündigungsschutz nach KSchG gilt für Kündigung des Anstellungsvertrags durch die GmbH nicht, § 14 I Nr 1 KSchG,[865] grundsätzlich auch nicht für FremdGFührer[866] und auch nicht für GFührer der Komplementär-GmbH einer KG.[867] Anders uU für fortbestehende Anstellungsverhältnisse aus der Zeit vor Bestellung zum GFührer[868] (Rn 173) sowie dann, wenn GFührer-Dienstvertrag den GFührer auch zu einer Tätigkeit außerhalb der GFührung verpflichtet und er dann in einer solchen Position eingesetzt wird[869] oder bei Drittanstellungen – Anstellungsverhältnis mit Konzernobergesellschaft (s dazu a Rn 165).[870] Kündigungsschutzähnl Wirkung nicht nur für Abberufung, sondern jedenfalls bei deren Scheitern auch für Kündigung des Dienstvertrages kann bei GfterGFührern von Treupflicht ausgehen,[871] vgl § 38 Rn 20. Entsprechendes gilt für den besonderen Kündigungsschutz, s o Rn 238. 245

Im Anstellungsvertrag kann Geltung des KSchG vereinbart werden. Verlust des GFühreramtes stellt dann einen personenbedingten Kündigungsgrund iSd § 1 II KSchG dar.[872]

---

863 So a *Nägele* BB 2001, 305, 310; zu evtl **abw** Auslegung LAG Berlin GmbHR 1997, 839.

864 So OLG München DB 1994, 1972; ähnlich *Hillmann-Stadtfeld* GmbHR 2004, 1457, 1458; *Reiserer/Peters* DB 2008, 167, 169.

865 BAG DB 2008, 355; BAG NJW 2007, 3288, 3229; BGH NJW 2000, 1864, 1865; BGH GmbHR 1987, 263; LAG Hamm GmbHR 1980, 131; Lutter/*Hommelhoff/Kleindiek* Anh § 6 Rn 47; *Baums,* Der Geschäftsleitervertrag, 1987, 393 ff; *Reiserer* DB 2006, 1787; *Nägele* BB 2001, 305, 309; einschränkend für die Dauer des Bestehens des Organverhältnisses *Bauer/Arnold* DB 2008, 350, 353; *Busch/Schönhöft* DB 2007, 2650, 2654.

866 **AA** ohne hinreichende Begründung Michalski/*Lenz* Rn 159.

867 *Zimmer/Rupp* GmbHR 2006, 572, 574; BGH NZG 2007, 590; **aA** BAG NJW 1983, 2405; BAG NJW 2007, 3228, 3229, wenn GFührer in einem Arbeitsverhältnis steht, was nach hier vertretener Auffassung (Rn 172) nie der Fall ist.

868 *Bauer/Arnold* DB 2008, 350, 352.

869 OLG Schleswig-Holstein GmbHR 2003, 1130.

870 *Bauer/Arnold* DB 2008, 350, 352; Scholz/*Schneider/Sethe* Rn 319.

871 BGH DStR 1994, 214; abl *Meilicke* DB 1994, 1761.

872 OLG Hamm GmbHR 2007, 442.

246 **d) Kündigung von Langzeitverträgen.** Besondere Kündigungsmöglichkeit für den GFührer bei **auf lange Zeit befristeten Anstellungsverträgen** ergibt zwingend § 624 BGB.[873]

247 Voraussetzungen liegen gemäß Wortlaut bei Anstellung auf Lebenszeit oder auf länger als fünf Jahre vor, gemäß Sinn der Norm auch bei Anstellung auf Dauer des Bestehens der Ges.[874]

248 **e) Kündigung vor Dienstantritt.** Ob ordentliche Kündigung vor Dienstantritt zulässig ist, unterliegt der Vereinbarung bzw der (ergänzenden) Vertragsauslegung. Im Zweifel ist sie als nicht zulässig anzusehen.[875]

249 **f) Kündigung vor Ablauf vereinbarter Vertragsdauer.** Unberechtigte **Kündigung durch GFührer** vor Ablauf der vereinbarten **Vertragsdauer** verpflichtet zum Schadensersatz (§ 280 BGB); macht GFührer geltend, Kosten der Nachfolgersuche wären auch bei vertragsgerechtem Verhalten entstanden, trägt er hierfür Darlegungs- u Beweislast.[876]

250 **7. Vergütungsansprüche des abberufenen GFührers** kommen, von § 628 BGB abgesehen (dazu Rn 239), nur in Betracht, solange Anstellungsverhältnis trotz Abberufung fortdauert, wie insbes dann, wenn es nicht gleichzeitig mit Abberufung wirksam außerordentlich gekündigt wurde (zu den Gestaltungsmöglichkeiten des Verhältnisses zwischen Organstellung u Anstellungsvertrag Rn 209 ff). Ist GFührer nach Abberufung nicht mehr tätig, verliert er, da wegen Nichtnachholbarkeit der Leistung sofort Unmöglichkeit der Leistung eintritt, den Vergütungsanspruch nach § 326 I 1 BGB.[877] Vergütungsanspruch bleibt ausnahmsweise nach § 615 BGB erhalten, soweit sich Ges in **Annahmeverzug** befindet. Eintritt von Annahmeverzug im Hinblick auf § 297 BGB problematisch, der Annahmeverzug ausschließt, wenn dem Schuldner (hier GFührer) seine geschuldete Leistung (hier GFührerdienste) unmöglich ist. Man kann Sachlage so sehen, dass diese Erbringung aus rechtlichen Gründen unmöglich ist, wenn Abberufung wirksam erfolgt ist.[878] Nach dieser Meinung soll GFührer gleichwohl nach § 326 II 1 BGB die Vergütung als Gegenleistung der unmöglich gewordenen GFührerleistung verlangen können, soweit die Unmöglichkeit in Folge der Abberufung von der Ges zu vertreten ist. Beurteilung dieser Frage führt in erhebliche Schwierigkeiten.[879] Ges soll nach dieser Auffassung jedenfalls Unmöglichkeit zu vertreten haben bei grundloser Abberufung, GFührer dann, wenn er Abberufung durch Pflichtwidrigkeiten veranlasst hat. Dazwischen klafft weiter Bereich der Ungewissheit. Auf fortbestehenden Vergütungsanspruch muss GFührer sich nach § 326 II 2 BGB anrechnen lassen, was er durch anderweitige Verwertung seiner Arbeitskraft erwirbt oder zu erwerben böswillig unterlässt. Soweit im Unternehmen zumutbare Weiterbeschäftigung möglich ist, muss GFührer sich darauf einlassen, freilich nur iS einer Obliegenheit, nicht einer Verpflichtung.

873 MünchKommBGB/*Henssler* § 624 Rn 3; *Bauer,* Arbeitsrechtliche Aufhebungsverträge, 8. Aufl 2007, III Rn 25; *Stück* GmbHR 2006, 1009, 1015; einschränkend Scholz/*Schneider/Sethe* Rn 315 (keine Anwendung, wenn GFührung als Pflicht iSd § 3 II übernommen wurde).

874 Michalski/*Lenz* § 35 Rn 159.

875 OLG Hamm GmbHR 1985, 155; *Lunk* ZIP 1999, 1777, 1781.

876 OLG Köln GmbHR 1997, 30; Roth/*Altmeppen* § 6 Rn 86.

877 Scholz/*Schneider/Sethe* Rn 354.

878 *Greger* FS Boujong, 1996, 153 f.

879 *Greger* FS Boujong, 1996, 153 f; Staudinger/*Otto,* § 326 Rn C 6 ff.

Dieses Konzept ist aus mehreren Gründen misslich. Es führt zu einem **wenig überzeugenden Nebeneinander von § 326 II u § 615 BGB,** es erfordert eine gekünstelte, nicht leicht nachvollziehbare Auslegung des Tatbestandsmerkmals der „Verantwortlichkeit" in § 326 II BGB u es führt auch zu verfehlten Ergebnissen. Offensichtlich kann eine Unmöglichkeit, auch wenn sie nur rechtlicher Art ist, dem Annahmeverzug doch dann nicht entgegengehalten werden, wenn der Gläubiger sie, wie auch bei der Abberufung nach § 38 I, selbst herbeigeführt hat. § 615 S 3 BGB weist die in den Verantwortungsbereich des Arbeitgebers fallenden, weil durch Gründe auf seiner Seite bedingten Beschäftigungshindernisse der rechtlichen Behandlung nach den Regeln des Annahmeverzugs zu. **251**

Nichts anderes kann für das GFührerdienstverhältnis gelten. Das wird durch die Formulierung in § 38 I „unbeschadet der Entschädigungsansprüche aus bestehenden Verträgen" bestätigt. Beruft GfterVers oder anderes zuständiges Gremium den GFührer vor Ablauf der Kündigungsfrist des Anstellungsvertrags ab, so muss Vergütung nach § 615 S 1 BGB weitergezahlt werden. Es kommt nicht darauf an, ob der GFührer Grund zur Abberufung gegeben hat.[880] Der Entgeltzahlung kann Ges nur entgehen, wenn es ihr gelingt, Anstellungsverhältnis zu beenden, etwa durch Kündigung aus wichtigem Grund. Sind Gründe für Abberufung schwächer, bleibt Ges mit Gehaltsansprüchen des GFührers bis zu wirksamer ordentlicher Kündigung belastet. Das ist auch im Ergebnis richtig. Anrechnung anderweitigen Erwerbs oder möglichen unterlassenen Erwerbs sieht auch § 615 Satz 2 BGB vor. Ges kann daher abberufenem GFührer zumutbare Tätigkeit anbieten, um wenigstens seine Arbeitskraft zu nutzen.[881] § 615 Satz 2 BGB ist auch im Falle einer Freistellung anwendbar.[882] Der Anrechnungsanspruch ist ausgeschlossen, soweit der GFührer den zusätzlichen Verdienst auch ohne die Freistellung hätte erzielen können.[883] **252**

Unproblematisch ist die Anwendung der Regeln des Annahmeverzugs auch, wenn ein ruhender Arbeitsvertrag nach Abberufung wieder auflebt (Rn 173). Insoweit bleibt Dienstleistung möglich, GFührer ist sogar zu ihr verpflichtet. **253**

Vergütungsanspruch bei Nichtbeschäftigung hat ehemaliger GFührer nur, wenn **Annahmeverzug eingetreten** ist. Dieser setzt ordnungsmäßiges Angebot der Dienstleistung voraus. Wörtliches Angebot genügt nur, wenn Ges Beschäftigung vorher abgelehnt hatte.[884] Solche Ablehnung nimmt Rspr an, wenn Dienstverhältnis (unwirksam) gekündigt wurde (bei ordentlicher Kündigung nach Ablauf der Kündigungsfrist), insbes bei Streit über deren Wirksamkeit, wenn Ges trotzdem neuen GFührer bestellt hat. Dann kann wörtliches Angebot seitens des ehemaligen GFührers genügen,[885] das sich durch Auslegung aus einer gegen die Kündigung erhobenen Klage (auch Klage auf Gehaltsfortzahlung) ergeben kann. Verneinung der Erforderlichkeit jeglichen Angebots der Dienstleistung auf Grund von §§ 296, 297 BGB, wie dies die arbeitsgerichtliche Rechtsprechung nach unwirksamer Kündigung vertritt,[886] **254**

880 So aber *Greger* FS Boujong, 1996, 153 f; wie hier: Scholz/*Schneider/Sethe* Rn 354.
881 Zur „Zumutbarkeit" *Moll* FS Schwerdtner, 2003, 453, 465 f.
882 LG Oldenburg NZG 2000, 1038, 1040.
883 OLG Oldenburg NZG 2000, 1038, 1040; 1041; *Loritz* NZG 2000, 1041, 1042.
884 BGH NJW 2001, 287, 288.
885 BGH NJW-RR 1997, 537; BGH NJW 2001, 287, 288.
886 BAG AP BGB § 615 Nr 60 = NZA 1995, 263.

kommt nicht in Betracht.[887] Grundsätzlich ist Aufrechnung mit Anspruch nach § 615 Satz 1 BGB möglich, aber Ausschluss der Aufrechnung (§ 390 BGB), wenn Forderung eine Einrede in Form des Leistungsverweigerungsrechts nach § 615 Satz 2 BGB entgegensteht.[888]

255 **8.** Durch Eröffnung des Insolvenzverfahrens endet Anstellungsvertrag nicht. Insolvenzverwalter u GFührer können nach § 113 InsO mit einer Frist von drei Monaten kündigen, sofern nicht gesetzlich (Rn 243) oder vertraglich kürzere Frist gilt.

256 **9. Aufhebungsvertrag als Beendigungsgrund für Anstellungsvertrag** ist in der Praxis häufig.[889] Bedenken gegen Freiwilligkeit wie in Arbeitsverhältnissen sind für GFührervertrag unter normalen Umständen nicht berechtigt. Zuständig für Aufhebungsvertrag ist Bestellungsorgan, idR also GfterVers.[890] Diese selbst muss daher auch sog Generalbereinigung zustimmen;[891] zu dieser § 46 Rn 49 u 60. Bei Zuständigkeit des AR für Bestellung ist AR auch für Aufhebungsvertrag zuständig.[892] § 623 BGB gilt für den Aufhebungsvertrag ebenso wenig wie für die Kündigung (Rn 217).[893] Besondere Schwierigkeiten macht in der Praxis vielfach Auslegung sog Ausgleichsklauseln, mit denen auf alle mit dem Dienstverhältnis zusammenhängenden Ansprüche verzichtet wird (antiquiert: „Ausgleichsquittung").[894] Mag GFührer auch weniger schutzwürdig sein als ArbN, so kann reichhaltige arbeitsgerichtliche Rspr zur Einschränkung der Reichweite solcher Absprachen doch herangezogen werden. Rücktritt vom Aufhebungsvertrag führt nicht zum Wiederaufleben der GFührerstellung.[895]

257 **10. Umwandlungen** können sich unterschiedlich auf Organstellung und Anstellungsvertrag auswirken. Organstellung endet mit dem Erlöschen der Ges, Anstellungsverträge können grds (etwa als Bestandteil des Vermögens im Wege der Gesamtrechtsnachfolge) übergehen.[896] So führt **Formwechsel** einer GmbH nicht ohne weiteres zur Beendigung des Anstellungsvertrags,[897] aber stets zur Beendigung der Organstellung.[898] Anstellungsvertrag setzt sich

---

887 Zutr *Greger* FS Boujong, 1996, 153, 155; *Lohr* NZG 2001, 826, 835; BGH WM 1988, 459; **aA** BGH NJW 2001, 287 = GmbHR 2000, 1256.

888 BGH NJW 2001, 287, 288; *Gehrlein* BB 2004, 2585, 2591.

889 Zum Inhalt *Neu* 136 ff. Zu zivilrechtlichen Besonderheiten sowie steuerrechtlichen Folgen vgl *Tillmann/Mohr,* GmbH-GFührer, 9. Aufl 2009, Rn 437 ff; zur Gestaltung vgl *Lohr* ZNotP 2004, 82 ff; *Bauer,* Arbeitsrechtliche Aufhebungsverträge, 8. Aufl 2007, XII Rn 37.

890 OLG Hamm DStR 1991, 884.

891 BGH GmbHR 1998, 278; MünchHdbGmbH/*Marsch-Barner/Diekmann* § 43 Rn 99.

892 OLG Frankfurt a. M. GmbHR 1995, 897.

893 Palandt/*Weidenkaff* § 623 Rn 2; Scholz/*Schneider/Sethe* Rn 316.

894 Roth/*Altmeppen* § 6 Rn 88; Zur Einbeziehung von Arbeitgeberdarlehen OLG Düsseldorf BB 1997, 2237. Zur Auslegung eines Aufhebungsvertrags mit Vereinbarung einer Abfindung und Aufbesserung der Versorgungsanwartschaft durch Anhebung der anrechnungsfähigen Dienstzeit BGH DB 1993, 875.

895 *Goette* § 8 Rn 44.

896 *Buchner/Schlobach* GmbHR 2004, 1.

897 Lutter/*Decher,* UmwG, 4. Aufl 2008, § 202 Rn 44; *Tillmann/Mohr,* GmbH-GFührer, 9. Aufl 2009, Rn 197; *Mohr* GmbH-StB 2000, 313; *Ulmer/Paefgen* § 38 Rn 146; entsprechend zum Formwechsel einer AG in GmbH BGH GmbHR 1997, 645.

898 BGH NZG 2007, 590, 591; Semler/Stängel/*Kübler,* UmwG, 2. Aufl 2007, § 202 Rn 10; Lutter/*Decher,* UmwG, 4. Aufl 2008, § 202 Rn 44; Roth/*Altmeppen* § 6

regelmäßig in der neuen Rechtsform fort.[899] Hingegen muss der GFührer, der weiter amtieren soll, für die neue Gesellschaft eigens wieder bestellt werden.[900] Kein generelles Recht zur außerordentlichen Kündigung durch Ges oder GFührer, sondern nur nach umfassender Interessenabwägung im Einzelfall.[901] Bei **Verschmelzung** gilt für die übertragende GmbH ebenfalls, dass der Anstellungsvertrag trotz erlöschender Organstellung[902] grds fortdauert.[903] Er geht automatisch auf die aufnehmende Ges über. Es besteht kein generelles Recht zur außerordentlichen Kündigung.[904] GFührer einer aufnehmenden GmbH bleiben im Amt.[905] Bei **Spaltung** durch Ausgliederung eines Teilbetriebs durch eine GmbH bleibt die Organstellung des GFührers der ausgliedernden GmbH unberührt.[906] Das Anstellungsverhältnis besteht entweder mit der ursprünglichen GmbH oder dem übergehenden Teilbetrieb fort.[907]

Angaben auf Geschäftsbriefen

35a (1) [1] **Auf allen Geschäftsbriefen gleichviel welcher Form, die an einen bestimmten Empfänger gerichtet werden, müssen die Rechtsform und der Sitz der Gesellschaft, das Registergericht des Sitzes der Gesellschaft und die Nummer, unter der die Gesellschaft in das Handelsregister eingetragen ist, sowie alle Geschäftsführer und, sofern die Gesellschaft einen Aufsichtsrat gebildet und dieser einen Vorsitzenden hat, der Vorsitzende des Aufsichtsrats mit dem Familiennamen und mindestens einem ausgeschriebenen Vornamen angegeben werden.** [2] **Werden Angaben über das Kapital der Gesellschaft gemacht, so müssen in jedem Falle das Stammkapital sowie, wenn nicht alle in Geld zu leistenden Einlagen eingezahlt sind, der Gesamtbetrag der ausstehenden Einlagen angegeben werden.**

(2) **Der Angaben nach Absatz 1 Satz 1 bedarf es nicht bei Mitteilungen oder Berichten, die im Rahmen einer bestehenden Geschäftsverbindung ergehen und für die üblicherweise Vordrucke verwendet werden, in denen lediglich die im Einzelfall erforderlichen besonderen Angaben eingefügt zu werden brauchen.**

Rn 117; *Buchner/Schlobach* GmbHR 2004, 1, 4; Ulmer/*Paefgen* § 38 Rn 146; **aA** *Hoger* ZGR 2007, 868, 884 ff.

899 BGH NZG 2007, 590, 591; BGH NJW 2000, 1864.

900 *Buchner/Schlobach* GmbHR 2004, 1, 3 f; Lutter/*Decher,* UmwG, 4. Aufl 2008, § 202 Rn 44; **aA** *Hoger* ZGR 2007, 868, 880 (Fortbestehen der organschaftlichen Beziehungen insb bei Identität des Bestellungsorgans).

901 *Buchner/Schlobach* GmbHR 2004, 1, 18; **aA** *Mohr* GmbH-StB 2000, 313, 314 (für generelles KündigungR des GFührers).

902 Lutter/*Grunewald,* UmwG, 4. Aufl 2008, § 20 Rn 28; Semler/Stengel/*Kübler,* UmwG, 2. Aufl 2007, § 20 Rn 73.

903 Schmitt/Hörtnagl/*Stratz,* UmwG/UmwStG, 4. Aufl 2006, § 20 UmwG Rn 45 ff; *Tillmann/Mohr,* GmbH-GFührer, 9. Aufl 2009, Rn 195.

904 Roth/*Altmeppen* § 6 Rn 117; *Buchner/Schlobach* GmbHR 2004, 1, 12.

905 *Zerres* ZIP 2001, 359, 361; *Leuchten* GmbHR 2001, 750, 751; *Buchner/Schlobach* GmbHR 2004, 1, 2.

906 *Buchner/Schlobach* GmbHR 2004, 1.

907 *Mohr* GmbH-StB 2000, 313, 316.

(3) [1]**Bestellscheine gelten als Geschäftsbriefe im Sinne des Absatzes 1.** [2]**Absatz 2 ist auf sie nicht anzuwenden.**

(4) [1]**Auf allen Geschäftsbriefen und Bestellscheinen, die von einer Zweigniederlassung einer Gesellschaft mit beschränkter Haftung mit Sitz im Ausland verwendet werden, müssen das Register, bei dem die Zweigniederlassung geführt wird, und die Nummer des Registereintrags angegeben werden; im übrigen gelten die Vorschriften der Absätze 1 bis 3 für die Angaben bezüglich der Haupt- und der Zweigniederlassung, soweit nicht das ausländische Recht Abweichungen nötig macht.** [2]**Befindet sich die ausländische Gesellschaft in Liquidation, so sind auch diese Tatsache sowie alle Liquidatoren anzugeben.**

Übersicht

I. Zweck und Normgeschichte

1 Vorschrift soll Geschäftspartnern einer GmbH relevante Informationen vermitteln u **Einholung registergerichtlicher Informationen** über Ges erleichtern.[1] Sie entspr § 80 AktG, ähnl auch §§ 37 a, 125 a, 177 HGB, 7 V PartGG, 25 a GenG. Bei Liquidation gilt § 71 V. Norm wurde in Umsetzung der 1969 ergangenen EG-PublizitätsRiLi eingefügt.[2] Durch das EHUG[3] wurde in Umsetzung der reformierten PublizitätsRiLi[4] klargestellt, dass Erklärungen „gleichviel welcher Form" erfasst sind – insb also E-Mails uä. Eine weitere Klarstellung brachte 2008 das MoMiG: Die Angaben für ausländische Kapital-

[1] *Einmahl* AG 1969, 131, 167, 210; *Kreplin* BB 1969, 1112.

[2] Erste Richtlinie 68/151/EWG des Rates vom 9. 3. 1968, ABl Nr L 065. Die Richtlinie wurde 2003 geändert (s Fn 4).

[3] Gesetz über elektronische Handelsregister und Genossenschaftsregister sowie das Unternehmensregister (EHUG) v 10. 11. 2006, BGBl I 2553.

[4] Richtlinie 2003/58/EG des Europäischen Parlaments und des Rates v 15. 7. 2003 zur Änderung der Richtlinie 68/151/EWG des Rates in Bezug auf die Offenlegungspflichten von Gesellschaften bestimmter Rechtsformen, ABl Nr L 221, 13.

gesellschaften (Rn 14) sind nun explizit sowohl für Haupt- als auch für Zweigniederlassungen zu machen.

II. Geltungsbereich

Vorschrift erfasst **inländische Ges,** u zwar auch für Geschäftsverkehr mit Ausland[5] sowie gem Abs 4 **inländische Zweigniederlassungen ausländischer Ges** (EU-zugehörig oder nicht). Regelung gilt entspr für **VorGes,**[6] für Liquidation vgl § 71 V. Für **GmbH & Co** verweisen §§ 125 a I 2, 177 a S 2 HGB auf die Norm. 2

III. Vorgeschriebene Angaben (Abs 1)

Zu unterscheiden ist zwischen unbedingt (Abs 1 S 1) u bedingt (Abs 1 S 2) erforderlichen Angaben. Zusätzliche freiwillige Angaben (Umsatzsteuer-Nr, Zertifizierung, etc) sind mögl, aber nicht § 35 a, sondern allenfalls nach § 14 Abs 4 UStG gefordert. 3

1. Mindestangaben. Pflichtangaben sind vollständig zu machen, Erkennbarkeit genügt nicht. Allerdings schließt diese regelm Schadensersatz- u Unterlassungsansprüche Privater aus (Rn 25). 4

a) Rechtsform. Es genügt **Abkürzung GmbH** (insb als Firmenbestandteil, § 4).[7] Bei der **Unternehmergesellschaft** ist entweder das ausgeschriebene Wort oder die Abkürzung „UG" zu verwenden, je mit zwingendem Zusatz „haftungsbeschränkt" (§ 5 a I); Fehlen des Zusatzes kann mangels Irreführungseignung schwerlich SchE- o Unterl-Ansprüche auslösen. Anzugeben ist nach Zweck der Vorschrift auch laufendes Insolvenzverfahren, obwohl Firma hierdurch unverändert bleibt (zu Liquidation vgl § 71 V 1). 5

b) Sitz. Angabe soll **allg Gerichtsstand** (§ 17 I ZPO; Art. 2 I, 60 I EuGVVO) erkennbar machen. Gemeint ist **Satzungssitz** iSv §§ 3 I Nr 1, 4 a,[8] der im dt Prozessrecht Vorrang ggü Verwaltungssitz beansprucht (§ 17 I 2 ZPO).[9] Bei deutscher Ges genügt Niederlassung, von welcher Brief stammt, daher nicht.[10] Erkennbarkeit aus Angabe des Absendeortes ist nicht hinreichend.[11] 6

c) Hins **RegGericht u Nummer,** unter der Ges eingetragen ist, genügt eindeutige abgekürzte Form (zB „AG x HRB 5").[12] 7

d) GFührer inkl Stellvertreter u NotGFührer sind mit Familiennamen u min einem Vornamen anzugeben. Bei GFührer mit Doppelnamen genügt Angabe eines Namens, wenn GFührer so auch im Geschäftsverkehr zeichnet u damit eindeutig gekennzeichnet ist.[13] Weitere Angaben zu GFührern (insb 8

[5] Roth/*Altmeppen* Rn 1; Hachenburg/*Mertens* Rn 3; Rowedder/Schmidt-Leithoff/*Koppensteiner* Rn 4.

[6] Vgl MünchKommAktG/*Spindler* § 80 Rn 3 mwN.

[7] Ulmer/*Paefgen* Rn 11; Scholz/*Schneider* Rn 9; Rowedder/Schmidt-Leithoff/*Koppensteiner* Rn 8; Michalski/*Lenz* Rn 2; **aA** *Kreplin* BB 1969, 1113.

[8] BGH WM 1977, 1427; Scholz/*Schneider* Rn 11.

[9] MünchKommZPO/*Patzina* § 17 Rn 13.

[10] Ulmer/*Paefgen* Rn 12; Scholz/*Schneider* Rn 11; Rowedder/Schmidt-Leithoff/*Koppensteiner* Rn 8.

[11] Rowedder/Schmidt-Leithoff/*Koppensteiner* Rn 8.

[12] Scholz/*Schneider* Rn 12; Rowedder/Schmidt-Leithoff/*Koppensteiner* Rn 8.

[13] OLG Frankfurt ZIP 1986, 47.

„Stellvertreter" o „Arbeitsdirektor") zulässig, aber nicht erforderlich.[14] Anges der Unbeschränkbarkeit der Vertretungsmacht nach der Ersten RL besteht keine Irreführungsgefahr. Wird Ges insolvent, ist neben (im Amt bleibenden) GFührern (o Liquidatoren, § 71 V) zusätzlich Insolvenzverwalter nennen. Mittelbare Erkennbarkeit bzw Korrektur durch Verweis auf HR genügt nicht.[15] NotGFührer sind als solche kenntlich zu machen.[16]

9 e) AR-Vors, falls AR (kraft Gesetzes oder kraft Satzung) besteht u einen Vors hat, mit Familiennamen u min einem Vornamen. Bei anderem Kontrollorgan braucht Vors nur genannt zu werden, sofern NormalAR vergleichbare Kontrollfunktion besteht.[17] Vors eines ohne Satzungsgrundlage nur de facto bestehenden Gremiums ist wegen Irreführungsgefahr nicht zu nennen.

10 2. Höhe des Stammkapitals u Gesamtbetrag etwa **ausstehender Geld-** (wegen Volleinbringungspflicht aber nicht Sach-[18])**einlagen** (zur Abgrenzung Geldeinlage/Sacheinlage § 5 Rn 14 ff) nur, wenn Ges freiwillig irgendwelche Angaben über das Kapital macht (zB Bilanzsumme, Höhe des Eigenkapitals). Ergänzend können bei irreführenden geschäftlichen Handlungen (etwa: erhebliche Diskrepanz zwischen vorhandenem Vermögen und Stammkapitalziffer[19]) §§ 3, 5, 5 a UWG sowie § 826 BGB eingreifen. Im Rahmen der MoMiG-Reform wurde seit 2005 wiederholt Pflicht zu diesbez Angaben gefordert,[20] jedoch letztlich wegen fehlender Relevanz für Rechtsverkehr nicht aufgenommen.[21]

11 **3. Ausländische Gesellschaften (Abs 4).** Für Geschäftsbriefe und Bestellscheine von Zweigniederlassungen einer „Gesellschaft mit beschränkter Haftung", deren (Satzungs-)Sitz im Ausland ist (einerlei ob EU oder Drittstaat) gilt Abs 4. Die Norm wurde 1993 in Umsetzung der EG-ZweigniederlassungsRiLi eingefügt und 2008 durch MoMiG am Rande geändert.

12 Mit „Gesellschaft mit beschränkter Haftung" ist hier **GmbH-ähnliche Kapitalgesellschaft ausländischen Rechts** gemeint. Abgrenzung zur ausländischen AG (zB bei US-amerikanischer *close corporation*) ist praktisch unerheblich, weil § 80 IV AktG inhaltsgleiche Regelung enthält.[22] Für PersGes, bei denen keine natürliche Person unbeschr haftet, gelten §§ 125 a I 2, 177 a 2 HGB entspr.[23] Erfasst ist auch der Schriftverkehr inländischer **Betriebsstätten** ausländischer Ges u solcher von **nicht eingetragenen Zweigniederlassungen.**[24]

13 Anzugeben sind zunächst das **Register der ausländischen Hauptniederlassung** und die entspr Registernummer sowie das **inländische RegGericht der Zweigniederlassung** mitsamt Registernummer (jeweils sofern vorhan-

---

[14] Scholz/*Schneider* Rn 13; **aA** für Stellvertreter Ulmer/*Paefgen* § 44 Rn 21 wg Irreführungseignung.

[15] *Noack* FS Ulmer, 2003, 1245, 1259.

[16] MünchKommAktG/*Spindler* § 80 Rn 12; **aA** *Fleischer* NZG 2006, 561, 563.

[17] Roth/*Altmeppen* Rn 5; Scholz/*Schneider* Rn 14; Rowedder/Schmidt-Leithoff/*Koppensteiner* Rn 8; Ulmer/*Paefgen* Rn 15.

[18] **AA** Scholz/*Schneider* Rn 15; Michalski/*Lenz* Rn 3.

[19] Scholz/*Schneider* Rn 15; Rowedder/Schmidt-Leithoff/*Koppensteiner* Rn 9.

[20] Vgl § 35 a idF des Regierungsentwurfs eines Gesetzes zur Neuregelung des Mindestkapitals der GmbH (MindestkapG) v. 1. 6. 2005; zust *Priester* ZIP 2005, 921, 925; *Niemeier* ZIP 2006, 2237, 2250; *Schärtl* GmbHR 2007, 344.

[21] So bereits *K. Schmidt* DB 2005, 1095, 1097.

[22] Im ersteren Sinn zB *Bungert* GmbHR 1993, 479.

[23] Roth/*Altmeppen* § 35 a Rn 6.

[24] Ring/Grziwotz/*Westphal* Rn 7; Michalski/*Lenz* Rn 14.

den). Diese Pflicht zur Angabe beider Registrierungen wurde durch MoMiG-Änderung klargestellt („Angaben bezüglich der Haupt- und der Zweigniederlassung"). Die für das Register der Hauptniederlassung gemachten Aussagen gelten vorbehaltlich dessen, dass das ausländische Recht entsprechende Eintragungs- und Nummerierungsbestimmungen kennt: Dies ist auf Grund der PublizitätsRiL (Rn 1) in der EU gewährleistet, so dass die Vorbehaltsklausel des Gesetzes (Abs 4 S 1 letzter Hs) nur Nicht-EU-Ges betreffen kann.

Auslandsgesellschaften haben weiterhin die Angaben gem den Abs 1–3 zu machen: Anzugeben ist die **Rechtsform,** wobei Bezeichnung mit *geläufiger* Abkürzung („Ltd") genügt.[25] Außerdem ist der **Sitz der Auslandsgesellschaft** zu nennen. Damit ist nicht etwa der tatsächliche Verwaltungssitz gemeint, sondern der statutarische: Dieser ist nicht nur Gerichtsstand iSv Art 60 EuGVVO sondern für Drittstaaten nach § 17 I 1 ZPO vorrangig ggü dem Verwaltungssitz. Ein inländischer Gerichtsstand besteht freilich auch am Ort der Niederlassung (§ 21 ZPO).[26] 14

Von **EU-Auslandsges** können grds nur die in Art. 10 Zweigniederlassungs-RiLi abschließend[27] genannten Angaben verlangt werden. Die bisher genannten Angaben sind jedoch nach den jew nationalen Regelungen, welche Art 4 der PublizitätsRiL (Rn 1) umsetzen, auch im Herkunftsstaat erforderlich. Die dort nicht vorgesehene Angabe v GFührer und AR-Vorsitzendem ist hingegen nur für **Gesellschaften aus Drittstaaten** verbindlich.[28] Schließlich ist (nur) für Nicht-EU-Gesellschaften entspr § 13e II 4 Nr 4 HGB zu fordern, dass diese ihr Gesellschaftsstatut, dh die einschlägige Rechtsordnung nennen.[29] 15

Abs 4 S 2 verlangt ausdrückliche Angabe, wenn sich ausländische Ges in **Liquidation** befindet. Das hat Bedeutung, weil ausländisches Firmenrecht nicht unbedingt diese Angabe sicherstellt und im Ausland übliche Angabe im Inland nicht durchgängig verständlich sein wird. 16

IV. Gegenständlicher Anwendungsbereich (Abs 2, 3)

Gesetz verlangt die genannten Angaben auf **Geschäftsbriefen,** Abs 1, u auf **Bestellscheinen,** Abs 3. 17

1. Geschäftsbriefe. a) Begriff umfasst gesamten **externen Schriftverkehr** der GmbH bzw UG, dh jede an einen Empfänger außerhalb der GmbH, auch an verbundene Unternehmen[30] gerichtete geschäftsbezogene Mitteilung, auch bei formularmäßiger Abfassung.[31] Keine GBriefe sind von Ges ausgestellte Wertpapiere wie Wechsel, Scheck, Konnossement etc.[32] Begriff ist weiter 18

---

[25] *Wachter* EWiR 2005, 797, der aber de lege ferenda den Zusatz eines Länderkennzeichens anregt, um insb englische von irischer „Limited" abzugrenzen; **aA** LG Göttingen NotBZ 2006, 34 (LS in NZG 2006, 274).

[26] Ebenso Ulmer/*Paefgen* Rn 20; **aA** Großkomm/*Habersack* § 80 AktG Rn 8.

[27] So das Verständnis des EuGH „Inspire Art" (NJW 2003, 3331).

[28] Wie hier Ulmer/*Paefgen* Rn 22; *K. Schmidt* in Lutter (Hrsg), Europäische Auslandsgesellschaften in Deutschland, 2004, 44.

[29] Ulmer/*Paefgen* Rn 20.

[30] LG Heidelberg GmbHR 1997, 446; Ulmer/*Paefgen* Rn 3; Scholz/*Schneider* Rn 8; *Lutter/Hommelhoff* Rn 2; **aA** Rowedder/Schmidt-Leithoff/*Koppensteiner* Rn 6; Michalski/*Lenz* Rn 5.

[31] Zahlreiche Beispiele bei *Kreplin* BB 1969, 1112; Muster für einfachen Briefkopf bei Ring/Grziwotz/*Westphal* Rn 10.

[32] Michalski/*Lenz* Rn 5; *Lutter/Hommelhoff* Rn 2; *Wicke* Rn 3; Ulmer/*Paefgen* Rn 5; **aA** LG Detmold GmbHR 1991, 23 u Roth/*Altmeppen* Rn 5 für Postscheck; Scholz/*Schneider* Rn 4 für Scheck allg.

als Handelsbrief iSv §§ 238 II, 257 HGB da weder Handelsgeschäft iSv § 343 HGB noch Geschäftsverbindung erforderlich. Ausgenommen sind allein private u persönliche Mitteilungen, zB Glückwünsche.

19 **Brief** im postalischen Sinne nicht erforderlich, Postkarte genügt. Vom Zweck der Vorschrift umfasst sind alle Erklärungen in **Textform (§ 126 b BGB)** – das ist spätestens durch 2007 eingefügten Zusatz „gleichviel welcher Form" klargestellt.[33] Geschäftsbriefe sind daher via **Telekommunikation versandte Mitteilungen,** die zur dauerhaften Wiedergabe in Schriftzeichen geeignet sind (E-Mail,[34] Fax[35]). Auch Telegramme und Telefaxe genügen diesem Erfordernis.[36] Im Handelsverkehr wird **E-Mail** dem herkömmlichen Schriftverkehr (daher auch Bezeichnung als „elektronische Post", vgl § 7 Abs 2 Nr 3 UWG) gleichgesetzt. Dies gilt unabhängig davon, ob Voraussetzungen der elektronischen Form (§ 126 a BGB) erfüllt sind. Optische u technische Gestaltung der Pflichtangaben sollte unter Gesichtspunkt leichter Darstellbarkeit und Erkennbarkeit erfolgen.[37] Elektronischer Verweis (Link) auf extern gespeicherte Angaben[38] oder Anhang an E-Mail zulässig. Gegenansicht[39] vermag nicht zu überzeugen: Wortlaut („auf") ist nach konkretem Trägermedium auszulegen. Bei E-Mail sind Hyperlinks u Anhänge praktisch üblich. Interessen des Empfängers werden regelm gewahrt. Auch auf sog „Smartphones" lassen sich Internetseiten anzeigen. Ausdruck von E-Mails o Sperrung des Zugangs nach außen ist interne Entscheidung des Empfängers, Versender muss hierfür keine Vorkehrung treffen. So sind auch Angaben auf SMS[40] möglich (durch externe Referenz), was bei modernen Diensten sinnvoll ist. Begrenzung auf 160 Zeichen steht nicht entgegen, notfalls sind mehrere Nachrichten zu versenden (die uU beim Empfänger automatisch zusammengefügt werden).

20 Art. 4 S 2 der reformierten Publizitäts-RL verlangt ausdrücklich auch gewisse Pflichtangaben auf Internetseiten. Im deutschen Recht ist zu differenzieren: Grundsätzlich wird die Publizitätsrichtlinie insoweit durch § 5 Nr 1 TMG umgesetzt. Nur bei **individuell zusammengestellten Internetseiten,** die wie Geschäftsbriefe wirken, greift § 35 a GmbHG ein.[41] Zu beachten sind selbstverständlich auch §§ 312 c, 312 e BGB iVm BGBInfoV sowie § 6 TMG. Allerdings sind diese weitgehend deckungsgleich (§ 5 Abs 1 Nr 1 und Nr 4 TMG).[42]

---

[33] War bereits zuvor überw Ansicht – vgl *Roth/Groß* K&R 2002, 127, 128; *Münch* Jur-PC 2002, Web-Dok 355/2002.

[34] *Schmittmann/Ahrens* DB 2002, 1038; *Mutter* GmbHR 2001, 336; *Gruber* JBl 1993, 698, 707; Scholz/*Schneider* Rn 6; Michalski/*Lenz* Rn 8; Rowedder/Schmidt-Leithoff/*Koppensteiner* Rn 6; *Meier* GmbHR 2007, 922.

[35] Ulmer/*Paefgen* Rn 4; *Lutter/Hommelhoff* Rn 2.

[36] Ulmer/*Paefgen* Rn 4; **aA** Scholz/*Schneider* Rn 4.

[37] Dezidiert *Roth/Groß* K&R 2002, 127, 132.

[38] *Leuering/Rubel* NJW-Spezial 2008, 47; *Glaus/Gabel* BB 2007, 1744.

[39] MünchKommAktG/*Spindler* § 80 Rn 18; *Hoeren/Pfaff* MMR 2007, 207, 208 f; *Rath/Hausen* K&R 2007, 113, 114; *Wild* DuD 2007, 374; *Roth/Groß* K&R 2002, 127, 132.

[40] *Maaßen/Orlikowski-Wolf* BB 2007, 561, 565; skeptisch *Schweinoch/Böhlke/Richter* CR 2007, 171; *Hoeren/Pfaff* MMR 2007, 207, 208; MünchKommAktG/*Spindler* § 80 Rn 18; Scholz/*Schneider* Rn 6.

[41] *Reusch* NVersZ 2000, 1, 3 f; *Woitke* BB 2003, 2469; s a OLG München NJW-RR 2002, 348; zum Verhältnis von „Vertretungsberechtigten" iSd TDG aF u „ges Vertreter" iSv § 35 vgl *Noack* FS Ulmer, 2003, 1245, 1260.

[42] Vgl zum TMG *Rössel* ITRB 2007, 158, 161.

Nicht erfasst ist **interner Schriftverkehr** zwischen einzelnen Abteilungen, Büros, mit Filialen etc.[43] sowie Schreiben an Gfter, soweit sie nur gesellschaftsrechtliche Beziehungen betreffen, zB Ladungen zur GfterVers.[44] Nicht erfasst ist Schriftverkehr zwischen Ges u künftigen GFührern über Bestellung oder Anstellung (etwa bei Vertretung durch Alleingfter),[45] ferner Schriftverkehr mit betriebsverfassungsrechtlichen Organen des eigenen Unternehmens u der das Arbeitsverhältnis der ArbN der GmbH[46] betreffende Schriftverkehr einschl der Kündigung (nicht aber vor vollzogener Einstellung). **21**

b) Erfasst sind nur **Mitteilungen an** (einen oder mehrere) **bestimmte Empfänger,** nicht solche, die sich an unbestimmten Personenkreis wenden wie Werbeschriften, Postwurfsendungen, Zeitungsanzeigen, allgemein werbende (nicht dynamisch erstellte) Internetseiten (für die allerdings § 5 Nr 1 TMG gilt, der weitgehend die gleichen Angaben verlangt).[47] Nur Adressat, nicht Inhalt muss individuell sein – Massensendungen per Serienbrief (zB „Spam"-E-Mails) unterfallen daher der Regelung, nicht hingegen Postwurfsendungen („An alle Hauseigentümer").[48] **22**

2. Bestellscheine sind Vordrucke (Formulare) für die Abgabe von Erklärungen zum Abschluss von Verträgen (Angebot oder Annahme) über die Inanspruchnahme von Leistungen der GmbH durch Geschäftspartner der GmbH.[49] **23**

3. Ausnahme (Abs 2). Angaben sind auf Bestellscheinen stets erforderlich (Abs 3 S 2). Auf Geschäftsbriefen hingegen gestattet Gesetz (in nach allg Ansicht zul Abw von EG-PublizitätsRiLi) für die unbedingt erforderlichen Angaben Ausnahmen unter zwei kumulativen Voraussetzungen: (1) Mitteilung muss **im Rahmen bestehender Geschäftsverbindung** gemacht werden. Entscheidend ist, dass in überschaubarer Vergangenheit die nach Abs 1 erforderlichen Angaben bereits gemacht wurden.[50] Praktische Bedeutung erlangt dies va bei regelm Mitteilungen an Behörden, IHK, etc.[51] Auch nach Änderung angaberelevanter Daten – etwa Geschäftsführerwechsel – greift Ausnahme, wenn diese separat mitgeteilt wurden.[52] (2) Mitteilung muss auf **Vordruck** gemacht werden, dessen Verwendung (branchenbezogener)[53] Üblichkeit ent- **24**

---

43 BGH NJW-RR 1997, 669; Ulmer/*Paefgen* Rn 5; Scholz/*Schneider* Rn 8; Rowedder/Schmidt-Leithoff/*Koppensteiner* Rn 6; *Lutter/Hommelhoff* Rn 2.

44 *Lutter/Hommelhoff* Rn 2; **aA** Ulmer/*Paefgen* Rn 3; für die AG KölnerKomm/*Mertens* § 80 Rn 8, der den Anwendungsbereich des § 80 AktG auch auf den Verkehr der Ges mit persönlich angeschriebenen Aktionären erstreckt, u wohl auch Geßler/*Hefermehl* § 80 Rn 19, der Angabepflicht des § 80 AktG für jede Mitteilung an von Ges verschiedene Rechtspersönlichkeit vertritt.

45 BGH NJW-RR 1997, 669.

46 **AA** *Lutter/Hommelhoff* Rn 2; Ulmer/*Paefgen* Rn 3 (der aber immerhin die Kommunikation mit betriebsverfassungsrechtlichen Organen ausnimmt, Rn 5).

47 Scholz/*Schneider* Rn 6; *Lutter/Hommelhoff* Rn 3.

48 LG Heidelberg GmbHR 1997, 446 f; Roth/*Altmeppen* Rn 5; Rowedder/Schmidt-Leithoff/*Koppensteiner* Rn 7; Michalski/*Lenz* Rn 6.

49 *Roth/Groß* K&R 2002, 127, 132 zu Bestellscheinen im Internet.

50 Scholz/*Schneider* Rn 19; Rowedder/Schmidt-Leithoff/*Koppensteiner* Rn 13; weitergehend Ulmer/*Paefgen* Rn 7; Michalski/*Lenz* Rn 26; *Einmahl* AG 1969, 131, 136; GroßkommAktG/*Meyer-Landrut* § 80 A 2; Geßler/*Hefermehl* § 80 Rn 14.

51 Ulmer/*Paefgen* Rn 8.

52 Michalski/*Lenz* Rn 11.

53 Rowedder/Schmidt-Leithoff/*Koppensteiner* Rn 12.

spricht u in den lediglich im Einzelfall erforderliche Angaben eingefügt werden müssen: Auftragsbestätigungen, Lieferscheine, Versandanzeigen, Rechnungen, Kontoauszüge, Reparaturabholungsbenachrichtigungen, Mahnungen.[54]

V. Folgen bei Verstoß

25 § 35 a ist **nicht Formvorschrift,** sondern **Ordnungsvorschrift.** Verletzung macht Erklärung auf Geschäftsbrief oder Bestellschein nicht ungültig,[55] kann aber Anspruch gg GFührer aus §§ 280 I, 311 II Nr 1, III, 241 BGB (culpa in contrahendo) begründen,[56] evtl auch gg Gfter aus Rechtsscheinhaftung.[57] Anfechtbarkeit wg arglistigem Verschweigen (§ 123 I BGB) bzw Irrtum über verkehrswesentliche Eigenschaft (§ 119 II BGB) ist allenfalls in Ausnahmefällen denkbar.[58] Möglich ist Versagung der Einrede der Verjährung im Hinblick auf Treu und Glauben.[59] Da Schutzgesetz, sind bei ursächlichem Zusammenhang u Rechtswidrigkeitszusammenhang ferner Ansprüche aus § 823 II BGB möglich.[60] RegRichter hat durch Festsetzung von Zwangsgeld (bis zu 5000 €) einzuschreiten, § 79 I.[61] Durch Nichtbeachtung von § 35 a eintretende Kostenersparnis (etwa: Papier-/Tonerverbrauch, Versandkosten) stellt **keinen im Rahmen von § 4 Nr 11 UWG relevanten Wettbewerbsvorteil** dar.[62] Daher Abmahnung gem §§ 8, 12 I UWG allenfalls bei gezielter Irreführung o Verdeckung der Identität Erfolg versprechend.[63] Insoweit Rspr zu §§ 5 f TMG nur bedingt heranziehbar.[64] Grds scheiden Anspr aus, wenn Informationen unschwer erkennbar sind; so sind Fehler in Firmenbezeichnung nicht haftungsbegründend, wenn GmbH bzw. UG durch RegGericht u -Nr hinreichend identifizierbar ist.[65]

---

54 Scholz/*Schneider* Rn 18; Ulmer/*Paefgen* Rn 7.

55 Ulmer/*Paefgen* Rn 23.

56 LG Frankfurt a. M. NJW-RR 2001, 1425; Ulmer/*Paefgen* Rn 24; Roth/*Altmeppen* Rn 8; Scholz/*Schneider* Rn 26.

57 LG Heidelberg GmbHR 1997, 446.

58 LG Detmold WM 1990, 1872; Rowedder/Schmidt-Leithoff/*Koppensteiner* Rn 10.

59 LG Frankfurt NJW-RR 2001, 1425.

60 LG Detmold NJW-RR 1990, 995; Roth/*Altmeppen* Rn 8; Rowedder/Schmidt-Leithoff/*Koppensteiner* Rn 10; *Bruns* BauRB 2004, 117; einschr auf Abs 1 S 2 Scholz/*Schneider* Rn 26, Ulmer/*Paefgen* Rn 25.

61 Ulmer/*Paefgen* Rn 23; Scholz/*Schneider* Rn 26.

62 KG GmbHR 1991, 470; LG Berlin WM 1991, 1615; **aA** aber LG Bonn BeckRS 2006, 10 375; detailliert *Maaßen/Orlikowski-Wolf* BB 2007, 561; *Rath/Hausen* K&R 2007, 113.

63 OLG Düsseldorf NJW-RR 2004, 41; Brandenburgisches OLG GRUR-RR 2008, 136 (zu § 15 b GewO); s a OLG Hamburg BeckRS 2008, 02 754: „Bagatellfall" bei längerer vertragl Beziehung; *Wicke* Rn 2; möglicherweise strengere Handhabung aufgrund der RL 2005/29/EG über unlautere Geschäftspraktiken, die Informationspflichtverstöße weitgefasst als unlauter wertet (Artikel 7 V: „(5) Die im Gemeinschaftsrecht festgelegten Informationsanforderungen in Bezug auf kommerzielle Kommunikation [...], auf die in der nicht erschöpfenden Liste des Anhangs II verwiesen wird, gelten als wesentlich." – die PublizitätsRiLi ist freilich dort nicht genannt).

64 Vgl KG GmbHR 1991, 470; LG Berlin DB 1991, 1510; Roth/*Altmeppen* Rn 9; *Lutter/Hommelhoff* Rn 6; Rowedder/Schmidt-Leithoff/*Koppensteiner* Rn 10; Michalski/*Lenz* Rn 12; **aA** Scholz/*Schneider* Rn 27 (der aber Bagatellfälle bejaht); LG Bonn BeckRS 2006, 10 375; MünchKommHGB/*Krebs,* 2. Aufl 2005, § 37 a Rn 12.

65 OLG Brandenburg NZG 1999, 166, 167; vgl aber auch BayObLG NJOZ 2002, 1071 wonach Firma u nicht Registernummer entscheidend ist.

36 *(weggefallen)*

Beschränkungen der Vertretungsbefugnis

37

(1) Die Geschäftsführer sind der Gesellschaft gegenüber verpflichtet, die Beschränkungen einzuhalten, welche für den Umfang ihrer Befugnis, die Gesellschaft zu vertreten, durch den Gesellschaftsvertrag oder, soweit dieser nicht ein anderes bestimmt, durch die Beschlüsse der Gesellschafter festgesetzt sind.

(2) [1] Gegen dritte Personen hat eine Beschränkung der Befugnis der Geschäftsführer, die Gesellschaft zu vertreten, keine rechtliche Wirkung. [2] Dies gilt insbesondere für den Fall, daß die Vertretung sich nur auf gewisse Geschäfte oder Arten von Geschäften erstrecken oder nur unter gewissen Umständen oder für eine gewisse Zeit oder an einzelnen Orten stattfinden soll, oder daß die Zustimmung der Gesellschafter oder eines Organs der Gesellschaft für einzelne Geschäfte erfordert ist.

Übersicht

I. Allgemeines

1 Vorschrift behandelt in **Abs 1** entgegen 2008 eingefügter amtlicher Überschrift nicht nur „Vertretungsbefugnis", sondern in erster Linie **Beschränkung des GFührerhandelns im Innenverhältnis,** mithin GFührungsbefugnis.[1] **Abs 2** statuiert (insoweit mit zutreffender Ausdrucksweise) **Unbeschränkbarkeit der Vertretungsmacht.** Zur Unterscheidung zwischen GFührung u Vertretung § 35 Rn 5.

II. Sachlicher Umfang der GFührungsbefugnis

2 **1. GFührung u körperschaftsrechtliche Akte. Befugnis der GFührer** umfasst grds alle zur Verfolgung des GesZwecks erforderlichen Maßnahmen u Entscheidungen. Insbes sind Einsatz u die Koordinierung der Unternehmensressourcen einschließlich der Setzung von sachlichen u zeitlichen Teilzielen erfasst (§ 35 Rn 29 ff). Nicht zur GFührung gehören Änderungen des GesVertrages u Wahrnehmung gesvertraglicher Rechte, insbes Ausgestaltung der körperschaftsrechtlichen Beziehungen wie Bestellung u Abberufung der GFührer, Gewinnverteilung, Abschluss von Übernahmeverträgen bei Kapitalerhöhung, Genehmigung der Anteilsveräußerung nach § 15 V. Dazu im Einzelnen § 35 Rn 92 ff.

3 Zuweilen sind GFührern **körperschaftsrechtliche Akte** durch Gesetz (zB Einberufung der GfterVers, § 49 I) oder Satzung (zB Genehmigung der Anteilsveräußerung nach § 15 V, Einforderung von Einlagen) übertragen. Näher dazu § 45 Rn 6, 9 u § 46 Rn 89.

4 **2. Alleinentscheidungsbefugnis der Gfter.** Befugnis der GFührer im gegenständlichen Bereich der GFührung wird enumerativ durch **Zuständigkeit der GfterVers** gem § 46 beschnitten. Daraus greifen in den GFührungsbereich ein: Feststellung des Jahresabschlusses (§ 46 Nr 1), Maßregeln zur Prüfung u Überwachung der GFührung (§ 46 Nr 6), Bestellung von Prokuristen u Gesamthandlungsbevollmächtigten (§ 46 Nr 7), Geltendmachung von Ersatzansprüchen aus Gründung u GFührung sowie Prozessvertretung gegenüber GFührern (§ 46 Nr 8). Ausgenommen aus dem Bereich der GFührung sind als Annexkompetenz zu § 46 Nr 5 Abschluss u Beendigung der Anstellungsverträge mit GFührern, vgl § 35 Rn 96 f sowie § 46 Rn 33.

5 **Satzung kann zT Zuständigkeit der GFührer begründen,** zB für Feststellung des Jahresabschlusses, Bestellung von Prokuristen oder Handlungsbevollmächtigten, Prozessvertretung ggü GFührern, nicht jedoch für deren Bestellung, vgl § 46 Rn 89.

6 **3. Umfang der GFührungsbefugnis im nicht durch Gesetz oder Satzung geregelten Bereich. a) Laufende GFührung.** GfterVers kann zwar einzelne laufende Angelegenheiten an sich ziehen; soweit dies nicht geschieht, entscheiden GFührer selbst, ohne GfterVers befragen zu müssen.

---

[1] Ulmer/*Paefgen* Rn 1.

b) Ungewöhnliche Geschäfte. GFührer sind auch bei ungewöhnlichen Geschäften originär und primär zuständig, soweit Regelung durch Satzung oder GfterBeschl fehlt. Daher auch für ungewöhnliche Geschäfte grds keine Pflicht, GfterBeschl einzuholen (zu Ausnahmen s Rn 10 ff). Im Schrifttum vorherrschende[2] Gegenansicht (**Vorlagepflicht der GFührer an GfterVers**) verursacht unzweckmäßige Unsicherheit, die geschäftliches Handeln erschwert. Dies widerspricht nicht nur System der §§ 35, 37, 45 u 46 GmbHG,[3] sondern übertrüge eine bereits im Recht der OHG u KG kaum praktikable Differenzierung (§§ 116, 164 HGB) ohne Not auf GmbH. Streit verliert erheblich an Bedeutung, wenn man genauer ansieht, was vorlagepflichtig sein soll: 7

aa) Maßnahmen außerhalb des in der Satzung festgelegten Unternehmensgegenstands.[4] Solche Maßnahmen sind schlicht rechtswidrig. Auch durch Billigung der (einfachen) Mehrheit werden sie nicht rechtmäßig, sondern nur nach Satzungsänderung,[5] mit Ungewöhnlichkeit hat das nichts zu tun.[6] 8

bb) Maßnahmen, die von Gftern festgelegten Grundsätzen der Geschäftspolitik widersprechen. Sie stehen in Widerspruch zu GfterBeschl, sind also weisungswidrig u müssen daher vorgelegt werden.[7] Auch insoweit ist Einordnung unter ungewöhnliche Geschäfte unglückliche Begriffsbildung. 9

cc) Entscheidungen, bei denen mit Widerspruch der Gfter zu rechnen ist.[8] Treuepflicht der GFührer gebietet sich nicht in mutmaßlichen Gegensatz zu ihnen übergeordnetem Organ zu setzen.[9] Sofern GFührer allerdings erwarten kann, Zustimmung der Gftermehrheit zu erlangen, darf er handeln, sofern sich nicht Vorlagepflicht aus anderen Gründen ergibt. Keinesfalls ist Vorlagepflicht schon zu bejahen, wenn Widerspruch nur eines MinderheitsGfters zu erwarten ist.[10] 10

dd) Fälle des § 49 II. Vorzulegen ist schließlich, wenn **Einberufung der GfterVers** gem § 49 II **im Interesse der Ges erforderlich** erscheint.[11] Voraussetzung hierfür ist, dass Geschäft mit besonderem Risiko verknüpft ist oder substantiell in Rechte der Gfter eingreift,[12] wie zB bei **Ausgliederung we-** 11

---

[2] So Ulmer/*Paefgen* Rn 8 f; Scholz/*Schneider* Rn 12 ff; *Lutter/Hommelhoff* Rn 10 f; Roth/*Altmeppen* Rn 22; *Hommelhoff* ZGR 1978, 124; *ders* ZIP 1983, 385; Michalski/*Lenz* Rn 14; *Kessler* GmbHR 2000, 71, 73; MünchHdbGmbH/*Marsch-Barner/Diekmann* § 44 Rn 55; AnwaltsHdbGmbH/*Seibt* § 2 Rn 107; gänzlich **abw** *Wiedemann* GesR I, 326.

[3] IdS auch *Zitzmann,* Die Vorlagepflichten des GFührers, 1991; *Ziemons,* Die Haftung der Gesellschafter für Einflussnahmen auf die Geschäftsführung der GmbH, 1996, 14 f; *Kort* ZIP 1991, 1274; *Lindacher* JuS 1984, 672.

[4] Als ungewöhnlich u deshalb vorlagepflichtig stufen sie ein Scholz/*Schneider* Rn 13; *Lutter/Hommelhoff* Rn 11; ähnl Michalski/*Lenz* Rn 14.

[5] Zutr *Kort* ZIP 1991, 1278; zur Satzungsdurchbrechung *Zöllner* FS Priester, 2007, 879; ferner *Tieves,* Der Unternehmensgegenstand der Kapitalgesellschaft, 1998, 268; zum Beteiligungserwerb *Brandner* FS Rowedder, 1994, 44; Ulmer/*Paefgen* Rn 6.

[6] OLG Stuttgart NZG 1999, 1009.

[7] Ebenso Ulmer/*Paefgen* Rn 8; Scholz/*Schneider* Rn 14; *Lutter/Hommelhoff* Rn 11.

[8] Ungewöhnlichkeit wird bejaht von Scholz/*Schneider* Rn 16.

[9] Zust Ulmer/*Paefgen* Rn 10; Roth/*Altmeppen* Rn 8; s a BGH NJW 1984, 1462.

[10] So aber OLG Frankfurt GmbHR 1989, 25; wie hier Ulmer/*Paefgen* Rn 10.

[11] Wie hier iE Michalski/*Lenz* Rn 14, der schief von „Verdacht der Erforderlichkeit" spricht.

[12] Zust Ulmer/*Paefgen* Rn 9.

sentlicher Unternehmensteile. Orientierungshilfe ist etwa der durch die *Holzmüller- und Gelatine- Entscheidungen*[13] für das Aktienrecht skizzierte Rahmen. Vorlagepflicht der GFührer geht aber über aktienrechtliche Pflicht hinaus, weil Interesse der Ges iSv § 49 II Befragung der Gfter schon bei Angelegenheiten geringeren Kalibers sinnvoll erscheinen lässt u GFührer anders als AG-Vorstand Unternehmen nicht in eigener, sondern von GfterVers abgeleiteter Verantwortung leiten.[14] Vorlagepflichtig daher etwa auch Durchführung einer *due diligence* durch außenstehenden Erwerbsinteressenten.[15] Andererseits hat GfterVers anders als HV eigene Kompetenz in GFührungsfragen. Soweit GfterVers daher nicht (zB durch Vorlagepflichten o Zustimmungserfordernisse) aktiv wird, können GFührer prinzipiell davon ausgehen, dass sie auch über das Alltägliche hinaus wirken dürfen. Nur das für Gfter Unvorhergesehene u nicht Erwartete ist vom GFührer zwingend vorzulegen.[16]

12 **ee) Personengesellschaftsrechtliches Verständnis?** Teilweise wird der Begriff der ungewöhnlichen Geschäfte wie bei §§ 116 I u II u 164 HGB verstanden.[17] Außergewöhnlich sind danach alle durch Gegenstand, Umfang, Bedingungen oder Dauer aus dem Rahmen fallenden, potentiell gefährlichen Geschäfte.[18] Derartige Anlehnung an Kompetenzregelung des Personengesellschaftrechts ist trotz personalistischen Charakters des GmbH-Innenverhältnisses nicht veranlasst, weil Verfassung der OHG u KG wesentliche Unterschiede zur GmbH aufweist: Bei PersonenGes werden GFührer weder bestellt noch abberufen, GfterVers kann keine bindenden Vorgaben machen oder Weisungen erteilen, auch keine Angelegenheiten an sich ziehen ua.[19]

13 **ff) Fragen der Unternehmenspolitik.** Anknüpfung an „Primärzuständigkeit der Gfter für **Unternehmenspolitik**" ist fragwürdig, weil niemand sagen kann, was Unternehmenspolitik ist u welche Bedeutung sie hat.

14 Scholz/*Schneider*[20] meint, Gfter hätten Primärzuständigkeit, Grundzüge der Unternehmenspolitik festzulegen.[21] Ihm schweben dabei offenbar allgemeine Grundsätze vor, die der GFührung nach Art von Leit- oder Richtlinien vorgegeben sein sollen – derartiges gibt es aber in vielen Unternehmen nicht. *Lutter/Hommelhoff*[22] behaupten, Gfter hätten über Unternehmenspolitik schlechthin (also nicht nur ihre Grundzüge) zu befinden. *Lutter/Hommelhoff* entlarven ihre Auffassung aber als Trugbild, indem sie annehmen, dass GFührer Unternehmenspolitik festsetzen, wenn Gfter ausdrücklich oder konklu-

---

13 BGHZ 83, 122; 159, 30; dazu (für das GmbH-Recht) *Priester* FS Westermann, 2008, 1281 ff; *Ettinger/Reiff* GmbHR 2007, 617, 619.

14 Wie hier Scholz/*Schneider* Rn 15; Ulmer/*Paefgen* Rn 9; OLG Köln DB 1996, 1713, 1714.

15 *Körbel* NZG 2002, 265, 268; *Götze* ZGR 1999, 225 f; *Oppenländer* GmbHR 2000, 535, 540 f; *Bremer* GmbHR 2000, 176; **abw** *Volhard/Weber* FS Semler, 1993, 387, 396 f.

16 Guter Beispielfall für Vorlagepflicht idS BGH NJW 1984, 1461; schlechter Beispielsfall BGH WM 1991, 635, wo etwas weit u unbestimmt, aber abstrakt vertretbar gesagt wird, Vorlagepflicht sei erforderlich für Geschäfte, die den Rahmen des bisherigen Geschäftsbetriebs sprengen.

17 So zB Roth/*Altmeppen* Rn 22 f; evtl auch OLG Frankfurt GmbHR 1989, 255; *Hommelhoff* ZGR 1978, 119, 123; Rowedder/Schmidt-Leithoff/*Koppensteiner* Rn 11.

18 Baumbach/*Hopt* § 116 Rn 2.

19 Wie hier Ulmer/*Paefgen* Rn 9.

20 Scholz/*Schneider* Rn 10 ff.

21 Ähnl *Eisenhardt* FS Pfeiffer, 1988, 842.

22 *Lutter/Hommelhoff* Rn 8.

dent unternehmenspolitische Kompetenz nicht wahrnehmen. Das deckt sich mit der hier vertretenen Auffassung. Nicht überzeugend ist auch Behauptung, unternehmenspolitische Entscheidungszuständigkeit der Gfter ergebe sich aus Gesamtschau einzelner Kompetenznormen. Das Gegenteil ist richtig.[23]

In anderem Sinn gebraucht **BGH**[24] den Topos Unternehmenspolitik. Von GFührern vorgenommene (durchaus begrenzte) Maßnahmen werden dort mitunter als „Teil einer umfassenden Neuorientierung der Geschäftspolitik" qualifiziert. Diese Änderung der Grundlagen der Geschäftspolitik solle aber Zuständigkeit der Gfter unterfallen. Geschäftspolitik u ihre Grundlagen werden hier offenbar als Gefüge faktischen wirtschaftlichen Verhaltens verstanden; das bislang im Unternehmen Übliche wird zur „Politik" des Unternehmens erklärt u zur kompetenziellen Vorgabe erhoben. Letztlich besagt damit Redeweise von Vorlagepflicht für Änderung der Geschäftspolitik nur, dass gewichtige Änderungen des bislang im Unternehmen Geübten u Bewährten vorgelegt werden müssen.[25] 15

c) Rechtsfolge. Übergehen der Mitentscheidungsbefugnisse der GfterVers kann (nur) nach Grundsätzen über Missbrauch der Vertretungsmacht Wirkung ggü **Dritten** entfalten, s Rn 43 ff. Ferner kann Gfter **Klage** auf Unterlassung der Durchführung erheben.[26] 16

4. Beschränkungen kraft Satzung. Statutarische Regelungen, dass für bestimmte Entscheidungen **Zustimmung der GfterVers** erforderlich ist (= Pflicht zur Vorlage an GfterVers) sind praktisch häufig. Möglich ist auch, Entscheidungen anderen Organen (**AR, Beirat**) vorzubehalten oder an Zustimmung solcher Organe oder bestimmter Personen zu binden;[27] vgl näher § 46 Rn 5 u 89. **Nicht möglich** ist hingegen, solche Gremien oder Personen durch Satzung auch mit **Durchführungsaufgaben** zu betrauen, da Vertretungsbefugnis zwingend GFührer vorbehalten ist u iÜ nur derivativ durch Vollmacht erteilt werden kann. Vollmacht bedarf zwar im Rahmen von § 46 Nr 7 eines GfterBeschlusses, kann jedoch nur über GFührer erfolgen, denen auch Weisungsgewalt über Prokuristen etc zwingend allein zusteht. GmbH kann zwar im Innenverh Willen in erheblichem Umfang durch andere Organe bilden oder binden; nach außen handeln muss sie im GFührungsbereich jedoch stets durch GFührer.[28] 17

Im Hinblick auf den **Gegenstand** unzulässig ist jedenfalls Regelung, die GFührern jede eigene GFührungsentscheidung nimmt, dh ihre GFührungsbefugnis außerhalb der zuletzt genannten zwingenden Bereiche vollständig beseitigt. GFührer würden dadurch zu reinen Vertretungsmarionetten ohne jede Autorität gegenüber dem Personal des Unternehmens. Dadurch würde die Erfüllung ihrer zwingenden Aufgaben schwer gefährdet u die vom Gesetz zugrunde gelegte GmbH-Verfassung pervertiert.[29] Satzung kann GFührern 18

---

23 Wie hier Rowedder/Schmidt-Leithoff/*Koppensteiner* Rn 8.
24 BGH WM 1991, 635.
25 Vgl zum Ganzen *Zitzmann* (Fn 3); *Kort* ZIP 1991, 1274; *Ziemons* (Fn 3),12 ff.
26 OLG Koblenz AG 1991, 363.
27 Ulmer/*Paefgen* Rn 16 f.
28 BGH WM 1978, 1047.
29 Ulmer/*Paefgen* Rn 11 ff; Michalski/*Lenz* Rn 10; *Immenga,* Die personalistische Kapitalgesellschaft, 1970, 93; *Hommelhoff* ZGR 1978, 127; *Zöllner* ZGR 1977, 325; extremer Beispielsfall für Bindung des GFührers durch Treugeber des Stammkapitals OLG Brandenburg GmbHR 1997, 168; **abw** Ulmer/*Paefgen* Rn 14 (aber praktische

insbes nicht Kompetenzen nehmen, deren sie zur Wahrung ihrer Pflichten im Hinblick auf Erhaltung des Stammkapitals bedürfen (§ 43 III mit §§ 30, 31, 33, 49 III). Zwingend sind weiter nicht nur für Vertretung nach außen, sondern auch für Befugnis nach innen die Kompetenzen zur Erfüllung der HR-Pflichten (dazu § 35 Rn 58, 59 und § 40) u von sonstigen gegenüber der Öffentlichkeit obliegenden Pflichten: Buchführungspflicht, Pflicht zur Aufstellung des Jahresabschlusses, Pflicht Insolvenzantrag zu stellen, steuerbezogene Pflichten.[30]

19 **Satzung** kann aber durchaus **Vorlagepflicht** auch für weniger wichtige Angelegenheiten vorsehen, etwa für alle Rechtsgeschäfte mit Gftern, auch kleine, zB Kündigung von Arbeitsverhältnissen mit Gftern.[31] Allgemeine bzw abstrakte Regelungen werfen allerdings erhebliche Auslegungsfragen auf: Sieht GesVertrag bspw vor, dass Zustimmung für alle ungewöhnlichen Geschäfte erforderlich ist, kann das bedeuten, dass Kündigung eines angestellten MitGfters eines GfterBeschlusses bedarf.[32]

20 **5. Beschränkungen durch GfterBeschl. a) Allg Schranken.** GfterBeschl kann Schranken wie Satzung aufstellen, Abs 1, soweit er nicht seinerseits gg Satzung verstößt. GfterBeschlüsse können auch **einzelne GFührungsentsch** in konkreten Angelegenheiten enthalten, sowohl negativ-verbietend (insoweit unmittelbar unter Abs 1 fallend) als auch positiv-gebietend **(Weisungen durch GfterBeschluss).**[33] Deren bindende Wirkung ist nicht ausdrücklich in Abs 1 festgeschrieben, sondern ist Folge der dominierenden Stellung der GfterVers in der Verfassung der GmbH. Bindung der GFührer besteht auch in mitbestimmter Ges.[34] Nicht konkretisierbar ist Auffassung, dass Weisungen unzulässig seien, soweit sie dem Sinn der unternehmerischen Mitbestimmung zuwider laufen.[35] Schutz der ArbN bei GFührungsentscheidungen erfolgt durch Arbeitsrecht. Zwingendem Arbeitsrecht widersprechende Weisungen sind nichtig.[36]

Einschränkungen Rn 13); Rowedder/Schmidt-Leithoff/*Koppensteiner* Rn 22 u 23 (auch für die mitbestimmte Ges); Roth/*Altmeppen* Rn 4; *Mennicke* NZG 2000, 622, 623; MünchHdbGmbH/*Marsch-Barner/Diekmann* § 44 Rn 66; *Eisenhardt* FS Pfeiffer, 1988, 839, 845; *Höhn,* Die Geschäftsleitung der GmbH, 1995, 5; teilweise **abw** Scholz/*Schneider* Rn 37, der bei mehreren GFührern annimmt, es könnten alle bis auf einen von GFührungsaufgaben ausgeschlossen werden.

[30] Dazu Michalski/*Lenz* Rn 10; *Gieseke* GmbHR 1996, 490 f; *Mennicke* NZG 2000, 622, 623.

[31] BAG GmbHR 1994, 629; dazu *van Venrooy* GmbHR 2005, 1243.

[32] So zutr BAG GmbHR 1998, 931, wenn Gfter mit umfassenden Befugnissen ausgestattet ist.

[33] OLG Düsseldorf ZIP 1984, 1476; *Mennicke* NZG 2000, 622; *Ebert* GmbHR 2003, 444; *Tomat,* Grenzen des Weisungsrechts der GmbH-Gesellschafter, 2001; allerdings kann zu starke Kontrolle auch gewerberechtliche Konsequenzen auslösen vgl VGH BW, GewArch 2005, 84 (übt unzuverlässiger Alleingesellschafter maßgeblichen Einfluss auf die Geschäftsführung aus, begründet dies gewerberechtliche Unzuverlässigkeit).

[34] Ganz hM; BVerfGE 50, 290, 323; BGHZ 89, 57; **abw** *Eisenhardt* FS Pfeiffer, 1988, 839: Bindung nur in grds u wesentl Angelegenheiten.

[35] So Rowedder/Schmidt-Leithoff/*Koppensteiner* Rn 29; ähnl Scholz/*Schneider* Rn 42; s auch *Hommelhoff* ZGR 1978, 138.

[36] MünchHdbGmbH/*Marsch-Barner/Diekmann* § 44 Rn 72; vgl zum Ganzen auch *Konzen* NJW 1989, 2977.

Bei konkreter Entscheidungstätigkeit darf GfterVers nicht sämtliche GFührungsentsch selbst treffen und damit den GFührern jeden Spielraum zu eigenen GFührungsentsch nehmen. Frage liegt ähnlich wie bei abstrakter Kompetenzbeschränkung durch Satzung (dazu oben Rn 8).[37] Ob GFührer auf Funktion eines reinen Ausführungsorgans zurückgedrängt werden können,[38] ist Frage begrifflicher Abgrenzung. Lassen Weisungen, wie praktisch weit überwiegend, gewisse Spielräume, bestehen keine Bedenken. 21

b) Nichtige oder schwebend unwirksame Beschlüsse brauchen GFührer nicht auszuführen; verstößt Ausführung gegen Gesetz dürfen sie es nicht einmal.[39] **Anfechtbare Beschlüsse** sind nichtig, wenn sie wirksam angefochten sind; sind sie (durch Zeitablauf, Verzicht, nachträgliche Zustimmung etc) unanfechtbar geworden, sind sie hingegen wirksam.[40] Dazwischen liegt weites Feld der Ungewissheit. GFührer steht hier zwischen der Scylla des Mehrheitswillens, von dem er oft abhängig ist, u der Charybdis evtl Haftung, weil der nachträglich für nichtig erklärte Beschl keine haftungsbefreiende Wirkung hat (dazu auch § 43 Rn 35). Wegen der uU relativ langen Anfechtungsfrist (dazu abw von der hM Anh § 47 Rn 144 ff) kann es im Einzelfall mehrere Wochen u sogar Monate dauern, bis GFührer sicher weiß, ob Anfechtung erfolgt. Allerdings kommt bei erkennbaren Mängeln längere Klagefrist nur in Betracht, wenn Gfter Absicht der Mängelgeltendmachung alsbald der Ges zur Kenntnis gebracht hat (dazu Anh § 47 Rn 7 u 150). Ist Anfechtungsklage erhoben worden, können bis zur rechtskräftigen Entscheidung Jahre vergehen. 22

Solange Anfechtbarkeit besteht, ist **Folgepflicht grds zu verneinen.**[41] GFührer muss allerdings Erfolgswahrscheinlichkeit der Anfechtung prüfen – ähnlich dem Richter im aktienrechtlichen Freigabeverfahren (§ 246 a AktG); allerdings unter der umgekehrten Prämisse der Unwirksamkeit im Zweifelsfall. Notwendige Maßnahmen sind durchzuführen (zur sonst drohenden Haftung § 43 Rn 35). 23

Wirtschaftlich nachteilige Weisungen darf GFührer erst ausführen, wenn Unanfechtbarkeit eingetreten ist. Zugrundeliegende Beschlüsse sind nämlich idR wegen Verstoßes gg GesZweck anfechtbar (näher Anh § 47 Rn 93 ff). Anders in EinpersonenGes, bei der auch der Ges nachteilige Weisungen unmittelbare Folgepflicht des GFührers auslösen.[42] Auch bei EinpersonenGmbH darf GFührer selbstverständlich nicht gg drittschützende Normen verstoßen, etwa Weisungen befolgen, durch die Ges überschuldet oder zahlungsunfähig würde (§ 64 S 3).[43] 24

---

[37] Wie hier *Hommelhoff* ZGR 1978, 129; **abw** hM, Ulmer/*Paefgen* Rn 19; Scholz/*Schneider* Rn 38; *Ebert* GmbHR 2003, 444, 445; grds auch Rowedder/Schmidt-Leithoff/*Koppensteiner* Rn 26.

[38] So *Lutter/Hommelhoff* Rn 1; *Höhn* (Fn 29), 5.

[39] BGHZ 31, 278; BGH GmbHR 1974, 132; Michalski/*Lenz* Rn 19; *Fleck* GmbHR 1974, 227; *K. Schmidt* ZGR 1978, 427; *Ebert* GmbHR 2003, 444, 447.

[40] BGH WM 1965, 425; BGHZ 76, 160 ff; Michalski/*Lenz* Rn 19; *Mennicke* NZG 2000, 622, 624; *Kessler* GmbHR 2000, 71, 74; *Ebert* GmbHR 2003, 444, 447; MünchHdbGmbH/*Marsch-Barner/Diekmann* § 44 Rn 70.

[41] Ebenso Michalski/*Lenz* Rn 19; *Mennicke* NZG 2000, 622, 624; *Ebert* GmbHR 2003, 444, 447.

[42] OLG Frankfurt GmbHR 1997, 346 mit zu weit geratenem Leitsatz.

[43] OLG Frankfurt GmbHR 1997, 346: „greifbar nahe liegende Konkursgefahr".

25 Bei **Änderung der Verhältnisse nach Weisungserteilung** ist GFührer im Rahmen von § 665 BGB (der nach § 675 BGB gilt) berechtigt u uU sogar verpflichtet, von erteilten Weisungen abzuweichen.[44] Soweit tunlich, hat er jedoch neue Weisung der Gfter herbeizuführen.

26 **6. Beschränkungen durch andere Gremien, insbes AR. a) Delegation von Regelungsbefugnissen.** Satzung, nicht GfterVers, kann anderen Gremien oder auch einzelnen Gftern Recht einräumen, GFührer beschränkende Regelungen zu treffen oder Weisungen an GFührer zu erteilen. Derartige Kompetenz kann gegenüber derjenigen der GfterVers untergeordnet, gleichgeordnet oder auch verdrängend geregelt werden, ebenso kann identischer oder geringerer Umfang gewählt werden.[45]

27 **Übertragung von Kompetenzen** auf fakultativen AR ist in gleichem Maße möglich wie zugunsten GfterVers (§ 52 Rn 128); bei MitbestG-AR ist dies hingegen wg zwingendem Verweis auf § 111 IV 1 AktG unzulässig (§ 52 Rn 242). Davon zu unterscheiden ist Zustimmungserfordernis (im Folgenden).

28 **b) Zustimmungserfordernis bei AR.** § 111 IV AktG führt, sofern anwendbar (bei MitBest-AufsR zwingend, bei fakultativem AR nur dispositiv), nicht zu generellem Weisungsrecht des AR hins GFührung. Möglich ist allein, bestimmte Arten von Geschäften an Zustimmung zu binden. Satzung kann, wie im Aktienrecht, den Zustimmungskatalog beim obligatorischen AR nicht abschließend gestalten, dh der AR kann auch gegen den Willen der Satzung weitere Geschäfte an seine Zustimmung binden (§ 52 Rn 123).[46] Zustimmungserfordernis des AR ist jedoch unbeachtlich, soweit GfterVers (oder anderes nach der Satzung weisungsbefugtes Organ) eine Weisung erteilt hat (sehr str). Denn AR ist nach § 111 IV nur GFührern übergeordnet, nicht dem diesen nach der GmbHVerfassung übergeordneten Organ. Aufgabe des AR in der GmbH ist nicht Kontrolle der GFührung schlechthin, sondern nur der GFührung durch GFührer in deren eigenem EntschBereich, näher dazu unten § 52 Rn 100 ff, 123 f, 242, 301.

III. GFührung bei mehreren GFührern

29 **1. GesamtGFührung.** GFührungsbefugnis steht grds **mehreren GFührern nur gemeinschaftlich** zu **(GesamtGFührung).** GFührungsbeschlüsse müssen daher analog § 77 I AktG einstimmig gefasst werden, fast allgM.[47] **Satzung** kann **abw Regelung** treffen, etwa EinzelGFührungsbefugnis einführen, Mehrheitsentsch zulassen, Ressortverteilung vorgeben, auch, da keine unmittelbare Wirkung im Außenverhältnis, an Größenordnungen etc anknüpfen (etwa: für laufende GFührung EinzelGFührungsbefugnis, für nichtlaufende gemeinschaftliche –Abgrenzungsproblem!). Soweit nicht Sat-

---

[44] Scholz/*Schneider* 6. Aufl Rn 63; MünchHdbGmbH/*Marsch-Barner/Diekmann* § 44 Rn 71; ähnlich Michalski/*Lenz* Rn 20.

[45] OLG Düsseldorf GmbHR 1991, 20 sowie § 46 Rn 90 ff.

[46] Für das Aktienrecht KölnerKomm/*Mertens* 2. Aufl 1996 § 111 Rn 62, für das GmbHRecht Rowedder/Schmidt-Leithoff/*Koppensteiner* Rn 32; Scholz/*Schneider* § 52 Rn 129; Ulmer/*Raiser/Heermann* § 52 Rn 242 aE; **aA** *Hommelhoff* ZGR 1978, 151 f; *Säcker* DB 1977, 1849; *Raiser* MitbestG § 25 Rn 77 f.

[47] **Abw** *van Venrooy* GmbHR 1999, 685, der Mehrheit entscheiden lassen will.

zung bindend vorgibt, können Gfter GFührungsbefugnis auch durch **Gfter-Beschl** regeln, etwa in Form einer **Geschäftsordnung** (GO).[48] AR u Beirat haben hierauf ohne Satzungsgrundlage keinen Einfluss, auch nicht in mitbestimmten Ges.[49] Sachliche Aufteilung der GFührungsaufgaben wird auch nicht durch Bestimmungs- oder Vorschlagsrechte einzelner Gfter oder GfterGruppen für GFühreramt gehindert,[50] weil jeder GFührer volles u unbeschränkbares Informationsrecht in allen Teilbereichen hat.[51] Soweit keine durch Gfter erlassene GO besteht o der Erlass durch die Satzung einem der vorgenannten Organe zugewiesen ist, können sich GFührer selbst eine GO geben.[52] Dieser Erlass muss mit Zustimmung aller GFührer[53] erfolgen, auch wenn sonst für GFührerentsch Mehrheitsprinzip gilt, § 77 II 3 AktG analog. An Vorgaben der Satzung sind GFührer auch in diesem Fall gebunden.[54]

2. EinzelGFührung. Bei EinzelGFührung kann jeder GFührer der Einzelentscheidung[55] eines anderen **widersprechen** (analog § 115 HGB), sofern nicht ausdrücklich durch Satzung oder GfterBeschl etwas anderes geregelt ist.[56] Möglich auch **unterschiedliche GFührungsbefugnis** der GFührer, etwa Einzelbefugnis für A, Gesamtbefugnis für B u C o Mehrheitsentscheidung für B, C u D. Möglich auch **Bestellung eines Vors der GFührung.** Dessen Stimme kann Ausschlag bei Stimmengleichheit beigelegt werden. Er kann **Vetorecht** gegenüber allen Entsch anderer GFührer haben,[57] hingegen nicht positives Alleinentscheidungsrecht gg Mehrheit der GFührer (str).[58] Unter MitbestG kann Vorsitzender analog § 84 II AktG durch AR bestimmt werden,[59] jedoch ohne Zuweisung materieller Entsch-Kompetenzen u ohne Anwendung des Wahlverfahrens nach § 31 MitBestG. 30

---

48 OLG Stuttgart GmbHR 1992, 48; Ulmer/*Paefgen* § 35 Rn 11; Scholz/*Schneider* Rn 57; *Lutter/Hommelhoff* Rn 28; Roth/*Altmeppen* Rn 34; Michalski/*Lenz* Rn 30; MünchHdbGmbH/*Marsch-Barner/Diekmann* § 44 Rn 83; HK-GmbHR/*Fichtelmann* Rn 23 ff; *U. H. Schneider* FS Mühl, 1981, 633.

49 Wie hier Rowedder/Schmidt-Leithoff/*Koppensteiner* Rn 43.

50 **Anders** BGH DStR 1991, 584.

51 OLG Koblenz NZG 2008, 397 m. Anm. *Paefgen/Dettke* WuB II C § 37 GmbHG 1.08.

52 Vgl § 77 I 2 AktG; Ulmer/*Paefgen* § 35 Rn 104; Scholz/*Schneider* Rn 57, 62; Michalski/*Lenz* Rn 30; *Sina* GmbHR 1990, 65, 66; differenzierend: HK-GmbHR/*Fichtelmann* Rn 28 f.

53 Ulmer/*Paefgen* § 35 Rn 113.

54 BGHZ 119, 379; *Brandes* WM 1995, 651.

55 Zu widersprüchlichen Weisungen an ArbN bei mehreren GFührern: *van Venrooy* GmbHR 2000, 7 ff.

56 BGH WM 1968, 1329 (zur Unterrichtungspflicht bei wichtigen Entscheidungen); *Fleck* GmbHR 1974, 225; *U. H. Schneider* FS Mühl 1981, 633; Scholz/*Schneider* Rn 24 a ff; Michalski/*Lenz* Rn 33; Roth/*Altmeppen* Rn 34; *Goette* § 8 Rn 52; MünchHdbGmbH/*Marsch-Barner/Diekmann* § 44 Rn 87; **abw** Rowedder/Schmidt-Leithoff/*Koppensteiner* Rn 45.

57 Anders für mitbestimmte GmbH BGHZ 89, 58; zusätzlich/alternativ für Recht zum Stichentscheid *Lutter/Hommelhoff* Rn 34; Scholz/*Schneider* Rn 29; Michalski/*Lenz* Rn 32.

58 *Hoffmann-Becking* NZG 2003, 745 ff (zum Aktienrecht).

59 *Hanau/Ulmer* § 30 Rn 9; Ulmer/*Raiser/Heermann* § 52 Rn 301; **abw** Rowedder/Schmidt-Leithoff/*Koppensteiner* Rn 44; *Henssler* GmbHR 2004, 321, 323 ff.

31 Ein **Unterlassungsanspruch** eines GFührers wegen Beeinträchtigung der GFührertätigkeit durch einen MitGFührer im Rahmen von dessen Organstellung kommt nur gegen die Ges in Betracht.[60]

32 **3. Geschäftsverteilung u GFührungsbefugnis.** Geschäftsverteilung steht mit Regelung der GFührungsbefugnis in engem Zusammenhang. Sie kann so ausgestaltet werden, dass GFührern einzelne Bereiche ohne Alleinentscheidungsrecht zur primären Planung, Sorge u Überwachung zugewiesen werden. Gänzlich ohne Zuweisung von Einzelentscheidungsbefugnissen ist dies freilich schwer denkbar. Häufiger ist Geschäftsverteilung durch die jeder GFührer für den ihm zugewiesenen Bereich EinzelGFührungsbefugnis hat, jedoch verbunden mit der Pflicht zur Vorlage bedeutsamer Fragen an GesamtGFührungsgremium, soweit nicht ohnehin GfterVers eingeschaltet werden muss. Nur bei derartiger Geschäftsverteilung wird **Gesamtverantwortung** aller GFührer für alles durch Einzelverantwortung des zuständigen GFührers aufgelockert, durch die allerdings die Gesamtverantwortung nicht völlig entfällt. In dieser Gesamtverantwortung verbleibt, dass GFührung insgesamt erfolgreiche Grundlinie verfolgt, dass nachteilige Entwicklungen rechtzeitig erkannt (dazu § 35 Rn 33) u durch Gegenmaßnahmen gestopppt bzw umgekehrt werden. Insbes wird durch Geschäftsverteilung der einzelne GFührer nicht von seiner Pflicht zur Überwachung seiner MitGFührer entlastet. GFührer trifft deshalb Organisationspflicht, für zweckmäßiges, auf das Unternehmen nach Art u Größe zugeschnittenes Informationssystem zu sorgen, das Wahrnehmung der Gesamtverantwortung ermöglicht, aber auch einzelnem GFührer zweckgerechte Führung seines Verantwortungsbereichs gewährleistet.[61] Daher umfassendes u unbeschränkbares Recht zur Information auch durch Befragung v Mitarbeitern.[62] Gesamtverantwortung verbleibt GFührer auch nach vielen Richtungen in Bezug auf die **Erfüllung öffentlich-rechtlicher Pflichten,** wie umgekehrt öffentliches Recht zuweilen auch vorschreibt, dass Einzelzuständigkeit eines GFührers für bestimmte Angelegenheiten vorgesehen werden *muss,*[63] wie zB für Strahlenschutz oder für Ausfuhr von Rüstungsgütern.

33 Es gibt keinen **Grundsatz der Gleichbehandlung der GFührer.**[64] Gewiss darf niemand zum GFührer berufen werden, ohne dass ihm einschlägige Befugnisse zuerkannt werden. Indessen können GFührungsbefugnis u Vertretungsmacht unterschiedlich sein; Ressorts können unterschiedlich bemessen werden u dem Vorsitzendem kann ein **Recht zum Stichentscheid** beigelegt werden. Ferner ist anerkannt, dass Bezüge unterschiedlich bemessen werden dürfen u dass hinsichtlich Gewährung von Altersversorgung kein Anspruch auf Gleichbehandlung besteht. Inwieweit vertikale Organisation iS einer Weisungshierarchie zwischen den Organmitgliedern im Vorstand der AG ausgeschlossen ist,[65] kann hier dahingestellt bleiben. In der GmbH gilt

---

60 OLG Frankfurt DB 1992, 1878.

61 Zur Gesamtverantwortung u zum Zusammenwirken der Organmitglieder *Hoffmann-Becking* ZGR 1998, 506 ff; *ders* NZG 2003, 745, 747; *Fleischer* NZG 2003, 449 ff (zum Aktienrecht).

62 OLG Koblenz NZG 2008, 397 = GmbHR 2008, 37.

63 *U. H. Schneider* FS 100 Jahre GmbHG, 1992, 473, 480 ff; Rowedder/Schmidt-Leithoff/*Koppensteiner* Rn 38.

64 Ebenso Rowedder/Schmidt-Leithoff/*Koppensteiner* Rn 39.

65 So *Hoffmann-Becking* ZGR 1998, 514 ff.

eine derartige Beschränkung nicht. Es ist kein vernünftiger Sachgrund ersichtlich, warum nicht ein HauptGFührer mehrere UnterGFührer soll haben dürfen, die in relativer Selbstständigkeit, aber eingebunden in seine Leitungsbefugnis u mit vollen Außenbefugnissen arbeiten. Erkennt man dies alles an, ist nicht ersichtlich, was aus Gleichbehandlungsgrundsatz noch folgen sollte.

4. Arbeitsdirektor. Arbeitsdirektor (§ 33 MitbestG; zur Bestellung § 52 Rn 305) muss zwar eine Eigenständigkeit im **Sozialbereich** iS ressortmäßiger Betreuung haben. Ihm muss aber keine EinzelGFührungsbefugnis in diesem Bereich zuerkannt werden. Vielmehr kann er an Mitwirkung anderer gebunden oder auch Mehrheitsentsch unterworfen werden.[66] Auch Vetorecht anderer GFührer oder des Vors verstößt nicht gegen § 33 MitbestG, sofern es allg gilt, nicht nur gegenüber Arbeitsdirektor.[67] 34

Sachlich braucht Einflussbereich des Arbeitsdirektors die arbeits- u sozialrechtlichen Angelegenheiten der Belegschaft **nur in einem Kernbereich** zu umfassen.[68] Seine Zuständigkeit ist daher nicht erforderlich für Angelegenheiten der leitenden Angestellten.[69] Bei sog **divisionalisierter Gliederung** des Unternehmens (Gliederung in Unternehmenssparten) können untergeordnete u ausführende Befugnisse auf in der Sparte zuständige Person verdrängend delegiert werden. Dem Arbeitsdirektor muss aber in grundlegenden Fragen Einflussbereich verbleiben.[70] Mitbestimmung darf kein Hemmschuh für Dekonzentration u Delegation sein, da beides grundlegende u vernünftige Prinzipien moderner Organisation u Unternehmensführung sind. Dem Arbeitsdirektor können je nach Unternehmensgröße auch **Zuständigkeiten in anderen Bereichen** übertragen werden, soweit dadurch Wahrnehmung der Verantwortung für Personal- u Sozialbereich nicht ausgeschlossen wird.[71] 35

5. Abweichende Regelungen. Ob **abw Regelungen** hinsichtlich der **gesetzlichen Gesamtvertretung** durch alle GFührer (§ 35 II 2) auch für GFührungsbefugnis gelten, ist Frage der Satzungsauslegung. Im Zweifel, insbes wenn Umstände fehlen, die gegenteilige Auslegung nahelegen, wird man annehmen müssen, dass Erleichterungen der Vertretung mit entspr Erleichterungen der GFührung einhergehen sollen. Ergibt sich danach zB EinzelGFührungsbefugnis aller GFührer, kann deren Einschränkung nicht 36

---

66 Ulmer/*Paefgen* § 35 Rn 114 ff; Ulmer/Habersack/*Henssler* § 33 MitbestG Rn 34; Scholz/*Schneider* Rn 43; Roth/*Altmeppen* Rn 36; *Hanau/Ulmer* § 33 Rn 50 ff; *Raiser* MitbestG § 33 Rn 16 ff, 22 ff; *Zöllner* DB 1976, 1766; *Konzen* GmbHR 1983, 97; BGHZ 89, 59.

67 **Sehr str,** ebenso MünchHdbGmbH/*Marsch-Barner/Diekmann* § 44 Rn 81; **abw** BGHZ 89, 58 ff; Scholz/*Schneider* Rn 44; HK-GmbHR/*Fichtelmann* Rn 40.

68 Näher Ulmer/Habersack/*Henssler* § 33 MitbestG Rn 42 ff.

69 Str, dazu *Hanau* ZGR 1983, 346; *Haake* BB 1983, 1490; Scholz/*Schneider* Rn 46 mwN.

70 **Sehr str,** dazu *Hanau* ZGR 1983, 346; LG Frankfurt AG 1984, 276.

71 BVerfGE 50, 290, 378; zur Gesamtproblematik *Raiser* MitbestG § 33 Rn 16 ff; WWKK/*Wlotzke/Wißmann* § 33 Rn 28 ff; Ulmer/*Paefgen* § 35 Rn 114 f; Scholz/*Schneider* Rn 43 ff; Rowedder/Schmidt-Leithoff/*Koppensteiner* Rn 38 ff; *Rinninsland,* Die Auswirkung des MitbestG 1976 auf GmbH, 1990, 160 ff; OLG Frankfurt BB 1985, 1286 zu Bestimmungen eines Geschäftsverteilungsplanes, die mit Stellung des Arbeitsdirektors unvereinbar sind. Zum Arbeitsdirektor im Konzern *Hoffmann-Becking* FS Werner, 1984, 301.

durch einfachen GfterBeschl, sondern nur durch Satzungsänderung erfolgen.[72]

IV. Unbeschränkbarkeit der Vertretungsmacht, Abs 2

37 **Vertretungsmacht** der GFührer gem § 35 I (näher zu ihrem Umfang § 35 Rn 78 ff) ist weder durch Satzung oder GfterBeschl noch durch Anstellungsvertrag oder auf sonstige Weise beschränkbar, Abs 2 S 1.[73] Abs 2 S 2 gibt hierfür nur Beispiele. Deshalb ist es ua unzulässig, Vertretungsmacht auf Zweigniederlassung zu beschränken.[74] Auch Vertretungsmacht der stellvertretenden GFührer ist nicht beschränkbar, vgl § 44 Rn 3, 7 f. Möglich bleibt selbstverständlich, Innenbeschränkung als Vorbehalt für Außengeschäft zu *vereinbaren,* zB Zustimmungserfordernis der GfterVers als Geltungsvoraussetzung eines Vertrages.[75]

38 **1. Erleichterungen gegenüber der Gesamtvertretung.** Bei mehreren GFührern besteht Gesamtvertretung. Veränderungen dieser gesetzlich vorgesehenen Vertretungsregelung[76] sind nur als Erleichterungen gegenüber der Gesamtvertretung aller möglich. Zulässig sind: modifizierte Gesamtvertretung einer bestimmten Zahl von GFührern, unechte Gesamtvertretung durch bestimmte Anzahl von GFührern (auch einen) in Gemeinschaft mit bestimmter Anzahl (auch einzelnem) Prokuristen[77] u schließlich der Einzelvertretung (zu diesen Veränderungen ausführlich § 35 Rn 103–114). Aus Sinn u Zweck des Abs 2 folgt, dass das Eingreifen solcher Veränderungen nicht von sachlichen Voraussetzungen abhängig gemacht werden darf, sondern nur mit genereller Wirkung ausgestaltet werden kann. Einzelvertretungsmacht darf also zB nicht nur für Verhinderung eines anderen GFührers vorgesehen werden,[78] daher auch nicht die Vertretungsmacht von Stellvertretern, vgl § 35 Rn 107, 110 sowie § 44 Rn 3 f, 7.

39 **2. Vertretungsmacht bei „sozialrechtlichen" Rechtsgeschäften.** Unbeschränkbarkeit der Vertretungsmacht gilt **nur** für Vertretungsakte **im echten Außenverhältnis,** in dem Ges Rechtsgeschäfte abschließt, die nicht ihre eigenen gesellschaftsrechtlichen Verhältnisse betreffen. Bei allen „sozialrechtlichen" Rechtsgeschäften bezüglich der eigenen Ges hingegen ist die Vertretungsmacht, soweit sie überhaupt besteht (dazu § 35 Rn 92), beliebig mit „Außenwirkung" einschränkbar, gleichgültig ob diese Geschäfte bereits vorhandene oder künftige Gfter oder Organmitglieder betreffen.

40 **3. Vor-GmbH.** Zur **Vertretungsmacht der GFührer in der Vor-GmbH** vgl § 11 Rn 18 f.

---

72 **Abw** *Lutter/Hommelhoff* Rn 38.
73 Allgemein *Bormann* NotBZ 2005, 203.
74 KGJ 1953, 97; Roth/*Altmeppen* Rn 37; *Wegener* GmbHR 1952, 51.
75 BGH GmbHR 1997, 836.
76 Anregung des BRates, im MoMiG entsprechend der Kautelarpraxis die *Einzelvertretung zum Regelfall* zu erklären, ist nicht Gesetz geworden.
77 Dazu *Plagemann* GmbHR 2006, 576.
78 KG JW 1934, 988.

V. Wirkung von Beschränkungen der GFührungsbefugnis im Außenverhältnis

1. Gfter und Organmitglieder haben Innenbeschränkungen grds gegen sich gelten zu lassen.[79] Soweit solche Beschränkungen in der Satzung stehen, gilt das uneingeschränkt.[80] Für durch GfterBeschl etc getroffene Einschränkungen kann anderes anzunehmen sein, wenn Geschäftspartner Beschränkung nicht kennen musste, zB bei Beschränkungen durch ältere, nicht mehr allg bekannten GfterBeschlüssen bzgl seltener Geschäfte.[81] Innenbeschränkung gegenüber Gftern greift auch zu deren Gunsten, etwa wenn nach Satzung erforderlicher Gfterbeschl für Kündigung eines Gfter-ArbNehmers unterblieb.[82] Fehlende Zustimmung der GfterVers ist dann sonstiger Unwirksamkeitsgrund iSv § 13 III KSchG. Versäumung der Dreiwochenklagefrist insoweit unerheblich.[83] Einschr will *Altmeppen* Innenbeschränkungen gegenüber Gftern u Organmitgliedern nur nach allg Grds (unten Rn 46 f) durchgreifen lassen, soweit es um echte Drittgeschäfte (Verkehrsgeschäfte) geht, indessen mit Vermutungsregelung zu Lasten des Insiders.[84] Abgesehen von Abgrenzungsschwierigkeiten ist sachlicher Grund für diese – durch Vermutungsregelung sowieso kaum greifende – Besserstellung nicht ersichtlich. Ebenso unscharf und unpraktikabel wäre Abgrenzung nach kapitalistischer und personalistischer Gesellschaft. 41

Bei **GmbH & Co KG** ist zu differenzieren: Beschränkungen des GFührerhandelns haben bei materieller Identität der Inhaberschaft Außenwirkung für Geschäfte zwischen GmbH (als Komplementärin) u KG.[85] Für Rechtsgeschäfte der GmbH (oder KG, vertreten durch GmbH) mit Kommanditisten gelten sie, wenn KG Gfterin der GmbH ist u Kommanditisten in KG bestimmenden Einfluss haben.[86] Für Rechtsgeschäfte mit Kommanditisten einer Massen- oder Publikums-KG gelten sie hingegen nur, soweit sie aus der Satzung ersichtlich sind.[87] 42

2. Missbrauch der Vertretungsmacht. Durch die **Grundsätze über Missbrauch der Vertretungsmacht** wird die scharfe **Trennung** zwischen der lediglich das **Dürfen im Innenverhältnis** betreffenden GFührungsbefugnis u der das rechtliche **Können im Außenverhältnis** betreffenden Vertretungsmacht (dazu § 35 Rn 5) aufgeweicht. 43

Unter best Voraussetzungen muss sich der Partner eines Rechtsgeschäfts, das der Vertreter zwar innerhalb seiner Vertretungsmacht, aber unter Überschrei- 44

---

79 BGHZ 38, 32; BGH GmbHR 1998, 933; RGZ 73, 345; OLG Zweibrücken NZG 2001, 763.

80 *Lutter/Hommelhoff* § 35 Rn 15.

81 Zust noch Hachenburg/*Mertens* Rn 38; **abw** Roth/*Altmeppen* Rn 48, der verkennt, dass missbräuchliches Verhalten des Geschäftsgegners durchaus von dessen Verschulden abhängig sein kann; Ulmer/*Paefgen* Rn 29, der den Gesellschafter nicht als „Dritten" qualifiziert und daher konsequent auch nicht zur Prüfung von dessen Kenntnis kommt; ähnl auch Rowedder/Schmidt-Leithoff/*Koppensteiner* § 35 Rn 53.

82 Vgl BAG GmbHR 1994, 631; BAG GmbHR 1998, 931.

83 BAG GmbHR 1994, 629.

84 Roth/*Altmeppen* Rn 48.

85 Ulmer/*Paefgen* Rn 39; HK-GmbHR/*Fichtelmann* Rn 34.

86 Ebenso Ulmer/*Paefgen* Rn 39.

87 Weiter insoweit Ulmer/*Paefgen* Rn 39, der bei zu vertretender Unkenntnis auch bei der Publikums-KG eine Außenwirkung bejaht.

tung seiner im Verhältnis zum Vertretenen bestehenden Innenbefugnis vornimmt, behandeln lassen, als sei das Geschäft unter Überschreitung der Vertretungsmacht vorgenommen worden.[88] Dabei geht es eigentlich nicht um „Missbrauch der Vertretungsmacht" durch Vertreter,[89] sondern um Rechtsmissbrauch auf Seiten des Geschäftspartners: Dieser handelt uU missbräuchlich, wenn er sich auf die Wirksamkeit des Vertretungsaktes beruft.[90] Umgekehrt gilt dies hingegen nicht: Die Überschreitung der Innenbefugnis ist unschädlich, wenn Zustimmung der GfterVers erteilt worden wäre.[91] Es lassen sich drei Fallgruppen ausmachen, deren praxisrelevanten Nuancierungen aber noch immer str sind:[92]

45 **a) Kollusion (vorsätzliches Zusammenwirken).** Seit vielen Jahrzehnten anerkannt ist **Kollusion** iS vorsätzlichen Zusammenwirkens von GFührer u Geschäftspartner zum Schaden der Ges.[93] Nicht hierhin gehören Geschäfte zwischen Gftern und GFührer, da die Unbeschränkbarkeit des § 37 II bei diesen ohnehin keine Geltung beansprucht, oben Rn 37.[94]

46 **b) Erkennbar nachteilige Maßnahmen.** Ein Missbrauch der Vertretungsmacht soll weiterhin auch **ohne Zusammenwirken** vorliegen.[95] Für Prokura genügt nach der Rspr auf Seiten des Vertreters, dass dieser bewusst zum Nachteil des Geschäftsinhabers handelt, wenn Geschäftspartner das bewusst nachteilige Handeln des Vertreters erkennen musste.[96] Einschränkend wird verlangt, dass die Umstände dies geradezu aufdrängen.[97]

47 Für den Geschäftspartner ist es unzumutbar, sich von den höchsten Außenrepräsentanten einer jurPerson Nachweise über den Umfang der Innenbeschränkungen vorlegen zu lassen; anders als beim Prokuristen stehen ihm auch keine übergeordneten Auskunftspersonen zur Verfügung. Daher kann ein missbräuchliches Verhalten **auf Seiten des Geschäftspartners** – um dieses geht es, vgl oben Rn 44 – nur angenommen werden, wenn er entweder die **Überschreitung der Innenbefugnis durch den GFührer positiv kennt** oder sie **nach den Umständen für ihn evident** ist,[98] insbes weil er als

---

88 BGHZ 141, 363; BGH NJW 2002, 1497, 1498; NJW 1999, 2883; MünchKommBGB/*Schramm* § 164 Rn 106 ff; Larenz/*Wolf* § 46 Rn 142 ff; Staudinger/*Schilken* § 167 Rn 100 ff.

89 So aber (irrig) das Kernergebnis von *Vedder,* Missbrauch der Vertretungsmacht, 2007, 104 ff; *ders* GmbHR 2008, 736, 739.

90 Näher Staudinger/*Schilken* § 167 Rn 93 ff; MünchKommBGB/*Schramm* § 164 Rn 106 ff.

91 *Roth* ZGR 1985, 265, 275 ff; anders wohl iE BGH WM 1988, 706.

92 Dazu *Jüngst,* Der Missbrauch organschaftlicher Vertretungsmacht, 1981, 75 ff; *Michalski* GmbHR 1991, 349; *K. Schmidt* GesR § 10 II 2; *Th. Zacher* GmbHR 1994, 842; *Jauernig,* BGB, 12. Aufl 2007, § 164 Rn 8.

93 Detailliert hierzu *Vedder* (Fn 89), 103 ff; Beispielsfall OLG Hamm BB 1997, 1062.

94 **Abw** *Hager* ZGR 1989, 71, 97; vgl Scholz/*Schneider* § 35 Rn 133 a.

95 Siehe etwa *Fleischer* NZG 2005, 529, 535; auf das vorsätzliche Handeln des Vertreters (!) begrenzt dies hingegen *Vedder* (Fn 89), 104.

96 BGHZ 50, 112, 114 f. Zum Ganzen MünchKommHGB/*Krebs* § 48 Rn 67 ff.

97 BGH BB 1976, 852; BGH WM 1980, 1453; BGH DB 1981, 840; BGH NJW 1990, 384; 1995, 250; 1999, 2883.

98 BGH NJW 2006, 2776; BGH WM 1984, 305 (dazu *Roth* ZGR 1985, 265); BGH NJOZ 2001, 1016; BGH NJW-RR 2004, 247 = EWiR 2005, 77 *(Vogel/Bierbach);* OLG Hamm NZG 2006, 827; OLG Köln BeckRS 2005, 04170; s auch BGH WM 1988, 704; BGH WM 1992, 1362; KG GmbHR 1995, 52; OLG Zweibrücken NZG 2001, 763; OLG Stuttgart NZG 1999, 1009; OLG Frankfurt GmbHR 1989, 254 für

Gesellschafter o Organmitglied um die Pflichtbindung weiß.[99] Erkundigungspflicht hat er im Regelfall nicht, selbst wenn es um Geschäfte geht, bei denen üblicherweise die Zustimmung eines anderen Organs einzuholen ist.

Hingegen ist es überflüssig, **auf Seiten des GFührers** außer der objektiven Überschreitung seiner GFührungsbefugnis subjektive Voraussetzungen aufzustellen,[100] wie bewusstes Handeln zum Nachteil der Ges[101] oder grobe Fahrlässigkeit.[102] **48**

c) Nicht: Kompetenzwidriges Handeln. Soweit schließlich erörtert wird, **kompetenzwidriges Handeln ohne objektive Schädigung** generell bei Erkennbarkeit als für die GmbH unverbindlich einzustufen,[103] soweit der Geschäftspartner dies erkennen kann, wird der Wortlaut des § 37 Abs 2 schlicht beiseite geschoben und die „ultra-vires"-Lehre durch die Hintertür eingeführt.[104] **49**

d) Rechtsfolge: Anwendung von §§ 177, 179 BGB. Rechtsfolge des Eingreifens der Grds über den Missbrauch der Vertretungsmacht ist (sowohl bei Kollusion als auch in sonstigen Fällen) die Anwendung der **Rechtsregeln über die Vertretung ohne Vertretungsmacht,** einschließlich der Genehmigungsfähigkeit nach § 177 BGB.[105] Persönlich haftet GFührer wg § 179 III BGB rechtsgeschäftlich nicht.[106] **50**

3. Verwaltungs- u gerichtliche Verfahren. Bei **Vertretung in gerichtlichen Prozessen** aller Art, in Verfahren der Freiwilligen Gerichtsbarkeit (zB HR, Grundbucheintragung) u in Verwaltungsverfahren vor Behörden sind Beschränkungen der Innenbefugnis unerheblich.[107] Das gilt nicht nur im Verhältnis zu Behörden u Gerichten, sondern auch zu sonstigen Prozessbeteiligten (Streitgenossen, Streitgegner, eigene Prozessvertreter). Denkbar ist unter bes Umständen Missbrauch der gerichtlichen Vertretungsmacht, etwa wenn GFührer gegen Gfter klagt, ohne kraft Satzung erforderlichen Gfterbeschl **51**

Stimmrechtsausübung durch GFührer im Konzern, die vorheriger Vorlage an GfterVers der MutterGes bedurft hätte; Scholz/*Schneider* § 35 Rn 135 f; *Raiser/Veil* KapGesR § 32 Rn 23; *Lutter/Hommelhoff* § 35 Rn 14; *K. Schmidt* GesR § 10 II 2; MünchHdbGmbH/*Marsch-Barner/Diekmann* § 44 Rn 47.

[99] OLG Zweibrücken NZG 2001, 763.

[100] Wie hier *Lutter/Hommelhoff* § 35 Rn 13; Rowedder/Schmidt-Leithoff/*Koppensteiner* Rn 54; *K. Schmidt* GesR § 10 II 2; *Raiser/Veil* KapGesR § 32 Rn 23; OLG Zweibrücken NZG 2001, 763; OLG Stuttgart NZG 1999, 1009; zur Missbrauchsfrage bei Besicherung von GfterVerbindlichkeiten durch Ges *Steinbeck* WM 1999, 885.

[101] So aber *John* FS Mühl, 1981, 349; *Hager* ZGR 1989, 101; *Vedder* (Fn 89), S 104 ff, *ders* GmbHR 2008, 736.

[102] *Th. Zacher* GmbHR 1994, 842, 845.

[103] *Lutter/Hommelhoff* § 35 Rn 13 (Überschreitung des Gesellschaftszwecks); *Brandes* WM 1989 (Verstoß gegen satzungsmäßige Zustimmungsvorbehalte); andeutungsweise auch in BGH WM 2006, 1524.

[104] Ablehnend auch Scholz/*Schneider* § 35 Rn 134.

[105] Ulmer/*Paefgen* Rn 38; *K. Schmidt* GesR § 10 II 2 b; *Lutter/Hommelhoff* § 35 Rn 12; OLG Stuttgart NZG 1999, 1009; **abw** (Nichtigkeit nach § 138 BGB bei Kollusion) hingegen BGH NJW-RR 2004, 247, 248; BGH NJW 1989, 26; BGH WM 1985, 997, 998; RGZ 145, 311, 315; Rowedder/Schmidt-Leithoff/*Koppensteiner* Rn 54; Ulmer/*Paefgen* Rn 37; ganz anders *Vedder* (Fn 89) 149 f, der stattdessen Anfechtbarkeit analog § 123 BGB annimmt.

[106] Roth/*Altmeppen* Rn 44; Ulmer/*Paefgen* Rn 37.

[107] Aus der Rspr vgl RGZ 89, 369.

einzuholen;[108] Voraussetzungen jedoch wesentl enger als Missbrauch rechtsgeschäftl Vertretungsmacht.[109]

Widerruf der Bestellung

38 **(1) Die Bestellung der Geschäftsführer ist zu jeder Zeit widerruflich, unbeschadet der Entschädigungsansprüche aus bestehenden Verträgen.**

(2) [1] Im Gesellschaftsvertrag kann die Zulässigkeit des Widerrufs auf den Fall beschränkt werden, daß wichtige Gründe denselben notwendig machen. [2] Als solche Gründe sind insbesondere grobe Pflichtverletzung oder Unfähigkeit zur ordnungsmäßigen Geschäftsführung anzusehen.

Übersicht

[108] Ulmer/*Paefgen* Rn 40; zutr iE *Beise* GmbHR 1987, 259 f.

[109] Zu Prüfungspflichten des Registergerichts bei Verdacht auf Missbrauch der Vertretungsmacht Ulmer/*Paefgen* Rn 40.

Lit: *Bauer/Krieger,* Formale Fehler bei Abberufung und Kündigung vertretungsberechtigter Organmitglieder, ZIP 2004, 1247; *Fonk,* Rechtsfragen nach der Abberufung von Vorstandsmitgliedern und Geschäftsführern, NZG 1998, 408; *Gehrlein,* Die Entlassung eines GmbH-Geschäftsführers, BB 1996, 2257; *Grunewald,* Die Abberufung von Gesellschaftergeschäftsführern in der GmbH, FS Zöllner, 1998 Bd I, 177; *Haertlein,* Abberufung eines GmbH-Geschäftsführers aus wichtigem Grund durch die Gesellschafter, FS Schwark, 2009, 157; *Heller,* Die Rechtsverhältnisse der GmbH nach streitiger Abberufung des Geschäftsführers, GmbHR 2002, 1227; *Hesselmann,* Einstweiliger Rechtsschutz gegen eine Abberufung, GmbH-StB 2001, 325; *Kießling/Eichele,* Amtsniederlegung des GmbH-Geschäftsführers und Registerlöschung, GmbHR 1999, 1165; *Kreklau,* Abberufung des Gesellschafter-Geschäftsführers der GmbH – Problem auch für jeden Investor?, GmbHR 2007, 365; *Leuchten,* Beschäftigungsanspruch des GmbH-Geschäftsführers, GmbHR 2001, 750; *Leuering,* Die Zurückweisung von einseitigen Rechtsgeschäften des Aufsichtsrats nach § 174 BGB, NZG 2004, 120; *Link,* Die Amtsniederlegung durch Gesellschaftsorgane, 2003; *Littbarski,* Maßnahmen einstweiligen Rechtsschutzes zum Zwecke der Abberufung eines GmbH-Geschäftsführers, DStR 1994, 906; *Lohr,* Die Amtsniederlegung des GmbH-Geschäftsführers – Voraussetzungen der Niederlegung und Folgen für das Anstellungsverhältnis, DStR 2002, 2173; *ders,* Die fristlose Kündigung des Dienstvertrages eines GmbH-Geschäftsführers, NZG 2001, 826; *Lunk,* Rechtliche und faktische Erwägungen bei Kündigung und Abberufung des GmbH-Geschäftsführers, ZIP 1999, 1777; *Lutz,* Der GmbH-Gesellschafterstreit – Abberufung von der Geschäftsführung und Zwangsausschluss, 2001; *ders,* Einstweiliger Rechtsschutz bei Gesellschafterstreit in der GmbH, BB 2000, 833; *Morawietz,* Die Abberufung der Gesellschafter-Geschäftsführer in der Zweipersonen-GmbH bei tiefgreifendem Zerwürfnis, GmbHR 2000, 637; *Palzer,* Fortwirkende organschaftliche Pflichten des Geschäftsführers der GmbH, 2001; *Reher,* Die Zweipersonen-GmbH – Notwendigkeit eines Sonderrechts?, 2004; *Reiserer/Peters,* Die anwaltliche Vertretung von Geschäftsführern und Vorständen bei Abberufung und Kündigung, DB 2008, 167; *Schuhmann,* Zur Amtsniederlegung eines GmbH-Geschäftsführers, NZG 2002, 706; *Voigt,* Die Entlassung des GmbH-Geschäftsführers aus wichtigem Grund, 2001; *Vollmer,* Die Abberufung des Geschäftsführers der mitbestimmten GmbH, GmbHR 1984, 5; *Wachter,* Amtsniederlegung von GmbH-Geschäftsführern, GmbHR 2001, 1129; *Werner,* Einstweiliger Rechtsschutz im Gesellschafterstreit in der GmbH, NZG 2006, 761.

A. Allgemeines

1 Bestellungsakt wird nicht durch „Widerruf" ex tunc rückgängig gemacht, sondern nur Organstellung ex nunc beendet (besser daher „Abberufung").[1] Abs 1 statuiert dispositiven **Grundsatz jederzeitiger Abberufbarkeit,** Abs 2 regelt Grenzen, in denen Abs 1 eingeschränkt werden kann. Zu anderen Fällen der Beendigung der Organstellung Rn 81 ff.

2 Vorschrift betrifft nur **Beendigung der Organstellung** des GFührers, nicht hingegen der das Organverhältnis begleitenden Rechtsbeziehung (meist des Anstellungsvertrags; zu seiner Beendigung u Verknüpfbarkeit von Abberufung u Beendigung des Anstellungsverhältnisses, § 35 Rn 209 ff.[2] Zur Auswirkung der Kündigung des Anstellungsvertrags auf Organverhältnis § 35 Rn 213.[3]

[1] *Raiser/Veil* KapGesR § 32 Rn 54; Michalski/*Terlau/Schäfers* Rn 1.
[2] S auch *Grobys/Glanz* NJW-Spezial 2007, 129.
[3] Prozessuale Diskussion bei *Reiserer/Peters* DB 2008, 167.

B. Freie Abberufbarkeit als Grundsatzregelung, Abs 1

GFührer können, anders als VorstMitglieder einer AG (§ 84 III AktG), bei Fehlen anderweitiger Regelung in der Satzung (dazu Rn 6 ff) **jederzeit ohne Vorliegen von Gründen,**[4] abberufen werden, Abs 1, entspr Entziehung der Prokura (§ 52 I HGB). Den Gftern untergeordnete Stellung des GFührers (§ 37 Rn 20 ff, § 46 Rn 93) u unbeschränkbare Vertretungsmacht (§ 37 II) setzen volles Vertrauen der Gfter voraus. Abberufung aus „offenbar unsachlichen" Gründen kann ausnahmsweise gg §§ 226, 826 BGB verstoßen. Dafür reicht aber nicht fehlende Nachprüfbarkeit oder bloße Möglichkeit sachfremder Motivation. Abberufungsfreiheit gilt grds auch für GfterGFührer; zu Einschränkungen der Abberufbarkeit auf Grund der Treupflicht unten Rn 20. Eigeninteresse des GFührers findet keine Berücksichtigung.[5] **Vorherige Anhörung** ist zur Wirksamkeit der Abberufung nicht erforderlich. Unterlassung kann aber schadensersatzbegründende Pflichtverletzung sein, wenn ohne sie Diskriminierung vermieden worden wäre.[6] Abberufung wird nicht dadurch gehindert, dass kein vertretungsfähiges Organmitglied verbleibt (Abberufung des einzigen GFührers, Abberufung eines von zwei kraft Satzung nur gesamtvertretungsberechtigten GFührern). Abberufung kann **mit Frist** für Wirksamwerden erfolgen, aufschiebende Bedingung ist unzulässig.[7] Regelung des Abs 1 gilt nur für von Gftern bestellte GFührer, nicht für **NotGFührer.**[8] Zu dessen Amtsbeendigung Rn 98. 3

C. Einschränkungen der freien Abberufbarkeit

I. Mitbestimmte GmbH

Soweit **MitbestG** eingreift, findet auf Abberufung der GFührer zwingend § 84 AktG Anwendung (§ 31 I MitbestG). Dann ist Abberufung durch den AR nur bei Vorliegen eines **wichtigen Grundes** zulässig, § 38 gilt nicht.[9] Vertrauensentzug durch Gfter genügt grds – anders als bei Abs 2 – als wichtiger Grund.[10] Satzungsregelungen können nicht beliebige Gründe als „wichtig" deklarieren, umso Abberufungsmöglichkeit zu erweitern.[11] – Unterliegt die Ges dem **DrittelbG** verbleibt es hingg bei § 38. 4

Wächst GmbH nachträglich in Größenordnung des MitbestG hinein, sind vorher bestellte GFührer, sofern Amtszeit 5 Jahre überschreitet, nach Ablauf von 5 Jahren ohne Vorliegen eines wichtigen Grundes abberufbar, § 37 III 5, 1 MitbestG; Regelung ist zwingend, Sonderrecht steht nicht 5

---

[4] Brandenburgisches OLG BeckRS 2008, 06 648; OLG Zweibrücken NZG 1999, 1011; *Goette* § 8 Rn 28; Michalski/*Terlau/Schäfers* Rn 4.

[5] Roth/*Altmeppen* Rn 2.

[6] BGH GmbHR 1960, 220 (Genossenschaft); Ulmer/*Paefgen* Rn 45; *Goette* § 8 Rn 29; MünchHdbGmbH/*Marsch-Barner/Diekmann* § 42 Rn 43.

[7] Roth/*Altmeppen* Rn 9; MünchHdbGmbH/*Marsch-Barner/Diekmann* § 42 Rn 42.

[8] OLG München GmbHR 1994, 259.

[9] *Vollmer* GmbHR 1984, 5; zum wichtigen Grund bei AG *Janzen* NZG 2003, 468.

[10] OLG Stuttgart ZIP 1985, 539; Roth/*Altmeppen* Rn 15; AnwaltsHdbGmbH/*Lenz* § 7 Rn 30; *Vollmer* GmbHR 1984, 5.

[11] Ulmer/*Paefgen* Rn 14.

entgegen. 5-Jahresfrist beginnt mit Unanfechtbarkeit der Bekanntmachung nach § 97 I AktG bzw Rechtskraft der gerichtlichen Entscheidung im Statusverfahren nach § 98 AktG.[12] Für Beschlussfassung gelten nicht Erfordernisse des § 31 V MitbestG, sondern § 37 III 2 MitbestG. Ebenso wenn Voraussetzungen des MitbestG (etwa bei Sachgründung) schon vor Eintragung der Ges ins HR vorlagen.[13] Zur Bildung des AR im Gründungsstadium § 6 Rn 24 u § 52 Rn 17, 143; zur Rechtslage, wenn GmbH nachträglich **aus Größenordnung des MitbestG herausfällt,** s Rn 82.

II. Satzungsregelungen

6 **1. Einschränkung der Abberufbarkeit bis zur Grenze wichtiger Gründe.** Abs 1 ist nicht zwingend. Abs 2 gestattet (außerhalb nach MitbestG mitbestimmter GmbH; Rn 5) neben freier Abberufbarkeit oder Beschränkung auf wichtige Gründe auch **Zwischenlösungen.** Daher etwa möglich, Abberufbarkeit auf Vorliegen „sachlicher" Gründe einzuschränken oder neben allg Einschränkung auf wichtige Gründe bestimmte Sachgründe zu nennen, die Abberufung auch rechtfertigen, wenn sie keinen wichtigen Grund darstellen. Hingegen kann Satzung **Abberufung aus wichtigem Grund nicht ausschließen.** Möglich also zwar, unwichtige Gründe für ausreichend, nicht aber wichtige Gründe für unwichtig zu erklären, etwa Abberufung auf bestimmte wichtige Gründe zu beschränken.[14] Sieht Satzung völligen Ausschluss oder zu weitreichende Beschränkung der Abberufung vor, ist dies in geltungserhaltender Reduktion als Beschränkung der Abberufung auf wichtige Gründe auszulegen.[15]

7 Möglichkeit der **Einschränkung der Abberufbarkeit** besteht nicht nur bei GfterGFührern, sondern auch **bei FremdGFührern.**[16] Problematisch kann aber uU deren Rechtsschutz sein (Rn 67 f).

8 **2. Mitgliedschaftsrecht hinsichtlich GFührerstellung.** Beschränkung der Abberufung auf wichtige Gründe liegt iE auch vor bei **Zuerkennung der GFührerstellung als relativ unentziehbares** (dh nur mit Zustimmung entziehbares) **Mitgliedschaftsrecht** iSv § 35 BGB (vgl auch § 6 Rn 16). Abberufung bedarf in diesem Fall grds der Zustimmung, jedoch wegen Abs 2 nicht bei Vorliegen eines wichtigen Grundes. Fällt wichtiger Grund später weg, kann Gfter erneut Bestellung zum GFührer verlangen.[17] Derartige Sonderrechte bilden **Ausnahme,** entsprechende Auslegung nur unter besonderen Umständen möglich.[18] Bestellung eines Gfters zum GFührer in der Satzung

---

[12] Michalski/*Terlau/Schäfers* Rn 13; *Ulmer/Habersack* MitbestG, § 37 Rn 28; **aA** GroßKommMitbestG/*Fabricius* § 37 Rn 68 f: Fristbeginn 6 Monate nach diesen Zeitpunkten; *Raiser* MitbestG § 37 Rn 14; *Hoffmann/Lehmann/Weinmann* § 37 Rn 68: Zeitpunkt, in dem Voraussetzungen des MitbestG erstmals gegeben waren.

[13] Ulmer/*Ulmer* § 6 Rn 32.

[14] RG 124, 379; 170, 368; BGH NJW 1969, 1483; Roth/*Altmeppen* Rn 36.

[15] BGH GmbHR 1982, 129 f; OLG Naumburg NZG 2000, 608; *Ostheim* FS Hämmerle, 1972, 245, 246; Roth/*Altmeppen* Rn 30; MünchHdbGmbH/*Marsch-Barner/Diekmann* § 42 Rn 52.

[16] BGH GmbHR 1989, 78; OLG Köln ZIP 1988, 1122, 1125; Ulmer/*Paefgen* Rn 7 u 48; Scholz/*Schneider* Rn 40; *Lutter/Hommelhoff* Rn 8; Rowedder/Schmidt-Leithoff/*Koppensteiner* Rn 9; Michalski/*Terlau/Schäfers* Rn 31; *Fleck* GmbHR 1970, 222; **aA** *Schönle/Ensslin* GmbHR 1969, 103; *Reuter* GmbHR 1981, 129.

[17] Roth/*Altmeppen* Rn 65.

[18] Brandenburgisches OLG BeckRS 2008, 06 648; Ulmer/*Paefgen* Rn 9.

reicht dazu nicht aus.[19] Möglich erscheint Sonderrecht aber, wenn Ges personalen Charakter mit wenigen Gftern hat u GfterGFührer nicht unwesentlich beteiligt ist, ansonsten wenn sowohl Bestellung als auch zeitliche Absicherung in Satzung geregelt werden, etwa Bestellung auf Lebenszeit, Bestellung auf Dauer der Gftereigenschaft oder auf Dauer der Ges.[20] Nicht ausreichende Anhaltspunkte: Einstimmigkeitserfordernis für alle Beschlüsse oder den Abberufungsbeschluss;[21] Erfordernis einer Dreiviertelmehrheit; EinzelGFührungsbefugnis; Bestellung zum ersten GFührer;[22] Mehrheitsbeteiligung;[23] hälftige Beteiligung zweier Gfter bei Bestellung außerhalb der Satzung;[24] Bestellung aller Gfter zu GFührern oder tatsächlich Behauptung wichtigen Grundes bei Abberufung;[25] Bestellung id Satzung als Repräsentant einer GfterGruppe.[26]

3. Eingeschränkte Abberufbarkeit bei FremdGFührern. Möglichkeit der **Einschränkung der Abberufbarkeit** besteht nicht nur bei GfterGFührern, sondern auch **bei FremdGFührern.**[27] Kontinuitätsfördernde Einschränkung des Widerrufs kann unabhängig von GfterEigenschaft im Interesse der Ges liegen und zur Gewinnung befähigter Manager erforderlich sein. 9

4. Einführung u Aufhebung v Abberufungsbeschränkungen. Beschränkung der Abberufung auf wichtige Gründe ohne Zuerkennung eines Mitgliedschaftsrechts ist durch einfache Satzungsänderung jederzeit einführbar u abschaffbar. Sonderrecht (bzw Mitgliedschaftsrecht) kann hingegen ohne wichtigen Grund durch Satzungsänderung nur mit Zustimmung entzogen werden u wg Gleichbehandlungsgebot nur mit Zustimmung aller Gfter eingeführt werden, sofern diese nicht das gleiche Recht erhalten sollen. Daher bedeutet **Beschränkung der Abberufung** auf wichtige Gründe **nicht notwendig** Einräumung eines **Mitgliedschaftsrechts** (Sonderrechts) auf GFührerstellung, kann aber Indiz sein.[28] 10

5. Bestellungs-, Vorschlags- u Präsentationsrechte. Beschränkung der Abberufung auf wichtige Gründe ist ferner bei mitgliedschaftlichen Bestel- 11

[19] BGH LM BGB § 35 Nr 4; OLG Hamm GmbHR 1992, 380; OLG München DB 1994, 1972, 1973; Scholz/*Schneider* § 6 Rn 45; *K. Schmidt* GesR § 36 II 2b; vgl aber OLG Düsseldorf GmbHR 1994, 245, 246.

[20] BGH DB 1968, 2166; BGH WM 1981, 438; RG LZ 1914, 1762; RG LZ 1919, 597; OLG Hamburg BB 1954, 978.

[21] BGH WM 1984, 29; OLG Hamm NZG 2002, 421; *Servatius* NZG 2002, 708.

[22] BGH WM 1981, 438.

[23] RG LZ 1909, 76.

[24] *Schönle/Ensslin* GmbHR 1968, 23; **krit**, unklar *Limbach* GmbHR 1968, 182.

[25] Brandenburgisches OLG BeckRS 2008, 06648.

[26] OLG Hamm ZIP 1986, 1188m Anm *Lutter* 1195; *Baums*, Der Geschäftsleitervertrag, 1987, 320ff.

[27] BGH GmbHR 1989, 78; OLG Köln ZIP 1988, 1122 (1125); Ulmer/*Paefgen* Rn 7u 48; Scholz/*Schneider* Rn 40; *Lutter/Hommelhoff* Rn 8; Rowedder/Schmidt-Leithoff/*Koppensteiner* Rn 9; Michalski/*Terlau/Schäfers* Rn 31; *H. P. Westermann/Pöllath*, Abberufung … von GFührern … in GmbH, 4. Aufl 1988, 54; *Fleck* GmbHR 1970, 222; **aA** *Schönle/Ensslin* GmbHR 1969, 103; *Reuter* GmbHR 1981, 129.

[28] BGH GmbHR 1982, 129, 130; OLG Naumburg NZG 2000, 609; OLG Hamburg GmbHR 1954, 188; Ulmer/*Ulmer* § 6 Rn 26; *Lutter/Hommelhoff* Rn 11; Scholz/*Schneider* § 6 Rn 45; Michalski/*Terlau/Schäfers* Rn 33; *Feine* 185, 477 Fn 54; *Fleck* GmbHR 1970, 223.

lungs-, Vorschlags- u Präsentationsrechten von Gftern oder Gftergruppen anzunehmen, soweit Abberufung nicht durch bestellende oder präsentierende Gfter erfolgt u diese ihre Zustimmung verweigern. Für Bestellten selbst entsteht, auch wenn er Gfter ist, aber kein Sonderrecht; ihm gegenüber bleibt GFührerstellung frei widerruflich.[29]

12 **6. Wichtiger Grund.** Abberufung ist stets möglich, wenn Umstände vorliegen, die Verbleib des Abzuberufenden in Organstellung **für Ges unzumutbar** machen.[30] Kumulierung einzelner „unwichtiger" Gründe zum wichtigem Grund ist möglich.[31] Erforderlich ist Abwägung aller Umstände: Verschulden kann in Abwägung einfließen, ist aber für wichtigen Grund nicht erforderlich.[32] Dauer der GFührertätigkeit u bisher einwandfreies Verhalten können ebenfalls zu berücksichtigen sein.[33] Bei GfterGFührern in Ges personalistischen Zuschnitts ist bei Abwägung Interesse der Gfter an Tätigkeit in eigener Ges zu berücksichtigen, auch wenn kein Mitgliedschaftsrecht (Sonderrecht) vorliegt (zum Verhältnis von Abberufungsbeschränkung u Mitgliedschaftsrecht Rn 8 f).

13 Abs 2 S 2 nennt als **Beispiele** grobe Pflichtverletzung oder Unfähigkeit zu ordnungsgemäßer GFührung. Bei GmbH & Co KG genügt auch Pflichtverletzung ggü KG.[34] Wie bei §§ 117, 127, 133 HGB ist Interessenabwägung erforderlich.[35] **Weitere anerkannte Fälle:**[36] Annahme von Schmiergeldern; unredliches Verhalten gegenüber GFührern der GmbH oder im Innenbereich der Ges;[37] Tätlichkeiten gegenüber Mitarbeitern[38] oder MitGFührern oder Gftern;[39] Duldung pflichtwidrigen Handelns (zB Warenlager- u Bilanzmanipulation) anderen GFührers;[40] Fälschung von Abrechnungsbelegen;[41] unzureichende Buchführung;[42] selbstverschuldeter Verdacht der Steuerhinterziehung;[43] Missbrauch von GesVermögen für eigene Zwecke;[44] Vorbereitung einer eigennützigen Kapitalerhöhung in einer Tochtergesellschaft;[45] unberechtigte Verfügung über Firmengelder; Vereinnahmung von Bargeld aus Warenverkäufen in eigene Tasche;[46] Teilnahme an unseriösen Geschäften;[47] Fehlen notwen-

---

29 OLG Hamm ZIP 1986, 1188.

30 BGH GmbHR 1985, 256; BGH NJW-RR 1988, 352 f; OLG Stuttgart NJW-RR 1995, 295 f; OLG Zweibrücken NZG 1999, 1011; Roth/*Altmeppen* Rn 33; Ulmer/*Paefgen* Rn 10.

31 OLG Naumburg NZG 2000, 44, 46.

32 Bsp BGH NJW-RR 1992, 993 f; OLG Düsseldorf GmbHR 1994, 884; OLG Koblenz ZIP 1986, 1120, 1121; skeptisch Ulmer/*Paefgen* Rn 17 f, der nur beschränkte Justiziabilität annimmt.

33 BGH LM Nr 4.

34 Rowedder/Schmidt-Leithoff/*Koppensteiner* Rn 40.

35 BGH WM 1985, 57.

36 Vgl auch *Voigt* 167 ff.

37 BGHZ 20, 246 für VorstMitglied.

38 OLG Stuttgart GmbHR 1995, 229.

39 BGH DStR 1994, 1746.

40 OLG Düsseldorf WM 1992, 14.

41 OLG Hamm GmbHR 1985, 119.

42 BGH WM 2009, 551; BGH GmbHR 1985, 256.

43 BayObLG NJW 1955, 1679.

44 BGH WM 1984, 29.

45 OLG Nürnberg NZG 2000, 701, 703.

46 OLG Zweibrücken GmbHR 1998, 373 = NZG 1998, 385.

47 RGZ 53, 266.

diger Kenntnisse;[48] eigenmächtige Einstellung der Tätigkeit;[49] andauernde Krankheit;[50] in den der Staatsaufsicht unterliegenden Unternehmen das Verlangen der Aufsichtsbehörde;[51] Haft von längerer oder nicht absehbarer Dauer; schwerer Vertrauensbruch;[52] Störung des Betriebsfriedens durch sexuelle Belästigung von Mitarbeitern und nachhaltige Ehrverletzung von Mitgesellschaftern;[53] gewaltsames Eindringen in Geschäftsräume trotz vereinbarten Erfordernisses gemeinsamen Betretens oder entgegen einstw Vfg;[54] Verstoß gegen vereinbarte Gesamtvertretung;[55] dauernder Unfriede zwischen GFührern, der gedeihliches Arbeiten gefährdet.[56] Bei unheilbarer Verfeindung oder tiefgreifendem Zerwürfnis[57] muss nicht notwendig der überwiegend Schuldige abberufen werden; Ges kann Fähigeren behalten;[58] Abzuberufender muss aber zum Zerwürfnis entscheidend beigetragen haben.[59] Vgl auch die als wichtiger Grund zur Kündigung des GFührerAnstellungsvertrags anerkannten Gründe § 35 Rn 218.

14 **Kein wichtiger Grund** ist Änderung der Zuständigkeit für Bestellung, wie zB bei Hineinwachsen in oder Herausfallen aus Größenordnung des MitbestG (Rn 5, 82). Die Abberufung eines GFührers aus wichtigem Grund kann nicht auf Vorgänge gestützt werden, die Ges bereits **bei Bestellung bekannt** waren. Dies gilt grds auch für den Fall der Bestellung des GFührers durch einen möglicherweise rechtswidrigen, aber nicht durch Anfechtungsurteil aufgehobenen Bestellungsbeschl.[60] Nichts anderes kann gelten, wenn zwar eine Anfechtung mangels Beschlussfeststellung ausscheidet, aber eine für Verwirkung genügende Zeitspanne vergangen ist. Hohes Alter allein genügt nicht.[61] Überschuldung der Ges[62] oder des GFührers ist kein wichtiger Grund;[63] wohl aber Eintritt einer die Erfüllung der GFühreraufgaben gefährdenden Unordnung in den wirtschaftlichen Verhältnissen des GFührers, zB Eröffnung des Insolvenzverfahrens über sein Vermögen.[64]

---

48 OLG Stuttgart GmbHR 1957, 60.
49 LG Hildesheim BeckRS 2004, 04453.
50 OLG Zweibrücken NZG 2003, 931.
51 Ulmer/*Paefgen* Rn 50.
52 BGH WM 1967, 679.
53 OLG Karlsruhe NZG 2008, 785 (Zweipersonen-Gesellschaft).
54 BGH GmbHR 1992, 38.
55 OLG Frankfurt aM NJW-RR 2001, 466, 468.
56 BGH WM 1984, 29; OLG Karlsruhe NZG 2000, 264, 266 f; OLG Naumburg NZG 2000, 44, 46; *Morawietz* GmbHR 2000, 637.
57 Dazu BGH WM 1992, 731; BGH ZIP 1992, 760 f; OLG Saarbrücken GmbHR 2007, 143; OLG Hamm GmbHR 1995, 736, 739; OLG Düsseldorf GmbHR 1994, 884; OLG Naumburg GmbHR 1996, 934; LG Karlsruhe DB 1998, 1225.
58 OLG Koblenz ZIP 1986, 1120.
59 Unklar BGH WM 2009, 551 „Nicht erforderlich ist demgegenüber, dass etwa der Verursachungsanteil des Abzuberufenden denjenigen des Mitgeschäftsführers überwiegt".
60 BGH WM 1993, 1593.
61 Michalski/*Terlau/Schäfers* Rn 35; **aA** Scholz/*Schneider* Rn 47; *Schneider* ZGR 1983, 538.
62 OLG Düsseldorf NZG 2000, 1044; Ulmer/*Paefgen* Rn 25.
63 Michalski/*Terlau/Schäfers* Rn 45; **aA** BGH WM 1960, 291; OLG Hamburg BB 1954, 978; vorsichtig *Lutter/Hommelhoff* Rn 21.
64 OLG Stuttgart GmbHR 2006, 1258 m einschränkender Anm *Dollmann:* Nur wenn Ges in naher Zukunft auf Kredite angewiesen ist, die deswegen verweigert wurden o Abbruch v Geschäftsbeziehungen zu wichtigen Geschäftspartnern droht.

15 Nichtanmeldung zum HR **Abwägungsfrage;**[65] desgl Beteiligung an verbotenen Preisabsprachen.[66] Die schwierigsten Beurteilungsfragen liegen im Verhältnis der GFührer zu den Gftern (bzw zu Beirat u AR, bei mitbest GmbH auch zu ArbN). Bei nicht mitbestimmter GmbH genügt Misstrauensvotum der GfterVers nicht (anders § 84 III 2 AktG), da sonst Beschränkung der Abberufung leicht umgangen werden könnte;[67] wohl aber sachlich begründeter Vertrauensverlust.[68] Bei mitbestimmter GmbH genügt hingegen entspr § 84 III AktG jeder Vertrauensentzug durch GfterVers.[69]

16 Bei **zwei- oder dreigliedriger Ges,** in der **sämtliche Gfter eine GFührerstellung** haben, muss Konflikt stärker gfterbezogen gewürdigt werden, dh es kommt mehr auf Zumutbarkeit für MitGfter an, als für Ges als jurPerson.[70] Bei wechselseitiger Abberufung müssen Prozesse verbunden werden u es muss Gesamtabwägung stattfinden (dazu Rn 76 ff). In Zweipersonen-Ges ist Zerwürfnis zwischen GfterGFührern als Abberufungsgrund (dazu Rn 13) besonders problematisch, da es gleichzeitig Zerwürfnis zwischen Gftern ist. Abberufung eines GFührers wg „entscheidendem Beitrag" zum Zerwürfnis ist keineswegs nur dann ausgeschlossen, wenn der andere GfterGFührer seinerseits überwiegend zum Zerwürfnis beigetragen hat.[71] Bei unheilbar zerstrittenen GfterGFührern in Zweipersonen-Ges müssen für Abwägung, welcher verbleiben darf u welcher aus GFührung auszuscheiden hat, erhebliche objektiv feststellbare Umstände gegeben sein, die klar für einen u gegen anderen MitGFührer sprechen.[72] Verschuldensunabhängige Wertungen, insbes Bedeutung des GFührers für das Unternehmen, stehen aber nicht im Vordergrund. Unternehmensinteresse ist weder nach Inhalt noch Träger konkretisierbar. Liegen für beide GFührer ohne deutliches Überwiegen einer Seite wichtige Gründe vor, sollte Abberufung beiderseits versagt werden; möglich bleibt nur Auflösung der Ges.[73] Interessen der Belegschaft an sind nicht entscheidend, weil GmbH-Recht nicht an berechtigten Interessen der Unternehmensträger u -lenker vorbei Unternehmensfortbestandssicherung betreiben darf.[74]

17 **7. Verwirkung wichtiger Gründe.** Geltendmachung wichtigen Grundes kann ausgeschlossen sein durch Verwirkung, wenn Umstände, die Abberufung aus wichtigem Grund rechtfertigen würden u Ges bekannt sind, über **längere Zeit** nicht zum Anlass genommen werden, Abberufung vorzunehmen u GFührer auf Grund dieses Verhaltens nach Treu u Glauben annehmen darf,

---

65 BGH WM 1985, 569.

66 BGH NJW 1987, 1889.

67 BGH NJW 1960, 628; DB 1968, 2271; OLG Köln GmbHR 1989, 78; *Lutter/Hommelhoff* Rn 22; Rowedder/Schmidt-Leithoff/*Koppensteiner* Rn 13; *Vollmer* GmbHR 1984, 6.

68 OLG Hamm GmbHR 1989, 257; OLG Köln NZG 1999, 773.

69 Ulmer/*Paefgen* Rn 32; Rowedder/Schmidt-Leithoff/*Koppensteiner* Rn 15; Roth/*Altmeppen* Rn 40.

70 Vgl *U. H. Schneider* ZGR 1983, 537; zu Besonderheiten der Abwägung BGH NJW 1960, 628; BGH GmbHR 1969, 37; BGHZ 1986, 177; OLG Karlsruhe GmbHR 1967, 214; *Fleck* GmbHR 1970, 228; *Baums,* Geschäftsleitervertrag, 313.

71 In diese Richtung Formulierungen in OLG Naumburg GmbHR 1996, 934; s a BGH WM 2009, 551.

72 LG Karlsruhe DB 1998, 1225; dazu *Reher* 53 ff; *Lutter/Hommelhoff* Rn 20 a.

73 OLG Stuttgart NZG 2002, 971, 972; vgl *Reher* 97 ff.

74 OLG Karlsruhe NZG 2000, 264.

Ges wolle auf diese Umstände nicht zurückkommen.[75] Gfter dürfen zunächst Verständigungsversuch unternehmen, ohne Risiko der Verwirkung einzugehen.[76] Verwirkte wichtige Gründe dürfen in Gesamtabwägung berücksichtigt werden.[77] Enge zeitliche Grenzen des § 626 II BGB gelten jedoch nicht.[78]

8. Nachschieben wichtiger Gründe im Prozess ist **materiellrechtlich** (aber vielfach nicht prozessual) für alle Gründe zulässig, die bereits im Abberufungszeitpunkt vorgelegen haben, auch wenn sie dem Abberufungsorgan nicht bekannt waren;[79] nach Beschlussfassung eingetretene Gründe, wenn Gesamtbeurteilung ergibt, dass wegen Wiederholungsgefahr Fortsetzung bereits zZt der Abberufung unzumutbar war.[80] Prozessvertreter ist allerdings verpflichtet, vor Nachschiebung Entscheidung des Abberufungsorgans einzuholen.[81] Nur bei Zweipersonen-Ges kann Ges ohne erneuten Gfterbeschl nachschieben.[82] **18**

9. Einschränkung der Abberufbarkeit durch Grds der Erforderlichkeit. Liegt wichtiger Grund vor, der Fortsetzung bisheriger GFührerstellung unzumutbar macht, kann idR stets Abberufung erfolgen. Ist GFührerstellung aber als unentziehbares Mitgliedschaftsrecht gewährt (Rn 8), kann Treupflicht gebieten, dass Ges stattdessen Einschränkung der GFührerstellung (insbes GesamtGFührung) einführt, sofern dies zumutbar ist.[83] Abzuberufender GfterGFührer hat dies seinerseits anzubieten, da Ges auf entspr Änderung keinen Anspruch hat.[84] **19**

III. Einschränkung der Abberufbarkeit bei GfterGFührern durch Treubindungen

Bei GfterGFührer kann sich Einschränkung der freien Abberufbarkeit, auch wenn keine dahingehende Regelung in der Satzung getroffen (Rn 6) u kein Mitgliedschaftsrecht auf GFührerstellung zuerkannt ist (Rn 8), aus **Treubindungen** der Gfter untereinander ergeben.[85] Das darf allerdings angesichts der klaren Regelung in Abs 1 nur ganz **ausnahmsweise** angenommen werden.[86] Liegt namhafte Beteiligung vor, trägt etwa Mitgliedschaft **20**

---

[75] BGH GmbHR 1992, 38; BGH ZIP 1993, 1228 f; BGH ZIP 1992, 32; OLG Düsseldorf GmbHR 1992, 670; *Goette* § 8 Rn 40 f; MünchHdbGmbH/*Marsch-Barner/Diekmann* § 42 Rn 56; *Jaeger,* Anstellungsvertrag, 43.

[76] Roth/*Altmeppen* Rn 42; BGH ZIP 1992, 32, 34.

[77] OLG Karlsruhe NZG 2000, 264, 268; Michalski/*Terlau/Schäfers* Rn 43.

[78] Vgl OLG Naumburg NZG 2000, 44, 47; OLG Düsseldorf GmbHR 2000, 1050, 1055.

[79] BGHZ 27, 220; BGH GmbHR 1992, 38; BGH ZIP 1992, 32, 34 f; Ulmer/*Paefgen* Rn 60.

[80] OLG Stuttgart NJW-RR 1995, 295 f; *Goette* DStR 1994, 1746, 1748.

[81] BGHZ 60, 335; BGH GmbHR 1992, 40; MünchHdbGmbH/*Marsch-Barner/Diekmann* § 42 Rn 68; Michalski/*Terlau/Schäfers* Rn 56; Ulmer/*Paefgen* Rn 20.

[82] BGHZ 60, 335; OLG Naumburg GmbHR 1996, 939; *Lutter/Hommelhoff* Rn 21; *Reher* 39.

[83] Ähnl *Lutter/Hommelhoff* Rn 23 u 35; Roth/*Altmeppen* Rn 52; **aA** Michalski/*Terlau/Schäfers* Rn 53.

[84] Vgl zum Ganzen auch Roth/*Altmeppen* Rn 65.

[85] Michalski/*Terlau/Schäfers* Rn 6; *Grunewald* FS Zöllner, 1998, 177 f.

[86] Brandenburgisches OLG BeckRS 2008, 06 648; Roth/*Altmeppen* Rn 2; Ulmer/*Paefgen* Rn 13; Scholz/*Schneider* Rn 18 ; *Kreklau* GmbHR 2007, 365, 367; Ulmer/*Paefgen* Rn 13 stellt auf *„Business Judgment Rule"* ab.

den Charakter einer **UnternehmerGfterstellung,** haben MitGfter darauf bei Abberufungsentscheidungen Rücksicht zu nehmen. Insbes in zweigliedriger Ges mit annähernd gleicher Beteiligung kann MehrheitsGfter bei Abberufung des MinderheitsGfters nicht frei agieren. Zwar dürfen Anforderungen nicht auf wichtigen Grund gesteigert werden; es muss jedoch „sachlicher" Grund vorliegen, der verständigen Entscheidungsträger zur Abberufung veranlassen würde (Willkürverbot).[87] Bei Entscheidung sind Gesamtumstände heranzuziehen, auch Verdienste für Ges, Erfolg bisheriger GFührung usw.[88]

IV. Schuldrechtliche Einschränkung der Abberufbarkeit

21 Beschränkung der Abberufbarkeit ist **nur per Satzung** möglich, nicht in schuldrechtlichen Vereinbarungen zwischen Ges u GFührer, insbes nicht im Anstellungsvertrag.[89] Einschränkung der Abberufbarkeit aus Organstellung ist körperschaftsrechtliche Frage, die Regelung außerhalb der Satzung nicht zugänglich ist. Umstritten ist, ob umgekehrt eine die Abberufung einschränkende Satzungsregelung Wirkung hins des Anstellungsvertrages entfaltet.[90]

22 **Gfter** können sich aber ggü GFührer verpflichten, Abberufung nur aus wichtigem Grund auszusprechen.[91] Stimmrechtsbindungsverträge sind auch ggü FremdGFührer zulässig (§ 47 Rn 113). Entgegen wirksamer Vereinbarung abberufener GFührer kann auf Wiederbestellung (§ 35 Rn 35), ggf auf Schadensersatz klagen.[92]

23 Auch **Ges** kann sich schuldrechtlich **verpflichten,** GFührerstellung nur aus wichtigem Grund zu beenden.[93] Es gibt kein generelles Verbot, innergesellschaftliche Entsch u Maßnahmen zum Gegenstand schuldrechtlicher Verpflichtungen zu machen. Bindende Verpflichtung kann freilich im Regelfall

---

[87] OLG Zweibrücken NJW-RR 2003, 1398 m Anm *Trölitzsch* EWiR 2004, 233; OLG Zweibrücken GmbHR 2007, 143, 150; OLG Karlsruhe GmbHR 1967, 214, 215; OLG Koblenz BeckRS 2007, 10829; **krit** OLG Naumburg NZG 2000, 608, 609 m Anm *Römermann/Schröder.*

[88] Vgl dazu BGH DStR 1994, 214 (Anm *Goette*); OLG Düsseldorf GmbHR 1994, 245 (Vorinstanz); OLG Zweibrücken GmbHR 1998, 373 (obiter); *Grunewald* FS Zöllner, 1998, 177 f; **krit** *Meilicke* DB 1994, 1761.

[89] BGH DB 1968, 2166; OLG Stuttgart GmbHR 1995, 229; Ulmer/*Paefgen* Rn 11; Scholz/*Schneider* Rn 55; Roth/*Altmeppen* Rn 29; *Lutter/Hommelhoff* Rn 13; Rowedder/Schmidt-Leithoff/*Koppensteiner* Rn 4; Ulmer/*Paefgen* Rn 12; *H. P. Westermann/Pöllath,* Abberufung … von GFührern … in GmbH, 4. Aufl 1988, 57; *Baums,* Der Geschäftsleitervertrag, 1987, 323 ff; *Fleck* ZGR 1988, 123; **aA** früher *Goerdeler* GmbHR 1959, 198; *Fleck* GmbHR 1970, 222.

[90] Roth/*Altmeppen* Rn 64; *Goette* § 8 Rn 43.

[91] BGH GmbHR 1987, 96; BGH ZIP 1983, 432; OLG Frankfurt NZG 2000, 378 (L); Scholz/*Schmidt* § 47 Rn 41; **krit** zur Vollstreckbarkeit Ulmer/*Paefgen* Rn 12.

[92] BAG AP BGB § 628 Nr 14; RG 170, 367; OLG Köln GmbHR 1989, 78; *Fischer* GmbHR 1953, 134; *Baums,* Der Geschäftsleitervertrag, 1987, 326; **aA** Rowedder/Schmidt-Leithoff/*Koppensteiner* Rn 4.

[93] BAG AP BGB § 628 Nr 14; MünchHdbGmbH/*Marsch-Barner/Diekmann* § 42 Rn 56; Scholz/*Schneider* Rn 55; vgl auch BGH DB 1993, 829; BGH GmbHR 1987, 96; enger *Fleck* ZGR 1988, 123 f; *Lutter/Hommelhoff* Rn 14 (nur GfterGF); Michalski/*Terlau/Schäfers* Rn 35.

nur durch das zur Entscheidung über die Maßnahme zuständige Organ eingegangen (bzw durch Zustimmung sanktioniert) werden. Abberufung als solche ist kein anstellungsvertragswidriges Verhalten iSv § 628 II BGB.[94]

D. Verfahren der Abberufung

I. Abberufungsorgan

Abberufung obliegt grds **GfterVers,** § 46 Nr 5. Satzung kann Abweichendes bestimmen. Im Zweifel liegen Bestellungs- u Abberufungskompetenz in einer Hand.[95] Ist also Bestellung AR oder Beirat übertragen, haben diese idR auch Abberufungsrecht; abweichendes kann aber bestimmt werden. Zuweisung an Dritte ist unzulässig[96] (s auch § 46 Rn 47). Kommanditisten in GmbH & Co KG haben kein Abberufungsrecht analog §§ 117, 127 HGB,[97] aber uU Schadensersatzansprüche gg Ges u GFührer;[98] im Einzelfall ist Abberufung gar von ihrer Zustimmung abhängig.[99] 24

GfterVers kann eigene Befugnis zur Abberufung ausschließen.[100] Dann kann sie auch bei wichtigem Grund nicht selbst abberufen.[101] GfterVers muss in diesem Fall Abberufung durch zuständiges Organ notfalls erzwingen; **Ersatzkompetenz nur bei Funktionsunfähigkeit** des zuständigen Organs, § 46 Rn 90 aE.[102] Bei Bestellungs- (u damit auch Abberufungs-)kompetenz einzelner Gfter (Bestellungsrecht als Mitgliedschaftsrecht) oder GfterGruppen, zB Familienstamm (§ 35 Rn 7) oder von außergesellschaftlichen Stellen (falls man letztere für zulässig erachtet, s § 6 Rn 20) muss gleichzeitig GesOrgan Befugnis zur Abberufung aus wichtigem Grund haben; bei Fehlen einer Regelung GfterVers.[103] Hat Gfter oder Gftergruppe Präsentationsrecht (§ 6 Rn 17; § 46 Rn 47), kann Abberufung durch GfterVers verlangt werden. 25

---

94 BGH NJW 2003, 351; zust *Moll* FS Schwerdtner 2003, 453, 459 ff.

95 OLG Düsseldorf WM 1990, 265, 267; Ulmer/*Paefgen* Rn 69; AnwaltsHdb-GmbH/*Lenz* § 7 Rn 26.

96 Michalski/*Terlau/Schäfers* Rn 17; Scholz/*Schneider* Rn 29; Hachenburg/*Stein* Rn 84; **aA** Rowedder/Schmidt-Leithoff/*Koppensteiner* Rn 6; Ulmer/*Paefgen* Rn 70; BGH DB 2008, 2641, 2642 für Generalhandlungsbevollmächtigten eines Alleingesellschafters.

97 BGH DB 1970, 389, 390; *Trölitzsch/Leinekugel* EWiR 2004, 1227, 1228; *Heller* GmbHR 2002, 1229; Roth/*Altmeppen* Rn 17; Rowedder/Schmidt-Leithoff/*Koppensteiner* Rn 40; **aA** *Raiser/Veil* KapGesR § 44 Rn 13; *Hopt* ZGR 1979, 1, 16.

98 BGHZ 75, 321; Michalski/*Terlau/Schäfers* Rn 11.

99 OLG München NZG 2004, 374.

100 Ulmer/*Paefgen* Rn 70; *Feine* 475; Scholz/*Schmidt* § 46 Rn 72; Roth/*Altmeppen* Rn 12; *H. P. Westermann/Pöllath,* Abberufung … von GFührern … in GmbH, 4. Aufl 1988, 76; **aA** *Eder* GmbHR 1962, 22 [stets GfterVers].

101 *U. H. Schneider* ZGR 1983, 544; *Westermann/Pöllath,* Abberufung … von GFührern … in GmbH, 4. Aufl 1988, 63; MünchHdbGmbH/*Ingerl* § 37 Rn 20; Michalski/*Terlau/Schäfers* Rn 18; *Lutter/Hommelhoff* Rn 16; *Beuthien/Gätsch* ZHR 157 (1993), 494; Ulmer/*Paefgen* Rn 71; **aA** Scholz/*Schmidt* § 46 Rn 3 u 72; *Fleck* ZGR 1988, 104, 121; Roth/*Altmeppen* Rn 13; Rowedder/Schmidt-Leithoff/*Koppensteiner* Rn 17; *Feine* 476; MünchHdbGmbH/*Marsch-Barner/Diekmann* § 42 Rn 58.

102 Vgl BGHZ 12, 337, 340 = NJW 1954, 799 für extremen Sachverhalt; BGH WM 1970, 251; Scholz/*Schneider* Rn 26; Ulmer/*Paefgen* Rn 71.

103 Scholz/*Schneider* Rn 23; *H. P. Westermann/Pöllath,* Abberufung … von GFührern … in GmbH, 4. Aufl 1988, 75 f.

Alle Gfter sind in diesem Fall verpflichtet, nicht gegen Abberufung zu votieren.[104] **Insolvenzverwalter** kann **nicht** abberufen, nur Dienstverhältnis kündigen.[105]

26 Unter **MitbestG** ist für Abberufung stets zwingend u ausschließlich der **AR** zuständig, vgl § 84 III AktG, oben Rn 4. Zur Rechtslage, wenn Ges nachträglich in Anwendungsbereich des MitbestG hineinwächst, s Rn 5; zum nachträglichen Herausfallen aus Anwendungsbereich des MitbestG Rn 82. NotGFührer kann durch Gericht, nicht aber durch GfterVers abberufen werden.[106] Diese kann aber Amtsende durch Bestellung des fehlenden GFührers bewirken, § 6 Rn 21.

27 Zur Zuständigkeit für Beendigung des **Anstellungsverhältnisses** § 35 Rn 167, 216.

II. Abberufungsbeschluss u Abberufungserklärung

28 Abberufung des GFührers ist körperschaftsrechtlicher Akt, der zur Wirksamkeit neben der **Willensbildung** (Entsch durch das zuständige Organ) der **Kundgabe der Entsch** an den betroffenen GFührer bedarf. § 626 II BGB gilt für Abberufung nicht. Einberufung muss gem § 51 II angeben, dass über Abberufung zu beschließen sein wird, Hinweis auf wichtigen Grund nicht erforderlich.[107]

29 **1. Mehrheit u sonstige Beschlusserfordernisse.** Abberufungsbeschl erfordert grds einfache Mehrheit, § 47 I. Satzung kann andere Mehrheit vorsehen, auch Einstimmigkeit verlangen, Kapital- u Kopfmehrheit kombinieren, u zwar auch speziell nur für Abberufung; ebenso können Beschlussfähigkeitsvoraussetzungen für Abberufung aufgestellt werden. Allg Beschlusserfordernisse erstrecken sich im Zweifel auch auf Abberufung, der sog Bestimmtheitsgrundsatz verlangt nicht ausdrückliche Erstreckung.[108]

30 Statutarische Mehrheitserfordernisse gelten entgegen hM auch für **Abberufung aus wichtigem Grund.**[109] Dass diese stets mit einfacher Mehrheit möglich sein müsse, ist unzutr.[110] Willensbildung hat mit Möglichkeit, Dauerrechtsbeziehungen aus wichtigem Grund zu lösen, nichts zu tun. Besondere

[104] Roth/*Altmeppen* Rn 19; OLG Düsseldorf NJW 1990, 1122 f; weitergehend OLG Düsseldorf WM 1990, 265: für Abberufung zu stimmen.

[105] *Weber* KTS 1970, 73, 81; *Noack,* InsO-Gesellschaftsrecht, 1998, Rn 293; KGJ 48, 136.

[106] OLG München GmbHR 1994, 259.

[107] BGH NJW 1962, 393, 394; Ulmer/*Paefgen* Rn 82.

[108] Vgl zur Auslegung der Satzung in personalistischer GmbH BGH WM 1989, 1809; OLG Düsseldorf GmbHR 1994, 245.

[109] **AA** BGHZ 86, 179; BGH WM 1984, 29; BGH WM 1988, 23; *Fleck* WM 1985, 677 (680); *Lutter/Hommelhoff* Rn 16; Rowedder/Schmidt-Leithoff/*Koppensteiner* Rn 19; Roth/*Altmeppen* Rn 18; Michalski/*Terlau/Schäfers* Rn 58; Ulmer/*Paefgen* Rn 10, 83.

[110] OLG München BB 1956, 938; *Fischer* GmbHR 1953, 134; *Immenga,* Die personalistische Kapitalgesellschaft, 100; *Schneider* ZGR 1983, 535, 540; *Baums,* Der Geschäftsleitervertrag, 1987, 318; *H. P. Westermann/Pöllath,* Abberufung … von GFührern … in GmbH, 4. Aufl 1988, 56; *Grunewald* FS Zöllner, 1998, 177, 179; vgl OLG Köln ZIP 1987, 1120 für Kündigung des Gfter-Treuhänders bei BGB-Anlageges; vgl OLG Düsseldorf GmbHR 1994, 245 f zu Abberufung eines GründerGfter-GFührers.

Erschwerungen, namentlich das Einstimmigkeitsprinzip, werden in erster Linie bei personalistischen Ges vorkommen. Dort aber liegt Vergleich mit PersonenGes nahe, wo Entziehung von GFührungs- u Vertretungsbefugnis grds Mitwirkung aller bedarf. Auch wenn die dortigen Regelungen nicht ohne weiteres analog anzuwenden sind, geht aus ihnen doch hervor, dass gegen eine entspr Regelung in der GmbH-Satzung nichts einzuwenden sein kann.

Dauerhafte Bindung trotz pflichtwidrigem Verhalten wird durch Möglichkeit der Beschlusskontrolle vermieden.[111] Liegt wichtiger Grund tatsächlich vor, sind Stimmen des Abzuberufenden nicht zu berücksichtigen,[112] andere Gfter dürfen wg Treuepflicht nicht gegen Abberufung stimmen (Rn 49).[113] Gegen Abberufung gerichtete Stimmen sind rechtsmissbräuchlich, weil treuwidrig, u damit nichtig.[114] Typischer Streitlage entspricht es eher, wenn Gfter Abberufung gerichtl durchsetzen als wenn abberufener GFührer Wiedereinsetzung erstreiten muss.[115] Wenn Gfter höheres Mehrheitserfordernis festlegen, werden sie Gründe dafür haben, zB dass GFührer Vertrauen auch der Minderheit oder eines Teils der Minderheit hat u dann nicht par ordre der einfachen Mehrheit abgesetzt werden können soll, ohne dass wichtiger Grund nachgewiesen wird. Erfordernis der Einstimmigkeit oder eines bestimmten Grundkapitalanteils ist aber stets ohne Berücksichtigung des aus wichtigem Grund Abzuberufenden zu berechnen.[116] Nichterreichen qualifizierter Mehrheit kann daher ebenso bekämpft werden wie Nichterreichen einfacher Mehrheit. Mehrheitserfordernis wirkt sich nur aus, wenn für Beschlussfeststellung von äußerem Stimmenverhältnis ausgegangen wird. Äußeres, auf Abberufung lautendes Stimmverhältnis ist bei lediglich einfacher Mehrheit leichter erreichbar. Unterbleibt Beschlussfeststellung, wird über Ergebnis ohnehin gerichtlich gestritten werden. 31

Tagesordnung muss hinreichend bestimmt Abberufung als solche, nicht jedoch Gründe erkennen lassen, vgl § 51 Rn 25.[117] Lautet **Tagesordnung der GfterVers** auf Abberufung aus wichtigem Grund, darf nicht Abberufung ohne wichtigen Grund beschlossen werden.[118] Umgekehrt genügt aber Formulierung „Abberufung des GFührers“, um Abberufung aus wichtigem Grund zu beschließen.[119] 32

2. Stimmrecht des Abzuberufenden. a) Abberufung ohne wichtigen Grund. Der Abzuberufende kann als Gfter bei dem Abberufungsbeschl **mitstimmen**[120] u evtl durch seine Stimmen Abberufung verhindern. Auch bei Vertretung anderer Gfter, gleichgültig ob Vertreter selbst Gfter ist oder nicht, steht § 47 IV der Stimmrechtsausübung nicht entgegen, jedoch greift § 181 BGB ein (§ 47 Rn 60 ff); Erlaubnis mitzustimmen hängt daher 33

---

111 **AA** *Lutter/Hommelhoff* Rn 16.
112 Das übersieht *Baums,* Der Geschäftsleitervertrag, 1987, 319.
113 BGHZ 102, 172, 176; Rowedder/Schmidt-Leithoff/*Koppensteiner* Rn 18.
114 BGHZ 102, 172, 176.
115 **AA** Hachenburg/*Stein* Rn 91.
116 Das übersieht *Baums,* Der Geschäftsleitervertrag, 1987, 319.
117 BGH NZG 2000, 945, 946; BGH NJW 1962, 393 f.
118 BGH WM 1985, 570.
119 OLG Hamm GmbHR 1995, 736; Roth/*Altmeppen* Rn 44.
120 BGHZ 18, 205, 210; OLG Düsseldorf GmbHR 2000, 1050, 1053; OLG Karlsruhe NZG 2000, 264, 265; Roth/*Altmeppen* Rn 21.

von Befreiung durch Vollmachtgeber ab. Hat Abzuberufender Mitgliedschaftsrecht auf GFührerstellung (Rn 8), bedarf Abberufung seiner Zustimmung.[121]

34 **b) Stimmrechtsausschluss bei wichtigem Grund.** Bei **Abberufung aus wichtigem Grund** ist Abzuberufender[122] (und dessen Vertreter) hingegen vom Stimmrecht ausgeschlossen (wie auch an der Vertretung anderer Gfter gehindert), ebenso FremdGFührer bei Abstimmungsteilnahme als Vertreter, iü vgl § 47 Rn 95.[123] Sollen mehrere GfterGFührer abberufen werden, gilt wechselseitiger Ausschluss.[124] Näher dazu § 47 Rn 85. Nicht ausgeschlossen wird Teilnahmerecht samt Rederecht in der Beratung.[125]

35 **aa)** Nach hier vertretener Auffassung greift Stimmrechtsausschluss nur, wenn **wichtiger Grund wirklich vorliegt.**[126] Versammlungsleiter hat über Vorliegen eines wichtigen Grundes zu befinden u Stimmberechtigung hiernach zu beurteilen. Beschl ist daher formell rechtswidrig u anfechtbar, wenn Abzuberufender in Wahrheit nicht vom Stimmrecht ausgeschlossen war u mit seinen Stimmen im Fall der Berücksichtigung Abberufungsantrag hätte scheitern lassen.

36 **bb)** Nach Gegenansicht soll Stimmrecht bereits entfallen, wenn als wichtiger Grund qualifizierbarer, nicht bloß ins Blaue **behaupteter Sachverhalt** ohne evidente Treuwidrigkeit zum Gegenstand der Beschlussfassung über die Abberufung gemacht wird.[127] Dies bringt keinen Gewinn an Rechtssicherheit, da Abzuberufender in streitigen Fällen Gegengründe anführen wird, welche idR Behauptungen zu erschüttern geeignet sind. Versammlungsleiter hat insofern Prüfungsrecht u -pflicht, die dahin auszuüben ist, dass substantiiertes Vorbringen der an Abberufung interessierten Seite genügt, sofern es nicht ad hoc durch substantiierten Gegenvortrag ausgeräumt wird. Bei klarer Sachlage besteht kein Unterschied zur hier vertretenen Auffassung, wonach für Stimmrechtsausschluss wichtiger Grund objektiv vorliegen muss. Im **Beurteilungspatt** hat Meinungsstreit die Konsequenz, dass Versammlungsleiter nach „Be-

---

121 BGHZ 15, 181; 48, 143; BGH WM 1962, 201; 1968, 1350; OLG Düsseldorf GmbHR 2000, 1050, 1053; Scholz/*Schneider* Rn 41; Ulmer/*Paefgen* Rn 86; *Fleck* GmbHR 1970, 223; *Raiser* MitbestG § 32 Rn 54.

122 Zur Ausdehnung auf von ihm beherrschte Personengesellschaft, die als GmbH-Gfter ebenfalls vom Stimmrecht insoweit ausgeschlossen ist, zutr OLG Karlsruhe NZG 2000, 264 f.

123 AllgM, BGHZ 86, 177, 178; BGH ZIP 1992, 760 f; BGH NJW 1969, 1484; OLG Stuttgart NJW-RR 1994, 811; OLG Karlsruhe GmbHR 1993, 154; OLG Düsseldorf GmbHR 1994, 884 u GmbHR 2000, 1050; OLG Naumburg GmbHR 1996, 934; OLG Zweibrücken GmbHR 1998, 373 f; *Lutter/Hommelhoff* Rn 17; Rowedder/Schmidt-Leithoff/*Koppensteiner* Rn 18; Ulmer/*Paefgen* Rn 86; *Grunewald* FS Zöllner, 1998, 177, 183.

124 OLG Düsseldorf GmbHR 2000, 1050, 1052 f.

125 OLG Hamm GmbHR 1993, 815; *Lutter/Hommelhoff* Rn 17; *Goette* DStR 1998, 938, 940.

126 Vgl OLG Stuttgart GmbHR 1995, 228; LG München I EWiR § 47 GmbHG 1/95, 585 *(Weipert)*; Ulmer/*Hüffer* § 47 Rn 175; iE auch Roth/*Altmeppen* Rn 45 ff, insbes Rn 48; Ulmer/*Paefgen* Rn 86.

127 Scholz/*Schmidt* § 46 Rn 76; *Lutter/Hommelhoff* Rn 17; Michalski/*Terlau/Schäfers* Rn 60; *Grunewald* FS Zöllner, 1998, 177, 183; *U. H. Schneider* ZGR 1983, 541; *Fleck* GmbHR 1970, 227; MünchHdbGmbH/*Marsch-Barner/Diekmann* § 42 Rn 62; *Reher* 114. Nicht eindeutig BGHZ 86, 177, 182 (obiter) und BGH NJW 1969, 1483; *Jaeger,* Anstellungsvertrag, 43.

hauptungs-Lösung" Stimmrecht verneinen wird, während er nach hier vertretener Ansicht Stimmrecht gewähren müsste.

cc) Lösung von *Altmeppen,*[128] stets auf **äußeres (rechnerisches) Beschlussergebnis** abzustellen, führt im Streitfall wie hier vertretene Ansicht zur Annahme des Stimmrechts. Ist Beschlussantrag auf Abberufung unter entscheidender Mitwirkung des betroffenen GfterFührers abgelehnt, müssen diejenigen klagen, die Stimmrechtsausschluss wegen Vorliegens eines wichtigen Grundes behaupten. GFührer bleibt zunächst im Amt, iE ist eine „Abberufungsklage" anzustrengen. Ist Beschlussantrag auch bei Mitzählen der Stimmen des Betroffenen angenommen, verliert GfterGFührer sein Amt u kann sich nur auf Satzungserfordernis eines wichtigen Grundes berufen, das er zur gerichtlichen Nachprüfung stellt. Allerdings widerspricht dies dem herkömmlichen Verständnis von der Funktion des Versammlungsleiters,[129] der immerhin von den Gftern bestimmt worden ist u dem ein Beurteilungsermessen nicht völlig abgesprochen werden sollte. Bei starrem rechnerischem Konzept müssten aber auch bei *unstreitigem* wichtigen Grund (!) die Stimmen des Betroffenen zunächst mitgezählt werden – eine nicht akzeptable Konsequenz. 37

3. Streit über Beschlussergebnis. Davon, unter welchen Voraussetzungen der Stimmrechtsausschluss eingreift, ist zu unterscheiden, wie hinsichtlich des **Beschlussergebnisses** zu verfahren ist, *wenn* über Vorliegen eines wichtigen Grundes Streit besteht u Abzuberufender darauf bestanden hat, seine Stimme abzugeben. 38

a) Feststellung durch Versammlungsleiter. Durch Versammlungsleiter **verbindlich festgestelltes Beschlussergebnis** ist vorläufig maßgebend. Beseitigung nur durch **Anfechtungsklage** möglich,[130] näher Rn 54 ff. Differenzierung von *Terlau/Schäfers*[131] nach personalistischer (dann §§ 117, 127 HGB analog) oder kapitalistischer GmbH (dann § 84 III 4 AktG analog) ist praktisch kaum durchzuhalten u führt zu erheblicher Rechtsunsicherheit. Differenzierung von *Wicke,*[132] ob Mehrheits-GfterGFührer oder minderheitsbeteiligter GfterGFührer abberufen wurde, setzt sich mit Feststellungsbefugnis des VersLeiters nicht auseinander und bleibt daher auf halbem Wege stehen. Vgl zu Voraussetzungen verbindlicher Beschlussfeststellung § 47 Rn 26 u Anh § 47 Rn 118 ff. 39

„Behauptungs-Lösung" (oben Rn 36) ist im **Anfechtungsprozess** problematisch. Wenn bereits Behauptung Stimmrecht nimmt, ist Beschlussergebnis richtig festgestellt u Beschl nicht formell rechtswidrig. Um Anfechtbarkeit dennoch zu bejahen, halten Vertreter der Gegenmeinung den Beschl „aus Sachgründen" für anfechtbar, wenn wichtiger Grund fehlt.[133] Damit ist wohl materieller Verstoß gegen Gesetz u Gesellschaftsvertrag gemeint. In 40

---

[128] Roth/*Altmeppen* Rn 48 ff.

[129] So iE auch *Grunewald* FS Zöllner, 1998, 177 f.

[130] BGHZ 104, 66, 69; **aA** *Grunewald* FS Zöllner, 1998, 173, 184 (für Unwirksamkeit des Abberufungsbeschlusses bis zur Rechtskraft eines entsprechenden Urteils, ähnl §§ 117, 127 HGB).

[131] Michalski/*Terlau/Schäfers* Rn 70.

[132] *Wicke* Rn 11.

[133] Scholz/*Schmidt* § 46 Rn 76; Michalski/*Terlau/Schäfers* § 38 Rn 60; *Lutter/Hommelhoff* Rn 17, wonach sich „gerichtlich klären" lasse, ob wirklich ein wichtiger Grund vorliegt.

Betracht kommt insoweit Verstoß gegen Bestimmung des Gesellschaftsvertrags, wonach Zulässigkeit des Widerrufs auf wichtige Gründe beschränkt wird. Wenn Satzung allerdings keine solche Abberufungsbeschränkung vorsieht, ist materielle Rechtswidrigkeit zweifelhaft. Wenig hilfreich ist insofern Argument, bei gesetzlicher Abberufung nach Abs 1 sei Geschäftsführer unstreitig nicht vom Stimmrecht ausgeschlossen.[134] Dies führt nämlich dazu, dass – wie hier vertreten – Stimmrechtsausschluss stets tatsächliches Vorliegen des wichtigen Grundes erfordert. Möglich erscheint Unwirksamkeit wegen Treupflichtverletzung. Wie Ablehnung der Abberufung eines GFührers, dessen Abberufung aus wichtigem Grund geboten ist, Treuverstoß darstellt (Rn 49), kann man auch Abberufung bei nur behauptetem, aber objektiv fehlendem wichtigen Grund als Treuverstoß werten. Bedenklich ist dann allerdings, dass Fehlen des Grundes zZt der Beschlussfassung gerade nicht erkennbar war. Konstruktiver Aufwand lässt stark an Sinnhaftigkeit der Gegenmeinung zweifeln.

41 **b) Keine Feststellung durch Versammlungsleiter. Unterbleibt verbindliche Beschlussfeststellung,** wie namentlich bei Abstimmungen ohne feststellungsberechtigten (!) Leiter (in der Praxis wohl der Regelfall), sind Beteiligte auf die Klärung der Beschlusslage durch gerichtliche Entscheidung verwiesen (zu den prozessualen Implikationen Rn 60 ff). Unzutreffende Feststellung eröffnet gerichtliche Korrektur in gleicher Weise u Schnelligkeit wie Fehlen eines (etwa nach der Satzung erforderlichen) wichtigen Grundes.

42 **4. Kundgabe gegenüber Abzuberufendem. a) Abzuberufender gegenwärtig.** Ist **Abzuberufender bei Beschlussfassung gegenwärtig,** wird formfreie Abberufung ihm gegenüber sofort wirksam.[135] Das ist jedenfalls unproblematisch, wenn Beschlussergebnis iSd Abberufung durch Abstimmungsleiter festgestellt worden ist, ferner, wenn über Inhalt des Beschlusses zwischen den Abstimmungsbeteiligten kein Zweifel besteht (so etwa, wenn FremdGFührer mit eindeutiger Mehrheit abberufen wurde oder wenn bei Abberufung eines GfterGFührers auch bei Einbeziehung von dessen Stimmen die erforderliche Mehrheit gegeben ist). Man muss aber unter der Voraussetzung der Nichterforderlichkeit der Ergebnisfeststellung eine ausreichende Kundgabe der Abberufung auch dann annehmen, wenn GfterGFührer, obgleich wichtiger Grund geltend gemacht worden ist, an Abstimmung teilgenommen hat u Frage der Gültigkeit seiner Stimme für Ergebnis ausschlaggebend ist. Stellt sich später heraus, dass wichtiger Grund vorlag, kann er sich nicht darauf berufen, ihm gegenüber sei die Abberufung wg Ungewissheit über Ausgang der Abstimmung nicht erklärt worden. Besteht allerdings über Beschlussergebnis aus anderen Gründen als Teilnahme des Abzuberufenden Uneinigkeit, kann es an Kundgabe einer Abberufungsentscheidung gegenüber GFührer fehlen.

43 **b) Abzuberufender nicht gegenwärtig.** Ist **Abzuberufender bei Abstimmung nicht gegenwärtig,** muss ihm Beschl bekanntgegeben werden. Kundgabe ist nur ergänzender „vollziehender" Akt.[136] Im Regelfall muss GFührer mitgeteilt werden, dass er abberufen ist u von welchem Gremium

---

[134] So *Grunewald* FS Zöllner, 1998, 173, 183 bei Fn 30; *Lutter/Hommelhoff* Rn 17 a.

[135] BGH BB 1968, 560; *Goette* § 8 Rn 24; AnwaltsHdbGmbH/*Lenz* § 7 Rn 29; Roth/*Altmeppen* Rn 22; s auch BGH ZIP 2003, 1294.

[136] *Leuering* NZG 2004, 120, 121.

über seine Abberufung beschlossen wurde, maW: die Abberufung muss als Willenserklärung **des zuständigen Organs** erkennbar sein.[137] Daher muss es sich um eine ad hoc oder im Rahmen einer allgemeinen Organisation der Bekanntgabe von Beschlussentsch auf den Weg gebrachte Kundgabe handeln; zufällige Kenntnisnahme des Abzuberufenden von dem ergangenen Beschl macht Abberufung nicht wirksam.[138] Erforderlich ist Zugang der Mitteilung, positiver Kenntnisnahme bedarf es nicht.[139] Zuständigkeit für Kundgabe liegt nicht bei GFührern, sondern bei GfterVers, die Ges bei körperschaftsrechtlicher Erklärung vertritt.[140] GfterVers kann anderen GFührer o Dritte mit Kundgabe beauftragen.[141] Allerdings gilt § 174 BGB, so dass Abberufung zurückgewiesen werden kann, wenn entsprechende Vollmachtsurkunde nicht vorgelegt wird u Erklärungsempfänger auch sonst keine Kenntnis von Vollmacht hat. Zurückweisung dann nicht möglich, wenn Vollmacht sich aus Satzung bzw Geschäftsordnung ergibt oder Originalprotokoll der Beschlussfassung übergeben wird.[142] Erklärung der Abberufung durch unzuständige Stelle kann nicht nachträglich von zust Organ genehmigt werden.[143]

III. Auswirkung von Beschlussmängeln

1. Abberufungsbeschluss nichtig. Da Abberufungsbeschluss nicht nur interne Vorentsch, sondern wesentlicher Bestandteil des korporativen Rechtsgeschäfts der Abberufung ist, wird bei **Nichtigkeit des Abberufungsbeschlusses** Abberufung nicht wirksam. Darauf kann sich jedermann berufen, auch FremdGFührer oder Dritter, dem gegenüber GFührer im Namen der GmbH gehandelt hat. Nichtigkeit kann iR einer einstw Vfg geltend gemacht werden, unten Rn 69.[144] Wenn GFührer Tätigkeit für Ges widerspruchslos einstellt, liegt zwar fehlerhafte, gleichwohl aber rechtlich relevante Beendigung der GFührerstellung vor (schlichte Amtsniederlegung bzw fehlerhafte Abberufung als Gegenstück zur fehlerhaften Bestellung). Ist Wirksamkeit der Abberufung zwischen Ges u GFührer streitig, kommt nicht § 84 III 4 AktG zum Zug, weil Rechtmäßigkeitsvermutung bei GmbH deutlich schwächer.[145] Ist für Abberufung kraft Gesetzes oder Satzung AR zuständig, können Nichtigkeit des Abberufungsbeschlusses auch einzelne ARMitglieder geltend machen.[146] Für Zuständigkeit nach MitbestG ist bei 44

---

137 **AA** *Lutter/Hommelhoff* Rn 6, wonach die Mitteilung des Gremiums kein Wirksamkeitserfordernis sei.

138 Ulmer/*Paefgen* Rn 75; Scholz/*Schneider* Rn 30.

139 BGHZ 52, 321; OLG Hamm NZG 2003, 131; Roth/*Altmeppen* Rn 22; Michalski/*Terlau/Schäfers* Rn 24.

140 Roth/*Altmeppen* Rn 22; Scholz/*Schneider* Rn 29.

141 BGH NJW 2009, 293; OLG Düsseldorf NZG 2004, 141, 142; LG Dortmund GmbHR 1998, 334; Roth/*Altmeppen* Rn 22; MünchHdbGmbH/*Marsch-Barner/Diekmann* § 42 Rn 64.

142 OLG Düsseldorf NZG 2004, 141, 143 f; *Bauer/Krieger* ZIP 2004, 1247, 1248; auch *Leuering* NZG 2004, 120, 123.

143 BGH NJW 1987, 1890, 1892; *Stein* AG 1999, 42; **aA** OLG Frankfurter 1989, 438, 441; Ulmer/*Paefgen* Rn 81 (unter Hinweis auf §§ 180 S 2, 177 BGB).

144 OLG Stuttgart WM 1985, 600, 601; AnwaltsHdbGmbH/*Lenz* § 7 Rn 33.

145 BGHZ 86, 180 f; Roth/*Altmeppen* Rn 58; MünchHdbGmbH/*Marsch-Barner/Diekmann* § 42 Rn 67; **aA** *Lutter/Hommelhoff* Rn 27; *U. H. Schneider* ZGR 1983, 542 f.

146 Zur Geltendmachung durch einstweilige Verfügung bei mitbestimmter GmbH OLG Stuttgart WM 1985, 600.

Ungewissheit über Rechtswirksamkeit § 84 III 4 AktG kraft Verweisung anwendbar, § 31 I MitbestG.

45 **2. Abberufungsbeschluss anfechtbar.** Ist **Abberufungsbeschl lediglich anfechtbar** (dh insb. „festgestellt"), vermag er Abberufung nur dann nicht zu tragen, wenn er auf Anfechtungsklage hin für nichtig erklärt wird. Ist Abzuberufender Gfter, kann er selbst Anfechtungsklage erheben u Nichtigkeit herbeiführen. **FremdGFührer** hingegen hat diese Möglichkeit nicht; greift kein Gfter den Abberufungsbeschl an, ist Anfechtbarkeit iE unerheblich.[147] Besteht Ungewissheit darüber, ob Anfechtungsklage erhoben wird oder ist Anfechtungsklage erhoben worden u besteht Ungewissheit über Ausgang des Prozesses, so ist gleichwohl zunächst davon auszugehen, dass Beschl nur nichtig ist, wenn u sobald er rechtskräftig für nichtig erklärt wird. Freilich wirkt Nichtigkeit ex tunc (str, Anh § 47 Rn 178). Daher ist Regelung durch **einstw Vfg** nach § 940 ZPO für Zeit der Ungewissheit möglich, unten Rn 69.[148] Gericht darf GFührer aber entgegen potentiell anfechtbaren Abberufungsbeschl nur amtieren lassen, wenn Anfechtungsverfahren bei summarischer Prüfung Erfolg versprechend erscheint.[149]

46 **3. Abberufungsbeschluss unklar. Unklarheit über Beschlussergebnis** tritt ein, wenn Gfter über Ergebnis uneinig sind u **verbindliche Ergebnisfeststellung nicht stattgefunden** hat. Häufigster Fall im Zusammenhang mit Abberufung ist Streit über Stimmrechtsausschluss des Abzuberufenden, der nur eingreift, wenn wichtiger Grund wirklich vorliegt (dazu Rn 34 ff), ferner Streit über Treuwidrigkeit der (ablehnenden) Stimmabgaben, wie er bei wichtigem Grund auftreten wird (Rn 31). Gfter können zwecks Klärung Beschlussfeststellungsklage erheben (Rn 49 ff sowie Anh § 47 Rn 124 u Rn 180 ff).[150] Zum Ganzen näher Rn 53 ff.

IV. Bedeutung des wichtigen Grundes im Rahmen der Abberufung

47 **Rechtliche Bedeutung des wichtigen Grundes für Abberufung** besteht nach fünf Richtungen, die sich auf den Rechtsschutz unterschiedlich auswirken:

48 **1. Stimmverbot für Abzuberufenden.** Wichtiger Grund hat stets Stimmverbot für den Abzuberufenden zur Folge (Rn 34). Wurde Beschluss durch VersLeiter auf Grund der Berücksichtigung von Stimmen des Abzuberufenden verbindlich festgestellt, ist Kombination von Anfechtungsklage u positiver Beschlussfeststellungsklage (auf Abberufung) nötig. Bei Fehlen verbindlicher Feststellung des Ergebnisses ist Beschlussfeststellungsklage unmittelbar eröffnet.

---

147 Scholz/*Schmidt* § 46 Rn 78; Scholz/*Schneider* Rn 57; *Lutter/Hommelhoff* Rn 27; **aA** *Raiser/Veil* KapGesR § 32 Rn 60 f, der auch FremdGFührer Anfechtungsrecht zubilligt.

148 OLG Frankfurt GmbHR 1982, 237; OLG Celle GmbHR 1981, 264; Scholz/*Schneider* Rn 73; OLG Braunschweig GmbHR 1977, 61; *Lutter/Hommelhoff* Rn 36; Roth/*Altmeppen* Rn 66; *Vollmer* GmbHR 1984, 10; *v. Gerkan* ZGR 1985, 187 ff.

149 *F. J. Semler* BB 1979, 1535.

150 BGH GmbHR 1999, 447; OLG Hamburg GmbHR 1992, 43.

2. Ablehnung der Abberufung ist Treuverstoß. Ablehnung der Abberufung eines GFührers, dessen Abberufung aus wichtigem Grund geboten ist, stellt **Treuverstoß** dar. Er macht als ablehnend festgestellten Beschl anfechtbar u bewirkt Nichtigkeit ablehnender Stimmabgaben (Rn 31), Kombination von Anfechtungsklage mit positiver Beschlussfeststellungsklage ist möglich. Bei fehlender verbindlicher Feststellung des Ergebnisses ist Beschlussfeststellungsklage unmittelbar eröffnet. **49**

3. Satzungsmäßige Voraussetzung. Ist Abberufung durch Satzung auf wichtigen Grund beschränkt, stellt Vorliegen eines wichtigen Grundes satzungsmäßige Voraussetzung der Abberufung dar. Bei Fehlen eines wichtigen Grundes ist Abberufungsbeschluss **wegen Satzungswidrigkeit anfechtbar.** Abberufener kann ihn jedoch nur angreifen, wenn er Gfter ist, weil FremdGFührer kein eigenes Anfechtungsrecht haben, str, vgl Rn 45 u Anh § 47 Rn 140. Auch FremdGFührer hat aber Feststellungsinteresse, so dass entsprechende Klage bei Nichtigkeitsgründen u vor allem bei fehlender Beschlussfeststellung möglich bleibt. **50**

4. GFührerstellung als Sonderrecht. Ist GFührerstellung als **Sonderrecht** ausgestaltet, bedarf Abberufung des mitgliedschaftlich berechtigten GFührers seiner **Zustimmung,** sofern nicht wichtiger Grund vorliegt (Rn 8).[151] Bei Fehlen eines wichtigen Grundes ist Beschl unwirksam; Anfechtungsklage wg Satzungsverstoß ist zwar möglich, aber nicht notwendig. Abberufener kann sich jederzeit auf Unwirksamkeit berufen. Klärung der Rechtslage kann durch Klage der übrigen Gfter auf Feststellung der Wirksamkeit des Abberufungsbeschlusses herbeigeführt werden. **51**

5. Abberufener GFührer ohne Sonderrecht. Soweit kein Mitgliedschaftsrecht auf GFührerstellung besteht, ist **Anfechtung** des Abberufungsbeschlusses erforderlich, auch wenn Satzung Abberufung auf wichtige Gründe beschränkt.[152] Wirksamkeit der Abberufung als innergesellschaftlicher Gestaltungsakt ist allein von rechtl Bestand des Beschlusses abhängig. FremdGFührer hat freilich keine Anfechtungsbefugnis; Rn 67. Zur durch den Anstellungsvertrag gesicherten Rechtsposition des GFührers Rn 23. **52**

V. Ungewissheit über Vorliegen wichtiger Gründe

Über wichtigen Grund wird oft **erhebliche Ungewissheit** bestehen. Zum einen wird vielfach das Vorliegen einschlägiger u geltend gemachter Tatsachen umstritten sein, zum anderen rechtliche Würdigung erheblichen Zweifeln unterliegen: Wie weit GFührerpflichten gehen, ob Sorgfaltspflicht verletzt worden ist, ob Unzumutbarkeit der Amtsfortsetzung für Ges anzunehmen ist. Für Beurteilung derartiger Fragen kommt es auf Umstände des Einzelfalles an (konkrete Verhältnisse der Ges, ihre Entwicklung, Stellung des GFührers, frühere Verdienste, wirtschaftliche Lage der Ges, Bestandsgefährdung etc). Bewältigung der Ungewissheitsproblematik hat daher für GFührerabberufung wesentliche Bedeutung. Im Einzelnen geht es um folgende **Konstellationen:** **53**

---

[151] AllgM; Roth/*Altmeppen* Rn 61; *Lutter/Hommelhoff* Rn 34.
[152] Mit abw Begr OLG Hamm NZG 2002, 50.

54 **1. Verbindliche Beschlussfeststellung. a) Ablehnendes Beschlussergebnis festgestellt.** Wird Abberufung ablehnender Beschl durch VersLeiter verbindlich festgestellt, ist **Beschl mangelhaft,** wenn ein wichtiger Grund für die Abberufung vorlag. Stimmen des Abzuberufenden dürfen nicht berücksichtigt werden (Rn 34, 48). Auch andere Gfter dürfen nicht gg Abberufung stimmen,[153] ablehnende Stimmen sind daher wg **Treuverstoß** unwirksam.

55 Geltendmachung erfolgt durch Anfechtungsklage iVm positiver Beschlussfeststellungsklage. Da von vorläufiger Geltung des ablehnenden, lediglich anfechtbaren Beschlusses auszugehen ist, kann der vorerst nicht abberufene GFührer weiter amtieren.[154] Minderheit hat aber Möglichkeit, vorläufige Regelung im Rahmen einstw Rechtsschutzes zu erreichen (Rn 69 ff).[155]

56 **b) Abberufung festgestellt.** Wurde verbindlich Abberufung festgestellt, ist diese aber **durch Satzung auf Vorliegen eines wichtigen Grunds beschränkt** oder hätte VersLeiter in Ermangelung eines wichtigen Grundes die von ihm als ausgeschlossen betrachteten **Stimmen des Abberufenen berücksichtigen müssen** (Rn 34 ff), ist Abberufungsbeschluss (nur) anfechtbar. Daher kann FremdGFührer dies nach ganz hM nicht geltend machen (Rn 45).

57 Es ist von der **vorläufigen Wirksamkeit des Abberufungsbeschlusses** auszugehen. Einer Heranziehung von § 84 III 4 AktG, wie sie verschiedentlich (mit unterschiedlicher Reichweite) empfohlen wird,[156] bedarf es nicht. Abberufener GfterGFührer kann aber im Wege der einstw Vfg beantragen, ihm das Amtieren (wenigstens in begrenztem Umfang) zu ermöglichen;[157] dazu Rn 69. Zu abw Beurteilung der vorläufigen Wirksamkeit, wenn Mitgliedschaftsrecht auf GFühreramt besteht, s Rn 60 ff.

58 **2. Abberufungsbeschluss nicht verbindlich festgestellt.** Ist **Abberufungsbeschluss nicht festgestellt** worden (praktisch wohl Regelfall) u das Beschlussergebnis unter den Beteiligten str, muss Klärung des Beschlussergebnisses durch **Feststellungsklage** erfolgen (Rn 46 sowie Anh § 47 Rn 124). Gerichtliche Feststellung des Beschlusses verschafft gleichzeitig Klarheit über Vorliegen wichtigen Grundes.[158] Abberufung ist also (nur) wirksam, wenn Beschl tatsächlich materiell rechtmäßig war, was gerichtlich festzustellen ist.[159] Feststellungsklage ist nicht an Frist gebunden, Klagemöglichkeit kann aber verwirkt werden.[160] Bis zur Entscheidung ist unsicher, ob überhaupt Abberufungsbeschluss gefasst ist. GFührer kann daher vorerst weiter amtieren.[161] Möglich ist aber vorläufige Regelung der GFührungs- u

---

153 BGHZ 102, 172, 176; BGH NJW 1991, 846.

154 OLG Stuttgart GmbHR 1995, 228.

155 *H. P. Westermann/Pöllath,* Abberufung … von GFührern … in GmbH, 4. Aufl 1988, 85 ff.

156 Scholz/*Schneider* Rn 63 f; *U. H. Schneider* ZGR 1983, 543; *Lutter/Hommelhoff* Rn 27; Rowedder/Schmidt-Leithoff/*Koppensteiner* Rn 23; *Wicke* Rn 11 (für Minderheits-GfterGFührer); **aA** Roth/*Altmeppen* Rn 50.

157 OLG Celle GmbHR 1981, 265.

158 OLG Stuttgart GmbHR 1995, 228.

159 OLG Schleswig GmbHR 2007, 1108 (LS); OLG Karlsruhe NZG 2000, 264 ff; OLG Karlsruhe NJW-RR 1993, 1505, 1506.

160 BGH GmbHR 1999, 477.

161 OLG Stuttgart GmbHR 1995, 228; **aA** *Lutter/Hommelhoff* Rn 31 für personalistische GmbH.

Vertretungsbefugnis durch einstw Vfg.[162] Hingegen kommt Regelung des Abstimmungsverhaltens in der GfterVers durch einstw Vfg nur in bes Ausnahmefällen in Betracht.[163]

Feststellungserfordernis besteht sowohl wenn **Stimmberechtigung des Abzuberufenden** vom wichtigen Grund (Rn 34) abhängt als auch wenn alle **ablehnenden Stimmen** wg des Vorliegens eines wichtigen Grundes **unwirksam** sind (Rn 21). Darüber hinaus tritt die Situation immer bei zweigliedriger GmbH mit hälftiger Beteiligung auf[164] oder wenn bei der zweigliedrigen Ges mit ungleicher Beteiligung der MinderheitsGfter den MehrheitsGfter abberufen will. Es wäre verfehlt, Ungewissheit durch analoge Anwendung von § 84 III 4 AktG zu überwinden.[165] 59

VI. Rechtsschutz[166]

1. Hauptsacheverfahren. Bestreitet GFührer Wirksamkeit der Abberufung, wird Ges durch fakultativen[167] o MitbestG-AufsichtsR[168] vertreten, sofern ein solcher nicht besteht, können Gfter gem § 46 Nr 8 Vertreter bestellen, ansonsten vertritt GfterVers die Ges.[169] GFührer-Prätendent kann im Abberufungsstreit keinen Anwaltsvertrag mit Wirkung für u gegen vermeintl von ihm vertretene Ges schließen.[170] Begehrt hingg Gfter Feststellung, dass wirksame Abberufung erfolgte vertritt GFührer die Ges. 60

Analoge Anwendung der §§ 117, 127 HGB, insbes Erhebung einer **Entziehungsklage,** kommt **nicht** in Betracht.[171] Wirksamkeit erfordert in keinem Fall Rechtskraft des Feststellungsurteils.[172] Bei paritätisch mitbestimmter Ges ist Abberufung beachtlich, bis Ungültigkeit **rechtskräftig festgestellt** wird, § 84 III 4 AktG iVm § 31 I 1 MitbestG. Im Übrigen gilt folgende Unterscheidung: 61

a) GfterGFührer mit Mitgliedschaftsrecht auf GFührerstellung. Hat **Abzuberufender Mitgliedschaftsrecht auf GFührerstellung** u stimmt er Abberufung nicht zu, so hängt Wirksamkeit der Abberufung davon ab, ob wichtiger Grund (Rn 12) tatsächlich vorliegt. 62

Am bedeutsamsten ist mitgliedschaftsrechtlicher Schutz für Betroffenen, wenn VersLeiter **Abberufungsbeschluss positiv feststellt.** Abberufener GfterGFührer kann zwar Beschl mit Unwirksamkeitsfeststellungsklage u Anfechtungsklage angreifen, muss dies aber nicht. Seine mitgliedschaftsrechtlich geschützte Stellung lässt es nicht zu, § 84 III 4 AktG analog anzuwenden u 63

---

162 Rowedder/Schmidt-Leithoff/*Koppensteiner* Rn 27.

163 OLG Stuttgart GmbHR 1997, 312.

164 BGH GmbHR 1999, 477.

165 BGHZ 86, 181.

166 Allgemein *Reiserer/Peters* DB 2008, 167.

167 BGH NZG 2004, 327 m Anm *Trapp* WuB II C § 52 GmbHG 1.04; BGH ZIP 1999, 1669.

168 BGH NJW 1989, 2055, 2057.

169 Ulmer/*Paefgen* Rn 95.

170 BGH Beschl v 20. 12. 2007 – IX ZR 48/06; *Reiserer/Peters* DB 2008, 167.

171 Michalski/*Terlau/Schäfers* Rn 5; Hachenburg/*Stein* Rn 111; **aA** Scholz/*Schneider* Rn 68; *M. Wolf* ZGR 1998, 102; de lege ferenda MünchHdbGmbH/*Marsch-Barner/Diekmann* § 42 Rn 69; iE auch *Lutter/Hommelhoff* Rn 34.

172 **AA** *Scholz/Schneider* Rn 66 f; *Lutter/Hommelhoff* Rn 34 für GfterGFührer mit Sonderrecht.

damit die Ungewissheit über die Wirksamkeit der Abberufung auf seinem Rücken auszutragen.[173] Abberufener kann daher bis zur Klärung Amt weiter ausüben. Das gilt unabhängig davon, ob seine Stimmen ausgereicht hätten, Abberufungsbeschluss stimmenmäßig zu verhindern (s Rn 54) oder nicht. Gegenseite kann aber durch einstw Vfg Amtieren verbieten oder einschränken lassen. Endgültige Klärung der Rechtslage kann sie durch positive Beschlussfeststellungsklage herbeiführen.

64 Ist **Abberufung ablehnender Beschl** durch VersLeiter **verbindlich festgestellt** worden, hat Betroffener keinen Anlass, etwas zu unternehmen. Gegenseite kann ablehnenden Beschl mit Anfechtungsklage u positiver Beschlussfeststellungsklage angreifen. Im Verfahren erhält betroffener GfterG-Führer rechtliches Gehör mindestens durch Möglichkeit, als Nebenintervenient beizutreten. Stellt Gericht Abberufungsbeschluss fest, ist Abberufener mit Vorbringen, Beschl bedürfe seiner Zustimmung, ausgeschlossen.

65 Wenn **Beschlussergebnis nicht verbindlich festgestellt** worden ist, muss gesellschaftsrechtliche Beschlussfeststellungsklage erhoben werden. Soweit dabei die Möglichkeit rechtlichen Gehörs gewährt wird (dazu Anh § 47 Rn 124 u 180 ff), wirkt gerichtliche Feststellung der Abberufung auch zu Lasten des mit Mitgliedschaftsrecht ausgestatteten Abberufenen.

66 **b) GfterGFührer ohne Mitgliedschaftsrecht.** Hat GfterGFührer kein Mitgliedschaftsrecht auf GFührerstellung kommt es auf dessen Stimmkraft an: **MehrheitsGfter** kann – wenn nicht ausnahmsweise verbindliche **Beschlussfeststellung** gegen ihn erfolgt – Beschlussergebnis bestreiten, das sich bei Nichtberücksichtigung seiner Stimmen rechnerisch ergibt u daher bis zur anderweitigen gerichtlichen Ergebnisfeststellung weiter amtieren. Hat Gfter hingegen **nicht genügend Stimmkraft,** seine Abberufung zu verhindern, ist statutarische Anforderung eines wichtigen Grundes nur per Anfechtungsklage durchsetzbar. Insoweit ist von vorläufiger Maßgeblichkeit der mehrheitlichen Entscheidung auszugehen. Korrektur erfolgt durch einstw Vfg (Rn 69 ff).[174]

67 **c) FremdGFührer.** Die Lage des FremdGFührers ist besonders prekär: Wurde der Abberufungsbeschluss verbindlich festgestellt, kann er selbst die Wirksamkeit nur im seltenen Falle der **Nichtigkeit** in Frage stellen.[175] Sofern also niemand (erfolgreich) anficht, gilt Abberufung als wirksam.[176] Eine **Anfechtungsbefugnis steht ihm** selbst dann **nicht zu,** wenn Satzung (auch in seinem Interesse) Abberufung an wichtigen Grund knüpft.[177] Allerdings kann FremdGFührer uU eine **Leistungsklage auf Wiederbestellung** erheben.[178] Das ist zum einen der Fall, wenn die Satzung ihm ein Recht zur GFührung einräumt (§ 35 Rn 18),[179] es sei denn, ein wichtiger Grund zur Abberufung

---

173 Vgl *Lutter/Hommelhoff* Rn 34; Rowedder/Schmidt-Leithoff/*Koppensteiner* Rn 24; *Fleck* GmbHR 1970, 226; Ulmer/*Paefgen* Rn 104.

174 *Lutz* BB 2000, 837 f; *Heller* GmbHR 2002, 1227 f; *Schmidt-Diemitz,* Einstweiliger Rechtsschutz gegen rechtswidrige Gesellschafterbeschlüsse, 1993, 166; zust Roth/*Altmeppen* Rn 66.

175 BGH ZIP 2008, 757.

176 Ulmer/*Paefgen* Rn 99.

177 Scholz/*Schmidt* § 46 Rn 78; Scholz/*Schneider* Rn 57; Ulmer/*Paefgen* Rn 91; *Lutter/Hommelhoff* Rn 27; **aA** *Raiser/Veil* KapGesR § 32 Rn 60 f, die auch FremdGFührer Anfechtungsrecht zubilligen; krit auch *Fleck* GmbHR1993, 550, 555.

178 Ulmer/*Paefgen* Rn 91; *Lutter/Hommelhoff* Rn 14; Rowedder/Schmidt-Leithoff/*Koppensteiner* Rn 4; *Fleck* ZGR 1988, 104, 129.

179 **Abw** insoweit Voraufl § 38 Rn 49 mit zirkulärer Argumentation.

liegt vor. Ferner kommt eine solche Klage in Betracht, wenn eine von dem zuständigen Organ (GfterVers, AR) eingegangene besondere schuldrechtliche Verpflichtung (Anstellungsvertrag) besteht, das GFührerstellung nur aus wichtigem Grund beendet werde (Rn 23). Schließlich begründet auch die Satzungsregelung, dass für Abberufung ein wichtiger Grund vonnöten ist, im Zusammenspiel mit dem Anstellungsvertrag einen Anspruch auf Wiederbestellung, sofern wichtiger Grund fehlt (§ 35 Rn 35). Im Ergebnis ist FremdGFührer in den geschilderten drei Fallgruppen mit demselben Rechtsschutz ausgestattet wie der die Anfechtungsklage nutzende GfterGFührer. Beide Klagen haben ein gemeinsames Rechtsschutzziel; sie unterliegen auch denselben Grenzen im Hinblick auf die Klagefrist (Verwirkung).

Bei fehlender verbindlicher Beschlussfeststellung gilt im Streitfall: Grds kann GFührer bis zur (gerichtlichen) Feststellung der Wirksamkeit weiter amtieren oder aber Beschlusslage durch **Feststellungsklage** (§ 256 ZPO)[180] klären lassen. Feststellungsinteresse ist regelmäßig zu bejahen. 68

2. Einstweiliger Rechtsschutz. Einstw Rechtsschutz in **Abberufungskonflikten** ist wie iRd §§ 117, 127 HGB oft notwendig. Lediglich rigorose Regelungsalternativen wie in § 84 III 4 AktG, die auf personengesellschaftsartige Zusammenschlüsse nicht passen, kommen ohne einstw Rechtsschutz aus.[181] Rspr bejaht durchweg Möglichkeit einstw Rechtsschutzes.[182] Im Rahmen von § 38 geht es vor allem um Vfgen, die den Zustand der Organbefugnisse iSv § 940 ZPO regeln. 69

a) Vorfeld der GfterVers. Einstw Vfgen sind zunächst im Vorfeld der GfterVers zur Beeinflussung von Beschlussergebnissen möglich, dh für oder gegen Teilnahme an Abstimmungen oder für oder gegen bestimmte Stimmabgaben, insgesamt dazu unten Anh § 47 Rn 194 ff.[183] Der FremdGFührer hat allerdings keine Möglichkeit, auf diese Weise in die gesellschafterliche Willensbildung einzugreifen.[184] Nicht zulässig ist vorgängiges Abberufungsverbot für GfterVers.[185] Problematisch auch vorgängiges Stimmabgabeverbot.[186] 70

b) Parteien. Parteien des Verfügungsverfahrens sind grds Ges u Abzuberufender bzw Abberufener, wobei sich Kläger- u Beklagtenrolle je nach 71

---

180 Zur Problematik der allg „Ergebnisfeststellungsklage" Ulmer/*Paefgen* Rn 93 ff.

181 OLG Frankfurt GmbHR 1998, 1126; OLG Braunschweig GmbHR 1977, 61; *Fleck* GmbHR 1970, 226; *U. H. Schneider* ZGR 1983, 546; *Littbarski* DStR 1994, 906; *ders*, Einstweiliger Rechtsschutz im Gesellschaftsrecht, 1996; *Werner* NZG 2006, 761, 762.

182 BGHZ 86, 183; OLG Hamburg NJW 1992, 186; OLG Frankfurt NJW-RR 1992, 934 (Wiederbestellung nach Abberufung); OLG Hamm GmbHR 1993, 163; OLG Hamm GmbHR 1993, 743; OLG Karlsruhe GmbHR 1993, 154; OLG Stuttgart GmbHR 1997, 313; OLG Zweibrücken GmbHR 1998, 373; **aA** LG Köln GmbHR 1997, 1104.

183 Übersicht bei *Lutz* BB 2000, 833, 837; *Werner* NZG 2006, 761, 762.

184 OLG Hamm GmbHR 2002, 327; Scholz/*Schneider* Rn 74.

185 OLG Celle GmbHR 1981, 264.

186 OLG Jena NZG 2002, 89; OLG München GmbHR 1999, 718; OLG Stuttgart GmbHR 1997, 312: einstw Vfg gegen drohende Abberufung in Zweipersonen-GmbH nur bei eindeutiger Rechtslage oder bes Schutzbedürfnis; weiter LG München GmbHR 1995, 231; vgl ferner *Wohlleben*, Einstweiliger Rechtsschutz im Personengesellschaftsrecht, 1990, 127 ff; *Damm* ZHR 154 (1990), 413; *M. Wolf* ZGR 1998, 110 ff; sowie Anh § 47 Rn 202.

den oben in Rn 53 ff gekennzeichneten Umständen verteilen. Das gilt auch für den Sonderfall oben Rn 54: Hier kann die klagende GfterMinderheit die Stellung eines Antrags auf Erlass einer einstw Vfg seitens der Ges in der GfterVers deswegen durchsetzen, weil der Abzuberufende dabei nicht mitstimmen kann, § 47 IV; auch bei Bestellung eines Prozessvertreters für diesen Antrag ist er ausgeschlossen.

72 c) **Vertretung der Ges.** Sie wird im Verfügungsprozess durch **AR** iSv § 52 GmbHG bzw MitbestG vertreten.[187] Ansonsten ist darauf abzustellen, wer bei Erfolglosigkeit der gegen die Abberufung gerichteten Hauptsacheklage GFührer wäre. Soll **Wirksamkeit** der Abberufung festgestellt werden (Rn 54 f, 58) ist abzuberufender GFührer weiterhin für Ges vertretungsbefugt. Soweit er sich jedoch gegen die durch den VersLeiter festgestellte Abberufung wehrt (Rn 56), gilt Abberufung für die Vertretung im Prozess als wirksam, GFührer also als nicht mehr vertretungsberechtigt.[188] Im Einzelnen s § 35 Rn 99 f sowie § 46 Rn 94 ff.

73 **Parteirolle der Ges im Verfahren der einstw Vfg** ist vielfach schon wegen der Vertretungsproblematik nicht optimal. Daher ist nicht nur in Eilfällen, in denen einstw Regelung schon vor Beschlussfassung durch GfterVers über Abberufung beantragt wird,[189] sondern auch nach einem (zwischen den Beteiligten in seiner Wirksamkeit oder sogar im Beschlussergebnis streitigen) Abberufungsbeschluss bei personalistischen Ges mit wenigen Gftern auch **Verfügungsantrag durch** (einen der) **abberufenden Gfter** möglich.[190] Da Organstellung Rechtsbeziehung zwischen Ges u GFührer betrifft, handelt es sich um eine Art GfterKlage, die für den Regelfall Handlungsunfähigkeit oder Handlungsunwilligkeit der Ges voraussetzt, wie sie sich für das einstw Verfügungsverfahren in Abberufungsstreitigkeiten für Übergangszeit unterstellen lässt. Vor Durchführung des Hauptsacheprozesses kann u muss Handlungsunfähigkeit allerdings auf regulärem Weg beseitigt werden.

74 d) **Schiedsgericht.** Bei Bestehen einer **Schiedsgerichtsvereinbarung** kann einstw Vfg auch vom Schiedsgericht erlassen werden, § 1041 ZPO.[191] Staatl Vollstreckung bedarf Bestätigung durch zust OLG, § 1041 II, 1062 I Nr 3, II ZPO. Trotz Schiedsgerichtszuständigkeit kann einstw Vfg auch vor staatlichem Gericht begehrt werden, § 1033 ZPO. Ohnehin wird einstw Rechtsschutz vor staatlichem Gericht schneller u effektiver sein.[192]

75 e) **Inhalt einer einstweiligen Verfügung.** Inhalt einer von der Ges ausgehenden einstw Vfg können vor allem **Tätigkeitsverbote,**[193] **Zutrittsverbote** u **Einsichtsverbote** sein, aber auch die **Abberufung selbst,**[194]

---

[187] OLG München NZG 2003, 634; OLG Dresden NJOZ 2003, 3301.

[188] OLG Köln NZG 2003, 395.

[189] Insoweit zust *Lutter/Hommelhoff* Rn 5.

[190] BGHZ 86, 177, 183; OLG Frankfurt GmbHR 1998, 1126; AnwaltsHdbGmbH/*Lenz* § 7 Rn 27; erst recht gilt das in der zweigliedrigen Ges, vgl OLG Karlsruhe GmbHR 1993, 154; OLG Frankfurt GmbHR 1979, 229; Scholz/*Schneider* Rn 68; *M. Wolf* ZGR 1998, 110 ff; *Lutz* BB 2000, 833, 836.

[191] *Trittmann* ZGR 1999, 360 ff; *Lindacher* ZGR 1979, 201; Stein/Jonas/*Grunsky* ZPO, 22. Aufl 2002, Vor § 916 Rn 31; *Vollmer* GmbHR 1984, 12.

[192] *Trittmann* ZGR 1999, 360 ff.

[193] BGHZ 86, 177, 183; Ulmer/*Paefgen* Rn 108.

[194] Zweifelnd wegen fehlender „Hauptsacheklage" (?) *Lutz* BB 2000, 833, 838.

wenn auf Grund der Umstände eine umfassende Maßnahme notwendig erscheint. IdR wird es genügen, dem GFührer die GFührung oder Vertretung oder beides zu verbieten[195] bzw zu entziehen. Umgekehrt kann auf Antrag eines abberufenen GFührers im einstw VfgVerfahren diesem die volle oder begrenzte Weiterführung seiner Tätigkeit eröffnet,[196] auch seine Abmeldung beim HR verboten bzw seine Wiederanmeldung angeordnet werden.[197] Da § 84 III 4 AktG keine Anwendung findet, kommt Sperrwirkung nicht in Betracht.[198] Für den Verfügungsanspruch ist Wahrscheinlichkeit des tats Vorliegens eines wichtigen Grundes entscheidend.[199] Zu beachten ist schließlich Haftung nach § 945 ZPO.

VII. Wechselseitige Abberufung

In Ges mit wenigen Gftern, insbes in zweigliedriger oder zweistämmiger Ges ist wechselseitige Abberufung als Folge aufgetretener Misshelligkeiten zwischen Gftern häufig. Mitunter erfolgt sie in derselben GfterVers,[200] manchmal in zwei verschiedenen für den gleichen Tag einberufenen oder auch in zeitlichem Abstand von Tagen oder Wochen.[201] Es bedarf der Entwicklung sachgerechter **Regeln für drei Phasen der Auseinandersetzung:** Für die Vorbereitung der Abberufung, für die Beschlussfassung u für die sich in aller Regel anschließenden gerichtlichen Streitigkeiten um die Wirksamkeit der Abberufung. Fragen stehen im engen Zusammenhang mit der umgreifenden **Sonderproblematik der Zweipersonen-GmbH,** treten aber nicht nur bei dieser auf.[202] 76

1. Verhinderung eines Abberufungswettlaufs. Im Vorfeld muss sichergestellt werden, dass nicht der skrupellosere, trickreichere u schnellere Gfter den Gegner aus dem Amt befördert u ihn durch die mit der Amtsenthebung verbundene Wegnahme der GFührerkompetenzen der Möglichkeit schneller Reaktion beraubt. Ist Abberufung als vorläufig wirksam anzusehen, kann der Abberufene nicht mehr gem § 49 I eine Gegenvers einberufen, sondern nach dem Wortlaut der Regelungen nur auf dem umständlicheren Weg des § 50. Der Verbliebene kann den Zugang zu den Büroräumen oder zu PC-Netzwerk u damit zu den Unterlagen versperren – § 51 a vermag ihn nur sehr unvollkommen u mit Verzögerungen wieder zu öffnen – mit der Folge, dass dem Abberufenen auch die Begründung der 77

---

195 OLG Frankfurt GmbHR 1998, 1126; nicht bei wechselseitiger Abberufung OLG Düsseldorf NJW 1988, 172; vgl ferner *Littbarski* DStR 1994, 906.

196 OLG Celle GmbHR 1981, 264.

197 Bsp OLG Frankfurt GmbHR 1992, 368 (einstw Vfg des als GFührer abberufenen Treugebers gegen den AlleinGfter als Treuhänder); ferner (für PersonenGes) *Baur,* Studien zum einstw Rechtsschutz, 1967, 52 ff.

198 IE auch Michalski/*Terlau/Schäfers* Rn 78; **aA** Scholz/*Schneider* Rn 79 f.

199 Roth/*Altmeppen* Rn 70 f.

200 Bsp OLG Düsseldorf NJW 1989, 172.

201 Bsp für letzteres, nämlich Zweimonatsabstand, OLG Naumburg GmbHR 1996, 934.

202 Zur Zweipersonen-GmbH insbes *U. H. Schneider* FS Kellermann, 1991, 403 ff; *M. Wolf* ZGR 1998, 92; *Grunewald* FS Zöllner, 1998, 187 f; OLG Stuttgart GmbHR 1997, 312; OLG Karlsruhe NZG 2000, 264; s a *Werner* NZG 2006, 761, 762; zur anderen Lage bei AG OLG Stuttgart NZG 2002, 971.

Abberufung des Gegners u die Prozessführung um beide Abberufungen erschwert wird.

78 **2. Gemeinsame Verhandlung u Entscheidung.** Für Fälle **wechselseitiger Abberufung** sollte daher **gemeinsame Verhandlung u Entscheidung** in *einer* **GfterVers** durchsetzbar sein. Dadurch würde vor allem vermieden, dass es zu dem unsinnigen Wettlauf kommt, für die Abberufung des Gegners zeitliche Priorität durch Abhaltung früherer GfterVers zu erreichen. Durchsetzung der Einberufung gemeinsamer GfterVers u Beschlussfassung ist deshalb im Wege einstw Vfg zuzulassen.

79 Nicht sachgerecht ist, dass ein Abstimmungsleiter (so es ihn gibt u ihm die Kompetenz zu verbindlicher Feststellung des Ergebnisses zusteht – hier sehr selten!) Abberufung des Einen als beschlossen, des Anderen als abgelehnt verkündet. Beschlussergebnis ist offenzulassen u der Entscheidung durch Feststellungsklage anheimzugeben.[203] Dann amtieren beide GFührer – vorbehaltlich abw Regelung im einstw Verfügungsverfahren – ähnlich §§ 117, 127 HGB bis zu rechtskräftiger gerichtlicher Entscheidung weiter.[204]

80 **3. Gerichtliches Verfahren. In der Prozessphase** muss sichergestellt werden, dass beide Abberufungen gemeinsam gerichtlich verhandelt u – jedenfalls idR – auch gemeinsam entschieden werden, vorausgesetzt gegen beide Abberufungen ist Klage erhoben worden.[205] Wird zweiter Abberufungsvorgang nur einwendungsweise in das Verfahren eingebracht, wird er ohnehin im gleichen Prozess mit behandelt. Nicht zu folgen ist Vorschlägen, die Parteirolle von Ges auf abberufenden Gfter verlagern wollen.[206] Zu Unterschieden bei Beurteilung des wichtigen Grundes, wenn für beide GfterGFührer isoliert betrachtet hinreichende wichtige Gründe vorliegen, s Rn 16.

E. Sonstige Beendigungsgründe für die Organstellung

81 **1. Befristung.** Für die Praxis wichtigster Beendigungsgrund der GFührerstellung neben der Abberufung ist Befristung. Sie ist **kraft Gesetzes** vorgesehen für die **GFührer in den MitbestG unterworfenen Ges.** Entsprechend § 84 AktG ist danach Höchstgrenze von **5 Jahren** vorgeschrieben. In allen anderen Ges ist Befristung des Organverhältnisses in der **Satzung** u im **Bestellungsbeschl** des Bestellungsorgans möglich. Mit Ablauf der Frist endet das Organverhältnis. Befristung kann beliebig lang oder kurz sein. Sachgrund ist im Verhältnis zum GFührer weder für Befristung an sich, noch für ihre Länge erforderlich. Arbeitsrechtliche Grundsätze sind auch bei „abhängigen" FremdGFührern insoweit nicht anzuwenden. Freilich kann AR oder Beirat, dem Bestellung übertragen ist, durch unsachgemäße Befristung seine Pflichten gegenüber der GmbH verletzen.

---

[203] MünchHdbGmbH/*Marsch-Barner/Diekmann* § 42 Rn 70; ähnl Roth/*Altmeppen* Rn 52 ff.

[204] Zust *Grunewald* FS Zöllner, 1998, 177, 188 f (die diese Lösung generell empfiehlt).

[205] OLG Düsseldorf NJW 1989, 172 (einstw Vfg); OLG Naumburg GmbHR 1996, 934; Hachenburg/*Stein* Rn 128; Michalski/*Terlau/Schäfers* Rn 77; zu registerrechtlichen Konsequenzen OLG Köln GmbHR 1995, 299.

[206] Bsp *M. Wolf* ZGR 1998, 92; dazu auch LG Karlsruhe DB 1998, 1024.

Fällt Ges nachträglich **aus Anwendungsbereich des MitbestG heraus,** bleiben vom mitbestimmten AR bestellte GFührer bis zum Ende der Befristung im Amt. Amtszeit (§ 31 I MitbestG, § 84 I 1 AktG) verlängert oder verkürzt sich nicht. Nach deren Ablauf kann jetzt zuständiges Organ (bei Fehlen einer Satzungsregelung GfterVers) Neubestellung vornehmen. 82

2. Tod des GFührers. Ein Übergang der Stellung auf die Erben findet nie statt, auch nicht bei mit Sonderrecht ausgestattetem GAnteil o entsprechender Satzungsregelung (Eintritts-/Nachfolgeklausel).[207] 83

3. Amtsunfähigkeit. Fallen die Voraussetzungen des § 6 II nach Bestellung weg, wird das GFühreramt **mit sofortiger Wirkung beendet,** auch bei Unkenntnis der Gfter, vgl § 6 Rn 13.[208] Insbes **Verlust der Geschäftsfähigkeit** (§ 104 Nr 2 BGB), führt nicht nur zur Vertretungsunfähigkeit, sondern zum Amtsverlust, § 6 II 1.[209] Gleiche Folge tritt ein, wenn Vormundschaftsgericht für GFührer im Rahmen eines Betreuungsverhältnisses iSv §§ 1896 ff BGB Einwilligungsvorbehalt nach § 1903 BGB anordnet, § 6 II 2 Nr 2.[210] Nach Wiedererlangung voller Geschäftsfähigkeit erneute Bestellung erforderlich.[211] Bei erheblichen Anhaltspunkten für Geschäftsunfähigkeit des GFührers müssen Gfter für ordnungsgemäße Vertretung der Ges sorgen,[212] u zwecks Vermeidung von Rechtsscheinhaftung abberufen,[213] dazu § 39 Rn 25. Zur Führungslosigkeit § 35 Rn 105 ff. 84

4. Auflösende Bedingung. Bestellung eines GFührers unter auflösender Bedingung ist **zulässig.**[214] Gegenmeinung geht von Bedingungsfeindlichkeit der Bestellung aus, weil Schwebezustand wegen Rechtswirkungen der Bestellung gegenüber Dritten nicht hinnehmbar sei.[215] Doch gibt es solchen Zustand bei auflösender Bedingung nicht. Mit Eintritt der Bedingung endet die Bestellung u der frühere Rechtszustand tritt ohne Rückwirkung wieder ein (§ 158 II BGB). Für Rechtsgeschäfte vor Eintritt der Bedingung braucht § 15 HGB nicht bemüht zu werden,[216] denn es handelte bis dahin der wirksam bestellte GFührer; nach Eintritt der Bedingung schützt freilich § 15 I HGB bis zu einer entsprechenden Eintragung u Bekanntmachung. Mögliche Unsicherheit über Bedingungseintritt rechtfertigt nicht die Ablehnung dieser Konstruktion, wie zahlreiche Parallelsachverhalte zeigen.[217] 85

---

207 *Goette* § 8 Rn 17; Michalski/*Terlau/Schäfers* Rn 80; **aA** Scholz/*Schneider* Rn 4.

208 Vgl für Gewerbeverbot nach § 35 GewO OLG Frankfurt GmbHR 1994, 802.

209 BGHZ 115, 78, 80; BayObLG DB 1982, 2129; OLG München ZIP 1990, 923; OLG Düsseldorf GmbHR 1994, 114.

210 Zu den Folgen bei fehlender Eintragung der Beendigung im HR BGHZ 115, 78; zur Stellung des Betreuers bei Betreuung eines GFührers ohne Einwirkungsvorbehalt *A. Jäger* DStR 1996, 108.

211 BayObLG GmbHR 1993, 223.

212 OLG Düsseldorf GmbHR 1994, 556.

213 BGHZ 115, 78; **aA** Roth/*Altmeppen* § 6 Rn 13.

214 Wie hier BGH NZG 2006, 64 m zust Anm *Schumacher* GmbHR 2006, 924 (die auch aufschiebende Bedingung zulassen); *Theusinger/Liese* EWiR 2006, 113; OLG Stuttgart NZG 2004, 472 m Anm *Tröllitzsch,* EWiR 2004, 381; *Lutter/Hommelhoff* Rn 40; *Goette* DStR 1998, 938, 939.

215 Michalski/*Heyder* § 6 Rn 83; MünchHdbGmbH/*Marsch-Barner/Diekmann* § 42 Rn 39.

216 So OLG Stuttgart NZG 2004, 472, 473 in einer Hilfserwägung.

217 BGH NZG 2006, 64.

86 **5. Amtsniederlegung.** Wenn in Satzung nicht anders geregelt, kann GFührer sein Amt mit körperschaftsrechtlicher Wirkung **jederzeit u fristlos** beenden.[218] Abgrenzung zwischen Aufforderung zur Abberufung u Niederlegungserklärung ist mitunter schwierig.[219] Wichtiger Grund ist grds nicht erforderlich.[220] Generelle Beschränkung auf wichtige Gründe würde bei unbefristet bestellten GFührern schwerlich vertretbar sein, bei befristet bestellten zu Rechtsunsicherheit führen. Möglich aber entspr Satzungsregelung.[221] Körperschaftsrechtliche Wirkung ist nach hM unabhängig von der Frage, ob u wann Dienstvertrag endet.[222] Selbst intern als missbräuchlich zu wertende Amtsniederlegung ist grds körperschaftsrechtlich u damit insbes für Außenverhältnis wirksam.[223] Erklärung muss ggü Bestellungsorgan erfolgen.[224] Bei GfterVers will BGH analog § 35 II 2 wegen Vertrauensverhältnis der Gfter u dem Grds der Gesamtvertretung Erklärung ggü einem Gfter genügen lassen[225] (s auch § 35 Rn 103), sehr bedenklich.[226] Erklärung ist zwar grds formlos möglich,[227] allerdings verlangt die Rspr, dass der Anmeldung der Amtsniederlegung eines GFührers zum HR eine Urkunde in der Form des § 39 II GmbHG über den Zugang der Amtsniederlegungserklärung bei den Gesellschaftern beigefügt werden muss.[228]

87 GFührer kann Niederlegung auch für späteren Zeitpunkt, also mit Frist, erklären,[229] damit Ges Gelegenheit zu Vorsorge erhält u Qualifizierung als Niederlegung zur Unzeit vermieden wird.[230] **Satzung** kann Niederlegung **körperschaftsrechtlich einschränken,** zB Formerfordernisse aufstellen,

---

218 BGHZ 121, 257, 260; BGHZ 78, 82, 84 f; OLG Koblenz GmbHR 1995, 730 f; OLG Frankfurt GmbHR 1993, 738; *Schuhmann* NZG 2002, 706; *Bauder* BB 1993, 1749; *Jaeger,* Anstellungsvertrag, 45; im Detail dazu *Link* 55 ff.

219 BGH NZG 2003, 394.

220 BGHZ 121, 257, 261 ff; *K. Schmidt* GesR § 36 II 2 b; Scholz/*Schneider* Rn 87; dezidiert **aA** *Link* 113 ff, 139 (§ 712 II BGB analog).

221 *Lohr* DStR 2002, 2173, 2176.

222 Ulmer*Paefgen* Rn 137; Scholz/*Schneider* Rn 89; BGH DB 1978, 878; *K. Schmidt* GesR § 36 II 2 b; *Fleck* WM 1985, 677, 679; Rowedder/Schmidt-Leithoff /*Koppensteiner* Rn 35; **aA** *H. Schneider/U. H. Schneider* GmbHR 1980, 4, 8; *Plander* ZHR 133 (1970), 336.

223 BGHZ 121, 257, 261; OLG Koblenz GmbHR 1995, 730, 731; Hachenburg/*Stein* Rn 37; Michalski/*Terlau/Schäfers* Rn 85; *Khatib-Shahidi/Bögner* BB 1997, 1161, 1164; *Palzer* 111. **aA** Ulmer/*Paefgen* Rn 133; für Einpersonen-GmbH: OLG Düsseldorf DB 2001, 261; BayObLG NZG 1999, 1003; LG Mainz Rpfleger 2006, 131 (Verweigerung der Eintragung!); BayObLG NZG 1999, 1003; *Schaub* DStR 2000, 290, 291; s a OLG Zweibrücken GmbHR 2006, 430 m zust Anm *Link* BB 2006, 1180; für Mehrheitsgesellschafter und Alleingeschäftsführer: OLG Köln ZIP 2008, 646.

224 BGHZ 121, 257, 260; AnwaltsHdbGmbH/*Lenz* § 7 Rn 34; iE auch *Link* 201; s auch *Maurer* RNotZ 2001, 352.

225 BGHZ 149, 28; OLG Düsseldorf NZG 1999, 1066; Roth/*Altmeppen* Rn 76; *Lutter/Hommelhoff* Rn 47.

226 *Link* 203 ff; *Schuhmann* NZG 2002, 706, 707; *U. H. Schneider/S. Schneider* NZG 2002, 45; vgl auch OLG Düsseldorf GmbHR 2005, 932.

227 BGHZ 121, 257, 262.

228 OLG Düsseldorf NZG 2004, 1068, 1069; OLG Naumburg NZG 2001, 853; OLG Hamm NZG 2003, 131, 132; BayObLGZ 1981, 227, 230.

229 LG Frankenthal GmbHR 1996, 939; Roth/*Altmeppen* Rn 75; Scholz/*Schneider* Rn 85 ff; *Link* 212 f.

230 LG Frankenthal GmbHR 1996, 939; vgl auch *Bärwaldt* GmbHR 2001, 290, 291.

Fristeinhaltung verlangen, aber nicht Amtsniederlegung aus wichtigem Grund ausschließen, auch nicht bei Ausgestaltung der GFührung als mitgliedschaftliche Sonderpflicht.

Statt einseitiger Niederlegungserklärung ist auch **Aufhebungsvertrag** 88
möglich.[231] Rücktritt führt jedoch nicht zum automatischen Wiederaufleben der GFührer-Stellung.[232]

Von körperschaftsrechtlicher Zulässigkeit u Wirksamkeit der Amtsnieder- 89
legung ist zu unterscheiden, ob sie gegen **schuldrechtliche Pflicht** aus begleitender Rechtsbeziehung verstößt.[233] Bei Auftrag Niederlegung grds zulässig, bei Niederlegung **zur Unzeit** ohne wichtigen Grund aber Ersatzpflicht, § 671 BGB.[234] Bei Dienstvertrag Niederlegung nur für Zeitpunkt der wirksamen Beendigung des Dienstverhältnisses nicht pflichtwidrig, fristlos also nur, wenn wichtiger Grund für Kündigung des Anstellungsvertrags besteht oder Voraussetzungen von § 627 BGB vorliegen.[235] Ob Amtsniederlegung gleichzeitig Kündigung des Anstellungsvertrags bedeutet, ist Auslegungsfrage.[236] Liegt der Organstellung nur körperschaftliche (insbes mitgliedschaftliche) Beziehung zugrunde (dazu § 35 Rn 12 ff), wie nicht ganz selten bei GfterGFührern, muss Gfter körperschaftliche Bindungen beachten, insbes gesellschafterliche Treupflicht.

Ist EinmannGfter einziger GFührer der Ges, handelt er **missbräuchlich,** 90
wenn er Amt niederlegt, ohne gleichzeitig neuen GFührer zu bestellen, selbst wenn wichtiger Grund für Amtsniederlegung vorliegt.[237] Auch dann ist Amtsniederlegung entgegen hM körperschaftsrechtlich wirksam, weil aus Verkehrssicherheitsgründen Organstellung möglichst außer Zweifel stehen muss.[238] GFührer macht sich aber schadensersatzpflichtig gegenüber Ges, soweit Schaden für Gläubiger eintritt, vgl § 43 Rn 15 ff.[239]

Bis zur Bestellung eines neuen GFührers gelten § 29 BGB u § 57 ZPO. 91
Besondere Probleme kann Erreichung der Eintragung der Amtsbeendigung im HR bereiten, vgl § 39 Rn 9.[240] Grds kann niederlegender GFührer selbst Eintragung der Amtsniederlegung anmelden.[241]

---

231 BGH DStR 1995, 1359; *Goette* § 8 Rn 44; Rowedder/Schmidt-Leithoff/*Koppensteiner* Rn 38.

232 OLG Schleswig DStR 1992, 1816; Ulmer/*Paefgen* Rn 4.

233 BGHZ 121, 257, 261.

234 **AA** *Eckert* KTS 1990, 33.

235 Vgl zur Problematik *Trölitzsch* GmbHR 1995, 857; *Khatib-Shahidi/Bögner* BB 1997, 1161.

236 OLG Düsseldorf GmbHR 1989, 469; zur Problematik auch *Henze* HRR 409 f; *Lohr* RNotZ 2002, 164, 171.

237 OLG Köln NZG 2008, 340, 342; OLG Düsseldorf GmbHR 2001, 144; KG Berlin GmbHR 2001, 147; BayObLG NZG 1999, 1003 m Anm *Schaub* DStR 2000, 290; LG Mainz RPfleger 2006, 131; OLG Hamm GmbHR 1989, 35; **aA** *Khatib-Shahidi/Bögner* BB 1997, 1161; *Baums* 411 ff; Roth/*Altmeppen* Rn 78; *Link* 79 ff.

238 I. E. ebenso *Jaeger,* Anstellungsvertrag, 46 unter Hinweis auf Regelung der „Führungslosigkeit" durch MoMiG (§ 35 Abs 1 S 2). **AA** OLG Köln NZG 2008, 340, 341; OLG Zweibrücken DNotZ 2006, 709; OLG Düsseldorf FGPrax 2001, 82; BayObLG NZG 1999, 1003 m Anm *Schaub* DStR 2000, 290; LG Mainz RPfleger 2006, 131; Scholz/*Schneider* Rn 90; *Lutter/Hommelhoff* Rn 42; *Lohr* DStR 2002, 2173, 2176.

239 Vgl zum Ganzen auch *Münch* DStR 1993, 916, *Lohr* DStR 2002, 2173, 2180.

240 Dazu ausführlich *Kießling/Eichele* GmbHR 1999, 1165.

241 OLG Frankfurt NJW-RR 1994, 105; LG Köln GmbHR 1998, 183; *Schuhmann* NZG 2002, 706, 708; *Wachter* GmbHR 2001, 1129, 1132; **aA** Scholz/*Schneider* Rn 91.

92 **6. Beendigung durch gesellschaftsrechtliche Vorgänge. a) Verschmelzung** durch Aufnahme beendet Organstellung in der aufgenommenen Ges, Verschmelzung durch Neubildung in beiden verschmelzenden Ges. Formwechsel einer GmbH in andere Rechtsform nach §§ 190 ff UmwG hat ebenfalls Beendigung der GFührerstellung zur Folge.[242] Zum Schicksal des Anstellungsvertrags s § 35 Rn 257.

93 **b) Satzungsänderungen,** welche die Stellung oder Amtszeit der GFührer betreffen, können Beendigung während laufender Amtszeit nicht herbeiführen. Ist GFührer unbefristet bestellt, muss er vielmehr bei nachträglicher Befristung des Amts abberufen werden. Auch Verkleinerung des GFührergremiums in Satzung lässt Stellung überzähliger GFührer unberührt.

94 **c) Auflösung der Ges** nach § 60 bewirkt idR keine Beendigung der Organstellung; ebenso nicht die durch Nichtigkeitsklage herbeigeführte Nichtigkeit (§ 77 I). In den meisten dieser Fälle wandelt sich Organstellung der GFührer vielmehr automatisch um in die der Liquidatoren, ohne dass es einer Neubestellung bedarf, § 66 I. Beendigung der Organstellung tritt aber ein, wenn Satzung andere Personen zu Liquidatoren beruft u ferner im Fall der Amtslöschung der Ges wegen Vermögenslosigkeit nach § 394 FamFG oder wegen Vorliegens der Voraussetzungen für die Erhebung der Nichtigkeitsklagen nach § 397 FamFG mit §§ 75, 76 GmbHG. Näheres § 60 Rn 9, 24, 65, § 66 Rn 11 ff. Im Insolvenzverfahren verbleiben GFührer als solche im Amt, freilich in ihren Befugnissen erheblich eingeschränkt, die weitgehend auf Insolvenzverwalter übergehen.[243]

95 **d) Wahl in den AR** führt als solche nicht zur Beendigung der Organstellung, da diese als später erfolgte Handlung unwirksam ist.[244]

96 **7. Beendigung des Anstellungsvertrags** bewirkt **nicht** per se Beendigung der Organstellung.[245] Allerdings kann in Kündigung des Anstellungsvertrags durch Ges gleichzeitig Widerruf der Bestellung liegen, jedoch nicht zwingend – Kündigung des Anstellungsvertrags kann sinnvolle Maßnahme zur Änderung der Anstellungsbedingungen sein.[246] Ist gleichzeitige Abberufung zu verneinen, kann GFührer, wenn er sich nicht auf eine evtl intendierte Veränderung der Anstellungsbedingungen einlassen will, sein Amt niederlegen.[247] Er muss dies aber keineswegs, sondern kann, wenn Ges die Fortsetzung seiner GFührertätigkeit wünscht, die Weitergewährung der bisherigen Bedingungen verlangen, vgl § 625 BGB. Andernfalls muss Ges der Fortsetzung der GFührerdienste widersprechen; sie kann nach dieser Norm nicht einerseits Dienste annehmen, andererseits nur die vereinbarten Konditionen ablehnen. Kündigung durch GFührer wird idR gleichzeitig Amtsniederlegung bedeuten.

---

242 Lutter/Decher/*Becker* UmwG § 202 Rn 14; *Röder/Lingemann* DB 1993, 1341.

243 AnwaltsHdbGmbH/*Lenz* § 7 Rn 38; *Goette* § 8 Rn 18; Ulmer/*Paefgen* Rn 128; *Noack,* InsO – Gesellschaftsrecht, Rn 293, 302 ff.

244 AnwaltsHdbGmbH/*Lenz* § 7 Rn 38.

245 OLG Frankfurt GmbHR 1994, 549; *Goette* § 8 Rn 42; MünchHdbGmbH/*Marsch-Barner/Diekmann* § 42 Rn 75; **aA** *Martens* FS Werner, 1984, 503 mwN.

246 **AA** OLG Köln GmbHR 1991, 156: parallele Beendigung als Regelfall.

247 IdS wird wohl BGH DB 1981, 308 f zu verstehen sein.

8. Beendigung der GFührungs- u Vertretungsbefugnis, wenn auch nicht der „abstrakten“ Organstellung, tritt ein, wenn Gericht im Rechtsstreit über die Wirksamkeit der Bestellung oder Abberufung zum GFührer ein (idR bis zur rechtskräftigen Entscheidung in der Hauptsache befristetes) **Tätigkeitsverbot** ausspricht, Rn 75.[248] In diesem Ausnahmefall ist das Registergericht **von Amts wegen** verpflichtet, die Suspendierung des Betroffenen im HR einzutragen. Eine Löschung als GFührer kommt zwar in einem solchen Fall nicht in Betracht. Klarstellend sollte deshalb hinzugefügt werden, dass keine Vertretungsbefugnis besteht. Das Tätigwerden des Registergerichts von Amts wegen lässt sich (nicht materiell, aber verfahrensrechtlich) auf eine Analogie zu § 67 IV (Eintragung der Abberufung eines Liquidators) stützen.[249] 97

9. Beendigung des NotGFühreramts. Für NotGFührer gilt § 38 nicht.[250] Amt endet vielmehr, wenn NotGFührer es nicht niederlegt, nur durch Abberufung seitens des bestellenden Gerichts (zur Bestellung § 35 Rn 7). Abberufung kann auf Antrag von Gftern oder GFührern erfolgen. Ob sie auch von Amts wegen erfolgen kann, ist str, aber zu bejahen.[251] Abberufung setzt, wenn Gründe für Bestellung fortdauern, voraus, dass ein wichtiger Grund vorliegt u dass gleichzeitig anderer NotGFührer bestellt wird.[252] Gerichtsbeschluss über Abberufung ist mit einfacher Beschwerde anfechtbar.[253] Ob NotGFühreramt auch befristet werden kann (so hM) ist zweifelhaft, weil Ges, wenn Notlage nicht vorher endet, in Schwierigkeiten kommen kann. Jedenfalls ist Befristung auf feste Zeit unzweckmäßige Gestaltung. Sie kann auch nicht damit gerechtfertigt werden, Ges oder Gfter zu eigenen Bemühungen um eine Bestellung durch Beschluss zu veranlassen.[254] Nach ganz hM endet Amt des NotGFührers von selbst, wenn Notlage beseitigt ist. Dem ist zuzustimmen, wenn als einzige Form der Beseitigung Bestellung von GFührer durch zuständiges GesOrgan anerkannt wird u deren Wirksamkeit außer Streit steht.[255] 98

F. Anmeldepflicht zum Handelsregister

Beendigung der GFührerstellung, gleichgültig wodurch sie eintritt, ist unverzüglich zum HR anzumelden, § 39. Zur Wirksamkeit der Abberufung ist Eintragung nicht erforderlich, wohl aber zur Beseitigung von **Verkehrsschutz.** Schutz Dritter erfolgt durch § 15 I HGB sowie durch Anscheins- oder Duldungsvollmacht.[256] 99

Unterlassene Anmeldung iVm Duldung weiterer GFührung bedeutet nicht wirksame Rücknahme der Abberufung. Es kann aber Fortsetzung des Dienst- 100

[248] Vgl BayObLG GmbHR 1989, 370.
[249] BayObLG GmbHR 1989, 370.
[250] OLG München GmbHR 1994, 259; Michalski/*Terlau/Schäfers* Rn 19.
[251] **AA** *Fichtner* BB 1964, 808; *Hohlfeld* GmbHR 1986, 184.
[252] OLG Düsseldorf NZG 2002, 338; OLG Düsseldorf GmbHR 1997, 549.
[253] BayObLG ZIP 1999, 1845.
[254] *Westermann* FS Kropff, 1997, 690 f.
[255] Etwas anders *Westermann* FS Kropff, 1997, 696.
[256] BGHZ 115, 78; RGZ 140, 314; *Goette* § 8 Rn 20; AnwaltsHdbGmbH/*Lenz* § 7 Rn 39; *Dreher* DB 1991, 533.

verhältnisses vorliegen, ferner fehlerhaftes oder faktisches Organverhältnis. Zur Frage der Prüfung durch RegRichter § 39 Rn 18.

G. Wirkung der Beendigung der Organstellung

101 Mit Beendigung der Organstellung enden Geschäftsführungs- u Vertretungsbefugnis; auf letztere können sich über § 15 I HGB Dritte noch beziehen, solange Beendigung nicht eingetragen u bekanntgemacht wurde.[257] Wiedereinsetzung nur durch erneute Bestellung gem § 6. Diverse Organpflichten, insbesondere solche, die an das Wissen des ehemaligen Geschäftsführers anknüpfen,[258] können unbeschadet der Beendigung fortwirken.[259] Die Pflicht zur Wahrung der Verschwiegenheit, § 35 Rn 40 u § 85 Rn 14,[260] bleibt ebenso bestehen wie die Informationspflicht gegenüber der GmbH (nicht ggü Gftern), wenn nur der Ausgeschiedene Auskunft geben kann, § 35 Rn 52 u § 51 a Rn 9.[261] Hingegen besteht für Nicht-Mehr-GFührer, der noch im HR eingetragen ist, keine Einberufungspflicht nach § 49 III GmbHG, unten § 49 Rn 3.[262] Für ausgeschiedenen GFührer besteht weder Befugnis noch Pflicht zur Stellung eines Insolvenzantrags,[263] auch keine Einwirkungspflicht[264] auf den amtierenden GFührer. Insolvenzrechtliche Pflichten zur Auskunft u zur Abgabe der eidesstattlichen Versicherung treffen GFührer, der vor weniger als zwei Jahren vor Insolvenzantrag ausgeschieden war (§§ 101 I 2, 97 I, 98 InsO). § 36 AO ordnet die Weitergeltung gewisser steuerverfahrensrechtlicher Pflichten auch nach Erlöschen der Vertretungsmacht an. Grds besteht keine Pflicht zur Abgabe der eidesstattlichen Versicherung nach § 807 ZPO.[265]

Anmeldung der Geschäftsführer

39 (1) **Jede Änderung in den Personen der Geschäftsführer sowie die Beendigung der Vertretungsbefugnis eines Geschäftsführers ist zur Eintragung in das Handelsregister anzumelden.**

(2) **Der Anmeldung sind die Urkunden über die Bestellung der Geschäftsführer oder über die Beendigung der Vertretungsbefugnis in Urschrift oder öffentlich beglaubigter Abschrift beizufügen.**

(3) [1] **Die neuen Geschäftsführer haben in der Anmeldung zu versichern, daß keine Umstände vorliegen, die ihrer Bestellung nach § 6 Abs. 2 Satz 2**

---

257 *K. Schmidt* GesR § 36 II 2 b.

258 *Palzer,* 226 ff.

259 Zu Wettbewerbsverboten *Bergwitz* GmbHR 2006, 1129.

260 BGHZ 91, 6.

261 BGH DStR 1993, 1752; OLG Hamm ZIP 1980, 280.

262 **AA** *Lutter/Hommelhoff* § 49 Rn 3 a; MünchHdbGmbH/*Marsch-Barner/Diekmann* § 45 Rn 48 unter Heranziehung von § 121 II 2 AktG; *Palzer* 233.

263 *Palzer* 236; dafür (vor Schaffung von § 15 a III InsO) trotz wirksamer (!) Amtsniederlegung *Henssler,* Kölner Schrift zur Insolvenzordnung, 2. Aufl 2000, 1283, 1290, wenn Dreiwochenfrist des § 64 I aF (= § 15 a I InsO) begonnen habe; iE abl *Trölitzsch* GmbHR 1995, 857, 859.

264 MünchHdbGmbH/*Marsch-Barner/Diekmann* § 45 Rn 68; unten § 64 Rn 41.

265 LG Limburg DGVZ 1995, 74; LG Bremen DGVZ 1990, 139; Musielak/*Voit* ZPO, 4. Aufl 2005, § 900 Rn 21; eingehend *Palzer* 33 ff (befürwortend 234 f).

Nr. 2 und 3 sowie Satz 3 entgegenstehen und daß sie über ihre unbeschränkte Auskunftspflicht gegenüber dem Gericht belehrt worden sind. [2]§ 8 Abs. 3 Satz 2 ist anzuwenden.

Übersicht

I. Zweck der Vorschrift

Sicherheit über Vertretungsberechtigung bei der GmbH ist für Rechtsverkehr besonders dringlich. Schon bei erster Anmeldung der GmbH zur Eintragung im HR gem § 7 muss Person der GFührer sich entweder aus dem GesVertrag ergeben oder gesondert nachgewiesen werden, § 8 I Nr 2, u es muss Vertretungsbefugnis angegeben werden, § 8 IV Nr 2, die gem § 10 I 2 im HR eingetragen wird. Einer bes Anmeldung bedarf es insoweit nicht.[1] Durch § 39 wird sichergestellt, dass **Veränderungen** ebenfalls **HR-Publizität** erlangen.[2] In Ausnahmefällen kommt auch Eintragung der Beendigung einer Vertretungsbefugnis von Amts wegen in Betracht, vgl näher § 38 Rn 97. Die Vorschrift ist sinngemäß auf Zweigniederlassung ausländischer Kapitalgesellschaft anzuwenden (§ 13 g V HGB). 1

II. Voraussetzungen und Gegenstand der Anmeldungspflicht

Nach dem Wortlaut von Abs 1 ist jede Änderung in den Personen der GFührer sowie die Beendigung der Vertretungsbefugnis eines GFührers anzumelden.[3] Wortlaut ist zu eng (allgM). Zweck der Vorschrift (Rn 1) verlangt auch Anmeldung jeder Änderung der Vertretungsbefugnis.[4] 2

---

1 Missverständlich LG Halle GmbHR 1996, 207.

2 Ulmer/*Paefgen* Rn 1; Scholz/*Schneider* Rn 1; GmbH-Handb/*Kallmeyer* Rn 568 f; Ring/Grziwotz/*Hecht* Rn 1; zum Ganzen *Gustavus,* Handelsregisteranmeldungen, 7. Aufl 2009; Muster bei *Fleischhauer/Preuß,* Handelsregisterrecht, 2006, S 438 ff; ferner *Kroiß/Everts/Poller,* GmbH-Registerrecht, 2008.

3 MünchHdbGmbH/*Marsch-Barner/Diekmann* § 42 Rn 78.

4 OLG Frankfurt GmbHR 2006, 764; Ulmer/*Paefgen* Rn 16; Scholz/*Schneider* Rn 1; Rowedder/Schmidt-Leithoff/*Koppensteiner* Rn 5; *Lutter/Hommelhoff* Rn 4; Roth/

3 **1. Neubestellung und Beendigung.** Anzumelden ist **jede Neubestellung** eines GFührers einschl Stellvertreter (§ 44), NotGFührer,[5] hingegen nicht eine kontinuitätswahrende Wiederbestellung.[6] Bei evtl **späterem Amtsbeginn** ist dies samt Zeitpunkt mitanzumelden u einzutragen.[7] Der Tag der Bestellung oder des Widerrufs der Bestellung ist indes nicht anzumelden.[8] Bestellung unter auflösender Bedingung zulässig, dabei ist Bedingung nicht eintragungsfähig.[9] Anzumelden ist ferner **jede Beendigung** des GFühreramts gleich welcher Ursache (§ 38 Rn 81).[10]

Keine Anmeldepflicht besteht bzgl Unrichtigkeit einer anfänglich nichtigen GFührerbestellung.[11] Anmeldepflicht bezieht sich nicht auf das abstrakte Vertretungsorgan, sondern auf die konkreten Personen der GFührer u die bei ihnen eingetretenen Änderungen. Daher stellen Anmeldung des Ausscheidens eines GFührers u die gleichzeitige Neubestellung eines anderen GFührers zwei Verfahrensgegenstände iSd § 44 II KostO dar.[12]

4 **2. Namensänderung.** Änderung in der Person u daher anmeldungspflichtig ist auch Namensänderung eines GFührers einschl Namensbestandteil bildender Titel.[13] Änderung von Beruf, Wohnort oder nicht zum Namen gehörender Titel wie der Titel „Professor" (oft eingetragen gem § 43 Nr 4 b) HRV) sind eintragungsfähig, aber nicht -pflichtig.[14]

5 **3.** Jede **Änderung der Vertretungsbefugnis** ist anzumelden, gleichgültig wodurch sie erfolgt, vgl Rn 2 (zu den Zuständigkeiten § 35 Rn 106). Dazu gehört die Gestattung des Selbstkontrahierens[15] u insbes Übergang von Gesamtvertretung zur Einzelvertretung[16] u umgekehrt oder Änderungen inner-

---

Altmeppen Rn 4; MünchHdbGmbH/*Marsch-Barner/Diekmann* § 42 Rn 78; AnwaltsHdb-GmbH/*Lenz* § 7 Rn 20; Michalski/*Terlau/Schäfers* Rn 1; Ring/Grziwotz/*Hecht* Rn 6.

[5] Wegen § 15 Abs 1 HGB auch, wenn NotGFührer nur für einzelne Rechtshandlung bestellt wird, Ulmer/*Paefgen* § 35 Rn 34; **aA** BayObLG DNotZ 1955, 638, 641; zu den Voraussetzung für die gerichtliche Bestellung OLG München DStR 2007, 1925; s a § 35 Rn 7 u § 6 Rn 21. Zur Abwicklerbestellung gem § 37 I 2 KWG OLG Hamm FGPrax 2007, 138.

[6] *Lutter/Hommelhoff* Rn 2; Michalski/*Terlau/Schäfers* Rn 3; HK-GmbHR/*Fichtelmann* Rn 3; Scholz/*Schneider* Rn 2.

[7] Scholz/*Schneider* Rn 2; Rowedder/Schmidt-Leithoff/*Koppensteiner* Rn 3; zur in der Zukunft liegenden Bestellung s *Wicke* Rn 2; OLG Düsseldorf GmbHR 2000, 232.

[8] Dafür de lege ferenda *Ries* GmbHR 2002, R 89.

[9] BGH NZG 2006, 64; *Schumacher* GmbHR 2006, 926; MünchKommBGB/*H. P. Westermann* § 158 Rn 33; *Koller/Buchholz* DB 1982, 2172.

[10] OLG Köln BB 1984, 1066; Ulmer/*Paefgen* Rn 13; Scholz/*Schneider* Rn 2; Rowedder/Schmidt-Leithoff/*Koppensteiner* Rn 3; Michalski/*Terlau/Schäfers* Rn 5.

[11] KG GmbHR 1999, 861, 862 ff; Ulmer/*Paefgen* Rn 14; **aA** Scholz/*Schneider* Rn 2; Ring/Grziwotz/*Hecht* Rn 4.

[12] BGH NZG 2003, 220; OLG Zweibrücken NJW-RR 2000, 1567; Roth/*Altmeppen* Rn 5; krit Scholz/*Schneider* Rn 6; Ring/Grziwotz/*Hecht* Rn 4.

[13] MünchHdbGmbH/*Marsch-Barner/Diekmann* § 42 Rn 78; Ulmer/*Paefgen* Rn 15; *Lutter/Hommelhoff* Rn 3; Roth/*Altmeppen* Rn 2; **abw** Scholz/*Schneider* Rn 4, der bei Änderung des zum Namen gehörenden Titel keine Pflicht zur Anmeldung annimmt; Michalski/*Terlau/Schäfers* Rn 5; Ring/Grziwotz/*Hecht* Rn 4; Achilles/Ensthaler/Schmidt/*Schmidt* Rn 2.

[14] Ulmer/*Paefgen* Rn 15; Rowedder/Schmidt-Leithoff/*Koppensteiner* Rn 4; *Lutter/Hommelhoff* Rn 3; HK-GmbHR/*Fichtelmann* Rn 6; Scholz/*Schneider* Rn 4.

[15] BGH NJW 1983, 1676; näher § 35 Rn 132 ff.

[16] OLG Frankfurt GmbHR 2006, 765.

halb der Gesamtvertretung, gleichgültig ob alle GFührer oder nur einzelne u ob sie gleich oder unterschiedlich betroffen sind.

Die Begriffe **„Einzelvertretung" bzw. „Alleinvertretung"** bezeichnen gleichermaßen die Befugnis eines von mehreren GFührern, die Ges allein zu vertreten, und können deshalb bei der registerrechtlichen Anmeldung und Eintragung **synonym** verwendet werden.[17] Diese Angaben sind gleichbedeutend als Recht des Einzelnen zur Vertretung ohne die Mitwirkung der anderen zu verstehen.

Bei Anmeldung von **Einzelvertretungsbefugnis** ist klarzustellen, ob diese nur gelten soll, solange GFührer einziger ist oder auch bei Hinzukommen weiterer.[18]

Bei Änderung durch **Satzungsänderung** genügt deren Anmeldung nur dann, wenn aus ihr neue Vertretungsbefugnis der GFührer positiv hervorgeht.[19] Das ist nicht immer der Fall, zB wenn Satzungsregelung über Einzelvertretung ersatzlos aufgehoben wird.[20] Ermächtigung zur Einzelvertretung durch gesamtvertretungsbefugte GFührer (dazu § 35 Rn 120) ist weder anmeldungspflichtig noch eintragungsfähig.[21] Nicht eintragungsfähig ist Satzungsregelung, dass GfterVers von allg Satzungsregelung abw Vertretungsregelung treffen darf.[22]

Wird GFührer **geschäftsunfähig,** liegt einzutragende Amtsbeendigung (§ 38 Rn 84) vor, aus deren Eintragung auch die Beendigung der Vertretungsbefugnis hervorgeht.[23] Schutz redlicher Dritter durch § 15 I HGB bei Fehlen dieser Eintragung[24] zweifelhaft, weil GFührer auch Vertretungsfähigkeit fehlt (§ 105 BGB, § 165 BGB gilt für Geschäftsunfähige nicht), die nicht der Registerverlautbarung unterliegt.[25] Redlichkeit insofern irrelevant.[26] Jedoch können allgemeine Rechtsscheingrds zur Bindung der Ges führen.[27]

4. Zur **Eintragungsmethode** (die auch Anmeldungsmethode ist)[28] näher § 8 Rn 16. Vertretungsbefugnis kann bei allg geltender Regelung generell-abstrakt eingetragen werden (zB: GFührer haben Einzelvertretungsmacht, oder: je zwei GFührer sind gesamtvertretungsberechtigt).[29] Es kann aber auch für jeden GFührer konkret Vertretungsbefugnis eingetragen werden. Soweit individuell verschiedene Befugnis besteht, ist diese Methode notwendig. Ob generell oder konkret eingetragen wird, entscheidet RegGericht.[30] Es darf 6

---

[17] BGH WM 2007, 1024; *Kanzleiter* DNotZ 1993, 201.

[18] BayObLG GmbHR 1997, 741.

[19] Zust Michalski/*Terlau/Schäfers* Rn 8; Ulmer/*Paefgen* Rn 18; ohne Einschränkung Ring/Grziwotz/*Hecht* Rn 6.

[20] Scholz/*Schneider* Rn 9; Rowedder/Schmidt-Leithoff/*Koppensteiner* Rn 6; Ulmer/*Paefgen* Rn 19.

[21] Rowedder/Schmidt-Leithoff/*Koppensteiner* Rn 6; *Lutter/Hommelhoff* Rn 4; Scholz/*Schneider* Rn 9; Ulmer/*Paefgen* Rn 18; **aA** *Servatius* NZG 2002, 456, 458.

[22] OLG Frankfurt OLGZ 1994, 288; OLG Hamm DB 1996, 2272.

[23] BGHZ 115, 78, 80; OLG München DB 1990, 1959.

[24] So OLG München DB 1990, 1959.

[25] BGHZ 53, 210, 215.

[26] BGHZ 115, 78, 81.

[27] BGHZ 115, 78, 81 f unter Berufung auch auf § 10 I 2; danach Bindung der Ges jedenfalls, wenn Eintragung der Amtsbeendigung schuldhaft unterlassen wurde.

[28] OLG Frankfurt GmbHR 1988, 65.

[29] Scholz/*Schneider* Rn 6; Ulmer/*Paefgen* Rn 19.

[30] So auch Ulmer/*Paefgen* Rn 19; *Kanzleiter* Rpfleger 1984, 1; für die generell-konkrete Eintragungsmethode: OLG Frankfurt BB 1970, 370 mit abl Anm *Gustavus*

Eintragung nicht von Einhaltung gleichartiger Anmeldungsmethode abhängig machen.[31]

7 **Unterzeichnung der Anmeldung** ist im Regelfall als Zustimmung zur angemeldeten Änderung auszulegen.[32]

III. Anmeldungspflichtige und anmeldungsbefugte Personen

8 Anmeldung ist **Pflicht der Ges.** Ihre Erledigung obliegt **GFührern** (§ 78), die sämtlich für Erfüllung verantwortlich sind. Anmeldung kann aber durch GFührer in vertretungsberechtigter Zahl erfolgen, auch mittels unechter Gesamtvertretung.[33] Anmeldung durch Prokuristen oder Generalbevollmächtigte nur auf Grund entsprechender u öffentlich beglaubigter Sondervollmacht (§ 12 I 2 HGB) zulässig.[34] NotGFührer werden von Amts wegen eingetragen (§ 67 II BGB entspr).[35]

9 **Ausgeschiedene GFührer** können ihre Amtsbeendigung grds **nicht selbst anmelden,**[36] haben aber ua wegen der Haftungsgefahr aus § 177 BGB Anspruch gg Ges auf unverzügliche Anmeldung.[37] Verletzung macht Ges schadensersatzpflichtig; der Ausgeschiedene kann Anmeldung auch durch Erfüllungsklage erzwingen u beim RegGericht Zwangsverfahren anregen.[38] Ausscheiden kann ferner so beschlossen werden, dass Amt des Ausscheidenden erst später endet (zB mit Eintragung). Dann kann dieser noch selbst anmelden.[39] Gleiches gilt für **Amtsniederlegung** unter aufschiebender Be-

---

Rpfleger 1971, 359; OLG Frankfurt BB 1973, 677; OLG Hamm BB 1972, 680; BayOBLG BB 1974, 291; OLG Köln DNotZ 1970, 748; OLG Frankfurt GmbHR 1988, 65; *Geßler* BB 1970, 627; *Westerholt* GmbHR 1993, 85; **aA** für die konkrete Eintragungsmethode: Roth/*Altmeppen* Rn 5; *Bokelmann* NJW 1969, 2120, 2121; *Gustavus* BB 1969, 1335; *Lappe* GmbHR 1970, 9; LG Wuppertal GmbHR 1993, 99.

[31] OLG Frankfurt DB 1993, 2478; Michalski/*Terlau/Schäfers* Rn 9.

[32] BGH GmbHR 1977, 103; Scholz/*Schneider* Rn 22; Rowedder/Schmidt-Leithoff/*Koppensteiner* Rn 9; Michalski/*Terlau/Schäfers* Rn 22; MünchHdbGmbH/*Marsch-Barner/Diekmann* § 42 Rn 81; Scholz/*Schneider* Rn 26.

[33] *Lutter/Hommelhoff* Rn 6; Ulmer/*Paefgen* Rn 20; Scholz/*Schneider* Rn 11; Rowedder/Schmidt-Leithoff/*Koppensteiner* Rn 7; anders im Fall der Abberufung eines von zwei gemeinschaftlich vertretungsberechtigten GFührern, LG Wuppertal GmbHR 1992, 380; BayObLG GmbHR 2003, 1356.

[34] *Gustavus* GmbHR 1978, 225; BayObLG WM 1982, 649; KG JW 1932, 2626; *Wicke* Rn 3; Achilles/Ensthaler/Schmidt/*Schmidt* Rn 5; *Lutter/Hommelhoff* Rn 6; Michalski/Terlau/*Schäfers* Rn 10; Ring/Grziwotz/*Hecht* Rn 7.

[35] *Kögel* NZG 2000, 20, 22.

[36] KG JW 1927, 1703; BayObLG GmbHR 1982, 214; OLG Zweibrücken GmbHR 1999, 479; Scholz/*Schneider* Rn 13; Rowedder/Schmidt-Leithoff/*Koppensteiner* Rn 7; AnwaltsHdbGmbH/*Lenz* § 7 Rn 40; *Wicke* Rn 3.

[37] *Lutter/Hommelhoff* Rn 2; MünchHdbGmbH/*Marsch-Barner/Diekmann* § 42 Rn 79; Roth/*Altmeppen* Rn 6.

[38] Michalski/*Terlau/Schäfers* Rn 11; Scholz/*Schneider* Rn 13; *Kießling/Eichele* GmbHR 1999, 1165, 1170; AnwaltsHdbGmbH/*Lenz* § 7 Rn 40; *Link,* Die Amtsniederlegung durch Gesellschaftsorgane, 2003, 240; LG Frankenthal Rpfleger 1996, 411, 412.

[39] OLG Frankfurt BB 1983, 1561; OLG Hamm GmbHR 1989, 35, 36; OLG Zweibrücken GmbHR 1999, 479; Rowedder/Schmidt-Leithoff/*Koppensteiner* Rn 7; Michalski/*Terlau/Schäfers* Rn 11; Ulmer/*Paefgen* Rn 24; Scholz/*Schneider* Rn 13; Roth/*Altmeppen* Rn 7; *Lutter/Hommelhoff* Rn 7.

dingung der Eintragung oder dem Eingang der Anmeldung beim Registergericht.[40] Zur materiellen Zulässigkeit dieser Festlegung durch GFührer oben § 38 Rn 86f. Nach erfolgter Amtsniederlegung kann ehemaliger GFührer sein Ausscheiden nicht mehr selbst anmelden,[41] auch nicht in (schwerlich bestimmbarer) zeitlicher Nähe zur Niederlegung.[42] Ein Antrag des alleinigen Gfter-GFührers auf Eintragung seiner Abberufung soll rechtsmissbräuchlich u damit unwirksam sein, wenn nicht gleichzeitig ein neuer GFührer angemeldet wird.[43] Soweit als maßgebliches Argument der Verkehrsschutz vor Führungslosigkeit der Ges gebracht wurde, hat sich dies durch die Neuregelungen (§ 35 I 2; § 15a III InsO) erledigt. Sind zwei GFührer gesamtvertretungsberechtigt und wird einer abberufen, kann verbliebener GFührer anmelden, da er in diesem Fall allein vertritt. Anders liegt es bei mehreren gesamtvertretungsberechtigten GFührern, hier ist Ergänzung durch Neubestellung geboten.[44]

Neu bestellter GFührer kann *vor* seiner Eintragung anmelden (da diese 10
ohne konstitutive Bedeutung ist), muss dann aber seine Anmeldebefugnis gesondert nachweisen.[45] Anmeldebefugnis muss jedoch schon bei Abgabe der entsprechenden Erklärung beim Notar u nicht erst bei Eingang der Anmeldung beim HR materiellrechtl vorliegen.[46] Gg Zurückweisung steht Anmeldendem die Beschwerdeberechtigung gem § 59 FamFG zu.[47] Fehlt vertretungsberechtigte Zahl von GFührern, muss zur Anmeldung erst Neubestellung erfolgen,[48] evtl auch eines NotGFührers. Bei Änderung der Vertretungsbefugnis durch Satzungsänderung ist vor *deren* Eintragung alte Regelung für Vertretung bei Anmeldung maßgebend, § 54 III.[49]

---

40 OLG Zweibrücken GmbHR 1999, 479; OLG Frankfurt WM 1994, 2250; *Bärwaldt* GmbHR 2001, 290, 291; *Wicke* Rn 3; Ring/Grziwotz/*Hecht* Rn 7.

41 OLG Zweibrücken GmbHR 1999, 479; OLG Frankfurt WM 1983, 1025; OLG Hamm GmbHR 1989, 35; BayObLG GmbHR 1982, 214; *Link,* Amtsniederlegung, 239ff; *Bärwaldt* GmbHR 2001, 290, 291; Scholz/*Schneider* Rn 14; LG Frankfurt GmbHR 1996, 939; LG Köln GmbHR 1998, 183; *H. Schneider/U. H. Schneider* GmbHR 1980, 10; *Eckert* KTS 1990, 37.

42 So aber bei Nichtvorhandensein weiterer GFührer: LG Köln GmbHR 1998, 183 m Anm v *Müller* BB 1998, 329; LG Berlin GmbHR 1993, 291 u Literatur: *Kießling/Eichele* GmbHR 1999, 1165ff; *Wachter* GmbHR 2001, 1129, 1135; *Müller* BB 1998, 329; *Schuhmann* NZG 2002, 706, 708; HK-GmbHR/*Fichtelmann* Rn 8; Roth/*Altmeppen* Rn 8; Scholz/*Schneider* Rn 14.

43 OLG Zweibrücken DNotZ 2006, 709; LG Mainz Rpfleger 2006, 131; BayObLG Rpfleger 1999, 494, 495; OLG Hamm DNotZ 1989, 396, 398; OLG Koblenz NJW-RR 1995, 556; **aA** *Wicke* Rn 3, der sich ohne weitere Begründung für eine solche Befugnis ausspricht.

44 LG Wuppertal GmbHR 1992, 380; Ulmer/*Paefgen* Rn 25; **aA** Scholz/*Schneider* Rn 14.

45 OLG Düsseldorf NZG 2000, 262, 263; OLG Köln GmbHR 2001, 923, 924f zur Beschwerdeberechtigung des GFührers gg Ablehnung der Eintragung; anders zur Mitwirkung des Prokuristen bei der Eintragung der ihm erteilten Gesamtprokura OLG Frankfurt NZG 2005, 765.

46 BayObLG BB 2003, 2366; OLG Düsseldorf NZG 2000, 262 m Anm v *Waldner.*

47 BayObLG NZG 2000, 140f; OLG Köln GmbHR 2001, 923; Keidel/Kuntze/Winkler/*Kahl* FGG, 15. Aufl 2003, § 20 Rn 94.

48 BayObLG GmbHR 1982, 214.

49 Ulmer/*Paefgen* Rn 27; Roth/*Altmeppen* Rn 9.

11 Im **Insolvenzverfahren** über Vermögen der GmbH verbleibt Zuständigkeit für Anmeldung bei GFührern u geht nicht auf Insolvenzverwalter über,[50] es sei denn, dass kein GFührer mehr amtiert.[51]

IV. Versicherung der GFührer, Abs 3

12 GFührer haben nach Abs 3 S 1 im Zuge der Anmeldung Versicherung abzugeben, dass ihrer Bestellung die in § 6 II 2 Nr 2 u 3 sowie Satz 3 genannten **Hindernisse nicht entgegenstehen:** Verurteilung wegen bestimmter Insolvenzstraftaten u zwar Unterlassen der Stellung des Antrags auf Insolvenzeröffnung (Insolvenzverschleppung), Bankrott (§§ 283, 283 a StGB), Verletzung der Buchführungspflicht (§ 283 b StGB), Gläubigerbegünstigung (§ 283 c StGB) oder Schuldnerbegünstigung (§ 283 d StGB), falsche Angaben (§ 82, § 399 AktG), unrichtige Darstellung (§ 400 AktG, § 331 HGB, § 313 UmwG, § 17 PublG), Betrug (§§ 263, 263 a, 264, 264 a, 265 b StGB), Untreue (§§ 266, 266 a StGB), ferner Verbot der Ausübung eines Berufs, Berufszweigs, Gewerbes oder Gewerbezweigs, wenn Unternehmensgegenstand der Ges damit auch nur teilweise übereinstimmt. Vgl dazu näher oben § 6 Rn 10, 11 u § 8 Rn 11 u 14. Die falsche Versicherung ist strafbewehrt, § 82 I Nr 5.

13 GFührer haben weiter nach Abs 3 S 1 zu versichern, dass sie über ihre unbeschränkte **Auskunftspflicht** gegenüber dem Gericht **belehrt** worden sind. Gemeint ist Auskunftspflicht nach § 53 II BZRG, vgl die Verweisung in § 39 III 2 auf § 8 III 2. Auskunftspflicht setzt entspr Belehrung voraus, die auch durch Notar vorgenommen werden kann. Ihr Vorliegen bildet Gegenstand der Versicherung; näher § 8 Rn 14.

V. Anmeldungsverfahren

14 **1. Ziel und Inhalt des Antrags.** Anmeldung ist Antrag auf Eintragung bestimmter „Tatsachen" (im Zusammenhang mit § 39 heißt das: rechtlicher Verhältnisse), mit dem Eintragungsverfahren eröffnet wird.[52] Inhalt muss der Sache nach klar zum Ausdruck bringen, was eingetragen werden soll; Wortlaut hingegen braucht künftiger Eintragung nicht zu entsprechen.[53] Bei inhaltlicher Unklarheit kann RegGericht Klarstellung verlangen u bei deren Unterbleiben Eintragung ablehnen.

15 **2. Form.** Ausschließlich elektronisch einzureichende Anmeldung bedarf öffentlich beglaubigter Form, § 12 I 1 HGB iVm § 129 BGB, ebenso Vollmacht bei Anmeldung durch Vertreter, § 12 I 2 HGB.[54] Zeichnung der GFührer-Unterschriften zur Aufbewahrung bei dem Gericht ist nicht mehr erforderlich.[55]

---

[50] OLG Köln GmbHR 2001, 923, 924 f; OLG Rostock GmbHR 2003, 1133; Scholz/*Schneider* Rn 16; **aA** AG Berlin-Charlottenburg ZIP 1996, 683; wohl auch Roth/*Altmeppen* Rn 6; vgl ferner § 64 Rn 58.

[51] LG Baden-Baden ZIP 1996, 1352; AG Berlin-Charlottenburg ZIP 1996, 683; Uhlenbruck/*Hirte* InsO § 11 Rn 119; *Wicke* Rn 3.

[52] Michalski/*Terlau/Schäfers* Rn 12.

[53] Ein Beispiel ist der Sachverhalt BGH NZG 2006, 64.

[54] Ulmer/*Paefgen* Rn 29; Scholz/*Schneider* Rn 17; Rowedder/Schmidt-Leithoff/*Koppensteiner* Rn 8; AnwaltsHdbGmbH/*Lenz* § 7 Rn 23.

[55] Aufhebung des § 39 IV durch das EHUG v 10. 11. 2006, BGBl I, 2553.

3. Urkunden. Beizufügen sind nach Abs 2 Urkunden über Bestellung der GFührer, ihre Amtsbeendigung oder über Änderung der Vertretungsbefugnis (zur berichtigenden Auslegung des Gesetzeswortlauts Rn 2), also vielfach **Protokollauszug über Beschlussfassung** des zuständigen Gremiums (idR GfterVers, § 46 Nr 5) in Urschrift oder öffentlich beglaubigter Abschrift (§ 42 BeurkG).[56] Bei Ein-Personen-GmbH kann Niederschrift des Bestellungsbeschl (§ 48 III) in der Anmeldung zum HR liegen.[57] Grds nicht erforderlich ist Nachweis des **Zugangs** der Mitteilung über Abberufung (dazu § 38 Rn 43).[58] Umgekehrt auch bei Amtsniederlegung kein Nachweis des Zuganges der Erklärung bei dem für die Bestellung zuständigen Organ notwendig.[59] Solcher Zugangsnachweis ist nur erforderlich, wenn sich aus dem Inhalt der Anmeldung Zweifel am Zugang der Amtsniederlegung u somit an ihrer materiellrechtlichen Wirksamkeit ergeben; Glaubhaftmachung nach § 15 II FGG genügt nicht.[60] Bei Tod ist Sterbeurkunde vorzulegen. Es genügt die beglaubigte Abschrift einer ausländischen Sterbeurkunde in fremder Sprache u der Bescheinigung eines Notars über Vorliegen u Inhalt dieser Urkunde in deutscher Sprache.[61] Bei Ausscheiden durch Fristablauf ist entspr Bestellungsbeschl zu präsentieren. Urkunden (Urschrift, beglaubigte Abschrift) bedürfen nicht öffentlich beglaubigter Form,[62] dh die Unterschriften werden nicht notariell geprüft.[63] Für die Anmeldung von Satzungsänderungen vgl aber § 54 Rn 7 ff. Bei Bestellung von Ausländern zum GFührer ist Beifügung einer Aufenthalts- und Arbeitsgenehmigung nicht erforderlich,[64] vgl § 6 Rn 9 u unten Rn 21.[65] 16

4. Zuständiges Gericht ist RegGericht des GesSitzes. 17

5. Prüfung durch Gericht. RegGericht prüft vor Eintragung **Ordnungsmäßigkeit der Anmeldung,** dh ob Anmeldung formgerecht erfolgt ist, ob die begehrte Eintragung eintragungsfähig ist u ob erforderliche Urkunden beigefügt sind. Es prüft ferner, ob vorgelegte **Urkunden Eintragung erlauben;**[66] gemeint ist damit, ob Inhalt der Urkunde, also meist Beschl der GfterVers, des AR oder eines anderen Organs inhaltlich der einzutragenden 18

---

[56] LG München I Rpfleger 2000, 219; AnwaltsHdbGmbH/*Lenz* § 7 Rn 24; MünchHdbGmbH/*Marsch-Barner/Diekmann* § 42 Rn 80.

[57] OLG Thüringen GmbHR 2003, 113; Scholz/*Schneider* Rn 18.

[58] OLG Hamm NZG 2003, 131 f; Scholz/*Schneider* Rn 18.

[59] *Wachter* GmbHR 2001, 1129, 1137 f; Scholz/*Schneider* Rn 18; *Wicke* Rn 4; **aA** OLG Düsseldorf NZG 2004, 1068, 1069; OLG Naumburg NZG 2001, 853; dazu krit Anm v *Maurer* RNotZ 2001, 349; zum Zugangserfordernis bei der Amtsniederlegung siehe § 38 Rn 86 f.

[60] OLG Frankfurt DNotZ 2006, 951; *Raab* jurisPR-InsR 24/2006 Anm 3.

[61] LG Wuppertal RNotZ 2006, 620 f m Anm v *Baumann*.

[62] Hachenburg/*Mertens* Rn 12; *Lutter/Hommelhoff* Rn 8.

[63] De lege ferenda dafür *Winkler* FS Wiedemann, 2002, 1369, 1373 ff nach dem Vorbild des § 29 GBO.

[64] *Erdmann* NZG 2002, 505, 506; Ulmer/*Paefgen* Rn 34; OLG Dresden GmbHR 2003, 537 f; OLG Düsseldorf DB 1977, 1840; **aA** OLG Hamm GmbHR 1999, 1089, 1091; OLG Zweibrücken GmbHR 2001, 435 f.

[65] **AA** LG Köln GmbHR 1983, 48; 1984, 157 f.

[66] OLG Düsseldorf GmbHR 2001, 243, 244; BayObLG GmbHR 2001, 72; OLG Naumburg GmbHR 2001, 570; OLG Hamburg GmbHR 1990, 82, 83; *Winkler* FS Wiedemann, 2002, 1369, 1373 f; MünchHdbGmbH/*Marsch-Barner/Diekmann* § 42 Rn 80; AnwaltsHdbGmbH/*Lenz* § 7 Rn 25; *Wachter* GmbHR 2001, 1129, 1138.

Veränderung entspricht (Bsp: GfterVers hat für zu bestellenden GFührer Einzelvertretungsbefugnis beschlossen, Anmeldung geht jedoch auf Eintragung der Gesamtvertretungsbefugnis).[67] Eintragung ist abzulehnen, wenn beglaubigte Anmeldung einer erst später zum GFührer zu bestellenden Person vorgelegt wird, hingegen vorzunehmen, wenn Bestellung bei Eingang der Anmeldung nachgewiesen erfolgt ist.[68]

19 Unklarheiten u Meinungsverschiedenheiten bestehen hinsichtlich der Frage, inwieweit RegGericht die **Wirksamkeit des Gremienbeschlusses** zu prüfen hat.[69] Sicher ist, dass Gericht einerseits eine gewisse Mindestprüfungspflicht hat, andererseits nicht umfassend prüfen u etwa gar jeden Zweifel an Beschlusswirksamkeit beseitigen muss.[70] Zu **prüfen** hat es ob ein **GfterBeschl überhaupt vorliegt**[71] und die **Zuständigkeit** des beschließenden Gremiums.[72] Es darf ferner u muss bei begründeten Zweifeln prüfen, ob diejenigen Einberufungsvorschriften eingehalten sind, deren Nichtbeachtung zur Beschlnichtigkeit führen (dazu Anh § 47 Rn 45 ff).[73] Wird Beschl eines AlleinGfters vorgelegt (Wahrung von Einberufungsvorschriften ist dann nicht erforderlich) kann u muss Gericht bei Zweifeln durch Blick in GfterListe (§ 40) auch prüfen, ob beschließender Gfter wirklich alle Anteile hält.[74] Zu weit geht es freilich, wenn allgemein formuliert wird, Gericht habe die Ordnungsmäßigkeit der Beschlfassung zu prüfen[75] oder die formelle Gültigkeit.[76] Ordnungsmäßigkeit der Beschlfassung ist etwa gerade hinsichtlich anfechtungsbegründender Mängel grds nicht zu prüfen.[77] Deshalb ist auch nicht in jedem Fall zu kontrollieren, ob beschlfassende Personen Gftereigenschaft besitzen bzw ob Vollmachtsurkunden für ihre Stimmrechtsausübung vorliegen, weil Beschl auch bei Verneinung voll wirksam sein kann.[78] Auch Erreichung der erforderlichen Mehrheit ist dort unerheblich, wo bindende Feststellung des Beschlergebnisses erfolgt ist; ansonsten darf RegGericht von der rechnerischen Mehrheit ausgehen u braucht sich auf Streit um Stimmberechtigungen etc nicht einzulassen.[79] Hängt Wirksamkeit der Abberufung eines GFührers vom Vorliegen eines wichtigen Grundes ab – das ist nicht der Fall, wenn Fehlen des wichtigen Grundes, wie in etlichen Fällen, nur Anfechtbarkeit des Beschlusses begründet – (im Einzelnen dazu § 38 Rn 6 ff) hat

---

[67] OLG Zweibrücken GmbHR 1993, 97; OLG Naumburg GmbHR 1994, 119.

[68] *Bärwaldt* GmbHR 2000, 421 ff; *Böcker* MittRhNotK 2000, 61 ff; **abw** OLG Düsseldorf NZG 2000, 262, 263 m Anm v *Waldner* = DNotZ 2000, 529, 531 ff mit Anm v *Kallrath*.

[69] BGHZ 84, 285, 287; OLG Düsseldorf GmbHR 2001, 243, 244; Roth/*Altmeppen* Rn 13 ff; Scholz/*Schneider* Rn 21 ff; Ulmer/*Paefgen* Rn 37 ff.

[70] Wie hier Roth/*Altmeppen* Rn 14; wohl auch Michalski/*Terlau/Schäfers* Rn 17; **aA** Ring/Grziwotz/*Hecht/Tiedtke* Rn 10; Ulmer/Habersack/Winter/*Paefgen* Rn 37.

[71] OLG Köln ZIP 2002, 623.

[72] OLG Hamm GmbHR 2001, 920, 921; Scholz/*Schneider* Rn 23.

[73] So auch OLG Frankfurt DB 2009, 611, 612; *Wicke* Rn 5.

[74] Zutr OLG Köln GmbHR 1990, 82, 83; LG Gera NotBZ 2008, 400.

[75] So KG NZG 2006, 718; OLG Hamm GmbHR 2001, 920, 921; OLG Köln GmbHR 1990, 82 u GmbHR 1989, 125.

[76] Rowedder/Schmidt-Leithoff/*Koppensteiner* Rn 10.

[77] So auch OLG Frankfurt DB 2009, 611, 612; Scholz/*Schneider* Rn 22; **aA** wohl KG NZG 2006, 718.

[78] OLG Hamm DB 1996, 1029 (keine Prüfungspflicht für Vertretungsmacht des Bürgermeisters).

[79] Ebenso Roth/*Altmeppen* Rn 14.

RegGericht nicht in umfassende materielle Prüfung der Sach- u Rechtslage einzutreten.[80] Vielmehr gilt generell, dass nur evidente Nichtigkeit oder Unwirksamkeit zur Versagung der Eintragung zwingt.[81]

Soweit für Veränderung maßgebender Beschl **Satzungsänderung** zum Gegenstand hat, erstreckt sich Prüfungsaufgabe allerdings auch auf anfechtungsbegründende Mängel, falls Anfechtbarkeit rechtzeitig geltend gemacht worden ist. Zur Frage, inwieweit RegGericht auf Grund der Prüfung eintragen darf bzw muss, vgl § 54 Rn 20 f. 20

Eintragung eines **Ausländers als GFührer** bei Fehlen ausländerrechtlicher Erfordernisse darf Gericht nicht ablehnen, da Auswirkung auf Bestellungsakt idR zu verneinen.[82] Beschäftigungshindernisse sind keine Bestellungshindernisse.[83] Gegenmeinung übersieht auch, dass GFührer keine Residenzpflicht im Inland trifft. Ob Aufenthalt im Ausland u Abgabe von Vertretungserklärungen aus dem Ausland den Verwaltungssitz der Ges ins Ausland verlegt ist nach neuer Rechtslage (§ 4 idF durch MoMiG) sowieso unerheblich. Vgl auch oben § 6 Rn 9. 21

6. Zum **Eintragungsverfahren** § 8 Rn 2 sowie bei § 9 c; zum **Inhalt der Eintragung** § 10 Rn 2. Grund der Veränderung ist nicht anzugeben.[84] **Kosten** treffen Ges, nicht GFührer. 22

7. Erzwingung der Anmeldung durch RegGericht mittels Zwangsgeld, § 14 HGB.[85] 23

VI. Rechtliche Bedeutung der Eintragung

Eintragung der nach Abs 1 anmeldungspflichtigen Tatsachen hat **keine konstitutive Wirkung** für die durch sie bekundeten Rechtsvorgänge (anders nur für Satzungsänderungen, § 54 III).[86] Ist daher Dritten die eintragungspflichtige Tatsache bekannt, kommt es auf Eintragung nicht an.[87] Eintragungen u Bekanntmachungen haben aber **materielle Wirkung** für Dritte im 24

---

[80] BayObLG Rpfleger 1973, 309; Ulmer/*Paefgen* Rn 41; Roth/*Altmeppen* Rn 14; *Gröger* Rpfleger 1976, 288; Scholz/*Schneider* Rn 22, nachdem das RegGericht nicht berechtigt ist, die Eintragung abzulehnen.

[81] BayObLG GmbHR 1992, 304, 306; *Baums,* Eintragung und Löschung von Gfter-Beschl, 1981, S 106; ähnl *Lutter/Hommelhoff* Rn 10 (Unwirksamkeitsgründe, die nach überschlägiger Prüfung aus den vorgelegten Unterlagen hervorgehen); Scholz/*Schneider* Rn 19.

[82] OLG Dresden GmbHR 2003, 537 m Anm v *Wachter;* Rowedder/Schmidt-Leithoff/*Koppensteiner* Rn 8; Michalski/*Terlau/Schäfers* Rn 8; *Erdmann* NZG 2002, 503, 506.

[83] OLG Dresden GmbHR 2003, 537; OLG Frankfurt DB 1977, 817; OLG Düsseldorf DB 1977, 1840; **aA** OLG Köln GmbHR 2001, 923, 924; OLG Hamm GmbHR 1999, 1089, 1091; OLG Zweibrücken GmbHR 2001, 435 f; iE offen gelassen: OLG Frankfurt a. M. NZG 2001, 757.

[84] Ulmer/*Paefgen* Rn 26.

[85] Zur Unzulässigkeit des Zwangsgeldverfahrens bei der Löschung anfänglich unrichtiger oder unzulässiger Eintragungen KG Berlin GmbHR 1999, 861 ff.

[86] BGH GmbHR 1996, 50; OLG Hamburg NZG 2000, 698; OLG Celle GmbHR 1995, 728; *Lutter/Hommelhoff* Rn 1; Michalski/*Terlau/Schäfers* Rn 22; Rowedder/Schmidt-Leithoff/*Koppensteiner* Rn 1; Roth/*Altmeppen* Rn 5; AnwaltsHdbGmbH/*Lenz* § 7 Rn 19; MünchHdbGmbH/*Marsch-Barner/Diekmann* § 42 Rn 81; Ring/Grziwotz/*Hecht/Tiedtke* Rn 11.

[87] Bsp: OLG Köln BB 1993, 89.

Hinblick auf **§ 15 HGB:** unterlassene Eintragung im Rahmen von § 15 I HGB, positive Eintragung richtiger Tatsachen im Rahmen von § 15 II HGB, unrichtige Eintragung (genau: Bekanntmachung) im Rahmen von § 15 III HGB u allg Rechtsscheingrundsätzen.[88] Wegen der Wirkung des § 15 HGB auch bei fehlender Voreintragung[89] empfiehlt es sich, Beendigung der GFührerstellung auch dann einzutragen, wenn Anmeldung u Eintragung der Bestellung gar nicht erfolgt waren.[90]

Liste der Gesellschafter

40 (1) [1]**Die Geschäftsführer haben unverzüglich nach Wirksamwerden jeder Veränderung in den Personen der Gesellschafter oder des Umfangs ihrer Beteiligung eine von ihnen unterschriebene Liste der Gesellschafter zum Handelsregister einzureichen, aus welcher Name, Vorname, Geburtsdatum und Wohnort der letzteren sowie die Nennbeträge und die laufenden Nummern der von einem jeden derselben übernommenen Geschäftsanteile zu entnehmen sind.** [2]**Die Änderung der Liste durch die Geschäftsführer erfolgt auf Mitteilung und Nachweis.**

(2) [1]**Hat ein Notar an Veränderungen nach Absatz 1 Satz 1 mitgewirkt, hat er unverzüglich nach deren Wirksamwerden ohne Rücksicht auf etwaige später eintretende Unwirksamkeitsgründe die Liste anstelle der Geschäftsführer zu unterschreiben, zum Handelsregister einzureichen und eine Abschrift der geänderten Liste an die Gesellschaft zu übermitteln.** [2]**Die Liste muss mit der Bescheinigung des Notars versehen sein, dass die geänderten Eintragungen den Veränderungen entsprechen, an denen er mitgewirkt hat, und die übrigen Eintragungen mit dem Inhalt der zuletzt im Handelsregister aufgenommenen Liste übereinstimmen.**

(3) **Geschäftsführer, welche die ihnen nach Absatz 1 obliegende Pflicht verletzen, haften denjenigen, deren Beteiligung sich geändert hat, und den Gläubigern der Gesellschaft für den daraus entstandenen Schaden als Gesamtschuldner.**

Übersicht

[88] LG Stuttgart ZIP 1990, 596.
[89] Ebenroth/Boujong/Joost/Strohn/*Gehrlein* § 15 HGB Rn 8.
[90] BayObLG GmbHR 1992, 306.

Lit: *Bednarz,* Die Gesellschafterliste als Rechtsscheinträger für einen gutgläubigen Erwerb von GmbH-Geschäftsanteilen, BB 2008, 1854; *Berger/Kleissl,* Neue Unsicherheiten bei der Auslandsbeurkundung von GmbH-Geschäftsanteilen, DB 2008, 2235; *Bohrer,* Fehlerquellen und gutgläubiger Erwerb im Geschäftsanteilsverkehr – Das Vertrauensschutzkonzept im Regierungsentwurf des MoMiG, DStR 2007, 995; *Götze/Bressler,* Praxisfragen der Gesellschafterliste und des gutgläubigen Erwerbs von Geschäftsanteilen nach dem MoMiG, NZG 2007, 894; *Gottschalk,* Neue Regelungen für die Gesellschafterliste und die Geschäftsanteile sowie der gutgläubige Erwerb von Geschäftsanteilen nach dem MoMiG, DZWiR 2009, 45; *Greitemann/Bergjan,* Die Auswirkungen des MoMiG auf die M&A-Praxis, FS Pöllath und Partner, 2008, S. 271; *Haase,* § 40 GmbHG – Ein Schutzgesetz iSd § 823 Abs. 2 BGB, FS Quack, 1991, S. 229; *Harbarth,* Gutgläubiger Erwerb von GmbH-Geschäftsanteilen nach dem MoMiG-RegE, ZIP 2008, 57; *Heckschen,* Auswirkungen des MoMiG auf die Übertragung von GmbH-Anteilen von Todes wegen, ZErb 2008, 246; *Link,* Gesellschafterliste und gutgläubiger Erwerb von GmbH-Anteilen aus Sicht der Notarpraxis, RNotZ 2009, 193; *Marx,* Die Publizität des GmbH-Gesellschafters, 2002; *Mayer,* Der Erwerb einer GmbH nach den Änderungen durch das MoMiG, DNotZ 2008, 403; *Preuß,* Gesellschafterliste, Legitimation gegenüber der Gesellschaft und gutgläubiger Erwerb von GmbH-Anteilen, ZGR 2008, S 676; *dies,* Die Mitwirkung des Notars bei Veränderungen des Gesellschafterbestandes nach dem MoMiG, FS Spiegelberger, 2009, S. 876; *Rau,* Der Erwerb einer GmbH nach In-Kraft-Treten des MoMiG – Höhere Transparenz des Gesellschafterkreises, gutgläubiger Erwerb und vereinfachte Stückelung, DStR 2006, 1892; *Reymann,* Zurechnungssystem und Regelungsebenen der GmbH-Gesellschafterliste, BB 2009, 506; *Schneider, U. H.,* Neue Haftungsrisiken für GmbH-Geschäftsführer bei Erstellung und Einreichung der Gesellschafterliste, GmbHR 2009, 393; *Schockenhoff/Höder,* Gutgläubiger Erwerb von GmbH-Anteilen nach dem MoMiG: Nachbesserungsbedarf aus Sicht der M&A-Praxis, ZIP 2006, 1841; *Tebben,* Die Reform der GmbH – das MoMiG in der notariellen Praxis, RNotZ 2008, 441; *Vossius,* Gutgläubiger Erwerb von GmbH-Anteilen nach MoMiG, DB 2007, 2299; *Wachter,* Übertragung von Geschäftsanteilen nach dem MoMiG, in Römermann/Wachter (Hrsg.), GmbHR-Sonderheft: GmbH-Beratung nach dem MoMiG, Oktober 2008; *ders,* ZNotP 2008, 378; *ders,* Unternehmensnachfolge bei der GmbH und GmbH & Co. KG nach dem MoMiG, DB 2009, 159; *ders,* Aufwertung der Gesellschafterliste durch das MoMiG – Fluch oder Segen?, ZIP 2009, 1037; *Ziegler,* Die Liste der GmbH-Gesellschafter, GmbHR 2000, R 201; *ders,* GmbHR 2002 R 45; *Zöllner,* Übertragung von GmbH-Anteilen – Zwei rechtspolitische Grundsatzfragen, Gesellschaftsrechtliche Vereinigung (Hrsg): Die GmbH-Reform in der Diskussion, Bd. 11, 2006, S. 175.

A. Allgemeines

I. Inhalt u Zweck der Regelung

1 Mit zum HR einzureichender **GfterListe** soll der bei den HR-Daten ausgewiesene Gründungsstand der Gfter (§ 8 I Nr 3) jeweils aktualisiert werden. GfterListe **legitimiert gegenüber Gesellschaft** (§ 16 I), verpflichtet bei rückständigen Einlageleistungen (§ 16 II) und bildet **Grundlage für Rechtsscheinerwerb** (§ 16 III). Diese Wirkungen sind 2008 durch das MoMiG eingeführt worden, was zu erheblicher **Aufwertung der GfterListe** führt.[1] Deren korrekte **Führung, Einreichung und Kontrolle** ist von größter Bedeutung. Daher ist bei „Veränderungen" mitwirkender Notar einreichungspflichtig (Abs 2); ferner besteht erweiterte Schadenshaftung der GFührer (Abs 3). Neben diesen Legitimations- und Gutglaubenserwerbszwecken der Liste besteht ihr Sinn auch darin, Dritte (insbes Gläubiger) über den aktuellen und früheren GfterBestand zu informieren. In HR aufgenommene Liste ist online jedermann zugänglich (Rn 79).

2 Durch **MoMiG** neu gefasste Norm gilt für Sachverhalte ab dem 1. 11. 2008. **Übergangsregelung** in § 3 III EGGmbHG betrifft nur die Wirkung der GfterListe gem. § 16 III, sie gilt nicht für Fiktion des § 16 I, die seit Inkrafttreten der Reform besteht. Pflichtwidrig nur intern geführte Liste, die für Legitimation ggüber Ges nach alter Rechtslage immerhin ausreichte, ist von GFührer unverzüglich zum HR einzureichen (Rn 42).

3 Die Neuregelung der GfterListe ist in erster Linie mit dem **Aktienregister** vergleichbar, zum Teil auch mit dem **Grundbuchverfahren.** Im Unterschied zum Aktienregister reicht die materielle Wirkung weiter, da Gutglaubenserwerb ermöglichend. Das Aktienregister wird vom Vorstand bei der Ges geführt während bei der GfterListe die Einreichung, genauer: die Aufnahme im HR entscheidend ist. Über die Eintragungen entscheidet beim Aktien-

[1] *Preuß* ZGR 2008, 676 ff.

register allein der Vorstand wohingegen die GfterListe auch von den Notaren bestückt wird. Das HR ist nur Verwahrstelle und im Gegensatz zum Grundbuchamt grds nicht mit eigenen Prüfungen befasst (Rn 75). Diese Gemengelage ist einzigartig und gibt der Norm ein hybrides Gepräge, das ein schlüssiges Konzept vermissen lässt.

II. Veränderung

4 Einzureichen ist nach **Veränderung** in **sachlicher oder personeller Hinsicht.** Diese Regelung galt schon nach alter Fassung. Die MoMiG-Reform hat das Wort „Wirksamwerden" eingefügt, ohne dass damit etwas gewonnen wäre. Ein Vorgang ist selbstverständlich erst zu erfassen, wenn er wirksam ist, sonst liegt keine Veränderung vor.

5 Veränderung im **Umfang der Beteiligung** eines vorhandenen Gfters sind namentlich Hinzuerwerb neuen GAnteils (etwa auf Grund Kauf, Schenkung, Erbfolge oder Kapitalerhöhung); Aufstockung oder Herabsetzung eines GAnteils; auch Teilung oder Zusammenlegung von GAnteilen (§ 46 Nr 4), obwohl sich wörtlich genommen der „Umfang" dadurch nicht ändert. Freilich sind Nennbeträge und laufende Nummern der Geschäftsanteile anzugeben, woraus folgt, dass Änderungen der Stückelung in die Liste gehören.

6 Veränderung in der **Person eines Gfters** betrifft hauptsächlich den **Gfter-Wechsel** (Ein- und Ausscheiden bzw. nur das letztere) durch Veräußerung (§ 15), Kaduzierung (§ 21), Versteigerung (§ 23), Abandon (§ 27), Einziehung (§ 34), Ausschluss und Austritt (Anh § 34), Rechtsnachfolge (Erbfolge, Verschmelzung, Spaltung, Anwachsung).[2] Trotz bleibender Identität des Gfters ist von Veränderung „in der Person" zu sprechen, wenn die in Abs 1 genannten Merkmale Name und Wohnort eine Änderung erfahren: der Name etwa durch Eheschließung, die Firma etwa durch Formwechsel. Adressenänderung löst Einreichungspflicht nur dann nicht aus,[3] wenn Wohnort bzw. Sitz unverändert bleiben. Zwar ließe sich vertreten, dass die Namensangaben etc nur als Folge eines Personenwechsels zu ändern sind. Jedoch würde diese Beschränkung die Funktion der GfterListe, die Identifizierung zu ermöglichen, deutlich beeinträchtigen.

7 **Keine Veränderungen** sind **Belastung** von Anteilen, etwa durch Pfändung, Verpfändung, Nießbrauch.[4] Sie können nicht als „Umfang" der Beteiligung eingeordnet werden. Über diese wichtigen Ausgestaltungen schweigt die Liste, was ihre rechtspraktischen Aussage deutlich schmälert (s auch § 16 Rn 11, 26). Die Frage des gutgläubigen belastungsfreien Erwerbs belasteter GAnteile wurde im Gesetzgebungsverfahren erörtert[5] und negativ entschieden. Auch **Einzahlungen auf den GAnteil** sind **nicht** als Veränderungen im Umfang der Beteiligung zu verstehen. Schließlich ist auch **Eröffnung des Insolvenzverfahrens** über Vermögen des Gfters keine Veränderung iSv Abs 1.

---

2 *Vossius* DB 2007, 2299.
3 Michalski/*Terlau/Schäfers* Rn 10.
4 *Wicke* Rn 5 aE; *Wachter* GmbHR-Sonderheft, 2008, S 52; *Schneider* GmbHR 2009, 394.
5 *Zöllner* S 182 Fn 17: „halbe Sache", wenn lastenfreier Erwerb nicht möglich wäre.

III. Inhalt der Liste

8 Von GFührer einzureichende Liste hat die jeweiligen Gfter der GmbH zu enthalten mit **Familien- u Vornamen, Geburtsdatum, Wohnort u Detailangaben** über deren **Geschäftsanteile.**[6] Dokumente über den Rechtsgrund der Veränderung sind nicht beizufügen; ebenso wenig ist zu vermerken, ob Änderung im Umfang der Beteiligung oder in der Person eines Gfters eintrat. Die Liste wird nicht chronologisch mit Streichungen und Einfügungen geführt (anders bei HR-Eintragungen oder im Grundbuch), sondern bei jeder Einreichung insgesamt neu und nur mit Angaben zu dem aktuellen GfterKreis erstellt. Eine Hervorhebung der Änderung gegenüber der bisherigen Liste ist nicht vorgeschrieben, kann sich aber empfehlen.[7]

9 **1. Inhaber.** Als **Gfter** anzugeben sind die **Inhaber der GAnteile,** dh wer GAnteil de iure hält (auch als Treuhänder), nicht hingegen wirtschaftlich dahinter stehende oder still unterbeteiligte Personen.[8] Bei ungenehmigter Veräußerung vinkulierter Anteile bleibt Veräußerer der Inhaber. Bei Kaduzierung (§ 21) der bisherige Inhaber bis zum Wirksamwerden der Ausschlusserklärung (§ 21 II); ab dann Ges (ihre Inhaberstellung ist str, entspricht aber der hL, vgl § 21 Rn 12), wobei Kaduzierungsvermerk wegen Erwerbsmöglichkeit des Rechtsvorgängers (§ 22 IV) zweckmäßig (nach hM notwendig) ist; bei Abandon (§ 27) der bisherige Inhaber bis zur Veräußerung nach § 27 II oder Anfall an Ges nach § 27 III. Für eigene Anteile ist Ges als Inhaber anzugeben. Bei Innehabung des Anteils durch mehrere Personen ist Form der Gemeinschaft anzugeben, zB A u B in Ges bürgerlichen Rechts, Gütergemeinschaft, Erbengemeinschaft bzw Bruchteilsgemeinschaft.[9]

10 **2. Name. Familienname** u mindestens ein **Vorname** (im Zweifel der Rufname) sind anzugeben. Bei Zugehörigkeit zu gewerblichem Vermögen eines Einzelkaufmanns ist Firmenname zulässig (auch wünschenswert), aber jedenfalls zusätzliche Angabe des Firmeninhabers erforderlich. Bei KapitalGes u PersonenhandelsGes Angabe der **Firma** (mit Rechtsformzusatz), HR-Nummer zulässig und zweckmäßig, aber nicht zwingend erforderlich. Bei GbR als Inhaberin eines Anteils[10] ist die GbR als solche unter ihrer gesvertraglich vorgesehenen Bezeichnung in der Liste aufzuführen; sieht der GesVertrag keine Bezeichnung vor, wird sie als GbR mit namentlicher Benennung sämtlicher ihrer Gfter aufgenommen.[11]

11 **3. Geburtsdatum des Gfters** ist bei nat Personen vollständig anzugeben. Gründungsdatum bei Ges ist nicht verlangt.

12 **4. Wohnort** iSd politischen Gemeinde (§ 7 BGB) ist bei **natürlichen Personen** Regelangabe. Bei Zugehörigkeit des GAnteils zum gewerblichen

---

[6] Muster zur neuen Rechtslage bei *Mayer* DNotZ 2008, 406; *Götze/Bressler* NZG 2007, 894; s ferner *Marx,* Die Publizität des GmbH-Gesellschafters, 2002, 13; *Förl* RNotZ 2008, 409, 414.

[7] *Tebben* RNotZ 2008, 455.

[8] Zust Ulmer/*Paefgen* Rn 12; Michalski/*Terlau/Schäfers* Rn 4; MünchHdbGmbH/*Heinrich* § 8 Rn 22.

[9] *K. Schmidt* BB 1983, 1700; MünchHdbGmbH/*Heinrich* § 8 Rn 23.

[10] Auf der Grundlage der neuen Rechtsprechung des BGH zur Rechtsfähigkeit der Außen-GbR (NJW 2001, 1056).

[11] BGH NJW 2009, 594 (zur Eintragung einer GbR im Grundbuch).

Vermögen einer natürlichen Person ist stattdessen Angabe des Sitzes der gewerblichen Niederlassung möglich, wenn gleichzeitig Firma angegeben wird (Rn 10). Bei **jurPers u PersonenhandelsGes** stets nur **Ort des Sitzes** bzw der gewerblichen Niederlassung. Über Text hinaus sind weitere Angaben erforderlich, wo Wohnortangabe für hinreichende Identifizierung nicht genügt, was wegen der Angabe des Geburtsdatums kaum einmal praktisch werden dürfte. Auch dann muss es nicht notwendig die Privatanschrift sein und dies sollte wegen der Online-Einsicht für jedermann auch vermieden werden. Es kann als weiteres Identifikationsmerkmal etwa der Geburtsort, der Beruf oder – wenn vorhanden – die Geschäftsanschrift genannt werden.[12]

5. Nennbeträge und Nummern. Die GAnteile sind durchgehend zu nummerieren und mit dem Nennbetrag zu bezeichnen (Neufassung § 8 Abs 1 Nr 3 durch MoMiG). Wie aus Pluralfassung des Wortlauts hervorgeht, genügt nicht Angabe des Gesamtnennbetrags für jeden Gfter, vielmehr sind mehrere GAnteile jedes Einzelnen getrennt mit Nennbetrag und Nummer aufzuführen;[13] wichtig zB für Zwangsvollstreckung gegen Gfter und bei Hinzuerwerb wegen Haftung des jeweiligen Rechtsvorgängers. Daraus ergibt sich auch, dass entgegen dem Wortlaut nicht nur Veränderungen des Gesamtumfangs einer Beteiligung anzumelden sind, sondern auch bloße **Änderungen der Stückelung** bei einem Gfter[14] (Rn 5); letzteres erhält Bedeutung durch Freigabe der Teilung von GAnteilen[15] durch MoMiG. Kapitalherabsetzung ohne Änderung des Betrags der GAnteile ist nach neuerer Auffassung nicht mehr zulässig, vgl § 58 Rn 6. Möglich und durchaus sinnvoll ist eine Veränderungsspalte[16], aus der hervorgeht, welche neuen Anteile aus Teilung bzw. Zusammenlegung hervorgegangen sind. Angabe, inwieweit **Einzahlungen** auf die GAnteile geleistet sind, ist **nicht erforderlich,** aber zulässig.[17] 13

6. Untergegangene Anteile. Über Wortlaut hinaus ist auch **Angabe untergegangener Anteile** u des Grundes für ihren Untergang (zB Einziehung) erforderlich.[18] Das ergibt sich aus dem weiteren Zweck der Liste (Rn 1), Gläubiger über Abfolge der Gfter, nicht nur über derzeitigen Gfterstand zu informieren. 14

7. Keine Kürangaben. Weitere Angaben sind für die GfterListe nicht zu akzeptieren. Die Liste soll übersichtlich sein und als Grundlage der Wirkungen des § 16 dienen. Damit vertragen sich Zusatzangaben („als Erbe von", „Bevollmächtigter ist …", „in Insolvenz") grds nicht. Schließlich würden wohl 15

---

12 *Seibert/Wedemann* GmbHR 2007, 17, 19.

13 So zur alten Rechtslage Ulmer/*Paefgen* Rn 13; Michalski/*Terlau/Schäfers* Rn 8.

14 *Wicke* Rn 3; Ulmer/*Paefgen* Rn 13; Michalski/*Terlau/Schäfers* Rn 4.

15 Dazu auch mit Blick auf die Darstellungstechnik in der Liste *Förl* RNotZ 2008, 409, 413; *Tebben* RNotZ 2008, 441, 455.

16 *Rotthege,* Beratung der GmbH, 3. Aufl 2009, S 123 Fn 190.

17 Scholz/*Schneider* Rn 16.

18 Zust. *Tebben* RNotZ 2008, 455; zurückhaltend zur neuen MoMiG-Rechtslage *Götze/Bressler* NZG 2007, 895 („zumindest nicht ausgeschlossen"); für Nennung nach bisherigem Recht Scholz/*Schneider* Rn 10; Ulmer/*Paefgen* Rn 6; Rowedder/Schmidt-Leithoff/*Koppensteiner* Rn 3; Roth/*Altmeppen* Rn 6.

auch datenschutzrechtliche Einwände gegen derlei Notizen zu formulieren sein, da die Liste zu jedermanns Einsicht offen steht.[19]

B. Einreichung durch GFührer

16 Die GFührer sind bei mitgeteilten und nachgewiesenen „Veränderungen" (Rn 4 ff) zur Einreichung der Liste **verpflichtet** (Abs 1 S 2). Bei mehreren GFührern (Gesetz verwendet Plural) kommt es auf vertretungsberechtigte Zahl an.

17 **Anwendungsbereich** ist gleichsam negativ zu bestimmen: alle Veränderungen, an denen ein Notar *nicht* mitgewirkt hat. Da bei rechtsgeschäftlichem Anteilswechsel und bei satzungsändernden Kapitalmaßnahmen idR der mitwirkende (inländische) Notar „anstelle des GFührers" tätig wird (Abs 2; Rn 57), besteht insoweit nur Auffangzuständigkeit. Zuständig sind GFührer etwa bei Veränderungen durch (gesetzliche oder gewillkürte) Erbfolge. Ferner kommen in Betracht Zusammenlegung, Teilung, Einziehung und Kaduzierung sowie Namens- und Wohnortänderungen. Nicht mit GfterListe gem § 40 zu verwechseln ist die „berichtigte Gesellschafterliste" bei Verschmelzung und Spaltung (§§ 52 II, 125 UmwG), die schon vor Wirksamwerden der Anmeldung dieser Vorgänge zum HR beizufügen ist.[20]

I. Mitteilung und Nachweis

18 Veränderungen (Rn 4 ff) hinsichtlich des Pflichtinhalts der Liste müssen GFührer **mitgeteilt und nachgewiesen** (Abs 1 S 2) werden. Das Gesetz bleibt vor dem Hintergrund, dass die Liste sowohl legitimiert als auch redlichen Erwerb ermöglicht, seltsam blass, wenn es lapidar von „Mitteilung und Nachweis" spricht. Auf wessen Mitteilung hin die Änderung der Liste erfolgt, ist nicht bestimmt. Die hier zu findenden Regeln müssen sowohl ein einfaches Verfahren ermöglichen als auch der Bedeutung der neu konzipierten GfterListe entsprechen als auch den GFührer, dessen Aufgabe die Leitung der Ges (und eben nicht die Beteiligungsverwaltung der Gfter) ist, vor unzumutbaren Rechtsfragen bewahren. Auf den ebenfalls genannten „Nachweis" kann man nur in zweiter Linie setzen, nämlich als Plausibilisierung der Mitteilung.

19 **1. Mitteilungsbefugnis.** Mitteilungsbefugt ist gewiss der von **Änderung des Umfangs seiner Beteiligung** (Rn 5) **oder in seinen persönlichen Verhältnissen** (Name, Wohnort) **betroffene Gfter.** Mitteilung kann durch bevollmächtigten Dritten erfolgen; §§ 174, 180 BGB gelten entsprechend. Bei Insolvenz des Gfters ist Insolvenzverwalter zur Mitteilung befugt, soweit nicht nur persönliche Verhältnisse betroffen sind.

20 Betrifft der Vorgang **personelle Veränderung in der GfterStellung,** kann zwar jeder Betroffene mitteilen. Beispiel: Bei Veräußerung des GAnteils ist jede Partei mitteilungsbefugt (dies wird praktisch bei Auslandsbeurkun-

---

[19] Anders neuerdings die Beurteilung im Aktienrecht, das nur eine Einsicht durch die betroffenen Aktionäre und keinen Gutglaubenserwerb auf Grundlage der Liste kennt; KölnerKommAktG/*Lutter/Drygala,* 3. Aufl 2009, § 67 Rn 11.

[20] Dazu *Meister* NZG 2008, 767, 770.

dung; Rn 69 ff). Eine Streichung als Gfter ohne dass der davon Betroffene wenigstens gehört wird geht freilich nicht an, mehr noch: seine Zustimmung ist erforderlich. Man wird im Grundsatz ein **formelles Konsensprinzip** (ähnlich bei der Grundbucheintragung) anzuwenden haben: Eine **Veränderung der Liste auf Mitteilung erfolgt nur, wenn derjenige sie bewilligt, dessen Recht davon betroffen ist.** Macht Erwerber die Mitteilung, muss Veräußerer zustimmen. Rechtsbetroffen ist auch präsumtiv neuer Gfter, da ihn Pflichten ggüber Ges treffen, weshalb auch er zuzustimmen hat. Diese Zustimmungen können sich aus dem vorzulegenden Nachweis (zB Urkunde des Baseler Notars) ergeben.[21] Wenn Veräußerer den Eintritt einer aufschiebenden Bedingung (Kaufpreiszahlung!) bestreitet oder etwa der Erwerber erklärt, er habe das Geschäft angefochten, hat Veränderungsnotiz in der Liste zu unterbleiben. GFührer muss keine Expertisen über ihm präsentierte Dokumente und Rechtsansichten einholen. Der Prätendentenstreit kann nicht auf seinem Rücken ausgetragen werden. Vielmehr ist Frage unter den Parteien des Veräußerungsgeschäfts zu klären, etwa durch Klage auf Zustimmung zu der Mitteilung.

Auch im Übrigen führen **widersprüchliche Erklärungen** zur Unbeachtlichkeit der Mitteilungen.[22] Eine solche Situation kann zB eintreten, wenn nach Erbfall mehrere Personen den GAnteil beanspruchen und keine durch Erbschein ausgewiesen ist, ferner etwa bei streitiger Auseinandersetzung einer Miterbengemeinschaft. Hier wird GFührer grds nur bei gemeinsamer bzw sachlich gleichsinniger Mitteilung tätig werden und GAnteile entsprechend dieser Mitteilung in der Liste zuordnen. 21

2. Rechtsnatur der Mitteilung. Mitteilung ist **geschäftsähnliche Handlung,** auf die Vorschriften über Willenserklärung entsprechend anzuwenden sind.[23] Abweichend von den Grundsätzen über die Anmeldung nach § 16 aF[24] kann die Mitteilung nicht nur bis Zugang bei der Ges widerrufen werden (§ 130 I BGB), sondern auch noch danach bis zur Einreichung beim HR. GFührer soll keine Liste einreichen, die nicht von einer zu diesem Zeitpunkt aktuellen Mitteilung getragen ist. Ist Registeraufnahme der Liste bereits erfolgt, kommt nur eine Neueinreichung in Betracht (zur Korrektur fehlerhafter Listen Rn 38 ff). Geltendmachung von Nichtigkeits- und Anfechtungsgründen der Mitteilung hat schon deshalb nur *ex-nunc*-Wirkung. 22

3. Form. Mitteilung bedarf von Gesetzes wegen keiner Form. GesVertrag kann Form vorschreiben.[25] 23

---

[21] S zur ähnlichen Rechtslage bei der Registrierung des Namensaktionärs *Schneider/Müller-von Pilchau* AG 2007, 181, 187; MünchKommAktG/*Bayer,* 3. Aufl 2008, § 67 Rn 81; KölnerKommAktG/*Lutter/Drygala,* 3. Aufl 2009, § 67 Rn 90 (die zwei Mitteilungen – Veräußerer u Erwerber – verlangen).

[22] Voraufl § 16 Rn 5 (dort für Anmeldung des GfterWechsels).

[23] Im Ergebnis ganz hM; für Einordnung als Willenserklärung *Zutt* FS Oppenhoff, 1985, 555, 559 (zur Anmeldung nach § 16 aF). BGH NJW 2001, 1647 sprach im Hinblick auf Anmeldung (§ 16 aF) von „Gestaltungsakt", was seinerzeit zweifelhaft war und jedenfalls heute durch System von Mitteilung - Nachweis – Einreichung überholt ist.

[24] Dazu BGH DB 2008, 2587, 2588.

[25] Lutter/Hommelhoff/*Lutter/Bayer* § 16 Rn 8; anders die Beurteilung im Namensaktienrecht.

24 **4. Keine Mitteilungspflicht.** Es besteht keine Pflicht zur Mitteilung (anders seit August 2008 bei Namensaktien, § 67 I 2 AktG[26]). Ges hat keinen Anspruch auf Mitteilung.[27] Ohne Mitteilung darf grds keine Änderung und Einreichung der Liste erfolgen (zur Ausnahme bei direkter Mitwirkung s Rn 28). Selbst wenn GFührer positiv Kenntnis von (praktisch: Auslands-)Abtretung oder Erbgang hat, ist ihm eigenmächtige Veränderung und Einreichung neuer Liste untersagt. Reicht er dennoch ein, hat in HR eingestellte Liste freilich die Wirkungen gem § 16.

25 **5. Nachweis.** Nachweis muss schlüssige und nach Lage der Dinge für GFührer **überzeugende Unterrichtung über Veränderung** sein.[28] Grundsätzlich darf GFührer auf gleichsinnige Mitteilung der Beteiligten vertrauen, insbesondere bei Anteilsabtretung; haben beide Teile ihren Konsens erklärt, spricht Vermutung dafür, dass ein Rechtsübergang stattgefunden hat. Da Abtretung formgebunden ist, kann auf Vorlage einer Abtretungsurkunde dennoch nicht verzichtet werden,[29] um Formeinhaltung zu belegen (praktisch bei Auslandsbeurkundung). Eine vollständige Rechtsprüfung ist von GFührer nicht zu verlangen. Hat GFührer Kenntnis, dass mitgeteilte Veränderung nicht eingetreten ist, ist Nachweis nicht erbracht. Die Klärung umstrittener Sachverhalte ist von den Beteiligten ins Werk zu setzen und kann nicht auf den GFührer abgewälzt werden (Rn 38 ff).

26 Nachweis kann **mit allen Mitteln** geführt werden: Vorlage der Abtretungsurkunde (erforderlich), des Erbscheins oder notarielle Verfügung von Todes wegen mit Eröffnungsniederschrift,[30] des privatschriftlichen Gfter-Beschlusses, ggf auch mündliche oder textliche Bekundungen der Beteiligten, etwa bei Wohnortwechsel (hier ist Meldebescheinigung idR nicht zu verlangen). Ist GFührer der Veränderungsvorgang bekannt (etwa bei Eigenbeteiligung als Gfter), kann auf förmlichen Nachweis verzichtet werden.[31]

27 Satzung kann von Nachweiserfordernis nicht generell dispensieren.

28 **6. Ausnahmen.** Keine Mitteilung und selbstverständlich auch kein Nachweis sind erforderlich, wenn sich die GfterBeteiligung unter direkter Mitwirkung des GFührers verändert, mithin **von Amts wegen Kenntnis** besteht.[32] Solche amtswegige Kenntnis kraft Mitwirkung ist Vertretung der Ges bei Rechtsakt gegenüber Betroffenem (Kaduzierung, Versteigerung, Einziehung)

---

[26] KölnerKommAktG/*Lutter/Drygala,* 3. Aufl 2009, § 67 Rn 13; dazu krit *Noack* NZG 2008, 721.

[27] **Abw** *Wicke* Rn 8, der ein gesetzliches Schuldverhältnis anführt, das nicht nur Anspruch auf Aufnahme, sondern umgekehrt auch auf Anzeige begründe. Wie hier die ganz hM zur Anmeldung nach altem Recht (§ 16); unentschieden *Reymann* BB 2009, 506, 509.

[28] So zur ähnl Rechtslage nach § 16 GmbHG aF BGH DB 2008, 2587; NJW-RR 1996, 1377; WM 1991, 997; Voraufl § 16 Rn 6.

[29] Anders zutr für das Namensaktienrecht KölnerKommAktG/*Lutter/Drygala,* 3. Aufl 2009, § 67 Rn 100, da hier kein Formerfordernis besteht. Das Dokument kann Schwärzungen enthalten (Kaufpreis!), es muss nur die dingliche Wirksamkeit offenbaren; *Grigoleit/Rieder* Rn 130.

[30] BGH NJW 2005, 2770; *Wicke* Rn 10; *Wachter* DB 2009, 159, 160; *Heckschen* ZErb 2008, 246, 251.

[31] BGH DB 2008, 2587, 2588; dazu *Lommatzsch* SR 2008, 394; **abw** *Peetz* GmbHR 2006, 852, 857.

[32] Zur selben Beurteilung im Aktienrecht MünchKommAktG/*Bayer,* 3. Aufl 2008, § 67 Rn 72; GroßkommAktG/*Merkt* (2008) § 67 Rn 90 („verlässlich erfährt"); Kölner-Komm/*Lutter/Drygala,* 3. Aufl 2009, § 67 Rn 12.

oder gegenüber RegGericht (Anmeldung Kapitalerhöhung; dort allerdings idR Notarpflicht, Rn 54).

II. Einreichungspflicht

Pflichtig ist **GFührer,**[33] auch im Insolvenzverfahren. „Anstelle" des GFührers tritt **Notar** nach Maßgabe des Abs 2 (Rn 49 ff). 29

Die Einreichungspflicht kann von Gfter, dessen Anteil betroffen ist bzw vom Neuerwerber **gerichtlich durchgesetzt** werden (s auch unten Rn 84). Zwar statuiert Gesetz nur einen sekundärrechtlichen Schadensersatzanspruch (Abs 3), doch liegt unausgesprochen ein primärrechtlicher Erfüllungsanspruch zugrunde, dass Liste entsprechend geführt u eingereicht werde. Zwischen Gfter bzw Neuerwerber und Ges besteht gesetzliches Schuldverhältnis,[34] aus dem entsprechende Klagebefugnis (häufig: Antragsbefugnis einstw Vfg) resultiert. Soweit allerdings die Veränderung zwischen den Beteiligten (Parteien des Veräußerungsgeschäfts, Miterben; Rn 21) selbst streitig ist, muss diese Frage erst unter ihnen geklärt werden. 30

Gfter können RegGericht von Veränderung in Kenntnis setzen, damit ggf Verfahren nach § 132 FGG (§ 388 FamFG) in Gang gesetzt wird. 31

III. Wirksamwerden

Wirksamwerden kann umstritten sein, etwa bei Einziehung. GFührer muss nicht Ergebnis eines Anfechtungsprozesses abwarten, da Beschluss bis zur Kassation als schwebend wirksam gilt (Anh § 47 Rn 18). Formulierung in Abs 2 S 1, dass Einreichung „ohne Rücksicht auf etwaige später eintretende Unwirksamkeitsgründe" erfolge, gilt entsprechend. 32

IV. Zeitliche Erfordernisse

Einreichung der Liste hat **unverzüglich** nach Wirksamwerden der Veränderung zu erfolgen, dh ohne schuldhaftes Zögern (§ 121 I 1 BGB). Sachlich hat sie dem Stand am Tag der Übermittlung an RegGericht zu entsprechen,[35] auch bei verspäteter Übermittlung, sie hat jedoch alle aus dem Endstand am Übermittlungstag nicht ersichtlichen Veränderungen zusätzlich anzugeben, etwa einen zwischenzeitlichen, bei Einreichung schon wieder ausgeschiedenen Gfter.[36] 33

War Veränderung eingetreten, die Einreichung neuer Liste aber unterlassen worden u ist zwischenzeitlich, etwa durch Rückerwerb, Erbgang etc Veränderung wieder aufgehoben, muss versäumte Meldung gleichwohl nachgeholt u ihre erneute Veränderung zusätzlich eingereicht werden, weil sonst weiterer Zweck der Liste, zum Schutz der Gläubiger Gfterentwicklung lückenlos widerzuspiegeln, nicht erfüllt wird.[37] 34

---

33 LG Essen GmbHR 2001, 109, 110.

34 *Gehrlein* Der Konzern 2007, 771, 791; Begr RegE MoMiG (BT-Drucks 16/6140) 38 zu § 16 I.

35 Roth/*Altmeppen* Rn 6.

36 *Lutter/Hommelhoff* Rn 6; Scholz/*Schneider* Rn 6.

37 Roth/*Altmeppen* Rn 5; *Gustavus* FS Quack, 1991, 229; *Mayer* DNotZ 2008, 414.

V. Unterzeichnung

35 **Unterzeichnung der Liste** hat durch vertretungsberechtigte Zahl der GFührer zu erfolgen; unechte Gesamtvertretung zulässig.[38] Auch im Insolvenzverfahren der Ges haben GFührer zu unterschreiben, nicht Insolvenzverwalter.[39] Möglich (nicht zwingend[40]) ist auch qualifizierte elektronische Signatur (§ 126 a I BGB), welche Unterschrift ersetzt, nicht aber Textform (§ 126 b BGB). Notarielle Beglaubigung nicht erforderlich, da keine Anmeldung zur Eintragung (12 I HGB).[41] In dieser wenig förmlichen Gestaltung wurde im Gesetzgebungsverfahren zum MoMiG vom Bundesrat und zahlreichen Stellungnahmen eine Gefahr gesehen, insbesondere vor dem Hintergrund, dass GfterListe als Rechtsscheintatbestand fungiert. Diese Stimmen konnten sich freilich nicht durchsetzen.

VI. Einreichungsmodus

36 **Einreichung beim RegGericht** des GesSitzes erfolgt durch Übermittlung qualifiziert elektronisch signierter Datei oder durch Übermittlung elektronischer Aufzeichnung (§ 12 II 1 HGB); damit gemeint: Bilddatei des eigenhändig unterschriebenen Originaldokuments.[42] Die Justizverwaltungen[43] verlangen dafür die Benutzung einer besonderen Datenverbindung (elektronisches Gerichts- und Verwaltungspostfach- EGVP[44]); normale E-Mail oder Papierpost wird nicht akzeptiert. EGVP kann ohne Signatur benutzt werden, was einerseits Kommunikation erleichtert, anderseits Authentifizierung erschwert, da keine Identitätsprüfung. Letzteres problematisch angesichts der Wirkung der GfterListe (Rn 1; § 16 Rn 39). Problem wurde im Gesetzgebungsverfahren vom BR erkannt,[45] doch fiel Entscheidung gegen eine qualifizierte elektronische Signatur, insofern keine Lückenfüllung möglich.

37 Mehrfertigungen für Zweigniederlassungen sind nicht erforderlich, da es nur noch eine datenführende Registerstelle gibt.[46]

VII. Grundsätzlich keine Änderung ohne Mitteilung

38 **GFührer** kann eine von ihm für unrichtig gehaltene Liste **grds selbst nicht ändern.**[47] Er darf nicht von sich aus ohne entsprechende Mitteilung und ggf Nachweis in GfterListe aufgenommene Person streichen oder Umfang der Beteiligung abweichend angeben. Beibehaltung auch dann, wenn

---

[38] Michalski/*Terlau/Schäfer* Rn 12; Rowedder/Schmidt-Leithoff/*Koppensteiner* Rn 4.

[39] Ulmer/*Paefgen* Rn 16 (mit zutr Ausnahme: Insolvenzverwalter, wenn kein GFührer vorhanden); Roth/*Altmeppen* Rn 7; *Lutter/Hommelhoff* Rn 7.

[40] Dafür der BR in der MoMiG-Gesetzgebung (BR-Drucks 354/07, 14 f); *Eidenmüller* ZGR 2007, 168, 203; *Heckschen* DStR 2007, 1442, 1450.

[41] De lege ferenda dafür *Bohrer* DStR 2007, 995, 1000, 1003; *Bednarz* BB 2008, 1854, 1858.

[42] *Jeep/Wiedemann* NJW 2007, 2439, 2445; *Sikora/Schwab* MittBayNot 2007, 1, 4.

[43] Rechtsverordnungen der Länder auf Grund von § 8 a II HGB.

[44] www.egvp.de.

[45] BR-Drucks 354/07 (B), 14 f; *Mayer* DNotZ 2008, 413, 429.

[46] Neuregelung (Aufhebung des § 13 c HGB) durch das EHUG (BGBl I 2006, 2553).

[47] *Bednarz* BB 2008, 1854, 1859; *Götze/Bressler* NZG 2007, 894, 895; *Schneider* GmbHR 2009, 395.

mangels korrekter Mitteilung oder hinreichenden Nachweises eine Einreichung nicht hätte erfolgen dürfen. Nach Wortlaut von Abs 1 ist zwar nur bei „Veränderung“ eine neue Liste einzureichen, weshalb man der Auffassung sein könnte, wenn ohne „Veränderung“ eine Liste eingereicht wurde, durch GFührer der status quo ante wieder herzustellen sei. Doch ist es nicht Sache des GFührers, die Übereinstimmung von materieller Rechtslage (die sehr umstr sein kann) und formeller Registerlage zu bewirken. Die Überwachung der Liste obliegt den Gftern, um deren Rechtsstellung es schließlich geht. Hinweis auf allgemeine Sorgfaltspflichten des GFührers in RegBegr MoMiG ist insoweit unbehelflich. Ein Verfahren der Löschung entsprechend § 67 V AktG ist nicht vorgesehen.

Der Grundsatz, dass weder ein **selbstständiges Berichtigungsrecht noch eine entsprechende Berichtigungspflicht** besteht, folgt zum einen daraus, dass nur auf Mitteilung der Betroffenen hin Veränderungen erfolgen sollen (zum ausnahmsweise amtswegigen Handeln Rn 28 u 40); zum zweiten aus dem Umstand, dass die Liste eine Legitimationsgrundlage für Gfter ist (§ 16 I 1), in die GFührer nicht eingreifen kann, wie ihm auch sonst ein Eingriff in GfterStellung versagt ist; zum dritten bildet die Liste (dies im wesentlichen Unterschied zum Namensaktienrecht!) die Grundlage für gutgläubigen Erwerb. Dazu passt es nicht, wenn GFührer von sich aus korrigierend tätig werden, auch dann nicht, wenn sie Betroffene zuvor informiert haben. In der Antwort auf eine mögliche Anhörung kann freilich eine neue Mitteilung zu sehen sein, die sodann zum Handeln berechtigt und verpflichtet. 39

Anders liegt es, wenn GFührer kraft Amtes an dem Listeninhalt mitzuwirken hat. Das Hauptbeispiel dafür ist die Erklärung über die **Vinkulierung** bei Abtretung von GAnteilen. Wenn GFührer die Genehmigungserklärung obliegt und er diese nicht erteilt hat, kann er vor diesem Hintergrund auch eine von beurkundendem Notar eingereichte GfterListe korrigieren, dh eine neue Liste mit dem GfterBestand einreichen, der sich bei verweigerter Zustimmung ergibt. Der Streit über die Vinkulierung ist wie bei § 15 Rn 41 ff erläutert zu führen. Ferner hat GFührer auch für die **Berichtigung technischer Defizite** zu sorgen, etwa wenn Listen durch RegGericht **vertauscht** wurden oder sich **kreuzende Listen** bei mehreren Anteilsübertragungen für Verwirrung sorgen. Je nach Sachlage kann als solches technisches Defizit auch die Einreichung durch einen unbefugten Dritten gelten, wobei freilich Abgrenzungsprobleme zu der vorstehend abgelehnten materiellen Berichtigung lauern (Ist der ausländische Notar unbefugt? Wie steht es um den angeblich abberufenen GFührer?). Im Zweifel ist anzuraten, dass nur ein Hinweis an die betroffenen Gfter ergeht und keine eigenständige Neuvornahme. 40

Stets zulässig ist bloße **Textberichtigung,** etwa bei offenbaren Fehlern in der Namensschreibweise, dem Geburtsdatum oder der Anteilsnummerierung. Maßstäbe wie bei Urteilsberichtigung gem § 319 ZPO können angewandt werden.[48] 41

Zulässig und geboten ist ferner, auf Grundlage von **vor Inkrafttreten des MoMiG** (1. 11. 2008) **zugegangenen Anmeldungen** (§ 16 I aF)[49] eine aktualisierte Liste einzureichen, wenn das bislang versäumt wurde. Letzteres 42

---

[48] KölnerKommAktG/*Lutter/Drygala,* 3. Aufl 2009, § 67 Rn 100; MünchKommAktG/*Bayer* 3. Aufl 2008, § 67 Rn 102.

[49] Zu Übergangsfragen auch DNotI-Report 2008, 185 ff.

ist nicht ganz selten, da vor der Reform von der Liste keine folgenreichen Rechtswirkungen ausgingen und daher der Umgang mit ihr teilweise lax war.

VIII. Information

43 GFührer sollte – schon zur Minimierung eigener Haftung – die **Betroffenen** unverzüglich davon **unterrichten,** dass er eine neue Liste zur Aufnahme in das HR eingereicht hat.

IX. Schadensersatz

44 **Schadensersatzpflicht der GFührer** (nicht: der Ges[50]) ordnet Abs 3 an. Über § 43 hinausgehend werden Pflichtverletzungen ggüber **Gftern** und **Gläubigern** sanktioniert. GFührer muss **Einreichungspflicht,** obwohl deren Voraussetzungen vorlagen (Rn 18 ff), **nicht, verspätet oder unrichtig** erfüllt haben. Diese Verletzung muss für Schaden **kausal** geworden sein. Zusätzliche im Gesetz nicht eigens genannte Haftungsvoraussetzung ist, dass den GFührer **Verschulden** trifft.[51] Für Statuierung einer Gefährdungshaftung spricht nichts. Wesentliches Verschuldenselement ist ohnehin dadurch impliziert, dass Einreichungspflicht nicht sofort, sondern nur ohne schuldhaftes Zögern besteht. Da es sich bei der Einreichung nicht um eine unternehmerische Entscheidung handelt, ist Erleichterung durch sog Business Judgement Rule (§ 43 Rn 22) unanwendbar. Haftung der verantwortlichen GFührer ist gesamtschuldnerisch (§§ 421 ff BGB). Gfter können wegen Anstiftung der GFührer zur Verletzung ihrer Einreichungspflicht mithaften (entspr § 830 II BGB).[52]

45 **1. Gläubiger.** Die Ersatzpflicht besteht gegenüber **Gläubigern,** wenn Gläubiger auf gegenwärtigen oder früheren Gfter direkt oder indirekt hätte zugreifen können, sofern ihm nur die Veränderung der Gfterstellung bekannt gewesen wäre, sei es dass Gfter dem Gläubiger direkt haftbar gewesen wäre (selten) oder dass Gläubiger Ansprüche der Ges gegen Gfter hätte pfänden u sich überweisen lassen können wie zB aus §§ 21, 24, 31[53] oder § 826 BGB iSd BGH-Rspr (Schlussanh KonzernR Rn 124).

46 Schadensersatzpflicht der GFührer besteht dem Wortlaut gemäß nur gegenüber den Gläubigern der Ges, nicht gegenüber den Privatgläubigern der Gfter, die etwa wegen fehlerhafter Eintragungen über deren Vermögensverhältnisse desorientiert waren.

47 **2. Gfter.** Schadensersatz wird nach neuem Recht auch geschuldet „denjenigen, deren **Beteiligung sich geändert hat**". Dies betrifft in erster Linie den Erben[54] und den Erwerber (hier idR aber notarielle Liste, Rn 51 ff), der eine neue oder veränderte Beteiligung innehat. Sofern er wegen Nichteinreichung der Liste seine GfterRechte nicht ausüben kann (Gewinnbezug!),

---

50 Erwägungen in diese Richtung bei *Wicke* Rn 18.

51 *Schneider* GmbHR 2009, 394; zur insoweit nicht veränderten früheren Rechtslage Roth/*Altmeppen* Rn 10; Ulmer/*Paefgen* Rn 28.

52 *Lutter/Hommelhoff* Rn 9; Ulmer/*Paefgen* Rn 29.

53 *Wicke* Rn 19.

54 *Wachter* DB 2009, 159, 160.

ist ihm der Schaden daraus zu ersetzen. Der Veräußerer ist ebenfalls geschützt, etwa in dem (freilich seltenen) Fall, dass er sich wegen fortdauernder Listenplatzierung der GesGläubiger erwehren muss oder dass sein Darlehen wg vermeintlicher GfterEigenschaft als nachrangig angesehen wird. Zu weit geht es, ganz allgemein jeden Gfter, der durch die Ausübung von Gfter-Rechten auf Grund unrichtiger Liste geschädigt wurde, als Ersatzgläubiger anzusehen.[55] Diese Ausweitung ist vom Wortlaut und vom Zweck der Norm nicht mehr gedeckt. Insoweit könnte nur Interpretation als Schutzgesetz iSv § 823 II BGB[56] zugunsten der übrigen Gfter, deren Beteiligung sich nicht geändert hat, helfen. Dies ist abzulehnen, da mit Neufassung eine abschließende Regelung hinsichtlich des geschützten Personenkreises getroffen ist.

Keine Haftung gem Abs 3 besteht bei Verletzung der Einreichungspflicht, 48 die sich auf veränderte Angaben zur Person bezieht (Name, Firma, Wohn- oder Geschäftsort).

C. Einreichung und Bescheinigung durch Notar

Neugefasste **Notarpflichten zur Einreichung und Bescheinigung** wur- 49 den 2008 mit MoMiG eingeführt, um massiver Aufwertung der GfterListe (Rn 1) Rechnung zu tragen. **Notar soll als amtszuverlässiger Dritter für Richtigkeit sorgen.** Einreichung ist sowohl notarielle Vollzugstätigkeit „anstelle" der GFührer, als auch öffentlich-rechtliche Aufgabe kraft Amtsstellung.[57] Letzteres bedeutet, dass es auf Weisung der Beteiligten nicht ankommt, auch Verzicht auf Einreichung ist nicht möglich.[58]

Damit scheint (weithin) **stille Übertragung** eines GAnteils in Deutschland 50 **nicht** mehr möglich.[59] Ein Ausweg für Interessenten an Übertragung, die Ges und Öffentlichkeit nicht bekannt werden soll, ist die Vereinbarung einer aufschiebenden Bedingung. Wenn deren Eintritt dem Notar nicht erklärt wird oder ihm nicht offenbar ist, greift seine Übermittlungspflicht nicht ein. Aus der maßgeblichen Sicht des Notars ist in diesem Fall noch kein Wirksamwerden zu verzeichnen.

I. Mitwirkung an Veränderungen

Einreichungspflicht entsteht nach **Mitwirkung bei Veränderungen** 51 (Rn 4 ff). Die Beurkundung des Gründungsvertrags fällt darunter schon nach dem Wortsinn nicht.[60] Im Übrigen bezeichnet „Mitwirkung" ein weites Feld. Bei komplexeren Vorgängen ist oft mehr als „ein Notar" (der Gesetzeswortlaut verwendet den Singular) damit befasst. Würde jede für die Veränderung irgendwie mitursächliche notarielle Tätigkeit genügen, wäre eine Zuordnung der Einreichungspflicht kaum mehr möglich. Daher bedarf es an Normzweck

[55] So aber *Mayer* DNotZ 2008, 414.
[56] Zur vorvorigen Fassung idS *Haase* BB 1996, 2309.
[57] *Preuß* in Armbrüster/Preuß/Renner, BeurkG, 2008, Anh zu § 53 Rn 41.
[58] *Preuß* FS Spiegelberger, 2009, 876, 879.
[59] Zur früheren Rechtslage, bei der Notarnachricht nur in HR-Akten landete, s Vorauf Rn 16.
[60] Nicht: Beurkundung des Gründungsvertrages (*Tebben* RNotZ 2008, 451).

orientierter Eingrenzung. Derjenige Amtsträger, welcher den Vorgang insgesamt überblickt, soll die Einreichung bewirken.[61] Zwei Grenzlinien sind danach zu ziehen: Die vorangegangene notarielle Tätigkeit muss objektiv für die Veränderung kausal und final sein. Sie muss ferner subjektiv für den handelnden Notar ihrer Bedeutung nach von Amts wegen ersichtlich sein.

52 Eine Trennlinie anhand der Verfahrenstätigkeit (Beurkundung/Beglaubigung) bietet sich auf den ersten Blick zwar an. **Beurkundung** ist als **Mitwirkungshandlung** nach vorstehenden Grundsätzen **geeignet.** Die einfache **Beglaubigung scheidet aus,** da sie nur sehr eingeschränkten Prüfungspflichten unterliegt.[62] Anders liegt es bei der Beglaubigung, die als **Eigenentwurf** des Notars vorgelegt wurde;[63] die Rspr verlangt insoweit dieselben Prüf- und Belehrungspflichten wie bei der Beurkundung.[64]

53 Mitwirkung an Veränderung ist jedenfalls Beurkundung der **Abtretung eines GAnteils** (§ 15 III), an der sich der Reformgesetzgeber ausschließlich orientiert hat (und daher Problemlage nur verkürzt gesehen hat). Bei getrennter Beurkundung von Angebot und Annahme trifft grds jeden beteiligten Notar die Einreichungspflicht, jedoch nur der zweite Notar kann ohne weitere Sachaufklärung die Wirksamkeit feststellen.

54 Schwierigkeiten bereiten Sachverhalte, bei denen der notarielle Akt zwar nicht die Veränderung selbst final „besiegelt" (wie bei der Abtretung), freilich die dafür notwendige Vorstufe ist. So verhält es sich bei Beurkundung von Beschlüssen über **Kapitalmaßnahmen.**[65] Mit dem notariell beurkundeten Erhöhungsbeschluss der Gfter ist noch keine Kapitalveränderung bewirkt, sondern erst nach den Übernahmen und der Eintragung im HR. Übernahmeerklärungen (§ 55 I) sind beurkundet oder beglaubigt, die HR-Anmeldung zur Eintragung (§ 57) bedarf der Beglaubigung (§ 12 I HGB). Hier kommt nur ausnahmsweise in Betracht, dass der den Schlussakt durch beglaubigte HR-Anmeldung bewirkende Notar einreichungspflichtig ist, nämlich soweit er den Gesamtvorgang übersieht. IdR pflichtig ist der Notar, welcher den GfterBeschl über die Kapitalerhöhung beurkundet hat; die Pflicht entsteht, sobald die Maßnahme wirksam geworden ist, also mit der Eintragung im HR (§ 54 II). Sobald beurkundender Notar hiervon Kenntnis hat (dazu Rn 58), ist er zur Einreichung und Bescheinigung verpflichtet.

55 Auch bei (an sich nicht notwendiger) Beurkundung eines Beschlusses zB über die Einziehung ist Veränderung erst mit Durchführung der Einziehung erfolgt, die sehr umstritten sein kann (§ 34 Rn 19, 41 u Anh § 34 Rn 12). Die Beteiligung des Notars an diesen **Teil- und Vorbereitungsakten** ist dennoch als „Mitwirkung bei Veränderung" anzusehen. Entscheidend ist, dass die Einreichungspflicht mit nachgewiesener Wirksamkeit entsteht, was uU erst nach langem Rechtsstreit feststeht.

56 Keine Einreichungspflicht besteht, wenn Notar durch seine amtliche Tätigkeit zwar einen Grund für Veränderung in der Person oder der Beteiligung

---

[61] *Preuß* (Fn 57) Rn 42 spricht gleichsinnig von Dokumentation der „Basiskontrolle".

[62] **Abw** bei der Ausnutzung genehmigte Kapitals (§ 55 a) *Wicke* Rn 13.

[63] *Mayer* DNotZ 2008, 408; *Apfelbaum* Notar 2008, 160, 170; *Tebben* RNotZ 2008, 441, 452.

[64] BGH DNotZ 1997, 51, 52.

[65] *Preuß* FS Spiegelberger, 2009, 876, 883 sieht bei Kapitalerhöhung „sämtlich keine die spezifische Vollzugspflicht auslösenden Mitwirkungshandlungen"(!); *dies* (Fn 57) Rn 46 aE.

eines Gfters mit schafft und ggf auch davon Kenntnis erlangt, diese Veränderung aber **nicht finaler Gegenstand** des Beurkundungsgeschäfts ist. Bspl: Notar beurkundet Erbscheinantrag eines GfterErben; Beurkundung eines Verschmelzungsvertrags, durch den Rechtsträger X auf Rechtsträger Y verschmolzen wird und zum Aktivvermögen von X eine Beteiligung an der A-GmbH gehört (str);[66] entsprechendes gilt für die Spaltung.

II. „Anstelle"

Notarpflicht gem Abs 2 verdrängt GFührer-Pflicht gem Abs 1. Notar vertritt nicht GFührer,[67] sondern ihn trifft **originäre Amtspflicht.** Bleibt Notar untätig – was durch Unklarheit über „Mitwirkung" (Rn 51 ff) oder „Wirksamwerden" veranlasst sein kann –, muss subsidiär zuständiger GFührer die Liste einreichen, wenn er entsprechende Mitteilungen und Nachweise (Rn 18 ff) erhält. Einreichung durch unzuständige Person nimmt der in HR aufgenommenen Liste nicht die Wirkungen des § 16.[68] **57**

III. Wirksamwerden

Das Wirksamwerden muss für den Notar **nachweislich erkennbar** sein, so bei eintragungskonstitutiven Maßnahmen durch Benachrichtigung über HR-Eintragung (zu Nachweismitteln Rn 26). Der Notar hat **keine Amtspflicht zu Nachforschungen,**[69] er hat auch kein Auskunftsrecht gegenüber den Beteiligten. Umgekehrt haben die Beteiligten auch keine Pflicht, den Notar zu informieren, es sei denn, sie haben sich vertraglich dazu verabredet.[70] **58**

Nicht selten werden bei **Anteilsveräußerung aufschiebende Bedingungen** für die dingliche Rechtsänderung vereinbart.[71] Den Eintritt dieser Bedingungen hat sich Notar nachweisen zu lassen, etwa durch übereinstimmende Parteierklärungen („closing memorandum"); möglich auch, dass der Veräußerungsvertrag bestimmt, welcher der Beteiligten die Vollzugsbestätigung gegenüber Notar abgibt. Der aus einer rechtsgeschäftlich vereinbarten Bedingung Begünstigte kann auch auf diese verzichten.[72] **59**

Anders liegt es bei **indisponiblen Bedingungen.** Die Veräußerung bedarf häufig der Genehmigung der Ges (§ 15 V), zuweilen auch eines Ehegatten (§ 1365 BGB) und bei manchen Transaktionen mag eine kartellrechtliche Freigabe notwendig sein. Insoweit kann die einfache Parteierklärung nicht **60**

---

[66] Beispiele nach *Vossius* DB 2007, 2304, der selbst unentschieden ist; wie hier *Preuß* FS Spiegelberger, 2009, 876, 883 u *dies* (Fn 57) Rn 47; *Wicke* Rn 14; *Wachter* ZNotP 2008, 378, 389; ferner *Meister* NZG 2008, 767, 770.

[67] So noch missverständlich RefE MoMiG (2006).

[68] Zutr *Tebben* RNotZ 2008, 441, 453 f.

[69] *Mayer* DNotZ 2008, 409 (anders wenn besonderer Auftrag, § 24 I BNotO, übernommen); *Bednarz* BB 2008, 1854, 1860; **aA** wohl *Gehrlein* Der Konzern, 2007, 771, 790; *Preuß* FS Spiegelberger, 2009, 876, 884 f.

[70] *Mayer* DNotZ 2008, 403, 409.

[71] *Schockenhoff/Höder* ZIP 2006, 1841, 1846; *Müller* GmbHR 2006, 953, 958; *Ziemons* BB-Special 2006 Nr 7, 10 f; *Bohrer* DStR 2007, 996.

[72] BGH DNotZ 1995, 557; 1990, 122.

ausreichen, dass die Bedingung eingetreten sei, u Notar muss sich weitere Nachweise vorlegen lassen. Bei begründeten Zweifeln ist Notar weder berechtigt noch gar verpflichtet, die GfterListe einzureichen. Mittels Vorbescheid kann Notar den Beteiligten ankündigen, ob er einreichen wird oder nicht; dagegen steht Beschwerde beim LG (§ 15 II BNotO) zu Gebote.[73]

61 **Auflösende Bedingungen** oder das mögliche Eingreifen von Rückübertragungsklauseln ändern am Wirksamwerden nichts. Daher besteht Einreichungspflicht. Notar braucht Wirksambleiben der Veränderung nicht zu überwachen.[74] Problematisch ist Situation, wenn GfterBeschluss über Kapitalmaßnahme **angefochten** wurde. Da dieser Sachverhalt als schwebende Wirksamkeit (!) verstanden wird (Anh § 47 Rn 18, 82 ff), steht Einreichung neuer GfterListe nichts entgegen, sobald Eintragung der Kapitalmaßnahme im HR erfolgt ist.

62 Notar hat sich bei Maßnahmen, die mit HR-Eintragung wirksam werden, an dieser Tatsache zu orientieren. Eine mögliche Nichtigerklärung im Anfechtungsprozess ist ein nach dem Wortlaut des Abs 2 S 1 nicht zu berücksichtigender, etwaig später eintretender Unwirksamkeitsgrund.

IV. Bescheinigung

63 **GfterListe** ist **zusammen mit Bescheinigung**[75] **des Notars** einzureichen, Abs 2 S 2.[76] Vorbild der Regelung ist Satzungsbescheinigung (§ 54 I 2). Dem Konformitätsnachweis wird Richtigkeitsgewähr wie bei Grundbucheintragungen zugeschrieben,[77] was zu hoch gegriffen ist.

64 Bescheinigung bezieht sich zum einen auf „geänderte Eintragungen" unter notarieller Mitwirkung und zum anderen auf die Konformität der eingereichten Liste mit dem Listeninhalt, wie er „zuletzt" aus dem HR ersichtlich ist. Dies bedeutet, dass Notar mit Abfassung der Bescheinigung eine aktuelle Online-Abfrage vorzunehmen hat; eine von den Beteiligten vorgelegte Liste reicht nicht. Danach kann der Anschluss der neuen Liste an die im HR befindliche Liste hergestellt werden.

65 Notar braucht Richtigkeit der im HR bereits vorfindlichen GfterListe nicht zu prüfen. Er bescheinigt nicht, dass der bisherige Listeninhalt zutreffend ist, sondern lediglich, dass der sonstige Inhalt der Liste unverändert geblieben ist. Die Notarbescheinigung[78] ist auch kein Rechtsscheinträger.[79]

V. Erstellung und Einreichung

66 Notar hat neue GfterListe selbst zu erstellen und zu unterschreiben.[80] Diese Liste muss vollständig sein, dh sie hat nicht nur die Veränderungen, sondern

---

73 *Tebben* RNotZ 2008, 441, 453; *Hertel* FS 200 Jahre Notarkammer Pfalz, 2003, 167.

74 Begr RegE MoMiG (BT-Drucks 16/6140), 44; *Tebben* RNotZ 2008, 441, 453.

75 Vermerk iSv § 39 BeurkG; *Tebben* RNotZ 2008, 456.

76 Muster bei *Vossius* DB 2007, 2304; *Wachter* GmbH-Sonderheft 2008, 57 spricht daher von qualifizierter GfterListe.

77 *Weller* Der Konzern 2008, 258; ähnlich, aber vorsichtiger *Bohrer* NZG 2007, 1003.

78 OLG München DB 2009, 1395.

79 Eingehend *Wachter* GmbH-Sonderheft 2008, 57 f.

80 **Abw** wohl *Bohrer* DStR 2007, 995, 1000; wie hier *Wachter* GmbH-Sonderheft 2008, 58.

auch die „übrigen Eintragungen“ (s Wortlaut Abs 2 S 2) zu enthalten (nicht aber Unterschriften der GFührer).

Liste ist mitsamt der Bescheinigung elektronisch zum HR einzureichen. Notar muss nicht prüfen, ob Registergericht Vorgang in elektronischen Registerordner eingestellt hat. 67

VI. Übermittlung an Ges

Übermittlung der Abschrift der geänderten Liste dient Information der Ges, insbes der GFührer, die künftige Listen gem Abs 1 zu erstellen haben.[81] Abfrage des HR wird nicht als genügend erachtet. Liste kann an GFührer, an Geschäftsanschrift der Ges (§ 35 II 3) oder an empfangsberechtigte Person (§ 10 II 2) in einfacher Abschrift oder digital übermittelt werden. Eine Übermittlung an Gfter ist nicht vorgesehen. Übermittlung an Beteiligte des notariellen Geschäfts kann sich aus Notarvertrag ergeben. 68

VII. Auslandsbeurkundung

Bei Auslandsbeurkundung (§ 2 Rn 9, § 15 Rn 22) kann **keine** deutsche **öffentlich-rechtliche Einreichungspflicht** für ausländischen Notar bestehen. Der ausländische Notar ist nicht einreichungspflichtig.[82] Er ist auch nicht einreichungsfähig (str).[83] Die **Vereinbarung der Urkundsbeteiligten** mit ausländischem Notar, dass er Einreichung für sie vornehme,[84] führt nicht weiter, da es insoweit keine privatrechtliche Delegation gibt: Eine GfterEinreichung ist weder direkt (Rn 80) noch in Gestalt notarieller Vertretung zulässig. Demgegenüber wollen erste Stellungnahmen zur Neuregelung den ausländischen Notar dann als **einreichungsfähig** ansehen, wenn er auch beurkundungsfähig ist.[85] Reiche ausländischer Notar nicht ein, bleibe es bei Pflicht des GFührers gem. Abs 1. 69

Soweit Amtspflicht nach Abs 2 nicht besteht, bleiben GFührer einreichungspflichtig nach den allgemeinen Voraussetzungen.[86] Für die häufige Anteilsabtretung im Ausland bedeutet dies nach dem hier verfochtenen formellen Konsensprinzip (Rn 20), dass grundsätzlich der Veräußerer der Mitteilung durch den Erwerber zustimmen muss, um eine Einreichungspflicht in Gang zu setzen. Ferner ist Nachweis durch Vorlage der Urkunde zu führen. 70

Nicht zulässig ist Einreichung durch deutschen Notar bei Auslandsbeurkundung, da er an Veränderung nicht „mitgewirkt“ hat. 71

---

[81] Zum Unterschriftserfordernis OLG München DB 2009, 1395.

[82] *Götze/Bressler* NZG 2007, 894, 896; *Weller* Der Konzern 2008, 258 f; *Mayer* DNotZ 2008, 411; *Preuß* FS Spiegelberger, 2009, 876, 887; *Saenger/Scheuch* BB 2008, 65, 67; *Berger/Kleissl* DB 2008, 2235, 2239; *Gottschalk* DZWiR 2009, 48.

[83] Zutr *Preuß* FS Spiegelberger, 2009, 876, 888; iE wohl auch *Berger/Kleissl* DB 2008, 2235, 2239.

[84] *Rau* DStR 2006, 1892, 1893 (Fn 15); *Weller* Der Konzern 2008, 259 Fn 66; *Wicke* Rn 12; ähnlich u weitergehender *Zöllner* in GesR in der Diskussion (VGR), S 180 f (immanente Vertragspflicht).

[85] *Vossius* DB 2007, 2304; *Götzke/Bressler* NZG 2007, 896; *Mayer* DNotZ 2008, 411; *Schneider* GmbHR 2009, 396.

[86] *Saenger/Scheuch* BB 2008, 65, 67; Grigoleit/*Rieder* Rn 138; *Schneider* GmbHR 2009, 396; zweifelnd *Berger/Kleissl* DB 2008, 2235, 2239 f mit Textexegese der Regierungsbegründung.

VIII. Haftung

72 Im Gegensatz zum GFührer (Rn 44 ff) ist für Notar keine Haftung eigens angeordnet. Ein Schutzgesetz iSv § 823 II BGB ist Abs 2 nicht. Daraus kann nicht etwa der Schluss gezogen werden, dass Notar haftungsfrei bleibt. Notar haftet nach seinem **Berufsrecht** bei schuldhafter Verletzung seiner durch Abs 2 begründeten Amtspflicht (§ 19 BNotO) zur Einreichung einer Gfter-Liste zum Register und Übermittlung einer Einreichungsnachricht an Ges. Diese Amtspflicht besteht gegenüber denjenigen, deren Beteiligung sich unter seiner Mitwirkung geändert hat und in diesem Rahmen auch gegenüber den Gläubigern. Sie besteht nicht pauschal gegenüber allen gegenwärtigen und künftigen Gftern.[87]

73 Die Notarhaftung ist **nicht subsidiär** (§ 19 I 2 BNotO) unter dem Aspekt, dass bei dem GFührer wegen mangelnder Kontrolle Ersatz verlangt werden könnte. Eine solche Kontroll- oder Berichtigungsbefugnis besteht grds nicht (Rn 38 f). Selbst wenn man (mit der nicht widerspruchsfreien Begr RegE) eine solche Pflicht annehmen wollte, käme es zu keiner Subsidiarität, denn GFührer ist seinerseits in Schutzbereich der verletzten Amtspflicht einbezogen.[88]

74 Die Erteilung der **Konformitätsbescheinigung** (Rn 63 ff) ist ebenfalls als Amtspflicht einzuordnen. Allerdings ist sie weder für Ausübung von Gfter-Rechten bedeutsam noch genießt sie Redlichkeitsschutz für gutgläubigen Erwerb. Maßgebend ist Inhalt der Liste, nicht die darauf bezogene Notarbescheinigung.[89] Daher kaum vorstellbar, dass fehlerhafte Bescheinigung kausal für Schaden eines Geschützten ist.

D. Verfahren des RegGerichts

75 RegGericht ist in erster Linie **verwahrende und für Abruf parate Stelle.** Dennoch besteht rudimentäre Prüfungszuständigkeit. In diesem Rahmen **keine sachliche Prüfungspflicht,**[90] aber offenbar unrichtige oder unschlüssige (zB bei Einreichung kollidierende[91] oder der Liste gem § 57 III Nr 2 widersprechende) Liste, ferner unvollständige (zB fehlende Unterschrift) oder von Unbefugten (Gfter, s Rn 80; ausländischer Notar, Rn 69 ff; abberufener GFührer) eingereichte Listen sind zu beanstanden; bis zur Behebung keine Aufnahme in das HR, womit Grundlage für Legitimation und Rechtsscheinerwerb fehlt (§ 16). RegGericht kontrolliert, ob die durch § 40 geforderten Angaben gemacht sind und kann Aufklärung bei Unklarheit der Entwicklung des Gfterbestandes verlangen.[92]

---

87 *Mayer* DNotZ 2008, 414 f; *Wicke* Rn 21.

88 *Preuß* FS Spiegelberger, 2009, 876, 886; dazu auch BGH ZNotP 2004, 408 f; **abw** *Rau* DStR 2006, 1892, 1896.

89 *Mayer* DNotZ 2008, 415.

90 BegrRegE MoMiG (BT-Drucks 16/6140), 44; *Wicke* Rn 6; *Schneider* GmbHR 2009, 394 f; zur alten Rechtslage LG Frankfurt GmbHR 1962, 118; Scholz/*Schneider* Rn 22; *Lutter/Hommelhoff* Rn 13; Rowedder/Schmidt-Leithoff/*Koppensteiner* Rn 7.

91 Dazu *Rau* DStR 2006, 1895, 1897; *Mayer* DNotZ 2008, 403, 412; *Götze/Bressler* NZG 2007, 894, 896; *Preuß* FS Spiegelberger, 2009, Fn 3.

92 Anders wohl BayObLG DB 1985, 1521, das sachliche Prüfungskompetenz verneint.

RegGericht nimmt keine Konsolidierung vor,[93] sondern stellt i**n zeitlicher Reihenfolge in Registerordner** (§ 9 I HRV) ein. Das Datum der Aufnahme in den Registerordner ist zu vermerken, da davon uU der Lauf der 3-Jahres-Frist des § 16 III 2 abhängt. Wenn jeweils andere Veränderung noch nicht aus HR ersichtlich ist, kann es zur Einreichung kollidierender Listen kommen. GFührer erhalten Nachricht von Notaren (Rn 68) und sind verpflichtet, für einheitliche und richtige Liste durch Kommunikation mit den Beteiligten zu sorgen, die entsprechende Mitteilungen machen (grds keine selbständige Korrektur, Rn 38). 76

Es erfolgt **keine Eintragung** des Listeninhalts in das HR; die Liste oder auch nur die Tatsache ihrer Einreichung wird nicht bekannt gemacht. § 15 HGB kommt daher nicht zum Zuge. 77

Wenig praktische Durchsetzung der Einreichungspflicht mittels **Zwangsgeld** nach § 14 HGB iVm § 132 FGG = § 388 FamFG.[94] 78

Liste ist als Bestandteil des **Registerordners** (§ 9 HRV) für jedermann ohne Nachweis berechtigten Interesses **zur Einsicht offen,** § 9 I HGB. Frühere Listen bleiben (entsprechend gekennzeichnet: § 9 I 4 HRV) einsehbar. Die Daten sind (kostenpflichtig: 4,50 €) über das Internet abzurufen (www.handelsregister.de), ferner kann (kostenpflichtig) ein Ausdruck gefordert werden, § 9 IV HGB. Unveränderte GfterListen bei vor dem 1. 1. 2007 (Inkafttreten des EHUG) gegründeten Ges sind in dem papierenen Sonderband der HR-Akten einsehbar.[95] 79

E. Gfter und GfterListe

I. Kein Einreichungsrecht

Gfter haben **nicht die Befugnis,** selbst eine **Liste zum HR einzureichen** oder bei RegGericht eine Änderung zu beantragen. RegGericht darf von Gfter übermittelte Liste nicht in den Registerordner einstellen. Dies gilt grds auch, wenn kein GFührer amtiert. **Ausnahme** ist dann angebracht, wenn NotGFührer (§ 35 Rn 7) nicht bestellt werden kann. Die Regelung zur Führungslosigkeit (§ 35 I 2) hilft schon deshalb nicht, da nur Passivvertretung betreffend. Im Fall der Führungslosigkeit ist an Veränderung Beteiligten (vorbehaltlich der Tätigkeit des Notars gem. Abs 2) ein gemeinsames Einreichungsrecht zuzubilligen, da andernfalls Rechtsposition ggüber Ges nicht erlangbar wäre. Zur Durchsetzung der Einreichungspflicht s Rn 84. 80

Gfter trifft zwar keine gesellschaftsrechtliche Pflicht, die Einreichung durch GFührer bzw. Notar eigens zu befördern (Rn 24). Er ist aber ggüber Erwerber seines GAnteils verpflichtet, an der Einreichung durch korrekte Mitteilung und ggf Nachweisstellung mitzuwirken. 81

---

[93] Begr RegE MoMiG (BT-Drucks. 16/6140) 44: RegGericht „nimmt die Listen lediglich entgegen".

[94] *Ziegler* GmbHR 2000, R 201; Rowedder/Schmidt-Leithoff/*Koppensteiner* Rn 10; Scholz/*Schneider* Rn 24.

[95] Horstkotte ZInsO 2009, 215.

II. Information

82 Eine **Nachricht** über die Veränderung der Liste an die Gfter oder wenigstens an betroffene eingetragene Person ist nicht vorgeschrieben.[96] Weder RegGericht noch GFührer noch Notar sind zu derlei Unterrichtungen verpflichtet. Notar hat nur an Ges eine Abschrift der geänderten Liste zu übermitteln. GFührer sollten aber zur Vermeidung von Haftungsfragen von sich aus die Betroffenen informieren.

83 Gfter können nach § 51 a **Einsicht bei Ges** verlangen (§ 51 a Rn 11), um Originaldokumente und dazu etwa geführten Schriftverkehr zu begutachten: Maßgebend ist freilich das im Handelsregister aufgenommene Dokument,[97] das ihnen ebenso wie Dritten zum Abruf offen steht (Rn 79).

III. Löschung und Korrektur

84 Zu Unrecht auf Liste geführte Person hat **Anspruch gegen Ges** auf Löschung. Diese Löschung erfolgt ebenso wie die Eintragung auf Mitteilung und Nachweis gegenüber GFührer. Umgekehrt hat Gfter, der trotz Mitteilung und Nachweis nicht oder nicht richtig in der Liste geführt wird, einen einklagbaren **Anspruch auf korrekte Aufnahme.** Passivpartei bei Rechtsstreit ist Ges (nicht: GFührer[98]), da ein Rechtsverhältnis zu ihr in Frage steht.[99]

Buchführung

41 Die Geschäftsführer sind verpflichtet, für die ordnungsmäßige Buchführung der Gesellschaft zu sorgen.

Übersicht

96 *Bednarz* BB 2008, 1854, 1858.

97 Der im einstw Rechtsschutz ergangene abl Beschluss KG NZG 2005, 83 betrifft Kommanditisten.

98 So aber *Preuß* ZGR 2008, 676, 679 mit „extensiver Auslegung" von Abs 1.

99 Allg. Meinung zu § 40 aF, der insoweit unverändert blieb; s auch Begr RegE MoMiG (BT-Drucks 16/6140) 38.

Lit: *Beisse,* Die paradigmatische GoB, FS Welf Müller, 2001, 731; *Borg,* Der Direktanspruch des Veräußerers gegen den Geschäftsführer im Rahmen von M & A-Transaktionen, NZG 2008, 641; *Ebenroth/Lange,* Sorgfaltspflichten und Haftung des Geschäftsführers einer GmbH nach § 43, GmbHR 1992, 69; *Fischer-Böhnlein/Körner,* Rechnungslegung von Kapitalgesellschaften im Insolvenzverfahren, BB 2001, 191; *Fleischer,* Buchführungsverantwortung des Vorstands und Haftung der Vorstandsmitglieder für fehlerhafte Buchführung, WM 2006, 2021; *Grashoff,* Die handelsrechtliche Rechnungslegung durch den Insolvenzverwalter nach Inkrafttreten des EHUG, NZI 2008, 65; *Haas,* Der Entwurf des „MoMiG" und weitergehende Vorschläge zur Bekämpfung des Missbrauchs der GmbH, GmbHR 2006, 729; *Kind/Frank/Heinrich,* Die Pflicht zur Prüfung von Jahresabschluss und Lagebericht nach § 316 I 1 HGB in der Insolvenz, NZI 2006, 205; *Klerx,* Ersetzung des bestellten Abschlussprüfers durch den Insolvenzverwalter, NZG 2003, 943; *Kunz/Mundt,* Rechnungslegungspflichten in der Insolvenz, DStR 1997, 620, 664; *Maus,* Offenlegungspflichten des Insolvenzverwalters nach dem „Gesetz über elektronische Handelsregister und Genossenschaftsregister sowie Unternehmensregister" (EHUG), ZInsO 2008, 5; *Müller/Gelhausen,* Zur handelsrechtlichen Rechnungslegungs- und Prüfungspflicht nach § 155 InsO bei Kapitalgesellschaften, FS Claussen, 1997, 687; *Pink,* Insolvenzrechnungslegung, 1995; *ders,* Handelsrechtliche Offenlegungspflichten des Insolvenzverwalters und Sanktionsmaßnahmen bei deren Verletzung, ZInsO 2008, 817; *Ries,* Durchsetzbarkeit von Offenlegungspflichten und Ordnungsgeldbewehrung nach EHUG trotz Insolvenz?, ZInsO 2008, 536; *K. Schmidt,* Insolvenzordnung und Gesellschaftsrecht, ZGR 1998, 633; *ders,* Zur Durchgriffsfestigkeit der GmbH, ZIP 1994, 837; *Sieger/Hasselbach,* Die Haftung des GmbH-Geschäftsführers bei Unternehmenskäufen. Schadenersatzansprüche gegen den Geschäftsführer des „Targets" GmbHR 1998, 957; *Sina,* Voraussetzungen und Wirkungen der Delegation von Geschäftsführerverantwortung in der GmbH, GmbHR 1990, 65; *Stapelfeld,* Außenhaftung des GFührers bei Verletzung der Buchführungspflicht § 41 Abs 1 GmbHG als Schutzgesetz iS des § 823 Abs 2 BGB, GmbHR 1991, 94; *Stollenwerk/Krieg,* Das Odnungsverfahren nach dem EHWG, GmbHR 2008, 575; *Strohn,* Existenzvernichtunghaftung – Vermögensvermischungshaftung – Durchgriffshaftung, ZInsO 2008, 706; *Weisang,* Zur Rechnungslegung nach der neuen Insolvenzordnung, BB 1998, 1149.

A. Allgemeines

§ 41 weist die öffentlich-rechtliche[1] Buchführungspflicht den GFührern zu. **1**
Vorschrift besteht seit BiRiLiG nur noch aus einem Absatz. Der Inhalt der

[1] RGSt 13, 235, 237, 239; BGHZ 125, 366, 377 f; MünchHdbGmbH/*Hüttche* § 56 Rn 27; *Beisse* FS Welf Müller, 2001, 730, 746 ff; Roth/*Altmeppen* Rn 14; kritisch zu diesem Begriff *Fleischer* WM 2006, 2021 f.

Buchführungspflicht ergibt sich aus §§ 238 ff HGB, die wiederum durch §§ 42, 42 a ergänzt werden. Mit dem am 26. 3. 2009 verabschiedeten Bilanzrechtsmodernisierungsgesetz (BilMoG) wurde ein mehrjähriges Reformvorhaben abgeschlossen, das zu weitreichenden Änderungen geführt hat. Die Neuregelungen sind überwiegend auf Jahresabschlüsse anzuwenden, die nach dem 31. 12. 2009 beginnende Geschäftsjahre betreffen. § 41 ist zwingend. GFührer kann weder durch GesVertrag noch durch Gfterbeschluss von Beachtung des § 41 (teilweise) entbunden werden.[2] Auch kann Pflicht nicht auf ein anderes GesOrgan übertragen werden.[3] Zur Ausgestaltung der Pflicht kann GesVertrag im engen Rahmen ergänzende Regelungen treffen.[4]

B. Adressat der Buchführungspflicht

I. GFührer, Liquidatoren

2 Adressat des § 41 sind die einzelnen GFührer (nicht die Gesamtheit der GFührer als Organ).[5]. Gemeint sind damit in erster Linie die zu GFührern bestellten Personen. Ob Bestellungsakt wirksam ist oder nicht, spielt jedoch keine Rolle, so lange die Person die Funktion des GFührers tatsächlich ausübt.[6] In der Abwicklung trifft die Buchführungspflicht die Liquidatoren (§ 71 IV).

3 **1. Mehrköpfiges GFührergremium.** In einem mehrköpfigen Leitungsgremium obliegt jedem einzelnen GFührer Pflicht nach § 41.[7] Dies gilt unabhängig davon, ob und inwieweit einzelne GFührer Buchführungskenntnisse hat.[8] Die Vorschrift drückt nur die „Sorgepflicht“[9] der GFührer aus, verlangt aber selbst keine Buchführungskenntnisse des Verpflichteten und auch keine eigenhändige Erledigung der Aufgaben. Daraus folgt aber, dass § 41 die Erfüllung der Verpflichtung nicht in der Person aller GFührer voraussetzt. Vielmehr ist Buchführungspflicht einer Geschäftsverteilung zugänglich.[10] Letztere befreit aber MitGFührer nicht von ihrer Pflicht. Es verbleibt bei ihnen eine Restverantwortung,[11] nämlich zur Mitwirkung an einer

---

[2] Ulmer/*Paefgen* Rn 2; Scholz/*Crezelius* Rn 3; vgl auch für AG *Fleischer* WM 2006, 2021, 2022.

[3] Scholz/*Crezelius* Rn 3; Rowedder/Schmidt-Leithoff/*Tiedchen* Rn 1; Ulmer/*Paefgen* Rn 2.

[4] BGH WM 1974, 392, 393; Rowedder/Schmidt-Leithoff/*Tiedchen* Rn 1; siehe auch Ulmer/*Paefgen* Rn 2.

[5] BGH NZI 2006, 365, 367; Scholz/*Crezelius* Rn 4; MünchHdbGmbH/*Hüttche* § 56 Rn 20; *Lutter*/Hommelhoff/*Kleindiek* Rn 2.

[6] *Lutter/Hommelhoff* § 35 Rn 11; Scholz/*Crezelius* Rn 4; Rowedder/Schmidt-Leithoff/*Tiedchen* Rn 2. **AM** Roth/*Altmeppen* Rn 4.

[7] Scholz/*Crezelius* Rn 4: Michalski/*Sigloch* Rn 10; Ulmer/*Paefgen* Rn 2.; MünchHdbGmbH/*Hüttche* § 56 Rn 20.

[8] Scholz/*Crezelius* Rn 7; *Lutter*/Hommelhoff/*Kleindiek* Rn 5; MünchHdbGmbH/*Hüttche* § 56 Rn 20.

[9] Ulmer/*Paefgen* Rn 6; *Lutter*/Hommelhoff/*Kleindiek* Rn 5; Scholz/*Crezelius* Rn 5; vgl auch *Fleischer* WM 2006, 2021, 2023.

[10] BGH NJW 1995, 2850, 2851; DStR 1994, 1092, 1093; ZIP 1985, 1135, 1136; Ulmer/*Paefgen* Rn 5; Scholz/*Crezelius* 5; Michalski/*Haas* § 43 Rn 155; Michalski/*Sigloch* Rn 11; *Fleischer* WM 2006, 2021, 2023 f.

[11] Siehe hierzu Scholz/*Crezelius* Rn 5; Michalski/*Haas* § 43 Rn 161 ff.

sachgemäßen Auswahl des primär Verantwortlichen und dessen angemessener Überwachung sowie zur Schaffung organisatorischer Vorkehrungen, die es allen MitGFührern möglich macht, die wirtschaftliche Lage der Ges jederzeit zu beurteilen.[12] Dies gilt unabhängig von einer evtl Abschlussprüfung durch einen Wirtschaftsprüfer oder vereidigten Buchprüfer.[13] Werden einem MitG-Führer die erforderlichen Informationen von dem primär Verantwortlichen vorenthalten, so begründet dies ein außerordentliches Kündigungsrecht.[14]

2. Delegation. Eine Aufgabenverteilung ist nicht nur innerhalb des GFührergremiums möglich, sondern auch zwischen GFührern und nachgeordneten Hierarchiestufe (Delegation). Erledigung der Pflichten aus § 41 kann mithin auch auf (geeignete) Mitarbeiter übertragen werden.[15] Auch hier ist aber Restverantwortung jedes einzelnen GFührers zu beachten. Letztere beinhaltet neben der sorgsamen Auswahl des Mitarbeiters[16] auch dessen ständige Überwachung, damit sichergestellt ist, dass dieser objektiv und subjektiv in der Lage ist, die Buchführung ordnungsgemäß zu besorgen.[17] Im Rahmen der Delegation werden Mitarbeiter allerdings nicht als Erfüllungsgehilfen (§ 278 BGB) der GFührer tätig.[18] Vielmehr kommt zu Lasten der GFührer nur eigene Pflichtverletzung in Bezug auf die bei ihnen verbleibende Restzuständigkeit entspr den Grundsätzen des deliktischen Organisationsverschuldens in Betracht.[19] Unter gleichen Voraussetzungen kann Erledigung der Buchführungspflichten auch unternehmensextern vergeben werden.[20] 4

II. Gfter

Gfter sind – abgesehen von besonderen Fallkonstellationen (siehe unten Rn 23 f) – nicht Adressaten des § 41. Gesetzgeber hat auch davon abgesehen, zu Lasten der Gfter eine dem § 15 a III InsO vergleichbare Vorschrift vorzusehen, wonach im Falle der Führungslosigkeit (siehe § 35 Rn 105 a) die Gfter die Buchführungspflicht trifft. Überzeugend ist dies nicht.[21] 5

III. Faktischer GFührer ieS

Nach überwiegender Ansicht in der Lit ist Adressat des § 41 auch der faktische GFührer ieS, dh derjenige, der ohne (wirksam oder unwirksam) zum GFührer bestellt worden zu sein, Aufgaben eines GFührers wahrnimmt. 6

---

12 BGH NJW 1995, 2850. 2851; GmbHR 1995, 299, 300, ZIP 1985, 1135, 1136; Ulmer/*Paefgen* Rn 5; Rowedder/Schmidt-Leithoff/*Koppensteiner* § 43 Rn 11; Michalski/*Sigloch* Rn 11.

13 Scholz/*Crezelius* Rn 5.

14 BGH NJW 1995, 2850. 2851; Roth/*Altmeppen* Rn 5; Scholz/*Crezelius* Rn 5; Ulmer/*Paefgen* Rn 5.

15 OLG Bremen GmbHR 1964, 8, 9; MünchHdbGmbH/*Hüttche* § 56 Rn 22; *Sina* GmbHR 1990, 65, 67; *Lutter*/Hommelhoff/*Kleindiek* Rn 3; *Ebenroth/Lange* GmbHR 1992, 69, 71; Michalski/*Haas* § 43 Rn 166; *Fleischer* WM 2006, 2021, 2024.

16 Roth/*Altmeppen* Rn 5; Scholz/*Crezelius* Rn 6; Michalski/*Haas* § 43 Rn 167.

17 Scholz/*Crezelius* Rn 6; Michalski/*Haas* § 43 Rn 170 f.

18 Allg Michalski/*Haas* § 43 Rn 175; siehe auch Roth/*Altmeppen* Rn 5; Scholz/*Crezelius* Rn 6.

19 *Lutter*/Hommelhoff/*Kleindiek* Rn 5; Scholz/*Crezelius* Rn 6; Ulmer/*Paefgen* Rn 6.

20 Scholz/*Crezelius* Rn 6; Ulmer/*Paefgen* Rn 6; *Fleischer* WM 2006, 2021, 2025.

21 Vgl *Haas* GmbHR 2006, 729, 732 ff.

Uneinigkeit besteht jedoch, welche darüber hinausgehenden Anforderungen an einen solchen „faktischen GFührer" zu stellen sind. Vielfach wird darauf abgestellt, ob der „Dritte" mit Einverständnis der Gfter wie ein GFührer tätig wird. Dabei wird – anders etwa als im Rahmen des § 64 (siehe dort Rn 9 f) – darauf verzichtet, ob und inwieweit der Dritte im „Außenverhältnis" auftritt.[22] Mitunter wird gar derjenige als Adressat des § 41 angesehen, der Aufgaben eines GFührers ohne Einverständnis oder Duldung der Gfter usurpiert.[23] Welcher Ansicht die Rspr folgt, ist nicht eindeutig. Während diese in anderen Fällen der „faktischen Geschäftsführung" (ieS) grds ein Auftreten im Außenverhältnis verlangt (siehe etwa § 64 Rn 9), scheint sie wohl im Fall des § 41 darauf verzichten zu wollen. So trifft den Gesellschafter etwa – unter bestimmten Voraussetzungen – eine Außenhaftung gegenüber den Gläubigern bei (völliger) Intransparenz der Vermögensverhältnisse, die – zumeist – darauf beruhen wird, dass eine Buchführung gänzlich fehlt.[24] Im Mittelpunkt dieser (Durchgriffs-)Haftung (siehe § 13 Rn 43 ff) steht dabei die Verletzung der Pflicht,[25] die Geschäftsvorfälle angemessen und umfassend zu dokumentieren (§ 41). Wird nämlich gegen diese Pflicht in gröblicher Weise verstoßen, so läuft der Grundsatz der Vermögenstrennung (vgl 13 Rn 45) „ins Leere". Nach hM ist dieser Grundsatz aber eine unabdingbare Voraussetzung dafür, dass die Gesellschafter die Beschränkung ihrer Haftung auf das Gesellschaftsvermögen in Anspruch nehmen können.[26] Zu dieser Haftung des Gfters kommt man freilich nicht ohne weiteres; denn die Pflicht nach § 41 trifft ja in erster Linie (und unabdingbar) den GFührer (vgl oben Rn 1). Soll also den Gfter eine Intransparenzhaftung treffen, so lässt sich dies nur damit begründen, dass die Pflicht in § 41 – unter gewissen Voraussetzungen – auch den Gfter trifft.[27] Letzteres ist aber – hM zufolge – nur dann der Fall, wenn dem Gfter auf Grund des ihm gegebenen und von ihm ausgeübten Einflusses die Verschleierung der Vermögensverhältnisse zugerechnet werden kann.[28] Hieraus wird man aber folgern müssen, dass die Rspr dazu tendiert, die dem GFührer nach § 41 zwingend obliegende Pflicht auf den „aktiven Gfter" unabhängig davon zu erstrecken, ob dieser auch durch ein eigenes Handeln im Außenverhältnis in Erscheinung getreten ist. Richtiger Ansicht nach sollte auf das Merkmal „Auftreten im Außenverhältnis" im Zusammenhang mit der Rechtsfigur des „faktischen GFührers" ieS völlig verzichtet werden; denn dieses ist kaum sachbezogen, geht es doch bei der Erstreckung der Pflicht des § 41 auf Dritte (insbesondere auf Gfter) nicht um ein Vertrauensschutzproblem.[29]

---

22 Siehe Scholz/*Crezelius* Rn 4; Michalski/*Sigloch* Rn 10; *Lutter/Hommelhoff* vor § 35 Rn 12; *Fleischer* WM 2006, 2021, 2023; Ulmer/*Paefgen* Rn 3. **AM** Roth/*Altmeppen* Rn 4.

23 Ulmer/*Paefgen* Rn 3.

24 BGH NZI 2006, 365, 367.

25 Anknüpfungspunkt für Gfterhaftung ist insoweit insbesondere keine Zustandshaftung, so ausdrücklich BGH NZI 2006, 365, 367.

26 BGH ZIP 2002, 1578, 1580; siehe auch Ulmer/*Raiser* § 13 Rn 127.

27 In diesem Sinne ausdr. Ulmer/*Raiser* § 13 Rn 127.

28 BGHZ 125, 366, 368; siehe auch Roth/*Altmeppen* § 13 Rn 113 f; Ulmer/*Raiser* § 13 Rn 129.

29 Siehe hierzu im Einzelnen *Haas* NZI 2006, 494, 498 f; iE auch *Grigoleit,* Gesellschafterhaftung für interne Einflussnahme im Recht der GmbH, 116 f.

C. Pflicht zur Rechnungslegung

I. Beginn und Ende

Buchführungspflicht beginnt – hM zufolge – nach Abschluss des GesVertrages mit erstem buchungspflichtigem Geschäftsvorfall ohne Rücksicht auf Eintragung der Ges im HR.[30] Damit trifft Pflicht bereits GFührer einer Vor-GmbH, sobald Einlageforderungen begründet und Notarkosten entstanden sind. Anderer Ansicht nach ist für die Vor-GmbH zu differenzieren. Den GFührer einer Vor-GmbH könne danach die Pflicht des § 41 nur dann treffen, wenn Vor-GmbH die nach § 238 I 1 HGB erforderliche Kaufmannseigenschaft habe. Letzteres wiederum erfordere, dass Vor-GmbH ein Handelsgewerbe betreibe.[31] Hiergegen sprechen jedoch die weitreichenden Rechtsfolgen, die schon mit Entstehung einer Vor-GmbH verbunden sind. So bedarf es etwa für die Berechnung der Vorbelastungshaftung der Gründer zum Zeitpunkt der Eintragung (siehe hierzu § 11 Rn 61 f) nachvollziehbarer Buchungsunterlagen. Gleiches gilt für die Erfüllung des § 64 S 1 bzw der Insolvenzantragspflicht (siehe § 64 Rn 33 ff und 109 ff), die beide – ua – zur beständigen wirtschaftlichen Selbstprüfung (§ 64 Rn 61 f, 117) verpflichten.[32] All dies verbunden mit dem Umstand, dass zwischen VorGes und eingetragener Ges Kontinuität besteht, spricht dafür, die Buchführungspflicht der VorGes unabhängig davon zu bejahen, ob diese ein Handelsgewerbe betreibt oder nicht.[33] 7

Die Buchführungspflicht endet mit Beendigung der Liquidation.[34] Auf Erlöschen der GmbH kommt es nicht an, da nach Beendigung der Liquidation (§ 74 Rn 2) buchungspflichtige Geschäftsvorfälle nicht mehr entstehen können.[35] 8

II. Inhalt der Verpflichtung

Gegenstand der Verpflichtung des GFührers ist die Buchführungspflicht der GmbH nach §§ 238 ff HGB. GFührer sind demnach verpflichtet, dafür Sorge zu tragen, dass Rechnungswesen den gesetzlichen Vorschriften entsprechend geführt wird.[36] Dazu zählt in erster Linie die Aufzeichnung der Geschäftsvorfälle. Umstritten ist, ob hierzu doppelte Buchführung[37] erforderlich ist oder ob schon einfache Buchführung[38] ausreicht. Richtiger Ansicht nach ist dem Gesamtzusammenhang der Rechnungslegungsvorschriften Pflicht zur doppelten Buchführung zu entnehmen.[39] Nach der doppelten Buchführung lösen 9

---

[30] *Lutter*/Hommelhoff/*Kleindiek* Rn 7; Ulmer/*Paefgen* Rn 4; Rowedder/Schmidt-Leithoff/*Tiedchen* Rn 41.

[31] Roth/*Altmeppen* Rn 7.

[32] Zur Anwendbarkeit dieser Vorschrift auf eine Vor-GmbH siehe § 64 Rn 16, 147.

[33] Siehe Voraufl Rn 32; Ulmer/*Paefgen* Rn 4.

[34] Rowedder/Schmidt-Leithoff/*Tiedchen* Rn 43; Ulmer/*Paefgen* Rn 4.

[35] **AM** *Lutter*/Hommelhoff/*Kleindiek* Rn 7.

[36] Scholz/*Crezelius* Rn 10.

[37] *Lutter*/Hommelhoff/*Kleindiek* Rn 6; Scholz/*Crezelius* Rn 9; MünchHdbGmbH/*Hüttche* § 56 Rn 28; Ulmer/*Paefgen* Rn 7; Roth/*Altmeppen* Rn 9; in diesem Sinne auch Voraufl Rn 39.

[38] So – im Grds – Baumbach/Hopt/*Merkt* § 238 Rn 12.

[39] Vgl auch *Fleischer* WM 2006, 2021, 2022.

die laufenden Geschäftsvorfälle zweiseitige Wertbewegungen auf Bestands- und Erfolgskonten aus. Am Ende der Rechnungsperiode werden die Konten dann zur Bilanz- oder Gewinn- und Verlustrechnung zusammengeführt. Verpflichtet ist der GFührer nach den §§ 238 ff HGB auch zur Errichtung von Inventaren, Aufstellung der Eröffnungsbilanz, des Jahresabschlusses und des Lageberichts sowie zur Aufbewahrung (vgl § 257 I, IV HGB) der damit zusammenhängenden Unterlagen. Ergänzt wird die Buchführungspflicht – bei prüfungspflichtigen Ges – durch Pflicht zur Erteilung des Prüfungsauftrags und Mitwirkung hieran sowie – für alle Ges – durch Pflicht zur Offenlegung des Jahresabschlusses.

III. Im eröffneten Insolvenzverfahren

10 **1. Pflicht zur handelsrechtlichen Rechnungslegung.** Nach § 155 I 1 InsO bleiben die Pflichten des Schuldners zur Rechnungslegung im eröffneten Verfahren unberührt. Diese Pflichten sind aber im eröffneten Verfahren – „in Bezug auf die Insolvenzmasse“ – nicht von den GFührern, sondern vom Insolvenzverwalter zu erfüllen.[40] Soweit es also um insolvenzfreies Vermögen geht (siehe hierzu § 60 Rn 46), bleibt mithin GFührer Adressat der Rechnungslegungspflichten.[41] Hat Insverwalter die handelsrechtlichen Rechnungslegungspflichten wahrzunehmen, müssen ihm die GFührer die dafür erforderlichen Auskünfte erteilen. Rechnungslegung entspricht der in § 71 geregelten,[42] da sich Ges mit Verfahrenseröffnung nach § 60 I Nr 4 in Liquidation befindet. Insverwalter darf sich dafür der Hilfe sachkundiger Personen bedienen,[43] doch muss er diese angemessen überwachen. Ob Pflicht zur handelsrechtlichen Rechnungslegung den Insolvenzverwalter auch für die zurückliegenden Geschäftsjahre trifft, soweit sie von den GFührern unter Verstoß gegen § 41 nicht erfüllt worden ist, ist streitig. Zweifel ergeben sich daraus, dass § 155 I 2 InsO dem Insolvenzverwalter nur in Bezug auf die Insolvenzmasse die Pflicht auferlegt, es aber für die zurückliegenden Zeiträume noch gar keine Insolvenzmasse gab.[44] HM geht aber wohl von einer derartigen umfassenden Verpflichtung aus und stützt dies darauf, dass dem GFührer (für die zurückliegenden Zeiträume) die dafür erforderlichen Buchführungsunterlagen u Belege wegen der Inbesitznahme durch den Insolvenzverwalter nach §§ 148 I, 36 II Nr 1 InsO[45] nicht zur Verfügung stehen.[46] Folgt man der Ansicht, kann Insverwalter hiervon auch kein Dispens erteilt werden, da § 71 III auf Antrag nur hinsichtlich Prüfung, nicht aber in Bezug auf Aufstellung des Jahresabschlusses Ausnahmen zulässt.

---

[40] LG Bonn ZIP 2008, 1082, 1083; Schmidt/*Weitzmann* § 155 InsO Rn 2; *Kübler*/Prütting § 155 InsO Rn 6 ff, 9 ff; Uhlenbruck/*Maus* § 155 InsO Rn 1.

[41] LG Bonn ZIP 2008, 1082, 1083.

[42] Rowedder/*Schmidt-Leithoff* § 63 Rn 120.

[43] *Kübler*/Prütting § 155 InsO Rn 20; Rowedder/*Schmidt-Leithoff* § 63 Rn 120; *Kuntz/Mundt* DStR 1997, 620, 624.

[44] *Maus* ZInsO 2008, 5, 7; *Ries* ZInsO 2008, 536, 539.

[45] Kübler/Prütting/*Holzer* § 36 InsO Rn 30 f.

[46] BFH BStBl 1995 II 194; BFH/NV 2008, 334; OLG München ZInsO 2005, 1278; LG Frankfurt NZI 2007, 294. Zur KO: KG ZIP 1997, 1511; LG München I ZIP 2001, 2291, 2292. **AM** Uhlenbruck/*Maus* § 155 InsO Rn 13.

Die handelsrechtliche Rechnungslegung ist von der **insolvenzrechtlichen Rechenschaftslegung gegenüber der Gläubigerversammlung** gem § 66 InsO u von der Pflicht zur Aufstellung einer Vermögensübersicht gemäß § 153 InsO zu unterscheiden.[47] Die handelsrechtliche Rechnungslegungspflicht des Insolvenzverwalters wird für massearme Insolvenzen teilweise als zu weitgehend erachtet.[48] Dem ist zuzugeben, dass in einem solchen Fall die mit der handelsrechtlichen Rechnungslegung verfolgten Zwecke (Dokumentation, Gewinnermittlung, Ausschüttungsbemessung, Gläubigerinformation) weitgehend leer laufen bzw ausreichend durch die insolvenzrechtliche Rechnungslegung (§ 66 InsO) aufgefangen werden mit der Folge, dass Rechnungslegung keinerlei Wertschöpfungsinhalt mehr zukommt.[49] Darüber hinaus kann dem Insverwalter weder bei bestehender noch bei angezeigter Masseunzulänglichkeit zugemutet werden, die Buchführung selbst mit eigenen Mitarbeitern ohne Vergütung zu erbringen,[50] wenn zuvor Dritte mit der Buchführung beauftragt wurden. In diesen Fällen muss daher die öffentlichrechtliche Buchführungspflicht hinter die Zwecke des Insolvenzverfahrens zurück treten.[51] 11

2. Geschäftsjahrsbeginn. Mit der Eröffnung des Insolvenzverfahrens beginnt nach § 155 II 1 InsO ein neues Geschäftsjahr. Das laufende Geschäftsjahr wird Rumpfgeschäftsjahr.[52] Diese Regelung ist wegen der für die Zeit davor u danach geltenden unterschiedlichen Bilanzierungsregeln (Rn 15) zwingend.[53] Das sich anschließende neue Geschäftsjahr umfasst volle 12 Monate.[54] Dabei ist maßgebend die Uhrzeit der Verfahrenseröffnung.[55] Durch Bildung eines weiteren Rumpfgeschäftsjahrs ist für die Zukunft Rückkehr zum ursprünglichen Geschäftsjahresturnus möglich.[56] Zuständig ist dafür der Insverwalter,[57] nicht aber die GfterVers,[58] da diese auch sonst für die Rechnungslegung nicht mehr zuständig ist. 12

---

47 *Kübler*/Prütting § 155 InsO Rn 8; Rowedder/*Schmidt-Leithoff* § 63 Rn 120; Uhlenbruck/*Maus* § 155 InsO Rn 1; *Müller/Gelhausen* FS Claussen, 1997, 687 f; *Schmidt* ZGR 1998, 633, 648.

48 MünchKommInsO/*Füchsl/Weishäupl* § 155 InsO Rn 11 ff; *Kuntz/Mundt* DStR 1997, 664, 669 ff.

49 Siehe hierzu auch *Ries* ZInsO 2008, 536, 539.

50 Vgl auch BGH ZIP 2004, 1717, 1720.

51 Schmidt/*Weitzmann* § 155 InsO Rn 5; *Maus* ZInsO 2008, 5, 8; im Grds auch *Pink* ZInsO 2008, 817, 820.

52 *Ries* ZInsO 2008, 536, 540; *Pink* ZInsO 2008, 817, 818; *Grashoff* NZI 2008, 65, 67; *Kübler*/Prütting § 155 InsO Rn 29; MünchKommInsO/*Füchsl/Weishäupl* § 155 InsO Rn 5. Anders aber BFH zu Steuererklärungspflichten, die ja an Pflichten zur Rechnungslegung anknüpfen, vgl DStR 1995, 13 ff (GewSt).

53 *Kübler*/Prütting § 155 InsO Rn 31; MünchKommInsO/*Füchsl/Weishäupl* § 155 InsO Rn 5. **AM** Uhlenbruck/*Maus* § 155 InsO Rn 13; *Kunz/Mundt* DStR 1997, 664, 665 ff.

54 *Pink* ZInsO 2008, 817, 818; *Grashoff* NZI 2008, 65, 67; *Kübler*/Prütting § 155 InsO Rn 26; MünchKommInsO/*Füchsl/Weishäupl* § 155 InsO Rn 18.

55 *Kübler*/Prütting § 155 InsO Rn 27; Uhlenbruck/*Maus* § 155 InsO Rn 13; *Grashoff* NZI 2008, 65, 67.

56 MünchKommInsO/*Füchsl/Weishäupl* § 115 InsO Rn 18; *Grashoff* NZI 2008, 65, 67; *Weisang* BB 1998, 1149, 1151. **AM** *Kübler*/Prütting § 155 InsO Rn 32 f.

57 MünchKommInsO/*Füchsl/Weishäupl* § 155 InsO Rn 18.

58 So jedoch *Weisang* BB 1998, 1149, 1151; 17. Aufl Rn 61.

13 **3. Schlussbilanz der werbenden Gesellschaft.** Für das durch die Verfahrenseröffnung entstehende Rumpfgeschäftsjahr (Rn 12) ist eine Schlussbilanz mit Gewinn- u Verlustrechnung u Anhang sowie – gegebenenfalls – ein Lagebericht aufzustellen.[59] Auch diese Aufgabe obliegt – hM nach (vgl oben Rn 10) – dem Insverwalter,[60] dem insoweit – abw von §§ 42 a, 46 Nr 1 – mangels Zugriffs der GfterVers auf die Buchführungsunterlagen auch die Feststellungskompetenz zusteht. Die Verlängerung der Fristen für Aufstellung u Offenlegung des Jahresabschlusses durch § 155 II 2 InsO gilt auch für diese Schlussbilanz u die weiteren Unterlagen.[61] Für diesen letzten Abschluss der werbenden Ges gilt aus den zu § 71 Rn 3 dargestellten Gründen der Grundsatz der Unternehmensfortführung.[62] Für das Insolvenzverfahren werden diese Gründe dadurch verstärkt, dass nach § 1 Satz 1 InsO auch die Unternehmensfortführung (wenn auch kein eigenständiges) Ziel des Verfahrens ist.[63] Bei mittelgroßer u großer Ges unterliegen nach § 316 I HGB der Jahresabschluss des Rumpfgeschäftsjahres u der Lagebericht der Abschlussprüfung (für eine Befreiung hiervon, siehe unten Rn 15). Mit Eröffnung des Insolvenzverfahren verliert GesVersammlung Befugnis, einen Abschlussprüfer zu bestellen (§ 155 III 1 InsO).[64] Ein für das durch die Verfahrenseröffnung unterbrochene Geschäftsjahr schon bestellter Abschlussprüfer bleibt nach § 155 III 2 InsO zur Abschlussprüfung befugt.[65] Gegenüber diesem ist Insolvenzverwalter das Antragsrecht nach § 318 III HGB mit dem Ziel, dass ein anderer Abschlussprüfer bestellt werde, zuzubilligen.[66] Insoweit tritt Insolvenzverwalter an die Stelle des gesetzlichen Vertreters. Im Übrigen bestellt nach § 155 III 1 InsO das RegGericht den Abschlussprüfer auf Antrag des Insverwalters.

14 **4. Eröffnungsbilanz.** Wegen des Beginns eines neuen Geschäftsjahrs nach § 155 II 2 InsO ist eine Eröffnungsbilanz mit einem erläuternden Bericht (§ 71 I) aufzustellen.[67] Hierfür ist – anders als für die Schlussbilanz (Rn 70) – von dem Grundsatz der Unternehmensfortführung nur auszugehen, wenn

---

59 *Kübler*/Prütting § 155 InsO Rn 44; *Pink* ZInsO 2008, 817, 818; Uhlenbruck/*Maus* § 155 InsO Rn 13; Budde/*Förschle/Weisang* R Rn 68; *Pink,* S 99 ff; *Weisang* BB 1998, 1149, 1150.

60 *Kübler*/Prütting § 155 InsO Rn 46; *Pink* 99 ff; *ders* ZInsO 2008, 817, 818; *Müller/Gelhausen* FS Claussen, 1997, 687, 690 f; undeutlich *Fischer-Böhnlein/Körner* BB 2001, 191, 194. **AM** Uhlenbruck/*Maus* § 155 InsO Rn 13.

61 *Müller/Gelhausen* FS Claussen, 1997, 687, 691.

62 Rowedder/*Schmidt-Leithoff* § 63 Rn 122; *Pink* 101 f. **AM** (wenn Einstellung des Geschäftsbetriebs zu erwarten ist) *Kübler*/Prütting § 155 InsO Rn 58; *Müller/Gelhausen* FS Claussen, 1997, 687, 693 ff; (bei endgültiger Einstellung des Geschäftsbetriebs) MünchKommInsO/*Füchsl/Weishäupl* § 155 InsO Rn 7.

63 Ähnlich *Weisang* BB 1998, 1149, 1150.

64 OLG Frankfurt ZIP 2004, 1114, 1115.

65 HeidelbergerKommInsO/*Depré* § 155 Rn 16; *Müller/Gelhausen* FS Claussen, 1997, 687, 695 f. Zweifel hinsichtlich der Bedeutung dieser Vorschrift bei *Kübler*/Prütting § 115 Inso Rn 69.

66 *Klerx* NZG 2003, 943, 945; *Kübler*/Prütting § 155 Rn 71; zweifelnd OLG Frankfurt ZIP 2004, 1114, 1115; LG Frankfurt ZIP 1985, 805, 806 f.

67 *Kübler*/Prütting § 155 InsO Rn 39 ff; Uhlenbruck/*Maus* § 155 InsO Rn 13; Budde/*Förschle/Weisang* P Rn 75. **AM** MünchKommInsO/*Füchsl/Weishäupl* § 155 InsO Rn 8; *Grashoff* NZI 2008, 65, 67.

dafür tatsächliche Anhaltspunkte bestehen.[68] Daher gilt zwischen Schlussbilanz u Eröffnungsbilanz der Grundsatz der Bilanzidentität gemäß § 252 II HGB nicht.[69] Diese Eröffnungsbilanz ist mit Vermögensübersicht nach § 153 InsO nicht identisch.[70]

5. Rechnungslegung während des Insolvenzverfahrens richtet sich 15 nach den für die Liquidation geltenden Regeln;[71] vgl daher § 71 Rn 5–7, 14–27. Die Prüfungspflicht nach § 316 I HGB besteht fort, doch kann Gericht iSd §§ 375 Nr 6, 376 f FamFG (nicht das Insolvenzgericht)[72] unter den Voraussetzungen des § 71 III (§ 71 Rn 32) von der Abschlussprüfung befreien;[73] denn die mit einer Testierung durch einen Wirtschafts- oder Abschlussprüfer verbundene Kontroll- und Warnfunktion läuft im eröffneten Insolvenzverfahren weitgehend leer. Dies gilt jedenfalls dann, wenn Geschäftsbetrieb weitgehend oder gar vollständig eingestellt ist. Ob – ebenso wie im Liquidationsverfahren nach §§ 66 ff – auch im eröffneten Verfahren keine Befreiung für abgeschlossene Zeiträume vor Eröffnung erteilt werden kann, ist fraglich. Richtiger Ansicht sollte dies möglich sein.[74] Die Situation ist im eröffneten Verfahren anders als nach §§ 66 ff, wo die Liquidatoren im Prinzip keiner (externen und unabhängigen) Kontrolle unterliegen. Die Feststellung des Jahresabschlusses obliegt dem Insolvenzverwalter.[75] Diese geschieht durch Unterzeichnung analog § 245 HGB. Auf diese Förmlichkeit kann entgegen teilweise vertretener Ansicht[76] wegen der Bedeutung des Jahresabschlusses, der zudem offenzulegen ist (vgl unten Rn 17), nicht verzichtet werden.

6. Schlussbilanz bei Verfahrensende. Wird das Insolvenzverfahren 16 durch vollständige Liquidation der Ges nach § 199 S 2 InsO beendet, muss Insolvenzverwalter wie ein Liquidator (§ 71 Rn 28) Schlussbilanz mit Gewinn- u Verlustrechnung für den restlichen Abwicklungszeitraum u Anhang aufstellen; Lagebericht ist entbehrlich. Endet das Insolvenzverfahren durch

---

68 *Kübler*/Prütting § 155 InsO Rn 60; *Müller/Gelhausen* FS Claussen, 1997, 687, 701; weitergehend (idR Annahme der Fortführung) HeidelbergerKommInsO/*Depré* § 155 InsO Rn 9.

69 *Fischer-Böhnlein/Körner* BB 2001, 191, 195; *Müller/Gelhausen* FS Claussen, 1997, 687, 701 f. **AM** *Kübler*/Prütting § 155 InsO Rn 63; Uhlenbruck/*Maus* § 155 InsO Rn 13; Budde/*Förschle/Weisang* R Rn 75.

70 *Kübler*/Prütting § 155 InsO Rn 63; MünchKommInsO/*Füchsl/Weishäupl* § 153 InsO Rn 9; Uhlenbruck/*Maus* § 153 InsO Rn 1. **AM** wohl („Insolvenzeröffnungsbilanz") Kübler/Prütting/*Holzer* § 153 InsO Rn 1, 5.

71 *Kübler*/Prütting § 155 InsO Rn 23, 47 ff. **AM** MünchKommInsO/*Füchsl/Weishäupl* § 155 InsO Rn 18; Uhlenbruck/*Maus* § 155 InsO Rn 10.

72 So aber Budde/*Förschle/Weisang* R Rn 80; *Kunz/Mundt* DStR 1997, 664, 668.

73 OLG München NZG 2008, 229; LG Bonn ZIP 2008, 1082, 1083; LG Paderborn ZIP 2006, 2101, 2102; *Kind/Frank/Heinrich* NZI 2006, 205, 207; *Ries* ZInsO 2008, 536, 539; HeidelbergerKommInsO/*Depré* § 155 Rn 6; *Kübler*/Prütting § 155 InsO Rn 66; MünchKommInsO/*Füchsl/Weishäupl* § 155 InsO Rn 21; Uhlenbruck/*Maus* § 155 InsO Rn 10; für AG: AG München ZIP 2004, 2110 f; offen gelassen in OLG Hamm ZInsO 2007, 380, 381.

74 OLG Oldenburg NJW-RR 1994, 609; *Kind/Frank/Heinrich* NZI 2006, 205, 207. **AM** *Pink* ZInsO 2008, 817, 819; Roth/*Altmeppen* § 71 Rn 36; Michalski/*Nerlich* § 71 Rn 36.

75 *Kübler*/Prütting § 155 InsO Rn 72.

76 Nerlich/Römermann/*Anders* § 155 InsO Rn 28; *Müller/Gelhausen* FS Claussen, 1997, 687, 704.

Einstellung nach §§ 207 ff InsO oder durch Aufhebung nach § 258 InsO, entsteht neues Rumpfgeschäftsjahr,[77] für das Insolvenzverwalter durch Schlussbilanz mit Gewinn- und Verlustrechnung sowie Anhang u Lagebericht Rechnung zu legen hat.[78] Rechnungslegung muss unmittelbar vor diesen Ereignissen stattfinden, da das Amt des Insolvenzverwalters mit Einstellung (§ 215 II InsO) oder Aufhebung (§ 259 I InsO) erlischt.[79]

17 **7. Offenlegung.** Die Regeln über die Offenlegung des Jahresabschlusses u weiterer Unterlagen (§§ 325 ff HGB) bestehen in der Insolvenz fort, wie in § 155 II 2 InsO vorausgesetzt ist.[80] Die Pflicht zur Offenlegung trifft nach § 155 I 2 InsO den Insolvenzverwalter.[81] Hiervon kann – wie auch im Falle der Liquidation (§ 71 Rn 33) – nicht befreit werden.[82] Bei Verstößen[83] gegen die Publizitätspflicht drohen seit dem 1. 1. 2007 spürbare Sanktionen. Nach § 335 I HGB kann ein Ordnungsgeld (zwischen € 2500 und 25 000) – nicht nur gegen die Kapitalges (§ 335 I 2 HGB), sondern auch – gegen „die Mitglieder des vertretungsberechtigten Organs" verhängt werden (§ 335 I 1 HGB).[84] Fraglich ist, ob der Insolvenzverwalter von § 335 I HGB erfasst ist. Überwiegender Ansicht nach wird dies verneint mit der Folge, dass die Pflichtverletzung nach § 155 InsO allein durch das (die Aufsicht ausübende) Insolvenzgericht (§ 58 InsO) gerügt werden kann.[85] Durch die gegen die Schuldnerin „vertreten durch die Gführung" gerichtete Ordnungsgeldentscheidung wird Masseverbindlichkeit nicht begründet.[86]

D. Zivilrechtliche Folgen bei Pflichtverletzung

I. Haftung des GFührers

18 **1. Haftung nach § 43 II.** Gegenüber der Ges haftet der GFührer im Falle einer Pflichtverletzung nach § 41 gemäß § 43 II auf Schadensersatz;[87] denn bei

[77] *Müller/Gelhausen* FS Claussen, 1997, 687, 704.

[78] BonnerHdb/*Pink* Fach 5 Rn 161; *Kübler*/Prütting § 155 InsO Rn 51. **AM** (Aufstellung durch Organe der Ges) *Müller/Gelhausen* FS Claussen, 1997, 687, 704.

[79] Mit Einzelheiten *Kübler*/Prütting § 155 InsO Rn 51 f.

[80] LG Bonn ZIP 2008, 1082, 1084; *Kübler*/Prütting § 155 InsO Rn 73; *Grashoff* NZI 2008, 65, 67. **AM** für eine teleologische Reduktion MünchKommInsO/*Füchsl/Weishäupl* § 155 Rn 8, 11.

[81] Nerlich/Römermann/*Andres* § 155 InsO Rn 29; HeidelbergerKommInsO/*Depré* § 155 Rn 13; *Kübler*/Prütting § 155 InsO Rn 73. **AM** LG Bonn ZIP 2009, 332 f; LG Bonn ZIP 2008, 1082, 1083 f. Schmidt/*Weitzmann* § 155 InsO Rn 15; *Grashoff* NZI 2008, 65, 69; *Schlauß* BB 2008, 938.

[82] *Grashoff* NZI 2008, 65, 69; Uhlenbruck/*Maus* § 155 InsO Rn 16. **AM** mit unbegründeter Analogie zu § 71 III *Kunz/Mundt* DStR 1997, 664, 668.

[83] Zur Abgrenzung von Nicht- und Schlechterfüllung vgl insoweit LG Bonn ZIP 2008, 1634.

[84] Vgl zum Ganzen *Stollenwerk/Krieg* GmbHR 2008, 575 ff.

[85] LG Frankfurt ZIP 2007, 2325; siehe auch LG Bonn ZIP 2008, 1082, 1085; LG Bonn ZIP 2009, 332, 333; *Weitzmann* ZInsO 2008, 662, 663; *Maus* ZInsO 2008, 5, 9; iE auch *Grashoff* NZI 2008, 65, 69. **AM** LG Hagen NZI 2008, 112; *de Weerth* NZI 2008, 711, 712.

[86] LG Bonn ZIP 2009, 332, 333. **AM** *de Weerth* NZI 2008, 711, 714.

[87] BGH NZI 2006, 365, 367; NJW 1974, 1468; *Fleischer* WM 2006, 2021, 2025 (AG); *Lutter*/Hommelhoff/*Kleindiek* Rn 4; Scholz/*Crezelius* Rn 8; Ulmer/*Paefgen* Rn 10; *Fleischer* WM 2006, 2021, 2025 f.

der Pflicht in § 41 handelt es sich um eine die Pflicht zur ordnungsgemäßen Geschäftsführung konkretisierende gesetzliche Ausformung. Haftung nach § 43 II kommt etwa dann in Betracht, wenn auf Grund nicht ordnungsgemäßer Buchführung Fehlbeträge entstanden sind, die sich nicht aufklären lassen.[88] Fehlerhafte bzw unzureichende Buchführung kann auch zu einer Beweiserleichterung zugunsten der Ges in Bezug auf den Nachweis des Schadens führen, wenn sie einen Ersatzanspruch gegen den GFührer nach § 43 geltend macht.[89]

2. Außenhaftung nach § 823 II BGB iVm § 41. a) Überblick über den Meinungsstand. Fraglich und umstritten ist, ob GFührer – außerhalb des § 823 II BGB iVm § 331 HGB –[90] gegenüber (potentiellen) Gläubigern nach § 823 II BGB iVm § 41 haftet, wenn er die Rechnungslegungspflichten verletzt. In der Literatur wird dies mitunter verneint.[91] Der BGH hat diese Frage noch nicht abschließend geklärt. Jenseits der Fälle, in denen ein Dritter auf die (fehlerhafte) Rechnungslegung konkret vertraut hat, will er aber wohl eine deliktische (Außen-)Haftung des GFührers auf der Grundlage des § 823 II BGB iVm § 41 ablehnen. Begründet hat er dies damit, dass die Pflicht zur Rechnungslegung zwar allgemein dem Gläubigerschutz diene. Eine Haftung jedoch daran scheitere, dass zum einen der Personenkreis, der vom Schutzzweck der Norm erfasst sei, nicht abgegrenzt werden könne und zum anderen sich der konkrete Schaden der einzelnen Gläubiger, der adäquat kausal auf die Verletzung der Buchführungspflicht zurück gehe, nicht bestimmen lasse.[92] Dagegen hat der BGH eine (Außen-)Haftung des GFührers wegen Verletzung der Buchführungspflichten in Erwägung gezogen, „wenn ein Außenstehender im Vertrauen auf das ihm zugänglich gemachte, in vom GFührer zu vertretender Weise unzulängliche Buchwerk zu Vermögensdispositionen – insbesondere zur Gewährung eines Kredits an die Ges – veranlasst wird und gerade deswegen bei der Ges keine Befriedigung erlangen kann, weil diese entgegen dem buchmäßig dargestellten Bild nicht kreditwürdig war".[93] Mitunter finden sich in der Literatur aber auch Stimmen, die dem § 41 ganz generell Schutzgesetzcharakter iS des § 823 II BGB zuweisen.[94] 19

b) Stellungnahme. Die Rechnungslegungspflicht erfüllt vielfältige Funktionen. So ist unternehmensinterne Rechenwerk sicherlich eine kreditrelevante Information für die Gläubiger. Macht der GFührer diese einem Ges-Gläubiger zugänglich, dann kommt eine Eigenhaftung des GFührers wohl kaum nach § 823 II BGB iVm § 41 in Betracht; denn § 41 verpflichtet den GFührer nicht, das Rechenwerk insgesamt einem konkreten Gläubiger zu offenbaren. Vielmehr handelt es sich insoweit um Pflichten gegenüber dem Rechtsverkehr, die nicht dem konkreten Schutz Einzelner oder einem ab- 20

---

[88] BGH NJW 1974, 1468.

[89] BGH GmbHR 1991, 101; ZIP 1985, 1135, 1136; Michalski/*Haas* § 43 Rn 255.

[90] LG Bonn AG 2001, 486; Baumbach/Hopt/*Merkt* § 331 HGB Rn 1.

[91] Ulmer/*Paefgen* Rn 11; Roth/*Altmeppen* Rn 12; Rowedder/Schmidt-Leithoff/*Tiedchen* Rn 13; siehe auch *Lutter*/Hommelhoff/*Kleindiek* Rn 4.

[92] Insoweit dem BGH folgend Ulmer/*Paefgen* Rn 11; *Lutter*/Hommelhoff/*Kleindiek* Rn 4; Roth/*Altmeppen* Rn 12; *Altmeppen* DZWiR 1994, 378, 380; *Brandes* WM 1995, 641, 656.

[93] BGHZ 125, 366, 377 f. Für eine Haftung aus Vertrauensschutzgesichtspunkten Roth/*Altmeppen* Rn 12.

[94] Scholz/*Schneider* § 43 Rn 332; Scholz/*Crezelius* Rn 8; *Schmidt* ZIP 1994, 837, 842; *Stapelfeld* GmbHR 1991, 94; *Hasselbach* GmbHR 1998, 957, 961.

grenzbaren Personenkreis zugute kommt bzw bezweckt.[95] Anknüpfungspunkt gegenüber einem konkreten Gläubiger für eine Außenhaftung kann daher nicht § 41, sondern vielmehr nur ein nach § 263 StGB, § 826[96] BGB, § 823 II BGB iVm § 331 Nr 1 und 2 HGB[97] bzw cic (dh § 311 II BGB) geschütztes konkretes Vertrauen sein.[98]

21 Betrachtet man die Rechnungslegungspflicht als Instrument der unternehmerischen Selbstkontrolle, so ist die Aussage der hM sicherlich richtig, dass diese Funktion – zumindest reflexartig – dem Gläubigerschutz zu dienen bestimmt ist und dass sich der durch diese unternehmerische Selbstkontrolle geschützte Personenkreis – zumindest bei einer lebenden Ges – ebenso wenig konkret abgrenzen lässt wie bei anderen Instrumenten der unternehmensinternen corporate governance. Freilich darf dabei nicht übersehen werden, dass dies den BGH nicht gehindert hat, den Gfter im Außenverhältnis (auf der Grundlage einer Verhaltenshaftung) einer Haftung gegenüber den Gesellschaftsgläubigern zu unterwerfen, wenn es an einer hinreichenden, eine Vermögenstrennung ermöglichenden unternehmensinternen Dokumentation fehlt (siehe unten Rn 23 f). Das ist wenig konsequent.

22 Zudem erscheint die Ansicht fragwürdig, dass der Kreis der schützenswerten Gläubiger unter keinen Umständen bestimmbar und der durch die unzureichende Dokumentation verursachte Schaden auch nicht berechenbar sei.[99] Dies gilt zumindest dann, wenn die GmbH insolvenzreif ist; denn eine unzureichende unternehmensinterne Dokumentation hat hier zur Folge, dass die dem Gläubigerschutz dienenden gesellschaftsrechtlichen und insolvenzrechtlichen Haftungs- und Anfechtungsansprüche den in diesem Zeitpunkt vorhandenen Gesellschaftsgläubiger zur Befriedigung nicht mehr zur Verfügung stehen.[100] Dass der unternehmensinternen Dokumentation gerade in der Gesellschaftsinsolvenz die Bedeutung zukommt, den Vollstreckungszugriff und die Haftungsverwirklichung sicherzustellen, zeigt ein Blick auf § 36 II Nr 1 InsO. Die Bestimmung ordnet an, dass die unternehmensinterne Dokumentation zur Insolvenzmasse zählt und daher vom Insolvenzbeschlag erfasst ist. Dahinter steht die zutreffende Vorstellung, dass ohne unternehmensinterne Dokumentation wesentliche Vermögenswerte dem Zugriff der Gläubiger schlichtweg entzogen bleiben. Bestätigt wird schließlich diese Funktion der Rechnungslegung als Instrument der Haftungsverwirklichung durch einen Blick auf §§ 283 I Nr 5–7, 283 b StGB.[101] Der Kreis der bei Antragstellung vorhandenen Gläubiger (und auch der Schuldner) lässt sich ohne weiteres bestimmen. Diskutieren ließe sich allenfalls, ob der Schutz dieser im Zeitpunkt der Insolvenzantragstellung vorhandenen Gläubiger nicht besser auf § 823 II BGB iVm §§ 283, 283 b zu stützen ist als auf § 823 II BGB iVm § 41.[102]

---

95 Roth/*Altmeppen* Rn 12; *Gross* ZGR 1993, 551, 555; *Haas/Müller* GmbHR 2004, 1169, 1174; *Berg* NZG 2008, 641, 643.

96 Vgl *Fleischer* WM 2006, 2021, 2026.

97 LG Bonn AG 2001, 486; *Fleischer* WM 2006, 2021, 2026.

98 Vgl auch Roth/*Altmeppen* Rn 12; *Fleischer* WM 2006, 2021, 2028.

99 *Haas* GmbHR 2006, 729, 730 f.

100 Siehe hierzu *Haas* GmbHR 2006, 729 f. Für ein erschreckendes Beispiel, siehe AG Göttingen ZIP 2000, 1679 f; vgl auch OLG Oldenburg NZG 2000, 555, 556.

101 Vgl *Haas* GmbHR 2006, 729, 730; zur Aufgabe der Interessentheorie in Bezug auf die §§ 283 ff StGB, BGH ZIP 2009, 959 ff.

102 Schutzgesetzcharakter der §§ 283, 283 b hat BGH nicht von vornherein von der Hand gewiesen, siehe BGHZ 125, 366, 378; vgl auch BGH GmbHR 1985, 80, 81; in

II. Haftung des Gfters

23 Nach h. M. kann der Gfter wegen Intransparenz der Vermögensverhältnisse der Gesellschaft (bzw Vermögensvermischung) im Außenverhältnis nach den Grundsätzen des Haftungsdurchgriffs (in Analogie zu § 128 HGB) haften.[103] Eine solche Haftung kommt – so der BGH – insbesondere dann in Betracht, wenn es an einer Buchführung überhaupt fehlt; denn dann wird jede Kontrolle über die Verwendung des haftenden Vermögens (§§ 19, 30 ff, 43 f, 64, etc.) vereitelt.[104] Haftungsbegründend ist aber auch eine solche unternehmensinterne Dokumentation, die – so der BGH – zu einer „Unkontrollierbarkeit der Zahlungsvorgänge führt mit der Folge, dass die Vermögensmassen der Ges und des Gfters nicht mehr unterschieden werden können".[105] Letzteres ist jedoch – so der BGH – nicht schon dann der Fall, wenn es an einer doppelten Buchführung (siehe oben Rn 9) fehlt.[106]

24 Brauchbare Kriterien dafür, wann dem Gfter eine evtl Intransparenz der Vermögensverhältnisse der Gesellschaft zuzurechnen ist, fehlen bislang. Der BGH hat lediglich festgehalten, dass die Haftung des Gfters wegen Vermögensintransparenz keine Zustands-, sondern eine Verhaltenshaftung sei. Allein der Umstand also, dass der GFter sich über die Verhältnisse in der Ges hätte informieren und dann intervenieren hätte können, reicht mithin für eine Haftung nicht aus. Vielmehr müsse der Gfter – so der BGH – den Vermögensvermischungstatbestand auf Grund des von ihm wahrgenommenen Einflusses als Allein oder MehrheitsGfter (aktiv) herbeigeführt oder zumindest mitveranlasst haben.[107] Nur dann hafte der Gfter analog § 128 f HGB gegenüber den GesGläubigern.[108] Letztlich kommt damit als Haftungsadressat nur in Betracht, wer einen beherrschenden Einfluss in der Ges hat, sei es auf Grund einer Mehrheitsbeteiligung oder aber auf Grund eines Treuhandverhältnisses.[109] Damit setzt sich aber der BGH zu seiner Rspr zur GFührerhaftung in offensichtlichem Widerspruch. Eine Durchgriffshaftung des Gfters wegen verursachter Vermögensintransparenz ist nämlich ohne Mitwirkung des GFührers überhaupt nicht denkbar; denn allein Letzterer ist ja nach dem gesetzlichem Leitbild für die unternehmensinterne Dokumentation verantwortlich (vgl oben Rn 2 ff). Wenn dies aber zutrifft, so ist kaum verständlich, warum (für das identische Verhalten) grds allein der Gfter, nicht aber der GFührer gegenüber den GesGläubigern haften soll, in einem Fall also der Kreis der schützenswerten Gläubiger ermittelbar ist und in dem anderen Fall nicht (siehe oben Rn 19). Selbst wenn man aber eine deliktische Außenhaftung des GFührers bejahen sollte (siehe oben Rn 20 ff), so bleibt unerklärlich,

---

diesem Sinne auch OLG Hamm BB 2000, 431; Michalski/*Haas* § 43 Rn 293; *Lutter*/Hommelhoff/*Kleindiek* Rn 4.

103 BGH ZIP 2007, 1552, 1556; ZIP 2008, 308, 310; vgl nur Ulmer/*Raiser* § 13 Rn 126 ff; *Michalski* § 13 Rn 342 ff; Roth/*Altmeppen* § 13 Rn 112; Rowedder/Schmidt-Leithoff/*Pentz* § 13 Rn 141; *Lutter/Hommelhoff* § 13 Rn 13.

104 BGHZ 125, 366, 368; NZI 2006, 365, 367; vgl auch *Haas* GmbHR 2006, 729, 730 ff; verkürzt auf den „gesellschaftsrechtlichen" Gläubigerschutz abstellend *Strohn* ZInsO 2008, 706, 712.

105 BGH NZI 2006, 365, 367; vgl in diesem Sinne auch schon BGHZ 95, 330, 334. Zu dieser vergleichsweise hohen Schwelle, *Strohn* ZInsO 2008, 706, 712.

106 BGH NZI 2006, 365, 367 f.

107 BGH NZI 2006, 365, 367 f; siehe auch *Strohn* ZInsO 2008, 706, 712.

108 BGH NZI 2006, 365, 368.

109 *Strohn* ZInsO 2008, 706, 712.

warum bei einem identischen Verhalten von Gfter und Gführer die Haftung einmal in eine akzessorischen Schuldenhaftung nach § 128 f HGB und das andere mal in eine Schadensersatzhaftung eingekleidet wird. Dies hat nämlich durchaus Auswirkungen auf die Höhe derselben. Während nämlich nach § 128 HGB – hM zufolge – nicht für die Kosten des (vorläufigen) Insolvenzverfahrens gehaftet wird,[110] kann dieser „Kollateralschaden" von einem Schadensersatzanspruch durchaus erfasst sein.[111] Das alles erscheint noch nicht ganz abgestimmt.[112]

E. Strafrechtliche Folgen einer Pflichtverletzung

25 Strafbestimmungen, die an der Verletzung der Buchführungspflicht anknüpfen, finden sich in § 283 I StGB. Danach macht sich strafbar, wer bei Überschuldung oder bei drohender oder eingetretener Zahlungsunfähigkeit Handelsbücher, zu deren Führung er gesetzlich verpflichtet ist, zu führen unterlässt oder so führt oder verändert, dass die Übersicht über seinen Vermögensstand erschwert wird (Nr 5), Handelsbücher, zu deren Aufbewahrung der verpflichtet ist, vor Ablauf der für Buchführungspflichtige bestehenden Aufbewahrungspflichten beiseite schafft, verheimlicht, zerstört oder beschädigt und dadurch die Übersicht über seinen Vermögensstand erschwert (Nr 6), entgegen dem Handelsrecht a) Bilanzen so aufstellt, dass die Übersicht über seinen Vermögensstand erschwert wird, oder b) es unterlässt, die Bilanz seines Vermögens oder das Inventar in der vorgeschriebenen Zeit aufzustellen (Nr 7). § 283 b I Nr 1–3 StGB ergänzt § 283 I Nr 5–7 StGB für die Fälle, in denen der Täter Buchführungspflichten entweder zu einer Zeit verletzt, zu der sich die Ges noch nicht in der wirtschaftlichen Krise befindet, oder in denen der Täter die eingetretene Krise ohne Fahrlässigkeit nicht erkennt. Objektive Bedingung der Strafbarkeit sowohl im Fall des § 283 als auch des § 283 StGB ist, dass Ges ihre Zahlungen eingestellt hat oder über ihr Vermögen das Insolvenzverfahren eröffnet oder der Eröffnungsantrag mangels Masse abgewiesen würde (§ 283 VI, § 283 b III StGB). In Ausnahmefällen ist auch fahrlässiges Verhalten strafbar (§ 283 II iVm I Nr 5, 7; § 283 b II iVm I Nr 1, 3 StGB). Strafbarkeit kann schließlich auch nach § 331 BGH in Betracht. Ergänzt werden schließlich die Buchführungs- und Bilanzdelikte noch durch den Bußgeldtatbestand des § 334 HGB.

26 Obwohl §§ 283, 283 b StGB ersichtlich darauf angelegt sind die Erfüllung der öffentlich-rechtlichen Buchführungspflicht (Rn 1) gerade auch in der Krise sicherzustellen; soll Strafbarkeit nach diesen Vorschriften entfallen, wenn sich GFührer zur Erstellung der Bilanz oder ihrer Vorbereitung der Hilfe eines Steuerberaters bedienen muss und die erforderlichen Kosten hierfür nicht aufbringen kann.[113] Danach leisten die Strafgerichte letztlich aktiv Vorschub, die Rechnungslegungspflichten in der wirtschaftlichen Krise zu vernachlässigen mit der Folge, dass die Rechtsverfolgung zugunsten der Gläubiger (mas-

---

110 Vgl Nachweise bei Röhricht/v Westphalen/*v Gerkan/Haas* § 128 HGB Rn 18.

111 *Strohn* ZInsO 2008, 706, 710.

112 **AM** *Strohn* ZInsO 2008, 706, 712 f.

113 BGH NStR 1992, 182; 1998, 192, 193; KG wistra 2002, 313, 314; OLG Düsseldorf GmbHR 1998, 981, 982; Roth/*Altmeppen* Rn 5.

siv) erschwert wird.[114] Diese Rspr verwundert umso mehr, als bei anderen „öffentlich-rechtlichen" Pflichten, die nicht dem Schutz privater Gläubiger dienen, sondern öffentlich-rechtlicher Gläubiger (zB Pflicht, Sozialversicherungsbeiträge abzuführen) ein Mangel an Zahlungsmittel die persönliche Strafbarkeit des GFührers nicht entfallen lässt (vgl § 64 Rn 75 ff).

Bilanz

42 (1) **In der Bilanz des nach den §§ 242, 264 des Handelsgesetzbuchs aufzustellenden Jahresabschlusses ist das Stammkapital als gezeichnetes Kapital auszuweisen.**

(2) [1]**Das Recht der Gesellschaft zur Einziehung von Nachschüssen der Gesellschafter ist in der Bilanz insoweit zu aktivieren, als die Einziehung bereits beschlossen ist und den Gesellschaftern ein Recht, durch Verweisung auf den Geschäftsanteil sich von der Zahlung der Nachschüsse zu befreien, nicht zusteht.** [2]**Der nachzuschießende Betrag ist auf der Aktivseite unter den Forderungen gesondert unter der Bezeichnung „Eingeforderte Nachschüsse" auszuweisen, soweit mit der Zahlung gerechnet werden kann.** [3]**Ein dem Aktivposten entsprechender Betrag ist auf der Passivseite in dem Posten „Kapitalrücklage" gesondert auszuweisen.**

(3) **Ausleihungen, Forderungen und Verbindlichkeiten gegenüber Gesellschaftern sind in der Regel als solche jeweils gesondert auszuweisen oder im Anhang anzugeben; werden sie unter anderen Posten ausgewiesen, so muß diese Eigenschaft vermerkt werden.**

Übersicht

[114] Vgl *Haas* GmbHR 2006, 729, 730.

A. Allgemeines

1 Für jedes Geschäftsjahr ist nach allg Vorschriften Jahresabschluss aufzustellen, der zum einen aus Bilanz und zum anderen aus Gewinn- und Verlustrechnung (§ 242 III HGB) sowie Anhang (§§ 284 ff HGB) besteht. Gegebenenfalls ist auch Lagebericht (§ 289 HGB) zu erstellen. Umfang der Bilanzierung richtet sich nach Größe der Ges (§ 267 HGB). Schwellenwerte wurden durch BilMoG (Gesetz zur Modernisierung des Bilanzrechts) heraufgesetzt (Art 1 Nr 19). Die vereinzelten in § 42 enthaltenen Bilanzierungsgrundsätze stehen im systematischen Zusammenhang mit den §§ 242 ff HGB bzw. den Spezialregelungen für Kapitalgesellschaften (§§ 264 ff HGB), die Rechnungslegung rechtsformübergreifend regeln.[1]

B. Die Bilanz

I. Begriff

2 Die Bilanz ist nach § 242 I HGB eine Gegenüberstellung der Vermögensgegenstände eines Unternehmens und der zur Finanzierung eingesetzten Mittel (seitens der Eigentümer und der Gl) zu einem bestimmten Zeitpunkt, dem Bilanzstichtag. Die Bilanz dient – grds – der Darstellung des Betriebsvermögens. In gewissem Umfang gibt sie aber auch Auskunft über Erfolg einer Periode. Letzterer leitet sich aus Differenz zwischen dem Betriebsvermögen am Ende und am Anfang eines Geschäftsjahres (uU bereinigt um Einlagen und/oder Entnahmen) ab. Bilanz ist in Kontoform zu führen (§ 266 I HGB), wobei auf linken Seite die Aktiva und auf rechten Seite die Passiva auszuweisen sind. Die Gliederungspunkte ergeben sich – zwingend – aus § 266 II, III HGB. Kleine Kapitalges (§ 267 I HGB)[2] brauchen jedoch nur eine verkürzte Bilanz zu erstellen, in die nur die (in Abs. 2, 3) mit Buchstaben und römischen Zahlen bezeichneten Posten gesondert und in der vorgeschriebenen Reihenfolge aufgenommen werden müssen (§ 267 I 3 HGB).

II. GmbH-spezifische Bilanzierungsgrundsätze

3 § 42 ergänzt die (handelsrechtlichen) Regelungen zur Bilanz durch einige für die GmbH geltenden Sonderregelungen. Abs. 1 betrifft den Ausweis des Eigenkapitals, Abs. 2 befasst sich mit Bilanzierung von Nachschüssen und Abs. 3 bezieht sich auf den Ausweis von Ausleihungen, Forderungen und Verbindlichkeiten gegenüber Gftern.

4 **1. Ausweis des Stammkapitals (Abs 1). a) Überblick.** Abs 1 ordnet an, dass Stammkapital in Bilanz als „gezeichnetes Kapital" auszuweisen ist. Letzteres wird in § 272 I 1 HGB als das Kapital umschrieben, „auf das die Haftung der Gesellschafter für die Verbindlichkeiten der Kapitalgesellschaft gegenüber den Gläubigern beschränkt ist". Das entspricht nicht § 13 II GmbHG. Letzt-

---

[1] Lutter/Hommelhoff/*Kleindiek* Rn 1.

[2] Siehe zu den durch das BilMoG geänderten Größenkriterien *Zwirns* NZG 2009, 530, 532.

lich ist „gezeichnete Kapital" der rechtsformübergreifende Oberbegriff für Stammkapital.[3] Das gezeichnete Kapital ist als erster Posten auf der Passivseite der Bilanz auszuweisen (§ 266 III A I). Neben dem gezeichneten Kapital bilden Kapital-/Gewinnrücklagen, Gewinn-/Verlustvortrag sowie Jahresüberschuss/-fehlbetrag das Eigenkapital der Ges. Die (ehemals) kapitalersetzenden Gfterdarlehen (vgl Anh § 30) sind – unabhängig von der Regelung im MoMiG – nicht als gezeichnetes Kapital bzw als Eigenkapital auszuweisen.[4] Gleiches gilt für Genussrechtskapital,[5] die Einlagen stiller Gfter[6] oder aber Forderungen (von Gftern bzw Dritten), die mit „echtem Rangrücktritt" (siehe hierzu § 64 Rn 54 f) versehen sind.[7]

b) Ausweis im Einzelnen. Anzusetzen ist Stammkapital (bzw gezeichnete Kapital) zum Nennbetrag (§ 272 I 2 HGB), der am jeweiligen Bilanzstichtag im Handelsregister als Stammkapital eingetragen ist.[8] Kapitalerhöhung ist nach § 54 III ebenfalls erst nach HR-Eintragung zu berücksichtigen.[9] Ob und inwieweit Einlagen auf das Stammkapital geleistet wurden, spielt für den Ausweis des gezeichneten Kapitals keine Rolle. 5

Ausstehende Einlagen bilden rechtlich gesehen Forderungen der Ges gegen Gfter. Wirtschaftlich sind sie – soweit sie noch nicht eingefordert wurden – ein Korrekturposten zum gezeichneten Kapital.[10] Zu einer Forderung werden sie – wirtschaftlich gesehen – erst durch Einforderung. Gesetz trug dieser Besonderheit bislang durch Ausweiswahlrecht der (noch nicht eingeforderten) ausstehenden Einlagen in § 272 I 2 und 3 aF HGB Rechnung.[11] Sie konnten auf Aktivseite vor dem Anlagevermögen gesondert ausgewiesen und entsprechend bezeichnet werden (§ 272 I 2 aF HGB).[12] Nicht eingeforderte Einlagen konnten aber auch aber auch von dem Posten „gezeichnetes Kapital" offen abgesetzt werden (§ 272 I 3 aF HGB). Letzteres führte dann zu einem Nettoausweis des „eingeforderten Kapitals".[13] Eingeforderte ausstehende Einlagen waren stets auf der Aktivseite zu bilanzieren. Bei Ausweis der Einlagen nach § 272 I 2 aF HGB geschah dies durch einen entspr Vermerk (zB „eingeforderte ausstehende Einlagen"). Ansonsten mussten sie unter den Forderungen gesondert ausgewiesen werden und entspr bezeichnet werden (§ 272 I 3 aF HGB). Das BilMoG hat § 272 I HGB neu gefasst und das Ausweiswahlrecht, die ausstehenden Einlagen im Wege des Brutto- oder Nettoausweises in der Handelsbilanz zu zeigen, beseitigt. Das Gesetz schreibt nunmehr den Nettoausweis vor.[14] Der Posten „Gezeichnetes Kapital" und der Posten „Nicht eingeforderte ausstehende Einlagen" werden demgemäß auf der Passivseite der Bilanz in der 6

---

[3] Scholz/*Crezelius* Rn 3.

[4] Scholz/*Crezelius* Rn 7; Heybrock/Theiselmann/*Moeder* Rn 12; siehe auch Roth/*Altmeppen* Rn 47 f.

[5] Vgl hierzu BeckBilKomm/*Ellrott/Krämer* § 266 Rn 186.

[6] Vgl hierzu BeckBilKomm/*Ellrott/Krämer* § 266 Rn 187.

[7] Vgl hierzu Roth/*Altmeppen* Rn 49 f.

[8] BeckBilKomm/*Ellrott* § 284 Rn 3 und 272 Rn 8; MünchHdbGmbH/*Hüttche* § 56 Rn 79; Scholz/*Crezelius* Rn 4; *ADS* Rn 6 ff.

[9] *ADS* Rn 9.

[10] BeckBilKomm/*Förschle/Hoffmann* § 272 Rn 14.

[11] Baumbach/Hopt/*Merkt* § 272 Rn 3.

[12] *Wicke* Rn 5.

[13] BeckBilKomm/*Förschle/Hoffmann* § 272 Rn 14; Lutter/Hommelhoff/*Kleindiek* Rn 32.

[14] Vgl *Zwirns* NZG 2008, 530, 535.

Vorspalte ausgewiesen. Der nach Saldierung der beiden Posten verbleibende Betrag ist unter dem Posten „Eingefordertes Kapital" auf der Passivseite in der Hauptspalte zu zeigen. Entspr dazu ist eingeforderter (aber noch nicht bezahlter) Betrag unter Forderungen gesondert auszuweisen und entspr zu bezeichnen (§ 272 I 3 nF HGB). Einzahlungen der Gfter vor Eintragung einer Kapitalerhöhung gegen Einlagen sind als gesonderter Passivposten nach dem Eigenkapital auszuweisen (zB „zur Durchführung der beschlossenen Kapitalerhöhung geleisteten Einlagen").[15] Ob bei Eintragung der Kapitalerhöhung bis zu Bilanzaufstellung der Sonderposten mit Vermerk des Eintragungsdatums auch nach dem gezeichneten Kapital innerhalb des Eigenkapitals ausgewiesen werden darf, ist umstr.[16] Nicht mit dem gezeichneten Kapital vermengt werden dürfen eigene Geschäftsanteile (vgl nun auch § 272 I a HGB).[17] Der rechnerische Wert der erworbenen eigenen Anteile ist in der Vorspalte offen vom Posten „Gezeichnetes Kapitel" abzusetzen. Der Unterschiedsbetrag zwischen dem rechnerischen Wert der Anteile und den Anschaffungskosten der eigenen Anteile ist mit frei verfügbaren Rücklagen zu verrechnen.

7 **2. Ausweis des Nachschusskapitals (Abs 2). a) Überblick.** § 42 II 1 steht im Zusammenhang mit § 272 II HGB, der (rechtsformübergreifend) den Ausweis der Kapitalrücklage in der Bilanz regelt.[18] Letztere ist auf der Passivseite der Bilanz auszuweisen (§ 266 III A II HGB). Die Kapitalrücklage umfasst hauptsächlich solche Kapitalbeträge, die der Ges von außen zugeführt werden und nicht aus dem erwirtschafteten Ergebnis gebildet werden.[19] Abs. 2 S. 1 ergänzt nun den § 272 II HGB, indem er – ua – bestimmt, dass auch Nachschüsse zur Kapitalrücklage zählen. Sinn und Zweck der Regelung ist es, die aus dem Nachschusskapital der Ges zustehenden Vermögenswerte vom verteilungsfähigen Gewinn auszuschließen und dadurch den Zweck des § 30 II sicher zu stellen.[20]

8 **b) Anknüpfung an materiellrechtlichen Voraussetzungen.** Der Ausweis der Nachschusspflicht knüpft zunächst an materiellrechtlichen Voraussetzungen derselben in § 26 I an (siehe § 42 II 1).[21] Danach muss diese im GesVertrag vorgesehen sein. Darüber hinaus müssen Gfter die Einforderung des Nachschusses beschlossen haben. § 42 II 1 sieht vor, dass dieser Beschluss in zeitlicher Hinsicht vor dem Bilanzstichtag getroffen wird, um Nachschussanspruch in der Bilanz ausweisen zu können. Nach § 26 I ist es möglich, verfahrensrechtliche Modalitäten in Bezug auf die Beschlussfassung vorzusehen (zB Beteiligung des AR, jährliche Höchstbeträge, etc.).[22] Auch diese (zusätzlichen) Voraussetzungen müssen für einen Ausweis nach § 42 II vorliegen; denn Vorschrift knüpft ja zwingend an einen (mit dem Binnenrecht im Einklang stehenden) Gfterbeschluss an.[23] Ausweis des Nachschussanspruchs

---

[15] BeckBilKomm/*Förschle/Hoffmann* § 272 Rn 20; MünchKommHGB/*Reimer* § 272 Rn 19; *ADS* Rn 10.

[16] Dagegen BeckBilKomm/*Förschle/Hoffmann* § 272 Rn 20. **AM** Voraufl Rn 202; *ADS* Rn 19.

[17] Vgl zum Ganzen BeckBilKomm/*Ellrott/Krämer* § 266 Rn 138 ff.

[18] Scholz/*Crezelius* Rn 12.

[19] BeckBilKomm/*Förschle/Hoffmann* § 272 Rn 56.

[20] Scholz/*Crezelius* Rn 12.

[21] Roth/*Altmeppen* Rn 38; siehe auch MünchHdbGmbH/*Hüttche* § 56 Rn 81.

[22] Vgl § 26 Rn 3 ff.

[23] Scholz/*Crezelius* Rn 14.

kommt schließlich nur dann in Betracht, wenn Gfter kein oder kein Befreiungsrecht mehr (infolge Fristablaufs)[24] nach § 27 I 1 zusteht. Im Letzteren Fall darf darüber hinaus die Fiktion des § 27 I 2 nicht zum Tragen kommen. Dies ist etwa der Fall, wenn Ges den Nachschussanspruch aktiviert. Darin liegt nämlich Verzicht auf so genannten Abandon.[25]

c) Ausweis im Einzelnen. Nachschusskapital ist sowohl auf Aktiv- als auch auf der Passivseite gesondert auszuweisen. Grds ist zwar Aufgliederung der Kapitalrücklage nach den versch Fällen des § 272 HGB nicht vorgeschrieben. Für Nachschusskapital gilt dies allerdings nicht (§ 42 II 3). Liegen entspr materiellrechtl Voraussetzungen vor (vgl oben Rn 8), sind nach § 42 II 2 eingeforderten Nachschüsse (gesondert, vgl oben Rn 7) zwischen den Forderungen und sonstigen Vermögensgegenstände zu aktivieren („Eingeforderte Nachschüsse").[26] Voraussetzung hierfür ist aber, dass mit Zahlung gerechnet werden kann. Ungewissheiten hinsichtlich der Durchsetzung des Nachschusskapitals ist durch entpr Bewertungsabschlägen zu begegnen. Bei Zahlungsunfähigkeit (str bei Zahlungsunwilligkeit)[27] des Gfters entfällt Aktivierung. Insoweit geht Sonderregelung in Abs. 2 S 2 den allg Vorschriften über Wertberichtigung vor.[28] Im Umfang der Aktivierung des Nachschusskapitals verlangt § 42 II 3 entspr Ausweis auf der Passivseite unter dem Posten „Kapitalrücklage". **9**

Sind Nachschüsse eingezahlt, entfällt Anspruch als Aktivum. Dafür ist Leistung dem Aktivvermögen zugeflossen und damit bei entsprechenden anderen Posten zu berücksichtigen. Insoweit findet also eine Umschichtung in andere Vermögensgegenstände statt.[29] Passivposten bleibt auch nach Einzahlung der Nachschüsse dagegen bestehen.[30] Dadurch soll deutlich gemacht werden, dass Rücklageposten nur in bestimmten Konstellationen aufgelöst werden kann (Verlusttilgung, Kapitalerhöhung aus GesMitteln, vgl § 30 II). **10**

3. Ausweis von Ausleihungen, Forderungen und Verbindlichkeiten gegenüber Gftern (Abs 3). a) Überblick. Die Ges kann mit ihren Gftern schuldrechtliche Beziehungen eingehen wie zu anderen Dritten auch. § 42 III sieht vor, dass diese Beziehungen bilanzmäßig gesondert abgebildet werden. Sinn und Zweck der Vorschrift ist es, diese Rechtsbeziehungen besonders herauszustellen, weil sie uU durch das Gesellschaftsrechtsverhältnis überlagert werden und daher anders zu beurteilen sind wie Rechtsbeziehungen zu gesellschaftsfremden Dritten.[31] **11**

---

24 Fristablauf muss vor Bilanzstichtag erfolgt sein. Nach dem Stichtag ablaufende Abandonfristen können im Rahmen des § 42 II nicht berücksichtigt werden, vgl Scholz/*Crezelius* Rn 15. **AM** Voraufl Rn 169; differenzierend MünchHdbGmbH/*Hüttche* § 56 Rn 81.

25 Scholz/*Crezelius* Rn 15.

26 BeckBilKomm/*Förschle/Hoffmann* § 272 Rn 75; Roth/*Altmeppen* Rn 39; Rowedder/Schnidt/Leithoff/*Tiedchen* Rn 9.

27 Vgl Roth/*Altmeppen* Rn 40 einerseits und Rowedder/Schmidt-Leithoff/*Tiedchen* Rn 9 andererseits.

28 Siehe auch Lutter/Hommelhoff/*Kleindiek* Rn 34.

29 Scholz/*Crezelius* Rn 17; Roth/*Altmeppen* Rn 41. **AM** anscheinend BeckBilKomm/*Förschle/Hoffmann* § 272 Rn 77.

30 Rowedder/Schmidt-Leithoff/*Tiedchen* Rn 11; Roth/*Altmeppen* Rn 41; Scholz/*Crezelius* Rn 17; BeckBilKomm/*Förschle/Hoffmann* § 272 Rn 77. **AM** Lutter/Hommelhoff/*Kleindiek* Rn 34.

31 Scholz/*Crezelius* Rn 18; vgl auch *ADS* Rn 27.

12 **b) Ausweisgegenstände.** Gesondert auszuweisen sind nach § 42 III (auf Aktivseite) Ausleihungen und Forderungen (und auf der Passivseite) Verbindlichkeiten gegenüber Gftern. Ausleihungen sind auf längere Zeit angelegte Darlehen.[32] Im HGB ist insoweit keine bestimmte Laufzeit vorgesehen. Ausgangspunkt ist zunächst die vereinbarte Mindestlaufzeit (nicht Restlaufzeit) des Darlehens.[33] Beträgt diese mindestens vier Jahre, so ist grundsätzlich von Ausleihung auszugehen. Beträgt diese nicht mehr als ein Jahr, so liegt grundsätzlich keine Ausleihung vor. Für Laufzeiten zwischen einem und vier Jahren kommt es in Ermangelung objektiver Kriterien auf subjektive Absicht der Ges an, nämlich Finanzanlage als Daueranlage halten zu wollen.[34] Maßgebend ist – grds – Wille bei Überlassung der Mittel. Zunächst als kurzfristig ausgegebene Kredite, die dann später notleidend werden, sind keine Ausleihung.[35] Liegt keine Ausleihung vor, kommt Ausweis als Forderung auf der Aktivseite in Betracht. Erfasst werden von dem Begriff nämlich sämtliche Forderungen, also zB solche aus Umsatzgeschäften (soweit es sich nicht um schwebende Geschäfte handelt), Schadensersatzansprüchen, kurzfristige Darlehen, etc.[36] Auszuweisen sind schließlich auch Verbindlichkeiten. Sie müssen am Bilanzstichtag nach ihrer Höhe feststehen, nicht aber nach ihrer Fälligkeit.[37]

13 **c) Anknüpfung an materiellrechtlichen Voraussetzungen.** § 42 III knüpft an Gfterbegriff des mat Rechts zum maßgebenden Stichtag[38] an. Eigenschaft als stiller Gfter ist nicht ausreichend. Im Falle einer treuhändisch gehaltenen Beteiligung will hM aber auf Treugeber und nicht Treuhänder abstellen.[39] Umstritten ist, ob es bei Veräußerung/Erwerb eines Geschäftsanteils auf die Fiktion des § 16 I und damit auf den formalen Gfterbegriff ankommt.[40] Gesonderter Ausweis würde dann nur die auf Gfterliste eingetragenen Gfter erfassen. Damit hätte es Gfter in der Hand, (durch Eintragung/Nichteintragung) den Bilanzausweis der Rechtsbeziehungen zur GmbH zu gestalten. Die wohl hM lehnt dies – mit Blick auf das Informationsbedürfnis der Adressaten der Rechnungslegung – zu Recht ab und lässt auch anderweitige Kenntnis der Ges vom Gfterwechsel genügen.[41] Stand Ges in schuldrechtlichen Beziehungen zu Dritten und wird diese Person später Gfter (zB auf Grund Erbfall), dann sind diese fortan entspr § 42 III auszuweisen.[42] Mitunter wird im Schrifttum eine teleologische Reduktion des § 42 III für Zwerganteile in Anlehnung an § 32a III aF (jetzt § 39 V InsO) diskutiert. Danach soll Zwergbeteiligung nicht schon zu einem gesonderten Ausweis der Rechts-

---

[32] Scholz/Crezelius Rn 28; BeckBilKomm/*Hoyos/Huber* § 247 Rn 357; Lutter/Hommelhoff/*Kleindiek* Rn 36.

[33] Baumbach/Hopt/*Merkt* Rn 7; BeckBilKomm/*Hoyos/Huber* § 247 Rn 357; Lutter/Hommelhoff/*Kleindiek* Rn 36; Scholz/*Crezelius* Rn 28 f.

[34] BeckBilKomm/*Hoyos/Huber* § 247 Rn 357; Scholz/*Crezelius* Rn 29.

[35] Scholz/*Crezelius* Rn 28.

[36] Heybrock/*Theiselmann/Moeder* Rn 15; Lutter/Hommelhoff/*Kleindiek* Rn 36; Scholz/*Crezelius* Rn 30; siehe auch Baumbach/Hopt/*Merkt* Rn 9.

[37] Lutter/Hommelhoff/*Kleindiek* Rn 36.

[38] Siehe hierzu Scholz/*Crezelius* Rn 26; MünchHdbGmbH/*Hüttche* § 56 Rn 84.

[39] Vgl MünchHdbGmbH/*Hüttche* § 56 Rn 84; Lutter/Hommelhoff/Kleindiek Rn 35.

[40] So Scholz/*Crezelius* Rn 22.

[41] Lutter/Hommelhoff/*Kleindiek* Rn 35; Roth/*Altmeppen* Rn 43; Rowedder/Schmidt-Leithoff/*Tiedchen* Rn 13.

[42] Scholz/*Crezelius* Rn 21.

beziehungen führen.[43] Die überwiegende Ansicht lehnt dies jedoch im Hinblick auf eindeutigen Wortlaut des § 42 III ab.[44] Auch in der Sache ist eine solche teleologische Reduktion nicht gerechtfertigt; denn zum einen verfolgen § 39 V InsO und § 42 III unterschiedliche Ziele und zum anderen kann es für Bilanzleser durchaus von Interesse sein, ob geringfügig beteiligter Gfter in großem Umfang Drittgeschäfte mit der Ges tätigt.[45]

d) Ausweis im Einzelnen. Das Gesetz sieht drei Ausweisvarianten vor: (1) Ausleihungen, Forderungen und Verbindlichkeiten sind „in der Regel" jeweils als solche gesondert anzugeben; (2) sie können aber auch im Anhang oder aber (3) unter anderen Posten ausgewiesen werden, sind dort aber besonders kenntlich zu machen.[46] Ob und inwieweit zwischen diesen einzelnen Varianten ein Stufenverhältnis besteht, ist umstritten. Teilweise wird auf Grund des Wortlauts („in der Regel") der gesonderte Ausweis als vorrangig angesehen,[47] teilweise wird aber auch vertreten, dass zwischen der 1. und 2. Variante volle Wahlfreiheit besteht.[48] Der Mitausweis der Verbindlichkeiten gegenüber Gftern unter anderen Posten bedarf hingegen danach einer sachlichen Rechtfertigung.[49] Fraglich ist das Verhältnis von § 42 III, soweit es um Forderungen und Verbindlichkeiten gegenüber Gftern geht, zur allgemeinen Bestimmung in § 266 (II Position B 2, III Pos C 6) HGB, wenn es sich bei Gfter um ein verbundenes Unternehmen handelt. HM nach geht insoweit § 42 III vor.[50] 14

III. Allgemeine Ansatz- und Bewertungsgrundsätze

Ansatz- und Bewertungsgrundsätze haben durch BilMoG weitgehende Änderungen erfahren.[51] Neuregelungen gelangen grds[52] – sofern Geschäftsjahr mit Kalenderjahr übereinstimmt – erstmals im Geschäftsjahr 2010 zur Anwendung. Ansatzvorschriften finden sich in den §§ 246–251 HGB. Im Mittelpunkt steht dabei das **Vollständigkeitsprinzips** (§ 246 I HGB).[53] Danach sind alle bilanzierungsfähigen Vermögensgegenstände, Schulden und Rechnungsabgrenzungsposten zum Stichtag zu bilanzieren, wenn sie der Ges zuzurechnen[54] sind und gesetzlich nichts anderes bestimmt ist. Letzteres erfolgt 15

---

[43] Kütting/Weber/*Bohl* Rn 57.

[44] *ADS* Rn 43; Scholz/*Crezelius* Rn 25; Roth/*Altmeppen* Rn 44.

[45] Scholz/*Crezelius* Rn 25.

[46] BeckBilKomm/*Hoyos/Ring* § 266 Rn 254; Lutter/Hommelhoff/*Kleindiek* Rn 37.

[47] Lutter/Hommelhoff/*Kleindiek* Rn 38; Schmidt-Leithoff/*Tiedchen* Rn 17; wohl auch Roth/*Altmeppen* Rn 45.

[48] Scholz/*Crezelius* Rn 20; Voraufl Rn 57; *ADS* Rn 50; siehe auch BeckBilKomm/*Hoyos/Ring* § 266 Rn 254.

[49] Scholz/*Crezelius* Rn 20.

[50] *ADS* Rn 50; Scholz/*Crezelius* Rn 20; Voraufl Rn 51; Kütting/Weber/*Bohl* Rn 58. **AM** Lutter/Hommelhoff/*Kleindiek* Rn 40.

[51] Vgl *Zwirner* NZG 2009, 530 ff; *Wiese/Lukas* GmbHR 2008, 791 ff; *Kütting* BB 2008, 1330 ff; *Hommelhoff* ZGR 2008, 250 ff; *Meyer* DStR 2007, 2227 ff.

[52] Vgl hierzu und zu den Ausnahmen *Zwirner* NZG 2009, 530, 537.

[53] Siehe hierzu im Einzelnen BeckBilKomm/*Förschle/Kroner* § 246 Rn 2 ff; MünchHdbGmbH/*Hüttche* § 56 Rn 54; Lutter/Hommelhoff/*Kleindiek* Rn 16 f; Ebenroth/Boujong/Joost/Strohn/*Wiedmann* § 246 Rn 2 ff.

[54] Zur verstärkten Berücksichtigung der „wirtschaftlichen Zurechnung", vgl *Zwirner* NZG 2009, 530, 532.

vor allem durch so genannte Ansatzverbote (§§ 248, 249 HGB[55]) oder Ansatzwahlrechten. Ergänzt wird Vollständigkeitsgrundsatz vor allem durch das **Verrechnungsverbot.** Danach dürfen – im Interesse der Klarheit und Übersichtlichkeit –[56] Aktiv- und Passivposten in der Bilanz nicht miteinander verrechnet, dh saldiert werden (§ 246 II HGB).[57] Grundsatz kennt allerdings[58] – gerade auch durch das BilMoG –[59] auch Ausnahmen.

16 Bewertungsvorschriften finden sich in §§ 252–256 HGB. Dabei hat Gesetzgeber die zentralen Bewertungsgrundsätze in § 252 HGB kodifiziert. Die in der Vorschrift genannten allgemeinen Bewertungsregeln sind gleichrangig und grundsätzlich unabhängig voneinander anwendbar. Nach Grundsatz der Bilanzidentität (§ 252 I Nr 1 HGB), der nicht nur für die Bewertung, sondern auch für den Bilanzansatz gilt,[60] müssen die (Wert-)Ansätze der Schlussbilanz eines Geschäftsjahres mit denen der Eröffnungsbilanz des folgenden Geschäftsjahres vollständig übereinstimmen. Die Schlussbilanz muss also maW gleichzeitig die Eröffnungsbilanz des Folgejahres sein. Das Fortführungsprinzip (going concern-Prinzip, § 252 I Nr 2 HGB) schreibt vor, dass für Jahresabschluss von der Fortführung des Unternehmens auszugehen ist, sofern nicht tatsächliche oder rechtliche Umstände entgegen stehen (zB wirtschaftliche Schwierigkeiten, bevorstehende Auflösung und Liquidation, etc).[61] Fortführungsprinzip gilt in erster Linie für die Bewertung der Vermögensgegenstände und Schulden (§ 252 I Nr. 2 HGB), kann aber auch für den Bilanzansatz Bedeutung haben. § 252 I Nr 3 HGB legt Grundsatz der stichtagsbezogenen **Einzelbewertung** nieder. Danach sind im Jahresabschluss alle Vermögensgegenstände und Schulden zum Bilanzstichtag einzeln, das heißt ohne Verrechnung mit anderen Vermögensgegenständen und Schulden zu bewerten. Nach § 252 I Nr 4 HGB ist vorsichtig zu bewerten (so genanntes **Vorsichtsprinzip**). Danach werden alle zum Stichtag vorhersehbaren bzw eingetretenen Risiken und Verluste berücksichtigt. Dadurch wird Bilanzierenden ein gewisser Ermessensspielraum eingeräumt. Grds soll überhöhte Ausschüttungen verhindern und Beitrag dazu leisten, das Eigenkapital der Ges (auch im Interesse der Gläubiger) zu erhalten. Ausprägungen des Vorsichtsprinzips sind namentlich das **Realisationsprinzip** und das **Imparitätsprinzip.**[62] Ersteres findet in § 252 I Nr 4 S 2 Halbs seinen Niederschlag. Danach sind Gewinne nur auszuweisen, wenn sie zum Bilanzstichtag tatsächlich entstanden, dh realisiert sind. Nach dem Imparitätsprinzip (§ 252 I Nr 4 1 Halbs. HGB) sind

---

55 BilMoG hat hier einige Änderungen gebracht. Insbesondere ist das bislang geltende Aktivierungsverbot selbst erstellter immaterieller Vergütungsgegenstände des Anlagevermögens nach § 248 II HGB aufgehoben worden, siehe hierzu *Wiese/Lukas* GmbHR 2009, 561, 562.

56 Das Verrechnungsverbot ist aber auch Ausfluss des Vollständigkeitsgebots, siehe BeckBilKomm/*Förschle/Kroner* § 246 Rn 100.

57 Siehe zum Ganzen BeckBilKomm/*Förschle/Kroner* § 246 Rn 2 ff; Lutter/Hommelhoff/*Kleindiek* Rn 16 f; Ebenroth/Boujong/Joost/Strohn/*Wiedmann* § 246 Rn 2 ff.

58 Vgl *Zwirner* NZG 2009, 530, 533; *Kropf* ZIP 2009, 1137 ff.

59 BeckBilKomm/*Förschle/Kroner* § 246 Rn 105 ff.

60 *ADS* 252 Rn 13 f; BeckBilKomm/*Winkeljohann/Geißler* § 252 Rn 7; MünchHdbGmbH/*Hüttche* § 56 Rn 56.

61 Vgl hierzu MünchHdbGmbH/Hüttche § 56 Rn 59; BeckBilKomm/*Winkeljohann/Geißler* § 252 Rn 9 ff.

62 BeckBilKomm/*Winkeljohann/Geißler* § 252 Rn 29; MünchHdbGmbH/*Hüttche* § 56 Rn 58.

vorhersehbare Risiken und Verluste, die in dem Geschäftsjahr oder in einem früheren Geschäftsjahr entstanden sind, zu berücksichtigen, selbst wenn diese Umstände erst zwischen dem Bilanzstichtag und dem Tag der Aufstellung des Jahresabschlusses bekannt geworden sind. Damit besteht eine ungleiche Behandlung unrealisierter Gewinne und Verluste.[63] Der Grundsatz der Bewertungsstetigkeit (§ 252 I Nr 6 HGB) besagt, dass die im vorhergehenden Jahresabschluss angewandten Bewertungsmethoden (zB Wertansatzwahlrechte, Abschreibungsmethoden)[64] auch für folgenden Jahresabschluss beizubehalten sind (vgl Änderungen durch BilMoG Art 1 Nr 9). Die Vorschrift ist zwar nur als Sollvorschrift gefasst. Im Hinblick auf § 252 II HGB ist aber dennoch davon auszugehen, dass von Grds nur in begründeten Ausnahmefällen abgewichen werden darf.[65]

Vorlage des Jahresabschlusses und des Lageberichts

42a (1) [1]**Die Geschäftsführer haben den Jahresabschluß und den Lagebericht unverzüglich nach der Aufstellung den Gesellschaftern zum Zwecke der Feststellung des Jahresabschlusses vorzulegen.** [2]**Ist der Jahresabschluß durch einen Abschlußprüfer zu prüfen, so haben die Geschäftsführer ihn zusammen mit dem Lagebericht und dem Prüfungsbericht des Abschlußprüfers unverzüglich nach Eingang des Prüfungsberichts vorzulegen.** [3]**Hat die Gesellschaft einen Aufsichtsrat, so ist dessen Bericht über das Ergebnis seiner Prüfung ebenfalls unverzüglich vorzulegen.**

(2) [1]**Die Gesellschafter haben spätestens bis zum Ablauf der ersten acht Monate oder, wenn es sich um eine kleine Gesellschaft handelt (§ 267 Abs. 1 des Handelsgesetzbuchs), bis zum Ablauf der ersten elf Monate des Geschäftsjahrs über die Feststellung des Jahresabschlusses und über die Ergebnisverwendung zu beschließen.** [2]**Der Gesellschaftsvertrag kann die Frist nicht verlängern.** [3]**Auf den Jahresabschluß sind bei der Feststellung die für seine Aufstellung geltenden Vorschriften anzuwenden.**

(3) **Hat ein Abschlußprüfer den Jahresabschluß geprüft, so hat er auf Verlangen eines Gesellschafters an den Verhandlungen über die Feststellung des Jahresabschlusses teilzunehmen.**

(4) [1]**Ist die Gesellschaft zur Aufstellung eines Konzernabschlusses und eines Konzernlageberichts verpflichtet, so sind die Absätze 1 bis 3 entsprechend anzuwenden.** [2]**Das Gleiche gilt hinsichtlich eines Einzelabschlusses nach § 325 Abs. 2 a des Handelsgesetzbuchs, wenn die Gesellschafter die Offenlegung eines solchen beschlossen haben.**

Übersicht

[63] Siehe *ADS* § 252 Rn 92 f; BeckBilKomm/*Winkeljohann/Geißler* § 252 Rn 34 ff.
[64] *ADS* § 252 Rn 195; BeckBilKomm/*Winkeljohann/Geißler* § 252 Rn 56 f.
[65] *ADS* § 252 Rn 109.

Lit: *Geist,* Die Pflicht zur Berichtigung nichtiger Jahresabschlüsse bei Kapitalgesellschaften, DStR 1996, 306; *Geßler,* Nichtigkeit und Anfechtung des GmbH-Jahresabschlusses nach dem Bilanzrichtlinien-Gesetz, FS Goerdeler, 1987, 127; *Goerdeler,* Die Zuziehung von Sachverständigen bei der Einsicht in die Bücher, FS Goerdeler, 1985, 125; *Hartmann,* Das neue Bilanzrecht und der Gesellschaftsvertrag der GmbH, 1986;

Hense, Rechtsfolgen nichtiger Jahresabschlüsse und Konsequenzen für Folgeabschlüsse, WPg 1993, 716; *Henze,* Rechtsfolgen nichtiger Jahresabschlüsse und Konsequenzen für Folgeabschlüsse, WPg 1993, 716; *Hommelhoff,* Die Ergebnisverwendung in der GmbH nach dem Bilanzrichtliniengesetz, ZGR 1986, 418; *Hommelhoff/Priester,* Bilanzrichtliniengesetz und GmbH-Satzung, ZGR 1986, 463; *Götz Hueck,* Minderheitenschutz bei der Ergebnisverwendung in der GmbH, FS Steindorff, 1990, 45; *Kowalski,* Der nichtige Jahresabschluss – was nun?, AG 1993, 502; *Kropff,* Auswirkungen der Nichtigkeit eines Jahresabschlusses auf die Folgeabschlüsse, FS Budde, 1995, 341; *Lutter,* Der Streit um die Gültigkeit des Jahresabschlusses einer Aktiengesellschaft, FS Helmrich, 1994, 685; *H.-P. Müller,* Rechtsfolgen unzulässiger Änderungen von festgestellten Jahresabschlüssen, FS Budde, 1995, 431; *Welf Müller,* Die Änderung von Jahresabschlüssen, Möglichkeiten und Grenzen, FS Quack, 1991, 359; *Priester,* Einheitsbilanzklauseln im GmbH-Vertrag, FS Heinsius, 1991, 621; *Schön,* Bestandskraft fehlerhafter Bilanzen – Information, Gewinnverteilung, Kapitalerhaltung –, FS 50 Jahre BGH, 2000, 153; *Vollmer,* Die mitbestimmte GmbH – Gesetzliches Normalstatut, mitbestimmungsrechtliche Satzungsgestaltungen und gesellschaftsrechtlicher Minderheitenschutz, ZGR 1979, 135; *Zöllner,* Die sogenannten Gesellschafterklagen im Kapitalgesellschaftsrecht, ZGR 1988, 392; *ders,* Folgen der Nichtigkeit eines Jahresabschlusses für den nächsten Jahresabschluss und für Gewinnverwendungsbeschlüsse, FS Scherrer, 2004, 355.

I. Allgemeines

Die Vorschrift regelt in Abs 1 das von dem GFührer zu beachtende Verfahren nach Aufstellung des Jahresabschlusses bis zur Vorlage an die Gfter zum Zweck der Feststellung. Diese Vorschrift ist Ausdruck der Kompetenzvorschrift in § 46 Nr 1, der die Zuständigkeit der Gfterversammlung zur Feststellung des Jahresabschlusses sowie zur Verwendung des Ergebnisses regelt. Abs 2 regelt sodann die Höchstfrist innerhalb der die Gfter sodann über die Feststellung des Jahresabschlusses und über die Ergebnisverwendung zu beschließen haben. Die Pflichten des Abschlussprüfers sind in Abs 3 geregelt. Danach trifft diesen auf Verlangen der Gfter eine Teilnahmepflicht an den Verhandlungen über die Feststellung des Jahresabschlusses. Abs 4 enthält eine zusätzliche Regelung für den Fall, dass Ges zur Aufstellung eines Konzernabschlusses verpflichtet ist (S 1); außerdem bestimmt Vorschrift das Verfahren, das anzuwenden ist, wenn Gfter beschlossen haben, einen Einzelabschluss nach internationalen Rechnungslegungsstandards (§ 325 II a HGB) aufzustellen. 1

II. Vorlage an Gfter, Abs 1

§ 42a I schreibt ein Informationsrecht der Gftergesamtheit (str. vgl Rn 5) vor, um diese in die Lage zu versetzen, den Jahresabschluss feststellen zu können und auf dessen Grundlage die Ergebnisverwendung beschließen zu können.[1] 2

1. Gegenstand der Vorlage. Gegenstand der Vorlage ist – im Grds – der Jahresabschluss und der Lagebericht. Der Jahresabschluss wiederum setzt sich zusammen aus der Bilanz, der Gewinn- und Verlustrechnung sowie dem Anhang (§§ 242 III, 264 I HGB). Lagebericht kommt stets hinzu, wenn Ges eine mittelgroße oder große GmbH (§ 267 HGB) ist. Handelt es sich um eine kleine Ges, ist freiwillig erstellter Lagebericht ebenfalls vorzulegen. Findet eine Abschlussprüfung statt (zwingend oder freiwillig[2]) sind der Jahresabschluss und 3

---

[1] Scholz/*Crezelius* Rn 2.

[2] Rowedder/Schmidt-Leithoff/*Tiedchen* Rn 2; Lutter/Hommelhoff/*Kleindiek* Rn 3; Scholz/*Crezelius* Rn 21.

der Lagebericht zunächst dem Abschlussprüfer vorzulegen (§ 320 I HGB) und sodann den Gftern zusammen mit dem Prüfbericht (§ 321 HGB) vorzulegen (§ 42a I). Bei einer Nachtragsprüfung (§ 316 III, Rn 22f) ist auch diese vorzulegen. Gegebenenfalls ist auch Prüfbericht des AR vorzulegen.[3] Sollte Ges einen Beirat haben, so sind auch dessen Verlautbarungen zur Rechnungslegung vorzulegen.[4] Umstritten ist, ob auch Eröffnungsbilanz vorzulegen ist. Die wohl überwiegende Ansicht lehnt dies zu Recht ab.[5] Nicht eindeutig ist, ob GFührer auch Erklärung zur Bilanzpolitik vorlegen müssen.[6] Nicht verpflichtet sind die GFührer zur Vorlage eines Ergebnisverwendungsvorschlags.[7] Die vorlagspflichtigen Unterlagen sind grds zusammen vorzulegen und nicht sukzessive. Hiervon unberührt ist das Recht der Gfter, die GFührer anzuweisen, bestimmte Unterlagen vorab vorzulegen.[8] In analoger Anwendung von § 176 I 2 AktG sind GFührer verpflichtet, dem zuständigen Beschlussorgan (Rn 5) die Beschlussunterlagen auch zu erläutern.[9]

4 **2. Adressat der Verpflichtung.** Umstritten ist, ob GFührer persönlich[10] zur Vorlage der Unterlagen verpflichtet sind oder als Organ.[11] Die besseren Gründe sprechen für eine Einzel- und nicht für eine Kollektivverpflichtung. Für die Frage, ob die Verpflichtung auch einen nicht ordnungsgemäß bestellten GFührer oder einen „faktischen GFührer" trifft, gilt das zu § 41 Gesagte entsprechend (siehe dort Rn 2, 6). Ist die Ges aufgelöst, trifft die Verpflichtung die Liquidatoren. Dies gilt, obwohl § 71 IV nicht auf § 42a Bezug nimmt. Fraglich ist, ob die Erfüllung der Pflicht in einem mehrköpfigen Leitungsgremium befreiend auf einen GFührer übertragen werden kann. Zwar handelt es sich bei § 42a anders als bei § 41 nicht um eine öffentlich-rechtlich Pflicht (siehe § 41 Rn 1). Da die Vorschrift aber Ausdruck der innerges Kommunikation zwischen den obersten GesOrganen ist, sollte ein GFührer zwar von den anderen mit dieser Aufgabe betraut werden können,[12] dennoch aber bestimmte Restpflichten bei den MitGFührern verbleiben.[13] Die Vorlagepflicht der GFührer ist nicht dispositives Recht, kann also durch Gesvertrag oder Beschluss nicht abbedungen werden.[14] Mit Vorlagepflicht der GFührer korrespondiert keine Verpflichtung der Ges, die vorgelegten Unterlagen zur Kenntnis zu nehmen.[15]

5 **3. Vorlageempfänger.** Die vorlagepflichten Unterlagen (Rn 3) sind den Gftern vorzulegen, u zwar – grundsätzlich – in ihrer Eigenschaft als Mitglieder der GfterVers, die nach §§ 46 Nr 1, 48 I den Jahresabschluss festzustellen hat.

---

[3] Beck'scher Bilanz-Kommentar/*Ellrott/Ring* Vor § 325 Rn 130.

[4] Lutter/Hommelhoff/*Kleindiek* Rn 3.

[5] Rowedder/Schmidt-Leithoff/*Tiedchen* Rn 2; Scholz/*Crezelius* Rn 3; Ulmer/*Paefgen* Rn 7. **AM** Vorauflage Rn 5.

[6] Dafür Lutter/Hommelhoff/*Kleindiek* Rn 7. **AM** Rowedder/Schmidt-Leithoff/*Tiedchen* Rn 2; Ulmer/*Paefgen* Rn 13; differenzieren Vorauf1 Rn 6.

[7] Rowedder/Schmidt-Leithoff/*Tiedchen* Rn 2; Ulmer/*Paefgen* Rn 12; Roth/*Altmeppen* Rn 31; Scholz/*Crezelius* Rn 16; *Wicke* Rn 7; Voraufl Rn 6; weitergehend aber Lutter/Hommelhoff/*Kleindiek* Rn 6.

[8] Scholz/*Crezelius* Rn 28; Lutter/Hommelhoff/*Kleindiek* Rn 4.

[9] Lutter/Hommelhoff/*Kleindiek* Rn 32; Ulmer/*Paefgen* Rn 11.

[10] In diesem Sinne Scholz/*Crezelius* Rn 5; Voraufl Rn 4.

[11] So Lutter/Hommelhoff/*Kleindiek* Rn 12; *Wicke* Rn 9.

[12] Lutter/Hommelhoff/*Kleindiek* Rn 12.

[13] **AM** Scholz/*Crezelius* Rn 5.

[14] Scholz/*Crezelius* Rn 4.

[15] Scholz/*Crezelius* Rn 6.

Vorlagepflicht besteht also gegenüber Gesamtheit der Gfter, nicht aber gegenüber diesen persönlich.[16] Haben sich Gfter organisiert und einen Sprecher gewählt, dann ist dieser empfangszuständig für die Unterlagen.[17] Da § 46 Nr 1 dispositiv ist (§ 45 II), entfällt Vorlage an Gfter nach § 42 a I, wenn GesVertrag abw Zuständigkeitsregelung für Feststellung des Jahresabschlusses (vgl § 46 Rn 16) vorsieht; Informationsrecht und Feststellungskompetenz laufen mithin parallel.[18] Wohl aber sind in einem solchen Fall diese Unterlagen zusätzlich den Gftern im Interesse ihrer Überwachungsfunktion nach § 46 Nr 6 vorzulegen.[19]

(Primäre) Adressaten des § 42 a I können aber auch zwingende und fakultative GesOrgane sein (zB Beirat, AR), soweit ihnen nach GesVertrag eine Feststellungskompetenz eingeräumt wurde. Möglich ist aber auch, Teile der Gfterversammlung mit Feststellung zu beauftragen (zB Bilanzausschuss der Gfter).[20] GesVertrag kann auch vorsehen, dass GFührer und AR bzw Beirat den Abschluss einvernehmlich feststellen. Dann steht ihnen das Informationsrecht nach § 42 a I 1 entspr zu.[21] Ist nicht die Feststellungskompetenz abweichend von § 46 Nr 1 geregelt, aber ein von der Gfterversammlung verschiedenes (statutarisches) Verwendungsorgan vorgesehen, dann sind Unterlagen (zusätzlich) auch diesem vorzulegen; denn ohne Kenntnis der Unterlagen zur Rechnungslegung lässt sich vernünftigerweise Beschluss über Ergebnisverwendung nicht fassen.[22] GesVertrag kann uU auch bestimmen, dass Prüfungsbericht der Abschlussprüfer von Vorlagepflicht an Gfter ausgenommen ist. Auskunfts- u Einsichtsrecht nach § 51 a bleibt unberührt.[23] Gfter unterliegen aus Treuepflicht **Verschwiegenheitspflicht** gegenüber Dritten hinsichtlich der Betriebs- oder Geschäftsgeheimnisse der Ges (§ 85 Rn 7 ff), so auch hinsichtlich des geheimhaltungsbedürftigen Inhalts des Prüfungsberichts des Abschlussprüfers, die aber nicht nach § 85 strafbewehrt ist. 6

4. Frist. Die vorlagepflichtigen Unterlagen (Rn 3) sind „unverzüglich" vorzulegen, dh nach § 121 I 1 BGB ohne schuldhaftes Zögern. Es darf nur die Frist in Anspruch genommen werden, die für eine ordnungsgemäße Weiterleitung der Unterlagen (Vervielfältigung, Versendung) erforderlich ist.[24] IdR 7

---

16 Lutter/Hommelhoff/*Kleindiek* Rn 8; Rowedder/Schmidt-Leithoff/*Tiedchen* Rn 8; Ulmer/*Paefgen* Rn 15.

17 Lutter/Hommelhoff/*Kleindiek* Rn 8.

18 Scholz/*Crezelius* Rn 7; Lutter/Hommelhoff/*Kleindiek* Rn 1; Beck scher Bilanz-Kommentar/*Ellrott/Ring* Vor § 325 Rn 130; Ulmer/*Paefgen* Rn 15; Rowedder/Schmidt-Leithoff/*Tiedchen* Rn 8.

19 Lutter/Hommelhoff/*Kleindiek* Rn 9 (es sei denn GesVertrag hat auch Überwachungsfunktion einem anderen Organ übertragen); *Hommelhoff/Priester* ZGR 1986, 479; Ulmer/*Paefgen* Rn 16; Roth/*Altmeppen* Rn 30; Voraufl Rn 10. **AM** Rowedder/Schmidt-Leithoff/*Tiedchen* Rn 8; Scholz/*Crezelius* Rn 7.

20 BGH BB 1961, 304; Lutter/Hommelhoff/*Kleindiek* Rn 10; Michelski/*Sigloch* Rn 4; Scholz/*Crezelius* Rn 8.

21 Scholz/*Crezelius* Rn 8; *Liebs* DB 1986, 2421, 2424.

22 Lutter/Hommelhoff/*Kleindiek* Rn 10; zweifelnd Scholz/*Crezelius* Rn 8. **AM** Ulmer/*Paefgen* Rn 17.

23 Lutter/Hommelhoff/*Kleindiek* Rn 9; Scholz/*Crezelius* Rn 7.

24 Scholz/*Crezelius* Rn 9; Lutter/Hommelhoff/*Kleindiek* Rn 13; Ulmer/*Paefgen* Rn 20; Rowedder/Schmidt-Leithoff/*Tiedchen* Rn 6; großzügiger (vorherige Kenntnisnahme durch die GFührung) *Hartmann* 163.

dürften – je nach dem Umfang der Unterlagen – eine[25] bis zwei[26] Wochen genügen. Ein Monat ist zu lang.[27] Insbes dürfen GFührer Weiterleitung nicht verzögern, um vorher Prüfungsbericht der Abschlussprüfer oder des AR prüfen zu können.[28]

8 **5. Art und Weise der Vorlage. a) Abgrenzung Möglichkeit der Kenntnisnahme – Aushändigung.** § 42 a I 1 spricht allgemein von Vorlage an das zuständige Gesorgan (vgl oben Rn 5 f). Welche Rechte dem einzelnen Gfter zustehen, regelt Vorschrift nicht unmittelbar. Insbes ordnet § 42 a I 1 nicht an, dass Unterlagen den Gfter auch auszuhändigen sind. Im Umkehrschluss darf jedoch aus Schweigen der Bestimmung nicht ohne weiteres gefolgert werden, dass Vorschrift Aushändigung nicht vorsieht;[29] denn Gesetzgeber wollte seinerzeit Modalitäten der Kenntnisnahme der Klärung durch Rspr vorbehalten.[30] Allein dies ist der Grund, warum der § 42 d II 2 E-GmbHG, der einen Anspruch auf Aushändigung vorsah, nicht Gesetz geworden ist. Es kann daher nicht verwundern, dass die Ansichten dazu, ob und inwieweit neben dem Organrecht noch ein (Aushändigungs-)Recht der einzelnen Gfter besteht, zT weit auseinander gehen.[31]

9 **b) Organrecht.** Adressat des Organrechts sind Gfter in ihrer Gesamtheit (vgl Rn 5). Vorlagepflichtige Unterlagen (Rn 3) sind den Gftern in der Weise vorzulegen, dass jeder ausreichende Möglichkeit hat, von den Vorlagen so Kenntnis zu nehmen, dass er darauf seine Entscheidung über Feststellung des Jahresabschlusses u über Ergebnisverwendung stützen kann.[32] Aus dem „Organrecht" folgt ein Einsichtsrecht des einzelnen Gfters in die Unterlagen sowie das Recht Abschriften hiervon anzufertigen.[33] Ist nur Gfter vorhanden ist, wird dem Organrecht dadurch genügt, dass Unterlagen dem Gfter zugesandt werden.[34] Ebenso wird man verfahren, wenn Gfter einen Sprecher gewählt haben. Sind hingegen Gfter (oder Mitglieder des zuständigen Feststellungsorgan) „unorganisiert", ist Vorlagepflicht in der Art und Weise zu erfüllen, dass GFührer die Unterlagen in den Geschäftsräumen der Ges zur Einsichtnahme auslegen und Gfter hierüber informieren.[35]

10 **c) Recht auf Aushändigung.** Ob einzelner Gfter auch Recht auf Aushändigung der Unterlagen hat, ist umstritten. Grds erfordert sowohl die Zuständigkeit in Bezug auf die Feststellung als auch die Ergebnisverwendung eine möglichst umfassende Vorbereitung der Willensbildung des Gfters.[36] Hieraus folgt letztlich auch – im Fall des gesetzl Normalstatuts – ein Recht des einzelnen

---

[25] Rowedder/Schmidt-Leithoff/*Tiedchen* Rn 6; wohl auch Roth/*Altmeppen* Rn 16.
[26] Lutter/Hommelhoff/*Kleindiek* Rn 13; Ulmer/*Paefgen* Rn 20.
[27] Rowedder/Schmidt-Leithoff/*Tiedchen* Rn 6; Scholz/*Crezelius* Rn 9.
[28] Rowedder/Schmidt-Leithoff/*Tiedchen* Rn 6; Ulmer/*Paefgen* Rn 20.
[29] Scholz/*Crezelius* Rn 10; Lutter/Hommelhoff/*Kleindiek* Rn 15.
[30] BT-Drucks 10/4268, 130.
[31] Für einen Überblick über Meinungsstand, vgl Lutter/Hommelhoff/*Kleindiek* Rn 16 ff.
[32] Scholz/*Crezelius* Rn 10; iE ebenso Lutter/Hommelhoff/*Kleindiek* Rn 8.
[33] Lutter/Hommelhoff/*Kleindiek* Rn 8; Ulmer/*Paefgen* Rn 22; Rowedder/Schmidt-Leithoff/*Tiedchen* Rn 9.
[34] Lutter/Hommelhoff/*Kleindiek* Rn 8.
[35] Lutter/Hommelhoff/*Kleindiek* Rn 8.
[36] Scholz/*Crezelius* Rn 11; Lutter/Hommelhoff/*Kleindiek* Rn 16.

Gfters auf Aushändigung der Unterlagen.[37] Hierzu gehört auch der Prüfungsbericht.[38] Aushändigung setzt aber ein entsprechendes Verlangen des Gfters voraus.[39] Das Recht auf Aushändigung tritt neben das Einsichtsrecht nach § 51 a I.[40] Es steht den Gftern unabhängig davon zu, ob die Mitgliederzahl überschaubar ist oder nicht.[41] Es steht den Gftern auch unabhängig davon zu, ob GFührer Organrecht erfüllt haben oder nicht. Andererseits erfüllen GFührer mit Aushändigung der Unterlagen an (alle) Gfter auch ihre Pflichten gegenüber dem zuständigen Beschlussorgan.[42] Fraglich ist auch, ob und inwieweit Recht auf Aushändigung durch Satzung ausgeschlossen oder beschränkt werden kann.[43]

d) Hinzuziehung Dritter. Gfter dürfen sich bei Einsicht in Vorlagen der Unterstützung zur Verschwiegenheit verpflichteter Sachverständiger (insbes Wirtschaftsprüfer, vereidigte Buchprüfer, Steuerberater) bedienen.[44] Die insoweit für ARMitglieder entwickelten abweichenden Vorstellungen[45] sind auf Gfter nicht übertragbar.[46] Fraglich ist, ob Satzung die Zuziehung Dritter erschweren oder gar ausschließen kann. Für zulässig wird man wohl gewisse Verfahrensregelungen halten, die Einsichtsrecht – etwa aus Kostengründen – reglementieren. Unzulässig dürften demgegenüber solche Bestimmungen sein, die Zuziehung des Dritten ausschließen und damit Einsichtsrecht des Gfter materiell beschränken.[47] 11

e) Informationsverweigerung. Nach § 42 d II 2 E-GmbHG konnte GFührer Information unter ähnlichen Voraussetzungen verweigern wie nach § 51 a II. Auch wenn Bestimmung nicht Gesetz geworden ist, stellt sich die Frage, ob Rechtsgedanke des § 51 a II entsprechend angewandt werden kann. Teilweise wird dies bejaht.[48] Teilweise wird Recht auf Einsichtnahme aber auch als unlösbar mit Beschlusskompetenz nach § 46 Nr 1 verknüpft angesehen mit der Folge, dass Vorbehalt des § 51 a II nicht übertragbar ist.[49] Letzterer Auffassung ist im Grds zu folgen. Danach sind Einschränkungen allenfalls denkbar unter dem Gesichtspunkt der Entziehung von Mitverwaltungsrechten aus wichtigem Grund (§ 14 Rn 17; Anh § 34 Rn 2 ff). Auch eine Reduzierung des Rechts zur Einsichtnahme in der Weise, dass einem Sachverständigen Einsicht gewährt wird u dieser dem Gfter eingeschränkte Informationen 12

---

37 Ulmer/*Hüffer* § 46 Rn 14; Lutter/Hommelhoff/*Kleindiek* Rn 16; Rowedder/Schmidt-Leithoff/*Tiedchen* Rn 10; Ulmer/*Paefgen* Rn 23.

38 Lutter/Hommelhoff/*Kleindiek* Rn 19; siehe auch Voraufl Rn 11.

39 Lutter/Hommelhoff/*Kleindiek* Rn 17.

40 Lutter/Hommelhoff/*Kleindiek* Rn 16.

41 Rowedder/Schmidt-Leithoff/*Tiedchen* Rn 10; Lutter/Hommelhoff/*Kleindiek* Rn 18; Ulmer/*Paefgen* Rn 23. **AM** Scholz/*Crezelius* Rn 11.

42 Lutter/Hommelhoff/*Kleindiek* Rn 16.

43 Vgl hierzu Ulmer/*Paefgen* Rn 25.

44 Lutter/Hommelhoff/*Kleindiek* Rn 8; Rowedder/Schmidt-Leithoff/*Tiedchen* Rn 9; weitergehend (auch nur sachkundige Person ohne berufliche Schweigepflicht) Roth/*Altmeppen* Rn 15; Scholz/*Crezelius* Rn 12. Zur Bedeutung der beruflichen Verschwiegenheitspflicht bei der Zuziehung von Sachverständigen Goerdeler FS Stimpel, 1985, 125, 134 ff.

45 BGHZ 85, 293, 295 ff.

46 Lutter/Hommelhoff/*Kleindiek* Rn 8 mit Fn 2.

47 Scholz/*Crezelius* Rn 12.

48 Scholz/*Crezelius* Rn 13; *Hartmann* 173 ff.

49 Ulmer/*Hüffer* § 46 Rn 14; Ulmer/*Paefgen* Rn 22; Rowedder/Schmidt-Leithoff/*Tiedchen* Rn 11.

vermittelt werden,[50] kommt nicht in Betracht. Etwas anderes könnte jedoch in Bezug auf das (individuelle) Aushändigungsrecht (vgl Rn 10) gelten. Dieses steht nämlich dem § 51 a deutlich näher als das Organrecht. Dies sollte insbesondere für den **Prüfungsbericht des Abschlussprüfers gelten.** Über ihn wird nach § 46 Nr 1 kein Beschluss gefasst; er ist auch nicht nach §§ 325 ff HGB zu veröffentlichen; er enthält zahlreiche geheimhaltungsbedürftige Angaben. Analog § 51 a II kann hier durch Beschluss der Gfter, für den der betroffene Gfter kein Stimmrecht hat (§ 51 a Rn 38), gegenüber einzelnen Gftern Aushändigung des Berichts des Abschlussprüfers verweigert werden, wenn zu besorgen ist, dass Gfter den Bericht zu gesellschaftsfremden Zwecken verwenden u dadurch der Ges oder einem verbundenen Unternehmen einen nicht unerheblichen Nachteil zufügen wird.[51] Weitergehende Einschränkungen sind hingegen nicht zulässig. Unabhängig davon, ob und inwieweit Einsichtsrecht bzw Recht auf Aushändigung auf Grund Interessenkollision verweigert werden kann, besteht stets Treuepflicht des Gfters (vgl § 13 Rn 26 ff), die erhaltenen Informationen bzw Unterlagen gegenüber außenstehenden Dritten geheimzuhalten.

13 **f) Rechtsschutz.** Sollte einem Gfter die Aushändigung von Unterlagen zur Rechnungslegung zu Unrecht verweigert, stellt sich Frage, wie im Rechtsschutz zu gewähren ist. Viel spricht dafür Rechtsschutz entspr § 51 b zu gewähren und Gfter nicht auf zeitraubende und publizitätsträchtige Leistungsklage gegen Ges zu verweisen.[52] Möglich ist auch Anfechtung des Feststellungs- und Ergebnisverwendungsbeschlusses mit der Begründung, dass Gfter nur unzureichend Information erhalten habe.[53]

III. Feststellung des Jahresabschlusses, Abs 2

14 Feststellung ist von Aufstellung zu unterscheiden.[54] Aufstellung bedeutet Erfüllung der den GFührern auferlegten Bilanzierungspflicht, dh Übernahme des Zahlenwerkes der Buchhaltung nebst den nötigen Abschlussbuchungen, Vorentscheidungen über Bewertungsfragen und Ausübung von Bilanzierungswahlrechten.[55] Feststellung des Jahresabschlusses ist Anerkennung seiner Richtigkeit[56] durch das dafür zuständige Organ (Rn 15 f) mit der Folge der Verbindlichkeit für Ges u Gfter.[57] Feststellung ist konstitutiv wirkender Akt der Billigung des aufgestellten Jahresabschlusses, mit dem Gfter dessen Richtigkeit anerkennen.[58] Zwar können nicht außenstehende Gl aus bilanziellen Ausweisen nicht Beweis für das Bestehen zivilrechtlicher Ansprüche gegen Ges

---

50 So für Jahresabschluss u Lagebericht Lutter/Hommelhoff/*Kleindiek* Rn 23; *Hartmann* 176; für nicht der Offenlegung unterliegende Unterlagen *Mueller-Thuns* 94 f.

51 Lutter/Hommelhoff/*Kleindiek* Rn 22; Ulmer/*Paefgen* Rn 24. **AM** (§ 51 a II ist nicht anwendbar) Rowedder/Schmidt-Leithoff/*Tiedchen* Rn 11.

52 Lutter/Hommelhoff/*Kleindiek* Rn 26; vgl auch Scholz/*Crezelius* Rn 19; offen gelassen in Roth/*Altmeppen* Rn 17.

53 Lutter/Hommelhoff/*Kleindiek* Rn 26.

54 Roth/*Altmeppen* Rn 5.

55 Scholz/*Crezelius* Rn 30; Roth/Altmeppen Rn 5; *Hommelhoff/Priester* ZGR 1986, 463, 473 f; Voraufl § 41 Rn 65.

56 Scholz/*Schmidt* § 46 Rn 13; Scholz/*Crezelius* Rn 30; Ulmer/*Paefgen* Rn 26.

57 Rowedder/Schmidt-Leithoff/*Tiedchen* Rn 63; Scholz/*Schmidt* § 46 Rn 13; *Ulmer* FS Hefermehl, 1976, 207, 210; (für KG) BGHZ 132, 263, 266 = BB 1996, 1105, 1106.

58 BGH ZIP 2009, 1111, 1113.

ableiten. Im Verh der Gfter untereinander bzw im Verh zur Ges kann Bilanzfeststellung aber Konsequenzen iS einer zivilrechtl verbindl Schuldanerkenntnisses zeitigen,[59] das bekannte oder zumindest für möglich gehaltene Einwendungen ausschließt. Ob der Feststellung diese schuldrechtliche Wirkung auch dann zukommt, wenn diese auf Mehrheitsentscheidung beruht, hat BGH offengelassen, ist aber wohl eher zu verneinen.[60] Feststellung ist Voraussetzung für Ergebnisverwendungsbeschluss (Rn 17, 35 ff) u Grundlage ergebnisabhängiger Ansprüche, zB auf Auszahlung des Gewinnanteils eines stillen Gfters.[61] Aufstellung geht Feststellung logisch voraus. Bis zur Feststellung ist (aufgestellter) Jahresabschluss lediglich Entwurf der GFührer.[62] Er kann daher noch ergänzt und verändert werden (beachte aber § 316 III HGB).

1. Zuständigkeit. a) Grundsatz. Feststellung des Jahresabschlusses (Rn 14) obliegt der GfterVers, auch in der mitbestimmten GmbH.[63] An den von den GFührern aufgestellten Jahresabschluss ist GfterVers nicht gebunden.[64] GfterVers unterliegt aber nach § 42 a II 3 – wie GFührer – den Bilanzierungsvorschriften einschließlich der GoB.[65] Gfter können daher fehlerhafte Bilanzansätze korrigieren sowie Ansatz- u Bewertungswahlrechte anders als GFührer ausüben. Abweichung von aufgestelltem Jahresabschluss macht nach § 316 III HGB uU ergänzende Abschlussprüfung (Nachtragsprüfung) erforderlich. **15**

b) Ausnahmen. Leitbild des § 42 a II geht zwar von Beschlusskompetenz der Gfter aus. GesVertrag kann aber Zuständigkeit zur Feststellung des Jahresabschlusses der GfterVers entziehen u anderen Organen zuweisen (§ 46 Rn 16), zB dem AR, GFührern u AR gemeinschaftlich (vgl § 172 I 1 AktG), den GFührern allein,[66] einem GfterAusschuss,[67] bestimmten Gftern als Sonderrecht,[68] auch einem GesOrgan eigener Art (zB einem als „Schiedsgericht" bezeichneten Beschlussgremium)[69] oder einem Dritten zum Stichentscheid bei Stimmengleichheit in der GfterVers.[70] Die Entscheidungen dieser Gremien oder Personen unterliegen denselben materiellrechtlichen Regeln wie der GfterBeschluss. Ob eine Zuweisung an anderes GesOrgan vorliegt, ist durch Auslegung des GesVertrages zu ermitteln. Dabei ist zwischen Regelungen in Bezug auf die beiden Beschlusstatbestände, Feststellung und Ergebnisverwendung zu unterscheiden.[71] **16**

---

[59] BGH ZIP 2009, 1111, 1113.
[60] *W. Müller* Status: Recht 2009, 151.
[61] Vgl BGHZ 83, 341, 347 = GmbHR 1983, 169, 170 f.
[62] BGH BB 1985, 567; Scholz/*Schmidt* § 46 Rn 22.
[63] Rowedder/Schmidt-Leithoff/*Koppensteiner* § 52 Rn 49; Scholz/*Schmidt* § 46 Rn 6; *Zöllner* ZGR 1997, 319, 324.
[64] RGZ 49, 141, 144; Lutter/Hommelhoff/*Kleindiek* Rn 43; Rowedder/Schmidt-Leithoff/*Koppensteiner* § 46 Rn 5; Scholz/*Schmidt* § 46 Rn 14; Roth/*Altmeppen* Rn 33.
[65] Scholz/*Crezelius* Rn 38; Ulmer/*Paefgen* Rn 30; Roth/*Altmeppen* Rn 33.
[66] *Lutter/Hommelhoff* § 46 Rn 4; Rowedder/Schmidt-Leithoff/*Tiedchen* Rn 64; Scholz/*Crezelius* Rn 35; Scholz/*Schmidt* Rn 46 Rn 46; *Hommelhoff/Priester* ZGR 1986, 463, 476 f; zweifelnd Ulmer/*Hüffer* § 46 Rn 22. **AM** *Hartmann* 165 f.
[67] BGHZ 84, 209, 214; Scholz/*Crezelius* Rn 34; Ulmer/*Paefgen* Rn 27.
[68] Scholz/*Crezelius* Rn 34; Ulmer/*Hüffer* § 46 Rn 22; Scholz/*Schmidt* § 46 Rn 46; *Hommelhoff/Priester* ZGR 1986, 463, 475.
[69] Vgl BGHZ 43, 261, 263 f.
[70] RGZ 49, 141, 147.
[71] Ulmer/*Hüffer* § 46 Rn 23; Scholz/*Crezelius* Rn 33.

17 **2. Beschluss. a) Allgemeines.** Feststellungsbeschluss kommt mit einfacher Mehrheit der abgegebenen Stimmen nach Maßgabe des Wertes des Geschäftsanteils (§ 47 I, II) zustande.[72] Gfter, die GFührer sind, dürfen ihr Stimmrecht ausüben (§ 46 Rn 9).[73] Formloser, auch konkludent gefasster Beschluss (außerhalb GfterVers) genügt,[74] zB durch Unterzeichnung des Jahresabschlusses nach § 245 HGB durch alle Gfter, wenn sie zugleich GFührer sind (§ 46 Rn 16).[75] Auch kann ein Gewinnverwendungsbeschluss auf der Grundlage eines aufgestellten (aber noch nicht festgestellten) Jahresabschlusses als konkludente Beschlussfassung über Feststellung gedeutet werden (vgl auch § 46 Rn 16).[76] GesVertrag kann auch auf förmlichen Feststellungsbeschluss verzichten. Zulässig ist etwa eine Bestimmung, wonach aufgestellter Jahresabschluss als festgestellt gilt, falls (ein oder mehrere) Gfter nicht innerhalb bestimmter Frist dem Abschluss widersprechen.[77]

18 **b) Gegenstand der Feststellung.** Gegenstand der Feststellung ist – wie sich aus dem ausdr Wortlaut des § 42 a II 1 ergibt – der Jahresabschluss. Nicht festzustellen ist demgegenüber der nach § 42 a I vorzulegende Lagebericht. Letzterer ist nur von den GFührern aufzustellen.[78] Gfter können daher nur durch Ausübung des Weisungsrechts nach § 37 auf Inhalt des Lageberichts einwirken.[79] Weisung ist für GFührer aber nur verbindlich, wenn sie sich im Rahmen der für den Lagebericht geltenden Regeln halten.

19 **c) Fristen.** Feststellungsbeschluss ist nach Abs 2 S 1 für mittelgroße u große Ges (§ 267 HGB) spätestens bis zum Ablauf der ersten acht Monate des Geschäftsjahres zu fassen. Für kleine Ges (§ 267 HGB) beträgt diese Frist elf Monate. Diese Frist ergänzt Aufstellungsfrist in § 264 I 2 HGB. Beide Fristen sind vor dem Hintergrund der §§ 325 ff HGB zu sehen und wollen Publizität in angemessener Zeit sicherstellen.[80] GesVertrag kann diese Fristen nicht verlängern (siehe Abs 2 S 2), wohl aber verkürzen.[81] Verkürzte Frist muss aber noch so lang sein, dass sorgfältige Aufstellung des Jahresabschlusses u Abschlussprüfung möglich bleiben. Überschreitung der Frist als solche bleibt sanktionslos,[82] doch können sich daraus Verzögerung der Offenlegung nach §§ 325 ff

---

72 Scholz/*Crezelius* Rn 37.

73 RGZ 49, 141, 146; Roth/*Altmeppen* Rn 46 Rn 6; Rowedder/Schmidt-Leithoff/*Koppensteiner* § 46 Rn 4; Scholz/*Schmidt* § 46 Rn 16.

74 Scholz/*Crezelius* Rn 36.

75 BGH WM 1971, 1082, 1084; Rowedder/Schmidt-Leithoff/*Koppensteiner* § 46 Rn 4; Scholz/*Crezelius* Rn 36; Rowedder/Schmidt-Leithoff/*Tiedchen* Rn 66; Scholz/*Schmidt* § 46 Rn 17; sofern öffentlichrechtlicher Unterzeichnungsvorgang als Stimmabgabe gewertet werden kann.

76 BFG GmbHR 2007, 1058, 1060; Scholz/*Crezelius* Rn 36; Scholz/*Emmerich* § 29 Rn 80.

77 Scholz/*Crezelius* Rn 36; Scholz/*Schmidt* § 46 Rn 46.

78 Lutter/Hommelhoff/*Kleindiek* Rn 29; Roth/*Altmeppen* Rn 32; Rowedder/Schmidt-Leithoff/*Tiedchen* Rn 63; Scholz/*Crezelius* Rn 38; Ulmer/*Paefgen* Rn 26; Scholz/*Schmidt* § 46 Rn 7. **AM** Rowedder/Schmidt-Leithoff/*Koppensteiner* § 46 Rn 3; *Hartmann* 46 f, 166 ff.

79 Roth/*Altmeppen* Rn 32; Scholz/*Crezelius* Rn 38; Lutter/Hommelhoff/*Kleindiek* Rn 29; Scholz/*Schmidt* § 46 Rn 7; Ulmer/*Paefgen* Rn 26.

80 Scholz/*Crezelius* Rn 40.

81 Rowedder/Schmidt-Leithoff/*Tiedchen* Rn 69; Ulmer/*Paefgen* Rn 28; Scholz/*Crezelius* Rn 44 f; BeckBilKomm/*Ellrott*/*Ring* Vor § 325 Rn 131.

82 Rowedder/Schmidt-Leithoff/*Tiedchen* Rn 69; Scholz/*Crezelius* Rn 43.

HGB und damit Sanktionen nach §§ 334, 335 HGB ergeben. Fristversäumung macht Beschluss weder nichtig noch anfechtbar.[83]

d) Pflicht zur Mitwirkung, Erzwingung. Gfter trifft Pflicht zur Beschlussfassung über Feststellung.[84] Problematisch ist aber Fall, in dem Beschlussfassung wegen inhaltlicher Differenzen nicht zustande kommt. Hier führt Mitwirkungspflicht, die ja – abgesehen von seltenen Ausnahmefällen (kein Bilanzermessen) – keine Zustimmungspflicht beinhaltet, nicht weiter.[85] Nach teilweiser vertretenen Ansicht soll wegen der im Hinblick auf Offenlegung nach §§ 325 ff HGB gesteigerten Bedeutung der Feststellung des Jahresabschlusses der einzelne Gfter Möglichkeit haben, Feststellung gerichtlich durchzusetzen.[86] Dafür bestehen zwei Möglichkeiten (siehe zu alldem § 46 Rn 12):[87] **Klage gegen Ges auf Feststellung** eines bestimmten Jahresabschlusses, wobei Gericht im Hinblick auf Ansatz- u Bewertungswahlrechte nach billigem Ermessen gem §§ 315 ff BGB zu entscheiden hat oder aber **Klage auf Mitwirkung gegen widersprechende Gfter,** wobei sich aus Treuepflicht der Gfter (§ 13 Rn 26 ff) – wie auch in anderen der Beschlussfassung der Gfter unterliegenden Angelegenheiten (§ 13 Rn 35; § 47 Rn 110 f) – Verpflichtung ergibt, einem nach Gesetz, den GoB u den Regeln des GesVertrages aufgestellten Jahresabschluss zuzustimmen. 20

e) Änderung, Berichtigung. Bis zum Feststellungsbeschluss ist Jahresabschluss nur Entwurf und kann daher jederzeit abgeändert werden. Nach Feststellungsbeschluss unterscheidet man hingegen Berichtigung eines fehlerhaften Bilanansatzes und der Änderung eines zulässigen Bilanzansatzes.[88] 21

aa) Berichtigung. Jahresabschluss ist fehlerhaft, wenn er objektiv unrichtig ist u die Ges im Zeitpunkt der Feststellung bei pflichtgemäßer u gewissenhafter Prüfung die Unrichtigkeit hätte erkennen können.[89] Fehler, die nicht zur Nichtigkeit des Jahresabschlusses (ggf nach Anfechtung) geführt haben, können grds dadurch beseitigt werden, dass Gfter durch Beschluss nach § 46 Nr 1 betreffenden Jahresabschluss berichtigen.[90] Verpflichtung zur Berichtigung besteht, wenn fehlerhafter Jahresabschluss Grundlage eines Gewinnverwendungsbeschlusses war u die Gewinnausschüttung wegen des fehlerhaften Ansatzes dazu geführt hat, dass zur Erhaltung des Stammkapitals erforderliches Vermögen der Ges (§ 30 I) an die Gfter ausgezahlt worden ist u die Erstattung dieser Beträge zur Befriedigung der GesGläubiger erforderlich ist (§ 31 II). Soweit Pflicht zur Berichtigung besteht, sind Gfter auf Grund ihrer Treuepflicht (§ 13 Rn 26 ff) zur Mitwirkung verpflichtet.[91] Hat dagegen Gewinnausschüttung das Stammkapital nicht angegriffen u waren die Gfter hinsichtlich der Bilanzansätze gutgläubig (§ 32 Rn 7), darf Jahresabschluss nicht berichtigt werden, soweit Berichtigung dem Gewinnverwendungsbeschluss Grundlage entziehen würde u nicht alle betroffenen Gfter 22

---

[83] Lutter/Hommeloff/*Kleindiek* Rn 31; Scholz/*Crezelius* Rn 43.
[84] BGHZ 139, 299, 303.
[85] Vgl auch Scholz/*Schmidt* § 46 Rn 21.
[86] RGZ 49, 141, 145; Ulmer/*Hüffer* § 46 Rn 17; Rowedder/Schmidt-Leithoff/*Koppensteiner* § 46 Rn 6.
[87] Vgl auch Scholz/*Schmidt* § 46 Rn 21.
[88] Scholz/*Schmidt* § 46 Rn 23; Voraufl § 42 Rn 567.
[89] *Welf Müller* FS Quack, 1991, 359, 366 f.; *Schön* FS 50 Jahre BGH, 2000, 153, 162.
[90] Scholz/*Schmidt* § 46 Rn 24.
[91] Scholz/*Schmidt* § 46 Rn 24.

zustimmen.[92] Ohne Rücksicht auf Gewinnausschüttung ist Berichtigung aber erforderlich, wenn **Jahresabschluss** analog § 256 I Nrn 1, 4, IV, V AktG (siehe unten Rn 25 ff) aus inhaltlichen Gründen nichtig ist. Beruht Nichtigkeit auf einem geringfügigen Mangel ohne gravierende Folgewirkungen für künftige Abschlüsse u ist mit Heilung durch Zeitablauf (vgl unten Rn 32) alsbald zu rechnen, kann ausnahmsweise Heilung abgewartet werden.[93] Hierfür dürften nur die Mängel in Betracht kommen, bei denen analog § 256 VI AktG (siehe unten Rn 32) Heilung binnen sechs Monaten eintritt. In den übrigen Fällen besteht Wahlrecht, den Fehler durch Berichtigung des betroffenen Jahresabschlusses oder im Geschäftsjahr durch Aufdeckung zu beseitigen,[94] wobei fiktive Entwicklung des Bilanzpostens (zB durch Abschreibungen) zu berücksichtigen ist. Berichtigung ist entspr § 284 II Nr 3 HGB im **Anhang** anzugeben u zu begründen.[95] Soweit erforderlich, bedarf es Nachtragsprüfung nach § 316 III HGB.

23 **bb) Änderung.** Änderung zulässiger Ansätze im Jahresabschluss kommt in Betracht, wenn Ansatz- oder Bewertungswahlrecht abw von ursprünglicher Feststellung ausgeübt werden soll. Änderung ist nur zulässig, wenn wichtige wirtschaftliche Gründe diese Änderung rechtfertigen.[96] Darüber hinaus darf Änderung nicht in entstandene Gewinnauszahlungsansprüche des Betroffenen eingreifen, es sei denn dieser hat zugestimmt.[97] Willkürliche Änderungen des festgestellten Jahresabschlusses sind nicht zulässig.[98] Ferner muss Änderung analog § 284 II Nr 3 HGB im Anhang angegeben u begründet werden.[99] Soweit erforderlich, bedarf es Nachtragsprüfung nach § 316 III HGB.

24 **3. Fehlerhafter Beschluss.** Nichtigkeit u Anfechtbarkeit des festgestellten Jahresabschlusses sind im GmbHG nicht geregelt u richten sich daher nach den allgemeinen für GfterBeschlüsse geltenden Grundsätzen (§ 47 Anh). Nichtigkeitsvorschrift des § 256 AktG ist – bis auf Abs 2, der nicht auf GmbH passt –[100] weitgehend analog anwendbar,[101] weil Jahresabschlüsse von AG u GmbH übereinstimmenden Regeln unterliegen. Dem nichtigen Abschluss nachfolgende Abschlüsse sind nicht ohne weiteres nichtig, sondern nur dann wenn sie ihrerseits an einem zur Nichtigkeit führenden Mangel leiden.[102]

---

92 Scholz/*Schmidt* § 46 Rn 24.

93 KölnerKomm/*Zöllner* § 256 AktG Rn 118; *Hense* WPg 1993, 716, 717; *Kowalski* AG 1993, 502, 504 f; *Kropff* FS Budde, 1995, 341, 356 f; *Lutter* FS Helmrich, 1994, 685, 693 f. **AM** (unter Verkennung des Grundsatzes der Verhältnismäßigkeit) Lutter/Hommelhoff/*Kleindiek* Rn 13; *Geist* DStR 1996, 306, 307 ff.

94 *Zöllner* FS Scherrer, 2004, 355, 368.

95 Voraufl § 42 Rn 586.

96 Scholz/*Schmidt* § 46 Rn 25; Rowedder/Schmidt-Leithoff/*Tiedchen* Rn 71.

97 Scholz/*Schmidt* § 46 Rn 25; BeckBilKomm/*Ellrott*/*M. Ring* § 253 HGB Rn 735 f.

98 BeckBilKomm/*Ellrott*/*M. Ring* § 253 HGB Rn 735; *H.-P. Müller* FS Budde, 1995, 431, 435 ff. Siehe aber auch Scholz/*Schmidt* § 46 Rn 25.

99 *H.-P. Müller* FS Budde, 1995, 431, 438 ff.

100 Scholz/*Schmidt* § 46 Rn 37; Ulmer/*Raiser* Anh § 47 Rn 80.

101 OLG Hamm AG 1992, 233, 234; BT-Drucks 10/4268, 130 f; Ulmer/*Hüffer* § 46 Rn 24; Ulmer/*Raiser* Anh § 47 Rn 75; *Lutter*/*Hommelhoff* Anh § 47 Rn 24; Rowedder/Schmidt-Leithoff/*Koppensteiner* § 47 Rn 132; Rowedder/Schmidt-Leithoff/*Tiedchen* Rn 74; Scholz/*Schmidt* § 46 Rn 36; zurückhaltender *Geßler* FS Goerdeler, 1987, 127, 135 ff.

102 BGH ZIP 1996, 1984, 1985; OLG Köln ZIP 1998, 994, 996; Scholz/*Schmidt* § 46 Rn 37.

Anfechtbarkeit des Jahresabschlusses ist aber nicht entspr § 257 I 2 AktG beschränkt (§ 47 Anh Rn 109),[103] weil keine Sonderprüfung wegen unzulässiger Unterbewertung nach §§ 258 ff AktG vorgesehen ist.

a) Nichtigkeitsgründe. aa) § 256 I Nr 1 AktG. Feststellung ist entspr § 256 I 1 AktG nichtig, wenn Jahresabschluss durch seinen Inhalt Vorschriften verletzt, die ausschließlich oder überwiegend zum Schutz der Gl der Ges gegeben sind. In Betracht kommen nur Verstöße gegen gesetzliche Vorschriften u GoB (§ 264 II 1 HGB),[104] nicht aber Vorschriften des GesVertrages.[105] Im letzteren Fall kann aber Anfechtung möglich sein (Rn 33). Nichtigkeitsfolge ist aber nur gerechtfertigt, wenn Verstoß von einigem Gewicht ist.[106] § 256 I Nr 1 AktG hat vor allem Bedeutung für Verstöße gegen allgemeine Buchführungs- u Bilanzierungsgrundsätze,[107] gegen Ansatzvorschriften[108] u gegen die Vorschriften über den Anhang.[109] Nichtigkeit kommt auch in Betracht, wenn eines der drei Elemente des Jahresabschlusses (Bilanz, GuV, Anhang) fehlt.[110] Fehlt Lagebericht, ist Jahresabschluss hingegen nicht nichtig, da er nicht Teil des Jahresabschlusses ist.[111] Für Verstoß gegen Vorschriften über Bildung u Auflösung von Rücklagen ist § 256 I Nr 4 AktG (Rn 28) Spezialnorm.[112] Wird durch solchen Verstoß Lage der Ges ungünstiger dargestellt, tritt Nichtigkeit entspr § 256 V Nr 2 AktG nur bei Vorsatz ein; fehlt Vorsatz, bleibt aber Möglichkeit der Anfechtung (Rn 33). 25

bb) § 256 I Nr 2 AktG. Feststellung des Jahresabschlusses ohne Abschlussprüfung nach § 316 I HGB ist nichtig. Das gilt auch, wenn Nachtragsprüfung nach § 316 III HGB unterbleibt.[113] Feststellung ist auch dann nichtig, wenn durchgeführte Prüfung Mindestanforderungen nicht genügt.[113a] Abschlussprüfung setzt Erstattung des Prüfungsberichts voraus, der (schriftlichen) Bestäti- 26

---

[103] BGH DStR 2008, 1974, 1975; BGHZ 137, 378, 386; OLG Brandenburg GmbHR 1997, 796, 797; KG NZG 2001, 845, 846; Ulmer/*Raiser* § 47 Anh Rn 143; Lutter/Hommelhoff/*Kleindiek* Anh § 47 Rn 53; Rowedder/Schmidt-Leithoff/*Tiedchen* Rn 79; Scholz/*Schmidt* § 46 Rn 38. **AM** (aber mit Ausnahmen) Geßler FS Goerdeler, 1987, 127, 143 ff.

[104] Für GoB BGHZ 124, 111, 117 = BB 1994, 107, 108; Ulmer/*Raiser* Anh § 47 Rn 76.

[105] Rowedder/Schmidt-Leithoff/*Tiedchen* Rn 75; Ulmer/*Raiser* Anh § 47 Rn 76; Scholz/*Schmidt* § 46 Rn 37. **AM** KölnerKomm/*Zöllner* § 256 AktG Rn 24.

[106] BGHZ 83, 341, 347 = GmbHR 1983, 169, 171; LG Frankfurt DB 2001, 1483; Ulmer/*Raiser* Anh § 47 Rn 76; Scholz/*Schmidt* § 46 Rn 37; KölnerKomm/*Zöllner* § 256 AktG Rn 25; iE *Lutter/Hommelhoff* Anh § 47 Rn 25.

[107] Ulmer/*Raiser* Anh § 47 Rn 76; KölnerKomm/Zöllner § 256 AktG Rn 26; Rowedder/Schmidt-Leithoff/*Tiedchen* Rn 75. **AM** wohl *Geßler* FS Goerdeler, 1987, 127, 135 f.

[108] KölnerKomm/*Zöllner* § 256 AktG Rn 27; MünchKommAktG/*Hüffer* § 256 Rn 16; Rowedder/Schmidt-Leithoff/*Tiedchen* Rn 75. **AM** wohl *Geßler* FS Goerdeler, 1987, 127, 135 f.

[109] Ulmer/*Raiser* Anh § 47 Rn 76; MünchKommAktG/*Hüffer* § 256 Rn 17.

[110] Für Anhang OLG Stuttgart GmbHR 2004, 662, 663 = NZG 204, 675 f; MünchKommAktG/*Hüffer* § 256 Rn 17; Scholz/*Schmidt* § 46 Rn 37.

[111] BGHZ 124, 122 = BB 1994, 107, 109; Scholz/*Schmidt* § 46 Rn 37. **AM** *Timm* ZIP 1993, 114, 116.

[112] Ulmer/*Raiser* Anh § 47 Rn 78; KölnerKomm/*Zöllner* § 256 AktG Rn 12; MünchKommAktG/*Hüffer* § 256 Rn 32.

[113] Ulmer/*Raiser* Anh § 47 Rn 79; Lutter/Hommelhoff/*Kleindiek* Anh § 42 Rn 30; MünchKommHGB/*Ebke* § 316 HGB Rn 21.

[113a] OLG Stuttgart NZG 2009, 951.

gungsvermerk oder Vermerk über dessen Versagung enthält. Bei Änderung des geprüften Jahresabschlusses durch GfterVers gilt § 173 III AktG entspr, also Nichtigkeit, wenn nicht binnen zwei Wochen ein hinsichtlich der Änderungen uneingeschränkter Bestätigungsvermerk erteilt wird.[114] Für *kleine Ges* (§ 267 HGB) mangels Prüfungspflicht (§ 316 I 1 HGB) ohne Bedeutung.

27 **cc) § 256 I Nr 3 AktG.** Vorschrift ist durch Art 4 Nr 9 BilReG (BGBl 2004 I, 3166, 3178) geändert worden, um klarzustellen, dass die Prüfung durch einen nach § 319 II, III oder IV oder § 319 a I HGB ausgeschlossenen Prüfer nicht zur Nichtigkeit des Jahresabschlusses führt.[115] Nichtig ist aber Feststellung des Jahresabschlusses nach Abschlussprüfung durch jemanden, der nicht zum Abschlussprüfer bestellt ist oder der nicht die Voraussetzungen des § 319 I HGB erfüllt, also nicht Wirtschaftsprüfer, Wirtschaftsprüfungsgesellschaft oder (nur zulässig bei mittelgroßer Ges) nicht vereidigter Buchprüfer oder Buchprüfungsgesellschaft ist.[116]

28 **dd) § 256 I Nr 4 AktG.** Feststellung des Jahresabschlusses unter Verletzung der gesetzlichen Bestimmungen über die Einstellung von Beträgen in Kapital- oder Gewinnrücklagen oder über die Entnahme von Beträgen aus Kapital- oder Gewinnrücklagen führen zur Nichtigkeit.[117] Verstoß gegen gesvertragliche Regelungen dieser Art begründet hingegen nur Anfechtbarkeit, weil Anfechtbarkeit – anders als bei AG, § 257 I 2 AktG – insoweit nicht ausgeschlossen ist.[118] Nichtigkeit also bei Verstoß gegen §§ 272 II HGB, 58 b II, III, 58 c, 42 II 3 GmbHG, 272 III, IV HGB,[119] soweit gesetzliche Regelung reicht, also bei Rücklagen nach §§ 272 II HGB, 58 b II, 58 c, 42 II 3 GmbHG, 272 IV HGB, wenn sie gegen Gesetz unterlassen oder unrichtig gebildet werden,[120] bei Gewinnrücklage nach § 272 III HGB, wenn sie unrichtig (zB nicht aus dem Ergebnis) gebildet wird. Gesetzliche Regelung über Entnahme besteht nur für Rücklage für eigene Anteile nach § 272 IV HGB u für Kapitalrücklage im Zusammenhang mit vereinfachter Kapitalherabsetzung nach §§ 58 b III, 58 c S 2 GmbHG.

29 **ee) § 256 III AktG.** Vorschrift wiederholt die Gründe nach § 241 Nr 1, 2 und 5 AktG ohne Änderungen. Insoweit wird auf § 47 Anh Rn 45 ff verwiesen.

30 **ff) § 256 IV AktG.** Verstoß gegen Gliederungsvorschriften führt analog § 256 IV AktG führt nur zur Nichtigkeit, wenn Klarheit u Übersichtlichkeit des Jahresabschlusses dadurch wesentlich beeinträchtigt sind.[121] Gliederungsverstöße sind unterlassene hinreichende Aufgliederung, Aufführung eines Postens an falscher Stelle[122] u Verletzung des Saldierungsverbots des § 246 II HGB.[123] Beispielhafte Aufzählung in § 256 IV 2 AktG aF ist als „nicht erforderlich"[124] gestrichen, ist aber noch Entscheidungshilfe.

---

114 Ulmer/*Raiser* Anh § 47 Rn 79.

115 Ulmer/*Raiser* Anh § 47 Rn 79; siehe auch Begr RegEntw BT-Drucks 15/3419, 55.

116 Zum alten Recht BGHZ 118, 142, 149 = BB 1992, 1392, 1394.

117 Ulmer/*Raiser* Anh § 47 Rn 78.

118 Ulmer/*Raiser* Anh § 47 Rn 78; Rowedder/Schmidt-Leithoff/*Tiedchen* Rn 77; Scholz/*Schmidt* § 46 Rn 37.

119 Zu § 272 IV HGB: LG Mainz ZIP 1991, 583, 587.

120 *Geßler* FS Goerdeler, 1987, 127, 137 f.

121 Ulmer/*Raiser* Anh § 47 Rn 77; *Geßler* FS Goerdeler, 1987, 127, 140; für Bilanz einer Genossenschaft: BGH BB 2003, 1894, 1896 = NZG 2003, 882, 884.

122 LG Stuttgart AG 1994. 483; Ulmer/*Raiser* Anh § 47 Rn 77.

123 MünchKommAktG/*Hüffer* § 256 Rn 33.

124 BT-Drucks 10/4268, 127.

gg) § 256 V AktG. Verstoß gegen Bewertungsvorschriften führt – soweit sie nicht ganz bedeutungslos ist –[125] analog § 256 V AktG grds – nicht aber immer[126] – zur Nichtigkeit bei Überbewertung.[127] Bei Unterbewertung kommt Nichtigkeit nur in Betracht, wenn dadurch die Vermögens- u Ertragslage der Ges vorsätzlich (und wesentlich, vgl § 256 V 1 Nr 2 AktG) unrichtig wiedergegeben oder verschleiert wird. Über- u Unterbewertung sind sowohl auf der Aktiv- als auch auf der Passivseite möglich, vgl § 256 V 2, 3 AktG. Unrichtige Bewertung bezieht sich auf einzelne Bilanzposten, nicht auf einzelne Vermögensgegenstände, so dass sich Bewertungsfehler innerhalb eines Bilanzpostens kompensieren können.[128] Nach hM erfasst Vorschrift wegen der gleichartigen Wirkung auch Verstöße gegen Ansatzgebote u -verbote: Zu Unrecht vorgenommene bzw unterlassene Passivierung[129] u zu Unrecht unterlassene oder vorgenommene Aktivierung[130] sollen Unter- bzw Überbewertung gleichstehen. Richtigerweise[131] sind dies bereits Fälle des § 256 I Nr 1 AktG (Rn 25). Zuordnungsfrage ist jedoch ohne praktische Auswirkungen. Bei Unterbewertung muss Vorsatz unrichtiger Wiedergabe oder Verschleierung entweder bei den an der Aufstellung maßgeblich beteiligten GFührern oder bei der Mehrheit der die Feststellung beschließenden GfterVers vorhanden sein;[132] bedingter Vorsatz genügt.[133] 31

hh) Heilung. Für Heilung der Nichtigkeit gilt § 256 VI AktG analog.[134] Daraus folgt, dass Nichtigkeit nach § 256 I Nrn 3, 4, III Nr 1 AktG, binnen sechs Monaten geheilt wird und Nichtigkeit nach § 256 I Nr 1, IV, V AktG binnen drei Jahren seit Bekanntmachung im elektronischen BAnz nach § 325 I 1, II 1 HGB. Ohne die Bekanntmachung im BAnz tritt Heilung nicht ein.[135] Ist Jahresabschluss überhaupt nicht geprüft worden (§ 256 I Nr 2 AktG) oder ist Jahresabschluss auf Anfechtungsklage für nichtig erklärt worden (§ 256 III Nr 3 AktG), ist Heilung ausgeschlossen.[136] Bei Ablauf der Frist anhängige Nichtigkeitsklage hemmt nach § 256 VI 2 AktG Fristablauf. 32

b) Anfechtungsgründe. Anfechtbarkeit des Feststellungsbeschlusses wegen inhaltlicher Mängel (zu formellen Mängeln, die zur Anfechtung berechtigen, siehe Anh § 47 Rn 112 ff) liegt analog § 243 AktG vor bei Verstoß des 33

---

125 BGHZ 83, 341, 347 = GmbHR 1983, 169, 171; LG Frankfurt AG 2002, 297; FG Nürnberg GmbHR 1987, 495; KölnerKomm/*Zöllner* § 256 AktG Rn 45; MünchKommAktG/*Hüffer* § 256 Rn 56; *Geßler* FS Goerdeler, 1987, 127, 140 ff; *Wimmer* DStR 1997, 1931, 1934.

126 BGH DStR 2009, 1974, 1975.

127 RGZ 131, 141, 143; Ulmer/*Raiser* Anh § 47 Rn 77.

128 KölnerKomm/*Zöllner* § 256 AktG Rn 42; MünchKommAktG/*Hüffer* § 256 Rn 58; Rowedder/Schmidt-Leithoff/*Tiedchen* Rn 81.

129 BGH BB 1991, 2342 = ZIP 1991, 1427, 1428; OLG Hamm AG 1992, 233; LG Stuttgart AG 1994, 473; Ulmer/Raiser Anh § 47 Rn 77.

130 BGHZ 124, 111, 119 = BB 1994, 107, 109; BGHZ 137, 378, 384 = BB 1998, 635, 63; LG Düsseldorf AG 1989, 141; LG Stuttgart DB 2001, 1025.

131 KölnerKomm/*Zöllner* § 256 AktG Rn 27.

132 Ulmer/*Raiser* Anh § 47 Rn 77; KölnerKomm/*Zöllner* § 256 AktG Rn 89.

133 BGHZ 124, 111, 120 = BB 1994, 107, 109; MünchKommAktG/*Hüffer* § 256 Rn 62.

134 Ulmer/*Raiser* Anh § 47 Rn 81; *Lutter/Hommelhoff* Anh § 47 Rn 25; Rowedder/Schmidt-Leithoff/*Tiedchen* Rn 83; Scholz/*Schmidt* § 46 Rn 37; Geßler FS Goerdeler, 1987, 127, 143.

135 Ulmer/*Raiser* Anh § 47 Rn 81.

136 Scholz/*Schmidt* § 46 Rn 37; MünchKommAktG/*Hüffer* § 256 Rn 65; Rowedder/Schmidt-Leithoff/*Tiedchen* Rn 83.

Jahresabschlusses gegen Gesetz (einschl GoB), der nicht schon zur Nichtigkeit (Rn 25 ff) führt, ferner bei Verstoß gegen GesVertrag, gegen die guten Sitten u Missbrauch des Stimmrechts durch Mehrheit.[137] In Betracht kommen etwa inhaltlicher Verstoß, der nicht von einigem Gewicht ist (vgl Rn 25); Verstoß gegen Gliederungsvorschriften, ohne wesentliche Beeinträchtigung von Klarheit u Übersichtlichkeit (vgl Rn 30);[138] Unterbewertung (Rn 31)[139] u andere ungünstigere Darstellung (Rn 31) ohne Vorsatz iSd § 256 V Nr 2 AktG; Rücklagenbildung über das durch GesVertrag vorgegebene Maß hinaus.[140] Nach dem Grundsatz der Verhältnismäßigkeit berechtigen völlig unbedeutende Verstöße die Anfechtung nicht, doch dürfen wegen der Abgrenzung zu den Nichtigkeitsgründen an die Schwere des Verstoßes nicht zu hohe Anforderungen gestellt werden.[141] Ausübung handelsrechtlicher Ansatz- u Bewertungswahlrechte zum Nachteil des Jahresüberschusses kann Anfechtung begründen, wenn sie dazu dient, die Stellung einzelner Gfter im Hinblick auf Recht zur Übernahme von Geschäftsanteilen u im Falle zeitlich befristeter Mitgliedschaft in der Ges zu verschlechtern.[142] Treuepflicht schließt Anfechtung der Feststellung des Jahresabschlusses aus, wenn Änderungen des Jahresabschlusses zu Kosten und Belastungen der Ges und damit mittelbar auch der Gfter führt, die außer Verhältnis zu dem den Gftern daraus erwachsenden wirtschaftlichen Vorteil stehen.[143]

34 **c) Urteilswirkungen.** Das der Anfechtungsklage stattgebende Urteil führt analog §§ 241 Nr 5, 256 III Nr 3 AktG nur negativ zur Nichtigkeit der Feststellung des Jahresabschlusses, nicht aber positiv zur Feststellung eines anderen Jahresabschlusses.[144] Gfter kann aber Anfechtungsklage mit Klage auf Feststellung eines bestimmten Jahresabschlusses (oben Rn 20) verbinden (siehe allgemein § 47 Anh Rn 186).[145]

IV. Ergebnisverwendungsbeschluss, Abs 2

35 **1. Zuständigkeit.** Zuständig ist – grds – GfterVers (§ 46 Nr 1). GesVertrag kann aber Zuständigkeit GfterVers entziehen u anderen Organen zuweisen (§ 45 II),[146] zB einem Beirat,[147] dem AR,[148] auch (mit Einschränkungen)

---

137 RGZ 101, 161; BGH WM 1974, 392, 393; Scholz/*Schmidt* § 46 Rn 38; Ulmer/*Hüffer* § 46 Rn 24.

138 **AM** *Geßler* FS Goerdeler, 1987, 127, 146.

139 OLG Brandenburg GmbHR 1997, 796, 797; Scholz/*Schmidt* § 46 Rn 39; *Geßler* FS Goerdeler, 1987, 127, 147 f.

140 RGZ 94, 213, 215; *Geßler* FS Goerdeler, 1987, 127, 146.

141 Vergleichsweise hohe Hürden hingegen bei OLG Brandenburg GmbHR 1997, 796, 797 (Anfechtung nur bei erheblicher Rechtsverletzung); Scholz/*Schmidt* § 46 Rn 39 (unvertretbare Unterbewertung).

142 BGH WM 1966, 1132, 1134 f; 1974, 392, 393 f; Scholz/*Schmidt* § 46 Rn 39.

143 BGH DStR 2008, 1974, 1975.

144 Scholz/*Schmidt* § 46 Rn 41; Rowedder/Schmidt-Leithoff/*Koppensteiner* § 46 Rn 5.

145 Im Grundsatz ebenso, aber restriktiver (nur ausnahmsweise), RGZ 64, 262; RGZ 80, 330, 337; Scholz/*Schmidt* § 46 Rn 41; Rowedder/Schmidt-Leithoff/*Koppensteiner* § 46 Rn 5.

146 Rowedder/Schmidt-Leithoff/*Tiedchen* Rn 87; Scholz/*Schmidt* § 46 Rn 46; Scholz/*Emmerich* § 29 Rn 61 f; mit Einschränkungen Ulmer/*Hüffer* § 46 Rn 23; *Hommelhoff/Priester* ZGR 1986, 463, 499 ff.

147 OLG Düsseldorf GmbHR 1983, 124, 125; Scholz/*Schmidt* § 46 Rn 46; zweifelnd Ulmer/*Hüffer* § 46 Rn 23: „nicht unbedenklich".

dem mitbestimmten AR,[149] einem GfterAusschuss,[150] einem einzelnen Gfter oder einem Dritten zum Stichentscheid bei Stimmengleichheit in der GfterVers.[151] Generelle Voraussetzung für solche Regelung ist ausreichende Rückbindung an den Willen der GferVers.[152]

2. Beschluss. a) Allgemeines. Ergebnisverwendungsbeschluss ist Voraussetzung für Gewinnauszahlungsanspruch der Gfter (§ 29 Rn 38) u außerdem durch § 42a II 1 zwingend vorgeschrieben. Für Ges (die nach Inkrafttreten des BiRiLiG am 1. 1. 1986 in HR eingetragen worden sind) genügt gem § 47 I für Ergebnisverwendungsbeschluss nach § 29 II – vorbehaltlich abw Bestimmung im GesVertrag – einfache Mehrheit (§ 29 Rn 38).[153] **Gegenstand der Ergebnisverwendung** ist nach § 29 I 1 der Jahresüberschuss unter Einbeziehung eines Gewinn- oder Verlustvortrages oder nach § 29 I 2 der Bilanzgewinn.[154] **Inhalt** des Beschlusses kann sein: alternativ oder kumulativ Einstellung in Gewinnrücklagen, Bildung eines Gewinnvortrags, Ausschüttung an Gfter oder an andere Gewinnberechtigte, Tilgung des Anspruchs der Ges aus der Vorbelastungshaftung der Gfter (§ 11 Rn 64 aE), Ausweis eines auf Grund des Beschlusses entstehenden Aufwands oder Ertrags.[155] Beschluss kann mit Feststellungsbeschluss verbunden werden (vgl auch § 46 Rn 19).[156] **36**

Voraussetzung für Ergebnisverwendungsbeschluss ist Feststellung eines geprüften Jahresabschlusses, gleichgültig, ob Bestätigungsvermerk uneingeschränkt oder eingeschränkt erteilt oder versagt worden ist. Fehlt festgestellter Jahresabschluss, ist Ergebnisverwendungsbeschluss nichtig. Zulässig ist aber **Beschluss über Vorabausschüttung** vor Feststellung des Jahresabschlusses. Dieser steht allerdings unter Vorbehalt der Feststellung eines Jahresabschlusses mit ausreichendem Jahresergebnis (Einzelheiten § 29 Rn 60f). Änderungen des Jahresabschlusses nach Abschlussprüfung machen Nachtragsprüfung nach § 316 III HGB erforderlich. In diesem Fall kann Ergebnisverwendungsbeschluss aber analog § 173 III AktG gefasst werden; er ist bis zur Erteilung eines uneingeschränkten Bestätigungsvermerks hinsichtlich der Änderungen schwebend unwirksam; er wird nichtig, wenn dieser Bestätigungsvermerk nicht binnen zwei Wochen seit Beschlussfassung erteilt wird. Nichtigkeit des festgestellten Jahresabschlusses (Rn 25ff), ggf nach Anfechtung (Rn 33), bewirkt analog § 253 I 1 AktG Nichtigkeit des auf den Jahresabschluss bezogenen Ergebnisverwendungsbeschlusses (§ 29 Rn 43).[157] Kann Nichtigkeit des **37**

---

148 Rowedder/Schmidt-Leithoff/*Tiedchen* Rn 87; Scholz/*Schmidt* § 46 Rn 46; Scholz/*Emmerich* § 29 Rn 62; zweifelnd Ulmer/*Hüffer* § 46 Rn 23.

149 *Vollmer* ZGR 1979, 135, 164f. **AM** Rowedder/Schmidt-Leithoff/*Tiedchen* Rn 87.

150 Rowedder/Schmidt-Leithoff/*Tiedchen* Rn 87.

151 Vgl RGZ 49, 141, 147 für Bilanzfeststellung; siehe auch Scholz/*Schmidt* § 46 Rn 46.

152 *Hommelhoff/Priester* ZGR 1986, 463, 499ff; vgl auch Ulmer/*Hüffer* § 46 Rn 23.

153 Scholz/*Schmidt* § 46 Rn 29.

154 Vgl auch BFH GmbHR 2007, 1058, 1059.

155 So im Grd auch Rowedder/Schmidt-Leithoff/*Tiedchen* Rn 86; Scholz/*Schmidt* § 46 Rn 26, 27.

156 BFH GmbHR 2007, 1058, 1059; Scholz/*Schmidt* § 46 Rn 26; Lutter/*Hommelhoff* § 29 Rn 5; Scholz/*Emmerich* § 29 Rn 33a.

157 BGH DStR 2008, 1974, 1976; FG Nürnberg GmbHR 1987, 495, 496; Scholz/*Emmerich* § 29 Rn 80; Ulmer/*Raiser* Anh § 47 Rn 82; Scholz/*Schmidt* § 46 Rn 42; Roth/*Altmeppen* Rn 34.

Jahresabschlusses (zB wegen Heilung, Rn 32) nicht mehr geltend gemacht werden, so gilt dies auch gegenüber dem Verwendungsbeschluss.[158]

38 **b) Fristen. Für Frist für Beschlussfassung** gilt zum Feststellungsbeschluss Gesagtes entsprechend (Rn 19). Versäumung der Frist macht auch hier Beschluss nicht fehlerhaft.[159]

39 **c) Pflicht zur Mitwirkung, Erzwingung.** Gfter haben untereinander Anspruch auf Mitwirkung an Gewinnverwendungsbeschluss.[160] Verhindert Gftermehrheit Zustandekommen des Beschlusses, obwohl seine Voraussetzungen (insbes Feststellung des Jahresabschlusses) vorliegen, können einzelne Gfter gegen Ges oder gegen Widerstrebende auf Mitwirkung an Beschlussfassung klagen (§ 29 Rn 40 f). Für Auflösung von Pattsituationen gilt das zum Feststellungsbeschluss Gesagte (vgl oben Rn 20).[161]

40 **d) Änderungen.** Änderung des Ergebnisverwendungsbeschlusses ist möglich. Da aber mit Beschluss Gewinnauszahlungsanspruch entsteht (oder aber zumindest fällig wird, siehe zum Ganzen § 29 Rn 47), darf diese nicht gegen den Willen der Gfter in Gewinnansprüche eingreifen. Beeinträchtigung eines einmal entstandenen (bzw fälligen) Anspruchs ist nur mit Zustimmung des Betroffenen möglich.[162] Wird hiergegen verstoßen, ist Beschluss nichtig.[163]

41 **3. Fehlerhafter Beschluss.** Nichtigkeit u Anfechtbarkeit des Ergebnisverwendungsbeschlusses richten sich nach den allgemeinen Regeln (§ 47 Anh Rn 62). Insbes kommt Anfechtung wegen Verstoßes gegen Treuepflicht bei übermäßiger Gewinnthesaurierung in Betracht.[164] Einzelheiten § 29 Rn 30 ff, 43.

V. Teilnahme des Abschlussprüfers, Abs 3

42 Vorschrift gilt für mittelgroße und große Ges (§ 267 HGB), da diese gesetzl zur Abschlussprüfung verpflichtet sind. Sieht GesVertrag freiwillige Abschlussprüfung vor, ist Vorschrift – vorbehaltlich abweichender Regelung im GesVertrag – entspr anzuwenden.[165] Vorschrift will dem nicht bilanzrechtl und/oder kaufmännisch vorgebildeten Gfter die Möglichkeit verschaffen, seine Beschlussfassung sachgerecht vorzubereiten.[166] Im Hinblick auf Individualcharakter der Vorschrift stellt sich die Frage, ob Teilnahmeanspruch durch Satzungsregelungen beschnitten werden kann. Auch wenn eine dem § 42 II 2 vergleichbare Regelung in § 43 III fehlt, hält hM die Vorschrift zugunsten der

---

158 Ulmer/*Raiser* Anh § 47 Rn 82.

159 Scholz/*Schmidt* § 46 Rn 28.

160 Scholz/*Emmerich* § 29 Rn 35 f; *Götz Hueck* FS Steindorff, 1990, 45, 52 ff.

161 Kritisch Scholz/*Schmidt* Rn 33.

162 Scholz/*Schmidt* § 46 Rn 34.

163 OLG Celle ZIP 1989, 511.

164 OLG Nürnberg DB 2008, 2415 ff; Scholz/*Schmidt* § 46 Rn 31, 44; Ulmer/*Raiser* Anh § 47 Rn 144; *Hommelhoff* ZGR 1986, 418, 423 ff.

165 Scholz/*Crezelius* Rn 47; Ulmer/*Paefgen* Rn 32; Rowedder/Schmidt-Leithoff/*Tiedchen* Rn 96; wohl auch Lutter/Hommelhoff/*Kleindiek* Rn 37.

166 Scholz/*Crezelius* Rn 46; Rowedder/Schmidt-Leithoff/*Tiedchen* Rn 97; Lutter/Hommelhoff/*Kleindiek* Rn 36.

Gfter für unabdingbar, es sei denn sämtliche Gfter haben der anderslautenden Satzungsbestimmung zugestimmt.[167]

43 **1. Teilnahmepflicht. a) Voraussetzungen.** Voraussetzung für Teilnahmepflicht des Abschlussprüfers ist Verlangen auch nur eines Gfters.[168] Verlagen ist weder form- noch fristgebunden; muss aber so rechtzeitig vorgebracht werden, dass Abschlussprüfer Teilnahme noch zumutbar ist unter den gegebenen Umständen.[169] Dieses ist an GFührer zu richten, die danach verpflichtet sind, den Abschlussprüfer unter Berufung auf dieses Verlangen zur GfterVers einzuladen.[170] Unmittelbare Ladung durch Gfter[171] kommt nicht in Betracht, da überraschendes Erscheinen des Abschlussprüfers für GFührer u andere Gfter unzumutbar ist[172] u auch Legitimation des Gfters gegenüber Abschlussprüfer Probleme aufwirft. Ist für die Feststellung des Jahresabschlusses ein anderes Organ zuständig (siehe oben Rn 16), können die in einem solchen Fall feststellungsberechtigten Personen die Teilnahme verlangen.[173]

44 **b) Reichweite.** Rechtzeitig gestelltes Verlangen begründet Teilnahmepflicht des Abschlussprüfers, soweit GfterVers den Tagesordnungspunkt „Feststellung des Jahresabschlusses" behandelt; Teilnahme an Erörterung des Tagesordnungspunktes „Ergebnisverwendung" ist sinnvoll, kann aber nicht erzwungen werden.[174] Stellt sich erst in GfterVers Bedürfnis nach Teilnahme des Abschlussprüfers heraus, kann auch dann noch Verlangen geäußert werden, wobei ggf Versammlung zu vertagen ist.[175] Verpflichtet zur Teilnahme ist der Abschlussprüfer persönlich, bei PrüfungsGes der verantwortliche Prüfungsleiter. Teilnahmepflicht beinhaltet nicht nur die Pflicht zur Anwesenheit in der GesVersammlung, sondern auch zur sachgerechten Auskunft.[176] Auskunftspflicht besteht gegenüber GfterVers, nicht gegenüber einzelnem Gfter.[177] Die abw hM, die Auskunftspflicht gegenüber dem einzelnen Gfter bejaht, bleibt ohne Konsequenzen, weil sie zugleich Pflicht zur Auskunftserteilung dahingehend beschränkt, dass Abschlussprüfer den Gfter nur in der GfterVers (nicht aber auch außerhalb) Auskunft erteilen muss. Teilnahmerecht des Abschlussprüfers besteht nicht.[178]

---

167 Scholz/*Crezelius* Rn 48; Lutter/Hommelhoff/*Kleindiek* Rn 36; *Hommelhoff/Priester* ZGR 1986, 463, 496; weitergehend (abw Regelungen des GesVertrages unzulässig) Rowedder/Schmidt-Leithoff/*Tiedchen* Rn 96.

168 Ulmer/*Paefgen* Rn 34.

169 Roth/*Altmeppen* Rn 24.

170 Lutter/Hommelhoff/*Kleindiek* Rn 38; Rowedder/Schmidt-Leithoff/*Tiedchen* Rn 98.

171 So aber Scholz/*Crezelius* Rn 51.

172 Lutter/Hommelhoff/*Kleindiek* Rn 38; Rowedder/Schmidt-Leithoff/*Tiedchen* Rn 98.

173 Scholz/*Crezelius* Rn 50.

174 Lutter/Hommelhoff/*Kleindiek* Rn 36; Rowedder/Schmidt-Leithoff/*Tiedchen* Rn 95; Roth/*Altmeppen* Rn 26; Scholz/*Crezelius* Rn 53. **AM** *Hartmann* 190.

175 Lutter/Hommelhoff/*Kleindiek* 38.

176 Scholz/*Crezelius* Rn 52; BeckBilKomm/*Ellrott/Ring* Vor § 325 Rn 132; Ulmer/*Paefgen* Rn 36; Lutter/Hommelhoff/*Kleindiek* Rn 39; Ulmer/*Paefgen* Rn 36 f; *Hommelhoff/Priester* ZGR 1986, 463, 496.

177 **AM** Lutter/Hommelhoff/*Kleindiek* Rn 39; Rowedder/Schmidt-Leithoff/*Tiedchen* Rn 101.

178 Rowedder/Schmidt-Leithoff/*Tiedchen* Rn 100; Ulmer/*Paefgen* Rn 35.

45 **c) Grenzen.** Reichweite der Auskunftspflicht wird durch Prüfungsauftrag beschränkt.[179] Abschlussprüfer muss daher nur Feststellungen in seinem Prüfungsbericht erläutern.[180] Beschränkungen ergeben sich aber auch aus dem Zusammenhang des § 42a III mit § 51a.[181] Analog § 51a II kann GfterVers durch Beschluss, für den betroffener Gfter kein Stimmrecht hat (§ 51a Rn 38), diesem konkretes Auskunftsverlangen untersagen, wenn zu besorgen ist, dass Gfter die Auskunft zu gesellschaftsfremden Zwecken verwenden u dadurch der Ges oder einem verbundenen Unternehmen einen nicht unerheblichen Nachteil zufügen wird.[182] Eigenes Auskunftsverweigerungsrecht analog § 51a II hat Abschlussprüfer nicht.[183] Allerdings kann u muss er nach § 323 I HGB von sich aus Auskünfte auf Fragen verweigern, die Betriebs- oder Geschäftsgeheimnisse außerhalb seines Prüfungsauftrags betreffen.[184]

46 **2. Durchsetzung.** Verweigert Abschlussprüfung trotz rechtzeitiger Einladung seine Teilnahme, kann er von der Ges auf der Grundlage des zwischen ihm und der Ges bestehenden Vertragsverhältnisses (vertreten durch GFührer) auf Teilnahme verklagt werden.[185] Nichtteilnahme kann auch Anfechtbarkeit des Feststellungsbeschlusses analog § 257 AktG begründen.[186] Laden die GFührer den Abschlussprüfer entgegen einem entsprechenden Verlangen des Gfters nicht, kommt Klage dieses Gfter im Wege der actio pro socio in Betracht.[187]

VI. Konzernabschluss, Abs 4

47 Handelt es sich bei der GmbH um ein Mutterunternehmen, das nach Maßgabe der §§ 290ff HGB zur Aufstellung eines Konzernabschlusses und eines Konzernlageberichts verpflichtet ist (Abs 4 S 1), so sind Konzernabschlussbericht und Konzernlagebericht einschließlich des Prüfungsberichts des Abschlussprüfers (§ 316 II HGB) und gegebenenfalls des AR entsprechend Abs 1–3 der GfterVers vorzulegen. Die Globalverweisung in Abs 4 auf die Abs 1–3 beinhaltet eine terminologische Unschärfe.[188] Aus § 46 Nr 1 folgt nämlich, dass es nicht um eine Feststellung, sondern nur um eine „Billigung" des Konzernabschlusses gehen kann.[189]

---

179 BeckBilKomm/*Ellrott/Ring* Vor § 325 Rn 132; Roth/*Altmeppen* Rn 26; Lutter/Hommelhoff/*Kleindiek* Rn 39.

180 Scholz/*Crezelius* Rn 52; Rowedder/Schmidt-Leithoff/*Tiedchen* Rn 191; siehe auch Lutter/Hommelhoff/*Kleindiek* Rn 35, 39.

181 Siehe Scholz/*Crezelius* Rn 54; BeckBilKomm/*Ellrott/Ring* Vor § 325 Rn 132.

182 *Hommelhoff/Priester* ZGR 1986, 463, 496; Ulmer/*Paefgen* Rn 37; Lutter/Hommelhoff/*Kleindiek* Rn 40; Rowedder/Schmidt-Leithoff/*Tiedchen* Rn 101. **AM** Scholz/*Crezelius* Rn 54: Weigerung nicht von Gfterbeschluss abhängig.

183 Lutter/Hommelhoff/*Kleindiek* Rn 40; Rowedder/Schmidt-Leithoff/*Tiedchen* Rn 101. **AM** Scholz/*Crezelius* Rn 54.

184 Rowedder/Schmidt-Leithoff/*Tiedchen* Rn 101.

185 Lutter/Hommelhoff/*Kleindiek* Rn 41; Scholz/*Crezelius* Rn 54a.

186 Scholz/*Crezelius* Rn 54a; Lutter/Hommelhoff/*Kleindiek* Rn 41; Ulmer/*Paefgen* Rn 38.

187 Lutter/Hommelhoff/*Kleindiek* Rn 41; Scholz/*Crezelius* Rn 54a.

188 Scholz/*Crezelius* Rn 57.

189 Scholz/*Crezelius* Rn 57; *Wicke* Rn 13; Lutter/Hommelhoff/*Kleindiek* Rn 47; Ulmer/*Paefgen* Rn 40. **AM** Roth/*Altmeppen* Rn 53.

Haben die Gfter beschlossen, dass der Jahresabschluss nach den internationalen Regeln offengelegt wird, die sich aus Art 4 IAS-VO der EU ergeben, ist hinsichtlich dieser Fassung des Jahresabschlusses ebenfalls das Verfahren der Abs 1–3 anzuwenden. 48

Haftung der Geschäftsführer

43 (1) **Die Geschäftsführer haben in den Angelegenheiten der Gesellschaft die Sorgfalt eines ordentlichen Geschäftsmannes anzuwenden.**

(2) **Geschäftsführer, welche ihre Obliegenheiten verletzen, haften der Gesellschaft solidarisch für den entstandenen Schaden.**

(3) [1] **Insbesondere sind sie zum Ersatze verpflichtet, wenn den Bestimmungen des § 30 zuwider Zahlungen aus dem zur Erhaltung des Stammkapitals erforderlichen Vermögen der Gesellschaft gemacht oder den Bestimmungen des § 33 zuwider eigene Geschäftsanteile der Gesellschaft erworben worden sind.** [2] **Auf den Ersatzanspruch finden die Bestimmungen in § 9 b Abs. 1 entsprechende Anwendung.** [3] **Soweit der Ersatz zur Befriedigung der Gläubiger der Gesellschaft erforderlich ist, wird die Verpflichtung der Geschäftsführer dadurch nicht aufgehoben, daß dieselben in Befolgung eines Beschlusses der Gesellschafter gehandelt haben.**

(4) **Die Ansprüche auf Grund der vorstehenden Bestimmungen verjähren in fünf Jahren.**

Übersicht

Lit: *Abeltshauser,* Leitungshaftung im Kapitalgesellschaftsrecht, 1998; *Altmeppen,* „Upstream-loans", Cash Pooling u Kapitalerhaltung nach neuem Recht, ZIP 2009, 49; *ders,* Zur vorsätzlichen Gläubigerschädigung, Existenzvermichtung u materiellen Unterkapitalisierung der GmbH, ZIP 2008, 1201; *ders,* Abschied vom „Durchgriff" im Kapitalgesellschaftsrecht, NJW 2007, 2657; *ders,* Gesellschafterhaftung und „Konzernhaftung" bei der GmbH, NJW 2002, 321; *ders,* Ungültige Vereinbarungen zur Haftung von GmbH-Geschäftsführern, DB 2000, 261; *ders,* Zur Disponibilität der Geschäftsführerhaftung in der GmbH, DB 2000, 657; *ders,* Zur Entwicklung eines neuen Gläubigerschutzkonzeptes in der GmbH, ZIP 2002, 1553; *Bachmann,* Compliance – Rechtsgrundlagen und offene Fragen –, Gesellschaftsrecht in der Diskussion 2007, VGR Bd 13 (2008), 65; *Bärwaldt/Jedlitschka,* Ansprüche einer GmbH & Co KG gegen ihre Geschäftsführer u deren Verjährung, GmbHR 2008, 509; *Bastuck,* Enthaftung des Managements, 1986;

Baums, Der Geschäftsleitervertrag, 1987, 209 ff; *Bayer,* Legalitätspflicht der Unternehmensleitung, nützliche Gesetzesverstöße u Regress bei verhängten Sanktionen – dargestellt am Bsp von Kartellverstößen –, FS K Schmidt, 2009, 85; *Berg,* Der Direktanspruch des Veräußerers gegen den GFührer im Rahmen von M&A-Transaktionen, NZG 2008, 641; *Bernhardt,* Sechs Jahre Deutscher Corporate Governance Kodex – Eine Erfolgsgeschichte?, BB 2008, 1686; *Biletzki,* Außenhaftung des GmbH-GFührers, BB 2000, 521; *ders,* Steuerrechtliche Haftung des GmbH-Geschäftsführers nach Eintritt der Konkursreife, NJW 1997, 1548; *Bittmann,* Reform des GmbHG u Strafrecht, wistra 2007, 321; *ders,* Haftung für rückständige Arbeitnehmeranteile – Zur rechtsstaatlichen Anwendung des § 266 a Abs 1 StGB, DStR 2001, 855; *ders,* Beitragsvorenthaltung bei Insolvenzreife der GmbH, wistra 2004, 327; *ders,* Beitragsvorenthaltung, GFührerhaftung u Einheit der Rechtsordnung, wistra 2007, 406; *Bork,* Grundtendenzen des Insolvenzanfechtungsrechts, ZIP 2008, 1041; *Bormann,* Die Kapitalaufbringung nach dem RegE des MoMiG, GmbH-R 2007, 897; *Bormann/Kauka/Ockelmann* (Hrsg), Handbuch GmbH-Recht, 2009; *Böttcher,* Organpflichten beim Unternehmenskauf, NZG 2007, 481; *ders,* Die Verpflichtung des Vorstands einer AG zur Durchführung einer Due Diligence, NZG 2005, 49; *Brömmelmeyer,* Neue Regeln für die Binnenhaftung des Vorstands – Ein Beitrag zur Konkretisierung der Business Judgment Rule, WM 2005, 2065; *Brückl/Kersten,* Zur Unmöglichkeit der Beitragszahlung beim Vorenthalten von Sozialversicherungsbeiträgen, NZI 2001, 288; *Buck-Heeb,* Selbstregulierung im Gesellschaftsrecht – Corporate Governance-Regeln für die GmbH?, FS Westermann, 2008, S 845; *Bunnemann/Zirngibl* (Hrsg), Auswirkungen des MoMiG auf bestehende GmbHs, 2008; *Burgard,* Die Förder- und Treupflicht des Alleingesellschafters einer GmbH, ZIP 2002, 827; *ders,* Garantie- und Verschuldenshaftung von Mitgesellschaftern einer GmbH, NZG 2002, 606; *Cahn,* Kredite an Gesellschafter – zugleich Anm zur MPS-Entscheidung des BGH, Der Konzern 2009, 67; *ders,* Die Haftung des GmbH-Geschäftsführers für die Zahlung von Arbeitnehmerbeiträgen zur Sozialversicherung, ZGR 1998, 367; *Dahl/Schmitz,* Haftung des GmbH-GFührers wegen unterlassener Geltendmachung des Erstattungsanspruchs aus § 31 I GmbHG in der Insolvenz der GmbH, NZG 2008, 653; *Dollmann,* Verjährung von Schadensersatzansprüchen gegen Geschäftsführer und Vorstände beim Abschluss nachteiliger Verträge, GmbHR 2005, 529; *ders,* Haftung gemäß § 43 GmbHG – Verjährung von Regressansprüchen im Innenverhältnis, GmbHR 2004, 1330; *Dreher,* Die persönliche Außenhaftung von GFührern auf Schadensersatz bei Kartellrechtsverstößen, WuW 2009, 133; *ders,* Die kartellrechtliche Bußgeldverantwortlichkeit von Vorstandsmitgliedern, FS Konzen, 2006, S 85; *ders,* Die persönliche Haftung des GmbH-Geschäftsführers für Sozialversicherungsbeiträge – Wider die Fortschreibung einer überkommenen Rechtsmeinung, FS Kraft, 1998, 59; *Drygala/Kremer,* Alles neu macht der Mai – Zur Neuregelung der Kapitalerhaltungsvorschriften im Regierungsentwurf zum MoMiG, ZIP 2007, 1289; *Ebenroth/Lange,* Sorgfaltspflichten und Haftung des Geschäftsführers einer GmbH nach § 43 GmbHG, GmbHR 1992, 69; *Ebert,* Folgepflicht und Haftung des GmbH-Geschäftsführers beim Erhalt und der Ausführung von Weisungen, GmbHR 2003, 444; *Ehlers,* Die Haftungsressource Mangerhaftung, ZInsO 2008, 524; *Ehrig,* Haftung des GmbH-Geschäftsführers für Umsatzsteuerrückstände, GmbHR 2003, 1174; *Espey/v. Bitter,* Haftungsrisiken des GmbH-Geschäftsführers, 1990; *Fichtelmann,* Die Rechtsstellung des GFührers der GmbH in der Insolvenz der Gesellschaft, GmbHR 2008, 76; *Fischer,* Haftung u Abberufung von Bankvorständen, DStR 2007, 1083; *Fleck,* Zur Beweislast für pflichtwidriges Organhandeln, GmbHR 1997, 237; *ders,* Zur Haftung des GmbH-Geschäftsführers, GmbHR 1974, 224; *Fleischer,* Aktuelle Entwicklungen der Managerhaftung, NJW 2009, 2337; *ders,* Aktienrechtliche Legalitätspflicht u „nützliche" Pflichtverletzungen von Vorstandsmitgliedern, ZIP 2005, 141; *ders,* Kartellrechtsverstöße u Vorstandsrecht, BB 2008, 1070; *ders,* Die „Business Judgment Rule" – Vom Richterrecht zur Kodifizierung, ZIP 2004, 685; *ders,* Zur aktienrechtlichen Verantwortlichkeit faktischer Organe, AG 2004, 517; *ders,* Vorstandsverantwortlichkeit u Fehlverhalten von Unternehmensangehörigen – Von der Einzelüberwachung bis zur Errichtung einer Compliance-Organisation, AG 2003, 291; *ders,* Die „Business Judgment Rule" im Spiegel von Rechtsvergleichen u Rechtsökonomie, FS Wiedemann, 2002, S 827; *Flöther/Bräuer,*

Die Bedeutungslosigkeit des § 266 a Abs 1 StGB als Vorrecht der Sozialversicherungsträger in der Insolvenz des Beitragsschuldners, DZWIR 2003, 353; *Froesch,* Managerhaftung – Risikominimierung durch Delegation?, DB 2009, 722; *Gehrlein,* Die Existenzvernichtungshaftung im Wandel der Rechtsprechung, WM 2008, 761; *ders,* Der aktuelle Stand des neuen GmbH-Rechts, Der Konzern 2007, 771; *ders,* Rechtsprechungsübersicht zum GmbH-Recht in den Jahren 2001 – 2004: Eigenkapitalersatz, Veräußerung des Geschäftsanteils, Gesellschafterbeschluss sowie Rechtstellung u Haftung des GmbH-GFührers, BB 2004, 2585; *Geißler,* Die Haftung des faktischen GmbH-Geschäftsführers, GmbHR 2003, 1106; *ders,* Strittige Restanten bei der Haftung des GmbH-GFührers aus c.i.c., ZIP 1997, 2184; *Götker,* Der GFührer in der Insolvenz der GmbH, 1999; *Goette,* Aktuelle Entwicklungen im deutschen Kapitalgesellschaftsrecht im Lichte der höchstrichterlichen Rechtsprechung, DStR 2009, 51; *ders,* Aktuelle Rechtsprechung zur GmbH – Kapitalschutz und Organhaftung, DStR 2003, 887; *ders,* Leitung, Aufsicht, Haftung – zur Rolle der Rspr bei der Sicherung einer modernen Unternehmensleitung, FS 50 Jahre BGH, 2000, S 123; *ders,* Die Haftung des GmbH-GFührers in der Rspr des BGH, DStR 1998, 1308; *ders,* Haftung des Geschäftsführers in Krise und Insolvenz der GmbH, ZInsO 2001, 529; *Grigoleit,* Gesellschafterhaftung für interne Einflussnahme im Recht der GmbH, 2006; *W. Groß,* Deliktische Außenhaftung des GmbH-Geschäftsführers, ZGR 1998, 551; *ders,* Die Rechtsprechung des Bundesgerichtshofs zur Haftung des GmbH-Geschäftsführers wegen Nichtabführung von Arbeitnehmerbeiträgen zur Sozialversicherung, ZIP 2001, 945; *Gross/Hickmann,* Der GmbH-Geschäftsführer im Spannungsverhältnis des Zahlungsverbots nach § 64 II 1 GmbHG und der Strafbarkeit wegen Vorenthaltens von Sozialversicherungsbeiträgen, NZI 2004, 358; *Gundlach/Frenzel/Schirrmeister,* Die Zahlungsunfähigkeit als Haftungsfalle für den GmbH-Geschäftsführer, NZI 2003, 418; *Gundlach/Frenzel/Schmidt,* Die insolvenzrechtliche Anfechtbarkeit der Zahlung von Sozialversicherungsbeiträgen durch den Arbeitgeber, DZWIR 2002, 89; *dies,* Die Anfechtbarkeit von Lohnsteuerabführungen durch den später insolventen Arbeitgeber, DStR 2002, 861; *U. Haas,* Geschäftsführerhaftung und Gläubigerschutz, 1997; *ders,* Die Haftung des GmbH-Geschäftsführers in der Krise der Gesellschaft, in Heintzen/Kruschwitz (Hrsg), Unternehmen in der Krise, 2004, 73 ff; *ders,* Die Rechtsfigur des „faktischen GmbH-Geschäftsführers", NZI 2006, 494; *ders,* Die Disziplinierung des GmbH-Geschäftsführers im Interesse der Gesellschaftsgläubiger – Teil II, WM 2006, 1417; *Habersack,* Die Freistellung des Organwalters von seiner Haftung gegenüber der Gesellschaft, FS Ulmer, 2003, 151; *ders,* Gesteigerte Überwachungspflichten des Leiters eines „sachnahen" Vorstandsressorts? – Kritische Bemerkungen zum Urteil des VG Frankfurt a. M. vom 8. 7. 2004 = WM 2004, 2157, WM 2005, 2360; *Habersack/Schürnbrand,* Die Rechtsnatur der Haftung aus §§ 93 Abs 3 AktG, 43 Abs 3 GmbHG, WM 2005, 957; *Harrer,* Haftungsprobleme bei der GmbH, 1990; *Haß,* Die persönliche Haftung des GmbH-Geschäftsführers bei Wettbewerbsverstößen und Verletzung gewerblicher Schutzrechte, GmbHR 1994, 666; *Hasselbach/Seibel,* Die Freistellung des GmbH-GFührers von der Haftung für Kartellrechtsverstöße, GmbHR 2009, 354; *Hauschka,* Ermessensentscheidungen bei der Untermehmensführung, GmbHR 2007, 11; *ders,* Corporate Compliance – Unternehmensorganisatorische Ansätze zur Erfüllung der Pflichten von Vorständen u GFührern, AG 2004, 461; *Heermann,* Unternehmerisches Ermessen, Organhaftung und Beweislastverteilung, 1998, 761; *Heil/Russenschuck,* Die persönliche Haftung des GmbH-Geschäftsführers, BB 1998, 1749; *Heisse,* Die Beschränkung der Geschäftsführerhaftung gegenüber der GmbH, 1988; *Henze,* Leitungsverantwortung des Vorstands – Überwachungspflicht des AR, BB 2000, 209; *Holzkämper,* Die Haftung des GmbH-Geschäftsführers für nicht abgeführte Beiträge zur Sozialversicherung und der Einwand der Zahlungsunfähigkeit der GmbH, BB 1996, 2142; *Ihrig,* Reformbedarf bei Haftungstatbestand des § 93 AktG, WM 2004, 2098; *Hübner,* Managerhaftung, 1992; *Jestaedt,* Neue und alte Aspekte zur Haftung des GmbH-Geschäftsführers für Sozialversicherungsbeiträge, GmbHR 1998, 672; *Jochum,* Grundsätze der steuerlichen GFührerhaftung, DStZ 2007, 561; *Joussen,* Der Sorgfaltsmaßstab des § 43 Abs 1 GmbHG, GmbHR 2005, 441; *Jula,* Geschäftsführerhaftung gemäß § 43 GmbHG: Minimierung der Risiken durch Regelungen im Anstellungsvertrag, GmbHR 2001, 806; *Keller,* Außenhaftung des GmbH-GFührers bei Wettbewerbsverstößen u Verletzung gewerblicher Schutzrechte, GmbHR 2005, 1235; *Kiefner/Theusinger,* Aufsteigende Darlehen u Sicherheitenbegebungen im Aktienrecht nach MoMiG, NZG 2008, 801; *Kiethe,* Vermeidung der Haftung von geschäftsführenden Organen durch Corporate Compliance, GmbHR 2007, 393; *ders,* Persönliche Haftung von Organen der AG und der GmbH – Risikovermeidung durch D&O-Versicherung?, BB 2003, 537; *ders,* Die Haftung von Geschäftsleitern für Arbeitnehmerbeiträge zur Sozialversicherung in der Krise des Unternehmens, ZIP 2003, 1957; *Kindler,* Grundzüge des neuen Kapitalgesellschaftsrechts – Das Gesetz zur Modernisierung des GmbH-Rechts u zur Bekämpfung von Missbräuchen, NJW 2008, 3249; *Kleindiek,* GFührerhaftung nach der GmbH-Reform, FS K Schmidt, 2009, S 893; *ders,* Deliktshaftung und juristische Person, zugleich zur Eigenhaftung von Unternehmensleitern, 1997; *Knapp,* Auswirkungen des MoMiG auf Aktiengesellschaften u ihre Organmitglieder, DStR 2008, 2371; *J Koch,* Das Gesetz zur Unternehmensintegrität u Modernisierung des Anfechtungsrechts (UMAG), ZGR 2006, 769; *R Koch,* Die Rechtsstellung der Gesellschaft und des Organmitglieds in der D&O-Versicherung, GmbHR 2004, 18 (Teil I), GmbHR 2004, 18 (Teil II), GmbHR 2004, 288 (Teil III); *Kort,* Corporate Governance-Grundsätze als haftungsrechtlich relevante Verhaltensstandards?, FS K Schmidt, 2009, S 945; *ders,* Verhaltensstandisierung durch Corporate Compliance, NZG 2008, 81; *Krebs,* Geschäftsführerhaftung bei der GmbH & Co KG und das Prinzip der Haftung für sorgfaltswidrige Leitung, 1991; *Krieger,* Zur (Innen-)Haftung von Vorstand und Geschäftsführung, RWS Forum 8 Gesellschaftsrecht 1995, 1996, S 149; *Krieger/U. H. Schneider* (Hrsg), Handbuch der Managerhaftung, 2007; *Kropff,* Einlagerückgewähr u Nachteilsausgleich im faktischen Konzern, NJW 2009, 814; *Kuntz,* Geltung u Reichweite der Business Judgment Rule in der GmbH, GmbHR 2008, 121; *Kutzner,* Strafbarkeit wegen Vorenthaltens von Arbeitsentgelt – Höhen u Tiefen neuester BGH-Rspr, NJW 2006, 413; *Langenbucher,* Vorstandshandeln u Kontrolle, DStR 2005, 2083; *Lips/Randel/Werwigk,* Das neue GmbH-Recht – Ein Überblick, DStR 2008, 2220; *Lohr,* Die Beschränkung der Innenhaftung des GmbH-Geschäftsführers, NZG 2000, 1204; *Lutter/Banerjea,* Die Haftung des Geschäftsführers für existenzvernichtende Eingriffe, ZIP 2003, 2177; *Lutter,* Die Business Judgment Rule u ihre praktische Anwendung, ZIP 2007, 841; *ders,* Interessenkonflikte u Business Judgment Rule, FS Canaris, 2007, S 245; *ders,* Gefahren persönlicher Haftung für Gesellschafter und Geschäftsführer einer GmbH, DB 1994, 129; *ders,* Haftungsrisiken des Geschäftsführers einer GmbH, GmbHR 1997, 329; *ders,* Haftung und Haftungsfreiräume des GmbH-Geschäftsführers, GmbHR 2000, 301; *Medicus,* Neue Rechtsprechung zur Außenhaftung von GmbH-Geschäftsführern wegen der Nichtabführung von Sozialversicherungsbeiträgen, GmbHR 2000, 7; *ders,* Außenhaftung des GmbH-Geschäftsführers, GmbHR 1993, 533; *ders,* Die interne Geschäftsverteilung und die Außenhaftung von GmbH-Geschäftsführern, GmbHR 1998, 9; *ders,* Deliktische Außenhaftung der Vorstandsmitglieder und Geschäftsführer, ZGR 1998, 570; *Mennicke,* Zum Weisungsrecht der Gesellschafter und der Folgepflicht des Geschäftsführers in der mitbestimmungsfreien GmbH, NZG 2000, 622; *Messer,* Wettbewerbsrechtliche Haftung der Organe juristischer Personen, FS Ullmann 2006, S 769; *Meyke,* Die Haftung des GmbH-Geschäftsführers, 6. Aufl 2008; *H.-F. Müller,* Die steuerrechtliche Haftung des GmbH-Geschäftsführers in der Krise, GmbHR 2003, 389; *Nacke,* Auswirkung der insolvenzrechtlichen Anfechtungsmöglichkeit auf die steuerrechtliche Haftung, DB 2006, 1182; *Oberrath,* Anwendung von Arbeitsrecht auf den GmbH-Geschäftsführer, MDR 1999, 134; *Paefgen,* Existenzvernichtungshaftung nach Gesellschaftsdeliktsrecht, DB 2007, 1907; *Pape,* Die Haftung des GmbH-Geschäftsführers für nicht abgeführte Sozialversicherungsbeiträge der Arbeitnehmer, WiB 1996, 829; *Pelz,* Die persönliche Haftung des Geschäftsführers einer GmbH, RNotZ 2003, 415; *Peters,* Ressortverteilung zwischen GmbH-GFührern u ihre Folgen, GmbHR 2008, 682; *Ranft,* „Vorenthalten" von Arbeitnehmerbeiträgen – Bemerkungen zur Auslegung des § 266 a Abs 1 StGB, DStR 2001, 132; *Reck,* Die Strafbarkeit des GmbH-Geschäftsführers wegen Vorenthaltens von Sozialversicherungsbeiträgen in Anhängigkeit von der zugrunde liegenden Berechnungsmethode, GmbHR 1999, 102; *Reese,* Die Haftung von Managern im Innenverhältnis, DStR 1995, 532; *ders,* Die Haftung von Managern im Außenverhältnis,

DStR 1995, 688; *Remmert/Horn,* Die Haftung des GmbH-GFührers für im Vorfeld einer Insolvenz nicht abgeführte Lohn- u Umsatzsteuer, NZG 2006, 881; *Röhricht,* Die GmbH im Spannungsfeld zwischen wirtschaftlicher Dispositionsfreiheit ihrer Gesellschafter u Gläubigerschutz, FS 50 Jahre BGH, 2000, S 83; *Rönnau,* Die Strafbarkeit des Arbeitgebers gemäß § 266 a I StGB in der Krise des Unternehmens, wistra 1997, 13; *Rowedder,* Zur Außenhaftung eines GmbH-Geschäftsführers – „Versuch einer Systematisierung", FS Semler, 1993, 311; *Säcker,* Gesetzliche u satzungsmäßige Grenzen für Spenden u Sponsoringmaßnahmen in der Kapitalgesellschaft, BB 2009, 282; *A. Sandberger,* Die Außenhaftung des GmbH-Geschäftsführers, 1997; *Sandmann,* Die Haftung von Arbeitnehmern, Geschäftsführern und leitenden Angestellten, 2001; *Schäfer,* Zur Binnenhaftung von Vorstand u Aufsichtsrat nach der Renovierung durch das UMAG, ZIP 2005, 1253; *ders,* Zur strafrechtlichen Verantwortlichkeit des GmbH-Geschäftsführers (I), GmbHR 1993, 717; *Schlechtriem* in Kreuzer (Hrsg), Die Haftung der Leitungsorgane in Kapitalgesellschaften, 1991, 9–78; *H. Schmidt,* Verschärfte Umweltverantwortlichkeit von Organmitgliedern – das neue Umweltschadensgesetz, NZG 2007, 650; *K. Schmidt,* GmbH-Reform auf Kosten der Geschäftsführer? Zum (Un-)-Gleichgewicht zwischen Gesellschafterrisiko und Geschäftsführerrisiko im Entwurf eines MoMiG und in der BGH-Rechtsprechung, GmbHR 2008, 449; *ders,* Reform der Kapitalsicherung und Haftung in der Krise nach dem Regierungsentwurf des MoMiG – Sechs Leitsätze zu § 30 GmbHG-E, § 64 GmbHG-E u § 15 a InsO-E, GmbHR 2007, 1072; *Schmitt,* Plädoyer für die Abschaffung des § 266 a I StGB, NZI 2002, 146; *S. H. Schneider,* Unternehmerische Entscheidungen als Anwendungsvoraussetzung für die Business Judgment Rule, DB 2005, 707; *U. H. Schneider,* Haftungsmilderung für Vorstandsmitglieder und Geschäftsführer bei fehlerhafter Unternehmensleitung?, FS Werner, 1984, 795; *ders,* Compliance als Aufgabe der Unternehmensleitung, ZIP 2003, 645; *U. H. Schneider/Brouwer,* Die straf- u zivilrechtliche Verantwortlichkeit des GFührers für die Abführung der Arbeitnehmeranteile zur Sozialversicherung, ZIP 2007, 1033; *dies,* Die Verantwortlichkeit der Gesellschaft und ihrer Geschäftsleiter bei Delegation öffentlich-rechtlicher Pflichten, FS Priester, 2007, 713; *U. H. Schneider/S. H. Schneider,* Die zwölf goldenen Regeln des GmbH-Geschäftsführers zur Haftungsvermeidung und Vermögenssicherung, GmbHR 2005, 1229; *W. Schön,* GmbH-GFührerhaftung für Steuerschulden – zur Konkurrenz zwischen dem Fiskus u den privatrechtlichen Gläubigern einer GmbH, FS Westermann, 2008, S 1469; *Schröder,* Die strafrechtliche Haftung wegen Nichtabführens von Sozialversicherungsbeiträgen und das Zahlungsverbot in der Krise der GmbH, GmbHR 2005, 736; *Sontheimer,* Beschränkung der Haftung des Geschäftsführers nach § 69 AO durch § 64 Abs 2 GmbHG, DStR 2004, 1005; *Spindler,* Die Haftung von Vorstand u Aufsichtsrat für fehlerhafte Auslegung von Rechtsbegriffen, FS Canaria, 2007, S 403; *ders,* Haftung u Aktionärsklagen nach dem neuen UMAG, NZG 2005, 865; *ders,* Unternehmensorganisationspflichten, 2001; *Stahlschmidt/Laws,* Die Auswirkungen insolvenzrechtlicher Anfechtungsmöglichkeiten auf die Haftung des GFührers für Steuerschulden der insolventen GmbH, GmbHR 2006, 410; *dies,* Hypothetische Kausalität bei der GFührerhaftung in der Insolvenz der GmbH im Rahmen des § 69 AO, BB 2006, 1031; *Stapelfeld,* Die Haftung des GmbH-Geschäftsführers für Fehlverhalten in der Gesellschaftskrise, 1990; *Stein,* GmbH-Geschäftsführer: Goldesel für leere Sozialkassen? – Die Haftungsfalle des § 266 a StGB, DStR 1998, 1055; *Streit/Bürk,* Keine Entwarnung bei der GFührerhaftung im Insolvenzfall, DB 2008, 742; *Strohn,* Existenzvernichtungshaftung – Vermögensvermischungshaftung – Durchgriffshaftung, ZInsO 2008, 706; *Sturm,* Geschäftsführerinnenhaftung: Dispositivität der fünfjährigen Verjährungsfrist des § 43 IV GmbHG – zugl. Bespr. BGH 16. 9. 2002 – II ZR 107/01, GmbHR 2003, 573; *Thümmel,* Persönliche Haftung von Managern und Aufsichtsräten, 4. Aufl 2008; *Tiedtke/Peterek,* Zu den Pflichten des organschaftlichen Vertreters einer Kapitalgesellschaft, trotz Insolvenzreife der Gesellschaft Sozialabgaben u Lohnsteuer abzuführen, GmbHR 2008, 617; *Tilmann,* Upstream-Sicherheiten der GmbH im Lichte der Kapitalerhaltung – Ausblick auf das MoMiG, NZG 2008, 401; *Urban,* Je strafbarer, desto haftungsfreier? Zur steuerlichen Quotenhaftung des GmbH-Geschäftsführers nach §§ 69, 34 AO bei Konkursverschleppung, DStR 1997, 1145; *ders,* Befreit die insolvenzrechtliche Anfechtbarkeit den

GmbH-GFührer von seiner (lohn-)steuerlichen Haftung?, DStR 2006, 1256; *van Venrooy,* Anspruch der GmbH auf sachkundige Geschäftsführung, GmbHR 2004, 237; *Verse,* Organwalterhaftung und Gesetzesverstoß – Überlegungen zur Außenhaftung der Organwalter bei Verletzung von Schutzgesetzen (§ 823 Abs. 2 BGB), ZHR 2006, 398; *Vetter,* Die neue dogmatische Grundlage des BGH zur Existenzvernichtungshaftung, BB 2007, 1965; *ders,* Rechtsfolgen existenzvernichtender Eingriffe, ZIP 2003, 601; *v. Einem,* Haftung des GmbH-Geschäftsführers für nicht abgeführte Sozialversicherungsbeiträge, BB 1986, 2261; *Wand/Tilmann/Heckenthaler,* Aufsteigende Darlehen u Sicherheiten bei Aktiengesellschaften nach dem MoMIG u der MPS-Entscheidung des BGH, AG 2009, 148; *Weber/Lohr,* Aktuelle Rechtsprechung zur Innenhaftung von GmbH-Geschäftsführern nach § 43 II GmbH, GmbHR 2000, 698; *Wegner,* Neue Fragen bei § 266a Abs 1 StGB – eine systematische Übersicht, wistra 1998, 283; *Wellkamp,* Ausweitung und Einschränkung der Eigenhaftung des GmbH-Geschäftsführer, DB 1994, 869; *Westermann,* Vom Gläubigerschutz zum Gläubigerprivileg – Betrachtungen zur Haftung des Geschäftsführers für die Nichtabführung von Arbeitnehmerbeiträgen zur Sozialversicherung, FS Fikentscher, 1998, 456; *Zimmermann,* Kartellrechtliche Bußgelder gegen Aktiengesellschaft u Vorstand: Rückgriffsmöglichkeiten, Schadensumfang u Verjährung, WM 2008, 433.

I. Allgemeines

1. Regelungsinhalt u -zweck. Haftung der GFührer gegenüber der Ges bildet den Gegenstand der Vorschrift. Abs 2 sieht dafür selbständige Anspruchsgrundlage vor, nach der sich die Haftung der GFührer gegenüber der Ges, u zwar nur dieser gegenüber (Innenhaftung), bemisst. Abs 3 gibt Regelungen für diese Haftung in zwei Sonderfällen pflichtwidrigen Verhaltens, Abs 1 regelt von GFührern bei Wahrnehmung ihrer Pflichten zu beachtenden **Sorgfaltsmaßstab,** Abs 4 die **Verjährung.** GFührerhaftung ist in § 43 nicht abschließend geregelt. Haftung gegenüber der Ges nach § 43 wird ergänzt durch Sonderregelungen in den §§ 9a I, 57 IV u 64, daneben kann sich interne Haftung aus anderen Anspruchsgrundlagen außerhalb des GmbHG, insbesondere Delikt ergeben (Rn 62ff). In Betracht kommt darüber hinaus Haftung des GFührers gegenüber Gftern u Dritten (Rn 64ff). Regelung in § 43 dient mit **Konzept der Innenhaftung** u Haftungskonzentration auf die Ges dem Schutz der Ges u mittelbar dem Vermögensinteresse der Gfter.[1] Vorschrift hat darüber hinaus (reflexartig) **gläubigerschützende Funktion,** das ist für Abs 3 evident (vgl Rn 48ff), trifft aber auch für Haftung nach Abs 2 zu.[2] Schutzzwecke sollen realisiert werden durch Auffüllung des GesVermögens bei Schadenseintritt sowie vor Hintergrund potentieller persönlicher Haftung des GFührers präventiv durch Verhaltenssteuerung.[3] 1

2. Anwendungsbereich der Vorschrift. Haftung nach § 43 erfasst nur **GFührer** einschließlich Arbeitsdirektor in mitbestimmter Gesellschaft (vgl § 6 2

[1] Vgl zum Konzept der Innenhaftung u Haftungskonzentration auf die Ges Ulmer/*Paefgen* Rn 166; Michalski/*Haas* Rn 173; *Haas* WM 2006, 1417, 1419ff mwN; OLG Stuttgart GmbHR 2006, 760, 761 = NJOZ 2006, 2211.

[2] Michalski/*Haas* Rn 4; Scholz/*Schneider* Rn 10; *Goette* § 8 Rn 189; *Haas,* Haftung des GmbH-GFührers in der Krise, 74 mwN.

[3] Verhaltenssteuernde Funktion betonend *Lutter* HdbManagerhaftung § 1 Rn 1 aE („wichtige Steuerungsfunktion"); *Haas* WM 2006, 1417 („disziplinierende Wirkung"); eher zurückhaltend gegenüber Bedeutung als Mittel der Verhaltenssteuerung GroßKommAktG/*Hopt* § 93 Rn 12, 15 (für AG); *Goette* FS 50 BGH, 2000, 123f; BGHZ 134, 392, 398f.

Rn 5) u stellvertretende GFührer (§ 44; vgl noch dort Rn 12) sowie gerichtlich bestellte Not-GFührer (vgl § 6 Rn 32; für AR-Mitglieder gilt kraft Verweisung § 93 I u II AktG analog, vgl § 52 Rn 70 ff, 207 ff, 295).[4] Zur Geltung der Vorschrift für Liquidatoren s § 69 Rn 17. Prokuristen haften nicht nach § 43 II, III 1;[5] analog anwendbar ist aber Abs 3 S 3 (Rn 52). § 43 gilt auch in der VorGes (§ 11 Rn 9).[6] Haftung beruht auf Organstellung u besteht deshalb unabhängig davon, ob Anstellungsverhältnis zwischen Ges u GFührer existiert u ggf ob dieses wirksam ist (s noch Rn 4).[7] Möglichkeit der Tatbestandsverwirklichung **beginnt** grds mit Wirksamwerden der Bestellung,[8] dh ohne Rücksicht auf deren Eintragung im HR, u **endet** mit Beendigung der Organstellung (idR durch wirksame Abberufung; zu anderen Modalitäten der Amtsbeendigung § 38 Rn 81 ff).[9] Wurde Organtätigkeit tatsächlich früher aufgenommen, ist für Haftungsbeginn dieser Zeitpunkt maßgeblich u nicht der Tätigkeitsaufnahme nachfolgende förmliche Akt der korporativen Bestellung oder Annahmeerklärung.[10] Entsprechend besteht Haftungsmöglichkeit weiter, wenn Organstellung rechtlich beendet ist (zB infolge Befristung), de facto aber fortgesetzt wird.[11] Vorschrift greift über diesen Zeitpunkt hinaus, solange ehemaligen GFührer **nachwirkende Pflichten** aus Organstellung treffen, wie gewisse Treuepflichten (§ 35 Rn 206, 39) oder Auskunftspflichten in der GesInsolvenz (§ 101 II 2 InsO).[12] Ist Abberufung fehlerhaft, wird

---

4 Scholz/*Schneider* Rn 21; Ulmer/*Paefgen* Rn 11; Michalski/*Haas* Rn 23; Roth/*Altmeppen* Rn 68; vgl BGHZ 148, 167, 169 f (zu § 43 III 1 iVm § 30).

5 BGHZ 148, 167 (Haftung des Prokuristen bei verbotener Auszahlung an Gfter nur wegen Verletzung des Anstellungsvertrages oder aus Delikt (§§ 826, 823 II BGB iVm § 266 StGB) = LM H 11/2001 § 30 Nr 75 *(Cahn)* = GmbHR 2001, 771, 774 m Komm *Harnier;* dazu auch *H.-F. Müller* ZGR 2003, 441; *Gehrlein* BB 2004, 2585, 2594.

6 BGH NJW-RR 1986, 1293; *Goette* § 8 Rn 190; Michalski/*Haas* Rn 34; Ulmer/*Paefgen* Rn 17.

7 BGH NJW 1994, 2027; BGHZ 148, 167, 169 f (zum Auszahlungsverbot nach Abs 3 iVm § 30); Scholz/*Schneider* Rn 17, 21; Michalski/*Haas* Rn 23; Roth/*Altmeppen* Rn 2; Ulmer/*Paefgen* Rn 17; BGHZ 41, 282, 287 (für AG); vgl auch OLG Frankfurt aM Urt v 16. 4. 2008 – 1 U 136/05, BeckRS 2008, 12856 (unentgeltliche GFührungstätigkeit).

8 BGH NJW 1994, 2027; Michalski/*Haas* Rn 34; Ulmer/*Paefgen* Rn 17; Scholz/*Schneider* Rn 21; vgl auch BGH NJW 2002, 1122 zur Verantwortlichkeit des GFührers gem § 823 II iVm § 266 a StGB (s dazu noch Rn 91 ff).

9 Vgl auch BGH NZG 2003, 394, 395 = DStR 2003, 602 m Anm *Goette* zur fehlenden Verantwortlichkeit des GFührers gem § 823 II iVm § 266 a StGB nach wirksamer Amtsniederlegung (s Rn 96).

10 IdS auch BGH NJW-RR 1986, 1293; OLG München GmbHR 2000, 732, 733; Michalski/*Haas* Rn 34; ferner Scholz/*Schneider* Rn 21 (Übernahme der Aufgabe, spätestens Annahme des Amtes); *Goette* § 8 Rn 190; GroßKommAktG/*Hopt* § 93 Rn 35 f (für AG); Lutter/*Hommelhoff*/*Kleindiek* Rn 2 (Annahme des Amts); Hachenburg/*Mertens* Rn 9 (Übernahme des Amts).

11 Michalski/*Haas* Rn 36; Ulmer/*Paefgen* Rn 17; *Goette* § 8 Rn 192; GroßKommAktG/*Hopt* § 93 Rn 38 (für AG); BGH NZG 2006, 62, 64; vgl auch BGHZ 47, 341, 343.

12 Michalski/*Haas* Rn 37; vgl auch Scholz/*Schneider* Rn 219 f; ferner OLG Koblenz Urt v 30. 11. 2006 – 6 U 330/06, BeckRS 2007, 01 040, wonach – zu weitgehend – GFührer verpflichtet sein soll, Insolvenzverwalter auf die Gefahr der Verjährung einer GesForderung hinzuweisen u diesen zur rechtzeitigen Geltendmachung zu veranlassen; dazu abl auch *Dahl/Schmitz* NZG 2008, 653, 655. Ausführl zur Nachwirkung von GFührerpflichten *C. Palzer,* Fortwirkende organschaftliche Pflichten des Geschäftsführers der GmbH, 2001.

Geltendmachung einer Haftung wegen unterlassener GFührung regelmäßig rechtsmissbräuchlich sein.[13] § 43 gilt auch im Falle nichtiger Bestellung, sobald Organtätigkeit tatsächlich aufgenommen wird,[14] ferner bereits, wenn „Bestellter“ das Amt angenommen hat[15] (**fehlerhafte Organstellung,** zu dieser § 35 Rn 8). Ist Bestellung wirksam u nur Anstellungsvertrag fehlerhaft, greift § 43 selbstverständlich voll ein. GFührerstellung ist dann nicht fehlerhaft. Haftung setzt Amtsfähigkeit des fehlerhaft Bestellten iSv § 6 II 1 u 2 Nr 1 voraus,[16] Nichtigkeit der Bestellung wegen gesetzlicher Ausschlussgründe nach § 6 II 2 Nr 2 u 3, II 3 steht aber selbstverständlich nicht entgegen. Kenntnis der Gesellschaft und/oder des fehlerhaft Bestellten vom Bestellungsmangel hindern Haftung nicht.[17] Neben Haftung des fehlerhaft Bestellten aus § 43 kann gesamtschuldnerisch Schadensersatzpflicht der Gfter nach § 6 V treten (§ 6 Rn 18 ff). Fehlerhaft bestellten GFührer bezeichnet man besser nicht als faktischen GFührer, wie dies vielfach geschieht.[18] So sollten nur solche „Leitungspersonen“ apostrophiert werden, die neben oder anstelle echter GFührer oberste Leitungsfunktionen wahrnehmen, ohne dass ein Bestellungsakt erfolgt ist, bei denen also gar keine Bestellung vorliegt, auch keine fehlerhafte (Rn 3; vgl zum Begriff auch § 35 Rn 9).[19] Hier ist Bezeichnung als GFührer an sich verfehlt, weil grob mißverständlich. Von Haftung erfasst wird auch **StrohmannGFührer,** jedenfalls soweit zur Gläubigerbefriedigung erforderlich sowie falls redliche MinderheitsGfter vorhanden sind; Geltendmachung durch Hintermann wird meist rechtsmissbräuchlich sein.[20]

Inwieweit darüber hinaus § 43 auf die Geschäfte führende Personen anzuwenden ist, die gar nicht bestellt worden sind, ist str. Die für diese übliche Bezeichnung **„faktischer GFührer“** entfaltet leider mythische Kraft als Quelle freier Rechtsfindung (bis hinein in die strafrichterliche Rechtsprechung zu § 266 StGB, dort bes bedenklich).[21] Einheitliche Rechtsfigur des „faktischen GFührers“, die zur Lösung der konkreten Normanwendungsfrage herangezogen werden könnte, existiert jedenfalls nicht.[22] Entscheidend ist, ob bei Ge- 3

---

[13] Michalski/*Haas* Rn 36; GroßKommAktG/*Hopt* § 93 Rn 48 (für AG).

[14] BGHZ 129, 30, 32; vgl auch BGHZ 41, 282, 287 f; ferner Scholz/*Schneider* Rn 17, 22; Lutter/*Hommelhoff/Kleindiek* Rn 2; Michalski/*Haas* Rn 24; *Goette* § 8 Rn 191; Rowedder/Schmidt-Leithoff/*Koppensteiner* Rn 51; Ulmer/*Paefgen* Rn 12; *U. Stein* 115 ff, 119 ff; GroßKommAktG/*Hopt* § 93 Rn 44 (für AG).

[15] Zutr *U. Stein,* S 123 f; Ulmer/*Paefgen* Rn 12; **aA** *Lutter/Hommelhoff* Vor § 35 Rn 11.

[16] Zum Erfordernis der GFähigkeit Michalski/*Haas* 24; Ulmer/*Paefgen* Rn 12; GroßKommAktG/*Hopt* § 93 Rn 46 (für AG); zur jurPerson als GFührer abl BGHZ 150, 61, 68. S noch Rn 3 m Fn 37.

[17] Hachenburg/*Mertens* § 35 Rn 41 m Fn 62; *Lutter/Hommelhoff* Vor § 35 Rn 11; **aA** *U. Stein* 125, 136 ff.

[18] Michalski/*Heyder* § 6 Rn 93; *Lutter/Hommelhoff* Vor § 35 Rn 11; MünchHdbGmbH/*Marsch-Barner/Diekmann* § 42 Rn 41; AnwaltsHdbGmbH/*Terlau* § 9 Rn 13.

[19] Differenzierend auch Ulmer/*Paefgen* Rn 12, § 35 Rn 37.

[20] Michalski/*Haas* Rn 23; Ulmer/*Paefgen* Rn 11; OLG Frankfurt aM Urt v 16. 4. 2008 – 1 U 136/05, BeckRS 2008 12856; dazu auch *Siegmann/Vogel* ZIP 1994, 1821. Zur Haftung des StrohmannGFührers s ferner unten Rn 28, 89 f, 96.

[21] Vgl Angaben Vor § 78 Rn 2 sowie zur strafrechtlichen Verantwortlichkeit des „faktischen GFührers“ nach GmbHG § 82 Rn 18, 86 u § 84 Rn 16. Zur Verantwortlichkeit „faktischer GFührer“ im Recht der Unfallverhütung s *Robrecht* GmbHR 2003, 762.

[22] Michalski/*Haas* Rn 29; Michalski/*Heyder* § 6 Rn 93; *Geißler* GmbHR 2003, 1106 ff; *Weimar* GmbHR 1997, 473, 476 f; *U. Stein* ZHR 184 (1984), 207 ff. Zur

samtwürdigung der Umstände unter Berücksichtigung des Normzwecks Haftung wie organschaftlich berufener GFührer gerechtfertigt erscheint.[23] Wenigstens Gläubigerschutzzweck (Rn 1) rechtfertigt grds, dass derjenige, der, ohne bestellt zu sein, de facto aber GFührerkompetenzen wahrnimmt, die Verantwortung eines GFührers tragen u wie ein solcher haften muss.[24] Anforderungen an tatsächliches Verhalten des Dritten hinsichtlich Qualität u Intensität sind indessen nur schwer fassbar, Normanwendung ist deshalb mit Rechtsunsicherheit behaftet. Führung der Geschäfte „wie ein GFührer" ist insoweit nichtssagend, als gesetzlich zwingender Aufgabenkreis des GFührers weithin fehlt u gegenständlich GFührung zuzuordnender Bereich in nicht unerheblichem Maße in originäre Zuständigkeit der GesVers fällt oder von dieser an sich gezogen werden kann (vgl § 46 Rn 9ff, 89). Soweit Haftung eines Gfters als faktischer GFührer in Rede steht, darf gesetzliches Organisations- u Haftungsmodell der GmbH nicht konterkariert werden, indem man eigene Kompetenzen wahrnehmende Gfter kurzerhand zu nach § 43 haftenden faktischen GFührern deklariert.[25] „Faktische GFührung" erfordert Tätigkeit, die nach GesVertrag oder Gesetz zumindest originär GFührer obliegt (vgl § 35 Rn 2ff, 28ff).[26] Respektierung der (All)Zuständigkeit u entsprechenden Weisungsbefugnis der GesVers im Innenverhältnis verlangt iÜ Grenzziehung zwischen Weisungen einerseits u Handeln als faktischer GFührer andererseits. Für Haftung kann deshalb nicht ausreichen, dass Gfter auf bestellte GFührer dauerhaft Einfluss nimmt,[27] auch dann nicht, wenn interne Einwirkung diese zu „reinen Befehlsempfängern" degradiert.[28] Verantwortlichkeit wie gesetzlich bestellter GFührer setzt **nach außen hervortretendes Handeln** des Betreffenden voraus, das Tätigkeit des rechtlich dem GFührungsorgan ange-

---

Haftung faktischer GFührer aus § 64, zur Insolvenzantragspflicht u Haftung faktischer GFührer wegen Insolvenzverschleppung s im Einzelnen § 64 Rn 9f, 172.

[23] Ähnl Michalski/*Haas* Rn 29; *Weimar* GmbHR 1997, 473, 478; *Roth* ZGR 1989, 421, 432; BGHZ 104, 44, 48 (zur Insolvenzantragspflicht); OLG Brandenburg NZG 2001, 807, 808 (zur Insolvenzverschleppungshaftung).

[24] BGH DStR 2005, 1704 = WuB II C § 64 GmbHG 2.05 *(Noack/Bunke)* = EWiR § 64 GmbHG 1/2005, 731 *(Bork)* = BB 2005, 1869 m Komm *Gehrlein* (zur Insolvenzantragspflicht u Haftung aus § 64 Abs 2); BGHZ 104, 44, 47f (zur Insolvenzantragspflicht); BGHZ 148, 167, 169f (zum Auszahlungsverbot nach Abs 3 iVm § 30); OLG Düsseldorf GmbHR 1994, 317, 318; OLG Jena 2002, 631, 632 (zur Insolvenzverschleppungshaftung); OLG Düsseldorf NZG 2000, 312, 313; vgl auch BGHZ 150, 61, 69f (dort Haftungsfrage iErg offen lassend, da in casu faktisches Organhandeln verneint wurde) = GmbHR 2002, 549 m Komm *Bender; Weimar* GmbHR 1997, 473, 478; Ulmer/*Paefgen* Rn 12; enger aber Michalski/*Haas* Rn 30; **abw** nunmehr *Haas* NZI 2006, 494, 499, der analoge Anwendung des § 43 II auf Gfter als faktische GFührer ablehnt, soweit Bereich von Verhaltenspflichten betroffen ist, der Dispositionsfreiheit der Gfter unterliegt.

[25] Vgl auch Scholz/*Schneider* Rn 23f.

[26] Zutr Michalski/*Haas* Rn 26f.; vgl auch *Fleischer* AG 2004, 517, 524 (für AG): Haftungsbegründend wirkt erst u nur Wahrnehmung organspezifischer Funktionen in organtypischer Weise.

[27] **AA** Scholz/*Schneider* Rn 22, 26ff. Zum ganzen *Grigoleit,* Gesellschafterhaftung für interne Einflussnahme im Recht der GmbH, 2006.

[28] BGHZ 150, 61, 69f = GmbHR 2002, 549 m Komm *Bender;* BGH DStR 2005, 1455, 1456 (zur Haftung nach § 823 Abs 2 BGB iVm § 266 StGB); OLG Frankfurt aM Urt v 16.4.2008 – 1 U 136/05, BeckRS 2008, 12856; zust *Cahn* ZGR 2003, 298, 314f; Ulmer/*Paefgen* Rn 12; s auch BGH GmbHR 1974, 7, 8f; **abw** OLG Jena ZIP 2002, 631, 632 (zur Insolvenzverschleppungshaftung).

hörigen Mitglieds nachhaltig prägt.[29] Als faktische GFührer sollten keinesfalls also der Mehrheits- oder EinmannGfter bezeichnet werden, der sich dauerhaft u intensiv um Geschäfte kümmert, aber nicht in eigener Person nach innen u außen, etwa Arbeitnehmer anweisend u Geschäfte selbst abschließend, tätig wird.[30] Hinsichtlich **Anforderungen an Intensität** des Verhaltens lassen sich iÜ kaum allg Kriterien aufstellen.[31] Anwendung von § 43 verlangt jedenfalls nicht, dass gesetzlich bestellte GFührer fehlen oder Betreffender diese verdrängend ersatzweise u umfassend GFührungsaufgaben wahrnimmt.[32] Haftung beruht auf tatsächlicher GFührung als solcher u ist deshalb nicht ausgeschlossen, wenn Betreffender *neben* gesetzlich bestelltem Organ, ohne dieses zu verdrängen, tätig wird.[33] Zivilgerichtliche Rspr verlangt für diesen Fall Übernahme von GFührungsaufgaben in „maßgeblichem Umfang" bzw, dass Betreffender „Geschicke der Gesellschaft maßgeblich in die Hand

---

[29] BGHZ 150, 61, 69 f = GmbHR 2002, 549 m Komm *Bender;* BGH NZG 2008, 468, 469; BGH DStR 2005, 1455 (zur Haftung nach § 823 Abs 2 BGB iVm § 266 StGB); BGH DStR 2005, 1704 = WuB II C § 64 GmbHG 2.05 *(Noack/Bunke)* = EWiR § 64 GmbHG 1/2005, 731 *(Bork)* = BB 2005, 1869 m Komm *Gehrlein* (zur Insolvenzantragspflicht u Haftung aus § 64 Abs 2); BGHZ 104, 44, 48 (zur Insolvenzantragspflicht) sowie BGH NZG 2008, 597, 598 (wo Rechtsfrage als in Senatsrspr hinreichend geklärt bezeichnet wird); OLG Frankfurt aM Urt v 16. 4. 2008 – 1 U 136/05, BeckRS 2008, 12856; OLG Düsseldorf GmbHR 1994, 317, 318; KG NZG 2000, 1032, 1033; OLG Brandenburg NZG 2001, 807, 808 (zur Insolvenzverschleppungshaftung); vgl auch BGHZ 148, 167, 174 (zum Prokuristen) = GmbHR 2001, 771, 774 m Komm *Harnier;* dazu einschr *H.-F. Müller* ZGR 2003, 441, 449; aus der Lit etwa Ulmer/*Paefgen* Rn 12 f; *Henze* BB 2002, 1011 f; *Cahn* ZGR 2003, 298, 314 f; *Gehrlein* BB 2004, 2585, 2594; **aA** aber *Burgard* NZG 2002, 606, 608, der wegen primären Gesellschafts- u Gfterschutzzweckes auf Kriterium des äußeren Auftretens verzichten u so Norm insbes auch auf intern einwirkenden MehrheitsGfter anwenden will; gegen das Merkmal „Auftreten im Außenverhältnis" u damit weitergehend für grds Haftung des Gfters als faktischer GFührer bei Verletzung von Pflichten, die nicht zur Disposition der Gfter stehen *Haas* NZI 2006, 494, 497 ff; iErg auch *Grigoleit* S 117, 120; vgl ferner für AG *Fleischer* AG 2004, 517, 525 (Auftreten im Außenverhältnis ist typisches, aber kein unabdingbar erforderliches Merkmal); abl auch Scholz/*Schneider* Rn 26.

[30] Zust Lutter/*Hommelhoff/Kleindiek* Rn 2; idS auch *Roth* ZGR 1989, 421, 426 f; vgl ferner BGH DStR 2005, 1704 = WuB II C § 64 GmbHG 2.05 *(Noack/Bunke)* = EWiR § 64 GmbHG 1/2005, 731 *(Bork)* = BB 2005, 1869 m Komm *Gehrlein* (zur Insolvenzantragspflicht u Haftung aus § 64 Abs 2).

[31] Vgl BGH NZG 2008, 468, 469; für Tätigkeitsdauer OLG Brandenburg NZG 2001, 807, 808.

[32] So noch 17. Aufl Rn 3 (unter Hinweis auf Sachverhalt von BGHZ 119, 257); einschr ferner Michalski/*Haas* Rn 30; für Organhaftung nur bei Organverdrängung *U. Stein* S 184 ff, 200; Hachenburg/*Mertens* Rn 7; *Pelz* RNotZ 2003, 415, 418; dagegen **zutr** Ulmer/*Paefgen* Rn 12; GroßKommAktG/*Hopt* § 93 Rn 49 f; *Fleischer* AG 2004, 517, 525 (für AG); OLG Frankfurt aM Urt v 16. 4. 2008 – 1 U 136/05, BeckRS 2008, 12856; Vgl auch OLG Düsseldorf GmbHR 1994, 317, 318 (Haftung jedenfalls bei alleiniger GFührung unter Zustimmung des seine GFührungstätigkeit faktisch nicht ausübenden Mitgesellschafters u AlleinGFührers).

[33] BGHZ 150, 61, 69 f; BGHZ 104, 44, 48 (zur Insolvenzantragspflicht); BGH DStR 2005, 1455 (zur Haftung nach § 823 Abs 2 BGB iVm § 266 StGB); BGH DStR 2005, 1704 = WuB II C § 64 GmbHG 2.05 *(Noack/Bunke)* = EWiR § 64 GmbHG 1/2005, 731 *(Bork)* = BB 2005, 1869 m Komm *Gehrlein* (zur Insolvenzantragspflicht u Haftung aus § 64 Abs 2); OLG Düsseldorf NZG 2000, 312, 313; Ulmer/*Paefgen* Rn 12; GroßKommAktG/*Hopt* § 93 Rn 49 f (für AG); vgl auch *Roth* ZGR 1989, 421, 425.

nimmt";[34] zu weitgehend ist nach Regelungszweck aber, darüber hinausgehend „überragende Stellung" oder „deutliches Übergewicht"[35] der faktisch als GFührer tätigen Person vorauszusetzen. Ausgeschlossen in den Grenzen des Abs 3 (dazu Rn 51 ff) ist Verantwortlichkeit eines AlleinGfters als faktischer GFührer, weil er praktisch eigene Weisungen ausführt (s noch Rn 33).[36] Haftung trifft auch nicht jurPerson, Geschäftsunfähigen, beschränkt Geschäftsfähigen oder Betreuten, die nach § 6 II 1 u 2 Nr 1 nicht zum GFührer bestellt werden können.[37] Normanwendung auf nicht bestellte, tatsächlich aber Geschäfte führende Personen reicht insoweit nicht weiter als § 43 für gesetzliches Organmitglied gilt. Dass hingegen Hintermann eines wegen § 6 II 2 Nr 2 u 3, II 3 vorgeschobenen Strohmannes (zu dessen Haftung Rn 2 aE) aus § 43 haften kann, versteht sich;[38] Hintermann ist ggf auch als Gfter nach § 6 V schadensersatzpflichtig (§ 6 Rn 18 ff). GFührerhaftung auslösende Strohmannlage besteht aber nicht schon dann, wenn Gfter einen GFührer „beherrscht" u anweist.[39] Jenseits faktischer GFührung lässt sich Haftung des Allein- oder herrschenden Gfters oder einvernehmlich handelnder Gfter nicht auf analoge Anwendung des § 43 stützen.[40] Selbstverständlich kommt iÜ **Haftung faktisch für Ges tätiger Personen** je nach Sachlage **aus anderen Gründen** in Frage (GfterHaftung aus Treupflichtverletzung, Existenzvernichtungshaftung uä). Auch kann in dauerhafter Duldung durch GfterMehrheit fehlerhafte Bestellung (Rn 2) liegen. GfterHaftung wegen **existenzvernichtenden Eingriffs** ist nach jüngster BGH-Rspr[41] interne Schadensersatzhaftung gegenüber der Ges, die aber nicht auf pflichtwidriger (Fremd)GFührung beruht,[42] sondern ihren Grund hat im missbräuchlichen, zur Insolvenz führenden oder diese vertiefenden kompensationslosen Eingriff in das der Zweckbindung zur vorrangigen Gläubigerbefriedigung dienende GesVermögen u

---

34 Für (ausnahmsweise) Einbeziehung auch einer konkreten Einflussnahme auf Einzelentscheidungen *Fleischer* AG 2004, 517, 525; *Grigoleit* S 117 f, 120.

35 So für strafrechtliche Verantwortlichkeit BGH NJW 2000, 2285, 2286; OLG Düsseldorf NJW 1988, 3166; BayObLG NJW 1997, 1936 (zweifelhaft verallgemeinernd hinsichtlich Kriterien zur Feststellung „überragender Stellung"); vgl auch BGH BB 1983, 788, 789.

36 BGHZ 119, 257, 261 m Anm *Roth* LM BGB § 687 Nr 16 u *Windbichler* JR 1994, 59; KG NZG 2000, 1032 f.

37 Zur jurPerson als faktischem GFührer abl BGHZ 150, 61, 69 f; Ulmer/*Paefgen* Rn 11; *Gehrlein* BB 2004, 2585, 2594; **aA** *Burgard* NZG 2002, 606, 607 f.; *Fleischer* AG 2004, 517, 526; Scholz/*Schneider* Rn 26 aE (§ 43 analog).

38 IErg zutr Scholz/*Schneider* Rn 22 aE, aber offenbar mit geringeren Anforderungen an das Verhalten des Hintermannes, nämlich dass dieser „tatsächlich wie ein GFührer dauerhaft die Ges leitet"; **abw** Ulmer/*Paefgen* Rn 11; Michalski/*Haas* Rn 30.

39 Vgl BGHZ 31, 258, 277 f.

40 So aber namentlich *Wilhelm,* Rechtsform und Haftung bei der juristischen Person, 1981, S 285 ff, 330 ff, 344 f; *ders,* KapGesR Rn 518 ff; ähnl *Flume,* Die juristische Person, 1983, 61, 85 ff; im Ausgangspunkt auch *Altmeppen* ZIP 2001, 1837, 1843 f; *ders* NJW 2002, 321, 323 f; dagegen etwa *Röhricht* FS 50 Jahre BGH, 2000, 83, 103; Scholz/*Schneider* Rn 23 f; *Grigoleit* S 275 ff.

41 Grundlegend BGH DStR 2007, 1586 (TRIHOTEL) m Anm *Goette* = GmbHR 2007, 927 m Komm *Schröder;* BGH NZG 2008, 597, 598; BGH DStR 2008, 1293, 1294 f (GAMMA) = GmbHR 2008, 805 m Komm *Ulrich* = BB 2008, 1697 m Komm *Möller;* BGH NZG 2008, 187, 188.

42 BGH DStR 2005, 340, 341.

konzeptionell eine besondere Fallgruppe des § 826 BGB darstellt (s dazu im Einzelnen § 13 Rn 57 ff u SchlAnhKonzernR Rn 121 ff).

3. Haftung aus § 43 u Verhältnis zum Anstellungsvertrag. Vorschrift positiviert Haftung aus Organstellung, die nicht „gesetzl" Haftung ist, sondern ähnl der Vertragshaftung auf privatautonomer Grundlage der Organstellung beruht.[43] Sie greift auch ein, wenn schuldrechtliches Begleitverhältnis (Auftrag oder Dienstvertrag) zur Organbestellung nicht (wirksam) zustandekommt (Rn 2) oder zu Drittem besteht (§ 35 Rn 165);[44] Organstellung genügt als Grundlage. Haftung aus § 43 bildet **Spezialregelung,** die beide Quellen der Pflichtenstellung des GFührers, Organstellung u Anstellungsvertrag, in sich aufnimmt. Ihr gegenüber hat Verletzung einer Pflicht aus eventuell begleitendem Schuldverhältnis keine eigenständige haftungsrechtliche Bedeutung. Organschaftliche Haftung aus § 43 kann daher auf Verletzung anstellungsvertraglicher Pflichten beruhen, sie tritt aber nicht konkurrierend neben Haftungsanspruch aus GFührervertrag.[45] Als selbständige Haftungsgrundlage ist Anstellungsvertrag nur ausnahmsweise insoweit von Bedeutung, als er Schutzwirkung für Dritte hat (Rn 66) oder mit einem Dritten abgeschlossen wird (§ 35 Rn 165).[46] ZT angenommene Anspruchskonkurrenz ist iÜ kaum von praktischer Relevanz;[47] insbes Verjährung richtet sich einheitlich nach Abs 4 (Rn 58).[48] Etwas anderes gilt nur für Verletzung anstellungsvertraglicher Pflichten, die zur Organstellung nicht in sachlichem Zusammenhang stehen u deshalb keine Haftung aus § 43 auslösen können.[49] Allg zum Verhältnis zwischen Organstellung u schuldrechtlicher Beziehung § 35 Rn 16 ff, 171; dort auch Rn 163 zur pflichtenkonkretisierenden Funktion des Anstellungsverhältnisses. Zur (anderweitiger) Haftung aus organtätigkeitsbezogenem Verhalten sowie wegen Verletzung gesellschafterlicher Treupflichten vgl Rn 62 ff. 4

4. Geltungsintensität des § 43. Abs 1 ist nicht zwingend. Sorgfaltsmaßstab passt nicht notwendig in allen Fällen (s noch Rn 10); Anpassung an 5

---

[43] Vgl BGH NJW-RR 1992, 800, 801; *Goette* § 8 Rn 189; Lutter/*Hommelhoff*/*Kleindiek* Rn 3; Ulmer/*Paefgen* Rn 2; Scholz/*Schneider* Rn 16 („organisationsrechtlicher Haftungstatbestand").

[44] Vgl Ulmer/*Paefgen* Rn 2; Scholz/*Schneider* Rn 17; BGH NZG 2002, 1170, 1171.

[45] BGH NJW-RR 1989, 1255 f; BGH GmbHR 1997, 163, 165 = DStR 1997, 252 m Anm *Goette;* BGH DStR 2008, 158; OLG Brandenburg NZG 1999, 210, 211; KG NZG 1999, 400, 402; OLG Koblenz GmbHR 1991, 416, 417; Roth/*Altmeppen* Rn 2; Michalski/*Haas* Rn 7; *Baums* S 212 Fn 10; *Goette* § 8 Rn 193; Lutter/*Hommelhoff*/*Kleindiek* Rn 3, Anh § 6 Rn 43; Ulmer/*Paefgen* Rn 5; GroßKommAktG/*Hopt* § 93 Rn 226 f (für AG); vgl auch KG GmbHR 2005, 477 m Komm *Brötzmann;* **aA** *Hübner* S 37 f; *K. Schmidt* GesR § 36 II 4 a (S 1077); Scholz/*Schneider* Rn 18 (widersprüchl aber Rn 278: § 43 nimmt Haftung aus Verletzung des Anstellungsvertrags in sich auf); Rowedder/Schmidt-Leithoff/*Koppensteiner* Rn 5; *Fleck* ZIP 1991, 1269, 1270: Anspruchskonkurrenz.

[46] Michalski/*Haas* Rn 6; vgl auch *Fleck* ZIP 1991, 1269, 1270.

[47] Zutr Michalski/*Haas* Rn 7; *Fleck* ZIP 1991, 1269, 1270; Scholz/*Schneider* Rn 18; GroßKommAktG/*Hopt* § 93 Rn 21 (für AG).

[48] Insoweit übereinstimmend auch *K. Schmidt* GesR § 36 II 4 a (S 1078); Scholz/*Schneider* Rn 278; Rowedder/Schmidt-Leithoff/*Koppensteiner* Rn 61; *Fleck* ZIP 1991, 1269, 1270; vgl auch BGH NZG 2008, 314, 315 f = GmbHR 2008, 488 m Komm *Werner* (anstellungsvertragl GFührerpflichten betreffende Ausschlussfrist gilt auch für Organhaftung aus Abs 2).

[49] Michalski/*Haas* Rn 144.

besondere Verhältnisse durch Minderung des Maßstabs muss grds möglich sein. Abs 1 kann aber **nicht beliebig abgeändert** werden. Herabsetzung des Sorgfaltsmaßstabes im Vorfeld ist ausgeschlossen hinsichtlich primär dem Gläubigerschutz dienenden Organpflichten, wie sie in Abs 3 u §§ 9 a, 9 b, 57 IV u 64 sowie in § 43 a erfasst sind u sich aus Rspr-Regeln zur Existenzvernichtungshaftung ergeben (zur analogen Anwendung von Abs 3 iRd § 43 a u iRd Haftung wegen existenzvernichtenden Eingriffs Rn 54; zur Existenzvernichtungshaftung s noch Rn 62 a sowie § 13 Rn 57 ff u SchlAnhKonzernR Rn 121 ff).[50] GFührerhaftung gegenüber Ges wegen Verletzung dieser Pflichten steht nicht zur freien Disposition der Gfter (Abs 3; §§ 9 a, 9 b, 57 IV u 64); wirkt nämlich nicht einmal Verzicht im Nachhinein haftungsbefreiend, kann erst recht nicht GFührer generell im Vorfeld von diesen Organpflichten oder Haftung gegenüber Ges freigestellt u ebenso wenig der von ihm zu beachtende Sorgfaltsmaßstab reduziert werden.[51] Maßstab zu beachtender Sorgfalt lässt sich auch nicht absenken in Bezug auf sonst im öffentlichen oder Gläubiger-Interesse liegender Organpflichten, die ihrerseits nicht disponibel sind (zB Insolvenzantragspflicht nach § 15 a I InsO). Das schließt außerhalb von Abs 3 (analog) (unten Rn 48 ff) Freistellung des GFührers von Rechtsfolge interner Haftung gegenüber Ges durch Absenkung des Sorgfaltsmaßstabs nicht aus (arg Abs 3).[52] Haftungserlass wegen Vorsatz kommt schon nach § 276 III BGB nicht in Betracht. IÜ lässt sich Sorgfaltsmaßstab zwar herabsetzen,[53] aber jedenfalls grds nicht generell die **Haftung für grobe Fahrlässigkeit** von vornherein ausschließen.[54] S näher Rn 46. Milderung der

---

[50] Vgl Ulmer/*Paefgen* Rn 7; Lutter/*Hommelhoff/Kleindiek* Rn 38 f; *Lutter* HdbManagerhaftung § 1 Rn 21; *Schneider/Schneider* GmbHR 2005, 1229, 1233; Hachenburg/*Mertens* Rn 5; *Schneider* FS Werner, 1984, 795, 809 f; Scholz/*Schneider* Rn 261; Rowedder/Schmidt-Leithoff/*Koppensteiner* Rn 4; BGH NZG 2002, 1170, 1171; **weitergehend** *Haas* HdbManagerhaftung § 11 Rn 58 ff; Michalski/*Haas* Rn 14 ff (keine Reduzierung des Verschuldens- bzw Sorgfaltsmaßstabs iRd Abs 2); *Lutter/Hommelhoff*, 15. Aufl 2000, Rn 2 (Haftungsregelung zwingend für gläubigerbezogene Pflichten aus Abs 3, aber auch für die allg Pflichten aus Abs 2); *Raiser/Veil* § 32 Rn 92 (Haftung aus § 43 zwingendes Recht); *van Venrooy* GmbHR 2004, 237, 245.

[51] Zutr Lutter/*Hommelhoff/Kleindiek* Rn 37 aE; **einschr** *Krieger* RWS Forum 8 Gesellschaftsrecht 1995 (1996), 149, 163 (nur soweit Ersatzanspruch zur Gläubigerbefriedigung erforderlich ist); vgl hinsichtlich Modifizierung organschaftlicher Pflichten auch Michalski/*Haas* Rn 13.

[52] Vgl demgegenüber für weitergehende Unzulässigkeit der Herabsetzung des Sorgfaltsmaßstabs im Hinblick auf die vom GFührer zu beachtenden Pflichten: Lutter/*Hommelhoff/Kleindiek* Rn 41 u 42 (Analogie zu § 43 III 2 u 3 bei „spezifisch gläubigerschützenden GFührerpflichten"); Ulmer/*Paefgen* Rn 147 (Haftungsbeschränkungsverbot analog § 43 III 3 bei Verstößen gegen sonstige zwingende Pflichten im Gläubigerinteresse); Scholz/*Schneider* Rn 261 (Unzulässigkeit der Haftungsmilderung bei allen gläubigerschützenden Pflichten); *Schneider* FS Werner, 1984, 795, 811 f, 815; vgl auch (obiter) BGH DStR 1994, 1092, 1094 m Anm *Goette.*

[53] BGH NZG 2002, 1170, 1171; **aA** (zwingender Sorgfaltsmaßstab) Michalski/*Haas* Rn 14 ff; *Haas* HdbManagerhaftung § 11 Rn 58 ff; *Lutter/Hommelhoff*, 15. Aufl 2000, Rn 2, 21; *Lutter* GmbHR 2000, 301, 311; *Raiser/Veil* § 32 Rn 92; *Haas* S 295 ff; *Ebenroth/Lange* GmbHR 1992, 69, 76; *Bastuck* S 90 ff; *Baums* S 213.

[54] Wie hier *Lohr* NZG 2000, 1204, 1209; *Konzen* NJW 1989, 2977, 2984; MünchHdbGmbH/*Marsch-Barner/Diekmann* § 46 Rn 4; *Reese* DStR 1995, 532, 536; **abw** (Haftungsausschluss grds auch für grobe Fahrlässigkeit) Scholz/*Schneider* Rn 261; *Fleck* GmbHR 1974, 224, 229; *Pelz* RNotZ 2003, 415, 422 f; *Krieger* RWS Forum 8 Gesellschaftsrecht 1995 (1996), 149, 163; *Jula* GmbHR 2001, 806, 808; Lutter/*Hommel-*

Haftung kann durch Satzung erfolgen,[55] aber auch durch Gfterbeschluss oder von Gftern aufgestellte Geschäftsordnung oder Anstellungsvertrag, wenn entsprechender Beschluss der Gfter zugrundeliegt.[56] Fehlende Publizität außerstatutarischer Haftungsherabsetzung steht nicht entgegen, Gläubigerinteresse ist hinreichend dadurch gewahrt, dass Haftung hinsichtlich primär dem Gläubigerschutz dienenden Organpflichten nicht abgemildert u iÜ für grob fahrlässiges Verhalten nicht im Vorhinein ausgeschlossen werden kann.[57] Falls Satzung keine höhere Anforderung stellt (§ 47 Rn 24, § 53 Rn 61 ff), ist Einführung der Haftungsmilderung, auch durch Satzungsänderung, auf Grund Mehrheitsbeschlusses möglich,[58] der aber nur bei Vorliegen ganz bes Gründe nicht treuwidrig sein wird. **Abs 2** ist iR des variablen Maßstabs von Abs 1 zwingend. **Abs 3** ist schlechthin **zwingend** (wohl unstr).[59] S noch Rn 34, 46 f, 51 ff. **Abs 4** ist in den Grenzen des § 202 BGB nicht zwingend; soweit Anwendungsbereich des Abs 3 betroffen ist, kann Verjährungsfrist nicht abgekürzt werden. S dazu näher Rn 60.

5. Keine Haftungsmilderung nach arbeitsrechtlichen Grundsätzen. 6
Im Arbeitsrecht haben sich ohne entsprechende gesetzgeberische Maßnahme in Ausnahme von den eigentlich geltenden bürgerlich-rechtlichen Haftungsregeln u dem gesetzlichen Haftungsmaßstab des § 276 BGB haftungsmildernde Grundsätze etabliert.[60] Danach haften Arbeitnehmer für Schäden, die bei

---

hoff/Kleindiek Rn 41; Ulmer/*Paefgen* Rn 8; *Joussen* GmbHR 2005, 441, 447; wohl auch (auf der Grundlage seines Konzepts, dass analog § 93 V S 2 u 3 AktG GFührerhaftung für grobe Sorgfaltswidrigkeit generell nicht zur Disposition der Gfter steht, soweit Haftungsrealisierung zur Gläubigerbefriedigung erforderlich ist) Roth/*Altmeppen* Rn 82 iVm 97 ff; *Altmeppen* DStR 2002, 2048 ff; *ders* NJW 2002, 321, 323 ff; *ders* ZIP 2001, 1837, 1845; *ders* DB 2000, 657 ff; *ders* DB 2000, 261 ff; zust *Burgard* ZIP 2002, 827, 839; noch weitergehend für AlleinGfterGFührer Rowedder/Schmidt-Leithoff/*Koppensteiner* Rn 5.

[55] Für Herabsetzung des Sorgfaltsmaßstabs *nur* durch Satzung Rowedder/Schmidt-Leithoff/*Koppensteiner* Rn 4 sowie noch Voraufl; zum Streitstand auch *Haas* HdbManagerhaftung § 11 Rn 61.

[56] Scholz/*Schneider* Rn 262; *Lohr* NZG 2000, 1204, 1209; für Zulässigkeit der Haftungsmilderung sowohl in Satzung als auch Anstellungsvertrag auf Grundlage eines GfterBeschlusses ferner Lutter/*Hommelhoff/Kleindiek* Rn 43; Ulmer/*Paefgen* Rn 7 f; *Schneider* FS Werner, 1984, 795, 814; *Jula* GmbHR 2001, 806, 808; tendenziell *Konzen* NJW 1989, 2977, 2984; ferner *Roth*/Altmeppen Rn 82 (Haftungsmilderung durch Gesellschaftsvertrag oder einstimmigen GfterBeschluss); zur Vereinbarung einer Abkürzung der Verjährungsfrist bzw einer Ausschlussfrist im Anstellungsvertrag vgl auch BGH NZG 2002, 1170; BGH NZG 2008, 314; OLG Stuttgart GmbHR 2003, 835, 837; OLG Brandenburg NZG 1999, 210 OLG Koblenz NJW-RR 1999, 911 (stillschweigender Haftungsausschluss im Anstellungsvertrag).

[57] Vgl *Schneider* FS Werner, 1984, 795, 814.

[58] Zust Michalski/*Haas* Rn 12 (Minderheitenschutz durch Treuepflicht genügend); ferner Ulmer/*Paefgen* Rn 8 (Mehrheitsbeschluss, der wegen Treuepflichtverstoß anfechtbar ist); Lutter/*Hommelhoff/Kleindiek* Rn 43 (Mehrheitsbeschluss, der aber treuwidrig sein kann); Scholz/*Schneider* Rn 262; **abw** *Roth*/Altmeppen Rn 82 (Haftungsmilderung durch Gesellschaftsvertrag oder einstimmigen Gfterbeschluss); Rowedder/Schmidt-Leithoff/*Koppensteiner* Rn 4 (einstimmiger Beschluss).

[59] Ulmer/*Paefgen* Rn 7; Rowedder/Schmidt-Leithoff/*Koppensteiner* Rn 4; Michalski/*Haas* Rn 13; *Heisse* S 108.

[60] Dazu ErfK/*Preis* § 619 a BGB Rn 9 ff, 13 ff; Schaub/*Linck*, Arbeitsrechts-Handbuch, 12. Aufl 2007, § 53 II Rn 32 ff; *Zöllner/Loritz/Hergenröder*, Arbeitsrecht, 6. Aufl 2008, § 20 II; BAG AP BGB § 611 Haftung des ArbN Nr 103 (m Anm *Schlachter*) u Nr 106.

betrieblich veranlasster Tätigkeit entstanden sind, für Fahrlässigkeit nur beschränkt, nämlich insbes für sog leichteste Fahrlässigkeit gar nicht u für „normale" Fahrlässigkeit oberhalb der leichtesten in aller Regel nur für einen Teil des Schadens. Diese Grundsätze sind auf GFührer **nicht anzuwenden.**[61] GFührer ist in aller Regel kein ArbN (vgl im Einzelnen § 35 Rn 172 ff); aber auch unabhängig davon u unabhängig vom Charakter des jeweiligen GFührerverhältnisses kommt (entsprechende) Geltung der arbeitsrechtlichen Grundsätze privilegierter Haftung nicht in Betracht. Anwendung ist daher auch nicht limitiert auf FremdGFührer oder sog abhängige GFührer möglich, ebenso wenig unter Herausnahme spezifisch gläubigerbezogener Pflichten. Haftungsmilderung stünde in diametralem Gegensatz zu Wortlaut u Funktion von § 43, die sich anders als ArbNHaftung nicht im Ausgleich zweier Interessen erschöpft, sondern (mittelbar) auch im Interesse der Gfter u Gesellschaftsgläubiger besteht (Rn 1). Das galt schon für die arbeitsrechtlichen Grundsätze in ihrer früheren eingeschränkten Form; es gilt umso mehr für die derzeitige Fassung, die nicht mehr zwischen gefahrgeneigter u anderer Arbeit unterscheidet u Haftungserleichterung unter bestimmten Voraussetzungen sogar bei grober Fahrlässigkeit Platz greifen lässt. Soweit indessen, wie im vielzitierten Bsp der Fahrt mit Geschäfts-Pkw aus dienstlichem Anlass, GFührerVerhalten nicht Erfüllung typischer GLeiterpflichten betrifft u deshalb nicht nach strengem Sorgfaltsmaßstab des § 43, sondern nach § 276 BGB zu beurteilen ist (Rn 10), wird sich (entsprechende) Anwendung der arbeitsrechtlichen Grundsätze nicht von vornherein ausschließen lassen,[62] im Ergebnis freilich selten zu Haftungsmilderungen führen.

---

[61] Im Grds ganz hM; BGH WM 1975, 467, 469 (zur Genossenschaft); BGHZ 148, 167, 172; KG NZG 1999, 400, 402; Michalski/*Haas* Rn 194 f; Rowedder/Schmidt-Leithoff/*Koppensteiner* Rn 8; Ulmer/*Paefgen* Rn 21; Scholz/*Schneider* Rn 256; Roth/*Altmeppen* Rn 5; Lutter/*Hommelhoff/Kleindiek* Rn 21; *Haas* HdbManagerhaftung § 11 Rn 1; *Schneider* FS Werner, 1984, 795, 807; *Lutter* GmbHR 2000, 301, 311 f; *G. Hueck* ZfA 1985, 25, 33; *Oberrath* MDR 1999, 134, 137; *Gissel,* Arbeitnehmerschutz für den GmbH-GFührer, 1987, 138 f; ausführl *Lohr* NZG 2000, 1204, 1205 ff; *Bastuck* 82 ff; *Heisse* 59 ff; *Krieger,* RWS Forum 8 Gesellschaftsrecht 1995 (1996), 149, 163 f; *Joussen* GmbHR 2005, 441, 443 ff; **aA** *Köhl* DB 1996, 2597 (für FremdGFührer, der einem ArbN vergleichbar ist, mit freilich schwer nachvollziehbaren Unterscheidungskriterien); *Frisch,* Haftungserleichterung für GmbH-GFührer nach dem Vorbild des Arbeitsrechts, 1998, 204 ff, 224 ff; *Brox/Walker* DB 1985, 1469, 1476; teilw *Reese* DStR 1995, 532, 534 f.

[62] So oder ähnl Michalski/*Haas* Rn 195 m Fn 911 (für nicht unternehmerische Tätigkeiten); *Lutter* GmbHR 2000, 301, 312 (für Handeln außerhalb des typischen Pflichtenkreises); *Schneider* FS Werner, 1984, 795, 812 f (für Verletzung von Obhuts- u Loyalitätspflichten); Scholz/*Schneider* Rn 257 (für nicht im unmittelbaren Zusammenhang mit der Unternehmensleistung, also dem typischen Verantwortungsbereich des GFührers erfolgte Pflichtverletzungen, zB Unfall mit Pkw auf Dienstfahrt); MünchHdbGmbH/*Marsch-Barner/Diekmann* § 46 Rn 12; *Pullen* BB 1984, 989; 990 f; *Gissel,* 139; *Bastuck* 85 (für Tätigkeiten außerhalb des typischen Arbeitsfeldes); *Heisse* 61 f; in diese Richtung BGH WM 1975, 467, 469; offengelassen OLG Koblenz NJW-RR 1999, 911, 912 (Teilnahme am öffentlichen Straßenverkehr mit Geschäftsfahrzeug); vgl auch *K. Schmidt* GesR § 14 V 1 (Differenzierung zwischen Leitungs- u bloßer Hilfstätigkeit erwägenswert); stark einschr *Jula* GmbHR 2001, 806, 807 (nur für Teilnahme am allg Straßenverkehr); **aA** *Joussen* GmbHR 2005, 441, 443 ff; Lutter/*Hommelhoff/Kleindiek* Rn 21; Ulmer/*Paefgen* Rn 21; *Oberrath* MDR 1999, 134, 137; **abw** auch GroßKommAktG/*Hopt* § 93 Rn 343 (zur AG) sowie ihm folgend *Lohr* NZG 2000, 1204, 1208, mög-

II. Sorgfaltsmaßstab, Abs 1

1. Funktion. Abs 1 spezialisiert allg zu beachtenden Standard des § 276 II BGB („im Verkehr erforderliche Sorgfalt") dahingehend, dass Maßstab für Pflichterfüllung der GFührer (auch Stellvertreter u Not-GFührer) die Sorgfalt eines ordentlichen Geschäftsmanns ist.[63] Der Sache nach ist das gleicher Maßstab wie in § 93 AktG (Sorgfalt eines ordentlichen u gewissenhaften Geschäftsleiters), allgM.[64] Verfehlung (Unterschreitung) des Maßstabs versteht oder benennt man auch als **Verletzung der Sorgfaltspflicht.** Zu dem schwierigen Zusammenhang mit dem Erfordernis der Pflichtwidrigkeit unten Rn 18. 7

Sorgfaltsmaßstab des Abs 1 ist, das legt Parallele zu § 276 BGB nahe, **Verschuldensmaßstab** (unstr), der als solcher bei der Pflichtverletzung iR des Haftungstatbestandes von Abs 2 u 3 anzulegen ist.[65] Die umstr Frage, ob Abs 1 darüber hinaus Funktion als eigenständige **Pflichtenquelle** (iS eines allg Auffangtatbestandes) u Maßstab für Rechtswidrigkeit des GFührerVerhaltens zukommt,[66] ist eher theoretischer Natur u für GmbH-Praxis von untergeordneter Bedeutung. Richtiger Ansicht nach bestimmt sich Pflichtenkreis des GFührers nicht aus Abs 1, sondern aus GFührungsaufgabe, aus dem Treuepflichtgedanken u aus Sonderregeln.[67] Dazu, welche Pflichten GFührer zu erfüllen hat, insbes auch zur Verschwiegenheits- u Treuepflicht, im Umriss schon oben § 35 Rn 28 ff.[68] Andererseits sind Pflichtwidrigkeiten iSv Abs 2 (s Rn 17) Verhaltensunrecht, das sich idR nicht ohne Heranziehung der objektiven Sorgfaltsanforderungen des Abs 1 bestimmen lässt (näher Rn 18).[69] Daraus ergibt sich Funktion des Abs 1 als **Pflichtengrenze** u in diesem Sinne auch als **Pflichtwidrigkeits- bzw Rechtswidrigkeitsmaßstab** für das GFührerVerhalten.[70] 8

2. Standard. Zu beachtender Standard wird zutreffend (aber präzisierungsbedürftig) umschrieben als der einer Person in der verantwortlichen leitenden Stellung des Verwalters eines fremden Vermögens[71] oder als der eines selbstständigen, treuhänderischen Verwalters fremder Vermögensinteressen in ver- 9

---

licherweise aber auf der Grundlage eines weiter gefassten Verständnisses von einem dem Sorgfaltsmaßstab des § 93 AktG bzw § 43 unterliegenden Tätigkeitsbereich.

63 Roth/*Altmeppen* Rn 3; Scholz/*Schneider* Rn 232; Michalski/*Haas* Rn 3, 188 f, dort auch mwN zu der (str) Frage, wie sich Maßstab des Abs 1 zu dem des „ordentlichen Kaufmanns" (§ 347 HGB) verhält.

64 Ulmer/*Paefgen* Rn 85; Rowedder/Schmidt-Leithoff/*Koppensteiner* Rn 7; Michalski/*Haas* Rn 189; Scholz/*Schneider* Rn 33; OLG Celle NZG 2000, 1178, 1179.

65 Michalski/*Haas* Rn 38; Ulmer/*Paefgen* Rn 85; Rowedder/Schmidt-Leithoff/*Koppensteiner* Rn 8; Roth/*Altmeppen* Rn 3.

66 So zB Ulmer/*Paefgen* Rn 3, 85; Michalski/*Haas* Rn 40; *Ebenroth/Lange* GmbHR 1992, 69, 70; vgl auch Lutter/*Hommelhoff/Kleindiek* Rn 7.

67 Zust Rowedder/Schmidt-Leithoff/*Koppensteiner* Rn 8; s auch *Hüffer,* AktG, § 93 Rn 3 a (für AG).

68 Zur Entwicklung genereller Regeln aus dem Pflichtkreisgedanken zur konsistenten Gestaltung der auswuchernden GFührerhaftung vgl *A. Sandberger,* Die Außenhaftung des GmbH-Geschäftsführers, 1997.

69 Zust Lutter/*Hommelhoff/Kleindiek* Rn 7; vgl auch Michalski/*Haas* Rn 40.

70 Insoweit **abw** Rowedder/Schmidt-Leithoff/*Koppensteiner* Rn 8.

71 OLG Bremen GmbHR 1964, 9; *Hopt* ZGR 2004, 1, 18; Ulmer/*Paefgen* Rn 18; Rowedder/Schmidt-Leithoff/*Koppensteiner* Rn 7.

antwortlich leitender Position.[72] Man spricht auch von Interessewahrungspflichten.[73] Maßstab erfährt konkretere Ausgestaltung durch besondere Lage des Einzelfalles, zu berücksichtigen sind hierbei Art, Größe u Situation des Unternehmens sowie Bedeutung einer GFührungsmaßnahme.[74] Keine Sorgfaltserleichterung besteht, wenn GmbH Idealzweck verfolgt,[75] ebenso wenig wird Ehrenamtlichkeit oder Nebenamtlichkeit der GFührerstellung Erleichterung mit sich bringen (s aber noch unten Rn 29).[76] **Arbeitsrechtliche Grundsätze zur Haftungsmilderung** sind auf GFührer nicht anwendbar (dazu oben Rn 6). Zur Möglichkeit der Modifizierung des Sorgfaltsmaßstabs s Rn 5, 46.

10 Maßstab des § 43 I passt nur auf **Erfüllung von GLeiterpflichten.** Dazu gehört nicht alles, was GFührer tut; nichtdienstliche, das GesVermögen schädigende Tätigkeiten scheiden von vornherein aus (zB private Nutzung des Geschäfts-Pkw), aber auch nicht jedes im Zusammenhang mit dienstlicher Tätigkeit stehende Handeln des GFührers wird zwangsläufig erfasst (zB Fahrt mit Geschäfts-Pkw aus dienstlichem Anlass). GFührertätigkeiten betreffen nicht Erfüllung organschaftlicher Pflichten, wenn sie bloß „bei Gelegenheit der GFührung" erfolgen u unabhängig von Organstellung genauso gut von einem Dritten hätten vorgenommen werden können.[77] Es greift dann allg Sorgfaltsmaßstab des § 276 BGB. Frage mag nicht immer ganz einfach zu beantworten sein, ist aber praktisch von geringer Bedeutung. Im **Steuerrecht** hat Maßstab des ordentlichen u gewissenhaften Geschäftsleiters bei Ermittlung

---

[72] Lutter/*Hommelhoff/Kleindiek* Rn 6; Scholz/*Schneider* Rn 33; Roth/*Altmeppen* Rn 3; Michalski/*Haas* Rn 189; OLG Koblenz Urt v 24. 9. 2007 – 12 U 1437/04, BeckRS 2008, 02728 (sub C II 2); OLG Oldenburg NZG 2007, 434, 435 = NZI 2007, 305 m Anm *Himmelsbach/Krüger* = BB 2007, 66 m Anm *Liese/Theusinger;* OLG Celle NJOZ 2006, 1563,1564; OLG Brandenburg NZG 2001, 765; OLG Celle NZG 2000, 1178, 1179; OLG Zweibrücken NZG 1999, 506, 507; OLG Jena NZG 1999, 121, 122; OLG Düsseldorf GmbHR 1995, 227.

[73] *Hopt* ZGR 2004, 1, 5, 18 ff.

[74] Ulmer/*Paefgen* Rn 19, 85 f („relativer Verhaltensstandard"); Michalski/*Haas* Rn 191; Lutter/*Hommelhoff/Kleindiek* Rn 6; Rowedder/Schmidt-Leithoff/*Koppensteiner* Rn 7; Roth/*Altmeppen* Rn 3; *Meyer-Landrut* Rn 10; GroßKommAktG/*Hopt* § 93 Rn 79 (für AG); OLG Zweibrücken NZG 1999, 506, 507; OLG Bremen GmbHR 1964, 8, 9; LG Köln NJW-RR 2000, 1056 f.

[75] MünchHdbGmbH/*Marsch-Barner/Diekmann* § 46 Rn 12; Michalski/*Haas* Rn 197; *Haas* HdbManagerhaftung § 11 Rn 1; Ulmer/*Paefgen* Rn 19; nicht eindeutig noch Hachenburg/*Mertens* Rn 16 m Fn 39 (an GFührer kleinerer GmbH mit ideellem Zweck seien andere Ansprüche als an GFührer großer Ges zu stellen, ideeller Zweck begründe an sich aber keine Haftungserleichterung).

[76] Michalski/*Haas* Rn 197 (mit Funktion des § 43 unvereinbar); Ulmer/*Paefgen* Rn 19; für ehrenamtlichen Genossenschaftsvorstand BGH DStR 2004, 513, 515; vgl für unentgeltlich tätigen GFührer auch OLG Frankfurt aM Urt v 16. 4. 2008 – 1 U 136/05, BeckRS 2008, 12856; **abw** noch 17. Aufl Rn 8; MünchHdbGmbH/*Marsch-Barner/Diekmann* § 46 Rn 12; zur ehrenamtlichen Tätigkeit in nicht wirtschaftlichem Verein *K. Schmidt* GesR § 14 V 1.

[77] Zutr Michalski/*Haas* Rn 42; KölnerKommAktG/*Mertens* § 93 Rn 28 (für AG); möglicherweise etwas weitergehend GroßKommAktG/*Hopt* § 93 Rn 74 (Handeln im Zusammenhang mit dienstlicher Tätigkeit) (für AG); **abw** Ulmer/*Paefgen* Rn 14 (Tätigkeit im Zusammenhang mit Organstellung, auch wenn Schädigung in gleicher Weise von Nicht-GFührer verursacht werden könnte) unter Hinweis auf OLG Koblenz NJW-RR 1999, 911.

vGA anders geartete Funktion iR der Abgrenzung von Betriebssphäre u der durch GesVerhältnis geprägten Sphäre.[78]

Persönliche Eigenschaften des GFührers wie Alter, Unerfahrenheit, Unkenntnis, Unfähigkeit sind für Beurteilung der Einhaltung des Sorgfaltsmaßstabs unerheblich[79] u können allenfalls im Rahmen der Berücksichtigung eines Mitverschuldens der Ges (dazu Rn 45) eine Rolle spielen, sowie unter Umständen auch gesamtschuldnerische Mithaftung der Gfter gegenüber Ges nach § 6 V auslösen (dort Rn 18 ff).[80] Arbeitsüberlastung oder Überforderung mit konkreter GFührungsaufgabe bleiben ebenso unberücksichtigt; GFührer muss sich ggf sachkundiger Hilfe bedienen oder sein Amt niederlegen.[81] Zu weit geht Formulierung, GFührer hätten für die durch ihr Amt geforderten Kenntnisse u Fähigkeiten einzustehen.[82] Gegenüber einer solchen Garantie wäre die Berücksichtigung eines Mitverschuldens der Ges nur beschränkt möglich. Umgekehrt ist Sorgfaltsmaßstab des Abs 1 Mindeststandard; verfügt GFührer über spezielle individuelle Fähigkeiten, sind diese maßgeblich.[83] 11

Bezugspunkt des Verschuldens ist Pflichtverletzung, dh Verschulden braucht sich nur auf diese, nicht auch auf Schadenseintritt zu beziehen.[84] 12

Rechtsirrtum schließt Verschulden nur aus, wenn er seinerseits unverschuldet ist, wie dies bei unsicherer Rechtslage u gleichzeitiger Erforderlichkeit raschen Handelns – sonst ist Rechtsrat einzuholen – oder des Empfangs falschen Rechtsrats der Fall sein kann.[85] Vgl noch unten Rn 23 c. 13

III. Schadensersatzpflicht, Abs 2

1. Grundsätzliche Voraussetzungen. GFührer (einschließlich Stellvertreter u Not-GFührer) haften der Ges bei Verletzung ihrer gegenüber der Ges obliegenden Pflichten, wenn Sorgfaltsmaßstab des Abs 1 nicht eingehalten u Ges dadurch ein Schaden entstanden ist. 14

a) Schaden. Haftung ist in erster Linie zu verstehen als Pflicht zum Ausgleich von **Vermögensminderungen.** Schaden in diesem Sinn ist jede Minderung des geldwerten GesVermögens.[86] Nicht erforderlich ist eine dem 15

---

78 BFH DB 1996, 962; hierzu krit *Pezzer* FR 1996, 379; ferner BFHE 205, 181; vgl auch etwa Blümich/*Rengers* EStG – KStG – GewStG, Stand Februar 2008, § 8 KStG Rn 370.

79 Ulmer/*Paefgen* Rn 86; Lutter/*Hommelhoff/Kleindiek* Rn 6; Rowedder/Schmidt-Leithoff/*Koppensteiner* Rn 8; Scholz/*Schneider* Rn 232; Michalski/*Haas* Rn 190; GroßKommAktG/*Hopt* § 93 Rn 79 (für AG); BGH NJW 1995, 1290, 1291; BGH WM 1971, 1548; BGHZ 81, 442; BGH NJW 1983, 1856, 1857; OLG Jena NZG 2001, 86, 87 = DStR 2001, 863 (L) m Anm *Haas;* OLG Celle NZG 2000, 1178, 1179; OLG Zweibrücken NZG 1999, 506, 507; OLG Köln GmbHR 1972, 65; LG Köln NJW-RR 2000, 1056 f.

80 **Abw** insoweit Roth/*Altmeppen* Rn 4 (ausnahmsweise milderer Maßstab, zB wenn GFührer aus unternehmenspolitischen Gründen aus spezieller sozialen oder Altersgruppe bestellt ist); zust *Joussen* GmbHR 2005, 441, 442.

81 Scholz/*Schneider* Rn 232; Michalski/*Haas* Rn 190; Ulmer/*Paefgen* Rn 18, 87.

82 So Hachenburg/*Mertens* Rn 55.

83 Scholz/*Schneider* Rn 232; Michalski/*Haas* Rn 191 aE.

84 Ulmer/*Paefgen* Rn 86; Michalski/*Haas* Rn 193.

85 Michalski/*Haas* Rn 193; Ulmer/*Paefgen* Rn 87 f, 130; *Schneider/Schneider* GmbHR 2005, 1229, 1232; vgl auch BGH DStR 2002, 2137, 2138.

86 Scholz/*Schneider* Rn 224 ff; Roth/*Altmeppen* Rn 71; Ulmer/*Paefgen* Rn 92; OLG Frankfurt aM Urt v 16. 4. 2008 – 1 U 136/05, BeckRS 2008, 12856.

Gesellschaftszweck widersprechende Vermögensbeeinträchtigung, wie dies teilw vertreten wird,[87] insbes um Beweissituation der betroffenen GFührer in dem Sinne zu entschärfen, dass Ges neben rechnerischer Vermögensdifferenz auch deren Zweckwidrigkeit nachzuweisen hat.[88] Kriterium der Gesellschaftszweckwidrigkeit entspräche in der Sache dem Tatbestandsmerkmal der Pflichtwidrigkeit (Rn 17) u zwänge zu unnötiger doppelter Prüfung.[89] GmbH Nachweis der Zweckwidrigkeit der Vermögensminderung abzuverlangen, erscheint auch nicht gerechtfertigt, wenn man sieht, dass Ges darlegen u ggf beweisen muss, dass Schaden durch ein Verhalten des GFührers verursacht wurde, das seinem Pflichtenkreis entstammt, sich also insofern als „möglicherweise" pflichtwidrig darstellt (näher dazu Rn 36 ff).[90] Mit dieser Darlegungs- u Beweislastverteilung, die umgekehrt GFührer Entlastungsnachweis sorgfaltspflichtgemäßen Verhaltens auferlegt, wäre es nicht zu vereinbaren, wenn Ges auch Gesellschaftszweckwidrigkeit der Vermögensdifferenz darzulegen u notfalls zu beweisen hätte.[91] **Schadensberechnung** richtet sich nach §§ 249 ff BGB.[92] Vermögensschaden ist danach allg gegeben, wenn tatsächlicher Wert des GesVermögens geringer ist als Wert, den Vermögen ohne das Ersatzpflicht begründende Ereignis haben würde.[93] Maßgeblich für Berechnung ist Zeitpunkt der Schadensfeststellung, dh im Prozess Zeitpunkt der letzten mündl Verhandlung. Schaden sind auch **entgangene Vorteile,** die der Ges bei pflichtgemäßem Verhalten zugeflossen wären (§ 252 BGB).[94] Bloß pflichtwidriges Handeln ohne Schadenseintritt führt nicht zur Haftung.[95] Das gilt abstrakt auch für pflichtwidrige Verwendung von GesVermögen,[96] doch wird

---

[87] So etwa OLG Naumburg NZG 1999, 353, 355; OLG Naumburg GmbHR 1998, 1180, 1182; Hachenburg/*Mertens* Rn 57 mwN; MünchHdbGmbH/*Marsch-Barner/Diekmann* § 46 Rn 15 sowie noch 17. Aufl Rn 14, mit dem Hinweis, dass bei auf Gewinn gerichteten Ges grds (fast) jede Vermögensminderung zweckwidrig ist, sofern sie nicht gerade Deckung gesrechtlich notwendiger Kosten dient (zB für GfterVers, HR, Notar ua); s auch *Hommelhoff,* Die Konzernleitungspflicht, 1982, S 204. **Abl** aber Ulmer/*Paefgen* Rn 93; Scholz/*Schneider* Rn 224 ff; Michalski/*Haas* Rn 202; Rowedder/Schmidt-Leithoff/*Koppensteiner* Rn 22; *Hüffer,* AktG, § 93 Rn 15 (für AG); GroßKommAktG/*Hopt* § 93 Rn 263 (für AG); *Krieger* RWS Forum 8 Gesellschaftsrecht 1995 (1996), 149, 158 f.

[88] Vgl *Krieger* RWS Forum 8 Gesellschaftsrecht 1995 (1996), 149, 158 f; Michalski/*Haas* Rn 201; dazu näher Hachenburg/*Mertens* Rn 57; KölnerKommAktG/*Mertens* § 93 Rn 15 ff (für AG).

[89] Schneider/*Scholz* Rn 224; Rowedder/Schmidt-Leithoff/*Koppensteiner* Rn 22; GroßKommAktG/*Hopt* § 93 Rn 263 (für AG).

[90] Vgl *Krieger* RWS Forum 8 Gesellschaftsrecht 1995 (1996), 149, 158 f; **aA** Hachenburg/*Mertens* Rn 57.

[91] Vgl Ulmer/*Paefgen* Rn 93 aE (enger Schadensbegriff hat Berechtigung verloren); Schneider/*Scholz* Rn 224; **aA** noch Hachenburg/*Mertens* Rn 57, 66.

[92] Rowedder/Schmidt-Leithoff/*Koppensteiner* Rn 22; Michalski/*Haas* Rn 203; Ulmer/*Paefgen* Rn 94; GroßKommAktG/*Hopt* Rn 261 (für AG). Zur Möglichkeit sog Vorteilsausgleichs s Michalski/*Haas* Rn 209 ff. Zum Schaden bei Zahlungen entgegen § 30 u Erwerb eigener GAnteile entgegen § 33 s noch unten Rn 48 ff.

[93] OLG Frankfurt aM Urt v 16. 4. 2008 – 1 U 136/05, BeckRS 2008, 12856; OLG Hamm NJW-RR 1999, 1715; BGH NJW 1994, 2357, 2359; BGHZ 99, 182, 196; Rowedder/Schmidt-Leithoff/*Koppensteiner* Rn 22; Roth/*Altmeppen* Rn 71.

[94] Roth/*Altmeppen* Rn 71; Michalski/*Haas* Rn 203; Ulmer/*Paefgen* Rn 94.

[95] Ebenso Lutter/*Hommelhoff/Kleindiek* Rn 25; vgl auch OLG Hamm NJW-RR 1999, 1715 (Nicht-Abruf staatlich bewilligter Fördermittel).

[96] OLG Naumburg GmbHR 1998, 1180, 1182; Lutter/*Hommelhoff/Kleindiek* Rn 25.

solche Verwendung vielfach Vermögensschaden begründen. **Ersatzfähiger Schaden** ist zB Zinsentgang bei vorzeitiger Schuldbegleichung[97] oder Darlehensbetrag, mit dem Ges nach Fälligkeit des Rückzahlungsanspruchs ausgefallen ist.[98] Schaden kann auch in Belastung des GesVermögens mit Forderung ohne adäquate Gegenleistung bestehen.[99] Leistungen der Ges, denen keine gleichwertige Gegenleistung gegenübersteht (zB Spenden, Sponsoring), sind Schaden, aber nicht ohne weiteres pflichtwidrig (unten Rn 21; zur Wirksamkeit solcher Geschäfte vgl § 35 Rn 80).[100] Haftet GmbH gegenüber Dritten wegen Fehlverhaltens ihres GFührers, ist Haftungsbetrag als Schaden zu ersetzen.[101] Nimmt GFührer beim Abschluss von Rechtsgeschäften Provisionen oder Schmiergelder entgegen, wird (Mindest)Schaden idR in Höhe des gewährten Vorteils bestehen, weil davon auszugehen ist, dass ohne die Zuwendungen Vertrag mit anderem Inhalt, insbes höherer Gegenleistung zustande gekommen wäre (s noch Rn 37).[102] Tritt bei vermögensloser GmbH infolge unterbliebener Scheckeinlösung auf dem Geschäftskonto keine Befreiung von einer Verbindlichkeit ein, ist ersatzfähiger GesSchaden in Höhe der vorenthaltenen Scheckbeträge gegeben; das gilt auch dann, wenn bei ordnungsgemäßer Einlösung auf dem Geschäftskonto kein Habenstand erreicht worden wäre.[103] Ein Schaden der Ges liegt ferner zB in zusätzlicher steuerlicher Belastung infolge verdeckter Gewinnausschüttungen[104] oder in Steuernachzahlung, wenn Ges zuvor GFührerbezüge schon brutto ausgezahlt hat.[105] Bei geschäftl Fehlkalkulation besteht Schaden in positivem Interesse, dh der Differenz zwischen vereinbartem (Fest)Preis u richtig kalkuliertem Preis, wenn Geschäft auch auf der Grundlage des letzteren zustande gekommen wäre; anderenfalls ist (nur) negatives Interesse ersatzfähiger Schaden, Ges also so zu stellen, wie sie ohne Vertragsschluss gestanden hätte.[106] Setzt sich GFührer bei Vertragsschluss für die Ges über intern zu beachtende Kompetenzordnung hinweg (Rn 17),[107] kann (kausaler) Schaden in Gestalt der Leistung, die Ges auf Grund des kompetenzwidrig abgeschlossenen Geschäfts erbracht hat oder erbringen muss, im Hinblick auf einen mit etwaiger Gegenleistung verbundenen Vermögensvorteil (teilw) ausgeschlossen sein (vgl noch Rn 37 zur Darlegungs- u Beweislast sowie

---

97 OLG Koblenz GmbHR 1999, 1201, 1202 = DStR 2000, 1447 (L) m Anm *Haas.*

98 LG Köln NJW-RR 2000, 1056 f.

99 OLG Naumburg NZG 1999, 353, 355.

100 Scholz/*Schneider* Rn 226; Michalski/*Haas* Rn 208; Ulmer/*Paefgen* Rn 98; **aA** Hachenburg/*Mertens* Rn 57.

101 Rowedder/Schmidt-Leithoff/*Koppensteiner* Rn 22; Ulmer/*Paefgen* Rn 95; OLG Naumburg Urt v 2. 10. 2006 – 2 U 14/06, BeckRS 2007, 00361.

102 OLG Düsseldorf GmbHR 2000, 666 = DStR 2001, 716 (L) m Anm *Haas;* OLG Naumburg Urt v 2. 10. 2006 – 2 U 14/06, BeckRS 2007 00361; Michalski/*Haas* Rn 204; Scholz/*Schneider* Rn 212 (Anscheinsbeweis); BGH WM 1962, 578, 579.

103 OLG Saarbrücken NZG 2002, 378. S zum Schaden insolventer GmbH noch § 64 Rn 160.

104 Vgl BGH DStR 2002, 227 m Anm *Goette.*

105 OLG Celle NZG 2000, 595, 596.

106 BGH NZG 2008, 314, 315 = GmbHR 2008, 488 m Komm *Werner.*

107 ZB Gehaltszahlung ohne GfterBeschluss gem § 46 Nr 5 (BGH DStR 2007, 310, 311); Anstellung eines RA gegen Widerspruch der MitGfter (BGH NJW-RR 1988, 995); Grundstücks(ver)kauf ohne notwendige Zustimmung des MitGfters bzw gebotene Herbeiführung eines GfterBeschlusses (BGH DStR 1997, 80, 81; BGH DStR 2008, 1599, 1600 m Anm *Goette*).

Rn 16).[108] Schädigt GFührer einer MutterGes durch seine Tätigkeit TochterGes u verletzt er dadurch zugleich seine Pflichten gegenüber der Mutter, so hat er den Anspruch der MutterGes auf Ersatz ihres mittelbaren, in der Entwertung der Anteile an der Tochter bestehenden Schadens grds durch Restitution oder Kompensation bei der TochterGes zu erfüllen. In Anteilsentwertung liegenden eigenen Schaden kann GmbH aber dann bei GFührer für sich selbst geltend machen, wenn sie Schaden der TochterGes selbst ausgeglichen hat.[109] Ein solcher Fall ist anzunehmen, wenn die Mutter der Tochter Darlehen gewährt hat u auf diese deshalb nichts zurückerhält, weil die TochterGes insolvent geworden ist (vgl § 39 I Nr 5 InsO).[110] GFührer ist zum Schadensersatz auch verpflichtet, soweit er der Ges schuldhaft **ideelle Nachteile** zufügt, zB ihren Ruf schädigt, ohne dass dies zu geschäftlichen Nachteilen führt. Auch hierfür gibt § 43 Anspruchsgrundlage u Sorgfaltsmaßstab ab. S zum Schaden bei Haftung nach Abs 3 S 1 Rn 48 ff.

16 **b) Ursächlicher Zusammenhang u Schadenszurechnung.** Ersatzpflicht setzt voraus, dass pflicht- u sorgfaltswidriges Verhalten für Schaden adäquat kausal ist, dass dieser also bei pflichtgemäßem Verhalten nicht eingetreten wäre.[111] Im Hinblick auf die in Solidarhaftung zum Ausdruck kommende gemeinschaftliche Verantwortung aller GFührer (vgl Rn 29, 45) entfällt Kausalität bei **Kollegialentscheidungen** nicht deshalb, weil schädigender Beschluss auch ohne zustimmendes Votum oder Stimmenthaltung des einzelnen in

[108] Vgl BGH DStR 2008, 1599, 1600 (für KG) (unter Hinweis auf BGH DStR 1997, 80, 81, 82) m Anm *Goette,* wonach Kompetenzverstoß nicht automatisch zur Haftung führt, sondern Möglichkeit des Gegenbeweises besteht, dass kompetenzwidriges Verhalten nicht zu Schaden geführt hat; ferner BGH Urt v 21. 7. 2008 – II ZR 39/07 Tz 19; BGH DStR 2007, 310, 311 = GmbHR 2007, 260 m Komm *Wackerbarth* = DZWIR 2007, 292 m Anm *Lieder;* dazu auch *Baukelmann* jurisPR-BGHZivilR 6/2007 Anm 3; eher restriktiv BGH NJW-RR 1988, 995, 966, wonach ausgewogenes Verhältnis zwischen wechselseitig geschuldeten Leistungen nicht ausreichen soll, sondern vor dem Hintergrund, dass Ges Geschäft unfreiwillig eingegangen ist, wertende Entscheidung darüber getroffen werden muss, welche Posten in die Vermögensvergleichsrechnung einzustellen sind. **AA** KG GmbHR 2005, 477, 479; OLG München NZG 2000, 741, 743 (für KGaA) (Keine Berücksichtigung einer in das GesVermögen geflossenen Gegenleistung bei der Schadensfeststellung, wenn GFührer ohne die nach GesVertrag/Anstellungsvertrag erforderliche Zustimmung der Gfter für GesVertrag geschlossen bzw Beteiligung erworben hat); ebenso Ulmer/*Paefgen* Rn 94, 142; *Wackerbarth* GmbHR 2007, 262, 263 (Kompetenzverstoß sonst ohne ausreichende Sanktion); Schmidt/Lutter/*Krieger/Sailer,* AktG, § 93 Rn 30 (für AG). Vgl auch Spindler/Stilz/*Fleischer* AktG § 93 Rn 34 f (für AG); Rowedder/Schmidt-Leithoff/*Koppensteiner* Rn 23; Michalski/*Haas* Rn 207.

[109] BGH NJW 1987, 1077, 1079 f (dazu krit *Baums* ZGR 1987, 554); BGH DStR 2001, 1221 = WuB H 9/2001 II C § 30 GmbHG 3.01 *(Wackerbarth);* dazu auch Michalski/*Haas* Rn 206; Ulmer/*Paefgen* Rn 97; *Altmeppen* HdbManagerhaftung § 7 Rn 30 f; *Hirte* NJW 2003, 1090, 1096; ferner OLG München NZG 2000, 741, 743.

[110] Vgl zu eigenkapitalersetzenden Darlehen BGH DStR 2001, 1221 = WuB H 9/2001 II C § 30 GmbHG 3.01 *(Wackerbarth);* Ulmer/*Paefgen* Rn 97; s auch *Altmeppen* HdbManagerhaftung § 7 Rn 31.

[111] Michalski/*Haas* Rn 199; Ulmer/*Paefgen* Rn 100; Roth/*Altmeppen* Rn 71; vgl auch BGH DStR 2008, 1599, 1600 (für KG) m Anm *Goette;* OLG Naumburg NZG 2001, 136, 137; Bsp für Kausalzusammenhang bei pflichtwidrigem Unterlassen OLG Oldenburg BB 2007, 66, 69 m Anm *Liese/Theusinger* (insoweit nicht abgedruckt in NZG 2007, 434 = NZI 2007, 305).

Anspruch genommenen GFührers zustande gekommen, Schaden also insoweit auch dann eingetreten wäre, wenn sich GFührer pflichtgemäß verhalten, dh gegen Beschlussvorlage gestimmt hätte.[112] Schadenszurechnung kann zu verneinen sein, wenn Ges bei **pflichtgemäßem Alternativverhalten** des GFührers ebenso geschädigt worden wäre;[113] nicht Ursächlichkeit der Pflichtverletzung für Schaden steht hier in Frage, sondern GFührer macht geltend, dass er denselben Schaden auch hätte auf andere Weise herbeiführen können, die pflichtgemäß gewesen wäre (zur Bedeutung dieser Unterscheidung für die Darlegungs- u Beweislast vgl unten Rn 37 f).[114] Voraussetzung hierfür ist sicherer Nachweis, dass Schaden in jedem Fall entstanden wäre, bloße *Möglichkeit* einer Vermögensminderung auch bei pflichtgemäßem Alternativverhalten reicht nicht aus.[115] Berufung auf pflichtgemäßes Alternativverhalten kann nach Schutzzweck der verletzten Organpflicht allerdings ausgeschlossen sein.[116] Vielfach vertretener Ansicht zufolge ist das der Fall, wenn Pflichtverletzung in Mißachtung gesellschaftsinterner Kompetenz-, Organisations- u Verfahrensnormen besteht.[117] GFührer soll sich dann nicht darauf berufen können, dass Herbeiführung einer haftungsbefreienden Weisung möglich gewesen wäre, weil hierdurch Recht der Minderheit entscheidend verkürzt würde, ebenso wenig darauf, dass Gfter, wenn sie denn gefragt worden wären, betreffende

---

112 Vgl dazu näher Ulmer/*Paefgen* Rn 101; Spindler/Stilz/*Fleischer,* AktG, § 93 Rn 204 ff (zur AG), jew mwN.

113 Vgl Michalski/Haas Rn 199; Ulmer/*Paefgen* Rn 100; *v Gerkan* ZHR 154 (1990), 39, 48 f; BGHZ 152, 280, 281, 284 (zur Beweislast); für AG etwa Spindler/Stilz/*Fleischer,* AktG, § 93 Rn 203; Schmidt/Lutter/*Krieger/Sailer,* AktG, § 93 Rn 30; MünchKommAktG/*Hefermehl/Spindler* § 93 Rn 81. Bsp aus der Rspr OLG Oldenburg Urt v 22. 6. 2006 – 1 U 34/03 Tz 63 (insoweit nicht abgedruckt in NZG 2007, 434 = NZI 2007, 305 = BB 2007, 66). Allg zur Einordnung rechtmäßigen Alternativverhaltens als Frage der Schadenszurechnung Lange/Schiemann/*Lange,* Schadensersatz 3. A. 2003, § 4 III; MünchKommBGB/*Oetker,* 5. Aufl 2007, § 249 Rn 202; Staudinger/*Schiemann,* 2005, § 249 Rn 93; BGHZ 104, 355, 359 f (zum Anfechtungsrecht); BGHZ 96, 157, 170 ff (zum Notarhaftungsrecht);vgl auch BFH GmbHR 2008, 386 Rn 17 f (zur GFührerhaftung wegen pflichtwidriger Nichtabführung fälliger Steuer der Ges bei hypothetischer Insolvenzanfechtung); zu letzterem s noch unten Rn 103.

114 *v Gerkan* ZHR 154 (1990), 39, 48 f; vgl zur Abgrenzung auch BGH DStR 2005, 978, 980; BGH NJW 2003, 295 (rechtmäßiges Alternativverhalten, falls verursachter Schaden in gleicher Weise entstanden wäre, wenn GFührer eine von der verletzten Pflicht verschiedene andere selbständige Pflicht erfüllt hätte); ferner BGH NJW 1988, 1367, 1368; BGHZ 96, 157, 170 ff (Notarhaftung betreffend); BGH NZI 2008, 242; OLG Saarbrücken NZG 2007, 105, 106 ff. (zur Haftung gegenüber Bundesagentur für Arbeit aus § 826 BGB bei Insolvenzverschleppung).

115 Michalski/*Haas* Rn 199; Ulmer/*Paefgen* Rn 100; *v Gerkan* ZHR 154 (1990), 39, 49 sowie zur AG GroßKommAktG/Hopt § 93 Rn 268; MünchKommAktG/*Hefermehl/Spindler* § 93 Rn 81; Spindler/Stilz/*Fleischer,* AktG, § 93 Rn 203 mwN.

116 Michalski/*Haas* Rn 199; Ulmer/*Paefgen* Rn 100; Spindler/Stilz/*Fleischer,* AktG, § 93 Rn 203 (zur AG). Allg dazu Lange/Schiemann/*Lange,* Schadensersatz 3. A, 2003, § 4 XII 5; Staudinger/*Schiemann,* 2005, § 249 Rn 105; MünchKommBGB/*Oetker,* 5. Aufl 2007, § 249 Rn 215; BGHZ 96, 157, 172 f.

117 Michalski/*Haas* Rn 199; Ulmer/*Paefgen* Rn 100; wohl auch OLG Koblenz Urt v 24. 9. 2007 – 12 U 1437/04, BeckRS 2008, 02728 (sub C II 2 a) bb) aE); vgl ferner Rowedder/Schmidt-Leithoff/*Koppensteiner* Rn 30; zur AG Spindler/Stilz/*Fleischer,* AktG, § 93 Rn 203; GroßKommAktG/Hopt § 93 Rn 267; KölnerKommAktG/*Mertens* § 93 Rn 23; Schmidt/Lutter/*Krieger/Sailer,* AktG, § 93 Rn 30; MünchKommAktG/*Hefermehl/Spindler* § 93 Rn 81.

Maßnahme gebilligt hätten.[118] Angeführte Regeln sollen indessen nicht schlechthin Schädigung der Ges verhindern,[119] sondern dienen in erster Linie dazu, in der Ges Entscheidungsabläufe zu koordinieren, Entscheidungsspielräume zu sichern u Interessen der Beteiligten bei der Entscheidungsfindung zu wahren. Ließe man Einwand nicht zu, obwohl ohne Zweifel nachweisbar ist, dass Schaden bei alternativem pflichtgemäßem Verhalten ebenso eingetreten wäre, wäre Abs 2 Sanktionsinstrument („Strafe") gegen die Verletzung innergesellschaftlicher Kompetenz-, Organisations- u Verfahrensregeln. Solche Funktion ist im Allgemeinen dem Schadensersatzrecht fremd, das auf Ausgleich von Vermögenseinbußen angelegt ist u nur in diesem Rahmen Präventionswirkung entfaltet (vgl Rn 1 aE).[120] Funktionserweiterung lässt sich auch nicht mit (angeblichem) Sanktionserfordernis rechtfertigen;[121] Normverstoß bleibt selbstverständlich pflichtwidrig u kann im Einzelfall Abberufung sowie Kündigung aus wichtigem Grund rechtfertigen,[122] löst eben nur nicht *eo ipso* bei kausalem Schaden Ersatzanspruch nach Abs 2 aus (vgl noch Rn 33). Beweispflichtiger GFührer (Rn 38) trägt im Übrigen prozessual alle Nachteile daraus, dass infolge mangelnder Rekonstruierbarkeit hypothetischer Abläufe unsicher bleibt, wie Verfahren bei Beachtung der Organisations-, Kompetenz- u Verfahrensnormen letztlich ausgegangen wäre,[123] sodass in aller Regel Berufung auf pflichtgemäßes Alternativverhalten *aus diesem Grunde* keine Aussicht auf Erfolg haben wird. Setzt sich GFührer etwa über innergesellschaftliche Kompetenzordnung hinweg, indem er Geschäft tätigt, ohne den nach der Satzung notwendigen Zustimmungsbeschluss eines ihm übergeordneten GesGremiums (zB AR; GfterVers) eingeholt oder ohne das die Zustimmung erteilende Gremium zuvor über die für die Entscheidung wesentlichen Umstände vollständig u zutreffend informiert zu haben,[124] so haftet er für die Schäden, die durch den Geschäftsabschluss unter schuldhafter Mißachtung dieser internen Bindung entstehen (zum fehlenden Schaden bei gleichwertiger Gegenleistung oben Rn 15).[125] Ursächlichkeit des GFührerverhaltens entfällt dabei nicht

---

118 Michalski/*Haas* Rn 199 m Hinweis auf BGH WM 1976, 77, 78, wo es freilich nicht um Schadensersatz aus Abs 2, sondern um Abberufung u Kündigung des GFührers ging; ebenso BGH NJW 1991, 1681.

119 Vgl *v Gerkan* ZHR 154 (1990), 39, 49; allg zu diesem Differenzierungskriterium Staudinger/*Schiemann*, 2005, § 249 Rn 105; ähnl MünchKommBGB/*Oetker*, 5. Aufl 2007, § 249 Rn 215.

120 Vgl Staudinger/*Schiemann*, 2005, § 249 Rn 105; ähnl MünchKommBGB/*Oetker*, 5. Aufl 2007, § 249 Rn 216 f.

121 **AA** Ulmer/*Paefgen* Rn 100; für AG: GroßKommAktG/*Hopt* § 93 Rn 267; MünchKommAktG/*Hefermehl/Spindler* § 93 Rn 81; vgl auch *Wackerbarth* GmbHR 2007, 262, 263.

122 Vgl BGH NJW 1991, 1681; BGH WM 1976, 77, 78; s aber auch BGH GmbHR 2008, 487, wonach Verstoß gegen innergesellschaftliche Kompetenzordnung kein wichtiger Grund für fristlose Kündigung darstellt, wenn GFührer nach den Umständen davon ausgehen konnte, dass GFührungsmaßnahme dem Willen aller Gfter entsprach.

123 Vgl *v Gerkan* ZHR 154 (1990), 39, 49; allg Staudinger/*Schiemann*, 2005, § 249 Rn 106; MünchKommBGB/*Oetker*, 5. Aufl 2007, § 249 Rn 217, 221.

124 Vgl zu letzterem OLG Oldenburg NZG 2007, 434, 437 f = NZI 2007, 305 m Anm *Himmelsbach/Krüger* = BB 2007, 66 m Anm *Liese/Theusinger;* dazu auch *Böttcher* NZG 2007, 481, 484 f; OLG Koblenz Urt v 24. 9. 2007 – 12 U 1437/04, BeckRS 2008, 02728.

125 Vgl BGH DStR 2008, 1599, 1600 (für KG) m Anm *Goette;* BGH DStR 1997, 80 m Anm *Goette.*

schon dann, wenn GFührer entsprechende Zustimmung hätte einholen können oder wenn Zustimmung auch bei pflichtgemäßer Information ebenso erteilt worden wäre; denn haftungsrelevante Pflichtverletzung liegt hier nicht in erster Linie in der unterlassenen Einholung der Zustimmung oder unzureichenden Information des in die Entscheidung eingebundenen GesGremiums, sondern im kompetenzüberschreitenden Geschäftsabschluss, der nicht hinweggedacht werden kann, ohne dass Schadenseintritt entfiele.[126] Einwand alternativen pflichtgemäßen Verhaltens ist nicht per se ausgeschlossen,[127] erfolgreich aber nur dann, wenn GFührer Umstände darlegt u erforderlichenfalls beweist, aus denen sich zweifelsfrei ergibt, (1) dass betreffendes Gremium der GFührungsmaßnahme (auch bei vollständiger u richtiger Information über die entscheidungsrelevanten Umstände) zugestimmt hätte u (2) dass Beschluss mangelfrei zustande gekommen wäre, weil sonst Mitwirkungsrechte der Gremiumsmitglieder, insbes der (Minderheits-)Gfter u AR-Mitglieder unzulässig unterlaufen würden.[128] Dabei ist idR davon auszugehen, wie sich verantwortlich handelnde Mitglieder des Gremiums verhalten hätten u welche Entscheidung von ihnen (bei ordnungsgemäßer Information) zu erwarten gewesen wäre.[129] Einwand pflichtgemäßen Alternativverhaltens wird zudem dann regelmäßig Erfolg haben, wenn nach vom GFührer nachzuweisenden Umständen die Gfter auf Grund ihrer Treuepflicht der GFührungsmaßnahme hätten zustimmen müssen.[130]

c) Pflichtwidrigkeit des GFührerverhaltens ist Haftungsvoraussetzung. 17
Abs 2 spricht leicht antiquiert von Verletzung der Obliegenheiten des GFührers, meint aber, nicht anders als § 93 II 1 AktG, die Verletzung von dem GFührer gegenüber der Ges obliegenden Pflichten. Haftung besteht nur bei Verletzung eigener Pflichten, Pflichtwidrigkeiten anderer werden nicht zugerechnet; wohl aber kann darin zugleich Verletzung von GFührerpflichten liegen.[131] Das Erfordernis (eigenen) pflichtwidrigen Verhaltens ergibt sich

---

126 **Abw** im Ansatz OLG Oldenburg NZG 2007, 434, 435 = NZI 2007, 305 m Anm *Himmelsbach/Krüger* = BB 2007, 66 m Anm *Liese/Theusinger,* das auf *Kausalzusammenhang* zwischen Verletzung der Informationspflicht gegenüber AR u eingetretenem Schaden abstellt.

127 **AA** OLG Koblenz Urt v 24. 9. 2007 – 12 U 1437/04, BeckRS 2008, 02728 (sub C II 2 a) bb) aE) (zur Kreditvergabe), nach dem freilich GFührer „iÜ […] Darlegungs- u Beweislast dafür [trägt], dass das Aufsichtsgremium, wenn es angerufen worden wäre, Kredit gleichwohl gebilligt hätte". Wie hier *Fleischer* NJW 2009, 2337, 2339.

128 IErg wohl ähnl BGH DStR 2007, 310 f, wonach bei eigenmächtiger Gehaltszahlung GfterGFührer Nachweis erbringen kann (u muss), dass trotz Verstoß gegen innergesellschaftliche Kompetenzordnung unzulässiger Sondervorteil nicht gewährt worden ist u MitGfter daher auf Grund Treuepflicht Zahlung zuzustimmen haben; ebenso BGH Urt v 21. 7. 2008 – ZR II 39/07 Tz 19; ferner BGH DStR 2008, 1599, 1600 (für KG) m Anm *Goette,* wonach GFührer im Falle kompetenzwidrigen Verhaltens darlegen u beweisen kann, dass Kompetenzverstoß für Schadenseintritt nicht *kausal* gewesen ist.

129 Vgl OLG Oldenburg NZG 2007, 434, 438 f (für AR), das – weitergehend – offenbar *ausschließlich* Verhalten eines verantwortlich handelnden AR-Mitglieds als entscheidend für Feststellung des von Ges nachzuweisenden Kausalzusammenhangs zwischen Informationspflichtverletzung u Schadenseintritt ansieht u insbes Zeugenvernehmung der AR-Mitglieder ablehnt; zust Scholz/*Schneider* Rn 221 (für Gfter u AR); *Böttcher* NZG 2007, 481, 485; *Fleischer* NJW 2009, 2337, 2339 f.

130 Vgl BGH DStR 2007, 310 f.

131 Scholz/*Schneider* Rn 31; Ulmer/*Paefgen* Rn 115 f.

schon daraus, dass Organmitglieder nicht schlechterdings für jeden schädigenden Erfolg ihres Handelns sollen einstehen müssen. Eine derartige Erfolgshaftung wäre das Ende effektiver Unternehmertätigkeit (s auch Rn 22).[132] Ohne Anknüpfung an bestimmte Pflichten wäre auch die Etablierung eines Verschuldensmaßstabs nicht sinnvoll möglich. Zu den Arten u Umfang der Pflichten des GFührers s § 35 Rn 28 ff. Pflichtwidrigkeit oder Pflichtverletzung ist **normwidriges Verhalten** (Handeln oder Unterlassen). Dem korrespondiert, dass **Pflichten durch Verhaltensnormen bestimmt** werden, die mal strikt sind, indem sie GFührer konkretes Verhalten abverlangen, mal weniger strikt in dem Sinne, dass GFührer Beurteilungs-, Entscheidungs- oder Handlungsermessen eingeräumt ist u er pflichtwidrig sich nur dann verhält, wenn er die Grenzen seines Ermessenspielraums überschreitet (s noch unten Rn 22 ff; zur hiervon zu trennenden Frage, inwieweit Pflichtenbindung bzw Haftung des GFührers im Innenverhältnis gegenüber Ges disponibel ist vgl Rn 5, 33 ff, 46 f, 51 ff, 60).[133] Wichtigste Verhaltensnorm liegt in der **eigentlichen GFührungsaufgabe** (§ 35 Rn 4, 28 ff), konkreter darin, den Ges-Zweck möglichst effektiv zu verfolgen, im Regelfall also Gewinne durch Geschäfte im Bereich des Unternehmensgegenstands zu erzielen. Aus dieser „Grundnorm" lassen sich, insbes hinsichtlich der zu treffenden unternehmerischen Entscheidungen zahlreiche ungeschriebene Unternormen entwickeln, die teils Verbote bestimmten Handelns sind (etwa Vermeidung nachteiliger Geschäftsabschlüsse), teils Handlungsgebote (zB geschäftlich tätig zu werden, also alle zu erfolgreicher Gewinnerzielung notwendigen Vorbereitungsmaßnahmen vorzunehmen u geeignete Geschäfte abzuschließen), teils Optimierungsgebote (nicht nur einen zur Gewinnerzielung geeigneten Geschäftsabschluss überhaupt zu tätigen, sondern ihn auch möglichst profitabel zu gestalten).[134] S noch Rn 19 ff. Das schließt **Unternehmensorganisationspflichten**[135] mit ein, wonach Unternehmen in betriebl u personeller Hinsicht so zu organisieren ist, dass Gesellschaftszweck am besten realisiert werden kann.[136] GFührer muss zudem für Organisation sorgen, die ihm Übersicht über wirtschaftl u finanzielle Lage der Ges jederzeit ermöglicht,[137] u auch Überwachungssystem einrichten, mit dem Risiken für Unternehmensfortbestand erfasst u kontrolliert werden können (§ 35 Rn 33).[138] Konkreter Inhalt der Unternehmensorganisationspflichten richtet sich nach Art u Größe

---

132 Dazu *Goette* ZGR 1995, 668 ff; vgl auch Scholz/*Schneider* Rn 8.

133 Vgl zu dieser Differenzierung *Goette* FS 50 BGH, 2000, 123, 130 ff, der zwischen Pflichten mit Handlungsermessen u Pflichten ohne Handlungsermessen unterscheidet; ferner Ulmer/*Paefgen* Rn 22 (weitere Nachw dort in Fn 81) mit Unterscheidung zwischen gebundenen u unternehmerischen Entscheidungen; überzeugend den Gedanken in § 93 I 2 AktG auf Auslegung unbestimmter Rechtbegriffe erweiternd *Spindler* FS Canaris, 2007, 403, 412 ff.

134 Vgl ausführl dazu Michalski/*Haas* Rn 64 ff.

135 Dazu Ulmer/*Paefgen* Rn 67 f; Michalski/*Haas* Rn 71 f; *Lutter* GmbHR 2000, 301, 304 f; ausführl *Abeltshauser* 214 ff; monographisch *Spindler,* Unternehmensorganisationspflichten, 2001.

136 Rowedder/Schmidt-Leithoff/*Koppensteiner* Rn 16; Michalski/*Haas* Rn 71; Scholz/*Schneider* Rn 95; Ulmer/*Paefgen* Rn 67; s auch *Goette* § 8 Rn 202.

137 BGH GmbHR 1995, 299, 300 (in Bezug auf § 49 III); ferner Lutter/*Hommelhoff/Kleindiek* Rn 19; Ulmer/*Paefgen* Rn 67; Rowedder/Schmidt-Leithoff/*Koppensteiner* Rn 16; Michalski/*Haas* Rn 71.

138 S auch Scholz/*Schneider* Rn 96; Lutter/*Hommelhoff/Kleindiek* Rn 19; Ulmer/*Paefgen* Rn 26, 67 f; Michalski/*Haas* Rn 71.

des betreffenden Unternehmens; GFührer ist iÜ unternehmerisches Ermessen zuzubilligen, wie er iE seiner Organisationspflicht nachkommt (Rn 22).[139] Sind Geschäfte unter GFührern verteilt (Ressortaufteilung), ist unzuständiger GFührer gehalten, Ressortinhaber zu überwachen,[140] ebenso nachgeordneten Mitarbeiter bei Übertragung von Fachfunktionen auf diesen (Aufgabendelegation). Pflichtwidrig kann auch schon Ressortaufteilung oder Delegation als solche u Auswahl des betreffenden Ressortleiters oder Mitarbeiters sein; ähnl gilt bei Auslagerung (Outsourcing) unternehmerischer Aufgaben. Zu Überwachungs- u ergänzenden Pflichten bei Ressortaufteilung u Aufgabendelegation s noch § 35 Rn 33, § 37 Rn 32; ferner unten Rn 26.[141] Neben diese Verhaltensgrundnorm in Gestalt eigentlicher GFührungsaufgabe u ihre Unternormen treten **aus dem Treugedanken abgeleitete Verhaltensnormen** insbes in Gestalt von Schutz- u Rücksichtspflichten.[142] S näher dazu § 35 Rn 38 ff. Verhalten ist iÜ weithin bestimmt durch verbreitet als **Legalitätspflicht** bezeichnete Pflicht, GFührungstätigkeit „rechtstreu" auszuüben (s aber noch unten Rn 23 ff).[143] Hiervon erfasst ist eine Fülle von gesetzlich ausformulierten oder richterrechtlich konturierten Normen des GmbH-Rechts (zB §§ 30, 33, 41, 49 III, 5 a III, IV),[144] des allgemeinen Bürgerlichen Rechts, des Insolvenzrechts (§ 15 a I InsO),[145] des Arbeitsrechts, des Wettbewerbsrechts, des Umweltrechts, des Strafrechts u des Steuerrechts, die unmittelbar das Verhalten des GFührers regeln, vielfach primär im Interesse Dritter wie der GesGläubiger, anderer Wirtschaftsteilnehmer, des Staates oder der Sozialkassen. Die Beachtung dieser Verhaltensnormen ist aber in aller Regel auch

---

139 Ulmer/*Paefgen* Rn 67 f; *Lutter* GmbHR 2000, 301, 304.

140 Leiter eines sachnahen Ressort trifft keine weitergehende Überwachungspflicht; *Habersack* WM 2005, 2360; Scholz/*Schneider* Rn 40; Ulmer/*Paefgen* Rn 26; **aA** VG Frankfurt WM 2004, 2157.

141 S auch Michalski/*Haas* Rn 153, 161 ff, 170 ff; Rowedder/Schmidt-Leithoff/*Koppensteiner* Rn 11 f, 17; Ulmer/*Paefgen* Rn 15 aE, 26; Scholz/*Schneider* Rn 35 ff; *Lohr* NZG 2000, 1204, 1210; *Lutter* GmbHR 2000, 301, 310 f; Weber/*Lohr* GmbHR 2000, 698, 699 f; *Sina* GmbHR 1990, 65; *Peters* GmbHR 2008, 682, 684 ff; *Schneider/Schneider* GmbHR 2005, 1229, 1230 f; *E Vetter* HdbManagerhaftung § 17 Rn 1 ff, 82 ff; *Froesch* DB 2009, 722. Aus der Rspr etwa OLG Brandenburg Urt v 18. 7. 2007 – 7 U 205/06, BeckRS 2008 09617; OLG Koblenz Urt v 24. 9. 2007 – 12 U 1437/04, BeckRS 2008, 02728 (sub C II 2. a) aa) (Delegation bei Kreditvergabe durch Bank).

142 Scholz/*Schneider* Rn 151 ff; Ulmer/*Paefgen* Rn 35 ff; Roth/*Altmeppen* Rn 17 ff; umfassend Michalski/*Haas* Rn 86 ff. Aus der Rspr OLG Düsseldorf GmbHR 2000, 666, 669 = DStR 2001, 716 (L) m Anm *Haas;* OLG Naumburg NZG 1999, 353; OLG Koblenz GmbHR 1999, 1201 = DStR 2000, 1447 (L) m Anm *Haas.* Weitere Bsp konkreter Konstellationen der Verletzung der Sorgfaltspflicht Rn 24.

143 Ulmer/*Paefgen* Rn 23 ff; Scholz/*Schneider* Rn 74 ff; Spindler/Stilz/*Fleischer,* AktG, § 93 Rn 14 ff (für AG); ferner etwa Lutter/*Hommelhoff/Kleindiek* Rn 8; Michalski/*Haas* Rn 44 ff; *Spindler* FS Canaris, 2007, 403, 412 f; 19; *Lutter* GmbHR 2000, 301, 302 ff.

144 Zur Pflichtwidrigkeit u GFührerhaftung bei Verstoß gegen §§ 30, 33 u sonstigen Leistungen an Gfter s noch unten Rn 48 ff; zu Inhalt der Buchführungspflicht u Haftung des GFührers bei Pflichtverletzung unten Rn 79 sowie iE § 41 Rn 7 ff, 18 ff; zu den sich aus § 49 III ergebenden (Überwachungs- u Nachforschungs-)Pflichten s § 49 Rn 20, 23; zu den GFührerpflichten iRv § 5 a IV vgl § 5 a Rn 27.

145 Zur Insolvenzverschleppungshaftung des GFührers nach § 823 II BGB iVm § 15 a I InsO s noch unten Rn 79 sowie iE § 64 Rn 109 ff; zur damit konkurrierenden Haftung des GFührers aus § 43 II wegen unterlassener oder verspäteter Insolvenzantragstellung § 64 Rn 160 sowie zur Haftung aus § 43 II wegen verfrühter Antragstellung dort Rn 161.

Pflicht des GFührers gegenüber seiner Ges, ihre Verletzung daher im Rahmen von § 43 relevant. Umgekehrt sind Pflichten, die Bürgerliches Recht, Strafrecht, Steuerrecht, sonstiges öffentliches Recht u viele andere normative Quellen primär der GmbH als Rechtssubjekt auferlegen, zugleich auch pflichtenbestimmend für den GFührer.[146] Dieser hat ganz selbstverständlich die Pflicht gegenüber der GmbH, für die Einhaltung u Erfüllung der GesPflichten einschließlich ihrer Verkehrspflichten zu sorgen;[147] das gilt grds auch hinsichtlich der aus rechtsgeschäftlichen Bindungen stammenden Pflichten (s aber noch unten Rn 23 b). GFührer muss danach nicht nur selbst die der Ges obliegenden Pflichten einhalten, sondern insbes auch organisatorische Vorkehrungen treffen, die rechtmäßiges Verhalten der Ges nach außen sicherstellen.[148] Ob hierzu – branchenunabhängig (vgl §§ 25 a KWG, 33 WpHG, 64 a VAG) – präventives Überwachungs- u Kontrollsystem, neudeutsch: **Compliance-Organisation** einzurichten ist, ist str (dazu auch § 35 Rn 68 a).[149] Gewissen, in Reichweite freilich begrenzten gesetzl Anknüpfungspunkt hierfür mag § 130 OWiG liefern (zur auf § 130 OWiG gestützten Außenhaftung des GFührers unten Rn 85).[150] Rechtspflicht des GFührers gegenüber Ges zur Einrichtung einer Compliance-Organisation kann jedenfalls nur angenommen werden, wenn u soweit gewisses „Risikopotential" erreicht[151] u Einrichtung zumutbar ist.[152] Entscheidend hierfür wie auch für konkreten Inhalt einer Compliance-Organisationspflicht

---

146 Vgl BGHZ 133, 370, 375 = DStR 1996, 2029 m Anm *Goette;* ferner etwa *Goette* DStR 2002, 227. Zu den Anforderungen an das Organmitglied bei Auslegung u Anwendung von Rechtsnormen eingehend *Spindler* FS Canaris, 2007, 403 ff. Speziell zur Beachtung kartellrechtl Vorschriften u GFührerhaftung gegenüber GmbH bei Kartellrechtsverstößen *Dreher,* FS Konzen, 2006, S 85, 103 ff; *Fleischer* BB 2008, 1070, 1072 f; *Zimmermann* WM 2008, 433; *Wilsing* HdBManagerhaftung § 25 Rn 20; zur *Außenhaftung* des GFührers in diesem Zusammenhang *Dreher* WuW 2009, 133.

147 Ulmer/*Paefgen* Rn 32 ff; Scholz/*Schneider* Rn 46, 74 ff; Michalski/*Haas* Rn 46 ff, jew mwN; ferner Rowedder/Schmidt-Leithoff/*Koppensteiner* Rn 10; Lutter/*Hommelhoff/Kleindiek* Rn 9; *Lutter* GmbHR 2000, 301, 303; *Weber/Lohr* GmbHR 2000, 698, 699; *Goette* § 8 Rn 202; für AG *Bayer* FS K Schmidt, 2009, S 85, 88 ff (zu Kartellverstößen). Aus der Rspr BGH DStR 2008, 1293, 1294 f (GAMMA) (Sorge für das rechtmäßige Verhalten der Ges nach außen) m Hinweis auf BGH ZIP 1988, 512, 514; beispielhaft KG NZG 1999, 400. Weitere Bsp konkreter Konstellationen der Verletzung der Sorgfaltspflicht Rn 24.

148 *Goette* § 8 Rn 202; Scholz/*Schneider* Rn 360; für AG *Bayer* FS K Schmidt, 2009, S 85 ff (zuKartellverstößen) mwN.

149 Zum Meinungsstand *Bachmann* VGR Bd 13 (2008), 65, 67 ff, der zutr konstatiert, dass sich die Positionen einander annähern; s auch *Fleischer* AG 2003, 291 ff (für AG); ferner zum ganzen etwa *Kiethe* GmbHR 2007, 393; *Schneider* ZIP 2003, 645 ff; *Hauschka* AG 2004, 461 ff; *Hauschka* (Hrsg), Corporate Compliance, 2007.

150 Vgl *Bachmann* VGR Bd 13 (2008), 65, 70 f.

151 Sinngemäß *Bachmann* VGR Bd 13 (2008), 65, 68, 100 (bestimmte Risikoklasse, gewisse Risikoschwelle); Spindler/Stilz/*Fleischer,* AktG, § 91 Rn 43 (bei entsprechendem Gefahrenpotential) (für AG); *Kiethe* GmbHR 2007, 393, 397 (wenigstens bei Erreichen eines gewissen Risikogrades); ähnl wohl auch *Schneider/Schneider* GmbHR 2005, 1229, 1231 (bei größeren Unternehmen); weitergehend etwa *Schneider* ZIP 2003, 645, 648 (Verpflichtung zur Einrichtung einer Compliance-Organisation besteht […] für alle Unternehmen. Und sie erstreckt sich auf alle gesetzl Verpflichtungen); Scholz/*Schneider* Rn 361; zust *Lösler* WM 2007, 676, 678.

152 Zur Zumutbarkeitsgrenze *Bachmann* VGR Bd 13 (2008), 65, 78 f, ferner 82 („Compliance um jeden Preis gerade nicht geschuldet"). Zur Haftung bei unterlassener (pflichtgem) Compliance-Organisation s auch *dens* ebd, 83 ff, 101.

sind Art u Größe des betreffenden Unternehmens, Umfang u Bedeutung der zu beachtenden Vorschriften sowie frühere Missstände u Unregelmäßigkeiten.[153] GFührer ist insofern gewisser Beurteilungs- bzw Ermessenspielraum zuzubilligen, ob er Compliance-Organisation einrichtet u insbes wie er diese ausgestaltet.[154] Allg verbindliche Vorgaben für die Ausgestaltung einer Compliance-Organisation sind demgegenüber nicht anzuerkennen.[155] Von Sicherstellung rechtmäßigen Verhaltens der Ges zu unterscheiden ist die Frage, inwieweit derartige GesPflichten auch Pflichten des GFührers gegenüber den entsprechenden Dritten sind, deren Verletzung zu unmittelbarer Haftung gegenüber Dritten führen kann (dazu unten Rn 67 ff; zur Frage, inwieweit interne Organisationspflichten Außenwirkung entfalten können Rn 76 ff). Des Weiteren ergeben sich Verhaltensregeln u damit **Pflichten** des GFührers **aus** der **Satzung u** aus den (rechtmäßigen) **Beschlüssen** (Weisungen) ihm übergeordneter Gremien wie insbes AR u GfterVers (vgl § 37 Rn 17 ff u unten Rn 35) sowie ggf dem schuldrechtlichen Anstellungsverhältnis.[156] GFührer müssen namentlich Kompetenzverteilung innerhalb der Ges einhalten, insbes die durch Gesetz, Satzung u Beschlüsse gezogenen Schranken ihrer GFührungsbefugnis (vgl § 37 Rn 2 ff).[157] Das schließt Pflicht mit ein, vertrauensvoll, loyal u kooperativ mit MitGFührern u übergeordneten GesGremien zusammenzuarbeiten (§ 35 Rn 33).[158] GFührer hat insbes in unternehmerische Entscheidungen eingebundene Gfterversammlung oder AR vollständig u sachlich zutreffend über die entscheidungsrelevanten Umstände zu informieren.[159] *Lutter*[160] hat alle diese Verhaltensanforderungen prägnant in „10 Gebote an den Geschäftsführer" zusammengefasst, nämlich: Einhaltung der Gesetze u

---

153 Vgl *Bachmann* VGR Bd 13 (2008), 65, 81; Spindler/Stilz/*Fleischer,* AktG, § 91 Rn 43 (für AG); *Kiethe* GmbHR 2007, 393, 396 f.

154 *Bachmann* VGR Bd 13 (2008), 65, 80 ff, 85 f, 100; *Kort* NZG 2008, 81, 84; Spindler/Stilz/*Fleischer,* AktG, § 91 Rn 43 (für AG).

155 Ebenso Spindler/Stilz/*Fleischer,* AktG, § 91 Rn 43 (für AG); *Kort* NZG 2008, 81, 84; *Bachmann* VGR Bd 13 (2008), 65, 80 ff, 85 f, 100; **aA** Scholz/*Schneider* Rn 361; *Schneider* ZIP 2003, 645, 649 f, der Aufstellung u Kommunikation unternehmensbezogener Compliance-Standards, Erarbeitung eines Compliance-Trainingsprogrammes sowie Bestellung eines Compliance-Beauftragten zu Mindestanforderungen an ordnungsgemäße Compliance-Organisation erklärt; Konkretisierungsversuche zur Ausgestaltung einer Compliance-Organisation etwa auch bei *Kiethe* GmbHR 2007, 393, 397 ff; *Kremer/Klahold* HdbManagerhaftung § 18 Rn 26 ff.

156 Lutter/*Hommelhoff/Kleindiek* Rn 8.

157 Ulmer/*Paefgen* Rn 24; Michalski/*Haas* Rn 53; Lutter/*Hommelhoff/Kleindiek* Rn 8. Zur Bindung an innergesellschaftl Kompetenzordnung bzw Kompetenzregelung im Anstellungsvertrag vgl auch etwa BGH NJW 2001, 2166 (Abberufung u Kündigung betreffend); OLG Celle NZG 2002, 823, 824; OLG Koblenz Urt v 24. 9. 2007 – 12 U 1437/04, BeckRS 2008, 02728; KG GmbHR 2005, 477, 478 m Komm *Brötzmann.* Bsp für kompetenzwidriges Verhalten: BGH DStR 2007, 310, 311(Gehaltszahlung ohne GfterBeschluss gem § 46 Nr 5); BGH NJW-RR 1988, 995(Anstellung eines RA gegen Widerspruch der MitGfter); BGH DStR 1997, 80, 81; BGH DStR 2008, 1599, 1600 m Anm *Goette* (Grundstücks(ver)kauf ohne notwendige Zustimmung des MitGfters bzw gebotene Herbeiführung eines GfterBeschlusses).

158 Dazu näher Scholz/*Schneider* Rn 140 ff; Michalski/*Haas* Rn 52 f.

159 OLG Oldenburg NZG 2007, 434, 437 = NZI 2007, 305 m Anm *Himmelsbach/Krüger* = BB 2007, 66 m Anm *Liese/Theusinger;* dazu auch *Böttcher* NZG 2007, 481, 484 f; OLG Koblenz Urt v 24. 9. 2007 – 12 U 1437/04, BeckRS 2008, 02728 (sub C II 2. a) aa); *Wicke* Rn 5.

160 GmbHR 2000, 301, 302 ff. S auch *Schneider/Schneider* GmbHR 2005, 1229 ff.

nicht zuletzt des GmbHG; Einhaltung von Satzung u Geschäftsordnung; Einhaltung der Regeln des Anstellungsvertrags; Einhaltung von Weisungen der Gfter; ordnungsgemäße Organisation der Ges; Kontrolle der Organisation; regelmäßige Kontrolle der Liquidität u Finanzlage der Ges; Vermeidung übergroßer Risiken (laufende Risikobeobachtung, Vorbereitung von Risikoentscheidungen); Vermeidung, mindestens aber Offenlegung aller Konflikte zwischen den Interessen der GmbH u den Eigeninteressen des GFührers sowie schließlich sorgfältige Vorbereitung geschäftlicher u unternehmerischer Entscheidungen.

18 **d) Sorgfaltsverstoß.** Regelungstechnik des Gesetzes setzt für Haftung bei der Pflichtwidrigkeit schädigenden Verhaltens an u erfordert gleichsam zusätzlich zum Pflichtenverstoß das Vorliegen eines Sorgfaltsverstoßes (zum Inhalt dieses Maßstabs Rn 9 ff). Unterscheidung zwischen Pflichtenverstoß u Sorgfaltsverstoß ist jedoch allenfalls vom normativen Ansatz her möglich, nämlich insofern, als Verhaltenspflichten sich dem Grundsatz nach nicht aus Abs 1 ergeben oder entwickeln lassen, sondern insbes aus der GFührungsaufgabe, aus dem Treupflichtgedanken oder aus Sonderregelungen (vgl Rn 8, 17). Andererseits sind Pflichtwidrigkeiten iSv Abs 2 Verhaltensunrecht, das sich nicht ohne Heranziehung von Sorgfaltsanforderungen bestimmen lässt; anders ausgedrückt ergeben sich die Reichweite der Verhaltenspflichten u ihre genaueren Konturen in aller Regel nur im Blick auf den Maßstab des Abs 1.[161] Pflichtwidrig iSv Abs 2 ist danach nur ein geschäftliches Verhalten, das der Sorgfalt eines ordentlichen Geschäftsleiters nicht entspricht. Der Sprachgebrauch lässt dies auch insofern erkennen, als von Sorgfaltspflichten u Sorgfaltspflichtverstößen gesprochen wird. Schief ist, den Pflichtenverstoß als objektive, den Sorgfaltsverstoß als subjektive Pflichtwidrigkeit kennzeichnen u erfassen zu wollen,[162] dies jedenfalls in dem Sinne, dass die erforderliche Leitungssorgfalt eine normative, objektive Verhaltensvorgabe ist, deren Inhalt von der Person des GFührers, seiner persönlichen Vita etc unabhängig ist. Sorgfaltspflicht ist nur stärker von den Umständen des Einzelfalls abhängig als der mit dem Begriff der objektiven Pflicht erfasste Pflichtrahmen. Konkretes *Beispiel:* in höchstrichterlich entschiedenen Haftungsfällen spielt Haftung für Vergabe verlorener Kredite quantitativ herausragende Rolle. Pflicht der GLeitung von Kreditinstituten ist die Vergabe von Krediten, gleichzeitig aber auch, die Vergabe von mit Wahrscheinlichkeit uneinbringlichen Krediten zu meiden (man kann die Pflichten auch strenger fassen: nur mit höchster Wahrscheinlichkeit einbringliche Kredite dürfen vergeben werden).[163] GLeitung verstößt aber gegen diese Pflicht nicht schon, wenn Kreditnehmer sich im Nachhinein als schon zZt der Kredithingabe zu unsicherer Schuldner herausstellt, sondern nur, wenn die Uneinbringlichkeit im Kreditvergabezeitpunkt für ordentlichen GLeiter auch erkennbar (u daher vermeidbar) war.[164] Pflichtwidrig handelt nur ein GLeiter, der auch notwendige Sorgfalt bei Überprüfung der Kreditwürdigkeit versäumt.[165] Es wäre geradezu abwegig, GLeitungen pflichtwidriges Handeln vorzuwerfen, die mit der Sorgfalt eines ordentlichen GLeiters vorgegangen sind. Es mag hier dahinstehen, ob

[161] Zust Lutter/*Hommelhoff/Kleindiek* Rn 7.
[162] Vgl etwa OLG Naumburg NZG 1999, 353, 355.
[163] Vgl dazu auch OLG Koblenz Urt v 24. 9. 2007 – 12 U 1437/04, BeckRS 2008, 02728; *Fischer* DStR 2007, 1083 (zur Haftung von Bankvorständen).
[164] Vgl OLG Naumburg NZG 1999, 353, 355.
[165] LG Köln NJW-RR 2000, 1056 f.

generell, insbes im deliktischen Bereich, die Außerachtlassung der erforderlichen Sorgfalt zu den Rechtswidrigkeitsvoraussetzungen gehört.[166] Innerhalb von Sonderverbindungen ist die Annahme von Pflichten, die über das geforderte Sorgfaltsmaß hinausgehen, nicht vertretbar.[167]

e) Einzelheiten. aa) Pflichten- u Sorgfaltsstandards. Wie GFührer sich unter den dargelegten Vorgaben im Einzelnen zu verhalten haben, was also letztlich dem Verhalten eines ordentlichen GLeiters entspricht, wird mit **konkretisierten Regelwerken** zu erfassen versucht. Zum einen ist hier die **due diligence** zu nennen, mit der hauptsächlich die beim Unternehmenskauf zu beachtenden Pflichten erfasst werden (s noch § 35 Rn 40 sowie unten Rn 22 c mit Fn 209).[168] Spezifischer gesellschaftsrechtlich sind die Grundsätze der **corporate governance**, insbes die gesetzlich in § 161 AktG verankerten Empfehlungen der Regierungskommission Deutscher Corporate Governance Kodex (DCGK), die sich zwar in erster Linie an börsennotierte Aktiengesellschaften richten, aber auch von börsenfernen Ges beachtet werden sollen[169] (dazu Vor § 35 Rn 13). Zunehmend finden sich auch standardisierte Mindestanforderungen einer ordnungsgemäßen Compliance-Organisation (Rn 17).[170] Am problemnächsten u ausführlichsten sind in der Betriebswirtschaftlehre ganz bewusst im Hinblick auf rechtliche Sorgfaltsanforderungen formulierte **Grundsätze ordnungsgemäßer Unternehmensführung.**[171] Sie fungieren als gleichsam übergeordnete Kategorie zu Grundsätzen ordnungsgemäßer Unternehmensleitung u Grundsätzen ordnungsgemäßer Überwachung. Ihnen lassen sich zur Seite stellen Grundsätze für sachlich abgrenzbare Bereiche, zB Grundsätze ordnungsgemäßer Abschlussprüfung u Grundsätze ordnungsgemäßer Datenverarbeitung. Mag manches davon betriebswirtschaftlichem Hang zum Überkategorisieren entspringen oder auf mangelnder Erfahrung der Nachbarwissenschaft mit den Möglichkeiten normativer Erfassbarkeit der Lebensfülle beruhen, u mag auch das entstandene Regelwerk einerseits lückenhaft, andererseits im Hinblick auf schnelle Entwicklungen u wirtschaftliche Zwänge in Details da u dort zu starr erscheinen: der Jurist ebenso wie der Unternehmenspraktiker tut gut daran, sich mit den Regelwerken zu befassen, 19

[166] Zu dieser Frage insbes *Münzberg,* Verhalten und Erfolg als Grundlagen der Rechtswidrigkeit und Haftung, 1966, 100 ff.

[167] Insoweit auch Michalski/*Haas* Rn 40.

[168] S dazu Ulmer/*Paefgen* Rn 73 mwN; ferner etwa *Kiethe* NZG 1999, 976; *Bremer* GmbHR 2000, 176; *U. Huber* AcP 202 (2002), 179, 193 ff; *Triebel/Hölzle* BB 2002, 521; *M. Wolf/Kaiser* DB 2002, 411; *Körber* NZG 2002, 263.

[169] Vgl Präambel des Kodex; Michalski/*Haas* Rn 66 (Ausstrahlungswirkung auch auf die größeren GmbH); vgl auch Ulmer/*Paefgen* Rn 72 (einzelne Bestimmungen cum grano salis anwendbar). Abl gegenüber haftungsrechtlich relevanter Konkretisierungsfunktion der Kodex-Bestimmungen für Verhaltensanforderungen an GmbH-GFührer *Kort* FS K Schmidt, 2009, S 945, 962 ff; gegen Übertragung des DCGK auf GmbH auch *Buck-Heeb* FS Westermann, 2008, S 854, 852 f; *Bernhardt* BB 2008, 1686, 1691.

[170] Vgl etwa Scholz/*Schneider* Rn 361; *Schneider* ZIP 2003, 645, 649 f; *Kremer/Klahold* HdbManagerhaftung § 18 Rn 26 ff (am Bsp Korruptionsbekämpfung u Kartellrecht); skeptisch gegenüber „Verbetriebswirtschaftlichung des Organisationsrechts" *Bachmann* VGR Bd 13 (2008), 65, 76. Vgl auch 4.1.3 DCGK zur „Compliance" als Vorstandsaufgabe.

[171] Dazu auch Michalski/*Haas* Rn 66; Scholz/*Schneider* Rn 86; Ulmer/*Paefgen* Rn 72; *Haas* NZG 2001, 863 f., die zutr darauf hinweisen, dass die Grundsätze zur Konkretisierung des Sorgfaltsmaßstabs (Abs 1) herangezogen werden können, ihnen rechtliche Verbindlichkeit aber nicht zukommt.

die von Sachkennern der einschlägigen Bereiche erarbeitet sind. Der Nutzen der Grundsätze dürfte am ehesten im organisatorischen Bereich liegen. Je größer ein Unternehmen u je mehr Personen zu seinem Erfolg zusammenwirken, desto mehr Organisation ist erforderlich, um effektive positive Zusammenarbeit u Vermeidung von Fehlern zu sichern.[172]

20 **bb) Steigerung des Unternehmenswerts.** Jedenfalls in auf lange Dauer angelegten Unternehmen ist Gewinnerzielung als Leitmaxime unternehmerischen Handelns zu dürr. IdR haben GFührer ihr Handeln auf tunlichste Steigerung des Unternehmenswerts auszurichten (Ziffer 4.1.1. Deutscher Corporate Governance Kodex). Mißt man Unternehmenswert mit der Ertragswertmethode, bedeutet Konzept folgerichtig (etwas vereinfacht), dass Unternehmensführung auf Steigerung der Ertragskraft auszurichten ist. Dieses Konzept, das bewährtem betriebswirtschaftlichem Denken entspricht u notwendigen Ausgangspunkt für das Funktionieren der Marktwirtschaft bildet, ist durch zT polemisch geführte *shareholder value*-Diskussion stärker ins Bewusstsein gehoben worden. Es gilt für GmbH erst recht, mit freilich dem wichtigen Unterschied, dass GFührung nicht allein bei den GFührern liegt, sondern in unterschiedlichem Ausmaß durch GfterVers mitgesteuert wird. Wo Gfter das Konzept (einverständlich) verlassen oder begrenzen, haben sich GFührer dem unterzuordnen; im Übrigen aber sind sie voll darauf verpflichtet. Steigerung des Unternehmenswerts verbietet selbstverständlich nicht die Mitberücksichtigung von Arbeitnehmerinteressen, wie oft mißverstanden wird (ganz verkehrt etwa die Aussage, dass Mitbestimmungsidee mit dem *shareholder value* nicht vereinbar sei),[173] sondern erlaubt deren Berücksichtigung, soweit sie im wohlverstandenen Interesse der Ges liegt, was in breitem Umfang zu bejahen ist.[174] Konzept der Steigerung des Unternehmenswerts steht in keinerlei Gegensatz zu den Grundsätzen ordnungsmäßiger Unternehmensführung, sondern ergänzt sich damit.[175]

21 GFührer dürfen Allgemeininteressen über das gesetzlich Vorgeschriebene hinaus mit GesMitteln fördern, also zur Förderung künstlerischer, wissenschaftlicher, sportlicher, sozialer sowie politischer Einrichtungen oder Veranstaltungen **Sponsoring** betreiben u **Spenden** vergeben, soweit dies die Unternehmensumwelt verbessert u dem GesZweck, etwa dem *standing* des Unternehmens dient.[176] Es handelt sich um unternehmerische Entscheidun-

---

172 Vgl zum vorstehenden *A. v. Werder* DB 1995, 2177; *ders* (Hrsg), Grundsätze ordnungsgemäßer Unternehmensführung (GoF), ZfBetriebswirtschForschung (zfbf) Sonderheft 36/96 mit Beiträgen von *v. Werder, Theisen, Rückle, Hommelhoff/Schwab, Maly u Lorsch; v Werder/Maly/Pohle/Wolff* DB 1998, 1193. Zu den komplizierten theoretischen Implikationen sorgfaltsgemäßer Entscheidungsfindung *v. Werder* ZfB 1997, 901; *Frühauf* ZGR 1998, 407; *Heinrich Götz* ZGR 1998, 524; *Hoffmann-Becking* ZGR 1998, 497; *Kleindiek* ZGR 1998, 466; *Chr. Wilde* ZGR 1998, 423.

173 So aber *Dieterich,* Mitbestimmung 1996, H 12 S 57.

174 So auch Scholz/*Schneider* Rn 68, der aber zu Unrecht in Rn 67 offenbar meint, *hier* werde vertreten, dass „im Zweifel die Interessen der ArbN auch vorgehen können".

175 Zum shareholder value-Konzept *Mülbert* ZGR 1997, 129; *ders* FS Lutter, 2000, 535, 543; *Franz Wagner* BFuPr 1997, 473; *v. Werder* ZGR 1998, 69; *Kübler* FS Zöllner, 1998, Bd I, 321; *K. Schmidt* GesR § 26 II 3 c; *Hirte,* KapGesR Rn 3.43; zur Verpflichtung auf das Gewinnziel *Servatius,* Strukturmaßnahmen als Unternehmensleitung, 2004, 103 ff (für AG).

176 Michalski/*Haas* Rn 82 f; Scholz/*Schneider* Rn 71 ff; Lutter/*Hommelhoff/Kleindiek* Rn 13; Spindler/Stilz/*Fleischer,* AktG, § 76 Rn 39 ff; GroßKommAktG/*Hopt* § 93 Rn 120 f (beide für AG); *Henze* BB 2000, 209, 212; *Mertens* AG 2000, 157 (Zwangs-

gen, bei denen GFührer weiter Handlungsspielraum zuzubilligen ist (s noch unten Rn 22 ff).[177] Unzulässig sind solche unentgeltlichen Zuwendungen insbes bei Unangemessenheit im Hinblick auf die Ertrags- u Vermögenslage, fehlender innerbetrieblicher Transparenz sowie Vorliegen sachwidriger Motive, namentlich Verfolgung rein persönlicher Präferenzen, oder wenn mit Widerspruch der Gfter zu rechnen ist; fehlende Nähe zum Unternehmensgegenstand ist für sich genommen kein Kriterium.[178] GFührer muss in diesen Fällen Billigung der Gfter einholen, um Haftung zu entgehen (vgl unten Rn 33 sowie § 37 Rn 10; zum Schaden bei derartigen Zuwendungen Rn 15).[179]

cc) Geschäftliche u unternehmerische Entscheidungen. (1) Allgemeines. Eigentliche GFührungsaufgabe (§ 35 Rn 4, 28 ff) bedeutet im Wesentlichen, geschäftliche u unternehmerische Entscheidungen zu treffen. Vorgenannte Pflichtenbindung des GFührers (Rn 17) besteht auch u gerade hinsichtlich geschäftlichen u unternehmerischen Handelns. GFührer hat bei seinen Entscheidungen u deren Umsetzung Gesetz u Satzung einzuhalten, ebenso Regelungen seines Anstellungsvertrages u der Geschäftsordnung.[180] Bindung an Legalitätspflicht (Rn 17) besteht grds auch dann, wenn Rechtsverstoß für Ges „nützlich" erscheint (s aber noch unten Rn 23 ff). Handeln des GFührers muss sich namentlich innerhalb Unternehmensgegenstand u seines Kompetenzbereichs bewegen, selbstverständlich müssen GFührer im Rahmen ihrer unternehmerischen Tätigkeit Weisungen u Beschlüsse der Gfter wie auch Treuepflicht gegenüber der Ges respektieren.[181] Soweit GFührer hiernach im Einzelfall zu einem bestimmten Tun oder Unterlassen verpflichtet ist, ist Annahme unternehmerischer Entscheidung ausgeschlossen (Rn 22 b). In diesen Grenzen steht GFührer aber grds **weiter haftungsfreier Handlungsspielraum** (unternehmerisches Ermessen) zu, ohne den unternehmerische Tätigkeit schlechterdings nicht denkbar ist.[182] Das bewusste Eingehen geschäftlicher Risiken, das unternehmerische Tätigkeit wesentlich prägt, umfasst grds auch Fehleinschätzungen.[183] Schlägt Geschäft fehl u wird hierdurch Ges geschädigt, dann ist Haftung aus § 43, 22

---

arbeiterstiftung); vgl auch OLG Zweibrücken NZG 1999, 506, 507; aus strafrechtl Sicht (für AG) BGH NJW 2002, 1585 = DStR 2002, 1102 m Anm *Lange;* s zum ganzen *Riegger/Götze* HdbManagerhaftung § 24 Rn 6 ff; *Säcker* BB 2009, 282; ferner (für AG) *Fleischer* AG 2001, 171; *Laub* AG 2002, 208 (zu Parteispenden).

177 Vgl Ulmer/*Paefgen* Rn 37; Michalski/*Haas* Rn 83; *Riegger/Götze* HdbManagerhaftung § 24 Rn 24.

178 Zur strafrechtlichen Beurteilung BGH NJW 2002, 1585 = DStR 2002, 1102 m Anm *Lange.*

179 Vgl Lutter/*Hommelhoff/Kleindiek* Rn 13; Ulmer/*Paefgen* Rn 37; *Riegger/Götze* HdbManagerhaftung § 24 Rn 35.

180 *Goette* FS 50 Jahre BGH, 2000, 123, 130 ff, 140 f; Scholz/*Schneider* Rn 74; *Ihrig* WM 2004, 2098, 2103; *Hüffer,* AktG, § 93 Rn 4 f (zur AG); vgl auch RegBegr zu § 93 I 2 AktG BT-Drucks 15/5092, 11.

181 Zur Bindung an GfterWeisung in diesem Zusammenhang *Goette* DStR 2003, 887, 894 f; *Kuntz* GmbHR 2008, 121, 123; *Lutter* ZIP 2007, 841, 848. Zum Erfordernis loyalen Verhaltens Ulmer/*Paefgen* Rn 53 f. Zur Bindung des GfterGFührers an mitgliedschaftliche Treuepflicht im Kontext *Kuntz* GmbHR 2008, 121, 124 ff,

182 Zur sachl Rechtfertigung näher (u krit) *Jungmann* FS K Schmidt, 2009, S 831, 834 ff; ferner *Koch* ZGR 2006, 769, 782; *Fleischer* FS Wiedemann, 2002, 827, 829 ff; Ulmer/*Paefgen* Rn 52, jew mwN; s auch *Kuntz* GmbHR 2008, 121 f.

183 BGHZ 135, 244, 253 f (ARAG/Garmenbeck) für AG.

der gerade keine Haftung für wirtschaftlichen Misserfolg begründet, ausgeschlossen, soweit GFührer sein Ermessen fehlerfrei ausgeübt hat (zur Darlegungs- u Beweislast unten Rn 40). Gewagte Geschäfte stellen deshalb keine Sorgfaltspflichtverletzung dar, wenn **erlaubtes Risiko** nicht überschritten ist (zu den Anforderungen im Einzelnen Rn 22 c, d).[184] Haftungsfreistellung des GFührers nach Grds unternehmerischen Ermessens ist in Rspr u Lit seit langem anerkannt.[185] Im Aktienrecht inzwischen kodifizierte[186] *business judgment rule* kann für GmbH-GFührer insoweit entsprechend herangezogen werden;[187] zu berücksichtigen ist dabei allerdings, dass GFührer wegen seiner im Vergleich zum Verstand viel stärkeren Bindung an das Vertrauen der Gfter in weit größerem Maße als dieser gehalten ist, Konsens der Gfter in schwierigen Ermessensentscheidungen einzuholen.[188] Merkmal der „Annahme" (vgl § 93 I 2 AktG) ergibt, dass ex ante-Einschätzung des GFührers, der insoweit in gutem Glauben handeln muss, darüber entscheidet, ob unternehmerische Entscheidung auf der Grundlage angemessener Information erfolgt u Wohl der Ges dient.[189] Gesetz gesteht damit Beurteilungs- bzw Entscheidungsspielraum hinsichtlich dieser Merkmale zu, dem allerdings Grenze dadurch gesetzt ist, dass Einschätzung des GFührers objektiv nachvollziehbar sein muss („vernünftigerweise annehmen durfte").[190]

---

[184] Lutter/*Hommelhoff/Kleindiek* Rn 15; dazu auch Scholz/*Schneider* Rn 99 f; Ulmer/*Paefgen* Rn 70.

[185] BGHZ 135, 244, 253 (ARAG/Garmenbeck) (für AG); hierauf verweisend BGHZ 152, 280, 287; ferner BGH DStR 2008, 1839 = WuB II C § 43 GmbHG 1.09 (*Noack/Bunke*); OLG Oldenburg NZG 2007, 434; OLG Hamburg NZG 2005, 1008, 1010; OLG Stuttgart GmbHR 2003, 835, 836. Aus der umfangreichen Lit etwa *Lutter* GmbHR 2000, 301, 306 ff; *ders* ZIP 2007, 841; *Hauschka* GmbHR 2007, 11; *Brömmelmeyer* WM 2005, 2065; *Koch* ZGR 2006, 769, 782 ff; *Schneider/Schneider* GmbHR 2005, 1229 f; Michalski/*Haas* Rn 21, 64; Roth/*Altmeppen* Rn 8; Scholz/*Schneider* Rn 50 ff; Lutter/*Hommelhoff/Kleindiek* Rn 14 ff; Ulmer/*Paefgen* Rn 52 ff; *Weber/Lohr* GmbHR 2000, 698, 699; Spindler/Stilz/*Fleischer*, AktG, § 93 Rn 55 (für AG); GroßKommAktG/*Hopt* § 93 Rn 81 ff (für AG); MünchKommAktG/*Hefermehl/Spindler* § 93 Rn 24 ff (für AG); s dazu ferner etwa *Goette* FS 50 Jahre BGH, 2000, 123, 133 ff, 140 ff; *Ulmer* ZHR 163 (1999) 290, 297 ff; *Kindler* ZHR 162 (1998) 101, 103 ff; *Henze* NJW 1998, 3309, 3310 f; *Horn* ZIP 1997, 1129; *Heermann* ZIP 1998, 761. Monographisch: *Paefgen,* Unternehmerische Entscheidungen u Rechtsbindung der Organe in der AG, 2002; *M. Roth,* Unternehmerisches Ermessen u Haftung des Vorstands, 2001; *Lohse,* Unternehmerisches Ermessen, 2005; *Oltmanns,* Geschäftsleiterhaftung u unternehmerisches Ermessen, 2001.

[186] Vgl § 93 I 2 AktG: „Eine Pflichtverletzung liegt nicht vor, wenn das Vorstandsmitglied bei einer unternehmerischen Entscheidung vernünftigerweise annehmen durfte, auf der Grundlage angemessener Information zum Wohle der Gesellschaft zu handeln".

[187] Vgl Scholz/*Schneider* Rn 54; Ulmer/*Paefgen* Rn 22, 52; *Hauschka* GmbHR 2007, 11, 12; RegBegr zu § 93 I 2 AktG BT-Drucks 15/5092, 12. Abl gegenüber Geltung einer *business judgment rule* für GmbH analog § 93 I 2 AktG *Jungmann,* FS K Schmidt, 2009, S 831, 850 f, 854, nach dem Haftungsfreistellungsregel nur gerechtfertigt ist bei Ges, die – anders als GmbH – typischerweise darauf angelegt sind, von diversifiziert investierenden Kapitalgebern getragen zu werden. Gänzlich ohne Bezugnahme auf aktiengesetzliche Regelung BGH DStR 2008, 1839 = WuB II C § 43 GmbHG 1.09 (*Noack/Bunke*).

[188] Zutr *K. Schmidt* GesR § 36 II 4 a; ferner *Lutter* ZIP 2007, 841, 848.

[189] Vgl RegBegr zu § 93 I 2 AktG BT-Drucks 15/5092, 11 f; s dazu auch Spindler/Stilz/*Fleischer,* AktG, § 93 Rn 60 (zur AG); *Koch* ZGR 2006, 769, 788.

[190] Vgl *Hüffer,* AktG, 93 Rn 4 e, g (zur AG); *Koch* ZGR 2006, 769, 788.

Dem entspricht es, fehlerhafte Ausübung unternehmerischen Ermessens (erst) in dem Fall anzunehmen, dass **aus ex ante-Perspektive Handeln des GFührers** hinsichtlich Information als Entscheidungsgrundlage bzw Wohl der Ges (Rn 22 c, d) **unvertretbar** erscheint.[191] Sinnähnlich (wenngleich insoweit wohl eher bezogen auf das Entscheidungs*ergebnis*) werden Judikate des BGH zu verstehen sein, dass Schadensersatzplicht „erst dann in Betracht kommen [kann], wenn die Grenzen, in denen sich ein von Verantwortungsbewusstsein getragenes, ausschließlich am Unternehmenswohl orientiertes, auf sorgfältiger Ermittlung der Entscheidungsgrundlagen beruhendes unternehmerisches Handeln bewegen muss, *deutlich* überschritten sind" bzw „die Bereitschaft, unternehmerische Risiken einzugehen, *in unverantwortlicher Weise* überspannt worden ist"[192] u dass „Spielraum [...] dann überschritten [ist], wenn aus der Sicht eines ordentlichen und gewissenhaften Geschäftsleiters das hohe Risiko eines Schadens unabweisbar ist und keine vernünftigen wirtschaftlichen Gründe dafür sprechen, es dennoch einzugehen."[193]

Gerichtliche Überprüfbarkeit unternehmerischen Ermessens ist dementsprechend darauf **beschränkt,** ob GFührer in der konkreten Entscheidungssituation Ermessenspielraum zugestanden u ggf Ermessen prozeduralen u inhaltlichen Anforderungen gemäß ausgeübt hat (Rn 22 c, d).[194] Letzteres meint in vorgenanntem Sinne eine Kontrolle unternehmerischer Vertretbarkeit (objektive Nachvollziehbarkeit) der Entscheidung u ihrer Vorbereitung aus ex ante-Perspektive des betreffenden GFührers.[195] Gericht muss unabhängig von später gewonnenen Erkenntnissen urteilen; Gefahr, dass GFührer „nachträglicher Besserwisserei"[196] des im Haftungsprozess entscheidenden Richters ausgesetzt ist, ist freilich nicht zu unterschätzen,[197] aber gerade durch Vertretbarkeitskontrolle relativiert. (Wirtschaftliche) *Zweckmäßigkeit* der unternehmerischen Entscheidung unterliegt nicht der gerichtlichen Prüfung, ebenso wenig darf Gericht **22 a**

---

[191] Vgl Scholz/*Schneider* Rn 61; *Hüffer,* AktG, 93 Rn 4 b (zur AG) mwN u Bsp aus der Rspr; s auch *Brömmelmeyer* WM 2005, 2066, 2068 f: *Spindler* FS Canaris, 2007, 404, 413; *Schneider/Schneider* GmbHR 2005, 1229 f; *Koch* ZGR 2006, 769, 789 f; **aA** Ulmer/*Paefgen* Rn 61 ff.

[192] BGHZ 135, 244, 253 (ARAG/Garmenbeck) m Hervorhebungen von Verf; ebenso OLG Oldenburg NZG 2007, 434, 435; OLG Koblenz Urt v 24. 9. 2007 – 12 U 1437/04, BeckRS 2008, 02728 (sub C II 2. a) bb); s auch Lutter/*Hommelhoff/Kleindiek* Rn 14; *Lutter* ZIP 2007, 841, 845; RegBegr zu § 93 I 2 AktG BT-Drucks 15/5092, 11 (mit Entscheidung verbundenes Risiko in völlig unverantwortlicher Weise falsch beurteilt); **aA** u Rspr abw interpretierend Ulmer/*Paefgen* 60 f.

[193] BGH DB 2005, 1269, 1270; BGH DB 2002, 473 (beide zur Genossenschaft); ebenso OLG Koblenz Urt v 24. 9. 2007 – 12 U 1437/04, BeckRS 2008, 02728 (sub C II 2. a) bb)); zust etwa Scholz/*Schneider* Rn 59; vgl auch *Lutter* ZIP 2007, 841, 845; **aA** u Rspr als „mißglückt" bezeichnend Ulmer/*Paefgen* Rn 70.

[194] Differenzierend zwischen FremdGF einerseits u GfterGFührer andererseits u im Einzelfall für stärkere gerichtl Überprüfbarkeit unternehmerischer Entscheidungen des MehrheitsGfterGFührers u MinderheitsGfterGFührers mit Sperrminorität im Hinblick auf deren mitgliedschaftliche Treuepflicht *Kuntz* GmbHR 2008, 121, 124 ff.

[195] Ebenso Scholz/*Schneider* Rn 61; *Brömmelmeyer* WM 2005, 2066, 2068 f; **aA** u ausschließlich für gerichtliche Kontrolle der verfahrensbezogenen Sorgfaltspflicht Ulmer/*Paefgen* Rn 58 ff, 61 ff.

[196] Ulmer/*Paefgen* Rn 59.

[197] Vgl dazu *Fleischer* FS Immenga, 2004, 575, 579 f; *Brömmelmeyer* WM 2005, 2066, 2068 f; *Koch* ZGR 2006, 769, 782; *Schäfer* ZIP 2005, 1253 f; *S H Schneider* DB 2005, 707, 708 f.

eigene unternehmerische Entscheidung an Stelle der GFührerentscheidung setzen oder berücksichtigen, dass GFührer andere vertretbare, möglicherweise zweckmäßigere Handlungsoptionen zur Verfügung gestanden haben.[198]

22 b **(2) Unternehmerische Entscheidung.** Haftungsprivilegierung setzt unternehmerische Entscheidung voraus.[199] Verlangt ist **Auswahl aus mehreren** tatsächlich möglichen u rechtlich zulässigen **Handlungsoptionen** (vgl Rn 22); GFührer muss sich dabei bewusst zu einem bestimmten Tun oder Unterlassen entschließen, bloße Untätigkeit genügt nicht.[200] Gegenstück unternehmerischer Entscheidung bildet sog gebundene Entscheidung, die gerichtlich in vollem Umfang überprüfbar ist.[201] Besteht also im Einzelfall kraft Gesetzes, Satzung, Anstellungsvertrag, Geschäftsordnung oder GfterWeisung konkrete Pflicht des GFührers zu bestimmtem Verhalten (Tun oder Unterlassen), ist insoweit unternehmerische Entscheidung mit Entscheidungsermessen nicht gegeben, weil schlicht Handlungsalternative fehlt (s aber noch Rn 23 ff).[202] In Betracht kommt dann nur Annahme unternehmerischen Ermessens hinsichtlich Art u Weise der Pflichterfüllung.[203] Es muss sich zudem um Entscheidung mit **Prognosecharakter** handeln, die also auf Grund ihrer Zukunftsbezogenheit mit prognostischer Unsicherheit behaftet ist, deren (ökonomischer) Sinn oder Unsinn mithin allenfalls im Nachhinein feststellbar ist. Nur dann besteht nämlich Risiko der Fehleinschätzung, deren Realisierung unter bestimmten Voraussetzungen (Rn 22 c, d) nicht zur Haftung des GFührers führen soll.[204]

22 c **(3) Anforderung an Ausübung unternehmerischen Ermessens.** Haftungsprivilegierung im Rahmen unternehmerischer Entscheidungen besteht nicht, wenn GFührer Ermessen nicht oder nicht sorgfaltspflichtgemäß wahrnimmt. Maßstab ist insoweit, was betreffender GFührer bei seiner Entschei-

---

[198] Vgl Scholz/*Schneider* Rn 62.

[199] Beispielhaft für Entscheidungen mit Beurteilungs- oder Ermessensspielraum des GFührers Rn 17, 23 c, 35 aE, 49 a, 95; ferner etwa OLG Oldenburg NZG 2007, 434, 435 (Personalmaßnahmen – Gehaltserhöhung für leitenden Mitarbeiter; Unternehmenserwerb); s auch Sachverhalte in BGHZ 135, 244 (ARAG/Garmenbeck); BGH DStR 2008, 1839; ferner *Goette* FS 50 Jahre BGH, 2000, 123, 133 ff sowie weitere Bsp in Rn 24; eingehend zum Begriff der unternehmerischen Entscheidung m weiteren Bsp *S H Schneider* DB 2005, 707 ff.

[200] *S H Schneider* DB 2005, 707, 709 f; zust etwa Scholz/*Schneider* Rn 56; ferner Ulmer/*Paefgen* Rn 55, jew mwN; s auch *Ihrig* WM 2004, 2098, 2103 f.

[201] Dazu *S H Schneider* DB 2005, 707, 710.

[202] *S H Schneider* DB 2005, 707, 710; Scholz/*Schneider* Rn 56, 74; Ulmer/*Paefgen* Rn 55; *Ihrig* WM 2004, 2098, 2103; *Lutter* ZIP 2007, 841, 843; *Koch* ZGR 2006, 769, 784 ff; *Fleischer* ZIP 2004, 685, 690; *Hüffer,* AktG, § 93 Rn 4 f mwN (zur AG); RegBegr zu § 93 I 2 AktG BT-Drucks 15/5092, 11; eingehend *Goette* FS 50 Jahre BGH, 2000, 123, 130 ff; 133 ff. Bsp aus der Rspr OLG Koblenz Urt v 24. 9. 2007 – 12 U 1437/04, BeckRS 2008, 02728: kein unternehmerisches Ermessen, wenn GFührer auf Grund statutarischen Zustimmungsvorbehalts in eigentliche Entscheidung eingebundenes internes Kontrollgremium vollständig u zutreffend unterrichten muss.

[203] Scholz/*Schneider* Rn 56; *S H Schneider* DB 2005, 707, 710; *Hauschka* GmbHR 2007, 11, 13; *Brömmelmeyer* WM 2005, 2066, 2066; Spindler/Stilz/*Fleischer,* AktG, § 93 Rn 65 (für AG).

[204] Scholz/*Schneider* Rn 56; *S H Schneider* DB 2005, 707, 709; *Schäfer* ZIP 2005, 1253, 1256; *Brömmelmeyer* WM 2005, 2065, 2066; *Hüffer,* AktG, § 93 Rn 4 f (zur AG); RegBegr zu § 93 I 2 AktG BT-Drucks 15/5092, 11; krit etwa Ulmer/*Paefgen* Rn 55; **aA** *Koch* ZGR 2006, 769, 787 f; *Langenbucher* DStR 2005, 2083, 2086; *Spindler* NZG 2005, 865, 871; s auch Spindler/Stilz/*Fleischer,* AktG, § 93 Rn 64 (zur AG) mwN.

dung als angemessen angesehen hat u auch „vernünftigerweise“ als angemessen ansehen durfte, dh aus ex ante Sicht objektiv nachvollziehbar (vertretbar) erscheint (oben Rn 22 f).[205] Erforderlich ist **sorgfältige Vorbereitung** (u Umsetzung) der (getroffenen) Entscheidung unter Einbeziehung aller Entscheidungsalternativen mit ihren Auswirkungen.[206] GFührer muss in der konkreten Entscheidungssituation alle verfügbaren Informationsquellen tatsächlicher wie rechtlicher Art ausschöpfen u auf dieser Grundlage die Vor- u Nachteile der bestehenden Handlungsoptionen sorgfältig abschätzen u den erkennbaren Risiken Rechnung tragen.[207] Ausmaß der gebotenen Entscheidungsvorbereitung ist situationsabhängig im Einzelfall[208] zu bestimmen („angemessene Information“, § 93 I 2 AktG), u zwar nach Zeitvorlauf bzw Dringlichkeit der Entscheidung, nach dem Verhältnis von Kosten u zeitlichem Aufwand für die Beschaffung der Informationen einerseits zu deren voraussichtlichem Nutzen andererseits, selbstverständlich nach Relevanz der Information für die Entscheidung sowie insbes anhand von Art u Bedeutung des Geschäfts oder der Investition für die Ges u unter Berücksichtigung anerkannter betriebswirtschaftlicher Verhaltensmaßstäbe.[209] Je höher möglicher Schaden u je wahrscheinlicher Schadenseintritt ist, umso gründlicherer Ausschöpfung aller Erkenntnismöglichkeiten bedarf es.[210] Was „erlaubt“ ist, bemisst sich nicht allein nach der Wahrscheinlichkeit des Gelingens oder Mißlingens, sondern lässt sich nur aus der Relation dieser Wahrscheinlichkeit zu Art u Höhe des möglichen Schadens der Ges bestimmen. Je höher möglicher Schaden ist (selbstverständlich auch dieser wieder in Relation zu den Ressourcen der Ges), umso niedriger muss Wahrscheinlichkeit eines Schadenseintritts sein.[211] Sorgfaltspflichtgemäße Risikovorsorge verlangt etwa bei Kreditge-

---

205 S auch RegBegr zu § 93 I 2 AktG BT-Drucks 15/5092, 12; *Koch* ZGR 2006, 769, 789 f.

206 Ebenso BGH DStR 2008, 1839 = WuB II C § 43 GmbHG 1.09 (*Noack/Bunke*); BGHZ 135, 244, 253 (ARAG/Garmenbeck): „sorgfältige Ermittlung der Entscheidungsgrundlagen“; ferner etwa *Lutter* GmbHR 2000, 301, 307; Michalski/*Haas* Rn 69, 74 f, 79, Lutter/*Hommelhoff/Kleindiek* Rn 15 f; Ulmer/*Paefgen* Rn 62; *Brömmelmeyer* WM 2005, 2065, 2067.

207 BGH DStR 2008, 1839, 1840 f = WuB II C § 43 GmbHG 1.09 (*Noack/Bunke*); *Goette* FS 50 Jahre BGH, 2000, 123, 140 f mwN; ferner BGHZ 152, 280, 284 m Verweis auf BGHZ 135, 244, 253 (ARAG/Garmenbeck); OLG Oldenburg NZG 2007, 434, 435.

208 Vgl BGH DStR 2008, 1839, 1840 f = WuB II C § 43 GmbHG 1.09 (*Noack/Bunke*): „in der konkreten Entscheidungssituation“.

209 RegBegr zu § 93 I 2 AktG BT-Drucks 15/5092, 12; ferner Ulmer/*Paefgen* Rn 62; Scholz/*Schneider* Rn 38; *Lutter* ZIP 2007, 841, 844 f; *Brömmelmeyer* WM 2005, 2065, 2067; *Koch* ZGR 2006, 769, 789; *Spindler* AG 2006, 677, 681; *Hauschka* GmbHR 2007, 11, 16; Spindler/Stilz/*Fleischer,* AktG, § 93 Rn 69 (für AG). – Zum Erfordernis der Durchführung einer ***due diligence*** beim Unternehmen- u Beteiligungskauf OLG Oldenburg NZG 2007, 434, 436 mwN = NZI 2007, 305 m Anm *Himmelsbach/Krüger* = BB 2007, 66 m Anm *Liese/Theusinger;* dazu auch *Fleischer* NJW 2009, 2337, 2338; aus der Lit etwa Ulmer/*Paefgen* Rn 73 m umfangreichen Angaben; *Böttcher* NZG 2007, 481, 482 ff; *ders* NZG 2005, 49, 50 ff sowie zur AG Spindler/Stilz/*Fleischer,* AktG, § 93 Rn 79; *Hüffer,* AktG, § 93 Rn 4 b; vgl auch oben Rn 19.

210 *Hauschka* GmbHR 2007, 11, 16 („Risikodäquanz“); *Brömmelmeyer* WM 2005, 2065, 2067.

211 *Lutter* GmbHR 2000, 301, 305 ff; Lutter/*Hommelhoff/Kleindiek* Rn 16; Roth/*Altmeppen* Rn 11; Rowedder/Schmidt-Leithoff/*Koppensteiner* Rn 18; *Weber/Lohr* GmbHR 2000, 698, 699; *Hillekamp* NStZ 1981, 161; *Heisse* 34; ausführl Michalski/*Haas*

schäft Prüfung der Bonität des Kreditnehmers u Bestellung im Geschäftsverkehr üblicher u erforderlicher Sicherheiten.[212]

22 d Unternehmerische Entscheidung ist ausschließlich **am „Wohl der Ges"** (vgl § 93 I 2 AktG), dh dem wohlverstandenen Interesse der Ges (vgl Rn 20) **auszurichten**[213] (worauf es freilich nicht ankommt, wenn GFührer im Hinblick auf seine Pflichtenbindung schon kein unternehmerisches Ermessen zusteht, Rn 22, zB weil Geschäft unzweifelhaft mit Zweck der Ges unvereinbar ist). Das schließt mit ein, dass GFührer Entscheidung **frei von sachfremden Einflüssen u Sonderinteressen** treffen muss, weil sonst ausschließliche Orientierung am Wohl der Ges regelmäßig nicht anzunehmen ist.[214] Daran fehlt es, wenn GFührer unmittelbar zu eigenem Nutzen oder Nutzen ihm nahe stehender Personen oder Ges handelt[215] oder sonst Interessenkonflikt ausgesetzt ist[216] GFührer kann in solchen Fällen gehalten sein, Weisung oder Zustimmung der Gfter einzuholen, zumindest ist ihm dies anzuraten.

23 **dd) „Nützliche Pflichtverletzungen". Gesetzliche Verhaltenspflichten kraft öffentlichen Rechts,** denen GmbH oder GFührer im Außenverhältnis gegenüber Dritten unterliegen (zB kartell- oder umweltschutzrechtliche Bestimmungen), verpflichten GFührer (auch) im Innenverhältnis gegenüber Ges (Rn 17; zu öffentlich-rechtlichen *Zahlungspflichten* sogleich Rn 23 b[217]). Gesetzeswidrige GFührungstätigkeit begründet deshalb Ersatzpflicht aus § 43, soweit Ges hierdurch Schaden entsteht.[218] Das gilt auch dann, wenn Gesetzesverstoß aus ex ante-Sicht subjektiv im Interesse der Ges oder sogar objektiv zu deren Nutzen erfolgte, etwa weil Entdeckungs- oder Verfolgungsrisiko oder angedrohte Sanktion im Vergleich zu ersparten Kosten gering sein mag. **Unternehmerisches Ermessen** des GFührers (Rn 22 ff) ist **nicht anzuerkennen.** Bindung an Legalitätspflicht geht insoweit vor, weil Rechtsordnung prinzipiell nur gesetzestreuem GFührer Hand-

---

Rn 64 ff. Aus der Rspr zB BGHZ 69, 207; RGZ 129, 275; RG DR 1939, 2164; OLG Jena NZG 2001, 86, 87 = DStR 2001, 863 (L) m Anm *Haas;* OLG Düsseldorf DStR 2001, 2223 m Anm *Haas/Müller;* OLG Jena NZG 1999, 121, 122; OLG Zweibrücken NZG 1999, 506, 507.

[212] Vgl BGH DB 2005, 1269, 1270 (zur Genossenschaft); ferner etwa *Brömmelmeyer* WM 2005, 2065, 2069; Spindler/Stilz/*Fleischer,* AktG, § 93 Rn 76 ff (zur AG); *Goette* FS 50 Jahre BGH, 2000, 123, 136 m weiteren Bsp aus der Rspr für mangelnde Risikovorsorge.

[213] Scholz/*Schneider* Rn 57, 64 ff; *Schäfer* ZIP 2005, 1253, 1257; zur AG *Hüffer,* AktG, § 93 Rn 4 g; BGHZ 135, 244, 253: „ausschließlich am Unternehmenswohl orientiertes […] Handeln"; ebenso OLG Oldenburg NZG 2007, 434, 435.

[214] RegBegr zu § 93 I 2 AktG BT-Drucks 15/5092, 11; *Lutter* ZIP 2007, 841, 844; Spindler/Stilz/*Fleischer,* AktG, § 93 Rn 68 (zur AG); *Brömmelmeyer* WM 2005, 2065, 2068.

[215] Krit dazu *Hauschka* GmbHR 2007, 11, 14 ff.

[216] Eingehend *Lutter* FS Canaris, 2007, 245 ff.

[217] Unterscheidung zwischen öffentlich-rechtlichen Handlungsgeboten u -verboten einerseits u öffentlich-rechtlichen Zahlungspflichten andererseits insoweit im Anschluss an Scholz/*Schneider* Rn 79; *Schneider/Brouwer* ZIP 2007, 1037 f; *Brouwer,* Zustimmungsvorbehalte des AR im Aktien- u GmbH-Recht, 2008, § 6 C. II 1 b).

[218] Zum **Schaden** der Ges bei „nützlichen" Pflichtverletzungen vgl Scholz/*Schneider* Rn 229; Spindler/Stilz/*Fleischer,* AktG, § 93 Rn 34 ff (für AG) Michalski/*Haas* Rn 209 ff; *Bayer* FS K Schmidt, 2009, S 85, 93 ff (zu Kartellverstößen) s auch *Spindler* FS Canaris, 2007, 403, 425 f.

lungsspielraum zugestehen kann (s aber noch Rn 23 b, c).[219] Gesetzesbindung umfasst auch ausländische Rechtsvorschriften, zumindest wenn sie nach Kollisionsrecht Anwendung finden.[220] Schmiergeldzahlungen im Ausland sind strafbar gem § 334 StGB iVm Art 2 § 1 Nr 2 IntBestG (ausländische Amtsträger) u § 229 III StGB (ausländische Privatpersonen), Zuwiderhandlungen mithin gegenüber Ges sorgfaltspflichtwidrig, ohne dass sich GFührer auf Ermessensspielraum berufen könnte.[221]

Hinsichtlich **Verletzung vertraglicher Verpflichtungen** der GmbH gegenüber Dritten (zB verspätete Forderungserfüllung) soll nach hL GFührer hingegen unternehmerisches Ermessen zuzubilligen sein u damit sorgfaltspflichtwidriges Verhalten gegenüber Ges ausscheiden können.[222] Beschränkung auf Vertragsverstöße unter Ausschluss von Verletzung **kraft Gesetzes bestehender zivilrechtlicher Pflichten** (zB aus § 823 I BGB) überzeugt indessen nicht:[223] zum einen weil auch Vertragspflichten insofern „gesetzliche" Pflichten sind, als Geltung u Verbindlichkeit auf ihrer Anerkennung durch die Rechtsordnung beruhen,[224] zum anderen weil vertragliche u gesetzliche Ansprüche nicht selten miteinander konkurrieren (zB bei unzulässiger Veräußerung von Vorbehaltseigentum).[225] Insoweit anscheinend konsequente Einbeziehung der (Nicht-)Beachtung gesetzlich begründeter zivilrechtlicher Pflichten in Bereich unternehmerischen Ermessens[226] ist andererseits auch nicht überzeugend, weil hiermit ungerechtfertigte Differenzierung zwischen zivilrechtlichen u – anerkanntermaßen zwingend zu beachtenden (Rn 23) – öffentlich-rechtlichen Verhaltenspflichten des GFührers verbunden wäre;[227] nicht einleuchten würde etwa, GFührer bei Einlagerung giftiger Stoffe auf fremdem Grundstück hinsichtl Erfüllung der aus öffentlichem Umweltrecht folgenden Pflichten kein unternehmerisches Ermessen einzuräumen, ihm dieses dagegen hinsichtl Erfüllung der zivilrechtlichen Pflichten gegenüber Grundstückseigentümer zuzubilligen. Zutreffend ist deshalb, GFührer **im Grds** auch im Bereich des Privat- **23 a**

---

219 RegBegr zu § 93 I 2 AktG BT-Drucks 15/5092, 11; Michalski/*Haas* Rn 51; Ulmer/*Paefgen* Rn 33; Scholz/*Schneider* Rn 79; *Spindler* FS Canaris, 2007, 403, 425 f; *Ihrig* WM 2004, 2098, 2104; *S H Schneider* DB 2005, 707, 710, 711; *Lutter* ZIP 2007, 841, 843 f; zur AG: Spindler/Stilz/*Fleischer,* AktG § 93 Rn 32 f; GroßKommAktG/*Hopt* § 93 Rn 99; *Bayer* FS K Schmidt, 2009, S 85, 90 ff (zu Kartellverstößen).

220 *Spindler* FS Canaris, 2007, 403, 426 f; Ulmer/*Paefgen* Rn 33.

221 Scholz/*Schneider* Rn 76; Ulmer/*Paefgen* Rn 33; *Fleischer* ZIP 2005, 141, 145; *ders* NJW 2009, 2337 f; Spindler/Stilz/*Fleischer,* AktG, § 93 Rn 27 (für AG); **aA** Voraufl Rn 22 (Bestechung in exotischen Ländern); Michalski/*Haas* Rn 48; *Raiser/Veil* § 14 Rn 67. Ausführl zur GFührerhaftung bei Schmiergeldzahlungen HdbManagerhaftung/*Riegger/Götze* § 24. Zur Strafbarkeit von Schmiergeldzahlungen im Ausland vgl auch BGH NJW 2009, 89, 92 ff (Siemens).

222 Voraufl Rn 17; Michalski/*Haas* Rn 51; Scholz/*Schneider* Rn 79; Ulmer/*Paefgen* Rn 34; *Fleischer* ZIP 2005, 141, 149 f; *Lutter* ZIP 2007, 841, 843; *Windbichler* ZGR 1989, 434, 437; zur AG GroßKommAktG/*Hopt* § 93 Rn 100; Spindler/Stilz/*Fleischer,* AktG, § 93 Rn 30. **AA** *Schäfer* ZIP 2005, 1253, 1256; *S H Schneider* DB 2005, 707, 711; *Ihrig* WM 2004, 2098, 2104 f; *Spindler* FS Canaris, 2007, 403, 423 f, 428; tendenziell *Koch* ZGR 2006, 769, 786.

223 **AA** Spindler/Stilz/*Fleischer,* AktG, § 93 Rn 30 (für AG) (Vertrag keine Rechtsquelle im technischen Sinne); näher *Fleischer* ZIP 2005, 141, 150.

224 *Koch* ZGR 2006, 769, 786.

225 Vgl *Spindler* FS Canaris, 2007, 403, 423, 428 m weiteren Bsp.

226 Scholz/*Schneider* Rn 79; Ulmer/*Paefgen* Rn 34.

227 Vgl *S H Schneider* DB 2005, 707, 711.

rechts in Bezug auf Beachtung vertraglich u gesetzlich begründeter Pflichten **kein unternehmerisches Ermessen** zuzugestehen.[228]

23 b Anders dürfte ausnahmsweise zu entscheiden sein, wenn – auf Zivil- oder öffentlichem Recht beruhende – **Zahlungsverbindlichkeiten** zu erfüllen sind u Liquiditätsengpass besteht, der vollumfängliche Tilgung aller Zahlungsansprüche ausschließt.[229] GFührer steht (nur) in diesem Fall **unternehmerisches Ermessen** zu, sodass er ohne Sorgfaltspflichtverletzung etwa zur Vermeidung größerer wirtschaftlicher Nachteile bestimmte GesSchulden vorrangig zulasten anderer fälliger Verbindlichkeiten vollständig tilgen kann.[230] Nicht ausgeschlossen ist iÜ stets **anderweitige Haftungsfreistellung** des GFührers im Innenverhältnis; vgl Rn 5, 33, 46 f, 60.

23 c **ee) Unklare Rechtslage; unbestimmte Rechtsbegriffe.** Ist Rechtslage bzw konkrete Rechtsanwendung, zB nach Gesetzesänderung oder wegen divergierender obergerichtlicher Rspr oder unbestimmter Rechtsbegriffe, unklar oder nennenswert umstritten, steht GFührer Beurteilungs- bzw Ermessensspielraum zu. Innerhalb dessen muss er Chancen seines Handelns sorgfältig mit den Risiken für den Fall abschätzen, dass ein Gericht später das Verhalten als rechtswidrig erklärt (vgl Rn 22 c).[231] GFührer darf dabei eine für GmbH günstige Rechtsposition einnehmen.[232] Im Einzelfall kann GFührer erlaubt sein, sich über Rechtsbestimmung hinwegzusetzen, um deren Gültigkeit oder vorherrschende Auslegung durch Behörden oder (instanzgerichtliche) Rspr in Frage zu stellen u ggf überprüfen zu lassen.[233] Sorgfältige Entscheidungsvorbereitung (vgl Rn 22 c) wird in der Regel Einholung (externen) sachkundigen Rechtsrats verlangen.[234]

24 **ff) Beispiele für konkrete Konstellationen der Verletzung der Sorgfaltspflicht: BGH** DStR 2008, 1293, 1294 f (GAMMA) = GmbHR 2008, 805 m Komm *Ulrich* = BB 2008, 1697 m Komm *Möller* (Sorge für rechtmäßiges Verhalten der Ges nach außen; Eingehen von Verpflichtungen gegenüber Dritten, von denen von vornherein feststeht, dass Ges sie nicht wird erfüllen können);[235] **BGH** NZG 2008, 314 = GmbHR 2008, 488 m Komm *Werner* (Fehlkalkulation); **BGH** DStR 2008, 158 (Hinwirken des GFührers darauf, sich eine ihm nach Anstellungsvertrag nicht zustehende Vergütung von der Ges anweisen zu lassen); **BGH** DStR 2007, 1358 (eigenmächtige u wahren Sach-

---

228 Ebenso *S H Schneider* DB 2005, 707, 711; **aA** Scholz/*Schneider* Rn 79.

229 Scholz/*Schneider* Rn 79; *Schneider/Brouwer* ZIP 2007, 1037 f (aber offenbar ohne Beschränkung auf Fall der Liquiditätsschwierigkeit). **Abw** Rspr zur Zahlung von Sozialversicherungsbeiträgen u Steuerschulden der Ges; s unten Rn 89, 93 ff.

230 Insoweit auch Michalski/*Haas* Rn 51; *Haas* DStR 2000, 1447; *Windbichler* ZGR 1989, 434, 437; Voraufl Rn 17.

231 Scholz/*Schneider* Rn 79; Ulmer/*Paefgen* Rn 34; zur AG Spindler/Stilz/*Fleischer,* AktG, § 93 Rn 29; GroßKommAktG/*Hopt* § 93 Rn 99; *Bayer* FS K Schmidt, 2009, S 85, 92 (zu Kartellverstößen) ausführl *Spindler* FS Canaris, 2007, 403, 414 f, 420 ff.

232 *Raiser/Veil* § 14 Rn 66; Scholz/*Schneider* Rn 79; zur AG: Spindler/Stilz/*Fleischer,* AktG, § 93 Rn 29; *Bayer* FS K Schmidt, 2009, S 85, 92 (zu Kartellverstößen).

233 *Spindler* FS Canaris, 2007, 403, 414 f, 422 f; Spindler/Stilz/*Fleischer,* AktG, § 93 Rn 29 (zur AG); zurückhaltend *Bayer* FS K Schmidt, 2009, S 85, 92 f (zu Kartellverstößen).

234 Vgl *Spindler* FS Canaris, 2007, 403, 414 f, 420 f; Spindler/Stilz/*Fleischer,* AktG, § 93 Rn 29 (zur AG) mwN; ferner *Bayer* FS K Schmidt, 2009, S 85, 92 (zu Kartellverstößen); vgl auch BGH NJW 2007, 2118; BGH DStR 2007, 1641 (Insolvenzreife).

235 Vgl dazu *Altmeppen* ZIP 2008, 1201, 1206, der m Recht an Schaden der Ges u Schadensersatzanspruch aus § 43 II zweifelt, wenn mangelnde Erfüllbarkeit „nur" auf Insolvenz der GmbH beruht.

verhalt verschleiernde, zweckwidrige Verwendung von GesMitteln); **BGH** DStR 2005, 659 (Abschluss eines Mietkaufvertrages über für Ges nicht verwendbare Gegenstände); **BGH** DStR 2003, 1309 (unterlassene Beaufsichtigung eines MitGfters, der Kundenschecks veruntreut); **BGHZ** 152, 280 = GmbHR 2003, 113 m Komm *Lelley* = DStR 2003, 124 m Anm *Goette* (Nichtanmeldung von Kurzarbeit bei deutlicher ArbNUnterbeschäftigung infolge Auftragsmangel); **BGH** DStR 2002, 2137 (Aufführung „wie AlleinGfter" trotz noch nicht wirksamen Erwerbs aller Anteile); **BGH** DStR 2002, 227 m Anm *Goette* (Vergütungsentnahme aus GesVermögen ohne dienstvertragliche Grundlage); **BGH** GmbHR 1997, 163 = DStR 1997, 252 m Anm *Goette* (Abschluss eines Beratervertrags unter Missachtung gesinterner Zustimmungserfordernisse; Vergütung unbrauchbarer bzw nicht erbrachter Beratungstätigkeit); **BGH** NJW 1992, 1166, 1167 = LM H 6/1992, § 30 GmbHG Nr 34 *(Roth)* (Nichtgeltendmachung von Freistellungsansprüchen gegen Gfter vor Rückführung von Krediten an Dritte, für die Gfter Kapitalersatz begründende Sicherheit gestellt hat); **OLG Frankfurt aM** Urt v 16. 4. 2008 – 1 U 136/05, BeckRS 2008, 12856 (Entzug von GesVermögen zu eigenen Gunsten u zugunsten Dritter); **OLG Köln** Beschl v 6. 11. 2007 – 18 U 131/07 (Unterlassene Gehaltsreduzierung in GesKrise), **KG** Urt v 4. 10. 2007 – 2 U 20/06, BeckRS 2008, 00543 (sachl nicht gerechtfertigte Zahlungen ohne Prüfung ihrer Berechtigung, zweckwidrige Verwendung von GesMitteln); **OLG Koblenz** Urt v 24. 9. 2007 – 12 U 1437/04, BeckRS 2008, 02728 (Verletzung eigener Überwachungs- u Prüfungspflichten hinsichtl von Mitarbeitern verfasster Kreditvorlagen; kompetenzüberschreitende Kreditvergabe ohne Einschaltung bzw unter unzureichender Information interner Kontrollgremien; Überschreitung unternehmerischen Ermessens; Nichtbeschaffung banküblicher Sicherheiten durch GFührer einer Bank bei Kreditvergabe); **OLG Oldenburg** NZG 2007, 434 = NZI 2007, 305 m Anm *Himmelsbach/Krüger* = BB 2007, 66 m Anm *Liese/Theusinger,* dazu auch *Böttcher* NZG 2007, 481 (unternehmerisches Ermessen bei Gehaltserhöhung u Unternehmenserwerb; Erfordernis der Durchführung einer due diligence; unzureichende Information des AR); **OLG Koblenz** Urt v 26. 2. 2007 – 12 U 1597/05, BeckRS 2007, 03820 (nicht rechtzeitige Geltendmachung fälliger Forderungen); **OLG Brandenburg** Urt v 20. 2. 2007 – 6 U 22/06 u 6 U 61/06, BeckRS 2008 08076 = GmbHR 2007, 874 (Verwendung von GesMitteln zu privaten Zwecken ohne [zeitnahe] Erstattung der verwandten Beträge); **OLG Naumburg** Urt v 2. 10. 2006 – 2 U 14/06, BeckRS 2007, 00361 (Inanspruchnahmen von Leistungen zu privaten Zwecken auf Kosten der Ges); **OLG Celle** NJOZ 2006, 1563 (tatenloses Hinnehmen von Entnahmen aus GesVermögen durch Gfter zur Bildung „schwarzer Kassen"); **KG** GmbHR 2005, 477 m Komm *Brötzmann* (Kompetenzüberschreitung durch Abschluss von Vertrag für GmbH ohne die nach Anstellungsvertrag dafür erforderliche Zustimmung der Gfter); **OLG Saarbrücken** NZG 2002, 378 (Scheckeinlösung auf Privat- statt Geschäftskonto); **OLG Oldenburg** GmbHR 2001, 761 (L) (Nichtanmeldung von Kurzarbeit); **OLG Jena** NZG 2001, 86 = DStR 2001, 863 (L) m Anm *Haas* (Vermeidung unangemessener Risiken bei Risikogeschäften; nicht hinreichend mit üblichen Sicherheiten abgesichertes Exportgeschäft); **OLG Brandenburg** NZG 2001, 765 (L) (Prüfung der Zahlungsverpflichtung der Ges bei Bezahlung von Rechnungen); **OLG Nürnberg** NZG 2001, 943 (Überwachung von MitGFührern); **OLG Naumburg** NZG 2001, 136 (Entscheidung des GFührers über Antrag auf Konkurseröffnung); **OLG Düsseldorf** NZG 2001, 1086 =

DStR 2001, 2233 (L) m Anm *Haas/Müller* (Unterstützung eines mit der KG in ARGE verbundenen Unternehmens mit Sicherheiten durch Komplementär-GmbH, ohne zu prüfen, ob hierdurch Durchführung des gemeinschaftlichen Projekts gewährleistet wird, u ohne für entsprechende Verwendung der besicherten Finanzmittel zu sorgen); **OLG Düsseldorf** GmbHR 2000, 666 = DStR 2000, 716 (L) m Anm *Haas* (Annahme von Provisionen oder Schmiergeldzahlungen für sich selbst oder sonstige GesBedienstete bei Abschluss von Rechtsgeschäften zwischen Ges u Dritten); **OLG Celle** NZG 2000, 595 (Abführung der LSt von eigener Bruttovergütung); **OLG München** GmbHR 2000, 732 (Überwachung des Zahlungsverkehrs); **OLG Köln** NZG 2000, 1137 (Unterlassen verjährungsunterbrechender Maßnahmen hinsichtl gegen GFührer selbst gerichteter Haftungsansprüche der Ges); **OLG Köln** GmbHR 2000, 942 (L) (Bestellung ausschließlich zum Weiterverkauf an bestimmten Abnehmer vorgesehener Waren für 100 000 DM ohne vorherige beweiskräftige Sicherung der Bestellung des Abnehmers); **OLG Koblenz** GmbHR 1999, 1201 (Bedienung (noch) nicht fälliger GesSchulden) = DStR 2000, 1447 (L) m Anm *Haas* (auch zur verspäteten Begleichung von GesSchulden); **OLG Naumburg** NZG 1999, 353 (Veranlassung von GesLeistungen mit privatem Bezug allein im GFührerEigeninteresse ohne adäquate Gegenleistung für GmbH); **OLG Koblenz** GmbHR 1999, 344 (Verkehrsunfall mit Geschäfts-Pkw); **OLG Jena** NZG 1999, 121 (Verwendung nahezu des gesamten Stammkapitals für Herstellung einer Fertigungsanlage ohne hinreichende Vergewisserung hinsichtlich Finanzierungssicherung u wirtschaftlichen Sinn der Anlagenbestellung); **KG GmbHR** 1999, 663 (L) (Unterlassen erforderlicher Maßnahmen zur Sicherstellung rechtmäßigen Verhaltens der Ges); **OLG Stuttgart** GmbHR 1998, 89 (Prüfung der Insolvenzantragspflicht); **OLG Koblenz** ZIP 1991, 870 (Nichtverhinderung unberechtigter Entnahmen eines Angestellten); **LG Köln** NJW-RR 2000, 1056 (Darlehensgewährung an nigerianische Familie ohne Sicherheiten entgegen GfterAbsprache, Kredite bei Sicherung durch Grundpfandrechte zu vergeben). **Aus der Lit** *N. Meier* DStR 1994, 176 (Nichtbeachtung gesellschaftsinterner Zuständigkeitsregelungen); *Autenrieth* GmbHR 1990, 113 (fehlerhafter Gewinnabführungsvertrag); *Wellkamp* WM 1993, 2155 (im Konzern); *Koppensteiner* ZHR 155 (1991) 97 ff, 110 (Unangemessenheit des Kaufpreises im Zuge eines sog Management-Buy-Out); *Koch* ZIP 1998, 1749 (verspätete Datums- u Euroumstellung); *Goette* DStR 2003, 887, 893 (Pflicht zur selbständigen Verfolgung von Unterbilanzhaftungsansprüchen); *Götker,* Der GFührer in der Insolvenz der GmbH, 1999, Rn 330 ff (verfrühte Insolvenzantragstellung); *Haas,* Haftung des GmbH-GFührers in der Krise, 87 (Sanierungs(prüfungs)pflichten); *Schluck-Amend/Walker* GmbHR 2001, 375 (Pflicht zur Sanierung, insbes Pflicht zur Vorlage eines Insolvenzplans); ebenso *Ehlers* ZInsO 2008, 524, 527 f; *Graef* GmbHR 2004, 327 (GFührerpflichten in Zusammenhang mit Kreditvergabe).

25 **2. Gesamtschuldnerische Haftung.** Soweit mehrere GFührer wegen desselben Schadens verantwortlich sind, haften sie solidarisch, Abs 2, dh als Gesamtschuldner iS der §§ 421 ff BGB.[236]

26 **a) Voraussetzung der Haftung mehrerer** ist, dass jeder für sich selbst die Haftungsvoraussetzungen erfüllt. Das ist vor allem der Fall bei gemeinsamem

[236] Staudinger/*Noack,* 2005, § 421 Rn 97. Ausführl *Voß,* Gesamtschuldnerische Organhaftung, 2008.

Handeln u bei Unterlassen in einem mehreren GFührern gemeinsam übertragenen Pflichtenkreis. Bei (zulässiger) **Ressortaufteilung** ist primär u uneingeschränkt Ressortinhaber für die Verletzung der in seinen Bereich fallenden Pflichten verantwortlich, während unzuständiger GFührer für Pflichtverletzungen eines anderen in fremdem Ressort nur haftet, soweit er schuldhaft **Überwachungspflichten** verletzt bzw **Organisationspflichten** versäumt hat (dazu Rn 17, 43; § 35 Rn 33; § 37 Rn 32).[237] Entsprechend setzt GFührerhaftung im Falle (zulässiger) **Aufgabendelegation** (Übertragung von Fachfunktionen auf nachgeordnete Mitarbeiter) voraus, dass GFührer seine verbleibende Überwachungs-, Organisations- oder bereits Auswahlpflicht schuldhaft verletzt hat (s noch Rn 17, 49).[238] Pflichtverletzung eines von mehreren gesamtvertretungsberechtigten GFührern **Ermächtigten** führt zur Mithaftung der Ermächtigenden nur, wenn Ermächtigung ihrerseits Pflichtverletzung ist oder Überwachungspflicht verletzt wurde.[239]

Zustimmung zu von einem Gesamtvertreter vorgenommenem Rechtsgeschäft, das ohne diese Zustimmung wegen §§ 164, 177 BGB für GmbH nicht wirksam wäre, begründet für sich allein noch nicht die Mithaftung; „Verantwortungsübernahme", was immer das ist, liegt indessen in der Zustimmung nicht.[240] Zustimmender haftet vielmehr nur, wenn ihn Verschulden trifft. Dieses kann fehlen zB bei falscher Information durch Handelnden, wenn kein Anlass zu eigenen Nachforschungen bestand. 27

b) Mithaftung eines GFührers wird grds **nicht** begründet in Gestalt der Haftung **für fremdes Verschulden** nach §§ 278 oder 831 BGB. Weder MitGFührer noch ArbN der Ges sind Erfüllungs- oder Verrichtungsgehilfen der GFührer (s noch Rn 87).[241] Beide Haftungsnormen führen vielmehr grds nur zur Haftung der GmbH selbst. StrohmannGFührer haftet nicht für Delikte eines „faktisch" tätigen GFührers, auch nicht, wenn dieser die Wahrnehmung der Kontroll- u Aufsichtspflichten durch Strohmann unterläuft.[242] 28

---

[237] BGHZ 133, 370, 377 ff (zur deliktischen Verantwortlichkeit) = DStR 1996, 2029 m Anm *Goette;* BGH DStR 1994, 1092, 1093 m Anm *Goette;* BGH NJW-RR 1986, 1293; BGH NJW 2004, 1111, 1112; OLG Nürnberg NZG 2001, 943, 945; OLG Köln NZG 2001, 135, 136; KG NZG 2000, 1224, 1226; OLG Zweibrücken NZG 1999, 506, 508; OLG Koblenz NZG 1998, 953, 954. Michalski/*Haas* Rn 161 ff; Lutter/*Hommelhoff/Kleindiek* Rn 17; Rowedder/Schmidt-Leithoff/*Koppensteiner* Rn 11 f; Ulmer/*Paefgen* Rn 26; Scholz/*Schneider* Rn 38 ff; *Lohr* NZG 2000, 1204, 1210; *Lutter* GmbHR 2000, 301, 310 f; *Weber/Lohr* GmbHR 2000, 698, 699 f; *Sina* GmbHR 1990, 65, 66; *Schneider/Schneider* GmbHR 2005, 1229, 1230 f; *E. Vetter* HdbManagerhaftung § 17 Rn 82 ff; *Froesch* DB 2009, 722; *Peters* GmbHR 2008, 682; zu mit den Überwachungspflichten korrespondierenden Informationsrechten des GFührers OLG Koblenz NZG 2008, 397, 398 sowie § 35 Rn 62.

[238] Vgl die RsprNachw in voriger Fn; ferner Michalski/*Haas* Rn 170 f; Lutter/*Hommelhoff/Kleindiek* Rn 18; Rowedder/Schmidt-Leithoff/*Koppensteiner* Rn 17; Ulmer/*Paefgen* Rn 15 aE; Scholz/*Schneider* Rn 41; *Lohr* NZG 2000, 1204, 1210; *Lutter* GmbHR 2000, 301, 310 f; *Weber/Lohr* GmbHR 2000, 698, 699 f; *Sina* GmbHR 1990, 65, 67; *E. Vetter* HdbManagerhaftung § 17 Rn 86 ff.

[239] Ulmer/*Paefgen* Rn 102; iErg auch Rowedder/Schmidt-Leithoff/*Koppensteiner* Rn 11 f.

[240] So aber *Fleck* GmbHR 1974, 224, 226; zust Ulmer/*Paefgen* Rn 102.

[241] Ulmer/*Paefgen* Rn 15 f; Lutter/*Hommelhoff/Kleindiek* Rn 17 f; Michalski/*Haas* Rn 175 f; Scholz/*Schneider* Rn 31.

[242] OLG Köln BB 1993, 747.

29 **c) Anwendbarkeit von §§ 421 ff BGB.** Gesamtschuldnerische Haftung führt zur Anwendbarkeit von §§ 421 ff BGB. Sie bedeutet in erster Linie, dass jeder mithaftende GFührer von der Ges auf ganzen Schaden in Anspruch genommen werden kann (§ 421 BGB; s noch unten Rn 45 zum Einwand etwaigen Mitverschuldens). Gesamtschuldner sind untereinander **ausgleichs- u mitwirkungspflichtig,** u zwar zu gleichen Anteilen, soweit nicht ein anderes bestimmt ist (§ 426 I 1 BGB).[243] Abweichungen können sich ergeben aus Satzung, Anstellungsvertrag oder analog § 254 BGB im Hinblick auf unterschiedliche Maße der Mitverantwortung.[244] GFührer sind danach nur dort einander zu gleichen Anteilen verpflichtet (§ 426 I 1 BGB), wo sie Verantwortlichkeit in gleicher Weise trifft. Haftet GFührer nur wegen Verletzung seiner Überwachungspflicht, trifft daher die unmittelbar handlungs- oder unterlassungsverpflichteten GFührer im Innenverhältnis alleinige Haftung.[245] Teilweise abweichende Ansicht, die für Ausgleichsabwägung unter Heranziehung von § 254 BGB unmittelbar Handelnden evtl nur „stärker" haften lassen will,[246] ist theoretisch zwar vertretbar, entspricht aber nicht lang bewährten Abwägungsergebnissen bei klar dominanter Verantwortlichkeit. Auch kann im Innenverhältnis Haftungsanteil des nur ehrenamtlich tätigen GFührers im Vergleich zu hauptamtlich tätigen u vergüteten mithaftenden GFührern geringer zu bemessen sein.[247] GFührer kann gesamtschuldnerisch haftenden MitGFührer auch aus übergegangenem Anspruch aus § 43 II in Anspruch nehmen, soweit er Ges befriedigt hat u Ausgleich verlangen kann (§ 426 II BGB).[248]

30 **3. Geltendmachung von Ersatzansprüchen.** Geltendmachung gegen GFührer bedarf (auch bei den mitbestimmten Ges) eines **GfterBeschlusses,** § 46 Nr 8, der materielle Voraussetzung für Geltendmachung auch im Außenverhältnis zum belangten GFührer ist,[249] aber noch im Laufe des Prozesses gefasst u dem Gericht vorgelegt werden kann.[250] Näher dazu § 46 Rn 57 ff. Dort auch Rn 94 ff sowie § 52 Rn 108, 250, 305 zur Frage der Vertretung der Ges bei der Anspruchsgeltendmachung. GfterBeschluss ist auch notwendig

---

243 Allg zum Ausgleichs- u Mitwirkungsanspruch nach § 426 I 1 BGB Staudinger/*Noack,* 2005, § 426 Rn 20 ff, 73 ff; zur Verjährung dieses Anspruchs bei gesamtschuldnerischer GFührerhaftung Ulmer/*Paefgen* Rn 156 f; *Dollmann* GmbHR 2004, 1330.

244 Ulmer/*Paefgen* Rn 103; Michalski/*Haas* Rn 228; Scholz/*Schneider* Rn 251; zur Anwendung des § 254 BGB iR von § 426 BGB Staudinger/*Noack,* 2005, § 426 Rn 97 ff.

245 *Scholz/Schneider* Rn 252; Ulmer/*Paefgen* Rn 103; Michalski/*Haas* Rn 228 (Wertung des § 840 II BGB).

246 Hachenburg/*Mertens* Rn 65; gegen alleinige Belastung bei „teilnahmeähnlichem Verhalten" des überwachungspflichtigen GFührers *Altmeppen* HdbManagerhaftung § 7 Rn 72.

247 Vgl BGH DStR 2004, 513, 515, 517 (zur Genossenschaft).

248 Allg zum Forderungsübergang nach § 426 II BGB Staudinger/*Noack,* 2005, § 426 Rn 120 ff; zur Verjährung dieses Anspruchs bei gesamtschuldnerischer GFührerhaftung Ulmer/*Paefgen* Rn 156 f; *Dollmann* GmbHR 2004, 1330.

249 BGH DStR 2004, 1755, 1756; BGHZ 152, 280, 282; BGH GmbHR 1999, 714, 715; BGH DStR 1999, 907, 908; BGHZ 97, 382, 390; BGH ZIP 1993, 1076, 1078; OLG Celle NZG 2002, 823, 824; OLG Jena NZG 2001, 86, 87; Michalski/*Haas* Rn 222; Scholz/*Schneider* Rn 289; *Weber/Lohr* GmbHR 2000, 698, 702.

250 BGH DStR 2008, 158, 159; BGH DStR 2004, 1755, 1756; BGH GmbHR 1999, 714, 715; BGH ZIP 1998, 508 f (zu § 39 GenG); Michalski/*Haas* Rn 222; Scholz/*Schneider* Rn 289; *Weber/Lohr* GmbHR 2000, 698, 702.

für Geltendmachung von Ersatzansprüchen gegen ehemalige GFührer.[251] Beschlusserfordernis besteht hinsichtlich GFührerhaftung wegen Verletzung organschaftlicher Pflicht aus § 43, darüber hinaus für Ersatzansprüche der Ges gegen GFührer aus anderer Anspruchsgrundlage wegen Pflichtverstoßes bei GFührung, etwa aus Delikt (näher dazu § 46 Rn 58; s noch unten Rn 62);[252] sonstige Ansprüche, die Ges aus einem Rechtsverhältnis mit dem GFührer als außenstehendem Dritten zustehen, unterfallen dagegen nicht dem GfterEntscheid.[253] Keines Beschlusses nach § 46 Nr 8 bedarf es, wenn GmbH & Co KG eigene Haftungsansprüche gegen GFührer der Komplementär-GmbH geltend macht (s unten Rn 66).[254] **Zwangsvollstreckungsgläubiger** der Ges können aus gepfändetem u ihnen überwiesenem Ersatzanspruch der Ges gegen GFührer *auch ohne Vorliegen eines GfterBeschlusses* vorgehen,[255] desgleichen der **Insolvenzverwalter** der GmbH,[256] ebenso der Zessionar des Anspruchs der Ges.[257] Ein GfterBeschluss ist ferner nicht erforderlich bei Liquidation einer GmbH, die ihren Geschäftsbetrieb endgültig eingestellt hat, wenn Insolvenzverfahren deshalb nicht durchgeführt wird, weil kostendeckende Masse fehlt (sog masselose Liquidation).[258]

Unmittelbar, dh ohne Umweg einer Pfändung u Überweisung des Ersatzanspruchs der GmbH im Zuge der Zwangsvollstreckung können **GesGläubiger grds nicht gegen GFührer** vorgehen.[259] Das GmbH-Recht enthält keine dem § 93 V AktG entsprechende Regelung.[260] Analoge Anwendung dieser Vorschrift lässt sich wohl auch nicht ohne weiteres in Fällen masseloser Insolvenz mit dem Hinweis auf Beschwerlichkeiten bei der Anspruchsdurchsetzung rechtfertigen.[261] Die in § 43 angelegte Haftungskonzentration auf die 31

---

251 BGH DStR 2008, 158, 159; BGH DStR 2004, 1755, 1756; BGHZ 152, 280, 282; BGH DStR 1999, 1366 m Anm *Goette;* BGH NZG 1999, 1001; BGH DStR 1999, 907, 908; BGH DStR 1998, 459, 460; OLG Celle NZG 2002, 823, 824; OLG Düsseldorf GmbHR 2000, 666, 669 = DStR 2001, 716 (L) m Anm *Haas* (offengelassen); Michalski/*Haas* Rn 222; *Weber/Lohr* GmbHR 2000, 698, 701.

252 Für Einbeziehung deliktischer Ansprüche gegen GFührer auch BGH DStR 2004, 1755, 1756; Ulmer/*Paefgen* Rn 172; **abw** noch Voraufl Rn 30.

253 BGH NJW 2001, 223 = DStR 2000, 2100, 2101 m Anm *Goette* = GmbHR 2000, 1258 m Komm *Lelley; Lutter/Hommelhoff* § 46 Rn 21 aE.

254 BGH DStR 2004, 1755, 1756; OLG Düsseldorf NZG 2001, 1086, 1088 = DStR 2001, 2223 (L) m Anm *Haas/Müller;* Ulmer/*Paefgen* Rn 172.

255 Scholz/*Schneider* Rn 291; Michalski/*Haas* Rn 223; Lutter/*Hommelhoff/Kleindiek* Rn 30; vgl auch BGHZ 110, 342, 360.

256 BGH DStR 2004, 1755, 1757; BGH GmbHR 1992, 303 f; BGH NJW 1960, 1667; OLG Naumburg NZG 1999, 353, 355 (Gesamtvollstreckungsverwalter); Ulmer/*Paefgen* Rn 172; Roth/*Altmeppen* Rn 61; Michalski/*Haas* Rn 223; *Weber/Lohr* GmbHR 2000, 698, 701.

257 BGH GmbHR 1992, 303 f; Michalski/*Haas* Rn 223; offen lassend BGH DStR 2004, 1755, 1756.

258 BGH DStR 2004, 1755, 1757; zust Ulmer/*Paefgen* Rn 172; s noch § 46 Rn 60.

259 Rowedder/Schmidt-Leithoff/*Koppensteiner* Rn 50 („grundsätzlich"); ohne Einschränkung Scholz/*Schneider* Rn 291; Hachenburg/*Mertens* Rn 99; s ausführl dazu *Stobbe,* Die Durchsetzung gesellschaftsrechtlicher Ansprüche der GmbH in Insolvenz und masseloser Liquidation, 2001, 456 ff (Rn 945 ff).

260 Vgl BGHZ 110, 342, 360.

261 **Abw** *K. Schmidt* GesR § 9 IV 5; *ders* ZGR 1996, 209, 224; *Ulmer* ZIP 2001, 2021, 2028 m Fn 71; *Haas* GmbHR 2006, 505, 506 f; *Biletzki* NZG 1999, 286, 290 (Rechtsgedanke des § 93 V AktG); *Wilhelm,* Rechtsform und Haftung bei der juristischen Person, 1981, 363 ff; Roth/*Altmeppen* Rn 62, mit der Beschränkung auf analog

Ges[262] ist immerhin auch im Rahmen des bei masseloser Insolvenz durchzuführenden Liquidationsverfahrens nicht ohne jede Funktion. Allerdings wird § 93 V AktG stets dann entsprechend anzuwenden sein, wenn anderenfalls Anspruchsdurchsetzung gegen GFührer letztlich zu scheitern droht. Das ist jedenfalls anzunehmen, wenn GmbH gelöscht wurde u mangels Prozessfähigkeit der Ges zur Verfolgung des gegen sie gerichteten Anspruchs eine praktisch nur mit großen Schwierigkeiten zu realisierende gerichtliche Bestellung von Nachtragsliquidatoren erforderlich wäre (vgl § 60 Rn 106).[263] Gleiches gilt in dem Fall, dass GmbH geschäftsführerlos ist u Bestellung eines neuen GFührers scheitert.[264]

32 **Geltendmachung** von Ersatzansprüchen der Ges für diese unmittelbar **durch einzelne Gfter oder GfterMinderheit** in Prozessstandschaft kommt nur ausnahmsweise in Betracht.[265] Auch entspr Anwendung aktienrechtl Bestimmungen über Aktionärsklage u Klagezulassung (§§ 147, 148 AktG) ist nicht möglich, jedenfalls nicht bei personalistischer GmbH.[266] Hingegen kann Mehrheit treuwidrig handeln, wenn sie Geltendmachung eines Ersatzanspruchs, dessen Vorliegen plausibel oder gar wahrscheinlich u für die Ges sinnvoll ist, ohne ausreichenden Sachgrund ablehnt.[267] Minderheit kann in solchen Fällen Geltendmachungsbeschluss u Bestellung eines besonderen Vertreters gem § 46 Nr 8 über Anfechtungs- u positive Feststellungsklage erzwingen (dazu Anh § 47 Rn 186 ff).[268] Nach den Grundsätzen des ITT-Urteils[269] kann Minderheit von der Mehrheit Schadensersatz an die Ges verlangen, wenn diese es treuwidrig unterlässt, relevante Ersatzansprüche geltend zu machen; theoretisch-systematische Verortung dieser Entscheidung im Gesamtsystem ist bis heute nicht erfolgt.

33 **4. Freistellung durch Weisung u Einverständnis. a) Grundsatz.** Soweit GFührer auf Grund **bindender Weisung** eines anderen Organs handeln, tritt

---

§ 93 V S 2 u 3 AktG unverzichtbare Ersatzansprüche, dh solche, die auf gröblich sorgfaltswidrigem Verhalten des GFührers beruhen; Ulmer/*Paefgen* Rn 174 (mit Beschränkung auf nach Abs 3 S 3 nicht disponible Ansprüche); tendenziell für Anwendung im Falle masseloser Insolvenz auch *Noack,* InsO-GesR, 1999, Rn 97. **Wie hier** Michalski/*Haas* Rn 301.

262 Vgl *Medicus* ZGR 1998, 570, 578.

263 Überzeugend Michalski/*Haas* Rn 302; für den Fall der Löschung zB auch *K. Schmidt* GesR § 11 V 6 b; Roth/*Altmeppen* Rn 62. Zu praktischen Schwierigkeiten der Nachtragsliquidatorenbestellung vgl BayObLG BB 2000, 1055; BayObLG FGPrax 2004, 43, 44.

264 Michalski/*Haas* Rn 302. Zu praktischen Schwierigkeiten der NotGFührerbestellung *Kögel* NZG 2000, 20 u oben § 35 Rn 7 mwN.

265 Im Einzelnen **sehr str**, näher dazu mN oben § 13 Rn 39; vgl auch Ulmer/*Hüffer* § 46 Rn 112 ff; Ulmer/*Paefgen* Rn 173; Roth/*Altmeppen* Rn 66; Lutter/*Hommelhoff/Kleindiek* Rn 29; Scholz/*Schmidt* § 46 Rn 161; Rowedder/Schmidt-Leithoff/*Koppensteiner* Rn 47 ff; *Krieger* VGR Bd 1 (1999), 111, 120 ff.

266 Dazu, tendenziell weitergehend für analoge Anwendung des § 147 I AktG aF *Krieger* VGR Bd 1 (1999), S 111, 122 f.

267 *Krieger* RWS Forum 8 Gesellschaftsrecht 1995 (1996), 149, 174; *ders* VGR Bd 1 (1999), 111, 119 f; s dazu noch Anh § 47 Rn 99.

268 **Abw** für subsidiäre Klagebefugnis der Minderheit im Wege der sog actio pro socio die wohl hM; zB Rowedder/Schmidt-Leithoff/*Koppensteiner* Rn 48; Lutter/*Hommelhoff/Kleindiek* Rn 29; Ulmer/*Paefgen* Rn 173; *Hübner* 37; krit aber etwa Roth/*Altmeppen* Rn 66.

269 BGHZ 65, 15.

Haftung nach § 43 II grds nicht ein.[270] Das folgt e contrario aus Abs 3, dem Erwägung zugrundeliegt, dass Wille der Ges durch denjenigen ihrer Gfter gebildet wird u hiermit konformes Verhalten des GFührers keine Schadensersatz begründende Pflichtverletzung gegenüber GmbH darstellen kann, soweit nicht Verletzung spezieller, im Gläubigerinteresse unverzichtbarer Regeln der Kapitalerhaltung in Rede steht.[271] Vollzug einer Weisung, zu dem GFührer gegenüber GmbH verpflichtet ist, ist im Verhältnis zur Ges grds nicht pflichtwidrig, selbst wenn hierdurch GesVermögen geschmälert wird (zur Folgepflicht des GFührers bei Weisungen § 37 Rn 20, 22 ff). In Betracht kommen Weisungen der GfterVers, aber auch (kraft Satzung) des (fakultativen) AR oder eines Beirats oder bestimmter Gfter, bei EinmannGes Weisungen des AlleinGfters auch ohne förmlichen Beschluss, weil dessen Wille stets dem der GmbH entspricht.[272] Weisungen einer GfterMehrheit oder eines MehrheitsGfters ohne förmlichen GfterBeschluss u bei fehlender Satzungsgrundlage stellen hingegen nicht frei (s aber noch Rn 35 sowie Anh § 47 Rn 24, 53 zu – auch wegen innergesellschaftlicher Kompetenzverletzung – mangelhaften Beschlüssen).[273] Pflichtwidrigkeit des GFührerverhaltens ist in diesen Fällen selbst dann gegeben, wenn ordnungsgemäßer Beschluss ohne weiteres hätte herbeigeführt werden können;[274] allerdings kann Ersatzpflicht des GFührers mangels zurechenbaren Schadens unter dem Gesichtspunkt alternativen pflichtgemäßen Handels ausnahmsweise entfallen (Rn 16).[275] Freistellungswirkung kann aus denselben Erwägungen auch von Beschlüssen des zuständigen GesOrgans ausgehen, die

---

270 BGH NJW 2000, 1571 = NZG 2000, 544 m Anm *Haas* = LM H 6/2000 § 30 GmbHG Nr 67 *(Wilhelm);* BGHZ 142, 92, 95 f = LM H 1/2000 § 823 BGB (B) Nr 13 *(Roth)* = DStR 1999, 1366 m Anm *Goette* = NZG 1999, 1060 (L) m Anm *Haas* = GmbHR 1999, 921 m Komm *Müller* = JZ 1999, 1171 m Anm *Noack;* BGHZ 122, 333, 336; BGHZ 119, 257, 261; BGH NJW 1983, 1856 f; OLG Stuttgart GmbHR 2000, 1048; OLG Nürnberg NZG 2001, 943; LG Berlin NJOZ 2002, 449 f jew mwN; vgl auch BGH NZG 2003, 528 = GmbHR 2003, 712 m Komm *Blöse;* BGH NZG 2002, 1170 = DStR 2002, 2046 m abl Anm *Altmeppen* = BB 2002, 2517 m Komm *Graef.* Aus Lit etwa: Scholz/*Schneider* Rn 119; Michalski/*Haas* Rn 182; Lutter/*Hommelhoff/Kleindiek* Rn 22; Ulmer/*Paefgen* Rn 114; Rowedder/Schmidt-Leithoff/*Koppensteiner* Rn 28; Roth/*Altmeppen* Rn 85; *Haas* HdbManagerhaftung § 11 Rn 45; *Haas* WM 2006, 1417, 1418; *Pelz* RNotZ 2003, 415, 420; *Konzen* NJW 1989, 2977, 2978; *Mennicke* NZG 2000, 622, 624; *Weber/Lohr* GmbHR 2000, 698, 700; *Fleck* GmbHR 1974, 224, 226; *Ebenroth/Lange* GmbHR 1992, 69, 73; *Ebert* GmbHR 2003, 444, 447 f; *Gehrlein* BB 2004, 2585, 2593.

271 BGH NJW 2000, 1571 = NZG 2000, 544 m Anm *Haas* = LM H 6/2000 § 30 Nr 67 *(Wilhelm);* OLG Nürnberg NZG 2001, 943 f; LG Berlin NJOZ 2002, 449 f. In der Begründung so oder ähnl Lit (Fn 163). Vgl auch *Fleck* GmbHR 1974, 224, 226; Ulmer/*Paefgen* Rn 114.

272 Roth/*Altmeppen* Rn 86; Rowedder/Schmidt-Leithoff/*Koppensteiner* Rn 29 f; Lutter/*Hommelhoff/Kleindiek* Rn 22; Ulmer/*Paefgen* Rn 115, 118, 127; zu letzterem auch Scholz/*Schneider* Rn 137; *Haas* HdbManagerhaftung § 11 Rn 47 mwN; s ferner OLG Frankfurt aM Urt v 16. 4. 2008 – 1 U 136/05, BeckRS 2008 12856 (keine Haftungsbefreiung bei Weisung durch „faktischen Gfter" bzw Dritten, für den Gfter Anteile treuhänderisch hält).

273 Michalski/*Haas* Rn 58, 182; Ulmer/*Paefgen* Rn 115; Roth/*Altmeppen* Rn 85; Rowedder/Schmidt-Leithoff/*Koppensteiner* Rn 29 f; Scholz/*Schneider* Rn 126; Lutter/*Hommelhoff/Kleindiek* Rn 22.

274 BGH NJW 1991, 1681, 1682; BGH NJW 1988, 2241, 2242 (jew hinsichtl Kündigung).

275 **AA** Rowedder/Schmidt-Leithoff/*Koppensteiner* Rn 29 f; Hachenburg/*Mertens* Rn 71.

keine bindenden Weisungen enthalten, GFührer also nicht verpflichten, sondern lediglich zu bestimmtem Verhalten ermächtigen oder bestimmtem zukünftigem oder vergangenem Verhalten zustimmen.[276] Entscheidend ist insoweit der Sinngehalt des Beschlusses.[277] Bloße Kenntnis stellt nicht frei, auch nicht die aller Gfter oder des AlleinGfters.[278] Billigung durch sämtliche Gfter ist nicht gleichbedeutend mit Freistellung, sofern darin kein konkludenter Gfterbeschluss zu sehen ist.[279] Inanspruchnahme kann aber rechtsmissbräuchlich sein. **EinpersonGfter** ist als **GFührer,** der praktisch seine eigenen Weisungen ausführt, stets freigestellt, auch bei bewusst für GesVermögen nachteiligem Verhalten, solange nicht Anwendungsbereich des Abs 3 betroffen ist (Rn 34).[280] Geschäftsführender AlleinGfter, der durch Pflichtverletzung gegenüber einem Dritten das GesVermögen mit einer Schadensersatzpflicht belastet, haftet der GmbH deshalb nicht aus Abs 2, selbst wenn es hierdurch zur Beeinträchtigung des Stammkapitals oder Insolvenz der Ges kommt.[281] Gleiches hat zu gelten, wenn **alle Gfter als GFührer gemeinsam handeln.**[282] Einvernehmliche Entziehung von nicht gebundenem Vermögen durch den oder die alleinigen Gfter u GFührer begründet ebenfalls keine Haftung aus § 43 II oder aus Delikt.[283] Im Einverständnis mit einzigem MitGfter unterlassene Beaufsichtigung dieses Gfters durch den GfterGFührer stellt außerhalb von Abs 3 gleichermaßen keine haftungsbegründende Pflichtverletzung iSv Abs 2 dar.[284]

---

276 BGH NZG 2003, 528 = GmbHR 2003, 712 m Komm *Blöse;* Ulmer/*Paefgen* Rn 117; Scholz/*Schneider* Rn 121; *Haas* HdbManagerhaftung § 11 Rn 45 mwN; *Haas* WM 2006, 1417, 1418.

277 *Fleck* GmbHR 1974, 224, 226; Ulmer/*Paefgen* Rn 117; Rowedder/Schmidt-Leithoff/*Koppensteiner* Rn 31; Michalski/*Haas* Rn 189; Roth/*Altmeppen* Rn 85.

278 OLG München NZG 2000, 741, 743; Scholz/*Schneider* Rn 121; Ulmer/*Paefgen* Rn 117; dazu auch *Semler* FS Goerdeler, 1982, 551, 556.

279 OLG Koblenz NZG 1998, 953; vgl auch OLG Stuttgart GmbHR 2000, 1048, 1049; OLG Nürnberg NZG 2001, 943, 944.

280 BGHZ 142, 92, 95 f = LM H 1/2000 BGB § 823 (B) Nr 13 *(Roth)* = DStR 1999, 1366 m Anm *Goette* = NZG 1999, 1060 (L) m Anm *Haas* = GmbHR 1999, 921 m Komm *Müller* = JZ 1999, 1171 m Anm *Noack;* BGHZ 119, 261 (auch für wirtschaftlichen AlleinGfter); BGHZ 122, 333, 336; BGH GmbHR 1994, 459; OLG Düsseldorf GmbHR 2006, 535; OLG Stuttgart GmbHR 2000, 1048, 1049; OLG Nürnberg NZG 2001, 943 f; OLG Köln BB 1995, 794; LG Berlin NJOZ 2002, 449 f; Ulmer/*Paefgen* Rn 118, 122; Scholz/*Schneider* Rn 137; Rowedder/Schmidt-Leithoff/*Koppensteiner* Rn 30; *Haas* HdbManagerhaftung § 11 Rn 47; dazu auch *Pelz* RNotZ 2003, 415, 420 f mwN.

281 BGH NJW 2000, 1571 = NZG 2000, 544 m Anm *Haas* = LM H 6/2000 § 30 Nr 67 *(Wilhelm);* zust Rowedder/Schmidt-Leithoff/*Koppensteiner* Rn 32; Ulmer/*Paefgen* Rn 118, 122; s auch *Haas* HdbManagerhaftung § 11 Rn 52; krit dazu *Altmeppen* DB 2000, 657.

282 BGHZ 142, 92, 95 f = LM H 1/2000 BGB § 823 (B) Nr 13 *(Roth)* = DStR 1999, 1366 m Anm *Goette* = NZG 1999, 1060 (L) m Anm *Haas* = GmbHR 1999, 921 m Komm *Müller* = JZ 1999, 1171 m Anm *Noack;* zust Ulmer/*Paefgen* Rn 118; *Haas* HdbManagerhaftung § 11 Rn 47; krit dazu *Wilhelm* DB 1999, 2349; OLG Stuttgart GmbHR 2000, 1048, 1049; OLG Nürnberg NZG 2001, 943, 944.

283 BGH NZG 2003, 528 = GmbHR 2003, 712 m Komm *Blöse;* BGHZ 142, 92, 95 f; LG Berlin NJOZ 2002, 449 f; vgl auch BGH DStR 2002, 227 m Anm *Goette;* s noch Rn 80.

284 BGH NZG 2003, 528 = GmbHR 2003, 712 m Komm *Blöse;* zust Ulmer/*Paefgen* Rn 118.

b) Einschränkungen. Haftungsfreistellende Wirkung entfällt, wenn GFührer Beschluss nicht ordnungsgemäß vorbereitet, insbes Gfter bzw anderweitig zuständiges Organ nicht ausreichend über Risiken oder sonstige Bedenken hinsichtlich der beschlossenen Maßnahmen informiert oder sonst pflichtwidrig Willensbildung beeinflusst hat.[285] Ob dann Beschluss haftungsbefreiende Wirkung versagt bleibt oder GFührerhaftung durch sorgfaltspflichtwidriges Verhalten im Vorfeld ausgelöst wird,[286] spielt keine Rolle. Zu weit geht es, trotz Weisung durch Vertreter des AlleinGfters oder deren Einverständnis GFührerhaftung wegen Verminderung des GesVermögens anzunehmen, wenn für GFührer *erkennbar* war, dass Weisung oder Einverständnis nicht von der Vertretungsbefugnis gedeckt gewesen ist.[287] GFührer der Tochter muss nicht generell Pflichtgemäßheit des Handelns der Vertreter der OberGes im Innenverhältnis hinterfragen oder kontrollieren u ggf weitere Erkundigungen anstellen.[288] Weisung oder Einverständnis entlastet aber dann nicht, wenn Grundsätze über sog Missbrauch der Vertretungsmacht eingreifen, dh GFührer entweder Überschreitung der Innenbefugnis der Vertretungsorgane positiv kennt oder sie nach den Umständen *evident* ist (vgl § 37 Rn 47).[289] Haftung ist selbstverständlich nur iR der Weisung oder Zustimmung ausgeschlossen, nicht aber für fehlerhafte Beschlussausführung.[290] **Weisung** (gleichgestellt: Zustimmung) **befreit** GFührer **nach Abs 3 S 3 nicht** von Haftung aus Abs 3 S 1 für zulasten des Stammkapitals gehende Zahlungen entgegen § 30 u Erwerb eigener Geschäftsanteile entgegen § 33, soweit Ersatzleistung zur Befriedigung der GesGläubiger erforderlich ist (Rn 48 ff).[291] GFührer darf u muss entsprechende Anweisungen nicht befolgen; weisen Gfter zulasten des Stammkapitals gehende Zahlung entgegen § 30 an oder stimmen ihr zu, dann dürfte allerdings – trotz „einheitlicher" Weisung bzw Zustimmung – Haftung des GFührers aus *Abs 2* für einen über die unzulässige Auszahlung hinausgehenden Schaden (vgl unten Rn 49) ausgeschlossen sein, haftungsfreistellende Wirkung des GfterKonsenses insoweit also nicht nach Abs 3 S 3 entfallen.[292] Weisungs- bzw Zustimmungsbeschluss stellt **analog** 34

---

285 IErg unstr; Michalski/*Haas* Rn 182 ff; Scholz/*Schneider* Rn 125; Rowedder/Schmidt-Leithoff/*Koppensteiner* Rn 28; Ulmer/*Paefgen* Rn 121; Roth/*Altmeppen* Rn 87; Lutter/*Hommelhoff/Kleindiek* Rn 22; *Haas* HdbManagerhaftung § 11 Rn 48; *Fleck* GmbHR 1974, 224, 226; *Konzen* NJW 1989, 2977, 2985; *Ebert* GmbHR 2003, 444, 448; s auch *Schneider/Schneider* GmbHR 2005, 1229, 1231; aus der Rspr OLG Jena NZG 1999, 121, 122; OLG Koblenz Urt v 24. 9. 2007 – 12 U 1437/04, BeckRS 2008, 02728 (sub C II 2. a) aa)) zur Information interner Kontrollgremien bei Zustimmungsvorbehalt.

286 So Scholz/*Schneider* 125; *Haas* HdbManagerhaftung § 11 Rn 48.

287 So OLG Koblenz GmbHR 2003, 1062 (L) = EWiR § 43 GmbHG 4/03, 769 *(Trölitzsch)*.

288 Zutr *Trölitzsch* EWiR § 43 GmbHG 4/03, 769, 770.

289 IdS *Trölitzsch* EWiR § 43 GmbHG 4/03, 769, 770; zust Ulmer/*Paefgen* Rn 127 aE; iErg wohl zutr auch OLG Koblenz GmbHR 2003, 1062 (nur Leitsatz).

290 Scholz/*Schneider* Rn 120; Michalski/*Haas* Rn 182; *Haas* 36; *Ebert* GmbHR 2003, 444, 447 f.

291 BGH NJW 2004, 1111, 1112; BGH DStR 1994, 1092, 1094 m Anm *Goette;* BGH NJW-RR 1986, 579, 581.

292 Ulmer/*Paefgen* Rn 151; *Habersack/Schürnbrand* WM 2005, 957, 961; GroßKomm-AktG/*Hopt* § 93 Rn 239 (für AG); **aA** Hachenburg/*Mertens* Rn 92; Rowedder/Schmidt-Leithoff/*Koppensteiner* Rn 32; für analoge Anwendung von Abs 3 S 3 auf Ersatzanspruch aus Abs 2 *Haas* HdbManagerhaftung § 11 Rn 7 m Fn 5.

Abs 3 S 3 GFührer nicht frei bei Zahlungen entgegen § 64 S 1 u 3 (§ 64 S 4 iVm § 43 III; näher § 64 Rn 15) sowie bei verbotener Kreditgewährung gem § 43 a (dort Rn 7).[293] Abs 3 S 3 ist zudem entsprechend anzuwenden, wenn Gfter GFührer Weisungen zu existenzvernichtenden Eingriffen in das GesVermögen erteilen oder diesen zustimmen (s zu Tatbestand der Existenzvernichtung u hauptsächlicher Rechtsfolge der GfterHaftung § 13 Rn 57 ff u SchlAnhKonzernR Rn 121 ff; zur Haftung des GFührers wegen Beteiligung an existenzvernichtendem Eingriff unten Rn 62 a).[294] Das gilt ohne weiteres auch nach dem neuen Konzept des BGH zur Existenzvernichtungshaftung (Rn 3 aE, unten Rn 62 a).[295] GFührer darf solche Weisungen nicht befolgen bzw hat konsentierte Maßnahmen im Interesse zwingenden Gläubigerschutzes zu unterlassen; wird er gleichwohl tätig, handelt er gegenüber Ges pflichtwidrig. Daneben besteht idR Haftung der Gfter bzw Kreditempfänger (§ 43 a). Beschlüsse werden freilich ohnehin regelmäßig nichtig sein (Anh § 47 Rn 51) u daher keine Entlastungswirkung haben; GFührer kann aber **auch im Falle einstimmiger Gfterweisung keine Arglisteinrede** geltend machen (vgl Rn 35),[296] sondern stets nur, dass Erforderlichkeit des Schadensersatzes zur Gläubigerbefriedigung nicht gegeben ist. Weiter ausgreifende analoge Anwendung des Abs 3 S 3 auf Haftung aus Abs 2 wegen Verletzung überwiegend dem Schutz der Öffentlichkeit oder Gläubigerinteressen dienender Pflichten (zB §§ 41, 49 III, Insolvenzantragspflicht nach § 15 a I InsO)[297] ist nicht zu befürworten.[298] (Analoge) Anwendung ist vielmehr zu beschränken auf §§ 30, 33 u sonstige, unmittelbar das Kapital der Ges vor Abzug u Eingriffen schützende Regeln.[299]

---

[293] BGH NJW 2004, 1111, 1112; Ulmer/*Paefgen* Rn 147; Michalski/*Haas* Rn 220; Rowedder/Schmidt-Leithoff/*Koppensteiner* Rn 24, 32; Scholz/*Schneider* Rn 127.

[294] Michalski/*Haas* Rn 220; Scholz/*Schneider* Rn 124, 287 a; Lutter/*Hommelhoff*/*Kleindiek* Rn 23 u Rn 41 f; Ulmer/*Paefgen* Rn 147; *Haas,* HdbManagerhaftung § 11 Rn 50 m Rn 9; *ders* Haftung des GmbH-GFührers in der Krise, 89 f; *Burgard* VGR 6 (2003), 45, 60 f; *Vetter* ebd 69, 87; *ders* ZIP 2003, 601, 610; ähnl BGH NZG 2003, 528 = GmbHR 2003, 712 m Komm *Blöse* (offensichtl keine Abkehr hiervon BGH NZG 2008, 314); vgl auch BGHZ 149, 10 (Bremer Vulkan) = DStR 2001, 1853, 1854 m Anm *Goette;* BGH NJW 2000, 1571 = NZG 2000, 544 m Anm *Haas* = LM H 6/2000 § 30 Nr 67 *(Wilhelm);* BGHZ 142, 92, 95 f = LM H 1/2000 BGB § 823 (B) Nr 13 *(Roth)* = DStR 1999, 1366 m Anm *Goette* = NZG 1999, 1060 (L) m Anm *Haas* = GmbHR 1999, 921 m Komm *Müller* = JZ 1999, 1171 m Anm *Noack;* OLG Nürnberg NZG 2001, 943, 944; iE *Gehrlein* BB 2004, 2585, 2593.

[295] *Paefgen* DB 2007, 1907, 1910 f; Scholz/*Schneider* Rn 287 a; vgl auch Grundlegend BGH DStR 2007, 1586, 1590 Rn 33 (TRIHOTEL) m Anm *Goette* = GmbHR 2007, 927 m Komm *Schröder,* wonach Existenzvernichtungshaftung als „Verlängerung" des Schutzsystems der §§ 30, 31 zu verstehen ist.

[296] Vgl Scholz/*Schneider* Rn 127, 136; Michalski/*Haas* Rn 235.

[297] Zur Haftung aus § 43 II bei Verletzung dieser Pflichten § 41 Rn 18, § 49 Rn 23, § 64 Rn 160.

[298] So aber Ulmer/*Paefgen* Rn 147; Lutter/*Hommelhoff*/*Kleindiek* Rn 23 u Rn 41 f; Rowedder/Schmidt-Leithoff/*Koppensteiner* Rn 41; *Goette* DStR 1998, 938, 942; hinsichtl Insolvenzverschleppung auch *Haas* HdbManagerhaftung, § 11 Rn 50 mit Rn 11 sowie unten § 64 Rn 160, iÜ allerdings zweifelnd *ders* HdbManagerhaftung § 11 Rn 53 f; vgl ferner *dens* WM 2006, 1417, 1418.

[299] Vgl BGH DStR 2008, 1293, 1298 mwN (GAMMA) = GmbHR 2008, 805 m Komm *Ulrich* = BB 2008, 1697 m Komm *Möller;* ferner BGH NZG 2003, 528 = GmbHR 2003, 712 m Komm *Blöse;* BGH NZG 2002, 1170, 1172 = DStR 2002,

Weisung u Zustimmung befreien GFührer zwar selbstverständlich nicht von Pflicht, zwingende, im öffentlichen oder Gläubiger-Interesse erlassene Vorschriften zu beachten. Schadensersatzpflicht im Innenverhältnis aus § 43 kann aber ausgeschlossen sein, wenn Gfter GFührer zu solche Bestimmungen verletzendem Verhalten anweisen oder mit diesem einverstanden sind (s noch nachfolgend Rn 35; vgl auch Rn 5).[300] Jedenfalls für Verstoß gegen §§ 41, 49 III ist auch ausfüllungsbedürftige Schutzlücke zulasten der Ges-Gläubiger nicht zu erkennen (vgl § 41 Rn 19 ff; § 84 Rn 9), ebenso wenig bei GFührerhaftung aus § 43 II wegen Insolvenzverschleppung (vgl § 64 Rn 109 ff). Noch weitergehender Ansicht, dass GFührer sich ungeachtet konkreter Sorgfaltspflichtverletzung im Allgemeinen nicht haftungsbefreiend auf Weisung oder Einverständnis berufen kann, sofern Schadensersatzanspruch zur Gläubigerbefriedigung benötigt wird,[301] ist ebenfalls nicht zu folgen; solche Erweiterung der GFührerhaftung findet weder im Wortlaut noch in Gesetzessystematik hinreichende Grundlage (s noch unten Rn 53).[302] Nicht zugestimmt werden kann auch Auffassung, nach der analog § 93 V 2 u 3 AktG auf gröblichem Sorgfaltsverstoß des GFührers beruhende Schadensersatzansprüche der Ges zulasten der Gläubigerbefriedigung generell nicht disponibel sind u danach Weisung zu oder Einverständnis mit gröblich sorgfaltswidrigem Verhalten des GFührers diesen nicht entlastet, soweit GFührerhaftung zur Befriedigung der GesGläubiger erforderlich ist.[303] Es fehlt insoweit an einer planwidrigen Regelungslücke. Schließlich entfällt freistellende Wirkung im Innenverhältnis gegenüber Ges nicht stets schon bei Weisung oder Zustimmung zu rechtswidriger Maßnahme,[304] sondern nur, wenn Anwendungsbereich des Abs 3 (analog) betroffen ist, sowie unter Umständen dann, wenn

---

2046 m abl Anm *Altmeppen* = BB 2002, 2517 m Komm *Graef;* BGH NZG 2008, 314 = GmbHR 2008, 488 m Komm *Werner.*

300 Vgl BGH GmbHR 1974, 131, 132 (zur Insolvenzantragspflicht nach § 64 I aF); *Fleck* GmbHR 1974, 224, 232; **abw** aber *Haas* HdbManagerhaftung § 11 Rn 53 f (zu §§ 41, 49 III) (entspr GfterBeschl ist nichtig u GFührer aus § 43 II haftbar u Inanspruchnahme auch bei einstimmiger Anweisung oder Billigung nicht treuwidrig, wenn Anspruch zur Befriedigung der GesGläubiger benötigt wird) sowie zur Insolvenzantragspflicht § 11 Rn 50 mit Rn 11 u unten § 64 Rn 160 (Abs 3 S 3 analog auf Haftung aus Abs 2); in einem obiter dictum zweifelnd auch BGH DStR 1994, 1092, 1094 (zur Insolvenzantragspflicht nach § 64 I aF) („gewichtige Gründe dafür, (…) Einverständnis der Gfter keine haftungsausschließende Bedeutung beizumessen, wenn das fragliche Verhalten gegen zwingende gesetzl Bestimmungen verstößt, die (…) zum Schutze der GesGläubiger erlassen worden sind") m Anm *Goette.*

301 Roth/*Altmeppen,* 3. Aufl 1997, Rn 54 ff; ähnl *Lutter/Hommelhoff,* 15. Aufl 2000, Rn 22; *Lutter* GmbHR 2000, 301, 311; unklar noch BGH NJW 2000, 576 (zur Verkürzung der Verjährungsfrist).

302 Zutr BGH NZG 2002, 1170, 1172 (zur Verkürzung der Verjährungsfrist) = DStR 2002, 2046 m abl Anm *Altmeppen* = BB 2002, 2517 m Komm *Graef;* ferner BGH NZG 2003, 528 = GmbHR 2003, 712 m Komm *Blöse;* BGH NZG 2008, 314 = GmbHR 2008, 488 m Komm *Werner;* vgl insoweit auch Roth/*Altmeppen* Rn 92.

303 So Roth/*Altmeppen* Rn 97 ff; *Altmeppen* DStR 2002, 2048 ff; *ders* NJW 2002, 321, 323 ff; *ders* ZIP 2001, 1837, 1845; *ders* DB 2000, 657 ff; *ders* DB 2000, 261 ff; zust *Burgard* ZIP 2002, 827, 839; iE **wie hier abl** Ulmer/*Paefgen* Rn 124 ff; *Haas* HdbManagerhaftung § 11 Rn 55; Scholz/*Schneider* Rn 123; *Schneider/Schneider* GmbHR 2005, 1229, 1231 (Grenze allein § 826 BGB).

304 Ulmer/*Paefgen* Rn 116; **aA** Scholz/*Schneider* Rn 122 (die dort zitierten BGH GmbHR 1974, 131, 132; *Fleck* GmbHR 1974, 224, 227 tragen diese Auffassung aber gerade *nicht*); *Schneider/Schneider* GmbHR 2005, 1229, 1231 f.

zugrundeliegender GfterBeschluss sonst mangelhaft ist (s noch nachfolgend Rn 35).

35 **Nichtige GfterBeschlüsse** (dazu Anh § 47 Rn 44 ff) entlasten nicht,[305] es kann aber am Verschulden des GFührers fehlen, wenn er Nichtigkeit nicht erkennen konnte.[306] GFührer braucht nichtige Weisungen nicht auszuführen; befolgt er Weisung auf Grund eines wegen seines Inhalts nichtigen GfterBeschlusses (Anh § 47 Rn 51 ff), handelt GFührer pflichtwidrig (§ 37 Rn 22).[307] Selbstverständlich deckt auch inhaltlich nichtiger Zustimmungsbeschluss nicht entsprechende GFührerTätigkeit. Ebensowenig stellt aus verfahrensrechtlichen Gründen nichtiger GfterBeschluss (zB schwerer Einberufungsmangel) GFührer von Haftung frei;[308] in Übereinstimmung mit (inhaltlich unbedenklichem) Beschluss tätigwerdender GFührer begeht Pflichtwidrigkeit gegenüber Ges in solchem Fall aber nur, wenn nach Statut oder früherem GfterBeschluss er allein mit Zustimmung der GfterVers handeln darf.[309] **Im Einzelfall kann** dem **Ersatzanspruch** bei Handeln auf Grund nichtigen GfterBeschlusses auch die **Arglisteinrede entgegenstehen**.[310] Das wird, solange nicht Anwendungsbereich des Abs 3 betroffen ist, unter der Voraussetzung anzunehmen sein, dass Weisung zu oder Einverständnis mit schädigendem GFührerVerhalten auf einstimmigem Beschluss aller Gfter oder des AlleinGfters beruht.[311] Hingegen kommt es außerhalb von Abs 3 nicht entscheidend darauf an, ob Inanspruchnahme zur Gläubigerbefriedigung erforderlich ist.[312] **Anfechtbare Beschlüsse** (vgl Anh § 47 Rn 81 ff) darf u muss GFührer ausführen, wenn mit Anfechtung nicht zu rechnen ist, spätestens

---

305 Ulmer/*Paefgen* Rn 129; Scholz/*Schneider* Rn 127; Michalski/*Haas* Rn 61, 182; Rowedder/Schmidt-Leithoff/*Koppensteiner* Rn 33 f; Lutter/*Hommelhoff*/*Kleindiek* Rn 23; *Fleck* GmbHR 1974, 224, 227; *Pelz* RNotZ 2003, 415, 420. Vgl im Zusammenhang mit verdeckter Gewinnausschüttung an Gfter *Geißler* GmbHR 2003, 394, 402.

306 Zust Ulmer/*Paefgen* Rn 129; Roth/*Altmeppen* Rn 87; Lutter/*Hommelhoff*/*Kleindiek* Rn 24; *Mennicke* NZG 2000, 622, 625.

307 BGH GmbHR 1974, 131, 132; Scholz/*Schneider* Rn 127; Michalski/*Haas* Rn 61, 182; Ulmer/*Paefgen* Rn 129; Rowedder/Schmidt-Leithoff/*Koppensteiner* Rn 33; *Fleck* GmbHR 1974, 224, 227; *Pelz* RNotZ 2003, 415, 420; *Mennicke* NZG 2000, 622, 624.

308 Rowedder/Schmidt-Leithoff/*Koppensteiner* Rn 34; Hachenburg/*Mertens* Rn 80; *Ebert* GmbHR 2003, 444, 447.

309 Zutr Hachenburg/*Mertens* Rn 80; ähnl (Ausführung in „eigener Verantwortung") Scholz/*Schneider* Rn 127 (dort hiesige Ansicht freilich als aA bezeichnend); Michalski/*Haas* Rn 61; *Fleck* GmbHR 1974, 224, 227; *Ebert* GmbHR 2003, 444, 447 sowie *Pelz* RNotZ 2003, 415, 420 (Pflichtwidrigkeit unabhängig vom Gfterbeschluss zu beurteilen); weitergehend *Lutter/Hommelhoff* § 37 Rn 22.

310 Rowedder/Schmidt-Leithoff/*Koppensteiner* Rn 33; Michalski/*Haas* Rn 234 f; Scholz/*Schneider* Rn 134 ff; Hachenburg/*Mertens* Rn 78; *Fleck* GmbHR 1974, 224, 227; *Ebert* GmbHR 2003, 444, 448; BGH GmbHR 1974, 131.

311 Michalski/*Haas* Rn 234 f; Scholz/*Schneider* Rn 136; Hachenburg/*Mertens* Rn 78; *Fleck* GmbHR 1974, 224, 227; BGH GmbHR 1974, 131, 132; vgl auch Ulmer/*Paefgen* Rn 116 (hinsichtl Weisungen zu gesetzeswidrigem Verhalten); **einschr** nunmehr *Haas* HdbManagerhaftung § 11 Rn 54 (in Bezug auf Pflichten aus §§ 41, 49 III); **abw** (Einstimmigkeit nicht geeignet, (im Ergebnis) Gläubigerschädigung zu legitimieren) Rowedder/Schmidt-Leithoff/*Koppensteiner* Rn 33; *Mennicke* NZG 2000, 622, 625 f; wohl auch BGHZ 75, 321, 326.

312 So aber Rowedder/Schmidt-Leithoff/*Koppensteiner* Rn 33; *Mennicke* NZG 2000, 622, 625 f; abw auch *Haas* HdbManagerhaftung § 11 Rn 54 (in Bezug auf Pflichten aus §§ 41, 49 III).

nach Eintritt der Unanfechtbarkeit (vgl auch § 37 Rn 22 ff).[313] Beschlussausführung ist dann keine Schadensersatz begründende Pflichtverletzung gegenüber GmbH. Entsprechendes gilt hinsichtlich Beschlüssen, die keine Weisung enthalten, bestimmtes GFührerVerhalten aber billigen.[314] Zur str Frage der Anfechtungsbefugnis der GFührer Anh § 47 Rn 140. Soweit Anfechtungsrecht besteht, muss GFührer davon keinen Gebrauch machen. Er wird daher durch ursprünglich anfechtbaren, aber unanfechtbar gewordenen Beschluss gedeckt. Ist Anfechtungsklage rechtzeitig erhoben u dringt sie durch, entfällt deckende Wirkung des Beschlusses. Es kann aber am Verschulden des GFührers fehlen.[315] Mißverständlich ist Aussage, GFührer trage volle Verantwortung, wenn er Weisung vor Unanfechtbarkeit eines anfechtbaren Beschlusses ausführe.[316] Zwar lösen anfechtbare Weisungsbeschlüsse grds keine Folgepflicht aus, solange Anfechtbarkeit besteht; konnte GFührer aber ohne Sorgfaltsverstoß annehmen, Anfechtbarkeit sei zu verneinen (waren zB Anfechtungsgründe für ihn nicht erkennbar), haftet er nicht.[317] Erkennt GFührer, dass Anfechtbarkeit gegeben ist oder sein kann u mit Anfechtung zu rechnen ist, muss er abwägen, ob Beschlussausführung oder Zuwarten eher im GesInteresse liegt. Ihm steht hierbei gewisser Ermessensspielraum zu; hält er sich innerhalb dessen, werden weder Ausführung noch Nichtausführung des Beschlusses pflichtwidrig sein.[318]

5. Haftungsvoraussetzungen im Einzelnen u Beweislastverteilung. 36
a) Grundsatz. Verteilung der Darlegungs- u Beweislast[319] ist von erheblicher materiellrechtlicher Bedeutung für Haftungsvoraussetzungen. Ges hat Umstände darzulegen u eventuell zu beweisen, aus denen sich – ggf „faktische“ – GFührereigenschaft des in Anspruch Genommenen im Zeitpunkt des schädigenden Verhaltens ergibt.[320] Im Übrigen ist, obgleich § 93 II 2 AktG entspr

---

313 Scholz/*Schneider* Rn 130 f; *Ebenroth/Lange* GmbHR 1992, 69, 73; etwas weiter Hachenburg/*Mertens* Rn 81 (Folgepflicht auch, wenn pflichtgemäße Prüfung ergibt, dass sofortige Beschlussdurchführung trotz möglicherweise erfolgreicher Anfechtung im GesInteresse geboten erscheint); etwas enger Rowedder/Schmidt-Leithoff/*Koppensteiner* Rn 35; bei Unanfechtbarkeit u rechtskräftiger Klageabweisung auch Ulmer/*Paefgen* Rn 130; vgl zum Ganzen ferner *Fleck* GmbHR 1974, 224, 227 f; Michalski/*Haas* Rn 62. Vgl im Zusammenhang mit verdeckter Gewinnausschüttung an Gfter *Geißler* GmbHR 2003, 394, 402.

314 Vgl Rowedder/Schmidt-Leithoff/*Koppensteiner* Rn 35.

315 Insoweit auch Ulmer/*Paefgen* Rn 130.

316 So zB Scholz/*Schneider* Rn 132.

317 So in Abweichung vom selbst aufgestellten Grundsatz Scholz/*Schneider* Rn 133; vgl auch Ulmer/*Paefgen* Rn 130.

318 So oder ähnl Hachenburg/*Mertens* Rn 83; Rowedder/Schmidt-Leithoff/*Koppensteiner* Rn 35; Michalski/*Haas* Rn 62; Lutter/*Hommelhoff/Kleindiek* Rn 24; *Pelz* RNotZ 2003, 415, 420; **krit** Ulmer/*Paefgen* Rn 130, der in Beurteilung der Erfolgsaussichten einer Anfechtungsklage keine Frage des Ermessens sieht, sondern GFührer ggf wegen schuldlosen Rechtsirrtums (dazu oben Rn 13) nicht haften lassen will – in der Sache dürfte das keinen Unterschied machen; **abw** Scholz/*Schneider* Rn 132; vgl auch *Ebert* GmbHR 2003, 444, 447.

319 Vgl ausführl dazu *Kurzwelly* HdbManagerhaftung § 14; *v. Gerkan* ZHR 154 (1990), 39 ff; *Goette* ZGR 1995, 648 ff; *Krieger* RWS Forum 8 Gesellschaftsrecht 1995 (1996), 149, 157 ff; *ders* VGR 1 (1999), 111, 126 ff; *Fleck* GmbHR 1997, 237 ff; *Heermann* ZIP 1998, 761, 765 ff; *Gehrlein* BB 2004, 2585, 2593.

320 Michalski/*Haas* Rn 249; Ulmer/*Paefgen* Rn 106; GroßKommAktG/*Hopt* § 93 Rn 280 (für AG).

Vorschrift fehlt, in analoger Anwendung dieser Norm bzw der dieser zugrunde liegenden allg Grundsätze zur Aufteilung der Beweislast nach Gefahrenkreisen u Beweisnähe anzunehmen, dass auch bei GmbH grds die Darlegungs- u Beweislast für Schaden, GFührerverhalten (positives Tun oder Unterlassen) u schließlich adäquatem Kausalzusammenhang zwischen Schaden u diesem Verhalten bei der Ges liegt, dass aber GFührer seinerseits Darlegungs- u Beweislast für mangelnde Sorgfaltspflichtverletzung sowie dafür trifft, dass Schaden auch bei sorgfaltspflichtgemäßem Alternativverhalten eingetreten wäre. Zu Abweichungen bei Haftung aus Abs 3 s unten Rn 49.[321]

37 **b) Präzisierung.** Darlegungs- u Beweislast der Ges hinsichtlich **Schaden** (Rn 15) betrifft dessen Eintritt u Höhe. Ges kommen dabei Beweiserleichterungen wie Anscheinsbeweis oder Schadensschätzung nach § 287 ZPO zugute.[322] Ebenso muss Ges darlegen u notfalls beweisen, dass Schaden durch ein möglicherweise pflichtwidriges GFührerverhalten (näher Rn 38) adäquat **kausal verursacht** worden ist (Rn 16). Nachweis bloßer Möglichkeit eines Ursachenzusammenhangs genügt nicht,[323] doch greifen auch hier Regeln des § 287 ZPO, des Anscheinsbeweises etc ein (s noch Rn 39 ff).[324] Hat GFührer zB für sich oder GesBedienstete Schmiergelder, Provisionen oder ähnl im Zusammenhang mit Geschäftsabschluss entgegengenommen, spricht Beweis des ersten Anscheins dafür, dass Ges in entsprechender Höhe Schaden entstanden ist, weil nach der Lebenserfahrung davon auszugehen ist, dass ohne diese Zuwendungen Vertrag mit anderem Inhalt, insbes höherer Gegenleistung zustande gekommen wäre.[325] Warenvorrats- oder Kassenfehlbestände, also Differenzen zwischen tatsächlichem u buchmäßig erfasstem Bestand[326] – insoweit trägt Ges Darlegungs- u Beweislast – sind idR hinreichendes Indiz

---

[321] Vgl Roth/*Altmeppen* Rn 75; Scholz/*Schneider* Rn 234 ff; Rowedder/Schmidt-Leithoff/*Koppensteiner* Rn 36; Lutter/*Hommelhoff/Kleindiek* Rn 31; Ulmer/*Paefgen* Rn 106 f. Aus der Rspr BGHZ 152, 280, 283 ff = GmbHR 2003, 113, 114 f m Komm *Lelley* = DStR 2003, 124, 125 f m Anm *Goette;* dazu auch *ders* DStR 2003, 887, 894 f; BGH DStR 2007, 1641, 1642; BGH DStR 2008, 158, 159; BGH NJW 1963, 46; DB 1974, 1619; 1985, 2291; WM 1991, 101; NJW 1992, 1166 = LM H 6/1992 § 30 Nr 34 *(Roth);* GmbHR 1994, 459; KG GmbHR 2005, 477, 479 m Komm *Brötzmann;* OLG Naumburg NZG 2001, 136, 137; OLG Jena NZG 2001, 86, 88; 1999, 121, 123; OLG Koblenz GmbHR 1999, 1201, 1202; OLG Naumburg GmbHR 1998, 1180, 1182; OLG Bremen GmbHR 1964, 8; OLG Hamm GmbHR 1992, 375; für AG etwa *Hüffer,* AktG, § 93 Rn 16.

[322] Zu letzterem BGHZ 152, 280, 287 = GmbHR 2003, 113, 115 m Komm *Lelley* = DStR 2003, 124, 126 m Anm *Goette;* BGH Urt v 1. 12. 2008 – II ZR 102/07 Rn 20 (für AG); OLG Koblenz Urt v 26. 2. 2007 – 12 U 1597/05, BeckRS 2007 03820; zust Lutter/*Hommelhoff/Kleindiek* Rn 32; *Kurzwelly* HdbManagerhaftung § 14 Rn 8.

[323] Michalski/*Haas* Rn 254; Ulmer/*Paefgen* Rn 106; GroßKommAktG/*Hopt* § 93 Rn 282 (für AG).

[324] Zu ersterem BGHZ 152, 280, 287, 289 = GmbHR 2003, 113, 115 m Komm *Lelley* = DStR 2003, 124, 126 m Anm *Goette;* BGH Urt v 1. 12. 2008 – II ZR 102/07 Rn 20 (für AG); OLG Koblenz Urt v 26. 2. 2007 – 12 U 1597/05, BeckRS 2007 03820; zust Lutter/*Hommelhoff/Kleindiek* Rn 32; *Kurzwelly* HdbManagerhaftung § 14 Rn 9; zu letzterem BGH ZIP 1994, 872, 873; Michalski/*Haas* Rn 254.

[325] BGH WM 1962, 578, 579; OLG Düsseldorf GmbHR 2000, 666, 670 = DStR 2001, 716 (L) m Anm *Haas;* OLG Naumburg Urt v 2. 10. 2006 – 2 U 14/06, BeckRS 2007 00361; Michalski/*Haas* Rn 255; Ulmer/*Paefgen* Rn 110; Scholz/*Schneider* Rn 212; GroßKommAktG/*Hopt* § 93 Rn 281 (für AG).

[326] BGH DB 1985, 2291; BGH GmbHR 1991, 101; *v. Gerkan* ZHR 154 (1990), 39, 46 ff; *Fleck* GmbHR 1997, 237, 239 f.

dafür, dass tatsächlich GesSchaden in entsprechender Höhe entstanden ist u Lücke nicht bloß auf Buchungsfehler beruht (s dazu auch Rn 39).[327] GFührer obliegt es dann, sich durch Gegenbeweis zu entlasten, wofür freilich nicht Gegenteilsbeweis erforderlich ist, sondern es genügt, dass er die aus dem Fehlbetrag folgende Beweisvermutung erschüttert.[328] Hat GFührer pflichtwidrig Nachweis- u Kontrollsystem hinsichtlich eingenommener GesMittel unzureichend organisiert u kann deren Verbleib daraufhin nicht mehr aufgeklärt u von Ges Schadensnachweis nicht erbracht werden, geht dieser Beweisnachteil nicht zulasten der GmbH, sondern des betreffenden GFührers. An Beweis des GesSchadens dürfen keine Anforderungen gestellt werden, die Ges tatsächlich nicht erfüllen kann.[329] Ist ein Umstand **„doppelrelevant"** in dem Sinne, dass er sowohl Schadenseintritt als auch Sorgfaltspflichtverletzung des GFührers betrifft, muss Ges als Schaden grds nur Leistung aus GesVermögen darlegen u ggf beweisen, weil sie sonst entgegen gesetzl Regelung vollumfänglich Darlegungs- u Beweislast auch für konkreten Haftungsgrund des Sorgfaltpflichtverstoßes trüge (s Rn 36, 38). Steht etwa fest, dass Leistungen aus GesVermögen an einen Dritten erbracht worden sind, ohne dass geklärt werden kann, dass eine berechtigte Forderung bestanden hat, genügt dies den Anforderungen, die an Darlegung u Nachweis eines GesSchadens in entsprechender Höhe zu stellen sind; es ist dann Sache des GFührers, den Vorwurf, auf tatsächlich nicht bestehende Rechnung Zahlung geleistet zu haben, zu entkräften.[330] Zwar ist GesVermögen nur dann vermindert, wenn Dritter keinen Anspruch hatte,[331] doch liefe dahingehende Schadensdarlegungs- bzw -beweislast der Ges darauf hinaus, dass Ges Sorgfaltspflichtwidrigkeit des GFührerverhaltens in vollem Umfang nachweisen müsste. Angebliche Fehlkalkulation (zB im Rahmen einer Auftragsvergabe an Ges zum Festpreis), wegen der GmbH GFührer in Anspruch nimmt, berührt auch Frage des GesSchadens, betrifft aber primär konkreten Haftungsgrund der Pflichtverletzung, die nicht Ges nachweisen muss; GFührer trägt vielmehr Darlegungs- u Beweislast dafür, dass er bei der Preisvereinbarung Sorgfalt des Abs 1 angewandt hat, Preis also nicht für ihn erkennbar zu niedrig kalkuliert worden ist (s nachfolgend Rn 38).[332] Schaden besteht iÜ nicht ohne weiteres in Differenz zwischen vereinbartem u richtig kalkuliertem Preis (positives Interesse), sondern nur dann, wenn nach den (von der Ges darzulegenden u erforderlichenfalls zu beweisenden) Umständen hinreichend wahrscheinlich ist (§ 287 ZPO), dass Vertrag auch bei zutreffender Kalkulation abgeschlossen worden

---

327 Michalski/*Haas* Rn 255; Ulmer/*Paefgen* Rn 110; *v. Gerkan* ZHR 154 (1990), 39, 46 ff; *Fleck* GmbHR 1997, 237, 239; wohl einschr Rowedder/Schmidt-Leithoff/*Koppensteiner* Rn 36 (Vermutung zulasten des GFührers bei Warenfehlbestand bedeutender Größenordnung). Aus der Rspr BGH ZIP 1985, 1135, 1136; BGH GmbHR 1980, 298; OLG Frankfurt GmbHR 1993, 160. S auch BGH GmbHR 1997, 163 = DStR 1997, 252 m Anm *Goette.*

328 *v. Gerkan* ZHR 154 (1990), 39, 46 ff; *Fleck* GmbHR 1997, 237, 239 f; Michalski/*Haas* Rn 255; GroßKommAktG/*Hopt* § 93 Rn 282 (für AG).

329 BGH GmbHR 1992, 101; OLG Stuttgart GmbHR 2000, 1048, 1049 f; OLG Frankfurt GmbHR 1993, 160; Michalski/*Haas* Rn 255; GroßKommAktG/*Hopt* Rn 282 (für AG).

330 BGH DStR 2007, 1641, 1642.

331 Vgl idS OLG Düsseldorf Urt v 5. 9. 2006 – 4 U 68/05 sub II 2. d) BeckRS 2007, 00454 (Vorinstanz).

332 BGH GmbHR 2008, 488 Rn 5.

wäre.[333] Anderenfalls ist Schaden nur in Höhe des negativen Interesses anzunehmen, dh GmbH so zu stellen, wie sie ohne Vertrag gestanden hätte. Insofern kann Einwand beachtlich sein, dass ohne das unwirtschaftliche Geschäft gleich hohe Verluste durch laufende Kosten angesichts sonstiger Auftragsflaute entstanden wären. Tätigt GFührer unter Verstoß gegen innergesellschaftliche Kompetenzordnung Geschäft für die Ges, ist als (kausaler) Schaden die Leistung anzusehen, die Ges auf Grund des Geschäfts erbracht hat oder erbringen muss; GFührer kann dann aber darlegen u ggf beweisen, dass sein Verhalten nicht zu einem Schaden geführt hat, etwa weil gleichwertige Gegenleistung gegenübersteht (vgl oben Rn 15).[334] Soweit bei Kompetenzverstoß nicht in erster Linie Schadenseintritt oder -umfang in Frage steht, sondern Schadenszurechnung, weil Gfter eine nach Satzung notwendige Zustimmung angeblich erteilt hätten oder hätten erteilen müssen (vgl oben Rn 16), ist GFührer hierfür darlegungs- u beweispflichtig, da er insofern Einwand pflichtgemäßen Alternativverhaltens erhebt (Rn 38).[335]

38 Ges braucht nicht, wie verschiedentlich anklingt, die „objektive" Verletzung einer Pflicht des GFührers darzulegen u ggf zu beweisen.[336] Trennung zwischen (genauer beschriebener) Pflicht u der zu beachtenden Leitungssorgfalt wäre gar nicht möglich (oben Rn 8, 18).[337] Indessen besteht auch **keine strikte Beweislastumkehr in Bezug auf Sorgfaltspflichtwidrigkeit** des GFührers dahingehend, dass dieser hinsichtlich seines Verhaltens vollumfänglich darzulegen u zu beweisen hätte, erforderliche Sorgfaltspflicht beachtet zu haben, u es Sache der klagenden Ges nur wäre nachzuweisen, dass ihr Schaden entstanden u hierfür Handeln oder Unterlassen des beklagten GFührers ursächlich gewesen ist.[338] Im Hinblick darauf, dass GesSchaden sich fast immer irgendwie auf GFührerhandeln, vor allem aber Unterlassen zurückführen lässt, erscheint solche Umkehr der Darlegungs- u Beweislast zu pauschal u weitgehend; sie liefe weithin auf – freilich widerlegbare –

---

333 BGH GmbHR 2008, 488, 489 Rn 8 (in concreto wurde in Anbetracht zweier Konkurrenzangebote zu fast dem halben Preis hinreichende Wahrscheinlichkeit verneint).

334 BGH DStR 2008, 1599, 1600 (für KG) m Anm *Goette;* ferner BGH Urt v 21. 7. 2008 – II ZR 39/07 Tz 19; BGH DStR 2007, 310, 311 = GmbHR 2007, 260 m Komm *Wackerbarth* = DZWIR 2007, 292 m Anm *Lieder;* dazu auch *Baukelmann* jurisPR-BGHZivilR 6/2007 Anm 3.

335 Vgl BGH DStR 2007, 310, 311 = GmbHR 2007, 260 m Komm *Wackerbarth* = DZWIR 2007, 292 m Anm *Lieder;* dazu auch *Baukelmann* jurisPR-BGHZivilR 6/2007 Anm 3.

336 So aber zB BGH BB 1980, 1344; ferner BGH DB 1985, 2291; NJW 1992, 1166, 1167 = LM H 6/1992, § 30 Nr 34 *(Roth);* OLG Nürnberg NZG 2001, 943, 945; vgl auch BGHZ 152, 280, 284 = GmbHR 2003, 113, 114 m Komm *Lelley* = DStR 2003, 124, 125 m Anm *Goette;* weitere Hinweise zur Rspr mit guter Analyse bei *Goette* ZGR 1995, 648; wohl auch *Fleck* GmbHR 1997, 237 (aber mit Beweiserleichterung im Wege einer Zuweisung der Darlegungs- u Beweislast nach Verantwortungs- u Gefahrenbereichen); jetzt ähnl GroßKommAktG/*Hopt*/*M. Roth* Nachtrag § 93 Rn 67 ff. Wie hier abl auch Rowedder/Schmidt-Leithoff/*Koppensteiner* Rn 36; *v. Gerkan* ZHR 1990, 39, 55; Scholz/*Schneider* Rn 239.

337 Abl auch *Goette* ZGR 1995, 648, 672; *Krieger* RWS Forum 8 Gesellschaftsrecht 1995 (1996), 149, 158; Ulmer/*Paefgen* Rn 107.

338 So aber OLG Hamm NZG 1999, 1221, 1222 (L); OLG Koblenz GmbHR 1999, 1201, 1202; Rowedder/Schmidt-Leithoff/*Koppensteiner* Rn 36; GroßKommAktG/*Hopt* § 93 Rn 285 f (für AG) mwN.

Erfolgshaftung des GLeiters hinaus, die ihn jedenfalls im Falle unternehmerischer Entscheidungen nicht trifft (Rn 22).[339] Sachgerecht erscheint vielmehr heute überwiegend vertretene **„vermittelnde" Lösung,** dass Ges (nur) Tatsachen darzulegen u erforderlichenfalls zu beweisen hat, aus denen sich ein Schaden u dessen Verursachung (Rn 37) durch ein Verhalten des GFührers ergibt, das als pflichtwidrig überhaupt in Betracht kommt, sich also insofern wenigstens als *möglicherweise* pflichtwidrig darstellt.[340] Nichts anderes meint Formulierung, Ges trage Darlegungs- u Beweislast dafür, dass das für den Schaden ursächliche Verhalten des GFührers in seinen Pflichtenkreis fällt;[341] gehört nämlich Verhalten zum Pflichtenkreis des GFührers, liegt Möglichkeit der Pflichtwidrigkeit in Anbetracht des eingetretenen Schadens auf der Hand.[342] Sache des GFührers ist es dann, sich dahin zu entlasten, dass er nach den Umständen, die er darzulegen u zu beweisen hat, seinen Sorgfaltspflichten nachgekommen[343] ist oder schuldlos nicht nachkommen konnte oder Schaden auch bei pflichtgemäßem Alternativverhalten eingetreten wäre (vgl zu letzterem auch oben Rn 16, 37 aE).[344] An Ges insoweit zu stellende Darlegungsanforderungen (Substantiierungslast)[345] **variieren von Fall zu**

---

339 Zutr *Goette* ZGR 1995, 648, 671 f; *ders* DStR 2003, 887, 894; ferner Ulmer/*Paefgen* Rn 108; s auch *Kurzwelly* HdbManagerhaftung § 14 Rn 5; krit auch *Krieger* RWS Forum 8 Gesellschaftsrecht 1995 (1996), 149, 157 f; *ders* VGR 1 (1999), 111, 127 f („Quasi-Haftungsvermutung"); Michalski/*Haas* Rn 251.

340 BGHZ 152, 280, 284 f = GmbHR 2003, 113, 114 m Komm *Lelley* = DStR 2003, 124, 125 m Anm *Goette;* dazu auch *ders* DStR 2003, 887, 894; BGH GmbHR 2008, 488, 489 Rn 8; BGH DStR 2009, 1709, 1710; BGH Urt v 1. 12. 2008 – II ZR 102/07 Rn 20 (zur AG); BGH DStR 2007, 402, 406 (zur Genossenschaft); OLG Oldenburg NZG 2007, 434, 435 = NZI 2007, 305 m Anm *Himmelsbach/Krüger* = BB 2007, 66 m Anm *Liese/Theusinger;* OLG Koblenz Urt v 26. 2. 2007 – 12 U 1597/05, BeckRS 2007 03820; OLG Naumburg NZG 2001, 136, 137; *Goette* ZGR 1995, 648, 671 ff; *Krieger* RWS Forum 8 Gesellschaftsrecht 1995 (1996), 149, 159; *ders* VGR 1 (1999), 111, 128; *Hüffer,* AktG, § 93 Rn 16 (für AG); Lutter/*Hommelhoff/Kleindiek* Rn 31 f; Roth/*Altmeppen* Rn 75; *Kurzwelly* HdbManagerhaftung § 14 Rn 6 f; *Gehrlein* BB 2004, 2585, 2593; iErg Michalski/*Haas* Rn 251 f; vgl insoweit zust ferner *Fleck* GmbHR 1997, 237, 239; **abl** Rowedder/Schmidt-Leithoff/*Koppensteiner* Rn 36; GroßKommAktG/*Hopt/M. Roth* Nachtrag § 93 Rn 68 (für AG); krit auch *Heermann* ZIP 1998, 761, 766 f.

341 Vgl BGHZ 152, 280, 284 = GmbHR 2003, 113, 114 m Komm *Lelley* = DStR 2003, 124, 125 m Anm *Goette;* BGH DStR 2007, 1641, 1642; BGH DStR 2008, 158, 159; BGH Urt v 1. 12. 2008 – II ZR 102/07 Rn 20 (zur AG); BGH DStR 2007, 402, 406 (zur Genossenschaft); OLG Koblenz Urt v 24. 9. 2007 – 12 U 1437/04, BeckRS 2008, 02728 (sub C II 2 a) cc)). Ebenso Lutter/*Hommelhoff/Kleindiek* Rn 32.

342 Vgl auch *Goette* ZGR 1995, 648, 664 zu BGH WM 1980, 1190.

343 Insoweit einschr für „Sozialaufwendungen" (zB Sponsoring, Parteispenden) des GLeiters *Hüffer,* AktG, § 93 Rn 17; dagegen zutr GroßKommAktG/*Hopt* § 93 Rn 263, 285; (beide für AG); *Kurzwelly* HdbManagerhaftung § 14 Rn 18; Scholz/*Schneider* Rn 241.

344 BGHZ 152, 280, 284 = GmbHR 2003, 113, 114 m Komm *Lelley* = DStR 2003, 124, 125 m Anm *Goette;* dazu auch *ders* DStR 2003, 887, 894; BGH DStR 2007, 1641, 1642; BGH DStR 2008, 158, 159; BGH DStR 2007, 402, 406 (zur Genossenschaft); s auch BGH WM 2008, 2215, 2217 (Verschulden zu vermuten) = GmbHR 2008, 1319 m Komm *Gätsch/Eckhold;* BGH DStR 2009, 1709, 1710; OLG Koblenz Urt v 24. 9. 2007 – 12 U 1437/04, BeckRS 2008, 02728 (sub C II. 2. a) cc); OLG Oldenburg NZG 2007, 434, 435 = NZI 2007, 305 m Anm *Himmelsbach/Krüger* = BB 2007, 66 m Anm *Liese/Theusinger;* OLG Koblenz Urt v 26. 2. 2007 – 12 U 1597/05, BeckRS 2007 03820.

345 BGH ZIP 2005, 1738, 1740 mwN.

Fall u hängen nach Regelungszweck des § 93 II 2 AktG von Beweisnähe der GmbH ab.[346]

39 **Zu weit** geht Ansicht, dass im Grunde jede durch GFührerhandeln verursachte Schädigung der Ges möglicherweise pflichtwidrig ist, weil Zweck erwerbswirtschaftlich tätiger GmbH auf Gewinnerzielung samt Steigerung des Unternehmenswerts gerichtet sei u daher jede Verminderung des Vermögenswertes u Vorenthaltung einer Steigerung Verstoß gegen GFührerpflicht bedeute.[347] Mit dieser Begründung aus einem auf Handeln des GFührers beruhenden Schadenseintritt per se Möglichkeit der Pflichtverletzung zu folgern, liefe letztlich doch wieder auf (widerlegbare) Erfolgshaftung hinaus. Feststehender Schaden – insoweit ist Ges darlegungs- u beweispflichtig – erübrigt weiteren Vortrag hinsichtlich kausalen möglicherweise pflichtwidrigen GFührerverhaltens idR aber dort, wo Art des Schadens dahingehende **tatsächliche Vermutung** ergibt, dh Schaden typischerweise auf nicht sorgfaltspflichtgemäßes Verhalten eines GFührers zurückzuführen ist.[348] Beispielsweise lässt Warenvorrats- oder Kassenfehlbestand regelmäßig nicht nur auf entsprechenden GesSchaden schließen (Rn 37), sondern auch auf hierfür ursächliche Pflichtwidrigkeit des GFührers in Gestalt eigenen Handelns oder unzureichender Überwachung, weil Erfassung u Verwaltung des Waren- oder Kassenbestandes idR zum Pflichtenkreis der GFührer gehört.[349] GFührer ist dann gezwungen, sich in beiden Richtungen zu entlasten, dies freilich nicht notwendig durch vollen Gegen(teils)beweis (vgl oben Rn 37).[350]

40 Besteht Vorwurf in **unternehmerischer Fehlentscheidung** bzw Überschreiten des unternehmerischen Ermessensspielraums (vgl oben Rn 22 ff), muss GFührer, der sich auf sorgfaltspflichtkonformes Verhalten nach der *business judgment rule* beruft, durch entsprechenden Tatsachenvortrag darlegen u notfalls beweisen, dass er unternehmerisches Ermessen fehlerfrei ausgeübt hat.[351] Ges wird im Falle unternehmerischer Entscheidungen allerdings regelmäßig Umstände für angebliche Sorgfaltspflichtverletzung des GFührers zunächst näher (substantiierter) vorzutragen u ggf zu beweisen haben.[352] Räumt beispielsweise GFührer einem Kunden Kredit ein, der später notleidend ist, so sind Schaden u Kausalität gegeben. Pflichtwidrig u unsorgfältig – eine klare

---

[346] *Goette* ZGR 1995, 648, 674; zust *Kurzwelly* HdbManagerhaftung § 14 Rn 14; *Hüffer,* AktG, § 93 Rn 17 (für AG); vgl auch BGH DStR 2006, 1051, 1052 (zur Darlegungs- u Beweislast bei Haftung aus Abs 3); ferner OLG Koblenz Urt v 24. 9. 2007 – 12 U 1437/04, BeckRS 2008, 02728 (sub C II 2 a) aa).

[347] So noch 17. Aufl Rn 31.

[348] *Hüffer,* AktG, § 93 Rn 17 (für AG).

[349] Wohl enger *Hüffer,* AktG, § 93 Rn 17 (Vermutung zulasten des GLeiters bei „erheblichen" Fehlbeständen); vgl auch Scholz/*Schneider* Rn 240; GroßKommAktG/*Hopt* § 93 Rn 289 (für AG).

[350] *Fleck* GmbHR 1997, 237, 239 f; *v. Gerkan* ZHR 154 (1990), 39, 47 f; GroßKommAktG/*Hopt* Rn 282 (für AG).

[351] BGH DStR 2008, 1839, 1840 = WuB II C § 43 GmbHG 1.09 (*Noack/Bunke*); BGHZ 152, 280, 284 = GmbHR 2003, 113, 114 m Komm *Lelley* = DStR 2003, 124, 125 m Anm *Goette;* OLG Koblenz Urt v 26. 2. 2007 – 12 U 1597/05, BeckRS 2007 03820; Lutter/*Hommelhoff/Kleindiek* Rn 31; *Kurzwelly* HdbManagerhaftung § 14 Rn 10 ff; *Lutter* ZIP 2007, 841, 846; zu § 93 I 2 AktG auch *Hüffer,* AktG, § 93 Rn 16 a mwN; insoweit krit Ulmer/*Paefgen* Rn 109.

[352] Michalski/*Haas* Rn 252; *Fleck* GmbHR 1997, 237, 238; idS auch Ulmer/*Paefgen* Rn 109; differenzierend *Heermann* ZIP 1998, 761, 767 f; ähnl Scholz/*Schneider* Rn 239; OLG Oldenburg GmbHR 2001, 76 (L); s auch *Krieger* VGR 1 (1999), 111, 128 ff.

Trennungslinie gibt es insoweit nicht –, ist Kreditvergabe dann, wenn schon im Zeitpunkt der Einräumung des Kredits die wirtschaftlichen Verhältnisse des Kreditnehmers solche Entwicklung erwarten ließen u dies für GFührer erkennbar war. Hier hat schadensersatzfordernde Ges tatsächliche Anhaltspunkte für entsprechend sorgfaltspflichtwidrige Kredithingabe nachzuweisen, GFührer sich durch Sachvortrag zu entlasten, aus dem etwa folgt, dass Vergabe des Kredits sorgfältig vorbereitet u Vertrauen in Kreditnehmer seinerzeit gerechtfertigt war.[353] Erwirbt GFührer eines produzierenden Unternehmens ausländisches Unternehmen, das starke Verluste einbringt, die auf absehbare Zeit nicht durch eine gewinnbringende Entwicklung aufgewogen werden, so sind Schaden u Kausalität evident. Auch hier sind besondere Darlegungen der Ges erforderlich, inwiefern im Erwerbszeitpunkt möglicherweise Pflichtwidrigkeit vorlag.[354] Führt Betätigung der GFührung auf Geschäftsgebiet, auf dem Ges bislang über keinerlei Erfahrung verfügt, zur Verminderung des GesVermögens, dürfte seitens der Ges indessen Nachweis der Unerfahrenheit u des aus dem Engagement folgenden Schadens genügen. GFührer, der sich auf unternehmerisches Ermessen beruft, wird dann im Einzelnen darzulegen u zu beweisen haben, dass er seine Entscheidung sorgfältig vorbereitet hat u Geschäftstätigkeit auf fremdem Terrain trotz fehlender Erfahrung als Erfolg versprechend ansehen durfte.[355]

Wirft Ges GFührer **Verletzung besonderer** (zB durch Gfterbeschl begründeter) **Pflichten** vor, trägt sie Darlegungs- u Beweislast zumindest hinsichtlich Pflichtenbestand u -umfang.[356] Von Ges nachzuweisender Schadenseintritt wird meist indizieren, dass Vermögenseinbuße auf möglicherweise pflichtwidriges, nämlich der besonderen Pflicht nicht gerecht werdendes GFührerverhalten zurückzuführen ist. Es obliegt dann GFührer, sich mit Sachvortrag zu entlasten, zB erteilte Weisung richtig befolgt zu haben oder dass Schaden auch bei ordnungsgemäßer Weisungsdurchführung eingetreten wäre. Macht GFührer zu seiner Entlastung bindende GfterWeisung geltend (Rn 33), ist er für diese darlegungs- u ggf beweispflichtig.[357] **41**

Bisher Dargelegtes betrifft nicht nur Schäden, die durch positives Handeln des GFührers verursacht worden sind, sondern grds auch Vorwurf einer **Schadensverursachung durch Unterlassen;** das gilt schon deshalb, weil pflichtwidrigem Verhalten als Nichtbeachtung bestimmter Sorgfaltsanforderungen stets Unterlassensmoment innewohnt u Abgrenzung gegenüber Pflichtwidrigkeit einer statt der unterlassenen Maßnahme vorgenommenen Handlung insoweit fließend ist.[358] Hier besteht Verstoß des GFührers in der Nichtverhinderung der Schadensentstehung, die mithin positiv auf anderen **42**

---

353 *Fleck* GmbHR 1997, 237, 238 f; Michalski/*Haas* Rn 252 (mit Fehlzitierung der 17. Aufl); zur Darlegungs- u Beweislast hinsichtl Vorbereitung unternehmerischer Entscheidung als Voraussetzung der Haftungsprivilegierung im Rahmen unternehmerischen Ermessens (vgl Rn 22 c) BGH DStR 2008, 1839, 1840 = WuB II C § 43 GmbHG 1.09 (*Noack/Bunke*).

354 **AA** noch 17. Aufl Rn 31.

355 *Krieger* VGR 1 (1999), 111, 128 f; s auch Lutter/*Hommelhoff/Kleindiek* Rn 31.

356 Vgl *Fleck* ZIP 1986, 270; *ders* GmbHR 1997, 237, 238; *v. Gerkan* ZHR 154 (1990), 39, 60.

357 Lutter/*Hommelhoff/Kleindiek* Rn 32 aE.

358 BGHZ 152, 280, 284 f = GmbHR 2003, 113, 114 m Komm *Lelley* = DStR 2003, 124, 125 m Anm *Goette;* OLG Koblenz Urt v 26. 2. 2007 – 12 U 1597/05, BeckRS 2007 03820.

Ursachen beruht (auf dem Handeln anderer Organmitglieder oder von Bediensteten des Unternehmens, auf Handeln Dritter, auf allgemeiner oder besonderer Wirtschaftsentwicklung etc). Haftung des GFührers hat zum einen zur Voraussetzung, dass eigenes positives Tun des GFührers den Schaden verhindert hätte u dass entsprechendes Tun überhaupt möglich war, zum anderen, dass entsprechende Pflicht des GFührers zu diesem Tun bestand. Darlegungs- u Beweislast hinsichtl Kausalitätserfordernis wie dafür, dass Möglichkeit zu gebotenem positiven Tun gegeben war, trägt Ges (zu ersterem Rn 36 f). Pflichtwidrigkeit des GFührerverhaltens hat hier insofern besonderen Stellenwert, als ihr selektive Bedeutung im Hinblick auf schier unbegrenzte Zahl unterlassener Verhaltensweisen zukommt. Tätigt Ges etwa zu wenig Geschäftsabschlüsse u erleidet sie dadurch Verluste, so kann dies auf vielen Ursachen beruhen, etwa mangelnder Werbung, fehlender oder verspäteter Produktanpassung an den Markt, fehlender Eröffnung neuer Geschäftsfelder, mangelnder Umschulung des Personals uva. Hier wird es idR für Ges geboten sein darzulegen, auf welche Unterlassungen sie Anspruch stützt. Der der Ges abzuverlangende, wenigstens für mögliche Pflichtwidrigkeit des GFührers sprechende Sachvortrag hat naturgemäß, anders als bei (gesetzlich) feststehendem Pflichtenkanon, Umstände zu enthalten, aus denen sich überhaupt Bestehen, Inhalt u Umfang angeblich verletzter Pflicht ergibt.[359]

43 Besonders evident ist das für vielfältig geltend gemachten Schadensersatz für **unterlassene Überwachung von MitGFührern.** Haftung setzt hier dreierlei voraus, nämlich (1) dass Überwachung unterlassen worden ist, die zur Entdeckung bevorstehender schädigender GFührungshandlungen geführt hätte, (2) dass weiter auf Grund dieser Entdeckung Schaden verhindert worden wäre oder jedenfalls durch geeignete Maßnahmen hätte verhindert werden können u schließlich, (3) dass GFührer zu Überwachungsmaßnahmen verpflichtet war, die zur Entdeckung geführt hätten. Hier ist zunächst aus Tatsache, dass Schaden durch MitGFührer herbeigeführt wurde, auf unterlassene Kontrolle zu schließen. Dass hinreichende Überwachung zur Verhinderung der Schädigung geführt hätte, wird im Regelfall zu vermuten sein. Es ist Sache des in Anspruch genommenen GFührers, diese Vermutung zu entkräften, also das Erforderliche darzulegen, wenn nach den Umständen etwas anderes anzunehmen sein soll. Hinsichtlich der dritten Frage kann die Beurteilung ebenfalls von Einzelfallumständen abhängen, etwa der von Gftern etablierten Leitungsstruktur, dem Umfang der Geschäfte, Einschaltung der Gfter oder anderer Organe in Überwachung, last not least auch Ausstattung der GFührer mit Mitarbeitern für ihre GFührungsaufgaben. Auch insoweit wird zunächst davon auszugehen sein, dass nach der Tatsachenlage jedenfalls Möglichkeit pflichtwidrigen Überwachungsfehlers vorlag; daher wird es GFührer obliegen, die seiner Entlastung dienenden Tatsachen vorzutragen u zu beweisen.

44 Dargelegte Grundsätze der Darlegungs- u Beweislastverteilung gelten im Wesentlichen auch, wenn **ausgeschiedener GFührer** in Anspruch genommen wird.[360] Erschwernisse des GFührers, sich gegenüber Vorwurf pflicht-

---

[359] Vgl insoweit auch *Fleck* 1997, 237, 238; *v. Gerkan* ZHR 154 (1990), 39, 59 ff; ähnl bereits 17. Aufl Rn 32. Zur Darlegungs- u Beweislast bei unterlassener ordnungsgemäßer Compliance-Organisation (vgl oben Rn 17) *Bachmann* VGR Bd 13 (2008), 65, 83 ff.

[360] BGHZ 152, 280, 285 = GmbHR 2003, 113, 114 m Komm *Lelley* = DStR 2003, 124, 125 m Anm *Goette;* OLG Koblenz Urt v 26. 2. 2007 – 12 U 1597/05, BeckRS 2007

widrigen, schadensstiftenden Verhaltens zu entlasten, sind zum einen dadurch abgemildert, dass erhöhte Anforderungen an Vortrag der Ges zu stellen sind, diese also angebliche Pflichtwidrigkeit des GFührers näher zu bezeichnen hat, zum anderen dadurch, dass Ges früherem GFührer, soweit dies zu seiner Verteidigung erforderlich ist, Einsicht in die dafür maßgeblichen Unterlagen gewähren muss.[361]

6. Minderung der Ersatzpflicht durch Mitverschulden der GmbH. 45 Nach dem der Solidarhaftung mehrerer GFührer zugrundeliegenden Sinn kann nicht ein GFührer dem Anspruch der GmbH aus Abs 2 Verschulden anderen GFührers über §§ 31, 254 BGB entgegenhalten (allgM; zur Berücksichtigung des Verschuldens von MitGFührern im Rahmen des Innenausgleichs Rn 29).[362] Aus abstrakter Anordnung gesamtschuldnerischer Haftung in Abs 2 folgt vielmehr, dass jeder GFührer, der gegen Sorgfaltspflicht verstößt (Rn 26), für den daraus entstandenen Schaden in vollem Umfang einzustehen hat.[363] Ebenso wenig kann GFührer Verschulden eines Angestellten einwenden, das sich Ges nach § 278 BGB zurechnen lassen müsste.[364] Wohl aber kann, sofern nicht schon Haftungsfreistellung eintritt (Rn 33), Verschulden der GfterVers oder anderen weisungsberechtigten Organs Anlass zur Haftungsminderung über § 254 BGB geben, so wenn GfterVers ein in jedem Fall verlustbringendes Geschäft angewiesen hat, GFührer aber den Verlust hätte vermeiden können, falls er die Sache nochmals vor die GfterVers gebracht hätte,[365] ferner wenn GfterVers schuldhaft ungeeigneten MitGFührer bestellt, der Schaden verursacht, für den anderer kraft Verletzung seiner Überwachungspflicht mit einstehen muss.[366] Überwachungsverschulden von AR oder GfterVers in Bezug auf eigenes Verhalten kann ersatzpflichtiger GFührer niemals einwenden.[367] Zu weit geht Auffassung, Mitverschulden eines ande-

---

03820; vgl auch BGH DStR 2006, 1051 zur sekundären Darlegungslast des ausgeschiedenen GFührers bei Haftung aus Abs 3; ebenso etwa Scholz/*Schneider* Rn 242 .

[361] BGHZ 152, 280, 285 = GmbHR 2003, 113, 114 m Komm *Lelley* = DStR 2003, 124, 125 m Anm *Goette;* OLG Koblenz Urt v 26. 2. 2007 – 12 U 1597/05, BeckRS 2007 03820; OLG Koblenz Urt v 24. 9. 2007 – 12 U 1437/04, BeckRS 2008, 02728 (sub C II. 2. a) cc); *Kurzwelly* HdbManagerhaftung § 14 Rn 15; Michalski/*Haas* Rn 256; Scholz/*Schneider* Rn 242; tendenziell **abw** *Hüffer,* AktG, § 93 Rn 17 (für AG).

[362] BGH NJW 1983, 1856; BGH DStR 2008, 158, 159; BGH DStR 1993, 1637, 1638 (mit Ausnahme für den Fall, dass GFührer nicht gleichzeitig, sondern nacheinander Organ der GmbH waren u jeder von ihnen zur Entstehung des Schadens beigetragen hat); ebenso OLG Oldenburg BB 2007, 66, 70 f m Anm *Liese/Theusinger* (der GmbH zuzurechnendes Mitverschulden kommt im Verhältnis zu dem auf Schadensersatz in Anspruch genommenen GFührer erst für die Zeit nach dessen Ausscheiden als GFührer in Betracht). Aus der Lit etwa Scholz/*Schneider* Rn 245, 249; Lutter/*Hommelhoff/Kleindiek* Rn 26; Roth/*Altmeppen* Rn 79.

[363] Vgl zur Bedeutung der abstrakten Gesamtschuldanordnung in Abs 2 Staudinger/*Noack,* 2005, § 421 Rn 47.

[364] Roth/*Altmeppen* Rn 79; Scholz/*Schneider* Rn 245; Ulmer/*Paefgen* Rn 90; Michalski/*Haas* Rn 213 mwN; OLG Köln GmbHR 2000, 942 (L).

[365] Ähnl Hachenburg/*Mertens* Rn 64, 78, 84; Michalski/*Haas* Rn 214; Ulmer/*Paefgen* Rn 90.

[366] Roth/*Altmeppen* Rn 79; Scholz/*Schneider* Rn 245; Rowedder/Schmidt-Leithoff/*Koppensteiner* Rn 26; Ulmer/*Paefgen* Rn 90; Lutter/*Hommelhoff/Kleindiek* Rn 26.

[367] BGH NJW 1983, 1856 f; DStR 2004, 513, 515 (für Genossenschaft); *Lindacher* JuS 1984, 674; Rowedder/Schmidt-Leithoff/*Koppensteiner* Rn 26; Scholz/*Schneider* Rn 245 (für AR).

ren Organs könne niemals eingewendet werden.[368] Str ist, inwieweit bei eigenen Qualifikationsmängeln des GFührers dieser Mitverschulden des Bestellungsorgans einwenden kann. Dafür gelten jedenfalls im Verhältnis zur Ges die allg zivilrechtlichen Grds. Danach muss sich entgegenhalten lassen, wer einen erkennbar Ungeeigneten mit einer Verrichtung betraut.[369] IÜ können Gfter gesamtschuldnerisch neben GFührer der Ges zum Schadensersatz verpflichtet sein, wenn sie GFührung Person überlassen, die nicht GFührer sein kann (§ 6 V; näher dort Rn 18 ff).

46 **7. Haftungsausschluss u -einschränkung.** Inwieweit vorgängiger Haftungsausschluss oder Haftungseinschränkung durch Herabsetzung des Sorgfaltsmaßstabs für GFührer möglich u wirksam ist, unterliegt erheblichem Streit.[370] Im Anwendungsbereich des Abs 3 steht GFührerhaftung generell nicht zur freien Disposition der Gfter (Rn 51 ff), auch nicht in Gestalt von Haftungsausschluss im Vorhinein oder Absenkung der Sorgfaltsanforderungen (s oben Rn 5). Sonst kann zulasten des GesVermögens auf Haftung verzichtet u mit haftungsbefreiender Wirkung GfterWeisung erteilt bzw Einverständnis zu bestimmtem GFührerVerhalten erklärt werden, auch wenn Schadensbetrag zur Gläubigerbefriedigung erforderlich ist (s dazu noch iE Rn 33 f, 47). Dies spricht für grds Zulässigkeit auch einer Haftungserleichterung gegenüber Ges im Vorfeld durch Haftungsausschluss oder Milderung des Sorgfaltsmaßstabes jenseits von Verstößen gegen Kapitalerhaltungspflichten u existenzvernichtenden Eingriffen.[371] Ausschluss der Haftung für Vorsatz im Voraus ist allerdings schon nach § 276 III BGB verboten. Aber auch generelle Freistellung von der Haftung für Sorgfaltspflichtverstöße jeglicher Art u Intensität im Vorhinein kommt nicht in Betracht. Haftung für grobe Fahrlässigkeit ist absoluter Mindeststandard.[372] Vermögen der GmbH ist gebundenes Sondervermögen, das

---

[368] So aber BGH NJW 1983, 1856 f; *Lutter/Hommelhoff,* 15. Aufl 2000, Rn 24; dagegen zutr *Lindacher* JuS 1984, 672, 674.

[369] MünchHdbGmbH/*Marsch-Barner/Diekmann* § 46 Rn 23; HK-GmbHR/*Fichtelmann* Rn 29; *Thümmel* Rn 154; **abw** aber BGH NJW 1983, 1856 f; Ulmer/*Paefgen* Rn 90; Rowedder/Schmidt-Leithoff/*Koppensteiner* Rn 26; GroßKommAktG/*Hopt* § 93 Rn 260 (für AG); leicht abschwächend Scholz/*Schneider* Rn 246 (allenfalls ausnahmsweise Arglisteinwand, wenn Ges kaufmännische Unerfahrenheit kannte u GFührer bedrängte, Position zu übernehmen); anders *van Venrooy* GmbHR 2004, 237, 246, der Einwand nach § 826 BGB in Betracht zieht auf der Grundlage seines – freilich kaum überzeugenden – Ansatzes eines eigenen Anspruchs der GmbH gegen ihre Gfter auf sachkundige Geschäftsführung.

[370] Vgl dazu auch *Haas* HdbManagerhaftung § 11 Rn 56 ff; Lutter/*Hommelhoff/Kleindiek* Rn 37 ff; Roth/*Altmeppen* Rn 89 ff; Ulmer/*Paefgen* Rn 7 f.

[371] Vgl BGH NZG 2002, 1170, 1171 sowie allg zu den Grenzen der Dispositionsbefugnis der Gfter hinsichtlich GFührerhaftung zuletzt BGH NZG 2003, 528 = GmbHR 2003, 712 m Komm *Blöse;* OLG Stuttgart GmbHR 2003, 835, 837; **aA** Michalski/*Haas* Rn 14 ff; *Haas* 295 ff; *ders* HdbManagerhaftung § 11 Rn 58 ff (Sorgfaltsmaßstab zwingend); *Lutter/Hommelhoff,* 15. Aufl 2000, Rn 2, 21; *Lutter* GmbHR 2000, 301, 311 (zwingende Haftungsregelung auch für die allg Pflichten aus Abs 2 u zwingender Sorgfaltsmaßstab); *Raiser/Veil* § 32 Rn 92; *Bastuck* 90 ff (Haftung nach § 43 zwingendes Recht); *Baums* 213; vgl auch *Heisse* 109.

[372] *Lohr* NZG 2000, 1204, 1209; *Konzen* NJW 1989, 2977, 2984; MünchHdbGmbH/*Marsch-Barner/Diekmann* § 46 Rn 4; *Reese* DStR 1995, 532, 536; **abw** (Haftungsausschluss grds auch für grobe Fahrlässigkeit) Scholz/*Schneider* Rn 261; Ulmer/*Paefgen* Rn 8; *Wicke* Rn 17; *Fleck* GmbHR 1974, 224, 229; *Pelz* RNotZ 2003, 415, 422 f; *Krieger* RWS Forum 8 Gesellschaftsrecht 1995 (1996), 149, 163; *Jula* GmbHR

als Haftungsgrundlage für Dritte zu dienen hat. Umgang mit diesem Sondervermögen kann, auch bei Satzungspublizität (Rn 5), nicht von vornherein beliebig freigestellt werden. Gläubigerschutz reicht insoweit über Schutz durch Kapitalerhaltungsvorschriften u Existenzvernichtungshaftung bei Entzug von Gesellschaftsvermögen hinaus. Denkbar erscheint allenfalls Haftungsausschluss oder Haftungsminderung für bestimmte Sorgfaltspflichtverletzungen oder Arten von Schäden, etwa, soweit darin überhaupt Verletzung organschaftlicher Pflicht zu sehen ist (vgl Rn 10), für Beschädigung eines gesellschaftseigenen PKW.[373] Darüber hinausgehende Haftungsreduktion lässt sich indessen nicht durch Hinweis auf weitreichende Zulässigkeit des Haftungsverzichts (Rn 47) u haftungsbefreiender Weisung (Rn 33 f) rechtfertigen.[374] Generelle Haftungsfreistellung ex ante ist nicht zuletzt im Hinblick auf die für präventive Verhaltenssteuerung (Rn 1) entscheidende psychologische Wirkung etwas qualitativ anderes als nachträglicher Verzicht auf Ersatzanspruch wegen Sorgfaltspflichtverletzung.[375] Auch haftungsbefreiende Wirkung einer GfterWeisung, selbst im Falle grob sorgfaltswidriger GFührung, rechtfertigt jedenfalls bei mehrgliedriger Ges nicht Zulässigkeit eines generellen Haftungsausschlusses, weil Weisung idR konkretes Geschäft oder Geschäftsgebiet betrifft, ihr zugrundeliegender GfterBeschluss gewissen Restriktionen unterliegt u Haftungsfreistellung schließlich voraussetzt, dass GFührer Beschlussfassung sorgfältig vorbereitet hat (Rn 34).[376] Differenzierungen dahingehend, dass Haftungsausschluss oder summenmäßige Haftungsbegrenzung[377] wirksam sein soll, soweit Schadensersatz nicht für Befriedigung der Gläubiger erforderlich sei, ist nicht zu folgen.[378] Zur Form der Modifizierung Rn 5. Zur von Haftungsausschluss u -einschränkung zu unterscheidenden Freistellungsansprüchen Rn 108 ff.

2001, 806, 808; Lutter/*Hommelhoff/Kleindiek* Rn 41; *Joussen* GmbHR 2005, 441, 447; wohl auch (auf der Grundlage seines Konzepts, dass analog § 93 V S 2 u 3 AktG GFührerhaftung für grobe Sorgfaltswidrigkeit generell nicht zur Disposition der Gfter steht, soweit Haftungsrealisierung zur Gläubigerbefriedigung erforderlich ist) Roth/*Altmeppen* Rn 82 iVm 97 ff; *Altmeppen* DStR 2002, 2048 ff; *ders* NJW 2002, 321, 323 ff; *ders* ZIP 2001, 1837, 1845; *ders* DB 2000, 657 ff; *ders* DB 2000, 261 ff; zust *Burgard* ZIP 2002, 827, 839; noch weitergehend für AlleinGfterGFührer Rowedder/Schmidt-Leithoff/*Koppensteiner* Rn 5.

373 OLG Koblenz NJW-RR 1999, 911 nimmt dahingehenden stillschweigenden Haftungsausschluss bei Bestehen einer Kaskoversicherung an (im konkreten Fall lag freilich grob fahrlässiges GFührerVerhalten vor); vgl auch Ulmer/*Paefgen* Rn 9.

374 So aber Lutter/*Hommelhoff/Kleindiek* Rn 41 f, die freilich jew über hier vertretene Ansicht hinaus (in Analogie zu § 43 III 2 u 3) freistellende Wirkung einer GfterWeisung u dementsprechend Haftungsausschluss ablehnen, soweit Verletzung von spezifisch gläubigerschützenden GFührerpflichten oder Pflichten im Allgemeininteresse in Rede steht; ähnl Ulmer/*Paefgen* Rn 8; Scholz/*Schneider* Rn 261; *Schneider* FS Werner, 1984, 795, 811 f, 815; *Joussen* GmbHR 2005, 441, 447; argumentativ im Ansatz ferner *Krieger* RWS Forum 8 Gesellschaftsrecht 1995 (1996), 149, 163; *ders* VGR 1 (1999), 111, 131 f.

375 *Lohr* NZG 2000, 1204, 1209; Rowedder/Schmidt-Leithoff/*Koppensteiner* Rn 4; vgl insofern auch *Haas* HdbManagerhaftung § 11 Rn 58; Michalski/*Haas* Rn 16; *Haas* 295 ff; *Ebenroth/Lange* GmbHR 1992, 69, 76.

376 *Lohr* NZG 2000, 1204, 1209; vgl insofern auch *Haas* HdbManagerhaftung § 11 Rn 60; Michalski/*Haas* Rn 16; *Haas* 295 ff; *Ebenroth/Lange* GmbHR 1992, 69, 76.

377 Zu letzterem *Heisse* 124 ff.

378 Vgl auch *Schlechtriem* in Kreuzer (Hrsg), Haftung der Leitungsorgane von Kapitalgesellschaften, 1991, 74.

47 **8. Verzicht u Vergleich.** Anspruchsmindernde Rechtsgeschäfte über Ersatzanspruch sind, anders als in § 93 IV AktG, weder unzulässig noch erschwert. Aus § 46 Nr 6, 8 folgt, dass es grds Sache der Gfter ist zu entscheiden, ob GFührer wegen etwaiger Sorgfaltspflichtverletzung belangt oder auf Ansprüche gegen ihn verzichtet werden soll. Schmälerung des GesVermögens u damit Haftungsfonds nimmt Gesetz grds hin.[379] Zulässigkeit von Anspruchsverzicht u -vergleich ist auch e contrario Abs 3 S 1 u 2 iVm § 9 b I 1 zu entnehmen. Ausgenommen sind danach (nur) Ersatzansprüche gegen GFührer wegen Zahlungen entgegen § 30 u Erwerbes eigener Geschäftsanteile entgegen § 33. Verzicht der Ges auf oder Vergleich über diese Ansprüche ist **unwirksam,** soweit der Ersatz zur Befriedigung der GesGläubiger benötigt wird (Abs 3 S 1 u 2 iVm § 9 b I 1); wirksam sind Verzicht u Vergleich auch in diesem Falle, wenn GFührer zahlungsunfähig ist u sich zur Abwendung eines Insolvenzverfahrens über sein Vermögen mit seinen Gläubigern vergleicht oder der Ersatzanspruch Gegenstand eines Insolvenzplanes ist (§ 9 b I 2; s noch unten Rn 51). Soweit sie GFührerhaftung aus *Abs 2* für einen über die unzulässige Auszahlung nach § 30 hinausgehenden Schaden (vgl unten Rn 49 f) betreffen, dürften Verzicht u Vergleich wirksam sein.[380] Verzicht auf u Vergleich über Anspruch sind **entsprechend Abs 3 S 2 iVm § 9 b I** unwirksam, wenn Zahlungen entgegen § 64 S 1 u 3 geleistet werden (§ 64 S 4 iVm § 43 III; vgl § 64 Rn 15) oder wenn GFührer sich wegen nach § 43 a verbotener Kreditgewährung (dort Rn 7)[381] oder existenzvernichtenden Eingriffs in das GesVermögen schadensersatzpflichtig gemacht hat (zu Tatbestand der Existenzvernichtung u hauptsächlicher Rechtsfolge der GfterHaftung § 13 Rn 57 ff u SchlAnhKonzernR Rn 121 ff; zur Haftung des GFührers bei Beteiligung an existenzvernichtendem Eingriff unten Rn 62 a).[382] Letzteres gilt auch nach dem neuen Konzept des BGH zur Existenzvernichtungshaftung.[383] Verzicht der Ges auf entstandene u zur Stammkapitaldeckung erforderliche Forderung gegenüber (Allein)GfterGFührer kann auch als verbotene Auszahlung iSv § 30 zu qualifizieren u insoweit unzulässig sein (näher § 30 Rn 33; s auch unten

379 BGH NZG 2003, 528 = GmbHR 2003, 712 m Komm *Blöse;* s auch BGH NZG 2002, 1170 = DStR 2002, 2046 m abl Anm *Altmeppen* = BB 2002, 2517 m Komm *Graef;* BGH NZG 2008, 314, 315 = GmbHR 2008, 488 m Komm *Werner;* OLG Stuttgart GmbHR 2003, 835, 837. Verzicht u Vergleich können allerdings anfechtbar sein nach §§ 129 ff InsO bzw AnfG, dazu *Haas* HdbManagerhaftung § 11 Rn 39 ff.

380 Ulmer/*Paefgen* Rn 151; *Habersack/Schürnbrand* WM 2005, 957, 961; GroßKomm-AktG/*Hopt* § 93 Rn 239 (für AG); **aA** Hachenburg/*Mertens* Rn 92; Rowedder/Schmidt-Leithoff/*Koppensteiner* Rn 32; *Haas* HdbManagerhaftung § 11 Rn 7 (analoge Anwendung von Abs 3 S 3 auf Ersatzanspruch aus Abs 2 nicht ausgeschlossen).

381 Michalski/*Haas* Rn 220; Lutter/*Hommelhoff/Kleindiek* Rn 41; Ulmer/*Paefgen* Rn 147; Rowedder/Schmidt-Leithoff/*Koppensteiner* Rn 24; *Schneider* FS Werner, 1984, 795, 809 f; vgl auch BG NJW 2004, 1111, 1112 (zur GfterWeisung).

382 Michalski/*Haas* Rn 220; *Haas* HdbManagerhaftung § 11 Rn 9; Ulmer/*Paefgen* Rn 147; Lutter/*Hommelhoff/Kleindiek* Rn 23, 42; ähnl Rowedder/Schmidt-Leithoff/*Koppensteiner* Rn 40 f; ähnl auch BGH NZG 2003, 528 = GmbHR 2003, 712 m Komm *Blöse* (offensichtl keine Abkehr hiervon BGH NZG 2008, 314); vgl weitere Nachw oben bei Fn 183.

383 Vgl *Paefgen* DB 2007, 1907, 1910 f; Scholz/*Schneider* Rn 287 a (beide zur GfterWeisung); ferner BGH DStR 2007, 1586, 1590 Rn 33 (TRIHOTEL) m Anm *Goette* = GmbHR 2007, 927 m Komm *Schröder,* wonach Existenzvernichtungshaftung als „Verlängerung" des Schutzsystems der §§ 30, 31 zu verstehen ist.

Rn 49 a).[384] Sind diese Grenzen der Dispositionsbefugnis der Gfter zurzeit des Haftungsverzichts oder -vergleichs gewahrt, so bleibt es bei deren Wirksamkeit auch dann, wenn der Schadensersatzbetrag später zur Gläubigerbefriedigung benötigt würde.[385] Darüber hinausgehende Ansicht, Verzicht u Vergleich seien stets unwirksam, sofern der Ersatzanspruch zur Befriedigung der GesGläubiger erforderlich ist,[386] geht zu weit u ist weder mit Wortlaut noch Gesetzessystematik zu vereinbaren (s noch Rn 53).[387] Auch weniger weitreichenden Auffassung, dass analog Abs 3 S 2 iVm § 9 b I Verzicht u Vergleich unwirksam sind in Bezug auf Haftungsansprüche gegen GFührer aus Abs 2 wegen Verletzung überwiegend dem Schutz der Öffentlichkeit oder Gläubigerinteressen dienender Pflichten (zB §§ 41, 49 III, Insolvenzantragspflicht nach § 15 a I InsO),[388] ist nicht beizupflichten.[389] (Analoge) Anwendung ist vielmehr auf unmittelbar dem Kapitalschutz dienende Bestimmungen zu beschränken (vgl Rn 34).[390] Nicht zugestimmt werden kann schließlich Ansicht, die in entsprechender Anwendung des § 93 V 2 u 3 AktG Haftungsansprüche gegen den GFührer dann für unverzichtbar hält, soweit diese Ansprüche auf gröblichem Sorgfaltsverstoß iS einer Verletzung des Mindeststandards ordnungsgemäßen unternehmerischen Verhaltens beruhen u Haftungsrealisierung zur Gläubigerbefriedigung benötigt wird.[391] Insofern fehlt es an einer planwidrigen Rege-

---

[384] Vgl BGH NZG 2003, 528 = GmbHR 2003, 712 m Komm *Blöse;* BGH NJW 2000, 1571 = NZG 2000, 544 m Anm *Haas* = LM H 6/2000 § 30 Nr 67 *(Wilhelm);* BGHZ 122, 333, 338; *Haas* HdbManagerhaftung § 11 Rn 26 f.; **abl** Ulmer/*Paefgen* Rn 132; Roth/*Altmeppen* Rn 101; *Altmeppen* DB 2000, 657.

[385] BGH NZG 2002, 1170 = DStR 2002, 2046 m abl Anm *Altmeppen* = BB 2002, 2517 m Komm *Graef;* BGH NZG 2003, 528 = GmbHR 2003, 712 m Komm *Blöse;* vgl auch BGH NZG 2008, 314, 315 = GmbHR 2008, 488 m Komm *Werner.*

[386] So *Lutter/Hommelhoff,* 15. Aufl 2000, Rn 28; *Lutter* GmbHR 2000, 301, 311; Roth/*Altmeppen,* 3. Aufl 1997, Rn 54 ff; wohl auch *Joussen* GmbHR 2005, 441, 446 (der dies als unstreitig bezeichnet); unklar noch BGH NJW 2000, 576 (Verkürzung der Verjährungsfrist).

[387] Ebenso *Pelz* RNotZ 2003, 415, 423; *Haas* HdbManagerhaftung § 11 Rn 30; ferner BGH NZG 2002, 1170, 1172 = DStR 2002, 2046 m abl Anm *Altmeppen* = BB 2002, 2517 m Komm *Graef;* BGH NZG 2003, 528 = GmbHR 2003, 712 m Komm *Blöse;* BGH NZG 2008, 314, 315 = GmbHR 2008, 488 m Komm *Werner;* vgl insoweit auch Roth/*Altmeppen* Rn 92.

[388] Zur Haftung aus § 43 II bei Verletzung dieser Pflichten § 41 Rn 18, § 49 Rn 23, § 64 Rn 160.

[389] So aber Ulmer/*Paefgen* Rn 147; Lutter/*Hommelhoff/Kleindiek* Rn 41; Rowedder/Schmidt-Leithoff/*Koppensteiner* Rn 41; *Goette* DStR 1998, 938, 942; nur in Bezug auf Insolvenzverschleppungshaftung für analoge Anwendung *Haas* HdbManagerhaftung § 11 Rn 11 u unten § 64 Rn 160, iÜ allerdings abl *ders* HdbManagerhaftung § 11 Rn 31; vgl auch zum Einverständnis der Gfter mit Insolvenzverschleppung in einem obiter dictum zweifelnd BGH DStR 1994, 1092, 1094 m Anm *Goette* sowie demgegenüber BGH GmbHR 1974, 131, 132 (zur Insolvenzantragspflicht nach § 64 I aF); *Fleck* GmbHR 1974, 224, 232.

[390] Vgl zur GfterWeisung BGH DStR 2008, 1293, 1298 (GAMMA) = GmbHR 2008, 805 m Komm *Ulrich* = BB 2008, 1697 m Komm *Möller;* ferner BGH NZG 2003, 528 = GmbHR 2003, 712 m Komm *Blöse;* BGH NZG 2002, 1170, 1172 = DStR 2002, 2046 m abl Anm *Altmeppen* = BB 2002, 2517 m Komm *Graef;* BGH NZG 2008, 314 = GmbHR 2008, 488 m Komm *Werner.*

[391] So Roth/*Altmeppen* Rn 97 ff; *Altmeppen* DStR 2002, 2048 ff; *ders* NJW 2002, 321, 323 ff; *ders* ZIP 2001, 1837, 1845; *ders* DB 2000, 657 ff; *ders* DB 2000, 261 ff; zust *Burgard* ZIP 2002, 827, 839.

lungslücke.[392] **Notwendig** für Verzicht u Vergleich ist in Analogie zu § 46 Nr 8 ein **GfterBeschluss** (vgl § 46 Rn 60).[393] Ob Fehlen dieses Beschlusses Außenwirkung gegenüber GFührer hat, ist ebenso zu beurteilen wie bei Geltendmachung (dazu § 46 Rn 61). Verzichts- bzw Vergleichsbeschluss kann wegen Treueverstoß oder Verfolgung gesellschaftsfremden Sondervorteils anfechtbar sein,[394] außerdem auch Mehrheit nach den Grundsätzen des ITT-Urteils[395] zum Schadensersatz verpflichten (dazu Rn 32).[396] Besteht gesamtschuldnerische Haftung (Rn 25 ff), ist nach § 423 BGB zu beurteilen, ob Verzicht bzw Vergleich zugunsten eines GFührers auch die übrigen mithaftenden GFührer entlastet.[397] Auslegungsfrage ist auch sachliche Tragweite, etwa ob Verzichtsvereinbarung nur Haftung aus Verletzung von Pflichten als GFührer erfasst oder auch solche Ansprüche, die Ges gegen Person des GFührers als außenstehendem Dritten aus anderem Rechtsverhältnis zustehen.[398] UU kann (konkludente) Genehmigung eines Geschäfts Haftungsverzicht bedeuten.[399] Zur Wirkung der Entlastung des GFührers gegenüber Anspruch aus Abs 2 vgl § 46 Rn 41; zur Bedeutung sog Generalbereinigung § 46 Rn 49.[400]

IV. Sonderfälle der Haftung, Abs 3

48 **1. Tatbestände.** Vorschrift formuliert in Satz 1 zwei besondere Haftungstatbestände, die eigenständige Schadensersatzpflicht[401] des GFührers begründen u zum Schutz des Stammkapitals im Gläubigerinteresse gegenüber Haftung aus Abs 2 **Haftungsverschärfung** bedeuten, nämlich insoweit, als Geltendmachung durch „typisierten Schadensnachweis" erleichtert ist u Ersatzansprüche nicht zur freien Disposition der Gfter stehen (S 2 u 3).[402] Zahlungen entgegen § 30 u Erwerb eigener GAnteile entgegen § 33 sind pflichtwidrig, auch dann, wenn entsprechende(r) Gfterbeschluss bzw -weisung zugrundeliegt, sofern

---

[392] **Abl** auch Lutter/*Hommelhoff/Kleindiek* Rn 42 aE; *Haas* HdbManagerhaftung § 11 Rn 33; Scholz/*Schneider* Rn 264 (der Ablehnung einer Analogie als „heute unstr" bezeichnet); *Schneider/Schneider* GmbHR 2005, 1229, 1231.

[393] Lutter/*Hommelhoff/Kleindiek* Rn 43; Roth/*Altmeppen* Rn 97; Ulmer/*Paefgen* Rn 133; *Haas* HdbManagerhaftung § 11 Rn 20; Rowedder/Schmidt-Leithoff/*Koppensteiner* Rn 37; *Janert* GmbHR 2003, 830, 832 f; BGH WM 1968, 114; BGH GmbHR 1998, 278.

[394] Vgl *Hasselbach/Seibel* GmbHR 2009, 354, 356 f zum Verzicht auf Haftung für Kartellrechtsverstöße.

[395] BGHZ 65, 15.

[396] Zust Ulmer/*Paefgen* Rn 137 aE.

[397] Näher dazu Michalski/*Haas* Rn 241; *Haas* HdbManagerhaftung § 11 Rn 37 f; Ulmer/*Paefgen* Rn 136 sowie allg zu Verzichtswirkung u ihrer Ermittlung Staudinger/*Noack*, 2005, § 423 Rn 16 ff, 20 ff.

[398] BGH NJW 2001, 223 = DStR 2000, 2100 m Anm *Goette* = GmbHR 2000, 1258 m Komm *Lelley.*

[399] Ulmer/*Paefgen* Rn 134; Michalski/*Haas* Rn 240.

[400] Dazu auch Ulmer/*Paefgen* Rn 133.

[401] **HM,** etwa Scholz/*Schneider* Rn 268; Ulmer/*Paefgen* Rn 142; Michalski/*Haas* Rn 216; Rowedder/Schmidt-Leithoff/*Koppensteiner* Rn 24; Lutter/*Hommelhoff/Kleindiek* Rn 34; BGH WM 2008, 2215, 2217 = GmbHR 2008, 1319 m Komm *Gätsch/Eckhold;* BGH NJW 1992, 1166; **aA** *Habersack/Schürnbrand* WM 2005, 957, 960 f (Ersatzanspruch eigener Art iSe verschuldensabhängigen Folgenbeseitigungsanspruchs).

[402] Michalski/*Haas* Rn 217; Scholz/*Schneider* Rn 268; Ulmer/*Paefgen* Rn 140, 151; vgl auch *Gehrlein* BB 2004, 2585, 2592 (öffentliche Pflicht auf Grund Organstellung).

Ersatzanspruch zur Gläubigerbefriedigung notwendig ist.[403] Abs 3 begründet aber **keine Garantiehaftung,** GFührer muss wie bei Haftung aus Abs 2 schuldhaft iSv Abs 1 handeln.[404] Abtretung des Anspruchs aus Abs 3 ist wie die des Erstattungsanspruchs aus § 31 I (§ 31 Rn 6) grds zulässig, auch in dem Fall, dass Ges hierfür keine gleichwertige Gegenleistung zufließt.[405]

a) Bei **Zahlungen an Gfter** (nicht an Dritte) aus dem Stammkapital **entgegen § 30 I** (s Anm dort), also unter Verletzung des Grundsatzes der Erhaltung des Stammkapitals, haften GFührer, Abs 3 S 1 Alt 1. Zur Anwendbarkeit des § 30 I (u damit GFührerhaftung aus § 43 II) bei Zahlung aus gesetzl Rücklage nach § 5 a III s dort Rn 26. Neben Ersatzpflicht nach Abs 3 S 1 Alt 1 kommt bei Auszahlung von GesVermögen an Gfter insbes auch Haftung aus § 64 S 3 in Betracht (§ 64 Rn 94 ff, 175) sowie wegen Beteiligung an existenzvernichtendem Eingriff der Gfter (Rn 62 a); s auch unten Rn 54 u § 43 a Rn 1 ff, 7 zur Haftung bei unzulässiger Kreditvergabe). GFührerhaftung aus Abs 3 S 1 Alt 1 besteht nicht nur im Falle eigenhändiger verbotener Auszahlung, sondern desgleichen bei Verstoß gegen Überwachungspflicht (vgl Rn 26), dafür zu sorgen, dass solche Auszahlungen auch nicht von MitGFührern oder anderen vertretungsberechtigten Personen unter Einschluss von Prokuristen u Handlungsbevollmächtigten vorgenommen werden.[406] Neben GFührern haften Zahlungsempfänger gem § 31 I, freilich unter der Einschränkung des § 31 II. Soweit danach Zahlungsempfänger haften, besteht Gesamtschuldnerschaft (§§ 421 ff BGB).[407] Im Innenverhältnis kann GFührer idR bei Zahlungsempfänger vollen Regress nehmen. Neben GFührer u Zahlungsempfänger haften die übrigen Gfter, § 31 III, unter den dort bezeichneten besonderen Voraussetzungen; bei Verschulden der Gfter besteht uU weitergehende Schadensersatzpflicht wegen existenzvernichtenden Eingriffs (§ 31 Rn 25; § 13 Rn 57 ff u SchlAnhKonzernR Rn 121 ff). Auch diese Haftung ist im Außenverhältnis mit derjenigen der GFührer gesamtschuldnerisch. Gegenüber den aus § 31 III in Anspruch genommenen Gftern haben im Innenverhältnis GFührer den Ersatz voll zu tragen, § 31 VI (s noch dort Rn 30). Ebenso wie für Feststellung einer Unterbilanz nach § 30 I ist für **Schadensberechnung** u Ersatzanspruch gegen GFührer aus Abs 3 49

---

403 Michalski/*Haas* Rn 217; OLG Brandenburg GmbHR 1999, 297, 299; vgl auch KG NZG 2000, 1224, 1226 (keine Entlastung von jeden GFührer treffenden Verantwortlichkeit für Kapitalerhaltung durch geschäftsinterne Aufgabenverteilung).

404 BGHZ 122, 333, 340; BGHZ 148, 167, 171, BGH NJW 2003, 3629, 3632; BGH WM 2008, 2215, 2217 = GmbHR 2008, 1319 m Komm *Gätsch/Eckhold;* OLG Hamburg NZG 2005, 1008, 1010; OLG Hamburg NZG 2000, 839, 840; Michalski/*Haas* Rn 217; Scholz/*Schneider* Rn 274.

405 Sernetz/*Haas,* Kapitalaufbringung und -erhaltung in der GmbH, 2003, Rn 510 f; Michalski/*Haas* Rn 221 aE; **aA** OLG Hamm NZG 2001, 1144.

406 BGHZ 148, 167, 170 f = LM H 11/2001 § 30 Nr 75 *(Cahn)* = GmbHR 2001, 771 m Komm *Harnier;* dazu auch *H.-F. Müller* ZGR 2003, 441, 449 ff; BGH NJW 2004, 1111, 1112; Lutter/*Hommelhoff/Kleindiek* Rn 34; Roth/*Altmeppen* Rn 83; Ulmer/*Paefgen* Rn 143; Scholz/*Schneider* Rn 269; vgl ferner *Goette* DStR 2003, 887, 893; *Gehrlein* BB 2004, 2585, 2592.

407 **AA** (§ 255 BGB analog) Michalski/*Haas* Rn 221; Ulmer/*Paefgen* Rn 152, mangels „Gleichstufigkeit" der Haftung, auf die es freilich für das Vorliegen einer Gesamtschuld (§ 421 BGB) nicht ankommt (vgl Staudinger/*Noack,* 2005, § 421 Rn 18 ff); *Habersack/Schürnbrand* WM 2005, 957, 960; **wie hier** Hachenburg/*Mertens* Rn 90; Roth/*Altmeppen* Rn 83; *Geßler* GmbHR 2003, 394, 400.

S 1 Alt 1 unerheblich, dass Ges im Zusammenhang mit verbotener Auszahlung Ansprüche auch gegen Gfter (§ 31, §§ 812, 826 BGB) zustehen.[408] Zu ersetzender Schaden ist nicht etwa nur uneinbringliche Differenz oder durch Stammkapitalziffer beschränkt.[409] sondern grds die ganze an Gfter unzulässig geleistete Zahlung.[410] Liegt Zahlung entgegen § 30 I vor, besteht abweichend von sonst geltender **Darlegungs- u Beweislastverteilung** (Rn 37) Vermutung, dass Ges (kausaler) Schaden in dieser Höhe entstanden ist.[411] GFührer kann insoweit nur einwenden, dass GesVermögen nicht mehr vermindert ist, weil gegen § 30 verstoßende Leistungen der Ges (wertmäßig) erstattet worden sind (s noch § 31 Rn 16).[412] Voraussetzungen für GFührerhaftung aus Abs 3 im Übrigen, dass also entgegen § 30 I 1 Zahlung zulasten des Stammkapitals geleistet worden ist u dies auf möglicherweise pflichtwidrigem Verhalten des GFührers beruht (vgl Rn 38), sind von Ges bzw bei GesInsolvenz vom Insolvenzverwalter darzulegen u ggf zu beweisen (zur Darlegungs- u Beweislast hinsichtl Voraussetzungen des § 30 I s auch dort Rn 65).[413] Wegen mit dem Nachweis einer Stammkapitalbeeinträchtigung, insbes für Insolvenzverwalter, verbundener Schwierigkeiten muss GFührer aber Klägervorbringen substantiiert bestreiten (sekundäre Darlegungslast).[414] Das gilt auch für ausgeschiedenen GFührer, wenn ihm anders als Ges bzw Insolvenzverwalter entsprechende Unterlagen oder Erkundigungsmöglichkeiten zur Verfügung stehen oder er einschlägige Kenntnisse hat.[415] Geltendmachung eines **über unzulässige Auszahlung hinausgehenden Schadens** ist nicht ausgeschlossen,[416] richtet sich dann aber nach Abs 2, dh insoweit hat Ges (kausalen) Schaden (Eintritt u Umfang) darzutun (s im Übrigen noch Rn 37);[417] Sorg-

---

408 BGH WM 2008, 2215, 2217 = GmbHR 2008, 1319 m Komm *Gätsch/Eckhold*; Scholz/*Schneider* Rn 275; Ulmer/*Paefgen* Rn 149; Roth/*Altmeppen* Rn 83; Michalski/*Haas* Rn 221; Rowedder/Schmidt-Leithoff/*Koppensteiner* Rn 24; *Haas*, Haftung des GmbH-GFührers in der Krise, 77; tendenziell schon BGH NJW 1992, 1166 = LM H 6/1992, § 30 Nr 34 *(Roth)*; vgl auch *Habersack/Schürnbrand* WM 2005, 957, 958 f, 960. Dazu, dass solche Ansprüche bei Feststellung einer Unterbilanz nicht anzusetzen sind Ulmer/*Habersack* § 30 Rn 35 mwN.

409 Sernetz/*Haas* Kapitalaufbringung und -erhaltung in der GmbH, 2003, Rn 505; Michalski/*Haas* Rn 221; OLG Nürnberg NZG 2001, 943, 944.

410 BGH NJW 2004, 1111, 1112; OLG Hamburg NZG 2005, 1008, 1011; iErg ähnl *Habersack/Schürnbrand* WM 2005, 957, 960 (Folgenbeseitigungsanspruch).

411 *Kurzwelly* HdbManagerhaftung § 14 Rn 20; Scholz/*Schneider* Rn 228, 276; Ulmer/*Paefgen* Rn 149 f; Michalski/*Haas* Rn 221, 216 („typisierter Schadensnachweis"); iErg *Habersack/Schürnbrand* WM 2005, 957, 960 f; vgl aber auch BGH NJW 1992, 1166, 1167; s ferner OLG Hamburg NZG 2005, 1008, 1011 (bei Austauschvertrag).

412 *Kurzwelly* HdbManagerhaftung § 14 Rn 20; Ulmer/*Paefgen* Rn 149 f; Scholz/*Schneider* Rn 228, 276; vgl auch Michalski/*Haas* Rn 221; Rowedder/Schmidt-Leithoff/*Koppensteiner* Rn 24; BGH WM 2008, 2215, 2217 = GmbHR 2008, 1319 m Komm *Gätsch/Eckhold*.

413 Scholz/*Schneider* Rn 228; *Kurzwelly* HdbManagerhaftung § 14 Rn 19.

414 BGH DStR 2006, 1051 unter Hinweis auf BGH DStR 2003, 650 (Unterbilanzhaftung der GründungsGfter); zust Ulmer/*Paefgen* Rn 150.

415 BGH DStR 2006, 1051.

416 Michalski/*Haas* Rn 221; Rowedder/Schmidt-Leithoff/*Koppensteiner* Rn 24; Scholz/*Schneider* Rn 275; Ulmer/*Paefgen* Rn 149; vgl auch BGH NJW-RR 1986, 1293; dazu *Thelen* ZIP 1987, 1027, 1032.

417 Michalski/*Haas* Rn 221; Rowedder/Schmidt-Leithoff/*Koppensteiner* Rn 24; Ulmer/*Paefgen* Rn 142, 149; Scholz/*Schneider* Rn 228; ähnl *Kurzwelly* HdbManagerhaftung § 14 Rn 21; iErg auch *Habersack/Schürnbrand* WM 2005, 957, 961.

faltspflichtverletzung ist dabei ohne weiteres in Verstoß gegen § 30 zu sehen.[418]

Haftung nach § 43 III 1 Alt 1 tritt unabhängig von Bezeichnung der Zahlung ein. Von Abs 3 erfasst wird auch Nichteinforderung einschlägiger Ansprüche gegen Gfter durch GFührer.[419] Insbes auch verdeckte Zuwendungen, soweit sie dem Verbot des § 30 I unterfallen, wie überhaupt alle durch § 30 verbotenen Zahlungen führen zur Ersatzpflicht nach Abs 3 S 1 Alt 1. Zu den einschlägigen Fällen verbotener Zahlungen näher § 30 Rn 33 ff, 48 ff. **Tilgungsleistungen auf Forderungen eines Gfters** gegenüber der Ges (wie insbes Rückgewähr eines GfterDarlehens) sind nach neuem Recht nicht als unzulässig anzusehen (§ 30 I 3; näher § 30 Rn 9, 47 sowie § 30 Anh Rn 71); sie können daher keine Ersatzpflicht nach Abs 3 auslösen,[420] wohl aber der (Insolvenz)Anfechtung nach §§ 6 a AnfG, 135 InsO unterliegen u GFührerhaftung aus § 64 S 3 begründen (§ 64 Rn 94 ff).[421] Keine verbotene **Zahlung** sind namentlich auch Leistungen aus GesVermögen, wenn sie im Leistungszeitpunkt **durch vollwertigen Gegenleistungs- oder Rückgewähranspruch** gegen den Gfter **gedeckt** sind (§ 30 I 2 Alt 2), also bilanziell neutraler Aktiventausch stattfindet (näher dazu § 30 Rn 35 ff; s auch § 19 Rn 76 f).[422] GFührer muss dementsprechend **sorgfältig prüfen u beurteilen,** ob Anspruch gegen Gfter bei Auszahlung vollwertig u deckungsgleich ist (s auch § 30 Rn 56);[423] dabei steht ihm Beurteilungsspielraum hinsichtl Einschätzung von Vollwertigkeit u Deckung zu.[424] Besteht im Leistungszeitpunkt keine 49 a

[418] Vgl *Habersack/Schürnbrand* WM 2005, 957, 961.

[419] BGH NJW 1992, 1166 (für nicht rechtzeitige Geltendmachung eines Freistellungsanspruchs gegen bürgenden Gfter bei eigenkapitalersetzender Bürgschaft – insoweit allerdings wegen § 30 I 3 obsolet) = LM H 6/1992, § 30 Nr 34 (*Roth*); BGH DStR 2009, 915, 918; ebenso OLG Brandenburg Urt v 18. 7. 2007 – 7 U 205/06, BeckRS 2008 09617; Scholz/*Schneider* Rn 270; Ulmer/*Paefgen* Rn 143; Michalski/*Haas* Rn 217.

[420] Ist vor Inkrafttreten des Reformgesetzes Insolvenzverfahren über GesVermögen eröffnet worden, **bleibt Eigenkapitalersatzrecht bisheriger Prägung allerdings anwendbar** (BGH Urt v 26. 1. 2009 – II ZR 260/07; OLG Köln Urt v 11. 12. 2008 – 18 U 138/07, BeckRS 2008 25714; *Goette,* Einführung Rn 84; *ders* GWR 2009, 278139; *Altmeppen* NJW 2008, 3601; *Wedemann* GmbHR 2008, 1131, 1136; **aA** etwa *Hirte* WM 2008, 1429, 1435. Dazu auch eingehend *Haas* DStR 2009, 976), sodass Schadensersatzpflicht aus Abs 3 bei Rückzahlung kapitalersetzender Darlehen weiterhin besteht, soweit diese nach den sog Rspr-Regeln als durch §§ 30, 31 aF gesperrt gelten (vgl BGH NJW 1992, 1166 = LM H 6/1992 § 30 Nr 34 *(Roth);* OLG Düsseldorf DStR 1993, 175, 176; Roth/*Altmeppen* Rn 83; Scholz/*Schneider* Rn 193; *Pelz* RNotZ 2003, 415, 423; *Lutter/Hommelhoff/Kleindiek* Rn 35; **aA** Michalski/*Haas* Rn 219; *Haas* 65 ff; *ders,* Haftung des GmbH-GFührers in der Krise, 77 f; zweifelnd Rowedder/Schmidt-Leithoff/*Koppensteiner* Rn 32).

[421] *Wicke* Rn 13.

[422] Vgl (zur AG) BGH Urt v 1. 12. 2008 – II ZR 102/07 Rn 12 (in Abkehr von bisheriger Rspr auch für Altfälle vor Inkrafttreten des § 57 I 3 AktG nF). – Zur Behandlung von Altfällen s auch § 30 Rn 46.

[423] Vgl BGH Urt v 1. 12. 2008 – II ZR 102/07 Rn 13 zu § 311 AktG („nachteiliges Rechtsgeschäft"); s etwa auch *Wand/Tilmann/Heckenthaler* AG 2009, 148, 151 ff (zur AG); *Lips/Randel/Werwigk* DStR 2008, 2220, 2225; *Kindler* NJW 2008, 3249, 3253; eingehend zur Beurteilung der Vollwertigkeit *Cahn* Der Konzern 2009, 67, 72 ff.

[424] Zutr *Drygala/Kremer* ZIP 2007, 1289, 1293 (zur Beurteilung der „Vollwertigkeit" – doch gilt nichts anderes für die nach Verkehrswerten zu beurteilende Deckungsgleichheit); ebenso *Wicke* § 30 Rn 10; *Kiefner/Theusinger* NZG 2008, 801, 805 f (zur AG); *Wand/Tilmann/Heckenthaler* AG 2009, 148, 153 (zur AG); *Knapp* DStR 2008, 2371, 2372;

Deckung durch vollwertigen Anspruch, macht sich GFührer, der gleichwohl Leistung zulasten des Stammkapitals erbringt oder zulässt, aus Abs 3 schadensersatzpflichtig, wenn er Mangel an Vollwertigkeit oder Deckung kennt oder wenn er Sorgfaltspflicht zur Bonitätsprüfung u -beurteilung nicht nachkommt u Mangel bei sorgfaltspflichtgemäßem Verhalten erkennbar ist (zum Verschuldenserfordernis oben Rn 48; s auch § 30 Rn 42, 56).[425] Unzulässige Leistung kann auch in Verzicht der Ges auf Gegenleistungs- oder Rückgewähranspruch liegen u mithin Ersatzpflicht aus Abs 3 begründen,[426] ebenso erneute Gewährung, Prolongation oder Stundung des Anspruchs (§ 30 Rn 43, 57). Erscheint hingegen aus maßgeblicher ex-ante-Perspektive Forderung als vollwertig bzw Forderungsausfall unwahrscheinlich u Zahlung der Ges wertmäßig durch Anspruch gegen Gfter kompensiert, scheidet Haftung aus Abs 3 insoweit aus, auch wenn später wider Erwarten Ges doch ausfällt oder Deckungsgleichheit nicht besteht;[427] Ersatzpflicht kann sich aber aus anderer Grundlage, namentlich § 64 S 3, ergeben (vgl § 30 Rn 6, 11 f; § 64 Rn 2, 100). Insbes wird Auszahlung nicht dadurch ex tunc unzulässig iSd § 30 I, dass Anspruch gegen Gfter nachträglich Werthaltigkeit einbüßt.[428] GFührer trifft allerdings **nach zulässiger Auszahlung fortlaufend Pflicht**, etwaige Änderungen des Kreditrisikos sorgfältig zu prüfen u – ihm steht auch insoweit Beurteilungsspielraum zu – sorgfältig zu beurteilen (s auch § 30 Rn 42). Auf sich nach Zahlung andeutende Bonitätsverschlechterung muss GFührer unverzüglich reagieren, nämlich entweder mit Kündigung des Kredits (vgl § 490 BGB) bzw Geltendmachung des Anspruchs oder mit Anforderung von Sicherheiten.[429] Kontrollpflicht kann, vor allem bei umfangreichen langfristigen Darlehen oder bei Cash-Management, Vereinbarung u Einrichtung eines geeigneten Informations- oder Frühwarnsystems zwischen Gfter (Mutter) u Ges (Tochter) erforderlich machen (§ 30 Rn 56, § 19 Rn 79 aE).[430] Bei Unterbilanz ist unerlaubte Zahlung in schlichtem „Stehenlassen" nicht mehr voll-

---

s auch BGH Urt v 1. 12. 2008 – II ZR 102/07 Rn 13 zu § 311 AktG („nachteiliges Rechtsgeschäft"); **unzutr** *v Falkenhausen/Kocher* BB 2009, 121, 122, wonach business judgment rule gelten soll, für die allerdings iRd Kapitalerhaltung kein Raum ist.

[425] Vgl *Drygala/Kremer* ZIP 2007, 1289, 1295; *Kuhn* S:R 10/2008, 339, 340; *Wand/Tilmann/Heckenthaler* AG 2009, 148, 152 (zur Vorstandshaftung aus § 93 AktG).

[426] IErg *Altmeppen* ZIP 2009, 49, 54 f (§ 43 III analog).

[427] BGH Urt v 1. 12. 2008 – II ZR 102/07 Rn 13 zu § 311 AktG („nachteiliges Rechtsgeschäft").

[428] RegBegr BT-Drucks 16/6140 S 41; BGH Urt v 1. 12 .2008 – II ZR 102/07 Rn 18 (zur AG); *Altmeppen* ZIP 2009, 49, 54; *Drygala/Kremer* ZIP 2007, 1289, 1293 m Einschränkung, dass zur Verschlechterung führende Umstände nicht schon bei Zahlung vorhanden u erkennbar sein dürfen. Wenn dies der Fall ist, ist freilich bereits von Beginn an Vollwertigkeit des Gegenleistungs- oder Rückgewähranspruchs nicht gegeben u Auszahlung verboten.

[429] Vgl BGH Urt v 1. 12. 2008 – II ZR 102/07 Rn 14 (für AG) mwN; *Altmeppen* ZIP 2009, 49, 51, 54; *Goette* DStR 2009, 51, 53 (zur Kapitalaufbringung); *ders,* Stellungnahme vor BT-Rechtsausschuss am 23. 1. 2008, S 8; *Cahn* Der Konzern 2009, 67, 79; HdbGmbH-Recht/*Hollstein* Kap 5 Rn 208 f; zur laufenden Kontrollpflicht etwa auch *Kleindiek* FS K Schmidt, 2009, 893, 899; *Kuhn* S:R 10/2008, 339, 340.

[430] BGH Urt v 1. 12. 2008 – II ZR 102/07 (zur AG); ferner *Goette* DStR 2009, 51, 53 (zur Kapitalaufbringung); *ders,* Stellungnahme vor BT-Rechtsausschuss am 23. 1. 2008, S 7; s auch *Cahn* Der Konzern 2009, 67, 79; *Bormann* jurisPR-HaGesR 1/2009 Anm 1; *Knapp* DStR 2008, 2371, 2372; *Kropff* NJW 2009, 814, 817 f; HdbGmbH-Recht/*Hollstein*Kap 5 Rn 121; BGHZ 149, 10, 18, 26 (Bremer Vulkan).

wertiger Forderung zu sehen[431] u GFührer aus Abs 3 haftbar, wenn er entsprechende Maßnahmen einschließl rechtzeitiger Kreditkündigung bzw Anspruchsdurchsetzung trotz erkannter oder erkennbarer Beeinträchtigung der Bonität des Gfters sorgfaltswidrig unterlässt (s auch § 30 Rn 43, 42).[432] Wertungsmäßig macht es keinen Unterschied, ob Minderung des GesVermögens dadurch eintritt, dass Zahlung im Zeitpunkt eigentlicher Auszahlung nicht durch vollwertigen Gegenleistungs- oder Rückgewähranspruch gedeckt ist, oder dadurch, dass Zahlungsanspruch gegen Gfter nicht rechtzeitig realisiert wird; verschärfte Haftung aus Abs 3 (Rn 48) ist deshalb auch im letzteren Fall angezeigt. Schaden ist dann in Höhe des Wertes der stehengelassenen Forderung zu vermuten. Soweit Ersatzanspruch gegen GFührer zur Befriedigung der GesGläubiger notwendig ist, keine Entlastung dadurch, dass Gfter GFührer zur Auszahlung bzw Untätigkeit anweisen oder hiermit einverstanden sind (§ 43 III 3; unten Rn 52).[433] GFührer muss entsprechendes Begehren zurückweisen, falls nach seiner Beurteilung Leistung zulasten des Stammkapitals nicht durch vollwertigen Gegenleistungs- oder Rückgewähranspruch gedeckt ist bzw Anspruch gegen Gfter nachtäglich Vollwertigkeit einbüßt.[434] Schadensersatzpflicht (nur) aus Abs 2 kommt in Betracht, sofern Stammkapital nicht betroffen. **Stellung einer Sicherheit aus GesVermögen** außerhalb Beherrschungs- oder Gewinnabführungsvertrags (§ 30 I 2 Alt 1) ist noch keine unerlaubte Zahlung iSd § 30 (dazu näher § 30 Rn 58 ff mN) u begründet

---

431 Vgl *Drygala/Kremer* ZIP 2007, 1289, 1293 m Hinweis auf BGHZ 122, 333, 338; *Lutter/Hommelhoff* § 30 Rn 8; *Gehrlein/Witt,* GmbH-Recht in der Praxis, 7. Kap Rn 12; Ring/Grziwotz/*Barth* § 30 Rn 24. Vgl auch BGH NJW 1992, 1166 f, wonach bei eigenkapitalersctzender Bürgschaft die Kreditrückführung aus Stammkapital Auszahlung an bürgenden Gfter iSd § 30 I darstellt u GFührer aus § 43 II u III schadensersatzpflichtig ist, wenn er Freistellungsanspruch gegenüber Gfter nicht rechtzeitig vor Rückzahlung geltend macht; ebenso OLG Brandenburg Urt v 18. 7. 2007 – 7 U 205/06, BeckRS 2008, 09617. S auch *Altmeppen* ZIP 2009, 49, 55 m Fn 58, der Qualifizierung schlichten Unterlassens als „Zahlung" für diskutabel hält, aber meint, BGH würde auf Grundlage seiner Rspr in DStR 2007, 1586 (TRIHOTEL) u DStR 2008, 1293 (GAMMA) darin wohl keinen Verstoß gegen § 30 erkennen. S ferner unten § 64 Rn 96, 98 aE zu „Zahlung" iSv § 64 S 3. **AA** insoweit *Hueck/Fastrich* § 30 Rn 43.

432 IdS *Drygala/Kremer*ZIP 2007, 1289, 1295; *Gehrlein* Der Konzern 2007, 771, 794; iErg *Altmeppen* ZIP 2009, 49, 55 (§ 43 III analog). **Abw** für Anspruch aus § 43 II; *Kleindiek* FS K Schmidt, 2009, 893, 899 m Hinweis auf BGHZ 149, 10, 19 f (Bremer Vulkan), wo freilich von Schadensersatzpflicht aus § 43 III die Rede ist; wohl auch *Goette,* Stellungnahme vor BT-Rechtsausschuss am 23. 1. 2008, S 8. Vgl ferner RegBegr BT-Drucks 16/6140 S 41; *Wicke* Rn 14, § 30 Rn 11 sowie BGH Urt v 1. 12. 2008 – II ZR 102/07 Rn 14 (für AG); HdbGmbll-Recht/*Hollstein* Kap 5 Rn 119.

433 *Drygala/Kremer* ZIP 2007, 1289, 1295; *Gehrlein* Der Konzern 2007, 771, 794; iErg Altmeppen ZIP 2009, 49, 54 f (§ 43 III analog); vgl auch BGHZ 149, 10, 19 f (Bremer Vulkan); *Gehrlein/Witt,* GmbH-Recht in der Praxis, 2008, 5. Kap Rn 89; tendenziell etwas enger *Kleindiek* FS K Schmidt, 2009, 893, 899 f (jedenfalls wo Ausfall des Rückzahlungsanspruchs eigene Existenz der darlehensgebenden Ges gefährdet, kann sich GFührer nicht auf etwaige Weisung der Gfter, still zu halten, berufen).

434 Vgl *Altmeppen* ZIP 2009, 49, 53 f; s auch *K Schmidt* GmbHR 2008, 449, 453 zur darin gegenüber alter Rechtslage liegenden Haftungsverschärfung für GFührer, der Auszahlungsbegehren von Gftern nun nicht mehr mit bloßem Hinweis auf Bilanz, sondern nur noch mit Einwand fehlender Solvenz des Empfängers verweigern kann; ferner *ders* GmbHR 2007, 1072, 1075 („Bewertungsproblem"); zust *Fleischer* NJW 2009, 2337, 2341. Im Zusammenhang mit Kapitalaufbringung im Rahmen sog Hin- u Herzahlens (§ 19 V) auch Bunnemann/Zirngibl/*Bormann* § 3 Rn 65.

entspr auch keine Haftung aus Abs 3, wenn Verwertung der Sicherheit kraft Gesetzes (§ 30 I) oder Vereinbarung mit Drittem als Sicherungsnehmer unter Vorbehalt steht, dass sie nicht zu Unterbilanz führt oder diese vertieft (§ 30 Rn 60 f, 62 aE). IÜ kann Bestellung einer Sicherheit zulässig sein, wenn der Risikoübernahme vollwertiger Freistellungs-, Rückgriffs- oder Aufwendungsersatzanspruch gegenübersteht, nach aA auch schon dann, wenn bei Bestellung der Sicherheit mit deren Inanspruchnahme nicht zu rechnen u deshalb bilanzielle Rückstellung nicht zu bilden ist (§ 30 Rn 62).[435] Späterer Akt der **Verwertung einer Sicherheit** aus GesVermögen ist nicht als verbotswidrige Auszahlung iSd § 30 anzusehen, falls Deckung durch vollwertigen Freistellungs-, Rückgriffs- oder Aufwendungsersatzanspruch besteht.[436] GFührer trifft dementsprechend hierauf bezogene Pflicht zur sorgfältigen Prüfung u Beurteilung, nicht nur bei Gewährung einer Sicherheit aus GesVermögen, sondern auch in Folgezeit;[437] bei Unterbilanz muss er ggf, um Haftung aus Abs 3 zu entgehen, davon absehen, Sicherheit zu leisten, bzw unverzüglich diese zurückfordern oder Freistellungs-, Rückgriffs- oder Aufwendungsersatzanspruch geltend machen, wenn sich Bonität des Pflichtigen verschlechtert (s auch § 30 Rn 63). Ausdrücklich erlaubt sind **Leistungen** aus gebundenem Vermögen, die **bei Bestehen eines Beherrschungs oder Gewinnabführungsvertrags** (§ 291 AktG) erfolgen (§ 30 I 2 Alt 1); Verlustausgleichsanspruch (§ 302 AktG analog) muss aber im Zeitpunkt der Leistung vollwertig sein (§ 30 Rn 45 mwN).[438] GFührer hat deshalb bei u auch laufend nach Leistung Pflicht zur sorgfältigen Kontrolle u Beurteilung, ob anderer Vertragsteil solvent ist im Hinblick auf Durchsetzbarkeit evtl Verlustausgleichs (§ 30 Rn 58).[439] Ist Anspruch auf Verlustausgleich nicht werthaltig, muss GFührer bei Unterbilanz Leistung unterlassen bzw unverzüglich zurückfordern oder für geeignete Absicherung sorgen.[440] GFührer trifft anderenfalls Schadensersatzpflicht aus Abs 3, wenn er Mangel an Vollwertigkeit kennt oder dieser bei sorgfaltspflichtgemäßem Verhalten erkennbar ist (zum Verschuldenserfordernis Rn 48; s auch § 30 Rn 45).[441] Soweit Haftung zur Befriedigung der GesGläubiger notwendig ist, keine Befreiung, wenn GFührer auf Anweisung oder mit Zustimmung der Gfter handelt (§ 43 III 3; unten Rn 52); Ersatzpflicht entfällt auch nicht dadurch, dass herrschendes Unternehmens Weisung erteilt (vgl § 308 III AktG analog), weil deren Befolgung unzulässig ist, wenn Ausgleich nach § 302 AktG voraussichtlich scheitern wird.[442] Ähnl Pflichten-

---

[435] Vgl auch BGH DStR 2007, 1874, 1877 m Anm *Goette*; ferner zum Ganzen – teilw abw – *Kiefner/Theusinger* NZG 2008, 801, 804 f (zur AG); *Drygala/Kremer* ZIP 2007, 1289, 1295; *Altmeppen* ZIP 2009, 49, 52 f; *Wand/Tilmann/Heckenthaler* AG 2009, 148, 152 (zur AG); *Tilmann* NZG 2008, 402 ff; *Gehrlein* Der Konzern 2007, 771, 785; *Bunnemann/Zirngibl/Berger* § 7 Rn 115 ff; HdbGmbH-Recht/*Hollstein* Kap 5 Rn 213 ff.

[436] Vgl auch BGH DStR 2007, 1874, 1877 m Anm *Goette*.

[437] *Altmeppen* ZIP 2009, 49, 53.

[438] *Altmeppen* ZIP 2009, 49, 55 f; *Wand/Tilmann/Heckenthaler* AG 2009, 148, 154 (zur AG); s auch Bunnemann/Zirngibl/*Rose* § 6 Rn 130.

[439] Zum Beurteilungsspielraum im Kontext vgl Nachw in Fn 450.

[440] Vgl HdbGmbH-Recht/*Hollstein* Kap 4 Rn 103, 212.

[441] *Altmeppen* ZIP 2009, 49, 56; *Wand/Tilmann/Heckenthaler* AG 2009, 148, 154 (zur AG).

[442] MünchKommAktG/*Bayer* § 57 Rn 142; GroßKommAktG/*Henze* § 57 Rn 190; vgl auch *Wand/Tilmann/Heckenthaler* AG 2009, 148, 154 f (alle für AG); *Altmeppen* ZIP 2009, 49, 56.

lage besteht, falls im Rahmen sog **Hin- u Herzahlens** Einlageleistung wirksam erbracht wird (§ 19 Rn 70 ff). GFührer hat hier in Folgezeit nach Rückfluss der Einlageleistung an Inferenten sorgfältig zu prüfen u einzuschätzen, ob „hergezahlte" Leistung weiterhin durch vollwertigen, jederzeit fälligen oder durch fristlose Kündigung seitens der Ges fällig zu stellenden Rückgewähranspruch gedeckt ist. Einlageleistung wird nicht dadurch rückwirkend unwirksam, dass Anspruch auf Rückgewähr nachträglich Werthaltigkeit einbüßt. Droht Beeinträchtigung, muss GFührer aber Leistung unverzüglich zurückfordern oder für geeignete Absicherung des Anspruchs sorgen (s auch § 19 Rn 79).[443] Unterlässt er dies, liegt bei Unterbilanz *darin* unzulässige Rückzahlung (§ 30 I 1) der wirksam erbrachten Einlage (vgl § 19 Rn 70, 82 f), die Haftung aus § 43 III in Höhe des „stehengelassenen" Betrags begründet, wenn GFührer Gefährdung der Vollwertigkeit oder Deckung bei sorgfaltspflichtgemäßem Verhalten erkennen konnte oder erkannt hat (zum Verschuldenserfordernis Rn 48).[444] Weisung oder Zustimmung seitens der Gfter entlastet GFührer nicht (§ 43 III 3). Verzicht der Ges auf Rückgewähranspruch ist nach § 30 I unzulässig u lässt GFührer aus § 43 III haften, wenn dadurch zur Stammkapitalerhaltung erforderliches GesVermögen angegriffen wird (vgl § 19 Rn 83).[445] Anderenfalls kann Unterlassen entsprechender Maßnahmen (nur) Schadensersatzpflicht des GFührers nach Abs 2 auslösen.[446] Zur GFührerhaftung aus § 9 a I, wenn Leistung im Zeitpunkt des „Herzahlens" nicht gedeckt ist durch vollwertigen, jederzeit fälligen oder fällig zu stellenden Rückgewähranspruch s Anm dort.[447]

Nach Abs 3 S 1 verantwortlicher GFührer kann sich **nicht** dadurch **„zusätzlich" sorgfaltspflichtwidrig** verhalten, dass er es unterlässt, Erstattungsanspruch gegen Gfter aus § 31 vor Eintritt der Verjährung dieses Anspruchs geltend zu machen; GFührer haftet deshalb nicht aus § 43 II bei Uneinbringlichkeit der verjährten Forderung.[448] Nicht zu folgen ist gegenteiliger Ansicht, die zur Konsequenz hat, dass Verjährung des Schadensersatzanspruchs gegen GFührer aus Abs 2 erst mit Verjährung des Erstattungsanspruchs gegen Gfter als Eintritt des GesSchadens (vgl Rn 57) in Gang gesetzt wird.[449] Verjährung nach Abs 4 beginnt vielmehr mit verbotener Auszahlung (Rn 57), mit der GFührer Sorgfaltspflicht verletzt u Schaden der Ges bereits entstanden ist; mit Uneinbringlichkeit der Forderung gegen Zahlungsempfänger tritt auch kein erneuter Schaden dem Grunde nach **49 b**

443 *Goette* DStR 2009, 51, 53; *ders,* Stellungnahme vor BT-Rechtsausschuss am 23. 1. 2008, S 7; Bunnemann/Zirngibl/*Bormann* § 3 Rn 67 ff. – Zum Beurteilungsspielraum im Kontext vgl Nachw in Fn 450. – Zur Informationspflicht s bei Fn 430 m Nachw.

444 **AA** HdbGmbH-Recht/*Bormann* Kap 4 Rn 65 aE.

445 Vgl auch *Bormann* GmbHR 2007, 897, 902 f; *Gehrlein* Der Konzern 2007, 771, 782.

446 Vgl *Goette* DStR 2009, 51, 53; *ders* Stellungnahme vor BT-Rechtsausschuss am 23. 1. 2008, S 7; Bunnemann/Zirngibl/*Bormann* S 3 Rn 67 ff; *Rose* ebd § 6 Rn 56; *Kleindiek* FS K Schmidt, 2009, 893, 900; *Bormann* GmbHR 2007, 897, 903; HdbGmbH-Recht/*Bormann* Kap 4 Rn 65.

447 Dazu auch Bunnemann/Zirngibl/*Bormann* § 3 Rn 61, 63; *K Schmidt* GmbHR 2008, 449, 452 f.

448 BGH WM 2008, 2215, 2217 = GmbHR 2008, 1319 m Komm *Gätsch/Eckhold;* **aA** OLG Koblenz Urt v 30. 11. 2006 – 6 U 330/06, BeckRS 2007, 01040 (Vorinstanz); dazu abl auch *Dahl/Schmitz* NZG 2008, 653, 654 f.

449 So in der Tat OLG Koblenz Urt v 30. 11. 2006 – 6 U 330/06, BeckRS 2007, 01040.

ein.[450] GFührer würde anderenfalls für Zahlungsbetrag zeitlich weit über Fünf-Jahresfrist (Abs 4) hinaus haften u iErg auch länger als Zahlungsempfänger, dessen Erstattungspflicht Gesetzgeber einer doppelt so langen Verjährungsfrist (!) unterworfen hat (vgl § 31 I, V). Das ist nicht akzeptabel.[451]

49 c Entsprechend BGH-Rspr[452] zu einem einmal entstandenen Erstattungsanspruch der Ges nach § 31 I erlischt auch GFührerhaftung gem § 43 III 1 nicht kraft Gesetzes, wenn später **Unterbilanz** nachhaltig durch Gewinne oder dergleichen **beseitigt** wird.[453] Hält man in diesem Falle durchsetzbaren Erfüllungsanspruch des erstattungspflichtigen Gfters gegenüber Ges aus dem der Zahlung zugrundeliegenden Kausalgeschäft für gegeben u daraufhin Aufrechnung für zulässig (näher § 31 Rn 17), entfällt mit Aufrechnung auch die GFührerhaftung gem Abs 3 S 1 (§ 422 I 2 BGB); Einrede der Aufrechenbarkeit wird in Anspruch genommener GFührer aber nicht geltend machen können.[454] Rückzahlung von **Nachschüssen** gem § 30 II 1 wird von § 43 III 1 nicht erfasst, auch wenn Verstoß gegen § 30 II 2 vorliegt, wohl aber gilt Abs 3 S 1 bei Verstoß gegen § 30 II 3.[455]

50 **b) Erwerb eigener GAnteile** durch Ges **entgegen § 33** führt zur Ersatzpflicht der GFührer nach Abs 3 S 1 Alt 2, also in drei Fällen: Erwerb nicht voll eingezahlter GAnteile oder Erwerb auch voll eingezahlter, wenn er zu Lasten des Stammkapitals erfolgt oder wenn die Bildung der nach § 272 IV HGB vorgeschriebenen Rücklage für eigene Anteile aus freien Mitteln nicht möglich ist. Neben GFührern haften Veräußerer des GAnteils auf Rückzahlung des Kaufpreises nach § 812 BGB, soweit nicht § 814 BGB eingreift. Sie haften ferner, wenn dessen Voraussetzungen vorliegen, nach § 31 (vgl § 33 Rn 14). Soweit beide haften, besteht Gesamtschuldverhältnis (§§ 421 ff BGB); intern kann GFührer idR beim Geschäftsanteilsveräußerer vollen Regress nehmen.[456] Zu ersetzender Schaden besteht grds in Höhe des unzulässig gezahlten Erwerbspreises abzüglich etwaiger Rückzahlungen, nicht nur in der Differenz zum Wert des GAnteils (normativer Schaden). Insoweit ist GesSchaden in Höhe des unzulässig geleisteten Preises zu vermuten.[457] GFührer kann sich nur damit entlasten, dass Kaufpreis zurückgezahlt worden ist; iÜ gilt allg Darlegungs- u Beweislast, GFührer wird aber Klägervorbringen substantiiert zu bestreiten haben (vgl Rn 49). Geltendmachung weiteren Schadens ist auch hier nicht ausgeschlossen, richtet sich dann aber nach Abs 2 (vgl Rn 49).[458]

---

450 BGH WM 2008, 2215, 2217 = GmbHR 2008, 1319 m Komm *Gätsch/Eckhold* ferner dazu *Bormann* ZInsO 2009, 127.

451 Abl auch *Dahl/Schmitz* NZG 2008, 653, 654 f; BGH WM 2008, 2215, 2217 (Verdoppelung der Verjährungsfristen des § 31 Abs 5 Satz 1 aF u des § 43 Abs 4 im Gesetz ohne Grundlage) = GmbHR 2008, 1319 m Komm *Gätsch/Eckhold*.

452 NJW 2000, 2577; DStR 2007, 1874, 1875 m Anm *Goette*.

453 *Haas*, Haftung des GmbH-GFührers in der Krise, 78 f.

454 Vgl allg Staudinger/*Noack*, 2005, § 422 Rn 26.

455 Ebenso Michalski/*Haas* Rn 217; *Haas* HdbManagerhaftung § 11 Rn 6; **aA** Ulmer/*Paefgen* Rn 145.

456 Roth/*Altmeppen* Rn 83; *Geßler* GmbHR 2003, 394, 400; **abw** Ulmer/*Paefgen* Rn 152 (§ 255 BGB); Voraufl Rn 50 aE (GFührer kann als Vorteilsausgleich Abtretung der Ansprüche gegen Veräußerer verlangen).

457 Scholz/*Schneider* Rn 228, 276; Ulmer/*Paefgen* Rn 149 f; Michalski/*Haas* Rn 221, 216 („typisierter Schaden").

458 Michalski/*Haas* Rn 221; Rowedder/Schmidt-Leithoff/*Koppensteiner* Rn 24.

2. Verzicht u Vergleich. Gfterweisung u -einverständnis. Hinsichtlich der Ersatzansprüche nach Abs 3 S 1 sind, anders als oben Rn 47, gem Abs 3 S 2 iVm § 9b I **Verzicht u Vergleich unwirksam,** soweit Ersatz zur Befriedigung der Gläubiger erforderlich ist. Lediglich Vergleich zur Abwendung des Insolvenzverfahrens bei Zahlungsunfähigkeit des ersatzpflichtigen GFührers ist zulässig; ferner gilt das Verbot von Verzicht u Vergleich nicht, wenn die Ersatzpflicht in einem Insolvenzplan (§§ 217 ff InsO) geregelt wird, § 9b I 2 mit § 43 III 2. Näher zum ganzen § 9b Rn 2f.[459] Unwirksamkeit greift auch gegenüber der Präklusionswirkung der Entlastung durch.[460] Insolvenzverwalter im Insolvenzverfahren über GesVermögen kann ungeachtet Abs 3 S 2 iVm § 9b I grds wirksam auf Anspruch verzichten oder sich mit GFührer vergleichen.[461] Regelung gilt kraft Verweis entspr für Ersatzansprüche der Ges gegen GFührer aus § 64 S 1 u 3 (§ 64 S 4; dort Rn 15) u gegen Liquidatoren aus § 73 III 1 (§ 73 III 2; dort Rn 15). 51

Ähnl entfällt die Ersatzansprüche ausschließende Wirkung von vorgängigen **GfterBeschlüssen,** mit denen gegen §§ 30, 33 verstoßende Handlungen der GFührer angewiesen oder erlaubt worden sind (hierzu Rn 33), soweit Erforderlichkeit des Schadensersatzes zur Gläubigerbefriedigung besteht (Abs 3 S 3). Freilich wird solcher Beschluss ohnehin idR nichtig sein u daher keine Entlastungswirkung haben (vgl aber noch Rn 34f). Haftungsbegrenzung des Abs 3 S 3 („soweit der Ersatz zur Befriedigung der Gläubiger der Ges erforderlich ist") kommt in entsprechender Anwendung dem in Befolgung eines GfterBeschlusses handelnden Prokuristen zugute, der unter Umgehung des GFührers verbotswidrige (von § 30 erfasste) Auszahlungen getätigt hat u hierfür wegen Verletzung seines Anstellungsvertrages haftet.[462] Abs 3 S 3 gilt wie S 2 entsprechend gem §§ 64 S 4, 73 III 2 (vgl Rn 51). 52

Abzulehnen ist teilw vertretene **analoge Anwendung** von § 43 III, wonach nicht nur für Ersatzansprüche aus Verstößen nach Satz 1, sondern generell hinsichtlich jeglicher Haftung des GFührers Verzichts- u Vergleichsausschluss gelten u haftungsbefreiende Wirkung einer GfterWeisung oder -zustimmung entfallen sollen (Abs 3 S 2 u 3 analog), soweit der Ersatz zur Gläubigerbefriedigung erforderlich ist (Rn 34, 47). Damit wird der systematische Zusammenhang der S 2 u 3 verkannt, wodurch der Sache nach ein gesetzesfremder Abs 5 eingeführt würde.[463] Nicht zuzustimmen ist auch weniger weitgehenden Ansicht, dass Abs 3 S 2 u 3 entsprechend gelten, wenn sich GFührer wegen Verletzung überwiegend dem Schutz der Öffentlichkeit oder Gläubigerinteressen dienender Pflichten nach Abs 2 schadensersatzpflichtig machen (Rn 34, 47). Ebenfalls nicht gefolgt werden kann Auffassung, wonach „gröbliche Verletzungen" der Sorgfaltspflicht auch jenseits der Fälle des S 1 nicht gesellschafterdisponibel seien.[464] Für eine entsprechende Anwendung des § 93 V 2 u 3 AktG fehlt es an einer Regelungslücke (Rn 34, 47). 53

---

459 S dazu auch *Haas* HdbManagerhaftung § 11 Rn 12ff.

460 Ulmer/*Hüffer* § 46 Rn 67; BGH NJW-RR 1986, 1293, 1294; zu dieser Wirkung näher § 46 Rn 41.

461 *Haas* HdbManagerhaftung § 11 Rn 19; vgl auch § 64 Rn 15.

462 BGHZ 148, 167, 173f = LM H 11/2001 § 30 Nr 75 *(Cahn)* = GmbHR 2001, 771, 774 m Komm *Harnier;* dazu auch *H.-F. Müller* ZGR 2003, 441, 451ff.

463 Zust *Haas* HdbManagerhaftung § 11 Rn 30.

464 Roth/*Altmeppen* Rn 97f; *Altmeppen* DStR 2002, 2048ff; *ders* NJW 2002, 321, 323ff; *ders* ZIP 2001, 1837, 1845; *ders* DB 2000, 657ff; *ders* DB 2000, 261ff; zust *Burgard* ZIP 2002, 827, 839.

54 Abs 3 S 1 findet anerkanntermaßen entsprechende Anwendung bei **unzulässiger Kreditgewährung** nach § 43 a (dort Rn 7).[465] Von GFührer nach § 43 III 1 iVm § 43 a S 1 zu ersetzender Schaden ist daher in Höhe des unzulässig vergebenen Kredits zu vermuten (vgl näher Rn 49; zum Verschuldenserfordernis Rn 48). Dementsprechend gelten auch S 2 u 3 analog, sodass Verzicht u Vergleich hinsichtlich Ersatzanspruch wegen unzulässiger Kreditvergabe grds unwirksam sind sowie GfterWeisung u -zustimmung keine haftungsbefreiende Wirkung entfalten, soweit Ersatz zur Befriedigung der GesGläubiger benötigt wird (vgl Rn 34, 47).[466] Abs 3 S 2 u 3 sind analog anzuwenden, wenn GFührer sich an **existenzvernichtendem Eingriff** in das GesVermögen (dazu § 13 Rn 57 ff u SchlAnhKonzernR Rn 121 ff) beteiligt (zur Haftung des GFührers Rn 62 a). Verzicht u Vergleich sind dann grds unwirksam (Rn 47), ebenso befreien Anweisung u Einverständnis der Gfter GFührer nicht von Haftung, soweit auf existenzvernichtendem Eingriff beruhender Ersatzanspruch zur Gläubigerbefriedigung benötigt wird (Rn 34).

55 Soweit nach Abs 3 S 2 u 3 (analog) Verzicht u Vergleich unwirksam sind bzw haftungsfreistellende Wirkung von GfterBeschlüssen entfällt, kommt auch sonstige Haftungseinschränkung zugunsten des GFührers, etwa Abkürzung der Verjährung hinsichtl Ersatzanspruch aus Abs 3 S 1 nicht in Betracht (s Rn 46, 60).[467]

56 Haftungsverschärfung nach Abs 3 S 2 u 3 wird allerdings nicht auch insofern (analog) gelten, als Schaden über die von der Ges aufgewandten Mittel hinausgeht (vgl Rn 49, 50) u Ersatz nicht aus Abs 3 S 1, sondern nur aus Abs 2 verlangt werden kann (vgl Rn 34, 47).

V. Verjährung, Abs 4

57 **1. Verjährungsbeginn.** Ersatzansprüche der Ges aus Abs 2 u 3 verjähren in 5 Jahren, Abs 4.[468] Verjährung beginnt mit Anspruchsentstehung, dh grds frühestens mit Eintritt des Schadens dem Grunde nach.[469] Schaden braucht der Höhe nach noch nicht festzustehen. Entscheidend ist Zeitpunkt, zu dem Ges zumindest Feststellungsklage erheben kann.[470] Fristlauf beginnt zu diesem Zeitpunkt hinsichtl aller Schäden, die auf einzelner, in sich abgeschlossenen Handlung des GFührers beruhen, einschließl weiterer (Folge- oder Spät-) Schäden, soweit mit deren Entstehung bei verständiger Würdigung gerechnet werden

---

465 *Haas* HdbManagerhaftung § 11 Rn Michalski/*Haas* Rn 220; Ulmer/*Paefgen* Rn 147; Rowedder/Schmidt-Leithoff/*Koppensteiner* Rn 24; Lutter/*Hommelhoff/Kleindiek* Rn 41; *Schneider* FS Werner, 1984, 795, 809 f.

466 BGH NJW 2004, 1111, 1112 (zur GfterWeisung).

467 BGH NJW 2000, 576 (mit zu weitreichendem Leitsatz); Lutter/*Hommelhoff/Kleindiek* Rn 41 f, 46 (aber für weitergehende analoge Anwendung von Abs 3).

468 Ausführl *Sturm,* Die Verjährung von Schadensersatzansprüchen der Ges gegen Leitungsorganmitglieder gem §§ 93 VI AktG, 43 IV GmbHG, 34 VI GenG, 2005.

469 BGH WM 2008, 2215, 2217 = GmbHR 2008, 1319 m Komm *Gätsch/Eckhold;* BGH DStR 2005, 659 (Anspruchsentstehung im Zeitpunkt des Abschlusses des für Ges nachteiligen Vertrages); dazu *Dollmann* GmbHR 2005, 529.

470 BGH WM 2008, 2215, 2217 = GmbHR 2008, 1319 m Komm *Gätsch/Eckhold;* BGH DStR 2005, 659; BGHZ 100, 228, 231 f (zu § 93 VI AktG); OLG Frankfurt NZG 1999, 767, 768 m Anm *Impelmann;* OLG Koblenz Urt v 24. 9. 2007 – 12 U 1437/04, BeckRS 2008, 02728 (sub C II. 3.); Scholz/*Schneider* Rn 281; Lutter/*Hommelhoff/Kleindiek* Rn 44; Ulmer/*Paefgen* Rn 159.

konnte.[471] Auf Kenntnis oder grob fahrlässige Unkenntnis der Ges von Pflichtverletzung oder Schaden kommt es aber nicht an.[472] Daran hat sich durch Neufassung der allg zivilrechtlichen Verjährungsvorschriften nichts geändert.[473] § 199 I BGB, der Verjährungsbeginn kumulativ von Anspruchsentstehung u Kenntnis oder grob fahrlässiger Unkenntnis des Gläubigers von den anspruchsbegründenden Umständen abhängig macht, betrifft nur die regelmäßige dreijährige Verjährungsfrist des § 195 BGB, nicht aber die spezialgesetzliche des Abs 4,[474] die nach § 200 S 1 BGB – wie nach früherem Recht (§ 198 S 1 BGB aF) – bereits mit Entstehung des Anspruchs zu laufen beginnt.[475] Anwendung des § 199 I BGB entgegen dem Normtext auf Ansprüche aus § 43 kommt nicht in Betracht.[476] Für durch einzelnes Fehlverhalten ausgelöste Folge- oder Spätschäden läuft jeweils ab Eintritt eigene Verjährung, wenn nachträglich auftretender Schaden abgrenzbar ist, dh mit ihm zunächst nicht gerechnet werden konnte.[477] Beruht (Gesamt-)Schaden der Ges auf mehreren selbstständigen Pflichtverletzungen des GFührers, beginnt Verjährungsfrist mit den jeweils dadurch verursachten Schäden gesondert zu laufen, weil jede Verletzungshandlung eigene Schadensfolge u damit -ersatzpflicht erzeugt.[478] In Abgrenzung zu „Dauerhandlung“, für deren schädigende Folgen Verjährung erst mit Beendigung des (andauernden) Fehlverhaltens beginnt, hat BGH verschiedentlich mehrfache, sich in gleichartiger Weise wiederholende Verletzungshandlungen angenommen;[479] einheitlicher Entschluss, auf dem Handlungen beruhen, soll dabei nicht bewirken, dass Verjährung erst mit letzter Verlet-

---

471 Vgl BGH DStR 2005, 659; BGH NJW 1993, 648, 650; BGH NJW-RR 2006, 694, 969 mwN; BGHZ 100, 228, 231 f (zu § 93 VI AktG); s auch BGH NVwZ 2007, 362, 367; allg dazu MünchKommBGB/*Grothe*, 5. Aufl 2006, § 199 Rn 9 ff.

472 Rowedder/Schmidt-Leithoff/*Koppensteiner* Rn 62; Lutter/*Hommelhoff/Kleindiek* Rn 44; Roth/*Altmeppen* Rn 109; Scholz/*Schneider* Rn 282; Ulmer/*Paefgen* Rn 158; *Pelz* RNotZ 2003, 415, 424; BGHZ 100, 228, 231 f (zu § 93 VI AktG); BGH DStR 2005, 659: auch kein „Hinausschieben“ des Fristbeginns, wenn GFührer Entstehen des Schadens verheimlicht hat; dazu *Dollmann* GmbHR 2005, 529; BGH WM 2008, 2215, 2217 (erst recht kann Unterlassen entspr Hinweise gegenüber anderen Organpersonen oder Insolvenzverwalter keine erneute Verjährungsfrist in Gang setzen) = GmbHR 2008, 1319 m Komm *Gätsch/Eckhold;* OLG Koblenz Urt v 24. 9. 2007 – 12 U 1437/04, BeckRS 2008, 02728 (sub C II. 3.).

473 **AA** Michalski/*Haas* Rn 233; MünchKommAktG/*Hefermehl/Spindler* § 93 Rn 158 (zu § 93 VI AktG). Vgl zur Rechtslage vor SchuldrechtsmodernisierungsG (2002) BGHZ 100, 228, 231; BGH NJW-RR 1989, 1255, 1256; OLG Köln NZG 2000, 1137; Hachenburg/*Mertens* Rn 96; *Weber/Lohr* GmbHR 2000, 698, 702.

474 So aber Michalski/*Haas* Rn 233; MünchKommAktG/*Hefermehl/Spindler* § 93 Rn 158 (zu § 93 VI AktG).

475 **Zust** BGH WM 2008, 2215, 2217 = GmbHR 2008, 1319 m Komm *Gätsch/Eckhold;* ferner *Pelz* RNotZ 2003, 415, 424; Ulmer/*Paefgen* Rn 158 m Rn 666.

476 Abl auch Ulmer/*Paefgen* Rn 158 aE.

477 Vgl BGH NJW-RR 2006, 694, 696; BGH NJW 1993, 648, 650.

478 Vgl BGH NJW-RR 2006, 694, 696 mwN; BGH NJW 2007, 830, 833; BGH NVwZ 2007, 362, 367; BGH Urt v 4. 6. 2009 – III ZR 144/05 Rn 27 ff, BeckRS 2009, 19286; BGH NJW 2008, 506, 507 (keine Betrachtung mehrerer Handlungen als Einheit unter Gesichtspunkt zusammenhängenden Gesamtverhaltens, auch wenn Handlung als Einheit unter Gesichtspunkt zusammenhängenden Gesamtverhaltens, auch wenn sie gleichartig oder Teilakte natürlicher Handlungseinheit sind u auf einheitlichem Vorsatz beruhen).

479 BGH Urt v 4. 6. 2009 – III 144/05 Rn 27 ff, BeckRS 2009, 19286 mwN; BGH NVwZ 2007, 362, 367; BGH NJW 2007, 830, 833; s auch BGH NJW 2008, 506, 507.

zungshandlung für alle beginnt.[480] Bei einheitlichem Geschehen liegt Beginn der Verjährung aber nicht vor Abschluss des pflichtwidrigen Verhaltens.[481] Einheitliches Geschehen ist anzunehmen, wenn mehreren Teilhandlungen des GFührers, auf denen Gesamtschaden der Ges beruht, einheitlicher „Tatplan" zugrunde liegt.[482] Maßgeblich ist danach Zeitpunkt, in dem durch letzten (Teil-) Akt der – als einheitliches Geschehen zu betrachtenden – Handlung Schaden dem Grunde nach eingetreten ist.[483] Früherer Verjährungsbeginn jeweils schon mit Abschluss schädigenden Teilaktes wäre im Falle einheitlichen Tatplanes nicht gerechtfertigt. Verjährungsfrist für Anspruch aus Abs 3 beginnt mit jeweiliger u nicht erst letzter Zahlung, wenn GFührer mehrere Auszahlungen unter Verletzung von § 30 tätigt oder zulässt.[484] Macht GFührer sich nach Abs 3 S 3 Alt 1 wegen Zahlung an Gfter entgegen § 30 schadensersatzpflichtig, liegt kein weiterer Pflichtverstoß im Unterlassen, Erstattungsanspruch gegen Gfter rechtzeitig vor Eintritt der Verjährung dieses Anspruchs geltend zu machen. Verjährung des Schadensersatzanspruchs gegen GFührer beginnt deshalb bereits mit verbotener Auszahlung u nicht erst, wenn Anspruch gegen Gfter verjährt ist (oben Rn 49 b).[485] Grundsätze des Verjährungsbeginns gelten nicht nur für Abs 2, sondern sind auch bei Abs 3 maßgebend.[486]

58 **2. Geltungsbereich.** Abs 4 gilt für **Ansprüche aus Abs 2 u 3,** u zwar unabhängig davon, ob Haftung Organpflichtverletzung oder entsprechende Verletzung eines die Organstellung begleitenden besonderen schuldrechtlichen Verhältnisses zugrunde liegt (s oben Rn 4 mit Nachw).[487] Einheitlichkeit der Verjährung auf Grund Spezialregelung des Abs 4 wird durch §§ 195 ff BGB nicht berührt; bei Verstoß gegen Pflicht aus Anstellungsvertrag kann sich deshalb GFührer nicht auf nach §§ 195, 199 BGB unter Umständen kürzere Verjährung berufen, ebenso wenig selbstverständlich Ges auf eventuell längere. Hingegen folgen Deliktsansprüche, Bereicherungs- u Herausgabeansprüche (zB aus §§ 667, 675 BGB)[488] der Ges ihren eigenen Verjährungsregeln (vgl unten Rn 62).[489] Das gilt auch für § 823 II BGB iVm § 266

480 BGH NVwZ 2007, 362, 367; vgl auch BGH NJW 2008, 506, 507.

481 BGH DStR 2008, 1839, 1841; OLG Düsseldorf GmbHR 2000, 666, 670; Ulmer/*Paefgen* Rn 159 aE.

482 So BGH DStR 2008, 1839, 1841 (Umfinanzierungsmaßnahme durch Eingehen neuer kurzfristiger Kredite unter Ablösung alter Verbindlichkeiten in großem Umfang), mit Recht ohne Bezugsmaßnahme auf Rspr zur Abgrenzung von „Dauerhandlungen" (Fn 479), die hier nicht in Rede stand.

483 BGH DStR 2008, 1839, 1841.

484 BGH WM 2008, 2215, 2217 = GmbHR 2008, 1319 m Komm *Gätsch/Eckhold;* Ulmer/*Paefgen* Rn 160; GroßKommAktG/*Hopt* § 93 Rn 473 (für AG).

485 BGH WM 2008, 2215, 2217 = GmbHR 2008, 1319 m Komm *Gätsch/Eckhold.*

486 So jetzt auch Roth/*Altmeppen* Rn 110.

487 BGH NJW-RR 1989, 1255 f; Lutter/*Hommelhoff/Kleindiek* Rn 44; Ulmer/*Paefgen* Rn 154.

488 Vgl beispielhaft für Herausgabeanspruch der Ges in Anlehnung an § 667 BGB OLG Düsseldorf GmbHR 2000, 666, 669 = DStR 2001, 716 (L) m Anm *Haas* (pflichtwidrig angenommene Provisionen bzw Schmiergeldzahlungen).

489 BGHZ 100, 190, 199 ff; BGH NJW-RR 1989, 1255, 1258; OLG Köln NZG 2000, 1137; Ulmer/*Paefgen* 155; Roth/*Altmeppen* Rn 110; Lutter/*Hommelhoff/Kleindiek* Rn 45; *Pelz* RNotZ 2003, 415, 424; ebenso (unter Fehlzitierung der 17. Aufl als aA) Rowedder/Schmidt-Leithoff/*Koppensteiner* Rn 61; Scholz/*Schneider* Rn 279, 280 aE; vgl auch OLG Naumburg NZG 2004, 189 (zur Haftung wegen Insolvenzverschleppung u Betrug).

StGB[490] oder anderen Schutzgesetzen;[491] gleichermaßen für vertragliche Ansprüche der Ges gegen ihren GFührer als außenstehendem Dritten.[492] Unterscheidung hat gewisse Bedeutung nicht nur wegen der Verjährungsfrist, sondern auch im Hinblick auf Verjährungsbeginn (vgl § 199 I BGB).[493] Anwendung eigener Verjährungsregeln bedeutet meist Geltung der Regelverjährung von drei Jahren (§ 195 BGB; abw aber zB § 852 S 2 BGB), mithin bei entsprechender Kenntnis oder grob fahrlässiger Unkenntnis von den anspruchsbegründenden Umständen (§ 199 I BGB) sogar früheres Fristende als nach Abs 4. Soweit rein GmbH-rechtliche Normen ausnahmsweise als Schutzgesetz iSv § 823 II BGB zugunsten der GmbH anzusehen sind u Verstoß daher automatisch Deliktstatbestand verwirklicht, greift im Verhältnis zur GmbH ausschließlich die Verjährung nach Abs 4 ein.[494] Ansprüche aus Verletzung gesellschafterlicher Treupflicht durch GfterGFührer unterliegen, auch wenn Konkurrenz mit Anspruch aus § 43 vorliegt (vgl Rn 62), der regelmäßigen Verjährungsfrist des §§ 195, 199 I BGB,[495] die drei Jahre ab Kenntnismöglichkeit beträgt. Abs 4 gilt entsprechend für Ansprüche der Ges gegen GFührer aus § 31 VI 1 (§ 31 IV 2; dort Rn 30) u aus § 64 S 1 u 3 (§ 64 S 4; dort Rn 15) sowie gegen Liquidatoren aus § 73 III 1 (§ 73 III 2; dort Rn 15). Zur Verjährung der Ersatzansprüche der KG bei GmbH & Co KG unten Rn 66.

Arglisteinwand gegen Berufung auf Verjährung ist im Einzelfall grds nicht 59
ausgeschlossen.[496] Hierfür reicht aber nicht, schon gar nicht in EinmannGmbH, dass GFührer selbst geeignete Maßnahmen zur Verhinderung der Verjährung oder auch nur Hinweis auf Verjährung eines Ersatzanspruches unterlässt.[497] Ebenso wenig entsteht dadurch, dass der Geschäftsführer gegen ihn gerichtete Schadensersatzansprüche aus § 43 Abs 2 GmbHG verjähren lässt, erneut ein Schadensersatzanspruch.[498]

---

490 Zutr BGHZ 100, 190, 199 ff; BGH DStR 2005, 659, 660; OLG Celle NJOZ 2006, 1563, 1565.

491 Differenzierend Michalski/*Haas* Rn 232.

492 BGH NJW 2001, 223 = DStR 2000, 2100 m Anm *Goette* = GmbHR 2000, 1258 m Komm *Lelley;* Ulmer/*Paefgen* Rn 154.

493 **Abw** Michalski/*Haas* Rn 231, 233 (§ 199 BGB gilt auch für Abs 4).

494 So der Sache nach BGHZ 100, 190, 201; früher bereits auf Grund der (überholten) Annahme von Gesetzeskonkurrenz RGZ 87, 306; RG JW 16, 129; RG JW 1938, 2019; ferner Ulmer/*Paefgen* Rn 155; Lutter/*Hommelhoff/Kleindiek* Rn 45; **abw** (für selbständige Verjährung der konkurrierenden Ansprüche) Hachenburg/*Mertens* Rn 94; *Lutter/Hommelhoff,* 15. Aufl 2000, Rn 30; Scholz/*Schneider* Rn 279, 286. Vgl auch zur Verjährung der GFührerhaftung aus § 823 II BGB iVm § 64 I aF (jetzt § 15 a I InsO) nach § 64 II aF (jetzt § 64 S 4) iVm § 43 IV OLG Stuttgart NJW-RR 2001, 174 = DStR 2001, 410 (L) m Anm *Haas;* OLG Saarbrücken NZG 2000, 559; zur Haftung nach § 823 II BGB iVm § 266 StGB OLG Celle NJOZ 2006, 1563, 1565.

495 BGH NJW 1999, 781; BGH NJW-RR 1989, 1255, 1256; BGH WM 2008, 2215, 2217 = GmbHR 2008, 1319 m Komm *Gätsch/Eckhold;* OLG Köln NZG 2000, 1137, 1138; Michalski/*Haas* Rn 232; Roth/*Altmeppen* Rn 110; Lutter/*Hommelhoff/Kleindiek* Rn 45; Ulmer/*Paefgen* Rn 155; *Pelz* RNotZ 2003, 415, 424; *Weber/Lohr* GmbHR 2000, 695, 702.

496 Scholz/*Schneider* Rn 282; Michalski/*Haas* Rn 233; Ulmer/*Paefgen* Rn 159; s auch BGH DStR 2005, 659.

497 Michalski/*Haas* Rn 233; Ulmer/*Paefgen* Rn 159, 162; OLG Köln NZG 2000, 1137 (zur EinmannGes).

498 BGH WM 2008, 2215, 2217 = GmbHR 2008, 1319 m Komm *Gätsch/Eckhold.*

60 **3. Fristverlängerung u -abkürzung. Verlängerung der Verjährung** ist im Rahmen von § 202 II BGB zulässig.[499] Gegenüber Haftungsansprüchen aus Abs 2 kann **Verjährung abgekürzt** werden, in Satzung oder Anstellungsvertrag,[500] wenn entsprechender GfterBeschluss zugrunde liegt.[501] Verjährung bei Haftung wegen Vorsatz kann aber nicht im Voraus erleichtert werden (§ 202 I BGB). Gegenüber Haftungsansprüchen nach Abs 3 S 1 wegen verbotener Zahlungen (§ 30) oder Anteilserwerbe (§ 33) ist Abkürzung der Verjährungsfrist nach seiner ratio insoweit unwirksam, wie der Ersatz zur Befriedigung der Gläubiger erforderlich ist.[502] Entsprechendes gilt, wenn in analoger Anwendung des Abs 3 Schadensersatzhaftung des GFührers unverzichtbar ist, dh Pflichtverletzung in Kreditgewährung (§ 43 a) oder Beteiligung an existenzvernichtendem Eingriff in das GesVermögen besteht (Rn 54).[503] Hingegen ist nicht jede die Befriedigung der Gläubiger schmälernde Abkürzung, nicht nur eine auf Abs 3 bezügliche, unwirksam.[504] Das ginge zu weit.[505] Weder in Gesetzeswortlaut noch -systematik findet sich hierfür hinreichende Grundlage (vgl Rn 53).[506] Unwirksamkeit einer Abkürzung kann auch nicht auf Haftungsansprüche ausgedehnt werden, die auf gröblichem Sorgfaltsverstoß des GFührers beruhen

---

499 Michalski/*Haas* Rn 11, 18; Rowedder/Schmidt-Leithoff/*Koppensteiner* Rn 61; Ulmer/*Paefgen* Rn 163; Roth/*Altmeppen* Rn 111; **einschr** Scholz/*Schneider* Rn 284 (vertragliche Verlängerung); *Sturm* GmbHR 2003, 573, 578 f (Regelung nur im Anstellungsvertrag); Lutter/*Hommelhoff/Kleindiek* Rn 46 (Verlängerung durch GesVertrag).

500 Für Abkürzung auch im Anstellungsvertrag BGH NZG 2002, 1170 m zust Komm *Graef* BB 2002, 2517; OLG Stuttgart GmbHR 2003, 835, 837; OLG Brandenburg NZG 1999, 210 m insoweit zust Anm *Brandes;* vgl auch BGH NZG 2008, 314, 315 f = GmbHR 2008, 488 m Komm *Werner* (Organpflichten miterfassende Ausschlussfrist im GFührervertrag); Scholz/*Schneider* Rn 284; gegen Fristverkürzung im Anstellungsvertrag noch *Lutter/Hommelhoff,* 15. Aufl 2000, Rn 30.

501 Lutter/*Hommelhoff/Kleindiek* Rn 46, 43 (mit GfterEntscheid, auch Mehrheitsbeschluss, der aber nach den Umständen treuwidrig sein kann); Ulmer/*Paefgen* Rn 164 (durch Satzungsregelung oder GfterBeschluss mit einfacher Mehrheit); **aA** *Sturm* GmbHR 2003, 573, 576 f (Regelung nur im Statut mit einstimmigem GfterBeschluss).

502 BGH NZG 2002, 1170, 1171 f = DStR 2002, 2046 m abl Anm *Altmeppen* = BB 2002, 2517 m Komm *Graef;* OLG Stuttgart GmbHR 2003, 835, 837; OLG Brandenburg NZG 1999, 210;Ulmer/*Paefgen* Rn 164; Scholz/*Schneider* Rn 284; Rowedder/Schmidt-Leithoff/*Koppensteiner* Rn 61; *Lohr* NZG 2000, 1204, 1209; **abw** (gegen jede Abschwächung) *Lutter/Hommelhoff,* 15. Aufl 2000, Rn 29 iVm Rn 2; differenzierend *Sturm* GmbHR 2003, 573, 575 ff (im Anwendungsbereich von Abs 3 Fristverkürzung stets unwirksam).

503 Insoweit auch Lutter/*Hommelhoff/Kleindiek* Rn 46 iVm 41 f (aber mit weitergehender analoger Anwendung von § 43 III 2 u 3); ebenso wohl Ulmer/*Paefgen* Rn 164 (mit Rn 147).

504 Vgl BGH NZG 2008, 314, 315 f = GmbHR 2008, 488 m Komm *Werner* (Ausschlussfrist); ferner *Jula* GmbHR 2001, 806, 809 (auf Zeitpunkt der Anspruchsentstehung abstellend); unklar insoweit noch BGH NZG 2000, 204; dazu *Altmeppen* DB 2000, 261; ferner *ders* DB 2000, 657; nicht eindeutig auch Michalski/*Haas* Rn 11, 18, 237.

505 Insoweit zust Roth/*Altmeppen* Rn 113; Lutter/*Hommelhoff/Kleindiek* Rn 46.

506 So zutr unter ausdrücklicher Aufgabe seiner früheren Rspr BGH NZG 2002, 1170, 1171 f = DStR 2002, 2046 m abl Anm *Altmeppen* = BB 2002, 2517 m Komm *Graef;* zust *Sturm* GmbHR 2003, 573, 577; s auch BGH NZG 2008, 314, 315 f = GmbHR 2008, 488 m Komm *Werner.*

u deren Realisierung zur Gläubigerbefriedigung benötigt wird (vgl Rn 53).[507] Statt Abkürzung der Verjährung ist auch Statuierung einer (anspruchsvernichtenden) Ausschlussfrist (in Satzung oder Anstellungsvertrag) möglich,[508] aber ebenfalls nur in den für Verjährung maßgebenden Grenzen.[509] Vereinbarung einer Abkürzung der Verjährungsfrist oder einer Ausschlussfrist ist durch (auf Grund Gesetz oder Satzung) zuständigen AR ohne Zustimmung der Gfter nicht zulässig, weil Rechte der GfterVers verkürzt werden.[510]

4. Verjährungshemmung. Verjährungshemmende Wirkung etwa von Mahnbescheid oder Klageerhebung gegen GFührer (§ 204 I BGB) tritt auch dann ein, wenn der nach § 46 Nr 8 erforderliche GfterBeschluss (oben Rn 30) im Zeitpunkt der Klageerhebung bzw Zustellung des Mahnbescheids noch nicht gefasst ist u erst in einem Zeitpunkt nachgeholt wird, in dem ohne Klageerhebung bzw Zustellung Verjährung eingetreten wäre; anders gewendet setzt Hemmung nicht voraus, dass auch Beschluss nach § 46 Nr 8 in unverjährter Zeit zustande kommt.[511] 61

VI. Andere organtätigkeitsbezogene Gründe für GFührerhaftung

1. Haftung gegenüber Ges aus organtätigkeitbezogenem Verhalten. 62
Haftung kann sich neben § 43 II, III auch aus anderen Anspruchsgrundlagen ergeben, insbes aus Delikt, zB nach § 823 II BGB iVm § 266 StGB (vgl unten Rn 80).[512] Insoweit besteht **Anspruchskonkurrenz,** dh die deliktische Haftung kommt neben der Organhaftung aus § 43 u grds selbständig zum Zuge;[513] die Verjährungsvorschrift des Abs 4 gilt dafür nicht (Rn 58).[514] Neben Schadensersatzanspruch aus § 43 II kommt nach Rechtsgedanken des § 667 BGB selbständiger Herausgabeanspruch der Ges in Betracht, wenn GFührer treuwidrig Provisionen, Schmiergeldzahlungen oder andere Sondervorteile empfangen hat (§ 35 Rn 47);[515] nach Rechtsgedanken des § 88 II 2 AktG u § 113 I HGB trifft GFührer bei Verstößen gegen Wettbewerbsverbot u Geschäftschancenbindung (dazu § 35 Rn 41 ff) neben Schadens-

---

507 So aber Roth/*Altmeppen* Rn 113 auf Grundlage seines Konzepts, analog § 93 V 2 u 3 AktG sei GFührerhaftung in diesen Fällen generell nicht disponibel.

508 Vgl BGH NZG 2008, 314, 315 f = GmbHR 2008, 488 m Komm *Werner.*

509 Vgl BGH NZG 2002, 1170; NZG 2000, 204; OLG Stuttgart GmbHR 2003, 835, 837; Roth/*Altmeppen* Rn 113; Lutter/*Hommelhoff/Kleindiek* Rn 46; Ulmer/*Paefgen* Rn 165.

510 **Abw** OLG Brandenburg NZG 1999, 210; wie hier *Brandes* NZG 1999, 212 (Entscheidungsanmerkung); ebenso Ulmer/*Paefgen* Rn 165; zweifelnd *Weber/Lohr* GmbHR 2000, 698, 703.

511 BGH GmbHR 1999, 714, 715; Michalski/*Haas* Rn 233; Scholz/*Schneider* Rn 283; Ulmer/*Paefgen* Rn 162.

512 *Haas* ZIP 2006, 1373, 1380 f.

513 Zu § 826 BGB: BGH NJW-RR 1989, 1255, 1257; BGH NJW-RR 1992, 800, 801; zu § 823 II BGB iVm § 266 StGB: BGH DStR 2005, 659, 660; BGHZ 100, 190, 199 ff; OLG Celle NJOZ 2006, 1563, 1565; ferner Ulmer/*Paefgen* Rn 4; Scholz/*Schneider* Rn 19, 285.

514 BGH DStR 2005, 659, 660; BGH NJW-RR 1989, 1255, 1258; OLG Celle NJOZ 2006, 1563, 1565; dazu auch *Fleck* ZIP 1991, 1269, 1271.

515 BGH NJW 2001, 2476, 2477; OLG Düsseldorf GmbHR 2000, 666, 669 = DStR 2001, 716 (L) m Anm *Haas;* Michalski/*Haas* Rn 262; Ulmer/*Paefgen* Rn 49.

ersatzpflicht Pflicht zur Vorteilsherausgabe (näher zu den Rechtsfolgen § 35 Rn 42; dort auch zum Eintrittsrecht der Ges).[516] Schaden muss insoweit nicht nachgewiesen werden. Ansprüche aus GFührung ohne Auftrag (§§ 677 ff BGB) neben § 43 sind grds ausgeschlossen, weil GFührer, der seine Befugnisse überschreitet, nicht iSv § 677 BGB ohne Auftrag handelt.[517] Das gilt auch für Ansprüche aus § 687 II BGB im Falle angemaßter EigenGFührung.[518] Daneben können GfterGFührer auch aus Verletzung gesellschafterlicher Treuepflicht haften; insoweit liegt ebenfalls echte Anspruchskonkurrenz vor (zur eigenständigen Verjährung Rn 58).[519] Sie kommt in Betracht, soweit Handeln des GfterGFührers sowohl gesellschafterliche als auch GFührerpflicht verletzt. Für GfterGFührer sind aber GFührerpflichten nicht automatisch auch stets Gfterpflichten u umgekehrt.[520] Vielmehr müssen bes Gründe vorliegen, um entweder Gfter als GFührer zu verpflichten, gesellschafterliches Anliegen bei GFührung zu berücksichtigen oder umgekehrt GFührungsmaßnahmen den bes gesellschafterlichen Bindungen zu unterwerfen. Zur Konkurrenz von § 43 mit Verletzung anstellungsvertraglicher Pflichten s Rn 4, 58. Zum Beschlusserfordernis für die Geltendmachung dieser Ansprüche s § 46 Rn 58.

62 a Missbräuchlicher, die Insolvenz der GmbH herbeiführender oder vertiefender kompensationsloser Eingriff in das der Zweckbindung zur vorrangigen Befriedigung der GesGläubiger dienende GesVermögen (**existenzvernichtender Eingriff**) begründet nach höchstrichterlicher Rspr Haftung der Gfter (Existenzvernichtungshaftung), die nach neuerer Judikatur als besondere Fallgruppe der sittenwidrigen vorsätzlichen Schädigung in § 826 BGB einzuordnen ist u zu schadensersatzrechtlicher Innenhaftung gegenüber der Ges führt (näher dazu u insbes zur tatbestandlichen Ausformung der Existenzvernichtungshaftung der Gfter § 13 Rn 57 ff u SchlAnhKonzernR Rn 121 ff; krit gegenüber Innenhaftungskonzept § 64 Rn 178).[521] Auf Grundlage dieses neuen Konzepts kann GFührer, der sich an existenzvernichtendem Eingriff beteiligt, etwa indem er Vermögensentzug zugunsten des Gfters selbst mit bewirkt oder duldet, der Ges **nach §§ 826, 830 BGB zum Schadensersatz verpflichtet** sein (s auch § 64 Rn 176);[522] denn auch GFührer hat Zweckbin-

---

516 Näher zu den Rechtsfolgen bei Verletzung von Wettbewerbsverbot u Geschäftschancenbindung auch Ulmer/*Paefgen* Rn 48 f; Scholz/*Schneider* Rn 166 ff; Michalski/*Haas* Rn 262; BGH NJW-RR 1989, 1255, 1256.

517 Vgl BGH NJW-RR 1989, 1255, 1256 f; *Fleck* ZIP 1991, 1269, 1272 ff.

518 BGH NJW-RR 1989, 1255, 1256 f; Michalski/*Haas* Rn 178; **aA** *Fleck* ZIP 1991, 1269, 1273 f.

519 BGH NJW 1999, 781; BGH NJW-RR 1989, 1255; OLG Köln NZG 2000, 1137, 1138; Ulmer/*Paefgen* Rn 4; Michalski/*Haas* Rn 178; Scholz/*Schneider* Rn 302.

520 Beispielfall für Zusammentreffen BGH NJW 1999, 781.

521 Grundlegend BGH DStR 2007, 1586 (TRIHOTEL) m Anm *Goette* = GmbHR 2007, 927 m Komm *Schröder*. Umfangreiche Nachw zum breiten Echo dieser Entscheidung im Schrifttum bei § 13 Rn 57 ff). Seither BGH NZG 2008, 597, 598; BGH DStR 2008, 1293, 1294 f (GAMMA) = GmbHR 2008, 805 m Komm *Ulrich* = BB 2008, 1697 m Komm *Möller;* dazu etwa auch *Altmeppen* ZIP 2008, 1201; ferner BGH NZG 2008, 187, 188; BGH DStR 2009, 915 (Sanitary).

522 Vgl BGH DStR 2007, 1586, 1592 Rn 46 (TRIHOTEL) m Anm *Goette* = GmbHR 2007, 927 m Komm *Schröder*. Ebenso für Haftung des GFührers als Teilnehmer an existenzvernichtendem Eingriff gem §§ 826, 830 BGB: *Strohn* ZInsO 2008, 706, 709; *J Vetter* BB 2007, 1965, 1969; *Gehrlein* WM 2008, 761, 764; *Weller* ZIP 2007, 1681, 1687; *Schaefer/Steinmetz* WM 2007, 2265, 2271; Scholz/*Schneider* Rn 287 a; **abw**

dung des GesVermögens zu respektieren, das vorrangig Befriedigung der GesGläubiger dient.[523] Voraussetzung ist „doppelter Vorsatz", dh sowohl Teilnahmehandlung als auch existenzvernichtender Eingriff muss zumindest von Eventualvorsatz getragen sein.[524] Daneben kommt Ersatzpflicht des GFührers aus § 64 S 3 in Betracht für Zahlungen an Gfter, soweit sie zur Zahlungsunfähigkeit der Ges führen mussten, es sei denn, dies war auch bei Sorgfalt eines ordentlichen Geschäftsmanne nicht erkennbar (s § 64 Rn 2, 94 ff, 176).[525] Haftung auf Schadensersatz kann sich darüber hinaus aus § 43 II ergeben, wenn GFührer sorgfaltswidrig (Abs 1) an existenzvernichtendem Eingriff in GesVermögen mitwirkt oder Eingriff zulässt.[526] Ersatzpflichtiger GFührer u Gfter haften als Gesamtschuldner;[527] im Innenverhältnis trifft – wie im Falle verbotener Auszahlung entgegen §§ 30, 31, als deren „Verlängerung" Existenzvernichtungshaftung zu sehen ist –[528] idR alleinige Haftung den Gfter (vgl Rn 49), zu dessen Vorteil GesVermögen entzogen worden ist.[529]

GFührerhaftung gegenüber Ges kann sich ferner aus wenigen **GmbH-rechtlichen Einzeltatbeständen** ergeben, die eigene Anspruchsgrundlage bilden, wie §§ 9 a I, 57 IV mit 9 a[530] sowie § 64 S 1 u 3. Haftungsnorm des § 43 II wird dabei durch § 9 a I als spezialgesetzliche Anspruchsgrundlage verdrängt, soweit Pflichtverletzung des GFührers in den von § 9 a I erfassten Handlungen besteht u es auch zur Eintragung der Ges gekommen ist (s näher zum Haftungsbestand des § 9 a I u Eintragungserfordernis § 9 a Rn 2, 7 ff, 19).[531] Zur Anspruchsgrundlage des § 64 u ihrem Verhältnis zu § 43 ausführl unten § 64 Rn 160 f, 175 f. 63

Ulmer/*Casper* Anh § 77 Rn 123 (Haftung des Gfters regelmäßig „vorrangig") sowie dort Rn 156.

523 Vgl BGH DStR 2007, 1586, 1589 Rn 25 (TRIHOTEL) m Anm *Goette* = GmbHR 2007, 927 m Komm *Schröder* zur entsprechenden Verhaltenspflicht der Gfter; insoweit freilich verstanden als normatives Korrelat der Instrumentalisierung der GmbH als haftungsbegrenzende Institution (im Anschluss an *Zöllner* FS Konzen, 2006, 1, 23).

524 *Gehrlein* WM 2008, 761, 764; *Strohn* ZInsO 2008, 706, 709; *Weller* ZIP 2007, 1681, 1687; allg zu subj Anforderungen an Beteiligungshandlung iSv § 830 Palandt/*Sprau*, 68. Aufl 2009, § 830 Rn 4. Nach Ulmer/*Casper* Anh § 77 Rn 123 soll GFührerhaftung auf Grund doppelten Vorsatzerfordernisses regelmäßig ausscheiden (zweifelhaft).

525 Ebenso Scholz/*Schneider* Rn 287 b (Anspruchsgrundlagenkonkurrenz); *Strohn* ZInsO 2008, 706, 709; *Gehrlein* WM 2007, 761, 768 f; *J Vetter* BB 2007, 1965, 1969.

526 Vgl BGH DStR 2007, 1586, 1592 Rn 46 (TRIHOTEL) m Anm *Goette* = GmbHR 2007, 927 m Komm *Schröder*. Für Haftung auch aus § 43 II nach Änderung des Rechtsprechungskonzepts *Paefgen* DB 2007, 1907, 1910 f; Scholz/*Schneider* Rn 287 a. Vgl bisher zur (konkurrierenden) Haftung von GFührer u Gfter bei existenzvernichtendem Eingriff *Lutter/Banerjea* ZIP 2003, 2177; *Altmeppen* NJW 2004, 97, 101; s auch HdbManagerhaftung/*Haas* § 11 Rn 8, der m Recht Haftung aus § 43 *III 1* ablehnt; **aA** *Bruns* NZG 2004, 409, 410 (keine GFührerhaftung).

527 *Paefgen* DB 2007, 1907, 1911.

528 Vgl BGH DStR 2007, 1586, 1590 Rn 33 (TRIHOTEL) m Anm *Goette* = GmbHR 2007, 927 m Komm *Schröder*.

529 *Lutter/Banerjea* ZIP 2003, 2177, 2179; iErg ähnl *Paefgen* DB 2007, 1907, 1911 (Anspruch auf Abtretung nach § 255 BGB).

530 Dazu zB LG Mannheim GmbHR 1996, 118.

531 OLG Celle NZG 2000, 1178, 1179; Ulmer/*Paefgen* Rn 5; Michalski/*Haas* Rn 177; Lutter/*Hommelhoff*/*Kleindiek* Rn 3; Scholz/*Winter*/*Veil* § 9 a Rn 47 mwN.

64 **2. Haftung gegenüber den Gftern.** Sonderfall der GFührerhaftung gegenüber den Gftern begründet § 31 VI (dort Rn 30); (früheren) Gftern ist GFührer ggf aus § 40 III (dort Rn 45, 48) zum Schadensersatz verpflichtet. IÜ kann sich solche Haftung nur nach Bürgerlichem Recht ergeben; ein Sonderrechtsverhältnis zwischen GFührer u Gftern, aus dem organschaftliche Pflichten des GFührers gegenüber den Gftern hervorgehen u das Grundlage einer gesellschaftsrechtlichen Haftung sein könnte, ist nicht anzuerkennen (str).[532] Für Haftung nach Bürgerlichem Recht ist von Bedeutung, dass GFührervertrag prinzipiell keinen Vertrag mit Schutzwirkung für Gfter darstellt (s noch Rn 66 zur Schutzwirkung zugunsten KG);[533] das schließt freilich nicht aus, ihn im Einzelfall entsprechend auszugestalten.[534] GFührerhaftung kommt iÜ in Betracht aus unerlaubter Handlung, etwa nach § 826 BGB[535] sowie insbes nach § 823 BGB. **§ 43** ist allerdings **kein Schutzgesetz iSv § 823 II BGB zugunsten der Gfter.**[536] Schutzgesetzeigenschaft zugunsten der Gfter haben namentlich nicht § 266 StGB (vgl unten Rn 80 mit Nachw), § 40 III (§ 40 Rn 48) u § 49 III (vgl dort Rn 23; abw zur Schutzgesetzeigenschaft von § 84 aber unten § 84 Rn 9),[537] auch nicht § 15 I InsO (§ 64 Rn 111).[538] Ebensowenig ist § 51 a Schutzgesetz iSv § 823 II BGB (§ 51 a Rn 51); Haftung gegenüber Gfter ist deshalb ausgeschlossen, wenn GFührer im Zusammenhang mit dessen GAnteilsveräußerung schuldhaft Informationspflichten verletzt, wohl aber haftet GFührer der Ges aus § 43 II, soweit diese dem Gfter

---

532 **Abw** etwa Ulmer/*Raiser* § 14 Rn 60; nicht ganz so weitgehend zB Scholz/*Schneider* Rn 301, der bestimmte Pflichten wie insbes Rechnungslegungs- u Auskunftspflicht als organschaftliche Pflichten gegenüber Gftern ansieht u annimmt – freilich ohne eine konkrete Anspruchsgrundlage zu benennen (!) –, dass deren Verletzung GFührer den Gftern zum Schadensersatz verpflichtet; ähnl *Hübner* 38; für gesetzliches Schuldverhältnis kraft Sonderverbindung, aus dem sich GFührerhaftung für Eigenschäden der Gfter ergeben kann *Schmolke,* Organwalterhaftung für Eigenschäden von Kapitalgesellschaftern, 2004, S 221 ff, 257 ff. **Wie hier** dagegen zB Ulmer/*Paefgen* Rn 176; Michalski/*Haas* Rn 272; Lutter/*Hommelhoff/Kleindiek* Rn 28 f; *Altmeppen* HdbManagerhaftung § 7 Rn 4; *Habersack,* Die Mitgliedschaft – subjektives u sonstiges Recht, 1996, 206; *Zöllner* ZGR 1988, 392, 408 f; BGHZ 110, 323, 334 (Schärenkreuzer).

533 Scholz/*Schneider* Rn 303; Ulmer/*Paefgen* Rn 176; Michalski/*Haas* Rn 269; *Habersack,* Die Mitgliedschaft – subjektives u sonstiges Recht, 1996, 207 f; OLG Stuttgart GmbHR 2006, 760, 761 = NJOZ 2006, 2211, 2214; s auch BGH GmbHR 2006, 763; **einschr** Roth/*Altmeppen* Rn 38; *K. Schmidt* GesR § 36 II 4 c; BGH NJW 1995, 1353 (für Sonderfall der PublikumsGes mit atypischer stiller Beteiligung); **abw** Ulmer/*Raiser* § 14 Rn 60.

534 Hachenburg/*Mertens* Rn 108; Michalski/*Haas* Rn 269.

535 Ulmer/*Paefgen* Rn 186; Michalski/*Haas* Rn 280; im Zusammenhang mit GAnteilsveräußerung *Haas/Müller* GmbHR 2004, 1169, 1173 f; *Berg* NZG 2008, 641, 643.

536 Ganz **hM**, Ulmer/*Paefgen* Rn 166, 181; Lutter/*Hommelhoff/Kleindiek* Rn 27; Roth/*Altmeppen* Rn 28; Rowedder/Schmidt-Leithoff/*Koppensteiner* Rn 42; Scholz/*Schneider* Rn 300; Michalski/*Haas* Rn 267; *Mertens* FS Fischer, 1979, 466 f; *Raiser/Veil* § 32 Rn 97; *K. Schmidt* GesR § 36 II 4 c; aus der Rspr etwa OLG Stuttgart GmbHR 2006, 760, 761 = NJOZ 2006, 2213; OLG Frankfurt GmbHR 1999, 1144; **abw** *Sonnenschein,* Organschaft u Konzerngesellschaftsrecht, 1976, 159 ff; *Lammel* ZfgG 36 (1986), 137 (für eG).

537 **AA** zB GroßKommAktG/*Hopt* § 93 Rn 479; GroßKommAktG/*Habersack* § 92 Rn 26 (beide für AG); **wie hier** etwa Michalski/*Haas* Rn 279.

538 Scholz/*Schneider* Rn 329; *Bayer/Lieder* WM 2006, 1, 5 mwN; zum Schutzgesetzcharakter zugunsten der GesGläubiger unten Rn 79.

Ersatz schuldet (§ 51 a Rn 52).[539] Einzelne andere Vorschriften des GmbHG werden jedoch als Schutzgesetze zugunsten (künftiger) Gfter verstanden, so zB einige Tatbestände des § 82 (vgl dort Rn 9, 25, 34, 48, 80), sodass hiernach iVm § 823 II BGB unmittelbare Haftung diesen gegenüber bestehen kann. Wenn GFührer wegen pflichtwidrigen Handels gegenüber Ges dieser zum Schadensersatz verpflichtet ist, ist Gfter, der hierdurch mittelbar einen eigenen (mit der Beeinträchtigung des GesVermögens identischen) Schaden erleidet, zwar selbst anspruchsberechtigt, er kann aber grds nur verlangen, dass die Einbuße durch Ersatzleistung in das Vermögen der Ges auszugleichen ist (s aber noch oben Rn 15 aE).[540]

Sehr weitgehende deliktische Haftung der GFührer gegenüber Gftern, ins- 65
bes der Minderheit, ergibt sich, wenn man annimmt, dass GFührer durch Verkürzung der im Mitgliedschaftsrecht zusammengefassten Herrschafts-, Teilhabe- u Vermögensfunktion das **Mitgliedschaftsrecht als absolutes („sonstiges") Recht iSv § 823 I BGB** verletzen, zB durch strukturändernde Maßnahmen, durch faktische Veränderung des Unternehmensgegenstandes, durch Verletzung der Gleichbehandlungspflicht bei der Anteilsvergabe, durch Verletzung des Informationsrechts u in ähnlichen Fällen.[541] Dieser Auffassung ist nicht zu folgen, weil kein „Außeneingriff" vorliegt, sondern typische Verletzung der körperschafts- u vertragsrechtlichen Pflichten des GFührers, die nach § 43 „haftungskonzentriert" auf die Ges hin sanktioniert wird (vgl Rn 1 mN).[542] **Recht am eingerichteten u ausgeübten Gewerbebetrieb** als absolutes („sonstiges") Recht iSv § 823 I BGB[543] steht im Hinblick auf das von ihr betriebene Unternehmen nur der GmbH zu; Gfter-Ersatzanspruch scheidet insoweit aus.[544]

---

539 *Rodewald/Unger* DB 2007, 1627 f, 1631; allg etwa Ulmer/*Paefgen* Rn 181 mwN; **aA** *Berg* NZG 2008, 641, 634 ff (§ 823 II BGB iVm § 51 a); Scholz/*Schneider* Rn 301 (Verletzung organschaftl Pflicht).

540 OLG Hamm NJW-RR 2002, 1259, 1260; Ulmer/*Paefgen* Rn 187; *Altmeppen* HdbManagerhaftung § 7 Rn 29 ff, beide mwN; ferner *Hirte* NJW 2003, 1090, 1096; vgl auch BGH NJW 1987, 1077, 1079; BGH DStR 2001, 1221 = WuB H 9/2001 II C § 30 GmbHG 3.01 *(Wackerbarth)*.

541 So insbes Hachenburg/*Mertens* Rn 105 sowie *Mertens* FS Fischer, 1979, 461, 468 ff; *Habersack,* Die Mitgliedschaft – subjektives u sonstiges Recht, 1996, insbes 171 ff (krit dazu *Hüffer* ZHR 1997, 161, 867); aus der Rspr zum Vereinsvorstand BGHZ 110, 323, 334 (Schärenkreuzer); s auch Michalski/*Haas* Rn 277 f; *Altmeppen* HdbManagerhaftung § 7 Rn 28; unten § 64 Rn 162 bei verfrühter Insolvenzantragstellung.

542 **Wie hier abl** etwa auch Scholz/*Schneider* Rn 305 f; Ulmer/*Paefgen* Rn 179; *Lutter/Hommelhoff/Kleindiek* Rn 28; GroßKommAktG/*Hopt* § 93 Rn 473 (für AG); vgl aus der Rspr OLG Stuttgart GmbHR 2006, 760, 761 = NJOZ 2006, 2213; iErg ferner *Kowalski,* Der Ersatz von Gesellschafts- und Gesellschafterschaden, 1990, 196 f; *Hübner* 20; *Hadding* FS Kellermann, 1991, 98 ff; *Schmolke,* Organwalterhaftung für Eigenschäden von Kapitalgesellschaftern, 2004, 92 f; s auch ausführl *A. Helms,* Schadensersatzansprüche wegen Beeinträchtigung der Vereinsmitgliedschaft, 1998. Für den Fall der Informationspflichtverletzung unten § 51 a Rn 51 sowie *Berg* NZG 2008, 641, 643 (im Zusammenhang mit GAnteilsveräußerung). **Abw** Rowedder/Schmidt-Leithoff/*Koppensteiner* Rn 44 für Schäden, die ausschließlich Gftern selbst entstehen.

543 Vgl Palandt/*Sprau* § 823 Rn 126.

544 Ulmer/*Paefgen* Rn 177; *Altmeppen* HdbManagerhaftung § 7 Rn 25 mwN; BGH NJW 2006, 830, 839 (Kirch/Deutsche Bank u Breuer).

66 **3. Haftung gegenüber der KG bei der GmbH & Co KG.** Unmittelbare Haftung des GFührers der Komplementär-GmbH gegenüber KG kommt in Betracht unter dem Gesichtspunkt **drittschützender Wirkung des Organverhältnisses** oder des Organstellung im Verhältnis zur GmbH zugrundeliegenden **Anstellungsverhältnisses,** das zwischen GFührer u KG vereinbart sein oder drittschützend zu ihren Gunsten wirken kann.[545] Drittschützende Wirkung eines zwischen der Komplementär-GmbH u ihrem GFührer zustande gekommenen Dienstverhältnisses zugunsten der KG wird angenommen, wenn alleinige oder wesentliche Aufgabe der GmbH darin besteht, die Geschäfte der KG zu führen.[546] Das erscheint insofern gerechtfertigt, als in diesem Falle sorgfaltspflichtwidrige GFührung in erster Linie Vermögen der KG beeinträchtigt.[547] Schutzbereich des Dienstverhältnisses soll sich dann im Hinblick auf GFührerhaftung aus § 43 II auf die KG erstrecken u einen Ersatzanspruch der KG aus dem zwischen der Komplementär-GmbH u GFührer geschlossenen Dienstvertrag auslösen;[548] teilweise wird aus Schutzwirkung des Anstellungsverhältnisses unmittelbarer Ersatzanspruch der KG aus § 43 II gegenüber GFührer abgeleitet.[549] Unmittelbare organschaftliche Haftung des GFührers der Komplementär-GmbH gegenüber KG aus § 43 II ist aber unter genannter Voraussetzung auch unabhängig vom Bestehen eines (wirksamen) Dienstverhältnisses allein auf Grund drittschützender Wirkung der Organstellung selbst anzunehmen (Sonderrechtsverhältnis mit Schutzwirkung zugunsten KG).[550] Ungeachtet der Frage nach konkreter Anspruchsgrundlage u Haftungskonstruktion[551] richten sich **Sorgfaltspflichtanforderungen** an GFührer gegenüber KG grds nach § 43 I; Maßstab eigenüblicher Sorgfalt (§ 708 BGB iVm §§ 161 II, 105 III HGB) dürfte aber im Verhältnis zwischen GFührer u KG stattdessen anzuwenden sein, wenn diese personalistisch struk-

---

545 Vgl *K. Schmidt* GesR § 56 IV 3b.

546 BGH GmbHR 2002, 588, 589; DStR 1992, 549, 550 m Anm *Goette;* BGHZ 100, 190, 193 f; 75, 321, 322 f; 76, 326, 337 f; BGH GmbHR 1981, 191; NJW 1982, 2869 m Anm *H. P. Westermann;* OLG Celle NZG 2002, 469 f; OLG Düsseldorf GmbHR 2000, 666, 669 f = DStR 2001, 716 (L) m Anm *Haas;* OLG München DStR 1991, 1291; OLG Hamm GmbHR 1993, 294; GmbHR 1999, 819; *Grunewald* BB 1981, 581, 582 ff; darüber hinausgehend OLG Düsseldorf BB 1984, 997; krit Rowedder/Schmidt-Leithoff/*Koppensteiner* Rn 65; krit auch gegenüber Anknüpfung an „Anstellungsvertrag mit Schutzwirkung für Dritte" Scholz/*Schneider* Rn 428; *Krebs,* Geschäftsführungshaftung bei der GmbH & CO KG ... 1991, 145 ff; vgl ferner § 35 Rn 165.

547 Michalski/*Haas* Rn 264; Ulmer/*Paefgen* Rn 169; *Haas* DStR 2001, 717; *K. Schmidt* GesR § 56 IV 3 b; Hachenburg/*Mertens* Rn 109; s auch BGHZ 100, 190, 193 f.

548 BGH GmbHR 2002, 588, 589; BGH DStR 1992, 549, 550 m Anm *Goette.*

549 IdS OLG Düsseldorf GmbHR 2000, 666, 669 f = DStR 2001, 716 (L) m Anm *Haas;* vgl auch *Bärwaldt/Jedlitschka* GmbHR 2005, 509, 511.

550 *K. Schmidt* GesR § 56 IV 3 b; *ders* GmbHR 1984, 279; *Hüffer* ZGR 1981, 348, 354 ff; OLG Düsseldorf NZG 2001, 1086 = DStR 2001, 2223 m Anm *Haas/Müller;* vgl auch BGH GmbHR 2002, 588, 589 (Schutzwirkung des Organ- u Anstellungsverhältnisses); zust Lutter/*Hommelhoff/Kleindiek* Rn 27; Scholz/*Schneider* Rn 428, 430, 434 (aber ohne Beschränkung darauf, dass Führung der Geschäfte der KG zumindest wesentliche Aufgabe der GmbH sein muss); s auch Ulmer/*Paefgen* Rn 170, der Haftungsgrundlage sowohl aus Organstellung als auch Dienstverhältnis ableitet, was zutrifft, wenn beide wirksam begründet sind; krit Rowedder/Schmidt-Leithoff/*Koppensteiner* Rn 65.

551 Vgl dazu auch Rowedder/Schmidt-Leithoff/*Koppensteiner* Rn 64 ff; Scholz/*Schneider* Rn 424 ff; *K. Schmidt* GesR § 56 IV 3 b; Michalski/*Haas* Rn 266; *Haas/Müller* DStR 2001, 2223 mwN.

turiert, durch enge persönliche Bindungen der Gfter u gegenseitigem Vertrauen geprägt ist (zB Familien-GmbH & Co KG).[552] **Verjährung** des Ersatzanspruches der KG bestimmt sich nach Abs 4 (Rn 57 ff).[553] Wird GFührer der Komplementärin einer KG von deren Gesellschaftern entlastet, obwohl diese Kenntnis von seinen möglichen Verfehlungen haben, kann die Gesellschaft keinen Schadensersatz gegen den GFührer mehr geltend machen; der Entlastung kommt damit Verzichtswirkung hinsichtlich der Ansprüche zu, die im Zusammenhang mit den etwaigen Verfehlungen stehen.[554] GFührerhaftung gegenüber KG dürfte sich auf Herausgabeansprüche wegen treuwidriger Entgegennahme von Provisionen u Schmiergeldern nach dem Rechtsgedanken des § 667 BGB erstrecken.[555] Geltendmachung eigener Haftungsansprüche gegen GFührer der Komplementär-GmbH bedarf keines Beschlusses nach § 46 Nr 8 (Rn 30).[556]

4. Haftung des GFührers gegenüber Dritten. Privatrechtliche Haftung 67
aus Tätigkeit für Ges, insbes aus GFührungstätigkeit, kann sich aus einer Fülle von Anspruchsgrundlagen ergeben. Haftung kommt in Betracht aus **Einzeltatbeständen,** die eigenen Anspruch gegen GFührer begründen, wie zB § 11 II (dort § 11 Rn 45 ff), § 40 II (dort § 40 Rn 45 ff), § 26 III InsO (vgl § 64 Rn 109, 154) oder § 69 AO (unten Rn 89 ff). IÜ kann GFührerhaftung aus **allgemeinen Regeln** folgen:[557]

a) Direkte vertragliche Haftung des GFührers aus in Vertretung der Ges 68
abgeschlossenen Verträgen besteht idR nicht, Vertragspflichten treffen regelmäßig nur die Ges.[558] Auch „Durchgriff" auf GFührer als solchen aus vertraglichen Ansprüchen gegen Ges kommt nicht in Betracht.[559] GFührer haften bei Schuldbeitritt (Schuldmitübernahme) sowie bei wirksamer **Erklärung,** für Verbindlichkeit **einstehen zu wollen.**[560] Soweit als Bürgschaft zu betrachten,

---

552 Nach Realstruktur der KG differenzierend auch MünchKommBGB/*Ulmer/Schäfer* § 708 Rn 5; *Hüffer* ZGR 1982, 362 f; Ebenroth/Boujong/Joost/Strohn/*Henze,* HGB, Anh § 177 a Rn 83; **abw** (für generelle Anwendung des § 43 I) Scholz/*Schneider* Rn 433; Rowedder/Schmidt-Leithoff/*Koppensteiner* Rn 66; MünchKommHGB/*Grunewald* § 161 Rn 83; Sudhoff/*Breitfeld,* GmbH & Co KG, § 15 Rn 116; Voraufl Rn 66. Für Anwendung des § 43 I bei Publikums-KG, iÜ zweifelnd, iErg aber offen lassend BGHZ 75, 321, 327; ohne Problematisierung Ulmer/*Paefgen* Rn 168 ff.

553 BGHZ 100, 190, 193 ff; *K.* Schmidt GesR § 56 IV 3 b; Ulmer/*Paefgen* Rn 154, 170; Scholz/*Schneider* Rn 432; s dazu auch *Bärwaldt/Jedlitschka* GmbHR 2005, 509, 511 ff.

554 OLG Celle NZG 2002, 469, 470 (private Wahrnehmung von Geschäftschancen der Gesellschaft durch GFührer der Komplementär-GmbH).

555 OLG Düsseldorf GmbHR 2000, 666, 669 f = DStR 2001, 716 (L) m Anm *Haas.*

556 BGHZ 76, 326, 337; BGH DStR 1992, 549, 550 m Anm *Goette;* OLG Düsseldorf NZG 2001, 1086, 1088 = DStR 2001, 2223 (L) m Anm *Haas/Müller;* Scholz/*Schneider* Rn 432.

557 Versuch einer Typenbildung bei *Haas* WM 2006, 1417, 1420 ff.

558 Michalski/*Haas* Rn 304; Scholz/*Schneider* Rn 309; Roth/*Altmeppen* Rn 36.

559 Vgl BGH NJW 2004, 3039 (Keine GFührerhaftung nach § 661 a BGB für Erfüllung einer von Ges versandten Gewinnzusage oder vergleichbaren Mitteilung) = BB 2004, 2259 m Komm *Bornemann;* zust *Altmeppen* HdbManagerhaftung § 7 Rn 5.

560 BGH NZG 2002, 779; BGH NZG 2001, 888; OLG Zweibrücken NZG 2002, 423; Michalski/*Haas* Rn 305; *Haas,* Haftung des GmbH-GFührers in der Krise, 91 f; *Gehrlein* BB 2004, 2585, 2594; *Altmeppen* HdbManagerhaftung § 7 Rn 6; s auch BGH DStR 2007, 1542 (konstitutives Schuldanerkenntnis iSv § 781 BGB) gegenüber Sozialkasse mit der Folge, dass Gesamtschuld zwischen GFührer u Ges entsteht (§ 421 BGB),

bedarf Erklärung der Schriftform (§ 766 BGB), um wirksam zu sein. Vielfach sind aber dahingehende Erklärungen eines GFührers als formlos wirksamer **Schuldbeitritt** zu werten[561] oder Berufung auf Formmangel kann rechtsmissbräuchlich sein.;[562] anstelle eigener vertraglicher Verpflichtung kommt auch GFührerhaftung aus c.i.c. unter dem Gesichtspunkt der Inanspruchnahme besonderen persönlichen Vertrauens in Betracht (unten Rn 71).[563] In der Rspr wird (entsprechende) Anwendbarkeit der §§ 491 ff BGB (früher VerbrkrG) auf Schuldbeitritt des (Gfter-)GFührers zu Verbindlichkeiten der Ges angenommen,[564] eine bedenkliche Entwicklung,[565] während die Anwendbarkeit dieser Normen auf Bürgschaften des GFührers für Geschäftskredite zutr verneint wird.[566] Neuere Rspr des BGH zur Unwirksamkeit von „weiten" Bürgschaften nahe stehender Personen ist auf GFührer nicht anwendbar.[567] Ausscheiden als GFührer kann wichtigen Grund für Kündigung einer Bürgschaft oder Schuldmitübernahme darstellen.[568] Aus **Anstellungsvertrag** kommt eigene Haftung des GFührers nur ausnahmsweise dann in Betracht, wenn er Schutzwirkung für Dritte hat oder mit Drittem abgeschlossen worden ist (vgl Rn 4).

69 **b) Haftung nach Rechtsscheingrundsätzen** neben oder anstelle der Ges kann sich ergeben, zB wenn GFührer Anschein erweckt, unbeschränkt persönlich haftenden Firmeninhaber zu vertreten.[569] IdR hat diese Haftung zur Voraussetzung eine schriftliche Erklärung, die mangels Rechtsformangabe nicht erkennen lässt, dass für GmbH agiert werden soll.[570] S oben § 4 Rn 15 sowie § 35 Rn 127; ferner § 35 a Rn 24. Ausschließlich eigene vertragliche

---

die aber nicht zu Gesamtschuldnerausgleich nach Kopfteilen führt (§ 426 I S 1 Halbs 2 BGB), wenn Ges ihrer Pflicht zur Zahlung der Sozialabgaben nachkommt).

561 BGH WM 1985, 1417.

562 BGHZ 132, 119, 128 f; BGH WM 1986, 939.

563 Vgl *Altmeppen* HdbManagerhaftung § 7 Rn 6 (Übergang fließend); s auch § 64 Rn 156.

564 BGHZ 165, 43, 46 ff (dort als gefestigte Rspr bezeichnet); BGHZ 133, 70, 77 f (MehrheitsGfter u AlleinGFührer); BGHZ 133, 220, 223 (HauptGfter u MitGFührer); BGHZ 144, 370, 380; BGH DStR 1997, 672 (geschäftsführender AlleinGfter); BGH Urt v 24. 7. 2007 – XI ZR 208/06, BeckRS 2007, 14797; ferner OLG Celle WM 2007, 2007, 1319, 1323; KG GmbHR 1995, 658; OLG Karlsruhe NJW-RR 1998, 1438; OLG Köln NZG 2000, 272; OLG Köln GmbHR 2000, 88; OLG Naumburg NZG 1999, 30 f.

565 Krit etwa auch Lutter/*Hommelhoff*/*Kleindiek* Rn 49; MünchKommBGB/*Schürnbrand*, 5. Aufl 2008, § 491 Rn 37 mwN.

566 BGH NJW 1998, 1939 u NJW 1998, 2364; OLG Köln GmbHR 1999, 340.

567 BGH NJW 1996, 3205, Fortführung dieser Rspr auch für den faktischen GFührer BGH DStR 2000, 566, 567. Zum Ganzen auch KG GmbHR 2001, 629; OLG Frankfurt GmbHR 2000, 666; OLG Hamm GmbHR 1997, 847.

568 OLG Celle WM 1989, 1224 (Bürgschaft); OLG Brandenburg Urt v 18. 3. 2009 – 3 U 48/08 (Schuldbeitritt).

569 BGH DStR 2000, 1098; BGH NJW 1996, 2645; BGH NJW 1981, 2569; BGH WM 1990, 600; vgl auch BGH NJW 2007, 1529 (zur GmbH niederländischen Rechts); OLG Karlsruhe GmbHR 2004, 1016, 1017; OLG Naumburg GmbHR 2000, 1258; OLG Hamm GmbHR 1995, 127; *K. Schmidt* GesR § 36 II 5 a; Lutter/*Hommelhoff*/*Kleindiek* Rn 55; Scholz/*Schneider* Rn 312; Ulmer/*Paefgen* Rn 193 ff; Rowedder/Schmidt-Leithoff/*Koppensteiner* Rn 81; *Altmeppen* HdbManagerhaftung § 7 Rn 12; MünchHdb-GmbH/*Marsch-Barner*/*Diekmann* § 46 Rn 62; *Sandberger* 41 ff; *Stake* JA 2001, 600, 601 f; **aA** Michalski/*Haas* Rn 315; *ders* NJW 1997, 2854.

570 BGHZ 64, 11, 17 f; OLG Karlsruhe GmbHR 2004, 1016, 1017; LG Wuppertal NJW-RR 2002, 178 (Visitenkarte); LG Heidelberg NJW-RR 1997, 355.

Verpflichtung des GFührers kann begründet sein, wenn er handelt, ohne dass sein Fremdwirkungswille erkennbar ist (§ 35 Rn 126).[571] Zur GFührerhaftung bei Handeln ohne Vertretungsmacht vgl oben § 35 Rn 159 ff, § 37 Rn 43 ff, 50.[572]

c) Haftung aus §§ 280 I, 311 III BGB[573] (culpa in contrahendo) auf Ersatz des Vertrauensschadens. Sie kommt in Betracht bei schuldhafter Verletzung vorvertraglicher Schutzpflichten, zB Warn- oder Hinweispflichten, wie sie insbes ab Eintritt von Überschuldung oder Zahlungsunfähigkeit bejaht werden,[574] ferner der Pflicht, bei der Werbung um Kommanditbeteiligungen an einer Massen-GmbH & Co KG zutreffende Prospektangaben zu machen.[575] S auch § 35 a Rn 24. Ist GFührer aus c. i. c. schadensersatzpflichtig, haftet daneben gesamtschuldnerisch die Ges (§§ 421 ff BGB), die sich GFührerverhalten zurechnen lassen muss (§ 31 BGB).[576] Vorvertragliche Schutzpflichten treffen im Grds allerdings nur den, der Kontrahent ist oder werden soll, im Verhältnis zu Geschäftspartnern der GmbH also grds allein letztere u nicht den GFührer, sodass für Verletzungsfolgen Ges haftet, wenn bei Vertragsverhandlungen GFührer tätig wird.[577] 70

Eigenhaftung des GFührers setzt deshalb voraus, dass er ausnahmsweise **selbst Träger solcher Pflichten** ist. Organ- u Vertreterstellung für GmbH allein reichen dafür nicht aus.[578] Eigene Trägerschaft für Schutzpflicht ergibt sich aber bei **Inanspruchnahme besonderen persönlichen Vertrauens** u dadurch erfolgender erheblicher Einflussnahme auf Vertrag (§ 311 III 2 BGB).[579] Rspr 71

---

571 Vgl dazu auch *Haas,* Haftung des GmbH-GFührers in der Krise, 91 f; *Altmeppen* HdbManagerhaftung § 7 Rn 8.

572 *Altmeppen* HdbManagerhaftung § 7 Rn 9 ff.

573 Dazu etwa *Medicus* FS Steindorff, 1990, 725; *Haas* 70 ff; *Sandberger* 58 ff; *M. Geißler* ZIP 1997, 2184; *Sandmann* 415 ff; zusammenfassend *Pelz* RNotZ 2003, 415, 429 f; *Haas,* Haftung des GmbH-GFührers in der Krise, 101 f; *Altmeppen* HdbManagerhaftung § 7 Rn 14 ff.

574 Dazu BGH NJW 1983, 676, 677; BGH NJW 1988, 2234; BGH NJW 1990, 389; BGH NJW-RR 1991, 1312 ff; BGH WM 1992, 735; OLG München GmbHR 1992, 813; OLG Hamm GmbHR 1993, 585; ferner etwa Michalski/*Haas* Rn 314; Lutter/*Hommelhoff/Kleindiek* Rn 50.

575 Dazu BGH NJW-RR 1986, 968 u *Ebenroth/Kräutter* BB 1990, 569 sowie allg bei Vermögensanlagen-GmbH gegenüber Anlegern BGH NJW 1990, 389; zur Haftung organschaftlicher Vertreter für unrichtige/unvollständige Information der Anlageinteressenten aus c. i. c. siehe ferner BGH NZG 2008, 661; dort auch (mit weiteren Rspr-Nachw) zur Weiterentwicklung dieser Haftung für den Bereich bürgerlich-rechtlicher Prospekthaftung ieS dahin, dass Grundlage derartiger Vertrauenshaftung nicht nur das von bestimmtem Menschen ausgehende persönliche, sondern auch *typisiertes* Vertrauen sein kann, das sich aus Garantenstellung der für die Geschicke der kapitalsuchenden Ges u damit ggf auch für Herausgabe eines Anlageprospekts verantwortlichen Personen herleitet.

576 *Altmeppen* HdbManagerhaftung § 7 Rn 22; zum Innenausgleich unten Rn 108, 110.

577 Vgl Lutter/*Hommelhoff/Kleindiek* Rn 50, Michalski/*Hass* Rn 307; Scholz/*Schneider* Rn 313; BGHZ 126, 181, 183.

578 Lutter/*Hommelhoff/Kleindiek* Rn 51; MünchHdbGmbH/*Marsch-Barner/Diekmann* § 46 Rn 63, 65; Scholz/*Schneider* Rn 313; BGHZ 126, 181, 189.

579 BGH DStR 2002, 1275, 1276; BGHZ 126, 181, 183, 189; BGH NJW 1995, 398; BGH ZIP 1995, 31 f; BGH NJW-RR 1993, 342, 344; BGH NJW-RR 1991, 1312, 1314; BGH GmbHR 1990, 296; BGH NJW 1990, 389 f; BGH ZIP 1990, 1402; BGH DStR 1991, 1089; BAG NZA 2006, 914, 916; vgl auch BGH NZG 2008, 661, 662 (im Bereich bürgerlich-rechtlicher Prospekthaftung ieS kann Haftung auch auf *typisiertem*

verlangt hierfür, dass GFührer eine über das normale Verhandlungsvertrauen hinausgehende, von ihm persönlich ausgehende Gewähr für die Seriosität u die Erfüllung des Geschäfts oder die Richtigkeit u Vollständigkeit seiner Erklärungen bietet, die für den Willensentschluss des anderen Teils bedeutsam ist.[580] Es muss sich insoweit im allg um „Erklärungen im Vorfeld einer Garantiezusage" handeln.[581]

72 Rspr hat haftungsbegründende Pflichtenstellung des GFührers auch auf **wirtschaftliches Eigeninteresse** gestützt, wofür Voraussetzung sein soll, dass er bei Vertragsschluss „gleichsam in eigener Sache handelt";[582] jedoch ist dieser Gesichtspunkt wenig unterscheidungskräftig.[583] BGH stellt jedenfalls zu Recht zunehmend hohe Anforderungen für wirtschaftliches Eigeninteresse u schränkt dadurch Anwendungsbereich dieser Fallgruppe stark ein.[584] Maßgebliche Beteiligung u Herrschaftsmacht des GFührers (wie insbes bei EinmannGftereigenschaft) begründet als solche keine eigenen Schutzpflichten.[585] Haftungs-

---

Vertrauen gründen); OLG Koblenz NZG 2003, 776, 777; OLG Zweibrücken NZG 2002, 423; OLG Köln GmbHR 1996, 766, 767; OLG Dresden GmbHR 1999, 238; OLG Düsseldorf GmbHR 1999, 1202; OLG Köln NZG 2000, 439 = DStR 2000 (L) m Anm *Haas.* Zum ganzen mwN auch *Altmeppen* HdbManagerhaftung § 7 Rn 14 ff; Michalski/*Haas* Rn 311 ff; *Lutter/Hommelhoff/Kleindiek* Rn 51 f; MünchHdbGmbH/*Marsch-Barner/Diekmann* § 46 Rn 64 f; Scholz/*Schneider* Rn 315 f; Ulmer/*Paefgen* Rn 198 f; *Haas* WM 2006, 1417, 1422 f; *Sandberger* 98 ff; *Sandmann* 420 ff, 427 f; *Götker,* Der GFührer in der Insolvenz der GmbH, 1999, Rn 744.

580 BGH DStR 2002, 1275, 1276; BGH NJW 1995, 398; BGH ZIP 1995, 31 f; BGHZ 126, 181, 189; BGH NJW-RR 1993, 342, 344; BGH NJW-RR 1991, 1312, 1314; BGH DStR 1991, 1089; BGH GmbHR 1990, 296; BAG NZA 2006, 914, 916; OLG Koblenz NZG 2003, 776, 777; OLG Zweibrücken NZG 2002, 423; OLG Dresden GmbHR 1999, 238 (für Liquidator); OLG Köln GmbHR 1996, 766, 767; NZG 2000, 439; s ferner bei enger persönlicher Beziehung zum Vertragspartner BGH ZIP 1990, 1402.

581 BGHZ 126, 181, 189; BAG NZA 2006, 914, 916; vgl auch BGH NZG 2008, 661, 662; OLG Zweibrücken NZG 2002, 423; zust etwa Scholz/*Schneider* Rn 316; Michalski/*Haas* Rn 312; Lutter/*Hommelhoff/Kleindiek* Rn 51; Ulmer/*Paefgen* Rn 198; *Pelz* RNotZ 2003, 415, 430; idS *Goette* § 8 Rn 235 („garantieähnlich").

582 BGH DStR 2002, 1275, 1276 („qualifiziertes Eigeninteresse"); BGH NJW 1995, 398, 399; BGH NJW-RR 1995, 289; BGH ZIP 1995, 31; BGHZ 126, 181, 183 ff; BGH NJW-RR 1993, 344; BGH WM 1992, 735; BGH NJW-RR 1992, 1061 f; BGH NJW-RR 1991, 1312, 1313; BGH DStR 1991, 1089; BGH NJW 1990, 389, 390; BGH ZIP 1990, 1402, 1403; BGH NJW-RR 1989, 110, 111; BGH NJW 1988, 2234 f; BGH NJW 1986, 586 f; OLG München NJW 1994, 2900, 2901; OLG Köln GmbHR 1996, 766. Zum ganzen auch Scholz/*Schneider* Rn 317 ff; Michalski/*Haas* Rn 310; *Altmeppen* HdbManagerhaftung § 7 Rn 20 f; *Haas* WM 2006, 1417, 1422; MünchHdbGmbH/*Marsch-Barner/Diekmann* § 46 Rn 66; *Sandberger* 58 ff; *Sandmann* 415 ff, 422 ff; AnwaltsHdbGmbH/*Terlau* § 9 Rn 141 ff; *Götker,* Der GFührer in der Insolvenz der GmbH, 1999, Rn 745 f. Zur Entwicklung *Bayer/Lieder* WM 2006, 1 f.

583 Für Aufgabe dieser Fallgruppe etwa Scholz/*Schneider* Rn 320; *Sandberger* 79 ff; AnwaltsHdbGmbH/*Terlau* § 9 Rn 144; **abl** auch *Schulze-Osterloh* FS Lutter, 2000, 707, 716; **einschr** *K. Schmidt* GesR § 36 II 5 c, nach dem Eigeninteresse Grundlage des haftungsbegründenden Vertrauensverhältnisses sein kann; grds **zust** hingegen etwa Roth/*Altmeppen* Rn 36 u § 13 Rn 18; Lutter/*Hommelhoff/Kleindiek* Rn 53; Ulmer/*Paefgen* Rn 200; s auch Michalski/*Haas* Rn 308 ff.

584 Vgl BGHZ 126, 181, 184 ff; BAG NZA 2006, 914, 916; *Raiser/Veil* § 32 Rn 100 sowie Nachw in folgenden Fn.

585 BGH DStR 2002, 1275, 1276; BGH DStR 2002, 1541; BGH NJW 1995, 398, 399; BGH NJW-RR 1995, 289; BGHZ 126, 181, 184 ff; BGH NJW-RR 1991, 1312, 1313; BGH NJW 1989, 292 f; BGH NJW 1986, 586; OLG Köln NZG 2000, 439;

begründendes wirtschaftliches Eigeninteresse liegt auch nicht allein deshalb vor, weil (AlleinGfter-)GFührer (zusätzlich) GesGläubigern gegenüber Mitschuld übernommen oder dingliche Sicherheiten aus eigenem Vermögen zur Verfügung gestellt hat.[586] Ebensowenig genügt Provisionsanspruch oder Umsatzbeteiligung im Zusammenhang mit Geschäftsabschluss.[587] Keine Haftung besteht also, wenn nicht bes Gründe vorliegen, wie zB, dass GesGläubiger Gegenleistung direkt an GfterGFührer zu erbringen hat.[588] Bei GmbH & Co KG gelten für GFührer der Komplementär-GmbH, der für KG handelt, die gleichen Grds; Stellung als EinmannGfter u AlleinGFührer führt hier nicht zur Haftung, auch nicht, wenn er gleichzeitig (einziger) Kommanditist ist.[589]

Besonders schwierige Frage ist, inwieweit haftungsvoraussetzende Eigen- **73**
verpflichtung des GFührers gegenüber potentiellen Vertragspartnern besteht, in **Insolvenznähe** der Ges dem anderen Teil von sich aus entsprechenden **Warnhinweis auf Zahlungsfähigkeitsrisiko** zu geben (vgl auch § 64 Rn 155). Frage ist eingebettet in das im Einzelnen str Gesamtkonzept der Gläubigersicherung im Insolvenzfalle. Bedürfnis nach cic-Haftung des GFührers gegenüber einzelnem Gläubiger ist verringert, wenn man bei Insolvenzverschleppung mit der Rspr[590] u überwiegenden Lit aus § 15 a I InsO (früher: § 64 I) als Schutzgesetz iSv § 823 II BGB eine weitreichende Haftung des GFührers auf vollen Ersatz des negativen Interesses gegenüber Neugläubigern ableitet, ihnen also nicht bloß Ausgleich für den sog Quotenschaden bietet.[591] S dazu Rn 79 sowie im Einzelnen mit umfangreichen Nachw § 64 Rn 109 ff, 127 ff, 137 ff. Pflichtenlage des GFührers aus § 311 III BGB darf iÜ nicht überspannt werden. Aufklärungspflicht vor Insolvenzreife (Zahlungsunfähigkeit, § 17 InsO, oder Überschuldung, § 19 InsO) im Stadium bloßer Insolvenznähe oder Insolvenzgefahr kommt nur unter besonderen Umständen nach Lage des Einzelfalles in Betracht.[592] Ist allerdings **Insol-**

Lutter/*Hommelhoff/Kleindiek* Rn 53; Roth/*Altmeppen* Rn 36 u § 13 Rn 18; Michalski/*Haas* Rn 310; Ulmer/*Paefgen* Rn 200; *Altmeppen* HdbManagerhaftung § 7 Rn 21; **abw** noch BGHZ 87, 27, 33 f; BGH NJW 1983, 676; dazu krit *Ulmer* NJW 1983, 1577; *ders* GmbHR 1984, 256; *Brandner* FS Werner, 1984, 53.

586 BGHZ 126, 181, 186 f; BGH NJW 1995, 398, 399; BGH NJW-RR 1995, 289; OLG Zweibrücken NZG 2002 423; Lutter/*Hommelhoff/Kleindiek* Rn 53; Michalski/*Haas* Rn 310; Ulmer/*Paefgen* Rn 200; MünchHdbGmbH/*Marsch-Barner/Diekmann* § 46 Rn 66; *Altmeppen* HdbManagerhaftung § 7 Rn 21; **krit** *Flume* ZIP 1994, 337, 338 f; Roth/*Altmeppen* Rn 37. Anders noch BGH NJW 1988, 2234 f; BGH NJW 1986, 586, 588; BGH NJW 1984, 2284, 2286; hierzu krit bereits *Grunewald* ZGR 1986, 580; *Wiedemann* NJW 1984, 2286.

587 BGH NJW-RR 1992, 1061 f mwN; Michalski/*Haas* Rn 310; Ulmer/*Paefgen* Rn 200; *Altmeppen* HdbManagerhaftung § 7 Rn 21.

588 BGH NJW 1986, 586, 588; Michalski/*Haas* Rn 310; *Haas* WM 2006, 1417, 1422; *Altmeppen* HdbManagerhaftung § 7 Rn 20; Ulmer/*Paefgen* Rn 200; *Raiser/Veil* § 32 Rn 100; **zweifelnd** *Pelz* RNotZ 2003, 415, 430; Lutter/*Hommelhoff/Kleindiek* Rn 53 aE; **krit** *Ebenroth/Kräutter* BB 1990, 569, 571; zu den verschiedenen Fallgruppen s auch Scholz/*Schneider* Rn 318 ff.

589 BGH NJW 1989, 292; BGH GmbHR 1995, 130.

590 BGHZ 126, 181; BGH NJW 1995, 398, 399; BGH NJW-RR 1995, 289 f; BGH GmbHR 2003, 1133, 1134.

591 Rowedder/Schmidt-Leithoff/*Koppensteiner* Rn 83; *Pelz* RNotZ 2003, 415, 430; Michalski/*Haas* Rn 314 mit Fn 1398.

592 Zutr Michalski/*Haas* Rn 314 mit Fn 1398; *Uhlenbruck* ZIP 1996, 1641, 1642; *Altmeppen* HdbManagerhaftung § 7 Rn 19; ferner Ulmer/*Paefgen* Rn 201 (umfassende Aufklärungspflicht über finanzielle Verhältnisse der Ges mit Geheimhaltungspflicht

venzreife eingetreten u weiß GFührer das oder muss er das wissen, trifft ihn neben der Pflicht, Insolvenzantrag zu stellen (§ 15 a I InsO = § 64 I aF), eine entsprechende Aufklärungspflicht gegenüber dem in Aussicht genommenen Vertragspartner. Eigene Haftung des GFührers setzt auch hier voraus, dass oben genannte Qualifizierungen gegeben sind (Rn 71 f),[593] also insbes GFührer besonderes persönliches Vertrauen gegenüber Vertragspartner im Hinblick auf Leistungsfähigkeit der Ges in Anspruch nimmt (§ 311 III 2 BGB). Daran fehlt es, wenn sich GFührerverhalten in schlichtem Unterlassen einer Aufklärung über die finanziellen Verhältnisse der insolvenzreifen GmbH erschöpft.[594] Eigenhaftung aus c. i. c. scheidet aber selbst dann aus, wenn GFührer fehlende Leistungsfähigkeit der Ges durch aktives Handeln vortäuscht, weil dadurch lediglich Vertrauen des Geschäftspartners in Leistungsfähigkeit der GmbH, das Gegenstand der Verhandlungen ist, enttäuscht wird. In Betracht kommt freilich deliktische GFührerhaftung im Außenverhältnis.[595] **Nicht beizupflichten** ist weitergehender Ansicht einer **„Repräsentantenhaftung"**, nach der GFührer als Vertrauensträger der Ges aus c. i. c. haftet, wenn er es fahrlässig unterlässt, im Stadium der Insolvenzreife dem Vertragspartner die wirtschaftliche Lage der GmbH offenzulegen.[596] Frage eigener GFührerhaftung aus c.i.c. hat allerdings nur insoweit (praktische) Bedeutung, wie eine Haftung sich nicht schon aus § 826, § 823 II BGB mit § 263 StGB ergibt (dazu Rn 81 ff) oder aus § 15 a I InsO (= § 64 I aF) iVm § 823 II BGB angenommen wird.

74 **Haftung bei Unternehmenskäufen.**[597] Im Zuge von Unternehmenskäufen **durch Anteilserwerb** an einer GmbH wird nicht selten vom Erwerber versucht, wenn ihm ein Schaden durch zu hohen Kaufpreis entstanden ist, Ersatz beim GFührer zu holen,[598] vor allem wenn Haftung des Veräußerers[599] ausgeschlossen ist. GFührer tritt in solchen Fällen weder als Vertragspartei noch als Vertreter des Veräußerers auf, spielt aber erhebliche Rolle als für Rechnungslegung der Ges Verantwortlicher u als Auskunftsperson im Rahmen der dem Kauf vorgeschalteten Due-diligence-Ermittlungen des Käufers.[600] Üblicherweise ventilierte Haftungsgrundlagen erweisen sich, wenn GFührer sich einigermaßen korrekt verhalten, insbes nicht

(§ 85) nicht vereinbar); insoweit wohl auch *K. Schmidt* GesR § 36 II 5 c („Warnpflicht nur gegenüber einzelnen Gläubigern u nur nach sorgsamer Interessenanalyse").

593 Lutter/*Hommelhoff/Kleindiek* Rn 54; Michalski/*Haas* Rn 311; Ulmer/*Paefgen* Rn 201; *Altmeppen* ZIP 2001, 2201, 2210; *ders* HdbManagerhaftung § 7 Rn 19; *Schulze-Osterloh* FS Lutter, 2000, 707, 717; BGHZ 126, 181, 183 ff; BGH NJW-RR 1995, 289; generell GFührerhaftung aus c. i. c. **abl** *Sandmann* 413 ff, 426 ff, 495.

594 BGHZ 126, 181, 189.

595 BGH NJW-RR 1991, 1312, 1314 (§ 826 BGB); ebenso Lutter/*Hommelhoff/Kleindiek* Rn 54.

596 So *K. Schmidt* ZIP 1988, 1497, 1503; *ders* GesR § 36 II 5 c; wohl auch *Flume* ZIP 1994, 337, 338; wie hier dagegen die **hM:** BGHZ 126, 181, 189 f; Michalski/*Haas* Rn 311; Scholz/*Schneider* Rn 314; Lutter/*Hommelhoff/Kleindiek* Rn 51 aE; *Schulze-Osterloh* FS Lutter, 2000, S 707, 717; *Altmeppen* ZIP 2001, 2201, 2210; zum ganzen auch *Sandberger* 102 ff.

597 Dazu etwa *Rodewald/Unger* DB 2007, 1627; *Haas/Müller* GmbHR 2004, 1169; *Sieger/Hasselbach* GmbHR 1998, 957; *C. Goetze* ZGR 1999, 202.

598 AnwaltsHdbGmbH/*Terlau* § 9 Rn 145.

599 Zu dessen Aufklärungspflicht BGH ZIP 2001, 918, 920 f.

600 Zur Rolle des GFührers der Ziel-GmbH *Körber* NZG 2002, 263; s auch *Berg* NZG 2008, 641; *Rodewald/Unger* DB 2007, 1627.

getäuscht oder vertuscht hat, als heiße Luft.[601] GFührerhaftung gegenüber Anteilserwerber aus c. i. c ist – unter genannten Voraussetzungen (Rn 70 ff) – nicht ausgeschlossen,[602] insbes aber führt Interesse des GFührers, beim Erwerber in seiner Stellung zu bleiben, nicht schon zur Haftung aus §§ 311 III, 280 I BGB.[603] Denkbar ist auch Ersatzanspruch aus selbständigem Auskunfts- oder Garantievertrag zwischen GFührer u Erwerber des GAnteils;[604] Anstellungsvertrag entfaltet in der Regel keine Schutzwirkung zugunsten des Erwerbers.

d) Haftung aus Deliktsvorschriften. (1) Aus **§ 823 I BGB. aa)** Nach dieser Vorschrift haftet GFührer, wenn er den **Deliktstatbestand** durch eigenes Verhalten (als (Mit-)Täter, Anstifter oder Gehilfe) **selbst verwirklicht** (§§ 823 I, 830 BGB).[605] Dafür genügt es, wenn er maßgebliche Weisungen erteilt[606] oder pflichtwidrig nicht erteilt. In Betracht kommt Haftung aus § 823 I BGB, sofern nicht spezialgesetzliche Vorschrift Verantwortlichkeit abschließend regelt,[607] namentlich bei Verletzung gewerblicher Schutzrechte (s hierzu noch Rn 105 mN),[608] selbstverständlich auch bei Verletzung fremden Eigentums, ferner – sofern man Schutz durch § 823 I BGB mit der hM bejaht – bei Eingriff in das Recht am eingerichteten u ausgeübten Gewerbebetrieb.[609] Deliktische Ansprüche Dritter verjähren nach allg Bestimmungen, Abs 4 ist nicht einschlägig.[610] 75

bb) Zu erheblicher Ausdehnung der Deliktshaftung des GFührers hat geführt, dass Rspr **weitgehende Verkehrs- u Organisationspflichten des GFührers zum Schutz Dritter** annimmt.[611] Zugrundelegung solcher Pflich- 76

601 *Sieger/Hasselbach* GmbHR 1998, 957; *C. Goetze* ZGR 1999, 202.

602 Dazu *Rodewald/Unger* DB 2007, 1627, 1629 ff.

603 Zutr *Sieger/Hasselbach* GmbHR 1998, 957, 960; MünchHdbGmbH/*Marsch-Barner/Diekmann* § 46 Rn 65.

604 *Rodewald/Unger* DB 2007, 1627, 1629 f, 1631; *Haas/Müller* GmbHR 2004, 1169.

605 Michalski/*Haas* Rn 327; Roth/*Altmeppen* Rn 43; Scholz/*Schneider* Rn 321; Ulmer/*Paefgen* Rn 202; *Altmeppen* HdbManagerhaftung § 7 Rn 24; Lutter/*Hommelhoff/Kleindiek* Rn 56, jew mwN; BGH NJW 1974, 1371, 1372; insoweit auch BGHZ 109, 297, 302; BGH NJW 1996, 1535 („Lamborghini") mwN = DStR 1996, 1014 m Anm *Goette;* ferner OLG Rostock Urt v 16. 2. 2007 – 8 U 54/06, BeckRS 2007, 04321 = GmbHR 2007, 762 (L).

606 Beispielsfall BGH NJW 1996, 1535 („Lamborghini") = DStR 1996, 1014 m Anm *Goette;* s auch HK-GmbHR/*Fichtelmann* Rn 70; Ulmer/*Paefgen* Rn 202.

607 Vgl Staudinger/*Hager,* 2008, § 823 Rn B 137.

608 Dazu Michalski/*Haas* Rn 347 ff; Scholz/*Schneider* Rn 339 ff; *Haß* GmbHR 1994, 666; *Sandberger,* 276 ff.

609 Bsp aus der Rspr: BGH NJW 2006, 830, 842 f (Kirch/Deutsche Bank u Breuer), nach dem allerdings bei der Güter- u Interessenabwägung zur Klärung der Rechtswidrigkeit des Eingriffs durch ein Organ der Ges auch deren (!) vertragliche Pflichten gegenüber dem Dritten zu berücksichtigen sein sollen; insoweit mit Recht abl *Möllers/Beutel* NZG 2006, 338, 340; *Derleder/Fauser* BB 2006, 949, 951, 955; eingehend *Hellgardt* WM 2006, 1514 ff; ferner Ulmer/*Paefgen* Rn 166, 202. Zur Haftung nach § 824 BGB vgl BGH aaO 836 f, 839 f.

610 Scholz/*Schneider* Rn 322. Zur eigenständigen verjährungsrechtlichen Beurteilung der deliktischen GFührerhaftung gegenüber Verjährung der Ansprüche gegen die Ges vgl BGH NJW 2001, 964 = ZIP 2001, 379 m Anm *Brüggemeier;* dazu auch *Wagner* VersR 2001, 1057.

611 Zur gesamten Problematik ausführl etwa *Kleindiek,* Deliktshaftung u jur Person, 1997; *Spindler* 844 ff; *Sandmann* 428 ff; *Sandberger* 129 ff; *Grünwald,* Die deliktische Außenhaftung des GmbH-GFührers für Organisationsdefizite, 1999. Überblick über Mei-

ten dient seit langem dazu, Haftung für die Unterlassung einschlägiger Maßnahmen, mit denen Schaden verhindert worden wäre, zu begründen. Zentrale Bedeutung hat sog **Baustoffentscheidung** des BGH erlangt, wo Haftung des GFührers wegen Verletzung des Vorbehalteigentums von Lieferanten durch Unterlassung bejaht wird.[612] Dem GFührer habe oblegen, durch geeignete Organisation den Schadenseintritt zu verhindern. Nach einer neueren Auffassung sind Verkehrspflichten auch für Begründung der Haftung aus positivem Handeln relevant; für sog mittelbare Verletzungen der Rechtsgüter des § 823 I BGB soll haftbar sein, wessen mittelbares Handeln gegen eine Verkehrspflicht verstößt.[613] Stellenwert dieser Ansicht gegenüber der älteren Lehre, nach der Problematik der mittelbaren Verursachung mit der Adäquanztheorie zu lösen ist, scheint noch nicht abschließend geklärt. Linie der Rspr, dem GFührer eigentlich nur *intern* seiner Ges gegenüber obliegende Organisationspflichten (vgl oben Rn 17) als außenwirksame Verkehrspflichten aufzuerlegen, hat der BGH in mehreren Entscheidungen fortgesetzt.[614] In der Literatur hat die Baustoffentscheidung ein stark kritisches Echo gefunden.[615]

77 **cc)** Zentrale Frage besteht darin, welche Pflichten, die eigentlich *Pflichten der GmbH* sind, GFührer im Außenverhältnis persönlich treffen. Verpflichtung des GFührers gegenüber Ges aus Organstellung oder Anstellungsvertrag kann für sich allein jedenfalls eine Verkehrs- oder Organisationspflicht generierende Garantenstellung des GFührers **im Verhältnis zu Dritten nicht begründen.**[616] Ebensowenig lässt sich konstruieren, der GFührer „übernehme" mit Vertragsschluss oder Annahme des Amtes oder tatsächlicher Wahrnehmung seiner Aufgaben gegenüber Dritten die originär der Ges im Außenverhältnis obliegenden Verkehrspflichten.[617] Postulierung einer Außenwir-

---

nungsstand bei *Altmeppen* HdbManagerhaftung § 7 Rn 33 ff; Michalski/*Haas* Rn 338; Ulmer/*Paefgen* Rn 203 ff; Scholz/*Schneider* Rn 326; *Sandmann* 429 ff.

612 BGHZ 109, 297 (VI. Senat).

613 So insbes *Larenz/Canaris,* Lehrbuch des Schuldrechts Bd 2 Hbd 2, 13. Aufl 1994, 401 ff; *Medicus* ZGR 1998, 570, 572; **krit** dazu *Zöllner* JZ 1997, 294.

614 BGH NJW 1996, 1535 („Lamborghini") = DStR 1996, 1014 m Anm *Goette;* hierauf bezugnehmend BGH NJW 2001, 964 f = ZIP 2001, 379 m Anm *Brüggemeier;* aus der obergerichtl Rspr OLG Stuttgart NJW 2008, 2514, 2515; **krit** allerdings BGHZ 125, 366, 375 f (II. Senat) = DStR 1994, 1272 m Anm *Goette;* vgl dazu auch *Goette* § 8 Rn 248 ff.

615 Vgl aus den zahlreichen Stellungnahmen etwa *K. Schmidt* GesR § 36 II 5 d; *Spindler* 844 ff; *Medicus* FS W. Lorenz, 1991, 155; *ders* ZGR 1998, 570; *Mertens/Mertens* JZ 1990, 488; *Lutter* ZHR 197 (1993), 464; *Thümmel/Sparberg* DB 1995, 1013; *Westermann/Mutter* DZWir 1995, 184; zur Diskussion ferner *Kleindiek* 8 ff, 368 ff; *Sandberger* 129 ff; *Sandmann* 429 ff.

616 Vgl vor allem *Medicus* FS W. Lorenz, 1991, 155, 163 f, 165; *Lutter* ZHR 197 (1993), 464, 470 ff; Lutter/*Hommelhoff/Kleindiek* Rn 63; ferner etwa Ulmer/*Paefgen* Rn 203; *Wagner* VersR 2001, 1057, 1060; *Heil/Russenschuck* BB 1998, 1749, 1751 f; OLG Rostock Urt v 16. 2. 2007 – 8 U 54/06, BeckRS 2007, 04321 = GmbHR 2007, 762 (L); im Ansatz wohl ebenfalls noch BGHZ 109, 297, 303. Dazu auch ausführl *Spindler* 845 ff, 893 ff.

617 Zutr *Kleindiek* 393 ff, 434 ff; 445 ff; *Medicus* ZGR 1998, 570, 575 f; *Lutter* ZHR 197 (1993), 464, 474 ff; *Haas* WM 2006, 1417, 1424; Lutter/*Hommelhoff/Kleindiek* Rn 64; Michalski/*Haas* Rn 339; *ders,* 225 ff; Ulmer/*Paefgen* Rn 207; *Heil/Russenschuck* BB 1998, 1749, 1752; **abw** *Altmeppen* ZIP 1995, 881, 887 ff; *ders* HdbManagerhaftung § 7 Rn 55 f (Übernahme der Verkehrspflicht durch GFührer iSd § 831 II BGB), der Ausuferung der Haftung durch Beweislastverteilung zugunsten des GFührers verhindern will; insoweit auch, freilich weiter einschr *Wagner* VersR 2001, 1057, 160 f (deliktische

kung der internen Pflicht des GFührers oder einer Pflichtenübernahme, um überhaupt Haftung der Ges für Verletzung von Verkehrspflichten begründen zu können, wie teilweise angenommen wird,[618] ist nicht erforderlich, weil § 31 BGB bei richtiger Auslegung Haftung der Ges auch dann begründet, wenn GFührer nicht den gesamten Haftungstatbestand selbst erfüllt.[619] Ges haftet daher für vom GFührer „begangene" Verletzung von Verkehrspflichten, die ihr obliegen. Sie handelt durch den GFührer als Organ. Obgleich sie selbst weder deliktsfähig noch handlungsfähig ist, wird ihr die Verwirklichung des Haftungstatbestands § 823 I BGB durch den GFührer über § 31 BGB zugerechnet. Haftet die juristische Person, ist andererseits Zusatzhaftung des GFührers gegenüber Dritten überschießende Wirkung. GFührerhaftung wäre auch verfehlter Ansatz zur Kompensation der beschränkten Haftung der Gfter.[620] BGH hat in der Baustoffentscheidung (Rn 76) eigenständige Verkehrs- u Organisationspflicht des GFührers gegenüber geschädigten Dritten aus einer Garantenstellung des GFührers abzuleiten versucht, die dieser im Interesse Dritter einnehme. Dieser Begründungsweg überzeugt ebenso wenig wie die Annahme, dass interne Pflichten des GFührers ohne weiteres Außenwirkung entfalten. Denn das Vorliegen einer Garantenstellung bedarf eigener Begründung, die der BGH nicht entwickelt hat u die insofern auf Schwierigkeiten stößt, als keiner der anerkannten Fälle einer Garantenstellung vorliegt.[621] Im Schrifttum wird verschiedentlich Garantenpflicht des GFührers anerkannt, wenn GFührer **Kenntnis von Gefährdungen** oder gefahrbegründenden Umständen etwa durch Produkte des Unter-

---

Verantwortlichkeit infolge Pflichtenübernahme nur innerhalb des jew Zuständigkeitsbereichs u insoweit, als GFührer Aufgaben nicht zulässigerweise auf sorgfältig ausgewähltes Personal delegiert haben); ebenso für solche Beschränkung bei Ressortaufteilung sowie residuale deliktische Verantwortlichkeit der MitGFührer für Überwachung des zuständigen GFührers bzw anderer Angestellter, an die zulässig delegiert wurde *Altmeppen* HdbManagerhaftung § 7 Rn 39; ähnl iErg Scholz/*Schneider* Rn 327 (Garantenstellung bzw Organisationspflichten des GFührers gegenüber Dritten aus Organisationsherrschaft); *Pelz* RNotZ 2003, 415, 431; differenzierend *Grunewald* ZHR 197 (1993), 451, 454 ff (Haftung grds nur der Ges bei Verkehrspflichtverletzung im Zusammenhang mit Vertragsdurchführung, hingegen Übernahme von Verkehrspflichten, die GmbH der *Allgemeinheit* gegenüber bestehen, u GFühreraußenhaftung, soweit bei Verletzung eigenes Ressort betroffen ist); wieder anders *Sandmann* 446 ff, 495 f (Übernahme von Verkehrspflichten durch GFührer infolge tatsächlicher Aufgabenübernahme, unter Abgrenzung zwischen grds GFührer obliegenden „Organisations-" u grds Ges obliegenden „Tätigkeitsrisiko", unbegrenzte GFührerhaftung im Außenverhältnis aber nur bei reiner „Organisationspflichtverletzung"). Weitere Nachw zu Gegenauffassungen bei *Altmeppen* HdbManagerhaftung § 7 Rn 37.

618 So insbes *Altmeppen* ZIP 1995, 881, 887 f; Roth/*Altmeppen* Rn 46; zuletzt *Altmeppen* HdbManagerhaftung § 7 Rn 38, 55; ferner etwa *Wilhelm* KapGesR Rn 1232.

619 Dazu ausführl *Kleindiek,* insbes 238 ff; ferner zB *Medicus* ZGR 1998, 570, 576 f; Lutter/*Hommelhoff*/*Kleindiek* Rn 61 f; *Wagner* VersR 2001, 1057, 1060; *Sandmann* 432 ff; Ulmer/*Paefgen* Rn 207 mwN; *Wicke* Rn 24; OLG Rostock Urt v 16. 2. 2007 – 8 U 54/06, BeckRS 2007, 04321 = GmbHR 2007, 762 (L).

620 *Lutter* GmbHR 1997, 329, 335; *ders* ZHR 197 (1993), 464, 473 f; *Medicus* ZGR 1998, 570, 579 f; Lutter/*Hommelhoff*/*Kleindiek* Rn 63; Michalski/*Haas* Rn 339; MünchHdbGmbH/*Marsch-Barner*/*Diekmann* § 46 Rn 67; s auch *Haas* WM 2006, 1417, 1423 f.

621 Ebenso *Medicus* ZGR 1998, 570, 585; *Heil*/*Russenschuck* BB 1998, 1750 f; vgl auch Ulmer/*Paefgen* Rn 207.

nehmens erlangt oder sich solcher Kenntnis bewusst verschließt.[622] Eine plausible Begründung dafür wird nicht gegeben, es handelt sich um rein ergebnisbestimmte Auffassungen mit einer durch Normen oder überkommene Grundsätze nicht begründeten Differenzierung zwischen positiver Kenntnis u fahrlässiger Unkenntnis. Am ehesten noch lässt sich stark restriktiven Ansichten in der Lit folgen, soweit sie haftungsauslösende Verkehrspflichten des GFührers gegenüber Dritten nur dann annehmen, wenn GFührer infolge eigener Aktivität Quelle erhöhter Gefahr schafft oder als Beschützergarant hinsichtlich fremder Rechtsgüter auftritt,[623] oder soweit sie Organisationshaftung des GFührers im Außenverhältnis erst dort bejahen, wo im Einzelfall nicht mehr hinnehmbares Missverhältnis zwischen Gefahrenlage u gesellschaftsinterner Organisationsstruktur besteht.[624]

78 **dd)** Vorzugswürdig ist aber, statt dessen von einer **speziellen Garantenstellung des GFührers** auszugehen, dafür zu sorgen, dass das von ihm geführte Unternehmen **Leib u Leben Dritter nicht verletzt.**[625] Diese Differenzierung entspricht der im strafrechtlichen Schutz der Rechtsgüter gegen fahrlässige Verletzung zum Ausdruck kommenden unterschiedlichen Schutzwertigkeit. Die Garantenstellung des GFührers in Bezug auf Leib u Leben greift jedoch nicht erst mit Kenntnis des GFührers ein (vgl Rn 77). Vielmehr hat er das Unternehmen so zu organisieren u zu beaufsichtigen, dass Dritte nicht getötet oder körperlich verletzt werden. Schon die fahrlässige Verletzung dieser Organisationspflicht macht ihn gegenüber Dritten ersatzpflichtig (vgl zu Organisationspflichten gegenüber Ges oben Rn 17). Daraus folgt aber keine Verkehrs- oder Organisationspflicht zum Schutz fremden Eigentums, wie die Baustoff-Entscheidung (Rn 76) annimmt. Hingegen ist die Lederspray-Entscheidung[626] zutreffend, bei der GFührer für unterlassenen Rückruf des von Ges hergestellten gesundheitsschädlichen Ledersprays einzustehen hatte. Zivilrechtl wäre Haftung für Inverkehrbringen gesundheitsschädlicher Produkte auch begründet, wenn GFührer dieses durch fahrlässigen

---

622 *Heil/Russenschuck* BB 1998, 1750, 1753 f; ähnl Lutter/*Hommelhoff/Kleindiek* Rn 65 (Verletzung geschützter Rechtsgüter durch andere Unternehmensangehörige löst Pflicht des GFührers zum Eingreifen aus, wenn er Verletzungshandlungen kennt oder als bevorstehend erfährt); insoweit auch *Groß* ZGR 1998, 551, 563 f.

623 So Lutter/*Hommelhoff/Kleindiek* Rn 64, die für Konkretisierung derlei Pflichten des GFührers Rang des jew geschützten Rechtsguts, Schädigungsrisiko, Schwere potentieller Schäden u Notwendigkeit, gefahrträchtige Vorgänge gerade vom GFührer persönlich überwachen zu lassen, berücksichtigen wollen; zust *Wicke* Rn 24; ausführl *Kleindiek* 457 ff; im Ansatz ähnl etwa *Sandberger* 154 ff, 178 f (besondere Vertrauensbeziehung zwischen GFührer u geschädigtem Dritten); vgl insoweit auch *Medicus* FS W. Lorenz, 1991, 155, 159, 166 f.

624 So Michalski/*Haas* Rn 341 ff, der zur Beurteilung verkehrsgerechter Organisationsstruktur gesetzl Organisationsregeln zur Gefahrenabwehr heranziehen u als Indiz für Missverhältnis auf Versicherungsunwürdigkeit der Ges abstellen will.

625 **Zust** MünchHdbGmbH/*Marsch-Barner/Diekmann* § 46 Rn 67; vgl iErg auch OLG Stuttgart NJW 2008, 2514, 2515; s ferner OLG Rostock Urt v 16. 2. 2007 – 8 U 54/06, BeckRS 2007 04321 (in casu allerdings abl) = GmbHR 2007, 762 (L); **abl** *Altmeppen* HdbManagerhaftung § 7 Rn 40; *generell* abl gegenüber eigenständiger Verkehrspflichthaftung des GFührers neben einer solchen der Ges Ulmer/*Paefgen* Rn 207.

626 BGHSt 37, 106. – Damit wird nicht einer unbesehenen Übernahme von Kriterien zur Bestimmung strafrechtlicher Verantwortlichkeit das Wort geredet; vgl aber *Kleindiek* 467 ff; abl auch Ulmer/*Paefgen* Rn 207.

Organisationsmangel ermöglicht. Erst recht besteht keine Garantenstellung gegenüber fremdem Vermögen.

79 **(2)** Aus **§ 823 II BGB** haftet GFührer, wenn er Schutzgesetz iS dieser Norm verletzt, den Angehörigen des geschützten Personenkreises, so etwa den Gläubigern der Ges für Verletzung gläubigerschützender Normen des GmbHG. **§ 43** ist allerdings **kein** solches **Schutzgesetz zugunsten der GesGläubiger** (allgM),[627] sondern schützt diese nur reflexartig (Rn 1). Schutzgesetze sind ebenso wenig §§ 30, 33, 43 a,[628] deren Verletzung GFührer nur intern zum Schadensersatz verpflichten (§ 43 III). Für § 41 ist Schutzgesetzeigenschaft umstr (dazu näher § 41 Rn 19 ff; dort auch zu weiteren in Betracht kommenden Haftungsgrundlagen bei Verletzung der Buchführungspflicht); bejaht wird sie von hM für § 35 a I 1 (dazu § 35 a Rn 24 mN). Schutzgesetz zugunsten der GesGläubiger ist etwa § 58 I Nr 2 (dort Rn 52).[629] Erhebliche Bedeutung kommt § 15 a I InsO (früher § 64 I) zu, dessen Eigenschaft als Schutzgesetz zugunsten der GesGläubiger, legt man bisherigen Meinungsstand zu § 64 I aF zugrunde, der hA entspricht (vgl § 64 Rn 109).[630] Verletzung der dort beschriebenen **Pflicht, Eröffnung des Insolvenzverfahrens zu beantragen** (Insolvenzverschleppung),[631] begründet Haftung gegenüber GesGläubigern, wobei nach der Rspr[632] hinsichtlich des Umfangs der Ersatzpflicht zu unterscheiden ist zwischen Alt- u Neugläubigern. Altgläubiger sind solche, die ihre Forderung vor, Neugläubiger solche, die ihre Forderung nach dem Zeitpunkt erworben haben, in welchem Antrag auf Eröffnung des Insolvenzverfahrens hätte gestellt werden müssen. Vgl dazu im Einzelnen unten § 64 Rn 109 ff; s auch noch unten Rn 86.

80 Zivilrechtliche Haftung nach § 823 II BGB ergibt sich auch aus **strafrechtlicher Verantwortlichkeit** des GFührers.[633] Nicht selten wird hierfür **§ 266 StGB (Untreue)** instrumentiert.[634] Die Norm ist zwar **Schutzgesetz nur zugunsten der Ges,** nicht (auch) zugunsten Dritter oder zuguns-

---

[627] So BGHZ 110, 342, 359 f; BGHZ 125, 366, 375 = DStR 1994, 1272 m Anm *Goette;* Ulmer/*Paefgen* Rn 209, 166; Scholz/*Schneider* Rn 308, 328; Lutter/*Hommelhoff/Kleindiek* Rn 27; Roth/*Altmeppen* Rn 42; Michalski/*Haas* Rn 289; *Altmeppen* HdbManagerhaftung § 7 Rn 45; MünchHdbGmbH/*Marsch-Barner/Diekmann* § 46 Rn 68. Zur ausnahmsweise drittschützenden Wirkung der Organstellung u Haftung des GFührers der Komplementär-GmbH aus § 43 II gegenüber GmbH & Co KG s Rn 66.

[628] *Altmeppen* HdbManagerhaftung § 7 Rn 45 mit Nachw.

[629] OLG Hamburg GmbHR 2001, 392; *Altmeppen* HdbManagerhaftung § 7 Rn 50.

[630] So zur Vorgängerregelung: BGHZ 29, 100; BGHZ 126, 181, 190 ff; BGH NJW 1995, 389, 399; BGH NJW-RR 1995, 289, 290; BGHZ 138, 211; BGH NJW 1999, 2182; OLG Düsseldorf NZG 1999, 945, 946, OLG Koblenz NZG 2003, 776, 777; eingehend *Schulze-Osterloh* FS Lutter, 2000, 707 ff mit Nachw; zum neuen Recht etwa *Wicke* Rn 26; **aA** mit ausführl Begründung *Altmeppen/Wilhelm* NJW 1999, 673 ff; *Altmeppen* ZIP 2001, 2201; Roth/*Altmeppen* Rn 47, § 64 Rn 55 ff; *Sandmann* 468 ff, 496 f.

[631] Zur Beweislastverteilung siehe OLG Koblenz NZG 2003, 776, 777 (zu § 64 I aF).

[632] Grundlegend BGHZ 126, 181; seither BGH NJW 1995, 398; BGH NJW-RR 1995, 289, 290; BGHZ 138, 211, 214 ff ; BGH GmbHR 2003, 1133, 1134; BGHZ 171, 46 (alle zu § 64 I aF).

[633] Dazu *Spindler,* Unternehmensorganisationspflichten, 2001, 877 ff.

[634] Scholz/*Schneider* Rn 328; dazu auch Ulmer/*Paefgen* Rn 185, 213 ff. Bsp aus der Rspr: BGH DStR 2005, 659; BGH DStR 2001, 1853, 1854 (Bremer Vulkan) m Anm *Goette.*

ten der Gfter.[635] Praktisch wird sie jedoch vor allem, wenn Ges insolvent wird u Insolvenzverwalter beim GFührer Ansprüche zugunsten der Gläubigergemeinschaft geltend macht. Gegebenenfalls tritt Ersatzpflicht aus § 823 II BGB iVm § 266 StGB selbständig verjährend (Rn 58) neben die aus § 43 II. Haftung des GFührers gegenüber Dritten wie gegenüber Ges aus § 823 II BGB iVm § 266 StGB wegen Verletzung einer der GmbH im Außenverhältnis obliegenden Verpflichtung besteht nicht, auch nicht über § 14 I Nr 1 StGB, der strafrechtliche Verantwortlichkeit GFührer nur deshalb auferlegt, weil juristische Person selbst nicht straffähig u damit als solche nicht Adressat des Untreuetatbestands sein kann, für zivilrechtliche Haftung aber nichts besagt (zur nach § 43 haftungsbewehrten Pflicht des GFührers, für rechtmäßiges Verhalten der Ges nach außen hin Sorge zu tragen Rn 17).[636] Rspr in Strafsachen geht bei Konstatierung strafrechtlicher Untreue nicht selten über zivilrechtliche Maßstäbe hinaus u deshalb zu weit. Paradoxerweise vermag dies zivilrechtliche Haftungswirkungen auszulösen, die aus originär zivilrechtlicher Sicht nicht eintreten würden.[637] Grundlegende Bedeutung hat, dass zwischen Gftern einvernehmliche Entziehung von nicht durch Stammkapital gebundenem (vgl §§ 30 f, 43 a) oder sonst – vor existenzvernichtenden Eingriffen oder nach § 64 sanktionierten Zahlungen – geschütztem GesVermögen grds keine Delikts- oder gesellschaftsrechtliche Haftung begründet, auch nicht über § 266 StGB.[638] Dazu oben Rn 33, 34. Zur Sonderproblematik der Haftung des GFührers gegenüber Sozialversicherungsträgern wegen Verletzung von **§ 266 a StGB (Vorenthalten u Veruntreuen von Arbeitsentgelt**) unten Rn 91 ff.

81 Bedeutung kann auch Haftung aus § 823 II BGB mit **§§ 263 StGB (Betrug), 265 b (Kreditbetrug)** erlangen, insbes wenn GFührer nach Eintritt der Insolvenzreife Geschäft für Ges abschließt, ohne auf deren Zahlungsun-

---

635 OLG Hamm NJW-RR 2002, 1259 f; Ulmer/*Paefgen* Rn 185, 213 ff; Michalski/*Haas* Rn 279; *Altmeppen* HdbManagerhaftung § 7 Rn 47; vgl auch BGH (1. Strafsenat) NJW 2006, 1984, 1985; dagegen für Schutzgesetzeigenschaft (auch) zugunsten der Gfter Hachenburg/*Mertens* Rn 103; *Hüffer,* AktG, § 93 Rn 19 (für AG) sowie zu § 81 a GmbHG aF noch BGH WM 1969, 1081, 1082; BGH WM 1967, 287.

636 **Zutr** Ulmer/*Paefgen* Rn 216; *Haas,* Haftung des GmbH-GFührers in der Krise, 102 ff; **abw** (Außenhaftung annehmend) BGH NJW-RR 1988, 671 f; BGH DStR 2001, 1853, 1854 (Bremer Vulkan) m Anm *Goette.*

637 Zur strafrechtlichen Verantwortlichkeit wegen Untreue ausführl Ulmer/*Ransiek* vor § 82 Rn 16 ff; *Schäfer* GmbHR 1993, 787 ff; s auch *Radtke* GmbHR 1998, 311 u 361; *Gehrlein* NJW 2000, 1089 ff. Aus der Rspr etwa BGH (1. Strafsenat) NJW 2006, 1984; BGH (3. Strafsenat) DStR 2006, 284 (Mannesmann); BGH (2. Strafsenat) NJW 2009, 89 („schwarze Kassen" – Siemens); BGH (5. Strafsenat) NJW 2004, 2248 (Bremer Vulkan); BGH (3. Strafsenat) NJW 1988, 1397.

638 BGH DStR 2008, 1293, 1298 mwN (GAMMA) = GmbHR 2008, 805 m Komm *Ulrich* = BB 2008, 1697 m Komm *Möller;* BGHZ 142, 92 (bei zulasten des Stammkapitals gehenden Auszahlungen an Gfter Haftung des GFührers – vom Fall der Existenzgefährdung der GmbH abgesehen – regelmäßig nur unter den Voraussetzungen des § 43 III 3) = DStR 1999, 1366 m Anm *Goette;* BGHZ 119, 257; 122, 333; OLG Düsseldorf Urt v 19. 1. 2006 – 6 U 2/05, BeckRS 2006, 03674 = GmbHR 2006, 535; zust etwa Ulmer/*Paefgen* Rn 213; **krit** *Wilhelm* DB 1998, 2349; dazu auch *Gehrlein* NJW 2000, 1089; *Geßler* GmbHR 2003, 394, 400 f. Zur Verwirklichung des Untreuetatbestandes durch AlleinGfter u –GFührer durch existenzgefährdenden Eingriff BGH wistra 2006, 265 mwN. Vgl auch BGH DStR 2006, 284, 287 f (Mannesmann) (für AG).

fähigkeit hinzuweisen (s auch § 64 Rn 157 mit Nachw).[639] In Vertragsschlusserklärung liegt dann idR gleichzeitig Vorspiegelung der Zahlungsfähigkeit.[640] Auch Abschluss durch Prokuristen, Handlungsbevollmächtigte etc kann bei Unkenntnis dieser Personen von der Insolvenzreife Betrug des GFührer, begangen in mittelbarer Täterschaft durch gutgläubiges Werkzeug, sein.

Den in Kenntnis der Überschuldung getätigten systematischen Austausch von gesicherten Bankverbindlichkeiten gegen Warenkredite, indem die Erlöse aus dem Weiterverkauf von Waren zur Kredittilgung genutzt u die Forderungen aus Warenlieferungen nicht beglichen wurden, hat der BGH als Betrug gewertet.[641] **82**

Haftung gegenüber GesGläubigern kann sich wegen Schutzgesetzeigenschaft aus einzelnen Straftatbeständen des § 82 u der Verletzung der Pflicht, die Eröffnung des Insolvenzverfahrens zu beantragen (§ 15 a IV InsO), ergeben. Auch insoweit fügt Strafrecht der schon aus anderen Gründen eingreifenden zivilrechtlichen Haftung eigentlich nichts hinzu, wirkt sich jedoch praktisch durch die effektiveren Methoden der Sachverhaltsaufklärung im Ermittlungsverfahren immanent haftungsverstärkend aus. Vgl zu den letztgenannten Tatbeständen unten § 82 Rn 9, 25, 34, 48, 69, 80 sowie § 64 Rn 157.[642] **83**

Nicht unerhebliche Bedeutung erlangt § 823 II BGB durch **umweltrechtliche Schutzgesetze.**[643] **84**

Besonders komplex ist Problematik, inwieweit persönliche Haftung des GFührers nach § 823 II BGB **aus § 130 OWiG** abgeleitet werden kann. Ordnungswidrig handelt danach, wer als Inhaber eines Betriebs oder Unternehmens vorsätzlich oder fahrlässig Aufsichtsmaßnahmen unterlässt, die erforderlich sind, um in dem Betrieb oder Unternehmen Verstöße gegen Straf- u Ordnungswidrigkeitstatbestände, die an sich den Inhaber treffen, zu verhindern; Voraussetzung für die Verfolgung als Ordnungswidrigkeit ist, dass solche Zuwiderhandlung tatsächlich begangen worden ist u durch gehörige Aufsicht hätte verhindert werden können. GmbH als Betriebs- oder Unternehmensinhaberin kann hier nach § 30 OWiG ordnungsrechtlich belangt werden, Verantwortlichkeit des GFührers iS einer Ordnungswidrigkeit ergibt sich aus § 9 I Nr 1 OWiG. Regelung bezweckt (auch) Individualschutz insofern, als Verletzung ihrerseits individualschützender Normen des Straf- u Ordnungswidrigkeitsrechts verhindert werden soll, u erfüllt damit Grundvoraussetzung für Anerkennung als Schutzgesetz.[644] Es ist offensichtlich, dass daraus evtl folgende weitreichende Eigenhaftung des GFührers der Einschränkung be- **85**

---

639 *Ullrich* DZWIR 2000, 177, 182; BGH WM 1988; 1673, 1674; im Einzelnen *Schulze-Osterloh* FS Lutter, 2000, 707, 712 ff mwN; vgl etwa auch BGH (4. Strafsenat) NStZ-RR 2007, 236.

640 *Schulze-Osterloh* FS Lutter, 2000, 707, 712 f; ebenso etwa AnwaltsHdbGmbH/*Terlau* § 9 Rn 161; Ulmer/*Paefgen* Rn 217.

641 BGH ZIP 1995, 31 f.

642 Ferner Ulmer/*Ransiek* vor § 82 Rn 28 u § 82 Rn 6 ff sowie *Schäfer* GmbHR 1993, 717 ff und 780 ff.

643 Bsp umweltrechtl Schutzgesetze bei HdbManagerhaftung/*Uwer* § 32 Rn 11. Dazu ferner (sowie darüber hinaus zur umweltrechtl Verantwortlichkeit des GFührers) *Menzer* GmbHR 2001, 506 ff; *Kiethe* DVBl 2004, 1516; *Weimar* GmbHR 1994, 87; *Peus* DStR 1998, 684; *Holger Schmidt,* Die Umwelthaftung der Organmitglieder von Kapitalgesellschaften, 1996; *ders* NZG 2007, 650; *ders* NVwZ 2006, 635.

644 BGHZ 125, 366, 371 ff = DStR 1994, 1272 m Anm *Goette.*

darf.[645] BGH hat mit Recht § 130 OWiG im Ergebnis Eigenschaft als Schutzgesetz iSv § 823 II BGB grds abgesprochen u mithin hierauf gestützte zivilrechtliche Außenhaftung des GFührers abgelehnt.[646] GFührerhaftung aus § 823 II BGB iVm §§ 130, 9 I Nr 1 OWiG widerspräche Haftungsregelung nach § 831 BGB, der – wie § 130, 30 OWiG im Ordnungsrecht – Organisations- u Aufsichtsverantwortlichkeit allein der Ges auferlegt, nicht aber im Außenverhältnis deren GFührer (unten Rn 87; vgl auch oben Rn 76 ff).[647]

86 **(3)** Aus **§ 826** BGB haftet GFührer Dritten eigentlich nur, wenn er deren Schaden vorsätzlich u in sittenwidriger Weise herbeiführt, zB durch wider besseres Wissen gegenüber Vertragspartner aufgestellter (konkludenter) Behauptung, Ges sei leistungsfähig[648] oder durch einseitige Verlagerung des Verlustrisikos auf die Gläubiger der GmbH (vgl § 64 Rn 157).[649] Rspr hat auch diesen Tatbestand ausgeweitet, indem sie vielfach Leichtfertigkeit aufseiten des GFührers genügen lässt[650] oder Beweiserleichterungen hinsichtlich Vorsatz oder Sittenwidrigkeit gewährt.[651] Aus § 826 BGB hat Rspr auch Haftung wegen mangelnder Aufklärung von Anlegerkunden der GmbH über Risiken von Warentermin- oder Optionsgeschäften angenommen;[652] ebenso Eigenhaftung des GFührers einer Vermittlungs-Ges bei bewusstem Verschweigen

---

645 Dazu auch *Altmeppen* DZWiR 1994, 379; *Siegmann/Vogel* ZIP 1994, 1824; *Haas* 245 ff; *Heil/Russenschuck* BB 1998, 1751; *Spindler,* Unternehmensorganisationspflichten, 2001, 871 ff; *Sandmann* 484 ff.

646 BGHZ 125, 366, 371 ff = DStR 1994, 1272 m Anm *Goette* (offen lassend hinsichtl Verletzung von Schutzgesetzen im Unternehmen, die das Insolvenzrisiko der GesGläubiger betreffen); abl auch Michalski/*Haas* Rn 333 f; MünchHdbGmbH/*Marsch-Barner/Diekmann* § 46 Rn 68; Lutter/*Hommelhoff/Kleindiek* Rn 64; Ulmer/*Paefgen* Rn 221; iErg *Altmeppen* HdbManagerhaftung § 7 Rn 52; Roth/*Altmeppen* Rn 58; **krit** *K. Schmidt* ZIP 1994, 837, 841 f; **aA** (Schutzgesetz insoweit, als Unterlassung von Aufsichtsmaßnahmen zur Verletzung von Pflichten führt, denen ihrerseits Schutzgesetzcharakter zukommt) Scholz/*Schneider* Rn 330; KölnerKommAktG/*Mertens* § 93 Rn 182 (für AG); tendenziell *Lutter* ZHR 157 (1993), 464, 478.

647 Vgl BGHZ 125, 366, 375 = DStR 1994, 1272 m Anm *Goette;* Michalski/*Haas* Rn 333 f; Ulmer/*Paefgen* Rn 221.

648 Ulmer/*Paefgen* Rn 22; Lutter/*Hommelhoff/Kleindiek* Rn 58; Scholz/*Schneider* Rn 335; MünchHdbGmbH/*Marsch-Barner/Diekmann* § 46 Rn 71; Michalski/*Haas* Rn 320; *Altmeppen* HdbManagerhaftung § 7 Rn 57; AnwaltsHdbGmbH/*Terlau* § 9 Rn 187; BGH ZIP 1995, 31, 32; BGH NJW-RR 1991, 1312, 1314 f; BGH NJW-RR 1992, 1061 f; OLG Celle NJW-RR 1994, 615 f (Verstoß gegen Offenbarungspflicht hinsichtlich Vermögenslage der Ges); LAG Düsseldorf GmbHR 2005, 932 (L).

649 BGH NJW-RR 1992, 1061 f; Lutter/*Hommelhoff/Kleindiek* Rn 58; Michalski/*Haas* Rn 295; *Altmeppen* HdbManagerhaftung § 7 Rn 58. S zum ganzen auch *Schulze-Osterloh* FS Lutter, 2000, 707, 715 f; *Sandberger* 223 ff; *Sandmann* 491 ff; ferner *Kiethe* NZG 2005, 333.

650 BGH WM 1985, 1531, 1533; BGH NJW 1990, 389, 390.

651 BGH GmbHR 1994, 464 (GFührer verlässt sich blindlings auf Mitarbeiter, wie er es bei Tätigkeit für ihn selbst nicht getan hätte); OLG Celle NJW-RR 1994, 615; Roth/*Altmeppen* Rn 59; Lutter/*Hommelhoff/Kleindiek* Rn 58; **krit** etwa Ulmer/*Paefgen* Rn 222.

652 BGH NJW 2002, 2777; BGH BKR 2002, 36, 37 f; BGH DB 1988, 2144; BGH DStR 1999, 1117; BGHZ 124, 151, 162; BGH ZIP 1994, 1102 f; OLG Düsseldorf DB 1990, 475 u GmbHR 1993, 811 u NZG 2000, 312, 313; zu Beweislastfragen insoweit BGH WM 1991, 130; BGH ZIP 1994, 116, 119; zur entsprechenden Anwendung auf Stillhalteroptionsgeschäfte BGH WM 1992, 1935; (auch) zum Vorsatz in diesem Zusammenhang BGH ZIP 2005, 20; BGH NJW-RR 2004, 203, 206; vgl auch LG Düsseldorf Urt v 3. 4. 2008 – 3 O 269/07 (Schweigen über faktischen, rechtskräftig verurteilten GFührer bei Anlagegeschäft als sittenwidrige Täuschung); zur Eigenhaftung

negativer Presseberichte über zu vermittelnde Immobilienfonds bejaht, sofern er davon ausgehen musste, dass Interessent bei entsprechender Kenntnis von der Anlage Abstand genommen hätte.[653] Gefestigter Rspr entspricht es, dass GFührer bei Insolvenzverschleppung gegenüber Bundesagentur für Arbeit aus § 826 BGB haften kann (dazu § 64 Rn 157).[654]

(4) Aus **§ 831 I BGB** trifft Haftung für Delikte von Arbeitnehmern der Ges als deren Verrichtungshilfen nicht den GFührer, sondern die Ges als sog Geschäftsherrn (ganz hM).[655] Diese Auslegung ist nicht völlig zwingend, aber vernünftig. In ihrer Konsequenz liegt, dass auch Haftung aus **§ 831 II BGB** verneint wird.[656] BGH begründet dies gerade damit, dass gesellschaftsinterne Organisationspflicht des GFührers „jedenfalls grundsätzlich" nur der Ges gegenüber u nicht auch im Verhältnis zu Außenstehenden besteht. Beachtung der Auswahl- u Leitungssorgfalt der Ges obliegt freilich dem GFührer, auf dessen Verschulden es für die Möglichkeit der Exculpation seitens der Ges nach § 831 I 2 BGB ankommt.[657] 87

e) Haftung im Bereich des Terminhandels. Im Bereich des Terminhandels hat Rspr persönliche Haftung des GFührers angenommen, wenn dieser nicht hinreichende Aufklärung der Telefonkunden durch Verkäufer sichergestellt hat,[658] ferner bei **Unrichtigkeit von Prospekten für steuerbegünstigte Erwerbermodelle.**[659] Bedeutung dieser Haftung ist auf Grund steuerlicher Änderungen u Rückgang der Massen-KG stark vermindert.[660] 88

5. Haftung gegenüber Steuergläubigern u Sozialversicherungsträgern. a) Haftung gegenüber Steuergläubigern aus §§ 69, 34 AO.[661] GFührer hat nach § 34 I AO die steuerlichen Pflichten der Ges zu erfüllen. 89

---

des GFührers bei Anlagevermittlung allg *Ebenroth/Kräutter* BB 1990, 569. Zur Haftung aus § 826 u wegen Kreditbetrugs auch OLG Zweibrücken WM 1992, 1604.

653 BGH ZBB 2004, 57 (L).

654 BGHZ 108, 134, 141 ff; BGH NZI 2008, 242, 243; OLG Saarbrücken NZG 2007, 105; OLG Stuttgart ZInsO 2004, 1150; OLG Frankfurt NZG 1999, 947, 948.

655 BGH NJW 1974, 1371, 1372; BGHZ 109, 297, 304; BGHZ 125, 366, 375 = DStR 1994, 1272 m Anm *Goette;* Ulmer/*Paefgen* Rn 15, 224; MünchHdbGmbH/*Marsch-Barner/Diekmann* § 46 Rn 67; Scholz/*Schneider* Rn 323; Michalski/*Haas* Rn 330 mwN.

656 BGH NJW 1974, 1371, 1372; BGHZ 109, 297, 304; BGHZ 125, 366, 375 = DStR 1994, 1272 m Anm *Goette;* Rowedder/Schmidt-Leithoff/*Koppensteiner* Rn 84; Michalski/*Haas* Rn 332; Lutter/*Hommelhoff/Kleindiek* Rn 62; Ulmer/*Paefgen* Rn 207 aE mwN; *Sandmann* 459 ff; **aA** *Altmeppen,* der grds GFührerhaftung aus § 831 II BGB bejaht, aber Ausuferung der Haftung durch Beweislastverteilung zugunsten des GFührers verhindern will, vgl Roth/*Altmeppen* Rn 46; *Altmeppen* HdbManagerhaftung § 7 Rn 55 f; *ders* ZIP 1995, 881, 888.

657 Ebenso Ulmer/*Paefgen* Rn 15, 224.

658 OLG Düsseldorf WM 1994, 1520.

659 BGH NJW 1990, 2461 (Bauherrenmodell); NJW 1992, 228 (Hamburger-Modell; dort war nicht GFührer einer GmbH, sondern anderer Hintermann betroffen); LG Berlin GmbHR 1994, 405.

660 Allg zur Haftung sog Hintermänner bei Unrichtigkeit von Prospekten *Assmann/Schütze,* Hdb des Kapitalanlagerechts, 3. Aufl 2007, § 6 Rn 13 ff. Zur Haftung aus c.i.c. in diesem Zusammenhang s auch oben Rn 70 ff; ferner BGH NZG 2008, 661.

661 Eingehend *Steeger,* Die steuerliche Haftung des Geschäftsführers. Zur Haftung nach § 69 AO, 1998; *Britz,* Die Haftung des GFührers für Steuerschulden der GmbH, 2. Aufl 2002. Zum ganzen auch *Prinz/Hick* HdbManagerhaftung § 30; MünchHdb-GmbH/*Wrede/Busch* § 47; *Haas* 182 ff; *Sandberger* 254 ff; ferner etwa *W. Schön* FS Westermann, 2008, 1469; *Jochum* DStZ 2007, 561; *Beckmann* DB 2007, 994; *Remmert/Horn*

Vorsätzliche oder grob fahrlässige Verletzung dieser Pflichten begründet unmittelbare persönliche Haftung des GFührers gegenüber dem Fiskus, soweit infolge der Pflichtverletzung Ansprüche aus dem Steuerverhältnis (§ 37 AO) nicht oder nicht rechtzeitig festgesetzt oder erfüllt oder soweit infolgedessen Steuervergütungen oder Steuererstattungen ohne rechtlichen Grund gezahlt werden (§ 69 S 1 AO). Eigenhaftung bezweckt **Ausgleich von Steuerausfällen,** die durch schuldhafte Pflichtverletzung des GFührers verursacht worden sind, u hat damit Schadensersatzcharakter.[662] Bedeutung in der Praxis ist erheblich. GFührer verletzt steuerliche Pflicht etwa dadurch, dass er Steuererklärungen nicht rechtzeitig abgibt,[663] zu hohe Vorsteuerabzüge einbehält[664] oder Lohnsteuer nicht abführt,[665] u zwar auch eigene.[666] Auch für dem Steuergläubiger zustehende Hinterziehungszinsen kann GFührer evtl haften,[667] ebenso für Säumniszuschläge (vgl § 64 S 2 AO).[668] Praktisch wichtigste Pflicht ist, für (fristgerechte) Steuerzahlung aus den Mitteln der Ges zu sorgen (vgl § 34 I 2 AO).[669] Haftung kann in Höhe der gesamten Steuerschuld der Ges bestehen, wenn diese zum Fälligkeitstermin in vollem Umfang zahlungsfähig gewesen ist u Fiskus später bei ihr total ausfällt.[670] Anknüpfung für GFührerhaftung ist wie bei § 43 II **Organstellung,** auf Eintragung im HReg kommt es nicht an.[671] Haftungsschuldner sind auch Strohmann u fehlerhaft bestellter GFührer ebenso wie sog faktischer GFührer (s im Einzelnen oben Rn 2f, die entspr heranzuziehen sind).[672] Aus Schadensersatzcharakter der Regelung folgt, dass Eigenhaftung nur dann in Betracht kommt, wenn zwischen Pflichtverletzung u mit Haftungsanspruch geltend gemachtem Steuerausfall als auszugleichendem Schaden **adäquater Kausalzusam-**

NZG 2006, 881; *Mösbauer* DB 2005, 1816; *Stahlschmidt* GmbHR 2005, 677; *Beermann* DStR 2004, 805.

662 BFH GmbHR 2008, 386 Rn 20; BFH/NV 2006, 232; BFH/NV 2003, 537; BFH GmbHR 2001, 783, 784; BFH ZIP 1991, 1008, 1009; BFH GmbHR 2000, 1215 m Komm *Neusel.*

663 Dazu BFH ZIP 1991, 1008; VG Köln Urt v 27. 8. 2008 – 23 K 2853/06, BeckRS 2008 39522 (Gewerbesteuer); zu Verspätungszuschlag gegenüber GFührer BFH GmbHR 2000, 1215; BFH GmbHR 1990, 182.

664 Dazu BFH DStR 1985, 192; BFH DB 1985, 1824.

665 Dazu BFH DB 1983, 1691; *Hoffmann* DB 1986, 467.

666 BFH GmbHR 1987, 444.

667 *Hild/Hild* DB 1984, 2059; **abw** BFH ZIP 1992, 37.

668 BFH ZIP 2001, 427; BFH GmbHR 2006, 48.

669 Vgl zu einzelnen steuerlichen Pflichten Ulmer/*Paefgen* Rn 227. Zur zivilrechtl Haftung für Umsatzsteuerrückstände der Ges vor dem Hintergrund des § 26 b UStG *Ehrig* GmbHR 2003, 1174, 1176 ff; ferner VG Köln Urt v 27. 8. 2008 – 23 K 2853/06, BeckRS 2008 39522 (Gewerbesteuer).

670 *W. Schön* FS Westermann, 2008, 1469, 1477. Zur Haftungshöhe bei Inanspruchnahme nach § 69 AO vgl auch BFH ZIP 1989, 519; BVerwG NJW 1989, 1873; *Buyer* GmbHR 1987, 276.

671 BFH GmbHR 2000, 1211, 1212. Zur Haftung des GFührer einer GmbH & Co KG BFH GmbHR 2001, 783. Zur – von Rspr bejahter – Verpflichtung des „Nachfolge-GFührers", fällige, bei Amtsantritt als Steuerrückstände vorgefundene Steuern zu entrichten BFH/NV 2006; 1051; BFH DStRE 2006, 560, 561; BFH/NV 2005, 227; BFH/NV 1990, 71; BFH/NV 1993, 143.

672 Scholz/*Schneider* Rn 363; Ulmer/*Paefgen* Rn 226; Michalski/*Haas* Rn 355; zum faktischen GFührer in diesem Zusammenhang ferner BFH GmbHR 2000, 1211, 1212; BFH DStR 2006, 1455, 1456 sowie *Beckmann* DB 2007, 994 m weiteren Rspr-Nachw; (auch) zur Haftung des StrohmannGFührers BFH BB 2004, 1092; BFH/NV 2006, 1252.

menhang besteht, Ausfall also bei steuerpflichtgemäßem Verhalten des GFührers nicht eingetreten wäre.[673] GFührerhaftung setzt deshalb regelmäßig voraus, dass **im Fälligkeitszeitpunkt hinreichende Mittel** zur Steuerentrichtung im GesVermögen tatsächlich vorhanden sind u GFührer hierüber auch verfügen kann.[674] Letzteres ist nicht der Fall, wenn über Vermögen der GmbH das Regelinsolvenzverfahren eröffnet (§ 80 I InsO) oder im Eröffnungsverfahren ein allg Verfügungsverbot verhängt wurde (§ 22 I InsO).[675] S aber noch unten Rn 103 zur (fehlenden) Zurechnung bei Möglichkeit der Insolvenzanfechtung. Haftung ist nach (nicht überzeugender) Rspr gleichwohl nicht ausgeschlossen, weil GFührer Pflicht treffe, bereits im Vorfeld Mittel so zu verwalten, dass er zur pünktlichen Tilgung auch erst künftig fällig werdender Steuerschulden in der Lage bleibt (sog **Mittelvorsorgepflicht**);[676] GFührer ist demnach haftbar, wenn er andere GesGläubiger vorweg befriedigt u sich dadurch schuldhaft außer Stand setzt, bereits entstandene u ihm bekannte Steuerforderung im Fälligkeitszeitpunkt zu erfüllen.[677] Nach BFH-Rspr kann pflichtgemäßes Verhalten zur Mittelvorsorge auch schon vor Entstehung der Steuerforderung geboten sein, falls Entstehung absehbar gewesen ist.[678] Gerade in der Krise soll vom GFührer zu verlangen sein, dass er vorausschauend plant u entsprechende Mittel zur Entrichtung von Steuern bereithält, von denen er weiß, dass ihre Entstehung

---

673 BFH/NV 2006, 232; BFH DStRE 2005, 1331, 1332; BFH/NV 2003, 442; BFH GmbHR 2007, 611; Scholz/*Schneider* Rn 364.

674 BFH Urt v 23. 9. 2008 – VII R 27/07; BFH GmbHR 2008, 386 Rn 16; BFH/NV 2008, 18; BFH DStRE 2005, 1331, 1332; BFH GmbHR 2001, 783, 784; BFH GmbHR 2003, 490, 493; BFH GmbHR 1988, 278, 279; BFH ZIP 1991, 1008, 1009; Michalski/*Haas* Rn 357; Lutter/*Hommelhoff/Kleindiek* Rn 80; Scholz/*Schneider* Rn 364; *Pelz* RNotZ 2003, 415, 431. Zu Auswirkungen von Steuerstundungen auf die Haftung Scholz/*Schneider* Rn 375 sowie *Carl* DB 1987, 2109.

675 Michalski/*Haas* Rn 357 mN; Ulmer/*Paefgen* Rn 228; Scholz/*Schneider* Rn 363. Anders bei vorläufiger Insolvenzverwaltung mit Zustimmungsvorbehalt ohne allg Verfügungsverbot, es sei denn vorläufiger Verwalter hat Sperrung des betreffenden Kontos veranlasst, vgl zu ersterem BFH/NV 2005, 665; zu letzterem BFH DStRE 2008, 44. S auch BFH Urt v 23. 9. 2008 – VII R 27/07 (allein Antrag auf Insolvenzverfahrenseröffnung befreit GFührer nicht von Haftung wegen Nichtabführung einbehaltener Lohnsteuer).

676 BFH GmbHR 2008, 386 Rn 29; BFH GmbHR 2006, 48; BFH DStR 2004, 500, 501; BFH GmbHR 2003, 490, 491 m Komm *Neusel;* BFH ZIP 1984, 1345, 1347; BVerwG NJW 1989, 1873, 1874; aber auch BFH DStRE 2008, 44 (keine schuldhafte Verletzung der Vorsorgepflicht, wenn GFührer wegen von vorläufigem Insolvenzverwalter veranlasste Kontosperrung Steuer nicht entrichten kann); zur Mittelvorsorgepflicht ferner etwa Michalski/*Haas* Rn 358; *Beckmann* DB 2007, 994, 996. Zu **Recht krit** Scholz/*Schneider* Rn 375; Hachenburg/*Mertens* Rn 118; Ulmer/*Paefgen* Rn 228 (m Hinweis auf unternehmerischen Ermessensspielraum); s auch noch unten Rn 94 zur gleichgelagerten Problematik bei Haftung wegen Vorenthaltung von Sozialversicherungsbeiträgen. Zur (Un-)Beachtlichkeit eines Antrages auf u daraufhin gewährter Aussetzung der Vollziehung des Steuerbescheides für die Pflicht zur „Vorsorge" BFH DStRE 2004, 917 = GmbHR 2004, 1099 m Komm *Neusel;* FG München Beschl v 15. 1. 2009 – 14 V 3115/08 Rn 23 ff; **krit** dazu auch *Mack* AG 2004, 669.

677 Vgl BFH/NV 2005, 994; BFH/NV 2005, 665; BFH DStR 2004, 500, 501 (Vorausabtretung von GesForderungen an andere Gläubiger); zuvor schon BFH GmbHR 2003, 490, 491 m Komm *Neusel* mwN; s auch *Beckmann* DB 2007, 994, 996 m weiteren Bsp aus der Rspr für haftungsauslösende Verletzung der Vorsorgepflicht.

678 BFH DStRE 2004, 917 = GmbHR 2004, 1099 m Komm *Neusel.*

unmittelbar bevorsteht.[679] Auch dann muss er aber nicht von Geschäften Abstand nehmen, weil diese Umsatzsteuer auslösen, die voraussichtlich nicht beglichen werden kann; Freiheit zur Ausübung steuerlicher Gestaltungsrechte wie der Option nach § 9 UStG (Verzicht auf Steuerbefreiungen) soll grds nicht berührt sein.[680] Abschluss eines Umsatzsteuer auslösenden Verkaufsgeschäfts verletzt nach BFH die Pflicht zur Mittelvorsorge nicht, weil GFührer bei ordnungsgemäßer Abwicklung eines solchen Geschäfts durch Zahlung des Rechnungsbetrages – unabhängig von Zahlungsfähigkeit der GmbH im Übrigen – in der Lage ist, darin enthaltene Umsatzsteuer abzuführen;[681] Pflichtverletzung soll dann aber ggf darin liegen, dass GFührer trotz hierzu bestehender Möglichkeit nicht dafür Sorge trägt, dass Ges über den der Umsatzsteuer entsprechenden Anteil des vom Erwerber gezahlten Kaufpreises verfügen kann.[682] Gerät Ges in Zahlungsschwierigkeiten, stehen ihr also im Zeitpunkt der Fälligkeit der Steuerschulden nicht genügend Zahlungsmittel zur Begleichung aller Schulden zur Verfügung, muss GFührer nach dem von der Rspr entwickelten **Grundsatz der anteiligen Tilgung** die Steuerschulden nach dem Verhältnis der verfügbaren Mittel zu den gesamten GesVerbindlichkeiten quotal befriedigen; anderenfalls haftet schuldhaft handelnder GFührer (nachfolgend Rn 90) persönlich auf den Betrag, der bei gleichmäßiger Befriedigung aller Gläubiger auf den Steuergläubiger entfallen wäre,[683]

---

679 BFH GmbHR 2008, 386 Rn 29; BFH/NV 2008, 18; s auch Michalski/*Haas* Rn 358, 369 (GFührerhaftung aus § 69 S 1 AO wegen Verletzung der Mittelvorsorgepflicht für Steuerschulden, die auf Zeiträume nach Eintritt der Insolvenz entfallen u auch erst danach fällig werden); ebenso *H.-F. Müller* GmbHR 2003, 389, 393; *Biletzki* NJW 1997, 1548, 1549; *Urban* DStR 1997, 1145, 1147 ff; Ulmer/*Paefgen* Rn 228. Mit gutem Grund **abl** gegenüber Haftung für Entstehung von Steuerschulden nach Insolvenzreife *W. Schön* FS Westermann, 2008, 1469, 1474 ff.

680 BFH DStRE 2004, 917 = GmbHR 2003, 490, 491 m Komm *Neusel;* BFH DStR 2004, 500, 501; s auch BFH/NV 2008, 16; BFH/NV 2007, 2233.

681 BFH/NV 2008, 16; BFH/NV 2007, 2233; vgl auch BFH DStRE 2004, 917 = GmbHR 2003, 490 m Komm *Neusel;* BFH DStR 2004, 500, 501 f.

682 BFH DStR 2004, 500, 502; vgl auch BFH DStRE 2004, 917 = GmbHR 2003, 490, 491 m Komm *Neusel.*

683 StRspr: zB BFH GmbHR 2008, 386 Rn 31; BFH DStR 2006, 1455, 1456; BFH GmbHR 2006, 48; BFH GmbHR 2006, 1062; BFH/NV 2006, 1051; BFH DStRE 2004, 917 = GmbHR 2004, 1099 m Komm *Neusel;* BFH GmbHR 2003, 490, 493 m Komm *Neusel;* BFH GmbHR 2000, 1211, 1212; BFH GmbHR 2000, 1215 m Komm *Neusel;* BFH ZIP 1991, 1008, 1009; BFH DB 1985, 2542; VGH Hessen GmbHR 1989, 350. Zum Grds anteiliger Tilgung u zu dessen Anwendungsbereich ausführl m Nachw Michalski/*Haas* Rn 360 ff; ferner *W. Schön* FS Westermann, 2008, 169, 178 ff; *Beckmann* DB 2007, 994, 996, jew die – aus steuer(haftungs)rechtlicher Sicht (!) – *einschränkende* Funktion dieses Grds für Haftung des GFührers betonend; s auch *Jochum* DStZ 2007, 561, 563 f. Zur Anwendung auch für festgesetzte Verspätungszuschläge u Säumniszuschläge BFH GmbHR 2000, 1215; 2001, 786, 789; BFH GmbHR 2000, 1211, 1212. Zur **Modifikation iRd Lohnsteuer** durch die Rspr (Verpflichtung zur gleichrangigen Befriedigung nur der ArbN hinsichtlich der Löhne u des FA wegen darauf entfallender Lohnsteuer) s nur BFH DStRE 2007, 1129, 1130; BFH GmbHR 2005, 1315 mwN; vgl auch BFH DStRE 2006, 560, 561; BFH/NV 1994, 142: Erwartung, Lohnsteuerrückstände später durch Kredite privater Kreditgeber, durch Realisierung von Außenständen oä ausgleichen zu können, kann GFührer nicht entlasten; BFH/NV 2006, 232; BFH DStR 2006, 181, 182 (bei Lohnzahlung aus eigenem Vermögen) **zust** etwa *W. Schön* FS Westermann, 2008, 1469, 1484; Scholz/*Schneider* Rn 382; Roth/*Altmeppen* Rn 34; s auch *Prinz/Hick* HdbManagerhaftung § 30

sofern nicht schon (unbegrenzte) Haftung wegen Steuerpflichtverletzung im Vorfeld der Fälligkeit gegeben ist.[684] Geltung des Grds anteiliger Tilgung ist allerdings überhaupt **zweifelhaft.** AO sieht ihn nicht explizit vor, u Gläubigergleichbehandlung wird durch insolvenzrechtliche Bestimmungen gewährleistet, die an Insolvenztatbestände (§§ 17 II, 19 II InsO) anknüpfen u Vorrang des Fiskus nicht mehr kennen (anders noch § 61 I Nr 2 KO); bis zur **Insolvenzreife** ist GFührer dagegen grds frei darin zu entscheiden, welchen Gläubiger er in welcher Höhe u zu welcher Zeit befriedigt.[685] Freilich wird in den meisten Fällen, in denen Rspr Grds anteiliger Tilgung heranzieht, Ges bereits insolvent sein[686] u damit Stadium erreicht haben, in dem Haftung aus §§ 34, 69 AO überhaupt zweifelhaft ist (s unten Rn 99 ff).

Eigenhaftung setzt eigenes **Verschulden** des GFührers iSv Vorsatz oder grober Fahrlässigkeit voraus (§ 69 S 1 AO).[687] GFührer, dem selbst die erforderlichen Fachkenntnisse fehlen, handelt schuldhaft, wenn er nicht **Fachkundige mit Erledigung betraut.**[688] Mit Fehlen eigener Kenntnisse oder eigenem Unvermögen kann er sich nicht entschuldigen.[689] Verschulden eines ausländischen GFührers wird nicht durch mangelnde Vertrautheit mit 90

Rn 40; **krit** *H.-F. Müller* GmbHR 2003, 389, 390; *Haas* 194 ff mwN; **abl** Ulmer/*Paefgen* Rn 232. Zur **Auskunftspflicht** des (ausgeschiedenen) GFührers gegenüber dem Finanzamt zur Feststellung des Haftungsumfangs vgl BFH GmbHR 1990, 408; BFH GmbHR 2006, 1062; BFH/NV 2006, 1051; BFH GmbHR 2008, 386 Rn 32 ff; *Jochum* DStZ 2007, 561, 566. Zur **Berechnung** der Haftungsquote s auch BFH GmbHR 2004, 1244 = BFH/NV 2004, 1363; BFH/NV 2005, 665; BFH DStR 2006, 1455, 1456; ferner Roth/*Altmeppen* Rn 32.

684 Vgl Michalski/*Haas* Rn 365; Lutter/*Hommelhoff/Kleindiek* Rn 82; BFH GmbHR 2001, 783, 785; ferner BFH GmbHR 2006, 48.

685 **Zutr** Scholz/*Schneider* Rn 381; ebenso Ulmer/*Paefgen* Rn 231; *Pelz* RNotZ 2003, 415, 432; ferner *H.-F. Müller* GmbHR 2003, 389, 390 ff. Vgl auch unten Rn 93 zur ähnl Fragestellung bei Haftung wegen vorenthaltener Sozialversicherungsbeiträge.

686 Vgl *H.-F. Müller* GmbHR 2003, 389, 390 ff.

687 Zum **Verschulden** ausführl *Müller* GmbHR 1984, 46 ff; *Friedl* DStR 1991, 1616; Michalski/*Haas* Rn 370; *Jochum* DStZ 2007, 561, 562 ff; s aus Rspr etwa allg BFH/NV 2008, 754 sowie BFH DStRE 2007, 1129, 1130 (Nichtabführung einzubehaltender u anzumeldender Lohnsteuer zu gesetzl Fälligkeitszeitpunkt regelmäßig zumindest grob fahrlässige Verletzung); BFH GmbHR 2006, 48 (idR zumindest grobe Fahrlässigkeit, wenn GFührer bei Zahlungsschwierigkeiten entgegen Grds anteiliger Tilgung Steuerschulden der Ges nicht in gleicher Weise wie übrige GesSchulden tilgt); BFH GmbHR 2006, 894; ähnl BFH/NV 2008, 18; BFH GmbHR 2008, 386 Rn 13; BFH/NV 2006, 241 (Nichtentrichtung der Steuer zum gesetzl Fälligkeitszeitpunkt indiziert Verschulden); BFH Urt v 23. 9. 2008 – VII R 27/07 Rn 23; offenbar weitergehend BFH/NV 2006, 232 (idR Vorsatz); s auch FG Hamburg DStRE 2004, 109 (grob fahrlässiges Handeln, wenn GFührer bei angespannter Liquiditätslage die gesamten liquiden Mittel an Gfter auf Grundlage beschlossener Gewinnausschüttung auszahlt u keine Kapitalertragssteuer abführt). – Zum **Rechtsirrtum** BFH DStR 2006, 181, 182 f (entschuldbarer Rechtsirrtum bei zweifelhafter Rechtslage); BFH Urt v 23. 9. 2008 – VII R 27/07 Rn 26; s aber auch FG München Beschl v 15. 1. 2009 – 14 V 3115/08 Rn 24 ff (kein Ausschluss grober Fahrlässigkeit, wenn FA Vollziehung aussetzt u mehrere Steuerexperten der Ges Erfolg der Rechtsbehelfe vorhersagen); ferner *Beckmann* DB 2007, 994, 996 f. Zur Berücksichtigung etwaigen **finanzbehördlichen Mitverschuldens** BFH GmbHR 2008, 386 Rn 27 u BFH/NV 2008, 18; BFH/NV 2006, 232; *H.-F. Müller* GmbHR 2003, 389, 393 f.

688 BGH BB 1995, 238; BGH GmbHR 1985, 143; AnwaltsHdbGmbH/*Terlau* § 9 Rn 190.

689 BFH GmbHR 2000, 1211; BFH 1994, 496; 1993, 187 (L); BFH/NV 2004, 157.

deutschen Vorschriften ausgeschlossen.[690] Nimmt GFührer fremde Hilfe durch Angehörigen eines rechts- oder steuerberatenden Berufes in Anspruch, hat er Fachkundigen über den steuerlich relevanten Sachverhalt ordnungsgemäß zu informieren[691] sowie laufend u sorgfältig zu überwachen, sodass er etwaiges Fehlverhalten rechtzeitig erkennen kann.[692] Trifft GFührer aber bei Einschaltung eines Beraters zur Erfüllung seiner steuerlichen Pflichten persönlich kein Auswahl- oder Überwachungsverschulden u hat er keinen Anlass, die inhaltliche Richtigkeit der von dem Dritten gefertigten Steuererklärung der GmbH zu überprüfen, scheidet mangels grob fahrlässigen Verhaltens Haftung nach § 69 AO aus.[693] Für Praxis von besonderer Bedeutung ist ferner, inwieweit Verantwortung der GFührer durch **Ressortaufteilung** (auf sorgfältige Überwachung) begrenzt werden kann (vgl dazu Rn 26).[694] BFH lässt sie so lange gelten, wie kein Anlass zu Zweifeln besteht, dass zuständiger GFührer steuerliche Verpflichtungen exakt erfüllt; Finanzrspr verlangt aber vorweg getroffene, eindeutige u schriftliche Kompetenzaufteilung.[695] Gesamtverantwortung aller GFührer für Einhaltung steuerlicher Pflichten soll etwa in der Krise der Ges wieder gelten, wenn laufende Erfüllung aller Verbindlichkeiten nicht mehr gewährleistet ist u infolgedessen Unregelmäßigkeiten in der Erklärung der Steuern oder Erfüllung der Steuerschulden zu besorgen sind.[696] Entsprechende Grds zur Begrenzung der Verantwortung gelten für **Aufgabendelegation** an nachgeordnete Mitarbeiter,[697] bei der freilich sorgfältige Auswahl u Einweisung durch GFührer hinzukommen muss.[698] Bei Verhinderung des GFührers wegen langer Krankheit hat GFührer sein Amt niederzulegen oder einen von ihm ausreichend kontrollierten Dritten mit der Erledigung der steuerlich-rechtlichen Verpflichtung zu beauftragen.[699] GFührer, der sich in von ihm vertretener Ges oder im Unternehmensverbund nicht durchsetzen kann u sich an ordnungsgemäßer Wahrnehmung seiner Überwachungspflichten gehindert sieht, muss, um eigene Haftung zu vermeiden, von Übernahme der Geschäftsführertätig-

---

690 FG RhlPfalz GmbHR 1986, 370.

691 Scholz/*Schneider* Rn 366.

692 Vgl BFH GmbHR 2006, 274; BFH Beschl v 28. 8. 2008 – VII B 240/07. Zu erhöhten Anforderungen an Überwachungspflicht vgl BFH/NV 2005, 1487 (bei Steuerberaterwechsel); BFH/NV 2007, 197 (bei vermutetem strafbaren Verhalten des Steuerberaters); s auch VG Köln Urt v 27. 8. 2008 – 23 K 2853/06, BeckRS 2008, 39522.

693 BFH GmbHR 2004, 1244.

694 Hierzu auch Scholz/*Schneider* Rn 369 ff; *Pelz* RNotZ 2003, 415, 432.

695 BFH GmbHR 2006, 274; BFH/NV 2006, 906; BFH NJW 1998, 3374, 3375; BFH ZIP 1984, 1345, 1346 f; BFH NZG 2003, 734 (Vereinsvorstand); BFH/NV 2004, 157; FG Hamburg DStRE 2004, 109, 111; zur Kontrollpflicht OLG Hamburg DB 1986, 2173. Vgl zur Frage der sachgerechten Ausübung des Auswahlermessens für die Inanspruchnahme eines von zwei jeweils alleinvertretungsberechtigten GFührern durch die Steuerbehörde BFH GmbHR 1991, 77; zum Auswahlermessen ferner FG Hamburg aaO.

696 BFH ZIP 1984, 1345, 1346 f; s auch BFH NZG 2003, 734, 736; BFH GmbHR 2006, 274; BFH GmbHR 2006, 894; BFH/NV 2006, 480; BFH GmbHR 2005, 1315 (in Liquiditätskrise u drohender Insolvenz besondere Überwachungsmaßnahmen).

697 BFH GmbHR 2005, 1315; vgl auch BFH NZG 2003, 734, 736; BFH/NV 2005, 1487; zur Aufgabendelegation in diesem Zusammenhang ferner *Schneider/Brouwer* FS Priester, 2007, 713 ff.

698 Scholz/*Schneider* Rn 371 u ebenso für Delegation auf Berater Rn 372; *Pelz* RNotZ 2003, 415, 432.

699 BFH GmbHR 2000, 392.

keit Abstand nehmen oder Amt niederlegen.[700] Normative Begrenzung des Verschuldens auf grobe Fahrlässigkeit ist durch Rspr insofern weitgehend konterkariert,[701] als aus Nichtentrichtung fälliger Steuer regelmäßig entsprechendes Verschulden geschlossen wird[702] u sich GFührer weder mit fehlenden Kenntnissen noch mit Weisungen der GfterVers, Verdrängung durch andere GFührer, Bankeneinfluss, Einarbeitungszeit oder Strohmanneigenschaft entschuldigen kann. Haftungsanspruch des Steuergläubigers kann per **Haftungsbescheid** (§ 191 I AO) geltend gemacht werden; er besteht nur für entstandene u noch nicht erloschene Steueransprüche u unterliegt der Festsetzungsverjährung nach § 191 AO.[703] Schärfere Haftung ergibt sich selbstverständlich bei Täterschaft oder Teilnahme an Steuerhinterziehung, § 71 AO.

b) Haftung gegenüber Sozialversicherungsträgern.[704] HM zufolge haftet GFührer gegenüber Sozialversicherungsträger **für nicht abgeführte Beiträge des Arbeitnehmers** zur Sozialversicherung unmittelbar persönlich **nach § 823 II BGB iVm § 266 a I StGB.** Haftung hat gemessen an Anzahl instanzgerichtlicher u höchstrichterlicher Entscheidungen erhebliche praktische Bedeutung. Schutzgesetzeigenschaft von § 266 a I StGB zugunsten der Sozialversicherungsträger wird überwiegend bejaht.[705] GFührer sind vom Straftatbestand als Täter allerdings nicht direkt erfasst; Arbeitgeber iSd § 266 a StGB ist grds die als solche zur Zahlung des Gesamtversicherungsbeitrags verpflichtete Ges (vgl §§ 28 d, 28 e I 1 SGB IV).[706] Strafbarkeit des GFührers besteht jedoch nach § 14 I Nr 1 StGB (Rn 96).[707] **Schutzgesetz iSv § 823** 91

---

700 BFH GmbHR 2006, 274 u BFH/NV 2006, 480; BFH/NV 2006, 1051 mwN; s auch BFH GmbHR 2006, 894.

701 Vgl auch *Pelz* RNotZ 2003, 415, 432.

702 Vgl Nachw in Fn 687.

703 Vgl zur Inanspruchnahme des GFührers per Haftungsbescheid *Prinz/Hick* HdbManagerhaftung § 30 Rn 19 ff; Scholz/*Schneider* Rn 385; zum steuerbehördlichen Ermessen in diesem Zusammenhang BFH BB 2004, 1092; *Nacke* GmbHR 2006, 846.

704 Zur gesamten Problematik ausführl *Branz,* Das Vorenthalten von Arbeitnehmerbeiträgen zur Sozialversicherung (§ 266 a Abs 1 StGB) in der Unternehmenskrise, 2002; *Haas* 196 ff; *T. Huber,* Die Haftung des GmbH-Geschäftsführers für die Abführung der Sozialversicherungsbeiträge, 2000; *Sandberger* 245 ff; *O. H. Schmitt,* Das Vorenthalten der Sozialversicherungsbeiträge in der Insolvenz der GmbH, 2001; *Tag,* Das Vorenthalten von Arbeitnehmerbeiträgen zur Sozial- und Arbeitslosenversicherung, 1994; *Brand* HdbManagerhaftung § 31; *Schneider/Brouwer* ZIP 2007, 1033.

705 BGH DStR 2008, 2169, 2170; BGH DStR 2005, 978, 979 = GmbHR 2005, 877 m Komm *Schröder;* BGHZ 134, 304, 307 ff; BGHZ 136, 332, 333; BGH NJW-RR 2003, 966, 967; BGHZ 133, 370, 374 = DStR 1996, 2029 m Anm *Goette;* BGHZ 144, 311, 313 f = DStR 2000, 1318 m Anm *Goette* = GmbHR 2000, 816 m Komm *Haase* = NStZ 2001, 91 m Anm *Wegner* u *Bittmann* = LM H 11/2000 § 823 (Be) BGB Nr 49 *(Eisele);* BGH NJW 1992, 177; KG NZG 2000, 988, 990; OLG Düsseldorf NJW-RR 2000, 410; OLG Dresden NJW-RR 2000, 1199; OLG Düsseldorf GmbHR 1993, 812; Roth/*Altmeppen* Rn 48 ff; Rowedder/Schmidt-Leithoff/*Koppensteiner* Rn 84; Scholz/*Schneider* Rn 407; Michalski/*Haas* Rn 374 ff; *Cahn* ZGR 1998, 367, 369; *Ullrich* DZWIR 2000, 177; *Groß* ZIP 2001, 945, 946; s auch Lutter/*Hommelhoff/Kleindiek* Rn 67. **Abw** aber *U. Stein* DStR 1998, 1055, 1056 f; Ulmer/*Paefgen* Rn 238; *Dreher* DB 1991, 2586 f; *ders* FS Kraft, 1998, 59, 66 ff; *v. Einem* BB 1986, 2261, 2262 f; *Kiethe* ZIP 2003, 1957, 1958.

706 Vgl auch BGH DStR 2008, 2169, 2170; abw (ungenau) BGH DStR 2006, 2185, 2186 (GFührer als Arbeitgeber iSv § 266 a StGB).

707 BGHZ 133, 370, 374 = DStR 1996, 2029 m Anm *Goette;* BGH NJW 1997, 133, 134; *Groß* ZIP 2001, 945, 946; vgl auch OLG Naumburg GmbHR 2002, 1237; zur

II BGB wird hiernach durch § 266a I StGB iVm § 14 StGB gebildet (hM).[708] Davon ist im Folgenden (Rn 92 ff) auszugehen, wenngleich hM mindestens zweifelhaft ist:[709] zum einen deshalb, weil § 14 I Nr 1 StGB Strafbarkeitslücken im Hinblick auf die selbst nicht straffähige GmbH ausfüllen soll, nichts aber hergibt für zivilrechtliche Haftung, die im Außenverhältnis die Ges über § 31 BGB trifft, den GFührer dagegen grds nur im Innenverhältnis (zur nach § 43 haftungsbewehrten Pflicht des GFührers, für rechtmäßiges Verhalten der Ges nach außen hin Sorge zu tragen Rn 17; vgl auch oben Rn 80);[710] zum anderen, weil hiermit zivilrechtliche Verantwortlichkeit des GFührers gegenüber Sozialkasse für die Erfüllung sozialversicherungsrechtlicher Pflichten der GmbH geschaffen wird, die das Sozialversicherungsrecht selbst, im Unterschied zum Steuerrecht (§ 69 AO), gerade nicht kennt.[711] **Vorenthalten der Arbeitgeberanteile** zur Sozialversicherung wird von § 266a I StGB u damit von zivilrechtlicher Haftung nach § 823 II BGB nicht erfasst. Insoweit kommt Strafbarkeit nur in Betracht unter zusätzlichen, betrugsähnlichen Voraussetzungen des neugeschaffenen § 266a II StGB,[712] der – legt man hM zu § 266a I StGB zugrunde – gleichfalls als Schutzgesetz iSv § 823 II BGB zugunsten des Sozialversicherungsträgers zu verstehen ist u daher mit § 14 I Nr 1 StGB GFührerhaftung begründen kann. Kein Schutzgesetz iSv § 823 II BGB ist § 24 I SGB IV; GFührer haftet hieraus deshalb nicht für Säumniszuschläge, ebenso wenig sind sie von Ersatzpflicht gem § 823 II BGB iVm § 266a StGB miterfasst.[713] Nicht ausgeschlossen ist freilich Haftung für Verzugszinsen nach allgemeinen zivilrechtlichen Bestimmungen.

92 **(1) Tatbestand des § 266a I StGB** (ebenso Abs 2) verlangt (vollständige oder teilweise) **Vorenthaltung der Beiträge** durch GFührer. Sozialversicherungsbeiträge werden vorenthalten, wenn Beitragspflicht besteht (vgl §§ 22 I iVm § 2 II u § 7 I SGB IV) u Beiträge bei Fälligkeit (vgl § 23 I SGB IV) nicht an zuständige Einzugsstelle (§§ 28h I 1, 28i SGB IV) abgeführt werden.[714]

(entspr) Anwendbarkeit des § 14 I oder II StGB auf GFührer einer Vor-GmbH s KG ZIP 2002, 438, 439 f; KG GmbHR 2003, 591, 592 ff; dazu auch Ulmer/*Paefgen* Rn 241 aE mwN.

[708] BGH DStR 2008, 2169, 2170; BGHZ 133, 370, 374 = DStR 1996, 2029 m Anm *Goette;* BGH NZG 2003, 394, 395 = DStR 2003, 602 m Anm *Goette;* OLG Dresden NJW-RR 2000, 1199; zust *Medicus* ZGR 1998, 570, 582 f; *Wicke* Rn 27 („anerkannt"); iErg auch Michalski/*Haas* Rn 376. – Zur Zulässigkeit des Rechtswegs zu Zivilgerichten wegen GFührerhaftung *Hickmann* GmbHR 2003, 1041 (abl).

[709] Vgl *Cahn* ZGR 1998, 367, 369 ff.

[710] **Abl** daher Ulmer/*Paefgen* Rn 238; Scholz/*Schneider* Rn 407; *A. Sandberger* 251 ff; *U. Stein* DStR 1998, 1055, 1057 f; *Dreher* FS Kraft, 1998, 59, 63 ff; *ders* DB 1991, 2586, 2587; *Kiethe* ZIP 2003, 1957, 1958; *Schneider/Brouwer* ZIP 2007, 1033, 1035; krit auch *Haas* WM 2006, 1417, 1423.

[711] Vgl Michalski/*Haas* Rn 374; Ulmer/*Paefgen* Rn 239; *Haas* WM 2006, 1417, 1423.

[712] Nichtabführung von Arbeitgeberanteilen muss danach auf näher bezeichneter Täuschungshandlung beruhen. Vgl zu diesen Voraussetzungen im Einzelnen Schönke/Schröder/*Perron,* StGB, 27. Aufl 2006, § 266a Rn 11a ff. **Unzutr** *Streit/Bürk* DB 2008, 742, 744: Nichtzahlung von Arbeitgeberanteilen ist straflos.

[713] BGH DStR 2008, 2169, 2170.

[714] BGHZ 144, 311, 314 = DStR 2000, 1318 m Anm *Goette* = GmbHR 2000, 816 m Komm *Haase* = NStZ 2001, 91 m Anm *Wegner* u *Bittmann* = LM H 11/2000 § 823 (Be) BGB Nr 49 *(Eisele);* OLG Frankfurt NZG 2004, 388.

Strafbarkeit u damit Schadensersatzpflicht erfordern hingegen nicht, dass einschlägiger Nettolohn an Arbeitnehmer ausgezahlt worden ist. Frühere Streitfrage (zu § 266 a I StGB), ob Strafbarkeit lediglich Nichtabführung der Arbeitnehmerbeiträge bei Fälligkeit verlangt (sog Lohnpflichttheorie)[715] oder von tatsächlich erfolgter Lohnauszahlung abhängt, weil Strafnorm untreueähnliches Verhalten des Arbeitgebers zum Nachteil des ArbN pönalisiere (sog Lohnzahlungstheorie),[716] ist obsolet, seit § 266 a I StGB ausdrücklich Vorenthaltung unabhängig davon unter Strafe stellt, ob Arbeitsentgelt gezahlt wird.[717] Gleiches gilt nach § 266 a II StGB hinsichtlich Vorenthaltung der Arbeitgeberanteile. Subjektiv ist **bedingter Vorsatz** des GFührers erforderlich (vgl § 15 StGB), aber auch ausreichend.[718] Bewusstsein u Wille, von gebotener Abführung der Beiträge bei Fälligkeit abzusehen, sind insoweit vorhanden, wenn GFührer für möglich gehaltene Beitragsvorenthaltung billigt u nicht hinwirkt auf fristgemäße Erfüllung der Ansprüche des Sozialversicherungsträgers (s noch unten Rn 97 aE).[719] Irrtum über Pflicht zur Beitragsabführung kann straf- u zivilrechtliche Verantwortung des GFührers entfallen lassen, wird aber in den meisten Fällen nicht unvermeidbar sein (vgl § 17 StGB).[720]

Tatbestandsverwirklichung u dementsprechend zivilrechtliche Haftung setzen voraus, dass GFührer die Erfüllung der Handlungspflicht (Abführung der fälligen Beiträge aus GesVermögen) **rechtlich wie tatsächlich möglich** ist.[721] Rechtliche Unmöglichkeit liegt vor, wenn GFührer über GesVermögen 93

---

715 So etwa BGHZ 144, 311, 313 ff = DStR 2000, 1318 m Anm *Goette* = GmbHR 2000, 816 m zust Komm *Haase* = NStZ 2001, 91 m zust Anm *Wegner* u abl Anm *Bittmann* = LM H 11/2000 § 823 (Be) BGB Nr 49 m abl Anm *Eisele;* BGH NJW 2002, 1122 = GmbHR 2002, 208 m zust Komm *Haase;* BGH NZG 2002, 721, 722 = NStZ 2003, 154 (L) m insoweit zust Anm *Radtke;* BGH NJW 2001, 969, 970; BGH NJW 2001, 967, 969 = DStR 2001, 222 m Anm *Goette* = LM H 7/2001 § 823 (Be) BGB Nr 51 *(Pape);* BGHZ 149, 100, 107 = DStR 2002, 366 m Anm *Goette* = LM H 5/2002 GesO Nr 77/78 *(Pape);* Michalski/*Haas* Rn 380 ff; *Wegner* wistra 1998, 283, 286 f.

716 So zB OLG Hamm GmbHR 1999, 1030 m zust Komm *Gieseke; Medicus* GmbHR 2000, 7, 11; *Ranft* DStR 2001, 132, 133 ff; *U. Stein* DStR 1998, 1055, 1059 f; *Bittmann* wistra 1999, 441, 442 ff; *Reck* GmbHR 1999, 102 f, 106; *Jestaedt* GmbHR 1998, 672, 675 f; 17. Aufl Rn 69; s auch vorherige Fn.

717 *Radtke* NStZ 2003, 154, 155; *Wegner* wistra 2002, 382, 383; *Röhm* DZWIR 2003, 27, 28; *Kiethe* ZIP 2003, 1957, 1959.

718 BGHZ 133, 370, 381 = DStR 1996, 2029 m Anm *Goette;* BGHZ 134, 304, 314 f = DStR 1997, 546 m Anm *Goette* = BB 1997, 1115 (L) m Anm *Tag* = JZ 1997, 1002 m Anm *Hellmann* = JR 1998, 60 m Anm *Frister;* BGH NJW 1992, 177 f; BGH NJW 2002, 1122, 1123 = GmbHR 2002, 208 m Komm *Haase* = BB 2002, 537 (L) m Anm *Flitsch;* OLG Frankfurt NZG 2004, 388; OLG Brandenburg GmbHR 2003, 595, 597; OLG Düsseldorf NJW-RR 2000, 410, 411; GmbHR 2000, 1261, 1262 f; OLG Naumburg GmbHR 2000, 558, 559 m Komm *Preetz;* OLG Hamburg NJW-RR 2000, 1281, 1282; **krit** *U. Stein* DStR 1998, 1055, 1063; s auch Michalski/*Haas* Rn 393; zum vorsatzausschließenden Tatbestandsirrtum BGH NJW 2003, 3787, 3789 = DStR 2004, 283 m Anm *Goette.*

719 BGH DStR 2008, 1492, 1493.

720 Vgl Scholz/*Schneider* Rn 413; Ulmer/*Paefgen* Rn 242; *Brand* HdbManagerhaftung § 31 Rn 11; s auch Schönke/Schröder/*Perron,* StGB 27. Aufl 2006, § 266 a Rn 17 aE.

721 BGH NJW 1997, 133, 134; BGHZ 133, 370, 379 f = DStR 1996, 2029 m Anm *Goette;* BGHZ 134, 304, 307 = DStR 1997, 546 m Anm *Goette* = BB 1997, 1115 (L) m Anm *Tag* = JZ 1997, 1002 m Anm *Hellmann* = JR 1998, 60 m Anm *Frister* BGH NJW 1998, 1306; 2002, 1123, 1124; NZG 2002, 721, 722 = NStZ 2003, 154 (L) m Anm *Radtke* = DZWIR 2003, 24 m Anm *Röhm* = JR 2002, 518 m Anm *Tag* = wistra

im Fälligkeitszeitpunkt nicht mehr verfügen kann, weil hierüber Regelinsolvenzverfahren eröffnet wurde (§ 80 I InsO) oder Insolvenzgericht im Eröffnungsverfahren allg Verfügungsverbot (§ 22 I InsO) verhängt hat.[722] Rspr hat iÜ zunächst verlangt, dass Nichtzahlung trotz **Zahlungsfähigkeit** gegeben sein muss, während Zahlungsunfähigkeit bei Fälligkeit der (Arbeitnehmer-) Beiträge Vorenthaltung ausschließt,[723] wobei BGH zutr annimmt, dass Darlegungs- u Beweislast hinsichtlich Zahlungsfähigkeit der Ges im Fälligkeitstermin klagendem Sozialversicherungsträger obliegt, GFührer aber gehalten sein kann, Klägervorbringen substantiiert zu bestreiten (sekundäre Darlegungslast).[724] Allerdings soll Ges solange zahlungsfähig sein, wie sie – ungeachtet anderer fälliger Forderungen u ggf unter Ausschöpfung von Krediten – zur Zahlung gerade (noch) der konkreten (Arbeitnehmer-)Beiträge im Fälligkeitszeitpunkt imstande ist, hingegen Unmöglichkeit der Pflichterfüllung nicht schon vorliegen, wenn GmbH überschuldet ist u seinen Verbindlichkeiten Gläubigern gegenüber generell nicht mehr nachkommen kann.[725] BGH

2002, 382 (L) m Anm *Wegner;* OLG Celle NJW 2001, 2985 (unter Aufgabe seiner früheren Ansicht in NStZ-RR 1997, 324, 325, NStZ 1998, 303, 304); Scholz/*Schneider* Rn 393; Roth/*Altmeppen* Rn 50; Michalski/*Haas* Rn 383; Ulmer/*Paefgen* Rn 243; *U. Stein* DStR 1998, 1055, 1060; *Wegner* wistra 1998, 283, 288 ff; *Bittmann* DStR 2001, 855, 856; *Groß* ZIP 2001, 945, 949 f.

[722] BGH NJW 1998, 1306; OLG Dresden NJW-RR 2000, 1199, 1200; Michalski/*Haas* Rn 383; Ulmer/*Paefgen* Rn 243; *Brückl/Kersten* NZI 2001, 288, 289; weitergehend für rechtliche Unmöglichkeit bei Insolvenzreife Roth/*Altmeppen* Rn 54; *Wegner* wistra 1998, 283, 290; *Gundlach/Frenzel/Schirrmeister* NZI 2003, 418, 420; s dazu Rn 99 ff. Vgl auch BFH/NV 2005, 665; BFH DStRE 2008, 44 zur steuerrechtl Verantwortlichkeit bei vorläufiger Insolvenzverwaltung mit Zustimmungsvorbehalt, aber ohne allg Verfügungsverbot.

[723] BGH DStR 2005, 978, 979 = GmbHR 2005, 877 m Komm *Schröder;* BGH NJW 1997, 133, 134; BGHZ 133, 370, 379 f = DStR 1996, 2029 m Anm *Goette;* BGH NJW 1998, 1306; im Ausgangspunkt auch BGH DStR 2006, 2185; BGH NZI 2007, 416, 417; ferner idS etwa OLG Düsseldorf NJW-RR 2001, 246, 247; OLG Düsseldorf NJW-RR 1993, 1448 f; OLG Hamm GmbHR 2000, 237, 238; noch ausgeprägter OLG Celle NJW-RR 1996, 481.

[724] BGH DStR 2005, 978, 979 f (Keine Dokumentationspflicht des GFührers im Hinblick auf mögliche Haftung aus § 823 II BGB iVm § 266 a StGB u keine gesteigerte sekundäre Darlegungslast bei Insolvenzverschleppung) = GmbHR 2005, 877 m Komm *Schröder;* BGH NJW 2002, 1123, 1124 f (erforderlich, aber auch genügend aufseiten des Sozialversicherungsträgers ist Nachweis irgendeiner Zahlung an Dritten in nicht unwesentlicher Höhe) = JZ 2002, 666 m Anm *Katzenmeier;* BGH DStR 2006, 2185; ebenso OLG Brandenburg GmbHR 2003, 595, 596 f; OLG Hamm GmbHR 2000, 237, 238; OLG Frankfurt ZIP 1995, 213, 216; Ulmer/*Paefgen* Rn 250; Michalski/*Haas* Rn 383; Lutter/*Hommelhoff/Kleindiek* Rn 71; Scholz/*Schneider* Rn 409 f; *Schneider/Brouwer* ZIP 2007, 1033, 1036; *Kiethe* ZIP 2003, 1957, 1961; *Holzkämper* BB 1996, 2142, 2143; **aA** (Darlegungs- u Beweislast hinsichtl Zahlungsunfähigkeit bei GFührer) OLG Düsseldorf NJW-RR 1996, 289, 290; OLG Düsseldorf NJW-RR 1997, 1124; OLG Düsseldorf NJW-RR 1998, 243; OLG Düsseldorf NJW-RR 2000, 410, 411; OLG Düsseldorf GmbHR 2000, 1261 f; OLG Düsseldorf NJW-RR 2001, 246, 247; *Brückl/Kersten* NZI 2001, 288, 291 f; *Pape/Voigt* WiB 1996, 829, 833. Zur Schlüssigkeit des Klagevorbringens der Einzugsstelle der Sozialversicherung s auch OLG Dresden GmbHR 1998, 889. Zum Schadensnachweis durch beweisbelasteten Sozialversicherungsträger u Schadensschätzung gem § 287 ZPO s OLG Stuttgart BeckRS 2003, 09989 = GmbHR 2004, 187 (L).

[725] BGH (VI. Zivilsenat) NJW 2002, 1123, 1125 = JZ 2002, 666 m Anm *Katzenmeier;* BGH (VI. Zivilsenat) NJW 1997, 133, 134; idS für Kreditausschöpfung BGHZ (VI.

nimmt insoweit **Vorrang der Pflicht zur Abführung** fälliger (Arbeitnehmer-)Anteile in voller Beitragshöhe gegenüber anderen fälligen GesSchulden an.[726] GmbH hat dann freilich bereits Stadium der Insolvenzreife erreicht, in dem mit Blick auf § 64 S 1 (früher § 64 II 1) überhaupt zweifelhaft ist, ob GFührer wegen Nichtabführung fälliger Beiträge haftet (näher Rn 99 ff). GFührer kann zudem jedenfalls dann nicht ernsthaft zur Verantwortung gezogen werden, wenn zur Beitragsabführung notwendige Inanspruchnahme eines Kredits ihrerseits gegenüber Kreditgeber strafbar wäre u dementsprechend Haftung auslösen würde (§ 263 StGB, §§ 823 II, 826 BGB).[727] Späterer Liquiditätszufluss kann tatbestandsauslösend sein, wenn GFührer Beitragszahlungsrückstände nicht ausgleicht.[728]

(2) Höchstrichterliche Rechtsprechung. BGH hat durch 5. Strafsenat u (inzwischen nicht mehr zuständigen) VI. Zivilsenat **Verantwortlichkeit** demgegenüber (noch weiter) **ausgedehnt.** Sie soll trotz Zahlungsunfähigkeit im Fälligkeitszeitpunkt gegeben sein, wenn Herbeiführung der Zahlungsunfähigkeit ihrerseits als bedingt vorsätzliches pflichtwidriges Verhalten zur Last zu legen ist.[729] Anknüpfungspunkt ist (angebliche) Pflicht sicherzustellen, dass notwendige Mittel zur Abführung der (Arbeitnehmer-)Beiträge bei deren Fäl- 94

Zivilsenat) 144, 311, 315 = DStR 2000, 1318 m Anm *Goette* = GmbHR 2000, 816 m Komm *Haase;* ferner OLG Köln NJW-RR 1997, 734, 735; KG NZG 2000, 988, 991; *Wegner* wistra 1998, 283, 288; *Brückl/Kersten* NZI 2001, 288, 290 f; s auch OLG Dresden GmbHR 2003, 422, 423.

726 Vgl Roth/*Altmeppen* Rn 52; *Bittmann* DStR 2001, 855, 856. Grundlegend zum Tilgungsvorrang (im Zusammenhang mit postulierter Vorsorgepflicht zur Sicherstellung der Zahlungsfähigkeit am Fälligkeitstag) BGHZ (VI. Zivilsenat) 134, 304, 310 ff; grds auch BGH (5. Strafsenat) NJW 2005, 3650, 3651 = DStR 2005, 1867 m Anm *Goette* = GmbHR 2005, 1419 m Komm *Schröder/Faust* = DB 2005, 2516 m Anm *Kurth;* BGH (5. Strafsenat) NZG 2002, 721, 722 f; BGH (5. Strafsenat) NJW 2003, 3787, 3788 f = DStR 2004, 283 m Anm *Goette;* **zust** *Hellmann* JZ 1997, 1005, 1006; *Holzkämper* BB 1996, 2142, 2143 f; **abl** *Cahn* ZGR 1998, 367, 373 ff; *Frister* JR 1998, 63, 64 f; *Wegner* wistra 1998, 283, 289 f; *Radtke* NStZ 2003, 154, 156; *Rönnau* wistra 1997, 13, 15 f; *Tag* JR 2002, 521, 522 f; *U. Stein* DStR 1998, 1055, 1060 ff; Roth/*Altmeppen* Rn 52 f; *Ranft* DStR 2001, 132 ff (in Bezug auf Lohnanspruch); **einschr** (Gleichrang von Lohnansprüchen u Beitragsschulden mit ggf anteiliger Tilgung) Michalski/*Haas* Rn 389; ebenso bei Anwendung der Lohnzahlungstheorie *Bittmann* DStR 2001, 855, 856 f.

727 **Zutr** *Ranft* DStR 2001, 132, 135 f; Roth/*Altmeppen* Rn 54; *Bittmann* DStR 2001, 855, 857; *Kiethe* ZIP 2003, 1957, 1961; insoweit auch BGH (5. Strafsenat) NZG 2002, 721, 723 (im Hinblick auf Vorsorgepflicht zur Sicherstellung der Zahlungsfähigkeit im Fälligkeitszeitpunkt) = NStZ 2003, 154 (L) m Anm *Radtke* = DZWIR 2003, 24 m Anm *Röhm* = JR 2002, 518 m Anm *Tag* = wistra 2002, 382 (L) m Anm *Wegner;* s ferner *Goette* DStR 2000, 1320; *ders* DStR 2003, 604.

728 Vgl BGH DStR 2006, 2185, 2186 (offen lassend).

729 BGHZ (VI. Zivilsenat) 134, 304, 307 ff = DStR 1997, 546 m Anm *Goette* = BB 1997, 1115 (L) m Anm *Tag* = JZ 1997, 1002 m Anm *Hellmann* = JR 1998, 60 m Anm *Frister;* BGH (VI. Zivilsenat) NJW 2002, 1122 = GmbHR 2002, 208 m Komm *Haase* = BB 2002, 537 (L) m Anm *Flitsch;* BGH (VI. Zivilsenat) NJW 2002, 1123, 1125 = JZ 2002, 666 m Anm *Katzenmeier;* BGH (VI. Zivilsenat) NJW 2001, 967, 968 = DStR 2001, 222 m Anm *Goette* = LM H 7/2001 § 823 (Be) BGB Nr 51 *(Pape);* BGH (5. Strafsenat) NZG 2002, 721, 722 f = NStZ 2003, 154 (L) m Anm *Radtke* = DZWIR 2003, 24 m Anm *Röhm* = JR 2002, 518 m Anm *Tag* = wistra 2002, 382 (L) m Anm *Wegner;* wohl auch KG NZG 2000, 988, 990 f; zust etwa OLG Hamburg ZIP 2007, 725, 726; vgl ferner BGHZ (VI. Zivilsenat) 144, 311 = DStR 2000, 1318 m Anm *Goette* = GmbHR 2000, 816 m Komm *Haase* = NStZ 2001, 91 m Anm *Wegner* u *Bittmann* = LM H 11/2000 § 823 (Be) BGB Nr 49 *(Eisele).* Zur Problematik ferner *T. Huber* 108 ff.

ligkeit zur Verfügung stehen. Pflichtwidrigkeit setzt danach voraus, dass sich Liquiditätsengpass abzeichnete u durch entsprechende angemessene finanztechnische Maßnahmen hätte abgewendet werden können.[730] Vorsätzliches Verhalten soll dabei vorliegen, wenn GFührer Anzeichen von Liquiditätsproblemen tatsächlich erkannt u spätere Zahlungsunfähigkeit bei Unterlassung von Sicherheitsvorkehrungen zumindest für möglich gehalten u billigend in Kauf genommen hat.[731] BGH hat **pflichtwidriges Verhalten im Vorfeld** angenommen, wenn Zahlungsunfähigkeit darauf beruht, dass zwischen Lohnauszahlung u Fälligkeit der Sozialversicherungsbeiträge Leistungen an andere Gläubiger erbracht wurden.[732] Abführungspflichtiger habe bei Zweifeln an der Zahlungsfähigkeit im Fälligkeitszeitpunkt einen Liquiditätsplan zu erstellen, Rücklagen zu bilden sowie die Tilgung anderer Verbindlichkeiten, einschließlich von Löhnen (!) u auch bei kongruenter Deckung, zurückzustellen, wenn anders künftige Zahlungsfähigkeit für die (Arbeitnehmer-)Anteile gefährdet sei.[733] Nach neuerer Rspr ist Verpflichtung zur Sicherstellung der Zahlungsfähigkeit im Fälligkeitstermin nicht auf (kurzen) Zeitraum zwischen Auszahlung der Löhne u Fälligkeit der Beitragsschulden beschränkt, sondern betrifft unabhängig von Lohnauszahlung Vorfeld der Fälligkeit.[734] Inzwischen hat BGH (5. Strafsenat) – zu Recht u eigentlich selbstverständlich – Anforderungen an Sicherstellung der Liquidität im Fälligkeitstermin dahingehend relativiert, dass Arbeitgeber nicht zu rechtlich unzulässigen Maßnahmen verpflichtet ist;

---

730 BGH (5. Strafsenat) NZG 2002, 721, 722 f = NStZ 2003, 154 (L) m Anm *Radtke* = DZWIR 2003, 24 m Anm *Röhm* = JR 2002, 518 m Anm *Tag* = wistra 2002, 382 (L) m Anm *Wegner;* s auch OLG Hamburg ZIP 2007, 725, 726. Enger bei vorheriger Lohnauszahlung (fehlende Tatbestandsmäßigkeit nur bei gänzlich unerwarteten Ereignissen) KG NZG 2000, 988, 990 f; Schönke/Schröder/*Perron,* StGB 27. Aufl 2006, § 266 a Rn 10; *Holzkämper* BB 1996, 2142.

731 BGH (5. Strafsenat) NZG 2002, 721, 722 f = NStZ 2003, 154 (L) m Anm *Radtke* = DZWIR 2003, 24 m Anm *Röhm* = JR 2002, 518 m Anm *Tag* = wistra 2002, 382 (L) m Anm *Wegner;* idS BGH (VI. Zivilsenat) NJW 2002, 1123, 1125; vgl auch BGHZ (VI. Zivilsenat) 134, 304, 314 f = DStR 1997, 546 m Anm *Goette* = BB 1997, 1115 (L) m Anm *Tag* = JZ 1997, 1002 m Anm *Hellmann* = JR 1998, 60 m Anm *Frister;* s ferner OLG Hamburg ZIP 2007, 725, 727 f, wonach nicht erheblich sein soll, ob GFührer „erhofft oder erwartet hat, es werde ihm gelingen, das Unternehmen aus der Krise zu führen"; BGH DStR 2006, 2185, 2186; vgl **abw** Michalski/*Haas* Rn 384 f, der offenbar Erkennbarkeit drohender Zahlungsunfähigkeit genügen lassen will.

732 BGHZ (VI. Zivilsenat) 134, 304, 308 = DStR 1997, 546 m Anm *Goette* = BB 1997, 1115 (L) m Anm *Tag* = JZ 1997, 1002 m Anm *Hellmann* = JR 1998, 60 m Anm *Frister;* so auch OLG Hamburg NJW-RR 2000, 1282, 1283; OLG Saarbrücken GmbH-StB 2002, 259; KG NZG 2000, 988, 990 f.

733 BGHZ (VI. Zivilsenat) 134, 304, 309 = DStR 1997, 546 m Anm *Goette* = BB 1997, 1115 (L) m Anm *Tag* = JZ 1997, 1002 m Anm *Hellmann* = JR 1998, 60 m Anm *Frister;* BGH (5. Strafsenat) NZG 2002, 721, 723 = NStZ 2003, 154 (L) m Anm *Radtke* = DZWIR 2003, 24 m Anm *Röhm* = JR 2002, 518 m Anm *Tag* = wistra 2002, 382 (L) m Anm *Wegner;* BGH (VI. Zivilsenat) NJW 2001, 967, 968 = DStR 2001, 222 m Anm *Goette* = LM H 7/2001 § 823 (Be) BGB Nr 51 *(Pape);* vgl auch OLG Hamburg ZIP 2007, 725, 726.

734 Vgl BGH (5. Strafsenat) NZG 2002, 721; BGH (VI. Zivilsenat) NJW 2002, 1122 u 1123. Für zeitl Begrenzung von Vorsorgepflichten u Beginn frühestens mit Entstehen der Beitragsschuld *Hellmann* JZ 1998, 1005, 1006; Michalski/*Haas* Rn 390 (bei Anwendung der Lohnpflichttheorie); **abw** *U. Stein* DStR 1998, 1055, 1061 (Vorsorgepflichten erst mit Lohnauszahlung); *Bittmann* DStR 2001, 855, 857 (keine Vorsorgepflichten bei Lohnpflichttheorie).

Arbeitgeber dürfe nicht Vermögenswerte wegen Drohung von Pfändungen für titulierte Forderungen dem Zugriff von Gläubigern entziehen u müsse zur Erfüllung der Beitragspflichten keinen Kredit aufnehmen, sofern er dessen Rückführung nicht gewährleisten kann.[735] Nunmehr zivilrechtlich zuständiger II. Zivilsenat hat diese **Rspr** jetzt **fortgesetzt** u entschieden, dass GFührer wegen Vorenthaltens von Arbeitnehmeranteilen auch dann gem § 823 II BGB iVm § 266 a I StGB haftbar ist, wenn Ges zwar zum Fälligkeitszeitpunkt nicht über die erforderlichen Mittel verfügt, er es aber pflichtwidrig unterlassen hat, die fristgerechte Erfüllung dieser Verpflichtung durch Bildung von Rücklagen, notfalls auch durch Kürzung der Nettolohnzahlung sicherzustellen.[736]

Indessen begegnet Vorverlagerung der Strafbarkeit iRd § 266 a StGB u mithin der GFührerhaftung bereits ganz grds Bedenken im Hinblick auf die Strafwürdigkeit des Verhaltens[737] u ihre Vereinbarkeit mit dem Bestimmtheitsgebot (Art 103 II GG).[738] Jedenfalls in diesem Zusammenhang postulierte **Vorrangbildung** hinsichtlich Erfüllung bestimmter Forderungen durch Richterrecht ist **abzulehnen.**[739] Gewiss spricht eher gegen eine Privilegierung der Beiträge außerhalb der Insolvenz, dass das Insolvenzrecht nach Abschaffung des Konkursvorrechts (§ 61 I Nr 1 e KO) ein entsprechendes Vorrecht für Sozialversicherungsbeiträge im Insolvenzverfahren nicht kennt.[740] In gewissem Widerspruch hierzu verschafft nun freilich die Rspr den Sozialversicherungsbeiträgen nach Einritt der Insolvenz mittelbar ein Vorrecht dadurch, dass sie die Abführung der (Arbeitnehmer-)Beiträge an die Sozialkasse als mit § 64 S 1 (früher § 64 II) vereinbar erklärt (s unten Rn 100). Unabhängig davon aber ist **vorrangige Liquiditätssicherung zur Beitragszahlung** im Fälligkeitstermin unter Zurückstellung anderweitiger fälliger Leistungspflichten in kongruenter Deckung **nicht schlüssig u** im weiten Vorfeld von Insolvenzen, wie auch bei sich abzeichnender oder 95

---

735 BGH NZG 2002, 721, 722 f (gegen BGH (VI. Zivilsenat) NJW 1997, 133, 134) = NStZ 2003, 154 (L) m Anm *Radtke* = DZWIR 2003, 24 m Anm *Röhm* = JR 2002, 518 m Anm *Tag* = wistra 2002, 382 (L) m Anm *Wegner;* zust etwa Schönke/Schröder/*Perron,* StGB 27. Aufl 2006, § 266 a Rn 10; vgl krit zu Anforderungen an Liquiditätssicherung *U. Stein* DStR 1998, 1055, 1061.

736 BGH DStR 2006, 2185, 2186; zuvor schon BGH DStR 1997, 1896; dem folgend auch BGH (IX. Zivilsenat) NZI 2007, 416, 417 aE.

737 Vgl *Frister* JR 1998, 63 f; *Ranft* DStR 2001, 132, 136; krit auch *Radtke* NStZ 2003, 154, 155; *Rönnau* wistra 1997, 13, 14; **aA** *Tag* JR 2002, 521, 522; iErg auch *Hellmann* JZ 1998, 1005 f; *Wegner* wistra 1998, 283, 288.

738 Vgl *Dreher* FS Kraft, 1998, 59, 71 f; *Bittmann* DStR 2001, 855, 857 (bei Anwendung der Lohnpflichttheorie); *T. Huber,* 139 ff, 149 f.

739 Abl etwa auch *Rönnau* wistra 2007, 81, 82 ff; *Fischer,* StGB, 56. Aufl 2009, § 266 a Rn 16 ff, jew mwN.

740 Vgl Scholz/*Schneider* Rn 396, 411; *Tag* JR 2002, 521, 522; *Dreher* FS Kraft, 1998, 59, 73 f; *Cahn* ZGR 1998, 367, 377; *Westermann* FS Fikentscher, 1998, 456, 468 f; *Kiethe* ZIP 2003, 1957, 1960; s auch BGH (II. Zivilsenat) DStR 2005, 978, 980 = GmbHR 2005, 877 m Komm *Schröder;* BGHZ (IX. Zivilsenat) 149, 100, 106 f = DStR 2002, 366 m Anm *Goette* = LM H 5/2002 GesO Nr 77/78 *(Pape);* **aA** aber BGH (5. Strafsenat) NJW 2005, 3650, 3651 f = DStR 2005, 1867 m Anm *Goette* = GmbHR 2005, 1419 m Komm *Schröder/Faust* = DB 2005, 2516 m Anm *Kurth;* BGHZ (VI. Zivilsenat) 134, 304, 312 f = DStR 1997, 546 m Anm *Goette* = BB 1997, 1115 (L) m Anm *Tag* = JZ 1997, 1002 m Anm *Hellmann* = JR 1998, 60 m Anm *Frister;* vgl auch BGH (5. Strafsenat) NJW 2003, 3787, 3788 f = DStR 2004, 283 m Anm *Goette* = BB 2004, 348 m Komm *Flitsch;* BFH DStRE 2007, 1129, 1131; ferner *Tiedtke/Peterek* GmbHR 2008, 617, 620 (für generelle Privilegierung innerhalb wie außerhalb des Insolvenzrechts).

schon eingetretener Krise letztlich **nicht praktikabel,** wenn die anderen Gläubiger mit ihren Forderungen auf Erfüllung drängen; denn ein Durchsetzungshindernis hinsichtlich dieser Verbindlichkeiten im Wege der Zwangsvollstreckung oder Aufrechnung besteht ganz sicher nicht.[741] GFührer muss dann auch von sich aus, dh ohne (zwangsweise) Durchsetzung abzuwarten, fällige Forderungen anderer Gläubiger aus GesVermögen sanktionslos befriedigen dürfen. Welchen Zahlungsanspruch, den des Sozialversicherungsträgers oder den eines weiteren Gläubigers der Ges, GFührer vorrangig erfüllt u wie er Finanz- u Liquiditätsplanung gestaltet, um Erfüllung sicherzustellen, steht in seinem unternehmerischen Ermessen.[742] Setzt GFührer beispielsweise in der Unternehmenskrise noch vorhandenes Vermögen zur Existenzsicherung ein, anstatt es für die Sozialkasse zurückzubehalten, dann trifft ihn keine straf- wie zivilrechtliche Verantwortung, wenn daraufhin Abführung der Sozialversicherungsbeiträge zum Fälligkeitszeitpunkt mangels verfügbarer Mittel nicht möglich ist.[743] Demgegenüber sind die für Vorrangbildung im Wesentlichen vorgebrachten Argumente des BGH – Schutzzweck des § 266 a I StGB u besondere Hervorhebung der Ansprüche des Sozialversicherungsträgers durch strafrechtlichen Schutz, Regelung in § 266 a VI StGB sowie Wille des historischen Gesetzgebers[744] – keineswegs zwingend.[745] Insbes aus Strafbewehrung unterlassener Abführung

---

[741] IdS *Cahn* ZGR 1998, 367, 378; *Frister* JR 1998, 63, 64 f; iErg ferner *Radtke* NStZ 2003, 154, 156; *Tag* JR 2002, 521, 522; *dies* 133 f; *Kiethe* ZIP 2003, 1957, 1960; *Wegner* wistra 1998, 283, 289 f; *Bittmann* DStR 2001, 855, 857 (bei Anwendung der Lohnpflichttheorie); *Ranft* DStR 2001, 132, 136 f; OLG Celle NJW-RR 1996, 481, 482; OLG Düsseldorf NJW-RR 1993, 1448 f; vgl insoweit auch BGH NZG 2002, 721, 723; zu Recht krit auch *U. Stein* DStR 1998, 1055, 1061 f; dazu ferner *Dreher* FS Kraft, 1998, 59, 73; *Westermann* FS Fikentscher, 1998, 456, 470 ff; s auch *Brand* HdbManagerhaftung § 31 Rn 20 ff. **Abw** für Vorsorgepflichten zur Liquiditätssicherung unter Vorrangbildung zB *Hellmann* JZ 1997, 1005; Michalski/*Haas* Rn 387 ff; *Holzkämper* BB 1996, 2142 ff; *Brückl/Kersten* NZI 2001, 288, 291; Schönke/Schröder*Perron,* StGB, 27. Aufl 2006, § 266 a Rn 10.

[742] Vgl Scholz/*Schneider* Rn 396, 411 (bezogen auf Zeitraum der Unternehmenskrise u abstellend auf rechtl Unzumutbarkeit eines ausschließlich am Interesse der Sozialkassen ausgerichteten GFüherHandelns); ausführl *Schneider/Brouwer* ZIP 2007, 1033, 1037 f (m Differenzierung zwischen öffentlich-rechtlichen Handlungspflichten einerseits u Zahlungsverbindlichkeiten andererseits; letztere sollen Ermessenspielraum nicht einschränken können); ferner Ulmer/*Paefgen* Rn 247. Vgl auch oben Rn 23 b.

[743] Scholz/*Schneider* Rn 396; *Schneider/Brouwer* ZIP 2007, 1033, 1038 („hilfsweise" in solchem Fall für zurückhaltende Annahme voluntativen Vorsatzelements in Abgrenzung zur bewussten Fährlässigkeit; ebenso wenn GFührer auf Grund von Zusagen auf Zahlungseingänge vertraut u daraufhin „wichtigere" Verbindlichkeiten vorrangig bedient); *Fischer,* StGB, 56. Aufl 2009, § 266 a Rn 17 a; insoweit anders OLG Hamburg ZIP 2007, 725, 727 f (Hoffnung oder Erwartung, es werde gelingen, Unternehmen aus der Krise zu führen, ist unerheblich); vgl auch BGH DStR 2006, 2185, 2186.

[744] BGHZ (VI. Zivilsenat) 134, 304, 310 ff; BGHZ (VI. Zivilsenat) 144, 311, 321; BGH (5. Strafsenat) NZG 2002, 721, 723; BGH (5. Strafsenat) NJW 2003, 3787, 3788; BGH (5. Strafsenat) NJW 2005, 3650, 3651 f = DStR 2005, 1867 m Anm *Goette* = GmbHR 2005, 1419 m Komm *Schröder/Faust* = DB 2005, 2516 m Anm *Kurth;* **zust** etwa *Hellmann* JZ 1997, 1005, 1006; *Holzkämper* BB 1996, 2142 f; vgl auch *Tiedtke/Peterek* GmbHR 2008, 617, 620; aus der Rspr OLG Dresden GmbHR 2003, 422, 424 f.

[745] Eingehend *Cahn* ZGR 1998, 367, 373 ff; *Dreher* FS Kraft, 1998, 59, 73 f; ferner *Fischer,* StGB, 56. Aufl 2009, § 266 a Rn 16 ff; *Frister* JR 1998, 63, 65; *Radtke* NStZ 2003, 154, 156; *Tag* JR 2002, 521, 522; *Rönnau* wistra 1997, 13, 16; *U. Stein* DStR

(§ 266 a I, II StGB) als solcher lässt sich gesetzliche (das unternehmerische Ermessen begrenzende) Handlungspflicht des GFührers nicht ableiten, vorrangig Liquidität zur Beitragszahlung im Fälligkeitstermin zu sichern u vorrangig Beiträge an Sozialkasse zu entrichten, wenn Mittel knapp sind; sie verstärkt (lediglich) die Beitragsabführungspflicht des Arbeitgebers aus § 28 e I SGB IV, unterstreicht damit ausschließlich die große Bedeutung, die Gesetzgeber Erfüllung dieser Pflicht durch Arbeitgeber bzw dessen Organ beimißt,[746] u betrifft – bei richtigem Normverständnis – (nur) die Nichtzahlung trotz Zahlungsfähigkeit im Zeitpunkt der Fälligkeit (vgl Rn 93). Vorrang hinsichtlich Arbeitnehmeranteilen zur Sozialversicherung lässt sich auch nicht der – in ihrer (insolvenzrechtlichen) Tragweite freilich umstr –[747] Neuregelung des § 28 e I 2 SGB IV entnehmen, dass Zahlung des vom Beschäftigten zu tragenden Teils des Gesamtsozialversicherungsbeitrags als aus Vermögen des Beschäftigten erbracht gilt.[748]

(3) Organstellung. Straf- u zivilrechtl sanktionierte Pflicht zur Abführung der Sozialversicherungsbeiträge setzt gem §§ 266 a, 14 I Nr 1 StGB Organstellung voraus[749] u beginnt demnach erst **mit wirksamer Bestellung zum GFührer.** Verantwortlichkeit des GFührers für pflichtwidriges Verhalten seiner Vorgänger kommt nicht in Betracht;[750] allerdings sind Strafbarkeit u Haftung hinsichtlich der vor Berufung in GFühreramt fällig gewordenen Arbeitnehmeranteile nicht ausgeschlossen, wenn GFührer nach seiner Bestellung die rückständigen Beträge weiterhin iSd § 266 a I StGB vorenthält;[751] entsprechendes gilt unter den zusätzlichen Voraussetzungen des § 266 a II StGB in Bezug auf noch ausstehende Arbeitgeberanteile. Können nicht alle aktuellen u rückständigen Sozialversicherungsbeiträge abgeführt werden, ist zu beachten, dass GFührer zur Vermeidung eigener straf- u zivilrechtl Verantwortung für den Zeitraum seit seiner Geschäftsführertätigkeit Tilgungsbestimmung gem § 4 Beitragsverfahrensverordnung trifft, um Verrechnung vorrangig mit den aktuell fälligen Arbeitnehmerbeiträgen zu erreichen (s noch Rn 98).[752] Nach wirksamer **Amtsniederlegung**[753] (vgl dazu § 38 Rn 86 ff) oder **Abberufung** ist ehemaliger GFührer nicht mehr Normadressat in Bezug 96

1998, 1055, 1060 f; *Brand* HdbManagerhaftung § 31 Rn 22; krit auch Lutter/*Hommelhoff/Kleindiek* Rn 77; *Kiethe* ZIP 2003, 1957, 1960; deutlich gegen Privilegierung des Anspruchs auf Abführung der Arbeitnehmeranteile zur Sozialversicherung auch noch BGH (II. Zivilsenat) DStR 2005, 978, 980 = GmbHR 2005, 877 m Komm *Schröder.*

746 So noch BGH (II. Zivilsenat) DStR 2005, 978, 980 = GmbHR 2005, 877 m Komm *Schröder;* zust Scholz/*Schneider* Rn 396; *Schneider/Brouwer* ZIP 2007, 1033, 1037; *Kutzner* NJW 2006, 413 f.

747 S dazu *Bork* ZIP 2008, 1041, 1043 f m weiteren Angaben zum Meinungsstand.

748 **Anders** aber § 64 Rn 64, 75 für den Fall der Insolvenz: Aufgrund gesetzl Fiktion eines Treuhandverhältnisses in § 28 e I 2 SGB IV fehlt der für Zahlungsverbot (§ 64 S 1) erforderl Bezug zum Schuldnervermögen bei Zahlung des GFührers auf Arbeitnehmeranteil zur Sozialversicherung. S dazu noch unten Rn 99 mit Fn 767, 104.

749 Vgl KG NJW-RR 1997, 1126; *Wegner* wistra 1998, 283, 284 f.

750 BGH NJW 2002, 1122 = GmbHR 2002, 208 m Komm *Haase* = BB 2002, 537 (L) m Komm *Flitsch;* zust Michalski/*Haas* Rn 377; Ulmer/*Paefgen* Rn 241.

751 OLG Naumburg NJW-RR 2000, 1280; *Haase* GmbHR 2002, 210, 212 f; Lutter/*Hommelhoff/Kleindiek* Rn 73; Ulmer/*Paefgen* Rn 241.

752 BGH NJW-RR 2001, 1280 = GmbHR 2001, 238 m Komm *Frings;* BGH NJW-RR 2001, 1536 = GmbHR 2001, 721 m Komm *Haase;* BGH DStR 2009, 1710, 1711.

753 BGH NZG 2003, 394, 395 = DStR 2003, 602 m Anm *Goette;* Ulmer/*Paefgen* Rn 241; anders jedoch OLG Naumburg GmbHR 2000, 558 m Komm *Peetz* (Haftung

auf daraufhin fällig werdende Sozialversicherungsbeiträge, u zwar unabhängig vom Zeitpunkt der jeweiligen Eintragung ins Handelsregister.[754] Straf- u mithin haftbar ist auch StrohmannGFührer[755] sowie über § 14 III StGB fehlerhaft bestellter GFührer.[756] Normadressat gem § 14 III StGB ist hingegen nicht **„faktischer GFührer"** (vgl Rn 3), weil Vorschrift nach eindeutigem Wortlaut einen – wenngleich unwirksamen – Bestellungsakt voraussetzt u wegen strafrechtlichen Analogieverbots nicht auf bloß tatsächliche Ausübung der GFührerposition erweitert werden kann (str).[757] Nicht ausgeschlossen ist aber Einbeziehung in Normadressatenkreis nach § 14 II StGB.[758] Dagegen wird man nicht ohne weiteres mithilfe sozialversicherungsrechtlicher Interpretation des Arbeitgeberbegriffs in § 266 a StGB auch denjenigen als Täter u dementsprechend zivilrechtl Haftenden ansehen können, der Geschäftstätigkeit des eigentlichen Arbeitgebers (GmbH) in einer das Beschäftigungsverhältnis beeinflussenden Weise kontrolliert.[759]

97 GFührer ist unabhängig von interner **Zuständigkeitsverteilung** bei mehreren GFührern oder **Delegation** (vgl Rn 26) verantwortlich für Erfüllung öffentlich-rechtlicher Pflichten der Ges, zu denen Abführung der Sozialversicherungsbeiträge gehört. Interne Zuständigkeitsverteilung oder Delegation kann allerdings Verantwortlichkeit beschränken; es verbleibt jedoch (neben sorgfältiger Auswahl u Einweisung bei Delegation) insbes Überwachungspflicht,[760] innerhalb derer GFührer, sobald Anhaltspunkte bestehen, dass Auf-

---

als faktischer GFührer gem § 14 III StGB bei nach Amtsniederlegung tatsächlicher Ausübung der GFührungstätigkeit).

754 OLG Düsseldorf GmbHR 2003, 420 f.

755 *U. Stein* DStR 1998, 1055, 1058; KG GmbHR 2003, 591; vgl auch OLG Rostock GmbHR 1997, 845, 846; BGH NZG 2002, 721, 724 = NStZ 2003, 154 (L) m Anm *Radtke* = DZWIR 2003, 24 m Anm *Röhm* = JR 2002, 518 m Anm *Tag* = wistra 2002, 382 (L) m Anm *Wegner;* **einschr** OLG Hamm NStZ-RR 2001, 173 f (keine Strafbarkeit der Strohfrau, die im Innenverhältnis tatsächlich über keine Kompetenzen verfügt, um auf rechtliche u wirtschaftliche Entwicklung der Ges Einfluss zu nehmen); dazu krit *Achenbach* NStZ 2001, 525, 528.

756 MünchKommStGB/*Radtke* § 14 Rn 111 f; Michalski/*Haas* Rn 377; *U. Stein* DStR 1998, 1055, 1058.

757 So **zutr** MünchKommStGB/*Radtke* § 14 Rn 118 f; Schönke/Schröder/*Lenckner*/*Perron,* StGB, 27. Aufl 2006, § 14 Rn 42/43; *Wegner* wistra 1998, 283, 284 f; *Peetz* GmbHR 2000, 559, 560 f; *U. Stein* 294 ff; *dies* ZHR 148 (1984), 222, 223; LG Braunschweig NJW-RR 2002, 393; s auch § 82 Rn 87. **AA** aber BGH NZG 2002, 721, 724 = NStZ 2003, 154 (L) m insoweit abl Anm *Radtke* = DZWIR 2003, 24 m Anm *Röhm* = JR 2002, 518 m Anm *Tag* = wistra 2002, 382 (L) m Anm *Wegner;* BGH wistra 1990, 97 f; OLG Naumburg GmbHR 2000, 558 f; *Fischer,* StGB, 56. Aufl 2009, § 14 Rn 18; LK-StGB/*Schünemann,* 11. Aufl 2003, § 14 Rn 67 ff mwN; Ulmer/*Paefgen* Rn 241; Michalski/*Haas* Rn 377. – Zur Haftung des GFührers des herrschenden Unternehmens bei Nichtabführung durch Tochtergesellschaft s KG NJW-RR 1997, 1126, f; LG Braunschweig aaO; *U. Stein* DStR 1998, 1055, 1059: Bei tatsächlicher Wahrnehmung von GFührungsaufgaben grds jedenfalls solange keine Verantwortlichkeit als „faktischer GFührer", wie hierzu berufene Organe der Tochter-GmbH im Amt sind u dieses auch ausüben.

758 Vgl MünchKommStGB/*Radtke,* 2003, § 14 Rn 113, 119; *ders* NStZ 2003, 154, 156; Schönke/Schröder/*Lenckner*/*Perron,* StGB, 27. Aufl 2006, § 14 Rn 42/43; KG NJW-RR 1997, 1126, 1127.

759 So aber OLG Naumburg GmbHR 2000, 558 m **abl** Komm *Peetz* GmbHR 2000, 559, 560; abl auch KG NJW-RR 1997, 1126 f; *U. Stein* DStR 1998, 1055, 1059.

760 BGHZ 133, 370, 377 = DStR 1996, 2029 m Anm *Goette;* BGH NJW 2001, 969, 971 = DZWIR 2000, 251 m Anm *T. Huber;* BGH DStR 2008, 1492, 1493; BGH WM

gabenerfüllung durch intern zuständigen GFührer oder Delegatar nicht mehr gewährleistet ist, tätig werden u durch geeignete Maßnahmen Beitragsleistung sicherstellen sowie Einhaltung der Pflicht überwachen muss. Anlass für konkrete Überwachungsmaßnahmen können insbes finanzielle Krisensituation oder ungeordnete Verhältnisse im Geschäftsablauf innerhalb der Ges bieten (vgl auch oben Rn 90).[761] Bedingter Vorsatz ist hier anzunehmen, wenn GFührer zu konkreten Maßnahmen anlaßgebende Umstände sowie Nichtabführung der Sozialversicherungsbeiträge für möglich hält u billigt u keine geeigneten Maßnahmen ergreift, um für Zahlung der Beiträge zu sorgen.[762]

(4) Tilgungsbestimmung. Wichtig ist, dass GFührer bei Zahlung von Beiträgen an Einzugsstelle, wenn Mittel knapp werden, auf Zahlung nur der Arbeitnehmerbeiträge gerichtete Tilgungsbestimmung trifft, weil sonst gem § 4 Beitragsverfahrensverordnung hälftige Verrechnung auf Arbeitgeber- u Arbeitnehmeranteile erfolgt.[763] Bedeutung des Verrechnungsmodus ist zwar verringert, seit neugeschaffener § 266 II StGB auch Vorenthalten von Arbeitgeberanteilen unter Strafe stellt (vgl Rn 91); straf- u damit haftbar ist GFührer danach freilich nur unter zusätzlichen Voraussetzungen.[764] Konkludente Tilgungsbestimmung genügt; sie soll aber nicht schon deshalb in jeder bloßen Teilzahlung gesehen werden können, weil Nichtzahlung der Arbeitnehmeranteile straf- u haftungsrechtliche Folgen für den GFührer haben könnte, sondern voraussetzen, dass entsprechender Tilgungswille „greifbar in Erscheinung“ getreten ist (zweifelhaft).[765] 98

2008, 2213, 2215 = GmbHR 2008, 1324 m Komm *Podewils;* BGH NZG 2002, 721, 724 (Pflicht zur Überwachung des faktischen GFührers) = NStZ 2003, 154 (L) m Anm *Radtke* = DZWIR 2003, 24 m Anm *Röhm* = JR 2002, 518 m Anm *Tag* = wistra 2002, 382 (L) m Anm *Wegner;* OLG Frankfurt NZG 2004, 388; OLG Düsseldorf GmbHR 1996, 368; OLG Rostock GmbHR 1997, 845; Roth/*Altmeppen* Rn 49; Scholz/*Schneider* Rn 412; *Haase* GmbHR 2002, 210, 211 mwN; anders noch OLG Frankfurt ZIP 1995, 213, das nur den zuständigen GFührer haften lassen wollte. S dazu ferner *Kiethe* ZIP 2003, 1957, 1962 ff; *Westermann* FS Fikentscher, 1998, 456, 464 ff; ausführl *Schneider/Brouwer* FS Priester, 2007, 713 ff.

[761] BGH DStR 2008, 1492, 1493; s auch Scholz/*Schneider* Rn 412; *Schneider/Brouwer* ZIP 2007, 1035, 1036; Ulmer/*Paefgen* Rn 248.

[762] Vgl BGHZ 133, 370, 381 ff = DStR 1996, 2029 m Anm *Goette*; Ulmer/*Paefgen* Rn 242 aE; *Brand* HdbManagerhaftung § 31 Rn 28.

[763] BGH NJW 2001, 967, 968 = DStR 2001, 222 m Anm *Goette* = LM H 7/2001 § 823 (Be) BGB Nr 51 *(Pape);* BGH NJW-RR 2001, 1536, 1537 = GmbHR 2001, 721 m Komm *Haase* (dazu krit *Schmitt* NZI 2002, 146); BGH NJW-RR 2001, 1280 = BGH GmbHR 2001, 238 m Komm *Frings;* BGH NJW 1998, 1484, 1485 f (wo ausdrücklich subsidiäre Anwendung von § 366 II BGB verneint wird (die für GFührer übrigens schädlich wäre, da hiernach auf die Arbeitgeberanteile zu verrechnen wäre); BGH DStR 2009, 1710, 1711; OLG Naumburg NJW-RR 2000, 1280; Scholz/*Schneider* Rn 387 aE; HK-GmbHR/*Fichtelmann* Rn 91 b; *Ullrich* DZWIR 2000, 177, 179; *Medicus* GmbHR 2000, 7, 11; *Goette* DStR 2003, 887, 894; *ders* DStR 2003, 604; dazu auch *Reck* GmbHR 1999, 102, 104 f; **aA** OLG Oldenburg ZIP 2007, 636; BayOblG ZIP 1999, 498; Schönke/Schröder/*Perron,* StGB, 27. Aufl 2006, § 266 a Rn 10 a mwN (zu vermutender Wille strafrechtl „Schadensbegrenzung“).

[764] Schönke/Schröder/*Perron,* StGB, 27. Aufl 2006, § 266 a Rn 10 a.

[765] BGH DStR 2009, 1710, 1711; BGH NJW-RR 2001, 1536, 1537 = GmbHR 2001, 721 m Komm *Haase* (dazu krit *Schmitt* NZI 2001, 146); BGH NJW-RR 2001, 1280, 1281 = GmbHR 2001, 238 m Komm *Frings;* BGH NJW 2001, 967, 968 = DStR 2001, 222 m Anm *Goette* = LM H 7/2001 § 823 (Be) BGB Nr 51 *(Pape);* OLG

99 **c) Insolvenzproblematik. (1) Pflichtenkollision.** Ist Ges **insolvenzreif,** dh überschuldet (§ 19 InsO; s § 64 Rn 43 ff) oder im insolvenzrechtl Sinne zahlungsunfähig (§ 17 InsO; s § 64 Rn 33 ff) u Insolvenzantrag noch nicht gestellt (vgl Rn 89, 93), kann fraglich sein, ob GFührer haftet, weil er zum Fälligkeitstermin Steuerforderungen gegen die GmbH nicht (anteilig) erfüllt oder Sozialversicherungsbeiträge (Arbeitnehmeranteile) nicht abführt, obwohl Zahlung auf Grund vorhandener oder noch realisierbarer Mittel tatsächlich möglich bleibt.[766] Steuerentrichtungs- bzw Beitragsabführungspflicht steht offenbar in Widerstreit zu § 64 S 1 (= § 64 II 1 aF), nach dem GFührer nach Insolvenzreife grds untersagt ist, Zahlungen aus Vermögen der Ges zu leisten u gleichwohl erbrachte Zahlungen von ihm zu erstatten sind (Massesicherungspflicht; vgl § 64 Rn 1). Danach besteht **Kollision zwischen** (strafbewehrter) **Zahlungspflicht** einerseits **u Erhaltungspflicht** andererseits, die GFührer zwickmühlenartig in eine Haftungsfalle treibt; denn GFührer ist anscheinend entweder aus § 69 AO bzw § 823 II BGB iVm § 266 a I StGB haft- u bei Vorenthaltung der Sozialversicherungsbeiträge auch strafbar, wenn er, Massesicherungspflicht folgend, keine Zahlung an Fiskus u Sozialkasse vornimmt, oder ihn trifft Haftung gem § 64 S 1 (früher § 64 II 1), wenn er Steuern oder Beiträge zur Sozialversicherung abführt. Generell gegen Annahme einer Pflichtenkollision allerdings § 64 Rn 81 ff. Pflichtenkollision setzt jedenfalls voraus, dass Leistung an Finanzamt oder Sozialversicherungsträger als iSv § 64 S 1 unzulässige Zahlung zu qualifizieren ist, dh Bezug zum Schuldnervermögen hat (§ 64 Rn 64).[767] Auf haftungsbefreiende Pflichtenkollision gegenüber Inanspruchnahme aus §§ 69, 34 AO oder § 823 II BGB iVm § 266 a StGB soll sich GFührer zudem nicht berufen können, wenn er trotz Insolvenzreife Zahlungen außerhalb von § 64 S 2 (= § 64 II 2 aF) an andere Gläubiger der Ges leistet, ohne entsprechende Zahlungen an Finanzamt oder Sozialversicherungsträger zu erbringen.[768] Im Übrigen besteht nunmehr **einheitliche höchstrichterliche Rspr,** wie Dilemma aufzulösen ist.

100 **BGH (5. Strafsenat)** nimmt hinsichtl Vorenthaltung von Sozialversicherungsbeiträgen an, § 64 S 1 (= § 64 II 1 aF) rechtfertige Nichtabführung der Beiträge nur während des Laufs der Insolvenzantragspflicht (§ 15 a I 1 InsO; früher § 64 I), während GFührer nach Fristablauf verpflichtet sein soll, noch

---

Naumburg NJW-RR 2000, 1280 f; OLG Dresden GmbHR 1997, 647; weniger streng wohl *Wegner* wistra 1998, 283, 287.

[766] Zur von Rspr angenommenen Haftung des GFührers wegen Verletzung sog Mittelvorsorgepflicht hinsichtl Steuerschuld bzw wegen pflichtwidrig unterlassener Liquiditätssicherung im Vorfeld zur fristgerechten Zahlung von Sozialversicherungsbeiträgen s oben abl Rn 89, 94; hiergegen etwa auch Roth/Altmeppen Rn 54.

[767] **Abl hinsichtl Arbeitnehmeranteilen** zur Sozialversicherung nach Inkrafttreten von § 28 e I 2 SGB IV unten § 64 Rn 64, 75 aE (gesetzl Fiktion eines Treuhandverhältnisses); BeckOK SGB IV/*Mette* § 28 e Rn 8 a; **aM** (zur Anfechtbarkeit im Insolvenzverfahren) *Bork* ZIP 2008, 1041, 1043 f m Angaben zum Meinungsstand u bedenkenswerter Argumentation; vgl auch BGH NJW 2008, 1535 sowie vor Neufassung des § 28 e I 2 SGB IV BGH NJW 2004, 1444, 1446; BGH NJW 2006, 1348, 1349 mwN. **Hinsichtl** einzubehaltender u abzuführender **Lohnsteuer gegen** Annahme eines **Treuhandverhältnisses** BGH NJW 2004, 1444, 1446 f; *H.-F. Müller* GmbHR 2003, 389, 390; *Haas* 194 ff; *W. Schön* FS Westermann, 2008, 1469, 1483 mwN; s auch unten Fn 821; **aA** Scholz/*Schneider* Rn 382; Roth/*Altmeppen* Rn 34; BFH BStBl II 1988, 859.

[768] BGH (II. Zivilsenat) WM 2008, 2213, 2214 (auch unter Zugrundelegung seiner früheren Rspr in BGHZ 146, 264) = GmbHR 2008, 1324 m Komm *Podewils;* ferner BGH DStR 2008, 1492.

verfügbare Mittel primär für Begleichung der Arbeitnehmerbeiträge iSd § 266a I StGB einzusetzen (dazu auch § 64 Rn 76).[769] Argumentation des Senats ist, dass aus § 64 S 1 hergeleitete Rechtfertigung nicht an Insolvenzreife an sich anknüpft, sondern lediglich noch aussichtsreiche Sanierungsversuche nach Eintritt der Krise für höchstens drei Wochen privilegiert. GFührer, der bei Insolvenzeintritt erkennt, dass für das Unternehmen keine Sanierungsmöglichkeit mehr besteht, u trotzdem keinen Insolvenzantrag stellt, sondern Unternehmen fortführt, soll sich nicht auf Massesicherungspflicht berufen können, denn ihm sei ohne weiteres möglich, sich aus (nur scheinbarer) Konfliktlage durch pflichtgemäße Insolvenzantragstellung zu befreien.[770] **BGH (II. Zivilsenat)** hat sich nunmehr dieser strafgerichtlichen Rspr angeschlossen u entschieden, dass GFührer, der bei Insolvenzreife der Ges den sozial- oder steuerrechtl Normbefehlen folgend Arbeitnehmeranteile zur Sozialversicherung oder Lohnsteuer abführt, iSv § 64 S 2 (= § 64 II 2 aF) mit der Sorgfalt eines ordentlichen u gewissenhaften Geschäftsleiters handelt u nicht nach § 64 S 1 (= § 64 II 1 aF) erstattungspflichtig ist; GFührer könne nicht angesonnen werden, Massesicherungspflicht nachzukommen u fällige Leistungen an Sozialkasse oder Fiskus nicht zu erbringen, wenn er sich dadurch strafrechtlicher Verfolgung aussetzen würde (dazu auch § 64 Rn 76).[771] Danach macht sich GFührer gem § 823 II BGB iVm § 266a I StGB schadensersatzpflichtig bzw gem §§ 69, 34 AO haftbar, wenn er nach Ablauf der längstens dreiwöchigen Frist zur Stellung des Antrags auf Insolvenzeröffnung (vgl § 15a I 1 InsO) seine Pflicht zur Abführung von Arbeitnehmerbeiträgen zur Sozialversicherung bzw von Lohn- oder Umsatzsteuer nicht erfüllt, u er handelt umgekehrt mit der Sorgfalt eines ordentlichen Geschäftsleiters u ist daher gem § 64 S 1 (= § 64 II 2 aF) nicht ersatzpflichtig, wenn er Abführungspflicht nachkommt.[772] Lässt er Antragsfrist verstreichen, ohne Insolvenzantrag

---

[769] So auf Grundlage seiner „Vorrangrechtsprechung" BGH (5. Strafsenat) NJW 2003, 3787, 3788f = DStR 2004, 283 m Anm *Goette* = BB 2004, 348 m Komm *Flitsch* = EWiR § 266a StGB 1/04, 453 *(Berger/Herbst);* dazu auch *Gross/Schork* NZI 2004, 358; *Rieger* NZI 2004, 370; *Bauer* ZInsO 2004, 645; *Schröder* GmbHR 2005, 736; *Bittmann* wistra 2004, 327; BGH (5. Strafsenat) NJW 2005, 3650, 3652 = DStR 2005, 1867 m Anm *Goette* = GmbHR 2005, 1419 m Komm *Schröder/Faust* = DB 2005, 2516 m Anm *Kurth;* dazu auch *Berger/Herbst* BB 2006, 437; weitergehend jetzt *Bittmann* wistra 2007, 406, 407.

[770] BGH (5. Strafsenat) NJW 2005, 3650, 3652 = DStR 2005, 1867 m Anm *Goette* = GmbHR 2005, 1419 m Komm *Schröder/Faust* = DB 2005, 2516 m Anm *Kurth;* zust OLG Hamburg ZIP 2007, 725.

[771] BGH NJW 2007, 2118, 2120 (unter Aufgabe v BGHZ 146, 264; BGH DStR 2005, 978, 980) m Anm *Altmeppen* = DStR 2007, 1174 m Anm *Goette* = GmbHR 2007, 757 m Komm *Schröder* = JZ 2008, 44 m Anm *Rönnau* = BB 2007, 1801 m Komm *Müller-Seils* = NZI 2007, 477 m Anm *Runkel/Schmidt;* dazu auch *Wilhelm* ZIP 2007, 1781 ff; ferner BGH WM 2008, 2213, 2214 = GmbHR 2008, 1324 m Komm *Podewils;* BGH DStR 2008, 1492; BGH DStR 2008, 1346, 1347 (zu § 266 StGB); sowie BGH DStR 2009, 1710, 1711 mit dem Diktum, dass die Zahlung der Arbeitgeberbeiträge zur Sozialversicherung nach Insolvenzreife im Gegensatz zur Zahlung der Arbeitnehmerbeiträge mit der Sorgfalt eines ordentlichen Geschäftsmannes nicht vereinbar ist (das ist konsequent insoweit, als § 266a I StGB nur das Vorenthalten von Arbeitnehmerbeiträgen zur Sozialversicherung unter Strafe stellt, während nach § 266a II StGB die Nichtzahlung von Arbeitgeberbeiträgen nur unter weiteren – betrugsähnlichen – Voraussetzungen strafbar ist, sodass eine Pflichtenkollision mit § 64 S 1 nicht bestehen kann); LG München I BB 2007, 2250, 2252 (zur Zahlung von Umsatzsteuer).

[772] BGH WM 2008, 2213, 2214 = GmbHR 2008, 1324 m Komm *Podewils.*

zu stellen, soll der während der Frist nach strafrechtlicher Judikatur gegebene Rechtfertigungsgrund rückwirkend entfallen u GFührer verpflichtet sein, rückständige Arbeitnehmeranteile bzw Steuern nachzuzahlen sowie künftige Anteile bzw Steuern zu jeweiligen Fälligkeitsterminen abzuführen.[773] Stellt GFührer hingegen rechtzeitig Insolvenzantrag, dann unterliegt er – so wird Rspr des II. Zivilsenats in Konsequenz der Rspr des 5. Strafsenats zu verstehen sein – nicht der Haftung aus § 823 II BGB iVm § 266 a I StGB bzw §§ 69, 34 AO, wenn während Antragsfrist der Massesicherungspflicht (§ 64 S 1) entsprechend keine Steuern u Sozialversicherungsbeiträge gezahlt worden sind.[774] GFührer dürfte in diesem Fall umgekehrt aus § 64 S 1 haften, wenn er während der Frist Zahlungen an Fiskus oder Sozialkasse bewirkt oder bewirken lässt; denn GFührer wäre bei Nichtzahlung keiner strafrechtlichen Verfolgung ausgesetzt, derentwegen er sich auf § 64 S 2 berufen könnte.[775] Mit dieser BGH-Rspr stimmt **Rspr des BFH** (VII. Senat) insoweit überein, als hiernach Pflicht zur Abführung der Steuern u bei Nichterfüllung dieser Pflicht aus §§ 69, 34 AO folgende persönliche Haftung des GFührers grds auch im Stadium der Insolvenzreife – jedenfalls nach Ablauf der Insolvenzantragsfrist – bestehen;[776] während Antragsfrist soll sich GFührer aber nicht auf Schuldvorwurf einschränkende Kollision zwischen Pflicht zur Steuerentrichtung u Masseerhaltung berufen können, wenn er vor diesem Zeitraum Mittelvorsorgepflicht zumindest grob fahrlässig verletzt hat.[777]

101 Neue einheitliche Linie der Rspr, auf die sich Praxis einzustellen hat, ist nachdrücklich zu begrüßen, soweit sie Rechtsunsicherheit für GFührer beseitigt, vermag im Übrigen aber nicht zu überzeugen. Zutr bleibt Ansicht, dass **Kollision** zwischen (strafbewehrter) Handlungspflicht (§§ 69, 34 I AO bzw § 266 a I StGB) einerseits u Unterlassungspflicht (§ 64 S 1; früher § 64 II 1) andererseits **generell zugunsten Massesicherungspflicht nach § 64 S 1 aufzulösen** ist, weil GFührer schlechterdings nicht für Unterlassen einer Handlung straf- u zivilrechtl verantwortlich gemacht werden kann, die ihm Rechtsordnung anderenorts gerade verbietet.[778] Mit Ausnahme solcher Zah-

---

773 BGH WM 2008, 2213, 2214 = GmbHR 2008, 1324 m Komm *Podewils.*

774 **AA** *Bittmann* wistra 2007, 406, 407; dagegen m Recht *Rönnau* JZ 2008, 46, 49.

775 Ebenso *Rönnau* JZ 2008, 46, 48; *Beck* ZInsO 2007, 1233, 1238; vgl auch BGH DStR 2009, 1710, 1711 (zur Zahlung von Arbeitgeberbeiträgen zur Sozialversicherung nach Insolvenzeintritt); **aA** Scholz/*Schneider* Rn 416; BFH Urt v 23. 9. 2008 – VII R 27/07 Rn 21 (unter Mißdeutung von BGH NJW 2007, 2118); **krit** *Streit/Bürk* DB 2007, 742, 746.

776 BFH DStRE 2007, 1129, 1130 ff (im wesentl Argumentation des 5. Strafsenats folgend); BFH GmbHR 2008, 386 Rn 29; BFH/NV 2008, 18; BFH/NV 2007, 2059; s auch BFH Urt v 23. 9. 2008 – VII R 27/07 Rn 19; vgl zuvor schon BFH/NV 1994, 142, 144; BFH/NV 1999, 745 = GmbHR 1999, 881 (L).

777 BFH GmbHR 2008, 386 Rn 29; BFH/NV 2008, 18.

778 IErg für Vorrang des § 64 S 1 (§ 64 II 1 aF) gegenüber steuer- bzw sozialversicherungsrechtl Zahlungspflicht auch Scholz/*Schneider* Rn 401, 416; Roth/*Altmeppen* Rn 35, 53 f; Lutter/*Hommelhoff/Kleindiek* Rn 76, 83; Ulmer/*Paefgen* Rn 233, 247; *W. Schön* FS Westermann, 2008, 1469, 1480 ff (aber m Ausnahme für Lohnsteuerzahlungen); *Rönnau* NJW 2004, 976, 978 ff; *ders* wistra 1997, 13, 16; *Habersack/Mayer* NZG 2001, 365, 366; *Wegner* wistra 1998, 283, 290; *Gundlach/Frenzel/Schirrmeister* NZI 2003, 418, 420; *Urban* DStR 2006, 1256, 1258; ebenso noch BGH (II. Zivilsenat) DStR 2005, 978, 980 = GmbHR 2005, 877 m Komm *Schröder;* BGHZ (II. Zivilsenat) 146, 264, 275; *Goette* DStR 2004, 286; *ders* DStR 2001, 179; 2001, 224; s auch BGHZ (IX. Zivilsenat) 149, 100, 106 f = DStR 2002, 366 m Anm *Goette* = LM H 5/2002 GesO Nr 77/

lungen, die mit der Sorgfalt eines ordentlichen Geschäftsmannes vereinbar sind (§ 64 S 2; früher § 64 II 2), darf GFührer nach Eintritt der Insolvenz nun aber keine Zahlungen mehr leisten (§ 64 S 1), denn verteilungsfähiges Vermögen der Ges soll im Interesse insolvenzrechtlicher Gleichbehandlung aller ihrer Gläubiger, einschließlich Finanzbehörden u Sozialversicherungsträger, zusammengehalten u bevorzugte Befriedigung einzelner GesGläubiger verhindert werden.[779] Gesetzgeber hat mit Einführung der InsO Konkursvorrechte zugunsten Fiskus u Sozialkasse abgeschafft,[780] u diese Entscheidung kann nicht einfach mit Privilegierung „durch die Hintertür" mittels postulierten Vorrangs von Sozialversicherungsbeiträgen u Steuern (auch) nach Insolvenzeintritt konterkariert werden.[781] Abschaffung betrifft unmittelbar zwar nur eröffnetes Insolvenzverfahren,[782] doch greift insolvenzrechtliche Wertung darüber hinaus.[783] u gerade § 64 S 1 dient entsprechender Vorverlagerung bereits in Stadium der Insolvenzreife (vgl insoweit auch § 64 Rn 82). Strafbewehrung der Vorenthaltung fälliger Sozialversicherungsbeiträge im Allgemeinen (§ 266 a StGB) rechtfertigt demgegenüber nicht deren Vorrang (vgl schon oben Rn 95).[784] Vorrang von Steuer- u Beitragspflicht folgt auch nicht daraus, dass es sich um dem öffentlichen Interesse dienende Pflichten handelt, deren Erfüllung als mit der Sorgfalt eines ordentlichen Geschäftsmannes nach § 64 S 2 (= § 64 II 2) vereinbar anzusehen ist.[785] Haftung gegenüber Finanzbehörde aus §§ 69, 34 AO bzw Einzugsstelle aus § 823 II iVm § 266 a I StGB ist deshalb nach zutr Ansicht ausgeschlossen, wenn GFührer nach Insolvenzeintritt der GmbH (§§ 17, 19 InsO) seiner Massesicherungspflicht gem § 64 S 1 nachkommt u keine Zahlungen leistet.

---

78 *(Pape);* vgl ferner OLG Celle NJW-RR 1996, 481, 482; **differenzierend** Michalski/*Haas* Rn 369, 392 (uneingeschränkte Haftung aus §§ 69, 34 AO bzw § 823 II BGB iVm § 266 a I StGB für Vorenthaltung von Steuern bzw Sozialversicherungsbeiträgen, die auf Zeitabschnitt nach Eintritt der Insolvenz entfallen, weil GFührer sich in diesem Falle in sonst zugunsten des § 64 aufzulösende Pflichtenkollisionslage durch Unterlassen des Insolvenzantrages selbst gebracht hat); hinsichtl Steuerzahlungen vgl insoweit auch *H.-F. Müller* GmbHR 2003, 389, 392 f; *Biletzki* NJW 1997, 1548 f; *Urban* DStR 1997, 1145, 1147 ff; **einschr** *Sontheimer* DStR 2004, 1005, 1006 f (Haftung nach § 69 AO wegen Verletzung des Grds anteiliger Tilgung bei Zahlungen entgegen § 64 S 1 (= § 64 II aF) an andere Gläubiger.

779 BGHZ 146, 264, 274 f; BGH (II. Zivilsenat) DStR 2005, 978, 980 = GmbHR 2005, 877 m Komm *Schröder;* BGH NJW 2000, 668; s auch BGH DStR 2008, 1346, 1347. Normzweck des § 64 S 1 ist freilich nicht unstr; vgl § 64 Rn 1, dort abw primär als Verhaltensanreiz verstanden.

780 Hinsichtl Arbeitnehmerbeiträge zur Sozialversicherung ist allerdings str, ob neu eingeführter § 28 e I 2 SGB IV insolvenzrechtl Vorzug bewirkt; vgl dazu Nachw in Fn 767, 821.

781 Lutter/*Hommelhoff/Kleindiek* Rn 76; vgl auch *Goette* DStR 2007, 1176, 1177; ferner BGH (II. Zivilsenat) DStR 2005, 978, 980 = GmbHR 2005, 877 m Komm *Schröder;* BGHZ (IX. Zivilsenat) 149, 100, 106 f = DStR 2002, 366 m Anm *Goette* = LM H 5/2002 GesO Nr 77/78 *(Pape).*

782 So Argumentation des BGH (5. Strafsenat) NJW 2005, 3650, 3652 = DStR 2005, 1867 m Anm *Goette* = GmbHR 2005, 1419 m Komm *Schröder/Faust* = DB 2005, 2516 m Anm *Kurth;* ihr folgend BFH DStRE 2007, 1129, 1131.

783 Insoweit zutr *Tiedtke/Peterek* GmbHR 2008, 617, 620.

784 **AA** BGH (5. Strafsenat) NJW 2005, 3650, 3652 = DStR 2005, 1867 m Anm *Goette* = GmbHR 2005, 1419 m Komm *Schröder/Faust* = DB 2005, 2516 m Anm *Kurth.*

785 So aber *Tiedtke/Peterek* GmbHR 2008, 617, 620 f, 626; **aA** etwa *Rönnau* JZ 2008, 46, 48 f mwN.

Dabei kann letztlich dahinstehen, ob Nichtzahlung der Arbeitnehmerbeiträge zur Sozialversicherung bzw Steuerschulden durch § 64 S 1 gerechtfertigt ist[786] oder iSv § 64 S 1 normgerechte Nichtzahlung deliktisches bzw steuerhaftungsrechtl Verschulden des GFührers ausschließt[787] oder es im Anwendungsbereich des § 64 bereits an Handlungspflicht nach §§ 69, 34 AO bzw § 266 a I StGB u mithin im letzteren Falle an Tatbestandsverwirklichung fehlt.[788] GFührer ist umgekehrt grds aus § 64 S 1 ersatzpflichtig, wenn er nach Insolvenzreife Steuern oder Sozialversicherungsbeiträge zahlt (vgl auch § 64 Rn 82 f; dort für Haftung aus § 64 S 1 nach Zeitpunkt, zu dem GFührer Insolvenzantrag hätte stellen müssen);[789] Abführung fälliger Beiträge oder Steuern fällt idR auch nicht unter Ausnahmetatbestand des § 64 S 2 (unten Rn 102 aE).

102 Entgegen höchstrichterlicher Rspr entfällt Haftung gem §§ 69, 34 AO u §§ 823 II BGB iVm § 266 a I StGB auch dann, wenn GFührer **nach Ablauf der Insolvenzantragsfrist** (vgl § 15 a I InsO; früher § 64 I) in Übereinstimmung mit § 64 S 1 keine Gelder mehr an Finanzamt oder Sozialversicherungsträger abführt. Argumentation des BGH (5. Strafsenat) (Rn 100) verfängt nicht, weil Zahlungsverbot nach § 64 S 1 normzweckentsprechend (Rn 101) ab Eintritt der Insolvenzreife unabhängig von Frist zur Insolvenzantragstellung besteht (abw § 64 Rn 81: Im Vorfeld der Insolvenzeröffnung keine selbständige „Massesicherungspflicht“, die mit Pflicht aus § 266 a StGB oder § 34 I AO in Konflikt geraten könnte).[790] Schutzzweck ist daher weder darauf beschränkt, während Insolvenzantragsfrist GesVermögen im Hinblick auf potentielle Sanierung zusammenzuhalten u GFührer Prüfung von Sanierungsmöglichkeiten ohne Haftungs- oder Strafandrohung zu eröffnen, noch ist Zahlungsverbot nach Fristablauf von geringerer Dignität.[791] Pflichtenkollision besteht nach Ablauf der Antragsfrist fort u ist ebenso wie für Zeitraum

---

786 Vgl BGH (5. Strafsenat) NJW 2003, 3787, 3788 = DStR 2004, 283 m Anm *Goette* = BB 2004, 348 m Komm *Flitsch;* BGH (5. Strafsenat) NJW 2005, 3650, 3652 = DStR 2005, 1867 m Anm *Goette* = GmbHR 2005, 1419 m Komm *Schröder/Faust* = DB 2005, 2516 m Anm *Kurth.*

787 Vgl BGH (II. Zivilsenat) WM 2008, 2213, 2214; BGH (II. Zivilsenat) DStR 2005, 978, 980 = GmbHR 2005, 877 m Komm *Schröder;* BGHZ (II. Zivilsenat) 146, 264, 275; *Goette* DStR 2001, 179; *ders* DStR 2001, 224; BFH DStRE 2007, 1129, 1130.

788 Vgl *Rönnau* NJW 2004, 976, 978 f; *ders* wistra 1997, 13, 16; iErg auch (rechtliche Unmöglichkeit annehmend) Roth/*Altmeppen* Rn 54; Scholz/*Schneider* Rn 416; *Wegner* wistra 1998, 283, 290; *Gundlach/Frenzel/Schirrmeister* NZI 2003, 418, 420.

789 Ebenso hinsichtl Sozialversicherungsbeiträgen Scholz/*Schneider* Rn 416 aE sowie hinsichtl Steuerentrichtung Lutter/*Hommelhoff/Kleindiek* Rn 83; Roth/*Altmeppen* Rn 35; *Michalski/Funke* LMK 2003, 150, 151; iErg *W. Schön* FS Westermann, 2008, 1469, 1480 ff (aber m Ausnahme für Lohnsteuerzahlung!); vgl auch noch BGHZ 146, 264, 276 (in der Insolvenzsituation keine steuerrechtl Pflicht nach § 69 AO, Zahlungen an FA zu erbringen, sondern nur zur Beachtung des Grds anteiliger Tilgung, dh andere GesGläubiger nicht vor Fiskus bevorzugt zu bedienen, sodass bereits Pflichtenkollision fehlt, wenn GFührer keinerlei Zahlungen erbringt); ferner OLG Köln ZIP 1995, 1418, 1419 f (zu § 130 a HGB).

790 BGH NZG 2009, 550, 551.

791 **Zutr** *Rönnau* NJW 2004, 976, 979 f; *Berger/Herbst* EWiR § 266 a StGB 1/04, 453, 454; idS wohl ebenso noch BGH (II. Zivilsenat) DStR 2005, 978, 980 = GmbHR 2005, 877 m Komm *Schröder.* Gegen Begrenzung auf Zeitraum der Insolvenzantragsfrist auch OLG Brandenburg ZIP 2007, 724 f; Scholz/*Schneider* Rn 401; *Schneider/Brouwer* ZIP 2007, 1033, 1040; *Kutzner* NJW 2006, 413, 414 f.

der Antragsfrist zugunsten § 64 aufzulösen.[792] Von Senatsrspr trotz Insolvenzreife nach Ablauf der Antragsfrist angenommene Zahlungspflicht lässt sich auch nicht mit Erwägung halten, dass Gläubigergleichbehandlung hinreichend im Insolvenzverfahren dadurch gewährleistet wird, dass Insolvenzverwalter Zahlungen an Sozialversicherungsträger gem §§ 129 ff InsO zugunsten der Verteilungsmasse anfechten kann (Rn 103 f).[793] Denn zum einen ist Anwendungsbereich der Insolvenzanfechtungstatbestände mit § 64 S 1 nicht deckungsgleich u zum anderen erfüllt § 64 S 1 gewisse Funktion auch dann, wenn Insolvenzverfahren mangels Insolvenzantrags oder Masse nicht durchgeführt wird.[794] Schadensersatzpflicht gem § 823 II BGB iVm § 266 a I StGB auf Betrag vorenthaltener Sozialversicherungsbeiträge bei versäumter (fristgemäßer) Antragstellung kann desweiteren nicht damit begründet werden, dass sich GFührer selbst durch eigenes pflichtwidriges u strafbares Vorverhalten (§ 15 a IV InsO) in Pflichtenkollisionslage gebracht, also der Möglichkeit begeben hat, die ihm obliegenden u im Konflikt miteinander stehenden Pflichten zu erfüllen.[795] Eigentlicher Vorwurf liegt dann vielmehr in (gem § 15 a IV InsO strafbewehrter) Versäumung rechtzeitiger Insolvenzantragstellung, wofür **Schadensersatzhaftung** des GFührers **nur nach § 823 II BGB iVm § 15 a I InsO** (= § 64 I aF) in Betracht kommt, die freilich nicht auf Ersatz des positiven Interesses (Beitragsausfall) gerichtet ist.[796] Ersatz negativen Interesses des Sozialversicherungsträgers als gesetzlicher quasi-Neugläubiger hinsichtlich nach Antragspflicht entstandener Beitragsansprüche scheidet regelmäßig aus, ungeachtet der str Frage, ob Verschleppungshaftung überhaupt gegenüber Gläubigern von nach Insolvenzreife *gesetzlich* begründeten Forderungen besteht (dazu abl § 64 Rn 129). Insoweit nämlich fehlt idR haftungsbegründende Kausalität zwischen Pflichtverletzung (Insolvenzverschleppung) u Schaden, weil Gläubigerstellung des Sozialversicherungsträgers in keinem Zusammenhang mit Verzögerung der Antragstellung steht, sondern auf ver-

---

[792] Vgl auch *Rönnau* wistra 1997, 13, 16; *Berger/Herbst* EWiR § 266 a StGB 1/04, 453, 454.

[793] Vgl BGH (5. Strafsenat) NJW 2003, 3787, 3788 f = DStR 2004, 283 m Anm *Goette* = BB 2004, 348 m Komm *Flitsch;* s auch BGHZ (VI. Zivilsenat) 134, 304, 312 f = DStR 1997, 546 m Anm *Goette* = BB 1997, 1115 (L) m Anm *Tag* = JZ 1997, 1002 m Anm *Hellmann* = JR 1998, 60 m Anm *Frister.*

[794] **Zutr** *Rönnau* NJW 2004, 976, 990; zu letzterem Aspekt s auch *Noack/Bunke* LM H 4/2001 § 64 GmbHG Nr 19 sub 2 b).

[795] So aber BGH (5. Strafsenat) NJW 2005, 3650, 3652 = DStR 2005, 1867 m Anm *Goette* = GmbHR 2005, 1419 m Komm *Schröder/Faust* = DB 2005, 2516 m Anm *Kurth;* iErg auch BGH (II. Zivilsenat) WM 2008, 2213, 2214 (Pflicht zur Nachzahlung rückständiger Sozialversicherungsbeiträge bei Insolvenzantragsfristversäumung); ferner OLG Hamburg ZIP 2007, 725, 727; OLG Dresden ZIP 1997, 1428, 1429; Michalski/*Haas* Rn 392 (hinsichtl auf Zeitabschnitt nach Insolvenzreife entfallene Beiträge zur Sozialversicherung); *Brückl/Kersten* NZI 2001, 288, 293; *Pape/Voigt* WiB 1996, 829, 832; wohl auch *Gross/Schork* NZI 2004, 358, 362; ferner unten § 64 Rn 82 f zur Haftung aus § 64 S 1; **wie hier** Scholz/*Schneider* Rn 401; *Schneider/Brouwer* ZIP 2007, 1033, 1040; OLG Brandenburg ZIP 2007, 724, 725.

[796] Vgl BGH NJW 1999, 2182, 2183 = DStR 1999, 988 m Anm *Goette;* BGH DStR 2003, 1672 m Anm *Goette* = ZIP 2003, 1713 m Anm *K Schmidt* = GmbHR 2003, 1133 m Komm *Lelley;* KG NZG 2000, 988, 990; *Medicus* GmbHR 2000, 7, 8; Ulmer/*Paefgen* Rn 251; Lutter/*Hommelhoff/Kleindiek* § 64 Rn 51; s auch OLG Celle NJW-RR 1996, 481, 482; **abw** (voller Ersatz für nach Insolvenzreife entstandene Beiträge) *Holzkämper* BB 1996, 2142, 2143 f m Fn 21; dazu ferner *Cahn* ZGR 1998, 367, 380.

sicherungspflichtigem Beschäftigungsverhältnis beruht, dessen Bestand allein Eröffnung des Insolvenzverfahrens nicht berührt.[797] Schadensersatzpflicht des GFührers aus § 823 II BGB iVm § 15 a I InsO (= § 64 I aF) kommt allerdings im Hinblick darauf in Betracht, dass bei fristgemäßem Antrag (u entsprechend früherer Verfahrenseröffnung) Sozialversicherungsbeiträge vorrangig zu befriedigende Masseverbindlichkeiten gewesen wären (§§ 55, 53 InsO).[798] GFührerhaftung wegen nicht entrichteter Steuern nach §§ 69, 34 AO scheidet gleichermaßen aus, wenn GFührer Insolvenzantragsfrist (§ 15 a I InsO) verstreichen lässt u damit eigentlicher Vorwurf in Insolvenzverschleppung besteht, die ausschließlich durch § 823 II BGB iVm § 15 a I, § 15 a IV InsO sanktioniert ist, aber keinen Steuerhaftungsanspruch mit der Erwägung begründet, GFührer hätte sich selbst durch rechtzeitigen Antrag aus Pflichtenkollisionslage befreien können.[799] Wegen Verwirklichung eines Steuertatbestands nach Eintritt der Insolvenz ist GFührerhaftung aus § 823 II BGB iVm § 15 a I InsO allerdings ausgeschlossen;[800] Fiskus kann hieraus nur als „Altgläubiger" hinsichtl bei Insolvenzreife bereits entstandener Steuerschulden Ersatz des Quotenschadens verlangen (vgl § 64 Rn 129, 132 f). Nicht zu folgen ist schließlich neuer Argumentation des BGH (II. Zivilsenat) (Rn 100). Begründung erscheint hinsichtl (bloßer) Nichtzahlung von Steuerschulden schon insoweit nicht tragfähig, als sich GFührer damit mangels besonderen Straftatbestands keiner *strafrechtl* Verfolgung aussetzt (vgl aber § 380 AO; § 26 b UStG).[801] Insbes vermag nicht zu überzeugen, dass nach neuem Normverständnis des Senats GFührer, der steuer- u (hinsichtl Arbeitnehmerbeiträgen) sozialrechtl Zahlungspflichten nachkommt, (nunmehr) mit der Sorgfalt eines ordentlichen Geschäftsmannes handeln soll (§ 64 S 2; früher § 64 II 2); denn nach Eintritt der Insolvenz ist Sorgfaltsmaßstab in Übereinstimmung mit zutr bisheriger Senatsrspr allein nach Normzweck des § 64 S 1 (Rn 101 mit Fn 779) zu bestimmen.[802] Zahlung fälliger Sozialabgaben u Steuern ist danach idR nicht als iSv § 64 S 2 zulässige Leistung zu qualifizieren.[803] Das lässt sich

---

797 Vgl BGH NJW 1999, 2182, 2183 = DStR 1999, 988 m Anm *Goette;* BGH DStR 2003, 1672 f m Anm *Goette* (wo mangels hinreichenden Tatsachenvortrags in Bezug auf Verlust von Beiträgen aus anderweitiger Beschäftigung der ArbN bei solventem Unternehmensträger Ersatzpflicht verneint wurde) = ZIP 2003, 1713 m Anm *K Schmidt* = GmbHR 2003, 1133 m Komm *Lelley;* KG NZG 2000, 988, 990; *Medicus* GmbHR 2000, 7, 9; **wie hier** auch Ulmer/*Paefgen* Rn 251.

798 *Medicus* GmbHR 2000, 7, 9; vgl insoweit auch Michalski/*Haas* Rn 394; zweifelnd *Groß* ZIP 2001, 945, 946; **abl** *K. Schmidt* ZIP 2003, 1715, 1716; *Kiethe* ZIP 2003, 1957, 1964 (außerhalb des Schutzbereichs von § 64 I aF).

799 **AA** BFH DStRE 2007, 1129, 1131 f; iErg auch BGH (II. Zivilsenat) WM 2008, 2213, 2214 (Pflicht zur Nachzahlung rückständiger Steuern bei Insolvenzantragsfristversäumung); s auch Michalski/*Haas* Rn 358, 369 (uneingeschränkte GFührerhaftung aus § 69 S 1 AO wegen Verletzung der Mittelvorsorgepflicht für Steuerschulden, die auf Zeiträume nach Eintritt der Insolvenz entfallen u auch erst danach fällig werden); ebenso *H.-F. Müller* GmbHR 2003, 389, 393; *Biletzki* NJW 1997, 1548, 1549; *Urban* DStR 1997, 1145, 1147 ff (hiergegen m gutem Grund *W. Schön* FS Westermann, 2008, 1469, 1474 ff); hinsichtl Haftung aus § 64 S 1 auch unten § 64 Rn 82 f; iErg **wie hier** etwa *Sontheimer* DStR 2004, 1005, 1007 f.

800 *W. Schön* FS Westermann, 2008, 1469, 1473 f.

801 Vgl *Rönnau* JZ 2008, 46, 48; *Streit/Bürk* DB 2007, 742, 746. Vgl auch BGH DStR 2009, 1710, 1711.

802 **Krit** auch *Rönnau* JZ 2008, 46, 48 (§ 64 S 1 in methodisch überaus bedenklicher Weise zweckentfremdet).

nur anders sehen hinsichtl Abführung von Arbeitnehmeranteilen zur Sozialversicherung u Lohnsteuer, wenn man diese als Teil der Gegenleistung des Arbeitgebers begreift[804] u Lohnzahlung als solche im Einzelfall mit Sorgfalt eines ordentlichen Geschäftsmannes vereinbar ist.[805]

(2) Insolvenzanfechtung. 103

GFührer kann gegenüber Haftungsinanspruchnahme aus §§ 69, 34 AO bzw § 823 II BGB iVm § 266 a StGB geltend machen, dass – hinzugedachte – Zahlung der Steuern bzw Sozialversicherungsbeiträge im Insolvenzverfahren über GesVermögen mit Erfolg nach §§ 129 ff InsO hätte angefochten werden können (angefochten werden könnte) u Sozialversicherungsträger bzw Fiskus mithin auch dann ausgefallen wäre (ausfallen würde), wenn er Beiträge u Steuern pflichtgemäß entrichtet hätte (entrichten würde), wobei im Hinblick auf eigene persönliche Haftung des Insolvenzverwalters (§ 60 InsO) regelmäßig anzunehmen ist, dass dieser Zahlung im Anfechtungswege zurückverlangt hätte (zurückverlangen würde).[806] Hypothetische Anfechtung im Insolvenzverfahren mag Strafbarkeit wie steuerrechtl Zahlungspflicht nicht ausschließen[807] u ändert insbes nichts an tatsächlicher Ursächlichkeit der Nichtzahlung für konkret eingetretenen Beitrags- bzw Steuerausfall als Schaden.[808] Insolvenz-

---

[803] Vgl BGH (II. Zivilsenat) DStR 2005, 978, 980 = GmbHR 2005, 877 m Komm *Schröder;* BGHZ (II. Zivilsenat) 146, 264, 275; OLG Dresden GmbHR 2005, 173, 174 m Komm *Lindemann;* Lutter/*Hommelhoff/Kleindiek* Rn 76; *Rönnau* wistra 1997, 13, 15; *Wegner* wistra 1998, 283, 290; *Goette* DStR 2001, 179; *Habersack/Mayer* NZG 2001, 365, 366 sowie hinsichtl Steuerzahlungen *Sontheimer* DStR 2004, 1005; *H.-F. Müller* GmbHR 2003, 389, 392 Lutter/*Hommelhoff/Kleindiek* Rn 83; OLG Düsseldorf NZG 1999, 884, 885; zum Maßstab iSv § 64 S 2 (= § 64 II 2 aF) s auch *Röhricht* ZIP 2005, 505, 511; **aA** *Cahn* ZGR 1998, 367, 381 f; *Hellmann* JZ 1997, 1005, 1006 f; *Bittmann* wistra 2004, 327 f; *Schröder* GmbHR 2007, 759, 760 f; OLG Dresden GmbHR 2003, 422, 425, 426; *Gross/Schork* NZI 2004, 358, 361 (bei möglicher Sanierung); tendenziell *Groß* ZIP 2001, 945, 950; *Schröder* GmbHR 2005, 736, 738 f; s auch *U. Stein* DStR 1998, 1055, 1062 f.

[804] Vgl hierzu BAGE 97, 150 (zum Sozialversicherungsbeitrag).

[805] So in Bezug auf Lohnsteuerzahlung *W. Schön* FS Westermann, 2008, 1469, 1483 ff; **abw** OLG Düsseldorf NZG 1999, 884, 885; *H.-F. Müller* GmbHR 2003, 389, 392 mwN.

[806] **Hinsichtl Haftung aus § 823 II BGB iVm § 266 a StGB** BGH (VI. Zivilsenat) NJW 2001, 967, 969 = DStR 2001, 222 m Anm *Goette* = LM H 7/2001 § 823 (Be) BGB Nr 51 *(Pape)*; BGH (II. Zivilsenat) DStR 2005, 978, 980 = GmbHR 2005, 877 m Komm *Schröder*; BGH (VI. Zivilsenat) NJW 2002, 1123, 1124; Scholz/*Schneider* Rn 417; Lutter/*Hommelhoff/Kleindiek* Rn 75; **aA** OLG Dresden GmbHR 2003, 422 (dazu *Flöther/Bräuer* DZWiR 2003, 353); abw ferner Michalski/*Haas* Rn 394; *Kutzner* NJW 2006, 413, 414. **Hinsichtl steuerrechtl Haftung** etwa Scholz/*Schneider* Rn 365 *Laws/Stahlschmidt* BB 2006, 1031; *dies* GmbHR 2006, 410; *Tiedtke/Peterek* GmbHR 2008, 617, 624 ff; *Frotscher* BB 2006, 351; *Nacke* DB 2006, 1182; *Remmert/Horn* NZG 2006, 881; *Urban* DStR 2006, 1256, 1261 f; **aA** BFH GmbHR 2008, 386; BFH/NV 2008, 18; BFH/NV 2008, 1; BFH DStR 2007, 1722 = GmbHR 2007, 1114 m Komm *Stahlschmidt/Laws; Haunhorst* DStZ 2006, 369, 372 f.

[807] So für § 266 a StGB: BGH (5. Strafsenat) NJW 2003, 3787 (2. Leitsatz) = DStR 2004, 283 m Anm *Goette* = BB 2004, 348 m Komm *Flitsch*; vgl auch BGH (VI. Zivilsenat) NJW 2001, 967, 969 = DStR 2001, 222 m Anm *Goette* = LM H 7/2001 § 823 (Be) BGB Nr 51 *(Pape)*; mit berechtigten Zweifeln an Strafwürdigkeit der Vorenthaltung aber *Rönnau* NJW 2004, 976, 980; Strafbarkeit iErg **abl** *Fischer,* StGB, 56. Aufl 2009, § 266 a Rn 14 (Tatbestand entfällt); Scholz/*Schneider* Rn 405; dagegen wiederum *Schröder* GmbHR 2005, 736, 740 f; *Bittmann* wistra 2004, 327, 330.

[808] *Stahlschmidt/Laws* GmbHR 2006, 410, 414; *dies* BB 2006, 1031, 1035; *Nacke* DB 2006, 1182, 1184; insoweit zutr auch BFH GmbHR 2008, 386 Rn 18; BFH/NV 2008,

anfechtung mit Rückgewähr geleisteter Zahlungen zur Masse (vgl § 143 I InsO) ist aber entgegen neuerer Rspr (des BFH zur steuerrechtl Haftung)[809] **als „Reserveursache" beachtlich** u lässt Schadenszurechnung u damit zivil- wie steuerrechtl Haftung entfallen, weil u soweit Schaden ohnehin, nämlich auch bei pflichtgemäßer Zahlung eingetreten wäre (eintreten würde).[810] Berufung auf Anfechtbarkeit ist freilich ausgeschlossen, wenn Insolvenzverfahren mangels Masse nicht eröffnet wird (vgl § 26 I InsO)[811] oder Anfechtungsvoraussetzungen iÜ nicht gegeben sind.[812] Schutzzweck der Haftungsnormen, GFührer zur ordnungsgemäßen Erfüllung steuer- bzw sozialversicherungsrechtl Pflichten anzuhalten u mittels Ersatzanspruch Steuer- bzw Beitragsaufkommen sicherzustellen bzw Ausfälle auszugleichen, steht Berücksichtigung hypothetischen Kausalverlaufs indessen nicht entgegen.[813] Schutzzweck wird hinreichend dadurch Rechnung getragen, dass in Anspruch genommener GFührer hinsichtl „Reserveursache", insbes also für Eröffnung des Insolvenzverfahrens sowie für Anfechtungsgrund u dessen Voraussetzungen, Darlegungs- u Beweislast trägt bzw finanzbehördliche Feststellungs(beweis)-

---

18; BFH/NV 2008, 1; BFH DStR 2007, 1722, 1724 = GmbHR 2007, 1114 m Komm *Stahlschmidt/Laws*; abw insoweit BGH (II. Zivilsenat) DStR 2005, 978, 980 = GmbHR 2005, 877 m Komm *Schröder* (Kausalität zu verneinen); ebenso BGH (VI. Zivilsenat) NJW 2001, 967, 969 = DStR 2001, 222 m Anm *Goette* = LM H 7/2001 § 823 (Be) BGB Nr 51 *(Pape)*; BGH (VI. Zivilsenat) NJW 2002, 1123, 1124.

[809] BFH GmbHR 2008, 386 Rn 15 ff (unter Betonung – angeblicher – Unterschiede zwischen zivilrechtl Schadensersatznormen u steuerrechtl Haftungsvorschrift mit lediglich Schadensersatzcharakter, „die uneingeschränkte Übertragung der zum Schadensersatzrecht, insbes zur Berücksichtigung von hypothetischen Kausalverläufen u zur Schadenszurechnung ergangenen BGH-Rspr nicht geboten sein lassen"); im Wesentl gleichlautend BFH/NV 2008, 18; BFH/NV 2008, 1; BFH DStR 2007, 1722, 1724 f = GmbHR 2007, 1114 m Komm *Stahlschmidt/Laws*; s auch *Haunhorst* DStZ 2006, 369, 372 f; vgl zur Haftung aus § 823 II BGB iVm § 266 a StGB OLG Dresden GmbHR 2003, 422 (dazu *Flöther/Bräuer* DZWiR 2003, 353).

[810] Rspr des BFH **abl** auch *Tiedtke/Peterek* GmbHR 2008, 617, 624 ff. Ebenfalls für Berücksichtigung von hypothetischem Kausalverlauf bzw Reserveursache hinsichtl Haftung aus § 823 II BGB iVm § 266 a StGB BGH (II. Zivilsenat) DStR 2005, 978, 980 = GmbHR 2005, 877 m Komm *Schröder*, vgl auch BGH (VI. Zivilsenat) NJW 2001, 967, 969 = DStR 2001, 222 m Anm *Goette* = LM H 7/2001 § 823 (Be) BGB Nr 51 *(Pape)*; BGH (VI. Zivilsenat) NJW 2002, 1123, 1124; ferner Scholz/*Schneider* Rn 417; Lutter/*Hommelhoff/Kleindiek* Rn 75; sowie hinsichtl steuerrechtl Haftung *Nacke* DB 2006, 1182, 1184; *Stahlschmidt/Laws* BB 2006, 1031; *dies* GmbHR 2006, 410 (jew m Angaben zur Rspr-Entwicklung); *Urban* DStR 2006, 1256, 1261 f; iErg *Frotscher* BB 2006, 351; *Remmert/Horn* NZG 2006, 881. Allg zur Einordnung hypothetischer Kausalverläufe als Frage nicht der Ursächlichkeit, sondern der Schadenszurechnung s Nachw oben in Fn 113 bei Rn 16.

[811] Zur steuerrechtl Haftung: BFH GmbHR 2008, 386 Rn 23; BFH/NV 2008, 18; BFH/NV 2008, 1; BFH DStR 2007, 1722, 1725 = GmbHR 2007, 1114 m Komm *Stahlschmidt/Laws*; BFH BeckRS 2007, 24002999; BFH/NV 2007, 2059 Rn 9; **krit** *Heeg* DStR 2007, 2134, 2137.

[812] Zur steuerrechtl Haftung BFH DStRE 2007, 1129, 1130; BFH/NV 2007, 2059 Rn 9.

[813] **AA** für steuerrechtl Haftung BFH GmbHR 2008, 386 Rn 19 ff; BFH/NV 2008, 18; BFH/NV 2008, 1; BFH DStR 2007, 1722, 1724 f = GmbHR 2007, 1114 m Komm *Stahlschmidt/Laws*; für Haftung aus § 823 II BGB iVm § 266 a StGB OLG Dresden GmbHR 2003, 422 (dazu *Flöther/Bräuer* DZWiR 2003, 353). Allg zur Begrenzung der Berücksichtigungsfähigkeit hypothetischer Kausalverläufe durch Schutzzweck der verletzten Norm s Nachw oben in Fn 116 bei Rn 16.

last bei Inanspruchnahme des GFührers als Haftungsschuldner entsprechend begrenzt ist.[814] FA muss deshalb mitnichten bei Erlass des Haftungsbescheids u Ausübung des ihm zustehenden Ermessens Prognoseentscheidung treffen u Möglichkeit wie Erfolgsaussichten einer Ausübung von Anfechtungsrechten prüfen, sodass insoweit auch keine Erschwernisse oder Unsicherheiten bei Durchsetzung der Haftung aus §§ 69, 34 AO zu gewärtigen sind.[815] „Effektivitätsgesichtspunkte u Praktikabilitätserwägungen", auf die sich BFH neben Sicherungszweck beruft,[816] vermögen Haftung des GFührers jedenfalls nicht zu rechtfertigen, wenn Ausfall ohnehin eingetreten wäre.[817] Fiskus, ebenso Sozialkasse, wäre sonst unter Umständen besser gestellt als bei pflichtgemäßer Zahlung der Steuern u Beiträge, was schwerlich mit Schutzzweck der verletzten Normen zu vereinbaren ist. Wird diese Erkenntnis konsequent durchgehalten, so ist wenigstens auf diesem Wege die unangemessene Ausweitung der (straf- u) deliktsrechtl Haftung aus § 823 II BGB, § 266 a StGB bzw steuerrechtl Haftung aus §§ 69, 34 AO durch Rspr (Rn 100) zu begrenzen.[818]

Anfechtbarkeit in Insolvenzverfahren ist im Grds anzunehmen, weil mit Zahlung an Sozialkasse oder Fiskus regelmäßig objektive Gläubigerbenachteiligung iSv § 129 InsO einhergeht.[819] Strafbarkeit der Vorenthaltung (§ 266 a StGB) schließt Anfechtbarkeit abgeführter Sozialversicherungsbeiträge im Insolvenzverfahren nicht aus (§ 64 Rn 82).[820] Hinsichtl Abführung von **Arbeitnehmeranteilen zur Sozialversicherung** ist allerdings Gläubigerbenachteiligung u mithin Anfechtbarkeit umstr, insbes seit Neuregelung in § 28 e I 2 SGB IV bestimmt, dass Zahlung des vom Beschäftigten zu tragen- 104

---

814 Vgl zur Darlegungs- u Beweislast des GFührers bei Berufung auf rechtmäßiges Alternativverhalten iRd Haftung aus § 43 II oben Rn 38. Wie hier hinsichtl steuerrechtl Haftung *Stahlschmidt/Laws* BB 2006, 1031, 1036 f; *dies* GmbHR 2006, 410, 415; *Nacke* DB 2006, 1182, 1185; vgl auch allg zur Feststellungs(beweis)last bei Haftungsinanspruchnahme des GFührers nach § 69 Pahlke/Koenig/*Intemann*, AO, § 69 Rn 148 sowie zu Grenzen des behördlichen Untersuchungsgrds Pahlke/Koenig/*Wünsch*, AO, § 88 Rn 27. Zur tatsächlichen Vermutung, dass Insolvenzverwalter Anfechtungsanspruch geltend gemacht hätte (machen würde) oben bei Fn 806; ferner etwa *Stahlschmidt/Laws* BB 2006, 1031, 1038; *Nacke* aaO.

815 **AA** aber BFH GmbHR 2008, 386 Rn 22 ff; ebenso BFH/NV 2008, 18; BFH/NV 2008, 1; BFH DStR 2007, 1722, 1724 f = GmbHR 2007, 1114 m Komm *Stahlschmidt/Laws*.

816 BFH GmbHR 2008, 386 Rn 25; BFH/NV 2008, 18; BFH/NV 2008, 1; BFH DStR 2007, 1722, 1725 = GmbHR 2007, 1114 m Komm *Stahlschmidt/Laws*.

817 **Abl** auch *Tiedtke/Peterek* GmbHR 2008, 617, 625; ferner *Stahlschmidt/Laws* GmbHR 2006, 410, 415.

818 Zutr *Hirte* KapGesR, Rn 3.131; vgl auch *Goette* DStR 2001, 224 f.

819 Vgl zur grds Möglichkeit BGH (IX. Zivilsenat) NJW 2006, 1348; BGH (IX. Zivilsenat) NJW 2004, 1444, 1446 f; BGH (IX. Zivilsenat) NJW-RR 2003, 1632 f = DZWIR 2003, 515 m Anm *Flöther/Bräuer*; BGH (IX. Zivilsenat) NJW 2002, 2568; BGHZ (IX. Zivilsenat) 149, 100, 104 ff = DStR 2001, 366 m Anm *Goette* = LM H 5/2002 GesO Nr 77/78 *(Pape)*; BGH (II. Zivilsenat) DStR 2005, 978, 980 = GmbHR 2005, 877 m Komm *Schröder*; BGH (VI. Zivilsenat) NJW 2001, 967, 969 = DStR 2001, 222 m Anm *Goette* = LM H 7/2001 § 823 (Be) BGB Nr 51 *(Pape)*; BGH (IX. Zivilsenat) NJW 2004, 1385; **aA** OLG Dresden GmbHR 2003, 422; dazu *Flöther/Bräuer* DZWIR 2003, 353; *Gundlach/Frenzel/Schmidt* DZWIR 2002, 89 und *dies* DStR 2002, 861 (für Lohnsteuer); *Lüke/Machunsky* ZIP 1998, 673.

820 BGH (5. Strafsenat) NJW 2005, 3650, 3652 = DStR 2005, 1867 m Anm *Goette* = GmbHR 2005, 1419 m Komm *Schröder/Faust* = DB 2005, 2516 m Anm *Kurth*.

den Teils des Gesamtsozialversicherungsbeitrags als aus Vermögen des Beschäftigten erbracht gilt.[821] Einbehaltene u abgeführte **Lohnsteuer** wird aus GesVermögen gezahlt u nicht etwa aus für Arbeitnehmer treuhänderisch gehaltenem Vermögen, so dass insoweit Benachteiligung der GesGläubiger nicht ausscheidet.[822] Nach teilw Ansicht soll allerdings Lohnsteuerzahlung zusammen mit Lohnzahlung als solcher Bargeschäft iSv § 142 InsO sein, das nicht zu unmittelbarer Benachteiligung der Gläubigergesamtheit führt u nur unter engen Voraussetzungen des § 133 I InsO anfechtbar ist.[823] Entsprechendes wird nach dieser Meinung gelten müssen für Abführung der Arbeitnehmeranteile zur Sozialversicherung.[824]

105 **6. Haftung des GFührers auf Unterlassung u Beseitigung.** GFührer kann entsprechende Haftung im Außenverhältnis treffen, wenn er selbst durch eigenes Tun als Täter oder Teilnehmer Rechtsverletzung (mit)verursacht,[825] es sei denn, betreffende Regelung stellt ausdrücklich auf „Betriebsinhaber" (das ist die GmbH) als Anspruchsgegner ab, wie zB § 14 Abs 7 MarkenG oder § 99 UrhG.[826] Daneben kommt Störerhaftung auf Unterlassung u Beseitigung wegen (drohender) Rechtsverletzungen der Ges in Betracht, wenn GFührer selbst Störer ist;[827] Störereigenschaft ist zu bejahen, wenn GFührer handelnd

---

[821] **Abl** etwa BeckOK SGB IV/*Mette* § 28 e Rn 8 a; für Zahlung entgegen § 64 S 1 auch unten § 64 Rn 64 (gesetzl Fiktion eines Treuhandverhältnisses); **aM** *Bork* ZIP 2008, 1041, 1043 f m Angaben zum Meinungsstand u bedenkenswerter Argumentation; ferner etwa *Leithaus/Krings* NZI 2008, 393; *Brinkmann/Luttmann* ZIP 2008, 901; aus der instanzgerichtl Rspr LG Kiel NZI 2009, 320; LG Schwerin NZI 2009, 185; vgl auch BGH NJW 2008, 1535 (keine Anwendung auf Fälle, in denen das Insolvenzverfahren vor dem 1. 1. 2008 eröffnet worden ist; iÜ ausdrücklich offen lassend) sowie zuvor mit Recht für Anfechtbarkeit BGH NJW 2004, 1444, 1446; BGH NJW 2006, 1348, 1349 mwN; ferner MünchKommInsO/*Kirchhof* § 129 Rn 78 c.

[822] BGH NJW 2004, 1444, 1446 f; zu Recht für grds Anfechtbarkeit von Lohnsteuerzahlungen iRd Abzugsverfahrens etwa auch MünchKommInsO/*Kirchhof* § 129 Rn 78 c mwN; ferner *Gundlach/Frenzel/Schmidt* DStR 2002, 861 ff sowie (unter Einschluß von Kirchensteuer u Solidaritätszuschlag) OLG Schleswig ZIP 2003, 727 f; FG Baden-Württemberg EFG 2004, 1425 *(Adamek)*.

[823] BFH/NV 1999, 745; zust etwa *W Schön* FS Westermann, 2008, 1469, 1484; offengelassen in BFH GmbHR 2008, 386 Rn 28; BFH/NV 2008, 18; BFH/NV 2008, 1; BFH DStR 2007, 1722, 1725 = GmbHR 2007, 1114 m Komm *Stahlschmidt/Laws*; BFH/NV 2006, 1610; BFH DStR 2005, 1331; **aA** BGH NJW 2004, 1444, 1447; BGH NJW 2006, 1348, 1349 (für Abführung von Sozialversicherungsbeiträgen); ferner etwa *Remmert/Horn* NZG 2006, 881; *Nacke* DB 2006, 1182, 1183; *Frotscher* BB 2006, 351, 353 ff (jew zu Lohn- u Umsatzsteuer); *Stahlschmidt/Laws* GmbHR 2006, 410, 412.

[824] Gegen Annahme eines Bargeschäfts BGH NJW 2006, 1348, 1349. Ausführl zum ganzen *Kayser*, Insolvenzrechtliche Bargeschäfte (§ 142 InsO) bei der Erfüllung gesetzlicher Ansprüche?, ZIP 2007, 49.

[825] Vgl in Bezug auf Wettbewerbsverstöße u Schutzrechtsverletzungen HdbManagerhaftung/*Kellenter/Eberhardt* § 21 Rn 7, 10; Ulmer/*Paefgen* Rn 255, jew m zahlreichen Nachw aus der Rspr; für das Wettbewerbsrecht (UWG) problematisierend *Messer* FS Ullmann, 2006, 769, 770 ff; zur Außenhaftung des GFührers (auf Schadensersatz) bei Kartellrechtsverstößen (vgl § 33 I, III GWB) *Dreher* WuW 2009, 133.

[826] Michalski/*Haas* Rn 347; Ulmer/*Paefgen* Rn 255.

[827] Vgl HdbManagerhaftung/*Kellenter/Eberhardt* § 21 Rn 8 m Angaben zur Entwicklung der Rspr (zu Wettbewerbsverstößen u Schutzrechtsverletzungen); s auch Scholz/*Schneider* Rn 342; **krit** *Keller* GmbHR 2005, 1235, 1237 f; offengelassen von BGH GRUR 2003, 807, 808; BGH GRUR 2003, 969, 970.

(auch teilnehmend) für Rechtsverletzung ursächlich wird.[828] Für Unterlassungen, dh ohne eigene Beteiligung haftet er nur bei Kenntnis von der Rechtsverletzung u Möglichkeit der Verhinderung.[829] Mit Übertragung der Rspr zur deliktischen Haftung aus Garantenstellung (Rn 76 ff) muss gerechnet werden.[830] Dann besteht auch Haftung des GFührers im Außenverhältnis für fahrlässige Nichtverhinderung von Rechtsverletzungen im Unternehmen, was in der Sache freilich nicht gerechtfertigt ist (vgl Rn 77 f; zu Organisationspflichten gegenüber Ges, deren Verletzung Haftung aus § 43 II begründen kann, oben Rn 17).[831] Praktisch wird Störerhaftung insbes für **Wettbewerbsverstöße** nach UWG sowie für **Verletzungen von Marken- u anderen Immaterialgüterrechten.**[832] Möglich ist auch Androhung von Ersatzordnungshaft gegenüber GFührer bei zur Unterlassung verurteilter GmbH.[833]

7. Haftung aus öffentlich-rechtlicher Pflichtenstellung. GFührer kann Haftung aus öffentlich-rechtlicher Pflichtenstellung unter verschiedensten Gesichtspunkten treffen, auch über die schon dargelegte Haftung gegenüber Steuergläubigern (Rn 89 f) u Sozialversicherungsträgern (Rn 91 ff) hinaus, zum einen selbstverständlich, soweit Vorschriften des öffentlichen Rechts,[834] insbes des Verwaltungsrechts, Schutzgesetze iSv § 823 II BGB sind (vgl oben Rn 79 ff, 84), des Weiteren auf Grund der Inanspruchnahme als Störer (dazu Rn 105), **106**

---

828 S zur Problematik auch *Samwer* WRP 1999, 67; HK-GmbHR/*Fichtelmann* Rn 80 f.

829 Vgl BGH DB 1986, 373 = GRUR 1986, 248; BGH GRUR 1986, 252; ebenso HdbManagerhaftung/*Kellenter/Eberhardt* § 21 Rn 25 ff, 32; s aber auch OLG Frankfurt GRUR-RR 2001, 198, 199: GFührer muss sich Kenntnis des MitGFührers zurechnen lassen (zweifelhaft; dagegen auch *Keller* GmbHR 2005, 1235, 1238; *Kellenter/Eberhardt* aaO Rn 30); zur teilw abweichenden Rspr der Instanzgerichte iÜ *Kellenter/Eberhardt* aaO Rn 14 f (für Wettbewerbsverstöße u Schutzrechtsverletzungen); zur wettbewerbsrechtl Haftung auch *Messer* FS Ullmann, 2006, 769, 772 ff.

830 Für Außenhaftung des GFührers auf Unterlassung u Beseitigung bei Wettbewerbsverstößen u Schutzrechtsverletzungen, aber ohne überzeugende Begründung etwa Scholz/*Schneider* Rn 343 f (Leitungs-, Organisations- u Überwachungspflichten auf Grund Garantenstellung aus Organisationsherrschaft); *Keller* GmbHR 2005, 1235, 1242 (sonderdeliktische Verkehrssicherungspflicht bei Teilhabe am wirtschaftl Erfolg der GmbH in ausgeprägtem u erheblichem Maße); (weiter) einschr Michalski/*Haas* Rn 351 (im Ausnahmefall eines Missverhältnisses zwischen Gefahrenlage u Organisationsstruktur); idS *Klaka* FS Döllerer, 1988, 296, 275. Überblick zum Meinungsstand im Schrifttum bei HdbManagerhaftung/*Kellenter/Eberhardt* § 21 Rn 16 ff; s auch *Messer* FS Ullmann, 2006, 769, 772 ff.

831 **Abl** gegenüber Außenhaftung bei Wettbewerbsverstößen u Schutzrechtsverletzungen zB auch Ulmer/*Paefgen* Rn 255; HdbManagerhaftung/*Kellenter/Eberhardt* § 21 Rn 25 ff, jew mwN; grds *Messer* FS Ullmann, 2006, 769, 776 ff (zu Wettbewerbsverstößen); **krit** MünchHdbGmbH/*Marsch-Barner/Diekmann* § 46 Rn 76.

832 BGH DB 1986, 373; OLG Stuttgart GmbHR 1984, 182; OLG Frankfurt WM 1992, 1912; HdbManagerhaftung/*Kellenter/Eberhardt* § 21 Rn 1; *A. Maier* GmbHR 1986, 153; Scholz/*Schneider* Rn 340. Zum ganzen BGH aaO; HdbManagerhaftung/*Kellenter/Eberhardt* § 21 Rn 3 ff; *Messer* FS Ullmann, 2006, 769; *Keller* GmbHR 2005, 1235; *Götting* GRUR 1994, 6; *Haß* GmbHR 1994, 666; *A. Maier,* Wettbewerbsrechtliche Haftung geschäftsführender Organe, 1988; *Klaka* FS Döllerer, 1988, 269; *Ottofülling* GmbHR 1991, 304. Vgl als Beispielsfall für Unterlassungsanspruch bei unwahrer Tatsachenbehauptung OLG Koblenz DB 1991, 2651.

833 BGH BB 1991, 1446.

834 Dazu *Spindler,* Unternehmensorganisationspflichten, 2001, 900.

aber auch aus öffentlich-rechtlichen Haftungsgründen. Darauf ist hier nicht näher einzugehen.[835]

107 **8. Gesamtwürdigung.** Außenhaftung des GFührers für Verbindlichkeiten der GmbH ist insgesamt durch Gesetzgebung, Rspr u Lehre nicht unerheblich ausgeweitet worden.[836] Es handelt sich dabei zum Teil um dogmatisch unkontrollierten Wildwuchs; iErg ist Entwicklung, wenn auch in Teilen notwendig u richtig, in ihrer Gesamtwirkung insofern bedenklich, als sie GFührertätigkeit mit hohem Risiko belastet[837] u das § 43 zugrundeliegende Konzept der Innenhaftung u Haftungskonzentration auf die Ges konterkariert (vgl Rn 1 mit Nachw). Zu den Möglichkeiten der Risikoabsicherung durch Vermögensschaden-Haftpflichtversicherung (D&O-Versicherung: Directors' and Officers' Liability Insurance) s Rn 112. Entwicklung der Haftungsrisiken für GFührer steht in krassem Gegensatz zu der sich ausbreitenden Anwendung der §§ 491 ff BGB auf den Schuldbeitritt des GFührers zu Verbindlichkeiten der Ges (Rn 68).

VII. Freistellungsansprüche u Haftpflichtversicherung

108 **1. Freistellungsansprüche gegen Ges, Gfter u Dritte.** Soweit GFührer der Ges nach § 43 haftet, kommen Freistellungsansprüche gegen Ges selbstverständlich nicht in Frage. Freistellungsansprüche gegen eigene Ges sind aber denkbar bei Haftung gegenüber Dritten, allerdings, soweit nicht vertragliche Zusagen vorliegen (Rn 111), nur auf Grund besonderer Umstände, wie etwa in direkter oder analoger Anwendung von § 670 BGB (Erstattung von Aufwendungen), wenn zwar GFührer Haftungstatbestand gegenüber Dritten erfüllt, nicht aber gleichzeitig seine Pflichten gegenüber der Ges verletzt hat.[838]

109 Denkbar ist auch Freistellung von Ansprüchen aus § 43 nach § 670 BGB, wenn GFührer diese Stellung im Auftrag eines anderen Unternehmens, etwa einer MutterGes innehat. In der Regel wird freilich Verletzung der Sorgfaltspflichten gegenüber der TochterGes auch Pflichten gegenüber der MutterGes verletzen. Freistellung von GFührern in Analogie zu arbeitsrechtlichen Grds kommt idR nicht in Betracht; sie würde Haftungsminderung nach solchen Grds voraussetzen (vgl Rn 6).

110 Soweit GFührer gesamtschuldnerisch haftet, kann er von Mithaftendem, zB MitGFührer (vgl Rn 29) oder Gfter bei verbotswidriger Auszahlung gebundenen Vermögens (vgl Rn 49), nach § 426 I 1 BGB Befreiung von seiner

---

[835] S dazu *Peus* DStR 1998, 684. Vgl auch Scholz/*Schneider* Rn 357 ff sowie besonders zur Verantwortlichkeit bei Delegation öffentlich-rechtlicher Pflichten *Schneider/Brouwer* FS Priester, 2007, 713. Speziell zur umweltrechtl Verantwortlichkeit des GFührers s bereits oben Rn 84 mN; ausführl HdbManagerhaftung/*Uwer* § 32 Rn 1 ff. Zur Haftung als abfallrechtl Handlungsstörer VG Frankfurt GmbHR 1997, 310; hierzu auch *Westermann* FS Fikentscher, 1998, 463 f.

[836] So auch *Lutter* GmbHR 2000, 301, 309 ff; *Stake* JA 2001, 600.

[837] *Thümmel/Sparberg* DB 1995, 1013; *Goette* DStR 1998, 1308; *Lutter* GmbHR 2000, 301; *ders* GmbHR 1998, 9; Scholz/*Schneider* Rn 12.

[838] Dazu näher *Bastuck* 102 ff; *Schlechtriem* in Kreuzer (Hrsg), Die Haftung der Leitungsorgane von Kapitalgesellschaften, 1991, 73 f.; s auch *Altmeppen* HdbManagerhaftung § 7 Rn 23 (zur gesamtschuldnerischen Haftung bei Verletzung vorvertraglicher Pflichten); ferner Scholz/*Schneider* Rn 354.

Ersatzpflicht in Höhe des von diesem zu tragenden Anteils verlangen.[839] Haften GFührer u Gfter wegen existenzvernichtenden Eingriffs (vgl dazu Rn 62a sowie § 13 Rn 57ff u SchlAnhKonzernR Rn 121ff), hat GFührer regelmäßig Anspruch auf Freistellung von seiner Ersatzpflicht gegenüber den mithaftendem Gfter (Rn 62a aE mN). Haften GFührer u Ges Drittem als Gesamtschuldner, kann Befreiungsanspruch des GFührers aus § 426 I 1 BGB bestehen, wenn nicht zugleich GFührerpflichten im Innenverhältnis verletzt sind. Anspruch auf Befreiung scheidet zB aus bei gesamtschuldnerischer Haftung wegen Verletzung vorvertraglicher Pflichten (Rn 70), falls hierin auch Sorgfaltspflichtverletzung gegenüber Ges liegt.[840] Haften Ges als Steuerschuldnerin u GFührer als Haftungsschuldner (§ 69 AO) gesamtschuldnerisch gegenüber Finanzbehörde,[841] kommt Befreiungsanspruch hinsichtl primärer Steuerschuld in Betracht, nicht aber in Bezug auf Säumniszuschläge (vgl § 69 S 2 AO), weil verspätete Steuerentrichtung aus Vermögen der Ges auch dieser gegenüber sorgfaltspflichtwidrig iSv § 43 II ist.[842] Anspruch auf Befreiung entfällt grds auch, soweit GFührer u Ges gem §§ 823ff iVm § 31 BGB im Außenverhältnis als Gesamtschuldner haften (§ 840 I, II BGB analog).[843]

Von gesetzlichen Freistellungsansprüchen zu unterscheiden sind **vertragliche Freistellungszusagen** der Gfter oder Dritter für GFührer, sei es hinsichtlich Ersatzpflichten gegenüber der Ges oder gegenüber Dritten, sowie vertragliche Freistellungszusagen der Ges für GFührer hinsichtlich Ersatzpflichten gegenüber Dritten; solche Vereinbarungen sind freilich nicht unbegrenzt zulässig.[844] Vgl dazu auch § 35 Rn 66. Zusage der Ges, GFührer von Haftung gegenüber Dritten freizustellen, ist insbes nur insoweit zulässig, als Ges im Innenverhältnis über Schadensersatzanspruch aus § 43 disponieren kann (vgl Rn 46).[845] **111**

2. Haftpflichtversicherung. GFührerhaftungsrisiko lässt sich bis zu einem gewissen Grad durch Abschluss einer Versicherung abfangen (s auch § 35 Rn 67).[846] Diese oft als D & O Versicherung (Directors and Officers Liability **112**

---

839 Vgl dazu allg Staudinger/*Noack,* 2005, § 426 Rn 6, 73ff.

840 *Altmeppen* HdbManagerhaftung § 7 Rn 23; Scholz/*Schneider* Rn 354.

841 Pahlke/König/*Intemann,* AO, § 69 Rn 7.

842 Vgl Scholz/*Schneider* Rn 353.

843 Vgl *Altmeppen* HdbManagerhaftung § 7 Rn 69f; Michalski/*Haas* Rn 205; Scholz/*Schneider* Rn 355.

844 Näher dazu u zu Erscheinungsformen von Freistellungszusagen *Habersack* FS Ulmer, 2003, 150ff, 171ff; *Westermann* FS Beusch, 1993, 871. Zur Haftungsfreistellung durch Vereinbarung mit einem Dritten u deren Zulässigkeit s auch Ulmer/*Paefgen* Rn 10; Scholz/*Schneider* Rn 263. Zur Freistellung des GFührers von Geldstrafen, Geldbußen u Schadensersatzansprüchen Dritter bei Kartellrechtsverstößen *Hasselbach/Seibel* GmbHR 2009, 354f, 358f.

845 IdS auch Scholz/*Schneider* Rn 356.

846 Aus dem umfangreichen Schrifttum etwa (teilw zur AG): VersicherungsrechtsHdb/*Beckmann* § 28; HdbManagerhaftung/*Sieg* § 16; *Olbrich,* Die D&O-Versicherung in Deutschland, 2003; *Küpper-Dirks,* Managerhaftung u D&O-Versicherung, 2002; *Ihlas,* Organhaftung u Haftpflichtversicherung, 1997, s auch Ulmer/*Paefgen* Rn 256ff; *v Westphalen* VersR 2006, 17; *Dreher* DB 2005, 1669; *Säcker* VersR 2005, 10; *Koch* GmbHR 2004, 18ff, 160ff u 288ff; *Bender/Vater* VersR 2003, 1376; *Bauer/Krets* DB 2003, 811, 814; *Kiethe* BB 2003, 537; *Habersack* FS Ulmer, 2003, 151; *Henssler,* D&O-Versicherung in Deutschland, in: Henze/Hoffmann-Becking (Hrsg), Gesellschaftsrecht 2001, 131; *Lohr* NZG 2000, 1204, 1211ff; *K. Kästner* AG 2000, 113. S auch Angaben bei § 35 Rn 67.

Insurance) bezeichnete Haftpflichtversicherung wird idR unter Selbsthaftungsanteil u unter zahlreichen Haftungsausschlüssen u -einschränkungen angeboten.[847] Abschluss ist gleichwohl dringend zu empfehlen. Bedenken gegen Versicherungsnehmerstellung der Ges oder Prämienzahlung durch sie bestehen grundsätzlich nicht (hM).[848] Im Innenverhältnis erfordert Abschluss des Versicherungsvertrages mit Ges Beschluss der Gfter; Fehlen berührt Wirksamkeit des Vertrages freilich nicht. Übernahme der Prämien durch Ges bei Vertrag mit GFührer bedarf ebenfalls eines GfterEntscheides.[849]

Kreditgewährung aus Gesellschaftsvermögen

43a **[1] Den Geschäftsführern, anderen gesetzlichen Vertretern, Prokuristen oder zum gesamten Geschäftsbetrieb ermächtigten Handlungsbevollmächtigten darf Kredit nicht aus dem zur Erhaltung des Stammkapitals erforderlichen Vermögen der Gesellschaft gewährt werden. [2] Ein entgegen Satz 1 gewährter Kredit ist ohne Rücksicht auf entgegenstehende Vereinbarungen sofort zurückzugewähren.**

Übersicht

1 **1. Zweck.** Die durch die Novelle von 1980 eingefügte u durch MoMiG unveränderte Bestimmung soll im Interesse des Gläubigerschutzes (insoweit anders als §§ 89, 115 AktG u § 39 GenG, die primär Integrität der Gesellschaft schützen)[1] **Erhaltung des Stammkapitals durch Kreditgewährungsverbote** (S 1) u **eigenständigem Rückgewähranspruch der Ges ggü Kreditnehmer** (S 2) verbessern.[2] Dabei geht es nicht nur um die Erhaltung des Stammkapitals als rechnerische Größe, da Kredite wegen der Rückzahlungsansprüche in aller Regel bilanzneutral sind (s § 30 Rn 35). Ziel ist vielmehr, abstrakt-generalisierend unterstellte **Gefährdung** durch Insolvenz des Kreditnehmers zu vermeiden.[3] Auf das Fehlen eines „vollwertigen

---

[847] Dazu *Lohr* NZG 2000, 1204, 1211 f; Scholz/*Schneider* Rn 444 ff.

[848] Ulmer/*Paefgen* Rn 257; Scholz/*Schneider* Rn 437; Lutter/*Hommelhoff*/*Kleindiek* Rn 4; Michalski/*Haas* Rn 260 mwN; **aA** noch *Habetha,* Direktorenhaftung u gesellschaftsfinanzierte Haftpflichtversicherung, 1995, 183 f. Eingehend *Möhrle,* Gesellschaftsrechtliche Probleme der D & O-Versicherung, 2007.

[849] Lutter/*Hommelhoff*/*Kleindiek* Rn 4 (arg § 46 Nr 5 u 8); Scholz/*Schneider* Rn 438, 436 m Fn 4; *Habersack* FS Ulmer, 2003, 151, 158.

[1] Scholz/*Schneider* Rn 8; **aA** *K Schmidt* NJW 1980, 1769, 1772; erneut *ders* GmbHR 2007, 1076.

[2] *Lutter/Hommelhoff* Rn 1; *Wicke* Rn 1; Rowedder/Schmidt-Leithoff/*Koppensteiner* Rn 1; iE ähnl Scholz/*Schneider* Rn 8 ff.

[3] Scholz/*Schneider* Rn 8, 15; ähnl *Lutter/Hommelhoff* Rn 1; Roth/*Altmeppen* Rn 1; Michalski/*Michalski* Rn 1 f.

Rückgewähranspruchs" (§§ 19 Abs 5, 30 Abs 1 S 2)[4] u damit Beeinträchtigung des Stammkapitals im konkreten Fall kommt es nicht an.[5] **Bilanzielle Betrachtungsweise ist bei § 43 a nicht anwendbar.** Trotz Hinweisen während des Gesetzgebungsverfahrens[6] wurde der Wortlaut der Norm durch das MoMiG nicht wie bei § 30 geändert. Damit ergibt sich als Folge, dass Darlehen an Gfter unter der Voraussetzung der Vollwertigkeit zulässig sind, Darlehen an (Gfter- oder Fremd)GFührer jedoch weiterhin nicht. Die Unterscheidung ist auch zweckgerecht: wenn ein Gfter einen Kredit aus gebundenem Vermögen haben will, so muss er immerhin die Hürde des GFührers zu überwinden, der die Vollwertigkeit zu prüfen hat; diese Hürde entfällt bei dem GFührer, der seine eigene Kreditwürdigkeit zu beurteilen hätte. Um dieser Interessenkollision von vornherein zu wehren, ist ein gegenständlich orientierter Schutz des gebundenen GesVermögens ggü Zugriffen der darüber verfügungsberechtigten Personen geboten.[7]

2. Gebundene Vermögensmasse. Verboten ist Kreditgewährung aus dem als Stammkapital gebundenen, durch die Bilanz ausgewiesenen Vermögen. Zur Abgrenzung des dadurch erfassten Vermögens § 30 Rn 13 ff. Für Beurteilung, ob Kredit das zur Stammkapitalerhaltung erforderliche GesVermögen berührt, bleibt (*anders* als nach § 30 I S 2) **Rückzahlungsanspruch ggü Kreditnehmer außer Ansatz,** auch wenn Kredit besichert ist,[8] s Rn 1. Unzutr ist Auffassung, dass Kredit erlaubt ist, wenn seine Finanzierung aus ungebundenem Vermögen unter Einbeziehung von Fremdkapital möglich ist.[9] **Maßgeblicher Zeitpunkt** für Beurteilung, ob dieses Vermögen tangiert wird, ist nicht Vertragsabschluss, sondern tatsächliche Gewährung.[10] Wird Stammkapital erst nach Kreditgewährung betroffen, greift § 43 a nicht automatisch ein,[11] wohl aber bei Kreditverlängerung;[12] hängt Rückzahlung von Kündigung ab oder ist Kündigung zulässig, ist Ges aber verpflichtet, diese unverzüglich zu erklären.[13] Ist künftige Unterdeckung bei Kreditgewährung 2

---

[4] Ring/Grziwotz/*Nagel* Rn 2; *Fromm* GmbHR 2008, 537; krit dazu *Drygala/Kremer* ZIP 2007, 1296; *K. Schmidt* GmbHR 2007, 1076.

[5] BGH NJW 2004, 1111; *Lutter/Hommelhoff* Rn 1; *Gehrlein* BB 2004, 2685, 2594; *Saenger/Koch* NZG 2004, 271; **aA** *Müller* BB 1998, 1804, 1806 mit Fn 21 für den Fall, dass Kredit besichert ist.

[6] *Drygala/Kremer* ZIP 2007, 1296; *K. Schmidt* GmbHR 2007, 1076.

[7] Hierzu *Fromm* GmbHR 2008, 537.

[8] *Lutter/Hommelhoff* Rn 9; Michalski/*Michalski* Rn 32.

[9] So aber *Meyer-Arndt* DB 1980, 2328; gegen ihn zutr Scholz/*Schneider* Rn 46; *Schneider* GmbHR 1982, 203; iE abl auch Rowedder/Schmidt-Leithoff/*Koppensteiner* Rn 6; *K. Schmidt* GesR § 37 III 6 a.

[10] Roth/*Altmeppen* Rn 4; Scholz/*Schneider* Rn 42, 50; Rowedder/Schmidt-Leithoff/*Koppensteiner* Rn 6; *Lutter* DB 1980, 1322; **abw** *Lutter/Hommelhoff* Rn 7 f.

[11] Roth/*Altmeppen* Rn 4; *Lutter/Hommelhoff* Rn 10; Rowedder/Schmidt-Leithoff/*Koppensteiner* Rn 7; Ulmer/*Paefgen* Rn 27; Michalski/*Michalski* Rn 34 mwN; **abw** Scholz/*Schneider* Rn 43 f, 55; *K. Schmidt* GesR § 37 III 6 a; *Peltzer* FS Rowedder, 1994, 325, 341 f; *Schneider* GmbHR 1982, 204.

[12] *Lutter/Hommelhoff* Rn 8; Rowedder/Schmidt-Leithoff/*Koppensteiner* Rn 7; Michalski/*Michalski* Rn 35.

[13] Ähnl *Geßler* BB 1980, 1389; Rowedder/Schmidt-Leithoff/*Koppensteiner* Rn 7; Michalski/*Michalski* Rn 35 (Nichtwahrnehmung von Kündigungsmöglichkeit als Kreditgewährung einzustufen); **abw** Scholz/*Schneider* Rn 55: automatische sofortige Fälligkeit.

absehbar, liegt sie unter Anwendung zutr Rechnungslegung in Wahrheit bereits vor; Kreditgewährung ist daher unzulässig.[14]

3 **3. Erfasster Personenkreis.** Verboten sind Kredite an GFührer (auch GfterGFührer, stellvertretende GFührer, NotGFührer, Arbeitsdirektor, ferner fehlerhaft bestellte u faktische GFührer),[15] Liquidatoren (als „andere gesetzliche Vertreter“)[16] sowie, unabhängig davon, ob sie leitende Funktion ausüben,[17] Prokuristen (§ 48 HGB) u zum gesamten Geschäftsbetrieb ermächtigte Handlungsbevollmächtigte (§ 54 I 1. Alt HGB); dazu gehören auch Generalbevollmächtigte.[18] Nicht erfasst sind leitende Angestellte schlechthin;[19] ebenso wenig ist § 43 a (analog) anwendbar auf AR-Mitglieder, auch dann nicht, wenn sie nach GesVertrag oder tatsächlich maßgeblichen Einfluss auf die Willensbildung u Entscheidung der Ges nehmen (können).[20] Regelung ist nicht entsprechend anwendbar auf Kredite an verbundene Unternehmen u deren Organmitglieder.[21] Für **Gfter ohne GFührerstellung** gilt nur § 30; für GfterGFührer gilt *auch* § 30, der aber nach der MoMiG-Reform weniger restriktiv ist, da dort bilanzielle Betrachtung zugrunde liegt; eine entsprechende Anwendung des § 43 a, der gegenständlich orientiert bleibt (Rn 1), ist nicht möglich.[22] Dagegen gilt § 43 a für Kreditgewährung der GmbH & Co KG an GFührer, Prokuristen etc der Komplementär-GmbH, wenn hierdurch (mittelbar) das zur Erhaltung des Stammkapitals erforderliche Vermögen der GmbH berührt wird (vgl § 30 Rn 13 ff).[23] Maßgeblicher Zeitpunkt für Beurteilung der Zugehörigkeit zum betroffenen Personenkreis ist nicht Vertragsabschluss, sondern tatsächliche Gewährung,[24] dh Auszahlung des Kredits, Bestellung einer Sicherheit etc (vgl Rn 2).

4 Gewährt im Zuge eines sog Management-Buy-Out die Ziel-GmbH der von den GFührern zum Zwecke der Übernahme gegründeten Neu-GmbH ein Darlehen oder bestellt sie für ein Drittdarlehen Sicherheiten, wird § 43 a nicht anzuwenden sein, weil Begünstigte stets die Neu-GmbH als (zukünftige) Gfterin ist (zur Unanwendbarkeit des § 43 a auf Gfter Rn 3), nicht aber

---

14 Zust Michalski/*Michalski* Rn 36; *Lutter/Hommelhoff* Rn 10; *Wicke* Rn 4.

15 Ulmer/*Paefgen* Rn 6; Michalski/*Michalski* Rn 13; Scholz/*Schneider* Rn 29.

16 Michalski/*Michalski* Rn 13; Roth/*Altmeppen* Rn 6; Scholz/*Schneider* Rn 31.

17 Michalski/*Michalski* Rn 16, Scholz/*Schneider* Rn 32.

18 *Lutter/Hommelhoff* Rn 4; Roth/*Altmeppen* Rn 6; Michalski/*Michalski* Rn 16.

19 *Lutter/Hommelhoff* Rn 4; Michalski/*Michalski* Rn 16; *Wicke* Rn 2.

20 So aber Scholz/*Schneider* Rn 30; Ulmer/*Raiser/Heermann* § 52 Rn 129; wie hier die **hM:** Ulmer/*Paefgen* Rn 12; Roth/*Altmeppen* Rn 4; Michalski/*Michalski* Rn 15; *Lutter/Hommelhoff* Rn 4; Rowedder/Schmidt-Leithoff/*Koppensteiner* Rn 3; s zur Kreditgewährung an AR-Mitglieder noch § 52 Rn 63, 184.

21 BGH NJW 2004, 1111; Ulmer/*Paefgen* Rn 13; Roth/*Altmeppen* Rn 8 f; näher Michalski/*Michalski* Rn 18 jew mwN; zweifelnd Lutter/*Hommelhoff* Rn 4 aE; **aA** Scholz/*Schneider* Rn 58 f, 61 ff; *Bayer/Lieder* ZGR 2005, 133, 135; tendenziell auch *K. Schmidt* GesR § 37 III 6 b.

22 BGH NJW 2004, 1111; Ring/Grziwotz/*Nagel* Rn 4; Roth/*Altmeppen* Rn 7; Michalski/*Michalski* Rn 8 ff, 17; *Lutter/Hommelhoff* Rn 4; Rowedder/Schmidt-Leithoff/*Koppensteiner* Rn 3; *Müller* BB 1998, 1804, 1806; *Peltzer* FS Rowedder, 1994, 325, 337 f; *Becker* DStR 1998, 1429, 1433; ferner *Saenger/Koch* NZG 2004, 271 f; *Vetter* BB 2004, 1509, 1510; **aA** *K. Schmidt* GmbHR 2007, 1076; Scholz/*Schneider* Rn 62; *Schneider* FS Döllerer, 1988, 537, 547; ferner *Sotiropoulos* Kredite und Kreditsicherheiten der GmbH zugunsten ihrer Gesellschafter und nahe stehender Dritter, 1996, S 57 ff; *ders* GmbHR 1996, 653.

23 Michalski/*Michalski* Rn 19; Scholz/*Schneider* Rn 60; Lutter/*Hommelhoff* Rn 4.

24 Scholz/*Schneider* Rn 42; Michalski/*Michalski* Rn 22; **abw** *Lutter/Hommelhoff* Rn 8.

die GFührer selbst begünstigt werden.[25] Erfolgt der Anteilserwerb ohne Zwischenschaltung einer Neu-GmbH u wird das Management-Buy-Out durch Kredite Dritter finanziert, ist die Besicherung des Drittdarlehens durch das GesVermögen nach S 1 dagegen verboten (s Rn 6).

Zu Umgehungsgeschäften durch verdeckte oder mittelbare Zuwendungen s § 30 Rn 23 ff.[26] Kreditgewährung an Ehegatten oder minderjährige Kinder vom Verbot erfasster Personen unterliegt in Analogie zu §§ 89 III 1, 115 II AktG dem Verbot in Satz 1.[27] Schon deshalb unzulässig ist Kreditgewährung durch GFührer an eigene Ehefrau.[28] 5

4. Kredit. Der Begriff ist weit auszulegen. Er erfasst nicht nur Darlehen, sondern auch Wechselzeichnung, Warenkredit, Gehaltsvorschüsse, Stundungen, Bürgschaften oder sonstige Sicherheiten zugunsten Dritter für Forderungen gegen GFührer, Prokuristen etc, die Ablösung von Drittkrediten, Nichtgeltendmachung fälliger Forderungen gegen betreffende Personen u Ankauf nicht fälliger Forderungen durch Ges.[29] Kreis der erfassten Geschäfte ist ähnl abzugrenzen wie § 30 Rn 33 ff. Verbot ergreift auch besicherte Kredite, gleich welchen Sicherungsgrads u welcher Art der Sicherheit.[30] Unerheblich ist, ob Kredit im Geschäftsverkehr üblich ist, zB bei Miet- oder Werkverträgen.[31] Daher ist unzulässig auch sog Arbeitnehmerdarlehen. 6

5. Rechtsfolgen bei Verstoß. Unzulässige Kreditgewährung ist wirksam, u zwar sowohl Verpflichtungs- als auch Erfüllungsgeschäft.[32] Daher besteht Verzinsungspflicht des Kreditnehmers, Sicherheiten sind gültig.[33] Es besteht aber **sofortige Rückzahlungspflicht** des Begünstigten kraft besonderer Anspruchsgrundlage (Satz 2), nicht aus § 812 BGB. Gutgläubigkeit des Empfängers beschränkt Rückzahlungspflicht nicht, § 31 II gilt nicht entsprechend (str);[34] wohl aber dürften § 31 IV, V (letzterer iVm Abs 1) analog anwendbar 7

---

[25] Ebenso Michalski/*Michalski* Rn 29; vgl auch *Koppensteiner* ZHR 155 (1991) S 97 ff, 104 f. Näher zu dieser Problematik *Wittkowski* GmbHR 1990, 544; *Sotiropoulos* GmbHR 1996, 653; *Kerber* WM 1989, 473 u 513.

[26] S dazu näher auch *Scholz/Schneider* Rn 33 ff; Michalski/*Michalski* Rn 21.

[27] Ulmer/*Paefgen* Rn 15; Rowedder/Schmidt-Leithoff/*Koppensteiner* Rn 4; *Lutter/Hommelhoff* Rn 4; Scholz/*Schneider* Rn 34; **einschr** Michalski/*Michalski* Rn 20.

[28] OLG Düsseldorf GmbHR 1995, 227 (wo freilich Stammkapital möglicherweise bei Kreditgewährung noch nicht tangiert war).

[29] Michalski/*Michalski* Rn 26 f; Roth/*Altmeppen* Rn 5; *Wicke* Rn 4; *Lutter/Hommelhoff* Rn 6; Scholz/*Schneider* Rn 36; Rowedder/Schmidt-Leithoff/*Koppensteiner* Rn 5; **abw** zu Zahlungen auf fremde Verbindlichkeiten OLG Bremen NZG 2001, 897.

[30] BGH NJW 2004, 1111; Ulmer/*Paefgen* Rn 21; Roth/*Altmeppen* Rn 5; Lutter/*Hommelhoff* Rn 6; Michalski/*Michalski* Rn 31; Rowedder/Schmidt-Leithoff/*Koppensteiner* Rn 6; **abw** Scholz/*Schneider* Rn 40 f; *Schneider* GmbHR 1982, 202; *Müller* BB 1998, 1804, 1806 in Fn 22.

[31] *Lutter/Hommelhoff* Rn 6; **abw** *Schneider* GmbHR 1982, 202; Ulmer/*Paefgen* Rn 19; Scholz/*Schneider* Rn 37; Michalski/*Michalski* Rn 28; wohl auch Roth/*Altmeppen* Rn 5.

[32] *Lutter/Hommelhoff* Rn 12; Michalski/*Michalski* Rn 39; Rowedder/Schmidt-Leithoff/*Koppensteiner* Rn 9; Scholz/*Schneider* Rn 49 f; *Lutter* DB 1980, 1322; *Geßler* BB 1980, 1389; *U. H. Schneider* GmbHR 1982, 203; zweifelnd Roth/*Altmeppen* Rn 10.

[33] Rowedder/Schmidt-Leithoff/*Koppensteiner* Rn 9; Michalski/*Michalski* Rn 39 mwN.

[34] Wie hier Ulmer/*Paefgen* Rn 31; *Wicke* Rn 6; Michalski/*Michalski* Rn 41; Roth/*Altmeppen* Rn 13; **aA** *Lutter/Hommelhoff* Rn 14; Scholz/*Schneider* Rn 54; *Schneider* GmbHR 1982, 204; wohl auch Rowedder/Schmidt-Leithoff/*Koppensteiner* Rn 9.

sein.[35] Vor Auszahlung des Kredits besteht Leistungsverweigerungsrecht[36] u auch -pflicht,[37] soweit u solange Kreditgewährung Verstoß gegen § 43a bedeuten würde. Begünstigter GFührer u der für Gewährung verantwortliche GFührer sind gegenüber Ges gem § 43 schadensersatzpflichtig.[38] § 43 III ist wegen identischer Interessenlage im Rahmen des § 43a analog anzuwenden;[39] GfterBeschl befreit deshalb GFührer nicht von Haftung. Rückzahlungsanspruch der Ges darf durch Aufrechnung nur insoweit getilgt werden, wie dies nach § 19 II u den dazu entwickelten Grds für Einlageanspruch der Ges zulässig wäre (vgl dazu näher dort Rn 33 ff).[40] Anspruch erlischt nicht durch Wegfall einer einmal eingetretenen Unterdeckung aus anderen Gründen.[41]

8 **6. Kreditgewährung aus ungebundenem Vermögen.** Kredite aus freiem GesVermögen sind im allg und an benannten Personenkreis im Besonderen grds gestattet.[42] Kreditgewährung ist aber deswegen nicht schrankenlos erlaubt, vielmehr ist allg Sorgfaltspflicht des § 43 I von GFührern zu beachten,[43] insb sind allg zivilrechtliche Schranken (§§ 134, 138 BGB) einzuhalten.[44] Daher muss Kreditgewährung im Interesse der Ges erfolgen oder Einverständnis aller Gfter vorliegen.[45] Zuständig für Entscheidung über Kreditgewährung sind grds GFührer;[46] § 89 AktG gilt nicht (analog), u zwar weder bei Bestehen eines fakultativen noch eines obligatorischen AR, da § 52 u § 25 MitbestG sowie § 1 I Nr 3 DrittelbG auf § 89 AktG gerade nicht verweisen.[47] GesVertrag kann aber Beteiligung vorsehen. Enthält Statut, Geschäftsordnung oder Anstellungsvertrag keine abw Regelung, ist grds auch GesVers an Entscheidung über Kredithingabe nicht beteiligt; nach bes Umständen des Einzelfalles (zB Kreditvolumen, Konditionen, wirtschaftliche Lage des Unternehmens) können aber Einberufung der Vers u Beschlussfassung erforderlich sein (§ 49 II).[48] Erfolgt Kreditgewährung im Rahmen eines Anstellungsvertrages, ist das für Vertrags-

---

[35] Michalski/*Michalski* Rn 41; Roth/*Altmeppen* Rn 13; insoweit auch Rowedder/Schmidt-Leithoff/*Koppensteiner* Rn 9, *Lutter/Hommelhoff* Rn 14.

[36] *Lutter/Hommelhoff* Rn 12; Scholz/*Schneider* Rn 52; *Schneider* GmbHR 1982, 204.

[37] Zutr Michalski/*Michalski* Rn 39; ähnl Roth/*Altmeppen* Rn 10 („genauer: kein Auszahlungsanspruch").

[38] Michalski/*Michalski* Rn 6, 44; Roth/*Altmeppen* Rn 13; Scholz/*Schneider* Rn 57; vgl auch BGH NJW 2004, 1111, 1112.

[39] BGH NJW 2004, 1111, 1112; Roth/*Altmeppen* Rn 13; Scholz/*Schneider* Rn 57; Michalski/*Michalski* Rn 6.

[40] Vgl *Lutter/Hommelhoff* Rn 14 mit § 31 Rn 24; ähnl Ulmer/*Paefgen* Rn 32; Michalski/*Michalski* Rn 41; Ring/Grziwotz/*Nagel* Rn 8; **abw** OLG Naumburg ZIP 1999, 118; Scholz/*Schneider* Rn 53.

[41] Ulmer/*Paefgen* Rn 28; aA Roth/*Altmeppen* Rn 12; Rowedder/Schmidt-Leithoff/*Koppensteiner* Rn 9; Scholz/*Schneider* Rn 53.

[42] Dazu *Meyer-Arndt* DB 1980, 2329.

[43] Dazu näher Scholz/*Schneider* Rn 28; s auch *Graef* GmbHR 2004, 327.

[44] Scholz/*Schneider* Rn 16 f, 28.

[45] Vgl dazu OLG Düsseldorf GmbHR 1995, 227 für Gewährung eines überhöhten ArbN-Darlehens an Ehefrau des GFührers.

[46] Scholz/*Schneider* Rn 24; Michalski/*Michalski* Rn 25.

[47] Wie hier *Wicke* Rn 5; Roth/*Altmeppen* Rn 14; Michalski/*Michalski* Rn 25; *Lutter/Hommelhoff* Rn 2; MünchHdbGmbH/*Marsch-Barner/Diekmann* § 43 Rn 107; Scholz/*Schneider* Rn 26 f mwN; **abw** für nach MitbestG 1976 u Montan-MitbestG mitbestimmte GmbH etwa *Hanau/Ulmer* MitbestG § 31 Anm 40; *Krieger* Personalentscheidungen des AR, 1981, 292; *Peltzer* FS Rowedder, 1994, 325, 336 f.

[48] Scholz/*Schneider* Rn 26; Michalski/*Michalski* Rn 25 mwN.

schluss kompetente Organ, idR also GfterVers oder AR (vgl hierzu § 35 Rn 167), auch für Kreditabrede zuständig.[49]

Stellvertreter von Geschäftsführern

44 Die für die Geschäftsführer gegebenen Vorschriften gelten auch für Stellvertreter von Geschäftsführern.

Übersicht

I. Grundsätzliches

1. **Bestellung von Stellvertretern der GFührer** ist, wie aus der Vorschrift hervorgeht, zulässig. In der Praxis kommt sie bei größeren Ges nicht ganz selten vor.[1] Meist spricht man von stellvertretenden GFührern. 1

2. **Anwendbare Regelungen.** Vorschrift sieht einschränkungslose Geltung der gesetzlichen Vorschriften über GFührer vor. Das bedeutet **Anwendbarkeit** insbes **folgender Regelungen:** § 6 II u III (Eignung u Bestellung); § 8 I Nr 2 (Beifügung der Legitimation); § 9 a I (Gründerhaftung); § 35 I, II (Vertretung); § 35 a (Angabe der GFührer auf Geschäftsbriefen); § 38 (Widerruf der Bestellung); § 39 (Erforderlichkeit der Anmeldung von Änderungen bezüglich der GFührer); § 40 I (Pflicht zur Einreichung aktueller GfterListe); § 41 (Buchführungspflicht); § 264 HGB (Aufstellung des Jahresabschlusses); § 43 (Sorgfaltspflicht u Haftung; unten Rn 12); § 43 a (Beschränkung der Kreditgewährung); § 46 Nr 5 (Bestellung, Abberufung u Entlastung von GFührern); § 46 Nr 6 (Überwachung der GFührung); § 46 Nr 8 (Geltendmachung von Ersatzansprüchen); § 49 (Einberufung der GfterVers); § 64 (spezielle Haftung für Zahlungen nach Insolvenzeintritt oder solche, die zur Zahlungsunfähigkeit führen); § 66 I (Liquidatorenstellung der GFührer); § 75 I (Klagebefugnis hinsichtlich der Nichtigkeitsklage); § 78 (HRAnmeldung); 2

[49] Dazu näher Scholz/*Schneider* Rn 20 ff.
[1] AnwaltsHdbGmbH/*Seibt* § 2 Rn 114.

§ 79 (Festsetzung von Zwangsgeld gg GFührer); §§ 82, 84, 85 (Strafvorschriften für Verletzung von GFührerpflichten). Anwendbar ist auch § 15a InsO (Antragspflicht auf Eröffnung des Insolvenzverfahrens durch „Mitglieder des Vertretungsorgans", Stellvertreter gehören dazu).

3 **3. Außenverhältnis. Grundbedeutung dieser Anwendbarkeit** liegt darin, dass für **Außenbeziehungen** der Ges stellvertretende GFührer den ordentlichen gleichstehen.[2] Im Innenverhältnis hingegen darf Stellung des Stellvertreters beschränkt sein (sonst hätte Zulässigkeit dieser Bestellungsform keinen Sinn).[3] Gleichwohl kann nach innen beschränkte Stellung des Stellvertreters nicht ohne Auswirkungen für Außenverhältnis bleiben, insbes was Haftung nach § 43 angeht; dazu im Einzelnen unten Rn 12. Zweifelhaft ist außerdem die Bedeutung der Stellvertretereigenschaft im Rahmen der Gesamtvertretung; dazu unten Rn 7.

4 **4. Innenverhältnis.** Wegen grds voller u zwingender Gleichstellung der Stellvertreter im Außenverhältnis ist Stellvertreterbegriff nur dann wirklich angemessen, wenn **Stellung** des so Bezeichneten **im Innenverhältnis subsidiär** ist, dh seine GFührerkompetenzen jeweils nur in Unterordnung oder bei Verhinderung eines ordentlichen GFührers eingreifen. Dementspr ist diese Beschränkung des stellvertretenden GFührers als gesetzlicher Regelfall anzusehen u folgt im Zweifel im Wege der Auslegung schon aus der Bestellung zum „nur" stellvertretenden GFührer.[4]

5 Hat GFührer nach dem GesVertrag hingegen eigenes, einem anderen nicht unterstelltes Ressort oder wirkt er gleichberechtigt für einen oder sämtliche Tätigkeitsbereiche mit ordentlichen GFührern zusammen, handelt es sich nicht eigentlich um Stellvertretung, sondern um eine **Titelabstufung,** die sich in der Praxis zuweilen findet.[5] Jedenfalls dann hat Stellvertreter keine ArbNEigenschaft.[6] Diese kommt nur in Betracht, wenn er dem Weisungsrecht anderer GFührer unterstellt ist.[7]

6 Der **Arbeitsdirektor** nach § 33 MitbestG kann einer solchen Titelabstufung unterliegen, aber nicht wegen seiner Funktion, sondern nur auf Grund anderer Kriterien, zB Lebensalter, Tätigkeitsdauer („zeitlich begrenzte Durchlaufstation").[8] Als echter Stellvertreter darf der Arbeitsdirektor nicht bestellt werden, weil Gesetz eigenverantwortliche Ressortwahrnehmung durch ihn verlangt.[9]

---

[2] BGH NJW 1998, 1071; s auch OLG Karlsruhe NZG 1998, 779; Scholz/*Schneider* Rn 1, 8; Rowedder/Schmidt-Leithoff/*Koppensteiner* Rn 1; Michalski/*Terlau/Schäfers* Rn 4; HK-GmbHR/*Fichtelmann* Rn 1. Für das Aktienrecht GroßKommAktG/*Habersack* § 94 Rn 4f.

[3] Scholz/*Schneider* Rn 8f.

[4] Scholz/*Schneider* Rn 8; Rowedder/Schmidt-Leithoff/*Koppensteiner* Rn 3.

[5] **Abw** *Lutter/Hommelhoff* Rn 2; Michalski/*Terlau/Schäfers* Rn 4f; MünchHdbGmbH/*Marsch-Barner/Diekmann* § 41 Rn 26, die Titelabstufung als Regelfall ansehen; iE offengelassen BGH GmbHR 1998, 181, 182.

[6] Vgl den Fall BAG GmbHR 1999, 925.

[7] So auch Michalski/*Terlau/Schäfers* Rn 5.

[8] Ulmer/*Paefgen* Rn 17; *Wicke* Rn 3; Michalski/*Terlau/Schäfers* Rn 11; *Raiser* MitbestG § 33 Rn 11; *Hoffmann/Lehmann/Weinmann* MitbestG § 33 Rn 27, 29; *Hoffmann* BB 1977, 21; WWKK/*Koberski* § 33 MitbestG Rn 22; MünchHdbGmbH/*Marsch-Barner/Diekmann* § 41 Rn 28.

[9] Michalski/*Terlau/Schäfers* Rn 11; *Lutter/Hommelhoff* Rn 3; iE auch Rowedder/Schmidt-Leithoff/*Koppensteiner* Rn 2; HK-GmbHR/*Fichtelmann* Rn 2; Ulmer/*Paefgen* Rn 17.

II. Vertretungsmacht

7 **1. Allgemeines.** Stellvertreter hat nach § 44 **gleiche Vertretungsmacht** wie ordentlicher GFührer.[10] Ist **Einzelvertretung** vorgesehen, hat auch er Einzelvertretungsmacht. Ist **Gesamtvertretung durch mehrere GFührer** vorgesehen, kann Stellvertreter gleichwertig mitwirken (also auch Gesamtvertretung ausschließlich durch Stellvertreter möglich).

8 **2.** Bei **Gesamtvertretung durch sämtliche GFührer** (kraft GesVertrag oder gem § 35 II 1) müssen auch die Stellvertreter mitwirken.[11] Zwar geht dies aus § 44 nicht eindeutig hervor; denn die nach dieser Vorschrift anzunehmende Geltung von § 35 II 1 führt textgemäß zum Mitwirkungserfordernis der stellvertretenden GFührer nur, wenn „nichts darüber bestimmt" ist. Man könnte fragen, ob nicht gerade in der Berufung zum stv GFührer insoweit andere Bestimmung getroffen sei. Dies könnte Frage der Auslegung sein (insbes des GesVertrags, falls dort Bestellung stellvertretender GFührer vorgesehen ist). Sollen stellvertretende GFührer nur bei Verhinderung ordentlicher tätig werden, könnte dies bedeuten, dass Gesamtvertretung nur unter den ordentlichen GFührern eintreten soll u dass Stellvertretende lediglich bei Verhinderung eines von diesen tätig zu werden brauchen. Die damit verbundene für Praxis höchst unklare Situation stünde jedoch in Widerspruch zum Rechtsgedanken des § 37 II. Rechtsverkehr kann nicht jeweils prüfen, ob Verhinderungsfall bei einem ordentlichen GFührer vorliegt. Der hM ist deshalb zuzustimmen. Die gleiche Auffassung ist auch im Aktienrecht zu § 94 AktG herrschend.[12] Besteht also Gesamtvertretung aller oder jeweils mehrerer GFührer, können stellvertretende GFührer nicht davon exkludiert werden.[13]

9 **3.** Bei **Passivvertretung der Ges** (Entgegennahme von Willenserklärungen, die gegenüber Ges abgegeben werden) gilt zwingend Einzelvertretung, § 35 II 2. Insoweit hat jeder stellvertretende GFührer (Empfangs-)Vertretungsmacht, allgM.[14]

10 **4.** Bei **Anmeldungen zum HR** hat Stellvertreter Anmeldungsmacht im Außenverhältnis (jedoch nicht notwendig Anmeldungsbefugnis im Innenverhältnis). Erforderlich ist Mitwirkung bei Registeranmeldungen in den in § 78 Hs 2 genannten Fällen (erstmalige Anmeldung der Ges nach Gründung, § 7; Kapitalerhöhung, § 57 I; Kapitalherabsetzung, § 58).[15]

---

[10] Scholz/*Schneider* Rn 7; Rowedder/Schmidt-Leithoff/*Koppensteiner* Rn 4; Michalski/*Terlau/Schäfers* Rn 6; AnwaltsHdbGmbH/*Seibt* § 2 Rn 114; Ulmer/*Paefgen* Rn 9.

[11] Michalski/*Terlau/Schäfers* Rn 6; Hachenburg/*Stein* Rn 6; Ulmer/*Paefgen* Rn 10; *Lutter/Hommelhoff* Rn 1; Scholz/*Schneider* Rn 7; Rowedder/Schmidt-Leithoff/*Koppensteiner* Rn 4; Roth/*Altmeppen* § 35 Rn 42 f; MünchHdbGmbH/*Marsch-Barner/Diekmann* § 41 Rn 29.

[12] KölnerKomm/*Mertens* § 94 Rn 2; GroßKommAktG/*Habersack* § 94 Rn 11; Spindler/Stilz/*Fleischer* § 94 Rn 7.

[13] BGH GmbHR 1998, 181, 182.

[14] Scholz/*Schneider* Rn 7; Michalski/*Terlau/Schäfers* Rn 7; MünchHdbGmbH/*Marsch-Barner/Diekmann* § 42 Rn 29; Ulmer/*Paefgen* Rn 12.

[15] Rowedder/Schmidt-Leithoff/*Koppensteiner* Rn 3; MünchHdbGmbH/*Marsch-Barner/Diekmann* § 41 Rn 29.

III. Handlungspflichten

11 **1. Gesetzliche Handlungspflichten.** Eine Reihe von Handlungspflichten obliegt den Stellvertretern kraft Gesetzes. Insbes sind sie für rechtzeitige u ordnungsgemäße Rechnungslegung mitverantwortlich (§ 41), für Einreichung der GfterListe (§ 40 I), Einberufung einer GfterVers in den Fällen des § 49 II u III u für Erfüllung der Antragspflicht zur Eröffnung eines Insolvenzverfahrens (§ 15 a I 1 InsO).[16] Insoweit haben Stellvertreter Pflicht, sich hinreichend zu informieren u erforderlichenfalls auch gg den Willen der ordentlichen GFührer tätig zu werden. Stellvertretende GFührer haben ferner alle weiteren den GFührern gegenüber Staat u Allgemeinheit obliegenden Pflichten, etwa im polizeilichen Bereich oder beim Umweltschutz (dazu § 35 Rn 60).

12 **2. Allg Sorgfaltspflicht u Haftung.** Sehr schwierig ist, wie weit Sorgfaltspflicht stellvertretender GFührer nach § 43 reicht. Selbstverständlich haben sie bei Wahrnehmung ihrer gesetzlichen u vertraglichen Aufgaben **Sorgfaltsmaßstab des § 43 I** zu wahren.[17] Verschiedentlich wird jedoch angenommen, dass sie nach § 43 auch allg Aufsichtspflicht hätten[18] oder bei Vorliegen eines Anlasses einschreiten müssten. Beides geht in dieser Allgemeinheit zu weit oder ist doch zu unbestimmt. Aufsichtspflicht kraft Gesetzes haben Stellvertreter vielmehr nur hinsichtlich der Angelegenheiten des § 43 III. Insoweit müssen sie sich auch gg den Willen der ordentlichen GFührer oder der Gfter informieren. Iü aber brauchen Stellvertreter nur zu überwachen u gegebenenfalls einzuschreiten, soweit sie in die GFührung eingeschaltet sind (dazu § 43 Rn 7, 14), also Funktionen eines ordentlichen GFührers wahrnehmen, sei es dauernd, sei es auf Grund eines Verhinderungsfalles.[19]

IV. Festlegung der Zahl der GFührer in der Satzung

13 Ob in diese auch stellvertretende GFührer einzurechnen sind, ist Auslegungsfrage.[20] § 44 betrifft nur gesetzliche Regelungen. Im Zweifel wird freilich Satzungshöchstzahl auch Stellvertreter m umfassen.

V. Gleichzeitige Zugehörigkeit von GFührer-Stellvertretern zum AR

14 Gleichzeitige Zugehörigkeit von GFührer-Stellvertretern zum AR ist nur in den Grenzen des § 105 AktG möglich, § 52 I. GesVertrag kann hiervon auch für den fakultativen AR abweichen, § 52 I letzter Hs.[21] Bei nach den Mitbestimmungsregelungen zu bestellenden Aufsichtsräten ist Anwendung von § 105 AktG zwingend. Auch beim fakultativen AR ist nach allg Grund-

---

16 Michalski/*Terlau/Schäfers* Rn 8; MünchHdbGmbH/*Marsch-Barner/Diekmann* § 41 Rn 30; *Lutter/Hommelhoff* Rn 2.

17 Michalski/*Terlau/Schäfers* Rn 9.

18 Roth/*Altmeppen* Rn 4; Ulmer/*Paefgen* Rn 14.

19 Ähnlich Michalski/*Terlau/Schäfers* Rn 9; Scholz/*Schneider* Rn 13; Rowedder/Schmidt-Leithoff/*Koppensteiner* Rn 3; MünchHdbGmbH/*Marsch-Barner/Diekmann* § 41 Rn 30; Ulmer/*Paefgen* Rn 14.

20 Anders Scholz/*Schneider* Rn 2; MünchHdbGmbH/*Marsch-Barner/Diekmann* § 41 Rn 28.

21 Michalski/*Terlau/Schäfers* Rn 10; **aA** MünchHdbGmbH/*Marsch-Barner/Diekmann* § 41 Rn 31; Scholz/*Schneider* Rn 4.

sätzen gleichzeitige Wahrnehmung echt geschäftsführender u kontrollierender Aufgabe nicht zulässig,[22] vgl auch § 52 Rn 28, 39. Hat Stellvertreterqualifikation also nur titelabstufende Bedeutung (Rn 5), ist gleichzeitige Zugehörigkeit nicht zulässig; desgl nicht, wenn stellvertretender GFührer wegen Gesamtvertretung doch an allen Vertretungsakten mitwirken muss.[23]

VI. Keine Eintragung der Stellvertretereigenschaft im HR

Möglichkeit der Eintragung der Stellvertretereigenschaft im HR war lange Zeit heftig umstritten. Frühere hM bejahte sie.[24] Demgegenüber hat der BGH die Zulässigkeit m überzeugenden Gründen verneint.[25] Eintragung der Stellvertretereigenschaft ist so gut wie bedeutungslos u kann Rechtsverkehr lediglich in die Irre führen, was der Funktion des Handelsregisters widerspricht. Des Weiteren verbietet eine richtlinienkonforme Auslegung gem. Art. 2 Abs 1 lit d der ersten EG-Richtlinie vom 9. 3. 1968[26] die Eintragung eines Stellvertreterzusatzes, da im europäischen Ausland Gleichstellung des GFührer u stellvertretender GFührer nicht unbedingt bekannt ist.[27] Stellvertretende GFührer sind somit ohne Stellvertreterzusatz ins HR einzutragen.[28] **15**

Vorbemerkungen vor § 45

Überblick über die Regelungen in §§ 45–51 b

1. Kennzeichnung und Inhalt. Vorschriften bilden im Rahmen des 3. Abschnitts, der die „Verfassung" der GmbH im Sinn ihres Kompetenzgefüges behandelt (dazu oben vor § 35), eine eigene Normgruppe, in der Rechte der Gfter behandelt werden. § 45 statuiert hierzu zunächst in Abs 1 den Vorrang des Gesvertrags sowie in Abs 2 die „Subsidiarität" der §§ 45–51 (näher zur Bedeutung dieser Kennzeichnung § 45 Rn 9). Fast ein Jahrhundert später eingefügte §§ 51 a und 51 b sind hingegen – durchaus nicht ohne Fremdkörpercharakter – weithin zwingender Natur. § 46 behandelt Großteil der Kompetenzen der Gftervers, § 47 Abs 1 sieht vor, dass der Gfterbeschluss das Regelinstrument gesellschafterlicher Entscheidungstätigkeit bildet sowie die Geltung des Mehrheitsprinzips für die Abstimmung, Rest der Norm legt eine Reihe von Modalitäten der Stimmrechtsausübung sowie in Abs 2 die Stimmkraft fest. Ergänzend dazu trifft § 48 Teilregelung über das Zustandekommen **1**

---

[22] OLG Frankfurt a. M. BB 1987, 22.

[23] So auch Ulmer/*Paefgen* Rn 19.

[24] OLG Düsseldorf NJW 1969, 1259; ebenso noch die 16. Aufl.

[25] BGH NJW 1998, 1071 mit Anm *Noack* LM § 10 GmbHG Nr 3.

[26] ABl EG Nr L 65 v. 14. 3. 1968, 8; insoweit unverändert die novellierte Fassung v. 12. 6. 2003, ABl EG Nr L 221 v. 4. 9. 2003, 13.

[27] BGH NJW 1998, 1071, 1072; Scholz/*Schneider* Rn 14; Michalski/*Terlau/Schäfers* Rn 12; GroßKommAktG/*Habersack* § 94 Rn 3; Ulmer/*Paefgen* Rn 20.

[28] Heute ganz hM; *Lutter/Hommelhoff* Rn 1; HK-GmbHR/*Fichtelmann* Rn 4; Scholz/*Schneider* Rn 14; Roth/*Altmeppen* Rn 3; Michalski/*Terlau/Schäfers* Rn 12; MünchHdbGmbH/*Marsch-Barner/Diekmann* § 41 Rn 28; Ulmer/*Paefgen* Rn 20; *Wicke* Rn 1; wenn auch missverständlich, aber letztlich der gleichen Meinung Rowedder/Schmidt-Leithoff/*Koppensteiner* Rn 2, 4.

von Gfterbeschlüssen, §§ 49 und 51 regeln Berufung der GfterVers, § 50 zugehörige Minderheitsrechte. §§ 51 a und b schließlich enthalten das Informationsrecht der Gesellschafter und seine Durchsetzung.

2 **2. Eklektischer Charakter.** Hervorstechend ist eklektischer Charakter der Regelung, die viele Fragen offen lässt. Gesetzgeber ließ sich vermutlich von Idee leiten, dass Lücken der Regelung durch Gesvertrag geschlossen würden. Dahingehende Erwartungen sind, wie auch sonst vielfach im Zivilrecht, nicht erfüllt worden, auch wenn moderne Vertragspraxis manches nachgebessert hat. Als praktisch wohl bedeutsamste Lücke hat sich Fehlen einer Regelung für Mängel von Gfterbeschlüssen erwiesen. Schließung dieser Lücke haben Schrifttum und Rechtsprechung durch weitgehende Anwendung von Aktienrecht vorgenommen, dessen System, die Anfechtung der Gfterbeschlüsse an die nur binnen kurzer Frist mögliche Erhebung einer Klage zu binden, für Normal-GmbH mit erheblich zu viel juristischem Geräusch verbunden ist. Näher zu dem komplexen Geflecht ungeschriebener Regeln der Mangelhaftigkeit von Gfterbeschlüssen und ihrer Geltendmachung in Anh § 47. Gesetzgeber könnte hier nachbessern, wird aber vorerst kaum die Kraft haben, das in Rspr und Schrifttum etablierte System gegenüber dem Aktienrecht zu emanzipieren oder wenigstens die Anbindung stark aufzulockern.

3 **3. Lückenschließung durch privatautonome Regelung.** Auch sonst enthält Regelungskomplex der §§ 45 ff hinsichtlich der Gfterrechte etliche Lücken (vgl näher bei § 45 Rn 2 f sowie § 47 Rn 1), deren gesetzgeberische Schließung jedoch nicht ins Auge zu fassen ist. Vielmehr sollte Vertragspraxis sich um geeignete, für konkrete Bedürfnisse von Ges u Gftern passende privatautonome Regelungen bemühen. Problem liegt freilich darin, dass für die Beteiligten Regelungsbedürfnisse erst im Lauf der Zeit zutage treten, sich vielleicht auch erst durch Veränderungen im Gfterbestand oder in der Höhe der Beteiligungen ergeben und Änderungen des GesVertrags dann wegen Uneinigkeit der Gfter nicht oder nicht in ausgewogener Form erreichbar sind. Geeignete Vorsorge schon in der Gründungssatzung ist demgegenüber Aufgabe der Berater. Auch der beurkundende Notar sollte auf entsprechende Regelungen hinwirken.

4 **4. Gesellschaftsorganisation und Unternehmensführung.** Aus Gesetz und Satzung resultierende korporative Vorgaben für die Unternehmensführung können (nicht müssen) durch die Satzung ausgebaut werden. Eine Verpflichtung der Ges oder der GfterVers, einschlägige Vorgaben in der Satzung zu machen, besteht nicht, wohl aber können sich aus Größe, Zweck oder Komplexität des Unternehmens Pflichten zur Organisation der Unternehmensführung ergeben. Insbesondere kommt dafür die Aufstellung unternehmensinterner Richtlinien, die Überwachung der Einhaltung der Gesetze und die Einrichtung eines Systems zur Früherkennung von Krisen und Gefahren und zum Umgang damit in Betracht, wie das für das Aktienrecht, namentlich für das kapitalmarktorientierte, unter den Schwulstbegriffen corporate governance, compliance und riskmanagement diskutiert wird und partiell geregelt ist.[1] Gfter können das Notwendige GFührern überlassen, müssen ihnen dazu aber auch Raum geben. Soweit sie das nicht tun, trifft sie

---

[1] Dazu nur *Daniela Weber-Ray* Gesellschafts- u aufsichtsrechtliche Herausforderungen an die Unternehmensorganisation, AG 2008, 345 mN.

eigene Verantwortung, die ihre Haftung gegenüber der Ges begründen kann. Einschlägige Vorgaben brauchen Gfter nicht in die Satzung aufzunehmen, sie können sich mit einfachem GfterBeschluss begnügen.

Rechte der Gesellschafter

45 (1) **Die Rechte, welche den Gesellschaftern in den Angelegenheiten der Gesellschaft, insbesondere in bezug auf die Führung der Geschäfte zustehen, sowie die Ausübung derselben bestimmen sich, soweit nicht gesetzliche Vorschriften entgegenstehen, nach dem Gesellschaftsvertrag.**

(2) **In Ermangelung besonderer Bestimmungen des Gesellschaftsvertrages finden die Vorschriften der §§ 46 bis 51 Anwendung.**

Übersicht

I. Gegenstand und Reichweite der Norm

Die seit Inkrafttreten unveränderte Vorschrift sieht in Abs 1 vor, dass sich Rechte der Gfter, die *ihnen in* den Angelegenheiten der Ges zustehen, grds nach den im GesVertrag getroffenen Regelungen richten. Abs 2 bestimmt das Verhältnis gesvertraglicher Regelungen zu den nachfolgenden Gesetzesnormen §§ 46–51. 1

1. Begriff der Rechte iSv Abs 1. Gemeint sind mit Rechten, welche Gftern in den Angelegenheiten der Ges zustehen, zum einen **Mitgliedschaftsrechte** iSv Rechten, die das einzelne Mitglied aus seiner Mitgliedschaft als gesellschaftsrechtlichem Rechtsverhältnis hat, nicht aber Rechte aus sonstigen Rechtsbeziehungen. Für diese dem einzelnen Gfter zustehenden 2 mitgliedschaftlichen Rechte sollte der Begriff Individualrechte besser vermieden werden. Ob Abs 1 alle Mitgliedschaftsrechte erfasst oder nur die Verwaltungs- oder Herrschaftsrechte, könnte zweifelhaft sein. Für die zweite Alternative spricht systematische Stellung von § 45 im dritten Abschnitt des Gesetzes, der die Verfassung der Ges zum Gegenstand hat (dh ihr Kompetenzgefüge; dazu oben Vor § 35 Rn 1), ferner Regelung in Abs 2, die an Abs 1 anknüpft; dortiger Verweis auf §§ 46–51 passt nur für Herrschafts- oder Verwaltungsrechte.[1] Bestätigt wird dies dadurch, dass Vermögensrechte anderweit geregelt sind (vgl für Gewinnbezugsrecht § 29, für Recht auf Liquidationsanteil § 72). Indessen sind sog Vermögensrechte ebenfalls weitgehend der Regelung im GesVertrag zugänglich, vgl § 29 Rn 3, 35, 46 u 52 sowie § 72 Rn 10 ff.

3 Zur **Einteilung der Mitgliedschaftsrechte** sowie zu ihrer Abgrenzung von schuldrechtlichen Rechten einschließlich der Gläubigerrechte vgl § 14 Rn 11 ff. **Verwaltungsrechte** der einzelnen Gfter sind das Stimmrecht (dazu § 47 Rn 32), das Teilnahmerecht, genauer: Recht der Teilnahme an GfterVers (dazu § 48 Rn 6) u das Recht der Geltendmachung von Mängeln der GfterBeschlüsse (dazu Anh § 47 Rn 69 ff u 135 ff). In weiterem Sinn gehört zu den Verwaltungsrechten auch das Auskunfts- u Einsichtsrecht des § 51 a sowie die umstrittene Befugnis zur Erhebung sog GfterKlagen (zu diesen § 13 Rn 36 ff); für beide gilt aber die in Abs 1 vorgesehene Gestaltungsmöglichkeit durch GesVertrag nicht oder doch nur sehr eingeschränkt. In Betracht kommt schließlich, dass zusätzliche Verwaltungsrechte durch Satzung geschaffen werden. Zur Rechtsstellung der Gfter insges, die auch ihre Pflichten umfasst, vgl oben § 13 Rn 18 ff.

4 **2. Zuständigkeit des Gesellschafterorgans.** Zuständigkeit der Gfter als Willensbildungsorgan der Ges wird durch Abs 1 ebenfalls erfasst. Es ist freilich mißverständlich, insoweit von Rechten der Gfter zu sprechen, u vollends mißverständlich ist Formulierung, es gehe um „Rechte der Gfter Gesamtheit".[2] Zwar hat grds jeder Gfter Recht auf Mitwirkung an gesellschafterlicher Willensbildung. Träger dieses Mitwirkungsrechts ist er aber selbst u allein. Träger der Kompetenz zur Willensbildung in bestimmten Angelegenheiten ist hingegen im Regelfall nicht GfterGesamtheit, sondern GfterVers. Daher sind grds auch nicht die Gfter in ihrer Gesamtheit Organ der GmbH.[3] Wo GfterVers nicht zusammentritt, sondern an ihrer Stelle die Gfter im Umlaufverfahren oder telefonisch beschließen, sollte man nicht von der Gesamtheit der Gfter als Organ der Ges sprechen, weil auch insoweit nicht notwendig diese Gesamtheit zu entscheiden hat, sondern nur der Teil der Gfter, der an dem besonderen (entweder gesvertraglich vorgesehenen oder gem § 48 II Alt 2 konsentierten) Abstimmungsverfahren teilnimmt. Dass Beschlussorgan die Gfter seien, GfterVers hingegen nur Verfahrensweise,[4] trifft nicht zu, weil sonst nicht teilnehmende Gfter nicht übergangen werden dürften; auch dafür

---

1 Wie hier Ulmer/*Hüffer* Rn 4.

2 So *Lutter/Hommelhoff* Rn 1 u 2.

3 So aber zB Scholz/*Schmidt* Rn 5 im Anschluss an *Feine* 503 f; *Lutter/Hommelhoff* Rn 1 u 2; Michalski/*Römermann* Rn 36 (der GfterVers und GfterGesamtheit gleichsetzt!); Rowedder/Schmidt-Leithoff/*Koppensteiner* Rn 3; *Roth*/Altmeppen Rn 2; *Vogel*, Gfterbeschlüsse, 10; wie hier *Hüffer* FS GmbHG, 1992, 521, 524; Ulmer/*Hüffer* Rn 6, 15.

4 So Scholz/*Schmidt* § 48 Rn 1.

angeführte Gesetzesstellen belegen Auffassung von Organstellung der Gesamtheit der Gfter nicht. Wäre Gesamtheit der Gfter GesOrgan, müsste diese Gesamtheit gem § 47 mit Mehrheit entscheiden dürfen. Das darf sie indessen nur, falls vertraglich vorgesehen oder alle Gfter mit Entscheidung durch Gesamtheit einverstanden sind. Zuständigkeit der Gfter als Willensbildungsorgan, von der § 46 handelt, stellt sich mithin für den Regelfall als Zuständigkeit der GfterVers dar.

3. Zusammenhang von Verwaltungsrechten der Gfter u Kompetenz der GfterVers. Beides steht in engstem Zusammenhang. Denn Sachhaltigkeit der Verwaltungsrechte, insbes des Stimmrechts ist grds umso größer, je mehr u je gewichtigere Zuständigkeiten GfterVers hat. Zusammenhang ist aber wesentlich komplexer, als sich in dieser kurzen Formel ausdrücken lässt; näher dazu unten Rn 10. 5

II. Grenzen der Satzungsautonomie

Lit: Zur Gestaltungsfreiheit der Satzung umfassend *Zöllner* Inhaltsfreiheit bei Gesellschaftsverträgen, FS GmbHG, 1992, 85; vgl ferner *Bürkle,* Rechte Dritter in der Satzung der GmbH, 1991; *Fastrich,* Richterliche Inhaltskontrolle im Privatrecht, 1992; *Hey,* Freie Gestaltung in Gesellschaftsverträgen und ihre Schranken, 2004; *Hommelhoff,* Gestaltungsfreiheit im GmbH-Recht, in Lutter/Wiedemann (Hrsg), Gestaltungsfreiheit im Gesellschaftsrecht – Deutschland und Europa, 1997, ZGR-Sonderheft 13, 36; *Immenga,* Die personalistische Kapitalgesellschaft, 1970; *Reuter,* Privatrechtliche Schranken der Perpetuierung von Unternehmen, 1973; *ders,* Der Beirat der GmbH, FS GmbHG, 1992, 631; *Schubel,* Verbandssouveränität und Binnenorganisation der Handelsgesellschaften, 2003; *Teichmann,* Gestaltungsfreiheit in Gesellschaftsverträgen, 1970; *Ulmer,* Begründung von Rechten für Dritte in der Satzung einer GmbH, FS Werner, 1984 S 911; *M. Volmer,* Vertragspaternalismus in Gesellschaftsrecht? Neues zu Abfindungsklauseln, DB 1998, 2507; *Christoph Weber,* Privatautonomie und Außeneinfluss im Gesellschaftsrecht, 2000; *Wiedemann,* Verbandssouveränität und Außeneinfluss, FS Schilling, 1973, 105.

1. Allgemeines. Abs 1 statuiert im Körperschaftsrecht keineswegs selbstverständlichen Grundsatz, dass Gestaltung der Verwaltungsrechte u der Organzuständigkeit der Gfter primär Gegenstand der Satzungsautonomie ist. Da Entscheidungstätigkeit der GfterVers, von bestimmten Ausnahmen abgesehen, reine Innentätigkeit ist, bestehen keine Bedenken, Grenzen der Satzungsautonomie relativ weit zu ziehen. Satzungspraxis macht von dieser Gestaltungsfreiheit in beträchtlichem Umfang Gebrauch. GmbH ist deshalb **vielseitig verwendbare Rechtsform,** die sie zur idealen Unternehmensform für kommunale Eigengesellschaften hat werden lassen.[5] Sie ist ferner hervorragend geeignet als Rechtsform für Public Private Partnerships,[6] dh einer institutionalisierten Zusammenarbeit von Hoheitsträgern mit privaten Wirtschaftssubjekten zur Erfüllung öffentlicher Aufgaben, die von der öffentlichen Hand in neuerer Zeit vermehrt gesucht wird, um Finanzmittel zu sparen. Gleichwohl sind der Satzungsautonomie bei Regelung der gesellschafterlichen 6

---

[5] Dazu *Altmeppen,* Die Einflussrechte der Gemeindeorgane in einer kommunalen GmbH, NJW 2003, 2561.

[6] Dazu *Kiethe,* Gesellschaftsrechtliche Spannungslagen bei Public Private Partnerships, NZG 2006, 45 m. zahlreichen Nachw.

Verwaltungsrechte u der gesellschafterlichen Organkompetenz in nicht unerheblichem Umfang Grenzen gezogen. Das Ausmaß, in dem sich das Verfassungsgefüge des GmbHVertrags von dem der gesetzestypischen GmbH entfernen darf, lässt sich nicht in einer einschichtigen Patentformel einfangen. Rechtssicherheit lässt sich auch nicht aus der Qualifizierung bestimmter Normen als dispositiv gewinnen. Nicht weiterführend ist es ferner, bei der sog VertragsGes (der unter wenigen Personen frei ausgehandelten GmbH als einer PersonenGes im Gewande der KapitalGes) den generellen Vorrang des GesVertrages vor dem Gesetz zu postulieren, die sog SatzungsGes mit einer größeren Zahl von Gftern, die sich einem mehr oder weniger vorgefertigtem GesVertrag anschließen oder unterwerfen, hingegen stark an das Gesetz, und zwar auch an das dispositive, zu binden.[7] Im Gegenteil: SatzungsGes verträgt Abwandlung hin zur AG sehr viel besser als VertragsGes, sie muss nur evtl verlorengehende Sicherungen u Kompetenzen durch geeignete (ebenfalls gerade nur wegen der Dispositivität mögliche) Instrumente, wie zB zusätzliche Minderheitsrechte, aufwiegen.

7 **2. Grenzen im Einzelnen.** Grenzen ergeben sich aus:

(1) Vorschriften, die **Gesetz** selbst **als zwingend bezeichnet,** vgl etwa § 51 a.

(2) **Vorschriften, die** zwar nicht explizit als zwingend qualifiziert werden, die aber **Ausdruck unverzichtbarer körperschaftsrechtlicher Prinzipien** sind oder unaufhebbaren rechtsethischen Maßstäben entsprechen. Beispiel: Ausschluss vom Stimmrecht bei eigener Entlastung oder bei Einleitung eines Rechtsstreits gegen Gfter nach § 47 IV kann im GesVertrag nicht beseitigt werden.

(3) **Begrenzende Regelungen,** die zwar nicht ausdrücklich als zwingend bezeichnet sind, **bei denen** aber der **Schutz öffentlicher Interessen als Normzweck** deutlich erkennbar ist, können zwar verschärft, aber nicht abgeschwächt werden, vgl zB § 49 III (dazu dort Rn 22).

(4) **Ungeschriebene Prinzipien des GmbH-Rechts** setzen ebenfalls Grenzen. Zu ihnen gehört, dass Stellung der GfterVers als oberstes Organ der Ges nicht beseitigt werden darf. Nicht zulässig ist es deshalb, der GfterVers die Kompetenz zur Satzungsänderung zu nehmen[8] oder zur Auflösung der GmbH.[9] Allgemeiner lässt sich auch von einem Grundsatz der Verbandssouveränität sprechen. Er besagt im Kern, dass Wirken u Entwicklung der Ges wesentlich von ihren Mitgliedern zu bestimmen sind.[10] Daraus lassen sich Grundsätze zur Unzulässigkeit von Dritteinfluss ebenso entwickeln wie zur Unzulässigkeit der Selbstentmachtung der Gfter.[11]

(5) **Verfassung** der GmbH muss insgesamt **ausgewogenes Ganzes** bilden. Es geht dabei nicht um Angemessenheit jeder einzelnen Vertragsregelung wie etwa bei der AGB-Kontrolle, sondern um institutionell angemessene Ausgestaltung der GesVerfassung im Hinblick auf Funktionsfähigkeit der Ges als Dauerrechtsverhältnis. Bei gravierenden Abweichungen der Vertragsregelung hinsichtlich der Kompetenzordnung oder der mitgliedschaftlichen Verwal-

---

[7] So aber *Reuter,* Privatrechtliche Schranken der Perpetuierung von Unternehmen, 1972, 228 f.

[8] Dazu BGH 43, 264.

[9] Dazu RG 137, 308.

[10] Vgl *Schubel* 563.

[11] Auch hierzu ausführlich *Schubel* passim und komprimiert 570 ff.

tungsrechte muss geprüft werden, ob die oben Rn 6 gekennzeichneten Grenzen eingehalten sind. Dazu kann hinsichtlich bestimmter Sachfragen eine Gesamtbetrachtung des GesVertrags auf seine Ausgewogenheit hin erforderlich sein. Angesichts der im Vergleich zur AG sehr viel gefährdeteren Stellung des einzelnen Mitglieds (insbes §§ 15, 24, 31) wäre daher auch Angleichung an Verfassung der AG nicht zulässig, bei der für GfterVers nur die Kompetenzen der HauptVers der AG verbleiben. Von zentraler Bedeutung ist neben der gebotenen Erhaltung der Überordnung der GfterVers, dass für Ges Möglichkeiten der Selbstanpassung an veränderte Verhältnisse u Bedürfnisse erhalten bleiben. Näher zum Vorstehenden *Zöllner* FS GmbHG, 1992, 100 ff.

(6) **Generalklauseln** schränken Satzungsautonomie ebenfalls ein. Insbes dürfen Regelungen nicht einzelne Gfter in sittenwidriger Weise rechtlos stellen. Nicht erforderlich ist aber, dass alle Gfter gleiche Rechte haben. Insbes der **Gleichbehandlungsgrundsatz** steht einer in der ursprünglichen Satzung verankerten oder später mit Zustimmung der nachteilig Betroffenen eingeführten Ungleichheit nicht entgegen.

(7) Nicht anwendbar auf GmbH-Satzung sind die **AGB-Regelungen** des BGB, § 310 IV 1 BGB. Das gilt auch für den Fall, dass GAnteile ohne unternehmerische Befugnisse zum Zweck der Vermögensbeteiligung erworben werden. Dem entgegen strebende Stimmen in der Lit sind Ausdruck einer offenbar schwer stillbaren Kontrollsucht, die mit dem ausdrücklichen Gesetzesbefehl (früher § 23 I AGBG) nicht in Einklang steht. Einfügung des § 24 a in das AGBG (jetzt § 310 III BGB) rechtfertigt Beiseiteschieben von § 310 IV 1 BGB nicht.[12] Verhältnis zwischen GmbH-Gfter u Ges entspricht in gar keiner Weise dem zwischen Verbraucher und Unternehmer. **8**

3. Subsidiarität der gesetzlichen Regelung. Abs 2 statuiert nach herrschendem Verständnis (grds) Dispositivität der §§ 46–51.[13] Das ist im Ansatz durchaus zutreffend. Verhältnis der genannten Vorschriften zur Satzung wird indessen treffender als Subsidiarität beschrieben. Gfter können zwar eigene Regelung anstelle der genannten Bestimmungen treffen, aber nicht alles dort Niedergelegte kann beliebig beiseite geschoben werden.[14] Für Zulässigkeit von Satzungsregelungen gilt Primärzuweisung an Satzungsautonomie gemäß Abs 1, die sich aber nur unter Beachtung der oben Rn 6 genannten Grenzen entfalten kann. **9**

4. Erweiterung u Einschränkung der Rechte. Praxis der Satzungsgestaltung betrifft konkret zumeist zwei Fragen: **10**

(1) Erweiterung oder der Einschränkung der Zuständigkeit der GfterVers (dazu unten § 46 Rn 1 ff, dort auch Rn 93 f zur Frage der Kompetenzverlagerung),

(2) Veränderung der Verwaltungsrechte des einzelnen Gfters (dazu allg § 14 Rn 14 ff sowie für Stimmrecht § 47 Rn 33 u 106, für Teilnahmerecht § 48

---

[12] Anders *Heinrichs* NJW 1996, 2192 u NJW 1998, 1462; wie hier *Drygalla* ZIP 1997, 968 ff.

[13] Vgl zB *Lutter/Hommelhoff* Rn 3; *K. Schmidt* GesR 1090; *Meyer-Landrut* Rn 4; Ulmer/*Hüffer* Rn 9 ff.

[14] In der Sache zustimmend Michalski/*Römermann* Rn 14, der aber zu Unrecht meint, die von mir bevorzugte Terminologie bedeute keinen Unterschied zur herkömmlichen.

Rn 7f, für Anfechtungsrecht Anh § 47 Rn 30u für Informationsrecht § 51a Rn 2f).

Beide Fragen stellen sich zwar vom Ausgangspunkt her verschieden, sie stehen aber in engem u **höchst kompliziertem Zusammenhang** (vgl schon Rn 5). So bedeutet Verringerung der Zuständigkeit der GfterVers grds auch einen Substanzverlust bei den Verwaltungsrechten der einzelnen Gfter. Etwas anderes gilt aber für die GfterGFührer u kann generell für die Gfter gelten, wenn alle ein Mitgliedschaftsrecht auf Amt als GFührer haben. Umgekehrt kann Ausweitung der Kompetenzen der GfterVers die substantielle Verringerung des GFührungsrechts einzelner Gfter bedeuten. Entzug des Stimmrechts bei allen Gftern würde GfterVers funktionsunfähig machen. Andererseits tangiert aber auch eine Verstärkung der Verwaltungsrechte, zB das Recht, GFührer zu sein oder Mitglied des AR oder eines Beirats, ferner das Recht, einen GFührer zu bestellen bzw zu präsentieren oder ein AR-Mitglied oder Beiratsmitglied zu entsenden, die Zuständigkeit der GfterVers einschränkend.

11 **5. Überprüfung der Grenzen der Satzungsgestaltung.** Sie erfolgt durch die Gerichte, und zwar zum einen durch die ordentliche Gerichtsbarkeit, meist im Rahmen von Beschlussmängelklagen gegen satzungsändernde Beschlüsse, zum andern durch das Registergericht im Rahmen seiner Überprüfung der Satzung bei Anmeldung der Gesellschaft oder von Satzungsänderungen zur Eintragung im Handelsregister. Von Satzungs*kontrolle*[15] oder von Inhaltskontrolle der Satzung sollte man dabei besser nicht sprechen.

III. Minderheitsrechte

12 Darunter sind Rechte zu verstehen, die nicht einem oder allen Gftern als einzelnen zustehen, sondern nur einem oder mehreren Gftern, wenn ihre GAnteile bestimmte unterhalb der einfachen Mehrheit liegende Quote des Stammkapitals erreichen. Von manchen verwendeter Ausdruck Minderheitenrechte[16] ist gleichbedeutend, aber nicht zweckmäßig, weil Quorum nicht notwendig durch mehrere Gfter gehalten werden muss. GmbHG sieht im Gegensatz zum Aktienrecht nur wenige solche Rechte vor, vgl §§ 50, 61 II, 66 II. Satzung kann solche Minderheitsrechte jedenfalls **verstärken** durch Senkung der erforderlichen Quote u sie kann zusätzliche Minderheitsrechte (zB zusätzliche Informationsrechte oder Rechte auf Durchführung einer Sonderprüfung bzw. auf Bestellung von Sonderprüfern) einführen. Kraft Gesetzes bestehen solche Minderheitsrechte nicht.[17]

13 Zur Frage der **Einschränkbarkeit** gesetzlicher Minderheitsrechte vgl § 50 Rn 2; § 61 Rn 2, 3; § 66 Rn 19. Verschiedentlich vorgeschlagene Anwendung aktienrechtlicher Minderheitsrechte auf GmbH[18] hat sich bislang nicht durchzusetzen vermocht. Auch Minderheitsrechte unterliegen bei ihrer Aus-

---

[15] Vgl zB in BGH 64, 238; *H. P. Westermann* AcP 175 (1975), 407ff; *Schulte* ZGR 1976, 97; *Martens* JZ 1976, 511; *Zöllner,* Die Anpassung von Personengesellschaftsverträgen, 1979, 27ff.

[16] So zB Rowedder/Schmidt-Leithoff/*Koppensteiner* Rn 23.

[17] Dazu *Fleischer* GmbHR 2001, 45; *Peters/Dechow* GmbHR 2007, 236ff. Anderes hatte der RegE 1971 in §§ 87–89 vorgesehen. Für Einführung de lege ferenda plädieren *Peters/Dechow* aaO S 236

[18] ZB *Kühn* GmbHR 1965, 151.

übung grds den sich aus dem GesVerh ergebenden immanenten Bindungen u Schranken.[19] Für die genannten hier einschlägigen drei Minderheitsrechte ieS dürfte dies allerdings von ihrem Inhalt her nur selten praktisch werden.

Mitunter wird auch von **individuellen Minderheitsrechten** gesprochen. 14
Martens[20] rechnet hierhin zB Auskunftsrecht u Austrittsrecht. Begriffsbildung dieser Art ist selbstverständlich möglich, aber wegen Gefahr der Missverständlichkeit nicht zu empfehlen.

IV. Schaffung zusätzlicher Organe durch Satzung

Lit: *Bea/Schreuer/Gutwein,* Institutionalisierung der Kontrolle bei einer GmbH durch den Beirat, DB 1996, 1193; *Buth/Hermanns,* Unternehmenspolitische Erwägungen zum Beirat in der GmbH u der KG, DStR 1996, 597; *Gaugler/Heinburger,* Beiräte mittelständischer Unternehmen. Aufgaben, Kompetenzen, Arbeitweise, Vergütungen, 1985; *Großfeld/Brondics,* Die Stellung des fakultativen Aufsichtrates (Beirat) in der Gesellschaft mit beschränkter Haftung und in der GmbH & Co KG, AG 1987, 293; *Haack,* Der Beirat der GmbH & Co KG, BB 1993, 1607; *Härer,* Erscheinungsformen und Kompetenzen des Beirats in der GmbH, 1991; *Hennerkes/Binz/May,* Die Steuerungsfunktion des Beirates in der Familiengesellschaft, DB 1987, 469; *Hinterhuber/Minrath,* Der Beirat einer mittelständischen Familienunternehmung, BB 1991, 1201; *Hofbauer,* Die Kompetenzen des (GmbH-)Beirats, 1996; *Hölters,* Der Beirat in der GmbH, BB 1977, 105; *Hölters,* Der Beirat der GmbH & Co KG, 1979; *ders* GmbHR 1980, 50; *Huber,* Der Beirat, 2004; *R. Jacobs,* Stufenverflechtung zwischen Aufsichtsrat einer Obergesellschaft und Beirat einer abhängigen GmbH, FS Brandner, 1996, 73; *K. W. Lange,* Der Beirat als Element der Corporate Governance in Familienunternehmen,GmbHR 2006, 897; *Mertens,* Der Beirat in der GmbH – besonders der mitbestimmten, FS Stimpel, 1985, 417; *Kl. Müller/Wolff,* Freiwilliger Aufsichtsrat nach § 52 GmbHG u andere freiwillige Organe, NZG 2003, 751; *Raiser/Veil,* Recht der Kapitalgesellschaften 4. Aufl § 34 II; *Reuter,* Der Beirat der GmbH, FS GmbHG, 1992, 657; *Rohleder,* Die Übertragbarkeit von Kompetenzen auf GmbH-Beiräte, 1991; *Salje,* Kompetenzen des Beirats bei der Unternehmensveräußerung, ZIP 1989, 1526; *U. H. Schneider* DB 1973, 953; *Sigle,* Beiräte, NZG 1998, 619; *Spindler/Kepper,* Funktionen, rechtliche Rahmenbedingungen und Gestaltungsmöglichkeiten des GmbH-Beirats, DStR 2005, 1738; *G. Teubner,* Der Beirat zwischen Verbandsouveränität und Mitbestimmung, ZGR 1986, 565; *Turner,* Beiräte in Familiengesellschaften, FS Sigle, 2000, 111; *Verhoeven* BB 1978, 335; *Voormann,* Der Beirat im Gesellschaftsrecht, 2. Aufl 1990; *Wagner,* Aufsichtsgremien im Gesellschaftsrecht, 1998; *Chr. Weber,* Privatautonomie und Außeneinfluss im Gesellschaftsrecht, 2000; *Wessing/Max,* Zur Rückfallkompetenz der GfterVers bei Funktionsunfähigkeit des Beirats, FS Werner, 1984, 975; *Westhoff,* Bankenvertreter in den Beiräten mittelständ. Unternehmen, 1984; *Wiedemann,* Beiratsverfassung in der GmbH, FS Lutter, 2000, S. 801.

GfterVers u GFührer stellen die gesetzliche Mindestausstattung der GmbH- 15
Verfassung mit Organen dar; hinzu tritt unter bestimmten Voraussetzungen zwingend ein AR (zu letzterem § 52 Rn 2).

1. Fakultativer Aufsichtsrat. Vom Gesetz ausdrücklich vorgesehen ist die 16
Möglichkeit, soweit nicht zwingend ein Aufsichtsrat einzurichten ist, in der Satzung die Bildung eines sog. fakultativen Aufsichtsrats vorzuschreiben. § 52 stellt für ihn eine Reihe aktienrechtlicher Normen zur (überwiegend dispositiven) Anwendung bereit. Zu diesem wie auch zu den Grenzen autonomer Ausgestaltung bei Verwendung des AR-Begriffs vgl § 52 Rn 20–28.

---

[19] Vgl *Immenga* FS GmbHG, 1992, 195 f.
[20] GmbHR 1984, 270.

17 **2. Weitere Organe.** Durch Satzung können noch andere, im Gesetz nicht ausdrücklich bereitgestellte Organe geschaffen werden, mit denen GmbH-Verfassung stärker vom gesetzlichen Grundbild abweicht.[21] Möglichkeit der Schaffung folgt aus Satzungsautonomie, auch wenn Besetzung mit NichtGftern vorgesehen wird. Anwendung von § 328 BGB insoweit weder erforderlich[22] noch möglich. Insbes können Dritten nicht innergesellschaftliche Befugnisse über § 328 BGB iVm Organbegriff zuerkannt werden. Unzutreffend und zu Tautologie führend ist auch, dass Organ sei, wer Entscheidungen für u über die GmbH treffe[23] (sog. funktioneller Organbegriff).[24] Organcharakter haben nur Kompetenzträger zur Erfüllung gesnütziger Aufgaben mit innergesellschaftlichen Entscheidungsbefugnissen. Durch Satzung geschaffene Organe bleiben voll unter satzungsrechtlicher Umgestaltungs- u Abschaffungsautonomie der GfterVers.[25]

18 **3. Gesellschafterausschuss und Beirat.** Praxis kennt vor allem die vorgenannten beiden Typen. Auch als **Verwaltungsrat** bezeichnetes Gremium findet sich nicht selten.

19 **a) Kompetenzen dieser Organe** sind nirgendwo gesetzlich umschrieben, sondern bestimmen sich allein nach der Satzung.[26] Soweit ausdrückliche Regelungen fehlen, muss versucht werden, durch Auslegung u Ergänzung des GesVertrags die erforderlichen Normen zu gewinnen.[27] GfterAusschuss hat idR eher die Funktion, Kompetenzen der GfterVers an deren Stelle wahrzunehmen, uU sogar, soweit gesetzlich zulässig, GfterVers zu ersetzen, vielfach aber auch nur GFührungsangelegenheiten zu erledigen. Für Beirat hingegen ist eher eine die GFührer beratende, gelegentlich auch beaufsichtigende Kompetenz typisch, doch finden sich auch Regelungen, die dem Beirat Entscheidungskompetenzen der GfterVers übertragen, namentlich wenn Beirat überwiegend oder ganz mit Gftern besetzt ist. Nach der genannten Kompetenztypik als GfterAusschuss anzusehendes Gremium wird nicht selten unzutreffend, aber rechtlich unschädlich als Beirat bezeichnet. Im Einzelnen kann Kompetenzbestimmung für solche Organe schwierig sein. Besonders ambivalent ist Bezeichnung als Verwaltungsrat, die sowohl überwachende als auch beratende u entscheidende Kompetenzen signalisieren kann. Zur Bestimmung der Stellung solcher Gremien ist nur ausnahmsweise auf § 52 zurückzugreifen, da entspr Wille der Gfter bei Wahl einer vom terminus technicus Aufsichtsrat abw Bezeichnung im Zweifel gerade nicht unterstellt werden kann. Generell ist bei Installierung zusätzlicher Organe ohne nähere

---

21 Jedoch aA *Reuter* FS GmbHG, 1992, 635 ff, der Organe nur zulassen will, soweit dafür gesetzliche Ermächtigung besteht; ähnlich auch schon *ders* FS Steindorff, 1990, 230.

22 So aber *Hammen* WM 1994, 765.

23 So *Mertens* ZGR 1994, 427.

24 Dazu ausführlich u kritisch *Schubel* 594 ff.

25 Zum ganzen eher außeneinflussfreundlich *Chr. Weber,* Privatautonomie und Außeneinfluss, passim, aber mit Betonung, dass Selbstentmündigung der Ges nicht stattfinden darf. Anders *Schubel* (Fn 24).

26 Abw *Reuter* FS GmbHG, 1992, 635 ff, der Beirat als Organ iSd § 52 GmbHG versteht und eine Übertragung von „Grundlagenzuständigkeiten" auf ihn deshalb nicht zulässt; der GfterAusschuss soll nur zulässig sein als „institutionalisierte Willensbildungsform der GfterVers", nicht als Organ der Ges.

27 Vgl BGH NJW 2004, 2226; OLG München v. 7. 8. 2006 – 34 Sch H 9/05.

Konkretisierung ihrer Kompetenzen ein Minimaleingriff in GmbH-Verfassung anzunehmen. Beirat, Verwaltungsrat oder GfterAusschuss hat daher nur die aus der Satzung wirklich erkennbaren Entscheidungskompetenzen.[28] Im Übrigen ist er auf informelle Aufgaben, insbes Beratung der GFührer, beschränkt. Sorgfältige Regelung in der Satzung deshalb empfehlenswert.

Zu den Grenzen der **Verlagerung von Kompetenzen** der GfterVers auf zusätzlich geschaffene Organe vgl § 46 Rn 92 ff; danach kann Beirat zwar GfterVers weithin, aber nicht in allen Angelegenheiten ersetzen.[29] Zur Befugnis solcher Gremien zur Einberufung der GfterVers § 49 Rn 8. **20**

b) Mängelfragen. Inwieweit Beschlüsse solcher Gremien der **Anfechtungsklage** unterliegen, s Anh § 47 Rn 208; zur **Parteistellung** bei Rechtsstreitigkeiten über Zusammensetzung des Beirats BGH WM 1977, 477. **21**

c) Stellung der Mitglieder. Ob Beiratsmitglieder **Anspruch auf Vergütung** haben, ist Auslegungsfrage.[30] Bei Mitgliedern, die nicht Gesellschafter sind, dürfte Vergütung üblich sein. Vergütung von Beiratsmitgliedern darf auch stark differieren.[31] **Bezüge der Mitglieder** (auch ehemaliger) sowie ihnen gewährte Vorschüsse und Kredite müssen gemäß § 285 Nr 9 HGB im Anhang zum Jahresabschluss angegeben werden. Insoweit kommt es auf Ähnlichkeit des Gremiums zum Aufsichtsrat nicht an. Zu ähnlichen **Pflichtangaben im Konzernanhang** s § 314 Nr 6 HGB. Ist Satzungsregelung hinsichtlich der **Amtszeit des Beirats** lückenhaft, wird Auslegung in Anlehnung an fakultativen Aufsichtsrat (zum dort geltenden Recht § 52 Rn 46) erfolgen dürfen.[32] **Bekanntmachungspflicht** ähnl § 52 II besteht für Ges hinsichtlich der Beiratsmitglieder nicht. Auch Art 2 I d der EG-Publizitätsrichtlinie v 9. 3. 1968 verlangt sie nicht, er beschränkt sich auf gesetzlich vorgesehene GesOrgane.[33] **22**

d) Ohne Satzungsgrdl installierter Beirat,[34] etwa durch GFührer zu ihrer Beratung berufenes Gremium, besitzt keine Organstellung. Seine Aufgaben sowie die Ansprüche seiner Mitglieder bestimmen sich rein individualvertragsrechtlich; Bezeichnung als „schuldrechtlicher Beirat" allerdings wenig glücklich. **23**

4. Schieds- und Schlichtungsstellen. Schlichtungs- oder Schiedsstelle, die durch GesVertrag vorgesehen ist, kann als zusätzliches GesOrgan anzusehen sein, wenn sie die Aufgabe hat, bei Uneinigkeit innerhalb von GesOrganen, die zu Pattsituation führt, oder bei Stimmengleichheit zu entscheiden.[35] Hingegen können echte Schiedsgerichte iSv streitentscheidenden Rechtsprechungsorganen nicht als GesOrgane installiert werden, wie umgekehrt auch GesOrgane nicht als echte Schiedsgerichte fungieren dürfen.[36] Satzungsregelung über ein anstelle der GfterVers tretendes Schiedsgericht können im Sinn **24**

---

28 Ähnl OLG Köln DWiR 1991, 253.

29 Vgl auch *Thümmel* DB 1995, 2461.

30 Dazu BGH WM 1981, 1218.

31 Anders OLG Celle GmbHR 1998, 288.

32 Zum Problem OLG Düsseldorf BB 1982, 1574.

33 Abw *Reuter* FS GmbHG, 1992, 632.

34 Dazu ausführlich Ulmer/*Raiser/Heermann* § 52 Rn 316 ff.

35 BGHZ 43, 261; zustimmend Michalski/*Römermann* Rn 67 f.; Scholz/*Schmidt* Rn 14; Ulmer/*Hüffer* Rn 24.

36 Scholz/*Schmidt* Rn 14; Michalski/*Römermann* Rn 69; OLG München (Fn 27). Zulässigkeit aber offenbar bejahend Michalski/*Heyder* § 52 Rn 423.

der Einrichtung einer Schiedsstelle als zusätzliches GesOrgan auszulegen sein.[37] Zur Zulässigkeit schiedsgerichtlicher Entscheidung von Beschlussmängelstreitigkeiten Anh § 47 Rn 32 ff.

VI. Organstreitigkeiten

25 Vorhandensein mehrerer Organe führt nicht selten zu Meinungsverschiedenheiten u Streitigkeiten zwischen diesen, etwa über Zuständigkeit (meist positiver, selten negativer Kompetenzkonflikt) oder über Rechtmäßigkeit (Gesetz- u Satzungsmäßigkeit) von Entscheidungen, die Organe getroffen haben. Denkbar ist auch, dass ein Organ bestimmte Handlungen des anderen Organs herbeiführen will (Beispiel: GfterVers verlangt Aufstellung des Jahresabschlusses durch GFührer oder umgekehrt Gführer Feststellung des Jahresabschlusses durch GfterVers; GfterVers wünscht Informationen von GFührer). Stark umstritten ist, inwieweit solche Organstreitigkeiten zwischen den Organen gerichtlich ausgetragen werden können, weshalb auch von Organklagen gesprochen wird. Diskussion wird vor allem auf aktienrechtlichem Feld intensiv geführt. Im GmbH-Recht gibt es insoweit nur Anfechtungs- u Nichtigkeitsklage gegen GfterBeschlüsse, die vom GFührer aber nur in wenigen Ausnahmefällen erhoben werden kann (Anh § 47 Rn 140). Anfechtungsklage einzelner AR-Mitglieder gegen Gfterbeschluss (dazu Anh § 47 Rn 141) ist keine Organklage, da sie nicht der Wahrnehmung von Organinteressen, sondern dem Schutz des einzelnen Organmitglieds dient. Praktisches Bedürfnis für Erhebung von Organklagen in der Normal-GmbH ist schon wegen der deutlich übergeordneten Stellung der GfterVers gering; solche Klage grenzt deshalb eher an Jux und Tollerei. Wenn überhaupt, kann sie allenfalls zur Verteidigung von Mitbestimmungsinteressen eines mitbestimmten Aufsichtsrats in Betracht kommen. Auch dafür besteht jedoch bei genauerer Betrachtung neben den gesetzlich eingeräumten Antragsrechten u Anfechtungsbefugnissen (dazu unten § 52 Rn 13 sowie Anh § 47 Rn 141) sowie den Möglichkeiten, Nichtigkeitsfeststellungsklage zu erheben, kein Bedürfnis.[38] Klagerecht einzelner AR-Mitglieder gegen GFührungsmaßnahmen der GFührer ist zu verneinen;[39] das gilt erst recht für Maßnahmen einstweiligen

---

[37] BGHZ 43, 261.

[38] Wie hier für AG ausführlich KölnerKomm/*Mertens* 2. Aufl, Vor § 76 Rn 3 ff; **gegen** *Bauer,* Organklage zwischen Vorstand u AR, 1986; *Häsemeyer* ZHR 144 (1980), 265; *Hommelhoff* ZHR 143 (1979), 288; *Lewerenz,* Leistungsklagen zwischen Organen u Organmitgliedern der AG, 1977; *Säcker* NJW 1979, 1521; *K. Schmidt* ZZP 92 (1979), 212; *ders* GesR 342; *Teichmann* FS Mühl, 1981, 663; *Borgmann,* Der Organstreit in der Kapitalgesellschaft, 1996; *Hauswirth,* Befugnisse und Pflichten von Organen der Aktiengesellschaft als Gegenstand von Organstreitigkeiten vor den Zivilgerichten, Tübinger Diss 1997. **Weitere Lit:** *Eickhoff,* Die Gesellschafterklage im GmbHRecht, 1988; *Bork* ZGR 1989, 1; *ders* ZIP 1991, 137; *Brücher* AG 1989, 190; *Pflugradt,* Leistungsklagen zur Erzwingung rechtmäßigen Vorstandsverhaltens in der Aktiengesellschaft, 1990; *Raiser* ZGR 1989, 44; *ders* AG 1989, 185; *Raiser/Veil* § 14 Rn 95 ff u § 15 Rn 133; *Rellermeyer* ZGR 1993, 77, 93 ff; *Steinbeck,* Überwachungspflicht und Einwirkungsmöglichkeiten des AR in der Aktiengesellschaft, 1991, 171 ff; *Stodolkowitz* ZHR 154 (1990) 1; *Wiedemann,* Organverantwortung und Gesellschafterklage in der Aktiengesellschaft, 1989. S auch *Deckert* AG 1994, 457. Aus der Rspr: BGH 106, 54; OLG Celle AG 1990, 264.

[39] *Jäger* in Oppenländer/Trölitzsch, Praxishandbuch der GmbH-Geschäftsführung, 2004 § 20 Rn 47.

Rechtsschutzes.[40] AR-Mitglieder müssen stets Weg über Gesamt-AR nehmen.

26 Den Organstreitigkeiten näher stehen Abwehrklagen einzelner Gfter gegen Maßnahmen der Verwaltung oder Klagerechte gegen ein Verwaltungsorgan auf Vornahme bestimmter Handlungen,[41] doch sind auch diese Streitigkeiten nicht als Organstreitigkeiten einzuordnen, ebenso wenig wie Beschlussmängelklagen oder die Geltendmachung von Schadensersatzansprüchen der Gesellschaft durch einzelne Gfter. Gesellschafter handeln in allen solchen Fällen nicht als Organ der Ges.

Aufgabenkreis der Gesellschafter

46 Der Bestimmung der Gesellschafter unterliegen:

1. die Feststellung des Jahresabschlusses und die Verwendung des Ergebnisses;

1a. die Entscheidung über die Offenlegung eines Einzelabschlusses nach internationalen Rechnungslegungsstandards (§ 325 Abs. 2a des Handelsgesetzbuchs) und über die Billigung des von den Geschäftsführern aufgestellten Abschlusses;

1b. die Billigung eines von den Geschäftsführern aufgestellten Konzernabschlusses;

2. die Einforderung der Einlagen;

3. die Rückzahlung von Nachschüssen;

4. die Teilung, die Zusammenlegung sowie die Einziehung von Geschäftsanteilen;

5. die Bestellung und die Abberufung von Geschäftsführern sowie die Entlastung derselben;

6. die Maßregeln zur Prüfung und Überwachung der Geschäftsführung;

7. die Bestellung von Prokuristen und von Handlungsbevollmächtigten zum gesamten Geschäftsbetrieb;

8. die Geltendmachung von Ersatzansprüchen, welche der Gesellschaft aus der Gründung oder Geschäftsführung gegen Geschäftsführer oder Gesellschafter zustehen, sowie die Vertretung der Gesellschaft in Prozessen, welche sie gegen die Geschäftsführer zu führen hat.

Übersicht

---

40 Abw *Lutter/Hommelhoff* § 52 Rn 56.

41 Zu derartigen Streitigkeiten aus jüngerer Zeit zB *Becker,* Verwaltungskontrolle durch Gesellschafterrechte, 1997; *Paefgen,* Unternehmerische Entscheidungen und Rechtsbindung der Organe in der AG, 2002; *Adolff* ZHR 169 (2005), 310.

I. Allgemeines

1. Inhalt der Vorschrift. Vorschrift ist wichtige Zuständigkeitsverteilungsnorm. Sie nennt eine Reihe wesentlicher Gegenstände, deren Entscheidung den Gftern zugeordnet ist. Diese Gegenstände unterliegen nach der Eingangsformulierung des Gesetzes der „Bestimmung" der Gfter. Was damit genauer gemeint ist, ergibt der Zusammenhang mit §§ 47 I u 48: Nach § 47 I erfolgen die von den Gftern zu treffenden Bestimmungen durch Beschlussfassung, u nach § 48 I werden Beschlüsse in der GfterVers gefasst. § 46 I regelt also im Grundsatz die Zuständigkeit der GfterVers. Zu den Möglichkeiten, GfterVers durch andere Formen der Beschlussfassung zu ersetzen, vgl § 48 Rn 27–45. Zur Verlagerung der Zuständigkeit der GfterVers auf andere GesOrgane s Rn 6 u 92 ff. 1

Zuordnung zur Zuständigkeit der Gfter bzw GfterVers bedeutet, dass Gegenstände nicht ohne weiteres durch andere GesOrgane entschieden werden können. Zugriff auf die Entscheidung der Gegenstände des § 46 durch andere Organe ist auch dann nicht möglich, wenn sich Gfter einer Entscheidung enthalten. Vielmehr bedarf es dazu idR einer Verlagerung der Zuständigkeit durch die Satzung. Inwieweit solche Verlagerung auch durch einfachen GfterBeschluss möglich ist, lässt sich nicht einheitlich sagen. Generelle Verlagerung für alle künftigen Entscheidungsfälle bedarf der Satzungsänderung. Delegation der Entscheidung für konkreten Einzelfall wird man nur für zulässig halten dürfen, wenn Beschluss mit Zustimmung aller Gfter erfolgt. Das folgt schon daraus, dass in solcher Delegation Verkürzung des Rechtsschutzes für Gfter liegt, die nicht durch einfachen Beschluss aufgezwungen werden darf. Stimmen alle zu, bestehen gegen ad-hoc-Delegation weithin keine Bedenken (s dazu jeweils bei den einzelnen Zuständigkeiten). 2

Aufzählung der Gegenstände ist nicht vollständig. Vielmehr ergeben sich aus dem GmbHG u anderen Regelungen weitere Zuständigkeiten, die also ebenfalls keiner Begründung in der Satzung bedürfen (dazu unten Rn 72 ff). § 46 spiegelt daher Stellung der GfterVers nur partiell wider. 3

Regelungen über Zuständigkeit der Gfter bzw. GfterVers grenzen gleichzeitig negativ ab, für welche Gegenstände primär GFührer zuständig sind; deren Zuständigkeit steht freilich, da GfterVers grds Allzuständigkeit hat (genauer dazu Rn 89), weithin unter dem Vorbehalt, dass entsprechende Angelegenheiten nicht von GfterVers an sich gezogen werden. Nicht ganz zutreffend ist freilich, insofern von **Erstzuständigkeit** der GFührer zu sprechen,[1] weil GfterVers nicht warten muss, bis GFührer eine Angelegenheit aufgegriffen haben. 4

2. Dispositivität der Regelungen. a) Begründung weiterer Kompetenzen. Vorschrift ist dispositiv einmal in dem Sinn, dass sie zulässt, **weitere Beschlusszuständigkeiten** der GfterVers **zu begründen.** Da die GfterVers ohnehin weitgehend allzuständig ist, insofern, als sie nahezu alle 5

---

[1] So aber Scholz/*Schmidt* 9. Aufl Rn 1 (korrigiert in der 10.); Michalski/*Römermann* Rn 3.

anfallenden Entscheidungen an sich ziehen u verbindlich fällen kann (dazu Rn 89), bedeutet Möglichkeit der Zuständigkeitserweiterung letztlich nur, dass entspr Gegenstände durch die Satzung dem sonst gegebenen Entscheidungszugriff anderer Organe (GFührer, evtl AR) entzogen werden können. Möglichkeit der Zuständigkeitserweiterung betrifft nur innergesellschaftliche Entscheidungstätigkeit.[2] Außenvertretung ist, von wenigen Fällen abgesehen, zwingend den GFührern, unter den Mitbestimmungsgesetzen für Sonderfälle auch dem AR, übertragen. Auch innergesellschaftliche Entscheidungszuständigkeit kann GfterVers nicht vollständig an sich ziehen. Sie muss GFührern einen Grundbestand eigener Sachentscheidungen in GFührungsfragen belassen (str, näher dazu § 37 Rn 6 ff, 17 ff, 20 ff u unten Rn 93).

6 **b) Einschränkung von Kompetenzen.** Satzung kann **Zuständigkeitskatalog** des § 46 auch **einschränken.** Dies kann einmal negativ geschehen, etwa mit den Formeln: „Der Beschlussfassung der GfterVers unterliegt nicht …" oder „Die GfterVers entscheidet nur über …". In solchen Fällen ergibt sich unter dem gesetzlichen Modell dann von selbst die Zuständigkeit der GFührer. Ist AR kraft Gesetzes oder kraft Satzung vorhanden oder Beirat, GfterAusschuss oder anderes Zusatzorgan vorgesehen, ist es Frage der Auslegung, wem die den Gftern entzogene Entscheidungskompetenz obliegen soll. Möglich auch von vornherein eine die Zuständigkeit auf anderes Organ verlagernde Regelung. GFührern kann Bestellung u Abberufung von GFührern u deren Entlastung nicht übertragen werden, ebenso wenig Maßregeln zur Prüfung u Überwachung der GFührung. Ist geeignetes Organ zur Wahrnehmung dieser Kompetenzen nicht vorhanden, würde Entziehung der entsprechenden Kompetenz der GfterVers nicht wirksam sein. GfterVers darf **Stellung als oberstes Organ** nicht genommen werden, vgl § 45 Rn 7. Zu den **Grenzen der Einschränkbarkeit oder Verlagerung** der einzelnen Entscheidungszuständigkeiten vgl unten bei den jeweiligen Regelungen sowie in Rn 92 ff. Zur **Schaffung zusätzlicher Organe** § 45 Rn 16 ff. Zum Begriff der **Subsidiarität der gesetzlichen Regelung** anstelle von Dispositivität § 45 Rn 9.

7 **3. Anwendung auf Einmann-Gesellschaft.** EinmannGes unterliegt hinsichtlich der Zuständigkeitsverteilung keinen Besonderheiten. Lediglich das Entscheidungsverfahren kann bei ihr anders verlaufen.[3] Insbes wird EinmannGfter idR auf Abhaltung förmlicher GfterVers verzichten (dazu § 48 Rn 46) u an die Stelle von Beschlüssen tritt der „Entschluss" des EinmannGfters, der etwa in GFührungsfragen dem GFührer unmittelbar Weisungen erteilen kann. Ist Einmann gleichzeitig GFührer, können sich Zweifel ergeben, inwieweit er als GfterGesamtheit oder als GFührer handelt u inwieweit seinem Handeln als GFührer ein GfterBeschluss als immanent gefasst beizumessen ist. Frage ist idR ohne Bedeutung. Soweit GFührer für sein Handeln kraft Gesetzes oder Satzung Zustimmung der GfterVers benötigt, ist diese als erteilt anzusehen. Förmliche Zustimmung der GfterVers nicht erforderlich (zur Bedeutung von § 48 III insoweit vgl unten § 48 Rn 46 ff). Für Beschlussfassung des EinmannGfters gelten weder Stimmverbote (s § 47 Rn 94) noch § 181 BGB (s § 47 Rn 60). Für Gestattung des Selbstkontrahierens als GFührer ist jedoch Satzungsänderung erforderlich, vgl näher § 35

[2] Ulmer/*Hüffer* Rn 4.
[3] Ulmer/*Hüffer* Rn 5.

Rn 140 f. Im Einzelnen zur Erforderlichkeit u Möglichkeit von förmlichen Gfterbeschlüssen zwecks Selbstentlastung des EinmannGfterGFührers, zum Verzicht auf Ersatzansprüche gegen EinmannGfterGFührer u zum maßnahmendeckenden u Ersatzansprüche ausschließenden GfterBeschl beim Handeln des EinmannGfterGFührers unten Rn 26 sowie § 48 Rn 50;

Rechtslage bei sog **Einheitsgesellschaft** (KG als Inhaberin der GAnteile der Komplementär-GmbH) kann hier nicht dargestellt werden.[4] 8

II. Zuständigkeiten nach § 46

1. Feststellung des Jahresabschlusses (Nr 1) ist dessen für die Ges in gewissen Beziehungen verbindliche Festlegung.[5] Sie ist maßgebend für Ergebnisverwendung, meist auch (mindestens indirekt) für Verpflichtungen zur Gewinnabführung oder Gewinnbeteiligung (Tantieme), für Beurteilung des GFührerhandelns u für ordnungsgemäße Erfüllung der allg handelsrechtlichen Pflicht zur Rechenschaftslegung. Jahresabschluss besteht aus der Jahresbilanz u der Gewinn- u Verlustrechnung (GuV), vgl § 242 III HGB, sowie dem Anhang (§ 264 I 1 HGB). Lagebericht gehört nicht dazu, er bedarf keiner formellen Feststellung durch Gfter,[6] doch können diese mittels Weisung an GFührer Inhalt gestalten.[7] Der Feststellung stets vorangehende Aufstellung des Jahresabschlusses ist Pflicht der GFührer, § 264 I 2 HGB. GfterVers ist an von GFührern aufgestellte Fassung nicht gebunden, sondern kann im Rahmen des geltenden Jahresabschlussrechts beliebig ändern.[8] Aus Feststellungskompetenz sowie aus genereller Überordnung folgt auch, dass Gfter den GFührern schon vor Aufstellung für diese Weisungen erteilen können, selbstverständlich nur iRv Bilanz- u Steuerrecht, vgl auch § 41 Rn 68. Bei Feststellungsbeschluss dürfen Gfter-GFührer mitstimmen.[9] Feststellungsbeschluss bedarf wie alle Normalbeschlüsse keiner Beurkundung. 9

Vorlagepflicht der GFührer hinsichtlich des Jahresabschlusses samt Lagebericht unverzüglich nach der Aufstellung (§ 42 a I 1) soll Feststellung vorbereiten und ermöglichen. Bei durch Abschlussprüfer zu prüfenden Jahresabschlüssen schiebt § 42 a I 2 Vorlagepflicht bis zum Eingang des Prüfungsberichts hinaus, der mit vorzulegen ist. Das kann aber nicht bedeuten, dass GFührer immer erst nach der Abschlussprüfung vorzulegen braucht. Zum einen kann Satzung vorläufige Feststellung durch Gfter vorsehen, damit nicht bei Änderung von Ansätzen durch Gfter erneute Prüfung erforderlich wird. Zum andern kann je nach den Umständen auch ohne Satzungsregelung aus der Treupflicht folgen, dass GFührer Jahresabschluss schon vor Einleitung der Prüfung den Gftern vorzulegen haben, um unnötige Kosten zu vermeiden. Im Einzelnen zur Vorlagepflicht § 42 a Rn 2 ff. Dort Rn 10 auch zu der wichtigen Frage, ob Aushändigung der Vorlagen verlangt werden kann. 10

---

4 Dazu *Fleck* FS Semler, 1993, 117 ff; *Binz/Sorg,* Die GmbH & Co KG, § 7 Rn 7 ff.

5 Dazu § 42 a Rn 14; s ferner *Hommelhoff/Priester* ZGR 1986, 474; skeptisch *Claussen* FS Semler, 1993, 103 ff.

6 *Meyer-Landrut* Rn 9; Ulmer/*Hüffer* Rn 6; ebenso jetzt Scholz/*Schmidt* Rn 7.

7 Ulmer/Hüffer Rn 6; *Hommelhoff/Priester* ZGR 1986, 478; *Hartmann,* Das neue Bilanzrecht u d GesVertr der GmbH, 1986, 46 f.

8 Zust. BGH DB 2008, 2128.

9 Ulmer/*Hüffer* Rn 10.

11 Feststellung muss binnen der ersten acht Monate des GJahres, bei kleinen Ges iSv § 267 I HGB binnen der ersten elf Monate des GJahres erfolgen, § 42a II 1. Für Aufstellung gelten Fristen gem § 264 I 2, 3 HGB. Frist ist durch GesVertrag nicht verlängerbar, § 42a II 2, also erst recht nicht durch einfachen Gfter-Beschluss. Kommt Feststellungsbeschluss nicht rechtzeitig zustande, können GFührer weder im eigenen Namen noch im Namen der Ges Feststellung klageweise erzwingen. Auch Erzwingung durch RegGericht nach §§ 335, 325 HGB kommt nicht in Betracht; sie betrifft nur Einreichung durch GFührer.

12 **Erzwingung der Feststellung** des Jahresabschlusses durch einzelne Gfter ist problematisch. Dazu genügen im Bedarfsfall Möglichkeiten, Abhaltung einer GfterVers und Ankündigung der Feststellung als Tagesordnungspunkt zu erzwingen, nicht, auch nicht, wenn richtigerweise über Minderheitsrechte des § 50 hinaus entsprechender klageweise durchzusetzender Anspruch für jeden das 10%-Quorum nicht erreichenden Gfter anerkannt würde.[10] Auch Anspruch auf Beschlussfassung als solche reicht nicht aus, weil Beschluss auch Feststellung ablehnen kann. Statt dessen ist Anspruch jedes Gfters gegen Ges auf Vornahme positiver Feststellung des Jahresabschlusses anzunehmen.[11] Dieser Anspruch ist klagbar.[12] Dass der Anspruch inhaltlich nicht auf einen ganz bestimmten Jahresabschluss geht, steht der Klagbarkeit nicht entgegen.[13] Notfalls muss Richter gem §§ 315 ff BGB nach billigem Ermessen entscheiden.[14] Urteil ersetzt den Beschluss gem § 894 ZPO. Klagen mehrerer Gfter sind zu verbinden. Gfter können dem Prozess als Nebenintervenienten beitreten. Praktische Bedeutung der Klagemöglichkeit scheint äußerst gering zu sein. Ganz unpraktisch ist Einschränkung der Klagemöglichkeit auf utopischen Fall, dass bilanzrechtlich nur ein inhaltlich ganz bestimmter Jahresabschluss in Frage kommt.[15]

13 Ob Gfter neben Anspruch auf Feststellung gegen Ges auch entspr Anspruch gegen MitGfter haben, ist zweifelhaft.[16] Gfter haben als einzelne insoweit keine positive Stimmpflicht, Treupflicht verbietet ihnen lediglich, die Feststellung des Jahresabschlusses zu verhindern. Da auch keine Pflicht besteht, einem bestimmten Jahresabschluss zuzustimmen, wäre prozessuale Verwirklichung des Anspruchs äußerst schwierig. Lediglich bei der zweigliedrigen Ges kann Erzwingung der Feststellung durch Klage gegen MitGfter sinnvoll sein.

Jeder Gfter hat Anspruch gegen Ges auf Erteilung einer Abschrift des festgestellten Jahresabschlusses.[17]

---

[10] Für letzteres Ulmer/*Hüffer* Rn 15.

[11] Zustimmend Michalski/*Römermann* Rn 49.

[12] Vgl dazu § 42a Rn 20 sowie *Zöllner* ZGR 1988, 392, 416 f; zust *Raiser* ZHR 153 (1989), 1, 34; *Lutter/Hommelhoff* Rn 6; abl vor allem die ältere Auffassung, vgl zB RG 49, 145; 13 Aufl, A 2 A; ferner Ulmer/*Hüffer* Rn 17.

[13] Anders Ulmer/*Hüffer* Rn 17; Rowedder/Schmidt-Leithoff/*Koppensteiner* Rn 6; wie hier Michalski/*Römermann* Rn 49, der freilich mit Recht darauf hinweist, dass Klage Geltendmachung des Anspruchs in einer GfterVers voraussetzt.

[14] Ablehnend *Bork/Oepen* ZGR 2002, 284 mit der Begründung, Bilanzierung sei unternehmenspolitischer Akt. Das ist schwerlich überzeugend, weil es gegenüber jeder das Ermessen des eigentlich zur Entscheidung berufenen Privatrechtssubjekts ersetzenden gerichtlichen Entscheidung vorgebracht werden könnte.

[15] So aber ua *Roth*/Altmeppen Rn 8.

[16] Bejahend § 42a Rn 20.

[17] *Lutter/Hommelhoff* Rn 4.

Zur Feststellungskompetenz der GfterVers hinsichtlich **anderer Bilanzen,** etwa von Zwischenbilanzen oder Liquidationsbilanzen, vgl unten Rn 85. Der Feststellungskompetenz ähnlich ist Billigungskompetenz nach Nrn 1 a u 1 b. **14**

Feststellung eines Jahresabschlusses kann von Gftern mit Zustimmung aller durch erneuten Beschluss rückwirkend **geändert** werden, solange Jahresabschluss noch nicht offen gelegt ist, danach nur, soweit Neufeststellung für Gläubiger nicht ungünstiger.[18] Ohne Zustimmung aller Gfter ist rückwirkende Änderung nur zulässig, wenn außerdem über Ergebnisverwendung noch nicht beschlossen ist oder Neufeststellung Ausschüttungsansprüche erhöht. Bei zwingenden Sachgründen kann aus Treupflicht auch Anspruch auf Zust zu ausschüttungsverschlechterndem Neufeststellungsbeschluss gegeben sein. Vgl zur Änderung des Jahresabschlusses näher Vorauf1 § 42 Rn 567 ff. Ist **Jahresabschluss nichtig,** muss neu festgestellt werden. **15**

Satzung kann Feststellung des **Jahresabschlusses anderen Organen übertragen,** zB GfterAusschuss, AR oder einem Beirat, ferner auch GFührern.[19] Möglich ist sogar Schaffung eines eigenen, ausschließlich dafür zuständigen Organs, sofern dessen Besetzung durch Gfter erfolgt; nur in diesem Rahmen ist Übertragung der Kompetenz auf Dritte zulässig. Denkbar ferner Übertragung einer spezifischen Kompetenz zum Stichentscheid für Pattfall in GfterVers (näher § 42 a Rn 16). Satzung kann auch vorsehen, dass Jahresabschluss als festgestellt gilt, falls kein Gfter oder falls nicht die Mehrheit binnen bestimmter Frist dem aufgestellten Jahresabschluss widerspricht.[20] Haben alle Gfter GFührerstellung u den aufgestellten Jahresabschluss unterzeichnet, ist gesonderte Feststellung entbehrlich, sofern, wie in aller Regel möglich, Unterschrift als schriftliche Stimmabgabe zu werten ist;[21] allerdings gilt das nicht, wenn Jahresabschluss der Prüfungspflicht unterliegt (§§ 316 ff HGB), weil dann endgültige Feststellung erst nach Prüfung erfolgen kann. Im Zweifel empfiehlt sich förmlicher Feststellungsbeschluss. Wird Ergebnisverwendungsbeschluss auf der Grundlage des aufgestellten u gegebenenfalls geprüften Jahresabschlusses gefasst, kann dies **konkludente Feststellung** bedeuten.[22] Übertragung der Kompetenz auf Dritte ist nicht zulässig. **16**

2. Ergebnisverwendung (Nr 1). Bei ihr geht es um Verwendung des Jahresüberschusses (vermehrt um evtl Gewinnvortrag u vermindert um evtl Verlustvortrag). Betrag kann nach Maßgabe des § 29 ganz oder teilweise an Gfter zu verteilen sein. Wird Bilanz gemäß § 268 I 2 HGB unter Berücksichtigung der teilweisen Verwendung des Jahresergebnisses aufgestellt, geht es um Verteilung des Bilanzgewinns, § 29 I 2. Zu den Modalitäten der Ergebnisverwendung im Einzelnen vgl § 29 Rn 22 ff (dort Rn 35 ff auch zu möglichen Satzungsregelungen). Soweit Gfter Anspruch auf Jahresüberschuss bzw auf Bilanzgewinn haben (§ 29), sind abw Beschlüsse wegen Gesetzesverstoß anfechtbar, allerdings nicht nichtig oder belanglos. Mit Zustimmung aller kann auch Bilanzgewinn beliebig verwendet werden. Zur Bedeutung des **17**

---

[18] Vgl *W. Müller* FS Quack, 1991, 359, 363 ff; Michalski/*Römermann* Rn 53 ff.

[19] Dazu § 42 a Rn 16; *Hommelhoff/Priester* ZGR 1986, 476; *Priester* FS Heinsius, 1991, 639; *Roth*/Altmeppen Rn 6; Scholz/*Schmidt* Rn 46; abw *Hartmann* Rn 7 S 165 f; zweifelnd Ulmer/*Hüffer* Rn 22.

[20] *Roth*/Altmeppen Rn 6.

[21] Zurückhaltender Ulmer/*Hüffer* Rn 10.

[22] *Küting/Weber* § 42 a Rn 48.

Ergebnisverwendungsbeschlusses für Entstehung von Ausschüttungsansprüchen § 29 Rn 38, 47, 49. Näher zum ganzen auch § 42 a Rn 36 ff.

18 Beschlussfassung muss innerhalb der gleichen Frist erfolgen, die für Feststellungsbeschluss gilt (§ 42 a II 1 GmbHG, dazu oben Rn 11). Verspätung macht Beschluss aber nicht mangelhaft. Sanktion für Verzögerung kann sich daraus ergeben, dass dadurch Verzögerung auch der Offenlegung nach §§ 325 ff HGB eintritt, die zur Festsetzung von Ordnungsgeld führt (§ 325 a HGB). Auf Fassung eines dem Gesetz entspr Ergebnisverwendungsbeschlusses haben alle Gfter Anspruch. Dieser richtet sich grds gegen Ges, bei personalistischer GmbH auch gegen Mitgfter.[23] Zur Frage, ob auf Gewinnzahlung auch geklagt werden kann, wenn zwar Feststellungsbeschluss vorliegt, Ergebnisverwendungsbeschluss aber fehlt, vgl § 29 Rn 40 ff. Ist nach dem Beschluss mehr als der Bilanzgewinn zu verteilen, liegt neben Gewinnausschüttung sonstige Entnahme vor. Zu Zulässigkeit u Konsequenzen § 29 Rn 45. Ist ein die Verteilung von Gewinn ablehnender Beschluss treuwidrig, kann Ausschüttung begehrender Gfter evtl. mit positiver Beschlussfeststellungsklage vorgehen.[24]

19 Gewinnverwendungsbeschluss kann mit Feststellungsbeschluss verbunden werden, ist aber nicht konkludent in diesem enthalten. Fügen GFührer dem Jahresabschluss Ergebnisverwendungsvorschlag bei, kann genehmigender Gfterbeschluss Verbindung beider Beschlüsse bedeuten.[25] Zur Frage, inwieweit Ergebnisverwendungsbeschluss gemäß §§ 325 I 1, 326 HGB offen zu legen ist, vgl Voraufl § 41 Rn 201; zu den Modalitäten der Offenlegung dort § 41 Rn 203 f.

20 Zuständigkeit der Gfter für Ergebnisverwendung besteht nicht nur hinsichtlich bilanziell ausgewiesener Überschüsse, sondern ebenso für unter dem Stichwort verdeckte Gewinnausschüttung erfasste Vorgänge der Zuwendung von Vermögenswerten an Gfter. GFührer überschreiten durch diese ihre Kompetenz.[26]

21 **Übertragung der Zuständigkeit** zur Entscheidung über Ergebnisverwendung ist zulässig, und zwar im gleichen Umfang wie diejenige zur Feststellung des Jahresabschlusses (dazu Rn 16). Engere Grenzen würden Gftern wenig nützen.[27] Ohnehin können Gfter Entscheidung durch Mehrheitsbeschluss an sich ziehen. Auch hat Minderheit gegen Reservenbildung durch Mehrheit nur eingeschränkte Möglichkeiten.

22 **3. Entscheidung über Offenlegung eines nach internationalen Rechnungslegungsstandards aufgestellten Einzelabschlusses und über dessen Billigung (Nr 1 a).** Regelung wurde durch BilReG v. 4. 12. 2004 eingefügt. Sie ist Konsequenz für das innergesellschaftliche Entscheidungsverfahren aus der durch das gleiche Gesetz mit Einfügung von Abs 2 a in § 325 HGB den großen Kapitalgesellschaften (§ 267 III HGB) eröffneten Möglichkeit, einen nach internationalen Rechnungslegungsstandards aufgestellten Einzelabschluss anstelle des nach HGB-Regeln aufgestellten Abschlusses offen zu legen. Regelung hat für große Masse der GmbHs, nämlich für kleine u

---

[23] Vgl auch oben Rn 12 f; vgl ferner § 29 Rn 40 ff sowie § 42 a Rn 39, jeweils mwN.
[24] Dazu *Bork/Oepen* ZGR 2002, 245.
[25] Ulmer/*Hüffer* Rn 19; *Vogel,* Gfterbeschlüsse, 15.
[26] Zu den Konsequenzen dieser Auffassung *Schulze-Osterloh* FS Stimpel, 1985, 487 ff.
[27] Zutreffend Michalski/*Römermann* Rn 93.

mittelgroße, keine Bedeutung. Diese können zwar Abschluss nach internationalen Standards aufstellen, haben aber Möglichkeit „befreiender“ Offenlegung nicht. Es versteht sich, dass auch die bei großen GmbHs zu treffende Entscheidung über befreiende Veröffentlichung grds in Zuständigkeit der Gfter fallen muss u es versteht sich weiter, dass eine solche Veröffentlichung nur in Betracht kommt, wenn Gfter mit dem Jahresabschluss „einverstanden“ sind. § 46 Nr 1 a nennt diese Vorgänge Billigung, ohne klar zu stellen, was damit gemeint ist. Offenbar geht es nicht um den Begriff der Billigung, wie ihn das AktG in §§ 171–173 für die Entscheidung des AufsR hinsichtlich des ihm vom Vorstand vorgelegten Jahresabschlusses verwendet. Dort hat die Billigung im Normalfall die Folge, dass der Jahresabschluss festgestellt ist, § 172 Satz 1 AktG. Billigung im Rahmen von § 46 Nr 1 a GmbHG soll sich hingegen nur auf eine Festlegung zum Zweck der Veröffentlichung anstelle eines HGB-Abschlusses beziehen. Gleichwohl muss aus der Billigung hinsichtlich des Jahresabschlusses eine gewisse Bindung folgen, die zumindest darin liegen muss, dass die Gfter diesen Abschluss nicht beliebig ändern können. Für eine solche festlegende Wirkung spricht u. a., dass § 42 a IV 2 die entsprechende Anwendung der Feststellungsregeln des § 42 a I–III vorschreibt, wenn die Gfter die befreiende Offenlegung eines nach internationalen Regeln aufgestellten Jahresabschlusses gemäß § 325 Abs 2 a HGB beschlossen haben. Die begriffliche Differenzierung zwischen Feststellung u Billigung ist freilich nur sinnvoll, solange der Feststellung weiterreichende Rechtsfolgen zukommen als der Billigung. Bislang ist das insofern der Fall, als die Bindung an den gebilligten Abschluss schwächer ist als diejenige an den festgestellten. Ob allerdings internationalen Standards folgender Abschluss, wie offenbar in der Praxis angenommen wird, nach Veröffentlichung leichter abänderbar ist als festgestellter, harrt noch der Klärung.

Gesetz geht in § 42 a IV 2 von der Vorstellung aus, dass Entscheidung über befreiende Veröffentlichung eines internationalen Regeln entsprechenden Abschlusses den ersten Akt nach Nr 1 a darstellt, dem das Verfahren der Billigung nachfolgt. GFührern kann aber selbstverständlich ohne Vorliegen einer solchen Entscheidung aufgegeben werden, einen den internationalen Regeln folgenden Abschluss aufzustellen und vorzulegen. Gfter sind frei, zunächst über die Billigung dieses Abschlusses und erst danach über seine befreiende Veröffentlichung zu entscheiden.[28] Offenlegung nach § 325 IIa HGB befreit zwar von Offenlegung des nach HGB aufgestellten Abschlusses, aber nicht von dessen Aufstellung. 23

4. Billigung von Konzernabschlüssen (Nr 1 b). Für Konzernabschlüsse, auch soweit Ges zu ihrer Aufstellung verpflichtet ist, galt nach § 42 a IV früherer Fassung, dass zwar Vorlage an GfterVers, nicht aber förmliche Feststellung durch diese erforderlich war. Freilich wird GfterVers zu diesen Abschlüssen nicht selten Stellung bezogen haben. Nunmehr ordnet § 42 a IV 1 in neuer Fassung für der Aufstellungspflicht unterliegende Konzernabschlüsse entsprechende Anwendung des Feststellungsverfahrens an. § 46 Nr 1 b ergänzt das dahin, dass Zuständigkeit zur Entscheidung über den Konzernabschluss (egal ob er nach internationalen Standards oder nach HGB-Regeln aufgestellt ist) bei der GfterVers liegt; das gilt auch für freiwillig aufgestellte Konzernabschlüsse. Die Regelung spricht hinsichtlich der von den Gftern zu 24

[28] Ulmer/*Hüffer* Rn 25.

treffenden Entscheidung nicht von Feststellung, sondern von Billigung. Vgl zu diesem Sprachgebrauch u seiner Bedeutung oben Rn 23. Im Einzelnen gilt für die als Billigung bezeichnete Entscheidung der GfterVers das zur Feststellung von Einzelabschlüssen Ausgeführte entsprechend. Vgl im Übrigen auch § 42 a Rn 47 f.

25 **5. Einforderung von Einzahlungen auf die Einlagen (Nr 2).** Verpflichtung zur Einzahlung der Einlagen wird durch Abschluss des GesVertrags oder durch Übernahmevertrag bei Kapitalerhöhung begründet. Soweit Einlagen nach Eintragung der Ges nicht voll geleistet sind (praktisch nur für Bareinlagen u gemischte Einlagen), geht Verpflichtung auf Erwerber von GAnteilen über. Weitere Einzahlungen sind, soweit Termine nicht schon im GesVertrag festgelegt sind, jeweils nach Einforderung zu leisten. Vgl dazu näher oben § 19 Rn 6. Anders als im Aktienrecht obliegt Entscheidung über Einforderung den Gftern. Einlage iSd Regelung umfasst nicht nur den Nennbetrag, sondern selbstverständlich auch vorgesehenes Aufgeld (Agio).[29] GFührer können ohne Ermächtigung durch GfterBeschl nicht wirksam einfordern, dh Einforderungsbeschluss ist Voraussetzung der Geltendmachung.[30] Andererseits ist Einforderung kein Außengeschäft, das der Erklärung gegenüber den Gftern durch GFührer bedürfte. Einforderungsbeschluss ist vielmehr Willenserklärung der Ges gegenüber den Gftern u wird anwesenden Gftern gegenüber sofort wirksam; nicht anwesenden ist Beschluss mitzuteilen,[31] Mitteilung hat aber nur Informationscharakter. Einforderungsbeschluss stellt Einlageforderung fällig[32] und ist demgemäß für Verjährungsbeginn maßgebend.[33] Für Eintritt der Fälligkeit schon vorher[34] (ab Eintragung der Ges oder KG) ist kein überzeugender Grund erkennbar. Zum **Stimmrechtsausschluss** betroffener Gfter beim Einforderungsbeschluss vgl § 47 Rn 90 aE u 93. Ist Ges auf Erbringung der Einlagen angewiesen, besteht entspr Stimmpflicht der Gfter. Zu ihrer Geltendmachung § 47 Rn 111. Regelung der Nr 2 gilt nicht für Rückforderung verbotswidriger Stammkapitalrückzahlung bzw Erstattung verdeckter Stammkapitalzuwendungen.[35] Sie gilt auch nicht für Ansprüche aus Differenzhaftung nach § 9; Differenzanspruch ist vielmehr mit Eintragung fällig[36] u von GFührern einzufordern. Und sie gilt schließlich auch nicht für sog. Vorbelastungs- oder Unterbilanzhaftung im Fall der Eintragung einer Vorges, deren Stammkapital im Anmeldungszeitpunkt nicht erhalten ist (wohl allgM).

26 **Satzungsregelung über Zahlungstermine** macht GfterBeschluss entbehrlich.[37] Schiebt davon abw einfacher Gfterbeschluss Zahlung hinaus, ist er nichtig, weil darin unzulässige zeitweise Befreiung von der Einlagepflicht gesehen wird. Das Gleiche gilt für Hinausschiebung durch Satzungsänderung,

---

29 BGH NZG 2008, 73 = GmbHR 2008, 147.

30 BGH BB 1961, 953; BGH WM 1989, 190.

31 Ulmer/*Hüffer* Rn 32.

32 HM, vgl Michalski/*Römermann* Rn 134; Scholz/Schmidt Rn 49; abw Ulmer/*Hüffer* Rn 32, der Einforderungsbeschluss zur davon zu unterscheidenden Durchsetzbarkeitsvoraussetzung erhebt.

33 BGH WM 1987, 209; für Verjährungsbeginn mit Beschlussfassung auch Ulmer/*Hüffer* Rn 32; abw. oben *Fastrich* § 19 Rn 6.

34 So zB Ulmer/*Hüffer* Rn 29.

35 BGH WM 1987, 208.

36 Oben § 9 Rn 8; Ulmer/*Hüffer* Rn 28; Michalski/*Römermann* Rn 107; abw *Meyer-Landrut* § 9 Rn 10.

37 Oben Rn 25; s auch OLG Zweibrücken GmbHR 1996, 122.

vgl § 19 Rn 21 mN. Vorverlegung des Einzahlungstermins dch Satzungsänderung bedarf der Zustimmung aller betroffenen Gfter, § 53 III, daher bei Fehlen einer ZustErklärung schwebend unwirksam. Entspr einfacher Gfterbeschluss ist außerdem wegen Satzungsverstoß anfechtbar.

Einforderungsbeschluss nicht erforderlich im Fall der **Pfändung von Einlageforderungen** durch Gläubiger der Ges u Überweisung an ihn. Er kann sofort Zahlung verlangen, da in solchem Fall Bedarf der Ges offensichtlich.[38] Bei durch Ges **abgetretenen Einlageforderungen** kann Zessionar nur auf Grund eines GfterBeschlusses einfordern[39] Im **Insolvenzverfahren über Ges-Vermögen** zieht Insolvenzverwalter ohne Gfterbeschl ein.[40] Zur Einziehung in der Abwicklung durch Abwickler § 69 Rn 4 u 18. 27

Gfter können Einforderungsbeschluss, solange noch kein Gfter gezahlt hat, **wieder aufheben.**[41] Haben einzelne Gfter gezahlt, steht idR Gleichbehandlungsgrds entgegen, es sei denn, gezahlte Beträge können ohne Verletzung von § 30 rückerstattet werden. 28

Zuständigkeit zur Entscheidung über Einforderung kann durch Satzung anderem Organ übertragen werden, auch GFührern. Formulierung in der Satzung muss hinreichend deutlich sein;[42] dass Einlagen „nach Aufforderung durch GFührung zur Zahlung fällig" seien, wird idR, aber nicht notwendig als Zuständigkeitsverlagerung auszulegen sein.[43] Warum „mit Rücksicht auf Formstrenge des Kaduzierungsverfahrens" Fälligstellungsregelung „nach Anforderung durch die GFührung" für Kompetenzverlagerung nicht ausreichen soll,[44] ist nicht recht verständlich. Auffassung erinnert an die früher beliebten, jetzt weithin überlebten „Bestimmtheitserfordernisse". Zur Durchsetzung von Einlageansprüchen durch **GfterKlage** s § 13 Rn 36 ff sowie *Zöllner* ZGR 1988, 392, 402. 29

6. Rückzahlung von Nachschüssen (Nr 3). Zur **Einforderung** von Nachschüssen, für die ebenfalls GfterVers zuständig ist, vgl § 26 Rn 8 ff. Zur inhaltlichen **Zulässigkeit der Rückzahlung** von Nachschüssen s § 30 II 1 sowie § 30 Rn 71 f. Sie bedarf eines Rückzahlungsbeschlusses, dessen Publikation erforderlich ist, durch die dreimonatige Sperrfrist in Gang gesetzt wird, § 30 II 2. Zuständigkeit der GfterVers für diesen Beschluss ist nicht zwingend, es kann auch anderes Organ damit betraut werden.[45] Rückzahlungsbeschluss muss erkennbar als solcher gefasst werden; er darf nicht als in anderen Beschlüssen, zB Gewinnauszahlung unter Auflösung einer Rücklage, enthalten angenommen werden. 30

7. Teilung und Zusammenlegung von Geschäftsanteilen (Nr 4). 31
a) Teilung eines GAnteils bedarf eines Gfterbeschlusses, Nr 4. Teilung ist

---

[38] RG 149, 301 f; Ulmer/*Hüffer* Rn 30; Scholz/*Schmidt* Rn 54; *Lutter/Hommelhoff* Rn 7; Michalski/*Römermann* Rn 115.

[39] Michalski/*Römermann* Rn 119; Scholz/*Schmidt* Rn 54

[40] So schon RG 138, 111 (obiter dictum); BGH NZG 2008, 73 = GmbHR 2008, 147; wohl allgM.

[41] Str; zust *Roth*/Altmeppen Rn 12.

[42] BGH DStR 1996, 111, Fälligkeit „auf Anfordern der Ges" genügt dafür nicht, OLG Celle GmbHR 1997, 748.

[43] Dazu OLG Zweibrücken GmbHR 1996, 122.

[44] So BGH DStR 1996, 111.

[45] Rowedder/Schmidt-Leithoff/*Koppensteiner* Rn 18; Michalski/*Römermann* Rn 162; *Roth*/Altmeppen Rn 14.

Realteilung, dh Zerlegung in mehrere selbständige GAnteile, die selbständig veräußerlich und vererblich sind. Die durch Teilung entstandenen GAnteile müssen mit je einem Nennbetrag beziffert werden. Summe der Nennbeträge muss dem Betrag des zu teilenden GAnteils entsprechen. Nach der durch das MoMiG vorgenommenen Aufhebung des § 17 bedarf Teilung nicht mehr wie früher der (durch GFührer zu erklärenden) Genehmigung der Ges. Deren Genehmigung ist weder erforderlich noch genügend. Wohl aber ist für Teilung Gfterbeschluss erforderlich. Teilung wird vielfach zum Zweck der Veräußerung von Teilen eines GAnteils erfolgen. Gfterbeschluss muss alsdann vor Vollzug der Veräußerung vorliegen. Teilung kann aber auch abstrakt ohne nachfolgende Veräußerung vorgenommen werden und steht dann auch bei erst künftig zu planender Veräußerung oder zu anderen Zwecken zur Verfügung (teilweise Verpfändung, Hinterlegung ua).

31 a Schon daran zeigt sich, dass in der Teilung Strukturänderung der Ges liegt, Teilung mithin eigentlich satzungsändernden Charakter hat, wie das angesichts dessen, dass die Stückelung des Kapitals nach § 3 I Nr 4 zum Satzungsinhalt gehört,[46] nahe liegt und der Rechtslage im Aktienrecht entspricht. Teilung von GAnteilen ist der Sache nach Neustückelung des Stammkapitals. Deshalb stellt sich die Frage, ob für Teilung Anforderungen an förmliche Satzungsänderung zu erfüllen sind, insbes ob GfterBeschluss qualifizierter Mehrheit und notarieller Beurkundung bedarf und Eintragung im HR erforderlich ist. Im Aktienrecht ist dies zweifellos der Fall. Sachgründe dafür, im GmbH-Recht geringere Anforderungen zu stellen, mögen immerhin in der Unterschiedlichkeit öffentlicher Interessen an der Strukturbeschaffenheit beider Gesellschaftsformen liegen. Dafür dass Gesetzgeber die Maßnahme im GmbH-Recht jedenfalls nicht als Satzungsänderung behandelt wissen will, spricht immerhin die Einordnung der Regelung in die Zuständigkeitsvorschrift des § 46, in der außerhalb der Nr 4 nur Einzelmaßnahmen ohne Strukturänderungscharakter enthalten sind.[47] Die Positionierung der Regelung kann zwar nicht deren Strukturänderungscharakter aufheben, wohl aber den Willen des Gesetzgebers signalisieren, dass von den Anforderungen an Satzungsänderungen für die Teilung abzusehen sein soll, wie das auch der bisher in der Praxis üblichen Sachbehandlung entspricht. Früher nicht gegebener Sachgrund für Behandlung als Satzungsänderung könnte nunmehr darin liegen, dass durch MoMiG auch Kleinststückelung in Ein-Euro-Anteile ermöglicht wird, die aus vielen Gründen Gftern unerwünscht sein könnte, deren Interessen durch das Erfordernis qualifizierter Mehrheit besser geschützt würden. Ob insoweit Schutzbedürfnis auftreten wird, muss abgewartet werden. Zu bedenken ist auch, dass durch die Reform für GAnteile Möglichkeit gutgläubigen Erwerbs vom Nichtberechtigten geschaffen worden ist. Sachgerechtes Funktionieren dieser Neuausrichtung verlangt möglichst weitgehende Transparenz der GAnteilsverhältnisse. Dazu gehört Klarheit über die Stückelung des Stammkapitals. Ob Gfterliste diese Transparenz in hinreichendem Maß vermitteln kann, ist noch nicht sicher.[48] Transparenz wäre jedenfalls

---

[46] Auffassung, dass es sich insoweit nur um formelle Satzungsbestandteile handle (so zB Scholz/*Winter/Seibt* § 15 Rn 46), ist unbegründet

[47] In diesem Sinn etwa *Wälzholz* GmbHR 2008, 841, 844.

[48] Das setzt mindestens voraus, dass Gfterliste Teilung von GAnteilen auch dann verlautbart, wenn kein Inhaberwechsel stattfindet, wie das oben zu § 40 auch schon vor der Reform vertreten worden ist, vgl 18. Aufl dort Rn 10 und jetzt Rn 13.

verlässlicher gewährleistet, wenn sie durch die Satzung unterfangen würde. Gleichwohl wird man das Erfordernis der Satzungsänderung als nicht dem Willen des MoMiG-Gesetzgebers entsprechend anzusehen haben, dessen Reformtendenz eher auf Vereinfachung gerichtet ist. Daher mag es bei der Erforderlichkeit eines mit einfacher Mehrheit zu fassenden Beschlusses verbleiben. Der Satzung ist es selbstverständlich unbenommen, strengere Anforderungen für die Teilung aufzustellen.

b) Zusammenlegung. Für Zusammenlegung von GAnteilen gilt Entsprechendes. Zusammenlegung ist Vereinigung mehrerer bisher selbständiger GAnteile zu einem einheitlichen Anteil. Sie ist nur zulässig, wenn hinsichtlich der zu vereinigenden Anteile Haftung nach § 22 für nicht erbrachte Einlageteile oder rückständige Nachschussbeträge (§ 28 I) nicht in Betracht kommt,[49] wenn also weder Einlagen noch Nachschüsse rückständig sind, oder wenn Haftung wegen Zeitablauf nach § 22 III entfällt. Nicht ganz genau ist es, für zusammenlegbar nur Anteile zu halten, die gleiche Rechte und Pflichten aufweisen. Richtig ist demgegenüber, dass bei unterschiedlicher Ausstattung der zu vereinigenden Anteile die den vereinigten Anteil betreffenden Rechte und Pflichten neu geregelt werden müssen. 32

Zusammenlegung bedarf nach Nr 4 eines GfterBeschlusses.[50] Auch für sie gilt wie für Teilung, dass die dadurch bewirkte Veränderung der Stückelung des Stammkapitals strukturändernden Charakter hat, dass aber eine Satzungsänderung nicht erforderlich ist.[51] Die Frage lässt sich für Teilung und Zusammenlegung nicht unterschiedlich beurteilen. Zusammenlegung bedarf darüber hinaus der Zustimmung der Inhaber sämtlicher von der Zusammenlegung betroffenen GAnteile. Bei verpfändeten Anteilen ist auch die Zustimmung des Pfandgläubigers erforderlich. 32 a

8. Einziehung von GAnteilen (Nr 4). Sie kommt nicht nur im Rahmen von § 34 in Betracht, wo sie einer Grundlage in der Satzung bedarf, sondern auch als rechtsfortbildend zugelassene Folgemaßnahme bei Ausschluss oder Austritt eines Gfters. Zur Frage, ob sie als solche satzungsändernden Charakter hat und eines Gfterbeschlusses bedarf, der die Anforderungen eines satzungsändernden Beschlusses erfüllt, vgl § 34 Rn 14 u 17 a ff. Einziehung wirft das Problem auf, Stammkapitalbetrag und Summe der Nennbeträge der GAnteile kongruent zu halten. Gesetzeslage hat sich insoweit durch das MoMiG geändert. § 5 III schreibt nicht mehr nur Übereinstimmung des Stammkapitals mit der Summe der Stammeinlagen vor, sondern mit der Summe der Geschäftsanteile. Darin liegt nicht nur terminologische Änderung. Nach der alten Regelung ging es nur darum, Stammkapital und Summe der Einlagebeträge kongruent zu halten, um die volle Aufbringung des Stammkapitals zu gewährleisten. Nunmehr hingegen dient das Kongruenzerfordernis auch dazu, die Übereinstimmung des Stammkapitals mit der Summe der die gesellschafterlichen Beteiligungsgrößen signalisierenden Geschäftsanteilsbeträge zu sichern.[52] Damit wird einem in der Praxis nicht selten zu Verwirrungen führenden Missstand des bisherigen GmbH-Wesens entgegengetreten. Der Gesetzgeber 33

---

49 Wohl allgM.

50 Ältere Auffassungen, wonach einseitige Erklärung des von der Vereinigung betroffenen Gfters für Zusammenlegung genügen soll (so zB *Priester* GmbHR 1976, 132; Hachenburg/*Ulmer* § 53 Rn 106; *Loritz* FS Schippel, 1996, 445) sind damit überholt.

51 Vgl BGH GmbHR 1988, 337; Scholz/*Winter*/*Seibt* § 15 Rn 46.

52 Vgl BegrRegE MoMiG zu Nr 5 S 69.

des MoMiG hat keine Regelungen getroffen, auf welche Weise die Übereinstimmung des Stammkapitals mit der Summe der GAnteile im Fall der Einziehung zu vollziehen ist. Die bestehende Lücke lässt sich am einfachsten und überzeugendsten durch Analogie zum Aktienrecht schließen.

33 a Daraus folgt die Möglichkeit der Heranziehung der Vorschriften über die ordentliche Kapitalherabsetzung (§ 237 II 1 AktG analog). Der danach einschlägige § 58 GmbHG enthält allerdings Anforderungen, die je nach den Umständen lästig bis überflüssig sein können, doch erfahren diese eine für die Praxis wesentliche Abmilderung, wenn man die analoge Anwendung der aktienrechtlichen Regelung § 237 III AktG einbezieht. Unter der Voraussetzung, dass die Einlagen voll eingezahlt sind und entweder die einzuziehenden GAnteile unentgeltlich zur Verfügung gestellt werden (ein praktisch wohl eher seltener Fall) oder zu Lasten des Bilanzgewinns oder einer dafür verwendbaren Gewinnrücklage eingezogen werden können, ist die Kapitalherabsetzung von der Beachtung der gläubigerschützenden Regelungen des § 58 dispensiert.

33 b Die BegrRegE zum MoMiG[53] hält es darüber hinaus für möglich, den durch die Einziehung entstehenden Unterschiedsbetrag dadurch auszugleichen, dass ein neuer Geschäftsanteil „gebildet" wird oder dass die nicht eingezogenen GAnteile nominell aufgestockt werden. Das ist nicht ohne Kühnheit, weil neue Anteile eigentlich nur im Wege einer Kapitalerhöhung entstehen können. Für die nominelle Aufstockung gilt nichts anderes. Immerhin mag es rechtsfortbildend möglich sein, so zu verfahren, wie es die BegrRegE vorschlägt. Allerdings bedarf es dazu des Einbaus von Garantien, die im Weg der Analogie den Vorschriften über die Kapitalerhöhung zu entnehmen wären. Demgegenüber könnte, wenn man den Weg der Kapitalherabsetzung nicht gehen will, näher liegen, den eingezogenen GAnteil als zunächst nur „entzogen", aber als solchen fortbestehend anzusehen. Gfter können (und müssen zwecks Erhaltung der Kongruenz von Stammkapitalsumme und Summe der GAnteile) beschließen, was aus diesem Anteil wird, etwa ob ihn ein oder nach Teilung mehrere Gfter übernehmen oder ob er als eigener Anteil der Ges von dieser gehalten werden soll.

34 **9. Bestellung u Abberufung von GFührern (Nr 5).** Sie ist eine der ganz zentral bedeutsamen Beschlusskompetenzen. Soweit Mitbestimmungsgesetze einschlägig sind (aber nicht nach dem DrittelbG), ist Zuständigkeit zwingend auf den AR verlagert. Näher dazu § 52 Rn 302. Fakultativer AR hat gem § 52 I Bestellungs- u Abberufungskompetenz im Zweifel nicht. Zur Erstbestellung von GFührern vgl § 6 Rn 25 ff. Zu späterer Bestellung u ihren Voraussetzungen vgl § 35 Rn 7. Soweit Satzung bindende **Vorschlagsrechte**[54] enthält (näher § 6 Rn 28), zB für GfterFamilienstämme,[55] ist GfterVers nur Vollzugsorgan. Zur beschlussrechtl Verwirklichung von **Vorschlags- u Präsentationsrechten** s § 47 Rn 112. Soweit **Bestellungs- u Entsendungsrechte etwa einzelner Gfter** (dazu § 35 Rn 7 sowie § 6 Rn 30) bestehen, ist Zuständigkeit der GfterVers ausgeschlossen. Zur **Abberufung** ausführl bei § 38 insbes Rn 24 ff. Betroffener kann bei ihr mitstimmen, aber nicht bei Abberufung aus wichtigem Grund u bei einer auf diese Abberufung

---

53 AaO (Fn 52).

54 Zur Bedeutung solcher Vorschlagsrechte vgl auch OLG Hamm ZIP 1986, 1188 und OLG Düsseldorf WM 1990, 265 sowie *Lutter* ZIP 1986, 1195.

55 Dazu BGH WM 1973, 1295; BGH WM 1989, 1809.

nachfolgenden Wiederbestellung (näher § 47 Rn 85). Gerichtlich bestellte NotGFührer kann GfterVers nicht abberufen.[56] Amt endet aber durch Neubestellung des fehlenden GFührers ua; vgl dazu näher § 38 Rn 98.

Satzung kann **Zuständigkeit auf anderes Organ verlagern,** zB auf fakultativen AR oder AR nach DrittelbG, auf Gfter-Ausschuss oder Beirat, nicht auf GFührer als solche. Soweit Satzung Bestellung u Abberufung auf anderes Organ verlagert hat, besteht gleichwohl Ersatzzuständigkeit der GfterVers, falls zuständiges Organ funktionsunfähig ist.[57] Davon zu unterscheiden ist, ob Kompetenz der GfterVers zur Abberufung aus wichtigem Grund stets gegeben ist, also auch bei Funktionsfähigkeit des sonst zuständigen Organs; dazu § 38 Rn 25 u unten Rn 94. Übertragung der Bestellungskompetenz auf Dritte, etwa Behörde oder Kreditgeber ist nicht zulässig (sehr str).[58] **34 a**

Bestellung wird nur bei vorgängiger oder nachfolgender **Annahme durch den Bestellten** wirksam, § 35 Rn 10. Über Erforderlichkeit einer Erklärung der Ges gegenüber dem zu Bestellenden oder Abzuberufenden § 35 Rn 10 sowie § 38 Rn 42 f. Dort auch dazu, dass Ges hierbei durch GfterVers bzw von ihr Ermächtigtem vertreten wird, nicht durch GFührer. **35**

Zu den Auswirkungen der **Nichtigkeit des Bestellungsakts** s § 35 Rn 8 f. Zur **Bestellung im Insolvenzverfahren** unten § 60 Rn 53. **35 a**

10. Abschluss u Beendigung des Anstellungsvertrages der GFührer oder anderer begleitender Rechtsverhältnisse. Dafür ist GfterVers zuständig, wenn u soweit ihr Bestellung bzw Abberufung obliegen (sog Annexkompetenz), vgl § 35 Rn 167, 216, 242.[59] Kompetenz umfasst auch Abschluss von Pensionsverträgen[60] (= Erteilung von Ruhegeldzusagen). Gfterbeschluss über Kündigung kann konkludent in Abberufungsbeschluss enthalten sein;[61] das gilt ganz besonders, wenn Anstellungsvertrag Klausel enthält, dass Abberufung zugleich als Kündigung zum nächstmöglichen Zeitpunkt gilt.[62] Zuständigkeit der GfterVers umfasst **Vertretung der Ges,** nicht nur innergesellschaftliche Willensbildung.[63] Neben Gfterbeschluss erforderliche Kündigungserklärung ist als durch GfterVers abgegeben u zugegangen anzusehen, wenn betroffener GFührer in GfterVers anwesend ist.[64] Wird Anstellungsvertrag durch einen Gfter oder durch GFührer geschlossen und amtiert GFührer, entsteht idR sog fehlerhafter Anstellungsvertrag, der für Dauer des Amtierens als wirksam zu behandeln ist.[65] Kenntnisnahme sämtlicher Gfter kann incidente Genehmigung bedeuten oder jedenfalls Vertrauensschutz auch für die Zukunft begründen.[66] **36**

---

56 OLG München GmbHR 1994, 259.

57 BGHZ 12, 340; Scholz/*Schmidt* Rn 72.

58 S auch unten Rn 97.

59 BGH GmbHR 1997, 547; OLG Düsseldorf NZG 2004, 478, 479.

60 Dazu zB *Samwer* FS Lüer, 2008, 295.

61 Vgl den zutr entschiedenen Fall OLG Düsseldorf NZG 2004, 478, 480 mit Nennung einschlägiger Umstände.

62 OLG Düsseldorf NZG 2000, 209.

63 Jetzt ganz hM, aus der Rspr vgl nur BGH NJW 1991, 1680; GmbHR 1995, 373; GmbHR 1997, 547; NZG 2000, 983; OLG Düsseldorf NZG 2004, 478, 479; für § 112 AktG GmbHR 1991, 354; GmbHR 1997, 647.

64 OLG Düsseldorf NZG 2004, 478, 480.

65 BGH NZG 2000, 983, 984.

66 Ähnlich BGH WM 1973, 506, 507 für Vorstandsmitglieder.

37 Einmann-Ges wird beim Abschluss durch AlleinGfter vertreten, auch formlos außerhalb GfterVers. Handelt EinmannGfter vor Erwerb aller Anteile als künftiger AlleinGfter, ist Wirksamkeit durch Vollzug des Erwerbs bedingt. Es liegt keine vollmachtlose Vertretung vor, die der Genehmigung der vertretenen Ges bedürfte.[67]

38 Für Zuständigkeit zum Abschluss des Anstellungsvertrages kommt es auf zeitlichen Zusammenhang mit Bestellung nicht an.[68] Deshalb ist GfterVers auch zuständig für spätere **Vertragsänderungen,** auch soweit sie die GFührungsposition unangetastet lassen,[69] wie etwa die Vereinbarung eines Haftungsausschlusses. Ebenso ist Reihenfolge von Bestellung und Anstellung unerheblich.[70] Auch für **Beendigung des Anstellungsvertrags** ist zeitlicher Zusammenhang mit Abberufung nicht unbedingt erforderlich.[71] Notwendig ist aber sowohl für Abschluss wie für Beendigung innerer Zusammenhang mit Bestellung bzw Abberufung, nämlich insofern, als es sich um Abschluss bzw Beendigung des für den GFührer bestimmten Anstellungsvertrags handeln muss. Wird GFührer bestellt, der bereits Angestellter der Ges ist, u wird sein bisheriges, durch andere GFührer abgeschlossenes Anstellungsverhältnis unberührt gelassen und stillschweigend zur einstweiligen oder dauernden Basis der GFührertätigkeit, fallen Änderung und Beendigung dieses Anstellungsverhältnisses in Zuständigkeit der GfterVers. Wird umgekehrt GFührer als solcher abberufen und setzt seine Tätigkeit für Ges als Angestellter fort, obliegt spätere Beendigung des Anstellungsvertrags, auch wenn er zwischenzeitlich nicht geändert wurde, nicht mehr der GfterVers.[72]

39 Satzung kann **Zuständigkeit** in gleicher Weise **verlagern** wie bei Bestellungskompetenz (oben Rn 34 a); deren Verlagerung bedeutet im Zweifel auch Übertragung der Zuständigkeit für Anstellungsvertrag. Satzung kann aber für Bestellung u Anstellungsvertrag verschiedene Zuständigkeit vorsehen. Übertragung auf GFührer, anders als Bestellungskompetenz, zulässig. Soweit AR zwingend für Bestellung und Abberufung zuständig ist (also nach MitbestG, MontanMitbestG u MitbestErgG) obliegen ihm auch zwingend Abschluss u Beendigung des Anstellungsvertrags (str, s dazu § 52 Rn 303 mN).

40 **Zuständigkeit der GfterVers zur Vertretung** beim Abschluss des Anstellungsvertrages bedeutet, dass die Teilnehmer der GfterVers gemeinsam Ges vertreten können. Dass die Mehrheit der GfterVers von sich aus Ges soll vertreten können,[73] ist nicht unbedenklich. Praktischer wird vielfach sein, dass

---

67 So aber BGH GmbHR 1997, 547.

68 Anders ältere Rspr, insbes BGH WM 1968, 1328; vgl auch BGH GmbHR 1990, 33, 34; BGH 1989, 48, 54 f lässt Frage noch offen, weist aber auf mögliche Änderung der Rspr hin. Diese ist spätestens mit BGH AG 1991, 316 – für eV, obiter auch für GmbH – u BGH NJW 1991, 1680 vollzogen.

69 Wie hier *Roth*/Altmeppen Rn 28; *Lutter/Hommelhoff* Rn 13; Scholz/*Schneider/Sethe* § 35 Rn 199; *Meyer-Landrut* Rn 22; Michalski/*Römermann* Rn 252; *Baums,* Geschäftsleitervertrag, 110 f; Ulmer/*Hüffer* Rn 55; Rowedder/Schmidt-Leithoff/*Koppensteiner* § 35 Rn 17; *Plander* ZHR 133 (1970), 370 f; OLG Hamm DStR 1991, 884; OLG Schleswig-Holstein GmbHR 1993, 156.

70 BGH GmbHR 1990, 34.

71 Scholz/*Schneider/Sethe* § 35 Rn 199; BGH ZIP 1995, 643, 644 f; abw OLG Düsseldorf GmbHR 1989, 469; OLG Köln GmbHR 1991, 156; OLG Köln GmbHR 1993, 734.

72 OLG Köln GmbHR 1993, 734.

73 So zB Scholz/*Schneider/Sethe* § 35 Rn 195; *Schneider* Anm zu BGH NZG 2003, 43.

GfterVers eine oder mehrere Personen bevollmächtigt (auch GFührer). Vertretungsmacht der GfterVers schließt organschaftliche Vertretungsmacht der GFührer in Bezug auf Anstellungsvertrag von MitGFührern oder ehemaligen GFührern aus. Über Prozessführung mit GFührer wegen Anstellungsvertrag entscheidet GfterVers durch Bestellung eines besonderen Vertreters. Näher dazu Rn 67 ff.

11. Entlastung der GFührer (Nr 5). Entlastung ist traditioneller verbandsrechtlicher Vorgang, mit dem Tätigkeit der Mitglieder von Verbandsorganen gebilligt wird. Es handelt sich um einseitige körperschaftsrechtliche Erklärung, an die sich wegen der darin liegenden Vertrauensbekundung im GmbH-Recht ähnlich wie im Vereinsrecht gewisse Präklusionswirkungen knüpfen.[74] Ges wird (anders im Aktienrecht, wo §§ 93 IV, 120 II 2 AktG Verzichtswirkung ausschließen) mit solchen Ansprüchen ausgeschlossen, die für das entlastende Organ auf Grund der Rechenschaftslegung samt aller zugänglich gemachten Unterlagen bei Anwendung der im Verkehr erforderlichen Sorgfalt erkennbar waren.[75] Außerhalb des auf Grund der Rechenschaftslegung Erkennbaren führt zur Verzichtswirkung idR nur positive Kenntnis, die bei allen Gftern bestehen muss,[76] jedoch genügt Erkennbarkeit, soweit sie für MitGfter auf Grund ihrer Tätigkeit in der Ges als GFührer oder ARMitglieder besteht.[77] Entlastungswirkung entfällt trotz Erkennbarkeit von Pflichtverletzungen, soweit GFührer auf Verschleierung hingewirkt u dadurch Erkennbarkeit vermindert haben.[78] Entlastung umfasst nicht Ansprüche, die einem Verzicht nicht unterliegen, soweit ihre Erfüllung zur Gläubigerbefriedigung erforderlich ist;[79] zu den einschlägigen Fällen § 43 III sowie § 43 Rn 48 ff. Präklusionswirkung der Entlastung erfasst nicht nur Schadensersatzansprüche, sondern auch Geltendmachung von Abberufungsgründen. Entlastung bedarf eines GfterBeschlusses, Nr 5; ohne GfterBeschl ist sie nicht möglich. Denkbar aber, dass Entlastung in einem anders bezeichneten Beschluss kraft Auslegung enthalten ist.[80] Selbstentlastung des EinmannGfters ist nicht möglich, doch ist GFührerhandeln des EinmannGfters grds als durch entspr GfterBeschl gedeckt anzusehen, vgl näher § 43 41

[74] Jetzt ganz hM, vgl *K. Schmidt* GesR § 14 VI 2 b; *Priester* FS Rowedder, 1994, 371 f; *Knoche,* Die sog Verzichtswirkung der Entlastung …, 1995 insbes 88 ff; *Weitemeyer* ZGR 2005, 280, 282.

[75] *A. Hueck* GmbHR 1959, 192; Hachenburg/*Hüffer* Rn 62; Scholz/*Schmidt* Rn 93 f; *K. Schmidt* ZGR 1978, 437; *ders* GesR § 14 VI 2 u § 36 II 4 d; Rowedder/Schmidt-Leithoff/*Koppensteiner* Rn 27; *Raiser/Veil* § 33 Rn 8; *Flume,* JurPerson, § 10 I 4; *Zöllner,* Die Schranken mitgliedschaftlicher Stimmrechtsmacht, 1963, 206; *Nägele/Nestel* BB 2000, 1253, 1255; BGH NJW 1959, 192; BGH WM 1976, 737; OLG München GmbHR 1996, 847; stark einschränkend *Barner,* Die Entlastung als Institut des Verbandsrechts, 1990, 71 ff; einschränkend auch *Tellis,* Die Rechtsnatur der gesellschaftsrechtlichen Entlastung u die Entlastungsklage, 1988; *ders* ZHR 156 (1992), 256 ff. Zur Verzichtswirkung der Entlastung bzgl ungerechtfertigter Bereicherung BGH 1997, 382.

[76] BGH NJW 1959, 194; *Roth*/Altmeppen Rn 30.

[77] Vgl dazu BGH DB 1968, 2166, wo diese Voraussetzungen gegeben waren, aber unzutr ausgeführt wird, dass Erkennbarkeit für MehrheitsGfter ausreiche, wenn *er* MitGFührer sei.

[78] Vgl *Roth*/Altmeppen Rn 30; Rowedder/Schmidt-Leithoff/*Koppensteiner* Rn 27.

[79] BGH NJW 1959, 194.

[80] Nicht schon ohne weiteres in Wiederwahl oder Bestätigung im Amt; so aber *Roth*/ Altmeppen Rn 40.

Rn 33 u § 48 Rn 50. Entlastung ist nicht widerruflich.[81] Wirkung des Entlastungsbeschlusses als körperschaftsrechtlicher Erklärung tritt mit wirksamer Beschlussfassung ein. Beschluss bedarf keiner „Ausführung" durch zusätzliche Erklärung oder Mitteilung gegenüber dem zu Entlastenden[82]. Andererseits entfällt Entlastungswirkung ex tunc, wenn Beschluss erfolgreich angefochten wird.

42 Entlastung setzt Rechenschaftslegung voraus. Sie wird üblicherweise im Zusammenhang mit der Feststellung des Jahresabschlusses für das abgelaufene Geschäftsjahr erteilt, doch ist Entlastung auch für kürzere oder längere Zeitabschnitte zulässig. Beschlussfassung hinsichtlich aller GFührer gemeinsam grds zulässig, doch muss bei Vorliegen von Differenzierungsgründen getrennt abgestimmt werden; zu dieser Frage § 47 Rn 77 f mN. GFührer sind vom Stimmrecht ausgeschlossen, § 47 IV. Das gilt erweiternd für alle, auch wenn getrennte Abstimmung erfolgt, näher dazu § 47 Rn 77 mN.

43 Für Entscheidung, ob Entlastung erteilt oder verweigert wird, hat GfterVers relativ **breites Ermessen,** jedoch nicht freies, sondern gebundenes, dh über Erteilung der Entlastung ist nach pflichtgemäßem Ermessen zu entscheiden. Dass Entlastung im Belieben der Gfter stehe,[83] ist angesichts der Wirkungen, die sowohl von Erteilung wie Verweigerung der Entlastung ausgehen, nicht zutreffend.[84] Auch die Formel, dass Entlastung nur anfechtbar sei, wenn Ermessen der GfterVers auf Null reduziert sei,[85] hilft nicht weiter. GfterVers ist weder gegenüber der Ges in ihrer Entscheidung frei noch gegenüber den zu entlastenden Personen, sie hat vielmehr sachgerecht zu entscheiden. Das gilt sowohl für Beurteilung der Zweckmäßigkeit als auch der Rechtmäßigkeit der Gführung.[86]

44 Hat sich GFührer schwerer Pflichtverletzungen schuldig gemacht, gar der Ges erheblichen Schaden zugefügt, ist Erteilung der Entlastung stets rechtswidrig.[87] Ist Gegenstand der Entlastung ein Verhalten, das schwerwiegenden Gesetzes- oder Satzungsverstoß darstellt, darf nicht entlastet werden. Das ist jetzt auch die Meinung des BGH für die aktienrechtliche Entlastung;[88] für GmbH muss das erst recht gelten, da Entlastungswirkung weiter geht als bei AG. Entlastungsbeschluss kann sogar wegen Sittenwidrigkeit nichtig sein, wenn er in Kenntnis schwerer Verfehlungen zu Lasten der GesGläubiger gefasst wird; ansonsten kommt Anfechtbarkeit wegen Treubindungsverstoß in Gestalt der Verletzung des Verhältnismäßigkeitsgrundsatzes in Betracht (dazu in anderem Zusammenhang Anh § 47 Rn 102), insbes wenn gravierenden Verfehlungen des GFührers geringe Verdienste gegenüberstehen. Freies Ermessen hat GfterVers, wenn sämtliche Gfter Entlastung zustimmen. Widerspricht Minderheit, ist Entscheidung keineswegs nennenswert freier als ent-

---

[81] *Lutter/Hommelhoff* Rn 14.

[82] Scholz/*Schmidt* Rn 91; abw. Ulmer/*Hüffer* Rn 64.

[83] So BGH 94, 326 in der Formulierung, nicht ganz in der Sache.

[84] Vgl *Buchner* GmbHR 1988, 10 ff; iE auch OLG Hamm DB 1992, 2131; ausführlich OLG Köln NZG 99, 1228 – Tomberger II.

[85] So OLG Köln NZG 2000, 1135.

[86] Nicht notwendig deshalb die Differenzierung in OLG Hamm (Fn 84), das für Billigung der Zweckmäßigkeit freies Ermessen postuliert, freilich zum zutr Erg gelangt, weil es bereits mögliche Schadensersatzpflichtigkeit zum Rechtmäßigkeitsbereich rechnet.

[87] OLG Düsseldorf NZG 2001, 991.

[88] BGHZ 153, 51; BGH NZG 2005, 77, 78 Thyssen-Krupp.

sprechende Beschlussfassung des AR einer AG über Geltendmachung von Ersatzansprüchen.[89]

Andererseits darf Entlastung auch nicht beliebig verweigert werden. Gibt Amtsführung des GFührers zu nennenswerten Beanstandungen keinen Anlass, muss GfterVers Entlastung erteilen. Sind konkrete Verfehlungen nicht erkennbar, kann Entlastung zwar verweigert werden, wenn Geschäfte schuldhaft zu wenig aktiv oder zu wenig erfolgreich geführt worden sind. Immer muss es sich aber um vorwerfbares Verhalten des GFührers handeln, das Grundlage eines Schadensersatzanspruchs nach § 43 II GmbHG sein könnte. Sind relevante Pflichtverletzungen nicht erkennbar, ist Verweigerung der Entlastung fehlerhaft.[90] **45**

Insoweit muss GFührer **Anspruch auf Entlastungserteilung** haben, den er mangels Anfechtungsbefugnis durch Leistungsklage durchsetzen kann. Das war vor BGHZ 94, 324 ganz hM.[91] Mit dieser Entscheidung hat das Gericht diese Auffassung aufgegeben; ihm folgen wie üblich jetzt weite Teile des Schrifttums.[92] Dem ist zu widersprechen, weil GFührer dadurch der willkürlichen Beurteilung durch GfterVers überantwortet wird. Entlastungsverweigerung ohne zureichenden Sachgrund ist unzulässiger Persönlichkeitseingriff und damit Verletzung der Treupflicht der GmbH, gegen die unter rechtsstaatlichen Verhältnissen Verteidigung möglich sein muss. Auskunftsklage hinsichtlich Vorwurf von Pflichtverletzungen, wie *Ahrens*[93] vorschlägt, bildet hierfür keinen geeigneten Ersatz. GFührer auf Möglichkeit der Amtsniederlegung u außerordentlichen Kündigung zu verweisen,[94] ist krasse Fehlabwägung der Interessenlage. **46**

Negative Feststellungsklage, dass keine Ersatzansprüche bestehen,[95] ist wegen Verweigerung der Entlastung allein grds nicht möglich,[96] schon weil sich dies der Beurteilung der Gfter entzieht, aber auch, weil umfassende Negativfeststellung zu weit führen würde;[97] Behauptung, dass Wirkungen des der negativen Feststellungsklage stattgebenden Urteils nicht auf im Prozess unbenannt gebliebene Ansprüche zu erstrecken seien,[98] ist prozessrechtlich unzutreffend, Belastung des klagenden GFührers mit Beibringung aller erfor- **47**

---

89 So aber OLG Köln (Fn 85); dem OLG zustimmend *Grunewald* ebenda.

90 Vgl auch *Flume* JurPerson § 10 I 4.

91 Vgl RG 1989, 396; *Fischer/Lutter* Rn 12; *Baumbach/Hueck* 13. Aufl, Anm 7 D; dto 14. Aufl, Rn 30; *Brodmann* § 46 Anm 6k; Hachenburg/*Schilling* Rn 26; *Feine* 502; *Flechtheim* JW 1920, 700.

92 *Roth*/Altmeppen Rn 36; *Lutter/Hommelhoff* Rn 15; *Meyer-Landrut* Rn 28; *Ahrens* ZGR 1987, 132; *Tellis* GmbHR 1989, 113; *Knoche* (Fn 74) 55 ff; Rowedder/Schmidt-Leithoff/*Koppensteiner* Rn 31. Die unglückliche Neuentwicklung hat *K. Schmidt* auf dem Gewissen, vgl ZGR 1978, 425; weiterhin uneinsichtig Scholz/*Schmidt* Rn 101 ff. Wie hier aber *Buchner* GmbHR 1988, 14; Ulmer/*Hüffer* Rn 71.

93 AaO (Fn 92) 142 f.

94 So zB *Lutter/Hommelhoff* Rn 15.

95 Auf diese Klagemöglichkeit weist BGHZ 94, 324 hin.

96 So aber *Scholz/Schmidt* Rn 102; *K. Schmidt* ZGR 1978, 440; *Vogel* Anm 6; *Tellis* GmbHR 1989, 113, 116 f; *Barner* (Fn 75) 140 ff; *Weitemeyer* ZGR 2005, 280, 304 f, die sich mit den von mir genannten Schwierigkeiten aber nicht auseinandersetzt; vgl ferner Rowedder/Schmidt-Leithoff/*Koppensteiner* Rn 25, der Entlastungsklage als neg Feststellungsklage deuten will. Gegen Zulässigkeit ausführlich *M. Jacobs,* Der Gegenstand des Feststellungsverfahrens, 2005, insbes S 462 f.

97 Vgl auch die entspr Bedenken in BGHZ 94, 329.

98 So Rowedder/Schmidt-Leithoff/*Koppensteiner* Rn 31.

derlichen Unterlagen für einwandfreien Charakter der GFührung[99] geradezu fatal. Wie groß müsste der Lastwagen sein, der diese Unterlagen herbeischafft und wie lang müsste die GfterVers dauern, die sie prüft! Hingegen ist negative Feststellungsklage insoweit zulässig, als sich Ges bestimmter Ansprüche gegen GFührer berühmt. Gerade wegen begrenzter Sinnhaftigkeit der neg Feststellungsklage hat Anspr auf Entlastung eigenständige Bedeutung.[100]

48 Verweigerung der Entlastung macht Amtsniederlegung u Kündigung seitens des GFührers aus wichtigem Grund nur zulässig, wenn sie grundlos erfolgt.[101] Selbstverständlich liegt in Entlastungsverweigerung keine Abberufung. Auch bildet Entlastungsverweigerung nicht per se wichtigen Grund zur Abberufung. Zur Entlastung der ARMitglieder unten Rn 84. Satzung kann **Zuständigkeit** zur Entlastung anderem Organ **übertragen,** aber nicht GFührern selbst.

49 Über Entlastung hinaus geht sog **Generalbereinigung,** bei der konkrete Ansprüche einem Verzicht oder Vergleich unterworfen werden.[102] Zur Erforderlichkeit eines Gfterbeschlusses für diese Maßnahme s Rn 60. Grenzen der Generalbereinigung ergeben sich aus §§ 30 ff, 33, 43 III u 64 II sowie aus den Grundsätzen zum Schutz der Ges vor existenzvernichtenden Eingriffen.[103]

50 **12. Maßregeln zur Prüfung u Überwachung der GFührung (Nr 6).** GfterVers hat das Recht, GFührer zu kontrollieren. Befugnis ist unabhängig von den Kontrollrechten der einzelnen Gfter nach § 51 a. Alle geeigneten u nicht unverhältnismäßigen Maßnahmen sind zulässig; insbes kann vorgesehen werden: Vorbehalt der Genehmigung für Geschäfte bestimmter Art oder bestimmten Umfangs, Berichterstattung der GFührer, Erteilung von Auskünften, Besichtigung von Objekten, Anhörung von Sachverständigen u von Betriebsangehörigen. Besonders wichtig Recht zur Bestellung von Sonderprüfern[104] ähnlich der aktienrechtlichen Sonderprüfung gemäß § 142 I AktG. GfterGFührer sind bei der Beschlussfassung über Prüfungsmaßnahmen vom Stimmrecht ausgeschlossen.[105] Umfang der Überwachung u Prüfung darf nicht unverhältnismäßig sein,[106] sonst berechtigt sie GFührer zu Amtsnieder-

---

[99] Rowedder/Schmidt-Leithoff/*Koppensteiner* Rn 31 und allen Ernstes auch Scholz/*Schmidt* Rn 102.

[100] Verkannt bei *Knoche* (Fn 74) 47.

[101] *Roth*/Altmeppen Rn 42; Ulmer/*Hüffer* Rn 74; Rowedder/Schmidt-Leithoff/*Koppensteiner* Rn 31; *Neflin* NJW 1959, 1167 für AG; abw Scholz/*Schmidt* Rn 100; *K. Schmidt* ZGR 1978, 439.

[102] *Lutter/Hommelhoff* Rn 16; Rowedder/Schmidt-Leithoff/*Koppensteiner* Rn 32; Scholz/*Schmidt* Rn 103; *K. Schmidt* GesR 1081 f; *Meyer-Landrut* Rn 30; BGH GmbHR 1975, 183; WM 1976, 737 f; BGH 97, 382, 389; BGH GmbHR 1998, 278; BGH NZG 2003, 528.

[103] BGH NZG 2003, 528.

[104] Dazu *Fleischer* GmbHR 2001, 45; *Leinekugel* GmbHR 2008, 632; *Peters/Dechow* GmbHR 2007, 236 ff; *Trölitzsch/Leinekugel,* Anwaltsstrategien bei Auseinandersetzungen unter GmbH-Gesellschaftern, 2008 Rn 32 ff.

[105] Ulmer/*Hüffer* § 46 Rn 81, str. Stimmrechtsausschluss ebenfalls bejahend, jedenfalls soweit Prüfung im Vorfeld von Entlastung oder Anspruchsgeltendmachung liegt, wie stets bei Sonderprüfung, aber auch anderen Maßnahmen Scholz/*Schmidt* Rn 117 u § 47 Rn 142; *Roth*/Altmeppen Rn 45; *Zöllner,* Die Schranken mitgliedschaftlicher Stimmrechtsmacht, 1963, 221; Rowedder/Schmidt-Leithoff/*Koppensteiner* § 47 Rn 78; *Leinekugel* (Fn 104) S 633; einschränkend *Brandner* FS Nirk, 1992, 81 f. S auch § 47 Rn 58.

[106] Näher zu den Schranken *Leinekugel* GmbHR 2008, 632.

legung u fristloser Kündigung. Zur Wahl der regulären Abschlussprüfer vgl Rn 86.

Satzung darf Überwachung **anderem Organ übertragen,** auch Befugnis der GfterVers sachlich einschränken, jedoch nicht Letztzuständigkeit der GfterVers beseitigen,[107] erst recht nicht von Überwachung befreien.[108] Recht zur Bestellung von Sonderprüfern ist unverzichtbar.[109] Bestehen eines AR oder Beirats schränkt Kompetenz nach Nr 6 nicht ein, auch nicht eines zwingend zu bestellenden AR.[110] Ausdrückliche Verlagerung der Überwachungsaufgabe auf AR nimmt GfterVers nicht Kompetenz zur Überwachung bei Vorliegen bes Gründe.[111] 51

13. Bestellung von Prokuristen u Generalhandlungsbevollmächtigten (Nr 7). Entscheidung über **Bestellung** obliegt im Innenverhältnis den Gftern, auch in der mitbestimmten GmbH. Hingegen ist Bestellung selbst Vertretungshandlung, die von GFührern vorzunehmen ist. Fehlender Gfter-Beschluss macht Bestellung im Außenverhältnis nicht unwirksam.[112] Zu Bestellender kann nicht mitstimmen, gleichviel ob als Gfter oder kraft Stimmrechtsvollmacht.[113] Nicht zulässig ist Bestellung von GFührern zu Prokuristen.[114] 52

Widerruf setzt GfterBeschl nicht voraus, dh GFührer sind auch im Innenverhältnis zum Widerruf berechtigt,[115] soweit nicht Satzung oder GfterBeschl abw bestimmen. GfterVers kann Widerruf mit für GFührer bindender Wirkung beschließen, Erklärung muss aber durch Gführer erfolgen. 53

Anstellungsvertrag fällt in die Zuständigkeit der GFührer. Sachgründe für Eigenzuständigkeit der GfterVers im Fall von Nr 5 greifen hier nicht ein (wohl allgM). GfterVers kann aber bindende Vorgaben für Inhalt beschließen. 54

Anmeldung der Prokura u ihres Erlöschens erfolgt durch GFührer in vertretungsberechtigter Zahl, § 78. Widerruf der Anmeldung nicht nur durch die Anmeldenden möglich.[116] RegRichter prüft Vorliegen des GfterBeschl nicht nach;[117] Teilweise wird allerdings vertreten,[118] dass ein Prüfungsrecht bei Anhaltspunkten für Eigenmächtigkeit des GFührers zu bejahen sei. Das ist sachlich unzutr, weil Bestellung durch GFührer im Außenverhältnis grds wirksam ist, u zwar auch ohne Eintragung. Diese Auffassung ist nicht etwa unrichtig, wie *K. Schmidt*[119] behauptet. Denn die von ihm berufenen Grds 55

---

107 Aber für EinheitsGes bei GmbH & 38; Co KG *Fleck* FS Semler, 1993, 134.

108 Ulmer/*Hüffer* Rn 83; Scholz/*Schmidt* Rn 112.

109 Ulmer/*Hüffer* Rn 83.

110 *Lutter/Hommelhoff* Rn 17; *Roth*/Altmeppen Rn 47; wohl auch Scholz/*Schmidt* Rn 112; differenzierend Rowedder/Schmidt-Leithoff/*Koppensteiner* Rn 35.

111 Ulmer/*Hüffer* Rn 83 aE.

112 BGHZ 62, 166, 168; abw *van Venrooy* GmbHR 1999, 800.

113 Str, abw 13. Aufl, A 9 A; *Hesselmann* GmbHR 1960, 157; näher dazu § 47 Rn 55 aE.

114 Ganz hM, näher begründet bei *Roth*/Altmeppen Rn 52; Rowedder/Schmidt-Leithoff/*Koppensteiner* Rn 36; abw Scholz/*Schmidt* Rn 120.

115 *Lutter/Hommelhoff* Rn 20; *Vogel,* Gfterbeschlüsse, 17; Ulmer/*Hüffer* Rn 87; *Roth*/Altmeppen Rn 49; Scholz/*Schmidt* Rn 133; *Hesselmann* GmbHR 1960, 159.

116 KG JW 1939, 357; Scholz/*Schmidt* Rn 132.

117 BGH 62, 168; Ulmer/*Hüffer* Rn 85; Michalski/*Römermann* Rn 370; Rowedder/Schmidt-Leithoff/*Koppensteiner* Rn 36.

118 Scholz/*Schmidt* Rn 132.

119 AaO Rn 132 Fn 384.

über Missbrauch der Vertretungsmacht machen Erteilung der Prokura durch den seine Befugnis überschreitenden GFührer im Außenverhältnis zu GPartnern der GmbH nur unwirksam, soweit GPartner den Missbrauch der Vertretungsmacht kennt.[120] Dann wird Dritter durch § 15 HGB ebenfalls nicht geschützt; falls *Schmidt* im vorliegenden Zusammenhang schon fahrlässige Unkenntnis für „Missbrauch" ausreichen lassen wollte, läge darin Wertungswiderspruch zu § 15 HGB u Überzeichnung des handelsrechtlichen Schutzsystems. Überdies setzt Unwirksamkeit der Prokuraerteilung wegen Missbrauchs der Vertretungsmacht voraus, dass Prokurist das Fehlen des GfterBeschlusses kennt oder doch zumindest grobfahrlässig nicht kennt. RegRichter müsste folglich auch dies nachprüfen, was ersichtlich zu weit führen würde.

56 Beschlusszuständigkeit hinsichtlich der Bestellung von Handlungsbevollmächtigten ist auf Erteilung von **Handlungsvollmacht für den gesamten Geschäftsbetrieb** beschränkt (sog Generalhandlungsvollmacht), erstreckt sich also nicht auf Arthandlungsvollmacht u Spezialhandlungsvollmacht,[121] doch kann Satzung Beschlusskompetenz der GfterVers auch darauf erstrecken.[122]

57 **14. Geltendmachung von Ersatzansprüchen gegen GFührer u Gfter aus Gründung u GFührung (Nr 8 Alt 1).** Entscheidung über Geltendmachung hat durch GfterBeschluss zu erfolgen. Sinn der Regelung liegt darin, dass oberstes GesOrgan u nicht GFührung darüber entscheiden soll, ob Betroffene wegen Pflichtverletzung belangt werden sollen u ob die damit einhergehende für Ges negative Publizität eventueller Differenzen u Probleme in Kauf zu nehmen ist.[123]

58 **a) Anwendungsbereich.** Vorschrift betrifft alle Ersatzansprüche der Ges aus Pflichtverstößen bei Gründung u GFührung, gleichviel aus welcher Anspruchsgrundlage, zB § 9a u § 43, aber auch aus der Gewährleistung für Sacheinlagen, aus culpa in contrahendo, positiver Forderungsverletzung, unerlaubter Eigengeschäftsführung iSv § 687 II BGB u auch Delikt,[124] ferner aus Verletzung von Wettbewerbsverboten analog § 113 HGB.[125] Auch gegen Gfter können Ansprüche aus ihrer GFührungstätigkeit erwachsen, sei es als Mitglied eines besonderen Organs, sei es auch wegen schuldhafter Verletzung der Treupflicht bei der Stimmrechtsausübung in der GfterVers bei GFührungsangelegenheiten. In erweiternder Auslegung fallen unter die Vorschrift auch Ansprüche auf Auskunft u Rechenschaftslegung über GFührungstätigkeit, soweit sie als Nebenansprüche potentieller Ersatzansprüche anzusehen sind,[126] ferner wohl auch Ansprüche auf Erfüllung, auf Herausgabe des aus der GFührung Erlangten einschl aus GFührung hergeleiteten Bereicherungsansprüchen,[127] dagegen nicht Ansprüche auf Rückzahlung eines Darlehens, auch wenn dieses als Vereinbarungsdarlehen wegen unberechtigter Entnahmen des Gführers verabredet worden ist.[128] Ersatzansprüchen stehen ferner

[120] Ähnlich *Roth*/Altmeppen Rn 49.
[121] Scholz/*Schmidt* Rn 122.
[122] *Meyer-Landrut* Rn 40.
[123] BGH NZG 2004, 964.
[124] Vgl BGH NJW 1975, 978; BGH NZG 2004, 962, 964.
[125] BGHZ 80, 75 f.
[126] BGH NJW 1975, 977.
[127] BGH WM 1986, 790.
[128] OLG Brandenburg GmbHR 1998, 599.

gleich **Ansprüche auf Unterlassung,** soweit sich diese auf Verletzung von GFührungspflichten oder Wettbewerbsverboten gründen.[129]

59 Entspr anzuwenden ist Nr 8 Alt 1 auf Geltendmachung von **Ersatzansprüchen gegen ARMitglieder oder Beiratsmitglieder** wegen ihrer Tätigkeit als Mitglied dieses Organs, gleichviel, ob sie Gfter sind oder nicht;[130] keine Anwendung jedoch auf Abschlussprüfer[131] oder besondere Prüfer. Unerheblich ist, ob Gfter inzwischen ausgeschieden, zu belangende GFührer u AR Mitglieder noch im Amt sind.[132] Unerheblich auch, ob Anspruchsgegner selbst oder seine Erben belangt werden.[133] Erfordernis gilt auch für **Gfter-Klage.**[134] Zu diesen Klagemöglichkeiten oben § 13 Rn 36 ff. Nichterforderlichkeit wäre bedenklich im Hinblick auf gesetzliche Wertung. Erforderlichkeit des GfterBeschl gilt für Geltendmachung gegenüber GFührer auch, wenn fakultativer oder obligatorischer AR besteht. Dieser ist nur für Vertretung zuständig, nicht für Willensbildung u Schaffung von Anspruchsvoraussetzung (für mitbestimmten AR str). Nicht unter Nr 8 Alt 1 fallen Ansprüche auf Erstattung verbotswidriger Zuwendungen zu Lasten des Stammkapitals. Sie sind ohne Beschluss sofort fällig.[135] Zweifelhaft ist, ob Nr 8 Alt 1 entspr anzuwenden ist auf Ersatzansprüche einer GmbH & Co KG gegen GFührer der Komplementär-GmbH.[136] Indessen dürfte dies von realtypischer Nähe der konkreten Ges zur GmbH Form abhängen.

60 Eines GfterBeschlusses bedarf **jede Form der Geltendmachung,** nicht nur Einleitung eines Prozesses, also auch Anspruchserhebung u Mahnung, erst recht **jede Form der Erledigung** wie Aufrechnung durch die Ges,[137] Stundung, **Verzicht** oder Vergleich,[138] Hinnahme von Leistungen erfüllungshalber oder an Erfüllungs Statt, ferner auch sog Generalbereinigung.[139] Beschluss, einschlägigen Anspruch durch Aufrechnung zu befriedigen, kann auch noch

---

129 *Lutter/Hommelhoff* Rn 21; Rowedder/Schmidt-Leithoff/*Koppensteiner* Rn 42; Ulmer/*Hüffer* Rn 94; Scholz/*Schmidt* Rn 147; Michalski/*Römermann* Rn 416.

130 Ulmer/*Hüffer* Rn 93; *Roth*/Altmeppen Rn 61; Scholz/*Schmidt* Rn 146; *Meyer-Landrut* Rn 47.

131 So aber *Lutter/Hommelhoff* Rn 21; zweifelnd Ulmer/*Hüffer* Rn 93; wie hier Scholz/*Schmidt* Rn 146.

132 HM, BGHZ 28, 357; BGH WM 1983, 498; BGH BB 1999, 1569; BGH NZG 2004, 962, 964; OLG Düsseldorf GmbHR 1995, 232; Ulmer/*Hüffer* Rn 93; *Roth*/Altmeppen Rn 61; Scholz/*Schmidt* Rn 146; für ausgeschiedene GFührer abw OLG Nürnberg GmbHR 1959, 10.

133 BGH NJW 1960, 1667; dazu Anm *Pleyer* GmbHR 1960, 185; BGH DB 1975, 781; Ulmer/*Hüffer* Rn 93.

134 Vgl Scholz/*Schmidt* Rn 161; Ulmer/*Hüffer* Rn 92, 112 f; *Hoffmann* GmbHR 1963, 63; *Maatz* GmbHR 1974, 128; *Martens* GmbHR 1984, 271; *Zöllner* ZGR 1988, 409 f; *Grunewald,* Gfterklage, 1990, 75; *v. Gerkan* ZGR 1988, 449 f; OLG Köln GmbHR 1993, 816; aA BGH WM 1982, 929; BGH WM 1969, 1082; *Roth*/Altmeppen Rn 61, 66; *Meyer-Landrut* Rn 45; *Berger* ZHR 149 (1985), 599; *Raiser* ZHR 153 (1989), 22 f; *U. H. Schneider* FS Kellermann, 1991, 422; einschränkend OLG Düsseldorf DB 1993, 2474; *Winter,* Treubindungen 314 ff hält Gfterbeschluss für erforderlich, aber Gfterklage auch bei ablehnendem Beschluss für möglich; zur Problematik auch *Eickhoff,* Die Gfterklage im GmbHRecht, 1988, 60 ff, 67 ff.

135 BGH WM 1987, 208 = NJW 1987, 779.

136 Verneinend BGHZ 76, 326, 338; BGH WM 1992, 691; OLG Hamm GmbHR 1993, 294.

137 OLG Düsseldorf GmbHR 1995, 232.

138 Zust für Verzicht u Vergleich Ulmer/*Hüffer* Rn 98.

139 BGH GmbHR 1998, 278.

nach Eintritt der Verjährung gefasst werden, § 390 Satz 2 BGB.[140] **Beschlusserfordernis** als Voraussetzung der Geltendmachung **entfällt für GesGläubiger,** dem der von ihm gepfändete Ersatzanspruch überwiesen worden ist,[141] ferner im Insolvenzverfahren,[142] nach richtiger Auffassung auch bei masseloser Insolvenz.[143] Beschlusserfordernis besteht ferner nicht für Maßnahmen des einstweiligen Rechtsschutzes.[144]

61 **b) Rechtliche Bedeutung der Beschlussfassung.** Alt 1 ist nicht nur Kompetenznorm für gesellschaftsinterne Willensbildung, sondern Beschluss ist nach ganz hM **materielle Voraussetzung** für alle einschlägigen Rechtshandlungen **auch im Außenverhältnis,**[145] weil Zweck der Regelung zum einen in Schonung von Gftern u Organmitgliedern, zum anderen im Schutz der Ges vor Erörterung innerer Angelegenheiten der Ges in Außenverhandlungen u Rechtsstreitigkeiten[146] besteht. Bei Klageerhebung ohne erforderlichen GfterBeschluss ist Klage daher wegen Fehlens materieller Anspruchsvoraussetzung als unbegründet abzuweisen; es fehlt nicht lediglich Prozessvoraussetzung.[147] Einordnung als materielle Wirksamkeitsvoraussetzung gilt nach hM nicht nur für Anspruchserhebung, sondern **auch für Erledigung.**[148] Über inhaltliche Schranken eines Verzichts vgl § 9 b Rn 2 sowie § 43 Rn 47, 51.

62 **c) Beschlussanforderungen.** Beschluss muss den betreffenden Anspruch hinreichend konkret umreißen,[149] dh jedenfalls identifizierbar bezeichnen. Selbstverständlich braucht dazu nicht die Höhe des Anspruchs beziffert zu werden. Auch der Lebenssachverhalt muss nicht in Einzelheiten abgegrenzt werden, schon weil Klärung vielfach erst im Prozess oder bei seiner Vorbereitung erfolgen kann. Auch formeller, in einberufener GfterVers zu fassender Beschluss nicht erforderlich, es genügt im Einverständnis aller getroffene formlose Abrede.[150] Bei der Beschlussfassung ist der Betroffene vom Stimmrecht ausgeschlossen, s § 47 Rn 93.

63 Bei EinmannGes kein Beschluss erforderlich;[151] Wille des EinmannGfters muss aber zutage treten, wie etwa dann, wenn er als GFührer Klage gegen

---

140 Vgl BGH DStR 1997, 1735.

141 RG JW 1930, 2685; Rowedder/Schmidt-Leithoff/*Koppensteiner* Rn 41; Scholz/*Schmidt* Rn 152.

142 BGH GmbHR 1992, 303 sowie NJW 1969, 1667 (für Genossenschaft); in der Lit offenbar allgM.

143 BGH NZG 2004, 962, 964; *Goette,* Die GmbH, § 7 Rn 19; Michalski/*Römermann* Rn 398 f mN.

144 Vgl *Fastrich* DB 1981, 927; zust Rowedder/Schmidt-Leithoff/*Koppensteiner* Rn 42; Scholz/*Schmidt* Rn 154; Ulmer/*Hüffer* Rn 97.

145 Vgl BGH NZG 2004, 962, 964; aus der Lit zB Rowedder/Schmidt-Leithoff/*Koppensteiner* Rn 40; Ulmer/*Hüffer* Rn 101; *Vogel* Gfterbeschlüsse, 18; *Lutter/Hommelhoff* Rn 22; *Meyer-Landrut* Rn 44; Scholz/*Schmidt* Rn 142 mit 159; abw Michalski/*Römermann* Rn 458; teilw abw *Fastrich* DB 1981, 927; *H. Winter* GmbHR 1965, 6; vgl auch *Winter,* Treubindungen, 315.

146 Zu letzterem OLG Düsseldorf GmbHR 1995, 232.

147 Ganz hM; aus der Rspr BGHZ 28, 359; 97, 390.

148 Zweifelnd *Roth*/Altmeppen Rn 57, der *insoweit* aber jedenfalls Grundsätze über Missbrauch der Vertretungsmacht eingreifen lassen will, wenn GFührer handeln.

149 OLG Düsseldorf GmbHR 1995, 232.

150 BGH BB 1999, 1569.

151 BGH WM 1983, 498; vgl auch BGH DStR 1995, 774; OLG Köln GmbHR 1975, 274.

anderen (auch früheren) GFührer oder gegen frühere Gfter oder wenn er Gfterklage erhebt. Auch Dokumentation nach § 48 III entbehrlich; es genügt anderweiter Nachweis des AlleinGfter-Willens.[152] Klage gegen EinmannGfter als GFührer oder Gfter wird während der Dauer seiner Alleinmitgliedschaft praktisch (außerhalb des Insolvenzstadiums) kaum in Betracht kommen. Denkbar ist sie aber nach seinem Ausscheiden als Gfter oder nach Aufnahme anderer Gfter; alsdann gelten normale Regeln.

d) Beschlussmängel. Ist Geltendmachung gestattender Beschluss nichtig, hat Gericht des Ersatzanspruchprozesses dies inzidenter zu berücksichtigen und Ersatzklage abzuweisen. Ist Beschluss nur anfechtbar und Anfechtungsklage erhoben, ist Ersatzanspruchsprozess auszusetzen. Ist Anfechtungsklage nicht erhoben, gilt das Anh § 47 Rn 18 u 82 Ausgeführte. Ist der die Geltendmachung ablehnende Beschluss nichtig, kann Gericht des Ersatzanspruchprozesses dies zwar prüfen. Nichtigkeit ersetzt aber nicht positiv erforderlichen Beschluss. Gericht kann also aus alternativen Gründen Ersatzklage abweisen. Ist die Geltendmachung ablehnender Beschluss anfechtbar, nützt Anfechtung für Ersatzprozess nur, soweit Mängelgeltendmachung zur positiven Feststellung eines die Rechtsverfolgung bejahenden Beschlusses führt (auch dazu unten Anh § 47 Rn 186 ff).[153] Ist Beschlussergebnis nicht bindend festgestellt und hat Beschlussmangel Bedeutung für Beschlussergebnis, kann Gericht des Ersatzprozesses Beschlussergebnis inzidenter feststellen. 64

e) Zur Geltendmachung von Ersatzansprüchen gehört auch **Bestellung von Vertretern** in einschlägigen Streitigkeiten, und zwar auch gegenüber ehemaligen Gftern u GFührern. Da GfterVers idR Geltendmachung nicht selbst durchführen kann, steht ihr Kompetenz zur Bestellung besonderer Vertreter zu. Sie kann Gfter, einen oder alle GFührer mit Vertretung betrauen, aber auch Mitglieder anderer GesOrgane oder Dritte.[154] Nach anderer Auffassung[155] soll, von Prozessen gegen GFührer abgesehen, stets Vertretung der Ges durch GFührer erforderlich sein; aber das ist für GmbH meist nicht praktisch, wie sich besonders deutlich bei Geltendmachung von Ansprüchen gegen MehrheitsGfter zeigt.[156] Beschließen Gfter Geltendmachung von Ersatzansprüchen gegen Gfter, ohne bes Vertreter zu bestellen, sind GFührer zur Vertretung der Ges berechtigt. 65

Bei Geltendmachung von **Ersatzansprüchen gegen GFührer** vertritt AR, sofern solcher besteht, § 112 AktG. Auch soweit § 112 AktG kraft zwingender mitbestimmungsrechtlicher Regelung anwendbar ist, kann GfterVers jedoch Bestellung eines besonderen Vertreters beschließen, wie Analogie zu § 147 II 1 AktG zeigt.[157] § 112 AktG steht schon im Aktienrecht unter dieser Einschränkung; es ist kein Grund ersichtlich, warum im GmbHRecht 66

---

152 BGH GmbHR 1997, 164.

153 Teilweise abw OLG Köln GmbHR 1993, 816 wo für Klärung der Mangelhaftigkeit ausschließlich auf Anfechtungsprozess verwiesen wird.

154 Wie hier Ulmer/*Hüffer* Rn 107 f.; *Lindacher* ZGR 1987, 123; *Gach/Pfuller* GmbHR 1998, 69.

155 *Lutter/Hommelhoff* Rn 28.

156 Eher wie hier, jedoch etwas zu eng BGHZ 97, 35.

157 *Roth*/Altmeppen Rn 56; *A. Hueck* FS Bötticher, 1969, 214 f; *Vogel,* Gfterbeschlüsse, 18; *Eickhoff* 99; abw Rowedder/Schmidt-Leithoff/*Koppensteiner* Rn 46; *Lutter/Hommelhoff* Rn 26; wohl auch *Meyer-Landrut* Rn 49; wie bei Scholz/*Schmidt* Rn 165 die Verweisung auf Rn 144 gemeint ist, erscheint fraglich.

zwingende Zuständigkeit des AR zur Vertretung der Ges gegenüber GFührern weitergehen sollte.[158] Hinweis auf zwingenden Charakter des § 112 AktG[159] daher nur für Vertretung außerhalb des hier angesprochenen Bereichs der Geltendmachung von Ersatzansprüchen erheblich (unten Rn 69).

67 **15. Vertretung der Ges in Prozessen mit GFührern (Nr 8 Alt 2).** In allen Prozessen mit GFührern haben Gfter über Vertretung der Ges zu beschließen. Hierhin gehören alle Gerichtsbarkeiten u Verfahrensarten, Aktivprozesse ebenso wie Passivprozesse.[160] Auf Streitgegenstand u materielle Anspruchsgrundlage kommt es nicht an. Dieser Teil der Regelung in Nr 8 ist kein Annex zum ersten Halbs, betrifft also nicht Ersatzansprüche.[161] Regelung gilt, anders als bei Vertretung gemäß Alt 1 in Ersatzprozessen, nicht für Prozesse mit ausgeschiedenen GFührern,[162] ebenso wenig mit Erben verstorbener GFührer,[163] wohl aber für Prozesse mit GFührern, deren Abberufung zwischen den Parteien str ist[164] u für Rechtstreit über Wirksamkeit der Beendigung des Anstellungsvertrages.[165] Für Prozess gegen Gfter wegen gemeinsamer mit GFührer begangener Pflichtverletzung lässt BGH ebenfalls Bestellung bes Vertreter zu;[166] aber das gilt für Ersatzansprüche aus GFührung gegen Gfter ohnehin, vgl Rn 65.

68 Beschlusserfordernis ist jedenfalls mindestens **gesellschaftsinterne Schranke** für eigenmächtige Inanspruchnahme der Vertretung in Prozessen mit GFührer durch anderen GFührer. GFührer müssen daher gegebenenfalls GfterBeschluss herbeiführen und dürfen nicht etwa so lange handeln, wie GfterVers untätig bleibt. Entgegengesetzte Meinung[167] ist mit dem Gesetzeswortlaut schwerlich vereinbar, der hier wie sonst auch Zuweisung innergesellschaftlicher Primärkompetenz an Gfter vornimmt. Bloße Möglichkeit, irgendwann zu beschließen, haben Gfter ohnehin. Warum Zuweisung einer Primärkompetenz hier nicht bestehen soll, wird nicht näher begründet. Ob über die Beschneidung der innergesellschaftlichen Kompetenz hinaus auch **Außenvertretungsmacht der GFührer** in derartigen Prozessen ausgeschlossen ist,[168] war früher streitig; Außenvertretungsmacht ist jedoch zu bejahen.

---

158 Nicht überzeugend deshalb das Argument von *Koppensteiner* (Fn 157), § 147 II 1 AktG sei „nicht vom mitbestimmten AR her geprägt". Das wäre nur dann zielführend, wenn man § 147 II 1 AktG auch bei der nicht mitbestimmten AG für nicht anwendbar hielte.

159 Ulmer/*Hüffer* Rn 103.

160 Vgl *Roth*/Altmeppen Rn 54; Ulmer/*Hüffer* Rn 104; Scholz/*Schmidt* Rn 166.

161 So aber vor allem *Feine* 511; wie hier BGH 116, 355.

162 Streitig, wie hier OLG Brandenburg NZG 1998, 466 (s aber auch NZG 2000, 143); BGHZ 116,353 sagt entgegen verbreiteter Zitierung nichts Gegenteiliges; *Roth*/Altmeppen Rn 57; Ulmer/*Hüffer* Rn 105 mit trefflicher Begründung; abw Rowedder/Schmidt-Leithoff/*Koppensteiner* Rn 44; Michalski/*Römermann* Rn 485; differenzierend Scholz/*Schmidt* Rn 167: Gfterbeschluss nicht erforderlich, aber zulässig.

163 Ulmer/*Hüffer* Rn 105.

164 BGH GmbHR 1981, 185 u KG GmbHR 1997, 1001 betrafen anderen Fall, dass Gfter gegen GmbH auf Unwirksamkeit der Bestellung eines GFührers klagt.

165 BGH DStR 1993, 843.

166 BGHZ 97, 28, 35; 116, 355.

167 Rowedder/Schmidt-Leithoff/*Koppensteiner* Rn 45; Ulmer/*Hüffer* Rn 108; *A. Hueck* FS Bötticher, 1969, 213; s auch BGH WM 1981, 1353 u BGH GmbHR 1992, 299, wo Bedeutung des § 46 als jedenfalls innergesellschaftlich wirkende Kompetenznorm nicht deutlich wird. Wie hier *Lutter/Hommelhoff* Rn 25.

168 So ausdrücklich noch 15. Aufl.

Auf Empfangsvertretung der Ges durch GFührer in Passivprozessen könnte ohnehin schwerlich verzichtet werden. Außenvertretungsmacht der GFührer wird daher erst durch Bestellung eines Vertreters abgeschnitten.[169]

Als bes Vertreter für Rechtsstreit mit GFührer können Gfter bestellt werden, aber auch Mitglieder von GesOrganen (auch andere GFührer) oder Dritte. Bei Vorhandensein eines **mitbestimmten AR** obliegt Prozessvertretung gegenüber GFührern zwingend dem AR, § 112 AktG; **fakultativer AR** vertritt, wenn sich aus der Satzung nicht Gegenteiliges ergibt. Für Prozesse über Ersatzansprüche (und nur für diese)[170] kann aber GfterVers stets bes Vertreter bestellen, vgl oben Rn 43, für andere Prozesse jedoch auch bei nur fakultativem AR nicht,[171] weil § 112 AktG insoweit mit der Kraft einer Satzungsregelung gilt, also nicht durch normalen Gfterbeschluss beiseite geschoben werden darf. 69

Beim **Bestellungsbeschluss** darf betroffener GFührer nicht mitstimmen (allgM), wohl aber der zu bestellende Vertreter.[172] Bestellung ist zwar Rechtsgeschäft, Bestellter hat jedoch für die Dauer der Vertretung quasi Organstellung. Voraussetzungen für Reduzierung des Stimmverbots des § 47 IV liegen daher vor. 70

Bestellung ist **körperschaftsrechtlicher Akt,** der in gleicher Weise wirksam wird wie Bestellung zum GFührer. In Erteilung einer Prozessvollmacht unmittelbar durch GfterVers kann Bestellung eines bes Vertreters liegen.[173] Auch zum Abschluss des begleitenden Auftrags oder Geschäftsbesorgungsvertrags ist GfterVers zuständig, die dafür eigenen Bevollmächtigten bestellen kann. Amt endet mit Erledigung der Aufgabe oder mit Abberufung durch einfache Mehrheit. Ges wird im Rechtsstreit von dem Bestellten vertreten. Dieser kann Prozessvollmacht erteilen, aber auch, soweit nach Prozessrecht zulässig, selbst Prozess führen u vor Gericht auftreten. GfterVers kann aber dem bestellten bes Vertreter Weisungen hinsichtlich Anwaltsauswahl, Prozessführung, Rechtsmitteleinlegung etc erteilen. Bestellter bes Vertreter hat Informationsanspruch gegen Ges auf Erteilung aller zu zweckentspr gerichtlicher Vertretung erforderlichen Informationen.[174] 71

III. Sonstige gesetzliche Zuständigkeiten

1. Satzungsänderungen. Für sie ist GfterVers zwingend u ausschließlich zuständig, § 53; Näheres dort. Das Gleiche gilt für qualifizierte Arten der Satzungsänderung in Gestalt der ordentlichen Kapitalerhöhung (§§ 55 ff), der nominellen Kapitalerhöhung (§§ 57 c ff) u der Kapitalherabsetzung in ordentlicher (§ 58) u in vereinfachter (§§ 58 a ff) Form. 72

---

169 So *Meyer-Landrut* Rn 48; Rowedder/Schmidt-Leithoff/*Koppensteiner* Rn 45; Ulmer/*Hüffer* Rn 108; *A. Hueck* FS Bötticher, 1969, 213.

170 Insoweit zitieren *Lutter/Hommelhoff* Rn 26 mich unzutreffend.

171 Zutr Scholz/*Schmidt* Rn 165; abw Rowedder/Schmidt-Leithoff/*Koppensteiner* Rn 46; *Brandner* FS Quack, 1991, 208.

172 Ganz hM, vgl BGH 97, 35; Scholz/*Schmidt* Rn 171; Rowedder/Schmidt-Leithoff/*Koppensteiner* Rn 47; *Lindacher* ZGR 1987, 126; *Roth*/Altmeppen Rn 65; Michalski/*Römermann* Rn 492; abw noch 17. Aufl.

173 Zu eng, wenn auch iE zutr entschieden BGH WM 1981, 1353.

174 OLG München DB 1996, 1967.

73 **2. Satzungsauslegung.** GfterVers muss in vielen Zusammenhängen Satzung auslegen, etwa wenn es um Einhaltung bestimmter in der Satzung enthaltener Verfahrensregeln für bestimmte Maßnahmen (zB auch Mehrheitserfordernisse) geht oder wenn die von der Satzung vorgeschriebenen Voraussetzungen bestimmter Maßnahmen (zB Einziehung von GAnteilen, Einforderung von Einlagen, Erfüllung persönlicher Voraussetzungen für GFühreramt, Erforderlichkeit der Zustimmung zur Veräußerung von Anteilen u ä) zu prüfen sind. Es ist selbstverständlich, dass GfterVers eine solche Auslegung incidenter vorzunehmen hat. Nach Auffassung des BGH[175] hat sie auch die Kompetenz, entsprechende Feststellungen zur Auslegung zu treffen. Solche Feststellungen können sinnvoll sein, wenn von ihnen die Vornahme entsprechender Maßnahmen abhängt u etwa eine Vorabklärung wünschenswert ist, weil Erwerber oder Veräußerer von GAnteilen vorab wissen wollen, ob geplante Übertragung von GAnteilen genehmigungsbedürftig ist. Auch Erteilung eines rechtsverbindlichen „Negativattests" muss möglich sein, wenn GfterVers Genehmigung nicht für erforderlich hält. Sie wäre sonst gezwungen, um Veräußerung nicht zu blockieren, Genehmigung zu erteilen. Rechtserheblich ist Auslegung freilich nur, wenn GfterVers entsprechenden Rechtsfolgewillen hat u nicht lediglich unverbindliche Meinungsäußerung tätigt.[176] Feststellung muss in Übereinstimmung mit der (grds objektiv auszulegenden) Satzung stehen, sonst ist sie anfechtbar. Kompetenz zu in der Sache satzungsändernder Feststellung hat GfterVers nicht. Sie muss dazu vielmehr Weg der Änderung oder „Durchbrechung" der Satzung beschreiten. Unterbleibt Anfechtung, hat Auslegungsbeschluss Bindungswirkung für künftigen Anwendungsfall nur insoweit, als Feststellung zu konkret umschriebener Maßnahme, also zB geplanter Anteilsübertragung, erfolgt ist, nicht für beliebige künftige Fälle, weil sonst Incident-Satzungsänderung ohne Änderung des Satzungstexts möglich wäre.

74 **3. Formwechsel, dh Umwandlung** der GmbH in eine andere Rechtsform. Alle insoweit bestehenden Möglichkeiten sind nunmehr im UmwG v 28. 10. 1994, in Kraft getreten am 1. 1. 1995, geregelt (§§ 190 ff). Zuständigkeit der GfterVers ist zwingend, § 193 I UmwG.

75 **4. Verschmelzung** mit anderen Rechtsträgern nach §§ 2 ff UmwG v 28. 10. 1994. Zuständigkeit der GfterVers ist zwingend, § 13 I UmwG.

76 **5. Spaltung der Ges** in den durch §§ 123 ff UmwG vorgesehenen Formen. Zuständigkeit der GfterVers ist zwingend, § 125 mit § 13 UmwG.

77 **6. Vermögensübertragung auf die öffentliche Hand** als Vollübertragung oder Teilübertragung gemäß §§ 174 ff UmwG. Auch dafür besteht zwingende Zuständigkeit der GfterVers, § 176 mit § 13 UmwG sowie § 177 mit §§ 125, 13 UmwG.

78 **7. Abschluss von Unternehmensverträgen.** Vgl dazu unten die Erläuterungen zum GmbH-Konzernrecht in SchlAnhKonzernR.

79 **8. Auflösung durch Beschluss** gem § 60 I Nr 2 sowie Rückgängigmachung der Auflösung durch **Fortsetzungsbeschluss** (letzterer im Gesetz nicht geregelt). Beide Zuständigkeiten sind zwingend. Gleichzeitige Kündi-

[175] NZG 2003, 127.
[176] Zutreffend OLG München NZG 2001, 762.

gungserklärungen sämtlicher Gfter hat BayObLG[177] als Auflösungsbeschluss gewertet. Dazu § 48 Rn 28.

9. Bestellung von Liquidatoren nach § 66 I sowie deren Abberufung nach § 66 III. Näheres dort. Bestellung von Liquidatoren für im HR gelöschte GmbH nur durch Gericht möglich.[178] **80**

10. Bestimmung über die Verwahrung der Geschäftsbücher nach Beendigung der Liquidation, § 74 I 2. Näheres dort. **81**

11. Einforderung von Nachschüssen, § 26 I. Zuständigkeit ist zwingend. **82**

12. Wahl der AR-Mitglieder, soweit diese nicht nach mitbestimmungsrechtlichen Regelungen von der Arbeitnehmerseite zu wählen sind. Näheres bei § 52. **83**

13. Entlastung des AR u der Mitglieder anderer Sonderorgane. Auch AR-Mitglieder u Mitglieder ähnlicher Sonderorgane haben Anspruch auf regelmäßige Entlastung, die durch GfterBeschl zu erfolgen hat. Wegen der Bedeutung der Entlastung u sonstiger Fragen gilt das zur Entlastung der GFührer Ausgeführte (oben Rn 41 ff) entspr. Entlastung kann einem anderen geeigneten Organ übertragen werden, jedoch nicht GFührern. Zu den Fragen des Stimmrechtsausschlusses beim Entlastungsbeschluss der GfterVers § 47 Rn 77, 78. **84**

14. Feststellung etwaiger Zwischenbilanzen (analog § 46 Nr 1) sowie der Liquidationseröffnungsbilanz (dazu § 69 Rn 16 u § 71 Rn 9 ff), vgl § 71 II 1, u -schlussbilanz (dazu § 71 Rn 28). Ob **Eröffnungsbilanz der Ges** (§ 242 HGB) der Feststellung bedarf, ist str[179] aber richtigerweise zu bejahen;[180] GfterVers ist auch dafür zuständig, weil Weisungsmöglichkeiten der GfterVers nicht ausreichen, um sinnvollen Zusammenhang mit Jahresbilanz zu gewährleisten. **85**

15. Wahl der Abschlussprüfer, § 318 I 1 HGB. Die Wahl soll vor Ablauf des zu prüfenden GJahrs erfolgen, § 318 I 3 HGB. Satzung kann Zuständigkeit abw regeln, § 318 I 2 HGB. Wahl des Jahresabschlussprüfers gilt gleichzeitig, wie Gesetz in § 318 HGB freilich nicht klar regelt, als Wahl des Lageberichtsprüfers. GfterGFührer sind bei Wahl nicht vom Stimmrecht ausgeschlossen. **86**

16. Genehmigung der Veräußerung vinkulierter GAnteile. Ist Abtretung v GAnteilen gemäß § 15 V durch Satzung an Genehmigung der Ges geknüpft, besteht Zuständigkeit der GfterVers zur Entscheidung über Genehmigung jedenfalls iZw (oben § 15 Rn 42). Präzisere Vertragspraxis begründet meist ausdrücklich Zuständigkeit der GfterVers für Genehmigung.[181] Satzung kann Zuständigkeit aber anderweitig regeln, zB auf GFührer, AR oder Beirat übertragen. **87**

---

177 BayObLG GmbHR 1995, 54.
178 BayObLG GmbHR 1998, 384.
179 Verneinend Scholz/*Crezelius* § 42 a Rn 45 mwN.
180 Voraufl § 41 Rn 61 mN; zweifelnd *Roth*/Altmeppen Rn 5.
181 Vgl *Reichert,* Der GmbH-Vertrag 2. Aufl, 107 ff.

88 **17. Passivvertretung der Ges bei Amtsniederlegung des GFührers.** BGH schließt aus Zuständigkeit der GfterVers für Bestellung und Abberufung auf Passivvertretung der Ges durch Gfter bei Amtsniederlegung seitens des GFührers mit der Folge, dass dessen Erklärung gegenüber irgendeinem Gfter genügen soll.[182] Beides ist bedenklich. Aktivvertretung bei Bestellung macht GfterVers nicht zum Passivvertreter bei ganz anderem Vorgang; und selbst wenn man ihre Zuständigkeit bejahen wollte, ist sie nicht mit Gesamtvertretung durch alle Gfter gleichzusetzen, wie BGH meint. GfterVers ist lediglich Ersatz- oder Notvertreter für Amtsniederlegung durch einzigen GFührer, der zum Zweck der Amtsniederlegung GfterVers einberufen kann u muss u dabei seine Erklärung an GfterVers richten kann, aber nicht an einzelnen Gfter.

IV. Allzuständigkeit der GfterVers, insbes zur GFührung

89 **1. Allzuständigkeit.** GfterVers ist allzuständig insofern, als sie, wenn Satzung nichts anderes bestimmt, nahezu jede Angelegenheit an sich ziehen u für andere Organe im Innenverhältnis bindend entscheiden kann. Ausnahmen hiervon gelten für zwingende Kompetenzen des AR (dazu § 52 Rn 25 ff, 160 f) u der GFührer. Namentlich kann GfterVers nicht die Vertretung der Ges, die Aufstellung des Jahresabschlusses, u die Erledigung steuer- u sozialversicherungsrechtlicher Pflichten der Ges an sich ziehen. Nach str Auffassung muss sie ferner einen Kernbestand an GFührungsaufgaben (zu letzterem § 37 Rn 18) den GFührern belassen. Unterschied zwischen Allzuständigkeit u gesetzlich eigens ausgeformten Einzelzuständigkeiten liegt darin, dass für diese GfterVers grds allein zuständig ist u daher mit entspr Angelegenheiten vor ihrer Durchführung befasst werden *muss.* Es lässt sich insoweit auch von **Primärzuständigkeit** sprechen; dazu auch oben Rn 2 ff. Im Gegensatz dazu können Angelegenheiten, die der GfterVers lediglich im Rahmen ihrer Allzuständigkeit obliegen, grds von GFührern entschieden werden, es sei denn, Gfter hätten Gegenteiliges in der Satzung oder in einem GfterBeschl geregelt. Vgl aber näher die folgende Rn.

90 **2. Primärentscheidungsbefugnis der GFührer u Vorlagepflicht.** Für GFührung als den wesentlichen Bereich der Allzuständigkeit der GfterVers ist allerdings sehr streitig, wieweit Primärentscheidungsbefugnis der GFührer bei Fehlen von Satzungsregelungen geht. Nach der einen Auffassung haben GFührer auch ohne Grundlage in der Satzung weitgehende Pflicht zu vorgängiger Einholung der Zustimmung der GfterVers (sog Vorlagepflicht), namentlich bei Entscheidungen, welche die grundsätzliche Bestimmung der Geschäftspolitik des Unternehmens betreffen oder für Maßnahmen, die nach Art oder Umfang ungewöhnlich sind. Nach der anderen Auffassung dürfen GFührer, wenn GfterVers nichts anderes verlangt, alle GFührungsangelegenheiten selbst entscheiden, für die keine Weisungen vorliegen. Vorlagepflicht besteht aber jedenfalls in Anlehnung an die zum Aktienrecht ergangene Holzmüller-Entscheidung[183] samt weiterführenden Folgeentscheidungen[184] für

---

[182] BGHZ 149, 28.

[183] BGHZ 83, 122.

[184] BGH v. 26. 4. 2004 (Gelatine I u II), Der Konzern 2004, 421 u 427 = BGHZ 159, 30 u NZG 2004, 575; dazu für das Aktienrecht *Hüffer* AktG § 119 Rn 16 ff; OLG

ganz außergewöhnliche GFührungsentscheidungen, wie die Veräußerung wesentlicher Unternehmensteile oder deren ausgründende Übertragung. Denn wenn nach dieser Rechtssprechung sogar der gesetzl zur Alleinentscheidung berufene Vorstand der AG (§ 119 AktG) in derartigen Angelegenheiten die Hauptversammlung fragen muss, kann für die GmbH nichts anderes gelten. Vgl zum ganzen ausführlicher u differenzierter mit Nachweisen § 37 Rn 17 ff.

3. Weisungsbefugnis. GfterVers kann GFührungsfragen, die ihr vorgelegt werden oder die sie von sich aus an sich zieht, mit einfacher Mehrheit durch Beschluss entscheiden. Derartige Beschlüsse sind für GFührer bindend. Man spricht insoweit von der Befugnis zur Erteilung von Weisungen an die GFührer. Bedeutung dieser Kompetenz ist je nach Realstruktur der Ges unterschiedlich. In manchen Ges wird von ihr wenig Gebrauch gemacht, weil Gftern notwendiges Fachwissen oder unternehmerische Befähigung abgeht, in sehr vielen Ges sind GfterVers u GFührung ganz oder nahezu identisch oder es werden GAnteile außer von den GFührern selbst nur von nahen Familienangehörigen gehalten, die GFührern freie Hand lassen. Einpersonen-Gfter kann GFührern ohne Einhaltung förmlicher Verfahren Weisungen erteilen. Dies macht GmbH zur Idealform für kommunale Eigengesellschaften.[185] Zum Weisungsrecht des Einpersonen-Gfters s auch oben Rn 7. 91

V. Satzungsregelungen

Satzungsregelungen über Entscheidungszuständigkeiten der GfterVers können ebensowohl deren Zuständigkeiten vermehren wie vermindern. Vermehrung kann zum einen durch Schaffung neuer Zuständigkeiten wie etwa bei Vinkulierung von GAnteilen (dazu Rn 87) oder dem Ausschluss von Gftern ohne Klage[186] erfolgen, zum anderen durch Verlagerung der Kompetenzen anderer Organe auf GfterVers. Verminderung gesetzlich geregelter Kompetenzen wird in aller Regel nur als Kompetenzverlagerung in Betracht kommen, soweit nicht auf Entscheidungen der betroffenen Art ganz verzichtet werden kann, wie etwa hinsichtlich der Entlastung. Kompetenzverlagerung ist denkbar als verdrängende, die Zuständigkeit des bisherigen Organs ausschließende oder als konkurrierende, bei der die Zuständigkeit des bisherigen Organs aufrecht erhalten wird unter Begründung zusätzlicher Zuständigkeit eines anderen Organs.[187] Beide Versionen haben spezifische Grenzen. Verdrängende Verlagerung ist nicht möglich, soweit zwingende Ersatzkompetenz der GfterVers besteht (dazu Rn 94). Konkurrierende Verlagerung darf nicht zu institutioneller Unklarheit führen und muss vor allem darauf achten, dass Vorrangkompetenz eines Organs (meist GfterVers) vorgesehen wird, um bei widersprechenden Entscheidungen Zweifel zu vermeiden, welche Entscheidung gilt. 92

Hamm AG 2008, 421. Zu den Auswirkungen auf das GmbH-Recht *Ettinger/Reiff* GmbHR 2007, 617.

185 Vgl *Altmeppen* NJW 2003, 2561.

186 Dazu *Tschernig* GmbHR 1999, 691; oben Anh § 34 Rn 9.

187 Ulmer/*Hüffer* § 45 Rn 19 f; Rowedder/Schmidt-Leithoff/*Koppensteiner* § 45 Rn 7 ff; Scholz/*Schmidt* § 45 Rn 9.

93 **1. Kompetenzverlagerungen zwischen GfterVers u GFührern.** Satzung kann das Kompetenzgefüge der NormalGmbH mit nur zwei Organen (GfterVers u GFührer) einmal dahin verschieben, dass sie der GfterVers mehr Kompetenzen ausdrücklich vorbehält, etwa für Entscheidungen in bestimmten GFührungsfragen ihr Erstzugriffsrecht sichert. Dem Kompetenzvorbehalt ganz nahe steht der Zustimmungsvorbehalt (etwa entsprechend dem aktienrechtlichen Vorbehalt zugunsten des AR nach § 111 IV AktG).[188] Wo Gfter ohnehin den Geschäften nahe sind, wie in Ges mit wenigen Gftern, in denen häufig GfterVersammlungen stattfinden, werden solche Maßnahmen meist überflüssig sein, weil das Notwendige stets durch einfachen GfterBeschl entschieden werden kann (§ 37 I). GFührung darf GFührern aber nicht vollständig entzogen werden, § 37 Rn 18. Satzung kann auch Stellung der GFührer stärken, indem sie ihnen weiten Bereich der GFührung zu eigener Entsch sichert. Sogar Feststellung des Jahresabschlusses (Nr 1) kann GFührern überlassen werden, nicht aber die Verwendung des Ergebnisses.[189] Überlassen werden kann ferner die Einforderung von Einzahlungen auf Stammeinlagen (Nr 2), nicht die von Nachschüssen (§ 26 I), wohl aber deren Rückzahlung (Nr 3). Ebenso kann GFührern Entsch über Teilung u Einziehung von GAnteilen (Nr 4) übertragen werden, ferner über Bestellung von Prokuristen u Generalhandlungsbevollmächtigten (Nr 7). Nicht zulässig ist Verlagerung der Zuständigkeit auf GFührer für Bestellung u Abberufung der GFührer (str) u für deren Entlastung (Nr 5) sowie für Maßnahmen zur Prüfung u Überwachung der GFührung (Nr 6) u für Entsch über die Geltendmachung von Ersatzansprüchen gegen Gfter u GFührer (Nr 8), wohl aber für Vertretung der Ges in solchen Prozessen (Einzelheiten dazu ebenfalls sehr str). Stets haben Gfter insoweit das unentziehbare Recht, analog § 147 II AktG bes Vertreter zur Geltendmachung von Ersatzansprüchen zu bestellen. Nicht möglich ferner Kompetenzübertragung auf GFührer hins Satzungsänderungen einschließlich Kapitalerhöhung und Kapitalherabsetzung, für alle Arten der Umwandlung iwS d UmwG sowie die Auflösung (vgl Rn 72 ff), für die Bestellung, Abberufung u Enlastung von Mitgliedern des AR und anderer Gremien, soweit diese für Bestellung etc oder Kontrolle der GFührer zuständig sind.

94 **2. Kompetenzverlagerungen auf andere Organe.** Freier steht GfterVers hinsichtlich der Verlagerung eigener Kompetenzen auf andere Organe als die GFührer, also etwa auf AR oder Beirat oder GfterAusschuss.[190] Zur Schaffung dieser Organe § 45 Rn 15 ff. Diesen Organen kann sie in der Satzung ihre sämtlichen in § 46 genannten Zuständigkeiten übertragen, auch Prüfung u Überwachung der GFührung, Bestellung u Abberufung der GFührer u deren Entlastung u ebenso die Entsch über die Geltendmachung von Ersatzansprüchen.[191] Zur Zulässigkeit der Kompetenzverlagerung hinsichtlich anderer gesetzlicher Zuständigkeiten der GfterVers vgl ie Rn 72–87. Übertra-

[188] Dazu *van Venrooy* GmbHR 2005, 1243, der aus § 62 GmbHG sogar eine Pflicht der Gfter ableiten wirll, Zustimmungsvorbehalte aufzustellen. Das geht wohl auch nach der Reform des GmbHG durch das MoMiG mit ihrer Steigerung der Gesellschafterverantwortung noch zu weit; Gfter müssen selbst entscheiden, wie sie ihrer Verantwortung gerecht werden. Je nach Sachlage kann aber Ablehmung der Einführung eines solchen Vorbehalts treuwidrig u damit anfechtbar sein.

[189] Zutr Hachenburg/*Hüffer* Rn 23.

[190] Dazu *Thümmel* DB 1995, 2461; *Müller/Wolff* GmbHR 2003, 810.

[191] Zust *Großfeld/Brondics* AG 1987, 295 f.

gung von Kompetenzen kann enumerativ im Einzelnen genau umschrieben werden, möglich ist aber auch, dass dem Organ ein Ermessen eingeräumt wird, innerhalb bestimmter Grenzen selbst zu entscheiden, ob es an Stelle der GfterVers handeln will.[192] GfterVers behält auch bei weitgehender Zuständigkeitsverlagerung einen Kernbestand eigener Zuständigkeit,[193] kann also dahingehörende Kompetenzen wahrnehmen, ohne vorher Satzung entspr ändern zu müssen. Insbes gilt das für Prüfung u Überwachung der GFührung, hinsichtlich derer sie jedenfalls bei Vorliegen von Sachgründen (richtigerweise aber wohl stets) Maßnahmen anordnen kann, ferner für die Geltendmachung von Ersatzansprüchen analog § 147 I u II 1 AktG. Nach str Auffassung soll auch die Abberufung von GFührern in der nicht den Mitbestimmungsgesetzen unterliegenden GmbH zumindest aus wichtigem Grund stets der GfterVers möglich sein. Dazu § 38 Rn 25. Stets hat GfterVers **Ersatzkompetenz bei Funktionsunfähigkeit** des von ihr durch Satzung mit Zuständigkeiten betrauten Organs.[194]

Auch bei Bestehen eines obligatorischen AR nach den Mitbestimmungsgesetzen können einem Beirat alle Kompetenzen übertragen werden, die der GfterVers neben dem Aufsichtsrat zustehen.[195] Nicht zulässig ist Übertragung der Weisungsbefugnis in GFührungsangelegenheiten auf obligatorischen AR, da insoweit § 111 IV 1 AktG zwingend anwendbar ist. **95**

3. Verlagerung von Kompetenzen auf einzelne Gfter nicht bei allen Angelegenheiten in gleichem Umfang möglich wie auf Organe. Praktische Bedeutung haben allerdings in erster Linie Entsendungsrechte für GFührerstellung (dazu Rn 34 sowie § 6 Rn 30) u ARMitglieder (dazu § 52 Rn 42). Insoweit ist auch Kompetenz einzelner Gfter hinsichtlich aller GFührer oder AR-Mitglieder rechtlich möglich, freilich idR nicht zweckmäßig. **96**

4. Kompetenzverlagerung auf Außenstehende. Inwieweit Entscheidungskompetenzen der GfterVers in GesAngelegenheiten durch Satzung auf außenstehende Stellen oder Dritte, zB auch Behörden verlagert werden können, ist zT sehr zweifelhaft u umstritten. Vgl dazu für Feststellung des Jahresabschlusses Rn 16; für Ergebnisverwendung § 29 Rn 46; für Bestellung und Abberufung der GFührer oben Rn 34 a u abw § 6 Rn 30 f); für Satzungsänderungen § 53 Rn 26. Ges muss Selbstbestimmung durch Gfter wahren. Insbes darf deshalb Bestellung von Mitgliedern leitender oder GFührung unmittelbar beeinflussender Organe nicht Dritten überlassen werden. Das gilt auch für die Schaffung bindender Vorschlagsrechte. Zur Entsendung von AR-Mitgliedern durch Dritte s § 52 Rn 43. **97**

---

192 So BGH BB 1961, 304.

193 Scholz/*Schmidt* § 45 Rn 5 u 10; s auch *Chr. Weber,* Privatautonomie und Außeneinfluss im Gesellschaftsrecht, 2000, 212 f.

194 Wie hier Rowedder/Schmidt-Leithoff/*Koppensteiner* § 45 Rn 16 aE; einschr *Lutter/Hommelhoff* Rn 1: Zuerst müsse auf Wiederherstellung der Funktionsfähigkeit des Organs hingewirkt werden, GfterVers könne nur bei Unaufschiebbarkeit selbst handeln; ähnlich Scholz/*Schmidt* § 45 Rn 11 u § 46 Rn 5; Zu den Grenzen der Übertragung von Zuständigkeiten auf fakultatives Organ s auch OLG Köln VersR 1991, 550 m Anm *Altmeppen.*

195 Vgl dazu Scholz/*Schneider* § 52 Rn 40 a mN; Hachenburg/*Raiser* § 52 Rn 347 ff; *Mertens* FS Stimpel, 1985, 417, 424.

Abstimmung

47 (1) **Die von den Gesellschaftern in den Angelegenheiten der Gesellschaft zu treffenden Bestimmungen erfolgen durch Beschlußfassung nach der Mehrheit der abgegebenen Stimmen.**

(2) **Jeder Euro eines Geschäftsanteils gewährt eine Stimme.**

(3) **Vollmachten bedürfen zu ihrer Gültigkeit der Textform.**

(4) [1] **Ein Gesellschafter, welcher durch die Beschlußfassung entlastet oder von einer Verbindlichkeit befreit werden soll, hat hierbei kein Stimmrecht und darf ein solches auch nicht für andere ausüben.** [2] **Dasselbe gilt von einer Beschlußfassung, welche die Vornahme eines Rechtsgeschäfts oder die Einleitung oder Erledigung eines Rechtsstreites gegenüber einem Gesellschafter betrifft.**

Übersicht

A. Gesellschafterbeschlüsse

I. Allgemeines

1 Im Rahmen der Entscheidungszuständigkeit der Gfter (zu dieser § 46) erforderliche Willensbildung erfolgt durch Beschlussfassung (Abs 1). Vorschrift trifft dazu eine Reihe wichtiger Regelungen über Mehrheitsberechnung (Abs 1), Stimmkraft (Abs 2), Vollmachten (Abs 3) sowie Ausschluss vom Stimmrecht wegen Interessenkollision (Abs 4). Über Zustandekommen der Beschlüsse, insbes auch über die Art u Weise der Abstimmung enthält sie nichts. Regelungen dazu bringen §§ 48–51. Insoweit enthalten §§ 47 ff jedoch etliche Lücken. Zur Frage der Fehlerhaftigkeit von Beschlüssen u ihrer Geltendmachung sehen sie überhaupt nichts vor. In nachfolgender Kommentierung ist daher über den Gesetzestext zT weit hinauszugreifen. Mangelhaftigkeit der GfterBeschlüsse wird gesondert im Anh zu § 47 behandelt.

2 **1. Begriff des Beschlusses. GfterBeschluss** ist **organschaftliche Willensäußerung der Gfter** zum Zweck der Entscheidung bestimmter GesAngelegenheiten durch Abstimmung. An dieser sind im gesetzlichen Regelfall nur Teilnehmer der GfterVers beteiligt, also nicht notwendig alle Gfter. Diese haben nur Chance u Recht der Teilnahme an der GfterVers. Hinsichtl der in GfterVers stattfindenden Beschlussfassung haben sie beides nur, wenn sie an der Vers teilnehmen. Darin liegt wesentlicher Unterschied zu den PersonenGes, bei denen, falls nicht abw vertragliche Regelung vorliegt, an GfterBeschlüssen jeder Gfter zu beteiligen ist, unabhängig vom Modus der Beschlussfassung u auch wenn Mehrheitsprinzip gilt. Zum **Teilnahmerecht an GfterVers** näher § 48 Rn 6 ff.

3 Beschluss ist das Ergebnis der Abstimmung. Abstimmung oder Beschlussfassung ist das Verfahren, in dem der Beschluss zustandekommt.[1] Typischerweise erfolgen Abstimmungen dadurch, dass ein bestimmter Beschlussantrag zur Abstimmung gestellt wird, zu dem Abstimmungsteilnehmer ihre Stimme bejahend oder verneinend abgeben. Findet der Beschlussantrag die erforderliche Mehrheit, liegt ein den Beschlussantrag bejahender Beschluss vor **(positiver Beschluss);** falls Mehrheit fehlt (auch bei Stimmengleichheit), ist ein den Beschlussantrag ablehnender Beschluss **(negativer Beschluss)** gegeben. Auch negative Beschlüsse können Bindungswirkung entfalten u unterliegen der Anfechtung.[2] Ohne Stimmabgabe kommt ein Beschluss bereits dem äußeren Tatbestand nach nicht zustande. Sind alle abgegebenen Stimmen nichtig,[3] ist ein Beschlusstatbestand jedenfalls äußerlich gegeben. Über die Rechtsfolge, die sich aus der Nichtigkeit sämtlicher Stimmen ergibt, besteht keine Einigkeit. Solche Beschlüsse nach dem Vorschlag von *Semler/Asmus*[4] stimmlose Beschlüsse zu nennen, empfiehlt sich nicht. Nach deren Meinung handelt es

---

[1] Allg dazu *Zöllner,* Schranken mitgliedschaftlicher Stimmrechtsmacht, 1963, 9 ff; *K. Schmidt,* GesR, 434 ff mN; *Zöllner* FS Lutter, 2000, 821.

[2] Scholz/*Schmidt* § 45 Rn 179 ff; Ulmer/*Hüffer* Rn 35; KölnerKomm/*Zöllner* § 133 Rn 6 u 8; *Renkl,* Gesellschafterbeschluss, 1982, 107; Rowedder/Schmidt-Leithoff/*Koppensteiner* Rn 5; BGHZ 88, 328 u 97, 28; eine negative Sachregelung durch Ablehnung verneinend *Baltzer* GmbHR 1972, 61; ähnl *Maier-Reimer* FS Oppenhoff, 1985, 193.

[3] Zu den Gründen für die Nichtigkeit der Stimmabgabe unten Rn 8.

[4] *Semler/Asmus* NZG 2004, 881; s. a. *Nietsch* WM 2007, 917; *Martin Klein* GmbHR 2008, 233.

sich um wirkungslose Scheinbeschlüsse.[5] Dem ist nicht zu folgen. Vielmehr handelt es sich um mangelhafte Beschlüsse (dazu näher Anh § 47 Rn 26). Ob Nichtigkeit oder Anfechtbarkeit gegeben ist, hängt von den Umständen ab.

2. Rechtsnatur des Beschlusses. Beschluss ist Rechtsgeschäft, soweit er, wie fast stets, einen wenigstens innerverbandlichen Rechtserfolg herbeiführen soll.[6] Hierzu genügt zB Wille, dass bestimmte Sachbehandlung nicht beanstandet werden soll. Gemeinsame Entgegennahme von Geld aus GesKasse wird im Zweifel diese Voraussetzung erfüllen.[7] Richtig gesehen genügt als Rechtserfolg die Herbeiführung einer innerverbandlich bindenden Entscheidung[8] (vgl auch Rn 7). 4

Aus der Rechtsnatur als Rechtsgeschäft ergibt sich, dass die **allg Normen des Bürgerlichen Rechts über Rechtsgeschäfte** grds auf Beschlüsse anwendbar sind. Erheblichen Einschränkungen unterliegt diese Anwendung jedoch durch **Sonderbehandlung der Mangelhaftigkeit von Gfter-Beschlüssen** in Anlehnung an Aktienrecht. Danach führen insbes Gesetzes- u Sittenverstöße entgegen §§ 134, 138 BGB in weitem Umfang nicht zur einschränkungslos geltend zu machenden Nichtigkeit, sondern nur zur „Anfechtbarkeit", die nur zeitlich begrenzt geltend gemacht werden kann, sich in Voraussetzungen sowie Art u Wirkung der Geltendmachung von der Anfechtbarkeit nach §§ 119, 123 BGB erheblich unterscheidet. Näheres Anh § 47 Rn 184 f. Auch Vorschriften über Willensmängel (§§ 116–123 BGB) sind auf Beschlüsse nicht anwendbar. Vorschriften über Zugang von Willenserklärungen kommen auf Beschluss selbst nicht zur Anwendung, weil er als körperschaftsrechtliche Entscheidung nicht zugangsbedürftig ist. Freilich kann zur Herbeiführung von Rechtswirkungen, insbes wenn Dritte betroffen sind, noch zusätzlich zugangsbedürftige Kundgabe erforderlich sein (zB bei der Bestellung zum GFührer oder der Kündigung seines Anstellungsverhältnisses). 5

Anwendbar auf Beschlüsse ist § 141 I BGB. Danach hat die **Bestätigung nichtiger Beschlüsse** durch erneuten Beschluss keine Rückwirkung, sondern ist als Neuvornahme zu qualifizieren. Anwendbar ferner bei **Teilnichtigkeit von GfterBeschlüssen** § 139 BGB. Näher dazu Anh § 47 Rn 78 ff. Möglich ist auch, Beschlüsse aufschiebend oder auflösend zu **bedingen**[9] oder zu **befristen.** Einschränkungen gelten insoweit jedoch für Satzungsänderungen u für alle Maßnahmen, die von ihrer Natur her Bedingungen nicht vertragen. 6

3. Rechtliche Behandlung der Stimmabgabe. Stimmabgabe ist von Beschluss, auch der Rechtsnatur nach, zu unterscheiden. Stimmabgabe ist 7

---

[5] NZG 2004, 881, 890.

[6] Jetzt fast allgM, vgl *Wiedemann* I 179; Scholz/*Schmidt* § 45 Rn 18; Ulmer/*Hüffer* § 45 Rn 16 u § 47 Rn 3; Michalski/*Römermann* Rn 9; KölnerKomm/*Zöllner* § 133 Rn 13; MünchKommBGB/*Ulmer* § 709 Rn 51; *K. Schmidt,* GesR, 436 f; Rowedder/Schmidt-Leithoff/*Koppensteiner* Rn 3 f; *Noack,* Fehlerhafte Beschlüsse, 16 f; differenzierend *Winnefeld* DB 1972, 1055; abl noch RG 122, 369; KG NJW 1959, 1447; *Meyer-Landrut* Rn 31. Als Rechtsgeschäft setzt Beschluss zu seiner Wirksamkeit „Rechtsfolgewillen" der Gfter iS eines Rechtsgeltungs- oder -bindungswillen voraus (insoweit zutr OLG Brandenburg GmbHR 1997, 750).

[7] Anders OLG Brandenburg GmbHR 1997, 750.

[8] Letztlich zutreffend gesehen von *Weitemeyer* ZGR 2005, 289.

[9] Vgl für Zulässigkeit auflösend bedingter GFührerbestellung OLG Stuttgart GmbHR 2004, 417.

Willenserklärung[10] des einzelnen Gfters, gerichtet auf Herbeiführung des Beschlusses als Rechtserfolg iS einer innerverbandlichen Entscheidung. Willenserklärung liegt deshalb auch bei Stimmabgabe zu verfahrensleitenden Beschlüssen wie Vertagung etc vor.[11] Stimmabgabe ist empfangsbedürftige Willenserklärung.[12] Erklärungsempfänger ist Ges, die dabei vom Abstimmungsleiter, evtl auch einem GFührer (so namentlich bei schriftlicher Abstimmung gemäß § 48 II) oder von den übrigen Gftern vertreten wird.[13] Das gilt auch bei **EinmannGes** oder einzig erschienenem Gfter.[14] Dort ist Stimmabgabe wirksam, auch wenn Ges für Empfang der Stimmabgabe nicht anderweit vertreten wird. Insoweit entfällt nicht etwa Empfangsbedürftigkeit,[15] vielmehr liegt zulässiges In-sich-Geschäft vor (falls Satzung nicht abw regelt; § 35 IV 2 gilt hierfür nicht). Deshalb können durch vollmachtslosen Vertreter gefasste Beschlüsse gem § 180 II BGB genehmigt werden.[16] Konstruktionsfrage kann daher nicht offen bleiben.[17] Von danach zu bejahender Wirksamkeit der Stimmabgabe zu unterscheiden ist, dass Beschluss formbedürftig sein kann (insbes nach § 53 II 1) oder zur Entfaltung von Rechtswirkungen (zB gegenüber GFührer) der Verlautbarung bedarf.

8 Auf Stimmabgabe sind bürgerlich-rechtliche Vorschriften u Grundsätze über Abgabe, Zugang, Auslegung, Anfechtbarkeit u Nichtigkeit von Willenserklärungen voll anwendbar.[18] Stimmabgabe ist auch konkludent möglich. Unter bestimmten Voraussetzungen kann sogar Schweigen als Stimmabgabe zu werten sein, dies namentlich im Rahmen der Stimmenermittlung im Weg der Subtraktionsmethode.[19] Widerruf der Stimmabgabe ist nach Zugang nicht möglich.[20] Nichtigkeit tritt ein nach §§ 105, 116, 117, 118 BGB, ferner nach §§ 119, 123, 142 BGB im Fall wirksamer (bürgerlichrechtlicher) Anfechtung der Stimmabgabe. **Stimmabgabe beschränkt Geschäftsfähiger** kann wirksam sein bei ad hoc-Einwilligung oder Generalkonsens des gesetzlichen Vertreters, nie nach § 107 BGB; bei Stimmabgabe ohne Einwilligung gilt § 111 Satz 1 BGB, nicht § 108 BGB für Beschluss (str), was idR nicht praktisch wird, da für wirksame Einberufung einer GfterVers Ladung des gesetzl Vertreters erforderlich ist, wenn nicht Ladungsempfang einbeziehender Konsens des gesetzl Vertreters vorliegt (zur Stimmabgabe durch gesetzl Vertreter oder Betreuer s unten Rn 43). Nichtig ist auch Stimmabgabe, die gegen die guten Sitten oder gegen das Gesetz verstößt, ferner wegen Überschreitung immanenter Stimmrechtsschranken auch die **treuwidrige**

---

[10] BGHZ 14, 267; 48, 173; 152, 67 (für Wohnungseigentümerversammlung); Ulmer/*Hüffer* § 45 Rn 41; Michalski/*Römermann* Rn 374 f; Rowedder/Schmidt-Leithoff/*Koppensteiner* Rn 23; *K. Schmidt,* GesR, 437; *Messer* FS Fleck, 1988, 224.

[11] Wie hier ausdrücklich Michalski/*Römermann* Rn 375; abw insoweit *Renkl,* Gesellschafterbeschluss, 1982, 34 u *Winnefeld* DB 1972, 1054.

[12] Ganz hM, abw *Bühler* DNotZ 1983, 591.

[13] Michalski/*Römermann* Rn 377.

[14] Michalski/*Römermann* Rn 337.

[15] So aber Rowedder/Schmidt-Leithoff/*Koppensteiner* Rn 23.

[16] LG Hamburg GmbHR 1998, 987. Dazu auch *Lindemann,* Die Beschlussfassung in der Einmann-GmbH, 1996, 62 ff; dort auch zum Erfordernis der Verlautbarung des Einmannbeschlusses als Wirksamkeitserfordernis 89 ff.

[17] So aber Michalski/*Römermann* Rn 337.

[18] Ulmer/*Hüffer* Rn 41.

[19] Dazu BGH 152, 68 (für Wohnungseigentümerversammlung) mN.

[20] Michalski/*Römermann* Rn 378 f; Dazu *Messer* FS Fleck, 1988, 221.

Stimmabgabe[21] sowie Stimmabgabe auf Anteile, deren Stimmrecht ruht (zB eigene GAnteile der Ges) oder Stimmabgabe entgegen einem Stimmverbot. Stimmenkauf ist im GmbHRecht nicht strafbar u auch nicht als Ordnungswidrigkeit verpönt, Stimmabgabe kann daher wirksam sein[22] (s aber zur Unwirksamkeit entgeltlicher Stimmbindung Rn 114), soweit nicht Sittenwidrigkeit gegeben ist. Über Anwendung von § 181 BGB auf Stimmabgabe s Rn 46 u 60 ff. Mängel der Stimmabgabe sind bereits bei Feststellung des Beschlussergebnisses zu berücksichtigen.[23] Auswirkungen auf Beschluss haben sie nur, soweit durch sie erforderliche Mehrheit beeinflusst wird.[24] Auch dann ist, wenn verbindliche Beschlussfeststellung vorliegt (dazu Anh § 47 Rn 118 ff), besondere Geltendmachung erforderlich, die nach hM u Rspr nur mittels Anfechtungsklage innerhalb der Anfechtungsfrist möglich ist, nach anderer Auffassung auch ohne Inanspruchnahme gerichtlichen Rechtsschutzes. Näher dazu Anh § 47 Rn 6 ff. Zur Haftung bei gesschädlicher Stimmrechtsausübung unten Rn 109.

4. Wirkung von Beschlüssen. Wirksam gefasste Beschlüsse haben zunächst idR nur gesinterne Wirkung im Sinn der Bindung von GesOrganen u Gftern. Wie weit Bindung im Einzelnen reicht, lässt sich nicht in einfachen Formeln einfangen. Sicher ist etwa, dass GFührer Beschlüsse der Gfter in GFührungsfragen „beachten" müssen, dh ihnen nicht entgegenhandeln dürfen. Weitergehend müssen sie Beschlüsse, die ihnen ein Handeln aufgeben, etwa ein bestimmtes Rechtsgeschäft vorzunehmen, einen neuen Produktionszweig einzurichten uä durchführen. Die Beschlüsse müssen ihnen dazu nicht förmlich eröffnet oder übermittelt werden, es genügt, dass sie davon auf irgendeine Weise Kenntnis erhalten. Eintragungsbedürftige Beschlüsse müssen GFührer, soweit nichts anderes bestimmt worden ist oder sich aus den Umständen ergibt, unverzüglich zur Eintragung anmelden. 9

Im rechtsgeschäftlichen Außenbereich der Ges wirken Beschlüsse, auch wenn sie auf Rechtsgeschäfte gerichtet sind, nicht von sich aus, sondern sie bedürfen der Umsetzung durch GFührer in vertretungsberechtigter Zahl, weil nur diese zur Abgabe verbindlicher Erklärungen zuständig sind. Nur wo GfterVers ausnahmsweise Vertretungsmacht für Ges hat, kann Beschluss, Zugang beim Erklärungsempfänger vorausgesetzt, Wirkung nach außen entfalten. Insoweit muss Förmelei vermieden werden. Sind Erklärungsempfänger und GFührer in GfterVers anwesend, kann idR davon ausgegangen werden, dass sich GFührer den auf ein Rechtsgeschäft gerichteten Beschluss stillschweigend zu eigen machen. Weder Ges noch Geschäftsgegner können sich dann darauf berufen, dass der Beschluss nur ein Internum der Ges geblieben sei.[25] 10

II. Zustandekommen von GfterBeschlüssen

Dieses steht unter einer Fülle von Voraussetzungen u Erfordernissen. Zu verfahrensmäßigen Voraussetzungen vgl näher §§ 48–51 u dortige Anm. Zur 11

[21] Ausführlich dazu *Zöllner,* Schranken mitgliedschaftlicher Stimmrechtsmacht, 1963, 366 ff; str, näher unten Rn 108.
[22] OLG Nürnberg GmbHR 1990, 166.
[23] Teilweise sehr str, vgl näher Anh § 47 Rn 121 ff.
[24] AllgM, BGH 14, 267 f.
[25] Vgl BGH NZG 2003, 771; dazu *Kleindiek* EWiR 2004, 23.

Beschlußfähigkeit § 48 Rn 3 u 4. Hier ist nur das eigentliche Beschlussverfahren zu behandeln. Zum Teilnahmerecht § 48 Rn 6 ff.

12 **1. Beschlussantrag.** Beschlüsse können nicht einfach von GfterMehrheit inhaltlich dekretiert werden, sondern es muss jeweils über inhaltlich bestimmte Anträge abgestimmt werden. Da Stimmabgaben nur als Bejahung oder Verneinung eines bestimmten Antrags möglich sind, wird der Inhalt des jeweiligen Beschlusses durch den Antrag vorausgegeben. Dabei kommt es in der kleinen GmbH mit wenigen Gftern nicht auf formalisierte Handhabung an. Von einem Gfter oder GFührer gemachter Entscheidungsvorschlag, dem alle Gfter zustimmen, erfüllt Qualität eines ordnungsmäßigen Beschlusses selbstverständlich ohne Bedenken.[26] Auch Abschluss eines Vertrages mit Dritten durch alle Gfter erfüllt idR gleichzeitig Qualität eines für diesen Vertrag erforderlichen Gfterbeschlusses, so insbes für Anstellungsvertrag oder Ruhegeldvereinbarung mit GFührer.[27] Sind hingegen Gfter über Sachbehandlung einer Angelegenheit nicht einig, muss jeder Gfter, der sich an Abstimmung beteiligen will, Gelegenheit erhalten, seinen Willen durch Stimmabgabe kundzutun. In der GfterVers anwesende Gfter dürfen also nicht einfach übergangen werden. Wird dies nicht beachtet, ist Beschlussverfahren fehlerhaft.

13 **Beschlussantragsrecht** hat jeder Gfter, für Abstimmung in der GfterVers jedoch nur jeder anwesende oder vertretene. Mit Anträgen nicht erschienener u nicht vertretener Gfter, auch mit schriftlichen,[28] braucht sich GfterVers nicht zu befassen, auch nicht, wenn Tagesordnung bereits Antrag enthält (praktisch selten!); Abstimmungsleiter darf aber, auch wenn er nicht Gfter ist, über den in Tagesordnungspunkt implizierten Antrag abstimmen lassen.[29] Selbst Anträge stellen kann Abstimmungsleiter nur, falls er Gfter ist oder solchen vertritt. Antragstellung durch Boten für GfterVers unbeachtlich. Satzung kann aber Abweichendes vorsehen. Stimmberechtigung bei konkreter Angelegenheit für Antragsbefugnis nicht erforderlich.[30] Über Anträge nicht anwesender Gfter kann GfterVers entscheiden, wenn Mehrheit für sachliche Bescheidung des Antrags ist.[31] Einverständnis aller Anwesenden oder gar aller Gfter ist dazu nicht erforderlich.[32] Frage ist nicht von praktischer Bedeutung, weil jeder anwesende Gfter sich Anträge abwesender zu eigen machen kann. Beschlussantragsrecht von Nichtgftern besteht grds nicht, auch nicht für GFührer oder AR. Auch obligatorischer AR hat kein Antragsrecht,[33] erst recht nicht jedes einzelne Mitglied.

14 **Beschlussanträge** können ebensowohl **positiv wie negativ** formuliert werden, zB Erteilung der Entlastung u Verweigerung der Entlastung; Geneh-

---

26 Beispielfall BGH BB 1999, 1569.

27 Vgl OLG Stuttgart GmbHR 1998, 1034.

28 Ulmer/*Hüffer* Rn 8; abw. Rowedder/Schmitt-Leithoff/*Koppensteiner* Rn 13; Scholz/*Schmidt/Seibt* § 48 Rn 46.

29 Scholz/*Schmidt/Seibt* § 48 Rn 45.

30 *Vogel,* Die Praxis der Gesellschafterversammlung, 1976, 18; Scholz/*Schmidt/Seibt* § 48 Rn 46; Hachenburg/*Hüffer* Rn 8; aA bezüglich Vertagungsantrag OLG Nürnberg GmbHR 1971, 208.

31 Für obligatorische Zulassung schriftlicher Anträge zu Unrecht Scholz/*Schmidt/Seibt* § 48 Rn 46.

32 Anders Michalski/*Römermann* Rn 27.

33 Michalski/*Römermann* Rn 32; abw Ulmer/*Hüffer* Rn 9; Scholz/*Schmidt/Seibt* § 48 Rn 46.

migung eines Geschäfts, Verweigerung der Genehmigung etc. UU hat aber der daraufhin ergangene Beschluss andere Reichweite als die Verneinung des entgegengesetzten Antrags. So bedeutet Verneinung der Entlastungsverweigerung nicht deren Erteilung; Verneinung der Verweigerung des Ausschlusses aus der Ges ist kein Ausschluss; Verneinung der beantragten Ablehnung einer Satzungsänderung ist kein Satzungsänderungsbeschluss. Anders ausgedrückt: Intendierte positive Entscheidung kann nur durch positiv formulierten Beschlussantrag herbeigeführt werden.[34]

Werden zu Tagesordnungspunkt **mehrere Anträge** gestellt, muss über **Reihenfolge** der Sachbehandlung entschieden werden. Rechtlich bindende Regeln hierfür kann Satzung aufstellen oder auch GO, die sich die GfterVers geben kann. Ansonsten entscheidet Abstimmungsleiter, sofern solcher vorhanden, oder GfterVers selbst mit einfacher Mehrheit. Verletzung des Teilnahmerechts als Anfechtungsgrund sieht das OLG München GmbHR 1994, 252 in der Absetzung eines Tagesordnungspunkts bei zweigliedriger GmbH. Alle üblicherweise tradierten Regeln: GO- u Verfahrensfragen vor Sachfragen, weitergehender Antrag vor weniger weitgehendem etc sind nur Zweckmäßigkeitsregeln,[35] Verstoß macht Abstimmung nicht fehlerhaft.[36] 15

Erhebliche Bedeutung für Beschlussergebnis kann es haben, ob mehrere Sach- und Personalfragen einheitlich durch Zusammenfassung in einem Beschlussantrag zur **gemeinsamen Abstimmung,** vielfach **Blockabstimmung** genannt, gestellt werden können. Häufigste Fälle aus der Praxis sind die gemeinsame Abstimmung über die Entlastung aller GFührer oder ARMitglieder sowie die Wahl aller ARMitglieder. Auch in anderen Fällen, wie bei Zustimmung zu mehreren gleichartigen Angelegenheiten, zB Unternehmens- oder Finanzierungsverträgen, kann Zusammenfassung zweckmäßig sein. Ausdrückliche Regelung für Entlastung enthält § 120 I 2 AktG. Solche Gesamtabstimmung ist jedenfalls zulässig, wenn ihr kein anwesender Gfter widerspricht.[37] Von ihr sollte idR Abstand genommen werden, wenn Abstimmungsteilnehmer das verlangt u dafür sachliche Gründe geltend macht.[38] Nur wenn getrennte Abstimmung für Ges besonders zeit- oder kostenaufwändig ist u Gründe des Einzelabstimmung Verlangenden abwegig erscheinen, darf solches Verlangen übergangen werden. Es muss mit anderen Worten eine Abwägung der involvierten Interessen stattfinden. Wird diese Regel mißachtet, sind Beschlüsse anfechtbar. Pflicht zur gemeinsamen Abstimmung besteht in keinem Fall.[39] Zur Blockabstimmung bei Entlastung noch näher unten Rn 77, 78. 16

2. Bescheidungsanspruch von Antragstellern. So weit Gfter Beschlussantrag gestellt hat, der sich im Rahmen ordnungsgemäß angekündigter Tages- 17

[34] Dazu etwa RG 80, 195; GroßKommAktG/*Barz* 3. Aufl § 133 A 3; *Winnefeld* DB 1972, 1053.

[35] Vgl hierzu *Vogel,* Gfterbeschlüsse, 146 f; *H. P. Fischer* in Semler/Volhard, HV Hdb, 2. Aufl § 11 Rn 90 f.

[36] Zust Ulmer/*Hüffer* Rn 12.

[37] So jetzt auch BGH NZG 2003, 1023, der zusätzlich Unbedenklichkeit darauf stützt, dass VersLeiter vorher auf Möglichkeit der Herbeiführung von Einzelabstimmung bei mehrheitlicher Ablehnung des Blockantrags hinweist.

[38] Zu streng LG München NZG 2004, 626, das Einzelabstimmung auf Verlangen eines Einzelnen stets für erforderlich hält.

[39] Anders OLG München AG 1995, 381. Zum ganzen *Lutter* FS Odersky, 1996, 845.

ordnungspunkte hält, muss GfterVers grds über den Antrag Sachentscheidung treffen.[40] Ausnahmen hiervon gelten, wenn Antrag sich durch Abstimmung über anderen Antrag zum gleichen Tagesordnungspunkt erledigt hat. Sind etwa Einsetzung eines Beirats u Wahl der Beiratsmitglieder Tagesordnungspunkte u hat GfterVers Einsetzung abgelehnt, braucht über Antrag auf Wahl bestimmter Mitglieder nicht mehr abgestimmt werden. Soll über Beteiligung an Unternehmen U entschieden werden u lehnt GfterVers ab, ist Antrag hinfällig, Beteiligung zurückzustellen oder nicht über oder unter bestimmter Quote vorzunehmen. Sachentscheidung kann ferner unterbleiben, wenn zulässigerweise Vertagung beschlossen worden ist (dazu die folgende Rn).

18 **3. Vertagung.** GfterVers kann Gründe haben, Sachentscheidungen zu angekündigten Tagesordnungspunkten aufzuschieben, etwa wenn Sache nicht entscheidungsreif ist, weitere Informationen eingeholt u Klärungen mit Behörden oder anderen Dritten herbeigeführt werden sollen oder wenn zur Verfügung stehende Beratungszeit nicht ausreicht. Praxis beschließt in solchen Fällen vielfach Vertagung. GfterVers gibt damit kund, dass Sachentscheidung über Tagesordnungspunkt derzeit nicht erfolgt, Angelegenheit aber nicht ad acta gelegt werden soll. Verfahrensweise ist ohne weiteres zulässig, wenn keine sachlichen Beschlussanträge gestellt worden sind oder wenn alle Erschienenen einverstanden sind. Besteht hingegen anwesender Antragsteller auf Sachentscheidung, darf Vertagung nur aus gewichtigen Gründen beschlossen werden.[41] Bloßer Nichtbefassungsbeschluss ohne Inaussichtstellung künftiger Sachentscheidung ist nur bei Einverständnis aller Teilnehmer zulässig.

19 **4. Abstimmung. a) Form.** Abstimmung besteht in der **Stimmabgabe** aller Abstimmungsteilnehmer zu einem bestimmten Beschlussantrag. Bei jeder Abstimmung muss für Teilnehmer hinreichend erkennbar sein, über welchen Antrag abgestimmt wird. **Form der Abstimmung** ist gesetzlich nicht geregelt. Satzung kann Regelung treffen. Falls diese bindend gemeint ist, bewirkt Verstoß bei potentieller Relevanz für Beschlussergebnis Anfechtbarkeit des Beschlusses. Ansonsten sind alle zu zweifelsfreier Ergebnisfeststellung geeigneten Formen zulässig: Hand aufheben, mündliche Kundgabe (Zuruf), Aufstehen von den Plätzen, schriftliche Stimmabgabe, Stimmkarten usw. GfterVers kann mit einfacher Mehrheit Abstimmungsmodus festlegen; trifft sie keine Regelung, kann dies der Abstimmungsleiter. Getroffene Regelung muss geeignet sein, Abstimmungsergebnis jedenfalls zahlenmäßig einwandfrei zu ermitteln (problematisch nur bei höheren Gfterzahlen oder komplizierter Stimmkraftverteilung). Stimmabgabe in GfterVers nur persönlich oder durch Vertreter. Stimmabgabe durch Boten nicht möglich. Satzung kann aber anderes vorsehen.[42] Geheime Stimmabgabe nur zulässig, soweit sichergestellt ist, dass sich nur Stimmberechtigte an Abstimmung beteiligen. Anspruch auf geheime Abstimmung besteht nicht. Über Adressaten der Stimmabgabe s Rn 7.

---

[40] So schon bisher im Zusammenhang mit Minderheitsrechten § 50 Rn 27; *Habersack* ZGR 1994, 373; allg in diesem Sinn Rowedder/Schmidt-Leithoff/*Koppensteiner* Rn 11. Näher entwickelt u begründet von *C. Schäfer* ZHR 167 (2003), 66 ff u von *Goette* FS Ulmer, 2003, 129 ff. Abw noch die 17. Aufl, Rn 7 sowie die wohl noch hM, vgl insbes Scholz/*Schmidt* 9. Aufl, § 48 Rn 48. Weitere Nachw bei *Schäfer* aaO 67 u *Goette* 129.

[41] Näher *Schäfer* ZHR 167 (2003), 80 f.

[42] Scholz/*Schmidt* Rn 78.

b) Einheitliche Stimmabgabe. Jeder Gfter darf **für einen GAnteil** grds nur einheitlich abstimmen.[43] Gelegentlich wird hiervon Ausnahme angenommen, wenn Gfter hinsichtlich des GAnteils, etwa im Fall einer Vereinigung mehrerer Anteile, unterschiedlichen Bindungen unterliege.[44] Nach anderer Meinung darf Satzung uneinheitliche Stimmausübung erlauben.[45] Indessen ist Einheitlichkeit streng zu wahren. Hat Gfter **mehrere GAnteile,** muss er für die gesamte Beteiligung grds einheitlich abstimmen; unterschiedliche Stimmabgabe ist ihm nur gestattet, wenn er schutzwürdiges Interesse hat, wie etwa im Falle einer Stimmbindung oder beim Bestehen von Interessenwahrungspflichten gegenüber einem Treugeber, Pfandgläubiger oder Nießbraucher.[46] Die für Aktienrecht hL, nach der für verschiedene Aktien unterschiedlich abgestimmt werden kann, passt für GmbH-Recht mit seiner größeren Verantwortungsnähe der Gfter u deren stärkerer Treubindung nicht. Zudem kennt GmbH-Recht keine Möglichkeiten anonymer Stimmrechtsausübung durch Banken oder Legitimationsaktionäre. GesVertrag kann von vorstehenden Bindungen nicht dispensieren.[47] Argument, Einheitlichkeit der Mitgliedschaft eines Gfters mit mehreren Anteilen finde im Gesetz keine Stütze[48] ist schwerlich nachvollziehbar. Es gibt keine „uneinheitliche“ Mitgliedschaft (was immer das sein sollte), sondern nur eine oder mehrere. Gfter mit mehreren Anteilen hält auch nicht mehrere Mitgliedschaften. Dass Gebot einheitlicher Stimmabgabe anteilsbezogen, nicht personenbezogen sei,[49] ist keine Begründung, sondern nur Beschreibung der gegnerischen Ansicht.[50] 20

c) Stimmenzählung bereitet bei Normal-GmbH mit wenigen Gftern meist keine Probleme. Man wird idR genau feststellen können, wieviele Stimmen für u gegen einen Antrag abgegeben werden u wieviele Stimmenthaltungen vorliegen (sog **Additionsmethode,** weil die Stimmen jeder Gruppe addiert werden). Nur ausnahmsweise kann daher Anwendung der (ungenaueren) **Subtraktionsmethode** in Betracht kommen, bei der nur die jeweils kleinsten Gruppen der drei möglichen Verhaltensweisen bei Abstimmungen zahlenmäßig erfasst werden (idR also Nein-Stimmen u Stimmenthaltungen) u dann durch Subtraktion von der Gesamtzahl der Stimmen der GfterVersTeilnehmer die Zahl der dritten Gruppe (im Beispiel also die Ja- 21

---

43 HL. Vgl RGZ 157, 57; BGH GmbHR 1965, 32; aus BGHZ 104, 66, 74 ergibt sich nichts anderes. Scholz/*Schmidt* Rn 69; *Lutter/Hommelhoff* Rn 4; Ulmer/*Hüffer* Rn 59; Rowedder/Schmidt-Leithoff/*Koppensteiner* Rn 35; *Vogel,* Gfterbeschlüsse, 72; *Heckelmann* AcP 170 (1970), 341; *Großfeld/Spennemann* AG 1979, 133; *Renkl,* Gesellschafterbeschluss, 1982, 73; *Priester* Festgabe Weichler, 1997, 101, 108; **aA** RG 137, 312 ff; Michalski/*Römermann* Rn 463; *Berner/Stadler* GmbHR 2003, 1407; *Armbrüster* FS Bezzenberger, 2000, 13.

44 Hachenburg/*Schilling* 7. Aufl, Rn 21.

45 LG München GmbHR 2006, 431 (Anm *Schüppen*).

46 Sehr str; wie hier Ulmer/*Hüffer* Rn 61; RG 157, 57 f; *Winter* GmbHR 1965, 26 ff; MünchKommBGB/*Reuter* § 32 Rn 38; *Vogel,* Gfterbeschlüsse, 72 f. Abw *Heckelmann* AcP 170 (1970), 339 u 342, der bei mehreren GAnteilen unterschiedliche Abstimmung generell erlauben will; ebenso *Renkl,* Gesellschafterbeschluss, 1982, 73; Michalski/*Römermann* Rn 466; Rowedder/Schmidt-Leithoff/*Koppensteiner* Rn 40; *Meyer-Landrut* Rn 23; Scholz/*Schmidt* Rn 72; *Priester* (Fn 43).

47 Abw *Vogel* Gfterbeschlüsse, 72 f; Ulmer/*Hüffer* Rn 64.

48 So Rowedder/Schmidt-Leithoff/*Koppensteiner* Rn 36.

49 So Scholz/*Schmidt* Rn 72.

50 Scholz/*Schmidt* aaO stellt nunmehr fest, dass seine Aussage eine Feststellung sei.

Stimmen) ermittelt wird.[51] Bedürfnis für Anwendung dieser Methode besteht nur, wenn GfterVers so hohe Teilnehmerzahl aufweist, dass Stimmverhältnisse unübersichtlich werden. Auch dann setzt Zulässigkeit voraus, dass Gesamtzahlt der Stimmen für jeden Abstimmungsvorgang genau festgestellt werden kann.[52]

22 **5. Mehrheitserfordernisse.** In der GmbH gilt das Mehrheitsprinzip, Abs 1. Es bedeutet, dass zur Annahme eines Beschlussantrages nicht Zustimmung aller Gfter erforderlich ist, wie normal bei PersonenGes, sondern nur Zustimmung einer Mehrheit.

23 **a) Mindesterfordernis** ist nach Abs 1 die **Mehrheit der abgegebenen Stimmen.** Danach muss zum Beschlussantrag mindestens eine Ja-Stimme mehr abgegeben werden als Nein-Stimmen. Enthaltungen zählen nicht mit.[53] Wird diese Mehrheit nicht erreicht, also auch bei Stimmengleichheit, gilt Antrag als abgelehnt. Auch dann liegt ein Beschluss vor,[54] allerdings ein den Antrag ablehnender. Satzung kann Stichentscheid bei Stimmengleichheit vorsehen,[55] allerdings nur durch Gfter, nicht durch Dritte.[56] Berücksichtigt werden dürfen nur gültige Stimmen, also nicht Stimmen eines Gfters, dessen Stimmrecht ruht oder der vom Stimmrecht ausgeschlossen ist.[57] Einfache Mehrheit genügt, soweit nicht Gesetz oder Satzung höhere Anforderungen stellen. **Qualifizierte Mehrheitserfordernisse** sieht Gesetz vor für Satzungsänderungen einschließlich Kapitalerhöhung u Kapitalherabsetzung, § 53 II 1; für Auflösung, § 60 I Nr 2 (gleiche Mehrheit gilt ohne ausdrückliche gesetzliche Regelung auch für Fortsetzungsbeschluss); Verschmelzung, § 50 I UmwG; Spaltung, § 125 mit § 50 I UmwG; Vermögensübertragung, vgl zB § 176 I mit § 50 I UmwG, §§ 177 I, 125 mit 50 I UmwG; formwechselnde Umwandlung, §§ 233 I u II, 240 I u II UmwG. Zu Mehrheitserfordernissen für Ausschließungsbeschluss sowie für Beschluss über Erhebung einer Ausschließungsklage Anh § 34 Rn 9 u 16.

24 **b) Satzung** kann **Mehrheitserfordernisse** für bestimmte oder alle Angelegenheiten **steigern,** u zwar bis zum Einstimmigkeitserfordernis[58] (str für Abberufung von GFührern aus wichtigem Grund, vgl § 38 Rn 29). Sie kann qualifiziertes Mehrheitserfordernis für Auflösung herabsetzen, aber nicht für Satzungsänderung oder Umwandlung. Nicht möglich ist Beseitigung des einfachen Mehrheitserfordernisses als Mindesterfordernis (Ausnahme: Stichentscheid bei Stimmengleichheit, vgl Rn 23). Satzung kann Mehrheit der in GfterVers Erschienenen verlangen oder Mehrheit des vorhandenen Stammkapitals. Möglich auch, Minderheiten das Recht einzuräumen, bestimmte Maßnahmen zu verlangen (zB Überwachung, Sonderprüfung etc);[59] ferner

---

[51] Vgl *Vogel,* Die Praxis der Gesellschafterversammlung, 1976, 34.

[52] Vgl für Versammlung der Wohnungseigentümer BGHZ 152, 63, 73.

[53] *Vogel,* Gfterbeschlüsse, 154; wohl allgM; aus der Rspr zB ausdrücklich OLG Celle GmbHR 1998, 140.

[54] Abw *Maier-Reimer* FS Oppenhoff, 1985, 193 ff.

[55] RG 49, 147; Scholz/*Schmidt* Rn 10; Rowedder/Schmidt-Leithoff/*Koppensteiner* Rn 17.

[56] Michalski/*Römermann* Rn 575; abw Rowedder/Schmidt-Leithoff/*Koppensteiner* Rn 17.

[57] Scholz/*Schmidt/Seibt* § 48 Rn 50; Ulmer/*Hüffer* Rn 14.

[58] Vgl BGH ZIP 2004, 804; dazu *Kowalski* EWiR 2004, 497.

[59] *Roth*/Altmeppen Rn 8.

die Schaffung von Mehrstimmrechten (s dazu Rn 68). Für **Wahlen** kann **relative Mehrheit** vorgesehen werden, auch kombiniert mit Stichwahl unter den relativ erfolgreichsten Bewerbern;[60] für gleichzeitige Entscheidung über die Besetzung mehrerer Organposten (zB im Beirat oder AR) die **Verhältniswahl.**[61]

25 **Auslegungsfragen:** Gewährt Satzung der GfterVers Möglichkeit zur **Befreiung von satzungsmäßigen Beschränkungen,** genügt iZw einfache Mehrheit (Auslegungsfrage).[62] Das gilt jedoch nicht, wenn die Maßnahme zu einer Statusveränderung der Ges führt, sie etwa zur abhängigen Ges macht.[63] Ist für GFührungsbeschlüsse mit nachhaltiger Änderung hergebrachter Organisation ¾ Mehrheit vorgesehen, folgt daraus nicht durch Auslegung, dass auch Abberufung von GFührern gleicher Mehrheit unterliegt.[64] Abgehen vom Erfordernis einfacher Mehrheit durch Auslegung der Satzung bedarf hinreichend deutlicher Grundlage.[65]

26 **6. Ergebnisfeststellung u -verkündung.** Problematisch ist, inwieweit bei der GmbH zur Wirksamkeit von Beschlüssen die Feststellung des Beschlussergebnisses iS formeller Feststellung über Bejahung oder Verneinung eines zur Abstimmung gestellten Beschlussantrags durch einen Versammlungsleiter erforderlich ist. Im Aktienrecht gehört diese Feststellung nach inzwischen allg anerkannter u gefestigter Auffassung zu den Wirksamkeitsvoraussetzungen.[66] Bei der GmbH ist eine solche formelle Feststellung von Gesetzes wegen nicht erforderlich.[67] Das gilt auch dann, wenn der Beschluss nach Gesetz oder Satzung der Beurkundung bedarf. Freilich wird dann der Beschluss nicht als körperschaftliche Entscheidung bestimmten Inhalts beurkundet, sondern nur Umstände seines Zustandekommens, etwa Beschlussantrag u Stimmenzahl.[68] Davon zu unterscheiden ist, inwieweit Ergebnisfeststellung, *wenn* sie getroffen wird, für die Beteiligten verbindlich ist, dh nur durch zeitlich begrenzte Mängelgeltendmachung, nach hM nur durch Anfechtungsklage angegriffen werden kann. Dazu Anh § 47 Rn 118 ff.

27 **Satzung** kann Ergebnisfeststellung u -verkündung zur Wirksamkeitsvoraussetzung für Beschlüsse erheben. Für GmbH mit wenigen Gftern empfiehlt sich dies nicht oder doch nur für satzungsändernde Beschlüsse. Für GmbH mit vielen Gftern oder für GmbH, die persönlich haftende Gfterin einer MassenKG ist, ist Nichterforderlichkeit einer Ergebnisfeststellung un-

---

60 *Roth*/Altmeppen Rn 9.

61 Ulmer/*Hüffer* Rn 23; *Roth*/Altmeppen Rn 9; *Vogel,* Gfterbeschlüsse, 156; im Aktienrecht str, vgl dazu KölnerKomm/*Zöllner* § 133 Rn 94.

62 Vgl für Befreiung von satzungsmäßigem Wettbewerbsverbot BGHZ 80, 70.

63 Abw BGHZ 80, 70.

64 So aber OLG Düsseldorf GmbHR 1994, 245.

65 Vgl auch BGH GmbHR 1990, 75 als Beispiel.

66 Vgl näher KölnerKomm/*Zöllner* § 133 Rn 95 mN.

67 BGHZ 76, 154; 88, 320, 329; BGH NZG 2007, 185 Tz 19; OLG Hamburg GmbHR 1992, 93 (Cats); OLG Dresden NZG 2001, 809; Ulmer/*Hüffer* § 48 Rn 33 u 42; Michalski/*Römermann* Rn 582; Scholz/*Schmidt*/*Seibt* § 48 Rn 52; *Roth*/Altmeppen § 48 Rn 15; Rowedder/Schmidt-Leithoff/*Koppensteiner* § 48 Rn 17; *Vogel,* Gfterbeschlüsse, 156 f; teilweise abw noch *Zöllner,* Schranken mitgliedschaftlicher Stimmrechtsmacht, 395; von der Erforderlichkeit einer Feststellung scheint jedoch BGH GmbHR 1990, 68 auszugehen.

68 Dazu § 53 Rn 70 ff. Dort auch zur Frage, ob der Notar das von ihm für gegeben erachtete Ergebnis zu protokollieren hat.

praktisch. Solche Ges tun gut daran, in der Satzung Erforderlichkeit der Ergebnisfeststellung durch Versammlungsleiter ausdrücklich vorzusehen. Zur Bedeutung der Einsetzung eines VersLeiters für Feststellungskompetenz s Anh § 47 Rn 120.

28 7. **Protokollierung** ist in Form notarieller Beurkundung gesetzlich für satzungsändernde Beschlüsse (§ 53 II) sowie für Beschlüsse über Verschmelzung, Spaltung, Vermögensübertragung u Formwechsel nach dem UmwG v 28. 10. 1994[69] vorgeschrieben (dazu § 53 Rn 37). Zur Aufstellung von Protokollierungserfordernissen durch Satzung u ihre Bedeutung für Beschlusswirksamkeit vgl § 48 Rn 22f. Auch Beschluss über Feststellung des Jahresabschlusses bedarf keiner schriftlichen Fixierung.[70]

29 8. **Zusätzliche Wirksamkeitserfordernisse** für Beschlüsse bestehen vielfach in Form der **Zustimmungsbedürftigkeit,** wie zB bei Erforderlichkeit der Einzelzustimmung bestimmter oder aller Gfter für Eingriff in Sonderrechte (§ 53 Rn 35), bei der nachträglichen Vinkulierung von GAnteilen (dazu § 15 Rn 40 sowie § 53 Rn 34), bei der nachträglichen Auferlegung von Nebenpflichten oder Nachschusspflichten (§ 53 Rn 32) u bei der nachträglichen Einführung satzungsmäßiger Vorkaufsrechte auf GAnteile[71] bei der nicht schon in der ursprünglichen Satzung vorgesehenen Einziehung (§ 34 II) u bei der nicht lediglich den Unternehmensgegenstand, sondern den grds Verbandszweck betreffenden Zweckänderung (§ 53 Rn 29); zur Erforderlichkeit bei Beherrschungs- u Gewinnabführungsverträgen vgl § 53 Rn 52 sowie SchlAnhKonzernR Rn 54. Zahlreiche Zustimmungserfordernisse enthält auch das UmwG v 28. 10. 1994, so insbes für best Konstellationen bei Verschmelzung (§§ 13 II, 43, 50 II, 51 I), Spaltung (§§ 125, 128), Vermögenübertragung (zB §§ 176 I, 177 I) u Formwechsel (§§ 193 II, 233 I, 233 II mit §§ 50 II, 241).

30 Auch **Satzung kann Zustimmungserfordernisse aufstellen,** zB Zustimmung aller Gfter zu bestimmten Entscheidungen, Zustimmung einzelner Gfter zu bestimmten oder auch allen Entscheidungen.[72] Sie kann als zusätzliches Wirksamkeitserfordernis auch zweimalige Beschlussfassung verlangen oder Sonderbeschlüsse bestimmter GfterGruppen. Erforderlichkeit der Zustimmung aller Gfter ist zu unterscheiden von (kraft Gesetzes für GmbH nicht vorgesehenem) Einstimmigkeitserfordernis, das grds nur für in GfterVers *erschienene* Gfter gilt. Möglich sind auch **besondere Anforderungen an Beschlussfähigkeit** der GfterVers (dazu § 48 Rn 4f.) oder an Beschlussvorbereitungsverfahren. Nicht vorgesehen werden kann Erfordernis der Zustimmung Dritter, auch nicht einer Behörde,[73] ferner nicht eines anderen GesOrgans (AR, Beirat, GFührung); zuletzt genannte Frage wird meist nur für Satzungsänderungen diskutiert (s § 53 Rn 79, 80). Sie liegt dort insofern etwas anders, als Kompetenzverlagerung auf andere GesOrgane für Satzungs-

---

[69] Vgl §§ 13 III, 125, 176 I, 177 I, 193 III UmwG.

[70] BGH WM 1985, 569.

[71] Zu letzterem OLG Dresden GmbHR 2004, 1080.

[72] Zur Unterscheidung des den Zustimmungserfordernissen komplementären „Zustimmungsrechts" der Gfter vom Stimmrecht sowie der Zustimmungserklärung von der Stimmabgabe *C. Schäfer,* Der stimmrechtslose GmbH-Geschäftsanteil, 1997, 35 ff.

[73] Zust Michalski/*Römermann* Rn 619; Ulmer/*Hüffer* Rn 34, der jedoch auf Möglichkeit schuldrechtl Bindung der Ges gegenüber Dritten hinweist. Solche Bindung ist indessen auch schuldrechtlich nicht zulässig, zutr Michalski/*Römermann* Rn 621.

änderung nicht zulässig ist, wohl aber für viele andere Beschlussgegenstände (näher § 46 Rn 92 ff). Erfordernis der Zustimmung anderer Organe könnte als Begründung von Mitzuständigkeit verstanden werden. Indessen ist solche Regelung abzulehnen, weil sie Verantwortlichkeit verunklart u in Konflikt mit unentziehbaren Kern- u Ersatzkompetenzen gerät.

III. Aufhebung von GfterBeschlüssen

31 Sie ist in der gleichen GfterVers, die den Beschluss gefasst hat, idR ohne weiteres möglich, u zwar mit einfacher Mehrheit. Diese genügt auch dann, wenn Beschluss selbst qualifizierter Mehrheit bedurfte.[74] In späterer GfterVers ist Aufhebung nur nach entspr Ankündigung zur Tagesordnung zulässig. Ist beschlossene Satzungsänderung bereits eingetragen, bedarf Aufhebung satzungsändernder Mehrheit; hat Beschluss sonst zu Rechtsänderungen geführt (zB Bestellung zum GFührer oder ARMitglied unter Zustimmung des Betroffenen), so ist Aufhebung des Beschlusses ihrerseits Rechtsänderung u bedarf dazu deren besonderer Voraussetzungen, zB wichtiger Grund, qualifizierte Mehrheit, Zustimmung etc.[75]

B. Stimmrecht

I. Begriff

32 **Stimmrecht** ist Recht, durch Stimmabgabe an GfterBeschlüssen mitzuwirken. Es ist Mitgliedschaftsrecht u gehört als solches zu Verwaltungs- oder Herrschaftsrechten. Zu unterscheiden ist es vom **Teilnahmerecht** als dem Recht, an GfterVers teilzunehmen (zu diesem § 48 Rn 6 ff). Dieses steht zwar jedem Stimmberechtigten zu, aber nicht notwendig hat jeder Teilnahmeberechtigte das Stimmrecht.

II. Entziehbarkeit u Einschränkbarkeit

33 Stimmrecht ist kraft Gesetzes mit jedem GAnteil verbunden. Satzung kann aber stimmrechtslose GAnteile schaffen, u zwar, anders als im Aktienrecht, ohne Ausgleich durch einen Gewinnvorzug.[76] In der Satzung vorgesehene Stimmrechtslosigkeit gilt im Zweifel, dh sofern Satzung nichts anderes vorsieht, für alle Angelegenheiten, auch Satzungsänderungen. Für Entscheidungen, durch die stimmrechtslose GAnteile gegenüber stimmberechtigten benachteiligt werden, ist jedoch stets Zustimmung der nachteilig Betroffenen

---

[74] Wie hier Michalski/*Römermann* Rn 627; Scholz/*Schmidt* § 45 Rn 33; *Roth*/Altmeppen Rn 12; Rowedder/Schmidt-Leithoff/*Koppensteiner* Rn 14; *Meyer-Landrut* Rn 17; Ulmer/*Hüffer* Rn 38; aA wegen der Bindungswirkung des früheren Beschlusses Hachenburg/*Schilling* 7. Aufl, Rn 12; *Vogel,* Praxis der Gesellschafterversammlung, 1976, 36.

[75] *Zöllner/Noack* ZGR 1989, 536 ff; Scholz/*Schmidt* § 45 Rn 33; KölnerKomm/*Zöllner* § 133 Rn 112.

[76] HM, RGZ 167, 73; BGHZ 14, 269; Ulmer/*Hüffer* Rn 56; Scholz/*Schmidt* Rn 11 mN; *Lutter/Hommelhoff* Rn 4; *Fock* FS Heinsius, 1991, 129 ff; ausführlich *C. Schäfer, Der* stimmrechtslose GmbH-Geschäftsanteil, 1997; *ders* GmbHR 1998, 113 u 168; abw *Brodmann* A 1 a.

erforderlich.[77] Entzug des Stimmrechts bedeutet nicht Entzug von Zustimmungsrechten, die aus dem Mitgliedschaftsrecht resultieren. Erforderlich daher Zustimmung der nicht Stimmberechtigten zu Zweckänderungen,[78] zu Beherrschungs- u Gewinnabführungsverträgen auf Seiten der beherrschten oder gewinnabführenden GmbH,[79] ferner in den oben Rn 29 genannten Fällen.[80] Näher zu den stimmrechtslosen GAnteilen noch unten Rn 73.

34 Möglich ist Einschränkung der Stimmrechtsausübung durch **Vertretungszwang.** Zulässig u in der Praxis vielfach üblich ist insbes Zwang zur Gruppenvertretung, um einer (meist im Erbweg eintretenden) Zersplitterung der Willensbildung vorzubeugen[81] (dazu näher Rn 37 ff). Darüber hinaus kann Vertretungszwang in der Satzung nur für den Fall des Vorliegens sachlicher Gründe vorgesehen werden. Möglich ferner die umgekehrte Einschränkung der Stimmrechtsausübung durch **Vertretungsverbot** (dazu Rn 44 f).

III. Trägerschaft u Ausübung

35 **1. Stimmrecht des Gesellschafters.** Rechtlicher Träger des Stimmrechts ist der Gfter, dh derjenige, der rechtlicher Inhaber des GAnteils ist, bei **Treuhandübertragung** daher der Treuhänder.[82] Abw hiervon will *Ulmer*[83] unterscheiden zwischen einfacher und qualifizierter Treuhand. Letztere soll vorliegen, wenn die anderen Gfter mit Treuhandübertragung einverstanden sind. Dann soll Absprache zulässig sein, dass auch Treugeber Stimmrecht ausüben darf. Dem ist nicht zu folgen, wenn man nicht generell Stimmrechtsübertragung auf Nichtinhaber bei Einverständnis aller Gfter freigeben will, was schon aus institutionellen Gründen nicht erlaubt sein darf. Bei **Verpfändung oder Pfändung** eines GAnteils verbleibt Stimmrecht dem Gfter, auch wenn sich durch Abstimmung Pfandrecht verschlechtert.[84] § 1276 II BGB gilt nur für Innenverhältnis zwischen Gfter u Pfandgläubiger. Auch bei **Nießbrauch** ist allein der Gfter stimmberechtigt, str, ganz hM.[85] Nießbraucher u Pfandgläubiger können sich vom Gfter zur Stimmrechtsausübung bevollmächtigen

[77] Scholz/*Priester* § 53 Rn 92; Hachenburg/*Ulmer* § 53 Rn 110; einschr *Lutter/Timm* NJW 1982, 418.

[78] Ulmer/*Hüffer* Rn 17.

[79] Ulmer/*Hüffer* Rn 17.

[80] Ausführlich zur Rechtsstellung der Inhaber stimmrechtsloser GmbH-Anteile *Schäfer* ZHR 167 (2003), 149 ff.

[81] Vgl BGHZ 46, 291. Dazu eingehend *K. Schmidt* ZHR 146 (1982), 525 mwN.

[82] RG JW 34, 2907; BGHZ 104, 66, 74 f; Rowedder/Schmidt-Leithoff/*Koppensteiner* Rn 19; Scholz/*Schmidt* Rn 18; näher *Beuthien* ZGR 1974, 78 ff; vgl auch *Milde,* Die Stellung des Treugebers in Kapitalgesellschaften am Beispiel der Anfechtungsbefugnis, FS Konzen, 2006, 541

[83] FS Odersky, 1996, 873.

[84] RG 139, 228; 157, 55; wohl unstreitig; vgl auch § 15 Rn 49.

[85] Vgl Scholz/*Schmidt* Rn 18; Hachenburg/*Zutt* Anh § 15 Rn 61; Rowedder/Schmidt-Leithoff/*Koppensteiner* Rn 19; *Blaurock,* Unterbeteiligung u Treuhand an Gesellschaftsanteilen, 1981, 142 f; *Teichmann* ZGR 1972, 10 ff; *Wiedemann,* Übertragung u Vererbung von Mitgliedschaftsrechten, 1965, 413 f; *Reichert/Schlitt/Düll* GmbHR 1998, 567; Staudinger/*Frank* BGB 1994, Anh zu §§ 1068, 1069 Rn 100 ff mit umfassenden Nachw; OLG Koblenz NJW 1992, 2163; für BGB-GesAnteil BGH NJW 1999, 571; ferner oben § 15 Rn 52; abw Auffassungen (zB *Lutter/Hommelhoff* Rn 2 – dort ist unklar die Rede von Möglichkeit der Übertragung des Stimmrechts auf Nießbraucher –; *Schön* ZHR 158 [1994], 229; diff Ulmer/*Hüffer* Rn 51, der aber Zustimmung aller

lassen u dadurch für Wahrung ihrer Interessen sorgen. Zur Frage, ob weitergehende Möglichkeit der Übertragung des Stimmrechts besteht, vgl unten Rn 40 f. Zur **Stimmrechtsausübung für geschäftsunfähige, beschränkt geschäftsfähige und betreute Gfter** s Rn 43.

2. Beginn u Ende des Stimmrechts. Stimmrecht steht jedem Gfter zu ohne Rücksicht darauf, ob u in welcher Höhe er seine Einlage erbracht hat (dazu auch unten Rn 66). Zur Frage, ob bei Veräußerung Stimmrecht grds endet u bis zur Aufnahme entspr geänderter Gfterliste in das HR lediglich gemäß § 16 I ein Rechtsschein der Stimmberechtigung oder das Stimmrecht selbst fortbesteht, vgl § 16 Rn 8 ff. Frage dürfte gleich liegen mit derjenigen, wer als Gfter iS der Anfechtungsbefugnis gilt.[86] Bei Kaduzierung gemäß § 21 endet Stimmrecht mit Zugang der Verlustigerklärung gemäß § 21 II, vgl § 21 Rn 11. Bei Abandonnierung gemäß § 27 verbleibt Stimmrecht dem Gfter bis zur Veräußerung des GAnteils nach § 27 II oder einem ergebnislosen Veräußerungsversuch nach § 27 III.[87] Zur Beendigung bei Einziehung vgl § 34 Rn 19 u 41 ff, bei Ausschließung eines Gfters Anh § 34 Rn 15 a, bei Austritt aus wichtigem Grund Anh § 34 Rn 26.[88] Vorzeitige völlige Entziehung des Stimmrechts bedarf entspr Regelung in der Satzung. Unter bes Umständen kann sachgerechte Einschränkung des Stimmrechts namentlich in Fragen der GFührung durch einstw Verfügung in Betracht kommen, wenn Ausschließung wegen gesellschaftsschädlichen Verhaltens erfolgt.[89] Erklärt Gfter selbst seinen Austritt, verbleibt ihm Stimmrecht bis zu dessen Vollzug[90] jedoch erfährt es erhebliche inhaltliche Einschränkungen.[91] 36

3. Stimmrechtsausübung bei jur Personen u Personenmehrheiten. Jur Personen als Gfter üben Stimmrecht durch Vertretungsorgan aus. Bei der AG ist dies stets der Vorstand, auch wenn Abstimmung ein Vorstandsmitglied betrifft, etwa dessen Bestellung zum GFührer oder ARMitglied der GmbH oder seine Entlastung oder Befreiung von einem Wettbewerbsverbot in der GmbH. Zuständigkeit zur Vertretung liegt nicht etwa nach § 112 AktG beim AR der AG, da Stimmrechtsausübung gegenüber GmbH erfolgt, nicht gegenüber Vorstandsmitglied. Dieses bedarf aber für Eigenbestellung der Befreiung von § 181 BGB durch AG, vgl unten Rn 60. OHG, KG u BGB-Ges stimmen durch vertretungsberechtigte Gfter ab. Gehört GAnteil zum Gesamtgut von in Gütergemeinschaft lebenden Ehegatten, stimmt verwaltender Ehegatte allein ab, bei gemeinschaftlicher Verwaltung beide gemeinsam, § 1421 BGB. Bei Erbengemeinschaft[92] oder Bruchteilsgemeinschaft steht 37

Gfter verlangt, sowie *Fleck* FS Rob. Fischer, 1979, 107, 125 f) geraten unentwirrbar in Konflikt mit Abspaltungsverbot.

[86] Dazu Anh § 47 Rn 135 ff; OLG Hamm NZG 2000, 938.

[87] Michalski/*Römermann* Rn 61.

[88] Vgl ferner *Balz,* Die Beendigung der Mitgliedschaft in der GmbH, 1984, 77 mN.

[89] Hachenburg/*Ulmer* 7. Aufl, Anh § 34 Rn 58.

[90] BGHZ 88, 320; BGH WM 1983, 1354; OLG Celle WM 1983, 427; OLG Düsseldorf NZG 2000, 1180, 1181; Scholz/*Winter* § 15 Rn 123.

[91] BGHZ 88, 320; OLG Düsseldorf NZG 2000, 1180, 1181; aA Ulmer/*Ulmer* Anh § 34 Rn 60; *Esch* GmbHR 1981, 28; *Fichtner* BB 1967, 18: Sie lassen Mitgliedschaftsrechte vom Zeitpunkt des Zugangs der Austrittserklärung bis zum Vollzug des Austritts ruhen.

[92] BGH WM 1969, 590 f.

Stimmrecht allen gemeinsam zu, einzelner Miterbe kann aber unter der Voraussetzung des § 2038 I 2 Hs 2 BGB Stimmrecht ausüben.[93]

38 In allen diesen Fällen kann nach dem Prinzip des § 18 I **Stimmrecht nur einheitlich ausgeübt** werden. Interne Meinungsverschiedenheiten mehrerer Mitberechtigter oder mehrerer Einzel- oder Gesamtvertretungsberechtigter gehen Ges nichts an. Können sie sich über Stimmabgabe nicht einigen, braucht Ges sich nicht auf Meinungsäußerung der Mehrheit unter den Mitberechtigten einzulassen, u zwar auch nicht, wo Mehrheitsentscheidung, wie etwa nach § 745 I u III BGB, rechtlich möglich ist.[94] Mehrere Berechtigte oder Gesamtvertretungsberechtigte müssen vielmehr rechtzeitig für Bestellung eines gemeinsamen Vertreters u Nachweis seiner Vollmacht sorgen. Dass die Gemeinschafter in der GfterVers ihre mehrheitliche Willensbildung für Ges beachtlich vornehmen dürfen oder dass Ges Willensbildung, wenn gar nur Mehrheit der Gemeinschafter erschienen ist, durch diese hinzunehmen habe,[95] erscheint schwer tragbar.

39 Richtigerweise ist Teilnahmerecht bei mehreren (einzel- oder gesamt-) vertretungsberechtigten Personen (ausser bei Eltern) als auf eine Person beschränkt anzusehen (§ 48 Rn 6 u 10). Ges tut aber gut daran, vorsorglich in der Satzung **Beschränkung der Teilnahme auf eine Person** vorzusehen, vgl § 48 Rn 6 u 10. OLG Karlsruhe GmbHR 1995, 824 will bei Erscheinen aller Miterben in GfterVers dort abgegebenes Mehrheitsvotum als einheitliche (sic!) Stimmabgabe ansehen, soweit es um Maßnahmen der Verwaltung des Nachlasses geht u an der Mehrheitsentscheidung kein Zweifel besteht. Mehrfache Konditionierung macht diese Auffassung kompliziert. Im Hinblick auf i e ungesicherte Rspr empfiehlt sich zur Erzielung von mehr Rechtssicherheit Satzungsregelung,[96] dass Stimmrechtsausübung jeweils nur durch eine einzige Person als gemeinschaftlicher Vertreter mehrerer Gesamtberechtigter oder Vertretungsberechtigter zulässig ist.

40 **4. Verbot der Stimmrechtsabspaltung u der Legitimationsübertragung.** Nichtgesellschaftern kann Stimmrecht durch Satzung nicht eingeräumt werden, ganz hM. Auch Übertragung des Stimmrechts ohne gleichzeitige Übertragung des GAnteils (sog Abspaltung) nicht möglich.[97] Für stillen Gfter der GmbH kann echtes Stimmrecht in GfterVers mit körperschaftl Wirkung nicht begründet werden, wohl aber können Gfter schuldrechtliche Stimm-

---

93 BGHZ 108, 21, 31 f.

94 Ulmer/*Winter/Löbbe* § 18 Rn 16 ff.; oben § 18 Rn 4; Scholz/*Schmidt* Rn 70; abw Rowedder/Schmidt-Leithoff/*Pentz* § 18 Rn 8.

95 So *Wiedemann* GmbHR 1969, 249; zum ganzen auch BGH 49, 183.

96 Zu dieser Rowedder/Schmidt-Leithoff/*Pentz* § 18 Rn 11 f.

97 *Wiedemann* (Fn 85) 276 ff; Scholz/*Schmidt Rn* 20; Ulmer/*Hüffer* Rn 53; Michalski/*Römermann* Rn 49, *Beuthien* ZGR 1974, 82; BGHZ 43, 267; NJW 1968, 397, DB 1987, 424 = WM 1987, 70; BayObLG DB 1986, 421, str. Zulässigkeit der Übertragung auf MitGfter bejahend hingegen zB *Teichmann,* Gestaltungsfreiheit in Gesellschafterverträgen, 1970, 225. Für Übertragbarkeit sogar auf NichtGfter mit gewisser Einschränkung Hachenburg/*Schilling* 7. Aufl, § 14 Rn 31 ff (anders, nämlich wie hM jetzt Hachenburg/*Raiser* § 14 Rn 32); mit stärkeren, freilich unzureichenden Einschränkungen wird Abspaltbarkeit auch bejaht von *Fleck* FS Fischer, 1979, 107; Rowedder/Schmidt-Leithoff/*Koppensteiner* Rn 24 f; *Lutter/Hommelhoff* Rn 2; *Theißen* DB 1993, 469, deren Auffassungen durchweg höchst kompliziert und schon dadurch schwer nachvollziehbar sind. Zulässige Gestaltungsmöglichkeiten erörtert *Marc Hermanns* ZIP 2005, 2284.

verpflichtung eingehen, abstimmungsartige Erklärungen des Stillen mit bestimmtem Gewicht bei der Beschlussfassung zu berücksichtigen.[98] Abspaltungsartige Zuordnung des Stimmrechts an Treugeber bei Treuhandübertragung des GAnteils unter Zustimmung der Mitgfter (von ihm als qualifizierte Treuhand bezeichnet) hält *Ulmer*[99] für möglich; dazu schon oben Rn 35.

Auch sog **Legitimationsübertragung** von GmbH-Anteilen ist nicht zulässig, u zwar weder offen noch verdeckt.[100] Darunter ist Übertragung nur der Berechtigung zur Geltendmachung bzw Ausübung des Rechts in eigenem Namen unter Verbleib des Rechts selbst beim bisherigen Inhaber zu verstehen (sog Ermächtigung zur Stimmrechtsausübung). Möglich ist aber, dass nach Anteilsübertragung Anmeldung des Rechtswechsels unterlassen wird u dadurch der alte Gfter zur Stimmrechtsausübung legitimiert bleibt.[101] Darüber hinausgehendes Bedürfnis für Zulässigkeit ist nicht erkennbar und wird auch von Befürwortern nicht überzeugend dargelegt. Zu den einschlägigen Fragen § 16 Rn 2. Umdeutung der Ermächtigung in Stimmrechtsvollmacht wird praktisch vielfach in Betracht kommen.[102] Von Legitimationsübertragung zu unterscheiden ist, wodurch bei Wechsel der Inhaberschaft eines GAnteils **Legitimation des Anteilserwerbers zur Stimmrechtsausübung** möglich ist. Im Fall der Veräußerung ist nur der gemäß § 16 I angemeldete Erwerber zur Stimmrechtausübung legitimiert. Bei Erbgang kann Ges Nachweis durch Erbschein verlangen. 41

5. Stimmrechtsausübung durch Amtswalter. Im Insolvenzverfahren eines Gfters ist allein der Insolvenzverwalter zur Stimmrechtsausübung berechtigt, bei Nachlassverwaltung allein der Nachlassverwalter. Bei Testamentsvollstreckung stimmt der Testamentsvollstrecker ab, wenn sich Testamentsvollstreckung auf GmbH-Anteile erstreckt.[103] Erblasser kann Testamentsvollstrecker allein zu dem Zweck ernennen, Stimmrecht aus GAnteilen unter Ausschluss der Erben auszuüben.[104] GesVertrag soll nach hM Verwaltung durch Außenstehende ausschließen können, dh auch Stimmrechtsausübung durch Testamentsvollstrecker.[105] Das ist durchaus zweifelhaft.[106] Zum Umfang der Befugnisse des Testamentsvollstreckers s § 1 Rn 45 ff. Soweit Testamentsvollstrecker an Stimmrechtsausübung rechtlich verhindert ist, zB nach Abs 4, sind Erben stimmberechtigt.[107] 42

---

98 Dazu Ulmer/*Ulmer* § 3 Rn 44.

99 FS Odersky, 1996, 873 ff.

100 HM, Scholz/*Schmidt* Rn 21; *Wiedemann* (Fn 85) 367 f; *Renkl,* Gesellschafterbeschluss, 1982, 47; *Vogel,* Gfterbeschlüsse, 53; unentschieden BayObLG DB 1986, 421; OLG Hamburg DB 1989, 618. Abw RG 157, 56; OLG Celle NZG 2007, 391 (dazu offen lassend BGH NZG 2008, 468 für eingeschränkte Zulässigkeit Rowedder/Schmidt-Leithoff/*Koppensteiner* Rn 27.

101 Insoweit übereinstimmend Michalski/*Römermann* Rn 53.

102 OLG Hamburg DB 1989, 618.

103 BGH NJW 1959, 1820. Dazu *Fleck* FS Fischer, 1979, 114; *Groß* GmbHR 1994, 597; *Dörrie,* Die Testamentsvollstreckung im Recht der Personenhandelsgesellschaften und der GmbH, 1995, 85 ff.

104 OLG Hamm BB 1956, 511; *Wiedemann* (Fn 85) 338; Ulmer/*M. Winter/Löbbe* § 15 Rn 29; kritisch *Schilling* FS W. Schmidt, 1959, 217; ablehnend Scholz/*H. Winter/Seibt* § 15 Rn 251; *Priester* FS Stimpel, 1985, 468.

105 So Ulmer/*M. Winter/Löbbe* § 15 Rn 29; Staudinger/*Reimann,* 1996, § 2205 Rn 142; *Priester* (Fn 104) 471.

106 Vgl *Wiedemann* (Fn 104).

107 BGHZ 108, 21, 28.

43 **6. Stimmrechtsausübung durch gesetzl Vertreter u Betreuer.** Für geschäftsunfähiges Kind hat gesetzl Vertreter abzustimmen, idR daher beide Eltern gemeinsam, §§ 1626 I, 1629 I BGB, für geschäftsunfähigen Erwachsenen (§ 104 Nr 2 BGB) der Betreuer, § 1902 BGB. Für minderjähriges Kind stimmt gesetzl Vertreter ab, mit dessen Einwilligung (Spezial- oder Generalkonsens) das Kind aber Stimmrechte auch selbst ausüben kann, vgl Rn 8; besteht vom Vormundschaftsgericht genehmigte Ermächtigung zum selbständigen Betrieb eines Erwerbsgeschäfts (§ 112 BGB) u gehört GAnteil zum Geschäftsvermögen, kann beschränkt Geschäftsfähiger ohne besondere Einwilligung abstimmen. Für betreuten Erwachsenen, der nicht geschäftsunfähig ist, kann Betreuer abstimmen, § 1902 BGB, aber auch Betreuter selbst, bei angeordnetem Einwilligungsvorbehalt (§ 1903 BGB) nur der Betreuer, der aber dem Betreuten Konsens erteilen kann. Zum Teilnahmerecht in allen diesen Fällen § 48 Rn 6. Besteht kein Einwilligungsvorbehalt u sind Gfter u Betreuer anwesend, geht bei evtl Dissens zwischen beiden Stimmrechtsausübung durch Gfter vor.[108]

44 **7. Stimmrechtsausübung durch Bevollmächtigte. a) Zulässigkeit.** Sie ist grds zulässig, Abs 3. Satzung kann aber Vertretung durch rechtsgeschäftlich bestellte Vertreter (nicht durch gesetzliche) jedenfalls bei personalistischem Zuschnitt der Ges ausschließen.[109] Regelung steht unter der Einschränkung, dass sie nicht zur Stimmrechtslosigkeit des Gfter führen darf. Ist Gfter zB erkrankt oder inhaftiert, muss Bevollmächtigter zugelassen werden, soweit nicht schützenswerte Interessen der Ges entgegenstehen.[110]

45 **b) Person des Bevollmächtigten** kann Gfter frei wählen, doch darf Wahl nicht mit schutzwerten Interessen der Ges kollidieren (zB Konkurrent oder Bediensteter einer Konkurrenzfirma) oder für die übrigen Gfter unzumutbar sein.[111] Satzung kann Kreis zulässiger Vertreter einschränken,[112] zB auf Kaufleute, Anwälte, Wirtschaftsprüfer, Inländer, grds auch auf MitGfter,[113] jedoch muss, wenn Vertretung nötig u Bevollmächtigung eines MitGfters unzumutbar, Dritter akzeptiert werden.

46 **c) Vertretung durch MitGfter** kann mit Verbot von Insichgeschäften (§ 181 BGB) in Konflikt geraten. Soweit diese Norm auf Beschlussfassungen anwendbar ist (dazu unten Rn 60), kann Vertretung, da Erfüllung einer Verbindlichkeit als Ausnahmetatbestand nicht in Betracht kommt, nur wirksam erfolgen, wenn Gestattung durch Vollmachtgeber erfolgt. Sie kann in der Vollmacht ausdrücklich und generell, dh ohne zeitliche oder sachliche Beschränkung erteilt werden. Das kann sich empfehlen, wenn Gfter, etwa wegen Abwesenheit oder Gebrechlichkeit, seine permanente Vertretung sicherstellen will. Gestattung kann und wird aber auch vielfach u idR konkludent in der Erteilung der Vollmacht liegen. BGH verlangt dazu für PersonenGes, dass Vollmacht bestimmte GfterVers betrifft, für die vertragsändernde Beschlüsse angekündigt sind.[114] Das erscheint zu

---

108 Zur Betreuung vgl *A. Jäger* DStR 1996, 108.

109 *Vogel,* Gfterbeschlüsse, 52.

110 Hachenburg/*Schilling* 7. Aufl Rn 37; *Lutter/Hommelhoff* Rn 8; Scholz/*Schmidt* Rn 96; *Renkl,* Gesellschafterbeschluss, 1982, 50; *Mutze* GmbHR 1970, 34.

111 Ulmer/*Hüffer* Rn 102; *Renkl,* Gesellschafterbeschluss, 1982, 49.

112 *Vogel,* Gfterbeschlüsse, 57; Scholz/*Schmidt* Rn 96 f; Ulmer/*Hüffer* Rn 102; *Meyer-Landrut* Rn 28; *H. M. Schmidt* GmbHR 1963, 146.

113 RGZ 80, 388.

114 BGHZ 66, 82, 86; 112, 339, 343. Dem für GmbH beitretend Ulmer/*Hüffer* Rn 118; Scholz/*Schmidt* Rn 182.

eng. Wird Stimmrechtsvollmacht in Unkenntnis der Beschlussfassungsgegenstände erteilt, ist vielmehr von dem Regelwillen des Vollmachtgebers auszugehen, dass Vertreter für alles Anfallende, insbes auch für Satzungsänderungen vertreten soll. Mit Ankündigung einschlägiger Gegenstände muss immer gerechnet werden. Vollmachtgeber darf nicht unter Berufung auf § 181 BGB nachträglich von ihm gewünschte Vollmachtseinschränkung reklamieren. Wer von engerem Konzept ausgeht, muss gestatten, dass Vollmacht in GfterVers für einschlägige Gegenstände zurückgewiesen wird;[115] GfterVers könnte dann aber ohne Berücksichtigung der Stimmkraft des unfreiwillig unvertretenen Gfters beschließen. Andere Frage ist, ob Befreiung auch für Beschlüsse gelten soll, die Bevollmächtigten spezifisch begünstigen zB durch seine Wahl zum GFührer.[116] All diese rechtlichen Unsicherheiten machen klare Regelung der Befreiungsreichweite in der Vollmacht empfehlenswert.

Ist unter Verstoß gegen § 181 BGB beschlossen worden, kann der unwirksam vertretene Gfter nachträglich genehmigen (entspr § 180 BGB, außer wenn Handeln des Vertreters unter Berufung auf § 181 BGB zurückgewiesen wurde). Von Bedeutung ist das nur, wenn es auf Stimmen des Vertretenen ankam (vgl auch die über die Bevollmächtigung von Mitgftern hinausgreifende Behandlung der Frage unten Rn 60). 47

d) Bevollmächtigung mehrerer Personen ist zulässig, doch ist Teilnahmerecht idR auf einen Vertreter beschränkt.[117] Lautet Vollmacht auf Gesamtvertretungsmacht mehrerer, müssen die Vertretungsberechtigten daher Untervollmacht erteilen (Teilnahmerecht für alle Gesamtvertreter aber, wenn Gesellschaftsvertrag dies zulässt).[118] Sind mehrere Einzelvollmachten erteilt, so kann Ges später erscheinende Einzelvertreter abweisen, bei gleichzeitigem Erscheinen auswählen. Nimmt Gfter selbst teil, braucht Ges grds Bevollmächtigte nicht zur Teilnahme zuzulassen. Näher zum Teilnahmerecht § 48 Rn 6. 48

e) Prokura umfasst Stimmrechtsausübung für GAnteile, die zum gewerblichen Vermögen des Kaufmanns gehören; gleiches gilt für Generalhandlungsvollmacht; bei dieser kann es nicht auf jeweiligen Gegenstand der Abstimmung ankommen.[119] Ersts recht ist **Generalvollmacht** in aller Regel dahin auszulegen, dass sie Stimmrecht umfasst.[120] 49

f) Widerrufliche Stimmrechtsvollmacht. Stimmrechtsvollmacht ist als widerrufliche unbedenklich zulässig, hingegen als unwiderrufliche nur mit Einschränkung dahingehend, dass sie endet, wenn das zugrundeliegende Rechtsverhältnis endet u darüberhinaus, dass sie stets aus wichtigem Grund widerrufen werden kann.[121] Verdrängende Wirkung gegenüber Vollmacht- 50

---

115 So in der Tat Scholz/*Schmidt* Rn 182.

116 Verstoß gegen § 181 BGB für diesen Fall bejahend LG Berlin GmbHR 1997, 751 – Fall betraf allerdings nicht Bevollmächtigung u nicht Mitgfter.

117 Ulmer/*Hüffer* Rn 103.

118 RGZ 137, 311.

119 *Enger* Scholz/*Schmidt* Rn 86; Ulmer/*Hüffer* Rn 96.

120 Scholz/*Schmidt* Rn 86.

121 *Lehmann* GmbHR 1953, 143; *Vogel,* Gfterbeschlüsse, 57; *Müller* GmbHR 1969, 10; *Roth*/Altmeppen Rn 31; Scholz/*Schmidt* Rn 83; aA *Meyer-Landrut* Rn 26; *Teichmann,* Gestaltungsfreiheit in Gesellschaftsverträgen, 1970, 225 f; *Fischer* GmbHR 1952, 113, *Lutter/Hommelhoff* Rn 11 postulieren völlige Unwirksamkeit unwiderruflicher Vollmacht ohne Möglichkeit der Umdeutung. Das ist mit § 140 BGB nicht vereinbar; undeutlich in diesem Sinn auch KG Berlin NZG 1999, 446.

geber kann Stimmrechtsvollmacht im Außenverhältnis nicht haben, dh Verzicht auf eigene Stimmrechtsausübung hat Wirkung nur im Verhältnis des Gfters zum Bevollmächtigten,[122] bei widersprechender Stimmabgabe von Vertreter u Gfter in GfterVers ist Stimme des Gfters maßgebend.[123]

51 **g) Erteilung der Vollmacht** ist einseitiges Rechtsgeschäft. Sie erfolgt gemäß § 167 BGB durch empfangsbedürftige Willenserklärung entweder gegenüber der Ges oder gegenüber dem Bevollmächtigten (letzteres Regelfall). Abs 3 sieht **Textform** als Gültigkeitserfordernis vor. Dafür gilt § 126 b BGB, dh es bedarf einer dauerhaften Wiedergabe der Erklärung in Schriftzeichen, in der die Person des Erklärenden genannt u der Abschluss der Erklärung durch Nachbildung der Namensunterschrift oder anderes erkennbar gemacht wird. Dem genügt nicht nur die gute alte Schriftform, sondern auch Fax oder Telegramm, desgleichen auch e-mail. Die bisher nötige Unterzeichnung ist nicht erforderlich, auch nicht in elektronischer Form. Erst recht ist Beglaubigung, anders als im Fall des § 2, nicht erforderlich. Mündliche Erteilung genügt nicht. Vollmacht ist grds in deutscher Sprache zu erteilen, doch kann Zurückweisung fremdsprachlicher Vollmacht treuwidrig sein, wenn Inhalt leicht zu klären ist.[124] Form ist Wirksamkeitserfordernis, nicht lediglich Legitimationsmittel.[125] Gegenauffassung ist nicht nur angesichts des völlig klaren Gesetzeswortlauts seltsam, vielmehr ist bloße Textform als Legitimationsmittel ungeeignet. Vollmachterteilung kann sich aus andersartigen (aber formgerechten) Erklärungen durch Auslegung ergeben, so zB aus aufschiebend bedingter Abtretung von GAnteilen, wenn Erwerber Beschlüsse schon vor Eintritt der Bedingung fassen soll.[126]

52 Das schließt nicht aus, dass im Extremfall Berufung auf Formmangel nach § 242 BGB ausgeschlossen ist, wie dann, wenn formunwirksame Vollmachtserteilung allen Gftern bekannt war u niemand der Stimmrechtsausübung widersprochen hat.[127] In solchem Fall wird vielfach auch Möglichkeit der Genehmigung des Vertreterhandelns über § 180 S 2 mit § 177 I BGB durch den Vertretenen in Betracht kommen.[128] Hachenburg/*Schilling* 7. Aufl Rn 35 wollen Ausnahme von Formerfordernis bei Vollmachterteilung in der GfterVers annehmen;[129] BGH 49, 194 will das ebenfalls, wenn zusätzlich Vollvers vorlag, in dieser über Vollmacht diskutiert wurde, rechtl Bedenken (außer

---

122 Rowedder/Schmidt-Leithoff/*Koppensteiner* Rn 48; Scholz/*Schmidt* Rn 82, der aber schuldrechtliche Wirkung außerhalb des Kernbereichs der Mitgliedschaft anerkennt.

123 *Flume,* Das Rechtsgeschäft, 3. Aufl, 884; MünchKommBGB/*Schramm* § 168 Rn 40; BGH DB 1976, 2297; iE grds auch Scholz/*Schmidt* Rn 95, der Widerruf der Vollmacht annimmt.

124 Vgl OLG Brandenburg GmbHR 1998, 1037: Zurückweisung italienischer Vollmacht.

125 HM, vgl Ulmer/*Hüffer* Rn 98; *Lutter/Hommelhoff* Rn 9; *Meyer-Landrut* Rn 27; grds wohl auch *Roth*/Altmeppen Rn 32; *Rosler,* NJW 1999, 1150; *Ludwig* AG 2002, 433, 441; **abw** Michalski/*Römermann* Rn 413 Scholz/*Schmidt* Rn 85; Rowedder/Schmidt-Leithoff/*Koppensteiner* Rn 46; LG Berlin GmbHR 1996, 50.

126 So BGH NZG 2008, 468 bei aufschiebend bedingter Abtretung aller Anteile durch Alleingfter und Verpflichtung des Erwerbers, GFührerwechsel zu beschließen.

127 BGHZ 49, 194; KG Berlin NZG 2000, 787; Ulmer/*Hüffer* Rn 99; *F. Ludwig* AG 2002, 433, 441 f. Zur Problematik auch *Bärwaldt* GmbHR 2002, 1112.

128 Vgl auch BayObLG GmbHR 1989, 252.

129 Ebenso *Roth*/Altmeppen Rn 32.

Formmangel) unberechtigt waren u kein schutzwürdiges Interesse bestand (sic!), nur mündlich erteilte Vollmacht nicht gelten zu lassen. Das ist entschieden zu weitherzig.[130] Wenn in GfterVers erteilter Vollmacht widersprochen wird, hat Vollmachtgeber stets die Möglichkeit schriftlicher Erteilung; Bedürfnis für weitergehende Anerkennung der mündlich erteilten Vollmacht daher nicht gegeben.

h) Untervollmacht. Ob der Bevollmächtigte Untervollmacht erteilen darf, richtet sich nach dem Innenverhältnis zum Gfter. Im Außenverhältnis deckt Stimmrechtsvollmacht die Befugnis zur Untervollmachterteilung. Sie braucht nicht ausdrücklich schriftlich gestattet zu sein. Untervollmacht bedarf aber ebenfalls der Schriftform. **53**

i) Vollmachtsurkunde bzw textförmige Alternative muss der Ges vorgelegt werden (bei Unterbevollmächtigung beide Urkunden), nach RG JW 34, 977 nur dann, wenn dies **verlangt** wird,[131] was praktisch keinen Unterschied macht, da Vorlageverlangen auch noch nach Beschlussfassung möglich. Jeder Gfter kann von Ges verlangen, dass Vollmacht nachgewiesen wird. Verwahrung durch Ges ist, anders als nach § 134 III AktG, nicht vorgeschrieben, jedoch zweckmäßig, solange Beschlussmängel geltend gemacht werden können; Satzung kann Verwahrungspflicht vorsehen. Nachweis der Prokura erfolgt durch beglaubigten Registerauszug. Vertreter, der Vollmacht in der GfterVers nicht nachweist, braucht weder zur Teilnahme an GfterVers noch zur Abstimmung zugelassen zu werden.[132] Zulassung nur, wenn kein Gfter widerspricht, also nicht durch Mehrheitsbeschluss (str). Wird er zugelassen u war schriftliche Vollmacht erteilt, ist seine Stimmrechtsausübung gültig; war sie nicht erteilt, kommt nachträgliche Heilung der Stimmrechtsausübung gemäß § 180 S 2 BGB in Betracht. Erfolgt diese nicht, ist Beschluss anfechtbar, sofern es für Beschlussergebnis auf die Stimmrechtsausübung des vollmachtlosen Vertreters ankam. Wird Vertreter trotz Vorlegung gültiger Vollmacht wegen Zweifeln an Echtheit zurückgewiesen, ist Beschluss in jedem Fall anfechtbar, wenn Teilnahme an GfterVers verweigert worden ist.[133] Wird nur seine Stimmrechtsausübung nicht berücksichtigt, besteht Anfechtbarkeit nur bei Erheblichkeit für das Ergebnis.[134] **54**

8. Stimmrechtsausübung durch Vertreter ohne Vertretungsmacht. **55**
Als solcher handelt, wem Vertretungsmacht gar nicht oder ohne Einhaltung des Formerfordernisses oder durch dazu nicht Befugte erteilt worden ist. Vollmachtloser Vertreter braucht idR zur Abstimmung nicht zugelassen zu werden, vgl aber zu denkbaren Ausnahmen oben Rn 52. Ist Stimmabgabe zugelassen worden, wird GfterVers bzw evtl Abstimmungsleiter gut daran tun, genau zu protokollieren, welches Beschlussergebnis jeweils bei Genehmigung bzw Nichtgenehmigung durch Vertretenen zugrunde zu legen ist. Denn Stimmabgabe ohne Vertretungsmacht ist schwebend unwirksam. Sie kann aber durch Genehmigung seitens des Vertretenen wirksam werden, § 180 S 2

---

130 Wie hier Ulmer/*Hüffer* Rn 99.

131 So auch Ulmer/*Hüffer* Rn 100.

132 Rowedder/Schmidt-Leithoff/*Koppensteiner* Rn 47.

133 Scholz/*Schmidt* Rn 93, § 45 Rn 97. Nicht deutlich zwischen Teilnahmeverweigerung u Stimmrechtsverweigerung trennend Rowedder/Schmidt-Leithoff/*Koppensteiner* Rn 43 aE.

134 Scholz/*Schmidt* § 45 Rn 98; *Roth*/Altmeppen Rn 131; Ulmer/*Hüffer* Rn 100.

mit § 177 BGB. Das gilt auch bei Einmann-GmbH.[135] **Genehmigung** vollmachtlosen Handelns wie auch sonst im Zivilrecht formfrei möglich.[136] Ges kann durch Abstimmungsleiter oder GFührer den Vertretenen gemäß § 177 II BGB zur Erklärung über die Genehmigung auffordern mit der Folge, dass diese nur binnen zwei Wochen u nur gegenüber Ges erklärt werden kann. Unterbleibt Genehmigung, wird Stimmabgabe endgültig unwirksam. Wird vollmachtlose Stimmrechtsausübung zugelassen, darf evtl bestellter Abstimmungsleiter keine bindende Ergebnisfeststellung treffen. Wird bindende Feststellung getroffen, etwa weil Fehlen der Vertretungsmacht unbekannt war, muss abweichendes Beschlussergebnis durch Anfechtungsklage kombiniert mit positiver Beschlussfeststellungsklage geltend gemacht werden.

56 **9. Stimmrechtsausübung durch Boten** in der GfterVers, der eine vorgefertigte Abstimmungserklärung des Gfters mündlich übermittelt, nicht „eigene" Erklärung, ist nur zulässig, soweit Satzung sie gestattet;[137] ad-hoc-Einverständnis aller Gfter genügt insoweit nicht,[138] wie ein Vergleich mit § 48 II zeigt. Übermittlung schriftlicher Abstimmungserklärung lässt sich bei Einverständnis aller Gfter auf dem in § 48 Rn 42 beschriebenen Weg wirksam machen.

57 **10. Ruhen des Stimmrechts.** Stimmrecht ruht für eigene GAnteile der GmbH (jetzt wohl allgM).[139] Das Gleiche gilt für Anteile, die ein Dritter treuhänderisch oder sonst für Rechnung der GmbH hält[140] u ebenso für Anteile, die ein von der GmbH abhängiges Unternehmen hält oder die für Rechnung eines solchen Unternehmens gehalten werden.[141] Für mitteilungssäumige AG, die ihre Mitteilungspflicht nach § 21 I u II AktG bei Überschreitung von bestimmten Beteiligungsgrenzen nicht erfüllt hat, entfällt Stimmrecht nach § 21 IV AktG für die Zeit bis zur Erfüllung der Mitteilungspflicht. Auch das kann man als „Ruhen" des Stimmrechts bezeichnen. Stimmrechtsausschluss nach dieser Norm entfällt für Einmann-Gfter, sowie bei Säumigkeit aller Gfter,[142] weil Stimmlosigkeit jedenfalls bei der GmbH nur dem Minderheitsschutz dient, nicht den Interessen der Allgemeinheit, wie schon daraus hervorgeht, dass Ges hinsichtlich Mitteilung keine Veröffentlichungspflicht trifft (anders § 20 VI 1 AktG).

58 **Wechelseitige Beteiligung** (§ 19 I AktG) zwischen GmbH s ohne Abhängigkeit hat kein Ruhen des Stimmrechts zur Folge, auch kein partielles (anders § 328 AktG, wenn ein beteiligtes Unternehmen AG ist: dann reduziert Stimmrecht sich nach Maßgabe der Vorschrift für das mit der Erfüllung

---

135 OLG Frankfurt NZG 2003, 438.

136 Dazu Scholz/*Schmidt* Rn 87.

137 Scholz/*Schmidt* Rn 78; Ulmer/*Hüffer* Rn 107; vgl auch oben Rn 19.

138 Abw Michalski/*Römermann* Rn 383.

139 AA noch *Grothus* GmbHR 1958, 19 f.

140 Scholz/*Schmidt* Rn 24; Michalski/*Römermann* Rn 69; Ulmer/*Hüffer* Rn 43; *Zöllner,* Schranken mitgliedschaftlicher Stimmrechtsmacht, 1963, 143; Rowedder/Schmidt-Leithoff/*Koppensteiner* Rn 21; teilw abw Roth/*Altmeppen* § 33 Rn 31: nur soweit „ein Fall der Umgehung" vorliegt.

141 Ganz hM, vgl Scholz/*Schmidt* Rn 24; Ulmer/*Hüffer* Rn 44; *H. P. Westermann,* Der GmbH-Konzern, 1976, 34; *Verhoeven* GmbHR 1977, 100; Rowedder/Schmidt-Leithoff/*Koppensteiner* Anh nach § 52 Rn 60; OLG München GmbHR 1995, 590; aA großenteils das ältere Schrifttum, zB *Feine* S 454.

142 In diesem Sinn zu Recht *Wand/Tillmenn* AG 2005, 227.

der Mitteilungspflichten aus §§ 20, 21 AktG säumige Unternehmen). Ist wechselseitige Beteiligung so hoch, dass sie beiderseits beherrschenden Einfluss vermitteln könnte, gelten nach § 19 III AktG beide Unternehmen als herrschend und abhängig mit der Folge, dass für beide Stimmrecht an der jeweils anderen Ges ruht. Diese in der Natur der Sache liegende Regel ist auch bei wechselseitiger Beteiligung zweier GmbH s anzuwenden.[143]

Hingegen ruht Stimmrecht in einer **Komplementär-GmbH** nicht, wenn alle ihre Anteile in der Hand der KG liegen,[144] (sog Einheitsgesellschaft); Stimmrecht ist durch die Kommanditisten auszuüben.

Dass Stimmrecht für eigene Anteile ruht, schließt nicht aus, dass **Ges als** 59
Bevollmächtigte von Gftern auf ihrer eigenen GfterVers Stimmrecht ausübt. Die für das Aktienrecht nicht ganz unwichtige Frage der Zulässigkeit dieser Ausübung[145] hat im GmbH-Recht bislang keine besondere Bedeutung.

11. Anwendung von § 181 BGB auf Stimmrechtsausübung. 60
a) Reichweite des Verbots. § 181 ist auf Stimmabgabe nicht anwendbar, soweit es Konflikte zwischen Interessen des Abstimmenden und der Ges betrifft, wie zB bei Beschluss über Rechtsgeschäfte des Abstimmenden mit Ges. Insoweit ist vielmehr § 47 IV als spezielle Norm ausschließlich maßgebend; Ergänzung durch § 181 BGB kommt nicht in Betracht. Hingegen ist § 181 BGB nicht durch § 47 IV ausgeschlossen, soweit es um Konflikte zwischen Interessen des Abstimmenden und eines von ihm vertretenen Gfters oder bei sog Doppelvertretung zwischen Interessen zweier vertretener Gfter geht. Anwendbarkeit insoweit sowohl im Grds wie im Umfang umstritten. Bis vor kurzem noch herrschende, auch hier bis zur 15. Aufl vertretene Auffassung gänzlicher Unanwendbarkeit hat sich als zu formal erwiesen. Beschlüsse sind unzweifelhaft Rechtsgeschäfte (Rn 4); dass Stimmabgabe nach zutr Auffassung jedenfalls idR gegenüber Ges erfolgt (Rn 7), nicht gegenüber MitGftern,[146] sodass formal Konstellation des § 181 BGB nicht vorliegt, ist bei Zugrundelegung stärker „materiell" ausgerichteten Verständnisses von § 181 BGB ungeeignet, Unanwendbarkeit der Norm zu begründen.[147] Daher ist § 181 BGB jedenfalls auf satzungsändernde Beschlüsse einschließlich aller Arten der Umwandlung iwS, Abschluss und Aufhebung von Unternehmensverträgen aufseiten abhängiger Ges sowie Auflösung der Ges anzuwenden.[148] Anwendung ist bei diesen Entscheidungen schon deshalb geboten, weil die einschlägigen Beschlüsse der Sache nach Vertragsabschlüsse zwischen den Abstimmenden darstellen. § 181 ist hier sowohl bei „Selbstkontrahieren" des Stimmrechtsvertreters als auch bei Mehrvertretung einschlägig, dh wenn Vertreter des Gfters ebenfalls Gfter ist (insoweit s schon oben Rn 46 f) oder durch Doppelvertretung auch anderen Gfter vertritt. Anwendung von § 181 BGB

---

143 Michalski/*Römermann* Rn 68.

144 Ganz hM, Scholz/*Schmidt* Anh § 45 Rn 59 mN. Dazu *Bülow* GmbHR 1982, 121 ff.

145 Dazu KölnerKomm/*Zöllner* § 134 Rn 79 sowie *Zöllner* FS Westermann, 1974, 603; *ders* FS Peltzer, 2001, 661.

146 Darauf stellt BayObLG GmbHR 1989, 252 ab; ebenso 15. Aufl Rn 33.

147 BGH GmbHR 1988, 338; treffend auch LG Berlin GmbHR 1997, 751; jetzt auch BayObLG NZG 2001, 128.

148 So die jetzt hM, vgl Ulmer/*Hüffer* Rn 111 ff, insbes. 115–117 mN, der grds anwendungsbedürftige und anwendungsfreie Beschlussgegenstände danach differenziert, ob kraft Gesetzes qualifizierte Mehrheit für Beschluss erforderlich ist.

ist darüber hinaus geboten auf Selbstbestellung eines Vertreters zum Organ.[149] Anwendung von § 181 BGB korrespondiert hier dem Umstand, dass GfterVers bei Bestellung und Anstellung als Vertreter der Ges fungiert. Hingegen ist § 181 BGB auf gewöhnliche Beschlüsse, insbes über GFührungsfragen, nicht anzuwenden.[150] § 181 BGB gilt auch für Stimmrechtsausübung juristischer Personen durch ihre Organe, etwa durch den Vorstand einer AG, die an GmbH beteiligt ist.[151] Vorstandsmitglieder einer MutterGes können sich daher nicht selbst zum GFührer der Tochter bestellen, wenn ihnen nicht Selbstkontrahieren gestattet ist. Nicht anwendbar ist § 181 BGB auf Beschlussfassung des EinmannGfters (dazu oben Rn 7), soweit er selbst abstimmt, wohl aber auf Abstimmung eines ihn Vertretenden; insoweit kommt in erster Linie Selbstbestellung des Vertreters zum GFührer in Frage.[152]

61 **b) Befreiung vom Verbot des Selbstkontrahierens.** Praktische Bedeutung der Anwendbarkeit des § 181 BGB ist bei **Vertretung auf Grund Vollmacht** insofern nicht allzu groß, als Vollmachtgeber von Beschränkung durch § 181 BGB befreien kann. Solche Befreiung wird in Bevollmächtigung eines MitGfters idR zu sehen sein. Vollmachtgeber kann in Vollmacht klarstellen, wie weit Befreiung reichen soll. Tut der dies nicht, wird man annehmen können, dass Befreiung grds alle anfallenden Tagesordnungspunkte umfassen soll, bei über die nächste GfterVers hinausreichender Bevollmächtigung alles in Zukunft anfallende. Hingegen umfasst Befreiung im Zweifel nicht besondere Selbstbegünstigung des Bevollmächtigten, etwa durch Wahl zum GFührer oder durch Befreiung von einem Wettbewerbsverbot. Für die Praxis empfiehlt sich bei Erteilung einer Stimmrechtsvollmacht umfassende, detaillierte Klarstellung, wie weit Befreiung reichen soll. Wird nicht MitGfter, sondern Dritter bevollmächtigt, besteht immanente Befreiung vom Verbot allenfalls dann, wenn Stellung als Doppelvertreter dem Bevollmächtigenden bei Vollmachterteilung bereits bekannt war. Auch Vollmacht an Dritten sollte klar regeln, wie weit Befreiung (auch im Fall späterer Mehrvertretung) reichen soll, wenn Vollmachtgeber sicher sein will, dass seine Anteile in GfterVers vertreten werden können. Befreiung vom Verbot durch die Satzung der Ges, in der abgestimmt wird, ist nicht möglich, weil Verhältnis zwischen Vertreter und Vertretenem der Satzungsautonomie nicht unterliegt (wohl allgM).

---

[149] Bejahend BGHZ 112, 339 (Entscheidung betrifft zwar GbR, Gründe formulieren jedoch darüber hinausgehend); BayObLG NZG 2001, 128; in gleichem Sinn LG Berlin GmbHR 1997, 750; ganz hM. Vgl dazu *C. Goetze* GmbHR 2001, 217, der aber auch Stimmverbot nach § 47 IV bejaht. Vgl auch BGHZ 51, 209, 217, wo Selbstbestellung eines Testamentsvollstreckers als Verstoß gegen Rechtsgedanken des § 181 BGB qualifiziert wird.

[150] Für Anwendung aber *Roth*/Altmeppen Rn 36; Michalski/*Römermann* Rn 125, der annimmt, eine Differenzierung nach dem Gegenstand des Beschlusses sei nur möglich, wenn sich generell zwischen auf eigennützige Ziele und auf gemeinsame Ziele gerichteten Beschlüssen unterscheiden lasse, was selbstverständlich nicht möglich ist. Maßgebend ist andere Unterscheidung: Ob durch den Beschluss eine Rechtsbeziehung zwischen dem abstimmenden Gfter und der Ges bzw zwischen den Gftern gestaltet wird oder nicht. Bei Entsch über GFührungsfragen oder über Jahresabschluss liegt Gestaltung solcher Rechtsbeziehung nicht vor.

[151] BayObLG NZG 2001, 128.

[152] So zB im Fall BayObLG NZG 2001, 128. Zum Ganzen s a *Kirstgen* GmbHR 1989, 406.

Keine Befreiung ist möglich bei gesetzlicher Vertretung, weshalb Verbot hier größere Bedeutung hat. Satt dessen Ergänzungspflegerbestellung erforderlich zur Stimmrechtsausübung durch gesetzlichen Vertreter, der selbst Gfter ist oder mehrere Gfter vertritt (zB mehrere eigene Kinder). Für Gesellschaftsalltag, insbes auch für GFührungsbeschlüsse ist diese zu umständlich u evtl kostspielig, überdies auch für wirtschaftlich zweckmäßige Entscheidungen idR wenig sinnvoll; auch von daher ist es richtig, Anwendung von § 181 BGB auf satzungsändernde u diesen verwandte Beschlüsse (dazu Rn 60 sowie auch § 53 Rn 81) sowie auf den Vertreter spezifisch begünstigende Beschlüsse zu beschränken. 62

Beim **Testamentsvollstrecker,** der durch § 181 BGB gehindert ist, sich mit von seinem Amt umfassten Stimmrechten selbst als Organmitglied zu bestellen,[153] kommt Befreiung durch Erblasser oder Erben in Betracht. 63

Zuständig für Befreiung ist bei AG als Gfterin der AR, bei einem Verein oder einer GmbH als Gfterin die Mitglieder- bzw GfterVers; auch die Satzung kann bei den letztgenannten Verbandsformen das Vertretungsorgan von § 181 BGB befreien. Hingegen ist es nicht so, dass Stimmrecht einer MutterAG für die Bestellung eines eigenen Vorstandsmitglieds zum GFührer der TochterGmbH durch AR auszuüben ist.[154] 64

c) Folgen eines Verstoßes. Liegt Fall des Selbstkontrahierens ohne Befreiung vor, kann Stimmrechtsausübung in GfterVers analog § 180 BGB zurückgewiesen werden. Erfolgt solche Zurückweisung nicht, ist Stimmrechtsausübung schwebend unwirksam u kann vom Vertretenen mit ex-tunc-Wirkung genehmigt werden. Erteilte Befreiung wirkt auch für vom Befreiten erteilte Untervollmacht. Erfolgt Genehmigung nicht, hängt Auswirkung auf den Beschluss davon ab, ob unwirksam abgegebene Stimmen für Beschlussergebnis erheblich sind. Gegebenenfalls kann zutreffendes Ergebnis durch Beschlussfeststellungsklage geklärt werden, im Fall vorausgegangener bindender Ergebnisfeststellung (dazu § 47 Rn 26) bedarf es zusätzlich der Erhebung der Anfechtungsklage. Hat Vertreter eines Einmanngfters gemäß § 181 BGB unwirksam abgestimmt, ist Beschluss unwirksam, auch wenn Beschlussergebnis verbindlich festgestellt worden ist.[155] Einmann-Gfter kann ihn aber genehmigen. 65

IV. Stimmkraft

1. Gesetzliche Normalregelung. Stimmkraft bemisst sich nach der **Höhe der Beteiligung.** Nach dem grds geltenden Maßstab des Abs 2 gewährt jeder Euro eines GAnteils eine Stimme. Das entspricht der Regelung des § 5, der in Abs 2 verlangt, dass GAnteile auf volle Euro lauten u der keine bes Teilbarkeitsanforderungen mehr an den Nennbetrag der GAnteile stellt. Diese Regeln gelten nicht für bis Jahresende 1998 zur Eintragung ins HR angemeldete Ges, solange sie keine Umstellung auf Euro vorgenommen hat, vgl näher Rn 72 ff. Die Höhe der Stimmkraft ist von der Höhe der Einlagenleistung unabhängig. Auch bei unterschiedlichen Einzahlungsquoten bemisst sie sich nach dem Nennbetrag. 66

---

153 BGHZ 51, 216 f.

154 So aber anscheinend LG Berlin GmbHR 1997, 750.

155 BayObLG NZG 2001, 128; *Lindemann,* Die Beschlussfassung in der Einmann-GmbH, 201 ff; abw *Winkler* DNotZ 1970, 746.

67 **2. Abweichende Satzungsregelungen.** Satzung kann abweichend regeln, zB Stimmrecht von Einlagenleistung abhängig machen, an die Höhe der Einlagenleistung anbinden, Stimmrecht nach Köpfen vorsehen, einzelnen GAnteilen Mehrstimmrechte verleihen, Stimmkraftmaximum (= Höchststimmrecht) vorschreiben (Beispiel: Kein Gfter kann mehr als 100 Stimmen innehaben[156]) sowie vor allem auch GAnteile stimmrechtslos gestalten (zu den Grenzen näher Rn 70 f). Möglich ferner, den nach Abs 2 für eine Stimme maßgeblichen Teilbetrag anders festzusetzen, was sich je nach den Umständen, dh der konkreten Bemessung der Nennbeträge der GAnteile als zweckmäßig erweisen kann.

68 **Schaffung von Mehrstimmrechten** unterliegt, anders als im Aktienrecht, keinem Verbot. Nachträgliche Einführung wird vielfach Gleichbehandlungsverstoß sein u bedarf dann der Zustimmung aller Benachteiligten.[157] Gleichbehandlungsverstoß liegt auch dann vor, wenn Mehrstimmrechte durch Umschichtung des Stimmrechts zwischen mehreren GAnteilen eines Gfters geschaffen werden, bei der Gesamtstimmenzahl dieses Gfters gleich bleibt.[158] **Nachträgliche Einführung von Höchststimmrechten** ist bei ungleicher Betroffenheit der vorhandenen Gfter Gleichbehandlungsverstoß.[159] BGHZ 70, 117 lässt nachträgliche Einführung gleichwohl gegen den Willen der Betroffenen zu, freilich ohne klare Erörterung der Problematik.[160]

69 **Stimmrechtslose GAnteile** scheinen in der Praxis bislang nur selten vorzukommen (bekanntes Beispiel aber die Bosch GmbH, bei der über 90% des Kapitals stimmrechtslos gestellt sind). Ob diese Zurückhaltung auf Rechtsunsicherheit beruht[161] oder auf mangelndem Interesse, ist schwer zu sagen. Praktisches Bedürfnis besteht am ehesten da, wo Gfter zwar an Ges beteiligt (zB an sie herangeführt) werden sollen, etwa auch zur Verringerung künftiger Erbschaftssteuerlasten, aber unternehmerischer Einfluss (vorerst) vermieden werden soll. Gerade Familien-Gesellschaften können sinnvollen Gebrauch von dieser Gestaltungsmöglichkeit machen, die einfacher ist als der Umweg über eine GmbH & Co KG.[162]

70 **Schaffung stimmrechtsloser GAnteile** kann in ursprünglicher Satzung oder im Weg einer Kapitalerhöhung oder auch im Weg bloßer Satzungsänderung (etwa durch Wegfall des Stimmrechts bei bestehenden Anteilen) erfolgen. **Begrenzung** auf Hälfte des Stammkapitals wie in § 139 II AktG gilt nicht. Nicht möglich ist die Entziehung des Stimmrechts für sämtliche GAnteile, weil sonst entscheidungsfähiges GfterGremium fehlen würde. Stimmlose Anteile brauchen nicht mit Gewinnvorzug ausgestattet werden (anders § 139 I AktG für stimmrechtslose Aktien), vgl die Nachw oben Rn 33. Auch bezüglich anderer (entziehbarer) Mitgliedschaftsrechte bedarf es abw von § 140 I AktG keiner Gleichstellung mit stimmberechtigten Gftern, dh es kann

---

156 Dazu *Immenga/Werner* GmbHR 1976, 53 f.

157 Ulmer/*Hüffer* Rn 92; Scholz/*Priester* 9. Aufl § 53 Rn 158; dazu der nicht gleichbehandlungswidrige Fall OLG München GmbHR 1990, 79 mit unzutr Leitsatz der Redaktion.

158 Anders Scholz/*Priester,* 9. Aufl § 53 Rn 158.

159 Vgl die ausführliche Begründung bei *Zöllner,* Schranken mitgliedschaftlicher Stimmrechtsmacht, 122 ff.

160 Bedenken äußert Scholz/*Priester* (Fn 158); für Zustimmungserfordernis wie hier *Meyer-Landrut* Rn 11.

161 So *Reichert* GmbHR 1999, 434.

162 Zutreffend *Reichert* GmbHR 1999, 434.

kumulativ zum Stimmrechtsentzug auch der Entzug anderer entziehbarer Mitgliedschaftsrechte, etwa des Gewinnrechts oder des Rechts auf einen Liquidationsanteil, erfolgen. Absolut unentziehbare Rechte wie das Teilnahmerecht an GfterVers, das Anfechtungsrecht hinsichtlich GfterBeschlüssen, das Informationsrecht nach § 51 a u gesetzliche Zustimmungsrechte, können den stimmrechtslosen Gftern nicht genommen werden.[163]

Stimmrechtslosigkeit für alle Angelegenheiten ist zulässig, auch hinsichtlich Satzungsänderungen.[164] Für Mitwirkung aller Gfter an Satzungsänderungen könnte an sich sprechen, dass § 53 zwingend einen GfterBeschluss mit ¾-Mehrheit verlangt. Daraus wird zutreffend geschlossen, dass eine Verlagerung der Entscheidungskompetenz auf andere (auch ausschließlich mit Gftern besetzte) Gremien nicht zulässig ist (unten § 53 Rn 55). Gleichwohl kann Stimmrecht auch für Satzungsänderungen entzogen werden, weil § 53 II nur Stimmenmehrheit, nicht Mehrheit des vertretenen Kapitals fordert mit der Folge, dass auch Mehrstimmrechte erhöhten Einfluss auf Satzungsänderungen haben.[165] **70 a**

Nachträgliche Entziehung des Stimmrechts bedarf der Zustimmung betroffener Gfter. Anderes gilt aber, wenn die Entziehbarkeit für betroffene GAnteile in der Satzung vorgesehen war. Ist sie generell für alle GAnteile vorgesehen, muss bei der Entziehung, da diese nicht alle GAnteile erfassen darf, der Gleichbehandlungsgrundsatz gewahrt werden.[166] **71**

3. Übergangsvorschriften zur Einführung des Euro. a) Gesetzliche Normalregelung zur Stimmkraft (Rn 66) gilt ohne weiteres für Gesellschaften, die nach dem 31. 12. 2001 in das HR eingetragen wurden bzw. werden. Stammkapital u Stammeinlagen müssen gemäß den Vorgaben des § 5 in Euro festgelegt werden. Für die Stimmkraft gilt Abs 2. Für die Zeit bis zum Inkrafttreten der MoMiG-Reform (1. 1. 2009) war die Normalregelung in der Vorgängerfassung maßgebend, ab diesem Zeitpunkt die Neufassung. Auf den Zeitpunkt der Anmeldung zum HR kommt es nicht an. **72**

b) Für Gesellschaften, die zwischen dem 1. 1. 1999 u dem 31. 12. 2001 zum HR angemeldet u in das Reg eingetragen worden sind, galt die Vorgängerregelung gem § 86 II aF dem Nennwert u der Sache nach ebenfalls. Sie durften zwar Stammkapital u Stammeinlagen in Deutscher Mark ausweisen, aber nur in den (notwendigerweise krummen) Beträgen, die sich durch Umrechnung der maßgeblichen Euro-Beträge zum amtlichen Umrechnungskurs ergeben. Es wäre GmbH-rechtlich zu schön gewesen, wenn dieser Kurs auf 1 : 2 gelautet u dadurch gerade Beträge herausgekommen wären. Angesichts der nach dieser zwingenden Regelung eintretenden Unübersichtlichkeit werden in dem fraglichen Zeitraum gegründete Gesellschaften es idR vorgezogen haben, Stammkapital u Stammanteile gleich in Euro auszuweisen, was sie selbstverständlich durften. Vgl näher oben § 5 Rn 58 ff. Haben sie den Ansatz in Euro gewählt, gilt § 47 II nF ohne weiteres. Vgl nunmehr § 1 II EGGmbHG. **73**

---

163 Im Einzelnen zu den Voraussetzungen u Schranken der Schaffung stimmrechtsloser Anteile sehr gründlich *C. Schäfer,* Der stimmrechtslose GmbH-Geschäftsanteil, 1997 mit ausführlicher Zusammenfassung in § 14.

164 Letzteres bejahend insbes *Wiedemann* GesR 368; *ders* WM 1992 Beil 8 S 28.

165 Zust iE *Schäfer* (Fn 163) 95 ff.

166 Zu den Modalitäten des Schutzes der Inhaber stimmloser GAnteile ausführlich *Schäfer* (Fn 163) 149 ff.

74 **c)** Für Gesellschaften, die vor dem 1. 1. 1999 im HR eingetragen worden sind, galten §§ 5 und 47 II in der Vorgängerfassung nur, wenn sie ihr Kapital auf Euro umgestellt hatten (dazu § 86 III aF) u die in Euro berechneten Nennbeträge der GAnteile auf einen durch 10 teilbaren Betrag gestellt worden sind. Nunmehr kann die Euroumstellung so erfolgen, dass die Nennbeträge der GAnteile auf volle Euro lauten. In beiden Fällen gilt dann § 47 II in neuer Fassung. Solange die Umstellung nicht erfolgt ist, vielmehr Stammkapital u Stammeinlagenbeträge weiter auf DM lauten (zur Zulässigkeit § 86 I aF u § 1 I 1 EGGmbHG sowie oben § 5 Rn 60) oder zwar eine Umstellung (besser Umrechnung) auf Euro (dazu oben § 5 Rn 60), jedoch ohne Wertveränderung stattgefunden hat – mit der Folge, dass beide Größen auf krumme Beträge lauten – gelten die vor dem 1. 1. 1999 maßgeblichen Beträge weiter: je 100 DM gewähren eine Stimme (bzw der dem entsprechende Euro-Betrag), bei nicht durch 100 teilbaren GAnteilen gewähren je 10 DM eine Stimme (bzw im Fall des § 57 l II 4 je 5 DM).

75 **d)** Für Gesellschaften, die vor dem 1. 1. 1999 zum HR angemeldet, aber erst danach eingetragen worden sind, gilt Abs 2 ebenfalls nur unter den zuletzt genannten Voraussetzungen. Selbstverständlich konnte aber die Festlegung der Wertgrößen für Stammkapital u Stammeinlagen durch den Gesellschaftsvertrag im Vorgriff gem den Vorgaben des § 5 aF erfolgen. Mit der Eintragung galt dann ohne weiteres § 47 Abs 2 in der Vorgängerfassung und gilt nunmehr in der Neufassung des MoMiG.

V. Stimmrechtsausschluss wegen Interessenkollision

Lit: *Bacher,* Die Abdingbarkeit des Stimmverbots nach § 47 Abs. 4 GmbHG in der Satzung, GmbHR 2001, 133; *Ebenroth/Müller* GmbHR 1991, 237; *Hüffer,* Der korporationsrechtliche Charakter von Rechtsgeschäften – eine hilfreiche Kategorie bei der Begrenzung von Stimmverboten im Recht der GmbH?, FS Heinsius, 1991, 337; *Hügel/Klepsch,* Entlastung und Stimmverbot bei Personenidentität im Konzern, NZG 2005, 905; *Immenga/Werner* GmbHR 1976, 53; *Koppensteiner* FS Schönherr, 1986, 205; *Lindacher* ZGR 1987, 121; *Lohr,* Der Stimmrechtsausschluss des GmbH-Gesellschafters, NZG 2002, 551; *Matthießen,* Stimmrecht u Interessenkollision im Aufsichtsrat, 1989, insbes 79 ff; *Rollin,* Einzelentlastungsbeschlüsse auf Grund Anordnung des Versammlungsleiters in der AG, NZG 2004, 804 *K. Schmidt* NJW 1986, 2018; *Schneider* ZHR 150 (1986), 609; *Semler,* Einzelentlastung u Stimmverbot, FS Zöllner, 1998, Bd I, 553; *Siegmund* BB 1981, 1674; *Wank* ZGR 1979, 222; *H. P. Westermann,* Zur Anwendung des § 47 Abs 4 GmbHG im Konzern u im Gemeinschaftsunternehmen, FS Raisch 1995, 309; Aus früherer Zeit *Wilhelm* JZ 1976, 674; *Wilhelm,* Rechtsform u Haftung bei der juristischen Person, 1981, 59 ff; *Zöllner,* Die Schranken mitgliedschaftlicher Stimmrechtsmacht bei den privatrechtlichen Personenverbänden, 1963, 145 ff mit umfassenden Nachweisen; drei Spezialaufsätze zu Einzelfragen von *Bacher* GmbHR 2001, 610; 2002, 143; 2002, 712.

Zur GmbH & Co KG: *Weinhardt* DB 1989, 2417.

76 **1. Grundgedanke.** Abs 4 schließt Gfter in einer Reihe von Fällen wegen Interessenkollision vom Stimmrecht aus. Gesetz will damit verbandsfremde Sonderinteressen von der Einwirkung auf Verbandsentscheidungen fernhalten.[167] Dazu wird der einer Interessenkollision unterliegende Gfter von der

[167] Zum Zweck der sog Stimmverbote ausführlich *Zöllner,* Schranken mitgliedschaftlicher Stimmrechtsmacht, 146 ff.

Abstimmung ohne Rücksicht darauf ausgeschlossen, wie er abzustimmen beabsichtigt u ob sich die Interessenkollision im Einzelfall tatsächlich nachteilig auswirken würde, also auch bei einem der Ges vorteilhaften Rechtsgeschäft oder einer berechtigten Entlastung. Grundgedanke dieser Regelung ist, dass derjenige, der unter dem Einfluss eines erheblichen, dem Verbandsinteresse evtl gegensätzlichen Sonderinteresses steht, bei der Abstimmung dem Verbandsinteresse nicht ausreichend Rechnung tragen wird, weil das mitgliedschaftliche Risiko einer Benachteiligung der Verbandsinteressen mehr als aufgewogen wird durch die Wahrnehmung der evtl höherwertigen Sonderinteressen.[168] Der Vorschrift ist kein allg Prinzip zu entnehmen, dass bei Vorliegen jedweden Interessenkonflikts Stimmrechtsausschluss Platz zu greifen habe. Insbesondere ist sie nicht allein auf Verbot des Richtens in eigener Sache[169] oder Verbot des Insichgeschäfts[170] rückführbar. Wohl aber sind die einzelnen Fälle durchaus analogiefähig u insbes einer weiten Auslegung zugänglich.[171] § 181 BGB ist für Interessenkollision zwischen Abstimmendem u Ges nicht, auch nicht ergänzend anwendbar (s Rn 60)

2. Entlastung. Stimmrechtsausschluss greift nach Abs 4 S 1 ein bei Entlastung. Darunter ist jede Beschlussfassung zu verstehen, mit der Tätigkeit eines GesOrgans, insbes GFührer, AR oder Beirat, inhaltlich gebilligt wird.[172] Näher zur Entlastung u zur Zuständigkeit der GfterVers § 46 Rn 41 ff. Auch für „Entlastung" eines Prokuristen kann S 1 einschlägig sein,[173] eher jedoch S 2. Bezeichnung ist nicht entscheidend.[174] Erfasst wird nur nachträgliche Billigung, nicht vorherige, mit der etwa zu treffende GFührungsmaßnahmen beschlossen werden.[175] Stimmrechtsausschluss erfasst über Wortlaut der Vorschrift hinaus nicht nur das unmittelbar betroffene Organmitglied, sondern sämtliche Mitglieder des Gremiums. Das ist selbstverständlich, wenn über die Entlastung, wie vielfach üblich, des gesamten Gremiums gemeinsam abgestimmt wird,[176] gilt aber auch bei Einzelentlastung jedes Mitglieds.[177] Berufung auf Gesetzeswortlaut[178] in diesem Zusammenhang geradezu komisch.[179] OLG München DB 1995, 1020 will zwar bei Einzelentlastung nur jeweils Betroffenen vom Stimmrecht ausschließen, sieht aber in sachgrundloser Durchführung 77

---

168 Ausführlich dazu *Zöllner* (Fn 167) 157 ff.

169 So zB BGHZ 97, 33.

170 So namentlich *Wilhelm,* Rechtsform, 59 ff.

171 Ähnlich *Roth*/Altmeppen Rn 55, 86; *Koppensteiner* FS Schönherr, 1986, 207. Vgl auch BGHZ 68, 109; 97, 33.

172 Für weite Auslegung zutreffend Michalski/*Römermann* Rn 175.

173 *Vogel* Gfterbeschlüsse 75; *Kallmeyer* I Rn 1172.

174 RGZ 106, 262; 115, 250.

175 BGH WM 1976, 205.

176 BGHZ 108, 21, 25 f.

177 Str, wie hier *Roth*/Altmeppen § 46 Rn 39; Rowedder/Schmidt-Leithoff/*Koppensteiner* Rn 65 u § 46 Rn 28; *Barner,* Die Entlastung als Institut des Verbandsrechts, 1989, 37. Für das Aktienrecht *v. Godin/Wilhelmi* AktG 2. Aufl § 114 A 18. Ausführliche Begründung bei *Zöllner* (Fn 167), 201 ff; s ferner *Semler* FS Zöllner, 1998, 553; ähnlich OLG Köln NZG 1999, 1112. Abw die hL, zB Ulmer/*Hüffer* Rn 146 mit allerdings widersprüchlicher Begründung; Scholz/*Schmidt* § 46 Rn 97 mN; *Groß* GmbHR 1994, 599 ff; *Priester* FS Rowedder, 1994, 373 f.

178 So zB *Priester* FS Rowedder, 1994, 373 f.

179 Zur Problematik der gesonderten Abstimmung *Doralt* FS K. Wagner, 1987, 75 ff; *Lutter* FS Odersky, 1996, 845; *Semler* FS Zöllner Bd I, 1998, 553.

von Einzelentlastung rechtsmissbräuchliche Beschlussfassung. Allgemein zur Zulässigkeit von Blockabstimmung schon oben Rn 16. Wenn gesagt wird, Stimmverbot bei Einzelentlastung sei für die betroffenen Organmitglieder nur zu rechtfertigen, wenn andernfalls Verzerrung der gfterlichen Willensbildung durch gesfremde Einflüsse zu befürchten sei,[180] ist das an sich richtig, nur wird dabei übersehen, dass dies typischerweise bei den nichtbetroffenen Organmitgliedern zutrifft. Es gibt sicher Fälle, in denen Befürchtung grundlos, aber den Regelfall bildet das nicht.

78 Ebenso können GFührer nicht bei Entlastung des AR u ARMitglieder nicht bei Entlastung der GFührer mitstimmen. Es wäre seltsam, wenn für die GFührung Verantwortliche ihre eigenen Kontrolleure entlasten könnten u wenn für die Kontrolle Verantwortliche sich mittelbar durch Entlastung der zu Kontrollierenden selbst freistellen könnten.[181] Nach hL soll hingegen bei getrennter Entlastung der Stimmrechtsausschluss in beiden Fällen nur Platz greifen, soweit gesamtschuldnerische Haftung in Betracht kommt[182] oder, nach anderer Formulierung, soweit alle Organmitglieder gemeinschaftlich verantwortlich sein können.[183] Abgesehen davon, dass Möglichkeit einer solchen Haftung sich nur ganz ausnahmsweise verneinen lassen wird, weil selbst bei totaler Auswechslung der GFührung sich einschlägige Verantwortlichkeiten aus Unterlassung von Gegenmaßnahmen oder fehlender Aufdeckung von Verfehlungen ergeben können, ist gesamtschuldnerische Haftung für Differenzierung ungeeignet, weil Entlastung nicht nur für Haftungsfreistellung Bedeutung hat. Nicht mitstimmen kann bei Entlastung, wer aus dafür relevanten Vorgängen mithaftet, wie zB herrschendes Unternehmen aus rechtswidriger Veranlassung gesschädlicher Maßnahmen.[184] Stimmverbot entfällt nicht, wenn in wiederholender GfterVers bei zweigliedriger Ges Entlastung erneut nicht stattfinden kann, weil nichtbetroffener Gfter der Vers fernbleibt[185]

79 **3. Befreiung von einer Verbindlichkeit.** Vom Stimmrecht ausgeschlossen ist nach Abs 4 S 1 auch, wer von einer Verbindlichkeit befreit werden soll. Gleichgültig sind Art u Gegenstand der Verbindlichkeit.[186] Verpflichtung zum Unterlassen wird ebenso erfasst wie zu positivem Tun, individualrechtliche Verbindlichkeiten ebenso wie körperschaftsrechtliche (zB Nebenleistungspflichten oder Vertragsstrafen, Ansprüche aus Sorgfaltspflichtverletzung nach § 43 uä). Gleichgültig auch Art u Weise der Befreiung: Erlassvertrag, negatives Schuldanerkenntnis, Verzicht, pactum de non petendo, Aufrech-

---

180 So Michalski/*Römermann* Rn 187.

181 Wie hier Michalski/*Römermann* Rn 193 u 195; im Grundsatz auch *Barner,* Die Entlastung als Institut des Verbandsrechts, 1989, 38; OLG München NJW-RR 1993, 1507.

182 Vgl zB *Fischer* A 5 a; *Meyer-Landrut* Rn 42; *Immenga/Werner* GmbHR 1976, 56; *Siegmund* BB 1981, 1676.

183 In diesem Sinn, allerdings vorsichtig Scholz/*Schmidt* Rn 134; ähnlich Ulmer/*Hüffer* Rn 147; wohl strenger demgegenüber *Lutter/Hommelhoff* Rn 18, die Stimmverbot grds eingreifen lassen, aber ausnahmsweise Stimmrecht gewähren, wenn feststeht, dass gesamtschuldnerische Haftung nicht in Betracht kommt; noch etwas stärker differenzierend *Semler* FS Zöllner, 1998, 553; gänzlich gegen ein Stimmrecht *Groß* GmbHR 1994, 599.

184 Vgl den Grundgedanken von BGHZ 97, 28.

185 OLG Hamm NZG 2003, 630.

186 Für weite Auslegung zu recht Michalski/*Römermann* Rn 197.

nung,[187] ja sogar Stundung als zeitweise Befreiung. Auch Beschlussfassung über Anspruchsgeltendmachung gehört hierher, da Nichtgeltendmachung der Befreiung nahesteht (vgl auch Rn 93). Mit ausgeschlossen ist, wer aus demselben Lebensvorgang (zB gemeinsam begangener Pflichtverletzung) mithaftet.[188] Für Entscheidung über Befreiung ist GfterVers in den (zahlreichen) Fällen des § 46 Nr 8 ausschließlich zuständig (näher § 46 Rn 57 ff). Dazu, dass bei gleichartiger Befangenheit Stimmrechtsausschluss nicht eingreift, Rn 94. Ergibt sich Befreiung nur mittelbar auf Grund einer Satzungsänderung wie bei Kapitalherabsetzung im Fall noch ausstehender Einlagen, können Begünstigte mitstimmen, auch wenn nicht alle Gfter überhaupt, u erst recht, wenn nicht alle gleichmäßig betroffen sind.[189] Sehr zweifelhaft ist, ob Gfter bei Beseitigung einer (evtl nur ihn treffenden) Nebenleistungspflicht mitstimmen darf. Frage ist wohl eher zu verneinen).[190] Auch Aufhebung eines Wettbewerbsverbots durch Satzungsänderung unterfällt dem Stimmverbot,[191] erst recht die ad-hoc Befreiung eines Gfters.[192] Vom Stimmrecht ausgeschlossen ist auch der Bürge des zu Befreienden sowie ein mit anderen Sicherungsrechten Belasteter.[193]

4. Vornahme eines Rechtsgeschäfts. Stimmrechtsausschluss greift auch bei Beschlussfassung über die Vornahme eines Rechtsgeschäfts gegenüber einem Gfter Platz, Abs 4 S 2. Dieses Stimmverbot ist rechtspolitisch am stärksten umstr. Rspr u Lehre haben sich lange Zeit um seine interpretatorische u legislative Einschränkung bemüht, die dann, zunächst auf Aktienrecht beschränkt, in § 114 AktG 1937 (= § 136 I AktG 1965) u im Jahr 1973 auch für Genossenschaftsrecht (§ 43 VI GenG) erfolgt ist. In jüngerer Zeit ist ein gewisser Meinungsumschwung zu verzeichnen. Man sieht wieder ein, dass es nicht angeht, der Mehrheit Selbstbedienung durch Geschäfte mit sich selbst zu gestatten u räumt auch Regeln schieren Anstands gegenüber ungenierter Selbstbevorteilung höheren Stellenwert ein.[194] Gleichwohl ist gesetzliche Regelung zu weit formuliert u bedarf teleologischer Einschränkung. Unbestr kann zB Gfter mitstimmen bei seiner eigenen Bestellung zum GFührer, AR- oder Beiratsmitglied, desgl bei seiner Abberufung. In Anknüpfung daran ist in älterer Literatur versucht worden, Einschränkung dahin zu kennzeichnen, dass Stimmrechtsausschluss nicht gelte für „sozialrechtliche" Rechtsgeschäfte, vielmehr auf „individualrechtliche" Rechtsgeschäfte beschränkt sei.[195] Diese noch immer von unzureichend Informierten verwendete Abgrenzung ist nicht 80

---

187 Ulmer/*Hüffer* Rn 148; Rowedder/Schmidt-Leithoff/*Koppensteiner* Rn 67; Michalski/*Römermann* Rn 198 ff.

188 BGHZ 97, 28; dazu Rn 93; s ferner OLG Düsseldorf GmbHR 2000, 1050.

189 Scholz/*Schmidt* Rn 123; *Meyer-Landrut* Rn 43; *Immenga/Werner* GmbHR 1976, 56; anders noch *Zöllner* (Fn 167) 209 f; die notwendigen Grenzen setzt Gleichbehandlungsgrundsatz; außerdem muss interner Vermögensausgleich stattfinden.

190 Vgl *Zöllner* (Fn 167) 209 f.

191 Michalski/*Römermann* Rn 206.

192 OLG Düsseldorf GmbHR 2000, 1050.

193 *Lutter/Hommelhoff* Rn 20; *Roth*/Altmeppen Rn 71; *Meyer-Landrut* Rn 43; Rowedder/Schmidt-Leithoff/*Koppensteiner* Rn 67; Scholz/*Schmidt* Rn 124; *Immenga/Werner* GmbHR 1976, 56; *Zöllner* (Fn 167) 211; für Aktienrecht KölnerKomm/*Zöllner* § 136 Rn 14; GroßkommAktG/*Barz* § 136 A 7.

194 Kritisch dazu aber *Westermann* FS Raisch, 1995, 309 ff.

195 So noch 13. Aufl A 5 B; Hachenburg/*Schmidt* 6. Aufl A 19–21; *Scholz* 5. Aufl A 18, 19; in neuerer Zeit wieder BGH NJW 1991, 172; Scholz/*Schmidt* Rn 110; zust *van Look* NJW 1991, 152.

zutreffend. Sie würde es zB GfterGFührer erlauben, über seine eigene Befreiung vom Verbot des Selbstkontrahierens mit abzustimmen. Abgrenzung muss anders bestimmt werden.

81 **a) Drittgeschäfte der Ges (= Außengeschäfte ohne körperschaftsrechtlichen Einschlag)** werden von Stimmverbot ausnahmslos erfasst, wie insbes Kauf-, Miet-, Kredit oder Transportverträge. Unzweckmäßig, weil missverständlich, ist es, insoweit von Individualgeschäften zu sprechen. Stimmverbot gilt für **Rechtsgeschäfte jeder Art,** nicht nur Verträge, sondern auch einseitige wie Kündigung, Anfechtung, Rücktritt, ferner rechtsgeschäftsähnliche Handlungen (zB Mahnung). Stimmverbot greift nicht nur für Abschluss u jede Änderung ein, sondern auch für **Erfüllung.**[196] Gegenauffassung ist unhaltbar: Gfter als Vertragspartner könnte zB durchsetzen, dass erfüllt wird ohne Zurückbehaltungsrechte geltend zu machen oder dass nicht erfüllt wird mit der Folge, dass er dann selbst nicht zu zahlen braucht. Stimmverbot greift auch ein, wenn Beschlussgegenstand nicht Rechtsgeschäft mit Ges, sondern mit Tochterges ist.[197]

82 **b) Geschäfte mit körperschaftsrechtlichem Einschlag oder klar körperschaftsrechtlichem Charakter** (nach älterer Terminologie „sozialrechtlichem" Charakter, aber der Begriff ist mittlerweile anderweit voll belegt) werden hingegen nur mit erheblichen Ausnahmen erfasst. Es gibt aber keinen Grundsatz, dass sie durchgehend nicht erfasst werden. Für die Abgrenzung ist vielmehr der Blick auf die Art des kollidierenden Interesses, dem der Abstimmende unterliegt, hilfreich. Ist dieses ein privates, nicht mit der Mitgliedschaft typischerweise verbundenes, greift der Stimmrechtsausschluss Platz. Ist es hingegen ein rechtstypisch gesehen mitgliedschaftliches, dh unter rechtlicher Sicht typischerweise zur Mitgliedschaft gehörendes, ist Stimmrechtsausschluss unangemessen.[198] Die Heranziehung dieser, wenn man so will, heuristischen Regel erbringt im Rahmen der teleologischen Reduktion des Stimmverbots angemessene Ergebnisse.

83 **(1)** Eindeutig **nicht anzuwenden** ist Stimmverbot bei **Bestellung von Organmitgliedern.**[199] Diese Bestellung ist zwar Rechtsgeschäft, aber das Stimmverbot ist insoweit teleologisch zu reduzieren. Ebenso wie Organe zu behandeln sind bes Vertreter, die zur Geltendmachung von Ersatzansprüchen

---

196 Letzteres str, abw zB Rowedder/Schmidt-Leithoff//*Koppensteiner* Rn 68; *Fischer* A 5 d; 13. Aufl, Anm 5 B; RG DJZ 1924, 317; wie hier Ulmer/*Hüffer* Rn 154; *Roth*/Altmeppen Rn 72; Michalski/*Römermann* Rn 220; wohl auch Scholz/*Schmidt* Rn 109 (auch dingliche Gechäfte).

197 Zutr *Schneider* ZHR 150 (1986), 631.

198 Näher begründet bei *Zöllner,* Schranken mitgliedschaftlicher Stimmrechtsmacht, 1963, 231 ff. Im Grundsatz zust *Roth*/Altmeppen Rn 60; wohl auch Rowedder/Schmidt-Leithoff/*Koppensteiner* Rn 70; deutlicher Ulmer/*Hüffer* Rn 152; *Hüffer* FS Heinsius, 1991, 335 ff; partiell auch Scholz/*Schmidt* Rn 110; abw *Immenga/Werner* GmbHR 1976, 57; von anderem Grundansatz (§ 181 BGB) ausgehend *Wilhelm,* Rechtsform, 82 ff; für die Abgrenzung ebenfalls § 181 BGB heranziehend MünchKommBGB/*Reuter,* 2. Aufl, § 34 Rn 10; ähnlich *K. Schmidt* GesR § 21 II, der § 181 BGB zum prägenden Grundprinzip erhebt, aus dem aber überzeugende Abgrenzung gerade nicht zu gewinnen ist.

199 AllgM, BGH 18, 210; 51, 215; eingehend *Baums,* Der Geschäftsleitervertrag, 1987, 133 ff; allerdings will *C. Goetze* GmbHR 2001, 217 f Stimmverbot anwenden, wenn Vertreter eines Gfters über seine Bestellung abstimmen will, was schon deshalb nicht richtig sein kann, weil dann Befreiung durch Gfter nicht möglich wäre.

bestellt werden, vgl § 46 Rn 70. Vertreter eines Gfters (auch Testvollstrecker) kann aber an Selbstbestellung durch § 181 BGB gehindert sein.[200]

(2) Stimmverbot gilt auch nicht für **gewöhnliche Abberufung aus einer Organstellung** (auch als Liquidator), ebenfalls allgM. Hat GfterStamm das Recht, stammbezogenen GFührer abzuberufen, kann diesem Stimmrecht genommen sein, aber nicht aus Abs 4 oder Verbot des Richtens in eigener Sache,[201] sondern kraft Auslegung der Satzung. 84

(3) Bei **Abberufung aus wichtigem Grund** greift zwar nicht Stimmverbot des Abs 4 ein,[202] aber Stimmrechtsausschluss ist dennoch gegeben; er stützt sich auf allg Prinzip, dass niemand Maßnahmen durch seine Stimme verhindern darf, die sich aus wichtigem Grund gegen ihn richten (vgl §§ 117, 127, 140 HGB).[203] Mißverständlich wird Stimmrechtsausschluss mit Grds begründet, niemand dürfe Richter in eigener Sache sein;[204] um Richten geht es dabei nicht, wohl aber, das ist gemeint, um Personen- oder Verhaltensbeurteilung u darauf aufbauende Maßnahmen. Frage ist rechtlich von relativ geringer Bedeutung, weil Stimmabgabe von Gftern für GFührer, für dessen Abberufung wichtiger Grund besteht, idR Treupflicht verletzt u daher Stimmabgabe nichtig macht, vgl unten Rn 108 sowie Anh § 47 Rn 105. Treupflichtverletzung besteht aber nicht in allen Fällen. Stimmrechtsausschluss deshalb wichtig. Dieser greift auch platz für Mitgfter, die an Pflichtverletzungen des Abzuberufenden beteiligt sind.[205] 85

Stimmrechtsausschluss setzt **Vorliegen eines wichtigen Grundes** voraus, nicht lediglich seine Behauptung.[206] Ausführlich zur Problematik sowie zur Durchführung der Abberufung und zur Bedeutung von Mängeln oben § 38 Rn 34 ff; dort auch Nachw der Rspr u Lit.

(4) Stimmverbot greift ferner nicht ein bei **Festlegung der Anstellungsbedingungen,** insbes der Bezüge[207] einschl der Ruhestandsbezüge. Das ergibt 86

---

[200] Vgl BGHZ 112, 339 u oben Rn 60.

[201] So aber OLG Hamm GmbHR 1992, 257 f.

[202] Abw Hachenburg/*Hüffer* Rn 173; OLG Düsseldorf GmbHR 1989, 468.

[203] Näher *Zöllner* (Fn 198) S 236; zust *Immenga/Werner* GmbHR 1976, 59; Michalski/*Römermann* Rn 238 ff; Rowedder/Schmidt-Leithoff/*Koppensteiner* Rn 77; *Roth*/Altmeppen Rn 62; ähnlich BGH 34, 371; NJW 1969, 1483; BGH 86, 179; OLG Düsseldorf GmbHR 1994, 884.

[204] So insbes BGH 97, 28; Scholz/*Schmidt* Rn 141; *Lutter/Hommelhoff* Rn 17.

[205] OLG Karlsruhe ZIP 2007, 1319.

[206] Zustimmend Michalski/*Römermann* Rn 242 ff; Ulmer/*Hüffer* Rn 175; nähere Begründung bei *Zöllner* (Fn 198) 237 f; anders Scholz/*Schmidt* § 46 Rn 76 und *Lutter/Hommelhoff* § 38 Rn 17, die es immer noch nicht verstanden haben, beide unter Verweis des Abberufenen auf Möglichkeit der Klage; so auch *Vogel* Gfterbeschlüsse 80; aber „sofortige gerichtliche Klärung, ob wirklich ein wichtiger Grund vorlag", kann nichts bringen, wenn der Abberufene schon wegen der Behauptung des wichtigen Grundes zu Recht vom Stimmrecht ausgeschlossen war. Solche Klage hilft nur in Fällen, in denen Abberufung überhaupt auf wichtigen Grund beschränkt ist. Nochmals anders die Konzeption in Roth/*Altmeppen* § 38 Rn 45 ff; s dazu auch OLG Karlsruhe (vorige Fn).

[207] BGHZ 18, 210; 51, 209, 215; OLG Frankfurt GmbHR 2005, 550; *Lutter/Hommelhoff* Rn 24; Ulmer/*Hüffer* Rn 173; Rowedder/Schmidt-Leithoff/*Koppensteiner* Rn 71; *Meyer-Landrut* Rn 49; *Baums,* Der Geschäftsleitervertrag, 1987, 143 ff; *Kastner* FS Schönherr, 1986, 200; *Wank* ZGR 1979, 243; *Siegmund* BB 1981, 1677. Ausführlich *Zöllner* (Fn 198) 233 ff. Im Ergebnis ebenfalls, wenn auch krit Scholz/*Schmidt* § 46 Rn 75. Abw *Immenga/Werner* GmbHR 1976, 58; *Roth*/Altmeppen Rn 65; Michalski/*Römermann* Rn 249; *Flume,* JurPerson, 231; *Remmert/Schmalz* GmbHR 2008, 85.

sich nicht aus dem (zu verneinenden) sozialrechtlichen Charakter, sondern daraus, dass sonst Mitwirkung bei der Bestellung konterkariert werden könnte. Auch spätere Änderung der Anstellungsbedingungen fällt nicht unter das Stimmverbot, u ebenso wenig, wenn Ruhestandsbedingungen nach Ausscheiden aus der Organstellung geändert werden sollen.[208] Auch bei **Kündigung seines Anstellungsvertrags** darf GfterGFührer mitstimmen, nicht aber, wenn Kündigung aus wichtigem Grund erfolgt.[209]

87 **(5)** Anzuwenden ist **Stimmverbot** jedoch bei Beschlussfassung über **sonstige Anstellung von Gftern** (etwa als leitender Angestellter[210]) oder bei Beschlussfassung über eine Entschädigung bei Ausscheiden aus solchem Dienstverhältnis.[211] Auf verschiedentlich vertretene Ausnahme, dass Stimmverbot nicht eingreifen soll, wenn Auswahl leitender Angestellter nach Satzung zwingend(?) Gftern überlassen wird,[212] kann es nicht ankommen. Nur soweit Satzung Gftern quasi körperschaftliches Recht auf Anstellung einräumt, kann Ausnahme zu erwägen sein.[213] Gleiches gilt auch für Beschlussfassung über Erteilung von Prokura u Handlungsvollmacht an einen Gfter.[214]

88 **(6)** Stimmverbot des Abs 4 greift nicht ein bei Beschlussfassung über **Einziehung eines GAnteils** oder **Kündigung einer Mitgliedschaft,** sofern diese nach der Satzung zulässig ist. In beiden Fällen ist typisches mitgliedschaftliches Interesse an Fortdauer der Mitgliedschaft betroffen, das zur Reduzierung des Anwendungsbereichs von Abs 4 Veranlassung gibt. Auslegung der Satzung kann aber Stimmrechtsausschluss ergeben, so insbes bei Einziehung aus Gründen in der Person des Gfters.[215] Stimmrechtsausschluss greift aber ein bei Einziehung u Kündigung, ebenso bei Beschlussfassung über Erhebung einer Ausschlussklage oder bei Ausschluss durch Beschluss (falls dieser in der Satzung vorgesehen ist), soweit wichtiger Grund vorliegt.[216] Kein Stimmverbot greift ein bei Teilung von GAnteilen.[217] Zum Stimmrechtsausschluss bei Einziehung gegen Abfindung s § 34 Rn 14.

89 **(7)** Keine Anwendung findet Stimmverbot schließlich auf **Auflösungsbeschlüsse,**[218] u zwar auch dann nicht, wenn sich als Folge der Anfall des

---

208 Str, wie hier Ulmer/*Hüffer* Rn 173; abw *Immenga/Werner* GmbHR 1976, 58; das Stimmverbot bejahend, aber eine strenge Billigkeitskontrolle fordernd Scholz/*Schmidt* § 46 Rn 75; *Wank* ZGR 1979, 243 f.

209 BGH NJW 1987, 1889.

210 Ulmer/*Hüffer* Rn 172; Michalski/*Römermann* Rn 250 ff; Scholz/*Schmidt* Rn 118; *Renkl,* Der Gesellschafterbeschluss, 1982, 55; aA *W. Vogel,* Gfterbeschlüsse 80; *Roth*/Altmeppen Rn 61.

211 Scholz/*Schmidt* Rn 118; RGZ 172, 80.

212 So Scholz/*Schmidt* Rn 118.

213 Zust Ulmer/*Hüffer* Rn 172; verneinend Michalski/*Römermann* Rn 252.

214 Weitherziger Scholz/*Schmidt* Rn 118; *Roth*/Altmeppen § 46 Rn 52, die Stimmverbot insoweit generell verneinen.

215 Str, wie hier in etwa BGH DB 1977, 343; *Niemeier* GmbHR 1983, 169.

216 *Lutter/Hommelhoff* Rn 24; Rowedder/Schmidt-Leithoff/*Koppensteiner* Rn 77; *Meyer-Landrut* Rn 55. Näher dazu *Niemeier,* Rechtstatsachen und Rechtsfragen der Einziehung von GmbH-Anteilen, 1982, 246 ff mN; *ders* GmbHR 1983, 168 f; *W. Vogel* FS Knur, 1972, 277; BGH 153, 291; OLG Celle GmbHR 1998, 140; OLG Stuttgart GmbHR 1989, 466, wo aber Stimmrecht des Ausgeschlossenen hinsichtlich Verwertung des Anteils für möglich erachtet wird. Vgl ferner § 34 Rn 11.

217 OLG Düsseldorf NZG 2000, 1181; Scholz/*Schmidt* Rn 116.

218 Scholz/*Schmidt* Rn 114; Ulmer/*Hüffer* Rn 170; Rowedder/Schmidt-Leithoff/*Koppensteiner* Rn 72; Michalski/*Römermann* Rn 288.

GesVermögens auf einen Gfter ergibt (nicht ganz selten bei Ges, an denen die öffentliche Hand beteiligt ist), ferner auch dann nicht, wenn Auflösungsbeschluss aus einem in der Person eines Gfters liegenden wichtigen Grund gefasst wird.

(8) Umstrittene Fälle. Bei einer Reihe weiterer Beschlussgegenstände mit körperschaftsrechtlichem Einschlag ist Anwendung des Stimmverbots umstritten, jedoch durchweg **zu bejahen:** Entscheidung über das seinen **GAnteil betreffende Verkaufsangebot** eines Gfters an Ges.[219] **Benennung des Erwerbers bei** durch Satzung begründeter **Abtretungsverpflichtung der Erben** eines GAnteils (kein Stimmrecht der Erben).[220] **Genehmigung der Übertragung vinkulierter Anteile.**[221] Behauptung, bei dieser Genehmigung liege kein Rechtsgeschäft zwischen Ges u Gfter vor,[222] ist unverständlich. **Maßnahmen der Kaduzierung.**[223] **Anordnung von Überwachungs- u Kontrollmaßnahmen gegenüber GFührern** (§ 46 Nr 6),[224] insbes Einleitung einer Sonderprüfung.[225] Entscheidung über **Verweigerung einer Auskunft** gem § 51 a II; zwar ist die in RegE 1977 § 51 a III 3 vorgesehene Regelung nicht Gesetz geworden; daraus ist jedoch kein Gegenschluss herzuleiten (näher § 51 a Rn 38 mN). **Übernahme eines GAnteils** auf Grund Kapitalerhöhungsbeschlusses,[226] jedoch nur, sofern nicht alle Gfter im Zuge einer Barerhöhung gleichmäßig partizipieren, also vor allem bei Sacherhöhung oder bei mit Bezugsrechtsausschluss verbundener Barerhöhung; hier besteht kein Grund, bevorzugten Gfter mitstimmen zu lassen, nur deshalb, weil Maßnahme „strukturändernd" sei.[227] **Abschluss eines Verschmelzungsvertrags mit einem Gfter.**[228] **Abschluss von Gewinnabführungs- oder Beherrschungsverträgen;**[229] der körperschaftsrechtliche Charakter ei- 90

---

219 Wie hier Scholz/*Schmidt* Rn 116; Ulmer/*Hüffer* Rn 167.

220 Abw Scholz/*Schmidt* Rn 116; Ulmer/*Hüffer* Rn 167; Michalski/*Römermann* Rn 257; BGH WM 1974, 374 f.

221 *Zöllner* (Fn 198) 245 sowie GmbHR 1968, 177; *Herzfelder,* Stimmrecht und Interessenkollision, 1927, 147; s auch OLG Schleswig NZG 2003, 821; abw hM, BGH 48, 167; *Lutter/Hommelhoff* Rn 24; Michalski/*Römermann* Rn 256; Rowedder/Schmidt-Leithoff/*Koppensteiner* Rn 73; Ulmer/*Hüffer* Rn 167; *Meyer-Landrut* Rn 51; Scholz/*Schmidt* Rn 117 mwN; *Falkner* GmbHR 2008, 458 unter Wiederholung aller uralten Irrtümer; *Fastrich* oben § 15 Rn 42; OLG Düsseldorf NZG 2000, 1181; OLG Hamm GmbHR 2001, 974, 977; vgl auch BGH WM 1974, 374.

222 So zB OLG Düsseldorf NZG 2000, 1181.

223 *Roth*/Altmeppen Rn 66; Scholz/*Schmidt* Rn 137; Michalski/*Römermann* Rn 261.

224 Michalski/*Römermann* Rn 275; *Roth*/Altmeppen Rn 69.

225 Scholz/*Schmidt* Rn 142.

226 RGZ 109, 80; 122, 161 f; Michalski/*Römermann* Rn 281 abw Scholz/*Schmidt* Rn 113; Hachenburg/*Hüffer* Rn 167; *Roth*/Altmeppen Rn 66.

227 Vgl *Zöllner* (Fn 198) 248 f mN.

228 *Zöllner* (Fn 198) 253; *Immenga,* Die personalistische Kapitalgesellschaft, 244; Michalski/*Römermann* Rn 287; KölnerKomm/*Kraft* § 355 Rn 13; Ulmer/*Hüffer* Rn 178; *Hüffer* FS Heinsius, 1991, 352 abw Scholz/*Schmidt* Rn 114; Rowedder/Schmidt-Leithoff/*Koppensteiner* Rn 72; Rowedder/Schmidt-Leithoff/*Zimmermann* Anh § 77 Rn 354; *M. Winter* in Lutter UmwG § 50 Rn 8, beide unter Berufung auf Begr RegE, die jedoch kein Gesetz ist, sondern sich nur auf angeblich damals hM beruft, die indessen nur für Aktienrecht bestand. Schutz der Minderheit entgegen *M. Winter* in Lutter UmwG § 50 Rn 8 im UmwG für GmbHGfter unzureichend. Dass „kleinste Minderheiten" zur Entsch kommen können, ist argumentum ad horrendum; LG Arnsberg ZIP 1994, 537.

229 *Flume,* JurPerson, 235 f; Ulmer/*Hüffer* Rn 182; *Hüffer* FS Heinsius, 1991, 353; Michalski/*Römermann* Rn 285; **abw** *Lutter/Hommelhoff* Anh § 13 Rn 38; Rowedder/

nes solchen Vertrages u seine Nähe zur Satzungsänderung rechtfertigen Beiseiteschieben des Stimmverbots nicht, das auf nichts weiter beruht als einer petitio principii; für GmbHRecht ist sie iE unschädlich, wenn man der zutr Auffassung folgt, Abschluss solcher Verträge bedürfe ohnehin der Zustimmung aller;[230] zu dieser Frage unten Anh KonzernR Rn 54; sie ist dann nur von Bedeutung, wenn Satzung Mehrheitsbeschluss vorsieht. Keine Anwendung findet Stimmverbot im Weisungsbereich eines wirksam abgeschlossenen Beherrschungsvertrags.[231] Gerade deshalb ist Anwendung des Stimmverbots auf Abschluss unverzichtbar. **Abschluss sonstiger Unternehmensverträge.**[232] **Befreiung eines Gfters von gesetzlichem oder kraft Satzung geltendem Wettbewerbsverbot,**[233] soweit nicht ohnehin Einstimmigkeit erforderlich ist (dazu § 35 Rn 43). Kein Rechtsgeschäft iSv Abs 4 ist **Einforderung von Einlagen.**[234] Sie führt aber aus anderem Grund zum Stimmrechtsausschluss, vgl Rn 93.

91 **c) Verhältnis des Beschlusses zum Rechtsgeschäft** bedarf weitere Bestimmung. Stimmrechtsausschluss wegen Vornahme eines Rechtsgeschäfts setzt nicht voraus, dass Beschluss das **Rechtsgeschäft** selbst vornimmt; er muss es **nur betreffen.**[235] Das ist einmal der Fall, wenn Beschluss GFührer zur Vornahme eines Rechtsgeschäfts mit dem Gfter anweist (allgM), aber auch dann, wenn er sie nur **zur Vornahme ermächtigt.**[236] Auch Vollmachterteilung zum Abschluss eines Rechtsgeschäfts mit Gfter gehört hierher.[237] Dabei ist unerheblich, ob GFührer befugt sind, Geschäft auch ohne Gfter-Beschluss durchzuführen. Entscheidend kann auch nicht sein, ob Beschluss Ross u Reiter nennt. Bestehen zZt der Beschlussfassung ernstliche Erwägungen, das fragliche Geschäft mit einem bestimmten Gfter vorzunehmen, greift Stimmrechtsausschluss ein.[238]

92 **d) Nachträgliche Genehmigung eines Rechtsgeschäfts** wird ebenfalls erfasst. Das ist unstreitig für den Fall, dass Wirksamkeit des Rechtsgeschäfts von dieser Genehmigung abhängt. Es gilt aber nicht minder für **bereits wirksam abgeschlossenes Rechtsgeschäft** mit einem Gfter (str), u zwar nicht

---

Schmidt-Leithoff/*Koppensteiner* Anh § 52 Rn 55; *Raiser/Veil* § 33 Rn 62; Scholz/*Schmidt* Rn 115; *Sonnenschein,* Organschaft und Konzerngesellschaftsrecht, 1976, 357 f; *Kort,* Der Abschluss von Beherrschungs- u Gewinnabführungsverträgen, 1986 105 ff; offengelassen von BGH 105, 332.

230 Vgl Scholz/*Emmerich* Anh Konzernrecht Rn 155.

231 OLG Stuttgart GmbHR 1998, 943.

232 Ulmer/*Hüffer* Rn 184; *Hüffer,* FS Heinsius, 1991, 355; Michalski/*Römermann* Rn 285; abw Rowedder/Schmidt-Leithoff/*Koppensteiner* Rn 67; OLG Hamburg DB 2000, 314.

233 BGH NJW 1981, 1513; Michalski/*Römermann* Rn 272.

234 Insoweit zutr Scholz/*Schmidt* Rn 119.

235 Dazu zutreffend OLG Hamm NZG 2003, 546 mit interessanter Konstellation.

236 Letzteres str, aber hM, Ulmer/*Hüffer* Rn 156; Michalski/*Römermann* Rn 224; Rowedder/Schmidt-Leithoff/*Koppensteiner* Rn 69; Scholz/*Schmidt* Rn 120; weitgehend in diesem Sinn auch *Roth*/Altmeppen Rn 74; BGHZ 68, 112; vgl auch BGH WM 1976, 204 („Meinungsbeschluss"); OLG Stuttgart GmbHR 1992, 48; OLG Brandenburg NZG 2001, 130; **abw** ältere Rspr, vgl RGZ 68, 241; 108, 326; *Lutter/Hommelhoff* Rn 22; *Meyer-Landrut* Rn 47.

237 OLG Hamm (Fn 235).

238 Ausführlich zur Problematik mN *Zöllner* (Fn 198) 254 ff; *Immenga* GmbHR 1977, 221 f.

nur mit GfterGFührer,[239] sondern mit jedem Gfter.[240] Die Gegenauffassung, es handle sich alsdann nur um eine Entlastung, trägt der Interessenlage keine Rechnung. GFührer muss bei Vornahme eines Rechtsgeschäfts mit einem Gfter, wenn er keinen vorgängigen Gfterbeschluss einholt, stets unter dem Risiko stehen, dass GfterVers dieses Rechtsgeschäft später nicht billigt. Andernfalls kann er Risiko, in Taschen des die Mehrheit haltenden Rechtsgeschäftspartners zu arbeiten, als weitgehend ausgeschaltet betrachten. Es ist unrealistisch, anzunehmen, betroffener Rechtsgeschäftspartner werde das mit ihm abgeschlossene Rechtsgeschäft bei nachträglicher Beschlussfassung missbilligen.[241]

5. Einleitung oder Erledigung eines Rechtsstreits. Bildet Gegenstand der Beschlussfassung Maßnahme der Einleitung oder Erledigung eines Rechtsstreits, ist der Betroffene nach Abs 4 S 2 vom Stimmrecht ausgeschlossen, und zwar auch in mitgliedschaftlichen Angelegenheiten. **Rechtsstreit** in diesem Sinn sind Verfahren jeder Klageart, auch Zwangsvollstreckungsakte, Arrest u einstw Vfg. Vorschrift ist weit auszulegen (allgM). Sie umfasst nicht nur Maßnahmen, die unmittelbar Prozessbeginn bewirken, sondern bereits vorprozessuales Feld der außergerichtlichen Anspruchsgeltendmachung u -klärung, wie Bestellung eines Vertreters gem § 46 Nr 8,[242] Beauftragung eines Anwalts, Einholung eines Gutachtens, Mahnung, Fristsetzung; vgl auch § 136 I 1 AktG, der Stimmrecht bei **Entscheidung über Anspruchsgeltendmachung** schlechterdings ausschließt (ebenso § 43 VI GenG). Analogie insoweit liegt nahe, doch ergibt schon zutr Auslegung von § 47 IV 2 gleiche Folge.[243] Daher sind Gfter auch bei der Beschlussfassung über Einforderung von Einlagen vom Stimmrecht ausgeschlossen, wenn nicht alle Gfter quotal gleichmäßig davon betroffen sind.[244] Bei Ansprüchen aus Pflichtverletzung sind jedenfalls alle vom Stimmrecht ausgeschlossen, die Pflichtverletzung gemeinsam begangen haben, auch wenn getrennte Beschlussfassung erfolgt;[245] dazu ist Mittätervor- 93

---

239 Für diesen Fall auch BGH WM 1977, 362.

240 Wie hier Rowedder/Schmidt-Leithoff/*Koppensteiner* Rn 66 u 69; Ulmer/*Hüffer* Rn 145; Michalski/*Römermann* Rn 189; *Siegmund* BB 1981, 1674; *Wank* ZGR 1979, 235; abweichend ein großer Teil der älteren Literatur, aber auch noch *Scholz/Schmidt* Rn 121; undeutlich *Roth*/Altmeppen Rn 75.

241 Ausführlich *Zöllner* (Fn 198) 261 ff mN.

242 BGHZ 97, 34; BGH WM 1992, 225; *Lindacher* ZGR 1987, 124; *Roth*/Altmeppen Rn 73.

243 BGHZ 97, 33; abw Scholz/*Schmidt* Rn 129 ff, der strikte Beschränkung des Stimmverbots auf prozessuale Maßnahmen befürwortet. Das lässt sich nicht durchhalten u widerspricht legislatorischer Entscheidung; ähnlich wie er Michalski/*Römermann* Rn 302.

244 Wie hier schon *Hachenburg* LZ 1907, 469; Hachenburg/*W. Schmidt* 6. Aufl, § 47 Anm 25; nähere Begründung bei *Zöllner* (Fn 198) 215 ff abw die hM, vgl BGH NJW 1991, 173 f; OLG München GmbHR 1990, 263; Ulmer/*Hüffer* Rn 162; *Meyer-Landrut* § 46 Rn 15; *Roth*/Altmeppen § 46 Rn 13, der unzutreffend meint, grds seien ohnehin alle Gfter gleich betroffen; Scholz/*Schmidt* § 47 Rn 119, der unzutreffend meint, Einlageneinforderung sei korporative Maßnahme, die aus dem Gleichbehandlungsgebot folge; das ist in doppeltem Sinn irrig: Wenn alle gleich betroffen sind, greift Stimmverbot von vornherein nicht ein. Sind sie aber ungleich betroffen, wäre es widersinnig, Einlageneinforderung auf Gleichbehandlungsüberlegungen zu gründen.

245 BGHZ 97, 34; zust *K. Schmidt* NJW 1986, 2019; *Lutter/Hommelhoff* Rn 21.

satz nicht erforderlich, es genügt zufälliges Zusammenwirken.[246] **Erledigung eines Rechtsstreits** ist nicht nur seine Beendigung, sondern jede seinen Fortgang betreffende Maßnahme.[247]

94 **6. Allg Grundsätze zur Reichweite der Stimmverbote. a) Gleichmäßige Befangenheit.** Stimmverbote greifen nicht ein, soweit **alle Gfter** (nicht lediglich die erschienen) bei Beschlussgegenstand vom selben Ausschlusstatbestand gleichmäßig betroffen sind (wohl allgM). Diese liegt aber niemals vor bei Entlastung oder Befreiung von einer Schadensersatzverpflichtung, weil insoweit stets unterschiedliche persönliche Verantwortlichkeit u unterschiedliches Verschulden in Betracht kommen. **EinmannGfter** unterliegt keinen Stimmverboten.[248] Zur Anwendung von § 181 BGB auf Vertretungsakte des Einmann-Gfter-GFührers s § 35 Rn 137 ff.

95 **b) Ausschluss von Vertretern. Soweit Gfter vom Stimmrecht ausgeschlossen** ist, kann Stimmrecht auch **nicht durch offenen oder verdeckten Vertreter ausgeübt** werden,[249] auch nicht durch **Treuhänder.**[250] Des Weiteren ist aber auch ein **Vertreter** an der Abstimmung gehindert, **wenn** der gesetzliche **Ausschlusstatbestand ihn selbst** u nicht den Vertretenen trifft.[251] Das gilt über Gesetzeswortlaut hinaus auch dann, wenn nicht ein Gfter, sondern ein Dritter vertritt.[252] Dieser kann auch dann nicht abstimmen, wenn er gegenüber dem (nicht befangenen) Gfter weisungsgebunden ist. Ist Vertreter betroffen, kann nur der Gfter selbst für anderen Vertreter sorgen, hingegen nicht der betroffene Vertreter sich eines Untervertreters bedienen,[253] auch wenn dieser selbst nicht befangen ist. Vertreter kann über Abs 4 hinaus vom Stimmrecht ausgeschlossen sein gemäß § 181 BGB, der anwendbar ist, soweit Interessenkonflikt Verhältnis zum Vertretenen betrifft; dazu Rn 60 u 46. Bei Abtretung eines GAnteils gilt den Veräußerer treffendes Stimmverbot für Erwerber grds nicht; wird GAnteil freilich abgetreten, um Stimmverbot auszuweichen, liegt Umgehung vor, Erwerber wird daher vom Stimmverbot erfasst.[254] Nicht abstimmen darf Gfter oder Vertreter, der gegenüber befangenem Gfter weisungsgebunden ist. Dazu genügt nicht Zugehörigkeit zu einem Konsortium mit befangenem Gfter, wenn keine Stimmbindung besteht.[255]

96 **c) Gleichstellung von Gemeinschaften, Gesellschaften u jur Personen mit ihren Mitgliedern u Organmitgliedern.** Ist nur **einer von**

---

[246] Zum Stimmverbot für MehrheitsGfter einer ZweimannGmbH bei Einleitung eines Rechtsstreits gegen ihn vgl OLG München WM 1982, 1061.

[247] Scholz/*Schmidt* Rn 130; Ulmer/*Hüffer* Rn 159.

[248] BGHZ 105, 333; BayObLG BB 1984, 1117.

[249] Wohl allgM, vgl zB Scholz/*Schmidt* Rn 158; Ulmer/*Hüffer* Rn 129 f.; OLG München DB 1994, 2544; vgl zur Begründung *Wilhelm,* Rechtsform u Haftung bei der juristischen Person, 1981, 99 ff; einschränkend für bestimmte Fälle eigennütziger Stellvertretung zu Unrecht *Groß* GmbHR 1994, 598 f sowie noch Rowedder/Schmidt-Leithoff/*Koppensteiner* 3. Aufl, in der 4. Aufl Rn 56 aufgegeben).

[250] BGHZ 56, 53; Ulmer/*Hüffer* Rn 129 f.; *Meyer-Landrut* Rn 38; zur Umgehung durch Abtretung unten Rn 101; abw für Fälle eigennütziger Treuhand, insbes der Sicherungstreuhand Rowedder/Schmidt-Leithoff/*Koppensteiner* Rn 57.

[251] *Zöllner* (Fn 198) 272 f; Ulmer/*Hüffer* Rn 130; KG JW 35, 2154.

[252] AllgM; näher dazu *Wilhelm* (Fn 249) 125 ff.

[253] Str, wie hier Michalski/*Römermann* Rn 109; *Boesebeck* NJW 1955, 1657 f.

[254] BGH DB 2008, 2128 (Rn 9); OLG Düsseldorf NZG 2001. 991; OLG Saarbrücken DStR 2007, 916.

[255] BGHZ 153, 292 f.

mehreren Mitberechtigten an einem GAnteil (Gesamthands- u Bruchteilsinhaberschaft) **vom Stimmrecht ausgeschlossen,** so kann dieses für den Anteil durch andere Mitberechtigte oder einen Vertreter idR ausgeübt werden.[256] Stimmrechtsausschluss kann nur Platz greifen, wenn der vom Stimmverbot betroffene Mitberechtigte maßgeblich das Abstimmungsverhalten zu beeinflussen vermag,[257] wie jedenfalls dann, wenn er bei Gütergemeinschaft verwaltungsberechtigt oder bei OHG bzw KG einziger geschäftsführungsberechtigter Gfter ist oder sonst dort maßgeblichen Einfluss hat.[258] Dafür genügt Beherrschung iSv § 17 AktG.[259] Demgemäß ist auch KG vom Stimmrecht ausgeschlossen, wenn ihre alleinige Komplementär-GmbH durch befangene Person beherrscht wird (dazu auch Rn 99).

Davon zu unterscheiden ist, ob jemand in der GmbH abstimmen darf, der **Gfter einer von einem Stimmverbot betroffenen PersonenGes** ist. Frage liegt anders als vorige. Stimmverbot greift in diesem Fall vom Ansatz her an sich ein, weil Gfter der PersonenGes als deren Teilhaber vom Ausschlusstatbestand miterfasst wird.[260] Gleichwohl besteht kein Grund, rein kapitalistisch beteiligten Kommanditisten anders zu behandeln als normalen GmbHGfter. Es wird darauf ankommen, ob Kommanditist in KG unternehmerischen Einfluss hat.[261] **97**

Ist **Mitglied einer jurPerson** von Stimmverbot erfasst, wird dadurch Stimmabgabe der jurPerson in der GmbH grds nicht gehindert. Anderes gilt aber, wenn die jurPerson von ihrem, dem Stimmverbot unterfallenden Mitglied abhängig ist (iSv § 17 AktG, Mitglied muss aber kein Unternehmen sein), weil dann anzunehmen ist, dass sich der Wille des vom Stimmrecht Ausgeschlossenen in der jurPerson durchsetzt u deren Abstimmungsverhalten maßgeblich beeinflusst.[262] Kann der Betroffene auf jur Person, die ihr Stimmrecht in der GmbH ausübt, nur mittelbar über Ehefrau u Verwandte Einfluss nehmen, ist jur Person vom Stimmrecht nicht ausgeschlossen.[263] **98**

Ist **jurPerson von Stimmverbotstatbestand erfasst,** hindert das ein Mitglied dieser jurPerson nicht, sein eigenes Stimmrecht in der GmbH aus **99**

---

[256] Vgl BGH 49, 193 f; 51, 219; WM 1976, 205; Rowedder/Schmidt-Leithoff/*Koppensteiner* Rn 63; *Meyer-Landrut* Rn 36; *Koppensteiner* FS Schönherr, 1986, 209. Abw RG 146, 74 u ein Teil des Schrifttums, vgl zB 13. Aufl A 5 C; *Wiedemann* GmbHR 1969, 251.

[257] BGH 116, 358 für Erbengemeinschaft.

[258] *Lutter/Hommelhoff* Rn 15; Ulmer/*Hüffer* Rn 132, Scholz/*Schmidt* Rn 160.

[259] *Koppensteiner* FS Schönherr, 1986, 210.

[260] BGH NJW 1973, 1039; Hachenburg/*Schilling* 7. Aufl Rn 51; *Lutter/Hommelhoff* Rn 15; *Meyer-Landrut* Rn 36; eingeschränkter Scholz/*Schmidt* Rn 164; Ulmer/*Hüffer* Rn 137.

[261] *Zöllner* (Fn 198) 277. Ganz abw schon im Ansatz Rowedder/Schmidt-Leithoff/*Koppensteiner* Rn 60 u *Koppensteiner* FS Schönherr, 1986, 211 f, der nach dem prozentualen Umfang der Beteiligung differenzieren will.

[262] HM, Ulmer/*Hüffer* Rn 134; *Koppensteiner* FS Schönherr, 1986, 209; *Schneider* ZHR 150 (1986), 619 f; *Meyer-Landrut* Rn 37; Scholz/*Schmidt* Rn 160; jetzt auch *Lutter/Hommelhoff* Rn 15; OLG Brandenburg NZG 2001, 130; zu eng RG 146, 391, wo „vollständige Beherrschung" verlangt wird; von beiden Ansichten abw will *Wilhelm* (Fn 249) 159 ff das Stimmrecht der jurPerson dadurch erhalten, dass ein gegenüber dem MehrheitsGfter weisungsunabhängiges Not- oder Ersatzorganmitglied bestellt wird, dem Stimmrechtsausübung obliegen soll.

[263] OLG Hamm DB 1992, 2130.

ihm gehörenden GAnteilen auszuüben.[264] Etwas anderes gilt aber dann, wenn das Mitglied in der jur Person unternehmerische Funktionen wahrnimmt; es muss unternehmerisches Interesse des Mitglieds an der jurPerson bestehen. Das ist zu bejahen, wenn Stimmrecht mehrerer GmbHGfter in Frage steht, die zusammen sämtliche Anteile an jurPerson halten,[265] ferner für Komplementär einer KGaA (u mittelbar für Allein-Gfter der einzigen Komplementär-GmbH einer GmbH & Co KG), jedoch nicht ohne weiteres schon für jeden Mehrheits- oder sonst herrschenden Gfter.[266] Allerdings gilt für dessen unternehmerische Stellung die Vermutung der §§ 17, 18 AktG; ganz ähnlich nimmt Hachenburg/*Hüffer* Rn 136 indizierende Bedeutung beherrschender Stellung für Interessenverknüpfung an. Auch hier stellt *Koppensteiner*[267] auf Vergleich prozentualer Beteiligung ab, was Normzweck der Stimmverbote nicht entspricht.

100 Gedanke der **Identifizierung der jurPerson mit den ihre unternehmerische Funktion Wahrnehmenden** führt auch zum Stimmrechtsausschluss ihrer **Vorstandsmitglieder** mit deren GAnteilen in der GmbH, wenn die jurPerson vom Stimmverbot betroffen wäre. Wird umgekehrt Vorstandsmitglied einer jurPerson bei einer Beschlussfassung in der GmbH von Stimmverbot betroffen, wie zB bei seiner Entlastung als ARMitglied der GmbH, so kann die jurPerson in der GmbH jedenfalls dann nicht mitstimmen, wenn sie unter dem maßgeblichen Einfluss dieses Vorstandsmitglieds steht.[268] Darüber hinaus greift Stimmrechtsausschluss für jurPerson nach str Auffassung auch ein, wenn das vom Stimmverbot unmittelbar betroffene Vorstandsmitglied in der jurPerson nicht allein oder maßgeblich zu bestimmen hat.[269] Sind Amtsträger einer Gebietskörperschaft des öffentlichen Rechts, die Gfterin einer GmbH ist, von Stimmverbot betroffen (zB bei Entlastung oder Einleitung einer Sonderprüfung), greift der Stimmrechtsausschluss für Gebietskörperschaft Platz, wenn der Amtsträger maßgeblichen Einfluss auf Art der Stimmrechtsausübung hat, nicht hingegen ohne weiteres, wenn über Art der Stimmrechtsausübung in vielköpfigem Gremium, etwa dem Gemeinderat, entschieden wird.[270] Selbstverständlich ist, dass der betroffene Amtsträger nicht selbst das Stimmrecht der Gebietskörperschaft ausüben kann.[271]

101 **d) Keine Ausdehnung auf Verwandte etc.** Vom Stimmverbot nicht erfasst werden **nahe Verwandte eines Betroffenen,** auch nicht die **Ehefrau** oder Abkömmlinge.[272] Jedoch ist sorgfältig zu prüfen, ob Umgehung oder

---

[264] BGHZ 56, 53 für Stimmrechtsausschluss in der Erbengemeinschaft, sowie BGH 68, 110.

[265] So der Fall BGHZ 68, 110.

[266] Anders insoweit *Schneider* ZHR 150 (1986), 617 f.

[267] FS Schönherr, 1986, 212; Rowedder/Schmidt-Leithoff/*Koppensteiner* Rn 60; ähnlich *Wank* ZGR 1979, 225 ff.

[268] Vgl RGZ 146, 351; dazu auch BGHZ 36, 296; zust *Wilhelm* Rechtsform 142; *Schneider* ZHR 150 (1986), 621; zu eng OLG Karlsruhe AG 2001, 30, das völlige Beherrschung verlangt.

[269] *Zöllner* (Fn 198) 281; *Ebenroth/Müller* GmbHR 1991, 238; anders Ulmer/*Hüffer* Rn 139; *Wilhelm* (Fn 249); OLG Hamburg AG 81, 195; *Schneider* (Fn 266); jedoch wie hier für Entlastung im Konzern.

[270] BGHZ 36, 296.

[271] Vgl auch Vorinstanz OLG Hamburg AG 1960, 333 = MDR 1961, 326, dort aber im entsch Punkt unzutr Sachverhaltswiedergabe.

[272] BGHZ 56, 54; 80, 71; 153, 291; ganz hM; abw *Roth*/Altmeppen Rn 81.

Missbrauch vorliegt.[273] Zum Zweck der **Umgehung** eines Stimmverbots vorgenommene Anteilsveräußerung schließt auch den Erwerber vom Stimmrecht aus.[274] Auf Weisungsgebundenheit des Erwerbers gegenüber Veräußerer kommt es nicht an, es genügt, dass Abtretung in der Erwartung erfolgt, dass Erwerber im Sinn des Veräußerers stimmen würde und dass dies der Zweck der Abtretung war.[275] Meist wird in solchen Fällen ohnehin Treuhandverhältnis vorliegen. Praktische Problematik liegt in der Beweislage.

e) Eingreifen bei Verfahrensentscheidungen. Stimmverbot ergreift nicht nur Sachentscheidungen, sondern auch **Verfahrensentscheidungen** zum einschlägigen Tagesordnungspunkt. Insbes kann der Ausgeschlossene nicht über Vertagung mitstimmen.[276] 102

f) Stimmverbote im Unternehmensverbund. Im Unternehmensverbund sind Stimmverbote nicht prinzipiell u generell gelockert, insbes darf herrschendes Unternehmen in abhängiger Ges nicht mitstimmen über Rechtsgeschäfte mit sich. Aus bes Sachlage können sich aber Modifikationen ergeben. Näher dazu SchlAnhKonzernR Rn 83. 103

7. Rechtsfolgen. Einem Stimmverbot zuwider abgegebene Stimmen sind nichtig (allgM). Haben sie keine Bedeutung für Beschlussergebnis, dh wäre das Gleiche auch ohne die verbotswidrigen Stimmen beschlossen worden, bleibt der Verstoß folgenlos.[277] Hängt hingegen Beschlussergebnis davon ab, ob die verbotswidrig abgegebenen Stimmen mitgezählt werden, kann Klärung dieses Ergebnisses durch Feststellungsklage erfolgen. Liegt allerdings verbindliche Feststellung des Beschlussergebnisses vor (dazu Anh § 47 Rn 118 ff), muss rechtzeitige Mängelgeltendmachung erfolgen, weil sonst festgestelltes Beschlussergebnis maßgeblich bleibt. 104

Schuldhafter Verstoß gegen Stimmverbot führt zur **Schadensersatzpflicht** des Abstimmenden aus § 823 II BGB; Stimmverbote sind Schutzgesetze.[278] Schadensersatzpflicht kann evtl nach § 254 BGB entfallen, wenn Eingreifen des Stimmverbotes für die anderen Gfter evident war. Soweit Gfter gegen Stimmverbot verstoßen, folgt ihre Schadensersatzpflicht auch aus der Verletzung des mitgliedschaftlichen Verhältnisses zur GmbH.[279] Schadensersatz- 105

---

[273] Vgl auch BGHZ 80, 71; OLG Hamm DB 1989, 168.

[274] BGH NJW 1976, 713; dazu *Müller-Graff* JZ 1976, 686; BGH DB 2008, 2128; OLG Düsseldorf NZG 2001, 991, 993.

[275] OLG Düsseldorf (Fn 274) mit ausführlichen klugen Erwägungen zum Sachverhalt.

[276] BGH NJW 1973, 1039; Hachenburg/*Hüffer* Rn 181.

[277] Vgl OLG Brandenburg GmbHR 1996, 538; OLG Koblenz (14. 9. 2007) NZG 2008, 280 (LS); anders OLG Frankfurt NZG 1999, 767, wo trotz fehlender Auswirkung auf Beschlussergebnis Anfechtbarkeit wegen des Verstoßes für möglich gehalten wird. Verkehrt auch OLG Düsseldorf GmbHR 1999, 1098, wo entgegen Stimmverbot abgegebene Stimmen für wirksam, „die Abstimmung" allerdings als anfechtbar angesehen wird.

[278] Streitig; für Aktienrecht folgen der hier vertretenen Auffassung *Eckardt* in Geßler/Hefermehl § 136 Rn 49; KölnerKomm/*Zöllner* § 136 Rn 60; MünchKommAktG/*Schröder* § 136 Rn 54; abw für GmbH-Recht Ulmer/*Hüffer* Rn 189; Scholz/*Schmidt* Rn 176.

[279] Zust Ulmer/*Hüffer* Rn 187; vgl auch Scholz/*Schmidt* Rn 176 (Treupflichtverletzung); Schadensersatzpflicht ohne Nennung der Rechtsgrdl bejahend *Roth*/Altmeppen Rn 88.

pflichtig kann auch Abstimmungsleiter sein, wenn er schuldhaft bei seiner Ergebnisfeststellung das Eingreifen eines Stimmverbots nicht berücksichtigt. Stimmverbote schließen nur vom Stimmrecht, nicht von Teilnahme an GfterVers aus (allgM).

106 **8. Abweichende Satzungsgestaltung der Stimmverbote** ist unbedenklich möglich iS einer Ergänzung u Erweiterung.[280] Beseitigung u Einschränkung ist hingegen schon wegen § 138 BGB, aber auch aus institutionellen Gründen nur begrenzt zulässig, str; in Rspr[281] u Literatur[282] zu findende abstrakte Bekenntnisse zur Dispositivität von § 47 IV besagen demgegenüber wenig. Im Ergebnis zwingend ist jedenfalls der Stimmrechtsausschluss bei Entlastung u bei Befreiung von einer Verbindlichkeit,[283] ferner bei allen Maßnahmen, die aus wichtigem Grund gegen einen Gfter ergriffen werden;[284] dispositiv ist hingegen grds das Stimmverbot bei Vornahme von Rechtsgeschäften.[285] In Einräumung alleiniger Entscheidungsbefugnis an einen Gfter kann Befreiung von Stimmverbot bei Beschlussfassung über Vornahme von Rechtsgeschäften liegen, allerdings müssen sich dafür Anhaltspunkte aus den Umständen ergeben; bloßer Wortlaut der Einräumung reicht dazu nicht.[286]

VI. Sonstige Stimmrechtsschranken

107 **1. Schrankensystem u seine Bedeutung für Stimmabgabe u Beschluss.** Stimmrecht unterliegt nicht nur den bisher erörterten sog **starren Schranken,** zu denen neben dem Ruhen des Stimmrechts für eigene GAnteile vor allem der Stimmrechtsausschluss wegen Interessenkollision zählt, sondern auch einer ganzen Reihe **beweglicher Schranken,**[287] die generalklauselartigen Charakter haben. Es handelt sich hierbei um Bindung an die guten Sitten (dazu Anh § 47 Rn 55, 86), Verbot der Verfolgung von Sondervorteilen (dazu Anh § 47 Rn 87), Bindung an den Gleichbehandlungsgrundsatz (zu diesem § 13 Rn 31 ff sowie Anh § 47 Rn 91 f), Bindung an den GesZweck (dazu Anh § 47 Rn 93 ff) u Bindung durch die Treupflicht (dazu § 13 Rn 20 ff sowie Anh § 47 Rn 98 ff). Diese Schranken richten sich keineswegs nur, wie manche meinen, gegen den Beschluss als Ergebnis der Be-

[280] BGH WM 1977, 192.

[281] RGZ 89, 383; 122, 162.

[282] *Meyer-Landrut* Rn 33; *Fischer* A 5; *Immenga/Werner* GmbHR 1976, 55.

[283] BGHZ 108, 21, 26; BGH DStR 1994, 869; OLG Hamm GmbHR 1993, 815; OLG Stuttgart GmbHR 1995, 231; dagegen *Priester* FS Rowedder, 1994, 379 ff mit der seltsamen Differenzierung, die Abbedingung des Stimmverbots bei Entlastung sei wirksam, soweit nicht ein wichtiger Grund für Versagung der Entlastung gegeben sei; das ist ganz und gar unpraktisch u widerspricht dem Sinn der Entlastung: Gfter spricht sich selbst Vertrauen aus u präkludiert dadurch Geltendmachung von Ansprüchen.

[284] Rowedder/Schmidt-Leithoff/*Koppensteiner* Rn 83, der zu unrecht behauptet, ich sei in diesem Punkt zurückhaltender; ähnlich iE Scholz/*Schmidt* Rn 173 u *Lutter/Hommelhoff* Rn 13; zust OLG Hamm GmbHR 1993, 815.

[285] Vgl OLG Hamm NZG 2003, 545, 546; enger in der Tendenz Ulmer/*Hüffer* Rn 192 f.; deutlich enger auch *Roth*/Altmeppen Rn 59. Zum ganzen *Beather* GmbHR 2001, 133.

[286] OLG Stuttgart DB 2001, 854, 858 mit zu weit geratenem Leitsatz.

[287] Zu diesem Begriff u zur Systematik der Stimmrechtsbeschränkungen näher *Zöllner,* Schranken mitgliedschaftlicher Stimmrechtsmacht, 97 ff u 287 ff; *K. Schmidt* GesR § 21 II; *Behrens* FS GmbHG, 1992, 548 ff; abw *Meyer-Landrut* Rn 57.

schlussfassung, sondern schon gegen die Stimmabgabe. Verstöße gegen diese Schranken führen daher primär zur Nichtigkeit bzw Unwirksamkeit der schrankenwidrig abgegebenen Stimmen, können aber auch Mangelhaftigkeit des Beschlusses selbst bewirken; dies dann, wenn förmliche Feststellung des Beschlussergebnisses erfolgt ist, bei der die Unwirksamkeit von Stimmabgaben nicht berücksichtigt worden ist.

2. Nichtigkeit treuwidriger Stimmabgaben entspricht der ganz hM u der neueren std Rspr des BGH.[288] In BGHZ 105, 212 f (vom 26. 9. 1988) wird nichts Gegenteiliges gesagt, sondern von Möglichkeit gesprochen, Zustimmungspflicht zu Satzungsänderung aus Treupflicht abzuleiten. Dazu noch Rn 111 u § 53 Rn 85.[289] Nichtigkeit der *treuwidrigen* Stimmabgabe ist rechtlich kaum bezweifelbar, weil jede Rechtsausübung, die gegen Treu und Glauben und erst recht gegen gesteigerte Treubindungen verstößt, rechtsmissbräuchlich ist.[290] Auch wenn man diesen Begriff enger gebrauchen möchte, ist eindeutig, dass Rechtsausübung außerhalb expliziter u impliziter Grenzen, die das Rechtsverhältnis für die Ausübung vorgibt, unwirksam ist. Das entspricht der seit langem im Personengesellschaftsrecht allgM;[291] warum für GmbH anderes gelten sollte, ist nicht ersichtlich; auch aus Anfechtungserfordernis für Gfterbeschlüsse folgt nichts Gegenteiliges.[292] Davon zu unterscheiden sind die beiden Fragen, (1) ob VersLeiter Rechtsmacht haben soll, bei Feststellung des Beschlussergebnisses treuwidrige Stimmen als nichtig zu behandeln (dazu Anh § 47 Rn 121 f), und (2) wie im Prozess über die Feststellung des (im Hinblick auf die Treuwidrigkeit von Stimmabgaben zutreffenden) Beschlussergebnisses Gftern, welche die Wirksamkeit ihrer Stimmabgabe verteidigen wollen, die Beteiligung am Rechtsstreit zu ermöglichen ist (dazu Anh § 47 Rn 191 f). Auffassung, treuwidrige Stimmen seien nicht nichtig, ist auch vom praktischen Ergebnis her nicht glücklich, weil sie Möglichkeit der Berichtigung des rein rechnerischen äußeren Beschlussergebnisses, das alle Stimmabgaben ohne Rücksicht auf ihre Treuwidrigkeit einbezieht, ausschließt. Sie macht damit die Beschlusskorrektur im Sinn positiver Beschlussfeststellung durch das Gericht unmöglich. Die Anfechtungsklage allein ohne positive Beschlussfeststellung versagt, wenn durch VersLeiter Beschlussablehnung bindend festgestellt worden ist oder, wie bei GmbH praktisch sehr häufig, bindende Feststellung 108

---

[288] Vgl BGHZ 102, 178 = NJW 1988, 969; BGH NJW 1991, 846; BGH WM 1993, 1595; BGHZ 152, 46, 61 für Wohnungseigentümerversammlung; ferner OLG Hamburg GmbHR 1992, 43; OLG Stuttgart NZG 1998, 603; OLG Düsseldorf NZG 2001, 991, 994; mit ausführlicher Begründung *Zöllner* Schranken, 366 ff; zust insbes *Lindacher* ZGR 1987, 127; *Lutter* ZHR 153 (1989), 458; *Lutter/Hommelhoff* Anh § 47 Rn 46; *Lindemann,* Die Beschlussfassung in der Einmann-GmbH, 1996, 154 f; *Kallmeyer* I Rn 1199; *K. Schmidt* GmbHR 1992, 12; Scholz/*Schmidt* § 47 Rn 32; Ulmer/*Hüffer* Rn 196 ff; vgl auch LG Düsseldorf AG 1994, 330; abl Rowedder/Schmidt-Leithoff/*Koppensteiner* § 47 Rn 125; *Koppensteiner* ZIP 1994, 1325, der dort seine Auff zu Unrecht als hM bezeichnet. Zu den Zusammenhängen mit der Feststellung des Beschlussergebnisses *Zöllner* FS Lutter, 2000, 824 ff.

[289] Abw auch der komplizierte Ansatz von *Winter,* Treubindungen 167 ff. Ähnlich wie *Koppensteiner* auch *Windbichler* in Henze/Timm/Westermann RWS-Forum 8 Gesellschaftsrecht 1995 39; *Korehnke,* Treuwidrige Stimmen im Personengesellschafts- u GmbH-Recht, 1998.

[290] Zu eng *Koppensteiner* ZIP 1994, 1327.

[291] Vgl nur *M. Winter,* Treubindungen, 36.

[292] Das nimmt *Korehnke* (Fn 289) 143 ff an.

des Beschlussergebnisses gar nicht möglich oder bewusst unterlassen worden ist.[293] Gegner der hier vertretenen Auffassung können dieses Problem von ihrem Ansatz her nicht lösen.

VII. Haftung für Stimmrechtsausübung

109 Soweit Ges durch pflichtwidrige Stimmrechtsausübung geschädigt wird, ist Ersatzpflicht schuldhaft handelnder Gfter wegen Verletzung ihres Mitgliedschaftsverhältnisses gegeben.[294] Allg körperschaftsrechtliche Grundsätze schließen Haftung nicht aus. Haftung kommt insbes bei GFührungsbeschlüssen der Gfter in Betracht. Verschuldensmaßstab ist grds § 276 BGB; für GfterGFührer kann aber § 43 I GmbHG maßgebend sein.[295] Haftung tritt nicht ein, soweit alle Gfter dem Beschluss zugestimmt haben, nach str Auffassung auch, wenn rechtzeitige Anfechtung unterlassen wurde.[296] Etwas anders liegt Frage der Haftung für gläubigergefährdende Stimmrechtsausübung bei Verstoß gegen § 30.[297]

VIII. Stimmpflicht u Stimmbindungsverträge

110 **1. Stimmpflicht aus dem GesVerhältnis.** Gfter unterliegen bei Ausübung ihres Stimmrechts den sich aus dem GesVerhältnis ergebenden Bindungen.

111 **a) Bindung an GesZweck u Treubindungen.** Grundlage von Stimmpflichten sind vor allem Bindungen an den GesZweck bzw das GesInteresse, um Treubindungen gegenüber Ges u Treubindungen gegenüber MitGftern. Bei der GmbH, insbes mit personalistischem Zuschnitt, erschöpfen sich diese

---

293 Für Treuwidrigkeit u daraus folgende Unbeachtlichkeit der Ausübung eines durch die GmbH-Satzung einem Minderheitsgfter eingeräumten Widerspruchsrechts mit Suspensiveffekt gegen Durchführung von Gfterbeschlüssen zutreffend OLG Stuttgart DB 1999, 2256.

294 Ulmer/*Hüffer* Rn 200; Scholz/*Schmidt* Rn 33; *M. Winter,* Treubindungen, 107 ff; vgl auch LG Düsseldorf AG 1994, 330, 332.

295 Näher dazu *Zöllner,* Schranken mitgliedschaftlicher Stimmrechtsmacht, 1963, 431 f; *Immenga,* Die personalistische Kapitalgesellschaft, 1970, 278 ff; *ders* GmbHR 1973, 10 f; *Konzen* NJW 1989, 2985 f; *M. Winter* (Fn 293), sämtlich mit Unterschieden im Einzelnen; früher schon *Ballerstedt,* Kapital, Gewinn u Ausschüttung bei Kapitalgesellschaften, 1949, 181 ff; abw *U. H. Schneider,* in Hommelhoff ua (Hrsg), Entwicklungen im GmbHKonzernrecht, 1986, ZGR-Sonderheft 6, 131, der nur Haftung bei Vorsatz im Rahmen von § 826 BGB eingreifen lassen will; vgl auch Scholz/*Schneider* § 43 Rn 16 ff; schwer nachvollziehbar *Lutter/Hommelhoff* § 43 Rn 46, die einerseits Haftung wegen Treupflichtverletzung bejahen, andererseits wegen schuldhaften Mißmanagements durch anweisende Gfterbeschlüsse verneinen. Das ist in sich widersprüchlich, weil Wahrung der GesInteressen gerade bei GFührungsentscheidungen Kernbestand der gfterlichen Zweckbindung u damit der Treupflicht ist. Für Anwendung von § 708 BGB *Thöni* GmbHR 1989, 1991 f.

296 Hachenburg/*Hüffer* Rn 196; abw *Thöni* ecolex 1993, 674 u 747 mN der Haftung dann eingreifen lassen will, wenn Erhebung rechtzeitiger Anfechtungsklage für widersprechende Minderheit nicht zumutbar war; für das von ihm in erster Linie zugrunde gelegte österreichische Recht ist das wegen der dort geltenden starren Anfechtungsfrist gut vertretbar, für das deutsche GmbHRecht hingegen nur, wenn man nicht dem hier vertretenen flexiblen Fristkonzept (Anh § 47 Rn 149 ff) folgt.

297 Vgl BGH WM 1985, 194 sowie *Ulmer* ZGR 1985, 598.

Bindungen nicht in bloßen Rücksichts- u Unterlassungspflichten, vielmehr können Gfter unter bestimmten Voraussetzungen gehalten sein, positiv durch Abstimmung GesInteresse zu fördern, etwa an Ausschließung eines schädigenden MitGfters oder an Anpassung der Satzung an veränderte Umstände mitzuwirken.[298] Auch Stimmpflicht der Gfter, angemessener Gehaltszahlung an GFührer zuzustimmen, kann gegeben sein.[299] Das gilt insbes, wenn zu einschlägigen Maßnahmen mehr erforderlich ist als die einfache Mehrheit der Abstimmenden. Normalerweise werden freilich Möglichkeiten der Beschlussüberprüfung durch Feststellungsklage u Anfechtungsklage iVm Rechtsmissbrauchsgrundsätzen ausreichen, Wahrung der GesInteressen durchzusetzen. Wo dies nicht der Fall ist, kann erforderliche Mitwirkung u Stimmabgabe des stimmpflichtigen Gfters durch Klage durchgesetzt werden. Kläger eines solchen Prozesses wird idR GmbH sein, der entsprechendes Verhalten aus dem Mitgliedschaftsverhältnis geschuldet wird, in bestimmten Fällen aber auch der einzelne Gfter, soweit er einen aus der Treubindung der Gfter untereinander folgenden eigenen Anspruch geltend macht.[300] Bedenklich ist, Sanktionierung von Treubindung der Ges gegenüber Gfter in Leistungsanspruch umzumünzen u dadurch Leistungsklage als zusätzlichen unbefristeten Rechtsbehelf neben Anfechtungsklage zu stellen.[301] Zur Stimmpflicht bei Satzungsänderungen auch unten § 53 Rn 85 f.

b) Satzung als Grundlage. Satzung kann Abstimmungsverpflichtungen der Gfter als körperschaftsrechtliche Verpflichtungen festlegen u ausbauen, zB Pflicht, für von einem Gfter oder Gftergruppe vorgeschlagenen GFührer zu stimmen. Es handelt sich dann um körperschaftsrechtliche Stimmpflichten, die Teil des Mitgliedschaftsverhältnisses sind. Solche Stimmpflichten stehen ihrerseits unter den Schranken und Modifikationen der Treupflicht. Insbes braucht Gfter nicht für Unzumutbares zu stimmen. Daher sind etwa Vorschlagsrechte nicht bindend, falls gegen Vorgeschlagenen wichtiger Grund vorliegt. Oftmals wird GesVertrag dahin auszulegen sein, dass körperschaftsrechtliche Stimmbindung nur grundsätzlich besteht und Abweichungen daher schon aus sachlichen Gründen zulässig sind.[302] Stimmt Gfter entgegen körperschaftsrechtlicher Stimmbindung, ist seine Stimmabgabe unwirksam und darf für Ergebnis nicht berücksichtigt werden. Erfolgt verfehlte aber bindende Ergebnisfeststellung 112

---

298 Vgl Scholz/*Schmidt* Rn 31; *K. Schmidt,* GesR, 111 ff, 114, 506, 863; *Ulmer* FS Geßler, 1971, 269; *Lindacher* FS Paulick, 1973, 72; *A. Hueck* ZGR 1972, 252 f; *Vogel,* Gfterbeschlüsse, 88 f; Ulmer/*Hüffer* Rn 198 mit Verweisungen; Ulmer/*Ulmer* § 53 Rn 81 ff; *Schaudwet/Paul* GmbHR 1970, 7; *Lutter* AcP 180 (1980), 105 ff; *Zöllner* (Fn 295) 354; BGHZ 98, 276; WM 1987, 841; OLG Hamburg GmbHR 1992, 612 (Zustimmungspflicht auch in GFührungsfragen abstrakt als möglich bejahend, im konkreten Fall aber verneinend). Vgl auch *Zöllner,* Die Anpassung von Personengesellschaftsverträgen an veränderte Umstände, 1979; *Raiser* ZHR 151 (1987), 438 f; *Westermann* JZ 1987, 97; für stark personalistische GmbH auch *Renkl,* Gesellschafterbeschluss, 1982, 37; zur Zustimmungspflicht bei Publikums-KG BGH DB 1985, 479; krit dazu *Reuter* JZ 1986, 80.

299 BGH NZG 2007, 185 (Tz 11).

300 Zum ganzen *M. Winter,* Treubindungen, 167 ff.

301 So zB OLG Koblenz GmbHR 1990, 39 bei Verweigerung der Veräußerungsgenehmigung.

302 Vgl dazu OLG Hamm ZIP 1986, 1188; OLG Düsseldorf WM 1990, 267; mutatis mutandis auch BGH WM 1973, 1295. Zu Modalitäten der Satzungsgestaltung vgl § 35 Rn 7 u § 46 Rn 34.

durch Abstimmungsleiter, kann dies durch Anfechtungsklage iVm positiver Beschlussfeststellungsklage geltend gemacht werden, ansonsten durch schlichte Beschlussfeststellungsklage.

113 **2. Stimmbindungsverträge**

Lit zu Stimmbindungsverträgen aus neuerer Zeit: *D. Mayer* GmbHR 1990, 61; *Klaus J. Müller,* Stimmbindungen von GmbH-Gesellschaftern, GmbHR 2007, 113; *Noack,* Gesellschaftervereinbarungen 1994, 66 ff, 144 ff u passim; *Rodemann,* Stimmbindungsvereinbarungen in den Aktien- u GmbH-Rechten Deutschlands, Frankreichs, Englands und Belgiens, 1998; *Rossig,* Gesellschafterabsprachen bei GmbH und Close Corporation, 2003; *Simon/Rubner,* NJW-Spezial 2005, 27; *Zöllner* ZHR 155 (1991), 168; *Zutt* ZHR 155 (1991), 190.

Von körperschaftsrechtlicher Stimmbindung zu unterscheiden sind außerhalb der Satzung (oder nur als unechter Satzungsbestandteil) begründete Abstimmungsverpflichtungen. Mit ihnen verpflichten sich Gfter, ihr Stimmrecht in der Ges nicht frei, sondern in bestimmtem Sinn auszuüben, der entweder in dem Stimmbindungsvertrag inhaltlich festgelegt sein kann oder nach dem Vertrag auf andere Weise künftig konkretisiert werden soll, zB im Rahmen eines von den Partnern gebildeten Pools, der nicht selten die Rechtsform einer BGB-Ges hat. Im Pool kann Entscheidungsbildung über die Stimmrechtsausübung im Weg einfacher Mehrheit vorgesehen werden, die auch dann maßgebend ist, wenn es um in der GmbH mit qualifizierter Mehrheit zu treffende Entscheidungen geht.[303] Solche Verpflichtungen sind grds rechtlich zulässig.[304] Sie können unter Gftern (dann vielfach Gfterabsprachen genannt), aber auch gegenüber Dritten[305] übernommen werden, zB kann MehrheitsGfter gegenüber GFührer – auch FremdGFührer – Verpflichtung eingehen, ihn nur aus wichtigem Grund abzuberufen.[306] Wirksam ist auch Verpflichtung gegenüber Dritten in Bezug auf Satzungsänderungen.[307] Stimmbindungsvertrag bedarf auch dann keiner Form.[308] Stimmbindungsverträge dürfen nicht gegen die guten Sitten verstoßen, insbes keine Knebelung des Verpflichteten darstellen. Vor allem sind sie nur insoweit wirksam, wie sie nicht Gfter zu gesellschaftsrechtlich unzulässigem Abstimmungsverhalten verpflichten.[309] Wirksame Bindung kann also immer nur im Rahmen des Gftern zur Verfügung stehenden stimmrechtlichen Ermessens gegeben sein. Vinku-

[303] Vgl BGH v 24. 11. 2008 (Schutzgemeinschaft II) GmbHR 2009, 306; Vorinstanz OLG Karlsruhe NZG 2005, 636; ausführlich *Zöllner* FS Ulmer, 2003, S 725; teilweise abw *Habersack* ZHR 164 (2000), 1.

[304] Ganz hM, BGHZ 48, 163; Scholz/*Schmidt* Rn 40, 42 mN; Michalski/*Römermann* Rn 492; zur Entwicklung ausführlich *Fischer* FS Kunze, 1969, 98 ff; *Behrens* FS GmbHG, 1992, 551 ff.

[305] Rowedder/Schmidt-Leithoff/*Koppensteiner* Rn 29; *Lutter/Hommelhoff* Rn 5; Michalski/*Römermann* Rn 506; OLG Celle GmbHR 1991, 580; insoweit abw *Flume,* JurPerson, 242; Ulmer/*Hüffer* Rn 75; *Noack,* Gesellschaftervereinbarungen, 66 ff. Bedenken auch bei MünchKommBGB/*Reuter* § 32 Rn 21; Scholz/*Schmidt* Rn 42.

[306] BGH ZIP 1983, 432; dazu auch OLG Frankfurt NZG 2000, 378.

[307] Str, vgl insbes Ulmer/*Ulmer* § 55 Rn 30; Rowedder/Schmidt-Leithoff/*Koppensteiner* Rn 32; *Konzen* AG 1983, 298; *Zöllner* ZHR 155 (1991), 181 f; BGH DStR 1991, 1290; einschränkend *Priester* FS Werner, 1984, 657; Scholz/*Priester* § 53 Rn 36; Scholz/*Schmidt* Rn 42; verneinend Ulmer/*Hüffer* Rn 75, 78; *Lutter/Hommelhoff* Rn 5.

[308] OLG Köln BB 1993, 317 = GmbHR 2003, 164 (nur LS).

[309] Michalski/*Römermann* Rn 511; zu Schranken *Noack,* Gesellschaftervereinbarungen, 144 ff.

lierung der GAnteile macht Stimmbindungsvertrag nicht von Genehmigung der Ges abhängig.[310] Konsortien werden auch nicht selten als Verteidigungs- und Kampfinstrumente in der GmbH etabliert.[311]

Unwirksam ist Verpflichtung, nach Weisung einer vom Stimmrecht ausgeschlossenen Person abzustimmen,[312] u zwar auch einer, die zwar nicht Gfter ist, aber als Gfter vom Stimmrecht ausgeschlossen wäre. Beides gilt auch dann, wenn Weisung auf inhaltlich an sich zulässiges Abstimmungsverhalten lautet. Nichtig sind, obgleich dem § 405 III Nr 6 AktG entsprechende Strafbestimmung im GmbHG fehlt, alle entgeltlichen Stimmbindungen; sie verstoßen gegen § 138 BGB.[313] Daher besteht zB keine wirksame Stimmbindung des Verkäufers eines vinkulierten Anteils, in der GfterVers für Genehmigung der Veräußerung zu stimmen.[314] Absprachen über gegenseitige Wahl begründen noch keine Entgeltlichkeit in diesem Sinn,[315] wohl aber evtl dann, wenn sie die Wahl in verschiedenen, nicht zum selben Konzern gehörenden Gesellschaften betreffen. **114**

Unzulässig u unwirksam sind ferner in Analogie zu § 136 II AktG Stimmbindungen, nach Weisung der Ges, ihres GFührungsOrgans oder des AR (nicht einzelner Organmitglieder persönlich!) oder eines von ihr abhängigen Unternehmens abzustimmen.[316] **115**

Satzung kann Stimmbindung nicht generell mit Unwirksamkeitsfolge ausschließen, wohl aber innerverbandliche Verpflichtung der Gfter begründen, keine Stimmbindungen einzugehen.[317] Sie kann überdies Bindung der Gfter an GesInteresse verstärken u damit den der Stimmbindung allein zugänglichen Ermessensspielraum einengen. **116**

Wird Stimmrecht gemäß unwirksamer Stimmrechtsvereinbarung ausgeübt, ist Ausübung trotzdem gültig, es sei denn, dass Stimmabgabe ihrerseits normwidrig ist.[318] Andererseits ist Stimmabgabe auch gültig, die entgegen einem wirksamen Stimmbindungsvertrag erfolgt (allgM). Dieser hat grds nur schuldrechtliche Wirkung zwischen seinen Parteien u bewirkt **keinen Mangel des GfterBeschlusses.** Deshalb ist Stimmabgabe entgegen Stimmvereinbarung auch eines Gfterstammes wirksam.[319] **117**

---

310 So aber Hachenburg/*Schilling* 7. Aufl, Rn 27; Michalski/*Römermann* Rn 505; *Lutter/Grunewald* AG 1989, 112; zur Anpassung von Stimmbindungsverträgen wegen Wegfall der Geschäftsgrdl BGH DStR 1991, 1290; OLG Celle GmbHR 1991, 580.

311 *Westermann* FS Bezzenberger, 2000, 449.

312 BGHZ 48, 166 f; Rowedder/Schmidt-Leithoff//*Koppensteiner* Rn 31.

313 Scholz/*Schmidt* Rn 45; Ulmer/*Hüffer* Rn 77; Rowedder/Schmidt-Leithoff/*Koppensteiner* Rn 33.

314 Abw hM; BGH 48, 163 betraf keinen Verkaufsfall.

315 Vgl Nachweise bei *Lübbert,* Abstimmungsvereinbarungen in den Aktien- u GmbH-Rechten der EWG-Staaten, 1971, 111 ff; zweifelnd Rowedder/Schmidt-Leithoff/*Koppensteiner* Rn 33.

316 Rowedder/Schmidt-Leithoff/*Koppensteiner* Rn 32; *Vogel,* Gfterbeschlüsse, 67; *Zöllner* ZHR 155 (1991), 183 f; teilweise in diese Richtung *Vogel* A 4; *Fischer* GmbHR 1953, 66; ferner *Lübbert* (Fn 315) 148 für die große GmbH; abw Scholz/*Schmidt* Rn 41; unklar Michalski/*Römermann* Rn 496 f, wo nicht deutlich unterschieden wird zwischen Bindung gegenüber Organ u einzelnen GFührern.

317 Vgl dazu *Overrath,* Stimmrechtsbindung, 1973, 34; Scholz/*Schmidt* Rn 48; Rowedder/Schmidt-Leithoff/*Koppensteiner* Rn 30; Hachenburg/*Hüffer* Rn 86.

318 Ganz hM; abw *Flume,* JurPerson, § 7 VI, 245; differenzierend *Noack,* Gesellschaftervereinbarungen, 153 f.

319 OLG Saarbrücken GmbHR 2005, 546.

118 **Ausnahmsweise** ist Mangelhaftigkeit bei Verstoß gegen einen alle Gfter verpflichtenden Stimmbindungsvertrag zu bejahen.[320] Im ersten so vom BGH entschiedenen Fall legt der Stimmbindungsvertrag selbst inhaltlich das Abstimmungsverhalten (iS der Unterlassung einer bestimmten Entscheidung) fest.[321] Ein zweiter Fall betrifft Einigsein aller Gfter darüber, dass GfterG-Führer nur mit seiner Zustimmung abberufen werden soll. Im Ergebnis sind beide Entscheidungen zutr. Körperschaftsrechtliche Wirkung kann zB gegeben sein, wenn Stimmbindung derart getroffen ist, dass sie entweder als Einverständnis über Auslegung der Satzung zu qualifizieren ist, was jedenfalls Gfter selbst u ihre Erben zu binden vermag, oder Treupflicht der Gfter untereinander gestaltet. Aus den Entscheidungen kann zwar nicht geschlossen werden, dass BGH bei Konsortialverträgen zwischen allen Gftern, in denen erst durch Mehrheitsbeschluss der Inhalt der Stimmbindung konkretisiert wird, in gleicher Weise Beschlussanfechtbarkeit vertreten würde,[322] weil dogmatische Begründung beider Entscheidungen mit innergesellschaftlich bindender Kraft rein schuldrechtlicher Vereinbarung außerhalb der Satzung für sich allein nicht überzeugt. Die hier umgrenzte körperschaftsrechtliche Wirkung ergibt sich jedoch daraus, dass die gegen die Abstimmungsvereinbarung stimmenden Gfter verpflichtet sind, den der Vereinbarung gemäßen Zustand herzustellen, sich folglich auch nicht auf gegenteiliges Ergebnis berufen dürfen. Wird Satzung nach Abschluss der GfterVereinbarung von dieser abw beschlossen, kann Gfter, der hiergegen nichts unternimmt, bei späteren satzungsgemäßen (aber der GfterVereinbarung nicht entsprechenden) Beschlüssen Anfechtung nicht auf Verstoß gegen GfterAbrede stützen.[323]

119 Abredewidrige Stimmabgabe verletzt Stimmbindungsvertrag u verpflichtet bei Verschulden zum **Schadensersatz.** Sicherung durch Vertragsstrafe möglich u empfehlenswert.[324] **Erfüllungsklage** aus Stimmbindungsvertrag wurde von der Rspr des RG als unzulässig angesehen.[325] BGH bejaht jedoch, obgleich von Sonderfall ausgehend, Möglichkeit der Erfüllungsklage ganz allgemein.[326] Schrifttum hat den Widerstand gegen diese zumindest in sol-

---

320 BGH NJW 1983, 1910; BGH NJW 1987, 1890; OLG Hamm NZG 2000, 1036. Ähnlich öOGH AG 1996, 329 mit verkehrt formuliertem Leitsatz der Redaktion; *Noack* (Fn 309) 162 ff; *Zöllner,* Wechselwirkungen zwischen Satzung und GfterVereinbarungen, in *Henze/Timm/Westermann,* RWS-Forum 8, Gesellschaftsrecht, 1995, 107 f; *K. Schmidt* GesR 94; Scholz/*Schmidt* § 45 Rn 116 m m. wichtiger Begr u § 47 Rn 53; ausführliche Begründung auch bei *Noack,* Gesellschaftervereinbarungen S 66 ff; *Rossig* (Rn 113). Kritisch *Goette* in RWS-Forum 8, 119 ff; *Dürr* BB 1995, 1365 ff; **ablehnend** Ulmer/*Ulmer* § 3 Rn 123 f; *Ulmer* NJW 1987, 1849; *Lutter/Hommelhoff* Anh § 47 Rn 48; *Meyer-Landrut* Rn 20; Michalski/*Römermann* Rn 536; *Hoffmann-Becking* ZGR 1994, 450, s aber auch ebenda S 458 f; *Goette,* Die GmbH, § 7 Rn 82; abw auch oben *Fastrich* § 3 Rn 58; nicht ganz eindeutig OLG Stuttgart DB 2001, 854, 859, das aber zu recht Anfechtbarkeit dann verneint, wenn Nebenabrede nur generalklauselartige allgemeine Verhaltenspflichten regelt.

321 Krit zur Entscheidung *M. Winter* ZHR 154 (1990), 274 ff; *Happ* ZGR 1984, 168; *Vomhof* GmbHR 1984, 181.

322 So aber anscheinend *Happ* ZGR 1984, 175 ff.

323 ÖOGH AG 1996, 329.

324 *Noack,* Gesellschaftervereinbarungen 219 ff.

325 Zuletzt RGZ 170, 372.

326 BGHZ 48, 170 f; BGH GmbHR 1990, 68; aus der instanzgerichtlichen Rechtsprechung bejahend OLG Köln GmbHR 1989, 76; OLG Celle GmbHR 1991, 580.

cher Allgemeinheit nicht unbedenkliche Auffassung weitgehend aufgegeben.[327]

Art der Vollstreckung ist streitig. Für inhaltlich bestimmbare Abstimmungsverpflichtung hält BGHZ 48, 170 § 894 ZPO für einschlägig.[328] Verurteilung ersetzt nur abzugebende Stimme.[329] Keinesfalls in Betracht kommen sollte **Durchsetzung mittels einstwVfg.**[330] Zur einstwVfg auch noch unten Anh § 47 Rn 195–205. **120**

Auskunft über vertragliche Stimmbindungen schulden Gfter einander idR nicht.[331] Besondere Konstellation kann aber Anspruch begründen. Auskunftsanspruch aus § 51 a gegen Ges über ihr bekannte oder ermittelbare Stimmbindungen ihrer Gfter kollidiert mit Gfterinteressen u braucht nur erfüllt zu werden, wenn im GesInteresse liegendes Auskunftsinteresse erheblich überwiegt. **121**

Konzernrechtliche Folgen durch GfterVereinbarungen können entstehen, wenn mindestens einem der Beteiligten Unternehmenseigenschaft zukommt u durch die Stimmbindung zu seinen Gunsten Abhängigkeit entsteht.[332] An der Abrede beteiligte Gfter, die für sich keine Unternehmenseigenschaft aufweisen, werden von den Folgen grds nicht ergriffen.[333] **122**

---

327 Vgl Scholz/*Schmidt* Rn 55 mN; ferner *K. Schmidt* GesR 616; *Lutter/Hommelhoff* Rn 5; *Vogel,* Gfterbeschlüsse, 92 f; Rowedder/Schmidt-Leithoff/*Koppensteiner* Rn 34; *Rodemann* 119 ff. Weiterhin krit aber für AktR KölnerKomm/*Zöllner* § 136 Rn 112; zum GmbHRecht vgl auch *Dürr,* Nebenabreden im Gesellschaftsrecht, 1994; *ders* BB 1995, 1365, 1368. Nicht unerheblich einschr ferner *Overrath,* Die Stimmrechtsbindung, 1973, 101 ff.

328 Zust Scholz/*Schmidt* Rn 56 mN; *Lutter/Hommelhoff* Rn 5; Michalski/*Römermann* Rn 546; *Roth*/Altmeppen § 47 Rn 39; abw *Mertens* JR 1967, 462.

329 BGH GmbHR 1990, 68.

330 Vgl OLG Frankfurt BB 1982, 274; KG Berlin GmbHR 1997, 175 (nur Leitsatz); OLG Stuttgart GmbHR 1997, 312; Rowedder/Schmidt-Leithoff/*Koppensteiner* Rn 36; Scholz/*Schmidt* 7. Aufl Rn 59 (in späteren Aufl abgeschwächt); *Meyer-Landrut* Rn 21; *F. Semler* BB 1979, 1536; aA *Zutt* ZHR 155 (1991), 190 ff; Hachenburg/*Schilling* 7. Aufl Rn 33; *Lutter/Hommelhoff* Rn 6; Michalski/*Römermann* Rn 549; OLG Koblenz ZIP 1986, 503; OLG Hamburg GmbHR 1991, 468; OLG Frankfurt GmbHR 1993, 161; unentschieden *Roth*/Altmeppen § 47 Rn 52; differenzierend *Lübbert* (Fn 315) 194 mN; Ulmer/*Hüffer* Rn 82; vgl ferner *v. Gerkan* ZGR 1985, 167 ff).

331 OLG Hamburg GmbHR 1993, 508.

332 Vgl *Joussen* GmbHR 1996, 574.

333 Vgl *Joussen* GmbHR 1996, 574. Zum Einsatz von Stimmbindungsverträgen für die steuerliche Gestaltung einer Betriebsaufspaltung *Roschmann/Frey* GmbHR 1997, 155.

Anhang nach § 47

Mangelhaftigkeit von Gesellschafterbeschlüssen

Lit: *Casper,* Die Heilung nichtiger Beschlüsse im Kapitalgesellschaftsrecht, 1998; *Emde,* Die Bestimmtheit von Gesellschafterbeschlüssen, ZIP 2000, 59; *Henze,* Aspekte und Entwicklungstendenzen der aktienrechtlichen Anfechtungsklage in der Rechtsprechung des BGH, ZIP 2002, 97; *Hüffer,* Beschlussmängel im Aktienrecht und im Recht der GmbH – eine Bestandsaufnahme unter Berücksichtigung der Beschlüsse von Leitungs- und Überwachungsorganen, ZGR 2001, 833; *Kreß,* Gerichtliche Beschlußkontrolle im Kapitalgesellschaftsrecht, 1996; *Lindemann,* Die Beschlußfassung in der Einmann-GmbH, 1996; *Noack,* Fehlerhafte Beschlüsse in Gesellschaften und Vereinen, 1989; *Schnorr,* Teilfehlerhafte Gesellschaftsbeschlüsse, 1997; *Martin Schwab,* Das Prozeßrecht gesellschaftsinterner Streitigkeiten, 2004; *Slabschi,* Die sog rechtsmißbräuchliche Anfechtungsklage, 1997; *Thöni,* Rechtfolgen fehlerhafter GmbH-Gesellschafterbeschlüsse, 1998 (zum österreichischen Recht); *Zöllner,* Die Schranken mitgliedschaftlicher Stimmrechtsmacht bei den Personenverbänden des privaten Rechts, 1963; *ders,* Zur Problematik der aktienrechtlichen Anfechtungsklage, AG 2000, 145.

Übersicht

A. Allgemeines

I. Materieller Grundansatz des Beschlussmängelrechts

Behandlung rechtlicher Mängel von Gfter-Beschlüssen ist, obgleich diese als Rechtsgeschäfte zu qualifizieren sind (s § 47 Rn 4), nicht mittels allgemeiner Vorschriften über Rechtsgeschäfte zu bewältigen. Vielmehr ist die im AktG kodifizierte Differenzierung zwischen nichtigen Beschlüssen (= solchen, auf deren Mangelhaftigkeit sich jedermann ohne weiteres berufen kann) und lediglich „anfechtbaren" Beschlüssen (= solchen, deren Mangelhaftigkeit besonderer Geltendmachung und besonderer Anfechtungsbefugnis bedarf) maßgebend (allgM). Differenzierung ist, wie *U. Noack* ausführlich gezeigt hat, Ausdruck vernünftiger, für die Beschlussfassung aller Personenverbände einschlägiger Prinzipien.[1] Von jedermann jederzeit geltend zu machende Nichtigkeit ist nur aus wenigen gravierenden Gründen erforderlich, nämlich bei Beeinträchtigung schwerwiegender Rechtssicherheitsinteressen (schwere Einberufungsmängel, Beurkundungsmängel), bei (praktisch kaum vorkommendem) inhaltlichem Sittenverstoß u bei inhaltlichem Verstoß gegen Gesetze, die den Schutz Außenstehender, inbes der Gläubiger bezwecken. 1

Beim Verstoß gegen alle anderen Normen (Gesetz und Satzung) geht es nur um die **Respektierung der internen Verbandsordnung,** bei der sich nach den allg Regeln der Rechtsgeschäftslehre Nichtigkeit mit § 134 BGB weithin gar nicht begründen ließe, weil gesetzliche Normen des Beschlussverfahrens einschl der Beschlussvorbereitung u erst recht Satzungsnormen, gleich ob verfahrensbezogen oder inhaltlicher Art, keine Verbotsgesetze iSv § 134 BGB sind (für Verfahrensnormen gilt das nicht ausnahmslos, vgl etwa § 51 III u IV, die sich als Verbotsgesetze verstehen lassen). Auch inhaltlicher Verstoß eines Beschlusses gegen dispositive gesetzliche Normen (die im GmbHG relativ häufig sind), ist kaum als Verstoß gegen gesetzliches Verbot iSv § 134 BGB wertbar. Gleichwohl muss selbstverständlich auch die interne Verbandsordnung bei der Fassung von GfterBeschlüssen beachtet werden. Geschieht dies nicht, kann jeder Gfter (evtl auch bestimmte Organe u Organmitglieder) durchsetzen, dass entsprechende Beschlüsse als nichtig behandelt werden. Letztlich folgt dies daraus, dass Gfter, wenn sie im Rahmen ihrer Rechtsbeziehung aus dem GesVerhältnis die gesetzliche u selbstgesetzte Verbandsordnung missachten, außerhalb ihrer Rechtsmacht handeln. Ihr diesbezügliches Verhalten müsste daher eigentlich der Unwirksamkeit anheimfallen. *Noack* spricht insoweit, durchaus sinnfällig, von „interner Nichtigkeit". Hiergegen erhobener Einwand,[2] personell beschränkte Nichtigkeit gebe es nicht, ist eher petitio principii. *Noack* meint mit Nichtigkeit gerade nicht das Gleiche wie die allgemeinen Vorschriften des BGB, sondern eine Sonderkategorie der 2

[1] Vgl *U. Noack,* Fehlerhafte Beschlüsse, 3 ff–40.
[2] Zuletzt wieder *Casper* ZHR 163 (1999), 60 ff.

Mangelhaftigkeit. Praktische Besonderheit dieser internen Verstöße liegt darin, dass Rechtswidrigkeit oft unbemerkt bleibt oder dass auf ihre Geltendmachung verzichtet wird. Da Interesse der Gesamtrechtsordnung an eo ipso-Unwirksamkeit nicht besteht, weil Gfter bei allgemeinem Konsens an die innere Verbandsordnung nicht gebunden sind – es handelt sich um durchweg verzichtbare Positionen – liegt es nahe, solche Beschlüsse zunächst gültig sein zu lassen, wenn innerverbandlicher Verstoß innerverbandlich nicht aufgegriffen wird. Beschlüsse befinden sich auf Grund solcher innerverbandlicher Verstöße daher in einer Schwebelage, die sich am besten als Anfechtbarkeit bezeichnen lässt.[3]

II. Geltendmachung anfechtbarkeitsbegründender Mängel

3 **1. Das Grundkonzept und seine Kritik.** Anfechtung von Gfter-Beschlüssen ist nach hM in Schrifttum u stdg Rspr nur im Wege der Anfechtungsklage möglich, deren Erhebung an Einhaltung angemessener Frist gebunden ist (mit im Einzelnen unterschiedlichen Vorstellungen über Länge der Frist, dazu näher unten Rn 6 ff, 144 ff). Dieses Konzept hat sich, da im GmbHG jede Regelung fehlt, in Anlehnung an das Aktienrecht in einem langen Prozess der Rechtsfortbildung entwickelt u zunächst gefestigt. Das ist umso erstaunlicher, als es weder dogmatisch ausreichend begründet ist, noch rechtspolitisch wirklich überzeugt. Dogmatische Begründung könnte nur in Analogie zum Aktienrecht liegen,[4] deren Grundvoraussetzung – Gleichheit der Interessenlage – jedoch nicht gegeben ist. Rspr hat zwar gelegentlich „weitgehende Ähnlichkeit der Sach- und Rechtslage" behauptet, aber nie näher dargelegt.[5] Insbes folgt Erfordernis der Klageerhebung nicht notwendig aus der oben Rn 1 bejahten Rechtsähnlichkeit der Differenzierung zw Nichtigkeit und Anfechtbarkeit. Letztere besagt nur, dass Mängel besonderer Geltendmachung bedürfen; wie diese zu erfolgen hat, ist durch die Differenzierung selbst nicht präformiert. So war denn auch die Anerkennung einer „Anfechtungsklage" im Aktienrecht durch ROHG 23, 275 schon vor ihrer gesetzlichen Einführung nur Anerkennung einer Möglichkeit gerichtlicher Durchsetzung innerverbandlicher Rechte der Aktionäre, die über das allgemeine Recht der Mangelhaftigkeit von Rechtsgeschäften nicht möglich gewesen wäre. Auch argumentative Berufung auf Rechtssicherheit vermag Erfordernis fristgebundener Klageerhebung nicht zu tragen und wird eher iS eines nicht hinterfragten Topos gebraucht, statt mit differenzierten Darlegungen untermauert.[6] Insbes ist es unzutr, die Anfechtungsklage zu einem allg Institut des Verbandsrechts zu erklären.[7] Davon kann gar keine Rede sein.

4 Erfordernis fristgebundener Klageerhebung übt rechtspolitisch nicht wünschenswerten Zwang zur Klageerhebung aus, der nicht nur im Hinblick auf stark gestiegene und weiter steigende Verbreitung der GmbH unnötige Be-

---

3 In gleichem Sinn *Casper* (Fn 2).

4 Vgl dazu auch, freilich meist ohne eigene Stellungnahme, *Fleischer* GmbHR 2008, 673.

5 Vgl auch zur Entwicklung *Noack,* Fehlerhafte Beschlüsse, 79 ff; *Casper* (Fn 2), 58 ff.

6 Der Sache nach ganz in meinem Sinn *Casper* (Fn 2) 77, der aber übersieht, dass ich mir den Topos-Charakter der Rechtssicherheit nicht zu eigen mache, sondern gerade der hM topos-artigen Gebrauch vorwerfe.

7 So aber *K. Schmidt* GesR 453 ff; Scholz/*Schmidt* § 45 Rn 36; dagegen wie hier *Casper* (Fn 2) 72 ff.

lastung des Justizsystems mit sich bringen könnte (Zahlen darüber liegen, soweit ersichtlich, nicht vor), sondern vor allem Gfter und Ges zu einem Rechtsstreit nötigt, den beide Seiten möglicherweise wegen eines begrenzten Konflikts gar nicht wollen. Daraus können sich im Hinblick auf den realtypisch weit überwiegenden personalistischen Charakter der GmbH unerwünschte schädliche Wirkungen ergeben durch irreparable Belastung, evtl sogar Zerstörung der Innenbeziehungen.

Es ist daher nicht verwunderlich, dass gegenüber hM und Rspr kritische **5** Einwände erhoben werden, teilweise bis hin zur Verwerfung ihres Konzepts u Vorschlägen für ein abweichendes System.[8] Im Rahmen eines auf Orientierung der Praxis ausgerichteten Kurzkommentars kann der Kontroverse nicht im Einzelnen nachgegangen werden. Vielmehr ist der Benutzer des Kommentars in erster Linie über die in der Praxis auftretenden Rechtsfragen und ihre Lösung durch die Rspr zu unterrichten. Abweichende Lösungsvorschläge werden dabei mitbehandelt, aber in begrenzter Auseinandersetzung mit ihrem Für und Wider. Ausführliche Darlegungen erfolgen allerdings zu der für die Praxis ganz zentralen Frage der Fristgebundenheit. Insoweit wird die eigene, von der Tendenz der Rspr abweichende Meinung genauer entwickelt, selbstverständlich unter differenzierter Darlegung der vom BGH gestellten Anforderungen.

2. Frist und Form der Geltendmachung. Fristfrage und Frage, wie **6** Anfechtbarkeit geltend zu machen ist, stehen in engem Zusammenhang. Ges hat elementares Interesse daran, über Rechtsbeständigkeit ihrer Beschlüsse alsbald Klarheit zu haben. Grundsätzliche Überlegungen hierzu unter Entwicklung der eigenen Meinung werden in den folgenden Rn dargelegt. Genaueres zur Anfechtungsfrist samt den in der gerichtlichen Praxis vertretenen Grundsätzen unten Rn 144 ff sowie zur Geltendmachung Rn 159 ff.

a) Zeitliche Beschränkung der Mängelgeltendmachung ist einfaches **7** und probates Mittel zur Erzielung von Bestandssicherheit für Beschlüsse u ist daher Kernanliegen des Beschlussmängelrechts. Entgegen verbreiteter Vorstellung wird sie allerdings nicht durch Schutzbedürfnisse Dritter getragen. Solche Schutzbedürfnisse sind lediglich in gewissem Umfang bei wesentlichen Strukturveränderungen auszumachen wie insbes Rechtsformwechsel u Verschmelzung, u auch dort haben sich Schutzinteressen von Gläubigern u Geschäftspartnern vor allem durch neue Lehren vermindert, nach denen solche Strukturveränderungen, einmal durchgeführt, nicht mit ex tunc-Wirkung rückgängig gemacht werden können, sondern für die Zwischenzeit als wirksam angesehen werden müssen.

Angelpunkt für Überlegungen zur zeitlichen Beschränkung der Beschluss- **8** anfechtung sind die Interessen der Ges u mittelbar der MitGfter. Der Ges

---

[8] Vgl etwa *Wiedemann* 153 u 466 f; *Immenga* GmbHR 1973, 5 ff; *Timm* FS Fleck, 1988, 365 ff; am ausführlichsten *Noack,* Fehlerhafte Beschlüsse, 103 ff, 113 ff u passim; *Raiser* FS Heinsius, 1991, 645; *ders* FS GmbHG, 1992, 587; Hachenburg/*Raiser* Rn 1 ff; s auch *Zöllner/Noack* ZGR 1989, 525; ausführlich *Thöni,* Rechtsfolgen fehlerhafter GmbH-Gesellschafterbeschlüsse, 11 ff; vgl ferner *Casper* ZHR 163 (1999), 54, der Anfechtungsklageerfordernis nur für Satzungsänderungen und Grundlagenbeschlüsse aufrechterhalten will. Kritische Bemerkungen für Teilproblematik auch bei *Claussen* FS Semler, 1993, 97, 110 ff. Sympathie für Einschränkung des „schwerfälligen Instruments der Anfechtungsklage“ außerhalb von Satzungsänderungsbeschlüssen gibt *Ulmer* GmbHR 1990, 429, 432 zu erkennen.

obliegende Zweckverfolgung verträgt sich nicht mit der Möglichkeit, für beliebig lange Zeit Beschlussentscheidungen durch Geltendmachung von Mängeln in Zweifel zu ziehen, dadurch Unruhe und Unsicherheit in Ges zu tragen u weitere Zweckverfolgung zu gefährden. Da alle Gfter auf den Zweck der Ges verpflichtet sind, entspricht es ihrer Treubindung, Bedenken gegen die Vereinbarkeit eines GfterBeschlusses mit dem innerverbandlichen Normensystem mit aller zumutbaren Beschleunigung geltend zu machen. Insoweit besteht freilich Interessenkonflikt, der nicht mit der Axt einer starren Frist undifferenziert gelöst werden darf. Kurze Fristen bedeuten zum einen eine sehr starke Beschränkung der Mängelgeltendmachung durch Versagung von Rechtsschutz, wenn Mangel erst nach Ablauf der Frist entdeckt wird. Sie benachteiligt Gfter auch insofern sehr stark, als es bei der Geltendmachung von Beschlussmängeln, selbst wenn sie innerhalb der Frist erkannt werden, vielfach um die Beurteilung komplexer u schwieriger Sach- u Rechtsfragen geht, über die innerhalb kurzer Frist hinreichende Klarheit vielfach nicht gewonnen werden kann.[9]

9 Jedenfalls treffen rechtspolitische Erwägungen für eine Anfechtungsfrist von einem Monat im Aktienrecht (§ 246 I AktG) auf GmbH nicht zu. Das ist in BGHZ 11, 235 überzeugend dargelegt. Verfehlt ist deshalb die vom RegE 1971 in § 196 I vorgesehene Übernahme der aktienrechtlichen Anfechtungsfrist in das GmbHRecht.[10] Unzutr ist deshalb auch die in neuerer Zeit von Rspr[11] viel gebrauchte Sentenz, die aktienrechtliche Monatsfrist habe **Leitbildfunktion** für die GmbH. Das hat sie nicht. § 246 I AktG ist vielmehr auf GmbH überhaupt nicht anzuwenden. Zeitliche Begrenzung der Anfechtung muss vielmehr eigenständig aus der Treubindung entwickelt werden. Darin liegende Unsicherheit ist für die Beteiligten erträglich und bringt erheblichen Gewinn an Fallgerechtigkeit durch Flexibilität des Maßstabs.

10 Treubindung verlangt, dass Gfter Mängelgeltendmachung **mit aller zumutbaren Beschleunigung** betreibt (so verschiedentlich auch Formeln der Rspr). Daraus folgt, dass Bemessung der Frist sachangemessen zu erfolgen hat: Je faktisch u rechtlich schwieriger Beurteilung ist, umso länger darf Gfter zuwarten.[12] Andererseits wird Gfter umso mehr Beschleunigung abzuverlangen sein, je dringlicher Durchführung der Entscheidung für Ges ist.[13] Auch von der Intensität des Eingriffs in die Interessen des anfechtenden Gfters könnte Frist abhängig sein, ferner vom Verhalten der Mehrheit. Insbes wenn

---

[9] Näher *Zöllner,* Schranken mitgliedschaftlicher Stimmrechtsmacht, 386 f.

[10] Vgl *Flume,* JurPerson, § 7 VI, S 257; anders, wenn auch zweifelnd, offenbar *K. Schmidt* AG 1977, 248 u JZ 1987, 1084; ferner *A. Hueck* FS Molitor, 1962, 426, der aber zur Milderung der Monatsfrist Zulässigkeit von Verlängerungsvereinbarungen befürwortet; stark kritisch wie hier *Thöni,* Rechtsfolgen fehlerhafter GmbH-Gesellschafterbeschlüsse, 25 ff.

[11] ZB BGHZ 111, 226.

[12] IdS zB BGHZ 111, 224, 226: Klageerhebung nicht zumutbar, solange Gfter nicht ausreichend Zeit hatte, schwierige tatsächliche oder rechtliche Fragen zu klären oder klären zu lassen, auf die es für Beurteilung der Erfolgsaussichten der Klage ankommt. Da es auf Betriebsergebnisse und Bilanzanalyse ankam, hielt Gericht Zeitraum von zwei Monaten u zehn Tagen für angemessen.

[13] In BGHZ 111, 224 bestand keine besondere Dringlichkeit für Ges, da es um Anfechtung eines das GFührergehalt eines Gfters rückwirkend erhöhenden Beschlusses ging.

Mehrheit Sondervorteil verfolgt, darf sie nicht mit Billigung durch MinderheitsGfter rechnen.

Nach diesen Umständen zu bemessende Frist wird man nicht undifferenziert ab Beschlussfassung beginnen lassen dürfen, andererseits auch nicht erst ab Kenntnis des Mangels (wenn auch immer spätestens ab dieser), wohl aber idR ab Erkennbarkeit. Bestandskraftinteresse mag daneben eine zweite längere Frist rechtfertigen, welche die Anfechtbarkeit ohne Rücksicht auf Erkennbarkeit oder Kenntnis des Mangels ausschließt. Ihr Lauf setzt aber mindestens voraus, dass Gfter Kenntnis von der Beschlussfassung hatte oder haben musste. Ist ihm etwa der für ihn wesentliche Tagesordnungspunkt nicht mitgeteilt worden und hat man ihm auch hinterher keine Kenntnis von dem gefassten Beschluss gegeben, wird Anfechtbarkeit nur entfallen können, wenn Gfter auf andere Weise Kenntnis von dem Beschluss hätte erlangen müssen. Im Einzelnen werden diese Überlegungen ausführlicher aufgenommen unten Rn 153 f. 11

b) Art der Geltendmachung von Mängeln. Aus Treubindungen zu entwickeln ist auch, wie Gfter Mangelhaftigkeit eines Beschlusses geltend zu machen hat. Fixierung der hM auf Klageerhebung ist ua auch deswegen unglücklich, weil für Klageerhebung naturgemäß längere Frist eingeräumt werden muss als für andere, weniger aufwändige u eingreifende Art der Geltendmachung. Vor Klageerhebung muss Kläger Erfolgsaussicht einer Klage beurteilen können.[14] Kann er Mangelhaftigkeit gesellschaftsintern geltend machen, ist ihm dies schon erheblich früher, etwa bereits bei dringendem Verdacht, dass Mangel vorliegt, zuzumuten. Es ist keine Frage, dass dringendes Interesse der Ges und MitGfter daran besteht, möglichst frühzeitig zu erfahren, wenn Bedenken gegen Rechtmäßigkeit eines Beschlusses u Absicht ihrer Geltendmachung bestehen. 12

Anfechtungsbefugnis des Gfters hängt zwar nicht vom Widerspruch gegen Beschluss in GfterVers ab (anders für Regelfall § 245 Nr 1 AktG), vgl Rn 136, Gfter muss aber, wenn er **Beschlussmangel** als gegeben ansieht u geltend machen will, dies der Ges **unverzüglich kundtun.** GFührer hat seinerseits hiervon allen Gftern unverzüglich Mitteilung zu machen. Ges muss im Regelfall ihrerseits an Klärung der Mangelfrage mitwirken durch Auskünfte u eigene Prüfung der Sach- u Rechtslage. Kommt sie zum Ergebnis, dass Beschluss anfechtbar ist, hat sie, wenn der den Mangel geltend machende Gfter den Beschluss nicht gelten lassen will, im Zusammenwirken mit dem Gfter Lage zu bereinigen. Dafür stehen etliche Wege offen: Abstandnahme von Beschlussdurchführung, Aufhebung des Beschlusses, Rücknahme von Durchführungsmaßnahmen, bei eingetretenen u durchgeführten Strukturänderungen auch Beschluss über actus contrarius, bei Verfahrensfehlern Beschlussbestätigung u noch manches andere. Auch Durchführung des Anfechtungsprozesses unter Klageanerkenntnis kann im Einzelfall als für Ges vorteilhaft in Betracht kommen. Will der Mängel geltend machende Gfter sichergehen, dass seinen Bedenken Rechnung getragen wird, muss er freilich auf Gfterbeschluss bestehen oder zumindest auf bindender Zusage der übrigen Gfter. Kommt Ges oder Mehrheit zum Ergebnis, dass sie an dem gefassten Beschluss festhalten will, etwa weil sie ihn für mangelfrei hält, hat sie dies den Anfechtenden mit aller zumutbaren Beschleunigung wissen zu lassen. Solange Untersuchungen der Ges oder Verhandlungen mit ihr laufen, braucht Gfter nicht Anfechtungs- 13

---

[14] BGHZ 111, 224, 226.

klage zu erheben. Bricht sie Verhandlungen ab oder lässt sie sich auf solche erst gar nicht ein (wofür es anzuerkennende Gründe geben kann), darf Gfter Sache nicht auf sich beruhen lassen. Eigene Prüfung der Sach- u Rechtslage durfte er auch in der Verhandlungsphase nicht ruhen lassen. Ist die ihm nach den Grundsätzen Rn 144 ff zuzubilligende Prüfungs- u Überlegungszeit verstrichen, muss er nach dem praxisüblichen Konzept **nunmehr spätestens Anfechtungsklage** erheben.

14 **Nach anderen Konzepten** ist statt dessen Geltendmachung des Beschlussmangels mindestens auch im Wege der **Anfechtbarkeitseinrede im Rahmen eines einschlägigen Prozesses** möglich, etwa wenn Ges gem § 46 Nr 2 beschlossene Einzahlung auf Stammkapital bei Gfter einklagt.[15] Verliert Ges den Prozess auf Grund der Anfechtbarkeitseinrede, wäre wesentliches Rechtsschutzziel des betroffenen Gfters idR erreicht. Erforderlichkeit vorgängiger erfolgreicher gerichtlicher Anfechtung beruht eher auf petitio principii. Indessen kommt Einrede der Anfechtbarkeit nur bei einer eher kleinen Teilmenge von Beschlüssen in Betracht. Praktisch bedeutsamer wäre es, wenn man **inzidente Geltendmachung der Beschlussmangelhaftigkeit im Rahmen eines anderen Aktivprozesses** des anfechtenden Gfters genügen lässt:[16] Entlassener GfterGFührer klagt Gehalt für Zeit nach Entlassung unter Berufung auf Nichtigkeit des nach § 46 Nr 5 (Annexkompetenz) gefassten Beschlusses ein. Tut er dies rechtzeitig, könnte das als rechtzeitige Geltendmachung des Beschlussmangels aufzufassen sein, die hinreichende Klärung zwischen Ges u Gfter bewirkt. Auch für GfterKlage gegen GFührer auf Schadensersatzleistung an Ges könnte Geltendmachung der Mangelhaftigkeit des vorausgegangenen, Geltendmachung ablehnenden GfterBeschlusses (zur Erforderlichkeit eines bejahenden Beschlusses gem § 46 Nr 8 s § 46 Rn 61 ff mN) im Rahmen des Leistungsprozesses in Betracht kommen.[17] Freilich würde hier Beschlusserfordernis nur erfüllt, wenn nicht nur Anfechtung, sondern auch positive Beschlussfeststellung inzident erfolgen kann. Dagegen bestehen jedenfalls keine größeren Bedenken als gegen Inzidentanfechtung. Kommt es nur auf unmißverständliche Manifestierung des Willens an, Gfter-Beschluss durch Einleitung gerichtlicher Maßnahmen anzugreifen, ist auch fristgerecht eingebrachter Antrag auf Erlass einer einstwVfg zwecks Verhinderung der Beschlussdurchführung für genügend zu erachten. Gleiches gilt für Antrag auf Prozesskostenhilfe bezügl Anfechtungsprozeß.[18]

15 **Weitestgehendes Konzept** hält hingegen Bemühung von Gerichten für Beschlussanfechtung grundsätzlich nicht für erforderlich. Genügen soll vielmehr **unmissverständliche Erklärung, den Beschluss nicht gelten zu lassen.**[19] Vorteil dieser Auffassung liegt darin, dass sie Angriffslast gegen rechtswidrigen Beschluss nicht wie im Aktienrecht einseitig dem anfechtungswilligen Gfter zuweist, sondern der den Beschluss trotz Widerspruch durchführenden Ges Risiko der Durchführung eines potentiell rechtswidrigen Beschlusses aufbürdet, mit entspr Folgen, insbes evtl Pflicht zur Rückgängigmachung, zum Schadensersatz etc. Darin liegt durchaus nicht gering zu schätzender Gerech-

---

15 So vor allem *Raiser* FS Heinsius, 1991, 645.
16 Dazu vor allem Ulmer/*Raiser* Rn 107 u 192 ff; Scholz/*Schmidt* § 45 Rn 124.
17 Abl OLG Köln GmbHR 1993, 816.
18 Insoweit bejahend Scholz/*Schmidt* § 45 Rn 145; vgl auch unten Rn 152.
19 So insbes *U. Noack,* Fehlerhafte Beschlüsse, 71 ff, der diese Erklärung Widerspruch nennt.

tigkeitswert, weil Ges hinsichtlich Mängelvermeidung und Mängelprüfung sich in weitaus besserer Lage befindet als Gfter, daher Risiko auch leichter tragen kann. Aufbürdung des Unsicherheits- u Unklarheitsrisikos auf Gfter stellt durchaus einseitige Begünstigung von Ges und Mehrheit dar (praktisches Problem von gewisser Tragweite bildet insoweit selbstverständlich der querulatorische, uneinsichtige, mutwillige oder feindliche Gfter. Aufbürdung prozessualer Angriffslast mit Kostenvorschusspflicht etc kann durchaus abschreckend auf ihn wirken). Vorstellbar sind daneben auch differenzierende Konzepte, die eine Anfechtungsklage für bestimmte gravierende Entscheidungen der GfterVers verlangen, etwa für alle zu ihrer Wirksamkeit der Eintragung im HR bedürftigen Beschlüsse sowie der Bestellung u Abberufung von GFührern (letzteres in Anlehnung an den Rechtsgedanken der §§ 117, 127 HGB). Höchstrichterliche Rspr sollte sorgfältig prüfen, ob die Öffnung solcher Wege nicht besseres Rechtsfortbildungskonzept bietet. Praxis muss sich aber einstweilen an dem engeren, die Erforderlichkeit der Anfechtungsklage binnen angemessener Frist umfassend zugrunde legenden Konzept orientieren, das in der folgenden Kommentierung ganz im Vordergrund steht.[20]

3. **Reformbemühungen** unterschiedlicher Art werden seit einiger Zeit im Aktienrecht diskutiert.[21] Manches davon wird scheibchenweise umgesetzt. Ausgerichtet sind diese Bemühungen vorwiegend an dem Ziel der Verhinderung missbräuchlicher Anfechtungsklagen bzw auf Ausgleich ihrer nachteiligen Folgen.[22] Für das GmbH-Recht ist dieses spezielle Anliegen bislang nicht relevant. Wie weit sich dies etwa auf Grund der Zulassung von Ein-Euro-Anteilen ändert, ist nicht abzusehen. Jedenfalls ist im Rahmen der bisherigen aktienrechtlichen Reformbemühungen nicht mit sachgerechter Verbesserung der GmbH-bezogenen Problematik der Anfechtung von Gfterbeschlüssen zu rechnen. **15 a**

III. Arten der Mangelhaftigkeit von GfterBeschlüssen

Mehrere Arten der Mangelhaftigkeit sind zu unterscheiden: Nichtigkeit, Unwirksamkeit, Anfechtbarkeit und Eintragungswidrigkeit. **16**

1. **Nichtigkeit.** Nur unter besonderen Voraussetzungen sind Beschlüsse im gleichen Sinn nichtig wie gewöhnliche zivilrechtliche Rechtsgeschäfte. Auf diese Nichtigkeit kann sich jedermann berufen, auch einredeweise. Erhebung einer Nichtigkeitsfeststellungsklage durch jedermann zulässig, der Feststellungsinteresse hat, Erhebung durch Gfter ist in Anlehnung an Aktienrecht als sog **Nichtigkeitsklage** mit übergreifender Rechtskraftwirkung ausgestattet, § 249 AktG. Zu den Gründen, die zur Nichtigkeit führen, unten Rn 44 ff. **17**

---

[20] Zur Kritik neuer konzeptioneller Ansätze *O. Schröder* GmbHR 1994, 532.

[21] Dazu vor allem das verdienstvolle, aber nicht grds genug ansetzende Gutachten für den 63. DJT von *Baums,* Empfiehlt sich eine Neuregelung des aktienrechtlichen Anfechtungs- und Organhaftungsrechts, insbesondere der Klagemöglichkeit der Aktionäre? 2000; *M. Winter,* die Reform des Beschlussanfechtungsrechts – Eine Zwischenbilanz, Liber Amicorum Happ, 2006, 363.

[22] Einen grundsätzlicheren Ansatz unternimmt der Arbeitskreis Beschlussmängelrecht, Vorschlag zur Neufassung der Vorschriften des Aktiengesetzes über Beschlussmängel, AG 2008, 617.

18 **2. Anfechtbarkeit.** Die meisten Mängel, insbes Verstöße gegen Satzung, ferner überwiegende Zahl der Verfahrensverstöße u alle Fälle des Stimmrechtsmissbrauchs führen nach dem aktienrechtlichen Beschlussmängelsystem nur zur Anfechtbarkeit, die bei der AG nur durch Anfechtungsklage geltend zu machen ist. Unterbleibt Anfechtung, ist Beschluss als gültig zu behandeln. Auch im GmbH-Recht hat diese Mängelkategorie größere Bedeutung als die Nichtigkeit. Gleichwohl ist diese Bedeutung erheblich geringer als im Aktienrecht, weil Anfechtung unterbleiben kann, wenn Beschlussergebnis (iSd Bejahung oder Verneinung des gestellten Beschlussantrags) nicht durch konstitutive Ergebnisfeststellung seitens eines Abstimmungsleiters oder auf Grund Einvernehmens der Abstimmungsteilnehmer über das Ergebnis (näher Rn 118 ff) verbindlich feststeht. Zur Problematik der Geltendmachung vgl Rn 124.

19 **3. Unklarheit des Beschlussergebnisses.** Anders als im Aktienrecht ist bei GmbHGfterbeschlüssen förmliche Feststellung und Verkündung des Beschlussergebnisses zur Beschlusswirksamkeit nicht erforderlich und deshalb in der Praxis der Gfterversammlung eher selten (zur Beschlussfeststellung Rn 116 ff). Beschlussergebnis bleibt deshalb in vielen (im Aktienrecht zur Anfechtung führenden) Fällen kontrovers, wie namentlich beim Streit über Gültigkeit von Stimmabgaben, die für das Beschlussergebnis erheblich sind (zB angeblicher Verstoß gegen Stimmverbot, Treuwidrigkeit von Stimmabgaben, dazu § 47 Rn 108), Zweifel an der Rechtsgültigkeit einer Anteilsübertragung ua). Anfechtungsklage gegen derartigen Beschluss kommt wegen dieser Mängel nicht in Betracht, vielmehr ist prozessual über die sich auf das Ergebnis auswirkenden Mängel im Wege der Ergebnisfeststellungsklage zu streiten (dazu Rn 181 f). Selbstverständlich ist die Unklarheit über das Beschlussergebnis selbst kein Mangel des recte gefassten Beschlusses, sondern allenfalls Folge eines solchen.

20 **4. Unwirksamkeit.** Besondere auch im Aktienrecht nicht geregelte Kategorie der Mangelhaftigkeit bildet die Unwirksamkeit.[23] Sie beruht, anders als die Nichtigkeit, nicht auf einem Gesetzesverstoß, sondern auf der Unvollständigkeit des nach den einschlägigen Normen zur Wirksamkeit erforderlichen Gesamttatbestands.[24] In aller Regel geht es darum, dass notwendige Zustimmungserklärungen von Gftern oder Gftergruppen (zB gem § 53 III, zu weiteren Fällen s § 47 Rn 29 f u § 53 Rn 28 ff, 78) ausstehen. Unwirksamkeit tritt meist zunächst als noch nicht endgültiger Beschlussmangel auf, weil nachträgliche Vervollständigung des Wirksamkeitstatbestands (insbes Erteilung der Zustimmung) möglich ist; diese sog schwebende Unwirksamkeit wandelt sich dann zur Wirksamkeit. Ist hingegen Vervollständigung nicht mehr möglich, wird insbes Zustimmung verweigert, ist Schwebezustand beendet, Beschlussmangel wandelt sich zur endgültigen Unwirksamkeit. Von schwebender Unwirksamkeit kann man auch bei satzungsändernden Beschlüssen vor ihrer Eintragung im HReg sprechen,[25] weil die mit dem Beschluss intendierte Rechtswirkung vor Eintragung nicht eintritt.

---

[23] Abw *Baums* ZHR 142 (1978) 583.

[24] Näher dazu *Th. Berg,* Schwebend unwirksame Beschlüsse privatrechtlicher Verbände, 1994, 58 ff.

[25] So zB Michalski/*Römermann* Rn 26.

Unwirksamkeit unterscheidet sich auf der Rechtsfolgeseite von der Nichtigkeit in ihren Wirkungen gar nicht. Kein geeignetes Unterscheidungsmerkmal ist Heilbarkeit,[26] weil sie auch bei Nichtigkeit gegeben sein kann, vgl § 242 AktG. 21

Geltendmachung. Unwirksamkeit kann formlos einredeweise, aber auch durch Unwirksamkeitsfeststellungsklage, Rechtsschutzinteresse vorausgesetzt, geltend gemacht werden. Wird Klage durch Gfter erhoben, auf dessen Zustimmung es ankommt, ist auf endgültige Unwirksamkeit, dh Nichtigkeit zu erkennen. Weist schwebend unwirksamer Beschluss anfechtungsbegründenden Mangel auf, muss dieser durch Anfechtungsklage rechtzeitig geltend gemacht werden, weil Anfechtungsmangel Heilung der Unwirksamkeit nicht hindert.[27] Entgegen Leitsatz enthält BayObLG ZIP 1998, 739 keinen Unwirksamkeits- sondern Nichtigkeitsfall, vgl näher unten Rn 53 f. Umgekehrt ist Beschluss, dem die erforderliche Zustimmung in einem der oben genannten Fälle fehlt, nicht wegen dieses Fehlens anfechtbar. 22

5. Eintragungswidrigkeit. Von ihr ist nur bei Beschlüssen zu sprechen, die der Eintragung im HR bedürfen, um intendierte Rechtswirkung zu erzielen, wie insbes satzungsändernde Beschlüsse. Sie liegt dann vor, wenn Beschluss Normenverstöße aufweist, die zur Ablehnung der Eintragung führen. Solche Verstöße können gleichzeitig Nichtigkeit oder Anfechtbarkeit begründen, notwendig ist dies aber nicht; vielmehr kann Eintragungswidrigkeit auch gegeben sein hinsichtlich solcher Verstöße, die nicht zur Anfechtbarkeit führen.[28] Ferner besteht Eintragungswidrigkeit fort, auch wenn innerhalb Anfechtungsfrist keine Anfechtungsklage erhoben wird. GmbH-rechtliches Beispiel für diese im Aktienrecht bedeutsamere Kategorie ist etwa der Verstoß gegen die Stichtagsregelung des § 57 f I 2. 23

6. Wirkungslosigkeit. Selbstverständlich können Beschlüsse insofern wirkungslos sein, als sie die mit ihrem Inhalt intendierte Wirkung rechtlich nicht zu entfalten vermögen. GfterBeschluss, der Bundespräsidenten absetzt oder auch nur in Gläubigerrechte unmittelbar eingreift, ist insoweit ohne jede rechtliche Wirkung. Er ist aber, da er die gesetzliche Kompetenzordnung mißachtet, ohnehin entspr § 241 Nr 3 AktG nichtig.[29] Die Bedenken von Hachenburg/*Schilling/Zutt* (7. Aufl) Rn 19 hiergegen sind unbegründet. Entscheidet GfterVers in einer dem MitbestG unterliegenden GmbH über die Bestellung von GFührern, greift deshalb Nichtigkeit Platz, nicht eine Sonderkategorie der Wirkungslosigkeit.[30] Das Gleiche gilt, wenn GfterVers einer im HR gelöschten GmbH Liquidatoren bestellt. Dies kann nur das Gericht.[31] Fraglich kann nur sein, wie *satzungsmäßige* Einschränkungen der GfterKompetenz zu behandeln sind, zB verdrängende Verlagerung der Weisungsbefugnis gegenüber GFührern auf einen Beirat. In solchen Fällen sind kompetenzverletzende Beschlüsse richtigerweise nicht als nichtig anzusehen, weil sie 24

---

[26] So aber *K. Schmidt* FS Robert Fischer, 1979, 701 ff.

[27] Näher zur Geltendmachung *Thöni* GesRZ 1995, 73.

[28] *Bokelmann* DB 1994, 1344.

[29] Vgl für das Aktienrecht KölnerKomm/*Zöllner* § 241 Rn 26; für GmbH-Recht Michalski/*Römermann* Rn 37; *Roth*/Altmeppen § 47 Rn 93.

[30] Abw *Lutter/Hommelhoff* Rn 4; wie hier *Roth*/Altmeppen § 47 Rn 93; Michalski/*Römermann* Rn 34 ff.

[31] BayObLG DB 1998, 465.

inhaltlich nicht gegen das Gesetz verstoßen. Hachenburg/*Schilling/Zutt* aaO wollen für diesen Fall Wirkungslosigkeit annehmen. Dafür besteht kein stichhaltiger Grund.[32] Derartiger Beschluss ist vielmehr anfechtbar wegen Verletzung der Satzung (zur Anfechtungsbefugnis der GFührer unten Rn 140). Wird er nicht angefochten, können sich GFührer nicht einfach über ihn hinwegsetzen, dies schon deshalb nicht, weil ja stets Möglichkeit einer Ersatzkompetenz der GfterVers im Raum steht (zu dieser § 46 Rn 93, 94). Kein Fall von Wirkungslosigkeit liegt vor, wenn Gfter neue Anteile aus KE Dritten zuteilen, obwohl Bezugsrecht nicht ausgeschlossen war;[33] Beschluss unterliegt lediglich der Anfechtung. Zur Problematik der Nichtigkeit satzungsdurchbrechender Beschlüsse[34] vgl § 53 Rn 43.

25 **7. Nichtbeschlüsse.** Neben nichtigen GfterBeschlüssen soll es auch Kategorie der Nichtbeschlüsse geben, für die eine Anwendung von §§ 241 ff AktG nicht in Frage kommen soll.[35] Darunter fallen sollen im Wesentlichen Beschlüsse total unzuständiger Gremien (BGH aaO: Mann von der Straße beruft Vers von Leuten ein, die mit Ges nichts zu tun haben). Bei lebensnäheren Beispielen wird Fragwürdigkeit der Kategorie sofort deutlich: ein Gfter, an den sämtliche Anteile unwirksam übertragen waren, ändert Satzung. Problematik dürfte ausschließlich im Bereich der Anwendbarkeit von §§ 242, 249 AktG liegen. Würde etwa angeblicher „Nichtbeschluss" in HR eingetragen, wäre die Anwendbarkeit dieser Normen in gleicher Weise geboten wie bei gewöhnlichen Nichtigkeitsfällen.[36]

26 **8. Scheinbeschlüsse.** In GmbHrechtlicher Lit wird manchmal noch von Scheinbeschlüssen gesprochen, meist in dem Sinn, dass ein Beschluss bestimmten Inhalts in Wahrheit nicht zustandegekommen ist, weil erforderliche Mehrheit nicht erreicht war.[37] Solche Beschlüsse sollen gegenstandslos u für jedermann unbeachtlich sein. Das ist nach mehreren Richtungen missverständlich. In solchen Fällen ist, sofern nicht ausnahmsweise die Beschlussergebnisfeststellung zur Wirksamkeit erforderlich ist (zu dieser Frage oben § 47 Rn 26 f), zwar kein positiver, wohl aber ein ablehnender Beschluss zustandegekommen. Das gilt auch bei Nichterreichen gesetzlicher qualifizierter Mehrheit. Von Scheinbeschluss im positiven Sinn könnte überhaupt nur gesprochen werden, wenn entweder entspr positive Beschlussfeststellung erfolgt ist – dann ist nach zutr Auffassung aber gerade der positive Beschluss als zustandegekommen zu betrachten, wenn er nicht angefochten wird (str, näher dazu unten Rn 118) – oder wenn die Beteiligten übereinstimmend die Erreichung der erforderlichen Mehrheit angenommen haben – auch dann muss dieses Ergebnis als im gleichen Sinn verbindlich wie eine Feststellung durch den VersLeiter angesehen werden (unten Rn 120). Daher ist insoweit von Scheinbeschlüssen besser nicht zu sprechen.

---

32 Zutr Ulmer/*Raiser* Rn 30.

33 So aber *Lutter/Hommelhoff* § 55 Rn 21.

34 Möglichkeit von BGH WM 1993, 1337, 1339 = GmbHR 1993, 497 bejaht.

35 Vgl insbes BGH 11, 236 (obiter).

36 Näher dazu KölnerKomm/*Zöllner* § 241 Rn 49 ff; zust Hachenburg/*Schilling/Zutt* (7. Aufl) Rn 6; Rowedder/Schmidt-Leithoff/*Koppensteiner* § 47 Rn 90; OLG Frankfurt GmbHR 1997, 171; OLG Stuttgart DB 2000, 1218 mit schönem Beispielsfall. Ulmer/*Raiser* Rn 27 lässt Frage ausdrücklich offen.

37 So zB *Meyer-Landrut* Rn 66. Für sog stimmlose Beschlüsse (dazu § 47 Rn 3) nehmen *Semler/Asmus* NZG 2004, 881 Scheinbeschlusscharakter an.

27 Auch die Formel, Scheinbeschluss liege vor, wenn elementare Voraussetzungen für das Zustandekommen fehlen,[38] ist nicht brauchbar. Solches Fehlen begründet vielmehr Nichtigkeit, wie Beispiel des § 241 Nr 1 AktG zeigt. Von einer Kategorie der Scheinbeschlüsse ist daher verbandsrechtlich generell abzusehen.[39] Versuch einer Wiederbelebung der Kategorie, um numerus clausus der Nichtigkeitsgründe zu umschiffen, wie ihn *J. Hoffmann*[40] unternommen hat, überzeugt nicht recht, auch wenn Hoffmann iE zu recht Beschlussfassung für nicht wirksam hält. Dazu auch Rn 66. Damit soll nicht die Möglichkeit von Rechtscheinphänomenen im Außenverkehr der Ges verneint werden.

IV. Gesellschaftsvertragliche Regelungen

28 Fragen der Mangelhaftigkeit von GfterBeschlüssen u ihrer gerichtlichen Geltendmachung sind gesellschaftsvertraglicher Regelung nur beschränkt zugänglich.

29 **1. Zwingende materiellrechtliche Regelungen.** Von zwingenden materiellrechtlichen Regelungen, insbes auch solchen des GmbHRechts, kann GesVertrag nicht dispensieren. Insoweit ist es auch nicht möglich, die Mangelhaftigkeit gegen solche Regelungen verstoßender GfterBeschlüsse einzuschränken.[41] Zulässig hingegen, Anfechtbarkeit von Satzungsverstößen zu beschränken.[42] Es handelt sich dann, genau genommen, um Satzungsregelungen mit Ordnungscharakter (vgl unten Rn 110). Ebenso wird man annehmen können, dass Anfechtbarkeit von Verstößen gegen dispositives Gesetzesrecht der Einschränkung zugänglich ist. Sie ist aber nur insoweit wirksam, als dadurch nicht Unklarheit über das materiell für die Ges geltende Recht produziert wird. Nicht zulässig ist es auch, die analog § 241 AktG gegebenen Nichtigkeitsgründe einzuschränken u den Rechtsschutz auf bloße Anfechtbarkeit zu reduzieren, weil Möglichkeit der Geltendmachung der Nichtigkeit insoweit durchweg im öffentlichen Interesse liegt.[43] Schon deshalb kann GesVertrag auch nicht festlegen, dass Geltendmachung der Nichtigkeit nur innerhalb bestimmter Frist zulässig sein soll.[44]

30 Ebenso ist es nicht zulässig, die sog **Anfechtungsbefugnis** (zu ihr unten Rn 135 ff) einzuschränken, sie etwa nur bestimmten Gftern zu gewähren. Dies liefe auf Verkürzung des gerichtlichen Rechtsschutzes hinaus. Gesellschaftsvertragliche Festlegung einer Anfechtungsfrist darf Rechtsschutz nicht unangemessen verkürzen (dazu noch näher unten Rn 152, 155). Problematik

---

38 Kritisch gegenüber dieser in älterer Literatur zu findenden Formulierung *Roth*/ Altmeppen § 47 Rn 93.

39 Ulmer/*Raiser* Rn 32; *Noack*, Fehlerhafte Beschlüsse, 11; abw Scholz/*Schmidt* § 45 Rn 50, 51 mit ausführlichen Darlegungen u unter Vermischung von Scheintatbestand und bloß behauptetem Tatbestand.

40 NZG 1999, 1174.

41 Gegen Beseitigung der Anfechtbarkeit zB *A. Hueck* FS 150 Jahre Heymanns Verlag, 1965, 301.

42 Zu undifferenziert insoweit *A. Hueck* FS 150 Jahre Heymanns Verlag, 1965, 301; wie hier Hachenburg/*Raiser* Rn 145.

43 Zust Ulmer/*Raiser* Rn 90.

44 Abw BGH GmbHR 1977, 177.

ist in Parallele zur neueren Entwicklung der Rspr zur gerichtlichen Überprüfung vereinsrechtlicher Maßnahmen[45] zu sehen.

31 Zweifelhaft ist, ob Satzung **Nichtigkeitsgründe ausweiten** kann.[46] Im Extremfall könnte die Zulässigkeit auf die Beseitigung der Sonderkategorie der Anfechtbarkeit hinauslaufen. Verkürzung des gerichtlichen Rechtsschutzes wäre damit nicht verbunden. Als entscheidend erscheint, ob dringendes Interesse der Öffentlichkeit an der Rechtsbeständigkeit von GfterBeschl u damit der Beschränkung der Mängelgeltendmachung besteht. Bei der AG mag ein solches Interesse jedenfalls in bestimmtem Umfang zu bejahen sein. Bei der GmbH ist es hingegen zu verneinen, weil hinreichender Schutz Dritter auf andere Weise gewährleistet ist. Unter diesem Aspekt erschiene die teilweise oder völlige Ersetzung der Anfechtbarkeit durch Nichtigkeit durchaus vertretbar, allerdings für die Normal-GmbH idR nicht zweckmäßig. Satzungsmäßige Ersetzung der Anfechtungsklage durch bloße Anfechtungserklärung erscheint unbedenklich.[47]

32 **2. Schiedsgerichtsvereinbarungen.** Ob Zuständigkeit eines Schiedsgerichts zu einer Entscheidung von Beschlussmängelstreitigkeiten mit inter-omnes-Wirkung vereinbart werden kann, ist streitig. Ganz hM bejaht das, zumindest bei Vorliegen bestimmter Voraussetzungen. Inwieweit der BGH die Vereinbarung zulässt, ist zweifelhaft.

33 **a) Hinweise zur Entwicklung.** Zulässigkeit schiedsgerichtlicher Erledigung von Beschlussmängelstreitigkeiten wurde bis in die 70er Jahre zumindest von ganz hM verneint. Ausschlaggebend dafür war zunächst § 1025 I ZPO aF, der die Wirksamkeit einer Schiedsvereinbarung auf vergleichsfähige Gegenstände beschränkte. Eine derartige Vergleichsfähigkeit wurde damals für Beschlussmängelstreitigkeiten bei Kapitalgesellschaften verneint.[48] Schrifttum wandte sich in der Folgezeit mehr und mehr gegen diese Auffassung.[49] Spätestens seit Ende der 80er Jahre wurde die – freilich unter gewisse Anforderungen iS rechtsstaatlicher Garantien gestellte – Schiedsfähigkeit von Beschlussmängelstreitigkeiten für die GmbH zur hL. In diesem Sinn entschied auch das OLG Karlsruhe WM 1995, 666. Der BGH hat diese Entscheidung durch Urteil vom 29. 3. 1996[50] aufgehoben u die Erhebung der Einrede des Schiedsvertrags aus einer GmbH-Satzungsklausel gegenüber der Anfechtungsklage vor den ordentlichen Gerichten versagt.[51]

34 In der Begründung nimmt der BGH freilich **Abschied von vielen früher für maßgeblich erachteten Argumenten** gegen die Schiedsfähigkeit. Weder die gesetzlich vorgesehene ausschließliche sachliche u örtliche Zuständigkeit in § 246 III 1 AktG (analog) noch die Gestaltungswirkung von Anfechtungsurteilen hindern mehr die Schiedsfähigkeit. Auch die mangelnde

[45] Vgl zB BGHZ 87, 344; BGH WM 1987, 1425; BGH NJW 1990, 41; NJW 1997, 3368.

[46] Verneinend hM, zB Ulmer/*Raiser* Rn 33, 90; Scholz/*Schmidt* § 45 Rn 63; OLG München WM 1984, 263; wie hier Michalski/*Römermann* Rn 69.

[47] Abw *A. Hueck* FS 150 Jahre Heymanns Verlag, 1965, 301.

[48] S insbes BGH WM 1966, 1133; OLG Hamm DB 1987, 680.

[49] Aus der Fülle der Literatur nur noch paradigmatisch *Kornmaier,* Die Schiedsfähigkeit GmbH-rechtlicher Nichtigkeits- und Anfechtungsklagen, Diss Bochum 1980; *ders* DB 1980, 193 ff; *K. Schmidt* ZGR 1988, 523. An der bisherigen Auffassung im Wesentlichen festhaltend vor allem *Henze* ZGR 1988, 562.

[50] BGH 132, 278 = NJW 1996, 1753 = AG 1996, 318 = GmbHR 1996, 437.

[51] In gleichem Sinn OLG Celle NZG 1999, 167 mit Anm *Ebbing.*

Vergleichsfähigkeit iSv § 1025 I ZPO aF sieht der BGH nicht mehr als durchschlagend an, sondern bejaht sowohl die obj Vergleichsfähigkeit von Beschlussmängelstreitigkeiten wie die subjektive Befugnis der Gfter zu einem der Ges zurechenbaren Vergleich. Seine Bedenken leitet er vielmehr aus der für die Entscheidung von Beschlussmängelstreitigkeiten letztlich unverzichtbaren inter-omnes-Wirkung ab, wie sie auf Grund einer Analogie zu §§ 248 I 1 u 249 I 1 AktG für die einer Anfechtungs- oder Nichtigkeitsklage stattgebenden Urteile staatlicher Gerichte im GmbH-Recht allgemein bejaht wird.

Zu Recht legt der BGH seiner Entscheidung zugrunde, dass die Einrede des **35** Schiedsvertrags gegenüber einer Anfechtungs- oder Nichtigkeitsklage nur in Betracht kommen kann, wenn der Entscheidung des Schiedsgerichts eine ähnlich umfassende Wirkung beizumessen ist. Soweit der BGH sich zur Verneinung dieser Wirkung auf den Wortlaut von § 1040 ZPO aF stützt, ist seine Argumentation vordergründig. Er bleibt dabei jedoch nicht stehen, sondern legt ausführlich dar, welchen rechtsstaatlichen Erfordernissen Rechnung getragen werden muss, damit der schiedsgerichtlichen Entscheidung inter-omnes-Wirkung einschl entspr Rechtskraftwirkung zukommen kann. Diese Bedenken sind durchweg ernst zu nehmen. Da sie durch das nach der Entscheidung des BGH ergangene Gesetz zur Neuregelung des Schiedsverfahrensrechts (SchiedsVfG) vom 22. 12. 1997, mit dem die §§ 1025 ff ZPO grundlegend verändert worden sind, nicht ausgeräumt wurden,[52] sind diese Bedenken nach wie vor erheblich. Ihnen muss auf geeignete Weise Rechnung getragen werden.

b) Vom BGH verlangte Garantieerfordernisse. BGH hat nunmehr in **36** einer Entsch v 6. 4. 2009[53] Schiedsfähigkeit von Beschlussmängelstreitigkeiten für GmbH grds bejaht, hält aber am Erfordernis fest, dass die aus dem Rechtstaatsprinzip folgenden Mindeststandards an Mitwirkungsrechten u Rechtschutzgewährung für alle von der Rechtskraftwirkung der schiedsgerichtlichen Entscheidung potentiell betroffenen Gfter gewährleistet sein müssen[54] Bei geeigneter **Ausgestaltung der Schiedsvereinbarung** ebenso wie der Zugrundelegung sinnvoller **ergänzender Regeln** ist den Anforderungen hinreichend Rechnung zu tragen. War das Echo der Entscheidung von 1997 im Schrifttum weithin kritisch, so dürfte nunmehr der Entscheidung von 2009 weiterhin Zustimmung sicher sein.[55]

---

[52] Dazu der Bericht des Rechtsausschusses BT-Drucks 13/9124 v 24. 11. 1997 unter III 1, der ausdrücklich die weitere Entwicklung der Literatur und rechtsgestaltenden Praxis überlassen will.

[53] DB 2009, 1171.

[54] Ob BGH 147, 394 (III. Senat!) bereits von der Zulässigkeit entsprechender Schiedsklauseln ausgeht (so interpretiert Scholz/*Schmidt* § 45 Rn 150 die Entscheidung), ist zweifelhaft.

[55] Vgl *Bork* ZHR 160 (1996), 374; *Timm* ZIP 1996, 446; *Petermann* BB 1996, 277; *Ebenroth/Bohne* BB 1996, 1393; *Schlosser* JZ 1996, 1017; *Bredow* DStR 1996, 1653; *Geimer* ZWiR 1997, 116; *Ebbing* NZG 1998, 281; *Bender* DB 1998, 1900; *Lüke/Blenske* ZGR 1998, 253; *K. Schmidt* ZHR 162 (1998), 265; *M. Schröder,* Schiedsgerichtliche Konfliktbeilegung bei aktienrechtlichen Beschlussmängelklagen, 1999; *Trittmann* ZGR 1999, 340, insbes 352 ff; *Berger* ZHR 164 (2000), 295; *Lenz* GmbHR 2000, 552; *Zilles* BB 2001, 1857; *Bayer* ZIP 2002, 881; *Kallmeyer* Rn 1289. Vgl auch die vorsichtigen apologetischen Bemerkungen von *Röhricht,* in VGR (Hrsg), Gesellschaftsrecht in der Diskussion 2004 (2005), 23 ff aus Anlass der Bejahung der Schiedsfähigkeit von Rechtstreitigkeiten über die Aufbringung des Stammkapitals durch BGH ZIP 2004, 1616 = NZG 2004, 905.

37 Richtigerweise u in Übereinstimmung mit der genannten BGH-Entscheidung muss das Schiedsgerichtsverfahren folgenden **Garantieerfordernissen** Rechnung tragen:[56] (1) Es muss sicherstellen, dass Beschlussmängelstreitigkeiten mit demselben Streitgegenstand vor ein- und demselben Schiedsgericht konzentriert werden. (2) Es muss jedem Gfter die Gewähr bieten, sich an dem Verfahren zumindest als Nebenintervenient beteiligen zu können. (3) Alle Gfter müssen gleichermaßen an der Schiedsrichterbestellung mitwirken können oder es muss die Bestellung der Schiedsrichter durch eine neutrale Stelle erfolgen. Als nicht ausreichend wird man die Bestellung von Schiedsrichtern durch Mehrheitsentscheidung der GfterVers halten müssen. Das geltende Schiedsverfahrensrecht hat ausreichende Regeln für die Erfüllung der genannten Anforderungen, die stillschweigend ergänzend gelten, bislang nicht entwickelt.[57] Die Beteiligten können aber das Notwendige in einer Schiedsvereinbarung ausdrücklich vorsehen. Vor allem bei der GmbH mit wenigen Gftern sollte es kein Problem sein, das Notwendige zu formulieren. Sind die genannten Bedingungen erfüllt, ist nach jetzt ganz hM Schiedsverfahren für Beschlussmängelstreitigkeiten zulässig.[58]

38 **c) Fortgeltung alter Schiedsklauseln.** Alte Schiedsklauseln, deren grds Wirksamkeit sich nach § 33 I EG ZPO noch nach dem bis zum Inkrafttreten des Schiedsverfahrens-Neuregelungsgesetzes vom 22. 12. 1997 richtet, können Schiedsfähigkeit von Besschlusssmängelstreitigkeiten begründen, wenn sie die gesamten Rechtschutzgarantien erfüllen.[59]

39 **d) Form.** Die Schiedsgerichtsvereinbarung muss entweder außerhalb der Satzung unter Beteiligung der Ges u aller Gfter erfolgen; wegen der Unberechenbarkeit der Rechtsprechung, wenn das Zauberwort Verbraucherschutz auftaucht, empfiehlt es sich, hierbei die Form des § 1031 V 1 ZPO nF zu wahren (GmbHGfter, der kein Unternehmer ist, könnte als Verbraucher angesehen werden, obwohl eine absurdere Blüte des wuchernden Verbraucherschutzes kaum denkbar ist). Wird die Vereinbarung im GesVertrag getroffen **(satzungsmäßige Schiedsklausel),** gilt wegen der dafür notwendigen notariellen Beurkundung die Ausnahme des § 1031 V 1 Hs 2 ZPO nF, dh eine gesonderte Beurkundung der Schiedsklausel ist dann nicht erforderlich. Man wird annehmen dürfen – gesicherte Rechtsprechung fehlt naturgemäß –, dass mit Vereinbarung im GesVertrag auch künftige Gfter an die Schiedsvereinbarung gebunden sind.

40 **e) Formulierung der Schiedsgerichtsvereinbarung.** Zur zweckmäßigen Formulierung der Schiedsgerichtsvereinbarung vgl *Bredow* aaO S 1655;

---

[56] Vgl *Lutter/Hommelhoff* Rn 77 ff; *Bayer* ZIP 2003, 881; retardierend *Reichert* FS Ulmer, 2003, 534.

[57] Anders offenbar *Bender* DB 1998, 1901.

[58] Vgl BGH v. 6. 4. 2009 aaO (Fn 53); OLG Düsseldorf GmbHR 2004, 572; *Roth/* Altmeppen § 47 Rn 153; *Lutter/Hommelhoff* Rn 77 ff; Michalski/*Römermann* Rn 557 ff; Scholz/*Schmidt* § 45 Rn 150; Ulmer/*Raiser* Rn 228 ff.; zustimmend auch Rowedder/ Schmidt-Leithoff/*Koppensteiner* § 47 Rn 143, wenn alle Gfter an der Schiedsabrede beteiligt sind und Gelegenheit haben, an der Auswahl der Schiedsrichter mitzuwirken. In Österreich wird vom Obersten Gerichtshof die Schiedsfähigkeit von Beschlussmängelstreitigkeiten bejaht, wenn die von der Rechtskraft Betroffenen an der Schiedsabrede beteiligt sind, öOGH NZG 1999, 307. Zur Rechtslage beim Verein vgl *Kölbl,* Schiedsklauseln in Vereinssatzungen.

[59] BGH aaO (Fn 53).

detaillierte Hinweise, wenn auch ohne Formulierungsvorschlag auch bei *Lüke/Blenske* aaO; *Berger* aaO; *Lenz* aaO (alle Fn 52). Dem kann hier nicht nachgegangen werden.

f) Nachträgliche Einführung einer Schiedsklausel durch Satzungsänderung bedarf, da in ihr eine Einschränkung des Rechtsschutzes vor den ordentlichen Gerichten liegt, der Zustimmung aller Gfter.[60] **41**

g) Vollstreckbarerklärung. Ob ein der Schiedsklage stattgebender Schiedsspruch der Vollstreckungserklärung nach § 1060 ZPO bedarf, ist umstritten.[61] Aus dem Gesetzeswortlaut geht das Erfordernis nicht unmittelbar hervor. Ein Vergleich mit § 894 ZPO lässt sich schwer ziehen. Richtig dürfte sein, dass die Nichtigerklärung durch das Gericht an die Stelle einer privatrechtlichen Gestaltungserklärung tritt. Wie aber eine abgegebene privatrechtliche Gestaltungserklärung, die einer (dann nur feststellend möglichen) gerichtlichen Entscheidung zugrundeliegt, keiner Vollstreckbarkeitserklärung bedarf, so auch nicht die privatrechtsgestaltende gerichtliche Entscheidung. **42**

3. Mediation von Beschlussmängelstreitigkeiten. Neuerdings wird vorgeschlagen, die Möglichkeit zur Mediation von Beschlussmängelstreitigkeiten durch ein außergerichtliches Verfahren zu ermöglichen, bei dem eine dafür besonders ausgebildete neutrale Person (der Mediator) die Parteien zu einer (mehr oder minder) von ihnen selbst entwickelten gütlichen Lösung zu führen sucht.[62] An der Zulässigkeit einer derartigen Regelung kann man nicht ernstlich zweifeln. Ihre Zweckmäßigkeit[63] hängt nicht zuletzt davon ab, ob geeignete Mediatoren zur Verfügung stehen. Mediation allein zwischen anfechtungswilligem Gfter u Ges kann freilich an Beschlusslage nichts ändern.[64] Anfechtungsmöglichkeit entfällt nur, soweit Gfter auf Anfechtungsrecht verzichtet, was er evtl. nur tun wird, wenn Beschluss aufgehoben wird. Für Aufhebung genügt zwar Mehrheit, aber sämtliche Gfter müssen mit Aufhebung im Rahmen des Verfahrens einverstanden sein. Dafür reicht schlichte Mediationsklausel nicht. Zweckmäßig ist Kombination einer solchen Klausel mit geeigneter Verlängerung der Anfechtungsfrist, um rechtliche Zweifel auszuschließen, wenngleich angemessene Verlängerung bei in Satzung vorgesehener Mediation eigentlich selbstverständlich sein sollte. **43**

---

[60] *Berger* ZHR 164 (2000), 300 f; *Reichert*/Harbarth NZG 2003, 380; abw *Bender* DB 1998, 1901. Ob Zustimmung aller auch für nachträgliche Schiedsklausel in Vereinssatzung gilt (so BGH NZG 2000, 898 mit abl Anm *Ebbing;* vgl auch OLG München NZG 1999, 781), kann dahingestellt bleiben. Satzungsautonomie bei GmbH jedenfalls schwächer.

[61] Bejahend Scholz/*Schmidt* § 45 Rn 171; *K. Schmidt* BB 2001, 1860; verneinend *Schwab/Walter* Schiedsgerichtsbarkeit 7. Aufl, Kap 21; *Walter* FS Schwab, 1990, 552 ff; *Musielak/Voit* ZPO 4. Aufl, § 1060 Rn 2.

[62] Vgl dazu näher *Casper/Risse* ZIP 2000, 437 mN; dort Vorschlag für entspr Satzungsklausel S 444 f; für zulässig, aber problematisch hält Mediation Michalski/*Römermann* Rn 562 ff; ähnlich kritisch Ulmer/*Raiser* Rn 237.

[63] Dazu *Casper/Risse* ZIP 2000, 439 f.

[64] Dies meint offenbar Michalski/*Römermann* Rn 565 mit dem Hinweis, dass der Ges Dispositionsbefugnis über streitgegenständliche Beschlüsse fehlt.

B. Nichtigkeit von Beschlüssen

I. Gründe für die Nichtigkeit

44 Nichtigkeit tritt nach dem Rn 1 u 17 Ausgeführten nur unter besonderen Voraussetzungen ein, die abgesehen von einigen Sonderregelungen in Anlehnung an das Aktienrecht zu bestimmen sind.[65] Ausgangspunkt u Wertungsgrundlage für Abgrenzung ist deshalb § 241 AktG, dessen Regelungen sich freilich wegen gravierender Unterschiede zw Aktien- und GmbH-Recht nicht bruchlos übertragen lassen. Danach kommt Nichtigkeit nur bei den folgenden Mängeln in Betracht:

45 **1. Einberufungsmängel.** Nichtigkeit tritt nicht bei allen Einberufungsmängeln ein, sondern nur bei relativ gravierenden. § 241 Nr 1 AktG stellt auf Verstoß gegen § 121 II, III oder IV AktG ab. Sinngemäße Anwendung dieses Nichtigkeitsgrundes erfordert einige Anpassungen an die besonderen rechtlichen Gegebenheiten bei der GmbH. Wesentliche Verletzung liegt vor, wenn Einberufung nicht durch dazu berechtigte Person oder Institution, im Regelfall also die GFührer, erfolgt ist.[66] Auch 10%-Minderheit kann nicht gemäß § 50 III einberufen, ohne angemessene Frist abzuwarten, ob GFührer untätig bleibt[67] (s dazu auch § 50 Rn 16 ff); anders nur, wenn alle Gfter mit vorzeitiger Einberufung einverstanden sind.[68] Einberufung nach § 50 III durch Minderheit trotz ergebnislosen Einberufungsverlangens führt zur Nichtigkeit, wenn Verlangen nicht Zweck u Gründe der Versammlung nennt.[69] Nichtigkeit tritt ferner ein, wenn nicht alle bei der GmbH nach § 16 angemeldeten Gfter eingeladen worden sind.[70] Bloße Unkenntnis der Ladung seitens des Geladenen (zB wegen Urlaubsabwesenheit) bewirkt keinen Beschlussmangel. Anders kann dies aber zu beurteilen sein, wenn Ladung in typische Urlaubszeit fällt oder Ges die Abwesenheit des Gfters bekannt ist u über schwerwiegenden Eingriff in Mitgliedschaftsrechte Beschluss gefasst werden soll, ohne dass Eile geboten ist.[71] Ausdehnung der Nichtigkeitsgründe für Fälle solcher Art wäre entbehrlich, wenn Rspr mehr Flexibilität bei der Anfechtungsfrist wahren würde (vgl auch Rn 47). Zur Nichtigkeit führender Ladungsfehler liegt auch vor bei Fehlen der notwendigen inhaltlichen Angaben: Firma u Sitz der Ges, Zeit u Ort der GfterVers, evtl. durch die Satzung vorgeschriebene Bedingungen für die Teilnahme oder die Stimmrechtsausübung. Hingegen führt Fehlen von Angaben über Voraussetzungen und Form von Stimmrechtsvollmachten

---

[65] BGH GmbHR 1997, 655.

[66] BGHZ 11, 236; 87, 2; KG Berlin GmbHR 1997, 1001; BayObLG GmbHR 1999, 984; Rowedder/Schmidt-Leithoff/*Koppensteiner* § 47 Rn 95. Zu einzelnen Differenzierungen *Müther* GmbHR 2000, 967.

[67] BGHZ 87, 3 u WM 1985, 568; OLG München GmbHR 2000, 486; Scholz/*Schmidt* § 50 Rn 32, str, aM BayObLGZ 1956, 316; *Schopp* GmbHR 1976, 129 (für den Fall, dass kein GFührer oder Liquidator vorhanden ist).

[68] BGHZ 87, 4.

[69] OLG Köln GmbHR 1999, 296.

[70] BGHZ 36, 211; BayObLG GmbHR 1997, 1002; OLG Brandenburg GmbHR 1998, 196; Rowedder/Schmidt-Leithoff/*Koppensteiner* § 47 Rn 96 mwN; s auch *Müther* GmbHR 2000, 967.

[71] Vgl den Fall des LG Dortmund GmbHR 1998, 334, dessen Begründung zwar etwas zu unspezifisch geraten ist, der im Ergebnis aber richtig entschieden wurde.

sowie über den Nachweis der Vertretungsmacht nicht zu Nichtigkeit;[72] sind solche Angaben falsch, hat das nur Anfechtbarkeit zur Folge.[73] Zur Heilung durch nachträglichen Rügeverzicht vgl näher § 51 Rn 29 f mN. Andere Ladungsmängel (zB Missachtung der Ladungsfrist, unzureichende Mitteilung der Tagesordnung) bewirken wie im Aktienrecht grds nur Anfechtbarkeit.[74] Etwas anderes gilt aber, wenn Ladung so kurzfristig erfolgt, dass dies einer Nichtladung gleichkommt[75] (zB Ladung am Vorabend der Versammlung), weil Gfter dann beim besten Willen nicht teilnehmen kann. Nichteinhaltung der vorgeschriebenen Form macht Beschluss ebenfalls nichtig, zB Ladung per e-mail oder einfachen Brief, u zwar auch dann, wenn Einladung alle Gfter erreicht hat, vgl §§ 241 Nr 1 mit 121 III u IV AktG;[76] niemand braucht mangelhafter Einladung zu folgen. Einberufungsmängel führen dann nicht zur Nichtigkeit, wenn alle Gfter erschienen oder vertreten sind u keiner der Beschlussfassung widerspricht (sog **VollVers;** unten § 51 Rn 31 ff).

Beschlüsse außerhalb einer ordnungsmäßig einberufenen GfterVers sind stets nichtig, wenn § 48 II oder dessen Anforderungen evtl abschwächende Regeln der Satzung verletzt sind.[77] Das folgt daraus, dass solche Beschlussverfahren einen Ersatz für die GfterVers bilden. Ihre Minimalanforderungen müssen daher trotz Dispositivität eingehalten werden. Das gilt auch dann, wenn alle Gfter an der Beschlussfassung beteiligt und mit ihr einverstanden waren.[78] Die Gegenauffassung entspricht keineswegs dem Rechtsgedanken des § 121 VI AktG,[79] der bei Vorliegen einer Vollvers, sofern kein Aktionär widerspricht, die Beschlussfassung trotz mangelhafter Einberufung erlaubt,[80] was trotz weniger deutlichen Wortlauts auch für die GmbH gilt. Erst recht nicht ausreichend für den Ausschluss der Nichtigkeit ist es, dass den GmbH-Gftern der Beschlussgegenstand mitgeteilt und sie zur Mitwirkung an der Abstimmung eingeladen worden sind.[81] Das Gegenteil würde Missbräuchen Tür und Tor öffnen. Beschlussfassung im schriftlichen Verfahren, wenn Einverständnis mit diesem Verfahren fehlt, macht Beschluss nichtig und nicht lediglich anfechtbar.[82] Gegenauffassung steht in Widerspruch zu den gesetzgeberischen Wertungen der §§ 241 Nr 1 mit § 121 I u IV AktG. **46**

Nichtigkeitsfolge bei Einberufungsmängeln ist freilich für GmbH mit ihren im Regelfall sehr viel persönlicheren Verhältnissen uU allzu **rigorose Rechtsfolge.** Sie ist unverzichtbar, wenn man Mängelgeltendmachung nur **47**

---

72 Abw LG Frankfurt DB 2008, 2243 mit zu Recht abl. Anm von *Wilsing/Ogorek.*

73 Zutreffend wird Anfechtbarkeit bejaht vom OLG Frankfurt NZG 2008, 745; bejahend für den gleichen Fall OLG München NZG 2008, 746, aber zu Unrecht verneinend, wenn rechtlich unzutreffende Angaben über Formerfordernisse der Bevollmächtigung von Kreditinstituten oder Aktionärsvereinigungen in der Einladung gemacht werden. Richtigerweise darf Ladung zwar Angaben über Vollmachterfordernisse unterlassen, trotzdem gemachte Angaben müssen aber zutreffen.

74 Ulmer/*Raiser* Rn 42, 44; teilw abw Scholz/*Schmidt/Seibt* § 51 Rn 24 f, der zwischen Einberufungs- u Einladungsmängeln unterscheiden will u dadurch in diffizilste Differenzierungen gerät; wie hier für Ladungsfrist BGHZ 100, 265.

75 BGH GmbHR 2006, 538.

76 Insoweit missverständlich BGH (vorige Fn).

77 BGH NZG 2006, 428. Kritisch dazu *U. Mayer* NZG 2007, 448.

78 Vgl BGH (vorige Fn).

79 So aber *Liese/Theusinger* GmbHR 2006, 684 f.

80 Vgl dazu § 51 Rn 31 ff.

81 So aber OLG Jena GmbHR 2006, 685.

82 So aber *Lutter/Hommelhoff* Rn 49.

durch Anfechtungsklage gestattet u diese an kurze Frist bindet, die überdies ohne Kenntnis des Betroffenen zu laufen beginnt. Unter einem flexibleren System der Mängelgeltendmachung bedürfte es der Nichtigkeit zum Schutz der Betroffenen nicht. Da Ladungsmängel immer nur Gfter angehen, würde es genügen, Anfechtbarkeit anzunehmen u bei unangemessen verzögerter Geltendmachung von Mängeln Verwirkung eintreten zu lassen. Folgt man der Auffassung, dass Anfechtungsfrist immer erst mit Kenntnis von Beschlussfassung (oder allenfalls mit verschuldeter Unkenntnis) beginnt, würde Anfechtbarkeitsfolge völlig ausreichen.

48 Zwar nicht Nichtigkeit, wohl aber Anfechtbarkeit folgt aus Verletzung sog Wartepflicht (dazu unten Rn 115).

49 **2. Beurkundungsmängel.** Verletzung der Beurkundungsvorschrift des § 53 II führt analog § 241 Nr 2 AktG zur Nichtigkeit, jedoch nur, wenn Beschluss überhaupt nicht oder nicht durch Notar beurkundet wurde. Beurkundung durch unzuständigen Notar begründet keinen Mangel, Beurkundung durch ausländischen Notar wirksam, soweit dieser gleichzustellen (dazu § 53 Rn 75 mN). Keine Nichtigkeit bewirkt hingegen die Verletzung einer nur durch Satzung aufgestellten Beurkundungsregelung.[83] Nichtigkeit lässt sich insoweit weder mit § 125 II noch mit § 154 II BGB begründen, deren Anwendung durch Übernahme der §§ 241 ff AktG gerade ausgeschlossen ist.[84] Auch Unterlassung der durch § 48 III vorgeschriebenen Beurkundung von Einmann-Beschlüssen begründet keine Nichtigkeit, § 48 Rn 48.

50 **3. Wesensverstöße. Unvereinbarkeit mit dem Wesen der GmbH** begründet analog § 241 Nr 3 AktG Nichtigkeit. Konkretisierung dieser Norm bereitet schon im Aktienrecht erhebliche Schwierigkeiten.[85] Letztlich lassen sich nur allg Formeln prägen wie die, dass zum Wesen der GmbH ihre grundlegenden Strukturmerkmale gehören sowie alle Normen, die grds Bedeutung für sie haben u zu ihrem unverbrüchlichen Normenbestand gehören.[86] Signifikant die Formel,[87] es gehe darum, die Rechtsform der GmbH erkennbar zu halten. Nähere Eingrenzungsversuche jedoch überflüssig, weil alle insoweit einschlägigen Normen durch die weiteren alternativen Tatbestandsmerkmale des § 241 Nr 3 AktG erfasst werden.[88]

51 **4. Inhaltlicher Verstoß gegen gläubigerschützende oder sonst im öffentlichen Interesse liegende Vorschriften,** § 241 Nr 3 AktG. Beschluss muss als inhaltliche Regelung, dh objektiv u losgelöst von Motiv u Zweck der Beschließenden, verstoßen.[89] Auf Beschlusswortlaut kommt es hingegen nicht an. Nach dem Text der Regelung muss der Zweck des Gläubigerschutzes bzw das öffentliche Interesse in der Norm „überwiegen". Gemeint ist, dass

---

[83] Ulmer/*Raiser* Rn 48; Rowedder/Schmidt-Leithoff/*Koppensteiner* § 47 Rn 99; *A. Hueck* FS Molitor, 1962, 409.

[84] Abw OLG Stuttgart BB 1983, 1050; *Meyer-Landrut* Rn 70.

[85] Näher dazu KölnerKomm/*Zöllner* § 241 Rn 96 ff.

[86] Zu weitgehend *Lutter/Hommelhoff* Rn 17, die alle unentziehbaren Individual- u Minderheitsrechte der Gfter hierhin rechnen.

[87] Rowedder/Schmidt-Leithoff/*Koppensteiner* § 47 Rn 104.

[88] Ähnlich Ulmer/*Raiser* Rn 50; *Meyer-Landrut* Rn 71; der Sache nach letztlich auch Rowedder/Schmidt-Leithoff/*Koppensteiner* § 47 Rn 102, 104.

[89] OLG München GmbHR 1995, 232.

Gläubigerschutz etc wesentliche Komponente der Norm zu sein hat, nicht bloß intendierte Nebenwirkung.[90]

Begriff des öffentlichen Interesses iSd Vorschrift ist weit zu fassen. Regelung hat insoweit für GmbHRecht erheblich geringere Bedeutung als im Aktienrecht, weil der Schutz künftiger Anteilserwerber gegenüber dem künftiger Aktionäre in den Hintergrund tritt u weil auch der Schutz gegenwärtiger Gfter erheblich zurückgenommen ist, indem GmbHG die innere Verfassung weitgehend der Privatautonomie der Gfter überlässt. Verletzung dispositiver Normen des GmbHG führt demgemäß nur zur Anfechtbarkeit. Gleiches gilt von Gesetzesverstößen, die nur das Zustandekommen der Beschlüsse betreffen (Ausnahme oben Rn 46). 52

Nichtigkeit begründen danach in erster Linie Verstöße gegen § 4 (näher zu den Folgen § 4 Rn 28 ff), §§ 5 I u III 2, 19 II u III, 21–24, 30–33, 55 IV, partiell auch 58 GmbHG, ferner Verstöße gegen wesentliche Bestimmungen des MitbestG[91] u MontanMitbestG. Nichtig wäre selbstverständlich Satzungsänderung, mit der GFührer oder GfterVers als Organ beseitigt oder die Vertretungsmacht der GFührer ausgeschlossen würde. Nichtig ist GFührerbestellung bei Verstoß gegen die gesetzlichen Erfordernisse und Ausschlussgründe des § 6 II,[92] ferner gegen § 105 AktG.[93] Sog verdeckte Gewinnausschüttung (dazu § 29 Rn 68 ff) ist nichtig nur bei Verstoß gegen § 30.[94] Nichtig ist Beschluss über Einziehung eines GAnteils, wenn bereits bei Beschlussfassung feststeht, dass Abfindung ganz oder teilweise nur aus gebundenem Vermögen gezahlt werden kann u Beschluss nicht klarstellt, dass Zahlung nur bei Vorhandensein ungebundenen Vermögens erfolgen darf.[95] In erweiterter Auslegung von Nr 3 ist Nichtigkeit auch anzunehmen für Beschlüsse, mit denen zwingende gesetzliche Kompetenzordnung missachtet wird (vgl näher Rn 24). Nichtigkeit kann auch begründet sein durch Verstoß gegen Bestimmungen des UmwG, so etwa gegen dessen § 3 III, wenn Verschmelzung mit einem durch Beschluss aufgelösten Rechtsträger beschlossen wird, dessen Fortsetzung durch Beschluss wegen Überschuldung nicht beschlossen werden könnte.[96] 53

Beispiel zeigt, dass Inhaltsverstoß eines Beschlusses auch in keineswegs evidenten Fällen vorliegen kann. Dass Nichtigkeit generell nur bei Evidenz in Betracht komme,[97] trifft nicht zu. Nichtig sind selbstverständlich auch Beschlüsse, die wegen Perplexität oder Unklarheit keine sinnvolle Wirkung entfalten können.[98] Numerus clausus der Nichtigkeitsgründe steht nicht entgegen, da allg Grds der Rechtsgeschäftslehre, der Geltung sinnloser Rechtsgeschäfte verbietet, zu im öffentlichen Interesse liegenden Vorschriften gehört. Bloße Anfechtbarkeit, wie *Emde* will, würde zu Bestandskraft führen, die intolerabel wäre. 54

---

[90] Zust Ulmer/*Raiser* Rn 50; ähnlich Rowedder/Schmidt-Leithoff/*Koppensteiner* § 47 Rn 100.

[91] BGHZ 89, 50; 83, 110; Rowedder/Schmidt-Leithoff/*Koppensteiner* § 47 Rn 86; *Raiser* NJW 1981, 2167; *Canaris* DB 1981, Beil 14 S 5 f.

[92] Näher § 6 Rn 13 mN; OLG Naumburg GmbHR 2000, 378.

[93] OLG Frankfurt DB 1987, 85; dazu auch Rn 28.

[94] Ulmer/*Raiser* Rn 52; dazu auch den Fall LG Köln GmbHR 1999, 986.

[95] BGH NZG 2000, 1028.

[96] BayObLG ZIP 1998, 739, wo nicht ganz zutreffend von Unwirksamkeit gesprochen wird.

[97] So *Emde* ZIP 2000, 63.

[98] Anders *Emde* ZIP 2000, 63.

55 **5. Inhaltlicher Sittenverstoß.** Verstoß gegen gute Sitten führt analog § 241 Nr 4 AktG nur dann zur Nichtigkeit, wenn er durch Beschlussinhalt erfolgt. Nach gängiger Formel soll erforderlich sein, dass Inhalt „für sich allein genommen" verstößt, nicht durch Zustandekommen oder Zweck. Begriff des Beschlussinhalts darf aber nicht zu eng interpretiert werden. Bewirkt Beschluss die Schädigung dritter, nicht anfechtungsberechtigter Personen u ist er deswegen nach seinem „inneren Gehalt" als sittenwidrig einzustufen, ist er nichtig.[99] Das gilt insbes für alle Beschlüsse, die zum Zweck der sog. **„organisierten Bestattung" von Kapitalgesellschaften**[100] gefasst werden,[101] um ordnungsgemäße Liquidation etc zu umgehen. Sittenwidriger Charakter des Beschlussinhalts lässt sich vielfach nicht ohne Berücksichtigung von Motiv oder Zweck des Beschlusses feststellen. Auf objektiven Inhalt allein kann daher auch in Fällen, in denen keine Dritten betroffen sind, nicht immer abgestellt werden. Bei sittenwidriger Schädigung von Gftern (sittenwidriger Machtmissbrauch der Mehrheit gegenüber der Minderheit) entfällt Nichtigkeit jedoch wegen deren Anfechtungsmöglichkeit dann, wenn der Beschluss, wie idR, in verzichtbare Positionen der Minderheit eingreift.[102]

56 **6. Nichtigerklärung im Anfechtungsprozess** führt selbstverständlich zur Nichtigkeit, § 241 Nr 5, näheres unten Rn 177 ff.

57 **7. Amtslöschung eingetragener Beschlüsse** gem § 398 FamFG bewirkt analog § 241 Nr 6 AktG[103] ebenfalls Nichtigkeit, u zwar ex tunc. Amtslöschung muss auf Grund rechtskräftiger Entscheidung im Registerverfahren erfolgt sein. Zum Text des § 398 FamFG siehe unten Anh § 77 vor Rn 1. Nach dieser Vorschrift kann ein im HR eingetragener Gesellschafterbeschluss nach § 395 FamFG als nichtig gelöscht werden, wenn er durch seinen Inhalt zwingende gesetzliche Vorschriften verletzt u seine Beseitigung im öffentlichen Interesse erforderlich erscheint. Aus dem darin liegenden Erfordernis der Nichtigkeit des zu löschenden Beschlusses folgt ein Paradox: Nichtigkeitsbegründende Wirkung analog § 241 Nr 6 AktG kann von der Amtslöschung gem § 398 FamFG nur ausgehen, soweit Beschluss (entgegen § 398 FamFG mit § 241 Nr 3 AktG) in Wahrheit gar nicht nichtig oder soweit Nichtigkeit analog § 242 AktG geheilt war (dazu Rn 75).

58 Nichtigkeitswirkung der Löschung ergreift nur im HR einzutragende (= eintragungsfähige) Beschlüsse, also nicht solche, die gar nicht einzutragen waren.[104] Hingegen ist unerheblich, ob der Eintragung konstitutive (wie insbes bei Satzungsänderungen) oder lediglich deklaratorische Bedeutung (wie zB bei der Auflösung) zukommt.[105] Allerdings wird in den wichtigsten Fällen lediglich deklaratorischer Wirkung der Eintragung ein inhaltlicher Gesetzesverstoß nur ganz ausnahmsweise in Betracht kommen, wie etwa bei Nichtig-

---

[99] RGZ 131, 145; 161, 143; BGHZ 15, 385; OLG Dresden NZG 1999, 1109.

[100] Zu Begriff, Modalitäten u rechtlicher Problematik dieser relativ neuen Erscheinung vgl *Hirte* ZinsO 2003, 833 ff.

[101] Vgl zB AG Memmingen GmbHR 2004, 952 m Komm v *Wachter* ebenda 955 ff.

[102] Vgl näher KölnerKomm/*Zöllner* § 241 Rn 124 ff; zust Rowedder/Schmidt-Leithoff/*Koppensteiner* § 47 Rn 105 f.

[103] Dazu *Goette,* FS Röhricht, 2005, 115.

[104] Rowedder/Schmidt-Leithoff/*Koppensteiner* § 47 Rn 107; Ulmer/*Raiser* Rn 61.

[105] *Bumiller/Winkler,* Freiwillige Gerichtsbarkeit 7. Aufl 1999, § 144 Rn 10 mN; Ulmer/*Raiser* Rn 61.

keit der GFührerBestellung wegen Geschäftsunfähigkeit[106] oder wegen sonstiger Verstöße gegen § 6 II, ferner hinsichtlich Eintragung von Änderungen der Vertretungsbefugnis wegen § 39 I (s § 39 Rn 2 u 5). **Löschbar** nach § 398 FamFG sind **nur nichtige u im Fall der Heilung ehemals nichtige Beschlüsse;** bloße Unwirksamkeit wegen fehlender Zustimmung u bloße Anfechtbarkeit genügen nicht. Nichtigkeit muss auf inhaltlichem Gesetzesverstoß beruhen. Amtslöschung wegen anderer Nichtigkeitsgründe kommt nicht in Betracht.[107] Davon abw ist die **Amtslöschung** von Eintragungen direkt **nach § 395 FamFG** möglich, wenn die Eintragung wegen Fehlens einer wesentlichen Voraussetzung unzulässig war. Dies ist jedoch für Gesellschafterbeschlüsse, soweit die Eintragung konstitutive Wirkung hat, nur insoweit akzeptabel, als die Eintragung u damit der eingetragene Rechtsakt wegen des Fehlens der Eintragungsvoraussetzung der Wirksamkeit ermangelt.[108] Praktisch kommt dafür in erster Linie das **Fehlen eines Eintragungsantrags** in Betracht.[109]

Soweit **Mängel des Handelsregisterverfahrens** nicht zur Unwirksam- **59**
keit der Eintragung führen, darf Löschung bei Beschlüssen, für die Eintragung konstitutiv wirkt, nach § 395 FamFG nicht erfolgen, weil Löschung wegen des numerus clausus der Nichtigkeitsgründe nicht zur Nichtigkeit des Beschlusses u damit des ganzen Rechtsakts führen würde.[110] Nicht ohne Weiteres zulässig ist Amtslöschung nach §§ 398 oder 395 FamFG bei sog Nicht- oder Scheinbeschlüssen[111] (zu diesen bedenklichen Kategorien oben Rn 25, 26) wegen dieses Charakters, wie immer man ihn abgrenzen mag. Für ihre Löschung gilt nichts anderes wie für die nichtiger Beschlüsse: die Löschung kommt in Betracht, wenn Eintragungsantrag fehlt (ein kaum denkbarer Fall), u zum andern selbstverständlich nach § 398 FamFG, wenn der eingetragene „Beschluss" die Voraussetzungen dieser Norm erfüllt,[112] dh er muss durch seinen Inhalt zwingende gesetzliche Vorschriften verletzen u seine Beseitigung muss im öffentlichen Interesse erforderlich sein. Diese Voraussetzungen folgen nicht schon aus dem Nicht- oder Scheincharakter.

---

106 BayObLG BB 1991, 1729.

107 Rowedder/Schmidt-Leithoff/*Zimmermann* § 54 Rn 38; Ulmer/*Raiser* Rn 62; *Bumiller/Winkler* (Fn 103) Rn 11; OLG Köln NZG 2003, 75.

108 Zu eng, dh Löschung von Beschlüssen außerhalb § 144 II FGG (jetzt § 398 FamFG) generell verneinend, OLG Hamm DB 1979, 1452; OLG Karlsruhe ZIP 1986, 711; OLG Köln BB 2002, 218; *Keidel/Kuntze/Winkler,* Freiwillige Gerichtsbarkeit, 15. Aufl 2003, § 142 Rn 6; *Bumiller/Winkler* (Fn 103) § 142 Rn 6; *Lutter/Friedewald* ZIP 1986, 693, die aber Ausnahme für unglückliche Kategorie der Nicht- oder Scheinbeschlüsse machen müssen.

109 Vgl § 54 Rn 28; Ulmer/*Ulmer* § 54 Rn 64; Ulmer/*Raiser* Rn 65; Scholz/*Priester* § 54 Rn 83; *Jansen* FGG § 144 Rn 6; KölnerKomm/*Zöllner* § 181 Rn 54; GroßkommAktG/*Wiedemann* (4. Aufl) § 181 Rn 49; Rowedder/Schmidt-Leithoff/*Zimmermann* § 54 Rn 37.

110 Str; wie hier in der Sache OLG Hamm DB 1979, 1452; anders offenbar *Jansen* FGG § 144 Rn 6.

111 Str, vgl KölnerKomm/*Zöllner* § 241 Rn 145; teilw abw Scholz/*Priester* § 54 Rn 84; KG RJA 15, 50; BayObLG 55, 340; 56, 303; BayObLG BB 1991, 1729; BayObLG DB 1991, 2329.

112 Zum Verfahren der Amtslöschung nach § 144 II FGG vgl KölnerKomm/*Zöllner* § 241 Rn 129–133 u 149–153 sowie unten Anh § 77 Rn 10; *Bumiller/Winkler,* Freiwillige Gerichtsbarkeit, § 144 Rn 18.

60 Amtslöschung ist kein Mittel für Gfter, gegen mangelhafte Beschlüsse vorzugehen. Deshalb **keine Beschwerde mit dem Ziel der Amtslöschung** zulässig.[113]

Von der Amtslöschung nach § 398 FamFG zu unterscheiden ist die **Beanstandung nach § 399 IV mit I FamFG** von Verstößen gegen § 3 GmbHG. Sie führt nicht zur Amtslöschung von Satzungsbestimmungen, sondern zur Auflösung der Ges nach § 60 Nr 6 GmbHG.

61 **8. Nichtigkeit von ARWahlen** bestimmt sich nach § 250 AktG analog. Danach sind aus den Nichtigkeitsgründen des § 241 AktG uneingeschränkt anwendbar nur die Nr 1 u 5 (Einberufungsmängel sowie Nichtigerklärung im Anfechtungsverfahren). Der ebenfalls genannte Nichtigkeitsgrund des § 241 Nr 2 AktG ist für GmbH nicht einschlägig, da Wahlbeschlüsse nicht der notariellen Beurkundung bedürfen. § 241 Nr 6 AktG ist in § 250 AktG nicht aufgeführt, weil gewählte ARMitglieder nicht im HR eingetragen werden u daher auch nicht der Amtslöschung unterliegen. Inhaltliche Sittenwidrigkeit (§ 241 Nr 4 AktG) dürfte bei Wahlbeschlüssen praktisch ausscheiden. Auch Verletzung des Wesens der GmbH durch einen ARWahlbeschluss ist kaum denkbar, desgleichen Verstoß gegen zum Schutz der Gläubiger dienende Vorschriften. Möglich hingegen Verstoß gegen Vorschriften, die dem Schutz öffentlicher Interessen dienen. Insoweit trifft § 250 I AktG eine gleichzeitig konkretisierende u enummerierende Regelung (vgl im Einzelnen § 250 I Nr 1–4 AktG). Von diesen vier Nichtigkeitsgründen kommt für fakultativen AR nur Nr 4 in Betracht, u auch dies nur teilweise, nämlich nur insoweit, wie der dort genannte § 100 AktG im GmbHRecht zwingende Wirkung entfaltet (dazu unten § 52 Rn 24 ff). Verstoß gegen § 105 AktG[114] führt jedenfalls bei fakultativem AR nicht zur Nichtigkeit.[115] § 250 I Nr 1, 3 u 4 AktG kommen bei allen mitbestimmten AR voll zur Anwendung, Nr 2 nur beim AR nach dem MontanMitbestG. Die prozessrechtlichen Sonderregelungen des § 250 II AktG zur Parteifähigkeit von Institutionen der Arbeitnehmerseite sind nur auf Ges mit mitbestimmtem AR anwendbar, nicht auf fakultativen AR (str). Für die erweiterte Urteilswirkung gem § 252 AktG besteht im Rahmen der GmbH ähnliches Bedürfnis wie bei der AG.

62 **9. Ergebnisverwendungsbeschlüsse** sind analog § 253 AktG nicht nur nach dem bereits erörterten § 241 AktG nichtig, sondern auch, wenn der zugrundeliegende Beschluss über die Feststellung des Jahresabschlusses nichtig ist.[116] In dieser Erweiterung liegt im Grunde die einzige Bedeutung des § 253.[117] Vgl ferner § 29 Rn 43 ff u § 42 a Rn 41.

63 **10. Nichtigkeit von Jahresabschlussfeststellungsbeschlüssen.**[118]

a) Überblick. Für Nichtigkeit von Jahresabschlussfeststellungsbeschlüssen sind Sonderüberlegungen erforderlich. Gesetzgeber hat eigentlich notwendige

113 OLG Köln BB 2002, 218 = NZG 2003, 75.
114 Dazu OLG Frankfurt DB 1987, 85, allerdings wohl für GFührerbestellung.
115 Ulmer/*Raiser* Rn 72.
116 FG Nürnberg BB 1987, 521.
117 Vgl näher KölnerKomm/*Zöllner* § 253 Rn 3.
118 *Brete/Thomsen* GmbHR 2008, 196; *Zöllner* FS Scherrer, 2004, 355; Aus den Kommentaren zum GmbHG s bes. Rowedder/Schmidt-Leithoff/*Tiedchen* § 42 a Rn 74 ff.

Sonderregelung bislang nicht geschaffen.[119] Rspr. u. Literatur knüpfen zur Gewinnung sachgerechter Lösungen an Sonderregelung des § 256 AktG an. Danach greift Nichtigkeit analog § 256 I Nr 1 AktG ein wenn ein Inhaltsverstoß gegen gläubigerschützende Vorschriften vorliegt.[120] Nichtig ist Feststellungsbeschluss ferner ananlog § 256 I Nr 2 AktG, wenn JA entgegen gesetzlicher Prüfungspflicht nicht gemäß § 316 I u III HGB geprüft worden ist., ferner nach Nr 3, wenn er durch Personen geprüft worden ist, denen nach Maßgabe der Vorschrift konkret die Prüfereigenschaft mangels Prüferbefähigung oder mangels Bestellung fehlt.[121] Nr 2 u Nr 3 sind für sog. kleine Ges (§ 267 I HGB) u damit für die große Masse der GmbH ohne Bedeutung, weil für sie keine Prüfungspflicht besteht (§ 316 I 1 HGB). Nichtigkeit wird schließlich auch durch Verletzung von gesetzlichen Vorschriften über die Einstellung in u die Entnahme aus Kapital- oder Gewinnrücklagen (§ 256 I Nr 4 AktG) bewirkt, während Satzungsverstoß nur zur Anfechtbarkeit führt. Entsprechend anzuwendend sind auch § 256 IV (Einschränkung der Nichtigkeit bei Gliederungsverstößen) und § 256 V AktG (Einschränkung der Nichtigkeit bei Bewertungsverstößen).[122]

Aus der allgemeinen Regelung des § 241 AktG über die Nichtigkeit von Hauptversammlungsbeschlüssen übernimmt § 256 in Abs 3 Nr 1 zum einen die nichtigkeitsbegründenden Einberufungsmängel (dazu näher oben Rn 45 ff), ferner selbstverständlich die aus einem erfolgreichen Anfechtungsrechtsstreit resultierende Nichtigkeit auf Grund rechtskräftigen Anfechtungsurteils. Die für die AG in § 256 III Nr 2 AktG ebenfalls übernommene Nichtigkeit nach § 241 Nr 2 AktG wegen Beurkundungsmängeln ist für die GmbH mangels gesetzlicher Beurkundungspflicht ohne Relevanz. Aus der ausdrücklichen Übernahme der genannten Nichtigkeitsgründe ergibt sich im Umkehrschluss, dass eine Übernahme anderer nichtigkeitsbegründender Vorschriften des AktG nicht in Betracht kommt. Insoweit greifen ausschließlich die oben Rn 63 genannten Gründe als Sonderregelungen ein. Zur Anfechtbarkeit s unten Rn 109; zu den Nichtigkeitsgründen im Einzelnen s im Folgenden. **63 a**

b) Nichtigkeit wegen Inhaltsverstoß gegen gläubigerschützende Vorschriften, § 256 I Nr 1 AktG. Beschluss muss durch seinen Inhalt Vorschriften verletzen, die ausschließlich oder überwiegend zum Schutz der Gläubiger bestimmt sind. **63 b**

aa) Früher alternativ vorgesehener Nichtigkeitsgrund, dass „sonst im öffentlichen Interesse“ gegebene Vorschriften verletzt sind, ist weggefallen,[123] um zu weiter Ausdehnung der Anwendung, insbes die Einbeziehung von Verstößen gegen § 334 HGB, zu vermeiden. Ob sich dieser Wegfall im Hinblick auf Neuausrichtung des Bilanzrechts in Richtung auf den Schutz von Anlegerinteressen in Zukunft rechtspolitisch halten lässt, erscheint zweifelhaft, weil sonst bei Verstoß gegen rein anlegerschützende Regeln nur An- **63 c**

---

119 RegE eines Bilanzrichtliniengesetzes von 1985 sah Vorschrift vor, die aber auf Empfehlung des Rechtsausschusses nicht Gesetz geworden ist, vgl dazu Begr RegE zu § 42 g GmbHG-E, BT-Drucks 10/317 S 112 sowie Beschlussempfehlung u Bericht des Rechtsausschusses, BT-Drucks 10 4268 S 130 f.

120 Dazu BGHZ 142, 382; OLG Stuttgart GmbHR 2004, 662.

121 Dazu BGHZ 118, 142, 149.

122 BGHZ 83, 341, 347; 137, 378, 380.

123 Durch Art. 2 Nr 3 a Bankbilanzrichtlinie-Gesetz v. 20. 11. 1990.

fechtbarkeit eingreift, deren Effektivität durch Kürze der Anfechtungsfrist stark beeinträchtigt ist.

63 d **bb)** Zum Begriff des **Inhaltsverstoßes** und dem Erfordernis eines **Überwiegens des Gläubigerschutzzwecks** s oben Rn 51. Verstöße gegen Satzungsregeln führen nur zur Anfechtbarkeit.

63 e **cc) Fehlen von Bestandteilen des JA,** nämlich Bilanz, GuV oder Anhang führen stets zur Nichtigkeit,[124] nicht hingegen Fehlen des Lageberichts.

63 f **dd) Gliederungsverstöße** begründen Nichtigkeit nur, wenn Klarheit u Übersichtlichkeit des JA wesentlich beeinträchtigt sind, § 256 IV ananlog. Zu den Gliederungsverstößen gehört nicht nur unzureichende Aufgliederung, sondern auch das Aufführen eines Postens an falscher Stelle[125] und die Verletzung des Saldierungsverbots (§ 246 II HGB). Nichtigkeit kommt auch in Betracht bei Fehlen des Anlagenspiegels nach § 268 II HGB oder bei Zusammenfassung der Posten des § 275 II Nr 1–5 und III Nr 1–3 HGB, selbstverständlich auch die Nichtbeachtung der Unterscheidung zwischen Anlage- und Umlaufvermögen[126], ferner Verstöße gegen § 275 II Nr 18 oder § 277 III 2 HGB.[127]

63 g **ee) Bewertungsverstöße** führen nach § 256 V analog nur bei Überbewertung von Posten des JA ohne weiteres zur Nichtigkeit, bei Unterbewertung nur dann, wenn dadurch die Vermögens- und Ertragslage der Ges vorsätzlich unrichtig wiedergegeben und verschleiert wird. Zu den Begriffen der Über- und Unterbewertung s näher § 256 V Satz 2 AktG analog. Fehlbewertung betrifft Bilanzposten, nicht von diesem erfasste einzelne Vermögensgegenstände; daher Kompensation von deren Fehlbewertung innerhalb des Bilanzpostens möglich. Nicht unter Fehlbewertungskategorie fallen Ansatzverstöße, wie etwa zu Unrecht unterlassene Aktivierung oder unzulässige Passivierung.[128]

63 h **ff) Verstöße gegen Vorschriften über Bildung und Auflösung von Rücklagen** sind ausschließlich nach der Sonderregelung in § 256 I Nr 4 AktG analog zu beurteilen (dazu unten Rn 63 m). Anwendungsbereich von Nr 1 umfasst daher in erster Linie Verstöße gegen allgemeine Regeln (Bsp: Grundsatz der Bilanzidentität), gegen Vorschriften über den Ansatz von Vermögensgegenständen (Bsp: Unterlassen der Aktivierung von Ansprüchen gegen Gfter, etwa aus einer Differenzhaftung oder aus verdeckter Gewinnausschüttung) sowie das Unterlassen von Angaben im Anhang.

63 i **c) Nichtigkeit wegen fehlender Prüfung, § 256 I Nr 2 AktG.** Sie setzt selbstverständlich voraus, dass Ges der Prüfungspflicht unterliegt, also nicht kleine Kapitalges iSv § 267 I HGB ist. Nichtigkeit tritt ein, wenn Feststellung des JA erfolgt, obgleich Abschlussprüfung nach § 316 I HGB fehlt. Gleiches gilt bei Unterbleiben der Nachtragsprüfung nach § 316 III HGB für geänderten JA. Prüfung fehlt auch, wenn zwar Prüfungsgeschäft erfolgt ist, aber Prüfungsbericht oder Bestätigungsvermerk (bzw. Vermerk über dessen Versagung) fehlen. Änder GfterVers geprüften und bestätigten JA und stellt diesen geänderten Abschluss fest, so ist diese Feststellung analog § 173 III AktG vor

---

124 OLG Stuttgart NZG 2004, 675 f = GmbHR 2004, 662, 663.

125 LG Stuttgart AG 1994, 483.

126 KölnerKomm/*Zöllner* AktG 1. Aufl § 256 AktG Rn 38.

127 Weitere Beispiele in dem durchd das BiRiLiG von 1985 gestrichenen § 256 IV 2 AktG, die Gesetzgeber durch Streichung nicht aufgeben wollte.

128 Ander hM im Schrifttum. Wie hier KölnerKomm/*Zöllner* AktG § 256 Rn 27.

der Nachtragsprüfung schwebend unwirksam, bis auf Grund dieser ein uneingeschränkter Bestätigungsvermerk erteilt worden ist. Erfolgt diese Erteilung nicht binnen zwei Wochen seit der Beschlussfassung, tritt Nichtigkeit ein. GfterVers kann aber selbstverständlich Feststellungsbeschluss erneut fassen.

d) Nichtigkeit bei Prüfung durch Personen ohne Prüfereigenschaft, § 256 I Nr 3 AktG. Auch dieser Nichtigkeitsgrund greift nicht bei kleinen Kapitalges. 63 k

aa) Nichtigkeit tritt zum einen ein, wenn Prüfung durch Person oder Institution erfolgt ist, die gar nicht zum Abschlussprüfer bestellt worden ist. Bestellung erfolgt normalerweise durch Erteilung des auf Grund der Wahl durch die GfterVers (§ 318 I HGB) erfolgenden Prüfungsauftrags, der in die Zuständigkeit der GFührer, bei Vorhandensein eines AR in dessen Zuständigkeit fällt (§ 318 I 4 HGB). Fehlen oder Nichtigkeit des Wahlbeschlusses bedeutet Nichtigkeit der Bestellung und führt daher zur Nichtigkeit des von dem nichtig bestellten Prüfer geprüften JA.

bb) Nichtigkeit tritt weiter aber auch ein, wenn bestellter Prüfer nicht die Voraussetzungen des § 319 I HGB für das Prüferamt erfüllt. Diese Voraussetzungen liegen nur bei Wirtschaftsprüfern u Wirtschaftsprüfungsgesellschaften vor sowie, beschränkt auf mittelgroße Ges (§ 267 II HGB), bei vereidigten Buchprüfern und Buchprüfungsges (§ 128 I WPO).[129] Zusätzlich verlangt § 319 I 3 HGB, dass der Prüfer über eine wirksame Bescheinigung über die Teilnahme an der Qualitätskontrolle nach § 57 a WPO verfügt, sofern nicht die Wirtschaftsprüferkammer eine Ausnahmegenehmigung erteilt hat. Hingegen führt die Prüfung durch einen nach § 319 II, III, IV oder § 319 a I HGB von der Prüfung ausgeschlossenen Prüfer nicht zur Nichtigkeit des JA. 63 l

e) Nichtigkeit wegen Verletzung gesetzlicher Vorschriften über die Einstellung in und die Entnahme aus Kapital- oder Gewinnrücklagen, § 256 I Nr 4 AktG. Für Verstoß bei der Rücklagenbildung in Betracht kommende Vorschriften sind §§ 272 II, III und IV HGB, §§ 58 b II und III sowie 58 c und 42 II 3 GmbHG. Bei Entnahme kommt Verstoß gegen § 272 IV HGB und §§ 58 b III, 58 c S 2 GmbHG in Betracht. 63 m

11. Sonderregelungen des GmbHG. Einige Sonderregelungen des GmbHG begründen die Nichtigkeit von Beschlüssen ausdrücklich, nämlich §§ 57 j S 2 u 57 n II 3 u 4. Näheres s dort. 64

12. Keine Nichtigkeit wegen Verletzung rechtlichen Gehörs. Keine Nichtigkeit wird durch Verletzung des rechtlichen Gehörs begründet, dessen Gewährung von der Rspr etwa für die Ausschließung von Gftern gefordert wird.[130] 65

13. Abschließender Katalog der Nichtigkeitsgründe. Katalog der Nichtigkeitsgründe ist als **abschließend** anzusehen (numerus clausus).[131] Allerdings ist das cum grano salis zu nehmen. Nicht nur erweiternde Auslegung, sondern auch Analogie zu gesetzl geregelten Nichtigkeitsgründen kommt 66

---

[129] Eine Sonderregelung enthält § 25 EGHGB, der auch genossenschaftliche Prüfungsverbände für bestimmte genossenschaftlich organisierte GmbHs u für bestimmte gemeinnützige Wohnungsunternehmen zulässt.

[130] Vgl BGH AG 1996, 264 (für Genossenschaft).

[131] AllgM, vgl nur BGHZ 134, 366.

durchaus in Frage, desgl bei Auftreten eines dringenden Bedürfnisses auch durch richterl Rechtsfortbildung. Sie wäre etwa geboten gewesen im Fall OLG München NZG 1999, 1173 (bewusst unrichtige Beschlussergebnisfeststellung durch VersLeiter zum eigenen Vorteil).[132]

67 Abschließender Charakter der Nichtigkeitsgründe bewirkt, dass **Nichtigkeit oder Anfechtung von Abstimmungserklärungen** durch Gfter nach §§ 119, 123 BGB nach bindender Beschlussfeststellung nur noch durch rechtzeitige Anfechtungsklage geltend gemacht werden können.

II. Wirkungen u Rechtsfolgen der Nichtigkeit

68 **1. Allgemeine Wirkung.** Auf die Nichtigkeit von Beschlüssen darf sich **jedermann berufen.** Sie muss von den GesOrganen beachtet werden. Nichtige Beschlüsse dürfen grds nicht zur Ausführung gebracht, insbes auch nicht zum HR angemeldet werden. Der RegRichter darf nichtige Beschlüsse nicht in das HR eintragen.[133] Ihm obliegt insoweit eine Prüfungspflicht. Trotz Nichtigkeit eingetragene Beschlüsse kann er unter bestimmten Voraussetzungen löschen (dazu oben Rn 57–60). Für strukturändernde Beschlüsse, insbes Kapitalveränderungsbeschlüsse gilt nach Eintragung, dass Nichtigkeit nur für die Zukunft geltend gemacht werden kann. Vgl dazu unten Rn 178.

69 **2. Gerichtliche Geltendmachung der Nichtigkeit** ist in Analogie zum Aktienrecht durch Erhebung der **Nichtigkeitsklage** des § 249 AktG möglich mit umfassender, einem Gestaltungsurteil gleichkommender Wirkung des der Klage stattgebenden (nicht des Klage abweisenden) Urteils, § 249 I mit § 248 AktG analog. Klagebefugnis für diese Klage hat jedenfalls jeder Gfter, auch wenn er Beschluss zugestimmt hat und ohne Rücksicht darauf, ob Gftereigenschaft schon im Zeitpunkt der Beschlussfassung bestand.[134] Analogie begründet auch Klagebefugnis von GFührern, u zwar nicht nur bei Beschlüssen, deren Ausführung nach § 43 III schadensersatzpflichtig machen würde,[135] sondern generell.[136] Desgleichen ergibt Analogie zu § 249 AktG Klagebefugnis auch für ARMitglieder,[137] u zwar nicht nur bei obligatorischem AR u nicht nur bei Verstoß gegen zwingendes Mitbestimmungsrecht, sondern auch in anderen Fällen.[138] Für Erhebung der Nichtigkeitsklage gegen ARWahl gelten in Ges mit obligatorischem AR § 250 II u III AktG entspr.[139] Verwirkung der Geltendmachung ist unter bes Voraussetzungen möglich, jedoch im Hinblick auf § 242 AktG (zur Anwendbarkeit unten Rn 73 ff) nicht wegen bloßen Zeitablaufs.

---

132 Dazu auch *J. Hoffmann* ebenda mit abw Konstruktion.

133 Vgl *Lutter* NJW 1969, 1873 mwN; Rowedder/Schmidt-Leithoff/*Koppensteiner* § 47 Rn 112; MünchKommAktG/*Hüffer* 2. Aufl § 241 Rn 95; Scholz/*Schmidt* § 45 Rn 83; *Meyer-Landrut* Rn 63; OLG Köln GmbHR 1993, 164; teilweise abw *Baums,* Eintragung u Löschung von Gesellschafterbeschlüssen, 1981, 63 f, 107 u passim.

134 Dazu OLG Schleswig NZG 2000, 896.

135 In diese Richtung differenzierend *Lutter/Hommelhoff* Rn 32; Rowedder/Schmidt-Leithoff/*Koppensteiner* § 47 Rn 147.

136 Scholz/*Schmidt* § 45 Rn 134; *Meyer-Landrut* Rn 64; Ulmer/*Raiser* Rn 215.

137 Zust Scholz/*Schmidt* Rn 134.

138 Für Verstoß gegen Mitbestimmungsgesetz Klagebefugnis bejahend BGHZ 89, 49 f, für andere Fälle offen lassend; ähnlich OLG Hamburg DB 1983, 330.

139 *Lutter/Hommelhoff* Rn 33.

Nichtigkeitsklage verfolgt gleiches Rechtsschutzziel wie Anfechtungsklage. Bei Klagen gegen denselben GfterBeschluss besteht deshalb Identität des Streitgegenstands.[140] Dazu näher unten Rn 166. Für Nichtigkeitsklage ist **Rechtsschutzbedürfnis** grundsätzlich gegeben, kann aber aus besonderen Gründen fehlen, wenn sich der Beschluss auf andere Weise erledigt hat.[141] Auch dann kann Rechtsschutzbedürfnis aber fortbestehen, wenn Nichtigerklärung für die Zwischenzeit Bedeutung hat. Erhebung der Nichtigkeitsklage kann **rechtsmissbräuchlich** sein;[142] Abweisung der Klage dann als unzulässig möglich u in der Regel geboten. **70**

Geltendmachung der Nichtigkeit mittels **gewöhnlicher Feststellungsklage** durch jedermann zwar grundsätzlich möglich. Voraussetzung ist aber Vorliegen eines Feststellungsinteresses gemäß § 256 ZPO als spezielle Ausgestaltung des Rechtsschutzbedürfnisses.[143] Es besteht beispielsweise nicht ohne weiteres bei Nichtigkeit ablehnender Beschlüsse. Rechtsschutzbedürfnis für Dritte idR nur, wenn Beschluss für sie unmittelbar erheblich (zB Bilanzfeststellungsbeschluss bei gewinnabhängigen Ansprüchen etwa eines stillen Gfters). Gfter sind für Geltendmachung der Beschlussnichtigkeit auf die besondere kapitalgesellschaftsrechtliche Nichtigkeitsklage beschränkt.[144] **71**

3. Wirkung der Nichtigkeit im Verhältnis zu Dritten. Nichtigkeit von GfterBeschlüssen müssen sich **auch Dritte entgegenhalten lassen.** Soweit freilich Beschluss nur innergesellschaftliche Bedeutung hat u Außenhandeln von Vertretungsorganen unberührt lässt, ist Nichtigkeit ohne Bedeutung für Wirksamkeit der Vertretung. Von Nichtigkeitsfolgen nicht ausgenommen werden Dritte, wo GfterBeschluss gesetzliche Voraussetzung der Wirksamkeit einer gesellschaftsrechtlichen Maßnahme ist wie bei der Verschmelzung, Umwandlung oder bei Unternehmensverträgen. Das gilt auch bei nichtiger Kapitalerhöhung für Anteilsübernehmer u spätere Erwerber, die aber einen gewissen Schutz durch die Grds zur Einschränkung der Mängelwirkung strukturändernder Maßnahmen erfahren (dazu § 57 Rn 28 sowie unten Rn 178). Stärkerer Außenschutz ergibt sich uU auch bei nichtigen Organbestellungsbeschlüssen, indem fehlerhafte Organstellung als wirksam anerkannt wird, solange Fehlerhaftigkeit nicht geltend gemacht ist (dazu § 35 Rn 8 f). **72**

4. Heilung durch Eintragung von eintragungsbedürftigen Beschlüssen im HR folgt aus analoger Anwendung von § 242 AktG.[145] Zur Anwendung auf Nichtbeschlüsse s Rn 25. **73**

---

140 Zum Verhältnis von Anfechtungs- u Nichtigkeitsklagen s a *Steinmeyer/Seidel* DStR 1999, 2077; *Kindl* ZGR 2000, 166 mit gründlicher Erörterung u vielen Nachweisen.

141 OLG Saarbrücken NZG 2001, 415: Nichtigkeitsklage gegen Abberufungsbeschluss, wenn GFührer anschließend Amt niederlegt.

142 Dazu OLG Stuttgart NZG 2001, 277; 2003, 1170.

143 Der Frage, inwieweit es eines daneben noch eines allgemeinen Rechtsschutzinteresses bedarf, wird hier nicht nachgegangen.

144 BGH NJW 1978, 1325; OLG Koblenz NZG 2006, 271.

145 Ausführlich dazu *Casper,* Die Heilung nichtiger Beschlüsse im Kapitalgesellschaftsrecht, 1998, 325 ff mit gründlichen Ausführungen zur Reichweite der Norm S 83 ff; *Goette,* Zur entsprechenden Anwendung des § 242 Abs 2 AktG im GmbH-Recht, FS Röhricht, 2005, 115.

74 **a)** Schnellste Form der Heilung greift Platz bei wegen **Beurkundungsmangel** nichtigen Beschlüssen, § 242 I AktG. Mit Eintragung im HR tritt **sofortige Heilung** ein.[146]

75 **b)** Wird ein wegen **Ladungsmängeln** oder wegen **inhaltlichem Verstoß gegen ein Gesetz** oder gegen die guten Sitten nichtiger Beschluss in das HR eingetragen, tritt Heilung analog § 242 II AktG nach Ablauf von drei Jahren ein.[147] Ablauf der 3-Jahres-Frist ist gehemmt, solange Klage auf Feststellung der Nichtigkeit des GfterBeschlusses rechtshängig ist, vgl § 242 II 2 AktG. Zu Unrecht verlangt hM insoweit Erhebung der Nichtigkeitsklage iSv § 249 AktG.[148] Amtslöschung wird nach § 242 II Satz 3 AktG durch Ablauf der 3-Jahres-Frist nicht gehindert. Erfolgt Amtslöschung vor Ablauf der Dreijahresfrist u wird danach erneut eingetragen, beginnt Dreijahresfrist neu zu laufen.[149]

75 a Heilung ist problematisch bei **Beschlüssen über die Änderung von Satzungsnormen,** die inhaltlich mit zwingendem Recht oder gar mit den guten Sitten in Konflikt stehen.[150] Allerdings bejaht Gesetzeswortlaut eindeutig die Heilung, richterliche Abweichung daher nicht unbedenklich.[151] In der Lit. wird Auffassung vertreten, Heilung sei durch abgestufte zeitweise Wirksamkeit nach Grds der Lehre von der fehlerhaften Ges zu ersetzen.[152] Darin steckt zutr Gedanke, dass Satzung als Dauerregelung zu zwingendem Recht eigentlich nicht in Widerspruch stehen darf. Ob zu dessen Ausgleich § 398 FamFG ausreicht, ist zweifelhaft.[153] Problematik dieser von *Stein* entwickelten Auffassung liegt nicht nur im Widerspruch zum eindeutigen Wortlaut, der Juristen noch nie gestört hat, wenn gute Alternativlösungen angeboten wurden, sondern eher in den komplizierten Differenzierungen, die erforderlich sind, um zu sachgerechten Ergebnissen zu kommen. Zweifellos besteht in diesem Problembereich Raum für Rechtsfortbildung.[154]

76 **c)** Heilungsvorschrift findet entsprechende Anwendung auf ursprüngliche, dh vertraglich vereinbarte Regelungen der Satzung.[155]

---

146 Wohl allgM; ausdrücklich BGH GmbHR 1996, 49 = NJW 1996, 257.

147 Scholz/*Schmidt* § 45 Rn 89; Ulmer/*Raiser* Rn 87; *A. Hueck* FS Molitor, 1962, 412; *Scholz* GmbHR 1952, 164; BGHZ 80, 216 f; BGH WM 1984, 473; BGH NZG 2000 1028; OLG Schleswig NZG 2000, 896; anders noch BGHZ 11, 235; BGH WM 1978, 552, wo angemessene Frist für maßgeblich erachtet wurde. Abw Hachenburg/*Schilling/Zutt* (7. Aufl) Rn 74; *Däubler* GmbHR 1968, 6, die zwar 3-Jahres-Frist als Mindestfrist ansehen, im Einzelfall aber auch darüber hinausgehende Frist für möglich halten.

148 Vgl Rowedder/Schmidt-Leithoff/*Koppensteiner* § 47 Rn 114; Ulmer/*Raiser* Rn 88; *Lutter/Hommelhoff* Rn 30; *Hüffer* in Geßler/Hefermehl § 242 Rn 11; *K. Schmidt,* GesR, 1097.

149 Anders OLG Schleswig NZG 2000, 896, wenn Amtslöschung rechtswidrig war. Wie hier *A. Jäger* in Anm ebenda 897.

150 Vgl *Säcker* JZ 1980, 82, 84.

151 Vgl BGHZ 99, 211, 217; BGH NZG 2000, 1028; ganz hM.

152 *U. Stein* ZGR 1994, 472.

153 Zur Auffassung von *Stein* verneinend ausführlich *Casper,* Die Heilung nichtiger Beschlüsse im Kapitalgesellschaftsrecht, 1998, 219 ff.

154 Zu Friktionen der Heilungswirkung mit Grundsätzen notwendiger Vertragsanpassung *Geißler* NZG 2006, 527.

155 *Geßler* ZGR 1980, 427, 453; BGH NZG 2000, 1028.

5. Heilung der Nichtigkeit durch nachträgliche Zustimmung aller Gfter oder durch „Bestätigung" ist grds nicht möglich. Bestätigungsbeschluss ist immer Neuvornahme mit ex nunc-Wirkung (ähnlich § 141 I BGB) und muss alle Zulässigkeits- u Wirksamkeitsvoraussetzungen in diesem Zeitpunkt erfüllen.[156] Ausnahmsweise ist aber **Heilung bei Ladungsmängeln** durch Beschlussgenehmigung seitens des nicht geladenen Gfters möglich. § 242 II 4 AktG sieht sie für Verstoß gegen § 121 IV AktG vor. Diese Regelung gilt auch für nicht ins HR einzutragende Beschlüsse u bei einzutragenden ohne Rücksicht darauf, ob Eintragung erfolgt ist; RegRichter kann Eintragung des Beschlusses daher nach Genehmigung nicht verweigern. Voraussetzungen des § 121 IV AktG liegen bei GmbH im Hinblick auf § 16 GmbHG stets vor. § 242 II 4 AktG ist daher generell analog auf GfterBeschlüsse der GmbH anzuwenden. Heilung nach dieser Regelung tritt erst recht ein, wenn Gfter Ladung zwar erhalten hat, diese aber fehlerhaft war (zu den Modalitäten, die zur Nichtigkeit führen Rn 45). Der Beschlussgenehmigung gleichstellen dürfen wird man, jedenfalls was die Heilung des Ladungsmangels angeht, den Verzicht des Betroffenen auf die Rüge des Ladungsmangels. **77**

III. Teilnichtigkeit

Beschlüsse sind nicht selten inhaltlich komplex, namentlich wenn mehrere sachlich zusammenhängende Fragen in ein u demselben Beschluss geregelt werden. Gemeinsame Regelung kann durch Gesetz vorgeschrieben sein (wie zB für Kapitalerhöhung mit Bezugsrechtsausschluss analog § 186 III AktG, dazu § 55 Rn 25), aber auch freiwillig gewählt sein, um durch gemeinsame Abstimmung unterschiedliches rechtliches Schicksal der verschiedenen Regelungen zu vermeiden. Wird über komplexen Beschlussantrag abgestimmt, liegt einheitlicher Beschluss vor, der nicht in mehrere selbständige Beschlüsse umgedeutet werden kann. In solchen Fällen kann aber inhaltlicher Gesetzesverstoß auf Teil des Beschlusses beschränkt sein. Ob dadurch ganzer Beschluss nichtig, beurteilt sich nach § 139 BGB.[157] Im Zweifel daher Totalnichtigkeit, dh wenn nicht anzunehmen ist, dass übrige Beschlussteile auch ohne nichtigen Teil zum Beschluss erhoben worden wären. **78**

Für Widerlegung der Vermutung geht es nicht um Nachweis tatsächlichen, sondern nur hypothetischen Willens, dh ob Beschluss nach objektiver Betrachtung vernünftigerweise auch ohne den nichtigen Teil gefasst worden wäre.[158] Verlangt Gesetz einheitliche Abstimmung, greift Totalnichtigkeit stets Platz. Im Übrigen wird Widerlegung der Totalnichtigkeit nur selten in Betracht kommen.[159] Dogmatisch ganz abweichende Konzeption hat *R. Schnorr,* Teilfehlerhafte Gesellschaftsbeschlüsse, 1997, entwickelt. Danach soll § 139 BGB überhaupt nicht zur Anwendung kommen. Vielmehr soll aus dem Organisationscharakter des Beschlusses – unter prozeduralem Rechtsverständnis – zu entnehmen sein, dass die Folgen der Teilnichtigkeit nicht vom hy- **79**

[156] Wie hier Rowedder/Schmidt-Leithoff/*Koppensteiner* § 47 Rn 115.

[157] Vgl RGZ 118, 221; 140, 177 (beide für Genossenschaft); 146, 394 (Aktiengesellschaft); BGHZ 11, 246; Ulmer/*Raiser* Rn 83; *Lutter/Hommelhoff* Rn 27; Rowedder/Schmidt-Leithoff/*Koppensteiner* § 47 Rn 110. Abw (also für Teilnichtigkeit) *v. Godin/Wilhelmi* § 241 Rn 2; für Satzungsänderungsbeschlüsse Ulmer/*Ulmer* § 53 Rn 110.

[158] Vgl RGZ 118, 222; ganz hM im BGB-Schrifttum.

[159] KölnerKomm/*Zöllner* § 241 Rn 63.

pothetischen Willen der Beschließenden abhängen können. In den Ergebnissen steht die Arbeit von *Schnorr* der hier vertretenen hM nicht sehr fern. Auch er will grds bei Teilfehlerhaftigkeit eines Beschlusses Gesamtnichtigkeit annehmen. Davon sollen eine Reihe von Ausnahmen gelten (aaO S 116 ff): bei bedingungsfeindlichen Regelungen (insbes Satzungsänderungen), bei Regelungen, die nach dem Willen des Gesetzgebers voneinander abstrahiert sein sollen (wie Jahresabschluss u Abhängigkeitsbericht, Bestellung u Anstellung, Verschmelzung u Kapitalerhöhung) u bei bestimmten Kapitalerhöhungsmaßnahmen.

80 Wird **im Anfechtungsverfahren Beschlussteil für nichtig erklärt,** steht damit nicht fest, dass Beschluss im Übrigen wirksam ist. Vielmehr hängt dies davon ab, ob Nichtigerklärung des ganzen Beschlusses Streitgegenstand war. Ist dies zu verneinen, ist Gericht gehindert, ganzen Beschluss für nichtig zu erklären. Alsdann kann über Gültigkeit des Restbeschlusses später noch entschieden werden.[160]

C. Anfechtbarkeit von Beschlüssen

81 Verstöße gegen Gesetz oder Satzung führen, wenn nicht die besonderen Voraussetzungen der Nichtigkeit vorliegen, nur zur Anfechtbarkeit analog § 243 AktG.

I. Bedeutung

82 Besteht lediglich Anfechtbarkeit, muss Mangelhaftigkeit des Beschlusses nach hM u ständiger Rspr im Wege fristgebundener Anfechtungsklage geltend gemacht werden (zu Bedenken gegen diese Auffassung u zu abw Meinungen s Rn 3 ff mN). Wird diese unterlassen oder nicht rechtzeitig erhoben oder kommt es nicht zu einem den Beschluss für nichtig erklärenden Urteil, ist Beschluss grds als gültig zu behandeln.[161] RegRichter kann allerdings Eintragung mangelhafter Beschlüsse trotz Unterlassung der Anfechtung dann verweigern, wenn Mangel gleichzeitig **Eintragungswidrigkeit** des Beschlusses bewirkt (zu dieser Rn 23). Ansonsten bildet Anfechtbarkeit jedenfalls dann kein Eintragungshindernis, wenn Beschluss nicht angefochten wird. Bei angefochtenen Beschlüssen muss RegRichter nach pflichtgemäßem Ermessen entscheiden, ob Eintragung im Hinblick auf Wahrscheinlichkeit späterer Nichtigerklärung zu verantworten ist.[162]

II. Anfechtungsgründe

83 Anfechtbarkeit setzt voraus, dass Beschluss gegen Gesetz oder Satzung verstößt, vgl § 243 I AktG. Gesetzesverstoß iwS ist auch ein Verstoß gegen

---

[160] Scholz/*Schmidt* § 45 Rn 168; KölnerKomm/*Zöllner* § 241 Rn 64, § 248 Rn 41.

[161] Vgl aber zu einem Sonderfall BGHZ 101, 113 = JZ 1987, 1081 mit Anm *K. Schmidt*.

[162] Näher dazu § 54 Rn 20 ff; ferner KölnerKomm/*Zöllner* § 243 Rn 32–46 mN; MünchKommAktG/*Hüffer* 2. Aufl § 243 Rn 126; ähnlich Scholz/*Schmidt* § 45 Rn 126; eine abw Konzeption entwickelt *Baums*, Eintragung u Löschung von Gesellschafterbeschlüssen, 1981, 106 f u passim.

die guten Sitten, gegen den Gleichbehandlungsgrds u gegen die Treubindungen, insbes auch gegen die Bindung an den GesZweck.

1. Gesetzesverstöße. Gesetz ist jede mit hoheitlicher Geltung versehene Rechtsnorm. Dazu gehören nicht nur Gesetze im formellen Sinn, sondern auch Rechtsverordnungen, Satzungen öffentlich-rechtlicher Rechtsträger, soweit ihre Rechtsnormen für Ges verbindlich sind, Normen von Tarifverträgen, soweit Ges tarifgebunden ist oder unter Allgemeinverbindlicherklärung des Tarifvertrags fällt, Gewohnheitsrecht, normativ geltende Rechtsgrundsätze. Anfechtungsgrund besteht deshalb zB, wenn Einziehung eines Ges-Anteils beschlossen wird, obgleich zu diesem Zeitpunkt bereits feststeht, dass Abfindung nur aus gebundenem Stammkapital bezahlt werden kann.[163] Verstöße gegen individualvertragliche Bindungen der Ges begründen Anfechtung nicht. Noch weniger kann Anfechtung auf Verletzung von Verträgen Dritter, etwa individualvertraglicher Bindungen der Gfter untereinander oder mit Dritten gestützt werden; für omnilaterale gesellschaftsbezogene Gftervereinbarung gilt aber Ausnahme hiervon (streitig), vgl dazu näher oben § 47 Rn 118. Nicht entscheidend ist, ob Gesetz zwingend oder dispositiv ist. Verstoß gegen Stimmverbote ist richtig gesehen kein Verstoß des Beschlusses, sondern nur der verbotswidrigen Stimmabgaben und führt nur zur Nichtigkeit der entsprechenden Einzelstimmen. Beschluss wird davon nur berührt, wenn nichtige Stimmen bei Ergebnisfeststellung mitgezählt werden und dadurch unzutreffendes Abstimmungsergebnis festgestellt wird. 84

Manche Normen haben nur **Ordnungscharakter;** ihre Verletzung zieht dann nicht schwerwiegende Folge der Nichtigkeit oder Anfechtbarkeit eines Beschlusses nach sich. Hierhin gehört zB der bei mitbestimmten Ges anwendbare § 118 II AktG. **Sollvorschriften** sind aber nicht notwendig Ordnungsvorschriften in diesem Sinn. Sie können auch bedeuten, dass von ihnen nur aus besonderen Gründen abgewichen werden darf. Liegen solche Gründe nicht vor, kann daher bei Verletzung Anfechtbarkeit zu bejahen sein. Gesetzesverstoß ist auch Versagung des rechtlichen Gehörs, wo dessen Gewährung geboten ist, wie insbes bei Entscheidungen aus einem durch Verhalten des betroffenen Gfters entstandenen wichtigen Grundes, etwa einer Einziehung seines GAnteils.[164] Auch **Generalklauseln** gehören zu den Gesetzen, deren Verletzung Anfechtbarkeit begründet (vgl schon oben § 47 Rn 107). Im Folgenden ist auf die für das Beschlussmängelrecht wichtigsten einzugehen. 85

2. Sittenwidrigkeit. Beschluss kann wegen Verstoß gegen die guten Sitten anfechtbar sein. Bedeutsam ist dies insoweit, als nicht ohnehin wie bei inhaltlicher Sittenwidrigkeit Nichtigkeit analog § 241 Nr 4 AktG eintritt. Lediglich Anfechtbarkeit kommt vor allem bei sittenwidrigem Machtmissbrauch im Abstimmungsverfahren in Betracht. Praktische Bedeutung kommt diesem Anfechtungsgrund im Verhältnis zu den anderen generalklauselartigen Regeln nicht mehr zu. 86

3. Erstreben von Sondervorteilen. Die meisten praktisch relevanten Fälle sittenwidrigen Machtmissbrauchs werden der spezifisch gesellschaftsrechtlichen Generalklausel des § 243 II AktG unterfallen, die auf die Kon- 87

---

163 OLG Celle GmbHR 1998, 140.

164 Vgl OLG München GmbHR 1998, 332, das auf rechtswidrige Informationsverweigerung abstellt.

kretisierung des Sittenwidrigkeitsgrundsatzes durch Rspr u Lehre zurückgeht. Danach ist anfechtbar ein Beschluss, mit dem ein Sondervorteil zum Schaden der Ges oder der anderen Gfter erstrebt wird, wenn der Beschluss geeignet ist, diesem Zweck zu dienen. **Sondervorteil** ist ein Vorteil, der nicht allen zufließt, die sich der Ges gegenüber in der gleichen Lage befinden, ferner ein wirtschaftlich nicht gerechtfertigter Vorteil. Dabei wird vielfach Angemessenheit einer Gegenleistung zu prüfen sein. Sondervorteil kann jede Zuwendung von wirtschaftlichem Wert sein einschließlich mitgliedschaftsrechtlicher Verbesserungen, etwa der Verstärkung einer Machtposition in der Ges oder einer TochterGes. Sondervorteil muss nicht von Ges direkt stammen, es genügt, wenn er auf ihre Kosten erlangt wird. Keinen Sondervorteil iSd Regelung stellen Zuwendungen dar, die sich nach Art u Höhe im Rahmen ordnungsgemäßer Verwaltung der Ges oder im Rahmen des Verkehrsüblichen halten, wie Jubiläumsgeschenke oder Spenden zu gemeinnützigen Zwecken.

88 **Subjektiv** ist erforderlich, dass bei Abstimmungsteilnehmern (nicht notwendig Gfter; es kommt bei Vertretung vielmehr nach § 166 I BGB auf die Person des Vertreters an) **Vorsatz in Bezug auf die Vorteilserlangung** vorliegt, nicht hingegen in Bezug auf die Schädigung der Ges oder anderer Gfter. Diese Voraussetzung muss nicht bei der gesamten oder der mindestens erforderlichen Mehrheit vorliegen, sondern nur bei einem so großen Teil der Gfter, dass ohne diesen die Mehrheit nicht gegeben wäre. Bedingter Vorsatz genügt. Beschluss muss sich **zur Vorteilserlangung** unter Schädigung von Ges oder Gftern **eignen.** Dazu untauglicher Beschluss löst selbstverständlich Anfechtbarkeit nicht aus.

89 Auf GmbH nicht anwendbar ist die anfechtbarkeitsausschließende Regelung des § 243 II 2 AktG, deren Reichweite schon im Aktienrecht erheblichen Unklarheiten unterliegt.[165] Bei GmbH entfällt Anfechtbarkeit nur, wenn Ausgleichsleistung von vornherein Tatbestand der Sondervorteilserlangung zum Schaden der Ges ausschließt.[166]

90 Im Einzelnen bedarf Anwendungsbereich von § 243 II AktG zumindest für GmbHRecht keiner ausführlichen Klärung, weil Grundsatz der Gleichbehandlung u Treubindungen der Gfter erheblich weitergehen u alle Anwendungsfälle umfassen.[167]

91 **4. Grundsatz der Gleichbehandlung.**[168] Auch er ist Gesetz iSv § 243 I AktG. Wird Grundsatz durch Beschluss verletzt, begründet dies die Anfechtbarkeit,[169] nicht die (schwebende) Unwirksamkeit des Beschlusses, wie früher von manchen angenommen worden ist.[170] Voraussetzung der Anfechtbarkeit ist, dass Beschlussentscheidung Gfter objektiv ungleich behandelt u dass darin liegende Differenzierung willkürlich, dh nicht durch Sachgründe gerechtfer-

---

[165] Zur Anwendung im Aktienrecht KölnerKomm/*Zöllner* § 243 Rn 235 ff; MünchKommAktG/*Hüffer* § 243 Rn 87 ff; *Hüffer* AktG 8. Aufl, § 243 Rn 37 ff.

[166] Zutr Scholz/*Schmidt* 9. Aufl § 45 Rn 112; näher dazu *M. Winter* Treubindungen 303 ff; unentschieden Rowedder/Schmidt-Leithoff/*Koppensteiner* § 47 Rn 107.

[167] Vgl *M. Winter* Treubindungen 300 f.

[168] Zu Inhalt u Anwendungsbereich vgl ausführlich § 13 Rn 32 ff; *Nitsche* GS Schönherr, 1986, 217 ff, 222 f; Rowedder/Schmidt-Leithoff/*Koppensteiner* § 47 Rn 105; KölnerKomm/*Lutter*/*Zöllner* 2. Aufl, Anm zu § 53 a; *Schockenhoff,* Gesellschaftsinteresse u Gleichbehandlung beim Bezugsrechtsausschluss, 1988.

[169] Jetzt wohl allgM.

[170] So noch GroßkommAktG/*Wiedemann* (3. Aufl) § 179 A 8.

tigt ist. Sachgrund kann immer nur Wahrnehmung u Förderung von Ges-Interessen sein. Anwendungsfeld des Gleichbehandlungsgrundsatzes sind primär nur Entscheidungen im körperschaftsrechtlichen Bereich. In Angelegenheiten des Individualrechtsverkehrs kommt Grundsatz nur unter besonderen Voraussetzungen zum Zug, vgl dazu oben § 13 Rn 34. Dort auch Rn 32 zum Maßstab der Gleichbehandlung. Bei Bestellung von ARMitgliedern u GFührern kommt Gleichbehandlungsgrundsatz nicht in Frage. Kein Gfter kann daher aus Grds der Gleichbehandlung ebenfalls Bestellung als GFührer verlangen, wenn anderer Gfter bestellt wird, auch nicht in zweigliedriger GmbH mit annähernd gleich hoher Beteiligung beider Gfter. Auf anderer Ebene liegt streitige Frage, ob für Bezüge u sonstige Anstellungsbedingungen von Organmitgliedern Gleichbehandlung der Mitglieder untereinander geboten ist. Dabei geht es nicht um Gleichbehandlung der Gfter als solcher, auch nicht wenn Organmitglieder sämtlich Gfter sind; vgl dazu § 35 Rn 178 u teilw abw § 52 Rn 60.

Grundsatz greift ferner ein bei nachträgl Einführung von Höchststimmrecht, wenn Gfter davon unterschiedlich betroffen sind.[171] Dasselbe gilt für nachträgl Einführung von Mehrstimmrechten. Werden solche durch bloße Umschichtung der einem Gfter aus seinen Anteilen zustehenden Stimmrechte gewonnen, liegt kein Verstoß vor.[172] Wichtiges Feld für Anwendung sind bei der GmbH namentlich **verdeckte Gewinnausschüttungen.** Im Einzelnen dazu ausführlich § 29 Rn 68 ff. Beschließt GfterVers verdeckte Gewinnausschüttung im zivilrechtlichen Sinn, durch die eine ungleichmäßige Berücksichtigung der Gfter bei der Gewinn- oder Vermögensverteilung bewirkt wird, liegt Gleichbehandlungsverstoß vor.[173] Sachgrund für differenzierende Gewinnausschüttungen gibt es nicht. Unangemessen hohe GFühreervergütung stellt Gleichbehandlungsverstoß dar, sofern nicht alle Gfter gleichzeitig GFührer sind und in gleicher Weise überhöhte Zahlungen erhalten.[174] Hat GFührer bei Behandlung der Gfter gegen Gleichbehandlungsgrundsatz verstoßen, kann dies seine Entlastung anfechtbar machen.[175] 92

5. Verstoß gegen Gesellschaftszweckbindung. Bindung an den Ges-Zweck hat für Verhalten der Gfter u damit auch für ihre Beschlusstätigkeit richtungweisende Bedeutung.[176] Verstoß ist nicht lediglich Satzungsverstoß, sondern stets gleichzeitig Verstoß gegen Treupflicht, die generalklauselartige Pflicht darstellt. Der Verbandszweck determiniert das Verbandsinteresse. In ihm erhalten die Interessen der Gfter ihre gemeinsame Richtung. Besondere Bedeutung der Zweckbindung geht schon allein daraus hervor, dass der eigentliche Verbandszweck, der idR darin besteht, durch Betreiben eines Unternehmens Gewinn zu erzielen, nur mit Zustimmung aller Gfter abänderbar ist (vgl § 53 Rn 29). Es wäre demgegenüber äußerst seltsam, wenn Gfter 93

---

171 KölnerKomm/*Lutter/Zöllner* § 53 a Rn 53 mN.
172 OLG Frankfurt GmbHR 1990, 80.
173 Dazu BGH DB 1972, 1575; *M. Winter* ZHR 148 (1984), 579; *ders* Treubindungen 235 ff; *Schulze-Osterloh* FS Stimpel 1985, 498 ff; *Fiedler,* Verdeckte Vermögensverlagerungen bei Kapitalgesellschaften, 1994, 27 ff.
174 BGHZ 111, 224; BGH DB 2007, 276; BGH DB 2008, 2128 Rn 18, 19.
175 OLG München GmbHR 1997, 1103.
176 Vgl dazu näher *Zöllner,* Schranken mitgliedschaftlicher Stimmrechtsmacht, 318 ff sowie *Lutter* AcP 180 (1980) 102 ff.

befugt wären, bei ihrem sonstigen Abstimmungsverhalten den Verbandszweck u damit das GesInteresse zu missachten.

94 Allerdings ist Bindung an den Verbandszweck keine absolute. Sie besteht nicht schlechterdings, sondern nur im Rahmen der Satzung. Vollen Vorrang hat daher GesInteresse bei GfterEntscheidungen nur in dem Bereich, der nach Satzung u Gesamtumständen unmittelbar auf Verfolgung des GesZwecks gerichtet ist, nämlich bei der GFührung. Wie GFührer bei GFührungsentscheidungen stets mit Vorrang auf GesInteresse zu achten u Schädigung der Ges zu vermeiden haben, sind auch Gfter bei ihren GFührungsentscheidungen in gleicher Weise gebunden.[177]

95 Freilich bedeutet nicht schon jede sich nachträglich als objektiv zweck- oder interessenwidrig herausstellende Entscheidung einen Rechtsverstoß. Bindung der Gfter besteht vielmehr ebenso wie die der GFührer nur im Rahmen pflichtgemäßer Sorgfalt, die hier nicht Verschuldensmaßstab ist, sondern Element der Rechtmäßigkeit.[178] Sorgfaltsmaß richtet sich grds nach § 276 BGB.[179] Maßstab des § 43 GmbHG kommt aber in Betracht für Gfter-GFührer, soweit in ihren Zuständigkeitsbereich fallende GFührungsentscheidungen durch GfterBeschluss getroffen werden; dazu gehören auch Weisungsbeschlüsse gegenüber GFührung. Ist nach einschlägigem Maßstab bei einem GFührungsbeschluss Schädigung der Ges prognostizierbar, ist Beschluss wegen Verstoß gegen Zweckbindung anfechtbar. Auf Vorsatz kommt es nicht an.

96 Antiquiert u unzutreffend ist Ansicht, dass **unternehmerische Unzweckmäßigkeit** Anfechtung nicht begründe,[180] denn wie anders sollte Beachtung der Zweckbindung, durch Unternehmen Gewinn zu erzielen, beurteilt werden als durch Prüfung unternehmerischer Zweckmäßigkeit. Richtig ist, dass Beurteilung geschäftlicher Maßnahme oft nicht eindeutig möglich ist; es besteht vielmehr ein – je nach Sachlage – uU weites unternehmerisches Ermessen.[181] Insoweit kommt Anfechtbarkeit selbstverständlich nicht in Betracht; Beschlussentscheidung liegt dann vielmehr innerhalb gfterlichen Ermessens. Wohl aber begründet dessen Überschreitung Anfechtbarkeit, ohne dass es insoweit auf Evidenz ankäme.[182] Das ist mittlerweile im Schrifttum ausführlich und differenziert begründet worden.[183]

97 Wird zweckwidriger Beschluss mit Zustimmung aller Gfter gefasst (nicht bloß der erschienenen), so entfällt nicht nur die Anfechtbarkeit, vielmehr ist der Beschluss als rechtmäßig anzusehen. Das gilt insbes auch für EinmannGes.

---

[177] OLG Düsseldorf DB 1996, 974; *Immenga* GmbHR 1973, 8 ff.

[178] Verhaltens-, nicht Erfolgsunrecht; vgl dazu *M. Winter* Treubindungen 108 ff.

[179] *Zöllner,* Schranken mitgliedschaftlicher Stimmrechtsmacht, 326. Strenger *Immenga* GmbHR 1973, 8 ff u *Winter* Treubindungen 108 ff, die Maßstab des § 43 für zutreffend erachten; ebenso *Renkl,* Gesellschafterbeschluss, 1982, 129.

[180] So *Lutter/Hommelhoff* Rn 53; anders evtl Scholz/*Schmidt* § 47 Rn 30, der lediglich allg Zweckkmäßigkeitskontrolle ablehnt, hingegen den Gesellschaftszweck als Schranke anerkennt (vgl auch ebenda Rn 26); nicht eindeutig *Roth*/Altmeppen § 47 Rn 119; Rowedder/Schmidt-Leithoff/*Koppensteiner* § 47 Rn 123, 130.

[181] Dazu relativ großzügig BGHZ 135, 253 für Vorstand der AG; OLG Düsseldorf DB 1996, 974 für GfterVers. Vgl auch Rowedder/Schmidt-Leithoff/*Koppensteiner* § 47 Rn 130.

[182] So aber *Lutter/Hommelhoff* Rn 53.

[183] Vgl die sorgfältige u grundlegende Arbeit von *Paefgen,* Unternehmerische Entscheidungen und Rechtsbindung der Organe in der AG, 2002.

Einstimmige Weisung an GFührer löst daher dessen Folgepflicht auch aus, wenn sie gesellschaftsschädlich ist.[184]

6. Verstoß gegen Treubindungen der Gfter hat für Beschlussmangelhaftigkeit ganz zentrale Bedeutung erlangt.[185] Verhaltensanforderungen an Gfter bei Abstimmungen sind dadurch erheblich gesteigert worden. Scharfe Trennung zwischen Treubindungen u Bindung an GesZweck ist nicht möglich, vielmehr lässt sich Bindung an GesZweck als Teil der Treubindungen verstehen. Systematische Hervorhebung der Zweckbindung verdeutlicht aber den absoluten Charakter der GfterBindung im Rahmen von GFührungsentscheidungen. Zu Geltungsgrund u Richtung der Treubindungen oben § 13 Rn 20 ff mN. Diese Bindungen bestehen sowohl gegenüber der Ges wie auch gegenüber den MitGftern.[186] In jüngerer Zeit werden Treubindungen auch im Aktienrecht erheblich stärker betont. Im GmbH-Recht können Treubindungen jedenfalls nicht schwächer sein als im Aktienrecht. Je nach Sachlage werden sie im Gegenteil den Gftern stärkere Anforderungen auferlegen. **98**

a) Bindung an GesInteressen. Soweit es um Bindung an Interessen der Ges geht, berührt sich Treubindung eng mit Bindung an den GesZweck. Je näher jeweiliger Entscheidungsbereich der Zweckverfolgung steht, umso stärker ist die Bindung an das GesInteresse.[187] Bei einer dem GFührungsbereich so nahen Angelegenheit wie der Befreiung eines Gfters von einem Wettbewerbsverbot muss deshalb GesInteresse voll beachtet werden. Daher ist auch bloße Gefährdung des GesInteresses durch Begründung der Abhängigkeit der Ges infolge der Befreiung nicht zulässig, wenn nicht sonstige GesInteressen sie gebieten.[188] Ein Auflösungsbeschluss kann hingegen nicht deswegen treuwidrig sein, weil er zur Liquidation der Ges u zur Zerschlagung des GesUnternehmens führt.[189] Gleichwohl ist auch bei Auflösungsbeschluss missbräuchliche Stimmrechtsausübung möglich, so wenn Gfter schon vorher treuwidrig im Hinblick auf von ihm geplante Auflösung das Unternehmen aushöhlt, um sich selbst die billige Übernahme der Einrichtungen des Unternehmens zu sichern.[190] Treuwidrig ist Bestellung eines GFührers, in dessen **99**

---

[184] Zutr OLG Frankfurt GmbHR 1997, 346 mit zu weit gefasstem Leitsatz.

[185] Ausführlich *Zöllner* Schranken 335 ff; *M. Winter,* Mitgliedschaftliche Treubindungen im GmbH-Recht, 1988; *Hüffer* ZGR 2001, 845; *Zöllner* AG 2000, 145; *Tröger,* Treupflicht im Konzernrecht, 2000.

[186] Aus der umfangreichen Literatur vgl neben den in der vorigen Fn Genannten *Hüffer* FS Steindorff, 1990, 59; *Lutter* ZHR 153 (1989), 446; *Henze* FS Kellermann, 1991, 141; *Dreher* ZHR 157 (1993), 150; allg *Timm* WM 1991, 481; *Flume* ZfWR 1996, 161; *Henze* DB 1996, 489; *Lutter* GmbHR 1997, 1134; *ders* ZAR 162 (1998), 164; *Henze* ZHR 162 (1998), 186. MünchKommAktG/*Hüffer* § 241 Rn 8. Vgl ferner die Nachw unten Rn 103. Aus der Rspr vgl BGHZ 98, 276; 103, 184; 129, 136 = ZIP 1995, 819 (Girmes); BGHZ 138, 71 (Sachsenmilch); BGH NZG 1999, 1158 (Hilgers); BGH NZG 2007, 185 (Rn 11). Gegen jede sachliche Funktion der Treupflicht als Beschlussschranke *W. Seidel,* Die mangelnde Bedeutung mitgliedschaftlicher Treupflichten im Willensbildungsprozess der GmbH, 1998. Zur Bedeutung der Treupflicht als Grundlage von Informationspflichten der Gfter BGH NZG 2007, 185 (Rn 9).

[187] Vgl eingehend *Zöllner* Schranken 344 ff mN; *Lutter* AcP 180 (1980) 115; *Immenga,* Die personalistische Kapitalgesellschaft, 1970, 261 ff.

[188] BGHZ 80, 71 ff, vgl auch BGHZ 89, 162 (ergangen zu GmbH & 38; Co KG, auf GmbH aber übertragbar) sowie *Raiser* FS Stimpel 1985, 855.

[189] BGHZ 76, 354; 103, 191 f; dazu auch Rowedder/Schmidt-Leithoff/*Koppensteiner* 47 Rn 127.

Person wichtige Gründe vorliegen, die seine Tätigkeit für die Ges unzumutbar machen.[191] Treuwidrig ist auch die Ablehnung der Geltendmachung evident gegebener Schadensersatzansprüche gegen Organmitglieder, sofern nicht bes Gründe die Ablehnung rechtfertigen.[192] Auch die Entlastungserteilung bei möglichen Pflichtverletzungen eines GFührers kann treuwidrig sein.[193] Der Nachprüfung unter Treugesichtspunkten unterliegt auch Beschluss über Anstellungsbedingungen von GFührern, insbes die Höhe der Bezüge. Diese müssen angemessen sein und dürfen nicht in einem Missverhältnis zur vergüteten Leistung stehen.[194] Auch ablehnender Gewinnverwendungsbeschluss kann treuwidrig sein,[195] wie zB dann, wenn ablehnender Mehrheitsgfter nicht bereit ist, angemessene Alternative zu nennen. Bildung einer Gewinnrücklage aus Gewinnvortrag kann wegen Erschwerung des Zugriffs treuwidrig sein, wenn aus ihr kein wesentlicher Vorteil für Ges resultiert.[196]

100 Treubindungen gegenüber Ges sind nicht verletzt, soweit **Zustimmung aller Gfter** vorliegt,[197] wie insbes stets bei **Einmannges.** Das bedeutet selbstverständlich nicht, dass Gfter mit dem Vermögen der jur Person GmbH beliebig umspringen können, vielmehr sind im Gläubigerinteresse eine Reihe von Bindungen zu beachten, deren Einordnung als Treubindungen jedoch dogmatisch unzutr ist u zu Fehlschlüssen führt. Vergleich mit Aktienrecht zeigt eindeutig, dass Vermögensbindung zur Erhaltung des GmbH-Vermögens schwach ausgebildet ist. Treupflicht ergibt keine überzeugende gedankliche Grundlage zur Auffüllung von als defizitär empfundenen Schranken des Vermögenszugriffs über das gesetzlich vorgezeichnete Maß hinaus. Dass Bindung des Stammkapitals nicht verletzt werden darf (§ 30), versteht sich, ist jedoch keine Konsequenz aus Treupflicht. Auch ein rechtsfortbildend gewonnenes Verbot existenzgefährdender Auszahlungen oberhalb dieser Grenze[198] ebenso wie ein Verbot stammkapitalgefährdender Einwirkung auf eine Einmanntochter im qualifizierten Konzern hat mit Treupflichtbindungen nichts zu tun, sondern ist Gläubigerschutz, dessen Grenzen sachgerecht anders zu bestimmen sind als aus der Bindung an den Gesellschaftszweck etc. Auch Grundlagen der Konzernhaftung müssen aus anderen Quellen entwickelt werden (dazu auch Anh KonzernR Rn 105 ff). Dass Treupflicht dafür nicht der richtige Ansatzpunkt ist, zeigt sich an Rechtsfolge eines Verstoßes durch

---

190 BGHZ 76, 354; 103, 193. Sehr zweifelhaft die Richtigkeit der Entsch OLG München GmbHR 1997, 1103. Zu den BGH-Entsch *Timm* JZ 1980, 665 ff u NJW 1988, 1582.

191 BGH NJW 1991, 846; BGH BB 1993, 1682.

192 BGHZ 135, 254 ff für Entscheidung des AR einer AG hinsichtl Schadensersatzansprüchen gegen Vorstandsmitglieder; dazu auch LG Düsseldorf AG 1995, 330 u OLG Düsseldorf DB 1995, 1500.

193 Vgl OLG Hamm GmbHR 1992, 802; OLG Köln NZG 1999, 1228 (Tomberger II); OLG Saarbrücken DStR 2007, 916 sowie oben § 46 Rn 28 mwN.

194 OLG Frankfurt GmbHR 2005, 550.

195 Missverständlich OLG Jena GmbHR 2006. 985.

196 OLG Nürnberg DB 2008, 2415.

197 Ganz hM, vgl *Zöllner* Schranken 21 ff; *Lutter* ZIP 1985, 1428; *Rehbinder* AG 1985, 90; *Röhricht* WPg 1992, 766, 784 f; BGHZ 119, 257; 122, 333; BGH BB 1999, 1569; OLG Frankfurt GmbHR 1997, 346; abw *M. Winter* ZGR 1994, 570 mN; *Burgard* ZIP 2002, 827.

198 Dazu *M. Winter* Treubindungen 585 ff.

Gfterbeschluss: er führt zur Nichtigkeit, während sonst Folge stets nur Anfechtbarkeit ist.

b) Rücksicht auf Mitgesellschafterinteressen. Treubindungen verlangen auch Rücksicht auf die Interessen der MitGfter.[199] In Betracht kommen hierbei in erster Linie die **mitgliedschaftlichen Interessen,**[200] dh die Interessen, die mit der Mitgliedschaft ihrer rechtlichen Struktur nach typischerweise verknüpft sind ohne Rücksicht auf individuelle, außerhalb der Ges liegende Umstände. Gfter stehen sich nicht wie beliebige Dritte gegenüber, sondern befinden sich auch untereinander in einer rechtlichen Sonderverbindung, die Rücksichtspflichten auferlegt. Nachteilige Einwirkung auf Mitgliederinteressen der MitGfter ist deshalb, von der Auflösung oder Teilliquidation abgesehen, von vornherein nur dann zulässig, wenn sie im Interesse des Verbands vorgenommen wird.[201] Deshalb kommt insbes ein Bezugsrechtsausschluss bei Kapitalerhöhung (dazu unten § 55 Rn 25) nicht in Betracht, wenn er nicht im Interesse der Ges liegt. Vielfach wird insoweit von der **Erforderlichkeit eines Sachgrundes** für den Bezugsrechtsausschluss gesprochen.[202] Inwieweit in diesem sog Sachgrunderfordernis ein für die Schranken der Mehrheitsherrschaft umfassend verallgemeinerungsfähiges Prinzip liegt, ist streitig. Die Frage lässt sich nur differenzierend beantworten.[203] **101**

Eingriffe in mitgliedschaftliche Interessen müssen ferner **Grundsatz der Erforderlichkeit** wahren, dh es muss das zur Erreichung des Zwecks schonendste Mittel gewählt werden, u sie müssen dem **Grundsatz der Verhältnismäßigkeit** entsprechen, dh der Eingriff muss in angemessenem Verhältnis zu dem erstrebten Ziel stehen.[204] Auch die Genehmigungsverweigerung bei Veräußerung vinkulierter Anteile muss diesen Grundsätzen gerecht werden.[205] **102**

Sog Stimmrechtsbündelung durch Konzentration der Stimmrechte mehrerer Gfter bei einem Vertreter kann zu gesteigerter Verantwortlichkeit führen. Frage ist im Hinblick auf erstrebte Haftung eines solchen Vertreters, der über Zeitschrift Stimmrechtsvertretungen eingeworben hatte (Girmes-Fall), für AktR viel erörtert worden. Auch für GmbH kommt in Betracht, dass bei Einzelabstimmung eines Kleinbeteiligten irrelevante Stimmrechtsausübung durch Bündelung zu relevanter Interessenschädigung führt. Für Mangelhaftigkeit der Stimmrechtsausübung u des Beschlusses kann dies nicht nur über Stimmenzahl relevant werden, sondern im Hinblick auf die subjektive Seite auch für die Beurteilung der Treuwidrigkeit selbst (dazu Rn 94). Im **103**

---

199 Dazu ausführlich *M. Winter* Treubindungen 63 ff, 130 ff.

200 Vgl *Lutter* AcP 180 (1980) 120 ff; *Dreher* ZHR 157 (1993), 153.

201 Dazu auch *Raiser* ZHR 151 (1987), 440 ff.

202 BGHZ 71, 40 „Kali u Salz"; dazu zB *Wiedemann* ZGR 1980, 157; *Timm* ZGR 87, 403 mN. Ausführlich *Boese,* Die Anwendungsgrenzen des Erfordernisses sachlicher Rechtfertigung bei Hauptversammlungsbeschlüssen, 2004.

203 Ausführlich dazu *Boese* (Fn 200); *Schockenhoff,* Gesellschaftsinteresse u Gleichbehandlung beim Bezugsrechtsausschluss, 1988, 97 ff; *Hirte,* Bezugsrechtsausschluss u Konzernbildung, 1986, 129 ff; kritisch *Timm* JZ 1980, 665 ff u NJW 1988, 1582; ausführlich auch *M. Winter* Treubindungen 135 ff u 262 ff; *Henze* DStR 1993, 1863 ff; *Kraß,* Gerichtliche Beschlusskontrolle im Kapitalgesellschaftsrecht, 1996, 17 ff; *Zöllner* AG 2000, 145, 153 ff.

204 Näher dazu KölnerKomm/*Zöllner* § 243 Rn 195 ff; MünchKommAktG/*Hüffer* § 243 Rn 57; s auch BezG Dresden GmbHR 1994, 125 (Entzug eines statutarischen Vorerwerbsrechts).

205 OLG Hamm NZG 2000. 1185.

Einzelnen kann dieser eher aktienrechtlich bedeutsamen Frage hier nicht nachgegangen werden.[206]

104 Bei personalistischer GmbH kommt schließlich, da sie im Verhältnis der Gfter zueinander im Wesentlichen nach den für PersonenGes geltenden Grundsätzen zu beurteilen ist, auch Pflicht zur **Rücksichtnahme auf private Interessen** von MitGftern in Betracht,[207] freilich nur indirekt als Teil der mitgliedschaftlichen Pflicht, das erforderliche persönliche Vertrauen zwischen den Gftern nicht zu zerstören. Für die Beschlusstätigkeit wird das nur ganz selten Bedeutung erlangen.

105 **c) Rechtsfolge eines Treubindungsverstoßes** ist nicht nur die Anfechtbarkeit des treuwidrigen Beschlusses, sondern auch die Nichtigkeit der Stimmabgabe. Anfechtbarkeit kommt daher nur zum Zuge, wenn Stimmabgabe trotz Nichtigkeit bei Feststellung des Beschlussergebnisses als wirksam berücksichtigt worden ist (dazu unten Rn 116 ff). Nichtigkeit treuwidrig abgegebener Stimmen ist ernstlich nicht bestreitbar, vgl dazu näher oben § 47 Rn 108 mN. Von dieser Grundfrage zu unterscheiden sind die Folgefragen, (1) ob Nichtigkeit wegen Treuwidrigkeit durch Versammlungsleiter oder Notar bei verbindlicher Feststellung des Beschlussergebnisses berücksichtigt werden darf (dazu unten Rn 116 ff) u (2) ob Gericht im Beschlussfeststellungsprozess zw anderem Gfter u Ges treuwidrige Stimmen als nichtig behandeln darf, wenn der treuwidrig abstimmende Gfter am Prozess nicht beteiligt ist (dazu unten Rn 181 ff).

106 **d) Verhältnis zur GFührer-Treupflicht.** GFührer unterliegen eigener organstellungs- u evtl anstellungsbezogener Treupflicht (dazu § 35 Rn 38 ff), die dem Willen der GfterVers nachgeordnet ist. Für GfterGFührer besteht jedoch im Rahmen von GFührungsbeschlüssen der GfterVers erhöhte Bindung durch Maßstab des § 43 (vgl dort Rn 9, 17 sowie oben Rn 95).

107 **7. Spezialregelungen des AktG.** Bis zum BiRiLiG nicht anwendbar im GmbHRecht war die in § 254 AktG geregelte Anfechtungsmöglichkeit wegen zu hoher Einstellung von Jahresüberschussbeträgen in Rücklagen.[208] Angesichts der ganz anders gearteten Regelung des § 29 GmbHG aF fehlte dafür jeder Ansatzpunkt. Unter der Neufassung des § 29 kommt bei Beschlussfassung nach dessen Abs 2 die Anwendung durchaus in Betracht.[209] Streichung des § 254 I AktG nachgebildeten § 42 h Entw BiRiLiG steht dem nicht entgegen. Dazu u zu sonstigen Grenzen der Rücklagenbildung oben § 29 Rn 29 ff.

108 **Besonderen Anfechtungstatbestand für Beschlüsse über effektive Kapitalerhöhung mit Bezugsrechtsausschluss** enthält § 255 II AktG. Danach kann solcher Beschluss auch wegen unangemessen niedriger Festsetzung des Ausgabebetrages oder Mindestbetrages der Ausgabe angefochten werden. Sachlich nicht geglückte Vorschrift lässt sich mutatis mutandis in GmbH-Recht

---

[206] Vgl dazu *Henssler* ZHR 157 (1993), 91; *Dreher* ebenda 150; *Than* ebenda 125; *Marsch-Barner* ebenda 172; *Dreher* ZIP 1993, 332; *Timm* WM 1991, 481; vgl ferner BGH ZIP 1995, 819 (Girmes).

[207] Dazu *Lutter* AcP 180 (1980), 128 f.

[208] Hachenburg/*Schilling*/*Zutt* 7. Aufl, Rn 92.

[209] Verneinend aber zB *Hommelhoff* ZGR 1986, 423 ff; *Liebs* DB 1986, 2421; Ulmer/*Raiser* Rn 144, der statt dessen auf Treupflicht abstellen u aus dieser ganz ähnliche Grds ableiten will, wie sie in § 254 I AktG poitiviert sind; offen lassend *Küting*/*Weber* § 29 Rn 58; für Anwendung bei kapitalistischer GmbH *G. Hueck* FS Steindorff, 1990, 56.

übertragen, wenn man Bezugsrecht der GmbHGfter bejaht (dazu § 55 Rn 20). Wegen Einzelheiten ist auf aktienrechtliche Literatur zu verweisen.[210]

Streitig ist Anwendbarkeit von § 257 I 2 AktG, der **Anfechtung eines den Jahresabschluss feststellenden Beschlusses** der Hauptversammlung wegen inhaltlicher Mängel ausschließt. Diese Regelung dient an sich primär der Vereinheitlichung der Rechtslage mit der im Aktienrecht den Normalfall bildenden Feststellung des Jahresabschlusses durch die Verwaltung, die einer anfechtungsähnlichen Geltendmachung nicht unterliegt. Da bei der GmbH Feststellung im Regelfall durch die GfterVers erfolgt, könnte für eine solche Angleichung Bedürfnis[211] und gleichermaßen Analogiebasis fehlen.[212] Lage ist indessen vielschichtiger. Einerseits besteht Bedürfnis für Beschränkung der Nichtigkeit des Jahresabschlusses wegen inhaltlicher Mängel unabhängig von der Zuständigkeit für seine Feststellung. Anlehnung an System der Jahresabschlussmängel des Aktienrechts kommt daher durchaus in Betracht. Andererseits ist das Schutzsystem der §§ 258–261 AktG auf GmbH nicht übertragbar. Insoweit müssen auch Inhaltsmängel, soweit sie nicht ohnehin Nichtigkeit des Beschlusses begründen, der Geltendmachung im Weg der Anfechtungsklage offen stehen.[213] **109**

Besondere Anfechtungstatbestände für Wahl von Aufsichtsratsmitgliedern. So weit GfterVers AR wählt, besteht bei Verletzung von Gesetz oder Satzung Möglichkeit der Anfechtungsklage, § 251 I 1 AktG. Das ist im Grds selbstverständlich u hätte der Sonderregelung nicht bedurft. Satz 2 erweitert aber Anfechtungsmöglichkeit für Beschlüsse, bei denen Bindung der GfterVers an Wahlvorschläge besteht, auf Gesetzesverstöße beim Zustandekommen des Wahlvorschlags. Die im Gesetz zugrunde gelegte Bindung an Wahlvorschläge besteht nur für die Wahl von Arbeitnehmervertretern im AR nach §§ 6, 8 MontanmitbestG. Ansonsten werden Arbeitnehmervertreter von der Arbeitnehmerseite in bes Wahlverfahren gewählt. Mängelgeltendmachung unterliegt insoweit nicht dem Beschlussmängelrecht, sondern den Sonderregeln der einschlägigen Gesetze. Für die Wahl der Anlegervertreter u evtl. freiwillig gewählter Arbeitnehmervertreter ist hingegen das GmbH-rechtliche Beschlussmängelrecht voll anwendbar. **109 a**

8. Satzungsverstöße. Sie spielen im GmbH-Recht erheblich größere Rolle als im Aktienrecht, weil GmbH-Satzung meist zahlreiche das Gesetz ergänzende oder von ihm abweichende Regelungen enthält. Beispiel: Wenn in Satzung Ausschluss durch GfterBeschluss vorgesehen ist, die satzungsmäßigen Voraussetzungen dieser Entscheidung aber nicht erfüllt sind.[214] Anfechtbarkeit tritt nicht ein bei Missachtung solcher Satzungsregelungen, die bloßen Ordnungscharakter haben.[215] Insbes Formulierung als Sollvorschrift kann auf **110**

---

210 Vgl näher KölnerKomm/*Zöllner* Anm zu § 255 mN; MünchKomm AktG/*Hüffer* 2. Aufl Anm zu § 255; *ders* AktG 8. Aufl Anm zu § 255.

211 *Geßler* FS Goerdeler, 1987, 148; Ulmer/*Raiser* Rn 132.

212 So noch 15. Aufl Rn 57; Rowedder/*Koppensteiner* 3. Aufl, § 47 Rn 112. Anders *Lutter/Hommelhoff* Rn 54 („nur in engen Grenzen anfechtbar"); s aber auch *Claussen* FS Semler, 1993, 108 ff.

213 BGH DB 1998, 567 = BGHZ 137, 378 (dort unvollständig); BGH DB 2008, 2128 (Rn 14), dort auch Rn 15 zu Einschränkungen der Anfechtbarkeit. Anfechtbarkeit uneingeschränkt bejahend Ulmer/*Raiser* Rn 143 mN.

214 OLG Brandenburg GmbHR 1998, 194 f.

215 Vgl dazu OLG Hamm ZIP 1985, 741.

solchen Ordnungscharakter hindeuten (Auslegungsfrage; dazu auch oben Rn 85).

111 **9. Verstoß gegen Gftervereinbarung,** die außerhalb der Satzung getroffen wurde, kann nur unter bes Voraussetzungen Anfechtbarkeit begründen. Vgl dazu oben § 47 Rn 118.

III. Art u Weise des Verstoßes

112 Verstoß des Beschlusses gegen Gesetz oder Satzung liegt zum einen vor, wenn Beschlussinhalt zur Regelung in Widerspruch steht. **Beschlussbegriff** in § 243 I AktG ist jedoch **mehrdeutig.** Mit ihm ist nicht nur das inhaltliche Ergebnis des Beschlusses als getroffene Willensentscheidung der Ges gemeint, sondern auch der Vorgang der Beschlussfassung iS seines Zustandekommens, insbes des eingeschlagenen Verfahrens. Verstöße gegen Gesetz oder Satzung sind daher auch durch den Beschlussfassungsvorgang möglich. Solche Verfahrensverstöße lassen sich verschiedenen Stadien des Beschlussfassungsvorgangs zuordnen:

113 **1. Verstöße bei der Beschlussvorbereitung.** Dazu gehören zB: Verletzung von Einberufungsvorschriften (nicht alle Verstöße insoweit begründen Nichtigkeit; vgl näher oben Rn 45 u § 51 Rn 28); Verweigerung der Teilnahme gegenüber Teilnahmeberechtigten, auch wenn Teilnahmeberechtigter kein Stimmrecht hat;[216] Verletzung des Teilnahmerechts liegt auch vor bei Ausnutzung einer kurzen Verspätung eines anderen Gfters.[217] Vor allem bei für nicht erschienenen Gfter wichtigen Angelegenheiten muss vor Durchführung der GfterVers angemessene Wartefrist eingehalten werden. Teilnahmerecht ist auch verletzt, wenn Bevollmächtigtem eines ausländischen Gfters Teilnahme nur deshalb verweigert wird, weil schriftliche Vollmacht in fremder Sprache vorgelegt wird.[218] Das gilt jedenfalls für west- u mitteleuropäische Sprachen, für die Übersetzung leicht zu organisieren ist. Teilnahmerecht auch verletzt, wenn bevollmächtigtem Vertreter auf Grund Hausrechts Zugang zum Versammlungsraum verwehrt wird.[219] Verletzung des Teilnahmerechts begründet Anfechtung grundsätzlich auch für teilnehmende Gfter wegen Verletzung der Informationsmöglichkeit über Meinung nicht zugelassener Teilnehmer.

114 Zulassung nicht Teilnahmeberechtigter begründet idR Anfechtbarkeit nicht, anders nur, wenn von der Anwesenheit unzulässiger u unverhältnismäßiger Druck auf das Abstimmungsverhalten auszugehen vermag; Unklarheit, worüber verhandelt u beschlossen wird, kann Anfechtung begründen, ebenso unzureichende Information (zB Auskunftsverweigerung) sowie eine im Verhältnis zur Bedeutung des Beschlussgegenstands unzureichende Gelegenheit zur Aussprache. Beschränkung des Rede- u Fragerechts kann Anfechtung begründen.[220] Sonderfall bildet Regelung des § 251 I 2 AktG; danach ist bei gebundener Wahl von ARMitgliedern nach dem MontanMitbestG Anfechtung auch möglich, wenn Wahlvorschlag der ArbNSeite gesetzwidrig

[216] OLG Dresden GmbHR 1997, 946; OLG Hamm GmbHR 1998, 139.
[217] OLG Hamm GmbHR 1998, 140.
[218] So für Italienisch OLG Brandenburg GmbHR 1998, 1037.
[219] OLG Hamm NZG 2003, 926.
[220] Vgl für AG OLG Stuttgart DB 1995, 568; OLG Hamm GmbHR 1998, 138.

zustandegekommen ist. Verfahrensverstoß liegt auch vor, wenn Einberufung einer Eventualversammlung für den Fall der Beschlussunfähigkeit vorzeitig erfolgt unter Missachtung einer von der Satzung vorgesehenen Bedenk- u Einigungszeit.[221] Auch Einberufung an unzulässigen Ort begründet Anfechtung.[222]

Verstoß bei der Beschlussvorbereitung ist auch die Verletzung von Informationspflichten, insbes die Vorenthaltung u die Unrichtigkeit von Informationen. Bsp: Unzureichende Beantwortung von Fragen zur Organisationsstruktur im Zusammenhang mit der Entlastung von Organmitgliedern kann Entlastungsbeschluss anfechtbar machen.[223]

2. Verstöße im Abstimmungsverfahren selbst sind selten. Insbes kein Verstoß in diesem Bereich, wenn Nichtstimmberechtigter oder konkret vom Stimmrecht Ausgeschlossener Stimme abgibt oder wenn Stimmberechtigtem unberechtigterweise die Berücksichtigung seiner Stimme verweigert wird. Diese Fehler gehören vielmehr in den Bereich der Beschlussergebnisfeststellung. Daher ist wegen solcher Verstöße Beschluss nur anfechtbar, wenn sie sich auf das Ergebnis ausgewirkt haben. Verstoß im Abstimmungsverfahren liegt etwa vor, wenn abgestimmt wird, obgleich zu dieser Zeit Beschlussfähigkeit nach der Satzung nicht gegeben ist oder wenn Beschluss aus anderen formellen Gründen nicht gefasst werden darf, zB vorgeschriebene Karenzzeit nicht eingehalten ist oder Treuegedanke fordert, auf evtl unpünktlichen Gfter mit Beschlussfassung gravierender, evtl in seine mitgliedschaftliche Stellung eingreifender Art angemessene Zeit zu warten (sog **Wartepflicht**).[224] 115

3. Verstöße bei der Beschlussfeststellung sind namentlich im Aktienrecht praktisch sehr bedeutsam; im GmbH-Recht ist Bedeutung als Anfechtungsgrund weniger groß (vgl Rn 18 u 19), weil Anfechtung verbindliche Beschlussfeststellung voraussetzt, an der es vielfach fehlt. Verstöße bei der Feststellung sind einmal denkbar als **Zählfehler** (wohl nur bei größeren Ges) u ferner bei der **Bewertung der Gültigkeit abgegebener Stimmen,** so etwa, wenn Stimmverbot unberechtigt als gegeben angesehen oder wenn es zu unrecht verneint wird oder wenn eine rechtsmissbräuchlich oder treuwidrig abgegebene Stimme als wirksam behandelt oder wenn Stimmabgabe nachträglich wirksam angefochten wird. 116

Beschluss weist in allen diesen Fällen anfechtungsbegründenden Verstoß nur auf, wenn durch die unrichtige Zählung oder Bewertung von Stimmen ein anderes Beschlussergebnis festgestellt worden ist als bei richtiger Zählung oder Bewertung hätte festgestellt werden müssen, Beschlussergebnis insoweit verstanden als Bejahung oder Verneinung des zur Abstimmung gestellten Beschlussantrags. Verstöße sind ferner denkbar trotz richtiger Stimmzählung u -bewertung, wenn **falsches Mehrheitserfordernis zugrunde gelegt** wird, sei es, dass Beschluss als mit einfacher Mehrheit wirksam gefasst angesehen wird, für den in Wahrheit qualifizierte Mehrheit erforderlich war, sei es, dass Beschlussantrag wegen Fehlens (angeblich) erforderlicher qualifizierter Mehr- 117

---

221 BGH BB 1998, 445 = DStR 1998, 348 (Anm *Goette*).
222 OLG Düsseldorf NZG 2003, 975 mit trefflichen Ausführungen zur Relevanz des Verstoßes.
223 OLG Frankfurt AG 2008, 417.
224 OLG Dresden NZG 2000, 429.

heit als abgelehnt festgestellt wird, für den einfache Mehrheit ausgereicht hätte, die vorhanden war. Für rechtliche Beurteilung ist zu unterscheiden:

118 **a) Verbindlichkeit des festgestellten Beschlussergebnisses.**[225] Ist Beschlussergebnis iS der Bejahung oder Verneinung des zur Abstimmung gestellten Beschlussantrags (also nicht bloß iS des zahlenmäßigen Ergebnisses) festgestellt worden, ist diese Feststellung, sofern sie bestimmte Voraussetzungen erfüllt (dazu Rn 120 ff) vorläufig verbindlich in dem Sinn, dass Unrichtigkeit der Feststellung rechtzeitig geltend gemacht werden muss, andernfalls die Feststellung endgültig verbindlich wird. Nach hM u ständiger Rspr bedarf es dazu **fristgebundener Erhebung der Anfechtungsklage.**[226] Die Etablierung des entgegengesetzten Beschlussergebnisses durch bloße Feststellungsklage ohne vorhergehende oder gleichzeitige Anfechtungsklage ist nach einer verbindlichen Feststellung nicht möglich.[227] Eine derartige Feststellung des Beschlussergebnisses ist allerdings zur Wirksamkeit des Beschlusses nicht erforderlich (dazu § 47 Rn 26, 27 mN). Ist sie aber erfolgt, muss von ihrer grds Maßgeblichkeit ausgegangen werden.

119 Dies gilt für alle Arten von Beschlüssen, nicht nur für satzungsändernde.[228] Zwar ist es selbstverständlich richtig, dass die „urkundliche Feststellung" eines gesetzlich vorgeschriebenen notariellen Protokolls um der Rechtssicherheit willen nicht einfach beiseite geschoben werden kann, aber das Gleiche trifft auch auf anderweit protokollierte u auf nicht protokollierte Beschlüsse zu, wenn infolge einer Ergebnisfeststellung vom festgestellten Inhalt ausgegangen wird.[229] Auch die ursprüngliche Begründung in BGHZ 51, 211, dass bei rechtlich falscher Ergebnisfeststellung ein Beschluss im Rechtssinn gar nicht vorliege, ist durch die neuere, einen Beschluss bejahende Rspr[230] überholt. Daher ist die jetzt ganz hM nicht mehr ernstlich bezweifelbar, dass bei Feststellung des Beschlussergebnisses rechtzeitige Geltendmachung der Unrichtigkeit der Feststellung durch Anfechtung in jedem Fall erforderlich ist. Dies verlangt der Schutz des Vertrauens der an der Beschlussfassung Beteiligten, die sich sonst auf das festgestellte Ergebnis verlassen dürfen. Festgestelltes Ergebnis ist, wenn keine Anfechtung erfolgt, auch für Registerrichter maßgebend.[231] Ganz schief ist die neuerdings vereinzelt vertretene Auffassung, bei satzungsändernden Beschlüssen sei verbindliche Feststellung nicht möglich.[232]

120 **b) Voraussetzungen u Formen verbindlicher Feststellung.** Feststellung des Ergebnisses im vorbezeichneten Sinn liegt vor, wenn mit entspr

---

225 Zum folgenden *Zöllner* FS Lutter, 2000, 821; *Hoffmann/Köster* GmbHR 2003, 1327.

226 Dazu *Hoffmann/Köster* (Fn 223).

227 BGHZ 104, 66, 69; 153, 285, 287 = NZG 2003, 286; noch deutlicher BGH NZG 2003, 284, 285 Entsch stammt zwar vom gleichen Tag, ist aber mit der zuvor genannten aus der amtl Sammlung nicht identisch; BayObLG NZG 1999, 1063; östOGH AG 1993, 235; OLG Dresden NZG 2001, 809. Aus der Lit vgl Ulmer/*Raiser* Rn 96 ff; Ulmer/*Hüffer* § 47 Rn 29; Scholz/*Schmidt* § 48 Rn 53; *Roth*/Altmeppen § 48 Rn 24; *A. Hueck* FS Molitor, 1962, 409; *Baltzer,* Der Beschluss als rechtstechnisches Mittel …, 1965, S 127; *Zöllner* Schranken 392 ff; *ders* ZGR 1982, 625 ff; *ders* FS Lutter, 2000, 827; *K. Schmidt* GmbHR 1992, 13; *Raiser/Veil* § 33 Rn 33; *Lindacher* ZGR 1987, 125; weitgehend auch Rowedder/Schmidt-Leithoff/*Koppensteiner* § 47 Rn 10 f.

228 So noch BGHZ 51, 212 u 76, 155 im Anschluss an BGHZ 14, 36.

229 So jetzt auch BGHZ 104, 66, 69.

230 BGHZ 88, 328; 97, 28.

231 BayObLG DB 1991, 2329 u DB 1992, 135.

232 So *Hoffmann/Köstler* GmbHR 2003, 1327, 1333.

Kompetenz ausgestatteter VersLeiter (zu diesem § 48 Rn 16 ff) tätig war, entspr Feststellung getroffen u den Abstimmungsbeteiligten zur Kenntnis gebracht hat. Kompetenz zu verbindlicher Feststellung bedarf entweder der Grundlage in Satzung oder allseitigen Einverständnisses der anwesenden Gfter bzw ihrer Vertreter.[233] Derartiges Einverständnis ist anzunehmen, wenn VersLeiter mit allseitigem Einverständnis tätig wird u unwidersprochen Feststellung vornimmt. Gfter können ihm aber auf Leitung beschränkte Funktion ohne Ergebnisfeststellungsbefugnis übertragen. Mehrheit kann wegen der weitreichenden Konsequenzen Kompetenz verbindlicher Feststellung nicht zuteilen.[234] VersLeiter kann verbindliche Feststellung nicht treffen, sofern er dadurch befangen ist, dass er selbst oder nahe Angehörige durch den Beschluss begünstigt oder benachteiligt werden,[235] es sei denn, alle Gfter würden durch den Beschluss in gleicher Weise betroffen. Verbindliche Feststellung liegt weiter auch dann vor, wenn kein VersLeiter tätig war, sich die Beteiligten aber über das Ergebnis einig waren[236] u erst später rechtliche oder tatsächliche Zweifel an Stimmberechtigung Beteiligter oder an erforderlicher Mehrheit etc aufgetaucht sind; zu bejahen schließlich auch, wenn eine notarielle Beurkundung, pflichtgemäß oder freiwillig, erfolgt ist u Notar bei Fehlen einer Feststellung durch VersLeiter eigene Feststellung über das Ergebnis getroffen u beurkundet hat.[237] Notar ist dazu aber nicht verpflichtet, was oft nicht bedacht wird (vgl § 53 Rn 67, 72 f). Lässt er Ergebnis offen oder beurkundet er mehrere von Teilnehmern vertretene Ergebnisse, liegt derartige Feststellung nicht vor. Feststellungen in einer Privaturkunde durch einen Protokollführer, der keine VersLeiterfunktion hat, sind als verbindliche Feststellung nur dann zu werten, wenn er diese noch in der GfterVers bekanntgegeben u niemand widersprochen hat. Nachholung unterlassener Beschlussfeststellung außerhalb der GfterVers,[238] auf der Beschluss gefasst worden ist, kann auch durch zuständigen u mit Feststellungskompetenz ausgestatteten VersLeiter nur mit Zustimmung aller Gfter erfolgen. Nachholung durch Gfter gemeinsam stets möglich. Nicht erforderlich für Verbindlichkeit der Feststellung durch legitimierten VersLeiter ist förmliche (privatschriftliche) Dokumentation.[239]

---

233 Zutr OLG Frankfurt OLGR 1999, 65; OLG Köln NZG 2003, 40; abw OLG Celle GmbHR 1999, 35 – (nur Ls) = OLG Report 1998, 340, das nicht berücksichtigt, dass eine so weitreichende Kompetenz, da anders als im Aktienrecht eine gesetzliche Grundlage fehlt, nicht von selbst entstehen kann.

234 Dazu *K. Schmidt* GmbHR 1992, 11.

235 Auf das Unbefangenheitserfordernis haben *Hoffmann/Köstler* GmbHR 2003, 1327, 1332 f hingewiesen. Anscheinend zustimmend OLG München NZG 2004, 422, 424.

236 *Lutter/Hommelhoff* Rn 42; Rowedder/Schmidt-Leithoff/*Koppensteiner* § 47 Rn 10; *Raiser* FS Heinsius, 1991, 648; *Rohleder* GmbHR 1989, 239; *Zöllner* FS Lutter, 2000, 821, 828; vgl auch OLG München GmbHR 1990, 263; OLG Celle GmbHR 1997, 174; abw Michalski/*Römermann* § 47 Rn 592, der meint, konkludente Feststellung gebe es nicht, es liege eine Scheindiskussion vor; abw auch *Hoffmann/Köster* GmbHR 2003, 1327, 1330, die nicht nur praktisches Bedürfnis für die hier vertretene Auffassung verkennen, sondern auch Gleichwertigkeit einvernehmlichen Beschlussverständnisses mit förmlicher Feststellung.

237 Ulmer/*Hüffer* § 47 Rn 29; BayObLG GmbHR 1992, 41 für Fälle ges oder statutarischer Beurkundungspflicht.

238 Dazu *Abramenko* GmbHR 2003, 1471.

239 So aber *Hoffmann/Köster* GmbHR 2003, 1327; OLG München NZG 2004, 422, 423 unter unzutreffender Berufung auf BGHZ 104, 66, wo dieses Erfordernis nicht aufgestellt wird.

121 Ganz erhebliche Bedeutung kommt der Frage zu, wie weit Befugnis eines mit **Kompetenz zu verbindlicher Feststellung** ausgestatteten (Rn 120) VersLeiters (oder des Notars) geht, **bei Streit über das Beschlussergebnis** dieses festzustellen. Für AG einschlägige Regeln können nicht als Vorbild dienen. Ganz überwiegend wird angenommen, dass VersLeiter ungültige Stimmen nicht veranschlagen darf (zB vollmachtlos abgegebene Stimmen – solche dürfen nur dann vorläufig entgegengenommen werden, wenn Beschlussergebnis nicht verbindlich festgestellt werden soll, weil dann endgültiges Ergebnis noch korrigierbar ist –, ferner entgegen einem Stimmverbot abgegebene Stimmen, Stimmen mit denen ein Höchststimmrecht überschritten wird ua). In Konsequenz führt das dazu, dass auch treuwidrig oder missbräuchlich abgegebene Stimmen nicht mitzuzählen sind u – das ist bisher kaum erörtert – inhaltlich gesetzwidrige (zB Stimmen für eine verdeckte Gewinnausschüttung). Versammlungsleiter, der tatsachenkundig, rechtskundig u redlich ist, kann auf diese Weise dafür sorgen, dass nur rechtmäßige Beschlussergebnisse festgestellt werden, gegen die Anfechtung erfolglos ist. In der Praxis besteht freilich zum einen die Gefahr, dass VersLeiter der Mehrheit nahesteht u daher Neigung hat, zumindest im Zweifel das der Mehrheit günstige Beschlussergebnis festzustellen, oder dass ihm die zu sicherer Beurteilung notwendige Tatsachen- u Rechtskenntnis fehlt oder jedenfalls im Augenblick der Beschlussfassung nicht zur Verfügung steht.

122 Keine Lösung stellt es demgegenüber dar, VersLeiter die **Außerachtlassung treuwidriger Stimmen** zu verbieten.[240] Denn eine Differenzierung zwischen verbotswidrig abgegebenen Stimmen u treuwidrigen Stimmen liesse sich nur vertreten, wenn anzunehmen wäre, dass treuwidrige Stimmen trotz ihrer Normwidrigkeit gültig sind.[241] Das ist indessen nicht vertretbar. Auch pragmatische Argumentation, dass Verstoß gegen Stimmverbot leichter zu beurteilen sei als Verstoß gegen Treubindungen ist allenfalls tendenziell, aber nicht durchgängig richtig;[242] bei Stimmverboten gibt es hochdiffizile Tatsachen- und Rechtsfragen, bei Treubindungen durch gefestigte Rechtsprechung eindeutig geklärte. Umgekehrt ist es auch keine Lösung, dem VersLeiter aufzugeben, alle abgegebenen Stimmen ohne Rücksicht auf ihre Wirksamkeit stets mitzuberücksichtigen. Denn dann könnte Mehrheit das von ihr gewünschte Beschlussergebnis stets als vorläufig maßgebend etablieren.

123 Deshalb wäre als Alternative denkbar, wofür manches sprechen könnte, Kompetenz des VersLeiters zu verbindlicher Feststellung dann nicht platzgreifen zu lassen, wenn Ergebnis in GfterVers streitig bleibt. VersLeiter hätte sich dann verbindlicher Feststellung zu enthalten. Bedeutung der Feststellung durch VersLeiter wäre dann freilich relativ gering. Denn in nicht streitigen Fällen ist von Gftern gemeinsam zugrundegelegtes Beschlussergebnis auch ohne Feststellung durch VersLeiter vorläufig verbindlich u wird endgültig verbindlich, wenn keine rechtzeitige Mängelgeltendmachung erfolgt. Deshalb sprechen überwiegende Gründe dafür, den VersLeiter nach seinem pflichtgemäßen Ermessen entscheiden zu lassen.

124 **c) Klärung nicht festgestellter Beschlussergebnisse durch Feststellungsklage.** Ist Beschlussergebnis streitig u verbindliche Feststellung nicht

[240] So aber *Oelrichs* GmbHR 1995, 863.
[241] *Oelrichs* GmbHR 1995, 863 nimmt dazu keine klare Stellung. Aussage, Treubindung belasse dem Gfter seine Stimme, ist unzutreffend.
[242] Darauf verweist zu Recht OLG Hamburg GmbHR 1992, 47.

erfolgt,[243] kommt Beschlussanfechtung nicht in Betracht, da in diesem Fall bei Streitigkeit des Beschlussergebnisses unter den Beteiligten gar nicht klar wäre, wogegen sich Anfechtung zu richten hätte.[244] In Fällen dieser Art ist vielmehr Klärung des richtigen Beschlussergebnisses durch Feststellungsklage möglich.[245] Zu Einzelheiten dieser Klage, insbes auch zu der Frage einer Präklusion durch Zeitablauf näher unten Rn 181 ff.

4. Relevanz des Verstoßes. Nicht jeder Gesetzes- oder Satzungsverstoß begründet Anfechtung, sondern nur relevante Verstöße. Die Frage ist nur von Bedeutung für Verfahrensverstöße,[246] dh Verletzungen des Gesetzes oder der Satzung bei der Beschlussvorbereitung oder im Abstimmungsverfahren bis hin zur Beschlussfeststellung. Inhaltsverstöße sind hingegen stets relevant. Ältere Auffassung, nach der die Kausalität des Verfahrensverstoßes für das Beschluss*ergebnis* erforderlich war, ist mittlerweile weithin überwunden. Ohnehin hatte die höchstrichterliche Rechtsprechung genügen lassen, dass der Verstoß möglicherweise kausal war **(potentielle Kausalität).**[247] Literatur hat zur Problematik Fallgruppen gebildet.[248] Ältere Rspr war unsicher.[249] **125**

Bei Verfahrenverstößen geht es vor allem darum, ob Anfechtbarkeit ausscheiden soll, wenn stabile Mehrheit besteht, die auf jeden Fall in bestimmtem Sinn beschlossen hätte. Die potentielle Kausalität ist dann zu verneinen, jedoch nicht die Relevanz des Verstoßes für die Anfechtbarkeit.[250] Würde man Anfechtbarkeit mangels Kausalität verneinen, käme dies mangels hinreichend starker anderweitiger Sanktionen einem Freibrief für feste Mehrheiten gleich, Verfahrensvorschriften zu missachten. Hiervon teilweise abweichend **126**

---

243 So wohl bei BGHZ 101, 113; dazu *Zöllner/Noack* ZGR 1989, 527; ferner in BGH GmbHR 1999, 477; OLG Köln NZG 2003, 40.

244 BGHZ 104, 68 f; BGH GmbHR 1996, 48; BGH GmbHR 1999, 478. Im Schrifttum ist das mittlerweile ganz hM. Abweichend neuerdings Michalski/*Römermann* § 47 Rn 599, der stets Anfechtungsklage für ausreichend u erforderlich hält. Sie soll dann zulässig sein, wenn sich einer der Beteiligten eines wirksam gefassten Beschlusses berühmt. Nur wenn es nach Einschätzung aller Beteiligten zu überhaupt keiner Beschlussfassung gekommen sei, stehe nicht die Anfechtungsklage, sondern die Feststellungsklage zur Verfügung. Das ist nicht nur theoretisch nicht nachvollziehbar, sondern wird auch den Gegebenheiten der Praxis nicht gerecht; sie ließe sich allenfalls vertreten, wenn die Anfechtungsklage unbefristet zulässig wäre, was Michalski/*Römermann* aber gerade strikt ablehnt. Er lässt denn auch unbeantwortet, was geschehen sollte, wenn Unklarheiten über das Beschlussergebnis erst nach Ablauf der Anfechtungsfrist auftauchen, ein keineswegs ungewöhnlicher Fall.

245 BGH GmbHR 1999, 477; iE auch BGHZ 51, 211; 76, 157; OLG Hamburg GmbHR 1992, 43; OLG München GmbHR 1990, 263; OLG Frankfurt OLGR 1999, 65; Rowedder/Schmidt-Leithoff/*Koppensteiner* § 47 Rn 9; Ulmer/*Raiser* Rn 98, 280; *Meyer-Landrut* § 48 Rn 14; *Rützel* ZIP 1996, 1961.

246 Vgl *Bayer* ZGR 1995, 616; *ders* Die Kontrollfunktion der aktienrechtlichen Anfechtungsklage, in VGR, Gesellschaftsrecht in der Diskussion 1999, 2000, S 36, 54.

247 Ausführliche Darstellung u Kritik KölnerKomm/*Zöllner* § 243 Rn 81–104; sich dem anschließend u weiterführend Scholz/*Schmidt* § 45 Rn 100 ff; MünchKomm-AktG/*Hüffer* § 243 Rn 27 ff; Rowedder/Schmidt-Leithoff/*Koppensteiner* § 47 Rn 134; *Lutter/Hommelhoff* Rn 50, 51; Ulmer/*Raiser* Rn 110 ff.

248 Scholz/*Schmidt* § 45 Rn 101 ff; MünchKommAktG/*Hüffer* § 243 Rn 30 ff; KölnerKomm/*Zöllner* § 243 Rn 81 ff; Ulmer/*Raiser* Rn 111 ff; vgl auch *Vogel* Gfterbeschlüsse S 212.

249 Vgl dazu die Übersicht KölnerKomm/*Zöllner* § 243 Rn 77.

250 Vgl MünchKommAktG/*Hüffer* § 243 Rn 27 ff; KölnerKomm/*Zöllner* § 243 Rn 95; Ulmer/*Raiser* Rn 110.

ist angenommen worden, bei Beschlussfassung mit Dreiviertelmehrheit sei Verfahrensmangel als irrelevant anzusehen, weil die Dreiviertelmehrheit auch die Satzung hätte ändern können.[251] Für Abgrenzung ist dieses in Richtung Satzungsdurchbrechung weisende Kriterium schon deshalb ungeeignet, weil es in praxi weit überwiegend um Gesetzesverstöße geht. Nicht geglückt war auch die Formel des BGH, bei einem Einberufungsmangel entfalle mangels potentieller Kausalität die Anfechtung (nur) dann, wenn klar zu tage liege, dass der Beschluss auch bei Ordnungsmäßigkeit der Ladung in gleicher Weise zustande gekommen wäre, bei vernünftiger Beurteilung also unter keinen Umständen in Betracht komme, dass der von dem Mangel betroffene Gfter das Ergebnis hätte beeinflussen können.[252] **Relevanztheorie** stellt demgegenüber auf Schutzzweck der Verfahrensnormen ab, die Interessen aller Teilnahme- u Abstimmungsberechtigten an sachgerechter Partizipation bei der Willensbildung der Ges sicherzustellen. Nur dort, wo durch einen Verstoß keine konkrete Beeinträchtigung dieser Interessen u damit der Teilnahme- u Mitwirkungsrechte von Gftern eingetreten ist, kann die Anfechtbarkeit wegen Verfahrensverstoß entfallen.[253] Dieser Auffassung hat sich mittlerweile auch der BGH angeschlossen.[254]

127 **Verstöße gegen Informationspflichten.** Für derartige Verstöße, die in jüngerer Zeit im Aktienrecht als Anfechtungsgrund weit in den Vordergrund getreten sind, haben die vorstehenden Überlegungen besondere Bedeutung. Auch hier muss grundsätzlich Relevanz des Verstoßes genügen. Würde Kausalität verlangt, blieben Informationsverstöße zumindest bei stabilen Mehrheiten weitgehend sanktionslos.[255] Die abgeschwächte, aber immer noch dem Kausalitätsgedanken verhaftete Formel, dass Anfechtbarkeit wegen Informationspflichtverletzung entfällt, wenn vorenthaltene Information bei objektiver Beurteilung nicht geeignet gewesen wäre, anderes Beschlussergebnis herbeizuführen, hat Rspr seit einiger Zeit ebenfalls aufgegeben[256] u statt dessen auf die Idealgestalt des objektiv urteilenden Aktionärs abgestellt: wenn er bei Kenntnis der vorenthaltenen Information iS des angefochtenen Beschlussergebnisses abgestimmt hätte, fehle es an der Kausalität.[257] Für den Fall der Verletzung des Rederechts u der Unterlassung einer im Hinblick auf die Bedeutung der Entscheidung (Einziehung eines GAnteils) gebotenen Aussprache stellt OLG Hamm GmbHR 1998, 139 ähnlich darauf ab, ob ein objektiv urteilender Gfter nach sachlicher Erörterung der Beschlussgegenstände u Anhörung seines Mitgfters die alsbaldige Entscheidung durch Stimmabgabe iSd Beschlussvorlagen (gemeint ist wohl: des angefochtenen Beschlusses) ge-

---

[251] Hachenburg/*Schilling*/*Zutt* [7. Aufl] Rn 86.

[252] BGH GmbHR 1998, 137; ganz ähnlich BGH BB 1998, 446 = DStR 1998, 348 m Anm *Goette*.

[253] Zust OLG München GmbHR 1994, 259.

[254] BGHZ 149, 158, 164 f = NZG 2002, 130 m weiterführender Anm von *Tröger* NZG 2002, 211; explizit vor allem BGH NZG 2005, 77, 79 = BGHZ 160, 385, 391 f – Thyssen-Krupp –.

[255] Vgl die Fallkonstellationen BGHZ 107, 296, 306 ff (Kochs Adler); BGH WM 1990, 140, 143; BGHZ 119, 1, 19. Gleichwohl plädieren für Kausalität als Anfechtungsvoraussetzung nach wie vor *Werner* WUB II A § 340 a AktG 3.89 S 1305 u *Messer* FS Quack, 1991, 321.

[256] Vgl die in der vorangegangenen Fn Genannten.

[257] Vgl die in Fn 253 genannten BGH-Entscheidungen, ferner BGH GmbHR 1993, 446; BGH AG 1995, 462; BGH NJW 1995, 3115 f; OLG München AG 1996, 328.

sucht hätte. Mit dem Erfordernis der Kausalität des Verstoßes für das Beschlussergebnis hat das nur noch wenig zu tun.[258] In der Sache ist das Kausalitätserfordernis bedenklich, weil nach ihm Informationspflichtverletzungen immer dann sanktionslos bleiben, wenn getroffene Entscheidung im Hinblick auf wahren Sach- u Informationsstand objektiv richtig ist, weil dann vorenthaltene zutreffende Informationen objektiv niemals geeignet sein können, richtige Entscheidung umzustoßen. Anders ausgedrückt: bei objektiv richtigem Beschlussantrag wäre Informationspflichtverstoß unerheblich. Demgegenüber formuliert der BGH[259] jetzt dahin, dass die Relevanz des Verstoßes für das Mitgliedschafts- bzw Mitwirkungsrecht des Gfters iS eines dem Beschluss anhaftenden Legitimationsdefizits maßgebend sei, das bei einer wertenden, am Schutzzweck der verletzten Norm orientierten Betrachtung die Rechtsfolge der Anfechtbarkeit rechtfertigt. Werden einem Gfter Auskünfte vorenthalten, die aus der Sicht eines objektiv urteilenden Gfters in der Fragesituation zur sachgerechten Beurteilung des Beschlussgegenstandes erforderlich sind, liegt darin „zugleich" ein relevanter Verstoß gegen das Teilnahme- u Mitwirkungsrecht des betreffenden Gfters, ohne dass es darauf ankommt, ob der tatsächliche Inhalt der verweigerten Auskunft einen objektiv urteilenden Gfter von der Zustimmung zur Beschlussvorlage abgehalten hätte. § 243 IV 1 AktG in der durch das UMAG geänderten Fassung formuliert nunmehr die Anfechtungsvoraussetzung dahin, dass wegen unrichtiger, unvollständiger oder verweigerter Erteilung von Informationen nur angefochten werden kann, wenn „ein objektiv urteilender Aktionär die Erteilung von Informationen als wesentliche Voraussetzung für die sachgerechte Wahrnehmung seiner Teilnahme- u Mitwirkungsrechte angesehen hätte".[260] Zwar hat damit die überflüssige Figur des objektiv urteilenden Aktionärs Eingang in den Gesetzestext des § 243 AktG gefunden. Ansonsten folgt die Gesetzesformel im Kern der Auffassung des BGH, der in der zuletzt genannten Entscheidung Kritik an der damals vorliegenden Entwurfsfassung zur Änderung von § 243 AktG geübt hat. Die jetzt vorliegende Gesetzesfassung berücksichtigt diese Kritik. Welche Bedeutung die Abweichung der Gesetzesformulierung von der Rechtsprechungsformel hat, dass der objektiv urteilende Aktionär die vorenthaltene Information als *wesentliche* Voraussetzung sachgerechter Wahrnehmung seines Mitwirkungsrechts angesehen hätte, wird noch auszuloten sein. Man wird wohl richtigerweise auf den vom BGH in der gleichen Entscheidung S 78 herausgestellten Maßstab der Beurteilungserheblichkeit abzustellen haben: Es muss darauf ankommen, ob die Information „ein nicht nur unerhebliches Beurteilungselement" darstellt. Nichtvorliegen eines durch Gesetz oder Satzung vorgeschriebenen Lageberichts ist relevant für Beschluss über die Erteilung der Entlastung unbegründet Anfechtbarkeit.[261]

Zusätzlich ist Anfechtung auch dadurch eingeschränkt, dass die Beschluss- **128**
vernichtung dem **Grundsatz der Verhältnismäßigkeit** nicht widersprechen darf. War nämlich vorenthaltene Information objektiv ungeeignet, andere als

[258] Zutr OLG Hamm GmbHR 1998, 139; anders OLG München AG 1996, 328.
[259] BGH NZG 2005, 79.
[260] Dazu *Noack* in VGR (Hrsg), Gesellschaftsrecht in der Diskussion 2004 (2005) S 48 u *Bungert* ebenda S 86 ff; *Noack/Zetsche* ZHR 170 (2006), 218; *Kersting* ZGR 2007, 319.
[261] BGH AG 2008, 83; dazu *Graff* AG 2008, 479.

die getroffene Entscheidung herbeizuführen u ist getroffene Entscheidung für Ges von erheblicher Bedeutung, insbes auch unaufschiebbar, kann an den informationellen Gesetzesverstoß Anfechtung nicht geknüpft werden, wenn Beschlussvernichtung zum Verstoß außer Verhältnis steht. In der wegweisenden Formel von *Hüffer:* Keine Anfechtung, wenn „ausnahmsweise vom Standpunkt eines vernünftigen Beurteilers aus zwischen dem Gesetzesverstoß in seinem konkreten Erscheinungsbild u der Vernichtung des Beschlusses als Sanktion kein angemessenes Verhältnis besteht".[262]

129 Des Weiteren muss Informationspflichtverletzung jeweils **konkrete Partizipationsinteressen beeinträchtigt** haben. Ist etwa Verschmelzungsbericht nicht erstellt worden, so ist Anfechtbarkeit nicht dadurch ausgeschlossen, dass erforderliche Mehrheit alle Fakten des Berichts kannte, wohl aber dann, wenn niemand den Bericht einzusehen verlangt hat. Relevanz ferner zu verneinen, wenn gegenüber quantitativ ungenügender Informationsgewährung in GfterVers Nachbesserung nicht verlangt worden ist. Vor GfterVers zu gewährende Informationen (zB Berichtspflichten) müssen Gftern die Entscheidung über Teilnahme an der GfterVers u sinnvolle Vorbereitung auf sie ermöglichen. Hinsichtlich anderer Defizite muss Gfter in der Vers Nachbesserung verlangen.[263]

130 Leicht zu beurteilen ist Relevanz bei **Fehlern, die die Feststellung des Beschlussergebnisses** betreffen. Sind Stimmen falsch gezählt oder rechtlich unzutreffend als gültig oder ungültig bewertet worden, so sind diese Verstöße nicht relevant, wenn sie sich auf das Beschlussergebnis iS der Bejahung oder Verneinung des Beschlussantrags nicht ausgewirkt haben.[264]

IV. Beseitigung der Anfechtbarkeit durch Bestätigung

131 In Analogie zu § 244 AktG haben Gfter die Möglichkeit, Anfechtbarkeit eines Beschlusses durch Bestätigungsbeschluss zu beseitigen. **Bestätigungsbeschluss** liegt vor, wenn er den Erstbeschluss als trotz eventueller Mängel verbindlich erklärt (Geltungserklärung). Wird nicht Geltungserklärung abgegeben, sondern Erstbeschluss wiederholt, kann darin vom Erstbeschluss unabhängige Neuvornahme liegen, es kann aber auch bloße Bestätigung gewollt sein. Was gewollt ist, muss durch Auslegung geklärt werden. Beim Bestätigungsbeschluss will das Beschlussgremium „den Erstbeschluss als gültige Regelung der betreffenden Gesellschaftsangelegenheit anerkennen und mit Wirkung für die Zukunft dessen behauptete oder tatsächlich bestehende Anfechtbarkeit beseitigen."[265] Durch den Bestätigungsbeschluss wird nach hM der Mangel des alten Beschlusses geheilt, es entfällt nicht lediglich Rechtsschutzbedürfnis.[266] Heilung tritt materiell nur mit ex-nunc-Wirkung ein.[267]

---

[262] MünchKommAktG/*Hüffer* 2. Aufl § 243 Rn 38; *ders* AktG § 243 Rn 17.

[263] Vgl zum ganzen *Zöllner,* Kontrollrechte des einzelnen Aktionärs in: Viertes deutsch-österreichisches Symposium für Gesellschaftsrecht, ZGR Sonderheft 1994 S 147, 151 ff.

[264] IE übereinstimmend BGHZ 14, 267 f.

[265] BGHZ 157, 206; BGH NZG 2006, 191.

[266] So aber noch BGH 21, 356 unter der früheren Rechtslage. Unentschieden Rowedder/Schmidt-Leithoff/*Koppensteiner* § 47 Rn 137 Zur Bedeutung der Frage s auch *Zöllner* FS Beusch, 1993, 973.

[267] BGHZ 157, 206 = NZG 2004, 235; näher dazu *Zöllner* ZZP 1981 (1968), 140 f; *Werner* AG 1968, 184; *K. Schmidt* JZ 1977, 775; Scholz/*Schmidt* § 45 Rn 121; Ulmer/

Rückwirkung tritt aber im Ergebnis insofern ein, als der Anfechtungskläger hinsichtlich des ersten Beschlusses grds rückwirkend klaglos gestellt wird, § 244 Satz 1 AktG. Rückwirkende Klaglosstellung tritt nach Satz 2 jedoch nicht ein, soweit Anfechtungskläger rechtliches Interesse daran hat, dass der Beschluss wenigstens für den Rückwirkungszeitraum für nichtig erklärt wird. Das ist der Fall, wenn sich aus dem Zeitpunkt der Wirksamkeit des ersten Beschlusses unterschiedliche Rechtsfolgen für Ges oder Gfter ergeben. Beispiele: Wahl eines Organmitglieds kann für Vergangenheit für nichtig erklärt werden. Angefochtener, aber bestätigter Satzungsänderungsbeschluss kann für Vergangenheit für nichtig erklärt werden, wenn sich aus dem Zeitpunkt der Gültigkeit Folgen ergeben wie zB (Eintragung im HR vorausgesetzt) bei Beseitigung einer Nebenleistungspflicht, Einführung oder Änderung der Gewinnbeteiligung von Organmitgliedern, Änderung des Unternehmensgegenstands, Ausschluss aus der Ges.[268] Einzelheiten sind wenig geklärt. Rückwirkende Nichtigerklärung ist freilich (auch in den genannten Beispielen) dort nicht möglich, wo Beschluss Strukturänderung der Ges betrifft und diese durchgeführt wurde, vgl näher unten Rn 178.

Voraussetzung der Bestätigung ist, dass der bestätigte Beschluss nur anfechtbar, nicht nichtig ist u dass Bestätigungsbeschluss sachlichen Inhalt des Erstbeschlusses nicht verändert. Bei Anfechtbarkeit des ersten Beschlusses wegen inhaltlicher Verstöße ist daher mangelfreier Bestätigungsbeschluss nicht möglich;[269] wird dieser, trotz gleichen Mangels, nicht angefochten, tritt Bestätigungswirkung aber grds. ein. In solchem Fall kann allerdings missbräuchliches Verhalten der beklagten Ges vorliegen mit der Folge, dass ihr die Berufung auf die Bestätigungswirkung zu versagen ist. Legitime Domäne der Bestätigung sind Verfahrensfehler. Dazu gehört auch die fehlerhafte Beschlussfeststellung durch VersLeiter.[270] Bestätigungsbeschluss muss seinerseits voll wirksam sein. Er muss ferner Mehrheitserfordernis des Erstbeschlusses erfüllen;[271] es kann also nicht ein mit qualifizierter Mehrheit zu fassender mangelhafter Beschluss mit einfacher Mehrheit bestätigt werden. Des Weiteren bedarf der Bestätigungsbeschluss auch der für den Erstbeschluss erforderlichen Zustimmungserklärungen u Sonderbeschlüsse. Voll wirksam ist der Bestätigungsbeschluss auch, wenn er zwar anfechtbar ist, aber nicht rechtzeitig angefochten wird. Deshalb erfolgt vielfach auch Anfechtung des Bestätigungsbeschlusses mit der Folge, dass auch dieser durch einen weiteren Beschluss 132

Raiser Rn 165; MünchKommAktG/*Hüffer* § 244 Rn 1 ff; *Semler* in MünchHdb AktG 2. Aufl, § 45 Rn 45; aM Hachenburg/*Schilling/Zutt* 7. Aufl, Rn 100. Stark kritisch mittlerweile *Zöllner* AG 2004, 397. Zum ganzen auch *Kiethe* NZG 1999, 1086; *D. Kocher* NZG 2007, 1; *Grobecker/Kuhlmann* NZG 2007, 1.

[268] Vgl BGH BB 1972, 771.

[269] Vgl BGH NZG 2006, 191 Rn 12. Mißverständlich OLG Stuttgart NZG 2005, 432, 436; dort ging es nicht um inhaltlichen Mangel. Interessantes Bsp KG NZG 2008, 29; Erstbeschluss litt hier an vom KG im Anfechtungsprozess gegen Erstbeschluss bejahtem Inhaltsmangel (§ 255 II 1 AktG); daraufhin gefasster Bestätigungsbeschluss hätte daher vom KG im zweiten Anfechtungsverfahren ebenfalls für nichtig erklärt werden müssen; Gericht änderte jedoch seine Rechtsmeinung (!) u wies Anfechtungsklage gegen Bestätigungsbeschluss deshalb ab. Sein Urteil im Erstprozess war indessen wegen eingelegter Revision noch nicht rechtskräftig.

[270] Vgl OLG Stuttgart NZG 2004, 822.

[271] Nicht klar *Grobecker/Kuhlmann* (Fn 265) S 6 („jedenfalls nicht ohne weiteres richtig") mit abweichender Richtigstellung S 7.

bestätigt wird.[272] So kann es zu Kaskaden von Beschlüssen und Anfechtungsklagen kommen. Erhebung der Anfechtungsklage gegen Bestätigungsbeschluss ist in Anfechtungsprozess gegen Erstbeschluss möglich als nachträgliche Klageerweiterung (nicht § 264 Nr 2, sondern § 263 ZPO), auch in der Berufungsinstanz, wenn § 533 Nr 2 ZPO zutrifft.[273] In diesem Prozess kann bei Abweisung der Anfechtungsklage gegen den Bestätigungsbeschluss auch Anfechtungsklage gegen Erstbeschluss abgewiesen werden.[274]

133 Für Bestätigungsbeschluss müssen alle **Informationserfordernisse** erfüllt werden, die für den Erstbeschluss maßgebend waren, insbes alle Vorlagen und Berichte für die GfterVers. Als Ankündigung zur Tagesordnung genügt nicht, dass „GfterVersBeschluss Nr X vom …" bestätigt werden soll, vielmehr muss Wortlaut dieses Beschlusses wiedergegeben werden. Von diesen Erfordernissen kann abgesehen werden, wenn seit dem Erstbeschluss kein Gfterwechsel eingetreten ist.

134 Nicht erforderlich ist nach Meinung des BGH, dass **materielle Voraussetzungen des bestätigten Beschlusses,** die bei dessen Fassung vorlagen, **auch bei Bestätigung** noch vorliegen.[275] Im Fall des BGH ging es um vereinfachte Kapitalherabsetzung. Die Voraussetzungen des § 229 AktG (= 58 a I u II GmbHG) lagen beim (potentiell fehlerhaften) Erstbeschluss vor, beim zweiten nicht. Richtigkeit dieser Auffassung ist äußerst zweifelhaft. Anfechtbarkeit des Bestätigungsbeschlusses hindert Bestätigungswirkung nicht, falls fristgerechte Anfechtung des Bestätigungsbeschlusses unterbleibt oder der Anfechtungsprozess über den Bestätigungsbeschluss auf andere Weise als durch Nichtigerklärung erledigt wird. Noch nicht voll geklärt ist Bedeutung der Bestätigung, die während der Anhängigkeit eines Anfechtungsprozesses in der Revisionsinstanz vorgenommen wird.[276]

V. Anfechtungsbefugnis

135 Anfechtungsklage kann nur erheben, wer anfechtungsbefugt ist. Anfechtungsbefugnis ist Sachbefugnis, nicht Prozessvoraussetzung. Ihr Fehlen führt daher zur Abweisung der Klage als unbegründet.[277]

136 **1. Gesellschafter.** Anfechtungsbefugt ist jeder Gfter. Abw davon regelt Aktienrecht Anfechtungsbefugnis der Aktionäre in § 245 AktG stark restriktiv. Dies beruht darauf, dass bei der AG typischerweise weit gespannter Mitgliederkreis besteht mit oft sehr lockerer Bindung an Interessen der Ges u mit häufig äußerst geringfügiger Beteiligungshöhe. Bei GmbH liegt dies fast ausnahmslos völlig anders. Daher ist § 245 Nr 1–3 AktG auf GmbH nicht analog anwendbar. Anfechtungsbefugt ist vielmehr jeder Gfter, gleichgültig, ob er an GfterVers teilgenommen hat u gleichgültig, ob er bei Teilnahme Widerspruch erhoben hat, wohl allgM. Ausführl *A. Hueck* FS Molitor 1962, 421 ff. Auch soweit Protokollierung der Beschlüsse durch Satzung vorgeschrieben oder notarielle Beurkundung gem § 53 II erfolgt, ist Widerspruch nicht erforderlich. Steht

---

272 Schönes Beispiel für derartige Verwerfungen der BGH NZG 2004, 235 zugrundeliegende Fall.

273 Vgl OLG Stuttgart (Fn 267) S 433.

274 Vgl OLG Stuttgart (Fn 267) S 437 f.

275 BGH NZG 2004, 235.

276 Dazu *Zöllner* FS Beusch, 1993, 973; *Hüffer* AktG § 244 Rn 10.

277 Ulmer/*Raiser* Rn 167; *Noack* AG 1989, 83; aA Scholz/*Schmidt* § 45 Rn 127.

GAnteil mehreren Personen in Bruchteilsgemeinschaft zu, kann jeder Mitberechtigte Anfechtungsklage allein erheben, § 744 II Hs 1 BGB; gleiches gilt bei Erbengemeinschaft für jeden Miterben, § 2038 I 2 Hs 2 BGB.[278]

Nicht anfechtungsbefugt ist Gfter, soweit er iS des ergangenen Beschlusses abgestimmt hat, ferner nicht, wenn er auf sein Anfechtungsrecht verzichtet oder sonst nach der Abstimmung zu erkennen gegeben hat, dass er mit dem Beschlussergebnis einverstanden ist.[279] Auch widersprüchliches Verhalten kann zum Verlust der Anfechtungsbefugnis führen.[280] Bei Treuhandverhältnis liegt Anfechtungsbefugnis nur beim Treuhänder.[281] GfterEigenschaft beurteilt sich nach § 16.[282] Sie muss im **Zeitpunkt der Klageerhebung** gegeben sein. Veräußert Gfter seine Beteiligung während des Prozesses voll, kann er gleichwohl entspr § 265 ZPO Anfechtungsprozess fortführen, sofern er daran rechtliches Interesse hat.[283] Rechtsnachfolger kann auch mit Zustimmung der beklagten Ges u des Klägers an dessen Stelle den Rechtsstreit übernehmen.[284] **137**

GfterEigenschaft des Anfechtungsklägers muss nicht schon im **Zeitpunkt** der Beschlussfassung bestanden haben u erst recht nicht schon im Zeitpunkt der Bekanntmachung der Tagesordnung, wie nach § 245 AktG. Veräußert anfechtungsberechtigter Gfter vor Klageerhebung Anteile, geht Anfechtungsrecht auf Erwerber über.[285] Erst recht gilt das für Übergang durch Gesamtrechtsnachfolge. BGHZ 43, 267 bejaht Übergang des Anfechtungsrechts, wenn Veräußerung nach Erhebung der Anfechtungsklage erfolgt; da er insoweit Fortführung des Prozesses nach § 265 ZPO durch Alt-Gfter gestattet, muss Übergang bei Veräußerung vor Klageerhebung erst recht angenommen werden. Bei Übertragung von Anteilen an verschiedene Erwerber wird Übergang an jeden einzelnen anzunehmen sein.[286] Anfechtungsrecht geht nur insoweit über, wie es noch bestand, also zB nicht bei Verzicht oder Fristversäumung.[287] Wird GfterEigenschaft nach Beschlussfassung durch Übernahme eines Anteils aus Kapitalerhöhung erworben, besteht Anfechtungsbefugnis nur hinsichtlich nicht eingetragener, dem Anteilszeichner unbekannter Satzungsänderungs- u sonstiger eintragungsbedürftiger Grundlagenbeschlüsse u nur, soweit diese inhaltlich gesetzwidrig sind (bedeutsam nur für die selteneren Fälle, in denen dann nicht ohnehin Nichtigkeit besteht).[288] **138**

---

278 BGHZ 108, 21, 30.

279 *Lutter/Hommelhoff* Rn 57.

280 OLG Hamm GmbHR 1994, 256 f.

281 BGH NJW 1966, 1459; Michalski/*Römermann* Rn 389; Scholz/*Schmidt* § 45 Rn 128; Ulmer/*Raiser* Rn 170; *Blaurock,* Unterbeteiligung und Treuhand an Gesellschaftsanteilen, 1981 S 230; mit geringfügiger Ausnahme auch *Ulmer* FS Odersky 1996, 893 f; sa *Armbrüster,* Die treuhänderische Beteiligung an Personengesellschaften, 2001; **abw.** *Milde* FS Konzen, 2006, 541 ff. für offene Treuhand.

282 Dazu BGH DB 1968, 2270; OLG Hamm NZG 2000, 938.

283 BGHZ 43, 267; BGH DB 1974, 717; Ulmer/*Raiser* Rn 169; Rowedder/Schmidt-Leithoff/*Koppensteiner* § 47 Rn 146; *Lutter/Hommelhoff* Rn 64; Scholz/*Schmidt* § 45 Rn 133; *Kuhn* WM 1966, 1128; *Renkl,* Gesellschafterbeschluss, 1982, 131.

284 Ulmer/*Raiser* Rn 169; *A. Hueck* FS Molitor, 1962, 425.

285 Hachenburg/*Schilling/Zutt* 7. Aufl, Rn 121; Rowedder/Schmidt-Leithoff/*Koppensteiner* § 47 Rn 146; Scholz/*Schmidt* § 45 Rn 132; Ulmer/*Raiser* Rn 173; *Lutter/Hommelhoff* Rn 63; Michalski/*Römermann* Rn 406; OLG Schleswig NZG 2000, 895.

286 Michalski/*Römermann* Rn 407.

287 OLG Schleswig NZG 2000, 895.

288 Zu eng insoweit Scholz/*Schmidt* Rn 131; *Lutter/Hommelhoff* Rn 63; Michalski/*Römermann* Rn 414, die keinerlei Anfechtungsrecht gewähren wollen.

139 **Ausübung des Anfechtungsrechts durch Vertreter** ist zulässig. Stimmrechtsvollmacht umfasst Anfechtung idR nicht (Auslegungsfrage). Bei Stimmrecht umfassender Testamentsvollstreckung kann grds nur Testamentsvollstrecker anfechten, jedoch steht Erben Anfechtungsrecht zu gegen Beschlüsse, bei denen Testamentsvollstrecker unzulässig mitgestimmt hat.[289] Gehört GAnteil zur Insolvenzmasse, ist Anfechtungsrecht durch Insolvenzverwalter geltend zu machen.[290] Nießbraucher des GAnteils haben kein Anfechtungsrecht.[291]

140 **2. Geschäftsführer als Organ** haben, anders als Vorstand der AG, kein Anfechtungsrecht,[292] auch nicht bei inhaltlichen Mängeln, die nur Anfechtung begründen.[293] Zur Klagebefugnis bei nichtigkeitsbegründenden Mängeln s Rn 69. **GFührer als einzelne** haben Anfechtungsbefugnis bei ausführungsbedürftigen Beschlüssen, insbes anweisenden GFührungsbeschlüssen u Beschlüssen, die der Eintragung im HR bedürfen, so weit sie sich schadensersatzpflichtig oder strafbar bzw einer Ordnungswidrigkeit schuldig machen würden (§ 245 Nr 5 AktG analog).[294] *Lutter/Hommelhoff*[295] wollen darüber hinaus GFührer Anfechtungsbefugnis geben, so weit Weisungsbefugnis GFührer nicht binden würde. Indessen sind die dafür nach Meinung der Verfasser[296] einschlägigen Fälle sämtlich Nichtigkeitsfälle. Denn die dort ebenfalls genannten Fälle, dass GFührer nicht gebunden seien, anfechtbare Beschlüsse auszuführen, so lange diese nicht angefochten sind, soll ja wohl kein Anfechtungsrecht für GFührer begründen (sonst Münchhausenmethode). FremdGFührer haben auch kein Anfechtungsrecht gegen sie abberufenden Beschluss.[297]

141 **3. ARMitglieder** haben Anfechtungsrecht analog § 245 Nr 5 AktG, soweit sie durch Ausführung des Beschlusses der Strafbarkeit oder einer Ordnungswidrigkeitsdrohung unterliegen oder ersatzpflichtig werden würden.[298] Nur unter diesem Gesichtspunkt haben auch Mitglieder eines mitbestimmten AR die Befugnis zur Anfechtung von GfterBeschlüssen. Analog anwendbar ist auch Regelung des AktG über Anfechtungsbefugnis für Beschlüsse über die Wahl von AR-Mitgliedern unter den bes Voraussetzungen von § 251 II AktG.

142 **Aufsichtsrat als Organ** hat keine Anfechtungsbefugnis. Die abw Auffassung von Scholz/*Schmidt*[299] für obligatorische Aufsichträte nach den Mit-

---

[289] BGHZ 108, 21, 23 f.

[290] OLG Düsseldorf GmbHR 1996, 443.

[291] Vgl dazu parallel Verneinung für Nießbraucher eines Wohnungseigentums hinsichtlich Beschlüssen der Wohnungseigentümergemeinschaft BayObLGZ 1998, 145; dazu *Armbrüster* DNotZ 1999, 562.

[292] BGHZ 76, 159, ganz hM.

[293] So aber Scholz/*Schmidt* § 45 Rn 134; *Büchler,* Anfechtungsrecht der GFührung in der GmbH, 1997, 47 ff; Anfechtungsbefugnis hingegen verneinend Ulmer/*Raiser* Rn 177 f.

[294] Ebenfalls ganz hM, vgl nur *Lutter/Hommelhoff* Rn 65, 32; Rowedder/Schmidt-Leithoff/*Koppensteiner* § 47 Rn 147.

[295] *Lutter/Hommelhoff* Rn 65; ebenso Ulmer/*Raiser* Rn 179.

[296] *Lutter/Hommelhoff* Rn 22.

[297] BGH GmbHR 2008, 426 (Anm. *R. Werner).*

[298] Ulmer/*Raiser* Rn 180; abw *Lutter/Hommelhoff* Rn 65, 32; *Meyer-Landrut* Rn 82; unklar Scholz/*Schmidt* § 45 Rn 134.

[299] § 45 Rn 134.

bestimmungsregeln hat keine Grundlage im Gesetz u wäre auch im Aktienrecht nicht ernstlich begründbar.

4. Betriebsräte u Gewerkschaften. Für **Wahl von ARMitgliedern nach dem MontanMitbestG** ist hinsichtlich der Mitglieder der ArbNSeite **Anfechtungsbefugnis erweitert** auf Betriebsräte, im Unternehmen vertretene Gewerkschaften u deren Spitzenorganisationen. Näher dazu § 251 II AktG, der analog gilt. Für GmbH dürfte das derzeit keinerlei Bedeutung haben, vgl § 52 Rn 309 f. **143**

VI. Anfechtungsfrist

1. Allgemeines. Anfechtbarkeit eines GfterBeschlusses kann nur zeitlich begrenzt geltend gemacht werden; bei Überschreitung der Grenze ist Gfter mit der Geltendmachung ausgeschlossen. Beschlussmangel ist dann im Innenverhältnis geheilt, Gfter u GFührer dürfen Beschluss durchführen. Sinn u Grundproblematik dieser Bindung der Geltendmachung an eine Frist sind in Rn 6 ff bereits dargelegt. Dort sind auch die Zusammenhänge mit der str Frage erörtert, welche anderen Instrumente der Mängelgeltendmachung neben der Anfechtungsklage oder wenigstens ihr vorausgehend in Betracht kommen. Im Folgenden wird ausschließlich Frist für die Erhebung der Anfechtungsklage als dem nach hM u ständiger Rspr einzigen Mittel der Geltendmachung behandelt. Im Vordergrund steht die kritische Orientierung des Rechtssuchenden über in der Praxis maßgebende Überlegungen zur Fristbemessung. Einhaltung der Frist auch durch unzulässige Klage möglich, was Bedeutung hat, wenn Klage später zulässig wird. **144**

2. Monatsfrist. Klagefrist von einem Monat des § 246 AktG gilt für GmbH weder direkt noch analog.[300] Auch Rspr des BGH ist bisher nicht für strikte Geltung eingetreten. BGH WM 1966, 446, 447 scheint allerdings inzidenter von Monatsfrist als Anfechtungsfrist ausgegangen zu sein,[301] jedoch ohne Begründung u Auseinandersetzung mit abw Rspr des RG und abw Tendenz in der ausführlichen Entscheidung BGHZ 11, 231, 239. **Monatsfrist** des § 246 I AktG soll aber sog **Leitbildfunktion** (was immer das ist) für GmbH-Recht haben.[302] Begriff kann Verschiedenes bedeuten.[303] BGH versteht Leitbildfunktion im Wesentlichen dahin, dass Monatsfrist jedenfalls dann einzuhalten ist, wenn keine bes Umstände vorliegen, die Gfter berechtigterweise mit Klageerhebung zuwarten lassen (zu solchen Gründen Rn 79 ff). **145**

---

300 Fast allgM. Anders (für strikte Geltung) *Scholz* GmbHR 1952, 161; *Vogel* GmbHR 1954, 30; *Lehmann,* Die ergänzende Anwendung von Aktienrecht auf die GmbH, 1970, 106 f.

301 Vgl *Henze,* Höchstrichterliche Rechtsprechung zum Recht der GmbH, RWS-Skript 1993, 382. Auch BGH NZG 2005, 479, 481 spricht undifferenziert von der „einen Monat betragenden Anfechtungsfrist".

302 BGHZ 101, 113, 117; 104, 66, 70 f; 111, 224, 226; BGH GmbHR 1999, 714; OLG Hamm BB 1992, 33; OLG Oldenburg GmbHR 1992, 667; OLG Dresden NJW-RR 1997, 1535; OLG Naumburg DB 1997, 1813; OLG Schleswig GmbHR 1998, 892 (nur Ls) = OLGR Schleswig 1998, 265; OLG München NJW-RR 2000, 255; offenbar auch OLG Schleswig NZG 2000, 896. OLG Brandenburg GmbHR 1998, 1037 formuliert, dass Monatsfrist *lediglich* Leitbildfunktion habe.

303 Zahlreiche Bedeutungsfacetten nennt u prüft OLG Düsseldorf GmbHR 1999, 548.

Gelegentlich spricht BGH auch verschärfend von der Frist als Maßstab, dies freilich in dem Sinn, dass Fristüberschreitung in Betracht kommt, wenn zwingende Umstände den Gfter an früherer klageweiser Geltendmachung der Mangelhaftigkeit gehindert haben.[304] Gegenläufig zum Fristeinhaltungserfordernis ist aus § 93 ZPO abgeleitete Obliegenheit des anfechtungswilligen Gfters, insbes in einer Zweipersonen-GmbH, anderen Gfter vor Klageerhebung aufzufordern, an Aufhebung des Beschlusses vor Ablauf eines Monats (sic!) mitzuwirken.[305] Will man § 93 ZPO zwecks Vermeidung unnötiger Klagen zur Anwendung bringen, ist Flexibilität bei der Bemessung der Anfechtungsfrist unerlässlich. Aus der „Leitbildfunktion" der aktienrechtlichen Vorschrift hat Rechtsprechung der Instanzgerichte überwiegend Regelfrist gemacht.[306] **Strikte Monatsfrist** gilt kraft ausdrücklicher bes gesetzlicher Vorschrift für Anfechtung von Verschmelzungsbeschlüssen (§ 14 I UmwG), Spaltungsbeschlüssen (§ 125 mit § 14 I UmwG) und Beschlüssen über Formwechsel (§ 195 I UmwG).

146 **3. Angemessene Frist.** Für Klageerhebung ist statt Monatsfrist Einhaltung angemessener Frist erforderlich.[307] Das entspricht vom begrifflichen Ansatz her der vom RG vertretenen Auffassung,[308] sowie weithin der Rspr der OLGe.[309] Angemessenheitserfordernis ist nicht leicht zu präzisieren. Tendenz des BGH ist nicht einheitlich. In BGH 80, 217 wird obiter gesagt, dass die mit einem Monat sehr kurz bemessene aktienrechtliche Frist den besonderen Gegebenheiten einer GmbH *vielleicht nicht immer* gerecht werde. In BGHZ 101, 117 wird in der Bezugnahme auf die vorangegangene Entscheidung mildernd das „vielleicht" weggelassen. Werde die Monatsfrist *wesentlich* überschritten, sei zu prüfen, ob Gfter an früherer Klageerhebung durch zwingende Umstände gehindert war.[310] OLG Naumburg GmbHR 1998, 90 hat unter Hinweis auf Unwesentlichkeit Fristüberschreitung von 12½ Stunden toleriert. In BGHZ 104, 71 f wird betont, dass Zeitspanne von einem Monat nach unten hin absolutes Minimum dessen sei, was auch dem GmbHGfter zur Verfügung stehen müsse, sodass eine kürzere Frist keinesfalls als angemessen gelten könne. Zusätzlich wird gesagt, dass die Unterschiede zwischen GmbH und AG jedenfalls *eher* in die Richtung weisen, dem Interesse des GmbHGfters in einer ausreichend bemessenen Frist mehr Raum zu geben als dem des Aktionärs. In ähnlich abmildernde Richtung auch BGH WM 1989, 63, 66. Auch in BGHZ 111, 225 wird ausgeführt, dass das Rechtssicherheitsbedürfnis, dem die einmonatige Anfechtungsfrist im Aktienrecht diene, dort wesentlich (!) größer sei

---

304 BGH GmbHR 2005, 925, 927 = NZG 2005, 553; ähnlich auch schon BGHZ 137, 378, 386.

305 Zur Anwendung von § 93 ZPO auf Anfechtungsklage s OLG Naumburg DB 1998, 1023; KG Berlin KGRepot Berlin 2000, 85 sowie KG NZG 2005, 720.

306 Vgl zB OLG Hamm NZG 2004, 380.

307 BGHZ 111, 225 f; BGH BB 1992, 2239.

308 RGZ 170, 380; 172, 79; DR 44, 777.

309 Vgl OLG Düsseldorf BB 1982, 1074; OLG Hamburg JZ 1953, 406 u GmbHR 1985, 120; OLG Celle GmbHR 1959, 113; OLG Stuttgart NJW 1973, 2028; OLG Koblenz ZIP 1986, 1120; OLG Köln WM 1987, 375; OLG Hamm GmbHR 1989, 79; BB 1992, 33; NZG 2003, 630; OLG Oldenburg GmbHR 1992, 667; OLG Schleswig NZG 2000, 896; OLG München NZG 2000, 106.

310 Ähnlich OLG Schleswig OLGR 1998, 265; OLG Celle OLG Report 1998, 342; OLG München NJW-RR 2000, 255 (nur triftige Gründe wie Klärung schwieriger Fragen erlauben Überschreitung).

als bei der GmbH. In Widerspruch dazu wird aber obiter betont, dass bei Fehlen besonderer Umstände, wenn Mangel schon bei Beschlussfassung erkennbar war, Klageerhebung innerhalb eines Monats stattzufinden habe. Im konkreten Fall sah BGH solche besondere Umstände als gegeben an (dazu schon oben Rn 7) u hielt nach zwei Monaten und zehn Tagen erhobene Anfechtungsklage für fristgerecht. In gegensätzlicher Tendenz wird aber in BGH BB 1992, 2239 nach sieben Wochen erhobene Anfechtungsklage für verspätet erklärt, obgleich es um eine keineswegs einfach zu beurteilende Frage des Vorliegens von Einziehungsvoraussetzungen ging.

Für Beurteilung der Angemessenheit stellt Rspr, im Ansatz zutr, auf die **Umstände des Einzelfalles** ab. So wird in BB 1992, 2239 Maßgeblichkeit kurzer Frist ua damit begründet, dass Anfechtungskläger in GfterVers anwaltlich vertreten u beraten war (wenig sinnvoll), ferner wird auf eher kapitalistischen Charakter der Ges Bezug genommen (im konkreten Zusammenhang ebenfalls wenig überzeugend). In BGHZ 111, 226 werden hingegen für Anwendbarkeit der Monatsfrist in unkomplizierten Fällen Kleinheit der Ges und verwandtschaftliche Beziehungen der Gfter untereinander als unerheblich angesehen.[311] Für die Erhebung der Anfechtungsklage durch Konkursverwalter eines ausländischen Gfters hat OLG Brandenburg GmbHR 1998, 1037 die Schwierigkeiten der Abstimmung des Vorgehens mit den Erfordernissen des ausländischen Konkursrechts als fristverlängernde besondere Umstände anerkannt; insoweit werden eindeutig rein interne Gründe eines Anfechtungsberechtigten berücksichtigt. Vielfach wird Vorliegen triftiger Gründe verlangt; BGHZ 137, 386 u NZG 2005, 553 sprechen sogar von zwingenden Gründen. Als solche gelten Klärung schwieriger Rechts- u Tatfragen, die für Beurteilung der Anfechtbarkeit erheblich sind.[312] **147**

Bemessung der einschlägigen Klagefrist durch Rspr u breite Teile des Schrifttums ist **methodisch** und sachlich nicht ausreichend fundiert u daher wenig überzeugend. Wird § 246 I AktG als unanwendbar angesehen, bedeutet das, dass Voraussetzungen einer Analogie nicht vorliegen, zugehörige Interessenlage also verschieden ist. Das hat BGH auch in unterschiedlichen Phasen seiner Rspr, u zwar noch bis in das Jahr 1990 immer wieder betont.[313] Dann ist aber auch Leitbildfunktion der aktienrechtlichen Frist nicht begründbar, die auf anderen Rechtssicherheitsüberlegungen beruht. Auch der Begriff der Leitbildfunktion sollte als fehlleitend aufgegeben werden. Überzeugungskraft der neueren Rspr ist auch dadurch beeinträchtigt, dass der BGH seinen Wandel zur strikteren Beachtung der Monatsfrist[314] Unübersichtlichkeit von Rspr u Lit wird auch noch dadurch erhöht, dass Beginn der Anfechtungsfrist unterschiedlich beurteilt wird (näher dazu Rn 153 f). Weder logisch noch sachlich nachvollziehbar ist, dass Monatsfrist einerseits absolute Mindestfrist, andererseits auch Regelfrist sein soll. Rspr sollte sich von derartigen Formeln wie überhaupt von der Orientierung an § 246 I AktG lösen u darauf besinnen, dass sich bei Unanwendbarkeit von § 246 I AktG, sofern man nicht zu freihändiger, bei Fristen besonders problematischer Rechtsfort- **148**

---

311 Auch das trifft nicht das Richtige, vgl die Kritik von *Fleck* EWiR 1990, 701; zutr OLG Naumburg GmbHR 1998, 90.

312 OLG München NZG 2000, 105; OLG Saarbrücken GmbHR 2005, 546, 547.

313 Vgl vor allem BGHZ 11, 231, 241 f; 104, 66, 70 ff; BGH GmbHR 1989, 120; BGH GmbHR 1990, 344.

314 BGH GmbHR 1992, 801; BGH GmbHR 2005, 620; BGH GmbHR 2005, 925.

bildung Zuflucht nehmen will, zeitliche Beschränkung der Klageerhebung nur aus den Treubindungen der Gfter entwickeln lässt (vgl schon oben Rn 7 ff), es mithin um die Entwicklung verwirkungsähnlicher Rechtsregeln geht.[315] Mit der schon vom RG verwendeten, in der OLG Rspr verbreiteten u auch vom BGH mehrfach benutzten Formel, der Anfechtungskläger habe mit aller ihm zumutbaren Beschleunigung anzufechten,[316] ist der Bezug zum Treugedanken deutlich gegeben. Im Einzelnen hat der BGH auch Elemente für die Fristbemessung benannt, die für eine nach Treugesichtspunkten zu bestimmende Klagefrist einschlägig u maßgeblich sind: Erforderlichkeit der Klärung schwieriger tatsächlicher oder rechtlicher Fragen,[317] Prüfung von Möglichkeiten einvernehmlicher Lösung des Konflikts.[318] Gerade deshalb ist Monatsfrist auch bei relativ klarer Sachlage unter heutigen Verhältnissen meist zu kurz.[319]

149 **Wesentliche Elemente des Treugedankens** sind bisher jedoch im Rahmen der in der Rspr deutlich werdenden Abwägungskriterien unberücksichtigt geblieben, insbes das Verhalten der Mehrheit, so bes in BGHZ 101, 113, wo BGH Anfechtungsklage gegen Einziehungsbeschluss zwar als verspätet ansah, eine Feststellungsklage der GmbH gegen den von der Einziehung betroffenen Gfter, dass GesAnteil eingezogen u vernichtet sei, gleichwohl abwies. Richtig hätte er auf Grund des schwer missbräuchlichen Verhaltens des einziehenden Gfters u des Gesamtablaufs Anfechtungsklage für immer noch zulässig ansehen können u sollen. Ähnliche Überlegungen gelten für BGH BB 1992, 2239, wo offenbar ebenfalls stark missbräuchliches Verhalten der einziehenden Mehrheit vorlag.[320] Nach Gesamtablauf der Verhandlungen mussten Ges u MitGfter mit alsbaldiger Anfechtungsklage rechnen. Das genügt den aus den Treubindungen zu entwickelnden Anforderungen vollauf. Insbes wenn Mehrheit Sondervorteil verfolgt, darf sie nicht ohne weiteres von kurzen Fristen profitieren. Nicht unberücksichtigt bleiben darf auch, ob der Beschluss direkt nur GesInteressen nachteilig berührt oder direkt in mitgliedschaftliche Interessen des anfechtungswilligen Gfter eingreift – wird etwa GAnteil eingezogen oder Gfter als GFührer abberufen, ist sein Interesse an Beschlussanfechtung besonders hoch u schutzwürdig.

150 Andererseits ist das zeitliche Interesse der Ges an Klärung der im Beschluss entschiedenen Frage zu berücksichtigen. Bei GFührungsentscheidungen oder KE wird dieses Interesse ganz erheblich größer sein als bei Einziehung eines GAnteils. Wendet Gfter sich gegen übermäßige Rücklagenbildung u ist in Rücklagen einzustellender Übermaßbetrag nicht unmittelbar für dringende

---

315 Ähnl Scholz/*Schmidt* § 45 Rn 143; noch deutlicher *Fleck* EWiR 1990, 701.

316 Obiter erwähnt in BGHZ 11, 234; vgl ferner BGH WM 1966, 1133; BGHZ 101, 117; 111, 226.

317 Darauf stellen BGHZ 111, 226 u BB 1992, 2239 ab; s auch OLG Schleswig OLG Report 1998, 265; OLG München NZG 2000, 105; OLG Thüringen GmbHR 2002, 116; zustimmend *Hüffer* ZGR 2001, 865.

318 BGHZ 111, 226; besonders eindrücklich BGHZ 104, 71 u OLG Dresden NJW-RR 1997, 1535; zustimmend *Hüffer* ZGR 2001 865; zu unrecht hält BGH BB 1992, 2239 diese Frage in weniger personalistisch geprägter Ges für weniger erheblich.

319 Vgl *Fleck* EWiR 1990, 701; im Ergebnis deshalb zu eng OLG Hamm BB 1992, 33; OLG Celle GmbHR 1999, 1099.

320 Berechtigte Kritik der Entscheidung bei *Fleck,* BGH EWiR 1992, 1205; dagegen *Henze,* Höchstrichterliche Rechtsprechung zum Recht der GmbH, RWS-Skript 1993, 385.

Investition vorgesehen, besteht kein Grund zur Eile. Nicht zu folgen deshalb OLG Hamm BB 1992, 33, wo mit eher formalen Gründen dem Kläger die Geltendmachung seines (vom OLG der Sache nach anerkannten) Rechts auf angemessene Gewinnausschüttung versagt wird. Gerichte berücksichtigen auch zu wenig sonstiges Verhalten des Anfechtungsklägers sowie Gang der Verhandlungen.[321] Zu verlangen ist, dass Beschlussmängel u Wille zu ihrer Geltendmachung alsbald der Ges zur Kenntnis gebracht werden. Insoweit wird Einhaltung der Monatsfrist bei Erkennbarkeit des Mangels in aller Regel möglich sein u verlangt werden können. Lassen sich Ges u MitGfter daraufhin auf Verhandlungen über die Behandlung der Angelegenheit ein, wäre es verfehlt, den Gfter während der Dauer dieser Verhandlungen zur Klage zu zwingen.[322]

Zu starr deshalb auch jede **Festlegung einer absoluten Obergrenze.**[323] **151**
Wird freilich eine solche Verhandlung abgelehnt oder beendet, darf Gfter nur eine angemessene Zeit zuwarten, die idR kurz sein wird, bei komplizierter Sachlage aber auch länger sein kann.[324] Zur str Frage, in welcher Weise Gfter alsdann vorzugehen hat, vgl oben Rn 12 ff. Nach ganz hM u ständiger Rspr ist Erhebung der Anfechtungsklage erforderlich. Zur **Fristwahrung** genügt Einreichung der Klageschrift bei Gericht sofern Zustellung demnächst erfolgt (näher Rn 158 a). Rechtzeitige Einreichung eines Antrags auf Prozesskostenhilfe dürfte zur Fristwahrung, anders als im Aktienrecht, genügen.[325] Geht Gfter zu spät vor, ist sein Anfechtungsbegehren materiell-rechtlich unbegründet.[326]

4. Satzungsregelung über Anfechtungsfrist ist zulässig, darf aber **152**
Rechtsschutz sachlich nicht unangemessen verkürzen (vgl schon oben Rn 29 f). Deshalb ist Frist unter einem Monat wegen fehlender Angemessenheit unwirksam.[327] Auch Monatsfrist ist zu kurz, wenn Fristbeginn undifferenziert wie im Aktienrecht ohne Rücksicht auf Kenntnis oder Kenntnismöglichkeit des Gfters von Beschluss u Anfechtungsgrund festgelegt ist. Sieht Satzung längere Frist vor, zB drei Monate,[328] wird Verwirkung der Anfechtung vor Ablauf dieser Frist idR nicht in Betracht kommen.

5. Fristbeginn. Aktienrecht lässt Anfechtungsfrist des § 246 I AktG mit **153**
Beschlussfassung beginnen.[329] Wesentliche Schwäche dieser Regelung liegt

321 Zutreffend aber OLG München NZG 2000, 106.

322 Vgl Scholz/*Schmidt* § 45 Rn 143; RGZ 172, 79; zustimmend ausdrücklich OLG Koblenz ZIP 1986, 1120; beifallswert auch OLG Dresden NJW-RR 1997, 1535, wo zwischen GfterVers u Eingang der Klageschrift bei Gericht ein Zeitraum von 130 Tagen lag; ähnliche Erwägungen in BGHZ 104, 71; 111, 226 u bei *Renkl,* Gesellschafterbeschluss, 1982, 133; *Rohleder* GmbHR 1989, 242; *Lutter/Hommelhoff* Rn 60. Vgl auch OLG Stuttgart OLGR 2000, 51. Anders Hachenburg/*Schilling/Zutt* 7. Aufl, Rn 141.

323 Wie etwa bei *Lutter/Hommelhoff* Rn 60: 3 Monate.

324 Ähnl Scholz/*Schmidt* § 45 Rn 143, der ab diesem Zeitpunkt Monatsfrist laufen lassen will; Rowedder/Schmidt-Leithoff/*Koppensteiner* § 47 Rn 139; ähnlich OLG Stuttgart GmbHR 2000, 385.

325 Scholz/*Schmidt* § 45 Rn 145 aE; Ulmer/*Raiser* Rn 205.

326 Näher Rn 158 mN.

327 Ganz hM. Aus der Rspr BGHZ 104, 73; BGH WM 1995, 615 = DB 1995, 920 (für KG); OLG Schleswig OLG Report 1998, 265.

328 Vgl den Fall OLG Hamm GmbHR 1992, 806.

329 So auch für GmbH-Recht Scholz/*Schmidt* § 45 Rn 145, der Kenntnismangel bei Länge der Frist berücksichtigen will; ähnlich OLG Schleswig OLG Report 1998, 265.

darin, dass Gfter mit Mängelgeltendmachung auch dann ausgeschlossen wird, wenn er vom Mangel keine Kenntnis hatte, ja sogar, wenn Mangel für ihn innerhalb der Frist nicht einmal erkennbar wurde, in der aktienrechtlichen Praxis ein keineswegs seltener Fall. Nicht einmal Kenntnis von der Tatsache der Beschlussfassung setzt Aktienrecht für Fristbeginn voraus. Schon für das AktG hatte *A. Hueck*[330] vorgeschlagen, die aktienrechtliche Monatsfrist, wenn die Verfolgung gesellschaftsfremder Sondervorteile geltend gemacht wird, erst von Kenntnis dieses Mangels an laufen zu lassen u sie daneben lediglich an eine ohne Kenntnis laufende Ausschlussfrist von sechs Monaten zu binden. Rspr im GmbH-Recht bot bisher wenig Anlass, der Fristbeginnsfrage mit substantiellen Erwägungen nachzugehen. Gleichwohl ist Möglichkeit des Bestehens von Mängeln, die Gfter nicht kennt, evtl gar nicht erkennen kann, nicht nur theoretisch.

154 Mindestvoraussetzung des Fristbeginns ist jedenfalls, dass Gfter Kenntnis von der Beschlussfassung hat.[331] Dazu genügt nicht, dass er Kenntnis von der Tatsache einer GfterVers hat; er muss vielmehr auch Kenntnis von der Tagesordnung haben. Ist Beschluss ohne Grundlage in der dem Gfter übermittelten Tagesordnung gefasst worden, wurde etwa Tagesordnungspunkt erst in der GfterVers der TO eingefügt, beginnt Frist folglich nicht. Hatte Gfter Kenntnis von der TO, muss er allerdings nicht konkret gefassten Beschluss, also den Beschlussinhalt[332] kennen. Insoweit trägt er vielmehr Erkundigungslast. Auch auf Kenntnis von Beschlussmangel ist für Fristbeginn zweckmäßig nicht abzustellen,[333] vielmehr auf Erkennbarkeit.[334] Diese ist konkret nach den Verhältnissen des Gfters zu bestimmen, der sich freilich bei schwierigen Fragen Rat holen muss. Hat Gfter an GfterVers nicht teilgenommen, muss er sich nicht nur über Beschlussergebnisse informieren, sondern auch deren Zustandekommen alsbald prüfen, falls er an Fehler Folgen knüpfen will.

155 **6. Satzungsregelungen über Fristbeginn.** Satzung kann nicht nur Dauer der Anfechtungsfrist regeln, sondern auch ihren Beginn. Sie muss insoweit aber zum Schutz der Gfter hinreichend ausgewogen sein. Frist strikt mit Tag der Beschlussfassung beginnen zu lassen, ist nur dann akzeptabel, wenn Fristdauer lang genug ist, um Kenntnisnahme durch Gfter für Normalfälle zu gewährleisten. Ein Monat ist dafür zu kurz. Zugang des Beschlussprotokolls ist eine für den Regelfall brauchbare Lösung, dies allerdings dann nicht immer, wenn Gfter im Ausland wohnen u Nachweis des Zugangs Schwierigkeiten macht. Als für den Gfterschutz bei relativ kurzer Anfechtungsfrist nicht ausreichend ist Maßgeblichkeit des Zeitpunkts der Protokollabsendung anzusehen.[335] Sieht Satzung als Beginn der Anfechtungsfrist den Zugang des Protokolls vor, genügt dafür, dass Gfter am Ende der GfterVers Protokollkopie

---

330 *A. Hueck,* Das Recht der Generalversammlungsbeschlüsse und die Aktienrechtsreform, 1933, 46 ff.

331 Darauf stellt *Lutter/Hommelhoff* Rn 60 ab; *Kallmeyer* Rn 1286; ebenso OLG Hamm BB 1992, 34; vgl auch BGH GmbHR 1998, 892; OLG Hamm GmbHR 2003, 843 f.

332 So aber im Ansatz OLG Hamm BB 1992, 33; NZG 2003, 630, wo indessen im Ergebnis ähnlich wie oben als genügend angesehen wird, dass Gfter Kenntnis von GfterVers u Tagesordnung hat.

333 So aber Rowedder/Schmidt-Leithoff/*Koppensteiner* § 47 Rn 118.

334 Erwägungen dazu in OLG Schleswig NZG 2000, 986.

335 Zutreffend OLG Düsseldorf GmbHR 2005, 1353.

ausgehändigt wird.[336] Dass Gfter Protokoll auch unterzeichnet hatten, erscheint bei Aushändigung der Kopie als unerheblich.

7. Bedeutung der Anfechtungsfrist für die Geltendmachung von Anfechtungsgründen. Nach ganz hM u ständiger Rspr, die sich vor allem zum Aktienrecht entwickelt hat, gilt Klagefrist nicht nur für Klageerhebung als Formalakt, sondern auch für Einführung der Anfechtungsgründe in den Rechtsstreit, die nach dieser Auffassung jedenfalls „in ihrem wesentlichen tatsächlichen Kern" fristgerecht erfolgt sein muss.[337] Im Klartext bedeutet das, dass nach Ablauf der Anfechtungsfrist weitere Anfechtungsgründe nicht nachgeschoben werden können. Sachliche Bedeutung hat dies nur für solche Anfechtungsgründe, die für Anfechtungskläger bis zum Fristablauf nicht oder nicht hinreichend klar ersichtlich waren. Denn selbstverständlich ist Anfechtungskläger aus der Treupflicht gebunden, alle ihm bekannten Anfechtungsgründe, die er geltend machen will, unverzüglich vorzubringen, damit Ges sie prüfen u ihnen gegebenenfalls Rechung tragen kann. Problem ist bei GmbH gegenüber AG weiter dadurch entschärft, dass nicht starre Frist des § 246 I AktG gilt. Da Anfechtungsfrist durch Umstände bestimmt wird, müssten konsequenterweise für unterschiedliche Anfechtungsgründe unterschiedliche Anfechtungsfristen laufen, was der BGH freilich nicht thematisiert. Folgt man dem, würde Nachschieben evtl noch innerhalb der für den neuen Anfechtungsgrund längeren Anfechtungsfrist erfolgen können. 156

Ähnliche Überlegungen ergeben sich, wenn man Frist erst ab Kenntnis oder Erkennbarkeit eines Anfechtungsgrundes laufen lässt. Soweit Anfechtungsfrist ohne Rücksicht auf Kenntnis abläuft, stellt sich Problem, ob Nachschieben wenigstens zulässig ist, wenn Anfechtungsgründe erst nach Fristablauf dem Kläger bekannt werden. Insbes fördert der Anfechtungsprozess selbst nicht ganz selten neue Anfechtungsgründe erst zutage. Rspr hat hier, iE erwünscht, eigene Grundsätze mitunter nicht durchgehalten u eigentlich neuen Anfechtungsgrund doch nachträglich zugelassen.[338] Solcher Kunststücke bedarf es nicht. Anfechtungsfrist gilt nach § 246 I AktG nur für Erhebung der Anfechtungsklage. Ist Klageerhebung ordnungsgemäß, ist Frist gewahrt. Zu dieser Fristwahrung bedarf es nur der Kennzeichnung des Streitgegenstands. Anfechtungsgründe sind nach richtiger Auffassung nicht Teil des Streitgegenstands; Streitgegenstand ist das Rechtsbegehren auf Nichtigerklärung des Gfter-Beschlusses wegen Vorliegen von Mängeln schlechthin, nicht bestimmter Mängel (sehr str). Vorbringen neuer Gründe ist insbes kein Auswechseln des Lebenssachverhalts,[339] daher weder Klageerweiterung noch -änderung (zum Streitgegenstand vgl unten Rn 166 mN). Fristerfordernis für Geltendmachung von Anfechtungsgründen iE daher ohne Rechtsgrundlage.[340] 157

8. Rechtscharakter u Berechnung der Frist. Einhaltung der Klagefrist ist keine Prozessvoraussetzung, sondern materielle Klagevoraussetzung. Ver- 158

[336] BGH NZG 1998, 679.

[337] BGHZ 15, 177, 180f; 32, 318, 322; WM 1966, 446, 447; WM 1966, 1132, 1133; WM 1992, 2098; BGHZ 120, 141, 156f; 134, 364, 366; 137, 378, 386; BGH NZG 2005, 479, 481; OLG Düsseldorf NZG 2000, 1180; ebenso MünchKommAktG/*Hüffer* § 243 Rn 41–43; Scholz/*Schmidt* § 45 Rn 145; ähnlich *Lutter/Hommelhoff* Rn 67; Rowedder/Schmidt-Leithoff/*Koppensteiner* § 47 Rn 139.

[338] Vgl etwa BGH WM 1966, 1132, 1134.

[339] So aber MünchKommAktG/*Hüffer* 2. Aufl § 246 Rn 41 ff.

[340] Zum ganzen ausführlich *K. Schmidt* JZ 1977, 769.

säumung führt daher zur Abweisung der Klage als unbegründet. Klagende Partei hat Voraussetzungen der Fristeinhaltung als Klagevoraussetzung vorzutragen u im Streitfall zu beweisen. Gericht berücksichtigt vorgetragene Tatsachen von Amts wegen.[341] Für Fristbeginn gilt § 187 I BGB, dh maßgeblicher Tag (zB Tag der Beschlussfassung, evtl auch Tag der Kenntniserlangung) wird nicht mitgerechnet. Hemmung oder Unterbrechung des Fristlaufs gibt es nicht. Soweit Monatsfrist maßgebend ist – nach der hier vertretenen Auffassung ein seltener Fall – lässt sich Fristende nach § 188 II (unter Beachtung von § 188 III für kurze Monate) bestimmen. Würde Fristende auf Sonnabend, Sonntag oder Feiertag fallen, läuft Frist erst mit Ende des folgenden Werktages ab, § 193 BGB analog.

158 a **9. Fristwahrung durch Klageerhebung.** Anfechtungsfrist muss nach hL u Rspr durch Klageerhebung gewahrt werden. Erhebung einer Nichtigkeitsklage genügt wegen Identität des Streitgegenstands diesem Erfordernis (vgl dazu Rn 166 u 176 ff). Erhoben ist Klage nicht schon mit Einreichung der Klageschrift bei Gericht, sondern erst mit Zustellung der Klageschrift an die beklagte Ges, jedoch genügt für Fristwahrung die rechtzeitige Einreichung, sofern Klageschrift demnächst zugestellt wird, § 167 ZPO. Regelung soll Kläger vor Nachteilen schützen, die wegen der von Amts wegen zu bewirkenden Zustellung durch innerhalb des gerichtlichen Geschäftsbetriebs verursachte Verzögerungen der Zustellung eintreten u von der Partei nicht beeinflusst werden können.[342] Auch mehrmonatige Verspätungen können die Rechtzeitigkeit nicht beeinträchtigen.[343] Verzögerungen dürfen aber nicht parteibedingt sein. Partei muss vielmehr alles Zumutbare für die alsbaldige Zustellung getan haben.[344] Kläger muss daher vom Gericht verfügte Informationen (zB zur Streitwertbemessung) unverzüglich erledigen und angeforderten Prozesskostenvorschuss unverzüglich einzahlen.[345]

VII. Anfechtungsprozess

159 **1. Erfordernisse der Klage.** Zivilprozess zwecks Anfechtung von Gfter-Beschluss kommt durch **Erhebung der Anfechtungsklage** in Gang.

Bezeichnung der Klage als Anfechtungsklage ist nicht erforderlich. Es genügt, dass Nichtigerklärung eines bestimmten GfterBeschlusses erstrebt wird. Nichtigkeitsfeststellungsantrag schließt Anfechtungsantrag ein u umgekehrt (zur Identität des Streitgegenstands Rn 166 mN). Klage ist Gestaltungsklage. Mit *K. Schmidt*[346] lassen sich beide Klagen unter dem Begriff der kassatorischen Klage zusammenfassen.

160 **Rechtsschutzbedürfnis** ist wie für jede Klage erforderlich, bei Anfechtungsbefugnis aber im Regelfall gegeben, auch wenn Klage dem Gfter keinen Nutzen bringt.[347] Es besteht grds auch bei Anfechtung abl Beschlüsse,[348] weil Gfter Rechtmäßigkeit der Ablehnung sowohl in inhaltlicher wie verfahrens-

341 Vgl BGH NZG 1998, 679.
342 Vgl näher BGH NJW 1986, 1347; NJW 1993, 2811 f.
343 BGHZ 145, 358, 362 f.
344 BGH NJW 1993, 2811 f.
345 Näher dazu OLG Düsseldorf GmbHR 2005, 1356.
346 Scholz/*Schmidt* § 45 Rn 45 ff mwN.
347 BGHZ 43, 265.
348 *Meyer-Landrut* Rn 67.

mäßiger Beziehung nachprüfen lassen dürfen. Es fehlt insbes dann nicht, wenn gleichzeitig Klage auf Feststellung eines in Wahrheit gefassten positiven Beschlusses erhoben wird (unten Rn 186) oder wenn über abgelehnte Beschlussanträge auf Grund der Satzung erst nach Ablauf eines längeren Zeitraums erneut beschlossen werden darf; ferner wenn mit dem Beschluss der Antrag eines Gfters abgelehnt wurde, mit dem er einen Anspruch gegen die Ges geltend gemacht hatte u schließlich auch dann nicht, wenn bei Nichtigerklärung des abl Beschlusses ernsthaft mit einer den Fehler vermeidenden Wiederholung der Beschlussfassung gerechnet werden kann, was nicht selten der Fall sein wird. Rechtsschutzbedürfnis fehlt auch, wenn Beschluss überholt ist u keine Wirkung mehr entfalten kann.[349] Das gilt allerdings nicht für eintragungsbedürftige Beschlüsse, deren Eintragung erfolgt ist, u zwar auch dann nicht, wenn Eintragung auf Grund eines Unbedenklichkeitsverfahrens, etwa nach § 16 UmwG, bewirkt wurde,[350] obgleich nach der Eintragung der Strukturänderungsvorgang durch Beschlussmängel nicht mehr berührt wird, § 20 II UmwG. Das anhängige Anfechtungsverfahren wird auch nicht in der Hauptsache erledigt, sondern kann weitergeführt werden.[351] Nicht zutr ist Auffassung, dass für Anfechtung eines über die Erhebung der Ausschließungsklage gefassten Beschlusses kein Rechtsschutzbedürfnis besteht.[352] Es besteht schon deswegen, weil der angefochtene Beschluss notwendige Voraussetzung für die Erhebung der Ausschließungsklage ist. Der Streitgegenstand der Anfechtungsklage geht nicht, wie OLG Düsseldorf[353] annimmt, „praktisch" im Streitgegenstand der Ausschlussklage auf.

Anfechtungsklage kann **rechtsmissbräuchlich** sein,[354] so wenn Kläger **161**
nicht Wohl der Ges oder berechtigte eigene Interessen im Auge hat, sondern Ges erpressen oder ihr nur schaden will. Problem tritt bislang in relevantem Umfang nur bei Aktienges auf. Missbräuchlich ist auch Klage, wenn sie auf Gründe gestützt wird, die Gfter vorher in eigenem Interesse ganz anders gesehen hat.[355] Denkbar ist auch Rechtsmissbräuchlichkeit einer Klage (bzw schon im Grunde der Mängelgeltendmachung) wegen Verletzung des Grds der Verhältnismäßigkeit.[356]

Anfechtungskläger ist in der Regel nur, wer Träger der materiellrechtlichen **162**
Anfechtungsbefugnis ist. Klage kann aber ausnahmsweise auch in **Prozessstandschaft** für Anfechtungsbefugten erhoben werden. Dazu reicht aber im GmbH-Recht, anders als im Aktienrecht,[357] bloße Ermächtigung durch Gfter nicht aus, vielmehr ist zusätzlich eigenes schutzwürdiges Interesse an Prozessführung erforderlich.[358]

---

349 OLG Hamburg AG 1994, 566; allgemeiner OLG München DB 1994, 320.

350 OLG Stuttgart NZG 2004, 463.

351 Vgl nur *Bork* in Lutter, UmwG 3. Aufl, § 16 Rn 32.

352 So aber OLG Düsseldorf GmbHR 1999, 547; wie hier hingegen BGH NZG 2003, 284 u ausführlicher BGH NZG 2003, 286 = BGHZ 153, 285.

353 OLG Düsseldorf GmbHR 1999, 547.

354 Näher zur Figur der missbräuchlichen Anfechtungsklage im Aktienrecht *Hüffer* AktG § 245 Rn 22 ff m zahlr Angaben; *Korte,* Zur missbräuchlichen Wahrnehmung der aktienrechtlichen Anfechtungsbefugnis, 2003; zum GmbHRecht Ulmer/*Raiser* Rn 186 ff mN.

355 Vgl OLG Hamm GmbHR 1994, 256.

356 Dazu *Zöllner* in Semler ua (Hrsg), Reformbedarf im Aktienrecht, ZGR Sonderheft 12 (1994) 158 ff.

357 Vgl OLG Stuttgart NZG 2003, 1025.

358 Für Leistungsklagen ganz hM, vgl nur BGH NJW 2000, 738.

163 Klage ist stets gegen **Ges als Beklagte** zu richten.[359] Davon abw Auffassung will bei personalistischen, auch mehrgliedrigen Ges Parteirolle allein den Gftern vorbehalten.[360] Das lässt sich nicht sinnvoll durchhalten. Unterscheidung zwischen personalistischen u anderen Ges oft zweifelhaft. Charakter kann sich auch ändern, sogar während eines Prozesses. Vielfach werden Bedenken gegen Parteirolle der Ges wegen unterschiedlicher Kostenlasten erhoben. Das ist indessen vielschichtiges Problem, das nicht durch bloßen Austausch der Parteirollen sachgerecht lösbar ist. Vgl auch Rn 173.

164 **Abmahnung der Ges vor Klageerhebung** ist nicht nur im Hinblick auf § 93 ZPO Obliegenheit des Anfechtenden, sondern echte auf den Treubindungen beruhende Pflicht. Veranlassung der Klageerhebung ist zu verneinen, wenn auf Aufforderung des Anfechtungsklägers die übrigen Gfter die Aufhebung des Beschlusses vorgenommen hätten.[361] Sie entfällt, wenn Gfter aus der Abmahnung u Hinausschiebung der Klage Nachteile drohen.[362]

165 **2. Vertretung der Ges.** Im Anfechtungsprozess wird Ges als Beklagte durch die GFührer vertreten. Von § 246 II 2 AktG abw erfolgt Vertretung durch GFührer auch dann, wenn ein AR besteht.[363] Daher genügt stets Klagezustellung an einen von mehreren GFührern, auch stellvertretenden. GfterVers kann dem GFührer für Prozess Weisungen erteilen, etwa hinsichtlich Auswahl des Anwalts, Anerkenntnis, Geständnissen etc, selbstverständlich unter Stimmrechtsausschluss eines klagenden Gfters. Erheben GFührer Anfechtungsklage (zu ihrer eigenen Anfechtungsbefugnis oben Rn 140), hat GfterVers besondere Vertreter für Ges zu bestellen analog § 46 Nr 8. Falls AR besteht, vertritt er nicht automatisch. GfterVers kann ihm aber Vertretung übertragen (näher dazu § 46 Rn 94). Ist Wirksamkeit der Bestellung oder Abberufung eines GFührers Gegenstand des Rechtsstreits, so vertritt auch im zweiten Rechtszug derjenige die Ges, der bei Obsiegen der GmbH als ihr GFührer anzusehen wäre, dies auch wenn im ersten Rechtszug die Unwirksamkeit der Bestellung (bzw Wirksamkeit der Abberufung) festgestellt wurde.[364] Erhebt GfterGFührer Anfechtungsklage, kann Zustellung der Klage nicht an ihn erfolgen,[365] wohl aber an andere vorhandene GFührer, soweit sie im Rubrum der Klageschrift benannt sind.

166 **3. Streitgegenstand der Anfechtungsklage ebenso wie der Nichtigkeitsklage** ist das prozessuale Ziel, die richterliche Klärung der Mangelhaftigkeit des Gfterbeschlusses herbeizuführen.[366] Streitgegenstand der Anfechtungs-

---

359 Ganz hM, Ulmer/*Raiser* Rn 220; Rowedder/Schmidt-Leithoff/*Koppensteiner* § 47 Rn 149; Scholz/*Schmidt* § 45 Rn 148 mwN; *Lutter/Hommelhoff* Rn 34, allerdings zweifelnd; *Kallmeyer* Rn 1281; OLG Hamm GmbHR 1985, 119; OLG Rostock NZG 2004, 191.

360 *Joost* ZGR 1984, 71 ff; vgl auch *Lindacher* ZGR 1987, 128; *Marotzke* ZZP 100 (1987), 208 ff; *Timm* FS Fleck, 1988, 368 f.

361 OLG Naumburg DB 1998, 1023.

362 OLG Frankfurt GmbHR 1993, 224.

363 Ganz hM, Ulmer/*Raiser* Rn 221; *Lutter/Hommelhoff* Rn 34; Rowedder/Schmidt-Leithoff/*Koppensteiner* § 47 Rn 149; *Däubler* GmbHR 1968, 8; *A. Hueck* FS Bötticher, 1969, 216; BGH GmbHR 1962, 134.

364 KG Berlin GmbHR 1997, 1001.

365 OLG München NZG 2004, 422.

366 So BGHZ 134, 364; BGH NZG 1999, 496; BGH NZG 2002, 957 = BGHZ 152, 1.

u der Nichtigkeitsklage ist identisch.[367] Er umfasst alle Mängel, welche die Anfechtbarkeit oder Nichtigkeit des konkreten Beschlusses begründen.[368] Einschränkung auf vom Kläger vorgetragenen Sachverhalt kommt nicht in Betracht, weil dadurch der maßgebliche Gesamtsachverhalt als „Lebenssachverhalt" auseinandergerissen würde, der den Beschlussgegenstand, den Inhalt des Beschlusses sowie die Vorgänge, die für den Ablauf des Beschlussverfahrens maßgebend sind, umfasst.[369] Streitgegenstand setzt sich aus diesem Lebenssachverhalt und dem prozessualen Begehren der Klärung durch richterliche Entscheidung zusammen.

Wird Klage abgewiesen, ist daher der Kläger mit allen Gründen präkludiert, **167** auch solchen, die er gar nicht vorbringen konnte u hinsichtlich derer möglicherweise Verwirkung noch nicht eingetreten ist, ein freilich nahezu theoretischer Fall. Enger dürfte noch BGH GmbHR 1997, 655[370] den Streitgegenstand verstanden haben, wo zwar Gleichheit des Rechtsschutzziels von Nichtigkeits- und Anfechtungsklage vertreten wird, nämlich Klärung der Nichtigkeit des GfterBeschlusses, für Gleichheit des Streitgegenstands aber verlangt wird, dass sich die Klagen „mit identischer Begründung" gegen denselben GfterBeschluss wenden. In der Lit wird vielfach formuliert, Streitgegenstand der „kassatorischen Klage" (Oberbegriff beider Klagen) sei das Begehren des Klägers, die Nichtigkeit des von ihm bezeichneten GfterBeschlusses wegen der von ihm vorgebrachten Sachverhalte mit Wirkung für u gegen jedermann zu klären.[371] Der Streitgegenstand ist jedoch, wie der BGH jetzt anerkennt, umfassender zu bestimmen. Wird gegen einen GfterBeschluss geklagt, müssen alle möglicherweise bestehenden Mängel in diesem Rechtsstreit erledigt werden.[372] Identität des Streitgegenstands wegen Verschiedenheit des Antrags zu leugnen,[373] stellt zu enge, am Wortlaut des Antrags statt an seinem Sinn anknüpfende Sicht dar.[374]

4. Gerichtliche Zuständigkeit. Für Erhebung der Klage besteht in **168** analoger Anwendung von § 246 III 1 AktG **ausschließliche Zuständigkeit** des Landgerichts, in dessen Bezirk Ges ihren Sitz hat. Innerhalb des Gerichts ist Kammer für Handelssachen zuständig, § 246 III 2 AktG. Ob Abgabe von Amts wegen an Kammer für Handelssachen Bindungswirkung entfaltet, ist streitig.[375] Zur Möglichkeit, Zuständigkeit eines Schiedsgerichts zu verein-

---

367 Dazu schon oben Rn 33; aus der Lit KölnerKomm/*Zöllner* § 246 Rn 47 ff; *K. Schmidt* AG 1977, 207; *ders* JZ 1977, 769; *ders* JZ 1988, 733; Rowedder/Schmidt-Leithoff/*Koppensteiner* § 47 Rn 141; *Heinze* ZGR 1979, 298; Scholz/*Schmidt* § 45 Rn 152; Ulmer/*Raiser* Rn 216 ff; MünchKommAktG/*Hüffer* § 246 Rn 17 ff; BGHZ 152,1; OLG Saarbrücken DStR 2007, 947. **Ablehnend** *Sosnitza* NZG 1998, 335; dazu klarstellend BGH NZG 1999, 496.

368 BGH NZG 2002, 957 = BGHZ 152, 1.

369 BGH (Fn 364).

370 = BGHZ 134, 364.

371 Vgl ausführlich *Kindl* ZGR 2000, 170 mN; MünchKommAktG/*Hüffer* § 246 Rn 25; *Hüffer* AktG § 246 Rn 12; GroßkommAktG/*K. Schmidt* § 246 Rn 61; *Bork* ZIP 1995, 609, 612.

372 So ausdrücklich BGH NZG 2002, 958 = BGHZ 152, 1, 4 ff; dagegen *Bork* NZG 2002, 1094.

373 So *Sosnitza* NZG 1998, 335.

374 Vgl dazu klarstellend BGH ZIP 1999, 580, wo auf Nichtigkeits- oder Anfechtungsklage beschränktes Teilurteil zu Recht als unzulässig bezeichnet wird.

375 Verneinend OLH München NZG 2007, 947.

baren, vgl näher oben Rn 32 ff mN. Mehrere Anfechtungsprozesse sind analog § 246 III 5 AktG zu verbinden.

169 **5. Streitgenossenschaft und Nebenintervention.** Mehrere Anfechtungskläger bilden **notwendige Streitgenossenschaft** iSv § 62 ZPO, da Entscheidung nur einheitlich ergehen kann (wohl unstreitig).[376] Jeder Gfter kann dem Prozess als **Nebenintervenient** beitreten, u zwar sowohl aufseiten des Anfechtungsklägers als auch aufseiten der Ges zur Verteidigung des Beschlusses, vgl § 66 ZPO mit § 248 AktG. Interventionsinteresse ist allein schon aus Rechtskraft- u Gestaltungswirkung eines der Klage stattgebenden Anfechtungsurteils begründet.[377] Nebenintervenient bedarf nicht einer der Anfechtungsbefugnis iSv § 245 Nr 1 parallel liegenden „Nebeninterventionsbefugnis". Nebenintervention ist eine streitgenössische gem §§ 69, 61 ZPO.[378] Daher kann Nebenintervenient Wirkungen eines Geständnisses oder Anerkenntnisses seitens der Hauptpartei[379] sowie Erlass eines Versäumnisurteils gegen sie verhindern, Einspruch gegen Versäumnisurteil sowie Rechtsmittel gegen Endurteil einlegen.[380] Rechtsmittelverzicht der unterlegenen Ges hindert nicht den Beitritt eines Gfters als Nebenintervenient u Rechtsmitteleinlegung durch ihn.[381] Nimmt allerdings Anfechtungskläger wirksam Klage zurück, wird dadurch Rechtsstreit auch im Verhältnis zu streitgenössischen Nebenintervenienten beendet.[382] Die Befristung der Nebenintervention[383] im neuen § 246 IV 2 AktG gilt für GmbH nicht. Für Kostenentscheidung gilt Grds. der Kostenparallelität nicht, es gilt § 101 II mit § 100 ZPO.[384]

170 **6. Bekanntmachungspflicht** hinsichtlich der Klageerhebung wie nach § 246 IV AktG obliegt den GFührern im allg nicht. Sie haben aber unverzüglich alle Gfter sowie einen evtl AR, bei Anfechtung einer Kapitalerhöhung auch alle Dritten, die Anteile gezeichnet haben, zu unterrichten.[385] Unterrichtung der Öffentlichkeit über Anfechtung eingetragener Satzungsänderungen, zB über die Vertretungsbefugnis, ist wegen § 15 HGB nicht erforderlich.

171 **7. Streitwertbemessung.** Für Streitwertbemessung gilt § 247 I 1 AktG. Begrenzung auf ein Zehntel des Stammkapitals bzw 500 000 Euro (§ 247 I 2 AktG), die für GmbH ohnehin selten praktisch werden dürfte, ist nicht anwendbar,[386] wohl aber die Regelung in § 247 II u III AktG über Möglich-

[376] Vgl auch BGHZ 122, 211, 240.

[377] BGH NZG 2007, 675 = BGHZ 172, 136; BGH NZG 2008, 630.

[378] BGH BB 1993, 1682; dazu *Gehrlein* AG 1994, 103.

[379] Dazu *Bork* ZIP 1992, 1211.

[380] Ausführl zum ganzen *Austmann* ZHR 158 (1994), 495. Vgl auch BGH NZG 1999, 68; *Kallmeyer* Rn 1284.

[381] BGH NZG 2008, 428. Dort auch Ausdführungen zum Fristlauf.

[382] OLG Köln NZG 2004, 46.

[383] Zu einschlägigen Fragen für das Aktienrecht ausführlich *Wasmann/Kallweit* Der Konzern 2008, 135.

[384] BGH NZG 2007, 789.

[385] Bejahend gegenüber Gftern BGHZ 97, 31.

[386] Hachenburg/*Schilling/Zutt* 7. Aufl, Rn 166; *Lutter/Hommelhoff* Anh § 47 Rn 75; *Däubler* GmbHR 1968, 9; OLG Karlsruhe GmbHR 1995, 302; für Nichtigkeitsklage OLG Frankfurt NJW 1968, 2112; OLG Karlsruhe GmbHR 1995, 300; offen lassend BGH NZG 1999, 999 (nach dieser Entsch greift Sonderregelung jedenfalls dann nicht ein, wenn die Bedeutung der Sache für Anfechtungskläger höher zu bewerten ist); abw Scholz/*Schmidt* § 45 Rn 153; differenzierend Ulmer/*Raiser* Rn 257.

keit der Bestimmung eines gespaltenen Streitwerts, die auch in anderen vergleichbaren Verfahren (§ 144 PatG) zu finden ist.[387] Zu Streitwert u Beschwer bei Anfechtung von Entlastungsbeschlüssen BGH ZIP 1999, 840 (Entlastung des AG-Vorstands).[388]

Sind mehrere Anfechtungsklagen getrennt erhoben, gelten für die einzelnen Anfechtungsprozesse bis zur gebotenen Verbindung (s Rn 168) je nach Aktienbesitz unterschiedliche Streitwerte. Nach Verbindung sind diese nicht zu addieren, da gleicher Streitgegenstand betroffen, vielmehr gilt der höchste der Einzelstreitwerte.[389] Er ist maßgeblich für Bemessung der Gerichtsgebühren u der Anwaltsgebühren des Beklagtenvertreters. Für Gegenstandswert der anwaltlichen Tätigkeit bei getrennter Vertretung mehrerer Anfechtungskläger ist gesonderte Festsetzung nach § 33 RVG (früher § 10 BRAGO) erforderlich.[390] **172**

8. Kosten. Für **Kostentragung** gelten die Vorschriften der ZPO unverändert. Das hat zur Folge, dass Anfechtungskläger, wenn Klage zugesprochen wird, die dann der Ges aufzuerlegenden Kosten materiell in Höhe seiner Beteiligungsquote mitträgt, während der der Sache nach eigentlich die Verantwortung für den Beschlussmangel tragende MehrheitsGfter in seinem persönlichen Vermögen nicht belastet wird, im GesVermögen materiell zwar die Kosten mittragen muss, aber insoweit in Höhe der Quote des Anfechtungsklägers u evtl anderer Gfter entlastet wird. Dazu ausführlich LG Karlsruhe DB 1998, 1024 auch mit verfassungsrechtlichen Hinweisen u dem zutreffenden Ergebnis, dass Korrektur ungerechter Kostenverteilung durch Kostenersatzpflicht der „eigentlich prozessunterlegenen" Gfter zu erfolgen hat. Deren Voraussetzungen im Einzelnen sind freilich noch weithin ungeklärt, jedoch bei Verschulden als treupflichtwidrige Schädigung der Ges zu bejahen. **173**

9. Beweislast. Zu den schwierigen Beweislastfragen bei der Anfechtungsklage vgl vor allem das aktienrechtliche Schrifttum.[391] **174**

10. Prozessverlust durch Maßnahmen der Ges. Anfechtungsklage kann trotz eigentlich bestehender Unbegründetheit durchdringen, wenn Ges unzutreffende Tatsachen zugesteht (Geständnis § 288 ZPO), Klageanerkenntnis abgibt (§ 307 ZPO) oder Versäumnisurteil gegen sich ergehen lässt (§ 331 ZPO). Weder die Rechtsnatur der Klage noch der Streitgegenstand noch die ausschließliche Zuständigkeit des Gerichts oder ein sonstiger Grund verbieten das.[392] Unbedenklich ist das freilich nicht, weil kollusives Zusammenwirken zwischen Anfechtungskläger u GFührung möglich ist. Zwar können Gfter, um Verteidigung des angegriffenen Beschlusses sicherzustellen, dem Verfahren auf Seite der Ges als Nebenintervenient beitreten. Derartiger Beitritt ist aber **175**

---

[387] Ulmer/*Raiser* Rn 258; *Däubler* GmbHR 1968, 9.

[388] Zum ganzen *Emde* DB 1996, 1557.

[389] OLG Stuttgart NZG 2001, 522.

[390] OLG Stuttgart (Fn 387).

[391] Etwa KölnerKomm/*Zöllner* § 243 Rn 105–111; MünchKommAktG/*Hüffer* § 243 Rn 134 ff; *Hüffer* FS Fleck, 1988, 151; ausführlich auch Ulmer/*Raiser* Rn 244 ff; RGZ 167, 165; BGHZ 36, 139; 71, 48 ff.

[392] Ganz hM, vgl ausführlich *Bork* ZIP 1992, 1205 mN; teilw abw *Volhard* ZGR 1996, 55, 69 ff; Scholz/*Schmidt* § 45 Rn 159. Zur Zulässigkeit von Anerkenntnisurteilen *Thöni* ecolex 1995, 259 mwN. Gegen Zulässigkeit von Anerkenntnisurteilen OLG München GmbHR 1996, 45; LG Koblenz GmbHR 2004, 260.

als vorsorgliche Maßnahme kaum zumutbar, u bei Sichtbarwerden der Erforderlichkeit wird es vielfach zu spät sein. Gleichwohl ist Fall der Nichtverteidigung des Beschlusses durch GFührer unwahrscheinlich, so lange Mehrheit hinsichtlich des Beschlusses nicht anderen Sinnes wird. Prozessbeendender **Vergleich,** der vom Kläger erstrebte Nichtigkeit des Beschlusses im Weg der Vereinbarung bewirken soll, ist nicht möglich,[393] weil Gestaltungswirkung des Urteils nicht privatautonom durch Parteien herbeigeführt werden kann. Zulässig ist Vergleich, der in Beschluss nicht eingreift, zB wenn sich Anfechtungskläger zur Rücknahme der Klage verpflichtet; inwieweit Ges im Gegenzug Prozesskosten übernehmen darf, hängt von den Umständen ab. Nicht zulässig ist Vergleich, durch den Ges (u dh GFührer) sich verpflichtet, Beschluss nicht auszuführen, weil solche Verpflichtung rechtswidrig ist. Durch das UMAG in das AktG eingeführte Veröffentlichungspflicht hinsichtlich streitbeendender Vereinbarungen (§ 248 a mit § 149 II AktG) gilt für GmbH nicht.

176 **11. Urteilswirkungen.** Sachurteil im Anfechtungsprozess lautet, wenn Gericht die Anfechtbarkeit verneint, auf Abweisung der Klage. Urteilswirkung ist in diesem Fall auf Parteien des Prozesses beschränkt. Praktisch ist das ohne wesentliche Bedeutung. Da inzwischen längere Zeit verstrichen sein wird u alle anderen Anfechtungsberechtigten Kenntnis vom Prozess haben werden, kommt erneute Erhebung einer Anfechtungsklage durch andere Gfter kaum in Betracht. Ist Beschluss aber nicht wirksam angefochten, haben alle von seiner Rechtsgültigkeit auszugehen. Lediglich das Vorbringen von Nichtigkeitsgründen wäre den nicht von der Rechtskraft erfassten Personen nicht abgeschnitten.

177 Dringt Anfechtungsklage durch, wird der angefochtene Beschluss durch Gestaltungsurteil für nichtig erklärt. Urteil entfaltet **Gestaltungswirkung u** hat schon deshalb Wirkung inter omnes. Diese greift (auch im Aktienrecht) über den in § 248 I 1 AktG genannten Personenkreis hinaus; Regelung in § 248 I 1 hat nur insofern Bedeutung, als sie die von der materiellen Rechtskraft ausgehende Bindungswirkung sicherstellt.

178 **Vernichtung des Beschlusses** erfolgt grds **mit ex tunc-Wirkung,**[394] u zwar auch gegenüber Dritten. Der rechtsgeschäftliche Verkehr wird gleichwohl durch § 15 HGB sowie ergänzende Rechtsscheinsgrundsätze weitgehend geschützt. Rückwirkung der Nichtigerklärung erfährt Durchbrechungen. Hat anfechtbar bestelltes Organmitglied inzwischen amtiert, können Grds über fehlerhafte Organstellung eingreifen (dazu § 35 Rn 8).[395] Durchgeführte KE bleibt nach den Grundsätzen zur fehlerhaften Ges bis zur Nichtigerklärung wirksam.[396] Diese Auffassung hat sich weithin durchgesetzt.[397]

---

393 Dazu *Brändel* FS Vieregge, 1995, 69; ferner *Feltkamp,* Anfechtungsklage und Vergleich, 1991.

394 BGH BB 1993, 1681; OLG Brandenburg GmbHR 1998, 196.

395 Zutreffend dazu *Schürnbrand* NZG 2008, 609.

396 Dazu § 57 Rn 28.

397 Erstmals näher begründet bei *Zöllner* AG 1993, 68; vgl ferner *Zöllner/Winter* ZHR 158 (1994), 59; *Kort,* Bestandsschutz fehlerhafter Strukturänderungen im Kapitalgesellschaftsrecht, 1998; ausführlich auch *Schäfer,* Die Lehre vom fehlerhaften Verband. Grundlagen, Verhältnis zum allgemeinen Vertragsrecht und Anwendung auf Strukturänderungen, 2003, insbes 289 ff u 422 ff. Umfassende Nachweise bei *Zöllner* FS Hadding, 2004, 728 Fn 14. Dezidiert zustimmend OLG Stuttgart GmbHR 2000, 721.

Gleiches kann auch für andere durchgeführte Struktur- u Organisationsänderungen gelten; ie sind Voraussetzungen hierfür noch streitig.[398]

Das Urteil ist unverzüglich **zum HR einzureichen,** § 248 I 2 AktG analog. Wenn der Beschluss eingetragen war, muss dort auch das Urteil eingetragen u seine Eintragung bekannt gemacht werden, § 248 I 3 u 4 AktG analog. Ferner muss mit dem Urteil der entspr dem Urteil berichtigte Wortlaut der Satzung mit einer Bescheinigung des Notars zum HR eingereicht werden, § 248 II AktG analog. Vgl dazu auch § 54 I 2 sowie unten § 54 Rn 10 ff. Veröffentlichungspflicht hinsichtlich verfahrensbeendender Urteile nach § 248 a AktG gilt für GmbH nicht. **179**

Nichtigkeit eines zweiten Beschlusses als Folge der Nichtigerklärung eines vorausgegangenen Beschlusses auf Anfechtungsklage hin kann zusammen mit der Nichtigerklärung festgestellt werden, wie in einem vom OLG Brandenburg[399] entschiednen Fall: Ausschluss eines GfterGFührers wurde auf satzungsmäßiger Grundlage anfechtbar beschlossen; in weiterer, ohne Einladung des Ausgeschlossenen abgehaltener Vers wurde Beschluss über dessen Abberufung als GFührer gefasst. **180**

D. Feststellung unklarer Beschlussergebnisse durch Feststellungsklage

I. Beschlussfeststellungsklage

Im GmbH-Recht geht es, anders als im Aktienrecht, vielfach statt um die Klärung von Beschlussmängeln durch Anfechtungsklage um die **Beseitigung der Unklarheit des Beschlussergebnisses** durch Klage (dazu schon oben Rn 18 u 19). Zu solcher Unklarheit kommt es unter bestimmten Voraussetzungen (dazu Rn 116 ff), wenn keine verbindliche Feststellung des Beschlussergebnisses erfolgt (dazu Rn 118 ff). Können Gfter sich über Beschlussergebnis nicht wenigstens nachträglich einigen, ist Klärung durch Feststellungsklage möglich, vgl Rn 124 mN. Dieser **einfachen Beschlussfeststellungsklage** kommt im GmbH-Recht erhebliche Bedeutung zu. Diese Klage ist nicht an „Anfechtungsfrist" gebunden; sie unterliegt **keiner Präklusionswirkung,**[400] wohl aber unterliegt auch das Recht auf Feststellung der (durch Treubindungen beschleunigten) **Verwirkung.**[401] Statt dessen auf zeitnahe Erhebung der Klage abzustellen,[402] ist zu eng. Problem kann sich in verschiedener Gestalt stellen: Behandeln GesOrgane oder die „Mehrheit" den Beschluss als in bestimmtem Sinn gültig gefasst, bringen sie ihn etwa in diesem Sinn zur Ausführung, so muss ein Gfter, der hiervon Kenntnis hat, sich binnen angemessener Frist dagegen wenden. Dies braucht nicht sogleich durch Klage zu geschehen. Bleibt er jedoch in Kenntnis der Sachlage untätig, oder wird er **181**

---

398 Vgl dazu *Hommelhoff* ZHR 158 (1994), 11; *G. Krieger* ZHR 158 (1994), 35; umfassend *Kort* (Fn 395).

399 GmbHR 1998, 196.

400 BGH GmbHR 1996, 48 u BGH GmbHR 1999, 478; OLG Köln NZG 2003, 40.

401 Vgl BGH GmbHR 1996, 48; BGH GmbHR 1999, 478; OLG Köln NZG 2003, 41; zust Ulmer/*Raiser* Rn 283; *Roth*/Altmeppen § 47 Rn 172; Scholz/*Schmidt* § 45 Rn 20.

402 So OLG Zweibrücken GmbHR 1999, 80; anders ausdr BGH GmbHR 1999, 478.

nicht angemessen tätig, so setzt er sich bei nachträglicher Erhebung der Feststellungsklage in Widerspruch zu eigenem Verhalten. Bleibt der Beschluss hingegen über längeren Zeitraum unausgeführt u durften die Beteiligten darauf vertrauen, dass wegen der bestehenden Ergebnisunklarheiten der Beschluss als obsolet betrachtet würde, liegt im Wiederaufgreifen des seinerzeit Beschlossenen mittels Feststellungsklage ebenfalls ein durch Verwirkung unzulässiges Verhalten. Vielmehr muss in solchem Fall neue Beschlussfassung versucht werden.

II. Verfahren

182 Feststellungsklage eines Gfters ist grds gegen Ges als Partei zu richten. GFührer haben (wie bei Anfechtungsklage, Rn 170) Pflicht zur Benachrichtigung aller Gfter. Diese können sich am Feststellungsprozess als Nebenintervenienten beteiligen.[403] Liegt nichtigkeitsbegr Mangel vor, darf Feststellung nicht erfolgen. Bei anfechtbarkeitsbegr Mangel ist Feststellung nicht möglich, wenn Anfechtbarkeit im Prozess durch anfechtungsbefugten Beteiligten geltend gemacht wird.[404] Wird Beschluss dch Urteil festgestellt, wirkt dies analog § 248 AktG gegen jedermann, Klage kommt demgemäß in Wirkung u Charakter einer Gestaltungsklage gleich.[405] Anderes Konzept[406] ist wenig praktisch, wie sich bei der mit Anfechtungsklage kombinierten positiven Beschlussfeststellungsklage gezeigt hat (dazu Rn 186 ff). Ihr ist gewöhnliche Beschlussfeststellungsklage eng verwandt; einziger Unterschied besteht darin, dass bei letzterer wegen fehlender Ergebnisfeststellung durch Vorsitzenden etc in GfterVers vorgängige Anfechtung zur Beseitigung des festgestellten Ergebnisses u damit Einhaltung der Anfechtungsfrist nicht erforderlich ist. Vgl deshalb zu Einzelheiten der Feststellungsklage auch unten Rn 188 ff.

183 Anfechtungsklage gegen den vom Gericht festgestellten Beschluss ist schon wegen umfassender Rechtskraft u Gestaltungswirkung nicht möglich,[407] wäre im Übrigen auch vom Ergebnis her nahezu unerträglich.

184 Möglich ist auch Feststellungsklage der Ges gegen Gfter, wenn entsprechendes Feststellungsinteresse besteht.[408] Darüber hinausgehend kommt Klage auf Feststellung in Betracht, dass der beklagte Gfter nicht mehr GFührer der klagenden GmbH ist, u zwar auch dann, wenn Ungewissheit allein auf Unklarheit des Beschlussergebnisses über Abberufung beruht.[409]

185 Bei Vorliegen entsprechenden Feststellungsinteresses ist schließlich auch Feststellungsklage eines Gfters über gefassten Beschluss gegen einen anderen Gfter möglich. Doch wird mit Urteil, sofern sich die Ges am Rechtsstreit beteiligt, eine hinreichend umfassende Wirkung wegen der subjektiven Gren-

---

[403] Dazu *Emde* ZIP 1998, 1475.

[404] Etwas zu weitgehend formuliert OLG Celle OLG Report 1998, 326, bei Festellung, dass GFührerabberufung beschlossen ist, sei zu prüfen, ob behaupteter Abberufungsgrund vorliegt. Das trifft nur zu, soweit Abberufung auf bestimmte Gründe beschränkt ist u deren Nichtvorliegen Abberufung unwirksam oder nichtig macht.

[405] Vgl *K. Schmidt* GmbHR 1992, 12; *Bauschatz* NZG 2002, 319; *Roth*/Altmeppen § 47 Rn 132; OLG München GmbHR 1996, 451 f.

[406] Beschränkung der Rechtskraft auf Prozessparteien, so Ulmer/*Raiser* Rn 284.

[407] Teilw abw *Bauschatz* NZG 2002, 319.

[408] OLG Zweibrücken GmbHR 1999, 80.

[409] Zulässigkeit der Feststellungsklage zu Recht bejahend BGH GmbHR 1999, 478.

zen der Rechtskraft u damit evtl auch ein genügendes Feststellungsinteresse fehlen. Denkbar ist dieses noch am ehesten in einer zweigliedrigen Ges.

E. Verbindung von Anfechtungsklage u positiver Beschlussfeststellungsklage

I. Grundsatz

Anfechtungsklage zielt auf rein kassatorische Wirkung. Mit ihr erstrebt Kläger lediglich Beseitigung des gefassten oder als gefasst festgestellten Beschlusses. Damit allein ist ihm vielfach nicht ausreichend gedient,[410] nämlich wenn es um Anfechtung eines den Beschlussantrag abl Beschlusses geht u Kläger den nach den Umständen eigentlich gefassten Beschluss festgestellt wissen will. Hat VersLeiter Ablehnung des Beschlussantrags verbindlich festgestellt (dazu oben Rn 118 ff), hätte er aber bei richtiger Zählung der Stimmen oder bei Berücksichtigung der Unwirksamkeit bestimmter Stimmabgaben oder bei Anwendung der richtigen Mehrheitsregel Annahme des Antrags feststellen müssen, reicht es für den Schutz der Interessen des Klägers nicht aus, wenn der abl Beschluss vernichtet wird. Denn bei Wiederholung des Beschlusses kann gleicher Fehler wiederholt werden; außerdem kann es sein, dass wegen Änderung der Verhältnisse richtiger Beschluss nicht mehr herbeiführbar ist. Daher ist Verbindung der Anfechtungsklage mit Klage auf Feststellung des nach den Stimmverhältnissen richtigerweise festzustellenden Beschlusses zulässig.[411] **186**

Nicht in Betracht kommt Kombination positiver Beschlussfeststellungsklage mit Anfechtungsklage bei Beschlüssen, die dem Beschlussantrag zustimmen, dh ihn bejahen.[412] Insoweit geht Rechtsschutzziel ja ausschließlich auf Beseitigung des Beschlusses. **187**

---

410 Eingehend dazu *Zöllner* Schranken 405 ff; *Immenga* GmbHR 1973, 9.

411 Jetzt hM, vgl Ulmer/*Raiser* Rn 273 ff; *Lutter/Hommelhoff* Rn 43; Michalski/*Römermann* Rn 567 ff; Rowedder/Schmidt-Leithoff/*Koppensteiner* § 47 Rn 153; Scholz/*Schmidt* § 45 Rn 180; *Roth*/Altmeppen § 47 Rn 131; *Lindacher* ZGR 1987, 125; BGHZ 88, 320, 329 f; BGHZ 97, 28, 30 f; dazu Anm v *K. Schmidt* NJW 1986, 2018. Für das Aktienrecht KölnerKomm/*Zöllner* § 248 Rn 24 ff; MünchKommAktG/*Hüffer* § 246 Rn 76 ff; *Emde* ZIP 1998, 1475; *Bork/Oepen* ZGR 2002, 245 f (dort Anwendung auf abl Ergebnisverwendungsbeschluss); BGHZ 76, 191, 197 ff; 152, 49 (für Wohnungseigentümervers); Krit zur pos Beschlfeststellungsklage mit unterschiedl Argumentation *Häsemeyer* ZHR 144 (1980), 281 (Fn 102); *Joost* ZGR 1984, 94 f. Krit, aber mit der hL ähnlichem Ergebnis *Maier-Reimer* FS Oppenhoff, 1985, 204 (bei negativen „Beschlüssen" genüge Feststellungsklage mit Rechtskraftwirkung analog § 248 AktG). Für satzungsändernde Beschlüsse verneint Hachenburg/*Ulmer* 7. Aufl, § 53 Rn 51, wenn Erreichung der Dreiviertelmehrheit unzutreffend verneint wurde, die Möglichkeit positiver Beschlussfeststellungsklage, weil die für die Wirksamkeit des Beschlusses erforderliche notarielle Beurkundung nicht durch Richterspruch ersetzt werden könne. Dem ist entegenzuhalten, dass nur fehlende, nicht aber inhaltlich fehlerhafte Beurkundung Beschluss nichtig macht. Anders jetzt Ulmer/*Ulmer* § 53 Rn 61.

412 BGH NZG 2003, 284.

II. Erfordernisse der kombinierten Klageerhebung

188 Feststellungsklage muss **innerhalb der Anfechtungsfrist,** jedoch nicht notwendig schon gleichzeitig mit Anfechtungsklage erhoben werden. Sie ist ausschließlich in Verbindung mit der Anfechtungsklage zulässig,[413] muss daher beim gleichen Gericht erhoben werden, bei späterer Erhebung durch Klageerweiterung. GFührer haben entspr dem oben Rn 170 Ausgeführten alle Beteiligten, insbes alle Gfter über die Erhebung unverzüglich zu unterrichten. Von der Erfüllung der Informationspflicht muss Gericht sich überzeugen oder selbst Gfter unterrichten, um (rechtlich zweifelhaften) Vorwurf der Verletzung rechtlichen Gehörs zu vermeiden.

189 Gericht darf Feststellung nur aussprechen, wenn eine dem Feststellungsantrag entspr Willensbildung in der GfterVers in Wahrheit gegeben war. Es darf mithin nur die unrichtige Ergebnisfeststellung korrigieren, nicht anstelle der GfterVers entscheiden. Soweit im Prozess noch andere Mängel des Beschlusses geltend gemacht werden, die nicht lediglich die Feststellung betreffen, sei es auch durch Nebenintervenienten, u diese Mängel durchgreifen, darf positive Feststellung nicht getroffen werden. Klage ist gg Ges zu richten.[414] Mitverklagen des (dch Stimmrechtsausschluss etc) betroffenen MitGfters ist nicht erforderlich.[415] Andere Gfter können dem Anfechtungskläger, aber auch der Ges als Nebenintervenient beitreten.[416] Will ein Gfter zwar die Anfechtungsklage unterstützen, die Feststellung eines positiven Beschlusses aber verhindert sehen, kann er für Anfechtungsklage dem Kläger, für Feststellungsklage der Ges als Nebenintervenient beitreten. Einhaltung der Anfechtungsfrist für Beitritt durch Nebenintervenienten nicht erforderlich.

190 Streitgegenstand bei kombinierter Klage ist gegenüber dem der Anfechtungsklage erweitert. Annahme eines einheitlichen Streitgegenstands[417] lässt sich auch nicht damit begründen, dass isolierte Anfechtung eines abl Beschlusses mangels Rechtsschutzbedürfnisses unzulässig wäre; abgesehen davon, dass diese Unzulässigkeit keineswegs durchgängig besteht, hätte auch unzulässige Klage eigenen Streitgegenstand. Dass Einheitlichkeit oder Klagenhäufung „eher theoretische Frage" sein soll, wie Verfechter der Einheitsauffassung argumentieren, verwundert, da doch immerhin höchst praktische Kostenfolgen damit verbunden sind.

191 Die positive Beschlussfeststellung ist auch möglich im Fall einer **wegen Treuwidrigkeit** (also auch Rechtsmissbrauch) **unwirksamen Stimmabgabe.** Bedenken hiergegen,[418] falls nicht der treuwidrig abstimmende Gfter dem Prozess als Nebenintervenient beitritt, weil ihm sonst das rechtliche Gehör verweigert werde,[419] sind jedenfalls dann nicht begründet, wenn sichergestellt wird, dass der Gfter Kenntnis vom Prozess erhält u er sich als Nebenintervenient anschließen könnte.[420] Falls Kenntnis der betroffenen Gfter nicht sichergestellt ist, hat Gericht ihnen Mitteilung von Klageerhebung zu machen, evtl

---

413 Abw *Maier-Reimer* FS Oppenhoff, 1985, 204 ff.
414 Abw *Joost* ZGR 1984, 71 ff.
415 BGHZ 97, 31; zust *K. Schmidt* NJW 1986, 2020 – vgl aber auch Rn 191.
416 Dazu Rn 85; bejahend *Emde* ZIP 1998, 1477; krit dazu *Joost* ZGR 1984, 94.
417 So Scholz/*Schmidt* § 45 Rn 180; Michalski/*Römermann* Rn 570.
418 In BGHZ 88, 330 sowie OLG München DB 1994, 320, 321.
419 Vgl für Auflösungsklage BVerfG NJW 1982, 1635 = BVerfGE 60, 7.
420 Vgl BGHZ 97, 31; OLG München DB 1994, 320 f macht hierzu keine Ausführungen.

Klage von Amts wegen zuzustellen.[421] Dazu verschiedentlich vertretene Auffassung,[422] es müsse die Anfechtungsklage mit einer gegen den missbräuchlich abstimmenden Gfter gerichteten Klage auf positive Stimmabgabe verbunden werden, erscheint nicht nur wenig praktikabel, sondern ist darüberhinaus auch dogmatisch-konstruktiv nicht zutreffend. Rechtsmissbräuchlich abgegebene Stimme ist nichtig (dazu ausführlich § 47 Rn 108), ihre Berücksichtigung begründet daher Mängel der Beschlussfeststellung.[423] Diese Frage muss im Rechtsstreit zwischen Kläger u Ges geklärt werden. Verletzung des rechtlichen Gehörs ist insoweit nicht gegeben.[424] Geltung einer Willenserklärung, die von Nichtpartei stammt, ist iü häufig Gegenstand von Parteiprozessen, ohne dass Verletzung rechtlichen Gehörs in Reichweite kommt. Hingegen wäre Klage gegen den MitGfter, der rechtsmissbräuchlich gegen den Beschlussantrag gestimmt hat, auf Zustimmung zum Beschluss idR gar nicht begründet, weil Treubindungen normalerweise nur verbieten, notwendigen Beschluss durch abl Stimmabgabe zu verhindern, nicht aber gebieten, ihm positiv zuzustimmen; Gfter darf sich vielmehr der Stimme enthalten.[425] Näher dazu § 47 Rn 111.

Ein Verklagen des betroffenen MitGfters kann nur dort erforderlich sein, **192**
wo der vom Kläger gewünschte Beschluss, um als zustandegekommen zu gelten, einer entspr pos Stimmabgabe eines MitGfters bedarf, wie zB bei Erforderlichkeit eines bestimmten Kapital- o Stimmenquorums. In BGHZ 88, 320 war dies entgegen der Meinung von *K. Schmidt*[426] nicht der Fall.

III. Wirkungen des Feststellungsurteils

Stellt Gericht positiven GfterBeschluss fest, gibt es also Feststellungsantrag **193**
statt, ist dies im Verhältnis zwischen Ges, allen Gftern und allen GesOrganen verbindlich.[427] Das ergibt entspr Anwendung von § 248 AktG u folgt erst recht, wenn Gestaltungswirkung des Urteils inter omnes angenommen wird.[428]

F. Einstweiliger Rechtsschutz

Lit: *Th. Beyer,* Vorbeugender Rechtsschutz gegen die Beschlussfassung der GmbH-Gesellschafterversammlung, GmbHR 2001, 467; *Damm,* Einstweiliger Rechtsschutz im Gesellschaftsrecht, ZHR 154 (1990), 413; *Geißler,* Einstweiliger Rechtsschutz gegen die Registersperre bei eintragungspflichtigen Beschlüssen, GmbHR 2008, 128; *v. Gerkan,* Gesellschafterbeschlüsse, Ausübung des Stimmrechts und einstweiliger Rechtsschutz,

---

421 BGHZ 97, 32.

422 Scholz/*Schmidt* 6. Aufl, § 47 Rn 29; ähnlich *K. Schmidt* NJW 1986, 2021; Ulmer/*Raiser* Rn 276. der sich zu Unrecht auf Scholz/Schmidt Rn 182 beruft.

423 Wie hier *Lindacher* ZGR 1987, 127 u Scholz/*Schmidt* § 47 Rn 32 (seit 7. Aufl).

424 Dazu zB *Marotzke* ZZP 100 (1987), 164.

425 Vgl jetzt auch *K. Schmidt* GmbHR 1992, 11 f.

426 AaO; gegen die Verbindung mit einer Leistungsklage *Maier-Reimer* FS Oppenhoff, 1985, 208 ff.

427 BGHZ 76, 199; 97, 31; zust *K. Schmidt* NJW 1986, 2020; *ders* GmbHR 1992, 12; *Lutter/Hommelhoff* Rn 43; abw Hachenburg/*Schilling/Zutt* (7. Aufl) Rn 152.

428 So ausdrücklich *K. Schmidt* (vorige Fn) u *Lutter/Hommelhoff* Rn 43; *Roth*/Altmeppen Rn 156; Ulmer/*Raiser* Rn 275.

ZGR 1985, 167; *Heinze,* Einstweiliger Rechtsschutz in aktienrechtlichen Anfechtungs- und Nichtigkeitsverfahren, ZGR 1979, 293; *Kiethe,* Einstweilige Verfügung und Stimmrechtsausübung im Gesellschaftsrecht, DStR 1993, 609; *Lutz,* Einstweiliger Rechtsschutz bei Gesellschafterstreit in der GmbH, BB 2000, 833; *Michalski,* Verbot der Stimmabgabe bei Stimmverboten und nicht nach § 16 Abs 1 GmbHG legitimierten Nichtgesellschaftern mittels einstweiliger Verfügung, GmbHR 1991, 12; *Nietsch,* Einstweiliger Rechtsschutz bei Beschlussfassung in der GmbH-Gesellschafterversammlung, GmbHR 2006, 393; *Schmidt-Diemitz,* Einstweiliger Rechtsschutz gegen rechtswidrige Gesellschafterbeschlüsse, Diss Tübingen, 1993; *Schmitt,* Einstweiliger Rechtsschutz gegen drohende Gesellschafterbeschlüsse in der GmbH?, ZIP 1992, 1212; *Semler,* Einstweilige Verfügungen bei Gesellschafterauseinandersetzungen, BB 1979, 1533; *R. Werner,* Einstweiliger Rechtsschutz im Gesellschafterstreit in der GmbH, NZG 2006, 761; *Zutt,* Einstweiliger Rechtsschutz bei Stimmbindungen, ZHR 155 (1991), 190.

194 Wegen oft einschneidender Wirkung von GfterBeschlüssen auf Interessen der Gfter ist einstweiliger Rechtsschutz gegenüber mangelhaften Gfter-Beschlüssen von nicht geringer Bedeutung. Insoweit ist zu unterscheiden zwischen **einstweiligem Rechtsschutz auf der Vollzugsebene** (Verhinderung der Durchführung u des Wirkungseintritts, evtl auch Rückgängigmachung von Durchführungsmaßnahmen) u auf der **Ebene der Beschlussfassung selbst** (Verhinderung der Beschlussfassung überhaupt, Verhinderung der Stimmabgabe bestimmter Gfter); Nichtigkeitsfeststellung u Nichtigerklärung von Beschlüssen im Wege der einstwVfg kommt nicht in Betracht. Auf anderer Ebene liegt einstweiliger Rechtsschutz gegen die Blockade der Eintragung eintragungsbedürftiger Beschlüsse in das HR, wie sie durch Erhebung unberechtigter Anfechtungsklagen bewirkt werden kann.

I. Einstweiliger Rechtsschutz gegen Durchführung mangelhafter Beschlüsse

195 Er ist, jedenfalls bei nicht eindeutiger Rechtslage (also in aller Regel) vorzugswürdig gegenüber dem auf der Ebene der Beschlussfassung selbst ansetzenden.[429] Einstweiliger Rechtsschutz gegen Durchführung mangelhafter Beschlüsse ist seit langem in bestimmtem Umfang anerkannt, weil Nichtigkeits- und Anfechtungsklage nur sehr beschränkt hilfreich sind, wenn Beschlossenes in Maßnahmen umgesetzt etc worden ist.[430] In jüngerer Zeit besteht jedoch Neigung, einstweiligen Rechtsschutz zu weit auszudehnen. Demgegenüber ist Vorsicht geboten, weil sonst Richter auf Grund summarischer Prüfung zu weitgehend in Gesellschaftsgeschehen eingreift.

196 **1. Nichtige Beschlüsse.** Viel gebrauchter Satz, Ausführung nichtiger Beschlüsse könne durch einstwVfg unterbunden werden,[431] geht zu weit. Vielmehr ist zu differenzieren.

197 **a) Verhinderung der Eintragung** eintragungsbedürftiger Beschlüsse ins HR kann, jedenfalls so weit ihr konstitutive Bedeutung zukommt, durch einstwVfg erfolgen. Soweit Gesetz freilich besonderes **Freigabeverfahren**

---

[429] Vgl OLG Hamm DB 1992, 2130; ausführlich *Schmidt-Diemitz,* Einstweiliger Rechtsschutz gegen rechtswidrige Gesellschafterbeschlüsse, Diss Tübingen, 1993, 54 ff.

[430] Vgl schon *A. Hueck,* Anfechtbarkeit und Nichtigkeit von Generalversammlungsbeschlüssen bei Aktiengesellschaften, 1924, 183.

[431] So Rowedder/Schmidt-Leithoff/*Koppensteiner* § 47 Rn 122; der Sache nach auch *Lutter/Hommelhoff* Rn 40.

installiert hat, geht dieses im Anwendungsbereich der einschlägigen Normen dem Verfahren der einstw Vfg vor, so für die Eintragung von Umwandlungsbeschlüssen nach dem UmwG (vgl dort § 16 III) sowie für Maßnahmen der Kapitalbeschaffung, für die Kapitalherabsetzung u für Unternehmensverträge nach dem durch das UMAG in das AktG eingefügten § 246 a, der durch § 249 AktG auf Nichtigkeitsklagen erstreckt wird; näher zum Freigabeverfahren u zur Anwendbarkeit von § 246 a AktG im GmbH-Recht § 54 Rn 28 ff. Verfahren gilt jedoch nicht für andere eintragungsbedürftige Beschlüsse, insbes nicht für gewöhnliche Satzungsänderungen. Antragsgegner der einstwVfg ist Ges, Antrag geht auf Verbot der Anmeldung zum HR bzw auf deren Rücknahme. Denkbar ferner auch Unzulässigerklärung der Eintragung schlechthin (mit Bindungswirkung für Registergericht gemäß § 16 II HGB). Antragsberechtigt sind alle zur Erhebung der förmlichen Nichtigkeitsklage (analog § 249 AktG, dazu oben Rn 69) Befugten.[432] Vielfach wird Verhinderung des Wirksamwerdens nicht durch einstweilige Verfügung, sondern auf der Ebene des Registerverfahrens unternommen, wo idR summarische Prüfung der Rechtslage durch RegRichter erfolgt, dem anfechtende Partei entsprechende Hinweise u Informationen gibt. Bedürfnis nach einstweiligem Rechtsschutz tritt daher praktisch oft stärker zurück.

b) Ist Eintragung dennoch oder schon vorher erfolgt, kann **weitere Durchführung unterbunden** werden, sofern Wirksamkeit des Beschlusses für sie Voraussetzung ist. Beispiel: Ist nichtige Aufhebung der Vinkulierung eingetragen worden, kann Erteilung von Negativattesten verhindert werden. Bislang wichtigster Fall, die Kapitalerhöhung, folgt Sonderregelung des Freigabeverfahrens. **198**

c) Bei **nichteintragungsbedürftigen Beschlüssen** kommt Verhinderung der Durchführung nur dort in Betracht, wo Ausführungsmaßnahmen ohne entsprechenden Gfter-Beschluss unzulässig wären, nicht also, wenn GFührer GFührungsmaßnahme auch ohne GfterBeschluss vornehmen dürften;[433] Nichtigkeit eines GFührungsbeschlusses steht nicht einem Verbot der GFührungsmaßnahme gleich. Ein Beispiel für Unterlassungsanspruch gegen Durchführung eines rechtswidrigen Beschlusses bildet rechtswidrige Beschlussfassung über Zahlung erhöhter GFührervergütung. Anfechtungskläger kann hier Unterlassung der Entgegennahme einer höheren als der ursprünglichen Vergütung verlangen.[434] **199**

d) Zu den praktisch sehr bedeutsamen Sonderfragen im Zusammenhang mit der **Abberufung von GFührern**[435] vgl § 38 Rn 40 ff. **200**

2. Anfechtbare Beschlüsse. Für sie gilt das Vorstehende entspr, jedoch nur mit zusätzlichen Einschränkungen, weil anfechtbare Beschlüsse nur vernichtbar, aber zunächst grundsätzlich wirksam sind. Der Glaubhaftmachung bedarf bei ihnen zusätzlich, dass Anfechtungsklage erhoben und dass das **201**

---

432 Zum vorstehenden vgl KölnerKomm/*Zöllner* § 242 Rn 13 ff; *Baur* ZGR 1972, 421 ff; *Heinze* ZGR 1979, 293 ff; *Baums* BB 1981, 262; OLG Düsseldorf DB 1960, 520; OLG Frankfurt WM 1982, 282. In anderem Sinn OLG Koblenz ZIP 1986, 503.

433 Zust Ulmer/*Raiser* Rn 290; weitergehend (aber nicht entscheidungserheblich) OLG Nürnberg GmbHR 1993, 589.

434 Vgl BGH NZG 2004, 516.

435 Instruktiv OLG Saarbrücken GmbHR 2006, 987.

Anfechtungsverfahren zur Durchführung kommen wird. Antragsberechtigt ist nur, wer anfechtungsbefugt ist.

II. Verhinderung mangelhafter Beschlussfassung

202 Wesentlich problematischer als Verhinderung der Ausführung mangelhafter Beschlüsse durch einstwVfg ist Verhinderung der Beschlussfassung selbst, weil mit ihr nicht erst die Betätigung des Willens, sondern schon seine Bildung blockiert wird, der richterliche Eingriff auf Grund summarischen Verfahrens daher früher einsetzt, zu einem Zeitpunkt, zu dem Gründe und Gegengründe ebenso wie mögliche Entscheidungsalternativen und -nuancen weniger überschaubar sind. Verhinderung bestimmter Beschlussfassung durch einstweilige Verfügung dürfte vielfach den Gegnern des verhinderten Beschlusses zu weit, nämlich mehr als nötig, entgegenkommen und daher Grundsatz der Erforderlichkeit verletzen.[436] Daher ist mindestens im Grundsatz richtig, dass auf Beschlussfassung einer GfterVers nicht im Wege einstweiliger Verfügung Einfluss genommen werden könne.[437]

203 Die Entwicklung in Schrifttum und Rspr geht partiell auch in die entgegengesetzte Richtung.[438] Daran ist richtig, dass Gefahr der Vorwegnahme einer Entscheidung in der Hauptsache Verweigerung von einstw Rechtsschutz *allein* nicht rechtfertigen kann.[439] Andererseits wird verschiedentlich die Zulässigkeit weittragender gerichtlicher Maßnahmen auch dort bejaht, wo weniger gewichtige Maßnahmen ausreichen, wie etwa bei Verhinderung der drohenden, gemäß § 38 II erkennbar unbegründeten Abberufung des einzigen GFührers, dies sogar auf Antrag der Ges.[440] Ähnlich verfehlt ist Ansicht, dass Fassung nichtiger Beschlüsse mittels einstw Rechtsschutzes verhindert werden dürfe.

204 Von der vorgängigen Einwirkung auf die Beschlussfassung selbst ist die vorgängige **Regelung einer gesrechtlichen Rechtsbeziehung durch einstwVfg** zu unterscheiden, die bereits vor der Beschlussfassung (u idR nur bis zu dieser) gelten soll. Sie kommt in Betracht, wenn dringendes Regelungsbedürfnis besteht, GfterVers aber erst in relevantem Zeitabstand möglich ist. Beispiel: Volle oder teilweise Suspendierung eines GFührers wegen zu besorgender erheblicher Gefährdung der GesInteressen vor Beschlussfassung über seine Abberufung aus wichtigem Grund. Ebenso kann sich Regelungsbedürf-

---

[436] Zutreffend OLG München NZG 2007, 152.

[437] So zB OLG Frankfurt BB 1982, 274; ähnlich OLG Celle GmbHR 1981, 264; OLG Stuttgart NJW 1987, 2449; OlG Koblenz DB 1990, 2413; OLG Hamm GmbHR 1993, 163; KG Report 1996, 221; für größte Zurückhaltung wie hier auch *Heinze* ZGR 1979, 331; *Semler* BB 1979, 1536; wohl auch *Meyer-Landrut* Rn 21.

[438] Weitgehende Möglichkeiten der Einflussnahme bejahend *v. Gerkan* ZGR 1985, 167 ff; *Lutter/Hommelhoff* Rn 8 u 40; *Schmitt* ZIP 1992, 1212; *Zutt* ZHR 155 (1990), 190; *Damm* ZHR 154 (1990), 413; *Michalski* GmbHR 1991, 12; OLG Koblenz ZIP 1986, 503; OLG Hamburg NJW 1992, 186= GmbHR 1991, 467 m Anm *K. Schmidt;* OLG Frankfurt GmbHR 1993, 161; OLG München GmbHR 1999, 718 (Untersagung der Abberufung von GFührern); OLG Düsseldorf NZG 2005, 633; LG Mainz DB 1990, 2159 LG München I ZIP 1994, 1858. Ältere Nachweise zur Rechtsprechung bei *v. Gerkan* ZGR 1985, 167 ff Fn 2.

[439] Paradigmatisch die Begründung des OLG München GmbHR 1999, 718.

[440] So *Beyer* GmbHR 2001, 470; zutreffend gegen eVfg in diesem Fall OLG Jena NZG 2002, 89.

nis bei rechtswidriger oder unklarer Beschlussfassung ergeben. Vgl dazu näher für GFührerabberufung oben § 38 Rn 40 ff.

III. Rechtsschutz gegen Blockade eintragungsbedürftiger Beschlüsse durch Anfechtungsklagen

205 Gegen die Blockade von eintragungsbedürftigen Beschlüssen nach dem UmwG steht das summarische sog. **Freigabeverfahren** nach § 16 III UmwG zur Verfügung, desgleichen nach § 246 a AktG bei KE u KH sowie bei Unternehmensverträgen (zu beidem schon oben Rn 197). In seinem Anwendungsbereich schließt es Verfahren der einstw Vfg aus. Zu den Wirkungen des Freigabeverfahrens hinsichtlich der intendierten Eintragung in das HR s § 54 Rn 30 f. In den nicht von Freigabeverfahren erfassten Bereichen kann nach Aussetzung der Eintragung gem §§ 21, 381 FamFG durch das RegGericht vom Prozessgericht eine einstw Vfg in Form der Regelungsverfügung getroffen werden, die feststellt, dass die Erhebung der Anfechtungsklage einer Eintragung des Beschlusses nicht entgegensteht.[441] Registerrichter kann dann zwar sonstige Eintragungsvoraussetzungen selbständig prüfen, Eintragung aber nicht wegen Erhebung der Anfechtungsklage oder der sie stützenden Gründe ablehnen.

G. Beschlussmängel bei anderen Beschlussgremien

I. Beschlüsse in eigener Zuständigkeit

206 Beschlüsse der GFührer sind nicht nach den für GfterBeschlüsse geltenden Regeln, sondern nach allg Grundsätzen zu beurteilen. Für sie sind §§ 241 ff AktG nicht, auch nicht analog anwendbar u insbes bedarf die Geltendmachung von Beschlussmängeln nicht der Erhebung einer fristgebundenen Anfechtungsklage (wohl allgM). Auch Mängel von AR-Beschlüssen unterliegen nicht den Regeln der §§ 241 ff AktG u bedürfen nicht der Geltendmachung durch Anfechtungsklage, zumindest jedenfalls insoweit nicht, als AR in eigener gesetzlicher Zuständigkeit entscheidet.[442]

207 Davon zu unterscheiden ist Tendenz zur Einschränkung der Nichtigkeit von AR-Beschlüssen.[443] Selbstverständlich können nicht alle Beschlussmängel „jederzeit" geltend gemacht werden. Insbes der Verwirkungsgedanke setzt der Geltendmachung enge Grenzen, den Mitgliedern des Gremiums sogar noch engere als den Gftern gegenüber GfterBeschlüssen. Für Geltendmachung genügt aber grds jeder geeignete Akt. Eine Klage ist nur erforderlich, wenn der den Mangel geltend Machende auf seiner Auffassung beharren möchte u

[441] Zutr *Christoph Schmid* ZIP 1998, 1057. S ferner *Guntz,* Treubindungen von Minderheitsaktionären, 1997, 334 ff; *Timm,* Mißbräuchliches Aktionärsverhalten, 1990, 25 ff.

[442] Insoweit hM, vgl nur BGH DB 1993, 1609; dazu *Kindl* BB 1993, 2065; vgl insbes auch *Hüffer* ZGR 2001, 871; abw *Baums* ZGR 1983, 300; *Axhausen,* Anfechtbarkeit aktienrechtl AR-Beschlüsse, 155 f u passim; OLG Hamburg DB 1992, 774; teilweise abw, nämlich für fakultativen AR, Rowedder/Schmidt-Leithoff/*Koppensteiner* § 52 Rn 20; zur Beschlussfassung in von GfterVers delegierten Angelegenheiten s Rn 207.

[443] Dazu insbes KölnerKomm/*Mertens* § 108 Rn 61 ff; MünchKommBGB/*Reuter* § 32 Rn 75 f; OLG Hamburg BB 1982, 1688.

alle anderen Versuche, die Frage zu bereinigen, gescheitert sind. Alsdann darf der Beschlussgegner nicht zuwarten, wenn nicht Verwirkung eintreten soll. Die Anwendung von § 139 BGB auf AR-Beschlüsse hat der BGH[444] bejaht für Beschluss mit rechtsgeschäftl Inhalt.

II. Beschlüsse in von GfterVers abgeleiteter Zuständigkeit

208 Werden die kraft Gesetzes der GfterVers obliegenden Beschlusskompetenzen auf andere Organe verlagert, gilt nichts anderes. Die verschiedentlich vertretene Auffassung, in diesen Fällen seien die Regeln über Nichtigkeit u Anfechtbarkeit von GfterBeschlüssen auf das Ersatzgremium zu übertragen[445] überzeugt nicht, wie an Beispielen zu zeigen ist: Bestellung des Vorstands bei der AG unterliegt, weil zur zwingenden Kompetenz des AR gehörend, der Anfechtung nicht. Bei GmbH kann nichts anderes gelten, soweit MitbestG oder MontanMitbestG eingreifen, weil dann Beschlusskompetenz zur Bestellung zwingend auf AR übertragen ist. Auch wenn Satzung die Kompetenz dem AR oder einem Beirat überträgt, gilt System der §§ 241 ff AktG für Beschlussmängel nicht. Einforderung von Einlagen ist im Aktienrecht ausschließlich Vorstandskompetenz, § 63 I 1 AktG; auch Feststellung des Jahresabschlusses obliegt idR dem Vorstand zusammen mit dem AR, § 172 I 1 AktG. Nähert GmbH-Satzung das Gefüge der Ges dem Aktienrecht durch Übertragung von Gfterkompetenzen an, wäre es seltsam, wenn für die Geltendmachung von Beschlussmängeln gleichwohl die für GfterBeschlüsse vorgesehenen Regeln gelten würden. In der hier abgelehnten Auffassung ist kein Gewinn, sondern ein Verlust an Rechtssicherheit zu sehen. Möglichkeit gerichtlicher Nachprüfung auf Klage eines Gfters wird dadurch nicht ausgeschlossen.[446]

Gesellschafterversammlung

48 (1) **Die Beschlüsse der Gesellschafter werden in Versammlungen gefaßt.**

(2) **Der Abhaltung einer Versammlung bedarf es nicht, wenn sämtliche Gesellschafter in Textform mit der zu treffenden Bestimmung oder mit der schriftlichen Abgabe der Stimmen sich einverstanden erklären.**

(3) **Befinden sich alle Geschäftsanteile der Gesellschaft in der Hand eines Gesellschafters oder daneben in der Hand der Gesellschaft, so hat er**

---

444 BGHZ 122, 342 = DB 1994, 84.

445 So Hachenburg/*Schilling/Zutt* 7. Aufl, Rn 225 ff; *Lutter/Hommelhoff* Rn 7; Rowedder/Schmidt-Leithoff/*Koppensteiner* § 45 Rn 20; für Ausnahmesachverhalte auch *Meyer-Landrut* Rn 87; BGHZ 43, 265 – ohne Begründung! –; OLG Düsseldorf BB 1982, 1074; offengelassen von OLG Frankfurt WM 1986, 195; von Erforderlichkeit fristgebundener Anfechtung ausgehend offenbar auch OLG Schleswig NZG 2003, 821 (Anfechtungsklage gegen Beschluss eines wie ein Gfterausschuss agierenden AR über Genehmigung einer Anteilsveräußerung).

446 Dies scheinen *Lutter/Hommelhoff* Rn 7 anzunehmen; wie hier *Reuter* FS GmbHG, 1992, 651.

unverzüglich nach der Beschlußfassung eine Niederschrift aufzunehmen und zu unterschreiben.

Übersicht

Literatur: *Eickhoff,* Die Praxis der Gesellschafterversammlung, 4. Aufl 2006; *Wiester,* Die Durchführung von Gesellschafterversammlungen bei der zerstrittenen Zweipersonen-GmbH, GmbHR 2008, 189; *Rüd. Werner,* Die kraft Satzung beschlussunfähige Gesellschafterversammlung, GmbHR 2009, 289.

Vorschrift trifft Teilregelung über Zustandekommen von GfterBeschlüssen. 1
Sie ergänzt damit § 47.

I. Gesellschafterversammlung

1. Organstellung. Nach der Grundsatzregelung des Abs 1 werden Gfter- 2
Beschlüsse in einer Vers gefasst. Das bedeutet, dass für den Regelfall **Beschlussorgan die GfterVers der erschienenen Gfter** ist, nicht die Gesamtheit der Gfter, vgl § 45 Rn 4. Einberufung der GfterVers regeln die §§ 49–51; Näheres dort. Zu Ort und Zeit der GfterVers § 51 Rn 14 f.

2. Beschlussfähigkeit. Bei ordnungsgemäßer Berufung ist Zahl u Betei- 3
ligungshöhe der erschienenen Gfter für Beschlussfähigkeit der GfterVers belanglos. Einziger erschienener oder verbliebener Kleinbeteiligter kann wirksam Beschlüsse fassen.[1] Satzung kann Beschlussfähigkeit der Vers regeln, etwa Mindestanzahl Erschienener oder Mindestbeteiligungshöhe vorsehen; Verstoß macht dann Beschluss anfechtbar. Ob eingetretene Beschlussfähigkeit erhalten bleibt, wenn im Lauf der GfterVers Zahl der Gfter unter kritische Grenze

[1] AllgM; als Beispiel OLG Köln NZG 2002, 381, 383.

sinkt,[2] hängt von der Auslegung der einschlägigen Satzungsregelung ab. Im Zweifel geht Beschlussfähigkeit verloren, weil Regelung nicht als Initialerlaubnis für Abhaltung der Vers gedacht sein wird, sondern als Voraussetzung der Fassung wirksamer Beschlüsse.

4 Statuierung derartiger Quoren kann Treupflicht begründen, an GfterVers teilzunehmen. Fernbleiben zum Zweck der Beschlussverhinderung ist Treupflichtverletzung.[3] Praxis mildert Gefahr der Beschlussverhinderung bei Quorumserfordernis vielfach durch Zusatzregelung in Satzung, dass bei Nichterreichen des Quorums die nächste GfterVers über die gleichen Gegenstände ohne oder mit geringerem Quorum entscheiden kann. Derartige Folgeversammlung liegt nicht vor, wenn die am Quorum gescheiterte nicht ordnungsgemäß berufen war,[4] ferner nicht, wenn zweite Vers als Gegenvers von anderem GFührer einberufen wurde.[5] Folgeversammlung mit unter der Grenze liegender Präsenz kann nur über Tagesordnungspunkte der Ersten entscheiden. Zur Beschlussfähigkeitsproblematik bei Folgeversammlung als Vollversammlung, wenn Minderheit neuen Tagesordnungspunkten widerspricht, OLG München GmbHR 1994, 125. Zur Folgevers kann nicht schon vor Durchführung der ersten Vers eingeladen werden, weil Ladungsfrist auch als Überlegungsfrist nach Scheitern der ersten Vers dienen soll.[6]

5 **3. Vorherige Gründung der Ges.** GfterVers iSv § 48 mit den Kompetenzen des § 46 setzt **Gründung der Ges** und damit formgerechten Vertragsabschluss voraus, jedoch nicht Eintragung (VorGes, die nach GmbH-Recht handeln kann). Erste GfterVers kann aber gleichzeitig mit Gründungsakt abgehalten und in gleicher Urkunde wie GesVertrag protokolliert werden.[7] Alles andere wäre leere Förmelei. Beschlüsse dieser GfterVers werden dadurch nicht Bestandteil des GesVertrages.

6 **4. Teilnahmerecht.** Jeder Gfter hat Recht auf Teilnahme an GfterVers, auch wenn er vom Stimmrecht ausgeschlossen ist.[8] Mehrere an GAnteil Mitberechtigte (Erben- oder Bruchteilsgemeinschaft) haben sämtlich Teilnahmerecht, doch kann Satzung Teilnahme auf gemeinsamen Vertreter beschränken.[9] Teilnahmerecht wird man, anders als Stimmrecht, als im Kern unentziehbar anzusehen haben;[10] dieser Grundsatz steht aber Beschränkung des Teilnahmerechts auf eine Person bei mehreren Mitberechtigten nicht entgegen.

---

[2] Gegen Verlust der Beschlussfähigkeit OLG Brandenburg v. 9. 7. 2007 – 7 U 84/06.

[3] Vgl OLG Hamburg WM 1992, 272; dort ausgesprochene Einschränkung auf MinderheitsGfter ist schief.

[4] LG Köln GmbHR 1992, 809.

[5] OLG Hamm DB 1992, 263.

[6] BGH GmbHR 1998, 287 = DStR 1998, 348 Anm *Goette.*

[7] BayObLG GmbHR 1990, 215.

[8] BGH NJW 1972, 2225; BGH WM 1985, 568.

[9] Michalski/*Römermann* Rn 42; Ulmer/*Hüffer* Rn 27; BGH GmbHR 1989, 120: Vgl auch BGHZ 46, 294 für Vertreterklausel der als Kommanditisten einrückenden Erben.

[10] So mit Abw ie *Lutter/Hommelhoff* Rn 3; Michalski/*Römermann* Rn 74; Ulmer/*Hüffer* Rn 23, 72; Rowedder/Schmidt-Leithoff/*Koppensteiner* Rn 9; Scholz/*Schmidt/Seibt* Rn 18; *Vogel* Gfterbeschlüsse S 138; BGH GmbHR 1989, 120; OLG Frankfurt GmbHR 1984, 100; der Tendenz nach auch RGZ 167, 73 f.

Satzung kann Teilnahmerecht unter bes sachlichen Voraussetzungen versagen,[11] insbes wenn sie ausreichende Ersatzsicherungen bereitstellt (zB Möglichkeit der Vertretung durch unabhängige Person). Für Einschränkung ist sachliche Rechtfertigung erforderlich u sie muss in angemessenem Verhältnis zum Schutzzweck stehen.[12] Unter besonders gravierenden Voraussetzungen kann Teilnahmerecht auch ohne Satzungsgrundlage für Verhandlungen über bestimmte Beschlüsse versagt werden, wenn schwere, auf andere Weise nicht zu verhindernde Gefahr für Ges besteht, etwa einem Konkurrenten dadurch wichtige Informationen zufließen würden.[13] Genereller Ausschluss eines geszugehörigen Konkurrenten von der Teilnahme an GfterVersammlungen kommt jedoch ohne Satzungsgrundlage nicht in Betracht.[14] **7**

Anstelle eines Gfters haben **gerichtlich bestellte Amtswalter** wie Pfleger, Testamentsvollstrecker, Konkursverwalter sowie Nachlassverwalter ein Teilnahmerecht. Gfter selbst kann nicht daneben Teilnahme beanspruchen. Zur Stimmrechtsausübung **Bevollmächtigte** haben kein eigenes Teilnahmerecht, sondern üben Teilnahmerecht des Vollmachtgebers aus; beansprucht dieser selbst Teilnahme, braucht Bevollmächtigter nicht zugelassen zu werden.[15] Dem liegt Gedanke zugrunde, dass nicht ohne besondere Zulassung Teilnehmerzahl der GfterVers vermehrt werden soll. Aus ihm folgt, dass auch bei Bevollmächtigung mehrerer Personen nur ein Vertreter teilnehmen kann.[16] BGH GmbHR 1989, 120 behandelt und bejaht ausführlich Zulässigkeit einer (nachträglichen) Satzungsregelung, dass jeder Gfter nur einen Vertreter in GfterVers entsenden darf; das scheint vorauszusetzen, dass ohne Satzungsregelung mehrere entsandt werden dürfen. Indessen handelte es sich um sehr besonderen, nicht verallgemeinerungsfähigen Sachverhalt (Verband der kommunalen Aktionäre der RWE AG in GmbH Form). Beschränkung der Teilnahme auf nur einen Bevollmächtigten gilt daher grds auch ohne Satzungsregelung. **8**

Anstelle eines geschäftsunfähigen Kindes (§ 104 Nr 1 BGB) und eines beschränkt geschäftsfähigen (§ 106 BGB) Gfters besteht Teilnahmerecht des oder der gesetzlichen Vertreter; sind dies wie im Normalfall beide Eltern, dürfen beide teilnehmen; beschränkt geschäftsfähiger Gfter kann, wenn Eltern ihm für Stimmrechtsausübung Konsens erteilt haben (§ 107 BGB), selbst teilnehmen, aber dann nur allein. Steht erwachsener Gfter unter einschlägiger, dh die Mitgliedschaftsausübung umfassender Betreuung (§§ 1896 ff BGB), **9**

---

[11] Ulmer/*Hüffer* Rn 25; Scholz/*Schmidt/Seibt* Rn 18; *Meyer-Landrut* Rn 8; BGH GmbHR 1989, 120; aA *Kallmeyer* Rn 1152.

[12] So zu Recht Scholz/*Schmidt/Seibt* Rn 18; weniger streng *Roth*/Altmeppen Rn 4.

[13] Wie hier *Vogel,* Gfterbeschlüsse, 138; *Lutter/Hommelhoff* Rn 3; Michalski/*Römermann* Rn 83; *Roth*/Altmeppen Rn 4; Scholz/*Schmidt/Seibt* Rn 18; *Kallmeyer* Rn 1152; nicht eindeutig Rowedder/Schmidt-Leithoff/*Koppensteiner* Rn 9.

[14] RG 88, 221.

[15] Ganz hM, vgl Ulmer/*Hüffer* Rn 18 sowie § 47 Rn 101; Michalski/*Römermann* Rn 52 Scholz/*Schmidt/Seibt* Rn 24; Rowedder/Schmidt-Leithoff/*Koppensteiner* Rn 8; OLG Stuttgart GmbHR 1994, 258 f. Abw *H. M. Schmidt* GmbHR 1963, 145; abw für den Fall notwendiger Unterstützung zum Ausgleich fachlicher Benachteiligung gegenüber anderen Gftern OLG Düsseldorf DB 1993, 527; dem kann indessen wohl ausreichend durch ausnahmsweise Zulassung eines Beraters für Sondersituation Rechnung getragen werden, dazu Rn 12.

[16] Näher Hachenburg/*Hüffer* § 47 Rn 103; zu streng Scholz/*Schmidt/Seibt* Rn 24, der dafür Satzungsregelung verlangt.

sind idR Betreuer und Betreuter teilnahmeberechtigt, einzeln oder gemeinsam; das gilt auch, wenn für Stimmrechtsausübung Einwilligungsvorbehalt (§ 1903 I BGB) angeordnet ist. Bei Geschäftsunfähigkeit des Betreuten (§ 104 Nr 2 BGB), sofern sie ausnahmsweise feststeht, hat Teilnahmerecht nur der Betreuer.

10 **Juristische Personen** u Personenhandelsgesellschaften haben nur für *ein* einzelvertretungsberechtigtes Vorstandsmitglied bzw *einen* einzelvertretungsberechtigten Gfter das Teilnahmerecht, u zwar auch bei mehreren GAnteilen, da nur einheitliche Stimmabgabe zulässig u nötig.[17] Bei Gesamtvertretung besteht Teilnahmerecht ebenfalls nur für einen Vertreter, dem von einer gesamtvertretungsberechtigten Zahl entspr Ermächtigung erteilt sein muss.[18] Da Frage streitig ist, empfiehlt sich entspr Regelung in Satzung. Zur Vertretung bei der Stimmrechtsausübung durch Stimmabgabe vgl § 47 Rn 43 ff.

11 **Organmitglieder** (GFührer, AR- oder Beiratsmitglieder) haben als solche kein Teilnahmerecht, können aber durch GfterBeschluss zugelassen werden. Solcher Zulassung bedarf es selbstverständlich nicht, wenn sie Gfter sind. In mitbestimmter GmbH haben alle GFührer u ARMitglieder gemäß dem dann anwendbaren § 118 II AktG Recht u grds auch Pflicht (Sollvorschrift) zur Teilnahme an GfterVers;[19] ihre Nichtzulassung kann, falls nicht Relevanz des Verstoßes zu verneinen ist, Anfechtung begründen; Nichterscheinen ist hingegen für Beschlüsse folgenlos. „Virtuelle" Teilnahme im Weg der Bild- u Tonübertragung, die in modischer Reformpraxis durch Einfügung des § 118 II 2 AktG seit dem TransPuG gestattet ist,[20] wird vermutlich für GmbH wenig Bedeutung haben.

12 **Teilnnahmerecht Dritter** kann in der Satzung vorgesehen werden, aber nur, so weit dafür Sachgrund besteht.[21] Insbes wird daher in kleineren Gesellschaften, namentlich familiären Charakters, nicht generell die Anwesenheit von Pressevertretern erlaubt werden können (anders, versteht sich, bei Zustimmung aller Gfter). Zuziehung von Sachverständigen u Beratern durch Ges ebenso wie durch Gfter kann Satzung generell erlauben. **Zulassung Dritter durch Mehrheitsbeschluss** der GfterVers ohne Satzungsgrundlage ist ebenfalls nur bei Vorliegen von Sachgründen zulässig; davon abw Meinungen[22] berücksichtigen nicht ausreichend, dass GesVertrag nur die gemeinsame Zweckverfolgung in privatem Zusammenwirken der Gfter umfasst, Erweiterungen der Anwesenheit daher besonderer, nämlich zweckgemäßer Gründe bedürfen. Vielfach werden Sachgründe nur Teilnahme bei bestimmten TO-Punkten tragen. Anwesenheit Dritter, insbes auch der Presse, kann vielerlei unerwünschten Rücksichtszwang mit sich bringen.

13 **Zuziehung von Sachverständigen oder Beratern** (Anwalt, Wirtschaftsprüfer etc) durch einzelnen Gfter ohne Satzungsgrundlage bedarf konkreter

---

[17] Vgl *Großfeld/Spennemann* AG 1979, 128.

[18] Wie hier Scholz/*Schmidt/Seibt* Rn 23; abw Ulmer/*Hüffer* Rn 16; Michalski/*Römermann* Rn 46; *Großfeld/Spennemann* (Fn 17), die Teilnahme der zur Gesamtvertretung erforderlichen Zahl von Vertretern für zulässig halten; aber das können uU etliche sein.

[19] *Zöllner* FS Fischer, 1979, 905 f; Rowedder/Schmidt-Leithoff/*Koppensteiner* Rn 10 (für Teilnahmerecht).

[20] Die Verweisungen auf § 118 II AktG in den mitbestimmungsrechtlichen Regelungen für die GmbH sind nicht auf Satz 1 beschränkt worden.

[21] Ohne diese Einschränkung *Lutter/Hommelhoff* Rn 4; OLG Düsseldorf GmbHR 1992, 611.

[22] Vgl nur ausführlich Scholz/*Schmidt/Seibt* Rn 21.

Gestattung durch GfterVers.[23] Das gilt auch, wenn Teilnahme, wie idR, mit keinerlei Recht außer dem der Anwesenheit und Kommunikation mit zu beratendem Gfter verbunden sein soll.[24] Unter besonders gravierenden Umständen kann Treupflicht gebieten, Beistandsperson zuzulassen; insbes wenn schwerwiegende Entsch zu fällen ist u Gfter erforderliche Sachkunde nicht hat, kann geeignete, sich zur Verschwiegenheit verpflichtende Person zuzulassen sein.[25] Unverkennbar zeigt sich in der Praxis Trend zu Heranziehung professionellen Beistands.

Satzung kann für **Prüfung der Teilnahmebedingungen** Regeln aufstellen. Soweit diese fehlen, entscheidet bei Zweifeln GfterVers mit einfacher Mehrheit, wobei der Betroffene idR mitstimmen darf. Geht freilich der Streit darum, wer von zwei sich um die Berechtigung an einem Anteil Streitenden zuzulassen ist, kann keiner von beiden mitstimmen. Soweit ein VersLeiter bestimmt u vorhanden ist, entscheidet er über die Zulassung.[26] Entscheidung der GfterVers oder des Vorsitzenden über Zulassung hat stets nur vorläufigen Charakter, sie ist nicht mehr als Ordnungs- oder Hausrechtsentscheidung. 14

Nichtzulassung teilnahmeberechtigter Gfter oder ihrer zur Teilnahme berufenen gesetzlichen Vertreter, Organe, Amtswalter etc macht gefasste Beschlüsse anfechtbar, auch wenn Anteile stimmrechtslos sind oder ihre Stimmkraft am Ergebnis nichts hätte ändern können.[27] Auch Nichtzulassung eines Bevollmächtigten, der Vollmacht vorlegt, begründet Anfechtbarkeit. Zurückweisung fremdsprachiger Vollmacht kann treuwidrig sein u damit Anfechtungsgrund abgeben, näher Anh § 47 Rn 113f. Hingegen hat **unberechtigte Zulassung Nichtteilnahmeberechtigter** idR keinen Einfluss auf Rechtmäßigkeit der Beschlussfassung.[28] Abhaltung einer GfterVers am Sonntag (dazu § 51 Rn 14) verletzt nicht Teilnahmerecht,[29] sondern kann nur Verfahrensfehler darstellen. 15

5. Versammlungsleitung.[30] Satzung kann Versammlungsleiter als notwendig vorsehen, ferner auch der Person nach bestimmen. Ohne Satzungsgrdl 16

---

[23] OLG Stuttgart ZIP 1993, 1474; OLG Naumburg GmbHR 1996, 934; großzügiger *Saenger* NJW 1992, 351. Dazu auch OLG Düsseldorf GmbHR 2002, 67.

[24] Für terminologische Differenzierung zwischen Teilnahmerecht und Anwesenheitsrecht *Sina* GmbHR 1993, 137; das ist für Praxis zu fein gesponnen und löst Sachfrage nicht.

[25] Zutr OLG Stuttgart GmbHR 1997, 1107; sa OLG Naumburg GmbHR 1996, 934; *Fingerhut/Schröder* BB 1999, 1230. Ausführlich auch *R. Werner,* Präsenz anwaltlicher Berater in der Gesellschafterversammlung der GmbH, 2006, 871: Präsenz nur, wenn in Abwägung der beteiligten Interessen zur Wahrung der Gfterrechte erforderlich.

[26] Str; nach hM entscheidet VersLeiter nur vorläufig u kann durch Mehrheit der GfterVers korrigiert werden. Das stellt antiquiertes Überbleibsel alter Vorstellungen über Verbandsautonomie dar, unterschwellig gestützt durch pseudodemokratische Überzeugungen. Klare Verantwortlichkeit des VersLeiters ist demgegenüber vorzugswürdig. Noch im verkehrten Sinn leider Scholz/*Schmidt/Seibt* Rn 28; vgl auch Ulmer/*Hüffer* Rn 32.

[27] Wie hier Rowedder/Schmidt-Leithoff/*Koppensteiner* Rn 11; OLG Hamm NZG 2003, 926; abw unter dem verfehlten Gesichtspunkt der Kausalität BGH BB 1972, 772; vgl dazu Anh § 47 Rn 125 ff mN.

[28] Scholz/*Schmidt/Seibt* Rn 29 mit evidet irrtümlicher Formulierung; *Meyer-Landrut* Rn 9; *Roth*/Altmeppen Rn 5 für Berater.

[29] So aber LG Darmstadt BB 1981, 72.

[30] Dazu *R. Werner* GmbHR 2006, 127.

kann GfterVers zwar VersLeiter mit einfacher Mehrheit bestellen (ganz hM),[31] ihm freilich die Kompetenz zur verbindlichen Feststellung des Beschlussergebnisses nur bei Einverständnis aller anwesenden Gfter übertragen (dazu Rn 17). GfterBeschluss kann Bestellung auch für künftige Versammlungen vorsehen.[32] Bestellt werden kann auch NichtGfter. Besteht keine Satzungsregelung, sind Beschlüsse, die ohne VersLeitung gefasst werden, nicht deswegen mangelhaft. Bei Ges mit wenigen Gftern ist VersLeitung praktisch entbehrlich, ja evtl nicht einmal zweckmäßig. Größere Gfterzahlen hingegen machen VersLeitung notwendig. Führt ihr Fehlen zu ungeordneten oder unklaren Abstimmungsverhältnissen, kann dies Feststellungsklage begründen, dass wirksamer Beschluss nicht zustandegekommen ist. Zur Bedeutung der Ergebnisverkündung durch VersLeiter vgl Anh § 47 Rn 118.

17 **Aufgabe des VersLeiters** oder Vorsitzenden ist es, GfterVers zu eröffnen u zu schließen, sowie Beratung u Abstimmung zu leiten.[33] Mit Eröffnung muss er uU angemessene Zeit warten, wenn mit verspätetem Kommen eines nicht erschienenen Gfters zu rechnen ist u Beschlussfassung um für diesen wichtige Angelegenheit geht.[34] Im Zuge der VersLeitung hat er das Wort zu erteilen, Anträge entgegenzunehmen, über Reihenfolge der Behandlung von Anträgen zum selben Tagesordnungspunkt zu entscheiden, ferner das *zahlenmäßige* Abstimmungsergebnis festzustellen. Stimmabgaben sind nur wirksam, wenn sie ihm als Vertreter der Ges „zugehen" (dazu § 47 Rn 7). Berechtigt, das sachliche Beschlussergebnis (Bejahung oder Verneinung des gestellten Beschlussantrags) mit vorläufiger Verbindlichkeit festzustellen u zu verkünden ist er nur, wenn ihm diese Rechtsmacht durch Satzung oder mit Zustimmung aller übertragen ist.[35] Auch dann kann er aber in Zweifelsfällen sich dieser Aufgabe enthalten u sie gerichtlicher Klärung anheimgeben (näher dazu Anh § 47 Rn 118 ff).

18 VersLeiter hat ferner **Ordnungsgewalt in der Sitzung.** Er kann bei nicht sachzugehörigen oder überflüssigen Ausführungen nach Abmahnung das Wort entziehen, nach hinreichender Sachdebatte Redezeitverkürzung anordnen,[36] bei schwerer Störung des VersAblaufs, die auf mildere Weise nicht zu beheben ist, auch Saalverweisung gegenüber dem Störer verhängen.[37] Bei Vorliegen von Sachgründen kann der Vorsitzende auch Tagesordnung umstellen, also spätere Punkte vorziehen, frühere zurückstellen. Jedoch hat er kein Recht, Vertagung oder Absetzung anzuordnen. Insoweit kann allein die

---

[31] Ulmer/*Hüffer* Rn 29; Michalski/*Römermann* Rn 94; *Lutter/Hommelhoff* Rn 9; *Böttcher/Grewe* NZG 2002, 1086; *Kallmeyer* Rn 1685; OLG München GmbHR 2005, 624; abw *Zöllner/Noack* ZGR 1989, 528; OLG Frankfurt NZG 1999, 406.

[32] OLG München GmbHR 2005, 624.

[33] S *Vogel,* Gfterbeschlüsse, 144 ff.

[34] OLG Hamm GmbHR 1998, 138.

[35] OLG Frankfurt NZG 1999, 406; Michalski/*Römermann* § 47 Rn 589; *Zöllner/Noack* ZGR 1989, 528; *Jaeger* in Oppenländer/Trölitzsch Praxishandbuch GmbH-Geschäftsführung, 2004 § 19 Rn 113; *Wiester* aaO S 189; abw Ulmer/*Hüffer* Rn 29; Scholz/*Schmidt/Seibt* Rn 53. Auch wer Übertragung der Rechtsmacht zur verbindlichen Feststellung durch Mehrheit in GfterVers für möglich hält, müsste jedenfalls verlangen, dass bes Verleihung dieser Rechtsmacht erfolgt. Sie einfach aus der Bestellung zum VersLeiter zu folgern, ist bedenklich; so aber *Böttcher/Grewe* (Fn 31). Vgl dazu den Fall OLG Köln NZG 2003, 40. Nicht zutr auch *Werner* (Fn 30).

[36] Str, wie hier Scholz/*Schmidt/Seibt* Rn 37; *Roth*/Altmeppen Rn 9; s auch BGH 44, 247 für AG; abw *Meyer-Landrut* Rn 11.

[37] Ähnl Rowedder/Schmidt-Leithoff/*Koppensteiner* Rn 12.

Vers beschließen. Auch GfterVers kann von sich aus Reihenfolge der Tagesordnung ändern, jedoch insbes bei kleinen Gesellschaften nicht ohne weiteres, wenn schutzwürdiges Interesse eines Gfters an der vorgesehenen Reihenfolge besteht.[38]

VersLeiter steht in einem auftragsähnlichen, jedoch dem Körperschaftsrecht zuzuordnenden **Rechtsverhältnis zur Ges.** Aus diesem ist er der Ges zur sachgerechten Ausübung seines Amts verpflichtet. Insbes muss er für zweckmäßigen VersAblauf u für Protokollierung sorgen; zu letzterem auch unten Rn 22. 19

6. Rederecht u Antragsrecht. Jeder anwesende Gfter oder sonst Teilnahmeberechtigte hat das Recht, an den Beratungen teilzunehmen, das Wort zu ergreifen u in der Bedeutung des Entscheidungsgegenstands angemessenem Umfang mündliche Ausführungen zu machen (Rederecht), sowie Beschlussanträge zu stellen (Antragsrecht). Wird Gfter vertreten, übt Vertreter diese Rechte aus. Rederecht u Antragsrecht bestehen auch, wenn GAnteil stimmrechtslos ist, wenn Stimmrecht ruht oder wenn Gfter vom Stimmrecht ausgeschlossen ist. Versagung von Rede- oder Antragsrecht macht Beschluss anfechtbar. Zur Relevanz der Verletzung vgl Anh § 47 Rn 125 f. 20

7. Anwesenheitsliste. Führung einer Anwesenheitsliste ist vom Gesetz im Gegensatz zum Aktienrecht nicht vorgeschrieben. Satzung kann sie aber vorsehen. Darüber hinaus wird es zumindest bei unübersichtlichen Verhältnissen zu den Pflichten des VersLeiters gegenüber der Ges gehören, Aufzeichnungen über Anwesenheit u Stimmkraft der Anwesenden zu machen. Wirksamkeit der Beschlüsse wird jedoch von der Wahrnehmung dieser Pflicht nicht berührt. 21

8. Protokollierung. Protollierung des VersAblaufs ist durch das Gesetz nicht vorgeschrieben. Beschlussniederschriften sind nur für satzungsändernde Beschlüsse (einschließlich Verschmelzung, Spaltung, Formwechsel u Unternehmensverträgen) erforderlich (näher dazu § 53 Rn 69 ff), ferner im Rahmen von Abs 3 bei EinmannGes (dazu unten Rn 46 ff). Ist ein VersLeiter bestellt, gehört es zu seinen ihm gegenüber der Ges obliegenden Pflichten, für hinreichende Protokollierung des VersAblaufs samt Beschlussgeschehen zu sorgen, um für den Bedarfsfall erforderliche Nachweise sicherzustellen,[39] ohne dass damit Formvorschrift für Beschlüsse geschaffen, gar die Protokollierung zum Wirksamkeitserfordernis für Beschluss erhoben wird. 22

Satzung kann Protokollierung vorschreiben, etwa Schriftform, aber theoretisch auch notarielle Beurkundung. Ob durch Satzung für Beschlüsse aufgestellte Formerfordernisse konstitutive Bedeutung für Beschlusswirksamkeit haben sollen, ist Auslegungsfrage;[40] für Schriftform wird das idR zu verneinen sein, während notarielle Beurkundung im Zweifel als Wirksamkeitsvoraussetzung zu interpretieren ist.[41] Soll Schriftform konstitutive Bedeutung zukommen, macht Verstoß (schwebend) unwirksam;[42] ist hingegen konstitutive 23

[38] Dazu LG Bielefeld NZG 1998, 511.

[39] Ähnlich Scholz/*Schmidt/Seibt* Rn 39; *Meyer-Landrut* Rn 15; *Kallmeyer* Rn 1718 ff.

[40] Zutr Rowedder/Schmidt-Leithoff/*Koppensteiner* Rn 17; OLG Stuttgart NZG 1998, 994: im Zweifel nur deklaratorische Bedeutung.

[41] Rowedder/Schmidt-Leithoff/*Koppensteiner* Rn 17.

[42] Rowedder/Schmidt-Leithoff/*Koppensteiner* Rn 17. Anders Ulmer/*Hüffer,* der Anfechtbarkeit annimmt.

Bedeutung zu verneinen, liegt immerhin Ordnungsverstoß vor, der freilich den Beschluss schwerlich anfechtbar macht,[43] denn andernfalls hätte Schriftform doch ansatzweise konstitutive Wirkung. Bei allen Satzungsregelungen über Protokollierung oder Formerfordernisse für Beschlüsse empfiehlt sich genaue Bestimmung der Rechtsfolgen von Verstößen.

24 **Aufnahme der Wortbeiträge** eines VersTeilnehmers **auf Tonträger** ist nur mit seinem Einverständnis zulässig.[44] Das gilt für GmbH ganz generell, nicht nur für FamilienGes.[45]

25 **Protokolleinsicht.** Von GFührer, VersLeiter oder sonstigen offiziellen Protokollanten erstellte Protokolle müssen Gftern zur Einsicht offen stehen.

Unzutreffende Protokollierung löst **Anspruch auf Protokollberichtigung** aus.[46]

26 **9. Beschlussfassung u Abstimmung.** Zur **Beschlussfassung u Abstimmung** im Einzelnen näher § 47 Rn 11 ff.

II. Beschlussfassung im schriftlichen Verfahren

27 Abs 2 erlaubt Beschlussfassung ohne Abhaltung einer GfterVers in zwei verschiedenen schriftlichen Verfahren: (1) Als in Textform ergehende Zustimmung aller zu einem bestimmten Beschlussantrag, dh als einstimmigen Beschluss sämtlicher Gfter unter Stimmabgabe in Textform; (2) als schriftliche Abstimmung ohne Einstimmigkeitserfordernis unter Einverständnis aller mit diesem Verfahren.

28 **1. Anwendungsbereich.** Abs 2 gilt grds für Beschlussgegenstände aller Art. Nicht anwendbar ist das schriftliche Verfahren in einigen Ausnahmefällen, in denen nur in GfterVers Beschlüsse gefasst werden können, wie Formwechsel (§ 193 I 2 UmwG), Verschmelzung (§ 13 I 2 UmwG) u Spaltung (§ 125 mit § 13 I 2 UmwG). Anwendbar ist es hingegen bei Satzungsänderungen (str, vgl näher § 53 Rn 60, 79). Sogar Auflösungsbeschluss kann außerhalb GfterVers gefasst werden.[47] Keine Beschlussfassung iSv Abs 2 liegt vor, wenn alle Gfter gleichzeitig (in Satzung vorgesehene) Kündigungserklärung abgeben, die nicht Auflösung intendiert, sondern Ausscheiden des Kündigenden.[48]

29 Keine Bedenken gegen Beschlussfassung außerhalb einer GfterVers ergeben sich aus dem Bestehen eines **den mitbestimmungsrechtlichen Regelungen unterliegenden AR.**[49] Das gilt auch für die Feststellung des Jahres-

---

[43] So Ulmer/*Hüffer* Rn 39; Anfechtbarkeit wegen mangelnder Relevanz verneinend Rowedder/Schmidt-Leithoff/*Koppensteiner* Rn 17.

[44] *Meyer-Landrut* Rn 15; *Vogel* Gfterbeschlüsse, 160; offene Tonbandaufnahme zur Unterstützung der Protokollführung unter Sicherstellung der Vertraulichkeit hält Scholz/*Schmidt/Seibt* Rn 41 für zulässig. Indessen ist alsbaldige Löschung solcher Aufnahmen u Verhinderung von Kopien praktisch nicht sicherzustellen.

[45] Zumindest für letztere OLG Karlsruhe GmbHR 1998, 744.

[46] Dazu *Abramenko* GmbHR 2003, 104.

[47] Insoweit zutr BayObLG GmbHR 1995, 54.

[48] Insoweit unzutr BayObLG GmbHR 1995, 54; freilich ist Erg der Entsch zutr, dass Auflösung eintritt.

[49] *Lutter/Hommelhoff* Rn 13; *Hommelhoff* ZGR 1978, 148; *Zöllner* FS Fischer, 1979, 917 ff; Rowedder/Schmidt-Leithoff/*Koppensteiner* Rn 18; *Roth*/Altmeppen Rn 2; *Hoffmann/Lehmann/Weinmann,* MitbestG, § 25 Rn 141; wohl auch *Fitting/Wlotzke/Wiß-*

abschlusses. Aus der von den Mitbestimmungsgesetzen angeordneten Anwendung von § 171 AktG (Prüfung des Jahresabschlusses durch den AR) folgt Beschränkung auf Feststellung in GfterVers gewiss nicht. AR wirkt durch seine Prüfungstätigkeit u seinen Bericht über die Prüfung ohnehin intensiv an der Vorbereitung der Feststellung mit. In mitbestimmten Ges ist auch nicht erforderlich, dass bei schriftlicher Beschlussfassung dem AR vorher Gelegenheit zur Stellungnahme gegeben wird,[50] wie manche wollen, um eine (vermeintliche) Harmonisierung von Gesellschaftsrecht u Mitbestimmungsrecht zu erreichen.[51] Ein solches Erfordernis konterkariert den mit den Verfahren nach Abs 2 verbundenen Vereinfachungs- u Beschleunigungseffekt.[52]

2. Einstimmige Beschlussfassung aller Gfter. Beschlussfassung ohne Abhaltung einer GfterVers ist nach der 1. Alt des Abs 2 wirksam, wenn alle Gfter in Textform einem gestellten Beschlussantrag zustimmen. Gemeint sind: alle an GfterVers teilnahmeberechtigten Gfter, auch wenn sie kein Stimmrecht haben.[53] Ein von der Abstimmungserklärung zu unterscheidendes Einverständnis mit der Art u Weise der Abstimmung ist hierbei nicht erforderlich.[54] Auch der Zugrundelegung einer Doppelnatur der Erklärung[55] bedarf es nicht. Liegt Einverständnis mit der textförmigen Abstimmung vor, handelt es sich vielmehr um die Alt 2. 30

Durchführung der Abstimmung erfolgt durch Abgabe der Abstimmungserklärungen gegenüber der Ges.[56] Unerheblich ist dabei, von wem Beschlussantrag ausgeht u Verfahren in Gang gesetzt wird. Auch nichtgeschäftsführender Gfter kann Zirkular auf den Weg bringen oder auf beliebigem Kommunikationsweg Absendung textförmiger Abstimmungserklärungen an Ges anregen. Ges wird bei Empfangnahme der Abstimmungserklärungen von einem GFührer, aber auch evtl durch einen von der Satzung vorgesehenen Abstimmungsleiter vertreten. Abstimmung in Gang setzender Gfter kann ohne Satzungsgrdl Ges nicht vertreten,[57] aber gesammelte Abstimmungserklärungen an zuständige Person übermitteln u dadurch Abstimmung wirksam machen. Abstimmungserklärungen müssen zwar technisch nicht jeweils einzeln gegenüber der Ges erfolgen, sondern können auch durch ein Zirkular 31

---

mann, MitbestG, 2. Aufl, § 25 Rn 71; *Säcker* DB 1977, 1851; zust ferner *UlmerHabersack/Henssler,* Mitbestimmungsrecht 2. Aufl 2006, § 25 MitbestG Rn 91 a; zust wohl auch *Raiser,* MitbestG, 3. Aufl, § 25 Rn 87; ausführlich Scholz/*Schmidt/Seibt* Rn 56.

[50] Ganz hM, vgl *Ulmer/Habersack/Henssler* aaO; *Säcker* NJW 1979, 1524; *Zöllner* FS Fischer, 1979, 917; *Meyer-Landrut* Rn 22; Michalski/*Römermann* Rn 214.

[51] So Ulmer/*Hüffer* Rn 59; ähnlich *Hommelhoff* ZGR 1978, 148 f; *Lutter/Hommelhoff* Rn 13, die den Sinn des § 118 II AktG missverstehen.

[52] So zutreffend Michalski/*Römermann* Rn 214.

[53] *Lutter/Hommelhoff* Rn 10; Rowedder/Schmidt-Leithoff/*Koppensteiner* Rn 20; aA *Meyer-Landrut* Rn 24.

[54] Anders Scholz/*Schmidt/Seibt* Rn 59; kompliziert auch Michalski/*Römermann* Rn 218 f.

[55] So Ulmer/*Hüffer* Rn 44; Scholz/*Schmidt/Seibt* Rn 59.

[56] Ulmer/*Hüffer* Rn 52 f; Scholz/*Schmidt/Seibt* Rn 60; abw *Lutter/Hommelhoff* Rn 12: Zugang beim benannten Erklärungsempfänger. Damit bleibt offen, was gilt, wenn Benennung unterblieben ist.

[57] Abw Ulmer/*Hüffer* Rn 53; Scholz/*Schmidt* Rn 60; Rowedder/Schmidt-Leithoff/*Koppensteiner* Rn 21. Woraus solche usurpierte Vertreterstellung abgeleitet werden soll, ist nicht ersichtlich. Auch stellt sich Frage nach Existenz eines Beschlusses, von dessen Zustandekommen weder Ges noch Gftergesamtheit etwas wissen.

übermittelt werden, das jeder Gfter nach Abgabe seiner Erklärung an anderen Gfter weiterzugeben hat. Rechtlich wirksam ist Stimme in diesem Fall aber erst mit Eingang des Zirkulars beim Abstimmungsleiter. Zugang der Abstimmungserklärungen bei allen Gftern ist nicht erforderlich.[58] Bestimmter Wortlaut der Abstimmungserklärungen ist nicht erforderlich. Es muss aber, wenn Erklärungen jeweils selbständig abgegeben werden, sachlich volle Inhaltsgleichheit bestehen. Wird lediglich auf anderweit gestellten Beschlussantrag Bezug genommen, muss dieser schriftlich vorliegen. Unterzeichnung einer HRAnmeldung durch alle Gfter genügt dem Erfordernis.[59] **Widerruf der Abstimmungserklärung** ist nur bis zu deren Zugang möglich.[60]

32 **Textform.** Stimmabgaben müssen mindestens in sog Textform erfolgen. Diese bemisst sich nach § 126 b BGB. Zu dessen Erfordernissen näher oben § 47 Rn 51; ausreichend daher E-Mail, Fax oder Fernschreiben. Schriftform gemäß § 126 BGB wahrt diese Form selbstverständlich ebenfalls. Solange eine erforderliche positive Stimmabgabe fehlt, ist Beschluss nicht wirksam zustandegekommen. Einer förmlichen Feststellung des Beschlussergebnisses durch GFührer oder sonstigen Abstimmungsleiter bedarf es zur Wirksamkeit ebenso wenig wie der Verkündung oder Mitteilung an alle Gfter. Abstimmungsleiter ist aber verpflichtet, Gfter u zuständige sonstige Organe vom Ausgang der Abstimmung zu informieren. Zu den Erfordernissen bei schriftlicher Abstimmung über Satzungsänderungen vgl § 53 Rn 74.

33 **3. Schriftliche Abstimmung bei Einverständnis mit diesem Verfahren.** Folgerichtig lässt Gesetz schriftliche Abstimmung auch zu, wenn zwar kontroverse Stimmabgaben erfolgen, aber Einverständnis aller Gfter mit dieser Art der Beschlussfassung besteht. Erforderlich ist Einverständnis auch der nicht stimmberechtigten, aber an GfterVers teilnahmeberechtigten Gfter.[61]

34 **a) Einverständniserklärung** ist Willenserklärung gegenüber der Ges.[62] Für deren Vertretung bei Empfangnahme der Erklärung gilt gleiches wie oben Rn 31. Widerruf der Einverständniserklärung ist bis zu ihrem Zugang bei der Ges möglich.[63] Bei ihrer wirksamen Anfechtung wegen Willensmängeln ist Beschluss mangelhaft. Zu den Rechtsfolgen vgl unten Rn 36. Ist Beschlussergebnis bindend festgestellt, ist Anfechtung der Einverständniserklärung in gleicher Weise eingeschränkt wie die der Stimmabgabe (dazu § 47 Rn 8 u Anh § 47 Rn 118).

---

[58] So aber noch Rowedder/*Koppensteiner* 3. Aufl, Rn 21; noch weitergehend Hachenburg/*Schilling* 6. Aufl, Rn 21; *Meyer-Landrut* Rn 27, die sogar Kenntnis aller Gfter fordern.

[59] RG 101, 79; BGH 15, 329; OLG Stuttgart NZG 1998, 994; vgl dazu auch BGH GmbHR 1977, 103; Scholz/*Schmidt* Rn 62.

[60] Ulmer/*Hüffer* Rn 53; Scholz/*Schmidt/Seibt* Rn 60; weitergehend *Roth*/Altmeppen Rn 32, der Widerruf bis zum Zustandekommen des Beschlusses für möglich hält.

[61] Zutr OLG Düsseldorf GmbHR 1989, 469.

[62] Scholz/*Schmidt/Seibt* Rn 62 nimmt statt dessen „Verfahrenshandlung" an, was immer das privatrechtlich sein soll – es geht insoweit ja nicht um prozessuales Handeln. Er will aber Regeln über empfangsbedürftige Willenserklärungen auf die von ihm kreierte Kategorie anwenden. Na dann!

[63] Rowedder/Schmidt-Leithoff/*Koppensteiner* Rn 21 nimmt Widerruflichkeit bis zum Zustandekommen des Beschlusses an. Es ist schön, wenn alles immer noch ein bisschen komplizierter gemacht wird durch Regeln, die aus allgemeinen Grundsätzen nicht ableitbar sind.

Einverständniserklärung ist **formlos** möglich,[64] also auch stillschweigend. Sie muss aber hinreichend deutlich sein. Ob bloße schriftliche Stimmabgabe auch Einverständnis mit schriftlicher Mehrheitsentscheidung bedeutet, ist Auslegungsfrage, deren Beantwortung von den Umständen abhängt; im Zweifel ist sie zu verneinen.[65] Sie kann aber zu bejahen sein, wenn in Aufforderung zur schriftlichen Stimmabgabe auf Herbeiführung einer Mehrheitsentscheidung hingewiesen war. Bloßes Schweigen auf schriftliche Aufforderung zur Stimmabgabe ist nicht als Einverständniserklärung zu werten.[66] Für Vorliegen allseitigen Einverständnisses trägt derjenige Beweislast, der sich darauf beruft. 35

Dass Einverständniserklärung der schriftlichen Abstimmung vorauszugehen habe[67] trifft nicht zu. Sie kann gleichzeitig (auch inzidenter) mit Stimmabgabe u nach dieser erklärt werden.[68] Dies kann noch während der Abstimmung, aber auch nach dieser nachgeholt werden,[69] sofern Einverständnis noch nicht verweigert war. Beschluss ist bis zur Erklärung aller Gfter über ihr Einverständnis schwebend unwirksam; es handelt sich zwar nicht um Zustimmungserfordernis inhaltlicher Art, sondern nur um Erfordernis der Zustimmung zur Beschlussfassung überhaupt. Analoge Behandlung der Rechtsfolgen des Fehlens dieser Zustimmung ist indessen von der Interessenlage her sachgerecht. Wird Einverständnis auch nur eines Gfters verweigert, ist Beschluss endgültig unwirksam. Zum gleichen Ergebnis führt die Auffassung, nachträgliche Genehmigung mache den Beschluss im Wege der Heilung des Verfahrensfehlers wirksam.[70] Dafür bemühtes Prinzip, dass Verfahrensfehler durch nachträgliche Genehmigung eines Betroffenen geheilt werden, besteht jedoch nicht. Denkbar wäre nur Verzicht auf Anfechtungsbefugnis, aber schriftlicher Mehrheitsbeschluss ohne Einverständnis aller kann nicht lediglich anfechtbar sein. Entweder hätte man ihn analog § 241 Nr 1 AktG als nichtig zu betrachten oder man folgt der zweckmäßigeren, hier vertretenen Auffassung von der Unwirksamkeit. 36

b) Stimmabgabe. Als Form der Stimmabgabe verlangt Gesetzeswortlaut Schriftlichkeit. Im Hinblick auf Nennung der Textform in der gleichen Norm würde normalerweise deshalb von der strengeren Schriftform iSv § 126 BGB auszugehen sein.[71] Indessen ist es angesichts derzeitiger Flüchtigkeit der Vorbereitung dutzendfacher gesellschaftsrechtlicher „Reformen“ sachgerechter, ergebnisbezogener Auslegung der Vorzug zu geben. Für unterschiedliches 37

---

64 *Lutter/Hommelhoff* Rn 11; Michalski/*Römermann* Rn 252 ff; Rowedder/Schmidt-Leithoff/*Koppensteiner* Rn 19; Scholz/*Schmidt/Seibt* Rn 62; abw *Roth*/Altmeppen Rn 28, der Textform für Einverständniserklärung verlangt. Stellungnahmen in älteren Kommentaren, die noch vom früheren Text der Vorschrift ausgehen, sind als nicht mehr maßgeblich anzusehen.

65 Ganz hM; abw vor allem *Brodmann* A 2, der aber immerhin abweichende Auslegungsmöglichkeit annimmt.

66 Scholz/*Schmidt/Seibt* Rn 62.

67 So BGHZ 28, 358.

68 *Vogel,* Gfterbeschlüsse, 163; Ulmer/*Hüffer* Rn 50; Michalski/*Römermann* Rn 268; Scholz/*Schmidt/Seibt* Rn 62.

69 Michalski/*Römermann* Rn 214; Ulmer/*Hüffer* Rn 50; iE auch Scholz/*Schmidt/Seibt* Rn 62.

70 So Scholz/*Schmidt/Seibt* Rn 62.

71 So in der Tat Scholz/*Schmidt/Seibt* Rn 63; *Roth*/Altmeppen Rn 28; ihm offenbar folgend Michalski/*Römermann* Rn 261; Ulmer/*Hüffer* Rn 52.

Formerfordernis in der 2. Variante des Abs 2 besteht kein überzeugender Grund. Zudem ist differenzierendes Formerfordernis für Praxis nicht nachvollziehbar.

Schriftlichkeit der Stimmabgabe bedeutet daher auch in dieser Verfahrensalternative nicht die Wahrung von § 126 oder § 126 a BGB, vielmehr genügt Textform iSv § 126 b BGB. Zu dieser vgl Rn 32 u § 47 Rn 51. Das hat man schon in der früheren Gesetzesfassung fast allgemein so verstanden.[72] Für eine sachliche Änderung im Rahmen der Neufassung bestand kein Bedürfnis.

38 **Berechnung der Mehrheit** erfolgt nach den auf Aufforderung zur Stimmabgabe hin **binnen angemessener Frist tatsächlich abgegebenen Stimmen,** dh nicht rechtzeitige Stimmabgabe ist als Nichtteilnahme an der Abstimmung zu werten. Empfehlenswert ist ausdrückliche Setzung der Frist bei Einholung der Stimmabgaben. Auch bei einverständlich im schriftlichen Verfahren gefasstem Mehrheitsbeschluss ist Ergebnisfeststellung oder -verkündung zur Wirksamkeit nicht erforderlich, wenn auch zweckmäßig. Entspr Regelung in der Satzung empfiehlt sich.

III. Sonstige Beschlussfassung ohne GfterVers

39 In Ges mit wenigen Gftern werden häufig Beschlüsse im Rahmen formloser Zusammenkünfte oder gar am Telefon gefasst.

40 **1. Beschlüsse im Rahmen formloser Zusammenkünfte** sind nach Grundsätzen über Vollvers jedenfalls dann wirksam, wenn alle Gfter gleichzeitig anwesend sind u keiner der Fassung von Beschlüssen widerspricht. Widersprechen kann ein Anwesender der Beschlussfassung zumindest dann, wenn ihm Tagesordnung vorher nicht oder nicht rechtzeitig mitgeteilt worden ist. Gfter können solchen Beschlüssen auch dadurch Wirksamkeit verleihen, dass sie diese schriftlich niederlegen u von allen unterschreiben lassen (konstruktiver Weg des Abs 2). Erforderlich ist das zur Wirksamkeit jedoch nicht. Sind nicht alle Gfter anwesend, verfallen Beschlüsse der Nichtigkeit analog § 241 Nr 1 AktG; dazu Anh § 47 Rn 45 ff; dort auch zu Heilungsmöglichkeiten.

41 **2. Telefonische Beschlussfassung** oder **mündliche Beschlussfassung „auf Raten“,** etwa jeweils durch Einholung der Zustimmung einzelner (Beispiel: GFührer besucht alle Gfter einzeln), ferner **kombiniertes Abstimmungsverfahren** (zT in GfterVers, zT schriftlich) sind auch bei Einverständnis aller Gfter mit solchem Vorgehen ohne Satzungsgrundlage nicht zulässig.[73] Die Ausnahmen des Abs 2 stellen gegenüber dem Normalfall der Beschlussfassung in GfterVers abschließende Regelung dar.[74]

42 Daraus ergibt sich, dass bei Nichtbeachtung von Abs 2 Nichtigkeitsfolge des § 241 Nr 1 AktG eingreift.[75] Ein Teil der Literatur weicht diese klare

---

[72] Vgl Scholz/*Schmidt* 9. Aufl. Rn 62; anders aber leider jetzt Scholz/*Schmidt/Seibt* Rn 63 abw für frühere Textlage Hachenburg/*Hüffer* 8. Aufl Rn 49, der damit auch damals schon für Praxis unzweckmäßige Differenzierung forderte.

[73] BGH NZG 2006, 428; OLG Celle NZG 2002, 824; Michalski/*Römermann* Rn 279; Ulmer/*Hüffer* Rn 60; MünchHdb GesR III/*Ingerl* § 39 Rn 71; abw *Roth*/Altmeppen Rn 39; Scholz/*Schmidt/Seibt* Rn 67.

[74] Michalski/*Römermann* Rn 279; abw Scholz/*Schmidt/Seibt* Rn 67.

[75] Vgl BGH aaO; OLG München BB 1978, 471; Ulmer/*Hüffer* Rn 60; ausführlich begründet von *Hüffer* FS GmbHG, 1992, 533 ff; s dazu auch oben Anh § 47 Rn 46

Rechtsauffassung im Anschluss an frühere beiläufige u inzwischen überholte Äußerung des BGH[76] auf, indem er statt Nichtigkeit nur Anfechtbarkeit annimmt u diese bei allseitigem Einverständnis mit dem Verfahren entfallen lässt.[77] Darin liegt freie Rechtsfindung, die von Grundwertung des Gesetzes abweicht. Wie fragwürdig solche Abweichung von klaren Vorgaben des Gesetzes ist, zeigt sich an Verklausulierungen, unter denen Scholz/*Schmidt*[78] formlose Beschlussfassung zulassen will. Bereits die Begründung, dass Gfter als „Herren der Beschlussfassung" von Fall zu Fall von dispositiven Regeln abweichen können, ist als juristische Aussage bedenklich. Solche Abweichung ist grds nur in Satzung zulässig. Er verlangt iÜ auch Einstimmigkeit in der Sache. Der Initiator solcher Beschlussfassung soll gehalten sein, Mitgfter auf Tragweite des Verfahrens hinzuweisen u das Beschlossene schriftlich zu fixieren. Bei Fehlen allseitiger Zustimmung zu diesem Verfahren (also doch nicht Einstimmigkeit in der Sache?) handle es sich um bloßen Scheinbeschluss, womit er bei unglücklicher Mängelkategorie landet. All das ist wegen Gefahr der Schaffung unklarer Verhältnisse zu verwerfen. Ganz bes gilt das auch von telefonischem Rundruf, den Scholz/*Schmidt*[79] ohne Satzungsgrundlage für Beschlüsse der alltäglichen GFührung zulassen will. Wenn dafür Bedürfnis besteht, sollen Gfter Voraussetzungen in Satzung selbst regeln. Ansonsten haben Gfter bei Bedarf u allseitigem formlosen Einverständnis leichte Möglichkeit schnellen Abstimmungsverfahrens, indem sie Voraussetzungen von Abs 2 Alt 2 einhalten. Für Praxis geeignete bes schnelle Verfahren können auch Telefonkonferenzschaltung, Videokonferenzen, evtl über das Internet, bilden. Auch dazu kann Satzung unschwer bemüht werden.

Aufgrund der dargelegten Regeln nichtige Beschlussfassungen sind nicht in schuldrechtliche Abstimmungsverpflichtungen umzudeuten. Auch stellt Berufung auf Nichtigkeit idR kein venire contra factum proprium dar. **43**

3. Satzungsregelungen. Satzung kann Beschlussverfahren ohne GfterVers abw von Abs 2 regeln, etwa formlose, auch telefonische Beschlussfassung (auch durch Rundruf oder Konferenzschaltung, zulassen,[80] ferner mündliche Beschlussfassung auf Raten, schriftliches Verfahren auf Grund Zulassung durch Mehrheitsbeschluss[81] oder durch fehlenden ausdrücklichen Widerspruch eines Gfters binnen gesetzter Frist (Schweigen als Einverständnis mit schriftlicher Beschlussfassung), ferner kombinierte Beschlussfassung.[82] Dass solche Erleichterungen bei mitbestimmten Ges ausgeschlossen seien,[83] trifft nicht zu.[84] Zweckmäßig bei allen Erleichterungen ist Satzungsregelung, dass Beschlüsse mindestens der Mehrheit der Stimmen aller Gfter, nicht bloß der abgegebenen, bedürfen. Bedenklich wäre, Schweigen als Zustimmung zum **44**

---

[76] BGHZ 58, 120 = NJW 1972, 623.

[77] *Lutter/Hommelhoff* Rn 14; Rowedder/Schmidt-Leithoff/*Koppensteiner* Rn 3; iE auch *Roth*/Altmeppen Rn 39; eingeschränkt auch Michalski/*Römermann* Rn 280; wenn Gfter von der Verzichtswirkung der einverständlichen formlosen Stimmabgabe in Kenntnis gesetzt waren.

[78] Scholz/*Schmidt* 9. Aufl Rn 71.

[79] Scholz/*Schmidt* 9. Aufl Rn 73.

[80] Vgl dazu schon Rn 41, 42; Ulmer/*Hüffer* Rn 64 f; OLG München BB 1978, 471.

[81] BGH 28, 358.

[82] ZT in GfterVers, zT schriftlich, vgl oben Rn 41.

[83] So *Hanau/Ulmer* MitbestG § 25 Rn 91 b.

[84] Vgl näher *Zöllner FS* Fischer, 1979, 914.

abgegebenen, bedürfen. Bedenklich wäre, Schweigen als Zustimmung zum außerhalb einer GfterVers gestellten Beschlussantrag vorzusehen.[85] Satzungsregelungen sind nur insoweit unbedenklich, wie sie die Möglichkeit der Beteiligung mindestens aller stimmberechtigten Gfter an der Beschlussfassung hinreichend sicherstellen.

45 **Auslegungsfragen:** Bestimmt Satzung nur, dass Beschlüsse in GfterVers gefasst werden, ist dadurch § 48 II nicht ausgeschlossen.[86] Satzungsregelung, dass Beschlüsse auch durch schriftliche Abstimmung außerhalb GfterVers gefasst werden können, stellt nur Wiederholung von § 48 II dar.[87] Erleichterungen gegenüber § 48 II bedürfen daher deutlicherer Fassung.

IV. Beschlussfassung durch EinmannGfter, Abs 3[88]

46 Auch EinmannGfter kann in förmlich, etwa von GFührern oder AR, einberufener GfterVers durch Stimmabgabe Beschlüsse fassen. Erforderlich ist förmliche GfterVers nicht; vielmehr kann Einmann jederzeit ad hoc Beschlüsse fassen, weil er stets VollVers bildet.[89] Alle Beschlüsse des Einmanns müssen nach dem durch die Novelle von 1980 eingefügten Abs 3 unverzüglich nach der Beschlussfassung protokolliert u durch EinmannGfter unterzeichnet werden. Regelung ist in dieser Allgemeinheit ziemlich unsinnig.[90] BGH lässt deshalb mit Recht bloßes Schreiben des AlleinGfters über Geltendmachung von Schadensersatzansprüchen als Beschlussprotokoll gelten.[91] Für Beschlussfassung über Kündigung eines FremdGFührers durch AlleinGfter genügt „Protokollierung" durch anschließende schriftliche Kündigungserklärung.[92] Als hinreichende schriftliche Fixierung einer vom Alleingfter sich als GFührer eingeräumter Altersversorgung kann der Anstellungsvertrag iVm weiteren Dokumenten der Pensionszusage u Anträgen auf Abschluss einer Lebensversicherung dienen.[93] Bei Satzungsänderungen ist stattdessen notarielle Beurkundung gemäß § 53 II maßgebend; § 48 III gilt insoweit nicht.

47 **EinmannGes iSv Abs 3** liegt vor, wenn kein zweiter Gfter vorhanden ist, also auch, wenn sich GAnteile außer beim einzigen Gfter in der Hand der Ges befinden (so der Text von Abs 3), ferner bei GmbH als Komplementär in GmbH & Co KG in Form der Einheitsges,[94] bei Innehabung aller Anteile durch OHG oder KG,[95] hingegen nicht bei Innehabung durch Erben- oder Gütergemeinschaft, ferner nicht wenn Einmann einen Teil seiner Anteile an Treuhänder übertragen hat oder wenn zweiter Gfter vom Stimmrecht ausgeschlossen ist oder an GfterVers nicht teilnimmt, ferner nicht, wenn abhängiges Unternehmen GAnteile hält. Wirksamkeit von nicht in formeller GfterVers gefassten Beschlüssen des Einmanns hängt an sich nicht davon ab, dass

[85] Zutr Scholz/*Schmidt/Seibt* Rn 64; abw *Vogel,* Gfterbeschlüsse, 164 f.
[86] Scholz/*Schmidt* Rn 69; *Vogel* (Fn 85); BGH 15, 328.
[87] RG 101, 79.
[88] Dazu *Lindemann,* Beschlussfassung in der EinmannGmbH, 1996.
[89] Aus der Rspr zB OLG Hamm NZG 2006, 430.
[90] Vgl den LS OLG Köln GmbHR 1996, 290.
[91] BGH GmbHR 1997, 164.
[92] KG Berlin GmbHR 1999, 818.
[93] OLG Brandenburg NZG 2002, 969.
[94] OLG Köln BB 1993, 1388; nicht aber für Einheitsges selbst, Hachenburg/*Hüffer* Rn 71.
[95] BGH ZIP 1995, 645.

Einmanneigenschaft begründender Anteilsübergang gem § 16 I bei Ges angemeldet ist. GFührer dürfen solche Beschlüsse jedoch, auch wenn Abs 3 erfüllt ist, nicht beachten, und keine Anmeldungen zum HR vornehmen.[96]

Rechtsfolge unterlassener Protokollierung nach Abs 3 ist nicht die Nichtigkeit des Beschlusses, wie sich aus der Streichung der im § 48 III RegE 77 vorgesehenen Nichtigkeitsfolge ergibt.[97] Das bedeutet, dass Einmann sich auch nichtprotokollierte Beschlüsse entgegenhalten lassen muss, etwa mündliche Weisungen an GFührer, mündlich erteilte Entlastung oder mündlich erklärten Verzicht auf Ansprüche. Auch mündliche Bestellung von Organmitgliedern oder Wahl von Abschlussprüfern ist wirksam. Pflicht zu unverzüglicher Protokollierung ist aber körperschaftsrechtliche Pflicht des EinmannnGfters, deren Verletzung uU Schadensersatzpflichten nach sich ziehen kann.[98] Hat EinmannGfter die aufgestellte Bilanz konkludent dadurch festgestellt, dass er sie seiner persönlichen Steuererklärung einverleibt hat, kann Ges sich auf festgestellte Bilanz als Nachweis einer gegen den EinmannGfter bestehenden, in der Bilanz verlautbarten Forderung berufen.[99] **48**

Dass EinmannGfter u GmbH sich auf Beschlüsse nicht berufen könnten, solange Protokollierung nicht erfolgt ist,[100] dürfte nicht, jedenfalls nicht generell zutreffen. Selbstverständlich ist diese Berufung nicht möglich, wenn Nachweis für Beschlussfassung auf andere Weise nicht geführt werden kann. Solche anderen Beweismittel gar nicht zuzulassen,[101] ist nach dem Zweck der Norm nicht erforderlich u überschießender Rigorismus.[102] Versagung der Berufung auf nicht protokollierten Beschluss ist denkbar im Rahmen der Anwendung des Grundsatzes von Treu u Glauben (venire contra factum proprium), jedoch nicht darüber hinaus.[103] **49**

Davon zu unterscheiden ist sehr viel weitergehende Frage, inwieweit bei EinmannGes **überhaupt ein Beschluss des EinmannGfters erforderlich** ist.[104] Vielfach ist davon auszugehen, dass eine bestimmte Maßnahme von einem „Entschluss" des Einmanns gedeckt ist u daher einer ausdrücklichen Beschlussfassung nicht bedarf. Vgl dazu auch oben § 46 Rn 7 u 41. Insbes sind GFührungsmaßnahmen, die EinmannGfter als GFührer vornimmt, stets als in gleicher Weise gedeckt anzusehen wie durch Beschluss der GfterVers, ohne dass es einer Verlautbarung gemäß Abs 3 bedarf;[105] zu den Folgen § 43 Rn 33. Insoweit ist spätere Entlastung des EinmannGfterGFührers nicht er- **50**

---

96 Zu anderer Problematik im Verh von § 16 I zu Einmanneigenschaft BGH 112, 103, 112f.

97 Vgl auch Bericht des Rechtsausschusses BT-Drucks 8/3908, 75; *Lutter/Hommelhoff* Rn 17; *Roth*/Altmeppen Rn 44; Rowedder/Schmidt-Leithoff/*Koppensteiner* Rn 23; Michalski/*Römermann* Rn 320; Ulmer/*Hüffer* Rn 70; OLG Hamm NZG 2006, 430; partiell zustimmend, iü offen lassend BGH ZIP 1995, 643, 645.

98 Zust *Lutter/Hommelhoff* Rn 17; *Roth*/Altmeppen Rn 44.

99 OLG Hamm (Fn 97).

100 So *K. Schmidt* NJW 1980, 1776; Scholz/*Schmidt/Seibt* Rn 73; OLG Köln BB 1993, 1390; ähnlich Rowedder/Schmidt-Leithoff/*Koppensteiner* Rn 23; nur mit Einschränkungen *Lutter/Hommelhoff* Rn 18.

101 So aber OLG Hamm (Fn 97); Ulmer/*Hüffer* Rn 70, der damit iE von hM nicht abweicht.

102 Michalski/*Römermann* Rn 326; *Roth*/Altmeppen Rn 45; BGH ZIP 1995, 643, 646 lässt Frage offen, lässt aber Tendenz gegen generelle Beweisregel erkennen.

103 Einschr auch *Roth*/Altmeppen Rn 45.

104 Dazu insbes *Lindemann* (Fn 88).

105 Nicht eindeutig insoweit OLG Karlsruhe GmbHR 1991, 529.

forderlich.[106] Die **Selbstentlastung eines EinmannGfters** als GFührer käme etwa in Betracht für GFührertätigkeit, die noch im Stadium der MehrmannGes ausgeübt worden ist. Ihre Zulässigkeit ist jedoch zu verneinen.[107] Zweifelhaft ist, ob der Verzicht der EinmannGmbH auf (etwa früher entstandene) Schadensersatzansprüche gegen EinmannGfter (zB als GFührer) eines Beschlusses bedarf (zur grds Erforderlichkeit § 43 Rn 47 u § 46 Rn 60). Das ist zu bejahen. Einmann kann diesen Beschluss fassen (mit Verlautbarungspflicht nach Abs 3), weder § 47 IV 1 noch § 181 BGB stehen entgegen. Beschluss ist nichtig, falls er gegen § 30 verstößt oder Gläubiger sittenwidrig benachteiligt. Macht EinmannGes durch ihren EinmannGFührer Schadensersatzansprüche gegen GFührer oder früheren Gfter geltend, bedarf es keines GfterBeschlusses nach § 46 Nr 8.[108] Kündigt EinmannGfter das Dienstverhältnis eines Fremd-GFührers, liegt darin zugleich der erforderliche GfterBeschluss über Abberufung u Kündigung.[109] Zur **Nichtanwendbarkeit der Stimmverbote** vgl § 47 Rn 94. Zur **Nichtanwendbarkeit von § 181 BGB** auf Beschlussfassung des Einmann Gfters s § 47 Rn 60. Zur **Gestattung des Selbstkontrahierens** als GFührer vgl § 35 Rn 137 ff.

51 Entspr Anwendung von Abs 3 auf **„Einmann"-Beschlüsse bei MehrmannGes** (zB Erscheinen nur eines Gfters in GfterVers; Bevollmächtigung einer Person durch alle Gfter; Ausschluss des Stimmrechts aller Gfter bis auf einen) ist nicht geboten.[110] Wird Ges als Empfänger der Stimmabgabe aber nur durch abstimmende Person vertreten, ist Verlautbarung des Beschlusses erforderlich (dazu § 47 Rn 7).

Einberufung der Versammlung

49 (1) **Die Versammlung der Gesellschafter wird durch die Geschäftsführer berufen.**

(2) **Sie ist außer den ausdrücklich bestimmten Fällen zu berufen, wenn es im Interesse der Gesellschaft erforderlich erscheint.**

(3) **Insbesondere muß die Versammlung unverzüglich berufen werden, wenn aus der Jahresbilanz oder aus einer im Laufe des Geschäftsjahres aufgestellten Bilanz sich ergibt, daß die Hälfte des Stammkapitals verloren ist.**

Übersicht

[106] So schon BGH GmbHR 1974, 132; 1980, 129; *Fleck* GmbHR 1974, 226 vor Inkrafttreten des Abs 3.

[107] Str; zur Problematik der Selbstentlastung des EinmannGfterGFührers § 46 Rn 41 mN.

[108] OLG Köln GmbHR 1975, 275.

[109] BGH NJW 1968, 397; BGH GmbHR 1995, 373.

[110] Ulmer/*Hüffer* Rn 68; Scholz/*Schmidt/Seibt* Rn 74; abw Rowedder/Schmidt-Leithoff/*Koppensteiner* Rn 25.

I. Allgemeines

1 **1. Inhalt u Stellung der Vorschrift.** Vorschrift regelt in Abs 1 die Grundsatzzuständigkeit zur Einberufung der GfterVers, in Abs 2 u 3 einige Gründe, aus denen die GfterVers berufen werden muss. Sie wird ergänzt durch § 50, der Minderheitsrecht zur Einberufung statuiert, u durch § 51, der Art u Weise der Einberufung zum Gegenstand hat sowie einige Rechtsfolgen nicht ordnungsgemäßer Berufung vorsieht. Die vom Gesetzestext lückenhaft angesprochenen Fragen sind in der Kommentierung vervollständigend zu behandeln.

2 **2. Rechtscharakter der Einberufung.** Einberufung ist eigenständige gesellschaftsrechtliche Grundmaßnahme, durch die Tätigwerden des Hauptorgans der Ges ermöglicht u in Gang gesetzt wird. Sie ist kein Akt der Geschäftsführung, da sie nicht unmittelbar der Verfolgung des GesZwecks dient; von unmittelbarer Zweckbezogenheit lässt sich selbst dann nicht sprechen, wenn GfterVers der Fassung von Beschlüssen über GFührungsmaßnahmen dienen soll. Unabhängig davon kann GfterVers den GFührer anweisen, Vers einzuberufen. Das folgt schon daraus, dass auch Minderheit nach § 50 I Berufung durch GFührer verlangen kann. GfterVers kann aber über Minderheitsrecht hinaus GFührern Vorgaben machen, auf wann u wohin einzuberufen ist. GFührer haben insoweit Folgepflicht, sofern Verlangen nicht gegen Gesetz oder Satzung verstößt; bei Einberufungsverlangen seitens aller Gfter brauchen diese Vorgaben die entspr Anforderungen der Satzung nicht zu beachten. Evtl liegt auch verabredete Versammlung vor, die Einberufung überflüssig macht (Rn 10), doch ist dies Frage der Umstände. Einberufung ist auch kein Akt echter Außenvertretung gegenüber Dritten, sondern korporationsrechtlicher Akt ausschließlich gegenüber Gftern. Sie hat keinen rechts-

geschäftlichen Charakter.[1] Zwar verbinden sich mit ihr gewisse Rechtswirkungen oder -folgen körperschaftsrechtlicher Art. Diese machen Einberufung aber nicht zu rechtsgeschäftlicher Willenserklärung, weil Einberufungserklärung nicht auf diese Rechtswirkungen als intendiert erklärten Rechtserfolg gerichtet ist.

II. Zuständigkeit zur Einberufung

3 **1. Zuständige Personen u Gremien. a) Grundsatzzuständigkeit** zur Einberufung liegt bei den **GFührern,** Abs 1. Einberufungsbefugt ist jeder Einzelne, gleichgültig wie GFührung u Vertretung geregelt sind.[2] Das folgt daraus, dass Einberufung weder GFührungs- noch Außenvertretungsakt ist (Rn 2). Eintragung im HR allein ohne (noch) wirksame Bestellung begründet Zuständigkeit nicht;[3] Sonderregelung des § 121 II AktG ist nicht analog anzuwenden, weil Interessenlage mit AG nicht vergleichbar. NotGFührer kann einberufen, ebenso anderer GFührer neben NotGFührer.[4] Einberufen kann auch fehlerhaft bestellter GFührer, der sein Amt angetreten hat,[5] weil Geltendmachung der Fehlerhaftigkeit nicht zurückwirkt. Hingegen ist es schief, von Einberufungsbefugnis eines sog. faktischen GFührers zu sprechen.[6] Dieser Begriff kann vieles bedeuten. Im Liquidationsstadium sind Liquidatoren zuständig. Im Insolvenzverfahren keine Veränderung der Zuständigkeit.

4 Satzung kann Befugnis der GFührer zur Einberufung nicht ausschließen, auch nicht, wenn anderweitige Zuständigkeit geschaffen wird,[7] richtigerweise auch nicht abschwächen durch Erfordernis der Berufung seitens mehrerer, zB in geschäftsführungsberechtigter oder vertretungsberechtigter Zahl.[8] Das folgt aus der grundlegenden Verantwortung, die GFührer gegenüber den Gläubigern tragen.[9] Prokura ermächtigt nicht zur Einberufung.[10]

5 Einberufung durch GFührer ist kein höchstpersönlich den GFührern obliegendes Geschäft, sondern kann durch vom GFührer damit betrauten Vertreter[11] erledigt werden. Gfter müssen freilich von dieser Ermächtigung

---

[1] Zutreffend Ulmer/*Hüffer* Rn 2; Scholz/*Schmidt/Seibt* Rn 3; abw *van Veenroy* GmbHR 2000, 173 f; Michalski/*Römermann* Rn 16.

[2] Wohl allgM, vgl Scholz/*Schmidt/Seibt* Rn 4; Ulmer/*Hüffer* Rn 5; *Lutter/Hommelhoff* Rn 3; Michalski/*Römermann* Rn 34; *Roth*/Altmeppen Rn 2; *Meyer-Landrut* Rn 2; *Vogel* A 1; *Vogel,* Gfterbeschlüsse, 122; *Brodmann* A 1; KG GmbHR 1968, 118; OLG Frankfurt GmbHR 1976, 110; BayObLG GmbHR 1999, 984; abw nur älteres Schrifttum, zB 13. Aufl A 2 A; *Feine* S 533; nicht eindeutig *Pleyer* GmbHR 1968, 144.

[3] Abw OLG Düsseldorf GmbHR 2004, 572; teilw abw *Lutter/Hommelhoff* Rn 3 a.

[4] OLG München DB 1994, 320.

[5] Zust *Lutter/Hommelhoff* Rn 3 a.

[6] So aber Michalski/*Römermann* Rn 22, der freilich fehlerhaft bestellten GFührer meint.

[7] So aber *Roth*/Altmeppen Rn 2; Ulmer/*Hüffer* Rn 31; Rowedder/Schmidt-Leithoff/*Koppensteiner* Rn 8; *Meyer-Landrut* Rn 6; 13. Aufl A 2 A; *Vogel,* Gfterbeschlüsse, 128 f; unklar *Lutter/Hommelhoff* Rn 6, die zwar Einberufungsbefugnis der GFührer für ersetzbar, jedoch eine solche der Ebene der Unternehmensverwaltung – was immer das an Stelle der (ja zwingend erforderlichen) GFührer sein soll – für unentziehbar halten.

[8] So aber Scholz/*Schmidt/Seibt* Rn 15; *Teichmann,* Gestaltungsfreiheit in Gesellschaftsverträgen, 1970, 196; *Vogel* A 1.

[9] Wie hier Michalski/*Römermann* Rn 57.

[10] KG OLG 1924, 159; LG Mannheim NZG 2008, 111.

[11] Vgl zB OLG Düsseldorf GmbHR 2004, 572; s auch LG Mannheim (Fn 10).

Kenntnis haben, sonst greift § 174 Satz 1 BGB analog ein. Von Delegation der Einberufungsbefugnis sollte man besser nicht sprechen, weil dies Missverständnisse weckt.[12]

b) Aufsichtsrat. Besteht ein Aufsichtsrat, ist er einberufungsbefugt nach § 52 I iVm § 111 III AktG, wenn das Wohl der Ges die Einberufung erfordert. Näher dazu § 52 Rn 115, 249, 300. Dort Rn 115 auch zu der Frage, inwieweit diese Kompetenz beim fakultativen AR zur Disposition steht. Beim mitbestimmten AR ist § 111 III AktG nach allen vier mitbestimmten Systemen zwingend. Einberufungsbefugt ist AR nur als Organ. Er entscheidet auf Grund Mehrheitsbeschluss. Haben ARVorsitzender oder vom Gremium beauftragtes Mitglied Einberufung im Namen des AR vorgenommen, lag Mehrheitsbeschluss aber in Wahrheit nicht vor, macht dies in GfterVers gefasste Beschlüsse nicht mangelhaft. **6**

c) 10%-Minderheit. Eine 10%-Minderheit des Stammkapitals ist einberufungsbefugt nach § 50. Näheres dort. **7**

d) Beirat. Ist Beirat mit echter Organstellung bestellt, hat dieser auch ohne ausdrückliche Regelung in der Satzung iZw die Einberufungskompetenz jedenfalls dann, wenn neben ihm ein AR nicht besteht.[13] **8**

e) Andere Gremien. Satzung kann Einberufungsbefugnis erweitern, sie insbes auch anderen GesGremien zusprechen, dem Beirat auch neben einem AR, ferner jedem Gfter oder bestimmten Gftern sowie einer kleineren als der 10%-Minderheit. Es bestehen auch keine durchgreifenden Bedenken, Einberufungsbefugnis einer Stelle oder Institution außerhalb der Ges zu übertragen, zB einer Behörde oder Stifung,[14] auch einem Prokuristen. **9**

f) Verabredung einer GfterVers durch sämtliche Gfter, innerhalb oder ausserhalb vorangehender Vers, ist wirksam u macht Einberufung überflüssig.[15] GFührer dürfen diese Verabredung nicht durch Einberufung auf früheren Termin mit gleicher TO konterkarieren.[16] **10**

2. Einberufung durch Unbefugte.[17] macht Beschlüsse nichtig, § 241 Nr 1 AktG analog[18] (vgl Anh § 47 Rn 45 ff), es sei denn, dass alle Gfter erschienen sind (VollVers); vgl auch § 51 Rn 28 ff. Bloße Mitwirkung eines Unbefugten (zB Prokurist) an Einladung durch Befugten macht Einladung selbstverständlich nicht unwirksam.[19] **11**

3. Zuständigkeit zur Einleitung anderer Abstimmungsverfahren. **12**
Zuständigkeit zur Einberufung umfasst auch die Befugnis, statt der Einberufung das **Abstimmungsverfahren des § 48 II** einzuschlagen oder ein **anderes,** durch Satzung etabliertes **Verfahren der Beschlussfassung.** Davon zu unterscheiden ist die Frage, inwieweit unter bestimmten Voraussetzungen

---

12 Ausführlich dazu *van Venrooy* GmbHR 2000, 166.

13 Abw wohl Rowedder/Schmidt-Leithoff/*Koppensteiner* Rn 5; Michalski/*Römermann* Rn 43.

14 Zust Ulmer/*Hüffer* Rn 11 f; Scholz/*Schmidt/Seibt* Rn 7 ff, 12; s auch *Teichmann,* Gestaltungsfreiheit in Gesellschaftsverträgen, 1970, 196.

15 OLG München BB 1994, 1307; OLG München BB 2002, 2196.

16 OLG München BB 2002, 2196.

17 Dazu *Abramenko* GmbHR 2004, 723.

18 BGHZ 1987, 2; Rowedder/Schmidt-Leithoff/*Koppensteiner* Rn 7; *Lutter/Hommelhoff* Rn 10; Michalski/*Römermann* Rn 66. Dazu auch *Zeilinger* GmbHR 2001, 541.

19 Ulmer/*Hüffer* Rn 11.

GfterVers berufen werden *muss.* Nicht immer darf in solchen Fällen ein Ersatzverfahren gewählt werden, vgl dazu Rn 16 ff. Das Abstimmungsverfahren nach § 48 II kann im Übrigen von jedem Gfter eingeleitet werden, § 48 Rn 31.

III. Zuständigkeit zur Absage

13 Zuständigkeit zur Einberufung umfasst grds auch die Kompetenz zur Absage einer einberufenen Vers, jedoch kann immer nur diejenige Stelle wirksam absagen, die einberufen hat;[20] das bedeutet: bei Einberufung durch die Minderheit gemäß § 50 III nur diese (nicht einzelne ihrer Partizipanten), durch AR nur dieser (auf Grund Mehrheitsbeschlusses), durch alle GFührer nur alle, durch einzelnen GFührer nur dieser, es sei denn, er wäre verstorben oder wirksam ausgeschieden.[21] Hat GFührer auf Grund eines Minderheitsverlangens nach § 50 I berufen, kann er Versammlung im Aussenverhältnis wirksam wieder absetzen,[22] verletzt freilich seine Pflichten, wenn dafür kein angemessener Grund besteht. Zur Form der Absage u zu ihren Rechtsfolgen § 51 Rn 40. Möglich ist selbstverständlich Herbeiführung der Zustimmung aller Gfter zum Verzicht auf Abhaltung einberufener oder verabredeter Vers.

IV. Einberufungsgründe

14 **1. Recht zur Einberufung.** GFührer u 10%-Minderheit, ferner die nach der Satzung sonst Einberufungsbefugten, falls dort nicht Besonderes gesagt ist, dürfen GfterVers zu jedem sinnvollen Beratungs- oder Entscheidungsgegenstand berufen, für den sie zuständig ist. Es muss kein Grund vorliegen, der Abhaltung unverzichtbar oder im Interesse der Ges erforderlich macht. Freilich darf nicht einberufen werden, wenn Beratung oder Entscheidung unter keinem vernünftigen Grund sinnvoll erscheint. Da Besuch der GfterVers von Gftern mindestens zeitliche, nicht selten aber auch finanzielle Opfer verlangt, haben Einberufende den Grundsatz der Verhältnismäßigkeit zu wahren. Je zeitaufwändiger etwa Anreise zur GfterVers ist, desto dringlicher müssen die Gründe sein. Verstoß kann bei GFührern Pflichtverletzung sein, bei Minderheit Verletzung der Treupflicht. Wirksamkeit der gefassten Beschlüsse wird durch Verstoß nicht berührt.

15 Aufsichtsrat darf nur einberufen, wenn das Wohl der Ges es erfordert. Von ihm ohne diese Voraussetzung einberufene GfterVers kann aber wirksam Beschlüsse fassen.[23]

16 **2. Pflicht zur Einberufung.** Von der Frage, ob einberufen werden darf, ist zu unterscheiden, ob einberufen werden muss.

17 **a) Interesse u Wohl der Ges.** GFührer müssen einberufen, wenn es im Interesse der Ges erforderlich erscheint, Abs 2. Formulierung ist gleichbedeu-

---

[20] Im Ansatz wohl allgM, Ulmer/*Hüffer* § 51 Rn 3; Michalski/*Römermann* Rn 9; Rowedder/Schmidt-Leithoff/*Koppensteiner* Rn 6; Scholz/*SchmidtSeibt* Rn 13 u § 51 Rn 14; OLG Hamm DB 1992, 265.

[21] Vgl auch OLG München DB 1994, 321 (Absage durch NotGFührer unwirksam); OLG Hamm DB 1992, 265 (Einladung durch GFührer, Absage durch Beirat – für GmbH und Co. KG).

[22] OLG Hamburg GmbHR 1997, 795.

[23] Scholz/*Schmidt/Seibt* Rn 7.

tend mit derjenigen, die Einberufungspflicht des AR statuiert, wenn das Wohl der Ges es erfordert (§ 111 III AktG). Voraussetzung liegt immer dann vor, wenn ohne Abhaltung der GfterVers der Ges ein nicht unerheblicher Schaden droht. Interesse der Ges erfordert Einberufung daher auch dann, wenn GFührer die Vornahme eines bestimmten Geschäfts als im Interesse der Ges liegend ansieht, er die entspr Entscheidung aber im Innenverhältnis nicht ohne Herbeiführung eines GfterBeschlusses treffen darf. Zur Reichweite dieser Bindungen vgl § 37 Rn 6 ff.

Statt GfterVers einzuberufen kann GFührer auch Verfahren nach § 48 II einschlagen, wenn es lediglich um die Herbeiführung eines erforderlichen Beschlusses geht. Je nach Zeitdruck lässt sich GfterVers immer noch berufen, falls Beschluss ohne Beratung nicht zustandekommt. Geht es darum, eine Beratung unter den Gftern herbeizuführen, muss freilich idR sogleich GfterVers berufen werden. **18**

b) Verlust des halben Stammkapitals. Sinkt Eigenkapital in der Jahresbilanz oder einer Zwischenbilanz auf Betrag des halben Stammkapitals ab, muss unverzüglich eine GfterVers berufen werden, Abs 3. Wortlaut ist missglückt. Verlust in Höhe eines dem halben Stammkapital entspr Betrages genügt selbstverständlich nicht, allgM.[24] Welche Bewertungsgrundsätze für Ermittlung des Eigenkakpitals maßgebend sind, insbes ob zum früheren § 63 und zu § 64 entwickelte Regeln entspr gelten oder Bewertungsgrundsätze der Jahresbilanz, ist sehr str. Näher dazu § 84 Rn 10 ff mN. **19**

Über Wortlaut von Abs 3 hinaus besteht Einberufungspflicht auch, wenn GFührer von einem entspr Absinken des Eigenkapitals ohne Aufstellung einer Zwischenbilanz Kenntnis haben: „Bilanz im Kopf des GFührers".[25] Sind GFührern Tatsachen bekannt, die Verdacht auf Verlust des halben Stammkapitals nahelegen, sind sie verpflichtet, sich durch Aufstellung mindestens einer groben Zwischenbilanz zu vergewissern.[26] Dem tritt Pflicht der GFührer hinzu, wirtschaftliche Lage der Ges laufend zu beobachten u bei Anzeichen kritischer Entwicklung des Eigenkapitalstandes genauer nachzuforschen.[27] **20**

Im Fall des Abs 3 müssen GFührer idR eine GfterVers berufen. Sind freilich alle Gfter als GFührer tätig, bedarf es keiner förmlichen Vers; wohl aber müssen alle GFührer über Konsequenzen beraten. Von der Einberufung absehen dürfen GFührer ferner, wenn alle Gfter in Kenntnis des Einberufungserfordernisses auf Abhaltung verzichten.[28] Verfahren nach § 48 II genügt dem Einberufungserfordernis nicht.[29] Berufung muss unverzüglich erfolgen, dh ohne schuldhaftes Zögern, § 121 BGB. Erfordernis der Unverzüglichkeit ergreift sowohl die Durchführung der Einberufung als auch den Ansatz des Termins der GfterVers. **21**

c) Satzungsregelungen. Satzung kann Pflicht zur Einberufung erweitern, etwa auch Einberufung zu reinen Informations- u Beratungszwecken in nicht dringenden Fällen vorsehen. Meist wird es freilich der Sache nach darum **22**

---

24 Zum Zweck der Norm *Nowotny* FS Semler, 1993, 231 ff.

25 *Welf Müller* ZGR 1985, 212.

26 Ähnlich *Lutter/Hommelhoff* Rn 14; Ulmer/*Hüffer* Rn 22; Michalski/*Römermann* Rn 102; *Roth*/Altmeppen Rn 14; Rowedder/Schmidt-Leithoff/*Koppensteiner* Rn 10; Scholz/*Schmidt/Seibt* Rn 25; *Priester* ZGR 1999, 539; abw *Meyer-Landrut* Rn 13.

27 Ähnl BGH ZIP 1995, 560.

28 Zutr Scholz/*Schmidt/Seibt* Rn 33; Michalski/*Römermann* Rn 127.

29 HM, *Lutter/Hommelhoff* Rn 8; *Roth*/Altmeppen Rn 15; grds auch Scholz/*Schmidt/Seibt* Rn 28; Michalski/*Römermann* Rn 129.

gehen, GFührer stärker an Entscheidungen der Gfter zu binden. Dem dienen insbes Vorlagepflichten (dazu § 37 Rn 7 ff), durch die ebenfalls Pflicht zur Einberufung entsteht. Einschränken kann Satzung die Pflicht zur Einberufung nicht. Für Abs 3 ist das ganz hM.[30] In der Tat ist Verlust des halben Stammkapitals Alarmzeichen, das von Gftern idR Maßnahmen verlangt. Aus der Strafnorm § 84 I Nr 1 folgende Informationspflicht gegenüber Gftern ist dafür kein ausreichender Ersatz. Für Abs 2 soll nach hM Einschränkung zulässig sein;[31] dass trotz Erforderlichkeit der Einberufung im Interesse der Ges nicht soll einberufen werden müssen, mutet indessen seltsam an u ist, auch unter Gesichtspunkten des Minderheitenschutzes, schwer nachvollziehbar.[32]

23 **d) Einberufungspflicht als Organpflicht.** Einberufungspflicht der GFührer ist Pflicht aus ihrer Organstellung. Verletzung macht schadensersatzpflichtig nach § 43. Unterlassung der Anzeige, dass Hälfte des Stammkapitals verloren ist, macht strafbar nach § 84 I Nr 1.

V. Modalitäten der Einberufung

24 Über Ort u Zeit der GfterVers sowie über Art u Weise der Einberufung vgl Erläuterungen zu § 51.

Minderheitsrechte

50

(1) Gesellschafter, deren Geschäftsanteile zusammen mindestens dem zehnten Teil des Stammkapitals entsprechen, sind berechtigt, unter Angabe des Zwecks und der Gründe die Berufung der Versammlung zu verlangen.

(2) In gleicher Weise haben die Gesellschafter das Recht zu verlangen, daß Gegenstände zur Beschlußfassung der Versammlung angekündigt werden.

(3) [1]Wird dem Verlangen nicht entsprochen oder sind Personen, an welche dasselbe zu richten wäre, nicht vorhanden, so können die in Absatz 1 bezeichneten Gesellschafter unter Mitteilung des Sachverhältnisses die Berufung oder Ankündigung selbst bewirken. [2]Die Versammlung beschließt, ob die entstandenen Kosten von der Gesellschaft zu tragen sind.

Übersicht

[30] Ulmer/*Hüffer* Rn 32; *Lutter/Hommelhoff* Rn 2; Michalski/*Römermann* Rn 144; *Roth*/Altmeppen Rn 17; Scholz/*Schmidt/Seibt* Rn 32; abw aber Rowedder/Schmidt-Leithoff/*Koppensteiner* Rn 15; *Pfeiffer* FS Rowedder, 1994, 354.

[31] So jedenfalls *Lutter/Hommelhoff* Rn 2; Hachenburg/*Hüffer* Rn 31; Rowedder/Schmidt-Leithoff/*Koppensteiner* Rn 15; *Meyer-Landrut* Rn 11; Michalski/*Römermann* Rn 142.

[32] Wie hier Scholz/*Schmidt/Seibt* Rn 32; Ulmer/*Hüffer* Rn 31.

I. Inhalt u Rechtscharakter

Vorschrift räumt einer 10%-Minderheit Möglichkeit ein, die Abhaltung einer GfterVers u die Ankündigung von Tagesordnungspunkten zur Beschlussfassung zu erzwingen. Sie enthält damit eines der wenigen gesetzlichen Minderheitsrechte im GmbH-Recht. Zum Begriff des Minderheitsrechts oben § 45 Rn 12. Anders als Minderheitsrecht des § 61 II gewährt § 50 keine materielle Entscheidungsbefugnis zugunsten der Minderheit. Auf der von Minderheit erzwungenen GfterVers wird vielmehr nach den gleichen Abstimmungs- u Mehrheitsregeln Beschluss gefasst wie in der normal berufenen. Immerhin bietet Einberufung einer GfterVers in nicht wenigen Fällen praktisch brauchbaren Ansatz, Entscheidungen auch gegen den Willen der Mehrheit zu erzwingen, notfalls durch Einsatz der Anfechtungsklage kombiniert mit positiver Beschlussfeststellungsklage (dazu Anh § 47 Rn 186 ff). 1

Regelung ist **als Mindestsicherung** der Minderheit **zwingend,** daher kann Satzung Schutz der Minderheit zwar verstärken, aber nicht abschwächen.[1] Aushöhlung des Minderheitenrechts durch Verlagerung der Zuständig- 2

[1] HM, vgl Ulmer/*Hüffer* Rn 35; Michalski/*Römermann* Rn 194; Scholz/*Schmidt/Seibt* Rn 6; Rowedder/Schmidt-Leithoff/*Koppensteiner* Rn 2; *Roth*/Altmeppen Rn 4; *Lutter/Hommelhoff* Rn 2; *Brodmann* A 5; *Feine* 514; OLG Stuttgart NJW 1974, 1568; LG Bonn AG 1991, 115. Abw *Meyer-Landrut* Rn 14; *Scholz* 5. Aufl, A 9; *Schopp* GmbHR 1976, 126, nach denen in der ursprünglichen Satzung oder mit Zustimmung aller Gfter auch zu Ungunsten abgewichen werden kann; ferner RG 68, 212; RG JW 33, 2904 m Anm *Ruth,* wonach Abweichung zu Ungunsten sogar durch normale Satzungsänderung zulässig sein soll.

keiten der GfterVers auf andere Organe ist wegen zahlreicher zwingender Kompetenzen der GfterVers[2] nicht möglich. Entspr Anwendung auf Einberufung anderer Organe daher auch insoweit nicht erforderlich, als Zuständigkeiten der GfterVers durch GesVertrag auf sie verlagert worden sind.[3] Verdrängende Verlagerung ist praktisch ohnehin selten. Im Übrigen kann Minderheitsverlangen auf Einberufung der GfterVers auch in Angelegenheiten erfolgen, für die GfterVers keine Entscheidungszuständigkeit hat. Gibt Sie daraufhin (rechtlich unverbindliches) Votum ab, wird zuständiges Gremium dies kaum je ignorieren.

II. Einberufungsverlangen, Abs 1

3 **1. Die Verlangenserklärung.** Abs 1 gewährt Recht, Einberufung einer GfterVers zu verlangen.

4 **a) Adressat.** Anspruchsgegner ist Ges, vertreten durch die GFührer, nicht ein oder alle GFührer persönlich. Diese sind freilich der Ges gegenüber verpflichtet, einem berechtigten Einberufungsverlangen unverzüglich nachzukommen. Sind nach der Satzung auch andere Personen berechtigt oder verpflichtet, GfterVers im Namen der Ges einzuberufen, können auch diese dem Minderheitsverlangen stattgeben, ebenso der AR.[4]

5 **b) Form.** Einberufungsverlangen ist **formlos** möglich (anders § 122 AktG). Vollmachten für Einberufungsverlangen müssen freilich nachgewiesen werden; dafür soll nach hM Textformerfordernis des § 47 III direkt oder analog gelten.[5] Das ist zwar kaum zutreffend,[6] doch empfiehlt sich vorsorgliche Beachtung. Richtig ist, dass Ges Nachweis der Vollmacht verlangen *kann;* das ergibt sich schon aus § 174 BGB. Auf welche Weise Nachweis erfolgt, ist nicht geregelt. Nachweis daher auch durch Zeugen oder mündliche Bestätigung des Vollmachtgebers möglich. Dass Nachweis nicht automatisch, sondern nur auf Verlangen der GFührer zu erbringen ist,[7] dürfte wenig praktische Bedeutung haben, da GFührer auf jeden Fall verpflichtet sind, Vorliegen des Quorums u damit auch notwendiger Vollmachten zu prüfen.

6 Einberufungsverlangen muss **Zweck u Gründe angeben,** dh zum einen den Gegenstand der Beratung u Beschlussfassung, also die Tagesordnung, zum anderen die Gründe für die Eilbedürftigkeit. Fehlen diese Angaben, braucht nicht berufen zu werden. Nicht erforderlich ist hingegen, dass Zweck u Gründe für GFührer überzeugend sind. Wenn freilich Zweck oder Gründe

---

[2] Zu diesen § 46 Rn 5 u 92 ff.

[3] Wie hier Michalski/*Römermann* Rn 206; tendenziell auch Ulmer/*Hüffer* Rn 36; abw Rowedder/Schmidt-Leithoff/*Koppensteiner* Rn 13.

[4] *Vogel,* Gfterbeschlüsse S 127; *Schopp* GmbHR 1976, 127.

[5] *Lutter/Hommelhoff* Rn 4; Ulmer/*Hüffer* Rn 11; Rowedder/Schmidt-Leithoff/*Koppensteiner* Rn 4; Scholz/*Schmidt/Seibt* Rn 13; *Schopp* GmbHR 1976, 126; *Meyer-Landrut* Rn 4 m Hinw auf § 174 BGB; *Kallmeyer* Rn 1647.

[6] Vgl nur die Argumentation von Scholz/*Schmidt/Seibt* Rn 13: Vollmacht formlos gültig. Trotzdem soll Ges analog § 47 III Vollmacht zum Nachweis der Vertretung verlangen können. Das ist schon deswegen nicht überzeugend, weil § 47 III Beachtung der Form zum Wirksamkeitserfordernis macht. Deshalb Übertragbarkeit auf Minderheitsverlangen nicht gegeben. Zutreffend Michalski/*Römermann* Rn 42.

[7] So Michalski/*Römermann* Rn 42.

evident sinnlos, etwa fadenscheinig sind, ist Verlangen rechtsmissbräuchlich u daher unbeachtlich.[8] Rechtsmissbräuchlichkeit besteht allerdings nicht schon, weil GfterVers für bindende Entscheidung nicht zuständig ist.[9] Dringlichkeit der Befassung mit einem Gegenstand kann auch gegeben sein, wenn Entscheidungszuständigkeit bei anderem Organ liegt. Nicht erforderlich ist Beifügung eines bestimmten Beschlussantrags.[10]

2. Zeitliche Bindungen der Ges für Reaktion auf Einberufungsverlangen. Insoweit sind drei verschiedene Maßnahmen zu unterscheiden: (1) Bescheidung der Antragsteller, dass dem Verlangen entsprochen wird. (2) Vornahme der Einberufung. (3) Festlegung des Zeitpunkts der Versammlung selbst. 7

a) Bescheidungserfordernis. GFührer müssen Einberufungsverlangen raschestens daraufhin prüfen, ob sie ihm stattgeben wollen u insoweit Antragsteller möglichst zeitnah bescheiden, auch wenn sie den Zeitpunkt der Vers noch nicht festlegen u demgemäß auch noch nicht einberufen können. Ganz generell müssen sie auf Einberufungsverlangen angemessen reagieren. Antwortet GFührer etwa einem auf einen drei Wochen entfernten Termin gerichteten Einberufungsverlangen nur, dass Einberufung dafür nicht durchführbar sei, ohne von sich aus auf den möglichen Zeitablauf wenigstens in Umrissen einzugehen, darf Minderheit davon ausgehen, dass GFührer mauert.[11] Gesonderter Bescheidung bedarf es selbstverständlich nicht wenn Einberufung alsbald vorgenommen wird. 8

b) Vornahme der Einberufung. Gesellschaftsrechtlicher Formalakt der Einberufung ist unverzüglich, dh ohne schuldhaftes Zögern vorzunehmen.[12] Vielfach wird statt dessen dahin formuliert, Einberufung müsse binnen angemessener Frist erfolgen.[13] Zu wesentlich unterschiedlichen Abwägungsergebnissen wird das kaum führen. Jedenfalls soll die ihr Einberufungsverlangen stellende Minderheit nicht zu lange auf die Vornahme der Einberufung warten. Zeit, binnen derer Einberufungsakt vorzunehmen ist, richtet sich zwar nach den Umständen, dh auch nach der Dringlichkeit, kann jedoch auch bei relativ unwichtigen Angelegenheiten nicht weit hinausgeschoben werden.[14] Von Minderheit selbst gesetzte Frist brauchen GFührer nicht zu unterschreiten.[15] 9

c) Festlegung des Zeitpunkts der GfterVers. Zeitpunkt der GfterVers selbst wird durch Erfordernis unverzüglicher Einberufung nicht notwendig präjudiziert. Insoweit kann Hinausschiebung, dh Einberufung mit längerer Einberufungsfrist je nach den Umständen durchaus angemessen sein. Mindestfrist des § 51 I muss stets beachtet werden. Steht ohnehin binnen angemessener Frist GfterVers ins Haus, kann diese abgewartet werden. Angemessenheit 10

---

8 Vgl Scholz/*Schmidt* Rn 12, 14, 16; Rowedder/Schmidt-Leithoff/*Koppensteiner* Rn 5; *Lutter/Hommelhoff* Rn 5; Ulmer/*Hüffer* Rn 9.

9 So aber zB Rowedder/Schmidt-Leithoff/*Koppensteiner* Rn 5; Ulmer/*Hüffer* Rn 9.

10 Abw 13. Aufl A 2 A.

11 Abw KG GmbHR 1997, 1001: nochmalige Aufforderung des GFührers durch Minderheit zur Terminsbenennung oder Verweigerung sei erforderlich.

12 Vgl Ulmer/*Hüffer* Rn 13.

13 So 13. Aufl A 2 B; Scholz/*Schmidt/Seibt* Rn 17; Rowedder/Schmidt-Leithoff/*Koppensteiner* Rn 5; BGH WM 1985, 568.

14 BGH WM 1985, 568: Mehr als 7 Wochen nicht mehr angemessen.

15 BGHZ 87, 3.

hängt auch von Zahl u Umständen der Gfter ab. Sind es wenige, die alle in geringer Entfernung wohnen, kann baldige Einberufung eher angemessen sein als bei zahlreichen u evtl weit entfernt wohnenden Gftern. Hinauschiebung der GfterVers um mehr als 3 Monate wie in einem vom KG entschiedenen Fall,[16] ist entgegen der dazu ergangenen Entsch nicht angemessen.

11 **3. Erzwingung der Einberufung** durch RegGericht kommt nicht in Betracht (allgM). Auch für Erzwingung durch Klage dürfte im Hinblick auf die Möglichkeit der Selbsteinberufung nach Abs 3 kein dringendes Bedürfnis bestehen. Ob man freilich wegen dieses Selbsthilferechts das Rechtsschutzbedürfnis für eine solche Klage generell verneinen kann, wie die meisten Autoren annehmen,[17] mag zweifelhaft sein.[18] Der historische Gesetzgeber wird zwar an eine Erzwingung durch Klage kaum gedacht haben. Für klagbares Recht spricht aber immerhin, dass Minderheitsrecht als Anspruch formuliert ist. Möglichkeit der Klage wird daher zu bejahen sein, soweit Rechtsschutzbedürfnis besteht.[19] Das kann zB für größere GmbH mit etlichen Gftern der Fall sein, bei der Einberufung umständlich ist u Anmietung einer größeren Räumlichkeit erfordert.

12 **4. Kosten der Einberufung** gemäß Abs 1 ebenso wie die durch Abhaltung der GfterVers entstehenden Kosten trägt Ges, nicht aber persönliche Kosten der Gfter. Abs 3 S 2 gilt für die nach Abs 1 einberufene GfterVers nicht.[20]

13 **5. Verhältnis zu § 48 II.** Minderheitsrecht geht auf Einberufung einer GfterVers, **nicht auf Herbeiführung eines Beschlusses im schriftlichen Verfahren,** das Minderheit selbst einleiten könnte.[21] Daher ist dem Verlangen durch Einleitung lediglich eines Abstimmungsverfahrens nach § 48 II nicht hinreichend entsprochen, sofern nicht Minderheit zustimmt. Erklären sich aber alle anderen Gfter mit schriftlicher Beschlussfassung im Sinn des von der Minderheit angestrebten Beschlussergebnisses einverstanden, kann Verlangen der Minderheit nach Abhaltung einer GfterVers missbräuchlich sein.[22] Minderheit kann selbstverständlich von vornherein sich damit begnügen, dass Verfahren nach § 48 II eingeleitet wird.[23]

III. Ankündigung von Gegenständen zur Tagesordnung (Abs 2)

14 Minderheit kann nach Abs 2 verlangen, dass Gegenstände der Beschlussfassung zur Tagesordnung einer Vers angekündigt werden. Dieses Recht hat

---

[16] GmbHR 1997, 1001.

[17] Vgl Roth/*Altmeppen* Rn 11; Scholz/*Schmidt/Seibt* Rn 31; Ulmer/*Hüffer* Rn 29; zu seiner davon abw Auffassimg hinsichtl der Einberufung zum Zweck der Erzwingung der Feststellung des Jahresabschlusses § 46 Rn 15 s die nächste Fn; Rowedder/Schmidt-Leithoff/*Koppensteiner* Rn 6; *Lutter/Hommelhoff* Rn 5; *Meyer-Landrut* Rn 7.

[18] Nicht einleuchtend etwa die Auffassung von Ulmer/*Hüffer* Rn 29, der Rechtsschutzbedürfnis generell verneint, auch § 46 Rn 15 für Verlangen der Minderheit zum Zweck der Erzwingung der Feststellung des Jahresabschlusses, dort aber einer das Quorum nicht erreichenden Minderheit die Klagemöglichkeit eröffnen will.

[19] Zutreffend Michalski/*Römermann* Rn 91.

[20] Scholz/*Schmidt/Seibt* Rn 33.

[21] Ulmer/*Hüffer* Rn 15.

[22] Ulmer/*Hüffer* Rn 15.

[23] So ist wohl *Lutter/Hommelhoff* Rn 1 zu verstehen.

Bedeutung neben Abs 1 nur, wenn ohnehin GfterVers stattfinden soll. Ist Tagesordnung dieser GfterVers schon bekanntgegeben, kann Erweiterung verlangt werden. Auch Verlangen nach Abs 2 formlos möglich, hingegen bedarf Eilbedürftigkeit nur dann einer Begründung, wenn Tagesordnung der anstehenden GfterVers überlastet ist. Gegenstand der Beschlussfassung muss so bezeichnet werden, dass den an die Ankündigung der Tagesordnung nach § 51 II zu stellenden Anforderungen entsprochen ist. Wie dort ist Beifügung eines Beschlussvorschlags (= Beschlussantrags) nicht erforderlich.[24] Dem Verlangen braucht nur entsprochen zu werden, wenn Mindestankündigungsfrist des § 51 noch eingehalten werden kann. Insoweit haben GFührer Pflicht zu raschem Handeln, schon um Kosten einer evtl sonst gleich darauf erneut einzuberufenden GfterVers zu sparen.

Je nach den Umständen kann es auch angezeigt sein, **bereits einberufene** 15 **GfterVers wieder abzusagen u erneut** auf etwas später liegenden Termin **einzuberufen,** der Berücksichtigung der von der Minderheit geltendgemachten Tagesordnungspunkte erlaubt.

IV. Einberufungsrecht (sog Selbsthilfe), Abs 3

1. Voraussetzungen. Falls die zur Einberufung zuständigen Personen 16 einem Einberufungs- oder Ankündigungsverlangen nicht entsprechen, u dh auch nicht rechtzeitig oder nicht zum verlangten Zweck,[25] darf Minderheit GfterVers selbst einberufen oder Ankündigung zur Tagesordnung selbst vornehmen, Abs 3. Gerichtlicher Ermächtigung bedarf es dazu, anders als nach § 122 III AktG, nicht. Selbsthilfe setzt zum einen voraus, dass wirksames Einberufungsverlangen vorausgegangen ist, dh dass Erfordernisse des Einberufungsverlangens nach Abs 1 erfüllt, insbesondere also Zweck u Gründe des Einberufungsverlangens dargelegt worden sind.[26] Selbsthilfe setzt weiter voraus, dass GFührer Einberufung abgelehnt hat oder Einberufung erst zu einem Zeitpunkt vorzunehmen ankündigt, der den Unverzüglichkeitsanforderungen nicht entspricht oder wenn er ausweichend antwortet. Selbsthilfe ist ferner zulässig, wenn GFührer binnen angemessener Frist nicht reagiert.[27] Als angemessen wird insoweit eine Frist von einem Monat genannt.[28] Das ist ein wenig zu lang; GFührer muss schneller reagieren. In der Regel werden zwei Wochen genügen. Davon zu unterscheiden ist Unverzüglichkeitsfrist zwischen Einberufungsverlangen u Termin der GfterVers. Sie darf einen Monat betragen, in besonderen Fällen auch mehr. Ihre Länge hängt von Dringlichkeit der Angelegenheit ebenso ab wie von Schwierigkeitsgrad der VersVorbereitung. Setzt Minderheit bei ihrem Einberufungsverlangen selbst Frist für Vornahme der Einberufung, beginnt Selbsthilferecht nicht vor Ablauf.[29]

Selbsthilfe ist des Weiteren zulässig, wenn zur ordentlichen Einberufung 17 zuständige Personen fehlen (allgM), aber wohl auch schon, wenn kein GFüh-

---

[24] BGH WM 1993, 1339.
[25] BGH WM 1985, 568.
[26] OLG Köln GmbHR 1999, 296.
[27] BGH GmbHR 1985, 256.
[28] OLG München GmbHR 2000, 486 mit lesenswerter Anm *Emde.*
[29] BGHZ 87, 3.

rer vorhanden ist, jedoch AR besteht.[30] Schwere Erreichbarkeit des einzigen GFührers genügt nicht. Minderheit kann aber ihr Verlangen an GesAdresse[31] richten u bei Nichtentsprechen gem Abs 3 verfahren.

18 Minderheit hat **Auskunftsrecht** gegenüber Ges auf Mitteilung der Gfter u ihrer Adressen.[32] Nach Ausübung des Einberufungsrechts wird Minderheit nicht deshalb zum Nichtberechtigten, weil GFührer verspätet doch noch einberuft.[33] Selbsthilferecht ist verbraucht, wenn GfterVers auf Grund Minderheitsverlangens stattgefunden u über angekündigte Tagesordnungspunkte Beschluss gefasst worden ist. Verbrauch tritt nicht ein, soweit gefasste Beschlüsse nichtig sind, vielmehr darf Minderheit mangels wirksamer Entscheidung nochmals einberufen.[34]

19 **2. Einberufung.** Bei dieser muss Minderheit darlegen, woraus sie ihr Einberufungs- bzw Ankündigungsrecht ableitet, also Voraussetzungen von Abs 1 oder Abs 2 u von Abs 3.[35] Ferner muss angegeben werden, welche Gfter an der Einberufung mitwirken, damit andere Gfter Quorum prüfen können. Minderheit muss bei Einberufung alle Erfordernisse des § 51 bzw der Satzung erfüllen. Sie darf nur hinsichtlich solcher Gegenstände einberufen, wegen derer Einberufungsverlangen gestellt war.

20 **3. Folgen von Mängeln.** Liegen Voraussetzungen der Selbsthilfe nicht vor oder erfüllen Einberufer Quorum nicht, sind Beschlüsse der GfterVers im Fall unberechtigter Einberufung nichtig.[36] Ausnahmen hiervon bestehen bei VollVers; vgl dazu § 51 Rn 31 ff sowie Anh § 47 Rn 45 ff. Bloß unberechtigte Ankündigung von Gegenständen der Beschlussfassung macht trotzdem gefasste Beschlüsse, wenn Ankündigung rechtzeitig war, nicht mangelhaft.

21 **4. Kosten.** Über Kosten hat GfterVers zu beschließen, Abs 3 S 2. Diese Beschlussfassung ist kraft Gesetzes Tagesordnungspunkt u bedarf daher keiner Ankündigung.[37] Von Abs 3 S 2 werden jedenfalls die Einberufungskosten erfasst (wohl allgM), jedoch auch die Kosten der GfterVers, zB Saalmiete[38] oder Zuziehung eines Notars oder anderer Protokollperson. Dass Kosten der GfterVers stets die Ges zu tragen habe,[39] trifft nicht zu. Minderheit hat kein Recht, Ges bei Eingehung von Verbindlichkeiten zu vertreten. Übernahme der von ihr verauslagten oder noch zu zahlenden Kosten durch Ges kann sie nur auf Grund Beschlusses gem Abs 3 S 2 verlangen. Bei der Beschlussfassung kann Minderheit mitstimmen.[40]

---

30 Vgl Ulmer/*Hüffer* Rn 20; *Roth*/Altmeppen Rn 12.

31 Scholz/*Schmidt* 9. Aufl. Rn 13.

32 Das folgt jetzt auch aus § 51 a; vgl BGH WM 1987, 1103 betr PersGes. Zu Voraussetzungen u Zweck des Abs 3 vgl auch OLG Dresden GmbHR 1995, 589.

33 BGH WM 1985, 568; zust *Lutter/Hommelhoff* Rn 11.

34 Teilw abw OLG Dresden (Fn 31).

35 *Lutter/Hommelhoff* Rn 9; *Meyer-Landrut* Rn 11; Rowedder/Schmidt-Leithoff/*Koppensteiner* Rn 8 u 10; *Roth*/Altmeppen Rn 12, 13; KG OLG 24, 159.

36 BGHZ 87, 3.

37 Scholz/*Schmidt/Seibt* Rn 34.

38 Str, wie hier Ulmer/*Hüffer* Rn 26; Michalski/*Römermann* Rn 171; Scholz/*Schmidt/Seibt* Rn 33.

39 So *Roth*/Altmeppen Rn 16.

40 Ganz hM, Ulmer/*Hüffer* Rn 27; *Lutter/Hommelhoff* Rn 13; Rowedder/Schmidt-Leithoff/*Koppensteiner* Rn 11; *Roth*/Altmeppen Rn 17; Scholz/*Schmidt/Seibt* Rn 34;

Entscheidung steht im pflichtgemäßen Ermessen der GfterVers, dh Mehrheit muss Treupflicht beachten.[41] Nach älterer Auffassung muss GfterVers nach billigem Ermessen entscheiden.[42] Nur wenn Einberufung evident überflüssig oder unvernünftig war, kann GfterVers Kostenübernahme verweigern. Andernfalls kann Minderheit durch Anfechtungsklage kombiniert mit positiver Beschlussfeststellungsklage Kostenübernahme erzwingen. Bei nicht erforderlicher Kostenhöhe (viel zu teurer Saal) genügt Teilübernahme. Nicht anzuwenden ist § 319 BGB,[43] auch nicht § 315 BGB. Gfterbeschluss ist wegen Verstoß gegen eine Rechtsnorm nur unter den Voraussetzungen des § 241 AktG nichtig, vgl Anh § 47 Rn 44 ff. 22

V. Minderheitsquote

1. Stammkapital als Bezugsgröße. Die Rechte nach Abs 1 u 3 stehen Gftern zu, deren GAnteile zusammen mindestens dem zehnten Teil des Stammkapitals entsprechen. Als **Stammkapitalbetrag** ist grds das in der Satzung geregelte Stammkapital maßgebend. Abzuziehen sind jedoch die Nennbeträge eigener GAnteile der Ges u eingezogener Anteile, sofern noch nicht das Stammkapital entspr herabgesetzt ist. Abzuziehen sind ferner nach § 27 abandonnierte GAnteile,[44] solange sie nicht verkauft sind, desgleichen GAnteile nach einem gem § 21 II erklärten Ausschluss des Gfters, solange nicht der Rechtsvorgänger gem § 22 IV den Anteil erworben hat.[45] 23

2. Berechnung des Quorums. Für **Quorumsberechnung** kann auf Seiten der einberufungswilligen Minderheit im Regelfall vom Nennbetrag ihrer GAnteile ausgegangen werden, doch ist stets zu bedenken, dass es der Sache nach darauf ankommt, welchen **Anteil an der maßgeblichen Stammkapitalsumme** sie umfassen. Das ist von Bedeutung in den seltenen Fällen, in denen die Summe der in Händen der Gfter befindlichen GAnteile von der nach den Grds in Rn 23 bereinigten Stammkapitalziffer abweicht (zB Kapitalherabsetzungs-Altfälle, in denen nach der in § 58 Rn 6 abgelehnten Auffassung verfahren worden ist). Unerheblich ist hingegen, ob u inwieweit Einlagepflichten erfüllt sind.[46] Für GfterEigenschaft ist § 16 maßgebend. Gfter, die gem § 21 wirksam ausgeschlossen sind oder gem § 27 abandonniert haben, können an dem Quorum nicht mitwirken. Hingegen können Gfter, die bei dem erstrebten Beschlussgegenstand nach § 47 IV vom Stimmrecht ausgeschlossen sind, die Minderheitsrechte mitausüben. 24

---

abw Michalski/*Römermann* Rn 174, der Stimmverbot des § 47 IV anwenden will. Das trifft nach den dazu entwickelten Grundsätzen nicht zu, weil Kosten in Verfolgung eines typischen mitgliedschaftlichen Interesses entstanden sind u demgemäß auch Kostenerstattung in diesem Interesse begehrt wird (zu diesem Grds näher § 47 Rn 82 mN).

[41] Zutr *Lutter/Hommelhoff* Rn 13; Rowedder/Schmidt-Leithoff/*Koppensteiner* Rn 11; Michalski/*Römermann* Rn 181.

[42] So *Fischer* A 6; *Meyer-Landrut* Rn 12; 13. Aufl A 3 B.

[43] So aber 13. Aufl A 3 B.

[44] Abw Scholz/*Schmidt* Rn 10; ferner 13. Aufl A 1 C; vgl dazu auch § 47 Rn 26 a.

[45] Zust Ulmer/*Hüffer* Rn 7; *Roth*/Altmeppen Rn 3; Rowedder/Schmidt-Leithoff/*Koppensteiner* Rn 3; abl Scholz/*Schmidt/Seibt* Rn 9; *Meyer-Landrut* Rn 2.

[46] KG GmbHR 1914, 188; *Roth*/Altmeppen Rn 3; Scholz/*Schmidt/Seibt* Rn 9.

25 **3. Maßgeblicher Zeitpunkt.** Minderheitsquote muss bei **Stellung des Antrags** nach Abs 1 oder 2 u ebenso bei einer **Einberufung nach Abs 3** erfüllt sein. Wird Gfter nach Verlangen iSv Abs 1 oder 2 wirksam ausgeschlossen oder sein Anteil eingezogen, zählt er für Quorum nicht mehr mit; Ges braucht, falls Quorum nicht mehr erfüllt, Verlangen nicht auszuführen. Bei Erbgang oder Veräußerung gilt dies nur, falls Erwerber Beteiligung am Minderheitsverlangen zurückzieht.[47]

VI. Folgen wirksamer Einberufung

26 Ist dem Minderheitsverlangen auf Einberufung bzw Ankündigung zur Tagesordnung gemäß Abs 1 bzw 2 wirksam entsprochen worden oder hat Minderheit gemäß Abs 3 selbst wirksam einberufen, können die Erschienenen über die angekündigten Tagesordnungspunkte Beschluss fassen. Dies gilt auch, wenn nur die Minderheit erscheint, sofern satzungsmäßiges Quorum für Beschlussfähigkeit erfüllt ist. Fehlt Quorum, gilt das § 48 Rn 3 f Dargelegte. Mehrheit kann freilich Beschlussanträge der Minderheit ablehnen, soweit nicht dadurch Stimmrechtsschranken verletzt werden, wie zB dann, wenn Minderheit Beschlussfassung über Rechtsgeschäfte zwischen Ges u Mehrheit verlangt und diese gemäß § 47 IV vom Stimmrecht ausgeschlossen ist oder wenn Ablehnung Treubindungen verletzt.

27 Hingegen wäre ein **Nichtbefassungsbeschluss** unzulässig.[48] **Vertagung** kommt nur in Betracht, wenn dafür dringende Sachgründe bestehen,[49] zB Erforderlichkeit der Beschaffung wichtiger Informationen. Rechtmäßigkeit der Vertagung setzt weiter voraus, dass neuer Beschlussfassungstermin in angemessenem Abstand vorgesehen wird. Verstößt Mehrheit gegen diese Grundsätze, kann Minderheit entgegen Mehrheitsvorstellungen Sachbeschluss selbst fassen und auf Feststellung seiner Wirksamkeit und Maßgeblichkeit gegenüber Vertagungsbeschluss klagen. Grundsätze dieser Art sind notwendige Konsequenz der Minderheitsrechte, die sonst leer laufen können. BGH WM 1993, 1339 f bejaht bei unberechtigter Absetzung des angekündigten Tagesordnungspunkts Zulässigkeit einer Feststellungsklage gegen Ges, dass GFührer entsprechende GfterVers durchführen müssen. Darin liegt ein begrüßenswerter Ansatz, jedoch würden durch die gerichtliche Entscheidung MitGfter in neuer GfterVers nicht gebunden, außerdem Zeitpunkt der Beschlussfassung hinausgeschoben. Deshalb ist weitergehende Sanktion im hier vorgeschlagenen Sinn zu entwickeln.

Form der Einberufung

51 (1) [1]**Die Berufung der Versammlung erfolgt durch Einladung der Gesellschafter mittels eingeschriebener Briefe.** [2]**Sie ist mit einer Frist von mindestens einer Woche zu bewirken.**

---

[47] Zum Ganzen vgl auch *Kühn* GmbHR 1965, 132 ff.

[48] Rowedder/Schmidt-Leithoff/*Koppensteiner* Rn 11; *Habersack* ZGR 1994, 373. Zum allg Problem der Nichtbefassung näher oben § 47 Rn 17 mN, insbes die Verweisungen auf *C. Schäfer* u *Goette,* dort jeweils aaO.

[49] Dazu oben § 47 Rn 18.

(2) **Der Zweck der Versammlung soll jederzeit bei der Berufung angekündigt werden.**

(3) **Ist die Versammlung nicht ordnungsmäßig berufen, so können Beschlüsse nur gefaßt werden, wenn sämtliche Gesellschafter anwesend sind.**

(4) **Das gleiche gilt in bezug auf Beschlüsse über Gegenstände, welche nicht wenigstens drei Tage vor der Versammlung in der für die Berufung vorgeschriebenen Weise angekündigt worden sind.**

Übersicht

Lit: *Beckmann,* Unmöglichkeit der Ladung eines GmbH-Gesellschafters zur Gesellschafterversammlung, DNotZ 1971, 132; *Däubler,* Der Scheinerbe im Recht der GmbH, GmbHR 1963, 181; *Emde,* Einberufung der GmbH-Gesellschafterversammlung mittels Kuriers?, GmbHR 2002, 8; *Loritz,* Die Berechnung der Einberufungsfrist bei Gesellschafterversammlungen der GmbH, GmbHR 1992, 790; *Müther,* Zur Nichtigkeit führende Fehler bei der Einberufung der GmbH-Gesellschafterversammlung, GmbHR 2000, 967; *Priester,* Der vermeintliche Erbe als GmbH-Gesellschafter, GmbHR 1984, 193; *Schmitz,* Der unerreichbare GmbH-Gesellschafter, GmbHR 1971, 226; *Schreiner,*

Die Mitwirkung erbscheinberechtigter Scheinerben bei Gesellschafterbeschlüssen und Anteilsübertragungen, NJW 1978, 921; *Thelen,* Die Ankündigung des Zwecks der Gesellschafterversammlung bei der Einberufung, GmbHR 1992, 796; *Zeilinger,* Die Einberufung der Gesellschafterversammlung – Fallstricke für die Wirksamkeit von Gesellschafterbeschlüssen, GmbHR 2001, 541.

I. Grundsatz

1 GfterVersammlungen bedürfen grds der Einberufung, wenn sie wirksam Beschlüsse fassen sollen (zu Ausnahmen bei VollVers unten Rn 31). Keiner Einberufung bedarf die zwischen allen Gftern **verabredete GfterVers,** vgl § 49 Rn 10. Während § 49 iVm § 50 die Berechtigung zur Einberufung u die Gründe der Einberufung regelt, bestimmt § 51, wie u mit welchem Inhalt einzuberufen ist. Anwendbarkeit der Vorschriften auf Vor-GmbH ist zweifelhaft, wird aber von der hM bejaht.[1] Richtiger dürfte indessen sein, bei dieser GesForm Zugang der Einladung zu verlangen.

II. Art u Weise der Einberufung

2 Einberufung erfolgt durch Einladung der Gfter mittels eingeschriebenen Briefs, Abs 1 S 1.

3 **1. Adressaten der Einladung.** Einladung muss an alle Gfter gerichtet werden, auch an nicht stimmberechtigte.[2] Maßgeblich für Gftereigenschaft ist § 16.[3] Bei Übergehen eines Gfters ist Einladung nicht ordnungsgemäß. Es genügt jedoch Aufgabe zur Post, Zugang der Einladung ist nicht erforderlich.[4] Soweit Gfter kein Teilnahmerecht hat, u auch kein anderer an seiner Stelle (vgl § 48 Rn 6 ff), entfällt Einladung. Zur Ladung anderer an seiner Stelle unten Rn 7.

4 Maßgeblich ist die vom Gfter **mitgeteilte Anschrift.** Verwendung einer anderen, der Ges sonst bekanntgewordenen Adresse macht Einladung bei Nichterreichen unwirksam (str). Gfter braucht nur an der mitgeteilten Adresse Vorsorge zu treffen. Ist mitgeteilte Adresse unrichtig geworden, braucht Ges sich nicht um richtige Adresse zu bemühen. Sie braucht auch nicht, um Einberufung ordnungsgemäß durchzuführen, für Bestellung eines Abwesenheitspflegers gem § 1911 BGB, evtl iVm § 10 ZustErgG vom 7. 8. 1952 (BGBl I, 407) zu sorgen.[5] Erst recht muss nicht bei Unmöglichkeit solcher Bestellung öffentlich zugestellt werden.[6] Wie bei Anteilsveräußerung nach § 16 die Ladung des alten Gfters so lang maßgeblich ist, wie die Anteilsver-

---

[1] Bejahend Michalski/*Römermann* Rn 17; Ulmer/*Hüffer* Rn 2; Scholz/*Schmidt/Seibt* Rn 2.

[2] BGH NJW 1971, 2225.

[3] Dazu näher OLG Düsseldorf GmbHR 1996, 444 ff.

[4] *Roth*/Altmeppen Rn 5; *Meyer-Landrut* Rn 4; RG 60, 145; KG NJW 1965, 2159.

[5] Vgl Ulmer/*Hüffer* Rn 7; KG JW 36, 334; KG NJW 1965, 2159; abw *Lutter/Hommelhoff* Rn 13; *Meyer-Landrut* Rn 6; *Roth*/Altmeppen Rn 5; *Beckmann* DNotZ 71, 132; *Schmitz* GmbHR 1971, 226.

[6] So aber Hachenburg/*Schilling* (7. Aufl) Rn 4; anders jetzt Ulmer/*Hüffer* Rn 7, die aber öffentliche Zustellung für maßgeblich halten, wenn Gfter „seiner Person nach unbekannt ist“.

äußerung nicht der Ges ausdrücklich mitgeteilt worden ist (Bekanntwerden der Veräußerung ändert nichts), ist bei Fortdauer der Mitgliedschaft desselben Gfters Ladung unter der alten Adresse maßgebend u ausreichend, solange keine andere Adresse offiziell mitgeteilt wird.[7]

Ladung ist auch dann wirksam, wenn der eingeschriebene Ladungsbrief als unzustellbar zurückkommt. Es ist Sache des Gfters, sich um seine Angelegenheiten zu kümmern.[8] Für Bestellung eines Vertreters zur Wahrnehmung der Rechte in der GfterVers durch RegGericht auf Antrag eines „Beteiligten" (Angehörige, GFührer) fehlt tragfähige Rechtsgrundlage.[9] Rechtlich möglich nur Pflegerbestellung.

Ladung eines ScheinGfters, etwa des nach unwirksamer Veräußerung eines GAnteils als Erwerber unter Nachweis der Übertragung Angemeldeten, lässt Einberufung wirksam sein, Rechtsgedanke des § 409 BGB. 5

Ist **Gfter verstorben,** sind seine Erben, falls bekannt, unter deren Adresse zu laden. Ist sein Tod der Ges nicht bekannt geworden, genügt Ladung des Verstorbenen unter bisheriger Adresse (str). Ist Tod bekannt, sind aber Erben nicht bekannt, muss Nachlasspflegschaft iSv § 1960 BGB eingeleitet werden, ggf unter Beschränkung auf die Aufgabe der Wahrnehmung von GfterRechten in der GmbH.[10] Besteht Eilbedürfnis für Ges, muss Gericht Entscheidung rasch vornehmen, weil für Ges eilige Beschlüsse stets auch im Interesse der unbekannten Erben eilig sind. Ladung der durch Erbschein ausgewiesenen Scheinerben stets wirksam, § 2367 BGB analog.[11] 6

Einzuladen ist grds **Gfter persönlich.** Bei ungeteilter Mitberechtigung mehrerer an einem GAnteil gilt § 18 III. Näher dazu § 18 Rn 9 ff. Bei minderjährigen Gftern ist gesetzlicher Vertreter zu laden, bei unter Betreuung Gestellten betreuter Gfter u Betreuer (sofern nicht Gfter geschäftsunfähig: dann nur Betreuer), bei Abwesenheitspflegschaft u Nachlasspflegschaft der Pfleger, bei Testamentsvollstreckung der Testamentsvollstrecker, bei eröffnetem Insolvenzverfahren der Insolvenzverwalter. Ist Ges Bestehen einer Betreuung oder Pflegschaft etc nicht bekanntgeworden, kann sie den Gfter wie bisher wirksam laden.[12] Das Gleiche wird im Fall der Eröffnung eines Insolvenzverfahrens anzunehmen sein; OLG Düsseldorf GmbHR 1996, 447 nimmt an, dass Ladung des Vorstands einer jurPers, die Gfterin der GmbH ist, unter der Adresse der jurPers ausreicht, wenn die Einladung dem Insolvenzverwalter zugeht, dh in seinen Machtbereich etc gelangt, was jedenfalls gegeben sei, wenn dieser seine Aufgaben in den Geschäftsräumen der Gfterin wahrnehme. Im Erg ist das zutreffend, aber zu eng. Der Ges das Einladungsempfangsrisiko für den ihr unbekannten Insolvenzfall eines Gfters aufzubürden, ginge erheblich zu weit. 7

Gfter kann der Ges schriftlich zur Stimmrechtsausübung **Bevollmächtigten** (§ 47 III) als **Ladungsempfänger** mitteilen. Dessen Ladung genügt dann 8

---

[7] Ulmer/*Hüffer* Rn 8; ähnlich Scholz/*Schmidt/Seibt* Rn 8, die bei Unerreichbarkeit eines Gfters Folgenlosigkeit annehmen, wenn Unerreichbarkeit dem Gfter selbst zuzurechnen ist. Weitgehend in diesem Sinn auch *Roth*/Altmeppen Rn 5.

[8] Wie hier iE KG JW 36, 335; KG NJW 1965, 2159; OLG Düsseldorf GmbHR 1990, 266; OLG München DB 1994, 320.

[9] Anders *Fischer* A 3; *Schmitz* GmbHR 1971, 228; *Beckmann* DNotZ 1971, 133.

[10] KG NJW 1965, 1719; *Roth*/Altmeppen Rn 5; Staudinger/*Marotzke* 1994 § 1960 Rn 28; Scholz/*Schmidt/Seibt* Rn 8

[11] Zust Scholz/*Schmidt/Seibt* Rn 8.

[12] *Beckmann* (Fn 9), 132; *Vogel* A 3.

dem Einberufungserfordernis.[13] Bloße Übermittlung einer Stimmrechtsvollmacht hat diesen weitgehenden Sinn jedoch nicht, daher ist Gfter persönlich zu laden.

9 Bei **Verpfändung** oder **Pfändung von GAnteilen** ist allein der Gfter zu laden, da der Pfandrechtsgläubiger kein Teilnahmerecht hat, ebenso bei Nießbrauch (zu beidem vgl § 47 Rn 35).

10 Nicht zur Einberufung der GfterVers gehört Ladung nach Gesetz oder Satzung **teilnahmeberechtigter NichtGfter,** zB der GFührer u ARMitglieder in den Fällen, in denen § 118 II AktG anzuwenden ist, wie bei allen GmbH mit obligatorischem AR. Ihnen ist zwar Termin u Tagesordnung mitzuteilen, dies kann aber formlos geschehen u unter Wahrung lediglich angemessener Frist. Verstoß macht Beschlüsse nur anfechtbar, nicht nichtig.[14]

11 **2. Form der Einladung.** Gesetz verlangt Einladung durch eingeschriebenen Brief.

a) Briefform. Sie bedeutet jedenfalls zumindest, dass Einladung schriftlich in Papierform erfolgen muss. E-Mail oder sonstige Textform genügt nicht.[15] Ein Brief muss ferner Absender erkennen lassen, genauer den Urheber der Einladung, damit überprüft werden kann, ob Einladung durch zuständige Person erfolgt (dazu § 49 Rn 3 ff, § 50 Rn 19 u unten Rn 17). Nicht genügend „die GFührer" oder „ein GFührer", vielmehr bedarf es namentlicher Aufführung des oder der Einberufenden. Streitig ist, ob namentliche Unterzeichnung erforderlich ist oder Stempelung mit der Firma genügt. Gegen letzteres spricht schon, dass es sich nicht um Akt der Außenvertretung der Ges handelt, vgl § 49 Rn 2. Erforderlichkeit der Unterzeichnung weiter deshalb vorzugswürdig, weil Einberufung verantwortlicher Akt ist, der Eingeladene zu Aktivitäten u Aufwendungen veranlasst. Durch Zeichnungserfordernis wird dies Einberufenden deutlicher vor Augen geführt. Eingeladener hat ein Recht auf die durch Unterschrift verstärkte Gewissheit, dass Einladung nicht leichtfertig oder evtl. delegierterweise erfolgt ist. Erfordernis der Unterzeichnung, das letztlich auch zu ordentlicher Briefform gehört,[16] daher zu bejahen.[17] Firmenstempel genügt auch von daher nicht.[18] Es kann auch nicht darauf ankommen, ob Einberufungsberechtigung vernünftigerweise Zweifel lässt;[19] denn das ist bei nicht unterschriebener Einladung schlechterdings nicht auszuschließen. Hochbedenklich ist auch, bei Einladung durch Minderheit nach § 50 III bloß schriftliche Aufführung der Einberufenden ohne Unterschrift genügen zu lassen.

12 **b) Einschreiben.** Gesetz verlangt Einschreibebrief. Darunter wird ein als Einschreiben iSd geltenden Postregelungen (derzeit AGB Briefdienst Inland

---

[13] Scholz/*Schmidt/Seibt* Rn 7. Abw *Meyer-Landrut* Rn 2.

[14] Vgl § 48 Rn 11; für das AktR KölnerKomm/*Zöllner* § 121 Rn 54 mN.

[15] Wohl allg M.

[16] Nicht zutreffend die Argumentation von *Lutter/Hommelhoff* Rn 3, die von mir vertretene Auffassung ziehe insoweit Schlüsse aus der Zustellungsart.

[17] Wie hier BGH GmbHR 2006, 538; *Roth*/Altmeppen Rn 2; *Meyer-Landrut* Rn 3. Abw. Scholz/*Schmidt/Seibt* Rn 9; Ulmer/*Hüffer* Rn 4.

[18] Abw 13. Aufl A 2; Hachenburg/*Hüffer* Rn 4; Michalski/*Römermann* Rn 38; Scholz/*Schmidt* Rn 13; Rowedder/Schmidt-Leithoff/*Koppensteiner* Rn 7; auf RG Recht 09, 1713 berufen sich Vertreter der abw Auffasssung zu unrecht.

[19] So aber Scholz/*Schmidt* Rn 13; ihm zust *Lutter/Hommelhoff* Rn 3.

der Deutschen Post AG) versandter Brief zu verstehen sein. Einlieferungsschein erbringt Beweis für Wahl dieser Versendungsform, nicht aber für Wahl richtiger Adresse. Seit 1. 9. 1997 gibt es neben dem sog Übergabe-Einschreiben im bisherigen Sinn als einfachere Variante das sog Einwurf-Einschreiben, bei dem Postsendung in Briefkasten oder Postfach des Empfängers eingeworfen u nur dieser Vorgang vom Zusteller auf seinem Beleg vermerkt wird. Absender erhält hier von der Zustellung keine Nachricht, er kann sich aber nach einigen Tagen beim Call-Center der Post über die Zustellung erkundigen. Diese vereinfachte Form ist daher mit einer Verringerung der vom GmbHG ursprünglich gewollten und vorgestellten Erfordernisse verbunden. Nicht nur ist bei ihr der Nachweis der Zustellung komplizierter und weniger sicher, sondern gerade deswegen auch die Verlässlichkeit des Postlaufs gemindert. Seriosität des Einwurf-Einschreibens als Ladungsmittel kommt daher der des alten Einschreibbriefs nicht gleich. Diesem enspricht nur Übergabe-Einschreiben. Man wird deshalb, obgleich (oder gerade weil) Wirksamkeit der Ladung rechtlich nicht vom Zugang abhängt, ohne Grundlage in der Satzung Einwurf-Einschreiben als nicht den gesetzlichen Anforderungen entsprechende Ladungsform ansehen müssen.[20] Nicht nachvollziehbar ist demgegenüber die Argumentation von *Seibt*[21], die Abschwächung des Gfterschutzes durch die neue Form des Einlieferungseinschreibens sei unbeachtlich, da „eine Zementierung der Postpraxis von 1892 dem Gesetz nicht zu entnehmen" sei. Selbstverständlich regelt oder fixiert das GmbHG die Postpraxis nicht. Die Frage ist doch nur, ob eine die Sicherheit der Einladung mindernde Veränderung der „Postpraxis" gegenüber der vom Gesetzgeber des GmbHG vorausgesetzten maßgeblich sein darf, wenn eine den bisherigen Anforderungen genau entsprechende Form der „Postpraxis" weiterhin zur Verfügung steht.

Zustellung durch Gerichtsvollzieher ist der Ladung per Einschreiben gleichwertig,[22] wird aber praktisch nur ausnahmsweise in Betracht kommen. **13**

III. Inhalt der Einberufung

1. Angabe von Zeit und Ort. Einberufung muss Zeit u Ort der Gfter-Vers angeben. **14**

a) Versammlungszeit muss verkehrs- u ortsüblich sein. Einberufung auf Sonn- oder Feiertag ist grds zulässig, soweit Satzung nicht gegenteilige Regelung trifft.[23] Bei Ges mit wenigen Gftern, insbes solchen, wo Vertretung der Gfter in Vers unüblich oder gar unzulässig ist, muss Einberufungsorgan angemessene Rücksicht nehmen auf solche Verhinderungen einzelner Gfter, die deren Erscheinen unzumutbar machen; insbes darf Vers nicht auf Zeitpunkt gelegt werden, von dem Einberufendem bekannt ist, dass Gfter in solcher Weise

---

[20] Richtig Ulmer/*Hüffer* Rn 5; abw. LG Mannheim NZG 2008, 111; *Köper* ZGR 2008, 96; *Emde* GmbHR 2002, 8 (10). Zu Rechtsfragen des Einwurf-Einschreibens vgl auch *Bauer/Diller* NJW 1998, 2795; *Neuvians/Mensler* BB 1998, 1206.

[21] Scholz/*Schmidt/Seibt* Rn 10.

[22] OLG Düsseldorf NZG 2000, 1182.

[23] Ganz hM, vgl nur Michalski/*Römermann* § 48 Rn 16 mN; *H. M. Schmidt* GmbHR 1961, 215 f; abw LG Darmstadt BB 1981, 72; Rowedder/Schmidt-Leithoff/*Koppensteiner* § 48 Rn 6.

verhindert ist.[24] Selbstverständlich kann das nur gelten, wo Verhinderung rasch vorübergehenden Charakter hat.[25] Wo Vertretung unzulässig ist, muss Termin ggf mit allen abgestimmt werden. Anforderungen dürfen aber nicht zu hoch gestellt werden, da sonst, insbes bei Streit, GfterVers lahmgelegt würde.

15 **b) Ort der GfterVers** soll grds der Sitz der Ges sein (§ 121 IV 1 AktG analog),[26] doch kann Satzung Abweichendes regeln, auch Ort im Ausland vorsehen. Bei Einverständnis aller Gfter kann GfterVers an jedem beliebigen Ort stattfinden.[27] Freilich muss zur Wahrung der Form des § 53 II geeigneter Notar zur Verfügung stehen (dazu § 53 Rn 75). Bei Schwierigkeiten der Durchführung am Sitz der Ges oder an satzungsmäßigem Ort kann anderer geeigneter, den Gftern zumutbarer Ort gewählt werden, ferner bei überschaubarem Gfterkreis auch stets Ort, von dem feststeht, dass er Teilnahme der Gfter wegen besserer Erreichbarkeit erleichtert.[28] Einberufung muss ferner **VersLokal** angeben.

16 **2. Bestimmtheit der Einberufung.** Einberufung muss unmissverständlich erkennen lassen, für **welche Ges** sie erfolgt u dass Gfter mit ihr **zur GfterVers eingeladen** werden.[29] Anders als im Aktienrecht ist genaue Angabe der Firma nicht erforderlich, wenn Verwechslung nach Sachlage nicht in Betracht kommt.

17 **3. Erkennbarkeit des Einberufenden.** Aus der Einladung muss erkennbar sein, von wem Einberufung ausgeht. Zwar muss Unterschrift selbst nicht leserlich sein, es muss aber dann auf andere Weise verdeutlicht werden, ob GFührer oder AR oder sonst nach Satzung Einberufungsberechtigter einberuft u wie die einberufenden Personen heißen. Zweck dieses Erfordernisses ist, dass Gfter Berechtigung zur Einberufung prüfen können; dazu schon oben Rn 11. Zu den erforderlichen Informationen im Fall des § 50 III vgl § 50 Rn 19.

18 **4. Mitteilung der Tagesordnung.** Mit der Einladung soll grds auch die Tagesordnung mitgeteilt werden, Abs 2 (unten Rn 21 ff), doch ist Einberufung ohne diese Mitteilung nicht unwirksam, wie aus der Formulierung von Abs 2, aus dem Zusammenhang mit Abs 4 u aus der Parallele zum AktR (§§ 121, 124 AktG) hervorgeht. Vielmehr kann Tagesordnung auch noch später mitgeteilt werden. Zur **Mindestfrist** insoweit vgl Abs 4 sowie unten Rn 22.

IV. Einberufungsfrist

19 Gesetz verlangt Einhaltung einer Einberufungsfrist von einer Woche, Abs 1 S 2. Inwieweit sie auch bei Verlegung einer ordnungsgemäß einberufenen Vers gilt s Rn 42 f. **Frist beginnt** mit dem Tag, an dem der Einschreibebrief bei ordnungsmäßiger Zustellung dem letzten Gfter unter normalen Umständen zugegangen wäre.[30] Frist bereits mit Absendung durch Aufgabe (Einliefe-

[24] BGH WM 1985, 568; zweifelnd *Lutter/Hommelhoff* Rn 10.
[25] Vgl den Fall OLG Brandenburg NZG 1999, 832, in dem Gfter in U-Haft saß.
[26] BGH WM 1985, 568.
[27] OLG Düsseldorf GmbHR 1990, 169.
[28] BGH WM 1985, 568; OLG Naumburg NZG 2000, 44, 45; OLG Düsseldorf NZG 2003, 976; Michalski/*Römermann* § 48 Rn 20 f mN.
[29] OLG Zweibrücken GmbHR 1980, 85 f.
[30] Wie hier BGH 100, 267 f; OLG Naumburg GmbHR 1998, 90; Ulmer/*Hüffer* Rn 15 f; *Roth*/Altmeppen Rn 3; *Lutter/Hommelhoff* Rn 9; Michalski/*Römermann* Rn 44; Rowedder/Schmidt-Leithoff/*Koppensteiner* Rn 10.

rung des letzten Einschreibebriefs) bei der Post beginnen zu lassen,[31] ist kaum sinnvoll, weil Briefe vielfach erst 2–3 Tage später zugehen, den Betroffenen dann aber kaum Zeit für Überlegung u Dispositionen bleibt. Neuregelung für AG mit namentlich bekanntem Aktionärskreis in § 121 IV 1 AktG durch Gesetz v. 2. 8. 1994, wonach der Tag der Absendung als Tag der Bekanntmachung gilt, lässt sich wegen wesentlich längerer Einberufungsfrist im Aktienrecht nicht auf GmbH-Recht übertragen.[32] Normalerweise wird im Inland mit Zugang am übernächsten Tag nach der Aufgabe zur Post gerechnet werden dürfen,[33] im westeuropäischen Ausland am vierten Tag.[34] Spezielle Postlaufhindernisse bei einzelnen Gftern (Wohnsitz in Übersee oder in Wildnis oder in von Krieg überzogenem Ausland) verschieben Fristbeginn grundsätzlich nicht, doch ist Ges evtl zum gleichzeitigen Einsatz moderner Kommunikationsmittel verpflichtet. Je nach den Umständen kann Beschlussfassung in nicht eiligen Angelegenheiten und zum Nachteil des Gfters Treuverstoß darstellen. Besteht umgreifendes Postlaufhindernis im Inland (zB Poststreik), ist Lauf der Frist hinausgeschoben, falls Gfter nicht auf andere Weise fristgerecht von Einladung in Kenntnis gesetzt werden.[35]

Für **Fristberechnung** gelten §§ 187 I, 188 II BGB.[36] Danach muss Wochenfrist zwischen dem Tag der GfterVers u dem nach dem oben Ausgeführten für Fristbeginn maßgeblichen Tag liegen. Ist dieser Tag zB ein Dienstag, darf also GfterVers frühestens am Mittwoch der folgenden Woche stattfinden. Anders herum gerechnet: Soll GfterVers am Mittwoch stattfinden, muss der Tag des normalen Postlaufendes der Dienstag der Vorwoche sein, die Aufgabe zur Post also für Inlandsempfänger am Sonntag, für Auslandsempfänger am Freitag der Vor-Vorwoche erfolgen. Hingegen gilt für Ablauf der Frist nicht die Sonderregel des § 193 BGB, die den Ablauf hinausschiebt, falls Fristende auf einen Sonnabend, Sonntag oder gesetzlichen Feiertag fällt.[37] Unmittelbare Anwendung scheidet jedoch schon vom Wortlaut her aus. Da es bei Fristlänge nur um Überlegungsfrist geht, greift Vorschrift auch von ihrem Zweck her nicht ein, Analogie scheidet daher aus.[38] Auch durch UMAG 2005 getroffene 20

---

31 So RG 60, 145; KG NJW 65, 2158; *Brodmann* A 1; *Vogel* A 3; *Fischer* A 1; *Eder* Rn 457; *Meyer-Landrut* Rn 7; *Loritz* GmbHR 92, 791.

32 Vgl *Lutter* AG 1994, 437.

33 Zustimmend OLG Hamm NZG 2003, 631; BGHZ 100, 267 f lässt das offen. Abw MünchHdbGesR III/*Wolff* § 39 Rn 45: ein Tag. Dagegen spricht schon die Alltagserfahrung jedes Briefempfängers, mag diese Frist auch statistisch überwiegend zutreffen.

34 *Lutter/Hommelhoff* Rn 9.

35 Zur Sinnhaftigkeit der Kombination von Informationsmitteln in ähnlichem Zusammenhang *Loritz* GmbHR 1992, 791 f; dazu auch unten Rn 22.

36 Ganz hM; grds Anwendbarkeit ist wegen § 186 BGB kaum problematisch; abw von hM will *Loritz* (Fn 35) § 188 I anwenden.

37 Wie hier *Loritz* GmbHR 1992, 792 f mit ausführlicher Begründung, ferner die 13. Aufl A 3; ausführlich u überzeugend *Tettinger* GmbHR 2008, 346. Abw für Anwendung von § 193 BGB hingegen noch 15. Aufl Rn 18; Ulmer/*Hüffer* Rn 15; *Lutter/Hommelhoff* Rn 8; Michalski/*Römermann* Rn 49; Rowedder/Schmidt-Leithoff/*Koppensteiner* Rn 10; Scholz/*Schmidt/Seibt* Rn 11; tendenziell auch OLG Hamm NZG 2003, 631, wo aber Ausnahme gemacht wird, wenn eingeladener Gfter zuvor Bereitschaft signalisiert, sich auch am Wochenende mit Belangen der Ges zu befassen.

38 Überzeugend *Loritz* (Fn 35). Michalski/*Römermann* Rn 49 verweisen demgegenüber darauf, dass es nicht nur um Eigenüberlegung des Gfters gehe, sondern um Möglichkeit der Beratung mit Anwälten oder Steuerberatern, die am Wochenende nur eingeschränkt in Betracht käme. Es ist schön, das von Anwälten zu hören, die sich

Sonderregelung in § 123 IV AktG für rückwärts laufende Fristen ist auf GmbH nicht anwendbar.[39] Andere Frage ist, ob GfterVers am Wochenende oder an einem Feiertag *stattfinden* darf. Dies beantwortet sich nicht aus § 193 BGB (s dazu Rn 14), einschlägige Regel gilt ganz unabhängig davon, wann Frist abläuft.

V. Ankündigung der Tagesordnung

21 Sie gehört zu den bedeutsamsten Schutzeinrichtungen für Gfter. Nur genaue Kenntnis, worüber auf der GfterVers verhandelt u entschieden werden soll, erlaubt sachgerechten Entschluss über Besuch der GfterVers sowie sachgerechte Vorbereitung.[40] Anforderungen sind sehr ernst zu nehmen, jedenfalls überall da, wo Gfter nicht ohnehin genau Bescheid wissen. AktG 65 hat Anforderungen gesteigert. Das hat auch auf GmbH-Recht Auswirkungen.

22 **1. Frist. Ankündigung der Tagesordnung** soll möglichst schon **bei Einberufung** der Vers erfolgen, Abs 2. Dazu oben Rn 18.

a) Mindestfrist. Ist Ankündigung nicht schon bei Einberufung geschehen, muss sie mit einer **Frist von mindestens drei Tagen** vor der GfterVers nachgeholt werden, u zwar in der für die Einberufung vorgeschriebenen Weise, dh durch eingeschriebenen Brief. Auch hier gilt, dass Aufgabe zur Post genügt, Zugang nicht erforderlich ist. Für Berechnung der Drei-Tages-Frist sind die gleichen Grundsätze anzuwenden wie hinsichtlich der Einberufungsfrist, vgl dazu oben Rn 19 f. Ließe man Frist bereits mit Aufgabe bei der Post laufen, würde allein der Postlauf die Frist meist ganz oder fast ganz verbrauchen.[41] Als Alternative schlägt *Loritz*[42] vor, Frist mit Aufgabe zur Post beginnen zu lassen, wenn gleichzeitig nachweisbar ist, dass Eingeladenem Kenntnisnahme am gleichen Tag mittels moderner Kommunikationsmittel (e-mail, Telefax) ermöglicht wurde. Im Hinblick auf den Sinn der Ladungsfrist ist das bedenkenswert und jedenfalls als Satzungsregelung (dazu Rn 39) zu empfehlen.

23 **b) Ankündigung bei Verlegung u Wiederholung der GfterVers.** Wird GfterVers verlegt, zu der Tagesordnung bereits angekündigt war, braucht Ankündigung nicht wiederholt zu werden, wenn nach den Umständen klar ist, dass es um die selben Gegenstände gehen soll. Das Gleiche gilt, wenn GfterVers wegen Beschlussunfähigkeit zu späterem Zeitpunkt wiederholt wird.[43]

24 **2. Inhalt der Ankündigung** sind die Gegenstände der Tagesordnung, dh alle Punkte, über die Beschluss gefasst oder auch nur beraten[44] werden soll.

---

häufig u gern beklagen, von ihren Mandanten am Wochenende in Anspruch genommen zu werden. Argument überzeugt nicht, weil jede Wochenfrist Samstage, Sonntage u Feiertage einschließt. Beratung muss nicht am letzten Tag sein.

[39] Zutreffend *Tettinger* GmbHR 2008, 346. Zu dieser „Meisterleistung" des Gesetzgebers *Repgen* ZGR 2006, 121.

[40] Treffend OLG Düsseldorf NZG 2000, 1182.

[41] Wie hier Ulmer/*Hüffer* Rn 20; *Lutter/Hommelhoff* Rn 11; Michalski/*Römermann* Rn 88; Scholz/*Schmidt/Seibt* Rn 22; BGHZ 100, 268; abw *Meyer-Landrut* Rn 7; *Loritz* GmbHR 1992, 792.

[42] AaO (vorige Fn).

[43] OLG Brandenburg GmbHR 1996, 537.

[44] Insoweit abw *Lutter/Hommelhoff* Rn 6.

Gegenstände müssen so genau bezeichnet werden, dass Empfänger der Tagesordnung sich hinreichendes Bild machen kann, worum es geht.[45] Anders als im Aktienrecht braucht Ankündigung keine Beschlussvorschläge oder -anträge zu enthalten, doch ist entspr Mitteilung, wenn der zu stellende Beschlussantrag bereits feststeht, sehr zweckmäßig. Bei Satzungsänderungen braucht der ins Auge gefasste Wortlaut der Änderung, ebenfalls anders als im AktR, nicht mitgeteilt zu werden; auch hier jedoch ist derartige Mitteilung sinnvoll. Keinesfalls ausreichend sind Kennzeichnungen eines Tagesordnungsgegenstands, die Missverständnis erwecken können, dass harmloser, unwichtiger Beschlussgegenstand in Frage steht. Alles, was nach Strategie der Überraschung aussieht, begründet Gefahr eines Ankündigungsmangels. Es muss erkennbar sein, worüber verhandelt u beschlossen werden soll.[46] Tagesordnung muss so deutlich sein, dass sich Gfter auf die Erörterung u Beschlussfassung vorbereiten können u vor Überrumpelung geschützt sind.[47] Weitergehender Inhalt umfasst auch geringeren, zB Kapitalerhöhung geringeren Umfangs. Zustimmung zur Anteilsveräußerung umfasst auch Beschlussfassung über Zustimmungsbedürftigkeit.[48]

Einzelfälle: „Abberufung des GFührers X" genügt. Angabe, dass Abberufung aus wichtigem Grund erfolgen soll oder Angabe der Gründe ist nicht erforderlich.[49] „Abberufung aus wichtigem Grund" umfasst auch gewöhnliche Abberufung. Genügend auch „Entlastung der GFührer", „Beschlussfassung über Jahresabschluss u Gewinnverteilung". „GFührungsangelegenheiten" genügt für Beschlussfassung über künftig vorzunehmende Geschäfte, wenn diese Art der Erledigung in der Ges üblich ist, wie überhaupt Anforderungen sich nach den Umständen der Ges zu richten haben. Was bei der einen Ges für die Gfter Routine ist, kann bei der anderen für sie außergewöhnlich sein. Nicht genügend ist Bezeichnung „Genehmigung der GFührung", wenn ungewöhnliche Geschäfte zu genehmigen sind.[50] Nicht genügend „Änderung der GFührung", wenn ein GFührer abberufen werden soll;[51] nicht genügend wohl auch „Abberufung eines GFührers", wenn mehrere GFührer vorhanden sind u für die Empfänger nicht evident ist, welcher gemeint ist.[52] Nicht genügend „Erörterung des Jahresabschlusses", wenn Feststellung beschlossen werden soll.[53] Unter der Bezeichnung „Verschiedenes" kann zwar beraten, aber nichts beschlossen werden,[54] auch nicht, wenn in Ankündigung vorbehalten. Zu Abweichungen bei Vollversammlung Rn 31. 25

Bei **Satzungsänderungen** genügt weder die Bezeichnung „Satzungsänderung" noch eine sehr vage Kennzeichnung der Richtung, also nicht „Sat- 26

---

45 Näher OLG Düsseldorf NZG 2000, 1182.

46 RG 86, 22; BGH WM 1960, 860; BGH BB 1962, 110. S auch *Vogel,* Gfterbeschlüsse, 134.

47 BGH NZG 2003, 127, 129.

48 BGH (Fn 47).

49 BGH BB 1962, 110; OLG Nürnberg GmbHR 1990, 169.

50 RGZ 89, 376.

51 BGH LM Nr 3; LG Köln GmbHR 1992, 809; dazu auch *Thelen* GmbHR 1992, 796.

52 Ulmer/*Hüffer* Rn 23; Scholz/*Schmidt* Rn 19; abw *Lutter/Hommelhoff* Rn 6, die Nennung des GFührers grds für nicht erforderlich halten.

53 OLG Karlsruhe GmbHR 1989, 206.

54 Ganz hM; OLG München GmbHR 1994, 259; Hachenburg/*Hüffer* 8. Aufl Rn 21; abw *Lutter/Hommelhoff* Rn 6 für unbedeutende Entscheidungen.

zungsänderung über GFührung", sondern „Satzungsänderung: Umfang der GFührungsbefugnis der GFührer"; nicht „Satzungsänderung hinsichtlich GAnteilen", sondern „Satzungsänderung betr Erschwerung der Übertragbarkeit der GAnteile". Bei **Kapitalerhöhung** ist Art u ungefähres Ausmaß der Erhöhung anzukündigen.[55] Geringere Summe wird von höherer stets umfasst. Ein Ausschluss des Bezugsrechts bedarf ausdrücklicher Ankündigung, § 186 IV AktG analog (dazu auch § 55 Rn 25).[56] Bei **Unternehmensverträgen** genügt nicht „Beschlussfassung über Unternehmensvertrag", vielmehr muss, sofern Gftern nicht der in Frage stehende Vorgang bereits bekannt ist, Genaueres übermittelt werden, also mindestens „Beschlussfassung über Beherrschungs- u Gewinnabführungsvertrag mit der X-Gesellschaft". Darüber hinaus wird man verlangen müssen, dass Gftern entspr § 124 II 2 AktG der wesentliche Inhalt des Vertrages mitgeteilt wird, weil anders eine sachgerechte Vorbereitung u Entscheidung gar nicht möglich ist.[57] Von praktischer Bedeutung ist dies freilich nur, wenn Beschlussfassung nicht der Zustimmung aller Gfter bedarf (dazu § 53 Rn 38).

27 Unbestimmte und für Außenstehende nicht konkretisierbare Ankündigung genügt immer dann, wenn Empfänger weiß, worum es konkret geht, weil Zweck der konkreten Bezeichnung dann obsolet ist. Namentlich für Ges mit wenigen Gftern, die relativ engen Kontakt zur GFührung haben, werden sich daraus geringere Anforderungen an Tagesordnung ergeben, als bei Ges mit außenstehenden Gftern.

VI. Folgen von Mängeln

28 **1. Ladungsmängel.** Bestimmte Einberufungsmängel führen entspr § 241 Nr 1 AktG zur **Nichtigkeit** gefasster Beschlüsse. Hierhin gehören jedenfalls: Fehlen der Einberufung,[58] Einberufung durch Unbefugte[59] sowie Einladung nicht aller Gfter.[60] Auch Einladung durch gewöhnlichen Brief[61] u durch Kurier führen, sofern nicht die Einladung trotzdem zugegangen ist, zur Nichtigkeit. Nur Anfechtbarkeit eingreifen zu lassen, wenn gewöhnlicher Brief Gfter nicht erreicht hat, ist zu wenig. Damit wird dem Sinn des Einschreiberfordernisses, Sicherheit des Postlaufs zu erhöhen, keine Rechnung getragen. Zur Nichtigkeit führen kann auch Unvollständigkeit des Inhalts der Einberufung (aber nicht Fehlen der Tagesordnung, vgl Rn 18), insbes fehlende Angabe von Zeit u Ort der Vers. Fehlen der Angabe des VersLokals wird gleiche Folge haben, sofern nicht auf Grund besonderer Umstände kein Zweifel hins der Örtlichkeit bestehen kann. Nichtigkeit auch, wenn Mängel bei der Einladung nur eines oder einiger Gfter vorliegen. Nur **Anfechtbarkeit** begrün-

---

[55] RGZ 87, 156; Michalski/*Römermann* Rn 83; *Roth*/Altmeppen Rn 10; Scholz/*Schmidt/Seibt* Rn 20; Ulmer/*Hüffer* Rn 25.

[56] *Roth*/Altmeppen Rn 10; Scholz/*Schmidt/Seibt* Rn 20; Ulmer/*Hüffer* Rn 25.

[57] Ulmer/*Hüffer* Rn 26.

[58] Abgesehen von verabredeter GfterVers, dazu § 49 Rn 10.

[59] BGHZ 11, 235; 87, 2; BayObLG GmbHR 1999, 984; dazu gehört auch Einladung im Weg der Selbsthilfe nach § 50 III, wenn Voraussetzungen nicht vorliegen, OLG München GmbHR 2000, 486; *Emde* ebenda S 490; LG Mannheim NZG 2008, 111.

[60] BGHZ 36, 211; BayObLG GmbHR 1997, 1002; OLG Frankfurt DB 1983, 2678; Scholz/*Schmidt* Rn 28.

[61] Abw *Lutter/Hommelhoff* Rn 16.

det Einladung an unzulässigen Ort[62] oder auf unzulässige Zeit, desgl Unterschreitung der Ladungsfrist.[63]

2. Verzicht u Heilung. Gfter können schon vorher für konkreten Fall oder für alle künftigen Fälle auf Ladung überhaupt oder auf besondere Ladungsform oder auf Einhaltung der Ladungsfrist verzichten.[64] Verzicht ist notwendig widerruflich, er gilt nur für den oder die Gfter, die ihn erklärt haben. Bei Erklärung durch alle gilt er nicht für später in Gfterstellung Eingerückte (außer Erben); insoweit Regelung in der Satzung erforderlich. Ladungsmangel ist, soweit Verzicht reicht, unerheblich (zum Teilnahmeverzicht s unten Rn 34). Beweislast für Verzicht liegt bei Ges. Verabredete GfterVers lässt sich als Verzicht auf Ladung interpretieren.[65] **29**

Gfter können ferner einzeln oder alle nachträglich Einverständnis mit Beschlussfassung trotz Ladungsmangels (nicht notwendig Zustimmung zum Beschluss) oder Rügeverzicht erklären.[66] Nichtigkeit wird dadurch geheilt,[67] vgl den durch Gesetz vom 2. 8. 1994 eingefügten § 242 II 4 AktG, der entsprechend auf GmbH anzuwenden ist (vgl Anh § 47 Rn 77). Frühere abweichende Meinungen sind dadurch obsolet.[68] Im Ergebnis entspricht dies der schon bisher hM.[69] Anwesenheit des nicht oder fehlerhaft geladenen Gfters auf einer GfterVers führt per se aber nicht zur Heilung von Ladungsmängeln.[70] Zur Relevanz von Ladungsmängeln für Beschluss vgl Anh § 47 Rn 126. **30**

3. Vollversammlung. Wenn alle Gfter anwesend, dh erschienen oder vertreten[71] sind, dürfen nach dem Wortlaut des § 51 III Beschlüsse trotz Ladungsmängeln gefasst werden. Das würde bedeuten, dass in einem solchen Fall Nichtigkeit oder Anfechtbarkeit nicht eintritt, vgl auch § 241 Nr 1 AktG in der vor dem Gesetz v. 2. 8. 94 geltenden Fassung.[72] Ganz hM u ständige Rspr nehmen schon seit langem entgegen dem Wortlaut an, dass neben der Anwesenheit sämtlicher Gfter zusätzlich das Einvernehmen aller mit der Abhaltung der GfterVers zum Zweck der Beschlussfassung erforderlich ist.[73] **31**

---

62 OLG Celle GmbHR 1997, 748; OLG Düsseldorf NZG 2003, 976.

63 BGHZ 100, 265; vgl auch Anh § 47 Rn 45 ff.

64 Ulmer/*Hüffer* Rn 34; OLG Köln NZG 2000, 381, 383.

65 OLG Köln (Fn 64).

66 Hachenburg/*Hüffer* Rn 32.

67 Scholz/*Schmidt/Seibt* Rn 29; anders Ulmer/*Hüffer* Rn 34: der bereits nichtige Beschluss könne nicht geheilt werden.

68 Das gilt last not least für BGHZ 11, 231 (239).

69 Hachenburg/*Raiser* 8. Aufl. Anh § 47 Rn 78; Scholz/*Schmidt* 9. Aufl. Rn 38; *Meyer-Landrut* Rn 13; BGHZ 11, 239; BayObLG GmbHR 1997, 1002; wohl auch BGHZ 87, 4; OLG Frankfurt BB 1983, 2140.

70 Vgl OLG Hamburg GmbHR 1998, 90.

71 Anwesenheit iSv Abs 3 besteht auch, wenn einem Gfter von allen übrigen Stimmrechtsvollmacht erteilt worden ist, BGH DStR 1999, 1576 (Anm *Goette*).

72 Zu Sonderfall, dass in zweigliedriger Ges ein Gfter durch anderen vollmachtlos vertreten wird, BayObLG GmbHR 1989, 252.

73 So RGZ 92, 410 f; BGHZ 100, 270; BGH NZG 2003, 127; BGH NZG 2009, 385; BayObLG DB 1993, 577; OLG Hamm DB 1992, 264; OLG Stuttgart GmbHR 1994, 258; OLG Naumburg GmbHR 1998, 90; OLG München GmbHR 2000, 489; *Lutter/Hommelhoff* Rn 18; Ulmer/*Hüffer* Rn 30 f; Michalski/*Römermann* Rn 97; *Roth*/Altmeppen Rn 16; Scholz/*Schmidt/Seibt* Rn 33; *Meyer-Landrut* Rn 11; *Emde* GmbHR 2000, 490. Abw noch (vor Änderung des AktG) die 17. Aufl.

Ein solches Einvernehmen kann ausdrücklich oder konkludent[74] erklärt werden, zB durch Teilnahme an der Abstimmung, aber auch schon durch rügelose Teilnahme an der Versammlung. BGH formuliert dahin, dass ein Gfter dann nicht iSd Abs 3 anwesend sei, wenn er der Durchführung der Vers oder der Beschlussfassung ausdrücklich oder konkludent widerspricht. Diesem begriffsjuristischen Ansatz fügt der BGH teleologische Begründung hinzu, die einiges für sich u einiges gegen sich hat. Da sich der Gesetzgeber immerhin die ihr zugrundeliegende Auffassung für das Aktienrecht durch die mit Gesetz vom 2. 8. 1994 erfolgte Einfügung des § 121 VI AktG zu eigen gemacht hat – warum er auf eine gleichzeitige Korrektur im GmbHG verzichtet hat, ist offen – wird man der ausdrücklichen gesetzgeberischen Bewertung auch im GmbHRecht Rechnung tragen dürfen. Es wäre nicht leicht einsehbar, warum der Widerspruch eines in der Vers erschienenen Aktionärs die Beschlussfassung hindern, der eines GmbHGfters hingegen sie nicht hindern sollte.[75] Widerspruch wegen Ladungsmangel kommt zu spät, wenn er erst nach der Abstimmung über einen Beschlussantrag erhoben wird.[76]

32 Einvernehmen mit Abhaltung der Vers bzw Beschlussfassung hat keinen rechtsgeschäftlichen Charakter.[77] Willensmängel kommen daher insoweit nicht in Betracht. Fehlt anwesendem Gfter Geschäftsfähigkeit, hindert das Heilung von Ladungsmängeln nur dann u insoweit, wie anstelle des Geschäftsunfähigen gesetzlicher Vertreter oder Betreuer hätte geladen werden müssen (dazu Rn 7), weil insoweit Vollvers nur bei Erscheinen des gesetzlichen Vertreters vorliegt.[78]

33 Eintritt der Vollzähligkeit während der GfterVers hat auf vorher gefasste Beschlüsse keine heilende Wirkung, doch kann Verhandlung u Beschlussfassung noch einmal aufgenommen werden. Einmal gegebene Vollzähligkeit wirkt hingegen bis zum Schluss der Vers, auch wenn sich Gfter wieder entfernen, ohne der Abhaltung bzw Fortsetzung der Vers zu widersprechen. Von der die genannten Ladungsmängel heilenden Wirkung der VollVers zu unterscheiden ist Wirkung auf Mängel der Ankündigung der Tagesordnung. Insoweit ist heilende Wirkung aus guten Gründen beschränkt, vgl näher zu Voraussetzungen u Folgen Rn 37.

34 Liegt Einberufungsmangel vor u sind alle Gfter bis auf solche erschienen, die vorher auf Ladung u Teilnahme verzichtet haben, sind Grundsätze über Vollvers anwendbar. Es wäre seltsam, wenn das Nichterscheinen dieser Gfter die übrigen hindern sollte, über Abhaltung der Vers trotz Ladungsmangels Einvernehmen herzustellen. Darauf ob Ladungsmangel nur den Nichterschienenen gegenüber vorliegt oder auch gegenüber Erschienenen kommt es insoweit nicht an. Dem Fragenkreis der Heilung von Beschlussmängeln lässt sich das Problem nicht zuordnen, weil es nicht um nachträgliche Mängelbeseitigung geht, sondern um Frage, ob Beschlussmangel überhaupt zur Entstehung kommt. Nachträglicher Verzicht auf Rüge von Einberufungsmängeln wird idR als Genehmigung der Beschlussfassung anzusehen sein u daher

[74] Zu möglichen Facetten der Konkludenz instruktiv BGH NZG 2009, 385 = DB 2009, 556.

[75] Aufgrund der Änderung des AktG gebe ich meine bis zur 17. Aufl vertretene gegenteilige Auffassung auf.

[76] BGH NZG 2003, 127 für mangelhafte Ankündigung zur TO.

[77] So aber zB BayObLG DB 1993, 577 = GmbHR 1993, 223.

[78] BayObLG (Fn 76) daher iE zutreffend, nicht aber in der Begründung.

Heilung analog § 242 II 4 AktG bewirken (dazu oben Rn 29f). Auch hier wäre nicht verständlich, warum auf „Vollvers" der übrigen Gfter gefasster Beschluss nicht wirksam werden sollte.

Grundsätze über Vollvers sind auch anwendbar, wenn Ladungsmangel nur gegenüber einem Teil der Gfter vorliegt, diese aber erschienen sind, während ordnungsgemäß geladene fernbleiben. Tatbestand des Abs 3 ist nicht wortgetreu, sondern seinem Sinn u Zweck entsprechend anzuwenden. 35

4. Rechtsmissbräuchliche Einladung ist trotz Erfüllung aller formellen gesetzlichen Anforderungen nichtig. Das kommt etwa in Betracht, wenn GFührer ein Einberufungsverlangen von Gftern, das auf seine Abberufung zielt, mit einem späteren Termin bedenkt u anschließend selbst auf einen früheren Termin einberuft, um die Einziehung der GAnteile der abberufungswilligen Gfter zu beschließen[79] oder wenn GFührer Vers auf einen Termin, der kurz vor einer zwischen den Gftern verabredeten GfterVers liegt, mit gleicher Tagesordnung einberuft.[80] Freilich wird man solchen wegen des dann vorliegenden Ladungsmangels zur Beschlussnichtigkeit führenden Ladungsmissbrauch nur in krassen Fällen wie den genannten annehmen dürfen. Ansonsten wird sich rechtsmissbräuchliches Verhalten nur als anfechtbarkeitsbegründend auswirken. 36

5. Mängel der Ankündigung zur Tagesordnung, also fehlende, unzureichende oder verspätete Ankündigung, desgl Ankündigung durch Unbefugte, machen Beschlussfassung unzulässig, Abs 4, trotzdem gefasste Beschlüsse sind jedoch nur anfechtbar, allgM. Sind alle Gfter erschienen (VollVers), darf über nicht ordnungsgemäß angekündigte Gegenstände abgestimmt werden, sofern dem kein Gfter widerspricht.[81] Vgl dazu auch schon oben Rn 31. Wortlaut von Abs 4, der Beschlussfassung bei VollVers schlechthin zuzulassen scheint, ist gem dem Zweck des Ankündigungserfordernisses, nicht nur die sachgerechte Entscheidung über den Besuch der GfterVers, sondern auch die Vorbereitung auf die Beschlussfassung zu ermöglichen, einschränkend zu interpretieren.[82] Vgl ferner die Rechtslage hinsichtlich anderer Ladungsmängel in Rn 31, sowie § 121 VI AktG idF des Gesetzes v. 2. 8. 1994. Widerspruch gegen Durchführung der Beschlussfassung hinsichtlich einzelner Tagesordnungspunkte ist auch noch zulässig, wenn Gfter zuvor bei anderen Gegenständen mitgestimmt hat.[83] Dem Beschluss, bei dem er mitgestimmt hat, kann er jedoch nicht mehr wirksam widersprechen.[84] Auf Nichteinhaltung der Ankündigungsfrist darf sich nicht berufen, wer selbst Mitteilung des Gegenstands durch entspr Antrag veranlasst hat.[85] 37

War Ankündigung nur einzelnen Gftern gegenüber mangelhaft, begründet dies Anfechtbarkeit nur durch diese. Hat mangelhaft geladener Gfter auf Mitteilung der Tagesordnung oder auf Rüge von Ladungsmängeln verzichtet oder hat er dem Beschluss nachträglich zugestimmt, beseitigt dies seine Anfechtungsbefugnis. In gleicher Weise wie auf Mitteilung der Tagesordnung 38

---

[79] OLG Köln NZG 2003, 40, 41.
[80] OLG München BB 2002, 2196.
[81] BGH NZG 2003, 127; KGJ 48, 132; OLG Hamm DB 1992, 2233.
[82] Vgl auch Scholz/*Schmidt/Seibt* Rn 33; Ulmer/*Hüffer* Rn 31.
[83] OLG Hamburg GmbHR 1997, 796.
[84] BGH NZG 2003, 127.
[85] OLG Düsseldorf NZG 2002, 1182.

überhaupt kann Gfter auf Einhaltung der Form verzichten, zB sein Einverständnis mit Übermittlung durch moderne Kommunikationsmittel erklären.[86]

VII. Satzungsregelungen über die Einberufung

39 § 51 ist zwar **nicht zwingend.** Gfter sind gleichwohl in ihren Regelungsmöglichkeiten nicht frei. Satzung kann an Einberufung einer GfterVers **erschwerende Anforderungen** stellen, zB zusätzlich Einberufung durch Bekanntmachung in GesBlättern vorsehen u Frist verlängern (letzteres meist zweckmässig). Allerdings darf Abhaltung einer GfterVers dadurch nicht über das nach den Umständen Angemessene hinaus erschwert werden.[87] Satzung kann auch **Einberufung erleichtern,**[88] etwa mündliche, telefonische, telegraphische oder durch moderne elektronische Kommunikationsmittel zu bewirkende Einladung zulassen, jedoch nicht Einladung durch gewöhnlichen Brief, wenn nicht zusätzliche Sicherung der Benachrichtigung durch Bekanntmachung etc vorgesehen wird.[89] **Abkürzung der gesetzlichen Einberufungsfrist** ist nicht zulässig,[90] **Erfordernis der Ankündigung zur Tagesordnung** kann durch Satzung nicht ausgeschlossen oder abgeschwächt,[91] auch Ankündigungsfrist nicht reduziert werden,[92] wohl aber sind verstärkende Vorschriften zulässig, etwa iSd § 124 AktG.[93]

VIII. Absage und Verlegung einberufener GfterVers

40 **1. Absage.** Einberufene GfterVers kann wieder abgesagt werden. Zur Frage, wer Kompetenz hierfür hat, s § 49 Rn 13. Absage bedarf nicht der gleichen Form wie Einberufung.[94] Absagende Stelle ist verpflichtet, optimalen Verständigungsweg zu wählen, um unnötige Anreise zur GfterVers zu vermeiden, sonst evtl Schadensersatzpflicht.[95] Wird wirksam abgesagte GfterVers dennoch abgehalten, sind gefasste Beschlüsse nichtig analog § 241 Nr 1 AktG,[96] es sei denn alle Gfter wären vertreten.

---

86 OLG Köln NZG 2002, 381, 383.

87 Zutreffend Michalski/*Römermann* Rn 117.

88 Rowedder/Schmidt-Leithoff/*Koppensteiner* Rn 3; OLG Hamm DB 1992, 264.

89 Vgl Ulmer/*Hüffer* Rn 36; *Priester/Mayer/Ingerl* in Münch Hdb § 39 Rn 14; abw Scholz/*Schmidt/Seibert* Rn 3; *Meyer-Landrut* Rn 12; Michalski/*Römermann* Rn 118; OLG Thüringen GmbHR 1996, 536; dort wird verkannt, dass zwingender Charakter des Formerfordernisses nicht die Aufgabe hat, Nachweis der Ladung sicherzustellen, sondern Sicherheit der Übermittlung der Ladung. Sie ist entgegen der Meinung des Gerichts bei mündlicher Übermittlung höher als bei Übermittlung durch gewöhnlichen Brief.

90 Vgl OLG Naumburg NZG 2000, 44; abw noch 16. Aufl.

91 Ulmer/*Hüffer* Rn 37; etwas milder Scholz/*Schmidt/Seibt* Rn 3.

92 BGH 99, 119, 124; Ulmer/*Hüffer* Rn 36; Michalski/*Römermann* Rn 123, 124.

93 Zur Frage der Anwendbarkeit von §§ 187 I oder II, 188 I oder II BGB – je nach Formulierung in der Satzung – vgl *Loritz* GmbHR 1992, 790, 794.

94 Str, zust Scholz/*Schmidt/Seibt* Rn 14; Michalski/*Römermann* Rn 6; Ulmer/*Hüffer* Rn 3.

95 Michalski/*Römermann* Rn 8.

96 OLG Hamburg GmbHR 1997, 796; Michalski/*Römermann* Rn 12.

2. Verlegung. Ob Verlegung einer GfterVers hinsichtlich Frist u Form den Erfordernissen einer Neueinladung unterliegt, bedarf differenzierender Beantwortung.[97] 41

a) Wird nur **Versammlungsort** verlegt, so wird man unterscheiden müssen. Ist der neue Ort für alle Gfter in gleicher Weise wie der alte ohne zusätzlichen Zeitaufwand erreichbar, kann diese Verlegung noch kurz vor dem Termin u formlos erfolgen, sofern alle Gfter verständigt werden können. Bei Wechsel des VersLokals am gleichen Ort kann sogar unter ausreichender Verschiebung des Beginns Verständigung erst am ursprünglichen VersLokal erfolgen. Sind hingegen nicht alle Gfter erreichbar oder ist neuer Ort nur mit erheblichem Zeitmehraufwand erreichbar, muss Verlegung durch Neueinladung unter deren Form u Frist erfolgen. Alte Tagesordnung braucht aber, wenn sie sich nicht ändert, nicht neu mitgeteilt werden. 42

b) Zeitliche Verlegung der Vers auf anderen Tag bedarf stets der Neueinladung unter deren Form u Frist.[98] Unveränderte Tagesordnung braucht auch hier nicht erneut übermittelt werden. Auch Vorverlegung des Beginns der Vers am gleichen Tag ist ohne Wahrung von Frist u Form einer Neueinladung nur bei Einverständnis aller Gfter zulässig. Hinausschiebung des Beginns am gleichen Tag um ein oder zwei Stunden ist als form- u fristlos zulässig anzusehen, weil damit immer gerechnet werden muss, längere Verschiebung dagegen nur, sofern nicht ein Gfter wegen geringen Umfangs der Tagesordnung mit deren rascher Erledigung rechnen konnte. All dies steht unter dem Abwägungsmaßstab von Treu u Glauben, weshalb sich bei Zweifeln empfiehlt, den Weg allseitigen Einverständnisses oder korrekter Neueinladung unter Wahrung von Form u Frist zu wählen. 43

Auskunfts- und Einsichtsrecht

51a (1) **Die Geschäftsführer haben jedem Gesellschafter auf Verlangen unverzüglich Auskunft über die Angelegenheiten der Gesellschaft zu geben und die Einsicht der Bücher und Schriften zu gestatten.**

(2) [1] **Die Geschäftsführer dürfen die Auskunft und die Einsicht verweigern, wenn zu besorgen ist, daß der Gesellschafter sie zu gesellschaftsfremden Zwecken verwenden und dadurch der Gesellschaft oder einem verbundenen Unternehmen einen nicht unerheblichen Nachteil zufügen wird.** [2] **Die Verweigerung bedarf eines Beschlusses der Gesellschafter.**

(3) **Von diesen Vorschriften kann im Gesellschaftsvertrag nicht abgewichen werden.**

Lit: 1. Zu § 51 a: *Biermeier/Bongen/Renaud,* Informationsrechte der Gesellschafter bei Betriebsaufspaltungen, GmbHR 1988, 169; *v. Bitter,* Das Informationsrecht des GmbH-Gesellschafters in §§ 51 a, 51 b GmbHG, ZIP 1981, 825; *Bopp,* Die Informationsrechte des GmbH-Gesellschafters, 1991; *Bremer,* Herausgabe von Informationen im Rahmen einer Due Diligence, GmbHR 2000, 176; *Burhoff,* Auskunfts- und Einsichtsrecht des GmbH-Gesellschafters, NWB 1988, 3005; *Ebenroth,* Das Auskunftsrecht des

[97] Grundsätzlich für Beachtung Michalski/*Römermann* Rn 13; 17. Aufl Rn 30; differenzierend hingegen Ulmer/*Hüffer* Rn 3; Scholz/*Schmidt/Seibt* Rn 15.
[98] BGHZ 100, 266.

Aktionärs und seine Durchsetzung im Prozeß, 1970; *ders,* Die Kontrollrechte der GmbH-Gesellschafter, 1971; *Gansen,* Zum Schutzgesetzcharakter des § 51 a GmbHG (Auskunfts- und Einsichtsrecht des Gesellschafters), GmbHR 1987, 458; *Götze,* Auskunftserteilung durch GmbH-Geschäftsführer im Rahmen der Due Diligence beim Beteiligungserwerb, ZGR 1999, 202; *Grunewald,* Einsichts- und Auskunftsrecht des GmbH-Gesellschafters nach neuem Recht, ZHR 146 (1982), 211; *Hirte,* Die Ausübung der Informationsrechte von Gesellschaftern durch Sachverständige, FS Röhricht, 2005, 217; *Ivens,* Informationsverweigerung gem. § 51 a Abs. 2 GmbHG gegenüber Konkurrentgesellschaftern, GmbHR 1989, 273; *Jaeger* in Oppenländer/Trölitzsch, Praxishandbuch GmbH-Geschäftsführung 2004 § 19 IV; *Kiethe,* Das Informationsrecht des ausscheidenden Gesellschafters, DStR 1993, 1708; *Karl,* Das Auskunfts- und Einsichtsrecht des GmbH-Gesellschafters nach § 51 a GmbHG, DStR 1995, 940; *Kiethe,* Das Informationsrecht des ausscheidenden Gesellschafters, DStR 1993, 1708; *Kort,* Das Informationsrecht des Gesellschafters der Konzernobergesellschaft, ZGR 1987, 46; *Kretzschmar,* Zur Konkretisierung des Auskunftsrechts nach § 51 a GmbHG, AG 1987, 121; *Kropff,* Außenseiterschutz in der faktisch abhängigen „kleinen Aktiengesellschaft“, ZGR 1988, 558; *Lutter,* Zum Informationsrecht des Gesellschafters nach neuem GmbH-Recht, ZGR 1982, 1; *ders,* Fragerecht und Informationsanspruch des Aktionärs und GmbH-Gesellschafters im Konzern, AG 1985, 117; *ders,* Due diligence des Erwerbers beim Kauf einer Beteiligung, ZIP 1997, 613; *N. Meier,* Zum Verhältnis zwischen der Informationspflicht der Geschäftsführung und der Überwachungspflicht des fakultativen Aufsichtsrats bei einer GmbH, DStR 1997, 1894; *Meilicke/Hollands,* Schutz der GmbH vor nachträglichem Missbrauch der nach § 51 a GmbHG erlangten Informationen, GmbHR 2000, 964; *Mertens,* § 51 a Abs. 1 GmbHG und die kapitalistisch strukturierte GmbH, FS Werner, 1984, 557; *K. Müller,* Schranken des Informationsrechts nach § 51 a GmbH, GmbHR 1987, 87; *Oppenländer,* Grenzen der Auskunftserteilung durch GFührer u Gfter beim Verkauf von GmbH-Anteilen, GmbHR 2000, 535; *A. Reuter,* § 51 a GmbHG- quo vadis?, BB 1986, 1653; *Robrecht,* Der Informationsanspruch des GmbH-Gesellschafters nach der Eröffnung des Insolvenzverfahrens, GmbHR 2002, 692; *Römermann,* Reichweite des Einsichtsrechts nach § 51 a GmbHG und Besonderheiten beim Ablauf einer Gesellschafterversammlung, GmbHR 2005, 627; *Saenger,* Beteiligung Dritter bei Beschlußfassung und Kontrolle im Gesellschaftsrecht, 1990; *K. Schmidt,* Das neue Auskunfts- und Einsichtsrecht des GmbH-Gesellschafters, in Das neue GmbH-Recht in der Diskussion, 1981, 87; *ders,* Informationsverweigerung in der GmbH ohne Gesellschafterbeschluß, GmbHR 1982, 206; *ders,* Informationsrechte in Gesellschaften und Verbänden, 1984; *ders,* Schiedsklausel und Informationsrecht des GmbH-Gesellschafters, ZIP 1987, 218; *ders,* Die Dogmatik des Informationsrechts als Grundlage der Konkretisierung des § 51 a GmbHG, FS Kellermann, 1991, 389; *ders,* Die Information des Gesellschafters, FS 100 Jahre GmbHG, 1992, 559; *Birgit Schneider,* Informationsrechte von GmbH-Gesellschaftern – Inhalt und Grenzen, GmbHR 2008, 617; *Tietze,* Die Informationsrechte des GmbH-Gesellschafters, 1985; *Chr. Wilde,* Informationsrechte und Informationspflichten im Gefüge der Gesellschaftsorgane, ZGR 1998, 423; *A. Witte,* Zum Informationsrecht des Gesellschafters einer mitbestimmten GmbH, ZGR 1998, 151; *Wohlleben,* Informationsrechte des Gesellschafters, 1989.

2. Zu § 51 b (soweit nicht bereits unter 1.): *Driesen,* Gerichtliche Zuständigkeit für Informationserzwingungsverfahren nach § 51 b GmbHG, GmbHR 1987, 103 und 1988, 228; *ders,* Zur Zuständigkeit für Informationserzwingungsverfahren GmbHR 1994, 788; *Ebenroth/Wilken,* Zum Auskunftsrecht des Aktionärs im Konzern, BB 1993, 1818; *Gustavus,* Das Informationserzwingungsverfahren nach § 51 b GmbHG in der Praxis, GmbHR 1989, 181; *W. Lüke,* Das Verhältnis von Auskunfts-, Anfechtungs- und Registerverfahren im Aktienrecht, ZGR 1990, 657; *Stangier/Bork,* Das Informationserzwingungsverfahren nach dem neuen GmbH-Gesetz, GmbHR 1982, 169; *Werner,* Fehlentwicklungen in aktienrechtlichen Auskunftsstreitigkeiten, FS Heinsius, 1991, 911.

3. Zur GmbH & Co KG: *Binz/Freudenberg/Sorg,* Informationsrechte in der GmbH & Co., BB 1991, 785; *Grunewald,* Zum Informationsrecht in der GmbH & Co KG, ZGR 1989, 545; *Schiessl,* Abdingbarkeit der Kontrollrechte des Kommanditisten aus § 166 HGB?, NJW 1989, 1597; *Veltins/Hikel,* Zur Einschränkung bzw. Erweiterung der Informationsrechte des Kommanditisten, DB 1989, 465.

Übersicht

I. Allgemeines

1 **1. Inhalt, Stellung u Bedeutung der Regelung.** Die durch die Novelle von 1980 eingefügte Vorschrift regelt die **allg Kontroll- u Informationsrechte** des einzelnen Gfters, die außerhalb der GfterVers ausgeübt werden können. Sie stehen neben den **speziellen Informationsrechten,** die den Gftern in den ihrer Beschlussfassung obliegenden Angelegenheiten zustehen (zu dieser Konkurrenzfrage Rn 56). Hinzu tritt Informationsanspruch der GfterVers bzw der GfterGesamtheit, der (auf Mehrheitsbeschluss hin) GFührer zur Berichterstattung an GfterVers bzw GfterGesamtheit verpflichtet.[1] Bestimmung ist legislatorisch mißlungen.[2] Aufregung in der Praxis hat sich allerdings weitgehend gelegt. Gleichwohl enthält die Regelung beträchtliches Missbrauchspotential. Praktische Bedeutung ist relativ groß. Streitigkeiten haben oft zu gerichtlichen Verfahren geführt.[3]

2 **2. Zwingender Charakter; Verzicht.** Vorschrift ist zwingend, Abs 3. Das bedeutet zum einen jedenfalls, dass der durch Abs 1 gewährte Auskunfts- u Einsichtsanspruch im GesVertrag nicht eingeschränkt werden darf.[4] Es bedeutet weiter, dass das in Abs 2 S 1 normierte Auskunftsverweigerungsrecht der GFührer nicht durch Satzung ausgeschlossen oder gemindert, aber auch nicht erweitert werden kann. Abdingbar ist hingegen, weil jedenfalls bei Ges mit vielen Gftern nicht praktikabel, das Erfordernis eines GfterBeschlusses für die Auskunftsverweigerung (Abs 2 S 2). Auskunft heischende Gfter sind im Hinblick auf Möglichkeit gerichtlicher Auskunftserzwingung hinreichend geschützt.[5] Keine Bedenken bestehen ferner nach Sinn u Zweck der Vorschrift, wenn Satzung zusätzliche Informationspflichten u -wege vorsieht, zB GFührern Berichte an die Gfter auch ohne deren Verlangen auferlegt.[6]

---

[1] Dazu § 46 Rn 31.

[2] Vgl dazu u zur Entstehungsgeschichte *Mertens* FS Werner, 1984, 557 mN; *K. Schmidt* GesR, 1040: Informationstatbestand konturenlos; *Lutter/Hommelhoff* Rn 33: chaotischer Charakter; Michalski/*Römermann* Rn 23: Uferlosigkeit und Konturenlosigkeit; *Martens* FS 100 Jahre GmbH, 1992, 622: „unverhältnismäßige Zwangsbeglückung der Minderheitsgesellschafter".

[3] Zu den Rechtstatsachen instruktiv *Gustavus* GmbHR 1989, 181.

[4] OLG Köln WM 1986, 761, 763; abw wohl *Vogel,* Gfterbeschlüsse, 116.

[5] Wie hier Ulmer/*Hüffer* Rn 70; Scholz/*Schmidt* Rn 51; unklar *Lutter/Hommelhoff* Rn 33; abw Rowedder/Schmidt-Leithoff/*Koppensteiner* Rn 30; *Roth*/Altmeppen Rn 41.

[6] *Lutter/Hommelhoff* Rn 33; Rowedder/Schmidt-Leithoff/*Koppensteiner* Rn 30; *Roth*/Altmeppen Rn 41; Scholz/*Schmidt* Rn 50; *Klauss/Birle,* Die GmbH, 5. Aufl 1992,

Denkbar ferner, dass **Regelungen über das Verfahren des Informationsverlangens** u der **Informationserteilung** einschl der Form des Verlangens u der Erteilung getroffen werden,[7] jedoch dürfen sich diese nicht als materiell den Informationsanspruch beschränkend auswirken, also zB nicht Einhaltung bestimmter Fristen für das Verlangen vorschreiben[8] oder Auskunftserteilung auf GfterVers beschränken[9] oder Auskunftserteilung von vorgängigem GfterBeschluss abhängig machen.[10] Zulässig wohl Beschränkung der Ausübung des Einsichtsrechts auf Sachverständige,[11] sofern Ges Kosten trägt, hingegen nicht der Ausübung des Auskunftsrechts.[12] Auch **Schiedsklausel** für Streitigkeiten wird durch Abs 3 nicht verboten.[13] Zwingender Charakter des Informationsrechts schließt Verzicht auf Ausübung für in der Vergangenheit liegende Zeiträume nicht aus.[14] 3

II. Auskunftsanspruch

Jeder Gfter kann unverzügliche Auskunft über die Angelegenheiten der Ges verlangen, Abs 1. 4

1. Träger des Auskunftsrechts ist jeder einzelne Gfter ohne Rücksicht auf Beteiligungshöhe. Es handelt sich um ein mitgliedschaftliches (korporationsrechtliches) Recht, das ohne die Mitgliedschaft nicht übertragbar ist.[15] Es hat jedoch nicht höchstpersönlichen Charakter.[16] Daher Ausübung grds auch durch ermächtigte Dritte möglich.[17] Satzung kann dies aber insoweit unterbinden, als sie Stimmrechtsausübung durch Vertreter ausschließen kann. IZw ist bei Beschränkung der Stimmrechtsausübung durch Vertreter anzunehmen, dass auch Auskunftseinholung durch Vertreter als entspr beschränkt gewollt ist. Einholung von Auskünften durch gesetzliche Vertreter, Testamentsvollstrecker etc kann Satzung nicht ausschließen.[18] Hat Testamentsvollstrecker das 5

Rn 214; *K. Schmidt* GesR, S 1044; *v. Bitter* ZIP 1981, 830; *Lutter* ZGR 1982, 5 ff; abw *Gersch/Herget/Marsch/Stützle* Rn 303.

7 *Lutter/Hommelhoff* Rn 32; *Roth*/Altmeppen Rn 41; Rowedder/Schmidt-Leithoff/*Koppensteiner* Rn 30; *K. Schmidt,* GmbH-Recht in der Diskussion, 1981, 102; BayObLG GmbHR 1989, 201; *Kallmeyer* Rn 1255.

8 Abw *Roth*/Altmeppen Rn 41.

9 BayObLG (Fn 7) (Beschränkung auf eine Stunde im Monat unzulässig); *Roth*/Altmeppen Rn 41; *v. Bitter* ZIP 1981, 830; Scholz/*Schmidt* Rn 51; Ulmer/*Hüffer* Rn 70.

10 OLG Köln WM 1986, 762; *Lutter/Hommelhoff* Rn 34; Michalski/*Römermann* Rn 250; *Roth*/Altmeppen Rn 8.

11 Sehr streitig; wie hier *Hirte* BB 1985, 2210; Ulmer/*Hüffer* Rn 70; *Ivens* GmbHR 1988, 273, 276; aA *Lutter/Hommelhoff* Rn 34; *Meyer-Landrut* Rn 7; Michalski/*Römermann* Rn 247.

12 Zur Erteilung im Einzelfall nur an Schweigepersonen s Rn 35.

13 Dazu näher § 51 b Rn 3.

14 Zu Grenzen der Verzichts OLG München GmbHR 2006, 205.

15 Keine Abspaltbarkeit, Ulmer/*Hüffer* Rn 14.

16 So aber *Meyer-Landrut* Rn 7; wie hier zB Michalski/*Römermann* Rn 82.

17 Ulmer/*Hüffer* Rn 16; Scholz/*Schmidt* Rn 15: nur soweit nicht berechtigte Interessen der Ges entgegenstehen; *Tietze,* 21; einschränkend auf zur Berufsverschwiegenheit verpflichtete Personen u Bevollmächtigte, die sanktionsbeschwerte Verschwiegenheitsverpflichtung eingehen *Lutter/Hommelhoff* Rn 4; ähnlich *Roth*/Altmeppen Rn 15; Rowedder/Schmidt-Leithoff/*Koppensteiner* Rn 3; *Meyer-Landrut* Rn 7. Vgl auch *Goerdeler* FS Stimpel, 1985, 125.

18 Scholz/*Schmidt* Rn 15.

Stimmrecht, steht Auskunftsanspruch nur ihm zu.[19] Im Insolvenzverfahren der Ges dauert Informationsrecht fort;[20] zur dadurch eintretenden evtl Einschränkung unten Rn 29. Im Insolvenzverfahren eines Gfters steht Auskunftsrecht dessen Insolvenzverwalter zu.[21]

6 Gfter hat Auskunftsrecht auch dann, wenn er bei entspr Beschlussfassung vom Stimmrecht ausgeschlossen wäre, ebenso bei stimmrechtslosen Anteilen (allgM). Bei Treuhandübertragung hat Auskunftsrecht der Treuhänder, bei Verpfändung oder Pfändung von GAnteilen nicht der Pfandgläubiger, sondern nur der Gfter; er ist aber dem Pfandgläubiger verpflichtet, für diesen im Hinblick auf Pfandrecht wesentliche Informationen einzuholen. Das Gleiche gilt bei Nießbrauch für Gfter u Nießbraucher.[22] Steht GAnteil mehreren Personen gemeinsam zu, muss Auskunftsanspruch wie Stimmrecht gemeinsam oder durch gemeinsamen Vertreter ausgeübt werden.

Ist Ausschließungs- oder Einziehungsverfahren gegen Gfter im Gang, verbleibt ihm Auskunftsrecht bis zum Verlust seines Anteils. Auch evtl Vorliegen wichtigen Grundes für Ausschließung lässt Auskunftsrecht grds unberührt,[23] allerdings kann wichtiger Grund je nach seinem Gehalt mit Bezug auf Inhalt des Auskunftsbegehrens Einwand des Rechtsmissbrauchs begründen. Zugehörigkeit zu Konkurrenzunternehmen schließt grundsätzliche Berechtigung zur Geltendmachung von Informationsrechten nicht aus, sie kann aber Einwand gegen Erteilung bestimmter Auskünfte begründen.

7 **Ausgeschiedene Gfter** haben Auskunftsrecht des § 51 a nicht[24] u zwar auch nicht wegen Angelegenheiten aus der Zeit ihrer Mitgliedschaft. Soweit ihnen Abfindungs- oder Gewinnansprüche gegen Ges zustehen, haben sie aber besonderes Informationsrecht hinsichtlich berechnungserheblicher Tatsachen,[25] das höchstrichterliche Rspr auf § 810 BGB stützt. Soweit Zahlung der Abfindung oder wenigstens entspr Zahlungsfähigkeit aufschiebende Bedingung für Ausscheiden eines Gfters bildet, bleibt Auskunftsanspruch bis zum Bedingungseintritt erhalten.[26] Zu den Folgen des Ausscheidens während Auskunftserzwingungsverfahren § 51 b Rn 9.

8 Im Unternehmensverbund hat Auskunftsrecht selbstverständlich Mutterges als unmittelbarer Gfter. Großelternges oder andere Mitglieder der Mutterges haben direktes Auskunftsrecht nicht. Sie können aber im Rahmen ihres

---

[19] Rowedder/Schmidt-Leithoff/*Koppensteiner* Rn 4; *Priester* FS Stimpel, 1985, 472.

[20] OLG Hamm NZG 2002, 178.

[21] *Lutter/Hommelhoff* Rn 4.

[22] Ebenso *Lutter/Hommelhoff* Rn 3; *Roth*/Altmeppen Rn 14; Scholz/*Schmidt* Rn 12; MünchHdbGmbH/*Schiessl* § 33 Rn 7; *Reichert/Schlitt/Bühl* GmbHR 1998, 567, die aber Nießbraucher eigenen Anspruch gegen Ges aus § 242 BGB hinsichtlich Gewinnverteilung geben wollen; differenzierend Ulmer/*Hüffer* Rn 18; für eigenes Auskunftsrecht *Brandi/Mühlmeier* GmbHR 1997, 736.

[23] Zutreffend BayObLG NZG 2004, 100.

[24] Rowedder/Schmidt-Leithoff/*Koppensteiner* Rn 3; *Lutter/Hommelhoff* Rn 3; Ulmer/*Hüffer* Rn 13; MünchHdbGmbH/*Schiessl* § 33 Rn 6; BGH GmbHR 1988, 434; BayObLG GmbHR 1991, 572; BayObLG GmbHR 1993, 741; OLG Frankfurt GmbHR 1995, 901; OLG Thüringen GmbHR 1996, 699; OLG Karlsruhe NZG 2000, 435; abw OLG Frankfurt BB 1982, 143.

[25] BGH GmbHR 1977, 153; OLG Hamm DB 1994, 1232; sa OLG Frankfurt GmbHR 1995, 901: nur über § 810 BGB; Michalski/*Römermann* Rn 53; *Roth*/Altmeppen Rn 12; Scholz/*Schmidt* Rn 13.

[26] Vgl KG Berlin GmbHR 1999, 1203; OLG Münvhen NZG 2008, 199 (200) sa BayObLG GmbHR 1999, 1296. Vgl auch BGHZ 121, 137, 146 ff.

eigenen Informationsanspruchs gegen die Mutter Auskunft auch über Verhältnisse der Tochter-GmbH verlangen.[27] Näher dazu noch Rn 12. Bei kommunaler GmbH hat Auskunftsrecht die Gemeinde, auszuüben durch den Bürgermeister. Davon zu unterscheiden ist Auskunftsrecht der Gemeinderatsmitglieder gegen Bürgermeister nach öffentlich-rechtlichen Vorschriften über Angelegenheiten der GmbH, wie es insbes dann besteht, wenn GmbH öffentliche Aufgaben wahrnimmt.[28]

2. Zuständigkeit zur Erteilung. Auskunft haben die GFührer (dh die zZt der Auskunftserteilung amtierenden, nicht frühere) zu geben.[29] Auskunftserteilung ist zwar rechtssystematisch nicht GFührungsmaßnahme, gleichwohl richten sich gesellschaftsinterne Zuständigkeit u Mehrheitserfordernis nach den in der Ges maßgeblichen Regeln.[30] Rechtlicher **Träger der Auskunftspflicht** sind aber nicht GFührer als solche, sondern Ges selbst, gegen die Anspruch auch gerichtlich geltend zu machen ist.[31] Auch im Unternehmensverbund ist Auskunftsschuldner stets eigene Ges, nie Tochter oder Mutter.[32] Im Insolvenzverfahren besteht Auskunftspflicht fort. Zuständigkeit zur Auskunftserteilung geht nicht auf den Insolvenzverwalter über,[33] vielmehr bleiben GFührer zur Erteilung zuständig. Sie müssen dazu nötige Informationen vom Insolvenzverwalter nach Maßgabe insolvenzrechtlicher Vorschriften einholen. Gewährung von Büchereinsicht ist ihnen nicht mehr möglich. Insolvenzverwalter braucht sie nicht zu ermöglichen.[34] Im Liquidationsstadium haben Liquidatoren Auskunft zu erteilen. 9

3. Gegenstand des Auskunftsrechts sind die Angelegenheiten der Ges. Die Einschränkung des § 131 I 1 AktG, dass Auskunft nur in dem zur Beurteilung des Gegenstands der Tagesordnung der Hauptversammlung erforderlichen Umfang zu geben ist, enthält GmbH-Recht nicht.[35] Der damit sehr viel weiter reichende Umfang des Auskunftsrechts bei der GmbH beruht nicht auf der grds umfassenderen Zuständigkeit der GfterVers, da 10

---

[27] Dazu BGHZ 152, 344 f.

[28] Vgl zB VG Oldenburg Nds VBl 2008, 140.

[29] Scholz/*Schmidt* Rn 16: Delegation möglich.

[30] Dazu § 35 Rn 16 ff u § 37 Rn 2 ff.

[31] BGHZ 135, 51; BayObLG NZG 2004, 99; OLG Karlsruhe GmbHR 1985, 59; OLG Hamm WM 1986, 740; KG GmbHR 1988, 221; OLG Saarbrücken GmbHR 1994, 474; Scholz/*Schmidt* Rn 16; Ulmer/*Hüffer* Rn 19; *Lutter/Hommelhoff* Rn 5; Rowedder/Schmidt-Leithoff/*Koppensteiner* Rn 5; *Vogel,* Gfterbeschlüsse, 113; *Hommelhoff* ZIP 1983, 390; *K. Schmidt,* Informationsrechte in Gesellschaften und Verbänden, 1984, 60.

[32] Michalski/*Römermann* Rn 81; *Kort* ZGR 1987, 69 f; zum Informationsrecht bei Betriebsaufspaltung *Biermeier/Bongen/Renaud* GmbHR 1988, 169; OLG Karlsruhe BB 1984, 2016.

[33] Anders OLG Hamm GmbHR 2002, 163 = NZG 2002, 178, freilich mit der Einschränkung, dass Auskunftsrecht nach Voraussetzung und Umfang dem Funktionswandel der Gfterstellung Rechnung zu tragen hat. LG Wuppertal NJW-RR 2003, 322; Scholz/*Schmidt* Rn 16 mit Einschränkung auf „Informationen mit Massebezug". Teilweise übereinstimmend, teilweise abw BayObLG GmbHR 2005, 1360: Zuständigkeit geht auf Insolvenzverwalter über, Auskunftsrecht für Zeit nach Insolvenzverfahrenseröffnung wird aber jedenfalls für Fragen und Vorgänge, die sich auf Tätigkeit des Verwalters beziehen, durch Verfahrensregeln der InsO verdrängt.

[34] Anders BayObLG (Fn 33).

[35] Dazu ausführlich BGHZ 135, 54.

diese durch die Satzung erheblich beschränkt werden kann, sondern lässt sich nur mit dem sehr viel größeren Risiko der Beteiligung an einer GmbH erklären.

11 **Angelegenheit der Ges** ist grds alles, was mit ihrer GFührung, ihren wirtschaftlichen Verhältnissen, ihren Beziehungen zu Dritten (einschl Behörden), zu verbundenen Unternehmen ua zusammenhängt.[36] Dazu gehören auch Gehälter der GFührer;[37] das Bestehen von Unternehmensverbindungen iSv § 15 AktG als Ober- wie als Unterges, ferner auch Beteiligungen der Ges an anderen Unternehmen, die Qualität von § 15 AktG nicht erfüllen.[38] Zusammenhang muss konkret sein.[39] Angelegenheit der Ges ist auch, was zeitlich zurückliegt – auch Zeiträume vor Eintritt des Gfters, jedoch sind Auskunftsverlangen insoweit oft durch immanente Schranken (Rn 27 ff) ausgeschlossen. Innergesellschaftliche Rechtsbeziehungen betreffende Fragen sind ebenfalls Angelegenheiten der Ges, zB Beteiligungsverhältnisse an der eigenen Ges (etwa Veränderungen seit der letzten Liste gem § 40), Genehmigung von Anteilsveräußerungen, getätigte oder geplante Zahlungen an Gfter, Durchführung der Einforderung von Einlagenverpflichtungen. Ferner gehört hierhin die Gewährung von Darlehen, Bürgschaften etc[40] an bzw für Gfter, Organmitglieder u Dritte; Angelegenheiten des AR einschl seiner Beschlüsse. Dass nach rechtlichen Wertungen nicht gefragt werden darf,[41] geht zu weit. Wie GFührung bestimmte rechtliche Verhältnisse der Ges wertet, kann durchaus GesAngelegenheit sein. Der danach außerordentlich u unangemessen weit erscheinende Auskunftsanspruch unterliegt freilich neben Abs 2 einer Reihe immanenter Schranken, die ihn auf ein praktisch erträgliches Maß reduzieren.

12 **Verhältnisse bei verbundenen Unternehmen** sind Angelegenheit der Ges, wenn für diese objektiv wirtschaftlich oder rechtlich von erheblicher Bedeutung.[42] Konzerntatbestand nicht erforderlich. Auch bei **Minderheitsbeteiligung** an anderem Unternehmen können dessen Verhältnisse Angelegenheit der Ges sein.[43] Bei Abhängigkeit sind Angelegenheit der Ges auch Verhältnisse des herrschenden Unternehmens. Im Konzern auch Bezüge der GFührer der Ges, die diese als Verwaltungsmitglieder in UnterGes erhalten.[44] Soweit **Konzernabschluss** erstellt wird, erstreckt sich Auskunftspflicht über diesen auf alle in den Abschluss einbezogenen Unternehmen.[45]

---

[36] *K. Schmidt* GesR 1041; *Tietze,* 9 ff; *Lutter* AG 1985, 117.

[37] OLG Köln WM 1986, 37; vgl aber Rn 27.

[38] Vgl KG WM 1993, 1845; WM 1994, 1479; aA LG Frankfurt WM 1994, 1929 u 1931. Zur Problematik *Ebenroth/Wilken* BB 1993, 1818 u 2039; *Großfeld/Möhlenkamp* ZIP 1994, 1425; *Spitze/Diekmann* ZHR 158 (1994), 447; *Kallmeyer* Rn 1223 f.

[39] Zu weit *Grunewald* ZHR 146 (1982), 214: alles, was überhaupt Bezug zur Ges hat; darunter will sie auch potentielle GFührungsmaßnahmen verstehen, die weder getätigt noch erwogen worden sind, was zu endlosen „Warum nicht"-Fragen führen könnte.

[40] OLG Hamm GmbHR 1988, 218.

[41] Entspr Andeutung in OLG Frankfurt GmbHR 1997, 130.

[42] BGHZ 152, 339, 344 f; OLG Köln WM 1986, 39; OLG Düsseldorf NJW 1988, 1033; Ulmer/*Hüffer* Rn 27 ff m umfassenden N; *Kort* ZGR 1987, 52 ff; zu weitgehend OLG Hamm DB 1986, 580: Alle Angelegenheiten der TochterGes im Konzern grds Angelegenheit der Mutter; ähnlich weitgehend *Lutter/Hommelhoff* Rn 14; *U. H. Schneider* FS Lutter, 2000, 1193, 1195.

[43] *Tietze,* 15; *A. Reuter* BB 1986, 1656.

[44] *Lutter* AG 1985, 123.

[45] Analog §§ 294 ff HGB; ähnlich *Meyer-Landrut* Rn 7.

In **GmbH & Co KG** gehören zu den Angelegenheiten der GmbH grds auch diejenigen der KG,[46] jedoch ist Informationsbedürfnis besonders sorgfältig zu prüfen. Lage ist nicht die gleiche wie im durch Beteiligung fundierten Unternehmensverbund von Kapitalgesellschaften. Für Informationsrecht der Kommanditisten in der GmbH & Co KG ist § 166 HGB maßgebend.[47] 13

4. Umfang der zu erteilenden Auskunft bestimmt sich allg nach den Zwecken des Auskunftsrechts u nach den Grundsätzen gewissenhafter u getreuer Rechenschaft[48] (Rechtsgedanke des § 131 II AktG, der auch hier zutrifft). Diese Grundsätze gelten auch für den **Inhalt.** Das bedeutet, dass erteilte Auskünfte wahr sein u Ungewissheiten zum Ausdruck gebracht werden müssen. 14

Problematisch sind im Hinblick auf weiten Ansatz des Auskunftsrechts **Anforderungen an Ausführlichkeit u Vollständigkeit** der Auskunft. Praktisch ist ausgeschlossen, dass GFührer jedem Gfter zu jeder Zeit ausführliche Auskunft über alle Angelegenheiten der Ges erteilen. Deshalb gilt, dass Auskunft umso kursorischer sein kann, je umfassender Auskunftsverlangen gestellt ist. Ein Gesamtbericht nach Art des Geschäftsberichts, wie er alljährlich bei der AG den Jahresabschluss begleitet, kann also keineswegs jederzeit vom einzelnen Gfter verlangt werden. Je gezielter u gegenständlich umgrenzter Auskunftsverlangen gestellt wird, umso relativ ausführlicher, detailbezogener kann u muss Auskunft sein. Umfang wird selbstverständlich begrenzt durch den Zweck, den das Auskunftsverlangen haben kann: Sachgerechte Beurteilung eines künftigen Beschlussgegenstands, Beurteilung der Lage der Ges, der Rechtmäßigkeit eines Vorgangs oder der Pflichtgemäßheit u Zweckmäßigkeit getroffener Maßnahmen oder Entscheidungen. 15

5. Form der Auskunft. Auskunft kann mündlich oder schriftlich erteilt werden nach Ermessen der GFührer. Anspruch auf schriftliche Erteilung besteht grds nicht.[49] Satzung kann aber entsprechende Regelung treffen (s Rn 3). Mündliche Erteilung muss bei komplexen Auskünften so erfolgen, dass Gfter sich Notizen machen kann. 16

6. Zeitlicher Rahmen. Auskunft ist unverzüglich zu erteilen, Abs 1, dh ohne schuldhaftes Zögern.[50] Wann Verzögerung schuldhaft ist, hängt ua von 17

---

[46] BGH WM 1988, 1447; OLG Hamburg GmbHR 1985, 120; OLG Hamm WM 1986, 740; KG GmbHR 1988, 221; OLG Düsseldorf GmbHR 1991, 18; OLG Karlsruhe GmbHR 1998, 691; s auch LG Bielefeld DB 1985, 2239; Rowedder/Schmidt-Leithoff/*Koppensteiner* Rn 6; *Lutter/Hommelhoff* Rn 17; *Meyer-Landrut* Rn 6; Michalski/*Römermann* Rn 41; Scholz/*Schmidt* Rn 53; *Roth*/Altmeppen Rn 44; einschr *Tietze* (Fn 42); abw *v. Bitter* ZIP 1981, 830 f; *Binz/Freudenberg/Sorg* BB 1991, 788: entscheidend ist, ob in KG Auskunft durch GmbH verlangt werden kann. Vgl auch *Sigel,* Die Informationsrechte der Gesellschafter einer GmbH & Co KG, 1991.

[47] BGH ZIP 1994, 1942; BGH GmbHR 1995, 56; BayObLG DB 1995, 36; *Grunewald* ZGR 1989, 545; sa *Hahn,* Das Informationsrecht des Kommanditisten, BB 1997, 741.

[48] *Roth*/Altmeppen Rn 20; *Lutter/Hommelhoff* Rn 12.

[49] *Michalski/Römermann* Rn 155; *Roth*/Altmeppen Rn 18; Scholz/*Schmidt* Rn 23; abw *Lutter/Hommelhoff* Rn 23 b: außerhalb GfterVers Erteilung mündlich nur mit Zustimmung des Gfters ausreichend; Ulmer/*Hüffer* Rn 33: schriftliche Erteilung, sofern es sich nicht bloß um einfache Fragen u Auskünfte handelt.

[50] § 121 I 1 BGB.

Umfang u Schwierigkeit der Auskunft ab, von sonstiger geschäftlicher Inanspruchnahme der GFührer, aber auch von der Dringlichkeit der Beantwortung.[51] Ist für GFührer ersichtlich, dass Auskunft für Gfter im Hinblick auf seine mitgliedschaftlichen Interessen von Bedeutung ist, müssen sie rascher handeln als bei Auskunftsverlangen, die routinemäßigen oder lediglich ausforschenden Charakter haben. Nach Sachlage kann auch Zwischenbescheid u Erteilung von Teilauskünften geboten sein. Lehnen Gfter eine durch GFührer gewünschte Auskunftsverweigerung nach Abs 2 durch Beschluss ab, kann bis zur Beschlussfassung verstrichene Frist für Beurteilung der Unverzüglichkeit der Auskunftserteilung einzurechnen sein, wenn GFührer mit entspr Entsch der Gfter rechnen mussten. **In GfterVers gestelltes Auskunftsverlangen** ist grds in dieser zu beantworten, soweit es zur Beurteilung von Gegenständen der Tagesordnung erforderlich ist. Das gilt nicht für umfangreiche u schwierige Auskünfte, mit denen GFührer nicht zu rechnen brauchten. Insoweit ist vorheriges Verlangen oder Ankündigung durch Gfter erforderlich.[52]

18 **7. Kosten.** Der Ges durch Auskunfterteilung entstehende Kosten hat diese selbst zu tragen (allgM). Anfragekosten hingegen obliegen dem Gfter selbst.

III. Einsichtsrecht

19 GFührer haben auch Einsicht „der" (gemeint ist: in die) Bücher u Schriften der Ges zu gestatten, Abs 1. Ges iSd Bestimmung ist nur die GmbH selbst. Nur deren Bücher und Schriften unterliegen dem Einsichtsrecht, nicht solche verbundener Unternehmen. Insoweit besteht grds nur Auskunftsrecht gegen eigene Ges.[53] Nur unter bes Voraussetzungen (zB Durchgriff, Führung 100%iger Tochter wie Betriebsabteilung ua) kann abw gelten.[54] Auch dann bleibt Schuldner des Informationsanspruchs stets Ges des Einsicht fordernden Gfters, vgl Rn 9. Bei GmbH & Co KG grds kein Einsichtsrecht für GmbHGfter in Bücher u Schriften der KG.[55]

20 **1. Büchereinsicht** bedeutet wie in § 118 HGB Einsicht in die Handelsbücher iSv § 238 HGB. Gegenständlich ist davon die gesamte Buchhaltung umfasst, die dem Jahresabschlusswesen dient. Exakte Abgrenzung ist nicht erforderlich, da Aufzeichnungen anderer Abteilungen jedenfalls grds dem Begriff der Schriften der Ges unterfallen. Ist die Buchhaltung Datei iS des BDSG, wie jedenfalls immer dann, wenn sie mittels EDV geführt wird, muss gleichwohl Einsicht gewährt werden. Zwar sind Gfter Dritte iSv § 3 IX BDSG u die Einsichtsgewährung ist Datenübermittlung. § 51 a geht jedoch den beschränkenden Vorschriften des BDSG vor. Dazu auch Rn 42.

---

[51] Vgl zB MünchHdbGmbH/*Schiessl* § 33 Rn 18.

[52] KG WM 1994, 1479 (1485); *Lutter/Hommelhoff* Rn 23 a.

[53] Scholz/*Schmidt* Rn 25; *Meyer-Landrut* Rn 6; *Tietze,* 54; nicht eindeutig *U. H. Schneider* BB 1981, 252.

[54] Vgl RGZ 99, 232; BGHZ 25, 115; OLG Köln GmbHR 1985, 362 = WM 1986, 40; *Tietze,* 55.

[55] Abw OLG Hamburg GmbHR 1985, 121.

21 **2. Einsicht in die Schriften der Ges** (gleichbedeutend mit Papiere der Ges in § 118 HGB) wird traditionell verstanden als Einsicht in die geschriebenen Geschäftsunterlagen der Ges einschließlich der Korrespondenz u der Buchungsbelege. Auch der aufgestellte Jahresabschluss samt Lagebericht gehört dazu.[56] Vom Einsichtsrecht wird nicht nur das nach § 257 HGB aufbewahrungspflichtige Schriftgut erfasst, sondern **alle schriftlichen Unterlagen,** welche die Ges hat **einschl deren technischer Surrogate.**[57] Zu den schriftlichen Geschäftsunterlagen gehören deshalb auch auf Mikrofilm aufgenommene Schriften. Erweiternd oder analog sind ferner moderne technische Mittel nichtschriftlicher Speicherung wie insbes mittels EDV einzubeziehen.

22 Zweifelhaft ist, ob Einsicht in die **Protokolle des AR** verlangt werden kann. Die hM bejaht Einsichtsrecht.[58] Gegen diese Auffassung spricht, dass der AR – jedenfalls in seiner typischen Ausgestaltung – selbständiges Kontrollorgan ist, dessen Beratungen vertraulich sein müssen. Diese Vertraulichkeit ist nicht gewahrt, wenn jeder einzelne Gfter Möglichkeit hat, Einsicht in Beratungs- u Entscheidungsunterlagen des AR zu nehmen. Die Gründe, dem Schutz der Vertraulichkeit – jedenfalls grds – Vorrang vor den Informationsinteressen der Gfter zu geben, haben *Stimpel/Ulmer*[59] für mitbestimmten AR überzeugend herausgearbeitet. Allerdings treffen diese Gründe nicht weniger auf fakultativen AR zu. Tatsache, dass dieser seine Existenz der Satzungsautonomie verdankt, ändert nichts an Erforderlichkeit angemessenen Funktionsschutzes. Nur dort, wo fakultativer AR der Sache nach Organ mit anderen Aufgaben (Titular AR) ist, kann anderes gelten. Rspr des BGH[60] kann dazu führen, dass Informationsgehalt der AR-Aufzeichnungen ausgedünnt wird. Hinweis des BGH, dass auch kollektives Informationsrecht der GfterVers bestehe, überzeugt nicht, weil es zwar auf Unterrichtung, nicht aber auf Vorlage der Protokolle geht u weil auf Unterrichtung gerichteter GfterBeschluss nur ausnahmsweise u nicht ohne gewichtigen sachlichen Grund gefasst wird, was für das individuelle Verlangen einzelner Gfter auf Einsicht nicht angenommen werden kann. Rspr sollte daher schon aus institutionellen Gründen normales Informationsrecht der Gfter nicht auf Protokolle (gleiches gilt für sonstige Aufzeichnungen) des AR erstrecken. Dadurch wird nicht ausgeschlossen, dass wichtige Gründe sachbezogenes Informationsrecht eröffnen.[61]

23 **3. Art der Einsichtgewährung.** Einsicht braucht nur in den Geschäftsräumen gewährt zu werden. Gelegenheit zur Anfertigung von Abschriften ist dabei zwar im Normalfall zu geben, jedoch nicht, wo schutzwürdige Interessen entgegenstehen. IdR darf Gfter auch Fotokopien von Unterlagen der Ges anfertigen;[62] hingegen kann er nicht Anfertigung oder Übersendung von Ges

---

56 BayObLG GmbHR 1999, 1296.

57 Ulmer/*Hüffer* Rn 40.

58 Vgl BGHZ 135, 48 = BGH NJW 1997, 1985 = GmbHR 1997, 705; OLG Karlsruhe GmbHR 1985, 59; Ulmer/*Hüffer* Rn 40; *Lutter/Hommelhoff* Rn 18; Scholz/*Schmidt* Rn 25 mit 19; Rowedder/Schmidt-Leithoff/*Koppensteiner* Rn 6; *Roth*/Altmeppen Rn 9.

59 *Stimpel/Ulmer* FS Zöllner, 1998, I, 589 ff.

60 BGH (Fn 58).

61 Dazu *Stimpel/Ulmer* S 602 ff.

62 OLG Köln WM 1986, 37; OLG München GmbHR 2005, 624; *Lutter/Hommelhoff* Rn 9; *Meyer-Landrut* Rn 9; Ulmer/*Hüffer* Rn 43; Michalski/*Römermann* Rn 172.

verlangen.[63] Je nach Sachlage können GFührer Gewährung der Einsichtnahme auch durch Kopien u Teilkopien ersetzen, soweit damit dem Informationsinteresse des Gfters genügt wird.[64] Insbes bei EDV-Anlagen erscheint es ausgeschlossen, dass dem einsichtheischenden Gfter der unmittelbare Zugang zur EDV-Anlage eröffnet werden kann. Möglich ist selbstverständlich, dass dem Gfter durch Bedienstete der Ges bestimmte Unterlagen im online-Verfahren auf Bildschirm zugänglich gemacht werden. Dem Einsichtsverlangen kann aber auch durch dem Informationsbedürfnis genügenden Ausdruck einschlägiger Informationen entsprochen werden.

24 **4. Umfang des Einsichtsrechts.** Einsicht kann nicht global u unbeschränkt verlangt werden. Das bedeutet, dass sie auch nicht ohne Bezug auf konkrete Unterlagen gewährt zu werden braucht.[65] Globales Einsichtsrecht käme einer totalen Sonderprüfung durch einzelne Gfter gleich. Es wäre vollkommen ausgeschlossen, einem solchen Verlangen zu entsprechen, das zu wochenlanger Präsenz des einsichtnehmenden Gfters in den Geschäftsräumen u zur Inanspruchnahme von Mitarbeitern des Unternehmens in erheblichem Umfang führen würde. Ein schutzwürdiges Interesse für ein so umfassendes Einsichtsrecht ist schwerlich denkbar.

25 **5. Beiziehung eines Sachverständigen.** Gfter kann sich zur Einsicht eines **Sachverständigen** bedienen. Dieses Recht kann dort nicht ausgeschlossen werden, wo für zweckgerechte Information dem Gfter nicht zur Verfügung stehende Sachkunde erforderlich ist, wie insbes für Büchereinsicht. Beauftragt werden kann idR nur ein beruflicher Schweigepflicht unterliegender Sachverständiger (Wirtschaftsprüfer, Steuerberater, Rechtsanwalt,[66] in Ausnahmefällen auch andere vertrauenswürdige Personen, wenn sie sich der Ges zu entspr Verschwiegenheit verpflichten. Dazu, ob Satzung Einsichtsrecht auf Ausübung durch Sachverständige beschränken kann, Rn 3.

26 **6. Verhältnis von Auskunfts- u Einsichtsrecht.** Zwischen beiden Formen des Informationsanspruchs besteht kein durchgehendes Rangverhältnis. Da es sich aber um Eingriffsrechte handelt, gilt für Ausübung der Grundsatz der Erforderlichkeit u damit das Prinzip des schonendsten Mittels.[67] Wo dem Informationsbedürfnis des Gfters auf weniger eingreifende Weise genügt werden kann, ist sein Anspruch darauf beschränkt. Das führt iE für den Regelfall zur Subsidiarität des Einsichtsrechts.[68] Zur Überprüfung von Bilanzierungsfragen kann jedoch Büchereinsicht Vorrang haben.

---

[63] Zustimmend OLG Köln (Fn 62).

[64] Rowedder/Schmidt-Leithoff/*Koppensteiner* Rn 10 aE; OLG Köln WM 1986, 36; OLG Düsseldorf GmbHR 1991, 18; abw Hachenburg/*Hüffer* Rn 43; *Vogel,* Gfterbeschlüsse, 112 f.

[65] So aber *Lutter/Hommelhoff* Rn 18; OLG Frankfurt WM 1995, 1719 f.

[66] Dazu Scholz/*Schmidt* Rn 27; *Lutter/Hommelhoff* Rn 4; Rowedder/Schmidt-Leithoff/*Koppensteiner* Rn 3; *Roth*/Altmeppen Rn 15; Ulmer/*Hüffer* Rn 45; *v. Bitter* ZIP 1981, 828; *K. Schmidt,* Informationsrechte in Gesellschaften und Verbänden, 1984, 25; *Goerdeler* FS Stimpel, 1985, 125; *Hirte* BB 1985, 2208; BayObLG DB 1988, 2504; BayObLG GmbHR 1989, 204; OLG Frankfurt GmbHR 1995, 904.

[67] Rowedder/Schmidt-Leithoff/*Koppensteiner* Rn 12.

[68] Zutreffend OLG Jena ZIP 2004, 2003 (krit. Anm. von *Trölitzsch/Leinekugel* EWiR 2004, 1131).

IV. Grenzen des Informationsrechts

1. Erforderlichkeit eines Informationsbedürfnisses. Als unzuträglich weit formuliert steht das Informationsrecht von vornherein unter der immanenten Schranke funktionsgerechter Ausübung, vgl schon Rn 11, 14 u 15. BGH formuliert dahin, dass Informationsrecht seine Grenze bei nicht zweckentsprechender Wahrnehmung findet.[69] Dazu gehört, dass es nicht beliebig, sondern nur bei Vorliegen eines Informationsbedürfnisses ausgeübt wird u nur so weit, wie dieses Informationsbedürfnis reicht.[70] Einziges (!) Gegenargument von *Lutter/Hommelhoff,*[71] das Gesetz wolle keine Kontrolle des Gfters, wäre nur dann akzeptabel, wenn ein solcher „Wille" irgendwie erkennbar wäre, was nicht der Fall ist. Dass Gfter generell Informationsinteresse in Bezug auf alle Angelegenheiten der Ges zugebilligt werden muss,[72] trifft ebenfalls nicht zu. Begrenzung des Informationsrechts ist besonders wichtig im Hinblick auf Einsichtsrecht. Umfassende Ausübung ist schon praktisch illusionär, funktionelles Bedürfnis bestünde nur bei Vorliegen eines umfassenden Informationsinteresses, das kaum je gegeben sein wird. Gfter können sich nicht auf Grund ihres Einsichtsrechts zu jederzeitigen oder allgegenwärtigen Prüfern der Ges aufschwingen. Daher kann Ges von Gfter Konkretisierung seines Einsichtsbegehrens verlangen.[73] Im Gegensatz zur vor Einführung des § 51 a hM ist zwar nach der Fassung des Gesetzes wichtiger Grund für die Einsicht nicht mehr erforderlich. Gleichwohl folgt aus der Natur der Sache, dass nicht jeder Gfter beliebig in Schriften der Ges stöbern darf. 27

Informationsbedürfnis ist freilich nicht als (ungeschriebenes) selbständiges Tatbestandsmerkmal des Auskunftsanspruchs zu verstehen, sondern als immanente, durch Funktionsbezogenheit eines in zahlreiche schutzwürdige Interessen eingreifenden Rechts vorgegebene Rechtsausübungsvoraussetzung.[74] Vorliegen des Informationsbedürfnisses ist Innenschranke der Ausübung des Informationsrechts u deckt sich im Normalfall mit den durch Treubindungen 28

---

[69] BGHZ 135, 54; 152, 344.

[70] Vgl Michalski/*Römermann* Rn 129 ff; *K. Schmidt,* Das neue GmbH-Recht in der Diskussion, 1981, 99 f; *ders,* Informationsrechte in Gesellschaften und Verbänden, 1984, 58 f; *ders,* GesR, S 1041 ff; Scholz/*Schmidt* Rn 8; *ders* FS Kellermann, 1991, 389. Zur Auffassung von Ulmer/*Hüffer* Rn 6, 56 ff vgl unten Fn 70. Kritisch gegenüber diesem Ansatz *Lutter* ZGR 1982, 4, der aber der Sache nach, abgesehen vom Anspruch auf eine allg Berichtsauskunft, die Erforderlichkeit des Informationsbedürfnisses für alle weitergehenden Fragen bejaht (S 9). Krit ferner *v. Bitter* ZIP 1981, 829; *Martens* GmbHR 1984, 270; *K. Müller* GmbHR 1987, 89; *Grunewald* ZHR 146 (1982), 222. Abl *Roth*/Altmeppen Rn 7; *Meyer-Landrut* Rn 11; *Lutter/Hommelhoff* Rn 2; Rowedder/Schmidt-Leithoff/*Koppensteiner* Rn 15; MünchHdbGmbH/*Schiessl* § 33 Rn 26; KG GmbHR 1988, 221; LG Düsseldorf DB 1989, 1077; abl in Worten, aber nicht der Sache nach OLG Stuttgart BB 1983, 677; bes Begründung verlangt OLG München GmbHR 2006, 205 für Auskunftsbegehren des Gfters, der im Zeitraum, für den Information verlangt wird, GFührer war.

[71] *Lutter/Hommelhoff* Rn 2.

[72] So *K. Müller* GmbHR 1987, 89.

[73] Anders OLG Frankfurt GmbHR 1995, 904, wo freilich konkretes Informationsbedürfnis offenbar in Gestalt des Verdachts unredlicher GFührung bestanden hat.

[74] Im Ansatz in die gleiche Richtung geht Formulierung von *Kallmeyer* I Rn 1234, Informationsrecht werde durch den Grundsatz zweckentsprechender Wahrnehmung eingeschränkt.

des Gfters vorgegebenen Schranken.[75] Diese können allerdings über dem Informationsrecht immanente Schranke im Einzelfall hinausgehen.

29 Erforderlichkeit eines Informationsbedürfnisses entspricht allg informationsrechtl Grundsatz, dass Informationszugang, wo er schutzwürdige Interessen berührt – das ist Regelfall bei Auskunfts- u Einsichtsverlangen – nur bei Vorliegen eigener schutzwürdiger Interessen verlangt werden kann. Solche schutzwürdigen Eigeninteressen des Auskunft begehrenden Gfters sind im gegebenen Zusammenhang nur GesInteressen sowie mitgliedschaftsimmanente Eigeninteressen, jedoch nicht private Interessen des Gfters.[76] Erforderlicher Interessenbezug ist nur, aber auch stets gegeben, soweit Information für sachgerechte Ausübung von mitgliedschaftlichen Zuständigkeiten oder Rechten des Gfters (dazu gehört auch Bewertung des Anteils u zutr Bestimmung des Kaufpreises bei Veräußerung) von Belang ist. In gleichem Sinn lässt sich von der Funktionsbezogenheit des Auskunftsrechts sprechen.[77] Frage nach Bezügen der GFührer im Einzelnen nicht nur zulässig, soweit GfterVers entscheidet. Kenntnis des Gesamtbetrags reicht für zutreffende Einschätzung angemessener Bezahlung nicht aus.[78] Informationsanspruch einer in Liquidation befindlichen Ges als Gfterin einer GmbH unterliegt Einschränkungen.[79] Auch im Insolvenzverfahren ist Informationsrecht, dem Wandel der Gfterstellung entsprechend beschränkt.[80]

30 Gfter muss Informationsbedürfnis bzw Funktionsbezug bei Geltendmachung seines Informationsanspruchs nicht beweisen.[81] Es genügt, wenn er dieses Bedürfnis schlüssig darlegt u evtl plausibel macht,[82] hingegen ist völlige Verneinung dieser Obliegenheit[83] schwerlich vertretbar, weil dann Ges für Bestreiten von Funktionsbezogenheit u Informationsinteresse des Informationsbegehrens keinen Ansatzpunkt hat; hingegen braucht weder Anscheinsbeweis vorzuliegen, noch muss der Gfter in diesem Stadium Beweismittel zur Hand haben. Es ist Sache der Ges, das Informationsbedürfnis ggf substantiiert zu bestreiten.

31 **2. Grundsatz des schonendsten Mittels u der Verhältnismäßigkeit.** Aus immanenter Gebundenheit des Informationsrechts wie aus Treubindungsschranke folgt, dass Prinzipien des schonendsten Mittels u der Verhältnismäßigkeit zu beachten sind. Danach darf Gfter nur solche Informationen

---

75 Ebenso iE Ulmer/*Hüffer* Rn 57, der freilich dem Informationsbedürfnis ausschließlich Bedeutung als „Abwägungsfaktor“ im Rahmen der Konkretisierung von Treueschranken einräumen will. Sachliche Unterschiede dürften daraus nicht resultieren.

76 Ulmer/*Hüffer* Rn 7; abw *K. Müller* GmbHR 1987, 88, der aus dem Charakter des Informationsrechts als Individualrecht darauf schließt, dass es Individualinteressen des Gfters dienen dürfe. Das ist durchaus zutreffend, gilt aber eben nur für mitgliedschaftsimmanente Individualinteressen, nicht für alle.

77 Vgl *Mertens* FS Werner, 1984, 568 ff; zust *Kort* ZGR 1987, 54; *Kretzschmar* AG 1987, 121.

78 OLG Köln WM 1986, 39; *Meyer-Landrut* Rn 3; *Roth*/Altmeppen Rn 5.

79 Dazu zutr BayObLG ZIP 1993, 1163.

80 Näher OLG Hamm NZG 2002, 178.

81 AA Scholz/*Schmidt* Rn 44.

82 Unzutreffend Rowedder/Schmidt-Leithoff/*Koppensteiner* Rn 15, der zwar zu Recht dem Information begehrenden Gfter nicht die Beweislast auferlegen will, jedoch zu Unrecht auch jede Darlegungslast verneint.

83 Ulmer/*Hüffer* Rn 65.

verlangen, die zur Erfüllung seines Informationsbedürfnisses **notwendig** sind u er muss die schonendste Weise der Informationserlangung wählen.[84] Auch eine an sich notwendige (weil nicht durch eine schonendere ersetzbare) Information kann dann nicht verlangt werden, wenn der damit verbundene Eingriff in schutzwerte Interessen der Ges oder MitGfter oder Dritter außer Verhältnis steht zu der Bedeutung der Information für den Gfter.[85] Das ist zB der Fall, wenn der für GFührung zur Auskunftserteilung erforderliche Aufwand unverhältnismäßig hoch gegenüber der Bedeutung der Information für Gfter ist oder wenn Informationsrecht extensiv unter Behinderung der GFührung ausgeübt wird.[86] Die genannten Grundsätze sind auch maßgebend für **Rangordnung zwischen Einsichts- u Auskunftsrecht.** Grundsätzlich stehen beide Informationsrechtsunterarten nebeneinander.[87] Einsichtnahme wird aber Ges idR stärker belasten u daher nach dem Grundsatz des schonendsten Mittels vielfach zurückzutreten haben.[88] Vgl dazu bereits Rn 26.

3. Besorgnis der Informationsverwendung zu gesellschaftsfremden Zwecken gibt nach Abs 2 Grund zur Informationsverweigerung, wenn der Ges oder verbundenem Unternehmen aus solcher Informationsverwendung nicht unerheblicher Nachteil droht. Informationsverweigerungsrecht besteht auch dann u ist gerade dann erforderlich, wenn betroffener Gfter an sich entspr Informationsbedürfnis hat oder jedenfalls plausibel machen kann.[89] 32

a) Begriff der Gesellschaftsfremdheit. Gesellschaftsfremder Verwendungszweck liegt vor, wenn dieser Zweck entweder gesellschaftsschädlich oder jedenfalls gesellschaftsindifferent (also nicht gesellschaftsnützlich) ist[90] u außerhalb ordnungsgemäßen mitgliedschaftlichen Verhaltens[91] liegt. Zu eng ist es, den Begriff der Gesellschaftsfremdheit nur im Sinn bewusst gesellschaftsschädlichen Verhaltens auszulegen. Ähnliche Fehlinterpretationen waren schon zu dem (seit dem AktG 65 nicht mehr verwendeten) aktienrechtlichen Begriff der Verfolgung gesellschaftsfremder Sondervorteile weit verbreitet.[92] Gesellschaftsfremd ist etwa auch Verwendung einer Information, mit der nicht Schädigung der Ges, sondern nur eines MitGfters oder Dritten angestrebt 33

---

[84] Zust OLG Thüringen DB 2004, 2470; Ulmer/*Hüffer* Rn 62 u 63; *Lutter/Hommelhoff* Rn 2; Rowedder/Schmidt-Leithoff/*Koppensteiner* Rn 17.

[85] S auch Scholz/*Schmidt* Rn 36.

[86] *M. Winter,* Mitgliedschaftliche Treuebindungen im GmbH-Recht, 1988, 123.

[87] Für Gleichrangigkeit besonders KG GmbHR 1988, 221.

[88] Vgl *Lutter/Hommelhoff* Rn 2; *K. Schmidt* NJW 1980, 1773; Rowedder/Schmidt-Leithoff/*Koppensteiner* Rn 12; *Grunewald* ZHR 146 (1982), 223 f; *Timm* GmbHR 1980, 293; zurückhaltender Ulmer/*Hüffer* Rn 62; *Meyer-Landrut* Rn 4; *Kallmeyer* I Rn 1229; grds gegen jede Rangordnung, aber für „erhöhte Bedeutung" der Rechtsmissbrauchsgrundsätze beim Einsichtsrecht *Roth*/Altmeppen Rn 10.

[89] Vgl auch BGH GmbHR 1967, 255.

[90] Ähnlich *Lutter/Hommelhoff* Rn 26; ähnlich ferner Michalski/*Römermann* Rn 202, der alles, was nicht der Förderung des Unternehmensgegenstands (gemeint ist wohl der Unternehmenszweck) dient, u damit wie hier auch gesellschaftsindifferente Verwendungszwecke, als gesellschaftsfremd ansieht.

[91] Zu letzterem *Götze* ZGR 1999, 202, 207 ff; *Bremer* GmbHR 2000, 176; *Oppenländer* GmbHR 2000, 535; *Körber* NZG 2002, 263, 266.

[92] Dazu näher mit den erforderlichen Klärungen *Zöllner,* Schranken mitgliedschaftlicher Stimmrechtsmacht, 1963, 294 f.

wird.[93] In Betracht kommt insbes auch Informationsverweigerung über verbundenes Unternehmen in der Rechtsform der AG, wenn Verletzung von Insiderrecht zu besorgen steht.[94]

Zur Problematik der Verwendung von Informationen im Rahmen der Prüfung des Unternehmenswerts durch Erwerbsinteressenten (sog due diligence) s Rn 37.

34 **b) Besorgnis zweckwidriger Verwendung** erfordert nicht den Nachweis dieser Verwendung als geplant;[95] Vielmehr genügt Vorliegen einer konkreten, dh durch das Vorliegen von Tatsachen gestützten Gefahr solcher Verwendung. Die Verwirklichung dieser Gefahr darf nicht unwahrscheinlich sein, vielmehr muss „eine gewisse" Wahrscheinlichkeit für den Eintritt zweckwidriger Verwirklichung bestehen.[96] Von objektiver Wahrscheinlichkeit zu sprechen[97] (was immer das ist), beschwört das Missverständnis herauf, dass der Eintritt der Gefahrverwirklichung als überwiegend wahrscheinlich erforderlich sein soll. So streng darf man jedoch die Voraussetzung des Verweigerungsgrundes nicht ansetzen. Ausreichende Wahrscheinlichkeit liegt zB vor, wenn ein Geschäftsgeheimnis zu offenbaren wäre u der betroffene Gfter an einem Konkurrenzunternehmen beteiligt ist oder zu ihm in einer sonstigen engen Verbindung steht[98] oder wenn Beteiligung bzw Verbindung bevorsteht oder wenn Gfter Verkaufsabsicht für GAnteil an Konkurrenten hat. Dass dies nur eine abstrakte Gefahr darstelle u kein konkretes Risiko, dürfte nicht zutreffen.[99] IdR ist Interessenabwägung geboten.[100] Je sensibler für Wettbewerbsposition der GmbH bedeutsame Tatsachen sind, desto schutzwürdiger muss Interesse des auskunftbegehrenden Gfters sein.[101] Nicht ausreichend sind bloß relativ allg Verdachtsmomente,[102] wohl aber gravierende frühere Verletzung der Vertraulichkeit durch auskunftheischenden Gfter.[103] Kaum zu befürchten ist zweckwidrige oder gar nachteilige Verwendung des Jahresabschlusses.[104]

35 Besorgnis zweckwidriger Verwendung kann entfallen, wenn Einsichtsrecht nicht durch Gfter selbst, sondern durch einen der **beruflichen Schweige-**

---

93 Ähnlich im Ansatz, aber strenger *M. Winter* (Fn 86), 121 f; *Volhard/Weber* FS Semler, 1993, 407 f.

94 Zur Problematik im aktienrechtlichen Bereich zB *Joussen* DB 1994, 2485; *Benner-Heinacher* DB 1995, 765; *Körber* NZG 2002, 263 (267), der offenbar annimmt, dass Problematik beim Erwerb von GmbH-Anteilen nicht auftritt, was so nicht zutrifft.

95 Vgl *Grunewald* ZHR 146 (1982), 228; *v. Bitter* ZIP 1981, 828; *Lutter* DB 1980, 1320; *Lutter/Hommelhoff* Rn 21; *Müller* GmbHR 1987, 89; *M. Winter* (Fn 86); abw *Fischer* A 7 a; *Gersch/Herget/Marsch/Stützle* Rn 321.

96 Vgl OLG Stuttgart BB 1983, 678; OLG Düsseldorf ZIP 1990, 1569; OLG München GmbHR 2008, 819, 820.

97 So *Lutter/Hommelhoff* Rn 26.

98 Vgl OLG Karlsruhe GmbHR 1985, 362, 363; OLG Frankfurt GmbHR 1995, 904; OLG München NZG 2008, 199, 200; vgl auch die Konstellation in BayObLG GmbHR 1999, 1296.

99 So aber *Lutter* ZGR 1982, 10, der jedoch iE zu Recht dieses abstrakte Risiko ausreichen lässt; gegen ihn Rowedder/Schmidt-Leithoff/*Koppensteiner* Rn 18.

100 *A. Reuter* BB 1986, 1657.

101 Ausführlich zur Problematik *Ivens* GmbHR 1989, 273.

102 Vgl OLG Düsseldorf GmbHR 1991, 18 („Gfter will Material gegen Betriebsleiter sammeln"); OLG Düsseldorf ZIP 1990, 1569 („Gfter wird wahllos in Geschäftsunterlagen herumwühlen lassen").

103 *Lutter/Hommelhoff* Rn 27.

104 Zutr BayObLG GmbHR 1999, 1296.

pflicht unterliegenden Sachverständigen ausgeübt wird.[105] In Betracht kommen nicht nur Wirtschaftsprüfer, sondern auch vereidigte Buchprüfer.[106] Besorgnis entfällt aber nicht ohne weiteres, sondern nur, wenn Neutralität des Sachverständigen gewährleistet ist. Auswahl muss daher gemeinsam erfolgen oder durch einvernehmlich dazu ausersehenen Dritten, bei mangelnder Einigung durch Amtsgericht.[107] Einvernehmen hat zwischen Ges u informationsbegehrendem Gfter zu bestehen.[108] Sachverständiger darf der Besorgnis zweckwidriger Verwendung unterliegende Informationen nicht an einsichtsbegehrenden Gfter weitergeben, sondern nur seine Wertung. Stellt er Inkorrektheiten fest, hat Gfter insoweit Informationsanspruch.[109]

c) Besorgnis der Zufügung nicht unerheblichen Nachteils. Besorgnis gesellschaftsfremden Verwendungszwecks (Rn 33) hinsichtlich der Information reicht nicht aus. Es muss vielmehr auch zu besorgen sein, dass zweckwidrige Verwendung der Ges oder einem verbundenen Unternehmen einen nicht unerheblichen Nachteil zufügt. Begriff des verbundenen Unternehmens bestimmt sich analog §§ 15 ff AktG. Auch Schädigung eines MitGfters u eines Tochterunternehmens kann unter den dort aufgestellten Voraussetzungen (zB bei Mehrheitsbesitz) Auskunftsverweigerung begründen. Über Normtext hinaus kann auch die Schädigung von MinderheitsMitGftern u Minderheitstöchtern Auskunftsverweigerung begründen.[110] Vielfach wird allerdings bei Schädigung von MinderheitsMitGfter ohnehin Nachteil für Ges vorliegen. Nachteil ist nicht nur Vermögenschaden, sondern auch ideeller Schaden (zB Rufschädigung), für den wirtschaftliche Auswirkungen nicht feststellbar sind.[111] 36

d) Informationspflichtgrenzen im Zusammenhang mit der due diligence bei Anteilsveräußerung. Zu rechtstatsächlich sehr komplexer Problematik hat sich Frage entwickelt, inwieweit Gfter ihm erteilte Auskünfte oder auf Grund Einsichtsrechts erworbene Informationen an potentielle Erwerber seiner Anteile weitergeben darf u, damit korrespondierend, inwieweit Informationen verweigert werden dürfen, die im Zusammenhang mit geplanter Anteilsveräußerung verlangt werden. Zunächst sollte außer Frage stehen, dass Gfter geeignete Informationen erfragen darf, um sachgerechte Preisvorstellungen für Veräußerung zu gewinnen. Auch die Weitergabe solcher Informationen an ernsthaften Erwerbsinteressenten muss grds zulässig sein. Das gilt insbes für Daten, die demnächst in zu veröffentlichenden Jahresabschluss aufzunehmen sind oder mittelbar aus ihm hervorgehen werden. Hingegen ist Weitergabe wettbewerblich sensibler Daten nicht zu- 37

105 OLG Frankfurt GmbHR 1995, 904; *Lutter/Hommelhoff* Rn 26; Rowedder/Schmidt-Leithoff/*Koppensteiner* Rn 23; *Goerdeler* FS Stimpel, 1985, 130; *Gustavus* GmbHR 1989, 184; *Ivens* GmbHR 1998, 276.

106 OLG Frankfurt (Fn 105).

107 OLG Frankfurt (Fn 105). Behauptung von *Lutter/Hommelhoff* Rn 27, dass ich abw Meinung sei, trifft nicht zu.

108 Insoweit unscharf OLG Frankfurt (Fn 105).

109 OLG Frankfurt (Fn 105). Zum ganzen *Lutter* ZGR 1982, 11 f; *Grunewald* ZHR 1982, 229.

110 Zust Ulmer/*Hüffer* Rn 1.

111 OLG München GmbHR 2008, 819, 821; Ulmer/*Hüffer* Rn 51; *Müller* GmbHR 1987, 88 f. Abw im Ansatz *Roth*/Altmeppen Rn 22, der aber ideelle Nachteile genügen lässt, wenn der Eintritt materieller Schäden nicht außerhalb jeder vernünftigen Wahrscheinlichkeit liegt.

lässig.[112] Das gilt nicht nur für potentielle Erwerber mit Konkurrenteneigenschaft, sondern stets, wenn Verschwiegenheit beim Erwerber unsicher ist, was Regelfall sein dürfte. Insoweit wird Einschaltung eines neutralen Wirtschaftsprüfers erforderlich sein, der Bewertung vornimmt u nur deren Ergebnis weiter gibt.[113]

38 e) **Entscheidung über Auskunftsverweigerung** nach Abs 2 obliegt zunächst **GFührern.** Wollen sie Auskunft gewähren, brauchen sie Gfter-Beschluss idR nicht herbeizuführen. In gravierenden Fällen kann dies jedoch geboten sein. Gfter können auch, wenn sie Kenntnis von Auskunftsverlangen erhalten, von sich aus Weisung an GFührer zur Auskunftsverweigerung beschließen. Wollen GFührer Auskunft nach Abs 2 verweigern, müssen sie **GfterBeschluss** herbeiführen, Abs 2 S 2, ansonsten ist Informationsverweigerung rechtswidrig.[114] Beschluss ergeht mit einfacher Mehrheit.[115] **Betroffener** ist bei der Abstimmung **nicht stimmberechtigt.**[116] Zwar liegt kein Fall des § 47 IV vor, wohl aber ergeht Entsch aus wichtigem Grund gegen den Gfter. Diesem geschieht wegen Durchsetzungsmöglichkeit nach § 51 b kein wesentlicher Nachteil. GFührer sind an Gfter-Beschluss gebunden.[117]

39 Bei der Entsch nach Abs 2 S 2 besteht für GFührer u Gfter jedenfalls **kein Rechtsfolgeermessen.** Liegen Verweigerungsvoraussetzungen vor, muss vielmehr Auskunft verweigert werden;[118] liegen sie nicht vor u besteht auch kein sonstiger Verweigerungsgrund, muss sie erteilt werden. Allenfalls gewisses Beurteilungsermessen hinsichtlich der Frage, ob Besorgnis der Verwendung zu gesellschaftsfremden Zwecken besteht, kommt in Betracht. Verstößt GfterBeschluss gegen Abs 2 S 1, kann dies Anfechtbarkeit begründen, falls nicht Rechtsschutzbedürfnis fehlt (näher Rn 46). GfterBeschluss bedarf **keiner Begründung.**[119] Davon zu unterscheiden ist Begründungslast im gerichtlichen Verfahren nach § 51 b.

40 f) **Satzung** kann vorsehen, dass in Zweifelsfällen **Auskunft** einem zur Berufsverschwiegenheit verpflichteten **sachverständigen Treuhänder** des

---

112 *Lutter/Hommelhoff* Rn 24. Zu weitherzig *Körber* NZG 2003, 263, 266, 268; *Oppenländer* GmbHR 2000, 535, 537 u besonders *Goetze* ZGR 1999, 203, 233 ff; auch *Jaeger,* Praxishandbuch § 19 Rn 159.

113 *Lutter/Hommelhoff* (Fn 106).

114 OLG Karlsruhe GmbHR 1985, 362, 363.

115 Wohl allgM. Zu abw Überlegungen (Erfordernis einer Dreiviertelmehrheit) für Gfterbeschluss, der in due-diligence-Fällen diese zulässt, *Körber* NZG 2002, 268, der aber selbst Erforderlichkeit verneint.

116 *Lutter/Hommelhoff* Rn 29; *Roth*/Altmeppen Rn 31; Rowedder/Schmidt-Leithoff/*Koppensteiner* Rn 26; Scholz/*Schmidt* Rn 42; Ulmer/*Hüffer* Rn 53; *K. Schmidt,* GmbH-Recht in der Diskussion, 1981, 103; *ders* NJW 1980, 1774 Fn 91; *ders* GesR, S 1043; *Meyer-Landrut* Rn 15; *v. Bitter* ZIP 1981, 828; *Gersch/Herget/Marsch/Stützle* Rn 322; *Gessler* BB 1980, 1390; *Vogel,* Gfterbeschlüsse, S 107; *Schneider* ZHR 150 (1986), 611; Ausschussbericht BT-Drucks VIII/3908 S 76. Abw *Grunewald* ZHR 146 (1982), 233.

117 Grds zust Scholz/*Schmidt* Rn 43 mit Ausnahmen in Sonderfällen.

118 Zutr *Grunewald* ZHR 146 (1982), 232.

119 Ulmer/*Hüffer* Rn 53, Scholz/*Schmidt* Rn 30; ausführlich *Lutter/Hommelhoff* Rn 30; abw *Roth*/Altmeppen Rn 31 für die Verweigerung stützenden Beschluss; Rowedder/Schmidt-Leithoff/*Koppensteiner* Rn 28.

Gfters **zu erteilen** ist, der sich der Ges gegenüber zur Verschwiegenheit auch gegenüber dem Gfter verpflichtet.[120]

41 **4. Strafbarkeit** der GFührer im Fall der Gewährung von Auskunft oder Einsicht berechtigt sie selbstverständlich zur Informationsverweigerung auch ohne GfterBeschluss.[121] In Betracht kommt insbes die Verletzung von Privatgeheimnissen gem § 203 StGB.[122] Durch die Auskunftsverpflichtung auf Grund von Abs 1 wird die Unbefugtheit der Offenbarung iSv § 203 StGB nicht beseitigt. Anderes gilt für § 85 GmbHG (Offenbarung von Betriebs- u Geschäftsgeheimnissen der GmbH). Insoweit handelt GFührer bei Informationserteilung auf Grund von § 51 a I befugt.[123]

42 **Übermittlung personenbezogener Daten aus Dateien** ist nach § 4 I BDSG grds verboten u durch § 43 BDSG als Ordnungswidrigkeit mit Geldbuße bedroht. Gfter sind Dritte iSv § 3 VIII 2 BDSG; in der Bekanntgabe gespeicherter personenbezogener Daten an sie liegt daher Datenübermittlung an Dritte iSv § 3 IV Nr 3 mit § 28 BDSG. Unabhängig davon, ob nach der zuletzt genannten Vorschrift die Übermittlung wegen Wahrung berechtigter Interessen zulässig wäre, ist diese Übermittlung durch § 51 a Abs 1 GmbHG gestattet u daher nach § 4 I BDSG erlaubt. Das gilt aber nur insoweit, wie das Informationsrecht des Gfters reicht. GFührer muss daher vor Gewährung von Informationen, die personenbezogene Daten enthalten, sorgfältig prüfen, dass Grenzen des Informationsanspruchs eingehalten werden. Vgl auch oben zur Büchereinsicht Rn 20 f.

43 **5. Rechtsmissbrauch beim Informationsbegehren** ist ebenfalls Auskunftsverweigerungsgrund.[124] Nach der hier vertretenen Auffassung dürfte ein wesentlicher Teil der Fälle schon durch immanente Schranken erfasst sein.[125] Insoweit ist die Einholung eines GfterBeschlusses jedenfalls nicht erforderlich.[126]

---

[120] Dazu BGH BB 1970, 187; BB 1979, 1316; *K. Schmidt,* GmbH-Recht in der Diskussion, 1981, 102; *Grunewald* ZHR 146 (1982), 229 mwN.

[121] Vgl Ausschussbericht BT-Drucks VIII/3908 S 76; zust Scholz/*Schmidt* Rn 33; *K. Schmidt* GmbHR 1982, 207; *Roth*/Altmeppen Rn 33; Ulmer/*Hüffer* Rn 55; *v. Bitter* ZIP 1981, 829; *Lutter/Hommelhoff* Rn 28; Rowedder/Schmidt-Leithoff/*Koppensteiner* Rn 24; *Vogel,* Gfterbeschlüsse, 106.

[122] Verkannt bei Rowedder/Schmidt-Leithoff/*Koppensteiner* Rn 24; nicht zutr auch Michalski/*Römermann* Rn 219, die offenbar Schweigepflicht innerhalb der GmbH, mit der Mandats- oder Behandlungsvertrag geschlossen ist, zu weitherzig sehen. Schweigepflicht über Arztdaten etc kann allenfalls denjenigen Gftern gegenüber als nicht gegeben angesehen werden, die nach dem Behandlungsvertrag evtl in Behandlungsvorgang eingebunden sein können.

[123] OLG Hamm GmbHR 1988, 218; *Roth*/Altmeppen Rn 34; *Meyer-Landrut* Rn 10; *Müller* GmbHR 1987, 92; *v. Bitter* ZIP 1981, 829.

[124] *Lutter/Hommelhoff* Rn 28; Rowedder/Schmidt-Leithoff/*Koppensteiner* Rn 14; Scholz/*Schmidt* Rn 37; *Meyer-Landrut* Rn 10; *Müller* GmbHR 1987, 89 f; *Roth*/Altmeppen Rn 35 f; *K. Schmidt,* Informationsrechte in Gesellschaften und Verbänden, 1984, 42; *Kallmeyer* I Rn 1235; weitergehend Ulmer/*Hüffer* Rn 60; *Kretzschmar* AG 1987, 122, die Eingreifen der Treupflicht betonen.

[125] Zu diesen oben Rn 27 ff; ähnlich Scholz/*Schmidt* Rn 37; Michalski/*Römermann* Rn 224.

[126] BayObLG GmbHR 1989, 201; *K. Schmidt* GmbHR 1982, 207; *ders,* Informationsrechte in Gesellschaften und Verbänden, 1984, 60; Scholz/*Schmidt* Rn 28; *Roth*/

44 **6. Unmöglichkeit.** Verpflichtung zur Auskunftserteilung entfällt, soweit Erteilung unmöglich ist, § 275 BGB. Hat Ges allerdings Unmöglichkeit zu vertreten, ist sie schadensersatzpflichtig, §§ 280, 281 BGB. In Betracht kommt Freiwerden etwa, wenn erforderliche Unterlagen verloren gegangen sind oder wenn es um Informationen geht, die bei Dritten (auch verbundenen Unternehmen) eingeholt werden müssen, von dort jedoch nicht gegeben werden und auch nicht erzwungen werden können.[127] **Geheimhaltungsabreden** mit Dritten schließen Informationsrecht der Gfter nicht aus,[128] insbes führen sie nicht zur Unmöglichkeit der Auskunftserteilung, doch kann Erteilung der Information entgegen bindender Abrede für Ges unzumutbar sein. Voraussetzung dafür ist, dass Ges eigenes schutzwürdiges und dringliches Interesse an Geheimhaltungsabrede hatte.[129]

44 a **7. Zurückbehaltungsrecht** wegen eigener Auskunfts- oder Zahlungsansprüche kann Ges gegen Auskunftsanspruch nicht einwenden.[130]

V. Sanktionen

45 **1. Durchsetzung des Informationsanspruchs** seitens eines Gfters ist **im gerichtlichen Verfahren** nach § 51 b möglich (s dazu Erl zu § 51 b).

46 **2. Anfechtbarkeit des Verweigerungsbeschlusses** kommt in Frage, wenn Auskunft nach Abs 2 auf Grund eines GfterBeschlusses zu Unrecht verweigert worden ist. Da Durchführung des Auskunftsverweigerungsverfahrens nach § 51 b weder Erhebung der Anfechtungsklage gegen Verweigerungsbeschluss noch gar deren Erfolg voraussetzt (wohl allgM), stellt sich die Frage, ob der Anfechtungsklage das Rechtsschutzinteresse fehlt. Das ist jedenfalls dann anzunehmen, wenn Gfter mit der Anfechtungsklage nur Durchsetzung seines Informationsanspruchs verfolgt.[131] Bei über die Informationserteilung hinausgehendem Interesse des Klägers (etwa an der Klärung einer Grundsatzfrage, um Wirkung des Verweigerungsbeschlusses für künftige Fälle zu verhindern) ist Rechtsschutzbedürfnis für Anfechtungsklage zu bejahen.[132]

47 **3. Anfechtbarkeit des Beschlusses, für den Information begehrt war.** Wird Information zu Unrecht vorenthalten, die für GfterBeschluss (zB Entlastungsbeschluss, Beschluss über GFührungsfragen, Unternehmensvertrag

---

Altmeppen Rn 35; Ulmer/*Hüffer* Rn 64; abw *Lutter/Hommelhoff* Rn 29; Rowedder/Schmidt-Leithoff/*Koppensteiner* Rn 27; *v. Bitter* ZIP 1981, 829.

[127] Vgl OLG Frankfurt GmbHR 1991, 577; OLG Frankfurt GmbHR 1995, 904; Scholz/*Schmidt* Rn 34; Rowedder/Schmidt-Leithoff/*Koppensteiner* Rn 16; *Kallmeyer* I Rn 1237.

[128] OLG München GmbHR 2008, 819, 820.

[129] Vgl dazu Scholz/*Schmidt* Rn 35, der die Voraussetzungen für Auskunftsverweigerung weniger streng fasst.

[130] OLG Frankfurt NZG 2008, 158.

[131] Vgl BGH GmbHR 1988, 213; ähnlich *K. Schmidt* FS 100 Jahre GmbHG, 1992, 579; weitergehend (grundsätzliches Fehlen des Rechtsschutzbedürfnisses) Scholz/*Schmidt* Rn 42 u 47; Rowedder/Schmidt-Leithoff/*Koppensteiner* Rn 29; Ulmer/*Hüffer* Rn 53; MünchHdbGmbH/*Schiessl* § 33 Rn 32; abw OLG Hamburg GmbHR 1987, 480. S auch OLG Köln WM 1986, 762.

[132] Vgl *K. Schmidt* (Fn 131); *Lutter/Hommelhoff* Rn 43; auch BGH GmbHR 1988, 213, wo jedoch offen gelassen wird, unter welchen konkreten Voraussetzungen dies in Betracht kommt.

ua; nicht gemeint ist in Rn 46 behandelter Sonderfall) erforderlich u verlangt war, liegt Verletzung des Gesetzes im Beschlussverfahren vor, durch die grds Anfechtbarkeit des Beschlusses begründet wird.

a) Zu den Voraussetzungen der Anfechtbarkeit. Anfechtbarkeit setzt Relevanz der Informationspflichtverletzung für Beschlussergebnis voraus. Zu dieser iE schwierig zu beurteilenden Frage vgl näher Anh § 47 Rn 125 ff. Anfechtbarkeit setzt weiter voraus, dass Information für anzufechtenden Beschluss verlangt war. Früheres nicht speziell auf Beschlussfassung gerichtetes Informationsverlangen genügt nicht.[133] Unzureichende Erfüllung von Informationspflichten hat sich im Aktienrecht zu häufigem Anfechtungsgrund entwickelt und belastet jede beschlussbezogene Informationsvorenthaltung mit erheblichem Risiko (zu möglichen Einschränkungen der Anfechtbarkeit vgl Anh § 47 Rn 127–129 mN). 48

b) Verhältnis von Anfechtungsverfahren und Auskunftserzwingungsverfahren nach § 51 b. Nach ganz hA ist erfolgreiches Auskunftserzwingungsverfahren nicht Voraussetzung für Erfolg der Anfechtungsklage, vielmehr darf Prozessgericht im Anfechtungsverfahren über Informationspflicht inzidenter entscheiden, ohne dass es der Durchführung eines Auskunftserzwingungsverfahrens bedarf.[134] Gegenauffassung ist evidentermaßen vor allem für AktR schon deshalb wenig sinnvoll, weil dort Erhebung der Anfechtungsklage stets u streng an Monatsfrist gebunden ist, vor deren Ablauf Auskunftserzwingungsverfahren nicht entschieden sein kann. Für GmbH-Recht gilt trotz im Einzelfall längerer Frist mutatis mutandis iE das Gleiche. Es müssten nach dieser Auffassung in jedem Fall zwei Prozesse eröffnet werden. Zwar kann Anfechtungsprozess bis zur Entscheidung über Auskunftsanspruch im Verfahren nach §§ 51 b GmbHG, 132 AktG ausgesetzt werden (§ 148 ZPO). Verletzung der Informationspflicht bildet aber selten einzigen geltend gemachten Anfechtungsgrund. Da auch Entscheidung im Auskunftserzwingungsverfahren bis zur Rechtskraft längere Zeit in Anspruch nehmen kann, ist Aufschiebung des Anfechtungsverfahrens kontraproduktiv. Schwierigkeiten ergeben sich auch, soweit bei Erhebung der Anfechtungsklage gegen Beschlüsse, die zur Wirksamkeit der Eintragung im HR bedürfen, das Prozess- 49

---

[133] Zutr *Martens* GmbHR 1984, 270.

[134] Vgl **für GmbH:** BGH GmbHR 1988, 213; OLG Hamburg GmbHR 1985, 120; *K. Schmidt,* Das neue GmbH-Recht in der Diskussion, 1981, 108 f; *Lutter/Hommelhoff* Rn 43; *Meyer-Landrut* § 51 b Rn 6; *Roth*/Altmeppen Rn 37; Scholz/*Schmidt* Rn 47; Rowedder/Schmidt-Leithoff/*Koppensteiner* § 51 b Rn 2; MünchHdbGmbH/*Schiessl* § 33 Rn 32; *Tietze,* 131 ff; *Stangier/Bork* GmbHR 1982, 174; Hachenburg/*Hüffer* § 51 b Rn 22. **Für Parallelfrage im AktR:** iSd hM BGHZ 86, 1; sa OLG Hamburg GmbHR 1987, 480; OLG Stuttgart DB 1991, 1178 (dazu Anm *Goette* DStR 1993, 733); KölnerKomm/*Zöllner* § 131 Rn 98; *v Godin/Wilhelmi* § 132 Anm 3; GroßKomm AktG *K. Schmidt* § 243 Rn 34; MünchKommAktG/*Hüffer* § 243 Rn 114 f; *Hüffer* AktG § 132 Rn 2; MünchKommAktG/*Kubis* § 132 Rn 60; *Meyer-Landrut/Miller* AG 1970, 157; *Lutter* DNotZ 1971, 506; *Möhring/Tank* I § 393; *W. Lüke* ZGR 1990, 657 (659). **Abweichend für GmbH:** *Gersch/Herget/March/Stützle* Rn 332; LG Essen GmbHR 1998, 942; **für AktR:** GroßKomm AktG *Barz,* 3. Aufl § 132 Rn 9; *Baumbach/Hueck* AktG § 132 Rn 7; *Eckardt* in Geßler/Hefermehl § 132 Rn 8 ff; *Ebenroth,* Das Auskunftsrecht des Aktionärs u seine Durchsetzung im Prozess, 1970, 160; *Kollhosser* AG 1977, 117; *Obermüller/Werner/Winden,* Die Hauptversammlung der AG, 326 f; *Schlaus* DB 1972, 377 ff; *Werner* FS Barz, 1974, 293, *ders* FS Heinsius, 1991, 915 ff; in Richtung dieser Auffassung geht auch die BegrRegE zum AktG bei *Kropff* AktG, 189.

gericht im Freigabeverfahren (zu diesem § 54 Rn 28ff) über Eintragung zu entscheiden hat. Es muss dann doch über Informationspflicht mitentscheiden. An der hM ist daher festzuhalten.

50 **c) Bindung des Prozessgerichts im Anfechtungsverfahren an Entscheidungen im Auskunftserzwingungsverfahren.** Rechtskräftige Entscheidung im Auskunftserzwingungsverfahren entfaltet Bindungswirkung nach Maßgabe ihrer Rechtskraftwirkung.[135] Gegenauffassung, die Bindungswirkung leugnet, ist schon aus prozessrechtlichen Gründen unhaltbar. Sie müsste materielle Rechtskraftwirkung der Entscheidung im Auskunftserzwingungsverfahren leugnen, wofür es keine Gründe gibt. Aufgrund dieser rechtskräftigen Entscheidung steht zwischen Ges u auskunftbegehrendem Gfter fest, dass dieser im Zeitpunkt der letzten mündlichen Verhandlung Auskunftsanspruch hatte oder nicht hatte. Bindungswirkung kommt daher von vornherein nicht in Betracht für Frage, ob Vorenthaltung der Information anfechtungsbegründende Relevanz für GfterBeschluss hatte;[136] keine Bindungswirkung ferner, wenn aus Entscheidung nicht hervorgeht, dass Auskunftsanspruch bereits im Zeitpunkt der Beschlussfassung bestand bzw nicht bestand, denn Entstehung kann später erfolgt sein, sodass Verweigerung Anfechtung nicht begründet u ebenso kann Anspruch später entfallen sein, aber im Zeitpunkt der Beschlussfassung bestanden haben; Relevanz der Informationspflichtverletzung im Zeitpunkt der Beschlussfassung für Anfechtbarkeit wird dann nicht beseitigt. Aussetzung des Anfechtungsrechtsstreits nach § 148 ZPO bis zur Entscheidung im Auskunftserzwingungsverfahren möglich, aber nicht nötig (hM). Hat auskunftswilliger Gfter Anfechtungsklage erhoben, kann dies dem Antrag im Auskunftserzwingungsverfahren Rechtsschutzbedürfnis nehmen, wenn zu erwarten steht, dass Ges bei Bejahung der Auskunftspflicht durch Prozessgericht im Anfechtungsverfahren Auskunft erteilen wird.

51 **4. Haftung der GFührer gegenüber Ges.** GFührer haften der Ges im Fall eines Schadens nach § 43 sowohl bei unberechtigter Auskunftserteilung als auch bei unberechtigter Auskunftsverweigerung, soweit sie nicht durch GfterBeschluss gedeckt sind. Dem betroffenen Gfter haften sie nicht unmittelbar. § 51 a ist Ausgestaltung mitgliedschaftlicher Beziehung, kein Schutzgesetz iSv § 823 II BGB.[137] Eine Haftung wegen Verletzung einer den Gftern gegenüber bestehenden Organpflicht will *Scholz/Schneider*[138] jedenfalls für Erteilung falscher Auskunft annehmen; für unberechtigte Verweigerung könnte aber schwerlich anderes gelten. Solche Direkthaftung ist abzulehnen, vgl § 43 Rn 64. Abzulehnen ist auch Eingriff der GFührer durch Auskunftsverweigerung in absolut geschützte Rechtsstellung der Gfter iSv § 823 I BGB.[139] Unberechtigte Auskunftsverweigerung ist Verletzung der Pflichten aus Organ-

---

[135] Bejahend OLG Stuttgart AG 1992, 459; Scholz/*Schmidt* Rn 47u § 51b Rn 27; *Godin/Wilhelmi* § 132 Anm 3; *Ebenroth/Wilken* BB 1993, 1818; *Werner* FS Heinsius, 1991, 915ff; *Lüke* ZGR 1990, 659ff; verneinend *Hüffer* AktG § 132 Rn 2; *Lutter/Hommelhoff* § 51 b Rn 13.

[136] Zust Scholz/*Schmidt* Rn 47.

[137] *Lutter/Hommelhoff* Rn 37; Michalski/*Römermann* Rn 233; Ulmer/*Hüffer* Rn 74; Scholz/*Schmidt* Rn 48; *Gansen* GmbHR 1987, 458; aA *Roth*/Altmeppen Rn 37; *A. Reuter* BB 1986, 1659; zweifelnd Rowedder/Schmidt-Leithoff/*Koppensteiner* Rn 29.

[138] Scholz/*Schneider* § 43 Rn 301.

[139] So aber *A. Reuter* BB 1986, 1658; wie hier *Lutter/Hommelhoff* Rn 28; Ulmer/*Hüffer* Rn 74.

stellung u Anstellungsvertrag u kann in gravierenden Fällen oder bei Wiederholung wichtigen Grund zur Abberufung u Grund für Kündigung des Anstellungsverhältnisses bilden.[140]

5. Haftung der Ges gegenüber Gfter. Ges haftet informationsbegehrendem Gfter bei unberechtigter Informationsverweigerung wegen positiver Verletzung des mitgliedschaftlichen Verhältnisses auf den ihm dadurch entstandenen Schaden. Ebenso haften MitGfter, wenn sie Informationsverweigerung veranlasst oder beschlossen haben,[141] aus dem mitgliedschaftlichen Treueverhältnis. Hingegen besteht keine Haftung aus § 823 II BGB, da § 51 a Anspruchsnorm, nicht Schutzgesetz[142] ist, vgl Rn 51. 52

6. Haftung des Gfters gegenüber Ges. Umgekehrt haftet der informationsbegehrende Gfter gegenüber der Ges, wenn er von der empfangenen Information gesellschaftsschädlichen Gebrauch macht. Er ist der Ges zur Wahrung der Vertraulichkeit gegebener Auskünfte verpflichtet.[143] 53

7. In Betracht kommt schließlich **Haftung des Gfters gegenüber einem MitGfter,** wenn dieser durch den Informationsgebrauch unmittelbar (also nicht durch die Schädigung der Ges) geschädigt wird. Rechtsgrundlage ist das Treueverhältnis der Gfter untereinander. Zu diesem § 13 Rn 26 ff. 54

8. Haftung der Ges gegenüber Dritten. Ges haftet einem Dritten, wenn sie ihm zur Geheimhaltung von Informationen verpflichtet war u der Gfter durch Gebrauchmachen von solchen nach Abs 1 empfangenen Informationen den Dritten schädigt. Gfter ist insoweit Erfüllungsgehilfe der Ges hinsichtlich der Geheimhaltung; er ist seinerseits der Ges zum Ersatz verpflichtet, vgl Rn 53. 55

VI. Verhältnis zu anderen Informationsrechten

1. Beschlussbezogenes Informationsrecht. Von § 51 a unabhängig haben Gfter ein Informationsrecht vor der Fassung von GfterBeschlüssen. Man kann sich dieses Recht zwar als von § 51 a umfasst denken. Gedanklich gesonderte Erfassung wird jedoch nicht nur dadurch nahegelegt, dass ein solches zur sachgerechten EntschTätigkeit aus der Natur der Sache folgendes Informationsrecht auch dann zu bejahen wäre, wenn § 51 a nicht bestünde oder enger gefasst wäre, sondern auch deshalb, weil es in Voraussetzungen u Folgen zweckmäßig etwas spezieller zu fassen ist. Dieses Informationsrecht besteht, soweit Information zur Beurteilung des EntschGegenstands erforderlich ist. Liegt diese Voraussetzung vor, muss die Information vor Beschlussfassung gegeben werden. Soweit die Herbeischaffung der Information erst nach Ablauf einer bestimmten Zeit möglich ist, etwa noch Berechnungen angestellt werden müssen oder dergleichen, muss Beschlussfassung aufgeschoben werden. 56

---

[140] Vgl dazu OLG Frankfurt DB 1993, 2324; OLG München BB 1994, 735.

[141] *A. Reuter* BB 1986, 1659.

[142] Streitig; zur Problematik auch *Gansen* GmbHR 1987, 458.

[143] *Lutter/Hommelhoff* Rn 24 f; Rowedder/Schmidt-Leithoff/*Koppensteiner* Rn 20; *Lutter* ZGR 1982, 13; *Timm* GmbHR 1980, 294; *Grunewald* ZHR 146 (1982), 227; Ulmer/*Hüffer* Rn 11; *Meyer-Landrut* Rn 13; *Roth*/Altmeppen Rn 24 ff; *M. Winter* (Fn 81) S 123. Abw für kapitalistisch strukturierte Ges *Mertens* FS Werner, 1984, 561.

57 Verweigerung einer Information gegenüber einem bestimmten Gfter, die für Beschlussfassung erheblich ist, kann allenfalls ausnahmsweise in Betracht kommen, nämlich dann, wenn Gfter vom Stimmrecht ausgeschlossen ist u mit seiner Informierung schwere Schadensgefahr für Ges verbunden ist. Ist Gfter vom Stimmrecht nicht ausgeschlossen, kann nur neu aufgetretene Schädigungsgefahr den Informationsanspruch ausschließen oder begrenzen. Bei längerfristig oder dauerhaft zu besorgenden Unzuträglichkeiten muss andere Lösung gesucht werden, die in einer Umgestaltung des Informationsanspruchs iSv Rn 35, 40 oder notfalls im Ausschluss des betr Gfters aus der Ges zu bestehen hat.

58 **2. Recht auf Vorlage des Jahresabschlusses u Lageberichts,** den GFührer nach §§ 242, 264 HGB aufzustellen haben, in schriftlicher Form haben Gfter schon wegen § 46 Nr 1 sowie zur Beurteilung ihrer Gewinnansprüche. Unverzügliche Vorlage an Gfter nach Aufstellung zum Zweck der Feststellung sieht überdies § 42 a I 1 vor. Gleiches gilt für den Prüfungsbericht eines Abschlussprüfers, wenn Ges nach Gesetz oder Satzung prüfungspflichtig ist, § 42 a I 2, ferner für den Bericht des AR. Zur Frage, ob Dokumente nur GfterVers in toto, nicht jedem Gfter einzeln vorzulegen sind u ob bloße Einsichtgewährung in GesRäumen etwa analog der „Auslage" nach §§ 120 III 3, 175 II 2 AktG genügt, vgl § 42 a Rn 10. Vorlagerecht nach § 42 a schließt im übrigen Einsichtsrecht nach § 51 a nicht aus.[144]

59 **3. Gesellschaftsinternes Berichtssystem.** Satzung oder GfterBeschluss können GFührern regelmäßige gesellschaftsinterne Berichtspflichten auferlegen. GFührer sind aber nicht von sich aus zu solcher Berichterstattung verpflichtet.[145] Soweit Gfter GFührungsentscheidungen treffen wollen, etwa entspr Gegenstände zur Tagesordnung ankündigen oder anmelden, sind GFührer schon gem den Rn 56, 57 dargelegten Grundsätzen zur Bereitstellung von Informationen verpflichtet.[146] Darüber hinaus können GFührer auch von sich aus durch regelmäßige Berichterstattung Auskunftsverlangen nach Abs 1 abfangen.[147]

60 **4. Informationsrecht aus § 810 BGB** kann neben dem Recht aus § 51 a bestehen, doch wird es kaum je weiterführen als dieses. Zur Bedeutung von § 810 BGB für ausgeschiedene Gfter s Rn 7 mN.

61 **5. Sonderlage bei ZweipersonenGes?** Über § 51 a hinausgehendes Informationsrecht in Gestalt eines Direktanspruchs gegen den anderen Gfter wird für ZweipersonenGmbH angenommen.[148] Dem ist jedenfalls nicht generell zu folgen. Sachgerechte Auslegung von § 51 a verschafft jedem Gfter hinreichende Kenntnisse. Bei gravierenden Unzuträglichkeiten wird ohnehin in ZweipersonenGes idR zu anderen Sanktionen zu greifen sein,[149] etwa zur Abberufung als GFührer oder zur Ausschließung.

---

144 BayObLG GmbHR 1999, 1296.

145 So aber *Grunewald* ZHR 146 (1982), 225 f u wohl – zumindest in der Tendenz – *Hommelhoff* ZIP 1983, 383.

146 Zutr *Hommelhoff* ZIP 1983, 390.

147 *Hommelhoff* ZIP 1983, 391 f; *Lutter* ZGR 1982, 8; *Lutter/Hommelhoff* Rn 28; Michalski/*Römermann* Rn 153; Scholz/*Schmidt* Rn 4, 50; Rowedder/Schmidt-Leithoff/*Koppensteiner* Rn 17.

148 *Jestaedt* GmbHR 1994, 442.

149 Wie hier OLG Saarbrücken GmbHR 1994, 474.

6. Auskunftspflicht des GFührers gegenüber Ges folgt nicht aus § 51 a, sondern aus Organstellung u evtl Dienstvertrag (§§ 666 mit 675 BGB direkt oder analog).[150] **62**

Gerichtliche Entscheidung über das Auskunfts- und Einsichtsrecht

51b **[1] Für die gerichtliche Entscheidung über das Auskunfts- und Einsichtsrecht findet § 132 Abs. 1, 3 bis 5 des Aktiengesetzes entsprechende Anwendung. [2] Antragsberechtigt ist jeder Gesellschafter, dem die verlangte Auskunft nicht gegeben oder die verlangte Einsicht nicht gestattet worden ist.**

AktG 132. Gerichtliche Entscheidung über das Auskunftsrecht

(1) [1] Ob der Vorstand die Auskunft zu geben hat, entscheidet auf Antrag ausschließlich das Landgericht, in dessen Bezirk die Gesellschaft ihren Sitz hat.

(3) [1] § 99 Abs. 1, 3 Satz 1, 2 und 4 bis 6 sowie Abs. 5 Satz 1 und 3 gilt entsprechend. [2] Die Beschwerde findet nur statt, wenn das Landgericht sie in der Entscheidung für zulässig erklärt. [3] § 70 Abs. 2 des Gesetzes über das Verfahren in Familiensachen und in den Angelegenheiten der freiwilligen Gerichtsbarkeit ist entsprechend anzuwenden.

(4) [1] Wird dem Antrag stattgegeben, so ist die Auskunft auch außerhalb der Hauptversammlung zu geben. [2] Aus der Entscheidung findet die Zwangsvollstreckung nach den Vorschriften der Zivilprozessordnung statt.

(5) [1] Für die Kosten des Verfahrens gilt die Kostenordnung. [2] Für das Verfahren des ersten Rechtszugs wird das Doppelte der vollen Gebühr erhoben. [3] Für das Verfahren über ein Rechtsmittel wird die gleiche Gebühr erhoben; dies gilt auch dann, wenn das Rechtsmittel Erfolg hat. [4] Wird der Antrag oder das Rechtsmittel zurückgenommen, bevor es zu einer Entscheidung oder einer vom Gericht vermittelten Einigung kommt, so ermäßigt sich die Gebühr auf die Hälfte. [5] Der Geschäftswert ist von Amts wegen festzusetzen. [6] Er bestimmt sich nach § 30 Abs. 2 der Kostenordnung mit der Maßgabe, dass der Wert regelmäßig auf 5000 Euro anzunehmen ist. [7] Das mit dem Verfahren befasste Gericht bestimmt nach billigem Ermessen, welchem Beteiligten die Kosten des Verfahrens aufzuerlegen sind.

Übersicht

---

[150] Vgl BGH DStR 1993, 1752.

1 **1. Verfahrens- und Entscheidungsgegenstand.** Nach § 132 I 1 AktG, auf den § 51 b Satz 1 GmbHG verweist, kann gerichtliche Entsch darüber begehrt werden, ob GFührer verlangte Auskunft zu geben haben. Entsch ist wie eine Feststellung zu tenorieren, enthält aber der Sache nach Leistungsausspruch;[1] vgl § 132 IV 2 AktG. Gfter muss behaupten, verlangte Auskunft sei ganz oder teilweise nicht gegeben worden. Fehlt es am Verlangen oder ist Auskunft in Wahrheit bereits gegeben, ist der Antrag des Gfters unbegründet,[2] desgleichen, wenn sachliche Voraussetzungen des Informationsanspruchs fehlen oder Gründe für Verweigerung vorliegen. Verweigerungsgründe können im Verfahren noch nachgeschoben werden. Richtigkeit erteilter Auskunft ist als Verfahrensgegenstand in diesem Verfahren nicht zulässig.[3] Antragsteller kann aber geltend machen, dass begehrte Auskunft wegen Unrichtigkeit der gegebenen Antwort nicht erteilt worden sei.

2 **2. Zuständigkeit.** Ausschließlich zuständig ist das für den GesSitz zuständige Landgericht (Kammer für Handelssachen), § 71 II Nr 4 b GVG mit §§ 94, 95 II Nr 2 GVG. Durch Landesrecht kann stärkere Zentralisierung der Zuständigkeit vorgesehen werden, vgl § 71 IV GVG, früher § 132 I 3 u 4 AktG. Davon haben eine Reihe von Bundesländern Gebrauch gemacht, aber keineswegs alle.[4] Die zum Aktienrecht ergangenen landesrechtlichen Regelungen sollen nach hM nicht automatisch entsprechend für GmbH gelten,[5] eine kaum sinnvolle Auffassung. Geltendmachung eines sachlich von § 51 a erfassten Informationsanspruchs im ordentlichen Verfahren nicht zulässig[6] (sa Rn 15; dort auch zum Verhältnis von ordentlichem Verfahren u FG-Verfahren).

3 **Zuständigkeit eines Schiedsgerichts** kann nicht nur für einzelnen Streitfall zwischen Ges u Gfter vereinbart, sondern generell vorweg, u zwar sowohl in der Satzung als auch durch bes Schiedsvertrag zwischen Ges u Gftern, vorgesehen werden.[7] Ihr steht weder zwingender Charakter von § 51 a entgegen (s § 51 a Rn 2) noch ausschließliche Zuständigkeit noch FG-Charakter des Verfahrens. Da Informationsrecht vermögensrechtlichen Charakter hat, kommt es auf Vergleichsfähigkeit des Rechtsstreits nach neuem Schiedsverfahrensrecht nicht mehr an, vgl § 1030 I ZPO nF. Im Übrigen läge sie auch bei Verneinung dieses Charakters vor.

4 **3. Antrag.** Verfahren kommt auf Antrag in Gang, § 132 I AktG.

---

[1] Scholz/*Schmidt* Rn 8.

[2] LG Berlin AG 1991, 40 zu § 132 AktG.

[3] *Lutter/Hommelhoff* Rn 12; Rowedder/Schmidt-Leithoff/*Koppensteiner* Rn 7.

[4] Vgl dazu Übers bei *Driesen* GmbHR 2004, 500.

[5] BGH WM 1987, 870; OLG Hamm DB 1982, 1513; *Lutter/Hommelhoff* Rn 1; Rowedder/Schmidt-Leithoff/*Koppensteiner* Rn 3; *Meyer-Landrut* Rn 8; Ulmer/*Hüffer* Rn 13; anders für Baden-Württemberg OLG Karlsruhe GmbHR 1985, 362 = OLGZ 85, 41. Zur Zuständigkeit s a OLG Hamm NJW-RR 1999, 684.

[6] Zur Auslegung einer Klageschrift als Antrag im FG-Verfahren BGH NJW-RR 1994, 1183.

[7] Nahezu allgM, vgl OLG Koblenz GmbHR 1990, 556; OLG Hamm NZG 2000, 1182 (Anm *Ebbing*) = GmbHR 2000, 676 (Anm *Emde*); Ulmer/*Hüffer* Rn 26; *Bork* JZ 1987, 100; *K. Schmidt* ZIP 1987, 218; *Ebbing* NZG 1998, 287; *Lutter/Hommelhoff* Rn 2; Michalski/Römermann Rn 73; Rowedder/Schmidt-Leithoff/*Koppensteiner* Rn 4; Scholz/*Schmidt* Rn 5; OLG Koblenz GmbHR 1990, 556; *Engelhardt* JZ 1987, 228; MünchHdbGmbH/Schiessl § 33 Rn 33; *Kallmeyer* Rn 1245 u 1256; abw OLG Köln GmbHR 88, 207 LG Mönchengladbach GmbHR 1986, 390; *Meyer-Landrut* Rn 8.

a) Antragsberechtigung. Antragsberechtigt ist zum einen **jeder Gfter, u zwar als einzelner,** ohne Rücksicht auf die Höhe seiner Beteiligung, § 51 b Satz 2 GmbHG. Voraussetzung ist, dass ihm eine verlangte Auskunft nicht gegeben oder die verlangte Einsicht nicht gestattet worden ist, § 51 b Satz 2 GmbHG. Danach erfordert die Antragsberechtigung nicht eine die Auskunft abwehrende oder verweigernde Handlung der Ges, vielmehr genügt es, wenn Ges auf Verlangen nicht reagiert. Antrag setzt insbesondere nicht voraus, dass Verweigerungsbeschluss gem § 51 a II 2 gefasst worden ist.[8] Das muss schon deshalb so sein, weil Gfter idR keine Möglichkeit hat, schnell eine Beschlussfassung durchzusetzen.

b) Negativer Feststellungsantrag der Ges? Zweifelhaft ist, ob über Wortlaut hinaus auch **Ges antragsberechtigt** sein kann, Antrag auf negative Feststellung dahin zu stellen, dass Gfter für bestimmte Fragen kein Auskunftsrecht zusteht.[9] Man wird das trotz bes Verfahrensart nicht generell ablehnen müssen, auch wenn Bedürfnis selten gegeben sein wird. Zulässigkeit hängt vom Vorliegen eines Feststellungsinteresses iSv § 256 ZPO und darüber hinaus eines Rechtsschutzinteresses ab. Für GmbH-Recht ist Interesse eher gegeben als für AktR, weil Antrag des Gfters nicht fristgebunden ist, jedoch wird es nicht schon auf Grund bloßer Stellung eines Auskunftsverlangens zu bejahen sein, wohl aber bei Vorliegen besonderer Umstände, zB wenn unmittelbar zu besorgen ist, dass Gfter an Versagung der Auskunft für Ges belastende Folgen knüpft. 5

c) Antragsfrist. Eine die Zulässigkeit des Antrags begründende oder beschneidende Frist für die Stellung des Antrags gilt nicht, dh Gfter muss nach Stellung seines Auskunftsverlangens verfahrensrechtlich weder mit dem Antrag zuwarten noch wird er durch bloßen Zeitablauf damit ausgeschlossen. Das letztere folgt schon daraus, dass § 132 II AktG von der Verweisung ausgenommen ist. Hat sich ein Gfter jedoch mit der Verweigerung einer Information erkennbar zufrieden gegeben, ist Antragsmöglichkeit verwirkt.[10] Gfter muss dann Informationsverlangen neu stellen u angemessene Frist warten, ob dieses erfüllt wird. 6

d) Antragsgegner bei Stellung des Antrags durch Gfter ist die Ges, vertreten durch GFührer,[11] nicht etwa GFührer selbst, wie Wortlaut des § 51 a I nahelegen könnte. Bei negativem Feststellungsantrag der Ges ist Antragsgegner der entspr Gfter. 7

e) Bestimmtheitserfordernis für Antrag. Für Antrag auf Auskunfterteilung besteht Erfordernis hinreichender Bestimmtheit, um Formulierung eines vollstreckbaren Tenors zu ermöglichen;[12] dazu ist Benennung der betroffenen Angelegenheit u der Art der begehrten Information erforderlich.[13] 8

---

[8] BGH GmbHR 1997, 705; *Westermann* WiB 1997, 260; *Meyer-Landrut* Rn 4; *Lutter/Hommelhoff* Rn 8; abw im Ansatz Rowedder/Schmidt-Leithoff/*Koppensteiner* Rn 6, der aber unpraktikable Einschränkung seiner Auffassung hinzufügt, Gfterbeschluss sei (als Zulässigkeitsvoraussetzung!) entbehrlich, wenn Ges nicht so schnell wie möglich für Entscheidung sorge; abw ferner *Stangier/Bork* GmbHR 1982, 173.

[9] Näher begründet bei *Werner* FS Heinsius, 1991, 911, 922 ff.

[10] *v. Bitter* ZIP 1981, 831.

[11] *Stangier/Bork* GmbHR 1982, 171.

[12] OLG Düsseldorf GmbHR 1995, 902.

[13] Ähnl OLG Frankfurt GmbHR 1997, 130.

Gericht muss aber entspr § 139 ZPO auf sachgerechte Antragstellung hinwirken.[14]

9 **4. Auswirkungen des Verlusts der Gfterstellung.** Verliert Gfter während des Verfahrens GfterStellung, erlischt sein Auskunftsrecht, der Antrag wird unbegründet. § 265 ZPO ist nicht, auch nicht entspr anwendbar. Prozess kann bei entspr Antragstellung durch Erledigung der Hauptsache enden.[15] Evtl verbleibender Anspr aus § 810 BGB ist im Verfahren nach § 51 b mangels Zust nicht verfolgbar.[16] Dass sich Prüfungskompetenz des Gerichts im FG-Verfahren mit Amtsermittlungsgrundsatz auf rein bürgerlich-rechtlichen Anspruch erweitern soll,[17] ist verfahrensrechtlich kaum vertretbar. Denkbar ist nur Verweisung des Rechtsstreits an Gericht der streitigen Gerichtsbarkeit.

10 **5. Verfahren. a) Allgemeines.** Dafür gilt FamFG.[18] Daher nicht Verhandlungsmaxime, sondern Amtsermittlungsgrundsatz, § 26 FamFG. FG-Verfahren kennt demgemäß keine formelle Beweislast (zur Verteilung der materiellen Beweislast s § 51 a Rn 30). Einzelne Vorschriften der ZPO können analog heranzuziehen sein, vgl zB §§ 148, 252 ZPO.[19] Im Einzelnen zum Verfahren s das Schrifttum zu § 99 AktG, dessen teilweise sinngemäße Geltung durch § 132 III AktG postuliert wird. Entsch ergeht durch mit Gründen versehenen Beschluss, § 99 III 1 AktG. Auch Beendigung des Verfahrens durch Erledigung der Hauptsache kommt in Betracht. Diese kann schon gegeben sein, wenn Ges sich bereit erklärt, begehrte Information zu erteilen.[20] **Einstweiliger Rechtsschutz** ist nicht möglich.[21]

11 **b) Rechtsmittel** ist Beschwerde, jedoch nur, wenn Landgericht sie zugelassen hat, § 99 III 2 mit § 132 III 2 AktG. Nichtzulassung muss nicht ausdrücklich ausgesprochen werden.[22] Zulassung erfolgt, wenn Rechtssache grundsätzliche Bedeutung hat oder Rechtsfortbildung oder Sicherung einheitlicher Rechtsprechung Entscheidung des Beschwerdegerichts erfordert, § 132 III 3 AktG mit § 70 II FamFG. Nichtzulassung der Beschwerde ist auch nicht selbständig anfechtbar. Unanfechtbarkeit bei Nichtzulassung erstreckt sich

---

[14] OLG Frankfurt (Fn 13).

[15] BayObLG GmbHR 1991, 572, 575 f sowie ZIP 1996, 1039; OLG Karlsruhe NZG 2000, 435; *Lutter/Hommelhoff* Rn 10.

[16] BayObLG GmbHR 1993, 741; OLG Köln GmbHR 1988, 207; OLG Thüringen GmbHR 1996, 699. Aus dem Schrifttum weitgehend wie hier Ulmer/*Hüffer* Rn 10; *Roth*/Altmeppen § 51 a Rn 11 ff; *Ebenroth,* Das Auskunftsrecht des Aktionärs u seine Durchsetzung im Prozess, 1970, 157; KölnerKomm/*Zöllner* § 132 Rn 13; Scholz/*Schmidt* Rn 13; *Tietze,* 134; iE ähnl Rowedder/Schmidt-Leithoff/*Koppensteiner* Rn 5, der Rechtsschutzbedürfnis entfallen lässt. Abw *Stangier/Bork* GmbHR 1982, 172; *Meyer-Landrut* Rn 4, die bei Übertragung des GAnteils nach Antragstellung die Aktivlegitimation fortbestehen lassen wollen. Vgl auch die Nachw in der folgenden Fußnote.

[17] So *Lutter/Hommelhoff* Rn 10 im Anschluss an OLG Frankfurt WM 1996, 160. In ähnlichem Sinn aber auch *Gustavus* GmbHR 1989, 184.

[18] Zum Nutzen dieser Zuweisung *M. Back,* Verfahrensbeschleunigung durch Zuweisung von Leistungsklagen in den Bereich der Freiwilligen Gerichtsbarkeit?, Diss Hamburg 1986.

[19] Bejahend OLG Hamm NZG 2007, 110 (Anm. *Bork* EWiR 2007, 221).

[20] OLG München GmbHR 2008, 819 (820).

[21] Scholz/*Schmidt* Rn 32; abw *Emde* ZIP 2001, 820.

[22] OLG Düsseldorf NZG 2003, 635.

auch auf Kostenentscheidung, vgl Rn 13. Zur Entsch über Beschwerde sind Oberlandesgerichte zuständig.

12 Früher bejahte **sofortige Beschwerde ohne Zulassung bei sog. greifbarer Gesetzeswidrigkeit**[23] (also wenn Entscheidung jeder gesetzlichen Grundlage entbehrt u inhaltlich dem Gesetz fremd ist, insbes wenn Entscheidung dieser Art oder dieses Inhalts im Gesetz nicht vorgesehen ist[24]), kommt nicht mehr in Betracht.[25] **Wiederaufnahme** gegen informationsstreitbeendenden Bechluss ist wegen Ergehen in echtem Streitverfahren und urteilsvertretendem und rechtskraftfähigem Charakter möglich.[26]

13 **c) Kosten.** Für Kosten gilt zwar nach § 132 V 1 AktG die Kostenordnung, jedoch enthält § 132 V 2–7 AktG zahlreiche Sonderregeln. Geschäftswert ist abw von § 30 II KostO regelmäßig auf 5000 Euro festzusetzen; bei mehreren Anträgen ist er zu erhöhen, jedoch nicht notwendig zu vervielfachen.[27] Über Tragung der Verfahrenskosten entscheidet Gericht nach billigem Ermessen, § 132 V 7 AktG (vgl auch § 13 a FGG).[28] Kostenentsch ist auch bei isolierter Fällung nicht beschwerdefähig, wenn nicht die Beschwerde id Hauptsache zugelassen ist.[29]

14 **d) Einreichung zum HR.** Rechtskräftige Entscheidung haben GFührer unverzüglich zum HR einzureichen, § 99 V 3 AktG mit § 132 III AktG. Öffentliche Bekanntmachung erfolgt nicht.

15 **6. Verhältnis zu anderen Verfahren.** Für Verhältnis zwischen FG-Verfahren u ordentlichem Verfahren auf Information gilt grds, dass FG-Verfahren des § 51 b für Auskunftsansprüche aus anderen Vorschriften, insbes aus § 810 BGB nicht einschlägig ist. Insoweit nur ordentliches Verfahren möglich; bei unzutreffender Verweisung durch ordentliches Gericht an FG-Gericht tritt aber Bindung nach § 17 a II GVG ein, § 17 a VI GVG.[30] Hat Gericht im ordentlichen Verfahren über Auskunftsansprüche entschieden, ist Berufung nach Maßgabe des streitigen Verfahrens zulässig (§ 17 a V GVG);[31] Entscheidung des LG über Zulassung nicht erforderlich. Über einen zunächst unrichtig im Klageweg geltend gemachten Informationsanspruch kann durch Beschluss im FG-Verfahren entschieden werden, auch wenn das Gericht zunächst als Gericht der streitigen Gerichtsbarkeit tätig geworden ist.[32]

16 Für das **Verhältnis des Verfahrens** nach § 51 b **zu Anfechtungsprozessen,** die sich auf Gesetzesverletzung durch Auskunftsverweigerung stützen, s § 51 a Rn 45 ff.

---

23 Vgl noch BGH NZG 2002, 673; BayObLG DB 1989, 2013; BayObLG GmbHR 1988, 263; OLG Düsseldorf NZG 2003, 636. Vgl ferner OLG Koblenz WM 1985, 829; dazu auch BGH WM 1986, 824; aus der Literatur Scholz/*Schmidt* Rn 29.

24 OLG Düsseldorf NZG 2003, 635.

25 BGHZ 150, 133; BGH NZG 2006, 593.

26 BGH GmbHR 2006, 818 = NZG 2006, 1122.

27 Vgl dazu BayObLG GmbHR 1991, 576; BayObLG AG 2001, 137; OLG Frankfurt DM 1992, 1920; OLG Stuttgart AG 1992, 460; OLG Köln GmbHR 1995, 301.

28 Zur die außergerichtlichen Kosten nicht umfassenden Tragweite dieses Kostenanspruchs OLG Frankfurt GmbHR 1987, 432.

29 BayObLG DB 1989, 2013; GmbHR 1995, 592; in diese Richtung auch OLG Düsseldorf NZG 2003, 636; abw OLG Köln GmbHR 1995, 301.

30 So schon vor Änderung des GVG OLG Frankfurt GmbHR 1995, 901.

31 OLG Hamm GmbHR 1998, 336.

32 Dazu BGH NJW-RR 1995, 1183.

17 **7. Rechtsfolgen der stattgebenden Entscheidung.** Gibt Gericht dem Antrag statt, müssen GFührer verlangte Information geben. Dass dies nach § 132 IV AktG auch außerhalb der GfterVers zu geschehen hat, ist für GmbH-Recht selbstverständlich, weil hier, anders als im Aktienrecht, Informationsanspruch generell nicht auf Geltendmachung in der GfterVersammlung beschränkt ist. Vollstreckung aus der stattgebenden Entsch erfolgt nach § 95 FamFG gemäß den Vorschriften der ZPO, das bedeutet vornehmlich gemäß § 888 ZPO.[33] Da Entsch nach § 99 V 1 mit § 132 III 1 AktG erst mit Rechtskraft wirksam wird, kommt Vollstreckung vorher nicht in Betracht.[34]

Einwendungen gegen titulierten Anspruch können im Zwangsvollstreckungsverfahren nicht erhoben werden. Beispiel: Einwand, dass Antragsteller inzwischen seine Gfterstellung verloren habe. Insoweit bleibt für Zwangsvollstreckungsschuldner Möglichkeit des „Zwangsvollstreckungsgegenantrags" analog § 767 ZPO.[35] (Inkonsequente) Ausnahme hiervon bildet Einwand vollständiger Erfüllung. Einwand der Unmöglichkeit soll im Verfahren nach § 888 ZPO zu prüfen sein, weil er sich nicht gegen den titulierten Anspruch als solchen, sondern gegen dessen Vollstreckbarkeit richte.[36]

Aufsichtsrat

52

(1) **Ist nach dem Gesellschaftsvertrag ein Aufsichtsrat zu bestellen, so sind § 90 Abs. 3, 4, 5 Satz 1 und 2, § 95 Satz 1, § 100 Abs. 1 und 2 Nr. 2 und Abs. 5, § 101 Abs. 1 Satz 1, § 103 Abs. 1 Satz 1 und 2, §§ 105, 107 Abs. 4, §§ 110 bis 114, 116 des Aktiengesetzes in Verbindung mit § 93 Abs. 1 und 2 Satz 1 und 2 des Aktiengesetzes, § 124 Abs. 3 Satz 2, §§ 170, 171 des Aktiengesetzes entsprechend anzuwenden, soweit nicht im Gesellschaftsvertrag ein anderes bestimmt ist.**

(2) [1] **Werden die Mitglieder des Aufsichtsrats vor der Eintragung der Gesellschaft in das Handelsregister bestellt, gilt § 37 Abs. 4 Nr. 3 und 3 a des Aktiengesetzes entsprechend.** [2] **Die Geschäftsführer haben bei jeder Änderung in den Personen der Aufsichtsratsmitglieder unverzüglich eine Liste der Mitglieder des Aufsichtsrats, aus welcher Name, Vorname, ausgeübter Beruf und Wohnort der Mitglieder ersichtlich ist, zum Handelsregister einzureichen; das Gericht hat nach § 10 des Handelsgesetzbuchs einen Hinweis darauf bekannt zu machen, dass die Liste zum Handelsregister eingereicht worden ist.**

(3) **Schadensersatzansprüche gegen die Mitglieder des Aufsichtsrats wegen Verletzung ihrer Obliegenheiten verjähren in fünf Jahren.**

---

[33] Teilw anders aber OLG Frankfurt GmbHR 1991, 577: Vollstreckung des EinsichtsR nach § 883 ZPO, des AuskunftR nach § 888 ZPO; BayObLG ZIP 1996, 1039. Zu den Anforderungen an die Bestimmtheit des Titels: BayObLG GmbHR 1989, 204.

[34] *Lutter/Hommelhoff* Rn 6; Scholz/*Schmidt* Rn 28; *K. Schmidt,* GmbH-Recht in der Diskussion, 1981, 107; **aA** *Lutter* DB 1980, 1321.

[35] Näher OLG München NZG 2008 197 f m zahlr N.

[36] OLG München aaO.

Übersicht

Lit: 1. Zum Aufsichtsrat allgemein:

Axhausen, Anfechtbarkeit aktienrechtlicher Aufsichtsratsbeschlüsse, 1986; *Bachner/Köstler/Matthießen/Trittin,* 3. Aufl 2008, Arbeitsrecht bei Unternehmensumwandlung und Betriebsübergang, 2008; *Bauer,* Organklagen zwischen Vorstand und Aufsichtsrat der Aktiengesellschaft, 1986; *Baums,* Der fehlerhafte Aufsichtsratsbeschluss, ZGR 1983, 300; *Bea/Scheurer,* Die Kontrollfunktion des Aufsichtsrats, DB 1994, 2145; *Böttcher,* Organpflichten beim Unternehmenskauf, NZG 2007, 481; *Brouwer,* Zustimmungsvorbehalte des Aufsichtsrats im Aktien- und GmbH-Recht, 2008; *Claussen,* Anforderungen an ein Risikomanagementsystem aus der Sicht des Aufsichtsrates, FS Lutter, 2000, 327; *Dreher,* Interessenkonflikte bei Aufsichtsratsmitgliedern von Aktiengesellschaften, JZ 1990, 896; *ders,* Das Ermessen des Aufsichtsrats, ZHR 158 (1994), 614; *Dahlbender,* Errichtung eines fakultativen Aufsichtsrats – Musterformulierung einer freiwilligen Aufsichtsregelung in der GmbH-Satzung, GmbH-StB 2008, 21; *Drygala,* Aufsichtsratsbericht und Vertraulichkeit im System der Corporate Governance, AG 2007, 381; *Erker/Freund,* Verschwiegenheitspflicht von Aufsichtsratmitgliedern bei der GmbH, GmbHR 2001, 463; *Fischer,* Die Verantwortung des Aufsichtsrats bei Interessenkollisionen, in In Memoriam K. Duden, 1982, 55; *Fleck,* Eigengeschäfte eines Aufsichtsratsmitglieds, FS Heinsius, 1991, 89; *Fuchs/Köstler,* Handbuch zur Aufsichtsratswahl, 4. Aufl 2008; *Gaul,* Information und Vertraulichkeit der Aufsichtsratsmitglieder einer GmbH, GmbHR 1986, 296; *Gaul/Otto,* Auswirkungen des TransPuG auf das Verhältnis zwischen GmbH-Geschäftsführung und Aufsichtsrat, GmbHR 2003, 6; *Goerdeler,* Die Überwachungsaufgabe des Aufsichtsrats, WPg 1982, 33; *Goette,* Pflichten der Mitglieder eines fakultativen Aufsichtsrats, DStR 2007, 356; *Graef,* Außerordentliche Kündigung des Geschäftsführers durch den Aufsichtsratsvorsitzenden, GmbHR 2005, 675; *Großfeld/Brondics,* Die Stellung des fakultativen Aufsichtsrates (Beirat) in der GmbH und in der GmbH & Co KG, AG 1987, 293; *Habersack,* Aufsichtsrat und Prüfungsausschuss nach dem BilMoG, AG 2008, 98; *Henze,* Leitungsverantwortung des Vorstands – Überwachungspflicht des AR, BB 2000, 209; *Hoffmann/Preu,* Der Aufsichtsrat, 5. Aufl 2003; *Hoffmann-Becking,* Der Aufsichtsrat im Konzern, ZHR 159 (1995), 325; *ders* in MünchHdbAG, 3. Aufl 2007, §§ 28 ff; *ders,* Kombinierte Beschlussfassung in Gesellschafterversammlung und Aufsichtsrat, FS Priester 2007, 233; *Hommelhoff,* Die Geschäftsordnungsautonomie des Aufsichtsrats, Betriebswirtschaftliche Forschung und Praxis, 1977, 507; *Hopt,* Modernisierung der Unternehmensleitung und -kontrolle, FS Westermann 2008, 1039; *Hügel,* Aufsichtsratsvertreter und Entscheidungsbefugnis der Gesellschafterversammlung, GesRZ 1982, 305; *Hümmerich/Schmidt-Westphal,* Integrierte Aufhebungsvereinbarungen im Dienstvertrag des Geschäftsführers, DB 2007, 222; *R. Jacobs,* Stufenverflechtung zwischen Aufsichtsrat einer Obergesellschaft u Beirat einer abhängigen GmbH, FS Brandner, 1996, 73; *Kautzsch,* in MünchAnwHdbGmbHR, 2002, § 19; *Kiem,* Vereinbarte Mitbestimmung und Verhandlungsmandat der Unternehmensleitung, ZHR 171 (2007), 713; *Kiethe,* Gesellschaftsrechtliche Spannungslagen bei Public Private Partnership, NZG 2006, 45; *ders,* Prozessuale Zeugnisverweigerungsrechte in der Insolvenz, NZI 2006, 267; *Kindl,* Beschlussfassung des Aufsichtsrats und Neue Medien – Zur Änderung des § 108 Abs 4 AktG, ZHR 166 (2002), 335; *Köstler/Kittner/Zachert/Müller,* Aufsichtsratspraxis – Handbuch für die ArbNVertreter im Aufsichtsrat, 8. Aufl 2006; *Kort,* Corporate Governance-Fragen der Größe und Zusammensetzung des Aufsichtsrats bei AG, GmbH und SE, AG 2008, 137; *Krause-Ablaß/Link,* Fortbestand, Zusammensetzung und Kompetenzen des Aufsichtsrats nach Umwandlung einer AG in eine GmbH, GmbHR 2005, 731; *Krieger,* Personalentscheidungen des Aufsichtsrats, 1981; *Kropff,* Zur Information des Aufsichtsrats über das interne Überwachungssystem, NZG 2003, 346; *Lange,* Der Beirat als Element der Corporate Governance in Familienunternehmen, GmbHR 2006, 897; *ders,* Corporate Governance in Familienunternehmen, BB 2005, 2585; *Lowe,* Fehlerhaft gewählte ARMitglieder, 1989; *Luther/Rosga,* Praktische Fragen und Probleme der Rechtsstellung des Aufsichtsratsvorsitzenden und seines Stellvertreters einer AG oder GmbH, FS Meilicke, 1985, 80; *Lutter,* Mitbestimmung im Konzern, 1975; *ders,* Information und Vertraulichkeit im Aufsichtsrat, 3. Aufl 2006; *ders,* Unternehmensplanung und Aufsichtsrat, AG 1991, 249; *ders,* Der Aufsichtsrat: Konstruktionsfehler, Inkompetenz seiner Mitglieder oder normales Risiko?, AG 1994, 176; *ders,* Verhaltenspflichten von Organmitgliedern bei Interessenkonflikten, FS Priester 2007, 417; *Lutter/Kremer,* Die Beratung der Gesellschaft durch Aufsichtsratsmitglieder, ZGR 1992, 87; *Lutter/Krieger,* Rechte und Pflichten des Aufsichtsrats, 5. Aufl 2008; *Marsch-Barner/Diekmann* in MünchHdbGmbH, 2. Aufl 2003, § 48; *Matthießen,* Stimmrecht und Interessenkollision im Aufsichtsrat, 1989; *Meilicke,* Fehlerhafte Aufsichtsratsbeschlüsse, FS Schmidt, 1959, 71; *Möllers,* Gesellschaftsrechtliche Treuepflicht contra arbeitnehmerrechtliche Mitbestimmung, NZG 2003, 697; *Müller/Wolff,* Freiwilliger Aufsichtsrat nach § 52 GmbHG und andere freiwillige Organe, NZG 2003, 751; *Nießen,* Der Aufsichtsrat in der GmbH, NJW-Spezial 2008, 367; *Noack,* Der Aufsichtsrat in der Insolvenz der Kapitalgesellschaft, 2004; *Peus,* Der Aufsichtsratsvorsitzende, 1983; *Potthoff/Trescher,* Das Aufsichtsratsmitglied, 6. Aufl 2003; *Raiser,* Klagebefugnis einzelner ARMitglieder, ZGR 1989, 44; *ders,* Unternehmensmitbestimmung vor dem Hintergrund europarechtlicher Entwicklungen, 66. DJT 2006, 1; *Rellermeyer,* Aufsichtsratsausschüsse, 1986; *Röller,* Quo vadis, AR?, AG 1994, 333; *Säcker,* Die Rechte des einzelnen Aufsichtsratsmitglieds, NJW 1979, 1521; *ders,* Aktuelle Probleme der Verschwiegenheitspflicht der Aufsichtsratsmitglieder, NJW 1986, 803; *ders,* Die Unternehmensmitbestimmung – eine Chance zur Verbesserung der Corporate Governance?, FS Richardi 2007, 711; *Scheffler,* Der Aufsichtsrat – nützlich oder überflüssig?, ZGR 1993, 63; *Säcker/Rehm,* Grenzen der Mitwirkung des Aufsichtsrats an unternehmerischen Entscheidungen in der Aktiengesellschaft, DB 2008, 2814; *Schiessl,* Leitungs- und Kontrollstrukturen im internationalen Wettbewerb, ZHR 167 (2003), 235; *Schneider, U. H.,* Der Aufsichtsrat des abhängigen Unternehmens im Konzern, FS Th. Raiser, 2005, 341; *Schmidt,* Stimmverbote veräußerungswilliger Aufsichtsratsmitglieder bei Zustimmungsbeschlüssen zur Veräußerung von GmbH-Anteilen, GmbHR 2008, 458; *Semler,* Die Überwachungsaufgabe des Aufsichtsrats, 1980; *ders,* Leitung und Überwachung der AG, 2. Aufl 1996; *ders,* Die Effizienzprüfung des Aufsichtsrats, FS Th. Raiser 2005, 399; *Semler/v. Schenck* (Hrsg), Arbeitshandbuch für Aufsichtsratsmitglieder, 3. Aufl 2008; *Simon,* Bestellung und Abberufung des Aufsichtsrats in GmbH und GmbH & Co. KG, GmbHR 1999, 257; *Stein,* Zur eine Haftung des Aufsichtsratsmitglieds einer GmbH auslösenden Pflichtverletzung, DZWIR 2007, 329; *Theisen,* Die Überwachung der Unternehmungsführung, 1987; *ders,* Information und Berichterstattung des Aufsichtsrates. 4. Aufl 2007; *Veil,* Weitergabe von Informationen durch den Aufsichtsrat an Aktionäre und Dritte, ZHR 172 (2008), 239; *Wagner,* Aufsichtsratssitzung in Form der Videokonferenz, NZG 2002, 57; *Wiedemann/Kögel,* Beirat und Aufsichtsrat in Familienunternehmen, 2008; *Ziegelmeier,* Die Systematik der Haftung von Aufsichtsratsmitgliedern gegenüber der Gesellschaft, ZGR 2007, 144.

2. Zum Aufsichtsrat nach dem Drittelbeteiligungsgesetz: *Boewer/Gaul/Otto,* Zweites Gesetz zur Vereinfachung der Wahl der Arbeitnehmervertreter in den Aufsichtsrat und seine Auswirkungen auf die GmbH, GmbHR 2004, 1065; *Büdenbender,* Mitbestimmungsrechtlicher Besitzstand im Gesellschaftsrecht, ZIP 2000, 385; *Deilmann,* Die Zurechnung von Arbeitnehmern nach dem neuen Drittelbeteiligungsgesetz, NZG 2005, 659; *Dieterich/Preis/Müller-Glöge/Schaub* (Hrsg). Erfurter Kommentar zum Arbeitsrecht, 8. Aufl 2008; *Freis/Kleinefeld/Kleinsorge/Voigt,* Drittelbeteiligungsgesetz, 2004; *Gach,* in Münchener Kommentar zum AktG, Bd 2, 3. Aufl 2008; *Gimmy,* Das neue Drittelbeteiligungsgesetz, FS-Arbeitsgemeinschaft Arbeitsrecht im Deutschen Anwaltsverein, 2006, 857; *Habersack,* Die Konzernmitbestimmung nach § 5 MitbestG und § 2 DrittelbG, AG 2007, 641; *Halm,* Notwendigkeit der Bildung des mitbestimmten Aufsichtsrats bei der GmbH vor Eintragung in das Handelsregister?, BB 2000, 1849; *Henssler/Willemsen/Kalb* (Hrsg) Arbeitsrecht Kommentar, 3. Aufl 2008; *Huke/Prinz,* Das Drittelbeteiligungsgesetz löst das Betriebsverfassungsgesetz 1952 ab, BB 2004, 2633; *Meier,* Der praktische Fall: Arbeitnehmervertreter im Aufsichtsrat einer mitbestimmten GmbH nach dem DrittelbG – Auswirkungen bei Ausscheiden aus dem Unternehmen, GmbHR 2008, 585; *Oetker,* in Erfurter Kommentar zum Arbeitsrecht, 8. Aufl 2008; *Redeke,* Zur Unternehmensmitbestimmung auf der Ebene von Konzernzwischengesellschaften, DB 2008, 2408; *Rellermeyer,* Arbeitnehmerlose „Alt"-Aktiengesellschaft, WM 2005, 2271; *Säcker,* Die Unternehmensmitbestimmung – eine Chance zur Verbesserung der Corporate Governance?, FS Richardi, 2007, 711; *Seibt,* Drittelbeteiligungsgesetz und Fortsetzung der Reform des Unternehmensmitbestimmungsrechts – Analyse des Zweiten Gesetzes zur Vereinfachung der Wahl der Arbeitnehmervertreter in den Aufsichtsrat, NZA 2004, 767; *Seibt* in Henssler/Willemsen/Kalb (Hrsg) Arbeitsrecht Kommentar, 3. Aufl 2008; *Thüsing,* Zur Frage der Zulässigkeit gesellschaftsvertraglicher Ausweitung der ArbNvertretung im Aufsichtsrat nach dem BetrVG 1952 bei der GmbH, FS Werner, 1984, 893; *Ulmer/Habersack/Henssler,* Mitbestimmungsrecht, 2. Aufl 2006; *Wlotzke/Wißmann/Koberski/Kleinsorge,* Mitbestimmungsrecht, 3. Aufl 2008.

3. Zum Aufsichtsrat nach dem MitbestG: *Badura,* Mitbestimmung und Gesellschaftsrecht, in: Beiträgen zum Handels- und Wirtschaftsrecht, 1991, 1; *Baumann,* GmbH und Mitbestimmung, ZHR 142 (1978), 557; *Bernhardt,* Deutsche (Unternehmens-)Mitbestimmung zwischen Wünschen und Wirklichkeit, BB 2004, 2480; *Büdenbender,* Mitbestimmungsrechtlicher Besitzstand im Gesellschaftsrecht, ZIP 2000, 385; *Burg/Böing,* Mitbestimmung in Konzern-Holdinggesellschaften, Der Konzern 2008, 605; *Däubler,* Mitbestimmung und Betriebsverfassung im internationalen Privatrecht, RabelsZ 39 (1975), 444; *Deilmann,* Abgrenzung der Überwachungsbefugnisse von Gesellschafterversammlung und Aufsichtsrat einer GmbH unter besonderer Berücksichtigung des mitbestimmten Aufsichtsrats, BB 2004, 2253; *Duden,* Zur Mitbestimmung in Konzernverhältnissen nach dem Mitbestimmungsgesetz, ZHR 141 (1977), 145; *Eder,* Gesellschafter- und Aufsichtsratsautonomie bei der GmbH, GmbHR 1978, 217; *Ensch,* Institutionelle Mitbestimmung und Arbeitnehmereinfluss, 1989; *Fabricius* (Hrsg), Gemeinschaftskommentar zum MitbestG, 1976 ff; *Fitting/Wlotzke/Wißmann,* MitbestG, 1978; *Gach,* in Münchener Kommentar zum AktG, Bd 2, 3. Aufl 2008; *Gerum/Oppenrieder/Steinmann,* Rechtsformabhängige vs. rechtsformneutrale Unternehmensverfassung: Der Fall der mitbestimmten GmbH, DBW 1986, 460; *Franzen,* Niederlassungsfreiheit, internationales Gesellschaftsrecht und Unternehmensmitbestimmung, RdA 2004, 257; *Gerum/Steinmann/Fees,* Der mitbestimmte Aufsichtsrat, 1988; *Habersack,* Die Konzernmitbestimmung nach § 5 MitbestG und § 2 DrittelbG, AG 2007, 641; *Hanau/Wackerbarth,* Unternehmensmitbestimmung und Koalitionsfreiheit. Interessenkonflikte von Gewerkschaftsvertretern im Aufsichtsrat, 2004; *Henssler,* Die Unternehmensmitbestimmung, 50 Jahre Bundesgerichtshof, Festgabe aus der Wissenschaft, 2000, 387–422; *ders,* Mitbestimmungsrechtliche Folgen grenzüberschreitender Beherrschungsverträge, ZfA 2005, 289; *Hoffmann/Lehmann/Weinmann,* MitbestG, 1978; *Henssler,* Die Ernennung des Vorsitzenden der Geschäftsführung in der mitbestimmten GmbH, GmbHR 2004, 321; Henssler/Willemsen/

Kalb (Hrsg) Arbeitsrecht Kommentar, 3. Aufl 2008; *Hommelhoff,* Unternehmensführung in der mitbestimmten GmbH, ZGR 1978, 119; *Immenga,* Zuständigkeiten des mitbestimmten Aufsichtsrats, ZGR 1977, 249; *Köstler,* Das steckengebliebene Reformvorhaben, 1987; *Mayer,* Auswirkung grenzüberschreitender Beherrschungsverträge auf Mitbestimmungstatbestände, AuR 2006, 303; *Mertens,* Der Beirat in der GmbH – besonders der mitbestimmten, FS Stimpel 1985, 417; *Oetker* in Erfurter Kommentar zum Arbeitsrecht, 8. Aufl 2008; *ders* in Hopt/Wiedemann (Hrsg), Großkommentar AktG, 4. Aufl 1999, MitbestG; *Overlack,* Der Einfluss der Gesellschafter auf die Geschäftsführung in der mitbestimmten GmbH, ZHR 141 (1977), 125; *Quast,* Geschäftsführung und Leitungsmacht in der mitbestimmten GmbH und GmbH & Co KG, 1980; *Th. Raiser/Veil,* MitbestG, DrittelbG, 5. Aufl 2009; *ders,* Bewährung des MitbestG nach zwanzig Jahren? Freundesgabe Kübler, 1997, 477; *Redeke,* Zur Unternehmensmitbestimmung auf der Ebene von Konzernzwischengesellschaften, DB 2008, 2408; *Reuter,* Der Einfluss der Mitbestimmung auf das Gesellschafts- und Arbeitsrecht, AcP 179 (1979), 509; *ders,* Die Mitbestimmung als Bestandteil des Normativsystems für die juristischen Personen des Handelsrechts, 1987; *Reuter/Körnig,* Mitbestimmung und gesellschaftsrechtliche Gestaltungsfreiheit, ZHR 140 (1976), 494; *Rinninsland,* Die Auswirkungen des MitbestG 1976 auf Gesellschaften mit beschränkter Haftung, 1990; *M. Roth,* Arbeitnehmerbeteiligung, Corporate Governance und Theorie der Unternehmung, Mitarbeiter-FS Hopt zur Emeritierung, 2007, 237; *Säcker,* Die Unternehmensmitbestimmung – eine Chance zur Verbesserung der Corporate Governance, FS Richardi, 2007, 711; *ders,* Die Abberufung des Aufsichtsratsvorsitzenden im mitbestimmten Unternehmen, BB 2008, 2252; *Säcker/Theisen,* Die statutarische Regelung der inneren Ordnung des Aufsichtsrats in der mitbestimmten GmbH nach dem MitbestG 1976, AG 1980, 29; *Seibt,* Privatautonome Mitbestimmungsvereinbarungen: Rechtliche Grundlagen und Praxishinweise, AG 2005, 413; *Sieg/Siebels,* Arbeitnehmervertreter im Aufsichtsrat – Vereinfachung des Wahlverfahrens, NZA 2002, 697; *Teubner,* Der Beirat zwischen Verbandssouveranität und Mitbestimmung, ZGR 1986, 565; *Theisen,* Die Aufgabenverteilung in der mitbestimmten GmbH, 1980; *ders,* Die Rechtsprechung zum Mitbestimmungsgesetz 1976 – eine dritte Zwischenbilanz, AG 1993, 49; *Trouet,* GmbH-Aufsichtsrat und Mitbestimmung, DB 1982, 29; *Ulmer,* Der Einfluss des Mitbestimmungsgesetzes auf die Struktur von AG und GmbH, 1979; *Ulmer/Habersack/Henssler,* Mitbestimmungsrecht, 2. Aufl 2006; *Wagner/Rinninsland,* Die Auswirkungen des MitbestG 1976 auf die Gesellschaft mit beschränkter Haftung, DBW 1991, 581; *Walter/Stümper,* Organschaftsvertrag ohne Beherrschungsabrede kann Mitbestimmung verhindern, GmbHR 2003, 449; *Wank,* Weitere Stellvertreter des Aufsichtsratsvorsitzenden in der mitbestimmten Aktiengesellschaft, AG 1980, 148; *ders,* Der Kompetenzkonflikt zwischen Gesellschaftern und Aufsichtsrat in der mitbestimmten GmbH, GmbHR 1980, 121; *ders,* Die Aufgabenverteilung in der mitbestimmten GmbH, GmbHR 1982, 84; *Weiler,* Das rechtliche Schicksal des GmbH-Aufsichtsrats nach Wegfall der Aufsichtsratspflicht, NZG 2004, 988; *Wißmann* in Richardi/Wlotzke (Hrsg), MünchHdbArbR, Bd 3, 2. Aufl 2000, §§ 377–380; *Wlotzke/Wißmann/Koberski/Kleinsorge,* Mitbestimmungsrecht, 3. Aufl 2008.

4. Zum Aufsichtsrat der „kommunalen" GmbH

Altmeppen, Die Einflussrechte der Gemeindeorgane einer kommunalen GmbH, NJW 2003, 2561; *Banspach/Nowak,* Der Aufsichtsrat der GmbH – unter besonderer Berücksichtigung kommunaler Unternehmen und Konzerne, Der Konzern 2008, 195; *Battke/Voigt,* Zur Zulässigkeit von gesellschaftsvertraglichen Auskunftsrechten des fakultativen Aufsichtsrates kommunaler Eigengesellschaften gegenüber dem Gemeinderat, SächsVBl 2006, 273; *Keßler,* Die kommunale GmbH, GmbHR 2000, 71; *Lohner/Zieglmeier,* Die Besetzung des Aufsichtsrats einer kommunalen GmbH und der Verbandsversammlung eines Zweckverbandes, BayVBl 2007, 581; *Meiski,* Die Nichtöffentlichkeit der Aufsichtsratssitzung einer kommunalen GmbH und das Öffentlichkeitsprinzip der kommunalen Selbstverwaltung, NVwZ 2007, 1355; *ders,* Über die Verschwiegenheitspflichten kommunaler Mandatsträger als Aufsichtsräte in kommunalen Eigengesellschaften in Form der GmbH, BayVBl 2006, 300; *Möller,* Die rechtliche Stellung und Funktion des Aufsichtsrats in öffentlichen Unternehmen der Kommune, 1999; *Nowak/Wanitschek-Klein,* Die Pflichten des Aufsichtsrats – eine betriebswirtschaftliche Analyse unter besonderer Berücksichtigung öffentlicher Unternehmen, Der Konzern 2007, 665; *Wilhelm,* Öffentlichkeit und Haftung bei Aufsichtsräten in einer kommunalen GmbH, DB 2009, 944; *Zieglmeier,* Kommunale Aufsichtsratsmitglieder, LKV 2005, 338.

A. Allgemeines

I. Die Aufsichtsratssysteme der GmbH

1 **1. Fakultativer AR.** Nach dem GmbHG ist ein AR für die GmbH nicht notwendig, er kann aber **durch Satzung vorgesehen** werden (sog fakultativer AR). Bei kleineren Ges, die ohnehin meist personellen Charakter haben, geschieht dies eher selten. Soweit fakultativer AR eingerichtet wird, stellt Abs 1 **dispositive Regelung** zur Verfügung durch Verweisung auf einige aktienrechtliche Bestimmungen über den AR der AG. Gfter haben bei der Ausgestaltung dieses fakultativen Organs hinsichtlich Größe, Zusammensetzung u Aufgabenzuweisung weitgehende Freiheit. Rechtliche Problematik liegt zum (kleineren) Teil in der sachgerechten Anwendung der aktienrechtlichen Bestimmungen, zum (größeren) Teil in der Frage der Füllung verbleibender Regelungslücken, zum weiteren in der Bestimmung der Grenzen der Satzungsautonomie u schließlich in Auslegungsfragen, wenn von nach Abs 1 anwendbarem Aktienrecht teilweise abw Satzungsregelungen getroffen sind.

2 **2. Obligatorischer AR.** Unter bestimmten Voraussetzungen ist ein AR zwingend vorgeschrieben. Es handelt sich um nicht weniger als **fünf verschiedene Systeme.** Vier beruhen auf mitbestimmungsrechtlichen Gesetzen, mit denen eine Mitbestimmung der ArbNSeite auf Unternehmensebene durch ArbNVertreter im AR verwirklicht wird: DrittelbG,[1] MitbestG, MontanMitbestG, MitbestErgG. Ein weiteres System hat keine mitbestimmungsrechtliche Zielsetzung, sondern will durch Installierung eines AR zusätzliche Seriositätsgarantie wegen erhöhter Publikumsschutzinteressen einbauen: bei Kapitalanlageges nach § 6 Abs 2 InvestmentG (unten Rn 317 ff). Im Folgenden werden von den vier mitbestimmungsrechtlichen Pflichtsystemen nur die nach dem DrittelbG u dem MitbestG ausführlich berücksichtigt. Zur Mitbestimmung nach MontanMitbestG u MitbestErgG unten Rn 309 u 17. Aufl Rn 190 ff.

3 **3. Unterschiede u Gemeinsamkeiten der Systeme.** Die vier mitbestimmungsrechtlichen Systeme des obligatorischen AR weisen zwar eine Reihe von Übereinstimmungen auf, aber auch nicht unerhebliche **Unterschiede:** (1) nach Größe u Zusammensetzung des AR, (2) nach der Art u Weise der Bestellung der ArbNMitglieder, (3) hinsichtlich der Zuständigkeit des AR (insbes für die Bestellung der GFührer), (4) hinsichtlich der inneren Ordnung

---

[1] Zweites Gesetz zur Vereinfachung der Wahl der Arbeitnehmervertreter in den Aufsichtsrat (Art 1: Drittelbeteiligungsgesetz – DrittelbG) v. 18. 5. 2004, BGBl I 974.

des AR. (5) Das MitbestG enthält zudem – als Folge seiner spezifischen Regelung der Zusammensetzung – spezielle Regeln für die BeschlFassung des AR.

Ähnlich ergeben sich teils Übereinstimmungen, teils Unterschiede zwischen den mitbestimmungsrechtlichen Systemen des obligatorischen u dem GmbH gesetzlichen (dispositiven) System des fakultativen AR. Da dem Benutzer weniger an gemeinsamer Problembehandlung liegen wird, er vielmehr idR wird wissen wollen, welchen rechtlichen Regeln der AR des für eine bestimmte Ges maßgebenden Systems unterworfen ist, werden die verschiedenen Systeme getrennt dargestellt. **4**

4. Verhältnis zum aktienrechtlichen AR. Der GmbH-rechtliche AR ist in keiner Variante dem aktienrechtlichen gleichzusetzen; auch die mitbestimmungsrechtlichen Systeme haben aus gutem Grund darauf verzichtet, Organverfassung der GmbH voll dem Aktienrecht zu unterwerfen; insbes ist dominierende Stellung der GfterVers nicht beseitigt worden, wenn sie auch wegen der veränderten Zuständigkeit zur Wahl der GFührer nicht unerheblich tangiert worden ist. Aus der Unterschiedlichkeit der GmbH-Verfassung zur AG-Verfassung resultieren für das Zusammenspiel mit einigen als anwendbar erklärten aktienrechtlichen Normen über den AR Anpassungsprobleme. Überwiegend ist aber die sinngemäße Anwendung der aktienrechtlichen Normen weitgehend unproblematisch; ebenso ist für eine Reihe aktienrechtlicher Bestimmungen klar, dass sie auf die GmbH unanwendbar sind. **5**

II. Überblick über den Anwendungsbereich der verschiedenen Aufsichtsratssysteme

Nachfolgender Überblick umfasst nur den durch Satzung installierten AR sowie den auf Grund mitbestimmungsrechtlicher Regelungen obligatorischen AR. Daneben greifen rechtspolitisch u verfassungsrechtlich bedenkliche **Perpetuierungsregelungen,** teils speziell für Montanbereich (Rn 311 ff), teils für alle mitbestimmten Systeme, letzteres zum einen bei Einbringung von Betrieben u Teilbetrieben sowie von Anteilen an Kapitalges in eine Kapitalges eines anderen EU-Mitgliedstaates, wenn sie unter Inanspruchnahme bestimmter steuerlicher Vergünstigungen erfolgt;[2] insbes bleibt das Absinken der ArbNZahl bis auf ein Viertel der maßgeblichen Höhe unberücksichtigt. Eine Perpetuierung für fünf Jahre findet ferner gem § 325 UmwG statt bei Abspaltung u Ausgliederung (u nur dort, nicht bei Aufspaltung, Verschmelzung, Formwechsel). Neuerdings will das Gesetz über die Mitbestimmung der Arbeitnehmer bei einer grenzüberschreitenden Verschmelzung (MgVG)[3] die „erworbenen Mitbestimmungsrechte der Arbeitnehmer" (§ 1 I 2 MgVG) sichern, wenn mitbestimmte GmbH an grenzüberschreitender Verschmelzung beteiligt ist (Rn 315 ff). **6**

1. Regelung des § 52 gilt für den nach der **Satzung** zu errichtenden AR **(fakultativer AR)** u nur für ihn. Ist AR nach gesetzlichen Vorschriften zu **7**

---

[2] Mitbestimmungsbeibehaltungsgesetz v 22. 8. 1994, BGBl I 2228, zuletzt geändert mWv 13. 12. 2006 durch Gesetz v 7. 12. 2006, BGBl I 2782.

[3] Gesetz v 21. 12. 2006, BGBl I 3332.

errichten (obligatorischer AR), greift nicht § 52 ein, sondern die jeweils getroffene spezialgesetzliche Regelung.

8 **2.** Nach **§ 1 I Nr 3 DrittelbG** ist AR zu bilden, wenn GmbH mehr als 500 ArbN hat. Ist GmbH herrschendes Unternehmen eines Konzerns, werden zur Berechnung der ArbNZahl die ArbN von durch Beherrschungsvertrag oder kraft Eingliederung verbundenen Unternehmen eingerechnet, § 2 II DrittelbG. Zur Berechnung der ArbNZahl u zu den Voraussetzungen konzernrechtlicher Zusammenrechnung der ArbN sowie zu verschiedenen Ausnahmen von der ARPflichtigkeit näher Rn 146 ff.

9 **3.** Das **ARSystem des MitbestG** greift ein, wenn Ges idR mehr als 2000 ArbN beschäftigt u nicht dem Montanbereich zugehört; unten Rn 269 ff.

10 **4.** Das **ARSystem des MontanMitbestG** greift ein, wenn Unternehmen idR mehr als 1000 ArbN beschäftigt u dem sog Montanbereich angehört; unten Rn 309. Das **ARSystem des MitbestErgG** greift ein für GmbH, die zwar selbst nicht die Voraussetzungen des MontanMitbestG erfüllt, jedoch auf Grund Organschaftsverhältnisses ein unter das MontanMitbestG fallendes Unternehmen beherrscht; unten Rn 310.

11 **5.** Das **ARSystem des InvestmentG** greift bei Kapitalanlageges. Es entspricht weithin demjenigen des AktG; unten Rn 317 ff.

12 **6.** Die **freiwillige Einführung oder Erweiterung der Mitbestimmung** durch ArbNVertreter im AR findet sich in der Praxis zuweilen.[4] Insbes werden entsprechende Vereinbarungen mit der ArbNSeite, etwa einer Gewerkschaft, getroffen, wenn Umstrukturierungen die Verringerung des Einflusses der ArbNSeite zur Folge haben.[5] Grds steht nichts im Wege, wenn die nach dem Gesetz für die Bestellung von ARMitgliedern zuständigen Gremien ArbN in den AR wählen. Hingegen ist die Übertragung von Bestellungsrechten auf Dritte nicht möglich. Auch Stimmbindungsverträge mit NichtGftern sind nicht unbeschränkt wirksam. Besonderen Bedenken unterliegen Mitbestimmungsvereinbarungen bei Ges der öffentlichen Hand, weil das Aus-der-Hand-geben von an sich eingreifendem gfterlichem Einfluss u entspr Verantwortung aus öffentlich-rechtlichen Gründen unzulässig sein kann.[6]

---

[4] *Henssler* FS Westermann, 2008, 1019; *Seibt* AG 2005, 413; *R. Schmidt* FS Knöpfle, 1996, 303; *Hommelhoff* ZHR 148 (1984), 118 ff; *Beuthien* ZHR 148 (1984), 95 ff; GroßKommAktG/*Oetker*, MitbestG, Vorbem Rn 97 ff.

[5] *Henssler* ZfA 2000, 241 ff; *Willemsen/Seibt*, Umstrukturierung und Übertragung von Unternehmen, 3. Aufl 2003, F14; *Kraushaar* BB 2003, 1614, 1619.

[6] *Mertens* AG 1982, 141; *Konzen* AG 1983, 389, *Püttner* DVBl 1984, 165, *Schäfer* Mitbestimmung in kommunalen Eigengesellschaften, 1988; KölnerKomm/*Mertens* § 96 Rn 16 ff; *Ihrig/Schlitt* NZG 1999, 333; *Bell* AiB 1998, 249; ErfK/*Oetker* Einl DrittelbG Rn 9; aus gewerkschaftlicher Sicht *Nagel/Haslinger/Meurer*, Mitbestimmungsvereinbarungen in öffentlichen Unternehmen mit privater Rechtsform, 2002.

III. Klärung des nach Mitbestimmungsrecht einschlägigen Aufsichtsratssystems

13 Da einerseits alle ARSysteme sich unterscheiden, andererseits aber die Frage, welches System einschlägig ist, vielfach nicht einfach zu beurteilen ist – namentlich in den Randzonen des Montanbereichs u in Konzernbeziehungen –, ist Möglichkeit der Herbeiführung von Rechtsgewissheit über das zutr System von erheblicher Bedeutung. §§ 97–99 AktG sehen für Aktienrecht vor, dass der Vorstand vorläufige Klärung durch **Bekanntmachung** herbeiführen kann, die maßgeblich bleibt, wenn kein gerichtliches Verfahren in Gang gesetzt wird (§ 97 AktG), u sie ermöglichen die **gerichtliche Klärung** durch rechtskraftfähige Entscheidung (§§ 98, 99 AktG). § 96 II AktG verbietet beliebigen Wechsel des ARSystems. Auf die GmbH sind diese Regelungen für sinngemäß anwendbar erklärt durch § 27 EGAktG, ferner durch § 1 I Nr 3 DrittelbG, § 6 II MitbestG, § 3 II MontanMitbestG u § 3 MitbestErgG mit § 3 MontanMitbestG u für Kapitalanlageges gem § 6 Abs 2 InvestmentG. Die sinngemäße Anwendung führt zu folgenden Grundregeln:

14 **1.** Bei **bestehender GmbH mit obligatorischem AR** gilt zunächst **Grundsatz der Kontinuität,** § 96 II AktG. Das einmal installierte ARSystem kann danach nicht beliebig ausgewechselt werden, sondern nur entweder auf Grund Bekanntmachung der GFührer (§ 97 AktG) oder auf Grund gerichtlicher Entscheidung (§§ 98, 99 AktG).[7] Über ihren Wortlaut hinaus sind diese Vorschriften auf die GmbH auch für den bei der AG selteneren Fall anwendbar, dass Voraussetzungen der ARPflichtigkeit entfallen.[8] Auch insoweit kann Systemwechsel (nur) durch Bekanntmachung sowie durch Antrag auf gerichtliche Entscheidung erzwungen werden. Statusverfahren beschränkt sich jedoch auf Klärung, dass keine gesetzliche ARPflichtigkeit besteht. Bei Änderung der Größe des AR durch Satzungsänderung ohne Änderung des ARSystems (etwa gem § 7 I 2, 3 MitbestG oder iR eines AR nach § 1 I Nr 3 DrittelbG) ist das Statusverfahren gem §§ 98, 99 AktG unzulässig, str.[9] Ob fakultativer oder gar kein AR zu bestellen ist, müssen Gfter auf andere Weise klären.

15 **2.** Bei **bestehender GmbH ohne AR** sind §§ 97–99 AktG sinngemäß anwendbar, wenn Wechsel zu einem obligatorischen ARSystem erfolgen soll bzw seine Voraussetzungen zu klären sind. Das gilt nicht nur für MitbestG, dessen Verweisung in § 6 II auf §§ 97 ff AktG so verstanden wird, sondern auch für ARSystem des DrittelbG.[10] Anwendbarkeit folgt aus Verweisung in

---

[7] OLG Frankfurt BB 1985, 1286 (mit missverständlichem Leitsatz).

[8] *Lutter* ZGR 1977, 194, 214; Erfk/*Oetker* § 99 AktG Rn 4; GK-BetrVG/*Kraft* § 77 BetrVG 1952 Rn 7; *Weiler* NZG 2004, 988; *Krause-Ablaß/Link* GmbHR 2005, 731, 732; *Kowalski* DB 2009, 551, 553.

[9] OLG Hamburg WM 1988, 1487; OLG Dresden ZIP 1997, 589, 590; *Göz* ZIP 1998, 1523; Michalski/*Heyder* § 52 Rn 41; MünchHdbGmbH/*Marsch-Barner/Diekmann* § 48 Rn 143; Scholz/*Schneider* Rn 44; **aA** BAG WM 1990, 633, 636; Rowedder/Schmidt-Leithoff/*Koppensteiner* § 52 Rn 25; Scholz/*Schneider* Rn 44; *Oetker* ZHR 149 (1985), 575, 584 ff; Achilles/Ensthaler/Schmidt/*Schmidt* Rn 52; UHH/*Ulmer/Habersack* § 6 MitbestG Rn 15; Ulmer/*Raiser/Heermann* Rn 29, nach denen das Statusverfahren nicht durchgeführt zu werden braucht.

[10] BAG DB 2008, 1850, 1851; HWK/*Seibt* § 77 BetrVG 1952 Rn 2; *Göz* ZIP 1998, 1523, 1524; Michalski/*Heyder* § 52 Rn 41; Scholz/*Schneider* Rn 46; Ulmer/*Raiser/Heermann* Rn 11 ff; UHH/*Ulmer/Habersack* § 6 MitbestG Rn 11; so wohl auch *Kowalski*

§ 27 EGAktG, der sinngemäße Geltung vorsieht. Die fehlende Durchführung des Statusverfahrens bei der Bildung des ersten AR führt zur Nichtigkeit der Wahl der AN-Vertreter.[11]

16 Kommen Gfter der nach bindender Bekanntmachung oder gerichtlicher Entscheidung gebotenen Bestellung von ARMitgliedern nicht nach, ist gerichtliche Bestellung nach § 104 AktG (auf den § 1 I Nr 3 Halbs 2 DrittelbG verweist) möglich, soweit obligatorischer AR bestellt werden muss.[12] Nicht zulässig ist allerdings, dass im Verfahren nach § 104 AktG inzidenter entschieden wird, ob GmbH ARpflichtig ist u nach welchem System. Für Klärung dieser Frage ist ausschließlich Verfahren nach §§ 97–99 AktG maßgebend.

17 **3.** Im **Gründungsstadium** ist GmbH **nicht ARpflichtig** (str).[13] Näher dazu sowie zur evtl Ingangsetzung des Statusverfahrens vor Eintragung § 6 Rn 21 f u unten Rn 158. Zur Bestellung der GFührer bei Wechsel des ARSystems bzw Erstinstallierung eines AR mit Bestellungskompetenz s § 38 Rn 5.

18 **4.** Bei **Entstehung der GmbH durch Umwandlung** (Formwechsel) einer AG oder KGaA ändert sich ARPflichtigkeit u Zusammensetzung des AR praktisch nicht, da AG mit idR nicht mehr als 500 ArbN – von bestimmen Altfällen abgesehen – mitbestimmungsfrei ist (§ 1 I Nr 1 DrittelbG).[14]

19 **5.** Durch **Bekanntmachung** nach § 97 AktG u durch **gerichtliche Entscheidung** nach §§ 98, 99 AktG wird nicht nur die Zusammensetzung des AR geklärt, sondern auch, **welche Vorschriften für ihn gelten,** mittelbar also auch seine Kompetenzen, insbes ob die Bestellung der GFührer dem AR obliegt u nach welchen Vorschriften sie sich vollzieht.

B. Der fakultative Aufsichtsrat

I. Voraussetzungen des Eingreifens von § 52 I GmbHG

20 Die Regelung des § 52 I greift unter drei Voraussetzungen ein:

21 **1.** Es darf **keine gesetzliche Pflicht zur Bestellung eines AR** bestehen. Das ist der Fall, wenn GmbH nicht mehr als 500 ArbN hat, oben Rn 2 (u außerdem nicht Kapitalanlageges ist, unten Rn 317 ff).

DB 2009, 551, 553; **abw** *Lutter/Hommelhoff* Rn 22; teilw abw Rowedder/Schmidt-Leithoff/*Koppensteiner* Rn 22.

[11] BAG DB 2008, 1850, 1853; *Kowalski* DB 2009, 551, 553.

[12] Nicht beim fakultativen AR, s Ulmer/*Raiser/Heermann* Rn 46.

[13] BayObLG NZG 2000, 932; *Halm* BB 2000, 1849; Michalski/*Heyder* § 52 Rn 39; MünchHdbGmbH/*Gummert* § 16 Rn 40; Achilles/Ensthaler/Schmidt/*Schmidt* Rn 41; Scholz/*Schneider* Rn 13; UHH/*Ulmer/Habersack* § 6 MitbestG Rn 7; **aA** Ulmer/*Raiser/Heermann* Rn 24, nach denen vorherige Bestellung zwingend ist, wenn AR nach Satzung die Bestellung der ersten GFührer obliegt.

[14] Zur Mitbestimmung nach Umwandlung *P. Hanau* ZGR 1990, 548, 558 f; *Bartodziej* ZIP 1994, 480; *Heinze* ZfA 1997, 1; *Krause-Ablaß/Link* GmbHR 2005, 731; *Bachner/Köstler/Matthießen/Trittin,* 3. Aufl 2008, Arbeitsrecht bei Unternehmensumwandlung und Betriebsübergang, § 3 Rn 1 ff; *Kowalski* DB 2009, 551, 554 f. Zur Bildung des AR bei Entstehung einer GmbH durch Umwandlung (Formwechsel) einer Personenhandelsges *Joost* FS Claussen, 1997, 187.

2. Nach der **Satzung muss** ein **AR zu bestellen sein, Abs 1.** Andernfalls kommt § 52 jedenfalls nicht direkt zur Anwendung.[15] Sieht Satzung anderes AR-ähnliches Gremium vor, zB **Beirat** oder **Verwaltungsrat,** kann je nach den Umständen analoge Anwendung von § 52 in Frage kommen, etwa wenn erkennbar ist, dass Beirat AR-ähnliche Funktionen wahrnehmen soll. Das ist jedoch keineswegs notwendig mit dem Begriff Beirat verbunden, genauso wenig wie mit dem Begriff **GfterAusschuss** u dgl. Zu berücksichtigen ist auch, dass an anders benannte Gremien im Rechtsverkehr nicht die gleichen Erwartungen gestellt werden wie an AR. Terminologie ist freilich nicht entscheidend[16] sondern die Kompetenz zur Überwachung der GFührung. Zu Beirat u GfterAusschuss § 45 Rn 18 ff; dort auch zur Frage der Gremienkonkurrenz. 22

3. Satzung darf Eingreifen der in Abs 1 in Bezug genommenen Normen des AktG **nicht ausgeschlossen** haben. Eine solche ausschließende Regelung kann auf verschiedene Weise zum Ausdruck gebracht werden („§ 52 I greift nicht ein" oder „die in § 52 I genannten Bestimmungen des AktG sind nicht anzuwenden"). Ausschluss liegt grds in der Regelungskompetenz des Satzungsgebers (zu Einschränkungen vgl im Folgenden). Je nach deren Vollständigkeit werden vom Gesetz in Bezug genommene aktienrechtliche Regelungen ganz oder partiell nach den Prinzipien der Normenkonkurrenz verdrängt, nämlich jeweils insoweit, wie das angesprochene Regelungsproblem in der Satzung einer eigenständigen Regelung zugeführt ist. 23

II. Spielraum der Satzungsautonomie

1. Aus Abs 1 geht hervor, dass Satzung der GmbH einen AR nicht nur vorsehen, sondern auch seine **Rechtsverhältnisse einer eigenständigen Regelung zuführen** kann. Sie kann insbes Größe u Zusammensetzung dieses Organs bestimmen, seine Kompetenzen, innere Ordnung u BeschlFassung regeln u das Maß der Sorgfalt nebst der Haftung der ARMitglieder festlegen.[17] Abs 1 stellt von der Bindung an aktienrechtliche Normen, jedenfalls im Grundsatz, frei (vgl aber unten Rn 27). Die Verjährung von Schadensersatzansprüchen (Abs 3) kann verkürzt oder verlängert werden. 24

2. Grenzen der Satzungsgestaltung ergeben sich aus § 52 u den übrigen Vorschriften des GmbHG nur wenige. **Zwingend** sind die Bekanntmachung des Wechsels von ARMitgliedern gem Abs 2 Satz 2 u die Angaben auf Geschäftsbriefen (§§ 35 a, 71 V). Ferner ist der AR bei einem Spezialfall der Gewinnrücklagenbildung (§ 29 IV 1) zu beteiligen. Unabdingbar sind selbstverständlich auch die strafrechtlichen Verantwortlichkeiten für falsche Angaben über die Vermögenslage (§ 82 II Nr 2) oder die Verletzung der Geheimhaltungspflicht (§ 85 I). 25

3. Weitere **Grenzen** ziehen die **zwingenden Kompetenzzuweisungen** der GmbH-Verfassung. Insbes kann dem AR nicht die organschaftliche Vertretung der GmbH in den Bereichen übertragen werden, die unentziehbar 26

---

[15] Zur testamentarischen Anordnung eines AR s *Wiedemann/Kögel* § 7 Rn 23 ff.

[16] Rowedder/Schmidt-Leithoff/*Koppensteiner* Rn 6.

[17] Zur Einschränkung der Haftung von ARMitgliedern einer kommunalen GmbH vgl OLG Brandenburg – 6 U 102/07, BeckRS 2009, 07174.

den GFührern überwiesen sind (dazu § 35 Rn 33 ff, 78 ff). Auch im Bereich der GFührung haben GFührer eine Reihe zwingender Eigenkompetenzen, wie Buchführung u Aufstellung des Jahresabschlusses, vgl § 35 Rn 51. Ferner müssen der GfterVers eine Reihe von Zuständigkeiten verbleiben, teils als Nebenkompetenz (so zB nach hM die Abberufung der GFührer aus wichtigem Grund, dazu § 38 Rn 24), teils als Alleinkompetenz (zB Änderung der Satzung, dazu § 53 Rn 60). Näher dazu § 45 Rn 6 u § 46 Rn 6 mN.

27 **4.** Grenze besteht auch in der **typisierten Funktion eines AR,** mit der Rechtsverkehr rechnet, wenn solches Organ installiert ist.[18] Aufmerksamkeit des Rechtsverkehrs gegenüber einem GmbH-AR legt der Gesetzgeber zugrunde, wie die zwingende Bekanntmachungsregelung des Abs 2 zeigt. Besteht AR, darf Rechtsverkehr annehmen, dass Tätigkeit der GFührer besser kontrolliert ist als ohne solches Organ.[19] Das setzt voraus, dass dem AR nicht alle Kompetenzen genommen sind, die solches Vertrauen des Rechtsverkehrs rechtfertigen können, u weiter, dass der AR nicht durch seine Zusammensetzung u evtl mit ihr verbundene Kompetenzkonflikte an der Wahrnehmung seiner Kontrollaufgabe wesentlich gehindert ist.

28 **Unentziehbare Minimalkompetenz des AR** ist deshalb die **Kontrolle der GFührer;**[20] ferner dürfen jedenfalls aktive GFührer dem AR nicht angehören.[21] Die **Unvereinbarkeitsregel des § 105 AktG** ist zumindest in ihrem Kern trotz Abs 1 auch beim fakultativen AR nicht dispositiv; ein monistisches „Board" kann als AR nicht etabliert werden.[22] Vermeidung derartiger Bindung der Satzungsgestaltung verlangt Vermeidung der Bezeichnung AR. Zur Frage, inwieweit auf anders benannte Gremien gleichwohl § 52 I GmbHG anzuwenden ist, vgl Rn 22 u § 45 Rn 18 ff. Zulässig ist, dem AR intern **GFührungsentscheidungen** neben oder anstelle der GfterVers zu übertragen.

29 **5. Abschaffung eines fakultativen AR** durch Satzungsänderung ohne wichtigen Grund u ohne Zustimmung aller Gfter ist zulässig.[23] Zustimmung Entsendungsberechtigter erforderlich, soweit Entsendungsrecht ein Sonderrecht oder relativ unentziehbares Mitgliedschaftsrecht ist. Bei kapitalmarktorientierter GmbH ist Prüfungsausschuss einzurichten, wenn kein AR besteht (Rn 329).

---

[18] *Banspach/Nowak* Der Konzern 2008, 195, 198.

[19] IE auch *K. Müller/Wolff* NZG 2003, 751 ff.

[20] So auch *Wicke* Rn 3.

[21] OLG Frankfurt GmbHR 1982, 159 u BB 1987, 22; Roth/*Altmeppen* Rn 2; *Lutter/Hommelhoff* Rn 10; Rowedder/Schmidt-Leithoff/*Koppensteiner* Rn 8; *Kastner* GS Schönherr, 1986, 196; *K. Schmidt* GesR § 36 IV S 1104; **abw** Scholz/*Schneider* Rn 256, der den GmbH-AR als „Board" angloamerikanischen Typs ausgestalten will; *Großfeld/Brondics* AG 1987, 300; *Baums* ZIP 1995, 11, 14; *Loges* ZIP 1997, 437; *Windbichler* ZGR 1985, 50; Ulmer/*Raiser/Heermann* Rn 36.

[22] **AA** Ulmer/*Raiser/Heermann* Rn 36, wonach partielle, nicht aber vollständige Personalunion zwischen AR u GFührung zugelassen werden soll; Scholz/*Schneider* Rn 161: auch Zuständigkeiten im Rahmen der Unternehmensleitung übertragbar.

[23] Scholz/*Priester* § 53 Rn 114; Rowedder/Schmidt-Leithoff/*Zimmermann* § 53 Rn 28; Michalski/*Heyder* § 52 Rn 397; *Großfeld/Brondics* AG 1987, 294; Achilles/Ensthaler/Schmidt/*Schmidt* Rn 25; **aM** früher KG DJZ 1907, 601.

III. Bedeutung des Gebots entsprechender Anwendung aktienrechtlicher Normen

30 Die Anwendung der durch § 52 I in Bezug genommenen Normen des AktG hat „entsprechend" zu erfolgen. Das bedeutet: (1) **Aktienrechtsspezifische Normelemente** sind durch die entsprechenden GmbH-rechtlichen zu ersetzen (GFührer statt Vorstand, Gfter statt Aktionär, GAnteil statt Aktien usw). (2) Auf die abw **Besonderheiten der GmbH-Verfassung** ist Rücksicht zu nehmen. Punktuelle Verweisung auf Aktienrecht hat nicht zum Zweck, der GmbH-Verfassung die aktienrechtliche Verfassung überzustülpen. Zunächst ist zwar der aktienrechtliche Sinn der anzuwendenden Normen durch Auslegung festzustellen, dann aber eine dem andersartigen Grundcharakter der GmbH, der geringeren Betonung des kapitalistischen Elements u der stärkeren persönlichen Beteiligung der Gfter Rechnung tragende Anpassung vorzunehmen.

IV. Anwendung weiterer aktienrechtlicher Normen

31 Abs 1 zählt jene aktienrechtlichen Normen auf, die nach der Vorstellung des Gesetzgebers auf den einer näheren Satzungsregelung nicht zugeführten fakultativen GmbH-AR grds zur Anwendung kommen sollen. Aufzählung insofern erschöpfend, als jedenfalls weitere Bestimmungen über den AR nicht ohne weiteres anzuwenden sind.[24] Sie schließt aber als dispositiv nicht aus, weitere aktienrechtliche Normen durch Satzung ausdrücklich oder konkludent in Bezug zu nehmen. Ferner kommt entspr Anwendung aktienrechtlicher Normen bei Bestehen einer Regelungslücke stets auch ohne Verweisungsgrundlage in Betracht.[25] Sie ist nur ausgeschlossen, soweit Abs 1 argumentum e contrario ergibt. Ein solches wird dadurch zu einem gewissen Grad nahe gelegt, dass die Verweisung auf das AktG in der Anordnung des obligatorischen AR anders ist. Soweit § 1 I Nr 3 DrittelbG eine Verweisung enthält, § 52 I GmbHG hingegen nicht, spricht dies gg die Anwendung im Rahmen von Abs 1 (Beispiel: § 103 III AktG).

V. Größe u Zusammensetzung des AR

32 **1. Mitgliederzahl.** Beim fakultativen AR keine zwingenden gesetzlichen Vorgaben. Kraft Satzung kann AR aus einer[26] wie aus vielen Personen bestehen.[27] Weder ungerade noch durch drei teilbare Zahl erforderlich. Bildung eines gegenüber dem Volumen der Ges viel zu großen AR kann aber bei Einführung durch satzungsändernden Mehrheitsbeschl Treupflichtverstoß darstellen. Satzung kann Mitgliederzahl der Festlegung durch einfachen Gfter-

---

[24] **Abw** *Lutter/Hommelhoff* Rn 3; Achilles/Ensthaler/Schmidt/*Schmidt* Rn 3; s auch *Müller/Wolff* NZG 2003, 751, 753; Ulmer/*Raiser/Heermann* Rn 21.

[25] So zu Recht Scholz/*Schneider* Rn 70.

[26] RG 82, 388; Scholz/*Schneider* Rn 208; *Simon* GmbHR 1999, 257, 258; Michalski/*Heyder* Rn 70; Achilles/Ensthaler/Schmidt/*Schmidt* Rn 11; *Dahlbender* GmbH-StB 2008, 21, 21; *Wiedemann/Kögel* § 9 Rn 4; *Wicke* Rn 4; *Roth/Altmeppen* Rn 6; **abw** wohl Rowedder/Schmidt-Leithoff/*Koppensteiner* Rn 8; *Lutter/Hommelhoff* Rn 5; *Lutter/Krieger* Rn 1186.

[27] Zum Verhältnis Größe/Effizienz *Lüderitz* FS Steindorff, 1990, 113.

Beschl oder inzidenter durch Bestellungsakt überlassen. Trifft sie keinerlei Regelung, gilt § 95 Satz 1 AktG.[28]

33 **2. Zusammensetzung.** Auch insoweit keine Bindung.[29] Gfter wie Nicht-Gfter sind wählbar, auch ArbN der Ges. Satzung kann Vorgaben machen, etwa auch freiwillige Mitbestimmungsregelung installieren (Rn 12). Zur kapitalmarktorientierten GmbH Rn 329.

34 **3. Persönliche Voraussetzungen u Inkompatibilitäten. a)** Zu Mitgliedern können nur **natürliche, unbeschränkt geschäftsfähige Personen** berufen werden, § 100 I AktG; sie müssen der Ges nicht angehören. Satzung kann abweichen, also auch juristische[30] oder nicht voll geschäftsfähige Personen berufen oder berufbar machen, für die dann der gesetzliche Vertreter handelt, str.[31]

35 **b)** Nicht anzuwenden ist § 100 II Nr 1 AktG, der **Personen ausschließt, die bereits 10 ARSitze** in obligatorischen Aufsichtsräten von Handelsges innehaben (unter Nichtanrechnung von bis zu fünf Mandaten in Konzernunterges, § 100 II S 2 AktG).[32] Satzung kann frei regeln (auch strengere Vorschriften geben). Regelt sie nicht, sind Gfter bei der Bestellung frei, müssen aber Seriositätsgrenzen einhalten.

36 **c) Ausgeschlossen** sind nach § 100 II Nr 2 AktG **gesetzliche Vertreter abhängiger Unternehmen.** Diese Regelung enthält ein heute unverzichtbares Seriositätserfordernis der Unternehmenskontrolle. Trotz im Gesetz erklärter Dispositivität bestehen deshalb gg Abweichung in der Satzung erhebliche Bedenken.[33]

37 Nicht ausgeschlossen sind hingegen **gesetzl Vertreter des herrschenden Unternehmens** als ARMitglieder abhängiger Ges, u zwar kann der gesamte AR der abhängigen Ges auch im faktischen Konzern mit Repräsentanten des herrschenden Unternehmens besetzt werden.[34] Das in der Corporate-Governance-Diskussion (vor § 35 Rn 11) u auch im Rahmen einer EU-Empfehlung[35]

---

28 *Lutter/Hommelhoff* Rn 5; Achilles/Ensthaler/Schmidt/*Schmidt* Rn 11.

29 Zur Besetzung bei kommunaler GmbH *Lohner/Zieglmeier* BayVBl 2007, 581 ff.

30 So Scholz/*Schneider* Rn 223, 254; *Wicke* Rn 4; **aA** (für AG) BGHZ 36, 311; für GmbH MünchHdbGmbH/*Marsch-Barner/Diekmann* § 48 Rn 21; *Lutter/Hommelhoff* Rn 9; wie hier Michalski/*Heyder* Rn 56; Ulmer/*Raiser/Heermann* Rn 30; *Kort* AG 2008, 137, 141, nachdem der AR sonst als Beirat oder bloßes Beratungsgremium anzusehen wäre.

31 **AA** *Lutter/Hommelhoff* Rn 9; Achilles/Ensthaler/Schmidt/*Schmidt* Rn 12; Ulmer/*Raiser/Heermann* Rn 30; Rowedder/Schmidt-Leithoff/*Koppensteiner* Rn 8; Michalski/*Heyder* Rn 58; MünchHdbGmbH/*Marsch-Barner/Diekmann* § 48 Rn 21; differenzierend *Konow* JR 1966, 166 f; Scholz/*Schneider* Rn 254, 255.

32 Vgl auch Scholz/*Schneider* Rn 259; Achilles/Ensthaler/Schmidt/*Schmidt* Rn 12; *Kort* AG 2008, 137, 141; *Lange* GmbHR 2006, 897, 902.

33 Vgl auch oben Rn 27; wie hier *Lutter/Hommelhoff* Rn 9; Rowedder/Schmidt-Leithoff/*Koppensteiner* Rn 8; MünchHdbGmbH/*Marsch-Barner/Diekmann* § 48 Rn 26; Achilles/Ensthaler/Schmidt/*Schmidt* Rn 12; Ulmer/*Raiser/Heermann* Rn 32; *Kort* AG 2008, 137, 141 f; **aA** *Großfeld/Brondics* AG 1987, 300; Michalski/*Heyder* Rn 57; Ulmer/*Raiser/Heermann* Rn 32; Scholz/*Schneider* Rn 262, nachdem die Voraussetzung noch nicht im Zeitpunkt der Bestellung sondern erst ab Amtsantritt vorliegen muss.

34 So auch *Kort* AG 2008, 137, 142; unzutr OLG Hamm ZIP 1986, 1554 für AG; s auch die Kritik von *Mertens* AG 1987, 40; den Gedanken des OLG Hamm für den AR einer abhängigen GmbH zust *Großfeld/Brondics* AG 1987, 301.

35 Empfehlung der Kommission (2005/162/EG) v. 15. 2. 2005, ABl L Nr 52/52.

geforderte Kriterium der „Unabhängigkeit" des ARMitglieds ist vor dem Hintergrund der kapitalmarktoffenen AG zu sehen u hat für GmbH keine Bedeutung erlangt. Auch Mitgliedschaft im **AR des herrschenden u des abhängigen Unternehmens** ist miteinander vereinbar.

38 Nicht anwendbar ist im Hinblick auf die methodischen Überlegungen oben Rn 31 trotz gewisser rechtspolitischer Wünschbarkeit § 100 II Nr 3 AktG.[36] Nicht grds ausgeschlossen ist gleichzeitige Zugehörigkeit zu den AR konkurrierender Unternehmen.

39 **d) Unvereinbarkeitsregelung** des § 105 I AktG verbietet grds die **gleichzeitige Zugehörigkeit zu AR u GFührung** (s schon Rn 28) u schließt Prokuristen u Gesamthandlungsbevollmächtigte vom AR aus. Regelung ist jedenfalls hins GFührern zwingend,[37] für Prokuristen ist sie es jedenfalls nicht, soweit Wählbarkeit auch nach § 6 II 1 MitbestG gegeben wäre (zur begrenzt zwingenden Wirkung auch oben Rn 28). Zu stv GFührern s § 44 Rn 14. Zur Möglichkeit vorübergehender Abordnung von ARMitgliedern in die GFührung vgl § 105 II AktG.

40 **e) Andere persönliche Voraussetzungen** positiver oder negativer Art kann **Satzung** aufstellen, zB Geschäftserfahrung, steuerrechtliche u bilanzkundliche Kenntnisse, Familienzugehörigkeit, GfterEigenschaft, immer aber nur sachbezogener Art.[38] Leitende Stellung in konkurrierenden Unternehmen kann als Wählbarkeitshindernis ausgestaltet werden, ist es aber nicht eo ipso (s auch Rn 38).[39] - Hinsichtlich des **Alters** ist differenzierende Betrachtung geboten. Mindestaltersregelungen sind bei der Bestellung von ARMitgliedern grds zulässig, mit (Jugend?-)Diskriminierung hat das nichts zu tun.[40] Altershöchstgrenzen sind unschädlich, wenn sie mit dem gesetzlichen Renteneintrittsalter übereinstimmen, § 10 Satz 3 Nr 5 AGG. – Durch Gesetz zur Bilanzrechtsmodernisierung (RegE 2008) wird Regelung eingeführt, dass bei **kapitalmarktorientierter Ges** (GmbH, deren Schuldverschreibungen an einem organisierten Markt iSv § 2 V WpHG zugelassen sind) ein **unabhängiges Mitglied** des AR über **Sachverstand auf den Gebieten Rechnungslegung oder Abschlussprüfung** verfügen muss.

VI. Bestellung, Amtszeit u Abberufung

41 **1. Bestellung.** ARMitglieder werden normalerweise durch **GfterVers** oder im Verfahren nach § 48 II bestellt. Verfahren außerhalb der GfterVers ist nicht etwa durch Verweisung auf § 101 I 1 AktG ausgeschlossen (sinngemäße Anwendung, Rn 31). Satzung kann Abweichendes regeln, zB Bestellung

---

36 Wie hier iE Scholz/*Schneider* Rn 262; Ulmer/*Raiser/Heermann* Rn 33; den differenzierenden Überlegungen von *Konow* JR 1966, 167 ist nicht zu folgen, weil es nicht auf Charakter des AR der *anderen* Kapitalges ankommen kann; **aA** *Kort* AG 2008, 137, 142.

37 *Lutter/Hommelhoff* Rn 10; Rowedder/Schmidt-Leithoff/*Koppensteiner* Rn 8; Michalski/*Heyder* Rn 66; Roth/*Altmeppen* Rn 2; *Kort* AG 2008, 137, 142; *Lange* GmbHR 2006, 897, 902; **aA** Ulmer/*Raiser/Heermann* Rn 36.

38 Näheres zu Anforderungen *Semler* FS K. Schmidt, 2009, 1489.

39 So aber *Lutter/Hommelhoff* Rn 9; *Lutter* ZHR 145 (1981), 236; *ders* FS Beusch, 1993, 509 ff; *Dahlbender* GmbH-StB 2008, 21, 21.

40 So auch *Lutter/Krieger* Rn 1196 (m Vorschlag, dass 30/35 Jahre in Ordnung sei – freie Rechtsfindung).

Beirat oder GfterAusschuss übertragen, aber nicht den GFührern als solchen. Soweit GFührer Gfter sind, können sie jedoch an Bestellung mitwirken. Auch Kooptation durch AR selbst kann vorgesehen werden.[41] Für Bestellung kann auch qualifizierte Mehrheit oder sogar Einstimmigkeit verlangt werden. Wille des Bestellungsorgans muss in einschlägigen Willensbildungsverfahren klar zum Ausdruck kommen. Hingegen geht allg Satz zu weit, konkludente Bestellung sei nicht möglich.[42]

42 Satzung kann ferner **Entsendung durch Gfter** vorsehen.[43] Entsendungsrecht kann Gfter persönlich zustehen oder mit seinem GAnteil verbunden werden; als Sonderrecht ist es nur mit Zustimmung oder aus wichtigem Grund entziehbar. Beschränkungen von § 101 II 2 u 4 AktG gelten nicht. Entsendungsrecht kann in der ursprünglichen Satzung vorgesehen werden, durch Satzungsänderung hingegen nur mit Zustimmung aller benachteiligten Gfter.[44]

43 **Entsendung** von **ARMitgliedern durch NichtGfter** nicht zulässig. Beschränkung in § 101 II 1 AktG bringt körperschaftliches Strukturprinzip zum Ausdruck, das auch für GmbH gilt, sehr str.[45] Daher auch **Bestellung durch Behörde** nicht zulässig.

44 Bestellung von **Stellvertretern u Ersatzmitgliedern** ist ohne die Beschränkungen des § 101 III AktG möglich.[46]

45 Nicht in Betracht kommt **Bestellung durch Gericht** gemäß § 104 AktG. Auch Satzung kann eine solche gerichtliche Zuständigkeit nicht begründen. Ebenso wenig gilt § 29 BGB analog. Ges ohne fakultativen AR ist stets hinreichend handlungsfähig.[47]

46 **2. Amtszeit.** Begrenzung des § 102 AktG ist nicht, auch nicht per ergänzender Auslegung anwendbar. Satzung kann eigene Regelung treffen, ebenso Bestellungsbeschl. Sonst als Bestellung auf unbegrenzte Zeit anzusehen mit Abberufungsmöglichkeit. Wegen § 103 I 2 AktG (dazu Rn 47) Begrenzung der Amtszeit dringend zu empfehlen.

47 **3. Abberufung.** Nach § 103 I AktG **jederzeit** möglich[48], u zwar auch wenn feste Amtszeit vorgesehen, aber nur mit **¾-Mehrheit.** Dies gilt auch

---

[41] Vgl zu den dann geltenden Anforderungen (für AG) *Lutter* ZIP 2003, 417 einerseits, *Sünner* ZIP 2003, 834 andererseits.

[42] BGH WM 1983, 836; *Lutter/Hommelhoff* Rn 6; Ulmer/*Raiser/Heermann* Rn 39.

[43] RG 165, 74; Scholz/*Schneider* Rn 220; Ulmer/*Raiser/Heermann* Rn 42; zum Entsendungsrecht bei kommunaler GmbH *Altmeppen* NJW 2003, 2561, 2563.

[44] Ulmer/*Raiser/Heermann* Rn 42; Scholz/*Schneider* Rn 220.

[45] *Ulmer* FS Werner, 1984, 920 ff; *ders* FS Wiedemann, 2002, 1297; **aA** ganz hM, Ulmer/*Raiser/Heermann* Rn 43; Roth/*Altmeppen* Rn 11; Scholz/*Schneider* Rn 223; Rowedder/Schmidt-Leithoff/*Koppensteiner* Rn 9; *Lutter/Hommelhoff* Rn 6; Michalski/*Heyder* Rn 91; MünchHdbGmbH/*Marsch-Barner/Diekmann* § 48 Rn 29; *Hommelhoff* ZHR 148 (1984), 120; *Wicke* Rn 5; vgl auch OLG Köln DB 1996, 466; Scholz/*Schneider* Rn 223; offen gelassen *Wiedemann/Kögel* § 9 Rn 9.

[46] *Lutter/Krieger* Rn 1203.

[47] BayObLG (für Vor-GmbH) NZG 2000, 932; OLG Hamm NJW-RR 2000, 1283 f (für Beirat einer GmbH & Co KG); Rowedder/Schmidt-Leithoff/*Koppensteiner* Rn 8; Ulmer/*Raiser/Heermann* Rn 46; MünchHdbGmbH/*Marsch-Barner/Diekmann* § 48 Rn 35; Roth/*Altmeppen* Rn 9; Achilles/Ensthaler/Schmidt/*Schmidt* Rn 24; **aA** Scholz/*Schneider* Rn 242; differenzierend Michalski/*Heyder* Rn 107 (Satzungsklausel erforderlich); zur Notbestellung von GFührern § 35 Rn 7.

[48] Zu Grenzen des Rechtsmissbrauchs s *Schneider/Nietsch* FS Westermann 2008, 1447, 1451 f; KG AG 2003, 501, 505: Abberufung aus offenbar unsachlichem Grund.

bei wichtigem Grund, str.[49] Satzung kann Abberufung erschweren, aber auch erleichtern. Dass § 52 I nicht auf § 103 I 3 AktG verweist, steht nicht entgegen. Erschwerung braucht für fakultativen AR nicht einheitlich für alle Mitglieder zu gelten. Satzung kann Möglichkeit der Abberufung an ein beliebiges Quorum knüpfen u auch für einzelne Gfter vorsehen, was schon daraus folgt, dass auch für Bestellung Einstimmigkeit verlangt werden kann. Erst recht kann Abberufungsbefugnis für Minderheiten etabliert werden, mit oder ohne wichtigen Grund.[50] Abberufungskompetenz kann aber nicht auf GFührer übertragen werden, da andernfalls Unabhängigkeit des AR gefährdet ist.[51]

Beim Abberufungsbeschl kann das betroffene Gfter-ARMitglied mitstimmen. Anders, wenn wichtiger Grund vorliegt (dazu § 47 Rn 85); die übrigen Gfter werden dann idR aus der Treupflicht gehalten sein, den Abberufungsbeschl nicht zu verhindern. Abberufungsinteressierte Gfter müssen ggf mit positiver BeschlFeststellungsklage vorgehen. Nicht möglich ist Abberufung durch Gericht aus wichtigem Grund, weil § 103 III AktG nicht gilt. Analoge Anwendung nicht möglich, da insoweit argumentum e contrario entgegensteht (vgl Rn 31). Begründung einer Abberufungszuständigkeit des Gerichts durch Satzung nicht zulässig.[52] 48

Entsandte Mitglieder können durch Entsendungsberechtigten jederzeit abberufen werden.[53] Auch wenn § 103 II 1 AktG nicht kraft Verweisung gilt, ist dessen Rechtsgedanke kraft ergänzender Satzungsauslegung anzuwenden. Wenn wichtiger Grund für Abberufung vorliegt, ist der Entsendungsberechtigte zur Abberufung verpflichtet. Kommt er dem nicht nach, hat Ges gg Entsendungsberechtigten wegen Verletzung seiner Treuepflicht Anspruch auf Abberufung.[54] Ob GfterVers dann auch mit ¾-Mehrheit abberufen kann, ist zweifelhaft.[55] Fallen Voraussetzungen des Entsendungsrechts weg (Entsendungsberechtigter stirbt, sein GAnteil wird eingezogen etc), ist Abberufung durch GfterVers entspr dem Gedanken des § 103 II 2 AktG möglich.[56] 49

4. Sonstige Amtsbeendigungsgründe. Das Amt des ARMitglieds endet in folgenden Fällen: 50

a) Tod des ARMitglieds. Vererbung nicht möglich. 51

b) Amtsniederlegung. Sie erfolgt durch einseitige empfangsbedürftige **Willenserklärung** gegenüber GmbH. Vertretungsbefugt sind die GFührer, 52

---

[49] Wie hier Michalski/*Heyder* Rn 143 mN; Ulmer/*Raiser/Heermann* Rn 50; Achilles/Ensthaler/Schmidt/*Schmidt* Rn 25; **aA** (einfache Mehrheit) *Lutter/Hommelhoff* Rn 7; *Lutter/Krieger* Rn 1199; MünchHdbGmbH/*Marsch-Barner/Diekmann* § 48 Rn 44; Scholz/*Schneider* Rn 289; zum AR in der AG *Schneider/Nietsch* FS Westermann, 2008, 1447, 1453.

[50] So Scholz/*Schneider* Rn 291; **aA** OLG Düsseldorf EWiR 1997, 145.

[51] Scholz/*Schneider* Rn 291.

[52] MünchHdbGmbH/*Marsch-Barner/Diekmann* § 48 Rn 45; Scholz/*Schneider* Rn 292 mN; Achilles/Ensthaler/Schmidt/*Schmidt* Rn 28; **aA** Michalski/*Heyder* Rn 151.

[53] Bei Rechtsmissbrauch bleibt Abberufung wirksam, löst aber Schadensersatzansprüche der Ges aus, vgl *Schneider/Nietsch* FS Westermann, 2008, 1447, 1455.

[54] *Simon* GmbHR 1999, 257, 262; Achilles/Ensthaler/Schmidt/*Schmidt* Rn 26; Ulmer/*Raiser/Heermann* Rn 53.

[55] Bejahend Ulmer/*Raiser/Heermann* Rn 54; Scholz/*Schneider* Rn 291; **aA** *Simon* GmbHR 1999, 257, 261; Achilles/Ensthaler/Schmidt/*Schmidt* Rn 26; bei fehlender Satzungsregelung Michalski/*Heyder* Rn 159.

[56] So auch Michalski/*Heyder* Rn 146; Ulmer/*Raiser/Heermann* Rn 53.

alternativ in diesem speziellen Fall auch der ARVorsitzende.[57] Darüber hinaus soll die GesVers bzw jeder einzelne Gfter passiv vertretungsbefugt sein.[58] Bei Bestellung für bestimmte Zeit vorzeitige Amtsniederlegung nur aus wichtigem Grund zulässig, bei Bestellung auf unbestimmte Zeit auch ohne wichtigen Grund, jedoch ist Rechtsgedanke der §§ 627 II, 671 II BGB anzuwenden; danach keine Amtsniederlegung zur Unzeit, str.[59] Besteht begleitendes Rechtsverhältnis, kann dieses der Niederlegung entgegenstehen. Regelung in der Satzung dringend empfehlenswert.[60]

53 **c) Verlust der durch Gesetz oder Satzung vorgeschriebenen persönlichen Voraussetzungen**[61] (dazu oben Rn 34 ff).

54 **d) Verschmelzung** durch Neugründung (dazu §§ 59 Satz 2, 76 II UmwG) sowie im Falle der Verschmelzung durch Aufnahme bei der übertragenden Ges. S dazu auch § 5 I Nr 9 u III UmwG. Dasselbe bei **grenzüberschreitender Verschmelzung.**

55 **e)** Bei **Formwechsel** iSv §§ 190 ff UmwG kann Ende der Amtszeit der Anteilseignervertreter im Umwandlungsbeschl bestimmt werden; Amt endet dann mit Eintragung des Formwechsels im HR. Andernfalls bleiben sie sowie stets die ArbNVertreter für Rest ihrer Wahlzeit im Amt, § 203 UmwG. ARMitglieder können ihr Amt niederlegen; § 203 S 1 UmwG steht nicht entgegen.[62] § 203 Satz 2 UmwG ermöglicht es Anteilsinhabern, im Umwandlungsbeschl die Beendigung für ihre AR-Mitglieder zu bestimmen. S dazu auch § 194 I Nr 7 u II UmwG.

56 **f) Vollbeendigung** der Ges.

57 **g) Beseitigung** des AR durch Satzungsänderung (dazu Rn 29).

58 **h) Kein Endigungsgrund** ist der Übertritt ins **Liquidationsstadium,** auch nicht die Eröffnung eines Insolvenzverfahrens über GmbH.[63] **Insolvenzverwalter** steht **kein Abberufungsrecht** zu.[64] Zum AR in der Insolvenz vgl Rn 255. Kein Erlöschen des ARAmts auch bei **Untätigkeit** des Gremiums.[65]

VII. Rechtsverhältnis der ARMitglieder zur Gesellschaft

59 **1. Allgemeines.** ARMitglieder stehen zur Ges in einem **korporationsrechtlichen Verhältnis,** das aus ihrer Organstellung resultiert. Neben dieses

---

57 KölnerKomm/*Mertens* § 103 Rn 61; *Lutter/Hommelhoff* Rn 8; **aA** Scholz/*Schneider* Rn 303.

58 Scholz/*Schneider* Rn 303.

59 So auch Ulmer/*Raiser/Heermann* Rn 59; wohl abw *Lutter/Hommelhoff* Rn 8; Scholz/*Schneider* Rn 304; *Lutter/Krieger* Rn 31; Michalski/*Heyder* Rn 166 (jederzeit). Zum Ganzen *Link,* Amtsniederlegung durch Gesellschaftsorgane, 2003, 55 ff; abl zur fehlenden D & O-Versicherung als Niederlegungsgrund *Deilmann* NZG 2005, 54 ff.

60 Zur Problematik der Amtsniederlegung insbes auch bei Interessenkollisionen *Singhof* AG 1998, 318 mit Entgegnung *Wardenbach* AG 1999, 74.

61 Achilles/Ensthaler/Schmidt/*Schmidt* Rn 29; **aA** Scholz/*Schneider* Rn 272, lediglich Verpflichtung zur Amtsniederlegung bei im GesVertrag aufgestellten Voraussetzungen.

62 *Habersack* Der Konzern 2008, 67, 69.

63 Dazu *D. Schneider* FS Oppenhoff, 1985, 349 ff.

64 RG 81, 332.

65 BGH DB 1983, 1864; OLG Frankfurt NJW-RR 1995, 36, 38; MünchHdb-GmbH/*Marsch-Barner/Diekmann* § 48 Rn 17.

kann ergänzend u unterfangend begleitende schuldvertragliche oder mitgliedschaftliche Rechtsbeziehung hinzutreten;[66] diese lässt sich ähnlich wie bei den GFührern als Dienstvertrag, Auftrag oder (bei Gftern) auch uU als Ausbau der mitgliedschaftsrechtlichen Beziehung gestalten. Die Ausführungen § 35 Rn 171 ff sind darauf weitgehend übertragbar. **Begleitendes Rechtsverhältnis** aber **nicht erforderlich,** da alle wesentlichen Regelungen durch Satzung u GfterBeschl getroffen werden können. Bei ARMitgliedern fehlt jedes Erfordernis sozialer Absicherung. Abschluss des begleitenden Rechtsverhältnisses kann durch GfterVers erfolgen. Bedenklich aber, in Bestellung u Annahme des Amts den konkludenten Abschluss eines Dienstvertrages zu sehen. GfterVers kann den Abschluss einem Bevollmächtigten (auch GFührern) überlassen, der sich im Rahmen der Vorgaben seitens der GfterVers halten muss. Begleitende Rechtsbeziehung dürfte iZw als durch die Beendigung der Organstellung auflösend bedingt anzusehen sein.[67] Für die Praxis empfiehlt sich, dies ausdrücklich so zu regeln. Zur Amtsniederlegung oben Rn 52.

2. **Vergütung der ARMitglieder** ist in der **Satzung** regelbar, kann aber auch ohne Satzungsgrundlage durch **GfterBeschl** gewährt werden, § 113 I AktG.[68] Gewährung ist nicht selbstverständlich, sondern bedarf besonderer Rechtsgrundlage.[69] Werden Dritte berufen, ist in wirtschaftlich tätiger GmbH Vergütung als üblich anzusehen u deren Höhe nach billigem Ermessen zu bestimmen.[70] Für Vergütungsbemessung gilt bei gleicher Verantwortung, soweit nicht Vereinbarung getroffen wird, Gleichbehandlungserfordernis;[71] jedoch können „interne" Mitglieder, dh Gfter auch deutlich geringer vergütet werden als Dritte.[72] Angemessenheitserfordernis des § 113 I 3 AktG kann in Satzung nur ausgeschlossen werden, wenn alle Gfter zustimmen, weil unangemessene Vergütung gg Treupflicht verstößt. § 113 II AktG, der Festsetzung einer **Vergütung für den ersten AR** durch Satzung ausschließt, ist nicht anwendbar, da Verweisung dispositiv u Festsetzung in Satzung folglich sich als zulässige Abweichung darstellt. Anwendbar hingegen § 113 III AktG, falls als Vergütung **Tantieme** vorgesehen wird. Anders als im Aktienrecht kann Satzung aber vom dort vorgesehenen Berechnungsmodus abweichen.[73] 60

Von Vergütung zu unterscheiden ist **Anspruch auf Aufwendungsersatz.** 61
Er besteht in jedem Fall gemäß § 670 BGB, der entweder direkt (bei Auftrag)

---

[66] Str, vgl RG 123, 354; 146, 152; Scholz/*Schneider* Rn 353 ff; Ulmer/*Raiser/Heermann* Rn 122; Rowedder/Schmidt-Leithoff/*Koppensteiner* Rn 15. Wieder anders MünchKommAktG/*Habersack* § 101 Rn 67: Für gesetzliche Schuldverhältnisse ist kein Raum; KölnerKomm/*Mertens* § 101 Rn 5 ff: neben körperschaftsrechtliche tritt automatisch schuldrechtliche, aber *nicht* vertragliche Rechtsbeziehung.

[67] KölnerKomm/*Mertens* § 103 Rn 5.

[68] Scholz/*Schneider* § 52 Rn 357. Zur Bestandskraft einer derart gewährten Sondervergütung OLG Stuttgart AG 1991, 404. Zur Frage der Anwendbarkeit von § 113 I AktG in Bezug auf die Abfindung beim Wechsel aus der Geschäftsleitung in AR s *Dreher* FS K Schmidt, 2009, 233 ff.

[69] Für Anwendung von § 612 BGB Ulmer/*Raiser/Heermann* Rn 123; Rowedder/Schmidt-Leithoff/*Koppensteiner* Rn 15.

[70] Dagegen wohl *Lutter/Krieger* Rn 1212 f; zur Höhe u zur Möglichkeit erleichterter Herabsetzung einer in der Satzung geregelten Vergütung vgl näher § 113 AktG; zur aktienrechtlichen Rechtslage insoweit *Mäger* BB 1999, 1389.

[71] Vgl OLG Celle GmbHR 1998, 288 f.

[72] Anders für Beirat OLG Celle NJW-RR 1998, 1332.

[73] Zum ganzen auch *Theisen* DB 1999, 1665; Scholz/*Schneider* Rn 359.

bzw über § 675 BGB (bei Dienstvertrag) oder analog im Rahmen des körperschaftlichen Rechtsverhältnisses anwendbar ist. Gewährung einer Vergütung kann bedeuten, dass Aufwendungsersatz bis zu ihrer Höhe oder ganz ausgeschlossen sein soll. Aufwendungsersatz kann pauschaliert werden („Sitzungsgeld").[74] Geht Höhe deutlich über wahrscheinliche Aufwendungshöhe hinaus, liegt Vergütung vor, für die § 113 AktG eingreift.

62 **3. Abschluss von Dienst- u Werkverträgen höherer Art.** Verträge, durch die sich ein ARMitglied gegenüber der Ges zu entgeltlicher Tätigkeit höherer Art verpflichtet, also insbes Geschäftsbesorgungsverträge (§ 675 BGB) wie etwa Beratung der Ges[75] bzw Vertretung als Anwalt,[76] bedürfen grds der **Zustimmung des AR,** § 114 I AktG.[77] Damit sollen ua nicht gerechtfertigte Sonderleistungen an ARMitglieder verhindert und insoweit Vergütungshoheit der GfterVers gewahrt werden;[78] man mag sagen: Verwirklichung guter Corporate Governance.[79] Anwendung der §§ 113, 114 AktG entfällt nicht, wenn Bestellung des ARMitglieds fehlerhaft ist.[80] Vorschrift gilt nicht für das Organverhältnis stützenden Anstellungsvertrag u nicht für echte Arbeitsverhältnisse, betrifft also insbes nicht Arbeitsverhältnis belegschaftsangehöriger ArbNVertreter im AR. Notarielle Tätigkeit wird ebenfalls nicht erfasst, da hoheitlicher Natur.[81] Fehlt Zustimmung, erhält ARMitglied aber Vergütung, muss es diese zurückgewähren; keine Aufrechnung mit Bereicherungsanspruch § 114 II AktG.[82] Satzung kann Anwendung von § 114 AktG ausschließen, auch Zustimmung auf GfterVers übertragen.[83]

63 **Beratungsverträge** sind darüber hinaus nichtig (also einer Genehmigung durch AR nicht zugänglich), *wenn* deren Gegenstand von Beratungspflicht als ARMitglied umfasst wird; unten Rn 101 ff.

64 Anwendung auf Beiräte, Verwaltungsräte, GfterAusschüsse und sonstige freiwillige Zusatzorgane und -gremien hängt davon ab, ob sie Überwachungsaufgaben wahrnehmen, die mit denen eines AR vergleichbar sind.[84]

65 **4. Kreditgewährung.** Als Kreditnehmer der Ges könnte ARMitglied in erhebliche Abhängigkeit von den GFührern geraten u dadurch in der Wahrnehmung seiner Aufgaben beeinträchtigt werden. Für AG trifft § 115 AktG deshalb ausführliche beschränkende Regelung. § 52 I verweist auf diese nicht. Analoge Anwendung oder Übernahme ihres wesentlichen Gehalts im Wege ergänzender Satzungsauslegung dürfte kaum möglich sein.

---

74 Zum Ersatz aufgewandter Prozesskosten *Dänzer-Vanotti* BB 1985, 1632.

75 *Leuering/Simon* NJW-Spezial 2006, 171.

76 *Happ* FS Priester 2007, 175.

77 Zu Voraussetzungen u Grenzen BGH NZG 2007, 103 u 516, NZG 2006, 712; BGH NJW 1994, 2184; BGHZ 114, 127; *Rohde* GmbHR 2007, 1128, 1130 f; *Lutter* FS Westermann, 2008, 1171; *E. Vetter* AG 2006, 173; *R. Werner* DB 2006, 935; *Müller* NZG 2002, 797.

78 *Rohde* GmbHR 2007, 1128, 1129; zum Konkretisierungsgebot hins Vergütung s *Happ* FS Priester, 2007, 175, 184 ff.

79 *Kort* ZIP 2008, 717, 722.

80 BGH NZG 2006, 712.

81 *V. Schenck* DStR 2007, 395, 401.

82 So auch BGH NZG 2007, 103, 105 u NZG 2006, 712; *v. Schenck* DStR 2007, 395, 399.

83 *Lutter* FS Westermann, 2008, 1171, 1177; *Weiss* BB 2007, 1853, 1858.

84 So auch *Weiss* BB 2007, 1853 1860; **aA** Ulmer/*Raiser/Heermann* Rn 366.

5. Pflichten u Verantwortlichkeit der ARMitglieder. a) Kreis der Pflichten. ARMitglieder haben selbstverständlich u in erster Linie die Pflicht, **an der Aufgabenerfüllung des AR mitzuwirken,** dh vor allem an der Überwachung der Tätigkeit der GFührer,[85] an der Prüfung des Jahresabschlusses, evtl auch seiner Feststellung, an den der GfterVers zu erstattenden Berichten, an der Einberufung der GfterVers, wenn diese notwendig wird, insbes wenn das Wohl der Ges sie erfordert, an der Vertretung der Ges gegenüber GFührern, an der Bestellung von GFührern, wo diese durch Gesetz oder Satzung dem AR übertragen ist, an der Entscheidung über der Zustimmung des AR vorbehaltene Geschäfte.[86] In Erfüllung dieser Aufgaben sind meist Beschlüsse des AR zu fassen. Das einzelne Mitglied kann idR nicht selbst u aus eigenem Entschluss allein handeln. Seine Pflicht geht aber nicht nur dahin, an einschlägigen Beschl, die von anderen initiiert werden, mitzuwirken, sondern es muss selbst dahin wirken u gegebenenfalls darauf dringen, dass die erforderlichen Maßnahmen ergriffen u notwendige Beschl gefasst werden. Bei der Wahrnehmung dieser Organaufgaben des AR ist das einzelne Mitglied ohne jede Einschränkung auf das Interesse der Ges verpflichtet.[87] Modifizierungen können sich im **Konzern** ergeben, soweit das herrschende Unternehmen nach konzernrechtlichen Normen oder Grundsätzen berechtigt ist, auf das beherrschte Unternehmen nachteilig einzuwirken. Pflicht des AR u seiner Mitglieder geht hier nur dahin, auf Einhaltung der Grenzen solcher Einwirkung zu achten.[88] Pflichtenwahrnehmung muss grds persönlich erfolgen.[89] Zu Vertretungsfeindlichkeit des Amts u Möglichkeit der Stimmbotenschaft s Rn 98, 230, 240. 66

Ausdrücklich in §§ 116 Satz 2, 93 I 2 AktG hervorgehoben (u in § 85 strafbewehrt) wird Pflicht der ARMitglieder zur **Verschwiegenheit.**[90] Sie umfasst alle Tatsachen, die nicht allg bekannt sind u hinsichtlich derer ein (objektiv zu beurteilendes) **Geheimhaltungsbedürfnis** der Ges besteht.[91] Verschwiegenheit erstreckt sich auf gesamten Beratungsinhalt unabhängig von Umfang u Bedeutung.[92] Konkreter Geheimhaltungswille der Ges ist nicht erforderlich. Gegenteiliger Wille könnte auch von keinem Organ zulässigerweise gebildet werden. Geheimhaltungspflicht betrifft insbes die Investitions-, 67

---

85 Näheres zur Überwachungspflicht im Allgemeinen: *Nowak/Wanitschek-Klein* Der Konzern 2007, 665, 669 ff.

86 Eindrucksvolle Haftungsfälle dazu LG Stuttgart DB 1999, 2462 u LG Bielefeld WM 1999, 2457 (s zum Kreis der Aufgaben des AR ausführl Rn 100 ff, zur Beratungspflicht Rn 101 ff); zur Haftung des AR s *Wellhöfer/Peltzer/Müller,* Die Haftung von Vorstand, Aufsichtsrat, Wirtschaftsprüfer, 2008, 537 ff; zu Sorgfaltspflichten des AR bei Zustimmungsvorbehalten s *Brouwer,* Zustimmungsvorbehalt des Aufsichtsrats im Aktien- und GmbH-Recht, 2008, S 220 ff.

87 BGHZ 36, 306; BGH NJW 1980, 1629; BGHZ 90, 381, 398; *Ulmer* NJW 1980, 1603; *Schwintowski* NJW 1995, 1316; *Giesen,* Organhandeln und Interessenkonflikt, 1984, 134 ff; *Heermann* WM 1997, 1689.

88 Zum AR im Konzern s *Hoffmann-Becking* ZHR 159 (1995), 325; *Martens* ZHR 159 (1995), 567; *Hommelhoff* ZGR 1996, 144; *Lutter/Krieger* Rn 131 ff. Zur Interessenausrichtung von ArbNMitgliedern im AR mitbestimmter Unternehmen vgl Rn 286 f.

89 BGHZ 85, 293; zur nach den Umständen evtl unvermeidbaren Hinzuziehung von Hilfspersonen durch das einzelne ARMitglied *Lutter/Krieger* DB 1995, 257.

90 Dazu *Veil* ZHR 172 (2008), 239 ff; *speziell* für GmbH *Gaul/Otto* GmbHR 2003, 6, 13.

91 BGHZ 64, 329; für Beispiele s *Wiedemann/Kögel* § 6 Rn 50.

92 *Nowak/Wanitschek-Klein* Der Konzern 2007, 665, 668.

Finanz-, Produktions- u Absatzplanung der Ges, ihre Forschungstätigkeit u ihre spezifischen Produktionsmethoden, Personalangelegenheiten u nicht zuletzt auch das Beratungs- u Entscheidungsgeschehen im AR samt dem Abstimmungsverhalten der Mitglieder.[93] Unzulässig ist auch die Weitergabe von Informationen an Betriebsrat, ArbN u Gewerkschaften.[94] Verschwiegenheitspflicht besteht nicht nur gegenüber Dritten, sondern auch zumindest partiell gegenüber Gftern.[95] § 51 a bildet kein Gegenargument. Verschwiegenheitspflicht der von **öffentlichen Körperschaften** entsandten oder gewählten AR-Mitglieder ist lediglich nach Maßgabe der §§ 394, 395 AktG eingeschränkt,[96] es sei denn, es handelt sich (wie oft) um eine Einpersonen-GmbH.[97] Satzung kann Umfang der Verschwiegenheitspflicht näher bestimmen, auch erweitern u einschränken, freilich nicht beliebig.[98] Verschwiegenheitspflicht gilt für Mitglieder und ausgeschiedene ARMitglieder.[99] Zur Öffentlichkeit von ARSitzungen s Rn 82.

68 ARMitglieder trifft darüber hinaus allg **Treuepflicht,** wie sie letztlich für jede auf Leistung von Diensten gerichtete Dauerrechtspflicht charakteristisch ist. Von bloßer Pflicht zur Loyalität zu sprechen wird dem Intensitätsgrad der Pflicht nicht gerecht. Ausprägung dieser Pflicht ist die Verpflichtung, **Geschäftsgeheimnisse der Ges nicht zum eigenen Vorteil** oder dem eines anderen Unternehmens, zu dem das ARMitglied als Beteiligter, als ArbN oder als Leiter in Beziehung steht, auszunützen.[100] Einem **Konkurrenzverbot** unterliegen ARMitglieder hingegen idR nicht ohne besondere Vereinbarung.[101]

69 ARMitglieder haben auch die **Pflicht, sich** hinreichend **zu informieren.** Sie dürfen sich nicht darauf verlassen, dass GFührung in guten Händen liegt.[102] Zum Informationsrecht unten Rn 132 ff. Umgekehrt haben ARMitglieder auch Pflicht zur Informationsweitergabe an GesamtAR bei Kenntniserlangung

---

[93] Ganz hM, vgl *Lutter* Information Rn 493 ff; *Lutter/Krieger* Rn 265 ff; MünchHdb-AG/*Hoffmann-Becking* § 33 Rn 45 ff; *Gaul* GmbHR 1986, 300; Ulmer/*Raiser/Heermann* Rn 140; *Nowak/Wanitschek-Klein* Der Konzern 2007, 665, 668; **abw** die ergebnisorientiert anmutenden Argumentationen bei GK-MitbestG/*Naendrup* § 25 Rn 197 ff; *Köstler/Kittner/Zachert/Müller* Rn 522 ff, 555; nach *Säcker* NJW 1986, 807 soll nur fremdes Abstimmungsverhalten der Verschwiegenheitspflicht unterliegen.

[94] *Veil* ZHR 172 (2008), 239, 244.

[95] **Abw** *Erker/Freund* GmbHR 2001, 463, 465; *Lutter/Hommelhoff* Rn 17, 61; Ulmer/*Raiser/Heermann* Rn 143; Roth/*Altmeppen* Rn 25; Scholz/*Schneider* Rn 495; MünchHdbGmbH/*Marsch-Barner/Diekmann* § 48 Rn 87; Michalski/*Heyder* Rn 184 (selbst aber wieder einschränkend); vgl auch BGHZ 135, 56 f (Einsichtsrecht der Gfter in AR-Protokolle gem § 51 a GmbHG); zust *Henssler* FG 50 Jahre BGH, 2000, 387, 403; **abl** *Stimpel/Ulmer* FS Zöllner, 1998, 589.

[96] Zur Problematik *Banspach/Nowak* Der Konzern 2008, 195, 200; *Battke/Voigt* SächsVBl 2006, 273 ff; VGH München NVwZ-RR 2007, 622; *Zieglmeier* LKV 2005, 338, 340; *Altmeppen* NJW 2003, 2561, 2566 f; *Meiski,* BayVBl 2006, 300 ff; *Schwintowski* NJW 1990, 1009; *Harder/Ruter* GmbHR 1995, 816; *Schmidt-Aßmann/Ulmer* BB 1998, Beil 13, 9; *Möller,* 160.

[97] Insoweit zutr *Altmeppen* NJW 2003, 2561, 2566; s auch BGH NJW 2005, 1720.

[98] Scholz/*Schneider* Rn 497; Ulmer/*Raiser/Heermann* Rn 144; *Lutter/Hommelhoff* Rn 17; *Lutter,* Information, Rn 777.

[99] *Ziegelmeier* ZGR 2007, 144, 159; *Banspach/Nowak* Der Konzern 2008, 195, 200.

[100] Dazu *Fleck* FS Heinsius, 1991, 89; Ulmer/*Raiser/Heermann* Rn 137; zu Interessenkonflikten *Lutter* FS Priester, 2007, 417.

[101] Dazu *Reichert/Schlitt* AG 1995, 241; *U. H. Schneider* BB 1995, 365.

[102] Vgl für AR einer PublikumsKG OLG Düsseldorf WM 1984, 1080.

von überwachungsrelevantem Wissen.[103] Ferner obliegt ihnen die Pflicht, an **ARSitzungen teilzunehmen.**

b) Verantwortlichkeit. Abs 1 sieht für diese Frage Regelung durch **Verweisung** auf §§ 116 nebst 93 I u II AktG vor. Da § 116 AktG seinerseits auf § 93 AktG verweist, kann diese Doppelverweisung nur so gemeint sein, dass die in § 116 AktG enthaltene Gesamtverweisung auf § 93 AktG lediglich unter Reduzierung auf die ersten beiden Absätze dieser Norm gelten soll. 70

Verantwortlichkeit der ARMitglieder iS ihrer **Haftung** ist schwer zu bestimmen. Sie hängt nicht nur von der kaum abstrakt zu bewältigenden Abgrenzung des allgemeinen Sorgfaltsmaßstabs ab, sondern vor allem von Art u Inhalt der Pflichten des einzelnen ARMitglieds, die zwar von den Aufgaben des AR als Gremium determiniert werden, mit ihnen aber nicht identisch sind. Trotz Übertragung von Aufgaben auf Ausschüsse bleibt Verantwortung beim AR als Gesamtorgan.[104] Besonders schwierig konkrete Umgrenzung der Pflichten, weil ARTätigkeit nicht wie GFührung zeitlich umfassend erfolgt, sondern sporadisch.[105] Haftung zu bejahen, wenn ARMitglied ohne gebotene Information und darauf aufbauender Chancen- und Risikoabschätzung seine Zustimmung zu nachteiligen Geschäften erteilt.[106] 71

Sorgfaltsmaßstab für ARMitglieder bildet gemäß § 93 I 1 AktG die **Sorgfalt** eines ordentlichen u gewissenhaften **Geschäftsleiters.** Da ARMitglieder nicht leiten, heißt das sinngemäß: eines **ordentlichen u gewissenhaften Überwachers u Prüfers.** Sorgfaltsmaßstab ist weder rein subjektiv noch rein objektiv zu bestimmen. Vielmehr ist zunächst unter objektiver Betrachtung ein Mindestmaß an Sorgfalt erforderlich, wie es zur Wahrnehmung der konkreten Verantwortung in der Ges geboten erscheint. Bringt ARMitglied die dazu erforderlichen Kenntnisse, Fähigkeiten u Erfahrungen nicht mit, hat es gleichwohl dafür einzustehen (zur Anwendung von § 254 BGB vgl § 43 Rn 45).[107] Diesen objektiven Mindestmaßstab überlagert verschärfend das vom einzelnen ARMitglied nach seinen persönlichen Kenntnissen u Fähigkeiten etc nach Treu u Glauben zu erwartende u ihm zumutbare Maß an Sorgfalt.[108] In den praktischen Ergebnissen dürften die Auffassungen nur geringfügig differieren. § 708 BGB ist auch bei der personalistischen GmbH nicht anwendbar.[109] Satzung kann Sorgfaltsmaß herabsetzen,[110] aber 72

---

103 Dazu *Emde* DB 1999, 1486.

104 *Hüffer* AktG § 116 Rn 9; *Banspach/Nowak* Der Konzern 2008, 195, 206.

105 Ulmer/*Raiser/Heermann* Rn 130 ff; *Heidinger,* Aufgaben und Verantwortlichkeit von Aufsichtsrat und Beirat der GmbH, 1989; *Buchta/van Kann* DStR 2003, 1665; *Kossen* DB 1988, 1785; *Liebs* FS Rittner, 1991, 369; *Tresche* DB 1995, 661; *Mutter,* Unternehmerische Entscheidungen u Haftung des AR, 1994; *Bungert* ZHR 159 (1995), 261; *Lutter* ZIP 1995, 441; *Hopt* FS Mestmäcker, 1996, 909; *Thümmel* DB 1999, 885.

106 BGH NZG 2007, 187; dazu Anm *Stein* DZWIR 2007, 329, 329; *Huber* GmbHR 2007, 309, 310; *Liebscher* BOLMK 2007, 220409.

107 So auch *Banspach/Nowak* Der Konzern 2008, 195, 206.

108 Ähnl Scholz/*Schneider* Rn 468; *Lutter/Hommelhoff* Rn 43; *Hoffmann/Preu* Rn 107, 519; Ulmer/*Raiser/Heermann* Rn 130; Achilles/Ensthaler/Schmidt/*Schmidt* Rn 14; *Banspach/Nowak* Der Konzern 2008, 195, 199; BGHZ 85, 295 f u wohl auch *Schwark* FS Werner, 1984, 841 ff für AG; stärker subjektivierend die hL, vgl insbes *Raiser/Veil,* KapGesR § 15 Rn 117 ff.

109 OLG Düsseldorf BB 1984, 997 für Publikums-GmbH & Co KG; BGHZ 69, 207: für ARMitglied einer Publikums-KG.

110 Ulmer/*Raiser/Heermann* Rn 130; Scholz/*Schneider* Rn 524.

nicht unter grobe Fahrlässigkeit; ferner kann Höchsthaftungssumme oder der Verzicht auf einen entstandenen Schadensersatzanspruch vereinbart werden.[111]

73 Schwierig ist Abgrenzung, inwieweit AR **Ermessen** hat, **Schadensersatzansprüche** gg GFührer **geltend zu machen.**[112] Soweit § 46 Nr 8 nicht durch Satzung ausgeschlossen ist, hat Frage für GmbH-AR erheblich weniger Brisanz als bei AG, weil Gfter entscheiden. Für Vorlage an GfterVers hat AR allerdings kein Ermessen, dh er muss als bestehend erkannte oder für wahrscheinlich gehaltene Ansprüche GfterVers zur Entscheidung vorlegen.

74 **c)** § 93 II AktG gibt der **Ges** einen **Schadensersatzanspruch bei Pflichtverletzung** gg das einzelne ARMitglied u regelt Beweislast. Dass § 93 III AktG nicht in die Verweisung einbezogen ist, bedeutet nicht, dass in dort geregelten Fällen kein Ersatzanspruch entsteht. Es handelt sich aktienrechtlich lediglich um die Hervorhebung krasser Fälle mit rechtstechnischer Bedeutung für § 93 V AktG, der nicht zur Anwendung kommt.[113] Direkte Geltendmachung von Ersatzansprüchen durch die Gläubiger, die dort geregelt ist, scheidet für den fakultativen AR der GmbH aus. Möglich ist Haftung nach zivilrechtlichen Bestimmungen, etwa Beihilfe zur vorsätzlichen sittenwidrigen Schädigung, §§ 826, 830 BGB.[114]

75 Anwendungsproblematik von § 93 II AktG liegt strukturell ganz ähnlich wie Haftungsregelung des § 43 für GFührer; vgl insoweit die dortigen Anmerkungen. Zur komplizierten Beweislastfrage § 43 Rn 36 ff.

76 Ist ARMitglied gleichzeitig Vorstandsmitglied einer anderen jur Person, kommt deren Mithaftung nach § 31 BGB in Frage, wenn ARTätigkeit insoweit zu seinen Verrichtungen gehört.[115] Der Abschluss einer D&O-Versicherung seitens der Ges zugunsten der ARMitglieder ist zulässig u von erheblicher Bedeutung, da die Haftungsansprüche der Ges gg die ARMitglieder abgesichert sind.[116] Bei einer vorsätzlichen, sittenwidrigen Schädigung bietet sie idR keinen Schutz, da solche Handlungen regelmäßig durch die Versicherungsbedingungen ausgeschlossen werden.[117]

77 **d) Freistellung durch GfterBeschluss.** Durch Nichtverweisung auf § 93 IV AktG darf nicht Missverständnis entstehen, der AR werde durch gesetzmäßigen Beschl der GfterVers nicht freigestellt. Freistellungswirkung ist vielmehr aus allg Prinzipien zu entnehmen. Sie tritt im gleichen Umfang ein, wie

---

111 Scholz/*Schneider* Rn 524, 527.

112 Dazu für AG BGHZ 135, 244 (ARAG) = NJW 1997, 1926 m Anm *Dreher* JZ 1997, 1074; *Götz* NJW 1997, 3275; *Horn* ZIP 1997, 1129; *Priester* EWiR § 112 AktG 1/97; *Thümmel* DB 1997, 1117; *Kindler* ZHR 162 (1998), 101. S ferner *Lutter* ZIP 1995, 441; *Dreher* ZHR 158 (1994), 614; *ders* ZIP 1995, 628; *Jaeger/Trölitzsch* ZIP 1995, 1157; *M. Fischer* BB 1996, 225; *Heermann* AG 1998, 201; *Kallmeyer* AG 1997, 107 u *Götz* AG 1997, 219; *Zimmermann* DB 2008, 687; *Lange* GmbHR 2006, 897, 903; *Mertens* FS K. Schmidt, 2009, 1183; *Koch* AG 2009, 93.

113 **AA** *Banspach/Nowak* Der Konzern 2008, 195, 206.

114 OLG Düsseldorf DB 2008, 1961, 1962 mit Anm *Wilsing/Ogorek* DB 2008, 1963 (zur AG).

115 BGHZ 36, 309; 90, 381; OLG Düsseldorf WM 1984, 586; vgl auch RG 112, 384; *Ulmer* FS Stimpel, 1985, 705 ff; Ulmer/*Raiser/Heermann* Rn 151; ähnl schon für Fälle der Entsendung *Mestmäcker,* Verwaltung, Konzerngewalt u Rechte der Aktionäre, 1958, 258 ff; **abw** *Lutter/Hommelhoff* Rn 19; KölnerKomm/*Mertens* § 76 Rn 82.

116 Ulmer/*Raiser/Heermann* Rn 154; Scholz/*Schneider* Rn 532; *Wicke* Rn 10; ausführlich zur D & O-Versicherung s *Wiedemann/Kögel* § 12 Rn 77 ff.

117 *Lommatzsch* Status: Recht 2008, 287.

gegenüber den GFührern (dazu § 43 Rn 33 ff), hM. Hingegen bedeutet die Nichtverweisung, dass ein **Verzicht auf Ersatzansprüche** durch die GfterVers ohne Karenzzeit möglich ist[118] (anders § 93 IV 3 AktG). Verzicht bedarf aber stets eines Beschlusses der GfterVers.

e) Für die **Verjährung von Schadensersatzansprüchen** wird nicht auf § 93 VI AktG verwiesen, sondern (inhaltsgleich) in § 52 III eine 5-jährige Verjährungsfrist vorgesehen. Sie ist nicht zwingend;[119] Verlängerung ist möglich.[120] Auch Abkürzung grds unbedenklich, soweit nicht Geltendmachung von Ansprüchen dadurch weitgehend unmöglich gemacht wird. Die Verjährung beginnt mit Anspruchsentstehung (§ 200 S 1 BGB), dh grds mit Schadenseintritt. Bei einheitlichem Geschehen liegt Beginn nicht vor Abschluss des pflichtwidrigen Verhaltens.[121] Für abgrenzbare Folge- oder Spätschäden läuft jeweils ab Eintritt eigene Verjährung. Auf Kenntnis oder grob fahrlässige Unkenntnis der Ges von Pflichtverletzung oder Schaden kommt es aber nicht an.[122] § 199 I BGB, der subjektiven Verjährungsbeginn statuiert, betrifft nur regelmäßige dreijährige Verjährungsfrist des § 195 BGB, nicht aber die spezialgesetzliche des Abs 3, die nach § 200 S 1 BGB bereits mit Entstehung des Anspruchs zu laufen beginnt.[123] 78

6. Entlastung ist gesetzlich nicht vorgeschrieben. ARMitglieder haben dennoch Anspruch auf Entlastung.[124] Aus der Nichtanwendung von § 93 IV AktG folgt, dass Entlastung im GmbHR auch **für Mitglieder des fakultativen AR** weitergehende Bedeutung hat als im AktG. Sie ist in ähnlichem Umfang mit Verzichtswirkung verbunden wie bei den GFührern (dazu § 46 Rn 41). Wie diese haben ARMitglieder Anspruch auf Entlastung in angemessenen Zeitabständen nach Rechnungslegung u Tätigkeitsbericht, im Regelfall also jährlich (zu dieser str Frage § 46 Rn 45 f für GFührer). 79

7. Klagerecht einzelner ARMitglieder gg Ges oder GFührer auf Unterlassung bestimmter rechtswidriger GFührungsmaßnahmen ist zu verneinen;[125] das gilt auch für ArbNVertreter. Individualrecht der ARMitglieder auf Überwachung der GFührung besteht nicht. Klage in Prozessstandschaft für Gesamtorgan würde dessen Klagerecht voraussetzen (dazu Rn 129) u überdies Grundlage für Prozessführungsbefugnis erfordern. Klagerecht einzelner be- 80

---

118 RG JW 1934, 3073; *A. Hueck* GmbHR 1959, 191; Ulmer/*Raiser/Heermann* Rn 152.

119 Ulmer/*Raiser/Heermann* Rn 153; Achilles/Ensthaler/Schmidt/*Schmidt* Rn 17; *Lutter/Hommelhoff* Rn 19; Rowedder/Schmidt-Leithoff/*Koppensteiner* Rn 17; Michalski/*Heyder* Rn 316; *Wicke* Rn 10; einschränkend *Roth/Altmeppen* Rn 29; **aA** BGHZ 64, 244; MünchHdbGmbH/*Marsch-Barner/Diekmann* § 48 Rn 91; Scholz/*Schneider* Rn 527 für Publikums-GmbH.

120 *Lutter/Krieger* Rn 1226; **aA** BGHZ 64, 238, 245.

121 OLG Düsseldorf GmbHR 2000, 666, 670 (zu § 43 IV).

122 Rowedder/Schmidt-Leithoff/*Koppensteiner* Rn 62; Roth/*Altmeppen* Rn 109; *Pelz* RNotZ 2003, 415, 424.

123 *Pelz* RNotZ 2003, 415, 424.

124 *Hoffmann/Preu* Rn 526; Scholz/*Schneider* Rn 525; **aA** Achilles/Ensthaler/Schmidt/*Schmidt* Rn 19.

125 OLG Frankfurt AG 1988, 109; LG Köln AG 1976, 329 f; grds auch *Kort* AG 1987, 193; abw LG Darmstadt AG 1987, 218; *Hommelhoff/Timm* AG 1976, 330; auch *Großfeld/Brondics* AG 1987, 303 für mitbestimmten AR.

steht daher auch nicht als Notzuständigkeit, wenn AR seine Kontrollpflichten nicht wahrnimmt.[126]

VIII. Innere Ordnung, Sitzungen, Beschlussfassung

81 **1. Tätigkeit in Sitzungen.** Die innere Ordnung des AR betrifft seine **Organisation** bzw die seiner Tätigkeit, die Voraussetzung der Wahrnehmung seiner Aufgaben u Kompetenzen ist (zu diesen Rn 100 ff). Die stark angewachsene u zT übertriebene Kritik an der Aufgabenwahrnehmung des AR im aktienrechtlichen Bereich (dazu Nachw unten Rn 244) hat zu zahlreichen Bestrebungen u Vorschlägen in Richtung auf eine Reform der Pflichteninhalte, der äußeren Aufgabenwahrnehmung, des Informationsverhaltens u der Haftung der Aufsichtsräte geführt, die zT in der Diskussion um die sog *corporate governance* (vor § 35 Rn 11) aufgegangen sind.

82 Für die einschlägigen Fragen stellt AktG in §§ 107–110 relativ ausführliche **Regelungen** zur Verfügung. Abs 1 verweist aber für fakultativen AR der GmbH nur auf § 110 AktG, der zudem ohne den Gehalt von § 107 I 1 AktG teilweise leer läuft. Satzung kann eigene Regelung treffen, sie darf aber nicht der AR-Funktion zuwiderlaufen (Rn 24 ff). Bei Schweigen der Satzung gelten §§ 107–109 AktG nicht automatisch in toto analog,[127] doch folgen partiell gleiche oder ähnliche Regeln zT aus der Natur der Sache oder allgemeinen Grundsätzen des Verbandsrechts.

83 AR tagt u **entscheidet** grds **in Sitzungen;** dazu zählen auch **Videokonferenzen,** sofern sie gleichzeitiges Hören u Sehen ähnlich einer Präsenzveranstaltung gewährleisten.[128] **Außerhalb** solcher Zusammenkünfte ist Entscheidungstätigkeit (schriftlich, telefonisch, E-Mail etc) möglich, aber nur zulässig, wenn kein Mitglied widerspricht oder wenn Satzung oder ARGeschäftsordnung präsenzsitzungsfernes Verfahren auch gg den Willen einzelner Mitglieder installieren, vgl § 108 IV AktG.[129] Die zutreffende Distinktion besteht zwischen Präsenz- bzw Videositzung einerseits u Telefonkonferenz/ E-Mail-Austausch andererseits. Für die **kombinierte BeschlFassung**[130] teils physisch anwesender, teils physisch abwesender ARMitglieder bedeutet dies: Zuschaltung per Video ist ohne weiteres möglich, Zuschaltung per Telefon nach Maßgabe von § 108 IV AktG entsprechender Satzungsregelung.

84 **2.** AR kann sich **Geschäftsordnung** geben, sofern u soweit Gesetz u Satzung nicht entgegenstehen. Sie ist wesentliches Instrument der Selbstorganisation jedes AR. Für Erlass genügt grds einfache Stimmenmehrheit. GO

---

[126] Dies hält *Kort* AG 1987, 193 für möglich; grds Klagerecht verneinend, aber für Ausnahmefälle weniger streng *Deckert* AG 1994, 457; zum ganzen s auch Rn 145.

[127] So aber *Lutter/Hommelhoff* Rn 18; *Wicke* Rn 4; Ulmer/*Raiser/Heermann* Rn 62; differenzierend *Lutter/Krieger* Rn 1217 ff; Scholz/*Schneider* Rn 385 (Anwendung nur, wenn dem nicht die besondere Stellung des AR in der GmbH entgegen steht); für Anwendung der Grundprinzipien des § 109 AktG Rowedder/Schmidt-Leithoff/*Koppensteiner* Rn 10; für Nichtanwendbarkeit *Meyer-Landrut* Rn 41; *Meiski* NVwZ 2007, 1355 ff.

[128] *Kindl* ZHR 166 (2002), 335, 345; *Gaul/Otto* GmbHR 2003, 6, 9 f; *Bosse* DB 2002, 1592, 1593; teilw abw *Götz* NZG 2002, 599, 601 f u *Wagner* NZG 2002, 57, 58 f.

[129] So auch *Wiedemann/Kögel* § 10 Rn 26.

[130] Dazu *Kindl* ZHR 166 (2002), 335, 342; *Wagner* NZG 2002, 57, 58 f.

kann auch durch Gfter beschlossen werden; Satzungsgrundlage dazu nicht erforderlich, str.[131]

3. Einberufung u Leitung erfolgt formfrei durch den Vorsitzenden, sofern ein solcher bestellt ist. Bestellung ist, anders als nach § 107 AktG, nicht notwendig. Die Beteiligten können bei Bedarf ad hoc Sitzungsleiter bestimmen, aber auch ohne solchen tagen. Satzung kann Leitungs- u Einberufungskompetenz regeln. Einberufung muss **Tagesordnung, Sitzungsart u gegebenenfalls Sitzungsort** angeben. Der AR hat **zwei Sitzungen** im Kalenderhalbjahr abzuhalten, doch kann er beschließen, nur eine Sitzung im Kalenderhalbjahr abzuhalten, § 110 III AktG. Selbstverständlich kann AR auch häufiger tagen; er muss es sogar bei entsprechendem Anlass (Akquisitionen, Krise, etc). Pflichtsitzung kann auch Videokonferenz sein, nicht aber Telefonkonferenz. Gesetzesmaterialien zu § 110 AktG (idF TransPuG 2002) zT widersprüchlich u wenig hilfreich. Dort wird davon gesprochen, dass „jedenfalls in begründeten Ausnahmefällen auch eine Sitzung in Form einer Telefon- oder Videokonferenz erlaubt u ausreichend ist." Das ist in doppelter Hinsicht unzutreffend: eine Telefonkonferenz ist nicht Sitzung, eine Videokonferenz ist Sitzung auch ohne Vorliegen eines Ausnahmefalls.[132] 85

Einberufungsverlangen: Jedes Mitglied des AR sowie die GFührung können unter Angabe von Zweck u Gründen vom Vorsitzenden (oder dem sonst dazu nach der Satzung Zuständigen) verlangen (rechtlich besser: anregen), dass der Vorsitzende den AR unverzüglich einberuft, § 110 I 1 AktG, u zwar auf einen spätestens 2 Wochen nach der Einberufung liegenden Termin, Satz 2. Wird dem Verlangen nicht entsprochen, kann der Initiator selbst unter Mitteilung des Sachverhalts einberufen (§ 110 II AktG).[133] Dafür sind übliche Formalien zu beachten (Tagesordnung etc). Der AR kann das Verlangen zurückweisen, wenn es schikanös oder querulatorisch ist. Ist Vorsitzender nicht bestellt u fehlt auch sonst Regelung der Einberufungskompetenz in der Satzung, sind sowohl die GFührung als auch jedes ARMitglied einberufungsbefugt. 86

4. Teilnahmerecht an den Sitzungen haben alle ARMitglieder. Diese können mit Mehrheit andere Personen zuziehen oder zulassen (str),[134] jedes Mitglied hat aber Anspruch darauf, dass über alle Gegenstände ohne Gegenwart Dritter beraten u abgestimmt werden kann. GFührer haben kein Teilnahmerecht. Teilnahmepflicht für sie besteht nur auf Verlangen des AR u nur im Rahmen des Erforderlichen u Zumutbaren. Das gilt auch dann, wenn GFührung ARSitzung initiiert hat. Satzung oder AR-GO kann Abweichendes regeln.[135] 87

---

[131] Wie hier MünchHdbGmbH/*Marsch-Barner/Diekmann* § 48 Rn 65; Ulmer/*Raiser/Heermann* Rn 63; **aA** Michalski/*Heyder* Rn 321, dort auch zum umstrittenen Mehrheitserfordernis; offen gelassen *Wiedemann/Kögel* § 10 Rn 35.

[132] Wie hier *Götz* NZG 2002, 599, 601 f; **aA** *Bosse* DB 2002, 1592, 1593; *Hommelhoff/C. Teichmann* in Dörner/Menold/Pfitzer/Oser (Hrsg), Reform des Aktienrechts …, 2. Aufl 2003, 103, 124 f; Achilles/Ensthaler/Schmidt/*Schmidt* Rn 33.

[133] Michalski/*Heyder* § 52 Rn 352.

[134] Scholz/*Schneider* Rn 397; Achilles/Ensthaler/Schmidt/*Schmidt* Rn 36; zurückhaltend Ulmer/*Raiser/Heermann* Rn 69.

[135] Zum ganzen *Kindl,* Die Teilnahme an der Aufsichtsratssitzung, 1993.

88 **5. Beschlussfassung u Beschlussmängel. a)** Entscheidungen fallen durch Beschl, was auch ohne Verweisung auf § 108 I AktG gilt. **Beschlfähig** ist AR nach ordnungsgemäßer Einladung, abw von § 108 II AktG stets ohne Rücksicht auf Zahl der Erschienenen, str.[136] Satzung kann u wird zweckmäßigerweise BeschlFähigkeit eigens regeln. Geheime Abstimmung ist nicht zulässig, str.[137] Entscheidungen ergehen mit **einfacher Mehrheit,** sofern Satzung nichts anderes bestimmt. **Schriftliche Stimmabgabe** in Sitzungen entspr § 108 III AktG ist möglich.[138]

89 Jedes ARMitglied ist grds **stimmberechtigt.** Ausgeschlossen sind Mitglieder in allen Fällen der §§ 34 BGB, 47 IV, die analog anwendbar sind,[139] aber darüber hinaus auch bei anderen schwerwiegenden Interessenkollisionen.[140] Aufgabe des ARMitglieds ist nicht die Wahrnehmung eigener mitgliedschaftlicher Interessen, sondern ausschließlich des Gesamtinteresses der Ges. Deshalb auch kein Mitstimmen eines Mitglieds bei seiner eigenen Wahl zum GFührer, falls Bestellung dem AR obliegt.[141] Str ist, ob ARMitglied, das zugleich Gfter ist, bei Abstimmung über Zustimmung zur Veräußerung seiner Geschäftsanteile einem Stimmverbot unterliegt, vgl § 15 Rn 38.[142]

90 **b)** Ist **Stimmabgabe nichtig,** wirkt sich dies je nach Stimmenverteilung unmittelbar auf das BeschlErgebnis aus. Eine evtl durch den Sitzungsleiter getroffene Ergebnisfeststellung ist nicht verbindlich, sondern kann durch Feststellungsklage korrigiert werden; freilich muss diese binnen angemessener Frist erfolgen, andernfalls ist Korrekturmöglichkeit verwirkt. Ergebnisfeststellung durch den Leiter ist jedoch nicht erforderlich. Er kann, wie bei der GfterVers der GmbH mit wenigen Gftern, das Ergebnis auch offen lassen. Vgl zu beiden Fragen die entspr Überlegungen für GfterVers § 47 Rn 26u Anh § 47 Rn 124.

91 **6. Beschlussmängel. Verstößt** der **Beschl inhaltlich** gg bindende, gegebenenfalls auch dispositive Normen des Gesetzes oder die Satzung (sog **Inhaltsmängel**), so ist er nichtig.[143]

---

136 *Rohde* GmbHR 2007, 1128, 1132; Ulmer/*Raiser/Heermann* Rn 77; *Wicke* Rn 4; **aA** *Lutter/Krieger* Rn 1220; MünchHdbGmbH/*Marsch-Barner/Diekmann* § 48 Rn 70; Scholz/*Schneider* Rn 407.

137 Wie hier *Köstler/Kittner/Zachert/Müller* Rn 437; *N. Meier* DStR 1996, 385; **aA** *Hoffmann/Preu* Rn 424; Ulmer/*Raiser/Heermann* Rn 78; Scholz/*Schneider* Rn 427.

138 Scholz/*Schneider* Rn 428; *Lutter/Hommelhoff* Rn 18; MünchHdbGmbH/*Marsch-Barner/Diekmann* § 48 Rn 72; iE auch Ulmer/*Raiser/Heermann* Rn 75; umfassend *Mehl,* Die Stimmbotschaft bei Beschlüssen des Aufsichtsrats, 1990.

139 BGH NZG 2007, 516, 517; Ulmer/*Raiser/Heermann* Rn 79; **abw** *Behr* AG 1984, 284.

140 Näher dazu Ulmer/*Raiser/Heermann* Rn 79.

141 Vgl *Ulmer* NJW 1982, 2288; gg ihn *Wilhelm* NJW 1983, 912; *Mertens* ZGR 1983, 203 ff; Ulmer/*Raiser/Heermann* Rn 79; Scholz/*Schneider* Rn 415; allg zur Auswirkung von Interessenkonflikten im AR *Matthießen,* Stimmrecht und Interessenkollision im Aufsichtsrat, 1989; *Dreher* JZ 1990, 896; *Decher* ZIP 1990, 277.

142 **Dafür** OLG Schleswig ZIP 2003, 1703; Lutter/Hommelhoff/*Lutter/Bayer* § 15 Rn 48; **dagegen** *Falkner* GmbHR 2008, 458, 464; *Wagner* DStR 2003, 1629 f; *Hirte/Roth* EWiR 2003, 419 f; *Triebel* ZIP 2003, 843.

143 BGHZ 64, 325; 122, 342; BGH AG 1994, 124; OLG Frankfurt BB 1985, 1287; *Lutter/Krieger* Rn 1223, 735; *Lutter/Hommelhoff* Rn 50; *Falkner* GmbHR 2008 458, 459; teilweise **abw** vor allem *Baums* ZGR 1983, 326 ff; *Axhausen,* Anfechtbarkeit, 159 ff; s ferner unten Rn 95.

Bei **Verstößen im Zustandekommen** (sog **Verfahrensmängel**) ist zu unterscheiden. Bei manchen Verfahrensvorschriften würde Nichtigkeit des Beschlusses als Sanktion erheblich zu weit gehen. Für manche Formverstöße ordnet Gesetz selbst an, dass ein Verstoß die BeschlWirksamkeit nicht berührt (§ 107 II 3 AktG, sog **bloße Ordnungsvorschriften**). Das wird iZw auch bei Formvorschriften der Satzung gelten. Ähnlich ist ein Beschl trotz gesetz- oder satzungswidriger Teilnahme Dritter an ARSitzungen wirksam, vgl die Formulierung des § 109 I 1 AktG als Sollvorschrift.[144] Darüber hinaus ist vieles str.[145] Bei Verstößen gg Verfahrensvorschriften der Satzung u der GO ist grds durch Auslegung festzustellen, ob Nichtigkeit als Sanktion dem **Zweck der Norm** entspricht. IZw ist dies zu bejahen. Grds können aber Verfahrensverstöße durch nachträgliche Zustimmung des betroffenen ARMitglieds zu dem ergangenen Beschl geheilt werden.[146] **92**

Ein Beschl unter **gesetz- oder satzungswidriger Teilnahme Dritter** ist **nichtig,** wenn sie sich an Abstimmung beteiligen, es sei denn, Beteiligung war für Ergebnis ohne Einfluss.[147] Ist die Ladung eines ARMitglieds unterblieben,[148] ein ARMitglied rechtswidrig von der BeschlFassung ausgeschlossen worden oder hat ein Unbefugter geladen,[149] so ist der Beschl grds nichtig; nicht geladenes Mitglied kann aber nachträglich auf Rüge des Mangels verzichten. Nichtig ist auch ARBeschl, der unter unzureichender Information u zu kurz bemessener Überlegungsfrist zu Tagesordnungspunkt ergeht, wenn Mitglied nicht erschienen ist oder BeschlFassung widersprochen hat;[150] ferner gemeinsamer Beschl von GFührung u AR, auch wenn er einstimmig ist;[151] schließlich Beschl trotz BeschlUnfähigkeit, unzutreffende Feststellung des Abstimmungsergebnisses durch ARVorsitzenden u sitzungslose BeschlFassung ohne entsprechende Satzungs-/GORegelung bei Widerspruch eines Mitglieds.[152] **93**

Folgenlos bleibt verspätete Einladung zur ARSitzung (Nichteinhaltung der angemessenen oder durch die Satzung aufgestellten Frist), wenn alle Mitglieder mit der BeschlFassung (nicht notwendig mit dem BeschlAntrag) einverstanden sind.[153] Das Gleiche gilt bei fehlender Ankündigung eines Gegenstandes zur Tagesordnung[154] u – sofern einschlägig – die Versäumung der Monatsfrist des § 31 III 1 MitbestG durch den Vermittlungsausschuss.[155] **94**

---

144 BGHZ 47, 341, 349 f; *Baums* ZGR 1983, 324; KölnerKomm/*Mertens* § 108 Rn 65; *Lutter/Krieger* Rn 1223, 737.

145 Vgl die Systematisierungsbemühungen bei *Hoffmann/Preu* Rn 600 ff; *Lutter/Krieger* Rn 1223, 734 ff; *Lutter/Hommelhoff* Rn 48 ff; MünchHdbAG/*Hoffmann-Becking* § 31 Rn 110 (der zwischen heilbarem und unheilbarem Verfahrensmangel differenziert); Ulmer/*Raiser/Heermann* Rn 85; Achilles/Ensthaler/Schmidt/*Schmidt* Rn 39.

146 So zB ähnl Scholz/*Schneider* Rn 437: unverzügliche Geltendmachung des Verfahrensmangels ggü ARVorsitzendem erforderlich.

147 BGHZ 12, 331; ohne diese Einschränkung indes BGH NZG 2002, 916.

148 OLG Stuttgart WM 1985, 601.

149 *Lutter/Krieger* Rn 1223, 736; MünchHdb AG/*Hoffmann-Becking* § 31 Rn 110.

150 Dazu OLG Stuttgart WM 1985, 601 f; LG Düsseldorf AG 1995, 333.

151 OLG Schleswig ZfgG 1969, 87 mit Anm *Pleyer; Baums* ZGR 1983, 314, 324; **aA** *Meyer/Meulenbergh/Beuthien* § 36 Rn 10.

152 Vgl MünchHdb AG/*Hoffmann-Becking* § 31 Rn 110.

153 Rechtsgedanke des § 108 IV AktG, vgl *Baums* ZGR 1983, 314.

154 Weitergehend *Baums* ZGR 1983, 314.

155 UHH/*Ulmer/Habersack* § 25 MitbestG Rn 40.

95 Seit einiger Zeit wird **Einschränkung der Nichtigkeitsgeltendmachung** vertreten. Sie reicht von dem Erfordernis, dass verfahrensfehlerhaft zustandegekommenen ARBeschlüssen durch mindestens ein ARMitglied widersprochen werden müsse,[156] bis hin zu dem Vorschlag, dass ARBeschlüsse nur in gravierenden Fällen per se nichtig seien, in anderen, auch bei inhaltlichen Verstößen gg das Gesetz hingegen lediglich nach einer den Beschl anfechtenden Klage entsprechend der §§ 241 ff AktG.[157] Die Analogie zu §§ 241 ff AktG ist bedenklich schon deswegen, weil der AR ausschließlich fremdnütziges Organ ist u weil die inhaltliche Separierung zwischen Nichtigkeits- u Anfechtungsgründen in § 241 AktG für ARBeschlüsse nicht passt. Strikt abzulehnen ist auch die auf Vermehrung gerichtlicher Tätigkeit hinauslaufende Installierung fristgebundener Klageerfordernisse.[158]

96 Tendenziell richtig ist aber, dass die **Nichtigkeitsgeltendmachung einzuschränken** ist. Dazu stehen hauptsächlich zwei völlig ausreichende Instrumente zur Verfügung:[159] (1) Die Einschränkung von Feststellungsklagen durch das Erfordernis eines **Rechtsschutzbedürfnisses.** Ein solches hat zB nicht ohne weiteres jeder Gfter u schon gar nicht jeder außerhalb der Ges Stehende. (2) Die **Verwirkung** der Geltendmachung von Mängeln durch Zeitablauf. IdR setzt sie Kenntnis von BeschlFassung u BeschlMangel oder doch wenigstens die Möglichkeit der Kenntnisnahme voraus sowie die Möglichkeit u Zumutbarkeit früherer Mängelgeltendmachung. Dazu auch Anh § 47 Rn 146 u 205.[160] Rechtzeitigkeit der Geltendmachung setzt aber nicht Klageerhebung voraus. Bei zutreffender Anwendung werden die Ergebnisse nicht wesentlich von denen der anderen Einschränkungsmethoden abweichen.[161]

97 **Formvorschriften** für BeschlFassungen oder Zwang zur Anfertigung von Sitzungsniederschriften[162] bestehen, abw von § 107 II AktG, nicht. Entspr Regelung in der Satzung ist aber zweckmäßig. Auch ohne solche Regelung

---

156 So zB *Meilicke* FS W. Schmidt, 1959, 81 f, der bei Unterlassen des Widerspruchs BeschlHeilung annimmt, sowie KölnerKomm/*Mertens* § 108 Rn 74, der von grds Wirksamkeit verfahrensfehlerhafter Beschl ausgeht, diese aber einer Art interner Anfechtung durch Erklärung ggü dem Vorsitzenden unterwirft; ähnl UHH/*Ulmer/Habersack* § 25 MitbestG Rn 39; *Lutter/Krieger* Rn 1223, 738 (aber nur bei fehlerhaften Beschl mit „eingeschränkter Nichtigkeitsfolge); *Lutter/Hommelhoff* Rn 52; s auch OLG Hamburg WM 1982, 1095.

157 So insbes *Baums* ZGR 1983, 300, 305 ff; ausführlich auch *Axhausen,* Anfechtbarkeit aktienrechtlicher Aufsichtsratsbeschlüsse, 1986; *K. Schmidt,* GesR, § 15 II 3 b (S 454); *Lemke,* Der fehlerhafte ARBeschluss, 1994, 122 ff; vgl auch *Großfeld/Brondics* AG 1987, 302; jedenfalls für fakultativen AR auch Rowedder/Schmidt-Leithoff/*Koppensteiner* Rn 20; für analoge Anwendung von §§ 241 ff AktG auf ARBeschlüsse bei AG OLG Hamburg DB 1992, 774; **abl** BGHZ 122, 342; 124, 111; 135, 247 (ARAG); OLG Frankfurt aM NZG 2003, 331; Achilles/Ensthaler/Schmidt/*Schmidt* Rn 38; dazu auch *K. Schmidt* FS Semler, 1993, 329, 343 ff; *Kindl* AG 1993, 153; *ders* DB 1993, 2065; *H. Götz* FS Lüke, 1997, 167.

158 Für sie bes *K. Schmidt* FS Stimpel, 1985, 217; *ders* FS Semler, 1993, 329, 343 ff.

159 So auch st Rspr, vgl BGHZ 122, 342, 346; 124, 111, 115; 135, 244, 247 (AG); NZG 2000, 945, 946 (Verwaltungsrat einer Sparkasse); Achilles/Ensthaler/Schmidt/*Schmidt* Rn 38.

160 Zur Problematik der Versäumung rechtzeitiger Mängelgeltendmachung BGHZ 124, 111; LG Düsseldorf AG 1995, 333; *Kropff* ZGR 1994, 628; Kenntnis des Mangels hält Michalski/*Heyder* Rn 383 für nicht erforderlich.

161 *Lutter/Krieger* Rn 1223, 738; MünchHdb AG/*Hoffmann-Becking* § 31 Rn 97.

162 *Brinkschmidt,* Protokolle des Aufsichtsrats u seiner Ausschüsse, 1992.

tun ARMitglieder gut daran, für Protokollierung ihrer Sitzungs- u Entscheidungstätigkeit Sorge zu tragen, um in Haftungsfällen nicht in Beweisnot zu geraten (vgl die Beweislastumkehr in § 93 II 2 AktG).

7. Vertretungsfeindlichkeit der Organtätigkeit. ARMitglieder können Wahrnehmung ihrer Aufgaben nicht anderen übertragen, § 111 V AktG mit § 52 I, sich also nicht in Sitzungen vertreten lassen. Hiervon kann Satzung aber abweichen (vgl auch § 109 III AktG, der freilich nicht anwendbar ist, dessen Aussparung aber auch nicht als Grundlage eines argumentum e contrario dienen kann). § 111 V AktG gilt auch für Vertretung nach § 112 AktG.[163] 98

8. AR Ausschüsse. Bildung beratender, aber nicht entscheidender[164] Ausschüsse zu einzelnen Fragen ist auch ohne Satzungsgrundlage möglich. Anders als beim obligatorischen AR (zu Ausschüssen bei diesem unten Rn 236 ff) kann Satzung Ausschussbildung vorschreiben oder ganz untersagen. 99

IX. Aufgaben u Kompetenzen des AR

Lit zu **Beratungsverträgen und -vergütungen** (Rn 101 ff): *Beater,* Beratungsvergütungen für Aufsichtsratsmitglieder, ZHR (157 (1993), 420; *Bosse,* Rechtliche Anforderungen an Verträge mit Aufsichtsratsmitgliedern und die Zustimmung des Aufsichtsrats nach § 114 AktG, NZG 2007, 172; *v. Bünau,* Beratungsverträge mit Aufsichtsratsmitgliedern im Aktienkonzern, 2004; *Burger,* Die Wirksamkeit von Beratungsverträgen zwischen der Aktiengesellschaft und Mitgliedern ihres Aufsichtsrats, insbesondere im Hinblick auf § 113 Abs. 1 AktG, 1997; *M. Deckert,* Organschaftliche und vertragliche Beratungspflichten des Aufsichtsratsmitglieds, AG 1997, 109; *Greulich,* Beratungsverträge zwischen Kapitalgesellschaften und ihren Kontrollgremien, sj 2007, 43; *Grunewald,* Kombination von Beratungsverträgen und Aufsichtsratsmandaten, AnwBl 2007, 568; *Happ,* Anwaltlicher Beratungsvertrag und Aufsichtsratsmandat, FS Priester, 2007, 175; *Hoffmann-Becking,* Beratungsverträge mit Aufsichtsratsmitgliedern – grenzenlose Anwendung des § 114 AktG, FS K. Schmidt, 2009, 657; *Leuering/Simon,* Beraterverträge mit Aufsichtsratsmitgliedern, NJW Spezial 2006, 171; *Lutter,* Beraterverträge mit Aufsichtsratsmitgliedern in Gesellschaft und Konzern, FS Westermann, 2008, 1171; *Mertens,* Beratungsverträge mit ARMitgliedern, FS Steindorff, 1990, 173; *Peltzer,* Beratungsverträge der Gesellschaft mit Aufsichtsratsmitgliedern: Ist das gute Corporate Governance?, ZIP 2007, 305; *Rohde,* Beratungsverträge zwischen der GmbH und ihrem Aufsichtsratsmitglied, GmbHR 2007, 1128; *Schenck,* Verträge mit Beratungsunternehmen, denen ein Aufsichtsratsmitglied des beratenden Unternehmens angehört, DStR 2007, 395; *Schimmer,* Der Rechtsanwalt als Aufsichtsrat, AnwBl 2007, 864; *Semler,* Corporate Governance – Beratung durch Aufsichtsratsmitglieder; NZG 2007, 881; *Weiss,* Beratungsverträge mit Aufsichtsrats- und Beiratsmitgliedern in der Aktiengesellschaft und der Gesellschaft mit beschränkter Haftung, BB 2007, 1853; *Werner,* Die Beratung der Aktiengesellschaft durch Mitglieder ihres Aufsichtsrats, DB 2006, 935.

1. Kontrolle der GFührer. Funktionstypische Aufgabe jedes AR ist die Überwachung der GFührungstätigkeit, also **Wirtschaftlichkeit, Zweckmäßigkeit und Rechtmäßigkeit der Unternehmensleitung** durch GFührer.[165] Selbstverständlich kommt nicht eine Überwachung der GFührungsent- 100

[163] OLG Hamburg AG 1986, 259 für AG.

[164] Ulmer/*Raiser/Heermann* Rn 74; **aA** *Skibbe* GmbHR 1961, 5; Scholz/*Schneider* Rn 442; Achilles/Ensthaler/Schmidt/*Schmidt* Rn 54.

[165] *Henze* BB 2000, 209; *K. Müller/Wolff* NZG 2003, 751; *Banspach/Nowak* Der Konzern 2008, 195, 201.

scheidungen der GfterVers oder eines Beirats in Betracht. Insoweit unterliegt lediglich die Ausführung getroffener Entscheidungen durch GFührer der Überwachungskompetenz des AR. Formulierung in § 111 I AktG muss insoweit im Hinblick auf von der AG abw Verfassung der GmbH differenziert verstanden werden. Hingegen darf Überwachung der Tätigkeit der GFührer dem AR nicht genommen werden. AR ohne Aufsichtsaufgaben wäre Irreführung des Rechtsverkehrs (oben Rn 27). Entspr Satzungsbestimmungen wären deshalb wegen inhaltlichen Sittenverstoßes nichtig.[166] AR kann auch Sachverständige einschalten[167] oder Aufgaben an einzelne ARMitglieder delegieren (§ 111 II 2 AktG). Überwachungsaufgabe ist umfassend, sie erstreckt sich daher auch auf Verwaltung von Beteiligungen der Ges an anderen Unternehmen, jedoch besteht bislang insoweit kein typisiertes Spezialfeld der Kontrolltätigkeit des AR.[168] AR-Kompetenz verdrängt nicht Überwachungsrechte der GfterVers als oberstes Organ der GmbH.[169] Zu den Anforderungen an Überwachung, die größere Rolle bei Ges mit obligatorischem AR spielt, sowie zur Effizienz der Überwachungstätigkeit näher Rn 243 ff.

101 Zur Überwachung gehört in gewissem Umfang auch **Beratung der GFührung** durch den AR in übergeordneten Fragen der Unternehmenspolitik ebenso wie hinsichtlich bedeutsamerer Maßnahmen der GFührung, weil funktionierende Überwachung gerade auf Zukunft gerichtet sein muss u sich insoweit von Beratung bei unternehmerischen Entscheidungen nicht trennen lässt. Daraus resultiert vielschichtige u stark umstrittene Problematik der Zulässigkeit u Wirksamkeit von **Beratungsverträgen mit ARMitgliedern.**[170] BGH folgert aus Beratungsaufgabe **Nichtigkeit** solcher Verträge (§ 134 BGB), soweit sie nicht Fragen eines bes Fachgebiets betreffen,[171] u zwar mit die Zulässigkeit stark restringierender Tendenz. Soweit der Vertrag vor der Bestellung zum ARMitglied geschlossen worden ist, verliert er seine Wirkung für die Dauer der AR-Tätigkeit.[172]

102 Ausschlaggebend ist, ob die unternehmerische Entscheidung eine Organpflicht darstellt. Die Erforderlichkeit besonderer Kenntnisse ändert daran nichts.[173] Der organschaftliche Pflichtenkreis bezieht sich dabei auf alle Fragen, bei denen der AR die Ges vertritt, die GFührung überwacht und

---

[166] *Banspach/Nowak* Der Konzern 2008, 195, 198.

[167] *Leuering/Simon* NJW-Spezial 2007, 123.

[168] *Hommelhoff* FS Stimpel, 1985, 603.

[169] *Lutter/Hommelhoff* § 46 Rn 17; Scholz/*Schneider* § 46 Rn 112; Roth/*Altmeppen* § 46 Rn 48; **aA** *Lange* GmbHR 2006, 897, 901; vgl § 46 Rn 51.

[170] BGH NZG 2007, 103; BGH NZG 2006, 712; BGH NJW 1994, 2184; BGHZ 114, 127; *Rohde* GmbHR 2007, 1128, 1130 f; *Lutter* FS Westermann, 2008, 1171; *E. Vetter* AG 2006, 173; *R. Werner* DB 2006, 935; *Müller* NZG 2002, 797; *Wiedemann/Kögel* § 6 Rn 16; *Rellermeyer* ZGR 1993, 77, 85 ff; *Beater* ZHR 163 (1999), 420 ff; *Nowak/Wanitschek-Klein* Der Konzern 2007, 665, 673; Ulmer/*Raiser/Heermann* Rn 127 f; Scholz/*Schneider* Rn 376 ff; *Brandner* FS Geiß, 2000, 231; zur analogen Anwendbarkeit vgl *Hoffmann-Becking* FS K. Schmidt, 2009, 657 ff.

[171] BGHZ 114, 127, 132; 126, 340, 344; dazu *Lutter/Drygala* FS Ulmer, 2003, 381, 394.

[172] BGHZ 114, 127, 133; BGH NJW 1994, 2484, 2485 f; BGH ZIP 1998, 1801; BGH NZG 2007, 516, 518; *Mertens* FS Steindorff, 1990, 173, 182 f; *Lutter/Kremer* ZGR 1992, 87, 99; Scholz/*Schneider* Rn 381; *Rohde* GmbHR 2007, 1128, 1130; *Semler* NZG 2007, 881, 883; Achilles/Ensthaler/Schmidt/*Schmidt* Rn 21.

[173] So auch *Peltzer* ZIP 2007, 305, 306: Es kommt nicht darauf an, dass die Entscheidung die „Normalanforderung" übersteigt; *Kort* ZIP 2008, 717, 723.

berät.[174] Das gilt auch für die Erstellung von Gutachten.[175] Formulierungen wie „Beratung in allen Angelegenheiten, die nicht in den Aufgabenbereich des AR-Mitglieds fallen", „anwaltliche Beratung", „in betriebswirtschaftlichen und steuerrechtlichen Fragen" ermöglichen keine Abgrenzung zur organschaftlichen Aufgabe des AR.[176] Die zu erbringenden Leistungen müssen im Vertrag benannt sein.[177] Ferner muss das von Ges zu entrichtende Entgelt so konkret bezeichnet werden, dass sich der AR ein eigenständiges Urteil über die Art der Leistung, ihren Umfang sowie die Höhe und Angemessenheit der Vergütung bilden kann.[178] Vergütungsregelung, die eine Abrechnung nach Stundensätzen vorsieht, kann als ein Verstoß gg das Konkretisierungsgebot angesehen werden. Stundensätze bestehen in unterschiedlicher Höhe und richten sich nach dem Alter, der Berufserfahrung oder dem Rang eines Rechtsanwalts in der Kanzlei.[179] Der BGH bezeichnet eine Vereinbarung über eine Vergütung, die wie bisher nach vereinbarten Tagessätzen und nachgewiesenen Kosten erfolgen soll, als zu unbestimmt.[180] Genügen soll hingegen der Verweis auf eine Gebührenordnung.[181] Ist die Wortwahl nicht eindeutig, oder sind als Beratungsgegenstand organschaftliche Aufgaben und nicht-organschaftliche Aufgaben zusammengefasst, so ist im Zweifel der gesamte Beratungsvertrag nichtig.[182]

Konstruktion der Nichtigkeit über § 113 AktG[183] kann dazu führen, dass GfterVers jedenfalls **besondere Vergütung** für gegenüber der Tätigkeit anderer ARMitglieder umfangmäßig **herausgehobene Beratungsaufgabe** gewähren kann.[184] Dem ist zuzustimmen, weil spezifische Beratung, die über Sitzungstätigkeit hinausgeht, auch wenn sie sich der Art nach mit normalen ARPflichten deckt, wünschenswert sein kann, Abgeltung durch normale ARVergütung aber vielfach kaum zumutbar ist. Andererseits ist Publizität für Minderheit durch Befassung der GfterVers zu begrüßen. **103**

Beratungsverträge mit ehemaligen GFührern, die jetzt dem AR angehören, sind nicht gänzlich unzulässig. Geprüft werden muss, ob die Beratungsleistungen nicht vormals Gegenstand der GFührertätigkeit waren und daher die organschaftliche Überwachung durch den AR betreffen.[185] **104**

---

174 OLG Koblenz ZIP 2006, 1101; *Peltzer* ZIP 2007, 305, 307.

175 Vgl *Semler* NZG 2007, 881, 884.

176 BGH NZG 2007, 103, 105 und 516, 518; NZG 2006, 712, 715; OLG Düsseldorf (v 20. 5. 2008 – 23 U 128/07 (LG Duisburg) BeckRS 2008, 13 221; *Lutter* FS Westermann, 2008, 1171, 1176; *Happ* FS Priester, 2007, 175; *Spindler* WM 2006, 1581; vgl auch Aufgabenbeschreibung OLG München (v 30. 6. 2008 – 7 U 4388/07) BeckRS 2008, 15 555.

177 BGHZ 126, 340, 344; näheres zur Frage der Dokumentation s *Happ* FS Priester, 2007, 175, 188 ff.

178 BGHZ 126, 340, 344 f; zust *Happ* FS Priester, 2007, 175, 185; *v. Schenck* DStR 2007, 395, 398; vgl auch *Peltzer* ZIP 2007, 305, 308.

179 LG Stuttgart ZIP 1998, 1278, 1279.

180 BGH ZIP 2006, 1529, 1531.

181 *Lutter/Krieger* Rn 862.

182 BGHZ 126, 340, 344; *Semler* NZG 2007, 881, 884; *Peltzer* ZIP 2007, 305, 307; krit *Weiss* BB 2007, 1853, 1856.

183 So BGHZ 114, 129 und st Rspr.

184 BGHZ 114, 129, 135 lässt Frage offen; *Lutter* FS Westermann, 2008, 1171, 1177; Lutter/*Hommelhoff* § 52 Rn 46; *Krummel/Küttner* DB 1996, 193, 194; Scholz/*Schneider* Rn 379; Ulmer/*Raiser/Heermann* Rn 128; *Bosse* NZG 2007, 172, 174.

185 *Kort* ZIP 2008, 717, 723.

105 Beratungsverträge zwischen der Ges u einer **Anwalts-GbR,** der ein AR-Mitglied angehört, fallen in den Anwendungsbereich der §§ 113, 114 AktG.[186] Auch Beratungsverträge mit anderen Partnern einer Sozietät[187] sowie die Stellung als freier Mitarbeiter der Sozietät sind dafür ausreichend.[188] Im Hinblick auf den Schutzzweck[189] der §§ 113, 114 AktG ist es unerheblich, ob das Beratungsentgelt unmittelbar oder nur mittelbar an das ARMitglied fließt.[190] Aus demselben Grund kommt es nicht darauf an, ob es die geschuldeten Vertragsleistungen selbst zu erbringen hat oder in welcher Höhe das ARMitglied an der Vertragspartnerin der Ges beteiligt ist.[191] § 115 AktG entfaltet für eine solche erweiternde Anwendung der §§ 113, 114 AktG keine Sperrwirkung.[192]

106 Anwendungsbereich ist nicht erreicht, wenn es sich bei den mittelbaren Zuwendungen bei abstrakter Betrachtung um ganz **geringfügige Leistungen**[193] handelt, oder wenn sie im Vergleich zu der von der GfterVers durch Satzungsbestimmung oder durch Einzelbeschl festgesetzten AR-Vergütung einen vernachlässigenswerten Umfang haben.[194] Ist ARMitglied der GFührer der Ges, mit welcher der Beratungsvertrag besteht, trifft ihn der wirtschaftliche Erfolg oder Misserfolg in seiner beruflichen Stellung u zwar unabhängig von einer erfolgsabhängigen Vergütung. Außerdem besteht die Gefahr der Verflechtung von Interessen, so dass hier nichts anderes gelten kann.[195]

107 Ein weiteres Problem stellen **Beraterverträge im Unternehmensverbund** dar. Schließt ein ARMitglied aus der Oberges mit einer Tochterges einen Beratungsvertrag und liegt der Gegenstand des Vertrages in Fragen der allgemeinen Konzernleitung, so ist ein Verstoß gg § 113 AktG gegeben, da andernfalls eine Vergütung außerhalb der GfterVers für organschaftliche Pflichten gewährt würde.[196] Geht es um Angelegenheiten der GFührung der Tochterges, ist § 113 AktG auf den ersten Blick nicht einschlägig. Auch der Wortlaut von § 114 AktG („gegenüber der Gesellschaft") passt nicht. Allerdings kann die GFührung der Oberges auf verschiedensten Wegen[197] Einfluss auf den Abschluss eines Beratervertrages der Tochterges nehmen. Demzufolge ist auch in diesem Fall von einer analogen Anwendung der §§ 113, 114 AktG

---

186 BGH DStR 2007, 1046; BGH NZG 2007, 103; BGH NZG 2006, 712; *Lutter* FS Westermann, 2008, 1171, 1178 f; *Grunewald* AnwBl 2007, 568, 569; *Hoffmann-Becking* FS K. Schmidt, 2009, 657, 663 f; **aA** *Raiser/Wiesner* AG 1976, 266, 267.

187 LG Stuttgart ZIP 1998, 1275, 1280.

188 *Grunewald* AnwBl 2007, 568, 569.

189 BGH NZG 2007, 103, 104; *Happ* FS Priester, 2007, 175, 183 ff.

190 *Rohde* GmbHR 2007, 1128, 1131; *v. Schenck* DStR 2007, 395, 397; *Lutter/Krieger* Rn 876.

191 BGH NZG 2007, 103, 104; NZG 2006, 712, 715; *Grunewald* AnwBl 2007, 568, 569; MünchKommAktG/*Habersack* § 114 Rn 15; **aA** *Wissmann/Ost* BB 1998, 1957, 1960; KölnerKomm/*Mertens* § 114 Rn 7; *Kort* ZIP 2008, 717, 723; anderer Ansatz bei *Semler* NZG 2007, 881, 887.

192 BGH NZG 2007, 103.

193 Zu dieser Problematik s *Happ* FS Priester, 2007, 175, 179 f; *Hoffmann-Becking* FS K. Schmidt, 2009, 657, 663 f.

194 BGH NZG 2007, 103, 104 (nicht bei 125 T€). OLG München (v 30. 6. 2008 – 7 U 4388/07) BeckRS 2008, 15 555 (nicht bei 225 T€).

195 *Lutter* FS Westermann, 2008, 1171, 1181; *Wiedemann/Kögel* § 11 Rn 15.

196 Semler/v. Schenck/*Kropff* Arbeitshandbuch für Aufsichtsratsmitglieder, 2. Aufl 2004 § 8 Rn 119.

197 Näher dazu *Lutter* FS Westermann, 2008, 1171, 1182.

auszugehen (str).[198] Für die Wirksamkeit ist die Zustimmung des AR der Mutterges u der Tochterges erforderlich;[199] dies gilt aber nicht im umgekehrten Fall (Beratervertrag eines ARMitglieds der abhängigen Ges mit Oberges).[200]

Annexkompetenz u -pflicht zur Überwachung ist es, für die **Geltendmachung von Ersatzansprüchen gg GFührer** aus Verletzung ihrer Leitungspflichten **vorzusorgen.** Anders als bei AG kann AR nicht von sich aus zu dieser Geltendmachung schreiten. Er muss aber GfterVers über bestehende oder mögliche Ansprüche unverzüglich informieren (insoweit hat er kein Handlungsermessen) u für Beweissicherung Sorge tragen. Bei Gefahr im Verzug kann er auch zu Arrest oder einstweiliger Verfügung schreiten. Zur Verantwortlichkeit wegen Unterlassung solcher Vorsorge oben Rn 74. 108

2. Prüfung des Jahresabschlusses. a) Prüfungspflicht des AR. Dem AR obliegt nach dem für anwendbar erklärten § 171 AktG die Prüfung des von den GFührern aufgestellten Jahresabschlusses einschließlich Anhang (§ 264 HGB; zu dessen Inhalt §§ 284 ff HGB) sowie des Lageberichts u des Vorschlags über die Verwendung des Bilanzgewinns.[201] Ist Ges Mutterunternehmen iSv § 290 HGB, erstreckt sich Prüfungspflicht des AR auch auf Konzernabschluss u Konzernlagebericht. Vorschlag über Verwendung des Bilanzgewinns brauchen GFührer im Gegensatz zum Aktienrecht nicht zu machen, str.[202] Unterbleibt er, läuft Prüfungspflicht insoweit leer. Zum Recht des AR auf Vorlage des Jahresabschlusses Rn 136. Prüfungspflicht des AR besteht auch bei Ges, hinsichtlich deren Jahresabschlussprüfung durch Abschlussprüfer nicht vorgeschrieben ist, dh bei kleinen KapitalGes iSv § 267 HGB. Für Ges, die der Prüfungspflicht durch Abschlussprüfer unterliegen (§ 316 HGB), kann u wird AR sich der Erkenntnisse des Abschlussprüfers bedienen, hat aber selbständige Prüfungspflicht u -verantwortung. Einrichtung eines Prüfungsausschusses[203] kann bei großen Ges geboten sein, ist aber von Rechts wegen nicht verlangt.[204] Zur Besetzung bei kapitalmarktorientierter GmbH Rn 329. 109

Soweit Ges der Prüfungspflicht unterliegt, hat der **Abschlussprüfer an den Verhandlungen** des AR über die Prüfung des Jahresabschlusses **teil-** 110

---

198 *Lutter* FS Westermann, 2008, 1171, 1182; *Kort* ZIP 2008, 717, 722; *Lutter/Kremer* ZGR 1992, 87, 105; *Lutter/Krieger* Rn 872, 873; GroßKommAktG/*Roth* § 114 Rn 41 in Bezug auf jede abhängige Ges; Semler/v. Schenck/*Kropff* Arbeitshandbuch für Aufsichtsratsmitglieder, 2. Aufl 2004 § 8 Rn 117; MünchKommAktG/*Habersack* § 114 Rn 17; *Krummel/Küttner* DB 1996, 193, 195; *Rellermeyer* ZGR 1993, 77, 87 f; *Semler* NZG 2007, 881, 885: zu Enkelges *Säcker* FS Richardi, 2007, 711, 727; *Hoffmann-Becking* FS K. Schmidt, 2009, 657, 665.

199 *Lutter* FS Westermann, 2008, 1171, 1184.

200 OLG Hamburg AG 2007, 404, 408; *Lutter* FS Westermann, 2008, 1171, 1185; *Hoffmann-Becking* FS K. Schmidt, 2009, 657, 666.

201 *Schulze-Osterloh* ZIP 1998, 2129; *Forster* FS Kropff, 1997, 71; *Hüffer* ZGR 1980, 334.

202 Wie hier *Lutter/Krieger* Rn 1205 Fn 1; *Watermayer* GmbHR 1998, 1065; *Hoffmann/Preu* Rn 252; **aA** *Lutter/Hommelhoff/Kleindiek* § 42 a Rn 6; wohl auch *Lutter/Hommelhoff* § 52 Rn 10; Ulmer/*Raiser/Heermann* Rn 98; Scholz/*Schneider* Rn 150; Michalski/*Heyder* Rn 244.

203 *Huwer,* Der Prüfungsausschuss des Aufsichtsrats, 2008 (zur AG).

204 Empfehlung des Deutschen Corporate Governance Kodex (Nr 5.3.2); zum Prüfungsausschuss *Altmeppen* ZGR 2004, 390.

zunehmen, § 171 I 2 AktG.[205] Er hat dort auch über die wesentlichen Ergebnisse seiner Prüfung zu berichten. Gemeint dürfte damit sein, dass er entsprechend mündlich vorzutragen hat, denn sein schriftlicher Prüfungsbericht liegt dem AR ohnehin vor, weil der AR dem Abschlussprüfer den Prüfungsauftrag für Jahresabschluss erteilt (§ 111 II 3 AktG) u § 321 V 2 HGB konsequent dazu vorsieht, dass Abschlussprüfer seinen Bericht dem AR vorlegt.[206]

111 **b) Berichtspflicht.** AR hat über das Ergebnis seiner Prüfung schriftlich der GfterVers zu berichten, § 171 II 1 AktG. Über den Inhalt u die abzugebende Schlusserklärung dieses Berichts vgl näher § 171 II 2 u 4 AktG. Soweit Ges der Abschlussprüfungspflicht unterliegt (oben Rn 109 aE), hat er nach Satz 3 auch zum Ergebnis der Prüfung durch den Abschlussprüfer Stellung zu nehmen.[207] Der Bericht muss innerhalb eines Monats seit Zugang der Vorlagen den GFührern zugeleitet werden. Geschieht dies nicht, müssen die GFührer unverzüglich dem AR eine weitere Frist von einem Monat setzen, nach deren Ablauf der Jahresabschluss als vom AR nicht gebilligt gilt, § 171 III AktG. Das bleibt freilich im GmbHRecht ohne rechtliche Konsequenz, da hier die Billigung des Jahres- bzw Konzernabschlusses nur faktische Bedeutung hat. Bericht des AR ist gemäß § 42a I 3 den Gftern vorzulegen.

112 **c)** Anders als im Aktienrecht obliegt dem AR **nicht** die Aufgabe, zusammen mit dem Vorstand den Jahresabschluss **festzustellen** bzw den **Konzernabschluss** zu billigen. Auf § 172 AktG wird bewusst nicht verwiesen. Vielmehr verbleibt die **Kompetenz zur Feststellung** der **GfterVers,** § 46 Ziff 1 u § 42a I u II, soweit nicht Satzung diese Aufgabe dem AR übertragen hat. GfterVers muss aber vor der Feststellung des Jahresabschlusses den Bericht des AR oder den ergebnislosen Ablauf der ihm gesetzten Frist abwarten. Andernfalls ist Feststellung fehlerhaft. Zur Mangelhaftigkeit des Feststellungsbeschlusses führt dies nur, wenn nicht alle Gfter der Feststellung zustimmen.

113 **d) Möglichkeit abw Satzungsregelung** ist wegen Dispositivität von § 52 I zwar grds gegeben. Jedoch ist **Prüfung des Jahres- bzw Konzernabschlusses unverzichtbarer Teil** der Kontrollaufgabe des AR.[208] Getreue Rechnungslegung durch GFührer ist Voraussetzung sinnvoller Überprüfung des Wirkens der GFührung. AR muss deshalb insgesamt Befugnis haben, sich von der Aussagekraft der Rechnungslegung eigenständiges Bild zu machen. Dass Verweisung auf § 171 I AktG nicht zwingend ausgestaltet ist, steht dem nicht entgegen. Es bedeutet lediglich, dass nicht an eine zwingende rechtstechnische Übernahme dieser Prüfung gedacht ist. Insbes trifft AR bei Abbe-

---

205 *Wagner* NZG 2002, 57, 63; Achilles/Ensthaler/Schmidt/*Schmidt* Rn 7.

206 Durch das KonTraG (1998) wurde das Zusammenwirken von AR u Abschlussprüfer gestärkt; dazu *Deckert* NZG 1998, 710; *Bremer* GmbHR 1999, 116; *Altmeppen* ZGR 1999, 307ff; *Funke* ZIP 1996, 1602; *Herwarth* DB 1998, 2078; *Hommelhoff* DB 1998, 2567; *Escher-Weingart* NZG 1999, 909; *Mattheus* ZGR 1999, 682; *Forster* AG 1999, 193.

207 Näher zu § 171 II AktG *Theisen* BB 1988, 705; *Trescher* DB 1989, 1981; *Banspach/Nowak* Der Konzern 2008, 195, 204.

208 Str, vgl *Hüffer* ZGR 1980, 329ff; Achilles/Ensthaler/Schmidt/*Schmidt* Rn 7; in dieser Richtung auch BGH 1969, 220f für PublikumsGes; *Lutter/Krieger* Rn 1205; abw (satzungsdispositiv) *Lutter/Hommelhoff* Rn 15; Ulmer/*Raiser/Heermann* Rn 100; Rowedder/Schmidt-Leithoff/*Koppensteiner* Rn 11; Roth/*Altmeppen* Rn 25; Scholz/*Schneider* Rn 157; Michalski/*Heyder* Rn 249 („weitgehend“).

dingung der Verweisung auch keine automatische Berichtspflicht gegenüber der GfterVers, wohl aber Informationspflicht auf Verlangen. Vorlagepflicht des § 42 a I 3 greift nur, wenn AR Bericht über seine Prüfung erstattet hat.

3. Erteilung des Prüfungsauftrags für Jahresabschluss an Abschlussprüfer bei prüfungspflichtigen Ges (§ 316 HGB) obliegt AR, § 111 II 3 AktG. Es handelt sich insoweit nur um die Vertretung der Ges bei der Bestellung. GfterVers ist für die Wahl des Abschlussprüfers zuständig (§ 318 I 1 u 2 HGB) Regelung ist beim fakultativen AR abdingbar.[209] **114**

4. Einberufung der GfterVers. AR hat gemäß § 111 III 1 AktG iVm § 52 I das Recht, GfterVers einzuberufen. Satzung kann diese Kompetenz ausschließen oder abw von § 111 III 2 AktG an qualifizierte Mehrheit binden. Nicht ausschließen kann sie Recht des AR, den Gftern zu berichten, wenn das Wohl der Ges das erfordert. **115**

5. Vertretung der Ges. Die Übertragung der Vorschrift des § 112 AktG (wonach AR gegenüber Geschäftsleitung vertritt) in das GmbH-Recht ist nur mit Einschränkungen möglich. Offenbar wird dies im Fall der Führungslosigkeit: nach §§ 112, 78 I 2 AktG wäre der AR empfangszuständig, während es nach § 35 I 2 die Gfter sind. Hier ist unter Berücksichtigung der gesetzgeberischen Intention (keine Ersatzvertretung durch fakultativen AR) die Binnenverweisung einschränkend zu verstehen, dass sie nur für die Aktienges gilt.[210] Im Übrigen gilt: Die GfterVers schließt selbst den Anstellungsvertrag mit den GFührern (Annex-Kompetenz, str),[211] s dazu § 46 Rn 36. Ferner beschließt GfterVers über die Geltendmachung von Ersatzansprüchen der Ges gg GFührer, § 46 Nr 8. Bei Durchführung vertritt der AR gemäß § 112 AktG, sofern Satzung nichts anderes vorsieht. GfterVers kann aber für Geltendmachung besonderen Vertreter bestellen (vgl § 46 Rn 65; s auch § 147 II 1 AktG).[212] Vertretung in sonstigen Prozessen gg GFührer obliegt bei Fehlen abweichender Satzungsregelung stets dem AR, dh Verweisung auf § 112 AktG in § 52 I geht § 46 Nr 8 insoweit vor.[213] Vertretungsmangel kann in jeder Lage des Prozesses geheilt u bisherige Prozessführung durch AR genehmigt werden.[214] Zuständigkeit nach § 112 AktG auch nach Abberufung eines GFührers jedenfalls dann, wenn deren Wirksamkeit streitig ist oder sogar den Gegenstand des Prozesses darstellt oder wenn es um die Kündigung seines Anstellungsverhältnisses geht.[215] Nach zutr Rspr des BGH gilt darüber hinaus § 112 AktG generell im Verhältnis zum **ausgeschiedenen** GFührer bzw Vorstandsmitglied.[216] Im Streit über Versorgungszusage mit überlebendem Ehegatten verstorbenen GFührers erfolgt Vertretung aber durch GFüh- **116**

---

209 *Lutter/Krieger* Rn 1204.

210 Beschlussempfehlung Rechtsausschuss BT-Drucks 16/9737, 98; Bunnemann/Zirngibl/*Bunnemann/Holzborn* § 5 Rn 17 ff.

211 Achilles/Ensthaler/Schmidt/*Schmidt* Rn 8.

212 BGH DStR 2008, 158, 159; DStR 2007, 1358, 1359; *Bergwitz* GmbHR 2008, 225, 230 f.

213 BGH DB 2007, 50, 51.

214 BGH GmbHR 2008, 1140 u GmbHR 1999, 1140.

215 BGH WM 1986, 1411.

216 Für GmbH: BGH NZG 2004, 327; AG 1989, 247; GmbHR 1990, 297; GmbHR 1999, 1140; Scholz/*Schneider* Rn 175; *Bergwitz* GmbHR 2008, 225, 230; für AG: BGH AG 1991, 269; AG 1994, 35; für in AG umgewandelte frühere GmbH BGH AG 1997, 417.

rung.[217] Hat GFührung gehandelt, obwohl AR gem § 112 AktG zuständig war, sind §§ 177 ff BGB anwendbar, str.[218] § 112 AktG umfasst nicht Befugnis, GFührer vom Verbot des Selbstkontrahierens zu befreien.[219] Verweisung auf § 112 AktG ist für fakultativen AR dispositiv,[220] dh Vertretungsbefugnis des AR kann durch Satzung oder Beschl der GfterVers beschränkt u sogar ausgeschlossen werden.[221] Erweiterung der Vertretungsbefugnis zu Lasten von oder neben GFührern nicht möglich, sondern lediglich in Angelegenheiten, in denen sonst GfterVers vertritt.

117 Ist fakultativem AR Kompetenz zum Abschluss des Anstellungsvertrags mit GFührern übertragen worden, hat er Vertretungsmacht nur hinsichtlich solcher Vertragskonditionen, für die keine Sonderzuständigkeiten der GfterVers bestehen, wie Geltendmachung von Schadensersatzansprüchen oder Verzicht auf sie.[222]

118 Zur Vertretung gegenüber dem Abschlussprüfer oben Rn 114. Ob AR über §§ 111 II 3, 112 AktG hinaus sog **kompetenzbezogene** oder kompetenzgebundene **Vertretungsmacht** hat, dh für Geschäfte, die zur Wahrnehmung seiner Tätigkeit erforderlich sind (zB Beauftragung von Sachverständigen gem § 109 I 2 AktG) ist str.[223] Bedürfnis für derartige Rechtsfortbildung ist bislang nicht überzeugend dargelegt.

119 Die Zustellung iSd ZPO erfolgt an die ARMitglieder, wenn diese unter der Geschäftsadresse der GmbH Räumlichkeiten haben. Fehlen diese, so kann die Zustellung unter ihrer eigenen Geschäfts- oder Privatadresse bewirkt werden.[224] Die Zustellung an ein ARMitglied genügt, § 170 III ZPO analog.[225]

120 Vertretung durch AR ist grds **Gesamtvertretung,** AR kann aber einzelnes Mitglied zum Abschluss eines vom Kollegialorgan beschlossenen Geschäfts ermächtigen, in praxi vielfach den Vorsitzenden.[226] ARBeschl über Vertretungsakt kann als Ermächtigung des Vorsitzenden auszulegen sein.[227] Liegt Kollegialbeschl nicht vor, sondern handelt einzelnes ARMitglied gegenüber GFührer (auch ARVorsitzender), fragt sich, ob dies als falsus procurator-Handeln mit Folge schwebender Unwirksamkeit von Vereinbarungen nach § 177 BGB aufgefasst werden kann[228] oder ob Nichtigkeit eintritt, weil Gre-

---

217 OLG München AG 1996, 328 (für Vorstandswitwe).

218 Scholz/*Schneider* Rn 185; wie hier für AG OLG Celle BB 2002, 1438 für außergerichtliche Vertretung; **aA** KölnerKomm/*Mertens* § 112 Rn 5: Verbotstatbestand gem § 134 BGB; MünchKommAktG/*Habersack* § 112 Rn 16.

219 OLG Hamburg WM 1986, 972 für AG.

220 Ulmer/*Raiser/Heermann* Rn 109.

221 BGH DStR 2007, 1358, 1359.

222 OLG Brandenburg GmbHR 1999, 344.

223 Dazu *Peus,* Der Aufsichtsratsvorsitzende, 1983, S 164 ff, S 183; *Mertens* FS Stimpel, 1985, 422; *Großfeld/Brondics* AG 1987, 297; Scholz/*Schneider* Rn 123; Ulmer/*Raiser/Heermann* Rn 108.

224 BGH NJW 1989, 2689, 2689.

225 So auch *Bergwitz* GmbHR 2008, 225, 230.

226 BGHZ 41, 282, 285; BGH GmbHR 2008, 1314; BGH NJW-Spezial 2008, 399; Achilles/Ensthaler/Schmidt/*Schmidt* Rn 8; **aA** für AG: OLG Stuttgart AG 1993, 85; *Bergwitz* GmbHR 2008, 225, 230.

227 *Lutter/Hommelhoff* Rn 47; Rowedder/Schmidt-Leithoff/*Koppensteiner* Rn 14; vgl zum Ganzen auch *Peus,* Der Aufsichtsratsvorsitzende, S 169 ff.

228 Bejahend OLG Frankfurt GmbHR 1995, 897; OLG Karlsruhe WM 1996, 161; OLG München AG 1986, 234.

mienbeschl sachliche Voraussetzung wirksamen Handelns ist.[229] Letzterer Auffassung ist zuzustimmen.[230]

AR stellt auch **Strafantrag** gemäß § 85 III 2 GmbHG. 121

6. Bestellung u Abberufung der GFührer. Sie obliegt der GfterVers, § 46 Nr 5. Auf § 84 AktG wird in Abs 1 nicht verwiesen. Satzung kann aber Bestellung dem AR übertragen. Dazu § 35 Rn 7 u § 46 Rn 34 u 94. Haftung für Bestellung inhabiler Personen (s § 6 II) richtet sich gem Abs 1 nach §§ 116, 93 AktG;[231] für entsprechende Anwendung von § 6 V[232] besteht mangels Regelungslücke weder Grund noch Bedarf. Zuständigkeit für Bestellung und Abberufung bedeutet im Zweifel auch Zuständigkeit für **Anstellungsvertrag,** s § 46 Rn 39. 122

7. Einfluss auf die GFührung. Nach § 111 IV 1 AktG mit § 52 I können dem AR Maßnahmen der GFührung nicht übertragen werden. Davon kann Satzung für fakultativen AR abweichen (dagegen nicht lediglich GfterBeschl). Sie kann dem AR Zuständigkeit zur Entscheidung in GFührungsfragen neben oder anstelle der GfterVers zuerkennen.[233] Auch ohne die Verweisung auf § 111 IV 2 AktG wäre selbstverständlich, dass Satzung die Vornahme bestimmter Arten von Geschäften an Zustimmung des AR binden kann. Aus der Verweisung folgt hingegen, was sonst nicht klar wäre, dass auch der AR von sich aus (mit einfacher Mehrheit) derartige Zustimmungserfordernisse den GFührern vorzuschreiben hat. Freilich ergibt schon Dispositivität der Verweisung, dass Satzung dies ausschließen kann.[234] Welche Geschäfte dem Zustimmungsvorbehalt unterliegen, beschließt der AR nach pflichtgemäßem Ermessen. Inhaltliche Vorgaben hat der Gesetzgeber nicht aufgestellt.[235] Es ist sachgerecht, nur solche zukunftbezogenen Geschäfte einem Zustimmungsvorbehalt zu unterwerfen, deren nachteilige Folgen sich im Falle eines Schadenseintritts nicht oder nur mit unverhältnismäßigem Aufwand wieder beseitigen lassen.[236] Ermessensausübung ist pflichtwidrig u abl Beschl dementspr nichtig, wenn Anordnung des Zustimmungsvorbehalts erforderlich ist, um gesetzwidrige Maßnahme der GFührer zu verhindern.[237] Die vom GFührer entworfene **Unternehmensplanung** einschl der **beabsichtigten Geschäftspolitik** kann der AR zwar in einem allg Sinn seiner Zustimmung „unterwer- 123

229 *U. Stein* AG 1999, 29; OLG Stuttgart AG 1993, 85.

230 Offen gelassen BGH GmbHR 2007, 1314, 1315.

231 MünchKommAktG/*Habersack* § 116 Rn 41.

232 So *Wicke* § 6 Rn 22.

233 Ganz hM: RG 137, 305, 309; BGHZ 43, 261, 264 (für Schiedsgericht); Ulmer/*Raiser/Heermann* Rn 110; Scholz/*Schneider* Rn 161; Achilles/Ensthaler/Schmidt/*Schmidt* Rn 9.

234 Anders nach ganz hM für obligatorischen AR, vgl § 37 Rn 24; Scholz/*Schneider* Rn 162; differenzierend *Lutter/Krieger* Rn 1209; einschränkend *Brouwer,* Zustimmungsvorbehalt des Aufsichtsrats im Aktien- und GmbH-Recht, 2008, S 130, wonach der vollständige Ausschluss nur möglich sein soll, wenn der Zustimmungsvorbehalt duch die gesvertragliche Zuerkennung anderer, gleichwertiger Einwirkungsmittel kompensiert wird.

235 BT-Drucks 14/8769, 17; *Säcker/Rehm* DB 2008, 2814, 2816.

236 *Säcker/Rehm* DB 2008, 2814, 2816.

237 BGH AG 1994, 124, 127; näher zum Zustimmungsvorbehalt des AR *Götz* ZGR 1990, 633; *v. Rechenberg* BB 1990, 1356; *Lutter* AG 1991, 249; *Kohte,* Wirtschaftsrecht 1991, 242; *Höhn* GmbHR 1994, 604; *Dreher* ZHR 158 (1994), 614; *Lenz* AG 1997, 448.

fen", aber nicht iSv § 111 IV 2 AktG.[238] Nach dieser Vorschrift können nur bestimmte Arten von Geschäften unter den Zustimmungsvorbehalt gestellt werden, nicht eine bestimmte Geschäftspolitik schlechthin.[239] Der AR kann aber verlangen, dass die beabsichtigte Geschäftspolitik mit ihm vorgängig erörtert wird. Kommt es zu keiner Einigung, kann AR evtl durch Statuierung konkreter Zustimmungsvorbehalte GFührer zum Einlenken zwingen,[240] evtl auch durch Drohung mit Abberufung. Bleibt GFührer unbeeindruckt, muss AR Konsequenzen ziehen oder nachgeben.[241]

124 Umstr ist die Stellung der GfterVers gegenüber dem Erfordernis der Zustimmung des AR bei **Verweigerung** dieser Zustimmung. Bei streng wortlautgemäßer Anwendung von § 111 IV 3 u 4 AktG könnte die GfterVers eine Zustimmungsverweigerung des AR nur auf Verlangen der GFührer u nur mit einer ¾-Mehrheit überwinden. Der dominierenden Stellung der GfterVers in der GmbH-Verfassung wird das nicht gerecht. Der GmbH-Verfassung entspricht nur, dass GFührungsweisungen der GfterVers einer Zustimmungsverweigerung des AR vorgehen u dass vor Gfterweisung ergangene Zustimmungsverweigerung durch Gfterbeschl mit einfacher Mehrheit überwunden werden kann.[242]

125 Auch die Frage nach dem Verhältnis zwischen dem durch Satzung eingeräumten **Weisungsrecht des AR** und demjenigen der GfterVers ist str.[243] Vorrang genießt Weisungsrecht des AR. § 52 gestattet der GfterVers, ihre Mitwirkungs- und Überwachungsbefugnisse auf einen AR zu übertragen. Gftern verbleiben die Möglichkeiten, ein ARMitglied zur Verantwortung zu ziehen, es abzuberufen oder sogar den AR insgesamt aufzulösen. Schließlich kann Satzungsregel geändert werden, die Vorrang des Weisungsrechts des AR anordnet.[244]

126 **8. Tätigkeit des AR im Abwicklungsstadium.** Nach § 268 II AktG unterliegen nach Auflösung einer AG die Liquidatoren der Überwachung durch den AR wie vorher der Vorstand. Auf diese Norm ist in Abs 1 (anders in § 1 I Nr 3 DrittelbG u den Mitbestimmungsgesetzen) nicht verwiesen.

---

[238] Missverständlich zT das Schrifttum, insbes *Altmeppen* ZGR 1999, 309; *Semler,* Leitung und Überwachung der AG, S 120. Etwa wie hier KölnerKomm/*Mertens* § 111 Rn 68; *Brouwer,* Zustimmungsvorbehalt des Aufsichtsrats im Aktien- und GmbH-Recht, 2008, 131, spricht von Vetorecht hins Geschäftspolitik. Zu Zustimmungsvorbehalten hins Unterlassungen kontrovers *Lange* DStR 2004, 376 u *Dietrich* DStR 2003, 1577; allg *Lange* GmbHR 2006, 897, 899.

[239] Zur Problematik von Zustimmungskatalogen s *Lange* GmbHR 2006, 897, 900; zu Grenzen der Gültigkeit von Zustimmungsvorbehalten *Altmeppen* FS K. Schmidt 2009, 23, 25 ff.

[240] *Semler* NZG 2007,881, 882.

[241] Zur Thematik *Albach* ZGR 1997, 32; *Kropff* NZG 1998, 613; *Noack* FS Hennerkes, 2000, 72 ff.

[242] Str, wie hier *Lutter/Hommelhoff* Rn 10; Rowedder/Schmidt-Leithoff/*Koppensteiner* Rn 13; Scholz/*Schneider* Rn 133, 146 mN; Ulmer/*Raiser/Heermann* Rn 112; **abw** *Banspach/Nowak* Der Konzern 2008, 195, 203; OLG Koblenz GmbHR 1991, 264, 267; *Brouwer,* Zustimmungsvorbehalt des Aufsichtsrats im Aktien- und GmbH-Recht, 2008, S 217, wonach zum Abweichen von der Dreiviertelmehrheit eine Regelung im Ges-Vertrag erforderlich ist; vgl dazu auch § 37 Rn 24 sowie unten Rn 254.

[243] Für Vorrang des Weisungsrechts des AR *Wälzholz* DStR 2003, 511, 514; Roth/*Altmeppen* Rn 21; *Lange* GmbHR 2006, 897, 899; **aA** Scholz/*Schneider* Rn 161.

[244] *Lange* GmbHR 2006, 897, 899.

Gleichwohl wird von der ganz hL angenommen, dass durch die Auflösung auch der fakultative AR der GmbH nicht beseitigt wird, mithin fortamtiert.[245] Ein argumentum e contrario ist nicht veranlasst. Zur Tätigkeit des AR in der **Insolvenz** vgl Rn 255.

9. Ausübung von Beteiligungsrechten. Nach mitbestimmungsrechtlichen Regelungen kommen dem AR nicht nur in der AG, sondern auch in der GmbH besondere Funktionen im Zusammenhang mit der Ausübung von Beteiligungsrechten zu, vgl § 32 MitbestG, § 15 MitbestErgG. Die darin liegende Einschränkung der GFührungs- u Vertretungsaufgaben der GFührer hat ihre Ratio in mitbestimmungsrechtlichen Zusammenhängen (dazu unten Rn 306). Sie ist auf den fakultativen AR nicht übertragbar. Hier üben vielmehr stets die GFührer Beteiligungsrechte an anderen Ges aus, ggf nach Maßgabe eines Beschlusses der Gfter. **127**

10. Übertragung von Kompetenzen durch Satzung über § 52 I hinaus ist in breitem Umfang möglich, soweit dies zu Lasten der GfterVers geht,[246] vgl dazu § 46 Rn 94 sowie oben Rn 123. Hingegen ist Übertragung von Kompetenzen zu Lasten der GFührer allenfalls insoweit möglich, wie diese zugunsten der GfterVers zulässig wäre (dazu § 46 Rn 93). Öffentliche Anteilseigner wie Kommunen genießen keinen Sonderstatus.[247] **128**

11. Klagerechte des AR gg andere GesOrgane (sog Organstreit) sind de lege lata nicht anzuerkennen. Ein AR, der etwa GFührer verklagen muss, um notwendige Informationen zu erhalten, verfehlt sein Amt.[248] Auch rechtspolitisch ist ein Bedürfnis für Organklagemöglichkeiten bislang nicht überzeugend dargetan.[249] Zu Organstreitigkeiten allg oben § 45 Rn 25. Ganz andere Frage ist, wie einzelnes ARMitglied seine Rechte (insbes Informationsrechte) gegenüber dem Gesamtgremium AR durchsetzt.[250] **129**

12. Das ARMitglied unterliegt grds **keiner Weisungsbindung,** auch nicht im Fall der Entsendung[251] (Rn 42). Eine **Ausnahme** besteht allerdings für die **130**

---

245 Vgl Scholz/*Schmidt* § 69 Rn 37 sowie unten § 69 Rn 19.

246 Zu den nicht entziehbaren Kompetenzen s *Lange* GmbHR 2008, 897, 899.

247 *Banspach/Nowak* Der Konzern 2008, 195, 196.

248 Vgl dazu ausführlich KölnerKomm/*Mertens* Vor § 76 Rn 3 ff; Roth/*Altmeppen* Rn 45 f gg *Bauer,* Organklagen zwischen Vorstand u AR, 1986; *Häsemeyer* ZHR 144 (1980), 265; *Hommelhoff* ZHR 143 (1979), 288; *Lewerenz,* Leistungsklagen zwischen Organen u Organmitgliedern der AG, 1977; *Lutter/Hommelhoff* Rn 56; *Säcker* NJW 1979, 1521; *K. Schmidt* ZZP 92 (1979), 212; *ders* GesR S 342; *Teichmann* FS Mühl, 1981, 663. Weitere Lit: *Bork* ZGR 1989, 1; *ders* ZIP 1991, 137; *Brücher* AG 1989, 190; *Pflugradt,* Leistungsklagen zur Erzwingung rechtmäßigen Vorstandsverhaltens in der Aktiengesellschaft, 1990; *Raiser* ZGR 1989, 44; *ders* AG 1989, 185; *Rellermeyer* ZGR 1993, 77, 93 ff; *Steinbeck,* Überwachungspflicht und Einwirkungsmöglichkeiten des AR in der Aktiengesellschaft, 1991, 171 ff; *Stodolkowitz* ZHR 154 (1990), 1; *Wiedemann,* Organverantwortung und Gesellschafterklage in der Aktiengesellschaft, 1989. S auch *Deckert* AG 1994, 457; *Poseck* DB 1996, 2165; *Hauswirth,* Befugnisse und Pflichten von Organen der AG als Gegenstand von Organstreitigkeiten vor den Zivilgerichten, Diss Tübingen 1997; *Geißler* GmbHR 1998, 1114. Aus der Rspr: BGHZ 106, 54; OLG Celle AG 1990, 264.

249 *Mertens* ZHR 154 (1990), 24 ff.

250 Dazu Roth/*Altmeppen* Rn 46.

251 BGHZ 36, 296, 306; zur Problematik des „kommunalen Weisungsrechts" s *Kiethe* NZG 2006, 45 ff; *Zieglmeier* LKV 2005, 338, 339 f; *Altmeppen* NJW 2003, 2561, 2563 ff.

EinpersonenGes, da insoweit der Rechtsverkehr nicht von Weisungsfreiheit ausgeht u nur die Wahrung der Gläubigerschutzbestimmungen erwartet.[252]

131 **13.** ARMitglieder einer GmbH trifft – auch bei Führungslosigkeit – **keine Pflicht zum Insolvenzantrag** nach § 15 a Abs 3 InsO.[253]

X. Informationsrechte des AR u der ARMitglieder

132 Der AR kann seinen Kontrollaufgaben nur nachkommen, wenn er sich über die Angelegenheiten der Ges ausreichend informieren kann.[254] Auch das einzelne ARMitglied muss Informationen haben, wenn es seiner Verantwortung im Rahmen seiner Mitwirkung an den Aufgaben des Gremiums gerecht werden soll. Demgemäß ist zu unterscheiden (1) zwischen Informationsrechten, die der AR als Gremium, als Organ hat, (2) der Befugnis einzelner ARMitglieder, die Erstattung der erforderlichen Informationen an das Gremium zu erzwingen u (3) den Informationsrechten des einzelnen ARMitglieds.

133 Mögliche erlangte Geschäftsunterlagen sowie Kopien und Duplikate sind nach §§ 666 f BGB nach Beendigung der Amtszeit herauszugeben. Dem steht auch nicht die Möglichkeit entgegen, von der Ges wegen Fehlern bei der Amtsführung in Anspruch genommen zu werden, denn die Ges muss die Pflichtverletzung bezeichnen und ihm Einsicht in die dafür maßgeblichen Unterlagen gewähren.[255]

134 **1. Recht auf Berichterstattung durch die GFührer.** AR kann nach § 90 III 1 AktG von den GFührern jederzeit einen **Bericht über die Angelegenheiten der Ges** verlangen. Eine automatische, formalisierte u laufend zu erfüllende Berichtspflicht wie nach § 90 I u II AktG, auf die in § 52 GmbHG nicht verwiesen wird, besteht nicht,[256] kann aber durch die Satzung vorgeschrieben werden.[257] Zudem besteht die Möglichkeit, gestützt auf § 90 III AktG ein generelles Berichtsverlangen zu formulieren u darauf basierend eine **allgemeine Informationsordnung** zu erlassen.[258] Berichte sind nach § 90 IV 2 AktG rechtzeitig u in der Regel in Textform (§ 126 b BGB) zu erstatten. Auch ein einzelnes ARMitglied kann solche Berichte, aber

---

[252] *Altmeppen* NJW 2003, 2561, 2565; **aA** Achilles/Ensthaler/Schmidt/*Schmidt* Rn 15, der die Weisungsfreiheit nur in dem Umfang verlangt, soweit durch Weisungen die Überwachungstätigkeit behindert würde; Zulässigkeit einer Weisungsberechtigung durch Satzung vgl *Wiedemann/Kögel* § 6 Rn 58 f.

[253] So auch Bunnemann/Zirngibl/*Bunnemann/Holzborn* § 5 Rn 13 ff; krit *Poertzgen* ZInsO 2007, 574, 577; *Grundlach/Frenzel/Strandmann* NZI 2008, 647.

[254] Zum Erfordernis eines sachangemessenen Informationsniveaus für Zustimmungsvorbehalte (für AG) s *Säcker/Rehm* DB 2008, 2814, 2819 ff.

[255] BGH DB 2008, 2074 f.

[256] Scholz/*Schneider* Rn 105; Achilles/Ensthaler/Schmidt/*Schmidt* Rn 5; *Lutter,* Information, Rn 754 f; *Lutter/Hommelhoff* Rn 16; *Lutter/Krieger* Rn 1122 mN, 1215; *Gaul/Otto* GmbHR 2003, 6, 7; teilw **abw** Ulmer/*Raiser/Heermann* Rn 115; Rowedder/Schmidt-Leithoff/*Koppensteiner* Rn 11, wonach GFührer von sich aus so informieren muss, dass AR seiner Überwachungsaufgabe nachgehen kann; iE zu unbestimmt; zu § 25 MitbestG s UHH/*Ulmer/Habersack* § 25 MitbestG Rn 55; WWKK/*Koberski* § 25 MitbestG Rn 71.

[257] *Lutter/Krieger* Rn 1216.

[258] *Lutter/Krieger* Rn 1215, 1123; *Banspach/Nowak* Der Konzern 2008, 195, 201; *Hoffmann/Preu* Rn 252.

nur an den ganzen AR verlangen (§ 90 III 2 AktG).[259] Berichte dürfen nicht oberflächlich sein, sondern müssen nach § 90 IV AktG Grundsätzen einer gewissenhaften u getreuen Rechenschaft entsprechen, dh sie müssen alles für Beurteilung von Vorgängen Wesentliche enthalten.[260] Eine Grenze findet die Informationspflicht darin, dass GFührung nicht gehalten ist, von sich aus sämtliches Material einschließlich der internen Arbeitsunterlagen vorzulegen; sie kann das für die Entscheidung Wesentliche in einer für die ARMitglieder gefertigten Vorlage zusammenfassen.[261] Von den Berichten muss jedes AR-Mitglied Kenntnis nehmen können, bei den nach § 90 IV 2 AktG eher seltenen mündlich in der ARSitzung erstatteten Berichten selbstverständlich nur jedes Anwesende.[262] Recht auf Kenntnisnahme kann durch Interessenkollision im Einzelfall ausgeschlossen sein.

135 Satzung kann durch Verweis auf § 90 I, II AktG oder die Zuweisung einer Geschäftsordnungskompetenz an den AR **Berichtspflicht der GFührung** verdichten, aber nicht das ohnehin recht geringe Niveau des § 52 wesentlich abschwächen, weil sonst AR seine Überwachungsaufgabe nicht erfüllen kann.[263] Installierung eines AR bei Vorenthaltung von Informationsmöglichkeiten wäre sittenwidrig. Bedenklich wäre auch, generelle Beschränkbarkeit der Informationspflicht der GFührer gegenüber AR durch einfachen Gfter-Beschl anzunehmen. Satzung kann aber sachlich begründete Fälle vorsehen, in denen Berichtspflicht entfällt oder abgeschwächt wird. Sie kann ferner Recht auf Übermittlung der Berichte in Textform (§ 90 V 2 AktG) dahin abschwächen, dass nur Einsichtnahme möglich ist.[264]

136 **2. Recht auf Vorlage des Jahresabschlusses.** Jahres- bzw Konzernabschluss u (Konzern-)Lagebericht sind unverzüglich nach ihrer Aufstellung dem AR vorzulegen, § 170 I AktG. AR erhält (Konzern-)Prüfungsbericht direkt, § 321 V 2 HGB, da er dessen Auftraggeber ist, § 111 II 3 AktG. Machen GFührer Vorschlag zur Verwendung des Bilanzgewinns, wozu sie nicht verpflichtet sind (str, s Rn 109), ist auch dieser nach Maßgabe von § 170 II AktG vorzulegen. Jedes ARMitglied hat Recht auf Kenntnisnahme von den Vorlagen u Prüfungsberichten, § 170 III 1 AktG. Ein Recht auf Aushändigung haben die einzelnen Mitglieder zwar grds, der AR kann aber beschließen, dass Aushändigung nur an Mitglieder eines Ausschusses erfolgen soll, um bei großen ARGremien Berichte nicht zu breit streuen zu müssen, § 170 III 2 AktG.[265]

137 **3. Einsichts- u Prüfungsrecht.** Nach § 111 II 1 AktG hat AR das Recht – ggf durch einzelne Mitglieder oder durch Sachverständige – „Bücher u Schriften" der Ges sowie Vermögensgegenstände (einschließlich GesKasse, Warenbestände, Wertpapierbestände) einzusehen u zu prüfen. Auch dieses Recht kann aus den gleichen Gründen wie oben Rn 134 durch Satzung nur

---

259 *Elsing/Schmidt* BB 2002, 1705, 1706 f; *Gaul/Otto* GmbHR 2003, 6, 8.

260 BGHZ 20, 246; 47, 352; OLG Oldenburg NZG 2007, 434 zur Informationsdichte bei Entscheidung über Unternehmenserwerb OLG Koblenz NZG 2008, 280.

261 *Ulmer* DB 2004, 859, 862 f; *Hopt* FS Röhricht, 2005, 235, 236.

262 Vgl aber für AG KölnerKomm/*Mertens* § 90 Rn 25.

263 Zum möglichen Inhalt des Berichts s *Banspach/Nowak* Der Konzern 2008, 195, 201.

264 Generell gg jede Einschränkung Michalski/*Heyder* Rn 262; wie hier MünchHdb-GmbH/*Marsch-Barner/Diekmann* § 48 Rn 59; *Lutter/Hommelhoff* Rn 16.

265 Dazu *Bormann/Gucht* BB 2003, 1887.

modifiziert, aber nicht ausgeschlossen werden. Denkbar ist etwa die Mediatisierung durch Beauftragung eines Wirtschaftsprüfers oder Rechtsanwalts. Einsichts- u Prüfungsrecht einzelner Mitglieder des AR besteht nicht.[266] Einsichtnahme u Prüfung hängen also immer von einem entspr Beschl des Gremiums ab.[267] Das Recht zum Augenschein kann spiegelbildlich Ermittlungspflicht bei erheblichen Verdachtsgründen hervorrufen.[268]

138 **4. Teilnahme an der GfterVers.** Recht oder Pflicht zur Teilnahme an GfterVers haben ARMitglieder jedenfalls nicht generell (anders § 118 II AktG).[269] Hat AR Pflicht zur Einberufung der GfterVers (dazu Rn 116), muss diese ihn bei pflichtgemäßer Einberufung zumindest anhören. Satzung kann ARMitgliedern Teilnahmerechte einräumen oder entspr Pflichten auferlegen. Darüber hinaus ergibt sich begrenztes Teilnahmerecht der ARMitglieder aus Treu u Glauben bei für ihren Aufgabenkreis einschlägigen Tagesordnungspunkten, etwa der Feststellung des Jahresabschlusses oder der Geltendmachung von Ansprüchen gg GFührer. Über Beschlüsse, auch solche außerhalb förmlicher GfterVers, haben GFührer den AR insoweit zu informieren, wie dies für seine Überwachungsaufgabe erforderlich ist.[270]

XI. Bekanntmachungspflicht

139 Jede **Bestellung** u jeder **Wechsel** von ARMitgliedern (dazu gehört auch ersatzloses Ausscheiden von ARMitgliedern u Abschaffung des AR[271]) ist durch GFührer **dem RegGericht** der Ges mitzuteilen, und zwar durch Einreichung einer kompletten **Liste der aktuellen ARMitglieder** (§ 52 II 2).[272] Einreichung bedarf nicht der Beglaubigung (§ 12 I HGB), da keine Eintragung erfolgt.

140 Anzugeben sind Name, ausgeübter Beruf u Wohnort des ARMitglieds. Wohnort meint politische Gemeinde, Straßenangabe nicht erforderlich. RegGericht macht Hinweis auf Einreichung elektronisch bekannt (§ 10 HGB). AR-Liste ist online einsehbar (§ 9 HGB).

141 Erzwingung der **Einreichung** zum HR (u damit mittelbar der Hinweisbekanntmachung) durch RegGericht nach § 14 HGB.

142 Bei Bestellung von ARMitgliedern vor Eintragung der Ges in das HR (Abs 2 S 1) müssen die Urkunden über die Bestellung dem RegGericht eingereicht werden (§ 37 IV Nr 3 AktG), bei Bestellung durch GfterVers zB das Protokoll der Versammlung; bei anteilsbezogenen Bestellungsrechten genügt der Hinweis auf die einschlägige Satzungsklausel u die dokumentierte Willenserklärung des Anteilsinhabers.

143 ARVorsitzender ist ferner auf **Geschäftspost** zu nennen (§ 35 a Rn 8).

---

266 *Elsing/Schmidt* BB 2002, 1705.

267 BayObLG BB 1968, 727; *Lutter,* Information, Rn 284.

268 *Brandi* ZIP 2000, 173.

269 **Abw** Michalski/*Heyder* Rn 287; *Mutze* GmbHR 1970, 35; *Schneider* BB 1973, 1470; *Hoffmann/Preu* Rn 378, jedoch mit Ausschlussrecht für einzelne Beratungsgegenstände.

270 *Hoffmann/Preu* Rn 380; Achilles/Ensthaler/Schmidt/*Schmidt* Rn 5.

271 *Großfeld/Brondics* AG 1987, 294 f.

272 Änderung durch das EHUG v. 10. 11. 2006, BGBl I 2553; dazu *Noack* WM 2007, 377 f.

C. Der Aufsichtsrat nach dem DrittelbG

I. Allgemeines

1. Reichweite. Praktisch häufigstes System eines **PflichtAR** ist dasjenige nach § 1 I Nr 3 DrittelbG.[273] Das DrittelbG erfasst GmbH mit „in der Regel" mehr als 500 bis zu einschließlich 2000 ArbN. 144

2. Regelungstechnik. § 1 I Nr 3 DrittelbG macht über das, was für den GmbH-AR inhaltlich gelten soll, keine eigene Aussage, sondern verweist auf Bestimmungen des AktG. Mit dieser Verweisung, die gegenüber § 52 I nicht unwesentlich erweitert ist, sucht das Gesetz die Fragen der Aufgabenzuweisung, der inneren Ordnung u der Rechte u Pflichten der ARMitglieder zu bewältigen. Die Zusammensetzung u die Wahl der ARMitglieder der ArbN werden in den §§ 4 ff DrittelbG behandelt. 145

II. Voraussetzungen der AR-Pflichtigkeit nach dem DrittelbG u ihre Beendigung

Ein AR ist nach § 1 I Nr 3 DrittelbG zu bilden, wenn die GmbH „in der Regel" mehr als 500 ArbN beschäftigt u nicht dem MitbestG, dem Montan-MitbestG oder dem MitbestErgG unterfällt (§ 1 II 1 Nr 1 DrittelbG).[274] 146

1. Maßgebender ArbNBegriff. ArbN werden in § 3 I DrittelbG durch Verweis auf § 5 I BetrVG bestimmt. Danach sind ArbN **Arbeiter** u **Angestellte,** jeweils unabhängig davon, ob sie im Betrieb, im Außendienst oder mit Telearbeit beschäftigt werden. Zu berücksichtigen sind nur **ArbN inländischer Betriebe;** ArbN der Ges im Ausland sind nicht mitzuzählen (eine Regel, die durchaus rechtspolitische Kritik erfährt[275]), es sei denn, es handelt sich um einen vorübergehenden Auslandseinsatz.[276] 147

Die **Auszubildenden** gelten als ArbN. Auch in Teilzeit oder geringfügig Beschäftige[277] sind mit zu zählen.[278] Als ArbN zählen hingegen nicht die **leitenden** Angestellten iSd § 5 III BetrVG (§ 3 I DrittelbG) u selbstverständlich auch nicht die GFührer. Personen, die Leistungen auf Grund vereinsrechtlicher Mitgliedschaft erbringen, sind keine ArbN iSd § 3 I DrittelbG.[279] 148

Als **beschäftigte** ArbN gelten solche Personen, deren Arbeitsverhältnis nicht nur rechtlich besteht, sondern vollzogen wird. ArbN mit einem ruhenden Arbeitsverhältnis bleiben daher unberücksichtigt.[280] Gleiches gilt für Beschäftigte, die sich in der Freistellungsphase der im Blockmodell vollzogenen 149

---

[273] Das DrittelbG löste zum 1. 7. 2004 das BetrVG 1952 ab, dessen AR-Mitbestimmungsvorschriften durch das BetrVG 1972 in Kraft gelassen wurden.

[274] Zur Mitbestimmungsfreiheit wegen Tendenzunternehmen ua Rn 156.

[275] *Raiser* Gutachten für den 66. DJT 2006, 93 ff.

[276] HWK/*Seibt* § 3 DrittelbG Rn 4; UHH/*Henssler* § 3 MitbestG Rn 36, 38; BAG DB 1978, 1840.

[277] MünchHdbArbR/*Wißmann* § 367 Rn 6.

[278] BAGE 69, 286; *Ulmer* FS Heinsius, 1991, 855, 866.

[279] BAG DB 1995, 2612; OLG Hamburg DB 2007, 2762, 2764 f (im Rahmen der Zurechnung im Unternehmensverbund).

[280] *Ulmer* FS Heinsius, 1991, 855, 864 ff; **aA** MünchKommAktG/*Gach* DrittelbG § 3 Rn 2 u MitbestG § 3 Rn 14.

Altersteilzeit befinden.[281] Die in **Heimarbeit** Beschäftigten sind als beschäftigte ArbN zu behandeln, soweit sie hauptsächlich für die GmbH arbeiten; ferner **von der GmbH verliehene ArbN,** solche also, die zu einem anderen Arbeitgeber nur in einem Leiharbeitsverhältnis stehen (§ 14 I AÜG). Andererseits sind geliehene (= seitens der GmbH entliehene) ArbN abzuziehen (§ 14 II AÜG, str). Bei Doppelarbeitsverhältnissen ist ArbN bei allen Unternehmen mitzuzählen, zu denen arbeitsvertragliche Beziehung besteht; bei Gemeinschaftsbetrieben ist eine Zurechnung der ArbN zu allen Trägerunternehmen unabhängig vom Vorliegen arbeitsvertraglicher Bindungen insoweit anzunehmen, als Trägerunternehmen die Leitung mit anderen Unternehmen gemeinsam ausübt.[282] Schließlich auch **sog Scheinselbständige,** also formell Selbständige, die materiell als ArbN anzusehen sind.[283]

150 2. Für **Beurteilung der ArbNZahl** kommt es auf den **regelmäßigen ArbNStand** an. Dieser schon nach altem Recht anerkannte Grundsatz hat jetzt Eingang in die Gesetzesformulierung gefunden. Nur vorübergehende, durch besondere Umstände bedingte Überschreitung der Zahl 500 macht nicht ARpflichtig, nur vorübergehendes Sinken der ArbNZahl unter die Grenze befreit nicht.[284] Ob Veränderung nur vorübergehenden Charakter hat, bedarf der Beurteilung u Einschätzung zukünftiger Entwicklung.[285]

151 **3. Ausschluss durch stärkere Mitbestimmungssysteme. ARPflichtigkeit** nach dem DrittelbG gilt **nur, soweit nicht** die **Anwendungsvoraussetzungen des MitbestG, MontanMitbestG oder MitbestErgG** erfüllt sind. Liegen diese vor, wird DrittelbG durch die insoweit spezielleren Mitbestimmungsnormen ausgeschlossen (§ 1 II 1 Nr 1 DrittelbG). Für die Klärung der oft nicht einfach zu beurteilenden Frage, welches ARSystem zur Anwendung zu kommen hat, gelten §§ 97–99 AktG entspr, § 1 I Nr 3 DrittelbG (dazu oben Rn 6 ff).

152 **4. Erreichung der ArbNZahl durch Hinzurechnung abhängiger Unternehmen.** Eine GmbH, die selbst idR nicht mehr als 500 ArbN beschäftigt oder gar arbeitnehmerlos geworden ist,[286] kann gleichwohl ARpflichtig sein, soweit ihr die in abhängigen Unternehmen beschäftigten ArbN zugerechnet werden u dadurch die Zahl 500 überschritten wird, § 2 II DrittelbG.

153 **a)** Nach der eindeutigen Regelung in § 2 II DrittelbG erfolgt Zurechnung nur, wenn zwischen herrschender GmbH u dem oder den von ihr abhängigen

---

281 BT-Drucks 14/5741, 28; HWK/*Seibt* § 3 DrittelbG Rn 2; MünchKommAktG/*Gach* DrittelbG § 3 Rn 2 u MitbestG § 3 Rn 14; zum BetrVG OLG Düsseldorf AG 2004, 616.

282 HWK/*Seibt* § 3 DrittelbG Rn 3.

283 Zur Abgrenzung vgl BAG NZA 2002, 1232; NZA 2000, 385 = AP ArbGG 1979 § 2 Nr 70; *Hromadka* NJW 2003, 1847.

284 AllgM, ErfK/*Oetker* § 1 DrittelbG Rn 33; BAG AP BetrVG 1972 § 113 Nr 7; LG Stuttgart DB 1984, 2551; *Nießen* NJW-Spezial 2008, 367, 367.

285 Zur Bemessung des der Prognose über die Beschäftigungszahl zugrundezulegenden Zeitraums vgl *Ulmer* FS Heinsius, 1991, 859 ff; OLG Düsseldorf DB 1995, 277 (beide für AR nach MitbestG).

286 *Rellermeyer* WM 2005, 2271; OLG Zweibrücken NZG 2006, 31; MünchHdbAG/*Hoffmann-Becking* § 28 Rn 7; *Gimmy* FS Arbeitsgemeinschaft Arbeitsrecht im Deutschen Anwaltverein, 2006, 857, 861.

Unternehmen ein **Beherrschungsvertrag besteht.**[287] Der Abschluss eines Beherrschungsvertrags ist hierbei in partieller Abweichung von § 291 I AktG auch mit Ges möglich, die nicht die Rechtsform einer AG oder KGaA haben.[288] Es muss aber Vertrag iSv § 291 I 1 AktG vorliegen; Ergebnisabführungs-, sonstiger Unternehmensvertrag genügen nicht.[289]

b) Nicht hinzugerechnet werden ArbN bloß **faktisch abhängiger Unternehmen** oder durch andere Arten von Unternehmensverträgen verbundener Unternehmen.[290] Im Gegensatz zur Bestimmung des Wahlkörpers (§ 2 I DrittelbG; unten Rn 186) ist keine umfassende Zurechnung vorgesehen.[291] Auch Beherrschung einer GmbH & Co KG durch GmbH führt nicht zur Hinzurechnung.[292] Der in § 2 II DrittelbG noch genannte Fall der Hinzurechnung, die Eingliederung in das herrschende Unternehmen, ist rechtstechnisch nur zwischen Aktienges möglich (§ 319 AktG)[293] u kann daher bei GmbH Zurechnung nicht begründen. Analoge Anwendung des § 2 II DrittelbG auf Sachverhalte, in denen abhängige Ges wie eine „rechtlich selbstständige Betriebsabteilung" geführt wird, kommt nicht in Betracht.[294] 154

c) Bei **Gemeinschaftsbetrieben erfolgt keine Zurechnung;** str.[295] 155

---

287 BayObLG NJW 1993, 1804; KG ZIP 2007, 1566, 1566, 1567; WWKK/*Kleinsorge* § 2 DrittelbG Rn 26; HWK/*Seibt* § 2 DrittelbG Rn 10; zur Eingliederung LG Düsseldorf – 31 O 142/06, BeckRS 2007, 65 478; **aA** *Boewer/Gaul/Otto* GmbHR 2004, 1065, 1067: Grund für die fehlende Berücksichtigung des „faktischen Konzerns" sei ein redaktionelles Versehen (!).

288 ErfK/*Oetker* § 2 DrittelbG Rn 16; *Deilmann* NZG 2005, 659, 660; *Gimmy* FS Arbeitsgemeinschaft Arbeitsrecht im Deutschen Anwaltverein, 2006, 857, 864; HWK/*Seibt* § 2 DrittelbG Rn 11; ganz hM zu dem wortgleichen § 77 a BetrVG 1952: *G. Hueck* FS Westermann, 1974, 244; *Fuchs/Köstler* Rn 108; Rowedder/Schmidt-Leithoff/*Koppensteiner* Anh nach § 52 Rn 24; **abw** *Strassburg* BB 1979, 1070. Zu atypischen Beherrschungsverträgen *Schürnbrand* ZHR 165 (2005), 35 ff.

289 OLG Düsseldorf AG 1997, 129 (dort auch zur Frage des Konzerns im Konzern); BayObLG NJW 1993, 1804, 1805; *Seibt* NZA 2004, 767, 770; ErfK/*Oetker* § 2 DrittelbG Rn 16; zu atypischen Beherrschungsverträgen *Schürnbrand* ZHR 165 (2005), 35 ff; LG Düsseldorf Az 31 O 142/06, BeckRS 2007, 65 478; MünchHdbAG/*Hoffmann-Becking* § 28 Rn 7; *Röder/Gneiting* DB 1993, 1618, 1620; UHH/*Habersack* § 2 DrittelbG Rn 13; MünchKommAktG/*Gach* DrittelbG § 2 Rn 11; HWK/*Seibt* § 2 DrittelbG Rn 11.

290 OLG Hamm DB 2007, 2762, 2764; KG ZIP 2007, 1566, 1567 f; OLG Zweibrücken NZG 2006, 31, 32; LG Düsseldorf Az 31 O 142/06, BeckRS 2007, 65 478; ErfK/*Oetker* § 2 DrittelbG Rn 18; UHH/*Habersack* § 2 DrittelbG Rn 1; Achilles/Ensthaler/Schmidt/*Schmidt* Rn 42; *Habersack* AG 2007, 641, 649; MünchKommAktG/*Gach* DrittelbG § 2 Rn 10; HWK/*Seibt* § 2 DrittelbG Rn 11; *Nießen* NJW-Spezial 2008, 367, 367; WWKK/Kleinsorge § 2 DrittelbG Rn 26; *Lutter/Krieger* Rn 1104; anders gem § 5 MitbestG 1976, vgl Rn 276.

291 *Seibt* NZA 2004, 767, 770 mit instruktivem Bsp; *Deilmann* NZG 2005, 659, 660; KG NZG 2007, 913.

292 Ulmer/*Raiser/Heermann* Rn 167; Scholz/*Schneider* Rn 31, 41.

293 LG Düsseldorf – 31 O 142/06, BeckRS 2007 65478; HWK/*Seibt* § 2 DrittelbG Rn 12; *Rellermeyer* WM 2005, 2271; UHH/*Habersack* § 2 DrittelbG Rn 14; OLG Zweibrücken NZG 2006, 31, 32.

294 UHH/*Habersack* § 2 DrittelbG Rn 14.

295 *Zöllner* FS Semler, 1993, 1012 f; *Wanhöfer,* Gemeinschaftsbetrieb und Unternehmensmitbestimmung, 1994, S 80 f, S 110 f; **abw** *Däubler* FS Zeuner, 1994, 31; *Hjort* NZA 2001, 696, 699 f; UHH/*Ulmer/Habersack* § 4 MitbestG Rn 93 u UHH/*Henssler* § 3 DrittelbG Rn 5; ErfK/*Oetker* § 1 DrittelbG Rn 32, nach dem in Gemeinschafts-

156 **5. Nicht ARpflichtig** sind sog **Tendenzunternehmen.** Dabei handelt es sich um Medienunternehmen u solche Unternehmen, die politischen, koalitionspolitischen, konfessionellen, karitativen, erzieherischen, wissenschaftlichen u künstlerischen Bestimmungen, Zwecken der Berichterstattung u Meinungsäußerung „unmittelbar u überwiegend“[296] dienen, § 1 II 1 Nr 2 DrittelbG.[297] In gleicher Weise ausgenommen sind die **karitativen u erzieherischen Zwecken dienenden Unternehmen der Religionsgemeinschaften,** § 1 II 2 DrittelbG.[298] Zum Tendenzschutz im Konzern s Rn 277.

157 **6. Nicht ausgenommen** sind GmbH im teilweisen oder ausschließlichen **Besitz der öffentlichen Hand,** u zwar auch dann nicht, wenn sie gemeinwirtschaftliche oder gemischtwirtschaftliche Ziele verfolgen.

158 **7. Bei Gründung einer GmbH** gilt § 1 I Nr 3 DrittelbG nicht für den ersten AR, vgl § 30 II AktG. Bei Sachgründung mit Einbringung eines Unternehmens ist § 31 AktG entsprechend für den Fall anzuwenden, dass die Ges zwar entstanden, aber noch nicht in das HR eingetragen ist.[299]

159 **8. Beendigung der AR-Pflichtigkeit** nach dem DrittelbG tritt ein, wenn ArbNZahl nicht nur vorübergehend unter die maßgebliche Grenze fällt. Auf diesen Fall trifft zwar der Wortlaut von § 97 AktG nicht zu. Gleichwohl ist **Regelung der §§ 97–99 AktG** auf Grund eines Erst-recht-Schlusses **anzuwenden.**[300] Unterbleibt also die Bekanntmachung, bleibt auch der AR im Amt, sofern nicht das Verfahren nach § 98 AktG in Gang gesetzt wird, für das jeder Gfter antragsberechtigt ist. Gleiches gilt, wenn die (für Altges fortbestehende) AR-Pflichtigkeit einer AG mit weniger als 500 ArbN infolge **Formwechsels** in eine GmbH entfällt; eine derartige Umwandlung ist nicht schon wegen des Entfallens der Mitbestimmung rechtsmissbräuchlich.[301] Beendigung des Beherrschungsvertrages führt zum Wegfall der Zurechnung nach § 2 II DrittelbG.[302]

---

betrieben die ArbNZahl zu berücksichtigen ist, wenn die ArbN mit dem jeweiligen Trägerunternehmen arbeitsvertraglich verbunden sind; OLG Hamm DB 2007, 2762, 2765 lässt die Frage offen.

296 Zu diesen Begriffen s MünchKommAktG/*Gach* MitbestG § 1 Rn 32 f.

297 Zum Zweck des Tendenzschutzes vgl *Richardi* BetrVG § 118 Rn 13 ff; *Marino,* Die verfassungsrechtlichen Grundlagen des sog Tendenzschutzes im Betriebverfassungsrecht u Unternehmensverfassungsrecht, 1986; ErfK/*Oetker* § 1 DrittelbG Rn 36.

298 Vgl dazu aus der Rspr BAG AP BetrVG 1952 § 81 Nr 12; AP BetrVG 1972 § 118 Nr 6, 10; BVerfG 46, 73.

299 Wie hier Rowedder/Schmidt-Leithoff/*Koppensteiner* Rn 23; Ulmer/*Raiser/Heermann* Rn 169; *Joost* FS Claussen 1997, 187, 194 ff; HWK/*Seibt* § 1 DrittelbG Rn 31; anders (kein AR) BayObLG NZG 2000, 932; *Wicke* Rn 14; *Halm* BB 2000, 1849, 1852 f; Achilles/Ensthaler/Schmidt/*Schmidt* Rn 41.

300 IE wie hier *Weiler* NZG 2004, 988 ff; GroßKommBetrVG/*Kraft* § 77 BetrVG 1952 Rn 7.

301 Zutr OLG Naumburg GmbHR 1997, 851; zum Statusverfahren *Krause-Ablaß/Link* GmbHR 2005, 731.

302 OLG Zweibrücken NZG 2006, 31, 32; *Rellermeyer* WM 2005, 2271; *Deilmann* NZG 2005, 659, 661 ff; BayObLG NJW 1993, 1804, 1805; zum fehlerhaften Beherrschungsvertrag UHH/*Habersack* § 2 DrittelbG Rn 13.

III. Spielraum der Satzungsautonomie

160 **1. Verweisungen auf das AktG.** Die **Verweisung auf aktienrechtliche Bestimmungen** über den AR in § 1 I Nr 3 DrittelbG ist im Gegensatz zu § 52 I **zwingend.** Das bedeutet, dass Satzung grds Anwendung dieser Bestimmungen nicht ausschließen kann. Für Satzung besteht gleichwohl auch innerhalb des von diesen Bestimmungen ergriffenen Regelungsbereichs ein gewisser Spielraum, u zwar einmal insoweit, als diese Bestimmungen von sich aus (also auch im Aktienrecht) Raum teils für Änderungen (zB § 95 S 2 AktG), teils für Ergänzungen lassen (vgl zB § 100 IV AktG). Zum zweiten sind Satzungsregelungen da möglich, wo die sachgerechte Anwendung der aktienrechtlichen Normen auf die GmbH zur Eröffnung autonomer Regelungsspielräume führt, die bei der AG nur wegen der andersartigen, stärker fixierten Struktur versagt sind. Vollen Regelungsspielraum hat Satzung in den Regelungsbereichen, die durch Verweisung nicht abgedeckt sind, zB § 90 I, II AktG.

161 **2. Zwingende Regelungen des DrittelbG.** Die Bestimmungen der §§ 4 ff DrittelbG sind zwingend u lassen für GmbH-Satzung jedenfalls insofern keinen Raum, als sie den Anteil der ArbNVertreter im AR von einem Drittel (§ 4 I DrittelbG) nicht unterschreiten u für die Wahl u Abberufung von ArbNVertretern (§§ 5 ff DrittelbG) keinerlei Regelungen treffen kann. Ob Satzung den Anteil der ArbNVertreter erhöhen kann, ist streitig.[303] Dabei ist zu unterscheiden. Satzung kann vorschreiben, dass weitere ARMitglieder ArbN sein sollen,[304] sie kann aber nicht deren Wahl dem Verfahren nach dem DrittelbG anheim geben.[305] Nicht zulässig ist auch satzungsmäßige Bindung an Wahlvorschläge der ArbNSeite.[306] Vgl auch oben Rn 12 u unten Rn 163.

IV. Bedeutung des Gebots entspr Anwendung aktienrechtlicher Normen

162 Sie ist in § 1 I Nr 3 DrittelbG grds dieselbe wie in § 52 GmbHG. Der zwingende Charakter der Verweisung in § 1 I Nr 3 DrittelbG ändert daran nichts. Vgl daher zu dieser entspr Anwendung näher oben Rn 30.

V. Größe u Zusammensetzung des AR

163 **1. Mitgliederzahl.** AR besteht aus drei Mitgliedern, § 95 S 1 AktG. Satzung kann höhere Zahl festlegen, sie muss aber bestimmt sein (also keine

---

303 Bejahend OLG Bremen NJW 1977, 1153; *Wicke* Rn 18; Achilles/Ensthaler/Schmidt/*Schmidt* Rn 44; für AG: BGH NJW 1975, 1657; *Fabricius* FS Hilger/Stumpf, 1983, 155; UHH/*Habersack* § 1 DrittelbG Rn 8; ErfK/*Oetker* § 4 DrittelbG Rn 2; **abl** *Thüsing* FS Werner, 1984, 899 ff; ErfK/*Oetker* Einl DrittelbG Rn 8; HWK/*Seibt* § 1 DrittelbG Rn 34: Verstoß gg Art 14 I GG; Scholz/*Schneider* Rn 213.

304 Ulmer/*Raiser/Heermann* Rn 159; Scholz/*Schneider* Rn 214.

305 Für die entspr Frage zur alten Rechtslage wie hier *Kraft* § 77 BetrVG 1952 Rn 16; iE auch Ulmer/*Raiser/Heermann* Rn 40, nach denen sich das Verfahren an den Wahlordnungen zum DrittelbG oder MitbestG orientieren kann; **abw** OLG Bremen NJW 1977, 1153; *Reuter,* Die Mitbestimmung als Bestandteil des Normativsystems, 1987, S 33.

306 Zutr Rowedder/*Schmidt-Leithoff* Einl Rn 197; **abw** Ulmer/*Raiser/Heermann* Rn 159.

Anheimgabe an GfterVers) u sie muss durch drei teilbar sein, § 95 S 2 u 3 AktG. Außerdem sieht § 95 S 4 AktG bestimmte Höchstzahlen vor, die sich nach der Stammkapitalziffer richten: Bis zu 1,5 Mio Euro neun Mitglieder, bei höherem Stammkapital (bis 10 Mio Euro) fünfzehn Mitglieder, bei mehr als 10 Mio Euro einundzwanzig Mitglieder. Maßgebend ist das formelle, in der Satzung festgelegte Stammkapital. Wird trotz materieller Herabsetzung mittels Einziehung formelle Ziffer nicht verändert, bleibt sie maßgebend. Wird durch Herabsetzung der Stammkapitalziffer eine der oben genannten Kapitalgrenzen unterschritten, muss AR verkleinert werden. Falls Satzung keine Neuregelung über die Zahl trifft, gilt nunmehr höchstzulässige Zahl von Mitgliedern.[307] Zeitpunkt u Art u Weise der Verkleinerung sind stark umstritten.[308]

164 Nach zutr Auffassung scheiden von den ArbNVertretern automatisch diejenigen aus, die bei Zugrundelegung der neuen Sitzzahl zurzeit der Wahl nicht mehr in den AR gelangt wären;[309] für die Vertreter der Anteilseigner gilt, dass sämtliche Mitglieder mit Wirksamwerden der Kapitalherabsetzung ausscheiden, falls nicht vorher Reduzierung durch Abberufung erfolgt; das ist sinnvoll, weil Ges rechtzeitig durch Neuwahl vor Wirksamwerden der Kapitalherabsetzung Vorsorge treffen kann. Nach aA lässt sich ein automatisches Ausscheiden der nach der Satzungsänderung überzähligen Mitglieder nicht begründen.[310] Es ist das Statusverfahren der §§ 97 ff AktG anzuwenden.[311] Aber das ist weniger praktisch, da es zwingend zu Neuwahlen führt, die für ArbNVertreter umständlich u kostspielig sind. Bei Herabsetzung der Sitzzahl durch Satzungsänderung gilt gleiches.[312] Des Weiteren wird eine differenzierende Behandlung vertreten,[313] doch besteht dafür kein hinreichender Anlass. Schließlich soll Satzungsänderung erst mit Ende der Amtszeit der dem AR angehörenden ArbNVertreter wirksam werden.[314] Hinausschiebung der Wirksamkeit der Satzungsänderung jedenfalls für Kapitalveränderung nicht vertretbar; auch für Verkleinerung des AR durch Herabsetzung der Sitzzahl wenig zweckmäßig, da für diese dringendes Bedürfnis bestehen kann, das keine Hinausschiebung um evtl. mehrere Jahre verträgt. Das BAG will hingegen Statusverfahren angewendet wissen.[315]

165 **2. Zusammensetzung. a)** AR hat zu **einem Drittel** aus **Vertretern der ArbN** zu bestehen, § 4 I DrittelbG. Zur Bestellung s Rn 178 ff. GfterVers

---

307 **AA** Ulmer/*Raiser/Heermann* Rn 172.

308 Übers bei *Oetker* ZHR 149 (1985), 578.

309 *Dietz/Richardi* BetrVG § 76 BetrVG 1952 Rn 125.

310 ErfK/*Oetker* § 4 DrittelbG Rn 5.

311 *Oetker* ZHR 149 (1985), 578; ErfK/*Oetker* § 4 DrittelbG Rn 6; UHH/*Henssler* § 4 DrittelbG Rn 11; *Wicke* Rn 14; Michalski/*Heyder* Rn 41; **aA** HWK/*Seibt* § 4 DrittelbG Rn 4.

312 Ebenfalls sehr str, vgl dazu *Oetker* ZHR 149 (1985), 578, 582 ff u LAG Düsseldorf DB 1988, 503.

313 KölnerKomm/*Mertens* § 95 Rn 25, 26.

314 OLG Hamburg WM 1988, 1487; OLG Dresden ZIP 1997, 589; UHH/*Henssler* § 4 DrittelbG Rn 11; MünchKommAktG/*Gach* DrittelbG § 4 Rn 2; **aA** *Fuchs/Köstler* Rn 64, 74, wenn die ArbNVertreter freiwillig ausscheiden; nicht eindeutig GK-BetrVG/*Kraft* § 76 BetrVG 1952 Rn 25 f, der einerseits (Rn 25) Hinausschiebung der Wirksamkeit der Satzungsänderung vertritt, andererseits (Rn 26) Statusverfahren befürwortet.

315 AP BetrVG 1952 § 76 Nr 28.

kann zu Lasten der Anteilseignerquote weitere ArbN wählen. Zur Frage, ob Satzung höhere Zahl von ArbNVertretern vorsehen kann vgl Rn 161. Zusätzliche Mitglieder müssen durch GfterVers gewählt werden. Entsendungsrecht für Betriebsrat, Gewerkschaft oder auch Belegschaft ist nicht möglich, vgl unten Rn 177.[316]

b) Für die Zusammensetzung der ArbNBank verlangt Gesetz, wenn nur ein oder zwei ArbNVertreter zu wählen sind, dass diese unternehmenszugehörig sind, § 4 II DrittelbG. Iü sind grds beliebige Personen wählbar, also auch Externe, NichtArbN oder leitende Angestellte. Satzung darf für ArbN-Vertreter keine zusätzlichen Wählbarkeitsvoraussetzungen aufstellen.[317] 166

c) Unter den ARMitgliedern der ArbN „sollen" **Frauen u Männer** entsprechend ihrem zahlenmäßigen Verhältnis im Unternehmen vertreten sein (§ 4 IV DrittelbG), was jedenfalls bei nur zwei ArbNVertretern nicht immer gut darzustellen ist. Die Verletzung der Proportionalitätsanordnung hat keine Auswirkungen auf die Gültigkeit der Wahl.[318] 167

d) Ist GmbH herrschendes Unternehmen eines Konzerns, stellt sich die Frage, ob die ArbNSitze in bestimmter Weise auf die **Belegschaften** des herrschenden u der abhängigen Unternehmen **verteilt** sein müssen. Das DrittelbG schweigt dazu. Zutreffend ist, die gesetzgeberische Wertung des § 5 MitbestG, nach der es auf Zugehörigkeit der ArbN zum herrschenden oder abhängigen Unternehmen nicht ankommt, zu übernehmen; bestimmte Sitzverteilung auf herrschendes u abhängige Unternehmen daher nicht erforderlich.[319] 168

3. Persönliche Voraussetzungen u Inkompatibilitäten. a) Sowohl für Anteilseignervertreter als auch für ArbNVertreter gelten folgende Regelungen: 169

aa) Zu Mitgliedern können nach § 100 I 1 AktG nur **natürliche, unbeschränkt geschäftsfähige Personen** berufen werden. Satzung kann hiervon, anders als beim fakultativen AR, nicht abweichen. 170

bb) Von ARMitgliedschaft ausgeschlossen ist nach § 100 II 1 Nr 1 AktG, wer bereits in **zehn Handelsges** mit obligatorischem AR ARMitglied ist (zur Nichtanrechnung bestimmter Sitze im Konzern vgl Satz 2, zur doppelten Anrechnung von Mandaten als ARVorsitzender vgl Satz 3). Ausgeschlossen als ARMitglied ist ferner nach § 100 II 1 Nr 2 AktG, wer gesetzlicher Vertreter eines von der GmbH abhängigen Unternehmens ist,[320] ferner nach § 100 II 1 Nr 3 AktG auch, wer gesetzlicher Vertreter einer anderen Kapitalges ist, deren AR ein Vorstandsmitglied der Ges angehört (sog Überkreuzverflechtung). 171

---

316 Wie hier zB *Vollmer,* Die Entwicklung partnerschaftlicher Unternehmensverfassungen, 1976, S 184f; *Lutter/Hommelhoff* Rn 25; **aM** Rowedder/Schmidt-Leithoff/*Koppensteiner* Rn 9; *Biedenkopf/Säcker* ZfA 1971, 262; *Hensche* AuR 1971, 35f.

317 BGHZ 39, 122; UHH/*Henssler* § 4 DrittelbG Rn 15; MünchKommAktG/*Gach* DrittelbG § 4 Rn 5; WWKK/*Kleinsorge* § 4 DrittelbG Rn 31.

318 *Seibt* NZA 2004, 767, 772; UHH/*Henssler* § 4 DrittelbG Rn 17; MünchKommAktG/*Gach* DrittelbG § 4 Rn 6; WWKK/*Kleinsorge* § 4 DrittelbG Rn 35; HWK/*Seibt* § 4 DrittelbG Rn 14: Sollvorschrift.

319 ErfK/*Oetker* § 4 DrittelbG Rn 9; BAG AP BetrVG 1952 § 76 Nr 24 u 25; Scholz/*Schneider* Rn 236.

320 Dazu mit Blick auf ausländische Tochterges *Engert/Herschlein* NZG 2004, 459.

172 **cc)** Nach § 105 AktG ist **gleichzeitige Zugehörigkeit zu AR u GFührung nicht möglich.** Ferner ist die Mitgliedschaft von Prokuristen u Gesamthandlungsbevollmächtigten ausgeschlossen. Sonderegelung wie § 6 II 1 MitbestG enthält das DrittelbG nicht, so dass auch „Titularprokuristen" keine ARMitglieder sein können. Zur ausnahmsweisen Möglichkeit vorübergehender Abordnung von ARMitgliedern in die GFührung vgl näher § 105 II AktG. Zulässig ist gleichzeitige Mitgliedschaft in AR u Beirat. Dass dieser keine GFührungsaufgaben haben dürfte,[321] trifft nicht zu. Auch GfterVers hat sie.

173 **dd)** Soweit das AGG nach § 6 III AGG für die Bestellung der ARMitglieder Anwendung finden sollte, darf Benachteiligung wegen eines in § 1 AGG genannten Grundes nicht erfolgen. Ein Verstoß setzt aber auch Kausalität voraus; daran fehlt es, wenn ein Kandidat unabhängig von der Benachteiligung eines Mitbewerbers ohnehin gewählt worden wäre.[322]

174 **b) Nur für Anteilseignervertreter** u für auf Grund von Entsendungsrechten bestellte Mitglieder kann **Satzung zusätzliche Voraussetzungen** aufstellen, § 100 IV AktG, zB Alter, Berufserfahrung, GfterEigenschaft, Kenntnisse bestimmter Art (Bilanzkunde, Steuerrecht etc).

175 **c) Für ArbNVertreter** vgl oben Rn 166 f. Satzung darf für ArbNVertreter keine zusätzlichen Wählbarkeitsvoraussetzungen aufstellen.[323]

VI. Bestellung, Amtszeit, Abberufung

176 **1. Bestellung. a) ARMitglieder der Anteilseignerseite** werden nach § 101 I AktG von den Gftern gewählt, in der GfterVers oder im Verfahren nach § 48 II GmbHG. Letzteres ist durch Verweisung auf § 101 I AktG nicht ausgeschlossen (sinngemäße Anwendung, Rn 30, 41, 161).

177 **b)** Satzung kann auch **Entsendungsrechte** begründen (dazu für den fakultativen AR Rn 42). Dafür gelten Beschränkungen des § 101 II AktG, da § 1 I Nr 3 DrittelbG auf ganzen § 101 AktG verweist, während § 52 GmbHG nur § 101 I 1 AktG in Bezug nimmt. Das bedeutet: **aa) Entsendungsrechte können nur für Gfter** begründet werden,[324] u zwar (1) für bestimmte Gfter ad personam für die Dauer ihrer Mitgliedschaft, (2) für die jeweiligen Inhaber bestimmter GAnteile, u zwar nur vinkulierter. **bb)** Entsendungsrechte sind **nur für ein Drittel der Anteilsinhabersitze** zulässig, str.[325] Gg die zwingende Anwendung von § 101 II 4 AktG auf die GmbH ließe sich einwenden, dass sie weder durch den Zweck der ArbNMitbestimmung noch durch die Struktur der GmbH oder durch Erfordernisse des Publikumsschut-

---

321 So Scholz/*Schneider* Rn 58.

322 *Krause* AG 2007, 392, 396.

323 BGHZ 39, 122.

324 HM; *Lutter/Hommelhoff* Rn 25; Ulmer/*Raiser/Heermann* Rn 186; *Nießen* NJW-Spezial 2008, 367, 367; WWKK/*Kleinsorge* § 1 DrittelbG Rn 21; **aA** Rowedder/Schmidt-Leithoff/*Koppensteiner* Rn 9; Scholz/*Schneider* Rn 223; Michalski/*Heyder* Rn 97; vgl auch oben Rn 165; zur entgegen der hL gleichen Rechtslage beim fakultativen AR oben Rn 42.

325 Vgl *Kraft* § 77 BetrVG 1952 Rn 21; Ulmer/*Raiser/Heermann* Rn 186; WWKK/*Kleinsorge* § 1 DrittelbG Rn 21; ErfK/*Oetker* § 1 DrittelbG Rn 24; **aA** Scholz/*Schneider* Rn 221; Rowedder/*Schmidt-Leithoff* Einl Rn 237; Michalski/*Heyder* Rn 97; MünchHdbGmbH/*Marsch-Barner/Diekmann* § 48 Rn 104.

zes sachlich gefordert wird. Andererseits ist die Anwendung auch nicht sinnlos. Die Aussage des Gesetzes ist daher zu respektieren.

c) ARMitglieder der ArbNSeite werden durch die ArbN des Unternehmens gewählt, § 5 DrittelbG. Zur Zusammensetzung der ArbNBank vgl Rn 166. Die Wahl ist eine allg, geheime, gleiche u unmittelbare, durch die unter Rn 166 f aufgezeigten Vorgaben modifizierte Wahl nach näherer Maßgabe der **Wahlordnung zum DrittelbG.**[326] **178**

Wahlvorschläge können durch die Betriebsräte sowie durch ArbN direkt (jeweils ein Zehntel der Gesamtbelegschaft oder mindestens hundert ArbN), § 6 DrittelbG, mittelbar auf dem Umweg über diese auch durch die Gewerkschaften, gemacht werden. **Aktives Wahlrecht** haben alle volljährigen ArbN des Unternehmens, § 5 II DrittelbG (mit § 7 S 2 BetrVG zu LeihArbN). Für **passives Wahlrecht** ist neben Volljährigkeit zwölfmonatige Unternehmenszugehörigkeit erforderlich (§ 4 III DrittelbG mit Zurechnungsbestimmungen zur einjährigen Zugehörigkeit). Wählbarkeitsverlust nach § 8 I 2 BetrVG gilt entsprechend. Siehe dazu iü die persönlichen Voraussetzungen der ARMitgliedschaft (Rn 169).[327] **179**

Für **Mängel der Wahl der ArbNVertreter** gelten nicht die Regeln des GesRechts, vielmehr trifft § 11 DrittelbG eine eigene Regelung. **Anfechtung** kommt danach nur in Betracht bei Verstößen gg wesentliche Vorschriften über das Wahlrecht, die Wählbarkeit oder das Wahlverfahren, es sei denn, dass durch Verstoß das Wahlergebnis nicht geändert oder beeinflusst werden konnte. Sie steht nur bestimmten Anfechtungsberechtigten zu (§ 11 II 1 DrittelbG): drei wahlberechtigte ArbN,[328] Betriebsräte (auch Konzern- u Gesamtbetriebsräte), Geschäftsführer. Nicht anfechtungsberechtigt sind die im Betrieb vertretenen Gewerkschaften. Anfechtung muss binnen zwei Wochen seit Veröffentlichung des Wahlergebnisses im elektronischen Bundesanzeiger (§ 8 DrittelbG) durch Antrag beim Arbeitsgericht im BeschlVerfahren erfolgen. Sie kann sich je nach Anfechtungsgrund gg die Wahl einzelner oder aller ArbNVertreter richten. Ungültigerklärung gilt nur für die Zukunft.[329] **180**

Bei ganz besonders schwerwiegenden Verstößen kommt auch **ausnahmsweise Nichtigkeit** der Wahl in Betracht, die durch unbefristeten Feststellungsantrag u von jedermann geltend gemacht werden kann, dem ein Rechtsschutzbedürfnis zur Seite steht.[330] Die Anfechtungsregelung durch das DrittelbG ist mit Blick auf diese Schwerstmängel nicht als abschließend anzusehen. **181**

d) Ist **GmbH herrschendes Unternehmen eines Konzerns** iS des § 18 I (nicht II) AktG, nehmen an der Wahl der ArbNVertreter auch die ArbN der abhängigen Konzernunternehmen teil, § 2 I DrittelbG, u zwar aktiv u passiv. **182**

---

326 VO v. 23. 6. 2004 BGBl I 1393; zum Wahlverfahren *Gimmy* FS Arbeitsgemeinschaft Arbeitsrecht im Deutschen Anwaltverein, 2006, 857, 866 ff.

327 Zu Einzelheiten der Wahlberechtigung u des Wahlverfahrens ErfK/*Oetker* § 5 DrittelbG Rn 2 ff; *Fuchs/Köstler* Rn 192 ff.

328 BAG BetrVG 1952 § 76 Nr 27.

329 BAGE 67, 316; UHH/*Henssler* § 22 MitbestG Rn 18; MünchKommAktG/*Gach* MitbestG § 22 Rn 16; *Marsch-Barner* FS K. Schmidt, 2009, 1109, 1118.

330 So auch WWKK/*Kleinsorge* § 11 DrittelbG Rn 22; ErfK/*Oetker* § 11 DrittelbG Rn 8; **aA** Michalski/*Heyder* Rn 125 mit Fn 209; UHH/*Henssler* § 11 DrittelbG Rn 9, der besondere Aktivlegitmation als nicht erforderlich erachtet; HWK/*Seibt* § 11 DrittelbG Rn 8.

Im Gegensatz zum früheren Recht gilt die widerlegbare Konzernvermutung des § 18 I 3 AktG; diese Erstreckung wurde ausweislich der Gesetzesmaterialien bewusst angestrebt.[331] § 2 I DrittelbG setzt für die Teilnahme an der Wahl der ArbNVertreter des herrschenden Unternehmens voraus, dass dieses eigene ArbN beschäftigt oder, wenn arbeitnehmerlos, eine Zurechnung der ArbN der abhängigen Unternehmen nach § 2 II DrittelbG erfolgt.[332]

183 Auf die Rechtsform der abhängigen Unternehmen kommt es nicht an. Es muss sich aber um **inländische Unternehmen** handeln, sog Territorialitätsgrundsatz. Konsequenz ist, dass im Ausland beschäftigte ArbN von in Deutschland ansässigen Konzernspitzen nicht der Konzernzurechnung unterliegen u weder aktives noch passives Wahlrecht haben. Dies wird unter dem Aspekt der Gemeinschaftsrechtswidrigkeit angegriffen, da mittelbare Bevorzugung deutscher ArbN und damit dem EG-vertraglichen Diskriminierungsverbot (Art. 12 EGV) zuwider.[333] Zum Problem, ob bestimmte Sitzverteilung zwischen ArbN des herrschenden u der abhängigen Unternehmen stattzufinden hat, vgl Rn 168.

184 Diese **Regelung der Wahlteilnahme** ist scharf **zu unterscheiden von** der ganz anderen, inwieweit bei der **Ermittlung der ARPflichtigkeit** einer herrschenden GmbH die ArbN abhängiger Unternehmen ihr **zugerechnet** werden. Dafür gilt § 2 II DrittelbG, der zusätzlich das Bestehen eines Beherrschungsvertrags verlangt (Rn 153). Hierfür ist nicht Voraussetzung, dass herrschendes Unternehmen eigene ArbN beschäftigt (Rn 152). Da einer faktisch oder auf Grund eines anderen Unternehmensvertrages herrschenden GmbH mit weniger als 501 ArbN die ArbN der abhängigen Unternehmen nicht zuzurechnen sind, findet gar keine Wahl im herrschenden Unternehmen für einen PflichtAR statt. § 2 I DrittelbG tritt dann nicht in Funktion. Er greift nur ein, wenn entweder die Zurechnung nach § 2 II DrittelbG wegen Bestehen eines Beherrschungsvertrages stattfindet oder die herrschende GmbH ohnehin auf Grund ihrer eigenen ArbNZahl ARpflichtig ist.

185 Wahlteilnahme nach § 2 I DrittelbG besteht auch hinsichtlich solcher **abhängiger Konzernunternehmen, die ihrerseits ARpflichtig** sind, gleichgültig nach welchem System. Gilt für abhängiges Unternehmen das MontanMitbestG, würde allerdings herrschende GmbH evtl nicht nach dem DrittelbG, sondern nach dem MitbestErgG ARpflichtig sein (Rn 311). Bei **Gemeinschaftsunternehmen** können die ArbN des abhängigen Unternehmens an der Wahl der ArbNVertreter in den AR der Oberges teilnehmen.[334]

---

331 BT-Drucks 15/2739, 3; dazu auch *Seibt* NZA 2004, 767, 770.

332 ErfK/*Oetker* § 2 DrittelbG Rn 7; *Gimmy* FS Arbeitsgemeinschaft Arbeitsrecht im Deutschen Anwaltverein, 2006, 857, 861; UHH/*Habersack* § 2 DrittelbG Rn 6; **aA** HWK/*Seibt* § 2 DrittelbG Rn 4: Nach seiner Auffassung ist für die Annahme des herrschenden Unternehmens unter anderem vorausgesetzt, dass bei dieser Ges ein AR nach § 1 I DrittelbG zu bilden ist; eine Beteiligung der ArbN der abhängigen Konzernunternehmen an der Wahl von ArbN-Vertretern des AR des herrschenden Unternehmens entfalle, wenn das herrschende Unternehmen weniger als fünf ArbN beschäftigt. § 2 II DrittelbG wird nicht berücksichtigt; BAG NJW 1957, 1574, 1574 (nach alter Rechtslage).

333 Zu § 5 MitbestG UHH/*Ulmer/Habersack* § 5 MitbestG Rn 55; *Habersack* AG 2007, 641, 648.

334 BAG AP BetrVG 1952 § 76 Nr 20; *Gimmy* FS Arbeitsgemeinschaft Arbeitsrecht im Deutschen Anwaltverein, 2006, 857, 863; ErfK/*Oetker* § 2 DrittelbG Rn 10; UHH/*Habersack* § 2 DrittelbG Rn 9.

Erhebliche Schwierigkeiten bereitet **Behandlung mehrstufiger Konzerne.** Herrscht GmbH A als Konzernspitze (Mutterges) über B (Tochterges) u die von dieser abhängigen C (Enkelges), so sind die ArbN von C jedenfalls bei A wahlberechtigt, ebenso die ArbN von B.[335] 186

Str ist, ob die ArbN von C außerdem auch bei B wahlberechtigt sind. Das wird von manchen generell verneint, weil es einen **Konzern im Konzern** nicht gebe.[336] Richtigerweise ist zu unterscheiden: Eine Wahl der ArbN von C bei B kommt dann in Betracht, wenn seitens B Leitungsbefugnisse gegenüber C wahrgenommen werden, hingegen nicht, wenn die Leitung der C ausschließlich durch A direkt erfolgt.[337] 187

e) Bestellung von Stellvertretern für ARMitglieder ist nicht zulässig, § 101 III AktG, wohl aber von **Ersatzmitgliedern** nach näherer Maßgabe dieser Vorschrift u für ArbNVertreter gem § 7 DrittelbG.[338] 188

f) Bestellung von ARMitgliedern durch das Gericht (zuständig ist Amtsgericht des Sitzes der Ges) ist nach § 104 AktG möglich unter zwei verschiedenen Voraussetzungen: (1) wenn zur BeschlFähigkeit nötige Mitgliederzahl fehlt, § 104 I AktG; ergänzt wird dann nur auf diese Zahl; (2) wenn dem AR länger als drei Monate die nach Gesetz oder Satzung erforderliche Gesamtmitgliederzahl fehlt, § 104 II AktG; ergänzt wird dann auf diese Zahl. In dringenden Fällen ist diese Ergänzung auch vor Ablauf der Drei-Monatsfrist möglich. Entscheidung ergeht nur auf Antrag, nicht von Amts wegen; antragsberechtigt sind GFührer, jedes ARMitglied, jeder Gfter, der Gesamtbetriebsrat (oder ggf der einzige Betriebsrat) der Ges, der Gesamtbetriebsrat (oder einzige Betriebsrat) eines anderen Unternehmens, dessen ArbN in der Ges wahlberechtigt sind, ferner ein Zehntel oder einhundert der wahlberechtigten ArbN. Die übrigen in § 104 I AktG genannten Antragsrechte sind für den PflichtAR nach dem DrittelbG nicht einschlägig. Gericht hat bestimmte Proporzregeln nach näherer Maßgabe des § 104 IV 1 u 2 AktG sowie die nach Gesetz u Satzung erforderlichen persönlichen Voraussetzungen der Bestellung zu beachten (§ 104 IV 3 AktG). Entscheidung ergeht im Verfahren der freiwilligen Gerichtsbarkeit. Gericht entscheidet nach Ermessen ohne Bindung an Anträge.[339] 189

2. Amtszeit. Für sie gilt § 102 I AktG iVm § 1 I Nr 3 DrittelbG. 190

a) Höchstdauer der Bestellung danach die Zeit bis zur Beendigung der GfterVers (bzw im Fall des § 48 II GmbHG mit Zustandekommen des Gfter- 191

---

335 BAG AP BetrVG 1952 § 76 Nr 20; UHH/*Habersack* § 2 DrittelbG Rn 9; *Nießen* NJW-Spezial 2008, 367.

336 So *v. Hoyningen-Huene* ZGR 1978, 536 f; *Lutter/Schneider* BB 1977, 557; *Gimmy* FS Arbeitsgemeinschaft Arbeitsrecht im Deutschen Anwaltverein, 2006, 857, 862; **aA** UHH/*Habersack* § 2 DrittelbG Rn 9; WWKK/*Kleinsorge* § 2 DrittelbG Rn 17 u WWKK/*Koberski* § 5 MitbestG Rn 32; HWK/*Seibt* § 2 DrittelbG Rn 7; offen gelassen MünchKommAktG/*Gach* DrittelbG § 2 Rn 8.

337 ErfK/*Oetker* § 2 DrittelbG Rn 9; zum MitbestG s OLG München DB 2008, 2827, 2828 f; LAG Düsseldorf DB 1978, 987; OLG Düsseldorf DB 1979, 699; OLG Zweibrücken WM 1983, 1347; OLG Frankfurt AG 1987, 53; *Raiser/Veil* § 5 MitbestG Rn 23 f; UHH/*Habersack* § 2 DrittelbG Rn 9 u § 5 MitbestG Rn 41 ff; HWK/*Seibt* § 2 DrittelbG Rn 7; zu § 5 MitbestG WWKK/*Koberski* § 5 MitbestG Rn 32.

338 BGHZ 99, 211; OLG Karlsruhe AG 1986, 168; *Bommert* AG 1986, 315; *Roussos* AG 1987, 239; *Rellermeyer* ZGR 1987, 563; *Neu* WM 1988, 481.

339 BayObLG AG 2005, 350, 351; BayObLG DB 1997, 2599.

Beschlusses), die über die Entlastung für das vierte Geschäftsjahr nach dem Beginn der Amtszeit beschließt. **Amtszeit beginnt** normalerweise, wenn Wahl u Annahmeerklärung des Gewählten vorliegen; für neue ARe in Folge Erhöhung der ARSitze durch Satzungsänderung frühestens mit Eintragung der Satzungsänderung im HR gem § 54 III. Satzung u für Anteilseignermitglieder auch Bestellungsbeschl können aber späteren Beginn vorsehen. Werden ArbNVertreter in einem früheren Geschäftsjahr als die übrigen ARMitglieder gewählt, so beginnt ihr Amt erst mit Ablauf der GfterVers, welche die Vertreter der Gfter wählt.[340] Das zu Beginn der Amtszeit laufende Geschäftsjahr zählt bei Bemessung nicht mit, § 102 I 2 AktG. Höchstamtsdauer beträgt daher im Schnitt rund 5 Jahre (mit möglichen erheblichen Schwankungen durch Beschleunigung oder Verzögerung der Rechnungslegung). Über die für **Beendigungszeitpunkt** maßgebende Entlastung muss Sachentscheidung getroffen worden sein. Bei Vertagung der Entlastungsentscheidung endet Amtszeit mit BeschlFassung nicht; ob dann unbefristete Fortdauer eintritt, Amtszeit mit Ablauf des vierten Geschäftsjahrs, nach acht Monaten oder zu einem sonstigen Zeitpunkt endet, zu dem über die Entlastung hätte entschieden werden müssen (§ 102 I AktG), ist str. Der BGH hat zutreffend im letztgenannten Sinn entschieden.[341] Rechtlich unerheblich für Beendigungswirkung ist, ob Entlastung gewährt oder verweigert wird, ob Beschl anfechtbar oder sogar nichtig ist.[342]

192 **Wiederbestellung** ist zulässig, sie darf aber nicht von vornherein beschlossen werden, um Fristregelung zu umgehen.[343] Wiederbestellung **vor Ablauf der Amtszeit** ist jedenfalls zulässig, wenn sie in der die Amtszeit beendenden GfterVers erfolgt, richtiger Auffassung nach aber auch schon angemessene Zeit vorher, sofern nur klar ist, dass dadurch keine Umgehung der Begrenzung vorgenommen wird. Nach hM soll vorzeitige Wiederbestellung zulässig sein, wenn Höchstdauer der neuen Wahlperiode unter Einrechnung des Rests der laufenden Amtszeit bemessen wird.[344] Höchstdauerregelung gilt für alle AR-Mitglieder ohne Rücksicht auf Art ihrer Bestellung, also auch für Entsandte u durch ArbN Gewählte.

193 **b)** Für **Anteilseignervertreter** können Satzung oder Bestellungsbeschl **kürzere** als die höchste **Amtszeit** vorsehen. Fehlt Regelung in Satzung u Bestellungsbeschl, gilt Bestellung iZw für gesetzliche Höchstdauer. Nicht notwendig muss Amtszeit für alle ARMitglieder gleichzeitig enden.[345] Möglich ist vielmehr gestaffelter Beginn, der zu turnusmäßigem Ausscheiden führt. Schlichte Verlängerung laufender Amtszeit bestellter ARMitglieder nicht möglich, auch nicht durch Satzungsänderung, wohl aber iVm entspr Neu-

---

340 MünchKommAtkG/*Gach* § 76 BetrVG 1952 Rn 49; HWK/*Seibt* § 5 DrittelbG Rn 9; ErfK/*Oetker* § 5 DrittelbG Rn 11.

341 BGH NZG 2002, 916 (AG).

342 So auch ErfK/*Oetker* § 5 DrittelbG Rn 11; Ulmer/*Raiser/Heermann* Rn 201; **aA** Scholz/*Schneider* Rn 280 u UHH/*Ulmer/Habersack* § 6 MitbestG Rn 67: Beendigung der Amtszeit 8 Monate nach Ende des vierten Geschäftsjahres.

343 KölnerKomm/*Mertens* § 102 Rn 17.

344 Näher dazu KölnerKomm/*Mertens* § 102 Rn 17; *Hüffer* AktG § 102 Rn 6; für ArbNVertreter Ulmer/*Raiser/Heermann* Rn 199: Wiederwahl müsse schon aus organisatorischen Gründen vor der GfterVers durchgeführt werden; **aA** MünchKommAktG/*Habersack* § 102 Rn 20; RG 129, 184 für AG; Scholz/*Schneider* Rn 233; offen gelassen für Anteilseignervertreter Ulmer/*Raiser/Heermann* Rn 199.

345 OLG Frankfurt WM 1986, 1437; vgl auch BGH 1999, 215 (obiter).

bestellung.[346] Verkürzung laufender Amtszeit nur iVm Abberufung, also nicht durch einfachen Gfterbeschl möglich.[347] Daher wirkt eine erst bei Bestellung der Anteilseignervertreter vorgenommene Verkürzung der Amtszeit nicht für bereits gewählte ArbNVertreter.[348]

c) Für **ArbNMitglieder** gilt nach § 5 I DrittelbG die in Gesetz oder Satzung für von GfterVers zu wählende Mitglieder bestimmte Zeit. Daraus folgt, dass Satzungsregelung für ArbNMitglieder maßgebend ist, aber in gleicher Weise für Anteilseignervertreter gelten muss, also nicht einseitig zu Lasten der ArbNVertreter gehen darf. Mit dieser Maßgabe kann auch turnusmäßiges Ausscheiden für ArbNVertreter vorgesehen werden, str.[349] Fehlt Satzungsregelung, bestimmt zwar eigentlich das Gesetz nicht die maßgebliche Zeit, sondern nur die höchstmögliche. Regelung soll aber wohl bedeuten, dass bei Fehlen einer Satzungsbestimmung gesetzliche Höchstzeit als maßgeblich eingreift, also Festlegung kürzerer Amtszeit durch einfachen GfterBeschl nicht für ArbNVertreter wirkt.[350] 194

d) Amt eines Ersatzmitglieds, das an Stelle eines weggefallenen Mitglieds getreten ist, endet spätestens mit Ablauf der für seinen Vorgänger geltenden Amtszeit, § 102 II AktG. 195

3. Abberufung.[351] **a) ARMitglieder, die durch Gfter gewählt** worden sind, können jederzeit abberufen werden, aber nur mit Dreiviertelmehrheit, § 103 I AktG. Satzung kann Mehrheitserfordernis erhöhen oder abschwächen u kann andere Erfordernisse aufstellen, zB BeschlFassungsquorum oder zusätzliche Einberufungserfordernisse, Wiederholung des Beschl, Kombination einer Stimmenmehrheit mit einer Kapitalmehrheit, § 103 I 3 AktG. Abberufung durch Minderheit kann nicht vorgesehen werden, auch nicht bei wichtigem Grund.[352] Zur Abberufung entsandter Mitglieder vgl § 103 II AktG. Außerdem führt Beendigung des Anstellungsverhältnisses zu Verlust der Amtsstellung, wenn Betriebszugehörigkeit zu den Wählbarkeitsvoraussetzungen gehört.[353] 196

b) Abberufung einzelner oder aller **ArbNVertreter** (inkl der Ersatzmitglieder) ist nach § 12 I DrittelbG durch „Beschluss" der wahlberechtigten ArbN, nicht jedoch der GfterVers möglich. Dieser erfolgt in entspr Anwendung der 197

---

[346] So Scholz/*Schneider* Rn 286; Ulmer/*Raiser/Heermann* Rn 198; für Anteilseignermitglieder kann jedoch nichts anderes gelten, str.

[347] OLG Hamburg WM 1988, 1487; BAG AP Nr 28 zu § 76 BetrVG 1952 (obiter); Scholz/*Schneider* Rn 285; *Lutter/Hommelhoff* Rn 26; MünchHdbGmbH/*Marsch-Barner/Diekmann* § 48 Rn 113; Voraussetzungen der Verkürzung unklar bei Michalski/*Heyder* Rn 139; **abw** KölnerKomm/*Mertens* § 102 Rn 7.

[348] *Lutter/Hommelhoff* Rn 26; Scholz/*Schneider* Rn 285; **aA** wohl ErfK/*Oetker* § 5 DrittelbG Rn 12; zu § 6 MitbestG s UHH/*Ulmer/Habersack* § 6 MitbestG Rn 64.

[349] Wie hier Scholz/*Schneider* Rn 283 mN; ErfK/*Oetker* § 5 DrittelbG Rn 14; MünchHdbGmbH/*Marsch-Barner/Diekmann* § 48 Rn 112; UHH/*Henssler* § 5 DrittelbG Rn 14; HWK/*Seibt* § 5 DrittelbG Rn 9; Ulmer/*Raiser/Heermann* Rn 198, nach denen nur das Gleichbehandlungsgebot beachtet werden muss; **aA** Rowedder/Schmidt-Leithoff/*Koppensteiner* Rn 31; WWKK/*Kleinsorge* § 5 DrittelbG Rn 70; UHH/*Ulmer/Habersack* § 6 MitbestG Rn 65.

[350] Ulmer/*Raiser/Heermann* Rn 198; Scholz/*Schneider* Rn 280; UHH/*Ulmer/Habersack* § 6 MitbestG Rn 64.

[351] Ablauf des Abberufungsverfahrens, §§ 32–41 WO.

[352] OLG Düsseldorf EWiR 1997, 145.

[353] Scholz/*Schneider* Rn 288, 296.

Wahlvorschriften. Er bedarf einer Mehrheit von drei Vierteln der abgegebenen Stimmen. Voraussetzung ist Antrag „eines Betriebsrats". Damit hat sich die früher vor dem Hintergrund der alten Formulierung („die Betriebsräte") ausgetragene Streitfrage erledigt, ob jeder Betriebsrat des Unternehmens antragsberechtigt sei. Auch der Gesamt- u Konzernbetriebsrat ist antragsberechtigter Betriebsrat.[354] Ein weiteres Antragsrecht hat ein Fünftel der wahlberechtigten ArbN.

198 **c) Abberufung aus wichtigem Grund** ist nach § 103 III AktG durch das Gericht möglich (gilt auch für ArbNMitglieder).[355] Zuständig ist **Amtsgericht des Sitzes** (zu beachten aber § 376 II FamFG, der im bisherigen § 145 II FGG enthaltenen Folgeregelungen für unternehmensrechtliche Verfahren nach § 375 FamFG regelt).[356] Wichtiger Grund liegt nicht nur vor, wenn ARMitglied krass gesellschaftswidriges Verhalten an den Tag legt, welches weitere Zugehörigkeit zum AR als schlechthin untragbar erscheinen lässt,[357] sondern auch wenn Verbleiben des ARMitglieds im Amt bis zur Beendigung seiner Amtszeit für Ges unzumutbar ist (Beurteilung entsprechend § 84 III 2 AktG),[358] etwa wegen nicht ganz unerheblicher Verletzung der ARPflichten,[359] wegen fundamental dem GesZweck entgegengesetzter Einstellung,[360] wegen rufschädigender Verfehlungen, wegen Unfähigkeit zur Ausübung der Amtspflichten oder wegen Eintritt in ein Konkurrenzunternehmen, Verletzung der Verschwiegenheitspflicht.[361] Auch dann, wenn sich ein ARMitglied Kontrollbefugnisse nach § 111 I AktG wiederholt als Einzelperson anmaßt u gebotene Einzelfallbetrachtung ergibt, dass es sich um ein so gravierendes Fehlverhalten handelt, dass Interesse der Ges an einem funktionsfähigen AR die sofortige Abberufung als ultima ratio erfordert.[362] Grund zu außerordentlicher Kündigung des Arbeitsverhältnisses aber nicht notwendig Grund zur Abberufung.[363] Entscheidung bedarf eines Antrags des AR, über den dieser mit einfacher Mehrheit beschließt. Betroffenes Mitglied unterliegt zwar Stimmrechtsausschluss; es nimmt freilich iSd § 108 II 3 AktG auf Grund Anwesenheit an BeschlFassung teil.[364] Im gerichtlichen Verfahren wird der AR durch den Vorsitzenden vertreten. Bei entsandten ARMitgliedern kann

---

354 ErfK/*Oetker* § 12 DrittelbG Rn 4; UHH/*Henssler* § 12 DrittelbG Rn 5; *Fuchs/Köstler* Rn 579; Ulmer/*Raiser/Heermann* Rn 201; zum Gesamtbetriebsrat s Scholz/*Schneider* Rn 295.

355 ErfK/*Oetker* § 12 DrittelbG Rn 15; UHH/*Henssler* § 12 DrittelbG Rn 2.

356 BT-Drucks 16/6308, 285.

357 BGHZ 39, 116, 123.

358 LG Frankfurt NJW 1987, 505; OLG Zweibrücken AG 1991, 70; OLG Hamburg AG 1990, 218; OLG Stuttgart AG 2007, 218; OLG Frankfurt AG 2008, 456, 456; *Hüffer* AktG § 103 Rn 10; zur Anwendbarkeit in der GmbH s UHH/*Habersack* § 1 DrittelbG Rn 28 u UHH/*Ulmer/Habersack* § 6 MitbestG Rn 70 f.

359 ZB Verschwiegenheitspflicht, dazu *Säcker* NJW 1986, 809, der zu Unrecht Abmahnung für erforderlich hält.

360 OLG Hamburg AG 1990, 218: Abberufung eines atomkraftfeindlichen Ministers aus Energieversorgungsunternehmen.

361 OLG Stuttgart NZG 2007, 72, 73; *Knapp* DStR 2008, 1045, 1049.

362 OLG Frankfurt AG 2008, 456, 456; sehr strenge Anforderungen an Abberufungsgrund stellt BGHZ 39, 123; auch AG München WM 1986, 974; KölnerKomm/*Mertens* § 103 Rn 32; s auch MünchKommAktG/*Habersack* § 108 Rn 40.

363 BGHZ 39, 123.

364 Zutr *Stadler/Berner* NZG 2003, 49, 51 ff, auch zum Sachverhalt des abwesenden betroffenen Mitglieds; s bereits *Duden* BB 1950, 803.

Antrag auch durch GfterMinderheit von 10% des Stammkapitals oder von 1 Mio Euro Nennbetrag der GAnteile gestellt werden. Entscheidung des Gerichts erfolgt im Verfahren der freiwilligen Gerichtsbarkeit (§ 376 I FamFG). Gg sie ist Beschwerde zulässig, § 103 III 4 AktG. Erledigung des Beschwerdeverfahrens tritt ein, wenn nach abberufender Entscheidung zwischenzeitlich ARSitz neu besetzt wurde.[365]

d) Abberufung wird vom AGG nicht erfasst.[366] Beendigung des AR-Mandats ist als Ausübungsbedingung zu qualifizieren u fällt nicht unter den Begriff des Zugangs, wie am Vergleich von § 2 I Nr 1 u 2 AGG deutlich wird.[367] 199

4. Sonstige Amtsbeendigungsgründe. Dafür gilt gleiches wie für die Mitglieder des fakultativen AR.[368] Bei ArbN, die zu den notwendig unternehmenszugehörigen Mitgliedern gehören, tritt Amtsbeendigung durch **Verlust der Wählbarkeitsvoraussetzungen** auch dann ein, wenn sie nicht mehr in einem Betrieb des Unternehmens beschäftigt sind;[369] dazu gehören ArbN nicht, die auf Grund einer Altersteilzeitvereinbarung von der Arbeit vollständig freigestellt sind oder deren Arbeitsverhältnis aus sonstigen Gründen ruht, sofern sie nicht nur vorübergehend keine Arbeitsleistung erbringen.[370] Ferner, wenn sie leitender Angestellter werden.[371] Hingegen bleibt ArbNVertreter im Amt, dessen Arbeitsverhältnis endet, wenn er *nicht* zu den nach § 4 II DrittelbG notwendig unternehmensangehörigen ArbNVertretern zählt,[372] u zwar selbst dann, wenn er aus wichtigem Grund fristlos entlassen worden ist.[373] Falls Unzuträglichkeiten aus seinem Verbleiben im Amt für Unternehmen entstehen können, bleibt nur Abberufung nach § 103 III AktG (Rn 198). 200

Bei **Formwechsel** können Anteilseigner nach § 203 S 2 UmwG die Beendigung des Amtes nur für ihre ARMitglieder, nicht für ArbNVertreter beschließen.[374] Bei **grenzüberschreitender Verschmelzung** gilt ggf § 29 MgVG, wonach Regelung über die ArbNVertretung der erloschenen GmbH fortbesteht; Amt der ArbNVertreter setzt sich in angepasster Form in ausländischer Ges fort. Unten Rn 313. 201

VII. Rechtsverhältnis der ARMitglieder zur Gesellschaft

1. Allgemeines. Für Erforderlichkeit u Bedeutung eines die organschaftliche Stellung des ARMitglieds ergänzenden Rechtsverhältnisses gilt das zum fakultativen AR Ausgeführte entsprechend (Rn 59). Wichtig ist, dass AR- 202

365 OLG Köln AG 1989, 205.
366 *Lutter* BB 2007, 728.
367 Scholz/*Schneider* Rn 276.
368 Vgl oben Rn 50 ff u UHH/*Henssler* § 12 DrittelbG Rn 14 ff; speziell für ArbNVertreter ErfK/*Oetker* § 12 DrittelbG Rn 10 ff.
369 UHH/*Henssler* § 12 DrittelbG Rn 16; HWK/*Seibt* § 12 DrittelbG Rn 8; **aA** *Meier* GmbHR 2008, 585.
370 BAG NZA 2001, 461; dazu zust *Haag/Gräter/Dangelmaier* DB 2001, 702.
371 *Haase* NZA 2004, 1138; UHH/*Henssler* § 12 DrittelbG Rn 16.
372 BGHZ 39, 116, UHH/*Henssler* § 2 DrittelbG Rn 17; *Meier* GmbHR 2008, 585; ErfK/*Oetker* § 12 DrittelbG Rn 12; HWK/*Seibt* § 12 DrittelbG Rn 8; Scholz/*Schneider* Rn 288; Ulmer/*Raiser/Heermann* Rn 205, 181.
373 BGHZ 39, 120.
374 *Habersack* Der Konzern 2008, 67, 69.

Tätigkeit der ArbNVertreter nicht im Rahmen ihres evtl Arbeitsverhältnisses zur GmbH erfolgt u auch nicht in dieses rechtlich eingebettet werden darf.

203 **2. Vergütung.** Zum Anspruch auf Vergütung u zur Festsetzung der Höhe vgl Rn 60. Für einen im **Gründungsstadium** bestellten AR ist nach § 113 II AktG, auf den hier zwingend verwiesen wird, Gewährung einer Vergütung in der Satzung nicht möglich.[375] Erst GfterVers, die über Entlastung der Mitglieder des ersten AR beschließt, kann Vergütung bewilligen. Regelung betrifft nicht den AR, der bei einer bisher ARlosen GmbH durch Anwachsen der ArbNZahl erstmals erforderlich wird. Bei Gewährung einer **Tantieme** für ARMitglieder ist zwingend nach § 113 III AktG zu verfahren, der für GmbH freilich kaum passt. Abschluss einer speziellen **Haftpflichtversicherung** für ARMitglieder, sog D&O-Versicherung, ist durch GfterVers zu bewilligen.[376]

204 Zum Anspruch auf **Aufwendungsersatz** vgl Rn 61. ArbNMitglieder haben keinen solchen Anspruch für Teilnahme an Betriebsversammlung u ähnlichen ArbNVeranstaltungen, da dies nicht zu ihrem AR-Pflichtenkreis gehört.[377]

205 **3. Abschluss von Dienst- u Werkverträgen höherer Art.** Hierfür trifft § 114 AktG beschränkende Regelung (dazu Rn 62); im Gegensatz zu dort ist Anwendung hier zwingend, § 1 I Nr 3 DrittelbG.[378]

206 **4. Kreditgewährung.** Für die Gewährung von Krediten der Ges an ARMitglieder vgl die Ausführungen zum fakultativen AR Rn 65. Auch § 1 I Nr 3 DrittelbG sieht von Anwendung des § 115 AktG ab.

207 **5. Sorgfaltspflicht u Haftung der ARMitglieder.** Zur Regelung dieses Fragenkreises verweist § 1 I Nr 3 DrittelbG auf § 116 AktG, jedoch abw von § 52 I GmbHG ohne gleichzeitige Verweisung auf bestimmte Absätze des § 93 AktG. Daher wird für die Regelung der Haftung mittelbar der ganze § 93 AktG, auf den § 116 AktG verweist, in Bezug genommen. Nach § 93 I 1 AktG unterliegen ARMitglieder dem **Sorgfaltsmaßstab eines ordentlichen u gewissenhaften Geschäftsleiters** (besser: Überwachers u Prüfers). Für Mitglieder der ArbNSeite gelten dabei die gleichen Maßstäbe wie für Mitglieder der Anteilseignerseite.[379] Auch das lässt sich dem Homogenitätsprinzip (Rn 213) zurechnen. Eine Haftungserleichterung nach den Grds über betrieblich veranlasste Tätigkeiten kommt nicht in Betracht. ArbNVertreter unterliegen zudem keiner Weisungsbindung, weil sie ihr Amt eigenverantwortlich auszuüben haben (vgl den in § 4 III 2 Montan-MitbestG verkörperten allg Rechtsgrds).

208 §§ 116 S 2, 93 I 3 AktG heben die **Verschwiegenheitspflicht** besonders hervor, die sich aber, wie bei den GFührern, schon aus der Treupflicht

---

[375] MünchKommAktG/*Habersack* § 113 Rn 54; **aA** Ulmer/*Raiser*/*Heermann* Rn 253.

[376] *Dreher* ZHR 165 (2001), 293; Scholz/*Schneider* § 43 Rn 438; Ulmer/*Paefgen* § 43 Rn 258; **aA** *Lange* ZIP 2001, 1524, 1525.

[377] LAG Stuttgart, Mitbestimmung 85, Beilage 2/3; *Köstler* 114, 254 f; *Hoffmann*/*Preu* Rn 448.

[378] So auch *Lutter*/*Hommelhoff* Rn 46; Scholz/*Schneider* Rn 379.

[379] Vgl *Edenfeld*/*Neufang* AG 1999, 49; *Hoffmann*/*Preu* Rn 519; GroßKommAktG/*Oetker* § 25 MitbestG Rn 28; Roth/*Altmeppen* Rn 47.

ergibt.[380] Sie gilt gleichermaßen für alle Mitglieder. Versuche, interpretativ ARMitgliedern der ArbNSeite Freiräume zu verschaffen, um Betriebsräte, Wähler oder gar Gewerkschaften zu unterrichten,[381] sind als zweckkonträr zur Verschwiegenheitspflicht u zur gleichheitlichen Pflichtenstellung gegenüber der Ges abzulehnen.

§ 93 II AktG gewährt **Schadensersatzanspruch bei Pflichtverletzung** u regelt Umkehr der Beweislast. Das gilt uneingeschränkt auch für GmbH. ArbNVertreter im AR unterliegen dem gleichen Sorgfaltsmaßstab wie Anteilseignervertreter.[382] § 93 III AktG ist hingegen nur mit erheblichen Abwandlungen anwendbar. Dass er gar nicht anwendbar sei, weil er von Handlungen „entgegen diesem Gesetz", also dem AktG, spreche, geht zu weit. Man kann sich wohl nicht mit ersatzweiser Anwendung von § 43 III GmbHG begnügen.[383] Vielmehr sind die einzelnen Fälle des § 93 III AktG anzuwenden, jedoch nur insoweit, als dabei zwingendem GmbHRecht bzw zwingend durch § 1 I Nr 3 DrittelbG oder andere Normen in das GmbHRecht übernommenem Aktienrecht zuwidergehandelt wird. Nummern 4, 8 u 9 des § 93 III AktG sind daher von vornherein nicht anwendbar, Nr 7 ist in gleicher Weise wie bei der AG, die anderen Nummern nur unter zT erheblich modifizierten Voraussetzungen einschlägig. 209

§ 93 IV AktG ist mit Ausnahme von S 2, der für Haftung des AR auch im Aktienrecht nicht passt, voll anwendbar. **Vorgängiger GfterBeschl** wirkt also haftungsbefreiend,[384] **nachträglicher Verzicht oder Vergleich** ist nur nach einer Karenzzeit von 3 Jahren seit Entstehung von Ersatzansprüchen u auch dann nur mit Zustimmung der GfterVers wirksam u wenn außerdem nicht eine 10%-Minderheit widerspricht. § 93 V AktG, der ebenfalls gilt, setzt ARMitglieder überdies **direkter Inanspruchnahme durch GesGläubiger** aus, soweit diese von der Ges keine Befriedigung erlangen u entweder einer der in § 93 III AktG (mit den Rn 209 dargelegten Modifikationen) hervorgehobenen Verstöße vorliegt oder bei anderen Pflichtverletzungen ein grober Sorgfaltsverstoß zugrundeliegt. Gegenüber diesem Direktanspruch entfällt die Deckungswirkung eines vorgängigen GfterBeschlusses ebenso wie die anspruchsbeseitigende Wirkung eines Verzichts oder Vergleichs. Durch Anwendung von § 93 III–V AktG werden Mitglieder des obligatorischen AR bei der GmbH einer **partiell strengeren Haftung** ausgesetzt als die GFührer. Gleichwohl ist die striktere Behandlung der ARMitglieder, die im Gegensatz zu den GFührern nicht den Weisungen der GfterVers unterliegen, keineswegs widersinnig u daher als klare gesetzliche Anordnung zu respektieren. Für die **Verjährung** von Ersatzansprüchen gilt zwingend die 5-Jahresfrist des § 93 VI AktG. 210

6. Entlastung. Entlastung der ARMitglieder ist weder im GmbHRecht noch auf Grund der Verweisung des § 1 I Nr 3 DrittelbG geregelt. Dazu, dass Anspruch auf Entlastung besteht (str), vgl oben für den fakultativen AR Rn 79. 211

---

380 BGHZ 64, 327; UHH/*Ulmer/Habersack* § 25 MitbestG Rn 99; Scholz/*Schneider* Rn 498; Einzelheiten bei *Lutter,* Information, Rn 766 ff; *Lutter/Krieger* Rn 254 ff

381 Vgl insbes *Kittner* ZHR 136 (1972), 208 ff; *Reich/Lewerenz* AuR 1976, 358 f; wie hier die ganz hL, *Lutter,* Information, Rn 610 ff; *Hoffmann/Preu* Rn 271 ff; GroßKomm-AktG/*Oetker* § 25 MitbestG Rn 24 mN; *Hanau/Wackerbarth,* Unternehmensmitbestimmung und Koalitionsfreiheit, 2004, S 68 f.

382 GroßKommAktG/*Oetker* § 25 MitbestG Rn 28.

383 So wohl Rowedder/Schmidt-Leithoff/*Koppensteiner* Rn 16.

384 Einschr Roth/*Altmeppen* Rn 29 für Fall der Einlagenrückgewähr.

Wegen der Beschränkungen in § 93 IV AktG (dazu Rn 210) kommt der Entlastung **keine Verzichtswirkung** zu,[385] vgl für das Aktienrecht ausdrücklich § 120 II 2 AktG. Obgleich diese Norm nicht in Bezug genommen ist, kann wegen § 93 IV AktG bei Entlastung des GmbH-AR nichts anderes gelten, wenn die Entlastung innerhalb der 3-jährigen Karenzzeit des § 93 IV 3 AktG erfolgt. Anders als im Aktienrecht kann hingegen eine nach dieser Zeit ausgesprochene Entlastung auch ohne ausdrückliche Verzichtserklärung die mit der Präklusionswirkung der Entlastung (dazu § 46 Rn 41) verbundene Verzichtswirkung entfalten, sofern ihr nicht eine 10%-Minderheit widerspricht.

212 **Entlastung vor Ablauf der Karenzzeit** hat den Sinn einer Allgemeinbilligung der ARTätigkeit (vgl § 120 II 1 AktG).[386] Darin liegt eine Art Vertrauenserklärung. Hingegen hat sie keine Bedeutung etwa für einen Ausschluss der Abberufung. Denn diese kann durch GftersVers für Anteilseignervertreter grundlos erfolgen. Aus wichtigem Grund erfolgt sie nur durch das Gericht auf Antrag des AR. Für diesen Antrag u die gerichtliche Entscheidung hat die Entlastung durch die GfterVers keine präjudizierende Bedeutung.[387]

213 **7. Gleichbehandlung.** ARMitglieder haben grds gleiche Rechte u Pflichten. Lediglich der Vorsitzende des AR hat eine herausgehobene Stellung mit mehr Pflichten u meist auch höherer Vergütung. Besonders bedeutsam ist Gleichbehandlung zwischen **Anteilseigner- u ArbNVertretern.**[388] Letztere dürfen nicht wegen ihrer Stellung als ArbNVertreter diskriminiert werden, etwa bei der Besetzung von ARAusschüssen.[389] Davon zu unterscheiden ist das Behinderungs- u Benachteiligungsverbot des § 9 DrittelbG.

VIII. Innere Ordnung, Sitzungen, Beschlussfassung

214 Innere Organisationsfragen des AR sind in §§ 107–110 AktG geregelt, auf die § 1 I Nr 3 DrittelbG uneingeschränkt verweist. Zur rechtspolitischen Diskussion über die Organisation des AR als Voraussetzung verbesserter Kontrolltätigkeit oben Rn 81 u unten Rn 243.

215 **1. Sitzungstätigkeit.** AR tagt u entscheidet grds in Sitzungen, vgl §§ 107–110 AktG; zur Entscheidungstätigkeit außerhalb von Sitzungen, vgl oben Rn 83.

216 **2.** AR muss **Vorsitzenden** haben u **mindestens einen Stellvertreter.**

217 **a)** Beide sind von den Mitgliedern des AR (aus seiner Mitte) zu wählen, § 107 I AktG, u zwar iZw mit einfacher Mehrheit. Der zu Wählende kann bei seiner eigenen **Wahl** mitstimmen. Wahl hat, wie Gesetz sich ausdrückt, nach näherer Bestimmung der Satzung zu erfolgen. Satzung kann danach jedenfalls Verfahren regeln, auch etwa qualifizierte Mehrheit vorschreiben.[390] Ob sie auch persönliche Voraussetzungen, insbes Qualifikationsanforderungen

385 Ulmer/*Raiser/Heermann* Rn 264; **aA** Scholz/*Schneider* Rn 525.

386 BGH NZG 2003, 280.

387 KölnerKomm/*Zöllner* § 120 Rn 26 ff.

388 Sog Homogenitätsprinzip, vom BGH in st Rspr vertreten; *Hoffmann/Preu* Rn 107, 158; GroßKommAktG/*Oetker* § 25 MitbestG Rn 20; *Zöllner* FS Zeuner, 1994, 161, 182; krit *Ensch,* Institutionelle Mitbestimmung u ArbNEinfluss, 1989.

389 BGHZ 83, 155; 122, 342; OLG München WM 1995, 978.

390 Str, wie hier MünchKommAktG/*Habersack* § 107 Rn 16; Ulmer/*Raiser/Heermann* Rn 213; **aA** KölnerKomm/*Mertens* § 107 Rn 9.

aufstellen kann, ist zweifelhaft, weil dadurch die **Wahlfreiheit des AR** eingeschränkt oder sogar ausgeschlossen werden kann. Unzulässig jedenfalls, Wahlmöglichkeit auf Vertreter der Anteilseigner zu beschränken.[391] Unzulässig auch Festlegung, Vorsitz u Stellvertretung müssten jeweils aus verschiedenen Gruppen besetzt werden. Satzung kann aber Anzahl der Stellvertreter festlegen.[392] Ist AR zur Wahl trotz mehrfacher Anläufe außerstande, bestellt GfterVers ersatzweise. **Gerichtliche Bestellung** kommt bei GmbH **nicht** in Betracht, str.[393] Amt dauert für die Zeit, die im Bestellungsbeschl festgesetzt ist, sonst bis Ende der Amtszeit des Vorsitzenden als Mitglied. Abberufung mit der für die Bestellung gültigen Mehrheit jederzeit zulässig, Satzung kann Widerruf auf wichtigen Grund beschränken, hM.[394]

b) Als Vorsitzender u Stellvertreter gewählte Personen sind **zum HR** durch GFührer in vertretungsberechtigter Zahl **anzumelden,** § 107 I 2 AktG. Eintragung oder Bekanntmachung erfolgt nicht. Deshalb braucht Form des § 12 I 1 HGB nicht gewahrt zu werden. **218**

c) Aufgabenbereich des ARVorsitzenden[395] ist im GmbHRecht eingeschränkter als im Aktienrecht. Insbes wirkt er nicht mit bei Anmeldung von Kapitalveränderungen zum HR, u er ist in den Informationsfluss zwischen GFührung u AR weniger intensiv eingeschaltet. Seine Hauptaufgaben liegen vielmehr zum einen im innerorganisatorischen Bereich des AR (Vorbereitung u Leitung der Entscheidungstätigkeit) u zum anderen in der Ausführung von ARBeschlüssen, insbes der Erklärung ihres Ergebnisses gegenüber den GFührern. **219**

d) Stellvertreter kann nach zwingender Regelung nur amtieren, wenn der Vorsitzende verhindert ist, § 107 I 3 AktG. **220**

3. Einberufung u Leitung der ARSitzungen erfolgt durch den Vorsitzenden. Zum **Einberufungsverlangen** u **weiteren Einberufungsberechtigten** vgl oben Rn 85. **221**

Über **Art u Form der Einberufung** kann Satzung Regelung treffen. Fehlt sie, ist Einberufung formfrei, der Vorsitzende muss aber geeignetes Verfahren wählen, das den Umständen nach Empfang der Einladung sichert, u er muss angemessene Frist wahren. Einladung hat Tagesordnung anzugeben. **222**

4. Teilnahmerecht an Sitzungen des AR haben **alle ARMitglieder.** § 109 AktG setzt dies voraus. Selbst regelt er nur Teilnahmerecht der ARMitglieder an Sitzungen der Ausschüsse (Abs 2), iü befasst er sich mit der Frage, inwieweit Dritte zur Teilnahme an ARSitzungen zugelassen werden können, Abs 1 u 3. **GFührer** haben **kein eigenes Teilnahmerecht.** § 109 I AktG besagt nur, dass AR ihre Teilnahme zulassen kann. Auch Satzung kann grds **223**

---

[391] BGHZ 83, 112.

[392] BGHZ 83, 111.

[393] Michalski/*Heyder* Rn 328 (für BetrVG 1952); Ulmer/*Raiser/Heermann* Rn 212; **abw** Rowedder/Schmidt-Leithoff/*Koppensteiner* Rn 33; MünchKommAktG/*Habersack* § 107 Rn 25 mN; ErfK/*Oetker* § 1 DrittelbG Rn 15.

[394] So auch MünchKommAktG/*Habersack* § 107 Rn 30; Scholz/*Schneider* Rn 294; Ulmer/*Raiser/Heermann* Rn 214.

[395] Ausführlich zu Stellung u Aufgaben in AG u mitbestimmter GmbH *Peus,* Der Aufsichtsratsvorsitzende, 1983.

Teilnahme vorsehen, aber kein absolutes Teilnahmerecht begründen, weil dies mit der Überwachungs- u Kontrollaufgabe des AR kollidieren kann.[396]

224 **Andere Personen** können **nur als Sachverständige** oder Auskunftspersonen u nur zu einzelnen Gegenständen beigezogen werden. Über die Beiziehung entscheidet der AR oder, falls durch Satzung oder GO dazu ermächtigt, der Vorsitzende. Gewisse Bedeutung für die Praxis hat Möglichkeit des § 109 III AktG, in der Satzung **Teilnahme von Vertretern verhinderter ARMitglieder** vorzusehen, u zwar von Vertretern, die dem AR nicht angehören u durch das verhinderte Mitglied schriftlich ermächtigt sind. Sie haben Rederecht in der Sitzung, können aber nicht mitstimmen, vielmehr nur schriftliche Stimmabgabe des von ihnen vertretenen Mitglieds überbringen (§ 108 III 3 AktG), sind also keine echten Vertreter auch nicht Bote im echten Sinn, da sie verkörperte Erklärung überbringen). Satzung tut gut daran Stellvertreter (Kreis der vertretungsfähigen Personen) sachgerecht zu beschränken. Zulassung der Vertretung nur für einzelne ARMitglieder unzulässig. Zur kombinierten BeschlFassung durch Zuschaltung per Internet Rn 83.

225 ARMitglieder können von **Sitzungsteilnahme ausgeschlossen** werden, wenn diese im Einzelfall wichtige Belange der Ges schwer gefährden würde.[397] Der Vorsitzende kann vorläufige Entscheidung treffen (str), sie bedarf jedoch der Bestätigung durch ARBeschl (mit einfacher Mehrheit unter Stimmrechtsausschluss des Betroffenen).[398] Besteht Gefährdung nicht nur bei singulären Angelegenheiten, ist freilich das betreffende Mitglied ungeeignet. AR muss sich dann zu Antrag auf gerichtliche Abberufung gem § 103 III AktG entschließen.

226 **5. Entscheidungen** des AR ergehen **durch Beschl,** § 108 I AktG. Beschlüsse werden grds in ordnungsgemäß einberufener (vgl Rn 221) Sitzung gefasst; zur sonstigen BeschlFassung vgl Rn 83. Über der Tagesordnung nachträglich in der Sitzung hinzugefügte Gegenstände kann Beschl nur gefasst werden, sofern die Angelegenheit keine Vorbereitung erfordert, wenn alle ARMitglieder anwesend sind; in anderen Fällen, wenn alle einverstanden sind.[399] Anwesenheit aller allein reicht nicht aus für Gegenstände, die der Vorinformation oder längerer Überlegung bedürfen (Rn 92 f).

227 Zur BeschlFassung ist **BeschlFähigkeit** erforderlich. Sie kann durch Satzung im Rahmen zwingenden Rechts geregelt werden, § 108 II 1 AktG. Soweit Satzungsregelung fehlt, setzt BeschlFähigkeit **Teilnahmequorum** von mindestens der Hälfte der Mitglieder an der BeschlFassung voraus, § 108 II 2 AktG. Erforderlich aber auf jeden Fall Teilnahme von **mindestens drei**

---

[396] UHH/*Ulmer/Habersack* § 25 MitbestG Rn 19; *Säcker/Theisen* AG 1980, 34; Rowedder/Schmidt-Leithoff/*Koppensteiner* Rn 38; gg Möglichkeit der Satzungsregelung (entgegen rechtstatsächlicher Üblichkeit) wohl Scholz/*Schneider* Rn 397; vgl aber auch *Schneider* ZIP 2002, 873, 876 (für AG).

[397] Str, vgl Scholz/*Schneider* Rn 335, 396; Ulmer/*Raiser/Heermann* Rn 68, 210; KölnerKomm/*Mertens* § 109 Rn 8; *Hüffer* AktG § 109 Rn 2; MünchKommAktG/*Habersack* § 109 Rn 10; ErfK/*Oetker* § 109 AktG Rn 3; **abw** *Behr* AG 1984, 281 ff; *Dreher* JZ 1990, 869, 901; *Matthießen,* Stimmrecht und Interessenkollisionen im Aufsichtsrat, 1989, 348 ff.

[398] IE wie hier Ulmer/*Raiser/Heermann* Rn 68, 210; **aA** wohl Scholz/*Schneider* Rn 396.

[399] HM, Rowedder/Schmidt-Leithoff/*Koppensteiner* Rn 38; *Säcker* NJW 1979, 1522; UHH/*Ulmer/Habersack* § 25 MitbestG Rn 17; wohl auch Scholz/*Schneider* Rn 393; **aA** *Werner* ZGR 1977, 242 für Eilfälle.

Mitgliedern, § 108 II 3 AktG, beim kleinstmöglichen AR also von allen.[400] Teilnahme an der BeschlFassung verlangt nicht notwendig Stimmabgabe, vielmehr genügt Stimmenthaltung. **Stimmrechtsausschluss** eines von drei ARMitgliedern führt nicht zur BeschlUnfähigkeit des Organs nach § 108 II 2, 3 AktG; vielmehr kann u muss das betreffende ARMitglied an der BeschlFassung stimmenthaltend mitwirken.[401] In den Fällen des § 108 III AktG werden Abwesende mitgerechnet, deren Stimmboten anwesend sind. Satzung kann Teilnahmequorum herabsetzen oder erhöhen, allerdings Mindesterfordernis der Teilnahme von drei Mitgliedern nicht unterschreiten. Sie kann zusätzlich zu Teilnahmequorum **Anwesenheitsquorum** vorsehen. Schreibt sie vor, dass BeschlFähigkeit nur besteht, wenn ein bestimmter Prozentsatz der AR-Mitglieder bei der BeschlFassung anwesend ist oder an ihr teilnimmt, so bezieht sich das iZw auf die durch die Satzung festgelegte Zahl der ARMitglieder, nicht auf die Zahl der gegenwärtig besetzten Sitze.[402]

Für BeschlFähigkeit gleichgültig ist, ob bei unvollständig besetztem AR der **228** **Proporz zwischen Anteilseignervertretern u ArbNVertretern** gewahrt ist, § 108 II 4 AktG. Satzung kann die Mitwirkung einer der vollen Besetzung des AR entsprechenden Zahl von Mitgliedern an der BeschlFassung verlangen.[403]

Sie darf aber nicht für den Fall der Minderbesetzung, wenn sie Abstimmung **229** durch eine kleinere Zahl von Mitgliedern überhaupt zulässt, Proporz der ARBesetzung oder der an der BeschlFassung Teilnehmenden verlangen.[404] Unzulässig ist Bindung der BeschlFähigkeit an Teilnahme bestimmter AR-Mitglieder. Zulässig aber Bindung an Anwesenheit des Vorsitzenden, str.[405] Im Einzelnen ist zum Spielraum der Satzungsautonomie nahezu alles streitig. Satzungspraxis daher nur dann auf der sicheren Seite, wenn sie Gleichbehandlung der ARMitglieder einerseits wahrt u Funktionsfähigkeit des AR nicht durch zu hohe Anforderungen gefährdet.

6. Stimmabgabe. Beschlüsse kommen durch Stimmabgabe zu einem zur **230** Abstimmung gestellten Antrag zustande. Jedes ARMitglied kann Anträge stellen, über die abzustimmen ist, soweit Angelegenheit nicht schon durch Beschl entschieden ist. Abstimmungsleiter (regelmäßig der Vorsitzende) entscheidet, über welche Anträge jeweils abzustimmen ist. Grds ist jedes ARMitglied stimmberechtigt. Zum Ausschluss vom Stimmrecht Rn 89. Stimmabga-

---

400 *Knapp* DStR 2008, 1045, 1047.

401 BGH NZG 2007, 516; GroßkommAktG/*Hopt/Roth* § 108 Rn 63, 84; KölnerKomm/*Mertens* § 108 Rn 57; *Priester* AG 2007, 190; Scholz/*Schneider* Rn 424; *Bosse* NZG 2007, 172, 175; *E. Vetter* AG 2006, 173, 179; **aA** OLG Frankfurt ZIP 2005, 2322, 2324; MünchKommAktG/*Habersack* § 108 Rn 33, 44; zurückhaltend *Hüffer* AktG § 108 Rn 11.

402 BGHZ 4, 228; MünchKommAktG/*Habersack* § 108 Rn 43.

403 Sehr str, Ulmer/*Raiser/Heermann* Rn 227; **aA** Scholz/*Schneider* Rn 407; MünchHdbGmbH/*Marsch-Barner/Diekmann* § 48 Rn 131; MünchKommAktG/*Habersack* § 108 Rn 38; UHH/*Ulmer/Habersack* § 28 MitbestG Rn 4; vgl auch für AG: BGHZ 83, 151, 155; *Hoffmann/Preu* Rn 405.

404 *Köstler/Kittner/Zachert/Müller* Rn 431 ff.

405 **Abw** Ulmer/*Raiser/Heermann* Rn 228; Scholz/*Schneider* Rn 409; *Köstler/Kittner/Zachert/Müller* Rn 431; MünchKommAktG/*Habersack* § 108 Rn 38; zu weitgehend die abweichende Formulierung in BGH 1983, 155, die nur für PflichtAR nach dem MitbestG oder MontanMitbestG gelten kann; UHH/*Ulmer/Habersack* § 28 MitbestG Rn 4.

be erfolgt offen, **geheime Abstimmung nicht zulässig,** schon wegen der Klärung evtl Verantwortlichkeit.[406] Protokoll darf u wird in bestimmten Fällen festhalten, wer für oder gg Antrag gestimmt hat. **Abwesende ARMitglieder** können an Abstimmung durch schriftliche Stimmabgabe mitwirken (§ 108 III 1 AktG), die sie durch andere ARMitglieder (§ 108 III 2 AktG) oder durch gem § 109 III AktG auf Grund Satzungsregelung zugelassene u von ihnen ermächtigte Vertreter überreichen lassen (§ 108 III 3 AktG). Für diese problematische Möglichkeit der Abstimmung, die das Beraten in einer Sitzung vor Stimmabgabe offenbar für unerheblich erachtet, hat der Wunsch Pate gestanden, den durch die Mitbestimmung eingeführten Gruppenproporz wahren zu können. Gesetzgeber hätte besser getan, statt dessen das Prinzip der Vertretungsfeindlichkeit (§ 101 III AktG) aufzugeben. **Schriftliche Stimmabgabe** (Stimmbotenerklärung) verlangt, dass aus ihr der Gegenstand der Abstimmung u die Art der Stellungnahme klar ersichtlich sind. Sie muss unterschrieben sein.[407] Blankounterschrift genügt nicht.[408] Ersetzung durch elektronische Form (§ 126 a BGB) derzeit kaum praktisch. Alternativ zur Stimmbotenerklärung kann ARMitglied seine Erklärung auch per Telekommunikation übermitteln.[409] Erklärung ist wirksam, wenn keine vernünftigen Zweifel an Echtheit vorliegen. IdR wird Textform (§ 126 b BGB) genügen, also dem entsprechende E-Mail oder Telefax.[410] Waren bei einer **kombinierten BeschlFassung** bei einem mit drei Personen besetzten AR nur zwei Personen persönlich anwesend u wird die Stimme des dritten ARMitglied nachträglich schriftlich eingeholt, wird Bschl, wenn alle ARMitglieder mit der gemischten BeschlFassung einverstanden sind, ex nunc mit der Abgabe der Stimme des abwesenden ARMitglieds wirksam.[411] Vgl oben Rn 83.

231 **7.** Beschl werden mit **einfacher Mehrheit** gefasst. Ob Satzung höhere Mehrheiten, auch differenziert nach Gegenständen, vorsehen kann, ist höchst zweifelhaft. Dafür spricht zwar § 111 III 2 AktG. Dagegen spricht, dass Aufgabenerfüllung des AR beeinträchtigt wird. Ganz hM hält deshalb mit Recht höhere Mehrheit für unzulässig, soweit Beschl zur Erledigung gesetzlich zwingend vorgeschriebener Aufgaben erforderlich sind.[412] Die Abstimmung erfolgt nach Köpfen. Mehrstimmrechte für einzelne ARMitglieder sind unzulässig. Zulässig hingegen Satzungsregelung, dass bei Stimmengleichheit Stimme des Vorsitzenden den Ausschlag geben soll, evtl auch erst nach Wiederholung der Abstimmung.[413]

---

406 Sehr str, wie hier KölnerKomm/*Mertens* § 108 Rn 38; *Köstler/Kittner/Zachert/Müller* Rn 437; **aA** Scholz/*Schneider* Rn 427; MünchKommAktG/*Habersack* § 108 Rn 18; ErfK/*Oetker* § 108 AktG Rn 10.

407 So auch *Wiedemann/Kögel* § 10 Rn 17.

408 **Abw** *Hoffmann/Preu* Rn 420, wonach die Weisung, eine blanko unterschriebene Erklärung auszufüllen, dem Schriftformerfordernis genügt.

409 Str, wie hier *Wiedemann/Kögel* § 10 Rn 17; wohl auch *Hüffer* AktG § 108 Rn 15.

410 *Luther* ZGR 1977, 310; *Hoffmann/Preu* Rn 420.

411 *Wiedemann/Kögel* § 10 Rn 26.

412 Scholz/*Schneider* Rn 426; Ulmer/*Raiser/Heermann* Rn 230; Rowedder/Schmidt-Leithoff/*Koppensteiner* Rn 41; KölnerKomm/*Mertens* § 108 Rn 40; MünchKommAktG/*Habersack* § 108 Rn 24; **abw** *Knur* DNotZ 1953, 11.

413 Stichentscheid, ähnl § 29 II MitbestG; zweifelnd Rowedder/Schmidt-Leithoff/*Koppensteiner* Rn 44.

8. Beschlussmängel. Dazu gilt das für den fakultativen AR Ausgeführte. Vgl Rn 88 ff. 232

9. Formvorschrift. Über jede **Sitzung des AR** ist eine Niederschrift (Protokoll)[414] erforderlich, die der Vorsitzende zu unterschreiben hat, § 107 II 1 AktG. Niederschrift muss Ort, Tag, Teilnehmer u Tagesordnungsgegenstand angeben, ferner den wesentlichen Inhalt der Verhandlungen u die gefassten Beschl (auch ablehnende), Satz 2. Verstoß hat aber keine Auswirkung auf Gültigkeit, S 3. Jedes Mitglied hat Anspruch auf Aushändigung einer Abschrift, Satz 4, sowie auf Einsicht in frühere Niederschriften, soweit schutzwürdiges Interesse besteht. 233

Sinngemäße Anwendung der Formvorschrift auf **BeschlFassung außerhalb von Sitzungen (§ 108 IV AktG)** ist geboten. Der Vorsitzende muss insoweit Niederschrift anfertigen, die Zeitpunkt u Gegenstand der Abstimmung (= den gestellten BeschlAntrag), die zur Teilnahme an der Abstimmung aufgeforderten Mitglieder, die eingegangenen Erklärungen u das inhaltliche Ergebnis der Abstimmung enthält. 234

10. ARAusschüsse. AR kann Ausschüsse bilden, § 107 III AktG. Dadurch lässt sich die Plenumsarbeit namentlich bei größeren Gremien stark entlasten u ARArbeit insgesamt effektiver gestalten.[415] Satzung kann Bildung von Ausschüssen weder vorschreiben noch verbieten.[416] Zu unterscheiden sind, wie § 107 III zeigt, vorbereitende, überwachende u beschließende Ausschüsse. 235

Beschließende Ausschüsse (dh Entscheidungen anstelle des Gesamtgremiums treffende) sind nur erheblich eingeschränkt zulässig. Ein Teil der in § 107 III 2 AktG genannten, einem **Ausschuss nicht zur Entscheidung übertragbaren Aufgaben** ist spezifisch auf das Aktienrecht zugeschnitten u greift daher im GmbH-Recht nicht ein. Unter sinnentsprechender Anpassung an GmbH-Recht sind danach einem Ausschuss nicht übertragbar: Wahl des Vorsitzenden u Stellvertreters (§ 107 I 1 AktG), ebenso deren Abberufung (Analogie); Erlass einer GO für GFührung (§ 77 II 1 AktG); Einberufung der GfterVers (§ 111 III AktG); Prüfung des Jahres-/Konzernabschlusses sowie Bericht über das Ergebnis der Prüfung an GfterVers u Erklärung, ob Einwendungen gg den Jahres- resp Konzernabschluss zu erheben sind u ob AR den Jahresabschluss billigt (§ 171 AktG; nicht ausgeschlossen ist insoweit selbstverständlich Vorprüfung u Vorbereitung des Berichts durch einen Ausschuss); Festlegung zustimmungsbedürftiger Arten von Geschäften (§ 111 IV 2 AktG). Neben diesen ausdrücklich genannten Angelegenheiten besteht ein ungeschriebenes Delegationsverbot für alle Entscheidungen des AR über Fragen seiner Selbstorganisation;[417] danach sind nicht übertragbar: Bildung u Auflösung von Ausschüssen; Erlass einer GO für den AR; BeschlFassung über einen Antrag auf Abberufung eines ARMitglieds aus wichtigem Grund; generelle Wahrnehmung der Überwachungsaufgabe. Hat AR kraft Satzung statt GfterVers die GFührer zu bestellen u abzuberufen, ist dies iZw nicht auf 236

[414] Zur Beschlagnahme von ARProtokollen s BVerfG 74, 7; 77, 1; LG Frankfurt NJW 1987, 790; *Peus* ZGR 1987, 545.

[415] Zu letzterem *Deckert* ZIP 1996, 985.

[416] BGHZ 83, 106.

[417] Vgl BegrRegE zu § 107 AktG bei *Kropff* AktG 150; *Lutter/Krieger* Rn 1153, 654; MünchHdbAG/*Hoffmann-Becking* § 32 Rn 3, 5; *Hoffmann/Preu* Rn 153.

Ausschuss übertragbar (Frage der Satzungsauslegung; § 107 III 2 AktG gilt hierfür nicht). Nicht ausgeschlossen durch § 107 III 2 AktG ist Übertragung der Entscheidung über Erteilung oder Versagung der Zustimmung zu zustimmungsbedürftigen Geschäften,[418] wenn durch Satzung oder GesamtAR festgelegte Zustimmungspflichtigkeit bestimmter Arten von Geschäften vorgesehen ist.

237 Über die **Besetzung von ARAusschüssen** trifft Gesetz keine Regelung. Vorbereitende Ausschüsse u prüfende Ausschüsse können aus zwei oder mehr Mitgliedern bestehen, beschließende hingegen nur aus mindestens drei.[419] Der Vorsitzende muss ihnen nicht angehören. Auch **Gruppenproporz braucht nicht zu bestehen.** Auch Ausschuss mit drei u mehr Mitgliedern kann daher allein mit Vertretern der Anteilseigner besetzt sein, str.[420] Besetzung muss nach sachlichen Erwägungen erfolgen.[421] Da Gesetz von der Gleichstellung aller Mitglieder ausgeht, darf an Gruppenzugehörigkeit für Ausschussbesetzungen nicht differenzierend angeknüpft werden.[422] Ebenso muss bei Besetzungsentscheidungen, die der GesamtAR trifft, eine Diskriminierung der ArbNMitglieder vermieden werden. Satzung kann weder Größe noch Besetzung von Ausschüssen festlegen, wohl aber Verfahrensregelungen, zB Zweitstimme des Vorsitzenden zwecks Pattauflösung.[423]

238 **Beschlussfähigkeit von Ausschüssen** kann Satzung regeln. Bei Fehlen einer Satzungsregelung werden § 108 II 2 u 3 AktG entspr anzuwenden sein, dh BeschlFähigkeit setzt Teilnahme mindestens der Hälfte der Ausschussmitglieder voraus, ferner müssen in jedem Fall drei Mitglieder teilnehmen. Vom zuletzt genannten Erfordernis kann auch Satzung nicht dispensieren.[424]

239 Für **Teilnahmerecht an Ausschusssitzungen** s § 109 AktG sowie oben Rn 87. Für BeschlFassung der Ausschüsse gelten die Ausführungen zur BeschlFassung des GesamtAR entspr (Rn 230 ff).[425] Auch Ausschusssitzungen unterliegen dem Formerfordernis des § 107 II AktG. Bei Vorliegen entspr Diskretionsinteressen sind Ausschussmitglieder zur Verschwiegenheit auch gegenüber nicht dem Ausschuss angehörenden ARMitgliedern verpflichtet.[426]

---

418 BGH ZIP 1991, 869; OLG Hamburg AG 1996, 84; KölnerKomm/*Mertens* § 107 Rn 150 u § 111 Rn 84.

419 BGHZ 65, 193; *Hoffmann/Preu* Rn 159; ausführl *Rellermeyer* 88 ff.

420 BGHZ 122, 342 lässt theoretische Möglichkeit einseitiger Besetzung zu, stellt dies aber unter so strenge Voraussetzungen, dass praktisch stets ein ArbNMitglied gewählt werden muss; ebenso ErfK/*Oetker* § 107 AktG Rn 10. Vgl ferner OLG München WM 1995, 978. Wie hier Scholz/*Schneider* Rn 450; Ulmer/*Raiser/Heermann* Rn 219 f; KölnerKomm/*Mertens* Anh § 96 Rn 73 ff; wohl auch *Hoffmann/Preu* Rn 156, 157; ähnl auch OLG Hamburg DB 1984, 1569 f für Personalausschuss: keine Vollmitgliedschaft von ArbNVertretern, aber Teilnahmerecht; ebenso OLG Hamburg DB 1992, 774 (776); ähnl *Lutter/Hommelhoff* Rn 35 für alle Ausschüsse: Teilnahmerecht von mindestens einem ArbNVertreter bei Angelegenheiten, die eng mit unentziehbaren Kompetenzen des GesamtAR zusammenhängen; **aA** *Köstler/Kittner/Zachert/Müller* Rn 384, 387 ff; Rowedder/Schmidt-Leithoff/*Koppensteiner* Rn 36; *Köstler* BB 1985, 554; *Kindl* DB 1993, 2069; LG Passau, AG 1994, 428; offen gelassen bei WWKK/*Koberski* § 29 MitbestG Rn 37.

421 Dazu *Rellermeyer* 107.

422 BGHZ 83, 155; ausführlich zur Besetzungsfrage mit Kritik an der Entsch des BGH *Zöllner* FS Zeuner, 1994, 161 ff; krit *Jaeger* ZIP 1995, 1735.

423 BGHZ 83, 106; 83, 144.

424 BGHZ 65, 193.

425 Dazu u zur Auslegung BGH WM 1989, 215.

GO kann dazu nähere Regelung treffen. Nicht dem Ausschuss angehörende ARMitglieder können von der Ausschusssitzung ausgeschlossen werden, § 109 II AktG. Deren Informationsinteressen schützt § 107 III 3 AktG, wonach dem GesamtAR regelmäßig über die Ausschussarbeit zu berichten ist.

11. Vertretungsfeindlichkeit der Organtätigkeit. Nach § 101 III AktG ist die Wahl von Stellvertretern für ARMitglieder nicht zulässig. Nur **Ersatzmitglieder** (Rn 188, 195) können vorgesehen werden, die aber erst in Funktion treten, wenn ein ARMitglied endgültig wegfällt, also nicht bei zeitweiser Verhinderung. ARMitglieder dürfen auch nicht die Wahrnehmung ihrer Aufgaben anderen übertragen, § 111 V AktG, sich also auch nicht ad hoc in Sitzungen vertreten lassen. Hiervon kann nach § 109 III AktG die Satzung Ausnahme machen (Rn 230), jedoch kann der Ermächtigte kein Stimmrecht für das von ihm vertretene Mitglied ausüben. Es verbleibt insoweit bei der Möglichkeit schriftlicher (u damit inhaltlich vorgefasster) Stimmabgabe durch das nicht anwesende Mitglied nach § 108 III AktG. Kombinierte BeschlFassung ist flexiblere Alternative, vgl oben Rn 83. 240

12. Geschäftsordnung für AR zur Regelung organisatorischer Fragen ist möglich, soweit Satzung sie nicht verbietet. Erlass durch Gfter nur im Wege der Satzungsregelung möglich. GesamtAR kann sich GO durch Mehrheitsbeschl geben, muss sich dabei aber im Rahmen von Satzungsvorgaben halten. Ausschüsse können GO nur für sich selbst aufstellen, nicht für GesamtAR; dieser kann aber seinerseits GO für Ausschusstätigkeit aufstellen, die vorgeht. 241

IX. Aufgaben u Kompetenzen des AR

1. Kontrolle der GFührer. Funktionstypische Aufgabe des AR ist die Überwachung der GFührung, u zwar nur der den GFührern obliegenden, § 111 I AktG. Dass in dieser Vorschrift der Vorstand nicht erwähnt ist, bedeutet selbstverständlich nicht, dass der AR auch GFührungsentscheidungen der Gfter oder eines anstelle der GfterVers handelnden Beirats zu überwachen hätte, sondern versteht sich aus der abw Verfassung der AG, in der der Vorstand alleiniges GFührungsorgan ist, so dass er nicht besonders erwähnt zu werden brauchte. Sinngemäße Anwendung von § 111 I AktG, die eine Anpassung an die abw Verfassung der GmbH erfordert, kann nur unter Beschränkung der Überwachungsaufgabe des AR auf GFührerhandeln erfolgen. Eingeschlossen in die Überwachungsaufgabe ist die Ausführung der GFührungsentscheidungen der Gfter durch die GFührer. Im Einzelnen s zur Kontrollaufgabe des AR zunächst oben Rn 100. 242

Effizienz der aufsichtsrätlichen Überwachungstätigkeit unterliegt seit einiger Zeit erheblicher Kritik. Gesetzgeber hat mit kleineren Eingriffen im Aktienrecht reagiert. Das Wesentliche lässt sich gesetzlich nicht regeln, da es an der Bemühung der Funktionsträger hängt. Deren Verhalten ändert letztlich nur eine veränderte Einstellung der von schlechter Amtsführung geschädigten Gfter u Gläubiger u daraus resultierende vermehrte Geltendmachung von Ansprüchen.[427] Für die Praxis besonders wichtig ist **Umfang sowie organisatorische u instrumentelle Ausgestaltung der Überwachungstätigkeit** 243

---

[426] LG Düsseldorf AG 1988, 386.
[427] *Henze* NJW 1998, 3309.

des AR.[428] Dabei geht es einerseits um Bemessung des Umfangs der Pflichten der ARMitglieder, andererseits aber auch um Wahrung der GesInteressen gegenüber einer störenden Überwachungstätigkeit. In gut geführten Ges sind Leitung u Überwachung keine gegensätzlich arbeitenden Funktionen, sondern wirken im Rahmen eines geeigneten bilateralen Informationssystems sinnvoll ineinander.[429] Figur der *corporate governance* sucht Unternehmen auf entsprechende Strukturen auszurichten (Vor § 35 Rn 11 ff). Für nicht allzu große Ges, die noch von den Gftern selbst geführt (etwa wenn die Mehrheit oder alle als GfterGFührer tätig sind) oder von den Gftern selbst im Rahmen der GfterVers überwacht werden, passen die auf aktienrechtliche Strukturen ausgerichteten Überlegungen nur mit erheblichen Einschränkungen u Modifikationen. Überwachung bezieht sich nicht nur auf Rechtmäßigkeit, sondern auch u vor allem auf Zweckmäßigkeit[430] u Förderlichkeit aller Maßnahmen der GFührer (unter Einschluss des gesamten Personals). Demgemäß lässt sich von Legalitätskontrolle, Organisationskontrolle u Wirtschaftlichkeitskontrolle sprechen. Ferner schließt Überwachung auch Wahrung sozialer Belange der ArbN durch die Ges ein. Umfang richtet sich nach den **Grundsätzen ordentlicher u gewissenhafter Kontrolltätigkeit.** Konkret erkennbare Umstände sind dabei zu berücksichtigen. Leitlinie hat zu sein, dass Überwachung nicht Selbstzweck ist, sondern dem wohlverstandenen Interesse der Ges dienen soll. Von den ARMitgliedern kann nur eine nach Gesamtsachlage zumutbare Überwachungstätigkeit verlangt werden. Wo Anlass zu umfassenden, von ihnen selbst nicht leistbaren Kontrollmaßnahmen besteht, müssen sie die Gfter unterrichten u Sonderprüfungsmaßnahmen anregen. Soweit Überwachungstätigkeit den Geschäftsgang stört, muss sie den Grundsätzen der Erforderlichkeit u Verhältnismäßigkeit entsprechen.[431] Überwachung umfasst auch Beziehungen zu verbundenen Unternehmen, § 90 III AktG.[432] Soweit GmbH-GFührung ein Risikoerkennungssystem zu unterhalten hat (§ 35 Rn 33), erstreckt sich auch darauf die Überwachungspflicht des AR.[433]

244 Verschiedentliche Fälle des Versagens der GFührungsüberwachung durch den AR haben Diskussion um die Kontrolle der Kontrolle wiederbelebt, wie sie vor allem durch Gfter in Betracht kommt. Frage ist rechtspolitisch eher für Aktienrecht von Bedeutung. Zur GfterKlage bei der GmbH § 13 Rn 37 ff sowie § 46 Rn 67 ff. Entwicklungen im Aktienrecht (ua Neufassung § 148

---

[428] Umfassend *Semler/v. Schenck,* Arbeitshandbuch für Aufsichtsratsmitglieder, 3. Aufl 2008; *Steinbeck,* Überwachungspflicht und Einwirkungsmöglichkeiten des AR der AG, 1992; *Semler,* Leitung und Überwachung der AG, 2. Aufl 1996; *Henze* NJW 1998, 3309.

[429] Dazu *Frühauf* ZGR 1998, 407; *Chr. Wilde* ZGR 1998, 423; *Kleindiek* ZGR 1998, 466; *Hoffmann-Becking* ZGR 1998, 497; *H. Götz* ZGR 1998, 524; *Zöllner* Aktienrechtliche Binnenkommunikation im Unternehmen, in Noack/Spindler (Hrsg), Unternehmensrecht und Internet, 2001, 69 ff.

[430] BGHZ 75, 133; Scholz/*Schneider* Rn 95; MünchKommAktG/*Habersack* § 111 Rn 42; **aA** *Mertens* ZGR 1977, 278.

[431] Zu den Überwachungsprinzipien aus stärker betriebswirtschaftlich orientierter Sicht *Theisen,* Überwachung der Unternehmungsführung, 1987, S 240 ff. Zur Kontrollaufgabe in Krisenzeiten *Semler* AG 1983, 141.

[432] Dazu *Scheffler* DB 1994, 793; *U. H. Schneider* FS Kropff, 1997, 271; *H. Götz* ZGR 1998, 524. Zur Stellung des AR im beherrschten Unternehmen *Turner* DB 1991, 583; s oben Rn 66.

[433] *Pahlke* NJW 2002, 1680; *Gernoth* DStR 2001, 299; *Claussen* FS Lutter, 2000, 327 ff (jew mit Blick auf AG).

AktG im Jahr 2005) geben keinen Anlass zu Ausweitungen der Klagemöglichkeiten bei der GmbH.

2. Prüfung des Jahresabschlusses. a) Prüfungspflicht. Dem AR obliegt gem § 171 I 1 AktG die Prüfung des von den GFührern aufgestellten Jahres-/Konzernabschlusses sowie des (Konzern-)Lageberichts u des Vorschlags über die Verwendung des Bilanzgewinns, Abs 1. Dafür gilt das oben für den fakultativen AR Ausgeführte (Rn 109) entsprechend, freilich mit dem Unterschied, dass die Regelung für obligatorischen AR rundum zwingend ist (anders Rn 112). Zur Einschaltung u Funktion des Abschlussprüfers im Rahmen der Prüfungstätigkeit des AR s oben Rn 110. 245

b) Berichtspflicht. AR hat über das Ergebnis seiner Prüfung schriftlich der GfterVers zu berichten, § 171 II 1 AktG. Vgl dazu näher oben Rn 111. 246

c) Anders als im Aktienrecht obliegt dem AR nicht die Aufgabe, zusammen mit dem Vorstand den Jahresabschluss festzustellen. Auf § 172 AktG wird bewusst nicht verwiesen. Vielmehr verbleibt **Kompetenz zur Feststellung** der GfterVers, §§ 46 Nr 1, 42a I u II, soweit nicht Satzung diese Aufgabe dem AR übertragen hat. GfterVers muss aber vor Feststellung des Jahresabschlusses den Bericht des AR oder den ergebnislosen Ablauf der ihm gesetzten Frist abwarten. Andernfalls ist Feststellung fehlerhaft. Zur Anfechtbarkeit des Feststellungsbeschl führt dies freilich nur, wenn nicht alle Gfter der Feststellung zustimmen. 247

3. Bestellung des Abschlussprüfers obliegt auch bei prüfungspflichtigen Ges dem AR; dazu oben Rn 114. Die Zuständigkeit ist bei diesen Ges durch Satzung nicht abdingbar. 248

4. Einberufung der GfterVers. AR hat gem § 111 III 1 AktG das Recht, die GfterVers einzuberufen, wenn das **Wohl der Ges** dies (nach seiner Ansicht) erfordert. Satzung kann ihm dieses Recht nicht entziehen, sie kann auch das Erfordernis einfacher Mehrheit (§ 111 III 2 AktG) nicht erhöhen. Unter Umständen genügt Herbeiführung eines GfterBeschl im Verfahren nach § 48 II. Einberufung ist nicht nur Recht, sondern auch Pflicht, wie etwa dann, wenn erhebliche Meinungsverschiedenheiten zwischen AR u GFührer bestehen, wenn AR Abberufung eines GFührers für erforderlich hält oder wenn er andere gravierende Maßnahmen für notwendig erachtet.[434] Die Frage, ob Pflicht des AR zur Information der Gfter außerhalb GfterVers bei krisenhafter Zuspitzung der Lage oder schwerwiegenden Verstößen der GFührer besteht, ist zwar zu verneinen.[435] Allerdings sind Gfter im Zusammenhang mit Einberufung auf den Sachverhalt aufmerksam zu machen, so dass sich kein praktischer Unterschied ergibt. 249

5. Vertretung der Ges. Dafür gelten die Ausführungen zum fakultativen AR entsprechend. Vgl ausführlich Rn 116. Vertretung in Prozessen mit GFührern obliegt aber zwingend dem AR, str.[436] Nur für Geltendmachung von Ersatzansprüchen kann GfterVers besonderen Vertreter bestellen, vgl § 46 250

---

[434] RGZ 161, 139.

[435] **AA** Scholz/*Schneider* Rn 127.

[436] Roth/*Altmeppen* § 46 Rn 56; Ulmer/*Raiser/Heermann* Rn 234; WWKK/*Kleinsorge* § 1 DrittelbG Rn 31; ErfK/*Oetker* § 1 DrittelbG Rn 19; **aA** *Bergwitz* GmbHR 2008, 225, 231.

Rn 65 u 68. Im Unterschied zum fakultativen AR (Rn 16) ist AR nach dem DrittelbG im Falle der Führungslosigkeit zur Ersatzvertretung befugt.[437]

251 **6. Bestellung u Abberufung der GFührer.** Sie obliegt der GfterVers, § 46 Nr 5 GmbHG. § 84 AktG ist nicht entsprechend anwendbar (anders für den AR gem § 31 I MitbestG, vgl Rn 302). Satzung kann aber Bestellung dem AR übertragen (dazu § 35 Rn 7 u § 46 Rn 33 f), ebenso die Abberufung (dazu § 38 Rn 24). Zur Haftung s oben Rn 122.

252 **7. Einfluss auf die GFührung.** Nach § 111 IV 1 AktG, der anzuwenden ist,[438] können dem AR Maßnahmen der GFührung nicht übertragen werden. Von dieser **Funktionstrennung** darf Satzung nicht abweichen. Soll GfterVers von GFührungsentscheidungen entlastet werden, ohne den Entscheidungsspielraum der GF zu erhöhen, muss daher neben dem obligatorischen AR ein weiteres Gremium, etwa ein Beirat installiert werden.

253 **Satzung oder AR** haben[439] jedoch die **Vornahme bestimmter Arten von Geschäften an** die **Zustimmung des AR zu binden** (mit einfacher Mehrheit, sofern Satzung keine höhere Mehrheit verlangt), § 111 IV 2 AktG. Satzung kann diese Kompetenz des AR trotz andersartiger Verfassung der GmbH, in der umfassende Entscheidungskompetenz der GfterVers in GFührungsangelegenheiten besteht,[440] nicht völlig ausschließen, str.[441] Sie kann aber die Zustimmungsvorbehalte selbst formulieren u damit für den benannten Gegenstand die Festlegung weiterer Vorbehalte durch den AR sperren.[442]

254 Ebenfalls str ist die **Stellung der GfterVers** gegenüber einem nach Satzung oder ARBeschl bestehenden Erfordernis der Zustimmung des AR **bei Verweigerung dieser Zustimmung.** Bei strenger wortlautgemäßer Anwendung von § 111 IV 3 u 4 AktG könnte die GfterVers eine Zustimmungsverweigerung des AR nur auf Verlangen der GFührer u nur mit Dreiviertelmehrheit überwinden. Das wird der dominierenden Stellung der GfterVers in der GmbH nicht gerecht. Abberufung der GFührer wird vielfach nur aus wichtigem Grund möglich, auch je nach den Umständen faktisch nicht opportun sein. Abberufung der ARMitglieder bedarf ebenfalls der Dreiviertelmehrheit. Praktisch könnte daher in bestimmten Konstellationen der AR gg die Mehrheit der Gfter in GFührungsangelegenheiten verhindernd eingreifen. Das widerspricht eklatant der Grundverfassung der GmbH. § 111 IV 3 AktG ist daher zwar insofern anwendbar, als die GFührer der Zustimmungsverweigerung des AR mit der Anrufung der GfterVers begegnen können. Hingegen

---

437 Bunnemann/Zirngibl/*Bunnemann/Holzborn* § 5 Rn 23.

438 Ulmer/*Raiser/Heermann* Rn 240; Scholz/*Schneider* Rn 161; **aA** *Brouwer,* Zustimmungsvorbehalt des Aufsichtsrats im Aktien- und GmbH-Recht, 2008, S 46.

439 Eine *Pflicht* wurde durch das TransPuG (2002) eingeführt, trotz der berechtigten Kritik im Bundesrat, dies passe nicht auf die mitbestimmte GmbH; *Seibert* NZG 2002, 608, 610; *Gaul/Otto* GmbHR 2003, 6, 11.

440 *Theisen,* Die Aufgabenverteilung in der mitbestimmten GmbH, 1980, 146.

441 Vgl einerseits (Ausschlussmöglichkeit bejahend) *Hoffmann/Neumann* GmbHR 1976, 152; *Hölters* BB 1978, 643; andererseits (Ausschlussmöglichkeit verneinend) Rowedder/Schmidt-Leithoff/*Koppensteiner* Rn 47; ErfK/*Oetker* § 1 DrittelbG Rn 20; UHH/*Ulmer/Habersack* § 25 MitbestG Rn 64; Ulmer/*Raiser/Heermann* Rn 242; *Säcker* DB 1977, 1848 f; *Hommelhoff* ZGR 1978, 152; *Immenga* ZGR 1977, 261 f; *Wank* GmbHR 1980, 124; WWKK/*Koberski* § 25 MitbestG Rn 48; *Brouwer* (Fn 438) S 132.

442 *Lutter/Krieger* Rn 1126; *Martens* AG 1976, 121 f; *Lutter,* Information, Rn 754; *Lutter/Hommelhoff* Rn 29; **aA** *Brouwer* (Fn 438) S 132. Vgl auch § 37 Rn 23.

ist Satz 4 nicht anzuwenden. So wenig der AR eine vorgängige GFührungsentscheidung, die mit einfacher Mehrheit ergangen ist u die GFührer nach § 37 GmbHG bindet, durch Zustimmungsverweigerung konterkarieren kann, so wenig bedarf eine nachgängige GfterEntscheidung in GFührungsangelegenheiten einer qualifizierten Mehrheit.[443]

8. Tätigkeit des AR im Abwicklungsstadium. Durch Verweisung auf § 268 II AktG in § 1 I Nr 3 DrittelbG ist klargestellt, dass der AR bei Auflösung u Übertritt der GmbH ins Liquidationsstadium im Amt bleibt u dass sich seine Überwachungsaufgabe gegenüber den an die Stelle der GFührer tretenden Liquidatoren fortsetzt. Das gilt auch bei Auflösung durch Eröffnung des **Insolvenzverfahrens.**[444] Freilich unterliegt der Insolvenzverwalter, der dort den Löwenanteil der GFührungsentscheidungen trifft, nicht der Überwachung,[445] sondern nur die sachlich ganz beschränkte Tätigkeit der GFührer. ARMitglieder sind zur Auskunft u Mitwirkung im Insolvenzverfahren verpflichtet (§ 101 InsO). Bei Eigenverwaltung (§§ 270 ff InsO) nimmt AR (neben dem Sachwalter, § 274 InsO) Kontrollaufgaben gegenüber der GFührung wahr. Zum Ganzen näher § 69 Rn 19. **255**

9. Ausübung von Beteiligungsrechten. In die Ausübung von Beteiligungsrechten **in mitbestimmten Tochterges** ist nach § 32 MitbestG u § 15 MitbestErgG der AR in bestimmter Weise eingeschaltet. Dadurch soll die Kumulierung des ArbNEinflusses in TochterGes vermieden werden. Für die Ausübung von Beteiligungsrechten durch Ges, die der Mitbestimmung nach dem DrittelbG unterliegen, fehlt entspr Vorschrift. Sie ist hier entbehrlich, einmal weil der Einfluss der Anteilseignerseite stark dominiert u die Anteilseignerseite, anders als nach den beiden genannten Mitbestimmungsgesetzen, GFührer allein bestellt, sodann weil in den dieser schwächeren Mitbestimmungsform unterliegenden Ges idR auch die Herbeiführung eines GfterBeschlusses über die Ausübung von Beteiligungsrechten möglich ist, an den GFührer gebunden sind. **256**

10. Übertragung von Kompetenzen über § 52 I hinaus an AR durch Satzung ist möglich, soweit dies zu Lasten der GfterVers geht, jedoch nicht zu Lasten der GFührer (vgl Rn 128). S ferner § 46 Rn 5 f u 93 ff. **257**

11. Zu Klagerechten des AR gg andere GesOrgane vgl Rn 129. **258**

X. Informationsrechte des AR u der ARMitglieder

AR als Organ ebenso wie seine Mitglieder benötigen zur Aufgabenerfüllung Informationen. Vgl dazu zunächst die Ausführungen zum fakultativen AR Rn 132 ff. **259**

---

443 *Zöllner* ZGR 1977, 327 f; *Hoffmann/Neumann* GmbHR 1978, 63; *Lutter/Hommelhoff* Rn 29; Scholz/*Schneider* Rn 133; *Lutter/Krieger* Rn 1128; *Brouwer* (Fn 438) S 218; ErfK/*Oetker* § 1 DrittelbG Rn 20; **aA** *Hommelhoff* ZGR 1978, 153; *Säcker* DB 1977, 1849; Rowedder/Schmidt-Leithoff/*Koppensteiner* § 37 Rn 33 f; *Raiser/Veil* § 25 MitbestG Rn 81; UHH/*Ulmer/Habersack* § 25 MitbestG Rn 66 f; WWKK/*Kleinsorge* § 1 DrittelbG Rn 27; noch anders differenzierend *Wank* GmbHR 1980, 127; Ulmer/*Raiser/Heermann* Rn 243.

444 *Noack,* Aufsichtsrat in der Insolvenz der Kapitalgesellschaft, 2004; *D. Schneider* FS Oppenhoff, 1985, 349 ff.

445 *Uhlenbruck/Hirte* § 11 InsO Rn 121; *Noack* (Fn 444) 27.

260 **1. Recht auf Berichterstattung durch die GFührer.** AR kann nach § 90 III 1 AktG von den GFührern jederzeit einen Bericht über die Angelegenheiten der Ges verlangen. Vgl dazu näher Rn 134. Anders als beim fakultativen AR kann Satzung dieses Informationsrecht des Gesamtgremiums u damit verknüpfte Informationsrechte der einzelnen Mitglieder nicht abschwächen. Sie kann sie aber verstärken, etwa den GFührern turnusmäßige Berichte auferlegen oder eine Regelung analog § 90 I u II AktG treffen.

261 **2. Einsichts- u Prüfungsrecht.** Nach § 111 II AktG, dessen Anwendung § 1 I Nr 3 DrittelbG vorsieht, hat der AR das Recht – ggf durch einzelne Mitglieder oder Sachverständige – die Bücher u Schriften (auch Dateien) der Ges sowie die Vermögensgegenstände (einschließlich GesKasse, Warenbestände u Wertpapierbestände) einzusehen u zu prüfen. Satzung kann dieses Recht nur erweitern, nicht einschränken. Für Umfang der Ausübung gelten in etwa die gleichen Grundsätze wie für Erfüllung der Überwachungsaufgabe. Jede Prüfungsmaßnahme stellt einen Eingriff in den Geschäftsablauf der Ges dar. Sie muss sich an den Interessen der Ges orientieren u darf nicht Selbstzweck sein. Prüfungsumfang muss ebenso für ARMitglieder wie für GFührer u Ges zumutbar sein u muss den Grundsätzen der Erforderlichkeit u Verhältnismäßigkeit entsprechen.

262 **3. Teilnahme an GfterVers.** ARMitglieder haben Recht, aber grds auch Pflicht, an GfterVers teilzunehmen, § 118 II AktG mit § 1 I Nr 3 DrittelbG.[446] Formulierung als Sollvorschrift will zum Ausdruck bringen, dass Gültigkeit von GfterBeschl nicht beeinträchtigt wird, wenn ARMitglieder Teilnahmerecht nicht ausüben. Teilnahmerecht bedeutet grds nicht nur Anwesenheitsrecht, sondern auch Rederecht, hingegen wohl kein Recht, Anträge zu stellen (str).[447] Wird ARMitglied zur GfterVers nicht zugelassen, kann dies den Beschl anfechtbar machen, aber freilich nur, wenn Gfter nicht einig sind. Teilnahmerecht schließt BeschlFassung im Verfahren nach § 48 II GmbHG oder einem durch Satzung installierten Ersatzverfahren nicht aus (str).[448] Teilnahmerecht im Zusammenhang damit oder eine seinen Inhalt irgendwie ersetzende Befugnis gibt es nicht.[449]

263 **4. Recht auf Sondermitteilung hinsichtlich der GfterVers.** Gem §§ 125 III AktG, § 1 I Nr 3 DrittelbG kann jedes ARMitglied verlangen, dass ihm GFührer die Einberufung einer GfterVers, die Tagesordnung u etwa vorliegende Anträge u Wahlvorschläge von Gftern einschließlich deren Namen u Begründung sowie einer etwaigen Stellungnahme der GFührer mitteilen. Vgl dazu auch § 51 Rn 10. ARMitglieder haben ferner Recht auf Mitteilung der in einer GfterVers gefassten Beschl. Daran besteht für sie Interesse, wenn sie an Teilnahme verhindert waren oder das Ergebnis einer Abstimmung auf der GfterVers offenblieb u erst später festgestellt wird. Entsprechendes Recht der ARMitglieder ist in § 125 IV AktG formuliert, auf das § 1 I Nr 3 DrittelbG verweist.

---

[446] OLG Stuttgart GmbHR 1974, 260 mit Anm *Konow.*

[447] So auch Scholz/*Schneider* Rn 347; Ulmer/*Raiser/Heermann* Rn 236; ErfK/*Oetker* § 1 DrittelbG Rn 22.

[448] Vgl § 48 Rn 29.

[449] Im Einzelnen dazu ausführlich *Zöllner* FS Fischer, 1979, 905.

5. Informationsrechte betr Jahresabschluss. AR hat auf Vorlage des von GFührern aufgestellten Konzern-/Jahresabschlusses samt Anhang u (Konzern-)Lagebericht, § 170 AktG iVm § 1 I Nr 3 DrittelbG. Den Prüfungsbericht erhält der AR direkt vom Abschlussprüfer, § 321 V 2 HGB. Unterliegt Ges nicht der Prüfungspflicht, unterlag Jahresabschluss aber freiwilliger Prüfung, sind GFührer verpflichtet, AR zur Wahrnehmung seiner Kontrollaufgabe Prüfungsbericht zugänglich zu machen (was sich auch aus § 111 II 1 AktG folgern lässt). 264

XI. Bekanntmachungspflicht

Die Namen der Mitglieder (u Ersatzmitglieder) des AR (Anteilseigner- u ArbNVertreter) sind unverzüglich nach ihrer Bestellung **in den Betrieben** der GmbH bekannt zu machen.[450] Über die Bekanntmachungsform enthält das Gesetz keine Angaben, Aushang oder moderne Kommunikationsmittel (Intranet) können verwandt werden. Des Weiteren sind die Namen im **elektronischen Bundesanzeiger** zu veröffentlichen (§ 8 S 1 DrittelbG). 265

Nach § 1 I Nr 3 DrittelbG (m Bezug auf § 106 AktG) ist Änderung auch zum **Handelsregister** mitzuteilen, das Hinweis bekannt macht. GFührer hat ferner zum HR anzumelden, wer als ARVorsitzender u als dessen Stellvertreter gewählt worden ist (§ 1 I Nr 3 DrittelbG iVm § 107 I 2 AktG). Beglaubigung der Unterschrift nicht erforderlich. 266

§ 106 AktG spricht zwar nur vom Wechsel der ARMitglieder, geht aber davon aus, dass schon die ersten bei Gründung notwendig bestellten ARMitglieder zum HR gemeldet sind. Bekanntmachungspflicht auch der Erstbestellung folgt schon aus analoger Anwendung von § 52 II. Es wäre ungereimt, Erstbestellung nur beim fakultativen AR bekanntmachungspflichtig sein zu lassen. Erzwingung der Einreichung nach § 14 HGB. 267

Die Bekanntmachung im elektronischen Bundesanzeiger hat nur deklaratorische Bedeutung für das Amt des AR. Das Unterlassen hat jedoch zur Folge, dass Frist für Anfechtung der Wahl der ArbNVertreter nicht zu laufen beginnt (§ 11 II 2 DrittelbG). 268

D. Der Aufsichtsrat nach dem MitbestG

Wesentlich stärkeren Eingriff in GmbH-Verfassung als DrittelbG (früher: BetrVG 1952) hat MitbestG 1976 bewirkt, zum einen durch **(nahezu) paritätische Ausgestaltung des AR,** zum anderen durch stärkere **Annäherung an AG-Verfassung,** aber modifiziert durch die §§ 27–29, 31–33 MitbestG. **AR-System des MitbestG** ist **rechtspolitisch verfehlt,** wie zunehmend erkannt wird.[451] ARGremien sind zu groß, zu inflexibel u zu 269

---

[450] Davon zu unterscheiden ist Bekanntmachung des Wahlergebnisses, die dem Betriebswahlvorstand gem §§ 21 I, 31 IV 2 WO obliegt.

[451] **Ausführliche Kritik** bei KölnerKomm/*Mertens* Anh § 117 A Rn 2; UHH/*Ulmer* Einl MitbestG Rn 70 ff; *Schiessl* ZHR 167 (2003), 241, 249; *Ulmer* ZHR 166 (2002), 271; *Windbichler/Bachmann* FS Bezzenberger, 2000, 797; *Bernhardt* BB 2004, 2480; *M. Roth* Mitarbeiter-FS Hopt zur Emeritierung, 2007, 237. **Positive Bilanz** bei *Th. Raiser* Freundesgabe Kübler, 1997, 477 und *ders,* Gutachten für den 66. DJT 2006; *Kluge/Streeck,* Mitbestimmung in Deutschland. Tradition und Effizienz, 1999; vgl auch

ineffektiv.[452] Funktion der Unternehmen in der Wirtschaftsordnung wird relativiert, Verantwortung für Unternehmenserfolg aufgeweicht. Spielraum der Satzungsautonomie hinsichtlich der Verfassung der Ges ist beim MitbestG stärker eingeschränkt, wenn auch nur in einigen Punkten.

I. Erfasste Unternehmen

270 **1. ArbNZahl.** GmbH wird vom MitbestG dann erfasst, wenn sie in der Regel mehr als 2000 ArbN beschäftigt, § 1 I Nr 2 MitbestG.[453]

271 **a) Zum ArbNBegriff** vgl oben Rn 147 ff. MitbestG weicht hiervon nach seinem § 3 insofern ab, als in ArbNZahl auch leitende Angestellte[454] iSv § 5 III BetrVG einzurechnen sind.[455] Im Ausland tätige ArbN des Unternehmens zählen dann mit, wenn sie dem inländischen Unternehmen im Hinblick auf das Weisungsrecht zugeordnet bleiben.[456]

272 **b)** Zur **Beurteilung der ArbNZahl** vgl oben Rn 150.

273 **c)** Bei der **GmbH, die persönlich haftende Gfterin einer KG** ist, sind die ArbN der KG der ArbNZahl der GmbH hinzuzuzählen, wenn die Mehrheit der Kommanditisten (alternativ berechnet nach Kapitalanteilen oder Stimmenanteilen) gleichzeitig die Mehrheit (ebenfalls alternativ berechnet) in der GmbH hält, § 4 I 1 MitbestG.[457] Hierbei handelt es sich in Wahrheit um die Etablierung von Mitbestimmung in einer GmbH & Co KG. Die Hinzurechnung tritt nur dann nicht ein, wenn GmbH eigenen Geschäftsbetrieb mit mehr als 500 ArbN hat. Ausschluss von der Führung der Geschäfte hindert Hinzurechnung nicht, im Gegenteil: Der Ausschluss ist verboten, § 4 II MitbestG. Ist eine in der genannten Weise strukturierte GmbH & Co KG persönlich haftende Gfterin einer anderen KG, so sind auch deren ArbN hinzuzurechnen, Satz 2, u in gleicher Weise bei weiter fortgesetzter Stufung, Satz 3, auch in der sog Einheitsges.[458] Teilweise wird analoge Anwendung auf eine **GmbH & Co OHG** bejaht, wenn alle Gfter in einer in § 1 Abs 1 MitbestG genannten Form geführt

---

die ökonomische Analyse von *Sadowski/Junkes/Lindenthal* ZGR 2001, 110, die Studie der Bertelsmann Stiftung/Hans-Böckler-Stiftung (Bericht der Kommission Mitbestimmung) 1998. – Zum Ganzen auch *Henssler,* Die Unternehmensmitbestimmung, 50 Jahre BGH – Festgabe aus der Wissenschaft, 2000, Bd 2, 387, 392 ff, 401 ff; *ders* in Baums/Ulmer, Unternehmens-Mitbestimmung der Arbeitnehmer im Recht der EU-Mitgliedstaaten, 2004, 133 ff.

452 *Lutter* AG 1994, 176; *Hopt* FS Everling, 1995, 475, 480 ff.

453 Nach frdl Mitteilung von *Roland Köstler* (Hans-Böckler-Stiftung) unterfielen zum 31. 12. 2007 dem MitbestG **357 GmbHs**; s auch Mitbestimmung 9/2008, 67.

454 Zum Begriff des „leitenden Angestellen" s MünchKommAktG/*Gach* MitbestG § 3 Rn 22 ff u WWKK/*Koberski* § 3 MitbestG Rn 9 ff.

455 Zur Frage der Anwendbarkeit von § 5 IV BetrVG vgl ErfK/*Oetker* § 3 MitbestG Rn 2.

456 LG Frankfurt AG 1983, 202; UHH/*Henssler* § 3 MitbestG Rn 38; detailliert zur sog Ausstrahlungstheorie *Raiser/Veil* § 1 MitbestG Rn 19 f; ferner MünchArbR/*Wißmann* § 367 Rn 12; GroßKommAktG/*Oetker* § 3 MitbestG Rn 22 ff; *Habersack* AG 2007, 641, 645; WWKK/*Koberski* § 3 MitbestG Rn 33.

457 Zur Frage der Mehrheitsidentität vgl *Stenzel* DB 2009, 439 ff.

458 OLG Bremen DB 1980, 1332; MünchKommAktG/*Gach* MitbestG § 4 Rn 8; WWKK/*Koberski* § 4 MitbestG Rn 12; HWK/*Seibt* § 4 MitbestG Rn 6; ErfK/*Oetker* § 4 MitbestG Rn 4.

werden;[459] dasselbe für eine **KGaA,** sofern es sich bei der Komplementärges um eine Kapitalges handelt.[460] Ist persönlich haftende Ges eine **ausländische Kapitalges,** findet § 4 MitbestG keine Anwendung.[461]

d) Im Konzern (Unterordnungskonzern iSv § 18 I AktG) werden einer herrschenden GmbH die ArbN der in ihren Konzernleitungsbereich einbezogenen Konzernunternehmen, gleich welcher Rechtsform, zugerechnet, § 5 I 1 MitbestG. Das gilt auch für reine arbeitnehmerlose Holding ohne eigenen Geschäftsbetrieb[462] u für Gemeinschaftsunternehmen.[463] Hinzurechnung erstreckt sich dabei auch auf die ArbN der Kapitalges, die als persönlich haftende Gfterin einer beherrschten KG fungieren, § 5 I 2 MitbestG. Ist eine GmbH & Co KG herrschendes Unternehmen eines Konzerns, so werden der GmbH als Komplementärin die ArbN der Konzernunternehmen hinzugerechnet, wenn bei der KG die Hinzurechnungsvoraussetzungen des § 4 MitbestG vorliegen, § 5 II MitbestG. **274**

ArbN einer **im Ausland ansässigen Tochterges** werden nicht nach § 5 I MitbestG der inländischen Konzernspitze zugerechnet.[464] Ihnen stehen auch keine Wahlrechte zu.[465] Unterhalten ausländische Tochterges jedoch inländische Betriebe, so werden die **ArbN dieser inländischen Betriebe** dem herrschenden Konzernunternehmen zugerechnet.[466] ArbN einer im Inland ansässigen Enkelges, die über eine im Ausland ansässige Tochterges einer inländischen Konzernspitze angehören, werden auch dem herrschenden Unternehmen zugerechnet.[467] **Auslandsges,** die **im Inland ansässig** sind, unterliegen zwar als solche nicht dem MitbestG,[468] jedoch deren ArbN werden herrschender GmbH zugerechnet.[469] ArbN einer im Inland ansässigen Enkelges werden nach § 5 III MitbestG iVm § 5 I MitbestG einer GmbH zugerechnet, wenn diese mittelbar durch eine im In- oder Ausland ansässige Auslandsges beherrscht wird.[470] **275**

---

[459] *Wiesner* GmbHR 1981, 36; MünchArbR/*Wißmann* § 367 Rn 26; WWKK/*Koberski* § 4 MitbestG Rn 13; **aA** HWK/*Seibt* § 4 MitbestG Rn 2; offen gelassen MünchKommAktG/*Gach* MitbestG § 4 Rn 3.

[460] WWKK/*Koberski* § 4 MitbestG Rn 13; ErfK/*Oetker* § 4 MitbestG Rn 1; **aA** HWK/*Seibt* § 4 MitbestG Rn 2.

[461] So auch HWK/*Seibt* § MitbestG Rn 4; ErfK/*Oetker* § 4 MitbestG Rn 1.

[462] Vgl LG Stuttgart AG 1989, 445; OLG Stuttgart AG 1990, 168; MünchKommAktG/*Gach* MitbestG § 5 Rn 32; UHH/*Ulmer/Habersack* § 5 MitbestG Rn 16; ErfK/*Oetker* § 5 MitbestG Rn 3.

[463] Zu Spezialfragen *Habersack* AG 2007, 641; *Böttcher/Liekefett* NZG 2003, 701; MünchKommAktG/*Gach* MitbestG § 5 Rn 28; UHH/*Ulmer/Habersack* § 5 MitbestG Rn 44 ff; WWKK/*Koberski* § 5 MitbestG Rn 20.

[464] LG Düsseldorf DB 1979, 1451; LG Frankfurt a. M. DB 1982, 1312; *Raiser/Veil* § 5 MitbestG Rn 29; GK-MitbestG/*Schneider* § 5 Rn 85; UHH/*Ulmer/Habersack* § 5 MitbestG Rn 55; MünchKommAktG/*Gach* MitbestG § 5 Rn 8; WWKK/*Koberski* § 5 MitbestG Rn 18; HWK/*Seibt* § 5 MitbestG Rn 14; ErfK/*Oetker* § 5 MitbestG Rn 14.

[465] GK-MitbestG/*Schneider* § 5 Rn 123; UHH/*Ulmer/Habersack* § 5 MitbestG Rn 55.

[466] MünchKommAktG/*Gach* MitbestG § 5 Rn 10; WWKK/*Koberski* § 5 MitbestG Rn 18.

[467] ErfK/*Oetker* § 5 MitbestG Rn 14; MünchKommAktG/*Gach* MitbestG § 5 Rn 8; WWKK/*Koberski* § 5 MitbestG Rn 18.

[468] ErfK/*Oetker* § 5 MitbestG Rn 14; zum Kollisionsrecht UHH/*Ulmer/Habersack* § 1 MitbestG Rn 6 a ff.

[469] *Habersack* AG 2007, 641, 645.

[470] *Habersack* AG 2007, 641, 645; *Raiser/Veil* § 5 MitbestG Rn 30; UHH/*Ulmer/Habersack* § 5 MitbestG Rn 55, ErfK/*Oetker* § 5 MitbestG Rn 14; MünchKommAktG/

276 **e)** Schließlich erfolgt Zurechnung auch noch bei einer GmbH oder GmbH & Co KG in ganz entspr Weise, soweit diese **herrschendes Unternehmen eines Teilkonzerns** sind, wenn die Spitze des Gesamtkonzerns nicht dem MitbestG unterliegt, § 5 III MitbestG. Ist GmbH nur Zwischenholding ohne jegliche eigene Leitungsmacht (da Beherrschungsverträge mit ausländischen Konzernges bestehen), kommt Zurechnung entgg neuerer obergerichtlicher Rspr nicht in Betracht;[471] wie hier für die (freilich etwas anders gelagerte Frage des Konzernbetriebsrats) auch das BAG.[472]

277 **2.** Nicht erfasst werden **Tendenzunternehmen** sowie Religionsgemeinschaften mit ihren karitativen u erzieherischen Einrichtungen, § 1 IV MitbestG. Vgl dazu Rn 156. Überwiegt im Konzern der Tendenzcharakter, erfüllt das herrschende Unternehmen jedoch die Tendenzvoraussetzungen selbst nicht, kommt analoge Anwendung des § 1 IV MitbestG in Betracht: Erstreckung des Tendenzschutzes. Mitbestimmung im AR des herrschenden Unternehmens bei der Leitung der abhängigen Tendenzunternehmen widerspricht dem Ziel, die Leitung solcher Unternehmen vom Einfluss der ArbN-Seite freizuhalten.[473] Abhängiges Unternehmen, das selbst keiner dem Tendenzschutz unterliegenden Tätigkeit dient, nimmt nicht am Tendenzschutz des Konzerns teil.[474]

278 **3. Ausnahmen.** Vom Anwendungsbereich ausgenommen sind ferner GmbH, in denen **AR nach dem MontanMitbestG** oder dem **Mitbest-ErgG** zu bilden ist, § 1 II Nr 1 u 2 MitbestG; unten Rn 309 ff.

279 **4.** Zur **Perpetuierung** der Anwendung bei bestimmten die ArbNZahl herabsetzenden Vorgängen der Übertragung von Betrieben u GesAnteilen in Kapitalges anderer EU-Mitgliedstaaten s Rn 6.

280 **5. Ausländische Unternehmensrechtsträger** unterliegen nicht dem Anwendungsbereich des MitbestG, auch dann nicht, wenn sie ihren Verwaltungssitz und den Betrieb in Deutschland haben.[475]

II. Regelungstechnik des MitbestG

281 Auch das MitbestG bedient sich zur Regelung der Rechtsfragen des AR der Verweisung auf das AktG. Dabei nimmt es in §§ 6 II u 25 I Nr 2 MitbestG im Wesentlichen die gleichen Bestimmungen in Bezug wie § 1 I

Gach MitbestG § 5 Rn 24; WWKK/*Koberski* § 5 MitbestG Rn 52; **aA** GK-MitbestG/*Schneider* § 5 MitbestG Rn 114.

[471] **AA** OLG Düsseldorf NZG 2007, 77, 78; OLG Frankfurt ZIP 2008, 880, 882; OLG Düsseldorf NJW-RR 2007, 330, 332; OLG Stuttgart NJW-RR 1995, 1067; in der Tendenz wie hier OLG München NZG 2009, 112, 113; OLG Celle BB 1993, 957; UHH/*Ulmer/Habersack* § 5 MitbestG Rn 70, die ein Mindestmaß an Leitungsmöglichkeit verlangen; ErfK/*Oetker* § 5 MitbestG Rn 21; s auch *Henssler* ZfA 2005, 289, 304 f.

[472] BAG NZA 2007, 999 ff.

[473] Wie hier LG Hamburg NZA-RR 2000, 209, 210; UHH/*Ulmer/Habersack* § 5 MitbestG Rn 60; MünchKommAktG/*Gach* MitbestG § 5 Rn 27; ErfK/*Oetker* § 5 MitbestG Rn 16.

[474] BAG NJW 1982, 125, 126.

[475] *Köstler,* Unternehmensmitbestimmung in EG-Auslandsgesellschaften mit Verwaltungssitz in Deutschland, 2007; MünchKommAktG/*Gach* MitbestG § 1 Rn 6; ErfK/*Oetker* § 1 MitbestG Rn 2; UHH/*Ulmer/Habersack* § 1 MitbestG Rn 28.

Nr 3 DrittelbG. Zusätzlich verwiesen wird auf § 115 AktG (Kreditgewährung an ARMitglieder). Einige sehr erhebliche Abweichungen ergeben sich aber dadurch, dass das MitbestG eine Reihe von Fragen selbst abweichend oder ergänzend regelt. Im Folgenden wird in erster Linie auf Abweichungen eingegangen.

III. Mitbestimmungsverfassung u GmbH-Verfassung

Es stellt sich die Frage, inwieweit die rechtspolitisch vom Aktienrecht her konzipierte Mitbestimmung auf Unternehmensebene sachgerecht mit der GmbH-Verfassung in Verbindung zu bringen ist. **282**

1. Gesellschaftsverfassung oder Mitbestimmungsverfassung? Vielfach wird Problematik unter der Fragestellung: „Vorrang des GesRechts oder Vorrang des Mitbestimmungsrechts?" thematisiert. Zwei verschiedene grds **Standpunkte** liegen dem zugrunde. Nach der einen Auffassung ist von der typischen, durch das GesRecht vorgesehenen Verfassung der Unternehmensform auszugehen, wie sie sich ohne das Mitbestimmungsrecht darstellt. Die mitbestimmungsrechtlichen Regeln sind dieser Verfassung unter ihrer möglichst weitgehenden Schonung rechtstechnisch soweit zu adaptieren, wie zu ihrer Funktionsfähigkeit erforderlich ist.[476] Nach der anderen Auffassung ist von Idee u Zweck der Mitbestimmung auf Unternehmensebene auszugehen. Das MitbestG soll danach eine weitgehende materielle Mitbestimmung der ArbNSeite bei allen erfassten Rechtsformen etablieren, der sich die bisherige GesVerfassung soweit wie nötig zu beugen hat.[477] **283**

Beide Auffassungen sind in ihrer reinen Form für eine sinnvolle Synthese von GesRecht u Mitbestimmung nicht geeignet.[478] Die zweitgenannte Auffassung ist schon deswegen wenig überzeugend, weil sich, wie das Beispiel der KGaA zeigt, ohne Rechtsformzwang oder wenigstens ganz tiefgreifenden, vom Gesetzgeber erkennbar nicht intendierten Eingriffen in die Rechtsform die unternehmerische Mitbestimmung nach einer einheitlichen Idee im KapitalgesRecht nicht durchführen lässt. Auch die erstgenannte Auffassung ist jedoch weder entstehungsgeschichtlich noch exegetisch abgesichert. Stattdessen ist ein **interpretatorischer Mittelweg** zu gehen, der bei der einzelnen Normauslegung u -anwendung jeweils fragt, wie den unterschiedlichen Bedürfnissen u Gegebenheiten beim jeweiligen Regelungsproblem optimal gerecht zu werden ist. Dies kann bei der einen Frage zur vorrangigen Berücksichtigung der typischen GmbH-Verfassung, bei der anderen zur weitgehenden Verwirklichung von Mitbestimmung führen. Einem pragmatischen Gesetzgeber kann nur pragmatische Interpretation gerecht werden.[479] Bei Anwendung der aktienrechtlichen Normen ist, jedenfalls soweit sie nicht **284**

---

476 In diesem Sinn namentlich *Martens* ZHR 138 (1974), 225; AG 1976, 119 sowie erneut ZHR 148 (1984), 183; *Hölters* BB 1975, 797; *Canaris* DB 1981, Beilage Nr 14; vorsichtiger *Wiedemann* 610 ff; *Mertens* AG 1981, 123 ff.

477 So insbes GK-MitbestG/*Naendrup* § 25 Rn 13; *ders* AuR 1977, 225 ff; *Reich/Lewerenz* AuR 1976, 263.

478 Im Ergebnis auch UHH/*Ulmer/Habersack* Einl MitbestG Rn 57.

479 Ähnl GroßKommAktG/*Oetker* § 25 MitbestG Rn 7; UHH/*Ulmer/Habersack* § 25 MitbestG Rn 6. Vgl auch die Bemerkungen von *Stimpel/Ulmer* FS Zöllner, 1998, 594 ff u von *Henssler* FG 50 Jahre BGH, 2000, 387, 401 ff zum Verhältnis zwischen GfterVers u mitbestimmtem AR.

durch Sondernormen des MitbestG überformt sind, der abweichenden Verfassung der GmbH in gleicher Weise Rechnung zu tragen wie beim ARSystem des DrittelbG (dazu oben Rn 160) u beim fakultativen ARSystem (dazu Rn 30).

285 **2. Interessenausrichtung der ArbNMitglieder des AR.** Mit der vorigen Problemstellung verwandt, aber nicht identisch ist die Frage, welche Interessen die ArbNMitglieder im AR wahrzunehmen verpflichtet sind. Nach ganz hM soll die Interessenausrichtung de iure einheitlich dem Unternehmen gelten. Auch dies ist eine Variante des sog Homogenitätsprinzips (dazu oben Rn 213).[480]

286 Rechtspolitisch vorzugswürdig ist die am **Homogenitätsprinzip** anknüpfende **Pflicht zu gleichheitlicher Interessenwahrnehmung.** Ausrichtung am sog Unternehmensinteresse ist indessen problematisch. Das Unternehmen ist weder rechtlich noch soziologisch als Interessenträger geeignet. Es ist vielmehr nur Mittel zur Interessenverfolgung u in gewissem Sinn auch Objekt von Interessen. Inhaltlich verbinden damit die vorgegebenen Interessenträger (Gfter, Gläubiger, ArbN, Allgemeinheit) je nach Sachlage ganz unterschiedliche Interessen (zB sofortige Schließung, möglichst lang hinausgeschobene Schließung, hohe Löhne, niedrigere Löhne, lange Arbeitszeit, kurze Arbeitszeit ua). Es ist Ausfluss unklaren Denkens, wenn Vertreter der hM glauben, daraus irgendwie geartete sinnvolle Inhaltsbestimmung des Unternehmensinteresses entwickeln zu können. Demgegenüber ist festzuhalten, dass das von der Ges mittels des von ihr betriebenen Unternehmens zu verfolgende Interesse durch den **in der Satzung bestimmten GesZweck** geformt ist. Entscheidend ist daher das GesInteresse (als Kehrseite des GesZwecks), das typischerweise auf Erzielung von Gewinn mittels Wertschöpfung durch das Unternehmen, genauer auf Wertsteigerung des Unternehmens geht (näher dazu § 43 Rn 14 f). Herren dieses Zwecks sind bei der GmbH ausschließlich die Gfter. Sie können den Zweck ebenso wie den Unternehmensgegenstand ändern, ohne die ArbNSeite einbeziehen zu müssen. Sie können das Unternehmen auch durch Auflösung der Ges beenden. Das aus dem GesZweck zu bestimmende GesInteresse ist verbindliche Vorgabe für die Entscheidungen aller GesOrgane (auch der GfterVers), mithin auch des AR. Nur innerhalb des dadurch gegebenen Rahmens obliegt es der GFührung, das GesInteresse nach eigenem pflichtgemäßem Ermessen in eigener Verantwortung zu konkretisieren. Der AR ist verpflichtet, bei der wichtigsten von ihm zu treffenden Entscheidung, der Bestellung der GFührer, Personen auszuwählen, die für die Verfolgung des GesZwecks möglichst geeignet sind. GFührung u AR sind gehalten, bei unternehmerischen Entscheidungen wie bei allen Geschäftsführungsmaßnahmen das mittel- bis langfristige GesInteresse zu wahren. Im Rahmen marktwirtschaftlicher Ordnung ist damit immer auch dem richtig verstandenen ArbNInteresse am besten gedient. Dass bei allen Betriebsän-

[480] In diese Richtung vor allem BGHZ 64, 330 f, vgl ferner *Hueck/Windbichler,* GesRecht, § 28 Rn 13; *Hofmann/Preu* Rn 108; *Raiser/Veil* § 25 MitbestG Rn 109 ff; GroßKommAktG/*Oetker* § 25 MitbestG Rn 22; UHH/*Ulmer/Habersack* § 25 MitbestG Rn 93 ff; *Raiser/Veil* § 15 Rn 128; für eine Vertretung namentlich der ArbNInteressen hingegen *Reich/Lewerenz* AuR 1976, 353, 356 f; *Köstler/Kittner/Zachert/Müller* Rn 95, 749, 757; ferner von anderem Ausgangspunkt her im Ergebnis auch *Ensch,* Institutionelle Mitbestimmung und ArbNEinfluss, 1989, 138 ff; neutral MünchKommAktG/*Gach* MitbestG § 25 Rn 16.

derungen die sozialen Interessen der ArbN mit zu berücksichtigen sind, ergibt schon das Arbeitsrecht. Es bedarf insoweit keiner zusätzlichen inhaltlichen Schutzkomponente aus vagen Konkretisierungen des sog Unternehmensinteresses. Gleichwohl kann man, wenn man will, vom Unternehmensinteresse sprechen, darf dies aber nicht als Generalklausel inhaltlich gg das GesInteresse gerichteter Interessenverfolgung verstehen. Das Unternehmensinteresse, wie es GesOrgane zu verfolgen haben, ist vielmehr mit dem GesInteresse identisch. Dass nach dieser Auffassung ArbNMitglieder des AR auf das GesInteresse verpflichtet sind, stellt keinen Widerspruch zur Institution der Mitbestimmung dar, die von vornherein nicht mehr sein kann als Mitwirkung im Rahmen des Ermessens, das der GesZweck eröffnet.

IV. Größe u Zusammensetzung des AR

1. Die **Mitgliederzahl des AR** wird vom MitbestG **zwingend** festgelegt, u zwar gestaffelt nach der ArbNZahl auf 12, 16 u 20 Mitglieder (§ 7 I 1 MitbestG). Allerdings kann Satzung die jeweils größeren Mitgliederzahlen vorsehen (§ 7 I 2, 3 MitbestG). Zeitpunkt u Modus der Veränderung der Mitgliederzahl bei maßgeblicher Veränderung der ArbNZahl sind umstritten.[481] 287

2. Zusammensetzung hälftig aus Mitgliedern der Anteilseignerseite u der ArbNSeite. Zur Zusammensetzung der ArbNBank näher §§ 7 II u 15 II MitbestG.[482] Von erheblicher Bedeutung ist, dass stets mindestens ein ArbNMitglied leitender Angestellter sein muss, § 15 I 2 MitbestG. 288

3. Persönliche Voraussetzungen. Hierfür gilt zunächst für beide Mitgliedergruppen das oben zu §§ 100 u 105 AktG Ausgeführte entsprechend (Rn 169). Abw von § 105 I AktG ist Prokurist zum AR als Mitglied der ArbNSeite nur dann nicht wählbar, wenn er der GFührung unmittelbar unterstellt u zur Ausübung der Prokura für den gesamten Geschäftsbereich des Organs ermächtigt ist, § 6 II 1 MitbestG. ArbNMitglieder des Unternehmens müssen ein Jahr dem Unternehmen angehören u die weiteren Wählbarkeitsvoraussetzungen des § 8 BetrVG erfüllen (keine strafgerichtliche Aberkennung der Wählbarkeit in öffentlichen Wahlen), § 7 III MitbestG. Die Gewerkschaftsvertreter müssen Vertreter einer Gewerkschaft sein, die in der GmbH selbst oder in einem ihr hinsichtlich der ArbN zuzurechnenden Unternehmen vertreten ist, § 7 IV MitbestG. 289

V. Bestellung, Amtszeit, Abberufung

1. Für Bestellung u Entsendung der **ARMitglieder der Anteilseigner** gilt das oben zu § 101 AktG Ausgeführte entspr, vgl Rn 176 f. Im Gegensatz zu § 1 I Nr 3 DrittelbG wird in § 6 II MitbestG nicht auf § 101 II AktG verwiesen. Entsendungsrechte können daher über § 101 II AktG hinaus begründet werden,[483] aber nur für Gfter, vgl Rn 42. Die **Bestellung von** 290

---

481 Näher *Rosendahl* AG 1985, 325; *Oetker* ZHR 149 (1985), 575; MünchKommAktG/*Gach* MitbestG § 7 Rn 11. Vgl auch die parallele Problematik Rn 163 f.

482 Näheres s MünchKommAktG/*Gach* MitbestG § 7 Rn 18 ff.

483 *Raiser/Veil* § 8 MitbestG Rn 5–8; MünchKommAktG/*Gach* MitbestG § 8 Rn 2 f; UHH/*Henssler* § 8 MitbestG Rn 6.

ArbNVertretern hingegen folgt eigenen Wahlvorschriften in §§ 9–18, 20 MitbestG sowie der auf Grund von § 39 MitbestG erlassenen Wahlordnungen zum MitbestG.[484] Diese WO betreffen vor allem die Delegiertenwahl, die Abschaffung der Trennung zwischen Arbeitern u Angestellten, die Abschaffung der Unternehmenswahlvorstände im Konzern, die Gleichstellung der Antragsrechte von Betriebsrat u Sprecherausschuss sowie die Nutzung moderner Informations- u Kommunikationstechniken. Für die Anfechtung der Wahl von Delegierten u ARMitgliedern stellt Gesetz eigene Regeln (§§ 21, 22 MitbestG) zur Verfügung.

291 Möglich ist gem der Verweisung in § 6 II 1 MitbestG auf § 104 AktG auch die gerichtl Bestellung von ARMitgliedern, u zwar auch von ArbNVertretern.[485] Anders als nach der allgemeinen Regel des § 104 I AktG ist gerichtliche Bestellung nicht bloß zur Wiedererlangung der BeschlFähigkeit sowie zur Erlangung der Vollständigkeit nach einer Karenzzeit von 3 Monaten oder in dringenden Fällen möglich, sondern stets bei Unvollständigkeit, § 104 III 2 AktG. Die Auswahl der zu bestellenden Personen trifft das Gericht grds nach freiem Ermessen. Gebunden ist es aber zum einen zwecks Wahrung der Parität (§ 104 IV 1 AktG), zum andern hinsichtlich gesetzlicher u satzungsmäßiger persönlicher Voraussetzungen (§ 104 IV 3 AktG) u schließlich grds, soweit Vorschläge vorschlagsberechtigter ArbNInstitutionen vorliegen (nämlich § 104 IV AktG mit § 16 II MitbestG). Diesen hat Gericht zu folgen, wenn nicht überwiegende Belange der Ges oder der Allgemeinheit entgegenstehen.[486]

292 2. Für die **Amtszeit** gilt das oben Rn 190 ff Ausgeführte auch hier. Amtszeit der ArbNVertreter ist in § 15 I 1 MitbestG (bei unmittelbarer Wahl gilt dieser gem § 18 S 3 MitbestG entsprechend) inhaltsgleich mit § 5 I DrittelbG geregelt (dazu Rn 194).

293 **3. Abberufung.** Für Anteilseignervertreter gelten die gleichen Regeln wie unter dem ARSystem des DrittelbG; vgl Rn 197. ArbNVertreter können durch ihr **Wahlorgan** nach § 23 MitbestG abberufen werden (zu den von § 12 DrittelbG abweichenden Antragsrechten s § 23 I MitbestG), ferner aus wichtigem Grund durch das **Gericht** gemäß § 103 III AktG, der nach § 6 II MitbestG entspr gilt. Vgl zu letzterem Rn 198.

294 **4. Sonstige Amtsbeendigungsgründe.** Vgl dazu Rn 50 ff, 200. Dass **Verlust der Wählbarkeit** zum Amtsverlust führt, spricht § 24 I MitbestG für ArbNVertreter des Unternehmens eigens aus.[487] Dadurch wird kein arg e contrario hinsichtlich anderer Mitglieder begründet. Regelung dient nur der Klarstellung. § 24 II MitbestG bestimmt ausdrücklich, dass die Änderung der Zuordnung eines ARMitglieds als leitender Angestellter (positiv wie negativ) nicht zum Amtsverlust führt.

---

[484] Unternehmen mit einem Betrieb: 1. Wahlordnung, BGBl I 2002, 1682 ff, geändert durch Art 1 VO v. 10. 10. 2005, BGBl I 2927; Unternehmen mit mehreren Betrieben: 2. Wahlordnung, BGBl I 2002, 1708 ff, geändert durch Art 2 VO v 10. 10. 2005, BGBl I 2927; Unternehmen als persönlich haftender Gfter (§ 4 MitbestG) oder Konzernunternehmen (§ 5 MitbestG): 3. Wahlordnung, BGBl I 2002, 1741 ff, geändert durch Art 3 VO v 10. 10. 2005, BGBl I 2927; dazu *Fuchs/Köstler* Rn 262 ff.

[485] Einschlägiger Fall zB LG Hof AG 1993, 434.

[486] BayObLG DB 1997, 2599; BayObLG AG 2005, 350.

[487] BAG SAE 2001, 207 m Anm *Windbichler.*

VI. Rechtsverhältnis der ARMitglieder zur Gesellschaft

Dafür gilt grds das für die ARMitglieder unter dem System des DrittelbG Gesagte entspr (vgl Rn 59 ff, 202 ff), vgl § 25 I Nr 2 MitbestG. Zusätzlich anzuwenden ist § 115 AktG, der Kreditgewährung an ARMitglieder formell beschränkt, nämlich an Zustimmung des AR bindet (ebenso Kreditgewährung an von ARMitgliedern gesetzlich vertretene jur Personen oder an Personenges, zu deren Gftern das ARMitglied gehört, § 115 III AktG). Für Einzelheiten der Auslegung dieser Bestimmung ist auf die Kommentare zum AktG zu verweisen. Zur **Sorgfaltspflicht u Haftung** der ARMitglieder vgl Rn 207; zu ihrer **Verschwiegenheitspflicht** Rn 208. 295

VII. Innere Ordnung, Sitzungen, Beschlussfassung

Auch in diesem Regelungsbereich gilt weitgehend das für den AR nach dem DrittelbG Ausgeführte (Rn 214 ff). § 25 I Nr 2 MitbestG verweist insoweit auf die gleichen aktienrechtlichen Bestimmungen wie § 1 I Nr 3 DrittelbG, jedoch finden sich im MitbestG einige bedeutsame **Abweichungen.** 296

1. Wahl[488] **des Vorsitzenden u seines Stellvertreters** hat, anders als nach § 107 I AktG, nicht mit einfacher, sondern zwingend mit $^2/_3$-Mehrheit zu erfolgen, § 27 I MitbestG. Kommt auf diese Weise Wahl nicht zustande, wählen nach § 27 II MitbestG die Anteilseignermitglieder in einem zweiten Wahlgang den Vorsitzenden u die ArbNVertreter den Stellvertreter jeweils mit einfacher Mehrheit der abgegebenen Stimmen. In der Praxis führt das, wie vom Gesetz intendiert, ohne Rücksicht auf Zahl der Wahlgänge dazu, dass der Vorsitzende aus dem Kreis der Anteilseignervertreter, der Stellvertreter aus dem Kreis der ArbNVertreter hervorgeht. Satzung kann Zahl der Stellvertreter regeln.[489] 297

2. Beschlussfähigkeit. Zwingend setzt BeschlFähigkeit voraus, dass mindestens die Hälfte der vorgeschriebenen Mitglieder an der BeschlFassung teilnimmt, § 28 MitbestG. § 108 II 4 AktG gilt auch hier (dazu Rn 228).[490] Bindung der BeschlFähigkeit an Anwesenheit des ARVorsitzenden unzulässig.[491] Etwas anderes gilt für die erneute Abstimmung nach §§ 29 II, 31 IV MitbestG.[492] 298

---

488 Zur Abberufung vgl *Säcker* BB 2008, 2252 ff; MünchKommAktG/*Gach* MitbestG § 27 Rn 14 ff.

489 BGHZ 83, 111; MünchKommAktG/*Gach* MitbestG § 27 Rn 17 ff u WWKK/*Koberski* § 27 MitbestG Rn 4, dort auch zur Zulässigkeit der Wahl weiterer Stellvertreter.

490 Zu BeschlFähigkeitsregelungen in der Satzung OLG Hamburg BB 1984, 1766 mit Anm *Oetker; Feldmann* DB 1986, 29.

491 BGHZ 83, 155; GroßKommAktG/*Oetker* § 28 MitbestG Rn 9; KölnerKomm/*Mertens* § 108 Rn 65; UHH/*Ulmer/Habersack* § 28 MitbestG Rn 4; MünchKommAktG/*Gach* MitbestG § 28 Rn 6; WWKK/*Koberski* § 28 MitbestG Rn 7; HWK/*Seibt* § 28 MitbestG Rn 2; anders aber oben zum nach dem DrittelbG mitbestimmten AR Rn 229.

492 MünchKommAktG/*Habersack* § 108 Rn 40; UHH/*Ulmer/Habersack* § 28 MitbestG Rn 6.

299 **3. Beschlussfassung.** Beschlüsse des AR werden grds mit einfacher Mehrheit gefasst.[493] Satzung kann hiervon nicht abweichen, § 29 I MitbestG. Andere Mehrheiten gelten für Wahl des Vorsitzenden u seines Stellvertreters (Rn 298), für Bestellung u Abberufung der GFührer (Rn 304) u für Ausübung von Beteiligungsrechten (Rn 308). Um das bei paritätischer Gruppenbesetzung des AR vorprogrammierte Abstimmungspatt aufzulösen, sieht MitbestG in § 29 II vor, dass bei Stimmengleichheit, wenn die Wiederholung der Abstimmung ebenfalls zur Stimmengleichheit führt, der Vorsitzende zwei Stimmen hat (sog **Stichentscheid des ARVorsitzenden**). Vorsitzender kann bei Abwesenheit auch Zweitstimme schriftlich gemäß § 108 III AktG abgeben. Dem Stellvertreter hingegen steht Zweitstimme, auch wenn er als Vorsitzender amtiert, nicht zu, § 29 III 2 MitbestG. Damit ist praktisch ein gewisses Übergewicht der Anteilseignerseite für normale BeschlFassung des AR sichergestellt, wie nach dem Mitbest-Urteil des BVerfG geboten. Zur Bestellung der GFührer vgl aber unten Rn 302. Zu **BeschlMängeln** s Rn 91 ff. Zu **ARAusschüssen** s Rn 236 ff.

VIII. Aufgaben u Kompetenzen des AR

300 **1. Übereinstimmungen mit dem AR nach DrittelbG.** Hinsichtlich der Aufgaben u Kompetenzen des AR gilt weitgehend das zum AR nach dem DrittelbG Ausgeführte. Vgl hinsichtlich der **Kontrolle der GFührer** Rn 243 ff, der **Einsicht** u **Prüfung des Jahresabschlusses** Rn 246 ff, der **Einberufung der GfterVers** Rn 250 u der **Tätigkeit im Abwicklungsstadium** Rn 256. Insbes besteht auch kein rechtlicher Unterschied hinsichtlich des **Einfluss auf die GFührung** (dazu Rn 253 ff, aus § 25 II MitbestG folgt nichts anderes), wenn auch der AR unter dem MitbestG als Bestellungsorgan de facto größeren Einfluss hat.[494] GFührer unterliegen auch unter dem MitbestG in gleicher Weise den Weisungen der GfterVers oder eines an ihrer Stelle mit GFührungsentscheidungen betrauten Gremiums, etwa eines Beirats oder Verwaltungsrats.[495] Gftern ist zwar die Bestellungs- u Abberufungskompetenz genommen, nicht aber ihr Entscheidungsrecht in GFührungsfragen. Schon deshalb ist es auch unter dem MitbestG verfehlt, für den Konflikt zwischen AR u GfterVers bei Erforderlichkeit der Zustimmung des AR zu GFührungsmaßnahmen gemäß § 111 IV 2 AktG den Vorrang der GfterVers nur bei BeschlFassung mit ¾-Mehrheit Platz greifen zu lassen.[496]

---

[493] Zu Stimmverboten im Zusammenhang mit § 32 MitbestG *Semler* FS Kropff, 1997, 301; MünchKommAktG/*Gach* MitbestG § 32 Rn 18.

[494] Vgl hierzu *Rinninsland,* Die Auswirkungen des MitbestG 1976 auf Gesellschaften mit beschränkter Haftung, 1990, 100 ff; *Theisen,* Die Aufgabenverteilung in der mitbestimmten GmbH, 1980, 130 ff.

[495] *Mertens* FS Stimpel, 1985, 428 f mN; *Deilmann* BB 2004, 2253 ff; ErfK/*Oetker* § 25 MitbestG Rn 11; **aA** *Teubner* ZGR 1986, 577 ff.

[496] Scholz/*Schneider* Rn 133; *Lutter/Krieger* Rn 1128; Michalski/*Heyder* Rn 233; Ulmer/*Raiser/Heermann* Rn 243; WWKK/*Koberski* § 25 MitbestG Rn 69; HWK/*Seibt* § 25 MitbestG Rn 13; ErfK/*Oetker* § 25 MitbestG Rn 14; **aA** Rowedder/Schmidt-Leithoff/*Koppensteiner* § 37 Rn 33 f; UHH/*Ulmer/Habersack* § 25 MitbestG Rn 66 f; *Brouwer,* Zustimmungsvorbehalt des Aufsichtsrats im Aktien- und GmbH-Recht, 2008, 218.

2. Abweichungen vom AR nach dem DrittelbG. Iü bestehen eine Reihe von Abweichungen, da die Aufgaben u Funktionen des nach dem MitbestG besetzten AR grds dem einer AG entsprechen, mit Ausnahme der Rechte aus §§ 124 III, 172 AktG.[497] 301

a) Bestellung u Abberufung der GFührer. Für beides gilt zwingend **Alleinzuständigkeit des AR,** § 31 I MitbestG. Verlagerung der Kompetenz auf Ausschuss nicht zulässig.[498] GfterVers kann nur noch mittelbar über die Wahl der Anteilseignervertreter zum AR Einfluss nehmen. Verfahren der Bestellung ist kompliziert geregelt, um nach Möglichkeit von beiden Gruppen des AR getragene Besetzung des GFührungsorgans zu erreichen. **Bestellung** ist **zunächst nur mit ²/₃-Mehrheit** möglich, u zwar berechnet von der Zahl der Mitglieder, also der besetzten ARStellen, nicht jedoch der in der Sitzung anwesenden oder an der Abstimmung teilnehmenden, § 31 II MitbestG.[499] Allerdings gilt es zu beachten, dass so viele ARMitglieder teilnehmen, dass BeschlFähigkeit nach § 28 MitbestG gewahrt ist. Misslingt Bestellung auf diese Weise, tritt **besonderer Ausschuss** in Tätigkeit, dessen zwingende Bildung § 27 III MitbestG vorschreibt.[500] Er ist in aller Regel echt paritätisch besetzt, weil ihm neben dem ARVorsitzenden u seinem Stellvertreter nur zwei Mitglieder angehören, die je von den Anteilseignervertretern u den ArbNVertretern mit Mehrheit gewählt werden. Dieser Ausschuss hat dem AR **Bestellungsvorschlag** zu machen, u zwar binnen eines Monats nach der fehlgeschlagenen Abstimmung, § 31 III 2 MitbestG. Nunmehr kann AR **mit einfacher Mehrheit** (wiederum aber nur seiner Mitglieder) bestellen, § 31 III 3 MitbestG, wobei jedoch im Fall der Stimmengleichheit der Stichentscheid des Vorsitzenden nach § 29 II MitbestG nicht gilt. Erst wenn auch diese Abstimmung, wie jedenfalls theoretisch durchaus möglich, nicht zu einer Bestellung führt, kommt bei **erneuter Abstimmung** ein (trotz gleichen Inhalts gesondert geregelter) **Stichentscheid** des Vorsitzenden zum Zuge, § 31 IV MitbestG, der wiederum nur dem Vorsitzenden, nicht seinem Stellvertreter zusteht u der wiederum auch durch schriftliche Stimmabgabe erfolgen kann (vgl zum normalen Stichentscheid Rn 299). Für Abberufung, die nur aus wichtigem Grund zulässig ist[501] gilt das gleiche komplizierte Verfahren, § 31 V MitbestG: Zuerst ²/₃-Mehrheit, bei Misslingen nach Moderation durch den „Ständigen Ausschuss" des AR einfache Mehrheit der Mitglieder u schließlich Stichentscheid.[502] Das Bestellungsverfahren gilt ohne Modifikation auch für **Arbeitsdirektor** (anders beim MontanMitbestG). Dieses Verfahren ist auch dann zwingend, wenn ein bereits amtierender GFührer nachträglich zum Arbeitsdirektor bestellt wird. Auch muss den ARMitgliedern vor der 302

---

497 *Lutter/Krieger* Rn 1116, 1117.

498 BGH NJW 1982, 1529 f; NJW 1993, 2311; MünchKommAktG/*Gach* MitbestG § 31 Rn 6.

499 Wohl allgM GroßKommAktG/*Oetker* § 31 MitbestG Rn 6; WWKK/*Koberski* § 31 MitbestG Rn 15; UHH/*Ulmer/Habersack* § 31 MitbestG Rn 19; ErfK/*Oetker* § 31 MitbestG Rn 5.

500 UHH/*Ulmer/Habersack* § 27 MitbestG Rn 21; GroßKommAktG/*Oetker* § 27 MitbestG Rn 23; ErfK/*Oetker* § 27 MitbestG Rn 8.

501 Wohl allgM, vgl UHH/*Ulmer/Habersack* § 31 MitbestG Rn 29; MünchKommAktG/*Gach* MitbestG § 31 Rn 26. Zur Unwirksamkeit der Abberufung wegen Verfahrensfehlern sowie Zulässigkeit einstweiliger Verfügung OLG Stuttgart WM 1985, 600.

502 Dazu näher *Vollmer* GmbHR 1984, 5 ff.

Bestellung bekannt sein, dass sie über die Stelle des Arbeitsdirektors zu beschließen haben. Aus diesem Grund kann den GFührern die Bestellung des Arbeitsdirektors nicht selbst überlassen werden.[503] Zur Notwendigkeit der Bestellung eines Arbeitsdirektors (§ 33 MitbestG)[504] vgl § 35 Rn 20; zur Bestellung als stellvertretender GFührer s § 44 Rn 6; zu seinem Geschäftsbereich § 37 Rn 35 f. Im Übrigen gilt § 84 AktG. Kompetenz zur Bestellung umfasst auch die Befugnis zur **Geschäftsverteilung** unter den GFührern, zur **Bestellung eines Vorsitzenden** der GFührung analog § 84 II AktG u zum Erlass einer **Geschäftsordnung** der Geschäftsführung, freilich kann die Satzung etwas anderes bestimmen, letzteres str.[505]

303 **b) Anstellungsvertrag mit den GFührern.** Obgleich MitbestG schweigt, hat **AR** als **Annex-Kompetenz** auch **Alleinzuständigkeit** zum Abschluss des Anstellungsvertrags mit GFührern.[506] Trennung der Kompetenzen wäre wenig sinnvoll. Sucht AR Persönlichkeiten für GFührung zu gewinnen, muss er mit ihnen auch über ihre Anstellungsbedingungen, insbes ihre Bezüge sprechen können. Oppositionsmöglichkeiten für GfterVers sind hier ebenso wenig wünschenswert wie im umgekehrten Fall, dass Bestellungskompetenz der GfterVers zusteht, aber AR besteht (oben Rn 116). Kompetenzielle Untrennbarkeit von Organbestellung u Abschluss des Anstellungsvertrags war letztlich auch immer entscheidend dafür, dass man Ausschluss vom Stimmrecht für Betroffenen bei beiden Vorgängen, nicht bloß bei Bestellung verneint hat (näher dazu § 47 Rn 86).[507] Jedoch kann die GfterVers Vergütungsrichtlinien erlassen, solange damit die Auswahlfreiheit des AR nicht entscheidend beeinträchtigt wird.[508] Abschluss des Anstellungsvertrags unterliegt nicht den Vorschriften des § 31 MitbestG. Erforderliche Entscheidungen können daher beschließendem Ausschuss übertragen werden nicht aber auf einzelne Mitglieder.[509] Formeller Abschluss (aber nicht inhaltliche Festlegung) kann mit Ermächtigung des GesamtAR oder des beschließenden Ausschusses durch beauftragtes Mitglied, etwa den Vorsitzenden, erfolgen.[510] Notwendig

---

503 Ulmer/*Paefgen* § 35 Rn 23.

504 Zur Bestimmtheit von § 33 MitbestG s BVerfG BVerfGE 50, 290, 378 f.

505 Zutr BGHZ 89, 48, 57; *Henssler* GmbHR 2004, 321; Rowedder/Schmidt-Leithoff/*Koppensteiner* § 37 Rn 44; Scholz/*Schneider* § 37 Rn 59, 60; HWK/*Seibt* § 31 MitbestG Rn 11; ErfK/*Oetker* § 31 MitbestG Rn 12; *Raiser/Veil* § 31 MitbestG Rn 25; UHH/*Ulmer/Habersack* § 31 MitbestG Rn 39; **abw** (gg Satzungsautonomie) *Lutter/Krieger* Rn 1129, 1142; GroßKommAktG/*Oetker* MitbestG, § 31 Rn 19; *Raiser* MitbestG § 31 Rn 29; *Köstler/Kittner/Zachert/Müller* Rn 621.

506 So auch BGHZ 89, 48, 57; UHH/*Ulmer/Habersack* § 31 MitbestG Rn 39; MünchKommAktG/*Gach* MitbestG § 31 Rn 23; ErfK/*Oetker* § 31 MitbestG Rn 12; *Lutter/Krieger* Rn 1135.

507 Wie hier BGHZ 89, 51 ff; Hachenburg/*Mertens* § 35 Rn 102; *Zöllner* ZGR 1977, 321 f; *Konzen* GmbHR 1983, 92; *Raiser/Veil* § 31 MitbestG Rn 24 f; Rowedder/Schmidt-Leithoff/*Koppensteiner* § 35 Rn 17 f; *Baums,* Der Geschäftsleitervertrag, 1987, 118 ff; UHH/*Ulmer/Habersack* § 31 MitbestG Rn 39; *Krieger,* Personalentscheidungen des AR, 1981, 280 ff mN; **aA** Scholz/*Schneider* § 35 Rn 206; *Werner* FS Fischer, 1979, 821 ff; *Rittner* DB 1979, 973 ff; *Fischer* A 5; OLG Hamburg DB 1983, 330.

508 *Lutter/Krieger* Rn 1136; *Hoffmann/Preu* Rn 224; HWK/*Seibt* § 31 MitbestG Rn 11; UHH/*Ulmer/Habersack* § 31 MitbestG Rn 40.

509 BGHZ 41, 282, 285; UHH/*Ulmer/Habersack* § 25 MitbestG Rn 22; Scholz/*Schneider* Rn 318; *Graef* GmbHR 2005, 675, 675; MünchKommAktG/*Gach* MitbestG § 31 Rn 23: Zulässigkeit der Übertragung auf ARAusschuss.

510 Näher dazu OLG Oldenburg DB 1984, 1813.

aber vorgängiger Beschl, da vollmachtlose Vertretung nur eingeschränkt möglich.[511]

c) Bestellung von Prokuristen u Handlungsbevollmächtigten für den gesamten Geschäftsbetrieb. Die Zuständigkeit des AR für die Bestellung von Prokuristen u Handlungsbevollmächtigte für den gesamten Geschäftsbetrieb ist abzulehnen.[512] 304

d) Vertretung der Ges. Dafür gilt weitgehend das Gleiche wie für den AR nach dem DrittelbG (dazu oben Rn 250), jedoch mit der gewichtigen Abweichung, dass AR Entscheidungskompetenz für den Anstellungsvertrag hat (Rn 305) u daher auch insoweit Ges gemäß § 112 AktG vertritt.[513] Zum Verhältnis von § 112 AktG zu § 46 Nr 8 vgl § 46 Rn 66, 69. Von vornherein nicht anwendbar sind mangels entsprechender Verweisung die **Sonderbestimmungen des AktG über Vertretungsbefugnisse des AR** außerhalb des § 112 AktG. Deshalb wirkt AR nicht mit bei Vertretung der Ges in Anfechtungs- u Nichtigkeitsprozessen (§§ 246 II, 249 I AktG, dazu Anh § 47 Rn 165). Auch der Vorsitzende des AR hat, anders als nach AktR (vgl §§ 184, 188, 195, 207 II, 223, 229 III AktG), keine Funktionen bei Anmeldungen zum HR. 305

e) Ausübung von Beteiligungsrechten. Damit der Mitbestimmungseinfluss mitbestimmter Kapitalges, die an anderen mitbestimmten Kapitalges zu einem Viertel oder mehr beteiligt sind, dort nicht auch auf die Anteilseignervertreterseite sowie auf einige typisch gesellschaftsrechtliche Grundentscheidungen durchschlägt, können GFührer die mitbestimmte GmbH bei Ausübung ihrer Beteiligungsrechte an einem ebenfalls dem MitbestG unterworfenen Unternehmen nicht selbständig vertreten, sondern nur auf Grund von Beschl des AR, die mit der Mehrheit der Stimmen der Anteilseignervertreter gefasst werden. Näheres § 32 MitbestG.[514] Zur Außenwirkung der Beschränkung § 35 Rn 90. 306

IX. Informationsrechte des AR u der ARMitglieder

Hierfür gilt gleiches wie für AR unter dem DrittelbG; dazu näher Rn 259 ff. Recht auf Mitteilung der in GfterVers gefassten Beschl ist durch Änderung des § 25 I Nr 2 (Verweis auch auf § 125 IV AktG) aufgenommen worden.[515] Formalisierte Berichtspflicht der GFührer gemäß § 90 I u II AktG besteht mangels Verweisung auch unter MitbestG nicht.[516] 307

[511] *U. Stein* AG 1999, 28; *Graef* GmbHR 2005, 675, 675; *Bauer/Krieger* ZIP 2004, 1247, 1248; Scholz/*Schneider* Rn 318; MünchKommAktG/*Gach* MitbestG § 31 Rn 23 sowie oben Rn 116.

[512] Scholz/*Schneider* Rn 170; *Zöllner* ZGR 1977, 319, 326; *Hommelhoff* ZGR 1978, 119, 137; *Lutter/Krieger* Rn 1145; MünchKommAktG/*Gach* MitbestG § 31 Rn 5; UHH/*Ulmer/Habersack* § 31 MitbestG Rn 6; **aA** WWKK/*Koberski* § 31 MitbestG Rn 7 u § 25 MitbestG Rn 67; GK-MitbestG/*Naendrup* § 25 Rn 133; *Säcker,* Anpassung von Satzungen, 1977, 38.

[513] BGH WM 1986, 1411 für AG; *Hoffmann/Preu* Rn 228; Rowedder/Schmidt-Leithoff/*Koppensteiner* § 35 Rn 18.

[514] Zu Rechtsfolgen s MünchKommAktG/*Gach* MitbestG § 32 Rn 11 ff; zu Stimmverboten im Zusammenhang mit § 32 MitbestG vgl *Semler* FS Kropff, 1997, 301.

[515] Art 3 Nr 4 des Zweiten Gesetzes zur Vereinfachung der Wahl der ArbNVertreter in den AR v 18. 5. 2004, BGBl I 974, 978.

[516] Sehr str, vgl Rn 134; **aA** *Duden* ZHR 141 (1977), 177.

X. Bekanntmachungspflicht

308 Die ARMitglieder sind gem § 19 MitbestG in dreifacher Weise publik zu machen. Zum einen ist ihre Bestellung in den Betrieben der GmbH in geeigneter Weise bekannt zu machen. Des Weiteren sind die Namen im elektronischen Bundesanzeiger zu veröffentlichen. Schließlich ist gem § 106 AktG, den § 6 II MitbestG in Bezug nimmt, eine AR-Liste zum HR einzureichen. Auf Ausführungen oben Rn 266 wird verwiesen.

E. Der Aufsichtsrat nach MontanMitbestG u MitbestErgG

I. MontanMitbestG

309 **MontanMitbestG** drängt **Einfluss der Anteilseignerseite** im AR stärker zurück als MitbestG. Zwar haben ArbNSeite u Anteilseignerseite auch hier gleich viele Sitze, aber Pattlösungssystem ist anders konstruiert, nämlich durch Installierung eines neutralen Mitglieds. Das leichte Übergewicht der Anteilseignerseite im System des MitbestG besteht daher unter diesem System nicht. Zwar hat GfterVers in gewissem Umfang Möglichkeit, Wahl des vorgeschlagenen neutralen Mitglieds abzulehnen. Gleichwohl kann sie unter dem durch § 8 MontanMitbestG vorgesehenen Wahlmodus nicht Wahl eines Anteilseignervertreters durchsetzen.

310 **MontanMitbestG erfasst GmbH** bereits bei ArbNZahl, die idR mehr als 1000 beträgt, § 1 II. Zusätzlich muss jedoch **besonderer Unternehmensgegenstand** (Steinkohlen-, Braunkohlen- u Eisenerzbergbau; Eisen- u Stahlerzeugung; Walzwerkserzeugnisse) vorliegen.[517] Die **Bedeutung der Montanmitbestimmung für die GmbH** ist nur noch theoretisch, da es derzeit offenbar keine nach diesem Gesetz mitbestimmte Ges mehr gibt.[518] Daher wird auf weitere Erläuterung verzichtet; eingehend die Vorauflage, Rn 190–210.

II. MitbestErgG

311 Auch AR nach **MitbestErgG** ist paritätisch besetzt u hat zum Zweck der Vermeidung von Pattsituationen ein neutrales Mitglied. ARSystem des MitbestErgG greift für GmbH ein, wenn sie zwar selbst nicht dem MontanMitbestG unterliegt (vgl § 2 MitbestErgG), aber mindestens ein anderes **Unternehmen beherrscht,** auf das die Vorschriften des MontanMitbestG anzuwenden sind (§ 1 MitbestErgG) u der Unternehmenszweck des Konzerns (so die fragwürdige Formulierung des Gesetzes) durch Konzernunternehmen u abhängige Unternehmen gekennzeichnet wird, die unter das MontanMitbestG fallen, § 3 I 1 MitbestErgG.[519] Die Voraussetzung der Kennzeichnung des Konzernzwecks durch montanmitbestimmte Unternehmen liegt nach § 3 II MitbestErgG vor, wenn von den unter das MontanMitbestG fallenden

---

[517] Zur Bedenklichkeit verschiedener perpetuierender Regelungen s *Büdenbender* ZIP 2000, 385; *Spindler* AG 1994, 258.

[518] Vgl *Lutter/Krieger* Rn 1093; *Wicke* Rn 20.

[519] Nach OLG Celle AG 1994, 131 ist Regelung auf eine ArbN- u funktionslose Zwischenholding in einem Konzern nicht anwendbar, da kein herrschendes Unternehmen iSd §§ 16 S 3 MitbestErgG – Preussag AG/Salzgitter GmbH.

Konzernunternehmen mindestens ein Fünftel des Konzernumsatzes (bereinigt um bestimmte fremdbezogene Kosten) erzielt wird u diese idR mehr als ein Fünftel der ArbN beschäftigen.[520] Delegiertenschlüssel u -system wurden an § 11 MitbestG angepasst.[521]

Derzeit unterfällt – soweit ersichtlich – **keine GmbH** den Regelungen dieses Gesetzes.[522] **312**

F. Mitbestimmung bei grenzüberschreitender Verschmelzung

Bei internationalen Verschmelzungen im EU und EWR-Raum kommt das Gesetz über die Mitbestimmung der ArbN bei einer grenzüberschreitenden Verschmelzung (MgVG) zum Zug,[523] das auf Art. 16 der Verschmelzungsrichtlinie (2005/56/EG) v 25. 10. 2005 beruht. Danach sind zwei Sachverhalte zu unterscheiden: (1) die deutsche GmbH ist aufnehmende Ges eines ausländischen Rechtsträgers; (2) die deutsche GmbH erlischt durch Verschmelzung mit einem aufnehmenden ausländischen Rechtsträger. Vorrang hat stets die **Mitbestimmung kraft Vereinbarung** (§§ 4, 5 MgVG). Kommt eine solche nicht zustande, gilt folgende **gesetzliche Regelung,** wenn mindestens **ein Drittel der Gesamtzahl der ArbN** aller beteiligten Ges einer Mitbestimmung unterlag (§ 23 I 2 Nr 1 MgVG): **313**

GmbH als aufnehmende Ges: Es gilt grds das deutsche Mitbestimmungsrecht (§§ 3 I 1, 4 MgVG) mit Modifikationen hins der Sitzverteilung u des Wahlverfahrens (§ 25 MgVG). Wenn der ausländische Rechtsträger, der durch die Verschmelzung erlischt, ein strengeres Mitbestimmungsregime kannte, so gilt diese Regelung bei der deutschen GmbH fort (§ 24 II MgVG), was derzeit etwa bei österreichischer Ges in Betracht kommt, deren Drittel-Mitbestimmung schon bei 300 ArbN einsetzen kann. **314**

GmbH erlischt: Nach § 29 MgVG soll das hiesige Mitbestimmungsregime dem aufnehmenden ausländischen Rechtsträger übergestülpt werden. Freilich kann der deutsche Gesetzgeber nicht die Rechtsverhältnisse der Unternehmen anderer Mitgliedstaaten bestimmen. Die Norm ist aus sich heraus nicht verständlich und ohne eigentlichen Gesetzesbefehl. Maßgebend sind die Regelungen der Mitgliedstaaten für den aufnehmenden Rechtsträger. Art. 16 IV RL gibt vor, dass der Mitgliedsstaat solche Bestimmungen für den „Import" der fremden Mitbestimmung schafft.[524] **315**

Für nachfolgende **innerstaatliche Verschmelzungen** ordnet § 30 MgVG einen 3 Jahre währenden Bestandsschutz der Mitbestimmung nach den vorgenannten Grundsätzen an. **316**

---

520 ArbNQuote eingefügt durch Art 2 Nr 2b des DrittelbG, um der Entscheidung des BVerfG v 2. 3. 1999 (ZIP 1999, 410) gerecht zu werden.

521 Art 2 Nr 4 des Gesetzes über die Wahl der ArbNVertreter in den AR (Fn 515).

522 *Seibt* NZA 2004, 767, 774; MünchHdbAG/*Hoffmann-Becking* § 28 Rn 29b.

523 HWK/*Hohenstatt/Dzida* MgVG (Überblick); *Schubert* RdA 2007, 9; *Teichmann* Der Konzern 2007, 89, 92; *Lunk/Hinrichs* NZG 2007,773; *Nagel* NZG 2007, 57; s auch die Erläuterungen zu § 35 II SEBG, etwa *Oetker* in Lutter/Hommelhoff (Hrsg), SE-Kommentar, 2008.

524 Für UK s The Companies Cross-Border Mergers Regulations 2007 Nr 2974, dort Regulation 38; Übersicht zu Umsetzungsregelungen in den Mitgliedstaaten bei *Winter* GmbHR 2008, 532.

G. Der Aufsichtsrat nach dem InvestmentG

317 **Kapitalanlageges** in der Rechtsform einer GmbH[525] haben einen obligatorischen AR zu bilden, § 6 II 1 InvestmentG.[526] Die Norm nimmt dieselben Vorschriften des AktG in Bezug wie der (durch § 1 I Nr 3 DrittelbG am 1. 7. 2004 abgelöste) § 77 I BetrVG 1952. Allerdings fehlen zwei der in § 1 I Nr 3 im DrittelbG neu aufgenommenen Bezugnahmen (auf § 125 IV u § 170 AktG).

318 Nachfolgend sind nur noch Besonderheiten dieses AR darzustellen, die sich im Wesentlichen aus spezifischen Pflichtbindungen durch das InvestmentG ergeben. In KAGes werden regelmäßig große Vermögenswerte verwaltet, deren Finanziers nicht personenidentisch mit den GmbH-Gftern sind. Die Anteilsinhaber erwerben Anteile an einem getrennt von den Eigenmitteln der GmbH zu bildenden **Sondervermögen,** das von der KAGes möglichst gewinnbringend verwaltet wird. Diese besondere Struktur hat den Gesetzgeber dazu veranlasst, verschiedene Aufsichts- u Kontrollinstanzen zum **Schutz der Anleger** vorzuschreiben,[527] zu denen auch der obligatorisch einzurichtende AR in der KAGes mbH zählt.

I. Erfasste Unternehmen

319 Erfasst werden GmbHs mit einem besonderen Unternehmenszweck. Es handelt sich um **Kreditinstitute,** deren Geschäftsbereich darauf gerichtet ist, **Sondervermögen zu verwalten** u Dienstleistungen oder Nebendienstleistungen nach § 7 II InvestmentG zu erbringen, § 6 I InvestmentG.

II. Größe u Zusammensetzung des AR

320 Der AR muss aus mindestens drei Personen bestehen, § 95 AktG.

321 Die Mitglieder des AR sollen ihrer Persönlichkeit u ihrer Sachkunde nach die **Wahrung der Interessen der Anleger** gewährleisten, § 6 III 1 InvestmentG. Die Norm ist **kein Schutzgesetz** zugunsten geschädigter Anleger iSv § 823 II BGB, soweit es die Auswahl der ARMitglieder durch die Gfter betrifft, hM.[528]

322 Die Bestellung ist der BaFin anzuzeigen. Hält die **BaFin** die ARMitglieder für ungeeignet, kann sie eine **Neubesetzung verlangen.** Ein Rückgriff auf die investmentrechtliche Generalklausel (§ 5 InvestmentG) ist dafür nicht erforderlich. Richtigerweise ist die ARBesetzung eine organisatorische Vorkehrung zum ordnungsgemäßen Geschäftsbetrieb (§ 7 b Nr 8 InvestmentG). Folgt die KAGes der Aufforderung nicht, kann die BaFin die Erlaubnis zum Geschäftsbetrieb (§ 7 InvestmentG) widerrufen (§ 17 II Nr 3 InvestmentG).

---

[525] Das von der BaFin geführte Verzeichnis der Kapitalanlageges weist im März 2009 72 GmbHs aus (www.bafin.de).

[526] Gesetz v 15. 12. 2003, BGBl I 2676.

[527] Vgl *Beckmann/Scholtz/Vollmer,* Investment, 410 § 6 Rn 2, 16.

[528] Wie hier *Beckmann/Scholtz/Vollmer,* Investment, 410 § 6 Rn 24.

III. Aufgaben u Kompetenzen des AR

Dafür gilt grds das oben für den obligatorischen AR nach dem DrittelbG Gesagte. Im Text des § 6 II 2 InvestmentG zwar nicht erwähnt (Rn 319), aber in der Sache selbstverständlich sind den ARMitgliedern entsprechend § 125 IV AktG die Beschl der GfterVers mitzuteilen; ferner sind dem AR entsprechend § 170 AktG die dort erwähnten Rechnungslegungsdokumente vorzulegen. 323

1. Ausrichtung auf Anlegerinteressen. Der AR hat die GFührung zu überwachen u zu beraten; oben Rn 100ff. Eine Besonderheit ist, dass er hierbei auf die „Interessen der Anleger" ausgerichtet ist, wie sich aus § 6 III 1 InvestmentG ergibt. Diese Ausrichtung des AR stellt einen Ersatz dafür dar, dass die Anteilsinhaber auf die Besetzung des AR der KAGes u damit auf die Überwachung der GFührung keinen Einfluss haben. Da profitable Anlage des Sondervermögens idR auch der Zweck der KAGes ist, sollte sich kein Gegensatz zwischen Anleger- u den GesInteressen bilden. Das „Auskaufen" vorteilhafter Anlagen aus dem Sondervermögen bzw das „Abladen" nachteiliger Anlagen im Sondervermögen widerspricht stets auch dem GesZweck. 324

2. Kollisionsregel für ArbNVertreter. Das ARRegime nach § 6 InvestmentG u nach dem DrittelbG können zusammentreffen in KAGes mit mehr als 500 Mitarbeitern. Für die Qualifikation u die Interessenbindung der ArbNVertreter gilt nicht, dass sie nach Persönlichkeit u ihrer Sachkunde die Wahrung der Interessen der Anleger zu gewährleisten haben, § 6 IV InvestmentG. Sie haben sich aber an dem GesInteresse zu orientieren (Rn 326), das idR mit der bestmöglichen Verwaltung des Sondervermögens identisch ist, so dass sich kein relevanter Unterschied ergibt. Dieselbe Rechtslage gilt für ArbN, die nach dem MitbestG in den AR gewählt sind, obwohl § 6 IV InvestmentG von „Vorschriften des Betriebsverfassungsgesetzes" (seit 1. 7. 2004: des DrittelbG!) spricht. Indessen haben weder DrittelbG noch erst recht nicht das MitbestG einen praktischen Anwendungsbereich, da KAGes um eine schlanke Personalstruktur bemüht sind, um die Kosten für die Verwaltung der Sondervermögen gering zu halten. 325

IV. Rechtsverhältnis der ARMitglieder zur Gesellschaft

Mitglieder des Vorstands oder des AR der **Investment*aktien*gesellschaft** dürfen Vermögensgegenstände (außer Aktien) weder an die Ges veräußern noch von dieser erwerben, § 106 b InvestmentG. Entsprechende Verbote gelten für die **ARMitglieder der Kapitalanlagegesellschaft** (ob nun GmbH oder AG) **nicht.** Die früher in § 5 KAGG enthaltene Regelung wurden trotz intensiver Diskussion über Interessenkonflikte anlässlich der Reform 2007[529] nicht in das InvestmentG übernommen. Dies sowie die o. g. punktuellen Regelungen sprechen **gg eine Regelungslücke** und eine darauf gestützte Analogie; auch § 181 BGB ist weder unmittelbar noch analog anwendbar.[530] Der Gegenschluss, den ARMitgliedern seien derlei Geschäft erlaubt, ist dennoch unangebracht. Es gilt § 9 Abs 2 Nr 3 InvestmentG, wonach die KAGes **Interessenkonflikte zu vermeiden** hat und unvermeid- 326

---

[529] Vgl *Zetzsche* ZBB 2007, 438.

[530] *Engert,* Kapitalmarkteffizienz und Investmentrecht, Habil. München 2008, 600 f.

bare Konflikte unter der gebotenen Wahrung der Anlegerinteressen aufzulösen sind. Der Erwerb eines Vermögensgegenstands von einem Organmitglied ist grds. vermeidbar und darf schon deshalb nicht stattfinden. Hinzu tritt die organschaftliche Pflichtbindung dergestalt, dass ARMitglieder in der Regel Gegenstände des Sondervermögens weder kaufen, noch an diese verkaufen, sofern die Ges bei den Geschäften für gemeinsame Rechnung der Anteilsinhaber handelt. Sollte dies ausnahmsweise anders liegen, ist der Konflikte durch organisatorische Vorkehrungen (konfliktfreie Vorbereitung im ARAusschuss, unabhängige Bewertung) aufzulösen. Kommt es dennoch zu einer ungerechtfertigten Vorteilsgewährung, sind die Vorteile an das Sondervermögen auszukehren (Rechtsgedanke des § 667 BGB).

V. Bekanntmachungspflicht

327 **Personelle Veränderungen** sind gem § 106 AktG zum HReg in Gestalt einer neuen **AR-Liste** mitzuteilen (Rn 266). Ferner ist die Bestellung u das Ausscheiden von Mitgliedern des AR der **BaFin** unverzüglich **anzuzeigen,** § 6 III 2 InvestmentG; diese Regelung gilt nicht für ARMitglieder als Vertreter der ArbN (§ 6 IV InvestmentG).

328 Im **Verkaufsprospekt** anzugeben sind die Namen der Mitglieder des AR unter Angabe der außerhalb der Kapitalanlageges ausgeübten Hauptfunktionen, wenn diese für die KAGes von Bedeutung sind; § 42 I 3 Nr 20 InvestmentG.

H. Aufsichtsrat und Prüfungsausschuss bei kapitalmarktorientierter GmbH

329 Eine GmbH ist „kapitalmarktorientiert", wenn sie durch von ihr ausgegebene Wertpapiere (§ 2 I 1 WpHG) einen organisierten Markt (§ 2 WpHG) an Anspruch nimmt, § 264 d HGB.[531] Geschäftsanteile eignen sich dafür zwar nicht (Einl Rn 56), aber Obligationen (Schuldverschreibungen, Genussscheine). In der Praxis kommt eine solche kapitalmarktorientierte GmbH selten vor. Für ihren AR gilt, dass mindestens ein Mitglied den Anforderungen des § 105 V AktG zu entsprechen hat, also unabhängig zu sein hat und über Sachverstand hinsichtlich Rechnungslegung und Abschlussprüfung verfügen muss. Hat der AR einen Prüfungsausschuss eingerichtet (§ 107 III 2 AktG), dann muss mindestens ein Mitglied die vorgenannten Voraussetzungen erfüllen (§ 107 IV AktG). Bei dem fakultativen AR sind diese Regeln zwar gesellschaftsvertraglich abdingbar (Rn 24 ff), aber in diesem Fall muss eben ein Prüfungsausschuss gebildet werten (§ 324 I HGB), der von den Gftern gewählt wird. Dann stünden fakultativer AR und zwingender Prüfungsausschuss als zwei Gremien nebeneinander, was keinesfalls sinnvoll ist.

330 Der Vorschlag des AR zur Wahl des Abschlussprüfers ist auf die Empfehlung des Prüfungsausschusses zu stützen (§ 124 III 2 AktG), wenn es einen solchen Ausschuss gibt (er muss nicht gebildet werden, sofern nicht § 105 V AktG abbedungen ist; s o) und wenn der fakultative AR überhaupt Wahl-

---

[531] Eingefügt durch Art 1 des Gesetzes zur Modernisierung des Bilanzrechts (BilMoG) v 25. 5. 2009; BGBl – I 1102.

vorschläge macht (§ 124 III 1 AktG ist durch Abs 1 nicht in Bezug genommen). Überdies fehlt für den obligatorischen AR der Verweis auf § 124 III 2 AktG im DrittelbG und MitbestG.

Die vorgenannten Bestimmungen finden keine Anwendung, solange alle **331** Mitglieder des AR und des Prüfungsausschusses vor dem Inkrafttreten des BilMoG (25. 5. 2009 BGBl I S 1102) bestellt worden sind, § 4 EGGmbHG.

Abschnitt 4. Abänderungen des Gesellschaftsvertrags

Form der Satzungsänderung

53 (1) **Eine Abänderung des Gesellschaftsvertrages kann nur durch Beschluß der Gesellschafter erfolgen.**

(2) [1]**Der Beschluß muß notariell beurkundet werden, derselbe bedarf einer Mehrheit von drei Vierteilen der abgegebenen Stimmen.** [2]**Der Gesellschaftsvertrag kann noch andere Erfordernisse aufstellen.**

(3) **Eine Vermehrung der den Gesellschaftern nach dem Gesellschaftsvertrag obliegenden Leistungen kann nur mit Zustimmung sämtlicher beteiligter Gesellschafter beschlossen werden.**

Übersicht

I. Allgemeines

1 **1. Grundsätzlicher Inhalt der Regelung.** Vorschrift regelt wichtige Fragen aus dem Bereich der Änderung des GesVertrags. Sie stellt für Änderung zwingende Mindesterfordernisse auf (Abs 1 u 2) u gibt in Abs 3 gewisse Hinweise auf Grenzen der Verbandsautonomie.

2 **2. Gesellschaftsvertrag u Satzung.** GesVertrag ist unter genetischer Sicht die bei der Gründung der Ges vereinbarte Grundordnung des Verbands, die durch echten Vertrag, dh im Konsens aller an der Gründung beteiligten künftigen Gfter zustande kommt. Im späteren Verlauf der Ges wird vielfach der Begriff Satzung bevorzugt, weil die entstandene Grundordnung eine vom ursprünglichen Konsens unabhängige Bedeutung erlangt u vor allem, weil sie später Beitretenden gegenüber ohne Rücksicht auf deren Kenntnis und Konsens gilt. Auch für die Änderung der normativen Grundordnung gilt sowohl nach der gesetzlichen Typik wie nach der praktischen Übung nicht mehr das Konsensprinzip, sondern das Mehrheitsprinzip. Von Anfang an überschreitet der Gesellschaftsvertrag die Dimensionen des Schuldvertrags. Er ist Organisationsvertrag[1] u nicht etwa nur ein „Geflecht" von Einzelverträgen, wie die nexus of contract-Lehren konstruieren, deren modellhafter Erklärungswert für manche Problemlösungen zwar anzuerkennen ist, jedoch als Gesamtmodell nicht ausreicht.[2] Im Folgenden wird aus den genannten Gründen der Begriff der Satzung bevorzugt, auch wenn GmbHG durchgängig vom GesVertrag spricht. In Rspr u Lehre werden die Begriffe als gleichbedeutend verwandt (vgl auch § 2 Rn 3).

3 **3. Satzungsgestaltung u Verbandsautonomie.** Satzung ist stets änderbar. Auch Verbot der Änderung stünde bei Einstimmigkeit nicht entgegen, weil Verbot selbst aufhebbar wäre. Das muss so sein, weil Satzungsgestaltung zum Zweck der Anpassung an sich verändernde Verhältnisse immer wieder notwendig werden kann. Satzungsgestaltung obliegt ausschließlich Gftern, die als die eigentlichen Träger der Verbandsautonomie anzusehen sind, auch wenn sich ihre Willensbildung mittels des Organs GfterVers vollzieht. Verbandsautonomie ist die Selbstregelungsbefugnis der Ges hinsichtlich ihrer normativen Ordnung. Sie manifestiert sich in der Satzungsautonomie. In ihr kommt die selbständige u gegenüber Außeneinflüssen sowohl dritter Privatrechtssubjekte als auch des Staates stark abgeschirmte Stellung der Ges zum Ausdruck, die sich als **Verbandssouveränität** kennzeichnen lässt.[3] Hinter diesem Begriff steht ein Konzept, das statt auf umfassende Beaufsichtigung durch staatliche Institutionen auf den Selbstschutz der Gfter vertraut.[4] Ein unter diesem Prinzip stehendes Verbandsystem muss darauf bedacht sein, den Außeneinfluss auf die Ges in den Schranken zu halten.[5] Praktische Bedürfnisse u Gegebenheiten erlauben freilich nicht die Durchführung einer dahingehen-

[1] So schon *Würdinger,* Gesellschaften, Bd 11937, 42.

[2] Treffend *Fleischer* ZHR 168 (2004), 673, 683 ff.

[3] Zur Herausarbeitung dieses Prinzips aus der historischen Entwicklung des Verbandsrechts wie zu seiner funktionalen Abgrenzung verdienstvoll *Schubel,* Verbandssouveränität und Binnenorganisationder Handelsgesellschaften, 2003; zum Begriff Verbandssouveränitä auch schon *Wiedemann* FS Schilling, 1973, 105.

[4] So fast wörtlich *Schubel* 559.

[5] Dazu sehr gründlich *Chr. Weber,* Privatautonomie u Außeneinfluss im Gesellschaftsrecht, 2000.

den „reinen Lehre“, die jeglichen Außeneinfluss untersagt. Allerdings muss er in engen Grenzen gehalten u wo er stattfindet kanalisiert werden. Insbesondere geht es nicht an, einen von den Gftern durch den GesVertrag selbst etablierten oder sanktionierten Außeneinfluss mit der durch die gesvertragliche Regelung ausgeübten Privatautonomie der Gfter zu rechtfertigen,[6] weil Verbandsautonomie nicht mit Privatautonomie (u schon gar nicht derjenigen der Gfter) in eins zu setzen ist. Wenn Verbandsautonomie verliehen ist, den Verband „souverän“ zu machen, darf sie nicht dazu benutzt werden, sich selbst substanziell zu untergraben. Unter dieser Sicht liegt die Begründungslast für die Zulassung eines die Verbandsautonomie und damit auch die Verbandssouveränität einschränkenden Gebrauchmachens von der Verbandsautonomie bei demjenigen, der die Zulässigkeit der Einschränkung befürwortet. Zu konkreten Schranken der Satzungsgestaltung u damit auch der Satzungsumgestaltung durch Satzungsänderung vgl schon oben § 45 Rn 6 ff.

II. Begriff der Satzung

1. Begriff der Satzung ist mehrdeutig. Sprachgebrauch in Rechtsprechung und Wissenschaft in Randbereichen nicht einheitlich. Nach allg Ansicht ist Satzung nicht gleichbedeutend mit dem Satzungstext, wie er von Gftern festgelegt und in HR-Akten zur Einsicht vorliegt. Satzungstext enthält vielmehr häufig (zulässigerweise) Bestandteile, die nicht den Rechtscharakter einer Satzungsbestimmung aufweisen und auf die Regelungen über Satzungsänderungen nicht oder jedenfalls nicht voll zur Anwendung kommen. Als Grundsatz ist festzuhalten: Nicht der gesamte Satzungstext ist notwendigerweise Satzung. Umgekehrt ist aber als Satzung nur wirksam, was formell bei Gründung in Satzungstext aufgenommen oder im gesetzlich vorgesehenen Verfahren als Satzungsänderung beschlossen und durch HR-Eintragung verlautbart worden ist. Kurz: Satzung muss immer auch Satzungstext sein, Satzungstext nicht immer auch Satzung. 4

Satzung ist auch das von den Gründern im vereinfachten Gründungsverfahren nach § 2 Abs 1 a der Gründung zugrunde gelegte **Musterprotokoll,** vgl § 2 Abs 1 a Satz 5. Gesetzestext sagt das nicht so direkt, sondern erklärt nur, dass die Vorschriften des Gesetzes über den GesVertrag auf das Musterprotokoll Anwendung finden. Im hier allein interessierenden Zusammenhang steht jedenfalls fest, dass auf die Änderung von Satzungscharakter tragenden Elementen des Musterprotokolls die Vorschriften über die Änderung der Satzung anzuwenden sind. 5

2. Echte u unechte Satzungsbestandteile. Zu unterscheiden ist zwischen echten und unechten Satzungsbestandteilen.[7] Echte Satzungsbestandteile sind Satzung iSv § 53, unechte nicht. Vielgebrauchte Unterscheidung zwischen materiellen und formellen Satzungsbestandteilen ist missverständlich.[8] 6

---

[6] Missverständlich der dahin formulierte Ausgangspunkt der Untersuchung *Webers* (aaO S 1), der freilich seinerseits im Verlauf seiner Arbeit zu einem weitreichenden Schrankengeflecht gelangt.

[7] Dazu *Wicke* DNotZ 2006, 419.

[8] Anders noch 15. Aufl; wie hier schon KölnerKomm/*Zöllner* 2. Aufl § 179 Rn 7 ff.

7 **3. Satzung als verbandsautonom geschaffene Grundordnung.** Satzung ist die verbandsautonom geschaffene normative Ordnung eines Verbands, mit der die gesetzlich vorgegebene Ordnung ergänzt bzw im Rahmen des durch die Rechtsordnung vorgegebenen Spielraums der Verbandsautonomie abgeändert wird.

8 **a) Grundsätzlicher Umfang.** Sie umfasst insoweit die gesamte, für den Verband innerkorporativ geltende Ordnung iS aller generell, dh über den Einzelfall hinaus geltenden Regeln, aber auch einschlägige Einzelfallregelungen (Rn 13). Auf den Stellenwert der Regelung iS ihrer quantitativen oder qualitativen Bedeutung für den Verband kommt es nicht an.[9] Zur Frage, inwieweit innerkorporative über den Einzelfall hinausgehende Bindungen auch durch einfachen Beschluss der Gfter erzeugt werden, vgl Rn 39 ff.

9 **b) Verfassung der Ges.** Zur normativen Grundordnung gehört jedenfalls die Verfassung der Ges (zu diesem Begriff Vorb § 35), ferner Regelungen über die sog Identität der Gesellschaft (Name, Sitz und Zweck) und über den Umfang des gebundenen Eigenkapitals, vor allem aber auch über die Mitgliedschaft als Beziehung zwischen Ges und Gftern einschl gesellschafterlicher Sonderrechte. Zum innerkorporativen Regelungsbereich gehören auch die Verhältnisse der Ges zu ihren Organen und Organmitgliedern (vgl näher oben § 35 Rn 13 u § 52 Rn 59).

10 **c) Korporationsrechtliche Regelungen über individualrechtliche Rechtsverhältnisse der Ges zu Dritten** kann Satzung nicht mit beide Teile bindender Wirkung treffen. Sie kann aber für die auf Seiten der Ges handelnden Organe korporationsrechtlich verbindliche Vorgaben machen. Satzung normiert dann Umfang und Reichweite der Gführungsbefugnis des kontrahierenden Organs.[10] Satzung kann auch wegen ihrer korporativen Natur keine individualrechtlichen Rechte Dritter (etwa als Gesellschaftsvertrag zugunsten Dritter) begründen.[11] Soweit sie es, wie vor allem im Gründungsstadium dennoch tut, kann rechtswirksamer individualrechtlicher Vertrag zugunsten Dritter gegeben sein. Regelung ist dann aber unechter Satzungsbestandteil. Ausnahmsweise kommt korporationsrechtliche und damit Satzungsnatur in Frage als körperschaftsrechtliche Vorgabe, wie etwa bei einer Sachübernahme.

11 **d) Korporationsrechtliche Rechte Dritter** können durch Satzung nicht begründet werden, vgl oben § 3 Rn 26. GFührer ist aber als Organ oder Organmitglied nicht Dritter idS, vgl § 35 Rn 14.

12 **e) Rechtsbeziehungen zwischen den Gftern** sind, soweit sie gesellschafts- bzw mitgliedschaftsbezogen sind, ebenfalls durch Satzung regelbar. So kann Satzung etwa Treu- und Rücksichtspflichten der Gfter untereinander verstärken oder abschwächen, sie kann Stimmbindungen der Gfter untereinander sowie Vorkaufsrechte und Anteilserwerbspflichten mit körperschaftsrechtlicher Verbindlichkeit vorsehen.

13 **f) Rechtsbeziehungen einzelner oder aller Gfter zu Dritten.** Satzungsbestandteil können schließlich auch Regelungen sein, die Rechtsbeziehungen einzelner oder aller Gfter zu Dritten betreffen, Lieferungsverträge,

[9] Anders MünchKommBGB/*Reuter* § 25 Rn 4 ff; *ders* ZHR 148 (1984), 523 ff.

[10] Verkannt von *Priester* DB 1979, 682, der einschlägige Satzungsregelungen für notwendig nichtkorporativer Natur hält.

[11] Vgl *Ulmer* FS Werner, 1984, 911 ff.

Mietverträge, Ausübung von Vorkaufsrechten, Stimmbindungen. Zwar kann nicht der Inhalt solcher Rechtsbeziehungen bindend geregelt werden, u da Ges an der Anbahnung nicht beteiligt ist, auch nicht deren Begründungsvoraussetzungen etc. Wohl aber können Bindungen des Gfters gegenüber der GmbH bzgl solcher Rechtsbeziehungen festgelegt werden. Diese Bindungen können gesellschaftsrechtlich gedacht sein (etwa iS einer Nebenleistungspflicht, dazu unten Rn 31), aber auch schuldrechtlich. Im letzteren Fall kann Aufnahme in Satzung bedeuten, dass Entbindung des Gfters durch Ges von der Pflicht nur unter Beachtung der Satzungsänderungsanforderungen soll erfolgen können. Erfasst wird von dieser Bindung selbstverständlich nur der Gfter, nicht der Dritte, u selbstverständlich bedarf Einführung wie Erschwerung solcher Bindungen der Zustimmung des betroffenen Gfters.[12]

4. Einzelfallregelungen als Satzungsgegenstand. Satzung kann in Abweichung vom eigenen Text oder von gesetzlich dispositiv geltender verbandsrechtlicher Regelung auch Bestimmungen für Einzelfall treffen, zB für einzelnen Abstimmungsfall Mehrheitserfordernis herabsetzen, Stimmkraft abweichend bemessen oder Einberufung abweichend regeln. In der Praxis findet sich dieser Tatbestand vor allem in Gestalt der Satzungsdurchbrechung (dazu unten Rn 39 ff). Gesetzlich vorgeschriebene Einzelfallregelung ist Sacheinlage bei Kapitalerhöhung (§ 56 I). 14

5. Rechtliche Bedeutung des echten Satzungscharakters. Sie besteht nach mehreren Richtungen: Nur echte Satzungsregelungen können geltendes GmbH-Recht (geschriebenes und ungeschriebenes) ändern. Nur sie entfalten grds Bindungswirkung für die Organe der Ges (zu Ausnahmen für Gftervereinbarungen unten Rn 19). Nur echte Satzungsbestimmungen binden künftige Gfter. Für ihre Auslegung gelten nach hM besondere Auslegungsgrundsätze, während unechte Satzungsbestandteile nach individualrechtlichen Regeln auszulegen sind.[13] Die Anfechtbarkeit von Gfterbeschlüssen wird grundsätzlich nur durch Verletzung echter Satzungsbestandteile begründet. Auch dieser Grundsatz ist freilich zu relativieren für bestimmte Gftervereinbarungen (näher Rn 19). 15

6. Gewillkürter Nichtsatzungscharakter inhaltlich körperschaftlicher Regelungen. Gfter können körperschaftsrechtlich mögliche Regelungen, soweit sie nicht notwendiger Bestandteil der Satzung sind (dazu § 3), auch mit rein individualrechtlicher Bindungswirkung vereinbaren und in den Satzungstext aufnehmen. Dies bedarf jedoch hinreichender Klarstellung. Geht der Nichtsatzungscharakter aus dem Satzungstext nicht hervor, ist echter Satzungsbestandteil anzunehmen. Keine statutarische Bindung begründet GFührerbestellung im Gesvertrag, auch soweit Gfter bestellt wird,[14] ferner Regelung der Höhe der GFührerbezüge im Gesvertrag.[15] 16

7. Unechte Satzungsbestandteile. Keinen Satzungscharakter haben zum einen alle Bestandteile ohne Regelungscharakter, dh bloße faktische Mittei- 17

---

[12] Zum ganzen auch *Ulmer* FS Werner, 1984, 911.

[13] Diese schon für das Aktienrecht partiell kritisch zu sehende Auffassung ist für das GmbH-Recht schwerlich akzeptabel. Kritisch zu ihr *U. Noack,* Gesellschaftervereinbarungen bei Kapitalgesellschaften, 1994, 82 ff; s auch *Grunewald* ZGR 1995, 68 ff.

[14] BGH DB 1968, 2166, dazu auch § 6 Rn 14; wohl allgM.

[15] BGHZ 18, 208; wohl ebenfalls allgM.

lungen oder Verlautbarungen, wie etwa die Nennung von Organmitgliedern oder der auf das Stammkapital eingezahlten Beträge, gleichviel ob das Mitgeteilte zutrifft oder nicht. Unecht sind ferner Bestandteile mit Regelungscharakter, wenn sie lediglich individualrechtliche Natur aufweisen. Das kann kraft ihres Gegenstands der Fall sein (soweit nicht die Regelung als körperschaftsrechtliche Vorgabe für das Handeln der GesOrgane gedacht ist, vgl Rn 10) oder kraft hinreichend zum Ausdruck gebrachten auf individualrechtliche Wirkung beschränkten Regelungswillens (vgl Rn 16); denkbar ist auch Aufnahme einer Stimmbindungsabrede zwischen den Gftern.[16] Echter Satzungsbestandteil sind aber Namen der Gründungsgfter, vgl § 3 I Nr 4 GmbHG. RegRichter darf Eintragung der Satzung oder von Satzungsänderungen nicht wegen unechter Bestandteile zurückweisen; nur Gefahr der Irreführung des Publikums kann ausnahmsweise Zurückweisung begründen. Zur Frage wie unechte Satzungsbestandteile zu ändern sind, vgl unten Rn 23 ff.

18 **8. Satzung als Einheit.** Satzung ist grundsätzlich **einheitlicher Regelungskomplex,** in dem alle korporationsrechtlichen Regelungen zusammengefasst sind. Aufspaltung der Satzung in mehrere nebeneinander geltende normative Regelungswerke (Teilsatzungen) ist nicht zulässig, auch nicht, wenn jeweils verschiedene Regelungsgegenstände betroffen sind. Publikum muss sich auf einer Urkunde über satzungsmäßig geregelte Verhältnisse der Ges informieren können. Dieser Grundsatz ist jedoch nach mehreren Richtungen durchbrochen: Zum einen sind normative Nebenordnungen in Gestalt von Geschäftsordnungen für GFührung und AR möglich, dazu § 37 Rn 29 sowie § 52 Rn 84. In einem weiteren Sinn gehören zur echten Satzung, obgleich nicht Bestandteil des Satzungstextes, auch die Unternehmensverträge (vgl Rn 38 u Anh KonzernR Rn 26 u 49 ff).

19 **9. Nichtsatzungsförmige Gftervereinbarungen** über korporationsrechtliche Fragen kommen bei GmbH verhältnismäßig häufig vor, am häufigsten in Gestalt von Stimmbindungsverträgen, aber auch als Abreden über Einbringung von Gegenständen, über Verlusttragung, Nachschüsse und Zuschüsse, über abweichende Gewinnverteilung, Abberufbarkeit der Gführer, Ausscheidenspflichten, über die Konkretisierung des Geszwecks, über Anteilserwerbsrechte („Vorkaufsrechte") und -pflichten.[17] Solche Vereinbarungen sind zwar nicht Satzung im echten Sinn. Gleichwohl können sie unter bestimmten Voraussetzungen, namentlich wenn sie von allen Gftern getroffen sind, korporationsrechtliche Wirkung entfalten. Auch die Satzung ist – wie bei der GmbH besonders deutlich – letzlich Gftervereinbarung. Satzung und

[16] Dazu u zur Möglichkeit ihrer Wirkung zugunsten eines Dritten BGH DStR 1991, 1290.

[17] Vgl dazu *Baumann/Reiß* ZGR 1989, 157; *Forstmoser* FS Schluep, 1988, 359; *Winter* ZHR 154 (1990), 259; *Zutt* ZHR 155 (1991), 190; *Hoffmann-Becking* ZGR 1994, 442; *Westermann,* Das Verhältnis von Satzung u Nebenordnungen in der Kapitalgesellschaft, 1994, 25 ff; *M. Dürr,* Nebenabreden im Gesellschaftsrecht, 1994; ausführlich *Noack,* Gesellschaftervereinbarungen bei Kapitalgesellschaften, 1994. Vgl ferner *Zöllner,* Wechselwirkungen zwischen Satzung u schuldrechtl Gftervereinbarungen ohne Satzungscharakter, in *Henze* ua (Hrsg) RWS-Forum 8, Gesellschaftsrecht 1995 (1996), S 89; *A. Jäger* DStR 1996, 1935. *Ulmer,* „Satzungsgleiche" Gesellschaftervereinbarungen bei der GmbH? – Zum Für und Wider der Trennung zwischen Satzung und schuldrechtlichen Gesellschafterabreden, FS Röhricht, 2005, 633.

nicht satzungsförmige Gftervereinbarungen lassen sich daher zusammenfassend als Verbandsordnung im weiteren Sinn verstehen.[18] Fehlende Satzungsförmigkeit hat letztlich unter interessengemäßer Betrachtung nur Bedeutung für Regelungen, die außenstehende Dritte oder von den nichtförmlichen Vereinbarungen ununterrichtete Anteilserwerber betreffen.[19] Zur Begründung von Beschlussmängeln durch Verstoß gegen Stimmbindungsverträge oben § 47 Rn 118.

III. Satzungsänderung

Zu unterscheiden ist zwischen echten und unechten Satzungsänderungen. **20**

1. Echte Satzungsänderungen sind alle Änderungen echter Satzungsbestandteile (dazu Rn 5 ff), dh aller Bestandteile mit korporativem Regelungscharakter, gleichgültig ob die Änderung nur den Wortlaut oder den sachlichen Gehalt der Regelung betrifft, die Streichung solcher Bestandteile, ferner die Hinzufügung neuer, echter Satzungsbestandteile, mögen sie vorhandene Regelungen modifizieren oder ergänzen oder bisher nicht geregelte Gegenstände betreffen. Satzungsänderung ist danach einmal die Änderung der gesetzesausfüllenden notwendigen Satzungsregelungen, also Änderung von Firma, Sitz der Ges,[20] Unternehmensgegenstand und übergreifendem Zweck der Ges, Stammkapital und Stammeinlage.[21] Satzungsänderungen sind weiter alle neuen Satzungsregelungen, mit denen von dispositiven Bestimmungen des GmbHG abgewichen wird, oder mit denen Abweichungen von ungeschriebenem dispositivem Verbandsrecht festgelegt werden. Ein bei der GmbH besonders umfassender Bereich betrifft Zusatzregelungen, mit denen die gesetzliche Verbandsordnung erweitert und ergänzt wird. Solche Ergänzungen können vom Gesetz im Einzelnen ausdrücklich vorgesehen sein, wie etwa die Auferlegung von Nebenpflichten oder die Befristung der Ges (§ 3 II), ferner die Vinkulierung der GAnteile; sie sind aber unbestritten wegen der zurückhaltenden Gestaltung der Verbandsordnung durch das weithin dispositive GmbHG in erheblichem Umfang darüberhinaus möglich; anders als im Aktienrecht (vgl § 23 V AktG) spielt deshalb die Unterscheidung zwischen Ergänzung und Änderung der gesetzlichen Verbandsordnung eine geringe Rolle. Insgesamt ist Satzungsspielraum im GmbH-Recht groß.[22] **21**

Echte Satzungsänderungen unterliegen den gesetzlichen Regelungen über Satzungsänderungen in vollem Umfang. Das gilt zB auch für Streichung der Namen der Gründungsgfter[23] (vgl dazu Rn 16). Zur Frage, ob generelle Befreiung des GFührers vom Verbot des Selbstkontrahierens bzw. der Mehrfachvertretung Satzungsänderung ist,[24] s § 35 Rn 132. **22**

---

[18] *Noack* (Fn 13).

[19] Zu Art und Umfang korporationsrechtlicher Wirkung von Gftervereinbarungen umfassend *Noack* (Fn 13).

[20] Dazu *Wessel* BB 1984, 1057; OLG Köln BB 1984, 1065.

[21] Letzteres gilt auch für sog nominelle Aufstockung von GAnteilen nach Einziehung, abw oben § 34 Rn 16; BayObLG DB 1991, 2537; BGH DB 1988, 1944.

[22] Näher dazu *Zöllner* FS GmbHG, 1992, 85 f.

[23] Zutr *K. J. Müller* GmbHR 1997, 923. Zu deren Zulässigkeit BayObLG GmbHR 1997, 73.

[24] So neuerdings KG Berlin DB 2006, 1261 = GmbHR 2006, 653.

23 **2. Unechte Satzungsänderung.** Satzungsänderung nur in einem anderen Sinn ist die Änderung unechter Satzungsbestandteile (zu diesen oben Rn 17). Die gesetzlichen Regelungen über Satzungsänderungen finden auf sie nur mit Einschränkungen und Modifizierungen Anwendung. Meinungsstand dazu ist zerklüftet und wegen unterschiedlicher Begrifflichkeit schwer präzise wiederzugeben. Jedenfalls kann auch Änderung unechter Satzungsbestandteile nicht beliebig erfolgen, sondern muss Verfahrensregeln einhalten. Dabei ist zu unterscheiden.

24 **a) Unechte Satzungsbestandteile ohne Regelungscharakter** (dazu Rn 16). Ihre Streichung oder Änderung hat keine Auswirkung auf Rechtslage. Für sie genügt einfache Mehrheit.[25] Die Beschlussfassung muss jedoch ordnungsgemäß zur Tagesordnung angekündigt werden. Nicht verzichtbar ist ferner Eintragung des Änderungsvorgangs im HR und Bekanntmachung.[26]

25 **b)** Bei **unechten Satzungsbestandteilen mit Regelungscharakter** muss unterschieden werden zwischen der inhaltlichen Änderung der getroffenen Regelung und der Änderung des Satzungstexts. Für die Änderung des Satzungstexts gilt das in der vorigen Rn ausgeführte. Durch die Textänderung als solche wird aber die individualrechtliche Geltung der getroffenen Regelung nicht beeinflusst. Hat die Regelung allerdings den Charakter einer korporationsrechtlichen Vorgabe für die Organe der Ges (s Rn 10), ist sie insoweit echter Satzungsbestandteil, für dessen Änderung qualifizierte Mehrheit erforderlich ist. Die inhaltliche Änderung von Regelungen individualrechtlichen Charakters durch die Gfter ist für Rechtsverhältnisse zwischen der Ges und Dritten bzw Gfter als Dritten mangels Vertretungsmacht der Gfter nicht möglich. GfterVers kann Gführer allenfalls zur Änderung anweisen oder seinem Handeln für Ges zustimmen. Aufnahme individualrechtlicher Rechtsverhältnisse der Gfter untereinander in Satzung als unechter Bestandteil kann bedeuten, dass Änderungskompetenz bei GfterVers liegen soll (Auslegungsfrage). Im Zweifel wird dann qualifizierte Mehrheit gewollt sein.

26 **3. Abgrenzungsfragen.** Satzungsänderungscharakter ist trotz gewisser struktureller Auswirkungen für folgende Maßnahmen zu verneinen: Wiederaufhebung satzungsändernder Beschlüsse vor ihrer Eintragung; in der Satzung vorbehaltene Einziehung von GAnteilen; Teilung u Zusammenlegung von GAnteilen;[27] Auflösung der Ges; Errichtung einer Zweigniederlassung; Veräußerung des GesVermögens als Ganzes;[28] Ausschluss von Gftern;[29] Änderung des Geschäftsjahres, falls nicht in der Satzung verankert.[30] Sitzverlegung ins Ausland ist (derzeit noch) nichtige Satzungsänderung und nicht etwa Auflösung der Ges.[31]

27 **4. Öffnungsklauseln.** Zweifelhaft ist, inwieweit Satzung Abweichungen von ihren Regelungen durch Gfterbeschluss ermöglichen kann. In der Praxis

---

25 Vgl Ulmer/*Ulmer* Rn 31; verneinend Rowedder/Schmidt-Leithoff/*Zimmermann* Rn 15.

26 Ganz hM; abw Ulmer/*Ulmer* Rn 31.

27 Dazu näher mit Gründen § 46 Rn 31.

28 Dafür gilt § 179 a AktG analog, Ulmer/*Ulmer* Rn 43.

29 Vgl OLG Frankfurt DB 1979, 2127.

30 OLG Stuttgart GmbHR 1992, 468; LG Mühlhausen GmbHR 1997, 313; abw *Priester* GmbHR 1992, 584; Ulmer/*Ulmer* Rn 125.

31 So aber BayObLG DB 1992, 1400.

finden sich solche als Öffnungsklauseln bezeichnete Regelungen namentlich bei Satzungsregelungen über die Ergebnisverwendung, ferner hinsichtlich Wettbewerbsverboten. Solche Klauseln werden offenbar vielfach für unproblematisch gehalten.[32] Immerhin wird verlangt, dass sich der Abweichungsvorbehalt auf konkret bezeichnete Satzungsregel beziehen müsse,[33] ferner vereinzelt auch, dass die Abweichung (trotz der Gestattung) qualifizierter Mehrheit bedürfe.[34] Problematik liegt darin, dass mit solchen Klauseln für Abweichungen vom bestehenden Normativsystem (Gesetz u Satzungs) die Erforderlichkeit einer Satzungsänderung u damit auch die Einhaltung der Regeln für Satzungsdurchbrechungen vermieden wird. Im Extremfall könnte durch eine größere Zahl solcher Klauseln der einfachen Mehrheit praktisch die Ausgestaltung der Gesellschaftsstruktur weithin anheimgestellt werden. Das dürfte mit Grundvorstellungen des Gesetzes kaum in Einklang stehen.

IV. Qualifizierte Fälle der Satzungsänderung

Bei einer Reihe von Maßnahmen, die ihrem Wesen nach Satzungsänderungen sind, bedarf es zur Wirksamkeit der Beachtung anderer oder zusätzlicher gesetzlicher Erfordernisse. Inwieweit daneben die Regelungen des GmbHG über Satzungsänderungen anzuwenden sind, ist Frage der Auslegung der jeweiligen Sonderregelung. Entscheidend ist, ob Sonderregelung eigenständige Regelung darstellen soll, dann Spezialität mit die allg Vorschrift des § 53 verdrängender Wirkung, sonst nur Zusatzregelung. Inwieweit Regelungen der Satzung, die allg für Satzungsänderungen getroffen sind, auf qualifizierte Fälle anzuwenden sind, ist Frage der Auslegung der Satzung. IZw ist Anwendung geboten. 28

1. Änderung des GesZwecks iS des Grundzwecks (Gewinnerzielung, gemeinnütziger Zweck etc) bedarf der Zustimmung aller Gfter, § 33 BGB direkt oder analog.[35] Abw Satzungsregelung ist zulässig, aber in aller Regel nicht sinnvoll. Allenfalls für gewisse Modifizierungen des Zwecks können sich unter bes rechtstatsächlichen Verhältnissen Erleichterungen der Abänderbarkeit empfehlen, zB bei Unternehmen der öffentlichen Hand oder bei sonstigen gemeinnützigen (auch kulturellen) Unternehmen. 29

2. Änderung des Unternehmensgegenstands, obgleich man sie zum Zweck iwS rechnen kann, ist wie normale Satzungsänderung zu behandeln.[36] Normative Vorgabe des Unternehmensgegenstandes in der Satzung u faktisch durch GFührung praktizierter Unternehmensgegenstand decken sich vielfach nicht. Inwieweit Ges verpflichtet ist, beides zur Deckung zu bringen, ist nicht 30

---

32 Vgl zB BayObLG GmbHR 2001, 728; Rowedder/Schmidt-Leithoff/*Zimmermann* Rn 34; *Lutter/Hommelhoff* Rn 28 a; *Priester* FS Welf Müller, 2001, 118.

33 So zB *Lutter/Hommelhoff* Rn 28 a.

34 So *Wolff* WiB 1997, 1012.

35 Ulmer/*Ulmer* Rn 118; Scholz/*Priester* Rn 183; *Lutter/Hommelhoff* Rn 19; Michalski/*Hoffmann* Rn 91; *Roth*/Altmeppen Rn 42; *Feine* 593; näher begründet bei *Zöllner,* Schranken mitgliedschaftlicher Stimmrechtsmacht bei den privatrechtlichen Personenverbänden, 1963, 29 f.

36 Ulmer/*Ulmer* Rn 116; Scholz/*Priester* Rn 135; *Roth*/Altmeppen Rn 42; abw *Scholz* 5. Aufl, Rn 28. Missverständlich Leits 2 von OLG Stuttgart DB 2001, 854, der von grds Geltung des Einstimmigkeitsprinzips für Änderungen des Unternehmensgegenstands spricht, damit aber nur auf konkrete Satzungsregelung Bezug nimmt.

voll geklärt.[37] Erweiterung des Unternehmensgegenstands kann nicht durch gewöhnlichen HVBeschluss erfolgen, auch nicht, wenn in Satzung vorbehalten. Einengung des Unternehmensgegenstands durch Ausgliederung u Verlagerung wesentlicher Unternehmensteile auf Tochtergesellschaften bedarf der Satzungsänderung. Vorbehalt derartiger Veränderung zugunsten mit einfacher Mehrheit zu fassenden Beschlusses idR bedenklich.[38] Ob Einengung des Gegenstands nur durch allgemeine Abgrenzung erfolgen darf, nicht durch Ausschluss konkreter Produkte (zB bestimmter Autotyp),[39] ist jedenfalls für GmbH durchaus zweifelhaft. Da GfterVers der GFührung entsprechende Einzel- oder auch Allgemeinweisung geben dürfte, ist schwer ersichtlich, warum die Festlegung nicht auch in der Satzung soll erfolgen dürfen.

31 **3. Änderung des Stammkapitals.** Für sie gelten neben §§ 55–58 f auch §§ 53, 54 sowie grds auch Sonderregelungen der Satzung über Satzungsänderungen.

32 **4. Leistungsvermehrung, Abs 3.** Vermehrung der den Gftern nach der Satzung obliegenden Leistungen bedarf der Zustimmung aller Betroffenen. Regelung gilt für Neueinführung, Erhöhung, verschärfte Sanktionierung (zB durch Vertragsstrafe) u Verlängerung. Beispiele: Nachschusspflicht, Nebenleistungspflicht (einschl Kürzung satzungsmäßiger Gegenleistung), Mitarbeitspflicht, zusätzliches Wettbewerbsverbot, Verlängerung einer befristeten GmbH mit Nebenpflichten.[40] Wegen Abs 3 kann Teilnahme an Ausschüttungs-Rückholverfahren nicht ohne Zustimmung der Betroffenen zur Pflicht gemacht werden (dazu oben § 29 Rn 65 f).

33 Ursprüngliche Satzung oder mit Zustimmung aller beschlossene Änderung kann vorsehen, dass abw von Abs 3 Zustimmung zu bestimmten Leistungsvermehrungen nicht erforderlich ist. Art u Rahmen der Vermehrung muss in der Satzung vorgegeben sein. Dispens von Abs 3 ohne diese Einschränkung nicht möglich.[41] Zur Nachschusspflicht gelten insoweit §§ 26, 27. Danach unbeschränkte Nachschusspflicht zwar zulässig, aber zwingend durch Abandonrecht entschärft. Nicht unter Abs 3 fällt ordentliche Kapitalerhöhung als solche, obgleich durch sie Ausfallhaftung nach § 24 begründet wird; dazu näher § 24 Rn 5.

34 **5. Nachträgliche Vinkulierung** von GAnteilen bedarf neben satzungsänderndem Beschluss der Zustimmung betroffener Gfter, also uU aller. Rechtsgedanke von § 180 II AktG gilt auch im GmbH-Recht.[42] Gleiches gilt auch für **bloße Erschwerung** der Vinkulierung, zB Streichung der Erforder-

---

[37] Zur Unterschreitung (Nichtausfüllung) des Unternehmensgegenstandes sowie zur Vorgabewirkung für GFührung KölnerKomm/*Zöllner* § 179 Rn 118 ff; zur Überschreitung des satzungsmäßigen Unternehmensgegenstandes, Rowedder/Schmidt-Leithoff/*Zimmermann* Rn 19.

[38] Dazu OLG Stuttgart (Fn 36). In der Entscheidung geht es freilich um untypischen Fall.

[39] OLG Stuttgart NZG 2006, 790.

[40] RG 136, 188 f; dazu auch Rowedder/Schmidt-Leithoff/*Zimmermann* Rn 22, 48.

[41] Abw Rowedder/Schmidt-Leithoff/*Zimmermann* Rn 57 bei Einräumung eines Austrittsrechts entspr § 27 I.

[42] Ulmer/*Ulmer* Rn 139; Scholz/*Priester* Rn 161; Rowedder/Schmidt-Leithoff/*Zimmermann* Rn 26, 48; *Immenga,* Die personalistische Kapitalgesellschaft, 1970, S 78 f; *Zöllner,* Schranken mitgliedschaftlicher Stimmrechtsmacht bei den privatrechtlichen Personenverbänden, 1963, 114; *Reichert* BB 1985, 1499. Abw *Wiedemann* NJW 1964,

lichkeit besonderer Gründe für Genehmigungsversagung oder für Streichung von Ausnahmen des Zustimmungserfordernisses, etwa bei Veräußerung an MitGfter.[43] **Aufhebung der Vinkulierung** ist jedenfalls grds durch Satzungsänderung ohne Zustimmung aller möglich;[44] Erforderlichkeit dieser Zustimmung ist aber iZw anzunehmen, falls Satzung Anteilsveräußerungen an Zustimmung aller Gfter bindet.[45] Einstimmigkeitserfordernis für Beschluss erfüllt dieseVoraussetzung nicht.[46]

6. Entziehung von Sonderrechten etc. Sonderrechte u sog relativ unentziehbare allg Mitgliedschaftsrechte können nur mit Zustimmung jedes Betroffenen beeinträchtigt oder entzogen werden (absolut unentziehbare gar nicht). Auch wenn diese Rechte nicht Gftern ad personam zustehen, sondern mit GAnteil verbunden sind, gilt nicht § 179 III AktG, dh qualifizierter Mehrheitsbeschluss der GAnteilsgattung reicht nicht aus.[47] Sonderrechte sind solche mit der Mitgliedschaft verbundene Rechte, die nicht allen Gftern zustehen, zB Präsentationsrecht für GFührer oder Entsendungsrecht in AR. Relativ unentziehbare allg Mitgliedschaftsrechte stehen allen Gftern zu, können aber gleichwohl nicht entzogen werden, ohne dass Gfter zustimmt, u zwar auch dann nicht, wenn Entziehung alle Gfter gleichermaßen trifft, Verstoß gegen Gleichbehandlungsgrds also nicht vorliegt; Beispiele für solche Rechte: Stimmrecht, Gewinnbezugsrecht, in GesVertrag festgelegtes Vorkaufsrecht an GAnteilen im Fall der Veräußerung an Dritte.[48] 35

7. Einziehung (§ 34) ist keine Satzungsänderung, wohl aber nachträgliche Einführung der Einziehungsbefugnis. Sie bedarf hinsichtlich der Zwangseinziehung zusätzlich der Zustimmung aller potentiell betroffenen GAnteilsinhaber.[49] Hingegen bedarf Einführung der Möglichkeit freiwilliger Einziehung nach richtiger Ansicht keiner besonderen Zustimmung.[50] Zustimmungsbedürftig auch nachträgliche Einführung anderer Ausschlussmöglichkeiten sowie Erweiterung der Gründe.[51] 36

8. Umwandlung der Ges ist in jeder ihrer Arten (Verschmelzung, Spaltung, Vermögensübertragung u Formwechsel) von ihrer Rechtsnatur her Satzungsänderung, jedoch treten an die Stelle der §§ 53, 54 kraft Spezialität die Vorschriften des UmwG. Ob Satzungsregelungen über Satzungsänderun- 37

284; *Fette* GmbHR 1986, 76; *Meyer-Landrut* Rn 18; eingeschränkt auch *Lutter/Timm* NJW 1982, 416.

43 OLG München GmbHR 2008, 541 = DB 2008, 923.

44 Ulmer/*Ulmer* Rn 139; Scholz/*Priester* Rn 162; Rowedder/Schmidt-Leithoff/*Zimmermann* Rn 26.

45 Hachenburg/*Zutt* § 15 Rn 102 f; Scholz/*Priester* Rn 162.

46 Rowedder/Schmidt-Leithoff/*Zimmermann* Rn 26.

47 Ebenso Ulmer/*Ulmer* Rn 136; dazu zB BGH WM 1989, 250. Zu entspr Beeinträchtigungen von Erbanwärtern *Fleck* FS Stimpel, 1985, 359 ff.

48 Zu letzterem OLG Stuttgart GmbHR 1997, 1108: kein relativ unentziehbares Recht, wenn nach GesVertrag Ausübung im Einzelfall durch einfachen Mehrheitsbeschluss ausgeschlossen werden kann.

49 BGH GmbHR 1978, 131; BayObLG GmbHR 1978, 270; Ulmer/*Ulmer* Rn 143; Scholz/*Priester* Rn 126; Rowedder/Schmidt-Leithoff/*Zimmermann* Rn 27.

50 Ulmer/*Ulmer* Rn 144. Differenzierung zutr herausgearbeitet von *Niemeier,* Rechtstatsachen und Rechtsfragen der Einziehung von GmbH-Anteilen, 1982, S 147 ff, 206 ff.

51 BGH DStR 1991, 1597.

gen für Umwandlungsmaßnahmen gelten sollen, ist Frage der Auslegung; im Zweifel wird Anwendbarkeit zu bejahen sein.[52]

38 **9. Unternehmensverträge** stehen vielfach mit Zweck oder Unternehmensgegenstand der Ges in Widerspruch. Insbes gilt das für Beherrschungsverträge oder Gewinnabführungsverträge aufseiten der abhängigen Ges. Mißt man ihnen körperschaftsrechtliche Natur bei, können sie von vornherein nur durch Satzungsänderung unter Zustimmung aller Gfter wirksam werden. Auch wenn man körperschaftsrechtliche Natur verneint, würden solche Verträge durch Vertretungsmacht der GFührer nicht gedeckt sein (vgl § 35 Rn 89). Jedenfalls sind sie wegen Natur als Dauerrechtsverhältnis, das in die korporative Grundordnung der Ges eingreift, den Vorschriften über Satzungsänderungen zu unterstellen.[53] Beherrschungs- u Gewinnabführungsverträge bedürfen auf Seiten der beherrschten Ges überdies der Zustimmung aller Gfter (str). Satzungsändernder Charakter von Unternehmensverträgen auf Seiten der herrschenden Ges hingegen eher zu verneinen (vgl zum ganzen Anh KonzernR Rn 51 ff).

39 **10. Eingriff in Rechte Dritter.** Individualrechtl Rechtspositionen Dritter können durch Satzungsänderung nicht unmittelbar geändert, wohl aber mittelbar beeinträchtigt werden, insbes Pfandrechte u Nießbrauch an GAnteilen, Anwartschaftsrechte[54] u schuldrechtliche Ansprüche auf Übertragung von GAnteilen. Beeinträchtigung möglich durch nachträgliche Vinkulierung, Belastung mit zusätzl Pflichten, Teilung, Zusammenlegung, Ermöglichung der Einziehung, Begründung von Vorkaufsrechten für Ges oder Mitgfter, Kapitalerhöhung u -herabsetzung ua. Soweit Zustimmung des betroffenen Gfters erforderlich ist, aber fehlt, kann Satzungsänderung unwirksam sein. Soweit Zustimmung des Dritten individualrechtlich erforderlich wie nach §§ 1071, 1276 BGB, bezieht sich dies nur auf Stimmabgabe des Gfters, nicht auf Gfterbeschluss, u auch Stimmabgabe wird in ihrer Wirksamkeit gegenüber Ges durch fehlende Zustimmung nicht beeinträchtigt.[55]

V. Satzungsdurchbrechung u Satzungsverletzung

Lit: *Fleck,* Schuldrechtliche Verpflichtungen einer GmbH im Entscheidungsbereich der Gfter, ZGR 1988, 104; *Habersack,* Unwirksamkeit „zustandsbegründender" Durchbrechungen der GmbH-Satzung sowie darauf gerichteter schuldrechtlicher Nebenabreden, ZGR 1994, 354; *Lawall,* Satzungsdurchbrechende Beschlüsse im GmbH-Recht, DStR 1996, 1169; *Priester,* Satzungsänderung u Satzungsdurchbrechung, ZHR 151 (1987), 40; *ders,* Öffnungsklauseln zur Gewinnverteilung in der GmbH-Satzung, FS Welf Müller, 2001, 113; *Tieves,* Satzungsverletzende u satzungsdurchbrechende Gfter-

---

[52] Zu weitgehend die Anwendung generell bejahend *Winter* in *Lutter* (Hrsg), Verschmelzung, Spaltung, Formwechsel, 1995, 37.

[53] BGHZ 103, 1; 105, 324; zust Ulmer/*Ulmer* Rn 154 ff mN; *Ulmer* BB 1989, 10; Rowedder/Schmidt-Leithoff/*Zimmermann* Rn 32; Scholz/*Priester* Rn 167 ff; *Heckschen* DB 1989, 29; *Zöllner* DB 1989, 913; *Timm* GmbHR 1989, 11; abl *Flume* DB 1989, 665; *Gäbelein* GmbHR 1989, 502; *ders* GmbHR 1992, 786. Zu steuerlichen Fragen bei nicht eingetragenen Verträgen *Blumers/Schmidt* DB 1989, 31.

[54] Auch erbrechtliche, dazu *Fleck* FS Stimpel, 1985, 353.

[55] Vgl dazu für Nießbrauch *Scharff,* Der Nießbrauch an Aktien im Zivil- u Steuerrecht, 1982, 106 ff mN; *Zöllner* AG 1985, 28; *Fleck* (Fn 54); *Schön* ZHR 158 (1994), 229.

beschlüsse, ZIP 1994, 1341; *Wolff,* Der Anwendungsbereich der Satzungsänderungsvorschriften im Aktien- u GmbH-Recht, WiB 1997, 1009; *Zöllner,* Satzungsdurchbrechung, FS Priester, 2007, 879.

1. Begriff u Arten der Satzungsdurchbrechung. a) Begriff. Von Satzungsdurchbrechung lässt sich bei GfterBeschlüssen sprechen, die eine zur Satzung in Widerspruch stehende Regelung für einen Einzelfall, dh einen konkreten Entscheidungsfall treffen, ohne Satzung generell für die Zukunft zu ändern; diese soll vielmehr für künftige Entscheidungsfälle mit dem bisherigen Inhalt weitergelten. Für den Begriff ist unerheblich, ob Gfter sich bei Beschlussfassung der Satzungswidrigkeit bewusst sind u erst recht, ob der Beschluss mit der Intention gefasst wird, Satzung ad hoc zu ändern. Für Rechtsfolgen kann aber von Belang sein, ob Durchbrechung mittels einfachen, nicht auf ad-hoc-Änderung gerichteten Beschlusses erfolgt oder ob Beschluss unter Beachtung der für Satzungsänderungen geltenden Vorschriften (Einberufung, Mehrheit, Form) gefasst wird, was nur bei intendierter Satzungsdurchbrechung denkbar ist.[56] Nicht zweckmäßig ist Begriffsverengung auf Gfterbeschlüsse, die den Kautelen der §§ 53 f nicht entsprechen.[57] Dadurch wird die Problematik verkürzt. 40

b) Arten. Zwei Grundarten lassen sich unterscheiden: (1) die inhaltliche Satzungsdurchbrechung, bei der die im Beschluss getroffene Regelung inhaltlich in Widerspruch zur Satzung steht. Beispiele: Bestellung von GFührern oder Wahl von Mitgliedern anderer Organe entgegen satzungsmäßigen Voraussetzungen; Gewinnverwendung abw von der Satzung; Gewährung einer von Satzung abw Tantieme an AR-Mitglied; Befreiung von satzungsmäßigen Wettbewerbs- oder Nebentätigkeitsverboten; Zustimmung zum Erwerb gegenstandsfremder Tochtergesellschaft. (2) Die einmalige Nichtbefolgung von Verfahrens- u Kompetenzvorschriften der Satzung. Beispiele: Dem AR übertragene Kompetenz zur Genehmigung von Anteilsübertragungen oder zur Feststellung des Jahresabschlusses wird von GfterVers wahrgenommen; weitere Fallbeispiele unten Rn 50. 41

2. Inhaltliche Satzungsdurchbrechung durch einfachen Gfterbeschluss. Zentrale Problematik besteht darin, welchen Mängeln derartige Beschlüsse unterliegen. 42

a) Nichtigkeit kommt nicht in Betracht, weil keiner der Nichtigkeitsgründe des § 241 AktG greift, auch nicht Nr 2 (fehlende Beurkundung). Zwar bedarf satzungsändernder Beschluss nach § 53 II notarieller Beurkundung. Ein die Satzung durchbrechender Beschluss ändert Satzung jedoch nicht, die in ihrem bisherigen Normenbestand auch nach Wirksamwerden des Beschlusses unverändert weiter gilt. Sie ist durch den Beschluss lediglich „verletzt" worden. Der Versuch, rechtsfortbildend einen einschlägigen Nichtigkeitsgrund zu kreieren,[58] überzeugt nicht.[59] 43

---

[56] Kaum zutreffend deshalb *Lutter/Hommelhoff* Rn 24, auf einen Willen zur Satzungsänderung könne es nicht ankommen. Aussage stimmt nur für Abgrenzung des Begriffs, nicht für Rechtsfolgen.
[57] So aber *Lutter/Hommelhoff* Rn 23.
[58] GroßkommAktG/*Schmidt* § 241 Rn 111.
[59] Ausführlich dazu *Zöllner* FS Priester, 2007, 883.

44 **b) Unwirksamkeit** des Beschlusses kommt ebenso wenig in Betracht. Von ihr lässt sich zwar bei auf Änderung der Satzung gerichteten Beschlüssen sprechen, solange die Eintragung im HR fehlt,[60] aber nicht, wenn Satzung durch Beschluss in ihrem Normenbestand unverändert gelassen wird und lediglich die durch Beschluss getroffene konkrete Entscheidung mit der Satzung in Widerspruch steht. So wenig man Nichtigkeitsgründe hinzuerfinden darf, so wenig ist das auch für Unwirksamkeitsgründe der Fall, weil durch sie das Rechtssicherheitssystem des Beschlussmängelrechts in gleicher Weise aufgeweicht wird. Das gilt auch dann, wenn man die Unwirksamkeitsfolge auf Beschlüsse beschränkt, die einen satzungswidrigen Zustand herbeiführen, wie das von einem Teil der Lehre und auch vom BGH vertreten wird.[61]

45 Unwirksam ist Gfterbeschluss deshalb nur dann, wenn er eine **Regelung** enthält, **die abstrakt mit Geltungsanspruch für die Zukunft von der Satzung abweicht,** maW eine ihrem Inhalt nach abstrakte, normative Regelung trifft, die zur bisher geltenden Satzungsregelung in Widerspruch steht. Abstrakt in diesem Sinn ist jede Regelung, deren Anwendung sich in der Zukunft erst konkretisiert. Eine solche Regelung ist, unabhängig von evtl anderen Mängeln, bis zur Eintragung im HR unwirksam. Beispiele: Die generelle Befreiung von einem satzungsmäßigen Wettbewerbsverbot, auch wenn sie sich nur auf eine konkrete Person bezieht, ist ohne Satzungsänderung nicht wirksam; die Bestellung von GFührern zu gemeinschaftlicher Vertretung führt zu deren Alleinvertretungsmacht, wenn Satzung ungeändert Einzelvertretungsbefugnis der GFührer vorsieht. Ein solcher Fall liegt wohl auch der iE richtigen, aber mit unzutreffender Begründung versehenen Entscheidung des BGH aaO zugrunde; dort ging es um eine durch Gfterbeschluss getroffene Regelung, nach der sich die Amtszeit bestimmter, auf drei Jahre bestellter AR-Mitglieder abweichend von der Satzung um jeweils ein Jahr verlängern sollte, wenn die GfterVers nicht die Abberufung beschließt. Eine solche Regelung ist normativ abstrakt für zukünftige Verhältnisse getroffen. Das kann nur durch entsprechende Verlautbarung im Satzungstext geschehen.

46 Andererseits herrscht im Schrifttum unter Zustimmung des BGH verbal weitgehend Einigkeit darüber, dass sog **punktuelle Regelungen** wirksam sind, **wenn keine Anfechtung erfolgt.** Gemeint sind damit Regelungen, die keine „Dauerwirkung" haben, deren Gegenstand vielmehr ein einmaliger Vorgang ist. Ungelöstes Problem, hinsichtlich dessen Einigkeit fehlt, besteht insoweit aber darin, wie „Punktualität" genauer zu bestimmen sein soll. BGH sieht dafür als wesentlich an, dass sich bei solchen Regelungen „die Wirkung des Beschlusses in der betreffenden Maßnahme erschöpft".[62] Ein Beispiel könnte etwa die einmalige satzungswidrige Ergebnisverwendung sein. Hingegen will BGH punktuellen Charakter verneinen, auch wenn Beschluss einmalige konkrete Maßnahme trifft, sofern durch den Beschluss ein „satzungswidriger Dauerzustand" geschaffen wird, sei es auch nur für einen begrenzten Zeitraum, wobei der BGH freilich als Einschränkung erwägt, dass es sich um einen Zustand „von jedenfalls nicht nur kurzer Dauer" handelt.

47 Hauptstreit umfasst somit diejenigen Beschlussinhalte, die zwar nicht eine von der Satzung abstrakt abweichende Regelung treffen, wohl aber **konkrete**

---

[60] Vgl Michalski/*Römermann* Anh § 47 Rn 26; *Zöllner* oben Anh § 47 Rn 20.

[61] BGHZ 123,15; *Priester* ZHR 151 (1987), 51 ff; *Lutter/Hommelhoff* § 53 Rn 24 ff; Michalski/*Hoffmann* § 53 Rn 39.

[62] BGHZ 123, 19.

Maßnahmen, die zu einem mit der geltenden Satzung in Widerspruch stehenden Dauerzustand führen: Gfterbeschluss beruft GFührer, der satzungsmäßige Voraussetzungen des Amts nicht erfüllt; GFührer oder Gfter wird konkrete Ausnahmeerlaubnis für wettbewerbliche Tätigkeit erteilt, die zu satzungsmäßigem Wettbewerbsverbot in Widerspruch steht; durch Gfterbeschluss wird Erwerb oder Betrieb gegenstandsfremder Tochterges ohne Änderung des Unternehmensgegenstandes genehmigt; GFührer wird ausdrücklich auf unbestimmte Zeit bestellt, obgleich Satzung vierjährige Amtszeit vorsieht. Unwirksamkeitsfolge in derartigen Fällen lässt sich entgegen BGH und hM nicht aus Überlegungen zum Schutz des Rechtsverkehrs herleiten.[63]

c) Anfechtbarkeit ist daher einzige in Frage kommende Mängelkategorie. 48
Steht ein GfterBeschluss, bewusst oder unbewusst, mit der Satzung nicht in Einklang, so verletzt er diese, was nach der Grundsatzregelung des § 243 I AktG zur Anfechtbarkeit und zu nichts anderem führt. Stimmen alle Gfter dem Beschluss zu oder unterbleibt die Anfechtung, so wird der Beschluss voll gültig. Es ist schlechterdings nicht ersichtlich, welche Interessen dem entgegenstehen sollten. Wenn die Gesellschafter eines Sinnes sind und von der Satzung abweichen wollen, können sie das tun, ohne vorher oder gleichzeitig den Text der Satzung zu ändern. Alle Versuche, diese klare Rechtslage durch eine komplizierende Differenzierung zwischen zustandsbegründenden und nur punktuell wirkenden Beschlüssen aufzuweichen, sind mit Entschiedenheit abzulehnen.[64] Selbst Gewinnthesaurierung entgegen Vollausschüttungsgebot hat letztlich Dauerwirkung u ganz das Gleiche gilt von dem umgekehrten Vorgang, dass Vollausschüttung entgegen Reservengebot stattfindet. Beispiel, dass GfterVers anstelle des satzungsmäßig zuständigen AR Anteilsübertragung genehmigt,[65] ist nicht einschlägig. Es betrifft nicht den Fall eines inhaltlich satzungswidrigen Beschlusses, sondern einer Kompetenzdurchbrechung (dazu Rn 50). Unterscheidung zwischen punktuell u dauernd wirkenden Beschlüssen lässt sich für inhaltlich satzungswidrige Beschlüsse nicht sinnvoll treffen. Formulierung des BGH, dass sich bei solchen Beschlüssen die Wirkung in der betreffenden Maßnahme „erschöpfe“, trifft auch auf Zustandsregelungen zu. Letztlich vermag auch die zwischen punktuell und dauernd wirkenden Beschlüssen differenzierende Auffassung nicht schlüssig zu begründen, warum das eine satzungsändernden Charakter hat, das andere nicht. Die Differenzierung lässt sich auch nicht mit dem Hinweis auf die Schutzbedürftigkeit potentieller Anteilserwerber untermauern, wie *Ulmer*[66] meint, der Schutzsituation und Schutzbedürfnis dieser Personengruppe unzutreffend ansetzt.[67] Künftige Mitglieder müssen nur davor geschützt werden, dass in der Ges kein normatives System gilt, das nicht verlautbart ist. Hingegen besteht kein Grund, sie dagegen zu schützen, dass satzungswidrige Einzelmaßnahmen fortbestehen. Denn mit deren Bestehen müssen sie immer rechnen, wie sie ja auch keinen Schutz dagegen haben, dass nach ihrem Eintritt bereits vorher

---

63 Näher dargelegt bei *Zöllner* FS Priester, 2007, 885 ff.

64 Kritisch zu dieser Differenzierung auch *Habersack* ZGR 1994, 354; vgl auch *Tieves* ZIP 1994, 1341.

65 Beispiel wird verwendet von Scholz/*Priester* Rn 29; Rowedder/Schmidt-Leithoff/*Zimmermann* Rn 34.

66 Ulmer/*Ulmer* Rn 38.

67 Näher dazu *Zöllner* FS Priester, 2007, 886 f.

beschlossene Satzungsänderungen, von denen sie nicht unterrichtet sind, durch Eintragung wirksam werden.[68]

49 **3. Vermeidung der Anfechtbarkeit satzungsdurchbrechender Beschlüsse.** In ganz andere Richtung geht die im Zusammenhang mit der Problematik der Satzungsdurchbrechung diskutierte Frage, ob und wodurch sich die Anfechtbarkeit von satzungsdurchbrechenden Beschlüssen vermeiden lässt. Dass diese Vermeidung möglich ist, wenn sämtliche Voraussetzungen u Erfordernisse einer Satzungsänderung (Ankündigung zur Tagesordnung, qualifizierte Mehrheit, notarielle Beurkundung, Eintragung im HR) erfüllt werden, versteht sich. Nach der zuletzt h. M. war dies die einzige Möglichkeit. Demgegenüber hat *Boesebeck* schon 1960 die Auffassung vertreten, dass von diesen Voraussetzungen die Eintragung im HR entbehrlich sei. Diese Auffassung hat sich seinerzeit nicht durchgesetzt. Allerdings sieht *Priester*[69] vom Eintragungserfordernis ab, so weit die Satzungsdurchbrechung keinen zustandsbegründenden Charakter hat. Indessen bedarf es einer Information der Öffentlichkeit via HR über eine nicht vorgenommene Satzungsänderung, dh eine Maßnahme, die den Normtext der Satzung unberührt lässt, in keinem Fall, wie *Boesebeck,* ein erfahrener Mann der Praxis richtig gesehen hat. Die Eintragung ist vielmehr funktionslos und verwirrend.[70] Zur Vermeidung der Anfechtbarkeit genügt es daher, wenn der satzungsdurchbrechende Beschluss als solcher, dh als Beschluss mit satzungsdurchbrechendem Charakter, angekündigt, wenn er weiter mit qualifizierter Mehrheit gefasst und notariell beurkundet wird.

50 **4. Durchbrechung von Verfahrens- und Kompetenzvorschriften.** Von inhaltlicher Durchbrechung zu unterscheiden ist die einmalige Nichtbefolgung von Verfahrens- oder Kompetenzvorschriften der Satzung (oder des dispositiven gesetzlichen Verfahrensrechts). Auch insoweit ist klar, dass sich die Mehrheit, auch die qualifizierte, nicht von der Beachtung der Satzung für konkreten Fall dispensieren kann. So müssen satzungsmäßige Einberufungsvorschriften auch hierbei stets beachtet werden (es sei denn, es kommt zur Vollversammlung u niemand widerspricht); erhöhtes Mehrheitserfordernis muss vorher wirksam herabgesetzt worden sein (was idR nur mit der höheren Mehrheit möglich ist, vgl Rn 64); satzungsmäßige Zuständigkeitsverlagerung von der GfterVers auf ein anderes Organ muss rückgängig gemacht worden sein, es sei denn, Satzung ist dahin auszulegen, dass GfterVers stillschweigend Zusatzkompetenz oder übergeordnete Kompetenz haben soll; satzungsmäßiges Beschlussfähigkeitsquorum muss auch für dispensierenden Beschluss erfüllt sein. Wird das nicht beachtet, ist Beschluss anfechtbar. Beispiel: GfterVers genehmigt anstelle des nach der Satzung zuständigen AR[71] die Übertragung von vinkulierten Anteilen. Anfechtbarkeit entfällt, wenn alle Gfter zustimmen oder auf Anfechtung verzichten oder Anfechtungsfrist verstreichen lassen.

51 **Antizipierende Durchbrechung.** Bei Kompetenzregelungen steht nichts im Wege, die Anfechtbarkeit dadurch zu vermeiden, dass die entsprechende Änderung der Satzung ad hoc vorgenommen u gleichzeitig der mittels dieses Änderungsbeschlusses in die Zuständigkeit der GfterVers zurückgeholte Beschluss im Vorgriff gefasst wird. Der kompetenzrückholende Beschluss muss

---

[68] Vgl zu dieser Problemstellung *Noack* GmbHR 1994, 349 ff.
[69] AaO (Fn 61).
[70] Anders noch die 18. Aufl.
[71] Beispiel von *Priester* (Fn 61) S. 53.

jedoch mit qualifizierter Mehrheit u unter notarieller Beurkundung gefasst werden.

52 **5. Einzelfallbezogene inhaltliche Durchbrechung dispositiven Gesetzesrechts.** Abweichung von dispositivem Gesetzesrecht ist ohne Satzungsregelung nicht zulässig. Problematik einzelfallbezogener Durchbrechung dispositiven Gesetzesrechts liegt daher der Satzungsdurchbrechung parallel. Insoweit gelten die gleichen Grundsätze wie für die Satzungsdurchbrechung.

53 **6. Satzungsverletzung durch geschäftliche Maßnahmen.** Von Satzungsverletzungen lässt sich nicht nur iS satzungswidriger Gfterbeschlüsse sprechen. Vielmehr können auch faktische Maßnahmen der GFührung u ebenso Rechtsgeschäfte der Ges mit Dritten gegen Satzung verstoßen[72]. Bezeichnung als faktische Satzungsänderungen ist schief, weil das Normativsystem der Satzung nicht modifiziert wird.[73] Satzungswidrigkeit von Rechtsgeschäften kann unter bestimmten Voraussetzungen deren Rechtsunwirksamkeit zur Folge haben. Das gilt zB für die meisten Unternehmensverträge (oben Rn 38), die nur wirksam werden, wenn sie durch Gfterbeschluss u Eintragung im HR sanktioniert werden. Es gilt ferner in begrenztem Umfang bei gegenstandsfremden Geschäften, wie etwa dann, wenn sich die Beschränkung der GFührungsbefugnis des GFührers durch die Satzung auch im Außenverkehr durchsetzt, wie insbes bei Rechtsgeschäften mit Gftern (dazu § 37 Rn 41); dem kommt zB im Konzernbereich Bedeutung zu.

54 Vornahme satzungswidriger Maßnahmen u Rechtsgeschäfte durch GmbH stellt eine Verletzung der Mitgliedschaftsrechte der Gfter dar. Nach den Grundsätzen der Holzmüllerentscheidung[74] führt dies zu einem Anspruch jedes übergangenen Gfters gegen die Ges auf Rückgängigmachung der satzungswidrigen Maßnahmen.[75] Nicht viel anderes ergibt sich auch unter Zugrundelegung der GmbH-rechtlichen Treuepflicht, die nicht nur eine Pflicht der Gfter gegenüber der GmbH, sondern auch umgekehrt ist. Sie kann überdies nach den Grundsätzen der ITT-Entscheidung[76] auch zu direkten Ansprüchen gegen begünstigte Gfter führen. Allerdings kann umgekehrt bei etablierten Abweichungen vom Unternehmensgegenstand, die sich erfolgreich entwickelt haben, Treuepflicht für Gfter bestehen, entspr Änderung der Satzung zuzustimmen.[77]

VI. Beschlussfassung

55 **1. Zuständigkeit u Verfahren.** Satzungsänderung bedarf in jedem Fall zwingend eines GfterBeschlusses. Das gilt auch für einschlägige Änderung von Elementen des einer Gründung im vereinfachten Verfahren anstelle einer Satzung zugrunde gelegten Musterprotokolls. Delegation auf andere Organe ist weder allg noch für konkrete Fälle möglich, auch nicht für bloße Fassungsänderungen (anders § 179 I 2 AktG). Daher ist es auch von vornherein

---

72 Wichtiger Spezialfall ist Gegenstand der Abhandlung von *Ulmer,* Rechtsfolgen nachträglicher Diskrepanz zwischen Satzungssitz und tatsächlichem Sitz der GmbH – § 4 a Abs 2 als Schlag ins Wasser? FS Raiser, 2005, 43 a.

73 Zustimmend Rowedder/Schmidt-Leithoff/*Zimmermann* Rn 19.

74 BGHZ 83, 122. S dazu die Ergänzung durch die sog Gelatineentscheidungen des BGH: BGHZ 159, 30 u GmbHR 2004, 1279 = NZG 2004, 575.

75 Unterlassungsanspruch bejaht *Kallmeyer* Rn I 567.

76 BGHZ 65, 15.

77 Zust *Kallmeyer* Rn I 579; näher KölnerKomm/*Zöllner* § 179 Rn 110.

ausgeschlossen, Konstruktionen für eine Kapitalerhöhung in Form genehmigten Kapitals nach Art des Aktienrechts zu finden (vgl aber § 55 Rn 2 u 11). Zwingende Zuständigkeit der Gfter verbietet, Anmeldung von Satzungsänderungen zum HR ins Belieben der GFührer zu stellen.[78] **Beschlussfassung** kann wie bei allen Beschlüssen in einer GfterVers erfolgen. Sie ist aber auch **im schriftlichen Verfahren** möglich.[79] Zur Einhaltung der notariellen Form in diesem Fall unten Rn 74. Zwingende Zuständigkeit der GfterVers schließt es aus, dass Ges sich ohne mit der erforderlichen Mehrheit gefassten Gfterbeschluss zur Änderung der Satzung verpflichtet.

56 Bei Beschlussfassung in einer GfterVers ist rechtzeitige Ankündigung der Satzungsänderung zur Tagesordnung erforderlich. Zu den Anforderungen hierbei u zu den Folgen mangelhafter Ankündigung § 51 Rn 26 u 37. Zur für Praxis sehr bedeutsamen Frage der **Anwendung von § 181 BGB** auf Stimmrechtsausübung bei Satzungsänderungen oben § 47 Rn 46 u 60 sowie (bei Vertretung Minderjähriger) unten Rn 81.

57 **2. Inhalt.** Da Satzung nicht nur durch bestimmte Inhalte, sondern auch durch ganz bestimmten Text konstituiert wird, muss jeder satzungsändernde Beschluss klar erkennen lassen, wie der geänderte Text zu lauten hat. Beschränkung auf eine Kennzeichnung des neuen Inhalts genügt nicht; volle Wiedergabe einer geänderten Bestimmung ist freilich nicht notwendig. Vielmehr genügt zB, wenn klargestellt wird, welche einzelnen Worte oder kurzen Passagen ausgewechselt u wodurch sie ersetzt werden sollen. Daher reicht es bei Kapitalerhöhungen aus, wenn aus dem Erhöhungsbeschluss deutlich wird, dass nur die Stammkapitalziffer geändert wird u in welcher Höhe.

58 **3. Bedingungen u Befristungen** sind als unechte unbedenklich, wenn sie etwa nur als Anweisung an GFührer zu verstehen sind, Satzungsänderung erst mit Eintritt eines bestimmten Zeitpunkts oder Umstands zur Eintragung ins HR anzumelden (zu den Grenzen solcher Hinausschiebung der Eintragung unten Rn 82 sowie § 54 Rn 17). Befristungen sind darüberhinaus auch als Inhalt der Satzungsänderung selbst zulässig, wenn Frist für Gfter u Dritte klar feststellbar ist.[80] Zulässig deshalb Befristung, dass Satzungsänderung erst ab bestimmtem Zeitpunkt oder nur bis zu bestimmtem Zeitpunkt gelten soll. Zeitpunkt muss nicht kalendermäßig bestimmt, aber klar erkennbar sein.

59 Aufschiebende oder auflösende Bedingungen als Beschlussinhalt sind hingegen unzulässig, weil sie Rechtsklarheit u Rechtssicherheit beeinträchtigen.[81]

---

[78] Vgl ausführlich KölnerKomm/*Zöllner* § 179 Rn 145; s ferner unten § 54 Rn 16.

[79] Ulmer/*Ulmer* Rn 46; Scholz/*Priester* Rn 66; *Lutter/Hommelhoff* Rn 12; *Kallmeyer* Rn I 570; Michalski/*Hoffmann* Rn 62; *Pleyer* GmbHR 1959, 238; *Zöllner* FS Fischer, 1979, 911 ff mit näherer Begründung. Abw noch BGHZ 15, 328 sowie 13. Aufl A 2 B; *Meyer-Landrut* Rn 11; im neueren Schrifttum auch noch *Roth*/Altmeppen Rn 17; Rowedder/Schmidt-Leithoff/*Zimmermann* Rn 36, der mit Recht darauf hinweist, dass Beschlussfassung im schriftlichen Verfahren auch nach der hM komplizierte Beurkundungstechnik erfordert, die schriftliches Verfahren praktisch wenig attraktiv macht. Das schließt aber nicht aus, dass es praktische Verhältnisse gibt, in denen der komplizierte Weg dennoch präferiert wird.

[80] Ähnl Ulmer/*Ulmer* Rn 28; Scholz/*Priester* Rn 188; Rowedder/Schmidt-Leithoff/*Zimmermann* § 54 Rn 36; KGJ 28, 224.

[81] *Lutter/Hommelhoff* Rn 36; Rowedder/Schmidt-Leithoff/*Zimmermann* § 54 Rn 35; Scholz/*Priester* Rn 188 f. Abw *Priester* ZIP 1987, 785, der aufschiebende Bedingung

4. Rückwirkung. Satzungsänderungen treten stets frühestens mit Eintragung ins HR in Kraft. Ob sie sich inhaltlich Rückwirkung beilegen können, ist differenziert zu behandeln: Im **Außenverhältnis** ist Rückwirkung nicht zulässig.[82] Deshalb keine auf die Zeit vor der Eintragung rückwirkende **Änderung des GJahres,** da sie Gläubigerinteressen berühren kann.[83] Für **Innenverhältnis** ist Rückwirkung bei allseitigem Einverständnis möglich.[84] Gegen den Willen der Minderheit ist Rückwirkung im Innenverhältnis zulässig, soweit Änderung für die Beteiligten absehbar war, daher jedenfalls Rückwirkung auf Zeitpunkt der Beschlussfassung möglich, uU aber auch schon auf frühere Zeitpunkte, etwa Einladung zur GfterVers oder Beginn von Verhandlungen über die Änderung unter den Gftern.[85] 60

5. Mehrheitserfordernisse. a) Gesetzliches Mindesterfordernis ist ¾ Mehrheit der abgegebenen Stimmen, Abs 2 S 1 Hs 2, also nicht Kapitalmehrheit. Egal ist, ob Stimmkraft nach Köpfen oder Beteiligungshöhe oder noch anderen Kriterien bemessen wird. Der GfterVers Ferngebliebene sowie Stimmenthaltungen zählen nicht mit. Zu den einschlägigen Fragen auch § 47 Rn 23 f. Einfache Mehrheit genügt ausnahmsweise für Textänderung hinsichtlich unechter Satzungsbestandteile (näher oben Rn 23 u 24). Mit einfacher Mehrheit kann ferner die Umstellung des Stammkapitals u der GAnteile auf Euro erfolgen, soweit sie nur in der (praktisch auf Dauer wenig sinnvollen) Form der Umrechnung erfolgt, § 1 III EG GmbHG; dazu oben § 5 Rn 59. Soll aber Glattstellung der Eurobeträge durch Kapitalveränderung erfolgen, muss qualifizierte Mehrheit eingehalten werden, § 5 Rn 59. Zu beidem vgl näher unten § 55 Rn 55 ff u § 47 Rn 72 ff. 61

b) Herabsetzung des Mehrheitserfordernisses nach wohl allgM im Hinblick auf Wortlaut u Entstehungsgeschichte nicht möglich.[86] Indirekte Änderungen, die sich durch Abweichungen der Satzung von der Stimmkraftregel des § 47 II ergeben, sind hingegen zulässig.[87] 62

c) Erhöhung der erforderlichen Mehrheit durch die Satzung ist zulässig, sogar Einstimmigkeit aller abstimmenden, aller erschienenen oder aller Gfter 63

---

zulassen will, falls Eintritt bei Eintragung gegeben u dem RegRichter nachgewiesen wird.

[82] KGJ 53, 100; OLG Hamburg JFG 2, 230; Ulmer/*Ulmer* Rn 29; *Lutter/Hommelhoff* Rn 37; Rowedder/Schmidt-Leithoff/*Zimmermann* § 54 Rn 34; Scholz/*Priester* Rn 190; *Meyer-Landrut* § 54 Rn 12; *Zilias* JZ 1959, 53; *Dempewolf* NJW 1958, 1214.

[83] Scholz/*Priester* Rn 191; *Lutter/Hommelhoff* § 54 Rn 8; Rowedder/Schmidt-Leithoff/*Zimmermann* § 54 Rn 34; *Kallmeyer* Rn I 581; LG Mühlhausen GmbHR 1997, 313; einschränkend LG Frankfurt GmbHR 1978, 112 u 1979, 208, das auf konkrete Gefährdung abstellen will; zeitlich einschränkend Ulmer/*Ulmer* Rn 29; Hachenburg/*Goerdeler/Müller* § 29 Rn 18; OLG Karlsruhe RPfleger 1975, 178, nach denen Zeitpunkt der Anmeldung als Stichtag ausreichen soll; OLG Frankfurt GmbHR 1999, 484 hält Rückwirkung mindestens dann für unzulässig, wenn für Vergangenheit gebildetes Rumpfgeschäftsjahr bei Beschlussfassung bereits abgelaufen war; nochmals anders u komplizierter *L. C. Wolff* DB 1999, 2149.

[84] Ganz hM; abw *Meyer-Landrut* § 54 Rn 12.

[85] Abw Rowedder/Schmidt-Leithoff/*Zimmermann* § 54 Rn 34, der Gftern, die der Rückwirkung nicht zustimmen, stets Anfechtungsrecht geben will.

[86] Ulmer/*Ulmer* Rn 62 mN.

[87] Differenzierend *Ivens* GmbHR 1989, 61.

kann vorgeschrieben werden.[88] Verlangt Satzung Einstimmigkeit für Satzungsänderungen ohne nähere Erläuterung, wird meist Zustimmung aller Gfter gemeint sein,[89] die auch nachträglich erklärt werden kann. Möglich sind auch verschärfende Mehrheitserfordernisse anderer Art, zB Kumulierung von Kapital- u Stimmenmehrheit (nur bei Auseinanderfallen sinnvoll).

64 **d) Mehrheit für Änderung u Beseitigung erhöhter Mehrheitserfordernisse.** Ist besondere Mehrheit für alle Satzungsänderungen vorgesehen, gilt dies selbstverständlich auch für Änderung oder Beseitigung des Erfordernisses. Ist erhöhte Mehrheit für bestimmte Arten der Satzungsänderung vorgesehen, wird Auslegung iZw ergeben, dass erhöhte Mehrheit jedenfalls für Beseitigung und Einschränkung gelten soll[90] Sind für bestimmte Arten von nicht satzungsändernden GfterBeschlüssen besondere Mehrheiten erforderlich, zB für Beiratswahlen oder für Genehmigung der Veräußerung vinkulierter Anteile, gilt diese Mehrheit iZw auch für die Änderung der sie regelnden Satzungsbestimmung.[91]

65 **e) Wiederaufhebung satzungsändernder Beschlüsse** vor Eintragung kann mit einfacher Mehrheit erfolgen.[92] Aufhebungsbeschluss bedarf keiner notariellen Beurkundung.[93]

66 **6. Feststellung des Beschlussergebnisses.** Eine Feststellung des Beschlussergebnisses iS der Bejahung oder Verneinung des zur Abstimmung gestellten Antrags auf Änderung der Satzung ist zur Wirksamkeit des Beschlusses nicht erforderlich (ganz hM).[94] Allgemein für alle Arten von Beschlüssen geltendes Wirksamkeitserfordernis in diesem Sinn besteht bei der GmbH im Gegensatz zur AG nicht, vgl § 47 Rn 26f u Anh § 47 Rn 118ff. Sind Beschlüsse auch ohne Ergebnisfeststellung als existent u wirksam gefasst anzusehen, ergibt sich ein Feststellungserfordernis für satzungsändernde Beschlüsse auch nicht aus dem Beurkundungserfordernis, da Abs 2 S 1 nur die

---

[88] Ulmer/*Ulmer* Rn 62, 93; Scholz/*Priester* Rn 88; Rowedder/Schmidt-Leithoff/*Zimmermann* Rn 46; *Meyer-Landrut* Rn 15; *Lutter/Hommelhoff* Rn 13; Michalski/*Hoffmann* Rn 99.

[89] Ulmer/*Ulmer* Rn 93.

[90] Scholz/*Priester* Rn 89; offen gelassen in BGHZ 76, 195; abweichend OLG Hamm NZG 2002, 783, wo zu Unrecht nur auf Frage abgestellt wird, ob Satzungsregelung über Einstimmigkeitserfordernis den Gftern unentziehbares Sonderrecht hinsichtlich der getroffenen Regelung einräumt. Dagegen zu Recht *Jochen Hoffmann* NZG 2002, 765.

[91] Ulmer/*Ulmer* Rn 98. Vgl auch BGHZ 76, 196; *Zöllner* ZGR 1982, 632. Offen gelassen bei Scholz/*Priester* Rn 89.

[92] Ulmer/*Ulmer* Rn 84; Scholz/*Schmidt* § 45 Rn 33; Rowedder/Schmidt-Leithoff/*Zimmermann* Rn 59; *Lutter/Hommelhoff* Rn 40; Michalski/*Hoffmann* Rn 55. Abw Scholz/*Priester* Rn 193 u *Kallmeyer* Rn I 582, die gleiche Mehrheit verlangen wie für Satzungsänderung; Hachenburg/*Schilling* (6. Aufl) Rn 39. Vgl zum Meinungsstand im AktR KölnerKomm/*Zöllner* § 179 Rn 162.

[93] *Lutter/Hommelhoff* Rn 40; Michalski/*Hoffmann* Rn 56; insoweit zust auch Scholz/*Priester* Fn 76.

[94] Nach Michalski/*Hoffmann* Rn 68f soll verbindliche Feststellung des Beschlussergebnisses aus Gründen des Minderheitenschutzes gar nicht zulässig sein. Lag etwa qualifizierte Mehrheit in Wahrheit nicht vor, soll es sich (trotz förmlicher Feststellung!) um einen wirkungslosen Scheinbeschluss handeln. Das ist mit dem das Anfechtungsrecht beherrschenden Gedanken der Rechtssicherheit nicht vereinbar. Dazu oben § 47 Rn 26u Anh § 47 Rn 118ff.

Beurkundung des Beschlusses fordert u aus dem BeurkG ein Feststellungserfordernis ebenfalls nicht, auch nicht mittelbar, hervorgeht.

Von der danach auch ohne Beschlussfeststellung zu bejahenden Wirksamkeit eines Satzungsänderungsbeschlusses ist zu unterscheiden, welche Anforderungen an den Nachweis des Beschlussinhalts der RegRichter stellen kann, wenn Eintragung begehrt wird. Ist kein inhaltliches Beschlussergebnis protokolliert, wird dieses idR unter den Beteiligten str geblieben sein. RegRichter kann Ges dann auf Klärung des Ergebnisses im Prozessweg verweisen. Daher ist Ges gehalten, nach Möglichkeit die Feststellung des Beschlussergebnisses u ihre Beurkundung herbeizuführen. Feststellung kann durch einen eigenen Abstimmungsleiter (zB Vorsitzenden der GfterVers) erfolgen. Näher dazu und zu den Voraussetzungen der Bindungswirkung oben Anh § 47 Rn 118 ff. Aufgabe der Feststellung kann auch dem beurkundenden Notar übertragen werden. Dieser muss die Aufgabe jedoch nicht übernehmen. Erst recht ist er nicht von sich aus verpflichtet, eine eigene Feststellung des Beschlussergebnisses zu treffen; nach verbreiteter Meinung ist ihm eine solche Feststellung im Rahmen seiner Beurkundungsaufgabe nicht einmal erlaubt (dazu unten Rn 72 f). Vom Beschlussergebnis zu unterscheiden ist Abstimmungsergebnis iS der Feststellung von Stimmzahlen oder des Verhältnisses von Ja- und Neinstimmen.[95] Haben alle Abstimmungsteilnehmer dem Beschlussantrag zugestimmt, besteht freilich Einigkeit über Beschlussergebnis. Sie steht bindender Feststellung gleich. 67

Ist **Beschlussergebnis falsch festgestellt,** genügt zur Berichtigung nicht bloße Feststellungsklage. Vielmehr bedarf es der Anfechtungsklage, vgl näher Anh § 47 Rn 118. Zur Möglichkeit, mit dieser im Bedarfsfall eine positive Feststellungsklage zu verbinden, vgl Anh § 47 Rn 181 ff. 68

7. Beurkundung. Satzungsändernde Beschlüsse bedürfen der notariellen Beurkundung, Abs 2 S 1 Hs 1. Das gilt auch für Änderungen der Elemente des einer Gründung im vereinfachten Verfahren zugrunde gelegten Musterprotokolls.[96] Beschränken sich derartige Änderungen auf das, was im Musterprotokoll bei der Gründung ausgefüllt werden darf, gelten verminderte Kostenfolgen, § 41 d KostO. Erfolgen allerdings zusätzliche Änderungen, muss eine Satzung nach den allgemeinen Vorschriften beschlossen und beurkundet werden. 69

Nichteinhaltung der Form macht Beschluss nichtig, § 241 Nr 2 AktG analog, allgM, vgl Anh § 47 Rn 49. Zur Möglichkeit der Heilung durch Eintragung im HR vgl Anh § 47 Rn 73 ff.

a) Maßgebende Normen für Beurkundung sind §§ 36, 37 BeurkG[97] (ganz hM), u zwar auch bei Neufassung der gesamten Satzung.[98] Gegenauffassung, nach der Beurkundung von Satzungsänderungen nach §§ 8 ff BeurkG nicht zu beanstanden sei,[99] ist problematisch. Satzungsänderung ist nach meh- 70

---

95 Unklar deshalb BayObLG BB 1992, 226, wo Beurkundung der Einstimmigkeit u Ergebnisfeststellung durch Notar nicht hinreichend unterschieden werden.

96 *Wälzholz* GmbHR 2008, 841, 843.

97 Vgl BGH v 16. 2. 09 (Kirch/Deutsche Bank) NZG 2009, 342, 343 für HV-Beschlüsse.

98 Ulmer/*Ulmer* Rn 48; *Kallmeyer* Rn I 688. Anders OLG Köln BB 1993, 317: §§ 8 ff BeurkG. Ob Beurkundung nach §§ 36, 37 BeurkG ausreicht, lässt es offen.

99 So *Kallmeyer* Rn I 688; *Lutter/Hommelhoff* Rn 16; ähnlich auch Scholz/*Priester* Rn 70 („selbstverständlich zulässig". Das sagt ein Notar!); OLG Köln BB 1993, 317.

reren Richtungen anderer Vorgang als Vertragsschluss, und zwar auch bei Neufassung. Erforderlichkeit der Anwendung von §§ 36, 37 BeurkG ergibt sich vor allem daraus, dass danach zu beurkundende Wahrnehmungen des Notars sich nicht bloß auf abgegebene Willenserklärungen erstrecken, deren Beurkundung §§ 8 ff BeurkG verlangen, aber auch genügen lassen (dazu sogleich näher).

71 Formerfordernis dient vor allem Beweis- u Rechtssicherheitszwecken.[100] Dass es auch einer Prüfungs- u Belehrungsfunktion dienen soll[101] sowie dem Zweck materieller Richtigkeitsgewähr,[102] geht zu weit. Da sich die Beurkundung nach §§ 36, 37 BeurkG richtet, findet § 17 BeurkG keine Anwendung. Einem Warnzweck dient Formerfordernis, anders als nach § 15 GmbHG nicht. Deshalb bedürfen Gfterabsprachen über Vornahme von Satzungsänderungen nicht der Einhaltung notarieller Form.[103]

72 Niederschrift des Notars muss nach § 37 BeurkG enthalten: Bezeichnung des Notars, seine einschlägigen Wahrnehmungen hinsichtlich des Beschlusses u der Beschlussfassung, Ort u Tag der GfterVers u der Errichtung der Urkunde. Da nach Abs 2 S 1 der Beschluss zu beurkunden ist, sind als Mindestwahrnehmungen des Notars aufzunehmen: Bezeichnung der Ges u des beschlussfassenden Gremiums, Beschlussgegenstand (dazu gehört der Wortlaut der zur Abstimmung gestellten Satzungsänderung = Beschlussantrag) u das zahlenmäßige Abstimmungsergebnis (= Verhältnis der abgegebenen Ja- u Neinstimmen). Zweckmäßig ist darüber hinaus Angabe der in der GfterVers Anwesenden sowie die Verteilung der Stimmen auf die Gfter. Ist inhaltliches Beschlussergebnis iS der Bejahung oder Ablehnung des Beschlussantrags durch Abstimmungsleiter festgestellt worden oder besteht unter den Gftern Einigkeit über das Ergebnis (nicht notwendig Einstimmigkeit!) oder blieb Ergebnis str, so gehört auch das zu den einschlägigen Wahrnehmungen, die zu beurkunden sind.

73 Ist Beschlussergebnis nicht festgestellt, muss Notar keine eigene Feststellung treffen (vgl oben Rn 67), ja nach verbreiteter Meinung darf er dies nicht einmal. Vielmehr soll er nur das zu beurkunden haben, was er mit eigenen Augen sieht u mit eigenen Ohren hört u was er, ohne eigenen Fachwissens zu bedürfen, als eigene Sinneswahrnehmung beschreiben kann. **Schlussfolgerungen rechtlicher Art** oder Wertungen wahrgenommener Tatsachen sollen dem Notar im Rahmen seiner Beurkundungsaufgabe nach dieser Meinung verwehrt sein.[104] Diese manchen Notaren bequeme Auffassung erlaubt ihnen, gegenüber rechtlich bedenklichem Geschehen Augen u Ohren zu verschließen. Einen Berufsstand, der Diener des Rechts sein soll, so zu dekapitieren, ist nicht ohne seltsame Aspekte. Belehrungspflicht nach § 17 BeurkG besteht nur, soweit Notar auch Willenserklärungen beurkundet, wie etwa Übernahmeerklärungen bei KE.[105]

---

[100] Ulmer/*Ulmer* Rn 49. Zur Bedeutung der Beurkundung *Wicke* ZIP 2006, 977.

[101] So BGH WM 1981, 376 u BGHZ 105, 338.

[102] So BGHZ 105, 338.

[103] Vgl dazu *Sieger/Schulte* GmbHR 2002, 1050.

[104] *Keidel/Kuntze/Winkler,* FGG 14. Aufl Teil B Vorb § 36 BeurkG Rn 5 ff mwN; Michalski/*Hoffmann* Rn 69 ff; *Ertl* DNotZ 1969, 651; OLG Zweibrücken DNotZ 1970, 183 f. Wie hier Scholz/*Priester* Rn 84.

[105] Vgl OLG Düsseldorf NJW 1995, 1761 (mit allerdings unzutr Leitsatz).

b) Bei **Abstimmung außerhalb einer GfterVers** (§ 48 II; zur Zulässigkeit bei Satzungsänderungen oben Rn 55) können Gfter nacheinander ihre Stimmen zu Protokoll desselben Notars abgeben, aber auch zu Protokoll verschiedener Notare; im letzteren Fall sind die Niederschriften dem zur Beurkundung nach Abs 2 bestellten Notar zu übersenden, der dann die Urkunde über die Beschlussfassung erstellen kann.[106] **74**

c) Beurkundung im Ausland. Satzungsänderung für GmbH mit Sitz im Inland kann auch im Ausland beschlossen werden. Sie bedarf auch dann der Form des Abs 2 S 1, gleichgültig welche Formvorschriften am Ort der Beschlussfassung gelten. Maßgebend ist jedenfalls für Satzungsänderungen einschließlich der qualifizierten Fälle (Umwandlung etc) Wirkungsstatut statt Ortsstatut.[107] Beurkundung durch ausländischen Notar nach ganz hM gleichwohl wirksam, falls als gleichwertig anzusehen.[108] Dafür ist Stellung u Vorbildung der Urkundsperson sowie Ortsverfahrensrecht erheblich,[109] hingegen nicht, dass Urkundsperson detaillierte Kenntnisse des deutschen Gesellschaftsrechts aufweist.[110] Beurkundung mindestens in Österreich u in der Schweiz daher unbedenklich.[111] Zur evtl. anders liegenden Frage der Aufnahme des ersten GesVertrages vgl § 2 Rn 9. Problem der Auslandsbeurkundung hat für die Praxis eine neue Facette erhalten in Gestalt einer Komplizierung der Anmeldung samt Einreichung von Dokumenten zum HR durch Neufassung von § 12 HGB auf Grund des Gesetzes über elektronische Handelsregister und Genossenschaftsregister sowie das Unternehmensregister (EHUG) v. 10. 11. 2006. In diese Vorgänge sind nunmehr zwingend Notare eingeschaltet, u zwar deutsche Notare, die wegen § 39 a BUrkG über eine **qualifizierte elektronische Signatur** verfügen müssen. Inwieweit dennoch weiterhin Beurkundungen von Satzungsvorgängen im Ausland interessant sind, bleibt abzuwarten. **75**

---

106 Ulmer/*Ulmer* Rn 46; *Scholz/Priester* Rn 66.

107 Ganz hM, vgl Staudinger/*Großfeld* IntGesR Rn 413 ff; Ulmer/*Ulmer* Rn 53 mwN; Ulmer/*Behrens* Einl Rn B 135 f.; für Aktienrecht GroßkommAktG/*Röhricht* 4. Aufl § 23 Rn 48; *Hüffer* AktG § 23 Rn 11; *Goette* FS Boujong, 1996, 131. Abw *Stauch,* Die Geltung ausländischer notarieller Urkunden in der Bundesrepublik Deutschland, 1983, 20 ff, 32. Nach dieser Auffassung ist Ortsform maßgebend.

108 Neben der hM im Schrifttum vor allem BGHZ 80, 76, 78; BGH NJW-RR 2000, 273. Ablehnend mit ausführlicher Begründung Scholz/*Priester* Rn 71 ff, der zutr darauf hinweist, dass der von BGHZ 105, 338 zugrunde gelegte Beurkundungszweck (materielle Richtigkeitsgewähr) Beurkundung im Ausland verbieten würde. Ablehnend auch ein Teil der instanzgerichtlichen Rspr, vgl zB LG Augsburg GmbHR 1996, 941; LG Kiel GmbHR 1997, 952 (LS); aus dem Schrifttum vor allem *Goette* DStR 1996, 709; *Goette* FS Boujong 1996, 141 f; kritisch dazu *Kröll* ZGR 2000, 129 ff.

109 Vgl BGHZ 80, 78; Ulmer/*Ulmer* Rn 54; Rowedder/Schmidt-Leithoff/*Schmidt-Leithoff* § 2 Rn 40 ff.

110 Ulmer/*Ulmer* Rn 54; *Stauch* (Fn 105) 114 ff; abw OLG Hamm NJW 1974, 1058; OLG Karlsruhe RIW 1979, 568.

111 Ulmer/*Ulmer* Rn 54; für Kanton Zürich auch BGHZ 80, 78; LG Köln WM 89, 1769; für Notar in Basel-Stadt OLG München GmbHR 1998, 46; abl *Bredthauer* BB 1986, 1864; *Heckschen* DB 1990, 161. *Lutter/Hommelhoff* Rn 16 nehmen Unbedenklichkeit für gesamten Bereich des sog Lateinischen Notariats an; für den spanischen Notar *Löber* RIW 1989, 94; noch weiter Staudinger/*Großfeld* (Fn 105) Rn 439 ff.; für differenzierte Prüfung im Einzelfall tritt *Digma* GmbHR 2005, 139 ein, was zu extremer Rechtsunsicherheit führt und daher als unpraktikabel abzulehnen ist.

76 **8. Weitere Erfordernisse.** Zusätzliche oder erhöhte Erfordernisse bestehen kraft Gesetzes in den Fällen qualifizierter Satzungsänderungen, dazu oben Rn 27 ff. Auch **Satzung** kann weitere Erfordernisse aufstellen, Abs 2 S 2. In Frage kommen:

77 **a) Besondere Erfordernisse für das Beschlussverfahren,** wie zB zusätzliche Erfordernisse für die Einladung zur GfterVers; Erfordernis einer Wiederholung der GfterVers oder einer wiederholten Abstimmung oder zusätzliche Formerfordernisse.

78 **b) Zustimmung einzelner oder aller Gfter** zu allen oder bestimmten Satzungsänderungen. Diese Zustimmung ist nicht Mitwirkung an der Beschlussfassung selbst, vielmehr kann Zustimmung vorgängig, nachträglich u gesondert erklärt werden. Sie ist empfangsbedürftige Willenserklärung, abzugeben gegenüber der Ges, formlos gültig. Solange Zustimmung fehlt, ist der Beschluss (schwebend) unwirksam. Näher zur schwebenden Unwirksamkeit Anh § 47 Rn 20. Zur Prüfung des Vorliegens durch den RegRichter siehe § 54 Rn 12 u 20. Soweit Erfordernis der Zustimmung mehrerer Gfter besteht, kann Frage auftreten, ob Teilwirksamkeit des Beschlusses gegenüber den Zustimmenden eintritt, auch wenn andere ihre Zustimmung verweigern, oder ob stets Gesamtunwirksamkeit anzunehmen ist. Soweit Regelungen einer Differenzierung zwischen den Gftern nicht zugänglich sind wie insbes bei allen die Verfassung der Ges betr Fragen müssen alle erforderlichen Zustimmungserklärungen vorliegen. Bei anderen Regelungen (zB Auferlegung von Nebenpflichten) kommt es zunächst auf im Beschluss zum Ausdruck gebrachten oder durch Auslegung zu ermittelnden Willen der GfterVers an. Ist danach auch Teilwirksamkeit gewollt, ist zusätzlich erheblich, welchen Willen die Zustimmenden zum Ausdruck bringen. Ist ihr Einverständnis mit Teilwirksamkeit nicht erkennbar, tritt Gesamtunwirksamkeit ein.[112] Zustimmungsrecht einzelner Gfter wird idR Sonderrecht sein, Zustimmungserfordernis aller Gfter idR unentziehbares Mitgliedschaftsrecht.

79 **c) Zustimmung einer Stelle außerhalb der Ges,** also von Nicht-Gftern, etwa einer Behörde, kann nicht vorgesehen werden.[113]

80 **d) Zustimmung eines anderen GesOrgans,** zB des AR, eines Beirats oder der GFührer kann ebenfalls nicht vorgesehen werden.[114]

81 **9. Mitwirkung minderjähriger Gfter.** Sie können bei Satzungsänderungen wegen § 181 BGB nicht durch ges Vertreter vertreten werden, wenn dieser selbst Gfter ist, BGH DNotZ 1989, 27. Sind Eltern gemeinsam zur ges Vertretung berufen (Regelfall, § 1629 I 2 BGB), genügt für Ausschluss Gftereigenschaft eines Elternteils; keine Alleinvertretungsmacht des anderen. Auch bei Alleinvertretungsmacht eines Elternteils Vertretung unzulässig, wenn Ehegatte Gfter (§ 1629 II 1 mit § 1795 I Nr 1 BGB). Vormundschaftsgerichtliche

---

112 Ulmer/*Ulmer* Rn 92; Rowedder/Schmidt-Leithoff/*Zimmermann* Rn 56; *Zöllner,* Schranken mitgliedschaftlicher Stimmrechtsmacht bei den privatrechtlichen Personenverbänden, 1963, 112 f; *Meyer-Landrut* Rn 20.

113 Fast allgM, vgl RGZ 169, 80; Ulmer/*Ulmer* Rn 95; Scholz/*Priester* Rn 62 f; Rowedder/Schmidt-Leithoff/*Zimmermann* Rn 32, 43; *Meyer-Landrut* Rn 2; vgl auch schon KG JW 1926, 598; KG JW 1930, 1412; abw *Beuthien/Gätsch* ZHR 156 (1992), 477.

114 Ulmer/*Ulmer* Rn 95; Scholz/*Priester* Rn 62; Rowedder/Schmidt-Leithoff/*Zimmermann* Rn 43.

Genehmigung nach § 1822 Nr 3 BGB für GmbH-Satzungsänderung nicht erforderlich, auch nicht für KE (für diese auch nicht nach § 1822 Nr 10 BGB). Soweit gesetzliche Vertreter nach diesen Grundsätzen von der Vertretung ausgeschlossen sind, können sie auch nicht Minderjährigen zu eigener Stimmrechtsausübung ermächtigen oder dessen Stimmrechtsausübung genehmigen. Es bedarf vielmehr der Mitwirkung eines Ergänzungspflegers nach § 1909 BGB.

10. Zeitliche Grenzen. Satzungsänderungen nach den dargelegten Vorschriften sind grds möglich zwischen der Entstehung der GmbH, also ihrer Eintragung im HR, § 11 I, u dem Zeitpunkt ihrer Auflösung, § 60. Änderungen des GesVertrags im Stadium der VorGes sind zwar grds möglich, jedoch nur unter Zustimmung aller Gfter u unter Einhaltung der Formerfordernisse für das Gründungsstatut.[115] Vorgezogene Beschlussfassung über Änderung des GesVertrages mit Dreiviertelmehrheit vor Eintragung der GmbH, die erst nach Eintragung von GmbH u Satzungsänderung wirksam werden soll, nicht zulässig.[116] Satzungsänderungen nach Auflösung sind nur insoweit zulässig, als sie nicht mit dem Abwicklungszweck kollidieren (§ 69 I ist dafür aber nicht maßgebend).[117] Möglich ist auch Änderung des Unternehmensgegenstands, wenn sie dem Liquidationszweck dient oder wenn sie mit Fortsetzungsbeschluss verbunden wird. Zu Kapitalerhöhung u Kapitalherabsetzung im Liquidationszeitraum § 55 Rn 5, § 58 Rn 12 sowie § 69 Rn 21 f. 82

11. Fehlerhaftigkeit von Satzungsänderungsbeschlüssen. Dafür gelten die allg Regeln über Beschlussmängel (dazu näher Anh § 47). Für Beurteilung der inhaltlichen Fehlerhaftigkeit neuer Satzungsbestimmungen kann Auslegung der Satzung unter Berücksichtigung anderer, nicht geänderter Bestimmungen erforderlich sein.[118] Eintragung im HR führt uU Heilung herbei (näher Anh § 47 Rn 73 ff). Insbes heilt Eintragung sofort fehlende oder unzureichende Beurkundung von Satzungsänderungen,[119] etwa Auslandsbeurkundung durch ungeeigneten Notar (Rn 75). Zur im Einzelnen noch nicht hinreichend geklärten Frage der Bestandskraft von eingetragenen Satzungsänderungen bis zur Geltendmachung von Mängeln Anh § 47 Rn 178. 83

VII. Eintragung im Handelsregister

Wirksamkeit von Satzungsänderungen tritt erst mit Eintragung im HR ein, § 54. Näheres in den Anm dort (auch zur Prüfung satzungsändernder Beschlüsse durch den RegRichter). Wirksamwerden ist unabhängig von Rei- 84

---

115 HM, vgl zB OLG Köln GmbHR 1995, 725; *Lutter*/Hommelhoff/*Bayer* § 2 Rn 26; abw *Priester* ZIP 1987, 280; Michalski/*Hoffmann* Rn 43 ff u § 54 Rn 23; zur Pflichtenlage hinsichtlich des Satzungstextes bei bereits laufendem Eintragungsverfahren BayObLG AG 1989, 325; vgl ferner oben § 2 Rn 13.

116 Abw Scholz/*Schmidt* § 11 Rn 47.

117 Vgl für AktR BGHZ 24, 286; RGZ 121, 253. Vielleicht etwas weitherziger Ulmer/*Ulmer* Rn 32.

118 Gutes Beispiel KG Berlin GmbHR 2005, 1612: Regelung, dass bei Zwangseinziehung betroffener Gfter mit Zugang des Einziehungsbeschlusses aus Ges ausscheiden soll, ist dahin zu verstehen, dass Einziehung ohne Abfindungszahlung wirksam sein soll, wenn Satzung Regelung enthält, dass Einziehung nur zulässig ist, wenn Abfindung ohne Belastung des Stammkapitals gezahlt werden kann.

119 BGH NJW 1996, 257.

henfolge, dh Beschluss kann auch nachträglich gefasst oder durch Zustimmung wirksam gemacht werden. Wirksamkeit auch unabhängig von Länge des Zeitraums zwischen Beschluss u Anmeldung bzw Eintragung. Zur Bindung der Gfter, auch neu hinzugekommenen, an Beschlusslagen *Noack* GmbHR 1994, 349 ff. Zur Pflicht der GFührer Anmeldung alsbald vorzunehmen, evtl auch Beschlüsse wiederholen zu lassen sowie zur Kontrolle durch RegRichter unten § 54 Rn 19 ff.

VIII. Pflicht zur Vornahme oder Unterlassung von Satzungsänderungen

85 **1. Pflicht aus Treubindungen.** Nicht nur GFührerentscheidungen, sondern auch Grundlagenfragen bedürfen häufig der Anpassung an veränderte Umstände, wie sie namentlich durch die technische Entwicklung, durch wirtschaftliche Veränderungen, unerwartete Nachfolgeprobleme, lange Krankheit geschäftsführender Gfter uam entstehen können. Für PersonenGes ist Zustimmungspflicht aus der Treubindung der Gfter seit langem jedenfalls im Grundsatz anerkannt.[120] Auch bei der GmbH besteht eine entspr Treupflicht, die jedenfalls beim personalistischen Typ nicht geringer ist als bei der echten PersonenGes. Zwar ist Bedürfnis für Erzwingung der Zustimmung zu Beschlüssen unter dem Mehrheitsprinzip geringer als unter dem Einstimmigkeitsprinzip, einmal weil Anpassungen unter jenem leichter erreichbar sind u weil treuwidrige Stimmabgaben nach zutreffender Auffassung als unwirksam zu behandeln sind (dazu § 47 Rn 108). Zustimmungspflicht kommt daher bei der GmbH in erster Linie dort in Betracht, wo Mehrheitsentscheidungen sich nicht bilden können, wie dann, wenn zu Satzungsänderungen Zustimmung aller Gfter entweder rechtlich vorgeschrieben ist oder sich faktisch (wie häufig bei der zwei- u dreigliedrigen GmbH) wegen der Verteilung der Stimmrechte als erforderlich erweist. Die für PersonenGes entwickelten Grundsätze gelten dann ganz analog.[121] Geläufige Beispiele für Mitwirkungspflicht an Satzungsänderungen, insbes Kapitalerhöhungen, sind für die mittlerweile wohl allseits erfolgte Euro-Umstellung entwickelt worden. Bindungen der Ges mit Bezug auf Satzungsänderungen können sich auch aus ihrer Stellung als Komplementärin einer KG ergeben. Beispiel: Unterlassung oder Begrenzung der Dimensionierung für Kapitalerhöhung einer GmbH als Komplementärin, wenn Höhe des Stammkapitals für Vergütungspflichten der KG oder der Kommanditisten maßgebend ist.[122]

---

120 Näher dazu MünchKommBGB/*Ulmer* § 705 Rn 190; *Zöllner,* Die Anpassung von Personengesellschaftsverträgen an veränderte Umstände, 1979; *Vogel,* Gfterbeschlüsse, 89; *H. P. Westermann* FS Hefermehl, 1976, 225.

121 *Zöllner* (Fn 110) S 7; Zur Mitwirkungspflicht unter dem Mehrheitsprinzip *U. H. Schneider* AG 1979, 57; Ulmer/*Ulmer* Rn 81 ff; Scholz/*Priester* Rn 37; *Kallmeyer* Rn I 579; ausführlich *M. Winter,* Treuebindungen, 175 ff; eher abl Rowedder/Schmidt-Leithoff/*Zimmermann* Rn 55. Zur Zustimmungspflicht bei Kapitalerhöhung zu Sanierungszwecken *K. Schmidt* ZGR 1982, 524; zur Kapitalerhöhung zwecks Erreichung der mit der Novelle 1980 gesetzlich erhöhten Mindestkapitalziffer § 5 Rn 56 sowie Hachenburg/*Ulmer* (7. Aufl) § 55 Rn 28; Rowedder/Schmidt-Leithoff/*Zimmermann* Rn 55; *Lutter/Hommelhoff* Rn 18; BGH WM 1986, 1348; BGH WM 1987, 841; gänzlich ablehnend *Meyer-Landrut* Rn 8. Allg zur Stimmpflicht der Gfter auf Grund der Treupflicht oben § 47 Rn 110 f.

122 BGH GmbHR 2006, 321.

2. Pflicht auf Grund Stimmbindung. Zustimmungspflicht zu Satzungsänderungen folgt in der Praxis vielfach aus Stimmbindungsverträgen. Namentlich in Konsortialverträgen, wie sie ua in Familiengesellschaften nicht selten geschlossen werden, umfasst Stimmbindung auch Abstimmung über Satzungsänderungen. Zur grundsätzlichen Wirksamkeit von Stimmbindungsverträgen oben § 47 Rn 113f. Stimmbindungen sind auch hinsichtlich Satzungsänderungen wirksam (ganz hM). Vereinzelte gegenteilige Auffassung ist schwerlich vertretbar u verkennt praktisches Bedürfnis gerade in Familiengesellschaften, wo schützenswertes Interesse besteht, Familieneinfluss auch bei schwindender Beteiligungsquote zusammenzuhalten. Solches Bedürfnis besteht nicht nur für GFührerbestellung oder GFührungsentscheidungen, sondern gerade auch hinsichtlich Umstrukturierungsmaßnahmen. In Konsortialverträgen nicht selten zu findende einfache Mehrheitsklausel, mit der Abstimmungsverpflichtung der Konsorten festgelegt wird, ist deshalb auch für Abstimmungen wirksam, die qualifizierter Mehrheit bedürfen.[123] Auch Pflicht zur Unterlassung von Änderungen der Satzung kann Gegenstand schuldrechtlicher Stimmbindungen sein. 86

Anmeldung und Eintragung der Satzungsänderung

54 (1) [1]**Die Abänderung des Gesellschaftsvertrages ist zur Eintragung in das Handelsregister anzumelden.** [2]**Der Anmeldung ist der vollständige Wortlaut des Gesellschaftsvertrags beizufügen; er muß mit der Bescheinigung eines Notars versehen sein, daß die geänderten Bestimmungen des Gesellschaftsvertrags mit dem Beschluß über die Änderung des Gesellschaftsvertrags und die unveränderten Bestimmungen mit dem zuletzt zum Handelsregister eingereichten vollständigen Wortlaut des Gesellschaftsvertrags übereinstimmen.**

(2) **Bei der Eintragung genügt, sofern nicht die Abänderung die in § 10 bezeichneten Angaben betrifft, die Bezugnahme auf die bei dem Gericht eingereichten Dokumente über die Abänderung.**

(3) **Die Abänderung hat keine rechtliche Wirkung, bevor sie in das Handelsregister des Sitzes der Gesellschaft eingetragen ist.**

Übersicht

[123] Ausführlich *Zöllner* FS Ulmer, 2003, 725; *Noack,* Gesellschaftervereinbarungen bei Kapitalgesellschaften, 1994, 207ff; *Odersky* FS Lutter, 2000, 557, 559f, 565f; abw Rowedder/Schmidt-Leithoff/*Zimmermann* Rn 45; eingeschränkt auf zwingende qualifizierte Mehrheitserfordernisse abw auch *Habersack* ZHR 164 (2000), 1 ff.

I. Anmeldungsbedürftigkeit

1 Nach Abs 1 S 1 ist Satzungsänderung zur Eintragung im HR anzumelden. Gesetz will damit keine Anmeldepflicht statuieren, sondern nur Anmeldungserfordernis. Ob angemeldet wird, bleibt Ges überlassen. Öffentl Interesse an Anmeldung besteht nicht, weil ohne Eintragung Satzungsänderung nicht wirksam wird, Abs 3. Daher auch keine Erzwingung der Anmeldung nach § 14 HGB, vgl § 79 II. Es findet selbstverständlich auch keine Eintragung von Amts wegen statt, sondern nur auf Anmeldung hin.

II. Anmeldung zum Handelsregister

2 **1. Zuständigkeit für Anmeldung.** Anzumelden hat Ges durch GFührer in vertretungsberechtigter Zahl. Mitwirkung von Prokuristen nur im Fall unechter Gesamtvertretung. Bei Kapitalerhöhung u -herabsetzung müssen sämtliche GFührer anmelden, § 78. Nach Auflösung sind Liquidatoren zur

Anmeldung zuständig. Bei Auflösung durch Eröffnung des Insolvenzverfahrens gibt es keine Liquidatoren, weil Liquidation durch Insolvenzverwalter erfolgt; Anmeldung obliegt in diesem Fall weiterhin jedenfalls idR GFührern, nicht dem Insolvenzverwalter.[1] Hierzu wird meist Einschränkung formuliert, dass Zuständigkeit des Insolvenzverwalters gegeben sei, soweit beschlossene Rechtsänderung Insolvenzmasse betreffe.[2] Überzeugende Beispiele dafür sind schwer vorstellbar. Eher dürfte zutreffen, dass Gfter entsprechenden Beschluss nach Verfahrenseröffnung gar nicht mehr fassen dürfen.

Anmeldung durch Bevollmächtigte möglich, jedoch nur auf Grund besonderer Vollmacht in Form des § 12 II HGB; Antragsrecht des beurkundenden Notars nach § 378 FamFG besteht nicht,[3] der daher gleichem Vollmachtserfordernis unterliegt, bei dem aber dennoch bei Anmeldung keine Vorlage der Vollmacht zu verlangen ist.[4] Anmeldung erfolgt im Namen der Ges, nicht in eigenem Namen der GFührer. Daher ist auch nur Ges, nicht GFührer bei Zurückweisung Beschwerdeführer.[5] Auf GFührer entfällt nur ausschließliches Verfahrensvertretungsrecht zur Einlegung der Beschwerde. 3

2. Form. Anmeldung erfolgt durch elektronische Einreichung des Anmeldungstexts in öffentl beglaubigter Form, § 12 I HGB, also versehen mit qualifizierter elektronischer Signatur des Notars. Zu dieser §§ 126 a, 129 BGB sowie § 39 a BeurkG. Zuständig zur Beglaubigung ist der Notar. GFührer zeichnen mit ihrem Namen, nicht lediglich mit Firma. Anmeldung darf grds in Niederschriftsurkunde über GfterVers enthalten sein.[6] 4

3. Inhalt. Der Inhalt der Anmeldung richtet sich in der Praxis danach, was im HR einzutragen ist. Dafür ist Abs 2 maßgebend. Für Anmeldung genügt an sich, dass die aus bestimmten beigefügten Dokumenten, zB aus den im Beschlussprotokoll enthaltenen Satzungsänderungsbeschlüssen hervorgehenden Satzungsänderungen zur Eintragung angemeldet werden. Praxis unterscheidet statt dessen zwischen Änderungen, die ihrem Inhalt nach einzutragen sind und solchen, bei denen die Bezugnahme auf die eingereichten Dokumente (bislang hieß es im Gesetzestext: Urkunden) genügt. 5

a) Ihrem **Inhalt nach** einzutragen und daher auch anzumelden sind Änderungen, welche die in § 10 bezeichneten Angaben betreffen, dh Firma, Sitz der Ges, Gegenstand des Unternehmens und Höhe des Stammkapitals, § 10 I 1, ferner in der Satzung geregelte Bestimmungen über die Vertretungsbefugnis der GFührer, § 10 I 2, sowie über die Zeitdauer der Ges, § 10 II 1. Insoweit wird verlangt, dass Anmeldung den Inhalt der Änderung deutlich bezeichnet; zwar soll danach nicht die Wiedergabe des Wortlauts neuer Regelungen erforderlich sein, aber präzise schlagwortartige Wiedergabe der in § 10 I u II geforderten Angaben.[7] Dafür ist ein Bedürfnis nicht anzuerkennen. 6

---

[1] BayObLG NZG 2002, 582 für vor Eröffnung beschlossene KE.

[2] BayObLG (Fn 1); Rowedder/Schmidt-Leithoff/*Zimmermann* § 78 Rn 12; Scholz/*Winter* § 78 Rn 13.

[3] Vgl Ulmer/*Ulmer* Rn 9 mwN.

[4] Vgl Scholz/*Priester* Rn 7.

[5] BGHZ 105, 324, 327 f; abw BayObLG DB 1985, 699; DB 1987, 267; DB 1987, 2194; DB 1988, 281.

[6] BayObLG DB 1993, 1918.

[7] BGH WM 1987, 1100; BayObLG DB 1985, 1223; 1979, 84; OLG Düsseldorf GmbHR 1978, 155 u GmbHR 1993, 169 sowie erneut GmbHR 1998, 1229; OLG Hamm NZG 2002, 782; OLG Frankfurt NZG 2003, 1075, das mich zu Unrecht als

Begründung für dieses aus dem Gesetz nicht hervorgehende Erfordernis geht dahin, dass entsprechende Handhabung die dem RegGericht obliegende Überprüfung der Gesetzmäßigkeit der Beschlüsse u weiterer Eintragungsvoraussetzungen erleichtert.[8] Das ist schwerlich überzeugend. Auch Begründung von *Ulmer*[9], dass RegGericht im Interesse der Rechtssicherheit ausdrücklich darauf hingewiesen werden soll, dass Anmeldung sich in den Fällen des § 10 auf Eintragung der Änderung als Wirksamkeitserfordernis richte, überzeugt mich nicht, weil sie Ausbildung und Rolle der Registerrichter zu niedrig einordnet. Deshalb genügt *rechtlich* für die Anmeldung Bezugnahme,[10] mag auch für die Praxis eine andere Handhabung hie und da nützlich sein. Aus verfahrensrechtlichen Grundsätzen folgt freilich, dass der Gegenstand der im Registerverfahren durch die Anmeldung begehrten Amtshandlung des RegGerichts zweifelsfrei bestimmt wird. Soweit, aber nur insoweit, Unklarheiten darüber bestehen, kann Gericht dem Anmeldenden Klarstellung aufgeben.

7 **b) Bezugnahme auf eingereichte Dokumente,** also den Verzicht auf inhaltliche Eintragung erlaubt § 54 II für die Eintragung aller nicht von § 10 erfassten Satzungsänderungen. Insoweit genügt zweifelsfrei auch für die Anmeldung solche Bezugnahme.[11]

8 **4. Beizufügende Urkunden.** Der Anmeldung müssen eine Reihe von Urkunden beigefügt werden, ohne die eine Eintragung nicht stattfindet.

9 **a) Notarielle Niederschrift** über Satzungsänderungsbeschluss. Einreichung ist nicht ausdrücklich vorgeschrieben, Einreichungspflicht ergibt sich jedoch aus dem Zweck des Formerfordernisses in § 53 II 1, dem RegRichter die Prüfung der Satzungsänderung zu ermöglichen. Einreichung in beglaubigter Abschrift genügt, sie erfolgt aber meist in Ausfertigung. Einreichung der Niederschrift über formgerechten Beschluss kann auch nach Anmeldung nachgeholt werden, u zwar auch dann, wenn zunächst Beschluss in nicht formgerechter Fassung eingereicht worden war.[12]

10 **b) Vollständiger Wortlaut der geänderten Satzung,** Abs 1 S 2. Jeder Interessent soll Möglichkeit haben, in HRAkten letztgültigen Wortlaut der Satzung einsehen zu können, ohne diesen mühsam aus der historischen Abfolge von Änderungsurkunden erstellen zu müssen. Herstellung des Texts ist Aufgabe der GFührer.[13] Stehen mehrere Satzungsänderungen zur Eintragung an u trägt der RegRichter nicht alle ein, muss er dafür sorgen, dass der eingereichte Wortlaut vor oder nach der Eintragung entspr berichtigt wird.[14] Die Urkunde ist auch erforderlich, wenn Satzung vollständig neu gefasst ist u

---

dieser Auffassung zustimmend zitiert; Ulmer/*Ulmer* Rn 7; Rowedder/Schmidt-Leithoff/*Zimmermann* Rn 3. Das soll sogar dann gelten, wenn eine vollständige Neufassung der Satzung erfolgt, vgl OLG Hamm aaO.

[8] So OLG Frankfurt (Fn 7).

[9] Ulmer/*Ulmer* Rn 7.

[10] Vgl KölnerKomm/*Zöllner* § 181 Rn 9; Scholz/*Priester* Rn 12; *Meyer-Landrut* Rn 4; *Röll* DNotZ 1973, 483; *Winkler* NJW 1980, 2684; LG Berlin DNotZ 1987, 251; ebenso im Grds *Roth*/Altmeppen Rn 9.

[11] Ganz hM, abw OLG Schleswig DNotZ 1973, 483: Bezeichnung der geänderten Paragraphen der Satzung in Anmeldung erforderlich.

[12] OLG Hamm NZG 2002, 425.

[13] BayObLG AG 1989, 325.

[14] Näher dazu Ulmer/*Ulmer* Rn 16; KölnerKomm/*Zöllner* § 181 Rn 16.

daher ganz im Protokoll wiedergegeben ist.[15] Wird satzungsändernder Beschluss auf Grund Anfechtungs- oder Nichtigkeitsklage für nichtig erklärt, ist mit dem rechtskräftigen Urteil, sofern der Satzungsänderungsbeschluss eingetragen war, der sich auf Grund der Nichtigkeit ergebende Satzungstext samt entsprechender Notarbescheinigung einzureichen, § 248 II AktG analog.[16] Ist Einreichung des letztgültigen Gesamttexts unterblieben oder ist Text unrichtig, kann RegGericht Einreichung des vollständigen u richtigen Texts auch nachträglich erzwingen.[17]

Wird nur das im Fall vereinfachter Gründung gemäß § 2 Abs 1a als Satzung zugrunde gelegte **Musterprotokoll** geändert, dh beschränkt sich die Veränderung auf Elemente, die im Musterprotokoll ausgefüllt werden dürfen, muss dieses in geänderter Fallung vorgelegt werden.[18] 10a

c) Bescheinigung des Notars, dass der eingereichte Wortlaut der geänderten Satzung im unveränderten Bereich mit der zuletzt eingereichten Fassung, im veränderten Bereich mit dem Änderungsbeschluss übereinstimmt.[19] Weglassung unechter Satzungsbestandteile ohne satzungsändernden Beschluss darf Notar nicht als ordnungsgemäß bescheinigen.[20] Bescheinigung ist in der Form des § 39 BeurkG zu erteilen. Zuständig ist jeder Notar. Beim die Satzungsänderung beurkundenden Notar liegt idR gebührenfreies Nebengeschäft vor, § 47 S 1 Halbs 2 KostO. Bescheinigung ist auch erforderlich bei vollständiger Neufassung der Satzung durch GfterBeschluss, weil auch dann Sicherstellung der Übereinstimmung von Beschluss u gesondert eingereichtem Satzungswortlaut sinnvoll ist.[21] Notarfassung genießt aber keinen Redlichkeitsschutz. Rechtlich maßgebend ist immer diejenige Fassung, die dem Beschluss samt Eintragung entspricht. Notwendig ist Notarbescheinigung auch bei auf das **Musterprotokoll** beschränkter Änderung[22] (dazu oben Rn 10a). 11

d) Nachweise über Zustimmungserklärungen einzelner Gfter, von denen Wirksamkeit des Beschlusses abhängt (§ 53 Rn 78). Nachweis kann je nach Sachlage durch Beschlussniederschrift, durch förmliche Zustimmungserklärungen oder durch Bestätigung der zustimmenden Gfter über erklärte Zustimmung geführt werden. Wenn Ges Vorliegen der Zustimmung behauptet, Gfter aber Bestätigung verweigert, muss Gericht Beweis erheben.[23] Ablehnung der Eintragung, falls Ges Nachweis nicht vorlegen kann, geht nicht an.[24] Zwar hat Ges Anspruch gegen Gfter auf Erteilung der Zustimmung in 12

---

15 Ulmer/*Ulmer* Rn 17; Scholz/*Priester* Rn 16; Rowedder/Schmidt-Leithoff/*Zimmermann* Rn 11; *Meyer-Landrut* Rn 6; unklar u wahrscheinlich anders OLG Zweibrücken NZG 2002, 93, das zwar nur von der Übereinstimmungsbescheinigung des Notars spricht, die aber nicht gut entbehrlich sein kann, wenn neben der Beschlussniederschrift getrennt der Wortlaut der Satzung eingereicht werden muss.

16 Zustimmend Ulmer/*Ulmer* Rn 6.

17 BayObLG AG 1989, 325.

18 Insoweit zutr *Wälzholz* GmbHR 2008, 843.

19 Dazu *Röll* GmbHR 1982, 251.

20 *Meyer-Landrut* Rn 8; anders insoweit Ulmer/*Ulmer* Rn 17.

21 Ulmer/*Ulmer* Rn 17; abw *Roth*/Altmeppen Rn 7; OLG Celle OLGZ 1982, 317; OLG Zweibrücken NZG 2002, 93; LG Bonn GmbHR 1994, 558.

22 Anders *Wälzholz* GmbHR 2008, 843.

23 *Roth*/Altmeppen Rn 10.

24 So aber KGJ 1953, 102 f; Ulmer/*Ulmer* Rn 15; Rowedder/Schmidt-Leithoff/*Zimmermann* Rn 10.

registergerechter Form, aber Durchsetzung kann erheblich länger dauern als Beweiserhebung durch RegGericht.

13 **e) Öffentlich-rechtliche Genehmigungserfordernisse,** zB nach Gewerberecht oder Versicherungsaufsichtsrecht, für den Betrieb bestimmter Arten von Unternehmen, sind für die Ersteintragung von Gesellschaften, wie sich aus der Aufhebung von § 8 I Nr 6 ergibt, nicht mehr Eintragungsvoraussetzung; für Satzungsänderungen, die ein Genehmigungserfordernis begründen, gilt nichts anderes. Daher ist Nachweis der Genehmigung durch Vorlage der Genehmigungsurkunde oder in Zweifelsfällen ein Negativattest nicht mehr erforderlich.[25]

14 **f) Vollmachtsurkunden** bei Anmeldung durch Bevollmächtigte. Nicht erforderlich hingegen die Vorlage von Abstimmungsvollmachten.[26]

15 **5. Zuständiges Gericht.** Anmeldung hat beim für den Sitz der Ges zuständigen RegGericht (§ 7, Näheres dort Rn 2) zu erfolgen. Wird der Sitz verlegt, ist diese Satzungsänderung noch beim Gericht des alten Sitzes anzumelden, § 13 h I HGB. Eintragung und Prüfung ihrer Zulässigkeit erfolgen beim Gericht des neuen Sitzes, § 13 h II HGB. Gleiches gilt grds für Prüfung und Eintragung weiterer Satzungsänderungen, deren Anmeldung mit Anmeldung der Sitzverlegung verbunden wird.[27] Anmeldung kann aber so erfolgen, dass zunächst Eintragung der anderen Satzungsänderungen beim Gericht des alten Sitzes vorgenommen werden soll. Wirksamkeit tritt dann früher ein u vermeidet Gefahr der Verzögerung, wenn Gericht des neuen Sitzes Verlegung für nicht ordnungsgemäß hält, deshalb nicht einträgt u dann auch für Eintragung weiterer Satzungsänderungen gar nicht zuständig ist. Im Zweifel muss Gericht des alten Sitzes klären, wie Ges Erledigung will. Zum weiteren Fortgang, wenn Gericht des neuen Sitzes Ordnungsmäßigkeit der Verlegung u Zulässigkeit der Firma (§ 30 HGB) bejaht, vgl § 13 h II 4–6 HGB. Bei Vorhandensein von Zweigniederlassungen erfolgt Anmeldung auch für diese beim Gericht des GesSitzes, § 13 c I HGB; bei Doppelsitz (soweit überhaupt zulässig, dazu § 4 a Rn 6) hat Anmeldung bei beiden zuständigen Gerichten zu erfolgen.[28]

16 **6. Pflicht zur Anmeldung.** Dazu, dass kein öffentlich-rechtlicher Zwang zur Anmeldung besteht, oben Rn 1. Davon zu unterscheiden ist Pflicht der GFührer gegenüber Ges, satzungsändernde Beschlüsse anzumelden. Diese Pflicht besteht schon aus dem organschaftlichen Verhältnis ohne Rücksicht darauf, ob ein Dienstvertrag oder andere schuldrechtliche Beziehungen begründet worden sind. Verpflichtung besteht nur dann nicht, wenn GfterVers mit einfacher Mehrheit eine entspr Anweisung gibt oder wenn der Beschluss nichtig oder unwirksam ist. Inwieweit GFührer anfechtbare Beschlüsse anmelden muss[29] ist Frage der Umstände. GFührer muss so handeln, wie Interesse

---

[25] Zur früheren Rechtslage vgl Ulmer/*Ulmer* Rn 21 f.; *Meyer-Landrut* Rn 5; vgl auch § 181 I 3 AktG.

[26] Letzterem nur eingeschränkt zustimmend Scholz/*Priester* Rn 13; wie hier hingegen Michalski/*Hoffmann* Rn 16.

[27] OLG Hamm DB 1991, 1509; OLG Frankfurt OLGE 1992, 153.

[28] Scholz/*Priester* Rn 8.

[29] Für Anmeldepflicht, jedenfalls idR Scholz/*Schmidt* § 45 Rn 134; *Lutter/Hommelhoff* Rn 5; *Roth*/Altmeppen Rn 4. Zurückhaltender Scholz/*Priester* Rn 24 f; Rowedder/Schmidt-Leithoff/*Zimmermann* Rn 8; Ulmer/*Ulmer* Rn 12.

der Ges es verlangt, uU also zuwarten, ob Anfechtung erfolgt; erfolgt sie nicht, muss er anmelden. Bei Unterlassung gebotener Anmeldung ist Erfüllungsklage der Ges möglich (durch besondere Vertreter, § 46 Nr 8, oder durch evtl AR). Weigerung der Vornahme gebotener Anmeldung ist idR auch wichtiger Grund zur Abberufung. Selbstverständlich greift auch Haftung nach § 43 ein. Dabei kommt nach den Grundsätzen über Drittschadensliquidation auch eine Haftung für ausschließlich den Gftern entstandenen Schaden in Betracht, wenn es sich um Fälle typischer Schadensverlagerung handelt.

7. Aufschub der Anmeldung. GFührer dürfen Anmeldung nicht verzögern, sondern müssen unverzüglich anmelden. Gfter Vers kann freilich mit einfacher Mehrheit Weisung erteilen, Anmeldung auszusetzen oder aufzuschieben. Anmeldung darf aber weder überhaupt noch zeitlich ins Belieben der GFührer gestellt werden.[30] Ist seit Beschlussfassung längere Zeit, etwa mehr als ein Jahr,[31] verstrichen, muss Beschluss vor der sonst verspäteten Anmeldung bestätigt werden, weil sonst künftige Anteilserwerber gegenüber der grds eingreifenden Bindung an Gfterbeschlusslagen[32] zu wenig geschützt sind. RegRichter kann aber auch bei langen Zeitabfolgen Eintragung nicht zurückweisen, da Wirksamkeit der Satzungsänderung nicht betroffen ist. 17

8. Rücknahme der Anmeldung. Solange Eintragung nicht erfolgt ist, kann Anmeldung vom Anmeldeberechtigten zurückgenommen werden.[33] GFührer dürfen Rücknahme von sich aus nur unter ganz bes Umständen vornehmen, wenn dringendes Interesse der Ges das nahe legt; ansonsten Rücknahme nur auf Grund Gfterbeschluss.[34] 18

III. Eintragung u Bekanntmachung

1. Prüfung durch den Registerrichter. a) Ordnungsmäßigkeit der Anmeldung hat RegRichter als erstes zu prüfen: Legitimation der Anmelder, Form der Anmeldung, Vollständigkeit der beizufügenden Urkunden, Übereinstimmung von Anmeldungsinhalt u Änderungsbeschluss. Richtigkeit der notariellen Vollständigkeitsbescheinigung braucht RegGericht nicht zu prüfen; bei Feststellung von Mängeln der Vollständigkeit u Richtigkeit des eingereichten Gesamttextes kann es jedoch Eintragung von Beseitigung des Mangels abhängig machen.[35] 19

b) Rechtswirksamkeit des Satzungsänderungsbeschlusses hat Gericht des Weiteren zu prüfen.[36] Ist er **nichtig** oder **unwirksam,** darf nicht eingetragen werden.[37] Deshalb kann je nach Sachlage auch zu prüfen sein, ob 20

---

30 Dazu *Lutter* FS Quack, 1991, 301, 317.

31 Ähnlich *Lutter/Hommelhoff* § 53 Rn 36.

32 Dazu *Noack* GmbHR 1994, 349 ff.

33 Ulmer/*Ulmer* Rn 23; Scholz/*Priester* Rn 26; Rowedder/Schmidt-Leithoff/*Zimmermann* Rn 14; *Meyer-Landrut* Rn 2.

34 Strikt in letzterem Sinn *Lutter/Hommelhoff* Rn 2; Scholz/*Priester* Rn 26.

35 *Meyer-Landrut* Rn 8.

36 Zum Umfang der Inhaltskontrolle durch das Gericht s *Kristin Ullrich,* Registergerichtliche Inhaltskontrolle von Gesellschaftsverträgen und Satzungsänderungsbeschlüssen, 2006; dazu kritisch *Krafka* ZHR 2006, 774.

37 Ganz hM, vgl *Lutter/Hommelhoff* Rn 7; Ulmer/*Ulmer* Rn 49; Ulmer/*Raiser* Anh § 47 Rn 9; *Roth*/Altmeppen Rn 18 Rowedder/Schmidt-Leithoff/*Zimmermann* Rn 19; Scholz/*Priester* Rn 41, 48; Scholz/*Schmidt* § 45 Rn 83; abw *Säcker* FS Stimpel, 1985,

Satzungsänderungsbeschluss überhaupt von Personen gefasst worden ist, die Gfter sind.[38] Das kann zB zur Folge haben, dass Nachweis der Rechtsfähigkeit einer ausländischen Ges, die sämtliche Anteile erworben hat u nun als Alleingfter abstimmt, gefordert werden darf; dazu wiederum kann nötig sein, den Sitz der Ges nachzuweisen.[39] War GfterVers ordnungsgemäß einberufen u waren überhaupt Gfter anwesend, macht Mitwirkung von Nichtgftern am Beschluss diesen nicht nichtig; insoweit kommt Prüfung der Gftereigenschaft auch nicht in Betracht. Nach verborgenen Nichtigkeitsgründen braucht Richter nicht zu suchen, bei Vorliegen begründeter Verdachtsmomente muss er aber uU von Amts wegen Ermittlungen anstellen (§ 26 FamFG).[40] Bloße rechtliche oder tatsächliche Zweifel an der Wirksamkeit berechtigen RegRichter nicht, Eintragung zu verweigern; RegGericht darf auch nicht unklare oder missverständliche neue Satzungsbestandteile beanstanden, die nur gesellschaftsinterne Bedeutung haben.[41]

21 Sind Beteiligte, insbes Gfter unterschiedlicher Meinung über die Frage der Nichtigkeit, kann der Richter die Eintragung bis zur Entscheidung des Prozessgerichts aussetzen (§ 21 II FamFG), evtl auch den Beteiligten Frist zur Klageerhebung setzen. Allerdings ist es nicht Aufgabe der Ges, die Rechtmäßigkeit des Beschlusses nachzuweisen.[42] RegRichter muss sich vielmehr eigenes Urteil bilden u gegebenenfalls unter Angabe der rechtlichen u tatsächlichen Gründe der Nichtigkeit Eintragung ablehnen. Ihn stärker bindende Auffassung,[43] die ihm Eintragungsverweigerungsrecht nur bei Evidenz der Nichtigkeit geben will, geht zwar zu weit; ihre Tendenz, RegRichter bei der rechtlichen Überprüfung Zurückhaltung aufzugeben, trifft aber zu. Insbes sollte er nicht von sich aus etwa von höchstrichterlicher Rspr abweichen. Für Zurückhaltung bei der Prüfung spricht auch Zurücknahme des richterlichen Prüfungsrechts bei Ersteintragung der Ges durch HRefG v 22. 6. 1998 in § 9 c. Zwar hat Gesetzgeber ausweislich der Begründung Geltung der Regelung nicht für Satzungsänderungen gedacht,[44] es wäre jedoch wertungswidersprüchlich, wenn bei Satzungsänderungen strenger geprüft würde als bei Ersteintragung.[45] Dass Anwendung des Rechtsgedankens aus § 9 c nicht möglich sei, weil aus der Entstehungsgeschichte das Fehlen einer planwidrigen

---

867, 882 wenn Verstoß nur Innenverhältnis der Ges betrifft, was er bei Verletzung des MitbestG für gegeben hält.

[38] Dazu, dass RegRichter hierbei von der Maßgeblichkeit des § 16 für Wirksamkeit des Anteilserwerbs auszugehen hat, vgl zB BGHZ 112, 103, 113; OLG Hamm NZG 2002, 340.

[39] Vgl näher zu dieser Problematik KG GmbHR 1997, 708. Vgl auch den Fall OLG Hamm NZG 2002, 340, dessen Entscheidung verbal Prüfungspflicht viel zu weit ausdehnt. Gericht hat keineswegs Legitimation aller am Beschluss Mitwirkenden zu überprüfen, sondern diese Aufgabe den Beteiligten zu überlassen. Im entschiedenen Fall bestand aber, da Einzelperson den Beschluss gefasst hatte, deren Gfterstellung zweifelhaft war, Möglichkeit der Nichtigkeit des Beschlusses.

[40] Dazu LG Aachen GmbHR 1987, 358.

[41] BayObLG WM 1985, 572; *Lutter/Hommelhoff* Rn 6; teilweise abw Rowedder/Schmidt-Leithoff/*Zimmermann* Rn 18.

[42] So aber anscheinend Ulmer/*Ulmer* Rn 50.

[43] *Baums,* Eintragung u Löschung von Gfter-Beschlüssen, 1981, 62 ff.

[44] BR-Drucks 340/97, 80.

[45] AA Michalski/*Hoffmann* Rn 33, der auf Zweck des § 9 c verweist, Eintragung im Interesse der Gründer zu beschleunigen. Indessen wird dadurch Wertungswiderspruch nicht beseitigt, weil Interesse der Ges u Gfter an rascher Eintragung von Satzungsände-

Gesetzeslücke hervorgehe,[46] bedeutet methodisch das Abstellen auf unmaßgeblichen subjektiven Willen des Gesetzgebers. Für Feststellung von Gesetzeslücken ist in erster Linie der Gleichheitssatz maßgeblich, der Wertungswidersprüche nicht duldet. Der Versuch von *Ulmer,* dem Dilemma durch „harmonisierende Auslegung" zu entkommen, ist interessant, führt aber wegen seiner Komplexität zu wenig praktikablen Ergebnissen.

Bei **fehlenden Zustimmungserklärungen** hat RegRichter die Beibringung durch Zwischenverfügung aufzugeben. Nach Fristablauf oder bei feststehender Zustimmungsverweigerung ist Eintragung abzulehnen.[47] Behauptet Ges Erteilung der Zustimmung, muss RegRichter Beweis erheben, vgl Rn 12. **21 a**

Eintragung einer nur **teilweise nichtigen** Satzungsänderung unter Außerachtlassung des nichtigen Teils kommt in Betracht, wenn sicher keine Gesamtnichtigkeit des Beschlusses besteht. Frage liegt anders als bei Ersteintragung der Satzung.[48] RegRichter muss aber klären, ob Teileintragung dem mit der Anmeldung erklärten Willen der Ges entspricht. **21 b**

c) Anfechtbarkeitsbegründende Mängel. Insoweit hat RegRichter zu unterscheiden.[49] **22**

aa) Mängel, die Zustandekommen betreffen, gleichgültig ob es sich um Gesetzes- oder Satzungsverstöße handelt, unterliegen grds nicht der registerrichterlichen Prüfung, u zwar weder im Bereich des beschlussvorbereitenden Stadiums (zB Ankündigung zur Tagesordnung) noch im Abstimmungsverfahren (zB Vorliegen von Abstimmungsvollmachten) noch im Beschlussfeststellungsverfahren (zB Mitzählen nicht Stimmberechtigter). Anders ausgedrückt: Ordnungsmäßigkeit des Änderungsbeschlusses hat Gericht – von nichtigkeitsbegründenden Formmängeln abgesehen – grds nicht zu prüfen, also insbes nicht das Vorliegen der ¾-Mehrheit.[50] Vielmehr hat es von einer getroffenen Beschlussergebnisfeststellung auszugehen. Nur wenn wegen eines solchen Mangels Anfechtungsklage erhoben worden oder von einem Beteiligten angekündigt ist, besteht Anlass zur Prüfung. Gericht muss dann nach pflichtgemäßem Ermessen entscheiden, ob es Eintragung vornimmt oder aussetzt. Ablehnen darf es bei Anfechtbarkeit wegen Mängeln im Zustandekommen nur, wenn der Beschluss rechtskräftig für nichtig erklärt wird. Ist allerdings keine Feststellung des Beschlussergebnisses erfolgt, enthält beispielsweise notarielles Protokoll nur Beschlussantrag u zahlenmäßiges Beschlussergebnis, geht Prüfungsaufgabe des Registerrichters weiter. Er muss dann prüfen, ob Beschlussantrag angenommen worden ist oder nicht.

bb) Inhaltliche Mängel. Bei ihnen gilt gleiches, soweit lediglich **Verstöße gegen die Satzung** in Frage stehen. Weist geänderte Satzung inhaltlichen Widerspruch zu stehengebliebenen Satzungsregeln auf u hat dies für die Außenbeziehungen der Ges Bedeutung, kann RegRichter Satzungsänderung beanstanden u auf Klarstellung bestehen.[51] Nicht ablehnen darf er zulässige **23**

---

rungen eher noch dringender ist. Auf Wertungsschwächen des „historischen" Gesetzgebers darf man nicht abstellen.

46 So Ulmer/*Ulmer* Rn 43.

47 RG 136, 192; Ulmer/*Ulmer* Rn 50 mwN; etwas abw *Baums* (Fn 43) 93 f.

48 Dazu LG Dresden GmbHR 1994, 555.

49 Anders Rowedder/Schmidt-Leithoff/*Zimmermann* Rn 20 f; undifferenziert auch *Meyer-Landrut* Rn 9.

50 Anders Ulmer/*Ulmer* Rn 44; Michalski/*Hoffmann* Rn 27.

51 BayObLG DB 1993, 156.

Satzungsänderung wegen eines anderen, von der Änderung unabhängigen Satzungsmangels;[52] insbes muss wegen Fehlens oder Unwirksamkeit wesentlicher Satzungsbestandteile das Verfahren nach § 399 FamFG durchgeführt werden.[53] Für inhaltliche **Verstöße gegen das Gesetz** ist hingegen Rechtslage anders. Der RegRichter hat den Beschluss insoweit zu prüfen.[54] Auch wenn Beschluss nicht nichtig ist (zu den Folgen der Nichtigkeit oben Rn 20), hat RegRichter die Eintragung gleichwohl unter bestimmten Voraussetzungen abzulehnen:

24 (1) Wenn der **Inhalt der Satzungsänderung zu zwingendem GmbH-Recht in Widerspruch** steht, ein Fall, der ohne gleichzeitige Nichtigkeit im GmbH-Recht nur äußerst selten in Betracht kommen wird, nämlich nur, wenn die verletzten Bestimmungen nicht „überwiegend" im Interesse der Gläubiger oder der Öffentlichkeit gegeben sind (vgl § 241 Nr 3 AktG sowie zur Auslegung dieser missverständlichen Gesetzesformel Anh § 47 Rn 51). Der Beschluss ist dann nicht nichtig, sondern lediglich anfechtbar; es wäre aber gleichwohl verfehlt, wenn der RegRichter inhaltlich gesetzwidrigen Satzungsregelungen durch Eintragung zur Wirksamkeit verhülfe.[55] Beispiel: Durch Satzungsänderung wird für Satzungsänderungen eine $^2/_3$-Mehrheit vorgesehen. Es liegt Verstoß gegen zwingendes Recht (§ 53 II 1 Hs 2) vor, das jedoch ausschließlich dem Schutz der Minderheit, nicht der Gläubiger dient. Zahl der Fälle hängt davon ab, wie weit man den Begriff des zur Nichtigkeit führenden öffentlichen Interesses fasst. Nicht eintragungshindernd sind Verstöße gegen den Grundsatz der Gleichbehandlung oder gegen Treubindungen.

25 (2) Verstößt **nicht die beschlossene Satzungsänderung** selbst, **wohl aber der Satzungsänderungsbeschluss** gegen Regelungen, die auch, aber nicht so wesentlich im öffentl Interesse erlassen sind, dass Nichtigkeit einzutreten hätte (Beispiel aus dem AktR: § 222 III AktG) oder schließt der Gesetzgeber die Nichtigkeit aus bes Gründen aus (Beispiel § 192 II AktG) oder verstößt der Beschluss nicht durch seinen Inhalt gegen zwingendes Recht (Beispiel § 182 IV AktG), so darf der RegRichter nach einer im AktR etablierten Meinung nicht eintragen.[56] Für das GmbH-Recht kann theoretisch zwar nichts anderes gelten,[57] einschlägige Fälle sind dort aber nicht ohne weiteres ersichtlich.

26 **d) Eintragungssperre.** Bei wichtigen Gesetzesänderungen, deren Einhaltung im öffentlichen Interesse liegt, übt Gesetzgeber gelegentlich dadurch Zwang auf die Gesellschaften aus, ihre Satzung der veränderten Gesetzeslage anzupassen, dass er für Satzungsänderungen eine Eintragungssperre verhängt, wenn nicht gleichzeitig die Satzung in evtl. sachlich ganz anderen Bereichen

---

52 BayObLG GmbHR 1997, 73.

53 BayObLG GmbHR 1997, 73.

54 Vgl auch BayObLG WM 1987, 503: RegGericht hat zu prüfen, ob geänderte Satzungsbestimmungen gegen Gesetzesrecht oder allg Grds des GesRecht verstoßen.

55 Ebenso Ulmer/*Ulmer* Rn 53; *Lutter/Hommelhoff* Rn 8; Michalski/*Hoffmann* Rn 32; *Roth*/Altmeppen Rn 19; Scholz/*Priester* Rn 52; abw Rowedder/Schmidt-Leithoff/*Zimmermann* Rn 21.

56 Vgl *Lutter* NJW 1969, 1873; KölnerKomm/*Zöllner* § 181 Rn 32, § 241 Rn 25 u § 243 Rn 38. Abw *Jansen* FGG § 127 Rn 7.

57 BayObLG BB 1983, 83; Michalski/*Hoffmann* Rn 32; Scholz/*Priester* Rn 52; aA OLG Köln BB 1982, 579; Scholz/*Schmidt* § 45 Rn 126; Rowedder/Schmidt-Leithoff/*Zimmermann* Rn 21.

dem neuen Gesetzesstand angepasst wird. So sah etwa der der durch das MoMiG aufgehobene § 83 vor, dass Änderungen des Stammkapitals nur eingetragen werden durften, wenn Stammkapital auf Euro umgestellt und Nennbeträge der GAnteile auf mindestens 50 Euro und durch 10 teilbaren Betrag lauteten.[58] Eine ähnliche Registersperre enthält jetzt § 1 I 4 EG-GmbHG, allerdings in vereinfachter Fassung; es heißt nunmehr nur noch, dass bei vor dem 1. Januar 1999 zur Eintragung angemeldeten und bis zum 31. 12. 2001 eingetragenen Gesellschaften Stammkapitalveränderungen nur eingetragen werden dürfen, wenn das Kapital auf Euro umgestellt wird. Zur Eintragungssperre für Satzungsänderungen aller Art, solange nicht Satzung eine Regelung über die Ergebnisverwendung enthielt, s Art 12 § 7 II 1 GmbHG-ÄndG idF des BiRiLiG.[59]

Keine Registersperre für Satzungsänderungen wird durch gesetzwidrige Unvollständigkeit der Satzung oder durch Gesetzwidrigkeiten im vorhandenen Satzungsbestand ausgelöst. Insbes darf RegGericht nicht ohne gesetzliche Grundlage Eintragung angemeldeter Satzungsänderungen davon abhängig machen, dass nichtige Bestimmungen der bisherigen Satzung (des „Altbestands") bereinigt werden.[60] Ob das auch gilt, soweit Altbestand in einer „Neufassung" aufgeht, die als Satzungsänderung zur Eintragung angemeldet wird, ist umstritten.[61] Die besseren Gründe dürften in solchen Fällen für eine Gesamtprüfungsbefugnis sprechen, weil andernfalls RegRichter gezwungen wäre, im Einzelnen nachzuprüfen, welche Bestimmungen neu sind. **26 a**

e) Rechtsmittel. Gegen **Vornahme der Eintragung** besteht kein Rechtsmittel. Gfter, der erfolgreich Anfechtungsklage erhoben hat, kann aber Löschung beantragen; gegen deren Zurückweisung ist Beschwerde möglich. Gegen **Zurückweisung des Eintragungsantrags** ist Beschwerde gegeben. Beschwerdebefugt ist Ges, vertreten durch GFührer (in gesamtvertretungsberechtigter Zahl), nicht lediglich anmeldender GFührer (vgl auch oben Rn 2 mit Nachw). **27**

2. Klärung der Eintragungsfrage durch Freigabeverfahren. In besonderen Fällen kann Ges, wenn gegen den Beschluss Anfechtungs- oder Nichtigkeitsklage erhoben ist, Rechtslage durch Prozessgericht in einem summarischen Verfahren mit bindender Wirkung für den Registerrichter klären. Solches sog Freigabeverfahren hat der Gesetzgeber in § 16 III UmwG für die Eintragung von Umwandlungsvorgängen, in § 319 VI AktG für die Eintragung der Eingliederung u in dem durch das UMAG neu eingefügten § 246 a AktG für die Eintragung von KE u KH-Beschlüssen sowie von Unternehmensverträgen vorgesehen. Das zunächst vielfach enthusiastisch als Patentlösung begrüßte Freigabeverfahren hat sich mittlerweile bei näherer Betrachtung als in verschiedener Hinsicht problematisch erwiesen,[62] auch wenn den **28**

---

58 S dazu 18. Aufl Rn 26 mit weiteren Verweisungen.

59 Dazu näher 18. Aufl § 29 Rn 112 ff.

60 Zutreffend *Priester* GmbHR 2007, 296, 298 ff; ganz hM vgl nur Ulmer/*Ulmer* Rn 48.

61 Gegen eine Prüfungsbefugnis des RegRichters hinsichtlich der sachlich zum Altbestand gehörenden Satzungsregeln *Priester* GmbHR 2007, 300; für Gesamtprüfungsbefugnis BayObLG GmbHR 1979, 15; OLG München GmbHR 2005, 1492; Ulmer/*Ulmer* Rn 48; *Stuppi* GmbHR 2006, 140; *Terbruck* GmbHR 2005, 2047.

62 Vgl dazu ausführlich *Zöllner* FS Harm Peter Westermann, 2008, 1631.

Gerichten bislang verantwortungsvoller Umgang mit der Regelung zu attestieren ist.

29 **a) Anwendbarkeit von § 246 a AktG auf Gfterbeschlüsse der GmbH.** Ob § 246 a AktG auf die Eintragung entsprechender Beschlüsse der GfterVers einer GmbH entsprechend anzuwenden ist, erscheint zweifelhaft. Anlass für die Einführung des Verfahrens war das häufige Auftreten von Verzögerungen der Eintragung, die durch räuberische u querulatorische Aktionäre bei der AG mittels Anfechtungsklage herbeigeführt wurde. Bei der GmbH dürften entsprechende Vorgänge eher die Ausnahme bilden. Das Verfahren nach § 319 VI AktG kommt für die GmbH nicht in Betracht, weil die Eingliederung auf Aktiengesellschaften beschränkt ist. Für die Ausdehnung des Freigabeverfahrens nach § 246 a AktG auf entsprechende Beschlüsse bei der GmbH spricht aber, dass das Verfahren nach § 16 III UmwG bei Umwandlungsvorgängen nicht auf Aktiengesellschaften beschränkt ist, sondern auch bei anderen Rechtsformen, insbes bei der GmbH zur Anwendung kommt. Erkennt der Gesetzgeber ein Bedürfnis für die Anwendung des Freigabeverfahrens im Umwandlungsrecht ohne Beschränkung auf Aktiengesellschaften an, dürfte diese Wertung auch für die in § 246 a AktG genannten Maßnahmen zutreffend sein.[63]

30 **b) Bindung des Registerrichters u inter-omnes-Wirkung der gerichtlichen Entscheidung.** Auf Grund von § 246 a AktG kann die Ges, wenn gegen einen Gfterbeschluss über eine KE, KH oder einen Unternehmensvertrag eine Beschlussmängelklage erhoben wird, beim Prozessgericht, bei dem diese Klage anhängig ist, den Antrag stellen, durch Beschluss festzustellen, dass die Erhebung der Klage der Eintragung nicht entgegensteht u Mängel des Gfterbeschlusses die Eintragung unberührt lassen. Der rechtskräftige Beschluss des Prozessgerichts ist für das Registergericht bindend, § 246 a III 5 Hs 1 AktG. Das bedeutet, dass bei erfolgreichem Freigabeantrag der Registerrichter die Eintragung des Beschlusses nicht auf Grund einer von ihm bejahten Mangelhaftigkeit des Beschlusses aussetzen oder ablehnen darf, sondern den Beschluss, wenn nicht sonstige Eintragungshindernisse bestehen oder Eintragungsvoraussetzungen fehlen, in das HR eintragen muss. Stellt Prozessgericht Bestandskraft der Eintragung fest, dh spricht es aus, dass Mängel des Gfterbeschlusses die Eintragung unberührt lassen, so hat dies nach § 246 a III 5 Hs 2 AktG inter-omnes-Wirkung. Andererseits ist der Registerrichter auch gebunden, wenn der Antrag vom Prozessgericht abgewiesen wird, u zwar dahin, die Eintragung auszusetzen.

31 **c) Verhältnis des Freigabeverfahrens zum Hauptsacheprozess.** Die summarische Entscheidung im Freigabeverfahren lässt den Anfechtungs- oder Nichtigkeitsprozess rechtlich gesehen unberührt. Das Gericht muss in diesem Hauptsacheprozess eine Sachentscheidung nach Maßgabe u Ergebnis eines ordentlichen Verfahrens treffen u darf sich dabei von der vorher getroffenen summarischen Entscheidung nicht beeinflussen lassen. Folgt aus der Hauptsacheentscheidung die Nichtigkeit des GfterBeschlusses, obwohl das Gericht im Freigabeverfahren den Antrag der Ges zugesprochen hatte, muss die Ges

---

[63] Anwendbarkeit auf GmbH bejahend *Herbarth* GmbHR 2005, 966, 969; Ulmer/*Ulmer* Rn 57; *Geißler* GmbHR 2008, 128, 133; de lege ferenda für ein Freigabeverfahren bei der GmbH noch vor dem UMAG *M. Winter* FS Ulmer 2003, 699, 722. Anwendbarkeit verneinend *Sauerbruch* GmbHR 2007, 189.

dem Antragsgegner, also idR dem erfolgreichen Kläger des Beschlussmängelverfahrens, den Schaden ersetzen, der ihm aus einer auf dem Beschluss beruhenden Eintragung des GfterBeschlusses entstanden ist, § 246 a IV 1 AktG. Auf Grund dieses Anspruchs kann allerdings nicht die Beseitigung der Eintragung verlangt werden, sondern nur der Ersatz des dem Kläger entstandenen Vermögensschadens, § 246 a IV 2 Hs 2 AktG. Auch die Rückgängigmachung sonstiger (insbes faktischer) Durchführungsmaßnahmen kann nicht verlangt werden. Ausdrücklich normiert § 246 a IV 2 Hs 1, dass die Mangelhaftigkeit des Beschlusses nach der Eintragung (trotz erfolgreicher Beschlussmängelklage!) seine Durchführung unberührt lässt. Wurde etwa eine KE trotz Mängeln auf Grund des Freigabeverfahrens eingetragen, so bleibt die Ausgabe neuer Geschäftsanteile trotz Nichtigkeit des KEBeschlusses dauerhaft wirksam.

d) Voraussetzungen der Freigabe. Freigabe ist nach § 246 a II AktG **32** zum einen möglich, wenn die Beschlussmängelklage unzulässig oder wenn sie offensichtlich unbegründet ist. Diese Voraussetzungen sind – jedenfalls theoretisch – unproblematisch, aber sie werden nur selten vorliegen. Hoch problematisch ist dagegen der dritte Tatbestand, bei dessen Vorliegen Freigabe ebenfalls erfolgen kann: Wenn das alsbaldige Wirksamwerden des Gfterbeschlusses nach freier Überzeugung des Gerichts unter Berücksichtigung der Schwere der mit der Klage geltend gemachten Verletzungen zur Abwendung der von der Antragstellerin dargelegten wesentlichen Nachteile für die Ges u ihre Gfter vorrangig erscheint. Die Gesellschaften werden bei Kapitaländerungsmaßnahmen u bei Unternehmensverträgen in der Regel wenig Mühe haben, die Dringlichkeit samt Schwere von Verzögerungsfolgen für Ges u Gfter glaubhaft zu machen. Auch die „Unverhältnismäßigkeit" dieser Nachteile gegenüber Rechtsverstößen bei der Beschlussfassung darzulegen, dürfte ihnen je nach Sachlage vielfach nicht allzu schwer fallen. Demgegenüber umso wichtiger ist, dass immanente Schranken für die Freigabe beachtet werden, die der Gesetzgeber in seinem nur wenig gelungenen Text nicht zum Ausdruck gebracht hat. Zu diesen Schranken gehört zum einen, dass in Umkehrung der zweiten alternativen Voraussetzung für die Freigabe diese in der dritten Voraussetzung nicht erfolgen darf, wenn die Klage „offensichtlich" begründet ist. Das genügt jedoch nicht. Das Freigabeverfahren aus dem Gesichtspunkt der Dringlichkeit und Unverhältnismäßigkeit darf nicht dazu führen, die Anfechtungsklage im Anwendungsbereich von § 246 a AktG der Sache nach auszuhebeln. Daher darf dem Antrag der Ges auch dann nicht stattgegeben werden, wenn an der Mangelfreiheit des Beschlusses erhebliche Zweifel bestehen. Gegenteilige Auffassungen gehen zum Teil sogar dahin, dass die Freigabe auch dann erfolgen müsse, wenn Mängelgeltendmachung nach Überzeugung des Gerichts berechtigt ist, aber die genannte Unverhältnismäßigkeitsrelation zu bejahen sei. Dem ist keinesfalls zu folgen, weil dadurch die Substanz des Beschlussmängelrechts gerade in gravierenden Entscheidungsbereichen ausgehöhlt würde.[64]

e) Zur **Verfahrensweise** bei Freigabeanträgen vgl näher § 246 a III 1. **33**

3. Inhalt der Eintragung. Nach Abs 2 S 1 ist zu unterscheiden: **34**

a) Ausdrückliche Eintragungen. Bei Änderungen, die Angaben nach **34 a** § 10 I u II betreffen (Firma, Sitz, Unternehmensgegenstand, Stammkapitalzif-

[64] Ausführlich kritisch dazu *Zöllner* FS Westermann, 2008, 1631, 1641 ff.

fer, Vertretungsbefugnis, Zeitdauer der Ges) muss Eintragung den Inhalt der Satzungsänderung wiedergeben (vgl dazu schon oben Rn 5ff). Wortlaut braucht nicht angegeben zu werden, aber Inhalt muss zweifelsfrei aus der Angabe hervorgehen.

35 **b) Bezugnehmende Eintragungen.** Bei anderen Änderungen genügt Eintragung, dass Satzung geändert ist nebst Bezugnahme auf bestimmte Urkunden (meist Beschlussniederschrift), aus denen Benutzer des HR sich über den Inhalt der Satzungsänderung informieren können. § 43 HRV verlangt in Nr 6f Satz 2 eine allg Bezeichnung des Gegenstandes der Satzungsänderung. Das ist praktisch zweckmäßig, aber nicht Wirksamkeitsvoraussetzung der Satzungsänderung.

36 **c)** Bei allen Änderungen soll **Tag der Eintragung** angegeben werden, § 382 II FamFG. Er ist wichtig, weil für den Wirksamkeitsbeginn maßgebend.

37 **d) Tag der Beschlussfassung** braucht nicht eingetragen zu werden, vgl § 43 HRV,[65] Eintragung ist aber in der Praxis üblich. Verweisung von Abs 2 auf § 10 I ergibt dieses Erfordernis nicht. Eindeutige Verknüpfung der Änderung mit einem GfterBeschluss ist an sich auch durch die Bezeichnung der in Bezug genommenen Urkunden möglich. Gleichwohl erleichtert Angabe des Tags der Beschlussfassung Orientierung wesentlich. RegGerichte sollten an dieser Praxis festhalten.

37a **e)** Bei **Zweigniederlassungen** von GmbHs bedarf es nach dem durch das EHUG v 10. 11. 2006 neugefassten § 13 HGB nur noch der Anmeldung u Eintragung beim Gericht des inländischen Sitzes der Ges. Eine Eintragung beim HR der Zweigniederlassung findet nicht mehr statt. Dementsprechend ist § 13b HGB ersatzlos gestrichen worden.

38 **4. Bekanntmachung.** Eintragungen sind gem § 10 HGB durch RegGericht bekanntzumachen. Bekanntmachung gibt grds ganzen Inhalt der Eintragung, aber auch nur diesen wieder. Das bedeutet, dass der Inhalt der Satzungsänderung aus der Bekanntmachung nur erkennbar wird, wenn es um Gegenstände des § 10 I u II geht (oben Rn 34a). Ergänzende Bekanntmachungspflicht, die § 54 II 2 mit § 10 III für Satzungsänderungen vorsah, die öffentl Bekanntmachungen der Ges betrafen, sind mit Aufhebung dieser Bestimmungen weggefallen. Da für Zweigniederlassung eigene Eintragung im Register der Zweigniederlassung nicht mehr erfolgt (vgl Rn 37a), kommen auch entsprechende Bekanntmachungen nicht mehr in Betracht. Zu Art und Medium der Bekanntmachungen s § 12 samt den dortigen Anm.[66]

IV. Folgen der Eintragung u Bekanntmachung

39 **1. Grundwirkung der Eintragung** ist, dass erst durch sie die Satzungsänderung **rechtliche Wirksamkeit** erlangt (missverständlich oft als konstitu-

---

[65] Zutreffend OLG Hamm NZG 2002, 425, 426; anders Ulmer/*Ulmer* Rn 25; Scholz/*Priester* Rn 61; Rowedder/Schmidt-Leithoff/*Zimmermann* Rn 23; *Lutter/Hommelhoff* Rn 7; *Meyer-Landrut* Rn 10, die anscheinend sämtlich § 43 HRV nicht gelesen haben.

[66] Aus der neueren Lit s *Noack* DB 2005, 599; *Terbruck* DStR 2005, 2045.

tive Wirkung bezeichnet). Das gilt nicht nur im Verhältnis zu Dritten, sondern auch für das innere Korporationsrecht. Satzungsändernder Beschluss kann aber je nach Gegenstand u Inhalt gleichzeitig bedeuten, dass sich GFührer schon vor der Eintragung entspr zu verhalten haben. Das kann etwa dann anzunehmen sein, wenn die den Gegenstand der Satzungsänderung bildende Regelung auch durch einfachen GfterBeschluss getroffen werden kann u nicht eine geltende Satzungsregelung entgegensteht. Beispiel: Regelung der GFührungsbefugnis erfolgt erstmals in der Satzung. – Regelungen des Verhältnisses der Gfter zur Ges können so gemeint sein, dass sich Gfter zur von der Satzung abw Behandlung schon vor Wirksamwerden der Satzungsänderung schuldrechtlich verpflichten. Ob dies der Fall ist, muss Auslegung ergeben.

2. Bei **nichtigen Beschlüssen** bewirkt Eintragung analog § 242 AktG unter bestimmten Voraussetzungen Heilung, u zwar bei Formverstoß sofort,[67] in anderen Fällen erst nach Zeitablauf, vgl näher Anh § 47 Rn 73 ff. Vor Ablauf dieser Zeit kommt Amtslöschung nach § 398 FamFG in Betracht, aber auch danach, vgl § 242 II 3 AktG, wenn auch nur noch in Fällen außergewöhnlichen öffentl Interesses (zur Nichtigkeitsfolge der Löschung Anh § 47 Rn 57 ff). Heilungswirkung kann auch unwirksame Beschlüsse erfassen,[68] hingegen kommt Amtslöschung insoweit kaum in Betracht. Lag gar kein GfterBeschluss vor, ist für Heilungswirkung der Eintragung kein Platz.[69] Gegenüber Mängeln, die Anfechtbarkeit begründen, hat Eintragung keinerlei Heilungswirkung. Heilung tritt hier vielmehr nur durch Ablauf der Anfechtungsfrist oder sonstigen Verlust der Anfechtungsbefugnis ein. Zu den Auswirkungen der Eintragung auf Grund des sog Freigabeverfahrens vgl Rn 30. 40

Besondere Heilungswirkungen entfaltet **Eintragung von Umwandlungsvorgängen,** vgl für die Verschmelzung § 20 II UmwG (nach Durchführung des besonderen Verfahrens gem § 16 III UmwG auch § 16 III letzter Satz UmwG), für die Spaltung § 125 mit § 20 II sowie § 131 II UmwG, für den Formwechsel § 202 III UmwG. Reichweite dieser nach vielen Richtungen höchst unklaren u bedenklichen Regelung kann hier nicht geklärt werden, vgl dazu das Spezialschrifttum zum UmwG.[70] 41

3. Bei **Mängeln des HRVerfahrens** ist zu unterscheiden. Fehlende Anmeldung macht Eintragung unwirksam, ebenso sachliche Diskrepanz zwischen Eintragung u Anmeldung. Löschung von Amts wegen nach § 395 FamFG möglich,[71] aber auch Anregung der Nachholung ordnungsgemäßer Anmeldung durch den RegRichter u entspr Aufschieben der Löschung. Fehlen oder Unrichtigkeit der nach Abs 1 S 2 beizufügenden Urkunden hat auf Wirksamkeit der Eintragung keinen Einfluss. 42

4. Bedeutung der Bekanntmachung. Sie ist für Wirksamkeit der Satzungsänderung ohne Belang. Denkbar ist evtl negative u positive Publizitätswirkung von Eintragungen gem § 15 I–III HGB, jedoch ist Reichweite der 43

---

67 BGH NJW 1996, 257.

68 Ganz hM, abw Michalski/*Hoffmann* Rn 45.

69 So im Ansatz zutr Michalski/*Hoffmann* Rn 46, der aber Fehlen eines Beschlusses schon bei Fehlen der erforderlichen Mehrheit annimmt u insofern zu weit erstreckt.

70 ZB *Bork* in Lutter, UmwG 4. Aufl, § 20 Rn 67 ff.

71 Ulmer/*Ulmer* Rn 61; *Roth*/Altmeppen Rn 24; Michalski/*Hoffmann* Rn 52; Rowedder/Schmidt-Leithoff/*Zimmermann* Rn 34 ff; Scholz/*Priester* Rn 83; s auch BayObLGZ 1956, 310 f; abw *Meyer-Landrut* Rn 14; OLG Karlsruhe ZIP 1986, 711.

Anwendung im Kapitalgesellschaftsrecht, wenn überhaupt, nur ganz eingeschränkt anzunehmen, weil Schutz des Vertrauens der Öffentlichkeit auf innerges Strukturen nicht erforderlich u daher vom Zweck der Norm nicht erfasst ist. Zudem sind vorhandene u künftige Gfter nicht Dritte iS der Bestimmung.[72]

Erhöhung des Stammkapitals

55 (1) **Wird eine Erhöhung des Stammkapitals beschlossen, so bedarf es zur Übernahme jedes Geschäftsanteils an dem erhöhten Kapital einer notariell aufgenommenen oder beglaubigten Erklärung des Übernehmers.**

(2) [1] **Zur Übernahme eines Geschäftsanteils können von der Gesellschaft die bisherigen Gesellschafter oder andere Personen, welche durch die Übernahme ihren Beitritt zu der Gesellschaft erklären, zugelassen werden.** [2] **Im letzteren Falle sind außer dem Nennbetrag des Geschäftsanteils auch sonstige Leistungen, zu welchen der Beitretende nach dem Gesellschaftsvertrage verpflichtet sein soll, in der in Absatz 1 bezeichneten Urkunde ersichtlich zu machen.**

(3) **Wird von einem der Gesellschaft bereits angehörenden Gesellschafter ein Geschäftsanteil an dem erhöhten Kapital übernommen, so erwirbt derselbe einen weiteren Geschäftsanteil.**

(4) **Die Bestimmungen in § 5 Abs. 2 und 3 über die Nennbeträge der Geschäftsanteile sowie die Bestimmungen in § 19 Abs. 6 über die Verjährung des Anspruchs der Gesellschaft auf Leistung der Einlagen sind auch hinsichtlich der an dem erhöhten Kapital übernommenen Geschäftsanteile anzuwenden.**

Übersicht

[72] Näher dazu: KölnerKomm/*Zöllner* § 181 Rn 55 ff mN.

I. Allgemeines

1. Begriff der Kapitalerhöhung u Zweck ihrer Regelung. Kapitalerhöhung (KE) ist die Erhöhung der in der Satzung ausgewiesenen Stammkapitalziffer. Sie ist nicht durch einfache Textänderung möglich, sondern nur in einem bestimmten Verfahren, das unter bestimmten Voraussetzungen steht und von begleitenden Maßnahmen flankiert wird. Die Strenge der Regelung resultiert aus der grundlegenden Bedeutung des Stammkapitals für den Gläubigerschutz, die das deutsche Recht dem Stammkapital trotz mehr oder weniger (meist weniger) fundierter Angriffe auf dessen Sinnhaftigkeit weiterhin beilegt. 1

2. Arten der Kapitalerhöhung. Vorschrift regelt zusammen mit den §§ 56–57 b die sog **effektive Kapitalerhöhung** (= KE unter Vermehrung 2 des Eigenkapitals, das ist idR unter Zuführung neuer Mittel). Als zweite Art der KE sieht das Gesetz in den §§ 57 c–57 o die **nominelle KE** (= KE aus Gesellschaftsmitteln) vor, bei der dem GesVermögen keine neuen Mittel zugeführt, vielmehr bereits vorhandene Mittel in die strenge Bindung des Stammkapitals überführt werden. Im AktG vorgesehene Sonderform der effektiven KE in Gestalt der bedingten KE kennt GmbHG nicht. Die ihm bisher fremde Sonderform des genehmigten Kapitals ist hingegen durch das MoMiG als § 55 a dem GmbHG eingefügt worden. Keine Sonderform ist das sog Ausschüttungs-Rückholverfahren (dazu oben § 29 Rn 65 ff u unten Rn 53). Als **Unterarten der effektiven KE** lassen sich Barerhöhung u Sacherhöhung (= KE gegen Bareinlagen u gegen Sacheinlagen) unterscheiden. Keine KE ist die **bloße Kapitalneufestsetzung** nach §§ 26 II, 56 a ff DMBilG.[1]

3 **3. Zweck der KE.** Effektive KE dient im Regelfall der Vermehrung des Eigenkapitals der Ges, sei es durch Zuführung neuer Mittel zum GesVermögen, sei es durch Umwandlung von Fremdkapital, etwa Forderungen des Übernehmers an die Ges, in Eigenkapital. Im Vordergrund stehen kann auch als Zweck die Aufnahme neuer Gfter durch Begebung der Anteile aus einer KE an sie. Insbes Unternehmensverbund oder Kooperationsbeziehung kann dadurch untermauert werden. Vielfach dienen KEen auch der Vorbereitung von Verschmelzungen, bei denen aufnehmende Ges den Gftern der übertragenden Ges Anteile gewähren muss.[2] Zu den hiervon abweichenden Zwecken der nominellen KE s Vor § 57 c Rn 3 u 4.

4 **4. Kapitalerhöhung als Satzungsänderung.** KE wird vom Gesetz als Unterfall der Satzungsänderung behandelt (anders das AktG). §§ 53, 54 gelten daher unmittelbar.

5 **5. Zeitliche Grenzen.** Wie jede Satzungsänderung ist auch die KE sowohl im Gründungsstadium (allgM; s aber zu Einstimmigkeitserfordernis u Formbedürftigkeit § 53 Rn 82) als auch im Liquidationsstadium (dazu oben § 53 Rn 82 u unten § 69 Rn 21) u im Insolvenzverfahren zulässig.[3] Nicht zweifelhaft ist auch Zulässigkeit bei der haftungsbeschränkten Unternehmergesellschaft des § 5 a.[4] Davon zu unterscheiden ist, ob **vor Eröffnung des Insolvenzverfahrens beschlossene KE** durchzuführen bzw begonnene Durchführung zu komplettieren ist. Für den Regelfall ist dies zu verneinen,[5] wenn nicht Beschluss schon im Hinblick auf bevorstehende Eröffnung gefasst oder Gfter nach Konkurseröffnung daran festhalten; abw Meinung,[6] nach der Möglichkeit der Gfter, GFührer zur Rücknahme der Anmeldung anzuweisen

---

[1] Dazu KG WM 1996, 631.

[2] Dazu *W. Baumann* BB 1998, 2321 (für Konzernverschmelzung); *Bungert/Hentzen* DB 1999, 2501.

[3] Jetzt wohl hM, vgl *Roth*/Altmeppen Rn 7; Ulmer/*Ulmer* Rn 32 f. mwN; *Lutter/Hommelhoff* Rn 34; Scholz/*Priester* Rn 32.

[4] Zu den anzuwendenden Normen *Klose* GmbHR 2009, 294 mwN.

[5] Vgl RGZ 77, 154 f; 85, 207; OLG Hamm GmbHR 1989; *Lutter/Hommelhoff* Rn 35; *Robrecht* GmbHR 1982, 126. Richtig auch öOGH 8 v. 7. 10. 1964 8 Ob 154/64, SZ 37/137; ihm zustimmend ausführlich zur Problematik *Winner* FS Doralt, 2004, 707, 713 ff.

[6] BGH DB 1995, 208; KG NZG 2000, 104; Michalski/*Hermanns* Rn 63; *Roth*/Altmeppen Rn 10 Rowedder/Schmidt-Leithoff/*Zimmermann* Rn 25; Scholz/*Priester* Rn 32; *Brandes* WM 1995, 657.

oder KE-Beschluss aufzuheben, ausreichen soll, berücksichtigt nicht, dass Minderheit beides nicht durchsetzen kann. Daher ist anzunehmen, dass im Zweifel der KE-Beschluss auflösend durch die Eröffnung des Insolvenzverfahrens bedingt ist.[7] Zur Bindungswirkung der Übernahme bei zwischenzeitlicher Eröffnung des Insolvenzverfahrens unten Rn 37.

6. Kapitalerhöhung u Einzahlung auf bisheriges Stammkapital. 6
Nicht voll eingezahltes Stammkapital hindert KE nicht, sofern die ausstehenden Einlagen noch erlangt werden können.[8]

7. Haftungsausweitung durch KE. Gefährliche Rechtsfolge der KE für 7
vorhandene Gfter ist beträchtliche Haftungsausweitung für Aufbringung des Stammkapitals nach § 24. Je nach den Umständen müssen Gfter trachten, dagegen Vorsorge zu treffen. Falls altes Stammkapital nicht voll aufgebracht ist, bringt Übernahme von Anteilen aus der KE durch neue Gfter meist übersehene Gefahr der Haftung auch für altes Stammkapital mit sich. Zu Umfang u Voraussetzungen der aus der KE entstehenden Haftung alter Gfter für neues u neuer Gfter für altes Stammkapital s § 24 Rn 5 ff. Wegen Haftungsfolge str ist, inwieweit **Testamentsvollstrecker** sich mit Wirkung für Nachlass an KE beteiligen kann; dazu § 1 Rn 46 ff.

8. Überblick über Ablauf der effektiven KE. (1) Kapitalerhöhungs- 8
beschluss. Als Satzungsänderung bedarf KE eines formgerechten, mit qualifizierter Mehrheit gefassten Satzungsänderungsbeschlusses gemäß § 53 I u II.

(2) Bezugsrechtsausschluss ist erforderlich, wenn nicht alle Gfter quotal zur Teilnahme an der KE zugelassen werden sollen. Er kann nur im KE-Beschluss geregelt werden.

(3) Zulassungsbeschluss ist erforderlich, wenn Bezugsrechtsausschluss erfolgt ist u nicht schon in Verbindung mit ihm geregelt wurde, wer die auf den Erhöhungsbetrag entfallenden Stammeinlagen übernehmen soll. Zulassungsbeschluss legt fest, wer Übernehmer sein darf.

(4) Übernahme der neuen Stammeinlagebeträge durch Übernahmeerklärungen der Übernehmer u deren Annahme durch Ges.

(5) Leistung der Einlage (bei Barerhöhung Teilleistung möglich), § 56 a.

(6) Anmeldung zum HR, § 57.

(7) Prüfung durch das RegGericht, §§ 57, 57 a.

(8) Eintragung der KE im HR. Erst ab diesem Zeitpunkt ist das Stammkapital erhöht.

(9) Bekanntmachung der Eintragung, § 57 b.

II. Kapitalerhöhungsbeschluss

KE-Beschluss ist in § 55 I erwähnt, dort aber nicht geregelt. Da Erhöhung 9
des Stammkapitalbetrags (nach § 3 I Nr 3 notwendiger Satzungsbestandteil) Satzungsänderung ist, gilt § 53.

---

[7] Denkbar wäre auch, die Geschäftsgrundlage für den Beschluss als entfallen anzusehen (zur Anwendung der Geschäftsgrundlagenlehre auf Beschlüsse vgl *Zöllner* FS Hadding, 2004, 725, 731 ff). Die Umsetzung dieser Rechtslage ist indessen für dissentierende Minderheit zu kompliziert.

[8] Anders § 182 IV 1 AktG.

10 **1. Inhalt. a) Hauptinhalt.** Hauptinhalt des Beschlusses ist, dass Stammkapital erhöht werden soll u in welcher Höhe. Gesetzlicher Regelfall ist **Erhöhung um fest bestimmten Betrag.** Dann darf ein davon abw Erhöhungsbetrag nicht eingetragen werden, auch nicht ein geringerer.[9] Diese Gestaltung sollte nur gewählt werden, wenn KE von der Erreichung des Erhöhungsbetrags abhängen soll, Gfter also geringere Erhöhung nicht wollen, u wenn bei Beschlussfassung feststeht, dass Erhöhungsbetrag untergebracht wird. GmbH-Praxis verfährt vielfach so, dass Übernahmeerklärungen der Zeichner gleich mitprotokolliert werden. Beschluss kann entweder neue Stammkapitalhöhe angeben oder Erhöhungsbetrag.[10] Angabe beider Beträge zweckmäßig. Fester Erhöhungsbetrag muss so bemessen werden, dass sich jeder Gfter entspr seinem Bezugsrecht (dazu Rn 21) ohne Verlust beteiligen kann.

11 **Festlegung eines Maximalbetrags** samt Anheimstellung des endgültigen Betrags an das Ausmaß der erfolgten Übernahme neuer Geschäftsanteile[11] ist zulässig u zweckmäßig. Im Beschluss kann gleichzeitig Mindestbetrag festgelegt werden.[12] Festlegung einer Frist für die Übernahme des Erhöhungsbetrags im Beschluss schreibt Gesetz nicht vor.[13] Genehmigtes Kapital im aktienrechtlichen Sinn liegt entgegen Behauptungen von Vertretern der hM nicht vor, wenn man richtigerweise annimmt, dass die Anmeldung der Erhöhung nur einmal mit dem bis dahin übernommenen Betrag erfolgen kann.[14] Diese Auffassung ist mit Einfügung eigener Regelung eines genehmigten Kapitals durch das MoMiG in § 55 a nunmehr auch gesetzessystematisch bestätigt. Wichtiger Unterschied besteht darin, dass bei der NormalKE die Durchführung unverzüglich betrieben werden muss.[15] Je nach den Umständen kann sich für Gfter auch empfehlen, zeitliche Umstände der Durchführung (zB Mindest- u Höchstfristen) festzulegen.

12 Nicht erforderlich ist, dass KEBeschluss Höhe der neuen GAnteile u Namen der Übernehmer angibt. § 3 I Nr 4 ist nicht anzuwenden.[16] Das BayObLG[17] verlangt zwar mit Recht, dass Satzung nach Änderung der Stammkapitalziffer aus sich heraus verständlich bleiben muss.[18] Gleichwohl können Angaben über Gründer u von ihnen übernommene Stammanteile aus der ursprünglichen Satzung beibehalten werden, wenn hinreichend deutlich ist, dass dies nur Gründungskapital betrifft. Klarheit über neue Anteile u ihre Übernehmer ergibt sich zum einen aus den bei der Anmeldung der KE beizufügenden Übernahmeerklärungen, zum andern aus der ebenfalls beizufügenden, von den Anmeldern unterschriebenen Liste der Übernehmer

---

[9] RG 85, 207; kritisch Scholz/*Priester* Rn 99.

[10] Angabe von beidem scheint *Lutter/Hommelhoff* Rn 11 für erforderlich zu halten.

[11] Wohl allgM, Ulmer/*Ulmer* Rn 17; Scholz/*Priester* Rn 20; *Lutter/Hommelhoff* Rn 12; *Meyer-Landrut* Rn 4; Rowedder/Schmidt-Leithoff/*Zimmermann* Rn 9; *Roth*/Altmeppen Rn 5; *Lutter* FS Schilling, 1973, 213; RGZ 85, 207; KGJ 29 A, 102.

[12] *Scholz/Priester* Rn 20; *Lutter/Hommelhoff* Rn 12; *Meyer-Landrut* Rn 4.

[13] Abw hM in freier Rechtsfindung: Frist von höchstens 6 Monaten müsse festgelegt werden, Ulmer/*Ulmer* Rn 17; *Scholz/Priester* Rn 20; Rowedder/Schmidt-Leithoff/*Zimmermann* Rn 9; *Lutter/Hommelhoff* Rn 12.

[14] Insoweit zutr Ulmer/*Ulmer* Rn 17.

[15] *Lutter/Hommelhoff* Rn 12.

[16] BayObLG NJW 1982, 1400; LG Köln GmbHR 1985, 24; *Ehlke* GmbHR 1985, 290.

[17] DB 1971, 1612.

[18] Ähnl Ulmer/*Ulmer* Rn 23.

samt Einzelangabe der von ihnen übernommenen GAnteile, § 57 III Nr 1 u 2.

b) Ausgabepreis muss mindestens dem Nennwert entsprechen (keine Unterpariemission). Mit Zustimmung aller Gfter kann Nennwert oder beliebiger höherer Wert (vielfach wird von Nennwert zuzüglich Aufgeld oder Agio[19] gesprochen; die Begriffe sind eher im Aktienrecht gebräuchlich) festgesetzt werden; auch Bestimmung durch GFührer oder Dritte oder späteren Gfterbeschluss ist mit Zustimmung aller zulässig, aber nicht nach Ermessen, sondern hinreichend nachvollziehbaren, von Gftern aufgestellten Regeln, zB durch Anknüpfung an zu erstellende Bilanz, Sachverständigengutachten.[20] Zur Festsetzung in der Übernahmeerklärung unten Rn 33. Sind Gfter nicht einig, muss angemessener, dem inneren Wert der Anteile einigermaßen entspr Ausgabepreis festgelegt werden, u zwar nicht nur im Fall des Bezugsrechtsausschlusses, sondern auch ohne diesen.[21] Gegenauffassung, dass mangels anderer Festlegung im Erhöhungsbeschluss (u daher auch bei Nichteinigung der Gfter) stets zum Nennwert ausgegeben werden dürfe u müsse,[22] ist antiquiert u wirft alle inzwischen zum Aktienrecht gewonnenen Erkenntnisse über Bord. KE wäre dann durch qualifizierte Mehrheit erzwingbare Umverteilung von GesVermögen. Richtig daran ist nur, dass Ausgabe zum Nennwert zulässig ist, wenn Beschluss nicht angefochten wird. Höherer Ausgabepreis dient nicht dem Kapitalschutz, sondern dem Schutz der Minderheit, die auf ihn verzichten kann. Sollen mit KE den Nennwert der auszugebenden Anteile überschreitende Zahlungen erfolgen, kann dies auch durch nichtkorporative, zwischen den Gftern verabredete „schuldrechtliche" Zuzahlungspflichten vorgesehen werden.[23] 13

c) Abweichende Regelungen für neue GAnteile. Sollen für neue GAnteile andere Regeln gelten als die für die bisherigen allg geltenden (zB hins Nebenpflichten, Nachschusspflichten, Vinkulierung, Vorzugsrechten, Sondervorteilen), muss das im KEBeschluss festgelegt werden. Vom Regelfall abw frühere oder spätere Teilnahme der neueren Anteile am Gewinn bedarf ebenfalls der Festlegung im KE-Beschluss.[24] Dort muss auch geregelt werden, wenn KE **durch Aufstockung** alter statt durch Ausgabe neuer Stammanteile erfolgen soll (dazu unten Rn 46; dort auch zu Ausnahmen). 14

d) Sonderregeln für KE durch Sacheinlagen. Bei Sacherhöhung unterliegt KEBeschluss einer Reihe von zusätzlichen Erfordernissen, deren Einhaltung für Gfter (wegen § 24 auch für solche, die an KE nicht teilnehmen) von weitreichender Bedeutung sind. Vgl dazu im Einzelnen § 56 Rn 6 ff. Zum nachträglichen Übergang von Bar- zu Sacherhöhung s unten § 56 Rn 15. Zur Nachholung von Erfordernissen der Sacherhöhung zwecks Heilung sog 15

---

19 Dazu *Marc Hermanns* ZIP 2003, 788; *F. Wagner* DB 2004, 293.

20 Zustimmend Michalski/*Hermanns* Rn 21; Scholz/*Priester* Rn 27.

21 OLG Stuttgart GmbHR 2000, 333; vorbereitend schon *Immenga,* Die personalistische Kapitalgesellschaft, 1970, 238 ff; Scholz/*Priester* Rn 27; *Priester* FS Lutter, 2000, 617; Michalski/*Hermanns* Rn 21; *Heckschen* DStR 2001, 1442 f; *Rottnauer* ZGR 2007, 401; vgl auch die treupflichtbezogenen Überlegungen von *Henze* ZHR 162 (1998), 186, 195 f; ähnlich, aber etwas zurückhaltender *Roth*/Altmeppen Rn 24, 25. Abw OLG Hamm NZG 2000, 1036 (iE aber richtig entschieden).

22 So *Lutter/Hommelhoff* Rn 13.

23 BGH NZG 2008, 73 = GmbHR 2008, 147; BayObLG NZG 2002, 583.

24 Näher dazu Rn 49.

verdeckter, dh als Barerhöhung deklarierter Sacherhöhung s ebenfalls § 56 Rn 15.

16 **e) Fakultative Bestandteile.** Fakultativ in Betracht kommen Angaben über Zahl u Höhe der neuen Stammanteile sowie deren Übernehmer; über Bezugsrechte bestimmter Gfter; Gewinnung Dritter als Gfter oder sonstige Zuteilungsregeln; Fristen für Durchführung. Nicht zulässig sind Bedingungen u Befristungen. Dafür gilt gleiches wie für andere Satzungsänderungen (dazu § 53 Rn 58 f).

17 **2. Zuständigkeit, Mehrheitserfordernisse, Form.** Dafür gelten in vollem Umfang die Regeln über Satzungsänderungen. Vgl dazu § 53 Rn 55 ff. Ein Gfter ist vom Stimmrecht hinsichtlich der KE auch dann nicht ausgeschlossen, wenn er den Erhöhungsbetrag allein oder bevorzugt übernehmen will, ganz hM. Anders für den Zulassungsbeschluss, vgl unten Rn 28; wird dieser mit dem KEBeschluss zu einem einheitlichen Beschluss verbunden, ist daher dem potentiellen Übernehmer das Stimmrecht auch für KEBeschluss genommen (str). Nicht erforderlich ist Zustimmung aller Gfter nach § 53 III, obgleich § 24 nach hM zur Ausfallhaftung der AltGfter auch für neue Stammeinlagen führt, vgl näher bei § 24. Zur Bedeutung der Vinkulierung bei KE vgl *Ehlke* DB 1995, 561. Beschluss bedarf gemäß § 53 II notarieller Beurkundung. BGH nimmt hierbei weitreichende Aufklärungspflichten des Notars an. Dieser soll bei Beurkundung Vergewisserungspflicht haben, ob Vorauszahlung von Einlagen an Ges erfolgt ist, mit Pflicht zur Aufklärung über Voraussetzungen der Zahlung auf künftige Einlageschuld.[25] Bei Erhöhung mit Sacheinlagen muss Notar bei Zweifeln an richtiger Bewertung auf Gefahr der Differenzhaftung hinweisen u auf Frage, ob einzubringende GfterForderung gegen GmbH vollwertig ist.[26]

17 a **3. Mängel des KEBeschlusses.** KEBeschluss kann an Mängeln leiden, wenn er gegen Gesetz oder Satzung verstößt. Dafür gelten im Ansatz die allgemeinen Regeln u Grundsätze des Beschlussmängelrechts (näher dargelegt in Anh§ 47). Ist der Beschluss allerdings im HR eingetragen worden, gelten partiell abweichende Grundsätze, insbes kommt der KE eine erhöhte Bestandskraft zu (näher dazu § 57 Rn 28). Von Beschlussmängeln zu unterscheiden sind andere Mängel der KE, insbes Mängel der Übernahme von GAnteilen aus dem Erhöhungskapital sowie Mängel des sonstigen Verfahrens.

III. Durchführung der Kapitalerhöhung

18 Erhöhungsbeschluss erhöht nicht automatisch Kapitalziffer. Zur Wirksamkeit der Erhöhung bedarf es vielmehr der Durchführung der KE. Sie ist dreiaktig u beginnt mit der (1) Übernahme des Erhöhungsbetrags als Stammeinlagen durch bisherige u evtl durch neue Gfter; sie setzt sich fort (2) mit der Erbringung der Einlageleistungen, u zwar bei Bareinlagen mindestens Teilleistungen, bei Sacheinlagen vollständige Leistung. Letzter Akt ist (3) die eine entsprechende Anmeldung voraussetzende Eintragung im HR.

---

[25] BGH GmbHR 2008, 766. Dazu kritische Anm. von *Wachter* ebenda S 768; OLG Oldenburg DB 2006, 777.

[26] BGH GmbHR 2007, 1331 = NJW 2007, 3566.

1. Übernahmefähige Personen. Übernehmer von Stammeinlagen können bisherige Gfter ebenso wie im Zuge der KE neueintretende sein. Jede rechtsfähige Person ist übernahmefähig. Übernahme kann auch durch GbR erfolgen ohne Rücksicht darauf, ob man Rechtsfähigkeit dieses Gebildes zugrunde legt. Näher dazu § 1 Rn 33. Jeder Gfter dieser GbR haftet aber voll mit seinem Privatvermögen für Aufbringung der Einlage;[27] an sich nach wie vor zulässige „individuelle" Vereinbarung zwischen einer GbR bzw ihren Gftern mit Gläubiger, dass nur Vermögen der GbR haften soll, ist im Fall einer Einlageschuld der GbR nichtig, weil sie die Kapitalaufbringung gefährdet. Deshalb sind auch sämtliche Gfter dieser GbR als Übernehmer in der Übernahmeerklärung aufzuführen.[28] Nicht übernahmefähig ist GmbH selbst[29] (jetzt allgM), anders bei der nominellen KE, vgl § 57 l I. Ebenso ist auch die Übernahme durch von Ges abhängige oder in ihrem Mehrheitsbesitz stehende Unternehmen verboten.[30] Vorliegen einer Kapitalmehrheit noch überhaupt wesentl Kapitalbesitz ist dazu nicht erforderlich.[31] Nach Meinung von *Lutter*[32] gilt Übernahmeverbot auch für Unternehmen, an dem GmbH mit mehr als 25% beteiligt ist, weil darin mittelbare Selbstverpflichtung liege. Bei GmbH & Co KG kann KG, die einzelne oder alle Anteile der GmbH hält, Anteile übernehmen.[33] 19

2. Übernahmeberechtigung kraft gesetzlichen Bezugsrechts. a) Gesetzliches Bezugsrecht der Gfter. Bisherige Gfter der GmbH haben gesetzliches Bezugsrecht auf das erhöhte Stammkapital,[34] dh sie können verlangen, dass ihnen ein ihrem Anteil am bisherigen Stammkapital entsprechender Teil des Erhöhungsbetrags zugeteilt wird. Bezugsrecht ist im GmbHG nicht geregelt, ergibt sich jedoch aus analoger Anwendung von § 186 AktG. Entgegen Behauptungen in der Literatur steht diese Auffassung nicht in Widerspruch zum Text des § 55 II 1 GmbHG, der lediglich aussagt, dass sowohl Gfter als auch andere Personen auf Grund der KE Gfter werden können. Es liegt dies in der Entscheidung der Ges, die bei Zulassung Dritter, sofern nicht alle Gfter einverstanden sind, die zum Aktienrecht entwickelten Voraussetzungen des 20

---

27 Vgl BGH NZA 1999, 1095.

28 Vgl dazu die Überlegungen des OLG Hamm DB 1996, 321 für Übernahme einer Stammeinlage außerhalb KE.

29 BGHZ 15, 393.

30 HM, Ulmer/*Ulmer* Rn 63 mwN; abw *Meyer-Landrut* Rn 17.

31 Abw Rowedder/Schmidt-Leithoff/*Zimmermann* Rn 28.

32 *Lutter,* Kapital, Sicherung der Kapitalaufbringung u Kapitalerhaltung in den Aktien- u GmbH-Rechten der EWG, 1964, 198 f; ebenso *Lutter/Hommelhoff* Rn 27.

33 Rowedder/Schmidt-Leithoff/*Zimmermann* Rn 29; abw LG Berlin GmbHR 1987, 396; Ulmer/*Ulmer* Rn 63, wenn GmbH einziger Komplementär ist.

34 Vgl *Scholz/Priester* Rn 41 ff; *Priester* DB 1980, 1931; *Lutter* AcP 180 (1980), 123; *Lutter/Hommelhoff* Rn 12 ff; Michalski/*Hermanns* Rn 36 ff; *Ehlke* GmbHR 1985, 258; *Heitsch,* Das Bezugsrecht der Gfter der GmbH bei KEn, 1996; vgl ferner Österr OGH GmbHR 1984, 235. BGH NZG 2005, 551 (552) = GmbHR 2005, 925 (926) bejaht Bezugsrecht iE, lässt Konstruktionsfrage aber offen. Abw Ulmer/*Ulmer* Rn 44 ff (mit Modifikationen gegenüber Voraufl), der aber dem Bezugsrecht weitgehend gleichkommende Ergebnisse durch Anwendung des Gleichbehandlungsgrundsatzes sowie der Grundsätze der Erforderlichkeit u Verhältnismäßigkeit anstrebt u immerhin von einer Anwartschaft der Gfter auf Teilnahme an der KE spricht (Rn 45 f); ähnl Rowedder/Schmidt-Leithoff/*Zimmermann* Rn 29; *Buyer* DB 1985, Beil 27, S 2; *Roth*/Altmeppen Rn 20 ff; gänzlich ablehnend *Meyer-Landrut* Rn 19.

Bezugsrechtsausschlusses beachten muss. Bewegliche Stimmrechtsschranken allein geben Gftern nicht etwa voll gleichwertigen Schutz, wie im Schrifttum vereinzelt immer noch angenommen wird.[35] Denn sie sind, wenn die Zulassungsregelung in einem getrennten Beschluss getroffen wird, grds auf dessen Anfechtung beschränkt. Die Durchführung der KE u ihre Eintragung ins HR können daher nur wesentlich schwerer verhindert werden als durch Anfechtung eines einheitlich zu fassenden Beschlusses über KE u Bezugsrechtsausschluss. Daher ist analoge Anwendung von § 186 I, III u IV AktG sachgerecht u geboten. Es gibt insoweit keinen relevanten Unterschied in der Interessenlage zwischen Aktien- u GmbH-Recht. Im Gegenteil: Das Bezugsrecht ist im GmbH-Recht eher noch dringender erforderlich als im Aktienrecht.

21 Falls Bezugsrecht nicht ausgeschlossen wird, hat daher jeder Gfter Anspruch gegen Ges, einen seiner bisherigen Beteiligung entspr Anteil am Erhöhungsbetrag des Stammkapitals übernehmen zu dürfen.[36] Er kann dann nicht nur, sondern er muss zur Übernahme zugelassen werden. Erhöhungsbetrag muss unter Anwendung des Grundsatzes der Erforderlichkeit so bemessen werden, dass er jedem Gfter die Beteiligung ohne Verlust größerer sog Spitzen ermöglicht (vgl schon oben Rn 10). Bezugsrecht besteht pro GAnteil. Gfter kann bei Innehabung mehrerer GAnteile für jeden getrennt über Ausübung des Bezugsrechts entscheiden. Teilweise Ausübung für einen GAnteil ist grds nicht zulässig.[37] Ges verstößt aber evtl gegen Treupflicht, wenn sie Gfter nicht mit verminderter Quote zulässt.[38]. Inwieweit dies der Fall ist, hängt von den Umständen ab. Wo Ges kein Interesse daran hat, Verschiebung der Beteiligungsverhältnisse zu dulden oder kleinere Beteiligungen zu vermeiden,[39] muss sie Gfter mit verminderter Quote zulassen. Bei personalistischer Ges wir solches Interesse indessen zu bejahen sein.[40] **Zulassungsbeschluss zur Festlegung der Übernahmeberechtigten** ist, wenn das Bezugsrecht der Gfter nicht ausgeschlossen wurde u sich alle Gfter ihrer Quote entsprechend an der KE beteiligen, nicht erforderlich.[41] Zum Ausschluss des Bezugsrechts s Rn 25 ff.

22 **b) Kein Bezugsrecht der Ges.** Da Ges keine Anteile übernehmen darf (dazu Rn 19), hat sie auch kein Bezugsrecht. Vielmehr verteilen sich Bezugsrechte für den gesamten Erhöhungsbetrag auf die anderen Gfter nach dem Verhältnis ihrer Beteiligung. Für verbundene Unternehmen gilt das Gleiche, so weit ihnen nicht erlaubt ist, Anteile zu übernehmen (auch dazu Rn 19).

23 **c) Ausübung des Bezugsrechts** erfolgt durch Übernahme (= Zeichnung) entsprechenden Erhöhungsbetrags durch Bezugsberechtigten. Ges kann dafür **Frist** setzen. In Anlehnung an § 186 I 2 AktG hat diese mindestens zwei Wochen zu betragen. Fristsetzung erfolgt am besten im KEBeschluss, ist aber auch später durch einfachen Mehrheitsbeschluss der GfterVers oder durch GFührer möglich. Frist beginnt mit „Bekanntgabe“ der Fristsetzung an Gfter,

---

35 Ulmer/*Ulmer* Rn 48.

36 *Lutter/Hommelhoff* Rn 18; *Scholz/Priester* Rn 47.

37 Anders *Priester* GmbHR 2005, 1013.

38 Verbal anders BGH NZG 2005, 551; dazu kritische Anm. von *Bachmann* WuB II C § 58 a GmbHG.

39 Erwägungen dazu in BGH (Fn 38) u bei *Priester* (Fn 37).

40 Deshalb dürfte BGH (Fn 38) im Ergebnis richtig entschieden sein.

41 *Scholz/Priester* Rn 40; anders, von seiner Auffassung her konsequent, Ulmer/*Ulmer* Rn 48 f.

bei Fristsetzung durch GfterVers in VollVers also am Tag nach der Beschlussfassung, andernfalls mit Zugang entsprechender Mitteilung oder bei entsprechender Satzungsgrundlage mit evtl Veröffentlichung in GesBlättern. Erfolgt keine Fristsetzung, gilt angemessene Frist. Mit Fristablauf erlischt Bezugsrecht. Gfter kann aber bei verspäteter Übernahmeerklärung selbstverständlich gleichwohl zugelassen werden.

d) Rechtslage bei Nichtausüben des Bezugsrechts. Werden Bezugsrechte nicht oder nicht voll ausgeübt, steht Restbetrag bezugswilligen Gftern (dh denen, die ihr Bezugsrecht voll ausgeübt haben) nach dem Verhältnis ihrer vor KE unter Außerachtlassung der nicht bezugswilligen Gfter bestehenden Beteiligungsquoten zu. Ausübung dieses Bezugsrechts zweiter Stufe kann an kurze Frist gebunden werden. Bleibt auch dann unausgenützter Rest, muss bei KE mit Maximalbetrag, wenn Mindestbetrag erreicht wird, entspr dem erreichten Betrag angemeldet werden. Ist fester Betrag nicht erreicht, muss GfterVers, sofern Frage nicht vorausgeregelt worden ist, darüber beschließen, was zu geschehen hat (Zulassungsbeschluss, Rn 28). In der Praxis empfehlen sich, falls Ausübung des Bezugsrechts durch einzelne Gfter unsicher ist, Vorausregelungen im KE-Beschluss, insbes auch für den Fall, dass Teilung eines nichtausgenutzten Betrages nach dem Verhältnis der Bezugswilligen den Nennbetragsanforderungen des § 5 III nicht entspricht. Durch Aufteilung nicht ausgenutzter Bezugsrechte übernommene Beteiligung ist der im Zuge der KE regulär übernommenen Stammeinlage zuzuschlagen, dh die Regelung des § 5 II ist auch in diesem Fall zu beachten (dazu unten Rn 45 f.). **24**

3. Ausschluss des Bezugsrechts. a) Formelle Anforderungen. Aus analoger Anwendung von § 186 III 1 AktG ergibt sich, dass Ausschließung des Bezugsrechts stets im KEBeschluss erfolgen muss.[42] Sie bedarf nach dieser Norm zwingend nicht nur der ¾-Stimmenmehrheit des § 53 II, sondern zusätzlich mindestens einer ¾-Kapitalmehrheit.[43] Ausschließung muss analog § 186 IV 1 AktG eigens zur Tagesordnung angekündigt worden sein.[44] Vor der Beschlussfassung muss analog § 186 IV 2 AktG schriftliche Begründung für den Bezugsrechtsausschluss u den vorgesehenen Ausgabetrag vorgelegt werden.[45] Formelle Anforderungen entfallen, wenn unter Gftern allseitiges Einverständnis besteht. **25**

b) Materielle Schranken des Bezugsrechtsausschlusses. Zulässig ist Bezugsrechtsausschluss nur, wenn er die nachfolgenden drei Voraussetzungen erfüllt: (1) Der Ausschluss muss zu einem Zweck erfolgen, dessen Verfolgung im Gesellschaftsinteresse liegt. Rechtsprechung des BGH drückt dies dahin aus, dass für den Ausschluss des Bezugsrechts ein Sachgrund vorliegen muss, der dem Gesellschaftsinteresse dient **(Erforderlichkeit eines Sachgrunds).** **26**

---

[42] *Scholz/Priester* Rn 59; *Lutter/Hommelhoff* Rn 19.

[43] Abweichend *Lutter/Hommelhoff* Rn 19; Scholz/*Priester* Rn 59, die zur Satzungsänderung vorgesehene Mehrheit genügen lassen, was aber zum Schutz der Minderheit zu wenig ist. Darin liegende selektive Analogie zu § 186 AktG überzeugt nicht.

[44] *Lutter/Hommelhoff* Rn 19; *Scholz/Priester* Rn 59.

[45] *Heckschen* DStR 2001, 1440; *Lutter/Hommelhoff* Rn 19 verlangen nur ausführlichen Bericht, der schriftlich nur zu sein braucht, wenn „jeweiliges Informationsbedürfnis" das erfordert; ähnlich *Scholz/Priester* Rn 59, der je nach Informationsbedürfnis „aktive Berichtspflichten" der GFührer bejaht, was immer das ist. Mit solch unbestimmten Maximen ist der Praxis nicht gedient. Ausgangspunkt ist gesetzlich vorgezeichnete Verpflichtung zu schriftlicher Berichterstattung, auf die Gfter aber verzichten können.

(2) Der im Bezugsrechtsausschluss liegende Eingriff in die gesellschafterlichen Mitgliedschaftsrechte ist gleichwohl nicht zulässig, wenn der verfolgte Zweck auf andere, schonendere Weise erreicht werden kann (**Grundsatz der Erforderlichkeit** = Prinzip des schonendsten Mittels) (3) Auch wenn diese Voraussetzung gegeben ist, darf der Eingriff in die Mitgliedschaftsrechte nur erfolgen, wenn der damit verbundene Nachteil für die Gfter nicht außer Verhältnis zu dem für die Ges erstrebten Vorteil steht **(Grundsatz der Verhältnismäßigkeit).**

27 Entwicklung dieser Lehre ist umfassend erst nach der Mitte des vorigen Jahrhunderts erfolgt.[46] Sie ist im AktR heute weitgehend anerkannt;[47] für das GmbH-Recht kann nichts anderes gelten.[48] Sachgrund für den Ausschluss des Bezugsrechts wird oft Interesse an der Einbringung bestimmter Sacheinlagen durch Anteilsübernehmer oder Kooperationsinteresse sein, jedoch rechtfertigt Sacherhöhung als solche nicht notwendig schon Bezugsrechtsausschluss, sondern nur, wenn Ges nach vernünftigen kaufmännischen Überlegungen dringendes Interesse am Erwerb des Gegenstandes hat u zu erwarten ist, dass der damit angestrebte Nutzen den Beteiligungs- u Einflussverlust der vom Bezugsrecht ausgeschlossenen Gfter aufwiegen wird.[49] Zulässig ist Bezugsrechtsausschluss auch zu Sanierungszwecken, wenn anders Sanierung nicht erreichbar.[50] Auch wenn Bezugsrechtsausschluss zulässig, gilt bei Begebung von Anteilen an Gfter der Gleichbehandlungsgrundsatz.[51] Freilich wird Sachgrund für Bezugsrechtsausschluss vielfach (aber nicht notwendig) auch Gleichbehandlungsverstoß ausschließen.[52] Neue Tendenzen (auch des Gesetzgebers) den Bezugsrechtsausschluss im AktR zu erleichtern[53] sind auf GmbH nicht übertragbar.

28 **4. Zulassungsbeschluss** ist notwendiges Folgeerfordernis des Bezugsrechtsausschlusses, weil es in diesem Fall der Bestimmung der Übernahmeberechtigten bedarf. Zulassungsbeschluss kann auch erforderlich werden, wenn zwar Bezugsrecht nicht ausgeschlossen wird,[54] sich bei Übernahme des

---

[46] Zu ihrer systematischen Zusammenfügung und zur Einpassung in das System der Schranken des Stimmrechts vgl *Zöllner,* Schranken mitgliedschaftlicher Stimmrechtsmacht, 1963, 349 ff.

[47] Vgl aus der höchstrichterlichen Rechtsprechung vor allem BGHZ 71, 40 (Kali u Salz); 83, 319 (Holzmann); 125, 239 (Deutsche Bank); BGH NJW 1995, 2656 (Siemens/Nold I); aus der Kommentarliteratur vgl statt anderer KölnerKomm/*Lutter* § 186 Rn 59 ff; aus der neueren sonstigen Literatur s *A. Schumann,* Bezugsrecht u Bezugsrechtsausschluss bei Kapitalbeschaffungsmaßnahmen von Aktiengesellschaften, 2001; *Zöllner* AG 2002, 585; *Liebert,* Der Bezugsrechtsausschluss bei KE von Aktiengesellschaften, 2003.

[48] Vgl *Lutter/Hommelhoff* Rn 20; Scholz/*Priester* Rn 52 ff; Michalski/*Hermanns* Rn 67 ff; zur Anwendung auf den von ihm statt des Bezugsrechtsausschlusses verlangten positiven Zulassungsbeschluss Ulmer/*Ulmer* Rn 51 ff mwN.

[49] BGHZ 71, 40.

[50] LG Heidelberg AG 1989, 447.

[51] Vgl näher *G. Hueck,* Grundsatz der Gleichbehandlung, 1958, 345 ff; KölnerKomm/*Zöllner* § 243 Rn 167; KölnerKomm/*Lutter* § 186 Rn 85.

[52] Zum ganzen *Schockenhoff,* Gesellschaftsinteresse u Gleichbehandlung beim Bezugsrechtsausschluss, 1988; *Hirte* ZHR 154 (1990), 374.

[53] Vgl dazu den 1994 eingefügten § 186 III 4 AktG; dazu zusammenfassend u apologetisch *Martens* ZIP 1994, 669 mwN; die frühere Linie der Rspr verlassend BGHZ 136, 133 – Siemens/Nold II. Aus der neueren demgegenüber kritischen Lit *W. Bayer* ZHR 163 (1999), 505 mwN.

[54] Verkannt von *Lutter/Hommelhoff* Rn 22.

Erhöhungsbetrags aber unausgenutzter Rest ergibt (dazu schon oben Rn 24), der Dritten überlassen werden soll. Bestimmung der Übernahmeberechtigten ist korporationsrechtlicher, die Mitgliedschaft betreffender Akt der Ausgestaltung der gesellschaftsrechtlichen Beziehungen; zuständig daher GfterVers, nicht GFührer. Für Beschlussfassung gilt grds einfache Mehrheit.[55] Sind Anteile vinkuliert, bedarf Zulassungsbeschluss der gleichen Mehrheit wie für Genehmigung der Anteilsveräußerung, da Sinn der Vinkulierung auch diesen Fall trifft. Unterliegt Anteilsveräußerung der Zustimmung aller Gfter, ist diese auch für Zulassungsbeschluss erforderlich.[56] GfterVers kann bestimmte Personen, auch GFührer, ermächtigen, Übernehmer auszuwählen. Vielfach wird sich Auswahl bereits indirekt aus der Begründung des Bezugsrechtsausschlusses ergeben, der idR zwecks Schaffung bestimmter Beteiligungsverbindungen oder zur Gewinnung bestimmter Sacheinlagen erfolgt. Soweit Sacheinlagen erfolgen sollen, muss Person des Einlegers ohnehin idR gem § 56 schon im KEBeschluss festgelegt werden (s § 56 Rn 10). Nicht erforderlich ist Zulassungsbeschluss, wenn Bezugsrechtsausschluss nur für einzelne Gfter erfolgt u deren Quote übrigen zuwächst.[57]

Erfolgt im Zuteilungsbeschluss Zuteilung an einzelne Gfter, greift für diese Stimmverbot des § 47 IV 1 ein,[58] vgl § 47 Rn 90. Gegenteilige, zu seltsamem Ergebnis führende Auffassung geht von antiquierter Auslegung der Stimmverbote aus. Es gibt keinen Sachgrund, warum Mehrheit sich nach Bezugsrechtsausschluss sollte selbst begünstigen können. 29

Zulassungsbeschluss wird Übernahmeerklärung der Anteilsübernehmer nicht selten vorangehen. Ist das nicht der Fall, liegt er der Sache nach in dem die abgegebenen Übernahmeerklärungen annehmenden Gfterbeschluss (dazu Rn 34). Fehlen des Zulassungsbeschlusses kann dann nicht beanstandet werden. 30

5. Übernahme der Geschäftsanteile. a) Übernahmevertrag. Übernahme der GAnteile erfolgt durch sog Übernahmevertrag. Dieser ist seiner Rechtsnatur nach korporationsrechtlicher (mitgliedschaftlicher) Vertrag zwischen GmbH u Übernehmer,[59] nicht schuldrechtlicher Austauschvertrag.[60] Aus ihm ergibt sich zum einen, dass nach Erfüllung der übrigen Voraussetzungen der KE (idR also der Eintragung im HR) Übernehmer im vorgesehenen Umfang Mitglied wird bzw sich seine bisherige Mitgliedschaft erweitert; Vertrag ändert insoweit korporationsrechtliche Verhältnisse. Zum andern begründet er körperschaftsrechtliche Verpflichtung des Übernehmers zur Leis- 31

---

55 *Lutter/Hommelhoff* Rn 22; nur scheinbar abw *Roth*/Altmeppen Rn 26, der qualifizierte Mehrheit nur für den Fall fordert, dass der Zulassungsbeschluss Gfter nicht ihrer Quote entsprechend zulässt. Offenbar ist dabei an Fälle gedacht, in denen das Bezugsrecht nicht ausgeschlossen worden ist.

56 Vgl *Ehlke* DB 1995, 561.

57 Ähnl *Lutter/Hommelhoff* Rn 9.

58 Ausführlich begründet bei *Zöllner,* Schranken mitgliedschaftlicher Stimmrechtsmacht, 248 mN; *Roth*/Altmeppen Rn 27; aA *Lutter/Hommelhoff* Rn 23; *Scholz/Priester* Rn 61; Rowedder/Schmidt-Leithoff/*Zimmermann* Rn 27; abw auch Ulmer/*Ulmer* Rn 40, der aber dann Rn 78 bei der Beschlussfassung über die Annahme des Übernahmeangebots durch die GfterVers dem betroffenen Gfter die Mitwirkung über § 181 BGB nehmen will.

59 *Scholz/Priester* Rn 70, 71; *Meyer-Landrut* Rn 7; BGHZ 45, 345; 49, 119; BGH WM 1966, 1263.

60 Zutr BGH AG 1999, 230.

tung der Einlage.[61] Zu Pflichten der Ges vgl Rn 38. Als Vertrag kommt Übernahme durch entsprechende beiderseitige Willenserklärungen (Angebot u Annahme) zustande. Beide Erklärungen müssen auch bei Einmannges erfolgen.[62]

32 **Erklärung des Übernehmers** (= Zeichnung der Stammeinlage). Sie bedarf mindestens notarieller Beglaubigung, Abs 1, wird aber in der Praxis auch notariell beurkundet (letzteres zulässig nach Abs 1 u § 129 II BGB). Letzterenfalls müssen Voraussetzungen von §§ 8, 13 BeurkG erfüllt sein, bloße GfterVersNiederschrift gemäß § 36 BeurkG reicht nicht aus (allgM). Gleiche Form ist in entsprechender Anwendung von § 2 II auch für **Vollmacht zur Übernahme** erforderlich Für Übernahmeerklärung durch Behörde innerhalb ihres Amtsbereichs reicht Schriftform.[63] Leistung der Einlagen heilt Formmangel nicht, wohl aber Eintragung des KEBeschlusses (allgM). Bei Übernahme durch Vertreter bedarf auch Vollmacht der notariellen Beglaubigung. Gesonderte Übernahmeerklärung in allen Fällen erforderlich, auch bei einstimmigem Beschluss u Übernahme der Anteile durch alle bisherigen Gfter sowie deren Aufführung mit den neuen Anteilen im Beschluss.[64]

33 **b) Inhalt der Übernahmeerklärung.** Übernahmeerklärung muss inhaltlich auf Übernahme einer Mitgliedschaft in der kapitalerhöhenden GmbH durch „Zeichnung" eines Betrages aus einer bestimmten KE gerichtet sein. In ihr muss daher zum einen die Ges eindeutig bezeichnet, zum anderen die KEMaßnahme bestimmbar oder identifizierbar beschrieben sein. Eine Bezeichnung des KEBeschlusses dürfte nicht unbedingt erforderlich sein[65] (anders noch die 16. Aufl), weil dies, wenn der Beschluss noch gar nicht vorliegt, wie etwa bei einer dem KEBeschluss vorangehenden Übernahme,[66] nicht möglich ist; jedoch empfiehlt sie sich, wenn der Beschluss bereits vorliegt oder gleichzeitig gefasst wird. Notwendiger Inhalt ist ferner der Betrag der übernommenen Stammeinlage. Bei Beurkundung der Übernahmeerklärung in ders Niederschrift wie KEBeschluss genügt Bezugnahme auf GfterBeschluss, wenn in ihm die Person des Übernehmers samt Betrag seiner Stammeinlage genannt ist,[67] dies allerdings wegen § 56 I 2 nicht bei Sacheinlagen.[68] Übernimmt Dritter, müssen auch sonstige Leistungen, die ihm kraft Beitritt u Satzung obliegen sollen (Agio, Nebenleistungs- u Nachschusspflichten), in die Erklärung aufgenommen werden. War die Höhe des Agio im Beschluss noch nicht festgelegt (dazu oben Rn 13), muss sie jetzt (auch bei Übernahme durch Gfter) auch betragsmäßig bestimmt sein. Soll bei Barerhöhung der Übernehmer vor Eintragung der KE mehr als das nach §§ 57 II mit 7 II 1 erforderliche Viertel (u evtl Agio) leisten, muss auch dies in Übernahmeerklärung enthalten sein. Bei Nichtbeachtung der Anforderungen an Übernahmeerklärung darf RegRichter nicht eintragen. Trägt er trotzdem ein, ist Übernahme endgültig

---

[61] BayObLG NZG 2002, 585.

[62] BayObLG (Fn 61).

[63] HM, vgl Ulmer/*Ulmer* Rn 67 mwN; abw *Meyer-Landrut* Rn 10, der auch hier notarielle Beglaubigung verlangt; bei Scholz/*Priester* Rn 78 wird Frage offengelassen.

[64] OLG Celle GmbHR 1987, 63.

[65] Anders *Lutter/Hommelhoff* Rn 30; Scholz/*Priester* Rn 77, 83.

[66] Zu deren Zulässigkeit s Rn 39 sowie § 58f I.

[67] BGH WM 1966, 1263; OLG Frankfurt GmbHR 1964, 247; Ulmer/*Ulmer* Rn 70; *Meyer-Landrut* Rn 9.

[68] Rowedder/Schmidt-Leithoff/*Zimmermann* Rn 37.

wirksam, keine Anfechtung möglich. Übernahmeerklärung kann mit Frist verbunden werden, bis zu welcher die KE eingetragen sein muss.[69] Dabei handelt es sich um auflösende Bedingung der Übernahmeerklärung, die insoweit als zulässig anzusehen ist, weil sie Charakter einer Potestativbedingung hat (Bedingung deren Erfüllung im Wesentlichen von Ges abhängt). Im Übrigen ist die Übernahme ganz wie die Beitrittserklärung im Gründungsstadium bedingungsfeindlich. Erfolgt Eintragung im HR gleichwohl, ist Beitritt endgültig wirksam.[70]

c) Erklärung der Ges hinsichtlich der Übernahme kann der Über- 34
nahmeerklärung des Zeichners vorausgehen oder nachfolgen. Bei Barerhöhung wird in einer der Zeichnung vorausgehenden Erklärung der Ges idR nur Aufforderung zur Abgabe von Angeboten liegen. Auch bei Zeichnung von GAnteilen in Ausübung des Bezugsrechts kommt Übernahmevertrag nur mit entspr Erklärung der Ges zustande. Ein sog Zulassungsbeschluss (oben Rn 28), auch wenn er ganz bestimmten Übernehmer (Sach- oder Barübernahme) schon vor dessen Übernahmeerklärung benennt, wird idR nicht als bindende Erklärung der Ges zu werten sein. Übernahmeerklärung der Ges fällt als gesrechtliches Innengeschäft in die Zuständigkeit der Gfter, die damit auch als Vertreter der Ges fungieren. GFührer u selbstverständlich auch Prokuristen haben insoweit wegen des körperschaftlichen Charakters keine Vertretungsmacht,[71] können aber durch GfterBeschluss ermächtigt werden.[72] Derartige Ermächtigung kann im Zulassungsbeschluss liegen, wenn er ganz bestimmte Personen zur Übernahme zulässt.[73] GfterVers kann auch selbst Übernahmeerklärung beschließen, ja sie muss dies tun, wenn Zulassungsbeschluss nicht vorliegt, wie etwa bei Vorangehen der Übernahmeerklärungen seitens der Übernehmer. Zulassungsbeschluss ist dann im Übernahmebeschluss der Gfter enthalten. Zu den Erfordernissen bei Anteilsvinkulierung gilt das für den Zulassungsbeschluss Ausgeführte (oben Rn 28). Im Übernahmeerklärungsbeschluss liegt Erklärung der Ges nur gegenüber Anwesenden. Für Erklärung des Beschlossenen gegenüber Nichtanwesenden können Gfter Boten bestellen, auch GFührer mit Verlautbarung beauftragen. Erklärung der Ges bedarf keiner Form u ist auch konkludent möglich.[74]

EinmannGfter kann Erklärung der GmbH selbst beschließen; § 181 BGB 35
steht nicht entgegen.[75] Gegenauffassung kann sich nicht auf § 35 IV berufen, da GFührerstellung gar nicht berührt wird,[76] u zwar auch dann nicht, wenn übernehmender Gfter gleichzeitig GFührer ist. Anwendung von § 181 BGB auf Beschluss der GfterVers ist im Bereich der Kollision von Interesse der Ges u des Abstimmenden durch Spezialregelung des § 47 IV ausgeschlossen (näher § 47 Rn 60), die ihrerseits auf EinmannGfter nicht anwendbar ist; dadurch

---

[69] BGH AG 1999, 230; Rowedder/Schmidt-Leithoff/*Zimmermann* Rn 39.

[70] Vgl dazu oben § 2 Rn 38 f; ebenso jetzt auch Scholz/*Priester* Rn 82, der seine frühere Ansicht (entspr Anwendung von § 77 III) aufgegeben hat.

[71] Wohl allgM; aus der Rspr BGH 49, 120; OLG Frankfurt NJW 1982, 2388; LG Berlin GmbHR 1985, 396.

[72] BGHZ 49, 120.

[73] BGHZ 49, 120.

[74] BGHZ 49, 121.

[75] Anders noch BGHZ 49, 119.

[76] *Meyer-Landrut* Rn 7; *Roth*/Altmeppen Rn 15; ähnlich *Lutter/Hommelhoff* Rn 19; LG Berlin GmbHR 1985, 396; *Ehlke* GmbHR 1985, 293; *Gustavus* Rpfleger 1986, 115; ebenso Ulmer/*Ulmer* Rn 79.

wird aber nicht § 181 BGB wieder anwendbar. Ausschließlicher Anwendungsbereich des § 181 BGB im Zusammenhang mit Beschlussfassungen ist die Verhinderung von Interessenkollisionen zwischen dem Abstimmenden u einer von ihm vertretenen Person, die nicht die Ges selbst ist. Daher kann EinmannGfter Übernahmeerklärung der Ges ohne Verstoß gegen § 181 BGB abgeben.

36 Vertretung eines minderjährigen Gfters bei Übernahme durch gesetzlichen Vertreter, der selbst an Ges beteiligt ist, stößt auf Probleme des § 181 BGB. Konstruktion, Ges nur durch übrige Gfter vertreten zu lassen,[77] ist nur scheinbar schlau, denn Gfter haben nur Gesamtvertretungsmacht. Fällt einer aus, funktioniert Vertretung der Ges nicht.

37 **d) Zustandekommen des Übernahmevertrags; Frist für Bindung des Übernehmers.** Übernahmevertrag kommt zustande, wenn die beiderseitigen Erklärungen von Übernehmer u Ges vorliegen. Enthält Übernahmeerklärung des Übernehmers keine Fristbestimmung, gelten für die Bindung an sie vor Annahme durch die Ges §§ 147–149 BGB. Nach Zustandekommen des Übernahmevertrags ist Übernehmer für im Übernahmevertrag geregelte, sonst für angemessene Frist gebunden. Wird binnen dieser nicht eingetragen, kann er sich durch Erklärung von der Bindung lösen.[78] Automatisch wird er nicht frei.[79] Bindungswirkung des Übernahmevertrags entfällt auch normalerweise, wenn Ges nach der Übernahmeerklärung, aber vor Eintragung der KE insolvent wird.[80] Ist dies ausnahmsweise nicht der Fall, weil Gfter KE-Beschluss auch oder gerade für den Insolvenzfall gefasst haben, muss Bindung der Zeichner bestehen bleiben. Konstellation ist zu unterscheiden von der einfacheren, dass Insolvenzverfahren nach Beschlussfassung, aber vor der Abgabe von Übernahmeerklärungen eröffnet wird.[81]

38 **e) Bindung der Ges durch Übernahmevertrag.** Mit Wirksamwerden des Übernahmevertrags ist Ges Übernehmern gegenüber verpflichtet, für ordnungsgemäße u zügige Durchführung der KE zu sorgen.[82] Dieser Bemühensverpflichtung steht freilich kein Erfüllungsanspruch gegenüber.[83] Schuldhaftes Verhalten der GFührer oder auch der GfterVers (zB durch Wiederaufhebung des KEBeschlusses) macht schadensersatzpflichtig.[84] Auch wenn man durchsetzbaren Erfüllungsanspruch des Übernehmers auf Verschaffung des übernommenen Anteils verneint,[85] folgt daraus nicht, dass Schadensersatzansprüche entfallen oder auf negatives Interesse begrenzt sind. Übernahmevertrag enthält neben der Umgestaltung der korporationsrechtlichen Verhältnisse auch Verpflichtungen der Beteiligten. Korporationsrechtliche Natur

---

[77] So Scholz/*Priester* Rn 74; Michalski/*Hermanns* Rn 77.

[78] Ganz hM, vgl Ulmer/*Ulmer* Rn 74; Rowedder/Schmidt-Leithoff/*Zimmermann* Rn 39; *Scholz/Priester* Rn 81; LG Hamburg WM 1995, 338.

[79] Abw *Lutter/Hommelhoff* Rn 21: ipso iure nach 6 Monaten. Ebenso *Lutter* FS Schilling, 1973, 214 ff.

[80] Rechtsgedanke der §§ 321, 490 BGB sowie des Wegfalls der Geschäftsgrundlage; dazu OLG Hamm DB 1989, 167; s ferner oben Rn 2 a. Näher zur Problematik *Winner* FS Doralt, 2004, 707 ff.

[81] Dazu oben Rn 5.

[82] Ulmer/*Ulmer* Rn 80; Scholz/*Priester* Rn 97; abw *Lutter/Hommelhoff* Rn 31.

[83] Zutreffend Rowedder/Schmidt-Leithoff/*Zimmermann* Rn 48.

[84] Zustimmend Scholz/*Priester* Rn 97; im Grds ebenso, aber zurückhaltender Rowedder/Schmidt-Leithoff/*Zimmermann* Rn 48.

[85] So BGHZ 140, 258 = AG 1999, 230, (freilich ohne nähere Begründung).

steht dem nicht entgegen. Wie der Übernehmer zur Leistung seines Beitrags verpflichtet ist, wird Ges verpflichtet, alles für die Entstehung u den Erwerb des Mitgliedschaftsrechts Erforderliche zu tun. Dass dieses nicht geliefert werde, sondern kraft Gesetzes mit Eintragung entstehe,[86] ist nicht maßgeblich. Auch beschränkte Immobiliarsachenrechte entstehen kraft Gesetzes mit Eintragung. Trotzdem besteht Erfüllungsanspruch, wenn Eigentümer sich zur Schaffung und Verschaffung verpflichtet hat und Schadensersatzanspruch bei Leistungsstörung geht auf positives Interesse. Übernehmer ist zur Leistung der Mindesteinzahlung von einem Viertel bzw bei Sacheinlagen zur vollen Leistung verpflichtet. Unterbleibt Eintragung der KE u sind Übernehmer, etwa durch Lossagungserklärung, frei geworden, können sie ihre Leistungen zurückfordern.[87]

f) Reihenfolge von KEBeschluss u Übernahmevertrag. Körperschaftsrechtliche Übernahmeerklärung des Übernehmers iSv Abs 1 kann schon vor dem KEBeschluss bindend abgegeben werden.[88] Zu den inhaltlichen Erfordernissen vgl oben Rn 33. Zwar kann dann zur Kennzeichnung nicht bestimmter KEBeschluss angegeben werden, wohl aber geplante KEMaßnahme identifizierbar bezeichnet werden. Ebenso kann Ges ihre korporationsrechtliche Erklärung zum Übernahmevertrag schon vor KEBeschluss abgeben. Es gibt keine zwingende Reihenfolge für KEBeschluss und korporationsrechtliche Übernahme (vgl auch § 58 f I). Verpflichtungen aus diesem Vertrag entstehen idR erst mit dem KEBeschluss, doch kann Abweichendes geregelt werden, wie die Einzahlungspflicht schon vor Beschlussfassung (so notwendig im Fall von § 58 f I). Bindung an den Vertrag besteht gleichwohl. 39

g) Übernahmeverpflichtungsverträge sind vom korporationsrechtlichen Übernahmevertrag scharf zu unterscheiden. Sie stehen zu diesem nicht im Verhältnis kausaler Schuldverträge zu abstrakten Verpflichtungsverträgen, sondern sind Verträge, gerichtet auf Herbeiführung eines korporationsrechtlichen Übernahmevertrags. Erst durch diesen werden korporationsrechtliche Pflichten wie die gesellschaftsrechtliche Beitragspflicht des Übernehmers begründet. In der Praxis werden Übernahmeverpflichtungsverträge nicht selten zwischen Gftern abgeschlossen u haben demgemäß (auch) Stimmbindungen zum Gegenstand. Insoweit folgen sie den besonderen Regeln dieser Verträge. Soweit sie zwischen Ges u Übernehmer abgeschlossen werden, sind sie für Übernehmer nur bindend, wenn Erfordernisse des § 55 eingehalten werden,[89] die dafür analog gelten. Auch Ges kann sich wirksam binden, jedoch nur, wenn darüber GfterBeschluss gefasst wird.[90] § 187 II AktG gilt nicht, auch nicht analog. GfterBeschluss muss Bezugsrechte bezugswilliger Gfter wahren oder Bezugsrechtsausschluss vorsehen. Er ist anfechtbar, wenn dessen Voraussetzungen (dazu Rn 25 ff; ¾-Mehrheit erforderlich) nicht gewahrt sind. Nach hM kann Vertragspartner KE gegenüber Ges nicht erzwingen, nur Schadensersatz. Anders evtl, wenn Zusage gleichzeitig entspr Stimmbindung der Gfter enthält. Schadensersatzanspruch gegen Ges aus Übernahmeverpflichtungsvertrag (zu solchen Ansprüchen aus dem Übernahmevertrag schon oben Rn 38) 40

---

[86] So BGH (Fn 85).

[87] Ganz hM, RGZ 77, 155 f; OLG Bremen NJW 1957, 1560.

[88] Ulmer/*Ulmer* Rn 90; *Lutter/Hommelhoff* Rn 26; Rowedder/Schmidt-Leithoff/*Zimmermann* Rn 47, der zu Unrecht behauptet, ich sei anderer Auffassung.

[89] Scholz/*Priester* Rn 114; Rowedder/Schmidt-Leithoff/*Zimmermann* Rn 47.

[90] Insoweit zust Ulmer/*Ulmer* Rn 92; *Fleck* ZGR 1988, 117.

setzt Wirksamkeit des Übernahmeverpflichtungsvertrags voraus. Übernahmeverpflichtungsvertrag kann Absprachen über Rückgewährverpflichtung für den Fall der Einlageerbringung vor Wirksamwerden der KE treffen;[91] deren Wirksamkeit ist von Wirsamkeit des Übernahmeverpflichtungsvertrags im Übrigen unabhängig, da Absprache gerade für den Fall des Scheiterns der Maßnahme getroffen ist. Übernahmeverpflichtungsvertrag wird vielfach nur Verpflichtung des Übernehmers regeln, ohne Ges zu binden.

41 **h) Übernahmeverpflichtung der Gfter aus GesVerhältnis** besteht grds nur, wenn in der Satzung vorgesehen (Ausgestaltung als Nachschuss- oder Nebenleistungspflicht). Allg Treupflicht reicht als Grundlage auch unter besonderen Umständen nicht aus.[92] Eine Ausnahme hiervon ist nur im Zuge der Umstellung auf Euro anzuerkennen (Rn 57).

42 **i) Mängel u Fehlen des Übernahmevertrags.** Ist der Übernahmevertrag nichtig oder wirksam angefochten, so entfällt vor Eintragung der KE seine Bindungswirkung. Bereits Geleistetes kann nach § 812 BGB zurückgefordert werden. Keine Anwendung der Regeln über die fehlerhafte Ges. KE darf in diesem Fall nicht eingetragen werden, falls nicht der evtl fehlende Zeichnungsbetrag anderweitig ersetzt wird. Durch Eintragung der KE werden zahlreiche Mängel auch des Übernahmevertrages geheilt (dazu § 57 Rn 27). Um die Heilungswirkung zu verhindern, können betroffene Übernehmer einstw Vfg auf Unterbindung der Eintragung erwirken.[93] Übernahmeerklärung des Übernehmers kann nach Eintragung der KE nicht mehr angefochten werden. Fehlt Erklärung gänzlich (zB bei Fälschung) oder ist sie wegen Fehlens voller Geschäftsfähigkeit unwirksam, wird Übernahmevertrag auch durch Eintragung nicht wirksam. Fehlt Gfterbeschluss zur Annahme der Übernahmeerklärungen, ist KE samt Beitritt der Übernehmer zur Ges nicht wirksam. Diese haften gleichwohl Gläubigern im Insolvenzfall, solange nicht HR berichtigt wird.

43 **k) Übertragung der Stellung als Partner des Übernahmevertrags** ist nur mit Zustimmung der Ges möglich. In der Anmeldung zum HR ist dann der neue Übernehmer, nicht der alte anzumelden. War bereits angemeldet, ist Anmeldung entspr zu berichtigen, sonst bleibt der alte Übernehmer bei Eintragung gebunden.

44 **l) Übertragung des künftigen GAnteils.** Möglich ist auch **Übertragung des künftigen durch die KE entstehenden GAnteils** durch den Zeichner (sofern nicht Vinkulierung entgegensteht). Das aktienrechtliche Verbot (§ 191 AktG) gilt im GmbH-Recht nicht. Übertragung wird erst mit Entstehung des GAnteils durch Eintragung der KE wirksam. Daher findet Durchgangserwerb beim Zeichner statt, der der Ges für die Volleinzahlung der Einlage verhaftet bleibt. Übertragung vor Abschluss wirksamen Übernahmevertrags ist ebenfalls möglich; kommt es nicht zur Übernahme des Anteils durch den Veräußerer, sondern durch andere Person, liegt Verfügung über fremdes Recht vor, die nur unter den Modalitäten des § 185 BGB wirksam wird. Insoweit findet Durchgangserwerb beim Zeichner statt.

45 **6. Bildung neuer u Aufstockung alter GAnteile. a) Neue GAnteile.** Neue GAnteile müssen den Regeln des § 5 II u III entsprechen, § 55 IV, dh

[91] Dazu OLG Schleswig NZG 2004, 1006.
[92] *Lutter/Hommelhoff* Rn 25.
[93] Ulmer/*Ulmer* Rn 95; Rowedder/Schmidt-Leithoff/*Zimmermann* Rn 50.

sie müssen auf volle Euro lauten, ihre Nennbeträge können verschieden hoch bemessen werden, aber die Summe der Nennbeträge aller neuen GAnteile muss dem Erhöhungsbetrag entsprechen. Möglich ist auch die Übernahme mehrerer GAnteile, unabhängig davon, ob vorhandener Gfter oder Dritter übernimmt.

b) Aufstockung alter GAnteile. Von Gftern übernommene KEBeträge können trotz der Regelvorstellung des Abs 3 auch ihren bisherigen GAnteilen durch Aufstockung des Nennbetrags zugeschlagen werden, soweit der vorhandene GAnteil voll eingezahlt ist. § 55 III steht dem nicht entgegen.[94] Bei Aufstockung nur Beachtung von § 5 II 1 (Bemessung auf volle Euro) sowie von § 5 III 2 (Wahrung der Kongruenz mit Stammkapital) erforderlich. Teileingezahlte GAnteile dürfen wegen § 22 IV grds nicht aufgestockt werden. Nach dieser ratio der Beschränkung ist jedoch die Aufstockung auch bei teileingezahlten Anteilen dann zulässig, wenn Anteile noch den Gründern oder ihren Gesamtrechtsnachfolgern gehören,[95] oder der jetzige Inhaber wegen Ablauf der Frist des § 22 III allein für die ausstehende Einlage haftet.[96] 46

Aufstockung auch zulässig, wenn ein Gfter (auch Einmann) **mehrere Anteile** hält.[97] Wird GAnteil nach KEBeschluss u Abschluss des Übernahmevertrags, aber vor Eintragung der KE durch Anteilsinhaber abgetreten, umfasst Abtretung auch den Aufstockungsbetrag. Da Aufstockung erst mit Eintragung der KE ins HR wirksam wird, jedoch originärer Erwerb seitens des Erwerbers hinsichtlich der aufgestockten Teile auf Grund der Abtretung nicht möglich ist,[98] bleibt Abtretung dinglich insgesamt in der Schwebe bis zur Eintragung, die zum Durchgangserwerb beim Veräußerer führt.[99] 47

7. Leistung der Einlagen auf den Erhöhungsbetrag. Dafür gilt § 19 unmittelbar. Daher können Gfter von den durch KE begründeten Einlageverpflichtungen nicht befreit werden, u es gilt weitreichendes Aufrechnungsverbot sowie Verbot der Erbringung von Sachleistungen an Erfüllungs Statt, § 19 II. Die Befreiung durch Kapitalherabsetzung ist nur stark begrenzt möglich, § 19 III. Vgl dazu näher die Anmerkungen zu § 19. Verweisungen auf § 19 in §§ 55 IV, 56 II u 56 a bedeuten nicht etwa Ausschluss der Geltung von § 19 im Übrigen. In welchem Ausmaß Leistungen erbracht sein müssen, um KE zum HR anmelden zu können, regelt § 56 a. Näheres dort. Zur Entstehung des Anspruchs auf Leistung der Einlage s Rn 51. Zur stark begrenzten Erfüllungswirkung von **Voreinzahlungen** vgl § 56 a Rn 9 ff. 48

8. Eintragung. KE bedarf zu ihrer Wirksamkeit wie jede Satzungsänderung der Eintragung im HR. Näher dazu bei § 57. Erst mit dieser Eintragung werden auch die Übernahmeverträge dauerhaft wirksam (dazu oben Rn 37 f). Zur Anmeldung der KE s ebenfalls bei § 57. Auch GAnteile entstehen erst mit Eintragung, werden daher erst zu diesem Zeitpunkt erworben. Gewinnberechtigung neuer Anteile besteht mangels abw Regelung im KEBeschluss 49

---

94 AllgM, vgl insbes BGHZ 63, 116.

95 *Roth*/Altmeppen Rn 35; Rowedder/Schmidt-Leithoff/*Zimmermann* Rn 13; *Lutter/Hommelhoff* Rn 16; *Meyer-Landrut* Rn 22; BGHZ 63, 116; BayObLG DB 1986, 738; BayObLG NZG 2002, 585; OLG Hamm DB 1982, 945.

96 *Lutter/Hommelhoff* Rn 16; Scholz/*Priester* Rn 25.

97 LG Berlin BB 1992, 89.

98 Insoweit zutr *Habel* GmbHR 2000, 268.

99 Anders *Habel* (Fn 98), der KE scheitern lassen will.

erstmals für Jahr der Eintragung u nur anteilig für Zeitraum ab Entstehung.[100] Dazu Aufstellung einer Zwischenbilanz nicht erforderlich, vielmehr ist Jahresgewinn pro rata temporis aufzuteilen. KEBeschluss kann spätere Gewinnberechtigung ohne weiteres, frühere nur ab Zeitpunkt u im Ausmaß der Einlageleistung oder mit Zustimmung aller dadurch benachteiligten Gfter festlegen.

50 **9. Überzeichnung des Erhöhungsbetrages.** Hat Ges mehr Übernahmeverträge geschlossen als durch den Erhöhungsbetrag gedeckt sind, ein hoffentlich nur theoretischer Fall, entscheidet gegenüber Dritten zeitliche Priorität über Teilnahme an der KE. Danach nicht berücksichtigten Übernehmern wird Ges idR schadensersatzpflichtig sein. Haben nur Gfter Stammeinlagen übernommen, wird soweit möglich anteilige Kürzung vorzunehmen sein.[101] Ggf sind Gfter verpflichtet, an einer erforderlichen geringfügigen Korrektur des Stammkapitals mitzuwirken. Sind mit Dritten u Gftern wirksame Übernahmeverträge geschlossen worden, haben die Dritten Vorrang.[102] Zur registerrechtlichen Lage bei Einreichung überschüssiger Übernahmeerklärungen § 57 Rn 5.

51 **10. Entstehung der Einlageverpflichtung.** Wirksamkeit der Einlageverpflichtung hängt nicht von der Wirksamkeit der KE u damit von deren Eintragung im HR ab. Einlageverpflichtung entsteht bereits durch Abschluss des Übernahmevertrags. Das kann nicht anders sein, weil Anmeldung der KE zum HR bei Barerhöhung die Leistung von mindestens ¼ des Nennwertes u bei Sacherhöhungen die Vollerbringung der Einlage voraussetzt, näher § 56 a. Kommt es allerdings binnen gesetzter oder angemessener Frist nicht zur Eintragung, treten die Rn 37 dargelegten Rechtsfolgen ein. Davon zu unterscheiden ist Frage der Entstehung der Einlageverpflichtung, wenn Übernahmevertrag vor KEBeschluss abgeschlossen wird (dazu oben Rn 39).

52 **11. Verjährung.** Anspruch der Ges auf Erbringung der Einlage unterliegt wie alle Ansprüche der Verjährung, § 194 BGB. Solange Sonderregelung fehlte, war von Regelfrist des BGB (bis zur Schuldrechtsmodernisierung also 30 Jahre) auszugehen. Durch das Gesetz zur Anpassung von Verjährungsvorschriften an das Gesetz zur Modernisierung des Schuldrechts vom 9. 12. 2004 ist § 55 IV durch eine Verweisung auf den im gleichen Entwurf vorgesehenen neuen Abs 6 des § 19 erweitert worden. Dort wird die Verjährung von Ansprüchen der Gesellschaft auf Leistung von Einlagen auf zehn Jahre begrenzt. Im Fall der Eröffnung des Insolvenzverfahrens tritt die Verjährung nicht vor Ablauf von sechs Monaten ab dem Zeitpunkt der Eröffnung ein, § 19 VI 2. Die überlange 30-Jahre-Frist ist damit ebenso vermieden wie die wenig sinnvolle Herabsetzung der regelmäßigen Verjährung in § 195 BGB auf drei Jahre, also auf 10% des früheren Werts durch den Gesetzgeber des Schuldrechtsmodernisierungsgesetzes.[103] Frist beginnt nicht vor Fälligkeitsein-

---

[100] Abw hinsichtlich letzterem *Scholz/Priester* Rn 28 mit der unzutreffenden Begründung, dass dies Zwischenbilanz erforderlich machen würde u deshalb im Zweifel nicht gewollt sei. Darin läge in der Tat zu große Belastung für Ges.; abw auch Ulmer/*Ulmer* Rn 26. Beide wollen den Anteilserwerber voll am Gewinn des Jahres teilhaben lassen, in dem GAnteil entsteht.

[101] Scholz/*Priester* Rn 98.

[102] Teilweise anders Scholz/*Priester* Rn 98.

[103] Zur Behandlung von Altfällen s *Benecke/Geldsetzer* NZG 2006, 7.

tritt. Für nicht eingeforderte Bareinlagen beginnt Verjährung nicht. Das hat konsequenterweise auch für Bareinlageverpflichtungen zu gelten, die auf Grund von als verdeckte Sacheinlagen zu qualifizierenden Absprachen entstehen. Zu insoweit je nach den Umständen weitreichenden Rechtsfolgen s § 56 Rn 11 ff.

IV. Das Ausschüttungs-Rückholverfahren

KE wird nicht selten eingesetzt, um ausgeschüttete Geweinne an die Ges zurückzuführen u als Eigenkapital der Ges langfristig zu binden. Näher dazu § 29 Rn 65 ff mN, insbes dazu, inwieweit dafür nominelle oder effektive KE einsetzbar ist. Das Hin- u Her anstelle sofortiger Zuführung aus dem Jahresüberschuss an die Rücklagen ist, wie so viele gesellschaftsrechtlich eher unsinnige Maßnahmen vielfach Folge verkehrter Steuergesetzgebung; Anreiz für Ausschüttungs-Rückholverfahren ist durch neuere Gesetzgebung derzeit wieder gesunken. Zum Problem der Anwendung von Regeln über die KE durch Sacheinlagen zwecks Vermeidung sog verdeckter Sacherhöhung ebenda Rn 67. Wichtig ferner die Hinweise oben § 19 Rn 46.[104] **53**

V. Kapitalerhöhung zwecks Anpassung des Stammkapitals an Neumindestziffer

Die seinerzeit durch die Novelle von 1980 vorgenommene Heraufsetzung der Mindeststammkapitalziffer von 25 000 auf 50 000 DM in § 5 I GmbHG hatte für viele Ges die Erforderlichkeit einer KE mit sich gebracht. Zu dieser inzwischen weithin obsoleten Konstellation u ihren rechtl Besonderheiten vgl näher 16. Aufl § 5 Rn 56 ff. S a 18. Aufl § 5 Rn 61. **54**

VI. Kapitalveränderungsmaßnahmen zur Umstellung auf Euro

Lit: *Geyrhalter* BB 1998, 905; *ders* ZIP 1998, 1608; *Heidinger,* Die Umstellung der GmbH auf Euro durch Aufstockung der GAnteile, GmbHR 2000, 414; *Kallmeyer* GmbHR 1998, 963; *Ries,* GmbHR 2000, 264; *Schick/Trapp* GmbHR 1998, 209; *U. H. Schneider* DB 1998, 1449; *ders* NJW 1998, 3158; *Seibert* ZGR 1998, 1; *Theile/Köhler* GmbHR 1999, 516.

Vor dem 1. 1. 1999 eingetragene Ges dürfen zwar ihr auf DM lautendes Stammkapital beibehalten, § 1 I 1 Hs 1 EGGmbHG. Von Ausnahmesituationen, zB fehlender oder atypischer Geschäftstätigkeit abgesehen, ist das indessen kaum zweckmäßig. Ein rechtlicher Zwang zur Umstellung bestand u besteht nur in Gestalt der Registersperre, die gegenüber Kapitalveränderungen eingreift, vgl für den bisherigen Rechtszustand den durch das MoMiG aufgehobenen § 86 I 4, für den jetzigen Rechtszustand § 1 I 4 EGGmbHG. Zu diesem Zwang durch **Registersperre** schon oben § 54 Rn 26. Die zur Wirksamkeit der Kapitalveränderung notwendige Eintragung ins HR wird nach dieser Regelung nur vorgenommen, wenn gleichzeitig oder vorher die Umstellung auf Euro unter Glättung der Nennbeträge (zu dieser unten Rn 56) erfolgt. Die meisten Ges werden allerdings ohne Rücksicht auf diesen Zwang inzwischen eine Anpassung vorgenommen haben oder noch vorneh- **55**

---

104 Aus der Lit *Lutter/Zöllner* ZGR 1996, 164; *Priester* ZGR 1998, 856.

men, insbes wenn sie über die Grenzen hinweg geschäftlich tätig sind. Für alle Maßnahmen gilt als Grundlage der in Art 109 l Abs 4 S 1 EG-Vertrag geregelte **amtliche Umrechnungskurs:** 1 Euro = 1,95 583 DM. Zur wenig praktischen u die Registersperre nicht beseitigenden Anpassung durch sog. **Umrechnung in Euro** vgl die 18. Aufl Rn 57 ff.

56 In aller Regel wird es für Ges zweckmäßiger sein, im Zuge der Anpassung an neue Währung **Umstellung auf glatte Eurobeträge** vorzunehmen. Das kann nur im Weg einer Kapitalveränderung (KE oder KH) erfolgen. Auf diese finden die auch sonst dafür geltenden Vorschriften Anwendung,[105] § 1 III 3 Hs 1 EGGmbHG. Ges kann sich dabei an die durch § 5 normierten Erfordernisse halten: Mindestbetrag der GAnteile ein Euro. Sie kann aber auch als Nennbetrag jeden auf volle Euro lautenden Betrag wählen. Ob Ges für Anpassung den Weg der KE oder der KH wählt, richtet sich nach den Umständen.[106] In der Regel wird Anpassung mittels KE zur Glättung der Nennbeträge in der Praxis vorzugswürdig sein, zumal hierfür notwendige Beträge ganz gering sein werden, sodass als Form die BarKE gewählt werden kann. Unter den durch das MoMiG normierten Regeln zur Bemessung der GAnteile hat sich die praktische Durchführung so vereinfacht, dass sie leicht einverständliche Lösungen finden wird.[107]

57 In Sonderfällen kann sich indessen Frage der **Durchsetzbarkeit einer Euro-Umstellung** unter Anpassung an glatte Werte auch gegen den Willen widerstrebender Gfter stellen. Rechtlich geht es insoweit darum, welche **Mitwirkungspflichten** für Gfter bestehen. Da gesetzliche Regelung fehlt, lassen sich diese nur aus der Treupflicht herleiten. In erster Linie geht es dabei um **Treupflicht hinsichtlich Mehrheitsbeschluss.** Alle Kapitalveränderungsmaßnahmen erfordern qualifizierten Mehrheitsbeschluss. Auch wenn Mitwirkung an strukturändernden Maßnahmen in aller Regel keiner strikten Treubindung unterliegt, wie sie für GFührungsentscheidungen u diesen nahe stehenden Maßnahmen besteht, gebietet Treupflicht Gftern dennoch, einen im Interesse der Ges liegenden Kapitalveränderungsbeschluss nicht zu verhindern (dh nicht gegen ihn zu stimmen – positive Stimmpflicht besteht idR nicht), dies jedenfalls dann, wenn keine schutzwürdigen Gegeninteressen des Gfters bestehen. Solche schutzwürdigen Gegeninteressen fehlen idR, wenn Ges erforderliche KE ohne allzu große Umschichtungen aus GesMitteln durchführen kann. Auch bei einer im Wege des Ausschüttungsrückholverfahrens (dazu Rn 53) durchzuführenden KE werden schutzwürdige Gegeninteressen vielfach fehlen. Gleiches gilt auch für effektive BarKE, wenn der auf den widerstrebenden Gfter entfallende Erhöhungsbetrag nur unerhebliches Ausmaß hat. Erfolgt Anpassung der GAnteile im Wege effektiver KE, ist Mitwirkung der Gfter über Erhöhungsbeschluss hinaus auch bei **Übernahme des Erhöhungsbetrags** erforderlich, weil dieser zwecks Glättung des Anteilsbetrags dem einzelnen GAnteil zugeschrieben werden muss (oben Rn 68). Gfter unterliegt insoweit einem Kontrahierungszwang, gerichtet auf Abschluss des Übernahmevertrags mit der Ges, wenn schutzwürdige Gegeninteressen fehlen, wie insbes bei relativ geringfügigem Umfang einzuzahlender Beträge u bei Durchführung im Wege des Ausschüttungsrückholverfahrens. Weitere Probleme können sich bei Vorhandensein **teileingezahlter GAnteile** erge-

[105] Dazu BayObLG NZG 2002, 585.
[106] Zur Anpassung durch KH vgl die 18. Aufl Rn 66 f.
[107] Zur Rechtslage vor dem MoMiG s die 18. Aufl Rn 68 ff.

ben. Ist Anpassung etwa durch BarKE behindert, weil Anteile nicht voll eingezahlt sind u nicht mehr dem ursprünglichen Inhaber gehören, während Enthaftungsfrist des § 22 III noch läuft, kann sich die Frage stellen, ob Volleinzahlung der vorhandenen Anteile verlangt werden kann. Bestehen keine satzungsmäßigen Zahlungstermine, kann einfache Mehrheit zwar Einforderungsbeschluss gem § 46 Nr 2 fassen. Ist sie daran jedoch durch später liegenden in der Satzung geregelten Fälligkeitstermin gehindert, kann bei entsprechend dringendem Bedürfnis für Euroumstellung u Fehlen anderer Möglichkeiten der Anpassung Stimmpflicht zur Aufhebung der satzungsmäßigen Hinausschiebung der Fälligkeit bestehen.

Genehmigtes Kapital

55a (1) [1] **Der Gesellschaftsvertrag kann die Geschäftsführer für höchstens fünf Jahre nach Eintragung der Gesellschaft ermächtigen, das Stammkapital bis zu einem bestimmten Nennbetrag (genehmigtes Kapital) durch Ausgabe neuer Geschäftsanteile gegen Einlagen zu erhöhen.** [2] **Der Nennbetrag des genehmigten Kapitals darf die Hälfte des Stammkapitals, das zur Zeit der Ermächtigung vorhanden ist, nicht übersteigen.**

(2) **Die Ermächtigung kann auch durch Abänderung des Gesellschaftsvertrages für höchstens fünf Jahre nach deren Eintragung erteilt werden.**

(3) **Gegen Sacheinlagen (§ 56) dürfen Geschäftsanteile nur ausgegeben werden, wenn die Ermächtigung es vorsieht.**

Übersicht

I. Vorbemerkung

1 Ermöglichung der KE in Form sog genehmigten Kapitals, die im Aktienrecht eine nun schon über Jahrzehnte bewährte Einrichtung darstellt, hat in das GmbHG erst durch das MoMiG Eingang gefunden, und auch in dieses ist sie erst auf Anregung des Bundesrats aufgenommen worden.[1] In rechtspolitischen Diskussionen zum GmbH-Recht zwar verschiedentlich erwogen hat es doch seit langem keine dringliche Forderung nach ihrer Etablierung bei der GmbH gegeben. In der Tat ist höchst zweifelhaft, ob dafür ein echtes Bedürfnis besteht.[2] Man darf gespannt sein, inwieweit von ihm Gebrauch gemacht werden wird. Vorschrift lehnt sich inhaltlich u in der Formulierung an die Regelung des genehmigten Kapitals im AktG (§§ 202–206) an, bleibt ihr gegenüber jedoch lückenhaft, weil nicht nur weggelassen ist, wofür im GmbH-Recht keine Ansatzpunkte bestehen. Dadurch verursachte Regelungslücken können angesichts der die aktienrechtliche Regelung einerseits wortgetreu (aber nur partiell) rezipierenden u andererseits gegenüber dem AktG eklektrischen Regelungstechnik nicht schematisch durch Analogie zu nicht rezipierten aktiengesetzlichen Bestimmungen geschlossen werden, vielmehr muss versucht werden, der jeweiligen Lückenschließungsaufgabe aus dem GmbH-rechtlichen System heraus gerecht zu werden.[3]

II. Begriff des genehmigten Kapitals

2 Genehmigtes Kapital ist eine in der Satzung der Ges enthaltene Ermächtigung der GFührer, das Stammkapital der Ges durch Ausgabe neuer GAnteile zu erhöhen, Abs 1 Satz 1. Die Satzungsermächtigung kann in der ursprünglichen Satzung getroffen werden oder ihr durch spätere Satzungsänderung eingefügt werden, Abs 1 Satz 1 u Abs 2. Das genehmigte Kapital ist daher noch kein Stammkapital, seine Schaffung mithin auch keine Kapitalerhöhung, sondern nur die Grundlage, neues Stammkapital ohne Beschluss der GfterVers durch Maßnahmen der GFührer zu erzeugen. Das Bedürfnis für diese Erleichterung ist im GmbH-Recht angesichts wesentlich geringerer Versammlungskosten u größerer Flexibilität sowie geringerer Erforderlichkeit, Finanzierungschancen auf dem Kapitalmarkt rasch auszunutzen, nicht annähernd so groß wie im Aktienrecht, in dem sich das genehmigte Kapital zur dominierenden Form der KE jedenfalls bei Publikumsgesellschaften entwickelt hat. AG-Satzungen enthalten vielfach zwei Ermächtigungen zur Erhöhung (sog. Genehmigtes Kapital I und II), die sich nicht selten in ihren Ausgabevoraussetzungen unterscheiden u getrennt beschlossen werden. Hintergrund dafür ist die Ver-

---

[1] BT-Drucks 16/6140, 164.

[2] Vgl *K. Schmidt* JZ 2009 S. 10, 17: überflüssige Regel. Positiv gesehen wird Einführung bei *Grigoleit/Rieder* Rn 316; *Klett* GmbHR 2008, 1313; *Bormann/Urlichs* GmbHR 2008, Sonderheft Oktober S. 45.

[3] Zu undifferenziert *Grigoleit/Rieder* Rn 312.

meidung einer Kumulierung der wegen der unterschiedlichen Bedingungen unterschiedlichen Anfechtungsrisiken.[4]

III. Ermächtigung der GFührer zur KE

1. Gegenstand u Inhalt der Ermächtigung. a) Gegenstand der Ermächtigung ist die Erteilung der Kompetenz an GFührer zur Vornahme einer KE, u zwar ausschließlich einer effektiven KE. Zur Vornahme einer KE aus Gesellschaftsmitteln (= nominelle KE) ist Ermächtigung nicht möglich. Ermächtigung bedeutet, dass nunmehr GfterVers an der auf Grund der Ermächtigung möglichen KE nicht mehr mitzuwirken braucht, vielmehr insoweit die Zuständigkeit auf GFührer übergegangen ist. Alle Entscheidungen u Handlungen, die im Rahmen der NormalKE gemäß § 55 der GfterVers obliegen, sind im Rahmen von § 55 a den GFührern überlassen. Ohne die Ermächtigung wäre einschlägiges Handeln der GFührer unwirksam. GFührer sind aber gegenüber GfterVers, anders als der aktienrechtliche Vorstand gegenüber der Hauptversammlung, nicht frei. Vielmehr kann GfterVers GFührer zur Vornahme einer KE anweisen u sie kann ihnen auch Weisungen erteilen, wie sie die KE zuzuschneiden haben, oder auch dahingehend, die KE innerhalb eines bestimmten Zeitraums nicht vorzunehmen oder eine bestimmte von den GFührern ins Auge gefasste KE zu unterlassen. 3

b) Notwendiger Inhalt der Ermächtigung. Neben dem Grundsatzinhalt, dass GFührer zur Erhöhung des Stammkapitals ermächtigt werden, muss Ermächtigung eine **Frist** angeben, innerhalb derer die Erhöhung zulässig sein soll. Die Frist darf höchstens auf fünf Jahre ab Eintragung bemessen werden, u zwar bei Ermächtigung in der Ursprungssatzung ab Eintragung des Ges, bei Ermächtigung durch Satzungsänderung ab deren Eintragung. Die hM im Aktienrecht verlangt Fristangabe auch dann, wenn höchstzulässige Frist gelten soll;[5] im GmbH-Recht wäre das unnötige Förmelei. Die dem Anlegerschutz dienenden Anforderungen an das Aktienrecht sind bei der GmbH überflüssig. Deshalb ist Ermächtigung auch ohne Fristangabe als mangelfrei anzusehen. Es gilt dann die höchstzulässige Frist als gewollt. Nur bei expliziter Ermächtigung für mehr als fünf Jahre ist Nichtigkeit der Ermächtigung anzunehmen. Der Praxis ist freilich im Hinblick auf Unsicherheit der Rechtslage genaue Festlegung einer im Rahmen der zulässigen fünf Jahre liegenden Frist zu empfehlen. **Fristbestimmung** kann durch Nennung des Tages erfolgen, mit dem die Frist enden soll, aber auch (evtl. zweckmäßiger) durch Nennung einer Fristdauer, die ab Eintragung gelten soll. 4

Notwendiger Inhalt der Ermächtigung ist ferner konkrete **Angabe der Höhe der Ermächtigung,** dh des Nennbetrags, bis zu dem Erhöhung zulässig sein soll, Abs 1 Satz 1. Angabe kann ebensowohl durch einen Höchstbetrag des durch Gebrauchmachen von der Ermächtigung zu erhöhenden Stammkapitals gemacht werden, als auch (alternativ oder kumulativ) durch einen Höchstbetrag des Erhöhungsbetrags. Zulässig ist auch Angabe eines Bruchteils oder Prozentsatzes des vorhandenen Stammkapitals.[6] Bei der letztgenannten Formulierung berechnet sich der Umfang der Ermächtigung von 5

---

[4] Dazu *Heinsius* FS Kellermann, 1990, 115 f; aus der aktienrechtlichen Kommentarliteratur s nur KölnerKomm/*Lutter* 2. Aufl § 202 Rn 31.

[5] Vgl statt anderer *Hüffer* AktG § 202 Rn 11.

[6] Vgl KölnerKomm/*Lutter* § 202 Rn 11; abw *Hüffer* AktG § 202 Rn 12.

der zurzeit der Eintragung der Ermächtigung geltenden Stammkapitalsumme. Diese kann höher sein als sie im Zeitpunkt der Beschlussfassung über die Ermächtigung war, wenn etwa zwischenzeitlich andere (vom genehmigten Kapital unabhängige) Erhöhungen erfolgt sind.

6 **Begrenzung der Höhe.** Gesetz begrenzt Erhöhungsbetrag auf die Hälfte des zurzeit der Ermächtigung vorhandenen Stammkapitals, Abs 1 Satz 2. Bezugsgröße ist danach im Fall vorangehender Erhöhungen stets nur das bis zur Eintragung der Ermächtigung wirksam erhöhte Stammkapital. Im Fall nur beschlossener aber noch nicht eingetragener KE muss daher, wenn für die Höhe der Ermächtigung auf das unter Einschluss der intendierten Erhöhung bemessene Kapital abgestellt werden soll, dafür gesorgt werden, dass die intendierte Erhöhung vor der Ermächtigung eingetragen wird. Werden mehrere getrennte Ermächtigungen beschlossen, muss sich ihre Gesamthöhe an die Grenze halten.

7 **c) Fakultativer Inhalt der Ermächtigung.** Weiterer Inhalt der Ermächtigung ist fakultativ.

In Betracht kommen Vorgaben für **Bemessung des Ausgabebetrags** neuer GAnteile. Fehlen solche Angaben, bestimmen GFührer selbst über Bemessung. Soll **Ausgabe der GAnteile gegen Sacheinlagen** erfolgen oder auch nur möglich sein, muss das in der Ermächtigung vorgesehen werden, Abs 3. Ermächtigung kann das **Bezugsrecht der Gfter** auf die neuen GAnteile **ausschließen,** sie kann sich aber auch darauf beschränken, GFührer zum Ausschluss zu ermächtigen. Dass GmbH-rechtliche Regelung anders als § 203 II AktG sich dazu nicht äußert, kann damit zu erklären sein, dass GmbHG Bezugsrecht überhaupt nicht regelt mit der Folge, dass Existenz u Reichweite noch immer streitig, freilich nicht ernstlich zweifelhaft sind. Möglich sind als weiterer Inhalt der Ermächtigung selbstverständlich Vorgaben für die mit den auszugebenden GAnteilen verbundenen mitgliedschaftlichen Rechte u Pflichten, zB deren Stimmlosigkeit oder erhöhtes Stimmrecht, Gewinnbezugsrechte, Liquidationsrechte u Nebenleistungspflichten. Möglich ist schließlich **Festlegung oder Begrenzung des Zwecks,** zu dem GFührer das Stammkapital erhöhen dürfen. Dieser Zweck kann auch die Begebung von Anteilen an **Arbeitnehmer der Ges** sein. Dass im Gegensatz zum Aktienrecht (§ 202 IV AktG) gesetzliche Regelung dieser Möglichkeit fehlt, hindert entsprechende Ermächtigung nicht.

8 **2. Vornahme der Ermächtigung. a) Ermächtigung** kann schon in der **ursprünglichen Satzung** erfolgen, Abs 1 Satz 1. Seltsamerweise sieht Text der GmbH-rechtlichen Regelung, anders als das Aktienrecht (vgl § 39 II AktG), nicht vor, dass die Ermächtigung inhaltlich im HR verlautbart, dh eingetragen wird, es genügt, wenn sie in der Satzungsurkunde enthalten ist. Zu rechtfertigen wäre dieser Unterschied allenfalls aus einem geringeren Schutzbedürfnis der Gfter einer GmbH, wie es daraus resultieren könnte, dass anders als vor der Zeichnung von Aktien die Gfter zumeist vom Satzungsinhalt Kenntnis nehmen. Das Argument ist schwach. Deshalb spricht mehr für eine Analogie zu § 39 II AktG.[7]

[7] Art. 14 b des ARUG-Entwurfs enthält idF des Rechtsausschusses des BT eine Änderung von § 10 II 1 GmbHG dahin, dass auch Bestimmungen des GesVertrags über das genehmigte Kapital im HR einzutragen sind. Damit würde die Gleichstellung mit dem Aktienrecht in diesem Punkt außer Zweifel gestellt.

b) Ermächtigung kann auch **durch Satzungsänderung** später der Satzung eingefügt werden, Abs 2. Derartige Satzungsänderung kann beliebig oft wiederholt werden, aber während der Geltung einer früheren Ermächtigung selbstverständlich nur innerhalb der quantitativen Grenze von Abs 1 Satz 2, dh mehrere geltende Ermächtigungen dürfen zusammengenommen die 50%-Grenze nicht überschreiten. Ermächtigung muss sämtliche Erfordernisse einer Satzungsänderung erfüllen: Entsprechende Ankündigung zur Tagesordnung, Beschluss der GfterVers, der mit Dreiviertelmehrheit gefasst werden muss, notarielle Beurkundung des Beschlusses, Einholung evtl notwendiger Zustimmungserklärungen. Wirksam wird Ermächtigung erst mit Eintragung im HR. Auch bei der Ermächtigung durch Satzungsänderung sieht Gesetz nicht vor, dass Eintragung im HR inhaltlich zu erfolgen braucht. Das hat als missliche Folge, dass auch die Bekanntmachung keine inhaltliche Aussage über Bestehen u Inhalt einer Ermächtigung enthält. Insoweit erscheint Analogie zum Aktienrecht noch dringlicher als bei Ermächtigung in der Ursprungssatzung. 9

3. Änderung u Beendigung der Ermächtigung. a) Eingetragene noch nicht verbrauchte Ermächtigung, gleichviel ob durch Ursprungssatzung oder durch Satzungsänderung erteilt, bedarf zur **Änderung** entsprechender Satzungsänderung. Durch sie kann zB Frist oder Umfang der Ermächtigung geändert werden, es kann aber auch Abweichendes über Ausgabebedingungen oder über mit den auszugebenden Anteilen verbundene Rechte etc. vorgesehen werden. Bei Ermächtigung in der Ursprungssatzung bedarf es vor Eintragung der Ges im HR einer Änderung des GesVertrages, die nach zutreffender Ansicht in diesem Stadium nur unter Zustimmung aller Gründer möglich ist. Bei Ermächtigung durch Satzungsänderung ist vor deren Eintragung lediglich Änderung des Ermächtigungsbeschlusses notwendig, die freilich alle Anforderungen an einen Satzungsänderungsbeschluss erfüllen muss. 10

b) Beendigung der Ermächtigung erfolgt automatisch durch Ablauf der für sie festgelegten Frist oder Ablauf der gesetzlichen Höchstfrist, ferner durch vollständiges Gebrauchmachen von der Ermächtigung. Noch nicht abgelaufene oder verbrauchte Ermächtigung bedarf zur Beendigung der **Aufhebung.** Sie ist nur im Weg der Satzungsänderung möglich. Einer Kapitalherabsetzung bedarf es selbstverständlich nicht, weil durch unverbrauchte Ermächtigung Kapital nicht erhöht ist. Noch nicht eingetragene Satzungsänderung, mit der Ermächtigung geschaffen werden sollte, kann durch einfachen Mehrheitsbeschluss aufgehoben werden. 11

IV. Kapitalerhöhung durch Ermächtigungsausübung

1. Entscheidung über KE wird durch GFührer getroffen. Sind mehrere GFührer vorhanden, bedarf es eines Beschlusses, gibt es nur einen GFührer, ist sein Entschluss maßgebend. Anders als im Aktienrecht ist der AR in den Vorgang nicht einbezogen, u zwar auch in Ges mit obligatorischem AR. AR kann auch nicht entsprechend § 111 IV AktG bestimmen, dass KE nur mit seiner Zustimmung vorgenommen werden darf. KE u Ausgabe der GAnteile fallen zwar beim genehmigten Kapital in die Zuständigkeit der GFührer, sind aber keine Maßnahmen der GFührung[8] iSv § 111 IV AktG, sondern struktu- 12

[8] Missverständlich *Wicke* § 55 a Rn 13.

relle, die gesellschafterlichen Verhältnisse der GmbH betreffende Maßnahmen. Zustimmung der GfterVers ist zur Wirksamkeit der KE nicht erforderlich, wohl aber können GFührer nach allgemeinen Grundsätzen je nach Umfang der KEMaßnahme gehalten sein, konkrete Zustimmung der GfterVers einzuholen.[9] In der Regel ist freilich wegen des Vorliegens der Ermächtigung vom Einverständnis der GfterVers mit dem Gebrauchmachen von der Ermächtigung auszugehen. Sinn der Ermächtigung liegt ja gerade darin, Befassung der GfterVers mit konkreter Erhöhung zu vermeiden. GfterVers kann GFührern aber Weisung erteilen, KE vorzunehmen oder zu unterlassen.[10]

13 **2. Inhalt der Entscheidung der GFührer. a) Grundinhalt.** Die Erhöhungsentscheidung der GFührer geht, der Ermächtigung entsprechend, inhaltlich auf Erhöhung des Stammkapitals durch Ausgabe neuer GAnteile gegen Einlagen. Beschluss der GFührer muss nicht ausdrücklich den Willen enthalten, das Stammkapital zu erhöhen, es genügt, wenn er dahin formuliert ist, neue GAnteile gegen Einlagen auszugeben. Unbedingt erforderlich ist aber **Angabe des Gesamtbetrags,** bis zu dem GAnteile ausgegeben werden sollen. Dabei muss nicht der Gesamtbetrag der Ermächtigung auf einmal ausgeschöpft werden.

14 **b) Ausgabebedingungen.** Beschluss muss angeben, zu welchem Betrag GAnteile ausgegeben werden sollen („Kurs"); GFührer können daher, so weit nicht der Ermächtigungsbeschluss einschlägige Vorgaben macht, evtl. zum Nennbetrag hinzu ein Aufgeld verlangen, ja sie müssen das uU sogar, um einer Verwässerung der Altanteile vorzubeugen. Für die Bestimmung des Ausgabebetrags gelten die gleichen Grundsätze, wie sie auch von der GfterVers bei der normalen KE zu beachten sind (oben § 55 Rn 13). Gegen Sacheinlagen dürfen Anteile nur ausgegeben werden, wenn die Ermächtigung das vorsieht, Abs 3. Auch über den Ausschluss des Bezugsrechts dürfen GFührer nur entscheiden, wenn ihnen die Ermächtigung dazu erteilt ist (vgl auch § 203 II AktG). Andernfalls müssen sie das Bezugsrecht beachten. Formelle u materielle Voraussetzungen des Bezugsrechtsausschlusses sind die gleichen wie bei von der GfterVers zu beschließendem Bezugsrechtsausschluss im Rahmen einer NormalKE (dazu oben § 55 Rn 26 ff.). Diese Voraussetzungen müssen trotz der Ermächtigung durch die GfterVers erfüllt sein.

15 **c)** GFührer entscheiden auch, soweit keine Vorgaben im Ermächtigungsbeschluss bestehen, selbständig über die **Nennbeträge der auszugebenden GAnteile** u damit über die Stückelung des Erhöhungsbetrages. Sie müssen sich dabei nicht nur an die Vorgaben in § 5 II u III halten (§ 55 IV), sondern auch an evtl. einschlägige Regeln der Satzung. Weist bisherige Stückelung des Stammkapitals ein bestimmtes Muster aus, dürfen GFührer davon nicht ohne dringenden Grund abweichen. Ob GFührer ohne entsprechende Vorgabe im Ermächtigungsbeschluss statt der Ausgabe neuer Anteile die Erhöhung durch Aufstockung vorhandener GAnteile vornehmen dürfen, ist zweifelhaft.[11] Man wird eine solche Befugnis bejahen dürfen, so weit die Übernehmer aus dem Kreis der Gfter mit einer solchen Gestaltung der Maßnahme einverstanden sind. GFührer können jedoch nicht von sich aus Angebot an Gfter auf diese

---

[9] Vgl zu diesen Grundsätzen oben § 46 Rn 90.
[10] Vgl *Priester* GmbHR 2008, 1179; *Grigoleit/Rieder* Rn 313; aA *Wicke* § 55 a Rn 7.
[11] Bejahend *Priester* GmbHR 2008, 1179; *Grigoleit/Rieder* Rn 314.

Möglichkeit beschränken, etwa gar mit der Folge, dass sie bei Ablehnung die GAnteile an Dritte begeben dürfen.

d) GFührer müssen bei der Gestaltung der KE auf Grund der Ermächtigung den **Grundsatz der Gleichbehandlung** wahren. Sie dürfen daher zB gegenüber den Gftern Stückelung nicht unterschiedlich gestalten, sofern nicht nachteilig betroffener Gfter zustimmt oder Sachgrund für die Differenzierung vorliegt. Beachtet werden muss ferner **Treupflicht der Ges gegenüber Gftern.** Sie verlangt etwa, dass mitgliedschaftliche Vorrechte einzelner Gfter, etwa Gewinnvorrechte, nicht durch die Ausgestaltung neuer Anteile benachteiligt werden (vgl auch § 204 II AktG). Hingegen wird man nicht so streng sein müssen, GFührern jegliche Ausstattung der neuen Anteile mit besonderen Rechten oder Pflichten generell auch dann zu untersagen, wenn kein Gleichbehandlungsvertrag erfolgt. Eine angebliche „Entscheidungsdominanz der Gfter in Strukturfragen der Gesellschaft", wie *Priester* meint,[12] ist als Grundlage für solchen Rigorismus schon deswegen kaum geeignet, weil diese Dominanz auch im Aktienrecht besteht. Trotzdem kann dort der Vorstand im Rahmen des genehmigten Kapitals auch über strukturell eingreifende Fragen entscheiden. 16

e) Ausgabe von Anteilen gegen Sacheinlagen. Sie ist nur zulässig, wenn die Ermächtigung das vorsieht, Abs 3. Liegt entsprechende Ermächtigung vor, müssen GFührer in ihrem B eschluss über die Ausgabe von Anteilen die in § 56 I 1 genannten Festsetzungen treffen, dh sie müssen die Gegenstände, die als Sacheinlagen entgegen genommen werden sollen, konkret benennen u festlegen, für welchen Nennbetrag u welchen GAnteil sie als Einlagen zu fungieren haben. 17

f) Für **Gewinnteilhabe** der neuen Anteile gilt gleiches wie für Anteile aus normaler KE (dazu oben § 55 Rn 49). GFührer können hiervon Abweichendes nur festlegen, so weit sie dazu durch Gfter ermächtigt sind. 18

V. Durchführung der Erhöhung

1. Übernahme der auszugebenden GAnteile. Zur Durchführung der von den GFührern beschlossenen KE gehört vor allem, dass für die Übernahme der auszugebenden GAnteile gesorgt wird. Übernahme ist wie bei normaler KE ein Vertrag zwischen Ges u Übernehmer.[13] So weit das Bezugsrecht nicht ausgeschlossen ist, bedarf es keiner Zulassungsentscheidung, GFührer haben vielmehr allen Gftern nach dem Verhältnis ihrer Beteiligung die auszugebenden GAnteile anzubieten. So weit Bezugsrecht ausgeschlossen ist, müssen GFührer entscheiden, wem die neuen GAnteile zuzuteilen sind. Für Übernahme der GAnteile gilt exakt das Gleiche wie bei der von der GfterVers beschlossenen KE (näher § 55 Rn 31 ff). 19

2. Leistung auf die übernommenen Anteile. Vor Anmeldung der Erhöhung zum HR müssen die Mindestleistungen auf die Einlage erbracht sein. Bei Barerhöhung hat Einzahlung zu mindestens einem Viertel des Nennbetrags zu erfolgen, § 56 a mit § 7 II 1, Sacheinlagen müssen vollständig erbracht werden, §§ 56 a mit 7 III. 20

---

[12] AaO S 1180.
[13] Vgl zuletzt *Priester* GmbHR 2008, 1181.

21 **3. Anmeldung zum HR.** Zur Anmeldung s näher § 57. Sie hat etwa dahin zu lauten, dass das Stammkapital durch Ausgabe von GAnteilen um x Euro auf y Euro erhöht worden ist. Es geht hierbei nicht um eine blosse Anpassung der Satzung an eine anderweit bewirkte Satzungsänderung,[14] vielmehr wird die Satzungsänderung materiell von den GFührern auf Grund der Ermächtigung in eigener Zuständigkeit beschlossen u durch die Eintragung zur Wirksamkeit gebracht. Die Beifügung einer **Notarbescheinigung** mit vollständigem Wortlaut der Satzung nach § 54 I 2 ist auch bei einer Erhöhung auf Grund genehmigten Kapitals erforderlich. Nach einer Empfehlung des Rechtsausschusses[15] sollte durch das ARUG dem § 55 a GmbHG ein Abs 4 hinzugefügt werden mit folgendem Wortlaut: *„Werden auf Grund des genehmigten Kapitals neue Geschäftsanteile ausgegeben, bestätigt der Notar den genauen Inhalt der Satzungsänderung in der Satzungsbescheinigung nach § 54 Abs 1 Satz 2 anlässlich der Erhöhung des Stammkapitals nach § 57.“* Nach Meinung des Rechtsausschusses würden durch diese ausdrückliche Regelung praktische Anwendungsschwierigkeiten beseitigt. Das wäre indessen gesetzlicher Überaktionismus. Richtigerweise ergibt sich der Inhalt dieser vorgeschlagenen Regelung schon auf Grund zutreffender Auslegung der geltenden Bestimmungen. In die Entwurfsfassung ist diese Empfehlung nicht aufgenommen worden.

22 **4. Eintragung im HR.** Sie ist konstitutives Erfordernis für das Wirksamwerden der Erhöhung des Stammkapitals. Erst mit der Eintragung gelangen auch die übernommenen GAnteile rechtlich zur Entstehung.

VI. Kontrollfragen

23 Im Aktienrecht wirft das Gebrauchmachen von der Ermächtigung zur KE durch Vorstand u AR erhebliche Kontrollprobleme auf. Es geht dabei nicht nur um die Bestimmung der inhaltlichen Grenzen des Verwaltungshandelns, sondern auch um die Frage der prozessualen Geltendmachung durch die Gfter.[16] Für das Gebrauchmachen von der Ermächtigung durch die GFührer einer GmbH gelten zwar inhaltlich ähnliche Grenzen u ihre prozessuale Geltendmachung ist theoretisch mindestens in ähnlicher Weise möglich wie im Aktienrecht. Man wird aber davon ausgehen können, dass bei der GmbH die Kontrolle der GFührer durch die GfterVers so gut funktioniert, dass ein Bedürfnis für zusätzliche Kontrolle durch die einzelnen Gfter deutlich geringer ist. Denkbar ist allerdings in atypischen Gesellschaftsverhältnissen, dass die Mehrheit das genehmigte Kapital im Zusammenwirken mit der GFührung zum Nachteil der Minderheit einsetzt. Wie im Aktienrecht fehlt insoweit in der Regel die Möglichkeit, über die Anfechtung von Gesellschafterbeschlüssen gegenzusteuern. Man wird deshalb der Minderheit in solchen Fällen Klagemöglichkeiten in Gestalt von Feststellungs- u Leistungsklagen, nicht zuletzt auch der Unterlassungsklage, eröffnen müssen,[17] wie es der Erfahrung entspricht, dass jede Schaffung neuer Missbrauchsmöglichkeiten durch den

---

[14] So aber *Priester* GmbHR 2008, 1180; ähnlich wie er *Grigoleit/Rieder* Rn 315, die sogar eine Ermächtigung der GFührer zur Anpassung der Satzung für sinnvoll halten.

[15] Vgl Sitzung des Rechtsausschusses v. 3. 12. 2008 Niederschrift 868.R, 3. 12. 08 TOP 4.

[16] Dazu vor allem BGHZ 136, 133 (Siemens Nold) sowie BGH NZG 2006, 18 u BGH NZG 2006, 20 (Mangusta/Commerzbank I u II).

[17] Vgl zu solchen Klagemöglichkeiten für das Aktienrecht *T. Busch* NZG 2006, 81.

Gesetzgeber von der Entwicklung geeigneter Sanktionen begleitet werden muss.

Kapitalerhöhung mit Sacheinlagen

56 (1) [1] **Sollen Sacheinlagen geleistet werden, so müssen ihr Gegenstand und der Nennbetrag des Geschäftsanteils, auf den sich die Sacheinlage bezieht, im Beschluß über die Erhöhung des Stammkapitals festgesetzt werden.** [2] **Die Festsetzung ist in die in § 55 Abs. 1 bezeichnete Erklärung des Übernehmers aufzunehmen.**

(2) **Die §§ 9 und 19 Abs. 2 Satz 2 und Abs. 4 finden entsprechende Anwendung.**

Übersicht

I. Allgemeines

1. Inhalt. Vorschrift gibt Sonderregeln für qualifizierten Fall der effektiven KE, die sog **Sacherhöhung,** bei der die Stammeinlagen auf den Kapitalerhöhungsbetrag durch Leistung von Sacheinlagen übernommen werden sollen. Gesetz sieht in diesem Vorgang eine Art ergänzender Sachgründung u löst seine Regelungsaufgabe weithin durch Anlehnung an die Vorschriften über die Sachgründung. Verbot der Sachgründung bei **haftungsbeschränkter UG** (§ 5 a II 2) gilt deshalb auch für Sacherhöhung, oben § 5 a Rn 33 mN, dies 1 allerdings nicht, wenn durch Sacherhöhung der Mindestbetrag des § 5 I erreicht wird (anders oben § 5 a Rn 33). Ziel der einschlägigen Regelungen ist die Sicherung der Kapitalaufbringung zum Schutz von Gläubigerinteressen (zu deren Gefährdung durch Sacheinlagen näher § 5 Rn 1 u 15). Wenig anzufangen ist hingegen mit so fein gesponnenen Zweckbestimmungen, es gehe dem Mo MiG nur noch um die „Sicherstellung eines freiwilligen Seriositätssignals".[1]

2 **2. Anwendungsbereich.** Voraussetzung der Anwendung ist, dass Sacheinlagen geleistet werden sollen. **Begriff der Sacheinlage** in diesem Sinn ist mit dem des Gründungsrechts identisch. Er umfasst nicht nur die Sacheinlage ieS, bei der die Einlagepflicht unmittelbar auf Einbringung von Sachen u sonstigen Vermögensgegenständen gerichtet ist, sondern auch die Sachübernahmen[2] (= Übernahme von Vermögensgegenständen unter Anrechnung auf eine Bareinlageverpflichtung), die in der früheren Fassung der Vorschrift ausdrücklich genannt waren. Näher zur Abgrenzung § 5 Rn 16 ff. Möglich sind auch sog **gemischte Sacheinlagen,** bei denen der Wert des geleisteten Gegenstands die Höhe der zu erbringenden Einlage übersteigt u die Differenz dem Einbringer vergütet wird, ferner sog **Mischeinlagen,** bei denen der Übernehmer des Erhöhungsbetrags seine Einlage teils als Sacheinlage teils bar erbringt;[3] zu beidem auch unten Rn 9.

3 **3. Gefährdung der Gfter.** Werden die dem Gläubigerschutz dienenden Vorschriften der Sacherhöhung beachtet, dient dies gleichzeitig dem Gfterschutz. Aus ihrer Nichtbeachtung resultieren hingegen erhebliche Gefahren auch für Gfter. Das gilt einmal für die Einlagepflichtigen selbst, die Einlage uU ein zweites Mal erbringen müssen, es gilt aber auch für die anderen Gfter, die mit der Außenhaftung nach § 24 belastet werden. Für Gfter besonders gefährlich ist von Rspr u Lehre entwickelte Figur der verdeckten Sacheinlage, die bei KE besonders leicht auftritt u von Gftern, insbes den durch die Maßnahme nicht begünstigten, vielfach nicht bemerkt wird.

4 **4. Verdeckte Sacheinlage.**[4] Von ihr spricht man, wenn der KE-Beschluss eine Barerhöhung vorsieht, sich aus dem Verlauf der Durchführung der KE aber ergibt, dass in Wahrheit als Gegenwert der Anteilsgewährung ein Sachwert in Ges eingebracht wird, vgl die Begriffsbestimmung im neuen § 19 IV 1, wie namentlich dann, wenn dem Gfter ein von ihm der Ges gewährtes Darlehen zurückbezahlt wird u er alsbald die Valuta als Stammeinlage auf die KE in das GesVermögen zurückgewährt. BGH[5] formuliert präzise: Tatbestand einer verdeckten Sacheinlage bei Barkapitalerhöhung einer GmbH setzt unmittelbaren oder mittelbaren[6] Einlagenrückfluss an den Inferenten als Ver-

---

[1] So der in vieler Hinsicht durchaus scharfsinnige Beitrag von *Schall* ZGR 2009, 126 (154 und passim).

[2] Missverständlich *Lutter/Hommelhoff* Rn 1, die offenbar Sachübernahmen nicht als durch Sacheinlagebegriff erfasst ansehen, sondern nur gleichwertigen Schutz durch § 19 V aF postulieren. Wie hier Ulmer/*Ulmer* Rn 9.

[3] Ulmer/*Ulmer* Rn 12.

[4] Zusammenfassend zu ihr unter der Rechtslage vor dem MoMiG *Henkel* GmbHR 2005, 1589; *Gerh. H. Wächter* GmbHR 2006, 1084.

[5] BGHZ 171, 113 = GmbHR 2007, 433 = NZG 2007, 300. Dazu *Bork* NZG 2007, 375.

[6] Zum mittelbaren Rückfluss in Konzernsachverhalten vgl BGH (Fn 5), ferner OLG München GmbHR 2005, 1606.

gütung für eine von ihm erbrachte oder absprachegemäß zu erbringende Leistung voraus. Absprache über Verwendung eingezahlter Mittel allein schadet nicht, wenn diese Mittel nicht unter wirtschaftlicher Betrachtung an den Einleger zurückfließen. Ähnlich liegt der Fall, wenn dem Gfter alsbald nach der Einzahlung der Einlage in bar ein Gegenstand von der Ges abgekauft wird. Auch die Wiederausreichung der gezahlten Einlage als Darlehen lässt sich dem gleichstellen u daher als verdeckte Sacheinlage qualifizieren,[7] denn auch insoweit führt die Einzahlung nicht zum dauerhaften Verbleib bei der Ges; dauerhaft verbleibt ihr nur eine Forderung gegen den Gfter. Vgl zu Begriff u Erscheinungsformen ausführlich § 19 Rn 37 mit Bsp u Nachweisen. Der verdeckten Sacheinlage ähnlich gefährdet auch der Tatbestand des sog **Hin- u Herzahlens**[8] die effektive Aufbringung des Stammkapitals. Entwicklung der Rechtsfigur der verdeckten Sacheinlage war notwendig u in vieler Hinsicht sehr gelungen, auch wenn sie insgesamt möglicherweise etwas zu weit ging.[9] Insbes kann Vermengung von Aufrechnungsverbot u Sacheinlagebeschränkung überschießende Folgen entwickeln, wie etwa bei dem im GmbH-Recht jahrzehntelang ohne Beanstandung praktizierten Ausschüttungs-Rückholverfahren.[10] Reform durch MoMiG versucht, Rechtsfolgen der verdeckten Sacheinlage zurückzuschneiden u insbes das sog Hin- u Herzahlen nicht ohne weiteres mit den schweren Folgen des bisherigen Rechts zu belegen. Vgl dazu näher Rn 13.

5. Zweck u wirtschaftliche Bedeutung der Sacherhöhung. Mittels KE durch Sacheinlage können unterschiedliche Ziele verfolgt werden. Nicht selten dient sie als Weg zum Hinzuerwerb von für Ges wichtigen oder wertvollen Gegenständen, wie Grundstücken, Patenten, ganzen Unternehmen oder Unternehmensteilen.[11] Sie ähnelt dann einem Kauf; nur wird der Veräußerer statt mit Geld mit GesAnteilen „bezahlt", Ges erspart sich die Aufbringung oder den Abfluss von Geldmitteln. Vielfach geht es auch in erster Linie um die Gewinnung eines starken „Partners" in Form eines neuen Gfters, der sich nicht bar, sondern mittels Einbringung von Vermögensgegenständen beteiligt. Hier „kauft" wirtschaftlich gesehen nicht die Ges diese Gegenstände, sondern sie „verkauft" sich selbst partiell, wie insbes dann, wenn der Sacheinleger die Mehrheit übernimmt. Durch Sacheinlage von Gesellschaftsanteilen, insbes Aktien oder GmbH-Anteilen kann Unternehmensverbund iSv §§ 15 ff AktG begründet werden. Der Austauschvorgang – KapitalgesAnteile gegen KapitalgesAnteile – ist hier besonders deutlich. Dass auch durch Einbringung sämtlicher Anteile einer KapGes nicht per se Verschmelzung bewirkt wird,[12] versteht sich. Zum Verständnis der Sacheinlage wenig bei trägt es, in ihr ein Hilfsgeschäft iS einer Hingabe des Einlagegegenstands an Erfüllungs Statt für eine „eigentlich" geschuldete Bareinlage zu sehen.[13] Denn darum geht es weit überwiegend nicht, vielmehr richtet sich das Beteiligungsgeschäft von vornherein auf die Sacheinlage. Auch bei der verdeckten Sach- 5

---

[7] Anders zB *Bayer* GmbHR 2004, 451, 453; für differenzierende Betrachtung auch *Servatius* DStR 2004, 1176.

[8] Dazu sogleich nochmals Rn 13.

[9] Zur Kritik vgl auch unten Rn 13.

[10] Dazu oben § 55 Rn 53 u vor allem § 29 Rn 65 ff.

[11] Dazu zB *Wieneke* NZG 2004, 61.

[12] Dazu OLG Celle WM 1988, 1375.

[13] So aber *Lutter/Hommelhoff* Rn 2.

einlage hilft die Konstruktion nicht weiter; dass dort der „Sacheinleger“ nochmals zahlen muss, liegt nicht an einer datio-in-solutum-Vereinbarung, sondern gerade daran, dass eine Bareinlageverpflichtung beschlossen, beurkundet u im HR verlautbart wurde, die dann durch den Einlagevorgang (die „verdeckte Sacheinlage“) gerade nicht erfüllt wurde. Hintergrund der verdeckten Sacheinlage ist es zumeist, dass man die für eine Bareinlage erforderlichen Mittel gar nicht hat oder die zur Erfüllung einer Bareinlage erforderliche Liquidität nicht entbehren möchte. Besonders gefährlich sind Sacheinlagevorgänge (verlautbarte wie verdeckte), wenn sie dazu dienen, dass Gfter unsicher gewordene eigene Forderungen an die Ges in Geschäftsanteile umwandeln möchte, evtl in der Hoffnung, diese noch zu Geld machen zu können.

II. Festsetzung im KEBeschluss

6 Auch Sacherhöhung bedarf, wie jede KE, eines Gfterbeschlusses, für den § 53 I u II (aber nicht III) u § 55 I gelten. Für Sacherhöhung verlangt § 56 I 1 zusätzlich, dass Gegenstand u auf ihn bezogener Betrag der Sacheinlage im KEBeschluss festgesetzt werden. Entgegen mißverständlichem Leitsatz von BGHZ 71, 40 ist für Sacherhöhung kein dringendes Interesse der Ges an Sacheinlage erforderlich, sondern nur für Bezugsrechtsausschluss zugunsten des Einlegers.[14]

7 **1. Gegenstand der Sacheinlage. a) Einlagefähigkeit.** Was als Sacheinlage geeignet ist, entspricht weitgehend dem für die Gründung geltenden Recht.[15] Nur bei KE stellt sich Frage der Einlagefähigkeit für folgende Gegenstände:

(1) Eigene Anteile der Ges. Sie sind als Sacheinlage nicht geeignet (allgM)

(2) Anteile an abhängigen oder in Mehrheitsbesitz der Ges stehenden Unternehmen. Sie sind gleichermaßen ungeeignet.

(3) Auf Gewinnbeteiligung oder Liquidationserlös gerichtete Genusscheine der Ges. Auch sie sind ungeeignet.

(4) Forderungen gegen Ges.[16] Hier ist zu differenzieren. Praktisch nicht selten ist Einbringung einer Darlehensforderung eines Gfters als Sacheinlage,[17] mit der bisheriges Fremdkapital in Eigenkapital verwandelt wird. Vorgänge dieser Art sind nur sinnvoll, wenn sich nach Abzug der durch die Einbringung der Forderung verringerten Passiva der Ges von ihren Aktiva Eigenkapital in einer Höhe ergibt, die den erhöhten Stammkapitalbetrag abdeckt. Nicht geeignet als Sacheinlage sind Gfterdarlehen, die fehlendes Stammkapital oder sogar Überschuldung abdecken u daher von Rspr zu §§ 30, 31 GmbHG erfasst werden (wohl allgM). Bei Einbringung von Sachgesamtheiten, insbes Unternehmen, muss sich aus KE-Beschluss ergeben, ob u inwieweit auch Passiva übernommen werden.[18] Ebenso muss in letzterem Fall auch ersichtlich sein, welche Gegenstände von der Einbringung ausgenommen bleiben sollen.[19]

---

[14] Siehe § 55 Rn 26.

[15] Vgl dazu ausführlich § 5 Rn 23 ff.

[16] Vgl dazu § 5 Rn 28 mN sowie *Meyer-Landrut* Rn 4; Rowedder/Schmidt-Leithoff/*Zimmermann* Rn 7.

[17] OLG Düsseldorf GmbHR 1997, 606.

[18] OLG Düsseldorf DB 1993, 974.

[19] OLG Düsseldorf BB 1996, 338.

(5) Gegenstände u Sachwerte, deren Besitz der Ges schon vor der KE überlassen worden war, können Sacheinlage nur sein, wenn sie noch im GesVermögen vorhanden sind.[20] Andernfalls ist einbringungsfähig nur die dem Gfter zustehende Erstattungs- oder Ersatzforderung. BGH stellt für Vorhandensein auf Zeitpunkt des KE-Beschlusses ab. Richtigerweise ist auf Zeitpunkt der Anmeldung abzustellen. Ob im Sanierungsfall vorgeleistet werden darf, lässt Entscheidung ausdrücklich offen. Dazu § 56 a Rn 9 ff.

b) Erfordernisse der Festsetzung. Festsetzung im KE-Beschluss erfordert, dass der Gegenstand der Sacheinlage hinreichend deutlich, bei Leistung eines (wie idR) konkreten Gegenstands also genau identifizierbar bezeichnet wird, vgl näher § 5 Rn 45. 8

2. Nennbetrag des auf die Sacheinlage bezogenen GAnteils ist im KEBeschluss festzusetzen. Angabe des Werts der Sacheinlage nicht erforderlich, da Überbewertung nicht zulässig. Bei **gemischter Sacheinlage** (zum Begriff Rn 2) muss zusätzlich die dem Einleger vergütete Differenz angegeben werden (näher § 5 Rn 46). Bei Überbewertung mit der Folge zu hoher Vergütung haftet der Einleger nicht nur nach §§ 56, 9, sondern auch nach §§ 30, 31.[21] Hat Einleger auf seine Stammeinlage neben der Sacheinlage auch Geldeinzahlung zu leisten (sog **Mischeinlage**), muss dies genau angegeben werden, damit ersichtlich wird, auf welchen Teil des Nennbetrags Sacheinlage entfällt.[22] 9

3. Person des Übernehmers, der Sacheinlage zu leisten hat, ist ebenfalls Gegenstand der im KEBeschluss zu treffenden Festsetzung. Nichterwähnung in Abs 1 ohne Bedeutung (vgl auch § 5 Rn 44), weil KEBeschluss klarzustellen hat, für wen Tilgungswirkung eintreten soll.[23] 10

4. Rechtsfolgen mangelhafter Festsetzung im KEBeschluss. Trifft KEBeschluss erforderliche Festsetzungen nicht, darf KE nicht eingetragen werden. RegRichter hat Vollständigkeit der Festsetzungen zu prüfen u gegebenenfalls Eintragung abzulehnen. Beschluss ist auch anfechtbar. Wird KE trotz der Festsetzungsmängel eingetragen, ist hinsichtlich der Rechtsfolgen zu differenzieren. 11

a) Grundsätzliche Folge. Erfolgt keine der Festsetzungen, ist Sacheinlageerbringung u damit Sacherhöhung nicht erkennbar. KE wird als normale Barerhöhung wirksam. Übernehmer schuldet alsdann Einlagebetrag in bar u wird durch vorangegangene oder nachträgliche Erbringung der Sacheinlage nur nach Maßgabe von § 19 IV befreit, vgl näher unten Rn 20. 12

b) Unterbleiben der Festsetzung bei scheinbarer Barerhöhung. Festsetzungen unterbleiben insbes bei Sachverhalten, in denen als Gegenstand der Einlagepflicht unmittelbar nichts anderes als Geldzahlung vorgesehen wird u demgemäß Einlage vom Übernehmer „bar“ gezahlt wird, jedoch damit in Zusammenhang Zahlungen der Ges an Übernehmer oder ein mit ihm ver- 13

---

20 BGH NZG 2001, 27.

21 Dazu (zu eng) OLG Köln GmbHR 1999, 288.

22 Ulmer/*Ulmer* Rn 26.

23 Ausschussbegründung BT-Drucks 8/3908, 69; Ulmer/*Ulmer* Rn 21; Scholz/*Priester* Rn 67; Rowedder/Schmidt-Leithoff/*Zimmermann* Rn 10; *Geßler* BB 1980, 1387.

bundenes Unternehmen erfolgen (so beim Erwerb von Vermögensgegenständen, aber auch echtem sog **Hin- u Herzahlen**).[24] Auch bei diesen nicht immer leicht erkennbaren Vorgängen muss Übernehmer trotz bereits erfolgter Barzahlung Einlage nochmals in bar erbringen. In gleicher Weise zu beurteilen ist die umgekehrte Konstellation, bei der die vom Übernehmer eingezahlten Mittel seitens der Ges als Darlehen oder in ähnlicher Weise überlassen worden sind. Sie stehen wirtschaftlich einer verbotenen Befreiung von der Einlageschuld gleich u sind mit dem Grundsatz der realen Kapitalaufbringung unvereinbar.[25] Ausführlich zu diesen Rechtsfolgen mN § 19 Rn 16 ff. Überdies entsteht Ausfallhaftung der anderen Gfter nach § 24. Rechtsfolgen sind jedenfalls für unbewusst erfolgende Verstöße sehr weitgehend, dienen aber der Prävention. Differenzhaftung oder andere schonendere Inanspruchnahme genügen Erfordernissen des Gläubigerschutzes nur dann, wenn zahlungsverpflichtete Gfter im späteren Zeitpunkt noch bei Kasse sind. Absenkung der Verjährungsfrist gegenüber der früheren Regelfrist von dreißig Jahren (dazu § 55 Rn 52) hat Haftungsgefahr zeitlich abgemildert. Gleichwohl profitieren auch unter der neuen zeitlichen Vorgabe von zehn Jahren Gläubiger in der Insolvenz der Ges oft von Jahre zurückliegenden (auch unvorsätzlichen, ja mitunter nicht einmal fahrlässigen) Unregelmäßigkeiten bei einer KEMaßnahme, die für Insolvenz nicht ursächlich war, jedoch vom Insolvenzverwalter entdeckt u als willkommene Mehrung der Insolvenzmasse geltend gemacht wird. Darin liegt partiell überschießendes Rechtsfolgensystem.[26] Möglichkeiten nachträglicher Heilung der verdeckten KE, die durch neuere Rspr verbessert worden sind (dazu Rn 15), beseitigen Unangemessenheit eintretender Rechtsfolgen nicht durchgängig.

13 a Kritik an dem durch die Rechtsprechung entwickelten System verdeckter Sacheinlagen hat im MoMiG zum freilich wenig gelungenen Versuch einer Korrektur geführt.[27] Ein solcher Versuch musste u muss auf kaum überwindliche Schwierigkeiten stoßen. Solange am System eines dem Gläubigerschutz dienenden Stammkapitals festgehalten wird, bedürfen Aufbringung u Erhaltung dieses Kapitals der Regulierung, die ihrerseits vor Umgehung bewahrt werden muss. Auch MoMiG-Regelung geht im Grundsatz davon aus, dass eine als verdeckte Sacheinlage zu bewertende Bareinlage den Gfter nicht von seiner Einlageverpflichtung befreit, § 19 IV 1. Auch das Vorliegen einer verdeckten Sacheinlage sieht die gleiche Regelung, durchaus in Übereinstimmung mit bisheriger Rechtsprechung u hM als gegeben an, wenn eine Geldeinlage eines Gfters bei wirtschaftlicher Betrachtung u auf Grund einer im Zusammenhang mit der Übernahme der Geldeinlagepflicht getroffene Abrede vollständig oder teilweise als Sacheinlage zu bewerten ist. Auf Grund dieses Ansatzes hat bisherige Rechtsprechung u Lehre weiterhin erhebliche Bedeutung. Neuregelung versucht ausschließlich, bei den bisherigen Rechtsfolgen mildernd einzugreifen, indem sie die Versagung befreiender Wirkung

---

[24] Vgl zum bisherigen Recht insbes BGHZ 110, 66; 113, 335; 125, 141; BGH DStR 1999, 1451; BGH NZG 2004, 618; S a *G. Müller* ZGR 1995, 327 mwN.

[25] Vgl BGH GmbHR 2006, 982 = NZG 2006, 716.

[26] Zur Kritik vgl *Wilhelm* ZHR 167 (2003), 520, die freilich zu weit geht. Vgl auch *Heidenhain* GmbHR 2006, 455.

[27] Zur Neuregelung s etwa *Büchel* GmbHR 2007, 1065; *Harald Heinze* GmbHR 2008, 1065; *Herrler* DB 2008, 2347; *Wirsch* GmbHR 2007, 736. *Schall* ZGR 2009, 126; *Pentz* GmbHR 2009, 126.

in § 19 I 3 einschränkt durch Anrechnung des Werts der verdeckten Sacheinlage.

Damit in engem Zusammenhang steht es, dass die Neuregelung auch die nachteiligen Folgen eines Hin- u Herzahlens einschränkt, indem es dessen befreiende Wirkung dann zulässt, wenn die Leistung der Ges an den Einleger oder einen ihm wirtschaftlich gleich zu stellenden Empfänger durch einen Rückzahlungsanspruch gedeckt ist, der jederzeit fällig ist oder fällig gestellt werden kann.[28] Die befreiende Wirkung nach dieser Regelung gilt nur für Hin- u Herzahlungsvorgänge, die nicht als verdeckte Sacheinlage zu qualifizieren sind[29] und sie tritt nur ein, wenn der Rückzahlungsanspruch vollwertig ist.[30] 13 b

c) Unvollständige Festsetzung. Sind getroffene Festsetzungen lediglich unvollständig, besteht nicht in jedem Fall Notwendigkeit rigoroser Rechtsfolgen. Ist aus dem Beschluss erkennbar, dass Sacherhöhung beschlossen worden ist u sind Gegenstände der Sacheinlage hinreichend deutlich u identifizierbar genannt, ist fehlende Nennung der Personen der Übernehmer u der auf sie entfallenden Nennbeträge der Erhöhung dann unschädlich, wenn sich diese Umstände aus den Übernahmeerklärungen ergeben,[31] gleichviel ob diese gesondert erfolgen oder mit dem Beschluss protokolliert oder beigesiegelt werden. 14

5. Heilung unterbliebener Festsetzungen. Die schweren Folgen unterbliebener Festsetzungen machen es wünschenswert, derartige Mängel der Sacherhöhung nachträglich heilen zu können, um dadurch Bareinlagezahlung u Ausfallhaftung zu vermeiden. Der Sache nach liegt insoweit nachträglicher Übergang von Barerhöhung zu Sacherhöhung vor. Die Zulässigkeit einer solchen Maßnahme vor Eintragung der KE ist selbstverständlich unproblematisch,[32] die Zulässigkeit nach der Eintragung hingegen ist über lange Zeit weithin verneint worden. Inzwischen hat sich zu Recht in Lit u Rspr Möglichkeit der Heilung verdeckter Sacheinlagen etabliert,[33] freilich noch mit unklarem Horizont. Durch BGHZ 153, 107 wird sogar die Möglichkeit der Heilung mittels Nachzahlung oder Verrechnung nahegelegt.[34] Insoweit kann sich jedoch eine gewisse Zurückhaltung empfehlen, weil sonst die Nichtbeachtung der Offenlegungserfordernisse bei der KE jedes Risiko verliert.[35] 15

---

[28] Regelung gilt in gleicher Weise für das Her- u Hinzahlen, vgl *Maier-Reimer* ZIP 2008, 1449 (1454); *Herrler* DB 2008, 2347, 2348.

[29] Zur Abgrenzung *Herrler* DB 2008, 2347 ff.

[30] Zum Vollwertigkeiterfordernis des § 19 V 1 s. oben § 1 a Rn 76; *Schall* ZGR 2009, 126, 141 ff.

[31] Vgl Ulmer/*Ulmer* Rn 34.

[32] Vgl zB Brandenburgisches OLG ZIP 2007, 969; s dazu ferner BGH GmbHR 2008, 207 = NZG 2008, 146.

[33] BGHZ 132, 141 mN S 154; BGH GmbHR 2003, 1051 (Anm *Bormann*); BGHZ 153, 107 = NZG 2003, 168; BGHZ 155, 318 = NZG 2003, 972; Hanseatisches OLG ZIP 2005, 988; aus der Lit *Lieb* ZIP 2002, 2013; *Bayer* GmbHR 2004, 445; *Langenbucher* DStR 2003, 1838; *Pentz* ZIP 2003, 2093; *Ettinger/Reiff* NZG 2004, 258.

[34] Dazu besonders *Bayer* GmbHR 2004, 445, 453 f; zu Recht restriktiv OLG Schleswig NZG 2004, 969.

[35] Als Beispiel der vom OLG Schleswig (Fn 34) entschiedene Fall: Gründung einer Einmann-GmbH als Vorratsges, sofortige Bareinzahlung des Stammkapitals am 17. 12. 1999, Wiederausreichung der Summe an Einzahler am 10. 1. 2000 als Darlehen. Veräußerung der Ges am 7. 8. 2000 an neue Gfter, gleichzeitig Überweisung der Stammkapitalsumme als „Darlehensrückzahlung" auf Geskonto.

Bejaht man Heilung verdeckter Sacheinlagen, muss auch Heilung sonstiger Festsetzungsmängel möglich sein. Ausführlich zur Heilungsfrage § 5 Rn 53 sowie § 19 Rn 66 mN. *Fastrich* § 19 Rn 45 ff sieht als Heilung auch die Rechtslage nach § 19 IV 2 u 3 an.

III. Übernahmeerklärung

16 Bei Sacherhöhung muss Übernahmeerklärung des Übernehmers neben den allg Angaben (§ 55 Rn 33) auch die in den KEBeschluss aufgenommenen Festsetzungsangaben hinsichtlich des Gegenstands der Sacheinlage u darauf bezogenen Betrag der Stammeinlage enthalten, Abs 1 S 2 (Person des Einlegers ergibt sich ohnehin aus der Übernahmeerklärung). Statt inhaltlicher Aufnahme in die Übernahmeerklärung genügt Bezugnahme auf KEBeschluss, wenn dieser als Anlage gem § 44 BeurkG beigefügt wird (sog Beisiegelung).[36] Auch Beurkundung der Übernahmeerklärung im notariellen Protokoll (dann allerdings unter Beachtung auch von §§ 8 ff BeurkG) ist möglich.[37] Dabei genügt es, wenn Unterschrift des Übernehmers den Inhalt des Beschlusses mit deckt.[38] Entspricht Übernahmeerklärung dem Erfordernis nicht, hat RegRichter Gelegenheit zur Nachholung zu geben, evtl Eintragung abzulehnen. Trägt er trotzdem ein, wird Mangel geheilt, es entsteht aber keine Bareinzahlungspflicht des Übernehmers.[39]

IV. Sacheinlagebericht?

17 „Sacheinlagebericht" analog dem Sachgründungsbericht (§ 5 IV 2) ist für Sacherhöhung nicht erforderlich.[40] Aus Analogie zu § 5 sich ergebende Zuständigkeit der Gfter dafür wäre kaum sinnvoll. Davon zu unterscheiden ist Frage, ob ähnliche Darlegungspflicht der Ges bei der Anmeldung zum HR besteht oder ob RegRichter derartigen Bericht im Zuge seiner Prüfung verlangen kann (dazu § 57 a Rn 10).

V. Differenzhaftung bei Überbewertung u in anderen Fällen

18 Liegt Wert der Sacheinlage im Zeitpunkt der Anmeldung der KE zum HR unter dem Nominalbetrag der Stammeinlage, muss Einleger Fehlbetrag in Geld als zusätzliche Einlageverpflichtung an Ges leisten, Abs 2 mit § 9 I. Diese verschuldensunabhängige sog Differenzhaftung, die sich auch bei korrekter Bewertung im Einbringungszeitpunkt ergeben kann, nämlich insbes bei Verzögerung der Anmeldung, greift nur ein, wenn es zur Eintragung der KE kommt,[41] anders als in der Gründungsphase, in der hM zu Recht Differenz-

---

36 Ulmer/*Ulmer* Rn 28; Rowedder/Schmidt-Leithoff/*Zimmermann* Rn 13; Scholz/*Priester* Rn 73.

37 BGH WM 1966, 1263; Rowedder/Schmidt-Leithoff/*Zimmermann* Rn 13.

38 Ulmer/*Ulmer* Rn 28.

39 Näher Ulmer/*Ulmer* Rn 35; Rowedder/Schmidt-Leithoff/*Zimmermann* Rn 16; *Roth*/Altmeppen Rn 5; aA 13. Aufl A 3; Scholz/*Priester* Rn 80.

40 Ganz hM, vgl insbes Ulmer/*Ulmer* Rn 57; *Lutter/Hommelhoff* Rn 7; *Meyer-Landrut* Rn 10; Michalski/*Hermanns* Rn 73; Rowedder/Schmidt-Leithoff/*Zimmermann* Rn 23; *Kallmeyer* I Rn 700; *Happ* BB 1985, 1928 f. Abw Scholz/*Priester* Rn 89 f; *Priester* FS GmbHG, 1992, 174.

41 Ulmer/*Ulmer* Rn 36; Rowedder/Schmidt-Leithoff/*Zimmermann* Rn 17 f; *Roth*/Altmeppen § 57 a Rn 8; Scholz/*Priester* Rn 89.

haftung unabhängig von Eintragung eingreifen lässt.[42] Stellt RegRichter Überbewertung vor Eintragung der KE fest, hat er diese abzulehnen, § 57 a mit § 9 c. Zu den Einzelheiten der Differenzhaftung, insbes Voraussetzungen, Fälligkeit, Verjährung u Konkurrenzen, vgl bei § 9. Zur Prüfung durch RegRichter § 57 a Rn 10. Differenzhaftung kommt auch in Betracht, wenn Ges die Zwangsvollstreckung in als Einlage erbrachten Gegenstand nach dem AnfG dulden muss.[43] „Differenzhaftung" kann den vollen Einlagebetrag umfassen, wenn Sacheinlage wertlos ist. Gleichermaßen besteht volle Einlagepflicht, wenn Sacheinlage gar nicht erbracht worden ist (zB bei nichtigem Übertragungsgeschäft) u zwischenzeitlich unmöglich wird, KE aber gleichwohl eingetragen wurde. Differenzhaftung wird begleitet von Solidarhaftung aller Gfter nach § 24 für den Fehlbetrag (allgM), gleichgültig ob man darin „Wiederaufleben" einer angeblichen Primärschuld auf Bareinlage oder kraft Gesetzes bestehende Ersatzschuld sieht. Differenzhaftung der Gfter einer übertragenden Ges bei **Verschmelzung** greift nach ganz hM auch für KE ein, die von der übernehmenden Ges zur Durchführung der Verschmelzung gem. § 55 UmwG vorgenommen wird.[44] Minderwert der Sacheinlage kann auch auf deren Mangelhaftigkeit beruhen. Insoweit kommen evtl. leistungsstörungsrechtliche Ansprüche der Ges gegen den Sacheinleger, insbes. Gewährleistungsansprüche nach § 437 BGB in Betracht.[45]

VI. Tilgung der Sacheinlageverpflichtung durch nicht festgesetzte Sacheinlagen oder Aufrechnung

1. Aufrechnung. Unter der durch Abs 2 angeordneten entsprechenden **19**
Anwendung von § 19 II 2 ist die Aufrechnung seitens des Sacheinlegers gegen den Anspruch der Ges auf Leistung der Einlage nur zulässig mit einer Forderung aus der Überlassung von Vermögensgegenständen u nur, so weit deren Anrechnung auf die Einlageverpflichtung nach § 5 IV 1 vereinbart worden ist, dh auf Grund einer im KEBeschluss getroffenen Festsetzung; näher § 5 Rn 16, 40 ff. Zu den Einzelheiten dieses Aufrechnungsverbots § 19 Rn 31 ff. Für KE von besonderer Bedeutung ist, dass auch bei GfterDarlehen, die in Geld geleistet wurden u daher Bewertungsprobleme nicht aufwerfen, Aufrechnungsverbot des § 19 II 2 eingreift.[46] Dazu auch § 19 Rn 35. Dort auch zu der str Frage, ob Aufrechnungsverbot nach KEBeschluss u Übernahmevertrag entstandene Ansprüche erfasst.[47] Zum Ausschüttungs-Rückholverfahren s § 29 Rn 67.

---

[42] Vgl § 9 Rn 8 mN, str.

[43] Zu dieser Duldungspflicht BGH DB 1995, 365.

[44] Vgl *M. Winter* in Lutter, UmwG 4. Aufl § 55 Rn 12 m ausf N. Abw für allerdings abw Normtextlage bei Verschmelzung von Aktiengesellschaften mit KE (§ 69 UmwG) OLG München NZG 2006, 73. Gegen diese Entscheidung, also für Differenzhaftung der Gfter, aber beschränkt auf diejenigen, die der Verschmelzung zugestimmt haben, *Thoß* NZG 2006, 376.

[45] Dazu *F. W. Schaefer/Grützedick* DB 2006, 1040.

[46] So die Rspr u Lit zu dem insoweit gleichen früheren § 19 V: BGHZ 15, 60; OLG Köln ZIP 1984, 836; Ulmer/*Ulmer* Rn 49 u 51; *Lutter/Hommelhoff* Rn 15; Rowedder/Schmidt-Leithoff/*Zimmermann* Rn 7; *Gustavus* BB 1977, 214; *K. Schmidt* AG 1986, 112; Scholz/*Priester* Rn 58 gegen eigene 6. Aufl; vgl außerdem *Priester* BB 1987, 210 ff. Vgl auch *Geßler* FS Möhring, 1975, 190 ff.

[47] Dazu BGH DB 2002, 2367; Ulmer/*Ulmer* Rn 50.

20 **2. Folgen verdeckter Sacheinlage.** Entsprechende Anwendung von § 19 IV auf Sacherhöhung führt dazu, dass bei verdeckter (u damit erst Recht bei unverdeckter) Sacherhöhung fehlende oder fehlerhafte Festsetzung das Freiwerden von der Einlageverpflichtung durch die Sachleistung nicht mehr uneingeschränkt hindert. Zwar geht Neuregelung des § 19 IV grds davon aus, dass den Gfter die festgelegte Bareinlageverpflichtung trifft (Satz 1), sie lässt die als Sacheinlage zu bewertenden Verträge über die Sacheinlage u die Rechtshandlungen zu ihrer Ausführung jedoch wirksam sein (Satz 2) u ordnet die Anrechnung des Werts der Sacheinlage im Zeitpunkt der Anmeldung der KE zur Eintragung im HR oder im Zeitpunkt einer evtl. späteren Leistung der Sacheinlage an. Dass damit Gfter relativ risikolos verdeckte Sacheinlage vorsehen u durchführen können, ficht den Gesetzgeber nicht an. Man darf gespannt sein, wie die Rspr. auf diese gesetzgeberische Meisterleistung reagieren wird.

Leistungen auf das neue Stammkapital

56a Für die Leistungen der Einlagen auf das neue Stammkapital finden § 7 Abs. 2 Satz 1 und Abs. 3 sowie § 19 Abs. 5 entsprechende Anwendung.

Übersicht

1 **1. Allgemeines.** Vorschrift regelt einige Fragen hinsichtlich der bei KE zu erbringenden Mindesteinlagen, insbes deren Zeitpunkt u Höhe. Regelung erfolgt durch Verweisung auf bestimmte für Gründungsstadium geltende Vorschriften. Erlassverbot u Aufrechnungsverbot regelt der unmittelbar anwendbare § 19 (dazu § 55 Rn 48). Diese unmittelbare Anwendung ist nicht deswegen ausgeschlossen, weil § 19 V ausdrücklich als anwendbar genannt wird. Man kann an das MoMiG normale Maßstäbe der Gesetzesauslegung schon wegen mancher innerer Widersprüchlichkeit und der handwerklichen Nonchalance bei seiner Formulierung nicht ansetzen. Weitere wichtige Regeln namentlich zur befreienden Wirkung der Zahlung sind aus § 57 sowie aus dem Verbot verdeckter Sacheinlagen u aus allg Grundsätzen zu erschließen. Oberstes über dem Regelwerk stehendes Prinzip ist der Grundsatz der realen Aufbringung des Stammkapitals.[1] Er gilt nach wie vor, wenn auch mit Aufweichungen.

[1] Vgl Michalski/*Hermanns* Rn 2. Trefflich auch ebenda Rn 6 u 7.

2. Mindesteinlage bei Barerhöhung. a) Folgen aus § 7 II 1. Dafür gilt § 7 II 1 entsprechend. Anmeldung der KE zum HR darf also erst erfolgen, wenn auf jeden bei KE übernommenen GAnteil mindestens ein Viertel des Nennbetrags einbezahlt ist. Zu den Einzelheiten dieser Regelung vgl § 7 Rn 5. Wird die KE unter Aufstockung bestehender Geschäftsanteile durchgeführt (dazu § 55 Rn 46), muss ein Viertel des Aufstockungsbetrags auch dann einbezahlt werden, wenn der bisherige GAnteil voll oder so hoch einbezahlt ist, dass der Aufstockungsbetrag zu ein Viertel mitgedeckt wäre.[2] 2

b) Besonderheiten bei EinmannGes sieht Neufassung durch das MoMiG nicht mehr vor. Der bisherige § 7 II 3 ist ersatzlos gestrichen, die Verweisung auf ihn in § 56 a musste deshalb entfallen. Daher gilt bei EinmannGes Verpflichtung zur Vierteleinzahlung nach § 7 II 1 ebenfalls, Einmann-Gfter braucht aber für ausstehenden Restbetrag keine Sicherung mehr zu bestellen. In Verweisung nicht einbezogen ist § 7 II 2 (Pflicht zur Mindesteinzahlung der Hälfte des Mindeststammkapitals gem. § 5 I). Das versteht sich, weil im Normalfall bei KEn entsprechende Einzahlungen auf das Stammkapital schon von der Gründungsphase her vorliegen werden. Anwendung kommt daher auch auf Einmannges nicht in Betracht. 3

3. Art u Weise der Zahlung. Sie hat in bar in gemäß dem Inlandsrecht gesetzlichen Zahlungsmitteln, dh in Euro, bzw durch Gutschrift auf ein Konto der Ges zu erfolgen. Betrag muss, wie § 57 II ergibt, endgültig zur freien Verfügung für Ges stehen. **Endgültigkeit** bedeutet, dass Leistung vorbehaltlos, also ohne aufschiebende oder auflösende Bedingung erfolgt. **Zur freien Verfügung** erfordert, dass GFührer über den Betrag verfügen kann. Einzahlung auf ein im Debet stehendes Konto der Ges entspricht dem Erfordernis, wenn Kreditlinie der Ges bei kontoführender Bank vor Einzahlung nicht überzogen war.[3] Auf sog wertgleiche Deckung[4] (zum Begriff § 57 Rn 12) kommt es nach der neueren Rspr nicht mehr an. Vgl dazu § 7 Rn 5 sowie § 57 Rn 12. Einzahlung auf das Konto eines GFührers kommt bei KE, da Ges bereits rechtsfähig, nicht in Betracht. Für befreiende Leistung ohne Bedeutung ist, dass freie Verfügbarkeit im gekennzeichneten Sinn noch im Zeitpunkt der Anmeldung der KE besteht. Dazu § 57 Rn 12. 4

Befreiende Leistung wird **nach bisheriger Rspr u hM** gehindert, wenn der eingezahlte Betrag umgehend absprachegemäß an den Einleger oder ein mit ihm verbundenes Unternehmen als Darlehen zurückfließt,[5] weil es auch hier an freier Verfügbarkeit der Einlage fehlt.[6] Sachlicher u zeitlicher Zusam- 5

---

[2] Ulmer/*Ulmer* Rn 6; Rowedder/Schmidt-Leithoff/*Zimmermann* Rn 3; *Scholz/Priester* Rn 4; *Lutter/Hommelhoff* Rn 2; *Meyer-Landrut* Rn 2; *Schoenes* NJW 1983, 375; BayObLG GmbHR 1986, 160; Abw *Pastor/Werner* DB 1968, 1936; *Roth*/Altmeppen Rn 3, die Mitdeckung des neuen Viertels durch alte Einlage genügen lassen, wenn keine Unterbilanz besteht.

[3] BGHZ 150, 197; *Goette* § 2 Rn 15 ff; zustimmend *Roth* ZHR 167 (2003) 89 ff; zur Einzahlung auf Konto mit schwankendem Stand, wenn im Soll-Stand eingezahlt, kurz danach aber voll deckender Haben-Stand erreicht wird, OLG Oldenburg v. 17. 7. 2008 – 1 U 49/08.

[4] So noch BGHZ 119, 177; anders BGHZ 150, 197.

[5] BGHZ 153, 107; Hanseatisches OLG NZG 2007, 393; *Lutter/Hommelhoff* Rn 5; Scholz/*Priester* Rn 12; dazu ausführlich *Bayer* GmbHR 2004, 445.

[6] Ausführlich zur Problematik mit gleichem Ergebnis, aber anderer Begründung Scholz/*Priester* Rn 12.

menhang zwischen Ein- u Auszahlung begründet Vermutung entsprechender Absprache.[7] Ganz das Gleiche gilt bei zeitnaher sonstiger Ein- u Auszahlung.[8] Mit dem Erfordernis freier Verfügbarkeit nicht vereinbar ist nach den bisher geltenden Grundsätzen ferner Einzahlung der Einlage durch eine Konzernges auf ein GesKonto, das in den **cash-pool**[9] **des Unternehmensverbunds** einbezogen ist u demgemäß alsbald (idR noch zum Ende des Einzahlungstags) zugunsten des cash-pools auf null gestellt wird.[10] Hier muss Einzahlung auf ein vom cash-pool freies Konto der kapitalerhöhenden Ges erfolgen. Der Auffassung, dass dann bereits nach Belassung des Einlagebetrags auf dem Sonderkonto für einen Banktag die Einzahlung in den cash-pool vorgenommen werden könne,[11] ist nach den bisher maßgeblichen Grundsätzen nicht zu folgen. In Hin- u Herzahlungsfällen der letztgenannten Art steht die Tilgungswirkung im Vordergrund, nicht das (zweifelhafte) Vorliegen einer verdeckten KE.

6 **Unter dem neuen durch das MoMiG veränderten GmbH-Recht** gelten die genannten Grundsätze zwar *im Ansatz* weiter, MoMiG hat aber die Schädlichkeit sog. **Hin- u Herzahlens** durch Neuregelung im völlig neu gefassten § 19 V erheblich eingeschränkt. Befreiende Wirkung einer Zahlung, die absprachegemäß zurückgezahlt wird, tritt ein, wenn die Leistung durch einen vollwertigen Rückgewähranspruch gedeckt ist, der jederzeit fällig ist oder durch fristlose Kündigung seitens der Ges fällig gestellt werden kann, § 19 V 1. Eine solche Leistung oder deren Vereinbarung ist in der Anmeldung nach § 8 anzugeben, § 19 V 2. Gesetz sagt nichts darüber, welche Folgen es hat, wenn diese Offenlegung unterbleibt. Nimmt man das Gesetz ernst, muss bei unterbliebener Offenlegung die befreiende Wirkung versagt werden.

7 Zweifelhaft u umstritten ist, was danach für den **cash-pool im Konzern** zu gelten hat. Auch wenn nach den über den cash-pool getroffenen Vereinbarungen jederzeitig fristlose Abrufbarkeit von Forderungen besteht, ist ein solcher Abruf durch eine Tochterges gegenüber dem herrschenden Unternehmen fern von jeder Realität. Der ratio legis entspricht es daher mehr, die befreiende Wirkung von Leistungen auf ein in einen cash-pool einbezogenes Konto zu verneinen.

8 **4. Zahlungszeitpunkt u Befreiungswirkung.** Mindestleistung muss vor Anmeldung erbracht sein, § 56 a mit § 7 II 1. Da aber RegRichter gleichwohl KE eintragen darf, wenn Leistung erst nach Anmeldung erbracht wird, befreit Leistung zu diesem Zeipunkt ebenfalls. Auch Leistung nach (versehentlicher) Eintragung der KE befreit selbstverständlich. Entgegen vereinzelten älteren Meinungen tritt befreiende Wirkung bei Zahlung vor Eintragung der KE

---

[7] BGHZ 153, 107.

[8] BGH NZG 2004, 618.

[9] Zu dieser Einrichtung *U. H. Schneider* in Lutter/Scheffler/Schmidt, Handbuch der Konzernfinanzierung, 1998 § 25 Rn 25; *Wehlen* ebenda § 23; *Jahn/Breitbarth* AG 1997, 256.

[10] BGH DStR 1999, 145 (Anm *Goette*); BGHZ 166, 8 = Der Konzern 2006, 382 = AG 2006, 333 = GmbHR 2006, 477; OLG Hamm GmbHR 1997, 213; OLG Köln GmbHR 2000, 720; *Lutter/Hommelhoff* Rn 5; Scholz/*Priester* Rn 13; ähnlich Rowedder/Schmidt-Leithoff/*Zimmermann* § 56 a Rn 4 u § 57 Rn 7; *Sieger/Hasselbach* BB 1999, 645; *Hellwig* FS Peltzer, 2001, 163; *Jaeger* DStR 2000, 1653 u 1736.

[11] So *Hellwig* FS Peltzer, 2001, 178. Die Meinung wird freilich in Zusammenhang mit der Postulierung des weiteren Erfordernisses vertreten, dass die materiellen Anforderungen an eine offene Sacheinlage eingehalten werden.

nicht nur für den Mindestbetrag ein, sondern auch für freiwillige höhere (auch volle) Einzahlung, ganz hM.[12]

5. Sonderfall; Voreinzahlung auf künftige KE 9

Lit: *Blöse,* Risiken auf Einzahlungen im Vorgriff auf künftige Kapitalerhöhungsbeschlüsse, DB 2004, 1140; *Ehlke,* Vorausgezahlte Stammeinlage – ein Fall fehlerhafter Kapitalaufbringung in der GmbH, ZGR 1995, 426; *Goette,* Zur Voreinzahlung auf künftige Kapitalerhöhung bei der GmbH, FS Priester, 2007, 95; *Groß,* Voraussetzungen u Grenzen der Voreinzahlung auf eine künftige Bareinlageverpflichtung, GmbHR 1995, 845; *Heidinger,* Neues zur Kapitalaufbringung bei AG u GmbH, GmbHR 2002, 1045; *Henze,* Erfordernis der wertgleichen Deckung bei KE mit Bareinlagen, BB 2002, 955; *Kamanabrou,* Der Vorbehalt wertgleicher Deckung bei KE ..., NZG 2002, 702; *Karollus,* Voreinzahlungen auf künftige KEen, DStR 1995, 1065; *Kort,* Voreinzahlungen auf künftige KEen ..., DStR 2002, 1223; *Lamb,* Die „Vorfinanzierung" von KEen durch Voreinzahlung auf eine künftige Einlageverpflichtung, 1991; *Langenfeld,* Voreinzahlungen auf künftige Bareinlageverpflichtungen bei der GmbH, Freundesgabe Weichler, 1997, 53; *Lutter/Hommelhoff/Timm,* Finanzierungsmaßnahmen zur Krisenabwehr in der AG, BB 1980, 737; *Müther,* Die Voreinzahlung auf die BarKE bei der GmbH, NJW 1999, 404; *Priester,* Voreinzahlung auf Stammeinlagen bei sanierender KE, FS Fleck, 1988, 231; *Siegler,* Voreinzahlungen auf aktienrechtliche BarKE, NZG 2003, 1143; *Sustmann,* Keine Tilgung der künftigen Einlageschuld durch Bareinzahlung auf ein debitorisches Konto vor KEBeschluss, NZG 2004, 760; *Ulmer,* Die Voreinzahlung auf Barkapitalerhöhungen im GmbH-Recht – von Fallstricken und Fußangeln, FS H. P. Westermann, 2008, 1567; *Werner,* Voreinzahlungen auf Stammeinlagen bei GmbH-Gründung u KE, GmbHR 2002, 530; *Wülfing,* Vorleistungen auf Kapitalerhöhungen bei der GmbH, GmbHR 2007, 1124.

Schwierig u umstritten ist, inwieweit Zahlungen auf eine künftige, noch nicht beschlossene KE, von der ja erst durch KEBeschluss und Übernahmevertrag entstehenden Einlageschuld befreien. Nach älterer Auffassung ist dies nur der Fall, wenn Leistung der Ges im Zeitpunkt der Beschlussfassung noch unverbraucht zur Verfügung steht.[13] Für ohne diese Voraussetzung eintretende Tilgungswirkung (sonst nicht zumutbarer) vorgezogener Leistung besteht jedoch vor allem in Krisensituationen zu Sanierungszwecken erhebliches praktisches Bedürfnis, wie seither mehr u mehr anerkannt wird. Voraussetzungen wirksamer Zahlung u damit sowohl deren befreiende Wirkung, als auch das Vorliegen der entspr Eintragungsvoraussetzung sind daher bei Vorliegen der folgenden Erfordernisse zu bejahen:

(1) Zweckbestimmung der Zahlung als Vorleistung auf die künftige 10
Einlageschuld muss durch Vereinbarung zwischen Ges u Einleger (sog Zweckvereinbarung) spätestens im Zahlungszeitpunkt in für Dritte nachprüfbarer Weise festgelegt sein; dazu wird in aller Regel Schriftform erforderlich u genügend sein; Form des § 55 I braucht nicht eingehalten zu werden,[14] wenn nicht mit ihr eine Übernahmeverpflichtung begründet werden soll; deren bedarf es nicht, weil dies bei der Durchführung der KE nachgeholt wird. Kommt es zu dieser Nachholung nicht, ist die Problematik befreiender

---

[12] Vgl nur Ulmer/*Ulmer* Rn 22; *Lutter/Hommelhoff* Rn 2; *Roth*/Altmeppen Rn 23 mit 6 ff; Rowedder/Schmidt-Leithoff/*Zimmermann* Rn 5. BGH NJW 1967, 44 sagt nichts Gegenteiliges. Wie hier für Gründungsstadium BGHZ 105, 300; abw *Fleck* Anm LM § 55 Nr 4; *Wiedemann* GmbHR 1967, 146 f.

[13] BGH NJW 1967, 44; BGHZ 51, 157 = NJW 1969, 840 stellt sogar auf Zeitpunkt der Eintragung ab.

[14] So aber *Lutter/Hommelhoff* Rn 21.

Zahlung obsolet; ganz andere Frage, wie Einzahler sich selbst gegenüber der Ges absichert, kann für KEProblematik dahinstehen.

11 **(2) Enger zeitlicher Zusammenhang** zwischen Voreinzahlung und KE muss gegeben sein, dh im Zahlungszeitpunkt müssen bereits konkrete Vorbereitungen für Beschlussfassung getroffen werden, diese muss mit aller gebotenen Beschleunigung nachgeholt werden.

12 **(3) Offenlegung der Vorausleistungen** als solche im KEBeschluss u in der Versicherung der Anmelder.[15]

13 **(4) Vorliegen einer Krise der Ges** (= drohende Zahlungsunfähigkeit oder Überschuldung) bei Zahlung wird von der hM zusätzlich verlangt;[16] andernfalls soll Voreinzahlung nur tilgen, wenn Wert zwischen Anmeldung u Eintragung erhalten ist. Dass es darauf nicht ankommen kann, zeigt Änderung der Rspr zur Frage, wann Leistung im Anmeldungszeitpunkt als zur freien Verfügung der Ges erfolgt anzusehen ist.[17] Wie es schon im Normalfall nicht recht praktikabel ist, freie Verfügbarkeit zwischen Einzahlung u Anmeldung im Sinn einer Wertdeckung[18] aufrecht zu erhalten, gilt dies erst recht in der Krise. Indessen ist ohnehin schwer einsehbar, welcher Sachgrund die Auffassung tragen sollte, dass Zahlung in der Krise früher erfolgen darf als außerhalb der Krise. Maßgeblich könnten nur Erfordernisse des Kapitalschutzes sein. Würde dieser ernstlich tangiert, wenn Zahlung statt nach dem KE-Beschluss bereits vor diesem erfolgt, wäre dies eher ein Sachgrund, die frühere Zahlung in der Krise zu verbieten. Statt dessen sollte die Einsicht maßgeblich sein, dass der Zeitpunkt des KE-Beschlusses, insbes wenn nicht mehr auf Werterhaltung bis zur Anmeldung abzustellen ist, für die Gefährdung der Kapitalaufbringung irrelevant ist. Sachlich erheblich kann insoweit allein die Länge des Zeitraums zwischen Einzahlung u Anmeldung sein. Nur hierauf sollte richtigerweise abgestellt werden. BGH sieht dies freilich anders.

14 In seiner jüngsten Entscheidung[19] zur Voreinzahlungsproblematik hat er indessen ausgeführt, dass ausnahmsweise Voreinzahlungen unter engen Voraussetzungen als wirksame Erfüllung der später übernommenen Einlageschuld anerkannt werden können: Wenn die Beschlussfassung über die KE im Anschluss an die Voreinzahlung mit aller gebotenen Beschleunigung nachgeholt wird, ein akuter Sanierungsfall vorliegt, andere Maßnahmmen nicht in Betracht kommen u die Rettung der sanierungsfähigen Ges scheitern würde, falls die übliche Reihenfolge der Durchführung der KEMaßnahmen beachtet werden müsste. Manche frühere scheinbar noch stärker retardierende Entscheidung dürfte damit überholt sein. Instanzgerichtliche Rspr zeigt sich

---

[15] Vgl Ulmer/*Ulmer* Rn 31; *Priester* FS Fleck, 1988, 249 ff; *Henze* ZHR 154 (1990) 105; *Lamb,* Die „Vorfinanzierung" von Kapitalerhöhungen durch Voreinzahlung auf künftige Einlageverpflichtung, 1991; *Heins* GmbHR 1994, 89; *Ehlke* ZGR 1995, 426; aus der Rspr (eher voreinzahlungsfreundlich) OLG Düsseldorf ZIP 1981, 847 u WM 1981, 960; OLG Düsseldorf WM 1989, 1512; GmbHR 1997, 606 (dazu *Klaft/Maxem* GmbHR 1997, 586); OLG Hamm GmbHR 1991, 198; OLG Köln ZIP 1991, 928; OLG Stuttgart GmbHR 1995, 115 (nicht nachvollziehbare Bemerkungen zu dieser Entsch von *Langenfeld* Freundesgabe Weichler, 1997, 56 f; OLG München NZG 1999, 84; OLG Köln GmbHR 1999, 291; OLG Celle GmbHR 2006, 433; die Frage offen lassend BGH NJW 1982, 2823; 1996, 231 u BGHZ 118, 83.

[16] *Lutter/Hommelhoff* Rn 21; Michalski/*Hermanns* Rn 20; abw Ulmer/*Ulmer* Rn 33.

[17] Dazu Rn 6 mN sowie § 57 Rn 12.

[18] So noch BGHZ 119, 177.

[19] BGHZ 168, 201 = GmbHR 2006, 1328 = NZG 2007, 23.

ohnehin überwiegend voreinzahlungsfreundlich.[20] Auch Literatur tritt fast durchgehend für Zulässigkeit vorzeitiger Zahlung jedenfalls in der Krise ein.[21] Es ist nicht leicht vorstellbar, dass sich die höchstrichterliche Rspr den dargelegten Auffassungen entziehen würde.

Praxis sollte daher in einer Krise (außerhalb ist Eilbedürfnis nicht so stark, dass Zahlung nicht bis zum KE-Beschluss aufgeschoben werden könnte) wie folgt verfahren:[22] (1) Voreinzahlung auf Konto der Ges sollte mit dem Vermerk erfolgen: „Einlageleistung auf die demnächst noch zu beschließende KE". (2) Der so rasch wie möglich anzuschließende KE-Beschluss sollte Hinweis enthalten, dass sich Ges in einer wirtschaftlichen oder finanziellen Krise befindet, deren Behebung die KE dienen soll u dass die Gfter A u B ihre im Zuge der KE übernommene Einlageverpflichtung (nähere Bezeichnung des Dokuments, zB im Rahmen der Niederschrift über den KEBeschluss oder in den beigesiegelten Übernahmeerklärungen etc) bereits am … durch Leistung auf das Konto der Ges … mit dem Vermerk … (s oben 1) erbracht haben. (3) Der bei der Anmeldung nach § 57 II 1 abzugebenden Versicherung ist hinzuzufügen, dass die Leistung auf die zum Zweck der KE übernommenen Einlagen wegen der bestehenden Finanzkrise bereits am … vor der Beschlussfassung über die KE durch Zahlung auf das Konto … erbracht worden ist. 15

6. Sacheinlagen. Sacheinlagen müssen vor Anmeldung der KE voll bewirkt sein, wie Verweisung auf § 7 III ergibt. Näher dazu sowie zur Behandlung sog Sachübernahmen § 7 Rn 12ff. Leistungserbringung vor Eintragung der KE muss selbstverständlich, da Voraussetzung der Anmeldung, befreiend wirken. Auch Leistungserbringung vor Abschluss des Übernahmevertrags, aber nach Fassung des KE-Beschlusses kann unbedenklich mit befreiender Wirkung bedacht werden. Ergeben sich Werthaltigkeitsprobleme, kann Ablehnung der Eintragung durch RegRichter (§§ 57a, 9c) u Differenzhaftung (§§ 56 II mit 9) eingreifen. Leistungserbringung vor Fassung des KE-Beschlusses hat zur Folge, dass Angaben im Erhöhungsbeschluss nach § 56 I 1 anders formuliert werden müssen als bei noch ausstehender Sacheinlage, dh vorweggenommene Einbringung ist offenzulegen. 16

Gegenstände, deren Besitz der Ges schon vor der KE überlassen war, können als Sacheinlage nur eingebracht werden, wenn sie bei KE noch im GesVermögen vorhanden sind, vgl oben § 56 Rn 7. Dort auch zur Zeitpunktfrage. Ob **Voreinbringung im Sanierungsfall,** dh Einbringung vor Fassung des KEBeschlusses, möglich ist, hat BGH offen gelassen. Jedenfalls ist bewusste u offen gelegte Einbringung auf künftige KE von späterer Verwendung eines zum Besitz überlassenen Gegenstandes als Sacheinlage zu unterscheiden. Letztlich kann für Einbringung von Sachwerten vor dem KEBeschluss insbes im Sanierungsfall schwerlich anderes gelten als für Bareinzahlungen. 17

---

[20] Vgl im einzelnen OLG München NZG 1999, 84; OLG Schleswig NZG 1999, 318; OLG Köln NZG 1999, 454; OLG Düsseldorf NZG 2000, 690; OLG Karlsruhe GmbHR 1999, 1298; OLG Schleswig NZG 2001, 137; OLG Köln NZG 2001, 1042.

[21] Vgl die Fn 20 Zitierten.

[22] Die nachfolgenden Empfehlungen lehnen sich an *Lutter/Hommelhoff* Rn 24 an.

Anmeldung der Erhöhung

57 (1) **Die beschlossene Erhöhung des Stammkapitals ist zur Eintragung in das Handelsregister anzumelden, nachdem das erhöhte Kapital durch Übernahme von Geschäftsanteilen gedeckt ist.**

(2) [1]**In der Anmeldung ist die Versicherung abzugeben, daß die Einlagen auf das neue Stammkapital nach § 7 Abs. 2 Satz 1 und Abs. 3 bewirkt sind und daß der Gegenstand der Leistungen sich endgültig in der freien Verfügung der Geschäftsführer befindet.** [2]**§ 8 Abs. 2 Satz 2 gilt entsprechend.**

(3) **Der Anmeldung sind beizufügen:**

1. **die in § 55 Abs. 1 bezeichneten Erklärungen oder eine beglaubigte Abschrift derselben;**
2. **eine von den Anmeldenden unterschriebene Liste der Personen, welche die neuen Geschäftsanteile übernommen haben; aus der Liste müssen die Nennbeträge der von jedem übernommenen Geschäftsanteile ersichtlich sein;**
3. **bei einer Kapitalerhöhung mit Sacheinlagen die Verträge, die den Festsetzungen nach § 56 zugrunde liegen oder zu ihrer Ausführung geschlossen worden sind.**

(4) **Für die Verantwortlichkeit der Geschäftsführer, welche die Kapitalerhöhung zur Eintragung in das Handelsregister angemeldet haben, finden § 9 a Abs. 1 und 3, § 9 b entsprechende Anwendung.**

Übersicht

I. Allgemeines

1 **1. Erforderlichkeit der Anmeldung zum HR.** KE bedarf als Satzungsänderung zu ihrer Wirksamkeit der Eintragung im HR, § 54 III. Erforderlichkeit der Anmeldung ergibt sich aus § 54 I 1, dem § 57 I eine Zeitpunktregelung hinzufügt. Für den Inhalt der Anmeldung u die beizufügenden Erklärungen u Urkunden gilt § 54 I, der durch § 57 II–IV ergänzt wird.[1]

2 **2. Zuständigkeit zur Anmeldung.** Anzumelden haben, anders als bei gewöhnlichen Satzungsänderungen, sämtliche GFührer (einschl evtl stellvertretender), § 78, also nicht bloß GFührer in vertretungsberechtigter Zahl. Möglichkeit der Anmeldung durch Bevollmächtigte ist streitig; vgl dazu § 78 Rn 4 mN. Zur Anmeldung im Insolvenzverfahren vgl § 54 Rn 2.[2]

3 **3. Form der Anmeldung.** Anmeldung hat elektronisch in öffentlich beglaubigter Form zu erfolgen, 12 I HGB. Gleiches gilt für abzugebende Versicherungen u für Vollmachten. Näher dazu § 54 Rn 4.

4 **4. Anmeldung erst nach Übernahme des Erhöhungsbetrags.** Voraussetzung der Anmeldung u damit der Eintragung ist, dass der KEBeschluss gefasst u der einzutragende Erhöhungsbetrag durch entspr Übernahmeverträge gedeckt ist, Abs 1. Wortlaut der Vorschrift ist missglückt. Zum einen besteht keine Verpflichtung der Ges zur Anmeldung einer beschlossenen u durchgeführten KE, jedenfalls nicht gegenüber RegGericht oder Allgemeinheit; nur gegenüber den Übernehmern kann sie zu bejahen sein (vgl § 55 Rn 38). Demgemäß erfolgt auch keine registergerichtliche Erzwingung der Anmeldung, § 79 II. Zum andern geht es in Abs 1 entgegen dem Text nicht darum, dass die übernommenen GAnteile das erhöhte Stammkapital decken, sondern lediglich den Erhöhungsbetrag.

5 Im Regelfall werden der angemeldete Erhöhungsbetrag u die Summe der übernommenen Stammeinlagen übereinstimmen müssen. Liegt nach den

[1] Vgl zum ganzen *Böhringer* BWNotZ 1988, 129.
[2] Dazu BayObLG NZG 2004, 582.

eingereichten Übernahmeerklärungen eine Überzeichnung des Erhöhungsbetrags vor, – ein wohl nur theoretischer Fall –, hat RegRichter der Ges die Berichtigung der Anmeldung aufzugeben. Klärung der Frage, ob u welche Übernahmen entfallen oder ob quotale Kürzung der Übernahmen einzugreifen hat, ist nicht seine Sache (zur materiellrechtlichen Lage insoweit § 55 Rn 50). Liegt Summe der Übernahmen unter dem fest beschlossenen Erhöhungsbetrag, ist Eintragung abzulehnen. Enthält KEBeschluss Maximalbetrag (dazu § 55 Rn 10, 11), ist zu prüfen, ob der zur Eintragung angemeldete feste Betrag sich innerhalb der Grenzen des Beschlusses hält u ob der durch Übernahmeverträge gedeckte Betrag dem angemeldeten Betrag kongruent ist.

6 **5. Bewirkung der Mindesteinlagen** ist nach § 56a mit § 7 II 1 u III ebenfalls Voraussetzung der Anmeldung. Zu ihrer Höhe § 56a Rn 2f.

II. Inhalt der Anmeldung u Anlagen

7 **1. Inhalt der Anmeldung,** dh Antrag im registergerichtlichen Verfahren, ist die Eintragung einer das Stammkapital betr Satzungsänderung sowie evtl damit verbundener anderer Satzungsänderungen. Ein bestimmter Wortlaut für den Antrag ist nicht vorgeschrieben, es genügt, wenn Anmeldung erkennen lässt, dass Eintragung einer Erhöhung des Stammkapitals gewünscht wird. Angabe des Erhöhungsbetrags genügt, der neue Endbetrag braucht nicht ausdrücklich genannt zu werden, vielmehr ist dem RegGericht die einfache Rechenoperation zuzumuten. Ebenso genügt selbstverständlich Angabe des neuen Stammkapitals.[3] Erhöhungsbetrag braucht dann nicht genannt zu werden. Erklärungen müssen lediglich unmissverständlich sein. Beide Angaben sind entbehrlich, wenn Antrag sich auf das beigefügte Beschlussprotokoll bezieht u dort das Erforderliche enthalten ist. Nennt Beschluss lediglich Maximalbetrag, muss hingegen Antrag den Erhöhungsbetrag oder das neue Stammkapital genau bezeichnen.[4] In der Erhöhung liegende Satzungsänderung braucht nicht als solche eigens beantragt werden, vielmehr enthält Antrag auf Eintragung der Kapitalveränderung alles Notwendige.

8 **2. Gleichzeitige Anmeldung mehrerer KEBeschlüsse.** Sind mehrere getrennte, wenn auch aufeinander aufbauende KEBeschlüsse gefasst worden, können sie zwar gemeinsam, dh gleichzeitig zur Eintragung angemeldet werden. Dadurch entsteht aber nicht einheitliche KE mit einem Gesamtnennbetrag.[5] Vielmehr müssen die Anmeldungserfordernisse für jeden Beschluss getrennt erfüllt werden. Deshalb ist auch keine Verrechnung von unterbewerteten u überbewerteten Sacheinlagen möglich.[6] Die mehreren Kapitalveränderungsmaßnahmen rechtlich getrennt zu halten ist schon deswegen erforderlich, weil die Beschlüsse, wenn sie nicht von GfterVers zur rechtlichen Einheit verschmolzen werden, unterschiedliches rechtliches Schicksal haben können. Gemeinsame Anmeldung durch GFührer kann solche Einheit nicht begründen, da reiner Verfahrensakt und GFührer für materielle Willensbildung unzuständig sind. Dass Zusammenfassung aus dem Verbot der Über-

---

[3] Zu beidem abw *Lutter/Hommelhoff* Rn 4.

[4] Ulmer/*Ulmer* Rn 6; Rowedder/Schmidt-Leithoff/*Zimmermann* Rn 5.

[5] So jetzt auch Scholz/*Priester* § 55 Rn 112 u § 57 Rn 29; abw LG Augsburg GmbHR 1996, 216.

[6] Anders der Leitsatz der vorgenannten Entsch des LG Augsburg.

nahme mehrerer Stammeinlagen bei einer KE folge,[7] trifft nicht zu. Allerdings kann nach den Umständen Umgehung des Verbots nahe liegen. RegRichter kann dazu Darlegungen von Ges fordern.

3. Versicherung der GFührer über Einlagenleistung. Voraussetzung der Eintragung ist nach Abs 2, dass GFührer für Zwecke der Anmeldung der KE hinsichtlich der Einlagenleistung eine Versicherung abgeben. Abgabe hat durch sämtliche GFührer persönlich in notariell beglaubigter Form zu erfolgen. Das gilt auch dann, wenn man Vertretung bei der Anmeldung für zulässig hält (dazu oben Rn 2). Inhalt der Versicherung[8] umfasst zwei Elemente: 9

a) Bewirkung der Leistung. Insoweit muss sich die Versicherung erstrecken (1) bei Bareinlagen auf die Bewirkung der Mindesteinlagen gem § 56 a mit § 7 II 1; die von jedem Übernehmer geleisteten Geldbeträge sind gesondert anzugeben;[9] bei Volleinzahlung auf alle Stammeinlagen kann Einzelangabe entfallen.[10] (2) bei Sacheinlagen auf deren volle Leistung (§ 56 a mit § 7 III). 10

b) Freie Verfügbarkeit der Leistung. Versicherung der GFührer muss die Erklärung enthalten, dass der Gegenstand der Leistungen sich endgültig in der freien Verfügung der Ges befindet. Sachliche Voraussetzungen der freien Verfügbarkeit sind nach einigen Richtungen nicht voll geklärt, das Verhältnis zum Verbot der verdeckten Sacheinlage ist noch immer in einigen Beziehungen undeutlich. Hinsichtlich evtl. vorliegenden Hin- u Herzahlens sind durch die MoMiGReform neue ungeklärte Fragen entstanden. 11

Als gesichert darf man ansehen, dass zur freien Verfügbarkeit nicht die Erhaltung des eingezahlten Betrages auf dem GesKonto bis zur Anmeldung erforderlich ist. Auch das lange Zeit von der ganz hM vertretene Erfordernis der Erhaltung sog wertgleicher Deckung[11] (= der eingezahlte Betrag durfte zu investiven Zahlungen verwendet werden, das Surrogat musste jedoch wertgleich noch Bestand haben) ist mittlerweile aufgegeben. Auch der Auffassung, der Erhöhungsbetrag müsse im Anmeldungszeitpunkt noch durch das Reinvermögen der Ges gedeckt sein,[12] folgt der BGH zu recht nicht,[13] die GFührer dürfen vielmehr vom Zeitpunkt des Mittelzuflusses im Rahmen ihrer unternehmerischen Entscheidungsfreiheit im Interesse der Ges über das als Einlage eingebrachte Vermögen verfügen. Abweichendes gilt nur, aber auch immer, wenn eine Bareinlage erbracht wird, die in Wahrheit verdeckte Sacheinlage 12

---

[7] So Scholz/*Priester* 8. Aufl § 55 Rn 112.

[8] Zu diesem auch oben § 8 Rn 11–13. Ältere Literatur (umfassend *Ihrig,* Die endgültige freie Verfügung über die Einlage von Kapitalgesellschaften, 1991; speziell zum Fall der KE S 298 ff; vgl dazu auch *Ulmer* GmbHR 1993, 189; *Lutter* FS Heinsius, 1991, 497; *Harrer* DStR 1993, 520) ist in Teilen durch neuere Rspr des BGH überholt.

[9] BayObLG DB 1993, 2524; OLG Celle GmbHR 1986, 309; OLG Hamm WM 1987, 406. Ganz hM: Ulmer/*Ulmer* Rn 8; *Lutter/Hommelhoff* Rn 5; *Meyer-Landrut* Rn 7; *Roth*/Altmeppen Rn 7; abw Scholz/*Priester* Rn 8 ff; Rowedder/Schmidt-Leithoff/*Zimmermann* Rn 6.

[10] OLG Düsseldorf DNotZ 1986, 180; Ulmer/*Ulmer* Rn 8.

[11] In der Formulierung von BGHZ 119, 177, 187: Der Ges musste ein dem aufgewandten Betrag entsprechendes Aktivum zugeflossen sein.

[12] So *Ihrig,* Die endgültig freie Verfügung über die Einlage von Kapitalgesellschaften, 303 ff; *Ulmer* GmbHR 1993, 189, 195.

[13] BGHZ 150, 197, 199 f. S auch BGH NZG 2002, 522; 2002, 636. Dem BGH zustimmend *Roth* ZHR 167 (2003), 89.

darstellt wie insbes dann, wenn Ges nur Durchgangsstation einer Leistung des Einlegers an sich selbst ist. Ausgenommen auch die Direktleistung der Einlage an einen GesGläubiger,[14] weil sie Einwirkungsmöglichkeiten der GFührer ausschließt. Freie Verfügbarkeit ist aber nicht dadurch beeinträchtigt, dass Zahlung auf ein im Debet stehendes Bankkonto erfolgt, wenn auf Grund eingeräumter Kreditlinie Verfügung über die Mittel nicht beschränkt ist,[15] ebenso wenig durch innergesellschaftliche Festlegung der Mittelverwendung,[16] auch nicht durch schuldrechtl Absprachen über Mittelverwendung.[17] Durch solche kann freilich, wenn sie dem einlagepflichtigen Gfter zugute kommt, verdeckte Sacheinlage begründet werden.[18] Freie Verfügbarkeit besteht nicht, wenn Ges hinsichtlich der Verfügung gegenüber dem Einzahler gebunden oder gar (wenn auch evtl nur bedingt) zur Rückzahlung verpflichtet ist, oder, noch schlimmer, vielleicht sogar schon zurückgezahlt hat, wie etwa bei Gewährung eines Darlehens an den Einzahler oder bei Einzahlung der Einlage auf ein dem cash-pool des Unternehmensverbunds zugehöriges Konto. In allen diesen Hin- u Herzahlungsfällen sieht freilich Gesetz in § 19 V Einschränkungen vor (dazu § 56a Rn 6f mit weiteren Verweisungen), deren Reichweite im Einzelnen erst noch auszuloten sein wird. Freie Verfügbarkeit besteht schließlich nicht, wenn Bankkonto gepfändet ist.[19]

13 Wegen der Beeinträchtigung der freien Verfügbarkeit durch Rückzahlung hat sich die Versicherung der GFührer auch darauf zu erstrecken, dass die gezahlte Einlage in der Folge nicht an den Einleger zurückbezahlt worden ist bzw dass sie zwar zurückbezahlt worden, dass aber dennoch befreiende Wirkung der Zahlung eingetreten ist, weil .... Die Formulierung der Versicherung könnte lauten: „Die Einlagebeträge sind zur freien Verfügung der GFührung für die Zwecke der Ges auf deren Konto ... eingezahlt u auch in der Folge nicht an den Einleger zurückgezahlt worden“,[20] oder: „... und in der Folge zwar als ... zurückgezahlt worden; die Verfügbarkeit ist jedoch nicht beeinträchtigt, weil ....

14 **c) Verlautbarende Urkunde.** Entgegen dem Wortlaut braucht **Versicherung nicht in der Anmeldung** abgegeben zu werden, sondern lediglich *im Zuge* der Anmeldung, dh mit erkennbarem Bezug zu dieser (vgl auch die Regelung im Gründungsstadium: „Der Anmeldung sind beizufügen ...“).[21] Praktische Bedeutung hat das vor allem, wenn man die streitige Möglichkeit der Vertretung durch Bevollmächtigte bei der Anmeldung bejaht (dazu § 78 Rn 4).

15 **d) Folgen von Mängeln der Versicherung.** Unvollständige Versicherung hindert Eintragung auch dann, wenn die in der Versicherung nicht

---

[14] Jedenfalls bislang hM, vgl insbes BGH NJW 1986, 989; anders Hachenburg/*Ulmer* § 56a Rn 17.

[15] Vgl BGH NJW 1991, 226 u WM 1991, 454; BayObLG GmbHR 1998, 736; wohl aber, wenn Konto gesperrt oder gekündigt ist oder Kreditinstitut eingezahlten Betrag mit bestehenden Forderungen gegen Ges verrechnen darf, LG Frankenthal GmbHR 1996, 356; dazu auch OLG Düsseldorf AG 1991, 278; OLG München ZIP 1990, 785.

[16] Abw OLG Frankfurt AG 1991, 402; LG Koblenz WM 1988, 1630; LG Mainz AG 1988, 171.

[17] Zutr LG Koblenz WM 1991, 1507.

[18] Zur schwierigen Abgrenzung ausführlich *Habetha* ZGR 1998, 305.

[19] LG Flensburg GmbHR 1998, 739.

[20] Vgl BGHZ 150, 197, 201.

[21] Zustimmend Scholz/*Priester* Rn 18.

angegebenen Tatsachen offenkundig oder nachgewiesen sind.[22] Vorsätzlich falsche Angaben sind strafbar nach § 82 I Nr 3.

16 **e) Prüfung.** Hat RegRichter begründete **Zweifel an der Richtigkeit** der Versicherung, kann er entspr Darlegungen u Nachw verlangen, Abs 2 Satz 2 mit § 8 II 2.[23]

17 **4. Beizufügende Urkunden. a) Beschlussprotokoll.** Wie bei Anmeldung anderer Satzungsänderungen muss Beschlussprotokoll, das KE betrifft, beigefügt werden. Näher dazu § 54 Rn 9.

18 **b) Übernahmeerklärungen.** Sie müssen nach Abs 3 Nr 1 im Original oder in beglaubigter Abschrift beigefügt werden. Sind sie formwirksam im Beschlussprotokoll enthalten (dazu § 55 Rn 33), genügt dessen Beifügung.

19 **c) Liste der Übernehmer,** Abs 3 Nr 2. Sie muss die Person der Übernehmer mit den in § 8 I Nr 3 zur Identifikation geforderten Angaben (näher § 8 Rn 7) enthalten, ferner nach HS 2 zugeordnet zu jedem Übernehmer den Betrag des übernommenen GAnteils.[24] Bei Erhöhung durch Aufstockung vorhandener GAnteile ist der Aufstockungsbetrag anzugeben.[25] Liste muss von den Anmeldenden, also sämtlichen GFührern, unterschrieben sein. Notarielle Beglaubigung ist nicht erforderlich.

20 **d) Zusätzl Anforderungen bei Sacheinlagenfestsetzung.** Bei Sacherhöhung sind zusätzlich die der **Sacheinlagenfestsetzung** zugrundeliegenden oder zur Ausführung geschlossenen **Verträge** beizufügen, Abs 3 Nr 3. Dabei handelt es sich, wie Abs 3 Nr 1 iVm § 55 I u § 56 I 2 ergibt, nicht um den gesellschaftsrechtlichen Übernahmevertrag, sondern einerseits um vorausgehende oder begleitende Verträge, die etwa auf Verpflichtung zur Übernahme oder auch nur auf ihre Vorbereitung oder Einzelheiten der Durchführung gerichtet sein können, andererseits um vollziehende Verträge (zB Auflassung von Grundstücken, Übertragung von Patenten etc). Vorschrift begründet keinen Formzwang, daher können formlos geschlossene Verträge als solche nicht vorgelegt werden u folgerichtig kann für solche Verträge keine Verpflichtung zur Vorlage einer Vertragsurkunde bestehen.[26] Der Sinn der Vorschrift verlangt aber für formlos geschlossene Verpflichtungsverträge entsprechende Angaben der GFührer über ihren Inhalt.[27]

21 **e) Neufassung des Satzungswortlauts.** Ihre Beifügung verlangt § 54 I. Dazu näher § 54 Rn 10. Beifügung des gesamten Wortlauts auch dann erforderlich, wenn nur Kapitalziffer geändert wird, weil stets der zuletzt geltende Gesamtwortlaut in gesonderter Urkunde zur Verfügung stehen soll.[28]

---

22 Abw OLG Düsseldorf DNotZ 1986, 179.

23 Vgl für Mindestsumme des Stammkapitals bei Gründung BayObLG GmbHR 1988, 269.

24 Dazu OLG Celle GmbHR 1999, 1253; Scholz/*Priester* Rn 17.

25 BayObLG BB 2002, 853.

26 Ganz hM, Scholz/*Priester* Rn 19; Rowedder/Schmidt-Leithoff/*Zimmermann* Rn 19; *Lutter/Hommelhoff* Rn 10; *Meyer-Landrut* Rn 13; *Priester* DNotZ 1980, 521.

27 So mit Recht Ulmer/*Ulmer* Rn 16: Es müssen Aufzeichnungen der Anmelder über den Inhalt dieser Verträge vorgelegt werden.

28 Ganz hM, Scholz/*Priester* Rn 13; Ulmer/*Ulmer* Rn 18; Rowedder/Schmidt-Leithoff/*Zimmermann* Rn 13; *Meyer-Landrut* Rn 10; aA *Roth*/Altmeppen Rn 5, der § 54 I 2 durch § 57 als lex specialis verdrängt sieht.

22 **f) Sonstiges.** Zu evtl **sonst** noch **beizufügenden Urkunden** vgl § 54 Rn 11 ff.

III. Aufgaben des Gerichts

23 **1. Zuständiges Gericht.** Anmeldung hat beim RegisterG zu erfolgen. Dafür gilt gleiches wie für andere Satzungsänderungen (s näher § 54 Rn 15). Durch die Anmeldung wird registergerichtliches Verfahren der freiwilligen Gerichtsbarkeit eröffnet, das am Ende zur Eintragung der KE in das HR oder zu deren Ablehnung führt.

24 **2. Prüfung durch das Gericht.** Registergerichtliches Verfahren löst gerade bei KE uU erhebliche Prüfungsmaßnahmen aus. Gericht hat weitgehende Prüfungsbefugnis u nicht unbeträchtliche Prüfungspflichten. Dazu näher § 57 a Rn 3 ff u dortige Verweisungen.

25 **3. Eintragung.** Hinsichtlich der Eintragung enthalten §§ 55 ff keine Sonderregelungen. Es gilt deshalb § 54 II 1; dazu § 54 Rn 34 ff. Danach bedarf KE der inhaltlichen Eintragung, weil sie eine in § 10 I genannte Angabe betrifft. Einzutragen ist nicht der Erhöhungsbetrag, sondern die durch die Erhöhung herbeigeführte neue Stammkapitalziffer (Beispiel: „Das Stammkapital ist auf DM 80000 erhöht"). Zahl, Betrag u Übernehmer der neuen Stammanteile sowie Festsetzungen über Sacheinlagen werden nicht eingetragen, es sei denn, dass derartige Angaben in den Satzungstext eingefügt werden. Auch dann erfolgt Eintragung nicht inhaltlich, sondern durch Bezugnahme.

26 **4. Bekanntmachung der KE.** Vgl dazu bei § 54 Rn 38 sowie bei dem aufgehobenen § 57 b.

IV. Folgen der Eintragung für Mängel der KE

27 **1. Mangelhaftigkeit des Übernahmevertrags** (Nichtigkeit, Anfechtbarkeit, Unwirksamkeit). Nach Eintragung der KE kann sich Übernehmer nach ganz hM[29] auf Mängel des Übernahmevertrages nur dann berufen, wenn sie nicht von ihm zurechenbar veranlasst worden sind. Einlagepflicht entfällt daher ohne weiteres nur, wenn Übernehmer nicht voll geschäftsfähig war oder vollmachtlos vertreten wurde (letzterenfalls Haftung des Vertreters nach § 179 BGB). Durch die Eintragung bewirkte Bindung des Übernehmers kann zwar evtl gegenüber Ges beendet werden, etwa durch Austritt aus wichtigem Grund. Schadensersatzpflichten anderer Gfter oder der Ges aus positiver Forderungsverletzung, culpa in contrahendo oder unerlaubter Handlung bleiben unberührt, doch dürfen sie Aufbringung des Stammkapitals nicht tangieren. Vgl dazu auch die Rechtslage bei fehlerhaftem Beitritt (oben § 2 Rn 44 ff).

28 **2. Nichtigkeit oder Unwirksamkeit des KEBeschlusses** kann durch Eintragung (evtl verbunden mit Zeitablauf) analog § 242 AktG geheilt werden (dazu Anh § 47 Rn 73 ff). Soweit dies nicht der Fall ist, führt Eintragung der KE in entsprechender Anwendung der Grundsätze über die fehlerhafte Ges zum vorläufigen Bestand der KE bis zur rechtskräftigen Entscheidung

---

[29] Ulmer/*Ulmer* Rn 50 ff; Rowedder/Schmidt-Leithoff/*Zimmermann* Rn 34 f mwN; OLG Köln ZIP 1986, 572; *Buyer* DB 1985, Beil 27, S 3.

über die Nichtigkeit. Erst recht führt die Nichtigerklärung durch Urteil auf Grund erfolgreicher Anfechtungsklage nicht zur Rückwirkung des Urteils.[30] Die Rückabwicklung hat daher nach den zum Ausscheiden von Gftern entwickelten Grundsätzen zu erfolgen, die freilich erheblich modifiziert sein können durch ungleiche Verteilung der Verantwortlichkeit.[31] Ältere Auffassung, die in entspr Anwendung von § 77 III Verpflichtung der Übernehmer annahm, gezeichnete Einlagen insoweit zu leisten, wie dies zur Gläubigerbefriedigung erforderlich ist,[32] jedoch keine Mitgliedschaftsrechte entstehen ließ, ist dadurch überholt.

3. Mängel des Eintragungsverfahrens haben die gleichen Folgen wie bei andern Satzungsänderungen; dazu § 54 Rn 42. 29

V. Haftungsfragen

1. Haftung der GFührer. Abs 4 ordnet hinsichtlich der Verantwortlichkeit der GFührer entsprechende Anwendung von § 9 a I u III sowie § 9 b an. 30

a) Persönliche Reichweite. Durch Haftungsnorm erfasst werden diejenigen GFührer, welche die KE zur Eintragung in das HR angemeldet haben. Da alle an der Anmeldung mitzuwirken haben (Rn 2) bleiben von der Haftung nur diejenigen verschont, die erst später ihr Amt übernommen haben. Ausscheiden aus dem Amt nach Anmeldung befreit selbstverständlich nicht von der Verantwortlichkeit. 31

b) Verantwortlichkeitsbegründende Handlung ist das „Machen" falscher Angaben, § 9 a I. Unklar ist, in welchen Zusammenhängen die Tat in betracht kommt. Während es bei § 9 a I um falsche Angaben zum Zweck der Errichtung der Ges geht, führt die durch § 57 verordnete entsprechende Anwendung dazu, dass Tat im Machen falscher Angaben zum Zweck der Erhöhung des Stammkapitals besteht. Indessen könnte der Kontext der Regelung darauf hindeuten, dass nur Angaben im Zusammenhang mit der Anmeldung haftungsrelevant sind. Das wäre indessen zu eng. Zweck der Regelung dürft doch eher ein umfassender Schutz der Ges gegen Falschangaben seitens der GFührer sein. Tat kann daher sowohl gegenüber den Gftern, etwa vor Beschlussfassung, als auch gegenüber Übernehmern,[33] in 32

[30] Ausführlich erstmals begründet für die anfechtbare KE im AktR von *Zöllner* AG 1993, 68; dem folgend *Kort* ZGR 1994, 291; zust *Schockenhoff* DB 1994, 2327; *Hüffer* AktG § 248 Rn 7a; partiell noch weitergehend *G. Krieger* ZHR 158 (1994), 35 ff; eingeschränkt *Hommelhoff* ZHR 158 (1994), 11; zusammenfassend u weiterführend *Kort,* Bestandsschutz fehlerhafter Strukturänderungen im Kapitalgesellschaftsrecht, 1998, insbes 193 ff; ausführlich auch *Schäfer,* Die Lehre vom fehlerhaften Verband. Grundlagen, Verhältnis zum allgemeinen Vertragsrecht und Anwendung auf Strukturänderungen, 2003, insbes 289 ff u 422 ff. Umfassende Nachweise bei *Zöllner* FS Hadding, 2004, 728 Fn 14. In der Kommentarlit zustimmend vor allem Ulmer/*Ulmer* Rn 46 ff. m. ausführlicher Begr. Dezidiert zustimmend OLG Stuttgart GmbHR 2000, 721; vgl auch *Temme/Küperkoch* GmbHR 2004, 1556.

[31] Näher zu den Folgen *Zöllner/Winter* ZHR 158 (1994), 59.

[32] So die früher hM; aus ihr zB Rowedder/Schmidt-Leithoff/*Zimmermann* Rn 33; *Meyer-Landrut* Rn 18; *Kallmeyer* I Rn 811; RG 1985, 315.

[33] Insoweit abw Ulmer/*Ulmer* Rn 28 mit der Begründung, dass Angaben gegenüber Übernehmern als solche nicht zu einem Schaden der Ges führten. Indessen ist ein solcher Schaden durchaus denkbar. Richtig ist, dass die Haftungsgrundlage nicht dem Schutz der Übernehmer selbst dient.

erster Linie aber gegenüber dem RegGericht in Betracht kommen. Im Zug der Anmeldung beim RegGericht wird der Tatbestand vor allem durch Abgabe unzutreffender Versicherungen nach § 57 II verwirklicht, dass Einlagen bewirkt seien u dass sich ihr Gegenstand endgültig in der freien Verfügung der GFührer befinde. Falsch ist diese Versicherung bei Barerhöhung insbes, wenn Einzahlung auf im Debet stehendes Konto erfolgt u durch Einzahlung Kreditlinie der Bank nicht wiedererreicht wird, ferner wenn Barerhöhung angemeldet wird, in Wahrheit aber verdeckte Sacherhöhung vorliegt,[34] weil dann evtl erfolgte Barzahlung keine Erfüllungswirkung hat. Auch Verschweigen eines Ausschüttungs-Rückholverfahrens als Grundlage der KE stellt falsche Angabe dar. Desgleichen liegt auch in Überbewertung einer Sacheinlage falsche Angabe.

33 **c) Verschulden** ist keine positive, dem GFührer nachzuweisende Haftungsvoraussetzung. GFührer haftet aber nicht, wenn er die ersatzpflichtbegründenden Tatsachen weder kannte noch kennen musste, § 9 a III. Dafür trifft ihn Beweislast. Einschlägiger Sorgfaltsmaßstab ist der gleiche wie in § 43. Deshalb wird Befreiung von der Haftpflicht mangels Kenntnis nur selten in Betracht kommen, weil es zu den Pflichten eines ordentlichen Geschäftsleiters gehört, Umstände einer KE sorgfältig zu ermitteln. Denkbar ist, dass GFührer die Überbewertung einer Sacheinlage nicht erkennen konnte, wie insbes bei Vorliegen von Sachverständigengutachten.

34 **d) Inhalt der Verantwortlichkeit.** GFührer haftet nach § 9 a I auf Erbringung fehlender Einzahlungen (gesamtschuldnerisch neben dem Übernehmer) sowie für sonst entstehenden Schaden. Anspruchsberechtigt ist gem eindeutigem Wortlaut ausschließlich die Ges. Andere Geschädigte können Ersatz nur über andere Haftungstatbestände erlangen, insbes über § 823 II BGB, soweit falsche Angaben Schutzgesetz verletzen. Vgl dazu § 43 Rn 75 ff.

35 **e) Verzicht u Vergleich. Verzicht auf Ersatzansprüche** aus § 9 a sowie **ein Vergleich über diese Ansprüche** sind nur beschränkt möglich, § 9 b I. Näher dazu den Text der Norm, sowie die Anmerkungen dazu.

36 **2. Haftung der Gfter.** KERecht sieht keine spezifische Haftung der Gfter u evtler Hintermänner für unzutreffende Angaben vor. Anders als für GFührer fehlt entspr Verweisung auf Gründungsrecht. Allerdings besteht für wichtigsten Haftungsbereich, die Erbringung der Einlagen, GfterHaftung nach §§ 9 u 24 ohnehin. Sie ist verschuldensunabhängig u geht insofern weiter als GFührerhaftung. Für weitere Schäden u für schädigende Einlagenerbringung haften Gfter der Ges aus ihrer Treupflicht. Auch Deliktshaftung kommt in Betracht. Beide Haftungsgrundlagen greifen aber nur bei Vorliegen von Verschulden.

37 **3. Haftung von Kreditinstituten für unrichtige Bestätigungen.** Soweit im Zuge der Anmeldung von KEn Bestätigungen eines Kreditinstituts über Einzahlung von Einlagebeträgen auf einem Konto der Ges vorgelegt werden, was Gesetz bei GmbH anders als bei der AG nicht verlangt, stellt sich die Frage, inwieweit Bank dafür haften muss.

38 **a) Haftung aus Delikt** kommt bei Vorsatz nach § 826 BGB, evtl auch wegen Beihilfe zur Schutzgesetzverletzung (§§ 823 II, 830 II BGB) in Betracht.

[34] Dazu LG Mannheim GmbHR 1996, 118.

b) Haftung aus analoger Anwendung von § 37 I 4 AktG. Möglichkeit der Analogie ist im Grundsatz anerkannt,[35] in Einzelheiten der Voraussetzungen der Haftung jedoch streitig. Meist wird Bestätigung des Kreditinstituts, dass Zahlung auf ein Konto der Ges erfolgt ist, zutreffen; im Einzelfall kann es aber an der freien Verfügung der GFührer über das Konto fehlen. Inwieweit die Bestätigung der Gutschrift auch die Erklärung enthält, dass freie Verfügbarkeit gegeben ist, hängt vom Ergebnis der Auslegung der Erklärung ab. Grundsätzliche Verneinung dieses Inhalts durch BGH NJW 1997, 945 war vorschnell. Kreditinstituten ist selbstverständlich bekannt, dass es für den Eintritt der Erfüllungswirkung hinsichtlich der Einlageforderung auf die freie Verfügbarkeit entscheidend ankommt. Kennt Kreditinstitut, wie in der Regel, den Zweck der Bescheinigung,[36] kann daher in ihrer Erteilung eine sogar von bedingtem Vorsatz getragene Unterstützungshandlung zur Täuschung des RegGerichts liegen, wenn in der Bescheinigung dem Kreditinstitut bekannte, in seiner Sphäre liegende Umstände verschwiegen werden, aus denen sich Bedenken gegen die freie Verfügbarkeit ergeben,[37] insbes wenn etwa Einzahlung auf im Debet stehendes Konto erfolgt, bei dem Kreditlinie überschritten ist oder wenn bereits Überweisungsauftrag auf Zahlung des Betrages an den Einleger oder ein ihm verbundenes Unternehmen vorliegt. Darauf abzustellen, dass RegGericht nur nach Einzahlung des Betrages gefragt hat,[38] wäre seltsam. 39

Haftung aus § 37 I 4 AktG ist eine Art „Gewährleistungshaftung",[39] die ein Verschulden nicht voraussetzt, sich freilich auf im Bankverhältnis zwischen Ges u Kreditinstitut liegende Umstände beschränkt. 40

4. Haftung der Ges aus Gewährleistungszusagen? Dritte, mit den Verhältnissen der Ges nicht Vertraute, die im Zuge einer KE Anteile erwerben, werden sich u. U. Zusagen der Ges über Werthaltigkeit der zu erwerbenden Anteile geben lassen. Derartigen Vereinbarungen ist jedoch im Hinblick auf die Bestandskraft von KEn u das Verbot der Einlagenrückgewähr die Rechtswirksamkeit zu versagen.[40] 41

---

35 BGHZ 113, 335; BGH NJW 1997, 945; *Lutter*/Hommelhoff/*Bayer* § 8 Rn 9; Ulmer/*Ulmer* Rn 11 sowie Scholz/*Priester* Rn 42. Zur Problematik mit unterschiedlichen Akzenten *Appell* ZHR 157 (1993), 213, 228; *Kübler* ebenda 199; *Butzke* ZGR 1994, 111 f; *Ulmer* GmbHR 1993, 195.

36 Bekanntheit dieses Zwecks sieht BGH NZG 2008, 304, 306 zu Recht als Voraussetzung der Haftung an.

37 Haftung zurecht bejahend OLG Stuttgart AG 1995, 516; BGHZ 113, 335. Abw BGH NJW 1997, 945; *Spindler* ZGR 1997, 537 sowie oben § 8 Rn 13.

38 So BGH NJW 1997, 945.

39 Dazu BGH NZG 2008, 304, 306; *Hüffer* AktG § 37 Rn 5 f.

40 Anders *Schaefer/Grützedick* NZG 2006, 204.

Ablehnung der Eintragung

57a Für die Ablehnung der Eintragung durch das Gericht findet § 9 c Abs. 1 entsprechende Anwendung.

Übersicht

1 **1. Grundsatz.** Vorschrift verpflichtet RegGericht, unter bestimmten Voraussetzungen Eintragung der KE ins HR abzulehnen. Dazu ordnet die Norm entsprechende Anwendung ähnlicher Vorschrift des Gründungsrechts (§ 9 c I) an, die Ablehnung der Eintragung der Ges gebietet. Entspr Anwendung von Satz 1 des § 9 c I bedeutet, dass Gericht die Eintragung der KE abzulehnen hat, wenn sie nicht ordnungsgemäß beschlossen, durchgeführt u angemeldet worden ist. Entsprechende Anwendung von Satz 2 des § 9 c I bedeutet, dass Ablehnung auch bei „nicht unwesentlicher" Überbewertung von Sacheinlagen zu erfolgen hat. Von der Verweisung ausgenommen ist hingegen der durch das HRefG vom 22. 6. 98 eingefügte § 9 c II. Das rechtfertigt sich schon daraus, dass KE stets eine Regelung betrifft, die nach § 3 I notwendiger Bestandteil der Satzung ist mit der Folge, dass die in § 9 c II vorgesehene Einschränkung der Ablehnung wegen dessen Nr 1 nicht greifen kann.[1]

2 Regelung impliziert nicht nur Prüfungsrecht, sondern auch **Prüfungspflicht des RegGerichts** hinsichtlich der Ordnungsmäßigkeit der KE u der Bewertung der Sacheinlagen. Prüfungspflicht hinsichtlich der Ordnungsmäßigkeit der Anmeldung besteht ohnehin schon aus verfahrensrechtlichen Gründen.

3 **2. Umfang der registergerichtlichen Prüfung.** Registergerichtliche Prüfung hat erheblichen Umfang. Zu weit geht aber Formulierung des BayObLG, Prüfung beziehe sich auf die Frage, „ob der gesamte Vorgang der Kapitalerhöhung den Vorschriften des Gesetzes u der Satzung gemäß abgelaufen ist."[2] So ist insbes Prüfung auf lediglich anfechtbarkeitsbegründende Mängel überflüssig, wenn Anfechtungsfrist anfechtungslos abgelaufen ist oder wenn Gericht Ablauf dieser Frist vor Eintragung abwarten will.

3 a **a) Ordnungsmäßigkeit der Anmeldung** ist selbstverständlicher u erster Prüfungsgegenstand. Das ergibt sich schon aus der Satzungsänderungsnatur

---

[1] Dazu BayObLG GmbHR 2001, 728.
[2] BayObLG NZG 2002, 583.

(zur Prüfung insoweit s § 54 Rn 19), wird aber durch die Verweisung auf § 9c I 1 eigens statuiert.

b) Ordnungsmäßigkeit des KEBeschlusses wird ebenfalls von der Verweisung erfasst. Prüfung erstreckt sich darauf, dass Beschluss nicht nichtig oder unwirksam ist. Bei Nichtigkeit oder Unwirksamkeit darf Eintragung nicht erfolgen. Unterscheidung zwischen Nichtigkeitsgründen, die Eintragung hindern u solchen, die sie nicht hindern, wie das § 9c II für Satzung im Gründungsstadium vorsieht, kommt nicht in Betracht. 4

c) Eintragungswidrigkeit hat RegGericht ebenfalls zu prüfen. Dabei handelt es sich um Mängel, die zwar keine Nichtigkeit begründen müssen, gleichwohl aber der Eintragung aus Gründen des öffentlichen Interesses entgegenstehen (sog Eintragungswidrigkeit).[3] Beispiel bei der KE bildet der Verstoß gegen die Stichtagsregelung des § 57f I 2 (vgl § 57f Rn 10 mit § 57e Rn 4f; allgemein zur Kategorie der Eintragungswidrigkeit Anh § 47 Rn 23). War 8-Monatsfrist bei Beschlussfassung noch gewahrt, liegt kein Beschlussmangel vor. Trotzdem besteht Eintragungshindernis, wenn 8-Monatsfrist bei Anmeldung abgelaufen war. 5

d) Anfechtungsbegründende Mängel erfordern differenzierende Behandlung. Vgl dazu § 54 Rn 22f. 6

e) Übernahmeerklärungen. Bei KE tritt hinzu die Prüfung der Ordnungsmäßigkeit der Übernahmeerklärungen u der Übereinstimmung von Erhöhungsbeschluss (bzw bei beschlossenem Maximalbetrag von Anmeldungsbetrag) u Summe der Übernahmen (zur registerrechtlichen Lage bei Überzeichnung des Betrages vgl § 57 Rn 5). Bei Sacherhöhung ist zusätzlich die Übereinstimmung von Sacheinlagenfestsetzung u Übernahmeerklärungen zu prüfen. 7

f) Leistung der Einlagen u freie Verfügbarkeit. Besondere Bedeutung bei der Barkapitalerhöhung hat neben der Prüfung, dass Einlagen gezahlt worden sind, die Prüfung ob freie Verfügbarkeit der eingezahlten Beträge vorliegt (zu dieser § 57 Rn 11). Da vielfach als Prüfungsunterlage dienende Bankbestätigung über Gutschrift auf Konto der Ges nach nicht unbedenklicher Auffassung des BGH nicht als Erklärung über freie Verfügbarkeit auszulegen ist,[4] sollten RegGerichte daher bei konkretem Anlass zusätzlich entsprechende Erklärung der Bank fordern (s auch § 57 Rn 37ff). Nach Meinung des BGH[5] soll ein solcher Nachweis nicht generell gefordert werden können. Dass es dafür, anders als im Aktienrecht (§ 37 I 3 AktG), im GmbHRecht keine ausdrückliche Vorschrift gibt, hindert indessen die generelle Einforderung durch RegGericht nicht, weil § 37 I AktG in ähnlichem Zusammenhang analoger Anwendung zugeführt wird (vgl § 57 Rn 39). 8

3. Prüfung des Nichtvorliegens verdeckter Sacherhöhung. Praktisch sehr bedeutsame Frage ist, inwieweit RegRichter prüfen darf, ob sich hinter als Barerhöhung angemeldeter KE verdeckte Sacherhöhung verbirgt. Namentlich solche verdeckte Sacherhöhung, die sich aus Tatbestand des Hin- u Herzahlens (evtl auch Ausschüttungs-Rückholverfahrens) ergibt, lässt sich aus üblichen Unterlagen nicht erkennen. Wenn wie in diesem Fall „Bareinzah- 9

---

3 Abw *Kallmeyer* I Rn 748, der diese Kategorie offenbar nicht akzeptieren will.
4 BGH NJW 1997, 945; streitig, vgl näher § 57 Rn 39.
5 BGHZ 113, 335, 352.

lung" erfolgt ist, geben GFührer entsprechende Versicherung (§ 57 Rn 9 f) uU mehr oder minder guten Gewissens ab. Soll Verhinderung verdeckter Sacheinlagen einigermaßen effizient erfolgen, muss es RegRichter erlaubt sein, nachzufragen, ob Tatbestand des Hin- u Herzahlens vorliegt u zwar auch ohne konkret begründeten Verdacht. Von BGHZ 113, 335 (352 ff) entwickelte Grundsätze stehen einer solche Nachfrage schon deswegen nicht entgegen, weil keine Verzögerung der Eintragung eintritt, sofern sich nicht auf Grund der Nachfrage konkrete Verdachtsmomente ergeben. Mittlerweile hat der BGH[6] seine Auffassung selbst dahin modifiziert, dass die GFührer verpflichtet sind, nicht nur die endgültig freie Verfügbarkeit zu versichern, sondern auch, dass der Betrag in der Folge nicht an den Einleger zurückbezahlt worden ist. Auch Vorlage leicht beizubringender, keine besonderen Kosten u keinen zusätzlichen Zeitaufwand verursachender Nachweise kann ohne konkret begründeten Verdacht verlangt werden. Es liegt insoweit in § 57 Regelungslücke vor, die durch regrichterliche Rechtsfortbildung zu schließen ist. Auch dem abstrakten Verdacht, dass Bareinzahlung durch Gewinnausschüttung finanziert worden ist, darf RegRichter nachgehen. Er darf dazu auch, da der Fall öfter auftreten wird, Formular verwenden.[7] Ermessensfehler liegt insoweit nur dann vor, wenn Beibringung zeitaufwändiger oder erhebliche Kosten verursachender Nachweise u Unterlagen verlangt wird, ohne dass dazu konkreter Anlass besteht.

10 **4. Prüfung der Bewertung von Sacheinlagen.** Wichtige Aufgabe bei Sacherhöhung ist Prüfung, dass Sacheinlagen nicht wesentlich überbewertet worden sind. Reichen die von der Ges vorgelegten Unterlagen nicht aus, kann Gericht in angemessenem Umfang Nachreichung verlangen (wohl allgM), zB Nachweise über Anschaffungs- oder Herstellungskosten, Bewertungsgutachten von Sachverständigen,[8] bei Einbringung von Unternehmen zum Buchwert Vorlage einer Einbringungsbilanz; erforderlichenfalls kann Gericht auch eigene Ermittlungen anstellen, zB Sachverständige mit der Nachprüfung von Bewertungen beauftragen.[9] Zur Nichterforderlichkeit eines Sachgründungsberichts für die Anmeldung der KE § 56 Rn 17. RegRichter kann solchen Bericht jedenfalls nicht von Gftern verlangen. Auch von GFührern kann er entsprechenden Bericht nicht schlechterdings fordern,[10] wohl aber Einzeldarlegungen, soweit dafür nach den Umständen Anlass besteht. Einen Bericht ähnlich einem Sacheinlagebericht hält BGHZ 132, 155 für erforderlich bei Heilung einer verdeckten Sacheinlage durch eine die Einlagendeckung von der Bar- zur Sacheinlage wandelnde Satzungsänderung. Zu den für die Bewertung einschlägigen Bewertungsgrds OLG München GmbHR 1994, 712. Selbstverständlich ist, dass Ablehnung der Eintragung nur bei Überbewertung in Betracht kommt, nicht bei Unterbewertung. Dazu dass bei

---

[6] BGHZ 150, 197, 201 sowie Leitsatz b.

[7] Zur Problematik LG Berlin BB 1997, 2234; treffend *Müther* Anm ebenda; abw KG GmbHR 1998, 786.

[8] BayObLG BB 1995, 117; Michalski/*Hermanns* Rn 16 f; Rowedder/Schmidt-Leithoff/*Zimmermann* Rn 7.

[9] BayObLG BB 1995, 117; Ulmer/*Ulmer* Rn 11.

[10] In diese Richtung aber OLG Stuttgart BB 1982, 397; zurückhaltend OLG Thüringen GmbHR 1994, 710 (nur wenn Bericht je nach den Umständen erforderlich). *Lutter/Hommelhoff* § 56 Rn 7 fordern eine dem Sacherhöhungsbericht inhaltsgleiche Darlegungspflicht der GFührer schon bei den Anmeldung.

mehreren gleichzeitig angemeldeten Sacherhöhungen keine Wertzusammenrechnung mit Ausgleich der Überbewertung bei einer KE durch die Unterbewertung bei der anderen erfolgen darf, oben § 57 Rn 8.

5. Stichtag für Bewertung von Sacheinlagen ist der Anmeldungszeitpunkt (abw die hL zum Gründungsstadium, s aber § 9 c Rn 8). Grundsatz der Unversehrtheit des Stammkapitals bei Entstehung der Ges greift für KE nicht ein.[11] Daher ist Anlehnung an den für die Differenzhaftung nach § 56 II mit § 9 I maßgeblichen Zeitpunkt der Anmeldung sinnvoll.[12] Zu weit geht es hingegen, den evtl höheren Wert im Zeitpunkt der Einbringung genügen zu lassen[13] oder auf Zeitpunkt des KE-Beschlusses abzustellen.[14] Zur Differenzhaftung s § 56 Rn 18. 11

57b (weggefallen)

Vorschrift ist durch das MoMiG aufgehoben worden. Aufhebung bedeutet, dass bei Sacherhöhung Festsetzung über Sacheinlagen für Bekanntmachung nicht mehr in Betracht kommen. Aufhebung der Vorschrift ist schon wegen ihres „delphischen" Inhalts (dazu 18. Aufl Rn 3) zu begrüßen.

Vorbemerkungen vor § 57 c

Kapitalerhöhung aus Gesellschaftsmitteln

Lit: *Fett/Spiering,* Typische Probleme bei der Kapitalerhöhung aus Gesellschaftsmitteln, NZG 2002, 35; *Schaeberle/Meermann,* Kapitalerhöhung bei einer GmbH, 1985; *Than,* Rechtliche und praktische Fragen bei der Kapitalerhöhung aus Gesellschaftsmitteln bei einer AG, WM-Festgabe Heinsius, 1991, S 54.

1. Verhältnis der Neuregelung zum früheren Recht. Die §§ 57 c–57 o sind durch Art 4 des Umwandlungsbereinigungsgesetzes (UmwBerG) v 28. 10. 1994[1] in das GmbHG eingefügt worden und am 1. 1. 1995 in Kraft getreten. Die im GmbHG neuen Regelungen entsprechen größtenteils wörtlich, sachlich sogar voll den bis dahin geltenden Bestimmungen der §§ 1–17 des Gesetzes über die Kapitalerhöhung aus Gesellschaftsmitteln u über die Verschmelzung von Gesellschaften mit beschränkter Haftung vom 23. 12. 1959,[2] kurz KapErhG. Entfallen sind § 7 V KapErhG (dazu unten § 57 i Rn 15), § 8 KapErhG (dazu § 57 d Rn 9 u § 57 i Rn 16, 18), § 16 KapErhG (dazu § 57 i Rn 17). § 36 KapErhG (Strafbestimmung, bisher im Zusammenhang mit der KE aus GesMitteln kommentiert) wurde in § 82 Abs 1 als dessen neue Nr 4 integriert (dazu unten § 82 Rn 49 ff). Den Gegenstand der neu 1

---

[11] Zutr Ulmer/*Ulmer* Rn 19; Rowedder/Schmidt-Leithoff/*Zimmermann* Rn 8.
[12] Vgl BGH WM 1996, 679; OLG Düsseldorf BB 1996, 338; *Lutter/Hommelhoff* Rn 3; Michalski/*Hermanns* Rn 15.
[13] So aber Ulmer/*Ulmer* 19.
[14] So aber OLG Thüringen GmbHR 1994, 710.
[1] BGBl I, 3257 ff; BegrRegE UmwBerG BT-Drucks 12/6699, 175 ff.
[2] BGBl I, 789, zuletzt geändert durch das BiRiLiG vom 19. 12. 1985, BGBl I, 2355.

eingefügten Bestimmungen bildet die sog **nominelle Kapitalerhöhung** oder **Kapitalerhöhung aus Gesellschaftsmitteln** (zu den Arten der KE vgl § 55 Rn 2). Sie entspricht, von rechtsformspezifischen Besonderheiten abgesehen, weitgehend dem für die AG maßgebenden Recht, für die früher ebenfalls das KapErhG galt. Durch das AktG 1965 wurde jedoch die aktienrechtliche KE aus Gesellschaftsmitteln in §§ 207 ff AktG neu geregelt, das KapErhG daher in seiner Anwendbarkeit auf die GmbH beschränkt (vgl § 33 I EG AktG). BiRiLiG hat diese Beschränkung auch im Text des KapErhG vollzogen. Sachliche u textliche Übereinstimmung macht daher aktienrechtliche Lit u Rspr vielfach übertragbar auf GmbH-Recht.[3]

2 **2. Entwicklung der KE aus Gesellschaftsmitteln.** Nominelle KE wurde schon lang vor dem KapErhG als zulässig angesehen u in der Praxis durchgeführt. In der Rspr hat man sie, da eigene gesetzliche Regelung zunächst fehlte u daher Anwendung der Vorschriften über die effektive KE geboten erschien, als **Doppelmaßnahme** qualifiziert: Verteilung von in Rücklagen eingestellten Mitteln an Gfter u Wiedereinbringung dieser Mittel durch Gfter zur Übernahme neuer, durch KE geschaffener Anteile unter Vermeidung der Auszahlung u Wiedereinzahlung durch Verrechnung.[4] Ebenso konstruierte die Rspr des RFH,[5] was zur Folge hatte, dass Gewährung der Anteile aus nomineller KE als Gewinnausschüttung u damit als einkommensteuerpflichtiger Vorgang betrachtet wurde. KapErhG folgte dieser Auffassung nicht, sondern der schon vor ihm im Schrifttum vertretenen Einheitstheorie.[6] Danach ist die KE **einheitlicher Vorgang,** der die Umwandlung von verteilbarem in unverteilbares GesVermögen zum Gegenstand hat. Dementspr hat das Gesetz über steuerrechtliche Maßnahmen bei Erhöhung des Nennkapitals aus Gesellschaftsmitteln vom 30. 12. 1959 mit der finanzgerichtlichen Betrachtung gebrochen u die Einkommensteuerpflicht für die Anteilsgewährung beseitigt.

3 **3. Steuerrechtliche Auswirkungen.** Durch diese Änderung wurde es möglich, den Gftern von der Ges verdiente Gewinne in fungibler Form so zuzuwenden, dass die bei Barauszahlung von Gewinnen eintretende Doppelbesteuerung vermieden wurde. Der Wert der neuen Anteile gehört nach § 1 KapErhStG bei den Gftern nicht zu deren Einkünften. Auch der Wertansatz von GAnteilen in der Bilanz von Gftern ändert sich durch KE aus GesMitteln nicht, § 3 KapErhStG. Unter steuerlicher Gesamtbetrachtung kann es wegen der im Fall der Gewinnausschüttung beim einzelnen Gfter anfallenden Einkommensteuer günstiger sein, auf Gewinnausschüttung zu verzichten u Gewinne ohne Ausschüttung durch nominelle KE in GAnteile zu verwandeln (zu dieser Möglichkeit § 57 d Rn 3).

4 Diese Zuwendungsmethode war eine Zeit lang weniger interessant wegen der mit der Körperschaftssteuerreform 1977 erfolgten weitreichenden Beseitigung der Doppelbesteuerung. Mit der Ersetzung des Anrechnungsverfahrens durch das Halbeinkünfteverfahren ist der steuerliche Vorteil der Kapitalerhö-

---

[3] Vgl dazu insbes KölnerKomm/*Lutter* zu §§ 207 ff; *Hüffer* AktG §§ 207 ff.

[4] Dazu RGZ 107, 168 f; 108, 31.

[5] Vgl RFH 46, 231.

[6] Vor allem durch *v. Godin* AcP 145 (1939), 69 ff, *Rauch,* Kapitalerhöhung aus Gesellschaftsmitteln, 2./3. Aufl 1947/1950 u *Alfred Hueck* in Baumbach/Hueck, AktG 10. Aufl Einführung vor § 149 A 2.

hung aus Gesellschaftsmitteln hingegen wieder deutlich. Hinzu kommt, dass das während der Geltung des für ausgeschüttete Gewinne niedrigeren Körperschaftsteuersatzes bestehende Interesse an der Gewinnausschüttung zwecks Einsparung von Körperschaftsteuer mit der Beseitigung des gespaltenen Körperschaftsteuersatzes entfallen ist.

4. Gesellschaftsrechtliche Bedeutung. Gesellschaftsrechtlich dient KE aus Gesellschaftsmitteln dazu, Nennkapital (= die Stammkapitalziffer) u tatsächlich vorhandenes sehr viel höheres Eigenkapital in angemessenes Verhältnis zu bringen. Die Gläubigersicherung wird dadurch verbessert, weil Stammkapital nicht zurückgezahlt werden darf. Dadurch erfolgt zwar keine Zuführung neuer Finanzmittel, aber vorhandene Mittel werden stärker gebunden. Eher optische Bedeutung hat es, dass das zahlenmäßige Verhältnis zwischen dem Nennbetrag der GAnteile u dem ausgeschütteten Gewinn iS einer Verringerung der Nominalverzinsung verändert wird. Für den bei der AG sich ergebenden Vorteil eines Kursgewinns an der Börse bietet der Markt für GmbH-Anteile in aller Regel keine Entsprechung. 5

5. Einschränkungen des Anwendungsbereichs. Im Liquidationsstadium ist KE aus GesMitteln wegen Verstoß gegen Liquidationszweck nicht zulässig (wohl allgM). Vor Auflösung beschlossene KE darf nach Auflösung nicht mehr eingetragen werden (ganz hM). Bei zulässiger Rückverwandlung aufgelöster Ges in werbende Ges (dazu unten § 60 Rn 52 ff) kann aber KEBeschluss gleichzeitig mit Rückverwandlungsbeschluss gefasst werden; Eintragung der KE nur nach Eintragung der Rückverwandlung zulässig. 6

Kapitalerhöhung aus Gesellschaftsmitteln

57c (1) **Das Stammkapital kann durch Umwandlung von Rücklagen in Stammkapital erhöht werden (Kapitalerhöhung aus Gesellschaftsmitteln).**

(2) **Die Erhöhung des Stammkapitals kann erst beschlossen werden, nachdem der Jahresabschluß für das letzte vor der Beschlußfassung über die Kapitalerhöhung abgelaufene Geschäftsjahr (letzter Jahresabschluß) festgestellt und über die Ergebnisverwendung Beschluß gefaßt worden ist.**

(3) **Dem Beschluß über die Erhöhung des Stammkapitals ist eine Bilanz zugrunde zu legen.**

(4) **Neben den §§ 53 und 54 über die Abänderung des Gesellschaftsvertrags gelten die §§ 57 d bis 57 o.**

Übersicht

1 **1. Grundgedanke.** Bei der KE aus Gesellschaftsmitteln werden Rücklagen in Stammkapital umgewandelt. Daraus folgt zugleich, dass bei dieser KEForm keine Einzahlung neuer Mittel erfolgt (= nominelle KE). Da die Vorschrift nur Rücklagen als umwandlungsfähig bezeichnet, könnte in der Jahresbilanz ausgewiesener Jahresüberschuss oder Bilanzgewinn eigentlich nicht sogleich zur nominellen KE herangezogen werden. § 57 d I lässt jedoch Beschluss über Zuführung zu Rücklagen genügen (näher dazu unten § 57 d Rn 1).

2 **2. KEBeschluss. a) KE als Satzungsänderung.** Auch die nominelle KE ist Satzungsänderung, wie durch Abs 4 bestätigt wird. Demgemäß bedarf sie eines satzungsändernden Beschlusses der Gfter, für den § 53 I u II gilt. Anders als Vorgängerregelung des § 1 II KapErhG verweist Abs 4 auch auf § 53 III, obwohl in der KE eine Leistungsvermehrung nicht liegen kann.[1] Selbstverständlich kommt § 53 III aber zur Anwendung, wenn mit der KE eine zusätzliche Pflichten begründende Satzungsänderung verbunden wird. Inwieweit eine solche Verbindung an §§ 57 j, 57 m scheitert, vgl unten § 57 j Rn 6. Zur Beschlussfassung u zu den erforderlichen Mehrheiten vgl § 53 Rn 60 ff. Sonderregelungen der Satzung über erforderliche Mehrheit bei Satzungsänderungen gelten auch hier,[2] desgleichen Sonderregelungen für (nicht näher bezeichnete) KE.[3] Hingegen ist iZw eine Sonderregelung, die ausdrücklich für „effektive KE" oder für „KE nach § 55 GmbHG" vorgesehen ist, nicht analog auf die nominelle Erhöhung anzuwenden.[4]

3 **b) Beschlussinhalt.** Er ist verstreut geregelt. Erforderlich ist Angabe eines festen Erhöhungsbetrags, nicht Maximalbetrags; Angabe des neuen oder gar des alten Stammkapitalbetrags ist daneben nicht erforderlich.[5] ferner, dass Erhöhung durch Umwandlung von Rücklagen erfolgt u welche Bilanz dem Beschluss zugrundeliegt. Bei Vorhandensein mehrerer Rücklagen ist anzugeben, zu Lasten welcher u ggf in welcher Höhe Umwandlung erfolgen soll. Notwendig ist schließlich Angabe der Art der Durchführung (§ 57 h II 1): Ob Bildung neuer GAnteile oder Erhöhung des Nennbetrags der Anteile oder eine Kombination von beidem (ggf wie) gewählt wird. Beschluss kann (nicht muss) ferner eine von § 57 n I abw rückwirkende Gewinnbeteiligung vorsehen, § 57 n II, sowie evtl Anpassungsregeln hinsichtlich geschäftsanteilsverbundener Nebenrechte u -pflichten (dazu unten § 57 m Rn 1 ff).

---

[1] Ulmer/*Ulmer* Rn 6.

[2] Wohl unstr; vgl zB *Lutter/Hommelhoff* Rn 6; *Meyer-Landrut* Anh 57 b § 1 KapErhG Rn 2.

[3] Str, hM, wie hier zB *Lutter/Hommelhoff* Rn 6; *Roth*/Altmeppen Rn 9; Ulmer/*Ulmer* Rn 6.

[4] *Meyer-Landrut* Anh 57 b § 1 KapErhG Rn 2; *Roth*/Altmeppen Rn 9.

[5] So aber *Lutter/Hommelhoff* Rn 10, die damit keinen Beitrag zum Bürokratieabbau leisten.

3. Jahresabschluss u Ergebnisverwendungsbeschluss als Voraussetzung. Feststellung des Jahresabschlusses u Ergebnisverwendungsbeschluss für das letzte vor dem KEBeschluss abgelaufene Geschäftsjahr sind notwendige Voraussetzung der nominellen KE, § 57c II. Dabei ist § 29 GmbHG zu beachten. Zu den (begrenzten) Möglichkeiten, ausgewiesenen Jahresüberschuss bzw ausgewiesenen Bilanzgewinn in Rücklagen einzustellen u damit für die nominelle KE umwandlungsfähig zu machen, vgl § 29 GmbHG Rn 29ff, 35. Eine Ausnahme vom Erfordernis eines vorgängigen Ergebnisverwendungsbeschlusses gilt im Fall des § 57n II. 4

Beschlüsse über die Feststellung u über die Gewinnverwendung sowie KEBeschluss können in der selben GfterVers gefasst werden.[6] Fassung des KE-Beschlusses unter der aufschiebenden Bedingung, dass Jahresabschluss geprüft und festgestellt wird,[7] ist nicht zulässig.

Vorliegen von Jahresabschluss u Ergebnisverwendungsbeschluss sind Wirksamkeitsvoraussetzung des KE-Beschlusses (vgl Abs 2: „... kann erst beschlossen werden ..."). KE-Beschluss ist daher schwebend unwirksam, wenn diese Beschlüsse nicht vorliegen. RegRichter darf folglich bis dahin nicht eintragen. Hingegen führt Verstoß gegen die in Abs 2 bestimmte Abfolge nicht, wie hM annimmt, zur Nichtigkeit des KEBeschlusses gemäß § 241 Nr 3 AktG analog, weil kein Inhaltsverstoß vorliegt.[8] Zu möglichen Nichtigkeitsgründen s aber noch unten Rn 7 sowie § 57d Rn 4 u § 57e Rn 5. 5

4. Zugrundezulegende Bilanz (Basisbilanz). Gemäß Abs 3 muss der KE eine Bilanz zugrunde gelegt werden. Das kann die gemäß Abs 2 vorausgesetzte Jahresbilanz oder eine spätere ohnehin oder ad hoc aufgestellte Zwischenbilanz sein (letzteres evtl wegen der Acht-Monats-Frist des § 57e I 1 erforderlich). Diese Basisbilanz ist entscheidend für die Frage, ob umwandlungsfähige Rücklagen im erforderlichen Umfang (noch) vorhanden sind. Zu den inhaltlichen Erfordernissen dieser Bilanz u zur Erforderlichkeit ihrer Prüfung u eines Bestätigungsvermerks s unten zu §§ 57e u 57f. 6

KEBeschluss muss bezeichnen, welche Bilanz dem KEBeschluss zugrundegelegt wird, vgl oben Rn 3. *Diese* Bilanz wird damit zum Beschlussteil. Existiert sie gar nicht oder ist sie nichtig, liegt daher ein Inhaltsverstoß gegen gläubigerschützende Vorschrift iSv § 241 Nr 3 AktG vor, der die Nichtigkeit des KEBeschlusses bewirkt. 7

5. Kombination von nomineller u effektiver KE. Sie kommt in mehreren Formen in Betracht. (1) In getrennten Beschlussfassungen (zulässig 8

---

[6] *Lutter/Hommelhoff* Rn 8; *Meyer-Landrut* Anh 57b § 1 KapErhG Rn 5; *Roth/*Altmeppen Rn 13.

[7] So LG Duisburg GmbHR 1990, 85; Ulmer/*Ulmer* Rn 13; *Lutter/Hommelhoff* Rn 9 wollen aufschiebende Bedingung zulassen, dass der bereits vorliegende u testierte Jahresabschluss wie erwartet festgestellt u die Gewinnverteilung entsprechend beschlossen wird. Dafür dürfte kein echtes Bedürfnis bestehen.

[8] Abw Scholz/*Priester* Rn 13; KölnerKomm/*Lutter* § 207 Rn 17; *Meyer-Landrut* Anh 57b § 1 KapErhG Rn 7; Rowedder/Schmidt-Leithoff/*Zimmermann* Rn 19; *Roth/*Altmeppen Rn 14; *Lutter/Hommelhoff* Rn 11. Niemand aus dem erlauchten Kreis dieser Autoren macht sich die Mühe, seine von § 241 Nr 3 AktG nicht gedeckte Auffassung näher zu begründen. Scholz/*Priester* Rn 13 führen zwar aus, dass Vorschrift dem Gläubigerschutz diene (was richtig ist), sagen aber nicht, inwiefern Inhaltsverstoß vorliegen soll. Ulmer/*Ulmer* Rn 15 lässt die Frage offen u attestiert der hier vertretenen Meinung „beachtliche Gründe".

jedoch in ders GfterVers) wird zunächst eine nominelle KE beschlossen u anschließend eine ordentliche Erhöhung mit der idR auch stillschweigend anzunehmenden Maßgabe der Eintragung ins HR in gleicher Reihenfolge. Die Gratisanteile erhalten dann alle bisherigen Gfter nach dem Ausmaß ihrer bisherigen Beteiligung; inwieweit sie sich an der effektiven KE beteiligen, steht ihnen frei. Daher ist diese Art der Verbindung unbedenklich. (2) In getrennten Beschlussfassungen (zulässig ebenfalls in ders GfterVers) wird zunächst die effektive KE u dann die nominelle KE beschlossen mit der Maßgabe, dass an der zweiten Erhöhung auch die Übernehmer der effektiven KE gem ihrer dann gegebenen Beteiligung partizipieren. Dadurch wird zwar ein gewisser wirtschaftlicher Anreiz ausgeübt, sich an effektiver KE zu beteiligen, jedoch kein Zwang. Auch diese Kombination ist zulässig, wie ja auch gegen eine erst der durchgeführten effektiven KE nachfolgende Beschlussfassung über die nominelle KE sicherlich nichts einzuwenden wäre. Dass Beschlussfassung kombiniert erfolgt, kann allein keine Bedenken begründen. (3) Nicht zulässig ist hingegen die Verbindung beider Erhöhungsarten in einem einheitlichen Beschluss, der zum Ziel hat, neue Anteile teils aus umgewandelten Rücklagen, teils aus effektiven Einzahlungen zu bilden.[9] Problem liegt nicht im Bereich der Willensbildung, sondern der Klarheit über die Herkunft der Mittel zur Deckung des Erhöhungsbetrages sowie der Folgen der Erhöhung. Das erfordert getrennte Wirkung auf GAnteile u Möglichkeit getrennten Nachvollzugs bei auftauchenden Mängeln.

9 **6. Keine Erfüllung effektiver KE durch Umbuchung von Rücklagen.** Nicht zulässig ist es selbstverständlich, Einlageverpflichtungen aus BarKE durch Umbuchung von Rücklagen zur erfüllen. Bei Durchführung solcher Maßnahme, die als verdeckte KE aus Gesellschaftsmitteln bezeichnet wird,[10] bleiben Bareinlageverpflichtungen ähnlich wie bei verdeckter Sacherhöhung bestehen. Inwieweit Heilung möglich ist, erscheint zweifelhaft, da Gläubiger von Zuführung neuer Mittel ausgehen durften, nicht lediglich von Erhöhung der Ausschüttungssperre.[11] Befreiung von Einlageverpflichtungen nach Eintragung der Erhöhung an sich nur möglich durch Kapitalherabsetzung. Sie kann jedoch mit Kapitalerhöhung aus Gesellschaftsmitteln nicht kombiniert werden, sodass Kapitalziffer nicht durch Umbuchung von Rücklagen gehalten werden kann.

10 **7. Kombination von nomineller Kapitalerhöhung u Kapitalherabsetzung.** Sie ist hinsichtlich ordentlicher KE wegen § 58 nicht möglich, da die unterschiedlichen Anmeldefristen nicht miteinander vereinbar sind.[12]

---

[9] Str, wie hier die hM zum AktR, vgl KölnerKomm/*Lutter* Vor § 207 Rn 15 mN; zum GmbH-Recht Ulmer/*Ulmer* Vor § 57 c Rn 17; *Lutter/Hommelhoff* Rn 15; *Meyer-Landrut* Anh 57 b § 1 KapErhG Rn 1; Rowedder/Schmidt-Leithoff/*Zimmermann* Rn 13; *Fett/Spiering* NZG 2002, 367; abw vor allem *Beitzke* FS Hueck, 1959, 295 ff sowie bei Zustimmung aller Gfter Scholz/*Priester* Vor § 57 c Rn 20 f.; Michalski/*Hermanns* Rn 21 f; *Kallmeyer* I Rn 628; LG München RPfleger 1983, 157; OLG Düsseldorf NJW 1986, 2060 für personenbezogene GmbH bei einverständlicher Mitwirkung aller Gfter; referierend *Roth*/Altmeppen Rn 5.

[10] *Lutter/Hommelhoff* § 57 i Rn 14.

[11] Anders *Lutter/Hommelhoff* § 57 i Rn 14; Scholz/*Priester* § 57 i Rn 19; *Priester* GmbHR 1998, 861.

[12] Ulmer/*Ulmer* Vor § 57 c Rn 18; Scholz/*Priester* Vor § 57 c Rn 23; *Lutter/Hommelhoff* Rn 16; Rowedder/Schmidt-Leithoff/*Zimmermann* Rn 13; *Roth*/Altmeppen Rn 8.

Kombination mit vereinfachter Kapitalherabsetzung ist zwar theoretisch in den quantitativen Grenzen des § 58 a denkbar, jedoch als sinnwidrig u die Öffentlichkeit irreführend meines Erachtens gleichwohl unzulässig.[13]

8. Anmeldung zum HR u Eintragung. Für sie gilt nach Abs 4 § 54 I, 11
ferner § 57 i. Näheres unten bei § 57 i.

Ausweisung von Kapital- und Gewinnrücklagen

57d (1) **Die Kapital- und Gewinnrücklagen, die in Stammkapital umgewandelt werden sollen, müssen in der letzten Jahresbilanz und, wenn dem Beschluß eine andere Bilanz zugrunde gelegt wird, auch in dieser Bilanz unter „Kapitalrücklage" oder „Gewinnrücklagen" oder im letzten Beschluß über die Verwendung des Jahresergebnisses als Zuführung zu diesen Rücklagen ausgewiesen sein.**

(2) **Die Rücklagen können nicht umgewandelt werden, soweit in der zugrunde gelegten Bilanz ein Verlust, einschließlich eines Verlustvortrags, ausgewiesen ist.**

(3) **Andere Gewinnrücklagen, die einem bestimmten Zweck zu dienen bestimmt sind, dürfen nur umgewandelt werden, soweit dies mit ihrer Zweckbestimmung vereinbar ist.**

Übersicht

1. Umwandlungsfähigkeit von Rücklagen. Umwandlungsfähig sind 1
grundsätzlich alle offenen Rücklagen, Abs 1, gleichgültig ob Kapital- oder Gewinnrücklagen. Hingegen müssen stille Reserven erst aufgelöst werden u in den nach Abs 1 maßgebenden Bilanzen als Rücklagen ausgewiesen sein.[1] Die in der früheren Fassung des § 2 II KapErhG enthaltenen Umwandlungsverbote für bestimmte Rücklagen sind durch BiRiLiG als obsolet gestrichen worden. Sonderposten mit Rücklagenanteil sind trotz Streichung des früheren § 2 Abs 2 Nr 3 KapErhG nicht umwandlungsfähig, weil ihnen echter Rück-

[13] IE ebenso Ulmer/*Ulmer* vor § 57 c Rn 19; *Lutter/Hommelhoff* Rn 16, jedoch mit problematischer Begründung: zwar ist richtig, dass Rücklagen nach § 58 a II aufgelöst sein müssen. Beseitigung der Rücklagen durch Umbuchung in Stammkapital könnte dem aber gleichgesetzt werden.

[1] *Lutter/Hommelhoff* Rn 4; *Meyer-Landrut* Anh 57 b § 2 KapErhG Rn 5; *Roth/* Altmeppen Rn 3; Scholz/*Priester* Rn 6.

lagencharakter fehlt.[2] Umwandlungsfähigkeit kann Gewinnrücklagen durch Zweckbestimmung genommen sein, Abs 3. Dazu Rn 10. Nicht umwandlungsfähig ferner (Gewinn-)Rücklage für eigene Anteile (§ 266 III A III Nr 2 HGB), die gemäß § 272 IV HGB zu bilden ist u nur unter den dort geregelten Voraussetzungen aufgelöst werden darf.[3]

2 **2. Umwandlungsfähigkeit von Nachschusskapital.** Nachschusskapital ist umwandlungsfähig, sobald es als Kapitalrücklage (§ 266 III lit A II HGB) ausgewiesen ist, aber nur, wenn es bereits eingezahlt ist (zur Ausweispflicht oben § 42 Rn 169, 210).[4]

3 **3. Umwandlungsfähigkeit von Bilanzgewinn u Jahresüberschussbeträgen.** Bilanzgewinn und Jahresüberschussbeträge sind umwandlungsfähig[5] nicht nur, wenn sie bei der Feststellung des Jahresabschlusses als Gewinnrücklage (§ 268 I HGB) in die Bilanz eingestellt werden, sondern auch ohne diese Voraussetzung, wenn sie im letzten Gewinnverwendungsbeschluss als Zuführung zu Gewinnrücklagen ausgewiesen sind.[6]

4 **4. Ausweis umzuwandelnder Rücklagebeträge als Rücklagen** muss nach dem klaren Wortlaut in der letzten Jahresbilanz, u wenn diese nicht Basisbilanz ist, auch in der als Basisbilanz dienenden Zwischenbilanz, alsdann mithin in beiden Bilanzen gegeben sein. Ein zur Nichtigkeit des Erhöhungsbeschlusses führender Inhaltsverstoß liegt aber nur vor, wenn der Ausweis in der Basisbilanz fehlt, abw hM. Für das GmbH-Recht erscheint diese Begrenzung der Nichtigkeit schon deshalb sinnvoll, da bei einem Großteil der Gesellschaften nur die Basisbilanz einer Prüfungspflicht unterliegt.

5 **5. Ausweis umzuwandelnder Jahresergebnisteile.** Abs 1 lässt statt des direkten Ausweises in der Jahresbilanz auch genügen, wenn die in Stammkapital umzuwandelnden Rücklagen noch nicht als vollzogen in der Jahresbilanz eingestellt sind, sondern wenn nur im letzten Beschluss über die Verwendung des Jahresergebnisses Jahresüberschussbeträge als Zuführung zu umwandlungsfähigen Rücklagen ausgewiesen sind. Sachlich ist das in Ordnung, soweit als Basisbilanz die letzte Jahresbilanz dient. Anders als früher braucht diese Jahresbilanz nicht rückwirkend unter Einstellung des entsprechenden Betrags in Rücklagen geändert und es muss nicht der Prüfervermerk des § 57 e I auf diese Änderung erstreckt werden.[7] Wird hingegen als Basisbilanz eine Zwischen- oder Sonderbilanz verwendet, so muss in dieser (zusätzlich zu dem entsprechenden Ausweis im der letzten Jahresbilanz zuzuordnenden Gewinnverwendungsbeschluss) die Zuführung zur Rücklage vollzogen, dh in der Regel ein Ausweis unter Gewinnrücklagen gegeben sein.[8]

---

[2] Vgl dazu die Begr RegE BT-Drucks 10/317, 131; zust *Lutter/Hommelhoff* Rn 6; Rowedder/Schmidt-Leithoff/*Zimmermann* Rn 11; *Roth*/Altmeppen Rn 8.

[3] Wohl allgM; ausführlich *Roth*/Altmeppen Rn 6.

[4] Wie hier *Lutter/Hommelhoff* Rn 5; Hachenburg/*Ulmer* § 2 KapErhG Rn 6; *Roth*/Altmeppen Rn 10.

[5] Zur früheren Rechtslage vgl 14. Aufl § 2 KapErhG Rn 1.

[6] *Lutter/Hommelhoff* Rn 14.

[7] Zu dieser früheren Rechtslage 14. Aufl § 2 Kap ErhG Rn 1.

[8] AllgM, vgl *Lutter/Hommelhoff* Rn 15; Michalski/*Hermanns* Rn 20; Scholz/*Priester* Rn 8; Ulmer/*Ulmer* Rn 5.

6. Minderung umwandlungsfähiger Rücklagen durch Verlust. Verlust, der in Basisbilanz ausgewiesen ist, sei es als Bilanzverlust oder als Verlustvortrag aus früheren Geschäftsjahren, mindert Rücklagenwert in entsprechender Höhe und hindert daher insoweit Umwandlung der Rücklagen in Stammkapital, Abs 2. Andere **Gegenposten zum Eigenkapital** sind nach neuem Bilanzrecht nicht mehr zulässig.[9] Diesbezügliches Umwandlungsverbot in der früheren Fassung des Abs 2 ist daher als obsolet gestrichen worden. 6

Über Gesetzeswortlaut hinaus ist Umwandlung von Rücklagen auch insoweit nicht zulässig, als durch **seit der zugrundegelegten Bilanzierung eingetretene Vermögensminderungen** eine Aufzehrung der Rücklagen eingetreten und für die Beteiligten erkennbar ist. Erklärungspflicht der GFührer gem § 57i I 2 hätte sonst keinen Sinn, da RegRichter eintragen müsste, und Strafbarkeit gem § 82 I Nr 4 wäre unverständlich.[10] 7

7. Folgen bei Unterdeckung. Verstoß gegen Abs 2 macht KE-Beschluss nichtig, weil Basisbilanz zum Inhalt des Beschlusses gehört. Unterdeckung durch zwischenzeitliche Vermögensminderungen führt hingegen wohl nicht zur Nichtigkeit der KE, insbes nicht, wenn Vermögensminderungen nicht erkennbar waren. Das Gleiche wird im Ansatz anzunehmen sein, wenn die in der Bilanz ausgewiesenen Rücklagen in Wahrheit schon am Bilanzstichtag nicht vorhanden waren; allerdings kann dann Mangel der Bilanz vorliegen, der ihre Nichtigkeit analog § 256 I Nr 1 mit V AktG zur Folge hat. Dann ist auch KE-Beschluss nichtig (s § 57c Rn 7). Heilung der Bilanznichtigkeit heilt auch KE-Beschluss. 8

In keinem Fall führt Unterdeckung zu einer Einzahlungspflicht der Gfter.[11] Dieses Ergebnis ist früher auch aus Abs 2 des nicht ins GmbHG übernommenen § 8 KapErhG abgeleitet worden (s a den fortgeltenden § 211 II AktG). Entfallen dieser Regelung ändert an Rechtsfolge nichts. Zutr ist diese Vorschrift schon früher als überflüssig angesehen worden.[12] Auch analoge Anwendung der Differenzhaftung des Sacheinlegers nach § 9 GmbHG kommt nicht in Betracht.[13] Unterdeckung des Erhöhungsbetrags löst auch keine Pflicht der Ges zur KH aus.[14] Vielmehr führt nach Aufstellung einer zutr Bilanz bestehende Unterbilanz **nur** zum **Ausschüttungsverbot** hinsichtlich künftiger Jahresüberschüsse bis zur Auffüllung. Lag freilich Nichtigkeit der Basisbilanz vor, ist auch die KE nichtig, vgl oben § 57c Rn 7. 9

8. Zweckbestimmte Gewinnrücklagen sind nach Abs 3 der Umwandlung in Nennkapital entzogen, soweit dies mit der Zweckbestimmung unvereinbar ist. Derartige Unvereinbarkeit besteht, soweit Rücklage vermögensmindernden Aufwendungen dienen soll, nicht hingegen, wenn aktivierungsfähige 10

---

[9] Ulmer/*Ulmer* Rn 12.

[10] Wie hier *Roth*/Altmeppen Rn 11; *Lutter/Hommelhoff* Rn 7.

[11] So die allgM im AktR, vgl statt anderer KölnerKomm/*Lutter* § 211 Rn 8 mwN; im GmbH-Recht entspricht das der weit überwiegenden Meinung, vgl *Lutter/Hommelhoff* § 57i Rn 11; *Meyer-Landrut* Anh 57b § 2 KapErhG Rn 2; Ulmer/*Ulmer* § 57i Rn 30; *Roth*/Altmeppen Rn 12u § 57i Rn 13. Abw *Priester* GmbHR 1980, 238f; Scholz/*Priester* § 57i Rn 21, der eine Differenzhaftung analog § 9 eingreifen lassen will; Michalski/*Hermanns* § 57i Rn 21.

[12] Vgl KölnerKomm/*Lutter* § 211 Rn 6.

[13] Ulmer/*Ulmer* aaO; *Meyer-Landrut* Anh 57b § 2 KapErhG Rn 2; abw *Priester* GmbHR 1980, 238f.

[14] So aber für AktR KölnerKomm/*Lutter* § 211 Rn 6.

Aufwendungen bezweckt sind. Gesetz spricht von „anderen Gewinnrücklagen". Da sinnvoller Bezug des Begriffs „andere" auf vorausgehende Absätze der Bestimmung nicht denkbar, liegt es nahe, bilanztechnischen Begriff des § 266 III A III Nr 4 HGB als gemeint anzusehen. Dagegen spricht andererseits, dass Zweckbindung auch auf Satzungsregelung beruhen kann, Rücklage dann aber nicht Nr 4, sondern den satzungsmäßigen Rücklagen gemäß Nr 3 unterfällt. Regelung ist daher zwar textlich missglückt, in der Sache bestehen jedoch keine Zweifel über Reichweite der Umwandlungssperre. Diese hat für GmbH-Recht keine große Bedeutung, weil Zweckbestimmung von Rücklagen als gesellschaftsinterne Angelegenheit in die Zuständigkeit der Gfter fällt u von diesen jederzeit geändert werden kann. Solche Zweckänderung liegt, soweit Zweckbindung auf **einfachem GfterBeschluss** beruht, immer schon darin, dass Rücklagen für Umwandlung vorgesehen werden; ausdrücklicher Zweckänderung bedarf es nicht.[15] Anfechtbarkeit dieser Zweckänderung (Nichtigkeit kommt, da nur GesInteresse berührt wird, nicht in Betracht) kann nur ausnahmsweise gegeben sein, wenn entweder nach der Satzung anderes Organ für Zweckfestlegung der Rücklagen ausschließlich zuständig ist – ein kaum praktischer Fall – oder wenn ausnahmsweise der Mehrheit die Zweckänderung verwehrt wäre.

11 Beruht Zweckbindung auf **Satzungsregelung,** so muss Satzung entsprechend geändert werden. Beschluss bedarf dann entsprechender Mehrheit und kann nicht als konkludent gefasst angesehen werden, ferner ist Eintragung der Änderung im HR erforderlich. Satzungsänderung und Kapitalerhöhung können gleichzeitig beschlossen werden,[16] aber nur in einem (insgesamt anzumeldenden und einzutragenden) Beschluss.

12 Verstoß gegen Abs 3 führt nicht zur Nichtigkeit, sondern begründet lediglich Anfechtbarkeit.[17]

Zugrundelegung der letzten Jahresbilanz; Prüfung

57e (1) **Dem Beschluß kann die letzte Jahresbilanz zugrunde gelegt werden, wenn die Jahresbilanz geprüft und die festgestellte Jahresbilanz mit dem uneingeschränkten Bestätigungsvermerk der Abschlußprüfer versehen ist und wenn ihr Stichtag höchstens acht Monate vor der Anmeldung des Beschlusses zur Eintragung in das Handelsregister liegt.**

(2) **Bei Gesellschaften, die nicht große im Sinne des § 267 Abs. 3 des Handelsgesetzbuchs sind, kann die Prüfung auch durch vereidigte Buchprüfer erfolgen; die Abschlußprüfer müssen von der Versammlung der Gesellschafter gewählt sein.**

1 **1. Dem KEBeschluss zugrundezulegende Bilanz (Basisbilanz).** Als solche kann nach § 57 c III die Jahresbilanz des vorausgegangenen Geschäfts-

[15] Wie hier *Lutter/Hommelhoff* Rn 11; Scholz/*Priester* Rn 17; Ulmer/*Ulmer* Rn 15 f.; *Roth*/Altmeppen Rn 7.

[16] *Lutter/Hommelhoff* Rn 12; Rowedder/Schmidt-Leithoff/*Zimmermann* Rn 12; Scholz/*Priester* Rn 17; Ulmer/*Ulmer* Rn 16. Abw 14. Aufl § 2 KapErhG Rn 9 sowie aus dem aktienrechtlichen Schrifttum KölnerKomm/*Lutter* § 208 Rn 21; GroßkommAktG/*Wiedemann* § 208 A 11.

[17] *Roth*/Altmeppen Rn 12; *Lutter/Hommelhoff* Rn 16.

jahres dienen, Abs 1. Diese muss ohnehin nach § 57 c II vorliegen. Verwendung empfiehlt sich, um zusätzliche Bilanzaufstellung zu vermeiden. Jahresbilanz muss festgestellt sein (zur Zuständigkeit § 46 Rn 9 ff). Auch das ist bereits nach § 57 c II erforderlich.

2. Prüfung u Bestätigungsvermerk als Voraussetzung. Verwendung der Jahresbilanz als Basisbilanz setzt voraus, dass sie ordnungsgemäß geprüft u in der von den Gftern festgestellten Form mit uneingeschränktem Bestätigungsvermerk des Prüfers versehen worden ist, Abs 1. Da bei kleinen Ges Abschlussprüfung für Jahresabschluss nicht vorgeschrieben ist (§ 316 I HGB), führt Abs 1 für diese zu bes Prüfungserfordernis. Prüfung durch öffentl bestellte Wirtschaftsprüfer oder Wirtschaftsprüfungsgesellschaften ist nur für große Gesellschaften iSv § 267 III HGB erforderlich, ansonsten genügt Prüfung durch vereidigte Buchprüfer, Abs 2 (zu diesen §§ 128, 129 WPO). Für Wortlaut des Testats gilt bei der Pflichtprüfung des Jahresabschlusses unterliegenden großen und mittelgroßen Gesellschaften § 322 HGB unmittelbar; bei den kleinen gilt er nicht, auch nicht analog,[1] wohl aber sein Sinngehalt[2] (vgl auch § 57 f II). Läßt kleine Ges freiwillig Jahresabschluss prüfen, um Bilanz für KE verwenden zu können, müssen mindestens die durch § 57 f III 2 in Bezug genommenen Vorschriften des HGB beachtet werden. 2

Wahl des Prüfers. Prüfer wird grds durch GfterBeschluss gewählt. Dass Abs 2 Hs 2 von der GfterVers spricht, steht dem Verfahren nach § 48 II GmbHG nicht entgegen.[3] GesVertrag kann abw Regelung vorsehen,[4] wie § 57 f III 1 mit 2, § 318 I 2 HGB ergeben. Lediglich für normale Jahresabschlussprüfung abw Regelung genügt jedoch hierfür nicht.[5] 3

3. Zeitliche Grenze. Stichtag der Jahresbilanz darf nach Abs 1 höchstens acht Monate vor der Anmeldung der KE zum HR liegen. Ist Stichtag also wie idR der 31. 12., muss Anmeldung spätestens am 31. 8. des folgenden Jahres stattfinden. Auch geringfügige Fristüberschreitung schadet.[6] Wird wegen Unvollständigkeit Anmeldung nicht zurückgewiesen, sondern nur durch Zwischenverfügung Vervollständigung aufgegeben, bleibt Frist gewahrt, auch wenn Vervollständigungszeitpunkt Frist überschreitet.[7] Unerheblich ist Zeitpunkt der Eintragung (allgM). 4

4. Prüfung durch RegGericht u Mängel. RegGericht hat Vorliegen der Voraussetzungen für Verwendung der Jahresbilanz als Basisbilanz zu prüfen. Verneinendenfalls ist Eintragung abzulehnen, vgl auch § 57 i II, der jedoch zu eng formuliert ist. Wird trotzdem eingetragen, wird der Mangel der Einhaltung der Acht-Monats-Frist geheilt.[8] Inhaltliche Nichtigkeit des KEBeschlus- 5

[1] Vgl Ulmer/*Ulmer* §§ 57 e–g Rn 9; Scholz/*Priester* Rn 15.

[2] *Roth*/Altmeppen Rn 6; ähnlich Ulmer/*Ulmer* aaO.

[3] *Lutter/Hommelhoff* Rn 3; *Meyer-Landrut* Anh 57 b § 3 KapErhG Rn 3; Ulmer/*Ulmer* §§ 57 e–g Rn 7.

[4] Rowedder/Schmidt-Leithoff/*Zimmermann* § 57 g Rn 7; Ulmer/*Ulmer* §§ 57 e–g Rn 7.

[5] Rowedder/Schmidt-Leithoff/*Zimmermann* § 57 g Rn 7; abw Ulmer/*Ulmer* §§ 57 e–g Rn 7.

[6] *Meyer-Landrut* Anh 57 b § 3 KapErhG Rn 5; OLG Frankfurt BB 1981, 1253; LG Essen BB 1982, 1901.

[7] Rowedder/Schmidt-Leithoff/*Zimmermann* § 57 g Rn 9; Scholz/*Priester* Rn 16; Michalski/*Hermanns* Rn 9; abw Ulmer/*Ulmer* §§ 57 e–g Rn 17; *Lutter/Hommelhoff* Rn 10.

[8] AllgM, vgl nur *Lutter/Hommelhoff* Rn 10.

ses ergibt sich nur, falls Acht-Monats-Frist schon bei Beschlussfassung überschritten ist. Fehlt bei Basisbilanz der Bestätigungsvermerk des Prüfers, ist KEBeschluss, da Basisbilanz zum Beschlussinhalt gehört, nach § 241 Nr 3 AktG nichtig.[9]

Anforderungen an die Bilanz

57f (1) [1]**Wird dem Beschluß nicht die letzte Jahresbilanz zugrunde gelegt, so muß die Bilanz den Vorschriften über die Gliederung der Jahresbilanz und über die Wertansätze in der Jahresbilanz entsprechen.** [2]**Der Stichtag der Bilanz darf höchstens acht Monate vor der Anmeldung des Beschlusses zur Eintragung in das Handelsregister liegen.**

(2) [1]**Die Bilanz ist, bevor über die Erhöhung des Stammkapitals Beschluß gefaßt wird, durch einen oder mehrere Prüfer darauf zu prüfen, ob sie dem Absatz 1 entspricht.** [2]**Sind nach dem abschließenden Ergebnis der Prüfung keine Einwendungen zu erheben, so haben die Prüfer dies durch einen Vermerk zu bestätigen.** [3]**Die Erhöhung des Stammkapitals kann nicht ohne diese Bestätigung der Prüfer beschlossen werden.**

(3) [1]**Die Prüfer werden von den Gesellschaftern gewählt; falls nicht andere Prüfer gewählt werden, gelten die Prüfer als gewählt, die für die Prüfung des letzten Jahresabschlusses von den Gesellschaftern gewählt oder vom Gericht bestellt worden sind.** [2]**Im übrigen sind, soweit sich aus der Besonderheit des Prüfungsauftrags nichts anderes ergibt, § 318 Abs. 1 Satz 2, § 319 Abs. 1 bis 4, § 319 a Abs. 1, § 319 b Abs. 1, § 320 Abs. 1 Satz 2, Abs. 2 und die §§ 321 und 323 des Handelsgesetzbuchs anzuwenden.** [3]**Bei Gesellschaften, die nicht große im Sinne des § 267 Abs. 3 des Handelsgesetzbuchs sind, können auch vereidigte Buchprüfer zu Prüfern bestellt werden.**

Übersicht

[9] BayObLG ZIP 2002, 1398, 1400; Hachenburg/*Ulmer* Anh 57 b § 3 KapErhG Rn 18; *Lutter/Hommelhoff* Rn 11; *Meyer-Landrut* Anh 57 b § 3 KapErhG Rn 8; Rowedder/Schmidt-Leithoff/*Zimmermann* § 57 g Rn 13; Scholz/*Priester* Rn 18; *Roth*/Altmeppen Rn 8.

1. Zwischenbilanz als Basisbilanz. Die der Beschlussfassung über die KE nach § 57 c III zugrundezulegende Bilanz kann anstelle der Jahresbilanz auch eine **Zwischenbilanz** oder „besondere Bilanz" sein („Kapitalerhöhungssonderbilanz"). Zu ihrer Zugrundelegung kann Ges gezwungen sein, wenn sie hinsichtlich der Jahresbilanz Frist des § 57 e I nicht einzuhalten vermag. Erstellung einer GuV ist bei Zugrundelegung einer Zwischenbilanz nicht erforderlich (allgM). 1

2. Gliederung u Wertansätze; Verhältnis zur Jahresbilanz. Bilanz muss in den Anforderungen an Gliederung u Bewertung den Vorschriften über die Jahresbilanz entsprechen, Abs 1 S 1. Zusätzlich ist zu fordern, dass gegenüber vorausgegangener Jahresbilanz die Grundsätze der Bilanzkontinuität gewahrt sind. Über Wortlaut hinaus, aber dem Sinn der Wertansatzpflicht entsprechend, sind auch die Regeln über Bilanzansatz als solchen zu beachten. Zu weit geht Forderung, dass sie hinsichtlich der umzuwandelnden Rücklagen nicht von der letzten Jahresbilanz abweichen dürfe.[1] Im Hinblick auf § 57 d I ist vielmehr nur erforderlich, dass der umwandlungsfähige Betrag in vorgesehener Weise den gleichen Rücklagen entnommen werden kann; im Übrigen kann beteiligte Rücklage durchaus auch in der Basisbilanz gegenüber der vorausgegangenen Jahresbilanz vermindert sein. War in vorausgegangener Jahresbilanz Rücklage noch nicht gebildet, sondern nur Zuführung von Ergebnisteilen an Rücklagen beschlossen (vgl § 57 d I), muss Basisbilanz hinreichende Zuführung als Rücklagen ausweisen, oben § 57 d Rn 5. 2

3. Prüfung; Bestätigungsvermerk. Zwischenbilanz bedarf der Prüfung nach Grundsätzen der Jahresabschlussprüfung u der Erteilung eines entspr Bestätigungsvermerkes, Abs 2. Ungeprüfte Bilanzen dürfen der KE nicht zugrundegelegt werden, vgl auch § 57 e I u dort Rn 2. Für kleine Ges, die der Jahresabschlussprüfung nicht unterliegen, folgt daraus, dass sie, da die Jahresbilanz, um als Basisbilanz für nominelle KE einsetzbar zu sein, geprüft werden müsste, bei enger Zeitlage (Stichtagserfordernis § 57 e I) uU besser eine brandneue Zwischenbilanz erstellen u diese prüfen lassen, zumal deren Prüfung geringeren Umfang hat. Ziel der Prüfung ist die Feststellung, ob die Zwischenbilanz den nach Abs 1 an sie zu stellenden Anforderungen entspricht. Näheres zu Art u Umfang der Prüfung ergibt sich aus den in Abs 3 in Bezug genommenen Regeln des § 321 HGB über den Prüfungsbericht. Zur eingeschränkten Anwendung dieser Norm s Rn 5 u 10. Zum Bilanzstichtag (Abs 1 Satz 2) vgl Rn 13. 3

Um die Prüfung ins Werk zu setzen, bedarf es der Bestellung von Prüfern u der Erteilung des Prüfungsauftrags. Dafür trifft das Gesetz eigene Regelungen in Abs 3 Satz 1 u 3. Umfangreiche Normen über die Prüferqualifikation, die Inkompatibilität der Prüfer u ihren Ausschluss wegen Befangenheit übernimmt es durch Verweisung auf Vorschriften des HGB (§ 319 I–IV u § 319 a I HGB), desgleichen über Informationsrechte der Prüfer (§ 320 I 2 u II HGB), 4

[1] So aber 13. Aufl § 4 KapErhG A 1.

den Prüfungsbericht (§ 321 HGB) u über die Verantwortlichkeit des Prüfers (§ 323 HGB).

5 **4. Einschränkung des Geltungsumfangs der in Bezug genommenen HGB-Vorschriften.** Die vom Gesetzgeber vorgenommenen Verweisungen stehen nach Abs 3 Satz 2 HS 1 unter der Einschränkung, dass sie nur anzuwenden sind, soweit sich aus der Besonderheit des Prüfungsauftrags nichts anderes ergibt. Diese Besonderheit wird man darin sehen können, dass die als Grundlage für die nominelle KE dienende Zwischenbilanz nicht als Element der Beurteilung der Lage der Ges zu dienen braucht. In die Prüfung der Zwischenbilanz ist auch, anders als bei der Jahresabschlussprüfung, kein Lagebericht einbezogen. Daraus ergeben sich erhebliche Einschränkungen auch des Prüfungsberichts u der durch § 320 I 2 u II HGB eingeräumten Informationsrechte.

6 **5. Prüferqualifikation.** Als Prüfer können Wirtschaftsprüfer oder Wirtschaftsprüfungsgesellschaften bestellt werden (§ 319 I 1 HGB), bei kleinen und mittelgroßen Gesellschaften iSv § 267 HGB auch vereidigte Buchprüfer (dazu oben § 57 e Rn 2), Abs 3 Satz 3; für mittelgroße Ges würde das schon aus dem durch Abs 3 Satz 2 in Bezug genommenen § 319 I 2 HGB folgen. Insoweit hat der ungeschickte Gesetzgeber eine Doppelverweisung vorgenommen. Für die Inkompatibilität u den Ausschluss wegen Befangenheit gelten §§ 319 II–IV, § 319 a I u § 319 b I HGB entsprechend.

7 **6. Bestellung der Prüfer. a) Wahl der Prüfer** hat durch Gfter zu erfolgen, Abs 3 S 1 Hs 1. Auch hier kann anstelle der GfterVers Verfahren nach § 48 II eingeschlagen werden. Ferner kann GesVertr abw Zuständigkeit (etwa des AR) bestimmen, § 318 I 2 HGB. Wird keine Wahl durchgeführt, gelten die für den letzten Jahresabschluss gewählten oder vom Gericht bestellten Prüfer als gewählt, Abs 3 S 1 Hs 2. Wird KE durch GFührer vorbereitet, tun diese gut daran, vor Erteilung des Prüfungsauftrags Gfter zu befragen, ob Prüferwahl stattfinden soll.

8 **b) Prüfungsauftrag** an durch zuständiges Gremium gewählten Prüfer hat GFührer zu erteilen. Zuständigkeit des Aufsichtsrats zur Erteilung des Prüfungsauftrags für Jahresabschluss (§ 52 GmbHG mit § 111 II 3 AktG) ist für Zwischenbilanz infolge der stark beschränkten Verweisung auf § 318 HGB, die dessen Abs 1 Satz 4 nicht einbezieht, nicht gegeben. Pflicht der GFührer zur unverzüglichen Erteilung ergibt sich, wenn Wahl der Prüfer stattgefunden hat oder sonstige Willensentschließung der GfterGesamtheit in Richtung auf Erstellung einer Zwischenbilanz vorliegt, aus immanenten Regeln des GmbH-Rechts. Die fehlende Verweisung auf § 318 I 4 HGB steht insoweit nicht entgegen.

9 **7. Durchführung der Prüfung. a) Einsichts- u Auskunftsrecht.** Dafür gilt Einsichts- u Auskunftsrecht der Prüfer nach § 320 I 2 u II HGB. Früheres Redaktionsversehen, auf Grund dessen Verweisung auf § 320 II HGB entfallen war, hat Gesetzgeber inzwischen korrigiert. Die Informationsrechte sind freilich durch den einschränkenden HS 1 von § 57 f III 2 auf die für Prüfung der Zwischenbilanz erforderlichen Informationen beschränkt (vgl Rn 5).

10 **b) Prüfungsbericht.** Prüfer müssen Prüfungsbericht erstellen nach Maßgabe von § 321 I u II HGB, ihn unterzeichnen u den GFührern vorlegen, § 321 III HGB. Der Bericht ist beschränkt auf das, was zur Beurteilung der Zwischenbilanz unter der Leitlinie des § 57 f I 1 erforderlich ist (vgl Rn 5).

Eine Vorlagepflicht der Prüfer gegenüber dem AR (so noch § 139 II AktG 37) besteht nicht.

c) Pflichten u Verantwortlichkeit des Prüfers. Dafür gilt § 323 HGB entsprechend. Dass die Prüfer zur Gewissenhaftigkeit, Unparteilichkeit u Verschwiegenheit verpflichtet sind (§ 323 I 1 u 2 HGB) versteht sich ebenso wie ihre Schadensersatzpflicht gegenüber der Ges u eventuellen verbundenen Unternehmen, § 323 I 3 HGB. 11

8. Feststellung der Bilanz. Für sie ist nach § 46 Nr 1 analog GfterVers zuständig.[2] Da nur festgestellte Bilanz der KE zugrunde gelegt werden darf, muss der Feststellungsbeschluss gesondert u dem KEBeschluss vorausgehend gefasst werden.[3] Dass der Feststellungsbeschluss keiner besonderen Form bedarf, erlaubt nicht, in der Beschlussfassung über die KE inzidenter oder konkludent auch die Beschlussfassung über die Feststellung der Basisbilanz zu sehen.[4] Konkludente Beschlüsse sind bei der Klein-GmbH zwar denkbar. Es muss sich aber aus den Umständen als Ersatz für fehlende Stellung eines Beschlussantrags u Abgabe der Stimmen ein Einigsein aller Gfter über den Beschlussinhalt ermitteln lassen. Dass Mehrheit ein bestimmtes Ergebnis will, reicht dazu nicht aus. 12

9. Bilanzstichtag. Stichtag der Bilanz darf höchstens acht Monate vor dem Anmeldungszeitpunkt liegen, Abs 1 S 2. Dafür gilt das oben § 57 e Rn 4 Ausgeführte entsprechend. 13

10. Zur **Prüfung durch den RegRichter** u zu den Auswirkungen von Mängeln vgl oben § 57 e Rn 5. 14

Vorherige Bekanntgabe des Jahresabschlusses

57g **Die Bestimmungen des Gesellschaftsvertrags über die vorherige Bekanntgabe des Jahresabschlusses an die Gesellschafter sind in den Fällen des § 57 f entsprechend anzuwenden.**

Wenn GesVertrag Regelungen über Bekanntgabe der Jahresbilanz an die Gfter enthält, sind diese Regelungen auch auf die Zwischenbilanz des § 57 f anzuwenden. Beim Fehlen solcher Bestimmungen sind die allg Grundsätze u Regelungen über die Bekanntgabe der Jahresbilanz an die Gfter u die Verpflichtung der GFührer zu ihrer Erläuterung entspr anzuwenden.[1] Diese Grundsätze sind dem Gesellschaftsverhältnis jedenfalls für jede von den Gftern festzustellende Bilanz immanent. Beschlussfassung über Feststellung der Bilanz u damit auch über KE ohne vorherige Bekanntgabe an Gfter u geforderte Erläuterung ist nicht zulässig. 1

Nicht erforderlich für Zwischenbilanz als Basisbilanz ist hingegen Publizität gemäß § 325 HGB. 2

[2] *Lutter/Hommelhoff* Rn 5; Michalski/*Hermanns* Rn 5; Ulmer/*Ulmer* §§ 57 e–g Rn 3; Scholz/*Priester* Rn 3; Rowedder/Schmitt-Leithoff/*Zimmermann* Rn 10.

[3] *Lutter/Hommelhoff* Rn 5; abw Ulmer/*Ulmer* §§ 57 e–g Rn 13; Rowedder/Schmidt-Leithoff/*Zimmermann* § 57 g Rn 10; Scholz/*Priester* Rn 3.

[4] Vgl *Lutter/Hommelhoff* Rn 5; Michalski/*Hermanns* Rn 5; abw Ulmer/*Ulmer* §§ 57 e–g Rn 13, der iZw Konkludenz annehmen will; ebenso Scholz/*Priester* Rn 3; *Roth*/Altmeppen Rn 2; Rowedder/Schmidt-Leithoff/*Zimmermann* § 57 g Rn 10.

[1] Ulmer/*Ulmer* §§ 57 e–g Rn 12; *Lutter/Hommelhoff* Rn 8; *Meyer-Landrut* Anh 57 b § 5 KapErhG Rn 7; Michalski/*Hermanns* Rn 2.

Arten der Kapitalerhöhung

57h (1) [1]**Die Kapitalerhöhung kann vorbehaltlich des § 57l Abs. 2 durch Bildung neuer Geschäftsanteile oder durch Erhöhung des Nennbetrags der Geschäftsanteile ausgeführt werden.** [2]**Die neuen Geschäftsanteile und die Geschäftsanteile, deren Nennbetrag erhöht wird, müssen auf einen Betrag gestellt werden, der auf volle Euro lautet.**

(2) [1]**Der Beschluß über die Erhöhung des Stammkapitals muß die Art der Erhöhung angeben.** [2]**Soweit die Kapitalerhöhung durch Erhöhung des Nennbetrags der Geschäftsanteile ausgeführt werden soll, ist sie so zu bemessen, daß durch sie auf keinen Geschäftsanteil, dessen Nennbetrag erhöht wird, Beträge entfallen, die durch die Erhöhung des Nennbetrags des Geschäftsanteils nicht gedeckt werden können.**

Übersicht

1 **1. Auswirkungen der KE bei den GAnteilen.** Erhöhung der Stammkapitalziffer hat notwendig Auswirkungen bei GAnteilen; Erhöhung ohne Veränderung mindestens bei der Summe der GAnteilsnennbeträge ist nicht zulässig. Art dieser Auswirkungen u ihre Steuerung durch die Gfter zu regeln ist Zweck u Inhalt der Vorschrift. Neu hinzugefügte amtliche Überschrift trifft diesen Inhalt nicht. Gesetz räumt für für Gestaltung der Auswirkungen auf GAnteile mehrere Möglichkeiten ein, indem es grds die **Wahl zwischen Bildung neuer GAnteile u Erhöhung des Nennbetrags** der bisherigen Anteile lässt, Abs 1 S 1. Es geht dabei nicht um die Ausführung der KE im Sinn ihrer Durchführung, wie der Wortlaut nahelegt, sondern um inhaltliche Gestaltung, die nach Abs 2 S 1 schon im KEBeschluss geregelt werden muss, weil die neuen Anteilsrechte nach § 57j S 1 automatisch mit Wirksamwerden der Erhöhung entstehen u Gftern zustehen. Zulässig ist auch eine **Kombination von Neubildung u Nennwerterhöhung.** Bei Vorhandensein teileingezahlter GAnteile ist die Ausführung der KE durch Neubildung eingeschränkt, unter bestimmten Umständen auch gar nicht möglich. Näher dazu unten § 57l Rn 3ff.

2 **2. Mindesthöhe u Teilbarkeit der neuen Anteilsrechte.** Für sie gilt § 5 I u II, gleichgültig ob es sich um neue oder erhöhte GAnteile handelt. Es genügt ein Mindestwert von einem Euro u Bemessung des Nennwerts auf volle Euro, wie Abs 1 ausdrücklich regelt, um Zweifel, die man eigentlich nicht haben kann, auszuschließen. Dadurch wird es in aller Regel möglich sein, Erhöhung so zu gestalten, dass jeder Gfter voll an ihr partizipieren kann. In diesen Regelfällen verletzt andere Gestaltung Grundsatz der Erforderlich-

keit (= des schonendsten Mittels) u Verhältnismäßigkeit u macht Beschluss wegen Verstoß gegen die dem GesVerhältnis immanenten Treubindungen anfechtbar.

Bei **Ausführung durch Erhöhung der Nennbeträge** dürfen kraft zwingender Regelung bei den Gftern keine Spitzenbeträge entstehen, Abs 2 S 2. Deren Entstehung dürfte angesichts der Möglichkeit, jeden auf volle Euro lautenden Nennbetrag zu wählen, kaum noch in Betracht kommen. Gleichwohl trifft Gesetz Vorsorge für evtl. noch vorkommende Fälle, in denen KE nur so gestaltet werden kann, dass Spitzenbeträge entstehen. Es darf dann so verfahren werden, dass die Nennwerterhöhung mit der Neuausgabe eines GAnteils kombiniert wird (dazu Rn 8), der die Spitzenbeträge in sich vereinigt.[1] Die vermögensrechtlichen Belange solcher Gfter, auf die Spitzenbeträge entfallen, können durch § 57 k gewahrt werden. Näher dazu die Erläuterungen dort. 3

3. Bemessung des Stimmrechts. Entstehen durch die KE bei einzelnen (oder allen) Gftern Beteiligungsspitzen, die nicht auf volle Euro lauten, sei es bei einem ihnen zustehenden neuen Anteil, sei es bei Anteilsaufstockung, stellt sich Frage nach den Auswirkungen auf das Stimmrecht. Nach § 47 II GmbHG gewähren nur volle Euro eines GAnteils eine Stimme. Spitzenbeträge unter dieser Zahl würden daher kein Stimmrecht gewähren. Dadurch könnten sich in bestimmten Fällen sogar Machtverschiebungen ergeben. Da entstehende Spitzenbeträge nur Teilrechtscharakter haben (§ 57 k I), kommt Stimmrechtsausübung nur unter der Voraussetzung von § 57 k II in Betracht (dazu § 57 k Rn 7). 4

4. Ausgabe neuer GAnteile. Grds erhält jeder Gfter nur *einen* zusätzlichen GAnteil. Das gilt jedoch nicht, soweit er bereits Inhaber mehrerer Anteile ist, da insoweit nicht nur mitgliedschaftsrechtliche Unterschiede zwischen diesen Anteilen bestehen können, sondern auch unterschiedliche private Rechte Dritter (Pfandrechte, Nießbrauch, Treuhandbeziehungen, stille Unterbeteiligung ua). Für diese Fälle müsste ohnehin die Zuteilung mehrerer Anteile zugelassen werden.[2] Indessen ist es dem Gfter nicht immer zumutbar, zur Begründung seiner Forderung nach Zuteilung mehrerer GAnteile diese Verhältnisse zu offenbaren. Hat Gfter mehrere Anteile, erhält er daher auf jeden Anteil einen entspr neuen Anteil.[3] Mit seiner Zust kann GesVertrag aber vorsehen, dass nur ein neuer GAnteil entsteht.Auch ohne solche Regelung im Gesellschaftsvertrag kann KEBeschluss mit Zustimmung betroffener Gfter Ausgabe eines einzigen neuen GAnteils vorsehen. 5

Der neue Anteil ist u bleibt selbständig u kann daher auch ohne Genehmigung der Ges selbständig veräußert werden. Für ihn gelten die gleichen Rechte u Pflichten wie für den MutterGAnteil, bei von der Beteiligungshöhe abhängenden Rechten selbstverständlich im entspr Verhältnis. 6

5. Erhöhung des Nennbetrags. Sie ist als Ausführung empfehlenswert, wenn personalistischer Charakter der Ges gewahrt werden soll. Bei teileingezahlten Anteilen ist Nennbetragserhöhung grds einziger Weg der Ausführung, 7

---

[1] *Lutter/Hommelhoff* Rn 4; Ulmer/*Ulmer* Rn 11; Michalski/*Hermanns* Rn 5 f; Scholz/*Priester* Rn 6; Rowedder/Schmidt-Leithoff/*Zimmermann* Rn 8.

[2] So Ulmer/*Ulmer* Rn 9.

[3] So auch Michalski/*Hermanns* Rn 4; Rowedder/Schmidt-Leithoff/*Zimmermann* Rn 4; abw *Lutter/Hommlelhoff* Rn 2.

§ 57l II 2. Zu Ausnahmen hiervon § 57l Rn 5. I ü kann sie auch sonst sinnvoll sein, insbes wenn man an Einheitlichkeit der GAnteile festhalten will.

8 **6. Kombination von Neuausgabe u Erhöhung.** Zulässig ist Kombination einmal in der Weise, dass ein Teil des KEBetrages zur Erhöhung des Nennwerts, ein anderer zur Ausgabe neuer Anteile für jeden Gfter verwendet wird. In diesem Fall ergeben sich keine Bedenken aus dem Grundsatz der Gleichbehandlung. Möglich aber auch, dass Ausführung bei einzelnen Gftern unterschiedlich erfolgt, zB bei einigen durch Neuausgabe, bei anderen durch Nennwerterhöhung, bei wieder anderen kombiniert. Dass § 57l II 3 Kombination ausdrücklich nur für Fall gleichzeitigen Vorhandenseins voll- u teileingezahlter Anteile vorsieht, eröffnet kein argumentum e contrario.[4] Unterschiedliche Behandlung der Gfter ist unbedenklich, wenn alle zustimmen oder hinreichender Sachgrund vorliegt.

9 **7. Beschlussfassung.** Art der Ausführung hinsichtlich der GAnteile ist Teil der KE u muss in den KEBeschluss aufgenommen werden (Abs 2 S 1). Sie hat daher an den Erfordernissen des KEBeschlusses teil. Ausführung muss sich ohne weiteren Willensentschluss gleichsam rechnerisch aus der im KE-Beschluss getroffenen Regelung eindeutig ergeben. Angabe der Ausführungsart allein genügt daher nicht immer. Bei Kombination beider Grundarten muss zusätzlich klargestellt werden, welchen Inhalt sie hat. Soll sie Gfter verschieden treffen, müssen hinsichtlich der vorhandenen u neu zu bildenden GAnteile differenzierte Angaben gemacht werden über Anzahl u Höhe der neuen ebenso wie der erhöhten GAnteile. Hingegen sind Einzelangaben nicht erforderlich, wenn sich Höhe u Verhältnis der GAnteile nach der KE rechnerisch eindeutig bestimmen lassen.[5]

10 **8. Mängel.** Verstoß gegen Abs 1 S 2 u Abs 2 S 1 macht KEBeschluss nichtig (allgM). Auch Verstoß gegen Abs 2 S 2 bewirkt Nichtigkeit. Zwar geht es richtig gesehen nicht um Gläubigerinteressen. Annahme, dass Gläubigerinteressen auch bei Verstoß gegen Abs 2 Satz 2 berührt seien,[6] weil es bei nur teileingezahlten GAnteilen zu einer Umverteilung ungedeckter Spitzen komme, denn es könnten keine Teilrechte gem § 57k entstehen, trifft nicht zu. Gläubigerinteressen werden durch Umverteilung von Spitzen (in Betracht kommt wohl vor allem deren Wegfall) nicht nennenswert tangiert. Selbstverständlich bleibt der bisherige Gfter, auch wenn sich sein Anteil (geringfügig) verringert, in voller Höhe auf Einzahlung des ausstehenden Betrags der Einlage verpflichtet (der sich ja nicht verändert). Kommt es zur Verwertung des Anteils gem § 23, ist kaum vorstellbar, dass die geringfügige relative Wertverschiebung durch Ausbleiben einer Spitze sich in der Versteigerung auswirken wird. Im Übrigen müssen auch die anderen Gfter gem § 24 einspringen. Nicht überzeugend ist auch Begründung, dass in Verletzung von Abs 2 Satz 2 stets auch Verletzung von § 57j Satz 1 liege, nach dessen Satz 2 bei Verstoß Nichtigkeit eintritt. Verfehlen der Regelung in § 57j Satz 1 ist nur mittelbare Folge des Verstoßes gegen Abs 2 Satz 2. Verstoß verletzt aber gewichtige

---

[4] Wie hier Ulmer/*Ulmer* Rn 12; *Lutter/Hommelhoff* Rn 5; *Meyer-Landrut* Anh 57b § 6 KapErhG Rn 4; Scholz/*Priester* Rn 7. Abw *Schippel* DNotZ 1960, 367.

[5] Ulmer/*Ulmer* Rn 17; Scholz/*Priester* Rn 9f; KölnerKomm/*Lutter* § 207 Rn 10; *Pleyer* GmbHR 1961, 86; str, aA etwa *Meyer-Landrut* Anh 57b § 6 KapErhG Rn 7, der selbst in übersichtlich gelagerten Fällen detaillierte Einzelangaben verlangt.

[6] *Roth*/Altmeppen Rn 10.

öffentliche Interessen, weil er zur Folge hat, dass sich Stammkapitalziffer u Summe der Nennwerte nicht decken. Grundsatz der Übereinstimmung beider Ziffern ist durch MoMiG erheblich aufgewertet worden.

Anmeldung und Eintragung des Erhöhungsbeschlusses

57i (1) [1]**Der Anmeldung des Beschlusses über die Erhöhung des Stammkapitals zur Eintragung in das Handelsregister ist die der Kapitalerhöhung zugrunde gelegte, mit dem Bestätigungsvermerk der Prüfer versehene Bilanz, in den Fällen des § 57f außerdem die letzte Jahresbilanz, sofern sie noch nicht nach § 325 Abs. 1 des Handelsgesetzbuchs eingereicht ist, beizufügen.** [2]**Die Anmeldenden haben dem Registergericht gegenüber zu erklären, daß nach ihrer Kenntnis seit dem Stichtag der zugrunde gelegten Bilanz bis zum Tag der Anmeldung keine Vermögensminderung eingetreten ist, die der Kapitalerhöhung entgegenstünde, wenn sie am Tag der Anmeldung beschlossen worden wäre.**

(2) **Das Registergericht darf den Beschluß nur eintragen, wenn die der Kapitalerhöhung zugrunde gelegte Bilanz für einen höchstens acht Monate vor der Anmeldung liegenden Zeitpunkt aufgestellt und eine Erklärung nach Absatz 1 Satz 2 abgegeben worden ist.**

(3) **Zu der Prüfung, ob die Bilanzen den gesetzlichen Vorschriften entsprechen, ist das Gericht nicht verpflichtet.**

(4) **Bei der Eintragung des Beschlusses ist anzugeben, daß es sich um eine Kapitalerhöhung aus Gesellschaftsmitteln handelt.**

Übersicht

I. Allgemeines

1 **1. Inhalt und Stellung der Vorschrift.** Vorschrift trifft **Teilregelung über Anmeldung u Eintragung** der nominellen KE. Sie wird ergänzt durch § 57 c IV, der auf § 54 I verweist.[1]

2 **2. Anmeldungsbedürftigkeit.** KE bedarf zu ihrer Wirksamkeit der Eintragung im HR, § 54 III mit § 57 c IV. Anmeldungsbedürftigkeit ergibt sich auch daraus, dass es sich um Satzungsänderung handelt, § 54 I 1; dazu § 54 Rn 1.

II. Anmeldung zum HR

3 **1. Zuständigkeit.** Anmeldung erfolgt, wie § 78 I Hs 2 ausdrücklich bestimmt, durch sämtliche GFührer. Somit gilt für nominelle KE gleiches wie für ordentliche KE (vgl § 57 Rn 2). Das rechtfertigt sich namentlich daraus, dass GFührer bei Anmeldung nach Abs 1 Satz 3 schwerwiegende Erklärung abzugeben haben. Zur Möglichkeit der Vertretung durch Bevollmächtigte bei der Anmeldung vgl § 78 Rn 4 (dort feinsinnige Differenzierung zwischen ordentlicher u nomineller KE, deren Notwendigkeit zweifelhaft ist).

4 **2. Form der Anmeldung.** Zu ihr u zur Form evtl Vollmachten vgl § 54 Rn 4.

5 **3. Inhalt der Anmeldung,** dh Antrag im registergerichtlichen Verfahren ist die Vornahme der Eintragung einer das Stammkapital betr Satzungsänderung sowie evtl damit verbundener anderer Satzungsänderungen. Bestimmter Wortlaut ist nicht vorgeschrieben, es genügt, wenn Anmeldung erkennen lässt, dass Eintragung des erhöhten Stammkapitals gewünscht wird. In Antrag aufzunehmen ist ferner, dass es sich um KE aus Gesellschaftsmitteln handelt (str, vgl unten Rn 14). Angabe des Erhöhungsbetrags u der besonderen Rechtsnatur der KE ist entbehrlich, wenn Antrag sich auf das beigefügte Beschlussprotokoll bezieht.[2]

6 **4. Erklärung über Vermögenserhaltung.** Nach Abs 1 S 2 haben die Anmeldenden dem RegGericht zu erklären, dass nach ihrer Kenntnis seit dem Stichtag der Basisbilanz bis zum Tag der Anmeldung keine Vermögensminderung eingetreten ist, die der KE entgegenstünde, wenn sie am Tag der Anmeldung beschlossen worden wäre. Mit der Erklärung muss also ein Vermögensentwicklungszeitraum überbrückt werden, der immerhin bis zu acht Monaten betragen kann. Erklärung bezieht sich der Sache nach darauf, dass zur Umwandlung herangezogene Rücklagen in ausreichender Höhe bestehen würden, wenn auf den Tag der Anmeldung bilanziert würde.[3] Erklärung wird nicht schon durch irgendeine Minderung des Eigenkapitals unmöglich, sondern nur durch eine solche, die bei Bilanzierung umwandlungsfähige Rücklagen soweit schmälern würde, dass KE daraus nicht gedeckt werden könnte.

---

[1] Vgl zum ganzen *Böhringer* BWNotZ 1988, 129.
[2] *Roth*/Altmeppen Rn 2.
[3] Michalski/*Hermanns* Rn 6; missverständlich *Roth*/Altmeppen Rn 5, „die umzuwandelnden Rücklagen“ müssten ungeschmälert vorhanden sein.

GFührer haben diese Erklärung trotz insoweit nicht ganz eindeutigen 7
Wortlauts selbst abzugeben; Vertretung nicht möglich.[4] Vorsätzlich falsche Erklärung erfüllt Straftatbestand des § 82 I Nr 4 u kann über § 823 II BGB Haftung gegenüber Gläubigern begründen. GFührer dürfen sich der Verantwortung nicht durch kunstreiche Formulierungen zu entziehen versuchen.[5] Erklärung kann in der Anmeldung selbst oder in gesonderter Urkunde erfolgen. Sie bedarf der Form des § 12 I HGB (öffentl Beglaubigung).

5. Beizufügende Urkunden. a) Beschlussprotokoll. Wie bei Anmel- 8
dung anderer Satzungsänderungen muss das Beschlussprotokoll, das die KE betrifft, beigefügt werden. Näher dazu § 54 Rn 9.

b) Bilanz. Beizufügen ist in jedem Fall die der KE nach § 57 c III 9
zugrunde gelegte, mit Prüfervermerk versehene Bilanz (Basisbilanz), ferner, wenn Basisbilanz eine besondere Zwischenbilanz ist (§ 57 f), auch die letzte Jahresbilanz, falls diese nicht ohnehin bereits eingereicht ist, Abs 1 S 1. Zur allg Einreichungspflicht s §§ 325 ff HGB. Wird eine geprüfte u testierte Zwischenbilanz als Basisbilanz vorgelegt, braucht die Jahresbilanz, wenn sie nach § 325 HGB nicht der Prüfungspflicht unterliegt, für die Vorlage nach Abs 1 nicht geprüft u nicht mit Testat versehen zu sein.[6]

c) Urkunde mit Erklärung nach Abs 1 S 2 über hinreichende Erhal- 10
tung des Vermögens, falls diese nicht in der Anmeldung selbst enthalten ist (zu dieser Erklärung Rn 6, 7).

d) Neufassung des Satzungswortlauts, § 54 I. Dazu näher § 54 Rn 10. 11
Beifügung auch dann erforderlich, wenn sich nur Kapitalziffer ändert, weil stets zuletzt geltender Wortlaut in gesonderter Urkunde zur Verfügung stehen soll.[7]

e) Nicht erforderlich ist Beifügung einer **Liste der Anteilsübernehmer** 12
(anders nach § 57 III Nr 2 für die ordentliche KE), weil die neuen Anteilsrechte automatisch den bisherigen Gftern zustehen. GFührer muss freilich nach § 40 eine neue Gfterliste einreichen, weil sich der „Umfang" der Beteiligung der Gfter (wenn auch nicht ihre Beteiligungsquote) durch die nominelle KE verändert. Diese Einreichungspflicht ist aber nicht Teil des Eintragungsverfahrens, RegRichter darf daher Eintragung nicht wegen Fehlens der Liste verweigern.

6. Zuständiges Gericht u gerichtliche Prüfung. Für die Zuständigkeit 13
gilt gleiches wie für alle Satzungsänderungen, vgl deshalb oben § 54 Rn 15. **Prüfungsaufgabe** des Gerichts **umfasst** Vorliegen ordnungsgemäßer Anmeldung samt Unterlagen sowie Einhaltung der Acht-Monats-Frist, ferner ob Bilanzen festgestellt sind, ob sie erforderlichen Bestätigungsvermerk des Prüfers tragen, ob Bilanzen die erforderlichen Umwandlungsbeträge gemäß § 57 d I u II enthalten, ferner ob die Ausführung der KE hinsichtlich der GAnteile gemäß § 57 h II beschlossen u dabei § 57 h I 2 beachtet ist. Hingegen **prüft RegGericht nicht,** ob der Prüfer ordnungsgemäß gewählt worden ist, ob der nach § 57 c II erforderliche Ergebnisverwendungbeschluss

---

4 Ulmer/*Ulmer* Rn 6.
5 Dazu Ulmer/*Ulmer* Rn 10; Scholz/*Priester* Rn 6; *Lutter/Hommelhoff* Rn 3.
6 *Lutter/Hommelhoff* Rn 3.
7 Abw *Roth*/Altmeppen Rn 6.

vorlag u ob § 57 d III beachtet ist.[8] Die Richtigkeit der Bilanz braucht das Gericht nicht zu prüfen, Abs 3, aber das bedeutet kein Prüfungsverbot.[9] Verdacht auf schwerwiegende Bilanzmängel wird vielmehr Maßnahmen veranlassen.

III. Eintragung

14 **1. Art u Inhalt.** Eintragung muss angeben, dass es sich um KE aus Gesellschaftsmitteln handelt, Abs 4. Des Weiteren gilt § 54 II 1; danach bedarf die KE der inhaltlichen Eintragung ins HR, weil sie eine in § 10 I genannte Angabe betrifft. Einzutragen ist nicht der Erhöhungsbetrag, sondern die durch Erhöhung herbeigeführte Stammkapitalziffer (dazu § 57 Rn 25).

15 **2. Aufbewahrung der Schriftstücke.** Eingereichte Schriftstücke können im Original, in Ausfertigung oder in beglaubigter Abschrift zu den HRAkten genommen werden. Streichung dahingehender Regelung im früheren § 7 V KapErhG hat an Rechtslage nichts geändert.

16 **3. Konstitutive Wirkung der Eintragung.** Eintragung der KE im HR ist Wirksamkeitsvoraussetzung der Erhöhung. Das ergibt sich aus § 54 III. Früherer § 8 I KapErhG bestimmte, dass das Stammkapital mit Eintragung erhöht sei. Mit Recht ist das als überflüssig nicht in das GmbHG übernommen worden.

17 **4. Entstehung der Anteilsrechte.** Mit der Eintragung entstehen die neuen Anteilsrechte automatisch entspr der im Beschluss gewählten Wirkungsweise (dazu oben bei § 57 h). Durchführung der KE ist nicht erforderlich. Zur streitigen Frage, ob zusätzliche Maßnahmen notwendig werden, wenn Teilrechte entstanden sind, unten § 57 k Rn 5 ff. Früherer § 16 KapErhG traf zusätzlich die Regelung, dass vor der Eintragung des KE-Beschlusses in das HR neue GAnteile nicht gebildet werden dürfen. Die Bestimmung ist mit Recht nicht in das GmbHG übernommen worden. Sie galt als überflüssig u mißverständlich (dazu 15. Aufl Anh § 57 b § 16 KapErhG Rn 1). Dass Ges **Anteilsscheine** (zu deren Bedeutung oben § 14 Rn 7 f) nicht vor Entstehung von Anteilen ausgeben sollte, versteht sich. Da Verbriefung jedoch keine konstitutive Wirkung haben kann u keinen öffentl Glauben genießt, kann Ausgabe allenfalls Schadensersatzpflichten auslösen. **Übertragung künftiger** aus nomineller KE entstehender **Anteile** vor Eintragung der KE ins HR ist zulässig, entfaltet Wirksamkeit aber erst mit Entstehung des Anteils; wegen der durch § 57 j vorgesehenen Automatik des Anfalls der neuen Anteilsrechte bei den bisherigen Gftern findet Durchgangserwerb bei diesen statt. Wird bisheriger Anteil vor Eintragung der KE übertragen, entsteht auch künftiger Anteil unmittelbar beim Erwerber ohne Durchgangserwerb, vgl § 57 j Rn 1.[10]

18 **5. Fiktion der Volleinzahlung** der neuen Anteilsrechte, wie sie § 8 II KapErhG als Eintragungsfolge aussprach, ist in das GmbHG nicht übernom-

---

[8] Abw zu letzterem *Lutter/Hommelhoff* Rn 4; wohl auch *Meyer-Landrut* Anh 57 b § 7 KapErhG Rn 6; wie hier Ulmer/*Ulmer* Rn 14 f.; Rowedder/Schmidt-Leithoff/*Zimmermann* Rn 6; Scholz/*Priester* Rn 10.
[9] *Roth*/Altmeppen Rn 8.
[10] Differenzierung richtig gesehen von *Habel* GmbHR 2000, 269 Fn 10.

men worden. Sie galt als gedanklich verunglückte, weil systemwidrige Aussage, da Einzahlungsverpflichtungen bei der KE aus Gesellschaftsmitteln von vornherein gar nicht begründet werden. Vorschrift konnte unbedenklich gestrichen werden. Denn jedenfalls ist klar, dass auch die neuen Anteilsrechte so zu behandeln sind wie gegen Einlageverpflichtung übernommene, die voll eingezahlt worden sind u dass bei teileingezahlten GAnteilen durch die Anteilserhöhung keine Erhöhung der Einlageschuld eintritt. Dazu, dass Gesetz die Einzahlungsfiktion im Fall des § 57 m II 1 selbst korrigiert, s unten § 57 m Rn 6.

6. Folgen von Mängeln des KEBeschlusses. Nichtiger KEBeschluss kann auf Grund Eintragung, evtl verbunden mit Zeitablauf, analog § 242 AktG geheilt werden. Soweit u solange dies nicht der Fall ist, sind auch die neuen Anteilsrechte nichtig. Es besteht keine zeitweise Wirksamkeit der Anteile wie bei effektiver KE nach den Grds der fehlerhaften Ges.[11] Anders als bei effektiver KE entsteht auch keine Verpflichtung der Gfter, Einzahlungen auf die nichtigen Anteilsrechte zu leisten (dazu § 57 Rn 27).[12] Speziell zu den Folgen sog. Unterdeckung s a § 57 d Rn 8 f. Für gutgläubigen Erwerb bei Übertragung nichtiger Anteilsrechte gilt die Regelung des § 16, insbes dessen Abs 3. 19

7. Zur sog. verdeckten KE aus GesMitteln u der Frage ihrer Heilung s § 57 c Rn 9 20

8. Mängel des Eintragungsverfahrens haben die gleichen Folgen wie bei anderen Satzungsänderungen; dazu § 54 Rn 40. 21

IV. Bekanntmachung der KE

Hierfür gelten § 54 II GmbHG u § 10 HGB. Dazu § 54 Rn 36. Da der Charakter als KE aus Gesellschaftsmitteln Eintragungsinhalt ist, wird er auch bekanntgemacht. 22

Verteilung der Geschäftsanteile

57j **¹Die neuen Geschäftsanteile stehen den Gesellschaftern im Verhältnis ihrer bisherigen Geschäftsanteile zu. ²Ein entgegenstehender Beschluß der Gesellschafter ist nichtig.**

1. Automatische proportionale Zuordnung. Vorschrift ordnet bisherigen Anteilsinhabern die neuen Anteilsrechte automatisch proportional zu, Satz 1. Regelung ist zwingend, Satz 2. Von ihr kann daher auch mit Zust einzelner oder aller nicht abgewichen werden (dazu noch näher Rn 4). Erst recht kann Satzung nichts anderes regeln. Darin liegende starre Zuordnung ist zwar nicht Ausfluss verfassungsrechtlicher Prinzipien, wohl aber guter verbandsrechtlicher Ordnung, die Veränderungen der relativen Beteiligung nicht auf beiläufigem Weg erlaubt. Zur dinglichen Wirkung der Zuordnung Rn 5. Anteilsinhaber, an den Zuordnung erfolgt, ist derjenige, dem der Anteil im 1

---

[11] Ebenso *Lutter/Hommelhoff* Rn 9.

[12] *Roth*/Altmeppen Rn 13; *Lutter/Hommelhoff* Rn 9. Von Scholz/*Priester* Rn 17 wird das „als nicht unproblematisch" bezeichnet. Das meint er indessen kaum ernst.

Zeitpunkt des Wirksamwerdens der KE, dh bei Eintragung gehört. Zur Bedeutung zwischenzeitlicher Veräußerung des alten oder neuen Anteils vgl § 57 i Rn 17.

2 **2. Zulässige Differenzierungen.** Differenzierender Regelung zugänglich sind lediglich die Auswirkungen hinsichtlich der alten GAnteile: es kann der auf jeden Gfter entfallende proportionale Erhöhungsbetrag unterschiedlich zugewendet werden, beim einen durch Aufstockung des alten, beim andern durch einen neuen GAnteil oder auch durch Kombination von beidem, vgl oben § 57 h Rn 8. *Insoweit* verbleibt es bei der Anwendung des Gleichbehandlungsgrundsatzes, von dem mit Zustimmung der Betroffenen (das sind hier iZw alle Gfter) abgewichen werden kann. Auch das Vorliegen von Sachgründen kann Gleichbehandlungsverstoß ausschließen, vgl oben aaO.

3 **3. Proportionalitätsmaßstab.** Für Proportionalität maßgebend ist Verhältnis des Nennwerts der GAnteile; eingezogene GAnteile erhalten nichts, auch wenn Stammkapitalziffer nicht berichtigt wurde, wohl aber nehmen eigene Anteile der Ges an Erhöhung teil, § 57 l I.

4 **4. Verstoß gegen Satz 1** macht Beschluss nichtig, Satz 2, u zwar auch bei geringfügiger Abweichung[1] u bei Zustimmung aller Gfter[2] oder Zustimmung benachteiligter Gfter.[3] Darauf, ob Nichtigkeit nach allg Grundsätzen des Beschlussmängelrechts, insbes in analoger Anwendung von § 241 AktG, gegeben wäre (dazu Anh § 47 Rn 44 ff) kommt es nicht an. Enthält KEBeschluss selbst abw Regelung der Verteilung der Anteile, ist dieser Beschlussteil wegen Verstoß gegen Satz 1 nichtig. Str ist, ob dadurch iZw der KEBeschluss als ganzes nichtig ist (so hM) oder ob er gültig ist u an die Stelle der nichtigen Teilregelung Satz 1 tritt.[4] Frage ist mit der hM nach § 139 BGB zu beurteilen,[5] dh Gesamtnichtigkeit tritt ein, wenn nicht anzunehmen ist, dass der Beschluss auch ohne den nichtigen Teil gefasst worden wäre. Dass § 139 BGB nicht anwendbar sei[6] trifft nicht zu, vgl Anh § 47 Rn 78.

5 **5. Keine Zuteilung erforderlich.** Die neuen Anteilsrechte brauchen **nicht** erst **zugeteilt** zu werden. Satz 1 gewährt nicht lediglich schuldrechtlichen Anspruch, sondern ordnet das Mitgliedschaftsrecht mit „dinglicher" Wirkung zu. Sie wachsen den Gftern in der Weise zu, wie der KEBeschluss das vorsieht, als junger Anteil oder als Aufstockung alter Anteile. Zum Zeitpunkt, in dem über die Anteile verfügt werden kann, vgl oben § 57 i Rn 17.

6 **6. Folgen der Automatik.** Automatik des Zuwachses nach Satz 1 bedeutet, dass der Anfall der neuen Anteile bei bisherigen Gftern **nicht unter**

---

[1] OLG Dresden NZG 2001, 756; Ulmer/*Ulmer* Rn 7 mwN; abw LG Mannheim BB 1961, 303; Michalski/*Hermanns* Rn 7.

[2] OLG Dresden (Fn 1); Ulmer/*Ulmer* Rn 7; *Meyer-Landrut* Anh 57 b § 9 KapErhG Rn 2.

[3] OLG Dresden (Fn 1); *Lutter/Hommelhoff* Rn 6; Michalski/*Hermanns* Rn 7 u 10; Ulmer/*Ulmer Rn* 7; *Roth*/Altmeppen Rn 3; Rowedder/Schmidt-Leithoff/*Zimmermann* Rn 2; abw Scholz/*Priester* Rn 3, der Gesetzeslücke behauptet. Man kann alles ohne Not komplizierter machen.

[4] So Ulmer/*Ulmer* Rn 9; vom OLG Dresden (Fn 1) offen gelassen.

[5] *Lutter/Hommelhoff* Rn 6 mwN; *Roth*/Altmeppen Rn 4; iE auch Michalski/*Hermanns* Rn 10.

[6] Ulmer/*Ulmer* Rn 9.

Bedingungen gestellt oder von sonstigen **Erwerbserschwerungen** abhängig gemacht werden darf, ferner auch, dass keine Abtretungsverpflichtungen durch Beschluss auferlegt werden können (allgM). Auch Nebenleistungspflicht darf nicht neu auferlegt werden. Zur Situation, wenn mit alten GAnteilen Nebenleistungspflichten verbunden waren, vgl unten § 57 m Rn 5.

Teilrechte; Ausübung der Rechte

57k (1) **Führt die Kapitalerhöhung dazu, daß auf einen Geschäftsanteil nur ein Teil eines neuen Geschäftsanteils entfällt, so ist dieses Teilrecht selbständig veräußerlich und vererblich.**

(2) **Die Rechte aus einem neuen Geschäftsanteil, einschließlich des Anspruchs auf Ausstellung einer Urkunde über den neuen Geschäftsanteil, können nur ausgeübt werden, wenn Teilrechte, die zusammen einen vollen Geschäftsanteil ergeben, in einer Hand vereinigt sind oder wenn sich mehrere Berechtigte, deren Teilrechte zusammen einen vollen Geschäftsanteil ergeben, zur Ausübung der Rechte (§ 18) zusammenschließen.**

1. Entstehung von Spitzenbeiträgen. Aus dem Grundsatz der Entstehung proportionaler Anteilsrechte (§ 57j S 1) folgt, dass uU auf einen Gfter sog **Spitzenbeträge** entfallen, die der zwingenden Grundregelung des § 57h I, dass Nennwert auf volle Euro lauten muss, widersprechen. Beschluss, der solche Gestaltung zur Folge hat, wird in aller Regel § 57h II 2 widersprechen u daher nichtig sein. Mangel bildet selbstverständlich Eintragungshindernis. In Sonderfällen, namentlich bei Ges mit vielen unterschiedlich hoch beteiligten Gftern kann Entstehen von Spitzenbeträgen evtl. unvermeidbar u daher rechtlich einwandfrei sein. Durch Abs 1 wird klargestellt, dass derartige Spitzenbeträge nicht einfach unter den Tisch fallen, sondern dem Gfter zustehen, bei dem sie anfallen u dass sie selbständig veräußerlich u vererblich sind. 1

2. Geltung bei Anteilserhöhung. Seinem Wortlaut nach gilt Abs 1 nur für **neue Anteile,** die aus KE entstehen, nicht für die Erhöhung alter Anteile. Das ist gegenüber § 57h II 2 konsequent. Abs 1 gilt aber entspr, wenn unter Verletzung von § 57h II 2 die **Aufstockung der alten Anteile** unter Entstehung unzulässiger Spitzenbeträge vorgesehen u wirksam geworden ist, wie das insbes durch Heilung der Nichtigkeit denkbar ist. 2

3. Höhe der Teilrechte ist nicht im KEBeschluss festzusetzen,[1] sondern **errechnet sich automatisch.** Ließe man statt dessen Festsetzung zu, entstünde Problem, was gilt, wenn Festsetzung vom eigentlich richtigen Rechenergebnis abweicht. Deshalb ist diese Auffassung abzulehnen. Sieht KEBeschluss Erhöhung durch Bildung neuer Anteile vor, so entsteht ein Spitzenbetrag für den Gfter, wenn der auf seinen bisherigen GAnteil nach § 57j S 1 entfallende neue Anteil nicht auf volle Euro lautet. Zweifelhaft ist, was dann als Teilrechtsbetrag zu gelten hat. Richtig, weil unter Eingriffsgesichtspunkten am schonendsten dürfte sein, das entstehende Teilrecht auf den überschießenden Centbetrag zu beschränken, auch wenn das zu lächerlichen Teilrechtsbeträgen 3

[1] So aber Ulmer/*Ulmer* Rn 3 mit nicht leicht zu durchschauender Abweichung in Rn 5; *Lutter/Hommelhoff* Rn 1; Scholz/*Priester* Rn 5; *Simon* BB 1962, 73.

führt.[2] Die gleiche Regel für die Teilrechtsbildung gilt auch, wenn für Erhöhung Aufstockung der alten (voll eingezahlten) Anteile vorgesehen ist. Berechnung folgt aus dem Grundsatz, dass die KE mit dem geringstmöglichen Eingriff verbunden sein muss.

4 Möglich ist, dass im Erhöhungsbeschluss die Bildung größerer GAnteile vorgesehen wird. Ein solcher Beschluss ist aber, wenn er zu höheren Spitzenbeträgen beim einzelnen Gfter führt, nur dann nicht anfechtbar, wenn dieser dem Beschluss zugestimmt hat. Liegt Zustimmung vor oder unterbleibt Anfechtung des Beschlusses, entstehen höhere Teilrechtsbeträge, jedoch stets in der rechnerisch geringstmöglichen Höhe. Ingesamt dürfte es angesichts der sich auf Grund der Neufassung von § 5 bietenden Gestaltungsmöglichkeiten kaum noch in Betracht kommen, dass ein KEBeschluss, bei dem Teilrechte entstehen, als mangelfrei anzusehen ist, sofern ihm nicht die betroffenen Gfter zustimmen.

5 **4. Selbständigkeit der Teilrechte u ihre Vereinigung.** Die auf Grund anfallender Spitzenbeträge den einzelnen Gftern zugeordneten Teilrechte sind selbständig. Sie bilden weder automatisch einen oder mehrere GAnteile noch müssen sie einem solchen zugeordnet werden.[3] KEBeschluss hat insoweit nichts zu regeln. Vielmehr ist es den Inhabern der Teilrechte überlassen, selbst durch Hinzuerwerb von Teilrechten oder durch Zusammenlegung etwa in Form einer BGBGes einen GAnteil nach ihren Vorstellungen zu bilden. Vom Boden dieser Auffassung aus sind Teilrechte weder ideelle Bruchteile noch gar reale Teile eines bestimmten Mitgliedschaftsrechts.[4] Die Meinung, dass Teilrechte jeweils mit anderen Teilrechten zusammen bestimmten GAnteil bilden, führt dazu, dass Vereinigung durch Teilrechtserwerb nur hinsichtlich der anderen, dem gleichen GAnteil zugeordneten Teilrechte möglich ist u dass auch gemeinsame Innehabung in Gestalt einer BGBGes nur hinsichtlich dieser ganz bestimmten Teilrechte in Betracht käme. Beides widerspräche dem Prinzip der selbständigen Veräußerlichkeit in Abs 1. Teilrechte sind (selbständig veräußerliche u vererbliche) rudimentäre Mitgliedschaftsrechte, die einzeln weder Verwaltungs- noch Vermögensrechte vermitteln, aber durch Zusammenführung mit anderen zu Geschäftsanteilen vollwertige Mitgliedschaftsrechte entstehen lassen.

6 **5. Übertragung der Teilrechte** erfolgt durch Abtretung gemäß §§ 413, 398 BGB. Formvorschrift des § 15 gilt entspr.[5] Beschränkte dingliche Rechte an alten GAnteilen erstrecken sich automatisch nicht nur auf neue Anteile, sondern auch auf Teilrechte. Vinkulierung der alten Anteile gilt auch für Teilrechte.[6] Man wird aber anzunehmen haben, dass bei Veräußerung an bisherige Gfter Genehmigung der Übertragung erteilt werden muss.

7 **6. Ausübung von Mitgliedschaftsrechten.** Aus Teilrechten können Mitgliedschaftsrechte nicht selbständig ausgeübt werden, sondern nur bei Vereinigung von Teilrechten, die zur Bildung eines GAnteils ausreichen, in einer

---

[2] Vgl das extreme Beispiel bei *Wicke* § 57 h Rn 2.

[3] So aber Ulmer/*Ulmer* Rn 3, der fordert, dass die Höhe der „in Teilrechte aufgespaltenen" GAnteile im KEBeschluss geregelt wird.

[4] In letzterem Sinn zB Rowedder/Schmidt-Leithoff/*Zimmermann* Rn 3; zum Streit über ihre Rechtsnatur Ulmer/*Ulmer* Rn 4 mN.

[5] Ulmer/*Ulmer* Rn 7; Scholz/*Priester* Rn 7; *Lutter/Hommelhoff* Rn 2; *Roth*/Altmeppen Rn 5.

[6] Ulmer/*Ulmer* Rn 7.

Hand oder gemeinschaftlicher Rechtsausübung durch mehrere Teilrechtsberechtigte. Solange diese Voraussetzung nicht gegeben ist, ruhen die Mitgliedschaftsrechte. Das gilt für **sämtliche Verwaltungs- u Vermögensrechte,** also Stimmrecht, Informationsrechte, Gewinnrecht u Teilnahmerecht am Liquidationserlös. Anteilsvereinigung ist möglich durch rechtsgeschäftlichen Erwerb oder durch Erbgang. Zusammenschluss mehrerer zur Rechtsausübung ist möglich in Form einer BGBGes. Dabei brauchen Teilrechte nicht in gesamthänderische Innehabung überführt zu werden, was ihrer Vereinigung gleichkommt, sondern können in Einzelinhaberschaft der Gfter belassen werden (BGB-InnenGes).[7] In beiden Fällen gilt § 18. Näheres dort.

Teilnahme an der Erhöhung des Stammkapitals

57l (1) **Eigene Geschäftsanteile nehmen an der Erhöhung des Stammkapitals teil.**

(2) [1] **Teileingezahlte Geschäftsanteile nehmen entsprechend ihrem Nennbetrag an der Erhöhung des Stammkapitals teil.** [2] **Bei ihnen kann die Kapitalerhöhung nur durch Erhöhung des Nennbetrags der Geschäftsanteile ausgeführt werden.** [3] **Sind neben teileingezahlten Geschäftsanteilen vollständig eingezahlte Geschäftsanteile vorhanden, so kann bei diesen die Kapitalerhöhung durch Erhöhung des Nennbetrags der Geschäftsanteile und durch Bildung neuer Geschäftsanteile ausgeführt werden.** [4] **Die Geschäftsanteile, deren Nennbetrag erhöht wird, können auf jeden Betrag gestellt werden, der auf volle Euro lautet.**

1. Teilnahme eigener GAnteile an der nominellen KE wird durch Abs 1 klargestellt. Sie ist im Hinblick auf bloßen Umbuchungscharakter der Erhöhung, die Vermögens- u Machtverschiebungen im Zuge der Maßnahme nicht rechtfertigen würde, konsequent. Die zu § 33 entwickelten Grundsätze über die Beschränkung der Ausübung von Rechten aus eigenen Anteilen hindern daher den automatischen Rechtserwerb seitens der Ges gemäß § 57j S 1 nicht. Regelung ist zwingend u entspricht dem öffentlichen Interesse an der Klarheit von Strukturierungsvorgängen; Verstoß im KE-Beschluss macht diesen deshalb nichtig.[1] 1

2. Teileingezahlte GAnteile nehmen mit vollem Nennbetrag an der KE teil, nicht lediglich mit dem Einzahlungsbetrag, Abs 2 S 1. Das ist wirtschaftlich konsequent, weil dem auf den alten Nennbetrag entfallenden Stammkapitalanteil ja nicht nur der eingezahlte Betrag, sondern auch die vom Anteilsinhaber übernommene Einzahlungsverpflichtung gegenübersteht. Freilich ist dann auf den erhöhten Nennwert uU weniger als ein Viertel „eingezahlt“. Im Hinblick auf die Deckung des Erhöhungsbetrages durch Rücklagen erscheint das unbedenklich. Nicht möglich ist, im Wege nomineller KE Rücklagen auf noch bestehende Einlageverpflichtungen zu verrechnen. Das widerspräche den in § 19 niedergelegten u zu ihm entwickelten Grundsätzen. 2

---

[7] Ebenso *Lutter/Hommelhoff* Rn 3; *Roth*/Altmeppen Rn 8; Ulmer/*Ulmer* Rn 10.

[1] *Lutter/Hommelhoff* Rn 1; abw zu Unrecht Ulmer/*Ulmer* Rn 9, der Teilnichtigkeit annimmt, damit aber den möglicherweise abweichendenWillen der Gfter unerheblich sein lässt.

3 **3. Ausführung der Erhöhung bei teileingezahlten GAnteilen.** Ausführung der Erhöhung bei den GAnteilen ist hinsichtlich teileingezahlter GAnteile nur durch deren Aufstockung (= Nennbetragserhöhung, s dazu § 57h) zulässig, nicht durch Ausgabe neuer Anteile, Abs 2 S 2. Sinn dieser Beschränkung ist, dass bei evtl erforderlicher Heranziehung des einzahlungspflichtigen Gfters für Kaduzierungsverfahren der Anteil in seinem vollen Wert zur Verfügung stehen soll, nicht gemindert um den Wert eines neugebildeten, als voll eingezahlt geltenden Anteils, der inzwischen veräußert u belastet sein kann. Da Bestimmung dem Gläubigerschutz dient, führt Verletzung zur Nichtigkeit nach § 241 Nr 3 AktG.[2] Ob dies Gesamtnichtigkeit des KEBeschlusses oder nur Teilnichtigkeit der verstoßenden Beschlussteile[3] zur Folge hat, beurteilt sich nach allg Grds (dazu Anh § 47 Rn 78), dh iZw besteht Gesamtnichtigkeit.[4]

4 **4. Bemessung des Nennwerts.** Dank § 5 II 1 dürfte es in aller Regel zu vermeiden sein, dass bei der KE Spitzenbeträge entstehen, was nicht nur gegen § 57h II 2 verstieße, sondern sich auch im Hinblick auf die in diesem Fall nicht zulässige Entstehung selbständiger Teilrechte verböte. Offenbar aus Sorge um die Entstehung von Spitzenbeträgen heraus wiederholt Gesetz in Abs 2 Satz 4 überflüssigerweise den Grundsatz des § 5 II 1.

5 **5. Nennwertbemessung bei Kombination von Aufstockung u Neuausgabe.** Ist wegen Vorhandenseins teileingezahlter Anteile für diese Anteile nur Aufstockung zulässig, können gleichwohl für daneben vorhandene voll einzahlte Anteile **neue GAnteile** gebildet werden, Abs 2 S 3. Für diese gilt hinsichtlich der **Nennwertregelung** nichts anderes.

Verhältnis der Rechte; Beziehungen zu Dritten

57m (1) **Das Verhältnis der mit den Geschäftsanteilen verbundenen Rechte zueinander wird durch die Kapitalerhöhung nicht berührt.**

(2) [1] **Soweit sich einzelne Rechte teileingezahlter Geschäftsanteile, insbesondere die Beteiligung am Gewinn oder das Stimmrecht, nach der je Geschäftsanteil geleisteten Einlage bestimmen, stehen diese Rechte den Gesellschaftern bis zur Leistung der noch ausstehenden Einlagen nur nach der Höhe der geleisteten Einlage, erhöht um den auf den Nennbetrag des Stammkapitals berechneten Hundertsatz der Erhöhung des Stammkapitals, zu.** [2] **Werden weitere Einzahlungen geleistet, so erweitern sich diese Rechte entsprechend.**

(3) **Der wirtschaftliche Inhalt vertraglicher Beziehungen der Gesellschaft zu Dritten, die von der Gewinnausschüttung der Gesellschaft, dem Nennbetrag oder Wert ihrer Geschäftsanteile oder ihres Stammkapitals oder in sonstiger Weise von den bisherigen Kapital- oder Gewinnverhältnissen abhängen, wird durch die Kapitalerhöhung nicht berührt.**

---

[2] *Lutter/Hommelhoff* Rn 4; *Meyer-Landrut* Anh 57b § 12 KapErhG Rn 2 mwN; Ulmer/*Ulmer* Rn 10; *Roth*/Altmeppen Rn 5.

[3] Für letzteres grds Ulmer/*Ulmer* Rn 10.

[4] Stets Gesamtnichtigkeit nehmen an *Lutter/Hommelhoff* Rn 4; *Roth*/Altmeppen Rn 5; Rowedder/Schmidt-Leithoff/*Zimmermann* Rn 4; Michalski/*Hermanns* Rn 9.

Übersicht

1. Auswirkungen auf Mitgliedschaftsrechte. Abs 1, der ebenso wie Abs 3 dem § 41 DMBilG nachgebildet ist, ergänzt Grundsatz der Erhaltung der Proportionalität des Vermögensanteils (vgl § 57j) durch **Grundsatz der Erhaltung der Proportionalität der mit den GAnteilen verbundenen Rechte.** 1

a) Grundsätzliches. Soweit **Rechte** Gftern **nach Köpfen zustehen,** wie zB Teilnahmerecht oder Informationsrecht, sind sie nicht anteilsbezogen. Sie stehen Gftern auch weiterhin nach Köpfen zu. Sind sie hingegen **anteilsbezogen,** dh hängt ihr Umfang irgendwie von Zahl, Art oder Höhe der GAnteile ab, müssen die vor der KE bestehenden Relationen erhalten bleiben. Soweit Ges keine Besonderheiten aufweist, sondern sich die Hauptrechte **nach der Höhe der Beteiligung** richten, ergibt sich dies unmittelbar schon aus § 57j S 1. Zweifel könnten hingegen bestehen, wenn mit bestimmten GAnteilen **Vorrechte** verbunden sind, zB Mehrstimmrechte, Dividendenvorrechte uä. Folgt man der Auffassung, dass bei Innehabung mehrerer GAnteile durch einen Gfter entweder jeder dieser GAnteile gesondert aufzustocken oder für jeden ein eigener neuer Anteil zu gewähren ist (zu letzterem § 57h Rn 5), sind die Durchführungsprobleme geringer als wenn auch in diesem Fall Gewährung eines einzigen neuen GAnteils pro Gfter verlangt wird. Gleichwohl wird auch dann je nach Sachlage Anpassung der Satzung erforderlich. Gewährt zB nach der Satzung jeder GAnteil eine Stimme u wird Erhöhung so ausgeführt, dass manche GAnteile erhöht, hinsichtlich anderer jedoch neue GAnteile gewährt werden, muss Stimmrechtsregelung der Satzung entspr angepasst werden. Bei Dividendenvorrechten, die häufig nennwertbezogen bemessen werden, verlangt Erhaltung der Proportionalität zwischen VorzugsGAnteilen u StammGAnteilen bei der Gewinnverteilung, dass sich Vorausdividende für die VorzugsGfter entspr dem Zuwachs vermindert. Beispiel: Hat VorzugsGfter Vorzugsdividende von 5% auf seinen GAnteil von 50 000 Euro (also 2500 Euro) u wird Kapital um 20% erhöht, wächst der Nennwert seiner Beteiligung auf 60 000 Euro, während sein Gewinn absolut nicht wachsen darf, weil ihn dies proportional gegenüber den anderen Gftern begünstigen würde. Vielmehr beträgt sein Gewinnvorzug künftig nurmehr 4 1/6% des Nennwerts. Weil sich Stellung des Gfters dadurch nicht verschlechtert, ist seine Zustimmung nicht erforderlich.[1] 2

[1] Ebenso *Roth*/Altmeppen Rn 3.

3 Denkbar wäre, dass Gfter in solchem Fall den VorzugsGAnteil in unveränderter Höhe u daher mit unverändertem Gewinnvorzug behält u den Erhöhungsbetrag als neuen, nicht bevorrechtigten Anteil. Solche Lösung stellt aber Änderung des sich kraft Gesetzes automatisch durch KE einstellenden Rechtszustandes dar.[2] Sie bedarf daher satzungsändernden Beschlusses, der wegen Beschneidung des mit einem bestimmten Anteil verbundenen Vorrechts der Zustimmung des Inhabers dieses Anteils u wegen Veränderung der Relationen bevorrechtigter u nicht bevorrechtigter Anteile der Zustimmung aller Gfter bedarf. Sind diese Zustimmungen zu erhalten, kann freilich diese Satzungsänderung mit der KE verbunden u gleichzeitig wirksam werden.[3]

4 **b) Erhaltung der Stimmrechtsproportionalität.** Zu den zwecks **Erhaltung der Stimmrechtsproportionalität** erforderlichen Maßnahmen, wenn durch die Erhöhung Spitzenbeträge entstehen, vgl oben § 57 h Rn 4.

5 **2. Auswirkungen auf Nebenpflichten.** Hinsichtlich der mit GAnteilen verbundenen Pflichten gilt Entsprechendes. Sind diese Nebenpflichten nennwertbezogen, müssen sie, um Leistungsvermehrungen zu verhindern, angepasst werden. Bei nicht nennwertbezogenen Pflichten (Pflichten bestimmten Umfangs je GAnteil ohne Rücksicht auf dessen Höhe) können sich Schwierigkeiten ergeben, wenn Erhöhung nicht durch Aufstockung, sondern durch Bildung neuer Anteile erfolgt. Zu treffende Regelung muss hier Art u Zweck der Nebenleistungspflicht gerecht werden. Nicht bei jeder Verpflichtung ist pro-rata-Verteilung auf alten u neuen Anteil möglich.[4] Gfter tun in solchem Fall gut daran, ausdrückliche Satzungsregelung mit Zustimmung aller Gfter zu treffen, um Streitigkeiten aus dem Weg zu gehen. Im Einzelnen können auch die zur Teilung von GAnteilen entwickelten Grundsätze herangezogen werden.[5]

6 **3. Bemessung der Rechte bei teileingezahlten Anteilen.** Sind Anteile nur teileingezahlt, gilt Abs 1 grds ebenfalls. Richten sich, wie bei Schweigen der Satzung vom Gesetz vorgesehen, Stimmrechte u Gewinnanteil nach dem Nennbetrag des GAnteils ohne Rücksicht auf den Stand der Einzahlung, so kann sich am Verhältnis der Mitgliederrechte zueinander durch Erhöhung des Nennbetrags auf Grund nomineller KE nichts ändern. Anders liegt es, wenn sich Mitgliedschaftsrechte auf Grund besonderer Regelung in der Satzung nicht nach dem Nennbetrag, sondern nach der Höhe der Einzahlung bestimmen. Bei unterschiedlicher Höhe der Einzahlungsquote sind derartige Regelungen hinsichtlich Stimmrecht u Gewinnrecht durchaus möglich u sinnvoll. Abs 2 trifft für diesen Fall Sonderregelung, die wiederum der **Wahrung des Grundsatzes der Proportionalität** dient. Da Anteilszuwachs nach § 57j S 1 zwingend nennwertbezogen ist, schneidet Abs 2 für einzahlungsbezogene Rechte den Zuwachs bei diesen Rechten auf die Proportionen der vor der KE geleisteten Einlagen zurück. Technisch geschieht das dadurch, dass **einzahlungsbezogene Rechte nur um den Prozentsatz der Nennwerterhöhung wachsen.** Beispiel: Wird durch nominelle KE das Stammkapital u

[2] Abw Michalski/*Hermanns* Rn 18, der zu Unrecht annimmt, es handle sich um Fall, in dem automatische Anpassung nicht eintrete.

[3] Ebenso iE Scholz/*Priester* Rn 4. Für Unzulässigkeit Ulmer/*Ulmer* Rn 7 mN; wohl auch *Lutter/Hommelhoff* Rn 5, s allerdings auch dort Rn 10.

[4] So aber *Lutter/Hommelhoff* Rn 8 u wohl auch Scholz/*Priester* Rn 8.

[5] Dazu bei § 17.

damit der Nennwert der jedem Gfter zustehenden GAnteile verdoppelt (Erhöhung um 100%), hatte aber ein Gfter nur zur Hälfte einbezahlt, so hat er auch nach der Erhöhung nur halb soviel einzahlungsbezogene Rechte wie die Inhaber voll eingezahlter GAnteile. Dadurch bleiben bisherige Proportionen der Mitgliedschaftsrechte erhalten, während unter Anwendung der im früheren § 8 II KapErhG getroffenen Aussage, dass die neuen Stammeinlagen als voll eingezahlt gelten (die Regelung ist in das GmbHG nicht übernommen worden; dazu § 57 i Rn 18), sonst die Rechte des betreffenden Gfters auf 75% der volleingezahlten Anteile anwachsen würden. Anderes Beispiel: Bemißt sich Stimmrecht nach je 100 Euro Einzahlung u hat A auf seinen GAnteil von 20 000 Euro 15 000 Euro einbezahlt, so hat er 150 Stimmen, Gfter B, der seinen Anteil von 30 000 Euro voll einbezahlt hat, besitzt 300 Stimmen. Wird Kapital nominell um 50% erhöht, hat A GAnteil von 30 000 Euro Nennwert, auf den nach dem früheren § 8 II KapErhG 25 000 Euro „geleistet" wären, er müsste mithin 250 Stimmen erhalten. Nach Abs 2 erfolgt hingegen nur eine Erhöhung seiner bisherigen Stimmkraft um 50%, also auf 225 Stimmen, wohingegen B, dessen GAnteil auf 45 000 Euro anwächst, nunmehr 450 Stimmen hat. Das bisherige Stimmkraftverhältnis von 1 zu 2 bleibt also erhalten.[6]

Leistet ein Gfter **später weitere Einzahlungen** auf seinen bisher nicht voll bezahlten GAnteil, müssen dann freilich auch die **einlagenbezogenen Rechte um den KEProzentsatz erhöht wachsen.** MaW: Einzahlung nach KE muss genausoviel an prozentualem Rechtszuwachs bringen wie wenn sie vor KE geleistet worden wäre. Zahlt also im letztgenannten Beispiel A 3000 Euro ein, wachsen ihm nicht 30, sondern 30 plus 50% = 45 Stimmen zu, bei Volleinzahlung des Restes von 5000 Euro nicht 50, sondern 75 Stimmen, womit dann die Sonderregel des Abs 2 für die künftige Stimmkraftberechnung obsolet wird. 7

4. Teileingezahlte Anteile u Liquidation. Am Liquidationsüberschuss sind Gfter nach § 72 an sich nach dem Verhältnis ihrer GAnteile (also im Verhältnis der Nennwerte) beteiligt, soweit nicht abw Regelung in der Satzung besteht. Bei quotal unterschiedlicher Einzahlung wird jedoch § 271 III AktG analog angewandt; danach werden zunächst die geleisteten Einlagen erstattet u erst der verbleibende Überschuss proportional den Nennwerten der GAnteile verteilt, vgl § 72 Rn 4. Grundsatz der Erhaltung der Proportionalität von GfterRechten würde bei nomineller Kapitalerhöhung an sich Anwendung von Abs 2 S 1 auch auf Liquidationsfall nahelegen. Demgemäß würden Gfter als geleistete Einlagen nur das tatsächlich Geleistete, erhöht um den Prozentsatz der Nennwerterhöhung erstattet bekommen u der ganze Rest würde nach Verhältnis der Nennbeträge verteilt. Für AktienR modifiziert § 216 II 3 AktG dies dahin, dass nach der Regel des dem früheren § 8 II KapErhG entsprechenden § 211 II AktG verfahren wird, der Nennwert des Erhöhungsbetrages also voll auch an diejenigen ausgekehrt wird, die ihre Einlage nur teilweise geleistet hatten. Teileinzahler erhalten bei dieser Methode also mehr als bei Anwendung des Proportionalgrundsatzes. Zwar ist diese Regelung auf GmbH unmittelbar nicht anwendbar. Analoge Anwendung liegt aber in der Konsequenz der oben genannten u praktizierten analogen Anwendung von § 271 III AktG. Regelt Satzung 8

---

[6] Vgl *Lutter/Hommelhoff* Rn 12.

der GmbH von § 271 III AktG Abweichendes, kann auch 216 II 3 AktG nicht zur Anwendung kommen. Es verbleibt dann bei der strengen Proportionalitätsregel.[7]

9 **5. Automatischer Eintritt der Rechtsfolgen u Satzungsanpassung.** Die durch den Grundsatz der Erhaltung der Proportionalität gebotenen Rechtsfolgen treten mit dem Wirksamwerden der nominellen KE automatisch ein.[8] Etwas anderes ist kaum praktisch. Denn weder kann KE bei Fehlen einer Regelung unwirksam sein, noch kann zunächst unproportionaler Rechtszustand gelten, u zwar auch dann nicht, wenn man Verpflichtung zur materiellen Anpassung annähme. Rechtslage ist ähnlich wie bei formwechselnder Umwandlung einer AG oder GmbH in jeweils andere Rechtsform. Dem Gesetzesrecht der Zielgesellschaft widersprechende Satzungsbestimmungen treten dabei automatisch außer Kraft, ohne dass es einer Regelung im Umwandlungsbeschluss bedarf.[9] Dadurch entsteht jedoch Diskrepanz zwischen Wortlaut der Satzung u materieller Rechtslage. Beseitigung dieser Diskrepanz bedarf eines satzungsändernden Beschlusses, vgl für entstandene Diskrepanz anderer Art § 53 Rn 20 f, 59 aE u 60.[10] Es kann nicht wegen des nur „textberichtigenden" Charakters Änderung mit einfacher Mehrheit beschlossen[11] oder gar delegiert werden.[12] Auch der Notar kann nicht im Zuge der von ihm gem § 54 I 2 zu erteilenden Bescheinigung den Satzungswortlaut von sich aus berichtigen. Gfter sind aber verpflichtet, an berichtigender Textänderung mitzuwirken bzw nicht gegen sie zu stimmen.[13] Da Unklarheiten über mit GAnteilen verbundene Rechte stets auch für Dritte von Bedeutung sein können, kann RegRichter Eintragung der KE verweigern, wenn die erforderlichen Berichtigungen der Satzung nicht zur gleichzeitigen Eintragung angemeldet werden.[14]

10 **6. Folgen bei Verstößen.** Regeln Gfter Anpassungsfrage im KEBeschluss abw von den zwingenden Bestimmungen der Abs 1 u 2, ist dies nicht nichtig, sondern lediglich anfechtbar, vielfach aber auch wegen Fehlens einer erforderlichen Zustimmung (einschlägige Fälle oben § 47 Rn 29) unwirksam.[15] Auswirkungen auf KEBeschluss beurteilen sich in diesen Fällen nach § 139 BGB, dazu oben Anh § 47 Rn 78. Stimmen alle Gfter zu, ist Beschluss voll gültig.

11 **7. Anpassung kapital- oder gewinnorientierter Rechtsbeziehungen zu Dritten (Abs. 3).** Bei Ansprüchen in Rechtsbeziehungen zu Dritten,

---

7 Ulmer/*Ulmer* Rn 20; *Lutter/Hommelhoff* Rn 13; Scholz/*Priester* Rn 18; wohl im wesentl wie hier auch Rowedder/Schmidt-Leithoff/*Zimmermann* Rn 7.

8 Ganz hM, Ulmer/*Ulmer* Rn 13; *Boesebeck* DB 1960, 404; *Köhler* AG 1984, 198; KölnerKomm/*Lutter* § 216 Rn 7; *v. Godin/Wilhelmi* § 216 A 3; *Lutter/Hommelhoff* Rn 10; *Roth*/Altmeppen Rn 8; Rowedder/Schmidt-Leithoff/*Zimmermann* Rn 5; *Hüffer* AktG, § 216 Rn 4; Michalski/*Hermanns* Rn 17 f, der aber meint, wenn Anpassung mehrere Möglichkeiten eröffne, gelte die Automatik nicht, so Rn 18 mit unzutreffendem Beispiel (dazu oben Rn 3).

9 Vgl *Happ* in Lutter UmwG 3. Aufl, § 243 Rn 29 f.

10 Rowedder/Schmidt-Leithoff/*Zimmermann* Rn 5.

11 So aber Ulmer/*Ulmer* Rn 14.

12 Anders für AG *Hüffer* AktG § 216 Rn 4.

13 KölnerKomm/*Lutter* § 216 Rn 7; *Lutter/Hommelhoff* Rn 10.

14 *Lutter/Hommelhoff* Rn 10; Scholz/*Priester* Rn 12, 26.

15 Rowedder/Schmidt-Leithoff/*Zimmermann* Rn 10.

deren Höhe sich nach den Kapital- oder Gewinnverhältnissen der Ges richtet, darf durch nominelle KE ebenfalls keine Veränderung eintreten. Abs 3 will sicherstellen, dass in diesen Rechtsbeziehungen geregelte Ansprüche sich durch nominelle KE weder erhöhen noch vermindern. Zu gleichen Ergebnissen, wie Abs 3 sie regelt, würde man freilich auch unter wohlverstandener Anwendung der Grundsätze über die Veränderung der Geschäftsgrundlage gelangen. Von Abs 3 erfasst werden vor allem Ansprüche von Organmitgliedern oder Angestellten auf Tantieme, wenn diese sich nicht nach der absoluten Höhe des Gewinns richtet, sondern nach dem Prozentsatz der Gewinnausschüttung je Nennbetrag der GAnteile (Verzinsung des Nennwerts) oder nach dem auf einen bestimmten Kapitalanteil ausgeschütteten absoluten Betrag. Hat etwa Tantiemeberechtigter einen Betrag in Höhe des auf 100 000 Euro Stammkapital ausgeschütteten Gewinns zu fordern, so ist der Anspruch nach nomineller Erhöhung des Stammkapitals um 50% nunmehr nach dem auf 150 000 Euro Stammkapital ausgeschütteten Gewinn zu bemessen. Erhält GFührer Tantieme von X% des um eine Nennkapitalverzinsung von 5% verminderten Reingewinns, muss der Prozentsatz der vorher abzuziehenden Verzinsung entspr verringert werden; bei KE um 100% ist also zu halbieren, bei KE um 50% auf 2/3 des bisherigen Satzes zu senken. Regelung des Abs 3 erfasst nicht selten auch Genussrechte Dritter oder auch Ansprüche der GmbH gegen anderes Unternehmen aus einer nach ihrem Nennkapital berechneten Dividendengarantie.[16] Ihr unterfallen ferner Gewinnansprüche von stillen Gftern oder Darlehensgebern.[17]

Die durch Abs 3 angeordneten Rechtswirkungen treten nach wohl allgM automatisch ein.[18] Regelung in Abs 3 ist nicht zwingend. Parteien des Vertrages können daher anders regeln. Im Einzelfall kann sich auch bereits durch Auslegung eine von Abs 3 abw Regelung ergeben. Selbstverständlich gilt Abs 3 nicht für Verträge, die nach Wirksamwerden der KE geschlossen werden.[19] **12**

8. Beziehungen zwischen Gftern u Dritten werden durch Abs 3 nicht erfasst, doch werden Grundsätze über Vertragsanpassung nach Geschäftsgrundlageregeln oder schlichte Vertragsauslegung vielfach zum selben Ergebnis führen. So ist etwa bei einem vor KE abgeschlossenen oder durch Optionseinräumung vorbereiteten Kaufvertrag wie auch bei anderen Schuldverhältnissen durch Auslegung zu ermitteln, ob durch die KE neu entstehende Anteile mit verkauft sind. IZw wird das zu bejahen sein.[20] Gleiches gilt auch für Verträge zwischen Gftern, wie zB dann, wenn sich nicht die Ges, sondern ein Gfter einem anderen gegenüber zur Zahlung einer nennwertbezogenen Dividendengarantie verpflichtet hat. **13**

Beschränkte dingliche Rechte an GAnteilen (Nießbrauch, Pfandrecht) erstrecken sich nach der KE automatisch auf erhöhte ebenso wie auf **14**

---

[16] Wie hier *Roth*/Altmeppen Rn 12.

[17] Rowedder/Schmidt-Leithoff/*Zimmermann* Rn 8.

[18] *Lutter/Hommelhoff* Rn 14; Michalski/*Hermanns* Rn 32; Ulmer/*Ulmer* Rn 21; *Roth*/Altmeppen Rn 12; Scholz/*Priester* Rn 20; *Zöllner* ZGR 1986, 290; KölnerKomm/*Lutter* § 216 Rn 20.

[19] Zur Bedeutung der Regelung auch *Koppensteiner* ZHR 139 (1975), 196.

[20] Ulmer/*Ulmer* Rn 28; *Lutter/Hommelhoff* Rn 15 u § 57j Rn 5; Rowedder/Schmidt-Leithoff/*Zimmermann* Rn 9.

neugebildete Anteile.[21] Gleiches gilt bei Sicherungsübertragung von GAnteilen.[22]

Gewinnbeteiligung der neuen Geschäftsanteile

57n **(1) Die neuen Geschäftsanteile nehmen, wenn nichts anderes bestimmt ist, am Gewinn des ganzen Geschäftsjahres teil, in dem die Erhöhung des Stammkapitals beschlossen worden ist.**

(2) **[1] Im Beschluß über die Erhöhung des Stammkapitals kann bestimmt werden, daß die neuen Geschäftsanteile bereits am Gewinn des letzten vor der Beschlußfassung über die Kapitalerhöhung abgelaufenen Geschäftsjahrs teilnehmen. [2] In diesem Fall ist die Erhöhung des Stammkapitals abweichend von § 57 c Abs. 2 zu beschließen, bevor über die Ergebnisverwendung für das letzte vor der Beschlußfassung abgelaufene Geschäftsjahr Beschluß gefaßt worden ist. [3] Der Beschluß über die Ergebnisverwendung für das letzte vor der Beschlußfassung über die Kapitalerhöhung abgelaufene Geschäftsjahr wird erst wirksam, wenn das Stammkapital erhöht worden ist. [4] Der Beschluß über die Erhöhung des Stammkapitals und der Beschluß über die Ergebnisverwendung für das letzte vor der Beschlußfassung über die Kapitalerhöhung abgelaufene Geschäftsjahr sind nichtig, wenn der Beschluß über die Kapitalerhöhung nicht binnen drei Monaten nach der Beschlußfassung in das Handelsregister eingetragen worden ist; der Lauf der Frist ist gehemmt, solange eine Anfechtungs- oder Nichtigkeitsklage rechtshängig ist.**

1 **1. Grundsatz.** Nach Abs 1 nehmen neue Anteilsrechte iZw am Gewinn des ganzen Geschäftsjahrs teil, in dem KE beschlossen worden ist. Diese Regel ist, solange keine Anteilsveräußerung dazwischentritt, ohne Belang, da Gewinnrelationen zwischen den alten Gftern durch KE nicht verändert werden. Kommt es zur Veräußerung, bewirkt Abs 1 Vereinfachung, weil dann evtl erforderliche zeitanteilige Berechnung der Gewinnverteilung für die neuen Anteile erspart bleibt.

Gesetz stellt auf **Zeitpunkt der Beschlussfassung ab,** nicht den der Eintragung. Daraus ergibt sich, dass bei Eintragung erst im darauf folgenden Jahr Erwerber eines jungen Anteils die Dividende für ein Geschäftsjahr beziehen kann, in dem der Anteil rechtlich noch gar nicht existiert hat.

2 **2. Abw Regelung des Gewinnbezugsrechts** auf neue Anteile ist zulässig, wie Wortlaut von Abs 1 ergibt. Vorverlegung des Gewinnbezugsrechts auf das der Beschlussfassung über die KE vorangehende Geschäftsjahr steht allerdings unter den Einschränkungen von Abs 2. Hingegen kann ohne weiteres im KEBeschluss vorgesehen werden, dass junge Anteile im Beschlussjahr nur anteilig oder gar nicht dividendenberechtigt sein sollen. Desgleichen wird man auch annehmen können, dass im KEBeschluss das Gewinnbezugsrecht

---

[21] Oben § 57 h Rn 4; Ulmer/*Ulmer* Rn 29; *Lutter/Hommelhoff* § 57 j Rn 4; *Roth/* Altmeppen Rn 13; grds auch *Meyer-Landrut* Anh 57 b § 13 KapErhG Rn 3, der aber dem dinglichen Recht zugrunde liegende Vereinbarung für maßgeblich hält, was wohl nur für schuldrechtliche Seite zutrifft; Scholz/*Priester* Rn 24; *Geßler* DNotZ 1960, 639; aA *Kerbusch* GmbHR 1990, 156: Nur bei ausdrücklicher vertraglicher Regelung.

[22] *Lutter/Hommelhoff* § 57 j Rn 4; Scholz/*Priester* Rn 24.

im Jahr der Eintragung (u damit der Entstehung des jungen Anteils) zeitanteilig beschränkt werden kann. Insoweit handelt es sich um Modalitäten der Ausgabe, die flexibler ad-hoc-Regelung zugänglich sind. Anders steht es mit weitergehenden Beschränkungen. Sie stellen inhaltliche Gestaltung des entstandenen Mitgliedschaftsrechts dar, die zur Wirksamkeit jedenfalls gegenüber einem Erwerber des Anteils einer entspr Satzungsregelung u daher der Eintragung im HR bedarf.

3. Beteiligung am Vorjahresgewinn steht unter besonderen Voraussetzungen u Erfordernissen, Abs 2. Satz 1 lässt sie ausdrücklich zu. Meist liegen der Maßnahme dividendenpolitische Überlegungen zugrunde (sog Dividendenoptik),[1] die in erster Linie bei der AG von Bedeutung sind. 3

a) Reihenfolgeregelung. Abw vom früheren § 1 III KapErhG muss der **KEBeschluss** in diesem Fall **schon vor dem Ergebnisverwendungsbeschluss** für das vergangene Geschäftsjahr gefasst werden, Abs 2 S 2.[2] Ergebnisverwendungsbeschluss braucht nicht binnen 3-Monatsfrist des Abs 2 S 4 gefasst zu werden.[3] Es genügt Wahrung der (für Beschlusswirksamkeit unerheblichen) Frist des § 42a II. Vorlage des Ergebnisverwendungsbeschlusses beim RegGericht nicht erforderlich.[4] 4

b) Rechtsfolgen bei Verstoß gegen Reihenfolgeregelung. Darüber bestehen erhebliche Unklarheiten und Meinungsverschiedenheiten. Nachgängige Beschlussfassung über eine KE mit Beteiligung der neuen Anteile am Vorjahresgewinn ist jedenfalls dann unbedenklich, wenn ihr alle Gfter zustimmen.[5] Solche Regelung bedeutet inzidenter eine Abänderung des Gewinnverwendungsbeschlusses und seine Rückführung in den von Abs 2 S 3 angeordneten Schwebezustand (Wirksamwerden erst mit Wirksamkeit der KE). Das würde sogar für den ganz unwahrscheinlichen u hier nicht weiter zu verfolgenden Fall gelten, dass Gewinn bereits ausgeschüttet war. 5

Stimmen dem – regelwidrig nachfolgenden – KE-Beschluss mit rückwirkender Gewinnberechtigung für die neuen Anteile nicht alle Gfter zu, stellt sich die Frage, ob darin Eingriff in durch vorgängigen Gewinnverwendungsbeschluss entstandene Gläubigerrechte liegt. Das ist von der Höhe der Ansprüche her nicht der Fall, weil die unmittelbar mit Eintragung der KE entstehenden neuen Anteilsrechte den bisherigen und aus dem Gewinnverwendungsbeschluss gewinnberechtigten Gftern zustehen. Eingriff in Gläubigerrechte kommt aber insofern in Betracht, als mit der im KE-Beschluss angeordneten Beteiligung der neuen Anteile am Vorjahresgewinn offensichtlich Abänderung des vorgängigen Gewinnverteilungsbeschlusses intendiert ist: die Auszahlung auf diesen Beschluss müsste bis zur Entstehung der neuen Anteile entweder ganz oder wenigstens anteilig aufgeschoben werden; Vollausschüttung vor Entstehung der neuen Anteile als Gewinnvorauszahlung auf sie zu verstehen, wäre offensichtlich unsinnig; zusätzliche Ausschüttung von Gewinn käme ohne Änderung des festgestellten Jahresabschlusses und erneute Fassung eines Gewinnverwendungsbeschlusses nicht in Betracht, kann daher 6

---

[1] Dazu Scholz/*Priester* Rn 2.

[2] Zum Zweck der Regelung *Priester* ZIP 2000, 64.

[3] So aber Ulmer/*Ulmer* Rn 4; wie hier *Wilke* Rn 2.

[4] Zutr Ulmer/*Ulmer* Rn 4; *Lutter/Hommelhoff* Rn 2; *Wilke* Rn 2; anders noch 15. Aufl.

[5] Ebenso *Roth*/Altmeppen Rn 5.

nicht gewollt sein. Daraus folgt, dass beschlossene Ergebnisbeteiligung am Vorjahresgewinn eine Abänderung des vorangegangenen Gewinnverwendungsbeschlusses iS mindestens teilweiser Hinausschiebung seines Vollzugs und damit einen Eingriff in entstandene Gläubigerrechte mindestens durch Veränderung ihrer Fälligkeit darstellt. Gewinnverwendungsregelung des KE-Beschlusses erweist sich damit wegen Eingriff in Rechte Dritter mangels Kompetenz der GfterVers als unwirksam.[6] Welche Auswirkung dies auf den KE-Beschluss im Ganzen hat, beurteilt sich nach dem § 139 BGB immanenten Grundgedanken.[7] Im Zweifel dürfte wegen geringer sachlicher Bedeutung der rückwirkenden Gewinnbeteiligung anzunehmen sein, dass Gfter die KE in jedem Fall beschließen wollten, auch wenn keine Rückwirkung der Gewinnbeteiligung in Betracht kommt. Praktisch wird dies allerdings ohne Bedeutung sein.

7 Verletzung der Reihenfolgeregel führt auch zur Anfechtbarkeit des KE-Beschlusses;[8] da es sich beim Verstoß gegen Abs 2 S 2 um Verfahrensverstoß handelt, kommt teilweise Aufrechterhaltung nicht in Betracht. Verfahrensverstoß begründet ferner auch die Eintragungswidrigkeit, die der RegRichter zu beachten hat.

8 **c) Wirksamwerden des Ergebnisverwendungsbeschlusses,** der ja das Jahr der vorverlegten Gewinnbeteiligung für die jungen Anteile betrifft, wird nach Abs 2 S 3 hinausgeschoben. Er wird erst nach der KE **wirksam,** also (ohne Rücksicht auf den Zeitpunkt seiner Fassung) erst **nach Eintragung der KE.**

9 **d) Besondere Nichtigkeit des KE-Beschlusses nach Abs 2 Satz 4.** KEBeschluss u Ergebnisverwendungsbeschluss sind im Fall des Abs 2 nichtig, wenn nicht die KE innerhalb von drei Monaten nach dem KEBeschluss ins HR eingetragen wird, Abs 2 S 4 HS 1, eine je nach den Umständen sehr kurze Zeit, die oftmals nur dann wird eingehalten werden können, wenn die Eintragungsvoraussetzungen u insbes die Bilanzen schon vor der Beschlussfassung mit dem RegGericht vorgeklärt werden. Fristablauf ist gehemmt, solange Anfechtungs- oder Nichtigkeitsklage gegen den Beschluss rechtshängig ist, s Abs 2 S 4 Hs 2. Zur Bedeutung der Hemmung des Fristablaufs vgl § 209 BGB, dessen Rechtsgedanke auch hier gilt. Nichtigkeit des KE-Beschlusses wegen Fristversäumung tritt auch ein, wenn Ergebnisverwendungsbeschluss nicht oder regelwidrig schon vor KE-Beschluss gefasst wurde.

Anschaffungskosten

57o **[1] Als Anschaffungskosten der vor der Erhöhung des Stammkapitals erworbenen Geschäftsanteile und der auf sie entfallenden neuen Geschäftsanteile gelten die Beträge, die sich für die einzelnen Geschäftsanteile ergeben, wenn die Anschaffungskosten der vor der Erhöhung des Stammkapitals erworbenen Geschäftsanteile auf diese und auf die auf sie entfallenden neuen Geschäftsanteile nach dem Verhältnis der**

---

[6] Zutr Scholz/*Priester* Rn 4; *Wilke* Rn 2.

[7] Abw *Meyer-Landrut* Anh 57b § 14 KapErhG Rn 2; KölnerKomm/*Lutter* § 217 Rn 7, die volle Nichtigkeit des KE-Beschlusses annehmen; für § 139 aber *Lutter/Hommelhoff* Rn 2; Ulmer/*Ulmer* Rn 4; *Roth*/Altmeppen Rn 5.

[8] *Wilke* Rn 2.

Nennbeträge verteilt werden. [2]Der Zuwachs an Geschäftsanteilen ist nicht als Zugang auszuweisen.

1. Bedeutung u Anwendungsbereich der Vorschrift. Vorschrift gehört in den **Bereich des Bilanzrechts.** Sie wird nur praktisch für diejenigen Gfter der ihr Kapital nominell erhöhenden GmbH, die bilanzierungspflichtig sind u bei denen GAnteile zum Betriebsvermögen gehören. Steuerlich wird sie ergänzt durch die ihr korrespondierende Vorschrift des § 3 KapErhStG. 1

2. Für **Bewertung der Anteile** sieht Satz 1 vor, dass durch KE kein Wertzuwachs einzutreten hat, vielmehr ist bisheriger Wert der Anteile im Verhältnis von altem Stammkapital u Erhöhungsbetrag auf alte u neue Anteile zu verteilen. Vorschrift spricht zwar von Anschaffungskosten, weil Anteile vielfach auf Dauer damit zu Buche stehen. Ist aber Wert durch Abschreibungen gemindert, ist selbstverständlich geminderter Wert zu verteilen. Auswirkungen der KE sind mithin beim einzelnen Gfter steuerlich neutral zu halten. Hält Gfter mehrere zu verschiedenen Zeiten erworbene u daher verschieden zu Buche stehende Anteile derselben Ges, so ist bei der Verteilung der Bewertung auf die einzelnen Anteile auch noch die Bewertungsrelation der bisherigen GAnteile zu berücksichtigen. Beispiel: Hat ein Kaufmann in seinem Betriebsvermögen einen GAnteil im Nennwert von Euro 6000 mit eben diesem Betrag zu Buche stehen u einen weiteren von Euro 3000 zum doppelten Wert, also ebenfalls zu Euro 6000 u wird Stammkapital um ein Drittel erhöht, steht für die Bewertung sämtlicher nunmehr zum Betriebsvermögen gehörenden Anteile im Nennwert von zusammen Euro 12000 der bisherige Buchwert von Euro 12000 zur Verfügung. Erfolgt die Ausführung der KE durch Aufstockung der Nennwerte, so ist der größere GAnteil im nunmehrigen Nennwert von Euro 8000 weiterhin mit Euro 6000, der kleinere im nunmehrigen Nennwert von Euro 4000 weiterhin mit Euro 6000 zu bewerten. Erhält der Kaufmann zu jedem bisherigen Anteil einen neuen Anteil hinzu, sieht Bewertung so aus: Alter Anteil von Euro 6000 Bewertung Euro 4500, zugehöriger neuer Anteil von Euro 2000 Bewertung Euro 1500; alter Anteil von Euro 3000 Bewertung Euro 4500, zugehöriger neuer Anteil von Euro 1000 Bewertung Euro 1500. Würden statt zweier junger Anteile ein einziger junger GAnteil gewährt, so wären die bei der Trennungslösung ermittelten Teilwerte zusammenzufassen, dieser also mit Euro 3000 zu bewerten. 2

3. Kein Zugangsausweis. Da dem Gfter durch KE kein neuer Wert zufließt, dürfen die neuen Anteilsrechte in der Bilanz nicht als Zugang ausgewiesen werden, Satz 2. Zur grds Erforderlichkeit des bilanziellen Ausweises von Zugängen § 268 II HGB. Anderes gilt selbstverständlich bei Hinzuerwerb von nach § 57k entstandenen Teilrechten anderer Gfter,[1] mit denen Rechtsausübung gem § 57k III 1. Alt ermöglicht werden soll. 3

---

[1] *Lutter/Hommelhoff* Rn 2; Michalski/*Hermanns* Rn 4; *Roth*/Altmeppen Rn 3.

Herabsetzung des Stammkapitals

58 (1) **Eine Herabsetzung des Stammkapitals kann nur unter Beobachtung der nachstehenden Bestimmungen erfolgen:**

1. **der Beschluß auf Herabsetzung des Stammkapitals muß von den Geschäftsführern in den Gesellschaftsblättern bekanntgemacht werden; in dieser Bekanntmachung sind zugleich die Gläubiger der Gesellschaft aufzufordern, sich bei derselben zu melden; die aus den Handelsbüchern der Gesellschaft ersichtlichen oder in anderer Weise bekannten Gläubiger sind durch besondere Mitteilung zur Anmeldung aufzufordern;**
2. **die Gläubiger, welche sich bei der Gesellschaft melden und der Herabsetzung nicht zustimmen, sind wegen der erhobenen Ansprüche zu befriedigen oder sicherzustellen;**
3. **die Anmeldung des Herabsetzungsbeschlusses zur Eintragung in das Handelsregister erfolgt nicht vor Ablauf eines Jahres seit dem Tage, an welchem die Aufforderung der Gläubiger in den Gesellschaftsblättern stattgefunden hat;**
4. **mit der Anmeldung ist die Bekanntmachung des Beschlusses einzureichen; zugleich haben die Geschäftsführer die Versicherung abzugeben, daß die Gläubiger, welche sich bei der Gesellschaft gemeldet und der Herabsetzung nicht zugestimmt haben, befriedigt oder sichergestellt sind.**

(2) [1]**Die Bestimmung in § 5 Abs. 1 über den Mindestbetrag des Stammkapitals bleibt unberührt.** [2]**Erfolgt die Herabsetzung zum Zweck der Zurückzahlung von Einlagen oder zum Zweck des Erlasses zu leistender Einlagen, dürfen die verbleibenden Nennbeträge der Geschäftsanteile nicht unter den in § 5 Abs. 2 und 3 bezeichneten Betrag herabgehen.**

Übersicht

I. Allgemeines

1. Inhalt u Zweck der Kapitalherabsetzung (= KH). Die KH ist eine auf Änderung der Stammkapitalziffer gerichtete Satzungsänderung. Von ihr ausgehende notwendige rechtliche Wirkung ist zunächst die Minderung der als Passivposten in die Bilanz einzusetzenden Summe u insofern wirtschaftlich betrachtet ein Buchungsvorgang. Minderung des GesVermögens braucht sich ihr weder anzuschließen noch ihr vorauszugehen. Zweck der KH kann u wird vielmehr nicht selten Beseitigung einer sog Unterbilanz (Überwiegen der Summe der Passivposten über die Summe der Aktivposten) sein. Möglich ist aber auch, dass KH den Erlass ausstehender Einlageverpflichtungen oder sogar die Rückzahlung von Teilen des Stammkapitals bezweckt, sei es an alle, sei es auch zur Abfindung einzelner ausscheidender Gfter. Schließlich kann KH auch eingesetzt werden, um nach Einziehung eines GAnteils Stammkapitalziffer mit Summe der GAnteile wieder in Übereinstimmung zu bringen. In jedem Fall mindert sie durch Herabsetzung der Sperrgrenze des § 30 die Bindung des vorhandenen GesVermögens (Verringerung des Haftungsfonds) oder zumindest (bei Unterbilanz) die Bindung hinsichtlich etwaiger künftiger Gewinne. Daher ist jede KH für die Gläubiger mit Gefahren verbunden. In Konzernen stehen KHen vielfach in Zusammenhang mit Umstrukturierungen 1 des Konzernaufbaus, wie etwa bei der IBM Deutschland GmbH, die 1995 ihr Kapital von zwei auf eine Mrd DM und dann nochmals 1997 von einer Mrd auf 500 Mio DM herabgesetzt hat.[1]

2 **2. Arten.** GmbHG kennt neben der in § 58 geregelten ordentlichen KH (= oKH) die sog vereinfachte KH (vKH, §§ 58 a–f). Die aktienrechtliche Form der KH durch Einziehung ist ihm unbekannt. (Zur Frage, ob die Einziehung zwar den Anteil vernichtet, die Kapitalziffer aber unberührt lässt, § 34 Rn 16; zur Möglichkeit u Erforderlichkeit der Kombination von Einziehung u KH vgl § 34 Rn 9). Ordentliche und vKH unterscheiden sich in Art und Weise des Gläubigerschutzes, der bei oKH durch Sicherheitsleistung, bei vKH durch längere Ausschüttungssperre verwirklicht wird. Unterschiedliche Ausgestaltung beruht auf unterschiedlichem Zweck: Bei oKH soll bisher durch die Stammkapitalziffer gebundenes Vermögen zur Ausschüttung kommen oder doch ausschüttungsfähig gemacht werden, bei vKH Deckung der Passivseite durch Aktivseite verbessert, idR Unterbilanz beseitigt werden. VKH gefährdet Belange der Gläubiger nicht, sofern Kapitalrückzahlung und Dividendenzahlungen hinreichend lang hinausgeschoben werden; praktisch geht sie vielfach mit Sanierung der Ges einher, die im Interesse der Gläubiger liegt. Bei oKH hingegen kann es zu Kapitalrückzahlungen und zu früheren Gewinnzahlungen kommen, mithin zu ohne die Herabsetzung nicht eintretenden Vermögensminderungen, aufgrund derer die Sicherheit der GesGläubiger erheblich vermindert wird. Gläubigerschutz muss daher auf andere Weise erreicht werden. In der Durchführung der KH bestehen dagegen zwischen beiden Arten nur geringfügige Unterschiede.

3 **3. Inhalt u Zweck der Regelung.** Regelung der oKH in § 58 trägt in Abs 1 den Gefahren für die Gläubiger Rechnung, während Abs 2 die Beachtung der Mindestkapitalziffer fordert und einige Fragen der Auswirkung der Herabsetzung auf die Stammeinlagen normiert.

4 **4. Einhaltung der Mindestkapitalziffer.** Ordentliche Herabsetzung darf nicht unter den in § 5 I geregelten Mindestbetrag des Stammkapitals von 25 000 Euro erfolgen. Das ist selbstverständlich, wird aber durch Abs 2 S 1 bekräftigt. Zweifelhaft ist, ob Herabsetzung unter den Mindestbetrag durch oKH dann zulässig ist, wenn sie mit einer diesen Mindestbetrag wiederherstellenden oder ihn überschreitenden KE verbunden wird.[2] Das ist zu bejahen, wenn nach Beschlussformulierung u Eintragungsantrag sichergestellt ist, dass die KH nur zusammen mit der KE wirksam wird. Es ist nicht ersichtlich, welche (außer formalen) Bedenken dagegen bestehen sollten, wenn sogar das AktG in § 228 die Unterschreitung bei Kombination von KH u KE unter zT minder strengen Kautelen gestattet. Analoge Anwendung von § 228 AktG kommt freilich nicht in Betracht, schon weil dessen Abs 2 nicht mit § 58 I Nr 3 harmoniert. § 228 II AktG enthält indessen auch keinen die Kombination für die GmbH hindernden Rechtsgedanken, weil die erheblich geringere Fungibilität der Anteile längeren Schwebezustand verträgt als im AktR. Sieht man den Zweck des § 228 II 1 AktG enger, nämlich in zeitlicher Geringhaltung der Unterschreitung des Mindest-

---

[1] FAZ v. 30. 12. 1997.

[2] Bejahend *Wilke* Rn 2; Zulässigkeit verneinend 13. Aufl A 2 A; Ulmer/*Casper* Rn 26; *Lutter/Hommelhoff* Rn 4; *Meyer-Landrut* Rn 11; Rowedder/Schmidt-Leithoff/*Zimmermann* Rn 14; Scholz/*Priester* Rn 29.

kapitals,[3] ein wegen § 228 II 3 AktG weitgehend theoretischer Zweck, so bestehen unter der hier vertretenen Auffassung, dass KH u KE ein gemeinsames rechtliches Schicksal haben müssen, von vornherein keine Bedenken. Frage hat mit der 1994 erfolgten Einfügung der vKH in das GmbHG praktische Bedeutung nahezu ganz verloren, weil dort jedenfalls Unterschreitung im Fall gleichzeitiger Wiedererhöhung nunmehr ausdrücklich gestattet ist (§ 58 a IV) und ein Bedürfnis dafür idR nur im Zusammenhang mit Sanierungsmaßnahmen bestehen wird, die sich immer der vKH bedienen werden. Bei Kombination von KH u KE kann Unterschreitung der Mindeststammkapitalziffer sogar in der Weise erfolgen, dass KH bis auf Null erfolgt. In Betracht kommt das namentlich, wenn für Stammkapital keinerlei Deckung mehr vorhanden ist.[4]

5. Kombination von Kapitalherabsetzung u Kapitalerhöhung. Sie kann zu Sanierungszwecken dienlich sein, weil zur Gewinnung neuen Eigenkapitals mittels effektiver KE idR die Beseitigung einer vorhandenen Unterbilanz erforderlich ist. Zur dabei möglichen Unterschreitung der Mindeststammkapitalziffer im Herabsetzungsbeschluss oben Rn 4. Erfolgt solche Unterschreitung nicht, kann Kombination lockerer gestaltet werden. Größere Schwierigkeiten als im AktR bereitet sie bei der oKH dadurch, dass vor Eintragung der KH bei der GmbH nach Abs 1 Nr 3 Einhaltung eines Sperrjahres erforderlich ist. Dem steht Vorteil gegenüber, dass GfterVersammlungen meist viel rascher einberufen werden können u Durchführung der KE schneller vonstatten geht. Da Kombination fast immer zu Sanierungszwecken vorgenommen wird, dürfte seit Einführung der vKH praktisch nur noch diese Form für die Kombination herangezogen werden. Auch wenn Kombination von oKH und KE rechtlich nicht ausgeschlossen ist, wird hier nicht mehr darauf eingegangen.[5] 5

6. Kongruenz von Stammkapital u Summe der GAnteile. Nach der KH muss die Summe der Nennbeträge der GAnteile mit der neuen Stammkapitalziffer übereinstimmen. Das ist bereits seit langem hM für den Fall, dass mit der KH der Erlass von Einlageforderungen oder die Rückzahlung von Einlagen bezweckt wird. Gleiches ist jedoch auch für die anderen Zwecke der KH anzunehmen, nämlich Beseitigung einer Unterbilanz oder Einstellung in Rücklagen.[6] Mit der ausdrücklichen Normierung des Übereinstimmungserfordernisses in § 5 IV 2 sollte die Frage geklärt sein. 6

7. Bestimmung des Nennwerts der GAnteile. Um die Übereinstimmung des herabgesetzten Stammkapitals mit der Summe der Nennwerte aller 7

[3] So KölnerKomm/*Lutter* § 228 Rn 8.

[4] Aus der aktienrechtl Rspr vgl BGH 119, 305, 319 f (Klöckner) u BGH NZG 1999, 1158 (Hilgers).

[5] Vgl dazu näher die 17. Aufl Zu den Versuchen, die aus der Sperrfrist des Abs 1 Nr 3 erwachsende Problematik in sanierungsfreundlichem Sinn zu bewältigen vgl 15. Aufl Rn 7 sowie ausführlich *Sommer,* Die sanierende Kapitalherabsetzung bei der GmbH, 1993, S 88 ff, 121 ff. Abl *Heinzmann,* Die Neuordnung der Kapitalverhältnisse bei der Sanierung der GmbH, 1992, 18 ff; LG Frankfurt WM 1991, 2028; LG Saarbrücken GmbHR 1992, 380.

[6] Abw insoweit neben 13. Aufl A 1 C u *Feine* 616, 622 noch *Fischer* A 2 a; wie hier aber Michalski/*Waldner* Rn 11; Scholz/*Priester* Rn 21; *Meyer-Landrut* Rn 15; *Roth*/Altmeppen Rn 13; *Gonella* GmbHR 1962, 255 u früher schon Hachenburg/*Schilling* 6. Aufl A 7; vgl auch für die vKH § 58 a III 1.

GAnteile zu erreichen, bedarf es meist genauerer Bestimmung, wie sich die Herabsetzung auf die Nennwerte auswirken soll. Diese Bestimmung ist im Herabsetzungsbeschluss zu treffen. Wird dort keine Bestimmung getroffen, sind die GAnteile quotal zu kürzen. Ist dies wegen eintretender Unterschreitung des Mindestbetrages der GAnteile nicht möglich (dazu Rn 7 a), ist der KH-Beschluss nichtig. Es ist deshalb zweckmäßig, wenn KH-Beschluss in jedem Fall eine Regelung über die Auswirkungen der KH auf die Nennbeträge trifft.

Für die Gestaltung der Auswirkungen bestehen **vier Möglichkeiten.**

7 a (1) **Herabsetzung der Nennbeträge sämtlicher GAnteile** ist Regelfall. Sie kann u wird zumeist quotal erfolgen. Automatisch gilt das, wenn Herabsetzungsbeschluss keine andere Regelung trifft. Solche Herabsetzung durch Nennbetragskürzung ist unproblematisch, wenn der in § 5 II 1 normierte Mindestbetrag von einem Euro nicht unterschritten wird. Hierzu trifft Abs 2 Satz 2 eine ominöse Regelung,[7] indem er die Unterschreitung des in § 5 Abs 2 u 3 bezeichneten Betrags verbietet. Eine Betragsregelung enthält das Gesetz indessen nur mehr in Abs 2. Die Verweisung auf Abs 3 kann daher nur so erklärt werden, dass sie entweder versehentlich aus der früheren Regelung stehen geblieben ist oder aber die Einhaltung des Kongruenzerfordernisses in § 5 III 2 bekräftigt. Noch ominöser ist, dass das Unterschreitungsverbot ausdrücklich auf die KH-Zwecke der Rückzahlung u des Einlagenerlasses beschränkt ist, was den Gegenschluss nahe legt, dass das Verbot für andere KH-Zwecke, insbes also für die Beseitigung einer Unterbilanz, nicht gelten soll. Die Annahme einer Nichtgeltung für diesen Zweck würde indessen dazu führen, dass GAnteile zu diesem Zweck mit Centwerten gebildet werden dürften. Dieses Ergebnis ist umso weniger haltbar, als bei der vereinfachten Kapitalherabsetzung, deren Zweck gerade typischerweise in der Beseitigung einer Unterbilanz liegt, nach § 58 a III 2 die GAnteile auf volle Euro gestellt werden müssen. Wird die ordentliche KH für den gleichen Zweck genutzt, kann schlicht nichts anderes gelten. Es geht insoweit um die Einhaltung eines Mindeststandards gesellschaftsrechtlicher Ordnung, der eine abweichende Gestaltung durch den Gesetzgeber als schweren Verstoß gegen den ihn verpflichtenden Gleichheitssatz erscheinen ließe. Daher muss in berichtigender Auslegung der Mindestbetrag von einem Euro u die Bemessung der Nennwerte auf volle Euro bei jeder Art der KH eingehalten werden.

8 (2) **Angleichung nur zu Lasten bestimmter GAnteile** ist möglich, freilich idR nur mit Zustimmung der dadurch benachteiligten Gfter.[8]

9 (3) **Angleichung durch Einziehung von GAnteilen** genügt ebenfalls dem Übereinstimmungserfordernis. Zulässigkeitsvoraussetzungen der Einziehung müssen eingehalten werden, dazu § 34 Rn 3 ff.

10 (4) **Zusammenlegung von GAnteilen unter Herabsetzung der Nennbeträge** ist ins Auge zu fassen, wenn anders Abs 2 S 1 nicht beachtet werden kann, wie etwa in dem vorerst gewiss seltenen Fall, dass Ges schon vor der KH GAnteile mit einem Nennwert von einem Euro aufweist. Zusammenlegung von GAnteilen, die sich in einer Hand befinden, macht keine Schwierigkeiten. Sind Anteile, die Nennwertherabsetzung nicht verkraften können, in verschiedener Hand, bedarf zwar die Zusammenlegung der Zu-

---

[7] Vgl die treffende Kritik bei *Wilke* Rn 3. S ferner *Hohmut* GmbHR 2009, 349, 350 f.

[8] *Lutter/Hommelhoff* Rn 6.

stimmung Betroffener. Diese Zustimmung ist aber nicht für die KH als solche erforderlich. Die betroffenen Gfter müssen vielmehr in eine Lösung willigen, die den Vollzug der KH unter Wahrung der Anforderungen von Abs 2 S 2 ermöglicht. Solange sie ihre Zustimmung verweigern, sind ihre entsprechenden GAnteile nur noch Teilrechte nach Art des § 57k, aus denen Rechte ohne Zusammenlegung nicht ausgeübt werden können.

Eigener GAnteil der Ges kann zwecks Angleichung allein oder in erster Linie, aber auch gar nicht oder auch anteilig herangezogen werden. Auswirkung auf quotale Beteiligung der Gfter in jedem Fall sachlich gleich. 11

8. Zulässigkeit der KH im Liquidationsstadium ist zu bejahen.[9] Für sinnlos in diesem Stadium mag man sie dann halten,[10] wenn sie zum Zweck der Rückzahlung von Einlagen erfolgt, weil neben § 58 die Regelung des § 73 zu beachten ist. Dazu § 69 Rn 22. 12

9. Finanzielle und bilanzielle Folgen der KH. Durch KH wird unmittelbar bewirkt, dass sich der Bilanzposten Stammkapital verringert. Dadurch aus der speziellen Bindung freiwerdende Mittel können ausgeschüttet werden, jedoch nicht wie bei Rücklagenauflösung als Bilanzgewinn. Vielmehr stellt Ausschüttung **Rückzahlung von Stammkapital** dar, die weder den gesetzlichen, noch den satzungsmäßigen Regeln der Gewinnausschüttung unterliegt.[11] Auf Satzung beruhende ungleiche Gewinnverteilung daher für Stammkapitalausschüttung nicht maßgebend. Anwendbar eventuell Satzungsregeln über Liquidation (Auslegungsfrage), da KH als Teilliquidation verstanden werden kann. Möglich auch statt Ausschüttung **Bildung einer Rücklage,** die bes zu kennzeichnen ist, da ihre Auflösung nicht zur Vermehrung des Bilanzgewinns verwendet werden darf. Eigene GAnteile der Ges nehmen an Ausschüttung von Stammkapital nicht teil.[12] 13

War Stammkapital nicht voll eingezahlt, kann KH mit dem **Erlass rückständiger Einzahlungsverpflichtungen** verbunden werden. Einzahlungspflicht endet nicht etwa automatisch, soweit sich GAnteile verkleinern. Das wird bes deutlich, wenn Einlagen nicht bei allen Gftern rückständig sind. Automatisches Erlöschen würde Gfter mit Beitragsrückständen günstiger stellen als die, welche voll eingezahlt haben. Erlass kann entweder im KH-Beschluss oder durch besonderen Gfterbeschluss im Vollzug der KH geregelt werden. GFührer sind dafür nicht zuständig. Dabei ist bes sorgfältig auf Einhaltung des Gleichbehandlungsgrds zu achten. Erlass der Einlagepflicht ist selbstverständlich insoweit verboten, wie dadurch Unterdeckung des (herabgesetzten) Stammkapitals einträte. Ist Stammkapitalziffer höher als Nettovermögen der Ges, Stammkapital also nicht voll erhalten, kann KH zu früherem Wiedereintritt in die gewinnträchtige Zone führen. 14

Welche Folge eintritt, kann Ges je nach Umständen selbst bestimmen oder wird durch die wirtschaftlichen Verhältnisse vorgegeben. Ges kann Folgen 15

---

[9] Ulmer/*Casper* Rn 37; Rowedder/Schmidt-Leithoff/*Zimmermann* Rn 20; *Meyer-Landrut* Rn 13 mwN.

[10] Generell für sinnlos hält sie *Lutter/Hommelhoff* Rn 22

[11] Zu undeutlich *Lutter/Hommelhoff* Rn 1. Abw Ulmer/*Casper* Rn 7, der mich zu Unrecht als Befürworter dieser Auffassung zitiert. Im Erg kommt er der hier vertretenen Meinung dadurch nahe, dass er bei von der Kapitalbeteiligung abw Gewinnverteilung Zustimmung der benachteiligten Gfter verlangt. Na also.

[12] Zutr *Felix* GmbHR 1989, 286.

bereits im KH-Beschluss regeln, aber auch späterer Entschließung vorbehalten (zur Erforderlichkeit der Angabe des Herabsetzungszwecks s Rn 20). Gfter-Vers ist an den mit der oKH verfolgten Zweck, ob verlautbart oder nicht, nicht gebunden (wohl aber GFührung vor Neuentschließung der Gfter), sondern kann mit einfacher Mehrheit Abweichendes beschließen, etwa zur Ausschüttung bestimmtes Stammkapital in Rücklage festlegen und umgekehrt. Auch durch wirtschaftliche Entwicklung kann Änderung notwendig werden (Beispiele: durch zwischenzeitliche gute Geschäfte wird Beseitigung einer Unterbilanz obsolet; durch zwischenzeitliche schlechte Geschäfte wird Ausschüttung von zunächst frei gewordenem Stammkapital verwehrt). Nicht möglich ist Übergang von wirksam gewordener vKH zu oKH. Die kraft Gesetzes mit vKH einhergehende Vermögensbindung kann nicht gelockert werden.

16 **10. Pflicht zur Mitwirkung an KH.** Zur **Pflicht der Gfter,** unter bestimmten Umständen **an KH mitzuwirken** bzw sie nicht zu verhindern vgl § 53 Rn 90 u § 55 Rn 54 f.

II. Kapitalherabsetzungsbeschluss

17 Die KH bedarf eines satzungsändernden Beschlusses.

18 **1. Inhalt. a) Herabsetzung u Herabsetzungsbetrag.** Hauptinhalt des Beschlusses ist, dass das Stammkapital verringert werden soll u um welchen Betrag. Regelfall ist Festsetzung eines bestimmten Betrages. Ein davon abw Betrag darf dann nicht eingetragen werden. Zulässig ist aber wie bei KE Festlegung eines Maximalbetrags unter Angabe der Umstände, nach denen der einzutragende Herabsetzungsbetrag bestimmt werden soll. Nach hL muss Bestimmbarkeit aufgrund des KHBeschlusses gegeben sein.[13] Zulässig nach hL ist etwa, Herabsetzung vom Ausgang eines Einziehungs- oder Ausschlussverfahrens oder vom Ausmaß der Unterbilanz im erst aufzustellenden Jahresabschluss abhängig zu machen.

19 **b) Auswirkung der Herabsetzung auf die Nennbeträge der GAnteile** bedarf der Aufnahme in den Beschluss, wenn vom Regelfall der quotalen Kürzung aller Anteile abgewichen werden soll.[14]

20 **c) Angabe des Zwecks der KH** nach hM erforderlich, obwohl GmbHG sie im Gegensatz zu § 222 III AktG nicht verlangt. Begründung der hM, aktienrechtliche Regelung analog anzuwenden, steht auf schwachen Füßen, weil Gläubigerschutzzweck des § 222 AktG im GmbHRecht auf andere Weise, nämlich durch Hinausschiebung der Eintragung bis zur vollen Gläubigersicherung und längere Ausschüttungssperre, verwirklicht wird. Auch Satzungsänderungskompetenz der Ges trägt hM nicht.[15] Bindung der GFührer durch Beschluss ist Internum der Ges. Sinnvoll könnte Angabe des Zwecks sein, wenn bei einer KH zum Zweck der Beseitigung einer Unterbilanz der

[13] Ulmer/*Casper* Rn 27; Rowedder/Schmidt-Leithoff/*Zimmermann* Rn 14; *Lutter/Hommelhoff* Rn 7; Scholz/*Priester* Rn 34; für AktR KölnerKomm/*Lutter* § 222 Rn 9; GroßkommAktG/*Schilling* § 222 A 8; abw *Meyer-Landrut* Rn 11; der Bestimmung durch GFührer zulassen will.

[14] Ulmer/*Casper* Rn 30; Rowedder/Schmidt-Leithoff/*Zimmermann* Rn 16; *Lutter/Hommelhoff* Rn 9; kritisch *Roth*/Altmeppen Rn 13.

[15] So aber Ulmer/*Casper* Rn 28.

GAnteilsmindestbetrag von einem Euro unterschritten werden dürfte, wie Abs 2 Satz 2 nahelegen könnte, während bei einer KH zu anderen Zwecken diese Unterschreitung definitiv nicht zulässig ist. Da jedoch bei zutreffender Auslegung des missglückten Gesetzestexts die Möglichkeit der Unterschreitung in keinem Fall besteht (näher dazu schon Rn 7 a), ist Zweckangabe insoweit ohne Sinn. Richtig ist, dass Zweckangabe evtl. Entscheidung der Gläubiger beeinflussen könnte, Sicherheitsleistung zu verlangen,[16] aber bei fehlender Zweckangabe müssen sie mit Rückzahlung von Stammkapital rechnen u umgekehrt dürfen sie Sicherheitsleistung auch dann verlangen, wenn als Zweck der KH etwas anderes als Rückzahlung verlautbart ist. Es ist irrig, wenn angenommen wird, eine KH sei für Gläubiger nicht riskant, sofern keine Rückzahlung geplant ist. Ohnehin können Gläubiger sich auf Zweckangabe nicht verlassen, die ja nicht Satzungsinhalt wird. Etliche Vertreter der hM sowie das BayObLG scheinen das aber anzunehmen, wenn sie behaupten, Gfter seien durch Zweckangabe gebunden u dürften diese nur im Weg der Satzungsänderung ändern.[17] Das trifft nicht zu, außerdem erführen Gläubiger von der Zweckänderung auch dann nichts, wenn sie per Satzungsänderung erfolgen würde. Auch für vKH ist Zweckangabe vom Gesetz nicht vorgeschrieben (anders § 229 I 2 AktG), s dazu näher § 58 a Rn 19.

21 **2. Zuständigkeit, Mehrheitserfordernisse, Form.** Dafür gelten in vollem Umfang die Regeln über Satzungsänderungen; dazu § 53 Rn 55 ff. Gfter ist vom Stimmrecht ausgeschlossen, soweit KH mit der Einziehung seines GAnteils kombiniert wird u ihm Stimmrecht hinsichtlich der Einziehung versagt ist (dazu § 34 Rn 14 u § 47 Rn 88).

22 **3. Mangelhaftigkeit des KHBeschlusses.** Zur Frage, inwieweit KHBeschlüsse auf das Vorliegen eines Sachgrundes überprüft werde können,[18] vgl die Nachweise Anh § 47 Rn 101.

III. Sicherung der Gläubiger

23 **1. Information u Aufforderung der Gläubiger, Abs 1 Nr 1. a) Bekanntmachung des Herabsetzungsbeschlusses.** Wichtigste Schutzmaßnahme im Zuge der Herabsetzung ist die Information der Gläubiger über die KH. Abs 1 Nr 1 verlangt deshalb Bekanntmachung des KHBeschlusses in den Gesellschaftsblättern, dh im elektronischen Bundesanzeiger (§ 12 Satz 1 GmbHG) u in evtl. zusätzlich durch die Satzung bestimmten Medien (§ 12 Satz 2 GmbHG). Es genügt nach entsprechender Änderung des Gesetzes durch das ARUG die einmalige Bekanntmachung. KHBeschluss braucht weder vollständig noch im Wortlaut bekanntgemacht zu werden. Es genügt Angabe, dass u in welchem Umfang Herabsetzung beschlossen ist. Befristungen sind anzugeben, ebenso bei Maximalbetrag die Umstände, von denen Höhe abhängen soll. Zweck der Herabsetzung u Art der Anpassung der GAnteilsumme sind

---

[16] So *Sommer,* Die sanierende KH bei der GmbH, 1993, 52 f.

[17] So zB *Lutter/Hommelhoff* Rn 8; *Roth*/Altmeppen Rn 15. Michalski/*Waldner* Vor §§ 58–58 f nimmt zwar an, dass Zweckangabe nicht Satzungsinhalt wird, will aber gleichwohl satzungsändernde Mehrheit für Zweckänderung fordern.

[18] Speziell dazu *G. Krieger,* Beschlusskontrolle bei Kapitalherabsetzungen, ZGR 2000; 885; *Zöllner* AG 2000, 145, 153 ff; *Boese,* Die Anwendungsgrenzen des Erfordernisses sachlicher Rechtfertigung bei HVBeschlüssen, 2004, 213 ff.

entbehrlich.[19] Bekanntmachung muss **Aufforderung an die Gläubiger** enthalten, sich bei der Ges zu melden. Hinweis auf Rechte der Gläubiger oder auf Folgen unterbliebener Meldung ist nicht erforderlich.[20] Nach dem Text der Norm soll „von den GFührern" bekanntgemacht werden. Damit ist lediglich innergesellschaftliche Zuständigkeit u Verpflichtung gekennzeichnet. Hingegen bedarf Bekanntmachung in den Blättern nicht der Angabe von GFührerunterschriften. Wird Bekanntmachung durch Prokuristen oder durch GFührer in nicht vertretungsberechtigter Zahl veranlasst, kann sie gleichwohl als Grundlage der Herabsetzung dienen.

24 **b) Besondere Mitteilung.** Die der Ges bekannten oder aus ihren Unterlagen ermittelbaren Gläubiger müssen durch besondere Mitteilung zur Anmeldung aufgefordert werden. Gläubiger iS dieser Vorschrift sind nur Forderungsgläubiger und nur solche, deren Befriedigung oder Sicherstellung erforderlich ist (dazu unten Rn 30). Aufforderung muss die gleichen Angaben enthalten wie die öffentl Bekanntmachung. Sie ist formlos möglich, jedoch ist Schriftform zu empfehlen. Maßgebend für die Bestimmung des Gläubigerkreises ist der Zeitpunkt der öffentl Bekanntmachung.[21] Für später hinzutretende Gläubiger soll allenfalls schuldrechtliche Hinweispflicht bestehen. Aber für derartige Restriktion des Wortlauts besteht kein ausreichender Grund, außerdem ist von der hM gewählter Stichtag nicht sinnvoll. Würde man die öffentl. Bekanntmachung als genügende Information ansehen, wäre besondere Mitteilung überhaupt entbehrlich. Da geplante KH vor Eintragung aus dem HR u vor Anmeldung auch nicht aus den HRAkten ersichtlich ist, können Gläubiger vielmehr vom Bestand des höheren Stammkapitals ausgehen. Ges ist daher bis zur Anmeldung zum HR verpflichtet, auch neuen Gläubigern Mitteilung über bevorstehende Herabsetzung zu machen,[22] was auch durch Offenbarung bei Geschäftsabschluss möglich ist. *Lutter/Hommelhoff*[23] halten besondere Hinweispflicht bei Geschäftsabschlüssen auf bevorstehende KH für andere Frage u erwägen sie nur für bes Umstände, insbes bei größeren Kreditgeschäften. Dem widerspreche ich nicht. Aber damit ist Hinweispflicht *nach* Vertragschluss nicht vom Tisch.

25 **Frist für die Mitteilung** sieht Gesetz nicht vor. Sie braucht nicht sofort nach dem KHBeschluss zu erfolgen, vielmehr kann öffentl Bekanntmachung abgewartet werden. Andererseits geht es zu weit, Ges zu gestatten, mit Mitteilung so lange zu warten, dass vor Eintragung der KH dem Gläubiger nur noch unangemessen kurze Frist verbleibt. Vielmehr ist unverzügliche Mitteilung nach Bekanntmachung bzw bei später begründeten Forderungen nach deren Entstehung zu verlangen.

26 **2. Befriedigung u Sicherstellung der Gläubiger, Abs 1 Nr 2. a) Sinngehalt der Regelung.** Nach dem missglückten Text des Abs 1 Nr 2 sind Gläubiger, die sich bei der Ges melden u der KH nicht zustimmen, zu

---

[19] Ganz hM, vgl *Lutter/Hommelhoff* Rn 15; *Meyer-Landrut* Rn 17; Scholz/*Priester* Rn 47; aA *Roth*/Altmeppen Rn 16.

[20] HM, Rowedder/Schmidt-Leithoff/*Zimmermann* Rn 22 mN; *Meyer-Landrut* Rn 17; *Roth*/Altmeppen Rn 19.

[21] Ulmer/*Casper* Rn 41; Scholz/*Priester* Rn 51; Rowedder/Schmidt-Leithoff/*Zimmermann* Rn 24; *Meyer-Landrut* Rn 19; KGJ 37 A 163; *Feine* 623; *Vogel* A 6.

[22] *Roth*/Altmeppen Rn 17. Zur Stellung des Pensions-Sicherungsvereins als widersprechender Gläubiger *Wiedemann/Küpper* FS Pleyer, 1986, 450.

[23] *Lutter/Hommelhoff* Rn 16.

befriedigen oder sicherzustellen. Regelung ist jedoch nach ihrer ratio nicht iS der Gewährung eines Anspruchs auf Befriedigung oder Sicherstellung nach beschlossener KH zu verstehen.[24] Vielmehr bedeutet sie, dass Ges die KH nur dann zum HR anmelden darf, wenn sie diejenigen Gläubiger befriedigt oder sicherstellt, die mit der KH nicht einverstanden sind. Erfordernis der Befriedigung bzw Sicherstellung eines Gläubigers, der sein mangelndes Einverständnis mit der KH zum Ausdruck bringt, ist daher seiner Rechtsnatur nach lediglich **registerverfahrensrechtliche Obliegenheit** der Ges. Sie kann diese Maßnahmen unterlassen, verliert aber dann Möglichkeit, KH zur Wirksamkeit zu bringen.

b) Art u Rechtsnatur des Gläubigerverhaltens. Voraussetzung der Entstehung des Anmeldungshindernisses u damit der registerverfahrensrechtlichen Obliegenheit der Ges ist, dass ein Gläubiger im Hinblick auf die bevorstehende KH seinen Wunsch nach vorgängiger Befriedigung oder Sicherstellung oder den Mangel seines Einverständnisses mit der Herabsetzung hinreichend zum Ausdruck bringt. Es handelt sich hierbei nicht um die Ausübung eines Widerspruchsrechts[25] u nicht um die Abgabe einer Willenserklärung,[26] sondern um eine rechtsgeschäftsähnliche Handlung, an die sich Rechtsfolgen **ohne Rücksicht auf entspr Rechtsfolgewillen** des Gläubigers knüpfen. **27**

c) Rechtsstellung der sich meldenden Gläubiger. Der mit der KH nicht einverstandene **Gläubiger** erlangt **keine registerverfahrensrechtliche Rechtsstellung.** Er kann zwar das Gericht auf seinen gegebenenfalls nicht berücksichtigten Befriedigungs- oder Sicherstellungswunsch hinweisen, das daraufhin von Amts wegen das Erforderliche prüfen muss (unten Rn 44 u 50). Jedoch hat er entgegen der hM kein eigenes Recht, Eintragung durch einstw Vfg zu verhindern,[27] sondern ist ggf auf Amtshaftungsansprüche verwiesen. **28**

Frist für entspr Gläubigerverhalten ist nicht vorgesehen, jedoch hindert eine Meldung bei der Ges nach Anmeldung der KH zum HR die Eintragung nicht.[28] **29**

d) Abgrenzung der begünstigten Gläubiger. Die Obliegenheit der Ges zu Befriedigung oder Sicherstellung besteht hinsichtlich der sich meldenden **Gläubiger, deren Forderungen vor Anmeldung der KH begründet** waren.[29] Obliegenheit besteht nicht, soweit Gläubiger in Kenntnis bevor- **30**

---

[24] Wohl allgM: Ulmer/*Casper* Rn 43; Scholz/*Priester* Rn 53; Rowedder/Schmidt-Leithoff/*Zimmermann* Rn 29; *Lutter/Hommelhoff* Rn 20; Michalski/*Waldner* Rn 18; wohl auch *Roth*/Altmeppen Rn 20 f.

[25] So aber Ulmer/*Casper* Rn 43; Rowedder/Schmidt-Leithoff/*Zimmermann* Rn 27; Scholz/*Priester* Rn 53.

[26] So aber *Lutter/Hommelhoff* Rn 18; wie hier Scholz/*Priester* Rn 54; Michalski/*Waldner* Rn 20.

[27] Anders hM: Ulmer/*Casper* Rn 45; Rowedder/Schmidt-Leithoff/*Zimmermann* Rn 29; *Feine* S 624; Scholz/*Priester* Rn 54; *Lutter/Hommelhoff* Rn 21.

[28] Ulmer/*Casper* Rn 46; Scholz/*Priester* Rn 55; Rowedder/Schmidt-Leithoff/*Zimmermann* Rn 28; *Lutter/Hommelhoff* Rn 18; *Meyer-Landrut* Rn 21; anders aber *Feine S 623; Brodmann* A 2 e; auch *Roth*/Altmeppen Rn 25 nimmt an, dass Gläubiger sich noch nach Anmeldung der KH melden können, hält dies aber für unzulässige Rechtsausübung, wenn ihnen frühere Meldung möglich u zumutbar war.

[29] Zu dieser Zeitpunktfrage schon oben Rn 24. Abw hM, die auch insoweit auf den Zeitpunkt der dritten Bekanntmachung abstellen will, Ulmer/*Casper* Rn 47; Scholz/*Priester* Rn 55; Michalski/*Waldner* Rn 19.

stehender KH mit GmbH kontrahiert haben. Gläubiger iSd Vorschrift sind nur Forderungsgläubiger, nicht dinglich Berechtigte. Obliegenheit zur Befriedigung u Sicherstellung entfällt, so weit für Forderung ausreichende Sicherung besteht (näher Rn 33).

31 **e) Inhalt der Obliegenheit.** Ges muss Gläubigern, die sich melden u der KH nicht zustimmen, für ihre Forderung entweder Befriedigung oder Sicherstellung gewähren.

32 **aa) Befriedigung des Gläubigers** bedeutet jede zum Erlöschen der Forderung führende Rechtshandlung, insbes selbstverständlich deren Erfüllung, aber auch Aufrechnung und Hinterlegung unter den bes, die Erfüllungswirkung begründenden Voraussetzungen. Ges kann Befriedigung wählen, wenn Forderung fällig oder wenigstens erfüllbar (§ 271 II BGB) oder wenn Gläubiger mit vorzeitiger Erfüllung einverstanden ist.

33 **bb) Sicherstellung** reicht **als Anmeldevoraussetzung** in jedem Fall anstelle der Befriedigung aus, auch wenn Forderung bereits fällig ist. Für Art u Weise der Sicherung gelten §§ 232 ff BGB.[30] Liegt bereits Sicherheit nach Maßgabe dieser Vorschriften vor, braucht selbstverständlich nicht nochmals Sicherheitsleistung erfolgen. Das gleiche gilt für Gläubiger, die im Insolvenzfall ein Recht auf vorzugsweise Befriedigung aus einer kraft Gesetzes zu ihrem Schutz errichteten und staatlich überwachten Deckungsmasse haben. Analoge Anwendung der für den Parallelfall des § 58 d II 3 getroffenen Regelung ist wegen völliger Gleichheit der Interessenlage geboten. Zu dieser Regelung § 58 d Rn 9 ff. Eine Sicherstellung von Gläubigern ist ferner nicht erforderlich, soweit sie eine zwar die Maßstäbe der §§ 232 ff BGB textlich nicht erfüllende, nach den Umständen aber gleichwertige Sicherheit in Händen haben (zB Bürgschaft einer Großbank oder eines öffentl-rechtl Kreditinstituts). Hingegen sind Gläubiger von Betriebsrenten und unverfallbaren Betriebsrentenanwartschaften nicht von der Sicherstellung ausgenommen. Zwar besteht eine weitreichende Insolvenzsicherung durch §§ 7 ff BetrAVG, die jedoch aus sozialen Gründen geschaffen worden ist und nicht, um der Erleichterung von Kapitalherabsetzungen zu dienen.[31] Zur Behandlung streitiger Forderungen vgl unten Rn 42.

34 **3. Sperrjahr, Abs 1 Nr 3.** Anmeldung zum HR darf erst nach Ablauf eines Jahres seit der öffentl Bekanntmachung erfolgen. Vorzeitige Anmeldung ist zurückzuweisen.[32] Normzweck des Sperrjahres liegt darin, Ausschüttung des Stammkapitaldifferenzbetrages bis zur Sicherstellung widersprechender Gläubiger zu verhindern. Ob Sperrjahr unter bestimmten Voraussetzungen entfallen kann, ist äußerst zweifelhaft u eher zu verneinen.[33]

---

[30] Eingehend *Rittner* FS Oppenhoff, 1985, 317 ff; zur Sicherstellung von Gläubigern aus Dauerschuldverhältnissen BGH NJW 1996, 1539; *C. Jaeger* DB 1996, 1069.

[31] Vgl Michalski/*Waldner* Rn 19; *Rittner* FS Oppenhoff, 1985, 317 ff; *Wiedemann/Küpper* FS Pleyer, 1986, 445 ff; abw KölnerKomm/*Lutter* § 225 Rn 28; *Gotthard* BB 1990, 2419 ff; *G. Krieger* FS Nirk, 1992, 551 ff.

[32] Ulmer/*Casper* Rn 56; Rowedder/Schmidt-Leithoff/*Zimmermann* Rn 33; Scholz/*Priester* Rn 63; *Meyer-Landrut* Rn 21.

[33] Über Möglichkeiten u Folgen vorzeitiger Auskehrung freiwerdender Stammkapitalbeträge *Kerssenbrock* GmbHR 1984, 306.

4. Erforderlichkeit besonderer Angaben bei Anmeldung, Abs 1 Nr 4. Zur Sicherstellung des Gläubigerschutzes fordert Nr 4 Erfüllung besonderer Erfordernisse bei Anmeldung der KH; dazu unten Rn 41. 35

IV. Anmeldung zum HR

1. Erforderlichkeit. Die KH bedarf als Satzungsänderung zu ihrer Wirksamkeit der Eintragung im HR, § 54 III. Für die Anmeldung gilt § 54 I, der durch § 58 I Nr 4 ergänzt wird. 36

2. Zuständigkeit zur Anmeldung. Anzumelden haben sämtliche GFührer, § 78. Hierfür gilt Gleiches wie für die KE, vgl deshalb § 57 Rn 2. 37

3. Form. Zur Form der Anmeldung u evtl Vollmachten vgl § 54 Rn 4. 38

4. Zeitliche Voraussetzung der Anmeldung ist der Ablauf des Sperrjahres, vgl oben Rn 34. 39

5. Inhalt der Anmeldung, dh Antrag im registergerichtlichen Verfahren ist das Begehren der Eintragung einer das Stammkapital betr Satzungsänderung sowie evtl damit verbundener anderer Satzungsänderungen. Dafür gelten die Ausführungen zur Anmeldung einer KE entspr, vgl § 57 Rn 7. 40

6. Versicherung der GFührer über Befriedigung bzw Sicherstellung der Gläubiger. a) Inhalt der Versicherung. Voraussetzung der Eintragung ist eine von den GFührern für Zwecke der Anmeldung der KH abzugebende Versicherung, dass Gläubiger, welche sich bei der Ges gemeldet u der Herabsetzung nicht zugestimmt haben, befriedigt oder sichergestellt sind, Abs 1 Nr 4 Hs 2. Im Ggs zur Anmeldung ist die Abgabe der Versicherung **vertretungsfeindlich.**[34] Zu den materiellen Voraussetzungen u Wirkungen des Befriedigungs- u Sicherstellungserfordernisses oben Rn 26 ff. 41

b) Rechtslage bei streitigen Forderungen. Erfordernis der Befriedigung oder Sicherstellung besteht an sich nur gegenüber Gläubigern der Ges. Wer keinen Anspruch gegen die Ges hat, braucht weder befriedigt noch sichergestellt zu werden. Insoweit ist daher auch keine Versicherung erforderlich. Zweifelhaft ist aber, welche **Folgen** sich **bei Vorliegen streitiger Forderungen** ergeben. Selbstverständlich ist, dass sich die Ges vom Sicherstellungserfordernis nicht durch bloßes Bestreiten befreien kann.[35] Andererseits kann aber nicht bloße Behauptung des Bestehens einer Forderung seitens eines Gläubigers zum Erfordernis der Sicherstellung führen.[36] Zu unterscheiden ist zwischen der strafrechtlich u schadensersatzrechtlich sanktionierten Pflichtenlage der GFührer einerseits u der Entscheidungslage des RegRichters andererseits. 42

aa) GFührer dürfen die Versicherung abgeben, wenn von Gläubigern geltend gemachte Forderungen entweder offensichtlich unbegründet sind oder wenn sorgfältige Prüfung das Nichtbestehen ergibt.[37] Alsdann sind sie 43

---

[34] Ulmer/*Casper* Rn 58; Rowedder/Schmidt-Leithoff/*Zimmermann* Rn 35.

[35] Ulmer/*Casper* Rn 51; ähnlich *Lutter/Hommelhoff* Rn 21, die etwas zu überhöht vom Handeln des GFühreres auf eigene Gefahr sprechen, was der Sachlage nicht gerecht wird. Abw Michalski/*Waldner* Rn 2, der annimmt, dass bestrittene Forderungen sichergestellt werden müssten.

[36] IE wohl gleicher Meinung Ulmer/*Casper* Rn 51.

[37] Ulmer/*Casper* Rn 51.

mangels Verschulden weder **schadensersatzrechtlich** noch **strafrechtlich** verantwortlich. Ist hingegen das Ergebnis ihrer Prüfung unklar, tun sie gut daran, vor Abgabe der Versicherung Klärung herbeizuführen oder Sicherstellung vorzunehmen. *Meyer-Landrut*[38] nimmt Verpflichtung der GFührer an, in Versicherung über ohne Sicherstellung bestrittene Forderungen zu berichten. Das ist schon im Hinblick auf § 9 HGB wenig praktisch u geht aus dem Gesetz nicht hervor.

44 **bb) RegGericht** hat grds von der Versicherung der GFührer auszugehen. Liegt konkreter Verdacht vor, dass Versicherung nicht zutrifft, kann es Prüfungsmaßnahmen einleiten. Wird ihm eine nicht sichergestellte streitige Forderung zur Kenntnis gebracht, kann es der Antragstellerin anheim geben, Sicherstellung vorzunehmen, evtl. auch das Verfahren nach § 21 FamFG aussetzen[39], es kann jedoch auch selbst das Bestehen der Forderung prüfen[40] (unter Zugrundelegung der Beweislastgrundsätze des Zivilrechts); unter bes Umständen kann es dazu verpflichtet sein, insbes bei liquider Beweislage u dringendem Bedürfnis der Ges hinsichtlich der Eintragung.[41]

45 **c) Keine Versicherung** ist erforderlich, dass den der Ges bekannten Gläubigern die durch Abs 1 Nr 2 geforderte **besondere Mitteilung** gemacht worden ist.[42]

46 **7. Beizufügende Urkunden. a) Beschlussprotokoll.** Wie bei der Anmeldung anderer Satzungsänderungen muss das Beschlussprotokoll, das die KH betrifft, beigefügt werden. Näher dazu § 54 Rn 9.

47 **b) Neufassung des Satzungswortlauts, § 54 I.** Näher dazu § 54 Rn 10. Beifügung ist auch dann erforderlich, wenn nur die Kapitalziffer geändert wird, weil stets der zuletzt geltende gesamte Wortlaut in gesonderter Urkunde zur Verfügung stehen soll.

48 **c) Belegexemplare der Blätter,** in denen Bekanntmachung des KHBeschlusses samt Aufforderung an die Gläubiger erfolgt ist, Abs 1 Nr 4 Hs 1.

49 **d) Sonstige Urkunden.** Zu evtl sonst noch beizufügenden Urkunden vgl § 54 Rn 11 ff.

50 **8. Zuständiges Gericht u gerichtliche Prüfung.** Dafür gilt Gleiches wie für alle Satzungsänderungen, vgl deshalb § 54 Rn 15. Zur Prüfungsbefugnis des RegRichters allg § 54 Rn 19 ff. Neben den allg u speziellen Anmeldungserfordernissen u -voraussetzungen der KH hat der RegRichter auch die Einhaltung der Mindestkapitalziffer sowie der Anforderungen hinsichtlich der Beträge der aus der KH hervorgehenden GAnteile zu prüfen. Nicht zu prüfen ist besondere Mitteilung an Gläubiger.[43]

---

[38] Rn 24.

[39] *Lutter/Hommelhoff* Rn 21, die Aussetzung auch durch einstweilige Verfügung für erzwingbar halten.

[40] Scholz/*Priester* Rn 71; *Roth*/Altmeppen Rn 26.

[41] Anders Ulmer/ *Casper* Rn 67; Rowedder/Schmidt-Leithoff/*Zimmermann* Rn 37: keine Pflicht; ähnl Scholz/*Priester* Rn 71; *Meyer-Landrut* Rn 25; noch stärker abw KGJ 34 A 175: ausschließlich Prozeßgericht zur Klärung zuständig. Ähnlich streng Michalski/*Waldner* Rn 25.

[42] BayObLG BB 1974, 1363.

[43] BayObLG BB 1974, 1362; Scholz/*Priester* Rn 68; Ulmer/*Casper* Rn 65.

V. Eintragung u Bekanntmachung

Für Eintragung u Bekanntmachung ist § 54 II maßgebend. Einzutragen u bekanntzumachen ist, dass u auf welchen Betrag das Stammkapital herabgesetzt ist. 51

VI. Verantwortlichkeit der GFührer

GFührer sind bei schuldhafter Nichtbeachtung von Abs 1 Nr 2 den betroffenen Gläubigern für daraus entstehenden Schaden nach § 823 II BGB ersatzpflichtig. Nr 2 ist Schutzgesetz zugunsten der Gläubiger.[44] Ist die nach Nr 4 abgegebene Versicherung unwahr, kann sich Strafbarkeit nach § 82 II Nr 1 ergeben. 52

Vereinfachte Kapitalherabsetzung

58a (1) **Eine Herabsetzung des Stammkapitals, die dazu dienen soll, Wertminderungen auszugleichen oder sonstige Verluste zu decken, kann als vereinfachte Kapitalherabsetzung vorgenommen werden.**

(2) [1] **Die vereinfachte Kapitalherabsetzung ist nur zulässig, nachdem der Teil der Kapital- und Gewinnrücklagen, der zusammen über zehn vom Hundert des nach der Herabsetzung verbleibenden Stammkapitals hinausgeht, vorweg aufgelöst ist.** [2] **Sie ist nicht zulässig, solange ein Gewinnvortrag vorhanden ist.**

(3) [1] **Im Beschluß über die vereinfachte Kapitalherabsetzung sind die Nennbeträge der Geschäftsanteile dem herabgesetzten Stammkapital anzupassen.** [2] **Die Geschäftsanteile müssen auf einen Betrag gestellt werden, der auf volle Euro lautet.**

(4) [1] **Das Stammkapital kann unter den in § 5 Abs. 1 bestimmten Mindestnennbetrag herabgesetzt werden, wenn dieser durch eine Kapitalerhöhung wieder erreicht wird, die zugleich mit der Kapitalherabsetzung beschlossen ist und bei der Sacheinlagen nicht festgesetzt sind.** [2] **Die Beschlüsse sind nichtig, wenn sie nicht binnen drei Monaten nach der Beschlußfassung in das Handelsregister eingetragen worden sind.** [3] **Der Lauf der Frist ist gehemmt, solange eine Anfechtungs- oder Nichtigkeitsklage rechtshängig ist.** [4] **Die Beschlüsse sollen nur zusammen in das Handelsregister eingetragen werden.**

(5) **Neben den §§ 53 und 54 über die Abänderung des Gesellschaftsvertrags gelten die §§ 58 b bis 58 f.**

Übersicht

[44] BayObLG BB 1974, 1363; wohl allgM, vgl nur Rowedder/Schmidt-Leithoff/*Zimmermann* Rn 29; Michalski/*Waldner* Rn 28 m zahlreichen Nachw.

Lit: *Geißler,* Funktion und Durchführung der vereinfachten Kapitalherabsetzung bei der GmbH, GmbHR 2005, 1102; *Hirte,* Die vereinfachte Kapitalherabsetzung bei der GmbH, 1997; *Maser/Sommer,* Die Neuregelung der „sanierenden Kapitalherabsetzung" bei der GmbH, GmbHR 1996, 22; *Natterer,* Materielle Kontrolle von Kapitalherabsetzungsbeschlüssen? Die Sachsenmilch-Rechtsprechung, AG 2001, 629; *Reich-Rohrwig,* Sanierung durch vereinfachte Kapitalherabsetzung und -erhöhung, ZGR 2001, 69; *Wirth,* Vereinfachte Kapitalherabsetzung zur Unternehmenssanierung, DB 1996, 867.

I. Vorbemerkungen

§§ 58 a–f behandeln die sog vereinfachte Kapitalherabsetzung (vKH).

1 **1. Verhältnis zum früheren Recht.** Vorschriften stellen Neuregelung dar, die erst durch Art 48 Nr 4 des EG zur InsO vom 5. 10. 1994[1] in das GmbHG eingefügt worden u am 19. 10. 1994 in Kraft getreten ist. Nochmalige Verkündung ist erfolgt als Art 4 Nr 3 des Umwandlungsbereinigungs-

[1] BGBl I 2931.

gesetzes vom 28. 10. 1994.[2] Falls Diskrepanzen des Gesetzestextes entdeckt werden sollten, würde nach dem Grds vom Vorrang der lex posterior die zweitgenannte Fassung maßgeblich sein.

2 **2. Zur aktienrechtlichen Herkunft.** Die Neuregelung ist in der Sache und im Wortlaut nahezu vollständig der aktienrechtlichen Regelung der vKH in §§ 229–236 AktG nachgebildet.[3] Insgesamt stellt die GmbHrechtliche Regelung eine zu schematische Übertragung von Normen dar, die für das AktR einigermaßen zutr konzipiert sind, bei der GmbH jedoch an etlichen Stellen nicht überzeugen, zT nicht einmal funktionsfähig sind (Bsp: § 58f Rn 15). Das übertragene Regelungssystem ist für GmbH zu aufwendig und mit zuviel juristischem Geräusch verbunden.

3 **3. Rechtspolitische Funktion der Regelung.** Mit der im AktR schon seit Jahrzehnten geltenden Form der vKH ist einem seit langem geforderten rechtspolitischen Anliegen für das GmbH-Recht Rechnung getragen worden. Die bei der **Sanierung von KapGes** oftmals zum Ausgleich einer sog Unterbilanz erforderliche KH soll ohne die insoweit unnötigen Kautelen des Gläubigerschutzes (zu diesen § 58 Rn 23ff) erfolgen können, welche die oKH insbes bei der GmbH umständlich und schwierig machen. Frühere Versuche, die rechtspolitisch notwendigen Erleichterungen durch Interpretation und teleologische Reduktion des § 58 zu erreichen, sind damit überholt.[4] Einem etwas anderen Zweck dient die vKH im Fall der **Abspaltung und Ausgliederung.**[5] Übertragende GmbH kann bei diesen Umstrukturierungsmaßnahmen so viele Aktiva abzugeben haben, dass bei ihr trotz Übertragung auch von Passiva eine Unterbilanz eintritt. Insoweit geht es nicht um Sanierung eines notleidenden Unternehmens, sondern um Herstellung ausgeglichener Bilanzverhältnisse. § 139 UmwG gestattet den Einsatz der vKH für den Bilanzausgleich bereits vor Eintragung u damit Wirksamwerden der Umwandlungsmaßnahme, dh bevor Voraussetzungen der vKH iSv § 58a u b vorliegen, ja verlangt sogar vorgängige Eintragung der Herabsetzung. Dazu auch Rn 8 u 20.

4 **4. Sanierungszweck u Kombination mit KE.** Sanierungszweck der vKH erzwingt praktisch häufig Kombination mit einer KE, um der Ges neue Mittel zuzuführen. Gesetz trifft insoweit Regelungen nur für Sonderkonstellationen, nämlich in Abs 4, wenn bei KH Mindeststammkapitalbetrag unterschritten werden muss und deshalb KE schon zur Wiedererreichung dieses Mindestbetrages erforderlich ist, ferner in § 58f für den Fall, dass mit KH kombinierte KE bilanziell rückwirkend vollzogen werden soll. In anderen Fällen, in denen KH u KE kombiniert werden, ohne die genannten Sonderziele zu verfolgen, brauchen die besonderen Erfordernisse der beiden Normen (gleichzeitige Beschlussfassung, Eintragung beider Kapitalveränderungsmaßnahmen binnen drei Monaten seit Beschlussfassung) nicht eingehalten zu werden.[6] Nicht zulässig ist Ausnutzung der vKH, um rückständige Einlageverpflichtungen von Gftern zu erlassen (vgl Rn 6u 7) u zwar auch nicht, wenn

---

[2] BGBl I 3210, 3259.

[3] Zu dieser KölnerKomm/*Lutter* 2. Aufl; *Hüffer* AktG 8. Aufl mwN.

[4] Vgl dazu § 58 Rn 4f.

[5] Dazu *Naraschewski,* GmbHR 1995, 697; *Priester* FS Schippel 1996 S 487; *ders.* in Lutter UmwG 4. Aufl 2009 Anm zu § 139.

[6] Abw anscheinend *Hüffer* AktG § 229 Rn 5.

Stammkapital gleichzeitig erhöht wird. Zu den Folgen der Kombination von vKH u KE für GAnteile vgl Rn 18.

5 **5. Zulässigkeit im Insolvenzverfahren** ist zu bejahen, BGHZ 138, 78.[7]

II. Zweck u Grundvoraussetzung der vKH

6 Die vKH ist nach den Worten des Gesetzes zulässig zum Ausgleich von Wertminderungen und zur Deckung sonstiger Verluste, Abs 1. Gesetzl Ausdrucksweise ist höchst missverständlich. Weder die Wertminderung von Aktiva noch Bilanzverluste als solche können mittels vKH ausgeglichen werden.[8] Wertminderungen können das Jahresergebnis in sehr erheblichem Umfang beeinträchtigen, ohne dass es doch insgesamt zu einem Verlust kommt, nämlich wenn die Erträge hoch genug waren, um die Wertminderungen aufzufangen, und Bilanzverluste – besser: Jahresfehlbeträge – können weit oberhalb der kritischen Grenze liegen, die auch nur in die Nähe einer Sanierungsbedürftigkeit kommt. Entscheidende Voraussetzung ist, dass durch Verluste ein Absinken des Eigenkapitals unter eine kritische Grenze erfolgt ist; dafür soll ein Ausgleich durch vKH möglich sein.

7 Der Sache nach geht es um die **Beseitigung einer Unterbilanz,** jedoch einer in bes Weise durch die Wertangaben des Abs 2 abgegrenzten: Wenn das echte Eigenkapital, zusammengesetzt aus Stammkapital, Kapital- und Gewinnrücklagen sowie einem eventuellen Gewinnvortrag so weit abgesunken ist, dass nach der Herabsetzung des Stammkapitals höchstens ein Betrag in Höhe des neuen Stammkapitals +10% übrigbleibt. Das Gesetz verlangt jedoch an keiner Stelle, dass vor der Herabsetzung das alte Stammkapital bereits nicht mehr voll erhalten sein darf, dh es stellt nicht speziell auf einen Verlust von Stammkapital u damit nicht auf eine Unterbilanz im gewöhnlich verstandenen Sinn ab. Auch die bloße Auffüllung der Kapitalrücklagen könnte mithin Ziel der KH sein, sofern eine Verminderung durch Verluste vorausgegangen ist; praktisch dürfte sie freilich kaum je in Betracht kommen. Die vKH ist mithin zulässig, wenn die Aktiva aufgrund von Verlusten nach Abzug von Verbindlichkeiten, Rückstellungen, Rechnungsabgrenzungsposten (§ 266 III D HGB), Sonderposten mit Rücklagenanteil (§§ 273, 247 III HGB) sowie der Rücklage für eigene Anteile (§ 272 IV, § 266 III A III Nr 3 HGB) einen Betrag in Höhe des neuen (= herabgesetzten) Stammkapitals + 10% nicht überschreiten. Selbstverständlich kommt es nicht darauf an, dass ein Verlust im laufenden oder vergangenen Geschäftsjahr die so definierte Unterbilanz herbeigeführt hat. Auch wenn das Ergebnis der Ges zuletzt über mehrere Jahre immer ausgeglichen war, kann sie zur vKH greifen, um eine seit Jahren bestehende auf früheren Verlusten beruhende Unterbilanz im gekennzeichneten Sinn auszugleichen. Beruht die Unterbilanz nicht auf Verlusten, darf Deckung allerdings nicht im Weg der vKH erfolgen. Grund wird dann idR Überbewertung von Sacheinlagen sein; hier müssen Gfter Ausgleich durch Aufbringung der Differenz bewirken, die freilich nach Eintritt der Verjährung (§ 9 II) nicht ohne weiteres erzwungen werden kann.

[7] Vorinstanzen OLG Dresden AG 1996, 566; LG Dresden DB 1995, 1905 – Sachsenmilch; dazu auch *Wirth* DB 1996, 867.

[8] Ulmer/*Casper* Rn 11.

8 Abs 1 nennt den Zweck der Rücklagenauffüllung im Gegensatz zu § 229 I AktG AktR nicht.[9] Auch aus § 58 b II lässt er sich nicht ableiten, weil es sich bei dieser Bestimmung, wie gerade aus der systematischen Abweichung zum AktR folgt, ausschließlich um eine Regel für die Bemessung des Umfangs der vKH handelt (vgl näher § 58 b Rn 6). Die Dotierung von Rücklagen allein ohne vorausgegangene Verminderung durch Verlust ist daher nicht zulässig.[10] Wird vKH im Fall der **Abspaltung oder Ausgliederung** gemäß § 139 UmwG zum Bilanzausgleich bei der übertragenden Ges eingesetzt (dazu oben Rn 3 u unten 20), müssen die rechnerischen Voraussetzungen des Abs 2 zwar nicht aktuell gegeben sein – das können sie im Hinblick auf die Reihenfolgeregelung des § 139 S 2 UmwG gar nicht – wohl aber prospektiv für die Zeit nach Wirksamwerden der Umwandlungsmaßnahme. Auch die vKH für diese Sonderfälle darf also nicht dazu benutzt werden, über Abs 2 u § 58 b II hinaus Rücklagen zu Lasten des Stammkapitals zu dotieren oder zu schonen. Eintragung der vKH in diesem Fall nur zulässig, wenn gleichzeitig mit ihr auch Abspaltung oder Ausgliederung zur Eintragung angemeldet werden.

9 Aus gesetzlich geregeltem Zweckerfordernis geht hervor, dass vKH nicht dazu benutzt werden darf, rückständige Einzahlungspflichten zu erlassen. Daran ändert auch Kombination der vKH mit KE nichts.[11]

III. Maßgebliche Bilanz und Feststellung der rechnerischen Voraussetzungen der vKH

10 Ob die in Rn 6 f gekennzeichneten Voraussetzungen der vKH vorliegen, darf GfterVers nicht aus freigebildeter Überzeugung bejahen, sondern nur aufgrund sachgerecht erstellten Rechenwerkes. Insoweit kommt es selbstverständlich nicht auf den letzten – möglicherweise noch keine Unterbilanz aufweisenden – Jahresabschluss an. Vielmehr können auch Zwischenbilanzen als Grundlage dienen.[12] Es bedarf allerdings idR nicht der förmlichen Erstellung einer vollständigen Zwischenbilanz.[13] Vielmehr wird es, wenn eine solche Zwischenbilanz nicht erstellt wird, genügen, dass ausgehend von der letzten förmlichen Bilanz die weitere Entwicklung überschlägig und plausibel dargestellt wird.[14] Für die Berechnung und Bewertung ist dabei nach den für den Jahresabschluss geltenden Grundsätzen vorzugehen, also nicht auf Grundsätze für Vermögens-, Liquidations- oder Überschuldungsbilanzen abzustellen. Das ergibt sich aus dem Ziel der vKH, Ges zu ermöglichen, ihre im Jahresabschluss verlautbarte Bilanz in Ordnung zu bringen.[15]

11 Bloß drohende Minderung der Aktiva oder Vermehrung der Verbindlichkeiten reicht für Konstatierung eines Verlusts nicht ohne weiteres aus. Gefähr-

---

9 *Lutter/Hommelhoff* Rn 18 wollen Verfolgung dieses Zwecks als Nebenzweck zulassen; ähnlich *Maser/Sommer* GmbHR 1996, 26.

10 Vgl den Wortlautunterschied von § 229 I 1 AktG sowie die Begr zu § 58 a BT-Drucks 12/3803, 87. Wie hier *Roth*/Altmeppen Rn 4.

11 Anders GmbH-Centrale Gutachtendienst GmbHR 1999, 972.

12 Vgl KölnerKomm/*Lutter* § 229 Rn 11; *Lutter/Hommelhoff* Rn 9.

13 Wohl allgM, vgl *Roth*/Altmeppen Rn 4–6.

14 Vgl *Lutter/Hommelhoff* Rn 9: „Fortführung des letzten Jahresabschlusses, verkürzte Zwischenbilanz".

15 Im Wesentlichen wie hier *Lutter/Hommelhoff* Rn 9; im Grds auch Scholz/*Priester* Rn 28, der aber meint, dass Vorlage einer Zwischenbilanz beim RegRichter erforderlich werden könne. Vgl auch *Wirth* DB 1996, 868.

dung muss sich vielmehr so konkretisiert haben, dass nach kaufmännischen Grundsätzen die Bildung von Rückstellungen geboten[16] u somit bilanzrechtlich der Verlust eingetreten ist. Bei der Beurteilung der Frage, ob die genannten Voraussetzungen vorliegen, hat (qualifizierte) Mehrheit in der GfterVers den gleichen Ermessensspielraum wie für Aufstellung der Jahresbilanz, nicht mehr und nicht weniger. Voraussetzungen für Passivierung sind hinreichende Wahrscheinlichkeit des Bestehens oder der Entstehung der Verbindlichkeit und ernsthafte Gefahr der Inanspruchnahme. Stattfinden kann keine volle Richtigkeitskontrolle, sondern nur eine überschlägige. Es geht bei der Überprüfung der genannten Voraussetzung auch der Sache nach nicht um Gläubigerschutz, sondern um Minderheitenschutz. Die Anforderungen an Darlegungsintensität in der GfterVers und Vorlage von Nachw werden dabei um so geringer sein, je mehr Evidenz aufgrund der bisherigen Entwicklung und des Zahlenwerks früherer Jahresabschlüsse für das Vorliegen der Voraussetzungen besteht. In vielen Fällen wird Sanierungsbedürftigkeit mit Händen zu greifen sein. Behaupten GFührer u Mehrheit hingegen eine plötzliche negative Entwicklung, haben sie diese in ihrer Struktur und Höhe genau darzulegen und zu belegen.

IV. Auflösung von Rücklagen, Abs 2

12 Nach Abs 2 ist vKH nur zulässig, nachdem der 10% des nachherigen Stammkapitals übersteigende Teil der Kapital- und Gewinnrücklagen vorweg aufgelöst ist. Damit ist nicht gemeint, dass vor dem Beschluss über die vKH förmliche Bilanz unter Auflösung der Rücklagen erstellt werden muss; Gfter müssen aber vorgängig, etwa in Vorausnahme späterer Jahresabschlussfeststellung Rücklagenauflösung beschließen.[17] GFührer haben dafür im Normalfall keine Kompetenz. Rücklagenauflösung kann selbstverständlich in der gleichen GfterVers beschlossen werden. Zu weit dürfte es allerdings gehen, incidenter im KHBeschluss entspr Rücklagenauflösungsbeschluss zu sehen.[18] Buchhalterischer Vollzug der beschlossenen Rücklagenauflösung kann dem KHBeschluss nachfolgen.[19] Solche Reihenfolge ist auch zweckmäßig, namentlich wenn nicht feststeht, dass KHBeschluss zustande kommt. Die Vorlage von „Nachweisen" der Rücklagenauflösung beim RegGericht kommt nicht in Betracht.

13 Sind Gewinnrücklagen für anderweitige Verwendung satzungsmäßig gebunden, dürfen sie zur Deckung der Unterbilanz erst „verwendet" werden, wenn sonstige Rücklagen nicht mehr vorhanden sind. Insoweit ist denkbar, dass nach der KH das Fortbestehen dieser Rücklagen rechnerisch möglich wäre, aber mit § 58 b II kollidiert, der die Zuführung aller das Stammkapital

---

[16] So zutr *Lutter/Hommelhoff* Rn 10; Michalski/*Waldner* Rn 7; *Roth*/Altmeppen Rn 4; Scholz/*Priester* Rn 11; s auch BGHZ 119, 305, 320 für KH nach § 229 AktG, der dort die Grundsätze des § 249 I HGB unmittelbar anwendet.

[17] Scholz/*Priester* Rn 9; Ulmer/*Casper* Rn 20; abw *Lutter/Hommelhoff* Rn 13; Michalski/*Waldner* Rn 6.

[18] So aber Michalski/*Waldner* Rn 6. Wie hier *Wicke* Rn 3.

[19] Ulmer/*Casper* Rn 21. Anders *Lutter/Hommelhoff* Rn 13 u Scholz/*Priester* Rn 9, die annehmen, zur Durchführung der Rücklagenauflösung müsse entsprechende Buchung stattgefunden haben; das ist schwerlich zutreffend. Selbstverständlich muss Auflösung der Rücklagen gebucht werden (dazu § 275 HGB u § 158 AktG), aber das ist nicht Voraussetzung des KHBeschlusses u seiner Eintragung.

übersteigenden freigewordenen Beträge in die Kapitalrücklage fordert. Ist Lage so, bedarf es rechtlich des Einverständnisses der für die erforderliche Satzungsänderung einschlägigen Mehrheit. Sie wird sich in aller Regel mit der für die KH erforderlichen Mehrheit decken. In dem Beschluss, vKH vorzunehmen, wird regelmäßig dieses Einverständnis inzidenter liegen; zu sonstigen Voraussetzungen einer Satzungsdurchbrechung vgl § 53 Rn 40 ff.

Von Auflösungserfordernis betroffen sind nur offene Rücklagen. **Stille Reserven** müssen auch dann nicht aufgelöst werden, wenn Gesetz Bewertungsänderung zulässt (wohl aber, soweit es sie vorschreibt).[20] Rückstellungen müssen und dürfen nur aufgelöst werden, wenn die Voraussetzungen für ihre Bildung (§ 249 Abs 1 u 2 HGB) entfallen sind, § 249 III HGB. 14

V. Beseitigung eines Gewinnvortrags, Abs 2 S 2

Die vKH ist nicht zulässig, solange ein Gewinnvortrag vorhanden ist. Hierfür gilt gleiches wie für überschießende Rücklagen. Gewinnvortrag muss nicht bilanziell vorweg beseitigt sein, sondern es muss bei Prüfung der Voraussetzungen der vKH ein eventuell in der letzten Jahresbilanz ausgewiesener Gewinnvortrag in die Rechenoperation einbezogen werden, ob die kritische Grenze (Rn 6 f) unterschritten ist. Gfter müssen über Beseitigung beschließen. Hingegen kann buchhalterischer Vollzug dem KHBeschluss nachfolgen, vgl die Rechtslage für die Auflösung von Rücklagen. Bilanziell noch nicht ausgewiesener, aber beschlossener Gewinnvortrag muss selbstverständlich ebenfalls in Wegfall kommen.[21] 15

VI. Kapitalherabsetzungsbeschluss

Auch vKH ist Satzungsänderung und bedarf eines satzungsändernden Beschlusses. Abs 5 ordnet Anwendung von § 53 ausdrücklich an. 16

1. Inhalt. a) Herabsetzung des Stammkapitals. Beschluss muss angeben, dass Stammkapital verringert werden soll und um welchen Betrag. Regelfall ist Festsetzung eines bestimmten Betrags. Wie für oKH genügt aber Festsetzung eines maximalen Herabsetzungsbetrages (= Festsetzung der niedrigsten Stammkapitalziffer, die in Betracht kommen soll).[22] Zusätzlich ist dann Angabe erforderlich, nach welchen Umständen innerhalb des eröffneten Spielraums das Ausmaß der KH bestimmt werden soll (zu den Erfordernissen der Bestimmbarkeit § 58 Rn 18). In Betracht kommt etwa, dass sich der Maximalbetrag um die Beträge freiwilliger Zuzahlungen der Gfter vermindern soll oder Abhängigkeit von erst noch genauer durch Sachverständige festzustellendem Ausmaß der Unterbilanz.[23] Entscheidend ist, dass kein Ermessen der GFührer vorgesehen wird. 17

---

[20] *Roth*/Altmeppen Rn 4.

[21] Ulmer/*Casper* Rn 22

[22] *Roth*/Altmeppen Rn 13. Etwas anders *Lutter/Hommelhoff* Rn 17 u Scholz/*Priester* Rn 22, die „im Grundsatz" festen Herabsetzungsbetrag verlangen, aber dennoch Ausnahmen zulassen wollen, die auf das gleiche hinauslaufen wie die hier vertretene Auffassung. Gänzlich abw, nämlich für schlichte Betragsangabe Michalski/*Waldner* Rn 12.

[23] Ebenso *Lutter/Hommelhoff* Rn 17.

18 **b) Anpassung der Nennbeträge** der GAnteile im Beschluss an das herabgesetzte Stammkapital schreibt Abs 3 S 1 vor. Damit ist nicht gemeint, dass im Beschluss genaue Festsetzung der Nennbeträge zu erfolgen hat. Anderenfalls müsste Ausmaß der KH betragsmäßig genau festgelegt werden.[24] Beschluss muss aber angeben, auf welche Weise Anpassung zu erfolgen hat. Es genügt eindeutige Bestimmbarkeit. Kürzung braucht wie bei oKH nicht quotal zu erfolgen, sondern kann Gfter verschieden belasten, sofern die benachteiligten einverstanden sind. Auch Einziehung von GAnteilen zum Zweck der Anpassung ist durch Abs 3 nicht ausgeschlossen. Ausdrücklich verlangt Abs 3 S 2 für vKH, dass GAnteile auf volle Euro lauten. Fällt KH so massiv aus, dass Mindestbetrag von einem Euro für bestimmte GAnteile unterschritten würde, muss Zusammenlegung erfolgen (näher Rn 27 ff). Bei **Kombination der vKH mit KE** können auf den Erhöhungsbetrag neue GAnteile gebildet, aber auch die alten wieder aufgestockt werden.[25] Beschluss gibt zweckmäßig Verteilung des Herabsetzungsbetrags und des Erhöhungsbetrags auf GAnteile gesondert an. Rechtlich notwendig ist das bei einheitlichem Beschluss aber nicht.

19 **c) Angabe des Zwecks.** Anders als § 229 I 2 AktG schreibt GmbHG nicht vor, dass Verlustausgleichszweck angegeben werden muss. Bei der sonst peniblen Anlehnung der GmbHrechtlichen Regelung an Vorgängerregelung im AktG läge an sich arg e contrario nahe; nach der Begr[26] soll jedoch mit der Textabweichung vom AktG Gegenschluss auf § 58 vermieden werden, für den sich Auffassung weitgehend durchgesetzt habe, dass der Zweck anzugeben sei. Das ist Krimskramsargumentation, denn der Gegenschluss ist ja schon, wenn man dieser methodischen Figur überhaupt Bedeutung beimisst, zu den aktienrechtlichen Regelungen begründet. Notwendig erscheint jedenfalls Angabe, mit der Öffentlichkeit und RegRichter unmissverständlich darauf hingewiesen werden, dass für Voraussetzungen und Gläubigerschutz nicht § 58, sondern §§ 58 a–e maßgeblich sind; inwiefern noch weitere Angaben sinnvoll sein sollen, legen Vertreter solcher Auffassung nicht dar.[27] *Lutter/Hommelhoff*[28] empfehlen ausführliche Fassung des Zwecks: „vorrangig zum Zweck der Deckung von Verlusten der Ges, die nach Auflösung aller Rücklagen, soweit sie 10% des herabgesetzten Stammkapitals übersteigen, verblieben sind … sowie im übrigen zum Zweck der Einstellung in die Kapitalrücklage bis zur Höhe von 10% des herabgesetzten Stammkapitals".[29] Derart ausführliche Fassung ist unschädlich, aber auch nicht nützlich, u sie ist aus Rechtsgründen nicht erforderlich. Hinreichend ist deutliche Erklärung, dass Ges die KH den Regeln der §§ 58 a ff unterstellen u sich damit von der Beachtung des § 58 dispensieren will. Die entsprechenden Bindungen folgen dann aus den gesetzlichen Regeln selbst. Richtigerweise müsste auch die Erklärung genügen, KH als vereinfachte zu beschließen. Abweichende Meinungen im AktR, die solche Bezeichnung

---

[24] Anders *Lutter/Hommelhoff* Rn 19, die aber nicht verraten, wie im Fall offen gebliebener Festsetzung des Kapitalherabsetzungsbetrags zu verfahren sein soll, die auch sie zulassen.
[25] *Lutter/Hommelhoff* Rn 21.
[26] BT-Drucks 12/3803, 87 ff.
[27] Auch nicht *Geißler* GmbHR 2005, 1105 in seiner ausführlichen Stellungnahme.
[28] Rn 18.
[29] Ähnlich *Maser/Sommer* GmbHR 1996, 28 f.

nicht genügen lassen,[30] sind auf GmbH nicht übertragbar, weil AktG die Zweckangabe ausdrücklich fordert.[31] Indessen ergeben sich Zuständigkeit für u Folgen der vKH im Rahmen des von Gftern festgelegten Ausmaßes ausnahmslos u zwingend aus dem Gesetz.

Notwendig erscheint allerdings im Fall der vKH zur Ermöglichung einer **Abspaltung** oder **Ausgliederung** (dazu oben Rn 3 u 8), dass wegen § 139 S 2 UmwG im Beschluss die Verbindung zu dieser Umwandlungsmaßnahme zum Ausdruck kommt. Dafür reicht es auch aus, dass über die Gesamtmaßnahme ein Beschlusspaket geschnürt wird, das zu einheitlicher oder gleichzeitiger Beschlussfassung führt. 20

2. Zuständigkeit, Mehrheitserfordernisse, Form. Dafür gelten in vollem Umfang die Regeln über Satzungsänderungen, Abs 5. Beschluss kann also nur durch GfterVers gefasst werden und bedarf einer Mehrheit von mindestens drei Viertel der abgegebenen Stimmen. Dazu näher § 53 Rn 55 ff. 21

3. Beschlussmängel. a) Verstöße gegen § 58 a. Verstöße gegen Abs 1 u 2, insbes ein Fehlen der Voraussetzungen der vKH machen den Beschluss nicht nichtig, sondern lediglich anfechtbar (ganz hM), weil Vorschriften nicht schwerpunktmäßig dem Gläubigerschutz dienen.[32] Gläubigerschutz wird durch §§ 58 b u c verwirklicht. Nichtig ist der Beschluss, wenn er das Ausmaß der KH nicht in bestimmter oder hinreichend bestimmbarer Weise (Rn 17) angibt.[33] Fehlt durch Abs 3 geforderte Anpassung der Nennbeträge, ist Beschluss nur anfechtbar. Unterbleibt Anfechtung, hat im Zweifel quotale Kürzung der Nennbeträge zu erfolgen. Führt diese zu Beträgen unter einem Euro, muss Zusammenlegung gemäß Abs 3 erfolgen. Auch die ausdrückliche Festlegung von GAnteilen unter einem Euro führt nicht zur Nichtigkeit des Beschlusses, weil auch hier Zusammenlegung durch GFührer erfolgen kann. Werden GAnteile festgelegt, die nicht auf volle Euro lauten oder ergeben sich durch quotale Kürzung solche Beträge, wäre Nichtigkeit der KH wohl zu grobes Geschütz. RegRichter darf aber Beschluss nicht eintragen (s Rn 31). 22

b) Verstöße gegen Treubindungen. KH stellt, wenn sie mittels Zusammenlegung von Anteilen vollzogen wird, schweren Eingriff in die Mitgliedschaftsrechte der Gfter dar. Sie ist daher nur zulässig, wenn sie im Interesse der Ges erfolgt u den Grundsätzen der Geeignetheit, Erforderlichkeit und Verhältnismäßigkeit entspricht. Ein eigenständiger „Sachgrund" ist dazu nicht 23

---

[30] *Hüffer* AktG § 229 Rn 10; KölnerKomm/*Lutter* § 229 Rn 21 ff; Großkomm-AktG/*Schilling* § 229 Anm 3.

[31] Abw neben *Lutter/Hommelhoff* Rn 21 auch Scholz/*Priester* Rn 24 u *Maser/Sommer* GmbHR 1996, 28, alle ua mit dem verfehlten Argument, dass Zweckfestlegung nicht delegierbare Gftersache sei u Bindung der GFührer herbeiführt. Demgegenüber nochmals: Wenn klar ist, dass durch Herabsetzung der Stammkapitalziffer (= Verminderung der Passiva) „frei" werdende Aktiva nicht ausgeschüttet werden dürfen u Rücklagenbildung nur bis 10% der neuen Stammkapitalziffer u nur als Nebenzweck zulassig ist, kann bei dem ganzen reinen Umbuchungsvorgang doch nichts anders geschehen, als in erster Linie die Unterbilanz verschwinden zu lassen u einen evtl überschießenden Betrag dann einer Rücklage zuzuführen. Welcher andere Zweck sollte denn verfolgt werden? Die erforderlichen Rechenoperationen müssen ja schon vor der Bestimmung des Ausmaßes der KH erfolgen u liegen damit fest. Abw vom hier vertretenen Standpunkt auch Ulmer/*Casper* Rn 28. Wie hier hingegen *Wicke* Rn 4.

[32] Vgl insbes *Hüffer* AktG § 229 Rn 23.

[33] *Wicke* Rn 6.

erforderlich.[34] Vielmehr entspricht die Maßnahme dem Interesse der Ges immer schon dann, wenn ihre von § 58a aufgestellten Voraussetzungen erfüllt sind; anders herum gesagt: Die Beseitigung einer Unterbilanz liegt grundsätzlich im Interesse der Ges. Anfechtbarkeit ergibt sich deshalb nur, wenn aus besonderen Gründen solches Interesse ausscheidet, wie etwa bei demnächst geplanter Auflösung, ferner wenn Zweck nur vorgeschoben ist. In jedem Fall aber muss Ausgestaltung so erfolgen, dass Nachteile für Gfter so gering gehalten werden wie möglich.[35] Insbes muss Herabsetzungsbetrag so bemessen werden, dass möglichst wenig Splitteranteile entstehen, die der Zusammenlegung bedürfen. Andernfalls liegt Anfechtbarkeit begründender Verstoß gegen den Grundsatz der Erforderlichkeit oder der Verhältnismäßigkeit vor.

VII. Durchführung der vKH

24 **1. Allgemeines.** Besondere Maßnahmen der Durchführung der beschlossenen KH vor ihrer Eintragung sind im allgemeinen nicht erforderlich. Insbes bedarf es nicht, wie bei der oKH der Einleitung bes Gläubigerschutzmaßnahmen. Die Gläubiger werden ausschließlich durch Ausschüttungssperren uä geschützt, dh durch Buchungsregeln und Auszahlungsverbote. Sicherstellung können sie nicht verlangen.

25 **2. Sonderfälle.** In Sonderfällen können freilich vor Eintragung bestimmte Maßnahmen erforderlich werden.

26 **a) Nicht genau bestimmter Herabsetzungsbetrag.** Ist Betrag der KH nicht genau festgelegt, sondern von bestimmten Vorgängen abhängig, zB freiwilligen Zuzahlungen der Gfter, genauer Ermittlung der Höhe der Unterbilanz etc (Rn 17), müssen diese Vorgänge abgewartet werden. GFührer hat das notwendige in die Wege zu leiten, zB Gfter zu Zuzahlungen aufzufordern, Wirtschaftsprüfer einzuschalten ua.

27 **b) Zusammenlegung von GAnteilen.** Ergibt sich aus dem Beschluss oder aus den betragsbestimmenden Umständen, dass für **GAnteile Mindestbetrag von einem Euro unterschritten** wird, haben GFührer Vereinigung vorzunehmen. Das war vor dem MoMiG in Abs 3 Satz 3 ausdrücklich geregelt. Das Entfallen dieser Regelung macht entsprechende Kompetenz der GFührer aber nicht hinfällig. Diese ergibt sich vielmehr incidenter aus den Umständen oder kann ausdrücklich von den Gftern ad hoc erteilt werden, was sich aus Rechtssicherheitsgründen empfiehlt. Begr des RegE zum MoMiG äußert sich dazu nicht, sondern behauptet nur, bei der Streichung handle es ich um eine Folgeänderung der GAnteilsmindestregelung in § 5. Zuständigkeit der GFührer ist nur subsidiär. GfterVers kann Zusammenlegung bereits im Zusammenhang mit KH (auch im KH-Beschluss) vorsehen.[36] Fälle, in denen Unterschreitungen des Mindestbetrags nicht absehbar sind, werden extrem selten sein. GFührer brauchen nur tätig zu werden, wenn Unter-

[34] Vgl BGHZ 138, 71; *Lutter/Hommelhoff* Rn 15 a; Ulmer/*Casper* Rn 32. Zum Sachgrunderfordernis u seinem Verhältnis zu den Treubindungen ausführlich *Zöllner* AG 2000, 145, 153 ff; *Boese,* die Anwendungsgrenzen des Erfordernisses sachlicher Rechtfertigung bei HV-Beschlüssen, 2004, 213 ff.

[35] Näher dazu *Krieger* ZGR 2000, 885, 891 ff; *Natterer* AG 2001, 629, 633 ff.

[36] *Lutter/Hommelhoff* Rn 22; *Roth*/Altmeppen Rn 15; Scholz/*Priester* Rn 28.

schreitung bei Beschlussfassung übersehen wurde oder GfterVers ihnen das erforderliche überlässt.

Zusammenlegung ist unter **größtmöglicher Schonung der GfterInteressen** vorzunehmen. Das gilt ebensowohl für die von der GfterVers beschlossene wie die von GFührern in eigener Zuständigkeit verfügte. Hat ein Gfter mehrere betroffene GAnteile und kann aus deren Zusammenlegung ein neuer GAnteil gebildet werden, darf nicht weiterer Gfter beteiligt werden. Gemeinschaften an GAnteilen sind so klein wie möglich zu halten.[37] Auch personelle Rücksichten sind so weit wie möglich zu nehmen, etwa Gemeinschaften zwischen nicht verfeindeten Ehegatten oder nahen Verwandten solchen mit fernstehenden Personen vorzuziehen. Auch Befragung der betroffenen Gfter kann geboten sein. Problem sollte wegen des finanziell geringen Umfangs in seiner Bedeutung nicht überschätzt werden. Vereinigung hat vor der Anmeldung zum HR zu erfolgen. GFührer haben sie zu erklären, Abs 3 S 4, soweit nicht die Zusammenlegung im Herabsetzungsbeschluss durch GfterVers getroffen worden ist. Erklärung durch GFührer hat gegenüber betroffenen Gftern zu erfolgen. Verlautbarung gegenüber RegGericht erfolgt bei Anmeldung. Erklärung bedarf der notariellen Beurkundung. Zum Eintritt der Wirksamkeit der Vereinigung ist Eintragung des KH-Beschlusses im HR erforderlich, Abs 3 S 5, aber nicht der GAnteilvereinigung selbst, die auch nicht Teil der Satzung wird. Man wird aber verlangen müssen, dass GFührer notarielle Beurkundung der Vereinigungserklärung mit der Anmeldung der KH zum HR einreichen. Sie wird dort Teil der Registerakten, die von jedermann eingesehen werden können, § 9 HGB. 28

c) Zusammenlegung in besonderen Fällen. Zusammenlegung von GAnteilen kann gds nur erfolgen, wenn Einlagen auf GAnteile voll geleistet, GAnteile nicht mit einer Nachschusspflicht oder mit Rechten Dritter belastet sind. Bei mit verschiedenen Rechten oder Pflichten ausgestatteten GAnteilen kann Vereinigung nur durch GfterVers im Wege der Satzungsänderung, gegebenenfalls unter Zustimmung der betroffenen Gfter erfolgen. Zustimmung dinglich berechtigter Dritter (Nießbraucher, Pfandgläubiger) ist jedoch nicht erforderlich.[38] Soweit GFührer danach von sich aus Bereinigung nicht vornehmen können, müssen Gfter selbst das notwendige veranlassen, weil sonst Übereinstimmung der GAnteilsumme mit dem herabgesetzten Kapital fehlt, RegRichter daher nicht eintragen darf. Wird Problem übersehen und trotzdem eingetragen, entstehen ruhende Teilrechte, die gegenüber Ges nicht ausgeübt, aber veräußert werden können, soweit nicht Vinkulierung entgegensteht. Erwerber kann gegebenenfalls Vereinigung mit eigenem GAnteil verlangen. 29

VIII. Anmeldung zum HR

1. Einzelheiten zur Anmeldung. KH bedarf als Satzungsänderung zu ihrer Wirksamkeit der Eintragung im HR. Dafür gilt § 54, dessen Anwendung durch Abs 5 ausdrücklich angeordnet wird. Für die Anmeldung gilt § 54 I, dh ihr muss der vollst Wortlaut des GesVertrages samt der in § 54 I 2 näher umschriebenen Übereinstimmungsbescheinigung des Notars beigefügt 30

[37] Ähnlich *Lutter*/Hommelhoff Rn 22; Scholz/*Priester* Rn 27; *Roth*/Altmeppen Rn 16.

[38] Vgl näher *Zöllner* AG 1985, 28 für ähnliche Problemlage.

werden (näher dazu § 54 Rn 10 u 11). Zum Inhalt der Anmeldung vgl § 54 Rn 5 ff mit 34 ff sowie § 57 Rn 7, zur Form der Anmeldung und eventuellen Vollmachten § 54 Rn 4. Anmeldung der Herabsetzung hat durch sämtliche GFührer zu erfolgen. Ausnahmeregelung des § 78 Hs 2 für oKH ist entspr anzuwenden.[39] Ohnehin wird vKH häufig mit KE kombiniert sein u von daher ebenfalls der Anmeldung durch sämtliche GFührer bedürfen. Vgl dazu § 57 Rn 2. Wie bei anderen Satzungsänderungen ist der Anmeldung das die KH betreffende notarielle Beschlussprotokoll beizufügen, vgl näher § 54 Rn 9, ferner eine eventuelle Erklärung der GFührer über Vereinigung von GAnteilen, vgl Rn 28. Nicht erforderlich im Gegensatz zur oKH ist Versicherung der GFührer nach § 58 I Nr 4 Hs 2 und die Beifügung von Belegexemplaren über Bekanntmachung des KH-Beschlusses nach § 58 I Nr 4 Hs 1; eine solche Bekanntmachung findet gar nicht statt.

31 **Zeitpunkt der Anmeldung.** Zeitlich kann die Anmeldung sogleich nach Beschlussfassung erfolgen, sofern Ausmaß der KH feststeht u erforderliche Durchführungsmaßnahmen erfolgt sind. Ein Sperrjahr wie in § 58 I Nr 3 ist nicht vorgeschrieben. Zur Anmeldung im Sonderfall der vKH bei Abspaltung oder Ausgliederung s schon oben Rn 8. **Prüfung durch den RegRichter** hat sich darauf zu erstrecken, ob KH-Beschluss inhaltlich den gesetzlichen Anforderungen entspricht. Anmeldung muss auf bestimmten Herabsetzungsbetrag lauten. War dieser im Beschluss noch nicht festgelegt, hat RegRichter zu prüfen, ob Beschlussvorgaben bei der endgültigen Festlegung eingehalten sind. Fehlen Angaben zur Anpassung der GAnteilnennbeträge oder sind angegebene Anpassungsbeträge gesetzwidrig, hat RegRichter Eintragung zu verweigern, auch wenn keine Nichtigkeit des Beschlusses anzunehmen ist (sog Eintragungswidrigkeit, vgl § 54 Rn 24 sowie Anh § 47 Rn 23).

32 **2. Prüfung der bilanziellen Voraussetzungen.** Problematisch ist, inwieweit Vorliegen der bilanziellen Voraussetzungen der vKH durch RegRichter zu prüfen ist. Gläubigerschutz ist an sich durch §§ 58 b u c in ausreichender Weise sichergestellt. Im Vordergrund steht vielmehr der Schutz der Minderheit, der nicht Aufgabe des RegRichters ist. Nichtigkeitsbegründender inhaltlicher Verstoß gegen gläubigerschützende oder sonst im öffentlichen Interesse liegende Vorschriften ist ebenfalls nicht gegeben (oben Rn 22). Allerdings führt die vKH zu einer gewissen Lockerung der Bindung des Gesellschaftskapitals. Insofern lassen sich die Vorschriften als auch, wenn auch nicht schwerpunktmäßig gläubigerschützend verstehen. Man wird daher ein wenigstens überschlägiges Prüfungsrecht[40] des RegRichters zu bejahen haben, der aber nicht Vorlage einer vollen Zwischenbilanz verlangen kann, sondern nur – ausgehend vom letzten Jahresabschluss – eine Plausibilisierung der Entwicklung entspr dem in Rn 10 Dargelegten.[41]

IX. Unterschreitung des Mindeststammkapitals, Abs 4

33 **1. Voraussetzungen u Ausmaß.** Der in § 5 I bestimmte Mindestbetrag des Stammkapitals kann bei vKH unterschritten werden, wenn er durch eine

---

[39] Abw Scholz/*Priester* Rn 32, dessen vermeintlicher Sachgrund für Abweichung nicht überzeugt.

[40] Dieser Grenzziehung zust *Wicke* Rn 2.

[41] Ähnlich *Roth*/Altmeppen Rn 9; anders *Lutter/Hommelhoff* Rn 24; Scholz/*Priester* Rn 36; Ulmer/*Casper* Rn 44; *Hüffer* AktG § 229 Rn 20.

gleichzeitig beschlossene BarKE wieder erreicht wird, Abs 4 S 1. Damit ist auch im GmbH-Recht bei der Sanierung von Gesellschaften, die sich der Überschuldung nähern oder sie schon erreicht haben, eine praktisch sinnvolle Maßnahme ausdrücklich erlaubt, die im AktR schon seit langem zulässig ist, im GmbH-Recht hingegen überwiegend als unzulässig angesehen wurde (dazu § 58 Rn 4 f). Die Herabsetzung darf bis auf 0 erfolgen (im AktR inzwischen nahezu allgM).[42]

2. Gleichzeitiger KEBeschluss. Gleichzeitige Beschlussfassung über vKH und KE bedeutet Beschlussfassung in derselben GfterVers, nicht notwendig im selben Beschluss.[43] Die KE muss nicht das alte, vor der Herabsetzung bestehende Stammkapital wieder erreichen, sondern nur das durch § 5 I vorgeschriebene Mindestkapital, sie kann aber selbstverständlich über dieses ebenso wie über das ursprüngliche Stammkapital auch hinausgehen. Der Neuzuführung von Mitteln sind keine Grenzen gesetzt. Als KE kommt nur eine KE gegen Einlagen, nicht eine solche aus GesMitteln, und für den zur Wiedererreichung des Mindeststammkapitals erforderlichen Betrag nur eine Barerhöhung, nicht eine Sacherhöhung in Frage. Für einen darüber hinausgehenden Betrag wäre eine **Kombination mit einer Sacherhöhung** vom Zweck der Regelung her zwar zulässig,[44] aber wegen zusätzlicher Anfechtungs- u Eintragungsrisiken sowie des besonderen Nichtigkeitsrisikos aus Abs 4 S 2 nicht zu empfehlen, es sei denn, der rechtliche Bestand der Sacherhöhung soll mit dem Schicksal der vKH gekoppelt werden. 34

3. Bezugsrechte u Minderheitenschutz. Bezugsrechte aus der KE richten sich nach der Beteiligung am ursprünglichen, nicht herabgesetzten Kapital.[45] Das folgt schon daraus, dass KH erst mit Eintragung wirksam wird und KE-Beschluss vorher schon gefasst sein muss. Auch bei KH auf Null muss daher, wenn Bezugsrecht nicht Platz greifen soll, ein regulärer Bezugsrechtsausschluss nach den dafür entwickelten Regeln (§ 55 Rn 25 ff) erfolgen. KE muss so gestaltet u bemessen werden, dass Minderheit größtmögliche Chance der Beteiligung hat. Das gilt ganz bes bei vorangehender KH auf Null, wie der BGH für das Aktienrecht entschieden hat.[46] In der Entscheidung statuierte Pflicht zur Ausgabe neuer Aktien mit Mindestnennbetrag auf GmbHRecht cum grano salis übertragbar.[47] Das gilt erst recht seit der Reform durch das MoMiG, nach der Abs 3 Satz 2 nur noch fordert, dass GAnteile auf volle Euro lauten. Von BGH GmbHR 2005, 925 vertretene Auffassung, für personalistisch strukturierte GmbH gelte die aktienrechtliche Möglichkeit, Bezugsrechte nur partiell auszuüben, nicht, Bezugsberechtigte müssten sich vielmehr mit voller Quote beteiligen,[48] dürfte damit überholt sein. Sie ist wertungsmäßig jedenfalls für den Normalfall dem durch die Reform geschaffenen Stand wohl nicht mehr entsprechend. Auch vom BGH vorgebrachtes Argument, 35

---

[42] Vgl auch BGHZ 119, 306; BGHZ 142, 167 = NJW 1999, 3197 = BB 1999, 1946; *Maser/Sommer* GmbHR 1996, 29; Ulmer/*Casper* Rn 47.

[43] *Wicke* Rn 7.

[44] Vgl Scholz/*Priester* Rn 40; *Lutter/Hommelhoff* Rn 17; Michalski/*Waldner* Rn 19; Ulmer/*Casper* Rn 49.

[45] *Roth*/Altmeppen Rn 26; Ulmer/*Casper* Rn 50.

[46] Zu entspr Treupflicht vgl BGHZ 142, 167 = BB 1999, 1946 für Aktienrecht.

[47] So mit Recht OLG Düsseldorf als Vorinstanz zu BGH GmbHR 2005, 925; Scholz/*Priester* Rn 40.

[48] Dagegen explizit schon vor der Reform mit Recht *Priester* GmbHR 2005, 1013.

dass jeder Gfter nur einen Anteil übernehmen dürfe, trifft seit der Reform nicht mehr zu. Richtig bleibt Hinweis des BGH, dass im konkreten Fall wegen des Wunsches des Gfters, sich mit nur 0,2% an der Sanierung beteiligen zu wollen, Treuwidrigkeit der Verweigerung seiner Zulassung zu verneinen sein könnte.[49]

36 **4. Erfordernis fristgerechter Eintragung.** Eintragung beider Beschlüsse binnen drei Monaten nach der Beschlussfassung ist nach Abs 4 S 2 notwendig, wenn Nichtigkeit beider Beschlüsse vermieden werden soll. Lauf der Dreimonatsfrist ist nach S 3 gehemmt, solange Rechtshängigkeit einer Anfechtungs- oder Nichtigkeitsklage (gegen einen der Beschlüsse oder gegen alle beide) besteht. Rechtshängigkeit beginnt mit Klageerhebung (§ 261 I ZPO), Vorwirkung über § 270 III ZPO ist jedoch möglich. Sie endet mit formeller Rechtskraft des Endurteils, ferner mit wirksamer Klagerücknahme. Hemmung der Dreimonatsfrist bedeutet, dass sie nach Wegfall der Rechtshängigkeit nicht erneut von vorn zu laufen beginnt, sondern zu Ende läuft, vgl den Rechtsgedanken von § 209 BGB.

37 **5. Gleichzeitige Eintragung von KH u KE.** Die Beschlüsse über die KH u über die KE sollen nach Abs 4 S 4 nur zusammen eingetragen werden. Gemeint ist damit, dass sie gleichzeitig eingetragen werden. Zweck dessen ist es, ein gemeinsames Wirksamwerden beider Kapitalmaßnahmen sicherzustellen,[50] ferner auch zu vermeiden, dass bei Verzögerung der späteren Eintragung über die Dreimonatsfrist des S 2 hinaus wegen der eintretenden Nichtigkeit auch des eingetragenen Beschlusses das HR unrichtig wird. Verstoß bleibt jedoch folgenlos (allgM), wenn spätere Eintragung des nicht sogleich miteingetragenen Beschlusses vor Ablauf der Dreimonatsfrist erfolgt.

Beträge aus Rücklagenauflösung und Kapitalherabsetzung

58b (1) **Die Beträge, die aus der Auflösung der Kapital- oder Gewinnrücklagen und aus der Kapitalherabsetzung gewonnen werden, dürfen nur verwandt werden, um Wertminderungen auszugleichen und sonstige Verluste zu decken.**

(2) [1]**Daneben dürfen die gewonnenen Beträge in die Kapitalrücklage eingestellt werden, soweit diese zehn vom Hundert des Stammkapitals nicht übersteigt.** [2]**Als Stammkapital gilt dabei der Nennbetrag, der sich durch die Herabsetzung ergibt, mindestens aber der nach § 5 Abs. 1 zulässige Mindestnennbetrag.**

(3) **Ein Betrag, der auf Grund des Absatzes 2 in die Kapitalrücklage eingestellt worden ist, darf vor Ablauf des fünften nach der Beschlußfassung über die Kapitalherabsetzung beginnenden Geschäftsjahrs nur verwandt werden**

1. **zum Ausgleich eines Jahresfehlbetrags, soweit er nicht durch einen Gewinnvortrag aus dem Vorjahr gedeckt ist und nicht durch Auflösung von Gewinnrücklagen ausgeglichen werden kann;**

---

[49] Ebenso *Priester* aaO.
[50] Ulmer/*Casper* Rn 52.

2. zum Ausgleich eines Verlustvortrags aus dem Vorjahr, soweit er nicht durch einen Jahresüberschuß gedeckt ist und nicht durch Auflösung von Gewinnrücklagen ausgeglichen werden kann;
3. zur Kapitalerhöhung aus Gesellschaftsmitteln.

Übersicht

I. Gegenstand und Zweck der Vorschrift

1 Die Regelung befasst sich mit der Verwendung aus der vKH sowie aus einer eventuell mit ihr verbundenen Auflösung von Kapital- oder Gewinnrücklagen „gewonnener", dh aus der Bindung durch die entspr Passivposten „frei" gewordener Beträge. Diese Beträge, die normalerweise (soweit nicht § 30 eingreift) ausgeschüttet werden dürften, sind in ihrer Verwendung in bestimmter, durch die Vorschrift näher umschriebener Weise gebunden. Diese Bindung ist notwendig, weil sonst die strengen gläubigerschützenden Regelungen der oKH umgangen würden.

II. Unmittelbare Verwendungsbindung, Abs 1 u 2

2 **1. Deckung der Unterbilanz.** Verwendungszweck der gewonnenen Beträge ist unter richtigem Verständnis der Norm die Deckung einer in bestimmter Weise definierten durch Verluste entstandenen Unterbilanz (dazu § 58 a Rn 6 f). Letztlich geht es um einen reinen Bilanzierungsvorgang:[1] Die Passivseite der Bilanz wird der Aktivseite angepasst, dh die Zusammensetzung der Passivseite wird durch die Herabsetzung des Stammkapitals so verändert, dass die Aktivseite (neben den Verbindlichkeiten, Rückstellungen, Rücklagen für eigene Anteile, Sonderposten mit Rücklagenanteil und Rechnungsabgrenzungsposten) auch das Stammkapital wieder möglichst weitgehend, in

[1] Vgl Ulmer/*Casper* Rn 3: Bilanzielle Handlungsanweisung.

der Regel voll deckt, ja eventuell sogar unter Bildung einer Kapitalrücklage übersteigt, dies freilich nur in Höhe von bis zu 10% des durch die vKH entstandenen niedrigeren Stammkapitalbetrags, Abs 2 S 1. Durch den Ausweis dieser Rücklage wird ein wenigstens kleines Polster gegen eine alsbaldige erneute Unterdeckung des Stammkapitals geschaffen. Unzutr wäre es, volle Deckung des Stammkapitals zur bindenden Voraussetzung zu machen, da Ausmaß der Herabsetzung durch rechtliche (Mindeststammkapital) oder wirtschaftliche Gegebenheiten begrenzt sein kann; vKH ist zu jeder Verbesserung der Unterbilanzsituation zulässig.[2]

3 **2. Auszahlungsverbot.** Die wesentliche Regel des § 58 b ist eine negative: Durch vKH gewonnene Beträge dürfen nicht ausgezahlt werden. Im Gegensatz zu § 230 S 1 AktG sagt § 58 b GmbHG dies nicht ausdrücklich. Durch das Wort „nur" in Abs 1 wird jedoch mit hinreichender Deutlichkeit das Auszahlungsverbot zum Ausdruck gebracht.[3] Diese Regel ist absolut und darf unter keinen Umständen missachtet werden. Verstöße stellen unzulässige Rückzahlung von Stammkapital dar, mit allen dafür vorgesehenen Folgen (dazu Rn 14). Erfasst werden Zahlungen aller Art, aber auch verdeckte Zuwendungen. Die Bindung besteht bis zum Ablauf des fünften nach der Beschlussfassung über die KH beginnenden Geschäftsjahres, Abs 3. Dieses Inzidentrückzahlungsverbot ist von dem in § 58 d vorgesehenen Verbot der Gewinnausschüttung zu unterscheiden (näheres dort).

4 **3. Bildung einer Kapitalrücklage, Abs 2.** Übersteigt die Aktivseite nach der Herabsetzung die Passivseite der Bilanz so weit, dass ein das Stammkapital übersteigendes Eigenkapital ausgewiesen werden kann, ist nach Abs 2 aus den überschießenden Beträgen eine Kapitalrücklage zu bilden, die 10% des Stammkapitals nicht übersteigt.

5 **a) Als Bezugsgröße maßgebendes Stammkapital.** Maßgebend ist nach Abs 2 S 2 der durch die Herabsetzung entstehende Nennbetrag des Stammkapitals, allerdings nicht ein durch Herabsetzung unter den Mindestnennbetrag des § 5 I „entstandener". Die Herabsetzung unter den Mindestnennbetrag kann nach § 58 a IV 1 nur erfolgen, wenn gleichzeitig eine den Mindestnennbetrag wieder erreichende (oder ihn überschreitende) KE beschlossen wird. Maßgebend für die Höhe der zu bildenden Kapitalrücklage ist dann der gesetzliche Stammkapitalmindestbetrag des § 5 I, gleichgültig wie hoch das durch die KE erreichte Stammkapital bemessen wird. Will man eine Kapitalrücklage bilden, mit der die nach der Vorschrift zulässige Höhe von 2500 € überschritten wird, darf sie nur durch Zuzahlungen der Gfter (Agio) dotiert werden. Insoweit unterliegt sie nicht der Verwendungsbegrenzung nach Abs 3, weshalb buchungsmäßige Trennung erforderlich ist.

6 **b) Nur Erlaubnisgrenze, nicht Buchungsgrenze.** Die Regel des Abs 2 stellt entgegen ihrer Fassung keine Buchungsgrenze dar, sondern bedeutet zusammen mit Abs 1 nur eine Konkretisierung und nochmalige Umschreibung der quantitativen Grenzen, in denen die vKH stattfinden darf: Würde KH in einem Ausmaß erfolgen, dass der Ausgleich zwischen Aktiv- und Passivseite nur mittels Bildung einer höheren Rücklage erreicht werden könnte,

---

[2] Ulmer/*Casper* Rn 3.

[3] Ebenso iE *Lutter/Hommelhoff* Rn 5; *Roth*/Altmeppen Rn 8; Rowedder/Schmidt-Leithoff/*Zimmermann* Rn 1 u 7; Scholz/*Priester* Rn 5; Ulmer/*Casper* Rn 4.

wäre die vKH überhaupt unzulässig. Hingegen kann vKH durchaus zulässig sein, wenn Bilanzausgleich allein durch Auflösung von Rücklagen möglich wäre; Beispiel: Stammkapital 100 000, Kapital u Gewinnrücklagen 43 000, Verlust 42 000. Hier verbliebe nach Verlustdeckung aus den Rücklagen in diesen noch ein Betrag von 1000. Ges darf hier Stammkapital auf zB 92 000 herabsetzen u Rücklage iHv 9000 bilden. Verminderung von Stammkapital darf jedenfalls nicht in höherem Umfang erfolgen, als dies im Rahmen der durch Abs 1 u 2 vorgeschriebenen Grenzen nötig und möglich ist. Dass es sich nicht um ein Buchungsverbot handelt, zeigt sich an der Rechtslage, die entsteht, wenn durch die vKH doch höhere Beträge frei werden (etwa durch Rechenfehler), als in den Grenzen der Abs 1 u 2 „verwendet" werden können. Abs 2 liefert selbstverständlich keine Aufforderung, durch veränderte Bewertungsansätze die freiwerdenden Beträge verschwinden zu lassen, um die Kapitalrücklage entspr begrenzt bilden zu können. Vielmehr ist dann in Analogie zur Regel des § 58 c zu verfahren, dh auch die über die Grenze von § 58 b II hinausgehenden Beträge sind in die Kapitalrücklage einzustellen, § 58 c S 1 (vgl näher dort).

4. Grenzen der Verwendungsbindung. Die Verwendungsbindung erfasst selbstverständlich nur solche Beträge, die durch die Maßnahme der vKH freigeworden sind. Ist hingegen durch zwischenzeitliche Gewinne das Eigenkapital wieder vermehrt worden, können diese Beträge auch anderen Rücklagen (Gewinnrücklagen) zugeführt u in den Grenzen des § 58 d auch ausgeschüttet werden. Anders steht es mit Beträgen, die dadurch verfügbar sind, dass die Verluste zZ der Beschlussfassung geringer waren als angenommen. Dazu näher § 58 c. 7

III. Mittelbare Verwendungsbindung, Abs 3

1. Verwendungsbindung für Kapitalrücklage, Abs 3. Soweit durch vKH freigewordene Beträge gem Abs 2 in die Kapitalrücklage eingestellt worden sind, kann damit in der Folgezeit nicht beliebig verfahren werden. Vielmehr ist die Verwendung dieser Beträge nach Abs 3 innerhalb eines Zeitraums bis zum Ablauf des fünften nach der KH-Beschlussfassung beginnenden Geschäftsjahres in bestimmter Weise gebunden. Die gleiche Bindung gilt nach § 58 c S 2 für die gem § 58 c S 1 der Kapitalrücklage zugeführten Beträge. Die nach §§ 58 b u c gebundenen Beträge der Kapitalrücklage sind als solche in der Bilanz besonders auszuweisen.[4] Die Verwendung dieser Beträge ist nur zu drei Zwecken zulässig: (1) Zum **Ausgleich von Jahresfehlbeträgen** ist die Verwendung zulässig, soweit nicht der Ausgleich durch einen Gewinnvortrag vom Vorjahr oder Auflösung von Gewinnrücklagen erfolgen kann, Abs 3 Nr 1. (2) Zum **Ausgleich eines Verlustvortrags** aus dem Vorjahr ist die Verwendung zulässig, soweit er nicht durch einen Jahresüberschuss gedeckt ist und nicht der Ausgleich durch Auflösung von Gewinnrücklagen möglich ist, Abs 3 Nr 2. (3) Zur **KE aus GesMitteln.** In ihr liegt bilanztechnisch nur eine Umbuchung von Rücklagen in Stammkapital (vgl § 57 c Rn 1). 8

---

[4] *Lutter/Hommelhoff* Rn 4; *Roth*/Altmeppen Rn 10; Scholz/*Priester* Rn 16; Ulmer/*Casper* Rn 10; evtl. abw Rowedder/Schmidt-Leithoff/*Zimmermann* Rn 6.

9 **2. Sinn der Verwendungsbeschränkung** ist es, alle durch vKH freigewordenen Beträge über einen Zeitraum von mindestens fünf vollen Geschäftsjahren für eine Ausschüttung zu sperren. Auch die mittelbare Verwendungsbindung gem Abs 3 hat daher gläubigerschützenden Charakter. Sie wird ergänzt durch die Gewinnausschüttungsbeschränkung des § 58 d I, der die Ausschüttung nur erlaubt, wenn Kapital- und Gewinnrücklagen zusammen in Höhe von mindestens 10% des Stammkapitals aufgefüllt sind.

10 **3. Umgehung der 5-Jahresbindung durch nominelle KE?** Die 5-Jahres-Bindung könnte dadurch obsolet gemacht werden, dass die gem Abs 3 Nr 3 gebildete Kapitalrücklage durch KE aus GesMitteln zunächst in Stammkapital überführt und anschließend mittels oKH ausschüttungsfähig gemacht wird, wofür nur ein Sperrjahr einzuhalten ist. Man wird dies gleichwohl nicht als unzulässige Umgehung der durch Abs 3 angeordneten Verwendungsbindung anzusehen haben; die Gläubiger sind bei oKH durch die Möglichkeit, Sicherstellung zu verlangen, ausreichend geschützt.[5] Dem widerspricht nicht, dass § 58 d II 2 die gleiche Sicherstellung auch verlangt, wenn für ein später als 2 Jahre nach Beschlussfassung beginnendes Geschäftsjahr ein 4% übersteigender Gewinn ausgeschüttet werden soll. Wenn das Gesetz für diese die Gläubiger weniger stark gefährdende Maßnahme Sicherstellung der Gläubiger zur Voraussetzung macht, folgt daraus nicht, dass die Sicherstellung für die gefährlichere Maßnahme nicht ebenfalls ausreichenden Schutz bietet.

IV. Folgen der Verletzung

11 **1. Folgen für Jahresabschluss. a) Verwendungsbindungsregeln.** Verletzt ein Jahresabschluss die Verwendungsbindungsregeln, ist seine Feststellung, zumeist also der gem § 46 Nr 1 feststellende Beschluss der GfterVers, wegen inhaltlicher Verletzung gläubigerschützender Normen nichtig.[6] Das gilt nicht nur, wenn der nicht gem den Regeln der Abs 1 bis 3 u des § 58 c gebuchte Betrag ausgeschüttet, sondern auch wenn er anderweitig im Jahresabschluss untergebracht wird. Nichtigkeit tritt auch ein, wenn durch vKH freigewordene Beträge zwar zunächst ordnungsgemäß in einer Kapitalrücklage verbucht worden sind, diese aber verbotswidrig zu früh aufgelöst wird, wie insbes bei Auflösung zum Zweck der Gewinnausschüttung.[7]

12 **b) Erforderlichkeit der Bildung einer höheren Kapitalrücklage.** Wird entgegen Abs 2 die **Bildung einer höheren Kapitalrücklage erforderlich,** stellt dies keinen Mangel des Jahresabschlusses dar; vielmehr handelt es sich um einen Mangel des KH-Beschlusses (zu hohe Bemessung des Herabsetzungsbetrages). Dieser Mangel führt lediglich zur Anfechtbarkeit des KH-Beschlusses.[8] Die von Scholz/*Priester*[9] alternativ ins Auge gefasste Nichtigkeit des KH-Beschlusses wäre indessen als Rechtsfolge extrem unzweckmäßig; Begründung, dass Gläubigerinteressen mitbetroffen seien, überzeugt nicht, weil die Gläubiger gerade durch §§ 58 b u c insgesamt ausreichend geschützt sind; im übrigen reicht bloße Mitbetroffenheit zur Begründung der Nichtig-

[5] Zustimmend *Lutter/Hommelhoff* Rn 7; Scholz/*Priester* Rn 13.
[6] Ebenso *Lutter/Hommelhoff* Rn 3; Rowedder/Schmidt-Leithoff/*Zimmermann* Rn 11; Scholz/*Priester* Rn 18; Ulmer/*Casper* Rn 13.
[7] Rowedder/Schmidt-Leithoff/*Zimmermann* Rn 13.
[8] Ganz hM, vgl nur Ulmer/*Casper* Rn 13; zweifelnd Scholz/*Priester* Rn 19.
[9] Scholz/*Priester* Rn 19.

keit nicht ohne weiteres aus, vgl Anh § 47 Rn 51 ff. Gegen die Nichtigkeit spricht auch gerade die Regelung des § 58 c. Denn wäre bei Vorliegen ihrer Voraussetzungen Nichtigkeit gegeben, müsste nicht gem § 58 c verfahren, sondern die alte Stammkapitalhöhe wiederhergestellt werden.[10]

2. Folgen für einen Gewinnverwendungsbeschluss. Soweit Gewinnverwendungsbeschlüsse auf einem nichtigen Jahresabschluss beruhen, sind sie nichtig, vgl Anh § 47 Rn 62. Das gleiche gilt von Gewinnverwendungsbeschlüssen, die über Beträge disponieren, für die nach dem zugrundeliegenden Jahresabschluss gar keine Verwendungsfähigkeit besteht.[11] 13

3. Folgen unzulässiger Zahlungen. Die Zahlung von Beträgen, die nach Abs 1–3 gebunden sind, an die Gfter, gleichgültig ob sie als Gewinn, Entnahme oder Stammkapitalrückgewähr bezeichnet wird, ist verboten und verletzt Gesetze, die zum Schutz der Ges und der Gläubiger erlassen sind. Alle schuldhaft Handelnden haften daher Ges und Gläubigern auf Schadensersatz. Liegt in der Zahlung nach Sachlage die Rückgewähr von Stammkapital – es kommt dabei auf die ursprüngliche, nicht herabgesetzte Summe an – unterliegt das Empfangene dem Rückzahlungsanspruch gemäß § 31 I mit Ausfallhaftung der übrigen Gfter gemäß § 31 Abs 3 u mit der Einschränkung des § 31 II bei gutgläubigem Empfang der Zahlung.[12] Keineswegs handelt es sich insoweit nur um analoge Anwendung von § 31, weil es letztlich um Zahlung von früherem, nur bedingt aus der Bindung entlassenem Stammkapital handelt. Auch wenn man das anders sieht, ist jedenfalls analoge Anwendung von § 31 geradezu dringend geboten anstelle des schwachen Bereicherungsanspruchs. 14

4. Behandlung der vKH als ordentliche? Verwendet Ges durch vKH freigewordene Beträge des Stammkapitals anders als gesetzlich zulässig, wird vKH in ihren Folgen zur oKH umfunktioniert. Daher kommt in Betracht, dass Ges sich gemäß den Regeln des § 58 behandeln lassen muss.[13] Indessen ist nach Eintragung im HR an der beschlossenen Rechtslage u der durch sie ausgelösten Bindung festzuhalten.[14] Dieser Bindung entsprechende Vermögens- u Bilanzlage der Ges ist wiederherzustellen. Gläubiger haben allerdings, wenn ihre Lage durch vKH u anschließende Verstöße gegen die Verwendungsbindung gegenüber der früheren Lage verschlechtert worden ist, Anspruch auf Herstellung einer der oKH entspr Lage, dh sie können in den Grenzen von § 58 Sicherstellung verlangen, soweit nicht Ges die normengemäße gebundene Lage sofort wieder herstellt. Grundlage dessen ist aber die Verpflichtung der Ges zum Schadensersatz, nicht eine Umdeutung der KH.[15] 15

---

10 Im Ergebnis plädiert deshalb auch Scholz/*Priester* Rn 19 für bloße Anfechtbarkeit.

11 Zust *Lutter/Hommelhoff* Rn 5; Rowedder/Schmidt-Leithoff/*Zimmermann* Rn 11.

12 Rowedder/Schmidt-Leithoff/*Zimmermann* Rn 14; Ulmer/*Casper* Rn 14 weitgehend wie hier auch *Roth*/Altmeppen Rn 8, der aber §§ 30 ff nur anwenden will, wenn Stammkapitaldeckung – bezogen offenbar auf das herabgesetzte Stammkapital – angegriffen wird. Anders *Lutter/Hommelhoff* Rn 5, Michalski/*Waldner* Rn 9; Scholz/*Priester* Rn 11 u *Wicke* Rn 4, die nur § 812 BGB anwenden wollen.

13 Bejahend *Lutter/Hommelhoff* Rn 1 für den Fall unerlaubter Verwendung durch Beschluß der GfterVers.

14 Anders Michalski/*Waldner* Rn 10.

15 Wie hier Rowedder/Schmidt-Leithoff/*Zimmermann* Rn 15; *Roth*/Altmeppen Rn 9; Ulmer/*Casper* Rn 15.

Nichteintritt angenommener Verluste

58c **[1]Ergibt sich bei Aufstellung der Jahresbilanz für das Geschäftsjahr, in dem der Beschluß über die Kapitalherabsetzung gefaßt wurde, oder für eines der beiden folgenden Geschäftsjahre, daß Wertminderungen und sonstige Verluste in der bei der Beschlußfassung angenommenen Höhe tatsächlich nicht eingetreten oder ausgeglichen waren, so ist der Unterschiedsbetrag in die Kapitalrücklage einzustellen. [2]Für einen nach Satz 1 in die Kapitalrücklage eingestellten Betrag gilt § 58 b Abs. 3 sinngemäß.**

Übersicht

I. Inhalt und Zweck der Vorschrift

1 Sie befasst sich mit den Folgen der zu umfänglich geratenen vKH, dh damit, wie bei einer Bemessung des Herabsetzungsbetrages zu verfahren ist, für welche die Voraussetzungen von § 58 a I u II teilweise oder auch ganz nicht vorlagen. Ist der Herabsetzungsbetrag zu hoch bemessen, so lässt sich der überschießende Betrag nicht gem den Regeln des § 58 b I u II buchen. Satz 1 sieht vor, dass dieser Betrag in die Kapitalrücklage einzustellen ist, die dann nach S 2 den gleichen Bindungen unterworfen wird, wie die nach § 58 b II gebildete Kapitalrücklage. Sinn dieser Regelung ist es, die überschießenden Beträge der strengen Verwendungsbindung zu unterwerfen, um die Gläubiger davor zu schützen, dass die vKH zur Auszahlung von Stammkapital führt.

II. Voraussetzungen

2 **1. Zeitliche Grenze.** Die Buchungsregel des Satz 1 greift ein bei der Aufstellung der Jahresbilanz für das Geschäftsjahr der KH-Beschlussfassung, sowie für die folgenden beiden Geschäftsjahre, insges also für die drei dem KH-Beschluss folgenden Jahresbilanzen. Ergibt sich bei deren Aufstellung, dass die der KH zugrundegelegte Höhe der Eigenkapitalunterdeckung geringer war als angenommen, so ist der dadurch verursachte Unterschiedsbetrag, dh der über Stammkapital nebst 10%iger Kapitalrücklage hinausgehende Betrag des Eigenkapitals ebenfalls in die Kapitalrücklage einzustellen. Eine Berichtigung früherer bereits festgestellter Jahresbilanzen wird durch Satz 2 nicht gefordert.[1]

3 Die zeitliche Begrenzung auf drei Folgejahresbilanzen steht in seltsamem Gegensatz zu der fünf Folgejahre umfassenden Bindung freigewordenen

[1] Scholz/*Priester* Rn 7; Ulmer/*Casper* Rn 4.

Stammkapitals, wie sie § 58 b III sowie § 58 c S 2 für Kapitalrücklagen vorsehen. Dass sich ein geringeres Ausmaß von Verlusten erst für ein nach der kürzeren zeitlichen Grenze liegendes Geschäftsjahr herausstellt, ist keineswegs ausgeschlossen. Nach normalen Buchungsregeln würde dann der Differenzbetrag als außerordentlicher Ertrag nicht notwendig in eine Rücklage aufgenommen werden müssen, sondern könnte für eine Ausschüttung zur Verfügung stehen. Darin liegt Inkonsequenz des Gesetzgebers, die Umgehungen begünstigt. Dieser Wertungswiderspruch sollte gesetzgeberisch iSd 5-Jahresfrist korrigiert werden.

2. Vom Gesetzestext erfasste Beträge. Die Buchungsregel erfasst den 4
Unterschiedsbetrag, der sich dadurch ergibt, dass die der KH zugrundegelegte Höhe der Eigenkapitalunterdeckung geringer war als angenommen. Worauf dies beruht, ist unerheblich. Das Gesetz spricht, die Unrichtigkeit von § 58 a I u § 58 b I wiederholend, davon, dass Wertminderungen u sonstige Verluste in der angenommenen Höhe tatsächlich nicht eingetreten oder ausgeglichen waren. Darunter fällt beispielsweise, wenn eine uneinbringlich erschienene Forderung oder eine scheinbar wertlose Beteiligung auf einen Restbetrag abgeschrieben war u sich plötzlich als vollwertig herausstellt oder wenn Rückstellungen sich als unnötig erweisen. Ein entspr Verlust ist aber nur dann nicht eingetreten oder ausgeglichen, wenn aufgrund entspr bilanziellen Vollzugs etwa durch Wertaufholung oder aufgrund tatsächlicher Vorgänge (zB volle Zahlung einer abgeschriebenen Forderung) der Differenzbetrag sich im Rechenwerk der Ges realisiert.[2] Stellt sich etwa heraus, dass ein Gegenstand der Aktivseite zu weit abgeschrieben worden war u sieht die Ges gem § 280 II HGB von der Beachtung des Wertaufholungsgebots ab, so hat sich an der rechnerischen Situation nichts geändert. Es bedarf dann auch nach dem Zweck der Vorschrift keiner Verbuchung in der Kapitalrücklage, weil der entspr Wert zur Ausschüttung gar nicht zur Verfügung steht. Es muss sich also die Verlustdifferenz iE auf die Bilanz auswirken.[3] Zweifelhaft ist, ob Kompensierung durch nicht in die ursprüngliche Verlusteinschätzung einbezogener, dh übersehener Verlustquellen vorzunehmen ist mit der Folge, dass zusätzliche Einstellung in Kapitalrücklage wegen Nichteintritt bestimmter konkreter Verluste unterbleiben kann. Beispiel: Rückstellung iHv 50 000 erweist sich als Fehleinschätzung, es stellt sich aber heraus, dass Gegenstand des Anlagevermögens wegen unerwartet hohen Verschleißes zusätzlich iHv 50 000 hätte abgeschrieben werden müssen. In solchen Fällen würde Dotierbarkeit der Kapitalanlage von Zufällen der sonstigen Ertragslage abhängen. Daher ist Kompensierbarkeit zu bejahen.[4]

3. Anwendung auf rechtswidrig überhöhte KH-Beträge. Vom 5
Zweck der Vorschrift erfasst sind auch Beträge, die auf einer den Grundsätzen der §§ 58 a II u 58 b II widersprechenden überhöhten Herabsetzung beruhen.[5] Sind vorhandene Kapital- und Gewinnrücklagen bei der Bemessung des Herabsetzungsbetrages in zu geringem Umfang berücksichtigt worden, so sind auch diese Beträge analog § 58 c der (mit mehrjähriger Sperrwirkung versehe-

[2] Zustimmend *Wicke* Rn 2.
[3] *Lutter/Hommelhoff* Rn 4.
[4] Abw *Roth*/Altmeppen Rn 3.
[5] Scholz/*Priester* Rn 6.

nen, vgl Rn 6) Kapitalrücklage zuzuführen.[6] Denn nur so kann kann eine vorzeitige Ausschüttung an die Gfter vermieden werden.

III. Rechtsfolgen

6 **1. Gesetzlich angeordnete buchungsrechtliche Folge** ist, dass die unvorhergesehenen oder durch rechtswidrige Gestaltung der vKH gewonnenen Beträge in die Kapitalrücklage einzustellen sind. 10%-Grenze des § 58 b II gilt dabei selbstverständlich nicht.[7] Dabei würde es sich freilich im GmbH-Recht nur um eine bilanzielle Äußerlichkeit handeln, weil anders als die gesetzl Rücklage im AktR Kapitalrücklagen beliebig wieder aufgelöst u zur Ausschüttung gebracht werden dürfen. Es geht vielmehr um die Bildung einer besonderen, nämlich in ihrer Verwendung beschränkten Kapitalrücklage, die gesonderten Ausweises bedarf. Mit ihr ist als eigentliche u wesentliche Folge die Verwendungsbindung nach Maßgabe von § 58 b III angeordnet, § 58 c S 2. Zu Art u Ausmaß dieser Verwendungsbeschränkung vgl näher § 58 b Rn 8 ff.

7 **2. Zuständigkeit.** Das Buchungsgebot des Satz 1 ist schon bei Aufstellung des Jahresabschlusses durch die GFührer zu beachten. Rechtlich verbindlich ist es selbstverständlich für das zur Feststellung berufene Organ, idR also die GfterVers. Zu den Pflichten des Abschlussprüfers gehört es, die Beachtung der Vorschrift in die Prüfung einzubeziehen.[8]

8 **3. Folgen der Verletzung.** Nichtbeachtung der Vorschrift bei der Feststellung des Jahresabschlusses zieht Nichtigkeit nach sich, weil die Verletzung einer genuin gläubigerschützenden Vorschrift gegeben ist, vgl § 241 Nr 3 u § 256 I Nr 1 AktG analog. Auch § 256 I Nr 4 AktG lässt sich analog anwenden.[9] Ein auf der nichtigen Feststellung beruhender Gewinnverwendungsbeschluss ist nichtig gem § 253 I 1 AktG analog. Für durch Verletzung von § 58 c erfolgte Zahlungen an Gfter gelten die in § 58 b Rn 14 genannten Folgen.

Gewinnausschüttung

58d

(1) [1]Gewinn darf vor Ablauf des fünften nach der Beschlußfassung über die Kapitalherabsetzung beginnenden Geschäftsjahrs nur ausgeschüttet werden, wenn die Kapital- und Gewinnrücklagen zusammen zehn vom Hundert des Stammkapitals erreichen. [2]Als Stammkapital gilt dabei der Nennbetrag, der sich durch die Herabsetzung ergibt, mindestens aber der nach § 5 Abs. 1 zulässige Mindestnennbetrag.

(2) [1]Die Zahlung eines Gewinnanteils von mehr als vier vom Hundert ist erst für ein Geschäftsjahr zulässig, das später als zwei Jahre nach der Beschlußfassung über die Kapitalherabsetzung beginnt. [2]Dies gilt nicht,

---

[6] Vgl KölnerKomm/*Lutter* § 232 Rn 12; *Lutter/Hommelhoff* Rn 5.
[7] Ulmer/*Casper* Rn 1.
[8] KölnerKomm/*Lutter* § 232 Rn 11; *Lutter/Hommelhoff* Rn 7; Scholz/*Priester* Rn 10; in *Roth*/Altmeppen Rn 4.
[9] Rowedder/Schmidt-Leithoff/*Zimmermann* Rn 8; Michalski/*Waldner* Rn 8; Ulmer/*Casper* Rn 8.

wenn die Gläubiger, deren Forderungen vor der Bekanntmachung der Eintragung des Beschlusses begründet worden waren, befriedigt oder sichergestellt sind, soweit sie sich binnen sechs Monaten nach der Bekanntmachung des Jahresabschlusses, auf Grund dessen die Gewinnverteilung beschlossen ist, zu diesem Zweck gemeldet haben. [3] Einer Sicherstellung der Gläubiger bedarf es nicht, die im Fall des Insolvenzverfahrens ein Recht auf vorzugsweise Befriedigung aus einer Deckungsmasse haben, die nach gesetzlicher Vorschrift zu ihrem Schutz errichtet und staatlich überwacht ist. [4] Die Gläubiger sind in der Bekanntmachung nach § 325 Abs. 2 des Handelsgesetzbuchs auf die Befriedigung oder Sicherstellung hinzuweisen.

Übersicht

I. Gegenstand u Zweck der Vorschrift

Mit der Vorschrift wird die in §§ 58b u c festgelegte grundsätzliche Vermögensbindung der durch die KH freigewordenen Beträge erweitert auch auf spätere Erträge. Abs 1 statuiert eine starre Bindung durch den Zwang zur vorgängigen Auffüllung von Rücklagen in Höhe von 10% des Stammkapitals; Abs 2 verbietet für einen allerdings schmalen Zeitraum die Ausschüttung eines Gewinnanteils von mehr als 4%, wenn nicht die Altgläubiger befriedigt oder sichergestellt sind. Die sehr bescheidene Anforderungen stellende u deshalb in ihrer Sinnhaftigkeit fragwürdige Vorschrift rechtfertigt sich daraus, dass durch die Herabsetzung des Stammkapitals auch die Gewinnschwelle der Ges herabgesetzt worden ist. Ohne die Herabsetzung müssten Erträge zunächst zur Wiederauffüllung des alten Stammkapitals verwendet werden u stünden für eine Ausschüttung nicht zur Verfügung. Allerdings knüpft das Gesetz mit Recht für die Bemessung der Sperre nicht an die alte Höhe des Stammkapitals 1 an, weil dies je nach den Umständen vollständig unrealistisch wäre u Gewinnausschüttungen auch bei relativ gutem Geschäftsgang viel zu lang beschränken würde.

II. Beschränkung der Ausschüttung vor Rücklagenauffüllung, Abs 1

2 **1. Inhalt u Charakter des Ausschüttungsverbots.** Abs 1 verbietet die Gewinnausschüttung gänzlich, solange nicht Kapital- u Gewinnrücklagen die Höhe von 10% des Stammkapitals erreicht haben. Bei einem Mindestkapital von 25 000 € ist das eine lächerliche Summe u dementsprechend ein windiger Schutz für die Gläubiger,[1] uU auch nur ein Bruchteil der Summe, um die das frühere Stammkapital herabgesetzt worden ist. Für die Berechnung der notwendigen Rücklagenhöhe ist vom herabgesetzten Stammkapital auszugehen, mindestens aber vom ges Mindestbetrag des § 5 Abs 1. Zur Bedeutung dieser Einschränkung s § 58 b Rn 5. Vorschrift begründet zwar mittelbar einen Auffüllungszwang für einen 10%igen Reservefonds, wenn beabsichtigt ist, Gewinn auszuschütten. Sie begründet aber keinen direkten Dotierungszwang; vielmehr kann Gewinn auch anderweitig verwendet (nur nicht ausgeschüttet) werden.[2]

3 **2. Wiederholtes Eingreifen bei erneuter Rücklagenminderung.** Die Gewinnausschüttung wird zulässig, sobald Rücklagen in entspr Höhe gebildet werden können, dh es genügt, wenn die Bildung in dem der Gewinnausschüttung zugrundegelegten Jahresabschluss möglich ist.[3] Nicht zutr erscheint schon vom Wortlaut her, erst recht nicht vom Zweck der Gläubigersicherung, dass die Rücklagen nicht mehr aufgefüllt werden müssten, sobald die Höhe von 10% einmal erreicht war u danach wieder abgesunken ist.[4]

4 **3. Erfasste Vorgänge.** Von der Vorschrift erfasst werden zum einen echte Gewinnausschüttungen einschl der Gewinnabführung aufgrund eines Gewinnabführungsvertrags.[5] Erfasst werden ferner auch verdeckte Gewinnausschüttungen.[6] Sie sind durch § 58 d gleichermaßen verboten wie offene. Nicht vom Verbot erfasst wird die Bedienung gewinnabhängiger schuldrechtlicher Verpflichtungen etwa aus Gewinnschuldverschreibungen, doch kann im Einzelfall, wenn diese überwiegend durch Gfter gehalten werden, Umgehung zu prüfen sein. Bei Genussrechten lässt sich nicht allgemein sagen,

---

[1] Deutlich kritisch auch Ulmer/*Casper* Rn 3.

[2] AllgM, zB zur Ansammlung auf Gewinnvortrag oder zur KE aus GesMitteln, *Lutter/Hommelhoff* Rn 8; Michalski/*Waldner* Rn 3; Scholz/*Priester* Rn 9; *Roth*/Altmeppen Rn 3; Ulmer/*Casper* Rn 4.

[3] KölnerKomm/*Lutter* § 233 Rn 5.

[4] So aber KölnerKomm/*Lutter* § 233 Rn 5; *Hüffer* AktG § 233 Rn 5; Rowedder/Schmidt-Leithoff/*Zimmermann* Rn 5; dagegen wie hier *Lutter/Hommelhoff* Rn 2; Michalski/*Waldner* Rn 4; *Roth*/Altmeppen Rn 4; Scholz/*Priester* Rn 7; Ulmer/*Casper* Rn 4.

[5] KölnerKomm/*Lutter* § 233 Rn 9; *Lutter/Hommelhoff* Rn 3; Scholz/*Priester* Rn 3; Rowedder/Schmidt-Leithoff/*Zimmermann* Rn 7; abw zu letzterem MünchHdbAG/*Krieger* § 61 Rn 30 unter Berufung auf §§ 300, 302 AktG; dieser konzernrechtliche Gläubigerschutz macht jedoch den mit der Ausschüttungssperre intendierten Gläubigerschutz bei der Ges selbst nicht obsolet.

[6] Ulmer/*Casper* Rn 5.

inwieweit gewinnabhängige Zahlungen auf sie dem Verbot unterliegen. Dies hängt von ihrem Charakter u ihrer Ausgestaltung ab. Nicht erfasst werden Gewinngemeinschaften (§ 292 I Nr 1 AktG) u Teilgewinnabführungsverträge (§ 292 I Nr 2 AktG), sofern angemessene Gegenleistung erfolgt, ferner nicht sog Dividendengarantien. Gewinnauszahlung an stille Gfter kann vom Verbot erfasst werden, insbes wenn stille zugleich GmbHGfter sind.

4. Zeitlicher Beginn des Eingreifens. Das Verbot beginnt mit der Fassung des KH-Beschlusses.[7] Die abw Meinung, die den Beginn erst mit Eintragung der KH ins HR eintreten lassen will[8] und vorher beschlossene Gewinnausschüttungen für zulässig erklärt, geht zu weit. Zutr ist nur, dass vor der Beschlussfassung über die KH beschlossene Gewinnverteilungen, sofern der Gewinnverteilungsbeschluss u vor allem der ihr zugrundeliegende Jahresabschluss wirksam sind (ein vermutlich relativ seltener Fall), durchgeführt werden müssen, weil in die dadurch entstandenen Individualrechte der Gfter durch den KH-Beschluss nicht eingegriffen werden kann.[9] Ist aber die vKH beschlossen, so verstößt ein danach gefasster Gewinnverteilungsbeschluss, auch wenn er vor der Eintragung ins HR erfolgt, gegen §§ 58 b u c.[10] Auch wenn je nach Sachlage der Wortlaut dieser Normen nicht entgegensteht, so doch ihr Sinn. Handelt es sich um die Verteilung von Gewinn aus einem vor dem Jahr der Beschlussfassung liegenden Geschäftsjahr, so hätte selbstverständlich dieser zur Vermeidung einer Unterbilanz verwendet werden müssen. Ges handelt widersprüchlich, wenn sie einerseits Stammkapital herabsetzt, um Unterbilanz auszugleichen, andererseits aber vorher gemachten Gewinn verteilt.[11] 5

5. Ende der Beschränkung. Das Ausschüttungsverbot ist zeitlich begrenzt. Es dauert bis zum Ablauf des fünften nach der Beschlussfassung über die KH beginnenden Geschäftsjahrs, mithin für den gleichen Zeitraum wie die Bindung der Kapitalrücklage gem §§ 58 b III u 58 c Satz 2. Ausschlaggebend ist dabei nicht der Auszahlungszeitpunkt oder der Zeitpunkt des Gewinnverwendungsbeschlusses, sondern die der Gewinnauszahlung zugrundegelegte Ertragsperiode.[12] Gesperrt ist mithin auch eine im sechsten Jahr nach dem Jahr der Beschlussfassung erfolgende Gewinnausschüttung für das fünfte GJahr. 6

III. Beschränkung der Ausschüttungshöhe nach Rücklagenauffüllung, Abs 2

1. Inhalt u Zweck. Auch nach Auffüllung der Rücklagen auf 10% des Stammkapitals ist die Ausschüttung von Gewinn für die ersten GJahre nach der KH nur in einer Höhe von bis zu 4% des Stammkapitals zulässig, Abs 2 S 1. Für Bemessung gilt jeweils am Jahresabschlussstichtag gültiges Stamm- 7

[7] *Lutter/Hommelhoff* Rn 2; Michalski/*Waldner* Rn 5; *Roth*/Altmeppen Rn 6.
[8] Rowedder/Schmidt-Leithoff/*Zimmermann* Rn 6; Scholz/*Priester* Rn 4.
[9] Zustimmend Ulmer/*Casper* Rn 6.
[10] Ähnl iE GroßkommAktG/*Schilling* § 233 Anm 3.
[11] Ähnlich Michalski/*Waldner* Rn 5.
[12] *Lutter/Hommelhoff* Rn 2; *Roth*/Altmeppen Rn 5; Rowedder/Schmidt-Leithoff/*Zimmermann* Rn 6; abw Michalski/*Waldner* Rn 5, der Sperre nur für Ausschüttungs*vorgänge* während der fünf Jahre annimmt.

kapital, also auch ein gleichzeitig mit der Herabsetzung oder später wieder erhöhtes.[13] Vorschrift soll eine gewisse Mindestverzinsung der Einlagen ermöglichen.

8 **2. Zeitliche Grenzen.** In zeitlicher Hinsicht ist diese Beschränkung kürzer als die Sperre nach Abs 1. Sie greift nur für das GJahr des Herabsetzungsbeschlusses u die beiden nachfolgenden GJahre, jedoch nicht mehr für das dritte nach dem KHBeschlussjahr beginnende GJahr. Ein rückwirkender Vollzug der Herabsetzung gem §§ 58e u f ändert an der zeitlichen Grenze nichts.[14] Für den **Beginn der Beschränkung** gilt gleiches wie für die Sperre nach Abs 1 (dazu Rn 5), dh sie läuft ab dem Zeitpunkt der Beschlussfassung über die KH.[15]

9 **3. Vermeidung der Beschränkung durch Sicherstellung der Gläubiger.** Beschränkung der Ausschüttungshöhe kann gemäß Abs 2 S 2–4 vermieden werden, u zwar durch Befriedigung oder Sicherstellung der Altgläubiger.

10 **a) Kreis der dafür in Betracht kommenden Gläubiger. aa)** Kreis der Gläubiger wird durch den **Zeitpunkt der Bekanntmachung** der Eintragung der vKH im HR begrenzt. Begründung der Forderung muss vor diesem Zeitpunkt erfolgt sein. Da nach § 10 II HGB Bekanntmachung mit Ablauf des Tages als erfolgt gilt, an welchem das letzte der die Bekanntmachung enthaltenden Blätter erschienen ist, sind mithin alle Gläubiger, für die noch am Tag dieses Erscheinens eine Forderung begründet wird, einbezogen u zwar ohne Rücksicht auf ihre Kenntnis von der Herabsetzung. Umgekehrt wird der Schutz auch nicht durch § 15 II HGB über den Stichtag ausgedehnt.

11 **bb)** Aus dem so abgegrenzten Kreis der in Betracht kommenden Gläubiger sind aber nur diejenigen zu befriedigen oder sicherzustellen, die sich **binnen sechs Monaten nach Bekanntmachung** des Jahresabschlusses, aufgrund dessen Gewinnverteilung beschlossen ist, zu diesem Zweck **bei Ges gemeldet** haben. Bekanntmachung iS dieser Regelung ist die nach § 325 I 2 HGB bzw für große KapGes nach § 325 II HGB vorgeschriebene. In dieser Bekanntmachung sind die Gläubiger auf die Befriedigung oder Sicherstellung hinzuweisen, Abs 2 S 4. Der Hinweis kann etwa lauten: „Die Gläubiger, deren Forderungen bis zum … begründet waren, werden auf die Möglichkeit der Befriedigung oder Sicherstellung gem u im Rahmen von § 58d Abs 2 S 2–4 GmbHG hingewiesen". Nicht notwendig ist, dass die Erforderlichkeit der Meldung bei der Ges binnen Sechs-Monatsfrist in die Bekanntmachung aufgenommen wird. Bekanntmachung braucht, anders als nach § 58 I Nr 1, nur einmal zu erfolgen. Auch bedarf es hinsichtlich derjenigen Gläubiger die der Ges bekannt sind, keiner Aufforderung zur Anmeldung mittels besonderer Mitteilung (auch insoweit anders § 58 I Nr 1).

12 **cc)** Nicht erforderlich ist die Befriedigung oder Sicherstellung selbstverständlich für Gläubiger, die **bereits hinreichend sichergestellt** sind (dazu näher § 58 Rn 33). Abs 2 S 3 nennt insoweit ausdrücklich diejenigen Gläubiger, die im Fall des Insolvenzverfahrens ein Recht auf vorzugsweise Befriedi-

---

[13] Ganz h. M.; warum Ulmer/*Casper* Rn 11 meine Auffassung als von der seinigen abw ansieht, ist mir nicht deutlich geworden.

[14] KölnerKomm/*Lutter* § 233 Rn 12; Michalski/*Waldner* Rn 8.

[15] Zust *Lutter/Hommelhoff* Rn 4; Rowedder/Schmidt-Leithoff/*Zimmermann* Rn 8; anders KölnerKomm/*Lutter* § 233 Rn 13, der sogar für möglich hält, dass ein Ausschüttungsbeschluss gleichzeitig mit dem KH-Beschluss gefasst werden könne.

gung aus einer Deckungsmasse haben, die nach gesetzlicher Vorschrift zu ihrem Schutz errichtet u staatlich überwacht ist. Die im AktR zur entspr Regelung meist genannten Versicherten von Versicherungsgesellschaften, insbes Lebensversicherungen, §§ 77, 79 VAG, kommen für GmbH-Recht nicht in Betracht, weil die einschlägigen Unternehmen nicht in GmbH-Form betrieben werden dürfen, vgl § 7 VAG. Welche Fälle der Gesetzgeber bei Übernahme ins GmbHG im Auge hatte, gibt Begründung[16] nicht zu erkennen. In der 18. Aufl postulierter vorsorglicher Charakter der Regelung kommt nunmehr zum Zuge, seit mit der durch das Pfandbriefgesetz (PfandBG) von 2005 erfolgten Änderung des Pfandbriefrechts die Beschränkung der Begebungsmöglichkeit für Hypothekenpfandbriefe u Schiffspfandbriefe auf Aktiengesellschaften (s die früheren Regelungen in § 2 HypBankG u § 2 SchiffsbankG) entfallen ist u solche Pfandbriefe auch durch in GmbH-Form betriebene Kreditinstitute begeben werden können, sofern diese die Anforderungen des § 2 PfandBG erfüllen. Zur Sicherstellung im Insolvenzfall s jetzt § 30 PfandBG. Regelung des S 3 begründet selbstverständlich kein arg e contrario zugunsten anderweitig hinreichend gesicherter Gläubiger, dass diese nochmals gesichert werden müssten.[17]

b) Gewinnverteilung nach Ablauf der Sechs-Monatsfrist. Sechs-Monatsfrist für die Meldung bedeutet inzidenter, dass **Gewinnverteilung erst nach Ablauf dieser Frist** durchgeführt werden darf u dass ein zwischenzeitlicher Gewinnverwendungsbeschluss, der eine höhere Ausschüttung als 4% vorsieht, unter der immanenten Bedingung steht, dass diese Ausschüttung auch nach Befriedigung oder Sicherstellung der sich meldenden Gläubiger ohne Rechtsverstoß zulässig ist. Andernfalls muss der Gewinnverteilungsbeschluss korrigiert werden. Zulässig ist, dass Ges vor Ablauf der sechs Monate eine Teilausschüttung bis zur Höhe von 4% vornimmt.[18] 13

c) Art u Weise. Zu Art u Weise, in der zu befriedigen bzw sicherzustellen ist, vgl § 58 Rn 33; zur Behandlung streitiger Forderungen vgl § 58 Rn 42. 14

d) Obliegenheit der Ges. Befriedigung u Sicherstellung der Gläubiger gem Abs 2 S 2 bedeuten lediglich eine Obliegenheit der Ges, wenn sie die Gewinnausschüttung in der beschlossenen, 4% des Stammkapitals überschreitenden Weise vornehmen will. Vorschrift begründet jedoch kein Recht der Gläubiger auf entspr Sicherheitsleistung (vgl die ähnliche, freilich nicht voll vergleichbare Lage bei oKH oben § 58 Rn 26 ff). Ges kann sich daher von Sicherheitsleistung dadurch dispensieren, dass sie den Gewinnverteilungsbeschluss nicht über 4% hinaus zur Durchführung bringt.[19] Das kann von Bedeutung sein, wenn sich herausstellt, dass der Umfang bestehender Altforderungen erheblich größer ist oder dass wesentlich mehr Gläubiger eine Sicherheit wünschen, als angenommen wurde. Auch eine zu einer 4% übersteigenden Gewinnzahlung in der Lage befindliche Ges kann durch Belastung mit zu vielen Sicherheiten ihre Bewegungsfreiheit verlieren u es deshalb vorziehen, höhere Gewinnzahlungen aufzuschieben. Dass es sich nicht um ein Recht handelt, wird auch durch Wortlaut signalisiert, der in Abs 2 S 4, anders 15

---

[16] BT-Drucks 12, 3803, 89.
[17] Ähnlich Ulmer/*Casper* Rn 15.
[18] *Lutter/Hommelhoff* Rn 6; Michalski/*Waldner* Rn 9; *Roth*/Altmeppen Rn 12; KölnerKomm/*Lutter* § 233 Rn 14.
[19] *Lutter/Hommelhoff* Rn 7; Ulmer/*Casper* Rn 13.

als in § 225 I 2 AktG nicht vom Hinweis auf ein Recht auf Sicherheitsleistung spricht.

IV. Folgen von Verstößen

16 **1. Gewinnverwendungsbeschlüsse,** die gegen Abs 1 verstoßen, sind analog § 241 Nr 3 AktG wegen Verletzung gläubigerschützender Normen nichtig.[20] Bei Verstoß gegen Abs 2 gilt abstrakt gesehen gleiches, aber es fragt sich, wann ein Verstoß vorliegt. Ein solcher setzt zunächst voraus, dass innerhalb der Sperrfrist des Abs 2 die Ausschüttung eines Gewinnanteils von mehr als 4% vorgesehen wird. Des weiteren setzt er voraus, dass nicht die Ausnahme der Sätze 2–4 eingreift. Die dort geregelte Ausnahme greift nicht ein, wenn der Jahresabschluss, auf Grund dessen die Gewinnverteilung beschlossen wird, nicht veröffentlicht worden ist, oder wenn in der Bekanntmachung nach § 325 HGB nicht auf die Befriedigung oder Sicherheitsleistung hingewiesen worden ist, ferner nicht, wenn Gläubiger, die sich binnen sechs Monaten nach der Bekanntmachung zum Zweck der Befriedigung oder Sicherheitsleistung gemeldet haben, nicht befriedigt oder sichergestellt worden sind. Man wird anzunehmen haben, dass ein die 4%-Grenze übersteigender Gewinnverteilungsbeschluss grundsätzlich erst gefasst werden darf, wenn die Voraussetzungen der Ausnahme erfüllt sind. Vor Fassung des Beschlusses muss also die Bekanntmachung samt Hinweis erfolgt sein, es müssen seither sechs Monate vergangen sein u es müssen die innerhalb der Frist vorstellig gewordenen Gläubiger sichergestellt (oder befriedigt) worden sein. Andernfalls ist der Beschluss nichtig. Man wird aber zulassen dürfen, dass die Gfter zum Zweck rechtzeitiger Vorabklärung einen entsprechend konditionierten Beschluss fassen dürfen, der die sofortige Verteilung von 4% Gewinn vorsieht, eine darüber hinausgehende Verteilung eines bestimmten Prozentsatzes jedoch aufschiebend dahin bedingt, dass der Jahresabschluss mit entsprechendem Hinweis veröffentlicht worden ist u dass die Gläubiger, die sich binnen sechs Monaten melden, sichergestellt oder befriedigt worden sind.[21] Warum diese Konditionierung nicht ausreichen soll, um die Nichtigkeit abzuwenden,[22] ist nicht recht verständlich. Ist Beschluss unter diesem Vorbehalt ergangen, ist er nicht nichtig, sondern hinsichtlich des über 4% Gewinnzahlung hinausgehenden Teils aufschiebend bedingt. Über die 4% Grenze hinausgehende Zahlungen aufgrund des Beschlusses sind, wenn der Vorbehalt missachtet wird, nicht durch einen wirksamen Gewinnverwendungsbeschluss gedeckt. Erforderlich ist eine solche Konditionierung selbstverständlich nur, wenn der Beschluss vor Ablauf der Sechsmonatsfrist samt Erfüllung der übrigen Voraussetzungen gefasst werden soll.

17 **2. Verbotswidrige Zahlungen.** Gegen die Regelung verstoßende Zahlungen sind zwar gesetzwidrig, verstoßen aber nicht gegen § 30. Demgemäß

---

[20] Wohl allgM, vgl Rowedder/Schmidt-Leithoff/*Zimmermann* Rn 13, *Roth*/Altmeppen Rn 15.

[21] Ulmer/*Casper* Rn 17 scheint eine entsprechende Teilkonditionierung eines 4% überschreitenden Ausschüttungsbeschlusses als incidenter gegeben anzunehmen. Demgegenüber wird man doch verlangen müssen, dass ausreichende Rechtsklarheit durch konditionierende Formulierung des Beschlusses gewahrt wird.

[22] So zB *Roth*/Altmeppen Rn 15, der solchen Vorbehalt weder für erforderlich noch für genügend hält.

ist eine Anwendung von § 31 nicht möglich. Gfter müssen gleichwohl gem § 812 I 1 BGB zurückzahlen.[23] In der Regel werden Voraussetzungen der verschärften Haftung nach § 819 I BGB vorliegen. Soweit Gfter rechtswidrige Zahlung veranlasst haben, haften sie der Ges auch nach §§ 823 II, 826 BGB.

3. Haftung der GFührer. GFührer haften der Ges für verbotene Zahlungen nach § 43 II; für den Ersatzanspruch gilt dessen Abs 3 analog. 18

Beschluss über die Kapitalherabsetzung

58e

(1) [1] **Im Jahresabschluß für das letzte vor der Beschlußfassung über die Kapitalherabsetzung abgelaufene Geschäftsjahr können das Stammkapital sowie die Kapital- und Gewinnrücklagen in der Höhe ausgewiesen werden, in der sie nach der Kapitalherabsetzung bestehen sollen.** [2] **Dies gilt nicht, wenn der Jahresabschluß anders als durch Beschluß der Gesellschafter festgestellt wird.**

(2) **Der Beschluß über die Feststellung des Jahresabschlusses soll zugleich mit dem Beschluß über die Kapitalherabsetzung gefaßt werden.**

(3) [1] **Die Beschlüsse sind nichtig, wenn der Beschluß über die Kapitalherabsetzung nicht binnen drei Monaten nach der Beschlußfassung in das Handelsregister eingetragen worden ist.** [2] **Der Lauf der Frist ist gehemmt, solange eine Anfechtungs- oder Nichtigkeitsklage rechtshängig ist.**

(4) **Der Jahresabschluß darf nach § 325 des Handelsgesetzbuchs erst nach Eintragung des Beschlusses über die Kapitalherabsetzung offengelegt werden.**

Übersicht

[23] *Roth*/Altmeppen Rn 16; Ulmer/*Casper* Rn 18.

I. Zweck u Grundinhalt der Vorschrift

1 Vorschrift gestattet den rückwirkenden bilanzmäßigen Vollzug der KH hinsichtlich Stammkapital u Rücklagen. Dem Publikum sollen im Jahresabschluss geordnetere Kapitalverhältnisse vorgeführt werden als sie am Stichtag dieses Abschlusses rechtens wirklich bestanden. Wenn dazu in der amtl Begr[1] gesagt wird, es sollten vermeidbare Schädigungen des GesKredits verhindert u Sanierungsbemühungen erleichtert werden, ist das durchaus nicht ohne Seltsamkeit. Man sollte meinen, dass für kundige Jahresabschlussleser ein Hinweis auf beschlossene Veränderungen genügen würde u unkundige sollte man nicht täuschen dürfen. Indessen mag für Gesellschaften mit solidem Jahresabschlussgebaren die Vorausnahme unschädlich und die Begünstigung möglichst frühzeitiger Einstellung auf die neuen, geordneteren Verhältnisse wünschenswert sein. Bedeutung der Regelung sollte man freilich nicht überschätzen, ua auch deshalb, weil GuV von der Regelung unberührt bleibt.[2] Eher besteht sie für die zu Sanierungszwecken häufige Kombination von KH und KE. Auch hier erlaubt Gesetz rückwirkenden bilanzmäßigen Vollzug in § 58 f. In dieser Norm sind eine Reihe von Seriositätsgarantien eingebaut, die es weniger bedenklich machen, eine Abweichung von der wirklichen Rechtslage zu gestatten.

II. Rückwirkende Gestaltung des Jahresabschlusses, Abs 1

2 **1. Bilanzrechtlicher Charakter der Norm u Folgen für die Dauer der Vermögensbindung.** Abs 1 erlaubt rückwirkende Gestaltung des Jahresabschlusses gemäß den für die Zeit nach der vKH intendierten Eigenkapitalverhältnissen. Es handelt sich dabei bilanzrechtlich um eine **Durchbrechung des Stichtagsprinzips** (§ 252 S 1 Nr 3 HGB).[3] freilich nur für Stammkapital sowie Kapital- u Gewinnrücklagen, nicht für die Aktiva u nicht für Verbindlichkeiten u Rückstellungen; insoweit gilt vielmehr Stichtagsprinzip unverändert fort. Norm räumt Ges bilanzielle Gestaltungsmöglichkeit ein, verpflichtet sie aber nicht zu dieser. Sie gilt nur für vKH, nicht für ordentliche. Sie hat ausschließlich bilanzrechtlichen Charakter, ändert daher an dem Zeitpunkt des materiellen Eintritts der KH nichts, allgM. Für diesen ist Eintragung im HR maßgebend. In §§ 58 b, c u d normierte Vermögensbindung wird dadurch in ihrem Zeitpunkt nicht vorverlegt; alle Fristbestimmungen dieser Bindung (§§ 58 b III, 58 c S 2, 58 d I u II) knüpfen an Beschlussfassung über KH an. Dabei bleibt es auch im Rahmen von § 58 e. Hingegen kommt der Gestaltung durchaus mittelbare Vorwirkung in Bezug auf die Vermögensbindung zu. So ist etwa § 58 c entgegen seinem Wortlaut bereits für das nach § 58 e I behandelte GJahr anzuwenden.[4]

3 **2. Betroffenes Geschäftsjahr.** Rückwirkende Gestaltung gemäß Abs 1 ist zulässig für letztes vor Beschlussfassung über KH abgelaufenes GJahr, hingegen selbstverständlich nicht für frühere GJahre[5] (Verstoß macht Jahresabschluss

---

[1] BT-Drucks 12/3803, 89.

[2] *Lutter/Hommelhoff* Rn 1; Michalski/*Waldner* Rn 1; Scholz/*Priester* Rn 1; Ulmer/*Casper* Rn 1.

[3] Vgl *Hüffer* AktG § 234 Rn 1 u 2; *Lutter/Hommelhoff* Rn 1; Michalski/*Waldner* Rn 2; Scholz/*Priester* Rn 1; Ulmer/*Casper* Rn 1.

[4] Ulmer/*Casper* Rn 2.

[5] AllgM.

nichtig). Nicht geregelt ist die Frage der Berücksichtigung für das Jahr der Beschlussfassung selbst, wenn in dieser die KH nicht wirksam wird, etwa weil die Eintragung nicht mehr vollzogen wird. Derartige Verzögerung der Eintragung über die Jahresgrenze mag selten sein, ausgeschlossen ist sie nicht; auch Fristregelung des Abs 3 kann, wenn Beschlussfassung nach dem 1. Oktober erfolgt, Verschiebung der Wirksamkeit auf das nächste Jahr nicht verhindern. Durch die nach Abs 3 S 2 eintretende Fristhemmung können sich sogar sehr viel länger dauernde Zeitdiskrepanzen ergeben. Trägt etwa RegRichter die KH wegen erhobener Anfechtungsklage nicht ein u durchläuft Verfahren drei Instanzen, ist es denkbar, dass zwischen KH-Beschluss u Wirksamwerden mehrere Jahre liegen. Deshalb käme einschränkende Auslegung dahin in Betracht, dass Abs 1 nur zum Zug kommen darf, wenn im Jahr der Beschlussfassung auch Eintragung ins HR erfolgt. Indessen wird im Zeitpunkt der Beschlussfassung vielfach Aussicht u Hoffnung bestehen, dass Eintragung noch im gleichen Jahr erfolgt u die Planung der Bilanzstrategie darauf aufbauen. Es erscheint daher sinnvoller, Wortlaut der Norm nicht einschränkend zu interpretieren u vorwirkende Bilanzgestaltung für das der Beschlussfassung vorangehende GJahr auch dann zuzulassen, wenn Eintragung der KH erst im der Beschlussfassung folgenden GJahr erfolgt. Das bedeutet, dass dann auch für das Jahr des KH-Beschlusses selbst die nochmalige Verletzung des Stichtagsprinzips zugelassen werden muss; mehr noch: Wegen des Grundsatzes der Bilanzkontinuität ist Gebrauchmachen von dem rückwirkenden Vollzug sogar erforderlich.[6] Verzögert sich Eintragung, etwa wegen eines Anfechtungsprozesses, bis in weitere GJahre, kann und muss auch für diese Folgejahre an dem materiellrechtlich immer noch nicht zutreffenden Kapitalausweis festgehalten werden.

Aus vorangegangenen Überlegungen ergibt sich (e maiore ad minus), dass rückwirkender bilanzieller Vollzug der Herabsetzung auch in der Konstellation zulässig sein muss, in welcher Eintragung ins HR nicht mehr im GJahr der Beschlussfassung erfolgt, jedoch von der Möglichkeit des Abs 1 – rückwirkender Vollzug für Jahr vor der Beschlussfassung – kein Gebrauch gemacht wird. In diesem Fall kann kombinierte Kapitalveränderungsmaßnahme also trotz fehlender Wirksamkeit mangels Eintragung für Jahresabschluss des BeschlussfassungsGJahres berücksichtigt werden.[7] Darüber hinaus spricht viel dafür, bilanziellen Vollzug der KH für das Jahr der Beschlussfassung sogar als obligatorisch anzusehen, auch wenn Eintragung ins HR erst im darauffolgenden Jahr erfolgt. Konsequenter Vollzug der durch die vKH eintretenden Vermögensbindung, die durchgängig an den Zeitpunkt der Beschlussfassung, nicht der Eintragung anknüpft, legt dies im Grunde nahe. 4

3. Feststellung durch Gfterbeschluss. Rückwirkende Gestaltung des Jahresabschlusses gemäß Abs 1 ist nach S 2 nur zulässig, wenn Jahresabschluss durch Gfterbeschluss festgestellt wird, wie dies der Normalzuständigkeit gem § 46 Nr 1 entspricht. AktG sieht in § 234 II 1 statt dessen Zuständigkeit der HV anstelle der aktienrechtlichen Normalzuständigkeit von Vorst u AR vor. Das ist entschieden zweckmäßigere Lösung, die Gesetzgeber auch für GmbH hätte wählen sollen. Wenn nämlich Ges in der Satzung Feststellung durch 5

---

[6] Zustimmend *Lutter/Hommelhoff* Rn 8; Michalski/*Waldner* Rn 3; Ulmer/*Casper* Rn 4.

[7] Zustimmend Rowedder/Schmidt-Leithoff/*Zimmermann* Rn 4; *Roth*/Altmeppen Rn 3; Michalski/*Waldner* Rn 3.

andere Organe als GfterVers vorsieht, müsste sie eigentlich Satzung ändern oder durchbrechen.[8] Man wird indessen in Analogie zu § 234 II 1 AktG annehmen dürfen, dass für Sonderfall des § 58 e stets Zuständigkeit der GfterVers gegeben ist; das bedeutet, dass abw Zuständigkeitsregelung in Satzung der Beschlussfassung durch GfterVers nicht entgegensteht. Praxis tut gut daran, Voraussetzungen einer „Satzungsdurchbrechung" zu wahren (dazu § 53 Rn 40 ff, insbes 49).

III. Gleichzeitige Beschlussfassung, Abs 2

6 Für KH und Feststellung des vom rückwirkenden bilanziellen Vollzug der KH betroffenen Jahresabschlusses wird gleichzeitige Beschlussfassung durch Sollvorschrift angeordnet. Gleichzeitigkeit bedeutet Fassung in derselben GfterVers (wohl allgM). KH-Beschluss wird durch Verstoß nicht fehlerhaft (allgM). Auch Feststellungsbeschluss ist bei Verstoß mangelfrei.[9] Mangelfreiheit folgt allerdings nicht allein daraus, dass es sich um Sollvorschrift handelt, sondern ergibt sich durch Auslegung unter Berücksichtigung des Gesetzeszwecks, der reine Ordnungsinteressen verfolgt. Es gibt keinen auch nur halbwegs dringlichen Sachgrund, der gleichzeitige Beschlussfassung verlangen würde. Gründe lassen sich nur dafür anführen, dass Feststellung des rückbeziehenden Jahresabschlusses nicht vor der Fassung des KH-Beschlusses erfolgen darf. Indessen wäre auch eine derartige Reihenfolgezwangsregel unnötig streng. Vielmehr ist den einschlägigen Bedürfnissen dadurch Rechnung getragen, dass ein dem KH-Beschluss vorangehender Feststellungsbeschluss (der eine noch gar nicht beschlossene KH bilanziell vollzieht) als unter die aufschiebende Bedingung des Zustandekommens des KH-Beschlusses gestellt anzusehen ist.[10] Man kann diese Bedingung als eine den Umständen zu entnehmende rechtsgeschäftliche qualifizieren,[11] muss aber sehen, dass die Feststellung des Jahresabschlusses ohnehin von der Wirksamkeit des KH-Beschlusses abhängt,[12] so dass sich auch von einer Rechtsbedingung sprechen lässt.

IV. Erfordernis fristgerechter Eintragung im HR, Abs 3

7 Wird KH nicht binnen drei Monaten nach der Beschlussfassung ins HR eingetragen, sind nach Abs 3 S 1 sowohl der KH-Beschluss als auch der Beschluss über die Feststellung des Jahresabschlusses nichtig. Dadurch wird mittelbarer Zwang ausgeübt, im Fall rückwirkenden Vollzugs der KH im Jahresabschluss ihre Eintragung alsbald zu bewirken. Damit soll vermieden werden, dass im Jahresabschluss eine KH samt den an sie anknüpfenden Folgen für den Ausweis des Eigenkapitals im Jahresabschluss zwar vollzogen

---

[8] Vgl *Lutter/Hommelhoff* Rn 3; Scholz/*Priester* Rn 6; unentschieden Michalski/*Waldner* Rn 4; abw *Roth*/Altmeppen Rn 4: nur Satzungsänderung möglich.

[9] Vgl KölnerKomm/*Lutter* § 234 Rn 14 mwN; *Lutter/Hommelhoff* Rn 4; *Roth*/Altmeppen Rn 5; Rowedder/Schmidt-Leithoff/*Zimmermann* Rn 6; Scholz/*Priester* Rn 9; Ulmer/*Casper* Rn 7; abw *Hüffer* AktG § 234 Rn 6.

[10] Vgl KölnerKomm/*Lutter* § 234 Rn 14; *Lutter/Hommelhoff* Rn 4; Michalski/*Waldner* Rn 6; Scholz/*Priester* Rn 9.

[11] So wohl *Lutter* § 234 Rn 14.

[12] Zutr Rowedder/Schmidt-Leithoff/*Zimmermann* Rn 6; offenlassend Michalski/*Waldner* Rn 6.

ist, aber erst sehr viel später Wirksamkeit erlangt.[13] Das Mittel der Nichtigkeitsdrohung ist insoweit für den Normalfall zwar einigermaßen probat; in den Fällen des Abs 3 S 2 versagt es aber.

1. Dreimonatsfrist. a) Beginn u Ende. Frist beginnt nach dem Wortlaut von Abs 3 mit dem Tag nach der Beschlussfassung. Das entspricht der Regelungssituation von § 187 II BGB. Ende der Frist ist daher nach § 188 II Alt 2 BGB zu bestimmen; sie endet folglich an dem Tag, der durch seine Zahl dem Tag entspricht, welcher dem Fristbeginntag vorhergeht, mithin also dem Tag welcher seiner Datumszahl nach dem Beschlussfassungstag entspricht. Maßgebend für Fristbeginn ist nicht allein der Tag des KH-Beschlusses, wie Text nahelegt; dieser ist im Hinblick auf Normalfall des Abs 2 formuliert. Werden Beschlüsse an verschiedenen Tagen gefasst, ist früherer Beschluss maßgebend (wohl allgM). Das entspricht Zweck der Norm, zu weites Auseinanderfallen von in Jahresabschluss vollzogener KH und rechtlicher Wirksamkeit der Maßnahme zu verhindern. 8

b) Hemmung des Laufs der Dreimonatsfrist tritt ein, wenn Anfechtungs- oder Nichtigkeitsklage rechtshängig ist, Abs 3 S 2. Hemmungswirkung geht jedenfalls von Beschlussmängelklagen gegen KH-Beschluss aus, richtigerweise aber wohl auch von solchen gegen Feststellungsbeschluss,[14] denn auch wenn nur der Feststellungsbeschluss in Zweifel gezogen wird, kann dies zur Folge haben, dass RegRichter auch KH nicht einträgt, weil er Vorliegen ihrer Voraussetzungen im Fall der Vernichtung des Feststellungsbeschlusses für nicht gegeben hält. Auch Ges kann Gründe haben, Eintragung der KH aufzuschieben, solange über Jahresabschluss Ungewissheit herrscht. Praktische Situation wird freilich idR Zuwarten mit KH nicht gestatten, so dass Problem theoretisch bleibt. Nichtigkeitsklage ist nur die Klage analog § 249 AktG, nicht eine gewöhnliche Klage auf Feststellung der Nichtigkeit (zur Unterscheidung s Anh § 47 Rn 69 ff). **Fristhemmung** bedeutet, dass Hemmungszeitraum nicht in Frist eingerechnet wird (Rechtsgedanke des § 209 BGB). Dreimonatsfrist läuft daher nach Ende des Hemmungszeitraums weiter, beginnt also nicht wie bei Fristunterbrechung neu zu laufen. Hemmungszeitraum ist Zeitraum der Rechtshängigkeit. Er beginnt mit Erhebung der Klage, § 261 I ZPO, dh mit ihrer Zustellung § 253 I ZPO. Bloße Anhängigkeit der Klage, die mit Einreichung des Klageschriftsatzes bei Gericht eintritt, ist wohl nicht einzurechnen,[15] obgleich von ihr nicht nur rechtliche (§ 270 III ZPO), sondern auch faktische Vorwirkungen ausgehen, die im Zweckzusammenhang des Abs 3 S 2 denen der Rechtshängigkeit voll entsprechen (zweifelhaft). Hemmungszeitraum endet insbes mit formeller Rechtskraft des Endurteils, Prozessvergleich oder Klagerücknahme. 9

c) Hemmung bei Erfordernis staatlicher Genehmigung solange eine zur KH beantragte staatliche Genehmigung nicht erteilt ist, tritt nicht mehr ein, weil die dahin zielende Regelung des Abs 2 S 2 Alt 2 durch das ARUG aufgehoben worden ist. 10

d) Wahrung der Dreimonatsfrist erfordert Vollzug der Eintragung innerhalb der Frist, dh Eintragungstag muss spätestens der letzte Tag der Frist 11

---

13 Auf die in der 17. Auflage teilweise unstimmige Formulierung dieses Satzes hat Michalski/*Waldner* Rn 7 zu Recht hingewiesen. Ich danke ihm.

14 *Hüffer* AktG § 234 Rn 8; Scholz/*Priester* Rn 12.

15 So jedenfalls KölnerKomm/*Lutter* § 228 Rn 16.

sein. Rechtzeitige Anmeldung genügt nicht. Frist ist nicht verlängerbar, es gibt auch keine Wiedereinsetzung bei unverschuldeter Antragsverspätung.

12 **2. Rechtsfolge nicht rechtzeitiger Eintragung. a) Nichtigkeit.** Grundsätzliche vom Gesetz vorgesehene Rechtsfolge nicht rechtzeitig erfolgter Eintragung ist die Nichtigkeit beider Beschlüsse. Nichtigkeit des Jahresabschlusses ist im Hinblick auf gesetzgeberisches Ziel sinnvolle und in jedem Fall notwendige Rechtsfolge. Für KH-Beschluss gilt das nicht gleichermaßen. Zwar ist nicht ausgeschlossen, dass Ges KH nur für den Fall der Möglichkeit rückwirkenden Vollzuges will; Gesetzgeber wollte offenbar deshalb Nichtigkeit auch des KH-Beschlusses zum Regelfall machen. Andererseits ist Nichtigkeit des KH-Beschlusses vom Zweck der Norm her, insbes im Hinblick auf Allgemeininteressen, nicht notwendig, zwingende Wirkung daher insoweit nicht geboten. Rechtzeitiges Wirksamwerden der KH kann vielmehr für Ges unabhängig von Möglichkeit rückwirkenden bilanziellen Vollzugs im Jahresabschluss von erheblicher Bedeutung sein. Daher ist teleologische Reduzierung von Abs 3 S 1 notwendig.[16] Erklärt Ges im KH-Beschluss eindeutig, dass KH von Wirksamkeit des Jahresabschlusses und Möglichkeit bilanziellen Vollzugs der KH unabhängig sein soll, tritt bei Versäumung der Eintragungsfrist lediglich Nichtigkeit des Feststellungsbeschlusses ein.[17] Verwaltung muss dann neuen Jahresabschluss aufstellen, was wegen Abs 3 S 1 freilich nur ohne rückwirkenden bilanziellen Vollzug möglich ist

13 **b) Automatischer Eintritt.** Nichtigkeit tritt ein ohne Rücksicht darauf ob Eintragung verspätet noch erfolgt oder unterbleibt. Sie ist ferner unabhängig davon, ob Abs 2 (Erfordernis gleichzeitiger Beschlussfassung) beachtet worden ist.

14 **c) Heilung.** RegRichter darf nichtigen KH-Beschluss nicht eintragen. Geschieht dies trotzdem, ist Heilung des KH-Beschlusses durch Dreijahresablauf analog § 242 III mit II AktG möglich. Heilung des KH-Beschlusses führt auch zur Heilung des nichtigen Jahresabschlusses.[18] Im übrigen kann Ges durch Neuvornahme der Beschlüsse Nichtigkeit vielfach iE reparieren. Rückwirkende Bestätigung gemäß § 244 AktG ist freilich nicht möglich. Hat bereits ein neues GJahr begonnen, kann daher der rückwirkende bilanzielle Vollzug nicht mehr in dem ursprünglich dafür ins Auge gefassten GJahr erfolgen.[19]

V. Offenlegungssperre, Abs 4

15 **1. Grund der Regelung.** Offenlegung des Jahresabschlusses darf in Abweichung von den Fristen des § 325 HGB erst nach Eintragung des KH-Beschlusses erfolgen. Grund der Regelung ist, dass zu den in § 325 HGB vorgesehenen Zeitpunkten vielfach Eintragung der KH noch nicht erfolgt

---

[16] Erforderlichkeit dieser methodischen Operation verneinend, also direkte Anwendbarkeit bejahend Michalski/*Waldner* Rn 11 Fn 30; wie hier *Lutter/Hommelhoff* Rn 7; Ulmer/*Casper* Rn 11.

[17] Rowedder/Schmidt-Leithoff/*Zimmermann* Rn 7; Scholz/*Priester* Rn 15; KölnerKomm/*Lutter* § 234 Rn 17; GroßkommAktG/*Schilling* § 234 Anm 9; *Hüffer* AktG § 234 Rn 9.

[18] Wohl allgM, vgl nur KölnerKomm/*Lutter* § 234 Rn 20; *Hüffer* AktG § 234 Rn 10; Scholz/*Priester* Rn 14.

[19] Zu undifferenziert KölnerKomm/*Lutter* § 234 Rn 20.

sein wird und daher nicht feststeht, ob Eintragung innerhalb der Frist des Abs 3 erfolgen und damit der Jahresabschluss Gültigkeit erlangen wird. Gläubiger sollen davor bewahrt werden, auf möglicherweise unwirksamen Jahresabschluss zu vertrauen.

2. Inhalt der Offenlegungssperre. Offenlegung des Jahresabschlusses ist nach § 325 HGB nicht nur die Bekanntmachung des Jahresabschlusses im elektronischen Bundesanzeiger nach Abs 2 dieser Vorschrift, sondern ebenso schon die Einreichung zum HR nach § 325 Abs 1 Satz 1 u 2 HGB. Die Verpflichtung zur Zurückstellung der Offenlegung gemäß § 58 e IV GmbHG bedeutet demgemäß, dass der Jahresabschluss vor Eintragung der KH weder zum HR eingereicht noch bekanntgemacht werden darf. In Konsequenz der Verpflichtung aller Größenordnungen von Kapitalgesellschaften zur Offenlegung des Jahresabschlusses (vgl § 326 HGB für kleine u § 327 HGB für mittelgroße) gilt selbstverständlich auch die Offenlegungssperre gemäß § 58 e IV für alle drei Größengruppen. **16**

Sobald Eintragung der KH erfolgt ist, sind alle aufgeschobenen Maßnahmen unverzüglich nachzuholen. Abs 4 bewirkt lediglich Verschiebung der Offenlegung,[20] die freilich in den Fällen des Abs 3 S 2 recht lang sein kann. Gesetzgeber hätte das anders regeln sollen. **16 a**

3. Rechtsfolge von Verstößen der GFührer gegen Offenlegungssperre kann, zumindest theoretisch, über § 31 BGB zur Schadensersatzpflicht der Ges gegenüber Dritten führen, da Abs 3 Schutzgesetz iSv § 823 II BGB ist (wohl allgM). Bedeutung dessen dürfte gering sein. Voraussetzung einer Schadensersatzpflicht wäre nicht nur, dass Jahresabschluss wegen nicht rechtzeitiger Eintragung der KH nichtig ist, sondern auch, dass nicht statt seiner in der Sache gleichartiger Jahresabschluss zur Geltung gebracht wird. Unrichtigkeit des Jahresabschlusses muss adäquate Ursache für Schadensentstehung bilden. Das ist nicht der Fall, wenn „Geschädigter" auf ihn gar nicht vertraut hat. Dass Vermutung für konkretes Vertrauen auf Bekanntmachung bestehe,[21] geht erheblich zu weit. Geschädigter muss vielmehr darlegen, dass er von den (inhaltlich ja gar nicht bekanntgemachten) Unterlagen Kenntnis genommen hat, insbes wo u in welcher Weise. Auch konkreter Schädigungszusammenhang muss von ihm dargelegt werden. Zieht Geschädigter aus nichtigem Jahresabschluss nur den Schluss, dass Sanierungsbemühungen stattgefunden haben u im Gang sind, ist Jahresabschluss für Schaden nicht ursächlich, wenn die redlicherweise zu vermutenden Bemühungen tatsächlich erfolgt sind, insbes das Kapital herabgesetzt u die Vermögensbindung beachtet wurde. Da im Fall des § 58 e keine Zuführung neuer Mittel ausgewiesen wird und Aktiva durch Rückbeziehung der Passivaneuordnung nicht geschönt werden, auch Grad der Verschuldung nicht günstiger dargestellt wird als er ist, bleibt wenig, was ernstlich als schadensbegründend anzusehen sein könnte.[22] **17**

---

20 Vgl *Hüffer* AktG § 236 Rn 2; Ulmer/*Casper* Rn 12.
21 So KölnerKomm/*Lutter* § 236 Rn 3.
22 Ähnlich Michalski/*Waldner* Rn 14; Ulmer/*Casper* Rn 13.

Kapitalherabsetzung bei gleichzeitiger Erhöhung des Stammkapitals

58f (1) [1] **Wird im Fall des § 58 e zugleich mit der Kapitalherabsetzung eine Erhöhung des Stammkapitals beschlossen, so kann auch die Kapitalerhöhung in dem Jahresabschluß als vollzogen berücksichtigt werden.** [2] **Die Beschlussfassung ist nur zulässig, wenn die neuen Geschäftsanteile übernommen, keine Sacheinlagen festgesetzt sind und wenn auf jeden neuen Geschäftsanteil die Einzahlung geleistet ist, die nach § 56 a zur Zeit der Anmeldung der Kapitalerhöhung bewirkt sein muss.** [3] **Die Übernahme und die Einzahlung sind dem Notar nachzuweisen, der den Beschluß über die Erhöhung des Stammkapitals beurkundet.**

(2) [1] **Sämtliche Beschlüsse sind nichtig, wenn die Beschlüsse über die Kapitalherabsetzung und die Kapitalerhöhung nicht binnen drei Monaten nach der Beschlußfassung in das Handelsregister eingetragen worden sind.** [2] **Der Lauf der Frist ist gehemmt, solange eine Anfechtungs- oder Nichtigkeitsklage rechtshängig ist.** [3] **Die Beschlüsse sollen nur zusammen in das Handelsregister eingetragen werden.**

(3) **Der Jahresabschluß darf nach § 325 des Handelsgesetzbuchs erst offengelegt werden, nachdem die Beschlüsse über die Kapitalherabsetzung und Kapitalerhöhung eingetragen worden sind.**

Übersicht

I. Inhalt u Zweck der Vorschrift

1 Vorschrift ergänzt Möglichkeit des rückwirkenden bilanziellen Vollzugs einer vKH nach § 58 e für den Fall der Kombination mit einer KE, wie sie meist zu Sanierungszwecken gewählt wird (vgl zu dieser Kombinationsmöglichkeit § 58 Rn 4 ff u § 58 a Rn 4). Auch die durch die KE intendierte Höhe des Stammkapitals u der evtl mit ihr verbundenen Dotierung einer Kapitalrücklage darf schon vor deren rechtlicher Wirksamkeit bilanziell vorweggenommen werden, woran Ges ein erhebliches Interesse haben kann. Da durch bilanziellen Vollzug der Erhöhung Mittelzuführung ausgewiesen wird, ist Zulässigkeit der bilanziellen Vorwegnahme im Abs 1 an besondere Voraus-

setzungen geknüpft. Abs 2 u 3 entsprechen in Regelungszweck u Regelungsstruktur voll den in § 58 e getroffenen Vorschriften.

II. Rückwirkende Gestaltung des Jahresabschlusses, Abs 1

1. Bilanzrechtlicher Inhalt und Charakter der Norm. Wird mit einer vKH eine KE verbunden, kann der rückwirkende bilanzielle Vollzug der neuen Kapitalverhältnisse in gleicher Weise wie in § 58 e auch auf die KE erstreckt werden. Das bedeutet, dass das neue, aufgrund von Herabsetzung und Erhöhung entstandene Stammkapital schon im Jahresabschluss des letzten vor der Beschlussfassung abgelaufenen Geschäftsjahres ausgewiesen werden darf. Regelung hat wie § 58 e rein bilanzrechtlichen Charakter, sie verlegt nicht die materielle Wirksamkeit der KE vor, die erst mit Eintragung im HR eintritt. Es handelt sich in Abs 1 ebenso wie in § 58 e I nur um eine auf die Eigenkapitalverhältnisse bezogene Durchbrechung des Stichtagsprinzips. Diese gilt auf der Passivseite neben dem Stammkapital (§ 266 III A I HGB) für die Kapital- u die Gewinnrücklage (§ 266 III A II, III HGB). Durchbrechung muss jedoch in § 58 f auch auf Aktivseite erfolgen, insoweit es geleistete Einzahlungen auf das Stammkapital und ausstehende Einlagen (zu letzteren § 272 I S 2 HGB) betrifft.[1] Erfolgt KE nicht zum Nennwert, sondern wird Agio gefordert, ist auch dieses in der Bilanz als Kapitalrücklage zu berücksichtigen (§§ 266 III A II, 272 II Nr 1 HGB).[2] Ausstehende Teile der Einlageforderungen sind auf der Aktivseite vor dem Anlagevermögen gesondert auszuweisen, § 272 I S 2 u 3 HGB. 2

2. Gestaltungswahlmöglichkeit. Rückwirkender bilanzieller Vollzug der KE ist zulässig, aber nicht vorgeschrieben. Er muss auch dann nicht gewählt werden, wenn KH rückwirkend bilanziell berücksichtigt wird, ein wohl eher theoretischer Fall. Ges kann also von rückwirkendem Vollzug beider Kapitalmaßnahmen absehen oder auch nur von dem der KE oder sie kann beides rückwirkend vollziehen. Nicht zulässig wäre hingegen rückwirkender Vollzug der KE ohne KH, schon weil KE auf dieser aufbaut, überdies von der zukünftigen Entwicklung ein für die Öffentlichkeit nachteilig irreführendes Bild gezeichnet würde (wohl allgM). 3

3. Voraussetzungen. Da rückwirkender Vollzug der KE nur zur Ergänzung des rückwirkenden Vollzugs der mit ihr kombinierten vKH zulässig ist, müssen sowohl Voraussetzungen des § 58 e I u II als auch zusätzliche Voraussetzungen des Abs 1 vorliegen. 4

a) Betroffenes Geschäftsjahr. Rückwirkender Vollzug ist nur zulässig für letztes vor der Beschlussfassung über die KH abgelaufenes Geschäftsjahr. Zur Problematik, wenn Eintragung der Kapitalveränderungsbeschlüsse erst im auf die Beschlussfassung folgenden GJahr erfolgt, vgl § 58 e Rn 3 f. Dort auch zu der Frage, ob bilanzieller Vollzug der Kapitalveränderung im Beschlussfassungsjahr selbst zulässig ist, wenn Eintragung erst im Folgejahr vollzogen wird. 5

b) Gleichzeitige Beschlussfassung über KH u KE nennt Abs 1 als Voraussetzung. Das bedeutet Beschlussfassung in der gleichen GfterVers, nicht 6

---

[1] Ulmer/*Casper* Rn 2.
[2] Ulmer/*Casper* Rn 2, streitig. Nach abw Ans ist § 272 II 2 HGB anzuwenden (Scholz/*Priester* Rn 15).

notwendig in einheitlichem Beschluss. Anders als in § 58 e ist diese Voraussetzung nicht als Sollvorschrift formuliert.[3] Praxis wird sich darauf einstellen müssen. Gleichwohl bleibt festzuhalten, dass auch hier von der Sache her gegen zeitlich gestreckte Beschlussfassung jedenfalls dann kein Bedenken bestünde, wenn Beschlussfassung über KE derjenigen über KH nachfolgt und wenn KE auf der KH aufbaut, genauer auf dem intendierten herabgesetzten Stammkapitalbetrag, und wenn es sich sachlich um eine mit der KH kombinierte Erhöhung handelt. Gleichzeitigkeit ist letztlich nur ein Indiz für die Kombination, mangelnde Gleichzeitigkeit ein Indiz dagegen. Nimmt KE Bezug auf die mangels Eintragung noch nicht wirksame, wenn auch schon beschlossene KH, so steht kein vernünftiger Sachgrund entgegen, dies der gleichzeitigen Beschlussfassung sachlich gleichzustellen,[4] wie ja auch die noch nicht eingetragene KH sogar mit einfacher Mehrheit wieder aufgehoben und neu beschlossen werden könnte. Bedenken würde man allenfalls haben können, wenn inzwischen neues GJahr angebrochen ist. Es geht bei der hier vertretenen Auffassung nicht darum, die zwingende Wirkung der gesetzlichen Regelung zu leugnen, sondern durch Auslegung ihren „Sinn" zu klären u sie diesem Sinn gemäß zur Anwendung zu bringen.

7 c) **Barerhöhung.** KE muss als effektive Erhöhung in Form der Barerhöhung beschlossen werden; bei Sacherhöhung (auch verdeckter) ist rückwirkender bilanzieller Vollzug nicht möglich, Abs 1 S 2.

8 d) **Übernahmevertrag.** GAnteile müssen übernommen sein, dh es muss der Übernahmevertrag zwischen Übernehmer und Ges zustandegekommen sein (näher § 55 Rn 31 ff). Desweiteren muss die nach § 56 a mit § 7 II 1 erforderliche Mindesteinzahlung von einem Viertel des Nennbetrags des GAnteils erfolgt sein. Einzahlung muss ordnungsgemäß sein, dh sich endgültig in der freien Verfügung der GFührer befinden (§ 8 II).

9 Übernahmeverträge können vor der Beschlussfassung über die KE geschlossen werden, stehen dann freilich unter der rechtlichen Voraussetzung, dass es zu dieser Beschlussfassung wirklich kommt, und die Einzahlungen können als Voreinzahlungen geleistet werden. Gesetz zwingt aber nicht dazu.[5] Wenn S 2 formuliert, „die Beschlussfassung" sei nur zulässig, wenn … usw, so beruht das auf der verfehlten Vorstellung notwendig gleichzeitiger Fassung aller drei Beschlüsse. Das Vorliegen der Übernahme des Stammkapitals u der Einzahlungen kann vernünftigerweise nur Voraussetzung des rückwirkenden bilanziellen Vollzugs der Erhöhung bilden, muss daher auch nur vor dem Beschluss über die Feststellung der Jahresbilanz gegeben sein.[6] Dieser kann jedoch ohne Bedenken mit zeitlicher Verzögerung gegenüber den Kapital-

---

[3] Scholz/*Priester* Rn 6. *Roth*/Altmeppen Rn 4 u Ulmer/*Casper* Rn 5 halten die Regelung deshalb für zwingend.

[4] Hiergegen hat der sonst keineswegs so texthörige Scholz/*Priester* keine Argumente vorgebracht.

[5] Wie offenbar *Hüffer* AktG § 235 passim, *Lutter/Hommelhoff* Rn 4 u *Roth*/Altmeppen Rn 6 annehmen.

[6] *Lutter/Hommelhoff,* sonst keine Rechtsfortbildungsgegner, dekretieren hierzu schlicht, es bestehe für die hier vertretene Auffassung angesichts des Gesetzeswortlauts kein Raum – als hätten die beiden Verfasser noch nie etwas von teleologischer Korrektur des Wortlauts gehört. Die Frage, wonach Juristen jeweils die unverrückbare Maßgeblichkeit des Gesetzeswortlauts bestimmen, gehört zu den traurigsten der Geschichte der Methodenlehre. Ähnlichem Wortlautfetischismus huldigen *Roth*/Altmeppen Rn 6 u Scholz/*Priester* Rn 7. Die h. M. wird mit Nachdruck von Ulmer/*Casper* Rn 7 vertei-

veränderungsbeschlüssen gefasst werden[7] und selbst wenn er auf der gleichen GfterVers erfolgt, könnten Übernahmeverträge und Einzahlungen zwischengeschaltet werden. Gesetz hätte besser formuliert: „Die Berücksichtigung der KE als vollzogen ist nur zulässig, wenn …“, und so ist denn die Regelung sinnvollerweise auch eigentlich zu verstehen. Denn es wäre jedenfalls unter keinem Sachgesichtspunkt vertretbar, etwa an eine als Sacherhöhung beschlossene KE oder eine ohne vorausgehende Übernahme oder ohne Voreinzahlung beschlossene KE die Unwirksamkeitsfolge zu knüpfen. Sind aber KH u KE wirksam beschlossen, die Übernahmeverträge wirksam u die Einzahlungen erfolgt, wäre es sachlich ebensowenig vertretbar u reiner Formalismus, den rückwirkenden Vollzug der Kapitalveränderung im Jahresabschluss zu verbieten u gar an diesen Vollzug die Nichtigkeitsfolge für den Jahresabschluss zu knüpfen.

Erfolgen Einzahlungen, wie hM das für nötig hält, vor dem KE-Beschluss, **10**
kann Streitfrage, inwieweit Gfter durch Voreinzahlung von der Einlagepflicht befreit werden, wenn Einlagebetrag im Zeitpunkt der Eintragung nicht mehr voll zur Verfügung steht (dazu oben § 56 a Rn 9 ff), für Zulässigkeit rückwirkenden bilanziellen Vollzuges der KE dahinstehen. Denn für Mindesteinzahlungsbetrag ist, wenn er zur freien Verfügung der GFührer geleistet wurde, befreiende Wirkung nicht zweifelhaft, Voraussetzung des Abs 1 also erfüllt. Wenn evtl höhere Einzahlung erfolgt ist, hat dies für Wirksamwerden der KE keine negative Bedeutung. Mangelnde Befreiungswirkung könnte allenfalls dazu führen, dass höhere Resteinlagenforderung zu aktivieren ist.

4. Nachweis von Übernahme u Voreinzahlung. Vorliegen der Voraus- **11**
setzungen muss nach S 3 dem den KE-Beschluss beurkundenden Notar nachgewiesen werden. Notar kann Erforderlichkeit des Nachweises nur erkennen, wenn für ihn sichtbar ist, dass rückwirkender bilanzieller Vollzug der KE erfolgen soll. Da bei GmbH der Beschluss über die Feststellung des Jahresabschlusses nicht der notariellen Beurkundung bedarf, ist das nicht ohne weiteres der Fall, es sei denn, man würde fordern, dass im KE-Beschluss entsprechende Bezugnahme erfolgen oder Intention der Rückwirkung zum Ausdruck kommen müsse. Indessen ist solche Verlautbarung nicht vorgeschrieben. Deshalb muss es genügen, dass Ges, wenn sie beabsichtigt, KE rückwirkend bilanziell zu vollziehen, dem Notar von sich aus erforderliche Nachw vorlegt. Das muss nicht notwendig in der GfterVers erfolgen, sondern kann bereits vorher geschehen, allgM. Zum Nachweis der Übernahme sind dem Notar die notariell beglaubigten Übernahmeerklärungen vorzulegen. Beglaubigungen können auch durch denselben Notar erfolgen, der Beurkundung der Beschlussfassung vornimmt. Nachweis der Einzahlung kann durch Bankbestätigung oder Bankquittung erfolgen. Bloße Vorlage von Bankkontoauszügen problematisch.[8] Notar hat die Vorlage der Nachw zu beurkunden.

---

digt, der freilich außer der Berufung auf die bindende Wirkung des Wortlauts sachlich nichts vorzubringen hat. Wie hier hingegen trefflich Michalski/*Waldner* Rn 7.

[7] Vgl *Lutter/Hommelhoff* § 58 e Rn 4.

[8] Rowedder/Schmidt-Leithoff/*Zimmermann* Rn 12 stellen sie in das Ermessen des Notars; s a *Hüffer* AktG § 235 Rn 8. Ulmer/*Casper* Rn 12 will Kontoauszug genügen lassen, wenn sich aus der Haben-Buchung der Verwendungszweck ergibt. Angaben der Haben-Buchung dürften allerdings stets allein auf den vom Überweisenden auf dem Überweisungsträger gemachten Angaben beruhen. Deshalb dürfte die abstrakt gut klingende Regel kaum nützlich sein.

Unter der hier vertretenen Auffassung, dass es genügt, wenn Übernahme des Stammkapitals und Einzahlungen vor Feststellung des Jahresabschlusses erfolgt sind, muss auch Beurkundung zu einem dem KE-Beschluss nachfolgenden Zeitpunkt zulässig sein.

12 **5. Folgen von Verstößen.** Ein die KE rückwirkend bilanziell berücksichtigender Jahresabschluss ist analog § 256 I Nr 1 AktG wegen Verstoß gegen gläubigerschützende Normen nichtig, wenn Voraussetzungen von Abs 1 S 2 (mit den in Rn 9 dargelegten Modifikationen), nicht vorliegen. Zu Verstößen gegen § 58 e vgl dort Rn 3 f. Zum Fehlen gleichzeitiger Beschlussfassung hinsichtlich des Feststellungsbeschlusses ebenda Rn 6. Wird Gleichzeitigkeitserfordernis von Abs 1 S 1 missachtet, führt das zur Fehlerhaftigkeit des Jahresabschlusses nur unter den oben Rn 6 genannten besonderen Voraussetzungen. Zweifelhaft ist, welche Folgen sich ergeben, wenn dem den Erhöhungsbeschluss beurkundenden Notar das Vorliegen der Übernahme der Stammeinlagen der Mindesteinzahlung nicht nachgewiesen worden ist. Dazu, dass Wirksamkeit der KE nicht vom Vorliegen der den Inhalt der Nachweise bildenden Vorgänge abhängen darf, vgl schon Rn 9. Dann kann sich erst recht keine Folge für den KE-Beschluss an das Fehlen des Nachweises knüpfen. Für die Wirksamkeit des KH-Beschlusses gilt Gleiches. Auch die Wirksamkeit des Jahresabschlusses an das Vorliegen des notariellen Nachweises zu binden, wäre wenig glücklich, wenn jedenfalls vor Feststellung des Jahresabschlusses die entsprechenden Maßnahmen materiell vorgenommen waren.[9]

III. Erfordernis fristgerechter Eintragung, Abs 2

13 **1. Nichtigkeit aller Beschlüsse.** Werden KH und KE nicht binnen drei Monaten nach der Beschlussfassung in das HR eingetragen, sind sämtliche Beschlüsse nichtig, dh sowohl beide Kapitalveränderungsbeschlüsse als auch der Beschluss über die Feststellung des Jahresabschlusses.[10] Zu Fristbeginn, Fristende, Fristwahrung u Hemmung des Laufs s oben § 58 e Rn 8–11. Gfterbeschluss kann nicht nur KH (dazu § 58 e Rn 12), sondern auch KE unabhängig stellen gegenüber der Wirksamkeit des Jahresabschlusses durch entspr Verlautbarung im Beschluss.[11] Nichtigkeit tritt dann bei Überschreitung der Frist nur für den Jahresabschluss ein. Dies wäre ohnehin die sinnvollere ges Regelung gewesen. Denn dass Ges die Nichtigkeit der KE für den Fall der Nichtigkeit des Jahresabschlusses auch dann intendiert, wenn Übernahmeverträge geschlossen u Voreinzahlungen getätigt sind, dürfte nicht ernstlich in Betracht kommen. Im Allgemeininteresse liegt diese Nichtigkeit ganz gewiss nicht u als Anreiz für die Bemühung um alsbaldige Eintragung ist sie überschießend. Dafür genügt der Eintritt der Nichtigkeit des Jahresabschlusses.

14 **2. Eintragungssperre.** RegRichter darf nach Ablauf der Dreimonatsfrist nicht mehr eintragen, weil nichtige Beschlüsse nicht im HR verlautbart werden sollen. Tut er es trotzdem, kann Nichtigkeit durch Ablauf einer Dreijahresfrist geheilt werden, vgl näher § 58 e Rn 14.

---

[9] *Hüffer* AktG § 235 Rn 8; Scholz/*Priester* Rn 12; abw wohl *Lutter/Hommelhoff* Rn 9, die offenbar annehmen, daß bei fehlendem Nachweis rückwirkender Vollzug der KE ausscheidet. Das dürfte sich kaum begründen lassen.

[10] *Lutter/Hommelhoff* Rn 5.

[11] Michalski/*Waldner* Rn 12.

3. Gemeinsame Eintragung der Kapitalveränderungsbeschlüsse. Gemeinsame Eintragung der Kapitalveränderungsbeschlüsse fordert Abs 2 S 3 im Rahmen einer Sollvorschrift. Sinn dieser Regelung kann nur darin liegen, zu verhindern, dass einzelne Kapitalveränderung eingetragen wird u sich anschließend wegen verspäteter Eintragung der anderen als nichtig erweist.[12] Regelung ist für den RegRichter an sich bindend, auch wenn Verstoß beschlussrechtlich keine Folgen hat. RegRichter kann aber, da ihm der Jahresabschluss bei Eintragung noch nicht vorliegt, nicht ohne weiteres erkennen, dass für Eintragung kombinierter KH u KE Anwendungsfall von § 58f gegeben ist; im GmbH-Recht müssen ihm Niederschriften nur hinsichtlich der Kapitalveränderungsbeschlüsse vorgelegt werden. Man wird annehmen können, dass RegRichter Erklärung über die Frage verlangen darf, ob Ges KE rückwirkend bilanziell berücksichtigen will. Ges wird vielfach solche Erklärung von sich aus abgeben, um rechtzeitige Eintragung zu erreichen. Insgesamt zeigt sich auch an dieser Stelle, dass schematische Übertragung aktienrechtlicher Regelungen in das GmbH-Recht vielfach nicht zu überzeugenden Lösungen führt (dazu schon oben § 58a Rn 2). 15

IV. Offenlegungssperre, Abs 3

GFührer dürfen Offenlegung des Jahresabschlusses nach § 325 HGB erst nach Eintragung von KH u KE im HR vornehmen. Vgl dazu im einzelnen § 58e Rn 15–17. 16

59 *(weggefallen)*

[12] Vgl *Hüffer* AktG § 236 Rn 13.

Abschnitt 5. Auflösung und Nichtigkeit der Gesellschaft

Vorbemerkung

1 Die §§ 60 bis 77 bestimmen die Gründe, die zur Auflösung der GmbH führen (§§ 60 bis 62), sowie die Haftung des GFührer bei Zahlungen aus dem Gesellschaftsvermögen (§ 64), sie regeln das Auflösungsverfahren (§§ 65 bis 74) u enthalten Vorschriften über die Nichtigkeit der Ges (§§ 75 bis 77). Hierzu gehören ferner die §§ 394 ff FamFG (§§ 141 a ff FGG) über die Löschung von Ges von Amts wegen oder auf Antrag sowie über ihre Auflösung wegen eines Satzungsmangels (§ 77 Anh). Weiterhin ergeben sich Auflösungsgründe aus unterschiedlichen Übergangsvorschriften, die im Laufe der Zeit an Bedeutung verloren haben oder verlieren: Art 12 § 1 der GmbH-Novelle 1980, Art 12 § 1 GmbH-Novelle 1980 idF der Anlage I Kapitel III Sachgebiet D Nr 7 des Einigungsvertrages, § 57 I–III DMBilG, § 22 TreuhandG (§ 60 Rn 72 ff).

Auflösungsgründe

60 (1) **Die Gesellschaft mit beschränkter Haftung wird aufgelöst:**

1. **durch Ablauf der im Gesellschaftsvertrag bestimmten Zeit;**
2. **durch Beschluß der Gesellschafter; derselbe bedarf, sofern im Gesellschaftsvertrag nicht ein anderes bestimmt ist, einer Mehrheit von drei Vierteilen der abgegebenen Stimmen;**
3. **durch gerichtliches Urteil oder durch Entscheidung des Verwaltungsgerichts oder der Verwaltungsbehörde in den Fällen der §§ 61 und 62;**
4. **durch die Eröffnung des Insolvenzverfahrens; wird das Verfahren auf Antrag des Schuldners eingestellt oder nach der Bestätigung eines Insolvenzplans, der den Fortbestand der Gesellschaft vorsieht, aufgehoben, so können die Gesellschafter die Fortsetzung der Gesellschaft beschließen;**
5. **mit der Rechtskraft des Beschlusses, durch den die Eröffnung des Insolvenzverfahrens mangels Masse abgelehnt worden ist;**
6. **mit der Rechtskraft einer Verfügung des Registergerichts, durch welche nach § 399 des Gesetzes über das Verfahren in Familiensachen und in den Angelegenheiten der freiwilligen Gerichtsbarkeit ein Mangel des Gesellschaftsvertrags festgestellt worden ist;**
7. **durch die Löschung der Gesellschaft wegen Vermögenslosigkeit nach § 394 des Gesetzes über das Verfahren in Familiensachen und in den Angelegenheiten der freiwilligen Gerichtsbarkeit.**

(2) **Im Gesellschaftsvertrag können weitere Auflösungsgründe festgesetzt werden.**

Übersicht

Lit: *Buchner,* Amtslöschung, Nachtragsliquidation und masselose Insolvenz von Kapitalgesellschaften, 1988; *Bork,* Die als vermögenslos gelöschte GmbH im Prozess, JZ 1991, 848; *Haarmeyer/Beck/Frind,* Die Ordnungsfunktion des Insolvenzrechtes im Lichte der Statistik insolvenzgerichtlicher Eröffnungsquoten, ZInsO 2008, 1; *Heller,* Die vermögenslose GmbH, 1989; *Hennrichs,* Zum Formwechsel und zur Spaltung nach dem neuen Umwandlungsgesetz, ZIP 1995, 794; *Hönn,* Die konstitutive Wirkung der Löschung von Kapitalgesellschaften, ZHR 138 (1974) 50; *H. Schmidt,* Zur Vollbeendigung juristischer Personen, 1989; *K. Schmidt,* Zur Ablösung des Löschungsgesetzes, GmbHR 1994, 829; *ders,* Löschung und Beendigung der GmbH, GmbHR 1988, 209; *Petersen,* Die fehlgeschlagene Eimanngründung – liquidationsloses Erlöschen oder Fiktion des Fortbestandes?, NZG 2004, 400; *Schulz,* Die masselose Liquidation der GmbH, 1986; *Vallender,* Auflösung und Löschung der GmbH, NZG 1998, 249.

A. Allgemeines

Bedeutung u Änderungen der Vorschrift: § 60 zählt in Abs 1 – nicht 1
abschließend (vgl Rn 72 ff) – Gründe auf, die zur Auflösung der GmbH führen. Nach Abs 2 können die Gfter im GesVertrag weitere Auflösungsgründe festsetzen. – Durch Art 1 Nr 24 der GmbH-Novelle 1980 ist Abs 1 Nr 6 (damals Nr 5) neu gefasst u durch Art 1 Nr 4 des Gesetzes zur Durchführung der Zwölften Richtlinie des Rates der Europäischen Gemeinschaften auf dem Gebiet des GesRechts betreffend GmbH mit einem einzigen Gfter v 18. 12. 1991[1] geändert worden. Mit Wirkung ab 1. 1. 1999 (Art 110

[1] BGBl I, 2206.

I EGInsO) ergaben sich aus Art 48 Nr 5 EGInsO Änderungen: Darüber hinaus hat das MoMiG Abs 1 Nr 6 neu gefasst. Schließlich hat das FGG-RG Abs 1 Nr 6 und 7 mit Wirkung zum 1. 9. 2009 an veränderte Rechtslage angepasst.

B. Auflösung und Beendigung der GmbH

I. Grundsatz

2 Bei der GmbH ist, wie bei allen Handelsges, zu unterscheiden zwischen **Auflösung** u **Beendigung** (Vollbeendigung, Erlöschen). Auflösung führt noch nicht zur Beendigung der Ges, vielmehr schließt sich **Abwicklung** (Liquidation) an, deren Ziel es ist, die GesGläubiger zu befriedigen u das verbleibende Vermögen unter den Gfter zu verteilen.

II. Beendigung

3 **1. Ereignisse, die zur Beendigung führen. a) Löschung im HR.** Beendigung tritt ein, wenn Ges nach Abschluss des Abwicklungsverfahrens gem § 74 I 2 im HR (Rn 6, 7) oder nach Abschluss des Insolvenzverfahrens gem § 141 a I 2 FGG bzw § 394 I 2 FamFG (Rn 24, § 77 Anh Rn 12 ff) gelöscht wird. Sie tritt ferner ein, wenn vermögenslose GmbH nach § 141 a I 1 FGG bzw § 394 I 1 FamFG im HR gelöscht wird (Rn 77, § 77 Anh Rn 5 ff).

4 **b) Umwandlung.** Außerdem kommt es nach §§ 20 I Nr 2, 36 I 1 UmwG zur **Beendigung ohne Liquidation** im Falle der Verschmelzung der Ges mit einer OHG, KG, PartnerschaftsGes, GmbH, AG, KGaA, eG (§§ 3, 99, 105, 109 UmwG), sofern es sich um Verschmelzung durch Neugründung oder um Verschmelzung durch Aufnahme handelt, bei der die Ges übertragender Rechtsträger ist. Bei **Umwandlung** der Ges in eine andere Rechtsform (§§ 190, 191 UmwG) besteht nach § 202 I Nr 1 UmwG die Ges in der im Umwandlungsbeschluss bestimmten Rechtsform weiter. Von dieser Vorstellung geht UmwG auch in den Fällen aus, in denen GmbH in Personenges umgewandelt worden ist.[2] Diese Gesetzestechnik sichert die fortdauernde Zuordnung der Rechte u Pflichten.[3] schließt aber die Annahme aus, dass die GmbH nach Eintragung der Umwandlung fortbestehe.

5 **2. Ereignisse, die nicht zur Beendigung führen. a) Erwerb aller Geschäftsanteile durch die Ges.** Keine Beendigung, wenn Ges selbst alle Geschäftsanteile, insbes durch Kaduzierung nach § 21 oder Aufgabe nach § 27 erwirbt,[4] wohl aber Auflösungsgrund (Rn 81).

6 **b) Vermögenslosigkeit.** Nach nunmehr hM erlischt Ges nicht dadurch, dass sie vermögenslos wird, vielmehr muss Eintragung des Erlöschens (§ 394 I 1 FamFG, 394 I 2 FamFG bzw §§ 141 a I 1, 141 a I 2 FGG oder § 74 I 2

---

[2] *K. Schmidt* AcP 191 (1991), 495, 506 ff; *ders* in IDW (Hrsg), Reform des Umwandlungsrechts, 1993, S 35, 38 f.

[3] Kallmeyer/*Meister/Klöcker* UmwG § 190 Rn 7; Widmann/Mayer/*Vossius* UmwG § 202 Rn 21 ff; *Hennrichs* ZIP 1995, 794, 795.

[4] Hachenburg/*Ulmer* Rn 60; *Lutter*/Hommelhoff/*Kleindiek* Rn 24; Rowedder/Schmidt-Leithoff/*Rasner* Rn 9; Scholz/*Schmidt* Rn 65.

GmbHG) hinzukommen **(Doppeltatbestand).**[5] Eintritt der Vermögenslosigkeit allein ist entgegen der älteren Rspr[6] nicht Erlöschenstatbestand, weil dieses Ereignis im Hinblick auf die einschneidenden Rechtsfolgen der Beendigung der Ges nicht ausreichend genau bestimmbar ist.[7] Auch zeigt § 141 a I 1 FGG bzw § 394 I 1 FamFG, dass Beendigung der vermögenslosen Ges (in § 60 I Nr 7 als Auflösung bezeichnet, Rn 30) erst mit Eintragung der Löschung im HR eintreten soll.[8] Ältere Rspr ist – soweit sie nach Inkrafttreten des LöschG ergangen ist – aus Bestreben zu erklären, Fortbestand der Ges für den Fall bejahen zu können, dass entgegen der Annahme des die Löschung eintragenden RegGerichts Vermögen noch vorhanden ist[9] (dazu Rn 59). Dafür ist es aber nicht erforderlich, in dem Eintritt der Vermögenslosigkeit den entscheidenden Erlöschenstatbestand zu sehen.

c) Löschung trotz Vorhandenseins von Vermögen. Nur im Falle der Vermögenslosigkeit führt Löschung zur Beendigung der Ges (Lehre vom Doppeltatbestand, Rn 6), anderenfalls besteht sie als Liquidationsges fort (Rn 108, § 66 Rn 37, § 77 Anh Rn 17). Annahme einer Fiktion des Fortbestehens der Ges[10] ist nicht erforderlich.[11] Auch ist mit Annahme einer Teilrechtsfähigkeit der gelöschten Ges[12] wenig gewonnen.[13] Qualifikation des restlichen Vermögens als Gesamthandsvermögen der Gfter[14] widerspricht für den Fall des § 141 a I 1 FGG bzw § 394 I 1 FamFG der Regelung des § 66 V[15] u führt im Übrigen zu in der Sache nicht weiterführender Annahme eines Gesamthandsvermögens der Gfter, das den Liquidationsbestimmungen des GmbHG unterliegt.[16] Darüber hinaus ist Fortbestand der vermögenslosen Ges trotz Löschung anzunehmen, wenn sich noch Vermögen findet (§ 66 V) oder sie an **weiteren Abwicklungsmaßnahmen** mitwirken muss[17] (im Einzelnen str, vgl Rn 105). 7

d) Einstellung des Geschäftsbetriebs uä. Die GmbH erlischt erst recht nicht dadurch, dass sie ihren Geschäftsbetrieb einstellt, dass ihr die Gewerbeerlaubnis entzogen wird (vgl Rn 86), dass sie nach § 62 wegen Gemeinwohlgefährdung (§ 62 Rn 6 ff) oder nach § 17 VereinsG (§ 62 Rn 4) aufgelöst wird. Auch der Eintritt der Voraussetzungen der Nichtigkeitsklage nach 8

---

[5] OLG Düsseldorf GmbHR 2004, 572, 574; OLG Stuttgart ZIP 1986, 647, 648; (für AG) ZIP 1998, 1880, 1882; Ulmer/*Casper* Rn 13, 62; Roth/*Altmeppen* Rn 7, § 65 Rn 21; Rowedder/Schmidt-Leithoff/*Rasner* § 60 Rn 10; Scholz/*Schmidt* Rn 73, § 74 Rn 14; *Hönn* ZHR 138 (1974), 50, 66 ff; *Hüffer* Gedächtnisschrift Schultz, 1987, 99, 103 ff; dazu neigend BAG NJW 1988, 2637.

[6] RGZ 149, 293, 296; 155, 42, 44; 156, 23, 26; BGH LM GmbHG § 74 Nr 1; OLG Stuttgart NJW 1969, 1493.

[7] Scholz/*Schmidt* Rn 73 u § 74 Rn 14.

[8] *Hönn* ZHR 138 (1974), 50, 66 ff.

[9] Bes deutlich BGH LM GmbHG § 74 Nr 1.

[10] *Hönn* ZHR 138 (1974), 50, 74 ff.

[11] Scholz/*Schmidt* § 60 Rn 18.

[12] *Buchner* 113; *Heller* 128 ff; ähnlich (Fortbestand als selbständige Personifikation) *H. Schmidt* 138 ff.

[13] *Bork* JZ 1991, 841, 844 Fn 45.

[14] *Hüffer* Gedächtnisschrift Schultz, 1987, 99, 107 ff; ihm folgend Hachenburg/*Ulmer* Rn 18.

[15] Zum (aufgehobenen) LöschG *K. Schmidt* GmbHR 1988, 209, 210.

[16] Scholz/*Schmidt* § 60 Rn 56; § 74 Rn 14.

[17] Rowedder/Schmidt-Leithoff/*Rasner* § 74 Rn 14 f; Scholz/*Schmidt* § 74 Rn 15 ff; *Bork* JZ 1991, 841, 844; *Saenger* GmbHR 1994, 300, 302.

§ 75 oder der Amtslöschung nach § 144 FGG bzw § 397 FamFG bewirkt allein nicht das Erlöschen der Ges (§ 75 Rn 13).

C. Die aufgelöste GmbH

I. Die rechtliche Struktur

9 **Die aufgelöste GmbH besteht fort.** Der werbende Zweck der Ges wird durch den der Abwicklung überlagert.[18] Bis zur Beendigung (Rn 3) bleibt GmbH als juristische Person (§ 13 I) u als Handelsges (§ 13 III) erhalten.[19] Funktionen von GfterVers u Aufsichtsrat bleiben unverändert. An die Stelle der GFührer treten – abgesehen vom Fall der insolvenzbedingten Auflösung unten Rn 24 ff) – die Liquidatoren (§§ 66 ff). Firma ändert sich nicht, doch ist ihr nach § 68 II ein auf die Abwicklung hindeutender Zusatz anzufügen (§ 68 Rn 11). Rückständige Einlageverpflichtungen u Verpflichtungen zu Nebenleistungen erlöschen nicht, doch dürfen Liquidatoren nur die Beträge einziehen, die für Abwicklung benötigt werden (§ 69 Rn 4). Änderungen des GesVertrages bleiben zulässig, soweit sie sich im Rahmen des Abwicklungszwecks halten oder eine zulässige Fortsetzung ermöglichen sollen (§ 69 Rn 20 ff). Von Ausnahmen abgesehen, kann aufgelöste Ges durch Fortsetzungsbeschluss in werbende zurückverwandelt werden (Rn 91 ff). Besondere Regeln aber für den Fall der Auflösung durch Eröffnung des Insolvenzverfahrens (Rn 24).

II. Umwandlungen

10 **Umwandlungen** sind nach §§ 3 III, 124 II UmwG zulässig, wenn aufgelöste Ges als übertragender Rechtsträger beteiligt ist u ihre Fortsetzung beschlossen werden könnte. Umwandlungen unter Beteiligung der aufgelösten Ges als übernehmender Rechtsträger setzen bei dieser Fortsetzungsbeschluss voraus,[20] der allerdings auch im Umwandlungsbeschluss liegen kann.[21]

III. Außenverhältnis

11 **Die Außenbeziehungen der aufgelösten GmbH bleiben im Grundsatz unverändert.** Vertretungsmacht der Abwickler ist nach außen unbeschränkt (§ 70 Rn 2). Prokuren u Handlungsvollmachten bestehen fort (§ 68 Rn 8, anders aber im Fall der Insolvenzeröffnung, siehe Rn 42). Dingliche u schuldrechtliche Rechtsbeziehungen der Ges bleiben unverändert, doch kön-

---

[18] Rowedder/Schmidt-Leithoff/*Rasner* Rn 4; Scholz/*Schmidt* § 69 Rn 3; *Passarge/Torwegge* Rn 18; *Lutter*/Hommelhoff/*Kleindiek* § 69 Rn 2; weitergehend (Zweckänderung) Hachenburg/*Ulmer* Rn 74.

[19] Ulmer/*Casper* Rn 121; *Passarge/Torwegge* Rn 18; Scholz/*Schmidt* § 69 Rn 2.

[20] OLG Naumburg GmbHR 1997, 1152, 1154 f; AG Erfurt Rpfleger 1996, 163; *Lutter/Drygala* UmwG, 3. Aufl 2004, § 3 Rn 19; weitergehend (Fortsetzungsmöglichkeit reicht) Schmitt/Hörtnagl/*Stratz* UmwG § 3 Rn 34; ähnlich Kallmeyer/*Marsch-Barner* UmwG § 3 Rn 22.

[21] Schmitt/Hörtnagl/*Stratz* UmwG § 3 Rn 34; ähnlich Kallmeyer/*Marsch-Barner* UmwG § 3 UmwG Rn 22.

nen sich aus Auflösung nach allgemeinen Grundsätzen für Ges oder für Dritte außerordentliche Kündigungsrechte oder Möglichkeiten der Vertragsumgestaltung nach § 242 BGB ergeben, so namentlich für Dauerschuldverhältnisse.[22] Ist GmbH persönlich haftende Gesellschafterin einer Personenges, wird Personenges durch Auflösung der GmbH grds[23] nicht ihrerseits aufgelöst,[24] doch wird Auflösung idR wichtiger Grund sein, ihr nach §§ 117, 127 HGB Geschäftsführungs- u Vertretungsbefugnis zu entziehen oder sie nach § 140 HGB auszuschließen,[25] ggf auch Personenges nach § 133 HGB aufzulösen.[26] Ges zustehender Nießbrauch erlischt nach § 1061 S 2 BGB erst mit ihrer Beendigung, noch nicht mit Auflösung. Parteifähigkeit bleibt trotz Auflösung erhalten,[27] ebenso Prozessfähigkeit; anhängige Prozesse werden idR nicht unterbrochen (§ 70 Rn 4 aE).

IV. Steuerpflicht

Die Steuerpflicht der aufgelösten GmbH bleibt bestehen. Einzelheiten § 71 **12**
Rn 38 f.

D. Die Auflösungsgründe des Abs 1

I. Zeitablauf, Nr 1

1. Grundsatz. Die Ges wird durch Ablauf der im GesVertrag be- 13
stimmten Zeit aufgelöst. Dieser Auflösungstatbestand setzt nach § 3 II entspr Bestimmung im GesVertrag voraus, die nach § 10 II im HR einzutragen u nach § 12 bekannt zu machen ist. Eintragung der Bestimmung ist nicht Wirksamkeitserfordernis;[28] denn die nach Abs 2 im GesVertrag bestimmten weiteren Auflösungsgründe (vgl Rn 50) wirken auch ohne Eintragung im HR. Zeitliche Befristung kann auch nachträglich durch Satzungsänderung u Eintragung in das HR (§ 54 II, III) begründet werden (dazu auch Rn 15).

2. Zeitliche Bestimmung. Endtermin muss eindeutig,[29] aber nicht 14
notwendigerweise kalendermäßig bestimmt sein; es genügt, dass Auflösung von einem objektiv bestimmbaren, künftigen, gewissen Ereignis abhängig gemacht wird,[30] dessen Eintritt mit hinreichender Sicherheit festgestellt

---

22 Ulmer/*Casper* Rn 124; *Hofmann* GmbHR 1975, 226; Scholz/*Schmidt* § 69 Rn 5.

23 Anders aber, wenn über GmbH als persönlich haftende Gfterin Insolvenzverf mangels Masse nicht eröffnet wurde, vgl Röhricht/v Westphalen/*v Gerkan/Haas* § 131 HGB Rn 25; Staub/*Schäfer* § 131 HGB Rn 40.

24 Baumbach/*Hopt* § 131 Rn 20. **AM** MünchKommHGB/*Schmidt* § 131 Rn 47; *Binz/Sorg* § 7 Rn 10. Zur Rechtslage vor HRefG wie hier BGH DStR 1993, 1227; BGHZ 75, 178, 181 f; HansOLG GmbHR 1987, 481; Ulmer/*Casper* Rn 115.

25 Hachenburg/*Ulmer* Rn 77.

26 Hesselmann/Tillmann/Mueller-Thuns/*Lücke* § 11 Rn 23.

27 OLG Frankfurt/M BB 1979, 1630; OLG Köln GmbHR 1994, 191 (LS); *Saenger* GmbHR 1994, 300 f.

28 Roth/*Altmeppen* Rn 9; Scholz/*Schmidt* Rn 9; Rowedder/Schmidt-Leithoff/*Rasner* Rn 12; MünchHdbGmbH/*Weitbrecht* § 62 Rn 2.

29 BayObLG BB 1975, 249 f; Michalski/*Nerlich* Rn 27; *Passarge/Torwegge* Rn 31.

30 BayObLG BB 1975, 249 f; Hachenburg/*Ulmer* Rn 22; Rowedder/Schmidt-Leithoff/*Rasner* Rn 12; Scholz/*Schmidt* Rn 9; MünchHdbGmbH/*Weitbrecht* § 62 Rn 2.

werden kann, zB Lebensalter oder Tod eines Gfters, eines GFührers, Ablauf eines gewerblichen Schutzrechts. Soll Auflösung von Eintritt eines künftigen ungewissen Ereignisses abhängen (zB Kündigung), liegt auflösende Bedingung vor, die nach Abs 2 vereinbart werden kann (Rn 89).

15 **3. Änderung der Bestimmung. Verkürzung, Verlängerung oder Beseitigung** der im GesVertrag bestimmten Zeitdauer ist vor Zeitablauf durch **satzungsändernden Beschluss** (§ 53 II) möglich. Ist Auflösungszeitpunkt überschritten, kommt Rückgängigmachung durch Satzungsänderung nicht mehr in Betracht.[31] Wohl aber ist Fortsetzung möglich (Rn 16). Begründet GesVertrag nach § 3 II Nebenleistungspflichten von Gftern (§ 3 Rn 31 ff), bedarf Verlängerung oder Beseitigung der Befristung nach § 53 III der Zustimmung dieser Gfter.[32] Vermehrung der Leistungen iSd § 53 III liegt aber nicht vor, wenn Verlängerung oder Beseitigung der Befristung dazu führt, dass die oder einzelne Gfter noch nicht erbrachte Stammeinlagen einzahlen müssen[33] oder weiterhin einer Nachschusspflicht ausgesetzt sind.[34] Räumt GesVertrag einigen Gftern **Sonderrecht auf Auflösung** zum vorgesehenen Zeitpunkt ein, ist deren Zustimmung zu dem satzungsändernden Beschluss erforderlich,[35] wobei solches Sonderrecht nur bejaht werden kann, wenn GesVertrag dafür deutliche Hinweise enthält.[36] Dieses Zustimmungserfordernis kann nicht durch Annahme eines Rechts auf Austritt aus der Ges gegen Abfindung überwunden werden.[37] Immerhin kann Verweigerung der Zustimmung gegen Treuepflicht verstoßen u missbräuchlich sein, wenn seriöses Angebot zum Austritt gegen angemessene Abfindung vorliegt.[38] In diesen u auch in anderen Fällen zulässiger Verlängerung der Vertragsdauer durch Mehrheitsbeschluss steht überstimmten Gftern Austrittsrecht gegen Abfindung nicht generell zu, sondern nur unter den dafür entwickelten allgemeinen Voraussetzungen (zu diesen § 34 Anh Rn 18 ff) der Unzumutbarkeit.[39] Auch Verkürzung einer im GesVertrag bestimmten Zeitdauer kann gegen Sonderrecht einzelner Gfter verstoßen.[40] In aller Regel ist aber eine zur Verkürzung führende Satzungsänderung, wie Abs 1 Nr 2 zeigt, zulässig, es sei denn, Beschluss beruht auf treuwidriger Stimmrechtsausübung (vgl Rn 20).

16 **4. Folgen des Zeitablaufs.** Mit Ablauf der im GesVertrag bestimmten Zeit wird Ges **automatisch aufgelöst;** HREintragung nach § 65 hat nur

---

[31] *Hommelhoff*/Lutter/*Kleindiek* Rn 3; *Passarge/Torwegge* Rn 32.

[32] RGZ 136, 185, 188; Hachenburg/*Ulmer* Rn 25; Scholz/*Schmidt* Rn 10; *Goette* § 10 Rn 7.

[33] Roth/*Altmeppen* Rn 11; Scholz/*Schmidt* Rn 10.

[34] Rowedder/Schmidt-Leithoff/*Rasner* Rn 13.

[35] RG Holdheim 17 (1908), 253; Hachenburg/*Ulmer* Rn 25; Scholz/*Schmidt* Rn 10.

[36] Hachenburg/*Ulmer* Rn 24; weitergehend RGZ 136, 185, 190.

[37] Hachenburg/*Ulmer* Rn 25; Rowedder/Schmidt-Leithoff/*Rasner* Rn 13; grds nunmehr auch Scholz/*Schmidt* Rn 10. **AM** *Fischer* GmbHR 1955, 165, 168; wohl auch Rowedder/*Schmidt-Leithoff* § 3 Rn 25 aE.

[38] Hachenburg/*Ulmer* Rn 25; Rowedder/Schmidt-Leithoff/*Rasner* Rn 13; Scholz/*Schmidt* Rn 10; wohl auch Roth/*Altmeppen* Rn 12.

[39] Hachenburg/*Ulmer* Rn 24; – weitergehend *Fischer* GmbHR 1955, 165, 168; Rowedder/Schmidt-Leithoff/*Rasner* Rn 13; Roth/*Altmeppen* Rn 12; wohl auch Scholz/*Schmidt* Rn 10 aE.

[40] RG Holdheim 23 (1914), 53; OLG Rostock OLGE 28, 363; Rowedder/Schmidt-Leithoff/*Rasner* Rn 14; Scholz/*Schmidt* Rn 10.

deklaratorische Bedeutung.[41] Einverständliche Fortsetzung der Ges beseitigt diese Wirkung nicht.[42] In Betracht kommt aber Fortsetzungsbeschluss der Gfter (Rn 91) iVm einer Satzungsänderung.[43]

II. Auflösungsbeschluss, Nr 2

1. Zuständigkeit u Mehrheitsverhältnisse. Die Ges wird durch **Beschluss der Gesellschafter** aufgelöst. Zuständigkeit der Gfter ist zwingend.[44] Weder kann Auflösungskompetenz einem anderen GesOrgan zugewiesen werden[45] noch kann Beschluss der Gfter von Zustimmung anderer Organe oder Personen abhängig gemacht werden.[46] Beschluss setzt **Mehrheit von 75% der abgegebenen,** nicht aller vorhandenen **Stimmen** voraus. GesVertrag kann größere, aber auch geringere Mehrheit vorsehen;[47] Einstimmigkeit (aller Gfter), wenn Ges als „unauflöslich" bezeichnet ist[48] (vgl auch Rn 18 aE). Soll nach Satzung Minderheit den Auflösungsbeschluss fassen können, liegt darin Einräumung eines Kündigungsrechts nach Abs 2.[49] 17

2. Auflösungsbeschluss u Satzungsänderung. Die Erfordernisse einer Satzungsänderung (notarielle Beurkundung, zwingende Drei-Viertel-Mehrheit, § 53 II 1; Eintragung im HR, § 54) braucht Auflösungsbeschluss nur zu erfüllen, wenn er **inhaltlich eine Satzungsänderung** bedeutet. IdR ist das nicht der Fall.[50] Auflösungsbeschluss ist Satzungsänderung, wenn GesVertrag Zeitdauer der Ges bestimmt;[51] nicht jedoch, wenn GesVertrag nur Termin für erstmalige Kündigungsmöglichkeit bestimmt.[52] Ferner Satzungsänderung, wenn Beschluss erst beim Eintritt künftigen ungewissen Ereignisses oder nach Ablauf längerer Zeit wirksam werden soll;[53] dagegen keine Satzungsänderung, wenn die im Beschluss über die Auflösung gesetzte Frist „eine mäßige ist und 18

---

41 Hachenburg/*Ulmer* Rn 23; Rowedder/Schmidt-Leithoff/*Rasner* Rn 15; *Passarge/Torwegge* Rn 31; Scholz/*Schmidt* Rn 9; MünchHdbGmbH/*Weitbrecht* § 62 Rn 3.

42 Hachenburg/*Ulmer* Rn 23; Scholz/*Schmidt* Rn 9.

43 Hachenburg/*Ulmer* Rn 23, 95; ähnlich Scholz/*Schmidt* Rn 79 ff, 88, 92.

44 Ulmer/*Casper* Rn 29; Rowedder/Schmidt-Leithoff/*Rasner* Rn 18; Scholz/*Schmidt* Rn 12; Beck GmbH-HdB/*Erle/Eberhard* § 16 Rn 7; MünchHdbGmbH/*Weitbrecht* § 62 Rn 4; *Goette* § 10 Rn 21.

45 Scholz/*Schmidt* Rn 12; *Passarge/Torwegge* Rn 34.

46 Ulmer/*Casper* Rn 29.

47 Ulmer/*Casper* Rn 38; Rowedder/Schmidt-Leithoff/*Rasner* Rn 17; *Passarge/Torwegge* Rn 34; Scholz/*Schmidt* Rn 15.

48 Ulmer/*Casper* Rn 38; *Lutter*/Hommelhoff/*Kleindiek* Rn 6; Rowedder/Schmidt-Leithoff/*Rasner* Rn 17; Scholz/*Schmidt* Rn 19; *Passarge/Torwegge* Rn 34.

49 *Lutter*/Hommelhoff/*Kleindiek* Rn 6; Ulmer/*Casper* Rn 39; Roth/*Altmeppen* Rn 18; Scholz/*Schmidt* Rn 19.

50 *Lutter*/Hommelhoff/*Kleindiek* Rn 5; Hachenburg/*Ulmer* Rn 33; Scholz/*Schmidt* Rn 14.

51 RGZ 65, 264, 266 f; Roth/*Altmeppen* Rn 16; Rowedder/Schmidt-Leithoff/*Rasner* Rn 16 f; Scholz/*Schmidt* Rn 14; ähnlich *Lutter*/Hommelhoff/*Kleindiek* Rn 5. – **AM,** falls im GesVertrag bestimmte Zeitdauer nicht als Mindestfrist gewollt ist, Hachenburg/*Ulmer* Rn 33, doch Abgrenzung insoweit schwierig.

52 OLG Karlsruhe GmbHR 1982, 276 f; Scholz/*Schmidt* Rn 14.

53 RGZ 145, 99, 101; Hachenburg/*Ulmer* Rn 34; *Lutter*/Hommelhoff/*Kleindiek* Rn 5; Scholz/*Schmidt* Rn 14.

nur ihrer Durchführung dient".[54] Auflösungsbeschluss ferner keine Satzungsänderung, wenn GesVertrag „Unauflöslichkeit" der Ges vorschreibt;[55] aber Einstimmigkeit erforderlich (Rn 17).

19 **3. Form des Beschlusses.** Auflösungsbeschluss kann – wenn er nicht zugleich Satzungsänderung ist (Rn 18) – **formlos** gefasst werden; er braucht das Wort „Auflösung" nicht zu enthalten,[56] doch muss er deutlich den Willen zur Auflösung erkennen lassen.[57] Als Auflösungsbeschluss sind angesehen worden: wechselseitige, aufeinander bezogene Kündigung des GesVertrages durch sämtliche Gfter[58] (vgl auch Rn 51 aE); Unterzeichnung einer Anmeldung der Auflösung zum HR durch sämtliche Gfter;[59] Abschluss[60] eines Prozessvergleichs mit dem Inhalt, dass Ges durch ihn aufgelöst werde. Auflösungsbeschluss kann uU auch darin gesehen werden, dass die Gfter beschließen, das Unternehmen mit dem Recht der Firmenfortführung zu veräußern.[61] Die bloße einverständliche Betriebseinstellung ist kein Auflösungsbeschluss;[62] bei Vorliegen weiterer Umstände kann diese Maßnahme aber als Auflösungsbeschluss auszulegen sein;[63] Bei Vertretung von Minderjährigen **keine familiengerichtliche Genehmigung** erforderlich.[64] Für Anmeldung der Auflösung zum HR nach § 65 ist Auflösungsbeschluss dem RegGericht nachzuweisen (§ 65 Rn 10).

20 **4. Anfechtbarkeit.** Der mit der erforderlichen Mehrheit gefasste Auflösungsbeschluss bedarf keiner Begründung;[65] unterschiedliches Betroffensein von Mehrheit u Minderheit ist grds hinzunehmen.[66] Er kann aber anfechtbar sein, wenn Mehrheit mit Beschlussfassung gegen ihre **gesrechtliche Treuepflicht** (§ 13 Rn 26 ff) verstößt (§ 47 Anh Rn 98 ff).[67] Treuepflichtverstoß, wenn Auflösungsbeschluss dazu führt, dass MehrheitsGfter GesVermögen auf von ihm gegründete NachfolgeGes zu Zerschlagungswerten übertragen kann.[68]

---

[54] RGZ 145, 99, 102; ebenso Ulmer/*Casper* Rn 47; Scholz/*Schmidt* Rn 14; ähnlich *Lutter*/Hommelhoff/*Kleindiek* Rn 5. **AM** noch RGZ 65, 264, 266 f.

[55] Rowedder/Schmidt-Leithoff/*Rasner* Rn 17; Scholz/*Schmidt* Rn 19; *Passarge/Torwegge* Rn 36. **AM** Ulmer/*Casper* Rn 38, 46 f, 33; MünchHdbGmbH/*Weitbrecht* § 62 Rn 5.

[56] BGH ZIP 1999, 281, 283.

[57] BayObLG GmbHR 1995, 54; Hachenburg/*Ulmer* Rn 27.

[58] BayObLG GmbHR 1995, 54.

[59] RGZ 101, 78, 79; Ulmer/*Casper* Rn 45; Scholz/*Schmidt* Rn 15.

[60] KGJ 51 A, 136, 137; Ulmer/*Casper* Rn 45; Scholz/*Schmidt* Rn 15.

[61] Hachenburg/*Ulmer* Rn 25; Scholz/*Schmidt* Rn 13; Michalski/*Nerlich* Rn 43.

[62] KGJ 45 A, 178, 179; BAG ZIP 1998, 1284, 1286.

[63] BGH ZIP 1999, 281, 283 = NJW 1999, 1491, 1483; Ulmer/*Casper* Rn 48; Scholz/*Schmidt* Rn 72; Michalski/*Nerlich* Rn 43; für Treuhandunternehmen BGH ZIP 1999, 281, 283.

[64] BGHZ 52, 316, 319; *Goette* § 10 Rn 24.

[65] BGHZ 76, 352, 353; (für AG) BGHZ 103, 184, 190 f.

[66] BGHZ 76, 352, 353.

[67] BGHZ 76, 352, 353 ff; Hachenburg/*Ulmer* Rn 31; *Passarge/Torwegge* Rn 37; *Lutter*/Hommelhoff/*Kleindiek* Rn 6; Scholz/*Schmidt* Rn 16; Beck GmbH-Hdb/*Erle/Eberhard* § 16 Rn 9; *Lutter* ZGR 1981, 171, 177 ff; *Timm* JZ 1980, 665, 668 ff; für weitergehende richterliche Kontrolle von Mehrheitsentscheidungen aber *Wiedemann* ZGR 1980, 147, 157 f.

[68] BGHZ 76, 352, 353 ff; (für AG) BGHZ 103, 184, 193 f; iE ebenso *Passarge/Torwegge* Rn 37; *Friedrich* BB 1994, 89, 93 f.

5. Rechtsfolge. Auflösung der Ges tritt mit wirksamer Beschlussfassung ein; Eintragung der Auflösung in das HR nach § 65 hat nur deklaratorische Bedeutung.[69] Maßgebend ist der im Beschluss genannte Auflösungstermin,[70] sofern darin liegende Hinausschiebung der Auflösung in den in Rn 18 genannten Grenzen bleibt. Nennt Beschluss keinen Termin, so wird er mit dem Tage der Beschlussfassung wirksam.[71] Ist Auflösungsbeschluss Satzungsänderung (Rn 18), wird er nach § 54 III erst durch Eintragung in das HR wirksam.[72] 21

6. Zwingende Vorschrift. Nr 2 ist insofern zwingend, als GesVertrag die Möglichkeit eines Auflösungsbeschlusses nicht ausschließen kann.[73] 22

III. Auflösung durch Staatsakt, Nr 3

Die Ges wird aufgelöst durch Urteil des ordentlichen Gerichts im Falle des § 61 (§ 61 Rn 22) u durch Verwaltungsakt im Falle des § 62 (§ 62 Rn 13). Diese Vorschrift ist zwingend.[74] Verweisung in Nr 3 auf Verwaltungsgericht ist überholt (§ 62 Rn 11).[75] 23

IV. Eröffnung des Insolvenzverfahrens, Nr 4

Lit: *Bitter/Röder,* Insolvenz und Sanierung in Zeiten der Finanz- und Wirtschaftskrise, ZInsO 2009, 1283; *Delhaes,* Die Stellung, Rücknahme und Erledigung verfahrenseinleitender Anträge nach der Insolvenzordnung, Kölner Schrift, 141; *Fichtelmann,* Die Rechtsstellung des Geschäftsführers der GmbH in der Insolvenz der Gesellschaft, GmbHR 2008, 76; *Göcke,* Haftungsfalle Führungslosigkeit? Gefahren für den Insolvenzverwalter eines GmbH-Gfters bei führungsloser Gesellschaft, ZInsO 2008, 1305; *Götker,* Der Geschäftsführer in der Insolvenz der GmbH, 1999; *Grüneberg,* Die Rechtspositionen der Organe, 1988; *Gutsche,* Die Organkompetenzen im Insolvenzverfahren, 2003; *Haas,* Insolvenzantragsrecht und -pflicht in der GmbH insbesondere des „faktischen Geschäftsführers" nach neuem Recht, DStR 1998, 1359; *ders,* Aktuelle Rechtsprechung zur Insolvenzantragspflicht des GmbH-Geschäftsführers nach § 64 Abs. 1 GmbHG, DStR 2003, 423; *ders,* Der GmbH-Gesellschafter in der Unternehmensinsolvenz, FS Horst Konzen, 2006, 157; *Henssler,* Die verfahrensrechtlichen Pflichten des Geschäftsführers im Insolvenzverfahren über das Vermögen der GmbH und der GmbH & Co. KG, Kölner Schrift, 1283; *Henze/Bauer,* Pflichtenstellung und Haftung des GmbH-Geschäftsführers im früheren und gegenwärtigen Insolvenzrecht, Kölner Schrift, 1311; *Kautz,* Die gesellschaftsrechtliche Neuordnung, 1995; *Lindemann,* Herabsetzung der Geschäftsführervergütung in der Krise, GmbHR 2009, 737; *Lutter,* Zahlungseinstellung und Überschuldung unter der neuen Insolvenzordnung, ZIP 1999, 641; *H.-F. Müller,* Der Verband in der Insolvenz, 2002; *ders,* Die Kapitalerhöhung in der Insolvenz, ZGR

---

69 BGH ZIP 1999, 281, 283 = NJW 1999, 1481, 1483; Michalski/*Nerlich* Rn 48; Hachenburg/*Ulmer* Rn 35; Scholz/*Schmidt* Rn 15, 18; Rowedder/Schmidt-Leithoff/*Rasner* Rn 16.

70 Vgl zu Auslegungsschwierigkeiten BFH BStBl 1974 II, 342.

71 BFH BStBl 1983 II, 433, 434; Hachenburger/*Ulmer* Rn 35; Scholz/*Schmidt* Rn 18; Michalski/*Nerlich* Rn 48.

72 Hachenburg/*Ulmer* Rn 35; Scholz/*Schmidt* Rn 18.

73 Ulmer/*Casper* Rn 1; *Lutter*/Hommelhoff/*Kleindiek* Rn 6; *Passarge/Torwegge* Rn 34; Michalski/*Nerlich* Rn 37; in der Sache übereinstimmend auch Scholz/*Schmidt* Rn 18.

74 Ulmer/*Casper* Rn 1; Rowedder/Schmidt-Leithoff/*Rasner* Rn 11; Michalski/*Nerlich* § 61 Rn 5; für § 61: BayObLG DB 1978, 2164, 2165.

75 Hachenburg/*Ulmer* Rn 39.

2004, 842; *Rödder,* Kompetenzbeschränkungen der Gesellschaftsorgane in der Insolvenz der GmbH, 2006; *K. Schmidt,* Die Strafbarkeit „faktischer Geschäftsführer" wegen Konkursverschleppung als Methodenproblem, FS Rebmann, 1989, 419; *ders,* Insolvenzordnung und Gesellschaftsrecht, ZGR 1998, 633; *ders,* Haftungsrealisierung in der Gesellschaftsinsolvenz – Funktion und Aufgaben des Verwalters nach Gesellschafts- und Insolvenzrecht, KTS 2001, 373; *ders,* Insolvenzordnung und Unternehmensrecht – Was bringt die Reform?, Kölner Schrift, 1199; *K. Schmidt/Uhlenbruck,* Gesellschaftsrechtliche Aspekte des Insolvenzrechts, Kölner Schrift, 1157; *W. Schulz,* Zur Veränderung und Ersetzung der Gesellschaftsorgane durch Konkursverwalter, KTS 1986, 389; *Schulze-Osterloh,* Grenzen des Gläubigerschutzes bei fahrlässiger Konkursverschleppung, AG 1984, 141; *Siegmann/Vogel,* Die Verantwortlichkeit des Strohmanngeschäftsführers einer GmbH, ZIP 1994, 1821; *Thümmel,* Aufgaben und Haftungsrisiken des Managements in der Krise des Unternehmens, BB 2002, 1105; *Vallender* Allgemeine Anforderungen an Anträge im Insolvenzverfahren, MDR 1999, 280; *ders,* Das Rechtliche Gehör im Insolvenzverfahren, Kölner Schrift, 249; *Vallender/Fuchs* Die Antragspflicht organschaftlicher Vertreter einer GmbH vor dem Hintergrund der Europäischen Insolvenzverordnung, ZIP 2004, 829; *Wellensiek/Flitsch,* Das Verhältnis von insolvenzrechtlichem Verdrängungs- und insolvenzfreiem Gesellschaftsbereich, FS Fischer, 2008, 579.

24 Vorschrift ist mit Wirkung ab 1. 1. 1999 ohne sachliche Änderung neugefasst durch Art 48 Nr 5 Buchst a EGInsO. Die Ges wird zwingend[76] aufgelöst durch Eröffnung des Insolvenzverfahrens über ihr Vermögen. Insolvenzgründe sind Zahlungsunfähigkeit (§ 17 InsO, dazu § 64 Rn 33 ff), uU drohende Zahlungsunfähigkeit (§ 18 InsO) u Überschuldung (§ 19 InsO, dazu § 64 Rn 43 ff). Auflösungszeitpunkt ist Stunde der Insolvenzeröffnung, vgl § 27 II Nr 3 InsO.[77] Abwicklung nach §§ 66 ff ist ausgeschlossen. Abw vom früheren Recht[78] findet sie auch nicht nach Beendigung des Insolvenzverfahrens statt, wenn noch Vermögen vorhanden ist. Vielmehr hat Insolvenzverwalter die Liquidation der Ges zu Ende zu führen, wie sich aus § 199 S 2 InsO u § 141 a I 2 FGG bzw § 394 I 2 FamFG (§ 77 Anh Rn 12) ergibt.[79] Zur Abweisung des Insolvenzantrages mangels Masse Nr 5 (Rn 25 ff). Zur GfterInsolvenz Rn 46. Zu den Insolvenzursachen und zur aktuellen Insolvenzentwicklung, vgl *Bitter/Röder* ZInsO 2008, 1283 ff.

25 **1. Einleitung des Insolvenzverfahrens.** Das Insolvenzverfahren wird nach § 13 I 1 InsO nur auf Antrag eröffnet. Eine Eröffnung von Amts wegen gibt es nicht.[80] Antrag ist an das Insolvenzgericht (§ 2 InsO) zu richten. Die Antragsbefugnis steht nach § 13 I 2 InsO jedem Gläubiger oder aber auch dem Schuldner zu.

26 **a) Insolvenzfähigkeit.** Insolvenzfähig ist nach § 11 I InsO die GmbH. Auch eine aufgelöste GmbH bleibt nach § 11 III insolvenzfähig, solange die Verteilung des Vermögens noch nicht vollzogen ist.[81] Gleiches gilt für gelöschte GmbH, wenn diese noch Vermögen hatte.[82] Ist GmbH bereits beendet, ist gegen nicht mehr existenten Schuldner ergehender Eröffnungsbe-

---

[76] Ulmer/*Casper* Rn 1.

[77] Rowedder/Schmidt-Leithoff/*Rasner* Rn 20; Michalski/*Nerlich* Rn 144; Ulmer/*Casper* Rn 53.

[78] 16. Aufl 1995, § 63 Rn 47.

[79] *K. Schmidt* GmbHR 1994, 829, 830 f; *Vallender* NZG 1998, 249, 251.

[80] Kübler/Prütting/*Pape* § 13 InsO Rn 29.

[81] LG Zweibrücken NZI 2005, 397.

[82] BGH NZI 2005, 225, 226; MünchHdbGmbH/*Wellensich/Oberle* § 65 Rn 6.

schluss nichtig.[83] Unstreitig ist ebenfalls die Vor-GmbH insolvenzfähig nach § 11 I InsO, auch wenn sie (noch) keine juristische Person ist und auch nicht in der Aufzählung des § 11 II InsO enthalten ist.[84]

b) Eigenantrag der GmbH. Für die Frage, wem innerhalb der GmbH das Antragsrecht zusteht, differenziert das Gesetz zunächst nach dem jeweiligen Eröffnungsgrund. Im Falle der Zahlungsunfähigkeit und Überschuldung richtet sich dieses nach **§ 15 I InsO.** Im Falle der drohenden Zahlungsunfähigkeit richtet sich das Antragsrecht innerhalb der GmbH hingegen nach § 18 III InsO. Vorschriften finden entspr Anwendung für alle in Deutschland tätigen Ges, die nach ausl Recht gegründet sind und in ihrer Struktur und Funktion der GmbH vergleichbar sind.[85] 27

aa) Antragsbefugnis nach § 15 I InsO. Nach § 15 I InsO steht das Antragsrecht innerhalb der GmbH jedem einzelnen GFührer oder Liquidator ohne Rücksicht auf gesetzliche oder sonstige Vertretungsregelung zu.[86] Antragsbefugnis entfällt aber mit Rechtskraft eines Strafurteils, indem GFührer wegen einer der Katalogtaten nach § 6 II Nr 3 verurteilt worden ist.[87] Nicht antragsberechtigt sind die Mitglieder des AR[88] bzw. eines Beirats[89] oder die Prokuristen bzw. anderen Bevollmächtigten.[90] Dies gilt auch im Rahmen unechter Gesamtvertretung.[91] Wohl aber kann Prokurist als außenstehender Gläubiger nach § 14 InsO antragsbefugt sein (vgl unten Rn 31). Kein Antragsrecht steht dem ausgeschiedenen GFührer zu, der von seinem Amt abberufen wurde oder aber sein Amt niedergelegt hat (siehe hierzu § 38 Rn 86 ff). Amtsniederlegung ist nicht schon deshalb unwirksam, weil Ges im maßgebenden Zeitpunkt insolvenzreif ist oder keinen weiteren GFührer hat.[92] Ist Akt, mit dem jemand zum GFührer bestellt wurde, unwirksam, ist § 15 I InsO zugunsten solcher Personen zu bejahen (für „faktischen GFührer" ieS, siehe unten Rn 30).[93] Nicht antragsberechtigt ist – grds – auch der Gfter.[94] Dies gilt auch dann, wenn alle Gesanteile in der Hand eines Gfters vereinigt sind.[95] Anderes gilt jedoch für die Vor-GmbH. Hier sind Gfter – auf Grund der bestehenden unbeschränkten Haftung (vgl § 11 Rn 23 ff) – antragsbefugt 28

---

83 BGH NZI 2008, 612, 613.

84 BGH ZIP 2003, 2123; *Haas* DStR 1999, 985; BerlinerKommInsO/*Goetsch* § 11 Rn 16; Gottwald/*Haas* InsOHdb § 92 Rn 560; Ulmer/*Casper* § 64 Rn 30.

85 HeidelbergerKommInsO/*Kirchhof* § 15 Rn 7.

86 Gottwald/*Uhlenbruck* InsOHdb § 8 Rn 5; Jaeger/*Müller* § 15 InsO Rn 6; Kübler/Prütting/*Pape* § 15 InsO Rn 14.

87 AG Dresden ZInsO 2007, 501.

88 MünchKommInsO/*Schmahl* § 15 InsO Rn 34; BerlinerKommInsO/*Goetsch* § 15 Rn 4; Scholz/*Schmidt* Vor § 64 Rn 45; Jaeger/*Müller* § 15 InsO Rn 31; *Noack* InsO GesR Rn 258.

89 BerlinerKommInsO/*Goetsch* § 15 Rn 4; Ulmer/*Casper* § 64 Rn 42.

90 *Haas* DStR 1998, 1359, 1360; HeidelbergerKommInsO/*Kirchhof* § 15 Rn 9.

91 Jaeger/*Müller* § 15 InsO Rn 32.

92 Schmidt/*Wehr* § 15 InsO Rn 10; Ulmer/*Casper* § 64 Rn 37.; Roth/*Altmeppen* § 38 Rn 77 f; *Wachter* GmbHR 2001, 1129, 1133; *Fichtelmann* GmbHR 2008, 76, 78. **AM** BayObLG GmbHR 1982, 43, 44; GmbHR 1992, 671 f; OLG Köln GmbHR 2008, 544; LG Potsdam wistra 1995, 193, 194 f; AG Memmingen GmbHR 2004, 952, 954 f.

93 Gottwald/*Uhlenbruck* InsOHdb § 8 Rn 5; Schmidt/*Wehr* § 15 Rn 14; MünchKommInsO/*Schmahl* § 15 Rn 42; Jaeger/*Müller* § 15 InsO Rn 37.

94 *Noack* InsO GesR Rn 258; Ulmer/*Casper* Rn 40.

95 HeidelbergerKommInsO/*Kirchhof* § 11 Rn 7; Schmidt/*Wehr* § 15 InsO Rn 5.

(nicht aber antragsverpflichtet).[96] Ist Ges führungslos (vgl § 35 Rn 105 a), steht das Antragsrecht nach § 15 I 2 InsO jedem (einzelnen) Gfter zu. Handelt es sich beim Gfter um Personengesamtheiten oder jurist Personen, steht Antragsrecht entsprechend § 15 II InsO den organschaftlichen Vertretern der Gfter-Ges zu. Ist über Vermögen des Gfters einer führungslosen Ges Insolvenzverf eröffnet, steht Antragsrecht (und Antragspflicht nach § 15 a III InsO) dem Insolvenzverwalter zu; denn allein diesem steht Verwaltungs- und Verfügungsbefugnis über vermögensrechtl Angelegenheiten des Insolvenzschuldners zu.[97] IÜ **kann** – wenn Ges nicht geschäftsführungslos ist – **die GfterVers den** GFührer anweisen, Insolvenzantrag zu stellen.[98]

29 **bb) Antragsbefugnis nach § 18 III InsO.** Im Fall der drohenden Zahlungsunfähigkeit ist Antragsrecht innerhalb der Ges streng an (gesellschaftsrechtliche) Vertretungsbefugnis gekoppelt.[99] Von der Frage der Vertretungsbefugnis ist diejenige zu unterscheiden, ob GFührer einen solchen Antrag ohne Zustimmung der Gfter stellen darf. Letzteres wird man ablehnen müssen.[100] Im Fall der Führungslosigkeit (§ 35 Rn 105 a) ist ein „Ersatzantragsrecht" der Gfter nicht vorgesehen. Insoweit verdrängt § 18 III InsO § 15 I 2 InsO.

30 **cc) „Faktischer GFührer" ieS.** Für die Frage, ob auch faktischer GFührer ieS (zum Begriff siehe § 64 Rn 9 ff) antragsberechigt ist, ist zu differenzieren. Da § 18 III InsO Antragsbefugnis – ausdrücklich – an Vertretungsbefugnis koppelt, wird man im Fall der drohenden Zahlungsunfähigkeit ein Antragsrecht des nicht ordnungsgemäß bestellten GFührer von vornherein ablehnen müssen.[101] Im Anwendungsbereich des § 15 I InsO spricht der Wortlaut ebenfalls gegen ein Antragsrecht des „faktischen GFührers" ieS; denn die Bestimmung knüpft daran an, dass jemand „Mitglied des Vertretungsorgans" ist. Dennoch nimmt die wohl hM – allerdings zu Unrecht (vgl § 64 Rn 172) –[102] ein Antragsrecht auch zugunsten solcher Person an, die ohne jeglichen Bestellungsakt mit Wissen und Wollen der Gfter tatsächlich Aufgaben der Geschäftsführung oder Liquidation (im Außenverhältnis) übernommen haben bzw eine Pflicht des „faktischen GFührers" an, dafür Sorge zu tragen, dass Insolvenzantrag von Antragsberechtigten gestellt wird.[103] Letzteres ist mit Sinn und Zweck des Antragsverfahrens kaum zu vereinbaren (vgl § 64 Rn 172).

30 a **dd) Antragspflicht.** Siehe hierzu § 64 Rn 113 ff.

---

[96] *Haas* DStR 1999, 985, 987; so auch Schmidt/*Wehr* § 15 InsO Rn 5; Jaeger/*Müller* § 15 InsO Rn 20.

[97] *Göcke* ZInsO 2008, 1305, 1307.

[98] Jaeger/*Müller* § 15 InsO Rn 31; MünchKommInsO/*Schmahl* § 15 InsO Rn 35; *Noack* InsO GesR Rn 258; mit Einschränkungen bei nur einfacher Mehrheit wegen § 60 I Nr 2 Scholz/*Schmidt* Vor § 64 Rn 45.

[99] Kübler/Prütting/*Pape* § 15 InsO Rn 14.

[100] *Haas* DStR 1998, 1359, 1363.

[101] Gottwald/*Haas* InsOHdb § 92 Rn 43.

[102] Zweifelnd aber Braun/*Kind* § 15 InsO Rn 14; Jaeger/*Müller* § 15 InsO Rn 38; *Noack* InsO GesR Rn 262; MünchKommInsO/*Schmahl* § 15 InsO Rn 42 f; *Schmidt*/Uhlenbruck Rn 5, 219; *Haas* DStR 1998, 1359 f; Schmidt/*Wehr* § 15 InsO Rn 14; wohl auch HeidelbergerKommInsO/*Kirchhof* § 15 InsO Rn 5, 10.

[103] BerlinerKommInsO/*Goetsch* § 15 Rn 6; FrankfurterKommInsO/*Schmerbach* § 15 InsO Rn 11; Kübler/Prütting/*Pape* § 15 InsO Rn 4, 4 a; *Uhlenbruck* § 15 InsO Rn 2 iVm § 11 InsO Rn 61.

31 **c) Fremdantrag.** Nach **§ 13 I 2 InsO** ist jeder Gläubiger der Ges zur Antragstellung befugt. Voraussetzung ist **Rechtschutzbedürfnis** (rechtliches Interesse, § 14 I InsO). Es ist in der Regel gegeben, kann aber im Einzelfall fehlen, so, wenn Gläubiger Absonderungsrecht nach §§ 49ff InsO hat, das Forderung voll deckt,[104] wenn er insolvenzfremde Zwecke verfolgt, wie die Erzwingung von Ratenzahlungen[105] oder wenn eine verjährte Forderung durchgesetzt werden soll.[106] Jedoch wird man in den Fällen, in denen Forderung des Gl vollständig und zweifelsfrei dinglich gesichert ist, Rschutzbedürfnis nicht ohne weitres absprechen können; denn weiß Gläubiger um Zahlungsunfähigkeit des Schuldners, riskiert er, Zahlungen des Schuldners im Anfechtungswege wieder auskehren zu müssen. Von diesem Anfechtungsobligo kann sich Gl nur durch Insolvenzantragstellung befreien.[107] Insolvenzantrag durch nicht bevollmächtigten Vertreter kann auch nach Verfahrenseröffnung genehmigt werden.[108] Auch bei Fremdantrag gegen führungslose Ges ist aus Gesamtheit der §§ 15 I 2, 15 III, 10 II InsO, 35 GmbHG zu schließen, dass Ges prozessfähig ist (§ 64 Rn 166).

32 Ob **Gfter,** die Inhaber von Ansprüchen aus Rechtsgeschäften mit der Ges (Kauf, Miete, Darlehen) oder von gesrechtlichen Ansprüchen sind (insbes auf Gewinnausschüttung), antragsbefugt sind, ist fraglich. Nach § 39 I Nr 5 InsO sind im eröffneten Verfahren Gfterforderungen (auf Rückgewähr eines Darlehens oder aus Rhandlungen, die einem solchen Darlehen wirtschaftlich entsprechen) – unter bestimmten Voraussetzungen – zwangsweise subordiniert (siehe § 30 Anh). Richtiger Ansicht nach wird man dem Gfter ein Antragsrecht dennoch nicht absprechen können; denn zum einen handelt es sich auch bei einem Gläubiger einer nachrangigen Forderung um einen Insolvenzgläubiger und zum anderen ist dem Insolvenzgericht die Prüfung der Voraussetzungen der gesetzlichen Subordination nach § 39 I Nr 5, II–V InsO nicht zumutbar.[109] Anders ist die Rechtslage dann, wenn der Gfter einen (qualifizierten) Rangrücktritt für seine Forderung abgegeben hat (vgl § 64 Rn 54ff). Hier wird man – wenn eine Befriedigungsaussicht für den Gfter nicht abzusehen ist – das für § 14 InsO erforderliche rechtliche Interesse an der Antragstellung verneinen müssen.[110]

33 **d) Anforderungen an Antrag.** Insolvenzantrag ist nach § 13 I InsO schriftlich zu stellen. Antrag durch **alle GFührer oder Liquidatoren** ist ohne weiteres zulässig (vgl § 15 II 1 InsO). Antrag nur durch einzelne GFührer oder Liquidatoren (Rn 35) muss Eröffnungsgrund (Zahlungsunfähigkeit, drohende Zahlungsunfähigkeit oder Überschuldung) durch Vorlage beliebiger Beweismittel einschließlich Versicherung an Eides Statt (§ 4 InsO iVm § 294 I ZPO) glaubhaft machen. Gericht hat die übrigen GFührer oder Liquidatoren zu hö-

---

[104] BGH EWiR 2008, 407 *(Hölzle);* Kübler/Prütting/*Pape* § 14 InsO Rn 58. **AM** MünchKommInsO/*Schmahl* § 14 InsO Rn 49.

[105] Kübler/Prütting/*Pape* § 14 InsO Rn 61; MünchKommInsO/*Schmahl* § 14 InsO Rn 51.

[106] Kübler/Prütting/*Pape* § 14 InsO Rn 61; MünchKommInsO/*Schmahl* § 14 InsO Rn 47.

[107] Siehe auch MünchKommInsO/*Schmahl* § 14 Rn 51; *Hölzle* EWiR 2008, 407, 408.

[108] BGH NZG 2003, 583, 584 = ZIP 2003, 1007.

[109] So bereits zum bisherigen Recht Gottwald/*Haas* InsOHdb § 92 Rn 45; iE auch BerlinerKommInsO/*Goetsch* § 14 Rn 13.

[110] HeidelbergerKommInsO/*Kirchhof* § 14 Rn 26; BerlinerKommInsO/*Goetsch* § 14 Rn 14; Gottwald/*Haas* InsOHdb § 92 Rn 46f.

ren (§ 15 II 3 InsO). Unterbleibt Anhörung, kann die Ges gegen Eröffnungsbeschluss gem § 34 II InsO sofortige Beschwerde (Rn 54) einlegen.[111] Im Nichtabhilfeverfahren nach § 572 I ZPO[112] oder im Beschwerdeverfahren[113] kann Anhörung nachgeholt werden. Ist Eröffnungsgrund drohende Zahlungsunfähigkeit, setzt Antrag durch einzelne GFührer oder Liquidatoren nach § 18 III InsO deren Vertretungsbefugnis voraus.

34 Zulässigkeit des Eigenantrags erfordert – auch wenn er von allen GFührern gestellt wird – **substantiierte Darlegung der Tatsachen,** aus denen sich die wesentlichen Merkmale eines Eröffnungsgrundes ergeben.[114] Amtsermittlungsgrundsatz des Insolvenzgerichts setzt nämlich zulässigen Eröffnungsantrag voraus.[115] Hierzu ist erforderlich, dass Antrag ernsthaft auf Eröffnung gerichtet ist und nicht sachfremden Zwecken dient. Dann aber muss Eröffnungsgrund in nachvollziehbarer Weise dargelegt werden. Glaubhaftmachung des Eröffnungsgrundes oder Schlüssigkeit im technischen Sinne sind jedoch nicht erforderlich.[116] Ein Verzeichnis der Gläubiger u Schuldner der Ges sowie eine Übersicht über die Vermögensmasse brauchen ebenfalls nicht vorgelegt zu werden.[117] Genügt Eröffnungsantrag diesen Mindestanforderungen nicht, muss Insolvenzgericht auf Mangel hinweisen und Frist zur Behebung setzen. Nach Ablauf der Frist ist Antrag als unzulässig abzuweisen.[118]

35 Antrag durch **GesGläubiger** erfordert nach § 14 I InsO neben Glaubhaftmachung des Eröffnungsgrundes auch Glaubhaftmachung seiner Forderung. Ges ist nach § 14 II InsO zu hören. Dabei ist entspr § 15 II 3 InsO allen GFührern Gelegenheit zur Äußerung zu geben.[119] Wird Eigenantrag nicht von allen GFührern gestellt, muss Eröffnungsgrund ebenfalls glaubhaft gemacht werden (§ 15 II 1 InsO). Ist **Ges führungslos,** muss Insolvenzgrund bei Gfterantrag nur glaubhaft gemacht werden, wenn nicht alle Gfter Antrag stellen (§ 15 I 1 InsO). Darüber hinaus heißt es in § 15 I 2 InsO: „Zusätzlich ist bei Antragstellung durch Gfter einer juristischen Person … auch die Führungslosigkeit glaubhaft zu machen". Man wird die Bestimmung so lesen müssen, dass die Führungslosigkeit nur in den Fällen glaubhaft zu machen ist, in denen nicht alle Gfter den Antrag stellen. Im Letzteren Fall sind dann die übrigen Gfter vom Insolvenzgericht zu hören (§ 15 II 3 InsO). Entspr gilt, wenn – im Fall der Führungslosigkeit – ein Fremdantrag gestellt wird.

---

111 Jaeger/*Müller* § 15 Rn 53.

112 Für Anhörung nach § 14 InsO Kübler/Prütting/*Pape* § 14 InsO Rn 82; zu § 6 II 2 InsO aF *Vallender,* Kölner Schrift, 249, 255 Rn 15.

113 MünchKommInsO/*Schmahl* § 15 InsO Rn 50 iVm § 14 InsO Rn 122; Jaeger/*Müller* § 15 Rn 53; einschränkend für Anhörung nach § 14 InsO Kübler/Prütting/*Pape* § 14 InsO Rn 82.

114 BGHZ 153, 205, 207 = BB 2003, 493, 494; LG Stendal NZI 2008, 44, 45; AG Köln ZIP 2009, 822, 823; *Uhlenbruck* § 13 InsO Rn 18; *Haas* DStR 2003, 423, 426; *Vallender* MDR 1999, 280, 281.

115 BGH ZIP 2003, 358; LG Stendal NZI 2008, 44, 45; AG Köln ZIP 2009, 822, 823.

116 BGHZ 153, 205, 207 = BB 2003, 493, 494; LG Stendal NZI 2008, 44, 45; AG Köln ZIP 2009, 822, 823.

117 LG Stendal NZI 2008, 44, 45; *Uhlenbruck* § 13 InsO Rn 18.

118 BGHZ 153, 205, 207 = BB 2003, 493, 494; LG Stendal NZI 2008, 44, 45; AG Köln ZIP 2009, 822, 823.

119 Kübler/Prütting/*Pape* § 14 InsO Rn 85; Nerlich/Römermann/*Mönning* § 14 InsO Rn 54; *Uhlenbruck* § 14 InsO Rn 64. **AM** (nur ein vertretungsberechtigter GFührer) MünchKommInsO/*Schmahl* § 14 InsO Rn 105.

e) Rücknahme des Antrags. Rücknahme ist nach § 13 II InsO bis zum Erlass (nicht Rechtskraft) des Eröffnungsbeschlusses oder bis zur rechtskräftigen Abweisung des Antrags zulässig.[120] Scheidet GFührer nach Antragstellung aus Organstellung aus, beseitigt dies nicht Wirksamkeit des gestellten Antrags.[121] Im Übrigen aber regelt Gesetz nicht, wer innerhalb der GmbH rücknahmeberechtigt ist. Ist der Antrag wegen drohender Zahlungsunfähigkeit gestellt worden, findet § 18 III InsO für Rücknahmeberechtigung entsprechende Anwendung.[122] Im Falle der Zahlungsunfähigkeit bzw Überschuldung ist umstritten, inwieweit § 15 I InsO analog anzuwenden ist (vgl § 64 Rn 121, 168). 36

f) „Erneuter Antrag". Ist bereits ein Insolvenzverfahren über das Vermögen des Schuldners eröffnet, sind weitere Anträge auf Eröffnung des Verfahrens unzulässig.[123] Das gilt sowohl für Fremd- wie für Eigenanträge.[124] Etwas anderes gilt uU dann, wenn ausnahmsweise insolvenzfreies Vermögen (Rn 46) vorhanden ist.[125] Hier ist erneutes Insolvenzverf mögl. Antragsberechtigt sind aber nur Neugläubiger, da Altgläubiger am eröffneten Verfahren teilnehmen müssen und Befriedigung nur in diesem Verf begehren dürfen.[126] Sonstige (freigegebene) Vermögen des Schuldners ist für Dauer des Insolvenzverfahrens nach § 88 I InsO Zugriff der Altgl entzogen.[127] Rechtliches Interesse iSd § 14 InsO für Fremdantrag des Neugläubigers fehlt nicht schon deshalb, weil über Vermögen des Schuldners bereits Insolvenzverfahren eröffnet wurde, da beide Verfahren unterschiedliche Haftungsmasse betreffen.[128] Wurde Eröffnungsantrag mangels Masse abgewiesen, ist erneuter Insolvenzantrag (über dann Liquidationsgesellschaft, § 60 I Nr 5 GmbHG) zulässig, wenn glaubhaft gemacht wird, dass zwischenzeitlich ausreichendes Schuldnervermögen ermittelt wurde (zur Frage, ob in diesen Fällen auch Insolvenzantragspflicht besteht siehe § 64 Rn 113) oder Kostenvorschuss einbezahlt wurde.[129] Dies gilt selbst dann, wenn Ges zwischenzeitl im Handelsregister gelöscht wurde (und Vollbeendigung der GmbH noch nicht eingetreten ist).[130] 37

2. Entscheidung über Eröffnungsantrag. Insolvenzverfahren wird eröffnet, wenn **zulässiger und begründeter Insolvenzantrag** vorliegt. Im Rahmen der Zulässigkeit stellt hM ua darauf ab, ob GmbH prozessfähig ist (§ 4 InsO iVm §§ 51 ff ZPO). Letzteres ist fraglich, wenn GmbH geschäftsführerlos ist. Bislang waren Versuche in Rspr und Lit, diesen Manipulationen „Herr zu werden" wenig überzeugend.[131] Ob MoMiG hieran etwas geändert 38

---

120 BGHSt NZI 2009, 124, 125; MünchHdbGmbH/*Wellensich/Oberle* § 65 Rn 68; Kübler/Prütting/*Pape* § 13 InsO Rn 116 ff; MünchKommInsO/*Schmahl* § 13 InsO Rn 102 ff; *Uhlenbruck* § 13 InsO Rn 80.

121 HeidelbergerKommInsO/*Kirchhof* § 15 Rn 15; Jaeger/*Müller* § 15 Rn 8.

122 Gottwald/*Haas* InsOHdb § 92 Rn 51.

123 BGHZ 162, 181, 186; BGH ZInsO 2008, 924.

124 BGH NZI 2008, 609, 610.

125 AG Hamburg ZInsO 2008, 680 = ZIP 2009, 384.

126 BGH NZI 2008, 609, 610.

127 BGH ZIP 2009, 819, 820.

128 AG Hamburg ZInsO 2008, 924 = ZIP 2009, 384, 385 f.

129 BGH NZI 2002, 601; LG Zweibrücken NZI 2005, 397; vgl auch Berliner KommInsO/*Goetsch* § 26 Rn 52; Schmidt/*Schröder* § 26 InsO Rn 71 f.

130 BGH NZI 2005, 225, 226.

131 Siehe hierzu Gottwald/*Haas* InsOHdb § 92 Rn 213 ff.

hat, ist fraglich; denn es fehlt an einer Vorschrift, wonach im Falle der Geschäftsführungslosigkeit GmbH durch Gfter vertreten wird (siehe § 64 Rn 166). Begründet ist Insolvenzantrag dann, wenn Insolvenzgrund (siehe hierzu § 64 Rn 33 ff) vorliegt und das vorhandene Gesvermögen die Kosten des Verfahrens voraussichtlich decken wird (§ 26 I InsO). Erforderlicher Geldbetrag kann auch von Gl vorgeschossen werden (§ 26 I 2 InsO). UU hat vorschussleistender Gl Rückgriffsmöglichkeit gegen GFührer nach § 26 III InsO (vgl auch § 64 Rn 109). Ob im Übrigen Vermögen voraussichtl ausreichen wird, die Kosten des Verf zu decken, berechnet sich aus einem Vergleich zwischen dem verwertbaren, dh in angemessener Zeit in Geld umwandelbaren Vermögen des Schuldners, mit den voraussichtlichen Kosten des gesamten Verfahrens.[132] Das im Rahmen der Massekostendeckungsprüfung berücksichtigungsfähige Vermögen kann daher geringer sein als der Wert der Insolvenzmasse bei Ende des Verfahrens (Sollmasse).[133] In die Massekostendeckungsprüfung sind nicht nur Vermögensbestandteile der Ges, sondern auch Anfechtungsansprüche (§§ 129 ff InsO) oder solche Ansprüche einzubeziehen, die Insolvenzverwalter nach §§ 92, 93 InsO geltend machen kann (siehe auch § 64 Rn 132).[134] Eröffnungsvoraussetzungen müssen im Zeitpkt der Eröffnung vorliegen.[135]

39 **a) Gegen Eröffnungsbeschluss** steht der Ges nach § 34 II InsO die sofortige Beschwerde zu. Die Frist beträgt nach §§ 4 InsO, 569 I 1 ZPO zwei Wochen, beginnend gem § 6 II InsO mit der Verkündung der Entscheidung oder, wenn sie nicht verkündet wird, mit deren Zustellung.[136] Ges wird ohne Rücksicht auf gesetzliche oder gesvertragliche Vertretungsregelung analog § 15 I InsO durch jeden einzelnen GFührer oder Liquidator vertreten.[137] Befugnis, Rechtsbehelf einzulegen besteht aber nicht mehr für früheren GFührer.[138] Hat Schuldner Antrag gestellt und enttäuscht Gericht seine Erwartung, dass Antrag mangels Masse abgewiesen werde, so fehlt Schuldner Rechtsschutzbedürfnis für sofortige Beschwerde.[139] Grds steht Schuldner bei Eröffnung des Verfahrens auf einen Eigenantrag kein Recht zur sofortigen Beschwerde zu.[140] Auch Ablehnung der Eigenverwaltung ist keine der sofortigen Beschwerde unterliegende Entscheidung.[141]

40 **b) Gegen Ablehnung der Verfahrenseröffnung** steht sofortige Beschwerde nach § 34 I InsO dem Antragsteller zu. Hat Gläubiger Antrag gestellt, steht diese auch Ges zu. Auch in diesen Fällen wird Ges analog § 15 I

---

132 BGH ZIP 2003, 2171, 2172; ZIP 2006, 1056, 1057; BerlinerKommInsO/*Goetsch* § 26 Rn 7; Schmidt/*Schröder* § 26 InsO Rn 9 ff; Gottwald/*Haas* InsOHdb § 92 Rn 225.

133 BGH ZIP 2003, 2171, 2172; *Uhlenbruck* § 26 InsO Rn 10 f.

134 Schmidt/*Schröder* § 26 InsO Rn 10; Gottwald/*Haas* InsOHdb § 92 Rn 228.

135 BGH ZInsO 2006, 1051.

136 OLG Köln NZI 2000, 169, 170 f = ZIP 2000, 195, 196 f; zust *Bork* EWiR 2000, 181, 182; krit Kübler/Prütting/*Pape* § 30 InsO Rn 3.

137 Jaeger/*Müller* § 15 InsO Rn 62; *Pape* ZInsO 2008, 1041; MünchKommInsO/*Schmahl* § 15 InsO Rn 65; Rowedder/*Schmidt-Leithoff* § 63 Rn 95; *Uhlenbruck* § 15 InsO Rn 9; zur KO Ulmer/*Casper* § 63 Rn 65, 67.

138 BGH NZI 2006, 700.

139 BGH ZInsO 2008, 859.

140 BGH ZInsO 2007, 206.

141 BGH ZIP 2007, 394.

InsO unabhängig von Vertretungsregelung durch jeden einzelnen GFührer vertreten.[142]

c) Eintragung in das HR und Bekanntmachung. Nach § 65 I 2, 3 ist Eröffnung des Insolvenzverfahrens von Amts wegen in das HR einzutragen (§ 65 Rn 3). Anmeldung durch GFührer entfällt nach § 65 I 2. Dasselbe gilt für Auflösung der Ges nach § 60 I Nr 5 infolge Rechtskraft des Beschlusses, durch den die Eröffnung des Insolvenzverfahrens mangels Masse nach § 26 I InsO abgelehnt worden ist (Rn 68). Eröffnungsbeschluss ist nach § 30 InsO bekanntzumachen, Abweisungsbeschluss nach § 26 I 3 InsO. 41

3. Folgen der Eröffnung des Insolvenzverfahrens. a) Auflösung der Gesellschaft. Mit Eröffnung des Insolvenzverfahrens wird Ges aufgelöst (§ 60 I Nr 4 GmbHG). Wird Eröffnungsbeschluss aufgrund sofortiger Beschwerde (Rn 39) aufgehoben, entfällt Auflösung der Ges rückwirkend.[143] Der Eröffnungsbeschluss beseitigt nicht die Fähigkeit der Gesellschaft, Träger von Rechten und Pflichten (oder parteifähig) zu sein.[144] Erhalten bleibt auch die Kaufmannseigenschaft des Rechtsträgers.[145] Vorhandene Prokuren und Handlungsvollmachten erlöschen.[146] Da für den Rechtsverkehr das Erlöschen der Prokura mit der (von Amts wegen erfolgenden) Eintragung der Auflösung der Gesellschaft hinreichend dokumentiert ist, muss das Erlöschen der Prokura weder vom Insolvenzverwalter angemeldet noch von Amts wegen gesondert eingetragen werden.[147] Mit Insolvenzeröffnung wird Gesellschaftszweck fortan durch den Insolvenzzweck überlagert.[148] Dieser zielt neben der bestmöglichen und gleichmäßigen Gläubigerbefriedigung auch auf die Vollabwicklung des Unternehmensträgers. Letzterer Zweck wird jedoch nicht vollständig verwirklicht und kann daher im Konfliktfall mitunter hinter dem Befriedigungsinteresse der Insolvenzgläubiger zurücktreten.[149] **Gemeinschuldnerrolle kommt allein GmbH zu.**[150] Das von der GmbH betriebene „Unternehmen" ist vom Insolvenzverwalter grundsätzlich bis zur Entscheidung der Gläubigerversammlung über den Fortgang des Verfahrens fortzuführen (vgl §§ 157, 159 InsO). Sinn und Zweck der generellen Fortführungspflicht ist es, zu verhindern, dass die Entscheidung der Gläubigerversammlung präjudiziert wird.[151] Will der Insolvenzverwalter schon vor dem Berichtstermin das Unter- 42

---

142 Kübler/Prütting/*Pape* § 34 InsO Rn 26; MünchHdbGmbH/*Wellensich/Oberle* § 65 Rn 77.

143 Michalski/*Nerlich* Rn 144.

144 BGH ZInsO 2006, 260, 261; ZIP 1996, 842; LG Oldenburg Rpfleger 1993, 451; LG Hamburg ZIP 1985, 805, 806; VG Gießen ZIP 2005, 2074, 2075; *Schmidt*/Uhlenbruck Rn 7.4; *Vallender* NZG 1998, 249, 251; *Robrecht* DB 1968, 471.

145 Uhlenbruck/*Hirte* § 11 InsO Rn 105; Scholz/*Schmidt* Vor § 64 Rn 55; MünchHdbGmbH/*Wellensich/Oberle* § 65 Rn 85; *Robrecht* DB 1968, 471, 472.

146 Vgl BGH WM 1958, 430, 431; LG Halle NZG 2005, 442; Rowedder/*Schmidt-Leithoff* § 63 Rn 133; Scholz/*Schmidt* Vor § 64 Rn 55.

147 LG Halle ZIP 2004, 2294, 2295.

148 OLG Karlsruhe ZIP 2003, 1510, 1511; VG Gießen ZIP 2005, 2074, 2075; Jaeger/*Müller* § 35 InsO Rn 147; *Schmidt*/Uhlenbruck Rn 7.4; *Müller* 13 ff; *K. Schmidt* KTS 2001, 373, 374 f; *Rödder,* Kompetenzbeschränkungen der Gesellschaftsorgane in der Insolvenz der GmbH, 16 ff.

149 BGHZ 148, 252, 258 f = NJW 2001, 2966, 2967; BGH NJW 2005, 2015, 2016 = ZIP 2005, 1034, 1035; MünchKommInsO/*Lwowski* § 35 InsO Rn 114.

150 Scholz/*Schmidt* Vor § 64 Rn 5; *Lutter*/Hommelhoff/*Kleindiek* Rn 33.

151 Vgl *Kautz,* Die gesellschaftsrechtliche Neuordnung, 66.

nehmen stilllegen, muss er hierfür die Zustimmung des Gläubigerausschusses einholen (§ 158 I InsO). Insverwalter wird nicht als Vertreter des Gemeinschuldners, sondern als Partei kraft Amtes tätig.[152]

43 **b) Gesellschaftsorgane.** Mit Eröffnung des (Regel-)Insolvenzverfahrens geht die **Verwaltungs- und Verfügungsbefugnis** in Bezug auf die Insolvenzmasse auf den Insolvenzverwalter über (§ 80 InsO). Durch die Verfahrenseröffnung ändert sich aber nicht Organstruktur der Ges. Die Gesorgane bestehen daher nach Verfahrenseröffnung unverändert fort.[153] Insbes werden GFührer nicht nach § 66 durch Liquidatoren ersetzt.[154] Insolvenzverwalter kann GFührerstellung nicht beseitigen.[155] Rechte und Pflichten der Gesorgane beschränken sich jedoch auf Grund der Verwaltungs- und Verfügungsbefugnisse des Insolvenzverwalters auf den sogenannten insolvenzfreien Bereich (so genannter „Gemeinschuldnerbereich" im Gegensatz zu so genannten „Verdrängungsbereich"[156]).[157] Hierzu zählen die innergesellschaftlichen Funktionen, die Wahrnehmung der nicht in die Zuständigkeit des Insolvenzverwalters fallenden öffentlichrechtlichen Aufgaben sowie die Wahrnehmung der Verfahrensrechte und Pflichten der Gemeinschuldnerin.[158] Trotz weitreichender Befugnisse ist Insolvenzverwalter weder Gesellschaftsorgan noch Vertreter eines Gesellschaftsorgans oder der Ges.[159] Nachfolgende Ausführungen beziehen sich auf „Regelinsolvenzverfahren".[160]

44 **c) GFührer. Organstellung** wird durch die Eröffnung des Insolvenzverfahrens nicht berührt.[161] GFührer kann auch nach Verfahrenseröffnung von der Gesellschafterversammlung nach § 38 abberufen werden oder aber sein Amt niederlegen.[162] Kompetenz zur Abberufung (aber auch zu einer Neubestellung) steht nicht Insolvenzverwalter zu.[163] Ausscheiden kann aber vom

---

152 BGH ZInsO 2006, 260; BGHZ 88, 331, 334; 100, 346, 351.

153 BGH ZInsO 2006, 260; RGZ 76, 244, 246; OLG Karlsruhe ZIP 1993, 133, 134; LG Hamburg ZIP 1985, 805, 806; LG Oldenburg Rpfleger 1993, 451; Ulmer/*Casper* § 63 Rn 94; *Robrecht* DB 1968, 471.

154 VG Gießen ZIP 2005, 2074, 2076; Scholz/*Schmidt* Vor § 64 Rn 59; *Noack* InsO GesR Rn 290.

155 Rowedder/*Schmidt-Leithoff* § 63 Rn 138; *Noack,* InsO GesR, Rn 293.

156 Zu Begriff, siehe *Wellensiek/Flitsch* FS Fischer, 2008, 579.

157 Vgl BayObLG BB 2004, 797; OLG Rostock Rpfleger 2003, 444, 445; Hachenburg/*Ulmer* § 63 Rn 74; Scholz/*Schmidt* Vor § 64 Rn 59; *Lutter*/Hommelhoff/*Kleindiek* § 64 Rn 34; Rowedder/*Schmidt-Leithoff* § 63 Rn 136; vgl auch OLG Nürnberg ZIP 1991, 1020, 1021 f; OLG Frankfurt ZIP 2004, 1114, 1115. **AM** *W. Schulz* KTS 1986, 389, 399 ff.

158 Vgl VG Gießen ZIP 2005, 2074, 2076; Scholz/*Schmidt* Vor § 64 Rn 66; *Lutter*/Hommelhoff/*Kleindiek* § 64 Rn 33 ff.

159 BGHZ 88, 331, 334; 100, 346, 351; BGH ZInsO 206, 260; *Müller* 56 ff; Uhlenbruck/*Hirte* § 11 InsO Rn 118; *Wellensiek/Flitsch* FS Fischer, 2008, 579, 584. **AM** *Schmidt* ZGR 1998, 633, 644 f.

160 Zur Kompetenzabgrenzung im Insolvenzeröffnungsverfahren, siehe *Wellensiek/Flitsch* FS Fischer, 2008, 579, 583 f; für Eigenverwaltung, siehe Gottwald/*Haas* InsOHdb § 89; *Wellensiek/Flitsch* FS Fischer, 2008, 579, 594 ff.

161 OLG Oldenburg Rpfleger 1993, 451; *Noack* InsO GesR Rn 290; Scholz/*Schmidt* Vor § 64 Rn 66.

162 Vgl *Henssler,* Kölner Schrift, 1283, 1284 f Rn 4; Uhlenbruck/*Hirte* § 11 InsO Rn 119.

163 Vgl *Noack,* InsO GesR, Rn 293; *Wellensiek/Flitsch* FS Fischer, 2008, 579, 586; *Lutter*/Hommelhoff/*Kleindiek* § 64 Rn 36.

Insolvenzverwalter zum Handelsregister angemeldet werden, wenn keine weiteren GFührer mehr vorhanden sind.[164] Nachfolgende Ausführungen gelten nicht für „faktischen GFührer", der ohne zum Organ bestellt worden zu sein, (maßgeblichen) Einfluss auf GFührung (vgl § 64 Rn 9 ff) ausgeübt hat.[165]

aa) Aufgaben. Kreis der Aufgaben der GFührer hängt davon ab, ob Insolvenzgericht „Regelinsolvenzverfahren" oder aber Verfahren der Eigenverwaltung (§§ 270 ff InsO)[166] angeordnet hat. Nachfolgende Ausführungen beziehen sich allein auf Regelinsolvenzverfahren. Zum **gesinternen Bereich,** für den GFührer zuständig bleiben, zählen:[167] Pflicht, eintragungspflichtige Umstände zum Handelsregister anzumelden (§ 78 GmbHG),[168] soweit diese sich nicht auf die Insolvenzmasse beziehen,[169] zB Änderungen (Ausscheiden, Neubestellung, etc) in Person des GFührers (§ 39 GmbHG),[170] Satzungsänderungen (§ 54 GmbHG), soweit diese nicht masserelevant sind. Letzteres trifft auch für Anmeldung einer beschlossenen Erhöhung des Stammkapitals zu; denn so lange Eintragung in das Handelsregister nicht erfolgt ist, hat die Kapitalerhöhung den gesellschaftsinternen Bereich nicht verlassen und hat – mangels Wirksamkeit (§ 54 III GmbHG) – keine Masserelevanz.[171] Masserelevanz hat hingegen Anmeldung einer Firmenänderung mit der Folge, dass deren Anmeldung durch Insolvenzverwalter vorzunehmen ist.[172] Zum gesinternen Bereich zählt des Weiteren die Einreichung der Liste der Gesellschafter (§ 40 GmbHG)[173] zum Handelsregister oder Einberufung der Gfterversammlung (§ 49 I GmbHG).[174] 45

GFührer verwaltet **insolvenzfreies Vermögen.** Ob und inwieweit es ein solches in der GmbH gibt, war[175] und ist[176] umstritten; denn Existenz eines insolvenzfreien Vermögens kollidiert mit Vorstellung der Vollabwicklung des Unternehmensträgers in der Insolvenz.[177] Nach § 35 I InsO zählt zur Insol- 46

---

164 LG Baden ZIP 1996, 1352; vgl auch *Oechsler* AG 2006, 606, 612.

165 Vgl auch *Schmidt*/Uhlenbruck Rn 7.150.

166 Zum Organisationsrecht im Fall der Eigenverwaltung, siehe Gottwald/*Haas* InsOHdb § 89 Rn 13 ff.

167 Vgl hierzu auch *Weber* KTS 1970, 73, 76 ff; *Henssler,* Kölner Schrift, 1283, 1305 Rn 51 f; *Robrecht* DB 1968, 471, 473 f.

168 Ulmer/*Casper* § 60 Rn 71.

169 BayObLG BB 2004, 797.

170 OLG Rostock Rpfleger 2003, 444, 445; OLG Köln NZI 2001, 470, 471. Nur ausnahmsweise, nämlich wenn kein Geschäftsführer vorhanden ist, um die Eintragung vorzunehmen, soll der Insolvenzverwalter zur Anmeldung befugt sein, siehe auch LG Baden-Baden ZIP 1996, 1352; LG Berlin ZIP 1993, 197 f; Uhlenbruck/*Hirte* § 11 InsO Rn 119.

171 BayObLG BB 2004, 797.

172 OLG Köln NZI 2001, 470, 471.

173 *Gutsche,* Die Organkompetenzen im Insolvenzverfahren, Rn 341; *Fichtelmann* GmbHR 2008, 76, 77.

174 LG Heidelberg ZIP 1988, 1257, 1258 (AG); *Fichtelmann* GmbHR 2008, 76, 77; *Rödder,* Kompetenzbeschränkungen der Gesellschaftsorgane in der Insolvenz der GmbH, 49.

175 Für Anwendungsbereich der KO BGH ZIP 1996, 842, 844; Hachenburg/*Ulmer* § 63 Rn 78; Kuhn/*Uhlenbruck* 11. Aufl 1994, § 1 KO Rn 4 a. **AM** insb *Schmidt* BB 1991, 1273 ff; *ders* NJW 1993, 2833 ff.

176 Siehe für einen Überblick über den Streitstand OLG Karlsruhe ZInsO 2003, 768, 769; HeidelbergerKommInsO/*Eickmann* § 35 Rn 47; *Schmidt*/Uhlenbruck Rn 7.12, 7.19.

177 Zu diesem Grds siehe *Wellensiek/Flitsch* FS Fischer, 2008, 579, 580 ff; Gottwald/*Haas* InsOHdb § 91 Rn 12 f.

venzmasse auch das während des Verfahrens erlangte Vermögen. Ein insolvenzfreier Hinzuerwerb von Vermögen ist demnach nicht mehr möglich. Nicht ausdrücklich geregelt hat die InsO dagegen (bei juristischen Personen)[178] das Problem der Freigabe von Massegegenständen durch den Insolvenzverwalter einer Handelsgesellschaft. Richtiger Ansicht nach ist eine solche Freigabe möglich.[179] Kann durch Freigabe aber insolvenzfreies Vermögen entstehen, ist es nur konsequent, wenn die Verwaltung und Verfügung insoweit in den Restbereich an gesrechtlichen Befugnissen des Geschäftsführers zurückfällt.[180]

47 GFührer nehmen schließlich **Aufgaben der Schuldnerin im Insolvenzverfahren** wahr.[181] Hierzu zählen zB Pflicht zur Abgabe der eidesstattlichen Versicherung nach § 153 InsO,[182] Pflicht zum Prüfungstermin zu erscheinen und sich zu den angemeldeten Forderungen zu erklären (§ 176 InsO).[183] GFührer haben auch die der GmbH als Gemeinschuldnerin obliegenden Verfahrensrechte wahrzunehmen, zB[184] Rechtsbehelfe einzulegen (§ 6 f InsO), Einreden gegen die Schlussrechnung des Insolvenzverwalters zu erheben (§ 66 InsO), Antragsrechte nach § 158 II und § 161 InsO, nach § 186 InsO (Wiedereinsetzung in den vorherigen Stand) oder auf Einstellung des Insolvenzverfahrens nach §§ 212, 213 InsO, Möglichkeit nach § 218 I InsO, Insolvenzplan vorzulegen[185] oder gemäß § 270 II InsO die Eigenverwaltung zu beantragen. Soweit es sich bei der Geltendmachung dieser Verfahrensrechte – wie im Regelfall üblich – nicht um einen Fall der laufenden Geschäftsführung handelt, hat der GFührer insoweit (gesellschaftsintern) die Zustimmung der Gfterversammlung einzuholen bzw. deren Weisungsrecht zu beachten.[186] Neben der Wahrnehmung der der GmbH als Gemeinschuldnerin obliegenden Rechte und Pflichten, hat GFührer auch bestimmte **„persönliche Pflichten"** im Insolvenzverfahren, nämlich zur Auskunft u Mitwirkung nach §§ 20, 97, 98, 101 I 1 InsO.[187] Die Auskunftspflichten bestehen nach § 101 I 2 InsO auch für die GFührer, die nicht früher als zwei Jahre vor dem Eröffnungsantrag aus ihrem Amt ausgeschieden sind; demgem befreit auch Amtsniederlegung oder Abberufung nach Antragstellung oder Eröffnung des Verfahrens von diesen Pflichten nicht. Hinsichtlich dieser „persönlichen

---

178 Siehe aber die punktuellen Regelungen in § 35 II und § 32 III InsO.

179 BGH ZInsO 2006, 260, 261; ZIP 2005, 1034 f; NJW 2001, 2966, 2967; OLG Hamm NZG 2002, 178, 179; OLG Brandenburg ZInsO 2001, 558, 559; OLG Rostock ZInsO 2000, 604, 605; OLG Naumburg ZInsO 2000, 154, 155; AG Hamburg ZIP 2009, 384, 385; VG Darmstadt ZIP 2000, 2077 f; Uhlenbruck/*Hirte* § 35 InsO Rn 117; *Noack* InsO GesR Rn 281; Gottwald/*Haas* InsOHdb § 92 Rn 309. **AM** Scholz/*Schmidt* Vor § 64 Rn 56; Jaeger/*Henckel* § 35 InsO Rn 148.

180 Vgl BGH ZInsO 2006, 260, 261; OLG Nürnberg ZIP 1994, 146, 147; OVG Sachsen-Anhalt ZIP 1994, 1130, 1131; AG Hamburg ZIP 2009, 384, 385; VG Darmstadt ZIP 2000, 2077, 2078; siehe auch Scholz/*Schmidt* Vor § 64 Rn 66; *Fichtelmann* GmbHR 2008, 76, 77.

181 Scholz/*Schmidt* Vor § 64 Rn 66; Schmidt/*Uhlenbruck* Rn 1201 ff.

182 LG Koblenz GmbHR 1999, 819.

183 Vgl auch LG Oldenburg Rpfleger 1993, 451; *Uhlenbruck* GmbHR 1972, 170, 174 ff.

184 Vgl *Uhlenbruck* GmbHR 1972, 170, 176; *Henssler,* Kölner Schrift, 1283, 1302 f Rn 43, 45.

185 Siehe hierzu *Schluck-Amend/Walker* GmbHR 2001, 375, 380 f.

186 Gottwald/*Haas* InsOHdb § 92 Rn 283; Schmidt/*Uhlenbruck* Rn 7.163.

187 Vgl *Fichtelmann* GmbHR 2008, 76 f.

Pflichten“ der GFührer hat GfterVers kein Weisungsrecht. Fraglich ist, ob GFührer noch für Dauer der Abwicklung gesetzlichem Wettbewerbsverbot (vgl § 35 Rn 41 ff) unterliegt. Dies wird man wohl ablehnen müssen (vgl § 69 Rn 17, 3).[188] „Persönliche Pflichten“ bleiben von evtl anderweitigen Tätigkeit des GFührers unberührt und gehen vor.

Nicht zuständig ist der Geschäftsführer für Maßnahmen im so genannten **„Verdrängungsbereich“.** Hier ist allein der Insverwalter zuständig. Dies gilt für alle Geschäftsführungsmaßnahmen, die masserelevant sind. Insolvenzverwalter ist etwa zuständig, eine Handlungsvollmacht[189] oder aber eine Prokura[190] zu erteilen. Für Rechnungslegungspflicht nach § 41 GmbHG, siehe dort Rn 10 ff. Der Insolvenzverwalter ist auch verpflichtet, den (testierten)[191] Jahresabschluss zum Handelsregister einzureichen[192] und muss auch (vgl § 34 III AO) die steuerrechtlichen Pflichten der Gesellschaft (zB Steuererklärungs-, Buchführungs- und Aufzeichnungs-, Auskunfts- und Zahlungspflichten) erledigen, soweit sie zum Verwaltungsbereich der Insolvenzmasse zählen.[193] Dies gilt auch für Steuerpflichten der Gemeinschuldnerin, die auf Steuerabschnitte vor Eröffnung des Insverfahrens fallen.[194] Ebenso vom Insverwalter sind die der Gesellschaft als Arbeitgeber obliegenden sozialversicherungsrechtlichen Pflichten wahrzunehmen.[195] Gleiches gilt für die Verwaltung der Beteiligungen der Gesellschaft.[196] 48

bb) Fortgeltung des Dienstverhältnisses. Keinen Einfluss hat die Insolvenzeröffnung auf das Anstellungsverhältnis des GFührers.[197] Insbesondere finden die für Geschäftsbesorgungsverträge geltenden §§ 116, 115 InsO keine Anwendung.[198] Keine Anwendung findet des Weiteren § 103 InsO. Dies gilt hM zufolge selbst dann, wenn es sich um einen Gesellschafter-Geschäftsführer handelt, der maßgeblich an der Gesellschaft beteiligt ist oder wenn es sich gar um eine Ein-Mann-Gesellschaft handelt, in der der einzige Gesellschafter auch Geschäftsführer ist.[199] Mithin gilt § 108 I InsO, wonach Dienstverhältnisse des 49

---

188 **AM** *Fichtelmann* GmbHR 2008, 76, 83.

189 Scholz/*Schmidt* Vor § 64 Rn 55; Rowedder/*Schmidt-Leithoff* § 63 Rn 133.

190 Str, in diesem Sinne aber *K. Schmidt* HandelsR § 16 III 2 d; Scholz/*Schmidt* Vor § 64 Rn 55; Baumbach/*Hopt* § 48 HGB Rn 1.

191 Sind die Verhältnisse der Gesellschaft überschaubar und erscheint eine Prüfung des Jahresabschlusses und des Lageberichts durch einen Abschlussprüfer im Interesse der Gläubiger nicht mehr geboten, kann das Registergericht im Einzelfall analog § 270 I AktG einen Dispens von der Prüfungspflicht erteilen, siehe AG München ZIP 2004, 2110 f; siehe auch *Paulus* EWiR 2005, 261, 262.

192 LG Oldenburg Rpfleger 1993, 451 f; AG München ZIP 2004, 2110 f.

193 Vgl BGH BB 1979, 1006, 1007; LG Oldenburg Rpfleger 1993, 451, 452; OLG Köln ZIP 1980, 94, 95; *Müller* 110 ff.

194 BGH BB 1979, 1006, 1007; OLG Köln ZIP 1980, 94, 95 *(Niemann);* Uhlenbruck/*Hirte* § 11 InsO Rn 118.

195 Vgl LG Oldenburg Rpfleger 1993, 451, 452.

196 Siehe hierzu Gottwald/*Haas* InsOHdb § 92 Rn 536 ff.

197 BGH ZIP 2003, 485; NJW 2000, 1864, 1865; *Fichtelmann* GmbHR 2008, 76, 78, 81.

198 Vgl BGH ZIP 1981, 367; OLG Hamm NZI 2000, 475, 476; Scholz/*Schmidt* Vor § 64 Rn 66; *Noack* InsO GesR Rn 297; Schmidt/*Uhlenbruck* Rn 7.145 ff; *Rödder,* Kompetenzbeschränkungen der Gesellschaftsorgane in der Insolvenz der GmbH, 206; *Henssler,* Kölner Schrift, 1283, 1286 f Rn 9; *Lutter*/Hommelhoff/*Kleindiek* Anh § 6 Rn 69.

199 Vgl BGHZ 75, 209, 211 f; OLG Brandenburg NZI 2003, 324, 325; OLG Hamm NZI 2000, 475, 476; Scholz/*Schmidt* Vor § 64 Rn 66; Uhlenbruck/*Hirte* § 11 InsO

Schuldners erst einmal mit Wirkung für die Insolvenzmasse fortbestehen. Die Vergütungsansprüche des Geschäftsführers für Zeiträume vor Insolvenzeröffnung sind bloße Insolvenzforderungen (§ 38 InsO). Gehaltsansprüche für die Zeit danach sind Masseschulden (§ 55 I Nr 2 InsO).[200] Zwar fehlt im GmbHG eine dem § 87 II AktG vergleichbare Regelung, wonach bei einer wesentlichen Verschlechterung der wirtschaftlichen Verhältnisse der Ges Vergütungsansprüche herabgesetzt werden können, wenn unveränderte Weitergewährung schwer unbillig wäre; eine unterschiedliche Behandlung der Geschäftsleitung bei AG und GmbH lässt sich jedoch sachlich nicht rechtfertigen.[201] Mitunter wird die Möglichkeit einer Herabsetzung nicht aus § 87 II AktG, sondern aus der gesellschaftsrechtlichen Treuepflicht abgeleitet.[202] Danach trifft Gfter Pflicht zur Zustimmung zur Vergütungsreduzierung, wenn Fortzahlung der Bezüge unbillig wäre und Ges Mittel entzieht, auf die diese dringend angewiesen ist.[203] Ob GFührer Eigeninitiative trifft, seine Vergütung herabzusetzen, ist streitig.[204] Oftmals wird Insverwalter dem Entgeltanspruch des Geschäftsführers auch sein (zum Schadensersatz verpflichtendes) insolvenzverursachendes Verhalten entgegengehalten können.[205]

50 **cc) Ordentliche Kündigung des Dienstverhältnisses.** Insolvenzverwalter u GFührer können Vertrag nach § 113 InsO mit einer Frist von drei Monaten kündigen,[206] sofern nicht gesetzlich (§ 35 Rn 243) oder vertraglich kürzere Frist gilt.[207] Vorschrift gilt auch für **Allein- oder Mehrheitsgesellschafter-Geschäftsführer.**[208] Fraglich ist, welche „normale" Kündigungsfrist

---

Rn 125 f; *Henssler,* Kölner Schrift, 1283, 1287 Rn 10; *Lutter*/Hommelhoff/*Kleindiek* Anh § 6 Rn 69; vgl auch OLG Hamm ZIP 1992, 418, 419. **AM** *Noack* InsO GesR Rn 298; *Timm* ZIP 1987, 69, 70 ff. Überlegenswert wäre, § 103 InsO anstelle des § 113 InsO zumindest dort anzuwenden, wo der Geschäftsführer nicht schützenswert ist, etwa wenn er in der Krise bestellt wurde, um Insolvenzgeld zu kassieren. Dann stellt sich aber die Frage, ob § 103 InsO kraft Gesetzes gilt oder ob der Insolvenzverwalter (sicherheitshalber) kündigen muss.

200 OLG Frankfurt ZIP 2005, 409; *Uhlenbruck* GmbHR 2002, 941, 943; Uhlenbruck/*Hirte* § 11 InsO Rn 127; *Noack,* InsO GesR, Rn 364.

201 OLG Köln NZG 2008, 637 f; Gottwald/*Haas* InsOHdb § 92 Rn 266; Scholz/*Schneider/Sethe* § 35 Rn 361, 241; *Schmidt*/Uhlenbruck Rn 7.151. **AM** Uhlenbruck/*Hirte* § 11 InsO Rn 127.

202 *Lindemann* GmbHR 2008, 737, 739 m. w. N.

203 Zur Treuepflicht der Gfter allg bei Entscheidung über Gführervergütung, vgl. BGH DStR 2008, 1974, 1975; LG Mainz NZG 2002, 918, 919.

204 Dagegen *Bander* BB 1993, 369, 372; dafür *Lindemann* GmbHR 2009, 737, 741.

205 Vgl OLG Brandenburg NZI 2003, 325, 327; OLG Hamm ZIP 1987, 121, 123; *Noack* InsO GesR Rn 300; Uhlenbruck/*Hirte* § 11 InsO Rn 128.

206 BGH BB 2005, 1698, 1699 = ZIP 2005, 1365, 1367 = NZG 2005, 714, 716; OLG Brandenburg NZI 2003, 325 f; *Müller* 74 f; Uhlenbruck/*Hirte* § 11 InsO Rn 125; *Fichtelmann* GmbHR 2008, 76, 81; *Noack,* InsO GesR, Rn 296; Scholz/*Schmidt* Vor § 64 Rn 66.

207 *Noack,* InsO GesR, Rn 296; *Lutter*/Hommelhoff/*Kleindiek* Anh § 6 Rn 69; Schmidt/*Uhlenbruck* Rn 7.145 f; Uhlenbruck/*Hirte* § 11 InsO Rn 125.

208 OLG Hamm NZI 2000, 475, 476; Braun/*Wolf* § 113 InsO Rn 7; Lutter/*Hommelhoff/Kleindiek* Anh § 6 Rn 69; MünchKommInsO/*Löwisch/Caspers* § 113 InsO Rn 10; Rowedder/*Schmidt-Leithoff* § 63 Rn 139; Uhlenbruck/*Hirte* § 11 InsO Rn 126; Uhlenbruck/*Berscheid* § 113 InsO Rn 16; Schmidt/*Uhlenbruck* Rn 7.146; *Götker* Rn 909; *Henssler,* Kölner Schrift, 1283, 1287 Rn 10; wohl auch Nerlich/Römermann/*Hamacher* § 113 InsO Rn 40; so schon zu § 22 KO: BGHZ 75, 209, 211 f; Ulmer/*Casper* § 63 Rn 102. **AM** *Noack,* InsO GesR, Rn 298 f.

für das Anstellungsverhältnis gilt. Die Rechtsprechung entnimmt die „normale" Kündigungsfrist für einen Geschäftsleitervertrag der für Arbeitnehmer geltenden Frist aus § 622 BGB und nicht der für Dienstverträge geltenden Frist des § 621 Nr 3 BGB, es sei denn, es handelt sich um einen beherrschenden GmbH-Geschäftsführer.[209] Kündigt Insolvenzverwalter den Anstellungsvertrag, kann GFührer als Insolvenzgläubiger wegen vorzeitiger Beendigung des Vertragsverhältnisses Ersatz des sogenannten „Verfrühungsschaden" verlangen (§ 113 I 3 InsO). Die Forderung ist einfache Insolvenzforderung. In analoger Anwendung des § 87 III AktG ist dieser Anspruch aber beschränkt auf den Schaden, der bis Ablauf des zweiten Jahres seit Ende des Dienstverhältnis entsteht.[210] Haben Gesellschaft und GFührer einen Abfindungsanspruch vereinbart für den Fall, dass der Arbeitgeber den Vertrag kündigt, so ist dieser im Falle der Kündigung durch den Insolvenzverwalter lediglich einfache Insolvenzforderung.[211]

dd) Außerordentliche Kündigung des Dienstverhältnisses. Neben der ordentlichen Kündigung besteht uU die Möglichkeit für den Insolvenzverwalter, das Anstellungsverhältnis auch außerordentlich nach § 626 I BGB zu kündigen.[212] Letzteres setzt aber das Vorliegen eines wichtigen Grundes voraus.[213] Hierfür reicht die Eröffnung des Insolvenzverfahrens[214] oder der Umstand, dass es sich um einen Allein-Gesellschafter-Geschäftsführer handelt, nicht aus. Andernfalls würde die Wertung des § 113 InsO unterlaufen. Einen wichtigen Grund stellt aber ein (Verdacht auf)[215] insolvenzverursachendes Verhalten oder die Begehung von Insolvenzdelikten (zB § 15 a IV, V InsO) dar.[216] Zu beachten ist im Rahmen der außerordentlichen Kündigung die Frist in § 626 II BGB.[217] 51

d) Gesellschafterversammlung. Die Gesellschafterversammlung bleibt auch nach Eröffnung des Insolvenzverfahrens (oberstes) Organ der Ges.[218] Ihre gesellschaftsrechtlichen Zuständigkeiten bleiben erhalten, soweit sie nicht durch die dem Insolvenzverwalter zugewiesenen Befugnisse verdrängt werden oder aber mit dem Zweck des Insolvenzverfahrens unvereinbar sind.[219] 52

---

209 Vgl BGH GmbHR 1987, 263, 264; BGHZ 79, 291, 294; OLG Hamm ZIP 1992, 418, 419f; OLG Hamm ZIP 1987, 121, 124; *Bauer/Gragert* ZIP 1997, 2177, 2180f; *Timm* ZIP 1987, 69, 76; siehe auch Lutter/*Hommelhoff/Kleindiek* Anh § 6 Rn 53f.

210 *Müller* 86.

211 OLG Frankfurt ZIP 2005, 409.

212 OLG Rostock Rpfleger 2003, 444, 445; Uhlenbruck/*Hirte* § 11 InsO Rn 126; *Müller* 79; *Fichtelmann* GmbHR 2008, 76, 81.

213 OLG Brandenburg NZI 2003, 325.

214 Rowedder/*Schmidt-Leithoff* § 63 Rn 139; *Noack,* InsO GesR, Rn 300.

215 Rowedder/*Schmidt-Leithoff* § 63 Rn 139; *Noack,* InsO GesR, Rn 300.

216 BGH NZG 2005, 714, 715 = BB 2005, 1698, 1700 = ZIP 2005, 1365, 1367; GmbHR 2008, 256 *(Brötzmann).*

217 Hinsichtlich der Ausschlussfrist in § 626 II BGB wird dem Insolvenzverwalter eine Einarbeitungszeit zugebilligt. Erst nach deren Ablauf wird die Frist des § 626 II BGB in Gang gesetzt, vgl BAG AP BGB § 626 Nr 1, 9; *Henssler,* Kölner Schrift, 1283, 1298 Rn 35; vgl auch *Fichtelmann* GmbHR 2008, 76, 82; bei der Insolvenzverschleppung beginnt die Frist nicht vor Ende des pflichtwidrigen Verhaltens (dh mit Insolvenzeröffnung), BGH NZG 2005, 714, 715f.

218 Vgl OLG Hamm NZG 2002, 178, 180; OLG Rostock Rpfleger 2003, 444, 445; *Noack* InsO GesR Rn 336; Scholz/*Schmidt* Vor § 64 Rn 65; Hachenburg/*Ulmer* § 63 Rn 95.

219 Vgl OLG Karlsruhe ZIP 1993, 133, 134; Hachenburg/*Ulmer* § 63 Rn 95; *Noack,* InsO GesR, Rn 336; Scholz/*Schmidt* Vor § 64 Rn 65.

53 In Zuständigkeit der Gfterversammlung bleibt etwa die Zustimmung/Genehmigung von Anteilsübertragungen nach § 15 IV, das Weisungsrecht gegenüber dem GFührer, soweit es um den gesellschaftsinternen Bereich (siehe oben Rn 45 ff) geht, zB Einforderung von Nachschüssen[220] oder Wahrnehmung der Verfahrens*rechte* der Ges (oben Rn 47 ff).[221] Ein Weisungsrecht gegenüber dem Insolvenzverwalter steht ihnen nicht zu.[222] Gleiches gilt auch in Bezug auf Erfüllung der dem GFührer persönlich obliegenden verfahrensrechtl oder öffentlich-rechtl Pflichten.[223] Zuständig für die Abberufung bzw Bestellung des GFührers bleibt auch nach der Eröffnung des Verfahrens die Gfterversammlung (§ 46 Nr 5 GmbHG), sofern hierfür nicht von Gesetzes wegen oder auf Grund des Gesvertrages ein anderes Gesorgan zuständig ist.[224] Auch bleibt die Gfterversammlung zuständig, die Geschäftsführung des GFührers zu überwachen.[225] Die Gfter können auch über die Geltendmachung von Ersatzansprüchen nach § 46 Ziff 8 GmbHG beschließen, wenn der Insolvenzverwalter den entsprechenden Anspruch freigegeben (siehe oben Rn 46) hat. Anderenfalls hängt Geltendmachung von Ersatzansprüchen gegen GFührer jedoch nicht mehr von der Zustimmung der GfterVers ab.[226] Gfterversammlung kann, soweit dies mit dem Sinn und Zweck des Insolvenzverfahrens zu vereinbaren ist, Änderungen des Gesvertrages beschließen.[227] Sie kann Änderungen in der Kapitalstruktur vornehmen, zB Kapitalerhöhungen beschließen und durchführen (§§ 55 ff GmbHG),[228] Nachschüsse einfordern (§ 24 GmbHG)[229] oder eine vereinfachte Kapitalherabsetzung (§§ 58 a ff GmbHG)[230] beschließen. Die Gfter können auch mit satzungsändernder Mehrheit eine Verlegung des Sitzes der Gesellschaft beschließen.[231] Zulässig ist auch eine Änderung der Mitgliederstruktur durch Beschluss über die Einziehung von Gesellschaftsanteilen,[232] etwa wenn dies zur Vorbereitung einer Sanierung notwendig ist. Besitzt die GmbH eigene Geschäftsanteile, unterliegen diese

---

[220] BGH DStR 1994, 1129; *Müller* 167; Uhlenbruck/*Hirte* § 11 InsO Rn 193.

[221] Vgl *Weber* KTS 1970, 73, 78/79; Scholz/*Schmidt* Vor § 64 Rn 65; Hachenburg/*Ulmer* § 63 Rn 96; Uhlenbruck/*Hirte* § 11 InsO Rn 191.

[222] Ulmer/*Casper* § 64 Rn 74.

[223] Gottwald/*Haas* InsOHdb § 92 Rn 297.

[224] OLG Rostock Rpfleger 2003, 444, 445; OLG Köln NZI 2001, 470, 471; *Lutter*/Hommelhoff/*Kleindiek* Rn 35; Scholz/*Schmidt* Vor § 64 Rn 65; *Noack,* InsO GesR, Rn 338; zur KO Hachenburg/*Ulmer* § 63 Rn 95; *Müller* 81; für die AG OLG Nürnberg ZIP 1991, 1020, 1021.

[225] Scholz/*Schmidt* Vor § 64 Rn 65.

[226] BGH NZG 2004, 962, 964 = ZIP 2004, 1708, 1710 f; Gottwald/*Haas* InsOHdb § 92 Rn 297.

[227] *Noack,* InsO GesR, Rn 337; Hachenburg/*Ulmer* § 63 Rn 59; *Robrecht* DB 1968, 471, 472; Scholz/*Schmidt* Vor § 64 Rn 65; siehe auch OLG Karlsruhe ZIP 1993, 133, 134.

[228] *Müller* ZGR 2004, 842, 843 f; *Weber* KTS 1970, 73, 80; *Götze* ZIP 2002, 2204 f; *Lutter/Hommelhoff* § 55 Rn 34; *Müller* 179 f; Scholz/*Schmidt* § 55 Rn 33; *dies* Vor § 64 Rn 65; *Robrecht* DB 1968, 471, 472.

[229] *Weber* KTS 1970, 73, 80; Hachenburg/*Ulmer* § 63 Rn 95; *Robrecht* DB 1968, 471, 472.

[230] BGH NZG 1998, 422 ff; LG Dresden ZIP 1995, 1596, 1597; Scholz/*Schmidt* Vor § 64 Rn 65; *Müller* 180 f; *Uhlenbruck* GmbHR 1995, 81, 85; *Wirth* DB 1996, 867, 869 f; vgl zu einer einfachen Kapitalherabsetzung im Liquidationsverfahren OLG Frankfurt NJW 1974, 463, 464.

[231] Vgl *Grüneberg,* Die Rechtspositionen der Organe, 71.

[232] Hachenburg/*Ulmer* § 63 Rn 95.

aber der Verwaltungs- und Verfügungsbefugnis des Insolvenzverwalters.[233] Sind zur Sanierung Strukturänderungen der Gesellschaft nach dem UmwG notwendig, entscheidet hierüber ebenfalls die Gesellschafterversammlung.[234]

e) Gfter. aa) Trennungsprinzip. Eröffnung des Insolvenzverfahrens eröffnet keinen Durchgriff auf Vermögen der Gfter.[235] Trennungsprinzip bleibt uneingeschränkt erhalten. Das gilt unabhängig davon, ob es sich um eine Ein-Mann- oder aber um eine mehrgliedrige Ges handelt. Da aber in der Praxis Gfter und auch GFührer oftmals Mithaftung für Kredite und andere GesVerbindlichkeiten übernehmen, sind diese in der Insolvenz der Ges vielfach auch selbst insolvenzbedroht.[236] Zur Insolvenzmasse zählt nur das Gesvermögen, nicht aber die GmbH-Geschäftsanteile der Gfter.[237] Letztere können daher im Rahmen des § 15 ihren Geschäftsanteil auch in der Gesinsolvenz an Dritte übertragen.[238] Für die Haftung des Erwerbers für rückständige Einlagen gilt § 16 III. Soweit eine Zuständigkeit der Gesversammlung besteht, haben die Gfter Anspruch auf Teilnahme an der Gesversammlung sowie das Stimmrecht. 54

bb) § 51 a GmbHG. Individuelles Auskunfts- und Einsichtsrecht des Gfters nach § 51 a GmbHG erlischt nicht mit Eröffnung des Insolvenzverfahrens, sondern bleibt auch während desselben bestehen. Es ist nach Insolvenzeröffnung – grundsätzlich – gegen die Ges zu richten, die nunmehr insoweit aber nicht mehr durch die GFührer, sondern durch Insverwalter als Partei kraft Amtes vertreten wird;[239] denn die Geschäftsbücher der Gesellschaft gehören nach § 36 II Nr 1 InsO zur Insolvenzmasse und sind daher der Verwaltung und Verfügung der GFührer entzogen. Der Umfang des Anspruchs auf Auskunfts- und Informationserteilung hat dem Funktionswandel der Gfterstellung Rechnung zu tragen.[240] Letzteres führt zu einer Einschränkung des Informationsanspruchs; denn Inhalt und Reichweite desselben sind daran auszurichten, was zur sachgerechten Ausübung des (vom Insolvenzzweck überlagerten) Gfterstimmrechts notwendig ist. Aufgrund dieser Einschränkungen muss Gfter sein konkretes Informationsbedürfnis im Hinblick auf seine persönliche vermögensrechtliche Stellung als Mitglied der Ges (zB Veräußerung des Gesellschaftsanteils, Kapitalerhöhung, Steuerangelegenheiten, Haftungsansprüche im Zusammenhang mit der Gesellschafterstellung, etc) darlegen und glaubhaft machen.[241] Ein schützenswertes Interesse an Auskünften über Angelegenheiten der Ges (zB wirtschaftliche Lage), die Zeiträu- 55

---

233 *Robrecht* DB 1968, 471, 472.

234 *Schmidt,* Kölner Schrift, S 1199, 1211 Rn 25 ff; beachte aber *Pfeifer* ZInsO 1999, 547 ff.

235 Vgl Scholz/*Schmidt* Vor § 64 Rn 57; *Haas* FS Konzen, 2006, 157, 161.

236 Siehe zu den Folgen für Gfter und GFührer (insb für anwendbaren Verfahrenstypus) BGH ZIP 2009, 626 ff; Schmidt/Uhlenbruck/*Vallender* Rn 10.1 ff.

237 *Uhlenbruck* § 35 InsO Rn 20; *Robrecht* DB 1968, 471, 472.

238 *Robrecht* GmbHR 2002, 692.

239 BayObLG ZIP 2005, 1087, 1089, OLG Hamm NZG 2002, 178, 179; LG Wuppertal NJW-RR 2003, 332. **AM** *Wellensiek/Flitsch* FS Fischer, 2008, 579, 589.

240 BayObLG ZIP 2005, 1087, 1089 f; OLG Hamm NZG 2002, 178, 180; *Robrecht* GmbHR 2002, 692; restriktiv auch *Gerhard* ZIP 1980, 941, 945 f (nur bei berechtigtem Interesse).

241 OLG Hamm NZG 2002, 178, 180; dort auch zur Frage, ob und inwieweit eine Kollision mit anderen schützenswerten Interessen (Persönlichkeitsrecht, Verschwiegenheitspflicht, Insolvenzzweck) eine Verweigerung des Einsichts- und Auskunftsrecht

me nach der Eröffnung des Insolvenzverfahrens betreffen, besteht grundsätzlich nicht.[242] In aller Regel erfüllt der Insverwalter den Informationsanspruch dadurch, dass er diesen auf die Einsichtnahme in die Geschäftsbücher verweist. Eine komplette Darlegung der wesentlichen Geschäftsvorfälle oder eine weitergehende Aufarbeitung der Unterlagen kann vom Insolvenzverwalter im Hinblick auf den Sinn und Zweck des Insverfahrens, nämlich dieses zügig und kostengünstig abzuwickeln, in aller Regel nicht verlangt werden.[243] Freilich ist das Einsichtsrecht auf die Unterlagen beschränkt, die den Zeitraum bis zur Eröffnung des Insolvenzverfahrens betreffen.[244]

56 **cc) Anfechtungsklage.** Soweit ein Beschluss die Insolvenzmasse nicht berührt (masseneutrale Beschlüsse), kann ein Gfter diesen – auch nach Insolvenzeröffnung – noch anfechten.[245] In dem Anfechtungsprozess sind die satzungsmäßigen Organe zur Vertretung berufen.[246] Zu richten ist die Klage gegen die Ges.[247] Berührt ein Gfterbeschluss den dem Insverwalter zugewiesenen vermögensrechtlichen Bereich, gehört die Verteidigung eines solchen Beschlusses zur Masseverwaltung. Die Klage ist dann gegen den Insverwalter zu richten.[248] Ausnahmsweise ist die Klage jedoch gegen die Ges und nicht gegen den Insverwalter zu richten, wenn der Erfolg der Klage für die Masse positiv wäre; denn der Insverwalter soll – zur Vermeidung von Interessenkonflikten – nicht verpflichtet sein, derartige Beschlüsse zu „verteidigen".[249] Ein eigenes Anfechtungsrecht steht dem Insverwalter gegen die Beschlüsse der Ges nicht zu.[250]

57 **dd) Treuepflicht.** Treuepflicht erlischt mit Eröffnung des Insolvenzverfahrens nicht. Vielmehr besteht diese auch in der aufgelösten Gesellschaft fort.[251] Inhaltlich verpflichtet die Treuepflicht des Gfters nach Auflösung der Gesellschaft dazu, zur reibungslosen Verwirklichung und Durchführung des Liquidationszwecks beizutragen bzw. den Liquidationszweck zu unterstützen.[252] Fraglich ist, ob und inwieweit Gfter auf Grund Treuepflicht verpflichtet sind, Maßnahmen des Insverwalters (zB Insolvenzplans) zu unterstützen. Voraussetzung für eine Mitwirkungspflicht an Sanierungsmaßnahmen ist, dass die Gl dem Insolvenzplan (bedingt)[253] zugestimmt haben, sich die Stellung des Gfters auf Grund der geplanten Sanierungsmaßnahme gegenüber der Voll-

---

rechtfertigt. Allein der Umstand, dass die Erfüllung des Einsichts- und Auskunftsrechts arbeitsaufwändig ist, macht dieses noch nicht rechtsmissbräuchlich.

242 BayObLG ZIP 2005, 1087, 1089 f.

243 LG Wuppertal NJW-RR 2003, 332 f.

244 OLG Hamm NZG 2002, 178, 181; *Robrecht* GmbHR 2002, 692, 693.

245 Vgl hierzu *Haas* FS Konzen, 2006, 157, 165 ff.

246 Uhlenbruck/*Hirte* § 11 InsO Rn 139.

247 *Noack,* InsO GesR, Rn 358; *Weber* KTS 1970, 73, 86 f; *Müller* 191 f.

248 RGZ 76, 244, 246; BGHZ 32, 114, 121; *Noack,* InsO GesR, Rn 358; *Müller* 190 f.

249 RGZ 76, 244, 250; *Rödder,* Kompetenzbeschränkungen der Gesellschaftsorgane in der Insolvenz der GmbH, 39 ff; *Weber* KTS 1970, 73, 87 f; *Müller* 193; *Grüneberg,* Die Rechtspositionen der Organe, 142.

250 *Müller* 205; *Haas* FS Konzen, 2006, 157, 167.

251 Vgl BGH NJW 1987, 189, 191; Scholz/*Schmidt* § 69 Rn 8; *Lutter*/Hommelhoff/*Kleindiek* § 69 Rn 2; *Kautz,* Die gesellschaftsrechtliche Neuordnung, 96 f, 112 ff; vgl auch *Haas* FS Konzen, 2006, 157, 175 f.

252 Rowedder/Schmidt-Leithoff/*Rasner* § 69 Rn 22; Scholz/*Schmidt* § 69 Rn 8; *Lutter*/Hommelhoff/*Kleindiek* § 69 Rn 2.

253 Vgl § 249 InsO.

abwicklung nicht verschlechtert und auf Grund des Sanierungsplans zu erwarten ist, dass die Sanierung Erfolg hat, das Gebot der Verhältnismäßigkeit gewahrt und eine Gleichbehandlung der Gfter sichergestellt ist. Vielfach wird im Rahmen der Verhältnismäßigkeit auch darauf abgestellt, ob die Gfterstellung wirtschaftlich wertlos sei.[254] In jedem Fall verbietet das Gebot der Verhältnismäßigkeit eine Belastung des Gfters mit zusätzlichen Leistungen.[255] Mit dem Gebot der Verhältnismäßigkeit nicht vereinbar ist auch eine Zwangsübertragung des Gesellschaftsanteils oder ein zwangsweiser Ausschluss.[256]

ee) Verfahrenspflichten. MoMiG sieht nun auch „persönliche (Verfahrens-)Pflichten" des Gfters im Insolvenzverfahren vor. § 101 I 2 InsO bestimmt, dass die Auskunftspflichten des Schuldners im Insolvenzverfahren nach § 97 I InsO den Gfter persönlich treffen, wenn die GmbH geschäftsführerlos (§ 35 Rn 105 a) ist. Die Bestimmung findet nicht nur im eröffneten Verfahren, sondern auch im Insolvenzeröffnungsverfahren Anwendung. Zudem bestimmt der neue § 10 II InsO, dass dort, wo die InsO die Anhörung des Schuldners (hier der GmbH) vorsieht, die Gfter gehört werden können, wenn die Ges führungslos ist. 58

3. Beendigung und Einstellung des Verfahrens a) Fehlende Massekostendeckung. Stellt sich nach Verfahrenseröffnung heraus, dass Insolvenzmasse nicht ausreicht, um Kosten des Verfahrens zu decken, stellt das Insolvenzgericht nach § 207 I InsO Verfahren ein, wenn nicht ein ausreichender Geldbetrag vorgeschossen wird.[257] Soweit Barmittel in der Masse vorhanden sind, hat der Verwalter nach § 207 III 1 InsO vor Einstellung des Verfahrens die Kosten desselben zu berichtigen. Da er aber nach § 207 III 2 InsO nicht verpflichtet ist, die vorhandenen Massegegenstände zu verwerten, kann es nach Einstellung des Verfahrens noch zu einem gesellschaftsrechtlichen Liquidationsverfahren nach §§ 66 ff GmbHG kommen.[258] Zur Frage, ob Fortsetzung als werbende Ges möglich ist, siehe unten Rn 91 ff. 59

b) Masseunzulänglichkeit. Sind die Kosten des Insolvenzverfahrens gedeckt, reicht Insolvenzmasse aber nicht aus, um die fälligen sonstigen Masseverbindlichkeiten zu erfüllen, bleibt Insverwalter – nach Anzeige der Masseinsuffizienz (§ 208 I InsO) – zur Verwaltung und Verwertung der Masse verpflichtet (§ 208 III InsO). Zwar ist der Insverwalter gehalten nach Anzeige der Masseunzulänglichkeit möglichst „kostenschonend" tätig zu sein. Gleichwohl ist es ihm aber nicht verwehrt, Ansprüche weiterzuverfolgen, die zu einer Massemehrung führen können. Damit umfasst Pflicht nach § 208 III InsO auch die Geltendmachung solcher Forderungen, deren Durchsetzbarkeit nicht von vornherein ausgeschlossen ist.[259] Die endgültige Einstellung des Verfahrens durch das Insolvenzgericht erfolgt nach § 211 InsO erst, wenn der 60

---

254 Siehe etwa *Edenmüller* ZGR 2001, 680, 688; MünchKommInsO/*Eidenmüller* § 217 Rn 74.

255 Vgl so für den Fall der außergerichtlichen Sanierung OLG Köln NZG 1999, 1166, 1167 f; *Schmidt* ZIP 1980, 328, 336; Gottwald/*Haas* InsOHdb § 92 Rn 19 ff.

256 *Schwalme* DZWiR 2004, 230, 232; *Noack,* InsO GesR, Rn 174; *ders* FS Zöllner, 1998, 411, 416.

257 Zur Bedeutung der Anhörungspflicht des Insolvenzverwalters in § 207 II InsO, damit das Gericht die Massekostenarmut erkennt, vgl *Pape* KTS 1995, 189, 194.

258 OLG Zweibrücken ZIP 2003, 1954, 1955; *Müller* 15; *Vallender* NZG 1998, 249, 251; *Uhlenbruck* ZIP 1996, 1641, 1647.

259 OLG Celle ZInsO 2004, 93.

Verwalter die Verteilung der Insolvenzmasse iS des § 209 InsO abgeschlossen hat. Ist die Masse restlos verteilt und kein Gesellschaftsvermögen mehr vorhanden, so ist nach § 394 I 2 FamFG bzw § 141 a I 2 FGG die Gesellschaft von Amts wegen zu löschen (siehe Anh § 77 Rn 12 ff). Das Insolvenzverfahren führt hier zur restlosen Abwicklung, dh zur Vollbeendigung des Rechtsträgers.[260] Werden nach Einstellung des Verfahrens Gegenstände der Insolvenzmasse ermittelt, gilt die Gesellschaft trotz Löschung als fortbestehend. Es findet dann nicht eine Nachtragsliquidation nach den §§ 66 ff GmbHG, sondern eine Nachtragsliquidation gemäß § 211 III InsO entsprechend den insolvenzrechtlichen Vorschriften über die Nachtragsverteilung (§§ 203 ff InsO) statt.[261] Fraglich ist, ob zu „Gegenständen der Insolvenzmasse" iS des § 211 III InsO auch Ansprüche zählen, die unter § 92 InsO fallen. Richtiger Ansicht nach ist dies zu bejahen.[262]

61 **c) Sonstige Fälle der Einstellung/Aufhebung** Einstellung des Insolvenzverfahrens kommt des Weiteren auf Antrag des Schuldners in Betracht, wenn Eröffnungsgrund nachträglich wegfällt (§ 212 InsO).[263] Darüber hinaus ist Einstellung des Insolvenzverfahrens auch auf Antrag des Schuldners möglich, wenn alle Insolvenzgläubiger zustimmen (§ 213 InsO). Einstellung des Verfahrens führt jedoch nicht zur Fortsetzung als werbende Ges, sondern nur als Liquidationsges (§§ 66 ff). Aufhebung des Insolvenzverfahrens ist nach § 265 InsO vorgesehen, sobald Bestätigung des Insolvenzplans rechtskräftig geworden ist. Damit erlischt Amt des Insolvenzverwalters und Schuldner erhält Verfügungsmacht über Insolvenzmasse zurück.[264] Eine im gestaltenden Teil des Insolvenzplans vorgesehene Planüberwachung lässt Prozessführungsbefugnis des Insverwalters nicht weiterbestehen.[265] Zur Frage, inwieweit hier Fortsetzung als werbende Ges möglich ist, siehe unten Rn 91 ff.

62 **d) Vollabwicklung** Findet in der Insolvenz der GmbH eine Vollabwicklung statt, so wird im Rahmen des Insolvenzverfahrens auch ein verbleibender Überschuss vom Insolvenzverwalter gemäß § 199 S 2 InsO an die Gfter ausgekehrt. An das Insolvenzverfahren schließt sich somit auch im Fall positiven Reinvermögens kein gesellschaftsrechtliches Liquidationsverfahren an.[266] Die Bestimmungen über das gesellschaftsrechtliche Liquidationsverfahren (§ 72 GmbHG) sind jedoch insoweit maßgebend, als es um den Verteilungsmaßstab hinsichtlich des vorhandenen Überschusses geht. Stellen sich nach dem Schlusstermin Vermögensgegenstände des Schuldners heraus, so ordnet auf Antrag des Insverwalters oder eines Insolvenzgläubigers das Insolvenzgericht unter bestimmten Voraussetzungen eine Nachtragsverteilung nach § 203 InsO an. Letztere kann auch dann stattfinden, wenn das Verfahren bereits rechtskräftig aufgehoben wurde (§ 203 II InsO). Das Gericht kann von der Anordnung der Nachtragsliquidation absehen und den Vermögens-

---

260 *K. Schmidt* GmbHR 1994, 829, 830 f; *Uhlenbruck* ZIP 1996, 1641, 1647.
261 *Vallender* NZG 1998, 249, 251; *Kautz,* Die gesellschaftsrechtliche Neuordnung, 80 f.
262 *Bork,* Kölner Schrift, 1333, 1339 Rn 15; siehe auch *Uhlenbruck* § 203 InsO Rn 12.
263 Vgl zu einem derartigen Fall LG Göttingen ZIP 2009, 382, 383 f.
264 BGH NZG 2008, 711.
265 BGH NZG 2008, 771 f.
266 *Erle* GmbHR 1998, 216, 220.

wert dem Schuldner überlassen, wenn dieser im Hinblick auf die Kosten eines solchen Verfahrens geringfügig erscheint (§ 203 III InsO). Eine (Nachtrags-)Liquidation nach gesellschaftsrechtlichen Vorschriften sieht § 203 III InsO also nur im Ausnahmefall vor. Soweit insolvenzfreies Vermögen vorhanden ist (siehe oben Rn 46), schließt sich an das Insolvenzverfahren stets ein gesellschaftsrechtliches Liquidationsverfahren an. Ist mit Verfahrensbeendigung kein Vermögen der GmbH mehr vorhanden, so tritt die Vollbeendigung der Ges mit Löschung der Ges im Handelsregister ein (Lehre vom Doppeltatbestand, siehe Rn 6). Die Löschung erfolgt von Amts wegen nach § 141 I 2 FGG bzw nach § 394 I 2 FamFG. Man wird dem Insverwalter gestatten können, das Registergericht auf die Vermögenslosigkeit der Gesellschaft hinzuweisen.[267] Von der Aufhebung des Verfahrens erfährt das Gericht, bei dem das Handelsregister geführt wird, nach §§ 200 II, 31 InsO. Nach Beendigung des Verfahrens hat der Insverwalter sämtliche Bücher und Schriften der Gesellschaft – soweit diese nicht für eine (insolvenzrechtliche) Nachtragsverteilung benötigt werden – an die zur Verwahrung verpflichteten Personen nach § 74 II GmbHG herauszugeben.[268] Allerdings kann die Annahme der Unterlagen durch die Verantwortlichen – anders als bei der Aktiengesellschaft (§§ 407, 273 II AktG) – vom Gericht nicht erzwungen werden.[269]

V. Ablehnung der Eröffnung des Insolvenzverfahrens mangels Masse, Nr 5

1. Allgemeines. Nr 5 ist mit Wirkung ab 1. 1. 1999 durch Art 48 Nr 5 Buchst c EGInsO eingefügt worden. Ohne sachliche Änderung ist damit § 1 I 1 LöschG in das GmbHG übernommen worden. Rspr u Schrifttum zu dieser Vorschrift[270] sind unverändert maßgebend. Ebenso kann für die Behandlung der Altfälle auf die nachstehenden Erläuterungen (Rn 66 ff) zurückgegriffen werden. **63**

a) Missstand. Aus der Abweisung des Insolvenzantrags mangels Masse folgt nicht, dass Ges kein Vermögen hat. Vielmehr können im Gesvermögen noch erhebliche Vermögenswerte, insbesondere Haftungsansprüche enthalten sein.[271] Kommt es aber nicht zur Insolvenzeröffnung, fehlt es an einem Insolvenzverwalter, der diese Haftungsansprüche im Interesse und für die Gläubiger recherchiert und geltend macht.[272] Die an seiner Stelle berufenen Liquidatoren, die in aller Regel mit den bisherigen Geschäftsführern identisch sind (§ 66 I), sind grundsätzlich kein adäquater Ersatz;[273] denn sie werden nur in seltenen Fällen die Haftungsansprüche gegen die Organmitglieder durch- **64**

---

[267] *Noack,* InsO GesR, Rn 89; Uhlenbruck/*Hirte* § 11 InsO Rn 149.

[268] *Uhlenbruck* § 200 InsO Rn 16.

[269] OLG Stuttgart ZInsO 1998, 341; *Uhlenbruck* § 200 InsO Rn 16. **AM** wohl Scholz/*Schmidt* Vor § 64 Rn 84.

[270] 16. Aufl 1995, § 60 Anh § 1 LöschG Rn 1 ff.

[271] Vgl BGH NJW 1991, 40, 41 f. Dass derartige Ansprüche in der großen Mehrzahl der Fälle bestehen, belegt auch die empirische Untersuchung von *Meyer/Hermes* GmbHR 2005, 807, 815.

[272] Vgl (haftungsbewehrten) Pflicht des Insolvenzverwalters insbesondere auch Ansprüche gegen die Organmitglieder zu verfolgen, *Bork* ZIP 2005, 1120 ff.

[273] Siehe *Burgard/Gundlach* ZIP 2006, 1568; *Hirte,* Verhandlungen des 66. DJT Stuttgart 2006, Bd II/1, P 14 f; *Haas* GmbHR 2006, 505 f.

setzen, um damit die Gesellschaftsschulden zu begleichen. Im Gegensatz dazu sind zwar die Gl willens die Haftungsansprüche geltend zu machen, auf Grund vielfältiger praktischer Hürden hierzu aber oftmals nicht in der Lage. Können die Organmitglieder aber darauf spekulieren, wegen Verletzung gläubigerschützender Verhaltenspflichten später nicht zur Verantwortung gezogen werden, dann bricht ein wesentlicher Aspekt des Gläubigerschutzsystems weg. *Kilger*[274] hat dies – noch im Anwendungsbereich der KO – treffend mit dem Worten umschrieben: *„Der Könner macht nicht einfach Konkurs! – Der Könner macht masselos Konkurs!“*

65 **b) Beseitigung des Missstands.** Diesen Missstand hatte seinerzeit auch der Insolvenzrechtsreformgesetzgeber erkannt. So heißt es in (BT-Drucks 12/2243 S 72/73): „Das Versagen der Konkursordnung führt zu schweren Missständen. Nahezu vermögenslose Schuldner, vor allem insolvente GmbH, können am Rechtsverkehr teilnehmen und andere schädigen; ihr Marktaustritt kann nicht erzwungen werden. Haftungsansprüche des Schuldnerunternehmens gegen Geschäftsführer, Gesellschafter oder Muttergesellschaften werden nicht geltend gemacht. Vermögensmanipulationen bleiben unentdeckt und können nicht rückgängig gemacht werden. Wirtschaftsstraftaten werden nicht geahndet. Es zehrt an der Rechts- und Wirtschaftsmoral, dass gerade diejenigen Schuldner von den Folgen illoyalen Verhaltens verschont bleiben, deren Vermögen die Kosten eines Verfahrens nicht mehr deckt.“ Aus diesem Grund hat der Insolvenzrechtsreformgesetzgeber seinerzeit verschiedene Maßnahmen ergriffen, um die Eröffnungsquote zu erhöhen.[275] Seit Inkrafttreten der InsO ist die Zahl der masselosen Insolvenzen deutlich zurückgegangen. Dennoch verharrt diese immer noch auf (sehr bzw zu) hohem Niveau.[276] In der Lit sind verschiedene Vorschläge gemacht worden, um dem Gläubiger im Fall masseloser Insolvenzen die Rechtsverfolgung zu erleichtern bzw die Zahl masseloser Insolvenzverfahren zu reduzieren.[277] Der MoMiG-Gesetzgeber hat sich dem Problem der masselosen Verfahren allenfalls am Rande angenommen. Lediglich in § 101 III InsO hat er eine neue Bestimmung eingeführt, wonach GFührer und Gfter, die ihrer insolvenzrechtlichen Auskunfts- und Mitwirkungspflicht (siehe oben Rn 47, 58) nicht nachkommen, die Kosten des Verfahrens auferlegt werden können, wenn der Antrag auf Eröffnung des Insolvenzverfahrens abzuweisen ist. Handelt es sich um eine nach EU-ausländischem Recht gegründete Ges, findet § 60 I Nr 5 keine Anwendung. Folgen für Ges ergeben sich – hM nach – nach Gründungsrecht.[278] Dem ist jedoch nicht zu folgen. Vielmehr sollten auch hier wegen funktionaler Vergleichbarkeit der gesellschaftsrechtl Abwicklung mit insolvenzrechtl Abwicklung die §§ 60 I Nr 5, 66 ff Anwendung finden.[279]

---

[274] *Kilger* AnwBl 1987, 424, 425.

[275] Siehe hierzu Gottwald/*Haas* InsOHdb § 91 Rn 23 ff.

[276] Vgl Nachweise bei *Burgard/Gundlach* ZIP 2006, 1568; Gottwald/*Haas* InsOHdb § 92 Rn 2. Für regionale Unterschiede in Bezug auf Eröffnungsquote der verschiedenen Insolvenzgerichte, siehe *Haarmeyer/Beck/Frind* ZInsO 2008, 1 ff.

[277] Vgl *Ott* NZI Editorial 2008 Heft 5 VII; *Haas* GmbHR 2006, 505, 506 f; *Burgard/Gundlach* ZIP 2006, 1568, 1570; *Schulz,* Die masselose Liquidation der GmbH, 1986; siehe auch *Schmidt*/Uhlenbruck Rn 6.26 f.

[278] Hirte/Bucher/*Mock/Schildt,* Grenzüberschreitende Gesellschaften, § 16 Rn 54; Süß/Wachter/*Kienle,* Handbuch des internationalen GmbH-Recht, § 3 Rn 152.

[279] *Haas* NZI 2003 Editorial Heft 12 S V f; MünchKommBGB/*Kindler* IntGesR Rn 703.

2. Auflösungsgrund u -verfahren. Auflösungsgrund ist **Rechtskraft des Beschlusses,** durch den Antrag auf Eröffnung des Insolvenzverfahrens nach § 26 I InsO abgewiesen wird, weil das Vermögen der Ges voraussichtlich nicht ausreichen wird, um die Kosten des Verfahrens zu decken. Wegen Bedeutung für Ges gibt § 34 I InsO dieser das Recht der sofortigen Beschwerde (Frist: zwei Wochen, §§ 577 II ZPO, 4 InsO) gegen den Beschluss,[280] auch wenn sie Antrag auf Eröffnung des Insolvenzverfahrens nicht gestellt hatte. Ges wird dabei in entspr Anwendung des § 15 I InsO von jedem einzelnen GFührer vertreten, auch wenn GesVertrag andere Vertretungsregelung vorsieht.[281] Die Geschäftsstelle des Insolvenzgerichts teilt dem für die Ges zuständigen Registergericht nach § 31 Nr 2 InsO eine Ausfertigung des die Eröffnung des Insolvenzverfahrens abweisenden Beschlusses zusammen mit Rechtskraftbescheinigung (Rn 28) mit. Zur Eintragung in das HR Rn 68. 66

3. Auflösungsfolgen. Auflösung nach Nr 5 führt zur Abwicklung nach §§ 66ff. Insolvenzrechtliche Grundsätze (insbes Gleichbehandlung der Gl) gelten daher nicht.[282] Daran hat InsO nichts geändert.[283] Ges behält Rechtsfähigkeit und Parteifähigkeit.[284] Sie verliert aber idR Prozessführungsbefugnis zur Geltendmachung von ihr zur Sicherheit abgetretener Forderungen im eigenen Namen.[285] GFührer verlieren Vertretungsbefugnis.[286] Die **Liquidatoren** sind nach den allg Regeln (§ 66 Rn 11 ff) zu bestimmen.[287] Änderungen des GesVertrages, die der Liquidation dienen, bleiben möglich; für darüber hinausgehende Änderungen fehlt GfterVers die Rechtsmacht (§ 69 Rn 20; § 54 Rn 23).[288] **Sitzverlegung** nur, wenn sie der Liquidation dient.[289] Ist GmbH persönlich haftende Gesellschafterin, bleibt ihre Vertretungs- u Geschäftsführungsbefugnis in Personenges – hM nach – erhalten.[290] Übernehmende Rechtsträgerin einer Verschmelzung kann sie nicht mehr sein.[291] – Zur Möglichkeit eines Fortsetzungsbeschlusses Rn 97. 67

---

280 Ulmer/*Casper* Rn 56. Zu § 1 LöschG OLG Düsseldorf GmbHR 1993, 231.

281 Zu § 1 LöschG Hachenburg/*Ulmer* § 60 Anh Rn 9; Scholz/*Schmidt* § 63 Rn 45.

282 HM, Rowedder/Schmidt-Leithoff/*Rasner* Rn 24; Michalski/*Nerlich* Rn 248 f; – aA *Schulz* 94 ff; dazu auch Scholz/*Schmidt* § 60 Rn 29 f; *K. Schmidt* GmbHR 1994, 829, 833.

283 Krit *K. Schmidt* GmbHR 1994, 829, 833; *Vallender* NZG 1998, 249, 250.

284 AllgM, Rowedder/Schmidt-Leithoff/*Rasner* Rn 24; zu § 1 LöschG BGH WM 1980, 1431 f; BAG NZG 2002,1175; NJW 1988, 2637; OLG Frankfurt/M DB 1979, 1630; OLG Stuttgart ZIP 1986, 647, 648; OLG Nürnberg GmbHR 1988, 399; OLG Koblenz GmbHR 1991, 315; 1994, 483.

285 Michalski/*Nerlich* Rn 252; zu § 1 LöschG BGHZ 96, 151, 154 ff; NJW 1989, 1932, 1933 f; OLG Köln DStR 1992, 1249.

286 Michalski/*Nerlich* Rn 253; zu § 1 LöschG BayObLG GmbHR 1994, 481, 482.

287 Michalski/*Nerlich* Rn 253; zu § 1 LöschG BayObLG BB 1987, 1625; OLG Koblenz GmbHR 1991, 315.

288 Zu § 1 LöschG BayObLG GmbHR 1995, 532, 533.

289 Unter dem unrichtigen Gesichtspunkt des Rechtsmissbrauchs LG Berlin ZIP 1999, 1050, 1051.

290 BGHZ 75, 178, 182; Michalski/*Nerlich* Rn 253. **AM** zu Recht *Schmidt* GmbHR 1994, 829, 834; vgl auch Staub/*Schäfer* § 131 HGB Rn 40, Röhricht/von Westphalen/*von Gerkan/Haas* § 131 HGB Rn 25.

291 Zu § 1 LöschG KG DB 1998, 2409 f.

68 **4. Eintragung in das HR und Bekanntmachungen.** Auflösung ist nach § 65 I 2, 3 von Amts wegen in das HR einzutragen. Voraussetzung ist Rechtskraft des abweisenden Beschlusses,[292] so dass Insolvenzgericht – wie nach § 1 II 1 LöschG aF – auch Bescheinigung über Rechtskraft zu übersenden hat. Eintragung hat nur deklaratorische Bedeutung.[293] Die Liquidatoren (Rn 27) sind nach § 67 (§ 67 Rn 4 ff) zum HR anzumelden; dabei ist auch Versicherung nach § 67 III (§ 67 Rn 10 ff) abzugeben.[294] Bei Vermögenslosigkeit der Ges schließt sich der Auflösung nach Nr 5 das Löschungsverfahren nach § 141 a I 1 FGG bzw § 374 I 1 FamFG (§ 77 Anh Rn 5 ff) an.[295] Abweisungsbeschluss ist nach § 26 I 3 InsO neuerdings bekannt zu machen.

VI. Verfügung des RegGerichts nach § 399 FamFG (§ 144 a FGG), Nr 6

69 Nr 6 gleicht Nr 5 aF (Art 48 Nr 5 Buchst b EGInsO). Vorschrift gibt rechtskräftigen Verfügungen des RegGerichts zwingend[296] die Wirkung eines Auflösungsgrundes, wenn mit ihnen bestimmte Mängel des GesVertrages festgestellt werden (§ 399 FamFG bzw § 144 a IV FGG). Einzelheiten § 77 Anh Rn 31 ff, 41 ff.

VII. Löschung der Ges wegen Vermögenslosigkeit nach § 394 I 1 FamFG (§ 141 a FGG), Nr 7

70 Nr 7 ist mit Wirkung ab 1. 1. 1999 durch Art 48 Nr 5 Buchst d EGInsO angefügt worden. Die Regelung ist § 2 I 2 LöschG nachgebildet u wie diese Bestimmung als Auflösungstatbestand weitgehend verfehlt. Trotz einschränkungsloser Verweisung auf § 141 a I FGG bzw § 394 FamFG kann sie sich auf § 141 a I 2 FGG bzw § 394 I 2 FamFG nicht beziehen, da im Falle eines Insolvenzverfahrens die Ges bereits nach Nr 4 (Rn 24) aufgelöst ist. Die in § 141 a I 2 FGG bzw § 394 I 2 FamFG vorgesehene Löschung (§ 77 Anh Rn 12 ff) führt zur Beendigung der Ges.[297] Die Verweisung auf § 141 a I 1 FGG bzw § 394 I 1 FamFG betrifft nur ausnahmsweise einen Auflösungstatbestand, nämlich die Fälle, in denen trotz angenommener Vermögenslosigkeit der Ges noch Vermögen vorhanden ist u in denen die Ges noch an sonstigen Abwicklungsmaßnahmen mitwirken muss. Sie ist dann nach § 66 V (§ 66 Rn 36 ff) zu liquidieren.[298] Ist die Ges tatsächlich vermögenslos u sind auch keine Abwicklungsmaßnahmen vorzunehmen, ist Löschung Beendigungstatbestand (§ 77 Anh Rn 16).[299] Einzelheiten § 77 Anh Rn 3 ff.

---

[292] Kübler/Prütting/*Holzer* § 31 Rn 9.

[293] Rowedder/Schmidt-Leithoff/*Rasner* Rn 24; zu § 1 LöschG BayObLG GmbHR 1992, 672, 673; Ulmer/*Casper* § 60 Anh Rn 10.

[294] Zu § 1 LöschG BayObLG BB 1987, 1625, 1626; Hachenburg/*Ulmer* § 60 Anh Rn 11; *Ziegler* Rpfleger 1987, 287 f.

[295] Rowedder/Schmidt-Leithoff/*Rasner* Rn 24; zu § 1 LöschG BayObLG GmbHR 1994, 189, 191; DB 1995, 667.

[296] Schulte-Bunert/Weinreich/*Nedden-Boeger*, FamFG, § 399 Rn 57; Hachenburg/*Ulmer* Rn 1; Rowedder/Schmidt-Leithoff/*Rasner* Rn 11.

[297] *K. Schmidt* GmbHR 1994, 829, 831 f.

[298] OLG Celle NZG 2007, 271; OLG Koblenz NJW-RR 2004, 1222, 1223.

[299] Beschränkt auf Vermögenslosigkeit *K. Schmidt* GmbHR 1994, 829, 831 f.

E. Weitere gesetzliche Auflösungsgründe

Regelung der Auflösungsgründe in § 60 I ist nicht abschließend. Dazu kommen weitere gesetzliche Auflösungsgründe (Rn 72 ff). Sie sind abzugrenzen gegenüber denjenigen Ereignissen, die nicht zur Auflösung der Ges führen (Rn 82 ff). 71

I. Auflösungsgründe

1. Rechtskraft des Nichtigkeitsurteils nach **§ 75** (str, § 77 Rn 2). 72

2. Löschung der GmbH als nichtig nach § 144 I 2 FGG bzw **§ 398 FamFG** (§ 77 Anh Rn 29). 73

3. Löschung der Eintragung der GmbH nach § 142 FGG bzw **§ 395 FamFG** (§ 77 Anh Rn 23). 74

4. Abwicklungsverfügung des Bundesaufsichtsamts für das Kreditwesen nach **§ 38 I 1 KWG** (§ 62 Rn 3). 75

5. Zustellung des Verbots der GmbH nach **§ 17 iVm § 3 IV 3 VereinsG** (§ 62 Rn 4). 76

6. Art 12 § 1 I, II GmbH-Novelle 1980 ordnet die Auflösung zum 31. 12. 1985 für diejenigen Ges an, die bis dahin den Vorschriften des § 5 I nF über das Mindest-Stammkapital u der §§ 7 II, 8 II nF über die Mindesteinlagen nicht nachgekommen sind. Vorschrift hat durch Zeitablauf Bedeutung verloren. Einzelheiten 15. Aufl 1988, Rn 32 ff. 77

7. Art 12 § 1 I, II GmbH-Novelle 1980 idF der Anlage I Kapitel III Sachgebiet D Abschnitt III Nr 7 des Einigungsvertrages ordnete die Auflösung zum 1. 7. 1992 für die Ges im Beitrittsgebiet an, die zwischen dem 1. 7. 1990 u dem 3. 10. 1990 zum HR angemeldet worden sind u bis zum 1. 7. 1992 die notwendige Kapitalerhöhung oder eine Umwandlung oder die Leistung der erforderlichen Einlagen nicht zum HR angemeldet haben, ferner die Auflösung zum 1. 7. 1995 für die Ges im Beitrittsgebiet, die zurzeit des Abschlusses des Einigungsvertrages bereits bestanden haben oder die bis zum 30. 6. 1990 zum HR angemeldet worden sind u bis zum 1. 7. 1995 die notwendige Kapitalerhöhung oder eine Umwandlung oder die Leistung der erforderlichen Einlagen nicht zum HR angemeldet haben. 78

8. § 57 II DMBilG ordnete die Auflösung zum 31. 12. 1992 für die Ges im Beitrittsgebiet an, deren Stammkapital nach der Neufestsetzung gemäß §§ 27 ff DMBilG auf einen geringeren Betrag als 50 000 DM lautet u die eine Erhöhung des Stammkapitals beschlossen, aber bis zu diesem Tage nicht ordnungsgemäß zum HR angemeldet haben. Ferner sind nach **§ 57 I DMBilG** die Ges im Beitrittsgebiet zum 31. 12. 1994 aufgelöst, die bis zu diesem Tage die Neufestsetzung ihrer Kapitalverhältnisse gemäß §§ 27 ff DMBilG nicht ordnungsgemäß zum HR angemeldet haben. Schließlich sind nach **§ 57 III DMBilG** die Ges im Beitrittsgebiet, die nach § 28 DMBilG ein Kapitalentwertungskonto gebildet haben, zum 31. 12. 1997 aufgelöst, wenn nicht bis zu diesem Tage die Durchführung des Ausgleichs des Kapitalentwertungskontos nach § 28 II 4 DMBilG in das HR eingetragen worden ist. 79

80 **9. § 22 TreuhandG** ordnete die Auflösung zum 30. 6. 1991 der Ges im Aufbau (§§ 11 I, 14 TreuhandG) an, wenn deren vorläufiges Leitungsorgan die Gründung u die Anmeldung zum HR nicht bis zu diesem Tage vorgenommen hat.

81 **10. Erwerb aller Geschäftsanteile durch die Ges,** insbes durch Kaduzierung nach § 21 oder Aufgabe nach § 27, aber auch nach § 33 ist Auflösungsgrund (§ 33 Rn 19).[300] Liquidationserlös fällt analog § 45 III BGB den im GesVertrag genannten Personen, hilfsweise dem Fiskus zu,[301] Gesamtrechtsnachfolge des Fiskus nach § 46 BGB findet aber nicht statt.[302] Zur Fortsetzung der Ges durch Veräußerung eines Geschäftsanteils an einen Dritten Rn 63. Dagegen kommt Wegfall sämtlicher Geschäftsanteile durch Einziehung nach § 34 nicht in Betracht; Einziehung des letzten Geschäftsanteils ist nichtig (§ 34 Rn 2).

II. Ereignisse, die nicht zur Auflösung führen

82 **1. Erwerb aller Geschäftsanteile durch eine Person.** Das ist schon seit langem anerkannt. Einpersonen-GmbH ist im Gesetz ausdrücklich zugelassen, vgl §§ 1, 7 II 3, 40 II (§ 1 Rn 20, 49 ff).

83 **2. Verschmelzung** führt nicht zur Auflösung, sondern zur Beendigung der Ges (Rn 4). Bei **Umwandlung** besteht Ges in der neuen Rechtsform weiter (Rn 4).

84 **3. Vermögenslosigkeit der Ges** (Rn 6). Mit Löschung nach § 141 a I 1 FGG bzw § 394 I 1 FamFG tritt Beendigung ohne vorherige Auflösung ein (§ 77 Anh Rn 16).

85 **4. Eröffnung des Insolvenzverfahrens über das Vermögen eines Gesellschafters.**[303] GesVertrag kann aber nach § 60 II diese Umstände als Auflösungsgründe bezeichnen (Rn 50).

86 **5. Entziehung einer erforderlichen Gewerbeerlaubnis** u ähnliche Maßnahmen, wenn sie nicht – wie im Falle des § 38 KWG (Rn 35) – zulässigerweise mit einer Auflösungsverfügung verbunden sind (§ 62 Rn 5),[304] auch kein Grund zur Löschung nach § 395 FamFG bzw § 142 FGG (§ 77 Anh Rn 19).

---

[300] Ulmer/*Casper* Rn 107; *Lutter*/Hommelhoff/*Kleindiek* Rn 24; Rowedder/*Peutz* § 33 Rn 27; Rowedder/Schmidt-Leithoff/*Rasner* Rn 9; Scholz/*Schmidt* Rn 65; Roth/*Altmeppen* Rn 29; einschränkend (nur bei dauernder GfterLosigkeit) Scholz/*Westermann* § 33 Rn 44; wohl auch *Mertens* NJW 1966, 1049, 1053 f; insoweit unentschieden Roth/*Altmeppen* Rn 30. **AM** *Meyer-Landrut* Rn 3; *Kreutz* FS Stimpel, 1985, 379 ff; iE ebenso (GfterLosigkeit bleibt sanktionslos) *Alfred Paulick,* Die GmbH ohne Gesellschafter, 1979, 87 f, 91. – Anderer Ansatz (Erwerb des letzten Geschäftsanteils nichtig) *Oldenburg,* Die Keinmann-GmbH, 1985, 120 ff; bzgl des rechtsgeschäftlichen Erwerbs des letzten Anteils auch Scholz/*Emmerich* § 13 Rn 9.

[301] Ulmer/*Casper* Rn 107; Michalski/*Nerlich* Rn 25; *Lutter*/Hommelhoff/*Kleindiek* Rn 24; *Passarge/Torwegge* Rn 75.

[302] Ulmer/*Casper* Rn 107 Fn 246; *Passarge/Torwegge* Rn 75.

[303] Scholz/*Schmidt* Rn 71; *Lutter*/Hommelhoff/*Kleindiek* Rn 25; zum alten Recht Hachenburg/*Ulmer* Rn 61.

[304] Hachenburg/*Ulmer* Rn 61; Rowedder/Schmidt-Leithoff/*Rasner* Rn 10; *Passarge/Torwegge* Rn 77.

6. Auflösungsverfügung des Bundeskartellamts nach § 41 III 1 GWB sowie andere Untersagungsverfügungen der Kartellbehörde (§ 62 Rn 5). 87

7. Einstellung, Veräußerung oder Verpachtung des Unternehmens der Ges,[305] sofern darin kein Auflösungsbeschluss nach Abs 1 Nr 2 liegt (Rn 19). 88

F. Gesellschaftsvertragliche Auflösungsgründe, Abs 2

I. Eindeutig bestimmte Auflösungsgründe

GesVertrag kann keinen gesetzlichen Auflösungsgrund (Rn 13 ff, 31 ff) beseitigen, wohl aber darf er **weitere Auflösungsgründe** festsetzen. Diese weiteren Auflösungsgründe müssen eindeutig bestimmt sein,[306] weil anderenfalls Gefahr besteht, dass Auflösung der Ges längere Zeit unbemerkt bleibt.[307] Darum können Kündigungsgründe weniger bestimmt formuliert sein (Rn 51); bei ihnen gibt Kündigungserklärung erforderliche Information. Als Auflösungsgründe kommen daher in Betracht: Tod oder Insolvenz eines Gfters, Einstellung der Mitarbeit eines Gfters, Pfändung eines Geschäftsanteils, Entzug einer gewerberechtlichen Erlaubnis, Ablauf eines gewerblichen Schutzrechts, Feststellung eines Verlustes in bestimmter Höhe im handelsrechtlichen Jahresabschluss oder in einer Zwischenbilanz, Erwirtschaftung eines nach Höhe u Zeit bestimmten Jahresfehlbetrages.[308] Teilweise fallen solche Regelungen auch unter Abs 1 Nr 1. Im Hinblick auf Bedürfnis, Unkenntnis über Eintritt des Auflösungstatbestandes zu vermeiden, sind nicht ausreichend bestimmt Auflösungsgründe wie „mangelnde Rentabilität des Unternehmens",[309] „wichtiger Grund" ohne nähere Bezeichnung, Unmöglichkeit der Zweckerreichung.[310] Vereinbaren Gfter außerhalb Gesvertrag individualvertragl „Auflösungsgründe", so handelt es sich nicht um solche des § 60 II. Vereinbarung kann aber Stimmbindungsvertrag darstellen, aus dem sich Verpflichtung der jeweiligen Gfter ergeben kann, entspr Auflösungsbeschluss herbeizuführen.[311] 89

II. Kündigungsklauseln

Räumt GesVertrag den Gftern Kündigungsrecht ein, führt Ausübung dieses Rechts, wenn GesVertrag keine andere Regelung enthält, zur Auflösung der 90

---

305 Hachenburg/*Ulmer* Rn 61; Rowedder/Schmidt-Leithoff/*Rasner* Rn 10; Scholz/*Schmidt* Rn 72.

306 Ulmer/*Casper* Rn 111; Rowedder/Schmidt-Leithoff/*Rasner* Rn 41; *Passarge/Torwegge* Rn 81; Scholz/*Schmidt* Rn 76; MünchHdbGmbH/*Weitbrecht* § 62 Rn 20.

307 Das verkennt *van Venrooy* GmbHR 1993, 65 ff.

308 Ulmer/*Casper* Rn 112; Scholz/*Schmidt* Rn 75.

309 Scholz/*Schmidt* Rn 76; Hachenburg/*Ulmer* Rn 64; Rowedder/Schmidt-Leithoff/*Rasner* Rn 41. **AM** *van Venrooy* GmbHR 1993, 65 ff.

310 Hachenburg/*Ulmer* Rn 64, 66; Rowedder/Schmidt-Leithoff/*Rasner* Rn 41; Scholz/*Schmidt* Rn 76; (wichtiger Grund) Michalski/*Nerlich* Rn 108; *Passarge/Torwegge* Rn 82.

311 Michalski/*Nerlich* Rn 314; *Lutter*/Hommelhoff/*Kleindiek* Rn 27; *Passarge/Torwegge* Rn 80.

Ges.[312] Demgegenüber wird im Schrifttum verbreitet die Auffassung vertreten, die Ausübung eines gesvertraglichen Kündigungsrechts führe idR zum Ausscheiden des kündigenden Gfters.[313] Dieser Streit hat nur Bedeutung für die Fälle, in denen dem GesVertrag nicht mit ausreichender Deutlichkeit zu entnehmen ist, welche Wirkungen die Kündigung haben soll.[314] Dabei spricht die Neuregelung der Kündigungsfolgen für die PersonenhandelsGes durch Art 3 Nr 29 HRefG (§ 131 II Nr 4 HGB) für die Annahme, dass nunmehr auch die Kündigung des GesVertrages der GmbH zum Ausscheiden des kündigenden Gfters unter Fortbestand der Ges führe. Diesem Argument ist jedoch entgegenzuhalten, dass – anders als bei den PersonenhandelsGes – für die GmbH Art u Weise des Ausscheidens des kündigenden Gfters (§ 34 Anh Rn 27) weitgehend ungeklärt ist.[315] Insbes ist mit der Kündigungserklärung allein das Ausscheiden nicht verbunden.[316] Daher sind entspr gesvertragliche Regelungen unverzichtbar, um zu sachgemäßen Ergebnissen zu gelangen. Hiernach führt Kündigung des GesVertrages nach wie vor **im Zweifel zur Auflösung der Ges.** Vertrag kann Kündigungsrecht an Eintritt von Voraussetzungen knüpfen, die nicht so bestimmt umschrieben sein müssen wie nach Rn 89 die automatisch zur Auflösung führenden Umstände.[317] Er kann auch zwischen ordentlicher u außerordentlicher Kündigung unterscheiden. – Sieht GesVertrag Ausscheiden des kündigenden Gfters vor, führt **Kündigung sämtlicher Gfter** zum selben Termin notwendigerweise zur Auflösung der Ges, obwohl darin ohne weitere Umstände (zB wechselseitige Kündigung auf Grund einer Vereinbarung der Gfter, Rn 19) Auflösungsbeschluss (Rn 17 ff) nicht gesehen werden kann.

G. Fortsetzung der aufgelösten GmbH

Lit: *Fichtelmann,* Die Fortsetzung einer aufgelösten GmbH, GmbHR 2003, 67.

I. Voraussetzungen

91 **Fortsetzung einer aufgelösten Ges** ist – von Ausnahmen abgesehen (Rn 93 ff) – **grundsätzlich zulässig,** sofern Ges noch nicht durch Beendi-

---

312 RGZ 93, 326, 327; 95, 39, 40; 113, 147, 149; KG JW 1930, 2719; OLG Karlsruhe GmbHR 1960, 24 f; Ulmer/*Casper* Rn 115; Michalski/*Nerlich* Rn 329; *Meyer-Landrut* FS Stimpel, 1985, 431, 436 ff; MünchHdbGmbH/*Weitbrecht* § 62 Rn 22; wohl auch *Goette* § 10 Rn 20; (unter Betonung der Fortsetzungsmöglichkeiten der übrigen Gfter) Scholz/*Schmidt* Rn 77; (unter Annahme eines Wahlrechts der übrigen Gfter, die Fortsetzung der Ges mit Drei-Viertel-Mehrheit zu beschließen) *Topf-Schleuning,* Einfache Kündigungsklauseln in GmbH-Satzungen, 1993, 137 ff.

313 Rowedder/Schmidt-Leithoff/*Rasner* Rn 45; *Lutter*/Hommelhoff/*Kleindiek* Rn 27; *Scholz* JR 1948, 115 f; *Fischer* GmbHR 1955, 165, 168 f; *Hofmann* GmbHR 1975, 217, 223; *Vogel* FS Knur, 1972, 259 ff; OLG Düsseldorf GmbHR 2004, 356; wohl auch BGH GmbHR 1997, 501, 502; vgl dazu aber relativierend *Goette* § 10 Rn 20.

314 Scholz/*Schmidt* Rn 77; Michalski/*Nerlich* Rn 329; *Hofmann* GmbHR 1975, 217, 223.

315 Hachenburg/*Ulmer* Rn 69; relativierend zur bisherigen Sicht allerdings BGH NZG 2003, 871, 872 obiter.

316 BGH GmbHR 1997, 501, 502.

317 Hachenburg/*Ulmer* Rn 71; Rowedder/Schmidt-Leithoff/*Rasner* Rn 46; Scholz/*Schmidt* Rn 78.

gung (Rn 3) erloschen ist,[318] mit der Verteilung des GesVermögens an die Gfter noch nicht begonnen ist (str)[319] u das GesVermögen mindestens die Schulden deckt.[320] Ob das GesVermögen die Schulden deckt, ergibt sich nicht aus einer Bilanz nach den Regeln der §§ 238 ff, 264 ff HGB, sondern aus einem Überschuldungsstatus.[321] Darüber hinaus wird man auf der Grdl der Rspr des BGH allerdings auch Unversehrtheit des Stammkapitals fordern müssen, wenn Voraussetzungen der **wirtschaftlichen Neugründung** (zu diesen § 3 Rn 11) vorliegen.[322] Haben Gführer mit Verteilung des GesVermögens an Gfter nach §§ 72 f begonnen, kommt Fortsetzung entspr § 274 I 1 AktG, Art 12 § 1 III 1 GmbH-Novelle 1980 nicht mehr in Betracht, weil dadurch die Schranke zwischen GesVermögen u GfterVermögen nachhaltig durchbrochen worden ist.[323] Kann die Ges allerdings entsprechend den Regeln über die wirtschaftliche Neugründung (§ 3 Rn 13) Vorhandensein von noch oder wieder vorhandenem GesVermögen nachweisen, das Stammkapital deckt, besteht unter dem Gesichtspunkt des Gläubigerschutzes kein Grund, zusätzlich auch eine formelle Neugründung zu verlangen. Doch können widerstrebende Gfter, an die bereits Vermögen verteilt wurde, nicht gezwungen werden, dieses wiedereinzulegen, da sie es rechtmäßig nach den Liquidationsregeln bezogen haben. Insoweit ist ggf Austrittsrecht zuzubilligen (Rn 92).

Voraussetzung ist Beseitigung des Auflösungsgrundes u **Fortsetzungsbeschluss** der Gfter mit der für Auflösungsbeschluss nach Abs 1 Nr 2 erforderlichen Mehrheit, also (Rn 17) mit Drei-Viertel-Mehrheit, sofern GesVertrag keine höhere Mehrheit vorsieht, vgl § 274 I 2, 3 AktG.[324] Entgegen RG[325] ist Einstimmigkeit nicht erforderlich. Da satzungsändernde Mehrheit in der Lage ist, GesZweck zu ändern, muss dieselbe Mehrheit reichen, Abwicklungszweck in werbenden zurückzuverwandeln. Einfache Mehrheit reicht 92

---

318 OLG Celle NZG 2008, 271; *Lutter*/Hommelhoff/*Kleindiek* Rn 29; *Passarge/Torwegge* Rn 422.

319 Wie hier RGZ 118, 337, 339; OLG Düsseldorf GmbHR 1979, 227, 228; *Lutter*/Hommelhoff/*Kleindiek* Rn 29. **AM** *Hennrichs* ZHR 159 (1995) 593, 607.

320 So im Grds RGZ 118, 337, 339; *Lutter*/Hommelhoff/*Kleindiek* Rn 28 ff; Scholz/*Schmidt* Rn 79 ff; Rowedder/Schmidt-Leithoff/*Rasner* Rn 65; Roth/*Altmeppen* Rn 24. – Einschränkend (keine Fortsetzung nach Löschung der Ges) Roth/*Altmeppen* § 75 Rn 38; Hachenburg/*Hohner* § 74 Rn 26; Hachenburg/*Ulmer* Rn 84, 108 f; Scholz/*Schmidt* Rn 83; Rowedder/Schmidt-Leithoff/*Rasner* Rn 39 ff; *Hüffer* Gedächtnisschrift Schultz, 1987, 99, 113 ff, doch handelt es sich dabei um die Fälle, in denen die Ges, da nicht vermögenslos, nicht gelöscht werden durfte, so auch noch *K. Schmidt* GmbHR 1988, 211.

321 BayObLG GmbHR 1998, 540, 541.

322 Vgl zum vergleichbaren Fall der Abweisung des Insolvenzantrags mangels Masse *Goette* § 10 Rn 38; ferner Hinweis bei *Lutter*/Hommelhoff/*Kleindiek* Rn 33; stattdessen für Anwendung der Regeln über Unterkapitalisierung Roth/*Altmeppen* Rn 26. Gegen Parallele zur Neugründung *Passarge/Torwegge* Rn 424.

323 OLG Düsseldorf GmbHR 1979, 276, 277; Hachenburg/*Ulmer* Rn 85; *Lutter*/Hommelhoff/*Kleindiek* Rn 29; Rowedder/Schmidt-Leithoff/*Rasner* Rn 66; Scholz/*Schmidt* Rn 82; Michalski/*Nerlich* Rn 341; MünchHdbGmbH/*Weitbrecht* § 62 Rn 30; *Goette* § 10 Rn 35; *Gehrlein* DStR 1997, 31, 32. **AM** Roth/*Altmeppen* Rn 40 ff; *Erle* GmbHR 1997, 973, 975 ff; *Passarge/Torwegge* Rn 426 ff.

324 Roth/*Altmeppen* Rn 54; Hachenburg/*Ulmer* Rn 88–90; *Passarge/Torwegge* Rn 433; *Lutter*/Hommelhoff/*Kleindiek* Rn 29; Rowedder/Schmidt-Leithoff/*Rasner* Rn 70; Scholz/*Schmidt* Rn 88.

325 RGZ 118, 337, 341.

aber nicht aus, wie Analogie zu § 274 I 2 AktG ergibt.[326] Allerdings bedarf Fortsetzungsbeschluss uU Zustimmung des einzelnen Gfters nämlich dessen, dem Sonderrecht auf Durchführung der Liquidation zusteht, der Ges mit Folge der Auflösung (Rn 90) gekündigt hat,[327] der erfolgreich Auflösungsklage nach § 61 erhoben hat, für den Fortsetzung der Ges zur Vermehrung von Leistungspflichten (NebenleistungsGes) führt.[328] Der überstimmte Gfter hat wegen Fortsetzung allein kein Austrittsrecht, sondern nur bei Vorliegen der allg Voraussetzungen, unter denen Austrittsrecht aus wichtigem Grund (§ 34 Anh Rn 18 ff) anerkannt ist.[329] Wirksamkeit des Fortsetzungsbeschlusses kann von Änderung des GesVertrages (im Falle des Abs 1 Nr 1 u bei Auflösung aus einem im GesVertrag genannten Auflösungsgrund) oder von Kapitalerhöhung (um Deckung der Schulden durch GesVermögen zu erreichen) abhängen. Zum Fortsetzungsbeschluss nach Auflösung der Ges auf Nichtigkeitsklage des § 75 vgl § 77 Rn 7 f. **Fortsetzungsbeschluss ist in HR einzutragen;** Eintragung ist jedoch – von bedeutungslos gewordener Sonderregelung des Art 12 § 1 III 2 GmbH-Novelle 1980 abgesehen[330] – nicht Wirksamkeitserfordernis.[331] **Anmeldung** obliegt GFührern[332] in vertretungsberechtigter Zahl (§ 78 Rn 7), da Amt der Liquidatoren mit konstitutiver Wirkung des Fortsetzungsbeschlusses erlischt. Zur Frage weiter notwendiger Erklärungen im Fall der wirtschaftlichen Neugründung oben Rn 91 u § 3 Rn 11. Anmeldung wird nach § 14 HGB erzwungen, wenn Beschluss nicht von Änderung des GesVertrages abhängt oder selbst Änderung des Vertrages ist.[333] War Auflösung nicht eingetragen, kann auf Eintragung des Fortsetzungsbeschlusses verzichtet werden,[334] doch ist Eintragung im Hinblick auf § 15 I HGB zulässig.[335]

II. Sonderfälle

93 **1. Auflösung auf Grund behördlicher Entscheidung.** Fortsetzung ist ausgeschlossen, wenn Auflösung auf **behördlicher Entscheidung** (zB § 62, vgl dort Rn 11; ferner § 38 KWG, § 17 VereinsG) beruht u diese Entscheidung wirksam ist. Wird Entscheidung im Rechtsmittelverfahren aufgehoben, wird Auflösungsfolge mit Rückwirkung beseitigt.[336] Hebt Verwaltungsbehör-

---

326 **AM** LG Frankenthal Rpfleger 1955, 106 (für Verein) u *P. Scholz* GmbHR 1982, 228, 232.

327 Vgl BGHZ 48, 251, 254 (für OHG). **AM** (Stimmverbot für Kündigenden) *Topf-Schleuning* (Fn 108), 138, 148 f.

328 Hachenburg/*Ulmer* Rn 91; Rowedder/Schmidt-Leithoff/*Rasner* Rn 70; teilw ebenso Scholz/*Schmidt* Rn 88 f.

329 Hachenburg/*Ulmer* Rn 93; Rowedder/Schmidt-Leithoff/*Rasner* Rn 72; weitergehend (Austrittsrecht als Folge des Fortsetzungsbeschlusses) Roth/*Altmeppen* Rn 54 iVm Rn 12; Scholz/*Schmidt* Rn 89; *Fischer* GmbHR 1955, 165, 167 f; *Hofmann* GmbHR 1975, 217, 227; *P. Scholz* GmbHR 1982, 228, 232; wohl auch *Lutter*/Hommelhoff/*Kleindiek* Rn 35.

330 15. Aufl 1988, Rn 54.

331 Roth/*Altmeppen* Rn 37; Ulmer/*Casper* Rn 94; *Passarge/Torwegge* Rn 436; Scholz/*Schmidt* Rn 91; Michalski/*Nerlich* Rn 377.

332 Scholz/*Schmidt* Rn 91; Rowedder/Schmidt-Leithoff/*Rasner* Rn 84; *Passarge/Torwegge* Rn 436.

333 Scholz/*Schmidt* Rn 91.

334 Ulmer/*Casper* Rn 94; Scholz/*Schmidt* Rn 91; *Passarge/Torwegge* Rn 436.

335 Scholz/*Schmidt* Rn 91.

336 Hachenburg/*Ulmer* Rn 99.

de Entscheidung durch Widerruf oder Rücknahme auf, steht einem Fortsetzungsbeschluss nichts im Wege.[337]

2. Auflösung durch Urteil nach § 61. Bei Auflösung durch **rechtskräftiges Urteil** nach § 61 (Abs 1 Nr 3) setzt Fortsetzungsbeschluss Zustimmung des Auflösungsklägers voraus.[338] Allerdings kann Zustimmungsverweigerung im Einzelfall treuwidrig sein, so dass dann Anspruch auf Zustimmung besteht, doch dürfte das nicht ohne weiteres der Fall sein, wenn Auflösungsgrund beseitigt ist. 94

3. Beruht Auflösung auf **Eröffnung des Insolvenzverfahrens,** ist Fortsetzung nur aus den in Abs 1 Nr 4 genannten Gründen zulässig: Einstellung des Insolvenzverfahrens auf Antrag der Ges nach §§ 212, 213 InsO oder Bestätigung eines Insolvenzplans nach § 248 InsO, der den Fortbestand der Ges vorsieht. Auch hierfür müssen die in Rn 91 ff genannten Voraussetzungen erfüllt sein, insbes muss ein die Schulden deckendes Vermögen vorhanden sein. In den anderen Fällen der Beendigung des Insolvenzverfahrens kommt Fortsetzungsbeschluss nicht in Betracht, weil Insolvenzverwalter Liquidation der Ges zu Ende zu führen hat (Rn 24, § 77 Anh Rn 12) u erst danach das Insolvenzverfahren nach § 200 I InsO aufzuheben ist. Wird Insolvenzverfahren mangels Masse (§ 207 InsO) oder nach Anzeige der Masseunzulänglichkeit (§ 211 InsO) eingestellt, ist Fortsetzungsbeschluss wie im Falle des Abs 1 Nr 5 (Rn 96) ausgeschlossen. Auch schließt sich nach § 141 a I 1 FGG bzw § 394 I 1 FamFG (§ 77 Anh Rn 5 ff) Löschung der Ges wegen Vermögenslosigkeit an, die ebenfalls Fortsetzungsbeschluss entgegensteht (Rn 96). 95

4. Im Falle der **Auflösung nach Abs 1 Nr 5** (Rn 63 ff) kommt Fortsetzungsbeschluss nach bestrittener,[339] aber hM nicht in Betracht.[340] Im Interesse des Gläubigerschutzes müssen – so hM – Gfter zur Sicherung der Kapitalaufbringung auf Neugründung verwiesen werden. Für hM spricht auf den ersten Blick das arg e contrario aus § 60 I Nr 4.[341] Anders als für § 60 I Nr 4 sieht nämlich § 60 I Nr 5 Fortsetzungsmöglichkeit nicht ausdrücklich vor. Nicht übersehen werden darf jedoch, dass im Rahmen des § 60 Fortsetzungsmöglichkeit die Regel, deren Ausschluss aber zu begründende Ausnahme ist.[342] Da letztlich gesellschaftsrechtl Liquidationsverfahren in vorliegender Fallkonstellation ähnl Ziele verfolgt wie Insolvenzverfahren, kann nicht „ob" 96

---

337 Vgl Hachenburg/*Ulmer* Rn 98; Scholz/*Schmidt* Rn 95.

338 BayObLG DB 1978, 2164, 2165; Hachenburg/*Ulmer* Rn 97; Rowedder/Schmidt-Leithoff/*Rasner* Rn 75; *Lutter*/Hommelhoff/*Kleindiek* Rn 31. **AM** (Beseitigung des Auflösungsgrundes genügt) Scholz/*Schmidt* Rn 94.

339 Vgl zum Streitstand *Hirte* ZInsO 2000, 127, 131 f; *Fichtelmann* GmbHR 2003, 67, 71.

340 Für AG BGHZ 75, 178, 180; *Halm/Linder* DStR 1999, 379, 380; zu § 1 I 1 LöschG: BayObLG GmbHR 1994, 189, 190 f; DB 1995, 667; GmbHR 1995, 532; KG GmbHR 1993, 822 f; DB 1998, 2409; Hachenburg/*Ulmer* § 60 Anh Rn 13; Rowedder/Schmidt-Leithoff/*Rasner* Rn 77. **AM** (wenn im Zeitpunkt des Fortsetzungsbeschlusses das zur Erhaltung des Stammkapitals erforderliche Vermögen vorhanden ist) LG Berlin BB 1971, 759, 760; *Hennrichs* ZHR 159 (1995), 593, 605 ff; Roth/*Altmeppen* Rn 50 ff; (nach Kapitalerhöhung, die Überschuldung beseitigt) *Lutter*/Hommelhoff/*Kleindiek* Rn 33; Scholz/*Schmidt* § 60 Rn 97.

341 Vgl *Vallender* NZG 2008, 249, 251.

342 RGZ 118, 337, 339 f; *Fichtelmann* GmbHR 2003, 67; Gottwald/*Haas* InsOHdb § 92 Rn 255.

der Fortführung fraglich sein, sondern nur deren Voraussetzungen.[343] Richtiger Ansicht nach ist Fortführungsbeschluss möglich, wenn – entsprechend § 212 InsO – Ges die Insolvenz nachhaltig überwunden hat.[344]

97 5. Im Falle der **Auflösung nach Abs 1 Nr 6** setzt Fortsetzungsbeschluss zunächst Beseitigung des Mangels der Satzung durch Satzungsänderung (§ 144 a FGG bzw § 399 FamFG) voraus.[345] Eintragung der Verfügung des RegGerichts im HR (§ 65 I 2, 3) schließt Fortsetzungsbeschluss nicht aus,[346] weil Eintragung nicht Beendigung der Ges herbeiführt.[347]

98 6. Im Falle der **Auflösung nach Abs 1 Nr 7** liegt Auflösungstatbestand nur ausnahmsweise vor (Rn 70), wenn nämlich bei Löschung nach § 394 I 1 FamFG entgegen der Annahme des Gerichts noch GesVermögen vorhanden ist u die Ges daher nach § 66 V zu liquidieren ist. Nur unter dieser Voraussetzung kommt Fortsetzungsbeschluss in Betracht (§ 66 Rn 41). Fortsetzungsbeschluss ist ausgeschlossen, wenn Liquidationsverfahren analog § 273 IV AktG nur wegen von der Ges zu erbringender Abwicklungsmaßnahmen (Rn 104) eröffnet wird (§ 66 Rn 41).

99 7. **Auflösung nach §§ 75 GmbHG, 398 FamFG** (§ 144 I 2 FGG). Bei Auflösung durch **Rechtskraft des Nichtigkeitsurteils nach § 75 GmbHG** oder durch **Löschung nach § 398 FamFG** bzw § 144 I 2 FGG ist Fortsetzung auf Grund GfterBeschlusses möglich,[348] sofern Nichtigkeit der Ges auf Fehlen oder Nichtigkeit der Satzungsbestimmung über Unternehmensgegenstand (§ 3 I Nr 2) beruht, nicht aber, wenn im GesVertrag Bestimmung über Höhe des Stammkapitals fehlt (§ 75 Rn 13, str, s dort). Einzelheiten § 77 Rn 7; § 77 Anh Rn 30.

100 8. **Löschung der Eintragung der GmbH nach § 395 FamFG** (§ 142 FGG) beruht auf Mängeln des Eintragungsverfahrens (§ 77 Anh Rn 19). Von der Art dieser Mängel hängt ab, ob Gründung zu wiederholen ist oder ob Fortsetzungsbeschluss nach Beseitigung des Verfahrensmangels zur Heilung genügt (§ 77 Anh Rn 23).

101 9. Bei **Auflösung nach Art 12 § 1 I, II GmbH-Novelle 1980** (Rn 77; § 5 Rn 61) ist Fortsetzung nach § 1 III aaO möglich.[349] Dasselbe gilt für Auflösung von Ges im Beitrittsgebiet nach **Art 12 § 1 GmbH-Novelle 1980 idF der Anlage I Kapitel III Sachgebiet D Abschnitt III Nr 7 des Einigungsvertrages** (Rn 78). Bei Auflösung nach **§ 57 DMBilG** (Rn 79) u nach **§ 22 TreuhandG** (Rn 80) kommt Fortsetzungsbeschluss nicht in Be-

---

343 *Passarge/Torwegge* Rn 443; Gottwald/*Haas* InsOHdb § 92 Rn 255; Roth/*Altmeppen* Rn 57; *Lutter*/Hommelhoff/*Kleindiek* Rn 33; siehe auch LG Berlin BB 1971, 759, 760.

344 Vgl iE auch *Lutter*/Hommelhoff/*Kleindiek* Rn 33; Roth/*Altmeppen* Rn 38; siehe auch *Passarge/Torwegge* Rn 443.

345 Roth/*Altmeppen* Rn 57; Hachenburg/*Ulmer* Rn 103 f; Rowedder/Schmidt-Leithoff/*Rasner* Rn 78; Scholz/*Schmidt* Rn 98; *Passarge/Torwegge* Rn 444.

346 Roth/*Altmeppen* Rn 58.

347 Das verkennt *P. Scholz* GmbHR 1982, 228, 231.

348 Hachenburg/*Ulmer* Rn 112; *Lutter*/Hommelhoff/*Kleindiek* § 77 Rn 4 mit § 76 Rn 3; Rowedder/Schmidt-Leithoff/*Zimmermann* § 76 Rn 4; Scholz/*Schmidt* Rn 100; *Passarge/Torwegge* Rn 446.

349 Einzelheiten 15. Aufl 1988, Rn 54; Scholz/*Schmidt* Rn 102.

tracht, weil zeitgebundene Voraussetzungen für Vermeidung der Löschung nicht nachgeholt werden können.[350]

10. Bei **Auflösung wegen Erwerbs sämtlicher Geschäftsanteile durch die Ges** (Rn 81) kann Veräußerung eines Geschäftsanteils stillschweigenden, vom Erwerber gefassten Fortsetzungsbeschluss bedeuten.[351] **102**

11. Zur Möglichkeit eines Fortsetzungsbeschlusses im Falle einer **Nachtragsliquidation** Rn 110. **103**

H. Nachtragsliquidation

I. Notwendigkeit einer Nachtragsliquidation

Nachtragsliquidation ist erforderlich (siehe auch § 66 Rn 37), wenn Ges im HR gelöscht worden ist u sich nunmehr herausstellt, dass noch **GesVermögen** vorhanden ist.[352] Aufgrund Vorhandensein von Vermögen gilt Ges als noch nicht erloschen, sondern nur als aufgelöst (Lehre vom Doppeltatbestand, vgl Rn 1). GmbHG hat in § 66 V nur den Fall geregelt, dass nach Löschung der Ges wegen Vermögenslosigkeit weiteres Gesvermögen entdeckt wird. Nicht geregelt ist aber insb der Fall, dass nach Abschluss der Liquidation Ges im HR gelöscht wird. Hier ist eine Nachtragsliquidation erforderlich,[353] mag auch zur Feststellung u Realisierung eines Vermögensgegenstandes Aktivprozess notwendig sein (§ 74 Rn 18). Fortbestehen einer Prozessvollmacht aus der Zeit vor Löschung ersetzt diese nicht.[354] Voraussetzung ist, dass (verwertbares)[355] GesVermögen (siehe hierzu Anh 77 Rn 5) im Zeitpunkt der Löschung vorhanden war. Aufgefundenes Vermögen muss aber ausreichen, um die voraussichtlichen Kosten der Nachtragsliquidation zu bestreiten.[356] Notwendigkeit (analog § 273 IV AktG) ist insoweit aber nur gegeben, wenn Vorhandensein von Vermögen substantiiert vorgetragen und nicht lediglich behauptet wird.[357] Im Aktivprozess (siehe § 74 Rn 18) ist Vorhandensein der Forderung doppelrelevante Tatsache, nämlich sowohl für Parteifähigkeit als auch für Begründetheit.[358] Nachträglicher Erwerb kann mangels Rechtsträgers nicht stattfinden u daher Beendigung der Ges nicht beseitigen.[359] **104**

Nachtragsliquidation ist ferner **analog § 273 IV 1 AktG** geboten, wenn Ges im HR gelöscht und noch irgendwelche **weiteren Abwicklungsmaß-** **105**

---

350 **AM** für § 57 DMBilG wohl Scholz/*Schmidt* 8. Aufl 1993 Rn 62.

351 Hachenburg/*Ulmer* Rn 60, 112.

352 OLG Jena ZInsO 2007, 715, 717; *Passarge/Torwegge* Rn 528.

353 BGHZ 53, 264, 266; BAG NZG 2002, 1175; Roth/*Altmeppen* § 74 Rn 21; Hachenburg/*Hohner* § 74 Rn 31; Rowedder/Schmidt-Leithoff/*Rasner* § 74 Rn 18; Scholz/*Schmidt* § 74 Rn 18 ff.

354 **AM** OLG München GmbHR 2004, 1344.

355 BAG NZG 2002, 1175, 1176.

356 OLG Jena ZInsO 2007, 716, 717; Michalski/*Nerlich* § 74 Rn 50; *Passarge/Torwegge* Rn 528.

357 BAG NZG 2002, 1175, 1176; OLG Frankfurt GmbHR 2005, 1137; KG Rpfleger 2007, 398, 399; Behauptung ausreichend: OLG Koblenz NJW-RR 2004, 1222, 1223.

358 BAG NZG 2002, 1175, 1176.

359 OVG Berlin GmbHR 1993, 510, 511; Roth/*Altmeppen* § 74 Rn 21.

nahmen erforderlich sind.[360] Nachtragsliquidation analog § 273 IV 1 AktG setzt – anders als nach § 66 V – nicht voraus, dass nachträgl verteilbares Vermögen hervorgetreten ist. Es genügt vielmehr, dass Rbeziehungen oder Tatsachen bekannt werden, die gesetzl Vertretung der Ges verlangen. Solche weiteren Maßnahmen sind: Erteilung eines Zeugnisses für Arbeitnehmer;[361] Empfang einer Zustellung;[362] Abgabe einer Löschungserklärung gegenüber dem GBA;[363] Mitwirkung an Auszahlung eines hinterlegten Betrages;[364] Wahrnehmung von Rechten aus eingetragenem Grundpfandrecht;[365] Erfüllung eines durch Vormerkung gesicherten Anspruchs;[366] Nachholung unterlassener Liquidations-Rechnungslegung gem § 71 I;[367] Wahrnehmung von Pflichten in einem gegen die Ges gerichteten Steuerverfahren,[368] auch passive Mitwirkung an Zustellung eines Steuerbescheides,[369] da Zustellung Bedeutung für Ansprüche aus Haftung Dritter nach §§ 69 ff AO haben kann,[370] in einem Kündigungsschutzprozess[371] u idR in einem gegen die Ges gerichteten Rechtsstreit (§ 74 Rn 19);[372] Wahrnehmung des rechtlichen Gehörs in einem Verfahren nach § 74 III 2 (§ 74 Rn 14). In diesen Fällen hat Löschung der Ges nicht zu deren Beendigung geführt (Rn 7). Nachtragsliquidation wegen aufgefundenen Vermögens geht der analog § 273 IV AktG wegen weiterer Abwicklungsmaßnahmen vor.[373] Denkbar ist noch – zumindest in Passivprozessen der Ges – einen Prozesspfleger nach § 57 ZPO zu bestellen.[374] Voraussetzung hierfür ist allerdings, dass mit „einem Verzug Gefahr verbunden ist". Dabei wird man wohl § 57 ZPO nicht von vornherein als gegenüber § 273 IV AktG subsidiär ansehen können.[375] Umstritten ist schließlich, ob Nachtragsliquidation für das im Inland belegene Vermögen einer nach ausländischem Recht eines EU-Mitgliedsstaats gegründeten Ges

---

360 BAG NZG 2008, 270; BayObLG BB 1984, 446, 447; KG Rpfleger 2007, 398, 399; OLG München GmbHR 2008, 821, 822; OLG Köln GmbHR 1993, 823 f; OLG Hamm GmbHR 1997, 75, 76; KG GmbHR 2001, 252; Roth/*Altmeppen* § 74 Rn 27; Hachenburg/*Hohner* § 74 Rn 33; Rowedder/Schmidt-Leithoff/*Rasner* § 74 Rn 21; *Bork* JZ 1991, 841, 845; *Saenger* GmbHR 1994, 300, 302; *Passarge/Torwegge* Rn 530; *Uhlenbruck* ZIP 1996, 1641, 1648; offengelassen BGHZ 105, 259, 262. **AM** (Abwicklungsmaßnahme analog § 74 II) OLG Jena ZInsO 2007, 715, 717; Scholz/*Schmidt* § 74 Rn 46; *K. Schmidt* GmbHR 1988, 209, 212 f; (statt dessen Pflegerbestellung entspr § 1913 BGB) Hachenburg/*Ulmer* § 60 Anh Rn 40 zu § 2 III LöschG, jetzt § 66 V.

361 Vgl BAG AP ZPO § 50 Nr 4; KG GmbHR 2001, 252; Rpfleger 2007, 398, 399.

362 OLG Frankfurt/M Rpfleger 1982, 290 f.

363 KG Rpfleger 2007, 398, 399; OLG München GmbHR 2008, 821, 822.

364 OLG Frankfurt/M WM 1982, 1266, 1267 – für GmbH & Co KG.

365 BayObLG DNotZ 1955, 638, 640 f.

366 BGHZ 105, 259, 261.

367 OLG Stuttgart NJW-RR 1995, 805, 806.

368 BayObLG ZIP 1983, 938, 940 f; BFH BStBl 1980 II, 587, 588.

369 BayObLG BB 1984, 446, 447; ZIP 1985, 33, 35; OLG München GmbHR 2008, 821, 822. **AM** OLG Karlsruhe NJW-RR 1990, 100 f; Roth/*Altmeppen* § 74 Rn 26; 16. Aufl 1995, Rn 57.

370 Vgl OLG Hamm GmbHR 1997, 75 ff.

371 BAG AP ZPO § 50 Nr 4.

372 KG Rpfleger 2007, 398, 399.

373 OLG München GmbHR 2008, 821, 822. Zu § 2 III LöschG (jetzt § 66 V) BayObLG BB 1984, 446, 447.

374 BAG NZG 2008, 270, 271.

375 BAG NZG 2008, 270, 271.

möglich ist, falls diese nach ihrem Heimatrecht als beendet bzw gelöscht gilt.[376]

II. Nachtragsliquidatoren

Wird Nachtragsliquidation beantragt, lebt bisheriges Liquidationsverfahren nicht wieder auf. Nachtragsliquidation ist vielmehr eigenständiger Verfahrensabschnitt. Daher wird Amt der bisherigen **Liquidatoren** nicht fortgesetzt, auch ist GfterVersammlung nicht befugt, Liquidatoren zu bestellen.[377] Nachtragsabwickler werden vielmehr analog §§ 273 IV 1 AktG, 66 V 2 GmbHG vom Gericht bestellt.[378] Das gilt auch für etwa notwendig werdende Nachfolger; auch kann GfterVersammlung Nachtragsliquidator nicht abberufen.[379] Anderenfalls könnte sich aus Bestellungsrecht ergeben, dass Überwachungsbefugnis des Gerichts[380] unterlaufen wird. Bis zur Bestellung der Nachtragsliquidatoren ist mithin Ges nicht handlungsfähig.[381] Zuständig ist nach § 17 Nr 2 a RPflG Richter, nicht Rechtspfleger; Bestellung durch Rechtspfleger ist nach § 8 IV 1 RPflG unwirksam.[382] **Antragsbefugt** ist Beteiligter, der an Nachtragsliquidation ein darzulegendes[383] berechtigtes (unmittelbares) Interesse hat,[384] insbes Gfter, frühere Organmitglieder u Abwickler, Gl (näher § 66 Rn 39).[385] Gegen Bestellung oder Ablehnung ist analog § 273 V AktG **Beschwerde** (bis zum 31. 8. 2009 sofortige Beschwerde) gegeben.[386] Beschwerdebefugt gegen Bestellung ist Ges, die ggf von ihrem letzten Vertretungsorgan (GFührer, Liquidator) vertreten wird, sofern dessen Amt noch nicht erloschen 106

376 In diesem Sinne OLG Thüringen GmbHR 2007, 1109 f. **AM** AG Charlottenburg GmbHR 2009, 321, 322 f.

377 OLG Koblenz ZIP 2007, 2166; KG NZG 2004, 1004; *Passarge/Torwegge* Rn 529, 536.

378 BGHZ 53, 264, 266 ff; OLG Koblenz ZIP 2007, 2166; KG ZIP 1982, 59, 60; Roth/*Altmeppen* § 74 Rn 37; Hachenburg/*Hohner* § 74 Rn 35; *Lutter*/Hommelhoff/*Kleindiek* § 74 Rn 21; Rowedder/Schmidt-Leithoff/*Rasner* § 74 Rn 24; Scholz/*Schmidt* § 74 Rn 22; *Saenger* GmbHR 1994, 300, 305.

379 Roth/*Altmeppen* § 74 Rn 16; Hachenburg/*Hohner* § 74 Rn 35; Michalski/*Nerlich* § 74 Rn 53; *Buchner* 140 f; *Heller* 163; *H. Schmidt* 166 iVm 148 f; jetzt auch *Lutter*/Hommelhoff/*Kleindiek* § 74 Rn 21. **AM** Scholz/*Schmidt* § 74 Rn 22.

380 *Buchner* 140 f.

381 OLG Koblenz ZIP 2007, 2166, 2167.

382 OLG Frankfurt/M GmbHR 1993, 230 f; OLG Schleswig NJW-RR 2000, 769, 770.

383 Unsubstantiierte Behauptung genügt nicht, OLG Hamburg NZG 2002, 296; OLG Bremen GmbHR 1988, 445 jew zur Frage der Akteneinsicht.

384 BGHZ 105, 259, 262.

385 OLG Koblenz ZIP 2007, 2166; OLG Frankfurt GmbHR 2005, 1137; KG GmbHR 2001, 252; OLG Köln GmbHR 1993, 823 jew für Gläubiger; allg auch Scholz/*Schmidt* § 74 Rn 22; Michalski/*Nerlich* § 66 Rn 96; *Passarge/Torwegge* Rn 532.

386 Offen gelassen BGH GmbhR 2008, 264 f. Für sofortige Beschwerde im Anwendungsbereich des FGG: OLG München GmbHR 2008, 821, 822; OLG Köln NZG 2003, 340, 341; OLG Schleswig NJW-RR 2000, 769, 770; Michalski/*Nerlich* § 74 Rn 52 sowie (vorsichtshalber) Rowedder/Schmidt-Leithoff/*Rasner* § 74 Rn 27; offengelassen KG Rpfleger 2007, 398; BayObLG GmbHR 2004, 267 mit Hinweis auf Wiedereinsetzungsmöglichkeit; – für einfache Beschwerde nach FGG OLG Hamm Rpfleger 1987, 251, 252; Hachenburg/*Hohner* § 74 Rn 37; Roth/*Altmeppen* § 74 Rn 34; *Lutter*/Hommelhoff/*Kleindiek* § 74 Rn 21.

war;[387] nicht dagegen Gfter, ehemalige GFührer oder Dritte.[388] Gegen Ablehnung dagegen erfolgloser Antragsteller (Gläubiger, Gfter, Dritter).[389] **Vertretungsmacht des Nachtragsliquidators** ist unbeschränkt, wenn Nachtragsliquidation erforderlich ist, weil noch Vermögen aufgefunden worden ist.[390] Sie ist auf einzelne Abwicklungsmaßnahme beschränkt, wenn diese Anlass für Nachtragsliquidation ist.[391]

III. Geltendmachung von Ansprüchen gegen MitGfter

107 Außerhalb Nachtragsliquidation kann einzelner Gfter Ansprüche der gelöschten Ges gegen MitGfter im eigenen Namen zugunsten der Ges geltend machen; Erfüllung durch Leistung an Ges setzt aber Nachtragsliquidation voraus.[392]

IV. Fortbestand der Ges

108 In den in Rn 104 f genannten Fällen besteht gelöschte GmbH fort (Rn 7).[393] Insbes ist Wiedereintragung der GmbH im HR erforderlich, sofern nicht nur noch einzelne Abwicklungsmaßnahmen vorgenommen werden müssen.[394] Ferner sind die Liquidatoren in das HR einzutragen.[395] – Zu § 66 V (bis 31. 12. 1998 § 2 III LöschG) § 66 Rn 36 ff. – Zur Parteifähigkeit der gelöschten Ges § 74 Rn 17 ff. Im Prozess der wegen Vermögenslosigkeit gelöschten Ges ist Vorhandensein nachträglich festgestellter Vermögenswerte doppelt relevante Tatsache.[396]

---

387 BayObLG DB 1983, 1648, 1649; Michalski/*Nerlich* § 66 Rn 99; *Hüffer* AktG § 273 Rn 20: einschr Roth/*Altmeppen* § 74 Rn 33.

388 Scholz/*Schmidt* § 74 Rn 22; Roth/*Altmeppen* § 74 Rn 32.

389 Roth/*Altmeppen* § 74 Rn 34; *Hüffer* AktG § 273 Rn 20.

390 Hachenburg/*Hohner* § 74 Rn 40; Michalski/*Nerlich* § 74 Rn 54; *Passarge/Torwegge* Rn 537.

391 Hachenburg/*Hohner* § 74 Rn 40; Michalski/*Nerlich* § 74 Rn 54; (Zeugniserteilung) KG GmbHR 2001, 252; für Nachtragsliquidator einer AG: KG NZG 1999, 163, 165 f. **AM** Roth/*Altmpeppen* Rn 37; *Passarge/Torwegge* Rn 537.

392 Roth/*Altmeppen* § 74 Rn 39; *Lutter*/Hommelhoff/*Kleindiek* § 74 Rn 20; (Anspruch auf Rechnungslegung u Herausgabe an Ges gegen anderen Gfter bei zweigliedriger GmbH) BGH GmbHR 1991, 363, 364.

393 RGZ 109, 387, 391; Roth/*Altmeppen* § 74 Rn 21; *Lutter*/Hommelhoff/*Kleindiek* § 74 Rn 17 ff, 19; Rowedder/Schmidt-Leithoff/*Rasner* § 74 Rn 18; Scholz/*Schmidt* § 74 Rn 14, 18 f; (anders im Falle nachwirkender Handlungspflichten) Scholz/*Schmidt* § 74 Rn 20; einschränkend (Fiktion des Fortbestehens der Ges) *Hönn* ZHR 138 (1974), 50, 74 ff. **AM** (Zuordnungssubjekt ist Gesamthand der Gfter) *Hüffer* Gedächtnisschrift Schultz, 1987, 99, 107 ff; Hachenburg/*Ulmer* Rn 18. – Unentschieden Hachenburg/*Hohner* § 74 Rn 26.

394 Hachenburg/*Hohner* § 74 Rn 38; Rowedder/Schmidt-Leithoff/*Rasner* § 74 Rn 27; Scholz/*Schmidt* § 74 Rn 23. **AM** *Heller* 167 ff.

395 Rowedder/Schmidt-Leithoff/*Rasner* § 74 Rn 27; *Passarge/Torwegge* Rn 538; Scholz/*Schmidt* § 74 Rn 23; wohl auch Hachenburg/*Hohner* § 74 Rn 38.

396 BAG NZG 2002, 1175, 1176.

V. Fortsetzung der Abwicklung

109 Nachtragsliquidation **ist Fortsetzung der schon begonnenen Abwicklung.** Neuer Gläubigeraufruf nach § 65 II u Einhaltung des Sperrjahres nach § 73 I sind nicht erforderlich.[397] Ggf sind aber weitere Liquidations-Jahresabschlüsse nach § 71 I (§ 71 Rn 23 ff) u bei Beendigung der Nachtragsliquidation eine Liquidations-Schlussrechnung (§ 71 Rn 28) aufzustellen.[398]

VI. Fortsetzungsbeschluss

110 Ob **Fortsetzungsbeschluss der Gesellschafter** im Stadium der Nachtragsliquidation in Betracht kommt, ist zweifelhaft. Ganz überwiegend werden dafür die materiellrechtlichen Voraussetzungen (Rn 91) fehlen. Sollte aber ausnahmsweise bei Liquidation Vermögen in schuldendeckendem Umfange übersehen u sollte im Rahmen der Abwicklung Vermögen an die Gfter nicht verteilt worden sein, sprechen insbes Gläubigerschutzgesichtspunkte nicht gegen Möglichkeit einer Fortsetzung der Ges, es sei denn, dass wegen der Art des Auflösungsgrundes Fortsetzung ausgeschlossen ist, vgl Rn 54 ff.[399] – Zu § 66 V (bis 31. 12. 1998 § 2 III LöschG) vgl § 66 Rn 41.

Auflösung durch Urteil

61 (1) **Die Gesellschaft kann durch gerichtliches Urteil aufgelöst werden, wenn die Erreichung des Gesellschaftszweckes unmöglich wird, oder wenn andere, in den Verhältnissen der Gesellschaft liegende, wichtige Gründe für die Auflösung vorhanden sind.**

(2) [1] **Die Auflösungsklage ist gegen die Gesellschaft zu richten.** [2] **Sie kann nur von Gesellschaftern erhoben werden, deren Geschäftsanteile zusammen mindestens dem zehnten Teil des Stammkapitals entsprechen.**

(3) **Für die Klage ist das Landgericht ausschließlich zuständig, in dessen Bezirk die Gesellschaft ihren Sitz hat.**

Übersicht

[397] Roth/*Altmeppen* § 74 Rn 36; *Passarge/Torwegge* Rn 539; *Lutter*/Hommelhoff/*Kleindiek* § 74 Rn 22; Scholz/*Schmidt* § 74 Rn 23.

[398] Rowedder/Schmidt-Leithoff/*Rasner* § 74 Rn 29; einschränkend (nur Schlussrechnung) Hachenburg/*Hohner* § 74 Rn 39; *Passarge/Torwegge* Rn 539; Scholz/*Schmidt* § 74 Rn 23; für § 2 III LöschG (seit 1. 1. 1999 § 66 V) Hachenburg/*Ulmer* § 60 Anh Rn 42.

[399] Scholz/*Schmidt* § 60 Rn 45; *K. Schmidt* GmbHR 1988, 209, 211. **AM** Roth/*Altmeppen* § 65 Rn 16; Hachenburg/*Hohner* § 74 Rn 26; Hachenburg/*Ulmer* Rn 18; jetzt auch *Lutter*/Hommelhoff/*Kleindiek* § 74 Rn 23; Rowedder/Schmidt-Leithoff/*Rasner* Rn 29; (für AG) *Hüffer* AktG § 275 Rn 6; GroßkommAktG/*Wiedemann* 3. Aufl 1993 § 273 A 5 d; KölnerKomm/*Kraft* § 273 Rn 37.

I. Allgemeines

1 **1. Bedeutung der Vorschrift.** § 61 gibt Minderheit von Gftern das Recht, unter besonderen Voraussetzungen durch gerichtliches Urteil Auflösung der Ges zu bewirken. Die Vorschrift ähnelt § 133 HGB, jedoch mit dem Unterschied, dass Klage nicht gegen die widersprechenden MitGfter, sondern gegen die Ges zu richten ist.[1] Sie hat keine Parallele im Aktienrecht u ist Ausgleich für die Erschwerung der Veräußerlichkeit der Geschäftsanteile. – Gilt nicht für Vorges (§ 11 Rn 30).

2 **2. Einschränkungen oder Erweiterungen.** Die Vorschrift ist insofern **zwingend,** als Klagerecht durch Satzung oder durch GfterBeschluss weder eingeschränkt noch entzogen werden kann, doch kann es erweitert werden.[2]

3 **a) Unzulässige Einschränkung,** wenn Bruchteil von 10% des für die Klage erforderlichen Stammkapitals (Rn 14) erhöht wird.[3] Unzulässig ferner Satzungsklauseln, die bestimmte Gründe als wichtige Gründe ausschließen;

---

[1] Insoweit kritisch zu dieser Regelung *Joost* ZGR 1984, 71, 80f; *Marotzke* ZZP 100 (1987), 164, 209f; *Häsemeyer* ZZP 101 (1988), 385, 410; verständnisvoller *K. Schmidt,* Mehrseitige Gestaltungsprozesse bei Personengesellschaft 1992, 38ff, 63.

[2] BayObLG DB 1978, 2164, 2165; Ulmer/*Casper* Rn 3; *Passarge/Torwegge* Rn 40; Rowedder/Schmidt-Leithoff/*Rasner* Rn 1, 4; Scholz/*Schmidt* Rn 2.

[3] Ulmer/*Casper* Rn 53; Michalski/*Nerlich* Rn 5.

solche Satzungsklauseln können aber der Konkretisierung des wichtigen Grundes im Hinblick auf das eingegangene GesVerhältnis dienen.[4] Unzulässig auch Satzungsregelung, die als Folge der Erhebung der Auflösungsklage Einziehung der Geschäftsanteile des Klägers nach § 34 vorsieht, u zwar selbst dann, wenn für Einziehung angemessenes Entgelt vorgesehen ist.[5] Folgerichtig muss Entspr für Fortsetzungsklausel gelten.[6] Dem in der Gegenansicht zum Ausdruck kommenden Bestreben, den Bestand der Ges möglichst zu erhalten, wird durch den Grundsatz der Subsidiarität der Auflösungsklage (Rn 5) Rechnung getragen.

b) Zulässige Erweiterungen durch GesVertrag können darin bestehen, dass zusätzliche Auflösungsgründe genannt werden, die unter der Schwelle des wichtigen Grundes (Rn 6 ff) liegen,[7] dass die Höhe des für Klage erforderlichen Mindeststammkapitals von 10% gesenkt oder jedem einzelnen Gfter Klagebefugnis eingeräumt wird,[8] dass an die Stelle der Klagebefugnis ein Recht zur Kündigung aus wichtigem Grund mit der Folge der Auflösung der Ges (§ 60 Rn 51) tritt.[9] 4

3. Subsidiarität. Ausübung des Rechts aus § 61 wird beherrscht vom **Grundsatz der Subsidiarität.** Steht milderes Mittel zur Beseitigung des Missstandes zur Verfügung, kommt Auflösung nicht in Betracht.[10] So ist Auflösungsklage unbegründet, wenn Ges gegen Kläger Ausschließungsklage aus wichtigem Grund (§ 34 Anh Rn 2 ff) erheben könnte[11] u die übrigen Gfter nicht auch selbst Gründe gesetzt haben, die ihre Ausschließung rechtfertigen würden.[12] Sie ist ferner unbegründet, wenn Geschäftsanteil des Klägers leicht zu vollem, nicht hinter voraussichtlichem Liquidationserlös zurückbleibendem Gegenwert veräußerlich ist,[13] insbes wenn MitGfter oder Dritte entspr Kaufangebot machen u Erfüllung des Kaufpreisanspruchs gesichert ist,[14] es sei denn, dass in einem solchen Fall dem Auflösungskläger wegen Art des wichtigen Grundes (Rn 6 ff) oder wegen seiner ideellen Bindung an Ges 5

---

4 Ulmer/*Casper* Rn 52; Scholz/*Schmidt* Rn 2.

5 Singem ebenso BayObLG DB 1978, 2164, 2165; *Lutter*/Hommelhoff/*Kleindiek* Rn 2; Michalski/*Nerlich* Rn 5; wohl auch Scholz/*Schmidt* Rn 2. **AM** (für den Fall eines dem Liquidationserlös gleichwertigen Abfindungsanspruchs) Ulmer/*Casper* Rn 54.

6 Nicht eindeutig Scholz/*Schmidt* Rn 2.

7 Ulmer/*Casper* Rn 52; Rowedder/Schmidt-Leithoff/*Rasner* Rn 4; Scholz/*Schmidt* Rn 2.

8 Ulmer/*Casper* Rn 53; Rowedder/Schmidt-Leithoff/*Rasner* Rn 4; Scholz/*Schmidt* Rn 2.

9 Ulmer/*Casper* Rn 51; Rowedder/Schmidt-Leithoff/*Rasner* Rn 4; Scholz/*Schmidt* Rn 2.

10 BGHZ 9, 157, 158; 80, 346, 348; OLG Koblenz ZIP 2005, 1873 f; OLG München NZG 2005, 554, 556; Roth/*Altmeppen* Rn 1; Ulmer/*Casper* Rn 4; *Lutter*/Hommelhoff/*Kleindiek* Rn 1; Rowedder/Schmidt-Leithoff/*Rasner* Rn 2; Scholz/*Schmidt* Rn 3.

11 BGHZ 80, 346, 348 f; Ulmer/*Casper* Rn 4; *Lutter*/Hommelhoff/*Kleindiek* Rn 8; Rowedder/Schmidt-Leithoff/*Rasner* Rn 3; Scholz/*Schmidt* Rn 3; *Passarge/Torwegge* Rn 40; Michalski/*Nerlich* Rn 12.

12 OLG München NZG 2005, 554, 556; Ulmer/*Casper* Rn 4; Rowedder/Schmidt-Leithoff/*Rasner* Rn 3; Scholz/*Schmidt* Rn 3.

13 BGH NJW 1985, 1901; OLG München NZG 2005, 554, 556; *Passarge/Torwegge* Rn 40.

14 Ulmer/*Casper* Rn 4, 10; Rowedder/Schmidt-Leithoff/*Rasner* Rn 3 aE; Scholz/*Schmidt* Rn 3 aE.

einseitiges Zurückweichen nicht zuzumuten ist oder dass Auflösung der Ges nicht zur Vernichtung des Unternehmenswerts führen wird.[15] Ebenfalls steht Austrittsrecht aus wichtigem Grund (§ 34 Anh Rn 18 ff) der Auflösungsklage regelmäßig entgegen.[16] Auflösungsklage bleibt – vorbehaltlich eines anderweitigen milderen Mittels –[17] nach Austritt möglich, wenn Abfindungsanspruch des Gfters nicht in angemessener Zeit erfüllt wird (§ 34 Anh Rn 24).[18] Auflösungsklage wird durch steuerliche Folgen (Realisierung stiller Reserven) nicht ausgeschlossen.[19]

II. Materiellrechtliche Klagevoraussetzung (wichtiger Grund), Abs 1

6 **1. Grundsatz.** Auflösungsklage kann nur darauf gestützt werden, dass wichtiger Grund für Auflösung der Ges vorliegt. Fortsetzung der Ges muss für einzelne Gfter unzumutbar sein.[20] Dieser wichtige Grund muss **in den Verhältnissen der Ges,** nicht der Gfter, begründet sein. Allerdings können uU persönliche Umstände der Gfter Lebensfähigkeit der Ges negativ beeinflussen (Rn 11).

7 **2. Unmöglichkeit der Zweckerreichung. a) GesZweck.** Gesetzliches Beispiel eines wichtigen Grundes ist Unmöglichkeit, den GesZweck zu erreichen. GesZweck ist grds vom Gegenstand des Unternehmens iSd § 3 I Nr 1 zu unterscheiden (§ 1 Rn 5).[21] Gegenstand betrifft Tätigkeitsfeld der Ges, während GesZweck das von den Gftern mit der Ges verfolgte Ziel angibt. Allerdings führt Unmöglichkeit, Unternehmensgegenstand zu verfolgen, idR zur Unmöglichkeit der Zweckerreichung.[22] Für Ermittlung des GesZwecks ist in erster Linie Satzung auszulegen, wobei die Eintragungsunterlagen[23] u die „Anlage des Unternehmens“[24] mit zu berücksichtigen sind.[25] Beweggründe einzelner Gfter sind dagegen unbeachtlich.[26] IdR ist GesZweck Erzielung von Gewinn durch Betreiben des Unternehmensgegenstandes.[27] In solchem Fall führt Unmöglichkeit, Unternehmensgegenstand zu verwirklichen, zur Un-

---

15 BGH NJW 1985, 1901, 1902.

16 Roth/*Altmeppen* Rn 1; *Lutter*/Hommelhoff/*Kleindiek* Rn 1; Rowedder/Schmidt-Leithoff/*Rasner* Rn 3; Scholz/*Schmidt* Rn 3; *Immenga,* Die personalistische Kapitalgesellschaft, 1970, 340; *Hofmann* GmbHR 1975, 217, 220. **AM** (wegen Unsicherheiten bei Geltendmachung des Austrittsrechts u Durchsetzung des Abfindungsanspruchs) Ulmer/*Casper* Rn 4.

17 OLG Koblenz ZIP 2005, 1873, 1874.

18 BGHZ 1988, 320, 326.

19 BGH NJW 1985, 1901, 1902.

20 Ulmer/*Casper* Rn 10; Rowedder/Schmidt-Leithoff/*Rasner* Rn 5; wohl auch Scholz/*Schmidt* Rn 22; zu eng Michalski/*Nerlich* Rn 18: unmöglich machen.

21 Ulmer/*Casper* Rn 15; Rowedder/Schmidt-Leithoff/*Rasner* Rn 8; Scholz/*Schmidt* Rn 18; Michalski/*Nerlich* Rn 15. **AM** *Lutter*/Hommelhoff/*Kleindiek* Rn 9.

22 Michalski/*Nerlich* Rn 16.

23 Ulmer/*Casper* Rn 16.

24 RGZ 164, 129, 140; *Lutter*/Hommelhoff/*Kleindiek* Rn 9; Scholz/*Schmidt* Rn 18; ähnlich *Hofmann* GmbHR 1975, 217, 220.

25 Zu eng OLG Saarbrücken AG 1980, 26, 28.

26 RGZ 164, 129, 140; OLG Saarbrücken (Fn 25); Ulmer/*Casper* Rn 16.

27 RG HRR 1935 Nr 1404; Ulmer/*Casper* Rn 17; Rowedder/Schmidt-Leithoff/*Rasner* Rn 8.

möglichkeit, GesZweck zu erreichen. Unternehmensgegenstand kann aber auch für Erreichung anderer Zwecke eingesetzt werden, zB für gemeinnützige Zwecke; möglich ist auch, dass das zum Unternehmensgegenstand erklärte Halten von Beteiligungen der Durchsetzung unternehmerischen Einflusses dient.[28]

b) Einzelfälle. Unmöglichkeit der Zweckerreichung liegt vor, wenn auf Dauer keine Aussicht besteht, GesZweck zu verwirklichen.[29] Vorübergehende, insbes kriegs-, streik- oder konjunkturbedingte Verhinderung der Zweckverwirklichung ist kein Auflösungsgrund.[30] Wohl aber kann dauernde Unrentabilität zur Unmöglichkeit der Zweckerreichung führen,[31] sofern diese nicht durch Kapitalzuführungen beseitigt werden kann,[32] wobei allerdings mangels gesvertraglicher Bestimmung die Gfter zu Kapitalerhöhungen nicht verpflichtet sind.[33] Unmöglichkeit der Zweckerreichung kann sich auch aus Erlöschen oder Nichtigkeit eines für Unternehmensgegenstand wesentlichen Patents,[34] aus Ungeeignetheit einer für Geschäftsbetrieb wesentlichen Erfindung,[35] aus kartellrechtlichem Verbot,[36] bei Auffanges durch Insolvenz des zu sanierenden Dritten[37] u – im Falle einer Ges, deren Zweck sich auf Beteiligung an einer KG beschränkt – aus Beendigung der GmbH & Co KG[38] ergeben. Auflösungsgrund ist auch anfängliche Unmöglichkeit der Zweckerreichung, wenn sie sich erst nachträglich herausstellt.[39] 8

3. Andere wichtige Gründe sind solche, die – ähnlich wie Unmöglichkeit der Zweckerreichung (Rn 7 f) – unbehebbar den Fortbestand der Ges für einzelne Gfter unzumutbar machen (Rn 6). 9

a) Wirtschaftliche u technische Gründe. Diese Gründe können im wirtschaftlichen u technischen Bereich liegen, sind aber dann allerdings solche, die zur Unmöglichkeit der Zweckerreichung führen.[40] Bloße Erschwerungen der Betätigung der Ges genügen nicht. Noch nicht geklärt ist, inwieweit Gfter zur Vermeidung von Nachteilen oder bei Haftungsgefahren aus schwerwiegender materieller Unterkapitalisierung[41] gehalten ist, notfalls Auflösungsklage zu erheben. 10

b) Ein wichtiger Auflösungsgrund kann sich aus den **innergesellschaftlichen Verhältnissen** ergeben, so, wenn Konflikt zweier gleich starker Gfter- 11

---

28 Ulmer/*Casper* Rn 15.

29 RG HRR 1935 Nr 1404; Ulmer/*Casper* Rn 18; Rowedder/Schmidt-Leithoff/*Rasner* Rn 5; Scholz/*Schmidt* Rn 20.

30 RGZ 164, 129, 139; OLG Hamburg LZ 1919, 499; Ulmer/*Casper* Rn 18; Rowedder/Schmidt-Leithoff/*Rasner* Rn 6; Scholz/*Schmidt* Rn 20.

31 RG JW 1927, 1648; GmbHR 1928, 510, 511; HRR 1935 Nr 1404; Ulmer/*Casper* Rn 17; Rowedder/Schmidt-Leithoff/*Rasner* Rn 7; Michalski/*Nerlich* Rn 17; iE ebenso (anderer wichtiger Grund) Scholz/*Schmidt* Rn 22.

32 RG JW 1927, 1648.

33 Rowedder/Schmidt-Leithoff/*Rasner* Rn 7.

34 Ulmer/*Casper* Rn 19.

35 RG LZ 1908, 542.

36 Ulmer/*Casper* Rn 19; Scholz/*Schmidt* Rn 19.

37 *Lutter*/Hommelhoff/*Kleindiek* Rn 9; Michalski/*Nerlich* Rn 17.

38 Ulmer/*Casper* Rn 19.

39 Ulmer/*Casper* Rn 17; Rowedder/Schmidt-Leithoff/*Rasner* Rn 6; Scholz/*Schmidt* Rn 19.

40 Vgl Ulmer/*Casper* Rn 20, 21.

41 Bejahend *Lutter*/Hommelhoff/*Kleindiek* Rn 8.

Gruppen eine für das Unternehmen erforderliche Willensbildung verhindert.[42] Ferner kann bei Ges, die auf Zusammenarbeit aller Gfter angelegt u angewiesen ist, eine tiefgreifende unheilbare Zerrüttung zwischen den Gftern ohne Rücksicht auf die Frage des Verschuldens wichtigen Auflösungsgrund geben, wenn aufgrund der Situation unmittelbare Gefahr für das Gedeihen der Ges entsteht.[43] Das ist der Fall, wenn im zerstrittenen Gfterkreis Verständigung über wesentliche, für Fortführung des Ges zentrale Fragen nicht mehr möglich ist.[44] Das hieraus folgende Auflösungsrecht kann aber nicht geltend gemacht werden, wenn Auflösungskläger die Zerrüttung in einer Weise verschuldet hat, dass auch ohne gesvertragliche Regelung seine Ausschließung (§ 34 Anh Rn 2 ff) gerechtfertigt wäre.[45] Andere Gründe, die in der Person einzelner Gfter liegen, rechtfertigen Auflösungsklage nicht. Nach dem Grundsatz der Subsidiarität (Rn 5) kommt Auflösung insbes nicht in Betracht, wenn statt dessen Ausschließung des störenden Gfters möglich ist.[46] Nachdem das RG im Jahre 1942 die Ausschließung aus GmbH bei wichtigem Grund auch ohne entspr Satzungsbestimmung anerkannt hat,[47] sind Anwendungsfälle für Auflösungsklage geringer geworden; das ist bei Beurteilung der älteren Rspr zu beachten. Wichtiger Auflösungsgrund ist daher nicht gegeben im Falle Verletzung gesvertraglicher oder als GFührer übernommener Pflichten,[48] im Falle der Insolvenz eines Gfters[49] u der Pfändung seines Geschäftsanteils.[50]

12 **c) Mängel des GesVertrages,** die auf Irrtum, arglistiger Täuschung, Dissens oder Einschränkungen der Geschäftsfähigkeit beruhen, bilden für sich allein keinen Auflösungsgrund, u zwar auch dann nicht, wenn Mangel gegenwärtig noch fortwirkt.[51] Für wichtige Fälle solcher Abschlussmängel gelten Sonderregelungen: Führen sie zur Nichtigkeit der Bestimmung über Gegenstand des Unternehmens (§ 3 I Nr 2), besteht Möglichkeit der Nichtigkeitsklage auf Grund des § 75 (vgl § 75 Rn 14)[52] oder der Amtslöschung nach § 144 FGG bzw § 397 FamFG (§ 77 Anh Rn 24 ff). Machen diese Mängel die Bestimmungen über Firma u Sitz der Ges (§ 3 I Nr 1), über den Betrag des Stammkapitals (§ 3 I Nr 3) u über den Betrag der Stammeinlagen (§ 3 I Nr 4) nichtig, ist Verfahren nach § 144 a FGG bzw § 399 FamFG anzuwenden, das zur Auflösung der Ges führen kann (§ 77 Anh Rn 31 ff). Dabei ist aber zu beachten, dass Nichtigkeit (ggf nach Anfechtung, § 142 BGB) der Erklärungen eines Partners des GesVertrags nach Eintragung der Ges in das HR nicht nach § 139 BGB zur Nichtigkeit der Erklärungen der übrigen führt

---

42 OLG München NZG 2005, 554; Ulmer/*Casper* Rn 22; Scholz/*Schmidt* Rn 22; *Scholz* GmbHR 1958, 34; *Passarge/Torwegge* Rn 41.

43 RG JW 1915, 1365; 1917, 929, 930; RG 164, 257, 258; BGHZ 80, 346, 347; BGH NJW 1985, 1901; Ulmer/*Casper* Rn 22; Rowedder/Schmidt-Leithoff/*Rasner* Rn 10; Scholz/*Schmidt* Rn 24.

44 OLG München NZG 2005, 554.

45 BGHZ 80, 346, 348 f; ähnlich schon RGZ 164, 257, 258.

46 Rowedder/Schmidt-Leithoff/*Rasner* Rn 10; Michalski/*Nerlich* Rn 19.

47 RGZ 169, 330, 333 f.

48 Ulmer/*Casper* Rn 23; Michalski/*Nerlich* Rn 20; *Passarge/Torwegge* Rn 41.

49 RGZ 82, 288, 292; Ulmer/*Casper* Rn 22; Rowedder/Schmidt-Leithoff/*Rasner* Rn 10.

50 Ulmer/*Casper* Rn 23; Rowedder/Schmidt-Leithoff/*Rasner* Rn 10.

51 Ulmer/*Casper* Rn 24; Scholz/*Schmidt* Rn 23.

52 Ulmer/*Casper* Rn 24.

(§ 2 Rn 38).[53] Beschränkt sich Nichtigkeit auf eine Satzungsbestimmung, so gilt § 139 BGB nicht.[54] Abschlussmängel, die hiernach nicht zur Nichtigkeit der in § 3 I aufgeführten Satzungsbestimmungen führen, bilden nur in den Fällen Auflösungsgrund nach § 61, in denen wegen dieses Mangels Fortbestand der Ges unzumutbar ist.[55] Die Rspr des BGH, die für Personenges bei Abschlussmängeln die Auflösung nach § 133 HGB ohne Prüfung der Zumutbarkeit zulässt,[56] ist auf GmbH wegen des für sie aus den §§ 75 GmbHG, 397, 399 FamFG (§§ 144, 144 a FGG) abzuleitenden stärkeren Bestandsschutzes nicht übertragbar. Auf die allgemeine Voraussetzung der Auflösung nach § 61, Unzumutbarkeit der Forstsetzung der Ges (Rn 6), kann daher nicht verzichtet werden. Allerdings ist bei Feststellung der Unzumutbarkeit auch die Art des Abschlussmangels zu berücksichtigen.

4. Nachprüfung in der Revisionsinstanz. Begriff des wichtigen Grun- **13**
des ist **unbestimmter Rechtsbegriff;** er führt zu einem gewissen Beurteilungsspielraum des Gerichts,[57] ermächtigt aber nicht zu einer Ermessensentscheidung.[58] Revisionsgericht hat nachzuprüfen, ob Tatsachengericht Begriff des wichtigen Grundes verkannt u ob es den Sachverhalt in dieser Hinsicht erschöpfend gewürdigt hat.[59] Allerdings erkennt Rspr wegen der engen Verknüpfung von Tat- u Rechtsfrage für Tatsacheninstanz im Verhältnis zum Revisionsgericht gewissen Beurteilungsspielraum zu.[60]

III. Klage, Abs 2, 3

1. 10%-Grenze. Auflösung aus wichtigem Grund setzt Klage gegen **14**
Ges voraus. Klagebefugt sind nur Gfter, deren Geschäftsanteile allein oder zusammen mindestens 10% des Stammkapitals ausmachen. Bei Berechnung dieser Grenzen sind vom Stammkapital abzuziehen: eigene Anteile der Ges, nach § 34 eingezogene Anteile u nach § 21 kaduzierte Geschäftsanteile während des Schwebezustandes;[61] nach § 27 preisgegebene Geschäftsanteile mindern dagegen Stammkapital nicht, weil Gfter Rechte noch ausüben kann.[62] Erreichen der Beteiligungsgrenze ist Prozessvoraussetzung,[63] die im Zeitpunkt der letzten mündlichen Verhandlung vorliegen

---

53 Ulmer/*Casper* § 2 Rn 104.

54 Ulmer/*Casper* § 2 Rn 87; siehe auch § 2 Rn 38.

55 Ulmer/*Casper* Rn 24; Rowedder/Schmidt-Leithoff/*Rasner* Rn 9; Scholz/*Schmidt* Rn 23.

56 BGHZ 3, 285, 290 ff; weitere Nachweise Baumbach/*Hopt* HGB § 105 Rn 88.

57 Vgl BAG AP BGB § 626 Nr 42.

58 Ulmer/*Casper* Rn 8; Scholz/*Schmidt* Rn 25. **AM** RG HRR 1935 Nr 1404.

59 BAG AP BGB § 626 Nr 13 Verdacht strafbarer Handlung; im Ergebnis ebenso BGHZ 46, 392, 396 zu §§ 142, 140 HGB; sinngem ebenso Ulmer/*Casper* Rn 36 f; Scholz/*Schmidt* Rn 25; Michalski/*Nerlich* Rn 24 f.

60 BAG AP BGB § 626 Nr 42; Ulmer/*Casper* Rn 37; Rowedder/Schmidt-Leithoff/*Rasner* Rn 18; Zöller/*Gummer* ZPO, 25. Aufl 2005, § 546 Rn 12.

61 Ulmer/*Casper* Rn 27; vgl auch Rowedder/Schmidt-Leithoff/Koppensteiner § 50 Rn 3; Michalski/*Nerlich* Rn 32. **AM** Scholz/*Schmidt* Rn 8 iVm § 50 Rn 10.

62 Ulmer/*Casper* Rn 27; Scholz/*Schmidt* § 8 iVm § 50 Rn 10; vgl auch Rowedder/Schmidt-Leithoff/Koppensteiner § 50 Rn 3. **AM** oben § 50 Rn 23; wohl auch Michalski/*Nerlich* Rn 32 (fehlende Klagebefugnis).

63 Ulmer/*Casper* Rn 25; Rowedder/Schmidt-Leithoff/*Rasner* Rn 11; Scholz/*Schmidt* Rn 4 iVm Rn 8; Michalski/*Nerlich* Rn 26.

muss.[64] GfterStellung ist bei Anteilsveräußerung vor Klageerhebung nach § 16 I nachzuweisen.[65] Anteilsveräußerung nach Klageerhebung ist keine Veräußerung der Streitsache iSd § 265 ZPO, vielmehr verliert Veräußerer Aktivlegitimation.[66] Wird damit der erforderliche Anteil von 10% des Stammkapitals unterschritten, wird Klage unzulässig. Fortführung des Verfahrens durch Erwerber ist als Klägerwechsel nach § 263 ZPO (Klageänderung) möglich, wenn Ges zustimmt oder wenn Gericht dies für sachdienlich erachtet.[67]

15 **2. Treuhandschaft, Pfandrecht, Nießbrauch am Geschäftsanteil. Klagebefugnis** wird nicht dadurch ausgeschlossen, dass Kläger Geschäftsanteil als **Treuhänder** hält; ebenso steht **Pfandrecht** oder **Nießbrauch** an Geschäftsanteil der Klage nicht entgegen.[68] Gegenüber §§ 1071, 1276 BGB hat Grundsatz der Unverzichtbarkeit des Auflösungsrechts Vorrang. Bei Insolvenz eines Gfters ist **Insolvenzverwalter** klagebefugt.[69] Pfandgläubiger eines Gfters hat kein Klagerecht aus § 61.[70]

16 **3. Streitgenossenschaft u Nebenintervention.** Mehrere Auflösungskläger sind **notwendige Streitgenossen** iSd § 62 ZPO.[71] Andere Gfter können Kläger oder Ges nach § 66 ZPO als **streitgenössische Nebenintervenienten** (§ 69 ZPO) beitreten.[72] Sie können in dieser Eigenschaft Prozesshandlungen auch gegen den Willen der Hauptpartei vornehmen, insbes selbständig Rechtsmittel einlegen,[73] allerdings nicht mehr nach Klagerücknahme.[74] Wegen der Wirkungen, die Auflösungsurteil für **die anderen Gesellschafter** hat, muss Gericht diese nach Art 103 I GG von Klage **in Kenntnis setzen.**[75] Bei großer GfterZahl kommt Veröffentlichung in den in §§ 30 II 2, 65 II 1 genannten öffentlichen Blättern in Betracht.[76]

17 **4. Vertretung der Ges durch die Geschäftsführer. Klage ist gegen die Ges zu richten.**[77] Sie wird durch die **Geschäftsführer** vertreten (§ 35 I). Diese können über den Streitgegenstand nicht durch Anerkenntnis oder

---

[64] Ulmer/*Casper* Rn 25; Michalski/*Nerlich* Rn 26.

[65] *Lutter*/Hommelhoff/*Kleindiek* Rn 3; Michalski/*Nerlich* Rn 27.

[66] Ulmer/*Casper* Rn 26; *Lutter*/Hommelhoff/*Kleindiek* Rn 3; Rowedder/Schmidt-Leithoff/*Rasner* Rn 12; wohl auch Scholz/*Schmidt* Rn 7.

[67] Ulmer/*Casper* Rn 28; *Lutter*/Hommelhoff/*Kleindiek* Rn 3; Roth/*Altmeppen* Rn 8; Rowedder/Schmidt-Leithoff/*Rasner* Rn 12; Scholz/*Schmidt* Rn 7.

[68] Ulmer/*Casper* Rn 28; Rowedder/Schmidt-Leithoff/*Rasner* Rn 13; Scholz/*Schmidt* Rn 7; Michalski/*Nerlich* Rn 30.

[69] *Lutter*/Hommelhoff/*Kleindiek* Rn 3; Michalski/*Nerlich* Rn 28.

[70] Ulmer/*Casper* Rn 28; Rowedder/Schmidt-Leithoff/*Rasner* Rn 13; Scholz/*Schmidt* Rn 7; Michalski/*Nerlich* Rn 29.

[71] Ulmer/*Casper* Rn 25; Rowedder/Schmidt-Leithoff/*Rasner* Rn 11; Scholz/*Schmidt* Rn 8; Michalski/*Nerlich* Rn 26.

[72] RGZ 164, 129, 131; Ulmer/*Casper* Rn 33.

[73] RGZ 164, 129, 132.

[74] Ulmer/*Casper* Rn 33; vgl BGH NJW 1965, 760.

[75] BVerfGE 60, 7, 15 = NJW 1982, 1635.

[76] Ähnlich *Becker* ZZP 97 (1984), 314, 334 f. **AM** (Information an GfterBeirat oder AR genügt bei großer Gfterzahl) Scholz/*Schmidt* Rn 10; Michalski/*Nerlich* Rn 35.

[77] Ganz hM, Scholz/*Schmidt* Rn 9; Michalski/*Nerlich* Rn 33; Rowedder/Schmidt-Leithoff/*Rasner* Rn 14. – **AM** für personalistische GmbH (Klage gegen widersprechende Gfter) *Joost* ZGR 1984, 71, 97 ff.

durch einen der Auflösung zustimmenden Vergleich verfügen.[78] Die prozessualen Folgen von Geständnis, Säumnis u Rechtsmittelverzicht können nicht ausgeschlossen werden.[79] Hieraus kann sich aber ggf Schadensersatzpflicht der GFührer ergeben.

Sind die GFührer nach § 181 BGB von Vertretung ausgeschlossen oder fehlen GFührer in der erforderlichen Zahl, so hat entweder das RegGericht analog § 29 BGB einen **Notgeschäftsführer** oder das Prozessgericht nach § 57 ZPO einen **Prozessvertreter** zu bestellen.[80] Analog § 46 Nr 8 können aber auch die Gfter einen Prozessvertreter bestellen; dabei haben die Auflösungskläger analog § 47 IV kein Stimmrecht.[81] **18**

5. Gerichtliche Zuständigkeit; Erledigung der Hauptsache. Ausschließlich zuständig (Abs 3) ist das **Landgericht** des GesSitzes (§ 4 a) u zwar die Kammer für Handelssachen (§ 95 I Nr 4 a GVG). Ein während des Rechtsstreits gefasster **Auflösungsbeschluss** (§ 60 I Nr 2) führt zur **Erledigung der Hauptsache.**[82] **19**

6. Durch Vereinbarung einer **Schiedsklausel** im GesVertrag kann Schiedsgericht für die Auflösungsklage für zuständig erklärt werden.[83] Zwischen den Parteien des Auflösungsprozesses kann – da es sich um eine vermögensrechtliche Streitigkeit handelt – eine Schiedsklausel vereinbart werden, § 1030 I 1 ZPO.[84] Ob für Einfügung einer Schiedsklausel durch Satzungsänderung (§ 1066 ZPO) Zustimmung sämtlicher Gfter notwendig ist, ist streitig.[85] Das Schiedsgericht muss – wie das LG (Rn 16) – den nicht am Verfahren beteiligten Gftern rechtliches Gehör gewähren;[86] diese haben auch hier das Recht der Nebenintervention.[87] **20**

IV. Die Entscheidung

1. Grundsatz. Stellt das Gericht wichtigen Auflösungsgrund fest, so muss es die Ges auflösen. Befugnis zu einer Ermessensentscheidung besteht trotz der Kann-Vorschrift in Abs 1 nicht.[88] **21**

---

[78] Scholz/*Schmidt* Rn 10; Michalski/*Nerlich* Rn 39; (Vergleich) Ulmer/*Casper* Rn 40.

[79] Scholz/*Schmidt* Rn 10; Michalski/*Nerlich* Rn 39; (auch für Anerkenntnis) Ulmer/*Casper* Rn 39. **AM** (für Säumnis) Rowedder/Schmidt-Leithoff/*Rasner* Rn 16.

[80] Ulmer/*Casper* Rn 31; Rowedder/Schmidt-Leithoff/*Rasner* Rn 14; Scholz/*Schmidt* Rn 9.

[81] Ulmer/*Casper* Rn 31; Rowedder/Schmidt-Leithoff/*Rasner* Rn 14; ähnlich Scholz/*Schmidt* Rn 9.

[82] *Becker* ZZP 97 (1984), 314, 331.

[83] BayObLG DB 1984, 1270; Ulmer/*Casper* Rn 38; Rowedder/Schmidt-Leithoff/*Rasner* Rn 15; Scholz/*Schmidt* Rn 6.

[84] Ulmer/*Casper* Rn 31.

[85] Siehe zum Ganzen *Haas* SchiedsVZ 2007, 1 ff.

[86] Ulmer/*Casper* Rn 40; Scholz/*Schmidt* Rn 6; Rowedder/Schmidt-Leithoff/*Rasner* Rn 16; vgl BGHZ 85, 288, 291.

[87] Ulmer/*Casper* Rn 40; Michalski/*Nerlich* Rn 37; *Becker* ZZP 97 (1984), 314, 320 Fn 22.

[88] RGZ 164, 129, 132; Ulmer/*Casper* Rn 42; Rowedder/Schmidt-Leithoff/*Rasner* Rn 5 aE; Scholz/*Schmidt* Rn 4 aE.

22 **2. Urteilswirkung.** Das der Klage stattgebende Urteil wirkt nach § 60 I Nr 3 rechtsgestaltend; mit Rechtskraft ist Ges aufgelöst (zur Bedeutung der Auflösung § 60 Rn 9 ff).[89] Urteil kann wegen der Hauptsache nicht für vorläufig vollstreckbar erklärt werden; dennoch ausgesprochene vorläufige Vollstreckbarkeit ist ohne Wirkung.[90] Erst nach Rechtskraft ist Auflösung nach § 65 zur Eintragung in das HR anzumelden (vgl § 65 Rn 2, 7 ff). Abwicklung richtet sich nach den allg Vorschriften (§§ 66 ff). Zum Zeitpunkt der Rechtskraft ist Liquidationseröffnungsbilanz nach § 71 I aufzustellen.[91] Auseinandersetzung zum Zeitpunkt der Erhebung der Auflösungsklage analog § 140 II HGB kommt nicht in Betracht.[92] Rechtskraft des auflösenden Urteils erledigt andere anhängige Auflösungsklagen. Rechtskraft des klagabweisenden Sachurteils schließt Auflösungsklagen anderer Gfter nicht aus, ebenso nicht erneute Klage desselben Klägers auf Grund anderen wichtigen Grundes.[93]

23 **3. Auflösungsurteil eines Schiedsgerichts** (Rn 20) steht nach § 1055 ZPO rechtskräftigem gerichtlichen Urteil gleich. Damit ist Rechtsstreit unter den Parteien beendet. Die davon zu unterscheidende Gestaltungswirkung entspricht in ihrer Bedeutung der Vollstreckung u setzt nach hM (aber unzutreffender Ansicht) rechtskräftige Vollstreckbarerklärung nach § 1060 ZPO voraus.[94] Auch wenn Gestaltungswirkung schon mit Rechtskraft eintreten sollte, ist jedenfalls für Eintragung in HR Vollstreckbarerklärung erforderlich.[95]

24 **4. Rechtsmittel.** Zulässigkeit der **Berufung** setzt nach § 511 II ZPO voraus, dass Streitwert (Rn 25) 600 € übersteigt oder LG Berufung zugelassen hat. Revision nur, falls vom Berufungsgericht zugelassen (§ 543 ZPO) oder wenn Nichtzulassungsbeschwerde stattgegeben wird (§ 544 VI ZPO).

25 **5. Streitwert** richtet sich idR nach Wert des Geschäftsanteils des Klägers.[96] Allerdings ist analog §§ 275 IV, 247 I 1 AktG dieser Wert nach billigem Ermessen zu korrigieren.[97] § 247 I 2 AktG ist jedoch nicht anzuwenden.[98]

---

[89] Ulmer/*Casper* Rn 42; Scholz/*Schmidt* Rn 11; Michalski/*Nerlich* Rn 46.

[90] KG OLGE 27, 390; Ulmer/*Casper* Rn 44; Rowedder/Schmidt-Leithoff/*Rasner* Rn 17; Scholz/*Schmidt* Rn 11.

[91] Ulmer/*Casper* Rn 42; Michalski/*Nerlich* Rn 47.

[92] RG JW 1921, 461, 463; Scholz/*Schmidt* Rn 11; Michalski/*Nerlich* Rn 47.

[93] Ulmer/*Casper* Rn 45; Scholz/*Schmidt* Rn 12; Rowedder/Schmidt-Leithoff/*Rasner* Rn 17.

[94] So die überwM zu § 1042 aF ZPO, BayObLG DB 1984, 1240; *K. Schmidt* ZGR 1988, 523, 536; *Wieser* ZZP 102 (1989), 261, 270 f. Zu §§ 1055, 1060 nF ZPO ebenso Scholz/*Schmidt* Rn 6 aE; Roth/*Altmeppen* Rn 11; wohl auch Baumbach/Lauterbach/Albers/*Hartmann* ZPO § 1060 Rn 5.; **AM** Ulmer/*Casper* Rn 43; *Lutter*/Hommelhoff/*Kleindiek* Rn 6; Rowedder/Schmidt-Leithoff/*Rasner* Rn 11; MünchKommZPO/*Münch* § 1060 Rn 4; Zöller/*Geimer* ZPO, § 1055 Rn 2; § 1060 Rn 2; Stein/Jonas/*Schlosser* ZPO § 1060 Rn 2.

[95] BayObLG DB 1984, 1240 (zu § 1042 aF ZPO). Zum geltenden Recht *Thomas*/Putzo/*Reichold* ZPO § 1060 Rn 7; Rowedder/Schmidt-Leithoff/*Rasner* Rn 15; Michalski/*Nerlich* Rn 45; Ulmer/*Casper* Rn 43.

[96] OLG München GmbHR 1957, 43; Ulmer/*Casper* Rn 48; Michalski/*Nerlich* Rn 52; Rowedder/Schmidt-Leithoff/*Rasner* Rn 20. **AM** (grundsätzlich nur Bruchteil des Beteiligungswerts) OLG Köln GmbHR 1988, 192 f.

[97] OLG Celle Rpfleger 1974, 233; Scholz/*Schmidt* Rn 13; Michalski/*Nerlich* Rn 52. **AM** Rowedder/Schmidt-Leithoff/*Rasner* Rn 20.

[98] OLG Celle Rpfleger 1974, 233; Scholz/*Schmidt* Rn 13; Ulmer/*Casper* Rn 48.

Darüber hinaus kommt entspr Anwendung des § 247 II, III AktG in Betracht, wenn Ansatz des vollen Streitwerts wirtschaftliche Lage des Klägers erheblich gefährden würde.[99]

V. Einstweilige Verfügung

Einstweilige Verfügung auf Auflösung ist ausgeschlossen, weil sie Entscheidung durch Urteil im Ergebnis vorwegnehmen würde.[100] Wohl aber sind **einstweilige Regelungen nach den §§ 938, 940 ZPO** zulässig, wenn sie erforderlich sind, um Auflösungsanspruch u seine Durchsetzung zu sichern. Auf diesem Wege können insbes Geschäftsführungsbefugnisse vorläufig entzogen werden. Antragsgegner ist Ges, wenn sie den GFührer abberufen soll.[101] Ist GFührer zugleich Gfter, kann Antrag auf Untersagung der Geschäftsführungs- u Vertretungsbefugnisse auch gegen diesen gerichtet werden, wobei sich Verfügungsanspruch aus GesVertrag ergibt.[102] 26

VI. Fortsetzungsbeschluss

Nach Rechtskraft des Auflösungsurteils kann unter den allg Voraussetzungen (§ 60 Rn 91 ff, 94) Fortsetzung der aufgelösten Ges beschlossen werden. Beschluss bedarf Zustimmung des Auflösungsklägers (§ 60 Rn 94). 27

Auflösung durch eine Verwaltungsbehörde

62 (1) **Wenn eine Gesellschaft das Gemeinwohl dadurch gefährdet, daß die Gesellschafter gesetzwidrige Beschlüsse fassen oder gesetzwidrige Handlungen der Geschäftsführer wissentlich geschehen lassen, so kann sie aufgelöst werden, ohne daß deshalb ein Anspruch auf Entschädigung stattfindet.**

(2) **Das Verfahren und die Zuständigkeit der Behörden richtet sich nach den für streitige Verwaltungssachen *landesgesetzlich* geltenden Vorschriften.**

Übersicht

---

[99] Ulmer/*Casper* Rn 48; wohl auch Scholz/*Schmidt* Rn 13. **AM** Rowedder/Schmidt-Leithoff/*Rasner* Rn 20.

[100] Ulmer/*Casper* Rn 46; Rowedder/Schmidt-Leithoff/*Rasner* Rn 19; Scholz/*Schmidt* Rn 14.

[101] OLG Frankfurt/M GmbHR 1979, 229; Ulmer/*Casper* Rn 46; Rowedder/Schmidt-Leithoff/*Rasner* Rn 19.

[102] OLG Frankfurt/M GmbHR 1979, 229; Ulmer/*Casper* Rn 46; Rowedder/Schmidt-Leithoff/*Rasner* Rn 19; Michalski/*Nerlich* Rn 50; weitergehend (auch gegenüber GFührer, der nicht Gfter ist) Scholz/*Schmidt* Rn 14.

I. Allgemeines

1 **1. Bedeutung der Vorschrift.** § 62 behandelt Voraussetzungen u Verfahren der Auflösung einer Ges, die in bestimmter Weise Gemeinwohl gefährdet. Sätze 2, 3 des Abs 2 sind durch Einführung der Verwaltungsgerichtsbarkeit überholt,[1] doch für Auslegung von Abs 2 S 1 noch von Bedeutung (Rn 11). Wegen der teilweise unscharfen Tatbestandsmerkmale (Rn 9), der weitreichenden Rechtsfolgen (Rn 13 ff) u wegen des umstrittenen Verwaltungsverfahrens (Rn 11) bestehen gegen die Bestimmung rechtsstaatliche Bedenken.[2] Diese können aber durch rechtsstaatlichen Anforderungen genügende Interpretation überwunden werden.[3] Praktische Bedeutung des § 62 ist sehr gering,[4] einschlägige Verfahren sind bisher – mit Ausnahme des Falles KG JW 1937, 1270 – nicht bekanntgeworden.[5] Ähnliche Regelungen sind §§ 43 f BGB, 396 ff AktG, 81 GenG.

2 **2. Auflösung durch Staatsakt in anderen Fällen.** Neben § 62 bestehen weitere Möglichkeiten, eine Ges durch Staatsakt aufzulösen:

3 **a)** Nach **§ 38 KWG** kann die **Bundesanstalt für Finanzdienstleistungsaufsicht** bei Aufhebung der einer juristischen Person erteilten Erlaubnis zum Betrieb von Bankgeschäften oder zum Erbringen von Finanzdienstleistungen oder im Falle des Erlöschens einer solchen Erlaubnis bestimmen, dass das Institut abzuwickeln ist. Diese Entscheidung wirkt wie Auflösungsbeschluss u ist dem RegGericht zur Eintragung mitzuteilen (§ 38 I 2, 3 KWG). Für die Abwicklung kann das Bundesaufsichtsamt allg Weisungen erlassen (§ 38 II 1 KWG) u beim RegGericht die Bestellung besonderer Abwickler erwirken (§ 38 II 2, 3 KWG; dazu § 66 Rn 35).

4 **b)** Nach **§ 17 Nr 1 iVm § 3 VereinsG** kann die **oberste Landesbehörde** oder der **Bundesminister des Innern** eine GmbH verbieten, wenn sich die

---

[1] Scholz/*Schmidt* Rn 9; Rowedder/Schmidt-Leithoff/*Rasner* Rn 1.

[2] *Zöllner,* Die Schranken mitgliedschaftlicher Stimmrechtsmacht bei den privaten Personenverbänden, 1963, 63; *Konow* GmbHR 1973, 217. **AM** Rowedder/Schmidt-Leithoff/*Rasner* Rn 1.

[3] Ulmer/*Casper* Rn 1; vgl zu § 43 BGB: MünchKommBGB/*Reuter* §§ 43, 44 Rn 9; zu § 396 AktG: KölnerKomm/*Zöllner* § 396 Rn 3.

[4] Ulmer/*Casper* Rn 2; *Lutter*/Hommelhoff/*Kleindiek* Rn 1; Scholz/*Schmidt* Rn 1.

[5] Vgl zum schweizerischen Recht, Schweizerisches Bundesgericht RIW 1988, 140 ff.

Ges gegen die verfassungsmäßige Ordnung oder gegen den Gedanken der Völkerverständigung richtet oder ihre Zwecke oder ihre Tätigkeit den Strafgesetzen zuwiderlaufen, die aus Gründen des Staatsschutzes erlassen sind (§§ 80ff StGB). Bei Verstößen gegen sonstige Strafvorschriften gilt § 62 (Rn 7). Nach § 17 Nr 2 u 3 VereinsG kommt Auflösung einer GmbH ferner in Betracht, wenn sie von einem Verbot als Teil- oder Ersatzorganisation erfasst wird. In der Verfügung der Behörde ist Auflösung der Ges anzuordnen (§ 3 I 1 Halbs 2 VereinsG); ferner sind idR Beschlagnahme u Einziehung des Vereinsvermögens auszusprechen (§ 3 I 2 Nr 1 VereinsG). Abwicklung richtet sich nach § 13 VereinsG, ggf Insolvenzverfahren nach § 13 III VereinsG. Beschlagnahme des Vermögens, Auflösung u Erlöschen sind in das HR einzutragen (§ 7 II VereinsG).

3. Sonstige staatliche Maßnahmen. Nicht zur Auflösung führen Unter- 5
sagung des Gewerbebetriebs nach §§ 35 GewO,[6] 16 III Handwerksordnung sowie Untersagung einzelner Anlagen nach den §§ 20, 25 Bundes-Immissionsschutz G, 51 GewO,[7] ferner Rücknahme oder Widerruf einer erforderlichen Konzession, Erlaubnis oder Genehmigung, die Auflösungsverfügung des Bundeskartellamts nach § 41 III 1 GWB[8] sowie Untersagungsverfügungen der Kartellbehörde, die sich gegen das Wettbewerbsverhalten der Ges richten.[9]

II. Auflösungsgrund, Abs 1

1. Voraussetzung der Auflösung ist von der Ges ausgehende **Gefähr-** 6
dung des Gemeinwohls, die durch gesetzwidrige Beschlüsse der Gfter oder dadurch bewirkt wird, dass die Gfter gesetzwidrige Handlungen der GFührer wissentlich geschehen lassen.

a) Gesetzwidrige Beschlüsse oder Handlungen sind solche, die ihrem 7
Inhalt nach gegen geltendes Recht verstoßen, sei es Zivilrecht, Strafrecht oder öffentliches Recht; auch sittenwidrige Maßnahmen gehören vermittels §§ 138 BGB, 3 UWG hierher.[10] Verstöße gegen den GesVertrag sind dagegen unbeachtlich.[11]

b) Beschlüsse oder Handlungen der Gesellschafter. Weitere Vorausset- 8
zung ist, dass die gesetzwidrigen Beschlüsse oder Handlungen **solche der Gesellschafter sind,** weil diese das Verhalten der Ges bestimmen können.[12] Im Falle von Beschlüssen der Gfter sind Mehrheitsbeschlüsse erforderlich, aber auch ausreichend.[13] Wissentliches Geschehenlassen gesetzwidriger Handlungen der GFührer setzt Kenntnis von diesen Handlungen durch Mehrheit der Gfter

---

[6] Vgl OLG Frankfurt/M WM 1983, 1247.

[7] Ulmer/*Casper* Rn 11; Rowedder/Schmidt-Leithoff/*Rasner* Rn 14; Ulmer/*Casper* Rn 11, Scholz/*Schmidt* Rn 18.

[8] Scholz/*Schmidt* Rn 21; Rowedder/Schmidt-Leithoff/*Rasner* Rn 14; ähnlich KG BB 1982, 1814, 1819.

[9] Ulmer/*Casper* Rn 11; Rowedder/Schmidt-Leithoff/*Rasner* Rn 14; Scholz/*Schmidt* Rn 21.

[10] Ulmer/*Casper* Rn 15; Rowedder/Schmidt-Leithoff/*Rasner* Rn 2; Scholz/*Schmidt* Rn 2.

[11] Ulmer/*Casper* Rn 15; Scholz/*Schmidt* Rn 2; Michalski/*Nerlich* Rn 7.

[12] Ulmer/*Casper* Rn 21; Scholz/*Schmidt* Rn 4; Rowedder/Schmidt-Leithoff/*Rasner* Rn 5; Michalski/*Nerlich* Rn 16.

[13] Ulmer/*Casper* Rn 21; Rowedder/Schmidt-Leithoff/*Rasner* Rn 5; Scholz/*Schmidt* Rn 4; Michalski/*Nerlich* Rn 17.

im Bewusstsein ihrer Gesetzwidrigkeit voraus u erfordert weiter, dass die Gfter diese Handlungen nicht, notfalls durch Abberufung der GFührer, verhindern.[14] Der Kenntnis steht bewusstes Verschließen vor der Erkenntnis gleich.[15]

9 **c) Gefährdung des Gemeinwohls.** Schließlich ist Voraussetzung, dass Ges durch das in Rn 7, 8 beschriebene Verhalten der Gfter **das Gemeinwohl gefährdet.** Das Gemeinwohl besteht in wesentlichen Interessen der Öffentlichkeit, die im Einzelnen nur schwer abzugrenzen sind. Den sich hieraus ergebenden rechtsstaatlichen Bedenken[16] kann aber dadurch Rechnung getragen werden, dass man diesem Tatbestandsmerkmal die Funktion zuweist, aus der Zahl der möglichen Gesetzesverstöße diejenigen herauszuheben, die unter dem Gesichtspunkt des verfassungsrechtlichen Übermaßverbots ein Einschreiten nach § 62 rechtfertigen.[17] Erforderlich ist also nachhaltige Beeinträchtigung breiter Verkehrskreise,[18] die anders als durch Auflösung der Ges nicht wirksam bekämpft werden kann.[19] Entscheidend ist Prognose, für die bisheriges Verhalten wesentlich sein kann.[20] Häufig werden konkretere Maßnahmen genügen, wie Strafverfolgung, Untersagung des Gewerbebetriebs, Rücknahme einer gewerberechtlichen Konzession, Erlaubnis oder Genehmigung, Untersagungsverfügung der Kartellbehörde. Aus rechtsstaatlichen Gründen (Übermaßverbot) ist § 62 demgegenüber nur subsidiär.[21] Auflösung kommt daher nur in Betracht, wenn sich Ges durch behördliche Einzelmaßnahmen nicht von ihrem nachhaltigen, das Allgemeininteresse verletzenden gesetzwidrigen Verhalten abbringen lässt, so wohl denkbar bei ausgesprochenen Schwindelunternehmen.[22]

10 **2. Subsidiarität gegenüber anderen Verbotsvorschriften.** Aus Subsidiarität des § 62 (Rn 9) folgt, dass diese Vorschrift auch in den Fällen nicht anwendbar ist, in denen andere Eingriffsmöglichkeiten bestehen, so insbes die nach § 17 VereinsG[23] (Rn 4), u auch die nach § 38 KWG.[24]

---

[14] Ulmer/*Casper* Rn 21; Rowedder/Schmidt-Leithoff/*Rasner* Rn 5; Scholz/*Schmidt* Rn 4.

[15] Ulmer/*Casper* Rn 21; *Lutter*/Hommelhoff/*Kleindiek* Rn 4; Michalski/*Nerlich* Rn 18; Roth/*Altmeppen* Rn 2.

[16] Vgl *Kohlmann* AG 1961, 309, 312 f.

[17] Ulmer/*Casper* Rn 16; Scholz/*Schmidt* Rn 3; Michalski/*Nerlich* Rn 9. Vgl auch MünchKommBGB/*Reuter* §§ 43, 44 BGB Rn 9.

[18] Ulmer/*Casper* Rn 16; *Lutter*/Hommelhoff/*Kleindiek* Rn 5; Michalski/*Nerlich* Rn 10; *Hofmann* GmbHR 1975, 217, 221; vgl auch MünchKommBGB/*Reuter* §§ 43, 44 BGB Rn 9; abw in der Formulierung Scholz/*Schmidt* Rn 3: unübersehbarer Kreis der Öffentlichkeit; Rowedder/Schmidt-Leithoff/*Rasner* Rn 3: größere Kreise der Öffentlichkeit.

[19] Rowedder/Schmidt-Leithoff/*Rasner* Rn 3; Scholz/*Schmidt* Rn 3; Michalski/*Nerlich* Rn 11.

[20] *Lutter*/Hommelhoff/*Kleindiek* Rn 5; Roth/*Altmeppen* Rn 3; ähnlich Scholz/*Schmidt* Rn 5. **AM** (alternativ) Michalski/*Nerlich* Rn 13.

[21] Roth/*Altmeppen* Rn 1; Ulmer/*Casper* Rn 6, 17, 23; Scholz/*Schmidt* Rn 3, 6; Michalski/*Nerlich* Rn 19.

[22] Ulmer/*Casper* Rn 17 aE; Rowedder/Schmidt-Leithoff/*Rasner* Rn 3; Scholz/*Schmidt* Rn 7 jew mit weiteren Bsp.

[23] *Lutter*/Hommelhoff/*Kleindiek* Rn 1; Rowedder/Schmidt-Leithoff/*Rasner* Rn 3; Scholz/*Schmidt* Rn 7; *Schnorr,* Öffentliches Vereinsrecht, 1965, § 17 VereinsG Rn 5; *v Feldmann,* Vereinigungsfreiheit und Vereinigungsverbot, 1972, 34. **AM** Ulmer/*Casper* Rn 9; KölnerKomm/*Zöllner* § 396 Rn 8.

[24] KölnerKomm/*Zöllner* § 396 Rn 5; **AM** Ulmer/*Casper* Rn 10.

III. Verfahren, Abs 2

1. Verwaltungsakt. Für das Verfahren verweist Abs 2 S 1 auf die „für streitige Verwaltungssachen landesgesetzlich geltenden Vorschriften". Die Formulierung – wie auch die des Abs 2 S 2, 3 – erklärt sich aus dem Fehlen eines durchgängigen verwaltungsgerichtlichen Rechtsschutzes im Jahr 1892.[25] Hieraus ist früher gefolgert worden, dass Verwaltungsbehörde vor Verwaltungsgericht auf Auflösung der Ges klagen müsse.[26] Dabei wurde u wird jedoch nicht ausreichend berücksichtigt, dass die VwGO nunmehr durchgängigen Rechtsschutz gegenüber Verwaltungsakten gewährt. § 62 ist daher jetzt als **gesetzliche Ermächtigung zum Erlass eines auflösenden Verwaltungsaktes** zu verstehen, gegen den Ges Anfechtungsklage nach § 42 I VwGO erheben kann.[27] Die eine Klage vor dem ordentlichen Gericht regelnde Parallelvorschrift des § 396 AktG ist systemwidrig u daher nicht analogiefähig.[28] Es besteht auch kein Anlass, der Behörde wegen Unklarheit der Rechtslage ein Wahlrecht einzuräumen, Verwaltungsakt zu erlassen oder Klage vor dem Verwaltungsgericht zu erheben.[29] – Liegen die Voraussetzungen des § 62 vor, hat Behörde nach allgemeinem *ordnungsrechtlichen Opportunitätsprinzip* über Erlass der Auflösungsverfügung zu entscheiden, wobei allerdings die festgestellte Gemeinwohlgefährdung das Ermessen idR auf Null reduzieren dürfte.[30] 11

2. Zuständige Behörde ist in Analogie zu § 396 I 1 AktG die oberste Landesbehörde, idR das Wirtschaftsministerium.[31] 12

IV. Rechtsfolgen

1. Auflösung. Ges wird durch Verwaltungsakt (Rn 11) mit dessen Zustellung **aufgelöst,**[32] doch kann Wirksamkeit dieses Verwaltungsakts durch aufschiebende Wirkung der Anfechtungsklage nach § 80 VwGO gehemmt werden.[33] Dennoch soll Ges bei Anfechtungsklage wie auch danach durch Liquidatoren (§ 66) vertreten werden.[34] 13

---

25 Vgl KG JW 37, 1270; Scholz/*Schmidt* Rn 9.

26 *v Köhler* NJW 1961, 1292, 1293; *Hofmann* GmbHR 1975, 217, 221; Begr RegE BT-Drucks 7/253, 230.

27 Roth/*Altmeppen* Rn 4; Ulmer/*Casper* Rn 26; Rowedder/Schmidt-Leithoff/*Rasner* Rn 7; Scholz/*Schmidt* Rn 8 f; Michalski/*Nerlich* Rn 23; nunmehr auch *Lutter*/Hommelhoff/*Kleindiek* Rn 2.

28 Scholz/*Schmidt* Rn 8; ähnlich Ulmer/*Casper* Rn 24; auch Michalski/*Nerlich* Rn 21.

29 Rowedder/Schmidt-Leithoff/*Rasner* Rn 7 aE.

30 Ebenso Michalski/*Nerlich* Rn 31; im Ansatz übereinstimmend, aber unter Annahme eines größeren Ermessensspielraums Ulmer/*Casper* Rn 5; Rowedder/Schmidt-Leithoff/*Rasner* Rn 6. **AM** (kein Handlungsermessen) Roth/*Altmeppen* Rn 4; Scholz/*Schmidt* Rn 11.

31 Roth/*Altmeppen* Rn 5; Ulmer/*Casper* Rn 27; Rowedder/Schmidt-Leithoff/*Rasner* Rn 8; Scholz/*Schmidt* Rn 10.

32 Ulmer/*Casper* Rn 29; Rowedder/Schmidt-Leithoff/*Rasner* Rn 9; Scholz/*Schmidt* Rn 11; – auf Bekanntgabe abstellend Michalski/*Nerlich* Rn 27.

33 Ulmer/*Casper* Rn 30; Michalski/*Nerlich* Rn 31.

34 Scholz/*Schmidt* Rn 12; Michalski/*Nerlich* Rn 30; Rowedder/Schmidt-Leithoff/*Rasner* Rn 9 aE.

14 **2. Anmeldung und Abwicklung.** Wirksame Auflösung ist nach § 65 zur Eintragung in das HR **anzumelden,**[35] Mitteilung von Amts wegen (wie nach § 398 AktG) ist nicht vorgesehen.[36] Auf Grund der Auflösung ist Ges nach den §§ 66 ff **abzuwickeln.**[37] Das nach Tilgung der Verbindlichkeiten verbleibende GesVermögen ist an die Gfter zu verteilen (§ 72). Zur Möglichkeit einer Fortsetzung § 60 Rn 91 ff.

15 **3. Anspruch auf Entschädigung** ist ausgeschlossen, Abs 1 aE. Auflösung ist Folge der Sozialpflichtigkeit des Eigentums nach Art 14 II GG u daher keine entschädigungspflichtige Enteignung.[38] Ansprüche aus Amtspflichtverletzung im Zusammenhang mit Auflösungsverfahren werden hierdurch nicht ausgeschlossen.[39]

63 *(weggefallen)*

Haftung für Zahlungen nach Zahlungsunfähigkeit oder Überschuldung

64 **[1] Die Geschäftsführer sind der Gesellschaft zum Ersatz von Zahlungen verpflichtet, die nach Eintritt der Zahlungsunfähigkeit der Gesellschaft oder nach Feststellung ihrer Überschuldung geleistet werden. [2] Dies gilt nicht von Zahlungen, die auch nach diesem Zeitpunkt mit der Sorgfalt eines ordentlichen Geschäftsmanns vereinbar sind. [3] Die gleiche Verpflichtung trifft die Geschäftsführer für Zahlungen an Gesellschafter, soweit diese zur Zahlungsunfähigkeit der Gesellschaft führen mussten, es sei denn, dies war auch bei Beachtung der in Satz 2 bezeichneten Sorgfalt nicht erkennbar. [4] Auf den Ersatzanspruch finden die Bestimmungen in § 43 Abs. 3 und 4 entsprechende Anwendung.**

InsO § 15. Antragsrecht bei juristischen Personen und Gesellschaften ohne Rechtspersönlichkeit

(1) [1] Zum Antrag auf Eröffnung eines Insolvenzverfahrens über das Vermögen einer juristischen Person oder einer Gesellschaft ohne Rechtspersönlichkeit ist außer den Gläubigern jedes Mitglied des Vertretungsorgans, bei einer Gesellschaft ohne Rechtspersönlichkeit oder bei einer Kommanditgesellschaft auf Aktien jeder persönlich haftende Gesellschafter, sowie jeder Abwickler berechtigt. [2] Bei einer juristischen Person ist im Fall der Führungslosigkeit auch jeder Gesellschafter, bei einer Aktiengesellschaft oder einer Genossenschaft zudem auch jedes Mitglied des Aufsichtsrats zur Antragstellung berechtigt.

(2) [1] Wird der Antrag nicht von allen Mitgliedern des Vertretungsorgans, allen persönlich haftenden Gesellschaftern, allen Gesellschaftern der juristischen Person, allen Mitgliedern des Aufsichtsrats oder allen Abwicklern gestellt, so ist er zulässig, wenn der Eröffnungsgrund glaubhaft gemacht wird. [2] Zusätzlich ist bei Antragstellung durch Gesellschafter einer juristischen Person oder Mitglieder des Aufsichtsrats auch die Führungslosigkeit glaubhaft zu machen. [3] Das Insolvenzgericht hat die übrigen Mitglieder des Vertretungsorgans, persönlich haftenden Gesellschafter, Gesellschafter der juristischen Person, Mitglieder des Aufsichtsrats oder Abwickler zu hören.

---

[35] Ulmer/*Casper* Rn 29; Rowedder/Schmidt-Leithoff/*Rasner* Rn 9.
[36] Ulmer/*Casper* Rn 29; Rowedder/Schmidt-Leithoff/*Rasner* Rn 9.
[37] Ulmer/*Casper* Rn 29.
[38] Roth/*Altmeppen* Rn 6; Ulmer/*Casper* Rn 33; Rowedder/Schmidt-Leithoff/*Rasner* Rn 10; Scholz/*Schmidt* Rn 13.
[39] Ulmer/*Casper* Rn 33; Scholz/*Schmidt* Rn 13; Michalski/*Nerlich* Rn 33.

(3) [1] Ist bei einer Gesellschaft ohne Rechtspersönlichkeit kein persönlich haftender Gesellschafter eine natürliche Person, so gelten die Absätze 1 und 2 entsprechend für die organschaftlichen Vertreter und die Abwickler der zur Vertretung der Gesellschaft ermächtigten Gesellschafter. [2] Entsprechendes gilt, wenn sich die Verbindung von Gesellschaften in dieser Art fortsetzt.

InsO § 15 a. Antragspflicht bei juristischen Personen und Gesellschaften ohne Rechtspersönlichkeit

(1) [1] Wird eine juristische Person zahlungsunfähig oder überschuldet, haben die Mitglieder des Vertretungsorgans oder die Abwickler ohne schuldhaftes Zögern, spätestens aber drei Wochen nach Eintritt der Zahlungsunfähigkeit oder Überschuldung, einen Insolvenzantrag zu stellen. [2] Das Gleiche gilt für die organschaftlichen Vertreter der zur Vertretung der Gesellschaft ermächtigten Gesellschafter oder die Abwickler bei einer Gesellschaft ohne Rechtspersönlichkeit, bei der kein persönlich haftender Gesellschafter eine natürliche Person ist; dies gilt nicht, wenn zu den persönlich haftenden Gesellschaftern eine andere Gesellschaft gehört, bei der ein persönlich haftender Gesellschafter eine natürliche Person ist.

…

(3) Im Fall der Führungslosigkeit einer Gesellschaft mit beschränkter Haftung ist auch jeder Gesellschafter, im Fall der Führungslosigkeit einer Aktiengesellschaft oder einer Genossenschaft ist auch jedes Mitglied des Aufsichtsrats zur Stellung des Antrags verpflichtet, es sei denn, diese Person hat von der Zahlungsunfähigkeit und der Überschuldung oder der Führungslosigkeit keine Kenntnis.

InsO § 17. Zahlungsunfähigkeit

(1) Allgemeiner Eröffnungsgrund ist die Zahlungsunfähigkeit.

(2) [1] Der Schuldner ist zahlungsunfähig, wenn er nicht in der Lage ist, die fälligen Zahlungspflichten zu erfüllen. [2] Zahlungsunfähigkeit ist in der Regel anzunehmen, wenn der Schuldner seine Zahlungen eingestellt hat.

InsO § 19. Überschuldung

(1) Bei einer juristischen Person ist auch die Überschuldung Eröffnungsgrund.

[Abs 2 idF bis einschließlich 17. 10. 2008]

(2) [1] Überschuldung liegt vor, wenn das Vermögen des Schuldners die bestehenden Verbindlichkeiten nicht mehr deckt. [2] Bei der Bewertung des Vermögens des Schuldners ist jedoch die Fortführung des Unternehmens zugrunde zu legen, wenn diese nach den Umständen überwiegend wahrscheinlich ist.

[Abs 2 idF ab dem 18. 10. 2008]

(2) Überschuldung liegt vor, wenn das Vermögen des Schuldners die bestehenden Verbindlichkeiten nicht mehr deckt, es sei denn, die Fortführung des Unternehmens ist nach den Umständen überwiegend wahrscheinlich.

[Abs 2 idF ab dem 1. 11. 2008]

(2) [1] Überschuldung liegt vor, wenn das Vermögen des Schuldners die bestehenden Verbindlichkeiten nicht mehr deckt, es sei denn, die Fortführung des Unternehmens ist nach den Umständen überwiegend wahrscheinlich. [2] Forderungen auf Rückgewähr von Gesellschafterdarlehen oder aus Rechtshandlungen, die einem solchen Darlehen wirtschaftlich entsprechen, für die gemäß § 39 Abs. 2 zwischen Gläubiger und Schuldner der Nachrang im Insolvenzverfahren hinter den in § 39 Abs. 1 Nr. 1 bis 5 bezeichneten Forderungen vereinbart worden ist, sind nicht bei den Verbindlichkeiten nach Satz 1 zu berücksichtigen.

[Abs 2 in der Fassung ab 1. 1. 2014]

(2) [1] Überschuldung liegt vor, wenn das Vermögen des Schuldners die bestehenden Verbindlichkeiten nicht mehr deckt. [2] Bei der Bewertung des Vermögens des Schuldners ist jedoch die Fortführung des Unternehmens zugrunde zu legen, wenn diese nach den Umständen überwiegend wahrscheinlich ist. [3] Forderungen auf Rückgewähr von Gesellschafterdarlehen oder aus Rechtshandlungen, die einem solchen Darlehen wirtschaftlich entsprechen, für die gemäß § 39 Abs. 2 zwischen Gläubiger und Schuldner der Nachrang im Insolvenzverfahren hinter den in § 39 Abs. 1 Nr 1 bis 5 bezeichneten Forderungen vereinbart worden ist, sind nicht bei den Verbindlichkeiten nach Satz 1 zu berücksichtigen.

(3) [1] Ist bei einer Gesellschaft ohne Rechtspersönlichkeit kein persönlich haftender Gesellschafter eine natürliche Person, so gelten die Absätze 1 und 2 entsprechend. [2] Dies gilt nicht, wenn zu den persönlich haftenden Gesellschaftern eine andere Gesellschaft gehört, bei der ein persönlich haftender Gesellschafter eine natürliche Person ist.

Inhaltsverzeichnis

A. Allgemeines zu den Ansprüchen aus § 64

Lit: *Altmeppen,* Die zentralen Änderungen des GmbH-Rechts nach dem Referentenentwurf des MoMiG, in VGR (Hrsg) Gesellschaftsrecht in der Diskussion 2006, 207, 93; *ders,* Insolvenzverschleppungshaftung Stand 2001, ZIP 2001, 2201; *Bitter,* Zur Haftung des Geschäftsführers aus § 64 Abs 2 GmbHG für „Zahlungen" nach Insolvenzreife, WM 2001, 666; *Böcker/Poertzgen,* Kausalität und Verschulden beim künftigen § 64 Abs 2 GmbHG, WM 2007, 1203; *Burgard,* Garantie- und Verschuldenshaftung von Mitgesellschaftern einer GmbH, NZG 2002, 606; *Cahn,* Die Ausfallhaftung der GmbH-Gesellschafter, ZGR 2003, 298; *Dinstühler,* Die Abwicklung massearmer Insolvenzverfahren nach der Insolvenzordnung, ZIP 1998, 1697; *Drygala,* Zur Neuregelung der Tätigkeitsverbote für Geschäftsleiter von Kapitalgesellschaften, ZIP 2005, 423; *Fleck,* Die Haftung des GmbH-Geschäftsführers, GmbHR 1974, 224; *Goette,* Zur systematischen Einordnung des § 64 Abs 2 GmbHG, ZInsO 2005, 2 ff; *Greulich/Bunnemann,* Geschäftsführerhaftung für zur Zahlungsunfähigkeit führende Zahlungen an die Gesellschafter nach § 64 II 3 GmbHG-RefE – Solvenztest im deutschen Recht?, NZG 2006, 681; *Greulich/Rau,* Zur Insolvenzverursachungshaftung des Geschäftsleiters einer Auslandsgesellschaft mit Inlandsverwaltungssitz, NZG 2008, 565; *Grigoleit,* Gesellschafterhaftung für interne Einflußnahmen im Recht der GmbH, 2006; *Haas,* Die Berücksichtigung der Insolvenzquote im Rahmen des Haftungsanspruchs nach § 64 Abs 2 GmbHG, FS Fischer, 2008, 209; *ders,* Reform des gesellschaftsrechtlichen Gläubigerschutzes, Gutachten E zum 66. Deutschen Juristentag, Stuttgart 2006; *ders,* Die Disziplinierung des GmbH-Geschäftsführers im Interesse der Gesellschaftsgläubiger, WM 2006, 1417; *ders,* „Flankierende Maßnahmen" für eine Reform des Gläubigerschutzes in der GmbH, GmbHR 2006, 505; *ders,* Der Erstattungsanspruch nach § 64 II GmbHG, NZG 2004, 737; *ders,* Die Haftung des GmbH-Geschäftsführers in der Krise der Gesellschaft, Unternehmen in der Krise, 2004, 73; *ders,* Der Normzweck des Eigenkapitalersatzrechts, NZI 2001, 1; *ders,* Insolvenzverwalterklagen und EuGVÜ, NZG 1999, 1148; *ders,* Vor-GmbH und Insolvenz, DStR 1999, 985; *Haas/Müller,* Der insolvenzrechtliche Anfechtungsanspruch in der Insolvenz des Anfechtungsgegners, ZIP 2003, 49; *Hau,* Masseanreicherung und Gläubigerschutz im Europäischen Insolvenzrecht, Veröffentlichungen der Wissenschaftlichen Vereinigung für Internationales Verfahrensrecht eV (2008), 79; *Henze,* Ausfallhaftung des GmbH-Gesellschafters, BB 2002, 1011; *Hirte,* Neuregelungen mit Bezug zum gesellschaftsrechtlichen Gläubigerschutz und im Insolvenzrecht durch das Gesetz zur Modernisierung des GmbH-Rechts und zur Bekämpfung von Missbräuchen (MoMiG), ZInsO 2008, 689; *ders,* Stellungnahme zum RegE eines Gesetzes zur Modernisierung des GmbH-Rechts und zur Bekämpfung von Missbräuchen (MoMiG) für den Deutschen Bundestag, ZInsO 2008, 146; *Hölzle,* Gesellschafterfremdfinanzierung und Kapitalerhaltung im Regierungsentwurf des MoMiG, GmbHR 2007, 729; *Kindl,* Die Rechtsfolgen der Gläubiger- und Konkursanfechtung bei der Veräußerung von beweglichen Sachen und Forderungen, NZG 1998, 321; *Kirstein,* Der früh beginnende und lang anhaltende Todeskampf juristischer Personen, ZInsO 2008, 131; *Knof,* Die neue Insolvenzverursachungshaftung nach § 64 Satz 3 RegE-GmbHG (Teil I), DStR 2007, 1536; *Konzen,* Der Gläubigerschutz bei Liquidation der masselosen GmbH, FS Ulmer 2003, 323; *ders,* Geschäftsführung, Weisungsrecht und Verantwortlichkeit in der GmbH und GmbH & Co KG, NJW 1989, 2977; *Medicus,* Die Außenhaftung des GmbH-Geschäftsführers, GmbHR 1993, 533; *Mock,* Stein statt Brot? – Verfahrenskonzentration bei grenzüberschreitenden Insolvenzanfechtungsklagen und fehlende örtliche Zuständigkeit, ZInsO 2009, 470; *Mülbert,* Zukunft der Kapitalaufbringung/Kapitalerhaltung, Der Konzern 2004, 151; *Oberhammer,* Zur internationalen Anfechtungsbefugnis des Sekundärverwalters nach Europäischem Insolvenzrecht, KTS 2008, 273; *Pape,* Persönliche Haftung des GmbH-Geschäftsführers für masseschädigende Auszahlungen nach Eintritt der Insolvenzreife, ZInsO 2001, 397; *Poertzgen,* Neues zur Insolvenzverschleppungshaftung – der Regierungsentwurf des MoMiG, NZI 2008, 9; *Röhricht,* Die

GmbH im Spannungsfeld zwischen wirtschaftlicher Dispositionsfreiheit ihrer Gesellschafter und Gläubigerschutz, FS 50 Jahre BGH, 2000, 83; *ders,* Insolvenzrechtliche Aspekte im Gesellschaftsrecht, ZIP 2005, 505; *Roth,* Die Haftung als faktischer Geschäftsführer im Konkurs der GmbH, ZGR 1989, 421; *Schmidt,* Debitorisches Bankkonto und Insolvenzverschleppungshaftung: Ist Geben seliger denn nehmen?, ZIP 2008, 1401; *ders,* GmbH-Reform, Solvenzgewährleistung und Insolvenzpraxis – Gedanken zum MoMiG-Entwurf, GmbHR 2007, 1; *ders,* Übermäßige Geschäftsführerrisiken aus § 64 Abs 2 GmbHG, § 130 a Abs 3 HGB?, ZIP 2005, 2177; *ders,* Geschäftsführerhaftung gemäß § 64 Abs 2 GmbHG bei masseloser Insolvenz, GmbHR 2000, 1225; *ders,* Die Übertragung, Pfändung und Verwertung von Einlageforderungen, ZHR 157 (1993) 291; *ders,* Konkursantragspflicht bei der GmbH und bürgerlichem Deliktsrecht, JZ 1978, 661; *Schön,* Zur „Existenzvernichtung" der juristischen Person, ZHR 168 (2004) 268; *Seibert,* GmbH-Reform: Der Referenten-Entwurf eines Gesetzes zur Modernisierung des GmbH-Rechts und zur Bekämpfung von Missbräuchen – MoMiG, ZIP 2006, 1157; *Strohn,* Existenzvernichtunghaftung – Vermögensvermischungshaftung – Durchgriffshaftung, ZInsO 2008, 706; *Veil,* Kapitalerhaltung – Das System der Kapitalrichtlinie versus situative Ausschüttungssperren –, ZGR Sonderheft 17 (zitiert Kapital in Europa), 91; *Vetter,* Grundlinien der GmbH-Gesellschafterhaftung, ZGR 2005, 788; *Volmer,* Die Pfändbarkeit der Stammeinlagenforderung eines GmbH-Gesellschafters, GmbHR 1998, 579; *Wagner,* Grundfragen der Insolvenzverschleppungshaftung nach der GmbH-Reform, FS K. Schmidt, 2009, 1665; *Wagner/Zabel,* Insolvenzverschleppungshaftung nach § 64 II GmbHG wegen Überschuldung – Anreicherung der Masse durch Haftungsverlagerung auf den Steuerberater?, NZI 2008, 660; *Windel,* Zur persönlichen Haftung von Organträgern für Insolvenzverschleppungsschäden, KTS 1991, 477.

I. Normzweck

1. Masseerhaltung (§ 64 S 1) Sinn und Zweck des Insolvenzverfahrens ist es, die Gl eines Schuldners gemeinschaftlich zu befriedigen (§ 1 InsO). Dieser Zweck kann nur erreicht werden, wenn das Insolvenzverfahren „rechtzeitig" eröffnet wird; denn nur dann ist verteilungsfähiges Vermögen zugunsten der Gl vorhanden. Idealerweise markieren die Insolvenzauslösetatbestände (§§ 17–19 InsO) den Moment der Insolvenzeröffnung.[1] In der Praxis fallen jedoch Insolvenzeröffnung und Eintritt der Auslösetatbestande weit auseinander.[2] 64 S 1 will nun durch Androhung einer Haftung einen **Verhaltensanreiz für den GFührer** schaffen, von seinem Insolvenzantragsrecht (§ 15 I InsO, siehe unten Rn 109 ff) im Interesse der Glgesamtheit frühzeitig Gebrauch zu machen bzw die Insolvenzsituation umgehend zu bereinigen; denn mit Fortführung des Unternehmens in der Insolvenz gehen idR Benachteiligungen der Gl einher.[3] Derartige Verhaltensanreize sind keine Besonderheit des deutschen Rechts.[4] Bereinigt GFührer Insolvenzsituation nicht und führt er das Unternehmen trotzdem fort, riskiert er – wenn das Insol- 1

---

[1] Zu Funktion und Ausgestaltung der Auslösetatbestände, *Haas,* Reform des gesellschaftsrechtlichen Gläubigerschutzes, E 19 ff.

[2] Siehe Untersuchung bei *Kirstein* ZInsO 2008, 131 ff; vgl auch empirischen Befund bei *Bitter/Röder* ZInsO 2008, 1283, 1286, wonach Insolvenzantrag verspätet gestellt wird.

[3] *Haas,* Reform des gesellschaftsrechtlichen Gläubigerschutzes, E 23 f; vgl auch Ulmer/*Casper* Rn 8 f.

[4] Übersicht bei *Schmidt,* Kapital in Europa, 188 ff; *Haas,* Reform des gesellschaftsrechtlichen Gläubigerschutzes, E 25 ff; *Kalss/Adensamer/Oelkers,* Kapital in Europa, 134 ff; Ulmer/*Casper* Rn 15 ff.

venzverfahren über das Vermögen der GmbH eröffnet (oder mangels Masse nicht eröffnet) wird – die nach Eintritt der Insolvenzreife geleisteten Zahlungen an die Ges erstatten zu müssen, damit diese im Insolvenzverfahren zur Befriedigung aller Gesgläubiger zur Verfügung stehen.[5] Aus Rspr wird nicht immer klar, ob neben Erhaltung der im Zeitpunkt der Insolvenzreife vorhandenen Masse auch Gläubigergleichbehandlung als selbständiger Normzweck geschützt ist.[6] Flankiert wird der mit § 64 S 1 verfolgte Zweck, das im Zeitpunkt des Insolvenzeintritts vorhandene Vermögen dem Gl als Haftungsmasse zu erhalten, ua durch die (haftungs- und strafbewehrte) Insolvenzantragspflicht in § 15 a I, IV InsO (siehe unten Rn 109 ff), durch § 826 BGB (unten Rn 155 f), durch § 26 III InsO (Rn 154), das Anfechtungsrecht (§§ 129 ff InsO) sowie durch das Recht der zwangsweise subordinierten Gfterdarlehen (siehe hierzu Anh § 30).[7] Darüber hinaus versucht der Gesetzgeber, nicht nur durch repressive Mittel (Haftung und Strafe) auf eine frühzeitige Insolvenzauslösung hinzuwirken. Vielmehr dienen diesem Zweck auch verschiedene „Vorteile" (Eigenverwaltung, Insolvenzplanverfahren) im Insolvenzverfahren, die dem Schuldner grds nur gewährt werden, wenn er für eine rechtzeitige Insolvenzeröffnung gesorgt hat. Haftung nach § 64 S 1 ist zwingend und steht daher nicht zur Disposition der Gfter (vgl unten Rn 15).

2 **2. Sicherung der Vorrangstellung der Gläubiger (§ 64 S 3)** Der Gesetzgeber hat in § 64 S 3 das Zahlungsverbot auf solche Zahlungen an die Gfter erweitert, die „zur Zahlungsunfähigkeit der Ges führen mussten". Die (neue) Vorschrift wird mal als deutsche Antwort auf die englische „wrongful trading"-Haftung, als Ausdruck der Existenzvernichtungshaftung oder als Beleg für den „insolvency test" bezeichnet.[8] Teilweise wird die innere Rechtfertigung auch darin gesehen, die durch Absenkung der Mindeststammkapitalziffer (bei der UG) eingetretene Verkürzung des Glschutzes zu kompensieren.[9] Kontrovers wird aber nicht nur Normzweck, sondern auch Notwendigkeit bzw Verhältnismäßigkeit sowie Ausgestaltung der Haftungsnorm diskutiert.[10] § 64 S 3 ist Ausdruck der **insolvenzrechtlichen Wertung in § 199 S 2 InsO** (bzw in § 73 I GmbHG), nämlich der vorrangigen Befriedigung aus dem Gesvermögen zugunsten der Gl. Diese insolvenzrechtliche Wertung wird an sich durch die dem Schutz der Ges dienenden Kapitalerhaltungsvorschriften (§§ 30 f, 33, 43 III, 43 a) im Vorfeld der Insolvenzer-

---

[5] BGH ZIP 2008, 1229; ZIP 2007, 1265, 1266; ZIP 2007, 1006, 1007; NJW 2001, 304, 305 = NZG 2000, 1222; NJW 1974, 1088, 1089; BGHZ 143, 184, 186 = NJW 2000, 668.

[6] Zweifelnd insoweit BGH ZIP 2008, 747, 748; in diesem Sinne aber BGH NZG 2009, 550, 551; Ulmer/*Casper* Rn 4.

[7] Siehe zu diesem Zusammenhang *Haas,* Reform des gesellschaftsrechtlichen Gläubigerschutzes, E 43 ff.

[8] *Hirte* ZInsO 2008, 689, 697; *Knof* DStR 2007, 1536, 1537; *Breitenstein/Meyding* BB 2006, 1457, 1462; *Kleindiek* FS Schmidt, 2009, 893, 902; *Hölzle* GmbHR 2007, 729, 730; *Schmidt* GmbHR 2007, 1, 5; *Seibert* ZIP 2006, 1157, 1167; *Greulich/Bunnemann* NZG 2006, 681; Ulmer/*Casper* Rn 102 f; RegE-MoMiG, 95.

[9] RegE-MoMiG, 111; siehe auch Ulmer/*Casper* Rn 102.

[10] Siehe zum einen *Poertzgen* NZI 2008, 9, 11; *Greulich/Rau* NZG 208, 565; *dies* NZG 2008, 284, 285; zum anderen *Knof* DStR 2007, 1580, 1585 f; *Schmidt* GmbHR 2007, 1, 6: Sanktion zu zaghaft.

öffnung reflexartig mitgeschützt.[11] Dies gilt allerdings nur im Grundsatz; denn Kapitalerhaltungsvorschriften verbieten Freigiebigkeit des GFührers zugunsten Gfter und auf Kosten der Gl nur lückenhaft.[12] Dies liegt insbes am zeitl Anwendungsbereich der Kapitalerhaltungsvorschriften. Dieser wird nämlich anhand einer bilanziellen Betrachtungsweise und willkürlicher (Mindest-)Stammkapitalziffern ermittelt und entspricht nicht (Krisen-)Zeitpunkt, in dem die Gefahr von „Ausschüttungen" an die Gfter auf Kosten Gl besonders wahrscheinlich ist. Die von einer Ausschüttung ausgehende Gefährdung der Befriedigungsinteressen der Gl findet somit in bilanziellen Kapitalerhaltungsschutz zugunsten Ges keine ausreichende Berücksichtigung.[13] Dieses Defizit versucht § 64 S 3 auszugleichen (ohne die anderen Haftungsnormen zu verdrängen),[14] indem Vorschrift GFührer – unabhängig von einer bilanziellen Betrachtungsweise – für solche „Ausschüttungen" an die Gfter zur Verantwortung zieht, die unmittelbar auf Kosten der Glgesamtheit[15] gehen, weil sie konkret die Fähigkeit der Ges beeinträchtigen, künftig ihren Zahlungspflichten gegenüber Gl nachzukommen.[16] Zu diesem Zweck verlagert § 64 S 3 das bereits in § 64 S 1 enthaltene Auszahlungsverbot zeitlich nach vorne (siehe unten Rn 102). Flankiert wird Vorschrift insbes durch § 43 I, II[17] und §§ 133, 134 InsO, §§ 823 II, 826 BGB sowie durch §§ 266, 283 f. StGB (siehe auch unten Rn 175 ff).[18] Haftung aus § 64 S 3 ist zwingend und steht nicht zur Disposition der Gfter (vgl unten Rn 15).

II. Rechtsquellen

Art 8 Nr 4 des 2. WiKG hat mit Wirkung ab 1. 8. 1986 (Art 12 aaO) Abs 1 **3**
(aF) geändert u S 2 eingefügt u damit in Übereinstimmung mit hM zum damaligen Recht (14. Aufl Rn 2)[19] auf Bilanzerfordernis zur Feststellung der Überschuldung verzichtet; Neuregelung hatte vor allem Auswirkungen auf Strafbarkeit nach § 84 I Nr 2 aF. Art 48 Nr 7 EGInsO hatte mit Wirkung ab 1. 1. 1999 (Art 110 I EGInsO) § 64 I 1 an Zusammenfassung von Konkurs- u Vergleichsverfahren im Insolvenzverfahren angepasst. Auf vor dem 1. 1. 1999 beantragte Konkursverfahren findet nach Art 103 EGInsO das bis dahin geltende Recht Anwendung.[20] Art 1 Nr 43 MoMiG hat § 64 I aF (Insolvenzantragspflicht) gestrichen und in § 15 a InsO überführt (zur Übergangsregelung insoweit, siehe unten Rn 112). Dadurch ist der bisherige § 64 II aF (unverändert) zum § 64 S 1, 2 und 4 geworden. Darüber hinaus hat der

---

[11] *Haas* WM 2006, 1417; *Greulich/Bunnemann* NZG 2006, 681 f. Kritisch wegen Überschneidung mit diesen Haftungsinstituten daher *Böcker/Poertzgen* WM 2007, 1203, 1205.

[12] *Haas,* Reform des gesellschaftlichen Gläubigerschutzes, E 128 ff; siehe auch Ulmer/*Casper* Rn 103; *Greulich/Bunnemann* NZG 2006, 681, 682.

[13] *Schön* ZHR 168 (2004) 268, 285 f; *Röhricht* FS 50 Jahre BGH, 2000, 83, 94; *Grigoleit* 92 f; *Haas,* Reform des gesellschaftlichen Gläubigerschutzes, E 131; *Mülbert* DK 2004, 151, 160; *Veil,* Kapital in Europa, 91, 105; *Vetter* ZGR 2005, 788, 811.

[14] Aus diesem Grund findet sich auch mitunter der Hinweis, dass § 64 S 3 die Kapitalerhaltungsvorschriften ergänzt, siehe *Hirte* ZInsO 2008, 689, 697.

[15] Vgl *Haas,* Reform des gesellschaftsrechtlichen Gläubigerschutzes, E 127 f.

[16] *Knof* DStR 2007, 1536, 1537.

[17] Siehe auch *Grigoleit/Rieder,* GmbH-Recht nach dem MoMiG, Rn 302.

[18] Siehe auch Ulmer/*Casper* Rn 102 f.

[19] **AM** BGH NJW 1991, 3146, 3147; ZIP 1994, 891, 893 f.

[20] OLG Düsseldorf ZIP 1999, 1813.

MoMiG-Gesetzgeber die bislang in § 84 geregelte Strafbarkeit der Insolvenzverschleppung ebenfalls in die InsO (§ 15a IV, V InsO) überführt. Die Aufteilung der „Insolvenzpflichten" auf das GmbHG und die InsO ist systematisch wenig nachvollziehbar, besteht doch zwischen der Haftung wegen Masseschmälerung und der Insolvenzantragspflicht ein logischer Zusammenhang, der dadurch auseinandergerissen wird.[21] Zudem räumt der Gesetzgeber selbst ein, dass § 64 einen starken insolvenzrechtlichen Bezug aufweist.[22] Konsequent wäre es daher gewesen, wenn der Gesetzgeber auch den § 64 II aF rechtsformübergreifend in die InsO überführt hätte.[23] Art 1 Nr 43 MoMiG hat schließlich mit Satz 3 in § 64 eine neue Insolvenzverursachungshaftung des GFührers eingeführt.

4 Das MoMiG enthält in Bezug auf § 64 S 3 keine ausdrücklichen **Übergangsvorschriften.** Mithin kommt es für § 64 S 3 nach allgemeinen Grundsätzen darauf an, ob Haftungstatbestand sich vor oder nach Inkrafttreten des MoMiG verwirklicht hat. Da Anspruch nach § 64 S 3 grundsätzlich erst mit Insolvenzeröffnung (bzw Ablehnung des Antrags mangels Masse) entsteht (siehe unten Rn 12), wäre an sich darauf abzustellen, ob Entscheidung über Insolvenzverfahren vor oder nach Inkrafttreten des MoMiG erfolgte. Da aber Anspruch aus § 64 S 3 auch an Zeiträumen vor Eröffnung des Insolvenzverfahrens anknüpft, ist zum Schutz des GFührers ebenfalls auf diesen Zeitpunkt abzustellen mit der Folge, dass der neue § 64 S 3 – vglbar Art 103 d S 2 EGInsO – nur zur Anwendung kommt, wenn bereits bei „Zahlung" aus dem Gesvermögen das MoMiG in Kraft war.

III. Rechtsnatur der Ansprüche

5 **1. Schutzzweck.** Obwohl Ansprüche aus § 64 dem Wortlaut nach Ges zustehen, **dienen sie Interesse der Glgesamtheit.**[24] Das zeigt sich daran, dass andernfalls Ersatzpflicht nicht zu erklären wäre, denn – beispielsweise – eine Zahlung nach Insolvenzreife an einen Gl schädigt grds. nicht Ges. Wohl aber werden hierdurch Interessen der Glgesamtheit beeinträchtigt. Wird nämlich nach Insolvenzreife aus Gesvermögen ein einzelner Gl befriedigt, verringert sich Chance der übrigen Gl, Befriedigung aus Masse zur erhalten.[25] Diese Beeinträchtigung des Glinteresses lässt sich durch andere am Gesinteresse ausgerichteten Haftungsnormen (zB § 43 II, III) nicht (auch nicht reflexartig) kompensieren.

6 Auch im Rahmen des § 64 S 3 geht es um den **Schutz der Glgesamtheit** und nicht der Ges. Mit Eröffnung des Insverfahrens über Vermögen einer KapitalGes sind FremdGl nämlich aus Masse vorrangig zu befriedigen (siehe oben Rn 2). An Gfter können Ausschüttungen erst erfolgen, wenn sämtliche InsolvenzGl in voller Höhe befriedigt sind (§ 199 S 2 InsO). Dieses durch InsO angeordnete Verteilungsprinzip droht durch „freigiebige Vermögensverlagerungen" an Gfter im unmittelbaren Vorfeld der Insolvenzeröffnung unterlaufen zu werden. Um dies im Interesse der Glgesamtheit

---

[21] *Hirte* ZInsO 2008, 146, 148; *Schmidt* ZIP 2008, 1401, 1403; *Böcker/Poertzgen* WM 2007, 1203, 1204.

[22] RegE-MoMiG, 113.

[23] *Hirte* ZInsO 2008, 689, 698.

[24] Siehe auch Ulmer/*Casper* Rn 4.

[25] BGH NJW 1974, 1088, 1089; OLG Köln ZIP 1995, 1418, 1419; *Schmidt* JZ 1978, 661, 662; Gottwald/*Haas* InsOHdb § 92 Rn 142.

zu verhindern, ordnet § 64 S 3 an, dass GFührer Zahlungen an Gfter, bei denen ein unmittelbarer Zusammenhang zum insolvenzrechtl Verteilungsprinzip in § 199 S 2 InsO hergestellt werden kann, der Ges im Int der Gl zu erstatten hat.

2. Dogmatische Einordnung des Anspruchs. Wie Auseinanderfallen von Anspruchsinhaber und geschütztem Interesse in § 64 dogmatisch zu deuten ist, ist streitig.[26] Die unterschiedlichen Ansichten wirken sich sowohl auf den Tatbestand als auch auf die Geltendmachung der Ansprüche aus.[27] Teilweise wird 64 S 1 (und damit wohl auch § 64 S 3) als ein (gesetzlich geregelter) Fall der Drittschadensliquidation zugunsten der Glgesamtheit angesehen.[28] HM sieht in § 64 S 1 (und damit letztlich wohl auch in § 64 S 3)[29] einen **Ersatzanspruch eigener Art** der Ges gegen GFührer.[30] Anspruch ist danach insbes nicht deliktsrechtlicher Natur (weshalb auch keine Teilnahme nach § 830 BGB möglich ist)[31] und auch nicht darauf gerichtet, einen Schaden der Ges zu ersetzen.[32] Zu folgen ist hM; denn die Deutung des § 64 als Schadensersatzanspruch ist nicht weiterführend und birgt die Gefahr, dass aus Begrifflichkeiten Folgerungen gezogen werden, die mit dem Gesetzeswortlaut nicht zu vereinbaren sind und obendrein zu fragwürdigen Ergebnissen führen.[33] Aus Parallelvorschrift in § 130 a HGB kann auch nichts anderes gefolgert werden.[34] Darüber hinaus werden durch eine schadensersatzrechtliche Einordnung des Anspruchs insolvenzrechtliche Zusammenhänge verdeckt.[35] Nicht übersehen werden darf nämlich, dass Verwirklichung des Glschutzzwecks in § 64 auch die Insolvenzanfechtungsansprüche in §§ 129 ff InsO dienen[36] und dass auch der Anfechtungsanspruch nach § 143 weder als deliktischer[37] noch als ein sonstiger Schadensersatzanspruch, sondern als ein solcher 7

---

26 *Goette* ZInsO 2005, 2 ff; Ulmer/*Casper* Rn 6 f; *Haas* NZG 2004, 737 ff; *Schmidt/* Uhlenbruck Rn 11.34.

27 *Lutter*/Hommelhoff/*Kleindiek* Rn 58; Gottwald/*Haas* InsOHdb § 92 Rn 142.

28 *Schmidt* ZIP 2005, 2177, 2183; *ders* JZ 1978, 661, 662; Scholz/*Schmidt* Rn 35; *Böcker/Poertzgen* WM 2007, 1203, 1204; Roth/*Altmeppen* Rn 38, 56 ff; *Noack,* InsO GesR Rn 326; *Medicus* GmbHR 1993, 533, 538.

29 So *Knof* DStR 2007, 1580, 1584; *Böcker/Poertzgen* WM 2007, 1203, 1208; *Kleindiek* FS Schmidt, 2009, 893, 901; *Wicke* Rn 26.

30 BGH NJW 1974, 1088, 1089; BGHZ 146, 264, 278 = NJW 2001, 1280, 1283; BGH ZIP 2008, 1026, 1027; BB 2005, 1869 f = ZIP 2005, 1550 f; OLG Düsseldorf NZG 1999, 1066, 1067; *Röhricht* ZIP 2005, 505, 509; *Haas* NZG 2004, 737, 738.

31 BGH ZIP 2008, 1026, 1027; ZIP 2007, 631, 633.

32 BGH ZIP 2007, 1006, 1007; OLG Celle GmbHR 1995, 54, 55.

33 *Haas* FS Fischer, 2008, 209, 210 ff. **AM** *Schmidt* ZIP 2008, 1401, 1402 ff.

34 BGH ZIP 2007, 1006, 1007; ZIP 2007, 1501, 1502; OLG Schleswig EWiR 2005, 891 *(Haas/Hoßfeld);* OLG Koblenz NZG 2006, 583, 584; siehe auch Röhricht/v Westphalen/*v Gerkan/Haas* § 130 a HGB Rn 23. **AM** *Schmidt* ZIP 2005, 2177; MünchKommHGB/*Schmidt* § 130 a Rn 33; Staub/*Habersack* § 130 a HGB Rn 28.

35 Siehe hierzu *Haas* FS Fischer, 2008, 209, 212 f; *ders,* Unternehmen in der Krise, 2004, 73, 81 ff; *ders* NZG 2004, 737 ff; vgl auch *Lutter*/Hommelhoff/*Kleindiek* Rn 58; *Röhricht* ZIP 2005, 505, 509.

36 *Haas* FS Fischer, 2008, 209, 212 f.

37 BGH ZIP 1986, 787, 790; Nerlich/Römermann/*Nerlich* § 143 InsO Rn 4; BerlinerKommInsO/*Haas* § 143 Rn 11; FrankfurtKommInsO/*Dauernheim* § 129 Rn 7.

„eigener Art“ eingeordnet wird.[38] Schließlich ist auch die immer wieder geäußerte Befürchtung,[39] eine von einem Schadensersatzanspruch unabhängige Deutung des § 64 könne zu einer Bevorteilung der Masse führen, unzutreffend. Korrekturen sind nicht am „System“, sondern allenfalls in Detailfragen angesagt. Behauptung, dass allein „Schadensersatzanspruch“ richtige Reaktion auf Krisensituation sei,[40] ist daher wenig überzeugend.

IV. Schuldner und Gl der Ansprüche

8 **1. Schuldner. a) Grundsatz.** § 64 **richtet sich an wirksam bestellten GFührer** sowie nach § 71 IV an Liquidator.[41] Sind mehrere GFührer vorhanden, obliegen Pflichten nach § 64 jedem einzelnen GFührer und zwar unabhängig von internen Ressortverteilung (siehe auch unten Rn 114).[42] Dies gilt ohne Rücksicht auf Vertretungsregelungen. Aus welchen Motiven der GFührer sein Amt bekleidet (als Treuhänder oder Strohmanngeschäftsführer) spielt ebenfalls keine Rolle. Nicht Adressat des § 64 sind – vorbehaltlich der Rechtsfigur des „faktischen GFührers“ (dazu Rn 9 ff) – Gfter, Mitglieder des Aufsichtsrats (siehe aber auch unter Rn 174) oder Prokuristen.[43] Eine dem § 15 a III InsO (siehe unten Rn 165 ff) vergleichbare Vorschrift hat der MoMiG-Gesetzgeber für § 64 unverständlicherweise nicht vorgesehen.[44] Dient aber die Insolvenzantragspflicht (auch) der Masseerhaltung (siehe unten Rn 110) und soll die Haftung nach § 823 II BGB iVm § 15 a I InsO insbesondere die Lücken in § 64 S 1 schließen (vgl unten Rn 110), sprechen gute Gründe dafür, auch die einzelnen Gfter – entsprechend § 15 a III InsO – im Fall der Führungslosigkeit als Adressaten zumindest des § 64 S 1 anzusehen.[45] Durch Amtsniederlegung (auch vor Eröffnung des Insolvenzverfahrens) können GFührer eine einmal eingetretene Haftung nach § 64 nicht beseitigen.[46] § 64 ist kein einer Teilnahme durch Dritte zugänglicher Deliktstatbestand iS des § 830 BGB.[47] Auch dies führt zu Diskrepanzen zwischen § 64 und der lückenfüllenden Haftung nach § 823 II BGB iVm § 15 a InsO (siehe unten Rn 174).

9 **b) Faktischer GFührer.** Erfasst von § 64 ist auch der „faktischer GFührer“. Der Begriff umschreibt im Wesentlichen zwei Fallgestaltungen, nämlich zum einen denjenigen, der fehlerhaft zum GFührer bestellt wurde (so genannter **nicht ordnungsgemäß bestellter GFührer**). Zum anderen versteht die hM hierunter aber auch den Gfter (oder Dritten), der – ohne zum GFührer bestellt worden zu sein – mit Einverständnis der Gfter „wie“ ein GFührer auftritt **(„faktischer GFührer ieS“).** Fraglich ist, ob Einverständnis aller

---

38 BGHZ 15, 38, 45; *Zeuner* Die Anfechtung in der Insolvenz Rn 321; MünchKommInsO/*Kirchhof* Vor §§ 120 bis 147 Rn 37; *Kindl* NZG 1998, 321, 323; *Haas/Müller* ZIP 2003, 49, 50; BerlinerKommInsO/*Haas* § 143 Rn 11.

39 *Schmidt* ZIP 2005, 2177, 2183; *ders* JZ 1978, 661, 662; Scholz/*Schmidt* Rn 35.

40 *Wagner* FS Schmidt, 2009, 1665, 1671.

41 OLG Celle GmbHR 1995, 54, 55.

42 BGH GmbHR 1994, 460, 461; *Lutter*/Hommelhoff/*Kleindiek* Rn 63; Gottwald/*Haas* InsOHdb § 92 Rn 141.

43 OLG Düsseldorf GmbHR 1993, 159.

44 Kritisch zu Recht *Hölzle* GmbHR 2007, 729, 731.

45 **AM** *Poertzgen* NZI 2008, 9, 11.

46 Hachenburg/*Ulmer* Rn 9.

47 BGH ZIP 2008, 1026; siehe auch Rn 7; *Wicke* Rn 19.

Gfter notwendig ist oder ob Mehrheit ausreicht.[48] Einseitige Anmaßung von Leitungsmacht begründet hingegen niemals „faktische Organstellung".[49] Wann Dritter „wie" GFührer tätig wird, ist nicht immer einfach zu beantworten.[50] Die hM legt insoweit strenge Maßstäbe an. Danach setzt eine „faktische Geschäftsführung ieS" zweierlei voraus. Notwendig ist, dass der Dritte (zumeist, aber nicht notwendig der Gfter) auf die Geschäftsführung – mit einer bestimmten Nachhaltigkeit – Einfluss nimmt. Dies beurteilt die hM weniger nach rechtlichen als vielmehr nach wirtschaftlichen Maßstäben. Maßgebend ist danach, ob und welche Führungsaufgaben der Betreffende wahrgenommen hat sowie das Ausmaß und die Intensität der vom Dritten bzw Gfter übernommenen Unternehmensführung.[51] Ob diese Voraussetzungen gegeben sind, ist letztlich das Ergebnis einer (mitunter komplexen) Abwägung. Dabei kommt es nicht darauf an, ob der „faktische GFührer ieS" in allen Teilbereichen organschaftlicher Kompetenz tätig geworden ist. Notwendig ist aber, dass dieser die Geschäfte der Ges durch eigenes Handeln prägt.[52] Die bloße Möglichkeit der Einflussnahme oder Einwirkung auf die Geschäftsführung reicht hingegen nicht aus. Über die Einwirkung auf die Geschäftsleitung hinaus verlangt die hM als zweite Voraussetzung, dass der Dritte (bzw der Gfter) durch eigenes Handeln im Außenverhältnis in Bereichen aufgetreten ist, die üblicherweise zur GFührertätigkeit zu rechnen sind.[53] Dafür reicht es nicht aus, dass der Dritte Zugriff auf das Geschäftskonto hat und Zahlungen auf Weisung des (ordnungsgemäß bestellten) GFührers abwickelt oder der ehemalige GFührer sich gegenüber der Bank als „Noch-GFührer" geriert.[54] Anders haben die Gerichte aber entschieden, wenn Dritter „als Generalbevollmächtigter und Berater" sowie „gegenüber der Betriebsprüfung und Steuerfahndung" für die Ges nach außen auftritt.[55] HM nach kann „faktischer GFührer" nur eine natürliche Person sein.[56] Dies sollte mit Blick auf § 15 a III InsO, der sich auch an Personenmehrheiten richten kann (vgl unten Rn 169), überdacht werden.

Das zweite Kriterium **(Auftreten im Außenverhältnis)** ist abzulehnen.[57] 10
Gegen dieses Merkmal sprechen insbesondere systematische Erwägungen. Wo nämlich das Gesetz im Hinblick auf seine Einwirkungsrechte auf den GFührer zum Schutz der Gl klare Grenzen setzt, ist es wenig einsichtig, wenn eine Verletzung dieser Grenzen nicht schon dann sanktioniert wird, wenn sich

---

48 Im letzteren Sinne wohl OLG Karlsruhe NJW 2006, 1364.

49 So auch für das Strafrecht, BGHSt 46, 62, 65; OLG Karlsruhe NJW 2006, 1364.

50 Kritisch gegenüber der Rechtsfigur *Schmidt* GesR § 14 III 4 a: „Die Rechtsfigur des faktischen Organs verleitet zu juristischer Ungenauigkeit."

51 BGH ZIP 2008, 1026, 1027; BB 2005, 1869, 1870 f *(Gehrlein)* = ZIP 2005, 1550 ff; BGHZ 150, 61, 69 f; OLG Schleswig ZInsO 2007, 948, 949; *Roth* ZGR 1989, 421, 424; *Konzen* NJW 1989, 2977, 2985.

52 BGH ZIP 2008, 1026, 1028; BB 2005, 1869, 1870 f *(Gehrlein)* = ZIP 2005, 1550, 1551; BGHZ 150, 61, 69 f; OLG Schleswig ZInsO 2007, 948, 949.

53 Siehe BGH ZIP 2008, 1026, 1027; BB 2005, 1869, 1870 f *(Gehrlein)* = ZIP 2005, 1550, 1551; OLG Schleswig ZInsO 2007, 948, 949; vgl auch *Noack/Bunke* WuB II C § 64 GmbHG 2.05. oben § 43 Rn 3; *Cahn* ZGR 2003, 298, 314 f; *Drygala* ZIP 2005, 423, 429.

54 BGH ZIP 2008, 1026, 1027.

55 OLG Schleswig ZInsO 2007, 948, 949.

56 BGH DStR 2002, 1010, 1012.

57 Siehe im Einzelnen *Haas* NZI 2006, 494 ff.

Dritte hierüber kraft seines faktischen Einflusses hinwegsetzt.[58] Das Merkmal („Handeln nach außen") ist allein vom Gedanken beseelt, die Gfterhaftung nicht ausufern zu lassen.[59] Inhaltlich weist es aber keinerlei sachbezogenen Zusammenhang zum Normzweck des § 64 auf.[60] Insbesondere liegen der Rechtsfigur des „faktischen GFührers ieS" keinerlei Vertrauensschutzgesichtspunkte zugrunde, die eine Anknüpfung an das „Auftreten im Außenverhältnis" rechtfertigen.[61]

11 **2. Gläubiger.** Inhaber des Anspruchs ist die GmbH. Diese gesetzliche Zuweisung des (allein dem Glschutz dienenden) Anspruchs an die Ges erfüllt im eröffneten Insolvenzverfahren dieselbe Funktion wie die Kollektivierung von Haftungsansprüchen jenseits der Masse nach § 92 InsO.[62] Insverwalter ist grds verpflichtet, Ansprüche aus § 64 geltend zu machen. Verstößt er hiergegen, läuft er Gefahr nach § 60 I InsO zu haften. Allerdings kommt Insverwalter in Bezug auf „ob" der Anspruchsdurchsetzung ein durch die Zwecke des Insolvenzverfahrens begrenzter Ermessensspielraum zu.[63] Er kann die Ansprüche aus § 64 abtreten. Ist das Insverfahren mangels Masse nicht eröffnet, können die Gl die Ansprüche nach § 64 im Wege der **Einzelzwangsvollstreckung** pfänden und sich zur Einziehung überweisen lassen. Der Grund für eine Zuweisung des Anspruchs an das Gesvermögen ist dann nämlich weggefallen (siehe unten Rn 13). Fraglich ist, inwieweit die Pfändung Schranken unterliegt. Der BGH hat – im Zusammenhang mit der Pfändung des Anspruchs nach § 64 S 1 – auf seine Rechtsprechung zur Pfändung von Einlageansprüchen verwiesen.[64] Danach ist die Pfändung von Einlageforderung (bei Masselosigkeit der Ges) – grundsätzlich – nur dann zulässig, wenn die Forderung des GesGl vollwertig ist.[65] Ist aber der Insolvenzantrag mangels Massekostendeckung abgewiesen worden, wird es im Regelfall hieran fehlen. Diese vom BGH aufgestellte Beschränkung der Pfändbarkeit ist sowohl für Einlageforderungen[66] als auch für § 64 abzulehnen.[67] Folglich kann die Ges richtiger Ansicht nach Ansprüche aus § 64 (im Fall der Masselosigkeit) auch an Dritte abtreten (§ 400 BGB). Fraglich ist, ob ein Gl auch – außerhalb der Zwangsvollstreckung – auf den Anspruch nach § 64 zugreifen kann. In Betracht kommt etwa eine **analoge Anwendung des § 62 II 1 AktG bzw § 93 V 1 AktG.** Danach können die Gl bestimmte Ansprüche der Ges gegen den Gfter bzw gegen den GFührer selbst unmittelbar geltend machen, wenn

---

58 Vgl iE ähnlich *Grigoleit* 116 f.

59 So ausdrücklich *Henze* BB 2002, 1011, 1012.

60 Zutreffend *Burgard* NZG 2002, 606, 608 Fn 31.

61 **AM** *Noack/Bunke* WuB II c § 64 GmbHG 2.05; *Cahn* ZGR 2003, 298, 314 f.

62 Zur Funktion des § 92 InsO, siehe BerlinerKommInsO/*Blersch/v Olshausen* § 92 Rn 1; Uhlenbruck/*Hirte* § 92 InsO Rn 1 ff; Jaeger/*Müller* § 92 InsO Rn 3.

63 BGHZ 150, 343, 360; *Bork* ZIP 2005, 1120, 1121; *Kreft* FS Schmidt, 2009, 965, 967.

64 BGH NZI 2001, 87, 88: „Insoweit gilt Ähnliches wie für die Pfändung einer rückständigen Einlageforderung der Gesellschaft im Falle einer masselosen Insolvenz".

65 Vgl BGH NJW 1970, 469, 470; NJW 1992, 2229; OLG Celle GmbHR 1995, 246; OLG Köln ZIP 1989, 174, 175; Lutter/*Hommelhoff/Bayer* § 19 Rn 38.

66 Vgl *Schmidt* ZHR 157 (1993), 291, 304; *Vollmer* GmbHR 1998, 579, 580 f; Rowedder/Schmidt-Leithoff/*Pentz* § 19 Rn 171; im Erg auch *Konzen* FS Ulmer, 2003, 323, 340 f.

67 Gottwald/*Haas* InsOHdb § 92 Rn 246.

sie von der Ges keine Befriedigung erlangen können. Die hM steht einer analogen Anwendung dieser aktienrechtlichen Vorschriften im GmbH-Recht – zu Unrecht – ablehnend gegenüber.[68]

V. Entstehen der Ansprüche

Bisher hat der BGH die Aussicht vertreten, dass der Anspruch nach § 64 S 1 **12** zu seiner Geltendmachung die **Eröffnung des Insolvenzverfahrens** voraussetzt bzw die Abweisung des Antrags mangels Masse.[69] In einer aktuellen Entscheidung vertritt der BGH aber nunmehr die Ansicht, dass der Anspruch aus § 64 in dem Zeitpunkt entsteht, „in dem die die Masse schmälernde Zahlung geleistet oder die schmälernde Maßnahme ergriffen worden ist".[70] Beide Ansichten sind miteinander unvereinbar; denn setzt Geltendmachung des Anspruchs Insolvenzeröffnung oder Abweisung des Antrags mangels Masse voraus, so kann Anspruch nicht schon im Zeitpunkt der verbotswidrigen Zahlung entstehen. Richtiger Ansicht entsteht Anspruch erst mit Insolvenzeröffnung oder Entscheidung nach § 26 I InsO. Dies folgt schon daraus, dass erst ab diesem Zeitpunkt das Gesvermögen zugunsten der Gl mit Insolvenzbeschlag belegt ist und sich erst dann die Frage stellt, ob eine „Zahlung" aus dem Gesvermögen vor Insolvenzeröffnung die Befriedigungschancen der Gl verkürzt hat. Nicht nur Sinn und Zweck des Erstattungsanspruchs sprechen für späten Zeitpunkt der Anspruchsentstehung, sondern auch Art und Weise der Anspruchsabwicklung (Anrechnung Insolvenzquote, Übergang der Anfechtungsansprüche, siehe unten Rn 87 f).[71] Nicht anders wird man für den Anspruch aus § 64 S 3 entscheiden können. Dient dieser nämlich dazu, dem insolvenzrechtlichen Verteilungsgrundsatz Vorwirkungen vor Eröffnung des Insolvenzverfahrens zu verleihen, dann setzt auch dieser Anspruch – denknotwendig – die Eröffnung des Insolvenzverfahrens (bzw Abweisung mangels Masse) voraus.[72] Fraglich ist, wie das Erfordernis der Insolvenzeröffnung (bzw Abweisung mangels Masse) für das Entstehen des Anspruchs rechtdogmatisch zu deuten ist. Denkbar sind – mit Blick auf die vergleichbare Situation beim Anfechtungsanspruch – zwei Konstruktionen, nämlich entweder dass der Haftungsanspruch erst mit Insolvenzeröffnung entsteht[73] oder schon davor, dann aber aufschiebend bedingt mit Insolvenzeröffnung.[74]

---

[68] Siehe *Haas* GmbHR 2006, 505, 506 f; Ulmer/*Paefgen* § 43 Rn 174. **AM** BGH WM 1990 548, 555; Rowedder/Schmidt-Leithoff/*Koppensteiner* § 43 Rn 50; Scholz/*Schneider* § 43 Rn 291.

[69] BGH NJW 2001, 304, 305 = NZG 2000, 1222; so auch MünchHdbGmbH/*Marsch-Barner/Dickmann* § 46 Rn 52; Michalski/*Nerlich* Rn 47; *Fleck* GmbHR 1974, 224, 230; widersprüchlich *Wicke* Rn 19, 33; übersehen von *Altmeppen,* Gesellschaftsrecht in der Diskussion, 2006, 93, 111.

[70] BGH NZG 2008, 582, 583 = NZI 2009, 486 *(Haas)*; siehe auch *Haas* FS Hopt, 2010 (im Erscheinen).

[71] *Haas* FS Hopt 2010 (im Erscheinen).

[72] **AM** wohl *Böcker/Poertzgen* WM 2007, 1203, 1208.

[73] So für § 143 InsO, BGHZ 101, 286, 288; BGH ZIP 2004, 1653, 1654; Bork/*Jacoby,* Hdb Insolvenzanfechtungsrechts, Kap 12 Rn 9.

[74] So für § 143 InsO, BGHZ 15, 333, 337 = NJW 1955, 259; Kübler/Prütting/*Paulus* § 146 InsO Rn 6; MünchKommInsO/*Kirchhof* § 129 Rn 186 und § 143 Rn 9; Gottwald/*Huber* InsOHdb § 52 Rn 2. **AM** Heybrock/*Stadie* Rn 27; *Hölzle* GmbHR 2007, 729, 732: auflösend bedingt mit Wegfall des Insolvenzgrundes.

VI. Geltendmachung der Ansprüche

13 **1. Prozessführungsbefugnis.** Inhaber der Ansprüche aus § 64 ist die Ges (siehe oben Rn 11). Im **eröffneten Verfahren** macht daher allein der Insolvenzverwalter diese geltend (§ 80 InsO, siehe auch oben Rn 11). Bei **Abweisung des Antrags mangels Masse** kommt im Rahmen des gesellschaftsrechtlichen Liquidationsverfahrens der Glgleichbehandlungsgrds nicht zum tragen.[75] Damit fällt aber auch der Grund für die ausschließliche Zuweisung der Ansprüche aus § 64 an das Gesvermögen weg. Folglich muss fortan auch der einzelne Gl zur Einziehung des Anspruchs im Wege der Einzelzwangsvollstreckung befugt sein.[76] Hiervon zu unterscheiden ist die Frage, ob dem Gl die Einziehungsbefugnis im Rahmen der Zwangsvollstreckung nur quotal oder insgesamt zufällt. In der Literatur ist Ersteres mitunter auf der Grundlage einer schadensersatzrechtlichen Deutung des § 64 (siehe oben Rn 7) vertreten worden.[77] Dem hat der BGH zu Recht eine Absage erteilt.[78] Mithin kann der einzelne Gl auf den Anspruch der Ges insgesamt zugreifen (siehe zu den Pfändungsbeschränkungen oben Rn 11). In Anlehnung an Rechtslage beim Anfechtungsanspruch[79] bleibt Insolvenzverwalter bei **Masseunzulänglichkeit** zur Geltendmachung der Ansprüche aus § 64 befugt. Dies gilt auch dann, wenn Geltendmachung des Anspruchs nicht den InsolvenzGl, sondern allein den MasseGl zugute kommt; denn für eine Benachteiligung der Glinteressen iS des § 64 reicht es aus, wenn deren Befriedigungsaussichten „im Allgemeinen" (und nicht im konkreten Fall) verkürzt werden. Anderenfalls käme man zu dem kaum nachvollziehbaren Ergebnis, dass der GFührer davon profitieren würde, wenn er das Schuldnervermögen besonders stark dezimiert.[80] Da für die Geltendmachung der Ansprüche aus § 64 im Interesse der Glgesamtheit im Fall der **Eigenverwaltung** (§§ 270 ff InsO) der Sachwalter weit besser geeignet ist als der GFührer, sollte – in Anlehnung an die §§ 129 ff InsO – der Sachwalter (entsprechend § 280 InsO) hierfür zuständig sein.[81]

14 **2. Zuständigkeit.** Sachl Zuständigkeit folgt aus §§ 23, 71 GVG. Streitigkeiten aus § 64 sind **Handelssachen** (§ 95 I Nr 4 a GVG), selbst wenn Klage gegen faktischen GFührer ieS (siehe oben Rn 9) gerichtet ist.[82] Fraglich ist, ob

---

[75] BGH NJW 1970, 469, 470; *Noack,* InsO GesR, Rn 273; Gottwald/*Haas* InsOHdb § 92 Rn 232. **AM** *Schmidt* KTS 1988, 16 ff; kritisch auch *Konzen* FS Ulmer, 2003, 323, 346 ff.

[76] BGH NZI 2001, 87, 88 = NJW 2001, 304, 305 = NZG 2000, 1222 f; *Haas* NZG 2004, 737, 744 f; Gottwald/*Haas* InsOHdb § 92 Rn 244; *Lutter*/Hommelhoff/*Kleindiek* Rn 58.

[77] *Bitter* WM 2001, 666, 671; *Windel* KTS 1991, 477, 516 f; *Schmidt* GmbHR 2000, 1225, 1227.

[78] BGH NZI 2001, 87, 88; = NJW 2001, 304 = NZG 2000, 1222; zustimmend Gottwald/*Haas* InsOHdb § 92 Rn 245; *Pape* ZInsO 2001, 397, 403; vgl auch *Fleck* GmbHR 1974, 224, 230; *Lutter*/Hommelhoff/*Kleindiek* Rn 58; *Altmeppen* ZIP 2001, 2201, 2210; kritisch Ulmer/*Casper* Rn 95.

[79] BGH NZI 2001, 585, 587; siehe auch OLG Brandenburg ZIP 2002, 1698, 1699; LG Hamburg ZIP 2001, 711, 713. **AM** OLG Dresden NZI 2001, 269, 260; *Dinstühler* ZIP 1998, 1697, 1705.

[80] Gottwald/*Haas* InsOHdb § 92 Rn 549.

[81] Gottwald/*Haas* InsOHdb § 90 Rn 39.

[82] OLG Stuttgart ZInsO 2005, 47 f.

örtliche Zuständigkeit sich (neben §§ 12, 13 ZPO) auch nach § 29 ZPO (Gericht am Erfüllungsort) richtet, als den Ort, an dem GFührer seine unternehmerischen Pflichten zu erfüllen hat.[83] Zweifel ergeben sich daraus, dass § 64 ja nicht dem Schutz der Ges, sondern dem der Gl dient und auch nicht in der Hand der Ges, sondern quasi des Insolvenzverwalters kraft Gesetzes entsteht. So wie Anfechtungsansprüche in der Hand des Insolvenzverwalters keine solchen „aus dem Vertrag" sind, selbst wenn es um die Rückabwicklung aus einem Vertragsverhältnis geht,[84] könnte auch hier der Einwand erhoben werden, dass es sich nicht um einen „vertraglichen", sondern um einen gesetzlichen Anspruch handelt. Richtiger Ansicht sollte aber dennoch **§ 29 ZPO** Anwendung finden, denn Ansprüche aus § 64 wurzeln letztlich mittelbar in der Organstellung (und damit auf einer vertragsautonomen Grundlage), so dass – auch mit Blick auf den zwischenzeitlich geänderten § 22 ZPO – eine Zuständigkeit nach § 29 ZPO gegeben ist.[85] Fraglich ist, ob § 19 a ZPO Anwendung findet. HM will Vorschrift nur auf Passivprozesse des Insolvenzverwalters anwenden.[86] Folgt man dem, wäre Klage des Insolvenzverwalters gestützt auf § 64 S 1 oder S 3 hiervon nicht erfasst. Im Hinblick auf Rspr des EuGH zur internationalen Zuständigkeit von „Annexklagen" iS von Art 1 II lit b EuGVVO sollte diese Ansicht aber noch einmal überdacht werden. Int Zuständigkeit richtet sich innerhalb des Europäischen Justizraums nicht (auch nicht analog) nach der **EuGVVO,** da nach Art 1 II lit b „Konkurse, Vergleiche und ähnliche Verfahren" aus deren Anwendungsbereich ausgenommen sind. „Ähnliches Verfahren" in diesem Sinne kann auch ein „Einzelverfahren" sein, das in einem untrennbaren Zusammenhang mit einem Konkurs- oder Vergleichsverfahren steht.[87] Letzteres ist gegeben, wenn die Insolvenzeröffnung nicht nur Tatbestandsmerkmal des Anspruchs ist, sondern der Anspruch selbst der Verwirklichung insolvenzrechtlicher Gerechtigkeitspostulate dient. Letzteres trifft bei der Klage aus § 64 zu (siehe oben Rn 1 f). Da diese Grds auch nach Inkrafttreten der EuInsVO fortgelten,[88] fällt Klage nach § 64 nicht in den Anwendungsbereich der EuGVVO, sondern der EuInsVO.[89] Letztere regelt – ausdrücklich – nur die Anerkennung und Vollstreckung derartiger Annexentscheidungen, nicht aber deren int Zuständigkeit. Die sich daraus ergebenden Konsequenzen waren Gegenstand eines Vorlageverfahrens beim EuGH.[90] Zwischenzeitlich hat der EuGH entschieden, dass Art 3 I EuInsVO dahin auszulegen ist, dass Gerichte des Eröff-

---

[83] Dies ist für die Organhaftung aus § 43 II GmbHG unbestritten, siehe BGH GmbHR 1992, 303.

[84] RGZ 30, 402, 403 f; BGH NJW 1956, 1920, 1921; HeidelbergerKommInsO/*Kreft* § 129 Rn 98; MünchKommInsO/*Kirchhof* § 146 Rn 31; BerlinerKommInsO/*Haas* § 143 Rn 106.

[85] Vgl in diesem Sinne jedenfalls für den Vertragsgerichtsstand nach der EuGVVO, OLG München DStR 2001, 363 *(Haas).*

[86] BGH NJW 2003, 2916; Zöller/*Vollkommer* § 19 a ZPO Rn 1.

[87] EuGH RIW 1979, 273, 274.

[88] EuGH ZIP 2009, 427 f; Nagel/*Gottwald,* Internationales Zivilprozessrecht, § 3 Rn 24; von Gerkan/Hommelhoff/*Haas,* Hdb Kapitalersatzrecht, Rn 15.28 ff; iE auch Bork/*Adolphsen,* Hdb Insolvenzanfechtungsrecht, Kap. 20 Rn 42 ff. **AM** *Schlosser* Art 1 EuGVVO Rn 21 e; *Hau* in Europäisches Insolvenzrecht, 2008, 79, 101 ff. Umfangreiche Nachweise zum Streitstand bei *Oberhammer* KTS 2008, 271 ff.

[89] *Haas* NZG 1999, 1148, 1151 ff. **AM** OLG München DStR 2001, 363 *(Haas).*

[90] Vgl BGH NZI 2007, 538 ff, dort auch zu den Nachweisen zu den verschiedenen Ansichten.

nungsstaates für Insolvenzanfechtungsklagen (und andere Annexklagen, die aus dem Insverfahren hervorgehen) zuständig ist.[91] Örtliche Zuständigkeit richtet sich nach autonomen Recht.[92] Fraglich ist, ob Entspr gilt für Sekundärinsolventverfahren, dh ob sich auch für diesen Fall eine internationale Annexzuständigkeit analog Art 3 I EuInsVO ergibt. Ist deutsche internationale Zuständigkeit nach EuInsVO gegeben, aber eine örtliche Zuständigkeit nach allg dt Gerichtsstandsbestimmungen nicht zu ermitteln (zB weil man § 29 ZPO für nicht entspr anwendbar hält), folgt örtliche Zuständigkeit aus § 19 a ZPO analog.[93]

VII. Gfterbeschluss, Verzicht und Vergleich, Verjährung (§ 64 S 4)

15 Nach S 4 iVm § 43 III 3 wird Ersatzpflicht (sowohl nach S 1 als auch nach S 3) nicht dadurch beseitigt, dass GFührer Zahlung auf Grund eines **Beschlusses der Gfter** vorgenommen haben, sofern – wie bei Insolvenzreife nicht anders zu erwarten – Ersatzleistung zur Befriedigung der GesGl erforderlich ist.[94] Verzicht der Ges auf Ersatzanspruch oder Vergleich der Ges über diesen Anspruch ist nach S 4 iVm §§ 43 III 2, 9 b I aufschiebend bedingt unwirksam,[95] soweit – wie bei eröffnetem Verfahren[96] oder Abweisung mangels Masse[97] nicht anders zu erwarten – Ersatz zur Befriedigung der GesGl erforderlich ist. Insolvenzverwalter ist an diese Beschränkungen nicht gebunden;[98] insbes kann er mit GFührer Vergleich schließen. Verzicht oder Vergleich sind aber unwirksam, soweit sie offenbar Zweck des Insolvenzverfahrens zuwiderlaufen.[99] Insoweit gelten für einen Verzicht bzw Vergleich dieselben Grenzen wie bei Insolvenzanfechtungsansprüchen.[100] Ersatzanspruch verjährt nach S 4 iVm § 43 IV in fünf Jahren. Verjährungsbeginn richtet sich nach § 200 BGB nach Anspruchsentstehung. Letztere ist umstritten (vgl oben Rn 12). Richtiger Ansicht entsteht Anspruch erst mit Insolvenzeröffnung bzw Entscheidung nach § 26 I InsO. Folgt man hier vertretener Ansicht beginnt Verjährungsfrist nicht mit unzulässiger Zahlung,[101] sondern mit Insolvenzeröffnung oder Entschei-

[91] EuGH ZIP 2009, 427 f; BGH ZIP 2009, 1287, 1288; vgl hierzu auch *Mock* ZInsO 2009, 471 ff.

[92] *Mock* ZInsO 2009, 471, 472 f.

[93] So jedenfalls für Anfechtungsanspruch, BGH ZIP 2009, 1287, 1288 f.

[94] BGH NJW 1974, 1088, 1089; Rowedder/*Schmidt-Leithoff* Rn 26; MünchHdbGmbH/*Marsch-Barner/Diekmann* § 46 Rn 55; *Böcker/Poertzgen* WM 2007, 1203, 1207.

[95] Krieger/Schneider/*Haas* Hdb Managerhaftung § 11 Rn 12; Scholz/*Veil* § 9 b Rn 10; Ulmer/*Ulmer* § 9 b Rn 15.

[96] Scholz/*Veil* § 9 b Rn 8; Krieger/Schneider/*Haas* Hdb Managerhaftung § 11 Rn 13.

[97] OLG Hamm NZG 2001, 1144.

[98] Uhlenbruck/*Hirte* § 35 InsO Rn 149; Krieger/Schneider/*Haas* Hdb Managerhaftung § 11 Rn 19; *Lutter*/Hommelhoff/*Kleindiek* Rn 66; Rowedder/*Schmidt-Leithoff* Rn 36. **AM** *Schmidt*/Uhlenbruck Rn 7.110 f.

[99] Zur Insolvenzzweckwidrigkeit, vgl Uhlenbruck/*Maus* § 80 InsO Rn 101; Jaeger/*Gerhardt* § 60 InsO Rn 33; MünchKommInsO/*Ott/Vuia* § 80 Rn 62 f; siehe auch Rowedder/*Schmidt-Leithoff* Rn 36.

[100] Siehe hierzu *Kreft* FS Schmidt, 2009, 965, 966 ff.

[101] So aber LG Waldshut-Tiengen NJW-RR 1996, 105; Rowedder/*Schmidt-Leithoff* Rn 36; Scholz/*Schmidt* Rn 53.

dung nach § 26 I InsO (siehe oben Rn 12). Demgegenüber will BGH in einer aktuellen Entscheidung auf Zeitpunkt der verbotswidrigen Zahlung abstellen.[102] Dem ist aber nicht zu folgen.[103] Fraglich ist, ob Anspruch zu seiner Geltendmachung eines Gfterbeschlusses bedarf (§ 46 Nr 8).[104] Frage hat allenfalls Bedeutung, wenn Insolvenzverfahren nicht eröffnet wird; denn § 46 Nr 8 gilt für Insverwalter nicht. Richtiger Ansicht nach findet § 48 Nr 8 aber auf § 64 keine Anwendung; denn aufgrund der Wichtigkeit des Anspruchs für den Glschutz, muss Anspruch der Disposition der Gfter entzogen sein.[105] Folgt man dieser Ansicht nicht, hat Erfordernis des Gfterbeschlusses auf Verjährungsbeginn keinen Einfluss.[106]

VIII. Die erfassten Gesellschaften

Lit: *Behrens,* Gemeinschaftsrechtliche Grenzen der Anwendung inländischen Gesellschaftsrechts auf Auslandgesellschaften nach *Inspire Art,* IPRax 2004, 20; *Bierbach,* Wettlauf der Gläubiger um den Insolvenzgerichtsstand – Anfechtungsbefugnisse des Insolvenzverwalters nach Art 18 II 2 EuInsVO, ZIP 2008, 2203; *Bittmann/Gruber,* Limited – Insolvenzantragspflicht gemäß § 15 a InsO i. d. F. des MoMiG: Europarechtlich unwirksam?, GmbHR 2008, 867; *Borges,* Gläubigerschutz bei ausländischen Gesellschaften mit inländischem Sitz, ZIP 2004, 733; *Eidenmüller,* Wettbewerb der Insolvenzrechte?, ZGR 2006, 467; *ders,* Gesellschaftsstatut und Insolvenzstatut, RabelsZ 2006, 474; *ders,* Geschäftsleiter- und Gesellschafterhaftung bei europäischen Auslandsgesellschaften mit tatsächlichem Inlandssitz, NJW 2005, 1618; *ders,* Wettbewerb der Gesellschaftsrechte in Europa, ZIP 2002, 2233; *Fischer,* Die Verlagerung des Gläubigerschutzes vom Gesellschafts- in das Insolvenzrecht, ZIP 2004, 1477; *Fleischer,* Kapitalschutz und Durchgriffshaftung bei Auslandsgesellschaften, in Lutter (Hrsg) Europäische Auslandsgesellschaften in Deutschland, 2005, 49; *Forsthoff,* Abschied von der Sitztheorie, BB 2002, 318; *Goette,* Wo steht der BGH nach „Centros" und „Inspire Art"?, DStR 2005, 197; *Greulich/Rau,* Zur Insolvenzverursachungshaftung des Geschäftsleiters einer Auslandsgesellschaft mit Inlandsverwaltungssitz, NZG 2008, 565; *v Hase,* Insolvenzantragspflicht für *directors* einer Limited in Deutschland?, BB 2006, 2141; *Huber,* Die Insolvenzantragspflicht der Geschäftsführer von Auslandsgesellschaften, in Lutter (Hrsg) Europäische Auslandsgesellschaften in Deutschland, 2005, 307; *Köke,* Die englische Limited in der Insolvenz, ZInsO 2005, 354; *Kuntz,* Die Insolvenz der Limited mit deutschem Verwaltungssitz – EU-Kapitalgesellschaften in Deutschland nach „Inspire Art", NZI 2005, 424; *Leithaus/Riewe,* Inhalt und Reichweite der Insolvenzantragspflicht bei europaweiter Konzerninsolvenz, NZI 2008, 598; *Mankowski,* Entscheidungen im Internationalen Privat- und Prozessrecht 2003/2004 RIW 2004, 481; *Müller,* Insolvenz ausländischer Kapitalgesellschaften mit inländischem Verwaltungssitz, NZG 2003, 414; *Paefgen,* Wider die gesellschaftsrechtliche Ausländerphobie, ZIP 2004, 2253; *Paulus,* Der EuGH und das moderne Insolvenzrecht, NZG 2006, 609; *ders,* Änderungen des deutschen Insolvenzrechts durch die Europäische Insolvenzordnung, ZIP 2002, 729; *Riedemann,* Das Auseinanderfallen von Gesellschafts- und Insolvenzstatut, GmbHR 2004, 345; *Ulmer,* Gläubigerschutz bei Scheinauslandsgesellschaften – Zum Verhältnis zwischen gläubigerschützendem nationalem Gesellschafts-, Delikts- und Insolvenzrecht und der EG-Niederlassungsfreiheit NJW 2004, 1201; *ders,* Insolvenzrechtlicher Gläubigerschutz gegenüber Scheinauslandsgesellschaften ohne hinreichende Kapitalausstattung?, KTS 2004, 291; *Spindler/Berner,* Der

[102] BGH NZG 2009, 582, 583 = NZI 2009, 486 *(Haas).*

[103] Siehe eingehend *Haas* FS Hopt, 2010 (im Erscheinen).

[104] So BGH NJW 1975, 977, 978; Ulmer/*Hüffer* § 46 Rn 94; Michalski/*Römermann* § 46 Rn 424.

[105] Ulmer/*Hüffer* § 46 Rn 95 für Kapitalerhaltungsansprüche. Dies muss dann erst recht für Anspruch aus § 64 gelten.

[106] Siehe hierzu *Haas* FS Hopt, 2010 (im Erscheinen).

Gläubigerschutz im Gesellschaftsrecht nach Inspire Art, RIW 2004, 7; *Vallender,* Die Insolvenz von Scheinauslandsgesellschaften, ZGR 2006, 425; *Vallender/Fuchs,* Die Antragspflicht organschaftlicher Vertreter einer GmbH vor dem Hintergrund der Europäischen Insolvenzverordnung, ZIP 2004, 829; *Weller,* Die Verlegung des COMI von Deutschland nach England, ZGR 2008, 835.

16 **1. Grundsatz.** § 64 gilt (1) für jede GmbH, (2) nach § 71 IV für aufgelöste (zur Auflösung § 60 Rn 9 ff) u nach §§ 77 I, 71 IV für nach § 75 für nichtig erklärte GmbH vor Abschluss der Liquidation, (3) nach § 71 IV für Ges, die trotz Vorhandenseins von GesVermögen nach § 394 I FamFG gelöscht worden u nach § 66 V abzuwickeln ist (§ 66 Rn 40).[107] Für Vor-GmbH (§ 11 Rn 17) gilt analog § 19 InsO Eröffnungsgrund der Überschuldung u demgem auch § 64.[108] Der Gegenansicht[109] ist zwar zuzugeben, dass bei der Vor-GmbH die Gfter für die Verbindlichkeiten persönlich haften, ggf in Gestalt der internen Verlustdeckungshaftung (§ 11 Rn 24 ff), doch gebietet die Nähe zur entstandenen GmbH auch für die Vor-GmbH die Vorverlegung des Eröffnungsgrundes auf den Fall der Überschuldung u die Anwendung des § 64. Schon bei Feststellung der Überschuldung ist aber – solange BGH an seiner Rspr[110] festhält – Anspruch auf Verlustdeckung als künftiger Anspruch der Ges zu berücksichtigen.[111] VorgründungsGes (zu dieser § 11 Rn 35 ff) ist insolvenzfähig nach § 11 II Nr 1 InsO, sei es als BGB-Ges, sei es als OHG, doch gilt insoweit § 64 nicht.[112]

17 **2. Nach ausländischem Recht gegründete Ges.** Ob § 64 auf nach ausländischem Recht gegründete Ges Anwendung findet, die GmbH entspricht, hängt in erster Linie davon ab, ob Ansprüche nach § 64 dem **Gesellschafts- oder dem Insolvenzstatut** zuzurechnen sind. Letzteres richtet sich – im Verhältnis zu EU-Ausland – nach Art 4 Verordnung (EG) Nr 1346/2000 des Rates vom 29. Mai 2000 über Insolvenzverfahren (EuInsVO), iÜ nach § 335 InsO (für das Gesellschaftsstatut, siehe Einl Rn 36 ff).

18 **a) Reichweite des Insolvenzstatuts.** Nach Art 4 EuInsVO findet „auf das Insolvenzverfahren und seine Wirkungen das Insolvenzrecht des Mitgliedstaates Anwendung, in dem das Verfahren eröffnet wird“. Dies gilt unabhängig davon, nach welchem Recht die Ges gegründet wurde. Nach Art 3 I S 1 EuInsVO sind die Gerichte des Mitgliedstaates für die Eröffnung zuständig, in dessen Gebiet der Schuldner den Mittelpunkt seiner hauptsächlichen Interessen („centre of main interest“, COMI) hat. Nach der Eurofood-Rspr des EuGH kommt es für die Begründung des **COMI** in einem anderen Mitgliedstaat auf objektive und für Dritte feststellbare Kriterien an.[113] Maßgebender Zeitpunkt ist

107 LG Meiningen ZIP 1999, 453 f (zu § 2 I 1 LöschG).

108 Zum bisherigen Recht, siehe *Noack,* InsO GesR, Rn 243; *Lutter*/Hommelhoff/*Kleindiek* Rn 3; Michalski/*Nerlich* Rn 4; *Haas* DStR 1999, 985, 987 f; Ulmer/*Casper* Rn 31; zur KO Hachenburg/*Ulmer* Rn 4.

109 Roth/*Altmeppen* Rn 2; *Altmeppen* ZIP 1997, 273 ff; wohl auch Scholz/*Schmidt* Rn 2.

110 BGHZ 134, 333, 338 ff.

111 Jaeger/*Müller* § 19 InsO Rn 66; *Haas* DStR 1999, 985, 987. **AM** *Noack,* InsO GesR, Rn 245.

112 Ulmer/*Casper* Rn 31.

113 EuGH ZIP 2006, 907; siehe hierzu auch AG Hamburg NZI 2009, 343, 344; *Paulus* NZG 2006, 609; *Mankowski* BB 2006, 1753; Schmidt/*Undritz* Art 3 EuInsVO Rn 33 a ff; *Pannen* Art 3 EuInsVO Rn 41 ff.

die Insolvenzantragstellung.[114] Ein Auseinanderfallen von Satzungssitz und COMI wird dadurch zwar nicht unmöglich,[115] wohl aber wesentlich erschwert.[116] Bei Ges und juristischen Personen wird nach Art 3 I 2 EuInsVO bis zum Beweis des Gegenteils vermutet, dass der COMI der Ort des satzungsmäßigen Sitzes ist. Wird damit das Insolvenzverfahren über die ausländische Ges eröffnet, dann wäre § 64 auch auf die nach ausländischem Recht gegründete Ges anwendbar, wenn die Vorschriften dem Insolvenzstatut zuzurechnen sind.

aa) Auslegung. Art 4 I EuInsVO verweist hinsichtlich des anzuwendenden Rechts auf „das Insolvenzrecht" des Eröffnungsstaates. Hierbei handelt es sich um eine Besonderheit der deutschen Textfassung.[117] Im englischen Text heißt es demgegenüber etwa „... the law applicable to insolvency proceedings and their effects shall be that of the Member State within the territory of which such proceedings are opened ...".[118] Dieser Wortlaut stimmt im Übrigen mit Art 28 EuInsVO überein, der für das Sekundärinsolvenzverfahren auf „die Rechtsvorschriften des Mitgliedstaats" und nicht auf dessen „Insolvenzrecht" verweist. Hieraus folgt, dass es für die Frage, ob Vorschriften des Eröffnungsstaates zur Anwendung kommen, völlig **irrelevant ist, wo der nationale Gesetzgeber eine Rechtsfrage geregelt hat** (Gesrecht, Insolvenzrecht, Deliktsrecht, etc).[119] Auch kommt es nicht darauf an, wie das nationale Recht die betreffende Norm qualifiziert oder ob es sich um materielles oder um (reines) Verfahrensrecht handelt.[120] Entscheidend ist allein, ob die betreffende nationale Norm die Kriterien erfüllt, die sich hinter dem Begriff „Insolvenzverfahren und seine Wirkungen" verbirgt.[121] Dabei sprechen gute Gründe für weite Auslegung dieses Systembegriffs.[122] 19

Der Begriff „Insolvenzverfahren und seine Wirkungen" ist **autonom auszulegen.**[123] Anhaltspunkte, welche Problemkreise hierunter zu subsumieren sind, gibt die Aufzählung in Art 4 II EuInsVO.[124] Dabei ist jedoch zu beachten, 20

---

114 EuGH NZI 2006, 153; siehe auch AG Hamburg NZI 2009, 343, 344; *Weller* ZGR 2008, 835, 858.

115 Siehe etwa AG Köln EWiR 2008, 531 f *(Paulus); Leithaus/Riewe* NZI 2008, 598, 599; *Weller* ZGR 2008, 835, 848 f.

116 Übertrieben daher *Knof* ZInsO 2007, 629, 631 f; *Eidenmüller* ZGR 2006, 467, 479 f.

117 Vgl auch *Wessels* Insolvency Proceedings 356; *Oberhammer* KTS 2008, 27, 51; wird übersehen von *Bittmann/Gruber* GmbHR 2008, 867, 869.

118 So auch etwa der franz. Wortlaut: „... la loi applicable à la procédure d'insolvabilité et à ses effets est celle de l'État membre ... ".

119 So *Paulus* Art 4 EuInsVO Rn 2; *Wessels* Insolvency Proccedings 356; *Pannen/Riedemann* Art 4 EuInsVO Rn 11. **AM** Hirte/Bücker/*Mock/Schildt,* Grenzüberschreitende Gesellschaften, § 17 Rn 21 f; *Vallender/Fuchs* ZIP 2004, 829, 830.

120 Zutreffend *Oberhammer* KTS 2009, 27, 51; nicht überzeugend aber *Ulmer* NJW 2004, 1201, 1207; *ders* KTS 2004, 291 ff; *Köke* ZInsO 2005, 354, 356 ff; *Berner/Klöhn* ZIP 2007, 106, 108.

121 *Paulus* Art 4 EuInsVO Rn 4; *Mankowski* RIW 2004, 481, 486.

122 MünchKommBGB/*Kindler* IntInsR Rn 204; Süß/Wächter/*Kienle,* Hdb Int GmbH-Rechts, § 3 Rn 154.

123 AG Hamburg ZIP 2005, 2275, 2276; *Wessels* Insolvency Proceedings 254; MünchKommBGB/*Kindler* IntInsR Rn 202; *Eidenmüller* RabelsZ 2006, 474, 482; *Paulus* EuInsVO Einl. Rn 16 und Art 4 Rn 4; *Vallender* ZGR 2006, 425, 455; *Bittmann/Gruber* GmbHR 2008, 867, 869; Pannen/*Riedemann* Art 4 EuInsVO Rn 13; *Mankowski* RIW 2004, 481, 486.

124 *Paulus* Art 4 EuInsVO Rn 6.

dass diese nicht abschließend ist.[125] Im Rahmen der autonomen Auslegung kommt es nicht darauf an, ob eine Norm des Eröffnungsstaates verfahrens- oder materiellrechtl einzuordnen ist.[126] Entscheidend ist allein, ob die in Frage stehende Norm der Umsetzung insolvenzpolitischer Ziele dient (dann Insolvenzstatut) oder ob die Insolvenz lediglich Tatbestandsvoraussetzung der Norm ist.[127] Für die Abgrenzung des Insolvenzstatuts zu anderen Statuten kann richtiger Ansicht nach auch auf die Rspr zu Art 1 II lit b LugÜ bzw Art 1 II lit b EuGVÜ (jetzt Art 1 II Nr 2 EuGVVO)[128] zurückgegriffen werden.[129]

21 **bb) Einordnung des § 64 S 1.** Wie § 64 S 1 zu qualifizieren ist, ist streitig. Teilweise wird die Haftung dem Ges-,[130] ganz überwiegend aber dem Insolvenzstatut[131] unterstellt. Für eine insolvenzrechtliche (anstelle einer gesrechtlichen) Qualifikation spricht die sachliche Nähe § 64 S 1 zum Insolvenzverfahren.[132] Die Vorschrift flankiert nämlich den durch die Insolvenzauslösegründe vermittelten Glschutz (siehe oben Rn 1). Ebenso wie die Auslösetatbestände will § 64 S 1 den besonderen Gefahren Rechnung tragen, die mit einer Unternehmensfortführung im Stadium der Insolvenzreife für die Glgesamtheit verbunden ist. Ohne einen entsprechenden haftungsrechtlichen Verhaltensanreiz zu Lasten der GFührer würde jedenfalls der durch die Insolvenzauslösetatbestände vermittelte Glschutz weitgehend leer laufen (vgl oben Rn 1).[133] Sind aber die Auslösetatbestände **insolvenzrechtlich zu qualifizieren** (Art 4 II EuInsVO), muss gleiches auch für die der Umsetzung der Auslösetatbestände dienende Haftung des GFührers gelten. Einen engen Zusammenhang weist § 64 S 1 auch zum Insolvenzantragsrecht (siehe hierzu § 60 Rn 27 ff) auf,[134] das ebenfalls dem Insolvenzstatut unterfällt.[135]

22 Gegen vorstehende Qualifikation wird mitunter eingewandt, dass § 64 S 1 auf Zeiträume bezogen sei, die vor Insolvenzeröffnung lägen und folglich

---

125 *Haß/Huber/Gruber/Heiderhoff* Art 4 EuInsVO Rn 9; MünchKommBGB/*Kindler* IntInsR Rn 214.

126 Pannen/*Riedemann* Art 4 EuInsVO Rn 9; *Paulus* Art 4 EuInsVO Rn 5; *Haß/Huber/Gruber/Heiderhoff* Art 4 EuInsVO Rn 7.

127 *Haß/Huber/Gruber/Heiderhoff* Art 4 EuInsVO Rn 11; *Wessels* Insolvency Proceedings 355; MünchKommBGB/*Kindler* IntInsR Rn 693 ff; Pannen/*Riedemann* Art 14, 29 EuInsVO Rn 14; *Haas* NZI 2001, 1, 10.

128 EuGH RIW 1979, 273 f; OLG München jurisPR-InsR 23/2006 Anm 6.

129 So wohl auch *Greulich/Rau* NZG 2008, 565, 566. Offen gelassen bei *Bittmann/Gruber* GmbHR 2008, 867, 870.

130 *Altmeppen,* Gesellschaftsrecht in der Diskussion, 2006, 93, 110; *Poertzgen* NZI 2008, 9, 11 Fn 18; Hirte/Bücker/*Mock/Schildt,* Grenzüberschreitende Gesellschaften, § 17 Rn 88 f; *Mock/Schildt* ZInsO 2003, 396, 399 f; *Vallender/Fuchs* ZIP 2004, 829, 830 f; siehe auch *Ulmer* NJW 2004, 1201, 1208.

131 Süß/Wachter/*Kienle,* Hdb int GmbH-Rechts, § 3 Rn 205; *Goette* FS Kreft, 2004, 58, 59; MünchKommBGB/*Kindler* IntInsR Rn 625; Ulmer/*Behrens* Einl Rn B 105 f; Ulmer/*Casper* Rn 34; *Goette* DStR 2005, 197, 200; *Müller* NZG 2003, 414, 416 f; *Paulus* ZIP 2002, 729, 734; *Riedemann* GmbHR 2004, 345, 348 f; *Borges* ZIP 2004, 733, 737 ff; *Fischer* ZIP 2004, 1477, 1481; *Kuntz* NZI 2005, 424, 426 und 429.

132 *Goette* DStR 2005, 197, 200; *Eidenmüller,* Ausländische Kapitalgesellschaften im deutschen Recht, § 9 Rn 32.

133 Siehe auch *Borges* ZIP 2004, 733, 739.

134 *Müller* NZG 2003, 414, 416; Ulmer/*Behrens* Einl Rn B 105 f; kritisch zu diesem Argument, Hirte/Bücker/*Mock/Schildt,* Grenzüberschreitende Gesellschaften, § 17 Rn 68.

135 Hirte/Bücker/*Mock/Schildt,* Grenzüberschreitende Gesellschaften, § 17 Rn 63 ff.

nicht dem Art 4 EuInsVO unterstehen könnte, der ja ein eröffnetes Verfahren voraussetze.[136] Dass **Vorwirkungen einer Norm vor den Zeitpunkt der Insolvenzeröffnung** die Anwendbarkeit des Art 4 nicht ausschließen, zeigt ein Blick auf den Beispielskatalog in Art 4 II EuInsVO; denn danach zählen zum Insolvenzstatut viele Problemkreise, die vor der eigentlichen Verfahrenseröffnung liegen: Eröffnungsgründe, Eröffnungsverfahren oder Hinderungsgründe für eine Eröffnung (Art 4 II 1. HS EuInsVO), Insolvenzfähigkeit des Schuldners (Art 4 II lit a EuInsVO) oder das Anfechtungsrecht (Art 4 II lit m EuInsVO). Insbesondere gibt es zwischen der Funktionsweise des Anfechtungsrechts und dem § 64 S 1 – entgegen einer teilweise geäußerten Ansicht – keinen entscheidenden Unterschied.[137] Ebenso wie die Insolvenzanfechtung erfasst auch § 64 Zeiträume, die vor der Insolvenzanfechtung liegen und ebenso wie das Anfechtungsrecht setzt § 64 S 1 die Insolvenzeröffnung (bzw Abweisung des Antrags mangels Masse) für die Anspruchsentstehung voraus (siehe oben Rn 12). Schließlich dient – wie der Normzweck des § 64 S 1 zeigt (siehe oben Rn 1) – der Anspruch der Durchsetzung insolvenzpolitischer Ziele, nämlich der gemeinschaftlichen und gleichmäßigen Befriedigung der Gl. Hiergegen lässt sich nicht einwenden, dass der Anspruch aus § 64 S 1 auch außerhalb des Insolvenzverfahrens, nämlich bei Abweisung des Antrags mangels Masse besteht. Dieser Einwand übersieht, dass es auch außerhalb der §§ 129 ff InsO ein Anfechtungsrecht nach dem AnfG gibt, ohne dass dies an der insolvenzrechtlichen Einordnung der §§ 129 ff InsO etwas ändert.

cc) § 64 S 3. Auch die Qualifikation dieser Vorschrift ist umstritten. Während Gesetzgeber Vorschrift insolvenzrechtlich eingeordnet wissen will,[138] ist Schrifttum teilweise anderer Auffassung.[139] Richtiger Ansicht nach ist aber auch diese **Vorschrift dem Insolvenzrecht zuzuordnen.**[140] Der Anspruch dient dem Ausgleich eines Gesamtgläubigernachteils und entsteht mit Eröffnung des Insolvenzverfahrens. Dass die Vorschrift Zeiträume erfasst, die uU vor Insolvenzreife liegen, ist unschädlich, wie bereits ein Blick auf die §§ 133, 134 InsO zeigt. Entscheidend ist, dass Vorschrift Durchsetzung des insolvenzrechtlichen Verteilungsgrundsatz dient, was vorliegend zutrifft. 23

b) Sekundärinsolvenzverfahren. Wird Sekundärinsolvenzverfahren in Deutschland eröffnet, richtet sich anwendbares Recht insoweit nach Art 28 EuInsVO. Der räumliche Geltungsbereich der lex fori concursus des Hauptinsolvenzverfahrens tritt damit hinter die Geltung der lex fori concursus des Sekundärinsolvenzverfahrens zurück.[141] Fraglich ist, ob Anwendung deutschen Rechts als Sekundärinsolvenzstatut dazu führt, dass dadurch auch § 64 S 1 oder 3 auf den GFührer zur Anwendung gelangt.[142] Für Anfechtungs- 24

---

136 *Huber,* Europäische Auslandsgesellschaften in Deutschland, 307, 322 ff: „logisch notwendig von der EuInsVO ausgenommen"; in diesem Sinne auch *Altmeppen,* Gesellschaftsrecht in der Diskussion, 2006, 93, 110; *Eidenmüller* RabelsZ 2006, 474, 495; *Bittmann/Gruber* GmbHR 2008, 867, 869 f; siehe auch *v Hase* BB 2006, 2141, 2147.

137 *Huber,* Auslandsgesellschaften in Deutschland, 307, 326.

138 Vgl hierzu *Greulich/Rau* NZG 2008, 565, 566 f.

139 *Altmeppen,* Gesellschaftsrecht in der Diskussion, 2006, 93, 110.

140 Ulmer/*Casper* Rn 34.

141 Pannen/*Herchen* Art 28 EuInsVO Rn 2; *Bierbach* ZIP 2008, 2203, 2206.

142 Offen gelassen bei *Weller* ZGR 2008, 835, 864.

ansprüche enthält Art 18 II 2 EuInsVO eine Kompetenzabgrenzung der Befugnisse des Haupt- und Sekundärinsolvenzverwalters.[143] Danach fällt in den Kompetenzbereich des Sekundärinsolvenzverwalters nicht nur die bei Verfahrenseröffnung vorhandene Istmasse, sondern auch die durch Art 18 II EuInsVO umschriebene Sollmasse.[144] Für die Ansprüche aus § 64 S 1 und 3 gilt diese Kompetenzabgrenzung entsprechend mit der Folge, dass – bei Maßgeblichkeit des deutschen Sekundärinsolvenzverfahrensstatut – § 64 immer dann zur Anwendung gelangt, wenn Vermögensgegenstände[145] aus der Sollmasse vor Verfahrenseröffnung ausgeschieden sind.

25 **c) Schutzwürdige Interessen des GFührers.** Der Europäische Insolvenzgesetzgeber hat aus Vertrauensschutzgesichtspunkten die Reichweite der lex fori concursus beschränkt. Dies gilt etwa für das Anfechtungsrecht nach Art 13 EuInsVO.[146] Danach entfällt die Anfechtung nach dem Eröffnungsstatut, wenn die Person, die durch eine die Gesamtheit der Gläubiger benachteiligende Handlung begünstigt wurde, nachweist, dass nach dem „an sich maßgebenden Recht", nämlich dem Wirkungsstatut die Handlung „in keiner Weise angreifbar ist". Richtiger Ansicht nach sollte in den Fällen, in denen Gesellschafts- und Insolvenzstatut auseinanderfallen für die dem Anfechtungsrecht strukturell verwandten Haftungstatbestände in § 64 der Art 13 EuInsVO entsprechend angewandt werden.

26 **3. Europarechtliche Vorgaben.** Kollisionsrechtliche Qualifikation der Haftungstatbestände hat keine Auswirkungen auf Frage, ob und inwieweit im Verhältnis zum EU-Ausland Anwendung des § 64 auf nach ausl Recht gegründete Ges mit europäischer Niederlassungsfreiheit (Art 48, 43 EGV) vereinbar ist.[147] Dies wird teilweise – zu Unrecht – bezweifelt.

27 **a) Anwendungsbereich der Art 48, 43 EGV.** Art 48 EGV stellt hinsichtlich Niederlassungsfreiheit Ges natürlichen Personen (Art 43 EGV) gleich. Auf Schutz kann sich jede Ges berufen, die nach Recht eines Mitgliedstaates gegründet ist und in der Union ihren Satzungssitz, ihre Hauptverwaltung oder ihre Hauptniederlassung hat.[148] Dem Wortlaut des Art 43 EGV zufolge hat **Niederlassungsfreiheit zwei Ausprägungen.**[149] Geschützt ist danach zum einen die primäre Niederlassungsfreiheit, dh die Verlegung des tatsächlichen Sitzes von einem Mitgliedstaat in einen anderen (Art 43 Abs 1 S 1 EGV). Zum anderen ist aber auch die sekundäre Niederlassungsfreiheit geschützt, nämlich – ohne den Hauptsitz zu verlegen oder aufzugeben – eine Zweig-

---

143 *Oberhammer* KTS 2008, 271, 280 f; *Bierbach* ZIP 2008, 2203, 2206 f.

144 *Oberhammer* KTS 2008, 271, 281; *Bierbach* ZIP 2008, 2203, 2206 f.

145 Vgl zur extensiven Auslegung der nach Art 18 II EuInsVO erfassten Vermögenswerte *Oberhammer* KTS 2008, 271, 281 ff.

146 Vgl zum Normzweck Bork/*Adolphsen,* Hdb Insolvenzanfechtungsrecht, Kap 20 Rn 83 ff; *Gottwald* InsOHdb § 131 Rn 69.

147 *Paefgen* ZIP 2004, 2253, 2254; *Fleischer,* Europäische Auslandsgesellschaften in Deutschland, 98; *Greulich/Bunnemann* NZG 2006, 681, 683; *Greulich/Rau* NZG 2008, 565, 567; *Behrens* IPRax 2004, 20, 24; *Spindler/Berner* RIW 2004, 7, 9; *Eidenmüller* NJW 2005, 1618; Hirte/Bücker/*Forsthoff,* Grenzüberschreitende Gesellschaften, § 2 Rn 36; *Forsthoff* BB 2002, 318, 319.

148 Hirte/Bücker/*Forsthoff,* Grenzüberschreitende Gesellschaften, § 2 Rn 8 f; Eidenmüller/*Rehm,* Ausländische Kapitalgesellschaften im deutschen Recht, § 2 Rn 51.

149 Eidenmüller/*Rehm,* Ausländische Kapitalgesellschaften im deutschen Recht, § 2 Rn 52; *Habersack* Europ GesR § 3 Rn 2; Hirte/Bücker/*Forsthoff,* Grenzüberschreitende Gesellschaften, § 2 Rn 11.

niederlassung, Agentur oder TochterGes zu gründen. In der Praxis wird allerdings zwischen diesen beiden Freiheiten kaum unterschieden.[150] Hinzu kommt, dass der EuGH auch den Begriff der Zweigniederlassung weit auslegt.[151] Eröffnet ist Anwendungsbereich der Art 43, 48 EGV danach schon dann, wenn die nach dem Recht eines Mitgliedstaates gegründete Ges in einem anderen Mitgliedstaat eine Niederlassung gründet, um dort erst ihre Geschäftstätigkeit zu entfalten.[152]

b) Eingriffstatbestand. Art 43, 48 EGV verbietet Beschränkungen der Niederlassungsfreiheit. Praxis arbeitet dabei mit weitem Beschränkungsbegriff. Dazu zählen alle mitgliedstaatlichen Maßnahmen, die die Ausübung der Niederlassungsfreiheit „... *unterbinden, behindern oder weniger attraktiv machen* ...".[153] Erfasst sind danach nicht nur (offene oder versteckte) **Diskriminierungen,**[154] sondern auch sonstige **Behinderungen** auf Grund der Anwendung von Vorschriften des Inlandsrechts, die den Träger der Niederlassungsfreiheit in der Ausübung der Freiheit beschränken.[155] Maßgebend ist allein, ob Regelungen rechtlich oder tatsächlich, direkt oder indirekt auf die Niederlassungsfreiheit auswirkt.[156] Diese niedrige Schwelle ist auch bei der in EuInsVO ausgesprochenen Verweisung auf die lex fori concursus überschritten mit der Folge, dass auch insoweit – grundsätzlich – das aus der Niederlassungsfreiheit fließende Beschränkungsverbot zu beachten bleibt.[157] 28

c) Immanente Schranken der Niederlassungsfreiheit. Der Niederlassungsfreiheit sind – auf Grund ihres weiten Schutzbereichs - selbst wiederum (immanente) Schranken gezogen. 29

aa) Überblick. Ob so genannte **„*Keck*"-Rspr des EuGH** zur Warenverkehrsfreiheit auf Niederlassungsfreiheit entsprechende Anwendung findet, ist bislang nicht geklärt. EuGH differenziert in Bezug auf Warenverkehrsfreiheit zwischen vertriebsbezogenen Beschränkungen, die sich auf bloße Verkaufsmodalitäten beziehen und produktbezogenen Beschränkungen. Bei ersteren hat der EuGH – letztlich – den Schutzbereich der Warenverkehrsfreiheit auf ein bloßes Diskriminierungsverbot reduziert mit der Folge, dass 30

---

150 Eidenmüller/*Rehm,* Ausländische Kapitalgesellschaften im deutschen Recht, § 2 Rn 53; *Eidenmüller* ZIP 2002, 2233, 2243 f; siehe aber auch Hirte/Bücker/*Forsthoff,* Grenzüberschreitende Gesellschaften, § 2 Rn 25.

151 EuGH Slg 1999 I 1459 Rn 17; EuGH NJW 2003, 3333 Rn 95 ff; *Behrens* IPRax 2004, 20, 24; Hirte/Bücker/*Forsthoff,* Grenzüberschreitende Gesellschaften, § 2 Rn 38; Eidenmüller/*Rehm,* Ausländische Kapitalgesellschaften im deutschen Recht, § 2 Rn 53.

152 EuGH Slg 1999 I 1449 Rn 17.

153 EuGH Slg 2002 I 305 Rn 22.

154 Streinz/*Müller-Graf,* EUV/EGV, Art 43 EGV Rn 40 ff; Ulmer/*Behrens* Einl B 8; Hirte/Bücker/*Forsthoff,* Grenzüberschreitende Gesellschaften, § 2 Rn 36.

155 EuGH Slg 1995 I 4165 Rn 37 ff; Ulmer/*Behrens* Einl B 8; *Eidenmüller,* Ausländische Kapitalgesellschaften im deutschen Recht, § 3 Rn 4; Streinz/*Müller-Graf,* EUV/EGV, Art 43 EGV Rn 57 ff; Hirte/Bücker/*Forsthoff,* Grenzüberschreitende Gesellschaften, § 2 Rn 38.

156 *Habersack,* Europ GesR § 3 Rn 3; *Ulmer* NJW 2004, 1201, 1205; *Borges* ZIP 2004, 733, 741; Hirte/Bücker/*Forsthoff,* Grenzüberschreitende Gesellschaften, § 2 Rn 36; *Eidenmüller,* Ausländische Kapitalgesellschaften im deutschen Recht, § 3 Rn 8.

157 Siehe etwa *Eidenmüller,* Ausländische Kapitalgesellschaften im deutschen Recht, § 3 Rn 9 (Fn 12); Ulmer/*Behrens* Einl Rn B 107; differenzierend *Leible* ZGR 2004, 531, 539 f; siehe aber auch *Ulmer* NJW 2004, 1201, 1207 Fn 57.

„reine“ Beeinträchtigungen bereits nicht tatbestandsmäßig sind.[158] Kennzeichnend für vertriebsbezogene Beschränkungen ist, dass sie „für alle betroffenen Wirtschaftsteilnehmer gelten, die ihre Tätigkeit im Inland ausüben“, dh „den Absatz der inländischen Erzeugnisse und die Erzeugnisse der aus anderen Mitgliedstaaten rechtlich wie tatsächlich in der gleichen Weise berühren“.[159] Anders als bei produktbezogenen Beschränkungen wird hier nicht der Marktzugang für Erzeugnisse versperrt oder stärker behindert. In Literatur wird Übertragung der vorstehenden Grundsätze zu Recht auf Niederlassungsfreiheit – überwiegend – befürwortet.[160] Unstreitig können Beeinträchtigungen der Niederlassungsfreiheit – der *„Gebhardt“*-Formel folgend –[161] zum Schutz zwingender Allgemeininteressen gerechtfertigt sein. Schwelle hierfür ist allerdings sehr hoch. Voraussetzung ist, dass Beschränkung nicht diskriminierend und in Bezug auf den Schutzzweck geeignet, erforderlich und angemessen ist (so genannter „4-Kriterien-Test“).[162]

31 **bb) Stellungnahme.** In Anwendung der „Keck“-Rspr stellt kollisionsrechtliche Verweisung der EuInsVO auf Recht des Eröffnungsstaates allenfalls eine bloße „Verkaufsmodalität“ dar; denn die von der EuInsVO erfassten Fragestellungen regeln in erster Linie den geordneten Marktaustritt einer Ges, nicht aber den Marktzugang[163] von Ges.[164] Sie behindern daher die Niederlassungsfreiheit nicht per se, sondern haben vielmehr als solche eine marktöffnende Funktion. So heißt es etwa in Erwägungsgründen zur EuInsVO: *„(2) Für das reibungslose Funktionieren des Binnenmarktes sind effiziente und wirksame grenzüberschreitende Insolvenzverfahren erforderlich; die Annahme dieser Verordnung ist zur Verwirklichung dieses Ziels erforderlich …“.* Verletzung kommt daher nur dann in Betracht, wenn Vorschrift auf die EuInsVO verweist diskriminierend oder aber Reichweite des Insolvenzstatuts unverhältnismäßig ausgeweitet wird. Aus diesem Grund sieht Erwägungsgrund (6) vor: *„Gemäß dem Verhältnismäßigkeitsgrundsatz sollte sich die Verordnung auf Vorschriften beschränken, die die Zuständigkeit für die Eröffnung von Insolvenzverfahren und für Entscheidungen regeln, die unmittelbar auf Grund des Insolvenzverfahrens ergehen und in einem engen Zusammenhang damit stehen. Darüber hinaus sollte diese Verordnung Vorschriften hinsichtlich der Anerkennung solcher Entscheidungen und hinsichtlich des anwendbaren Rechts, die ebenfalls diesem Grundsatz genügen, enthalten.“* Die Anwendung des § 64 auf nach ausländischem Recht gegründete Gesellschaften, für den Fall, dass Insolvenzverfahren in Deutschland eröffnet wird, ist weder diskriminierend[165] noch unverhältnismäßig. Die Vorschrift dient unmittelbar der Ver-

---

158 *Habersack* Europ GesR § 3 Rn 5 ff; *Eidenmüller,* Ausländische Kapitalgesellschaften im deutschen Recht, § 3 Rn 11.

159 EuGH Slg 1993 I 6097 Rn 16 f.

160 *Habersack,* Europ GesR § 3 Rn 5 ff; *Eidenmüller,* Ausländische Kapitalgesellschaften im deutschen Recht, § 3 Rn 16; *Streinz* FS Rudolf, 2001, 199, 211 f; *Spindler/Berner* RIW 2004, 7, 10; siehe auch Streinz/*Müller-Graf* Art 43 EGV Rn 60; Hirte/Bücker/*Forsthoff,* Grenzüberschreitende Gesellschaften, § 2 Rn 38. **AM** Ulmer/*Behrens* Einl B 9.

161 EuGH Slg 1995 I 4165, 4197.

162 Ulmer/*Behrens* Einl Rn B 11 f; Hirte/Bücker/*Forsthoff* Grenzüberschreitende Gesellschaften, § 2 Rn 55 ff; *Greulich/Rau* NZG 2008, 556, 567; siehe aber auch *Borges* ZIP 2004, 733, 742.

163 Siehe hierzu insbesondere *Streinz/Müller-Graf* Art 43 EGV Rn 65 ff.

164 *Eidenmüller,* Ausländische Kapitalgesellschaften im deutschen Recht, § 9 Rn 29, 33.

165 *Greulich/Rau* NZG 2008, 565, 567.

wirklichung insolvenzpolitischer Ziele und steht im engen Zusammenhang mit dem Insolvenzverfahren. Richtiger Ansicht nach ist daher eine Verletzung der europarechtlichen Niederlassungsfreiheit nicht erst auf der Rechtfertigungs-, sondern bereits auf Tatbestandsebene abzulehnen.[166]

B. Haftung nach § 64 S 1

Lit: *Altmeppen,* Insolvenzverschleppung Stand 2001, ZIP 2001, 2201; *Altmeppen/Wilhelm,* Quotenschaden, Individualschaden und Klagebefugnis bei der Verschleppung des Insolvenzverfahrens über das Vermögen der GmbH, NJW 1999, 673; *Bitter,* Zur Haftung des Geschäftsführers aus § 64 Abs. 2 GmbHG für „Zahlungen" nach Insolvenzreife – Konzeptionelle Überlegungen aus Anlass der BGH-Urteile vom 29. November 1999 = WM 2000, 242 und vom 11. September 2000 = WM 2000, 2158 –, WM 2001, 666; *Bräuer,* Regelungsinhalt und zeitlicher Anwendungsbereich des § 28 e Abs 1 Satz 2 SGB IV nF, ZInsO 2008, 781; *Fleck,* Zur Haftung des GmbH-Geschäftsführers, GmbHR 1974, 224; *Flume,* Die Haftung des GmbH-Geschäftsführers bei Geschäften nach Konkursreife der GmbH, ZIP 1994, 337; *Goette,* Aktuelle Rechtsprechung zur GmbH – Kapitalschutz und Organhaftung, DStR 2003, 887; *Haas,* Die Haftung des GmbH-Geschäftsführers in der Krise der Gesellschaft, in Heintzen/Kruschwitz (Hrsg), Unternehmen in der Krise, 2004, 73; *ders,* Der Erstattungsanspruch nach § 64 II GmbHG, NZG 2004, 737; *ders,* Widerspruch gegen Lastschriften im Einzugsermächtigungsverfahren durch den vorläufigen Insolvenzverwalter, in Aktuelle insolvenzrechtliche Probleme der Kreditwirtschaft – Anlegerschutz bei strukturierten Produkten, Bankrechtstag 2007, 2008, 3; *Liebs,* Die Nichtbeachtung des Zahlungsverbots in der Krise des Unternehmens – zur Haftung der Geschäftsleitung und des Aufsichtsrats, FS Rittner, 1991, 369; *Medicus,* Die Außenhaftung des GmbH-Geschäftsführers, GmbHR 1993, 533; *G. Müller,* Die Haftung des GmbH-Geschäftsführers aus § 64 GmbHG bei unterlassener Konkursanfechtung, ZIP 1996, 1153; *H.-F. Müller,* Die steuerrechtliche Haftung des GmbH-Geschäftsführers in der Krise, GmbHR 2003, 389; *Röhricht,* Insolvenzrechtliche Aspekte im Gesellschaftsrecht, ZIP 2005, 505; *K. Schmidt,* Konkursantragspflichten bei der GmbH und bürgerliches Deliktsrecht, JZ 1978, 661; *ders,* Haftungsrealisierung in der Gesellschaftsinsolvenz – Funktion und Aufgaben des Verwalters nach Gesellschafts- und Insolvenzrecht, KTS 2001, 373; *ders,* Verbotene Zahlungen in der Krise von Handelsgesellschaften und die daraus resultierenden Ersatzpflichten – Insolvenzrechtliche Brotvermehrung durch Klagen nach § 64 Abs. 2 GmbHG (§§ 92 AktG, 130 a, 177 a HGB, 99 GenG)? –, ZHR 168 (2004), 637; *Schneider/Brouwer,* Die straf- und zivilrechtliche Verantwortlichkeit des GFührers für die Abführung der Arbeitnehmeranteile zur Sozialversicherung, ZIP 2007, 1033; *Schön,* GmbH-Geschäftsführerhaftung für Steuerschulden – zur Konkurrenz zwischen dem Fiskus und den privatechtlichen Gläubigern einer GmbH, FS Westermann, 2008, 1469; *Schulze-Osterloh,* Grenzen des Gläubigerschutzes bei fahrlässiger Konkursverschleppung, AG 1984, 141; *ders,* Zahlungen nach Eintritt der Insolvenzreife (§ 64 Abs. 2 GmbHG; §§ 92 Abs. 3, 93 Abs. 3 Nr 6 AktG), FS Bezzenberger, 2000, 415; *ders,* § 64 Abs. 1 GmbHG als Schutzgesetz iSd § 823 Abs. 2 BGB, FS Lutter, 2000, 700; *Theiselmann/Redeker,* Die Geschäftsführerhaftung für Zahlungen nach Insolvenzreife – Analyse des BGH-Urteils vom 5. 5. 2008 – II ZR 38/07 und Empfehlungen für die Praxis, GmbHR 2008, 961; *Tiedtke/Peterek,* Zu den Pflichten des organschaftlichen Vertreters einer Kapitalgesellschaft, trotz Insolvenzreife der Gesellschaft Sozialabgaben und Lohnsteuer abzuführen, GmbHR 2008, 617; *Wilhelm,* Verbot der Zahlung, aber Strafdrohung bei Nichtzahlung gegen den Geschäftsführer einer insolvenzreifen GmbH?, ZIP 2007, 1781; *Windel,* Zur persönlichen Haftung von Organträgern für Insolvenzverschleppungsschäden, KTS 1991, 477.

---

166 **AM** *Greulich/Rau* NZG 2008, 565, 567.

32 Die Haftung in § 64 S 1 knüpft in zeitlicher Hinsicht daran an, dass GFührer (bzw die gleichgestellte Person) nach Eintritt der **Zahlungsunfähigkeit** (siehe unten Rn 33 ff) Zahlungen aus dem Gesvermögen leistet. Dem steht die **„Feststellung der Überschuldung"** (vgl unten Rn 43 ff) der Ges gleich. Nach ganz hM ist aber bereits Eintritt und nicht erst (förmliche) Feststellung der Überschuldung haftungsauslösend.[167] Dagegen knüpft die Haftung in § 64 S 1 ausdrücklich nicht schon am Eintritt der drohenden Zahlungsunfähigkeit (§ 18 InsO) an.

I. Zahlungsunfähigkeit

Lit: *Bork,* Grundfragen der Zahlungsunfähigkeit (§ 17 InsO), KS 2005, 1; *ders,* Zahlungsunfähigkeit, Zahlungsstockung und Passiva II, ZIP 2008, 1749; *Brete/Thomsen,* Zahlungsunfähigkeit nach § 17 InsO und streitige Steuerfestsetzungen als Haftungs- und Strafbarkeitsfalle für Geschäftsführer und nun auch für Gesellschafter, GmbHR 2008, 912; *Dahl,* Probleme von Überschuldung und Zahlungsunfähigkeit nach FMStG und MoMiG, NZG 2009, 567; *Drukarczyk/Schüler,* Die Eröffnungsgründe der InsO: Zahlungsunfähigkeit, drohende Zahlungsunfähigkeit und Überschuldung, Kölner Schrift, 95; *dies,* Insolvenztatbestände, prognostische Elemente und ihre gesetzeskonforme Handhabung – zugleich Entgegnung auf den Beitrag von *Groß/Amen,* WPg 2002, S 225 bis 240 –, WPg 2003, 56; Fachausschuss Sanierung und Insolvenz des Instituts der Wirtschaftsprüfer (FAS IDW), Der neue PS 800 und die Ermittlung der Zahlungsunfähigkeit nach § 17 InsO, ZIP 2009, 201; *Gischer/Hommel,* Unternehmen in Krisensituationen und die Rolle des Staates als Risikomanager: Weniger ist mehr, BB 2003, 945; *Götker,* Der Geschäftsführer in der Insolvenz der GmbH, 1999; *Haas,* Eigenkapitalersetzende Gesellschafterdarlehen und Feststellung der Überschuldung oder Zahlungsunfähigkeit, NZI 1999, 209; *Harz/Baumgartner/Conrad,* Kriterien der Zahlungsunfähigkeit und der Überschuldung, ZInsO 2005, 1304; *Henle/Bruckner,* Zur Wirkung qualifizierter Rangrücktrittserklärungen auf das Innenverhältnis der Gesellschafter in der Insolvenz der Gesellschaft, ZIP 2003, 1738; *Himmelsbach/Thonfeld,* Gegen die Verschärfung des Begriffs der Zahlungsunfähigkeit nach § 17 II InsO, NZI 2001, 11; *Kirchhof,* Die Zahlungseinstellung nach § 17 Abs. 2 Satz 2 InsO, Kölner Schrift, 285; *Lutter,* Zahlungseinstellung und Überschuldung unter der neuen Insolvenzordnung, ZIP 1999, 641; *Nickert/Lamberti* (Hrsg) Überschuldungs- und Zahlungsfähigkeitsprüfung, 2008; *Paulus,* Grundlagen des neuen Insolvenzrechts – Insolvenzeröffnungsgründe, Antragstellung und Vermögensbeschlag, DStR 2003, 598; *Röhricht,* Die aktuelle höchstrichterliche Rechtsprechung zum Gesellschaftsrecht, VGR Bd 5 (2002); *Uhlenbruck,* Die Bedeutung des neuen Insolvenzrechts für GmbH-Geschäftsführer, GmbHR 1999, 313; *ders,* Zahlungsunfähigkeit wegen vorläufig vollstreckbarer Zahlungstitel, ZInsO 2006, 338; *Wagner,* Die Messung der Überschuldung, Bericht über die Fachtagung 1994 des IDW, 1995, 171.

33 Begriff der **Zahlungsunfähigkeit in § 64 und in § 17 InsO sind identisch.**[168] Zahlungsunfähigkeit liegt nach § 17 II 1 InsO vor, wenn die Ges nicht in der Lage ist, die fälligen Zahlungspflichten zu erfüllen. Tatbestand im Anwendungsbereich der InsO weicht von dem im Geltungsbereich der KO (teilweise) ab. Danach lag Zahlungsunfähigkeit vor, wenn Ges aus Mangel an Zahlungsmitteln dauernd nicht in der Lage ist, ihre fälligen und ernstlich

---

[167] BGHZ 143, 184, 186 ff = DStR 2000, 210; OLG Köln GmbHR 1995, 828; KG ZInsO 2006, 437, 438; Gottwald/*Haas* InsOHdb § 92 Rn 141; *Altmeppen* ZIP 1997, 1173, 1177.

[168] BGH NZI 2005, 547; KG ZInsO 2005, 1325, 1326; Braun/*Bußhardt* § 17 InsO Rn 7.

eingeforderten Geldverbindlichkeiten zu begleichen (16. Aufl § 63 Rn 3 mwN).[169] Art 17 II 1 InsO setzt voraus, dass den fälligen (siehe unten Rn 35) Zahlungspflichten (Rn 34) auf der Passivseite die berücksichtigungsfähigen Aktiva (Rn 36) gegenüberzustellen sind. Ergibt sich infolge der Gegenüberstellung eine nicht nur vorübergehende (Rn 33) Unterdeckung (Rn 39), dann liegt Zahlungsunfähigkeit vor.

1. Zahlungspflichten. Berücksichtigungsfähig im Rahmen der Zahlungs- 34
fähigkeitsprüfung sind nur Zahlungspflichten der GmbH. Unfähigkeit, Lieferverpflichtungen zu erfüllen, begründet Zahlungsunfähigkeit nicht, da keine Geldverbindlichkeit vorliegt.[170] Forderungen von Gl, die (einschließlich der für Zeit vor Insolvenzeröffnung) in eine „nachrangige Befriedigung" eingewilligt haben, sind nicht zu berücksichtigen. Auch Verbindlichkeiten gegenüber Gftern können für Feststellung der Zahlungsunfähigkeit relevante, fällige Geldschulden sein. Wäre Forderung des Gfters im Fall der Insolvenzeröffnung mit gesetzlichem Nachrang belegt, stellt sich die Frage, ob diese bei Zahlungsfähigkeitsprüfung bei den fälligen Forderungen zu berücksichtigen ist. Gesetzgeber hat die Frage offen gelassen. Schon zum alten Recht war Frage bzgl „kapitalersetzender Forderungen" umstritten.[171] Problem sollte hier nicht anders behandelt werden als bei Prüfung der Überschuldung (vgl unten Rn 54 f).[172] Insb begründet § 64 S 3 kein Zahlungsverweigerungsrecht (vgl Rn 107). Aus BGH ZIP 2008, 706 folgt nichts anderes. Danach dürfen zwar solche Forderungen nicht im Rahmen der Zahlungsfähigkeitsprüfung berücksichtigt werden, bei denen Gl in „nachrangige Befriedigung" eingewilligt hat. Gemeint ist damit jedoch nicht die nachrangige Befriedigung im eröffneten Verfahren, sondern die im Vorfeld der Insolvenzeröffnung. Wie mit streitigen Verbindlichkeiten zu verfahren ist, ist fraglich. Teilweise wird Ansicht vertreten, dass derartige Forderungen gegebenenfalls mit einem Schätzbetrag oder gar nicht zu berücksichtigen seien.[173] Maßstab sei insoweit Wahrscheinlichkeit einer drohenden Inanspruchnahme.[174] Dem ist nicht ohne weiteres zu folgen. Soweit nämlich Einwendungen gegen Forderung „nicht von vornherein abwegig" sind, ist mit eine drohenden sofortigen Inanspruchnahme nicht zu rechnen mit der Folge, dass diese bei Zahlungsfähigkeitsprüfung keine Berücksichtigung finden kann.[175] Fraglich ist, ob es auf (angeblich) materiellrechtliche Rechtslage auch dann ankommt, wenn Gläubiger vorläufig vollstreckbaren Zahlungstitel erstritten hat. Da vorläufig vollstreckbarer Titel keine Zahlungspflicht statuiert, sondern lediglich ein Recht des Gläubiger begründet, gegen Sicherheitsleistung oder auf Risiko des § 717 II ZPO in das Schuldnervermögen zu vollstrecken, sollten derartige Forderungen – zumin-

---

[169] Siehe auch BerlinerKommInsO/*Goetsch* § 17 Rn 3 f.

[170] Schmidt/*Schröder* § 17 InsO Rn 5; BerlinerKommInsO/*Goetsch* § 17 Rn 8; Jaeger/*Müller* § 17 InsO Rn 6.

[171] Vgl einerseits Kübler/Prütting/*Pape* § 17 InsO Rn 7; *Dahl* NZG 2009, 567, 569; Scholz/*Schmidt* Vor § 64 Rn 8; *Uhlenbruck* § 17 InsO Rn 7; andererseits Jaeger/*Müller* § 17 InsO Rn 12; *Haas* NZI 1999, 209, 214; Roth/*Altmeppen* Vor § 64 Rn 8; Schmidt/*Schröder* § 17 InsO Rn 13; BerlinerKommInsO/*Goetsch* § 17 Rn 16.

[172] So auch Schmidt/*Uhlenbruck* Rn 5.24.

[173] Vgl aber *Brete/Thomsen* GmbHR 2008, 912 ff.

[174] Schmidt/*Schröder* § 17 InsO Rn 6; BerlinerKommInsO/*Goetsch* § 17 Rn 15.

[175] *Uhlenbruck* § 17 InsO Rn 8; wohl auch *Höffner* DStR 2008, 1787, 1792.

dest dann, wenn hiervon Zahlungsunfähigkeit abhängt – nicht bei den Zahlungspflichten berücksichtigt werden, wenn begründete Zweifel am Bestand der noch nicht rechtskräftig festgestellten Forderung bestehen.[176]

35 **2. Fälligkeit.** Wann Zahlungspflichten iS von § 17 II 1 InsO fällig sind, ist streitig. Im Gegensatz zu weiten Teilen der Lit[177] geht der BGH in Zivilsachen – anders aber als der BGH in Strafsachen –[178] von einem **eigenständigen, von § 271 BGB verschiedenen insolvenzrechtlichen Fälligkeitsbegriff** aus.[179] Danach muss – in Anlehnung an Rspr zur KO –[180] Forderung über § 271 BGB hinaus auch von dem Gl „ernstlich" eingefordert werden.[181] Hieran sind jedoch keine allzu hohen Anforderungen zu stellen. Ausreichend ist danach bereits eine einzige ernsthafte Zahlungsaufforderung. Nicht notwendig ist demgegenüber im Rahmen des § 17 II 1 InsO, dass ein Gl ein Zahlungsverlangen regelmäßig oder auch nur ein einziges Mal wiederholt. Es genügt vielmehr, wenn eine Glhandlung feststeht, aus der sich der Wille, von dem Schuldner Erfüllung zu verlangen, im Allgemeinen ergibt.[182] Das Merkmal dient damit letztlich dem Zweck, solche Forderungen auszunehmen, die rein tatsächlich gestundet sind.[183] Anforderungen an ein „ernstliches Einfordern" sind entsprechend niedrig. Sie liegen schon bei der Übersendung einer Rechnung vor.[184] Forderungen sind auch dann zu berücksichtigen, wenn Gl zu deren Zahlung einmal aufgefordert hat, dann aber weitere Bemühungen zur Durchsetzung der Forderung eingestellt hat.[185] Anders ist die Rechtslage nur dann, wenn der Einstellung der Bemühungen zweifelsfrei,[186] dh klar und unmissverständlich das Einverständnis des Gl zu entnehmen ist, dass der Schuldner seine Verbindlichkeit vorerst nicht erfüllt.[187] Einer rechtlich bindenden Vereinbarung zwischen Schuldner und Gl bedarf es hierzu nicht.[188] An eine Einwilligung sind aber hohe Anforderungen zu stellen. „Erzwungene Stundungen", die dadurch zustande kommen, dass der Schuldner seine fälligen Verbindlichkeiten mangels liquider Mittel nicht mehr oder nur noch mit Verzögerung begleicht, die Gl aber nicht sofort klagen oder vollstrecken, weil sie dies für aussichtslos halten, lassen die Fälligkeit iS des § 17 II InsO nicht entfallen.[189] Liegt eine rechtliche oder tatsächliche (also ohne recht-

---

[176] *Uhlenbruck* ZInsO 2006, 338, 342; Schmidt/*Uhlenbruck* Rn 5.34. **AM** Runkel/*Spliedt* AnwaltsHdb § 1 Rn 44.

[177] *Bork* KTS 2005, 1, 4 f; MünchKommInsO/*Eilenberger* § 17 Rn 7; Schmidt/*Schröder* § 17 InsO Rn 7.

[178] BGH ZInsO 2007, 1115.

[179] BGH ZIP 2007, 1666, 1667; ZIP 2008, 706, 708 = NZI 2008, 299; WM 2009, 1202, 1203.

[180] BGHZ 118, 171, 174; BGH ZIP 1992, 778, 779 (mwN).

[181] **AM** für den strafrechtlichen Zahlungsunfähigkeitsbegriff, BGHSt wistra 2007, 312.

[182] BGH WM 2009, 1202, 1204; ZIP 2007, 1666, 1668.

[183] BGH WM 2009, 1202, 1204.

[184] BGH ZIP 2007, 1666, 1668; WM 2009, 1202, 1204.

[185] BGH ZIP 2008, 706, 708 = NZI 2008, 299.

[186] Insoweit sind strenge Anforderungen anzulegen, Schmidt/*Schröder* § 17 InsO Rn 10; Jaeger/*Müller* § 17 InsO Rn 10; *Uhlenbruck* § 17 InsO Rn 8.

[187] BGH ZIP 2008, 706, 708 = NZI 2008, 299; ZIP 2008, 420, 422; OLG Hamm ZInsO 2008, 511, 512.

[188] BGH ZIP 2008, 706, 708 = NZI 2008, 299.

[189] BGH ZIP 2008, 706, 708 = NZI 2008, 299; OLG Hamm ZInsO 2008, 511, 512.

lichen Bindungswillen oder erkennbare Erklärung vorgenommene) Stundung vor, ist die Forderung nicht „fällig“ und damit bei der Prüfung der Zahlungs--(un-) fähigkeit nicht zu berücksichtigen.[190] Unter eine derartige Stundung fällt auch ein bloßes Stillhalteabkommen.[191] Eines „ernstlichen Einforderns“ bedarf es nicht, wenn Schuldner vergleichbar einer Selbstmahnung Zahlungsaufforderung seitens des Gl vorweggenommen hat und daher Einfordern entbehrlich erscheinen musste.[192] Gleiches gilt bei kalendermäßiger Fälligkeit der Forderung. Hier kann von pünktlicher Erfüllung ausgegangen werden mit der Folge, dass es grds keiner weiteren Zahlungsaufforderung bedarf.[193] Bei gesetzl Ansprüchen bedarf es keines „ernstlichen Einforderns“, wenn Gl (zB Geschädigter) noch gar nichts von seinem Anspruch weiß. Hier kann Schuldner nicht davon ausgehen, dass Anspruch nicht doch geltend gemacht wird. So lange daher Verjahrung des Anspruchs gemäß § 199 I Nr 2 BGB noch nicht zu laufen begonnen hat, bedarf es „ernstlichen Einforderns“ nicht.

3. Zahlungsmittel. Fälligen Zahlungspflichten sind die dem Schuldner zur Verfügung stehenden Zahlungsmittel gegenüberzustellen. Berücksichtigungsfähig sind grundsätzlich – weil es ja um die Begleichung fälliger Zahlungspflichten geht – nur die **aktuell verfügbaren Mittel.** Folglich kommt es auf Liquidierbarkeit des Anlagevermögens grundsätzlich nicht an.[194] Ob „liquide“ Mittel, die den sonstigen Zahlungsmitteln des Schuldners zugeführt wurden, aus Straftaten herrühren, ist grds ohne Belang; denn für Zahlungsfähigkeitsprüfung kommt es nicht darauf an, aus welchen Quellen Einnahmen des Schuldners stammen.[195] Daher sind auch anfechtbar erworbene Zahlungsmittel in die Prüfung der Zahlungsfähigkeit einzubeziehen.[196] Da die Zahlungsunfähigkeit eine Zeitraum- und keine Zeitpunktilliquidität voraussetzt (siehe unten Rn 33), sind auf der Aktivseite auch die innerhalb kürzester Zeit verwertbaren Vermögensbestandteile einzustellen.[197] Hier ist jedoch ein sehr strenger Maßstab anzulegen.[198] Zu berücksichtigen sind etwa Bankguthaben, Kassenbestand, abrufbare Kredite, PKW, sonstige Gegenstände, die kurzfristig veräußerbar oder beleihbar sind und (monatlich) zu erwartende Zahlungen, nicht aber Geschäftseinrichtung oder Anfechtungs- oder andere Haftungsansprüche.[199] (Zu erwartende) Zahlungen auf Ansprüche, die erst mit Insolvenzeröffnung entstehen (zB Anfechtungsansprüche) dürfen auf keinen Fall berücksichtigt werden.[200] 36

190 BGH ZIP 2008, 420, 422; WM 1997, 2134, 2135.

191 BGH ZIP 2008, 420, 422.

192 BGH WM 2009, 1202, 1204.

193 BGH WM 2009, 1202, 1204.

194 LG Berlin ZInsO 200, 837; AG Hamburg NZI 2007, 666, 668; Schmidt/*Uhlenbruck* Rn 5.20; BerlinerKommInsO/*Goetsch* § 17 Rn 27.

195 BGH WM 2009, 1202, 1203 f; wistra 2007, 308.

196 BGH WM 2009, 1202, 1204.

197 BGH ZIP 2007, 1666, 1669; OLG Hamm ZInsO 2008, 511, 512; AG Hamburg ZIP 2008, 520, 521; NZI 2007, 666, 668; eingeschränkt Nickert/Lamberti/*Kriegel,* Überschuldungs- und Zahlungsfähigkeitsprüfung, Rn 34.

198 AG Köln NZI 2007, 666, 668 f.

199 BGH ZIP 2007, 1666, 1669; AG Hamburg ZIP 2008, 520, 521; Gottwald/*Uhlenbruck* InsOHdb § 6 Rn 9; Schmidt/*Schröder* § 17 InsO Rn 14, 24; Jaeger/*Müller* § 17 InsO Rn 16; FAS IDW ZIP 2009, 201, 203 f.

200 BGH ZIP 2007, 1666, 1669.

37 **4. Unfähigkeit zur Erfüllung.** Bei der Zahlungsunfähigkeit handelt es sich um eine **Geldilliquidität.**[201] Nichtzahlung, die nicht auf Mangel an Zahlungsmitteln beruht, sondern auf generellen behördlichen Zahlungsverboten (zB im Falle einer Währungs- oder Bankenkrise), einem Irrtum des Schuldners über seine fälligen Zahlungspflichten oder auf Zahlungsunwilligkeit des Schuldners, weil er Forderung für unbegründet hält, ist nicht Eröffnungsgrund.[202] Allerdings kann eine Zahlungsverweigerung ein Indiz für die Zahlungsunfähigkeit bzw Zahlungseinstellung (siehe unten Rn 41) sein.

38 **a) Abgrenzung Zahlungsstockung.** Ob eine „Unfähigkeit zur Erfüllung" vorliegt, wird durch ein inhaltliches und ein zeitliches Moment bestimmt. Keine Zahlungsunfähigkeit liegt bei nur vorübergehender Zahlungsstockung vor,[203] dh wenn der Schuldner die fehlenden liquiden Mittel kurzfristig erhält bzw sich beschaffen kann. Die Zahlungsunfähigkeit setzt daher eine so genannte **Zeitraum- und nicht nur eine Zeitpunktilliquidität** voraus.[204] Wie lange die Zahlungsschwierigkeiten anhalten müssen, um Zahlungsunfähigkeit zu begründen, war lange Zeit umstritten.[205] Der BGH hat diese Frage nunmehr abschließend dahingehend geklärt,[206] dass eine bloß vorübergehende Zahlungsstockung anzunehmen ist, wenn der Zeitraum nicht überschritten wird, den eine kreditwürdige Person benötigt, um sich die notwendigen Mittel zu leihen. Dabei geht der BGH – in Anlehnung an die Frist in § 15 a I InsO – von einem erforderlichen, aber auch ausreichenden Zeitraum von maximal drei Wochen aus.[207] Maßgebend ist insoweit allein die Möglichkeit. Ob sich der Schuldner die liquiden Mittel auch tatsächlich kurzfristig verschafft, ist nicht maßgebend.[208] Hieraus folgt, dass im Rahmen der Zahlungsfähigkeitsprüfung nicht nur die zum Stichtag vorhandenen (liquiden) Aktiva, sondern auch solche liquiden Mittel zu berücksichtigen sind, die innerhalb der nächsten drei Wochen durch Veräußerung von Gegenständen des Anlage- oder Umlaufvermögen frei werden (siehe oben Rn 36) oder durch Kreditaufnahme bzw Zahlungen Dritter auf fällige Forderungen des Schuldners dem Vermögen desselben (voraussichtlich) zugeführt werden („potentielle Aktiva").[209] Um den damit einhergehenden Prognoseunsicherheiten gerecht zu werden, wird man von den erwarteten Zahlungseingängen Wertberichtigungsabschläge vornehmen müssen, wenn und soweit diese „unsicher" sind.[210] Fraglich und umstritten ist, ob im Rahmen der Gegenüber-

---

201 Gottwald/*Uhlenbruck* InsOHdb § 6 Rn 5; BerlinKommInsO/*Goetsch* § 17 Rn 27.

202 Jaeger/*Müller* § 17 InsO Rn 14; BerlinKommInsO/*Goetsch* § 17 Rn 29, 15; Schmidt/*Schröder* § 17 InsO Rn 14; HeidelbergerKommInsO/*Kirchhof* § 17 Rn 13; *Lutter*/Hommelhoff/*Kleindiek* Rn 8.

203 BGH NZI 2005, 547; ZIP 2007, 1666, 1668; *Bork* KTS 2005, 1, 6.

204 Jaeger/*Müller* § 17 InsO Rn 26; Kübler/Prütting/*Pape* § 17 InsO Rn 9; *Uhlenbruck* § 17 InsO Rn 9 f.

205 Siehe Überblick bei *Harz/Baumgartner/Conrad* ZInsO 2005, 1304 ff; *Bork* KTS 2005, 1, 5 ff.

206 BGH NZI 2005, 547, 548.

207 BGH NZI 2005, 547, 548; OLG Hamm ZInsO 2008, 511, 512; AG Hamburg ZIP 2008, 520, 521; BerlinKommInsO/*Goetsch* § 17 Rn 20; Schmidt/*Uhlenbruck* Rn 5.30; HeidelbergerKommInsO/*Kirchhof* § 17 Rn 18; Schmidt/*Schröder* § 17 InsO Rn 15 f.

208 Schmidt/*Schröder* § 17 InsO Rn 14.

209 *Bork* ZIP 2008, 1749, 1750.

210 Graf-Schlicker/*Pöhlmann* § 17 InsO Rn 8; *Bork* ZIP 2008, 1749, 1750.

stellung der Aktiva und Passiva nicht nur die „potentiellen Aktiva", sondern auch die „potentiellen Passiva", dh solche Zahlungspflichten zu berücksichtigen sind, die in dem Dreiwochenzeitraum nach dem Stichtag „fällig" werden.[211] Der BGH scheint die Frage wohl verneinen zu wollen, wenn er ausführt, dass „die im maßgeblichen Zeitpunkt verfügbaren und innerhalb von drei Wochen flüssig zu machenden Mittel in Beziehung zu den am selben Stichtag fälligen und eingeforderten Verbindlichkeiten" zu setzen sind. Die besseren Argumente sprechen aber dafür, den Ausnahmetatbestand „Zahlungsstockung" eng zu interpretieren, um zu verhindern, dass die Gesellschaft eine Bugwelle von immer neuen Verbindlichkeiten vor sich herschiebt.[212]

b) Deckungslücke. Der InsO-Gesetzgeber ging seinerzeit (selbstverständlich) davon aus, dass ganz geringfügige Liquiditätslücken den Vorwurf der Zahlungsunfähigkeit nicht begründen.[213] Aufgrund des Schweigens des Gesetzgebers war in der Lit lange Zeit umstritten, wie hoch Deckungslücke sein muss, um „Unfähigkeit" zu begründen.[214] Der BGH hat diese Streitfrage nunmehr dahingehend entschieden, dass bei einer Liquiditätslücke des Schuldners von weniger als 10 vH regelmäßig von der Zahlungsfähigkeit des Schuldners auszugehen ist, es sei denn, es ist bereits absehbar, dass die **Lücke demnächst mehr als 10 vH** erreichen wird.[215] Beträgt die Lücke aber 10 vH oder mehr, ist dem BGH zufolge grundsätzlich von einer Zahlungsunfähigkeit auszugehen, sofern nicht ausnahmsweise mit an Sicherheit grenzender Wahrscheinlichkeit zu erwarten ist, dass die Liquiditätslücke in absehbarer Zeit vollständig oder fast vollständig beseitigt werden wird und den Gl ein Zuwarten nach den besonderen Umständen des Einzelfalls zuzumuten ist.[216] 39

c) Wiederaufnahme von Zahlungen. Durch **allg Wiederaufnahme** der Zahlungen – gleich aus welchen Gründen – wird Zahlungsunfähigkeit beseitigt.[217] Voraussetzung ist, dass die geschuldeten Zahlungen an die Gesamtheit der Gl im Allgemeinen wieder aufgenommen werden.[218] Die Ges muss die Krise dauerhaft überwinden, damit die Zahlungsfähigkeit entfällt.[219] 40

5. Zahlungseinstellung. Mit dem Begriff „Zahlungseinstellung wird das äußerliche Verhalten des Schuldners beschrieben, in dem sich typischerweise für die beteiligten Verkehrskreise eine Zahlungsunfähigkeit ausdrückt.[220] Zah- 41

211 In diesem Sinne BerlinerKommInsO/*Goetsch* § 17 Rn 34; *Hölzle* GmbHR 2007, 613, 615; *Wolf/Kurz* DStR 2006, 1339, 1341 ff. **AM** HeidelbergerKommInsO/*Kirchhof* § 17 Rn 24; Braun/*Bußhardt* § 17 InsO Rn 8.

212 Siehe zu alldem ausf *Bork* ZIP 2008, 1749, 1751 ff; vgl auch FAS IDW ZIP 2009, 201, 202; Schmidt/*Uhlenbruck* Rn 5.22.

213 BGH NZI 2005, 547, 549.

214 Siehe zur Bandbreite der vertretenen Ansichten, *Bork* KTS 2005, 1, 7 ff; *Uhlenbruck* § 17 InsO Rn 10; BerlinerKommInsO/*Goetsch* § 17 Rn 22 ff.

215 BGH NZI 2005, 547, 550.

216 BGH NZI 2005, 547, 550; AG Hamburg ZIP 2008, 520, 521; siehe auch Braun/*Bußhardt* § 17 InsO Rn 9.

217 *Kirchhof*, Kölner Schrift, 285, 296, Rn 36.

218 BGH ZIP 2008, 706, 708 = NZI 2008, 299; ZIP 2008, 420, 422; BGHZ 149, 100, 112 = NJW 2002, 512, 514 f; BGHZ 149, 178, 190 = NJW 2002, 515, 518.

219 BGH ZIP 2008, 706, 708 f = NZI 2008, 299.

220 BGH ZIP 2008, 706, 707 = NZI 2008, 299; ZIP 2008, 420, 422; OLG Hamm ZInsO 2008, 511, 512; *Bork* KTS 2005, 1, 2.

lungseinstellung begründet nach § 17 II 2 InsO **widerlegbare Vermutung für Zahlungsunfähigkeit.**[221] Sie liegt vor, wenn die Ges ihre fälligen Zahlungspflichten nicht mehr erfüllt; die Erfüllung einzelner Verbindlichkeiten – auch wenn es sich hierbei insgesamt um beachtliche Summen handelt – schließt Zahlungseinstellung nicht aus. Es genügt, wenn das Unvermögen zur Zahlung den wesentlichen Teil der Verbindlichkeiten des Schuldners betrifft.[222] Daher kann auch die Nichtzahlung gegenüber einem einzelnen Gl die Zahlungseinstellung begründen, wenn dessen Forderung von beträchtlicher Höhe ist.[223] Indiz für Zahlungseinstellung sind zB[224] wenn Lieferanten unter Eigentumsvorbehalt gelieferte Waren zurückholen, Schuldner nur noch Neuschulden bedient[225] oder Löhne und Gehälter nur noch schleppend zahlt,[226] Sozialversicherungsbeiträge nicht abführt oder Steuerschulden über längeren Zeitraum nicht begleicht,[227] sowie die eigene Erklärung des Schuldners, eine fällige Verbindlichkeit nicht begleichen zu können[228]. Widerlegung der Vermutung setzt den Nachweis voraus, dass die Ges ausreichende Zahlungsmittel hat, also nur zahlungsunwillig ist[229] oder sich über Zahlungsfähigkeit irrte.[230] Einmal eingetretene Zahlungseinstellung wirkt grundsätzlich fort.[231]

42 **6. Prüfung der Zahlungsunfähigkeit.** Art und Weise der Prüfung der Zahlungsunfähigkeit ist gesetzlich nicht vorgeschrieben.[232] Für den Nachweis der Zahlungsunfähigkeit ist **grds zwischen ex ante und ex post Betrachtung zu differenzieren.** Aus der Sicht des GFührers, der seinen Pflichten nachkommen will, kann die Zahlungsfähigkeitsprüfung grds nur anhand einer Liquiditätsbilanz bzw Liquiditätsstatus vorgenommen werden, bei der den entsprechenden Zahlungspflichten die berücksichtungsfähigen Zahlungsmittel gegenüber gestellt werden.[233] Ergibt diese eine Unterdeckung, muss in einem

---

221 Kübler/Prütting/*Pape* § 17 InsO Rn 16; Schmidt/*Uhlenbruck* Rn 5.36; MünchKommInsO/*Eilenberger* § 17 InsO Rn 27; Nerlich/Römermann/*Mönning* § 17 InsO Rn 23; *Kirchhof*, Kölner Schrift, 285, 296, Rn 35.

222 BGH ZIP 2008, 706, 707 = NZI 2008, 299; ZIP 2008, 420, 422; NZI 2002, 486, 489; OLG Hamm ZInsO 2008, 511, 512; KG ZInsO 2005, 1325, 1327; Schmidt/*Uhlenbruck* Rn 5.36; Kübler/Prütting/*Pape* § 17 InsO Rn 18.

223 OLG Hamm ZInsO 2008, 511, 512.

224 Weitere Beispiele Nickert/Lamberti/*Kriegel*, Überschuldungs- und Zahlungsfähigkeitsprüfung, Rn 57; Schmidt/*Uhlenbruck* Rn 5.37 f; *Bork* KTS 2005, 1, 2; Jaeger/*Müller* § 17 InsO Rn 32; Schmidt/*Schröder* § 17 InsO Rn 29; MünchKommInsO/*Eilenberger* § 17 InsO Rn 29. OLG Stuttgart ZIP 1997, 652 f.

225 BGH ZIP 2008, 706, 708 = NZI 2008, 299; BGH ZIP 2008, 420, 422.

226 BGH ZIP 2008, 420, 422.

227 KG ZInsO 2005, 1325, 1327.

228 Vgl auch LG Kiel ZIP 2006, 1248, 1250.

229 HeidelbergerKommInsO/*Kirchhof* § 17 InsO Rn 45 f; Jaeger/*Müller* § 17 InsO Rn 35; Kübler/Prütting/*Pape* § 17 InsO Rn 16; Nerlich/Römermann/*Mönning* § 17 InsO Rn 25; *Kirchhof*, Kölner Schrift, 285, 296, Rn 35.

230 HeidelbergerKommInsO/*Kirchhof* § 17 InsO Rn 46; Jaeger/*Müller* § 17 InsO Rn 35; *Kirchhof*, Kölner Schrift, 285, 296, Rn 35.

231 BGH ZIP 2008, 420, 422.

232 Nickert/Lamberti/*Kriegel*, Überschuldungs- und Zahlungsfähigkeitsprüfung, Rn 45.

233 BGH ZIP 2007, 1666, 1669. Vgl hierzu auch Schmidt/*Uhlenbruck* Rn 5.83 ff; *Harz/Baumgartner/Conrad* ZInsO 2005, 1304, 1306 ff; Schmidt/*Schröder* § 17 InsO Rn 35; BerlinKommInsO/*Goetsch* § 17 Rn 30; Nickert/Lamberti/*Kriegel*, Überschuldungs- und Zahlungsfähigkeitsprüfung, Rn 46.

nächsten Schritt die weitere Entwicklung der Zahlungsunfähigkeit innerhalb der folgenden 3 Wochen mithilfe eines Liquiditätsplans prognostiziert werden (Rn 38).[234] Geht es hingegen ex post aus der Warte des Gerichts um die Frage, ob der GFührer die Pflicht aus § 64 S 1 verletzt hat, kann die Zahlungsunfähigkeit sowohl anhand einer (in aller Regel aufwändigen) Liquiditätsbilanz als auch mithilfe solcher Indizien nachgewiesen werden (siehe hierzu Rn 41, so genannte „wirtschaftskriminalistische Methode"),[235] die nach außen eine Zahlungsunfähigkeit nahe legen bzw dokumentieren (zB Rückstände bei Sozialversicherungsbeiträgen über mehrere Monate, Ratenzahlungsvereinbarungen mit Gl, Erklärungen des Schuldners, etc).[236]

II. Überschuldung

Lit: *Bitter,* ZInsO-Editorial: Neuer Überschuldungsbegriff in § 19 II InsO, ZInsO 2008, 1097; *Bork,* Wie erstellt man eine Fortbestehensprognose?, ZIP 2000, 1709; *Bormann* Passivierungspflicht für eigenkapitalersetzende Gesellschafterdarlehen, GmbHR 2001, 689; *Dahl,* Probleme von Überschuldung und Zahlungsunfähigkeit nach FMStG und MoMiG, NZG 2009, 567; *Drukarczyk/Schüler,* Die Eröffnungsgründe der InsO: Zahlungsunfähigkeit, drohende Zahlungsunfähigkeit und Überschuldung, Kölner Schrift, 95; *dies,* Insolvenztatbestände, prognostische Elemente und ihre gesetzeskonforme Handhabung – zugleich Entgegnung auf den Beitrag von *Groß/Amen,* WPg 2002, S 225 bis 240 –, WPg 2003, 56; *Fromm,* Die Überschuldungsprüfung im Insolvenzrecht, GmbHR 2004, 940; *Früh/Wagner,* Überschuldungsprüfung bei Unternehmen, WPg 1998, 907; *Gischer/Hommel,* Unternehmen in Krisensituationen und die Rolle des Staates als Risikomanager: Weniger ist mehr, BB 2003, 945; *Götker,* Der Geschäftsführer in der Insolvenz der GmbH, 1999; *Groß/Amen,* Die Fortbestehensprognose – Rechtliche Anforderungen und ihre betriebswirtschaftlichen Grundlagen –, WPg 2002, 225; *dies,* Die Erstellung der Fortbestehensprognose, WPg 2002, 433; *dies,* Das Beweismaß der „überwiegenden Wahrscheinlichkeit" im Rahmen der Glaubhaftmachung einer Fortbestehensprognose – zugleich Replik auf die Entgegnung von *Drukarczyk/Schüler,* WPg 2003, 56 bis 67 –, WPg 2003, 67; *Haas,* Insolvenzantragsrecht und -pflicht in der GmbH insbesondere des „faktischen Geschäftsführers" nach neuem Recht, DStR 1998, 1359; *ders,* Eigenkapitalersetzende Gesellschafterdarlehen und Feststellung der Überschuldung oder Zahlungsunfähigkeit, NZI 1999, 209; *ders,* Das neue Kapitalersatzrecht nach dem RegE-MoMiG, ZInsO 2007, 617; *Haas/Scholl,* Drohverlustrückstellungen in der Überschuldungsbilanz und deren Neutralisation durch Rangrücktrittsvereinbarungen, ZInsO 2002, 645; *Haas/Oechsler,* Missbrauch, Cash Pool und gutgläubiger Erwerb nach dem MoMiG, NZG 2006, 806; *Habersack,* Gesellschafterdarlehen nach MoMiG: Anwendungsbereich, Tatbestand und Rechtsfolgen der Neuregelung, ZIP 2007, 2145; *Heerma,* Passivierung bei Rangrücktritt: widersprüchliche Anforderungen an Überschuldungsbilanz und Steuerbilanz?, BB 2005, 537; *Henle/Bruckner,* Zur Wirkung qualifizierter Rangrücktrittserklärungen auf das Innenverhältnis der Gesellschafter in der Insolvenz der Gesellschaft, ZIP 2003, 1738; *Hirte/Knof/Mock,* Überschuldung und Finanzmarktstabilisierungsgesetz, ZInsO 2008, 1217; *Hölzle,* Nachruf: Wider die Überschuldungsdogmatik in der Krise, ZIP 2008, 2003; *Hommelhoff,* Eigenkapitalersetzende Gesellschafterdarlehen und Konkursantragspflicht, FS Döllerer, 1988, 245; *Hüttemann,* Überschuldung, Überschuldungsstatus und Unternehmensbewertung, FS *K. Schmidt,* 2009, 761; *Kallmeyer,* Good will und Überschuldung nach neuem Insolvenzrecht,

---

[234] BerlinKommInsO/*Goetsch* § 17 Rn 33f.

[235] Vgl auch BGH ZIP 2008, 2308, 2309; vgl auch FAS IDW ZIP 2009, 201, 205; *Bork* ZIP 2008, 1749.

[236] OLG Schleswig EWiR 2008, 59, 50 *(Naraschewski);* OLG Hamm ZInsO 2008, 511, 512; Nickert/Lamberti/*Kriegel,* Überschuldungs- und Zahlungsfähigkeitsprüfung, Rn 47; Schmidt/*Schröder* § 17 InsO Rn 38.

GmbHR 1999, 16; *Lutter,* Zahlungseinstellung und Überschuldung unter der neuen Insolvenzordnung, ZIP 1999, 641; *Leithaus,* Schritt in die richtige Richtung, NZI Editorial Heft 11/2008, VIII; *Merz/Hübner,* Aktivierung von Sicherheiten Dritter und Behandlung rangrückgetretener Forderungen im Überschuldungsstatus gemäß § 19 Abs. 2 InsO, DStR 2005, 802; *Nickert/Lamberti* (Hrsg) Überschuldungs- und Zahlungsunfähigkeitsprüfung, 2008; *H.-P. Müller/Haas,* Bilanzierungsprobleme bei der Erstellung eines Überschuldungsstatus nach § 19 Abs. 2 InsO, Kölner Schrift, 1799; *Noack,* Neues Insolvenzrecht – neues Kapitalersatzrecht?, FS Claussen, 1997, 307; *Paulus,* Passivierungspflicht und Rangordnung eigenkapitalersetzender Darlehen in der Insolvenz. Besprechung des Urteils BGHZ 146, 264, ZGR 2002, 320; *ders,* Grundlagen des neuen Insolvenzrechts – Insolvenzeröffnungsgründe, Antragstellung und Vermögensbeschlag, DStR 2003, 598; *Poertzgen,* Fünf Thesen zum neuen (alten) Überschuldungsbegriff (§ 19 InsO nF), ZInsO 2009, 401; *Röhricht,* Die aktuelle höchstrichterliche Rechtsprechung zum Gesellschaftsrecht, VGR Bd 5 (2002); *Römermann,* Insolvenzverschleppung und die Folgen, NZG 2009, 854; *Schmidt,* Entbehrlicher Rangrücktritt im Recht der Gesellschafterdarlehen? – Kritik an § 19 Abs. 2 E-InsO im MoMiG-Entwurf, BB 2008, 461; *ders,* Überschuldung und Insolvenzantragspflicht nach dem Finanzmarktstabilisierungsgesetz, DB 2008, 2467; *Sikora,* Wie erstellt man eine tragfähige Fortbestehungsprognose?, NWB 4/2008, S. 232; *Spliedt,* Überschuldung trotz Schuldendeckung? – Ein Beitrag zur Interpretation des § 19 Abs. 2 InsO –, DB 1999, 1941; *Teller/Steffan,* Rangrücktrittsvereinbarungen zur Vermeidung der Überschuldung bei der GmbH, 3. Aufl 2003; *Thonfeld,* Der „instabile Überschuldungsbegriff" des Finanzmarktstabilisierungsgesetzes, NZI 2009, 15; *Uhlenbruck,* Die Bedeutung des neuen Insolvenzrechts für GmbH-Geschäftsführer, GmbHR 1999, 313; *ders,* Zahlungsunfähigkeit wegen vorläufig vollstreckbarer Zahlungstitel?, ZInsO 2006, 338; *Wagner,* Die Messung der Überschuldung, Bericht über die Fachtagung 1994 des IDW, 1995, 171; *Wittig,* Rangrücktritt – Antworten und offene Fragen nach dem Urteil des BGH vom 8. 1. 2001, NZI 2001, 169; *Wolf,* Das Erfordernis der Dokumentation von Überschuldungsbilanzen, DStR 1998, 126; *Zisowski,* Grundsätze ordnungsmäßiger Überschuldungsrechnung, 2001.

43 **1. Gesetzgebungsgeschichte.** Auf dem Zeitstrahl einer wirtschaftlichen Abwärtsentwicklung liegt Überschuldung in aller Regel vor Zahlungsunfähigkeit. In jüngerer Zeit ist Auslösetatbestand, der in der Praxis fast nur im Zushang mit der GFührerhaftung Bedeutung hat,[237] rechtspolit in Frage gestellt worden.[238] Sinn und Zweck des Überschuldungstatbestandes ist es, die Schuldendeckungsfähigkeit des Schuldnervermögens aufzuzeigen. Können alle Gl aus dem Schuldnervermögen befriedigt werden, kann Fortführung des Unternehmens nicht untersagt werden. Darüber hinaus zeigt Überschuldungstatbestand auch die von Unternehmensfortführung ausgehende Glgefährdung auf. Haben näml Gfter „nichts mehr" zu verlieren, haben sie an einer auch im Interesse der Gl liegenden sorgsamen Geschäftsführung kein Interesse mehr („gambling for resurrection").[239] Die Definition des Überschuldungsbegriffs findet sich in § 19 II InsO. Sie hat verschiedene Änderungen erfahren.

43 a **a) Geltung vom 1. 1. 1999 bis zum 17. 10. 2008.** Der Insolvenzrechtsgesetzgeber hat mit Wirkung zum 1. 1. 1999 den Überschuldungstatbestand neu gefasst. Danach ist die Ges nach § 19 II S 1 InsO überschuldet, wenn ihr

[237] Vgl *Schmidt* DB 2008, 2467; *Poertzgen* ZInsO 2009, 401, 402; *Hölzle* ZIP 2008, 2003, 2004 Fn 10.

[238] *Hölzle* ZIP 2008, 2003, 2004 f; *Leithaus* NZI Editorial Heft 11/2008, VIII f; zum Diskussionsstand vgl auch *Schmidt* DB 2008, 2467, 2468 f.

[239] Vgl hierzu *Haas,* Reform des gesellschaftsrechtlichen Gläubigerschutzes, § 125 f; siehe auch *Kuhner* ZGR 2005, 753, 768; *Mülbert* EBoR 2002, 695, 710 f.

Vermögen die bestehenden Verbindlichkeiten nicht mehr deckt. Nur wenn die Unternehmensfortführung überwiegend wahrscheinlich ist, sind bei der Gegenüberstellung nicht Liquidations-, sondern Fortführungswerte anzusetzen. Damit hat der (Insolvenz-)Gesetzgeber den Überschuldungsbegriff in § 19 II InsO abweichend von der alten Rechtslage („modifizierter zweistufiger Überschuldungsbegriff") unter der KO geregelt. Nach dem ab dem 1. 1. 1999 InsO bis zum 17. 10. 2008 geltenden Überschuldungstatbestand beseitigt eine positive Zukunftsprognose die Überschuldung nicht mehr.[240] Vielmehr entscheidet der Ausgang der Zukunftsprognose allein über die Bewertungsansätze in der Überschuldungsbilanz, und zwar entweder nach Liquidationswerten (§ 19 II S 1 InsO) oder nach Fortführungsgesichtspunkten (§ 19 II S 2 InsO). Die Zugrundelegung der Fortführungswerte ist jedoch der zu begründende Ausnahmefall.[241]

b) Geltung vom 18. 10. 2008 bis zum 31. 12. 2010. Im Kontext der Finanzmarktkrise im Herbst 2008 hat der Bundestag mit Zustimmung des Bundesrates am 17. 10. 2008 ein „Gesetz zur Umsetzung eines Maßnahmepaketes zur Stabilisierung des Finanzmarktes (Finanzmarktstabilisierungsgesetz – FMStG)" beschlossen, das nach Art 7 I am 18. 10. 2008 in Kraft getreten ist (BGBl 2008 I 1982). Das FMStG fasst den Überschuldungstatbestand gemäß Art 5 neu. Danach liegt gemäß § 19 II InsO eine Überschuldung vor, wenn *„das Vermögen des Schuldners die bestehenden Verbindlichkeiten nicht mehr deckt, es sei denn, die Fortführung des Unternehmens ist nach den Umständen überwiegend wahrscheinlich"*. Diese Definition der Überschuldung entspricht der von Rspr und Lit erarbeiteten Definition im Anwendungsbereich der KO.[242] Danach scheidet im Fall einer positiven Fortführungsprognose eine Überschuldung aus (vgl oben Rn 43 a). Der Gesetzgeber hat diesen neuen Überschuldungsbegriff zunächst nur befristet bis zum 31. 12. 2010 eingeführt. Zwischenzeitlich plant er aber diese Übergangszeit um weitere 3 Jahre bis zum 31. 12. 2013 zu verlängern (BT-Drucks 16/13927; vgl auch ZIP 2009, 1736). 43 b

Die Bundesregierung begründet diese Änderung wie folgt: *„Die gegenwärtige Finanzkrise hat zu erheblichen Wertverlusten insbesondere bei Aktien und Immobilien geführt. Dies kann bei Unternehmen, die von diesen Verlusten besonders massiv betroffen sind, zu einer bilanziellen Überschuldung führen. Können diese Verluste nicht durch sonstige Aktiva ausgeglichen werden, so wären die Organe dieser Unternehmen verpflichtet, innerhalb von drei Wochen nach Eintritt dieser rechnerischen Überschuldung einen Insolvenzantrag zu stellen. Dies würde selbst dann gelten, wenn für das Unternehmen an sich eine positive Fortführungsprognose gestellt werden kann und der Turnaround sich bereits in wenigen Monaten abzeichnet. … Der Gesetzesentwurf will das ökonomisch völlig unbefriedigende Ergebnis vermeiden, dass auch Unternehmen, bei denen die überwiegende Wahrscheinlichkeit besteht, dass sie weiter erfolgreich am Markt operieren können, zwingend ein Insolvenzverfahren zu durchlaufen haben."* 43 c

---

240 BGH ZIP 2009, 1220, 1221; ZIP 2007, 1501; ZIP 2007, 676, 678; KG ZInsO 2006, 437, 438; OLG Naumburg GmbHR 2004, 361; BerlinKommInsO/*Goetsch* § 19 Rn 12; GroßKommAktG/*Habersack* § 92 AktG Rn 45; *Noack,* InsO GesR Rn 76; Kübler/Prütting/*Pape* § 19 InsO Rn 8.

241 BGH ZIP 2006, 2171; ZIP 2007, 676, 679; Nickert/Lamberti/*Kühne,* Überschuldungs- und Zahlungsfähigkeitsprüfung, Rn 231; Kübler/Prütting/*Pape* § 19 InsO Rn 7.

242 Siehe zur KO BGHZ 119, 201, 214; BGH ZIP 1994, 701, 703; siehe zum Ganzen auch *Uhlenbruck/Uhlenbruck* § 19 Rn 14 ff; Gottwald/*Uhlenbruck* InsOHdb § 6 Rn 25; *Schaub* DStR 1993, 1484 ff; *Braun/Uhlenbruck,* Unternehmensinsolvenz, 288 ff.

43 d Diese Begründung erweckt zunächst den Anschein, dass die Gesetzesänderung eine Reaktion auf die Finanzmarktkrise ist. Vor allem solchen Unternehmen soll das Insolvenzverfahren „erspart werden", die in ihrem Vermögen (größere) Aktien- und/oder Immobilienbestände aufweisen. Dann aber fragt sich, warum der neue Auslösetatbestand nicht nur für bestimmte Rechtsformen (zB AG) oder Branchen (zB Finanzmarktbranche), sondern für alle „Beschränkthafter" gilt. Auch ist der Gesetzgeber nicht den Weg gegangen, den er seinerzeit beim „Oderhochwasser" im August 2002 eingeschlagen hat. Damals hatte er für die betroffenen Unternehmen die Insolvenzantragspflicht bis zum 31. 3. 2003 ausgesetzt. Die Maßnahme geht letztlich über eine schlichte „Reaktion" auf die Finanzmarktkrise hinaus und führt zur Korrektur eines – anscheinend – als ökonomisch falsch empfundenen Insolvenzauslösetatbestandes. Dies wird insbesondere im 2. Teil der Gesetzesbegründung deutlich. Diese Sichtweise erstaunt; denn der Insolvenzrechtsgesetzgebers hat sich seinerzeit mit folgenden Worten von dem Überschuldungsbegriff der KO verabschiedet (siehe Beschlussempfehlung des Rechtsausschusses des Deutschen Bundestages – BT-Drucks 12/7302): *„Der Ausschuss weicht damit entschieden von der Auffassung ab, die in der Literatur vordringt ... Wenn eine positive Prognose stets zu einer Verneinung der Überschuldung führen würde, könnte eine Gesellschaft trotz fehlender persönlicher Haftung weiter wirtschaften, ohne dass ein Schulden deckendes Kapital zur Verfügung steht. Dies würde sich erheblich zum Nachteil der Gläubiger auswirken, wenn sich die Prognose ... als falsch erweist."* Eben diese Unsicherheiten zum Nachteil der Gläubiger wollte der Insolvenzgesetzgeber dadurch „objektivieren", dass die positive Zukunftsprognose zusätzlich mit einer positiven Vermögensbilanz nach Fortführungswerten hinterlegt werden muss, um eine Überschuldung auszuschließen. Der Grund hierfür liegt darin, dass auch im Fall einer positiven Fortführungsprognose die Bilanz nach Fortführungswerten nicht obsolet ist, sondern allein schon aufgrund der zeitlichen Beschränkung der Prognose (Rn 47) und der mit der Prognose verbundenen Unsicherheiten, die allein in einer Bewertung Berücksichtigung finden und transparent gemacht werden können, einen nicht zu unterschätzenden Mehrwert hat.[243] Der Insolvenzgesetzgeber wollte mit dieser „Objektivierung" dem Umstand Rechnung tragen, dass Insverwalter und Gerichte stets von Seiten des Schuldners mit Hoffnungsszenarien konfrontiert werden, um – zum Teil – massive Insolvenzverschleppungen zu rechtfertigen.[244] Diffuse Zukunftschancen im Hinblick auf einen „unmittelbar bevorstehenden" Großauftrag, Bankkredit oder neuen Investor sollten – nach dem Willen des Insolvenzrechtsgesetzgebers – keine Entschuldigung dafür sein, das Unternehmen fortzuführen und dadurch andere Vertragspartner und sonstige Gläubiger zu schädigen. Es ist eine Ironie des Schicksals, dass die Finanzkrise, die ja die Folge eines auf sorgloser Spekulation beruhenden Vertrauensverlustes ist, nunmehr als Rechtfertigung dafür dient, künftig Spekulationen auf Kosten der Gläubiger eines Unternehmens zuzulassen.[245]

43 e Mit Wirkung zum 1. 11. 2008 hat der MoMiG-Gesetzgeber (BGBl 2008 I 2026) dem durch das FMStG geänderten § 19 II InsO einen weiteren Satz

[243] Runkel/*Spliedt* AnwaltsHdb § 1 Rn 110 ff; *Spliedt* DB 1999, 1941, 1943 ff.
[244] *Hölzle* ZIP 2008, 2003, 2004.
[245] Kritisch zu der Gesetzesänderung auch *Poertzgen* ZInsO 2009, 401, 402 f; *Hirte/Knof/Mock* ZInsO 2008, 1217, 1219 ff; *Hölzle* ZIP 2008, 2003 f; *Thonfeld* NZI 2009, 15 ff; *Bitter* ZInsO 2008, 1097.

angefügt (vgl Art 9 Nr 4 MoMiG), der die Frage der Passivierung von Gesellschafterdarlehen (bzw wirtschaftlich gleichgestellten Leistungen) im Überschuldungsstatus betrifft (vgl unten Rn 54 f).

c) Geltung ab 1. 1. 2014. Das FMStG sieht in Art 6 III die Rückkehr zum Überschuldungbegriff vor, wie er bis zum 17. 10. 2008 gegolten hat. Die „Rückkehr" sollte ursprünglich zum 1. 1. 2011 (vgl Art 7 II FMStG) in Kraft treten. Unklar war aber, ob und inwieweit Art 6 III FMStG bereits „Vorwirkung" für die Zeit vor dem 1. 1. 2011 zukommt. Insbesondere stellte sich die Frage, ob im Rahmen der anzustellenden Prognose, die ja einen Zeitraum zwischen 12 und 24 Monaten umfasst (Rn 47), die Rückkehr zum „alten" Überschuldungsbegriff zu berücksichtigen war, wenn Prognose sich auf Zeiträume jenseits des 1. 1. 2011 erstreckte und GmbH nach „altem" Überschuldungsbegriff überschuldet gewesen wäre.[246] Letzteres war wohl zu bejahen, wenn Fortführungsprognose nicht nur Zahlungsfähigkeit für den Prognosezeitraum, sondern auch „nachhaltige" Überlebensfähigkeit der GmbH abprüft.[246a] Aus diesem Grund hat Gesetzgeber im Gesetz zur Erleichterung der Sanierung von Unternehmen vom 24. 9. 2009 (BGBl I 3151) die Rückkehr zum alten InsO-Überschuldungsbegriff (oben Rn 43 a) auf den 1. 1. 2014 hinaus geschoben. Das Schicksal des durch das MoMiG eingefügten § 19 II 3 InsO (vgl unten Rn 54) für die Zeit nach dem 1. 1. 2014 war zunächst ungewiss. Richtiger Ansicht nach war wohl anzunehmen, dass Gesetzgeber insoweit von einer Fortgeltung der Bestimmung ausging.[247] Eine Klarstellung war aber sicherlich wünschenswert[248] und ist auch in diesem Sinne in Art 4 FMStErgG (BGBl 2009 I 725) zwischenzeitlich vorgenommen worden.[249] Nunmehr ist klargestellt, dass der durch das MoMiG eingefügte § 19 II 3 InsO auch nach dem 1. 1. 2014 fortgilt. 43 f

d) Übergangsregelung. Das FMStG enthält keine Übergangsregelung. Nach dem Sinn und Zweck des Gesetzes, der ja darin besteht, „ein tragfähiges Instrumentarium zu schaffen, um die bestehenden Liquiditätsengpässe **zeitnah** zu überwinden und die Stabilität des deutschen Finanzmarktes zu stärken", wird man davon ausgehen müssen, dass der „neue" Überschuldungstatbestand sofort, dh ab dem 18. 10. 2008 gilt. Das hat Bedeutung zunächst im Zusammenhang mit einer evtl Insolvenzantragstellung. Auf im Zeitpunkt des 18. 10. 2008 abgeschlossen Sachverhalte, kann die „neue" Regelung hingegen keine Anwendung finden. Abgeschlossen ist ein Sachverhalt insbesondere dann, wenn vor dem 18. 10. 2008 das Insolvenzverfahren eröffnet wurde bzw wenn es um die Frage geht ob und inwieweit mit einer Insolvenzeröffnung vor dem 18. 10. 2008 eine Ersatzanspruch nach § 64 S 1 bzw nach § 823 II BGB iVm § 15 a I InsO entstanden ist. Der durch das MoMiG eingefügte § 19 II 2 InsO gilt ab Inkrafttreten des MoMiG, dh ab dem 1. 11. 2008 (Art 25 MoMiG, BGBl 2008 I 2026). 43 g

2. Fortbestehensprognose. Überschuldungstatbestand (sowohl in der vor dem 18. 10. 2008 als auch in der nach dem 17. 10. 2008 geltenden Fassung, 44

---

246 So *Dahl* NZG 2009, 567, 568; *Thonfeld* NZI 2009, 15, 18.

246a *Römermann* NZG 2009, 854, 555; *Dahl/Schmitz* NZG 2009, 567.

247 **AM** *Poertzgen* ZInsO 2009, 401, 402. Wie hier *Schmidt* DB 2008, 2467, 2471; *Thonfeld* NZI 2009, 15, 19.

248 *Schmidt* DB 2008, 2467, 2470 f; *Poertzgen* ZInsO 2009, 401, 402.

249 Gesetz zur weiteren Stabilisierung des Finanzmarktes vom 7. 4. 2009, BGBl I S. 725; siehe hierzu auch *Amend* ZIP 2009, 589, 593.

siehe Rn 43 a ff) setzt die Erstellung einer Fortführungsprognose voraus. Inhaltlich hat sich die Fortführungsprognose durch FMStG nicht geändert, sondern nur in ihrer Wirkrichtung.[250] Die Fortführungsprognose verlangt – neben einem subjektiven Fortführungswillen des Schuldners (bzw seiner Organe) –[251] Aufstellung eines dokumentierten Finanzplans.[252] Aus diesem muss sich mit einer überwiegenden Wahrscheinlichkeit ergeben, dass das schuldnerische Unternehmen mittelfristig Zins und Tilgung auf seine Verbindlichkeiten in den einzelnen Zeitabschnitten leisten kann.[253] Prüfung hat sich auf Zahlungspflichten des Schuldners insgesamt und nicht nur auf einzelne Betriebsteile (zB Kerngeschäft) zu beziehen.[254] Maßgeblich für Prognose ist ex ante-Betrachtung, die aber alles zum maßgebenden Zeitpunkt verfügbare Wissen ausschöpft.[255] Ob insoweit für eine Non-profit-GmbH identische Grundsätze gelten, ist höchstrichterlich nicht geklärt.

45 **a) Überwiegende Wahrscheinlichkeit.** Überwiegende Wahrscheinlichkeit der Fortführung des Unternehmens bedeutet, dass diese zu mehr als 50% wahrscheinlich sein muss.[256] Im Rahmen dieser Prognoseentscheidung kommt den organschaftlichen Vertretern ein beschränkter Beurteilungsspielraum zugute.[257] Ein arithmetisches Mittel zwischen den verschiedenen möglichen Entwicklungen ist nicht zu bilden.[258]

46 **b) Finanzplan.** Ein ordnungsgemäßer Finanzplan erfordert eine entsprechende (schriftliche) Dokumentation, für die in aller Regel unabhängige Sachverständige heranzuziehen ist.[259] Dokumentation muss in einem ersten Schritt ein schlüssiges und realisierbares Unternehmenskonzept enthalten.[260] Letzteres kann darauf aufbauen, dass Schuldner das Unternehmen selbst führt oder aber das Unternehmen bzw Teile hiervon zum Zweck der Fortführung

---

250 *Hirte/Knof/Mock* ZInsO 2008, 1217, 1221; der Ansicht, dass Prognose künftig strengeren Anforderungen unterliegt, ist *Sikora* NWB 4/2009, 234, 235.

251 BGH ZIP 2006, 2171; KG ZInsO 2006, 437, 439; Runkel/*Spliedt* AnwaltsHdb § 1 Rn 133; *Höffner* DStR 2008, 1787, 1788; Nickert/Lamberti/*Kühne,* Überschuldungs- und Zahlungsfähigkeitsprüfung, Rn 280. **AM** *Hüttemann* FS Schmidt, 2008, 761, 765 f.

252 MünchKommInsO/*Drukarczyk* § 19 InsO Rn 54; Nerlich/Römermann/*Mönning* § 19 InsO Rn 20; Budde/*Förschle/Hoffmann* P Rn 74; Finanz- u Ertragsplan: KG ZInsO 2006, 437, 438; OLG Naumburg GmbHR 2004, 361, 362; *Hess/Weis/Wienberg* § 19 InsO Rn 32; Kübler/Prütting/*Pape* § 19 InsO Rn 16; Rowedder/*Schmidt-Leithoff* § 63 Rn 69; *Wolf* DStR 1998, 126, 127; Umsatz, Ertrag u Liquidität: *Lutter*/Hommelhoff/*Kleindiek* Rn 15; aus Ertragsprognose abgeleitete Finanzplanung: *Früh/Wagner* WPg 1998, 907, 911.

253 LG Göttingen ZIP 2009, 382, 384; *Sikora* NWB 4/2009, 232, 234.

254 Runkel/*Spliedt* AnwaltsHdb § 1 Rn 122 f.

255 Nickert/Lamberti/*Kühne,* Überschuldungs- und Zahlungsfähigkeitsprüfung, Rn 279.

256 *H.-P. Müller/Haas,* Kölner Schrift, 1799, 1805 Rn 15; HeidelbergerKommInsO/*Kirchhof* § 19 Rn 8. Zur Ermittlung der überwiegenden Wahrscheinlichkeit einerseits *Groß/Amen* WPg 2002, 225, 233 ff; *dies* WPg 2000, 67 ff; andererseits *Drukarczyk/Schüler* WPg 2003, 56, 59 ff.

257 Siehe *Haas* DStR 2003, 423, 425 f.

258 Runkel/*Spliedt* AnwaltsHdb § 1 Rn 130.

259 *Lutter*/Hommelhoff/*Kleindiek* Rn 15; *Groß/Amen* WPg 2002, 433, 435; *Lutter* ZIP 1999, 641, 644; *Wolf* DStR 1998, 126, 127; *Sikora* NWB 4/2009, 232, 238.

260 BGH ZIP 2006, 2171; LG Göttingen ZIP 2009, 382, 384; *Hirte/Knof/Mock* ZInsO 2008, 1217, 1222; Nickert/Lamberti/*Kühne,* Überschuldungs- und Zahlungsfähigkeitsprüfung, Rn 280; *Höffner* DStR 2008, 1787, 1788.

veräußert (zB im Wege einer übertragenden Sanierung).[261] Das Konzept muss aber belastbar sein.[262] Übertragende Sanierung kommt daher nur in Betracht, wenn Geschäftstätigkeit nicht von Genehmigung oder Verträgen abhängt, die nicht übertragbar sind. Hängt ein Sanierungskonzept von der Zustimmung der Gl ab und hat einer von ihnen nicht zugestimmt, so kann das Konzept der Fortführungsprognose nicht zugrunde gelegt werden.[263] Innerbetriebliche Sanierungsmaßnahmen dürfen bereits berücksichtigt werden, wenn sie in fester Verwirklichungsabsicht geplant sind und realistisch erscheinen. Ist allerdings für die Maßnahmen Zustimmung der Gfter erforderlich, muss diese vorliegen. Maßnahmen der Eigenkapitalzufuhr der Gfter können nur berücksichtigt werden, wenn sie bereits rechtsverbindlich fixiert sind.[264] Hierauf aufbauend ist sodann in einem weiteren Schritt eine Liquiditätsplanung zu erstellen, aus der sich ergibt, ob die Liquidität des Unternehmens ausreicht, um die im jeweiligen Zeitabschnitt fällig werdenden Verbindlichkeiten zu begleichen.[265] Letzteres ist dann der Fall, wenn das Unternehmen mittelfristig zahlungsfähig ist und mithin der Geschäftsbetrieb dauerhaft aufrecht erhalten werden kann. Letztlich handelt sich hierbei um eine Zahlungsfähigkeitsprognose,[266] nicht aber um eine Ertragsfähigkeitsprognose,[267] da es aus Glsicht keine Rolle spielt, aus welchen Quellen sich die Zahlungsfähigkeit der Ges speist.[268] Auf die Ertragsplanung kommt es nur mittelbar insoweit an, als sich diese in der Liquiditätsplanung niederschlägt. Insoweit besteht ein weiter Überschneidungsbereich zum Auslösegrund der drohenden Zahlungsunfähigkeit (§ 18 InsO).[269]

c) Prognosezeitraum. Prognosezeitraum umfasst grundsätzlich Zeitspanne von ca. zwei Jahren (bzw laufendes und folgendes Geschäftsjahr).[270] Aufgrund Branchenbesonderheiten oder spezifischer Besonderheiten des Unter- 47

---

261 Jaeger/*Müller* § 19 InsO Rn 32; Runkel/*Spliedt* AnwaltsHdb § 1 Rn 123; FrankfurterKommInsO/*Schmerbach* § 19 Rn 20 a.

262 Siehe hierzu auch Nickert/Lamberti/*Kühne,* Überschuldungs- und Zahlungsfähigkeitsprüfung, Rn 307 ff; LG Göttingen ZIP 2009, 382, 384: für sachverständigen Dritten nachvollziehbar.

263 BGH ZInsO 2004, 679; vgl auch Gottwald/*Uhlenbruck* InsOHdb § 6 Rn 25.

264 *Sikora* NWB 4/2009, 232, 237.

265 BGH ZIP 2006, 2171; BerlinerKommInsO/*Goetsch* § 19 Rn 20; Schmidt/*Schröder* § 19 InsO Rn 15; vgl auch *Höffner* DStR 2008, 1787, 1788; *Hirte/Knof/Mock* ZInsO 2008, 1217, 1222; *Sikora* NWB 4/2009, 232, 236.

266 Jaeger/*Müller* § 19 InsO Rn 36; Runkel/*Spliedt* AnwaltsHdb § 1 Rn 125; MünchKommInsO/*Drukarczyk* § 19 InsO Rn 53; Nerlich/Römermann/*Mönning* § 19 InsO Rn 20; Rowedder/*Schmidt-Leithoff* § 63 Rn 69; *Bork* ZIP 2000, 1709, 1710; *Groß/Amen* WPg 2002, 225, 230; iE ebenso (Zahlungsunfähigkeitsprognose) wohl auch (Kostendeckungsrechnung) *Uhlenbruck* § 19 InsO Rn 31; ferner wohl *Hess/Weis/Wienberg* § 19 InsO Rn 32; LG Göttingen ZIP 2009, 382, 384: Liquiditäts- und Ertragsprognose.

267 So aber *Götker* Rn 233; *Wolf* DStR 1998, 126, 127; *Hüttemann* FS Schmidt, 2009, 761, 766 f.

268 Jaeger/*Müller* § 19 InsO Rn 35.

269 Gottwald/*Uhlenbruck* InsOHdb § 6 Rn 25; *Drukarczyk/Schüler,* Kölner Schrift, 95, 137 f, Rn 122 ff; Jaeger/*Müller* § 19 InsO Rn 36; Schmidt/*Schröder* § 19 InsO Rn 15.

270 Kübler/Prütting/*Pape* InsO § 19 Rn 16; *Bork* ZIP 2000, 1709, 1710; Nerlich/Römermann/*Mönning* § 19 InsO Rn 20; *Uhlenbruck* § 19 InsO Rn 30; ähnlich (zwei Jahre) *Uhlenbruck* GmbHR 1999, 313, 321; Jaeger/*Müller* § 19 InsO Rn 37; MünchKommInsO/*Drukarczyk* § 19 InsO Rn 56.

nehmens kann aber auch ein längerer oder kürzerer Prognosezeitraum in Betracht kommen.[271]

47 a **3. Überschuldungsbilanz.** Vor dem 18. 10. 2008 war Überschuldungsbilanz in jedem Fall zu erstellen und zwar unabhängig davon, ob Fortführungsprognose positiv oder negativ ausfällt (siehe oben Rn 43 a). Mit der Neufassung des Überschuldungstatbestands durch das FMStG hat sich dies – zumindest bis zum 31. 12. 2010 – geändert. Überschuldungsbilanz ist danach nur dann erforderlich, wenn Zukunftsprognose negativ ausfällt (vgl oben Rn 43 b).[272] Soweit Überschuldungsstatus zu erstellen ist, darf dieser mit der Fortführungsprognose nicht in Widerspruch stehen.[273]

48 **a) Sinn und Zweck.** Überschuldungsbilanz soll Schuldendeckungspotenzial zeigen. Aus dem Erfordernis der Bilanz folgt, dass dies durch eine Gegenüberstellung von Aktiva und Passiva erfolgen soll. Notwendig ist daher – auch im Fall der Unternehmensfortführung – eine Bewertung der einzelnen Positionen (Grundsatz der Einzelbewertung).[274] Der mit dem Überschuldungsstatus verfolgte Zweck ist mithin ein anderer als bei der Unternehmensbewertung. Daher ist auch für die Ertragswertmethode kein Raum.[275] Der Zweck ist aber auch ein anderer als der einer Handelsbilanz. Daher richtet sich die Überschuldungsbilanz auch nicht nach den Regeln der Handelsbilanz.[276] Letztere kann aber als erstes Mengengerüst für die zu erfassenden Vermögenswerte und Verbindlichkeiten dienen.[277] Darüber hinaus wird der Handelsbilanz auch indizielle Bedeutung für eine insolvenzrechtliche Überschuldung zuerkannt (siehe unten Rn 59). Für Gliederung des Überschuldungsstatus gibt es keine gesetzl Regelung. Es liegt aber nahe, sich die im Rechnungswesen für die Zwecke der Handelsbilanz eingeführte Gliederung (§ 266 HGB) zu Nutzen zu machen.[278]

49 **b) Stichtag.** Die Überschuldungsbilanz ist auf einen Stichtag bezogen zu erstellen, der – notwendig – vor Insolvenzeröffnung liegt.[279] Darum können im Überschuldungsstatus Schulden und Vermögenspositionen, die erst mit der Insolvenzeröffnung entstehen, nicht berücksichtigt werden.[280] Dies gilt

---

271 *Uhlenbruck* § 19 Rn 30; Gottwald/*Uhlenbruck* InsOHdb § 6 Rn 25; Jaeger/*Müller* § 19 Rn 37; Braun/*Bußhardt* § 19 InsO Rn 32; *Sikora* NWB 4/2009, 232, 235.

272 Kübler/Prütting/*Pape* § 19 InsO Rn 30.

273 Runkel/*Spliedt* AnwaltsHdb § 1 Rn 132.

274 Heidelberger KommInsO/Kirchhof § 19 Rn 14, 17. Jaeger/*Müller,* § 19 InsO Rn 26; Schmidt/*Uhlenbruck* Rn 5, 135.

275 Jaeger/*Müller* § 19 InsO Rn 26; *H.-P. Müller/Haas,* Kölner Schrift, 1799, 1807 f, Rn 21. **AM** für den Fall positiver Fortbestehensprognose *Spliedt* DB 1999, 1941, 1944 ff; Scholz/*Schmidt* Vor § 64 Rn 20, 21.

276 BGHZ 146, 264, 267 f = NJW 2001, 1280; BGH GmbHR 2001, 473 = ZIP 2001, 839; OLG Bremen NZG 1999, 74; *Hüttemann* FS Schmidt, 2009, 761, 768; Gottwald/*Uhlenbruck* InsOHdb § 6 Rn 27; HeidelbergerKommInsO/*Kirchhof* § 19 InsO Rn 17; Kübler/Prütting/*Pape* § 19 InsO Rn 9; Jaeger/*Müller* § 19 InsO Rn 43; *Uhlenbruck* § 19 InsO Rn 24; *H.-P. Müller/Haas,* Kölner Schrift, 1799, 1801 f Rn 5. **AM** *Altmeppen* ZIP 1997, 1173, 1175.

277 IDW FAR 1/1996, 4.1.; H.-P. *Müller/Haas,* Kölner Schrift, 1799, 1807 Rn 23; Gottwald/*Uhlenbruck* InsOHdb § 6 Rn 27; Jaeger/*Müller* § 19 InsO Rn 43.

278 *Möhlmann* DStR 1998, 1843, 1848; Budde/*Förschle/Hoffmann* P Rn 83.

279 Vgl auch Budde/*Förschle/Hoffmann* P Rn 82; Jaeger/*Müller* § 19 InsO Rn 44; BerlinerKommInsO/*Goetsch* § 19 Rn 31.

280 Budde/*Förschle/Hoffmann* P Rn 91; Kübler/Prütting/*Pape* § 19 InsO Rn 54; Schmidt/*Uhlenbruck* Rn 5.138.

etwa auf der Aktivseite für Ansprüche nach §§ 129 ff InsO, für solche wegen Insolvenzverschleppung oder aus § 64.[281] Aus dem gleichen Grund sind auch direkte oder indirekte Insolvenzkosten nicht zu berücksichtigen.[282] Daher bleiben beispielsw Schadensersatzansprüche gegen die Masse wegen voraussichtlicher Nichterfüllung laufender Verträge durch den Insolvenzverwalter (§ 103 II InsO) unberücksichtigt.[283] Gleiches gilt für die Kosten des Insolvenzverfahrens und für die sonstigen Masseverbindlichkeiten (§§ 53 ff InsO).[284] Ob dies auch für Verbindlichkeiten aus einem Sozialplan (§ 112 BetrVG) gilt, ist fraglich. Unstreitig ist zunächst der Fall bei positiver Fortbestehensprognose. Hier sind Ansprüche aus dem Sozialplan nur zu passivieren, wenn Vereinbarung bereits getroffen oder mit ihr zu rechnen ist.[285] Bei negativer Fortbestehensprognose werden sie dagegen – nach wohl überwiegender Ansicht – einschränkungslos passiviert als Kosten der Abwicklung.[286] Das ist jedoch abzulehnen, weil mit dem Stichtagsprinzip nicht vereinbar. Auch hier kann nichts anderes gelten als bei einer positiven Fortführungsprognose.[287]

c) Ansatz auf der Aktivseite. aa) Grundsatz. Auf der Aktivseite sind alle Vermögenswerte anzusetzen, die im Falle der Insolvenz nach § 35 InsO zu den verwertbaren Bestandteilen der Masse gehören.[288] Das gilt auch für den Fall positiver Fortbestehensprognose, da auch in diesem Fall Feststellung der Schuldendeckung Aufgabe der Bilanz ist (siehe oben Rn 48). Die Regeln über den Ausweis von Aktivposten in der Jahresbilanz sind nicht maßgebend. Vermögensgegenstände, die nicht dem Schuldner gehören oder aber in einem Insolvenzverfahren ein Aussonderungsrecht begründen und daher der Glbefriedigung nicht zur Verfügung stehen, sind nicht zu aktivieren.[289] Keine Berücksichtigung finden dingliche Sicherheiten, Bürgschaften oder Garantieversprechen Dritter für Gesschulden, da diese nicht zum Gesellschaftsvermögen zählen.[290] Ob Vermögensgegenstände, an denen Absonderungsrechte bestehen zu aktivieren sind, ist umstrit- 50

---

281 Nickert/Lamberti/*Kühne,* Überschuldungs- und Zahlungsfähigkeitsprüfung, Rn 369; Schmidt/*Uhlenbruck* Rn 5.142, 5.150; Jaeger/*Müller* § 19 InsO Rn 62, 68; GroßKommAktG/*Habersack* § 92 AktG Rn 48; Schmidt/*Schröder* § 19 InsO Rn 25, 34; *Haas* ZInsO 2007, 617, 627.

282 Gottwald/*Uhlenbruck* InsOHdb § 6 Rn 56.

283 Gottwald/*Uhlenbruck* InsOHdb § 6 Rn 42; Schmidt/*Uhlenbruck* Rn 5.169.

284 GroßKommAktG/*Habersack* § 92 AktG Rn 56; Schmidt/*Uhlenbruck* Rn 5.169; Jaeger/*Müller* § 19 InsO Rn 71; Rowedder/*Schmidt-Leithoff* § 63 Rn 56.

285 Rowedder/*Schmidt-Leithoff* § 63 Rn 57; Budde/Förschle/*Hoffmann* N Rn 117; ebenso iE Jaeger/*Müller* § 19 InsO Rn 79; *Uhlenbruck* § 19 InsO Rn 55.

286 Jaeger/*Müller* § 19 InsO Rn 79; Budde/*Förschle/Hoffmann* P Rn 91; Rowedder/*Schmidt-Leithoff* § 63 Rn 57; wohl auch Scholz/*Schmidt* Vor § 64 Rn 30.

287 Gottwald/*Uhlenbruck* InsOHdb § 6 Rn 42, 56; *Uhlenbruck* § 19 InsO Rn 53; *H.-P. Müller/Haas,* Kölner Schrift, 1799, 1813 Rn 33 f; deutlich enger Schmidt/*Uhlenbruck* Rn 5.169.

288 HeidelbergerKommInsO/*Kirchhof* § 19 Rn 18; Jaeger/*Müller* § 19 InsO Rn 44; Kübler/Prütting/*Pape* § 19 InsO Rn 10; Nickert/Lamberti/*Kühne,* Überschuldungs- und Zahlungsfähigkeitsprüfung, Rn 366.

289 Schmidt/*Schröder* § 19 InsO Rn 36; Kübler/Prütting/*Pape* § 19 InsO Rn 54; Nickert/Lamberti/*Kühne,* Überschuldungs- und Zahlungsfähigkeitsprüfung, Rn 367. **AM** Jaeger/*Müller* § 19 InsO Rn 45.

290 OLG Düsseldorf NZG 1999, 944, 946; LG Göttingen ZInsO 2009, 382, 384.

ten.[291] Lehnt man dies ab, hat freilich auch eine Entlastung auf der Passivseite zu erfolgen.[292]

51 **bb) Beispiele.** Entgegen § 248 II HGB aF[293] sind – unter der Voraussetzung ihrer Verwertbarkeit – auch nicht entgeltlich erworbene immaterielle Vermögensgegenstände des Anlagevermögens aufzunehmen.[294] Ansatz eines derivativen oder gar originären Geschäfts- oder Firmenwerts (Differenz zwischen der Summe der Einzelwerte der Vermögensgegenstände abzüglich der Verbindlichkeiten und dem nach Ertragswertmethode ermittelten Gesamtwert des Unternehmens)[295] ist umstritten. Ansatz kommt nur in Betracht, wenn greifbare Aussichten bestehen, das Unternehmen oder Unternehmensteile zu veräußern u dabei einen über den Substanzwert hinausgehenden Mehrerlös zu erzielen.[296] Ist Fortführungsprognose negativ, scheidet Aktivierung eines Firmenwertes regelmäßig aus, da hier grds von Einzelverwertung auszugehen ist und unter dieser Prämisse Firmenwert überhaupt nicht realisiert werden kann. Anders ist Klage nur dann, wenn greifbare Anhaltspunkte für eine Gesamtverwertung der Sachgesamtheit besteht (konkretes Erwerbsangebot).[297] Ob im Fall der positiven Fortführungsprognose Möglichkeit der Gesamtveräußerung zu unterstellen ist, ist streitig.[298] Richtiger Ansicht ist dies nur dann zu unterstellen, wenn dies die „wahrscheinlichste" Verwertungsart ist und begründete Ansicht besteht, einen über den Substanzwert hinausgehenden Mehrerlös zu erzielen.[299] Nicht anzusetzen sind nach § 269 HGB aF[300] ausgewiesene Aufwendungen für Ingangsetzung u Erweiterung des Geschäftsbetriebs.[301] Von Dritten gestellte

---

291 Siehe einerseits *Uhlenbruck* § 19 InsO Rn 38 und andererseits Jaeger/*Müller* § 19 InsO Rn 45.

292 *Nickert*/Lamberti/*Kühne,* Überschuldungs- und Zahlungsfähigkeitsprüfung, Rn 367.

293 Vorschrift durch Art 1 Nr 6 geändert worden. Nach § 248 II nF HGB können – grds – selbst geschaffene immaterielle Vermögenswerte des Anlagevermögens als Aktivposten in die (Handels-)Bilanz aufgenommen werden.

294 MünchKommInsO/*Drukarczyk* § 19 InsO Rn 93; Schmidt/*Uhlenbruck* Rn 5.147; Gottwald/*Uhlenbruck* InsOHdb § 6 Rn 30; GroßKommAktG/*Habersack* § 92 AktG Rn 47; HeidelbergerKommInsO/*Kirchhof* § 19 Rn 20; Jaeger/*Müller* § 19 InsO Rn 50; *Lutter*/Hommelhoff/*Kleindiek* Rn 20; Rowedder/*Schmidt-Leithoff* § 63 Rn 50; *H.-P. Müller/Haas,* Kölner Schrift, 1799, 1811 Rn 28; zu § 63 aF BGHZ 119, 201, 214.

295 Schmidt/*Uhlenbruck* Rn S. 144; Runkel/*Spliedt* AnwaltsHdb § 1 Rn 135; Jaeger/*Müller* § 19 InsO Rn 51.

296 IDW FAR 1/1996, 4.2.; Gottwald/*Uhlenbruck* InsOHdb § 6 Rn 29; *H.-P. Müller/Haas,* Kölner Schrift, 1799, 1811 Rn 28; HeidelbergerKommInsO/*Kirchhof* § 19 Rn 20; *Lutter*/Hommelhoff/*Kleindiek* Rn 20; MünchKommInsO/*Drukarczyk* § 19 InsO Rn 93; *Kallmeyer* GmbHR 1999, 16, 17; ähnlich BerlinerKommInsO/*Goetsch* § 19 Rn 28; Jaeger/*Müller* § 19 InsO Rn 52; weiter (ohne Einschränkungen bei positiver Fortführungsprognose) Nerlich/Römermann/*Mönning* § 19 InsO Rn 35; *Gischer/Hommel* BB 2003, 945, 948; ferner mit Unterscheidung zwischen originärem u derivativem Geschäfts- oder Firmenwert Budde/*Förschle/Hoffmann* P Rn 111 f; grundsätzlich abl Kübler/Prütting/*Pape* § 19 InsO Rn 11.

297 OLG Celle NZG 2002, 730 f; OLG Frankfurt NZG 2001, 173; Schmidt/*Uhlenbruck* Rn 5.144; *Haas* DStR 2003, 423, 424.

298 Siehe hierzu *Crezelius* FS Röhricht, 2005, 787, 799 ff.

299 *Lutter*/Hommelhoff/*Kleindiek* Rn 20; Jaeger/*Müller* § 19 InsO Rn 52; *Crezelius* FS Röhricht, 2005, 787, 801.

300 Aufgehoben durch Art 1 Nr 21 BilMoG.

301 MünchKommInsO/*Drukarczyk* § 19 InsO Rn 92; Schmidt/*Uhlenbruck* Rn 5.143; Budde/*Förschle/Hoffmann* P Rn 105; Gottwald/*Uhlenbruck* InsOHdb § 6 Rn 28; Groß-

Sicherheiten oder Zahlungszusagen gegenüber Ges sind ebenfalls nicht anzusetzen, da sie nicht zum Vermögen der G gehören (siehe oben Rn 50).[302] Ansatz eigener Geschäftsanteile ist nicht ausgeschlossen,[303] doch werden sie – unter der Liquidationsprämisse – zumeist mit Null zu bewerten (zur Bewertung Rn 56 ff) sein.[304] Soweit eigene Geschäftsanteile ausnahmsweise in Überschuldungsbilanz ausgewiesen werden, kommt Neutralisierung durch Passivierung einer Rücklage entspr § 272 IV HGB nicht in Betracht.[305] Ansprüche gegen Gfter auf Schadensersatz (zB § 826 oder § 823 II BGB iVm § 266 StGB) Erbringung rückständiger Einlagen, nicht ordnungsgemäßer Kapitalaufbringung oder aus Kapitalerhaltung bzw auf Leistung von Nachschüssen sind – vorbehaltlich ihrer Bewertbarkeit (Rn 56 ff) – zu aktivieren.[306] Dasselbe gilt für Ansprüche auf Verlustübernahme nach oder analog § 302 AktG[307] u für Ansprüche der Ges gegen die MutterGes aus harten Patronatserklärungen, sofern sie zugunsten aller Gl wirken.[308] Ansprüche aus Kreditzusagen von Gftern sind nur aktivierbar, wenn das Kündigungsrecht des Gfters nach § 490 I BGB ausgeschlossen[309] u für die künftige Darlehensforderung ein qualifizierter Rangrücktritt[310] erklärt ist. Zu aktivieren sind auch Schadensersatzansprüche gegen GFührer aus § 43 II,[311] es sei denn die Ges hat hierauf verzichtet. Ob gleiches auch dann gilt, wenn Verzicht oder Vergleich nach § 9 b I 1 beschränkt[312] (und damit nur auflösend

---

KommAktG/*Habersack* § 92 AktG Rn 48; Jaeger/*Müller* § 19 InsO Rn 53; *Lutter*/Hommelhoff/*Kleindiek* Rn 20; eingeschränkt *Nickert*/Lamberti, Überschuldungs- und Zahlungsfähigkeitsprüfung, Rn 379.

302 OLG Düsseldorf NZG 1999, 944, 946; LG Göttingen ZIP 2009, 382, 384; für Bürgschaften *Lutter*/Hommelhoff/*Kleindiek* Rn 20.

303 Gottwald/*Uhlenbruck* InsOHdb § 6 Rn 31; Schmidt/*Uhlenbruck* Rn 5.155; Jaeger/*Müller* § 19 InsO Rn 56; Rowedder/*Schmidt-Leithoff* § 63 Rn 48; ebenso für eigene Aktien GroßKommAktG/*Habersack* § 92 AktG Rn 47; nur wenn Veräußerung verbindlich vereinbart ist Budde/*Förschle*/*Hoffmann* PRn 114. **AM** *Lutter*/Hommelhoff/*Kleindiek* Rn 20; Scholz/*Schmidt* Vor § 64 Rn 22.

304 *Nickert*/Lamberti, Überschuldungs- und Zahlungsfähigkeitsprüfung, Rn 420; Rowedder/*Schmidt-Leithoff* § 63 Rn 48; bei negativer Fortführungsprognose Jaeger/*Müller* § 19 InsO Rn 56; MünchKommInsO/*Drukarczyk*/*Schüler* § 19 InsO Rn 95; im Grundsatz Gottwald/*Uhlenbruck* InsOHdb § 6 Rn 31.

305 GroßKommAktG/*Habersack* § 92 AktG Rn 47; Jaeger/*Müller* § 19 InsO Rn 56. **AM** Scholz/*Westermann* § 33 Rn 43.

306 BGH DStR 2007, 1360; ZIP 2005, 1734, 1736; Schmidt/*Uhlenbruck* Rn 5.148, 5.151; Jaeger/*Müller* § 19 InsO Rn 64 ff; Gottwald/*Uhlenbruck* InsOHdb § 6 Rn 33; Kübler/Prütting/*Pape* § 19 InsO Rn 11; Scholz/*Schmidt* Vor § 64 Rn 24; Budde/*Förschle*/*Hoffmann* P Rn 110; *H.-P. Müller*/*Haas,* Kölner Schrift, 1799, 1809 Rn 26.

307 GroßKommAktG/*Habersack* § 92 AktG Rn 49; Gottwald/*Uhlenbruck* InsOHdb § 6 Rn 37; Jaeger/*Müller* § 19 InsO Rn 66; MünchKommInsO/*Drukarczyk*/*Schüler* § 19 InsO Rn 97; Scholz/*Schmidt* Vor § 64 Rn 24.

308 Jaeger/*Müller* § 19 InsO Rn 66; Gottwald/*Uhlenbruck* InsOHdb § 6 Rn 40; Schmidt/*Uhlenbruck* Rn 5.153; *Lutter*/Hommelhoff/*Kleindiek* Rn 20; Scholz/*Schmidt* Vor § 64 Rn 24; *Uhlenbruck* § 19 InsO Rn 46; *Merz*/*Hübner* DStR 2005, 802, 803 f; undeutlich in den Voraussetzungen Kübler/Prütting/*Pape* § 19 InsO Rn 11; Rowedder/*Schmidt-Leithoff* § 63 Rn 46.

309 Scholz/*Schmidt* Vor § 64 Rn 24.

310 Budde/*Förschle*/*Hoffmann* P Rn 123.

311 Jaeger/*Müller* § 19 InsO Rn 67; Gottwald/*Uhlenbruck* InsOHdb § 6 Rn 33; BerlinerKommInsO/*Goetsch* § 19 Rn 37; Schmidt/*Uhlenbruck* Rn 5.150; Scholz/*Schmidt* Vor § 64 Rn 27.

312 Siehe hierzu Krieger/Schneider/*Haas,* Hdb Managerhaftung, § 11 Rn 2 ff, 12.

bedingt wirksam ist), ist fraglich. Entgegen einer teilweise vertretenen Ansicht[313] ist dies abzulehnen. Auszuweisen sind auch Forderungen aus schwebenden Geschäften, soweit trotz der drohenden Insolvenz mit ihrer Erfüllung zu rechnen ist.[314] Ggf sind die ihnen entspr Verbindlichkeiten zu passivieren (Rn 52 f). Aktive Rechnungsabgrenzungsposten sind nur anzusetzen, soweit ausstehende Gegenleistung auch bei Liquidation der Ges für diese verwertbar ist oder soweit vorzeitige Vertragsauflösung möglich ist u diese zu Rückzahlungsanspruch der Ges führen würde; insofern wird nicht Rechnungsabgrenzungsposten ausgewiesen, sondern ihm entspr anderer Aktivposten.[315]

52 **d) Ansatz auf der Passivseite. aa) Grundsatz.** Auf der Passivseite sind **alle Verbindlichkeiten anzusetzen,** die aus dem Gesvermögen zu befriedigen sind und zwar unabhängig von ihrer Fälligkeit.[316] Eine Bindung an die Passivierungsregeln der Jahresbilanz besteht nicht. Zu passivieren sind auch Forderungen, die durch Dritte besichert sind.[317] Gegebenenfalls muss in einem solchen Fall dann auch ein Freistellungsanspruch aktiviert werden. Soweit Schwierigkeiten hinsichtlich seiner Durchsetzung bestehen, ist dem im Rahmen der Bewertung Rechnung zu tragen. Anzusetzen sind auch bedingte oder streitige Verbindlichkeiten in Form von Rückstellungen (zur Bewertung, siehe unten Rn 56 ff).[318] Problematisch sind allerdings die Fälle, in denen Forderung (ernstlich) streitbefangen ist und vom Bestehen oder Nichtbestehen der Forderung Überschuldung abhängt. Hier wird in aller Regel von Passivierung abgesehen, da es nicht sinnvoll ist – vorschnell – Insolvenzverfahren über Vermögen der Ges zu eröffnen.[319]

53 **bb) Beispiele.** Anzusetzen sind auch noch nicht fällige oder gestundete Verbindlichkeiten. Werden Darlehen an Ges langfristig und unverzinslich gewährt, kann Abzinsung zum Bewertungsstichtag erfolgen.[320] Abw von Jahresbilanz sind auch Verbindlichkeiten aus schwebenden Geschäften zu passivieren.[321] Folgt man dieser Ansicht, sind auch entspr Forderungen aus schwebenden Geschäften zu aktivieren, soweit mit Erfüllung der Verträge zu rechnen ist.[322] Zu passieren ist auch Einlage eines stillen Gfters,[323] weil er nach

---

313 Jaeger/*Müller* § 19 InsO Rn 68; *Schmidt/Uhlenbruck* Rn 5.150.

314 GroßKommAktG/*Habersack* § 92 AktG Rn 48; Gottwald/*Uhlenbruck* InsOHdb § 6 Rn 41; BerlinerKommInsO/*Goetsch* § 19 Rn 33; HeidelbergerKommInsO/*Kirchhof* § 19 Rn 21; Jaeger/*Müller* § 19 InsO Rn 63; *Schmidt/Uhlenbruck* Rn 5.164.

315 MünchKommInsO/*Drukarczyk* § 19 InsO Rn 96; Schmidt/*Uhlenbruck* Rn 5.165; iE ebenso Rowedder/*Schmidt-Leithoff* § 63 Rn 51; ähnlich GroßKommAktG/*Habersack* § 92 AktG Rn 48; Jaeger/*Müller* § 19 InsO Rn 69; Budde/*Förschle/Hoffmann* P Rn 115.

316 *Uhlenbruck* ZInsO 2006, 338, 339; BerlinerKommInsO/*Goetsch* § 19 Rn 38; Schmidt/*Uhlenbruck* Rn 5.169.

317 OLG Celle NZG 2002, 730, 731; HeidelbergerKommInsO/*Kirchhof* § 19 InsO Rn 23.

318 OLG Naumburg DStR 2007, 1220.

319 *Uhlenbruck* § 19 InsO Rn 53; *ders* ZInsO 2006, 338, 339; siehe auch *Schmidt/Roth* ZInsO 2006, 236, 237 ff.

320 *H. P. Müller/Haas,* Kölner Schrift, 1799, 1811 Rn 30; Schmidt/*Uhlenbruck* Rn 5.170.

321 GroßKommAktG/*Habersack* § 92 AktG Rn 56; Jaeger/*Müller* § 19 InsO Rn 71; Schmidt/*Uhlenbruck* Rn 5.169, 5.174.

322 OLG Hamm NJW-RR 1993, 1445 f; Schmidt/*Uhlenbruck* Rn 5.174.

323 Jaeger/*Müller* § 19 Inso Rn 104; *Noack,* InsO GesR, Rn 81; Roth/*Altmeppen* Vor § 64 Rn 29; Scholz/*Schmidt* Vor § 64 Rn 31; *Uhlenbruck* § 19 InsO Rn 68; *H.-P. Müller/Haas,* Kölner Schrift, 1799, 1823 Rn 58.

§ 236 I HGB InsolvenzGl ist, ohne dass es darauf ankommt, ob der stille Gfter am Verlust teilnimmt oder nicht.[324] Passivierung entfällt aber, soweit Einlage durch den Verlustanteil aufgezehrt ist.[325] Für den Fall, dass Beteiligung mit gesetzlichem Nachrang belegt ist siehe unten Rn 54. Rückstellungen für ungewisse Verbindlichkeiten sind zu bilden, soweit Inanspruchnahme der Ges droht.[326] Nicht anzusetzen sind aber Rückstellungen für Gewährleistungen, die ohne rechtliche Verpflichtung erbracht werden (§ 249 I 2 Nr 2 HGB).[327] Wohl aber sind Rückstellungen für drohende Verluste aus schwebenden Geschäften anzusetzen, wenn man auf Ausweis schwebender Geschäfte verzichtet.[328] Verbindlichkeiten aus laufenden Pensionen sind zu passivieren, soweit nicht Ges zur Kürzung infolge Krise berechtigt ist.[329] Insoweit kann sich unterschiedlicher Ansatz je nach Ergebnis der Fortführungsprognose ergeben.[330] Das Passivierungswahlrecht des Art 28 EGHGB gilt nicht.[331] Das gilt auch für Pensionsanwartschaften, soweit sie durch Insolvenzverfahrenseröffnung unberührt bleiben.[332] Auch in dieser Hinsicht kann Ansatz von Ergebnis der Fortführungsprognose abhängen. Passive Rechnungsabgrenzungsposten sind stets in voller Höhe anzusetzen; denn entweder besteht Leistungsverpflichtung der Ges oder – bei vorzeitiger Vertragsauflösung – Rückzahlungsverpflichtung.[333] Bei negativer Fortbestehensprognose sind – hM zufolge – Kosten der Abwicklung durch Rückstellung zu berücksichtigen.[334] Dem ist nicht zu folgen, da dies gegen das Stichtagsprinzip (siehe oben Rn 49) verstößt.

cc) Nachrangige Verbindlichkeiten. Nach **der bis zum Inkrafttreten des MoMiG geltenden hM**[335] waren Forderungen des Gfters, die mit gesetz- 54

[324] Jaeger/*Müller* § 19 InsO Rn 104; Schmidt/*Uhlenbruck* Rn 5.190; *Uhlenbruck* § 19 InsO Rn 68.

[325] Jaeger/*Müller* § 19 InsO Rn 104; *Uhlenbruck* § 19 InsO Rn 68; *H.-P. Müller/Haas,* Kölner Schrift, 1799, 1823 Rn 58.

[326] OLG Naumburg DStR 2007, 1220; Jaeger/*Müller* § 19 InsO Rn 75; Schmidt/*Uhlenbruck* Rn 5.170, 5.175; *Uhlenbruck* § 19 InsO Rn 56 f.

[327] Jaeger/*Müller* § 19 InsO Rn 77; Schmidt/*Uhlenbruck* Rn 5.170, 5.175; *Uhlenbruck* § 19 InsO Rn 56.

[328] OLG Naumburg DStR 2007, 1220; OLG Hamm NZG 2002, 782; *Haas/Scholl* ZInsO 2002, 645, 646 ff; Jaeger/*Müller* § 19 InsO Rn 76; *Uhlenbruck* § 19 InsO Rn 57.

[329] HeidelbergerKommInsO/*Kirchhof* § 19 Rn 25; Budde/*Förschle/Hoffmann* P Rn 116; *Uhlenbruck* § 19 InsO Rn 59; ähnlich (ohne Berücksichtigung der Kürzungsmöglichkeit) Jaeger/*Müller* § 19 InsO Rn 80; Schmidt/*Uhlenbruck* Rn 5.169.

[330] *Uhlenbruck* § 19 InsO Rn 59; Schmidt/*Uhlenbruck* Rn 5.169; *H.-P. Müller/Haas,* Kölner Schrift, 1799, 1814 Rn 36.

[331] Jaeger/*Müller* § 19 InsO Rn 80.

[332] *Lutter*/Hommelhoff/*Kleindiek* Rn 23; Scholz/*Schmidt* Vor § 64 Rn 30; *Uhlenbruck* § 19 InsO Rn 60.

[333] Jaeger/*Müller* § 19 InsO Rn 72; iE ebenso Schmidt/*Uhlenbruck* Rn 5.193; Rowedder/*Schmidt-Leithoff* § 63 Rn 61; *Uhlenbruck* § 19 InsO Rn 67; Budde/Förschle/*Hoffmann* N Rn 115.

[334] KG ZInsO 2006, 437, 439 (Kosten der Einstellung des Betriebs); IDW FAR 1/1996, 4.3.; Jaeger/*Müller* § 19 InsO Rn 78, Budde/*Förschle/Hoffmann* P Rn 91; *Hommelhoff* FS Döllerer, 1988, 245, 255 ff; *H.-P. Müller/Haas,* Kölner Schrift, 1799, 1813 Rn 33 f. **AM** Kübler/Prütting/*Pape* § 19 InsO Rn 13; Rowedder/*Schmidt-Leithoff* § 63 Rn 56; Scholz/*Schmidt* Vor § 64 Rn 33; *Uhlenbruck* § 19 InsO Rn 55; Schmidt/*Uhlenbruck* Rn 5.174.

[335] BGHZ 146, 264, 272 ff = NJW 2001, 1280, 1281 f; *Haas* NZI 1999, 209, 214; *Schmidt* GmbHR 1999, 9, 14 f; Jaeger/*Müller* § 19 InsO Rn 86 ff; *Paulus* ZGR 2002,

lichem Nachrang im eröffneten Verfahren versehen sind (so genannte kapitalersetzende Gfterdarlehen) im Überschuldungsstatuts stets zu passivieren. Leistungsverweigerungsrecht analog § 30 I blieb unberücksichtigt auf Grund Unwägbarkeiten der Tatbestandsvoraussetzungen des Kapitalersatzrechts. Nach neuem § 19 II 3 InsO sind Gfterforderungen im Überschuldungsstatus nicht zu passivieren, wenn zwischen Gläubiger und Schuldner gemäß § 39 II InsO Nachrang im Insolvenzverfahren vereinbart wurde. Im Umkehrschluss zu § 19 II 3 InsO wird man folgern müssen, dass ohne „vereinbarten Nachrang" die Forderung zu passivieren ist. Der RefE sah zu Unrecht noch die gegenteilige Lösung vor[336] und begründete dies damit, dass das neue Recht der subordinierten Gfterforderungen – anders als das bisherige Kapitalersatzrecht – rechtssicherer sei und daher die seinerzeitige Begründung des BGH für eine Passivierung („Unwägbarkeiten des Kapitalersatzrechts") nicht mehr trage.[337] Dies ging jedoch am eigentlichen Problem vorbei.[338] Anders als nach alter Rechtslage gibt es nämlich nach neuem Recht im Vorfeld der Insolvenzeröffnung keine „präventive Durchsetzungssperre" mehr[339] mit der Folge, dass es heute an jeglichem Anknüpfungspunkt fehlt, um eine Nichtpassivierung der Gfterforderung begründen zu können.

55 Soweit der Gesetzgeber nunmehr Passivierungspflicht entfallen lässt, wenn Schuldner und Gläubiger Nachrang nach § 39 II InsO vereinbaren, **bleibt neue gegenüber alter Rechtslage zurück.** Nach Letzterer bedurfte es hierfür nämlich eines „qualifizierten Rangrücktritts", dh eines solchen für die Zeit nach Insolvenzeröffnung sowie für die Krisenzeit davor.[340] § 39 II InsO bezieht sich jedoch lediglich auf das eröffnete Verfahren. Vereinbaren Parteien aber Rangrücktritt nur für eröffnetes Verfahren, bleibt Forderung vor Insolvenzeröffnung ohne weiteres durchsetzbar mit der Folge, dass durch Überschuldungsbilanz die von einer Unternehmensfortführung ausgehende Gefährdung überhaupt nicht wirklichkeitsgetreu abgebildet wird. Gesetzgeber verkennt folglich, dass Überschuldungs- und Insolvenzeröffnungsbilanz nicht identisch sind. Gerade in der Abbildung der Gefährdungslage im Fall der Unternehmensfortführung liegt jedoch der Sinn und Zweck der Überschuldungsbilanz. Zudem verstößt diese Vorgehensweise auch gegen Stichtagsprinzip (siehe oben Rn 49). Letztlich handelt es sich hier wohl um ein Redaktionsversehen des Gesetzgebers.[341] Wie sich aus der Begründung ergibt (BT-Drucks 16/9737, 104 f), wollte der Gesetzgeber in Bezug auf die **zeitliche** Reichweite des Rangrücktritts nicht von bisheriger Praxis abweichen.

320, 326 f; Kübler/Prütting/*Pape* § 19 InsO Rn 14; BerlinerKommInsO/*Goetsch* § 19 Rn 41.

336 Befürwortend aber *Noack* DB 2006, 1475, 1481; *Mülbert* WM 2006, 1977, 1979; *Habersack* ZIP 2007, 2145, 2151; siehe zum Ganzen auch Goette/*Habersack*, Das MoMiG in Wissenschaft und Praxis, 2009, Rn 5.45 ff. **AM** zu Recht *Schmidt* GmbHR 2007, 1, 10; *ders* ZIP 2006, 1925, 1931; *ders* BB 2008, 461, 462 ff; *Haas/Oechsler* NZG 2006, 806 ff.

337 RegE-MoMiG, 129.

338 *Hölzle* GmbHR 2007, 729, 735 f; *Haas* ZInsO 2007, 617, 626 ff. **AM** *Habersack* ZHR 170 (2006), 607, 613.

339 *Haas* ZInsO 2007, 617, 619; *Kleindiek* ZGR 2006, 335, 355 f; *Schmidt* GmbHR 2001, 1, 9; *Hölzle* GmbHR 2007, 729, 735.

340 BGHZ 146, 264, 272 ff; Ulmer/*Habersack* §§ 32 a/b Rn 27; *Haas/Scholl* ZInsO 2002, 645, 649; Jaeger/*Müller* § 19 InsO Rn 96 ff.

341 Vgl hierzu *Haas* DStR 2009, 326 f.

Folglich sollte auch künftig davon ausgegangen werden, dass Rangrücktritt nur für Fall der Verfahrenseröffnung (§ 39 II InsO) nicht ausreicht, um Passivierungspflicht entfallen zu lassen. Mit Hinweis auf § 39 II InsO wollte Gesetzgeber nur Aussage in Bezug auf „Tiefe" des Rangrücktritts treffen. Notwendig ist danach für den Fall der Verfahrenseröffnung ein Rücktritt hinter die gesetzlich subordinierten Forderungen in § 39 I Nr 1 bis 5 InsO, nicht aber – wie nach altem Recht – ein Rücktritt in den Rang des § 199 S 2 InsO.[342] Zu passivieren sind – in Ermangelung eines hinreichenden Rangrücktritts – auch Forderungen des Gfters, die auf Rechtshandlungen beruhen, die einem Darlehen wirtschaftlich entsprechen (vgl hierzu § 30 Rn 51 ff).

e) Bewertung. aa) Grundsatz. Bewertung hängt – soweit Überschuldungsprüfung nach dem vor dem 18. 10. 2008 geltenden Überschuldungsbegriff erfolgt (vgl Rn 43 a) – vom Ergebnis der nach § 19 II 2 aF InsO anzustellenden Fortführungsprognose (siehe oben Rn 44 ff) ab. Ist danach Fortführung des Unternehmens den Umständen nach überwiegend wahrscheinlich, sind **Fortführungswerte** anzusetzen,[343] anderenfalls sind Liquidationswerte maßgebend.[344] Für die Prüfung ab dem 18. 10. 2008 sind immer nur Liquidationswerte anzusetzen. Das unterschiedliche Verwertungsszenario für Überschuldungstatbestand vor dem 18. 10. 2008 ist in erster Linie für die Bewertung der Aktiva relevant, kann aber im Einzelfall auch für den Ansatz im Überschuldungsstatus (siehe oben Rn 50 ff) Bedeutung haben. Sind **Liquidationswerte** maßgebend, sind die Vermögensgegenstände einzeln (Grundsatz der Einzelbewertung)[345] und zwar nach dem voraussichtlichen (Einzel-)Veräußerungserlös zu bewerten abzüglich der Verwertungskosten und der Umsatzsteuer.[346] Dabei ist eine reguläre, dh außergerichtliche Liquidation und nicht etwa eine Sonderliquidation zugrunde zu legen.[347] UU ist eine höhere Abwicklungsgeschwindigkeit zugrunde zu legen, wenn Insolvenzverfahren unmittelbar bevorsteht.[348] Steuerliche Wirkung der Hebung stiller Reserven sind zu berücksichtigen.[349] Mitunter ist auch eine Gesamtbewertung von Sachgesamtheiten möglich (Betriebs- und Unternehmensteile, 56

342 So BGHZ 146, 264, 272 ff; OLG Frankfurt GmbHR 2004, 53, 54; *Goette* DStR 2001, 175, 179; kritisch hierzu *Wittig* NZI 2001, 169, 173 f; *Altmeppen* ZIP 2001, 240, 241; vgl auch *Haas* NZI 2002, 457, 463; Jaeger/*Müller* § 19 InsO Rn 100 ff.

343 IDW FAR 1/1996, 4.1.; HeidelbergerKommInsO/*Kirchhof* § 19 Rn 14; Jaeger/*Müller* § 19 InsO Rn 46; Kübler/Prütting/*Pape* § 19 InsO Rn 9; Budde/Förschle/*Hoffmann* N Rn 100; BerlinerKommInsO/*Goetsch* § 19 Rn 32; *H.-P. Müller/Haas,* Kölner Schrift, 1799, 1807 Rn 20.

344 IDW FAR 1/1996, 4.1.; HeidelbergerKommInsO/*Kirchhof* § 19 Rn 15; Jaeger/*Müller* § 19 InsO Rn 48; Kübler/Prütting/*Pape* § 19 InsO Rn 9; Budde/*Förschle/Hoffmann* P Rn 90; Schmidt/*Uhlenbruck* Rn 5.137; *H.-P. Müller/Haas,* Kölner Schrift, 1799, 1803 f Rn 12.

345 Budde/*Förschle/Hoffmann* P Rn 90; Schmidt/*Uhlenbruck* Rn 5.137; *H.-P. Müller/Haas,* Kölner Schrift, 1799, 1807 Rn 20; BerlinerKommInsO/*Goetsch* § 19 Rn 36; siehe auch BGH DStR 2001, 1537, 1538.

346 IDW FAR 1/1996, 4.1.; *Höffner* DStR 2008, 1787, 1788; MünchKommInsO/*Drukarczyk* § 19 InsO Rn 91; Budde/*Förschle/Hoffmann* P Rn 100; Nickert/Lamberti/*Kühne,* Überschuldungs- und Zahlungsfähigkeitsprüfung, Rn 246, 248; Schmidt/*Schröder* § 19 InsO Rn 22.

347 Nerlich/Römermann/*Mönning* § 19 InsO Rn 27; Schmidt/*Uhlenbruck* Rn 5.137; Nickert/Lamberti/*Kühne,* Überschuldungs- und Zahlungsfähigkeitsprüfung, Rn 248.

348 Kübler/Prütting/*Pape* § 19 InsO Rn 48.

349 MünchKommInsO/*Drukarczyk* § 19 InsO Rn 94.

etc), wenn Gesamtverwertung – auf Grund konkreter Anhaltspunkte (zB konkrete Vertragsverhandlungen) – wahrscheinlicher ist als Einzelverwertung.[350] Dann ist der einzelne Vermögenswert mit dem entsprechenden anteiligen Erlös aus der (erwarteten) Gesamtveräußerung anzusetzen. Veräußerungs- und Verwertungskosten, Kosten einer außergerichtlichen Liquidation (nicht aber des Insolvenzverfahrens, Rn 49), Kosten der Einstellung des Geschäftsbetriebs sowie steuerliche Effekte sind entweder bei Schätzung des Vermögenswertes oder aber durch entspr Rückstellungen auf Passivseite zu berücksichtigen.[351]

57 Sind **Fortführungswerte** anzusetzen, ist Verwertungszenario auf ersten Blick nicht eindeutig;[352] denn anders als bei Liquidationsprämisse besteht kein Zwang, die einzelnen zum Schuldnervermögen gehörenden Gegenstände zu veräußern. HM geht aber auch für diesen Fall vom Grds der Einzelbewertung aus (vgl Rn 48). Bewertungsziel ist danach der anteilige Wert eines Wirtschaftsgutes, der diesem als Bestandteil des Gesamtkaufpreises für das Unternehmen (unter der Prämisse der Gesamtveräußerung und Fortführung) beizulegen wäre.[353] Welche Bewertungsmethode allerdings geeignet ist, diesen Fortführungswert zu bestimmen, ist streitig.[354] Teilweise wird Fortführungswert mit dem auf Vermögensgegenstand entfallenen anteiligen Erlös aus hypothetischer Gesamtveräußerung des Unternehmens gleichgesetzt.[355] Andere wollen auf den gegenwartsbezogenen Substanzwert, dh auf den Betrag abstellen, der unter dem Gesichtspunkt der Unternehmensproduktion aufzuwenden wäre.[356] Wieder andere wollen wahlweise auf Einzelliquidationswerte ober aber auf den höchstzulässigen handelsrechtlichen Wert unter going Concern-Annahme abstellen.[357] Sämtliche Bewertungsmethoden zur Ermittlung des Fortführungswertes weisen Vor- und Nachteile auf. Unterschiede halten sich aber in Grenzen; denn zum einen besteht darüber Einigkeit, dass nicht betriebsnotwendiges Vermögen nach Einzelveräußerungswerten zu bewerten ist.[358] Zum

---

[350] Jaeger/*Müller* § 19 InsO Rn 48; Budde/*Förschle/Hoffmann* P R. 92; *H.-P. Müller/Haas,* Kölner Schrift, 1799, 1804 Rn 13; siehe auch Nickert/Lamberti/*Kühne,* Überschuldungs- und Zahlungsfähigkeitsprüfung, Rn 247.

[351] KG ZInsO 2006, 437, 439; *Höffner* DStR 2008, 1787, 1788; *Möhlmann* DStR 1998, 1843, 1846; MünchKommInsO/*Drukarczyk* § 19 Rn 91.

[352] Vgl *Drubarczyk* ZHR 143 (1979) 566.

[353] Jaeger/*Müller* § 19 InsO Rn 46; Nickert/Lamberti/*Kühne,* Überschuldungs- und Zahlungsfähigkeitsprüfung, Rn 251; *Lutter*/Hommelhoff/*Kleindiek* Rn 11; *Wagner* Bericht IDW-Fachtagung 1994, 171, 184; iE ähnlich (Veräußerungswert) *Uhlenbruck* § 19 InsO Rn 35; (Wiederbeschaffungswert) HeidelbergerKommInsO/*Kirchhof* § 19 InsO Rn 14; Kübler/Prütting/*Pape* § 19 InsO; *H.-P. Müller/Haas,* Kölner Schrift, 1799, 1807 Rn 20. Kritisch zu diesem Ansatz der Einzelbewertung MünchKommInsO/*Drukarczyk* § 19 InsO Rn 111 ff; kritisch auch (Einzelliquidationswerte, mindestens höchstzulässige handelsrechtliche Werte unter Fortführungsprämisse) Budde/*Förschle/Hoffmann* P Rn 103; Runkel/*Spliedt* AnwaltsHdb § 1 Rn 37.

[354] MünchKomm InsO/*Drukosczyk* § 19 Rn 111 ff.; *Möhlmann* DStR 1998, 1843, 1847.

[355] Jäger/*Müller* § 19 InsO Rn 46; *Lutter*/Hommelhoff/*Kleindiek* Rn 11; *Schmidt/Schröder* § 19 InsO Rn 21.

[356] *Wolf* Überschuldung 185; HeidelbergerKommInsO/*Kirchhof* § 19 Rn 14; Andres/*Leithaus* § 19 Rn 14; Andres/*Leithaus* § 19 InsO Rn 7.

[357] Budde/*Förschle/Hoffmann* P Rn 103; BerlinerKommInsO/*Goetsch* § 19 Rn 50; wohl auch *Hüffer* § 92 AktG Rn 11 a.

[358] Siehe *Götker,* Der Geschäftsführer in der Insolvenz der GmbH, Rn 262 f; Jaeger/*Müller* § 19 InsO Rn 47.

anderen ignorieren auch die Ansichten, die für die Bewertung des Vermögensgegenstandes nicht vom Gesamtwert des Unternehmens ausgehen, diese nicht, sondern berücksichtigen den über den Substanzwert hinausgehenden Mehrwert des Unternehmens im Rahmen des Firmenwertes.[359]

bb) Beispiele. Forderungen sind unter Berücksichtigung ihrer Durchsetzbarkeit zu bewerten.[360] Vor allem Ansprüche gegen Gfter auf Erbringung rückständiger Einlagen, Leistung von Nachschüssen, Rückgewähr nach § 31 sowie aus vertraglicher oder vertraglich anerkannter Verlustübernahmepflicht analog § 302 AktG u gegen GFührer aus § 43 sind kritisch zu würdigen. Verbindlichkeiten sind entspr § 253 I 2 HGB mit Rückzahlungsbetrag (bzw Erfüllungsbetrag)[361] anzusetzen.[362] Unverzinsliche Verbindlichkeiten sind bei negativer Fortbestehensprognose auf Barwert abzuzinsen, da sie nach § 41 II InsO im Insolvenzverfahren nur mit diesem Wert berücksichtigt werden.[363] Bei positiver Fortbestehensprognose kann dann nichts anderes gelten. Hier ist zu unterstellen, dass Ges Zinsanteil bis Fälligkeit erwirtschaften wird.[364] Grundstücke, Beteiligungen oder Wertpapiere des Anlagevermögens sind mit dem jeweiligen Verkehrs- bzw Kurswert anzusetzen.[365] Bei der Bewertung des Umlaufvermögens (Roh-, Hilfs- und Betriebsstoffe) dürfen – im Falle einer negativen Fortführungsprognose – weder die Wiederbeschaffungs- noch die Zeitwerte, sondern nur die in der Liquidation erzielbaren Preise angesetzt werden. Unfertige Leistungen sind daher nur mit erheblichen Abschlägen zu berücksichtigen, da sie nur schwer (wenn überhaupt) verwertbar sind.[366] Bei positiver Fortführungsprognose kann für das Umlaufvermögen auf Zeit- oder Anschaffungswerte abgestellt werden. Bei streitigen Verbindlichkeiten kommt es für die Bewertung im Zusammenhang mit Rückstellungen (oben Rn 53) auf die Wahrscheinlichkeit der Inanspruchnahme an.[367] 58

3. Prüfung der Überschuldung. a) Prüfungsreihenfolge. Das Gesetz sieht **keine Prüfungsreihenfolge** für die Überschuldungsfeststellung vor. Für den vor dem 18. 10. 2008 geltenden Überschuldungsbegriff (Rn 43 a) werden in Lit und Rspr unterschiedliche Feststellungsmethoden vertreten. Die wohl hM nimmt danach die Überschuldungsprüfung in zwei Schritten 59

---

359 Siehe oben Rn 51.

360 MünchKommInsO/*Drukarczyk* § 19 InsO Rn 95; Jaeger/*Müller* § 19 InsO Rn 60; *Uhlenbruck* § 19 InsO Rn 45; siehe auch Schmidt/*Uhlenbruck* Rn 5.148.

361 So Art 1 Nr 10 BilMoG.

362 Budde/*Förschle/Hoffmann* P Rn 120; Jaeger/*Müller* § 19 InsO Rn 123; *Uhlenbruck* § 19 InsO Rn 49.

363 Beschränkt auf langfristige unverzinsliche Verbindlichkeiten Jaeger/*Müller* § 19 InsO Rn 70; *H.-P. Müller/Haas,* Kölner Schrift, 1799, 1811 Rn 30; vgl auch *Haas/Scholl* ZInsO 2002, 645, 647 insbesondre zum Problem von Risiken aus langfristigen Verträgen.

364 Schmidt/*Uhlenbruck* Rn 5.170.

365 Gottwald/*Uhlenbruck* InsOHdb § 6 Rn 31; *Uhlenbruck* § 19 InsO Rn 42. Für Beteiligungen siehe insb *Nickert*/Lamberti, Überschuldungs- und Zahlungsfähigkeitsprüfung, Rn 410 ff.

366 Gottwald/*Uhlenbruck* InsOHdb § 6 Rn 34; MünchKommInsO/*Drukarczyk* § 19 InsO Rn 95.

367 OLG Naumburg DStR 2007, 1220; *Höffner* DStR 2008, 1787, 1789; für eine abgestufte Bewertung, siehe Nickert/Lamberti/*Kühne,* Überschuldungs- und Zahlungsfähigkeitsprüfung, Rn 917.

vor, wobei auf der ersten Ebene die Fortbestehungsprognose vorzunehmen ist und auf der zweiten Stufe die stichtagsbezogene Gegenüberstellung der Aktiva und Passiva im Vermögensstatus erfolgt.[368] Nach anderer Ansicht ist die Prüfung „dreistufig" vorzunehmen,[369] ohne dass dies zu Unterschieden im Ergebnis führt.

59 a Für den ab dem 18. 10. 2008 geltenden Überschuldungsbegriff (Rn 43 b) ist zunächst eine Fortbestehungsprüfung anzustellen. Ist diese positiv, entfällt die Überschuldung bereits auf der ersten Stufe. Um aber eine realitätsnahe Zukunftsprognose zu ermöglichen, liegt es nahe – quasi zur Kontrolle – dennoch eine Überschuldungsbilanz nach Fortführungswerten zu erstellen und im Falle einer Unterbilanz die (zuvor erstellte) Fortführungsprognose mit besonderer Sorgfalt zu überprüfen und zu hinterfragen. Nur für den Fall, dass Fortbestehungsprognose auf der erste Stufe negativ ist, muss allerdings auf der zweiten Stufe die Prüfung der Schuldendeckungsfähigkeit nach Liquidationswerten wirklich vorgenommen werden. Überschuldung ist hier nur gegeben, wenn sich auf der zweiten Stufe eine Unterdeckung ergibt.

59 b **b) Indizielle Bedeutung der Handelsbilanz.** Kommt es auf den Nachweis der Überschuldung ex post (im Zusammenhang etwa mit der Haftung des GFührer) an, kann Erstellung eines Überschuldungsstatus nach Liquidationswerten entbehrlich sein. Im Einzelfall kann Unterdeckung auch durch Vorlage einer (insolvenzrechtlich bereinigten) Handelsbilanz nachgewiesen werden. Letzterer kommt nämlich indizielle Bedeutung für die insolvenzrechtliche Beurteilung zumindest dann zu, wenn keine stillen Reserven vorhanden bzw die handelsrechtlichen Ansätze auf Grund ihrer andersartigen Zielrichtung nicht aus anderen Gründen zu korrigieren sind.[370] Dies gilt nicht nur für den bisherigen, sondern auch für den infolge des FMStG modifizierten Überschuldungsbegriff.

III. Verletzung des „Zahlungsverbots"

60 Die Haftung in § 64 S 1 knüpft daran an, dass der GFührer gegen das „Zahlungsverbot" verstößt. Letzteres kann in folgende Tatbestandselemente zerlegt werden.

61 **1. Selbstprüfung und Überwachung.** Um die Masse mit Eintritt der Zahlungsunfähigkeit und Überschuldung erhalten zu können, ist der GFührer zu einer **beständigen wirtschaftlichen Selbstkontrolle** verpflichtet, um die Krise rechtzeitig erkennen zu können.[371] Sobald Gfterversammlung nach § 49 III einzuberufen ist, spätestens aber, wenn ein „nicht durch Eigenkapital

---

[368] OLG Oldenburg ZInsO 2009, 154, 155; Braun/*Bußhardt* § 19 InsO Rn 19; Nickert/Lamberti/*Kühne*, Überschuldungs- und Zahlungsfähigkeitsprüfung, Rn 227; Schmidt/*Schröder* § 19 InsO Rn 10.

[369] BerlinerKommInsO/*Goetsch* § 19 Rn 24; Gottwald/*Uhlenbruck* InsOHdb § 6 Rn 22.

[370] BGH NZG 2009, 550; ZIP 2009, 1220, 1221; ZIP 2008, 267; ZIP 2008, 72; ZIP 2007, 1060, 1061; ZIP 2005, 807; OLG Celle GmbHR 2008, 1034, 1035; Celle ZInsO 2006, 440, 441.

[371] BGH ZIP 2007, 1265, 1266; OLG Oldenburg ZInsO 2009, 154, 156; OLG Celle GmbHR 2008, 1034, 1035; KG ZInsO 2006, 437, 439; Rowedder/*Schmidt-Leithoff* Rn 19.

gedeckter Fehlbetrag" nach § 268 III HGB ausgewiesen werden muss, hat GFührer Überschuldung beständig zu prüfen.[372] Unterlässt er dies und steuert er die Ges quasi „blind" in die Krise, befreit ihn dies nicht von der Haftung nach § 64 S 1. Verfügt der GFührer nicht über die notwendige Expertise, muss er sich extern beraten lassen.[373] Schlichte Anfrage bei einer von dem GFührer für fachkundig gehaltenen Person reicht nicht aus.[374] Erforderlich ist, dass sich GFührer unter umfassender Darstellung der Gesverhältnisse und Offenlegung der erforderlichen Unterlagen von einem unabhängigen und fachlich spezialisierten Berufsträger beraten lässt.[375] Auf dessen Ausführungen kann sich der GFührer nicht blind verlassen; vielmehr hat er insoweit eine Plausibilitätskontrolle durchzuführen.[376] Ist die Auskunft der fachkundigen Person falsch und/oder unvollständig, aber zugunsten des GFührers nicht schuldausschließend, kommt uU ein Regressanspruch des GFührers gegen die Auskunftsperson in Betracht, zB wenn der von der Ges mandatierte Steuerberater den Jahresabschluss zu erstellen hat, den GFührer nicht auf die Notwendigkeit einer Überschuldungsprüfung hinweist und diesen damit „in die Haftung laufen" lässt.[377]

Sind **mehrere GFührer vorhanden,** kann Pflicht zur wirtschaftlichen Selbstkontrolle Gegenstand einer Geschäftsverteilung sein. Die GFührer haben dann aber für eine wechselseitige Kontrolle und Überwachung durch die Ressortgeschäftsführung des verantwortlichen GFührer zu sorgen.[378] Besteht der Verdacht, dass sich die Ges in der Krise befindet, muss auch der nicht für das Ressort Finanzen zuständige GFührer alle nach den Umständen gebotenen und zumutbaren Maßnahmen treffen, um bis zur Klärung der Situation zu verhindern, dass das Gesvermögen durch Abflüsse gemindert wird.[379] Daraus folgt, dass der GFührer gegebenenfalls die Gesversammlung einzuberufen oder zu benachrichtigen hat und uU die Amtsniederlegung androhen und vollziehen muss, wenn der MitGFührer nicht zu einem rechtmäßigen Verhalten angehalten werden kann. Die Pflicht, insoweit alle zumutbaren Anstrengungen zu unternehmen, entfällt nicht schon dann, wenn der GFührer keine Möglichkeit hat, sich rechtlich oder faktisch durchzusetzen. Steht der Eintritt der Krise fest, hat der GFührer verbotswidrige Auszahlungen zu verhindern. Das beinhaltet im Grds auch die Pflicht, jede von dem MitGFührer veranlasste Zahlung darauf hin zu überprüfen, ob sie mit § 64 vereinbar ist.[380] 62

2. Zahlungen aus dem Gesvermögen. a) Rechtshandlung des GFührers. Die Haftung setzt voraus, dass der GFührer eine Zahlung erbringt. Letzteres liegt stets vor, wenn er selbst die fragliche Rechtshandlung vornimmt. Aber auch wenn jemand anderes im Unternehmen Zahlung vornimmt, liegt Rhandlung des GFührers vor, **wenn Zahlung dem GFührer** 63

---

372 OLG Celle GmbHR 2008, 1034, 1035; *Lutter*/Hommelhoff/*Kleindiek* Rn 16.
373 OLG Oldenburg ZInsO 2009, 154, 156.
374 BGH ZIP 2007, 1265, 1267.
375 BGH ZIP 2007, 1265, 1267.
376 BGH ZIP 2007, 1265, 1267.
377 *Wagner/Zabel* NZI 2008, 660 ff.
378 OLG Schleswig EWiR 2008, 49, 50 *(Naraschewski);* eingeschränkt OLG München EWiR 2008, 275, 276 *(Klein).*
379 BGH GmbHR 1994, 460, 462.
380 Enger OLG Düsseldorf GmbHR 1992, 675, 677.

zurechenbar ist. Dies ist der Fall, wenn Zahlung von ihm veranlasst worden ist bzw mit seinem Wissen und Wollen geschehen ist oder aber er die Zahlung hätte verhindern können.[381] Letzteres wird in den meisten Fällen zutreffen; denn GFührer hat in der Krise eine umfassende Überwachungs- und Kontrollpflicht gegenüber den MitGFührern und unteren Hierarchieebenen.[382] An einer haftungsauslösenden Rechtshandlung fehlt es – vergleichbar dem Anfechtungsrecht[383] – wenn Vermögensminderung auf Vollstreckungshandlung des Gl beruht.[384] Mitwirkung des GFührers reicht für Rechtshandlung aber aus. Letztere kann – nach altem Kapitalersatzrecht – auch darin liegen, dass Ges Hilfe zugunsten Tochterges stehenlässt und diese daraufhin umqualifiziert wird. Grundsätzlich ist für jede Rechtshandlung des GFührers gesondert zu prüfen, ob sie eine Haftung auslöst oder nicht (siehe aber auch unten Rn 68 ff).

64 **b) Bezug zum Gesvermögen.** Im Hinblick auf den Normzweck, nämlich die bei Eintritt der Insolvenzreife vorhandene Haftungsmasse zu erhalten, können nur solche Handlungen als „Zahlung" qualifiziert werden, die einen Bezug zum Schuldnervermögen aufweisen; denn nur die Weggabe solcher Vermögenswerte verringert die Befriedigungsaussicht der Gl. Fraglich ist, was alles zum (Aktiv-)Vermögen zählt. Im Ausgangspunkt ist dabei **auf § 35 InsO abzustellen.**[385] Daher fehlt ein hinreichender Bezug zum Gesvermögen, wenn die Zahlung nicht aus Eigen-, sondern aus Drittmitteln erfolgt,[386] Vermögensgegenstände herausgegeben werden, an denen ein Aussonderungsrecht besteht[387] oder (echtes, eine Aussonderung in der Insolvenz begründendes) Treugut dem Treugeber zurückgegeben wird.[388] Letzteres liegt nicht schon dann vor, wenn der Ges von dritter Seite Vermögensgegenstände mit einer bestimmten Zweckabrede überlassen werden (zB Überlassung von Geldmitteln zur Befriedigung bestimmter Gl). Hierdurch werden vielmehr die Befriedigungsaussichten der GesGl verkürzt.[389] Kein Treuhandverhältnis liegt vor, wenn GFührer die einbehaltene Lohnsteuer für Rechnung des Arbeitnehmers an das Finanzamt abführt.[390] Gleiches hat die Rspr bislang (zu Recht) im Verhältnis zu den vom Arbeitgeber abzuführenden Arbeitnehmeranteilen zur Sozialversicherung angenommen.[391] Dies wird man wohl für die Zukunft nicht mehr vertreten können. Der Gesetzgeber hat

---

381 BGH NZG 2009, 582, 593.

382 OLG Oldenburg ZIP 2004, 1315, 1316.

383 BGH NJW 2005, 1121; Uhlenbruck/*Hirte* § 133 InsO Rn 8; *Bork* ZIP 2004, 1684: keine schuldnerische Rechtshandlung.

384 BGH NZG 2009, 582, 583.

385 Vgl *Theiselmann/Redeker* GmbHR 2008, 961, 966. So auch für das Anfechtungsrecht, BGH ZIP 2007, 435, 436.

386 BGHZ 143, 184, 186 ff = DStR 2000, 210, 211.

387 BGHZ 100, 19, 23 ff; Michalski/*Nerlich* Rn 46.

388 BGH ZIP 2008, 1229, 1230.

389 BGH ZIP 2008, 1229, 1230; NJW 2003, 2316 f = NZG 2003, 582, 583; *Theiselmann/Redeker* GmbHR 2008, 961, 964; ebenso für Anfechtungsrecht BGH ZIP 2002, 489, 490. **AM** OLG Brandenburg GmbHR 2002, 910, 911 f; Voraufl. Rn 79; krit zu dieser BGH-Entscheidung (aber von einem anderen Ansatz aus) *Schmidt* ZHR 168 (2004), 637, 646 ff.

390 BGH NJW 2004, 1333 ff; NJW 2002, 2568 f; *Haas,* Geschäftsführerhaftung und Gläubigerschutz, 194 ff.

391 BGH ZIP 2005, 1026, 1027; LG Hagen ZIP 1997, 324, 325.

nämlich mit dem am 1. 1. 2008 in Kraft getretenen § 28 e I 2 SGB IV (nF) angeordnet, dass die Zahlung des vom Beschäftigten zu tragenden Anteils des Gesamtsozialversicherungsbeitrags als aus dem Vermögen des Beschäftigten erbracht gilt.[392] Der Gesetzgeber fingiert damit, dass das auf den Arbeitnehmeranteil zur Sozialversicherung aufgewendete Vermögen dem Vermögen des Arbeitgebers zuzurechnen ist. Aufgrund dieser gesetzlichen Fiktion eines Treuhandverhältnisses fehlt mithin der erforderliche Bezug zum Schuldnervermögen bei einer Zahlung des GFührers auf den Arbeitnehmeranteil zur Sozialversicherung.[393] Ein ausreichender Bezug zum Schuldnervermögen besteht hingegen, wenn Zahlungen von einem Treuhandkonto vorgenommen werden, das der Treuhänder für die Ges hält.[394] Problematisch ist Zahlung des GFührers aus Kreditmitteln, die Bank dem Schuldner zur Disposition gestellt hat.[395] Hat Ges gegen Bank einen pfändbaren Anspruch auf Auszahlung des Darlehensbetrages, zählen Mittel wirtschaftlich gesehen zum Vermögen der Ges mit der Folge, dass bei Verfügung hierüber hinreichender Bezug zum Gesvermögen besteht.[396] Der (2. Senat des) BGH sieht dies aber anders und verneint hier grundsätzlich einen (haftungsauslösenden) Bezug zum Gesvermögen und kommt damit zwangsläufig in Widerspruch mit dem Gläubigergleichbehandlungsgrundsatz, dessen Schutz § 64 S 1 ja gerade dient.[397]

c) Zahlung. aa) Weggabe von Vermögen. Die überwiegende Ansicht legt den Begriff „Zahlung" im Lichte des Normzwecks des § 64 S 1 weit aus.[398] Ohne Bedeutung ist danach, aus welchen Motiven der GFührer diese vorgenommen hat. Auch wenn die Ges hierzu verpflichtet war, handelt es sich um eine „Zahlung".[399] § 64 S 1 bezieht sich in erster Linie auf Geldzahlungen. Unerheblich ist, ob sie aus einem Barbestand oder Kontoguthaben geleistet werden.[400] Sie können auch bewirkt werden durch Lastschrift auf Grund einer Abbuchungs- oder Einzugsermächtigung,[401] durch Minderung des Debetsaldos eines Bankkontos infolge Überweisung[402] oder Einreichung eines Kundenschecks.[403] Im Einzelfall kann fraglich sein, wann eine „Zahlung" 65

392 Der Gesetzgeber bezeichnet diese Änderung – zu Unrecht – als Klarstellung. Daher stellt sich insoweit die Frage, ab wann die neue Regelung anzuwenden ist, vgl zu der kontroversen Frage BGH ZIP 2008, 747, 748 f; OLG Hamburg ZIP 2008, 749; *Bräuer* ZInsO 2008, 781 ff.

393 **AM** mit beachtenswerten Erwägungen *Bork* ZIP 2008, 1041, 1043 f.

394 OLG Düsseldorf ZIP 1998, 2101, 2102.

395 Das ist nicht schon der Fall, bei von Bank geduldeter Kontoüberziehung, BGH ZIP 2007, 435, 436 f. Vgl zum Ganzen aber auch *Bitter* FS Schmidt 2009, 123, 124 ff.

396 So im Rahmen der §§ 129 ff InsO, vgl BGH ZIP 2002, 489, 490; ZIP 2008, 747, 748.

397 BGH ZIP 2007, 1006, 1007; zustimmend Ulmer/*Casper* Rn 86.

398 Rowedder/*Schmidt-Leithoff* Rn 27; *Lutter*/Hommelhoff/*Kleindiek* Rn 59; *Goette* ZInsO 2005, 1, 4; Gottwald/*Haas* InsOHdb § 92 Rn 145; Ulmer/*Casper* Rn 83 f.

399 OLG Celle GmbHR 2008, 101, 102; GroßkommAktG/*Habersack* § 92 AktG Rn 91, 93; Scholz/*Schmidt* Rn 27.

400 OLG Celle GmbHR 1997, 901, 902; *Röhricht* ZIP 2005, 505, 510.

401 BGH WM 2007, 2246, 2247; LG Köln WM 1990, 411, 413.

402 OLG Celle ZIP 2007, 2210.

403 BGHZ 143, 184, 186 ff; BGH NJW 2001, 304 f = NZG 2000, 1222; BGH ZIP 2007, 1006, 1007; OLG Hamburg 1995, 913 f; OLG Düsseldorf GmbHR 1999, 661, 662; OLG Oldenburg ZIP 2004, 1315, 1316 f; *Röhricht* ZIP 2005, 505, 510. **AM** OLG Celle NZG 1999, 77, 78.

bewirkt ist. Dies gilt etwa für eine im Einzugsermächtigungsverfahren gezogene Lastschrift. Auf der Grundlage der herrschenden „Genehmigungstheorie“[404] erfolgt hier die Erfüllung im Valutaverhältnis (und damit auch die Zahlung) nicht schon mit Einlösung der Lastschrift, sondern erst durch Genehmigung bzw Unterlassen des Widerspruchs gegen die Lastschrift.[405] HM nach ist Begriff „Zahlungen“ nicht auf Geldzahlungen beschränkt.[406] Erfasst wird vielmehr **jede Minderung des Aktivvermögens** unabhängig davon, ob es sich um die Weggabe von Geld, Waren oder sonstigen Leistungen handelt.[407] Erfasst wird daher auch die Aufrechnung oder Verrechnung von Forderungen mit GesSchulden.[408] Fraglich ist, ob eine Zahlung dann vorliegt, wenn es der GFührer unterlässt, eine höhere Vergütung zu erzielen, wenn er also beispielweise Gegenstände aus dem Gesvermögen zum Selbstkostenpreis weggibt oder wenn ein höherer Marktpreis unter normalen Umständen erzielbar gewesen wäre. Richtiger Ansicht liegt im Lichte des Normzwecks auch hierin eine Zahlung iS des § 64 S 1.[409] Eine Zahlung liegt auch dann vor, wenn GFührer Kredit an Gfter oder Dritten ausreicht. Dies gilt unabh davon, ob Kreditnehmer solvent und Rückzahlungsanspruch werthaltig ist; denn im Stadium der Insolvenzreife handelt es sich bei einem solchen Geschäft nicht um einen „neutralen“ Aktiventausch. Gleiches gilt für die Besicherungen aus dem Gesellschaftsvermögen im Stadium der Insolvenzreife.

66 **bb) Erhöhung der Passiva.** Umstritten ist, ob der Begriff „Zahlungen“ auch solche Rechtshandlungen des GFührers erfasst, die allein den Passivbestand berühren und hierdurch die Befriedigungsaussichten der Glgesamtheit verschlechtern. Diskutiert wird diese Frage insbesondere für die Belastung des Gesvermögens mit Neuverbindlichkeiten.[410] Der BGH hat dies jedoch zu Recht abgelehnt.[411] Ebenfalls abzulehnen ist eine Auszahlung, wenn der GFührer ein Dauerschuldverhältnis nicht kündigt.[412] Hier kann der GFührer

---

404 Vgl Nachweise bei BGH WM 1989, 520, 521; BGHZ 162, 294, 303; siehe auch Nachweise bei BGH WM 2007, 2246, 2247. Zur zivilrechtlichen Beurteilung des Zahlungsvorgangs, siehe *Haas* Bankrechtstag 2007, 3, 14 ff.

405 BGH WM 2007, 2246, 2247; so wohl auch LG Köln WM 1990, 411. **AM** – ohne Begründung – Ulmer/*Casper* Rn 84.

406 **AM** aber RGZ 159, 211, 234 (zu § 241 III Nr 6 HGB aF = § 93 III Nr 6 AktG); *Fleck* GmbHR 1974, 224, 230.

407 Vgl BGHZ 143, 184, 186 ff; OLG Düsseldorf WM 1996, 1922, 1926; OLG Oldenburg ZIP 2004, 1315, 1316; GroßkommAktG/*Habersack* § 92 AktG Rn 93; *Lutter*/Hommelhoff/*Kleindiek* Rn 59; Scholz/*Schmidt* Rn 23; Rowedder/*Schmidt-Leithoff* Rn 29; *Flume* ZIP 1994, 337, 341.

408 *Schmidt* ZIP 2008, 1401, 1404; Scholz/*Schmidt* Rn 23; Michalski/*Nerlich* Rn 41 f.

409 Gottwald/*Haas* InsOHdb § 92 Rn 150. **AM** wohl OLG Düsseldorf WM 1996, 1922, 1927.

410 In diesem Sinne OLG Hamburg ZIP 1995, 913, 914; MünchHdbGmbH/*Marsch-Berner/Dieckmann* § 46 Rn 48; Scholz/*Schmidt* Rn 23; Roth/*Altmeppen* Rn 42; *Maser/Sommer* BB 1996, 65, 66; *Theiselmann/Redeker* GmbHR 2008, 961, 963; offen gelassen in *Lutter*/Hommelhoff/*Kleindiek* Rn 59.

411 Vgl BGHZ 138, 211, 216 f = ZIP 1998, 776; BGH DStR 2007, 1004, 1005; OLG Hamburg ZIP 2005, 1968, 1971; siehe auch *Fleck* GmbHR 1974, 224, 230; *Karollus* ZIP 1995, 269, 271 f; GroßkommAktG/*Habersack* § 92 AktG Rn 94; *Röhricht* ZIP 2005, 505, 511; Gottwald/*Haas* InsOHdb § 92 Rn 146.

412 MünchHdbGmbH/*Marsch-Berner/Dieckmann* § 46 Rn 48. **AM** OLG Hamm ZIP 1980, 280, 281; Scholz/*Schmidt* Rn 23.

uU aber nach § 43 II zur Verantwortung gezogen werden. Keine Zahlungen sind der Abschluss von gegenseitigen Verträgen, die im Falle der Erfüllungsablehnung durch den Insolvenzverwalter nach § 103 II InsO zu einem Ersatzanspruch des Vertragspartners gegen die Ges führen.[413]

cc) Zeitpunkt. Anspruchsbegründend sind nur Zahlungen, die ab Eintritt der Zahlungsunfähigkeit (Rn 33 ff) oder Überschuldung (Rn 43 ff) geleistet werden.[414] Darüber hinaus muss Insolvenzreife aber auch noch im Zeitpunkt der „Zahlung" bestehen.[415] Erfolgt Zahlung nach Eintritt der Insolvenzreife, tritt danach aber wirtschaftliche Gesundung ein, so erlischt Verstoß gegen Auszahlungsverbot für zurückliegende Zeiträume auch dann, wenn Ges erneut in Krise abgeleitet und Insolvenzverfahren eröffnet oder mangels Masse abgewiesen wird (vgl auch Rn 120). Erfasst sind dagegen (auch) Zahlungen während der Drei-Wochen-Frist des § 15 a I InsO,[416] ferner in der Zeit nach Antragstellung bis zur Insolvenzeröffnung.[417] Ob auch Zahlungen nach Insolvenzeröffnung erfasst sind, ist fraglich.[418] Das Problem stellt sich allenfalls beim Verfahren der Eigenverwaltung, wo dem GFührer die Verwaltungs- und Verfügungsbefugnis über das Gesvermögen verbleibt. Hier stellt sich die Frage, ob und inwieweit das im Gesrecht geregelte Haftungssystem durch insolvenzrechtliche Glschutzmechanismen verdrängt wird.[419] Richtiger Ansicht kommt Letzteres für solche Haftungsnormen grundsätzlich nicht in Betracht, die zuförderst dem Schutz der Gesinteressen dienen. Insoweit kann das insolvenzrechtliche Regime (insb §§ 274 ff InsO) das gesrechtliche corporate governance-Modell nicht ersetzen.[420] Anders ist die Rechtslage aber dort, wo die im Gesrecht geregelten Pflichten allein dem Schutz der Glgesamtheit dienen. Für die Anwendung dieser Pflichten im Rahmen der Eigenverwaltung ist richtiger Ansicht kein Raum mehr, da insoweit die insolvenzrechtlichen Schutzvorschriften abschließend sind. Folglich ist für § 64 S 1 nach Eröffnung des Insolvenzverfahrens kein Raum. Bestätigt wird dieses Ergebnis auch durch Normzweck des § 64 S 1. Letzterer besteht darin, einen Verhaltsanreiz für eine frühzeitige Insolvenzauslösung zu schaffen (vgl oben Rn 1). Ist daher Insolvenzverfahren eröffnet, ist für Haftung nach § 64 S 1 kein Raum mehr. 67

d) Wirtschaftliche Betrachtungsweise. § 64 S 1 will den GFührer zur Verantwortung ziehen, der für eine Verschlechterung der Befriedigungsaussichten der Glgesamtheit verantwortlich ist. In aller Regel beeinträchtigt jede Auszahlung aus dem Gesvermögen iS des § 35 InsO nach Eintritt der Insolvenzreife das Befriedigungsinteresse der Gl. Im Einzelfall kann aber auch eine Korrektur auf Grund einer wirtschaftlichen Betrachtungsweise notwendig sein;[421] denn Sinn und Zweck der GFührerhaftung (ebenso wie die der Insol- 68

---

413 Scholz/*Schmidt* Rn 23. **AM** *Flume* ZIP 1994, 337, 341.

414 BGH NZG 2009, 550, 551; BGHZ 143, 184, 186.

415 OLG Hamburg GmbHR 2007, 1037, 1038.

416 BGH NZG 2009, 550, 551; ZIP 2003, 2213; OLG Brandenburg ZIP 2007, 724; Rowedder/*Schmidt-Leithoff* Rn 31; *Pape* ZInsO 2001, 397, 400; Roth/*Altmeppen* Rn 38; *Poertzgen* ZInsO 2008, 944, 950; Gottwald/*Haas* InsOHdb § 92 Rn 143. **AM** *Theiselmann/Redeker* GmbHR 2008, 961, 964.

417 OLG Brandenburg ZIP 2007, 724; Rowedder/*Schmidt-Leithoff* Rn 31.

418 In diesem Sinne OLG Hamm ZIP 1980, 280, 281.

419 Siehe zum Ganzen Gottwald/*Haas* InsOHdb § 89 Rn 24 ff.

420 Gottwald/*Haas* InsOHdb § 89 Rn 25 f.

421 *Haas* NZG 2004, 737, 74; siehe auch Goette/Habersack/*Casper,* Das MoMiG in Wissenschaft und Praxis, 2009, Rn 6.29.

venzanfechtung)[422] ist es nicht, der Masse Vermögensvorteile zu verschaffen, die sie ohne die Zahlung des GFührers nicht hätte. Aufgrund dieser wirtschaftlichen Betrachtungsweise[423] ist es nicht als Zahlung zu werten, wenn GFührer einen Gegenstand weggibt, der wertlos oder voll mit Rechten Dritter belastet ist.[424] Gleiches gilt bei Zahlungen an absonderungsberechtigten Gl in Höhe des Wertes des Sicherungsgutes[425] oder wenn Geld vom Konto in die Barkasse transferiert wird.[426] Weitere Ausprägungen der „wirtschaftlichen Betrachtungsweise sind:

69 **aa) Gesamtschau.** Um zu verhindern, dass infolge einer Einzelbetrachtung jedes Zahlungsvorgangs (siehe oben Rn 63) wirtschaftliche Gesamtzusammenhänge ignoriert werden und dadurch den Gl mittelbar über die Insolvenzmasse ein Betrag zufließt, der in keinem Verhältnis zu der auf den GFührer zurückzuführenden Glbenachteiligung steht,[427] ordnet die Rechtsprechung – vergleichbar dem Insolvenzanfechtungsrecht –[428] im Einzelfall eine Gesamtschau miteinander zusammenhängender Rechtshandlungen an. Ergibt diese beispielsweise, dass infolge der Zahlung durch den GFührer nur ein Gl gegen einen anderen oder ein Zugriffsobjekt gegen ein anderes ausgetauscht wurde, so liegt keine Glbenachteiligung vor mit der Folge dass eine Haftung entfällt.[429] Eine Ausnahme gilt aber dann, wenn der neue Gl (aus dem Schuldner- bzw Gesvermögen) besser besichert wird als der alte.[430] Keine Gesamtschau findet – im Grundsatz – statt, wenn über ein im Debet geführtes Konto Ein- und Auszahlungen stattfinden. Hier nimmt der für Gesellschaftsrecht zuständige Senat (zu Unrecht) nicht in Höhe des (über den Gesamtzeitraum berechneten positiven) Saldos eine Auszahlung an (wie beispielsweise der insolvenzrechtliche Senat), sondern vielmehr für jede einzelne Verrechnung auf dem Konto zugunsten der Bank.[431] Hier sollte – in Anlehnung an insolvenzrechtliche Rspr – Gesamtschau für solche Ein- und Auszahlungen stattfinden, die im engen zeitlichen Zusammenhang erfolgt sind.[432]

70 **bb) (Unmittelbare) Gegenleistung.** Nach hM sind Gegenleistungen, die die Ges für die Weggabe des Vermögensgegenstandes erhalten hat, im Rahmen der Haftung nach § 64 S 1 zu berücksichtigen.[433] Ausdrücklich heißt es

---

422 BGH NJW 1983, 1120, 1122.

423 Gottwald/*Haas* InsOHdb § 92 Rn 147.

424 Scholz/*Schmidt* Rn 26.

425 OLG Oldenburg ZIP 2004, 1315, 1317; Michalski/*Nerlich* Rn 46.

426 BGH ZIP 2008, 72.

427 So der Vorwurf von *Bitter* WM 2001, 666, 671; *Altmeppen* ZIP 2001, 2201, 2206; *Schmidt* ZIP 2008, 1401, 1408.

428 Vgl hierzu *Haas* NZG 2004, 737, 740.

429 BGH ZIP 2007, 1006, 1007 (Begleichung einer Gesellschaftsschuld mit Kreditmitteln; problematisch, siehe oben Rn 64); BGHZ 143, 184, 186 ff; im Grds auch für §§ 129 ff, vgl Schmidt/*Rogge* § 129 InsO Rn 63; siehe auch *Schmidt* ZIP 2008, 1401, 1407.

430 Siehe OLG Celle GmbHR 1997, 901, 902.

431 BGHZ 143, 184, 187 f; BGH ZIP 2007, 1006, 1007; kritisch insoweit Ulmer/*Casper* Rn 87. **AM** im Rahmen der §§ 129 ff InsO BGH NZI 2002, 311, 313; hierauf seine Grundsatzkritik (polemisch) aufbauend *Schmidt* ZIP 2008, 1401, 1408 ff; *ders* GmbHR 2007, 1072, 1079.

432 IE auch Ulmer/*Casper* Rn 88.

433 BGH WM 1986, 237, 239; siehe auch OLG Hamburg ZIP 2005, 1968, 1971; OLG Düsseldorf NZG 1999, 884, 885.

in BGH NJW 1974, 1088, 1089, dass die Haftung entfällt, wenn GFührer Nachweis führt, „dass ein Gegenwert in das Gesvermögen gelangt und dort voll erhalten geblieben ist".[434] Mit der Formulierung stellt der BGH klar, dass für die Frage, inwieweit eine Gegenleistung berücksichtigungsfähig ist, nicht allein auf den Zeitpunkt der Erbringung der Gegenleistung abgestellt werden kann, sondern vielmehr eine Zeitraumbetrachtung anzustellen ist. Für einen Glnachteil reicht mithin – in Anlehnung an das Insolvenzanfechtungsrecht –[435] ein mittelbarer Glnachteil aus. Unklar ist allerdings, im Rahmen welchen Tatbestandsmerkmals die „Verrechnung" mit der Gegenleistung zu erfolgen hat. Teilweise wird in diesen Fällen von vornherein eine „Auszahlung" verneint.[436] Anderer Ansicht nach entfällt die Haftung des GFührers, weil die Zahlung mit der Sorgfalt eines ordentlichen Geschäftsmannes zu vereinbaren ist (§ 64 S 2 GmbHG).[437] Richtiger Ansicht nach sollten die (unmittelbaren) Gegenleistungen auf der Grundlage einer wertenden Betrachtung bereits beim Zahlungsbegriff berücksichtigt werden. Als Gegenleistungen, die einer derartigen Vorteilsanrechnung zugänglich sind, gelten aber nur solche Vorteile, die unmittelbar mit dem Vermögensopfer zusammenhängen, sich also in einer – den anderweitigen Nachteil zumindest ausgleichenden – Mehrung des Schuldnervermögen niederschlagen.[438] Das wird man nur für solche Gegenleistungen annehmen können, die von dem Empfänger der Leistung stammen. Daher sind die von dem Arbeitnehmer erbrachten Dienste keine Gegenleistung des Fiskus für die an diesen abgeführte Lohnsteuer.[439] Von einem derartigen unmittelbaren Zusammenhang kann auch dann nicht mehr die Rede sein, wenn GFührer die Leistung erst Wochen nach der Gegenleistung erbringt. Für die Anrechnung sonstiger Vorteile, siehe unten Rn 72f. Keine verrechenbare Gegenleistung nimmt der BGH in den Fällen an, in denen Kundenschecks auf einem im Debet geführten Konto eingezogen und zugunsten der Bank verrechnet werden, Letztere aber Verfügungen des Schuldners weiterhin zulässt, mit denen dieser Vermögenswerte für die Ges anschafft (siehe auch oben Rn 69).[440]

3. Privilegierte Zahlungen nach S 2. Auch wenn Zahlungen des GFüh- 71
rers die vorstehenden Voraussetzungen erfüllen, soll auf Grund einer wertenden Betrachtung in S 2 die Haftung entfallen, wenn die Zahlungen „mit der Sorgfalt eine ordentlichen Geschäftsmannes vereinbar sind". Sorgfalt eines „ordentlichen Geschäftsmannes" ist – ebenso wie im Rahmen des § 43 I (str, siehe dort Rn 8) – **nicht nur als Verschuldens-, sondern auch als Pflichtenmaßstab zu verstehen.**

---

434 BGH NJW 1974, 1088, 1089; bestätigt in BGH NJW 2003, 2316f = DStR 2003, 1133, 1134.

435 Nerlich/Römermann/*Nerlich* § 129 InsO Rn 85; Schmidt/*Rogge* § 129 InsO Rn 78; Gottwald/*Huber* InsOHdb § 46 Rn 67ff.

436 So etwa Ulmer/*Casper* Rn 90; Roth/*Altmeppen* Rn 56ff; Scholz/*Schmidt* Rn 23.

437 BGH NJW 1974, 1088, 1089; ZIP 1986, 456, 459; OLG Schleswig ZInsO 2007, 948, 950; OLG Celle GmbHR 2004, 568, 570; wohl auch BGHZ 146, 264, 278 = DStR 2001, 175, 177; *Schulze-Osterloh* FS Bezzenberger, 2000, 415, 424; Großkomm-AktG/*Habersack* § 92 AktG Rn 95; *Pape* ZInsO 2001, 397, 401.

438 So auch für das Insolvenzanfechtungsrecht, BGH NZI 2003, 315, 316.

439 OLG Düsseldorf NZG 1999, 894f. **AM** *Schön* FS Westermann, 2006, 1469, 1483f.

440 BGHZ 143, 184, 187f; BGH ZIP 2007, 1006, 1007. **AM** im Rahmen der §§ 129ff InsO BGH NZI 2002, 311, 313.

72 **a) Maßstab.** Anzulegender Sorgfalt folgt nicht aus Geszweck, sondern allein aus dem Glinteresse.[441] Für die Frage, welche Wirkung eine Gfterweisung hat, siehe oben Rn 15. Entscheidend ist, ob **Zahlung im (wohlverstandenen) Interesse der Gl liegt.** Dies wird man dann annehmen, wenn – aus der ex ante-Sicht – die Zahlung mehr Vor- als Nachteile für die Glgesamtheit verspricht.[442] Ob diese dann letztendlich eintreten, ist gleichgültig. Grundsätzlich sollte insoweit ein strenger Maßstab angelegt werden. Soweit man Zahlungen im Austausch für eine vollwertige (und zeitnahe) Gegenleistung (Rn 70), Weggabe von Gegenständen an denen ein Aussonderungsrecht (vgl Rn 64) besteht oder die werterschöpfend als Sicherungsgut dienen (Rn 68) nicht schon am Zahlungsbegriff scheiten lässt, sollten diese nach S 2 privilegiert werden. Ob und inwieweit andere „Vorteile", die mehr oder weniger lose mit der Zahlung einhergehen können, die Pflichtwidrigkeit entfallen lassen, ist fraglich. Gründe der Rechtsklarheit sprechen hier für eine restriktive Handhabung; denn vielfach wird der GFührer im Zeitpunkt der Zahlung gar nicht zuverlässig abschätzen können, ob sich diese letztlich für die Masse lohnt. **Wage Hoffnungen,** dass die mit der Zahlung verbundenen Nachteile durch anderweitige Vorteile aufgewogen werden, sollten jedoch nicht privilegiert werden.[443] Daher sind diese auch nicht mit der Zahlung zu verrechnen.[444]

73 Vorteile, die zu einer Privilegierung der Zahlung führen, können für Gl insb von **Maßnahmen zur Sicherung des Unternehmens** ausgehen.[445] Dies gilt etwa für die Begleichung von laufenden Wasser-, Strom-, Heiz-, Lohn-, Miet- oder Steuerschulden zur Aufrechterhaltung des Betriebes, um – im Lichte des § 22 I Nr 2 InsO – die Entscheidung der Glversammlung über die Fortführung des Betriebs im eröffneten Verfahren nicht zu präjudizieren[446] oder laufende (und aussichtsreiche) Sanierungsbemühungen während der Dreiwochenfrist (vgl hierzu unten Rn 122 ff) nicht zu gefährden.[447] Von einer Sicherungsmaßnahme im vorgenannten Sinne wird man allerdings nur sprechen können, wenn Zahlungen der Aufrechterhaltung des status quo für einen kurzfristigen Zeitraum dienen, die Fortführung des Unternehmens nicht von vornherein aussichtslos erscheint und Zahlung nicht in erster Linie der vorrangigen Befriedigung best Gl dient.[448] In keinem Fall wird der

---

441 BGHZ 146, 264, 274 f; *Röhricht* ZIP 2005, 505, 511; *Schmidt*/Uhlenbruck Rn 11.42; *Haas,* Unternehmen in der Krise, 73, 86. **AM** wonach S 2 insbesondere auch dem Schutz „öffentlicher Interessen" diene MünchHdbGmbH/*Marsch-Barner/Diekmann* § 46 Rn 51; *Tiedtke/Peterek* GmbHR 2008, 617, 626.

442 BGH ZIP 2008, 72, 73; BGHZ 146, 264, 274 f.

443 Siehe OLG Celle ZInsO 2008, 1328, 1329. So aus dem Blickwinkel der §§ 129 ff InsO BGH NZI 2003, 315, 317.

444 So zu Recht OLG Hamburg GmbHR 2007, 1037, 1039.

445 Vgl auch Ulmer/*Casper* Rn 89; sehr weitgehend aber MünchHdbGmbH/*Marsch-Berner/Diekmann* § 46 Rn 50.

446 Vgl BGH ZIP 2008, 72, 73; OLG Celle GmbHR 2008, 101, 102; OLG Celle GmbHR 2008, 1034, 1035; OLG Schleswig ZInsO 2007, 948, 950; OLG Celle GmbHR 2004, 568, 570; OLG Düsseldorf NZG 1999, 1066, 1068; LAG Hamm NZA-RR 2005, 483, 484; Rowedder/*Schmidt-Leithoff* Rn 30; Michalski/*Nerlich* Rn 46.

447 OLG Celle GmbHR 2008, 1034, 1035; OLG Celle ZIP 2007, 2210 f; OLG Düsseldorf NZG 1999, 1066, 1068; Ulmer/*Casper* Rn 89; Hachenburg/*Ulmer* Rn 33, 42.

448 *Schmidt*/Uhlenbruck Rn 11.42; Ulmer/*Casper* Rn 89.

GFührer privilegiert, wenn er – nach Eintritt der Insolvenzreife – seine Entscheidungsbefugnis an die Stelle derjenigen des Insolvenzverwalters setzt.[449] Mitunter wird auch auf ein (angebliches) öffentliches Interesse an Erhaltung lebensfähiger Unternehmen verwiesen.[450] Ein solches Interesse lässt sich jedenfalls aus dem Sinn und Zweck des Insolvenzverfahrens, dessen Sicherung § 64 S 1 dient, nicht herleiten; denn nach § 1 InsO ist die Sanierung bzw Erhaltung von Unternehmen kein selbständiger Verfahrenszweck, sondern den Glinteressen eindeutig untergeordnet.[451] Aus diesem Grund ist ein – völlig diffuses – öffentliches Interesse am Erhalt von Arbeitslätzen oder Unternehmen nicht zu berücksichtigen.[452] Dies gilt umso mehr, als das Insolvenzverfahren – wenn frühzeitig initiiert – bessere Sanierungschancen birgt als ein verspätet ausgelöstes Insolvenzverfahren. Eine Pflicht zur Gleichbehandlung der Gl im Vorfeld der Insolvenzeröffnung folgt für den GFührer aus § 64 S 2 nicht.[453]

b) „Pflichtenkollisionen". In Rspr ist Tendenz erkennbar, den Schutz- 74
zweck des § 64 S 1 zugunsten der Glgesamtheit mit Blick auf (angebliche) Pflichtenkollisionen zu relativieren.

aa) § 266 a StGB. Das Sozialversicherungsrecht verpflichtet Arbeitgeber 75
zur Zahlung des Gesamtsozialversicherungsbeitrags (§ 28 e I SGB IV), der sowohl vom Arbeitgeber als auch vom Arbeitnehmer (grds zur Hälfte) zu tragen ist. Ist Arbeitgeber eine GmbH, ist diese in erster Linie Adressat der sozialversicherungsrechtlichen (Abführungs-)Pflicht. Dies gilt auch hinsichtl der Arbeitnehmeranteile zur Sozialversicherung. Die Pflicht, die Arbeitnehmeranteile an die Einzugsstelle abzuführen ist nach § 266 a I StGB strafbewehrt. Das Vorenthalten der Arbeitgeberanteile ist hingegen nur unter Einschränkungen unter Strafe gestellt (§ 266 a StGB). Adressat der strafrechtlichen Pflichten nach § 266 a StGB ist – wenn Arbeitgeber eine GmbH ist – der GFührer (vgl § 43 Rn 91 ff). Problematisch ist nun, wie sich diese strafrechtlichen Pflichten zu der GFührerhaftung nach § 64 S 1 verhalten. Das gilt umso mehr als – nach hM – zumindest § 266 a I StGB Schutzgesetz nach § 823 II BGB ist (vgl § 43 Rn 91).[454] Hier scheint – auf den ersten Blick – zu Lasten des GFührers eine Pflichtenkollision zu bestehen, nämlich zum einen (auch) nach Eintritt der Insolvenzreife weiter die strafbewehrten Abführungspflichten erfüllen und zum anderen das Auszahlungsverbot nach § 64 S 1 beachten zu müssen. Hinzuweisen ist allerdings darauf, dass die (angebliche) Pflichtenkollision wegen des nunmehr geänderten § 28 c I 2 SGB IV (nF) (vgl oben Rn 64) nur noch für „Altfälle" besteht.

Der **BGHSt** löst die (angebliche) Pflichtenkollision dahingehend auf, dass 76
die sozialversicherungsrechtl Abführungspflicht nur für Zeitraum der Insolvenzantragsfrist „ruht". Die in § 15 a I InsO vorgesehene Pflicht des GFüh-

---

449 OLG Hamburg GmbHR 2007, 1037, 1040.

450 *Lutter*/Hommelhoff/*Kleindiek* Rn 61; Michalski/*Nerlich* Rn 46; MünchHdb-GmbH/*Marsch-Barner/Diekmann* § 46 Rn 51.

451 FrankfurterKommInsO/*Schmerbach* § 1 Rn 12; Jaeger/*Henckel* § 1 InsO Rn 5; MünchKommInsO/*Ganter* § 1 Rn 20; BerlinerKommInsO/*Goetsch* § 1 Rn 7; siehe auch BGH NZI 2003, 315, 316.

452 Siehe auch *Haas,* Unternehmen in der Krise, 73, 86; *ders* NZG 2004, 737, 742.

453 LAG Hamm NZA-RR 2005, 483, 484; *Lutter*/Hommelhoff/*Kleindiek* Rn 61.

454 BGHZ 58, 199, 201, 134, 304; 136, 332; Michalski/*Haas* § 43 Rn 376; Ulmer/*Paefgen* § 43 Rn 237 ff.

rers, die Krisensituation innerhalb von höchstens drei Wochen zu bereinigen (siehe unten Rn 122 ff) bzw Sanierungsmöglichkeiten auszuloten, stellt danach einen Rechtfertigungsgrund für das Vorenthalten von Arbeitnehmerbeträgen zur Sozialversicherung dar.[455] Nach Ablauf der Höchstfrist soll aber – so der BGHSt – die Strafbarkeit wieder in vollem Umfang aufleben.[456] Der **2. Zivilsenat** hat ursprünglich die (angebliche) Pflichtenkollision zugunsten eines absoluten Vorrangs des § 64 S 1 (§ 64 II aF) aufgelöst. Demzufolge handelte der GFührer, der nach Eintritt der Insolvenzreife die sozialversicherungsrechtlichen Pflichten der Ges gegenüber der Einzugsstelle erfüllte, nicht mit der Sorgfalt eines ordentlichen Geschäftsmannes mit der Folge, dass er die Zahlungen zu erstatten hatte.[457] Umgekehrt sollte das für die Haftung nach § 823 II BGB iVm § 266 a StGB erforderliche Verschulden fehlen, wenn der GFührer die „Masseerhaltungspflicht" des § 64 S 1 befolgte.[458] Dies sollte zumindest dann gelten, wenn der GFührer die Masseerhaltungspflicht lückenlos erfüllte, dh alle Gl gleich behandelte und das Auszahlungsverbot nicht nur zu Lasten der öffentlich-rechtlichen Gläubiger beachtete.[459] Seit dem 14. 5. 2007 ist der 2. Zivilsenat des BGH hingegen der Auffassung (und ihm folgend Teile der Literatur),[460] dass es mit der Sorgfalt eines ordentlichen Geschäftsmannes vereinbar ist, wenn der GFührer zur Vermeidung strafrechtlicher Verfolgung (nach § 823 II BGB iVm § 266 a StGB) fällige Leistungen an die Sozialkassen erbringt.[461] Begründet hat dies die Rspr damit, dass es „mit Rücksicht auf die Einheit der Rechtsordnung dem organschaftlichen Vertreter nicht angesonnen werden kann, die Massesicherungspflicht zu erfüllen, wenn er sich dadurch strafrechtlicher Verfolgung aussetzt."[462] Ob dieser Rspr zufolge für § 64 S 1 ein Anwendungsbereich für die Zeit innerhalb der Antragsfrist verbleibt, in der der BGHSt eine Strafbarkeit verneint, ist offen.[463] Überwiegend wird auch für diesen Zeitraum die Ansicht vertreten, dass Zahlungen an den Sozialversicherungsträger mit § 64 S 2 aber vereinbar seien.[464]

77 **bb) §§ 34, 69 AO.** Nach §§ 69, 34 AO haftet der GFührer einer GmbH als deren gesetzlicher Vertreter, wenn Ansprüche aus dem Steuerschuldverhältnis infolge vorsätzlicher oder grob fahrlässiger Verletzung der ihnen auferlegten Pflichten nicht oder nicht rechtzeitig festgesetzt oder erfüllt worden sind (vgl § 43 Rn 89 f).[465] Die Schwelle für ein haftungsbegründendes Ver-

---

455 BGHSt NJW 2003, 3787, 3788; ZIP 2005, 1678, 1679; zustimmend *Wilhelm* ZIP 2007, 1781, 1785.

456 BGHSt NJW 2003, 3787, 3788; ZIP 2005, 1678, 1679; vgl auch OLG Hamburg ZIP 2007, 725, 727; kritisch Scholz/*Schneider* § 43 Rn 401.

457 BGHZ 146, 264, 274 f.

458 BGHZ 146, 264, 275; vgl auch *Wilhelm* ZIP 2007, 1781, 1782.

459 BGH ZIP 2008, 2220, 2221.

460 IE *Theiselmann/Redeker* GmbHR 2008, 961, 965; *Tiedtke/Peterek* GmbHR 2008, 617, 621; *Schmidt*/Uhlenbruck Rn 11.47: lang erwartete Befreiung; Goette/Habersack/*Casper,* Das MoMiG in Wissenschaft und Praxis, 2009, Rn 6.30. **AM** aber *Wilhelm* ZIP 2007, 1781, 1782 ff; Scholz/*Schneider* § 43 Rn 416; *Runkel/Schmidt* NZI 2007, 479, 480.

461 BGH ZIP 2008, 1275 f; ZIP 2007, 1265, 1266.

462 BGH ZIP 2008, 1275, 1276; ZIP 2008, 1229, 1230; ZIP 2007, 1265, 1266; zustimmend Ulmer/*Casper* Rn 92.

463 Vgl auch BGH ZIP 2008, 2220, 2221.

464 Scholz/*Schneider* § 43 Rn 416.

465 BFH ZIP 2007, 1604, 1605; FG Düsseldorf ZIP 2006, 1447.

schulden setzt die steuerrechtliche Rspr dabei in aller Regel sehr niedrig an.[466] Problematisch ist nun, wie sich diese steuerrechtliche Haftung zu § 64 S 1 verhält.[467] Nach Ansicht der **Finanzgerichte** entfällt die steuerrechtliche Haftung des GFührers nach Eintritt der Insolvenzreife nicht deshalb, weil eine „Pflichtenkollision" mit § 64 S 1 besteht. Aus § 64 S 1 ergibt sich – so die steuerrechtliche Rspr – kein Entschuldigungsgrund für die steuerrechtliche Haftung des GFührers.[468] Innerhalb des (Dreiwochen-)Zeitraums des § 15 a I InsO hat der BFH zunächst – in Anlehnung an die Rspr des 5. Strafsenats zu § 266 a StGB (oben Rn 76) – entschieden, dass die Haftung nach §§ 69, 34 AO entfällt.[469] Hiervon ist der BFH aber wieder abgerückt.[470] Im Übrigen verneint der BFH eine Haftung nur dann, wenn der Steuerausfall mangels ausreichender Zahlungsmittel der GmbH unabhängig davon eintritt, ob Steueranmeldungen fristgerecht eingereicht und die geschuldeten Beträge innerhalb der gesetzl hierfür bestimmten Fristen entrichtet werden. Der Mangel an Zahlungsmittel darf allerdings nicht mit dem rechtlichen Termin der Zahlungsunfähigkeit gleichgesetzt werden.[471] Der 2. Zivilsenat des BGH ist auch hier zunächst von einem Vorrang der insolvenzrechtlichen Wertung in § 64 S 1 (§ 64 II aF) gegenüber §§ 69, 34 AO ausgegangen.[472] Nunmehr hat er aber seine Ansicht geändert. Mit Eintritt der Insolvenzreife befinde sich nämlich der GFührer – so der **2. Zivilsenat** – in einer haftungsbefreienden Pflichtenkollision mit der Folge, dass Zahlungen an den Steuergläubiger als mit der Sorgfalt eines ordentlichen Geschäftsmannes vereinbar angesehen werden müssten.[473] Ob dies freilich auch für die Zahlungen gilt, die im Zeitraum der Antragsfrist des § 15 a I InsO erfolgen, ist fraglich.[474]

cc) § 266 StGB. Im Einzelfall kann die Ges in einem Treueverhältnis zu **78** anderen Ges oder Dritten stehen, die ihr Vermögen mit einer bestimmten Zweckabsprache anvertraut haben. Strafrechtlich obliegt in einem solchen Fall dem GFührer uU nach §§ 266, 14 I Nr 1 StGB die Beachtung dieser (Treue-)Pflicht. Ist der GFührer auf Grund der Treuepflicht beispielsweise angehalten, die Gelder in einer bestimmten Art und Weise zu verwenden (zB Weiterleitung an **KonzernGes**), dann soll nach (neuerlicher) Ansicht des BGH auch in diesem Fall die Massesicherungspflicht nicht Vorrang vor den durch § 266 StGB geschützten Interessen der anderen KonzernGes bzw Dritten haben. Vielmehr soll sich der GFührer bei bestimmungsgemäßer Verwendung der Gelder wie ein „ordentlicher Geschäftmann" verhalten.[475]

dd) Doppelmandate. Mitunter haben die Gerichte auch eine haftungs- **79** befreiende Pflichtenkollision angenommen, wenn der GFührer ein weiteres Mandat – etwa in der MutterGes – wahrnimmt und sich hieraus eine Pflich-

---

466 Vgl BFH ZIP 2007, 1604, 1605; siehe aber auch BFH ZIP 2009, 122, 123 aufgrund der bisherigen Rsprdivergenzen.

467 Vgl auch *Schön* FS Westermann, 2008, 1469 ff.

468 BFH ZIP 2009, 122, 123; FG Düsseldorf ZIP 2006, 1447 ff.

469 BFH ZIP 2007, 1604,1606 f. **AM** FG Düsseldorf ZIP 2006, 1447, 1448 f.

470 BFH ZIP 2009, 122, 123.

471 BFH ZIP 2009, 122, 123.

472 BGHZ 146, 264, 274 ff; ZIP 2003, 1005 f; OLG Köln ZIP 1995, 1418 f; vgl in diesem Sinne auch Schön FS Westermann, 2008, 1469, 1482.

473 BGH ZIP 2008, 1229, 1230; ZIP 2007, 1265, 1266; LG München ZIP 2007, 1960, 1962 f.

474 Beck EWiR 2007, 523, 524.

475 BGH ZIP 2008, 1229, 1230.

tenkollision ergibt.[476] Dies ist jedoch abzulehnen, weil in dem durch ein Doppelmandat geschaffenen Spannungsverhältnis, die Pflichterfüllung gegenüber der einen Ges niemals eine Pflichtverletzung gegenüber der anderen rechtfertigen kann.[477]

80 **ee) Widerruf von Lastschriften.** Fraglich ist, ob GFührer nach § 64 S 1 haftet, wenn er es unterlässt, die Genehmigung einer Lastschrift (im Einzugsermächtigungsverfahren)[478] innerhalb der dafür vorgesehenen Frist zu verweigern (siehe auch oben Rn 65).[479] Die Frage stellt sich, wenn die Lastschrift zwar vor Eintritt der Insolvenzreife auf dem Konto des Schuldners eingereicht wurde, während der Widerrufsfrist aber die Insolvenzreife eintritt. Unstreitig kann der GFührer hier der Lastschrift – ohne Begründung – widersprechen mit der Folge, dass es zur „Rückabwicklung" des Zahlungsvorgangs kommt.[480] Fraglich ist aber, ob er nach § 64 S 1 haftet, wenn er die Genehmigung der Lastschrift nicht verweigert und damit den Vermögensabfluss nicht verhindert. Richtiger Ansicht nach wird man die Verweigerung der Genehmigung einer Lastschrift hier nicht schon am Zahlungsbegriff scheitern lassen können; denn der Vermögensabgang erfolgt (endgültig) nicht schon bei Einreichung der Lastschrift, sondern erst bei deren Genehmigung (oder nicht fristgerechten Verweigerung, siehe oben Rn 65).[481] Dennoch erscheint eine Haftung nach § 64 S 1 – im Lichte der Rspr des BGH zur Pflichtenkollision – fragwürdig; denn der Widerspruch gegen die Lastschrift löst – hM zufolge – Schadensersatzansprüche zu Lasten des GFührers gegenüber dem betroffenen Gl nach § 826 BGB[482] und uU auch gegenüber anderen am Zahlungsvorgang Beteiligten aus.[483] Damit stellt sich aber auch hier die Frage, ob dem GFührer mit Blick auf die Pflichtenkollision nach § 64 S 1, 2 zugemutet werden kann, der Lastschrift um der eigenen Haftung willen zu widersprechen.

81 **ff) Stellungnahme.** Die Aufweichung des § 64 S 2 im Hinblick auf angebliche Pflichtenkollisionen ist abzulehnen. Schon der **Ansatz ist fragwürdig.** Der Anspruch aus § 64 S 1 entsteht nämlich erst mit Insolvenzeröffnung (vgl oben Rn 12). Im Vorfeld der Insolvenzeröffnung gibt es mithin gar keine selbständige „Massesicherungspflicht", die mit einer anderen Pflicht (etwa § 266 a StGB) in Konflikt geraten könnte.

82 Aus dem Umstand, dass § 64 keine selbständige Bedeutung im Vorfeld der Insolvenz hat, darf jedoch kein Vorrang der anderen Pflichten (zB aus § 266 a StGB oder §§ 69, 34 AO) gegenüber den durch § 64 S 1 vermittelten insolvenzrechtlichen Wertungen gefolgert werden. Dies zeigt bereits ein Blick auf das (mit dem § 64 S 1 verwandte) (Insolvenz-)Anfechtungsrecht. Selbstverständlich setzt sich dieses gegen die anderen Pflichten nach Insolvenzeröffnung durch. Eine Gläubigerbenachteiligung ist danach auch dann an-

---

476 OLG München EWiR 2008, 275, 276 *(Klein)*.

477 *Klein* EWiR 2008, 275, 276; vgl auch Michalski/*Haas* § 43 Rn 186 f.

478 Zu den verschiedenen Arten des Lastschriftverfahrens, siehe *Kuder,* Die Zahlstelle in der Insolvenz des Lastschriftschuldners im Einzugsermächtigungsverfahrens, 27 ff; *Fischer* FS Gerhardt, 2004, 223, 224 ff; *Haas* Bankrechtstag 2007, 3, 4 f.

479 In diesem Sinne *Dahl* NZI 2005, 102, 103; wohl auch BGH WM 2007, 2246, 2247.

480 Staudinger/*Olzen* Vor § 362 BGB Rn 70.

481 LG Köln WM 1990, 411.

482 BGHZ 101, 153, 156 ff; BGH ZIP 1989, 492 f; OLG Schleswig NZI 2001, 428; *Fischer* FS Gerhardt, 2004, 223, 227.

483 BGHZ 161, 49, 52; 74, 300, 306; vgl auch *Haas* Bankrechtstag 2007, 3, 8 f.

fechtbar, wenn sie in einer Zahlung an den Sozialversicherungsträger oder Steuergläubiger besteht. Der Umstand, **dass eine bestimmte Pflicht strafbewehrt ist, hat folglich auf die Anfechtbarkeit von Rechtshandlungen, die der Erfüllung dieser Pflicht dienen, keinerlei Auswirkung.**[484] Für § 64 S 1 kann nichts anderes gelten. Insbesondere wird der GFührer durch dieses Nebeneinander insolvenzrechtlicher und sonstiger Wertungen nicht unzumutbar belastet, denn er hätte ja rechtzeitig Insolvenzantrag stellen können, um der angeblichen Pflichtenkollision zu entgehen.[485] Hierzu ist er zudem auch verpflichtet (§ 15 a I InsO). Problematisch ist Situation für GFührer nach Antragstellung allenfalls dann, wenn Insolvenzgericht ihm die uneingeschränkte Verfügungsbefugnis im Insolvenzeröffnungsverfahren belässt; denn dann bleibt GFührer Erfüllung der (sozialversicherungs- bzw steuerrechtlichen) Pflichten bis zur Insolvenzeröffnung möglich. Im Interesse der GFührer sollten Insolvenzgerichte für Insolvenzeröffnungsverfahren insoweit daher Zahlungsverbote an Sozialversicherungs- oder Steuergläubiger anordnen.

Der Gesichtspunkt der **„Einheit der Rechtsordnung"** vermag aber auch **83**
nicht mit Blick auf § 823 II BGB iVm § 15 a I InsO zu überzeugen. Danach haftet der GFührer gegenüber dem Insolvenzverwalter auf Ersatz des Gesamtgläubigerschadens (vgl unten Rn 132 ff). Selbstverständlich geht in diesen auch der den Gläubigern durch die Zahlung von Sozialversicherungsbeiträgen, Steuern oder sonstigen Beträgen entstehende Schaden mit ein. Warum aber die „Einheit der Rechtsordnung" gebietet, den GFührer von der Haftung des § 64 S 1 freizustellen, nicht aber von der nach § 823 II BGB iVm § 15 a I InsO, ist schlichtweg unerfindlich. Überdies ist die Pflicht, den Insolvenzantrag zu stellen und hierdurch die Gläubigergesamtinteressen zu schützen, ebenfalls strafrechtlich bewehrt (§ 15 a IV, V InsO). Dass also die Interessen der Gläubigergesamtheit denen bestimmter Individualgläubiger unterzuordnen sind,[486] geht mithin aus dem Gesetz nirgends hervor. Der Gesichtspunkt der „Einheit der Rechtsordnung" weist daher „ins Leere". Damit bleibt aber festzuhalten, dass dort, wo der GFührer die (vermeintliche) Pflichtenkollision selbst in vorwerfbarer Weise herbeigeführt hat, ein die Haftung des § 64 ausschließender „Rechtfertigungsgrund" nicht in Betracht kommen kann.[487] Nicht anders wird man die (angebliche) Pflichtenkollision zwischen § 266 StGB und § 64 S 1 auflösen müssen. Hat jemand seine Position als GFührer mehrer Ges dazu ausgenutzt, Gelder innerhalb des Konzerns zu „verschieben", bis er die von ihm bevorzugten Gl befriedigen konnte, hat er die Pflichtenkollision selbst in vorwerfbarer Weise herbeigeführt. Richtiger Ansicht nach hat der GFührer bereits den Tatbestand des § 266 StGB gegenüber den KonzernGes erfüllt, indem er die Gelder auf das Konto der in der Krise befindlichen Ges – ohne entsprechende Absicherung – eingezahlt hat. Dies wird weder ungeschehen, noch in irgendeiner anderen Weise dadurch entschuldbar, indem er anschließend noch eine weitere Untreue gegenüber der (in der Krise befindlichen) Ges „draufsetzt".[488]

---

484 BGHSt ZIP 2005, 1678, 1679.
485 OLG Hamburg ZIP 2007, 725, 727.
486 Dies andeutend BGHSt ZIP 2005, 1678, 1679 f.
487 BGHSt ZIP 2005, 1678, 1680; OLG Hamburg ZIP 2007, 725; *Haas,* Geschäftsführerhaftung und Gläubigerschutz, 203; *Gross/Schork* NZI 2004, 358, 361; vgl auch *Wilhelm* ZIP 2007, 1781, 1786. **AM** *Schneider/Brouwer* ZIP 2007, 1033, 1040.
488 Vgl auch *Dahl/Schmitz* NZG 2008, 532, 533.

III. Subjektiver Tatbestand

84 Anspruch aus § 64 S 1 setzt **Verschulden des GFührers** voraus (siehe auch unten Rn 126).[489] Nach teilweiser vertretener Ansicht erfordert Anspruch aus § 64 S 1 positive Kenntnis der Insolvenzreife.[490] Nach zutreffender hM[491] dagegen genügt hinsichtlich sämtlicher anspruchsbegründender Tatsachen Fahrlässigkeit; insbes ist positive Kenntnis hinsichtlich Zahlungsunfähigkeit und Überschuldung nicht erforderlich. Fahrlässigkeitsmaßstab ist Sorgfalt eines ordentlichen Geschäftsmanns ohne Rücksicht auf die individuellen Fähigkeiten des GFührers.[492] GFührer handelt stets zumindest fahrlässig, wenn er Pflicht zur wirtschaftlichen Selbstkontrolle (siehe oben Rn 61) verletzt.[493] Verlässt sich der GFührer auf eingeholten fachkundigen, aber fehlerhaften Rat (siehe oben Rn 61), handelt er nicht fahrlässig, wenn er diesen zuvor vollständig und umfassend instruiert, sich dann dem Rat entsprechend verhält und eine Plausibilitätskontrolle keine offensichtlichen Unrichtigkeiten zutage fördert.[494]

IV. Inhalt des Anspruchs

85 Gegenstand des Anspruchs ist Erstattung der Zahlung, dh der Betrag, den der GFührer aus dem Vermögen geleistet hat abzüglich der in die Masse geflossene u dort wertmäßig erhalten gebliebene Gegenleistung (siehe oben Rn 70) bzw anrechenbaren sonstigen Vorteile (siehe oben Rn 72 f).[495]

86 **1. Keine Subsidiäre Haftung des GFührers gegenüber dem Anfechtungsgegner.** Vielfach wird der Haftungsanspruch gegen den GFührer mit einem Anfechtungsanspruch gegen den GesGl konkurrieren, demgegenüber der GFührer die Zahlung getätigt hat. Fraglich ist dann, wie sich § 64 S 1 zum Anfechtungsrecht verhält.[496] Ist vom GFührer veranlasste Zahlung nach §§ 129 ff InsO anfechtbar, trifft Insolvenzverwalter gegenüber den Beteiligten die haftungsrechtlich bewehrte Pflicht (§ 60 InsO), das Gesvermögen durch Ausübung des Anfechtungsrechts aufzufüllen, soweit die Erfolgsaussichten

---

489 BGH ZIP 2007, 1265, 1266; OLG Schleswig ZInsO 2007, 948, 950; OLG Oldenburg ZIP 2004, 1315, 1316; Scholz/*Schmidt* Rn 30; *ders* JZ 1978, 661, 662; *Lutter*/Hommelhoff/*Kleindiek* Rn 62; Rowedder/*Schmidt-Leithoff* Rn 32 ff.

490 Vgl *Schulze-Osterloh* AG 1984, 141, 143 ff; ebenso *Liebs* FS Rittner, 1991, 369, 374; für § 92 III AktG aF: OLG Düsseldorf ZIP 1985, 876, 886.

491 BGHZ 75, 97, 111; 126, 181, 199; 143, 184, 185; BGH ZIP 2007, 1265, 1266; OLG Celle GmbHR 2008, 1034, 1035; OLG Schleswig ZInsO 2007, 948, 950; GroßkommAktG/*Habersack* § 92 AktG Rn 93; Ulmer/*Casper* Rn 93; *Noack,* InsO GesR, Rn 234; *Lutter*/Hommelhoff/*Kleindiek* Rn 62; Rowedder/*Schmidt-Leithoff* Rn 32; Scholz/*Schmidt* Rn 30.

492 Scholz/*Schmidt* Rn 30.

493 OLG Celle ZInsO 2008, 1328, 1329.

494 BGH ZIP 2007, 1265, 1267; KG ZInsO 2006, 437, 439 f; vgl auch OLG Hamm NZG 2002, 782; *Arends/Möller* GmbHR 2008, 169, 171.

495 BGH NJW 1974, 1088, 1089; OLG Hamburg MDR 1959, 311; OLG Hamm GmbHR 1993, 584, 585; OLG Brandenburg GmbHR 2002, 910, 911; GroßkommAktG/*Habersack* § 92 AktG Rn 99; *Lutter*/Hommelhoff/*Kleindiek* Rn 64; Rowedder/*Schmidt-Leithoff* Rn 35; Scholz/*Schmidt* Rn 35; *Fleck* GmbHR 1974, 224, 231; einschränkend („kann erwogen werden") BGH NJW 2003, 2316, 2317 = NZG 2003, 582, 583. **AM** *Schulze-Osterloh* FS Bezzenberger, 2000, 415, 423 ff.

496 *Noack,* InsO GesR, Rn 329 ff; *Lutter*/Hommelhoff/*Kleindiek* Rn 64.

günstig und die Prozessführung wirtschaftlich vertretbar ist (siehe oben Rn 11).[497] Zu den Beteiligten iS der Vorschrift gehört jedoch nicht GFührer.[498] Durchsetzung der **GFührerhaftung ist demnach gegenüber Anfechtungsrecht nicht subsidiär.**[499] Haftung nach § 64 S 1 besteht unabhängig von den insolvenzrechtlichen Anfechtungstatbeständen.[500] GFührer hat daher gegenüber Insverwalter, der das Anfechtungsrecht noch nicht ausgeübt hat, kein Leistungsverweigerungsrecht.[501] Wahlrecht des Insverwalters, gegen wen er vorgehen möchte, ermöglicht die bestmögliche Masseanreicherung.[502]

2. Ausgleich zwischen GFührer und Anfechtungsgegner. Im Verhältnis zwischen GFührer und Anfechtungsgegner ist Letzterer am Glnachteil „näher dran". Dies zeigt sich insbesondere daran, dass die infolge einer ausgeübten Anfechtung an die Masse zurückgewährte Leistung auf den Anspruch nach § 64 S 1 anzurechnen ist.[503] Um diese Wertung nicht zu unterlaufen, ist – wenn Anfechtungsanspruch noch nicht eingezogen – **§ 255 BGB entsprechend anzuwenden.** Danach kann der Insverwalter den Anspruch nach § 64 S 1 nur Zug um Zug gegen Abtretung des Anspruchs nach § 143 InsO[504] geltend machen.[505] 87

3. Berücksichtigung der Insolvenzquote. Hat GFührer im Vorfeld der Insolvenzeröffnung einen InsolvenzGl befriedigt, entspricht die vom GFührer zu erstattende Zahlung nicht (ganz) dem der Glgesamtheit erlittenen Nachteil.[506] Ohne Vorwegbefriedigung hätte Gl aus Masse nämlich eine Quote zugestanden. Um **Besserstellung der Masse zu verhindern,** bieten sich verschieden Lösungsmöglichkeiten an. Entweder man nimmt eine Vorteilsausgleichung vor mit der Folge, dass der GFührer nur die Zahlung abzüglich der Insolvenzquote erstatten muss.[507] Da Insolvenzquote der nicht bevorrech- 88

497 Vgl BGH ZIP 1993, 1886, 1887 ff; OLG Köln ZIP 1995, 1418, 1420; OLG Hamm NJW-RR 1993, 1445, 1447.

498 Vgl BGH BB 1996, 499, 500; *Glöckner* JZ 1997, 622, 627.

499 Vgl BGH BB 1996, 499, 500; OLG Celle GmbHR 1997, 901, 903; Uhlenbruck/*Hirte* § 11 InsO Rn 75; *Noack,* InsO GesR, Rn 331.

500 BGH ZIP 2003, 1005, 1007.

501 OLG Oldenburg GmbHR 2004, 1014, 1015; *Noack,* InsO GesR, Rn 331; *Lutter*/Hommelhoff/*Kleindiek* Rn 64; *Glöckner* JZ 1997, 623, 627; *G. Müller* ZIP 1996, 1153 ff; *Windel* KTS 1991, 477, 509 f. **AM** OLG Hamm GmbHR 1993, 584, 585; GroßkommAktG/*Habersack* § 92 AktG Rn 99; Rowedder/*Schmidt-Leithoff* Rn 35; Scholz/*Schmidt* Rn 35; offengelassen in BGH BB 1996, 499, 500.

502 *Noack,* InsO GesR, Rn 331.

503 *Henze/Bauer,* Kölner Schrift, 1311, 1325 f, Rn 42; offen gelassen in OLG Hamburg GmbHR 2007, 1037, 1040.

504 Zur Streitfrage, ob der Anspruch überhaupt abtretbar ist, siehe (bejahend) *Gerhardt* FS Schmidt, 2009, 457, 466 f; *Gerhardt/Kreft,* Insolvenzanfechtung Rn 249 ff; Gottwald/*Huber* InsOHdb § 51 Rn 2; BerlinerKommInsO/*Haas* § 143 Rn 15.

505 Vgl OLG Oldenburg GmbHR 2004, 1014, 1015; *Lutter*/Hommelhoff/*Kleindiek* Rn 65; *Goette* ZInsO 2005, 1, 5; *Müller* ZIP 1996, 1153, 1154; *Glöckner* JZ 1997, 622, 625 f; Ulmer/*Casper* Rn 97; *Henze/Bauer,* Kölner Schrift, 1311, 1328 Rn 47; Uhlenbruck/*Hirte* § 11 Rn 75.

506 *Haas* FS Fischer, 2008, 209, 210 f.

507 OLG Hamburg MDR 1959, 311; Michalski/*Nerlich* Rn 50; Scholz/*Schmidt* Rn 35; *Fleck* GmbHR 1974, 224, 231; iE auch *Schulze-Osterloh* FS Bezzenberger, 2000, 415, 425.

tigten Gl aber erst mit Abschluss des Insolvenzverfahrens feststeht,[508] würde derartige Vorgehensweise Verfahrensabwicklung empfindlich stören. GFührer könnte nämlich dann erst mit (bzw nach) Abschluss des Insolvenzverfahrens in Anspruch genommen werden. Da dies nicht praktikabel und dem Sinn und Zweck des § 64 S 1 zuwiderläuft, gestattet Rspr Insverwalter, Anspruch aus § 64 S 1 GmbHG ungekürzt geltend zu machen.[509] Um aber Bereicherung der Masse zu verhindern, ist GFührer befugt, nach Erstattung der Leistung an Masse einen Anspruch gegen den Insolvenzverwalter geltend zu machen, der dem Rang und der Höhe nach dem Betrag entspricht, den der begünstigte GesGl im Insolvenzverfahren erhalten hätte.[510] Letztlich bedeutet dies, dass GFührer die ursprüngliche (zwischenzeitlich aber getilgte) Forderung des Begünstigten im eigenen Namen im Insolvenzverfahren einfordern kann.[511] Diese Rechtslage entspricht § 144 I InsO.[512] Danach lebt die Forderung des Empfängers einer anfechtbaren Leistung wieder auf, wenn er das Erlangte zurückgewährt. Die Vorschrift will eine ungerechtfertigte Bereicherung der Insolvenzmasse vermeiden.[513] Erreicht wird dies dadurch, dass die (zunächst getilgte) Forderung rückwirkend genau so wieder auflebt, wie sie ursprünglich bestanden hat. Voraussetzung hierfür ist aber nach § 144 I InsO, dass der Anfechtungsgegner das Erlangte tatsächlich an die Masse zurückgewährt hat.[514] Dieser Rechtsgedanke ist auf § 64 S 1 entsprechend anzuwenden.[515] Ob sich der GFührer im Haftungsprozess nach § 64 S 1 GmbHG den Glanspruch – wie von der hM[516] angenommen – gegen die Masse im Urteil „vorbehalten" können soll, erscheint allerdings fraglich; denn da der (Gegen-)Anspruch des GFührers erst mit seiner Leistung an die Masse entsteht, ist er für den Haftungsprozess grundsätzlich bedeutungslos. Lediglich unter den Voraussetzungen des § 259 ZPO erscheint es angebracht, dass der GFührer seinen Anspruch bereits im Erstprozess feststellen lässt.[517] Die wohl hM will hingegen einen solchen Vorbehalt von Amts wegen aufnehmen.[518]

---

508 Siehe BGHZ 146, 264, 278 f = NJW 2001, 1280, 1283 = NZI 2001, 196, 200; OLG Oldenburg NZG 2001, 37, 40; OLG Jena ZIP 2002, 986, 987; Roth/*Altmeppen* Rn 45; *Haas* NZG 2004, 737, 743.

509 BGHZ 146, 264, 278 f = NJW 2001, 1280, 1283 = NZI 2001, 196, 200; OLG Jena ZIP 2002, 986, 987; vgl auch *Haas* FS Fischer, 2008, 209, 212 ff.

510 BGHZ 146, 264, 278 f = NJW 2001, 1280, 1283 = NZI 2001, 196, 200; OLG Celle ZIP 2007, 2210, 2211; OLG Jena ZIP 2002, 986, 987.

511 Zur Parallele mit § 144 InsO, vgl *Haas* FS Fischer, 2008, 209, 213 f. Siehe auch *Altmeppen* ZIP 2001, 240, 242; Roth/*Altmeppen* Rn 46.

512 *Haas* FS Fischer, 2008, 209, 213 ff. **AM** für eine analoge Anwendung des § 255 BGB Ulmer/*Casper* Rn 96.

513 *Haas* FS Fischer, 2008, 209, 214 ff; BerlinerKommInsO/*Haas* § 144 Rn 4; Bork/*Jacoby*, Hdb Anfechtungsrecht, Kap 13 Rn 1; MünchKommInsO/*Kirchhof* § 144 Rn 1; Kübler/Prütting/*Paulus* 144 InsO Rn 1.

514 MünchKommInsO/*Kirchhof* § 144 Rn 7.

515 Zu den sich hieraus ergebenden Konsequenzen im Hinblick auf Sicherheiten, Bedingungen, Anmeldung zur Tabelle, etc vgl *Haas* FS Fischer, 2008, 209, 215 ff.

516 BGH ZIP 2008, 72, 73; DStR 2007, 1360; BB 2005, 1869, 1871 = ZIP 2005, 1550, 1552; BGHZ 146, 264, 278 f = NJW 2001, 1280, 1283 = NZI 2001, 196, 200; OLG Celle ZIP 2007, 2210, 2212; OLG Jena ZIP 2002, 986, 989.

517 *Haas* NZG 2004, 737, 743; kritisch zu der Vorgehensweise auch OLG Hamburg GmbHR 2007, 1037, 1041.

518 BGH BB 2005, 1869, 1871 = ZIP 2005, 1550, 1552.

V. Beweislast

89 Der Insolvenzverwalter hat das Vorliegen der Überschuldung oder Zahlungsunfähigkeit im Zeitpunkt der Zahlung darzulegen und gegebenenfalls zu beweisen.[519]

90 **1. Insolvenzreife.** In Bezug auf die **Zahlungsunfähigkeit** kommt Insolvenzverwalter (bzw Ges) Erleichterung nach § 17 II 2 InsO (siehe oben Rn 41) zugute. Trägt Insolvenzverwalter Indizien vor, die für Zahlungsunfähigkeit sprechen, trifft GFührer sekundäre Behauptungslast zu den Liquiditätsverhältnissen. Bzgl **Überschuldung** genügt Insolvenzverwalter seiner Darlegungslast zunächst, wenn er eine rechnerische Überschuldung der Ges substantiiert behauptet.[520] Dies folgt – für die vor dem 18. 10. 2008 abgeschlossenen Sachverhalte, Rn 43 a – aus § 19 II 2 InsO, wonach Vermögensbilanz grundsätzlich nach Liquidationswerten zu erstellen ist (siehe oben Rn 43, 59).[521] Gleiches sollte aber auch für den „neuen" Überschuldungstatbestand gelten. Mithin kann von rechnerischer Überschuldung widerleglich auf rechtliche Überschuldung geschlossen werden.[522] Substantiierungslast bzgl rechnerischer Überschuldung kann auch durch Vorlage einer (insolvenzrechtlich bereinigten Bilanz nach Fortführungswerten, siehe oben Rn 59 b) genügt werden.[523] Ist Anspruchsteller diesen Anforderungen nachgekommen, ist es Sache des beklagten GFührers, im Rahmen seiner sekundären Darlegungslast im Einzelnen vorzutragen, welche stille Reserven oder sonstige maßgeblichen Werte in der Handelsbilanz nicht abgebildet sind.[524] Primäre Darlegungslast des Insverwalters darf insb dann nicht überspannt werden, wenn GFührer Pflicht zur Führung und Aufbewahrung der Geschäftsbücher verletzt und damit „Beweisnotstand" des Insolvenzverwalters erst geschaffen hat.[525]

91 Beruft sich GFührer im Hinblick auf die **Bewertungsansätze** in der Überschuldungsbilanz auf für ihn günstigeres Verwertungsszenario, hat er dieses darzulegen und zu beweisen.[526] Auch kann GFührer angesetzten Liquidationswerte nicht pauschal bestreiten, sondern muss konkrete Umstände vortragen, aus denen sich höhere stille Reserven ergeben.[527] Steht rechnerische Überschuldung fest, muss GFührers konkrete Umstände vortragen, die es aus der damaligen Sicht rechtfertigen, das Unternehmen trotzdem fortzuführen (positive Fortführungsprognose).[528] Der GFührer genügt seiner Darle-

---

519 BGH ZIP 2008, 72; BGHZ 126, 181, 200 = ZIP 1994, 1103, 1110; *Noack,* InsO GesR, Rn 327.

520 OLG Celle GmbHR 2004, 568, 569; OLG Köln NZG 2001, 411 f.

521 Siehe auch OLG Frankfurt NZG 2004, 1157, 1158 (für AG); *Stobbe,* Die Durchsetzung gesellschaftsrechtlicher Ansprüche in Insolvenz und masseloser Liquidation, Rn 941.

522 OLG Köln NZG 2001, 411 f; OLG Celle OLG-Report 2000, 267 f.

523 BGH ZIP 2009, 1220 f; OLG Celle GmbHR 2004, 568, 569; OLG Schleswig EWiR 1998, 271 f *(von Gerkan).*

524 BGH ZIP 2009, 1220, 1221.

525 BGH ZIP 2007, 1060, 1061; KG ZInsO 2005, 1325, 1326; siehe auch *Arends/Möller* GmbHR 2008, 169, 170.

526 BGH ZIP 2009, 1220, 1221; *Ulmer* KTS 1981, 469, 486.

527 BGH DStR 2001, 175, 176; OLG Köln NZG 2001, 411, 412.

528 BGH GmbHR 1994, 539, 545; BAG NZA 1999, 39, 42; OLG Celle GmbHR 2004, 568, 569; NZG 2002, 730, 731; OLG München GmbHR 1998, 281, 282; OLG Stuttgart NZG 1998, 232; OLG Düsseldorf GmbHR 1997, 127, 128; OLG Celle GmbHR 1997, 127, 128; Scholz/*Schmidt* Rn 50.

gungslast nur, wenn er wirtschaftliche Lebensfähigkeit (und – im Anwendungsbereich des bis dem 18. 10. 2008 geltenden Überschuldungsbegriffs – die Schuldendeckung nach Fortführungswerten) substantiiert darlegt,[529] zB indem er entsprechenden dokumentierten Finanz- und Ertragsplan (siehe oben Rn 46) vorlegt.[530] GFührer kommt bzgl Zukunftsprognose und Wahl der Ansatz- und Bewertungsgrundsätze gewisser Bewertungsspielraum zu.[531] Wer Beweislast trägt, wenn nicht erweislich ist, ob die Zukunftsprognose positiv oder negativ ist, hatte BGH im Anwendungsbereich des KO-Überschuldungsbegriffs offen gelassen.[532] Nach Wortlaut des (bis einschließlich zum 17. 10. 2008 geltenden, Rn 43 a) § 19 II 2 aF InsO liegt Beweislast beim GFührer.[533]

92 **2. Maßgebender Zeitpunkt.** Insolvenzreife muss im Zeitpunkt der Zahlung vorgelegen haben. Darlegungs- und Beweislast hierfür trägt der Insverwalter bzw Ges. Ist der Nachweis der Insolvenzreife zu einem früheren Zeitpunkt erbracht, ist – widerleglich – von einer bis zur Insolvenzeröffnung (bzw Abweisung mangels Masse) fortdauernden Insolvenzreife auszugehen. Das gilt jedenfalls dann, wenn „Zahlung“ relativ zeitnah[534] zu diesem Zeitpunkt erfolgte. Die Beweislast verbleibt beim Insverwalter bzw Ges nur dann, wenn GFührer substantiiert darlegt, dass zum maßgebenden Zeitpunkt Insolvenzreife nachhaltig beseitigt war.[535]

93 **3. Sonstige Tatbestandsvoraussetzungen.** Im Übrigen ist hinsichtl Zahlung Vorgang aufzuschlüsseln nach Höhe und Empfänger. Es ist aber dann Sache des GFührers darzulegen und gegebenenfalls zu beweisen, dass die Zahlung nicht zu einer (oder nur geringeren) Benachteiligung der Glgesamtheit geführt hat.[536] Liegt eine Auszahlung nach Eintritt der Überschuldung bzw Zahlungsunfähigkeit vor, wird Pflichtwidrigkeit der Zahlung sowie das Verschulden vermutet.[537] Will sich GFührer entlasten, hat er darzulegen, dass und wie er sich um die finanzielle Situation der Ges gekümmert hat bzw aus

---

529 *H.-F. Müller/Haas,* Kölner Schrift, 1799, 1806 Rn 19.

530 OLG Celle NZG 2002, 730, 731; OLG Frankfurt NZG 2001, 173, 174; OLG München GmbHR 1998, 281, 282; OLG Schleswig GmbHR 1998, 536.

531 BGH GmbHR 1994, 539, 549; OLG Celle GmbHR 1997, 127, 128; *Meyke* ZIP 1998, 1179, 1181; *Goette* DStR 1998, 1308, 1313; zu weitgehend OLG Saarbrücken NZG 2001, 414, 415.

532 BGH GmbHR 1994, 539, 545; so auch OLG Köln NZG 2001, 411 f.

533 OLG Koblenz NZG 2003, 776, 777; OLG Saarbrücken NZG 2001, 414, 415; Scholz/*Schmidt* Rn 50; *Stobbe,* Die Durchsetzung gesellschaftsrechtlicher Ansprüche der GmbH in der Insolvenz und masseloser Liquidation, Rn 941; *Haas* NZG 1999, 373, 379.

534 Nicht gegeben, wenn Überschuldungsstatus auf Jahr 1996 bezogen ist und es um die Feststellung der Insolvenzreife für das Jahr 2001 geht, BGH ZIP 2007, 676, 677.

535 BGH ZIP 2007, 1060, 1062; siehe auch *Arends/Möller* GmbHR 2008, 169, 170.

536 BGH NJW 1974, 1088, 1089; OLG Celle NJW-RR 1995, 558; GmbHR 1997, 901, 902; OLG Düsseldorf NZG 1999, 1066, 1067; *Noack,* InsO GesR, Rn 328; *Götker* Rn 374; *Windel* KTS 1991, 466, 486.

537 BGH NJW 1974, 1088, 1089; BGH ZIP 2008, 1229; BGH ZIP 2007, 1265, 1266; BGHZ 143, 184, 185 f = NJW 2000, 668; OLG Hamburg GmbHR 2007, 1037, 1038; OLG Oldenburg ZInsO 2004, 1084, 1086 = ZIP 2004, 1315, 1316; OLG Düsseldorf NZG 1999, 884, 885; WM 1996, 1922, 1927; Rowedder/*Schmidt-Leithoff* Rn 34; *Noack,* InsO GesR, Rn 328; *Lutter*/Hommelhoff/*Kleindiek* Rn 62; einschränkend OLG Düsseldorf ZIP 1992, 767, 769 f.

welchen Gründen er die Insolvenzreife der Ges nicht erkennen konnte oder dass die Zahlungen mit den Grundsätzen eines ordentlichen Geschäftsmannes vereinbar waren.[538] Dass Insolvenzreife der Ges für GFührer nicht erkennbar war, setzt voraus, dass dieser seine Pflicht zur wirtschaftlichen Selbstkontrolle nicht verletzt hat (siehe oben Rn 61).[539] Ob von vorstehenden Grundsätzen Ausnahmen zu machen sind, wenn GFührer nach Eintritt der Insolvenzreife aber vor Eröffnung des Insolvenzverfahrens ausgeschieden ist, ist eine Frage der Umstände des Einzelfalles.[540]

C. Haftung nach § 64 S 3

Lit: *Böcker/Poertzgen,* Kausalität und verschulden beim künftigen § 64 S 3 GmbHG, WM 2007, 1203; *Greulich/Bunnemann,* Geschäftsführerhaftung für zur Zahlungsunfähigkeit führende Zahlungen an die Gesellschafter nach § 64 II 3 GmbHG-RefE – Solvenztest im deutschen Recht?, NZG 2006, 681; *Greulich/Rau,* Zur partiellen Insolvenzverursachungshaftung des GmbH-Geschäftsführers nach § 64 S 3 GmbHG-RegE, NZG 2008, 284; *dies,* Zur Insolvenzverursachungshaftung des Geschäftsleiters einer Auslandsgesellschaft mit Inlandsverwaltungssitz, NZG 2008, 565; *Hirte,* Neuregelungen mit Bezug zum gesellschaftsrechtlichen Gläubigerschutz und im Insolvenzrecht durch das Gesetz zur Modernisierung des GmbH-Rechts und zur Bekämpfung von Missbräuchen, ZInsO 2008, 689; *Hölzle,* Gesellschafterfremdfinanzierung und Kapitalerhaltung im Regierungsentwurf des MoMiG, GmbHR 2007, 729; *Kleindiek,* GFührerhaftung nach der GmbH-Reform, FS K. Schmidt, 2009, S 893; *Knof,* Die neue Insolvenzverursachungshaftung nach § 64 Satz 3 RegE-GmbHG (Teil I und II), DStR 2007, 1536 und 1580; *Niesert/Hohler,* Die Haftung des GFührers für die Rückzahlung von Gfterdarlehen und ähnlichen Leistungen, NZI 2009, 345; *Schmidt,* GmbH-Reform, Solvenzgewährleistung und Insolvenzpraxis – Gedanken zum MoMiG-Entwurf, GmbHR 2007, 1; *Sikora,* Die Insolvenzverursachungshaftung, NWB 13/2008, 936; *Spliedt,* MoMiG in der Insolvenz – ein Sanierungsversuch, ZIP 2009, 149.

I. Verletzung der Vorrangstellung der Gl

Vorrangige Befriedigung der Gl wird nach § 64 S 3 beeinträchtigt, wenn GFührer Zahlungen an Gfter vornimmt, die zur Zahlungsunfähigkeit führen mussten (siehe auch oben Rn 2). 94

1. Selbstprüfungspflicht. Um Verpflichtung aus § 64 S 3 erfüllen zu können, ist GFührer im Vorfeld bereits zur wirtschaftlichen Selbstkontrolle verpflichtet.[541] Letztere beinhaltet die Prüfung, ob und inwieweit Ges auch in Zukunft ihre fällige Verbindlichkeiten wird erfüllen können. Die Art und Weise der Zahlungsfähigkeitsprüfung schreibt Gesetz nicht vor, es setzt diese aber an verschiedenen Stellen voraus mit der Folge, dass Konkretisierung der Selbstprüfungspflicht anhand dieser Vorschriften erfolgen kann. Anleihen lassen sich etwa bei § 122 Abs 1 HGB nehmen, der den Gewinnzahlungs- 95

---

538 Vgl BGH ZIP 2007, 1265, 1266; OLG Schleswig ZInsO 2007, 948, 950; OLG Düsseldorf GmbHR 1993, 159, 160; WM 1996, 1922, 1927; LG Aachen ZIP 1995, 1837, 1838; siehe auch OLG Celle GmbHR 2008, 1034, 1035.

539 OLG Celle GmbHR 2008, 1034, 1035.

540 So im Anwendungsbereich des § 43 III BGH ZInsO 2006, 428 f.

541 *Hölzle* GmbHR 2007, 729, 731; *Knof* DStR 2007, 1536, 1540.

anspruch des Gfter für den Fall einschränkt, dass dieser zum „offenbaren Schaden der Ges reicht".[542] Ob dies der Fall ist oder nicht, kann der organschaftliche Vertreter grundsätzlich nur auf der Grundlage eines ordnungsgemäß erstellten Finanz- und Liquiditätsplans erkennen, bei dem den voraussichtlichen Auszahlungen pro Zeitabschnitt die entsprechenden Zahlungseingänge gegenüber zu stellen sind. Dabei muss – grundsätzlich – gewährleistet sein, dass für jeden Zeitabschnitt keine oder nur eine unwesentliche Unterdeckung (siehe hierzu oben Rn 39) vorliegt. Letztlich ähnelt damit die von dem organschaftlichen Vertreter im Rahmen des § 64 S 3 anzustellende Prognose der im Rahmen der drohenden Zahlungsunfähigkeit (oder der Zukunftsprognose im Zusammenhang mit dem Überschuldungstatbestand) anzustellenden Prüfung (siehe oben Rn 44 ff).[543] Folglich stellt die mit § 64 S 3 einhergehende Prüfungspflicht keine „Mehrbelastung" des GFührers im Vergleich zum früheren Rechtszustand dar.[544]

96 **2. Zahlungen aus dem Gesvermögen. a) Rhandlung des GFührers.** Ebenso wie bei § 64 S 1 ist auch hier **unerheblich, ob der GFührer die Zahlung selber vornimmt oder ob Zahlung aus dem „Unternehmen heraus"** an den Gfter erfolgt (vgl oben Rn 63). Zahlung ist auch in diesem Fall grds dem GFührer zurechenbar, da Leistungsverkehr zwischen Ges und Gfter in einem die Existenz gefährdenden Umfang stets in die Gesamtverantwortung der GFührer fällt.[545] Fraglich kann allenfalls sein, ob Rhandlung auch in einem Unterlassen liegen kann, etwa wenn GFührer Griff des Gfters „in die Kasse" duldet. Um keine Schutzlücken entstehen zu lassen, sollte auch dies als Zahlung iS des § 64 S 3 angesehen werden. In jedem Fall stellt aber die Nichtgeltendmachung der Erstattungsforderung eine „Zahlung" dar (vgl unten Rn 98). Ebenso wie im Rahmen des § 64 S 1 (siehe ob Rn 68 ff) können auch im Anwendungsbereich des § 64 S 3 verschiedene Rhandlungen im Wege einer wirtschaftlichen Betrachtungsweise zu einer einzigen zusammengefasst werden. So liegt etwa bei einem **„cash pool"** zwischen KonzernGes keine Zeitpunkt-, sondern Zeitraumbetrachtung nahe. Wird ein (einheitlicher) Zahlungsvorgang künstlich in verschiedene Teilzahlungen zerlegt, sind diese iS einer wirtschaftlichen Betrachtungsweise zusammenzufassen.

97 **b) Zahlungsbegriff.** Im Ausgangspunkt wird man den Zahlungsbegriff in § 64 S 3 ebenso auslegen müssen wie in S 1.[546] Für derartiges Verständnis spricht auch Gesetzesbegründung.[547] Erfasst sind damit Geldzahlungen, Aufrechnungen, Verrechnungsverträge, Leistungen an Erfüllungs statt. Im Übrigen aber wird man richtiger Ansicht nach mit Blick auf die unterschiedliche Zielrichtung der Vorschriften (siehe oben Rn 1 f) auch Anpassungen vornehmen müssen.

98 **aa) Einschränkung auf liquide bzw liquidierbare Mittel.** Nach § 64 S 3 führen nur Zahlungen zu einer Ersatzpflicht, die zur Zahlungsunfähigkeit

---

542 Siehe hierzu Röhricht/v Westphalen/*v Gerkan/Haas* § 122 HGB Rn 9.

543 *Knof* DStR 2007, 1536, 1541 f.

544 *Knof* DStR 2007, 1580, 1584; *Haas,* Reform des gesellschaftsrechtlichen Gläubigerschutzes, E 134.

545 *Knof* DStR 2007, 1536, 1538.

546 Vgl auch Ulmer/*Casper* Rn 105; *Böcker/Poertzgen* WM 2007, 1203; *Knof* DStR 2007, 1536, 1537 f.

547 RegE-MoMiG, 106; siehe auch *Hirte* ZInsO 2008, 689, 697; *Knof* DStR 2007, 1536, 1537.

iS des § 17 II InsO führen. Die Zahlungsunfähigkeit umschreibt aber Zustand der Geldilliquidität (siehe oben Rn 37). Mithin scheiden – anders als im Anwendungsbereich des § 64 S 1 – von vornherein alle solchen Leistungen als „Zahlung" (zB Sachleistungen) aus, die die Fähigkeit nicht beeinträchtigen, fällige Zahlungspflichten der Ges sofort (bzw im Dreiwochenzeitraum, siehe oben Rn 38) zu begleichen.[548] Werden daher andere Vermögenswerte als liquide Mittel bzw Vermögensgegenstände, die sich innerhalb kurzer Zeit in liquide Mittel umwandeln lassen, an Gfter weggegeben oder zu seinen Gunsten besichert, dann greift § 64 S 3 schon von seiner Zielrichtung her nicht. Freilich könnten derartige Vermögensabgänge nicht schon beim Zahlungsbegriff, sondern auch erst im Rahmen der Kausalitätsbetrachtung (siehe unten Rn 102 ff) ausgesondert werden. Soweit Sicherheiten zugunsten des Gfters vom Zahlungsbegriff erfasst sind, kommt es für den Zeitpunkt der Zahlung auf deren Bestellung, nicht aber auf deren Inanspruchnahme an. Damit liegt in der Sicherheitenbestellung zugunsten des Gfters eine Zahlung nur dann, wenn Rückgriffsanspruch nicht „liquide" bzw gleichwertig ist.[549] Auch eine Darlehensgewährung an Gfter ist keine Zahlung, wenn Rückzahlungsanspruch vollwertig und jederzeit liquidierbar ist.[550] Richtiger Ansicht nach kann auch die Nichtgeltendmachung einer Forderung gegen den Gfter eine Zahlung an denselben sein, die geeignet ist Zahlungsunfähigkeit herbeizuführen.[551]

bb) Zahlung auf Gfterforderungen. Zahlt Ges auf Forderung des Gfters, 99
stellt sich die Frage, ob hierdurch eine Zahlungsunfähigkeit überhaupt herbeigeführt werden kann. Unstreitig zu bejahen ist dies, wenn die Ges auf Forderung zahlt, gegen die sie Einreden oder Einwendungen hat (zB Zahlung auf Forderung, die noch nicht fällig ist); denn derartige Forderung darf – grds – nicht bei Zahlungsfähigkeitsprüfung „passiviert" werden (vgl oben Rn 34).[552] Ist die Forderung fällig und durchsetzbar, kann die Zahlung dann zur Zahlungsunfähigkeit führen, wenn bei Zahlung bereits eine – unwesentliche (vgl oben Rn 39) – Deckungslücke besteht; begleicht nämlich GFührer die Forderung in voller Höhe, reduziert sich hierdurch die Deckungsquote für die übrigen Forderungen mit der Folge, dass aus einer unwesentlichen eine wesentliche Deckungslücke werden kann. Bestand hingegen keine Deckungslücke, so kann durch Zahlung auf eine fällige und durchsetzbare Forderung keine Zahlungsunfähigkeit herbeigeführt werden.[553] Wohl aber kann die der Zahlung vorausgehende Forderungsbegründung die Zahlungsunfähigkeit verursacht haben. Soll § 64 S 3 also einen Sinn machen, muss sie korrigierend ausgelegt werden.[554] Denkbar ist zum einen, dass die ordnungsgemäß begründete Gfterforderung bei der Prüfung auszublenden ist, ob Ges auf Grund Zahlung zahlungsunfähig wird. Zum anderen könnte Abhilfe dadurch geschaffen werden, dass auch andere Einwirkungen auf die Zahlungsfähigkeit der Ges, die nicht in Weggabe von Aktiva an Gfter bestehen, als „Zahlung" iS des § 64 S 3 qualifiziert werden (zB Begründung oder Übernahme von Zah-

---

548 *Knof* DStR 2007, 1536, 1538; Schmidt/*Uhlenbruck* Rn 11.96.

549 *Niesert/Hohler* NZI 2009, 345, 349.

550 *Wicke* Rn 31; *Niesert/Hohler* NZI 2009, 345, 349.

551 *Greulich/Bunnemann* NZG 2006, 681, 684; *Sikora* NWB 13/2009, 936, 938; restriktiver Ulmer/*Casper* Rn 105.

552 *Niesert/Hohler* NZI 2009, 345, 350.

553 So zu Recht auch *Spliedt* ZIP 2009, 149, 159.

554 Für eine Korrektur durch Schaffung eines veränderten (eigenständigen) haftungsrechtl Zahlungsunfähigkeitsbegriffs, *Spliedt* ZIP 2009, 149, 159 f.

lungsverpflichtungen oder das Unterlassen einer Kündigung durch GFührer, wodurch weitere Zahlungspflichten begründet werden). Letzteres wird – ohne freilich das Problem überhaupt anzusprechen – von der wohl hA abgelehnt, die den Zahlungsbegriff in § 64 S 3 ebenso auslegen will wie in § 64 S 1.[555] Sinnvoll erscheint dies nicht; denn der Wunsch, beiden Vorschriften einen identischen Zahlungsbegriff zugrunde zu legen, lässt sich ohnehin nicht verwirklichen (siehe oben Rn 98). Die hier vertretene Ansicht findet zudem eine Stütze in § 30 I, dessen Lücken der § 64 S 3 ja gerade schließen soll (siehe oben Rn 2). Nach § 30 I (der ebenfalls von „Auszahlungen" spricht) galt vor Inkrafttreten des MoMiG die Begründung von Zahlungspflichten zumindest dann als Zahlung, wenn Ges diese im Interesse des Gfters gegenüber Dritten einging; denn hier konnte Ges – wegen Unanwendbarkeit der §§ 30 f im Verhältnis zwischen Ges und Dritten – den Vermögensabfluss nicht mehr verhindern.[556] Die Rechtslage ist vorliegend nicht anders. Da Einwendungen gegen den Zahlungsanspruch des Gfters der Ges jenseits des § 30 I nicht zur Verfügung stehen, kann der Liquiditätsabfluss nicht abgewendet werden. Insbesondere ist zu berücksichtigen, dass auch aus dem „Kapitalersatzrecht" künftig keine Einrede bzw Einwendung gegen den Gfteranspruch im Vorfeld der Insolvenzeröffnung mehr abgeleitet werden kann (vgl oben Rn 54).[557]

100 **c) Berücksichtigung von „Gegenleistungen".** Ob und inwieweit Gegenleistungen eine „Zahlung" ausschließen, ist fraglich. Der Gesetzgeber hat in der Entwurfsbegründung noch darauf hingewiesen, dass hinsichtlich der Berücksichtigung von Gegenleistungen keine Änderung des bisherigen Verständnisses vom Zahlungsbegriff bezweckt sei.[558] Zweifel sind allerdings angebracht. Dies gilt etwa, wenn Ges liquide Mittel weggibt und dafür im Gegenzug nicht kurzfristig liquidierbare oder selbstverzehrende (aber uU gleichwertige) Vermögenswerte vom Gfter erhält (zB entgeltliche Gebrauchsüberlassung des Gfters an Ges). Während (jede) Gegenleistung im Rahmen des § 64 S 1 schon beim Zahlungsbegriff berücksichtigt wird (vgl Rn 70), ist dies wohl bei § 64 S 3 nicht möglich; denn beide Vorschriften verfolgen unterschiedliche Ziele. Erstere Vorschrift dient der Massesicherung (siehe oben Rn 1); dagegen will § 64 S 3 – richtiger Ansicht nach – die vorrangige Befriedigung der Gl aus Gesvermögen sicherstellen (vgl oben Rn 2). Wenn aber dem Begriff Zahlung im Hinblick auf den Normzweck nur eine enge Definition zugrunde gelegt werden kann (siehe oben Rn 98), muss gleiches auch für anrechenbare Gegenleistung gelten.[559] Mittelbare Liquiditätszuflüsse, die auf Zahlung beruhen (zB Zahlung für Leistungen, die wiederum Liquiditätszufluss auslösen können), lassen Haftung nur unter Voraussetzung des § 64 S 2 entfallen.[560] Sonstige Vorteile, die in einem nur zufälligen Zusammenhang mit der Zahlung stehen (oder stehen könnten) sind nicht anzurechnen, auch nicht auf der Rechtsfolgenseite.[561]

---

555 *Knof* DStR 2007, 1536, 1538; *Wicke* Rn 27.

556 Vgl KG NZG 2001, 989, 990; OLG Rostock GmbHR 1998, 329, 330; Ulmer/*Habersack* § 30 Rn 77; Sernetz/*Haas,* Kapitalaufbringung und -erhaltung in der GmbH, Rn 432 f.

557 *Kleindiek* ZGR 2006, 335, 355 f.

558 RegE-MoMiG, 106.

559 Wohl auch *Greulich/Rau* NZG 2008, 284, 287.

560 Offen gelassen bei *Greulich/Bunnemann* NZG 2006, 681, 686.

561 **AM** *Greulich/Rau* NZG 2008, 284, 287.

3. Auskehr *an* Gfter. § 64 S 3 erfasst – anders als § 64 S 1 – nur Zahlungen an Gfter. Eine Zahlung „an" den Gfter liegt vor, wenn die **Leistung unmittelbar** an diesen ausgekehrt wird. Gleiches sollte aber – in Anlehnung an die Rspr zu § 30 Abs 1 GmbHG – auch dann gelten, wenn die „Zahlung" dem **Gfter nur mittelbar zugute kommt,** etwa wenn seine Verbindlichkeiten bei einem Dritten beglichen werden.[562] Auch den Begriff des „Gfters" wird man in Anlehnung an § 30 I GmbHG (vgl dort Rn 26 ff) weit auslegen müssen mit der Folge, dass nicht nur Zahlungen an den formalen Gfter, sondern auch an solche Personen haftungsrelevant sind, die mit einem Gfter eine wirtschaftliche oder familienrechtliche Einheit bilden.[563] In aller Regel wird in diesen Fällen allerdings schon eine mittelbare Leistung an den Gfter zu bejahen sein.[564] Fraglich ist, wie zu verfahren ist, wenn im Zeitpunkt der Zahlung der Adressat derselben nicht mehr Gfter ist. Hier wird man wohl – in Anlehnung an die Grundsätze zu § 30 I (siehe dort Rn 22) – darauf abstellen müssen, ob Empfänger im Zeitpunkt, in dem Rechtsgrund für Zahlung gelegt wurde, Gfter war.[565] **101**

4. Zurechnungszusammenhang. Verboten sind nach § 64 S 3 nur solche Zahlungen, die die „Zahlungsunfähigkeit herbeiführen müssen". § 64 S 3 verlagert mithin das Auszahlungsverbot des S 1 – zumindest dem Wortlaut nach – zeitlich nach vorne; denn ob die Ges im Zeitpunkt der Auszahlung insolvenzreif ist oder nicht, spielt keine Rolle.[566] Die Vorschrift verlangt jedoch einen engen Zusammenhang zwischen geleisteter Zahlung und Zahlungsunfähigkeit (zum Begriff der Zahlungsunfähigkeit, Rn 33 ff).[567] Die Vorschrift statuiert auch keine Haftung des GFührers für jede zurechenbare Insolvenzverursachung.[568] Insbesondere haftet GFührer nicht für die Verursachung der Überschuldung oder drohenden Zahlungsunfähigkeit im Leistungsverkehr zwischen Ges und Gfter. **102**

a) Kausalität. Die Gesetzesbegründung verlangt sehr engen Zusammenhang zwischen Zahlungsunfähigkeit und Zahlung. Danach sollen nur solche Zahlungen verboten sein, die *„ohne Hinzutreten weiterer Kausalbeiträge zur Zahlungsunfähigkeit der Gesellschaft führen".*[569] Die Zahlungsunfähigkeit soll maW auf ein monokausales Ereignis zurück zu führen sein, nämlich die Zahlung an Gfter.[570] Die Gesetzesbegründung relativiert dies sodann nur unwesentlich, indem darauf hingewiesen wird, dass im Moment der Zahlung die Zahlungsunfähigkeit nicht schon eintreten muss, sondern dass zwischen Zahlung und Zahlungsunfähigkeit eine gewisse Zeitspanne liegen kann.[571] Jedoch muss sich **103**

---

562 BGH ZIP 2000, 1251, 1255; siehe auch BGH BGHZ 81, 252, 260; Ulmer/*Habersack* § 30 Rn 60; vgl auch § 30 Rn 25.

563 In diesem Sinne auch *Schmidt*/Uhlenbruck Rn 11.95; *Sikora* NWB 13/2009, 936, 938; Ulmer/*Casper* Rn 106; *Knof* DStR 2007, 1536, 1538. **AM** wohl *Spliedt* ZIP 2009, 149, 159.

564 Siehe *Sernetz/Haas,* Kapitalaufbringung und -erhaltung in der GmbH, Rn 406.

565 Ulmer/*Casper* Rn 106.

566 *Knof* DStR 2007, 1536, 1539; siehe auch *Kleindiek* FS Schmidt, 2009, 893, 901.

567 *Knof* DStR 2007, 1536, 1539; siehe auch *Böcker/Poertzgen* WM 2007, 1203, 1206 f.

568 **AM** – ohne Begründung – *Knof* DStR 2007, 1580, 1586; Ulmer/*Casper* Rn 107; Goette/Habersack/*Casper,* Das MoMiG in Wissenschaft und Praxis, 2009, Rn 6.44.

569 RegE-MoMiG, 106.

570 *Greulich/Rau* NZG 2008, 284, 288.

571 RegE-MoMiG, 107.

– so die Gesetzesbegründung – im Moment der Zahlung klar abzeichnen, „dass die Ges unter dem normalen Verlauf der Dinge ihre Verbindlichkeiten nicht mehr wird erfüllen können".[572] Welche Kausalitätsanforderungen sich hierhinter verbergen, ist nicht eindeutig. Teilweise will Lit damit Anwendungsbereich des § 64 S 3 auf reine Ausplünderungsfälle beschränken. Danach soll es nicht ausreichen, wenn durch Leistung ein Verlauf in Gang gesetzt wird, an dessen Ende Zahlungsunfähigkeit steht bzw liegen kann.[573]

104 **b) Wahrscheinlichkeit.** § 64 S 3 greift nur dann, wenn Zahlung an Gfter „zur Zahlungsunfähigkeit führen muss". Erwartet wird damit – dem Wortlaut nach – kein allzu weicher Wahrscheinlichkeitsmaßstab. In jedem Fall muss die Zahlungsunfähigkeit als Folge der Zahlung „überwiegend wahrscheinlich" sein.[574] Maßgebend ist insoweit der Beurteilungsstandpunktes eines ordentlichen Geschäftsmannes im Zeitpunkt der Zahlung, nicht aber ex post. War die Zahlungsunfähigkeit trotz Zahlung auf der Grundlage eines ordnungsgemäß erstellten Finanz- und Ertragsplans für den organschaftlichen Vertreter (ex ante) nicht erkennbar, scheidet danach ein Verstoß gegen § 64 S 3 aus.[575] Hoffnung auf außergewöhnliche Umstände, die vor Zahlungsunfähigkeit retten könnten, bleiben hingegen außer Betracht.[576]

105 **c) Stellungnahme.** Im Hinblick darauf, dass die Überschuldung der Zahlungsunfähigkeit ohnehin vielfach vorgelagert ist, geht der zeitliche Anwendungsbereich des § 64 S 3 nur dann über § 64 S 1 nennenswert hinaus, wenn Anforderungen an Zurechnungszusammenhang zwischen Zahlung und Zahlungsunfähigkeit nicht überspannt werden.[577] Der vom Gesetzgeber verlangte Kausalzusammenhang würde – wörtlich genommen – den Anwendungsbereich des § 64 S 3 massiv einengen und an den Bedürfnissen der Praxis vorbei gehen.[578] Zum einen lässt sich in aller Regel Insolvenz nicht auf monokausales Ereignis zurück führen.[579] Zum anderen werden in der Praxis die Gfter ihr Geld aus der Ges insbes dann abziehen, wenn sich die Insolvenz der Ges bereits abzeichnet oder ankündigt. Letzteres wäre aber nach Definition des Gesetzgebers (im Vorfeld von Zahlungsunfähigkeit und Überschuldung) nicht verboten; denn der Liquiditätsentzug würde hier ja nur den (durch andere Ursachen ausgelösten) Untergang der Ges beschleunigen, nicht aber in Gang setzen.[580] Wenn die Vorschrift also einen effektiven Beitrag zur Erreichung des Normzwecks (Sicherung der vorrangigen Befriedigung der Gl, siehe oben Rn 2) leisten soll, dann muss es ausreichen, wenn die Zahlung an Gfter einen (wesentlichen) Beitrag dazu leistet, dass die Zahlungsunfähigkeit der Ges herbeigeführt oder deren Eintritt beschleunigt wird.[581] Hierfür spricht

---

572 RegE-MoMiG, 107.

573 *Kleindiek* FS Schmidt, 2009, 893, 905 f.

574 *Knof* DStR 2007, 1536, 1540; *Kleindiek* FS Schmidt, 2009, 893, 906; vgl auch *Greulich/Bunnemann* NZG 2006, 681, 685.

575 *Knof* DStR 2007, 1580, 1584.

576 *Hirte* ZInsO 2008, 689, 698.

577 Wohl auch *Hölzle* GmbHR 2007, 729, 731. **AM** *Schmidt* GmbHR 2008, 449 ff.

578 So zu Recht *Spliedt* ZIP 2009, 149, 160. **AM** *Böcker/Poertzgen* WM 2007, 1203, 1207: Definition zu begrüßen.

579 *Bruns* WM 2003, 815, 820; Gottwald/*Haas* InsOHdb § 92 Rn 25.

580 So auch *Spliedt* ZIP 2009, 149, 160.

581 In diese Richtung ging noch der Wortlaut des RefE-MoMiG, siehe hierzu *Knof* DStR 2007, 1536, 1539; vgl auch *Greulich/Bunnemann* NZG 2006, 681, 684; Goette/Habersack/*Casper*, Das MoMiG in Wissenschaft und Praxis, 2009, Rn 6.46.

auch, dass RegE nur die im Zeitpkt der Leistung noch nicht absehbaren Umstände unberücksichtigt wissen will, den „normalen" Verlauf der Dinge aber in die Kausalitätsbetrachtung einbezieht. Es gehört aber nun mal zum „normalen" Verlauf der Dinge, dass ein laufender Geschäftsbetrieb ständig neue Geschäfte tätigt. Die hiervon ausgehende Gefahr für die Liquidität schließen folglich die Kausalität nicht aus.[582]

5. Privilegierte Zahlungen und Verschulden. Ebenso wie im Rahmen des § 64 S 1 entfällt auch bei § 64 S 3 die Haftung des GFührers, wenn die Zahlung mit der Sorgfalt eines „ordentlichen Geschäftsmannes" vereinbar ist (§ 64 S 2). Insoweit gelten die oben genannten Grundsätze (vgl Rn 71 ff).[583] Im „cash pool" können daher beispielsweise ökonomische Vorteile, die mit der Möglichkeit verbunden sind, Liquidität im Gegenzug dafür zu erhalten, dass selbst auch Zahlungen vorgenommen werden, dann nach § 64 S 2 haftungsausschließend wirken, wenn Liquiditätssituation der eigenen Ges und der der teilnehmenden Ges die Einschätzung zulässt, dass hierdurch Zahlungsfähigkeit der Ges zu keinem Zeitpunkt gefährdet wird.[584] Ebenso wie Anspruch nach § 64 S 1 setzt auch Erstattungsanspruch nach § 64 S 3 Verschulden des GFührers voraus. Insoweit gelten oben genannten Grundsätze entsprechend (siehe oben Rn 84). **106**

II. Inhalt des Anspruchs und Geltendmachung

Hat der organschaftliche Vertreter Zahlungen an Gfter geleistet, die die Zahlungsunfähigkeit im oben genannten Sinne herbei geführt haben, so muss er diese der Ges erstatten (zur Rechtsnatur des Anspruchs, siehe oben Rn 5 ff). Schadensersatz schuldet er allenfalls nach anderen Vorschriften (vgl unten Rn 175 ff).[585] Entgegen teilweise geäußerter Ansicht begründet Vorschrift – ebenso wie § 64 S 1 – nur Erstattungsanspruch, nicht auch ein Leistungsverweigerungsrecht.[586] Letzteres kann sich nur aus anderen Vorschriften bzw Grundsätzen (zB Treuepflicht des Gfters) ergeben. Haftungsdilemma entsteht hierdurch zu Lasten des GFührers nicht. Für Erstattungsanspruch gelten die oben genannten Grundsätze entsprechend (siehe oben Rn 85 ff). Vorteile, die lose und zufällig mit der Zahlung verbunden sind, können bei Bemessung der Höhe des Erstattungsanspruchs nicht berücksichtigt werden (siehe oben Rn 71 ff). Haftung des GFührers ist gegenüber derjenigen des Gfters aus §§ 30 f, 33 bzw aus §§ 133, 134 InsO nicht subsidiär. Vielmehr kann der Insolvenzverwalter nach freiem Ermessen bestimmen, gegen wen er vorgehen will. Um aber eine Bereicherung der Masse zu verhindern, ist Ges verpflichtet, Zug um Zug gegen Erstattung der Zahlung, die Ansprüche gegen den Gfter abzutreten; denn letztlich ist der Gfter an der Glbeeinträchtigung „näher dran".[587] Ebenso wie im Rahmen des § 64 S 1 (siehe oben Rn 88) ist grund- **107**

582 *Spliedt* ZIP 2009, 149, 160.

583 Siehe *Hirte* ZInsO 2008, 689, 698; *Knof* DStR 2007, 1580, 1584; RegE-MoMiG, 113.

584 *Greulich/Rau* NZG 2008, 284, 287.

585 Kritisch hierzu *Schmidt* GmbHR 2007, 1, 6.

586 **AM** – meist ohne Begründung – *Greulich/Rau* NZG 2008, 284, 287; *Spliedt* ZIP 2009, 149, 160; Heybrock/*Stadie* Rn 25; *Bormann* DB 2006, 2616; *Dahl* NZG 2009, 567, 569; *Hölzle* GmbHR 2007, 729, 732.

587 *Greulich/Bunnemann* NZG 2006, 681, 686.

sätzlich die Insolvenzquote zu berücksichtigen, wobei das Problem hier weniger gravierend ist; denn eine evtl Forderung des Gfters wird in aller Regel mit einem gesetzlichen Nachrang (§ 39 I Nr 5 InsO) belegt sein.

108 In der Insolvenz der Ges macht der Insverwalter den Anspruch nach § 64 S 3 geltend. Problematisch ist Darlegungs- und Beweislast. Grundsätzlich müsste Insverwalter die anspruchsbegründenden Voraussetzungen darlegen und beweisen. Hierzu gehört auch, dass Zahlung aus der Sicht ex ante die Zahlungsunfähigkeit herbeigeführt hat. Dies wird Insolvenzverwalter in aller Regel vor unüberwindbare Schwierigkeiten stellen.[588] Um den Anspruch nicht zu einer „juristischen Spielerei“ verkommen zu lassen, bedarf es Erleichterungen in Bezug auf Darlegungs- bzw Beweislast.[589] Wie diese aussehen, ist allerdings fraglich. Richtiger Ansicht nach sollte Zurechnungszusammenhang zunächst für alle (nicht unwesentlichen) Zahlungen im engen zeitlichen Zusammenhang mit der Insolvenzeröffnung angenommen werden.[590] Letzteres ist (widerleglich) zu unterstellen, wenn Zahlung innerhalb von sechs Monaten vor Antragstellung an Gfter geleistet wurde.[591] Der GFührer trägt sodann sekundäre Behauptungslast dafür, dass Zahlung nicht zur Zahlungsunfähigkeit geführt hat.[592] Dieser kann er substantiiert nur durch Vorlage einer entsprechenden Dokumentation zur wirtschaftliche Selbstprüfung (siehe oben Rn 95) nachkommen. Zwar erstreckt sich der Prognosezeitraum im Rahmen der wirtschaftlichen Selbstprüfung grundsätzlich auf einen längeren Zeitraum (vgl oben). Mit der Länge des Prognosezeitraums steigen aber auch die Prognoserisiken deutlich mit der Folge, dass ein „unmittelbarer“ Zusammenhang (wie vom Gesetzgeber gefordert) zwischen Zahlungsunfähigkeit und Zahlung zu Lasten des GFührers nicht mehr ohne weiteres (widerleglich) angenommen werden kann.

D. Flankierende Haftungstatbestände zu § 64 S 1

Lit: *Altmeppen/Wilhelm,* Quotenschaden, Individualschaden und Klagebefugnis bei der Verschleppung des Insolvenzverfahrens über das Vermögen der GmbH, NJW 1999, 673; *Bittmann/Gruber,* Limited – Insolvenzantragspflicht gemäß § 15 a InsO: Europarechtlich unwirksam?, GmbHR 2008, 867; *Bork,* Haftung des GmbH-Geschäftsführers wegen verspäteten Konkursantrags, ZGR 1995, 505; *Dauner-Lieb,* Die Berechnung des Quotenschadens, ZGR 1998, 617; *Fleck,* Zur Haftung des GmbH-Geschäftsführers, GmbHR 1974, 224; *Haas,* Aktuelle Rechtsprechung zur Insolvenzantragspflicht des GmbH-Geschäftsführers nach § 64 Abs. 1 GmbHG, DStR 2003, 423; *ders,* Die Haftung des GmbH-Geschäftsführers in der Krise der Gesellschaft, in: Heintzen/Kruschwitz (Hrsg), Unternehmen in der Krise, 2004, 73; *ders,* Ist das Trihotel-Haftungsmodell Vorbild auch für andere dem Schutz der Gläubigergesamtheit dienende Ansprüche?, ZIP 2009, 1257; *Hasselbach,* Die Geltendmachung von Gesamtschadenansprüchen der Gläubiger durch den Insolvenzverwalter, DB 1996, 2213; *Hirte,* Stellungnahme zum RegE eines Gesetzes zur Modernisierung des GmbH-Rechts und zur Bekämpfung von

588 Vgl auch *Knof* DStR 2007, 1580, 1585.
589 *Greulich/Rau* NZG 2008, 284, 288 f; siehe auch *Sikora* NWB 13/2009, 936, 941.
590 Tendenziell auch Ulmer/*Casper* Rn 109.
591 **AM** Ulmer/*Casper* Rn 109: 1 Jahr.
592 Vgl auch *Knof* DStR 2007, 1580, 1585; tendenziell auch *Sikora* NWB 13/2009, 936, 941.

Missbräuchen (MoMiG) für den deutschen Bundestag, ZInsO 2008, 146; *G. Müller,* Geschäftsführerhaftung für Neugläubigerschäden, GmbHR 1996, 393; *Poertzgen,* Neues zur Insolvenzverschleppungshaftung – der Regierungsentwurf des MoMiG, NZI 2008, 9; *ders,* Der 3-Wochen-Zeitraum im Rahmen der Antragspflicht (§ 15 a InsO), ZInsO 2008, 944; *ders,* Organhaftung während des 3-Wochenzeitraums (§ 15 a Abs 1 InsO), ZInsO 2008, 1196; *Reiff/Arnold,* Unbeschränkte Konkursverschleppungshaftung des Geschäftsführers einer GmbH auch gegenüber gesetzlichen Neugläubigern?, ZIP 1998, 1893; *K. Schmidt,* Konkursverschleppungshaftung und Konkursverursachungshaftung ZIP 1988, 1497; *ders,* Kein Abschied vom „Quotenschaden" bei der Insolvenzverschleppungshaftung!, NZI 1998, 9; *ders,* Reform der Kapitalsicherung und Haftung in der Krise nach dem MoMiG, GmbHR 2007, 1073, 1074; *Schulze-Osterloh,* § 64 Abs. 1 GmbHG als Schutzgesetz iSd § 823 Abs. 2 BGB, FS Lutter, 2000, 707; *Uhlenbruck,* Die Legitimation zur Geltendmachung von Neugläubigerschäden wegen Konkursverschleppung, ZIP 1994, 1153; *Ulmer,* Konkursantragspflicht bei Überschuldung der GmbH und Haftungsrisiken bei Konkursverschleppung, KTS 1981, 469; *G. Wagner,* Insolvenzverschuldungshaftung des Geschäftsführers für Insolvenzgeld, ZInsO 2009, 622; *Wagner,* Der Steuerberater in der Zwickmühle – Die Wahl zwischen Mandatsniederlegung oder Beihilfe zur Insolvenzverschleppung, ZInsO 2009, 449; *Wilhelm,* Konkursantragspflicht des GmbH-Geschäftsführers und Quotenschaden, ZIP 1993, 1833; *Wübbelsmann,* Streitschrift gegen die Insolvenzverschleppungshaftung, GmbHR 2008, 1303.

I. GFührerhaftung wegen Verfahrensverschleppung

1. Allgemeines. Pflicht des GFührers in § 15 a I InsO, das Insolvenzverfahren rechtzeitig zu beantragen, dient dem Schutz der Gl, die ihren Anspruch vor Insolvenzeröffnung erworben und bei Insolvenzeröffnung noch vorhanden sind. Bis zum Inkrafttreten des MoMiG war diese Pflicht in § 64 I verankert. Gesetzgeber hat im Zuge des MoMiG die – in verschiedenen Gesrechtsgesetzen geregelte – Insolvenzantragspflicht (mit Ausnahme des § 42 BGB) – rechtsformneutral in § 15 a InsO verankert. Der ehemalige § 64 I entspricht dem § 15 a I 1. Die hM hat § 64 I aF als Schutzgesetz zugunsten der Gl iSd § 823 II BGB angesehen.[593] Daran wird man auch für das neue Recht festhalten müssen.[594] Schutzrecht des § 15 a InsO ist ein doppelter (vgl unten Rn 128) näml zum einen vorhandenen Vermögen des bestehenden Gl zu erhalten und zum anderen den Geschäftsverkehr davor zu schützen, mit insolvenzreifen Ges in Vertragsbeziehung zu treten. Dagegen dient Vorschrift nicht dem Zweck, Gl vor Verjährung seiner Ansprüche zu bewahren bzw ihm kostengünstige Möglichkeit der Verjährungshemmung zur Verfügung zu stellen.[595] Zu den von § 15 a I InsO erfassten Ges siehe unten Rn 147. Verletzung der Insolvenzantragspflicht in § 15 a I InsO ist nicht nur haftungs-, sondern auch strafbewehrt (§ 15 a IV, V InsO). Zu beachten ist, dass im Strafrecht eine abweichende Definition der Zahlungsunfähigkeit gilt (siehe oben Rn 35 Fn 164). Darüber hinaus ist Verletzung der Antragspflicht auch Anknüpfungspunkt für Pflicht, den von einem Gläubiger geleisteten Kosten- **109**

[593] BGHZ 29, 100, 102 ff; 75, 96, 106; 100, 12, 21; 126, 181, 190; 138, 211, 214 = ZIP 1998, 776, 777; Hachenburg/*Ulmer* Rn 47; *Lutter*/Hommelhoff/*Kleindiek* Rn 41; Rowedder/*Schmidt-Leithoff* Rn 38; Scholz/*Schmidt* Rn 37; *Schulze-Osterloh* FS Lutter, 2000, 707, 708 ff; zweifelnd *Fleck* GmbHR 1974, 224, 234 f. **AM** *Altmeppen/Wilhelm* NJW 1999, 673, 679; Roth/*Altmeppen* Rn 94; *Wübbelsmann* GmbHR 2008, 1303, 1304.

[594] *Wälzholz* DStR 2007, 1914, 1915; Ulmer/*Casper* Rn 118; *Poertzgen* ZInsO 2007, 574, 575.

[595] BGH ZIP 2009, 751, 752.

vorschuss im Insolvenzverfahren zu erstatten (§ 26 III InsO)[596] sowie für GFührerausschlussgründe nach § 6 III. Art 1 Nr 4 des RegE für ein Gesetz zur Entschuldung mittelloser Personen, zur Stärkung der Gläubigerrechte sowie zur Regelung der Insolvenzfestigkeit von Lizenzen sieht zudem einen neuen § 26 IV InsO vor. Danach ist im Insolvenzeröffnungsverfahren „zur Leistung eines Vorschusses … jede Person verpflichtet, die den Antrag auf Eröffnung des Insolvenzverfahrens entgegen den Vorschriften des Insolvenz- oder Gesellschaftsrechts pflichtwidrig und schuldhaft nicht gestellt hat. Ist streitig, ob die Person pflichtwidrig und schuldhaft gehandelt hat, so trifft sie die Beweislast. Die Zahlung des Vorschusses kann der vorläufige Insverwalter sowie jede Person verlangen, die einen begründeten Vermögensanspruch gegen den Schuldner hat."[597]

110 **a) Verhältnis des § 823 II BGB iVm § 15 a I InsO zu § 64 S 1.** Zum alten ebenso wie zum neuen Recht stellt sich die – von der hM vernachlässigte – Frage, in welchem Verhältnis das Auszahlungsverbot (§ 64 S 1 nF bzw § 64 II aF) zu § 823 II BGB iVm § 15 a I InsO (bzw § 64 I aF) steht.[598] Die Ansichten reichen von der Entbehrlichkeit der „Innenhaftung" nach § 64 S 1.[599] bis zur Überflüssigkeit der Haftung nach § 823 II BGB iVm § 15 a I InsO.[600] Richtiger Ansicht nach macht § 823 II BGB iVm § 15 a I InsO den § 64 S 1 nicht entbehrlich. Letztere Vorschrift gilt nämlich auch in der 3-Wochenfrist und auch noch nach Antragstellung bis zur Insolvenzeröffnung. Auch steht die **Haftung nach § 64 S 1 der Einordnung der Insolvenzantragspflicht als Schutzgesetz iS des § 823 II BGB nicht entgegen;** denn § 64 S 1 weist in vielfacher Hinsicht (ungewollte) Lücken auf, die es (weil auch nicht von dem am Gesvermögen ausgerichteten § 43 II erfasst) zu schließen gilt.[601] So berücksichtigt § 64 S 1 nicht alle für die Gl nachteiligen Einwirkungen des GFührers auf das Gesvermögen (zB Begründung neuer Verbindlichkeiten, siehe oben Rn 66). Hierdurch aber werden die Befriedigungsaussichten der Gl ebenso geschmälert wie durch „Zahlungen". Die Deckungsquote der Gl wird darüber hinaus auch durch Umstände beeinträchtigt, die nicht auf eine Rechtshandlung des GFührers zurückzuführen, wohl aber seiner Risikosphäre zuzuweisen sind (zB Schwund, Beschädigung, Entwertung, Zwangsvollstreckung etc). Hinzu kommt, dass von § 64 S 1 nur dann ein Schutz zugunsten der Gl ausgeht, wenn die einzelnen geleisteten Zahlungen ex post individualisierbar sind. Hat aber die Verschlechterung der Befriedigungschancen ihre Ursache in einer Vielzahl untrennbar miteinander verwobenen Einfluss- und Geschäftsführungsmaßnahmen, so stößt ein an einem Einzelausgleich orientiertes Glschutzsystem (wie § 64 S 1) schnell an seine Grenzen. Schließlich darf nicht übersehen werden, dass das Insolvenzverfahren nicht nur die GesGl, sondern auch den Rechtsverkehr vor

---

596 Risiko der fehlerhaften Prognose hat GFührer zu tragen, vgl BGH NZI 2009, 233 f; *Jaeger/Schilken* § 26 InsO Rn 90, 97. **AM** Schmidt/*Schröder* § 26 InsO Rn 41.

597 Siehe hierzu auch *Pape* ZInsO 2008, 985, 986.

598 Vgl *Haas,* Unternehmen in der Krise, 73, 106 f; siehe auch Ulmer/*Casper* Rn 2: nicht abgestimmter Dualismus der Haftungssysteme.

599 *Poertzgen* NZI 2008, 9, 12; *ders* ZInsO 2008, 1196, 1197.

600 Roth/*Altmeppen* Rn 94 ff.

601 Im Erg ebenso, anders aber in der Begründung *Schulze-Osterloh* FS Lutter, 2000, 707, 709 f. **AM** *Altmeppen/Wilhelm* NJW 1999, 673, 679; *G. Müller* GmbHR 1996, 393, 394 ff.

den Gefahren schützt, die von der Teilnahme insolventer Ges ausgehen. Durch Einsetzung eines Insolvenzverwalters im eröffneten Verfahren, Sicherungsmaßnahmen im Zeitraum zwischen Antragstellung und Insolvenzeröffnung sowie durch entsprechende Bekanntmachungen (vgl § 60 Rn 41) wird nämlich verhindert, dass der Rechtsverkehr durch Aufnahme von Geschäftsbeziehungen mit der (insolventen) GmbH Schaden erleidet.[602] Dieser mit dem Insolvenzverfahren verbundene Schutzaspekt zugunsten des Geschäftsverkehrs wird durch § 64 S 1 überhaupt nicht abgedeckt. Bedarf damit der § 64 S 1 der Ergänzung, so ist damit der mitunter geäußerten Ansicht, es bestünde kein Zusammenhang zwischen Antragspflicht und Erstattungsanspruch nach § 64 S 1,[603] entschieden zu widersprechen. In beiden Fällen geht es nämlich darum, die von der Unternehmensfortführung im Stadium der Insolvenzreife für die Gläubiger ausgehenden Risiken zu kompensieren.

b) Die in den Schutzbereich einbezogenen Personen. § 823 II BGB iVm § 15 a I InsO **kommt allen GesGl zugute** unabhängig davon, ob sie ihre Forderung vor oder nach Eintritt der Überschuldung oder Zahlungsunfähigkeit gegen die Ges erworben haben.[604] Gleichgültig ist auch Rechtsnatur des Glanspruchs (vertragliche oder gesetzliche Grundlage). Ausgenommen vom Schutzbereich sind die Ges selbst und die Gfter[605] sowie diejenigen Gl, die ihre Ansprüche erst mit oder aber erst nach Eröffnung des Insolvenzverfahrens erworben haben.[606] Die Verletzung der Insolvenzantragspflicht endet nämlich spätestens mit der Stellung des Insolvenzantrags, so dass Gl, die ihre Ansprüche gegen die Ges erst nach diesem Zeitpunkt durch cessio legis erwerben, nicht in den Schutzbereich der Norm fallen.[607] Daher kann die Bundesagentur für Arbeit nicht nach § 823 Abs 2 BGB iVm § 15 a I InsO Ersatz dafür verlangen, dass sie infolge Zahlungsrückstände des Arbeitgebers Insolvenzgeld zahlen muss (siehe aber unten Rn 157).[608] Schadensersatzansprüche wegen Insolvenzverschleppung kann sie auch nicht aus übergeleitetem Recht geltend machen, da von der gesetzlichen Abtretung (§ 187 SGB III) zugunsten der Bundesagentur für Arbeit nur die Ansprüche der Arbeitnehmer auf Arbeitsentgelt, nicht aber deren Schadensersatzansprüche gegen die GFührer erfasst sind.[609] **111**

---

602 Vgl hierzu LG Meiningen ZIP 1989, 1451, 1452; *Dempewolf* ZIP 1981, 853, 955 ff.

603 So aber *Wagner* FS Schmidt, 2009, 1665, 1671 f.

604 BGHZ 29, 100, 104; 100, 19, 21; 126, 181, 190 f; *Lutter*/Hommelhoff/*Kleindiek* Rn 41; Rowedder/*Schmidt-Leithoff* Rn 40; Scholz/*Schmidt* Rn 37.

605 Scholz/*Schmidt* Rn 37; *Lutter*/Hommelhoff/*Kleindiek* Rn 41; Rowedder/*Schmidt-Leithoff* Rn 38; *Wagner* FS Schmidt, 2009, 1665, 1680 f; *ders* ZInsO 2008, 622, 624. **AM** (Schutz der Gfter) RGZ 81, 269, 271; (Schutz der Ges) BGHZ 29, 100, 103.

606 Vgl BGHZ 108, 134, 136 f = NJW 1989, 3277; 110, 343, 361; OLG Frankfurt NZG 1999, 947 (Zahlung von Konkursausfallgeld); LG Stuttgart EWiR 2008, 615, 616; *Lutter*/Hommelhoff/*Kleindiek* Rn 41; Rowedder/*Schmidt-Leithoff* Rn 41; Scholz/*Schmidt* Rn 37.

607 Siehe BGH NJW 1989, 3277; BGH NZG 1999, 718, 719.

608 BGHZ 108, 134, 136 f = NJW 1989, 3277; LAG Hamm EWiR 2001, 871; LAG Rheinland-Pfalz NZA-RR 2002, 433; ArbG Offenbach ZIP 2002, 997, 998 = EWiR 2002, 623 *(Moll/Langhoff)*; siehe auch OLG Jena ZIP 2002, 631; OLG Saarbrücken ZIP 2007, 328; vgl auch *Wagner* ZInsO 2009, 622, 623.

609 BAG ZIP 2002, 992 f; LAG Hamm EWiR 2001, 871; ArbG Offenbach ZIP 2002, 997, 998; siehe auch OLG Saarbrücken ZIP 2007, 328; OLG Frankfurt DStR 1999, 1784 *(Haas)*.

112 **c) Übergangsregelungen.** Das MoMiG sieht keine ausdrücklichen Übergangsregelungen für die neue Haftung wegen Insolvenzverschleppung vor (vgl Art 16 MoMiG). Damit kommt es – nach allgemeinen Grundsätzen – darauf an, wann sich der Haftungstatbestand verwirklicht. Da Anspruch einerseits erst mit Insolvenzeröffnung entsteht (siehe unten Rn 12), andererseits aber an Zeiträume anknüpft, die vor Insolvenzeröffnung liegen, muss MoMiG bereits zu diesem früheren Zeitpunkt in Kraft getreten sein. Problematisch ist freilich, dass es sich bei Insolvenzverschleppung um ein „Dauerdelikt" handelt (vgl unten Rn 120 ff). Damit stellt sich die Frage, wie zu verfahren ist, wenn das MoMiG erst in der Phase zwischen verzögerter Insolvenzantragstellung und Insolvenzeröffnung in Kraft getreten ist. Richtiger Ansicht nach ist hier wohl insgesamt altes Recht anzuwenden, da das weitere Unterlassen der Antragstellung gegenüber der (festgestellten) Erstverletzung keine selbständig liquidierbare Rechtsverletzung darstellt.

113 **2. Adressat der Insolvenzantragspflicht.** Adressat der in § 15 a I InsO geregelten Insolvenzantragspflicht kann nur sein, wem auch das Insolvenzantragsrecht (vgl hierzu § 60 Rn 27 ff) zukommt.[610] Letzteres ist in § 15 I InsO geregelt. Danach ist (bei Zahlungsunfähigkeit und Überschuldung) jeder GFührer bzw Liquidator unabhängig davon, wie die Vertretungsbefugnis innerhalb des Kollegialorgans geregelt ist, selbständig und unabhängig von den anderen GFührern antragsbefugt. Korrespondierend hierzu bestimmt § 15 a I 1 InsO, dass jedes Mitglied des Vertretungsorgans und – bei eine Ges in Liquidation – jeder Abwickler[611] zum Insolvenzantrag verpflichtet ist. Letzteres gilt, wenn – zB durch Gfterbeschluss aufgelöste – Ges zahlungsunfähig oder überschuldet wird. Fraglich ist demgegenüber, ob Antragspflicht besteht, wenn Insolvenzverf zunächst mangels Masse abgewiesen wurde, dann aber Ges neue Vermögenswerte anfallen, die Verfkosten decken würden. Zivilrechtl lebt hier – richtiger Ansicht nach – Insolvenzantragspflicht wieder auf.[612] Inwieweit Gfter oder Dritte Adressat sind, siehe unten Rn 163 ff, 170. Adressat der Insolvenzantragspflicht ist auch der unwirksam bzw fehlerhaft bestellte GFührer.[613] Inwieweit „faktischer GFührer" ieS (siehe hierzu Rn 9 f) antragspflichtig ist, siehe unten Rn 172. Von vornherein nicht antragsverpflichtet – weil nicht antragsberechtigt (siehe § 60 Rn 28) – sind Mitglieder des AR oder des Beirats. Letztere können allenfalls als Teilnehmer einer Verschleppung haften (siehe unten Rn 174).

114 **a) Mehrheit von GFühren.** Die Pflicht nach § 15 a I InsO besteht für jeden einzelnen GFührer unabhängig von einer Ressortaufteilung zwischen ihnen.[614] Es besteht insoweit Gesamtverantwortung der GFührer. Soweit Tbvoraussetzungen vorliegen, haften sie daher gesamtschuldnerisch. Hat ein GFührer den Antrag gestellt, ruht für die übrigen die Pflicht zur Antrag-

---

[610] Zu dem Zusammenhang zwischen Antragsrecht und -pflicht, siehe OLG Brandenburg NZG 2001, 807, 808; *Roth* ZGR 1989, 421, 427; *Trölitzsch* GmbHR 1995, 857, 859.

[611] BGHSt ZIP 2008, 2308, 2310.

[612] Gegen Aufleben der strafbewehrten Antragspflicht aber BGHSt ZIP 2008, 2308, 2310 f.

[613] Vgl BGHZ 75, 96, 106; BGH WM 1988, 756, 757 f; BGHSt GmbHR 1990, 173; BB 1983, 788, 789.

[614] BGH GmbHR 1994, 460, 461; Ulmer/*Casper* Rn 36; *Schmidt*/Uhlenbruck Rn 11.11; Uhlenbruck/*Hirte* § 11 InsO Rn 62; Gottwald/*Haas* InsOHdb § 92 Rn 54.

stellung.[615] Wird das Insolvenzverfahren jedoch nicht eröffnet (zB Rücknahme des Antrags, oder Antragsabweisung oder weil GFührer auf Grund mangelnder Mitwirkung Eröffnung hintertreiben), obwohl die Ges überschuldet oder zahlungsunfähig ist, lebt die Antragspflicht der GFührer rückwirkend wieder auf.[616] Gleiches gilt, wenn ein Gl den Antrag gestellt hat.[617] Anderer Ansicht nach lässt Glantrag Insolvenzantragspflicht gänzl unberührt. Letztere erlischt dieser Ansicht zufolge erst mit rechtskräftiger Eröffnung des Insverfahrens aufgrund Fremdantrags.[618]

b) Ausgeschiedener GFührer. Aus dem Amt geschiedener GFührer kann nicht mehr den Insolvenzantrag stellen (§ 60 Rn 28) und ist daher auch nicht antragsverpflichtet. Das gilt auch dann, wenn Amtsniederlegung rechtsmissbräuchlich ist; denn diese macht die Amtsniederlegung nicht nichtig (§ 38 Rn 83). Eine bereits eingetretene Verletzung der Antragspflicht kann durch Amtsniederlegung nicht rückwirkend beseitigt werden.[619] Pflichtverletzung bleibt mithin bestehen mit der Folge, dass GFührer auch für den Verschleppungsschaden verantwortlich bleibt. Ausreichend hierfür ist nämlich, dass er Mitursache setzt. Die weiteren Folgen des Unterbleibens des Antrags auf Eröffnung des Insolvenzverfahrens nach Ausscheiden aus dem Amt muss er sich daher zurechnen lassen.[620] Nach Ausscheiden wandelt sich Antragspflicht in Pflicht um, mit allen Mitteln auf eine Antragstellung der (verbliebenen) Verantwortlichen hinwirken.[621] 115

3. Inhalt der Antragspflicht. Nach § 15 a I 1 InsO muss der GFührer (oder gleichgestellte Person) ohne schuldhaftes Zögern, spätestens aber drei Wochen nach Eintritt der Zahlungsunfähigkeit oder Überschuldung einen Insolvenzantrag stellen. Antragspflicht steht nicht zur Disposition der Gfter (vgl auch oben Rn 15). Sie können insbesondere GFührer nicht von Beachtung des § 15 a I InsO weder ausdrücklich noch stillschweigend (zB durch Duldung der Unternehmensfortführung im Stadium der Insolvenzreife) entbinden.[622] 116

a) Selbstprüfungspflicht. Um die Pflicht aus § 15 a I überhaupt erfüllen zu können, ist der GFührer schon im Vorfeld verpflichtet, sich einen Überblick über die wirtschaftliche Lage der Ges zu verschaffen und die Solvenz derselben beständig zu überprüfen.[623] Ergibt sich daher beispielsweise ein nicht durch Eigenkapital gedeckter Fehlbetrag iS des § 268 II HGB, hat der GFührer eine Überschuldungsbilanz zu erstellen und diese regelmäßig fortzuschrei- 117

---

615 Vgl BGHZ 75, 96, 106; Scholz/*Schmidt* Rn 19; wohl auch Goette/Habersack/*Casper,* Das MoMiG in Wissenschaft und Praxis, 2009, Rn 6.18.

616 AG Hamburg ZIP 2006, 1105, 1107; Scholz/*Schmidt* Rn 19; siehe auch Ulmer/*Casper* Rn 66.

617 Scholz/*Schmidt* Rn 19; Rowedder/*Schmidt-Leithoff* Rn 16. **AM** Ulmer/*Casper* Rn 67; HeidelbergerKommInsO/*Kirchhof* § 15 a Rn 9.

618 So insb strafrechtlich Rspr, BGH ZIP 2008, 2310; OLG Dresden DStR 1998, 830.

619 Ulmer/*Casper* Rn 37.

620 Rowedder/*Schmidt-Leithoff* Rn 50; Scholz/*Schmidt* Rn 6; Ulmer/*Casper* Rn 145.

621 Scholz/*Schmidt* Rn 22; siehe auch Ulmer/*Casper* Rn 37.

622 Ulmer/*Casper* Rn 36, 69.

623 BGH NJW-RR 1995, 669 f; GmbHR 1994, 539, 545; OLG Koblenz ZIP 2007, 120; OLG Koblenz OLG-Report 2001, 228, 229; OLG Celle GmbHR 1997, 127, 128; OLG Düsseldorf GmbHR 1999, 479, 481; GmbHR 1993, 159, 160; *Goette* ZInsO 2001, 529, 530; *Haas,* Geschäftsführerhaftung, 28 f, 128 ff.

ben.[624] Anders als die Antragspflicht selbst, ist die wirtschaftliche Selbstprüfungspflicht der GFührer einer Geschäftsverteilung zugänglich (siehe oben Rn 61 f). Ist diese Aufgabe innerhalb eines mehrköpfigen Leitungsorgans einem GFührer zugewiesen, entbindet dies aber die übrigen GFührer nicht von ihrer Verpflichtung (siehe oben Rn 62).

118 **b) Handlungsalternativen.** Zur Klärung der Krisensituation stehen dem GFührer verschiedene Handlungsalternativen offen; Antragstellung ist nur eine davon.[625] So kann GFührer auch Sanierungsverhandlungen mit den Gl und/oder den Gftern führen.[626] Die verschiedenen Optionen hat er gegenüber der Ges (siehe unten Rn 160 ff) mit der Pflicht eines ordentlichen Geschäftsmannes zu prüfen. Eine Pflichtverletzung iS des § 15 a I InsO liegt aber nur dann vor, wenn GFührer den Antrag auf Eröffnung des Insolvenzverfahrens verspätet stellt. GFührer muss seine Entscheidung innerhalb einer Höchstfrist von drei Wochen treffen. Ausschöpfen darf der GFührer Frist nur, soweit dies kein „schuldhaftes Zögern" darstellt. Ist bereits vor Ablauf der Frist klar, dass eine Sanierung nicht zu erwarten ist, muss GFührer das Insolvenzverfahren schon vorher einleiten.[627] Beantragt GFührer Eröffnung des Insolvenzverfahrens zu früh, dh ohne die Möglichkeiten einer „freien" Sanierung ausreichend geprüft zu haben, verletzt er allenfalls Pflicht zur ordnungsgemäßen Geschäftsführung nach § 43 I, II (vgl unten Rn 161), nicht aber § 15 a I InsO.[628]

119 Muss GFührer Handlungsalternative Antragstellung wählen, ist er nach § 15 a I InsO – richtiger Ansicht nach – verpflichtet, einen „vollständigen" (bzw zulässigen) Antrag einzureichen.[629] Nach § 15 II InsO hat – wenn der Antrag nicht von allen Mitgliedern des Vertretungsorgans gestellt wird – der antragstellende GFührer den Eröffnungsgrund glaubhaft zu machen (§ 60 Rn 33). Der GFührer muss daher Tatsachen vortragen, aus denen sich die Insolvenzreife des Schuldners ergibt. Darüber hinaus muss auf der Grundlage des Antrags aus der Sicht des Gerichts eine überwiegende Wahrscheinlichkeit für die Richtigkeit der Tatsachenbehauptung sprechen. Aber auch, wenn der Antrag vom einzigen oder von allen GFührern gestellt wird, setzt ein zulässiger Antrag „nachvollziehbare Angaben zur Vermögens- und Finanzlage" der Ges voraus, aus denen sich der Eröffnungsgrund ergibt (§ 60 Rn 34); eine Schlüssigkeit im technischen Sinne ist hingegen nicht Voraussetzung.[630] Fehlen die erforderlichen Angaben, weist das Insolvenzgericht den Antrag – nach Setzung einer angemessenen Nachbesserungsfrist – als unzulässig zurück.[631]

---

624 OLG Celle GmbHR 2004, 568, 569; *Goette* ZInsO 2001, 529, 530; *Haas,* Unternehmen in der Krise, 73, 75.

625 So zu Recht *Schmidt* GmbHR 2007, 1073, 1074 und 1077: letzter Fluchtweg; *Schmidt*/Uhlenbruck Rn 11.1.

626 Hachenburg/*Ulmer* Rn 8; Scholz/*Schmidt* Rn 13; *Schmidt* ZIP 1988, 1497, 1498.

627 Vgl BGHZ 75, 96, 111.

628 Vgl OLG München NJW 1966, 2366 f; *Schmidt* ZIP 1980, 328, 330.

629 HeidelbergerKommInsO/*Kirchhof* § 15 a Rn 8; *Schmittmann* NZI 2007, 357.

630 BGH BB 2003, 493, 494; BayObLG ZIP 2000, 1220, 1221; LG Göttingen NZI 2004, 149; AG Dresden EWiR 2002, 721 f *(Schmahl);* weitergehend LG Potsdam NZI 2002, 555 f; HeidelbergerKommInsO/*Kirchhof* § 13 Rn 20; *Vallender* MDR 1999, 280, 281; siehe auch MünchKommInsO/*Schmahl* § 13 Rn 104 ff. **AM** mit Hinweis auf Wortlaut des § 15 Abs 2 InsO, BayObLG NZI 2001, 50, 51.

631 BGH BB 2003, 493, 494; LG Göttingen NZI 2004, 149, 150; AG Dresden EWiR 2002, 721 f *(Schmahl);* AG Köln ZInsO 2008, 3; MünchKommInsO/*Schmahl* § 13 Rn 114.

Eine Amtsermittlung des Insolvenzgerichts (§ 5 InsO) greift in diesem Verfahrensstadium noch nicht, da noch kein zulässiger Antrag vorliegt.[632] Erst wenn die Schwelle der Zulässigkeit übersprungen ist, kann die (dann evtl noch notwendige) Ergänzung der Angaben mit den Mitteln des §§ 20 I 2, 97 f, 101 InsO erzwungen werden.[633] Durch einen unvollständigen Antrag kann also die Insolvenzeröffnung verzögert werden, wodurch die Gl geschädigt werden. Dies sollte durch ein entsprechend weites Verständnis des § 15 a I 1 InsO vermieden werden.[634] Hierfür spricht auch der (neue) Wortlaut des § 15 a IV InsO, wonach mit Strafe nicht mehr nur die verspätete Antragstellung bewehrt ist, sondern auch die „nicht richtige" Antragstellung.[635]

c) Dauerpflicht. aa) Grundsatz. Die Pflicht, den Insolvenzantrag zu stellen, besteht grundsätzlich – vorbehaltlich der Höchstfrist von drei Wochen – ab Eintritt der Zahlungsunfähigkeit bzw Überschuldung bis zur Insolvenzeröffnung. Ist die Ges zunächst insolvenzreif und überwindet sie sodann die Krise, erlischt die Insolvenzantragspflicht für die zurückliegenden Zeiträume, lebt aber ex nunc wieder auf, wenn die Ges erneut in die Krise gerät.[636] Voraussetzung für das Erlöschen der Antragspflicht ist allerdings, dass die Zahlungsunfähigkeit bzw Überschuldung (aus damaliger Sicht) „nachhaltig" überwunden wurde.[637] Hat Gl den Insolvenzantrag gestellt, ruht für die GFührer ab diesem Zeitpunkt die Insolvenzantragspflicht (siehe oben Rn 114). Gleiches gilt, wenn MitGFührer Antrag gestellt hat (siehe oben Rn 114); ist Insolvenzverfahren eröffnet, endet Antragspflicht. Für den Fall, dass Insolvenzverfahren mangels Masse nicht eröffnet wird, vgl oben Rn 113. 120

bb) Rücknahme des Eigenantrags. Wird Eigenantrag eines GFührers zurückgenommen, **lebt Antragspflicht für alle GFührer rückwirkend auf,** wenn im Zeitpunkt der Antragstellung bereits Insolvenzreife gegeben war (und Krise zwischenzeitl nicht nachhaltig überwunden wurde). Aus Sicht eines antragstellenden GFührers stellt sich daher die Frage, ob der von ihm gestellte Antrag von den übrigen GFührern zurückgenommen werden darf, mit der Folge, dass auch seine Haftung wieder auflebt. InsO regelt in § 13 II InsO, dass Antrag zurück genommen werden kann, nicht aber wer für Schuldner rücknahmebefugt ist.[638] Ob und inwieweit der für Antragstellung maßgebende § 15 I InsO insoweit entsprechend anzuwenden ist, ist umstritten.[639] Hinter der Frage verbirgt sich der Streit, wie Interesse der Gl an einer möglichst rechtzeitigen Insolvenzauslösung mit Interesse der Ges, eine verfrühte Insolvenzauslösung gegebenenfalls durch Rücknahme des Antrags zu 121

---

632 BGH BB 2003, 493, 494; AG Dresden EWiR 2002, 721 f; AG Potsdam DZWIR 2003, 263; MünchKommInsO/*Ganter* § 5 Rn 13.

633 BGH BB 2003, 493, 495; AG Göttingen NZI 2001, 670, 671; LG Magdeburg EWiR 1997, 659; FrankfurterKommInsO/*Schmerbach* § 20 Rn 3.

634 Scholz/*Schmidt* Rn 19; *Haas* DStR 2003, 423, 426; anders aus strafrechtlicher Sicht zum alten Recht BayObLG NZI 2001, 50, 51; zustimmend *Weyand* ZInsO 2000, 444.

635 Schmidt/*Wehr* § 15 a InsO Rn 18.

636 BGH ZIP 2007, 676, 677; ZIP 2005, 1734, 1736. **AM** Ulmer/*Casper* Rn 68, wonach Beseitigung des Insolvenzgrundes nicht zurückwirkt; ebenso Heidelberger-KommInsO/*Kirchhof* § 15 a Rn 9.

637 BGH ZIP 2007, 1061, 1062; vgl auch BGHZ 164, 50, 55 f; siehe auch *Poertzgen* ZInsO 2008, 944, 946 Fn 20.

638 BGH ZIP 2008, 1596.

639 BGH ZIP 2008, 1596 f; *Delhaes,* Kölner Schrift, 141, 148 ff Rn 28 ff; siehe ausführlich *Jaeger/Müller* § 15 InsO Rn 57 ff.

verhindern, auszugleichen ist.[640] Für Schutz der Gl als auch für Schutz der Ges besteht praktisches Bedürfnis. HM vertrat bislang im Grds, dass Rücknahmeberechtigung bei Mehrheit von GFührern dem Antragsteller allein (unabhängig von der gesrechtlichen Vertretungsbefugnis) oder aber zusammen mit den anderen GFührern zustehe.[641] Begründet wurde und wird dies damit, dass dem Schutz der Ges vor missbräuchlichen Anträgen ausreichend durch § 15 II 1 InsO (Glaubhaftmachung des Eröffnungsgrunds), § 15 II 3 InsO (Anhörung der übrigen Mitglieder des Vertretungsorgans) sowie durch Schadensersatzpflicht des GFührers bei verfrühter Antragstellung (siehe unten Rn 161) Rechung getragen würde. Der BGH hat nunmehr entschieden, dass – vorbehaltlich des Verbots des Rechtsmissbrauchs – die übrigen MitGFührer zumindest dann rücknahmeberechtigt sind, wenn der antragstellende GFührer zwischenzeitlich aus Ges ausgeschieden ist.[642] Offen ist aber in einem solchen Fall, ob bei einer Mehrheit von GFührern nur alle Verbliebenen zusammen oder jeder vertretungsberechtigte GFührer rücknahmebefugt ist. Unstreitig ist jedenfalls, dass Haftung des ausgeschiedenen Mitglieds bei Rücknahme seines Antrags nicht wieder auflebt, wenn er den Antrag seinerzeit rechtzeitig gestellt hat;[643] denn nach seinem Ausscheiden ist GFührer nicht antragsberechtigt und folglich auch nicht mehr Adressat der Antragspflicht (vgl Rn 115).

122 **d) Frist.** Das Gesetz sieht in § 15 a I InsO vor, dass der GFührer spätestens drei Wochen[644] nach Eintritt der Krise, die Eröffnung des Insolvenzverfahrens beantragen muss.

123 **aa) Höchstfrist.** Frist in § 15 a I InsO ist eine Höchstfrist.[645] Sie darf nicht dazu genutzt werden, vor Antragstellung noch möglichst viel vom Vermögen zu „retten". Stellt sich daher schon vor Ablauf der Dreiwochenfrist heraus, dass Sanierungschancen (objektiv) nicht bestehen, so hat der GFührer den Insolvenzantrag unverzüglich (und nicht erst nach Ablauf der Drei-Wochenfrist) zu stellen.[646] Außergerichtliche Vergleichsbemühungen – auch wenn aussichtsreich – hemmen Fristablauf nicht und schieben diesen auch nicht

---

640 Vgl AG Duisburg ZIP 1995, 582, 583; *Fenski* BB 1988, 2265, 2266 f; siehe auch *Uhlenbruck* GmbHR 1999, 313, 323.

641 AG Duisburg 2002, 209 f; AG Potsdam DZWIR 2000, 257, 258; AG Magdeburg ZinsO 1998, 43 (GesO); AG Duisburg ZIP 1995, 582 f (KO); LG Dortmund ZIP 1985, 1341 (KO); LG Dortmund NJW-RR 1986, 258 (KO); LG Tübingen KTS 1961, 158, 159 (KO); HeidelbergerKommInsO/*Kirchhof* § 13 Rn 16 (anders aber, soweit ein GFührer zwischenzeitl ausgeschieden ist); FrankfurterKommInsO/*Schmerbach* § 15 Rn 20 f; *Noack,* InsO GesR, Rn 256. **AM** LG Berlin KTS 1974, 182, 183 f (KO); *Delhaes,* Kölner Schrift, 141, 150 ff Rn 36 ff; Scholz/*Schmidt* Rn 48: Rücknahme durch andere Geschäftsführer in vertretungsberechtigter Zahl möglich, soweit nicht evident missbräuchlich; offen gelassen in BGH ZIP 2008, 1596, 1597.

642 BGH ZIP 2008, 1596, 1597; siehe auch OLG Brandenburg NZI 2002, 44, 48; Jaeger/*Müller* § 15 InsO Rn 58; Gottwald/*Uhlenbruck* InsOHdb § 10 Rn 5. **AM** Braun/*Bußhardt* § 13 InsO Rn 20; MünchKommInsO/*Schmahl* § 15 Rn 82.

643 BGH ZIP 2008, 1596, 1597.

644 Zweifel an ökonom Sinnhaftigkeit der Frist, *Hirte* ZInsO 2008, 146, 147.

645 BGHZ 75, 96, 108; BGHSt 48, 307, 309 = NZG 2004, 43 = ZIP 2003, 2213; *Lutter*/Hommelhoff/*Kleindiek* Rn 31; Scholz/*Schmidt* Rn 16. Kritisch de lege ferenda zu der Drei-Wochenfrist, *Jaffé/Friedrich* ZIP 2008, 1849, 1857.

646 BGHZ 75, 96, 111 f; BGH DStR 2001, 1537, 1538 *(Goette);* OLG Düsseldorf NZG 1999, 1066, 1068; OLG Stuttgart ZInsO 2004, 1150, 1151; *Goette* ZInsO 2001, 529, 533; *Lutter*/Hommelhoff/*Kleindiek* Rn 27; Scholz/*Schmidt* Rn 16; *Haas* DStR 2003, 423, 426; Ulmer/*Casper* Rn 65; *Poertzgen* ZInsO 2008, 944, 946.

hinaus.[647] Die Frist steht nicht zur Disposition der Gfter und kann auch mit Zustimmung aller Gl nicht verlängert werden.[648] Bestehen vor Ablauf der Höchstfrist aussichtsreiche Sanierungschancen, begeht GFührer keine Pflichtverletzung, wenn er diese innerhalb Höchstfrist auslotet. Er haftet dann nicht wegen Insolvenzverschleppung.[649]

bb) Fristbeginn. Umstritten ist Fristbeginn.[650] Teilweise soll Frist ab dem Zeitpunkt laufen, ab dem der GFührer positive Kenntnis vom Eintritt der Überschuldung bzw Zahlungsunfähigkeit hat.[651] Hierfür spricht einerseits, dass der GFührer auf diese Weise in die Lage versetzt wird, die Dreiwochenfrist für Sanierungsversuche zu nutzen, zu deren Prüfung er gegenüber der Ges auch verpflichtet ist.[652] Das Abstellen auf den objektiven Eintritt der Krisentatbestände birgt nämlich die Gefahr, dass Frist ungenutzt verstreicht und objektiv bestehende Sanierungsmöglichkeiten vom GFührer nicht mehr genutzt werden dürfen. Andererseits bewirkt ein später Fristbeginn, dass infolge fahrlässigen Nichterkennens der Krisensituation die Haftungsmasse zu Lasten der Gl weiter geschmälert wird. Um dies zu verhindern, stellt ein Teil der Literatur nicht auf Kenntnis des GFührers, sondern darauf ab, wann Krisenlage „zutage tritt".[653] Beide Ansichten differieren im Ergebnis kaum;[654] denn bei Eintritt der Zahlungsunfähigkeit wird GFührer der Mangel an Zahlungsmitteln zur Begleichung fälliger Schulden kaum verborgen bleiben. Der Zeitpunkt, in dem die Zahlungsunfähigkeit zutage tritt und derjenige, in dem der GFührer von der Zahlungsunfähigkeit Kenntnis erlangt, fallen somit in der Praxis stets zusammen.[655] Anders verhält es sich mit der Überschuldung, da sich letztere nicht ohne weiteres aus den Geschäftsbüchern ergibt. Die Ansicht aber, die für den Fristbeginn auf die Kenntnis der Krise abstellt, schränkt ihren Standpunkt insoweit ein, als die Frist jedenfalls dann beginnen soll, wenn sich der GFührer der Erkenntnis der Krisenlage treuwidrig bzw böswillig verschließt.[656] Dies wird man jedenfalls dann annehmen müssen, wenn die Krisenlage offen zutage tritt.[657] Auf pos Feststellung der Überschuldung durch GFührer kommt es für Fristlauf nicht an.[658] 124

e) Beurteilungstandpunkt. Die Frage, ob GFührer Antragspflicht verletzt hat, ist nicht ex post, sondern aus der damaligen Sicht eines an Stelle des GFührers handelnden ordentlichen Geschäftsmannes zu beurteilen.[659] Rspr 125

---

647 *Noack,* InsO GesR, Rn 266.

648 *Lutter*/Hommelhoff/*Kleindiek* Rn 31; Scholz/*Schmidt* Rn 21.

649 **AM** *Poertzgen* ZInsO 2008, 1196, 1197 ff.

650 Vgl Nachweise bei Ulmer/*Casper* Rn 64; *Poertzgen* ZInsO 2008, 944, 947 f; *Schmidt/Wehr* § 15 a InsO Rn 16.

651 Vgl BGHZ 75, 96, 110; OLG Frankfurt NZG 2004, 1157, 1159 (für AG), Vorauflage Rn 43; Rowedder/*Schmidt-Leithoff* Rn 12 f; Roth/*Altmeppen* Rn 47.

652 Vgl BGHZ 75, 96, 111.

653 Vgl Scholz/*Schmidt* Rn 18; *Schmidt* ZIP 1988, 1497, 1498; *Lutter*/Hommelhoff/*Kleindiek* Rn 28; Schmidt/*Wehr* § 15 a InsO Rn 16; vgl auch *Poertzgen* ZInsO 2008, 944, 948.

654 Vgl *Haas,* Geschäftsführerhaftung, 24; siehe auch Ulmer/*Casper* Rn 64; *Lutter*/Hommelhoff/*Kleindiek* Rn 28.

655 Vgl *Lutter*/Hommelhoff/*Kleindiek* Rn 28; Scholz/*Schmidt* Rn 18.

656 Vgl OLG Frankfurt NZG 2004, 1157, 1159 (AG).

657 Vgl Rowedder/*Schmidt-Leithoff* Rn 13.

658 BGH NJW 2000, 668.

659 BGH GmbHR 1994, 539, 545; OLG Koblenz NZG 2003, 776, 777.

gewährt dem GFührer – soweit mit der Prüfung der Voraussetzungen eine Prognoseentscheidung verbunden ist – einen gewissen Beurteilungsspielraum.[660] Wo Letzterer dogmatisch zu verorten ist (Pflichten- oder Verschuldensebene) ist bislang nicht geklärt.[661] Richtiger Ansicht nach entfällt – ebenso wie beim unternehmerischen Ermessen im Rahmen des § 43 (vgl dort Rn 20 ff) – bereits die Pflichtverletzung.

126 **4. Verschulden.** Haftung setzt schuldhafte Verletzung der Antragspflicht voraus. HM nach ist generell **bzgl aller Tatbestandsvoraussetzungen Fahrlässigkeit ausreichend.**[662] Hierfür spricht auch Blick auf § 15 a V InsO, der Inolvenzverschleppung (strafrechtlich) als Fahrlässigkeitsdelikt ausgestaltet. Hat der GFührer nicht die notwendige Fach- und Sachkunde, muss er externen Rat in Anspruch nehmen.[663] Schaltet der GFührer Dritte ein, entfällt Verschulden, wenn sich GFührer auf Grund fehlerhafter Beratung in einem entschuldbaren Rechtsirrtum befindet.[664] Insoweit gilt strenger Maßstab.[665] Danach darf GFührer sich nicht ohne weiteres auf Zuarbeit verlassen, sondern muss eigene (Über-)Prüfungen anstellen.[666] Im Einzelfall kann das Verschulden aber entfallen (zB Erstellung einer Fortführungsprognose durch Experten), wenn der Sachverständige sorgsam ausgewählt wurde, zu einer fundierten, auf Kenntnis aller Tatsachen beruhenden Stellungnahme aufgefordert wurde und der erteilte Rat nicht erkennbar unvertretbar erscheint.[667] Bleiben GFührer Anzeichen der Krise auf Grund von „Unregelmäßigkeiten" des MitGFührers verborgen, kann das Verschulden ebenfalls – zumindest zeitweise – entfallen, bis Unregelmäßigkeiten auch einem ordentlichen und gewissenhaften Geschäftsmann aufgefallen wären.[668] Verschulden kann auch entfallen, wenn Rechtsfrage, wie bestimmte Positionen im Überschuldungsstatus anzusetzen sind, in Rspr kontrovers beurteilt wird und höchstrichterlich noch nicht geklärt ist.[669]

127 **5. Inhalt des Anspruchs. a) Grundsatz.** Abw von der früheren hM (Nachweise 15. Aufl Rn 26) unterscheidet der BGH seit dem Urteil vom 6. 6. 1994[670] für die Höhe des Schadensersatzanspruchs aus § 823 II BGB iVm

---

660 BGH GmbHR 1994, 539, 545; BAG NZA 1999, 39, 42; OLG Frankfurt NZG 2001, 173, 174; OLG Koblenz OLG-Report 2001, 228, 229; NZG 2003, 776, 777; OLG Celle GmbHR 1997, 127, 128; ähnlich aus strafrechtlicher Sicht OLG Düsseldorf GmbHR 1998, 981, 982; siehe auch *Haas* DStR 2003, 423, 425 f.

661 Siehe etwa OLG Koblenz OLG-Report 2001, 228, 230; *Haas* DStR 2003, 423, 425 f.

662 Vgl BGHZ 75, 96, 111; BGH GmbHR 1994, 539, 545; BAG NZA 1999, 39, 42; OLG Saarbrücken GmbHR 2008, 1036, 1037; OLG Jena ZIP 2002, 631; OLG Koblenz OLG-Report 2001, 228; OLG Celle NZG 2002, 730, 732; OLG Köln NZG 2001, 411, 412; OLG Stuttgart NZG 1998, 232; *Lutter*/Hommelhoff/*Kleindiek* Rn 44; *Haas* DStR 2003, 423, 426 f. **AM** Haftung nur bei Vorsatz bzgl Insolvenzreife Vorauf l Rn 97.

663 BGH GmbHR 1994, 539, 545; OLG Frankfurt NZG 2001, 173, 174; OLG Koblenz OLG-Report 2001, 228, 230.

664 Vgl OLG Stuttgart NZG 1998, 232 f; vgl auch *Altmeppen* ZIP 1997, 1173, 1177; siehe auch OLG Hamburg GmbHR 2003, 587, 588.

665 StRspr BGH NJW 1984, 1028, 1030; NJW 1994, 2754, 2755.

666 OLG Celle NZG 2002, 730, 732.

667 OLG Hamm NZI 2002, 437, 438; OLG Frankfurt NZG 2001, 173, 174.

668 OLG Koblenz OLG-Report 2001, 228, 229 f.

669 BGH ZIP 2007, 676, 677.

670 BGHZ 126, 181, 192 ff.

§ 15 a I InsO (bzw § 64 I aF) zwischen so genannten NeuGl und AltGl.[671] Für **AltGl** besteht der nach § 823 II BGB iVm § 15 a I InsO (bzw § 64 I aF) zu ersetzende Schaden im sog **Quotenschaden,** dh in dem Betrag, um den sich Insolvenzquote des Gl durch Verzögerung der Eröffnung des Insolvenzverfahrens, insbes durch Eingehung neuer Verbindlichkeiten, gemindert hat.[672] **NeuGl** ist dagegen der Schaden zu ersetzen, den sie durch das Unterlassen des Insolvenzantrages erlitten haben, dh das **negative Interesse.** Sowohl Anspruch auf Ersatz des Quotenschadens als auch Ersatz des NeuGlschadens entstehen mit Eröffnung des Insolvenzverfahrens bzw mit Abweisung des Eröffnungsantrags mangels Masse. Vor diesem Zeitpunkt ist ein (Erst-)Schaden noch gar nicht entstanden. Das zeigt sich spätestens dann, wenn Insolvenzgrund nachträglich wegfällt und es nicht zur Insolvenzeröffnung kommt.

aa) Legitimation der Differenzierung. Schutzzweck des § 15 a I InsO **128** (bzw 64 Abs 1 aF) ist dem BGH zufolge nicht allein, das im Zeitpunkt der Insolvenzreife vorhandene Vermögen den GesGl zu erhalten,[673] sondern auch potentielle NeuGl „*davor zu bewahren, einer* [insolventen Ges] *noch Geld- oder Sachkredit zu gewähren und dadurch einen Schaden zu erleiden.*“[674] Dieser doppelte Schutzzweck der Insolvenzantragspflicht ist in Lit – allerdings zu Unrecht – vielfach auf Ablehnung gestoßen.[675] Sinn und Zweck der Insolvenzantragspflicht ist es, auf eine frühzeitige Insolvenzauslösung hinzuwirken. Das Insolvenzverfahren sieht aber nicht nur den Schutz vorhandener Gl vor. Vielmehr wohnen dem Insolvenzverfahren auch Instrumente zum Schutz des Geschäftsverkehrs inne (vgl oben Rn 110). So sieht die InsO eine Fülle von Bekanntmachungen (und Eintragungen in Register) im weiteren Sinne vor, die nicht nur der Information der „Beteiligten“, sondern auch des Geschäftsverkehrs dienen.[676] Teil dieser Maßnahmen, um dem Insolvenzverfahren nach außen Geltung zu verschaffen, ist zudem auch die Einsetzung eines (vorläufigen) Verwalters, der – zumindest nach dem gesetzlichen Leitbild – anstelle des Schuldners die Führung der Geschäfte übernimmt. Im Übrigen erfährt Geschäftsverkehr im Insolvenzeröffnungsverfahren auch nach § 55 II InsO Schutz. Warum diese dem Insolvenzverfahren innewohnende Informations- und Schutzfunktion zugunsten des Geschäftsverkehrs – anders als die Masseerhaltungsfunktion – keinen deliktischen Schutz über § 823 II BGB erfahren soll, ist unerfindlich.[677] Das gilt umso mehr als die bestehenden Schutzmechanismen zugunsten des Geschäftsverkehrs den (potenziellen) Gl nicht hinreichend schützen (§ 826 BGB,[678] Verschulden bei Vertragsschluss – § 311 III

---

671 Ebenso auch BGH NJW 1995, 398, 399; ZIP 1995, 31, 32; 124, 125; BGHZ 138, 211, 214 ff = ZIP 1998, 776, 777 f.

672 BGHZ 100, 19, 23; Hachenburg/*Ulmer* Rn 53; *Lutter*/Hommelhoff/*Kleindiek* Rn 47; Rowedder/*Schmidt-Leithoff* Rn 42.

673 BGHZ 29, 100, 102; 75, 96, 106; BGH ZIP 2008, 751, 752; NJW 1993, 2931; GmbHR 1994, 539, 542; ZIP 1993, 763, 765.

674 BGH ZIP 2009, 1220, 1222; ZIP 2009, 751, 752; ZIP 2007, 676, 678, ZIP 2005, 1734, 1737; vgl auch BGHZ 126, 181, 194; BGH ZIP 2009, 366.

675 Vgl Voraufl Rn 93; *Schulze-Osterloh* FS Lutter, 2000, 707 ff; Roth/*Altmeppen* Rn 65 und 94; *Altmeppen,* Gesellschaftsrecht in der Diskussion 2006, 93, 112; *Bauder* BB 1993, 2469, 2473; *Geißler* ZIP 1997, 2184, 2185; Scholz/*Schmidt* Rn 40; (von einem anderen Ansatz aus); zu § 92 II AktG: *Hüffer* § 92 AktG Rn 19.

676 Vgl zum Ganzen Gottwald/*Haas* InsOHdb § 92 Rn 81.

677 Siehe auch *Bork* ZGR 1995, 505, 514; iE ebenso Ulmer/*Casper* Rn 131 f.

678 Scholz/*Schmidt* Rn 63; *Schulze-Osterloh* FS Lutter, 2000, 707, 715 f.

BGB nF –,[679] §§ 823 II BGB, 263 StGB). Die Rspr hat daher zu Recht ganz überwiegend Zustimmung erfahren.[680]

129 **bb) Abgrenzung Alt- und NeuGl.** Da Insolvenzantragspflicht (neben der Erhaltung der Masse) nur dem Schutz des Geschäftsverkehrs dient (oben Rn 128), können NeuGl nur solche sein, die mit der Ges vertraglich in Kontakt treten.[681] Delikts- und bereichungsrechtliche Gl,[682] SteuerGl[683] u Sozialversicherungsträger[684] oder sonstige Gl, die ihren Anspruch kraft Gesetzes erwerben (zB Entgeltfortzahlung im Krankheitsfall)[685] sind daher von vornherein keine NeuGl. Diese sind vielmehr – unabhängig davon, wann sie ihren Anspruch vor Insolvenzeröffnung erworben haben – stets wie (vertragliche) AltGl zu behandeln.[686]

130 (Vertragliche) NeuGl sind alle, die erst nach Eintritt der Insolvenzreife ihre (vertragl) Forderung gegen die Ges erworben haben.[687] War die Ges insolvenzreif, ist sie aber nachhaltig gesundet und sodann wieder in die Krise abgeglitten (vgl oben Rn 120), ist nicht der erste, sondern der zweite Zeitpunkt für die Einordnung als Neu- bzw AltGl maßgebend.[688] Dies ergibt sich aus dem Schutzzweck der Insolvenzantragspflicht. Danach muss der objektive und subjektive Tatbestand einer Insolvenzverschleppung als Dauerdelikt im Zeitraum des zum Schaden des „NeuGl" führenden Geschäftsabschlusses zwischen ihm und der Ges noch vorliegen. Da die Pflichtwidrigkeit im Unterlassen der Antragstellung liegt, hängt die Haftung des GFührers nicht davon ab, ob er persönlich oder ein mit Vollmacht für die Ges handelnder Dritter den Vertrag mit dem NeuGl geschlossen hat.

131 Wer vor Insolvenzreife mit der Ges in Geschäftsbeziehung getreten ist, ist grds AltGl, kann aber bzgl einzelner Forderungen auch (vertragl) NeuGl sein.[689] Letzteres trifft zu, wenn Gl der Ges nach Eintritt der Insolvenzreife Kredit gewährt hat; denn soweit § 15 a I InsO dem Schutz des Geschäftsverkehr dient, soll potenzieller NeuGl nicht nur vor Eingehung mit insol-

---

679 *Schulze-Osterloh* FS Lutter, 2000, 707, 716 f; in dieser Hinsicht weitergehend Scholz/*Schmidt* Rn 68 f.

680 OLG Celle NZG 1999, 1160; OLG München GmbHR 1998, 281, 281; OLG Naumburg GmbHR 1998, 183, 184; BB 1999, 1570, 1571; *Lutter*/Hommelhoff/*Kleindiek* Rn 48; Michalski/*Nerlich* Rn 63; Rowedder/*Schmidt-Leithoff* Rn 44; *Noack,* InsO GesR, Rn 314 ff; *Haas,* Unternehmen in der Krise, 2004, 73, 106; zu § 92 II AktG GroßkommAktG/*Habersack* § 92 AktG Rn 3, 71 ff, 79 f; MünchKommAktG/*Hefermehl*/*Spindler* § 92 AktG Rn 37.

681 BGH ZIP 2009, 366; *Schmidt*/Uhlenbruck Rn 11.18.

682 BGH ZIP 2005, 1734, 1738; LG Bonn ZIP 1998, 923; Gottwald/*Haas* InsOHdb § 92 Rn 90 f; Ulmer/*Casper* Rn 135. **AM** unter Verkennung des Schutzzwecks des § 15 a I InsO Rowedder/*Schmidt-Leithoff* Rn 45; *Noack,* InsO GesR, Rn 317; *Lutter*/Hommelhoff/*Kleindiek* Rn 50; *Reiff*/*Arnold* ZIP 1998, 1893, 1896 ff; Michalski/*Nerlich* Rn 75; *Wagner* FS Schmidt, 2009, 1665, 1680.

683 Gottwald/*Haas* InsOHdb § 92 Rn 97.

684 BGH GmbHR 1999, 715, 716 f; 2003, 1133, 1134; Rowedder/*Schmidt-Leithoff* Rn 45.

685 BGH ZIP 2009, 366.

686 Siehe zur Berechnung des Quotenschadens Gottwald/*Haas* InsOHdb § 92 Rn 94, 103.

687 BGH ZIP 2007, 676, 678; BGHZ 126, 181, 193.

688 BGH ZIP 2007, 1060, 1062; BGH ZIP 2007, 676, 677, ZIP 2005, 1734, 1736.

689 Anders OLG Jena ZIP 2002, 631; OLG Hamburg ZIP 2007, 23, 18 f; ZIP 2007, 2318 f: maßgebend allein Vertragsschluss.

venzreifer Ges geschützt werden, sondern auch davor, einer solchen Ges einen Sach- oder Geldkredit eines Vertrages zu gewähren.[690] Besteht zB zwischen Gl und Ges bei Eintritt der Insolvenzreife ein Kontokorrentverhältnis, gelangt aber die Forderungen gegen die Ges erst danach zu Entstehung (zB durch tatsächliche Gewährung zusätzlichen Kredits bzw dessen Inanspruchnahme durch die Ges), dann ist auch dieser Gl (unabhängig vom Zeitpunkt des Vertragsschlusses) NeuGl.[691] Entscheidend ist folglich, ob der Gl seine Leistung nach Eintritt der Insolvenzreife noch hätte zurückhalten können (durch Kündigung, auf Grund gesetzlicher oder vertraglicher Lösungsklausel, Zurückbehaltungsrecht, etc), wenn sich der GFührer ordnungsgemäß verhalten hätte. Mithin kann ein Gl, dem Ansprüche aus einem vor Eintritt der Insolvenzreife abgeschlossenen Dauerschuldverhältnis zustehen, sowohl Alt- als auch NeuGl sein, wenn er die auf Zeiträume nach Insolvenzreife entfallenden Leistung hätte zurückhalten können.[692]

b) Schutz der AltGl. aa) Grundsatz. HM schützt AltGl durch Anspruch auf Ersatz des Quotenschadens. Die Zuweisung des Anspruchs an die einzelnen Gl verwundert auf den ersten Blick; denn soweit es um den Schutz der AltGl geht, dient § 823 II BGB iVm § 15 a I 1 InsO dazu, den als lückenhaft empfundenen (vgl Rn 110) Schutz in § 64 S 1 zu verlängern. Es wäre daher ohne weiteres möglich gewesen, den deliktischen Anspruch, soweit es um Schutz der Glgesamtheit geht, nicht dem einzelnen Gl, sondern – vergleichbar dem § 64 S 1 – der Ges zuzuweisen.[693] Für eröffnetes Verfahren wirkt sich der Unterschied – sieht man von kleineren Unstimmigkeiten ab (unten Rn 141) – nicht aus, da nach § 92 InsO allein der Insolvenzverwalter zur Geltendmachung des GesamtGlschadens befugt. Darüber hinaus wird – für Dauer des Insolvenzverfahrens – so getan, als ob Anspruch auf Ersatz des GesamtGlschadens der Masse zustünde. So erfolgt Berücksichtigung bei der Massekostendeckungsprüfung (§ 26 InsO).[694] Des Weiteren kann – richtiger Ansicht nach – der Insolvenzverwalter über den Anspruch in den Grenzen des Insolvenzzwecks (vgl oben Rn 15) verfügen bzw sich hierüber vergleichen.[695] GFührer kann auch nicht haftungsbefreiend an Gl leisten. Zudem bleibt Insolvenzverwalter befugt, Anspruch auch bei Masseunzulänglichkeit geltend machen (siehe unten Rn 141). Von der bei den Gl hM zufolge verbleibenden 132

---

690 BGH ZIP 2007, 676, 678; ZIP 2005, 1734, 1737; OLG Celle NZG 2002, 730, 732; OLG Saarbrücken NZG 2001, 414, 415; siehe auch BGH DStR 2007, 961, 963; *Haas* DStR 2003, 423, 427; jetzt auch *Wagner* FS Schmidt, 2009, 1665, 1676 f.

691 BGH ZIP 2007, 676, 678.

692 LAG Köln NZA-RR 2007, 146, 147; Ulmer/*Casper* Rn 121. **AM** OLG Hamburg ZIP 2007, 2318 f.

693 Siehe ausf *Haas* ZIP 2009, 1257 ff. **AM** ohne Begründung *Böcker/Poertzgen* WM 2007, 1203, 1204: Zuweisung an Gesellschaft systematisch verfehlt; in diesem Sinne auch Goette/Habersack/*Casper,* Das MoMiG in Wissenschaft und Praxis, 2009, Rn 6.19.

694 LG Frankfurt ZInsO 2006, 107, 109; *Brinkmann,* Die Bedeutung der §§ 92, 93 InsO, 60; Gottwald/*Haas* InsOHdb § 92 Rn 228.

695 Für § 93 InsO siehe nun ausdrücklich BAG ZIP 2008, 846, 848 f; LAG Berlin EWiR 2007, 725 *(Runkel/Schmidt);* iÜ vgl *Krüger* NZI 2002, 367, 369 f; Gottwald/*Haas* InsOHdb § 92 Rn 521; *Oepen,* Massefremde Masse, Rn 177; vgl auch BerlinerKomm-InsO/*Blersch/von Olshausen* § 93 InsO Rn 7; siehe auch *Schmidt*/Uhlenbruck Rn 7.112; *Brinkmann,* Die Bedeutung der §§ 92, 93 InsO, 64 ff; **AM** Uhlenbruck/*Hirte* § 92 InsO Rn 21; MünchKommInsO/*Brandes* § 92 InsO Rn 14; *Bork,* Kölner Schrift, 1333, 1338 Rn 13.

Rechtsinhaberschaft (siehe oben Rn 127) bleibt mithin während der Dauer des Insolvenzverfahrens nichts übrig. Wird Insolvenzverfahren mangels Masse abgewiesen, ist Inhaberschaft des Anspruchs dagegen – grds – von Bedeutung. Zuweisung des Anspruchs an den einzelnen Gl bewirkt hier, dass diesem der (mitunter komplizierte) Zugriff auf die im Gesvermögen enthaltenen Ansprüche erspart bleibt (vgl oben Rn 11). Dieses Problem könnte freilich auch anders gelöst werden (vgl Rn 11). Kehrseite der Anspruchszuweisung an Gl in Höhe des auf ihn entfallenden Quotenschadens ist, dass für Gl vielfach kein Anreiz besteht, diesen geltend zu machen und damit GFührer, der masselose Insolvenz herbeiführt, letztlich besser gestellt ist (siehe auch oben Rn 11). Insgesamt sprechen auch im Lichte des Innenhaftungskonzepts zum „existenzvernichtenden Eingriff"[696] für eine Zuweisung des Anspruchs an die Ges – vergleichbar dem § 64 S 1 – gute Gründe (siehe auch unten Rn 176, 178).

133 **bb) Berechnung des Quotenschadens.** Der Quotenschaden des (Alt-)Gl besteht in der Differenz zwischen der ursprünglich (bei rechtzeitiger Insolvenzantragstellung) erzielbaren u der tatsächlich erzielten Insolvenzquote.[697] Dabei sind die Massebestandteile zu eliminieren, die Gegenstand eines Aussonderungs- oder Absonderungsrechts sind;[698] gleichzeitig sind die durch sie gesicherten Insolvenzforderungen in der Höhe von der Passivseite abzuziehen, in der sie durch diese Rechte gedeckt werden.[699] Für den Vergleich der fiktiven und der tatsächlichen Quote kommt es daher auf das in diesen Zeitpunkten effektiv verfügbare (dh verteilungsfähige) und werthaltige Vermögen der Ges (also nicht auf das nach Bilanzierungsgrundsätzen dokumentierte und bewertete Vermögen) einerseits und auf das in diesen Zeitpunkten zu bedienende Forderungsvolumen andererseits an.[700]

134 **cc) Ersatz eines über den Quotenschaden hinausgehenden Schadens.** Ob der AltGl ausnahmsweise einen über den Quotenschaden hinausgehenden Anspruch auf der Grundlage des § 823 II BGB iVm § 15 a I InsO hat, stellt sich insbesondere für zwei Fallgestaltungen:

135 So stellt sich etwa die Frage, ob ein AltGl uU auch dafür Ersatz verlangen kann, dass er infolge der Insolvenzverfahrensverschleppung Aus- oder Absonderungsrechte einbüßt, wenn zB Ges unter Eigentumsvorbehalt gelieferte Sache vor Insolvenzverfahrenseröffnung veräußert. Nach zutreffender Auffassung ist dieser Schaden nicht von § 823 II BGB iVm § 15 a I InsO erfasst.[701] § 15 a I schützt Gl nur als InsolvenzGl, nicht auch als **Inhaber insolvenzfester Sicherungsrechte.**[702] Hierfür spricht zum einen, dass die Insolvenzgründe einen völlig ungeeigneten (abstrakten) Maßstab darstellen, um Gefährdungen der durch § 823 I BGB geschützten Vermögenspositionen zu prognostizieren.[703]

---

696 BGHZ 173, 246 ff.

697 BGHZ 138, 211, 221 = ZIP 1998, 776, 778; BGHZ 29, 100, 102 ff; BGH ZIP 1993, 763, 766; Ulmer/*Casper* Rn 122; Scholz/*Schmidt* Rn 33; *Dauner-Lieb* ZGR 1998, 617, 626; *Schmidt* NZI 1998, 9, 13; für ein Rechenbeispiel siehe OLG Düsseldorf ZIP 1985, 876, 881.

698 BGH GmbHR 1997, 898, 899.

699 BGHZ 138, 211, 222 = ZIP 1998, 776, 778; *Dauner-Lieb* ZGR 1998, 617, 626; *Schulze-Osterloh* FS Lutter, 2000, 707, 720.

700 BGH GmbHR 1997, 989, 899; *Dauner-Lieb* ZGR 1998, 617, 623 ff.

701 Für Aussonderungsrecht BGHZ 100, 19, 24 f; ferner Hachenburg/*Ulmer* Rn 50; *Lutter*/Hommelhoff/*Kleindiek* Rn 47; Scholz/*Schmidt* Rn 37.

702 BGHZ 100, 19, 24 f; vgl auch Ulmer/*Casper* Rn 136.

703 Gottwald/*Haas* InsOHdb § 92 Rn 92, 160.

Zum anderen sind die Gl insoweit bereits ausreichend über § 823 I BGB (bzw § 823 II BGB iVm § 246 StGB, §§ 987 ff BGB) geschützt.[704]

136 Fraglich ist auch, ob der **Arbeitnehmer als Altschuldner** einen über den Quotenschaden hinausgehenden Schaden wegen Nichtbezug von Insolvenzgeld geltend machen kann. Nach § 183 I Nr 1 SGB III hat Letzterer nämlich Anspruch auf Insolvenzgeld für die letzten, der Eröffnung des Insolvenzverfahrens vorausgehenden drei Monate. Verschleppt der GFührer die Eröffnung des Insolvenzverfahrens, hat dies zur Folge, dass der Arbeitnehmer für Altforderungen, die außerhalb des Dreimonatszeitraums erzeugt wurden und für die kein Arbeitsentgelt entrichtet wurden, kein Insolvenzausfallgeld erhält. Nach Ansicht des LAG Hamm hat der GFührer diesen über den Quotenschaden des AltGl hinausgehenden Schaden grundsätzlich nach § 823 II BGB iVm § 15 a I InsO zu ersetzen.[705] Diese Ansicht ist jedoch abzulehnen. Der letztlich durch § 183 I Nr 1 SGB III nicht gedeckte Schaden des Arbeitnehmers wegen unbezahlten Arbeitsentgelts beruht auf dem Dazwischentreten des vorläufigen Insolvenzverwalters. Dessen Verhalten dient jedoch der Sicherung der Masse und damit den Interessen der Glgesamtheit, nicht aber dazu, die Schadensersatzansprüche, die der GFührer infolge schuldhafter Pflichtverletzung ausgelöst hat, auszuschließen. Vom Sinn und Zweck des SGB III sowie des § 15 a I InsO ist daher die Berücksichtigung dieses besonderen Kausalverlaufs zugunsten des GFührers nicht gedeckt.

137 **c) Schutz der NeuGl. aa) Grundsatz.** Der Schaden besteht in den Leistungen, die der Gl im Vertrauen auf die Solvenz der Ges erbracht hat. NeuGl ist daher **so zu stellen, wie er stehen würde, wenn der Antrag auf Einleitung des Insolvenzverfahrens rechtzeitig gestellt worden wäre.**[706] Bei rechtzeitiger Einleitung des Verfahrens wäre dem NeuGl in keinem Fall die Insolvenz der Ges verborgen geblieben (vgl oben Rn 128). Er hätte dann in aller Regel den Vertrag mit der insolventen Ges nicht geschlossen und die von ihm geschuldete Leistung nicht an die insolvente Ges erbracht.[707] Das negative Interesse ist grundsätzlich nicht mit der Höhe der ausgefallenen Forderung gleichzusetzen;[708] denn Letzteres ist das Interesse, das der Gl an der Durchführung des Vertrages hat (positives Interesse). Ausnahmsweise können sich aber negative und positiven Interesse decken. Ersatz des NeuGlschadens schließt Ersatz eines Quotenschadens aus (siehe auch unten Rn 141).[709]

138 **bb) Beispiele.** Bei Lieferung von Gegenständen sind Anschaffungs- oder Herstellungskosten der gelieferten Gegenstände einschließlich der Vertriebs-

---

[704] Gottwald/*Haas* InsOHdb § 92 Rn 160.

[705] LAG Hamm EWiR 1998, 129 *(Peters-Lange)*.

[706] Vgl BGH ZIP 2009, 1220, 1221; GmbHR 1994, 539; NJW-RR 1995, 289 f; OLG Naumburg GmbHR 1998, 183, 184; OLG München GmbHR 1998, 281, 282; vgl auch OLG Köln NJW-RR 1998, 686, 687.

[707] BGH ZIP 2009, 1220, 1221; NJW-RR 1995, 289, 290; KG ZInsO 2005, 1325, 1327.

[708] BGH ZIP 2009, 1220, 1221; NZG 1999, 718, 719; ZIP 2007, 1060, 1063; ZIP 2007, 676, 678; OLG Celle NZG 2002, 730, 733; LAG Köln NZA-RR 2007, 146, 147; *Rowedder/Schmidt-Leithoff* Rn 46; unzutreffend daher OLG Jena ZIP 2002, 631, 632.

[709] *Noack,* InsO GesR, Rn 320; *Smid* DZWIR 1998, 341, 342 f; *Eyber* NJW 1994, 1622 ff; *Karollus* ZIP 1995, 269, 271; *Dauner-Lieb* ZGR 1998, 617, 627 f; wohl auch BGHZ 138, 211, 215 f = ZIP 1998, 776. **AM** Ulmer/*Casper* Rn 124 ff; *Bork,* Kölner Schrift, 1333, 1340 Rn 19; *Oepen,* Massefremde Masse, Rn 291.

kosten sowie Import- und Drittlandzölle[710] zu ersetzen, jedoch ohne Gewinnaufschlag (negatives Interesse).[711] Entgangener Gewinn ist nur zu ersetzen, sofern Gl seine betrieblichen Kapazitäten anderweitig hätte einsetzen können, wenn er nicht mit Ges kontrahiert hätte.[712] Im Einzelfall kann ihm insoweit Beweiserleichterung nach §§ 252 BGB, 287 ZPO zugute kommen.[713] Bei einem Kaufmann entspricht es dem gewöhnlichen Lauf der Dinge iSd § 252 S 2 BGB, dass er seine Ware nicht nur an den Schuldner, sondern auch an einen Dritten zum Marktpreis verkauft hätte.[714] Arbeitet eine Bank mit eigenen Kapitalreserven, die anderweitig zur Kreditvergabe hätte einsetzen können, ist davon auszugehen, dass die mit dem Schuldner vereinbarten Zinsen auch anderweitig erzielt worden wären.[715] Ist Gewinn zu ersetzen, muss im Wege der Vorteilsausgleichung der Schaden um die fiktiv angefallene Umsatzsteuer gekürzt werden (§ 249 II 2 BGB).[716] Bei Werkleistungen sind ebenfalls die Selbstkosten, nicht die vereinbarte Vergütung, zugrundezulegen.[717] Ersatzfähig sind auch Kosten, die dem Neugläuber wegen der Verfolgung seines Anspruchs gegen insolvenzreife Ges entstanden sind.[718] Umsatzsteuer ist nicht zu ersetzen, da es an einem steuerbaren Leistungsaustausch fehlt.[719] Schaden erhöht sich durch Kosten der Rechtsverfolgung gegen die Ges.[720] Die Insolvenzquote ist zu berücksichtigen (vgl unter Rn 140).[721] Anspruch entfällt, wenn Verletzung der Insolvenzantragspflicht für den Vertragsschluss nicht kausal. Kann GFührer nachweisen, dass Vertrag auch bei rechtzeitiger Antragstellung in der Zeit des Insolvenzeröffnungsverfahrens zustande gekommen wäre, entfällt daher Ersatz des negativen Interesses. Bei der Schadensbemessung kann im Übrigen auch ein Mitverschulden des Gl gemäß § 254 BGB mitberücksichtigt werden, wenn er etwa die Gefährdung seiner Forderung erkennen musste.[722]

139 **cc) Arbeitnehmerschaden.** Ob vorstehende Grds auch auf Arbeitnehmer Anwendung finden, wenn sie als NeuGl einzuordnen sind, ist str. Arbeitneh-

---

710 BGH NJW-RR 2002, 1324.

711 BGH ZIP 2009, 1220, 1221; ZIP 2007, 1060, 1063; GmbHR 1999, 715, 716; OLG Naumburg GmbHR 1998, 183, 184; *Altmeppen* ZIP 1997, 1173, 1180; *Haas* DStR 2003, 423, 428.

712 BGH ZIP 2009, 1220, 1221; OLG Koblenz GmbHR 2000, 31, 33 f; OLG Celle NZG 2002, 730, 733; OLG Naumburg GmbHR 1998, 183, 184; KG NZG 2000, 141, 142; Rowedder/*Schmidt-Leithoff* Rn 46; siehe auch Scholz/*Schmidt* Rn 43.

713 BGH ZIP 2009, 1220, 1222; ZIP 2003, 1713, 1714; OLG Zweibrücken OLG-Report 2002, 116, 118.

714 BGH NJW 2000, 1409, 1410 f; NJW 1995, 587, 588; NJW 1988, 2234, 2236; NJW 1974, 895 f; OLG Zweibrücken OLG-Report 2002, 116, 118.

715 BGH ZIP 2007, 676, 679.

716 BGH NJW 1987, 1690; NJW 1987, 1814 f; OLG Celle NZG 2002, 730, 733.

717 Rowedder/*Schmidt-Leithoff* Rn 46. **AM** (ohne Begründung) OLG Naumburg BB 1999, 1570, 1571; OLG Jena ZIP 2002, 631, 632.

718 BGH ZIP 2009, 1220, 1222.

719 OLG Koblenz GmbHR 2000, 31, 34; OLG Celle NZG 2002, 730, 733; *Haas* DStR 2003, 423, 428.

720 OLG Celle NZG 1999, 1160; OLG Jena ZIP 2002, 631, 632.

721 BGHZ 138, 211, 216 = ZIP 1998, 776, 777 f; OLG Jena ZIP 2002, 631, 632; OLG Celle GmbHR 1999, 983.

722 OLG Celle NZG 1999, 1064, 1065 f; *Sommer/Maser* BB 1996, 65, 70; *Lutter/* Hommelhoff/*Kleindiek* Rn 49. Nach OLG Celle NZG 1999, 1064, 1066 soll Mitverschulden des Geschädigten zurücktreten, wenn GFührer sichere Kenntnis von seiner Insolvenzantragspflicht hatte.

mer kommt hierdurch nämlich in **arge Darlegungs- und Beweisschwierigkeiten.**[723] Allein in dem Entstehung eines wertlosen Vergütungsanspruchs gegen die insolvente Ges liegt noch kein ersatzfähiger Schaden und zwar auch dann nicht, wenn der Betroffene geltend macht, den Vertrag in Kenntnis der wahren wirtschaftlichen Lage sofort beendet zu haben; denn positives Interesse ist grds nach § 823 II BGB iVm § 15a I InsO nicht ersatzfähig (siehe oben Rn 137).[724] Ein ersatzfähiger Schaden liegt aber auch nicht in der (nutzlos) aufgewandten Arbeitskraft; denn hM nach stellt diese (anders als das Arbeitsergebnis) keinen Vermögenswert dar.[725] Arbeitnehmer muss also (Verdienstausfall-)Schaden substantiiert durch Vortrag entsprechender Anknüpfungstatsachen (nämlich anderweitige Verdienstmöglichkeit) nachweisen. Hierzu zählen zB Angaben zur konkret erbrachten Tätigkeit, zur Ausbildung, zu den Aussichten auf dem Arbeitsmarkt und allgemein zur Arbeitsmarktlage.[726] Anforderungen an für eine Schadensschätzung taugliche Anknüpfungsmerkmale sollten aber nicht überspannt werden;[727] denn schließlich ist Schädiger (hier GFührer) nicht nur für Schaden, sondern auch für Beweisnotstand des Arbeitnehmers verantwortlich.[728]

dd) Anrechnung von Vorteilen. Grds sind Vorteile anzurechnen, die ohne das zum Ersatz verpflichtende Ereignis nicht eingetreten wären, wenn diese adäquat kausal auf dem schädigenden Ereignis beruhen und Anrechnung dem Geschädigten zumutbar ist.[729] Das gilt etwa für die im Insolvenzverfahren erlangte Quote.[730] Problematisch ist aber, dass diese erst nach Abschluss des Insolvenzverfahrens feststeht. Gl ist dennoch nicht an Geltendmachung des Anspruchs während des laufenden Insolvenzverfahrens gehindert, muss aber nach § 255 BGB im Gegenzug seine infolge der Insolvenz entwertete Forderung gegen die Ges Zug um Zug an GFührer abtreten.[731] Fraglich ist, ob erhaltenes Insolvenzgeld auf Anspruch des Arbeitnehmers anzurechnen ist. Dies ist wohl zu bejahen.[732] Hat daher Arbeitnehmer die (Ausschluss-)Frist versäumt, innerhalb derer das Insolvenzgeld zu beantragen ist und hat er dies zu vertreten, dann entfällt insoweit der Schadensersatzanspruch infolge groben Mitverschuldens des Arbeitnehmers.[733] Keine Anrechnung kommt in Betracht, wenn infolge der Insolvenzverschleppung der GFührer auf Altforde- **140**

---

723 Hess LAG MDR 2001, 350, 351.

724 LAG Köln NZA-RR 2007, 146, 147; LG Stuttgart EWiR 2008, 615, 616 *(Schmülling)*. Siehe auch BGH NZG 1999, 718, 719. **AM** wohl OLG Koblenz GmbHR 2000, 31, 34; OLG Köln NJW-RR 1998, 686, 687.

725 Hess LAG MDR 2001, 350, 351. Vgl allg auch BGH NJW 1995, 1023, 1024; NJW 1970, 1411, 1412.

726 Hess LAG MDR 2001, 350, 351; LAG Köln NZA-RR 2007, 146, 147; siehe auch BGH ZIP 2003, 1713, 1714.

727 BGH NJW 1998, 1633, 1634; BGH NJW 1981, 818, 821.

728 BGH NJW 1998, 1633, 1634; siehe auch *Medicus* DAR 1994, 442, 446.

729 BGH ZIP 2007, 1060, 1062. Allg BGH NJW 1984, 2457, 2458; NJW 1984, 2520, 2521 f; NJW 1990, 1360.

730 Vgl BGHZ 138, 211, 216 f = ZIP 1998, 776; BerlinerKommInsO/*Blersch/von Olshausen* § 92 InsO Rn 4; *Uhlenbruck* ZIP 1996, 1641, 1644 f; *Emde* GmbHR 1995, 558, 560; *Lutter*/Hommelhoff/*Kleindiek* Rn 49.

731 Vgl BGH ZIP 2009, 1220, 1222; ZIP 2007, 676, 679; BerlinerKommInsO/*Blersch/von Olshausen* § 92 InsO Rn 4; MünchKommInsO/*Brandes* § 92 Rn 37; *Haas,* Geschäftsführerhaftung, 195; vgl auch *Altmeppen* ZIP 1997, 1173, 1181 f.

732 LAG Hamm EWiR 2001, 871.

733 LAG Hamm EWiR 2001, 871.

rungen des Gl Zahlungen geleistet hat, die bei rechtzeitiger Insolvenzeröffnung unterblieben wären.[734]

141 **6. Geltendmachung. a) Prozessführungsbefugnis.** NeuGl können Anspruch auch während eines Insolvenzverfahrens selbstständig geltend machen; denn Höhe des negativen Interesses hängt von individuellen, für Insverwalter nicht durchschaubaren Gegebenheiten ab.[735] § 92 InsO entfaltet daher zu Lasten der vertraglichen NeuGl keine Sperrwirkung.[736] Das gilt auch insoweit, als im Neugläubigerschaden Quotenschaden, nämlich Quotenverschlechterung auch für Neugläubiger enthalten ist.[737] Quotenschaden macht dagegen nach § 92 InsO für die Dauer des Insolvenzverfahrens allein der Insolvenzverwalter iS eines einheitlichen GesamtGlschadens geltend.[738] Für AltGl besteht insoweit Durchsetzungssperre,[739] um Glgleichbehandlungsgrds sicherzustellen.[740] InsolvenzGl kann daher nicht auf Ersatz des Quotenschadens (auch nicht auf Feststellung) klagen[741] oder Zwangsvollstreckung aus einem schon vorhandenen Titel betreiben.[742] Nach Ansicht von *Bork* hindert Sperrwirkung des § 92 InsO den Gl nicht daran, ein Arrestverfahren durchzuführen oder selbst auf Leistung an den Insolvenzverwalter zu klagen.[743] Zumindest Letzteres ist abzulehnen.[744] Wird Eröffnung mangels Masse abgelehnt, entfällt Sperrwirkung des § 92 InsO und die einzelnen Gl können ihren Quotenschaden selbstständig verfolgen.[745] Bei Eigenverwaltung ist nach § 280 InsO Sachwalter zur Geltendmachung des Anspruchs ausschließlich berechtigt.[746] Im Falle der Masseun-

---

734 BGH ZIP 2007, 1060, 1062.

735 BGH ZIP 1995, 211, 212 f; ZIP 2008, 361; BGHZ 138, 211, 216 = ZIP 1998, 776; OLG Karlsruhe ZIP 2002, 2001, 2002; Hess LAG MDR 2001, 350 f; Kübler/Prütting/*Lüke* § 92 InsO Rn 39 ff; Uhlenbruck/*Hirte* § 92 InsO Rn 12; *Schmidt* ZGR 1996, 208, 213 f; *Lutter* DB 1994, 129, 135; *Lutter*/Hommelhoff/*Kleindiek* Rn 54; Rowedder/*Schmidt-Leithoff* Rn 44; *Noack,* InsO GesR, Rn 320; *Bork* ZGR 1995, 505, 523; *Haas* DStR 2003, 423, 431. **AM** (Zuständigkeit des Insolvenzverwalters) *Hasselbach* DB 1996, 2213, 2215; *Uhlenbruck* ZIP 1994, 1153, 1154 ff; *Wilhelm* ZIP 1993, 1833, 1836 f.

736 BGHZ 138, 211, 216 f = ZIP 1998, 776, 777 f; BerlinerKommInsO/*Blersch/von Olshausen* § 92 Rn 4; *Noack,* InsO GesR, Rn 320.

737 BGHZ 138, 211, 216; *Haas* DStR 2003, 423, 431 f; *Lutter*/Hommelhoff/*Kleindiek* Rn 43. **AM** Scholz/*Schmidt* Rn 40; Vorauflage Rn 93; *Poertzgen* ZInsO 2007, 285, 292; Ulmer/*Casper* Rn 126.

738 BGH ZIP 2007, 676, 678; BGHZ 138, 211, 216 f = ZIP 1998, 776, 777 f; Scholz/*Schmidt* Rn 49, 85; *Lutter*/Hommelhoff/*Kleindiek* Rn 52; Rowedder/*Schmidt-Leithoff* Rn 49; *Noack,* InsO GesR, Rn 318; *Haas* DStR 2003, 423, 431.

739 Vgl *Schmidt* ZGR 1996, 209, 211 f; *Lutter*/Hommelhoff/*Kleindiek* Rn 52.

740 Kübler/Prütting/*Lüke* § 92 Rn 8; BerlinerKommInsO/*Blersch/von Olshausen* § 92 Rn 1; so auch *Smid* DZWiR 1998, 342, 343; *Bork,* Kölner Schrift, 1333, 1338 Rn 13; Uhlenbruck/*Hirte,* § 92 Rn 2; MünchKommInsO/*Brandes* § 92 Rn 11.

741 BGH ZIP 2004, 1218, 1219; Uhlenbruck/*Hirte* § 92 InsO Rn 27. **AM** *Oepen* ZIP 2000, 526, 532 f.

742 ZB wenn Insolvenzverfahren erst mangels Masse abgewiesen und später nach Auffinden von Vermögen eröffnet wird, Uhlenbruck/*Hirte* § 92 InsO Rn 26; MünchKommInsO/*Brandes* § 92 Rn 25.

743 *Bork* ZInsO 2001, 835 ff; *ders,* Kölner Schrift, 1333, 1339 Rn 15; siehe auch Uhlenbruck/*Hirte* § 92 InsO Rn 4, 27.

744 MünchKommInsO/*Brandes* § 92 Rn 16; Gottwald/*Haas* InsOHdb § 92 Rn 518.

745 Vgl *Schmidt* ZGR 1996, 209, 223; *Stapelfeld,* Die Haftung des GmbH-Geschäftsführers, 174 f; *Haas,* Geschäftsführerhaftung, 25.

746 Gottwald/*Haas* InsOHdb § 89 Rn 38.

zulänglichkeit bleibt der Insolvenzverwalter zur Einziehung berechtigt, auch wenn Anspruch allein MasseGl zugute kommt.[747]

b) Zuständigkeit. Sachliche Zuständigkeit für eine Klage auf Ersatz des Quotenschadens bzw NeuGlschadens richtet sich nach §§ 23, 71 GVG. Örtlich zuständig sind – neben den Gerichten am allgemeinen Gerichtsstand des GFührers (zur Problematik des § 19a ZPO siehe oben Rn 14) – die Gerichte am besonderen Gerichtsstand der unerlaubten Handlung.[748] Dabei ist Erfolgsort der Ort, an dem Schaden eingetreten ist, dh wo Forderung des Gl belegen ist. Dies ist der Sitz der Ges als Schuldnerin der Forderung. Handlungsort ist der Ort, an dem Pflichtverletzung begangen ist. Letzteres ist ebenfalls Sitz der Ges. Problematisch ist uU Rechtswegzuständigkeit, wenn von Insolvenzverschleppung Arbeitnehmer betroffen sind. Teilweise wird vertreten, dass auch für Insolvenzverschleppungsschaden der Arbeitnehmer stets die ordentlichen Gerichte zuständig seien.[749] Hierfür sprechen gute Gründe; denn zumindest Anspruch auf Ersatz des GesamtGlschadens erfüllt ähnliche Funktionen wie § 64 S 1 bzw Anfechtungsanspruch. Für Letzteren sind aber – auch wenn er sich gegen Arbeitnehmer richtet – richtiger Ansicht nach die Zivilgerichte zuständig.[750] HM nach soll aber Zuständigkeit der Arbeitsgerichte eröffnet sein und zwar unabhängig davon, ob NeuGl-[751] oder AltGlschaden[752] geltend gemacht wird. Dies ist abzulehnen, da Haftungsanspruch völlig unabhängig von ANstellung ist. Zudem wird hierdurch Liquidation des GesamtGlschadens durch Insolvenzverwalter erheblich erschwert, wenn auch andere AltGl vorhanden sind. Zumindest über § 17 II GVG sollte daher in einem solchen Fall Insolvenzverwalter gestattet werden, den „ganzen Gesamtschaden" im jeweiligen Rechtsweg verlangen zu können.[753] Internationale Zuständigkeit für Klage auf Ersatz des Gesamtgläubigerschadens durch Insolvenzverwalter richtet sich nach der EuInsVO (str, siehe auch oben Rn 14). Soweit Gl Vertrauensschaden geltend macht, ist enger Zusammenhang zwischen Gesamtvollstreckungs- und Einzelverfahren nicht gegeben, so dass EuGVVO unmittelbar zur Anwendung kommt. 142

c) Darlegungs- und Beweislast. Gl bzw der Insolvenzverwalter haben anspruchsbegründenden Voraussetzungen darzulegen und zu beweisen.[754] Das gilt auch hinsichtlich des Vorliegens von Zahlungsunfähigkeit und Überschuldung zum maßgebenden Zeitpunkt.[755] Insoweit gilt zu § 64 S 1 Gesagte (vgl oben Rn 90ff) entsprechend. An dieser Hürde scheitert vielfach die Geltend- 143

---

747 Gottwald/*Haas* InsOHdb § 92 Rn 547ff.

748 MünchKommInsO/*Brandes* § 92 Rn 25.

749 LAG Nürnberg BB 1995, 2586 (ablehnend *Gruss*).

750 BGHZ 114, 315, 320; ZIP 2005, 1334, 1335; OLG Rostock NZI 2009, 247f; siehe auch *Gerhardt* FS Schmidt 2009, 457, 460; *Kirchhof* ZInsO 2008, 1293ff. **AM** neuerdings BAG ZInsO 2008, 391f; OLG Stuttgart ZInsO 2009, 729, 731f.

751 Hess LAG MDR 2001, 350f.

752 LAG Hamm (verkürzt wiedergegeben in) EWiR 2001, 871; LAG Hamm BB 1997, 2656; siehe auch BAG DB 1996, 1932; vgl auch *Gruss* BB 1995, 2586.

753 Gottwald/*Haas* InsOHdb § 92 Rn 106; vgl auch Uhlenbruck/*Hirte* § 92 InsO Rn 27.

754 BGH ZIP 2009, 1220; GmbHR 1994, 539, 545; BAG NZA 1999, 39, 42; OLG Hamburg GmbHR 2003, 587, 589; Scholz/*Schmidt* Rn 50.

755 Vgl BGH ZIP 2009, 1220; ZIP 1994, 867, 868f; OLG Saarbrücken NZG 2001, 414, 415; OLG Celle GmbHR 1997, 127, 128; GmbHR 1999, 983, 984; GmbHR 2004, 568, 569; Scholz/*Schmidt* Rn 50; *Meyke* ZIP 1998, 1179; krit *Altmeppen* ZIP 1997, 1173, 1179.

machung des NeuGlschadens durch den Gl, da er nur unter großen Schwierigkeiten an die hierfür erforderlichen Informationen herankommen wird.[756] Insverwalter (bzw Gl) hat auch Pflichtverletzung darzulegen und notfalls zu beweisen. Steht ein (objektiver) Pflichtverstoß fest, wird analog § 93 II 2 AktG Verschulden vermutet.[757] Entlastung ist nur möglich, wenn Insolvenz für einzelnen GFührer trotz vorhandener Organisations- und Informationsstrukturen (vgl oben Rn 117) nicht erkennbar war.[758] Insoweit kommt es darauf an, ob und welche Krisenwarnsignale vorlagen (zB negatives Jahresergebnis, Geschäftsrückgang, etc), aus denen auf den Eintritt der Krise hätte geschlossen werden können.[759] Höhe des Schadens hat Insolvenzverwalter bzw Gl ebenfalls nach hM darzulegen und zu beweisen. Insbesondere Gl stellt dies (im Fall masseloser Verfahren) bzgl Quotenschaden vor schier unüberwindbare Schwierigkeiten mit der Folge, dass Insolvenzverschleppungshaftung insoweit zu „juristischer Spielerei“ ohne praktische Relevanz verkommt.[760]

144 Darzulegen und zu beweisen hat der Gl auch, ob er Neu- oder AltGl ist und dass die Pflichtverletzung für den Schaden kausal war. Insbesondere im Fall des NeuGlschadens kann dies den Gl vor Schwierigkeiten stellen, wenn der GFührer mit Blick auf die gewöhnliche Zeitdauer im Insolvenzeröffnungsverfahren zwischen Antragstellung, Antragszulassung und Erlass sichernder Maßnahmen behauptet, dass der dem NeuGl entstandene Schaden auch im Fall zulässigen Alternativverhaltens eingetreten wäre. Dient aber die in der Insolvenzantragspflicht enthaltene Globalaufklärung des Geschäftsverkehrs (vgl hierzu oben Rn 128) gerade dazu, dem Geschäftspartner die Risiken des Geschäftsabschlusses vor Augen zu führen, so trifft richtiger Ansicht nach die Beweislast den Schädiger, dass die Verletzung dieser Pflicht nicht schadensursächlich war.

145 **d) Verjährung, Verzicht, Vergleich.** Für Verzicht und Vergleich über Anspruch auf Ersatz des Gesamtgläubigerschadens gilt – solange hM als Inhaber des Anspruchs den Gl ansieht (vgl oben Rn 132) – § 64 S 4 nicht entspr, da es insoweit an einer Vergleichbarkeit im Hinblick auf die Parteien des Anspruchs fehlt.[761] Für mit Prozessführungsbefugnis nach § 92 InsO einhergehende Vergleichs- und Verfügungsbefugnis über Anspruch auf Ersatz des Gesamtgläubigerschadens siehe oben Rn 132. Ob Anspruch analog §§ 64 S 4, 43 IV[762] oder

---

[756] Zu den in Betracht kommenden Informationsquellen, siehe Gottwald/*Haas* InsOHdb § 92 Rn 114ff. Zur Bedeutung der Insolvenzakte für Realisierung des Anspruchs (OLG Saarbrücken GmbHR 2008, 1036, 1037) und zur Frage, inwieweit Insolvenzverwalter gegenüber Neugläubiger auskunftspflichtig ist, siehe BGH ZIP 2005, 1325, 1326f. Zum Recht auf Einsicht in die Insolvenzakten durch die Gläubiger nach § 4 InsO iVm § 299 II ZPO, siehe BGH ZIP 2006, 1154ff.

[757] BGH ZIP 2007, 676, 677; DStR 2001, 175, 177; BGH GmbHR 1994, 539, 545; OLG Celle NZG 2002, 730, 732; OLG Jena ZIP 2002, 631; OLG Köln NZG 2001, 411, 412; OLG Naumburg GmbHR 1998, 183, 184; OLG Stuttgart NZG 1998, 232; so auch Scholz/*Schmidt* Rn 50; *Lutter*/Hommelhoff/*Kleindiek* Rn 44; *Altmeppen* ZIP 1997, 1173, 1179.

[758] Vgl *Lutter*/Hommelhoff/*Kleindiek* Rn 45.

[759] *Ulmer* KTS 1981, 469, 486f.

[760] Roth/*Altmeppen* Rn 29; *Schmidt* ZHR 168 (2004), 637, 641ff.

[761] **AM** Ulmer/*Casper* Rn 142f.

[762] OLG Saarbrücken NZG 2000, 559; OLG Köln NZG 2001, 411, 412; Scholz/*Schmidt* Rn 53; *Lutter*/Hommelhoff/*Kleindiek* Rn 57; Uhlenbruck/*Hirte* § 11 InsO Rn 87; *Wübbelsmann* GmbHR 2008, 1303, 1305f.

nach allgemeinen Vorschriften[763] verjährt, ist str.[764] Teilweise wird auch danach differenziert, ob Anspruch aus Insolvenzverschleppung mit anderen Deliktstatbeständen konkurriert (zB § 823 II BGB iVm §§ 263, 265 a, 266 StGB).[765] Richtiger Ansicht nach ist nach Ersatz des Quoten- und des Vertrauensschaden zu differenzieren.[766] Soweit es um den Ersatz des Quotenschadens geht, besteht hinreichende strukturelle Vergleichbarkeit zwischen § 64 S 1 und § 823 II BGB iVm § 15 a I InsO.[767] Darüber hinaus liegt im Falle eines Verstoßes gegen § 64 S 1 grds auch ein Quotenschaden iS des § 823 II BGB iVm § 15 a I InsO vor. Würde daher Verjährungsvorschrift in § 64 S 4 nicht auf den deliktischen Anspruch ausstrahlen, wäre § 64 S 4 bedeutungslos. Droht aber Spezialregelung durch Anspruchskonkurenz mit Deliktsrecht ausgehöhlt zu werden,[768] muss Grds der Gleichwertigkeit von Delikts- und Gesellschaftsrecht zugunsten des Letzten durchbrochen werden.[769] Demgegenüber stellt der ebenfalls in § 823 II BGB iVm § 15 a I InsO verankerte Anspruch auf Ersatz des Vertrauensschadens einen – gegenüber dem Ersatz des Quoten- bzw GesamtGlschadens – gesonderten und strukturell verschiedenen Ersatzanspruch dar. Auf diesen passt § 64 S 4 nicht, da wertungsmäßig dieser Schadensersatzanspruch anderen deliktischen Informationspflichtverletzungen (§§ 826, 823 II BGB iVm § 263 StGB) näher steht als § 64 S 1. Insoweit bleibt es daher bei den allgemeinen Verjährungsvorschriften (§§ 195, 199 BGB).

Für Anspruch auf Ersatz des Quotenschadens beginnt Verjährung nach **146**
§ 200 BGB mit Entstehung, dh mit Insolvenzeröffnung oder Abweisung des Eröffnungsantrags mangels Masse. Dagegen beginnt Verjährung nicht schon mit Versäumung des Antrags,[770] da vor Insolvenzeröffnung oder Entscheidung nach § 26 I InsO Quotenschaden gar nicht entstehen kann. Dass Anspruch für Dauer des Insolvenzverfahren nicht von Gl geltend gemacht werden kann (so Rn 141) hemmt Verjährung nicht, da es insoweit nicht auf Gl, sondern auf Person des Insverwalters ankommt.[771] Soweit § 199 BGB Anwendung findet (Anspruch auf Ersatz des Vertauensschadens) kommt es für Lauf der Verjährungsfrist neben der Anspruchsentstehung (Rn 127) grds auch darauf an, ob Gl von den den Anspruch begründenden Umständen und der Person des Schuldners Kenntnis erlangt oder ohne grobe Fahrlässigkeit erlangen musste. Gl trifft keine Pflicht, Inhalt der Insolvenzakte frühzeitig und umfassend auszuwerten, um möglichst frühzeitig Verjährungsfrist in Gang zu setzen.[772]

---

[763] OLG Saarbrücken GmbHR 2008, 1036, 1038; OLG Stuttgart NZI 2000, 597 f = DStR 2001, 410 *(Haas);* OLG Schleswig DZWIR 2001, 330, 331; LAG Hamm Urt v 30. 1. 2001 – Az: 4 Ta 359/00.

[764] Allg hierzu *Schmidt* FS Georgiades, 2007, 689, 691 ff; Überblick über Streitstand auch bei OLG Saarbrücken GmbHR 2008, 1036, 1037. Problem bestand schon vor Inkrafttreten der Schuldrechtsreform, vgl Uhlenbruck/*Hirte* § 11 InsO Rn 87; Gottwald/*Haas* InsOHdb § 92 Rn 120.

[765] OLG Stuttgart NZI 2000, 597 f = DStR 2001, 410 *(Haas).*

[766] Gottwald/*Haas* InsOHdb § 92 Rn 121. **AM** Ulmer/*Casper* Rn 144.

[767] *Haas* NZG 2009, 976 ff. **AM** OLG Saarbrücken GmbHR 2008, 1036, 1038.

[768] Prütting/Wegen/Weinreich/*Kessel,* § 195 BGB Rn 11; MünchKommBGB/*Grothe* § 195 Rn 47 ff; BGHZ 116, 293, 294 f.

[769] Siehe im Einzelnen *Haas* FS Hopt, 2010 (im Erscheinen).

[770] So aber Ulmer/*Casper* Rn 144; Scholz/*Schmidt* Rn 53.

[771] BGH NZI 2004, 496, 497; Schmidt/*Pohlmann* § 92 InsO Rn 30; BerlinerKommInsO/*Blersch/v Olshansen* § 92 Rn 8.

[772] OLG Saarbrücken GmbHR 2008, 1036, 1038.

147 **7. Erfasste in- und ausl Ges.** Vorstehenden Haftungsgrundsätze wegen Insolvenzverschleppung gelten – neben GmbH – auch für Ges in Liquidation,[773] dh für die aufgelöste Ges (§ 11 III InsO), nach §§ 77 I für die nach § 75 für nichtig erklärte GmbH vor Abschluss der Liquidation, für Ges, die trotz Vorhandenseins von GesVermögen nach § 394 I FamFG gelöscht worden u nach § 66 V abzuwickeln ist (§ 66 Rn 40). Ob GFührer einer Vor-GmbH haftungsbewehrter Antragspflicht nach § 15 a I InsO unterliegt, ist str.[774] Richtiger Ansicht nach ist dies jedoch zu bejahen.[775] Unstreitig keine Anwendung findet § 15 a I InsO jedoch auf Vorgründungsges.[776]

147 a Ob Haftung nach § 823 II BGB iVm § 15 a InsO auch auf „Auslandsgesellschaften" (dh nach ausländischem Recht gegründete Ges mit inländischem COMI, vgl oben Rn 18), ist str. Haftung wurde teilweise Gesstatut[777] oder Deliktsstatut[778], ganz überwiegend aber dem Insolvenzstatut[779] zugeordnet. Durch Verankerung der Insolvenzantragspflicht rechtsformübergreifend im Insolvenzrecht will Gesetzgeber die insolvenzrechtliche Einordnung der Antragspflicht und folglich auch der Insolvenzverschleppungshaftung stützen.[780] Für autonome Qualifikation nach Art 4 EuInsVO ist Regelungsstandort im deutschen Recht – anders als für § 355 InsO – allerdings bedeutungslos (siehe oben Rn 19).[781] Zudem besteht an einer isolierten Qualifikation der Insolvenzantragspflicht – ebenso wie an einer Masseerhaltungspflicht (siehe oben Rn 21 f) – kein Interesse.[782] Praktisch relevant wird die Pflicht nämlich nur iVm mit der Sanktion, zB der Schadensersatzpflicht. Haftungstatbestand setzt aber Insolvenzeröffnung (bzw Abweisung des Antrags mangels Masse) voraus (siehe oben Rn 127). Damit wird die Qualifikationsfrage im Grunde nur aus der Perspektive des eröffneten Verfahrens relevant.

148 **a) Ersatz des GesamtGlschadens.** Soweit es um Ersatz des GesamtGlschadens geht, ist der Anspruch dem Insolvenzstatut zuzuordnen (zur Bestimmung des Insolvenzstatuts, siehe oben Rn 18 ff). Dies gilt sowohl im Anwendungsbereich der EuInsVO als auch für autonomes Recht. Anspruch entsteht nämlich nicht nur mit Insolvenzeröffnung, sondern dient auch – ebenso wie § 64 S 1 – Durchsetzung insolvenzpoltischer Ziele, nämlich dem Grds der Glgleichbehandlung (siehe oben Rn 110). Da Sinn und Zweck der Verschleppungshaftung auch darin liegt, Lücken in § 64 S 1 zu Lasten des

[773] Ulmer/*Casper* Rn 32.

[774] Vgl Ulmer/*Casper* Rn 31.

[775] *Haas* DStR 1999, 985, 987 f; Ulmer/*Casper* Rn 31; *Lutter*/Hommelhoff/*Kleindiek* Rn 3; *Noack,* InsO GesR, Rn 243. **AM** *Altmeppen* ZIP 1997, 273 ff; Roth/*Altmeppen* Rn 5.

[776] *Haas* DStR 1999, 985, 987; Roth/*Altmeppen* Rn 5; Ulmer/*Casper* Rn 31.

[777] AG Bad Segeberg GmbHR 2005, 884; *Schmidt* ZHR 168 (2009) 493, 497 f; *ders* GmbHR 2007, 1072, 1077; *Gross/Schork* NZI 2006, 10, 14; *Mock/Schildt* ZInsO 2003, 396, 399 f; *Mock/Westhoff* DZWIR 2004, 23, 27; *Spindler/Berner* RIW 2004, 7, 12; *Riegger* ZGR 2004, 510, 526 f; *Vallender/Fuchs* ZIP 2004, 829, 830 f; siehe auch *Ulmer* NJW 2004, 1201, 1208; *ders* KTS 2004, 291, 301.

[778] *Bayer* BB 2003, 2357, 2365; *Zöllner* GmbHR 2006, 7; *Schanze/Jüttner* AG 2003, 661, 670.

[779] LG Kiel ZIP 2007, 1248, 1249; Ulmer/*Casper* Rn 33; *Borges* ZIP 2004, 733, 738 ff; *Müller* NZG 2003, 414, 416 f.

[780] *Wälzholz* DStR 2007, 1914, 1917.

[781] *Hirte* ZInsO 2008, 689, 699; *Bittmann/Gruber* GmbHR 2008, 867, 869. **AM** *Knof/Mock* GmbHR 2007, 852, 853: Fingerzeig.

[782] **AM** *Leithaus/Riewe* NZI 2008, 598, 599 ff.

Glschutzes zu schließen, wird man zudem beide Vorschriften nicht unterschiedlich qualifizieren können. Dass – formal – Inhaber des Anspruchs wegen Insolvenzverschleppung – anders als bei § 64 S 1 – hM zufolge die Gl bleiben und Insolvenzverwalter „lediglich" Prozessführungsbefugnis nach § 92 InsO erhält, ändert hieran nichts; denn – wie oben gezeigt (Rn 132) – ist Hinweis auf Rechtsinhaberschaft der Gl während Insolvenzverfahren reine „Begriffsjurisprudenz". Mithin wird Anspruch durch insolvenzrechtliche Wertungen völlig überformt. Für insolvenzrechtliche Einordnung spricht zudem, dass ausländische Ansprüche, die funktional vergleichbar sind, im ausländischen Recht ebenfalls insolvenzrechtlich eingeordnet werden.[783] Gegen insolvenzrechtliche Qualifikation der Haftung spricht nicht, dass Insolvenzantragspflicht der Insolvenzeröffnung vorgelagert ist (siehe bereits oben Rn 22).[784] Wird daher Insolvenzverfahren über Ges in Deutschland eröffnet, richtet sich Insolvenzverschleppungshaftung nach deutschem Recht. Wird Insolvenzverfahren im Ausland eröffnet, kommt § 823 II BGB iVm § 15a I InsO nicht zur Anwendung. GFührer gerät durch Zuweisung des Anspruchs zum Insolvenzstatuts wegen angeblicher Unvorsehbarkeit des anwendbaren Insolvenzstatut ex ante auch nicht in haftungsrechtliches Dilemma (siehe unten Rn 151).

b) Ersatz des Individualschadens. Welchem Statut der Anspruch auf Ersatz des Vertrauensschadens unterliegt, ist fraglich. Richtiger Ansicht nach wird man aber auch diesen Anspruch dem Insolvenzstatut zuweisen müssen;[785] denn der Anspruch dient dem Schutz des Geschäftsverkehrs vor insolventen Ges mit beschränktem Haftungsfonds (siehe oben Rn 128). Auch hierbei handelt es sich letztlich um eine insolvenzpolitische Zielsetzung.[786] **149**

c) Sekundär- und Partikularinsolvenzverfahren. Wird in Deutschland Sekundär- oder Partikularverfahren eröffnet (Art 3 III, IV EuInsVO), kommt § 823 II BGB iVm § 15a I InsO grds nicht zur Anwendung. Haftung scheitert idR daran, dass GFührer hinsichtl Sekundärinsolvenzverfahren nicht antragsberechtigt ist. Zwar richtet sich Antragsberechtigung nach Art 29 lit b EuInsVO ua nach dem Recht des Staates, in dem das Sekundärinsolvenzverfahren eröffnet wird und damit nach §§ 13, 14 InsO. Jedoch ist zu beachten, dass nach den meisten Rechtsordnungen mit Eröffnung des Hauptinsolvenzverfahrens die Verwaltungs- und Verfügungsbefugnis des GFührers entfällt. Folglich kommt dann auch keine Verletzung der Insolvenzantragspflicht in Betracht.[787] Selbst wenn GFührer antragsbefugt bleiben sollte, bleibt zu berücksichtigen, dass im Ausland Hauptinsolvenzverfahren eröffnet und damit der mit § 15a I InsO verfolgte Zweck ja bereits eingetreten ist.[788] Fraglich ist auch, ob Antragspflicht allein auf einen Vermögensteil bezogen werden kann (siehe aber auch oben Rn 24).[789] **150**

d) Schutz des GFührers. Aus Sicht des GFührers ist das künftige Insolvenzstatut – grds – wegen der schwer wandelbaren Anknüpfungsvorausset- **151**

---

[783] Vgl *Lanzius,* Anwendbares Recht und Sonderanknüpfungen unter der Gründungstheorie, 2005, S 168 ff.

[784] So aber *Bittmann/Gruber* GmbHR 2008, 867, 868.

[785] LG Kiel ZIP 2006, 1248, 1249.

[786] LG Kiel ZIP 2006, 1248, 1249; AG Köln ZIP 2005, 1566.

[787] Schmidt/*Undritz* Art 29 EuInsVO Rn 3; Pannen/*Herchen* Art 29 EuInsVO Rn 21 ff.

[788] AG Köln NZI 2005, 564; *Panner* Art 28 EuInsVO Rn 9 ff.

[789] *Hirte* ZInsO 2008, 689, 699.

zungen des COMI (siehe oben Rn 18) vorhersehbar. GFührer wird daher idR nicht durch ein für ihn unvorsehbares Insolvenzstatut überrascht.[790] In – seltenen – Zweifelsfällen oder wenn Insolvenzverfahren am unzuständigen Ort eröffnet wurde, erfährt Vertrauen des GFührers – ex post gesehen durch analoge Anwendung des Art 13 EuInsVO Schutz (siehe auch oben Rn 25). Kann der GFührer also nachweisen und notfalls auch beweisen, dass ihm nach dem „maßgeblichen anderen Recht" keine Haftung für Insolvenzverschleppungsschäden oder nicht im entsprechenden Umfang trifft, entfällt die Haftung insoweit. Hinsichtlich des Ersatzes des GesamtGlschadens wird dem GFührer der Nachweis in aller Regel nicht gelingen; denn die Rechtsordnungen kennen in aller Regel der dt Insolvenzverschleppungshaftung vergleichbare Rechtsinstitute.[791] Schutz erfährt der GFührer auch dadurch, dass im Rahmen der Haftung nach § 823 II BGB iVm § 15 a I InsO der inländische Insolvenzantrag durch Antrag auf Eröffnung des Insolvenzverfahrens vor einem ausländischen Gericht substituiert werden kann.[792]

152 **e) Entsprechende Geltung für Tatbestandsausweitungen.** Die hier vertretene insolvenzrechtliche Qualifikation der Verschleppungshaftung gilt (vorbehaltlich der selbständigen Anknüpfung von Vorfragen)[793] auch für die tatbestandlichen Ausweitungen (zB Teilnehmerhaftung, faktischer GFührer oder § 15 a III InsO, vgl hierzu unten Rn 165 ff).[794]

153 **f) Europarechtsverträglichkeit.** Ebenso wie im Rahmen des § 64 S 1 verstößt auch Zuordnung der Insolvenzverschleppungshaftung zum Insolvenzstatut nicht gegen höherrangiges Recht, insb die europarechtliche Niederlassungsfreiheit (vgl oben Rn 26 ff).[795]

II. GFührerhaftung zum Schutz individueller Gl

154 Schutz individueller Gl wird nicht nur durch die in der Insolvenzantragspflicht (§ 15 a I InsO) enthaltene Globalaufklärung des Geschäftsverkehrs (siehe oben Rn 110, 123), sondern auch durch eine Reihe weiterer Anspruchsgrundlagen verwirklicht (beachte iÜ auch Vorschusserstattungsanspruch nach § 26 III InsO, oben Rn 109).[796]

155 **1. (quasi-)vertragliche Ansprüche.** GFührer kann einzelnem Gl auch nach den Grundsätzen des **Verschuldens bei Vertragsschluss** (§§ 280 I, 311 III BGB) haften, wenn er nicht über die „Krisensituation" aufklärt (vgl § 43 Rn 70 ff). Wann die wirtschaftliche Lage zur Aufklärung zwingt, ist nicht eindeutig (vgl § 43 Rn 73).[797] Von der Frage, bzgl welcher Umstände auf-

---

[790] Vgl aber auch *Leithaus/Riewe* NZI 2008, 598, 601 f.

[791] Siehe etwa für Frankreich und England, *Haas,* Reform des gesellschaftsrechtlichen Gläubigerschutzes, E 25 ff; vgl auch LG Kiel ZIP 2006, 1248, 1249; rechtsvergleichend MünchKommBGB/*Kindler* IntGesR Rn 647 ff.

[792] AG Köln ZIP 2005, 1566; siehe auch AG Hamburg ZIP 2006, 1105, 1107.

[793] *Knof/Mock* GmbHR 2007, 852, 854. Darin liegt aber kein unzulässiger Eingriff in die „Binnenorganisation" der Ges; denn Antragsrecht ist – wie ein Blick auf § 15 I InsO bzw Art 4 EuInsVO zeigt – keine genuin gesellschaftsrechtl Frage.

[794] Ulmer/*Casper* Rn 168. **AM** *Knof/Mock* GmbHR 2007, 852, 854.

[795] LG Kiel ZIP 2006, 1248, 1249. **AM** *Knof/Mock* GmbHR 2007, 852, 854.

[796] BGH NZI 2009, 233 f; OLG Hamm NZG 2002, 782 f; OLG Brandenburg NZI 2003, 203 ff.

[797] Siehe auch Gottwald/*Haas* InsOHdb § 92 Rn 163.

zuklären ist, ist die weitere zu unterscheiden, unter welchen Voraussetzungen den GFührer die Beachtung der Aufklärungspflicht gegenüber Vertragspartner der Ges persönlich trifft. HM nimmt dies nur an, wenn GFührer entweder unter Inanspruchnahme besonderen persönlichen Vertrauens die Vertragsverhandlungen zugunsten der (bereits insolventen) Ges beeinflusst hat (vgl § 43 Rn 71) oder eigene unmittelbare wirtschaftliche Interessen verfolgt hat (§ 43 Rn 72).[798] Eine **Repräsentantenhaftung** des GFührer für alle kreditrelevanten Informationen über die Ges lehnt die hM zu Recht ab (§ 43 Rn 73).

Mitunter hat die Rspr eine Haftung des GFührers auch auf einen **selbständigen Garantievertrag** (§ 311 BGB) gestützt, wenn GFührer den Gl durch fehlerhafte kreditrelevante Informationen von der Verfolgung seiner Ansprüche abgehalten bzw diesen zum Eingehen von geschäftlichen Beziehungen mit der Ges „verleitet" hat.[799] Dabei hat die Rspr die Schwelle für eine Abgrenzung einer unverbindlichen Zusicherung im Vorfeld einer vertraglichen Vereinbarung zu einem eigenständigen Auskunfts- und Garantievertrag teilweise recht niedrig angesetzt. Abgrenzung des selbständigen Garantievertrages von den Fällen des Verschuldens bei Vertragsschluss wird dadurch fließend. 156

2. Deliktische Ansprüche. Haftung des GFührers aus § 823 I BGB kommt insbesondere gegenüber Sicherungsnehmern der Ges in Betracht, die ihr Recht infolge der Insolvenzverschleppung einbüßen (vgl auch oben Rn 135).[800] § 826 BGB ist unter zwei Gesichtspunkten einschlägig, nämlich zum einen wegen Verschleierung der wirtschaftlichen Lage der Ges gegenüber Gl (vgl § 43 Rn 86).[801] Insoweit kann Anspruch auch konkurrieren mit § 823 II BGB iVm Schutzgesetz, zB § 82 II Nr 2,[802] §§ 263, 265 b StGB (vgl § 43 Rn 81)[803] bzw §§ 331 HGB ff oder § 15 a IV InsO. Zum anderen kommt § 826 BGB auch zugunsten von Geschädigten in Betracht, die vom Schutzbereich des § 823 II BGB iVm § 15 a I InsO nicht erfasst sind (siehe oben Rn 111). Dies gilt zwar nicht für Gfter, da ansonsten die Wertung des § 199 S 2 InsO umgangen würde, wohl aber für die Arbeitsverwaltung, die infolge von Lohnrückständen Insolvenzgeld an die Arbeitnehmer der insolventen Ges ausgezahlt hat. Der GFührer haftet ihr nach § 826 BGB, wenn er den als unabwendbar erkannten Todeskampf der Ges (lange) hinauszögert und dadurch[804] die Schädigung der Arbeitsverwaltung billigend in Kauf nimmt.[805] 157

---

798 Vgl etwa BGHZ 87, 27, 32 ff.

799 BGH NZG 2002, 779 f; DStR 2001, 1397 f; siehe auch LAG Hamm NZA-RR 2005, 483.

800 Vgl hierzu Gottwald/*Haas* InsOHdb § 92 Rn 160 f; siehe auch BGH ZIP 2005, 1734, 1738.

801 BGH ZIP 1995, 31, 32; Ulmer/*Casper* Rn 151 f.

802 Ulmer/*Casper* Rn 149.

803 BGH ZIP 2005, 1734, 1738; LG Kiel ZIP 2006, 1248, 1251; Ulmer/*Casper* Rn 147 f.

804 Zur Kausalität und zum Einwand des rechtmäßigen Alternativverhaltens, siehe *Wagner* ZInsO 2009, 622, 627 f.

805 BGH NJW 1989, 3277, 3278 f; ZIP 2008, 361, 362; BAG NZA 1999, 39, 42; OLG Koblenz ZIP 2007, 120, 121; OLG Saarbrücken ZIP 2007, 328; LAG Rheinland-Pfalz NJW-RR 2002, 433 f; Gottwald/*Haas* InsOHdb § 92 Rn 123 f; siehe auch *Wegner* ZInsO 2008, 622, 625. **AM** LG Stuttgart EWiR 2008, 615, 616; ArbG Offenbach ZIP 2002, 997, 998 f: müssen zusätzl Umstände hinzukommen wie etwa gezielte Schädigung einzelner Gl oder sonstige eigensüchtige Motive.

Verstoß gegen gute Sitten entfällt, wenn GFührer Antrag unterlassen hat, weil er die Krise nach dem Umständen für überwindbar bzw Sanierungsbemühungen als lohnend und berechtigt ansehen durfte. Die (substantiierte) Darlegungslast hierfür obliegt allerdings dem GFührer.[806] Anspruch entfällt mangels Schaden, wenn Arbeitsverwaltung Insolvenzgeld auch bei rechtzeitiger Insolvenzantragstellung hätte zahlen müssen.[807] Darlegungs- und Beweislast für Kausalitätsnachweis trägt Letztere.[808]

158 **3. Geltendmachung der Ansprüche.** Ansprüche zum Schutz individueller Gl macht – auch während des eröffneten Insolvenzverfahrens – stets der Geschädigte und nicht der Insverwalter geltend.[809] Internationale Zuständigkeit für die Ansprüche richtet sich im Verhältnis zum EU-Ausland nach der EuGVVO. Ausnahmetatbestand in Art 1 II lit b EuGVVO greift nicht. Ansprüche unterliegen auch nicht Insolvenzstatut.

159 **4. Verhältnis zu Ansprüchen zum Schutz der Glgesamtheit.** Nicht geklärt ist bislang Verhältnis der Haftung wegen Verletzung individueller Aufklärungspflichten (§ 826 BGB, § 823 II BGB iVm § 263 StGB, §§ 280 I, 311 III BGB) zu § 64 S 1 und § 823 II BGB iVm § 15 a I InsO. So stellt sich die Frage, ob für eine Verletzung der individuellen Aufklärungspflicht ein selbständiger Anwendungsbereich bleibt, etwa wenn GFührer Vertrag nach Stellung des Insolvenzantrags (aber vor Anordnung von Sicherungsmaßnahmen durch das Insolvenzgericht) schließt und den Vertragspartner nicht über die wirtschaftlichen Verhältnisse der Ges aufklärt. Gleiche Frage stellt sich, wenn vom GFührer abgeschlossenes Geschäft mit Gl nach § 64 S 2 Sorgfalt eines ordentlichen Geschäftsmannes entspricht oder zwar nach Eintritt der Insolvenzreife, aber vor Stellung des Insolvenzantrags innerhalb der Dreiwochenfrist (vgl oben Rn 122 ff) des § 15 a I InsO erfolgt. Richtiger Ansicht nach wird die **individuelle Aufklärungspflicht durch Einhaltung der Insolvenzantrags- bzw Masseerhaltungspflicht nicht verdrängt.**[810] Insbesondere darf auf den einzelnen mit der Ges in Rechtsbeziehung tretenden Gl das „GesamtGlrisiko" nicht abgewälzt werden. Dies leuchtet unmittelbar für solche Geschäfte ein, die nicht für die (vorübergehende) Fortführung des Unternehmens erforderlich sind. Aber auch für die übrigen Rechtsgeschäfte, die der Aufrechterhaltung des Geschäftsbetriebs dienen, muss der GFührer entweder Vorkehrungen treffen, um eine Schädigung des Dritten zu verhindern oder diesen über die Risiken aufklären, um nicht wegen Verletzung einer individuellen Aufklärungspflicht zur Verantwortung gezogen zu werden. In ein haftungsrechtliches Dilemma gerät der GFührer hierdurch nicht; denn nach § 64 S 1 darf der GFührer auch gegenüber der Ges (bzw Glgesamtheit) die Geschäfte abwickeln, die zur Aufrechterhaltung des Geschäftsbetriebs im Interesse der Ges bzw Glgesamtheit angezeigt sind (vgl oben Rn 71 ff).

---

[806] BGH ZIP 2008, 361, 362; OLG Koblenz ZIP 2007, 120, 121; OLG Saarbrücken ZIP 2007, 328, 329; siehe auch LG Stuttgart GmbHR 2008, 931.

[807] BGH ZIP 2008, 361, 362; OLG Saarbrücken ZIP 2007, 328, 329; LG Stuttgart EWiR 2008, 615, 616. **AM** OLG Koblenz ZIP 2007, 120, 121 f.

[808] OLG Saarbrücken ZIP 2007, 328, 329.

[809] Vgl auch *Lutter*/Hommelhoff/*Kleindiek* Rn 54; Michalski/*Haas* § 43 Rn 291, 315–319.

[810] Gottwald/*Haas* InsOHdb § 92 Rn 171 f.

III. GFührerhaftung zum Schutz der Ges

1. Verspätete oder unterlassene Antragstellung. GFührer haften der Ges nach § 43 II für den Schaden, der ihr durch Verspätung oder Unterlassung eines Antrages auf Eröffnung des Insolvenzverfahrens entstanden ist,[811] sofern Verzögerung gegenüber der Ges pflichtwidrig war.[812] Fraglich ist, ob Pflichtwidrigkeit ausgeschlossen ist, wenn Verzögerung der Antragstellung auf Weisung der Gfter beruht. BGH hat dies zunächst bejaht,[813] dann aber in neuerer Entscheidung Frage ausdrücklich offen gelassen.[814] Weisung beseitigt Ersatzpflicht nach § 43 III 3 aber nicht, wenn Ersatz zur Befriedigung der GesGl erforderlich ist.[815] Schaden besteht nicht darin, dass sich infolge der Antragsverzögerung Befriedigungsaussicht der Gl verschlechtert; denn § 43 II verpflichtet GFührer nur zum sorgsamen Umgang mit dem Gesvermögen im Interesse der Ges, nicht der Gl.[816] Keinen Gesschaden iS des § 43 II GmbHG stellt daher die Belastung des Gesvermögens mit Neuverbindlichkeiten aus gegenseitigen Verträgen bei Fortführung der Ges nach Eintritt der Insolvenz dar.[817] Nur wenn GesVermögen infolge Antragsverzögerung gemindert worden ist,[818] liegt ersatzfähiger Schaden vor. Das gilt auch für überschuldete Ges.[819] Vermögensminderungen, die auch bei rechtzeitiger Antragstellung eingetreten wären, sind dabei nicht zu berücksichtigen.[820] UU haftet GFührer Ges auch nach § 826 BGB, wenn er bei absehbaren und nur unter außergewöhnlichen Umständen vermeidbarer Insolvenz sine eigene Enthaftung durch die Veranlassung einer bevorzugten Befriedigung einzelner Gläubiger plant und umsetzt.[821] Auch kann Anstellungsvertrag mit GFührer fristlos gekündigt werden, wenn er Insolvenzantragspflicht verletzt.[822] 160

2. Verfrühte Antragstellung. Verfrühte Antragstellung kann **Verstoß gegen GFührerpflichten** sein,[823] so wenn er die Drei-Wochen-Frist des Abs 1 nicht für aussichtsreiche Sanierungsbemühungen nutzt[824] oder wenn er den Antrag bei nur drohender Zahlungsunfähigkeit (§ 18 InsO) stellt, ohne die dafür erforderliche (§ 60 Rn 29) Zustimmung der GfterVers[825] eingeholt zu haben. Schaden der Ges kann aber uU nicht leicht nachzuweisen sein, weil 161

---

[811] Scholz/*Schmidt* Rn 12, 36; *Noack,* InsO GesR, Rn 333; *Lutter*/Hommelhof/*Kleindiek* Rn 39; *Haas,* Unternehmen in der Krise, 73, 88f; *Fleck* GmbHR 1974, 224, 232.

[812] BGH NJW 1974, 1088, 1089; *Fleck* GmbHR 1974, 224, 232.

[813] BGH NJW 1974, 1088, 1089; Hachenburg/*Ulmer* Rn 46; Scholz/*Schmidt* Rn 36 aE; *Fleck* GmbHR 1974, 224, 232. **AM** Roth/*Altmeppen* Rn 6, 53.

[814] BGH DStR 1994, 1093, 1094.

[815] BGH WM 1986, 237, 239.

[816] Gottwald/*Haas* InsOHdb § 92 Rn 125.

[817] BGHZ 138, 211, 216f = ZIP 1998, 776; Scholz/*Schmidt* Rn 36. **AM** wohl Voraufl Rn 80.

[818] RGZ 161, 129, 142; zweifelnd BGH NJW 1974, 1088, 1089.

[819] *Fleck* GmbHR 1974, 224, 232; für vermögenslosen Verein: BGHZ 59, 148, 149ff.

[820] *Fleck* GmbHR 1974, 224, 232.

[821] OLG Oldenburg OLG-Report 2001, 309.

[822] BGH ZIP 2005, 1365, 1367; GmbHR 2008, 256.

[823] *Noack,* InsO GesR, Rn 332.

[824] Hachenburg/*Ulmer* Rn 28; Scholz/*Schmidt* Rn 12; *Haas,* Unternehmen in der Krise, 73, 87; *Schmidt* ZIP 1988, 1497, 1504.

[825] Vgl hierzu *Noack,* InsO GesR, Rn 332; Gottwald/*Haas* InsOHdb § 92 Rn 131.

InsO auch ein (gerichtliches) Sanierungsvefahren (Insolvenzplan, §§ 217 ff InsO) vorsieht. Damit wird man zumindest die nicht ausreichende Sanierungsprüfung vor Insolvenzantragstellung dann nicht zum Vorwurf machen können, wenn Sanierung im eröffneten Verfahren nachgeholt werden kann.[826]

IV. GFührerhaftung zum Schutz der Gfter

162 GFührer haftet uU gegenüber Gfter für verfrühte Antragstellung. Als Anspruchsgrundlage kommt insoweit § 823 I BGB in Betracht, wenn man die **Mitgliedschaft als absolut geschütztes Recht** ansieht.[827] Umstritten ist jedoch, welche Qualität der Eingriff in die Mitgliedschaft aufweisen muss, um die Haftung auszulösen.[828] Unstreitig ist die Mitgliedschaft gegen Eingriffe geschützt, die sich unmittelbar gegen den Bestand derselben richten bzw einen Entzug der mit der Mitgliedschaft verbundenen Organschaftsrechte darstellen.[829] Unklar ist hingegen, ob die Mitgliedschaft auch von einer bloßen Minderung ihres wirtschaftlichen Wertes bzw der Ertragskraft der Ges geschützt ist.[830] Aufgrund der mit dem Insolvenzverfahren einhergehenden Eingriffe in die Organisationsstruktur der Ges und der Stellung der Gfter wird man in einer verfrühten Antragstellung wohl einen relevanten Eingriff in das Mitgliedschaftsrecht sehen müssen. Umstritten ist ebenfalls, ob die deliktische Haftung wegen Verletzung der Mitgliedschaft durch das „Innenrecht" der Ges beschränkt ist. Nach Ansicht der Rspr kann jedenfalls die Mitgliedschaft auch durch Gesorgane beeinträchtigt werden.[831] In Betracht kommt schließlich auch eine Haftung nach § 826 BGB.

V. Gfterhaftung wegen Insolvenzverschleppung

Lit: *Casper,* Haftungsrechtliche Anreizstrukturen der Insolvenzverschleppungshaftung, in Bachmann/Casper/Schäfer/Veil (Hrsg) Steuerungsfunktion des Haftungsrechts im Gesellschafts- und Kapitalmarktrecht, 2007, 33; *Horstkotte,* Die führungslose GmbH im Insolvenzantragsverfahren, ZInsO 2009, 209; *Knof/Mock,* Das MoMiG und die Auslandsinsolvenz haftungsbeschränkter Gesellschaften, GmbHR 2007, 852; *K. Schmidt,* Konkursantragspflichten bei der GmbH und bürgerliches Deliktsrecht, JZ 1978, 661; *Priester,* Die eigene GmbH als fremder Dritter. Eigensphäre der Gesellschaft und Verhaltenspflichten ihrer Gesellschafter, ZGR 1993, 512; *K. Schmidt,* Konkursverschleppungshaftung und Konkursverursachungshaftung, ZIP 1988, 1497; *Schulze-Osterloh,* Gläubiger- und Minderheitenschutz bei der steuerlichen Betriebsaufspaltung, ZGR 1983, 123; *Ulmer,* Konkursantragspflicht bei Überschuldung der GmbH und Haftungsrisiken bei Konkursverschleppung, KTS 1981, 469; *Ulmer,* Der Gläubigerschutz im faktischen GmbH-Konzern beim Fehlen von Minderheitsgesellschaftern, ZHR 148 (1984), 391; *Wilhelm,* Rechtsform und Haftung der juristischen Person, 1981.

---

826 Gottwald/*Haas* InsOHdb § 92 Rn 130.

827 BGHZ 110, 323, 327; OLG München ZIP 1990, 1552, 1553.

828 Vgl *Habersack,* Die Mitgliedschaft – subjektives und sonstiges Recht, 117 ff.

829 *Schmidt* JZ 1991, 157, 159; Staudinger/*Hager* § 823 BGB Rn B 142.

830 In diesem Sinn etwa OLG München NJW-RR 1991, 928, 929. **AM** RGZ 158, 248, 255; Staudinger/*Hager* § 823 BGB Rn B 143.

831 BGHZ 110, 323, 334 f; Michalski/*Haas* § 43 Rn 274 ff. **AM** *Schmidt* GesR § 21 V 4.

1. Haftung gegenüber den GesGl. Gfter sind **nicht unmittelbare Adressaten der Insolvenzantragspflicht** in § 15 a I InsO und haften daher – sieht man einmal von § 826 BGB[832] ab – grds nicht wegen Insolvenzverschleppung.[833] Ausnahmsweise kann jedoch eine Haftung (zur Frage der Innen- oder Außenhaftung siehe oben Rn 132) nach § 823 II BGB iVm § 15 a I InsO in Betracht kommen: 163

a) Teilnahme nach § 830 BGB. Aufgrund der deliktischen Natur Haftung nach § 823 II BGB iVm § 15 a I InsO ist unter den Voraussetzungen des § 830 II BGB auch eine Teilnehmerhaftung des Gfter möglich.[834] HL greift für die Anstiftung und Beihilfe auf Begriffsbestimmungen des Strafrechts zurück. Voraussetzung für Haftung des Teilnehmers ist danach **doppelter Vorsatz.**[835] Teilweise wird auch eine schuldhafte begangene Haupttat für ausreichend erachtet um Schutzlücken zu verhindern.[836] Der BGH folgt dem jedoch nicht.[837] Als geeignete Beihilfehandlungen kommen solche in Betracht, die tatbestandsmäßige Handlung des GFührers erleichtert oder gefördert bzw ihn in seinem Entschluss zur Tatbegehung bestärkt haben.[838] Dies ist insb gegeben bei (rechtswidriger) Weisung der Gfter an den GFührer, Insolvenzantrag trotz Insolvenzreife nicht oder verspätet zu stellen[839] oder wenn (einziger) GFührer abberufen wird, damit dieser keinen Antrag stellt (siehe auch unten Rn 165). Teilnehmer ist dann jeder Gfter, der an Zustandekommen des rechtswidrigen Beschlusses mitgewirkt hat und zwar unabhängig davon, welche Gesbeteiligung er hält.[840] Ausreichende Teilnahmehandlung hat BGH auch in Einlösen von Schecks in der Krisensituation gesehen.[841] Teilnahme durch Unterlassen ist nicht möglich.[842] 164

b) § 15 a III InsO. Ist die Ges „führungslos", ist – ausnahmsweise – „auch" jeder Gfter einer GmbH antragspflichtig.[843] Etwas anderes gilt nur, wenn der Gfter von der Insolvenzreife (Zahlungsunfähigkeit oder Überschuldung) oder der Führungslosigkeit der Ges keine Kenntnis hat. Die Vorschrift ist durch Art 9 Nr 3 MoMiG eingefügt worden. Das MoMiG sieht keine besondere Übergangsregelung für die Vorschrift vor. Entsprechend dem oben Gesagtem (Rn 112) findet die Vorschrift auf solche Sachverhalte Anwendung, in denen Führungslosigkeit nach Inkrafttreten des MoMiG eingetreten ist. 165

---

832 Vgl Goette/Habersack/*Casper,* Das MoMiG in Wissenschaft und Praxis, 2009, Rn 6.39.

833 BGH WM 1973, 1354, 1355; Hachenburg/*Ulmer* Rn 74; weitergehend für Gfter mit maßgebendem Einfluss *Schmidt* JZ 1978, 661, 665 f.

834 BGH ZIP 2005, 1734, 1735 f; KG NZG 1999, 23, 24; *Uhlenbruck* DStR 1991, 351, 352; Roth/*Altmeppen* Rn 72; Ulmer/*Casper* Rn 163.

835 Vgl Staudinger/*Eberl-Borges* § 830 BGB Rn 31; MünchKommBGB/*Wagner* § 830 Rn 12, 14; *Roth/Altmeppen* Rn 72; Ulmer/*Casper* Rn 163.

836 *Schmidt* ZIP 1988, 1497, 1501; *ders* ZIP 1980, 328, 329; *Schmidt*/Uhlenbruck Rn 11.51; Scholz/*Schmidt* Rn 54; *Ehricke* ZGR 2000, 351, 358 ff.

837 BGH ZIP 2005, 1734, 1736; vgl auch BGHZ 75, 96, 107 (Vorsatz des Gfters); BGH NJW 1979, 1829 (Vorsatz des Gfters); so auch *Wagner* FS Schmidt, 2009, 1665, 1691.

838 BGH ZIP 2005, 1734, 1736.

839 Vgl MünchKommBGB/*Wagner* § 830 Rn 13; *Uhlenbruck* DStR 1991, 351, 352.

840 Vgl öOGH ZIP 1993, 1871, 1873 f.

841 BGH ZIP 1995, 124, 126.

842 BGH ZIP 2005, 1734, 1737; Roth/*Altmeppen* Rn 72.

843 Kritisch zur Terminologie, vgl *Schmahl* NZI 2008, 6, 8.

166 **aa) Normzweck.** Für die Regelung besteht praktisches Bedürfnis, denn durch Führungslosigkeit wird der an GFührerstellung anknüpfende Glschutz ausgehebelt.[844] Die Gfter sind auch der richtige Adressat, um die Glschutzlücke zu schließen, sind sie doch für die (fortdauernde) Führungslosigkeit verantwortlich.[845] Die bisherigen Ansätze, um das Problem in den Griff zu bekommen (unwirksame, weil rechtsmissbräuchliche Amtsniederlegung oder Abberufung, faktische GFührung, etc.), befriedigen nicht.[846] Die Lösung des MoMiG-Gesetzgebers greift jedoch zu kurz, weil bei Führungslosigkeit nur die Antragspflicht, nicht aber jede zwingende dem Glschutz dienende GFührerpflicht (zB § 41, 64) auf Gfter transponiert.[847] Darüber hinaus ist für Insolvenzeröffnung – hM zufolge – Prozessfähigkeit des Schuldners notwendig, anderenfalls liegt nicht einmal ein zulässiger Insolvenzantrag vor.[848] Weder § 35 I 2 noch § 10 II 2 InsO erklären ausdrücklich, dass Gfter im Fall der Führungslosigkeit gesetzliche Vertreter der Ges im Sinne von § 51 ZPO werden. Antragspflicht des Gfters bringt aber für Glschutz nichts, wenn Antrag mangels Zulässigkeit abzuweisen oder erst – umständlich – ein NotGFührer oder Verfahrenspfleger (§ 57 ZPO) zu bestellen wäre.[849] Es bleibt daher nur zu hoffen, dass Gerichte den Bestimmungen den gesetzgeberischen Willen entnehmen, dass für Insolvenzeröffnung aufgrund Eigen- oder Fremdantrags Prozessfähigkeit des Schuldners zu unterstellen oder nicht erforderlich ist.[850] Hierfür sprechen freilich gute Gründe. Kann nämlich das Insolvenzverfahren ohne weiteres fortgeführt werden, wenn der GFührer eine logische Sekunde nach Verfahrenseröffnung unauffindbar verschwindet, ist wenig einsichtig, warum im Insolvenzeröffnungsverfahren GFührer unbedingt erforderlich ist. Dies gilt umso mehr, als nach dem neuen § 10 II 2 InsO Anhörung der zur Vertretung des Schuldners berechtigten Personen durch Anhörung der Gfter ersetzt werden kann.

167 **bb) Führungslosigkeit.** In § 35 I 2 und § 10 II 2 InsO wird eine Ges als „führungslos" definiert, wenn sie keinen GFührer hat (vgl hierzu § 35 Rn 105 ff). Auf ggfalls nachfolgende Eintragung in HR als Folge der gemäß § 39 bestehenden Verpflichtung kommt es nicht an.[851] Letzteres richtet sich nach den allgemeinen Regeln über Beginn und Ende der Organstellung (Bestellung, Abberufung, Amtsniederlegung, vgl hierzu § 38 Rn 3 ff, 81 ff). Die Vorschrift ist nicht entsprechend anzuwenden, wenn GFührer zwar rechtlich, nicht aber mehr tatsächlich vorhanden ist, weil er unauffindbar oder untergetaucht ist.[852] Eine entsprechend weite Definition des Begriffs der Führungslosigkeit im RefE MoMiG hat der Gesetzgeber wegen zu vieler Zweifelsfragen fallen gelassen. Auch liegt im „Verschwinden" keine konkludente Amtsniederlegung.[853] Führungslosigkeit endet (und damit auch Antrags-

---

844 *Haas* GmbHR 2006, 729, 732 ff; *Hirte* ZInsO 2003, 833, 834.
845 Vgl auch *Poertzgen* NZI 2008, 9, 11.
846 Siehe hierzu *Hirte* ZInsO 2003, 833, 838 f; *Haas* GmbHR 2006, 729, 732 ff.
847 *Haas* GmbHR 2006, 729, 733.
848 BGH ZInsO 2007, 97; OLG Köln GmbHR 2000, 390, 391; OLG Dresden NZI 2000, 136; KG Berlin KTS 1962, 111, 112; Schmidt/*Wehr* § 13 InsO Rn 5, 12; BerlinerKommInsO/*Goetsch* § 13 Rn 4.
849 *Haas* GmbHR 2006, 729, 734.
850 Vgl zum Ganzen *Horstkotte* ZInsO 2009, 209, 211 ff.
851 *Horstkotte* ZInsO 2009, 209, 210 f.
852 Siehe auch AG Hamburg NZI 2009, 63; HeidelbergerKommInsO/*Kirchhof* § 15 a Rn 17; Schmidt/*Wehr* § 15 a InsO Rn 21; *Wälzholz* DStR 2007, 1914, 1916.
853 AG Hamburg NZI 2009, 63. **AM** *Gehrlein* BB 2008, 846, 848.

pflicht bzw Antragsrecht), wenn neuer GFührer bestellt wird.[854] Dessen ungeachtet bleibt Haftung nach § 823 II BGB iVm § 15 a III InsO bestehen, wenn Gfter Pflicht verletzt und Insolvenzverfahren später eröffnet (bzw Antrag mangels Masse abgewiesen) wird.[855]

cc) Adressat der Antragspflicht. Adressat der Antragspflicht im Falle der Führungslosigkeit ist dem Wortlaut zufolge „jeder Gfter". Der MoMiG-Gesetzgeber differenziert nicht danach, was für eine Beteiligung der Gfter und zu welchem Zweck er diese hält. Insbesondere hat Gesetzgeber nicht – wie teilweise in Lit gefordert –[856] Kleinbeteiligungsprivileg in § 39 V InsO für entspr anwendbar erklärt. Auch wenn also Gfter nicht über hinreichenden Einfluss verfügt, um Führungslosigkeit zu beenden, findet § 15 a III InsO auf ihn Anwendung. Damit Gfter der Pflicht nachkommen können, gewährt ihnen § 15 I 2 InsO auch ein entsprechendes Antragsrecht. Der Antrag ist – wenn er nicht von allen Gftern gestellt wird – nur zulässig, wenn der Eröffnungsgrund glaubhaft gemacht wird (§ 15 II 1 InsO). Zudem sieht § 15 II 3 InsO vor, dass in einem solchen Fall die übrigen Gfter vom Insolvenzgericht gehört werden müssen. Zusätzlich bestimmt § 15 II 2 InsO, dass die Gfter ihre Antragsberechtigung und damit die Führungslosigkeit der Ges glaubhaft machen müssen (§ 15 II 2 InsO). Für Rücknahmeberechtigung des Gfterantrags gilt oben Gesagtes (Rn 121) entsprechend. Später bestellte GFührer kann Gfterantrag nicht zurücknehmen. 168

Fraglich ist, wer antragsverpflichtet ist, wenn Gfter keine natürliche Person, sondern wiederum eine Gfter-Ges ist. Dann wird man wohl (entsprechend § 15 a I 2 InsO) die organschaftlichen Vertreter dieser Gfter-Ges für antragverpflichtet (und -berechtigt) ansehen müssen. Ob dies allerdings auch für die Strafbarkeit nach § 15 a IV InsO gilt ist wegen des strafrechtlichen Analogieverbots zweifelhaft. Dem Wortlaut zufolge obliegt Antragspflicht im Fall der Führungslosigkeit „auch" den Gftern. Gesetz bringt damit wohl zum Ausdruck, dass das Vorhandensein etwa eines „faktischen GFührers" (vgl Rn 9 ff, 172) im Falle der Führungslosigkeit die Antragspflicht der Gfter nicht entfallen lässt, sondern dass beide (Gfter und „faktischer GFührer") nebeneinander antragsverpflichtet sind. Problematisch ist Frage der Antragspflicht auch in dem Fall, wenn Ges über AR verfügt. Fraglich ist hier insb, ob Antragspflicht der Gfter uU durch eine solche der ARmitglieder verdrängt wird. Der Wortlaut des § 15 a III InsO gibt dies zwar nicht her. Richtiger Ansicht nach sind jedoch dann die ARmitglieder und nicht die Gfter die richtigen Adressaten der Antragspflicht, wenn sie und nicht die Gfter die GFührer bestellen.[857] 169

dd) Ausnahmen. Zum Schutz des Gfter entfällt die Antragspflicht, wenn dieser entweder von der Insolvenzreife (Zahlungsunfähigkeit und Überschuldung) oder von der Führungslosigkeit nichts wusste. Kenntnis nur der Insolvenzreife oder nur der Führungslosigkeit lässt mithin Antragspflicht bereits entfallen. Der Gesetzgeber trägt damit dem Umstand Rechnung, dass der Gfter – anders als der GFührer – weder zu einer beständigen wirtschaftlichen Selbstkontrolle noch dazu verpflichtet ist, sich aktiv um die Geschicke der Ges 170

---

854 RegE-MoMiG S 134; Schmidt/*Wehr* § 15 a InsO Rn 31.

855 Schmidt/*Wehr* § 15 a InsO Rn 32.

856 *Casper,* Steuerungsfunktion des Haftungsrechts, 33, 44; *Noack* DB 2006, 1475, 1477.

857 **AM** *Poertzgen* GmbHR 2007, 1258, 1260; Goette/Habersack/*Casper,* Das MoMiG in Wissenschaft und Praxis, 2009, Rn 6.34: ARmitglieder nur im Falle eines zwingenden AR.

zu kümmern.[858] Anders als im Rahmen des (neuen) „Kapitalersatzrechts" vermutet der Gesetzgeber aber hier einen unternehmerischen und folglich informierten Gfter nicht schon dann, wenn dieser eine Beteiligung von über 10% an der Ges hält (§ 39 V InsO). Im Regelfall wird aber Ges mit Kleinbeteiligung Entlastung eher gelingen.[859]

171 Antragspflicht entfällt, wenn Gfter keine pos Kenntnis von Insolvenzreife und Führungslosigkeit hat. Kennenmüssen allein reicht nicht aus.[860] Richtiger Ansicht nach ist jedoch nicht erforderlich, dass Gfter rechtlichen Subsumtionschluss vornimmt, dass Zahlungsunfähigkeit oder Überschuldung vorliegt. Vielmehr reicht es – in Anlehnung an hM zu § 133 I 2 InsO –[861] aus, wenn er zugrundeliegenden Tatsachen kennt, die Zahlungsunfähigkeit bzw Überschuldung indizieren. Verschließt sich GFührer bewusst der Kenntnis, ist er so zu behandeln, als hätte er pos Kenntnis.[862] IÜ kann Kenntnis des GFührers nur von der Überschuldung Nachforschungspflicht hinsichtlich Führungslosigkeit auslösen und umgekehrt.[863] Im Rahmen eines Haftungsanspruchs wegen Insolvenzverschleppung obliegt die Darlegungs- und Beweislast für mangelnde Kenntnis von Führungslosigkeit bzw Überschuldung dem Gfter.[864]

172 **c) „Faktischer" GFührer.** HM zufolge ist auch der „faktische GFührer" ieS (siehe oben Rn 9 ff), dh derjenige, der ohne zum GFührer bestellt worden zu sein, sich aber wie ein GFührer geriert, Adressat der Insolvenzantragspflicht und mithin auch der Haftung aus § 823 II BGB iVm § 15 a I InsO.[865] Ob diese Ansicht auch unter dem MoMiG fortbesteht, mag auf den ersten Blick fraglich sein; denn Art 15 a I InsO spricht ausdrücklich von „Mitgliedern des Vertretungsorgans", knüpft damit also nicht an einer „Funktion im Unternehmen", sondern an der Vertretungsbefugnis an. Dennoch wird man davon ausgehen, dass mit der neuen Wortwahl in § 15 a I InsO keine inhaltlich Abweichung zum bisherigen § 64 I aF GmbHG gewollt war. Nichts anderes folgt aus der Einfügung des § 15 a III InsO; denn ausweislich der Gesetzesbegründung soll die neue Bestimmung die Rspr zum faktischen GFührer unberührt lassen.[866] Unter dem Blickwinkel des „faktischen GFührers" kann nun – zumindest der hM zufolge – auch (aber nicht nur, siehe unten Rn 174) der Gfter wegen Insolvenzverschleppung zur Verantwortung gezogen werden. Diese hM ist allerdings abzulehnen, weil – anders als im Rahmen des § 64 S 1 – das Konzept des „faktischen GFührers" mit §§ 15, 15 a InsO nicht zu vereinbaren ist.[867] Der Sinn und Zweck des Insolvenzeröffnungsverfahrens

---

858 Vgl auch BGH NZI 2006, 365, 367.

859 *Hirte* ZInsO 2008, 689, 702. **AM** Schmidt/*Wehr* § 15 a InsO Rn 28.

860 *Hirte* ZInsO 2008, 689, 701; Ulmer/*Casper* Rn 171; HeidelbergerKommInsO/*Kirchhof* § 15 a Rn 18; Schmidt/*Wehr* § 15 a InsO Rn 26.

861 BGH ZInsO 2004, 859.

862 RegE-MoMiG, 135; *Knof/Mock* GmbHR 2007, 852, 853.

863 RegE-MoMiG, 135; *Knof/Mock* GmbHR 2007, 852, 853; siehe hierzu auch Ulmer/*Casper* Rn 172; HeidelbergerKommInsO/*Kirchhof* § 15 a Rn 18; Schmidt/*Wehr* § 15 a InsO Rn 26.

864 Vgl auch *Wälzholz* DStR 2007, 1914, 1915; Schmidt/*Wehr* § 15 a InsO Rn 28.

865 Vgl BGH NJW-RR 2002, 1324; ZIP 2002, 848, 851; WM 1988, 756, 757 f; BGHZ 41, 282, 287; 47, 341, 343; OLG Brandenburg NZG 2001, 807 f; OLG Jena ZIP 2002, 631, 632; Ulmer/*Casper* Rn 39.

866 RegE-MoMiG, 135.

867 *Stein* ZHR 148 (1984), 207, 230; *Haas* DStR 1998, 1359 ff; *ders* DStR 2003, 423; *Jaeger/H. F. Müller* § 15 Rn 38.

besteht darin, in möglichst kurzer Zeit die rechtliche Frage zu klären, ob auf Grund eines *zulässigen Insolvenzantrags* über das Vermögen des Schuldners das Insolvenzverfahren zu eröffnen ist. Zulässigkeit des Antrags setzt Antragsrecht des Betreffenden voraus, was Letzterer dem Gericht darzulegen und was das Gericht von Amts wegen zu prüfen hat.[868] Wann aber die Wahrnehmung von Aufgaben der Geschäftsleitung (nach innen und außen) durch einen Dritten dergestalt ist, dass sie zum Insolvenzantrag berechtigt, kann vom faktischen GFührer rein tatsächlich nicht (glaubhaft) dargelegt werden und von dem Gericht nicht geprüft werden (Vornahme eines oder mehrere Geschäfte, Art der Geschäfte, Auftreten im Außenverhältnis etc). Eigene Ermittlungen (§ 5 InsO) kann das Gericht in dieser Phase des Verfahrens jedenfalls nicht anstellen; denn der Amtsermittlungsgrundsatz setzt voraus, dass ein zulässiger Antrag vorliegt, die Antragsbefugnis mithin nachgewiesen ist.[869] Die Antragspflicht des „fakt GFührers" ieS lässt sich auch nicht deliktsrechtlich begründen.[870] Zurechnung deliktischer Verhaltenspflichten nach Grds der Übernehmerhaftung setzt fakt Einverständnis zwischen primär Sicherungspflichtigen und Übernehmer voraus.[871] Der „fakt GFührer" wird aber mit Einverständnis allein der Gfter tätig, die selbst nie primär Verpflichtete der Antragspflicht sind. Zudem beruht Übernehmerhaftung auf Vorstellung, dass Übernehmer bei primär Verpflichteten „berechtigtes Vertrauen" weckt, Übernehmer werde gebotenen Maßnahmen treffen.[872] Wie aber soll schützenswertes Vertrauen geweckt werden können, wenn – rechtl gesehen – Übernehmer fraglicher Geschäfte mangels Antragsbefugnis gar nicht übernehmen kann? Die besseren Gründe sprechen damit dafür, für die Antragsberechtigung allein auf das formale Kriterium des (unter Umständen auch unwirksamen) Bestellungsakts abzustellen. Allein dies steht mit dem nicht nur in der Einzel-, sondern auch in der Gesamtvollstreckung geltenden[873] und der Effizienz sowie der Rechtssicherheit dienenden Grundsatz der Vollstreckungsformalisierung in Einklang.[874] Fehlt es aber am Antragsrecht des „faktischen GFührers" ist für eine Antragspflicht (und eine daran anknüpfende Haftung) kein Raum (siehe oben 113).[875]

2. Haftung gegenüber der Ges. Vereiteln Gfter rechtzeitigen Insolvenzantrag in der Weise, dass sie GFührer aus Sanierungsbemühungen ausschalten, wird teilweise eine auf Grund allg Überlegungen[876] bzw an § 43 II[877] orientierte Haftung gegenüber der Ges befürwortet, soweit dieser durch Insolvenz- **173**

[868] Vgl *Uhlenbruck* § 13 InsO Rn 16.

[869] Vgl auch OLG Zweibrücken NZI 2001, 32, 33; OLG Köln ZIP 1988, 664; LG Stendal NZI 2008, 44, 45; BerlinerKommInsO/*Goetsch* § 5 Rn 4; *Uhlenbruck* § 5 InsO Rn 1.

[870] So aber *Wagner* FS Schmidt, 2009, 1665, 1690 f.

[871] MünchKommBGB/*Wagner* § 823 Rn 289.

[872] MünchKommBGB/*Wagner* § 823 Rn 289.

[873] Vgl *Prütting*, Kölner Schrift, 221, 243, Rn 69.

[874] Vgl auch die entsprechende Begründung für die verfahrensrechtliche Frage, ob ein „faktischer GFührer" im Zivilprozess als Zeuge vernommen werden kann, OLG München DB 1999, 522.

[875] Vgl Scholz/*Schmidt* Rn 7; *Lutter*/Hommelhoff/*Kleindiek* Rn 26.

[876] Scholz/*Schmidt* Rn 56; *Wilhelm* 354 ff; *Flume* JurPerson 88 ff; *Schmidt* ZIP 1988, 1497, 1505 ff; ferner *Priester* ZGR 1993, 512, 521 ff; *Schulze-Osterloh* ZGR 1983, 123, 158 f. **AM** *Ulmer* ZHR 148 (1984), 391, 414 f.

[877] *Altmeppen* ZIP 1997, 1183, 1182 f; Roth/*Altmeppen* Rn 117 ff.

verschleppung Schaden in Gestalt weiterer Vermögensminderungen entsteht. Dies ist jedoch abzulehnen.[878]

VI. Haftung Dritter aus Insolvenzverfahrensverschleppung

174 Dritte haften GesGl aus §§ 823 II BGB, 15 a I InsO (Rn 109 ff) iVm mit § 830 II BGB (zB Bank,[879] Krisenberater,[880] Steuerberater[881]) im Falle der Beihilfe zur Insolvenzverfahrensverschleppung.[882] Ferner kommt Haftung Dritter – hM zufolge – unter Blickwinkel des „faktischen GFührers (vgl oben Rn 172) oder aus § 826 BGB in Betracht, so wenn kreditgebende Bank aus eigensüchtigen Motiven Eröffnung des Insolvenzverfahrens hinausschieben lässt.[883] Aufsichtsratsmitglieder gehören weder zu den Adressaten der Pflichten aus § 64 noch – grds (vgl Rn 169) – aus § 15 a I InsO. Das schließt nicht aus, dass sie wegen Verletzung ihrer Überwachungsaufgaben haften, wenn sie unter Verletzung ihrer Sorgfaltspflichten Pflichtenverstoß des GFührers oder Liquidators nicht unterbinden (§§ 52 GmbHG, 116, 111, 93 HktG).[884]

E. Flankierende Haftungstatbestände zu § 64 S 3

I. Haftung des GFührers

175 Ersatz der Zahlung kommt neben § 64 S 3 – soweit Tatbestand erfüllt ist – auch nach § 43 III in Betracht. Anspruch geht zwar auf Schadensersatz, jedoch wird hM zufolge Schaden in Höhe der Zahlung unwiderleglich vermutet. Darüber hinausgehender Schaden kann – überwiegender Ansicht nach – nicht nach § 43 III, sondern nur nach § 43 II liquidiert werden.[885] Haftung des GFührers ist auch nach § 823 II BGB iVm § 266 StGB möglich.[886] Auch dieser Anspruch geht im Grunde nur auf Ersatz der Zahlung.

176 GFührer kann wegen Zahlung auch auf Schadensersatz in Anspruch genommen werden. In Betracht kommt Haftung nach § 43 II und auch nach § 826 BGB (sogar unter Blickwinkel der Existenzvernichtung; denn Letztere ist ja ohne Mitwirkung des GFührers überhaupt nicht denkbar[887]).[888] Die am Einzelausgleich ausgerichtete Haftung nach § 64 S 3 weist nämlich Defizite dort auf, wo Einzeleingriff auf Grund der Dichte der der vom GFührer vorgenommenen Maßnahmen nicht bestimmt werden kann (siehe bereits

[878] Goette/Habersack/*Casper,* Das MoMiG in Wissenschaft und Praxis, 2009, Rn 6.40.
[879] Vgl *Neuhoff* NJW 1998, 3225, 3227.
[880] *Schmidt*/Uhlenbruck Rn 11.100 ff.
[881] *Wagner* ZInsO 2009, 449 ff; *Zugehör* NZI 2008, 652 ff; *Wagner/Zabel* NZI 2008, 660 ff.
[882] BGH WM 1986, 237, 238; Scholz/*Schmidt* Rn 54.
[883] Für AG: BGHZ 90, 381, 399; 96, 231, 235 f.
[884] BGH NZG 2009, 550, 551; Scholz/*Schmidt* Rn 8; siehe auch OLG Brandenburg GmbHR 2009, 657, 659 f.
[885] RGZ 159, 211, 230; Sernetz/*Haas,* Kapitalaufbringung und -erhaltung in der GmbH, Rn 507; Ulmer/*Paefgen* § 43 Rn 149; iE auch *Habersack/Schürnbrand* WM 2005, 957, 961.
[886] *Haas* ZIP 2006, 1373, 1380 f; s auch OLG Stuttgart ZInsO 2009, 1712, 1714 f.
[887] *Haas* WM 2003, 1929, 1940; vgl auch *Strohn* ZInsO 2008, 706, 709.
[888] **AM** Ulmer/*Casper* Rn 101.

oben Rn 110). Darüber hinaus können mit Auszahlungen auch weit über den Betrag der Zahlung hinausgehende negative Folgen verbunden sein. Folgt man der hier vertretenen Ansicht nicht, dass nach § 64 S 3 bereits die Begründung der Zahlungsverpflichtung „Zahlung" iS des § 64 S 3 sein kann, so bedürfen auch die hierdurch hervorgerufenen Schutzdefizite – ebenso wie bei § 64 S 1 (vgl oben Rn 110) – der Kompensation durch das Deliktsrecht. Da es insoweit aber an einem Schutzgesetz fehlt – sieht man mal von § 266 StGB (vgl oben Rn 175) und § 73 I[889] ab – kommt in erster Linie § 826 BGB zur Anwendung. Fraglich ist allerdings auch hier, ob der dem Schutz der Glinteressen dienende Schadensersatzanspruch der Ges oder aber den Gl unmittelbar zusteht (siehe auch oben Rn 132). Möglich ist auch eine Teilnahme des GFührer nach § 830 BGB an Existenzvernichtungshaftung des Gfters (siehe unten Rn 177).[890]

II. Haftung des Gfters

Gegen die Regelung in § 64 S 3 ist insb eingewandt worden, dass eine vergleichbare Haftung des Ges auf Ersatz der Zahlung fehlt und dies inkonsequent sei.[891] Dies ist jedoch so nicht richtig. Vielmehr ist insoweit das Zusammenspiel zwischen Anfechtungsrecht (§§ 129 ff InsO) und § 64 zu beachten. So wird in vielen Fällen, in denen der GFührer nach § 64 S 1 haftet, der Empfänger der Leistung (zB Gl) nach den anfechtungsrechtlichen Vorschriften zur Rückerstattung verpflichtet sein. Nicht anders ist die Rechtslage, wenn der GFührer eine Zahlung an Gfter erbracht hat, die zur Zahlungsunfähigkeit geführt hat.[892] Hier wird der Gfter insb unter dem Blickwinkel der §§ 133, 134 InsO zur Rückerstattung verpflichtet sein.[893] Zudem haftet hM zufolge unter dem Gesichtspunkt der „faktischen Geschäftsführung" auch der Gfter auf Schadensersatz nach § 823 II BGB iVm § 266 StGB für die die Zahlungsunfähigkeit erbeiführende Zahlungen an Gfter.[894] (Eigenständigen) Haftung des Gfters auf Rückerstattung der durch GFührer geleisteten Zahlung bedarf es daher nicht. Dies gilt umso mehr, als Strafgerichte – tendenziell – von einer gegenüber den Zivilgerichteten erweiterten Rechtsfigur des „faktischen GFührers" ausgehen (§ 82 Rn 87). Insbesondere ist danach nicht zwingend erforderlich, dass der GFührer Funktionen eines GFührers „im Außenverhältnis" wahrnimmt.[895] Unter den Voraussetzungen der §§ 30 f kann Gfter daneben auch zur Rückerstattung nach diesen Vorschriften verpflichtet sein. **177**

Schließlich haftet Gfter im Falle von Zahlungen nicht nur auf Rückerstattung derselben, sondern uU auch auf Schadensersatz nach § 826 BGB unter den Voraussetzungen des „existenzvernichtenden Eingriffs" (vgl auch Rn 176).[896] Anspruch aus § 826 BGB steht der Ges (und nicht den Gl) **178**

---

889 Vgl hierzu *Haas* WM 2003, 1929 ff.
890 *Strohn* ZInsO 2008, 706, 709.
891 *Greulich/Rau* NZG 2008, 284, 286.
892 *Haas* ZIP 2006, 1373, 1374 ff.
893 *Thole* KTS 2007, 293 ff; *Haas* ZIP 2006, 1373 ff.
894 *Haas* ZIP 2006, 1373, 1380 f.
895 Vgl Nachw bei *Haas* NZI 2006, 494, 498.
896 Vgl BGH ZIP 2007, 1552 ff. Für Entwicklung bis zur Entscheidung „Trihotel", siehe *Haas,* Reform des gesellschaftsrechtlichen Gläubigerschutzes, E 83 ff.

zu.[897] BGH begründet dies mit Bedürfnis nach Gleichauf mit anderen gesellschaftsrechtlichen Schutznormen (zB §§ 30 f)[898] sowie dem Trennungsprinzip in (§ 13 II).[899] Diese Argumente erscheinen nicht durchweg überzeugend.[900] So ist auch die GFührerhaftung wegen Verstoßes gegen unternehmerische Pflichten nach dem gesetzlichen Leitbild (zB §§ 43 II, III, 43 a 64 S 1, 3) als Innenhaftung ausgestaltet. All dies hindert den BGH aber nicht daran, die Insolvenzverschleppungshaftung nach § 823 II BGB iVm § 15 a I InsO als Außenhaftung zu konzipieren (vgl oben Rn 109 ff). Auch der Hinweis auf § 13 II ist nicht weiterführend; denn die Vorschrift verbietet in erster Linie ein Einstehenmüssen der Gfter für die Schulden der Ges, nicht aber eine Haftung derselben iS von Handlungsverantwortung für rechtswidrige Einflussnahmen.[901] All dies zeigt, dass bislang ein brauchbares Konzept zur Abgrenzung von Innen- und Außenhaftung noch nicht gefunden ist. Dies gilt umso mehr als der formal der Ges zugewiesenen Haftungsanspruch in den Fällen der Existenzvernichtungshaftung den Schaden nicht nur aus der Perspektive der Ges, sondern auch der GesGläubiger bemisst.[902]

Anmeldung und Eintragung der Auflösung

65 (1) [1]**Die Auflösung der Gesellschaft ist zur Eintragung in das Handelsregister anzumelden.** [2]**Dies gilt nicht in den Fällen der Eröffnung oder der Ablehnung der Eröffnung des Insolvenzverfahrens und der gerichtlichen Feststellung eines Mangels des Gesellschaftsvertrags.** [3]**In diesen Fällen hat das Gericht die Auflösung und ihren Grund von Amts wegen einzutragen.** [4]**Im Falle der Löschung der Gesellschaft (§ 60 Abs. 1 Nr. 7) entfällt die Eintragung der Auflösung.**

(2) [1]**Die Auflösung ist von den Liquidatoren in den Gesellschaftsblättern bekanntzumachen.** [2]**Durch die Bekanntmachung sind zugleich die Gläubiger der Gesellschaft aufzufordern, sich bei derselben zu melden.**

Übersicht

897 BGH ZIP 2007, 1552, 1555; ZIP 2008, 1232, 1233 f; *Strohn* ZInsO 2008, 706, 707.

898 BGH ZIP 2007, 1552, 1555 ff.

899 BGH ZIP 2007, 1552, 1557.

900 **AM** *Ihrig* DStR 2007, 1170, 1173; *Paefgen* DB 2007, 1907; *Altmeppen* ZIP 2008, 1201, 1204: „von selbstverständlicher Richtigkeit".

901 *Haas,* Geschäftsführerhaftung und Gläubigerschutz, 125 f; *Schmidt* ZIP 1993, 549, 552; *Roth* ZGR 1993, 170, 174; siehe auch BGH NJW 1986, 586, 587.

902 BGH ZIP 2007, 1552, 1560: „Zu dem zu ersetzenden Schadensersatz gehören auch die Kosten des vorläufigen Insolvenzverfahrens und des Insolvenzverfahrens ..."; vgl in diesem Sinne auch *Strohn* ZInsO 2008, 706, 710.

I. Allgemeines

Bedeutung u Änderungen der Vorschrift. § 65 regelt in **Abs 1** Anmeldung der Auflösung der Ges zur Eintragung in das HR u in **Abs 2** die dreimalige Bekanntmachung der Auflösung durch die Liquidatoren, mit deren letzter Sperrjahr des § 73 I beginnt. Abs 1 S 2 ist durch Art 1 Nr 25 GmbH-Novelle 1980 um die dritte Alternative (Nichteinhaltung der Verpflichtungen nach § 19 IV 1) erweitert worden. Durch Art 1 Nr 4 des Gesetzes zur Durchführung der Zwölften Richtlinie des Rates der Europäischen Gemeinschaften auf dem Gebiet des GesRechts betreffend GmbH mit einem einzigen Gfter v 18. 12. 1991[1] ist Verweisung in Abs 1 S 2 auf § 19 IV beschränkt worden. Art 48 Nr 8 EGInsO passt mit Wirkung ab 1. 1. 1999 (Art 110 I EGInsO) Abs 1 S 2 der Terminologie der InsO an u bestimmt mit S 4 des Abs 1, dass im Falle der Löschung der Ges wegen Vermögenslosigkeit die Auflösung nicht einzutragen ist. Art. 12 Nr 4 des Gesetzes über die Verwendung elektronischer Kommunikationsformen in der Justiz (JKomG) v 22. 3. 2005 hat Abs 2 Satz 1 über die Bekanntmachung geändert.[2] Schließlich hat Art 1 Nr 46 MoMiG Abs 1 Satz 2 an die Änderungen in § 19 angepasst. 1

II. Anmeldung, Abs 1

1. Gegenstand der Anmeldepflicht. Zur Eintragung in das HR ist (jede Art der) Auflösung der Ges anzumelden, soweit sie nicht bereits von Amts wegen einzutragen ist. Das gilt – von Ausnahmen (Rn 3–5) abgesehen – für alle Fälle der Auflösung (§ 60 Rn 13 ff), auch für die in § 60 Rn 72 ff erwähnten Sonderfälle der Auflösung kraft Gesetzes.[3] Beruht Auflösung aber auf Auflösungsbeschluss, der Satzungsänderung ist (§ 60 Rn 18), tritt Auflösung erst mit Eintragung ein, so dass Anmeldepflicht nicht besteht.[4] 2

[1] BGBl I, 2206.

[2] BGBl I, 837, 853.

[3] *Lutter*/Hommelhoff/*Kleindiek* Rn 1; für Art 12 § 1 I, II GmbH-Novelle 1980 Ulmer/*Paura* Rn 6, 12 ff; Scholz/*Schmidt* Rn 3.

[4] Ulmer/*Paura* Rn 4; Michalski/*Nerlich* Rn 2; Rowedder/Schmidt-Leithoff/*Rasner* Rn 2.

3 **2. Ausnahmen von der Anmeldepflicht. Anmeldepflicht besteht nicht** in folgenden Fällen, in denen Gericht von Amts wegen Auflösung u ihren Grund einzutragen hat (Abs 1 S 3): Auflösung nach § 60 I Nr 4 (§ 60 Rn 24) durch Eröffnung des Insolvenzverfahrens, nach § 60 I Nr 5 (§ 60 Rn 63 ff) durch rechtskräftige Abweisung des Antrags auf Eröffnung des Insolvenzverfahrens mangels Masse, nach § 60 I Nr 6 (§ 60 Rn 69) durch rechtskräftige Verfügung des RegGerichts, durch die bestimmte Mängel des GesVertrages festgestellt werden (§ 399 IV FamFG bzw § 144 a IV FGG; § 77 Anh Rn 31 ff).

4 Anmeldepflicht besteht ferner nicht, wenn Ges ohne Auflösung durch **Löschung wegen Vermögenslosigkeit** nach § 394 I FamFG bzw § 141 a I 1 FGG (§ 77 Anh Rn 15) sofort beendet wird. Auflösung wird nach **Abs 1 S 4** nicht eingetragen, weil es sich entgegen § 60 I Nr 7 nicht um einen Auflösungstatbestand handelt (§ 60 Rn 70); das verkennt Begründung BT-Drucks 12/3803, 90 iVm 82. War aber im Zeitpunkt der Löschung Vermögen noch vorhanden oder muss die Ges noch an sonstigen Abwicklungsmaßnahmen mitwirken, ist Löschung allerdings Auflösungstatbestand (§ 60 Rn 70), doch ist dann Ges nicht auf Antrag, sondern von Amts wegen als Liquidationsges wieder in das HR einzutragen (§ 66 Rn 38).

5 Auch ohne ausdrückliche Ausnahmevorschrift entfällt Anmeldepflicht in den Fällen, in denen für **andere Auflösungsgründe** bestimmt ist, dass sie von Amts wegen in das HR einzutragen sind,[5] so nach § 38 I 3 KWG für Auflösung nach § 38 I KWG (§ 62 Rn 3) u nach § 7 II VereinsG für Auflösung nach §§ 17, 3 VereinsG (§ 62 Rn 4). Für zusätzliche Anmeldung nach § 65 besteht hier kein Anlass. Analog § 275 IV 3 AktG ist auch Nichtigkeit der Ges auf Grund Rechtskraft des Nichtigkeitsurteils nach § 75 von Amts wegen in das HR einzutragen (str; § 75 Rn 32).

6 **Anmeldepflicht entfällt,** wenn Fortsetzung der Ges (§ 60 Rn 91 ff) wirksam beschlossen worden ist.[6] In diesem Fall besteht an Eintragung der Auflösung u öffentlicher Bekanntmachung nach Abs 2 kein Interesse mehr; sie würde – auch wenn Fortsetzung der Ges gleichzeitig eingetragen wird – zur Verwirrung des Rechtsverkehrs führen. Zur Eintragung der Fortsetzung der Ges in diesem Fall Rn 20.

7 **3. Anmeldepflichtige.** Ges regelt nicht, wer anmeldepflichtig ist. HM geht davon aus, dass Ges anmeldepflichtig ist, die durch ihre jeweiligen gesetzl Vertreter vertreten wird. Das sind – grds – nach § 78 die Liquidatoren in der zur Vertretung berechtigten Zahl;[7] denn die GFührer haben mit Auflösung Vertretungsbefugnis verloren.[8] GFührer sind aber zur Anmeldung befugt,

---

[5] Hachenburg/*Hohner* Rn 6; Ulmer/*Paura* Rn 16; Rowedder/Schmidt-Leithoff/*Rasner* Rn 7 f; Scholz/*Schmidt* Rn 25.

[6] Ulmer/*Paura* Rn 10; *Lutter*/Hommelhoff/*Kleindiek* Rn 3. **AM** Scholz/*Schmidt* Rn 5; im Falle einer Fortsetzung nach Art 12 § 1 III 1 GmbH-Novelle 1980 (§ 60 Rn 38, 62), allerdings unter Verzicht auf Verfahren nach § 65 II BayObLG DB 1987, 2139, 2140.

[7] BayObLG BB 1994, 959; BB 1994, 960, 961; OLG Oldenburg GmbHR 2005, 367, 368; LG Halle NZI 2004, 631; Roth/*Altmeppen* Rn 5; Hachenburg/*Hohner* Rn 7; *Wicke* Rn 2; Rowedder/Schmidt-Leithoff/*Rasner* Rn 2; Scholz/*Schmidt* Rn 7; Ulmer/*Paura* Rn 3.

[8] OLG Oldenburg GmbHR 2005, 367, 368; LG Halle NZI 2004, 631; BayObLG GmbHR 1994, 478, 479; 481, 482; Roth/*Altmeppen* Rn 6; *Lutter*/Hommelhoff/*Klein-*

wenn Auflösung Satzungsänderung (Regelung nach § 60 I Nr 1; Änderung der Mehrheitserfordernisse nach § 60 I Nr 2; Schaffung eines Auflösungsgrundes nach § 60 II) voraussetzt u beide Ereignisse gleichzeitig angemeldet werden sollen.[9] Häufig sind allerdings Liquidatoren mit GFührern identisch (vgl § 66 I; dazu § 66 Rn 12), wobei idR für GFührer geltende, von § 35 II 2 abw Vertretungsregelung im GesVertrag für diese geborenen Liquidatoren fortgilt (§ 68 Rn 4).

Vor oder nach Auflösung der Ges **ausgeschiedene GFührer oder Liquidatoren** sind nicht zur Anmeldung verpflichtet.[10] Sind Liquidatoren in zur Vertretung berechtigter Zahl nicht mehr vorhanden, sind fehlende auf Antrag eines Beteiligten, auch des ehemaligen GFührers,[11] entspr §§ 29, 48 I BGB vom RegGericht zu bestellen.[12] 8

4. Anmeldefrist. Anmeldefrist ist nicht bestimmt; Anmeldung muss daher unverzüglich (ohne schuldhaftes Zögern) stattfinden.[13] Damit ist kurzfristige Hinausschiebung vereinbar, die Belangen der Ges oder der Gfter dient, insbes wenn damit Übernahme des Unternehmens durch einen Gfter erleichtert werden soll oder wenn bei zweifelhafter Rechtslage Rechtsrat eingeholt werden muss.[14] 9

5. Form u Inhalt der Anmeldung. Die Anmeldung ist nach § 12 I HGB elektronisch in **öffentlich beglaubigter Form** einzureichen. Inhaltlich genügt nicht bloße Behauptung der Auflösung; vielmehr ist **Auflösungsgrund** zu benennen (einzutragen ist er aber nur in den Fällen des Abs 1 S 2, vgl Abs 1 S 3), auch sind zweckmäßigerweise die Urkunden beizufügen, aus denen sich Auflösung ergibt, es sei denn, Auflösung folgt aus Akten des RegGerichts, zB aus § 60 I Nr 1 oder aus Art 12 § 1 GmbH-Novelle 1980.[15] Denn RegGericht muss und wird auf Grund seiner Ermittlungspflicht nach § 26 FamFG bzw § 12 FGG die entspr Urkunden anfordern.[16] Ist die Ges durch Zeitablauf gem § 60 Abs 1 Nr 1 aufgelöst, reicht Hinweis auf die Satzung.[17] Anmeldung darf nicht durch Bedingungen oder Befristungen eingeschränkt werden.[18] Wird Auflösung von den Gftern unter (aufschiebender) Befristung beschlossen (§ 163 BGB), ist verfahrensrechtliche Anmeldung vor 10

diek Rn 2; Michalski/*Nerlich* Rn 9; Ulmer/*Paura* Rn 3, 4; Rowedder/Schmidt-Leithoff/*Rasner* Rn 2; Scholz/*Schmidt* Rn 7.

9 BayObLG GmbHR 1994, 478, 479; Ulmer/*Paura* Rn 4; Hachenburg/*Hohner* Rn 2; Michalski/*Nerlich* Rn 9; Roth/*Altmeppen* Rn 6; Rowedder/Schmidt-Leithoff/*Rasner* Rn 2; Scholz/*Schmidt* Rn 7; *Wicke* Rn 2.

10 KGJ 45 A, 178, 180; Scholz/*Schmidt* Rn 7.

11 Ulmer/*Paura* Rn 5; Scholz/*Schmidt* Rn 7.

12 Hachenburg/*Hohner* Rn 4; Ulmer/*Paura* Rn 5; *Lutter*/Hommelhoff/*Kleindiek* Rn 2; Michalski/*Nerlich* Rn 11; Roth/*Altmeppen* Rn 5; Rowedder/Schmidt-Leithoff/*Rasner* Rn 2; ebenso, aber für Anmeldepflicht des durch Auflösung ausgeschiedenen GFührers in einem Ausnahmefall Scholz/*Schmidt* Rn 7. – Vgl § 66 Rn 32.

13 Ulmer/*Paura* Rn 7.

14 RGZ 145, 99, 103 f; Roth/*Altmeppen* Rn 9; Ulmer/*Paura* Rn 7; Michalski/*Nerlich* Rn 16; Rowedder/Schmidt-Leithoff/*Rasner* Rn 2; Scholz/*Schmidt* Rn 7; *Lutter*/Hommelhoff/*Kleindiek* Rn 3.

15 Hachenburg/*Hohner* Rn 13; Scholz/*Schmidt* Rn 9.

16 Ulmer/*Paura* Rn 24; Michalski/*Nerlich* Rn 13; Scholz/*Schmidt* Rn 9.

17 Michalski/*Nerlich* Rn 13.

18 OLG Hamm Rpfleger 2007, 327, 328.

diesem Zeitpunkt zulässig. Eintragung kann sofort erfolgen, nicht erst mit Wirksamwerden der Beschlussfassung.[19]

11 Neben der Auflösung sind bei noch nicht wirksamer Auflösung zweckmäßigerweise, bei bereits wirksamer Auflösung notwendigerweise auch **die ersten Liquidatoren** nach § 67 u ggf der Wegfall der Vertretungsmacht der bisherigen GFührer zur Eintragung anzumelden (§ 67 Rn 4).[20]

12 Anmeldung ist an RegGericht des Sitzes der Ges zu richten,[21] auch im Falle einer Ges mit Zweigniederlassung ist Eintragung nur noch am Gericht der Hauptniederlassung vorzunehmen.[22]

13 **6. Erzwingung der Anmeldung.** RegGericht erzwingt Anmeldung der Auflösung von den dazu verpflichteten Personen nach § 14 HGB durch Festsetzung von Zwangsgeld.[23] Das gilt aber nicht, soweit Eintragung wegen der dafür vorausgesetzten Satzungsänderung (Rn 15) konstitutive Wirkung hat, vgl §§ 79 II, 54.[24]

III. Eintragung

14 **1. Inhalt der Eintragung.** Eintragung der Auflösung ist in Spalte 6 des HR vorzunehmen (§ 43 Nr 6 k HRV). Sie kann Auflösungsgrund bezeichnen, ohne dass dies vorgeschrieben ist.[25] In den Fällen der Auflösung nach § 60 I Nr 4, 5, 6 ist auch Auflösungsgrund einzutragen (Abs 1 S 3). Die Eintragung lautet: „Die Ges ist aufgelöst" oder wenn der Grund mit angegeben wird, „Die Ges ist durch GesBeschluss usw aufgelöst".

15 **2. Wirkung der Eintragung.** Eintragung wirkt grds nicht konstitutiv, sondern nur **deklaratorisch.**[26] Nur soweit Auflösung von gleichzeitig vorgenommener Satzungsänderung abhängt, tritt Auflösungswirkung nach § 54 III erst mit Eintragung der Satzungsänderung ein.[27] Im Übrigen gilt für Eintragung der Auflösung als einer eintragungspflichtigen Tatsache § 15 HGB, doch sind die Rechtsfolgen der Auflösung für Dritte in aller Regel (§ 60 Rn 11) ohne Belang, da die Auflösung die vorher werbende Ges als AbwicklungsGes fortbestehen und handlungsfähig bleiben lässt[28] Sie bleibt Formkaufmann nach § 6 HGB und behält Parteifähigkeit (§ 50 I ZPO).[29] Für

---

[19] OLG Hamm Rpfleger 2007, 327, 328.

[20] OLG Oldenburg GmbHR 2005, 367, 368; Ulmer/*Paura* Rn 26.

[21] Hachenburg/*Hohner* Rn 12; Ulmer/*Paura* Rn 23; Michalski/*Nerlich* Rn 12; Scholz/*Schmidt* Rn 8.

[22] Ulmer/*Paura* Rn 23.

[23] *Ebert* NZG 2002, 940; Hachenburg/*Hohner* Rn 17; Roth/*Altmeppen* Rn 8; Scholz/*Schmidt* Rn 11; Heybrock/*Stadie* Rn 11.

[24] Hachenburg/*Hohner* Rn 18; Michalski/*Nerlich* Rn 17; Scholz/*Schmidt* Rn 11.

[25] Hachenburg/*Hohner* Rn 20 iVm 14; Scholz/*Schmidt* Rn 4, 9.

[26] BFH DStRE 2007, 1076, 1079; OLG Oldenburg GmbHR 2005, 367 f; Roth/*Altmeppen* Rn 2, 11; Hachenburg/*Hohner* Rn 23; Michalski/*Nerlich* Rn 21; Scholz/*Schmidt* Rn 1; *Wicke* Rn 3.

[27] Roth/*Altmeppen* Rn 13; Hachenburg/*Hohner* Rn 23; Scholz/*Schmidt* Rn 1.

[28] *Ebert* NZG 2002, 940; Roth/*Altmeppen* Rn 12; Hachenburg/*Ulmer* § 60 Rn 94; Hachenburg/*Hohner* Rn 24; *Scholz* ZHR 93 (1929), 73, 144. **AM** Scholz/*Schmidt* Rn 2, 5.

[29] Roth/*Altmeppen* Rn 14.

Eintragung des Auflösungsgrundes Eröffnung des Insolvenzverfahrens gilt § 15 HGB nach § 32 II 2 HGB nicht.

3. Bekanntmachung der Eintragung nach § 10 HGB. Eintragung der Auflösung der Ges ist nach § 10 HGB bekanntzumachen. Letzteres ist den von den jeweiligen Landesjustizverwaltungen bestimmten elektronischen Informations- und Kommunikationssystem vorgesehen. Die Bekanntmachung aller Bundesländer erfolgt seit dem 1. 1. 2007 über das Interneportal www.handelsregisterbekanntmachungen.de. Bekanntmachung durch RegGericht nach § 10 HGB ist von der von den Liquidatoren nach Abs 2 zu bewirkenden (Rn 17 ff) zu unterscheiden. 16

IV. Bekanntmachung, Abs 2

1. Grundsatz. Nach Abs 2 haben die Liquidatoren Auflösung der Ges bekanntzumachen, u zwar in den Gesellschaftsblättern (§ 12); Nach § 12 S 1 ist elektronischen BAnz immer Gesellschaftsblatt. Gesetz zur Umsetzung der Aktionärsrichtlinie (ARUG)[30] hat Abs 2 dahingehend modifiziert, dass dreimalige Bekanntmachung nicht mehr notwendig ist. Hintergrund dafür ist, dass in einem elektronischen Medium wie dem elektronischen Bundesanzeiger eine dreimalige Bekanntmachung, die bislang typischerweise an drei aufeinanderfolgenden Tagen erfolgte,[31] nicht mehr erforderlich ist. Sind weitere Gesellschaftsblätter vorgesehen, muss die Bekanntmachung in jedem Blatt veröffentlicht werden.[32] Diese Bekanntmachung ist von der des RegGerichts nach §§ 10, 11 HGB (Rn 16) zu unterscheiden. – Bekanntmachung nicht erforderlich, wenn nach Löschung der GmbH nach § 394 FamFG bzw § 141 a I 1 FGG (§ 77 Anh Rn 5 ff) nur noch rechtsgeschäftliche Erklärungen für die Ges abzugeben oder sonstige Abwicklungsmaßnahmen vorzunehmen sind (§ 66 Rn 37), ohne dass sich Vorhandensein von verteilungsbedürftigem Vermögen herausgestellt hat.[33] Keiner Bekanntmachung bedarf es außerdem, wenn Ges durch die Eröffnung des Insolvenzverfahrens aufgelöst wurde, denn dann wird Ges nicht nach dem GmbHG liquidiert, sondern nach den Regeln des Insolvenzrechts.[34] – Eine individuelle Aufforderung an die der GmbH bekannten Gläubiger ist nicht vorgeschrieben.[35] 17

2. Inhalt der Bekanntmachung. Sie enthält Bezeichnung (Firma u Ort) der Ges sowie Mitteilung der Auflösung; Auflösungsgrund braucht nicht angegeben zu werden. Sie ist zwingend mit Aufforderung an die Gläubiger zu verbinden, sich bei der Ges zu melden, sog **Gläubigeraufruf** (Abs 2 S 2).[36] 18

---

[30] Vgl BT-Drucks 16/11642, S 50.

[31] Michalski/*Nerlich* Rn 27; Ulmer/*Paura* Rn 42.

[32] Fristen zwischen den einzelnen Bekanntmachungen waren nicht vorgesehen, vgl Ulmer/*Paura* Rn 44; Scholz/*Schmidt* Rn 15; *Passarge/Torwegge* Rn 178.

[33] Ulmer/*Paura* Rn 37. Zu § 2 I LöschG OLG Hamm GmbHR 1987, 470, 471; Hachenburg/*Hohner* Rn 26; Rowedder/Schmidt-Leithoff/*Rasner* Rn 10. – Weitergehend (generell keine Bekanntmachung bei praktischer Vermögenslosigkeit) Roth/*Altmeppen* Rn 40; *Lutter*/Hommelhoff/*Kleindiek* Rn 9 aE.

[34] Ulmer/*Paura* Rn 36; Michalski/*Nerlich* Rn 23; Roth/*Altmeppen* Rn 40.

[35] Roth/*Altmeppen* Rn 41; Scholz/*Schmidt* Rn 12; *Passarge/Torwegge* Rn 177.

[36] Ulmer/*Paura* Rn 38; *Passarge/Torwegge* Rn 177.

19 **3. Frist der Bekanntmachung.** Frist für Bekanntmachung ist nicht vorgesehen. Allerdings beginnt nach § 73 I erst mit der letzten der drei erforderlichen Bekanntmachungen das Sperrjahr, vor dessen Ablauf das Vermögen der Ges unter die Gfter nicht verteilt werden darf (§ 73 Rn 5 u § 74 Rn 2).[37] Bekanntmachung wird nicht nach § 14 HGB durch Ordnungsstrafen erzwungen.[38] Bei Verzögerung der Bekanntmachung können sich Liquidatoren gegenüber der Ges nach §§ 71 IV, 43 I, II ersatzpflichtig machen,[39] doch wird es idR an einem Schaden der Ges fehlen.[40] Schütten Liquidatoren – zB wegen Verzögerung der Bekanntmachung – GesVermögen vor Ablauf des Sperrjahres an Gfter aus, entsteht insoweit Ersatzanspruch der Ges.[41]

V. Verfahren bei Fortsetzung der Gesellschaft

20 **1. Anmeldung.** Wird Ges nach ihrer Auflösung zulässigerweise durch Beschluss der Gfter fortgesetzt (§ 60 Rn 91 ff), ist diese Tatsache zur Eintragung in das HR anzumelden.[42] Anmeldung kann nach § 14 HGB erzwungen werden, es sei denn, Fortsetzung setzt nach § 54 III Eintragung einer Satzungsänderung voraus (§ 79 II). – Anmeldung u Eintragung der Fortsetzung sind nicht erforderlich, wenn Auflösung der Ges nicht eingetragen war u sich Auflösung auch nicht aus anderen aus HR ersichtlichen Umständen (zB Zeitablauf, § 60 I Nr 1; Eröffnung des Insolvenzverfahrens, § 60 I Nr 4) ergibt.[43] Bedürfnis nach Anmeldung u Eintragung besteht auch nicht wegen § 15 I HGB; denn Auflösung hat Rechtsstellung Dritter nicht verändert (Rn 15).

21 **2. Wirkung der Eintragung.** Die Eintragung wirkt – von Sonderregelung des Art 12 § 1 III 2 GmbH-Novelle 1980 (§ 60 Rn 77) abgesehen – nur deklaratorisch; sie ist nicht Wirksamkeitserfordernis des Fortsetzungsbeschlusses.

22 **3. Bekanntmachung.** Eintragung der Fortsetzung ist vom RegGericht nach den §§ 10, 11 HGB bekanntzumachen. Eine dem Abs 2 entspr Bekanntmachung durch Liquidatoren oder GFührer ist nicht vorgesehen.

VI. Anmeldung und Eintragung des Erlöschens der Gesellschaft

23 Nach Beendigung der Liquidation u Legung der Schlussrechnung (§ 71 Rn 29) haben die Liquidatoren nach § 74 I 1 den Schluss der Liquidation zur Eintragung in das HR anzumelden (§ 74 Rn 4). Mit Löschung der Ges nach § 74 I 2 wird sie **beendigt** (§ 60 Rn 3, 6, 7; § 74 Rn 16).

---

[37] Ulmer/*Paura* Rn 43.

[38] Ulmer/*Paura* Rn 46; *Lutter/Hommelhoff* Rn 9; Scholz/*Schmidt* Rn 16.

[39] Michalski/*Nerlich* Rn 30; Rowedder/Schmidt-Leithoff/*Rasner* Rn 11; Scholz/*Schmidt* Rn 16.

[40] Ulmer/*Paura* Rn 46.

[41] § 73 Rn 12 ff; KG RJA 17, 100, 101; BayObLG WM 1982, 1288, 1290.

[42] Roth/*Altmeppen* Rn 10; Ulmer/*Paura* Rn 9; Michalski/*Nerlich* Rn 31; Scholz/*Schmidt* Rn 5; Rowedder/Schmidt-Leithoff/*Rasner* Rn 12.

[43] Rowedder/Schmidt-Leithoff/*Rasner* Rn 12; *Hoffmann* GmbHR 1975, 217, 227; *Scholz* ZHR 93 (1929), 73, 89, 152; Ulmer/*Paura* Rn 10 f; Heybrock/*Stadie* Rn 12. **AM** Scholz/*Schmidt* Rn 5.

Liquidatoren

66 (1) **In den Fällen der Auflösung außer dem Fall des Insolvenzverfahrens erfolgt die Liquidation durch die Geschäftsführer, wenn nicht dieselbe durch den Gesellschaftsvertrag oder durch Beschluß der Gesellschafter anderen Personen übertragen wird.**

(2) **Auf Antrag von Gesellschaftern, deren Geschäftsanteile zusammen mindestens dem zehnten Teil des Stammkapitals entsprechen, kann aus wichtigen Gründen die Bestellung von Liquidatoren durch das Gericht erfolgen.**

(3) [1] **Die Abberufung von Liquidatoren kann durch das Gericht unter derselben Voraussetzung wie die Bestellung stattfinden.** [2] **Liquidatoren, welche nicht vom Gericht ernannt sind, können auch durch Beschluß der Gesellschafter vor Ablauf des Zeitraums, für welchen sie bestellt sind, abberufen werden.**

(4) **Für die Auswahl der Liquidatoren findet § 6 Abs. 2 Satz 2 und 3 entsprechende Anwendung.**

(5) [1] **Ist die Gesellschaft durch Löschung wegen Vermögenslosigkeit aufgelöst, so findet eine Liquidation nur statt, wenn sich nach der Löschung herausstellt, daß Vermögen vorhanden ist, das der Verteilung unterliegt.** [2] **Die Liquidatoren sind auf Antrag eines Beteiligten durch das Gericht zu ernennen.**

Übersicht

I. Allgemeines

1 **1. Bedeutung u Änderungen der Vorschrift.** § 66 bestimmt, durch welche Personen Ges abzuwickeln ist. Abs 4 ist durch Art 1 Nr 26 GmbH-Novelle 1980 angefügt und durch das MoMiG geändert worden; die darin enthaltene Verweisung ist durch Art 7 § 33 Nr 2 BtG der Änderung des § 6 II durch Art 7 § 33 Nr 1 BtG angepasst worden. Art 48 Nr 9 EGInsO hat mit Wirkung ab 1. 1. 1999 (Art 110 I EGInsO) Abs 1 der Terminologie der InsO angepasst u als Abs 5 eine Regelung über die Nachtragsliquidation angefügt, die § 2 III LöschG entspricht.[1] Mit Wirkung vom 1. 9. 2009 wird Abs 2 ist durch das FGG-RG angepasst.

2 **2. Abwicklungsverfahren.** Aufgelöste Ges ist im Wege der Liquidation abzuwickeln. Bis Beendigung der Liquidation besteht sie fort (§ 60 Rn 9 ff). Liquidation nach den §§ 66 ff ist im Interesse der Gläubigerbefriedigung zwingend vorgeschrieben. Bei Auflösung durch Eröffnung des Insolvenzverfahrens (§ 60 I Nr 4) wird diese Liquidation durch Abwicklung nach der InsO ersetzt. Bei etwa vorhandenem Restvermögen findet nach Aufhebung des Insolvenzverfahrens nicht Abwicklung nach den §§ 66 ff statt; vielmehr hat Insolvenzverwalter Abwicklung über Gläubigerbefriedigung hinaus zu Ende zu führen (§ 199 S 2 InsO; § 60 Rn 24; Anh § 77 Rn 12). Bei Auflösung nach § 60 I Nr 5 gelten §§ 66 ff uneingeschränkt (§ 60 Rn 67). Bei Auf-

[1] *K. Schmidt* GmbHR 1994, 829, 832.

lösung eines Kreditinstituts oder Finanzdienstleistungsinstituts durch Entscheidung der Bundesanstalt für Finanzdienstleistungsaufsicht (BaFin) nach § 38 I 1, 2 KWG (§ 62 Rn 3) kann Behörde für Abwicklung allg Weisungen erlassen (§ 38 II 1 KWG). Wird Ges nach § 17 Nr 1 iVm § 3 VereinsG verboten (§ 62 Rn 4), richtet sich Abwicklung nach § 13 VereinsG. Für **Nachtragsliquidation** gelten teilw besondere Regeln (§ 60 Rn 104 ff), ferner für Liquidation nach § 66 V (Rn 39 f).

3. Für **Abwicklung der Vor-GmbH** (zu dieser § 11 Rn 6 ff) gelten §§ 66 ff entspr, soweit sie Eintragung im HR nicht voraussetzen.[2] Die Gegenmeinung,[3] die statt dessen §§ 730 ff BGB für anwendbar hält, ist durch Anerkennung der Vor-GmbH als körperschaftlich strukturiertes Gebilde[4] überholt (§ 11 Rn 28 mwN). Zur Anwendbarkeit des Abs 2 Rn 38. 3

II. Liquidatoren

1. Aufgabe der Liquidatoren. Die Liquidatoren haben Abwicklung der Ges nach Maßgabe des § 70 zu betreiben. Sie führen die Geschäfte der LiquidationsGes u vertreten sie nach außen. Einzelheiten Erl zu § 70. 4

2. Fähigkeit, Liquidator zu sein, Abs 4. Liquidatoren können sein: 5

a) jede unbeschränkt geschäftsfähige natürliche Person,[5] ohne Rücksicht darauf, ob sie Gfter ist oder nicht.[6] Ausgeschlossen sind kraft Verweisung in Abs 4 auf § 6 II 2 Nr 1 Betreute iSd §§ 1896 ff BGB, die bei der Besorgung ihrer Vermögensangelegenheiten ganz oder teilweise einem Einwilligungsvorbehalt nach § 1903 BGB unterliegen (§ 6 Rn 9).[7] Nach Abs 4 sind weiterhin ab Rechtskraft der Entscheidung solche Personen ausgeschlossen, die wegen einer der in § 6 II 2 Nr 3 (oder § 6 II 3) bezeichneten Straftat verurteilt worden sind (§ 6 Rn 13). Ferner können diejenigen nicht Liquidatoren sein, denen durch gerichtliches Urteil oder durch vollziehbare Entscheidung einer Verwaltungsbehörde Ausübung eines Berufs, Berufszweiges, Gewerbes oder Gewerbezweiges untersagt worden ist, sofern sich Gegenstand des Unternehmens der Ges ganz oder teilweise mit Gegenstand des Verbots deckt (§ 6 II 2 Nr 2; § 6 Rn 12). Nach § 70 a StGB zur Bewährung ausgesetztes Berufsverbot steht Bestellung zum Liquidator nicht entgegen.[8] Liquidatoren haben bei Anmeldung zu versichern, dass die in § 6 II 2, 3 genannten Umstände nicht vorliegen (§ 67 III, dazu § 67 Rn 10–12). Bei vom Gericht bestellten Liquidatoren wird Versicherung

---

[2] BAG NJW 1963, 680, 681; BGH GmbHR 2008, 654, 655; Ulmer/*Paura* Rn 6; *Passarge/Torwegge* Rn 84; Hachenburg/*Ulmer* § 11 Rn 42; *Lutter*/Hommelhoff/*Bayer* § 11 Rn 5; *Lutter*/Hommelhoff/*Kleindiek* Rn 1, 5; Michalski/*Nerlich* Rn 6; Rowedder/*Schmidt-Leithoff* § 11 Rn 69; Roth/*Altmeppen* Rn 42; Scholz/*Schmidt* Rn 1, 11; oben § 11 Rn 56.

[3] Vor allem BGHZ 51, 27, 34; 86, 122, 127; OLG Dresden GmbHR 1998, 1182; *Meyer-Landrut* Rn 11.

[4] BGHZ 80, 129, 132; dazu § 11 Rn 6 ff.

[5] Zum Erfordernis unbeschränkter Geschäftsfähigkeit u einer entsprechenden Vermutung bis zur Feststellung des Gegenteils: OLG Köln GmbHR 2003, 361; Hachenburg/*Hohner* Rn 5; Scholz/*Schmidt* Rn 3.

[6] § 6 III 1 analog; Ulmer/*Paura* Rn 7; Scholz/*Schmidt* Rn 3; Rowedder/Schmidt-Leithoff/*Rasner* Rn 8.

[7] OLG München ZIP 2009, 1320, 1321.

[8] Rowedder/Schmidt-Leithoff/*Schaal* § 82 Rn 74; Michalski/*Nerlich* Rn 12; Scholz/*Tiedemann* § 82 Rn 123; für GFührer Hachenburg/*Ulmer* § 6 Rn 13.

von Amts wegen und vor Ernennung eingeholt (§ 67 Rn 15). Liegt Bestellungshindernis vor, ist Bestellung zum Liquidator gemäß § 134 BGB unwirksam;[9] tritt während Amtszeit solcher Grund ein, endet das Amt ohne weiteres.[10] Ein Anwaltsnotar benötigt Genehmigung nach § 8 III Nr 1 BNotO, da diese Nebentätigkeit nicht zwangsläufig an die Anwaltstätigkeit gekoppelt ist.[11]

6 **b) Juristische Personen,** da Verweisung in Abs 4 sich nicht auf § 6 II 1 erstreckt.[12] Hierfür kommen vor allem TreuhandGes in Betracht. Behörde kann zwar nicht Liquidator sein, wohl aber juristische Person des öffentlichen Rechts.[13]

7 **c) PersonenhandelsGes,** die nach § 124 HGB als Einheit nach außen auftreten können.[14] Die vom BGH[15] als rechtsfähig anerkannte, jedoch in keinem Register dokumentierte Gesellschaft bürgerlichen Rechts scheidet als Liquidatorin aus, da ansonsten die notwendige Publizität der Vertretungsverhältnisse nicht mehr gewährleistet wäre.[16]

8 **3. Zahl der Liquidatoren. a) Gesetzliche Regelungen.** Gesetzlich ist Mindestzahl von Liquidatoren nicht vorgeschrieben. Für die der Mitbestimmung nach MitbestG unterliegenden Ges sind allerdings mindestens zwei Liquidatoren erforderlich, weil auch im Abwicklungsstadium ein Arbeitsdirektor (§§ 33 MitbestG; 13 MontanMitbestG) vorhanden sein muss; denn Auflösung der Ges beseitigt Mitbestimmung nicht;[17] zur Bestellungskompetenz Rn 15. Bei Auflösung eines Kredit- oder Finanzdienstleistungsinstituts (Rn 2) kann Bafin unter den Voraussetzungen des § 33 I Nr 5 KWG auf Bestellung von mindestens zwei Liquidatoren hinwirken (vgl auch Rn 35).

9 **b) Regelung im GesVertrag.** GesVertrag kann Zahl der Liquidatoren festsetzen, soweit es sich um die nach Abs 1 bestellten Liquidatoren handelt. Bestimmt er nur Zahl der GFührer, ergibt sich daraus nicht ohne weiteres, dass dieselbe Zahl auch für die Liquidatoren gilt.[18] Im Zweifel dürfte die im Gesvertrag angegebene Mindestzahl von GFührern aber auch für die Liquidatoren gelten und zwar unabhängig davon, ob es sich hierbei u „gekorene" oder „geborene" Liquidtoren handelt.[19] Bei gerichtlicher Bestellung von Liquidatoren (Rn 18 ff) bestimmt Gericht ihre Zahl.[20]

---

9 BayObLG NJW-RR 1990, 52, 53; Ulmer/*Paura* Rn 11; Michalski/*Nerlich* Rn 13; *Passarge/Torwegge* Rn 98.

10 BayObLG BB 1987, 1625, 1626; Hessischer VGH GmbHR 1991, 426 (LS); *Passarge/Torwegge* Rn 98.

11 KG DNotZ 1999, 523 ff; Ulmer/*Paura* Rn 10.

12 Ulmer/*Paura* Rn 12; Hachenburg/*Hohner* Rn 6; Michalski/*Nerlich* Rn 17; Scholz/*Schmidt* Rn 3 a; Rowedder/Schmidt-Leithoff/*Rasner* Rn 8; Roth/*Altmeppen* Rn 10.

13 Hachenburg/*Hohner* Rn 6; Scholz/*Schmidt* Rn 3 a; Rowedder/Schmidt-Leithoff/*Rasner* Rn 8.

14 Ulmer/*Paura* Rn 13; Hachenburg/*Hohner* Rn 6; *Lutter*/Hommelhoff/*Kleindiek* Rn 1; Michalski/*Nerlich* Rn 18; Scholz/Schmidt Rn 3 a. **AM** für Liquidation der AG wegen Wortlaut des § 265 II 3 KölnerKomm/*Kraft* § 265 Rn 9.

15 BGHZ 146, 341.

16 Zutr Scholz/*Schmidt* Rn 3 a.

17 Ulmer/*Paura* Rn 15; *Hanau/Ulmer* § 1 MitbestG Rn 9, § 6 MitbestG Rn 42.

18 Auslegungsfrage, mit unterschiedlicher Akzentsetzung: Hachenburg/*Hohner* Rn 7; Rowedder/Schmidt-Leithoff/*Rasner* Rn 19; Scholz/*Schmidt* Rn 2.

19 Ulmer/*Paura* Rn 14.

20 Michalski/*Nerlich* Rn 19; Ulmer/*Paura* Rn 14; Rowedder/Schmidt-Leithoff/*Rasner* Rn 19; Scholz/*Schmidt* Rn 2 a; einschr Hachenburg/*Hohner* Rn 7.

c) Stellvertretende Liquidatoren können nach §§ 69 I, 44 bestellt werden (§ 69 Rn 17 aE). 10

III. Bestimmung der Liquidatoren durch die Ges, Abs 1

1. Im **Regelfall** werden die Liquidatoren nach Abs 1 durch Ges bestimmt, u zwar: 11

a) Die im Amt befindlichen GFührer. Alle zZ der Auflösung im Amt befindlichen GFührer sind in erster Linie ohne weiteren Bestellungsakt (oder Amtsannahme) die Liquidatoren der Ges – **geborene Liquidatoren** – (Amtskontinuität).[21] Zur Vertretungsbefugnis dieser Liquidatoren § 68 Rn 4. Aus Anstellungsvertrag ergibt sich idR Verpflichtung der GFührer, auch Abwicklung zu betreiben, da die Liquidatorentätigkeit eine Fortsetzung der Geschäftsführeraufgaben mit einem veränderten Zweck darstellt.[22] Allerdings kann im Einzelfall für GFührer wichtiger Grund zur Kündigung des Anstellungsvertrages bestehen, etwa wenn Übernahme des Liquidationsamtes für GFührer in reiner Managementfunktion unzumutbar ist.[23] Hat GfterVers andere Person als Liquidator bestellt (Rn 14) u legt diese ihr Amt wirksam nieder (Rn 29 ff), lebt Amt des geborenen Liquidators nicht auf.[24] Arbeitsdirektor nach Mitbestimmungsgesetzen wird wie jeder andere GFührer zum geborenen Liquidator, wenn nichts anderes bestimmt ist.[25] Das Amt der geborenen Liquidatoren beginnt mit Auflösung der Ges und endet mit der Löschung der Ges im HR.[26] Ist Ges führungslos iS des § 35 I 2 wird sie durch AR oder die Gfter vertreten. 12

b) Regelung im GesVertrag. Statt dessen oder zusätzlich kann **GesVertrag** andere Personen als Liquidatoren vorsehen – **gekorene Liquidatoren.** Diese Bestimmung muss eindeutig bzw bestimmt sein.[27] In Satzung können auch Ersatzliquidatoren bestimmt werden für den Fall, dass zunächst vereinbarter Liquidator nicht zur Verfügung steht. Unzulässig, Benennung anderem GesOrgan (mit Ausnahme der GfterVers), einem Gfter oder Drittem zu übertragen.[28] Wird der Inhaber eines Amtes benannt, so ist derjenige bestellt, der das 13

---

[21] BGH ZInsO 2009, 105 = ZIP 2009, 34; BFH GmbHR 2001, 839; BFH DStRE 2001, 1373; OLG Kalsruhe ZIP 2008, 505; OLG Zweibrücken ZIP 2003, 1954; Hachenburg/*Hohner* Rn 8; Scholz/*Schmidt* Rn 4, 5; Ulmer/*Paura* Rn 16; *Lutter*/Hommelhoff/*Kleindiek,* Rn 2; Michalski/*Nerlich* Rn 9, 21; Roth/*Altmeppen* Rn 13; Rowedder/Schmidt-Leithoff/*Rasner* Rn 3.

[22] Roth/*Altmeppen* Rn 8; *Passarge/Torwegge* Rn 104; *Wicke* Rn 2; Ulmer/*Paura* Rn 30, 73: mit Einschränkungen dort, wo Aufgaben sehr stark von einander abweichen; *Lutter*/Hommelhoff/*Kleindiek* Rn 2; Michalski/*Nerlich* Rn 25; Rowedder/Schmidt-Leithoff/*Rasner* Rn 4; Scholz/*Schmidt* Rn 5, 6; einschr Hachenburg/*Hohner* Rn 55.

[23] Hachenburg/*Hohner* Rn 55; Rowedder/Schmidt-Leithoff/*Rasner* Rn 21; *Passarge/Torwegge* Rn 126.

[24] LG Frankenthal GmbHR 1996, 131; *Lutter*/Hommelhoff/*Kleindiek* Rn 4; Michalski/*Nerlich* Rn 24; Roth/*Altmeppen* Rn 22; Scholz/*Schmidt* Rn 31. **AM** Hachenburg/*Hohner* Rn 11.

[25] Michalski/*Nerlich* Rn 23; Rowedder/Schmidt-Leithoff/*Rasner* Rn 4; *Passarge/Torwegge* Rn 103.

[26] OLG Saarbrücken GmbHR 2001, 580; BFH GmbHR 2001, 839.

[27] Hachenburg/*Hohner* Rn 13; Ulmer/*Paura* Rn 20; Michaski/*Nerlich* Rn 26; *Passarge/Torwegge* Rn 106; Rowedder/Schmidt-Leithoff/*Rasner* Rn 9; Scholz/*Schmidt* Rn 7.

[28] RGZ 145, 99, 104; Roth/*Altmeppen* Rn 20; Hachenburg/*Hohner* Rn 15; *Passarge/Torwegge* Rn 106; *Wicke* Rn 3; Michalski/*Nerlich* Rn 26; Rowedder/Schmidt-Leithoff/

Amt im Zeitpunkt der Auflösung innehat.[29] Der Dritte ist selbstverständlich nicht verpflichtet, das Amt anzunehmen.[30] Bestimmung durch GesVertrag kann Benanntem ein nur aus wichtigem Grund entziehbares Sonderrecht gewähren.[31]

14 **c)** Schließlich können Liquidatoren durch **Beschluss der Gesellschafterversammlung** bestimmt werden. Beschluss ergeht mit einfacher Mehrheit, es sei denn GesVertrag verlangt für die Wahl des GFührers eine höhere Mehrheit, dann gilt diese hier.[32] Liquidator muss eindeutig bezeichnet sein; bei unklarer Benennung ist Beschluss unwirksam u GFührer wickeln als geborene Liquidatoren ab.[33] Beschluss – wie Abs 3 S 2 (Rn 24) zeigt – auch zulässig, wenn GesVertrag Bestimmung nach Rn 13 getroffen hat.[34] Ist dem Liquidator im GesVertrag aber Sonderrecht eingeräumt worden (Rn 13), ist abw Gfter-Beschluss nur wirksam, wenn wichtiger Grund für Entziehung des Sonderrechts vorliegt.[35] Ferner ist GfterBeschluss an Qualifikationsmerkmale gebunden, welche GesVertrag für Liquidatoren vorschreibt;[36] Abweichung hiervon setzt Änderung des GesVertrages voraus.[37] Bestellung wird idR nicht schon durch Gfterbeschluss, sondern erst dann wirksam, wenn Bestellungserklärung gegenüber bestellten abgegeben (und von diesem angenommen) wird.[38] Eine Ausnahme gilt allenfalls dann, wenn Bestellter beim Gesellschafterbeschluss bereits zugegen und dem Beschluss nicht widerspricht.[39]

15 **2.** Für **mitbestimmte GmbH** gilt Abs 1 ebenfalls. Bestellungskompetenz des AR nach § 12 MontanMitbestG u nach § 31 MitbestG entfällt.[40] In § 265 VI AktG für Abwicklung vorbehaltene Zuständigkeit des AR nach Montan-MitbestG zur Bestellung u Abberufung des Arbeitsdirektors gilt für GmbH nicht.[41] Allerdings muss zu den Liquidatoren auch ein Arbeitsdirektor gehören (str, Rn 8).

16 **3. Ausnahmen.** Bei **Nachtragsliquidation** (§ 60 Rn 104 ff) u **Abwicklung nach Abs 5** gilt Abs 1 nicht. Hier werden Liquidatoren durch Gericht bestellt (§ 60 Rn 106; § 66 Rn 39).

Rasner Rn 9. **AM** Ulmer/*Paura* Rn 23; Scholz/*Schmidt* Rn 10: unter Verweis auf §§ 69, 46 Nr 5.

[29] *Hofmann* GmbHR 1976, 229; Ulmer/*Paura* Rn 20 f; Michalski/*Nerlich* Rn 26; Rowedder/Schmidt-Leithoff/*Rasner* Rn 9.

[30] Rowedder/Schmidt-Leithoff/*Rasner* Rn 9; Ulmer/*Paura* Rn 30.

[31] Hachenburg/*Hohner* Rn 14; Roth/*Altmeppen* Rn 20. Vgl Rn 14.

[32] OLG München NZG 1999, 834 f; Ulmer/*Paura* Rn 27; *Lutter*/Hommelhoff/*Kleindiek* Rn 4; Scholz/*Schmidt* Rn 9.

[33] Michalski/*Nerlich* Rn 28; Rowedder/Schmidt-Leithoff/*Rasner* Rn 7; *Passarge/Torwegge* Rn 107.

[34] Hachenburg/*Hohner* Rn 17, 20; Michalski/*Nerlich* Rn 29; Rowedder/Schmidt-Leithoff/*Rasner* Rn 5; Scholz/*Schmidt* Rn 8.

[35] Hachenburg/*Hohner* Rn 14; *Lutter*/Hommelhoff/*Kleindiek* Rn 4; Rowedder/Schmidt-Leithoff/*Rasner* Rn 5; Scholz/*Schmidt* Rn 8.

[36] Scholz/*Schmidt* Rn 8; *Passarge/Torwegge* Rn 107.

[37] Roth/*Altmeppen* Rn 26.

[38] BGHZ 52, 316, 321; Michalski/*Nerlich* Rn 28; *Passarge/Torwegge* Rn 109.

[39] BGHZ 52, 316, 321; Ulmer/*Paura* Rn 29.

[40] *Hanau/Ulmer* § 6 MitbestG Rn 42; Michalski/*Nerlich* Rn 8; Roth/*Altmeppen* Rn 25; Rowedder/Schmidt-Leithoff/*Rasner* Rn 4; Scholz/*Schmidt* Rn 32.

[41] Roth/*Altmeppen* Rn 25; Hachenburg/*Hohner* Rn 15; zweifelnd Scholz/*Schmidt* Rn 32. **AM** (solange noch Arbeitnehmerinteressen von wesentlicher Bedeutung sind) Rowedder/Schmidt-Leithoff/*Rasner* Rn 25.

4. Für **Abschluss des Anstellungsvertrages** mit den durch GesVertrag (Rn 13) oder durch GfterBeschluss (Rn 14) bestellten Liquidatoren ist GfterVers zuständig (§§ 69 I, 46 Nr 5; vgl für Anstellungsvertrag des GFührers § 46 Rn 36).[42] Vertrag endet mit Abschluss der Liquidation gem § 74.[43] Die geborenen Liquidatoren setzen ihr Dienstverhältnis zur GmbH fort, so dass für Gehalt etc grds die bisherigen vertraglichen Regelungen weiter gelten.[44] Mit gekorenem Liquidator kommt Anstellungsverhältnis im Zweifel durch Annahme des Liquidatorenamtes zustande.[45] Haben sich gekorener Liquidator und Ges nicht über Höhe des Honorars geeinigt, gilt insoweit die übliche Vergütung iS des § 612 II BGB als vereinbart.[46] Vergütung ist kein Erfolgshonorar.[47] 17

IV. Gerichtliche Bestellung der Liquidatoren, Abs 2

1. Voraussetzungen. An die Stelle der durch Ges nach Abs 1 bestellten oder zu bestimmenden Liquidatoren treten ausnahmsweise gerichtlich bestellte Liquidatoren. Voraussetzungen dafür sind: Antrag von Gftern, deren Geschäftsanteile zusammen mindestens 10% des Stammkapitals entsprechen, sowie Vorliegen wichtiger Gründe. Rechtsschutzinteresse ist gegeben, wenn geltend gemacht wird, dass (geeignete) Liquidatoren in erforderlicher Zahl nicht vorhanden sind.[48] All dies gilt auch für aufgelöste **Vor-GmbH** (Rn 3), da auch für sie Minderheitenschutz gewährleistet sein muss u nach Abs 2 zuständiges Gericht auch ohne Eintragung der Ges im HR bestimmt werden kann.[49] 18

a) Gesellschafterantrag. Der **Antrag** kann von einem oder mehreren Gftern gestellt werden, sofern einer allein oder mehrere Antragsteller zusammen Inhaber von Geschäftsanteilen im Umfang von wenigstens 10% des Stammkapitals sind. Zur Berechnung § 61 Rn 14. GesVertrag kann Antragsrecht nicht entziehen oder einschränken.[50] Er kann auch den erforderlichen Bruchteil des Stammkapitals nicht erhöhen, wohl aber kann er ihn herabsetzen[51] oder jedem einzelnen Gfter Antragsrecht gewähren.[52] 19

---

[42] *Lutter*/Hommelhoff/*Kleindiek* Rn 9; Scholz/*Schmidt* Rn 50.

[43] KG GmbHR 1998, 1039, 1040; wohl auch *Meyer* GmbHR 1998, 1018, 1019.

[44] Michalski/*Nerlich* Rn 73; *Passarge/Torwegge* Rn 125.

[45] Michalski/*Nerlich* Rn 74; *Passarge/Torwegge* Rn 128.

[46] BGH ZIP 2005, 1738, 1740; Ulmer/*Paura* Rn 74; *Passarge/Torwegge* Rn 128. Da Tätigkeit des Liquidators derjenigen eines Insolvenzverwalters ähnelt, orientiert sich hieran auch die Vergütung des Liquidators.

[47] Zur Substantiierungspflicht des Liquidators, siehe BGH ZIP 2005, 1738, 1740.

[48] Michalski/*Nerlich* Rn 38; Scholz/*Schmidt* Rn 18.

[49] Hachenburg/*Hohner* Rn 4; Hachenburg/*Ulmer* § 11 Rn 43; Scholz/*Schmidt* Rn 11, 56. **AM** BGHZ 51, 30, 34; *Lutter*/Hommelhoff/*Kleindiek* Rn 5; Rowedder/Schmidt-Leithoff/*Rasner* § 11 Rn 70.

[50] Hachenburg/*Hohner* Rn 24; Ulmer/*Paura* Rn 33; Scholz/*Schmidt* Rn 12; *Passarge/Torwegge* Rn 111.

[51] Hachenburg/*Hohner* Rn 24; Ulmer/*Paura* Rn 33; *Lutter*/Hommelhoff/*Kleindiek* Rn 5; Michalski/*Nerlich* Rn 36; Roth/*Altmeppen* Rn 30; Rowedder/Schmidt-Leithoff/*Rasner* Rn 10; Scholz/*Schmidt* Rn 12.

[52] Hachenburg/*Hohner* Rn 24; *Lutter*/Hommelhoff/*Kleindiek* Rn 5; *Passarge/Torwegge* Rn 111.

Andere Interessenten, insbes Gläubiger, sind nicht antragsbefugt;[53] sie können aber ggf analog §§ 29, 48 I BGB Bestellung eines Notliquidators beantragen (Rn 32).

20 **b)** Materiellrechtliche Voraussetzung ist **wichtiger Grund.** Ein solcher kann gegenüber der Amtsführung der nach Abs 1 bestellten Liquidatoren gegeben sein, zB – ohne Rücksicht auf Verschulden –[54] Unfähigkeit zur ordnungsgemäßen Geschäftsführung, Unredlichkeit, grobe Pflichtwidrigkeit, begründetes Misstrauen gegen Unparteilichkeit, uU auch erhebliche Streitigkeiten der Liquidatoren untereinander oder im Verhältnis zu einzelnen Gftern bzw wenn Liquidator nicht hätte bestellt werden dürfen, weil er lediglich eigennützige Zwecke verfolgt.[55] In diesem Fall ist Antrag auf Bestellung neuer Liquidatoren mit Abberufungsantrag nach Abs 3 S 1 (Rn 26 ff) zu verbinden (Antragshäufung).[56] Wichtiger Grund besteht nicht schon darin, dass Liquidatoren in der erforderlichen Zahl nicht vorhanden sind;[57] in einem solchen Fall kommt vorläufige Notbestellung analog §§ 29, 48 I BGB (Rn 32) in Betracht. Wohl aber kann wichtiger Grund vorliegen, wenn Bestellung nach Abs 1 scheitert.[58] Dann hat Verfahren nach Abs 2 Vorrang vor Notbestellung nach §§ 29, 48 I BGB.[59]

21 **2. Entscheidung des Gerichts.** Örtlich Zuständigkeit richtet sich nach § 377 I FamFG, sachl Zuständigkeit ergibt sich aus § 376 FamFG. Gericht wird nicht als RegGericht nach §§ 374, 378 ff FamFG (bzw §§ 125 ff FGG), sondern als Gericht in „unternehmensrechtlichen Verfahren" nach §§ 375 ff, 402 ff FamFG (bzw Gericht der freiwilligen Gerichtsbarkeit nach §§ 145 ff FGG) tätig.[60] Der Richter entscheidet, nicht der Rechtspfleger.[61] Er trifft – soweit es sich um Beurteilung des wichtigen Grundes handelt – keine Ermessensentscheidung, vielmehr gewährt Abs 2 einen in der Beschwerdeinstanz voll nachprüfbaren Beurteilungsspielraum.[62] Ermessen besteht aber hinsichtlich Zahl der zu bestellenden Liquidatoren u ihrer Auswahl,[63] ferner hinsicht-

---

[53] Hachenburg/*Hohner* Rn 25; Scholz/*Schmidt* Rn 17.

[54] KG GmbHR 2007, 1613, 1615; BayObLG GmbHR 1996, 129, 130; Scholz/*Schmidt* Rn 45; Ulmer/*Paura* Rn 42.

[55] Vgl BayObLG NJW 1955, 1678, 1679; WM 1969, 674, 675; BB 1987, 1625, 1626 f; GmbHR 1996, 129, 130; KG GmbHR 2007, 1613, 1615; OLG Düsseldorf NJW-RR 1999, 37; Hachenburg/*Hohner* Rn 30 f; Ulmer/*Paura* Rn 39 f; *Lutter*/Hommelhoff/*Kleindiek* Rn 5; Michalski/*Nerlich* Rn 41 ff; Scholz/*Schmidt* Rn 19, 45; Roth/*Altmeppen* Rn 32; Rowedder/Schmidt-Leithoff/*Rasner* Rn 14.

[56] BayObLG GmbHR 1996, 129, 130; Hachenburg/*Hohner* Rn 30; *Lutter*/Hommelhoff/*Kleindiek* Rn 5; Michalski/*Nerlich* Rn 44; Scholz/*Schmidt* Rn 14, 18; Rowedder/Schmidt-Leithoff/*Rasner* Rn 14.

[57] **AM** Ulmer/*Paura* Rn 38.

[58] Hachenburg/*Hohner* Rn 29; Scholz/*Schmidt* Rn 19.

[59] BayObLG GmbHR 1987, 306, 307.

[60] BayObLG NJW-RR 1990, 52, 53; Bumiller/*Winkler* § 148 FGG A 1; Keidel/Kuntze/*Winkler* § 148 FGG Rn 5. **AM** Hachenburg/*Hohner* Rn 23; Scholz/*Schmidt* Rn 13; Roth/*Altmeppen* Rn 31; s auch Michalski/*Nerlich* Rn 46.

[61] OLG Schleswig NZG 2000, 317.

[62] BayObLG GmbHR 1987, 306, 307; 1996, 129, 130; Hachenburg/*Hohner* Rn 32; Roth/*Altmeppen* Rn 35; Rowedder/Schmidt-Leithoff/*Rasner* Rn 10, 14; *Passarge/Torwegge* Rn 112; Scholz/*Schmidt* Rn 19, 24.

[63] BayObLG NJW-RR 1990, 52, 53; Hachenburg/*Hohner* Rn 33; Michalski/*Nerlich* Rn 40; Scholz/*Schmidt* Rn 2, 24; Rowedder/Schmidt-Leithoff/*Rasner* Rn 11.

lich der Art u Weise ihrer Vertretungsmacht (§ 68 Rn 9). Wird wichtiger Grund bejaht, so „muss" (entgg Wortlaut: „kann") das Gericht bestellen u darf nicht etwas aus Opportunitätsgründen ablehnen.[64] Gericht hat die erforderlichen Tatsachen nach § 26 FamFG bzw § 12 FGG von Amts wegen zu ermitteln.[65] Beschwerdeinstanz übt eigenes Ermessen aus,[66] Beteiligte des Verfahrens ist die Ges, ggf vertreten durch Notliquidatoren analog §§ 29, 48 I BGB.[67] Sie, die übrigen Gfter u die von einer Abberufung nach Abs 3 S 1 betroffenen Liquidatoren sind nach Art 103 I GG zu hören.[68] Bestellter Liquidator ist nicht verpflichtet, Amt anzunehmen.[69] Amt beginnt – vorbehaltlich einer anderweitigen ausdrücklichen Regelung durch die richterliche Entscheidung – mit der Annahme des Amtes, soweit diese nach der Bestellung erfolgt. Gerichtl Entscheidung ist unwirksam, wenn Ausschlussgrund nach § 6 II 2, 3 (Rn 5) vorliegt.[70]

3. Rechtsmittel. Gegen Entscheidung des Gerichts findet nach § 402 FamFG (bzw §§ 148 I, 146 II 1 FGG) die (Frist: ein Monat, § 63 FamFG – bzw zwei Wochen, § 22 I FGG) Beschwerde statt, über die LG entscheidet. Entscheidung des Beschwerdegerichts kann vor OLG mit der Rechtsbeschwerde (§ 70 FamFG – bzw weitere sofortige Beschwerde, §§ 27 ff FGG) angegriffen werden.[71] Beschwerdebefugt sind bei Ablehnung des Antrags die Antragsteller, sofern sie 10% des Stammkapitals auf sich vereinigen.[72] Wird Antrag stattgegeben, sind beschwerdebefugt jeder einzelne Gfter[73] u die Ges.[74] Ges wird dabei durch ihre übrigen Liquidatoren vertreten,[75] ggf durch Notliquidatoren analog §§ 29, 48 I BGB (Rn 32). Der bestellte Liquidator ist nicht beschwerdebefugt, da er nicht verpflichtet ist, Amt anzunehmen.[76] Anders ist die Rechtslage aber dann, Bestellung gegen erklärten Willen des Betroffenen erfolgte, weil Gericht eine Verpflichtung zur Übernahme des Amtes annimmt.[77] 22

4. Anstellungsvertrag zwischen bestelltem Liquidator u Ges kommt mangels gesetzlicher Regelung nur durch vertragliche Einigung zustande. Be- 23

---

64 Scholz/*Schmidt* Rn 13.
65 Vgl OLG Düsseldorf ZIP 1998, 1534, 1535; *Passarge/Torwegge* Rn 117.
66 BayObLG NJW-RR 1990, 52, 53.
67 BayObLG Rpfleger 1987, 250, 251; NJW-RR 1990, 52.
68 Hachenburg/*Hohner* Rn 35; Rowedder/Schmidt-Leithoff/*Rasner* Rn 12; Heybrock/*Löffler* Rn 13; Scholz/*Schmidt* Rn 20.
69 BayObLG GmbHR 1996, 859, 860; Ulmer/*Paura* Rn 47; Scholz/*Schmidt* Rn 22.
70 BayObLG NJW-RR 1990, 52, 53.
71 BayObLG WM 1984, 809; Michalski/*Nerlich* Rn 48.
72 Hachenburg/*Hohner* Rn 36; Scholz/*Schmidt* Rn 23; für AG: OLG München HRR 37, Nr 461.
73 Hachenburg/*Hohner* Rn 36; Scholz/*Schmidt* Rn 23; Keidel/Kuntze/Winkler/*Kahl* § 20 FGG Rn 94; einschr (sofern Beschwerdeführer mehr als 10% des Stammkapitals auf sich vereinigen) BayObLG WM 1984, 809; offengelassen von BayObLG GmbHR 1996, 859, 860. – AM KG RJA 11, 30 f.
74 BayObLG NJW-RR 1990, 52, 53; GmbHR 1996, 859, 860; Hachenburg/*Hohner* Rn 36; Rowedder/Schmidt-Leithoff/*Rasner* Rn 12; *Jansen* § 148 FGG Rn 6; zweifelnd Scholz/*Schmidt* Rn 23.
75 *Jansen* § 148 FGG Rn 6.
76 BayObLG GmbHR 1996, 859, 860; OLG München ZIP 2009, 490 491 = GmbHR 2008, 821; Hachenburg/*Hohner* Rn 36.
77 OLG München ZIP 2009, 490, 491 = GmbHR 2008, 821; vgl auch KG NJW-RR 2001, 900.

stellung ersetzt Vertragsschluss nicht, auch kann Gericht keinen Anstellungsvertrag festsetzen.[78] Ohne Anstellungsvertrag bestimmt sich Rechtsverhältnis zwischen bestelltem Liquidator u Ges nach den für das Amt geltenden, in § 71 IV genannten Regeln. Für Anspruch auf Auslagenersatz u auf Vergütung gilt § 265 IV AktG entsprechend. Über Höhe der Auslagen u der Vergütung entscheidet auf Antrag nach § 265 IV 2 AktG Gericht.[79] Ein Rechtsanwalt kann neben Liquidatorenentgelt eine Vergütung nach RVG verlangen, wenn ein Nichtjurist als Liquidator einen Rechtsanwalt hinzuziehen müsste.[80]

V. Abberufung von Liquidatoren, Abs 3

24 **1. Durch Gesellschafterbeschluss, S 2. a) Voraussetzungen.** Die nach Abs 1 durch Ges bestellten Liquidatoren (nicht dagegen die nach Abs 2 gerichtlich bestellten Liquidatoren)[81] können nach Abs 3 S 2 jederzeit abberufen werden. Zuständig ist GfterVers, die mit einfacher Mehrheit entscheidet, es sei denn GesVertrag sieht qualifizierte Mehrheit vor.[82] Anderem Organ kann – wie Bestellungskompetenz (Rn 13) – Abberufungskompetenz nicht übertragen werden.[83] Der betroffene Liquidator darf als Gfter mitstimmen, sofern es sich nicht um Abberufung aus wichtigem Grund handelt[84] oder soweit Abberufung nicht mit Entscheidung über seine Entlastung (§ 47 IV) verbunden wird.[85] Abberufung ist auch fristlos u ohne Vorliegen eines wichtigen Grundes zulässig. Übt Liquidator sein Amt dagegen auf Grund eines ihm eingeräumten Sonderrechts aus (Rn 13), kann er nur aus wichtigem Grund[86] oder mit seiner Zustimmung abberufen werden.[87] Ferner kann GesVertrag Abberufung der Liquidatoren – wie die der GFührer nach § 38 II (zur Anwendbarkeit dieser Vorschrift auf Liquidator § 69 Rn 14) – vom Vorliegen eines wichtigen Grundes abhängig machen.[88] Für die von hM befürwortete Einschränkung der Vertragsfreiheit besteht kein Anlass; ob eine solche Regelung zweckmäßig ist, ist eine andere Frage. Auch Einmann-Gfter kann sich als Liquidator abberufen[89] Einhaltung der Formvorschrift des § 48 III ist nicht Wirksamkeitserfordernis.[90]

---

[78] Hachenburg/*Hohner* Rn 56; *Lutter*/Hommelhoff/*Kleindiek* Rn 9; Michalski/*Nerlich* Rn 76; Roth/*Altmeppen* Rn 40; Scholz/*Schmidt* Rn 50. **AM** Rowedder/Schmidt-Leithoff/*Rasner* Rn 14; *Hofmann* GmbHR 1976, 229, 231.

[79] Hachenburg/*Hohner* Rn 56; *Lutter*/Hommelhoff/*Kleindiek* Rn 9; *Passarge/Torwegge* Rn 129; Michalski/*Nerlich* Rn 76; Roth/*Altmeppen* Rn 41; Scholz/*Schmidt* Rn 50.

[80] Nach BRAGO: BGH NJW 1998, 3567; OLG München NZG 1998, 906.

[81] Siehe hierzu aber Ulmer/*Paura* Rn 60; *Passarge/Torwegge* Rn 141.

[82] Michalski/*Nerlich* Rn 63.

[83] Hachenburg/*Hohner* Rn 47; *Passarge/Torwegge* Rn 143; Michalski/*Nerlich* Rn 64.

[84] Hachenburg/*Hohner* Rn 46; Scholz/*Schmidt* Rn 43; für GmbH-GFührer BGH NJW 1969, 1483 f.

[85] Scholz/*Schmidt* Rn 43.

[86] Hachenburg/*Hohner* Rn 46; Ulmer/*Paura* Rn 57; Scholz/*Schmidt* Rn 44; Michalski/*Nerlich* Rn 66; Rowedder/Schmidt-Leithoff/*Rasner* Rn 26.

[87] Scholz/*Schmidt* Rn 44.

[88] Scholz/*Schmidt* Rn 44; Ulmer/*Paura* Rn 57. **AM** Roth/*Altmeppen* Rn 47; Hachenburg/*Hohner* Rn 46, anders aber § 69 Rn 35; Rowedder/Schmidt-Leithoff/*Rasner* Rn 26; *Meyer* GmbHR 1998, 1018, 1019.

[89] KGJ 45, 178, 181.

[90] Scholz/*Schmidt* Rn 43.

b) Wirksamkeit der Abberufung tritt nach § 130 BGB mit Zugang beim betroffenen Liquidator ein.[91] Auf Eintragung im HR (§ 67 I) kommt es nicht an. **Anstellungsvertrag** wird durch Abberufung grds nicht berührt.[92] Ggf kann er fristgemäß (§ 35 Rn 242 ff), bei Vorliegen eines wichtigen Grundes auch fristlos (§ 626 BGB) gekündigt werden.[93] Ist Liquidator wirtschaftlich unabhängig, ist Kündigung nach § 627 BGB möglich, die konkludent in der Abberufung liegt.[94] 25

2. Durch gerichtliche Entscheidung, S 1. a) Voraussetzungen. Die nach Abs 1 durch Ges u die nach Abs 2 durch Gericht bestellten Liquidatoren können nach Abs 3 S 1 jederzeit durch Gericht abberufen werden. Das gilt auch für einen Nachtragsliquidator nach § 66 V.[95] Voraussetzung sind daher Antrag von Gftern, deren Geschäftsanteile zusammen mindestens 10% des Stammkapitals entsprechen (Rn 19), sowie Vorliegen eines wichtigen Grundes (Rn 20).[96] Amtsunfähigkeit nach Abs 4 (Rn 5) ist nicht wichtiger Grund, sondern führt ohne weiteres zur Beendigung des Amtes.[97] Abberufung wird wirksam mit Bekanntmachung (§ 41 FamFG) an den Betroffenen. Auf Eintragung kommt es auch hier nicht an. 26

b) Verfahren richtet sich nach Rn 21, 22. Wird Antrag abgelehnt, sind die Antragsteller beschwerdebefugt, sofern sie 10% des Stammkapitals auf sich vereinigen.[98] Wird Antrag stattgegeben, sind beschwerdebefugt der betroffene Liquidator[99] sowie die Ges;[100] zur Vertretung der Ges Rn 22. Entgegen hM[101] hat auch jeder einzelne Gfter Beschwerderecht gegen Abberufung eines Liquidators, da er in seinem Mitgliedschaftsrecht betroffen ist.[102] 27

c) Anstellungsvertrag wird durch gerichtliche Abberufung eines nach Abs 1 von der Ges bestellten Liquidators nicht berührt.[103] Abberufung ist aber wichtiger Grund für Ges, Anstellungsvertrag fristlos zu kündigen (§ 626 BGB). 28

---

[91] Hachenburg/*Hohner* Rn 52; Ulmer/*Paura* Rn 65; Michalski/*Nerlich* R 65; Rowedder/Schmidt-Leithoff/*Rasner* Rn 26.

[92] Michalski/*Nerlich* R 65; Rowedder/Schmidt-Leithoff/*Rasner* Rn 26.

[93] Vgl Scholz/*Schmidt* Rn 44.

[94] KG GmbHR 1998, 1039, 1040 f; *Meyer* GmbHR 1998, 1018, 1021; *Lutter*/Hommelhoff/*Kleindiek* Rn 12.

[95] KG GmbHR 2005, 1613, 1615; LG Köln Rpfleger 2003, 301, 302.

[96] Vertrauensverhältnis zu der Minderheit der Gfter so erschüttert, dass ein wichtiger Grund zur Abberufung gem Abs 3 S 1 gegeben ist: OLG Düsseldorf NZG 2002, 90 f.

[97] OLG Köln NZG 2003, 341; BayObLG BB 1987, 1625, 1627; Ulmer/*Paura* Rn 66.

[98] KG RJA 16, 72, 73; Scholz/*Schmidt* Rn 47.

[99] BayObLG GmbHR 1996, 129, 130; Hachenburg/*Hohner* Rn 36; Scholz/*Schmidt* Rn 47.

[100] *Jansen* § 148 FGG Rn 6; Hachenburg/*Hohner* Rn 53 iVm Rn 36; KölnerKomm/*Kraft* § 265 Rn 25; zweifelnd Scholz/*Schmidt* Rn 47 iVm Rn 23.

[101] KG RJA 11, 30 f; Keidel/Kuntze/Winkler/*Kahl* § 20 FGG Rn 94; *Jansen* §§ 129, 148 FGG Rn 6; für OHG: OLG Hamm DB 1977, 2089, 2090.

[102] Hachenburg/*Hohner* Rn 53 iVm Rn 36; Ulmer/*Paura* Rn 67; Michalski/*Nerlich* Rn 69; Scholz/*Schmidt* Rn 47 (wenn Liquidator durch GfterBeschluss bestellt worden ist); OLG Düsseldorf ZIP 1998, 1534; OLG Köln GmbHR 2003, 361.

[103] Ausführl hierzu *Meyer* GmbHR 1998, 1018; siehe auch Ulmer/*Paura* Rn 69.

VI. Amtsniederlegung

29 **1. Grundsatz.** Der Liquidator kann Amt – jederzeit und ohne Angabe von Gründen – niederlegen.[104] In Kündigung des Dienstverhältnisses ist grds auch Amtsniederlegung zu erblicken.[105] Ist Amtsniederlegung wirksam, verliert Liquidator Geschäftsführungs- u Vertretungsbefugnis. Bei Niederlegung zur Unzeit macht er sich ggf schadensersatzpflichtig.[106] Sind Liquidatoren in vertretungsberechtigter Zahl nicht mehr vorhanden, ist Ges prozessunfähig.[107]

30 **2. Erklärungsgegner.** Amtsniederlegung eines nach Abs 1 bestellten Liquidators geschieht durch Erklärung gegenüber Ges.[108] HM will insoweit andere Grds anwenden als beim GFührer. Bei Letzterem hat Amtsniederlegung gegenüber Bestellungsorgan zu erfolgen (dh Gfterversammlung), wobei in analoger Anwendung des § 35 II 2 Erkl gegenüber einem Gfter ausreichen soll[109] (vgl § 38 Rn 86). Bei Amtsniederlegung eines nach Abs 1 bestellten Liquidator, soll hingegen entspr § 35 II 2 (§ 68 Rn 3) Erkl gegenüber jedem einzelnen der übrigen Liquidatoren möglich sein.[110] Nur wenn andere Liquidatoren nicht vorhanden sind, sei Erkl – so hM – gegenüber den Gftern abzugeben (§ 35 I 2).[111] Dem ist nicht zu folgen; denn es kaum einsichtig, warum für GFührer und Liquidatoren unterschl Grds gelten sollen. Bei Amtsniederlegung eines Einmann-Gfter-Liquidatorsist Erkl gegenüber RegGericht abzugeben.[112] Der nach Abs 2 bestellte Liquidator muss Erklärung auch (also gegenüber Ges und) gegenüber RegGericht abgeben.[113]

31 **3. Voraussetzungen.** Amtsniederlegung ist jederzeit u fristlos möglich, wenn GesVertrag nichts anderes regelt; auf wichtigen Grund oder auf Behauptung eines solchen kommt es nicht an.[114] Vgl zum entspr Problem beim GFührer § 38 Rn 86 ff.

---

[104] Scholz/*Schmidt* Rn 51; Ulmer/*Paura* Rn 70; *Passarge/Torwegge* Rn 147; Heybrock/*Löffler* Rn 23; *Wicke* Rn 9.

[105] Ulmer/*Paura* Rn 71; Rowedder/Schmidt-Leithoff/*Rasner* Rn 31.

[106] Michalski/*Nerlich* Rn 81.

[107] OLG Hamm GmbHR 1997, 1155.

[108] BGH NZG 2002, 43; LG Memmingen NZG 2004, 828; Ulmer/*Paura* Rn 70; Hachenburg/*Hohner* Rn 54; Rowedder/Schmidt-Leithoff/*Rasner* Rn 30; Scholz/*Schmidt* Rn 52.

[109] BGH ZIP 2001, 2227.

[110] OLG Hamm NJW 1960, 872; Ulmer/*Paura* Rn 70; Michalski/*Nerlich* Rn 79.

[111] KGJ 48 A, 134, 136; OLG Hamm NJW 1960, 872, 873; BayObLG GmbHR 1994, 259, 260; Hachenburg/*Hohner* Rn 54; Rowedder/Schmidt-Leithoff/*Rasner* Rn 30; sinngem ebenso Scholz/*Schmidt* Rn 52; stets gegenüber Gesversammlung dagegen Ulmer/*Paura* Rn 70.

[112] LG Memmingen NZG 2004, 828; BayObLG GmbHR 1994, 259, 260; Michalski/*Nerlich* Rn 79; Rowedder/Schmidt-Leithoff/*Rasner* Rn 30; Scholz/*Schmidt* Rn 52; *Gottschling* GmbHR 1960, 141, 143.

[113] BGH 121, 263, 264; *Lutter*/Hommelhoff/*Kleindiek* Rn 10; Ulmer/*Paura* Rn 70; *Meyer-Landrut* Rn 6; *Gottschling* GmbHR 1960, 141, 143; zweifelnd Scholz/*Schmidt* Rn 52. **AM** (Erklärung gegenüber Ges) Hachenburg/*Hohner* Rn 54; Rowedder/Schmidt-Leithoff/*Rasner* Rn 30.

[114] BayObLG GmbHR 1994, 259, 260; Scholz/*Schmidt* Rn 51; Rowedder/Schmidt-Leithoff/*Rasner* Rn 30; wohl auch OLG Köln GmbHR 1983, 304; Hachenburg/*Hohner* Rn 54; *Lutter*/Hommelhoff/*Kleindiek* Rn 10. **AM** (Amtsniederlegung nur wirksam, wenn gleichzeitig Anstellungsvertrag durch Kündigung oder Aufhebung beendet wird) *Gottschling* GmbHR 1960, 141, 142; wohl auch OLG Hamm NJW 1960, 872.

VII. Gerichtliche Bestellung von Liquidatoren in anderen Fällen

1. Notliquidatoren. Analog §§ 29, 48 I BGB kann AmtsG, das für Ges zuständiges HR führt,[115] in dringenden Fällen vorläufig Liquidatoren bestellen.[116] Voraussetzung ist ein „Mangel" im Sinne von § 29 BGB. Dieser liegt vor, wenn Liquidatoren in erforderlicher Zahl fehlen[117] u die Handlungsunfähigkeit der Ges schnell behoben werden muss.[118] Da schwerer Eingriff in Rechte der Gfter, muss Gericht schonend vorgehen u kann je nach Sachlage Aufgabenkreis des Notliquidators beschränken, doch gilt dies nur für Geschäftsführungsbefugnis im Verhältnis zur Ges, nicht aber für seine Vertretungsmacht.[119] Bestellung eines Notvertretungsorgans kann nur eine vorübergehende Aushilfsmaßnahme sein.[120] **Antragsberechtigt** ist jeder Beteiligte (§ 29 BGB), also ehemaliger GFührer,[121] vorhandener Liquidator, jeder Gfter u jeder GesGläubiger,[122] der Kommanditist einer GmbH & Co KG, an der die Ges beteiligt ist.[123] Notbestellung ist im Verhältnis zur gerichtlichen Bestellung nach Abs 2 (Rn 18 ff) vorläufige Maßnahme;[124] bei dauerhaftem Liquidatormangel hat Bestellung nach Abs 2 Vorrang.[125] Gericht ist hinsichtlich Person eines zu bestellenden Liquidators nicht an Antrag gebunden.[126] Gericht hat aber unparteiische Person zu bestellen.[127] Gegen Entscheidung **Beschwerde** (§§ 58 ff FamFG bzw § 19 I FGG).[128] Beschwerdebefugt ist jeder mögliche Antragsteller, also auch ein einzelner Gfter.[129] Notliquidator kann jederzeit auf Antrag eines Beteiligten oder von Amts wegen abberufen werden;[130] dagegen einfache unbefristete Beschwerde durch einzelnen 32

[115] Keidel/Kuntze/*Winkler* § 160 FGG Rn 10.

[116] BayObLG BB 1976, 998; OLG München GmbHR 2005, 1431, 1432; *Passarge/Torwegge* Rn 119; Hachenburg/*Hohner* Rn 38; *Lutter*/Hommelhoff/*Kleindiek* Rn 7; Michalski/*Nerlich* Rn 53; Rowedder/Schmidt-Leithoff/*Rasner* Rn 15; Scholz/*Schmidt* Rn 33.

[117] Michalski/*Nerlich* Rn 55; Hachenburg/*Hohner* Rn 38; *Passarge/Torwegge* Rn 120; Scholz/*Schmidt* Rn 36.

[118] OLG Köln GmbHR 2008, 103; Michalski/*Nerlich* Rn 53; Scholz/*Schmidt* Rn 37; *Passarge/Torwegge* Rn 120.

[119] BayObLG BB 1976, 999, 1000; für Not-GFührer: BayObLG GmbHR 1986, 189, 190; allg für Vereine des Handelsrechts MünchKommBGB/*Reuter* § 29 BGB Rn 18. **AM** wohl Hachenburg/*Hohner* Rn 40; Scholz/*Schmidt* Rn 38; anders wohl auch OLG München GmbHR 2005, 1431, 1432.

[120] BayObLG GmbHR 1987, 306, 307; OLG Köln GmbHR 2008, 103 f; Scholz/*Schmidt* Rn 33, 68.

[121] Hachenburg/*Hohner* § 65 Rn 3; Michalski/*Nerlich* Rn 54; Rowedder/Schmidt-Leithoff/*Rasner* Rn 15; Scholz/*Schmidt* § 65 Rn 6, § 66 Rn 35.

[122] OLG Köln GmbHR 2008, 103; Scholz/*Schmidt* Rn 35.

[123] BayObLG BB 1976, 998.

[124] OLG München GmbHR 2005, 1431, 1432; *Lutter*/Hommelhoff/*Kleindiek* Rn 7; Scholz/*Schmidt* Rn 33, 34; Roth/*Altmeppen* Rn 28; Rowedder/Schmidt-Leithoff/*Rasner* Rn 15.

[125] BayObLG GmbHR 1987, 306, 307.

[126] OLG München GmbHR 2005, 1431, 1433.

[127] BayObLG GmbHR 1996, 859.

[128] Zum alten Recht: BayObLGZ 55, 288, 299; KG Berlin GmbHR 2000, 660; Hachenburg/*Hohner* Rn 44; Michalski/*Nerlich* Rn 60; Rowedder/Schmidt-Leithoff/*Rasner* Rn 16; Scholz/*Schmidt* Rn 39.

[129] OLG Köln GmbHR 2008, 103; BayObLGZ 76, 126, 128; Scholz/*Schmidt* Rn 39; *Passarge/Torwegge* Rn 121.

[130] Für Verein: KG NJW 1967, 933, 934.

Gfter.[131] Sein Amt endet ohne weiteres mit Behebung des Notstandes, also zB endgültiger Bestellung eines anderen Liquidators gem § 66 Abs 1 oder 2;[132] ausdrückliche Abberufung ist zu empfehlen.[133]

33 **2. Abs 5 S 2.** Ist Ges nach § 394 I FamFG bzw § 141 a I 1 FGG wegen Vermögenslosigkeit gelöscht worden u stellt sich danach heraus, dass noch verteilungsfähiges Vermögen vorhanden ist, sind die für die Liquidation erforderlichen Liquidatoren vom Gericht zu bestellen; dasselbe gilt, wenn sich herausstellt, dass die Ges noch an irgendwelchen Abwicklungsmaßnahmen teilnehmen muss (Rn 39).

34 **3. Nachtragsliquidation.** Ist Ges nach Abschluss der Abwicklung im HR gelöscht worden u stellt sich nunmehr heraus, dass noch GesVermögen vorhanden ist oder dass noch irgendwelche weiteren Abwicklungsmaßnahmen erforderlich sind, so hat Gericht analog §§ 273 IV 1 AktG (vgl unten Rn 36) die Liquidatoren zu bestellen (§ 60 Rn 106).[134]

35 **4. Liquidatoren nach § 38 II 2, 3 KWG.** Ist Ges, die Bankgeschäfte betreibt oder Finanzdienstleistungen erbringt, durch Abwicklungsanordnung der Bafin nach § 38 I 1, 2 KWG aufgelöst worden (§ 62 Rn 3; o Rn 2), hat RegGericht auf Antrag der Bafin nach § 38 II 2 KWG Liquidatoren zu bestellen, wenn die nach den allg Vorschriften zur Abwicklung berufenen Personen keine Gewähr für die ordnungsmäßige Abwicklung bieten. Gleichzeitig sind die davon betroffenen Liquidatoren abzuberufen. Gewissheit ihrer Ungeeignetheit ist nicht erforderlich; auf Tatsachen gestützte Vermutung genügt.[135] In Auswahl der Liquidatoren ist RegGericht frei. Antragsrecht der BaFin besteht auch, wenn Liquidatoren eines solchen Instituts weggefallen sind, ferner, wenn Ges nicht nach § 38 I 1, 2 KWG, sondern aus anderen Gründen aufgelöst worden ist.[136] Gegen Entscheidung des RegGerichts ist nach § 38 II 3 KWG (Frist: einMonat, § 63 FamFG bzw 2 Wochen, § 22 I FGG) Beschwerde gegeben.

VIII. Liquidation nach Löschung der Ges wegen Vermögenslosigkeit, Abs 5

36 **1. Löschung nach § 394 I FamFG.** Liquidation nach Abs 5 setzt Löschung der Ges nach § 394 I FamFG (§ 141 a I 1 FGG) voraus. Erfolgt Löschung nach anderer Vorschrift – zB nach § 74 I – kommt nicht (Nachtrags-)Liquidation nach § 66 V, sondern nur analog § 273 IV 1 AktG in Betracht.[137] Mithin kommt Abs 5 nur zum Zuge, wenn eine Liquidation vor der Löschung noch nicht stattgefunden hat.[138] Regelung gleicht früherem § 2

---

131 BayObLG DB 1978, 2165, 2166.

132 HM: BayObLG GmbHR 1987, 306, 307; OLG Köln GmbHR 2008, 103, 104; Hachenburg/*Hohner* Rn 43; Michalski/*Nerlich* Rn 57; Scholz/*Schmidt* Rn 38, 40.

133 Scholz/*Schmidt* Rn 40; Rowedder/Schmidt-Leithoff/*Rasner* Rn 16.

134 KG Rpfleger 2007, 398.

135 Szagunn/*Haug*/Ergenzinger KWG § 38 Rn 15.

136 Boos/*Fischer*/Schulte-Mattler KWG § 38 Rn 15; Szagunn/*Haug*/Ergenzinger KWG § 38 Rn 14; einschr (wenn Ges durch Auflösung Abwicklungsanordnung zuvorgekommen ist) BayObLG WM 1978, 1164, 1165. **AM** *Reischauer/Kleinhans* KWG § 38 Rn 10.

137 KG Rpfleger 2007, 398.

138 *Schmidt* GmbHR 1994, 829, 831; Ulmer/*Paura* Rn 79.

III LöschG (16. Aufl 1995, § 60 Anh § 2 LöschG Rn 10 ff) u ist im Zuge der Verteilung der Vorschriften des LöschG auf GmbHG, FGG (bzw FamFG) u InsO mit Wirkung ab 1. 1. 1999 in § 66 angefügt worden, ohne dass diese Regelung, abgesehen von S 2, mit dem übrigen Inhalt des § 66 zusammenhängt. Inhaltliche Änderungen haben sich nicht ergeben, so dass Rspr u Lit zu § 2 III LöschG, § 141 a FGG weiter herangezogen werden können.

2. Erforderlichkeit der Liquidation. Liquidation ist erforderlich, wenn Löschung nach § 394 I FamFG bzw § 141 a I 1 FGG ausnahmsweise nicht zur Beendigung der Ges geführt hat. Das geschieht in zwei Fällen: (1) Entspr Wortlaut des Abs 5, wenn sich nach Löschung der Ges herausstellt, dass im Zeitpunkt der Eintragung der Löschung in das HR (§ 77 Anh Rn 7) noch Vermögen in dem einer Löschung entgegenstehenden Umfang (§ 77 Anh Rn 5 f) vorhanden war; nachträglicher Vermögenserwerb ist ausgeschlossen;[139] (2) analog § 273 IV AktG, wenn die Ges noch an irgendwelchen Abwicklungsmaßnahmen (zB die Ausstellung eines Arbeitszeugnisses[140]) teilnehmen muss (str).[141] Insofern gilt dasselbe wie im Falle einer Löschung der Ges nach Abschluss der Liquidation (§ 60 Rn 106). Die Löschung ist in diesen Fällen nicht Beendigungs-, sondern Auflösungstatbestand.[142] Liquidation nach Abs 5 geht der analog § 273 IV AktG vor.[143] Mit Löschung im Handelsregister endet bisherige Vertretungsmacht der Liquidatoren. Einer förmlichen Aufhebung der Bestellung bedarf es nicht. Erst mir gerichtlicher Bestellung (siehe Rn 39) verfügt Ges wieder über gesetzlichen Vertreter.[144] 37

3. Eintragung in das HR. Ges ist von Amts wegen als Liquidationsges wieder in das HR einzutragen,[145] es sei denn, dass nur einzelne Abwicklungsmaßnahmen in Betracht kommen.[146] Außerdem sind die Liquidatoren (Rn 12) in das HR einzutragen.[147] 38

4. Bestellung der Liquidatoren. Anders als bei Liquidation nach §§ 66 ff werden die Liquidatoren nach Abs 5 S 2 auf Antrag eines Beteiligten (Gfter, Gläubiger oder andere Dritte, die von Liquidationsmaßnahmen betroffen sein können), vom Amtsgericht im unternehmensrechtl Verfahren (§ 375 Nr 6 FamFG) ernannt.[148] Bestellung ist auch ohne wirksamen Antrag wirksam.[149] Übernahme des Amtes entspr Abs 1 durch die früheren GFührer bzw Liqui- 39

---

139 BAG NJW 2003, 81; *v. Gerkan* EWiR § 2 LöschG 1/99, 1073.

140 KG Berlin BB 2001, 324.

141 KG BB 2007, 851, 852; BB 2001, 324; BayObLG NZG 2004, 1164; Ulmer/*Paura* Rn 80; ausführl zum Meinungsstand Michalski/*Nerlich* Rn 91 ff.

142 Zu § 2 III LöschG BGHZ 48, 303, 307; BFH BStBl 1986 II, 589, 590; Scholz/*Schmidt* § 60 Rn 44 ff.

143 BayObLG BB 1984, 446, 447 (zu § 2 III LöschG).

144 OLG München GmbHR 2005, 1433, 1434.

145 Ulmer/*Paura* Rn 84. Zu § 2 III LöschG KG JW 37, 1739, 1740; OLG Düsseldorf GmbHR 1979, 227, 228; siehe auch Scholz/*Schmidt* § 60 Rn 52. **AM** Hachenburg/*Ulmer* § 60 Anh Rn 45.

146 Vgl BayObLG DNotZ 1955, 638, 641; Scholz/*Schmidt* § 60 Rn 52; *Piorreck* Rpfleger 1978, 157, 160.

147 KG JW 37, 1739, 1740, ebenso iE Hachenburg/*Ulmer* § 60 Anh Rn 45.

148 BAG NZG 2008, 270; OLG Frankfurt aM NJW-RR 2000, 492; KG NJW-RR 2004, 1555; OLG München GmbHR 2005, 433, 434; Ulmer/*Paura* Rn 79; zu § 2 III LöschG Hachenburg/*Ulmer* § 60 Anh Rn 41.

149 Für AG: KG NZG 1999, 163, 165.

datoren oder Wahl der Liquidatoren durch GfterVers ist ausgeschlossen.[150] Gericht kann Vertretungsmacht der Liquidatoren nicht beschränken, wohl aber deren Geschäftsführungsbefugnis,[151] anders aber bei Liquidation für einzelne Abwicklungsmaßnahmen (zur Nachtragsliquidation § 60 Rn 105). Ernennung ist dem Liquidator nach § 41 I FamFG (§ 16 II FGG) zuzustellen, da hierdurch Beschwerdefrist (s unten) in Gang gesetzt wird; telefonische Bekanntgabe des Bestellungsbeschlusses genügt nicht.[152] Gegen Bestellung ist analog § 273 V AktG Beschwerde (Frist: ein Monat, § 63 FamFG bzw zwei Wochen, § 22 I FGG) gegeben.[153] Beschwerdebefugt ist Ges, die ggf von ihrem letzten Vertretungsorgan (GFührer oder Liquidator) vertreten wird, sofern dessen Amt noch nicht erloschen war.[154] Nicht beschwerdebefugt ist ein früherer Liquidator, ein Gfter,[155] auch nicht derjenige, der durch Liquidation sonst mittelbar betroffen ist.[156] Nicht beschwerdebefugt ist grds auch der im Bestellungsbeschluss Benannte (vgl oben Rn 22). Bestellung der Liquidatoren hat als rechtsgestaltende Entscheidung allgemeine Bindungswirkung.[157]

40 **5. Abwicklung.** Abgesehen von den Besonderheiten der Bestellung der Abwickler (Rn 39), richtet sich Liquidation nach Abs 5 nach den allgemeinen Vorschriften der §§ 68 ff;[158] es handelt sich um eine erstmalige Liquidation,[159] nicht um eine Nachtragsliquidation (zu dieser § 60 Rn 104 ff). Ges ist aktiv u passiv parteifähig[160] u insolvenzfähig.[161]

---

150 BAG NZG 2002, 1175, 1176; OLG München GmbHR 2005, 1433, 1434. Zu § 2 III LöschG BGH NJW 1985, 2479 f; BayObLG GmbHR 1994, 189, 191; GmbHR 1998, 384; Hachenburg/*Ulmer* § 60 Anh Rn 43; teilw abw für den Fall der Löschung während eines Rechtsstreits BGH LM GmbHG § 74 Nr 1; OLG Hamm BB 1996, 1029; dagegen aber OLG Hamburg GmbHR 1996, 860, 861; dazu § 74 Rn 18.

151 Für Notgeschäftsführer analog § 29 BGB (zu diesem Rn 32) BayObLG GmbHR 1986, 189, 190. **AM** OLG Koblenz ZIP 2007, 2166; Hachenburg/*Ulmer* § 60 Anh Rn 41; Ulmer/*Paura* Rn 85; offen gelassen in BAG NZG 2002, 1175, 1176.

152 **AM** (zu § 2 III LöschG) OLG Hamm Rpfleger 1987, 251, 252; Keidel/Kuntze/*Winkler* § 144 b FGG Anh Rn 10.

153 Zum alten Recht, siehe BayObLG ZIP 2002, 1845; OLG München ZIP 2009, 490; OLG Schleswig NZG 2000, 317; Scholz/*Schmidt* Rn 55; offengelassen, ob sofortige oder weitere Beschwerde: KG Rpfleger 2007, 398; BayObLG DB 2004, 179; Michalski/*Nerlich* Rn 99; KG NJW 1957, 1722, 1723 (zu § 2 III LöschG); Keidel/Kuntze/*Winkler* § 144 b FGG Anh Rn 10; *Jansen* § 144 FGG Anh II § 2 LöschG Rn 10; *Piorreck* Rpfleger 1978, 157, 159. **AM** OLG Hamm Rpfleger 1987, 251, 252; OLG München GmbHR 2005, 1433; Roth/*Altmeppen* § 74 Rn 34.

154 OLG München GmbHR 2005, 1433, 1434. Zu § 2 III LöschG BayObLG DB 1983, 1648, 1649; BB 1984, 446.

155 Zu § 2 III LöschG KG ZIP 1982, 59, 60/61; Hachenburg/*Ulmer* § 60 Anh Rn 44.

156 Zu § 2 III LöschG OLG Köln DB 1983, 100.

157 KG GmbHR 1999, 1202, 1203.

158 Ulmer/*Paura* Rn 88. Zu § 2 III LöschG einschr Hachenburg/*Ulmer* § 60 Anh Rn 42.

159 Scholz/*Schmidt* Rn 56 u § 60 Rn 47; *Piorreck* Rpfleger 1978, 157, 160.

160 Zu § 2 III LöschG BGH LM Nr 1 zu § 74 GmbHG; BGHZ 48, 303, 307; BGH GmbHR 1994, 260; Scholz/*Schmidt* § 60 Rn 49; *Bork* JZ 1991, 841, 846. **AM** (Parteifähigkeit der Gesamthand der ehemaligen Gfter) *Hüffer* Gedächtnisschrift Schultz, 1987, 99, 108 f; ihm folgend Hachenburg/*Ulmer* § 60 Anh Rn 47.

161 Zur KO OLG Koblenz Rpflger 1989, 251; zur GesO LG Meiningen ZIP 1999, 453 f. **AM** Hachenburg/*Ulmer* § 63 Rn 5.

6. Fortsetzungsbeschluss. Während der Abwicklung nach Abs 5 ist Fortsetzungsbeschluss der Gfter möglich, *wenn* Vermögen in schuldendeckendem Umfang vorhanden u mit Verteilung des GesVermögens an die Gfter noch nicht begonnen ist.[162] Gegenansicht beruht teilw auf der Vorstellung, dass Ges nach Löschung nicht mehr existiere u deshalb nicht fortgesetzt werden könne.[163] Sie berücksichtigt aber nicht ausreichend, dass es immer wieder Fälle gibt, in denen eine GmbH trotz ausreichenden Vermögens gelöscht worden ist, ohne dass die Löschung nach § 395 FamFG bzw § 142 FGG (dazu § 77 Anh Rn 11) beseitigt werden kann.[164] Im Falle einer Abwicklung analog § 273 IV AktG kommt Fortsetzungsbeschluss nicht in Betracht (vgl § 60 Rn 110). 41

Anmeldung der Liquidatoren

67 (1) **Die ersten Liquidatoren sowie ihre Vertretungsbefugnis sind durch die Geschäftsführer, jeder Wechsel der Liquidatoren und jede Änderung ihrer Vertretungsbefugnis sind durch die Liquidatoren zur Eintragung in das Handelsregister anzumelden.**

(2) **Der Anmeldung sind die Urkunden über die Bestellung der Liquidatoren oder über die Änderung in den Personen derselben in Urschrift oder öffentlich beglaubigter Abschrift beizufügen.**

(3) [1] **In der Anmeldung haben die Liquidatoren zu versichern, daß keine Umstände vorliegen, die ihrer Bestellung nach § 66 Abs. 4 in Verbindung mit § 6 Abs. 2 Satz 2 Nr. 2 und 3 sowie Satz 3 entgegenstehen, und daß sie über ihre unbeschränkte Auskunftspflicht gegenüber dem Gericht belehrt worden sind.** [2] **§ 8 Abs. 3 Satz 2 ist anzuwenden.**

(4) **Die Eintragung der gerichtlichen Ernennung oder Abberufung der Liquidatoren geschieht von Amts wegen.**

Übersicht

---

[162] Vgl § 60 Rn 52; Ulmer/*Paura* Rn 89; Michalski/*Nerlich* Rn 106; Keidel/Kuntze/*Winkler* § 144 b FGG Anh Rn 11; wohl auch *Hofmann* GmbHR 1975, 217, 226; einschr (wenn das Reinvermögen das gesetzliche Mindestkapital erreicht) KG DR 41, 1543; OLG Düsseldorf GmbHR 1979, 227, 228; *Jansen* § 144 FGG Anh II § 2 LöschG Rn 4 (wenn das Reinvermögen das satzungsmäßige Stammkapital erreicht) *F. Scholz* JZ 1952, 199, 204. **AM** OLG Celle NZG 2008, 271; Lutter/Hommelhoff/*Kleindiek* § 60 Rn 32; *Halm/Linder* DStR 1999, 379, 381 f; Scholz/*Schmidt* Rn 57 u § 60 Rn 99; zu § 2 III LöschG Hachenburg/*Ulmer* § 60 Anh Rn 38; Rowedder/Schmidt-Leithoff/*Rasner* (3. Auflage) § 60 Anh Rn 19; *Crisolli/Groschuff/Kaemmel* § 2 LöschG A 15; *P. Scholz* GmbHR 1982, 228, 230; *Hüffer* Gedächtnisschrift Schultz, 1987, 99, 113 ff; RGZ 156, 23, 27 (für AG); österreichischer OGH NZG 1999, 1061, 1062.

[163] Vor allem Hachenburg/*Ulmer* aaO u *Hüffer* Gedächtnisschrift Schultz, 1987, 99, 113 ff.

[164] KG DR 41, 1543; OLG Düsseldorf GmbHR 1979, 227, 228.

I. Allgemeines

1 **Bedeutung der Vorschrift.** Sie regelt in den **Abs 1–3** Anmeldung der Liquidatoren zur Eintragung in das HR in derselben Weise wie §§ 8 I Nr 2, III, IV, V, 39 Anmeldung der GFührer.[1] **Abs 4** betrifft Eintragung in den Fällen gerichtlicher Ernennung u Abberufung. Die Vorschrift wurde 1937 und 1969 geändert; Abs 3 ist durch Art 1 Nr 27 GmbH-Novelle 1980 eingefügt worden. Abs 5 ist aufhoben worden mit Wirkung vom 1. 1. 2007 durch Gesetz vom 10. 11. 2006 (BGBl I S 2553). Die Vorschrift verpflichtete Liquidatoren, ihre Unterschrift zur Aufbewahrung bei dem Gericht in öffentlich beglaubigter Form zu zeichnen. Dies sollte einen Vergleich zwischen der authentischen, dh der hinterlegten und den vom GFührer abgegebenen Unterschriften ermöglichen. Dieses Ziel kann aber zum einen auch mit der eingescannten Unterschriftsprobe (teilweise) erreicht werden. Zum anderen hat der Gesetzgeber in Erwartung, dass künftig physische Unterschriften vermehrt mit digitalen Unterschriften ersetzt werden, auf das Erfordernis der Hinterlegung von Unterschriften verzichtet.[2]

II. Inhalt der Anmeldung

2 **1. Liquidatoren.** Zur Eintragung in das HR sind anzumelden grundsätzlich alle Liquidatoren der Ges, u zwar sowohl die ersten Liquidatoren, unabhängig davon, ob es sich um „geborene" oder „gekorene" handelt (§ 66 Rn 12, 13), als auch an ihre Stelle tretende oder zusätzliche Liquidatoren, ferner die Beendigung des Amtes eines Liquidators, soweit diese Umstände nicht auf einer gerichtlichen Ernennung oder Abberufung (Abs 4, Rn 14) beruhen. Gründe für Anmeldung können sein: Auflösung der Ges, die zur Anmeldung der ersten Liquidatoren führt (Rn 4), Tod eines Liquidators, Amtsniederlegung (§ 66 Rn 29 ff), Abberufung durch Ges (§ 66 Rn 24 f),

---

[1] Einschr OLG Hamm BB 1987, 2183.
[2] Siehe hierzu BT-Drucks 16/960, 47.

Bestellung neuer Liquidatoren durch Ges nach § 66 I. Die …idatoren sind unter dieser Bezeichnung mit Vornamen, Familiennamen, …urtsdatum u Wohnort einzutragen (§ 43 Nr 4 b HRV).

3 **2. Vertretungsbefugnis.** Zur Eintragung in das HR ist – e… GFührer – auch anzumelden, welche Vertretungsbefugnis (§ … Liquidatoren haben.[3] Dabei ist abstrakte (generelle) Vertretung… IV für zugeben, nicht dagegen bei jedem einzelnen Liquidator des… die Vertretungsbefugnis.[4] Kann Ges einen oder mehrere Liquidatoren… auch Alleinvertretungsbefugnis des einzigen Liquidators einzutre… abstrakter Vertretungsregelung abweichende konkrete Vertretungs… sind zusätzlich anzumelden u einzutragen.[6] Ferner ist anzumelden u… gen Befreiung vom Verbot des Selbstkontrahierens.[7] Änderungen … tretungsregelung sind ebenfalls anzumelden u einzutragen. Wird zunä… **ein Liquidator** bestellt, genügt – entgegen teilweiser vertretener A… Anmeldung seiner alleinigen Vertretungsmacht nicht.[8] Vielmehr mus… hier die „abstrakte", dh die generell für ein mehrköpfiges Organ ge… Vertretungsregel zur Eintragung angemeldet werden. Die Rechtslage spricht hier derjenigen in §§ 8 IV, 10 I 2.

III. Anmeldepflicht, Abs 1

1. Anmeldung der ersten Liquidatoren. Abs 1 ist insofern irreführend, 4
als er Anmeldung der ersten Liquidatoren durch die GFührer vorschreibt.[9] Da Anmeldepflicht der Ges obliegt u die Vertretungsmacht der GFührer mit Auflösung der Ges erlischt, können nur die nunmehr zur Vertretung der Ges berufenen ersten Liquidatoren selbst die Anmeldung vornehmen.[10] Allerdings sind nach § 66 I idR die GFührer zugleich die ersten Liquidatoren (§ 66 Rn 12). Im seltenen Fall, dass Auflösung Satzungsänderung voraussetzt (§ 65 Rn 15), tritt Auflösung erst mit Eintragung der Satzungsänderung ein, so dass GFührer bis dahin noch anmeldungsbefugt u -verpflichtet sind.[11] Anmeldung

---

[3] BayObLG GmbHR 1994, 478, 479.

[4] BGH DStR 2007, 1452; Ulmer/*Paura* Rn 5; Hachenburg/*Hohner* Rn 4; *Reymann* GmbHR 2009, 176, 177; Rowedder/Schmidt-Leithoff/*Rasner* Rn 2; Scholz/*Schmidt* Rn 4; Michalski/*Nerlich* Rn 9; für GFührer § 8 Rn 15.

[5] BGH DStR 2007, 1452; Ulmer/*Paura* Rn 5; Hachenburg/*Hohner* Rn 4; Michalski/*Nerlich* Rn 9; für GFührer § 8 Rn 15.

[6] Hachenburg/*Hohner* Rn 4; Rowedder/Schmidt-Leithoff/*Rasner* Rn 2; für GFührer § 8 Rn 15 aE.

[7] Rowedder/Schmidt-Leithoff/*Rasner* Rn 2; Michalski/*Nerlich* Rn 9; für GFührer § 8 Rn 15. Dazu auch § 68 Rn 4 mN.

[8] BGH DStR 2007, 1452; Ulmer/*Paura* Rn 5; *Reymann* GmbHR 2009, 176, 177; **AM** Hachenburg/*Hohner* Rn 4 bei Fn 7; Rowedder/Schmidt-Leithoff/*Rasner* Rn 2; *Lutter*/Hommelhoff/*Kleindiek* Rn 9; OLG Hamm BB 1987, 2183; Roth/*Altmeppen* Rn 3; Scholz/*Schmidt* Rn 4.

[9] Scholz/*Schmidt* Rn 8; Rowedder/Schmidt-Leithoff/*Rasner* Rn 3; *Reymann* GmbHR 2009, 176, 177.

[10] OLG Oldenburg GmbHR 2005, 367, 368; BayObLG GmbHR 1994, 478, 479; LG Bielefeld NJW 1987, 1089; Ulmer/*Paura* Rn 8; Roth/*Altmeppen* Rn 5; Hachenburg/*Hohner* Rn 8; *Lutter*/Hommelhoff/*Kleindiek* Rn 2; Rowedder/Schmidt-Leithoff/*Rasner* Rn 3; Scholz/*Schmidt* Rn 8; Michalski/*Nerlich* Rn 10; *Wicke* Rn 2.

[11] BayObLG GmbHR 1994, 478, 479; Ulmer/*Paura* Rn 9; Hachenburg/*Hohner* Rn 8; Scholz/*Schmidt* Rn 8; Rowedder/Schmidt-Leithoff/*Rasner* Rn 3; *Lutter*/Hommelhoff/*Kleindiek* Rn 2; Roth/*Altmeppen* Rn 6; Michalski/*Nerlich* Rn 10.

… kann u sollte mit Anmeldung der Auflösung nach § 65 I
der Liquid…rden (§ 65 Rn 11). Zusätzlich ist nach § 39 I Wegfall der
verbund…fugnis der bisherigen GFührer anzumelden, soweit andere Per-
…uidatoren bestimmt worden sind.[12] Pflicht, die ersten Liquidato-
Vert…lden, besteht auch, wenn kein verteilungsfähiges Vermögen vor-
sor… u sogleich das Erlöschen der Firma angemeldet wird,[13] auch im
… § 60 I Nr 5 (§ 60 Rn 63 ff).

…Anmeldung von Veränderungen.** Spätere Veränderungen in der …n der Liquidatoren u in ihrer Vertretungsbefugnis sind von den jeweils …n zur Vertretung der Ges berufenen Liquidatoren zur Eintragung in das …R anzumelden. Ein aus dem Amt geschiedener Liquidator kann Beendi…ung seines Amtes nicht mehr anmelden; er hat aber gegen Ges Anspruch, …ass diese die Anmeldung vornehme, durchsetzen kann er den Anspruch notfalls über einen nach §§ 29, 48 BGB zu bestellenden Notliquidator.[14]

6 **3. Zahl der Anmeldenden.** Die Anmeldungen nach Abs 1 müssen nicht von sämtlichen Liquidatoren abgegeben werden (vgl § 78); es genügt Anmeldung in der für Vertretung der Ges erforderlichen Zahl.[15] Fehlt diese Zahl (zu dieser § 68 Rn 2, 4 ff), sind ggf entspr §§ 29, 48 I BGB Notliquidatoren (§ 66 Rn 32) zu bestellen.[16]

7 **4. Zwang zur Anmeldung.** Die Anmeldung wird nach § 14 HGB durch Zwangsgeld erzwungen,[17] es sei denn, dass Auflösung der Ges von noch nicht eingetragener Satzungsänderung abhängt.[18] Erzwingungsverfahren richtet sich gegen die für die Ges als Liquidatoren handelnden natürlichen Personen und nicht gegen Ges, obwohl im Grunde jene Pflichtenträger ist.[19] Ist Liquidator selber juristische Person, unterliegen deren gesetzliche Vertreter dem Registerzwang.[20]

IV. Form der Anmeldung

8 Die Anmeldungen sind nach § 12 I HGB in **öffentlich beglaubigter Form** einzureichen. Adressat ist das nach §§ 376, 374 Nr 1 FamFG bzw nach § 125 FGG zuständige Gericht.

---

12 OLG Köln BB 1984, 1066 f; Hachenburg/*Hohner* Rn 7; Rowedder/Schmidt-Leithoff/*Rasner* Rn 2; *Lutter*/Hommelhoff/*Kleindiek* Rn 5; Scholz/*Schmidt* Rn 8. **AM** BayObLG GmbHR 1994, 480 f (in Anmeldung der Liquidatoren liegt gleichzeitig die Erklärung, dass die Vertretungsbefugnis der bisherigen Gführer erloschen ist); Roth/*Altmeppen* Rn 4; Michalski/*Nerlich* Rn 9.

13 BayObLG WM 1982, 1288, 1290; Scholz/*Schmidt* Rn 4; *Lutter*/Hommelhoff/*Kleindiek* Rn 2; Michalski/*Nerlich* Rn 10.

14 Scholz/*Schmidt* Rn 8; Ulmer/*Paura* Rn 10; Hachenburg/*Hohner* Rn 9; Rowedder/Schmidt-Leithoff/*Rasner* Rn 3; Michalski/*Nerlich* Rn 11.

15 Ulmer/*Paura* Rn 12; Hachenburg/*Hohner* Rn 11; Scholz/*Schmidt* Rn 8; Rowedder/Schmidt-Leithoff/*Rasner* Rn 3; Roth/*Altmeppen* Rn 5; Michalski/*Nerlich* Rn 11.

16 Hachenburg/*Hohner* Rn 11; Rowedder/Schmidt-Leithoff/*Rasner* Rn 3; Michalski/*Nerlich* Rn 11; einschr Scholz/*Schmidt* Rn 8.

17 Ulmer/*Paura* Rn 11; Hachenburg/*Hohner* Rn 10; Scholz/*Schmidt* Rn 13; *Lutter*/Hommelhoff/*Kleindiek* Rn 2; Michalski/*Nerlich* Rn 14.

18 Hachenburg/*Hohner* Rn 10; Michalski/*Nerlich* Rn 14.

19 Scholz/*Schmidt* Rn 13.

20 Scholz/*Schmidt* Rn 13.

V. Anlagen zur Anmeldung, Abs 2

9 Nach Abs 2 sind der Anmeldung folgende **Urkunden** in Urschrift oder in öffentlich beglaubigter Abschrift beizufügen: Urkunden über Bestellung, über Abberufung (Protokoll des GfterBeschlusses nach § 66 I), über Amtsniederlegung (Schreiben des Liquidators an Ges), Sterbeurkunde im Falle des Todes des Liquidators, Urteil oder Verwaltungsakt, aus dem sich zur Beendigung des Amtes führender Ausschlussgrund (§ 66 Rn 5) ergibt. Folgt Bestellung aus GesVertrag, genügt Hinweis auf diesen mit Versicherung, dass anderslautender GfterBeschluss nicht gefasst worden ist und keine weiteren Liquidatoren bestellt wurden.[21] Ferner sind in entsprechender Weise die Urkunden beizufügen, aus denen sich Vertretungsbefugnis oder ihre Änderung ergibt.[22] Gericht kann nach § 26 FamFG bzw § 12 FGG weitere Ermittlungen betreiben.

VI. Versicherung, Abs 3

10 **1. Inhalt der Versicherung.** Abs 3 schreibt für die Liquidatoren – entspr der Regelung für GFührer nach §§ 8 III, 39 III – vor, dass diese in der Anmeldung zweifache Versicherung abzugeben haben: Sie haben zu versichern, dass ihrer Bestellung keines der in § 6 II 2 Nr 2 und 3 sowie in S 3 genannten „Berufsverbote" (§ 66 Rn 5) entgegensteht u dass sie entspr § 53 II BZRG über ihre unbeschränkte Auskunftspflicht über solche Verurteilungen belehrt worden sind die nach § 32 II BZRG nicht oder nur nach § 32 III, IV BZRG in ein Führungszeugnis aufzunehmen sind. Gesetz zur Umsetzung der Aktionärsrichtlinie (ARUG)[23] hat Wortlaut des Abs 3 Satz 1 an § 8 III 1 angepasst und dadurch Inhalt der Erklärung zur Inhabilität von GFührern und Liquidatoren angeglichen. Versicherung bezieht sich danach nicht auf § 6 II 2 Nr 1. Die Belehrung kann nach Abs 3 S 2 iVm § 8 III 2 auch durch Notar (nicht notwendigerweise durch Anmeldung oder Versicherung beglaubigenden Notar) erteilt werden.[24] Auf Geschäftsfähigkeit u das Fehlen eines Betreuers erstreckte sich vor Inkrafttreten des MoMiG Versicherung nicht.[25] Mit Inkrafttreten des MoMiG wollte Gesetzgeber von bisheriger Rechtslage nicht abweichen. Soweit Gesetzgeber versäumt hat, als Folge der Änderung des § 66 IV den § 67 III anzupassen, handelt es sich um ein Redaktionsversehen.[26] Dieses hat das ARUG nunmehr beseitigt. Einzelheiten § 8 Rn 11 ff. Sinn und Zweck der Versicherung ist es, dem Registergericht Prüfung zu erleichtern, ob Verbotstatbestand vorliegt. Insb soll durch Versicherung Einholung einer Auskunft am Bundeszentralregister überflüssig gemacht werden.[27]

---

[21] Rowedder/Schmidt-Leithoff/*Rasner* Rn 5; Scholz/*Schmidt* Rn 11; Michalski/*Nerlich* Rn 10. **AM** LG Bremen ZIP 1994, 1186 (Versicherung nicht erforderlich); Roth/*Altmeppen* Rn 12; *Lutter*/Hommelhoff/*Kleindiek* Rn 7; wohl auch Hachenburg/*Hohner* Rn 12.

[22] Hachenburg/*Hohner* Rn 12; Scholz/*Schmidt* Rn 11; Michalski/*Nerlich* Rn 6.

[23] BT-Drucks 16/13098, S 50, 63.

[24] Dazu LG Bremen GmbHR 1999, 865 f.

[25] *Deutler* GmbHR 1992, 252, 253.

[26] OLG München ZIP 2009, 1320, 1321.

[27] OLG München ZIP 2009, 1320, 1321.

11 **2. Die zur Versicherung verpflichteten Personen.** Zu der Versicherung nach Abs 3 ist **jeder** das Amt übernehmende **Liquidator** verpflichtet, auch derjenige, der als GFührer nach § 66 I geborener Liquidator ist,[28] ferner derjenige, der bereits als GFührer solche Versicherung abgegeben hat, weil Liquidator nicht das alte Amt fortsetzt, sondern neues antritt und erneut sichergestellt werden soll, dass keine persönlichen Mängel gegeben sind.[29] Die Versicherung müssen auch diejenigen Liquidatoren abgeben, die an Anmeldung nach Abs 1 nicht mitwirken (Rn 6).[30] Ist juristische Person oder Personenhandelsges Liquidator (§ 66 Rn 6, 7), trifft Versicherungsverpflichtung deren gesetzliche Vertreter. Nicht zur Versicherung verpflichtet sind gerichtlich bestellte Liquidatoren (Rn 15).

12 **3. Form der Versicherung; Strafbarkeit.** Versicherung ist als Teil der Anmeldung nach § 12 I HGB ebenfalls in öffentlich beglaubigter Form abzugeben. Unrichtige Versicherung ist strafbar nach § 82 I Nr 5 (§ 82 Rn 59 ff).

VII. Eintragung gerichtlicher Ernennung u Abberufung von Liquidatoren, Abs 4

13 **1. Eintragung von Amts wegen.** Werden nach § 66 II (§ 66 Rn 18 ff), nach § 66 V 2 (§ 66 Rn 39) oder im Falle der Nachtragsliquidation (§ 66 Rn 34) Liquidatoren vom Gericht bestellt, veranlasst dieses die Eintragung in das HR. Dasselbe gilt, wenn Gericht Liquidatoren auf Antrag nach § 66 III 1 (§ 66 Rn 26 ff) abberuft. Eintragung von Amts wegen findet ferner statt, wenn Gericht analog §§ 29, 48 I BGB Notliquidator bestellt oder abberufen (§ 66 Rn 32) hat,[31] ebenso im Falle des § 38 II 2 KWG (§ 66 Rn 35). Eintragung von Amts wegen erstreckt sich auch auf jeweilige Vertretungsbefugnis.

14 **2. Versicherung nach Abs 3.** Vom Gericht bestellte Liquidatoren brauchen Versicherung nach Abs 3 (Rn 10 ff) nicht abzugeben.[32] Es ist Sache des Gerichts, Bestellungsvoraussetzungen von Amts wegen (§ 26 FamFG bzw § 12 FGG)[33] zu prüfen. Eine im Bestellungsverfahren oder vor Eintragung dennoch eingeholte Versicherung ist nicht nach § 82 I Nr 5 strafbewehrt (§ 82 Rn 59).

---

[28] BayObLG WM 1982, 1288, 1290 f; Ulmer/*Paura* Rn 16; *Lutter*/Hommelhoff/*Kleindiek* Rn 8; Roth/*Altmeppen* Rn 11; Michalski/*Nerlich* Rn 15.

[29] BayObLG WM 1982, 1291, 1292; Hachenburg/*Hohner* Rn 15; *Lutter*/Hommelhoff/*Kleindiek* Rn 8; Michalski/*Nerlich* Rn 15; Rowedder/Schmidt-Leithoff/*Rasner* § 66 Rn 12; (es sei denn, er hat die Versicherung als GFührer kurz vorher abgegeben) BayObLG BB 1987, 1625, 1626; einschr Scholz/*Schmidt* Rn 12.

[30] Scholz/*Schmidt* Rn 12; Michalski/*Nerlich* Rn 15.

[31] Hachenburg/*Hohner* Rn 14; Scholz/*Schmidt* Rn 6; Rowedder/Schmidt-Leithoff/*Rasner* Rn 3 in Fn 33; Michalski/*Nerlich* Rn 6.

[32] *Lutter*/Hommelhoff/*Kleindiek* Rn 8; Roth/*Altmeppen* Rn 11; davon geht auch BayObLG BB 1987, 1625, 1626 aus. **AM** Hachenburg/*Hohner* Rn 15; Rowedder/Schmidt-Leithoff/*Rasner* § 66 Rn 20 (Abgabe der Versicherung im Bestellungsverfahren); Scholz/*Schmidt* Rn 12; Michalski/*Nerlich* Rn 15.

[33] BayObLG WM 1982, 168, 169; Roth/*Altmeppen* Rn 11.

VIII. Eintragung und Bekanntmachung

1. Inhalt. Für Eintragung gilt § 43 Nr 4 HRV: Liquidatoren sind mit Vornamen, Familiennamen, Geburtsdatum u Wohnort einzutragen. Zeitpunkt der Bestellung oder Abberufung wird nicht eingetragen.[34] Die Bekanntmachung richtet sich nach §§ 10, 11 HGB. 15

2. Wirkung. Eintragung u Bekanntmachung haben nur deklaratorische Wirkung.[35] Insbes hängen Beginn u Beendigung des Amtes als Liquidator nicht von Eintragung u Bekanntmachung ab. Folgen unterlassener Eintragung u Bekanntmachung richten sich nach § 15 I, II HGB, die unrichtiger Bekanntmachung nach § 15 III HGB. Das gilt auch für nach Abs 4 von Amts wegen bewirkte Eintragungen.[36] 16

Zeichnung der Liquidatoren

68 (1) [1] **Die Liquidatoren haben in der bei ihrer Bestellung bestimmten Form ihre Willenserklärungen kundzugeben und für die Gesellschaft zu zeichnen.** [2] **Ist nichts darüber bestimmt, so muß die Erklärung und Zeichnung durch sämtliche Liquidatoren erfolgen.**

(2) **Die Zeichnungen geschehen in der Weise, daß die Liquidatoren der bisherigen, nunmehr als Liquidationsfirma zu bezeichnenden Firma ihre Namensunterschrift beifügen.**

Übersicht

Lit: *Reymann,* Die Vertretungsbefugnis der Liquidatoren bei der GmbH – Zugleich eine Besprechung des BGH-Urt. v. 27. 10. 2008 – II ZR 225/07, GmbHR 2009, 176; *Wälzholz,* Die Vertretung der GmbH im Liquidationsstadium, GmbHR 2002, 305.

---

[34] Scholz/*Schmidt* Rn 4; Michalski/*Nerlich* Rn 8.

[35] *Lutter*/Hommelhoff/*Kleindiek* Rn 10; Scholz/*Schmidt* Rn 5; *Wicke* Rn 4; Rowedder/Schmidt-Leithoff/*Rasner* Rn 2; Roth/*Altmeppen* Rn 2; Michalski/*Nerlich* Rn 4; *Hofmann* GmbHR 1976, 229, 233.

[36] Scholz/*Schmidt* Rn 6; *Lutter*/Hommelhoff/*Kleindiek* Rn 10.

I. Allgemeines

1 **Bedeutung der Vorschrift. Abs 1** regelt, ob mehrere Liquidatoren einzeln oder gemeinschaftlich Ges nach außen vertreten. **Abs 2** bestimmt, in welcher Weise die Liquidatoren Firma der Ges zu zeichnen haben. Der materielle Umfang ihrer Vertretungsmacht ergibt sich nicht aus § 68[1] sondern aus §§ 70, 71 IV,[2] vgl § 70 Rn 2.

II. Grundsatz: Gesamtvertretung, Abs 1

2 **1. Aktivvertretung.** Die in Abs 1 S 1 genannte „Form" der Kundgebung von Willenserklärungen durch die Liquidatoren bezieht sich – wie in § 35 II 1 – nicht auf Formvorschriften, sondern darauf, ob sie gemeinschaftlich oder einzeln zu handeln befugt sind.[3] Vorbehaltlich abweichender Regelung (Rn 4 ff) bestimmt S 2, dass mehrere Liquidatoren Willenserklärungen für Ges nur gemeinschaftlich abgeben können.[4] Dafür genügt, dass ein Liquidator mit Einwilligung der anderen handelt; auch Genehmigung durch die übrigen Liquidatoren ist möglich.[5] Ferner kann GfterVers Handeln einzelner Liquidatoren genehmigen.[6] Fällt einer von zwei gesamtvertretungsberechtigten Liquidatoren weg, erlangt verbleibender nicht Einzelvertretungsmacht.[7] Ges kann also nur vertreten werden, wenn zweiter Liquidator bestellt wird.

3 **2. Passivvertretung.** Für Wirksamkeit von Willenserklärungen, die Ges gegenüber abzugeben sind, gilt § 35 II 2–4 entspr: Willenserklärung wird auch bei Gesamtvertretung wirksam, wenn sie einem Liquidator zugegangen ist.[8] Diese Regelung ist zwingend. Sie kann weder durch GesVertrag noch durch Gfter[9] u auch nicht durch Gericht bei Bestellung von Liquidatoren nach § 66 II geändert werden. Im Falle der Führungslosigkeit der Ges gilt § 35 I 2 entsprechend.

III. Abweichende Vertretungsregelungen

4 1. Durch **Regelung im GesVertrag** kann von Gesamtvertretung abweichende Vertretungsregelung bestimmt sein, insbes Einzelvertretung, ferner Gesamtvertretung zB durch jeweils zwei von drei Liquidatoren, unechte

---

[1] Scholz/*Schmidt* Rn 2.

[2] Roth/*Altmeppen* Rn 2.

[3] Ulmer/*Paura* Rn 2; Hachenburg/*Hohner* Rn 2; Scholz/*Schmidt* Rn 10; vgl auch RG 164, 177, 181.

[4] Gesamtvertretung: BGH 121, 263, 264; BGH ZInsO 2009, 105 = ZIP 2009, 34; OLG Karlsruhe ZIP 2008, 505; *Reymann* GmbHR 2009, 176, 177; Ulmer/*Paura* Rn 3; Hachenburg/*Hohner* Rn 3; Scholz/*Schmidt* Rn 4.

[5] Scholz/*Schmidt* Rn 4.

[6] Scholz/*Schmidt* Rn 4; vgl KG JR 1926, 2354 für aufgelöste KG.

[7] BGH 121, 263, 264 f; OLG Hamburg GmbHR 1988, 67, 68; OLG Frankfurt GmbHR 1988, 68 f; *Lutter*/Hommelhoff/*Kleindiek* Rn 3; Michalski/*Nerlich* Rn 5; Rowedder/Schmidt-Leithoff/*Rasner* Rn 3; Scholz/*Schmidt* Rn 4; einschr Hachenburg/*Hohner* Rn 10; Roth/*Altmeppen* Rn 7.

[8] Ulmer/*Paura* Rn 13; Hachenburg/*Hohner* Rn 12; *Lutter*/Hommelhoff/*Kleindiek* Rn 5; Michalski/*Nerlich* Rn 6; Rowedder/Schmidt-Leithoff/*Rasner* Rn 2 (iE); Scholz/*Schmidt* Rn 7.

[9] Scholz/*Schmidt* Rn 7.

Gesamtvertretung (Rn 8). GesVertrag kann Liquidator ausdrücklich vom Verbot des Selbstkontrahierens (§ 181 BGB) befreien oder – für Einmann-Gfter-Liquidator (vgl Rn 5) – Ermächtigung zu entspr Beschluss der GfterVers erteilen. Umstritten ist, ob für GFührer geltende Vertretungsregelung auch für geborene Liquidatoren (§ 66 Rn 12) fortgilt,[10] sofern nicht GesVertrag speziell für Liquidationsfall andere Regelung trifft (§ 66 Rn 12). BGH hat nunmehr entschieden, dass die für die GFührer im GesVertrag geregelte Alleinvertretungsbefugnis sich nicht als Alleinvertretungsbefugnis der Liquidatoren fortsetzt und zwar auch dann, wenn es sich um „geborene Liquidatoren" (§ 66 Rn 12) handelt.[11] Hierfür spricht so der BGH – dass § 68 I 2 nicht nach der Art der Liquidatoren („geboren" oder „gekoren") differenziert, sondern die Aktivvertretungsbefugnis bei Vorhandensein mehrerer Liquidatoren schlechthin regelt.[12] Damit laufen Amtskontinuität und Kompetenzkontinuität grds nicht parallel. Hiervon ist auch auszugehen, wenn Satzung unechte Gesamtvertretung des GFührers mit einem Prokuristen vorsieht.[13] Dies gilt auch für Befreiung vom Verbot des Selbstkontrahierens (§ 181 BGB)[14] insbesondere für früheren GfterGFührer in EinmannGmbH.[15] Gegenauffassung vermeidet allerdings Abgrenzungsschwierigkeiten und Rechtsunsicherheit.[16] Für übrige Gfter ist Fortbestand der für GFührer geltenden Regelung unbedenklich, weil sie mit einfacher Mehrheit jederzeit andere Bestimmung treffen können (Rn 6). Die für GFührer getroffene Regelung des GesVertrages gilt aber auch nach der Gegenauffassung nicht, wenn *andere* Personen Liquidatoren werden.[17]

2. Bei **Bestellung der Liquidatoren** durch Beschluss der GfterVers (§ 66 Rn 14) kann von Gesamtvertretung abweichende Vertretungsregelung getroffen werden. Dies gilt auch dann, wenn Satzung keine abstrakte Vertretungsregel vorsieht. Dies folgt aus dem Wortlaut des § 68 I 2 („ist nichts anderes bestimmt"), der deutlich weiter ist als der in § 35 II 1 („es sei denn, 5

---

[10] Dafür OLG Saarbrücken OLGRep 2001, 227; LG Berlin Rpfleger 1987, 250; Ulmer/*Paura* Rn 4; Michalski/*Nerlich* Rn 10; Roth/*Altmeppen* Rn 4; Rowedder/Schmidt-Leithoff/*Rasner* Rn 3; Scholz/*Schmidt* Rn 5; *Eder* Rn 729.7 Fn 31; tendenziell ebenso BayObLG GmbHR 1994, 478, 479. **AM** (ausdrückliche Befreiung erforderlich) OLG Karlsruhe ZIP 2008, 505; OLG Rostock NZG 2004, 288; BayObLG GmbHR 1997, 176, 177; 1996, 56; MDR 1985, 761; OLG Zweibrücken GmbHR 1999, 237 f; OLG Düsseldorf GmbHR 1989, 465, 466; *Lutter*/Hommelhoff/*Kleindiek* Rn 2, 4; Hachenburg/*Hohner* Rn 7, 9; wohl auch KG HRR 33, Nr 1348 aE.

[11] BGH ZInsO 2009, 105, 106 = ZIP 2009, 34.

[12] BGH ZInsO 2009, 105, 106 = ZIP 2009, 34.

[13] **AM** LG Aachen RNotZ 2005, 491 f.

[14] BGH ZInsO 2009, 105, 106 = ZIP 2009, 34; OLG Karlsruhe ZIP 2008, 505, 506; OLG Rostock NZG 2004, 288; OLG Thüringen OLG Rspr-NL 2000, 168 (LS); BayObLG BB 1985, 1148, 1149; GmbHR 1996, 56; OLG Düsseldorf GmbHR 1989, 465, 466; OLG Hamm GmbHR 1997, 553.

[15] BFH BStBl II 2002, 67 ff = GmbHR 2001, 927, 931 (unklarer Sachverhalt); dazu krit *Neusel* 933; *Wälzholz* GmbHR 2002, 308 (mit Differenzierung zwischen Satzungsklausel, die zur Befreiung des GFührer von § 181 BGB durch einfachen GfterBeschluss ermächtigt, u individuellem Befreiungsbeschluss), zust *Hintzen* EWiR 2001, 1023, 1024; BayObLG GmbHR 1996, 56, 57; OLG Zweibrücken GmbHR 1999, 237, 238.

[16] Siehe die Darstellung der teilw widerspr Rspr bei *Wälzholz* GmbHR 2002, 305, 306 f.

[17] Michalski/*Nerlich* Rn 10; Rowedder/Schmidt-Leithoff/*Rasner* Rn 3; Scholz/*Schmidt* Rn 5; *Wälzholz* GmbHR 2002, 305, 306.

dass der Gesvertrag etwas anderes bestimmt").[18] Damit darf GfterVers auch von Bestimmung des GesVertrages im Wege einer Einzelfallregelung abweichen.[19] Dafür genügt, wenn GesVertrag nichts anderes vorschreibt, einfache Mehrheit. Voraussetzungen einer Änderung des GesVertrages (§§ 53, 54) brauchen nicht erfüllt zu sein.[20] GfterVers darf Liquidator auch vom **Verbot des Selbstkontrahierens** (§ 181 BGB) **befreien.**[21] Für EinmannGfter-Liquidator setzt Befreiung aber entspr Ermächtigung im GesVertrag voraus.[22]

6 **3. Nachträgliche Vertretungsregelung.** Vertretungsregelung kann entgegen zu engem Wortlaut der Norm auch nach Bestellung jederzeit durch GfterVers mit einfacher Mehrheit getroffen oder geändert werden, wenn GesVertrag nicht andere Mehrheit vorschreibt.[23]

7 **4. Delegation der Vertretungsregelung.** GesVertrag kann Zuständigkeit zur Vertretungsregelung auf anderes GesOrgan, insbes auf Aufsichtsrat übertragen.[24] Zur Regelung der Vertretungsbefugnis der GFührer § 35 Rn 69 ff.

8 **5. Unechte Gesamtvertretung.** Auch aufgelöste Ges kann noch Prokuristen haben (§ 69 Rn 18). Demgem kann auch Vertretung der Ges gemeinschaftlich durch einen Liquidator u durch einen Prokuristen bestimmt werden.[25] Dabei kann allerdings Liquidator als organschaftlicher Vertreter nicht an Mitwirkung des Prokuristen gebunden werden,[26] wohl aber Prokurist an Mitwirkung des Liquidators. Zulässig auch Regelung, nach der zwei Liquidatoren nur jeweils gemeinschaftlich handeln können oder jeder von ihnen allein zusammen mit einem Prokuristen.[27] Näheres zur unechten Gesamtvertretung § 35 Rn 111 ff.

9 **6. Bestimmung durch Registergericht.** Bei **gerichtlicher Bestellung der Liquidatoren** nach § 66 II (§ 66 Rn 18 ff) kann Gericht die Vertre-

---

[18] Rowedder/Schmidt-Leithoff/*Rasner* Rn 4; *Reymann* GmbHR 2009, 176, 177.

[19] BGH ZInsO 2009, 105, 106 = ZIP 2009, 34; *Lutter*/Hommelhoff/*Kleindiek* Rn 2; Rowedder/Schmidt-Leithoff/*Rasner* Rn 4; Scholz/*Schmidt* Rn 5; *Eder* Rn 729.7; offengelassen KG HRR 33, Nr 1348. **AM** Hachenburg/*Hohner* Rn 5.

[20] *Lutter*/Hommelhoff/*Kleindiek* Rn 2; Ulmer/*Paura* Rn 6; Michalski/*Nerlich* Rn 8; Rowedder/Schmidt-Leithoff/*Rasner* Rn 4. – **AM** (qualifizierte Mehrheit) Hachenburg/*Hohner* Rn 5; Michalski/*Nerlich* Rn 9; Scholz/*Schmidt* Rn 5.

[21] Für GFührer § 35 Rn 132. **AM** (Ermächtigung im GesVertrag erforderlich) BayObLG BB 1985, 1148, 1149; OLG Hamm GmbHR 1997, 553, 554; LG Berlin Rpfleger 1987, 250; Hachenburg/*Hohner* Rn 9; Scholz/*Schmidt* Rn 5; *Reymann* GmbHR 2009, 176, 177; *Wälzholz* GmbHR 2002, 305, 306; Ulmer/*Paura* Rn 9.

[22] Für GFührer § 35 Rn 140.

[23] BGH ZInsO 2009, 105, 106 = ZIP 2009, 34; Hachenburg/*Hohner* Rn 6; Michalski/*Nerlich* Rn 7; *Reymann* GmbHR 2009, 176, 177; Rowedder/Schmidt-Leithoff/*Rasner* Rn 4; Scholz/*Schmidt* Rn 5.

[24] Ulmer/*Paura* Rn 8; Hachenburg/*Hohner* Rn 8; Michalski/*Nerlich* Rn 7; Scholz/*Schmidt* Rn 5; einschränkend (nur in den Grenzen des § 269 III 2 AktG) Rowedder/Schmidt-Leithoff/*Rasner* Rn 4.

[25] Ulmer/*Paura* Rn 12; Hachenburg/*Hohner* Rn 13; *Lutter*/Hommelhoff/*Kleindiek* Rn 2; Michalski/*Nerlich* Rn 12; Rowedder/Schmidt-Leithoff/*Rasner* Rn 5; Scholz/*Schmidt* Rn 5.

[26] Michalski/*Nerlich* Rn 12; Rowedder/Schmidt-Leithoff/*Rasner* Rn 5; Scholz/*Schmidt* Rn 5.

[27] Scholz/*Schmidt* Rn 5.

tungsregelung treffen.[28] Gleiches gilt bei Abberufung gem § 66 III, denn Einschränkung der Vertretungsmacht ist ggü Abberufung das mildere Mittel.[29] Trifft es keine Regelung, ist die vom GesVertrag für die Liquidatoren getroffene Regelung maßgebend, fehlt eine solche, besteht nach Abs 1 S 2 Gesamtvertretung.[30] GfterVers kann Vertretung der gerichtlich bestellten Liquidatoren nicht regeln.[31] Für gerichtliche Bestellung der Notliquidatoren nach §§ 29, 48 I BGB (§ 66 Rn 32) gilt dasselbe,[32] ferner für gerichtliche Bestellung nach § 66 V 2 (§ 66 Rn 39), im Falle einer Nachtragsliquidation (§ 66 Rn 34) sowie bei Bestellung nach § 38 II KWG (§ 66 Rn 35).

IV. Zeichnung, Abs 2

1. Form der Zeichnung. Für Abgabe schriftlicher Erklärungen im Namen der Ges bestimmt Abs 2 für die Liquidatoren dasselbe wie für die GFührer. Für Letztere folgt die Pflicht allerdings nicht mehr aus § 35 III, sondern allgemein aus den §§ 164 ff BGB. Der Liquidator hat die Firma der Ges (Rn 11) anzugeben u dieser die Namensunterschrift – hinzuzufügen. Dabei braucht Firma der Ges nicht handschriftlich gezeichnet zu werden.[33] 10

2. Firma der aufgelösten Ges bleibt unverändert; ihr ist aber Zusatz beizufügen, der sie als Liquidationsfirma kennzeichnet, zB „in Liquidation", „in Liqu.", „i. L.", „in Abwicklung" oder auch „i. A." (denn Verwechslung mit ehemaligen Treuhandgesetz-GmbH „im Aufbau"[34] ist nicht mehr zu befürchten).[35] Zur Veräußerung der Firma während der Abwicklung § 69 Rn 23 (vgl § 4 Rn 19). 11

3. Handeln im Namen der Ges. Auch ohne Einhaltung des Abs 2 kann für AbwicklungsGes gehandelt werden. Es genügt, dass sich aus Umständen ergibt, dass Liquidator im Namen der Ges handeln will.[36] Auch Zugang einer Willenserklärung setzt korrekte Firmenbezeichnung nicht voraus.[37] 12

4. Rechtsfolgen von Verstößen gegen Abs 2. Regelung ist nicht bloße Ordnungsvorschrift. Zusatz, der auf Abwicklung hinweist, dient dem Ver- 13

---

[28] Ulmer/*Paura* Rn 11; Hachenburg/*Hohner* Rn 11; *Wicke* Rn 4; *Lutter*/Hommelhoff/*Kleindiek* Rn 3; Michalski/*Nerlich* Rn 13; Rowedder/Schmidt-Leithoff/*Rasner* Rn 7; Scholz/*Schmidt* § 66 Rn 22.

[29] *Lutter*/Hommelhoff/*Kleindiek* Rn 3; Michalski/*Nerlich* Rn 13; Roth/*Altmeppen* Rn 11.

[30] BGH ZInsO 2009, 105 f = ZIP 2009, 34; Michalski/*Nerlich* Rn 13; Ulmer/*Paura* Rn 11; Scholz/*Schmidt* § 66 Rn 22.

[31] Hachenburg/*Hohner* Rn 11; *Lutter*/Hommelhoff/*Kleindiek* Rn 3; Michalski/*Nerlich* Rn 13; Rowedder/Schmidt-Leithoff/*Rasner* Rn 7.

[32] Hachenburg/*Hohner* Rn 11.

[33] Hachenburg/*Hohner* Rn 14; Michalski/*Nerlich* Rn 15.

[34] **AM** Roth/*Altmeppen* Rn 14; Heybrock/*Löffler* Rn 11.

[35] Roth/*Altmeppen* Rn 14; Hachenburg/*Hohner* Rn 15; Michalski/*Nerlich* Rn 14; Scholz/*Schmidt* Rn 9; Rowedder/Schmidt-Leithoff/*Rasner* Rn 8; *Lutter*/Hommelhoff/*Kleindiek* Rn 7.

[36] Hachenburg/*Hohner* Rn 14; *Lutter*/Hommelhoff/*Kleindiek* Rn 7 („allg Auslegungsregeln"); Michalski/*Nerlich* Rn 16; Scholz/*Schmidt* Rn 9.

[37] Michalski/*Nerlich* Rn 16; Scholz/*Schmidt* Rn 9; vgl für eine Zustellung BFH BStBl 1965 III, 468, 469.

kehrsschutz.[38] Unterlassen des Zusatzes kann beim Geschäftspartner zu Irrtum über verkehrswesentliche Eigenschaft iSd § 119 II BGB führen u zur Anfechtung berechtigen,[39] in seltenen Fällen auch gem § 123 I BGB.[40] Ferner kann sich Schadensersatzpflicht der Ges aus Verschulden bei Vertragsschluss (§§ 280 I, 311 II iVm 241 II BGB) ergeben,[41] für die Liquidatoren der Ges nach §§ 71 IV, 43 I, II einzustehen haben.[42] Abs 2 ist Schutzgesetz iSd § 823 II BGB.[43] Für Vertrauenshaftung der Liquidatoren nach den Grundsätzen der Sachwalterhaftung (vgl § 43 Rn 71 ff) werden im Zusammenhang mit Firmengebrauch ohne Zusatz idR Voraussetzungen (insbes Inanspruchnahme persönlichen Vertrauens in besonderem Maße) fehlen.[44]

Rechtsverhältnisse von Gesellschaft und Gesellschaftern

69 (1) **Bis zur Beendigung der Liquidation kommen ungeachtet der Auflösung der Gesellschaft in bezug auf die Rechtsverhältnisse derselben und der Gesellschafter die Vorschriften des zweiten und dritten Abschnitts zur Anwendung, soweit sich aus den Bestimmungen des gegenwärtigen Abschnitts und aus dem Wesen der Liquidation nicht ein anderes ergibt.**

(2) **Der Gerichtsstand, welchen die Gesellschaft zur Zeit ihrer Auflösung hatte, bleibt bis zur vollzogenen Verteilung des Vermögens bestehen.**

Übersicht

[38] *Haas,* Geschäftsführerhaftung 104; Michalski/*Nerlich* Rn 17; Rowedder/Schmidt-Leithoff/*Rasner* Rn 9.

[39] Roth/*Altmeppen* Rn 16; *Lutter*/Hommelhoff/*Kleindiek* Rn 6; Heybrock/*Löffler* Rn 12; Ulmer/*Paura* Rn 16; Rowedder/Schmidt-Leithoff/*Rasner* Rn 10; Scholz/*Schmidt* Rn 9; (in seltenen Einzelfällen) Michalski/*Nerlich* Rn 18; Hachenburg/*Hohner* Rn 16.

[40] Michalski/*Nerlich* Rn 19; großzügiger: Rowedder/Schmidt-Leithoff/*Rasner* Rn 10; Ulmer/*Paura* Rn 16.

[41] Ulmer/*Paura* Rn 17; Roth/*Altmeppen* Rn 17; *Lutter*/Hommelhoff/*Kleindiek* Rn 6; Michalski/*Nerlich* Rn 20; Rowedder/Schmidt-Leithoff/*Rasner* Rn 10; (in seltenen Einzelfällen) Hachenburg/*Hohner* Rn 16.

[42] Michalski/*Nerlich* Rn 20; Roth/*Altmeppen* Rn 11; Rowedder/Schmidt-Leithoff/*Rasner* Rn 10; Scholz/*Schmidt* Rn 12.

[43] Sehr str, wie hier OLG Naumburg OLGRep 2000, 482; OLG Stuttgart NJW-RR 1986, 836; OLG Frankfurt aM GmbHR 1992, 537, 538; 1998, 789; Gottwald/*Haas* InsOHdb § 92 Rn 247; Michalski/*Nerlich* Rn 21; Roth/*Altmeppen* Rn 19; Heybrock/*Löffler* Rn 12; Rowedder/Schmidt-Leithoff/*Rasner* Rn 10; Scholz/*Schmidt* Rn 13. **AM** Ulmer/*Paura* Rn 19; *Lutter*/Hommelhoff/*Kleindiek* Rn 6; *Canaris* FS Lorenz, 1973, 27, 60; offen gelassen bei *Wicke* Rn 6.

[44] Undeutlich Rowedder/Schmidt-Leithoff/*Rasner* Rn 10. – Wie hier Roth/*Altmeppen* Rn 18.

I. Allgemeines

Bedeutung der Vorschrift. Die seit 1892 unveränderte Bestimmung 1 bringt allg Grundsatz zum Ausdruck, dass aufgelöste Ges in Identität mit vormals werbender Ges bis Vollbeendigung fortexistiert.[1] Sie regelt unvollkommen Innen- u Außenverhältnis der aufgelösten Ges. Abw vom Wortlaut gelten auch Vorschriften des ersten (Rn 2), des vierten (Rn 20 ff) u des sechsten (Rn 24) Abschnitts.[2] Anwendbarkeit der allg Bestimmungen steht unter Vorbehalt der Sonderregeln des fünften Abschnitts u alternativ[3] unter weiterem Vorbehalt, dass nicht das „Wesen der Liquidation", dh der Abwicklungszweck,[4] Abweichungen verlangt.

II. Anwendbare Vorschriften, Abs 1

1. Erster Abschnitt. Die Vorschriften des 1. Abschnitts gelten nicht, 2 soweit sich ihr Inhalt in Regelung der Errichtung der Ges erschöpft. Soweit sie aber für entstandene Ges von Bedeutung sind, kommt ihre Anwendung auch im Liquidationsstadium in Betracht. So sind anwendbar: **§ 3 II.** Neben- und Sonderleistungspflichten können je nach Auslegung des GesVertrags fort-

[1] BGH ZInsO 2006, 260, 261; OLG Köln GmbHR 1985, 23, 24; VG Gießen ZIP 2005, 2074, 2075 f; Scholz/*Schmidt* Rn 1; Ulmer/*Paura* Rn 1; Roth/*Altmeppen* Rn 1; *Lutter*/Hommelhoff/*Kleindiek* Rn 1; Michalski/*Nerlich* Rn 1; Rowedder/Schmidt-Leithoff/*Rasner* Rn 1.

[2] Roth/*Altmeppen* Rn 2; Scholz/*Schmidt* Rn 9; *Lutter*/Hommelhoff/*Kleindiek* Rn 3; Michalski/*Nerlich* Rn 3; Rowedder/Schmidt-Leithoff/*Rasner* Rn 1.

[3] Ulmer/*Paura* Rn 4; Rowedder/Schmidt-Leithoff/*Rasner* Rn 1; Michalski/*Nerlich* Rn 3.

[4] OLG Köln GmbHR 1985, 23, 24; *Hofmann* GmbHR 1976, 229, 233; Scholz/*Schmidt* Rn 9.

bestehen.[5] **§ 4.** Die Bezeichnung GmbH unter Berücksichtigung des Zusatzes des § 68 II (§ 68 Rn 11) ist weiterhin zu führen, Zusatz führt nicht zur Firmenänderung;[6] auch für die aufgelöste Ges gilt das Firmenrecht der §§ 6 I, 17 ff HGB; zur Änderung der Firma in der Abwicklung Rn 23. **§ 4 a** gilt ebenfalls.[7] **§ 6 II 2, 3** gilt gem § 66 IV (§ 66 Rn 5); auch **§ 6 III 1** ist anzuwenden.[8] **§ 8 III 2** gilt gem § 67 III 2 (§ 67 Rn 10). **§§ 9, 9 a** gelten insofern fort, als die Differenzhaftung der Gründer nach § 9 u die Schadensersatzansprüche nach § 9 a auch noch in der Abwicklung geltend gemacht werden können.[9] Dasselbe gilt für Vorbelastungshaftung der Gründer[10] aus Verlusten der Vor-GmbH (§ 11 Rn 61 ff). **§ 9 b** ist ebenfalls während der Abwicklung anzuwenden.[11]

3 **2. Zweiter Abschnitt. a) §§ 13 bis 18. § 13:** Grundstruktur der Ges bleibt unangetastet. Sie ist weiter rechts- und parteifähige jur Person und Handelsgesellschaft ohne persönliche Haftung der Gfter für GesVerbindlichkeiten.[12] **§§ 14 bis 18:** Regeln über Geschäftsanteil gelten unverändert.[13] Treuepflicht besteht grundsätzlich auch nach Auflösung der Gesellschaft bis zu deren Vollbeendigung weiter.[14] Deren Intensität kann aber mitunter deutlich abgeschwächt sein im Hinblick auf den gewandelten Geszweck. Grundsätzlich ist aber von den Gftern ein Verhalten zu erwarten, das der Abwicklung dient und dieser förderlich ist.[15] Konkreten Ausprägungen der Treuepflicht sind für den Einzelfall im Weg der Interessenabwägung zu ermitteln. Für Wettbewerbsverbot als Ausfluss der Treuepflicht folgt daraus idR, dass – wie auch ein Blick auf § 268 III AktG zeigt – dieses nur eingeschränkt Fortgeltung beanspruchen kann, nämlich dort, wo Wettbewerbstätigkeit des GFührers Abwicklungsergebnis der Ges beeinträchtigen würde.[16]

4 **b) §§ 19 bis 25. Kapitalaufbringung** wird auch während Abwicklung gesichert.[17] **Rückständige Einlagen** kann Liquidator entgegen § 46 Nr 2

---

[5] Scholz/*Schmidt* Rn 12; *Lutter*/Hommelhoff/*Kleindiek* Rn 4; Ulmer/*Paura* Rn 9; Michalski/*Nerlich* Rn 5; Rowedder/Schmidt-Leithoff/*Rasner* Rn 3.

[6] Scholz/*Schmidt* Rn 13; Roth/*Altmeppen* Rn 5; *Lutter*/Hommelhoff/*Kleindiek* Rn 4; Michalski/*Nerlich* Rn 9; Rowedder/Schmidt-Leithoff/*Rasner* Rn 1.

[7] OLG Jena ZInsO 2005, 1277, 1276; *Lutter*/Hommelhoff/*Kleindiek* Rn 4; *Wicke* Rn 2.

[8] Rowedder/Schmidt-Leithoff/*Rasner* Rn 5; Scholz/*Schmidt* Rn 14; *Lutter*/Hommelhoff/*Kleindiek* Rn 4; Michalski/*Nerlich* Rn 13.

[9] Scholz/*Schmidt* Rn 16, 17; Ulmer/*Paura* Rn 16; *Lutter*/Hommelhoff/*Kleindiek* Rn 4; Michalski/*Nerlich* Rn 16, 17.

[10] BGHZ 80, 129, 140.

[11] Scholz/*Schmidt* Rn 17; Michalski/*Nerlich* Rn 17.

[12] § 60 Rn 9; KG KGR 2004, 32; Ulmer/*Paura* Rn 18; Hachenburg/*Hohner* Rn 15; Scholz/*Schmidt* Rn 19; Michalski/*Nerlich* Rn 19; Rowedder/Schmidt-Leithoff/*Rasner* Rn 7.

[13] Hachenburg/*Hohner* Rn 16–19; Ulmer/*Paura* Rn 19 ff; Scholz/*Schmidt* Rn 20; *Lutter*/Hommelhoff/*Kleindiek* Rn 5; Rowedder/Schmidt-Leithoff/*Rasner* Rn 7; Michalski/*Nerlich* Rn 20–22; für § 15 V RG JR 1926, 1718; für §§ 15 I, 17 VI KG GmbHR 1996, 921.

[14] BGH GmbHR 1987, 349; BGHZ 103, 184, 193 f; Michalski/*Nerlich* Rn 6; Ulmer/*Paura* Rn 10; Roth/*Altmeppen* Rn 13; Lutter/Hommelhoff/*Kleindiek* Rn 2.

[15] Scholz/*Schmidt* Rn 8; Ulmer/*Paura* Rn 10.

[16] Siehe auch Ulmer/*Paura* Rn 11; Heybrock/*Löffler* Rn 10.

[17] Hachenburg/*Hohner* Rn 20–22; Ulmer/*Paura* Rn 23 ff; Rowedder/Schmidt-Leithoff/*Rasner* Rn 8; Scholz/*Schmidt* Rn 21–23; Michalski/*Nerlich* Rn 23.

ohne vorherigen u selbst bei gegenteiligem GfterBeschluss einziehen.[18] Er ist auch an in GesVertrag festgesetzte Fälligkeitstermine nicht gebunden;[19] Abwicklungszweck gibt dem der Gläubigersicherung dienenden Einlageversprechen Vorrang vor Fälligkeitsvereinbarungen der Gfter. Voraussetzung ist aber, dass Einlagen unter Beachtung des Liquidationszwecks (dazu kann auch vorläufige Fortführung des Unternehmens gehören), insbes zur Befriedigung der Gläubiger, erforderlich sind,[20] doch muss in Anspruch genommener Gfter Gegenteil beweisen.[21] Bei Einforderung muss Liquidator Gleichbehandlungsgrundsatz des **§ 19 I** beachten.[22] Allerdings verstößt es nicht gegen Gleichbehandlungsgrundsatz, wenn Liquidator vermögenslosen Gfter nicht in Anspruch nimmt.[23] Einforderung ist auch zulässig, wenn sie nach Erfüllung der Verbindlichkeiten der Ges nur noch der Vermögensverteilung unter den Gftern nach § 72 dient (§ 72 Rn 4 aE); denn auch diese gehört zur Aufgabe der Liquidatoren. Voraussetzung ist Vorlage eines Auseinandersetzungsplans.[24] Erlassverbot des **§ 19 II 1** (§ 19 Rn 19 ff), Aufrechnungsverbot des **§ 19 II 2** (§ 19 Rn 30 ff) u die sich hieraus von der hM abgeleiteten (fragwürdigen) Einschränkungen der Abtretbarkeit u Pfändbarkeit der Einlageforderung (§ 19 Rn 31 ff) gelten auch während der Abwicklung.[25] Ausnahme, wenn Ges ihren Geschäftsbetrieb vollständig u endgültig eingestellt hat u alle Gläubiger befriedigt sind oder wenn nur noch ein Gläubiger vorhanden ist, der durch Abtretung oder Pfändung der Einlageforderung befriedigt werden könnte, oder wenn zwar noch weitere Gläubiger vorhanden sind, diese ihre Ansprüche aber nicht mehr verfolgen.[26] **Kaduzierungsverfahren der §§ 21 ff** einschließlich Haftung der übrigen Gfter für Fehlbeträge nach § 24 ist auch während Abwicklung möglich.[27]

c) §§ 26 bis 28. Einforderung von **Nachschüssen** ist ohne weiteres während Abwicklung in den durch Liquidationszweck bestimmten Grenzen (Rn 4) möglich, wenn Beschluss nach § 26 I *vor* Auflösung gefasst worden **5**

[18] RGZ 138, 106, 111; Hachenburg/*Hohner* Rn 20; Rowedder/Schmidt-Leithoff/*Rasner* Rn 8; Scholz/*Schmidt* Rn 21; Roth/*Altmeppen* Rn 8; *Lutter*/Hommelhoff/*Kleindiek* Rn 5; Michalski/*Nerlich* Rn 24; *Wicke* Rn 2.

[19] Hachenburg/*Hohner* Rn 20; Scholz/*Schmidt* Rn 21; Roth/*Altmeppen* Rn 8; *Lutter*/Hommelhoff/*Kleindiek* Rn 5; Michalski/*Nerlich* Rn 24.

[20] RG WarnRspr 14, 120; Hachenburg/*Hohner* Rn 20; Rowedder/Schmidt-Leithoff/*Rasner* Rn 8; Scholz/*Schmidt* Rn 21; Roth/*Altmeppen* Rn 6; *Lutter*/Hommelhoff/*Kleindiek* Rn 5; Michalski/*Nerlich* Rn 25; ähnlich BGH NJW 1970, 469, 470.

[21] RG JW 1899, 305, 306; Hachenburg/*Hohner* Rn 20; Scholz/*Schmidt* Rn 21; Roth/*Altmeppen* Rn 7; *Lutter*/Hommelhoff/*Kleindiek* Rn 5; Michalski/*Nerlich* Rn 25.

[22] Hachenburg/*Hohner* Rn 20; *Lutter/Hommelhoff,* 15. Aufl 2000, Rn 5; Scholz/*Schmidt* Rn 21; Michalski/*Nerlich* Rn 30; Rowedder/Schmidt-Leithoff/*Rasner* Rn 8.

[23] Hachenburg/*Hohner* Rn 20; Rowedder/Schmidt-Leithoff/*Rasner* Rn 8; Scholz/*Schmidt* Rn 21; Michalski/*Nerlich* Rn 30; *Lutter/Hommelhoff/Kleindiek* Rn 5; vgl RGZ 149, 293, 300 (abw noch *Lutter/Hommelhoff,* 15. Aufl 2000, Rn 5).

[24] Scholz/*Schmidt* Rn 21 aE; Michalski/*Nerlich* Rn 26; für Massen-KG BGH NJW 1978, 424.

[25] Hachenburg/*Hohner* Rn 21; Scholz/*Schmidt* Rn 22; Michalski/*Nerlich* Rn 28; zum Abtretungsverbot BGHZ 53, 71, 73.

[26] RGZ 149, 293, 298; BGH NJW 1963, 102; 1968, 398, 399 f; BGHZ 53, 71, 72 f; BGH BB 1976, 852, 853; BGH NJW 1992, 2229 f; Scholz/*Schmidt* Rn 22; *Lutter*/Hommelhoff/*Kleindiek* Rn 5; Michalski/*Nerlich* Rn 29.

[27] Hachenburg/*Hohner* Rn 22; Scholz/*Schmidt* Rn 23; Michalski/*Nerlich* Rn 32; Rowedder/Schmidt-Leithoff/*Rasner* Rn 8.

ist.[28] Einforderung von Nachschüssen durch Beschluss nach Auflösung setzt voraus, dass sich Zweckbestimmung im GesVertrag nicht nur auf Stärkung des Betriebsvermögens, sondern auch auf Befriedigung der Gläubiger bezieht. Auslegung des Vertrages in diesem Sinne setzt deutliche Hinweise voraus.[29]

6 **d) § 29. Gewinnauszahlungsanspruch,** der auf Zeit nach Auflösung entfällt, besteht nicht; an seine Stelle tritt Anspruch auf Vermögensverteilung nach §§ 72, 73.[30] **Ergebnisverwendungsbeschluss** nach § 29, der vor Auflösung gefasst worden ist, begründet Gläubigerrecht der Gfter, dessen Geltendmachung nicht der Sperre des § 73, aber der des § 30 unterliegt.[31] Allerdings kann Tilgung passivierter Verbindlichkeiten Vermögen der Ges idR nicht mindern und dann nicht gegen § 30 verstoßen.[32] Ergebnisverwendungsbeschluss, der sich auf Zeit vor Auflösung bezieht, aber erst danach gefasst wird, begründet nur einen bei Vermögensverteilung nach den §§ 72, 73 zu berücksichtigenden Rechnungsposten.[33]

7 **e) §§ 30 bis 32.** Vorschriften über **Erhaltung des Stammkapitals** sind auch während Abwicklung anzuwenden, doch ist zusätzlich (auch für § 30 II) Schranke des § 73 zu berücksichtigen.[34] Ist Ausschüttung aber nach § 73 zulässig, gilt § 30 nicht mehr.[35] Wurde Rückzahlung von Nachschüssen nach § 46 Nr 3 vor Auflösung beschlossen, steht § 73 der Geltendmachung des sich daraus ergebenden Gläubigerrechts nicht entgegen, doch sind Regeln des § 30 II zu beachten.[36] Rückzahlungsbeschluss nach Auflösung ist möglich, doch unterliegt Rückzahlung Schranken des § 73.[37]

8 **f) Gesetzlicher Nachrang.** Bestimmungen über gesetzlichen Nachrang von Gfterforderungen gelten auch bei Abwicklung.[38]

---

[28] Hachenburg/*Hohner* Rn 23; Ulmer/*Paura* Rn 29; Scholz/*Schmidt* Rn 24; *Lutter*/Hommelhoff/*Kleindiek* Rn 6; Michalski/*Nerlich* Rn 34; Rowedder/Schmidt-Leithoff/*Rasner* Rn 9.

[29] Hachenburg/*Hohner* Rn 23; Scholz/*Schmidt* Rn 24; ähnl *Lutter*/Hommelhoff/*Kleindiek* Rn 6; Michalski/*Nerlich* Rn 35; ebenso für Nachschussverpflichtung von Kommanditisten einer Publikums-KG BGH NJW 1979, 419, 420. **AM** (keine besonderen Voraussetzungen) Rowedder/Schmidt-Leithoff/*Rasner* Rn 9.

[30] RGZ 85, 43, 45; Ulmer/*Paura* Rn 31; Hachenburg/*Hohner* Rn 24; *Lutter*/Hommelhoff/*Kleindiek* Rn 7; Rowedder/Schmidt-Leithoff/*Rasner* Rn 9; Heybrock/*Löffler* Rn 5; Michalski/*Nerlich* Rn 36; bei Scholz/*Schmidt* Rn 25 vorausgesetzt.

[31] Ulmer/*Paura* Rn 3; Hachenburg/*Hohner* Rn 24; Rowedder/Schmidt-Leithoff/*Rasner* Rn 9; Scholz/*Schmidt* Rn 25; *Lutter*/Hommelhoff/*Kleindiek* Rn 7; Michalski/*Nerlich* Rn 38.

[32] *Sieker* ZGR 1995, 250, 262 ff; Scholz/*Schmidt* Rn 25.

[33] BFH BStBl 1974 II, 14, 15; Hachenburg/*Hohner* Rn 25; Rowedder/Schmidt-Leithoff/*Rasner* Rn 9; Scholz/*Schmidt* Rn 25; (bei Änderung eines früheren Ergebnisverwendungsbeschlusses) FG Münster EFG 1998, 902, 903. **AM** (Verteilung zulässig) BFH BStBl 1974 II, 692, 693; GmbHR 1999, 429 f; (Ausschüttung unter Beachtung des § 30) Hachenburg/*Goerdeler/Müller* § 29 Rn 93.

[34] Hachenburg/*Hohner* Rn 26; Ulmer/*Paura* Rn 34; Rowedder/Schmidt-Leithoff/*Rasner* Rn 10; Scholz/*Schmidt* Rn 26, 27; *Lutter*/Hommelhoff/*Kleindiek* Rn 8.

[35] *Scholz*/*Schmidt* Rn 26; Michalski/*Nerlich* Rn 40.

[36] Rowedder/Schmidt-Leithoff/*Rasner* Rn 10; Scholz/*Schmidt* Rn 27; Michalski/*Nerlich* Rn 40.

[37] Hachenburg/*Hohner* Rn 47; Michalski/*Nerlich* Rn 40.

[38] Hachenburg/*Hohner* Rn 27; Scholz/*Schmidt* Rn 27; *Lutter*/Hommelhoff/*Kleindiek* Rn 8; Michalski/*Nerlich* Rn 40; Rowedder/Schmidt-Leithoff/*Rasner* Rn 10.

g) § 33 über **Erwerb eigener Geschäftsanteile** ist auch während Abwicklung anzuwenden.[39] Allerdings ist Entgeltzahlung Vermögensverteilung, die den Schranken des § 73 I unterliegt.[40] Ges darf nicht mit Anspruch auf Leistung der Einlage aufrechnen, soweit diese für Liquidationszweck benötigt wird.[41] **9**

h) § 34 über **Einziehung von Geschäftsanteilen** gilt auch während Liquidation,[42] es sei denn, dass sich Ermächtigung im GesVertrag nicht auf aufgelöste Ges erstreckt. Auch hier (vgl Rn 9) richtet sich Möglichkeit der Entgeltzahlung nach § 73 I, woran Einziehung scheitern kann.[43] **10**

3. Dritter Abschnitt. a) § 35 über **Vertretung** durch die GFührer ist in Abs 1 1, Abs 2 S 1 ersetzt durch § 70 S 1 Halbs 2, § 68 I, II.[44] Abs 1 S 2 und Abs 2 S 2–4 gelten während Abwicklung entspr.[45] Ist GFührer von Beschränkungen des § 181 BGB befreit, so gilt dies im Zweifel auch für den Liquidator, insbes wenn dieser vorher GFührer war, str (§ 68 Rn 4). **11**

b) Auf **§ 35 a** über Angaben auf Geschäftsbriefen wird in § 71 V verwiesen. **12**

c) § 37 über Vertretung der Ges ist nach § 71 IV auf Vertretung durch die Liquidatoren anzuwenden. GesVertrag kann entspr § 37 I besondere Regeln aufstellen, welche die Liquidatoren einzuhalten haben; auch kann GfterVers den Liquidatoren im Einzelfall Anweisungen erteilen (§ 70 Rn 12). **13**

d) §§ 38, 39 über Widerruf der Bestellung u über Anmeldung der GFührer sind ersetzt durch §§ 66 III, 67.[46] GesVertrag kann Regelung nach § 38 II auch für Liquidatoren treffen (§ 66 Rn 24). Werden bei Auflösung andere Personen als die GFührer zu Liquidatoren bestimmt, ist Wegfall der Vertretungsbefugnis der GFührer analog § 39 I zum HR anzumelden (str, § 67 Rn 4). **14**

e) § 40. Verpflichtung zur Einreichung der GfterListe bei Änderung in den Personen der Gfter oder des Umfangs ihrer Beteiligung obliegt den Liquidatoren.[47] **15**

f) §§ 41 bis 42 a. § 41: Pflicht zur ordnungsmäßigen **Buchführung** (§ 41 Rn 28 ff) trifft nach § 71 IV inhaltlich unverändert die Liquidatoren.[48] **§ 42** **16**

---

39 Hachenburg/*Hohner* Rn 28; Ulmer/*Paura* Rn 36; Scholz/*Schmidt* Rn 28; Rowedder/Schmidt-Leithoff/*Rasner* Rn 10.

40 Hachenburg/*Hohner* Rn 28; *Lutter*/Hommelhoff/*Kleindiek* Rn 9; Scholz/*Schmidt* Rn 28; Roth/*Altmeppen* Rn 5; Michalski/*Nerlich* Rn 41; Rowedder/Schmidt-Leithoff/*Rasner* Rn 10; Heybrock/*Löffler* Rn 5.

41 Hachenburg/*Hohner* Rn 28; Michalski/*Nerlich* Rn 41.

42 RGZ 125, 114, 120; Ulmer/*Paura* Rn 37; Hachenburg/*Hohner* Rn 29; Scholz/*Schmidt* Rn 28; Rowedder/Schmidt-Leithoff/*Rasner* Rn 10.

43 Hachenburg/*Hohner* Rn 29; Scholz/*Schmidt* Rn 28; *Lutter*/Hommelhoff/*Kleindiek* Rn 9; Michalski/*Nerlich* Rn 41; Rowedder/Schmidt-Leithoff/*Rasner* Rn 10.

44 Hachenburg/*Hohner* Rn 31; Scholz/*Schmidt* Rn 30; Michalski/*Nerlich* Rn 43; für § 35 II 1, 2: KG HRR 33, Nr 1348.

45 *Gottschling* GmbHR 1960, 141, 142; Scholz/*Schmidt* Rn 30; Rowedder/Schmidt-Leithoff/*Rasner* Rn 12.

46 Hachenburg/*Hohner* Rn 35, 36; Ulmer/*Paura* Rn 43 f; Scholz/*Schmidt* Rn 30; Michalski/*Nerlich* Rn 43; Rowedder/Schmidt-Leithoff/*Rasner* Rn 12.

47 Zu § 40 aF KGJ 48 A, 134, 135; Ulmer/*Paura* Rn 45; Hachenburg/*Hohner* Rn 37; Scholz/*Schmidt* Rn 31; *Lutter*/Hommelhoff/*Kleindiek* Rn 10; Michalski/*Nerlich* Rn 44; Rowedder/Schmidt-Leithoff/*Rasner* Rn 12; *Hofmann* GmbHR 1976, 258, 262.

48 Scholz/*Schmidt* Rn 32; Ulmer/*Paura* Rn 46.

gilt nach § 71 II 2 entspr für Liquidations-Eröffnungsbilanz u auch für Jahresbilanzen während der Abwicklung (§ 71 Rn 6). Ebenso ist **§ 42 a** anzuwenden (§ 71 Rn 13).

17 **g) §§ 43, 44. § 43 I, II, IV** gilt nach § 71 IV auch für die Liquidatoren. Für sie bestehen dieselben Sorgfaltspflichten wie für die GFührer, auch haften sie gesamtschuldnerisch für Schaden, den sie Ges durch Verletzung ihrer Obliegenheiten zufügen,[49] wobei Ersatzansprüche in fünf Jahren verjähren.[50] Zu den Pflichten der Liquidatoren gehört ua, ein sachgerechtes Liquidationskonzept zu erarbeiten.[51] Anspruch aus § 43 I, II steht nur der Ges, nicht den Gftern zu; diese können aber Schadensersatzansprüche gegen die Liquidatoren aus unerlaubter Handlung haben.[52] Darüber hinaus gilt – obwohl in § 71 IV nicht erwähnt – **§ 43 III,**[53] da § 30 über Erhaltung des Stammkapitals auch während Abwicklung eigenen Anwendungsbereich hat (Rn 7) u außerdem § 33 anwendbar bleibt (Rn 9). Iü gilt für nach § 73 I, II unzulässige Ausschüttungen an Gfter § 73 III, der in S 2 ua auf § 43 III verweist (§ 73 Rn 15). **§ 43 a** gilt entspr für Kredite an die dort genannten Personen während der Abwicklung sowie für Kredite an Liquidatoren.[54] **§ 44** gestattet Bestellung stellvertretender Liquidatoren.[55] In entsprechender Anwendung des § 268 III AktG wird man wohl die Liquidatoren weitgehend vom Wettbewerbsverbot frei stellen müssen (vgl auch oben Rn 3).

18 **h) §§ 45, 46. § 45** ist uneingeschränkt anwendbar;[56] GesVertrag kann – entspr § 45 II – auch besondere Vorschriften über Rechtsstellung der Gfter im Stadium der Abwicklung enthalten.[57] **§ 46 Nr 1** ist hinsichtlich Feststellung des Jahresabschlusses durch § 71 II 1 ersetzt (§ 71 Rn 13); Ergebnisverwendungsbeschluss kommt während Abwicklung nicht in Betracht (Rn 6). **§ 46 Nr 2** ist weitestgehend bedeutungslos.[58] Einforderung von Einzahlungen auf Stammeinlagen im Rahmen des Abwicklungszwecks obliegt den Liquidatoren (Rn 4). Einforderungsbeschluss der GfterVers setzt Fortsetzungsbeschluss (§ 60 Rn 92) voraus soweit Einziehung über den Liquidationszweck hinausgehen soll.[59] **§ 46 Nr 3** kann auch während der Abwicklung in Betracht kommen (Rn 7). **§ 46 Nr 4** ist ebenfalls anwendbar.[60] **§ 46 Nr 5:**

---

[49] BGH NJW 1969, 1712.

[50] BGH WM 1971, 350, 351.

[51] *Goette* Die GmbH § 10 Rn 48; *Peetz* GmbHR 2007, 858, 859.

[52] BGH NJW 1969, 1712.

[53] Hachenburg/*Hohner* Rn 40; Scholz/*Schmidt* Rn 33; *Lutter*/Hommelhoff/*Kleindiek* Rn 10; Michalski/*Nerlich* Rn 46; Rowedder/Schmidt-Leithoff/*Rasner* Rn 13.

[54] Hachenburg/*Hohner* Rn 41; Ulmer/*Paura* Rn 49; Scholz/*Schmidt* Rn 33; *Lutter*/Hommelhoff/*Kleindiek* Rn 10; Michalski/*Nerlich* Rn 46; Rowedder/Schmidt-Leithoff/*Rasner* Rn 13.

[55] § 66 Rn 10; Ulmer/*Paura* Rn 50; Hachenburg/*Hohner* Rn 42; Scholz/*Schmidt* Rn 33; *Lutter*/Hommelhoff/*Kleindiek* Rn 10; Michalski/*Nerlich* Rn 47; Rowedder/Schmidt-Leithoff/*Rasner* Rn 13.

[56] Scholz/*Schmidt* Rn 34; Ulmer/*Paura* Rn 51 ff; Michalski/*Nerlich* Rn 48; Rowedder/Schmidt-Leithoff/*Rasner* Rn 13.

[57] Hachenburg/*Hohner* Rn 43; Michalski/*Nerlich* Rn 48.

[58] Scholz/*Schmidt* Rn 35; ähnl Hachenburg/*Hohner* Rn 46; Michalski/*Nerlich* Rn 49.

[59] Hachenburg/*Hohner* Rn 46; Rowedder/Schmidt-Leithoff/*Rasner* Rn 14; Scholz/*Schmidt* Rn 35; Michalski/*Nerlich* Rn 49.

[60] Hachenburg/*Hohner* Rn 48; Ulmer/*Paura* Rn 56; Scholz/*Schmidt* Rn 35; Michalski/*Nerlich* Rn 49.

Bestellung u Abberufung der Liquidatoren richten sich nach § 66 (vgl zur Bestellung u Abberufung durch die GfterVers § 66 Rn 14, 24). Für Entlastung der Liquidatoren bleibt GfterVers zuständig (§ 71 II 1). **§ 46 Nr 6:** Während Abwicklung unterliegen Liquidatoren ebenso der Kontrolle und den Weisungen der Gfter wie GFührer.[61] **§ 46 Nr 7:** Auch während Abwicklung können Prokuristen u Handlungsbevollmächtigte bestellt werden.[62] Demgem bleibt GfterVers auch während der Abwicklung befugt, im Innenverhältnis (§ 46 Rn 52) über Bestellung von Prokuristen u von Handlungsbevollmächtigten zum gesamten Geschäftsbetrieb zu beschließen. **§ 46 Nr 8** gilt auch während der Abwicklung u ist auf Geltendmachung von Ersatzansprüchen u auf Prozessführung gegen Liquidatoren auszudehnen;[63] anders aber für Anspruch aus § 73 III (§ 73 Rn 13). Soweit einzelnen Gftern aus §§ 823 II BGB, 266 StGB oder aus § 826 BGB eigene Schadensersatzansprüche gegen die Liquidatoren zustehen, können sie diese ohne Rücksicht auf Beschluss nach § 46 Nr 8 geltend machen.[64]

i) §§ 47 bis 52. §§ 47, 48 gelten unverändert.[65] **§ 49 I, II** ist nach § 71 IV anwendbar; Einberufung der GfterVers erfolgt durch Liquidatoren. **§ 49 III** ist nicht anwendbar, da Abwicklung auf Beendigung der Ges gerichtet ist u daher von den Gftern Beschlüsse zur Kapitalerhöhung (ohne Fortsetzungsbeschluss) nicht zu erwarten sind;[66] deshalb erwähnt Strafvorschrift des § 84 I (§ 84 Rn 16) nur GFührer, nicht Liquidator. **§§ 50, 51** gelten unverändert,[67] ebenso **§§ 51 a, b** über Auskunftsrecht.[68] **§ 52** gilt ebenfalls.[69] Ein im GesVertrag vorgesehener Aufsichtsrat bleibt bestehen u behält seine Befugnisse. Ein nach Mitbestimmungsrecht erforderlicher Aufsichtsrat bleibt mit Überwachungsfunktion (§§ 25 I 1 Nr 2 MitbestG, 268 II AktG) ebenfalls erhalten; seine Kompetenz erstreckt sich aber nicht auf Bestellung der Liquidatoren (§ 66 Rn 15). **19**

4. Vierter Abschnitt. a) Grundsatz. Auch die Vorschriften des 4. Abschnitts über **Abänderungen des GesVertrages** sind während der Abwick- **20**

---

[61] BGH NJW 2004, 365, 366; Ulmer/*Paura* Rn 58; *Hofmann* GmbHR 1976, 229, 234; Hachenburg/*Hohner* Rn 50; Scholz/*Schmidt* Rn 35; Michalski/*Nerlich* Rn 49; Rowedder/Schmidt-Leithoff/*Rasner* Rn 14.

[62] Hachenburg/*Hohner* § 68 Rn 13, § 69 Rn 51; Ulmer/*Paura* Rn 59; *Lutter*/Hommelhoff/*Kleindiek* Rn 2; Rowedder/Schmidt-Leithoff/*Rasner* § 68 Rn 14; Scholz/*Schmidt* Rn 7; Michalski/*Nerlich* Rn 49; *Hofmann* GmbHR 1975, 217, 226.

[63] Hachenburg/*Hohner* Rn 52; Scholz/*Schmidt* Rn 35; Michalski/*Nerlich* Rn 49; Rowedder/Schmidt-Leithoff/*Rasner* Rn 14; zur Geltendmachung von Ersatzansprüchen gegen Liquidatoren: BGH NJW 1969, 1712; zur Prozessführung gegen diese: KG OLGZ 42, 222 f.

[64] BGH LM Nr 44 zu § 823 (Bf) BGB; BGH NJW 1969, 1712; Ulmer/*Paura* Rn 60.

[65] Hachenburg/*Hohner* Rn 53; Scholz/*Schmidt* Rn 34; Michalski/*Nerlich* Rn 50; Rowedder/Schmidt-Leithoff/*Rasner* Rn 15; zu § 47 IV OLG Stuttgart OLGZ 42, 222.

[66] Hachenburg/*Hohner* Rn 54; Rowedder/Schmidt-Leithoff/*Rasner* Rn 15; Scholz/*Schmidt* Rn 34; Michalski/*Nerlich* Rn 51.

[67] Hachenburg/*Hohner* Rn 55; Scholz/*Schmidt* Rn 34; Michalski/*Nerlich* Rn 50; Rowedder/Schmidt-Leithoff/*Rasner* Rn 16.

[68] Hachenburg/*Hohner* Rn 56; Scholz/*Schmidt* Rn 36; *Lutter*/Hommelhoff/*Kleindiek* Rn 12; Michalski/*Nerlich* Rn 52; Rowedder/Schmidt-Leithoff/*Rasner* Rn 16.

[69] Hachenburg/*Hohner* Rn 57; Ulmer/*Paura* Rn 65; Scholz/*Schmidt* Rn 37; *Lutter*/Hommelhoff/*Kleindiek* Rn 12; Michalski/*Nerlich* Rn 53; Rowedder/Schmidt-Leithoff/*Rasner* Rn 16; *Hofmann* GmbHR 1976, 229, 235.

lung in den sich aus dem „Wesen der Liquidation" ergebenden Grenzen anwendbar, obwohl sie in Abs 1 nicht aufgeführt sind.[70] Ist Fortsetzung der Ges durch Beschluss der Gfter möglich (§ 60 Rn 91 ff), sind auch solche Satzungsänderungen (insbes Kapitalerhöhungen, Rn 21) zulässig, die Voraussetzung für Fortsetzungsbeschluss sind.[71] Bei Prüfung der Frage, ob Satzungsänderung mit „Wesen der Liquidation" vereinbar ist, sollte großzügiger Maßstab angelegt werden, da Gericht kaum Möglichkeit hat, die wahren Motive der Gfter zu ergründen.[72]

21 b) **Kapitalerhöhung** ist zulässig, wenn sich Ges Mittel für Befriedigung ihrer Gläubiger beschaffen oder wenn Fortsetzungsbeschluss vorbereitet werden soll.[73] Darüber hinaus sollten Kapitalerhöhungen während der Abwicklung nur für unzulässig erklärt werden, wenn sie offensichtlich keinem vernünftigen Zweck dienen können.[74] Ist Kapitalerhöhungsbeschluss vor Auflösung der Ges gefasst worden, kann dessen Auslegung ergeben, dass er nach Auflösung nicht mehr ausgeführt werden soll.[75] Übernehmer der neuen Stammeinlage kann von Übernahmevertrag zurücktreten, wenn Ges aufgelöst u nicht mehr geschäftlich tätig ist.[76]

22 c) **Kapitalherabsetzung** ist zulässig, wenn für sie einleuchtende Gründe bestehen (zB Minderung des steuerpflichtigen Vermögens für Dauer der Abwicklung)[77] oder wenn sie Fortsetzungsbeschluss vorbereiten soll.[78] Vor Ausführung des Beschlusses sind aber neben den Erfordernissen des § 58 zusätzlich die des § 73 (Einhaltung des Sperrjahres) zu erfüllen.[79] Zulässig ist – sofern die Voraussetzungen dafür gegeben sind – auch vereinfachte Kapitalherabsetzung nach §§ 58 a ff; sie wird aber nur sinnvoll sein in Verbindung mit Kapitalerhöhung zum Zwecke der Fortsetzung.[80]

---

[70] RGZ 107, 31, 33; BayObLG NJW-RR 1987, 1175, 1177; GmbHR 1995, 532, 533; OLG Frankfurt aM NJW 1974, 463; Ulmer/*Paura* Rn 66 ff; Roth/*Altmeppen* Rn 9; Hachenburg/*Hohner* Rn 58; *Lutter*/Hommelhoff/*Kleindiek* Rn 13; Michalski/*Nerlich* Rn 54; *Meyer-Landrut* Rn 8; Rowedder/Schmidt-Leithoff/*Rasner* Rn 17; Scholz/*Schmidt* Rn 38; *Ulmer* NJW 1983, 1697, 1701; *Hofmann* GmbHR 1976, 229 (233); davon geht auch RGZ 107, 31, 33 aus. **AM** OLG Bremen GmbHR 1958, 180.

[71] Ebenso, aber weniger allg Hachenburg/*Hohner* Rn 59, 61; Scholz/*Schmidt* Rn 38, 39.

[72] Michalski/*Nerlich* Rn 54.

[73] Zur Gläubigerbefriedigung BGHZ 24, 279, 286 (für AG); BayObLG GmbHR 1995, 532, 533. Allg Ulmer/*Paura* Rn 68; Hachenburg/*Hohner* Rn 61; *Lutter*/Hommelhoff/*Kleindiek* Rn 13; Rowedder/Schmidt-Leithoff/*Rasner* Rn 18; Scholz/*Schmidt* Rn 39; Michalski/*Nerlich* Rn 57; *Winnefeld* BB 1976, 1202, 1203 f.

[74] Ähnlich *Meyer-Landrut* Rn 8; **abw** (enger) noch *Lutter/Hommelhoff*, 15. Aufl 2000, Rn 13.

[75] Hachenburg/*Hohner* Rn 60; Scholz/*Priester* § 55 Rn 30; Michalski/*Nerlich* Rn 57. Zur Möglichkeit den Erhöhungsbeschluss vor Eintragung im Handelsregister wieder aufzuheben *Winnefeld* BB 1976, 1202, 1204.

[76] KG GmbHR 1984, 124; Scholz/*Priester* § 55 Rn 95; Michalski/*Nerlich* Rn 57.

[77] OLG Frankfurt aM NJW 1974, 463, 464.

[78] Hachenburg/*Hohner* Rn 62; Ulmer/*Paura* Rn 70; Rowedder/Schmidt-Leithoff/*Rasner* Rn 18; Scholz/*Schmidt* Rn 39; *Lutter*/Hommelhoff/*Kleindiek* Rn 13. **AM** noch *Lutter/Hommelhoff*, 15. Aufl 2000, Rn 13; AG Dresden ZIP 1995, 285, 286 (für AG).

[79] OLG Frankfurt aM NJW 1974, 463, 464; Scholz/*Schmidt* Rn 39; Roth/*Altmeppen* Rn 11; *Lutter*/Hommelhoff/*Kleindiek* Rn 13; Michalski/*Nerlich* Rn 58; Rowedder/Schmidt-Leithoff/*Rasner* Rn 18.

[80] Scholz/*Schmidt* Rn 39; Michalski/*Nerlich* Rn 59.

d) Sonstige Satzungsänderungen. Als solche kommen in Betracht: **Änderung der Firma** aus Anlass der Veräußerung des Unternehmens zusammen mit bisheriger Firma;[81] Firmenänderung aus sonstigem Grund dürfte mit Abwicklungszweck nicht zu vereinbaren sein.[82] **Sitzverlegung.**[83] **Änderung des Unternehmensgegenstandes** ist nicht zulässig, wenn damit nur Abwicklungsfortschritt Rechnung getragen werden soll,[84] wohl aber kann Änderung des Unternehmensgegenstandes zusammen mit Fortsetzung der Ges beschlossen werden.[85] Satzungsänderungen sind auch zulässig, wenn sie der **Vereinfachung der rechtlichen Struktur** während der Abwicklung dienen.[86] 23

5. Sechster Abschnitt. Schlussbestimmungen gelten uneingeschränkt, soweit sie auf Liquidator ausdrücklich Bezug nehmen. 24

III. Gerichtsstand, Abs 2

Abs 2 hält den allgemeinen Gerichtsstand des § 17 ZPO für Dauer der Abwicklung aufrecht. Regel hat nicht nur klarstellende Bedeutung. Dies wird zum Teil angenommen, weil Ges trotz Auflösung ohnehin jur Person iSd § 17 ZPO bleibt (Rn 3).[87] Zweck der Vorschrift ist, einen allg Gerichtsstand bestimmen zu können, wenn sich Ort der Verwaltung infolge der Abwicklung nicht mehr feststellen lässt.[88] Zudem gewinnt Abs 2 im Interesse des Gläubigerschutzes auch dann Bedeutung, wenn Sitz während Abwicklung wirksam verlegt (Rn 23) wird.[89] Daneben erlangt Ges durch Verlegung zusätzlichen Gerichtsstand am neuen Verwaltungssitz.[90] Für Gerichtsstand von Zweigniederlassungen (§ 21 ZPO) gilt Abs 2 nicht.[91] 25

Aufgaben der Liquidatoren

70 **Die Liquidatoren haben die laufenden Geschäfte zu beendigen, die Verpflichtungen der aufgelösten Gesellschaft zu erfüllen, die Forderungen derselben einzuziehen und das Vermögen der Gesellschaft in**

---

81 RGZ 107, 31, 33; BayObLG GmbHR 1995, 532, 533; Hachenburg/*Hohner* Rn 59; Rowedder/Schmidt-Leithoff/*Rasner* Rn 18; Scholz/*Schmidt* Rn 13; *Lutter*/Hommelhoff/*Kleindiek* Rn 13; Michalski/*Nerlich* Rn 56.

82 Für AG: KG HRR 28, Nr 240. Vgl auch *Ulmer* NJW 1983, 1697, 1701 f. **AM** *Hofmann* GmbHR 1976, 229, 235.

83 Hachenburg/*Hohner* Rn 59; Rowedder/Schmidt-Leithoff/*Rasner* Rn 18; Scholz/*Schmidt* Rn 38; Roth/*Altmeppen* Rn 12; *Lutter*/Hommelhoff/*Kleindiek* Rn 13; Michalski/*Nerlich* Rn 56.

84 Für AG: OLG München HRR 38, Nr 1547. Allgemeiner *Hofmann* GmbHR 1976, 229, 235.

85 Hachenburg/*Hohner* Rn 59; Scholz/*Schmidt* Rn 38; Michalski/*Nerlich* Rn 56.

86 Hachenburg/*Hohner* Rn 59; Michalski/*Nerlich* Rn 56.

87 Scholz/*Schmidt* Rn 41; *Lutter*/Hommelhoff/*Kleindiek* Rn 15.

88 Hierzu OLG Zweibrücken InVo 2002, 367.

89 Hachenburg/*Hohner* Rn 65; *Lutter*/Hommelhoff/*Kleindiek* Rn 15; Rowedder/Schmidt-Leithoff/*Rasner* Rn 23; Scholz/*Schmidt* Rn 41; Roth/*Altmeppen* Rn 17.

90 Hachenburg/*Hohner* Rn 65; *Lutter*/Hommelhoff/*Kleindiek* Rn 15; Rowedder/Schmidt-Leithoff/*Rasner* Rn 23; Scholz/*Schmidt* Rn 41; Michalski/*Nerlich* Rn 62.

91 Hachenburg/*Hohner* Rn 66; Scholz/*Schmidt* Rn 41; Roth/*Altmeppen* Rn 18; Rowedder/Schmidt-Leithoff/*Rasner* Rn 23.

Geld umzusetzen; sie haben die Gesellschaft gerichtlich und außergerichtlich zu vertreten. [2] Zur Beendigung schwebender Geschäfte können die Liquidatoren auch neue Geschäfte eingehen.

Übersicht

I. Allgemeines

1 **Bedeutung der Vorschrift.** Liquidatoren treten bei Auflösung der GmbH an Stelle der GFührer der werbenden Ges. Sie sind die gesetzl organschaftl Vertreter der aufgelösten GmbH u haben als deren GFührungsorgane ordnungsgemäße Abwicklung der Ges zu besorgen.[1] § 70 beschreibt zu einem wesentlichen Teil die Abwicklungsaufgaben der Liquidatoren (Rn 3 ff) u regelt ihre Vertretungsmacht (Rn 2). Weitere Aufgaben der Liquidatoren ergeben sich aus §§ 65, 67, 71 I, IV, 72, 73, 74 (dazu noch Rn 11).

II. Vertretungsmacht

2 Die Liquidatoren vertreten Ges nach S 1 Halbs 2 gerichtlich u außergerichtlich. Diese Vertretungsmacht ist – wie die der GFührer (§ 35 Rn 80 f, § 37 Rn 37) – grds unbeschränkt u unbeschränkbar; sie wird auch nicht durch Abwicklungszweck eingeschränkt.[2] Schranken ergeben sich aber bei Missbrauch der Vertretungsmacht nach den für die GFührer (§ 37 Rn 43 ff) entwickelten Regeln.[3] Zur Art u Weise der Ausübung der Vertretung § 68 Rn 2, 3 u zu abw Vertretungsregelungen § 68 Rn 4 ff.

---

[1] Scholz/*Schmidt* Rn 1; Rowedder/Schmidt-Leithoff/*Rasner* Rn 2 ff.

[2] OLG Stuttgart ZIP 1986, 647, 648; LG Köln DNotZ 1980, 422, 423; Roth/*Altmeppen* Rn 24, § 68 Rn 2; Hachenburg/*Hohner* Rn 23 ff; *Lutter*/Hommelhoff/*Kleindiek* § 68 Rn 5, § 70 Rn 2; Rowedder/Schmidt-Leithoff/*Rasner* Rn 1, 5; Scholz/*Schmidt* Rn 3; Michalski/*Nerlich* Rn 36; *Goette* § 10 Rn 43; *Hofmann* GmbHR 1976, 229, 233 f; grundlegend *K. Schmidt* AcP 174 (1974), 55, 73 ff.

[3] Hachenburg/*Hohner* Rn 26; Roth/*Altmeppen* § 68 Rn 3; Scholz/*Schmidt* Rn 3; Rowedder/Schmidt-Leithoff/*Rasner* Rn 6; Michalski/*Nerlich* Rn 40; OLG Köln (Urt v 22. 12. 2004 – 11 U 113/02) BeckRS 2005 Nr 04 170.

III. Aufgaben der Liquidatoren im Innenverhältnis

1. Gesetzliche Regelung. a) Grundsatz. Die Liquidatoren haben Abwicklung der Ges mit dem Ziel zu betreiben, die Verbindlichkeiten zu erfüllen u das danach verbleibende Vermögen nach § 72 an die Gfter auszuschütten. Ziel der Liquidation ist aber nicht so zu verstehen, dass sich GmbH jedweder werbender Tätigkeit enthalten müsste. Vielmehr führt die Auflösung nur in Ausnahmefällen zur sofortigen Einstellung des Geschäftsbetriebs.[4] Sollte sich herausstellen, dass Ges überschuldet ist (§ 19 II InsO), oder sollte Ges im Zuge der Abwicklung zahlungsunfähig werden (§ 17 II InsO), haben sie nach §§ 11 III, 15 a I InsO binnen drei Wochen die Eröffnung des Insolvenzverfahrens zu beantragen (§ 64 Rn 109 ff). IÜ hebt § 70 die nachstehend aufgeführten Aufgaben hervor. Sie geben Rahmen für pflichtgemäßes Liquidatorenhandeln, der ggf konkretisiert wird durch GfterWeisungen u Regelungen im GesVertrag (Rn 12 ff) sowie zwingende gesetzliche Bestimmungen. Innerhalb dessen haben Liquidatoren nach pflichtgemäßem Ermessen Art u Weise der Abwicklung festzulegen.[5] Um alle diese Vorgaben erfüllen zu können, sind Liquidatoren verpflichtet nach §§ 69 I, 43 I ein sachgerechtes Liquidationskonzept zu erarbeiten.[6] 3

b) Beendigung der laufenden Geschäfte. Dabei handelt es sich nicht um Beendigung einzelner Geschäfte, sondern um Beendigung der Geschäftstätigkeit insgesamt.[7] Die aus den von der Ges ganz oder teilweise noch nicht erfüllten Verträgen geschuldeten Leistungen dürfen erbracht werden. Auflösung oder Kündigung der geschlossenen Verträge ist nicht geboten. Dauerschuldverhältnisse müssen allerdings zum voraussichtlichen Ende der Abwicklung – notfalls durch Kündigung – aufgelöst werden (§ 60 Rn 11). Neue Geschäfte dürfen – über Wortlaut des S 2 hinaus[8] – abgeschlossen werden, soweit sie im Rahmen des Abwicklungszwecks sinnvoll sind (Rn 10). Insgesamt ist zeitlich begrenzte Betriebsfortführung, die zur Vermeidung von Abwicklungsverlusten beiträgt, zulässig.[9] Schwebende Prozesse sind fortzuführen.[10] Sind Liquidatoren nicht mit GFührern der werbenden Ges identisch (vgl § 66 I), wird Prozess bis zur Bestellung der Liquidatoren nach § 241 ZPO unterbrochen;[11] Vertretung durch Prozessbevollmächtigten auf Grund vor Auflösung erteilter Prozessvollmacht schließt Unterbrechung nach § 246 I ZPO aus.[12] Verliert Ges während laufendem Rechtsstreit Prozessfähigkeit durch nachträglichen Wegfall der Liquidatoren, besteht wirksam erteilte Voll- 4

---

[4] Scholz/*Schmidt* Rn 7; Ulmer/*Paura* Rn 8; *Lutter*/Hommelhoff/*Kleindiek* Rn 16; *Peetz* GmbHR 2007, 858, 859.

[5] Scholz/*Schmidt* Rn 6; Roth/*Altmeppen* Rn 22.

[6] *Peetz* GmbHR 2007, 858, 859; *Lutter*/Hommelhoff/*Kleindiek* Rn 4; *Wicke* Rn 3.

[7] Hachenburg/*Hohner* Rn 5; Ulmer/*Paura* Rn 7; Rowedder/Schmidt-Leithoff/*Rasner* Rn 7; Scholz/*Schmidt* Rn 7; Michalski/*Nerlich* Rn 15.

[8] Hachenburg/*Hohner* Rn 6; Scholz/*Schmidt* Rn 7; Rowedder/Schmidt-Leithoff/*Rasner* Rn 7.

[9] Hachenburg/*Hohner* Rn 6; Scholz/*Schmidt* Rn 7; Rowedder/Schmidt-Leithoff/*Rasner* Rn 8; Michalski/*Nerlich* Rn 15; Beck GmbH-Hdb/*Erle*/*Eberhard* § 16 Rn 35.

[10] BayObLGE 28, 365 f; Hachenburg/*Hohner* Rn 5; Scholz/*Schmidt* Rn 7; Michalski/*Nerlich* Rn 15.

[11] Scholz/*Schmidt* § 69 Rn 6.

[12] BGHZ 121, 263, 265 f.

macht fort (§ 86 ZPO) u Verfahren ist durch Prozessbevollmächtigten weiterzuführen.[13]

5 **c) Erfüllung der Verpflichtungen.** Liquidatoren haben die fälligen Verbindlichkeiten der Ges zu erfüllen, einschl solcher der Organmitglieder, dh auch unstr eigener (vgl § 181 BGB aE) gegenüber der Ges.[14] Noch nicht fällige u streitige Verbindlichkeiten sowie Verbindlichkeiten, für welche die Voraussetzungen des § 372 BGB vorliegen, sind – ggf durch Hinterlegung – zu sichern (§ 73 Rn 4, 6 ff).[15] Ggebenfalls haben sie bei strittigen Verpflichtungen Rweg zu beschreiten. Ob sie die Einrede der Verjährung erheben wollen, haben Liquidatoren nach kaufmännischen Gepflogenheiten zu entscheiden.[16] Sie sind grds nicht verpflichtet, für gleichmäßige Befriedigung der Gläubiger zu sorgen (s aber § 43 Rn 89 zu Steueransprüchen);[17] ist Ges jedoch überschuldet oder zahlungsunfähig, müssen sie Eröffnung des Insolvenzverfahrens betreiben (Rn 3), in dem dann zuvor erbrachte Leistungen ggf Insolvenzanfechtung unterliegen (§§ 129 ff InsO).[18] Besonderheit besteht, wenn durch Ablehnung der Insolvenzverfahrenseröffnung mangels Masse (§ 26 I InsO) aufgelöste Ges (§ 60 Nr 5) bzw gem § 60 Nr 4 aufgelöste Ges nach Einstellung des eröffneten Verfahrens mangels Masse (§ 207 I InsO) abzuwickeln ist. Mangels (weiterer) Durchführung eines Insolvenzverfahrens spielt zwar an sich insolvenzrechtlicher Grds verhältnismäßiger Befriedigung aller Insolvenzgläubiger keine ausschlaggebende Rolle (mehr), u dementsprechend sind grds auch Einzelzwangsvollstreckungen durch GesGläubiger nicht (weiter) ausgeschlossen.[19] In bes Situation der Masselosigkeit erscheint es – entgegen teilweise geäußerter Ansicht –[20] nicht gerechtfertigt, Verpflichtung der Liquidatoren anzunehmen, soweit möglich im Interesse aller Gläubiger zu deren gleichmäßiger Befriedigung GesVermögen zu verwerten u entsprechend zu verteilen.[21]

---

13 OLG Koblenz NZG 1998, 637, 638.

14 Scholz/*Schmidt* Rn 8; Roth/*Altmeppen* Rn 16; *Lutter*/Hommelhoff/*Kleindiek* Rn 9; Rowedder/Schmidt-Leithoff/*Rasner* Rn 12; Michalski/*Nerlich* Rn 22; *Wicke* Rn 4.

15 Dazu Scholz/*Schmidt* Rn 11; Ulmer/*Paura* Rn 10.

16 Hachenburg/*Hohner* § 73 Rn 14; Ulmer/*Paura* Rn 10; Rowedder/Schmidt-Leithoff/*Rasner* § 73 Rn 9; Scholz/*Schmidt* § 73 Rn 9.

17 BGHZ 53, 71, 74; Roth/*Altmeppen* Rn 14; Hachenburg/*Hohner* § 70 Rn 11, § 73 Rn 15; *Lutter*/Hommelhoff/*Kleindiek* Rn 9; Rowedder/Schmidt-Leithoff/*Rasner* Rn 11, § 73 Rn 11; Scholz/*Schmidt* Rn 10; *Goette* § 10 Rn 48; *Passarge/Torwegge* Rn 183; Ulmer/*Paura* Rn 11, 12.

18 Vgl Roth/*Altmeppen* Rn 17.

19 BGH NJW 2001, 304, 305 = LM GmbHG § 64 Nr 19 *(Noack/Bunke);* BGHZ 53, 71, 74; Scholz/*Schmidt* § 60 Rn 30.

20 Für Gläubigergleichbehandlung bei masseloser Liquidation *Konzen* FS Ulmer, 2003, 323, 346 ff; Scholz/*Schmidt* Rn 10, § 60 Rn 28, 30, § 73 Rn 9; *ders,* Die GmbH in Krise, Sanierung und Insolvenz, 3. Aufl 2003, Rn 1171, 1173 aE; ausführl *W. Schulz,* Die masselose Liquidation der GmbH, 1986, 160 ff, 167 ff; *Stobbe,* Die Durchsetzung gesellschaftsrechtlicher Ansprüche der GmbH in Insolvenz und masseloser Liquidation, 2000, Rn 301 ff; ähnl *Lutter*/Hommelhoff/*Kleindiek* § 73 Rn 8.

21 Roth/*Altmeppen* Rn 15; Uhlenbruck/*Hirte* § 11 InsO Rn 113; Gottwald/*Haas* InsOHdb § 92 Rn 232; Hachenburg/*Hohner* Rn 11, § 73 Rn 16; *J. Uhlenbruck* Kölner Schrift zur Insolvenzordnung, 1187, 1191 Rn 8; wohl auch Michalski/*Nerlich* Rn 23, § 60 Rn 248 f; s noch *Noack,* InsO GesR, Rn 97; einschr BGHZ 53, 71, 74.

6 Bei **Verbindlichkeiten gegenüber Gesellschaftern** ist zu unterscheiden: Verbindlichkeiten aus normalen Verkehrsgeschäften, auch aus Darlehen, die nicht mit gesetzlichem Nachrang belegt sind, sind wie Ansprüche anderer Gläubiger zu erfüllen (§ 72 Rn 22).[22] § 64 S 3 ist allerdings zu beachten (Rn 94 ff). Dividendenansprüche aus einem vor Auflösung wirksam gefassten Gewinnverteilungsbeschluss nach § 29 sind ebenfalls zu erfüllen,[23] doch kann insoweit nach hM[24] Sperre des § 30 eingreifen. Darlehen, die nach den vertraglichen Vereinbarungen erst nach Erfüllung sämtlicher Verbindlichkeiten zurückzuzahlen sind (Rangrücktritt), dürfen erst nach Eintritt dieser Voraussetzung u nach Ablauf des Sperrjahres des § 73 I zurückgezahlt werden.[25]

7 **d) Einziehung der Forderungen.** Einzuziehen sind sämtliche Ansprüche der Ges, nicht nur solche auf Geldleistung.[26] An Stelle der Einziehung können Forderungen auch durch Verkauf u Abtretung oder durch Aufrechnung verwertet werden.[27] Zweckmäßigste Art der Verwertung liegt im Ermessen des Liquidators. Auch Ansprüche gegen GFührer[28] sind einzuziehen, ebenso Forderungen gegen Gfter, u zwar sowohl solche aus Verkehrsgeschäften als auch Forderungen aus GesVerhältnis.[29] Dazu gehören Einlageforderungen (§ 69 Rn 4), Forderungen auf Einzahlung von Nachschüssen (§ 69 Rn 5), ferner Forderungen zur Sicherung der Kapitalaufbringung, wie Ansprüche aus Differenzhaftung nach § 9 I (§ 9 Rn 5 ff), aus Vorbelastungshaftung (§ 11 Rn 61 ff), aus § 31 (§ 31 Rn 5 ff). Einziehung der Forderungen gegen Gfter aus GesVerhältnis ist begrenzt durch Liquidationszweck. Soweit Einforderung nicht zur Gläubigerbefriedigung oder gleichmäßigen Verteilung des Liquidationsüberschusses an Gfter oder sonst zur ordnungsgemäßen Abwicklung erforderlich ist, sind Ansprüche gegen Gfter nicht geltend zu machen. In Anspruch genommener Gfter kann Leistung verweigern, ist aber darlegungs- u beweispflichtig dafür, dass sie zur Erreichung des Liquidationszwecks nicht benötigt wird (§ 69 Rn 4).[30]

---

[22] Roth/*Altmeppen* Rn 16; Hachenburg/*Hohner* Rn 10; *Lutter*/Hommelhoff/*Kleindiek* Rn 9, 10; Rowedder/Schmidt-Leithoff/*Rasner* Rn 10, § 73 Rn 20; Scholz/*Schmidt* Rn 8, § 72 Rn 20, § 73 Rn 2 mit Fn 5, unklar einschr aber § 70 Rn 9; Michalski/*Nerlich* Rn 20 f.

[23] *Lutter*/Hommelhoff/*Kleindiek* § 73 Rn 2; Hachenburg/*Hohner* § 73 Rn 2; Rowedder/Schmidt-Leithoff/*Rasner* Rn 10, § 73 Rn 21; Michalski/*Nerlich* Rn 20 f; wohl **aM** (Nachrangigkeit) Roth/*Altmeppen* Rn 18.

[24] Dagegen *Sieker* ZGR 1995, 250, 262 ff; s näher § 69 Rn 6.

[25] Scholz/*Schmidt* § 73 Rn 2; Rowedder/Schmidt-Leithoff/*Rasner* § 73 Rn 23.

[26] Hachenburg/*Hohner* Rn 12; Ulmer/*Paura* Rn 14; Rowedder/Schmidt-Leithoff/*Rasner* Rn 13; Scholz/*Schmidt* Rn 12; Michalski/*Nerlich* Rn 24; Heybrock/*Löffler* Rn 11.

[27] Hachenburg/*Hohner* Rn 12; Scholz/*Schmidt* Rn 12; Michalski/*Nerlich* Rn 24; *Passarge/Torwegge* Rn 186.

[28] Vgl BGH NJW 2001, 304 (Anspruch aus § 64 II S 1).

[29] Hachenburg/*Hohner* Rn 13; Ulmer/*Paura* Rn 16; Scholz/*Schmidt* Rn 12; *Lutter*/Hommelhoff/*Kleindiek* Rn 12; *Goette* § 10 Rn 49; *Müller* DB 2003, 1939; zu letzteren auch *Konzen* FS Ulmer, 2003, 323, 335 ff.

[30] Hachenburg/*Hohner* Rn 13; Ulmer/*Paura* Rn 16; Scholz/*Schmidt* Rn 12, § 69 Rn 21; *Lutter*/Hommelhoff/*Kleindiek* Rn 12; Michalski/*Nerlich* Rn 25; Beck GmbH-Hdb/*Erle/Eberhard* § 16 Rn 38; MünchHdbGmbH/*Weitbrecht* § 63 Rn 26; *Goette* § 10 Rn 49; Rowedder/Schmidt-Leithoff/*Rasner* Rn 14 (für Einlagen); weitergehend (auch

8 **e) Umsetzung des GesVermögens in Geld („Versilberung")** ist erforderlich, um Verbindlichkeiten zu erfüllen (Rn 5, 6) u um das danach verbleibende Vermögen an die Gfter zu verteilen. Nicht veräußert werden dürfen aber Gegenstände, die Gfter der Ges zur Nutzung überlassen haben; sie sind den Gftern vielmehr analog § 732 BGB zurückzugeben.[31] Zu abw Verteilungsmöglichkeiten Rn 12ff. Umsetzung in Geld kann auch in der Weise geschehen, dass **Unternehmen der Ges** ggf mit Firma ganz oder teilweise veräußert wird.[32] Das wird zur Vermeidung von Zerschlagungsverlusten häufig geboten sein, so dass Liquidatoren im Falle entspr Möglichkeiten nach §§ 71 IV, 43 I verpflichtet sind, Veräußerung zu betreiben; der Zustimmung der Gfter bedürfen sie dafür nicht.[33] Wird Firma mitveräußert, ist GfterBeschluss über Änderung der Firma erforderlich (§ 69 Rn 23).[34] Veräußerung an einen Gfter ist zulässig, kann aber gegen Gleichbehandlungsgrundsatz u aus der Sicht des Gfters gegen Treupflicht verstoßen, so dass Liquidator das Unternehmen allen Gftern anbieten muss.[35] Art und Weise der Umsetzung des Gesvermögens in Geld liegt im Ermessen des Liquidators.

9 **f) Vermögensverwaltung.** Auch ohne ausdrückliche gesetzliche Regelung sind Liquidatoren verpflichtet, das Vermögen der Ges mit Sorgfalt eines ordentlichen Geschäftsmannes (§§ 71 IV, 43 I) zu verwalten.[36]

10 **g) Neue Geschäfte** dürfen nach über zu eng gefassten Wortlaut des S 2[37] hinausgehend insoweit abgeschlossen werden, als sie objektiv dem Abwicklungszweck dienen u subjektiv zu diesem Zweck vorgenommen werden.[38] Hierzu zählen etwa die Abwicklung von Verträgen oder die Umwandlung von Vorräten oder teilfertigen Produkten in Endprodukte, um Letztere am Markt veräußern zu können. UU kann auch Einstellung neuen Personals zulässig sein.[39] Hierzu kann aber auch Erwerb einer Kommanditbeteiligung gehören, wenn wegen langfristiger Pensionsverpflichtungen mit einer länge-

---

für sonstige Ansprüche gegen Gfter) *Müller* DB 2003, 1939, 1940; *Passarge/Torwegge* Rn 189.

[31] Rowedder/Schmidt-Leithoff/*Rasner* Rn 20; Scholz/*Schmidt* Rn 13; Michalski/*Nerlich* Rn 26.

[32] Hachenburg/*Hohner* Rn 16; Ulmer/*Paura* Rn 19; Rowedder/Schmidt-Leithoff/*Rasner* Rn 16; Scholz/*Schmidt* Rn 14; *Lutter*/Hommelhoff/*Kleindiek* Rn 4, 14; Michalski/*Nerlich* Rn 27; *Goette* § 10 Rn 50; siehe auch *Passarge/Torwegge* Rn 193.

[33] Hachenburg/*Hohner* Rn 16; Rowedder/Schmidt-Leithoff/*Rasner* Rn 16; enger Scholz/*Schmidt* Rn 14; Michalski/*Nerlich* Rn 27.

[34] Roth/*Altmeppen* Rn 6; *Lutter*/Hommelhoff/*Kleindiek* Rn 14; Ulmer/*Paura* Rn 19; Hachenburg/*Hohner* Rn 16; Rowedder/Schmidt-Leithoff/*Rasner* Rn 18; Michalski/*Nerlich* Rn 29.

[35] Hachenburg/*Hohner* Rn 17; Ulmer/*Paura* Rn 20; Rowedder/Schmidt-Leithoff/*Rasner* Rn 17; Scholz/*Schmidt* Rn 14; vgl BGHZ 103, 184, 193 f (zur AG).

[36] Hachenburg/*Hohner* Rn 19; Ulmer/*Paura* Rn 23; Scholz/*Schmidt* Rn 15; *Lutter*/Hommelhoff/*Kleindiek* Rn 15; Rowedder/Schmidt-Leithoff/*Rasner* Rn 21; Michalski/*Nerlich* Rn 32; MünchHdbGmbH/*Weitbrecht* § 63 Rn 30; Heybrock/*Löffler* Rn 14.

[37] Hachenburg/*Hohner* Rn 22; Ulmer/*Paura* Rn 2; Scholz/*Schmidt* Rn 16; Roth/*Altmeppen* Rn 5; Michalski/*Nerlich* Rn 18, 33.

[38] Scholz/*Schmidt* Rn 16; Michalski/*Nerlich* Rn 18, 33; ähnl *Peetz* GmbHR 2007, 858, 859; Hachenburg/*Hohner* Rn 22; Rowedder/Schmidt-Leithoff/*Rasner* Rn 9; Roth/*Altmeppen* Rn 5; vgl auch *Passarge/Torwegge* Rn 180.

[39] Scholz/*Schmidt* Rn 16; *Passarge/Torwegge* Rn 180.

ren Abwicklung zu rechnen ist.[40] Unzulässig sind aber solche Geschäfte, die Rückumwandlung der AbwicklungsGes in werbende bedeuten würden,[41] so Erwerb eines der Ges von einem Gfter verpachteten Grundstücks unter Einsatz hoher Kredite,[42] Beitritt der AbwicklungsGes zu neuer GmbH.[43] Anhaltspunkte, ob Geschäft zulässig ist oder nicht, kann sich aus Liquidationsplan ergeben! Bis zu gewissem Grad steht Liquidator auch Ermessensspielraum zu.[44] Bei Zweifeln kann durch Einholung eines Gfterbeschlusses Klarheit geschaffen werden.

h) Sonstige Aufgaben der Liquidatoren sind: Anmeldung der Auflösung zur Eintragung in das HR nach § 65 I 1 (§ 65 Rn 7); Bekanntmachung der Auflösung nach § 65 II (§ 65 Rn 17 ff); Aufstellung der Liquidationsbilanzen nach § 71 I (§ 71 Rn 5 ff); Einhaltung des Sperrjahres nach § 73 I (§ 73 Rn 5) u Sicherung der Gläubigerinteressen nach § 73 II (§ 73 Rn 6 ff); Erfüllung der steuerlichen Pflichten der Ges (§ 34 I AO), auch soweit sie aus der Zeit vor Auflösung stammen (zur Tilgung von Steuerschulden § 73 Rn 3, zur Haftung für Steuerschulden § 43 Rn 89); Verteilung des nach Befriedigung u Sicherstellung der Gläubiger verbleibenden GesVermögens an die Gfter nach § 72; Anmeldung des Schlusses der Liquidation der Ges zur Eintragung in das HR nach § 74 I 1 (§ 74 Rn 4); Sicherung der Aufbewahrung der Bücher u Schriften der Ges nach § 74 II (§ 74 Rn 6 ff, 10). 11

2. Abweichungen durch GesVertrag u GfterBeschluss. a) Grundsatz. Nach §§ 71 IV, 37 I sind Liquidatoren an für sie im GesVertrag aufgestellte Regeln sowie an Beschlüsse der Gfter gebunden.[45] Soweit sich aus GesVertrag für GFührer Bindungen hinsichtlich Veräußerung von GesVermögen ergeben, gelten diese für Liquidatoren allenfalls eingeschränkt fort.[46] GesVertrag kann Richtlinien für Abwicklung aufstellen, die einzuhalten sind, soweit ihnen nicht **Gläubigerschutz** u **Abwicklungszweck** entgegenstehen. Mit derselben Maßgabe sind Weisungen der GfterVers hinsichtlich Abwicklung zu befolgen.[47] Für diese Beschlüsse genügt einfache (oder abweichende statutarische) Mehrheit, sofern es sich nicht um Änderungen des GesVertrages (§ 69 Rn 20 ff) handelt[48] oder Anspruch der Gfter auf Ausschüttung nach § 72 verändert wird (Rn 13); im letzteren Fall ist Zustimmung der betroffenen Gfter erforderlich.[49] 12

b) Ausschüttung aus GesVermögen **in Natur** setzt grds Zustimmung aller Gfter voraus, da den einzelnen Gftern hierdurch der sich aus § 72 ergebende Anspruch auf Barzahlung entzogen wird (Einzelheiten § 72 Rn 11). 13

---

40 LG Köln DNotZ 1980, 422, 423 f; Scholz/*Schmidt* Rn 16.

41 Vgl auch Scholz/*Schmidt* Rn 16; Rowedder/Schmidt-Leithoff/*Rasner* Rn 9; Michalski/*Nerlich* Rn 18.

42 OLG Karlsruhe GmbHR 1960, 24, 25; Hachenburg/*Hohner* Rn 22; Scholz/*Schmidt* Rn 16.

43 KGJ 21 A, 256, 259; Scholz/*Schmidt* Rn 16.

44 Michalski/*Nerlich* Rn 17; Roth/*Altmeppen* Rn 11; *Passarge/Torwegge* Rn 180.

45 Scholz/*Schmidt* Rn 5; Michalski/*Nerlich* Rn 6; *Passarge/Torwegge* Rn 191.

46 OLG Hamm GmbHR 1979, 141, 142.

47 Hachenburg/*Hohner* Rn 3; Scholz/*Schmidt* Rn 5; Michalski/*Nerlich* Rn 7 f; vgl auch Roth/*Altmeppen* Rn 10.

48 Scholz/*Schmidt* Rn 6; Michalski/*Nerlich* Rn 8.

49 Ähnl Scholz/*Schmidt* Rn 6 aE; **abw** (Anfechtungsrecht der überstimmten Gfter) Hachenburg/*Hohner* Rn 3.

14 **c) Entscheidung durch GfterVers.** Liquidatoren können in Zweifelsfällen GfterVers um Entscheidung bitten u sie zu diesem Zweck nach §§ 71 IV, 49 I, II einberufen.[50] Sie müssen dies tun, wenn die von ihnen beabsichtigten Maßnahmen nur mit Zustimmung der Gfter getroffen werden können, so – wegen der erforderlichen Firmenänderung – bei Veräußerung des Unternehmens der Ges mit Firma (Rn 8).

Eröffnungsbilanz; Rechte und Pflichten

71 (1) **Die Liquidatoren haben für den Beginn der Liquidation eine Bilanz (Eröffnungsbilanz) und einen die Eröffnungsbilanz erläuternden Bericht sowie für den Schluß eines jeden Jahres einen Jahresabschluß und einen Lagebericht aufzustellen.**

(2) [1] **Die Gesellschafter beschließen über die Feststellung der Eröffnungsbilanz und des Jahresabschlusses sowie über die Entlastung der Liquidatoren.** [2] **Auf die Eröffnungsbilanz und den erläuternden Bericht sind die Vorschriften über den Jahresabschluß entsprechend anzuwenden.** [3] **Vermögensgegenstände des Anlagevermögens sind jedoch wie Umlaufvermögen zu bewerten, soweit ihre Veräußerung innerhalb eines übersehbaren Zeitraums beabsichtigt ist oder diese Vermögensgegenstände nicht mehr dem Geschäftsbetrieb dienen; dies gilt auch für den Jahresabschluß.**

(3) [1] **Das Gericht kann von der Prüfung des Jahresabschlusses und des Lageberichts durch einen Abschlußprüfer befreien, wenn die Verhältnisse der Gesellschaft so überschaubar sind, daß eine Prüfung im Interesse der Gläubiger und der Gesellschafter nicht geboten erscheint.** [2] **Gegen die Entscheidung ist die Beschwerde zulässig.**

(4) **Im übrigen haben sie die aus §§ 37, 41, 43 Abs. 1, 2 und 4, § 49 Abs. 1 und 2, § 64 sich ergebenden Rechte und Pflichten der Geschäftsführer.**

(5) **Auf den Geschäftsbriefen ist anzugeben, dass sich die Gesellschaft in Liquidation befindet; im Übrigen gilt § 35 a entsprechend.**

Übersicht

---

[50] Scholz/*Schmidt* Rn 6.

A. Allgemeines

Bedeutung der Vorschrift. § 71 regelt drei unterschiedliche Bereiche: in **Abs 1–3** Rechnungslegung während der Liquidation, in **Abs 4** Anwendbarkeit von Vorschriften über GFührer auf Liquidatoren; in **Abs 5** wird § 35 a I–III auf LiquidationsGes übertragen. – Abs 1–3 beruhen auf Art 3 Nr 8 BiRiLiG; die bisherigen Abs 2 u 3 wurden Abs 4 u 5. Letztere sind durch das 1

MoMiG neu gefasst werden. Abs 3 Satz 2 ist an Änderungen durch FGG-RG angepasst worden.

B. Letzter Abschluss der werbenden Gesellschaft

Lit: *Förschle/Deubert,* Entsprechende Anwendung allgemeiner Vorschriften über den Jahresabschluss in der Liquidations-Eröffnungsbilanz, DStR 1996, 1743; *Förschle/Kropp/Deubert,* Notwendigkeit der Schlussbilanz einer werbenden Gesellschaft und Zulässigkeit der Gewinnverwendung bei Abwicklung/Liquidation einer Kapitalgesellschaft, DStR 1992, 1523; *dies,* „Schlussbilanz der werbenden Gesellschaft" kein Pflichtbestandteil der Rechnungslegung von Kapitalgesellschaften in Liquidation, DB 1994, 998; *Olbrich,* Der Grundsatz der Unternehmensfortführung in der Rechnungslegung der Kapitalgesellschaft bei Auflösung, DB 2005, 565; *Peetz,* Handelsrechtliche Rechnungslegung der aufgelösten GmbH, GmbHR 2007, 858; *Sarx,* Zur Abwicklungs-Rechnungslegung einer Kapitalgesellschaft, FS Forster, 1992, 547; *K. Schmidt,* Liquidationsbilanzen und Konkursbilanzen, 1989; *Schön,* Zur „Existenzvernichtung" der juristischen Person, ZHR 168 (2004), 268; *Siegel,* Mangelnde Ernsthaftigkeit des Gläubigerschutzes als offene Flanke der deutschen Rechnungslegungsvorschriften, FS Baetge, 1997, 117.

I. Aufstellung u Feststellung

2 Auf Tag vor Auflösung der Ges ist Schlussbilanz der werbenden Ges mit Gewinn- u Verlustrechnung, Anhang u Lagebericht aufzustellen).[1] Die Vertreter der abw Meinung[2] setzen die Liquidations-Eröffnungsbilanz (Rn 14 ff) mit der Schlussbilanz gleich u verkennen dabei, dass sich Rechnungslegung der werbenden Ges von der der Liquidationsges trotz weitgehender Angleichung teilweise (Rn 3) unterscheidet[3] u dass das Ergebnis des letzten Abschnitts der werbenden Tätigkeit der Ges von eigenständiger Bedeutung ist (zB für Tantiemeberechtigte);[4] auch liegt die abschließende Rechnungslegung der Entlastung der GFührer zugrunde.[5] Die Schlussbilanz mit den weiteren Unterlagen ist auch dann aufzustellen, wenn Tag vor Auflösung nicht letzter Tag des Geschäftsjahrs ist;[6] in diesem Fall erstreckt sich Gewinn- u Verlustrechnung auf Rumpfgeschäftsjahr, dessen Bildung sich aus dem Gesetz ergibt u daher keiner Änderung des GesVertrages bedarf.[7] Zuständig sind Liquidato-

---

[1] BFHE 113, 112, 114 f = BStBl 1974 II, 692, 693; BayObLG GmbHR 1994, 331, 332; *ADS* Rn 11; Hachenburg/*Hohner* Rn 4; Küting/Weber/*Bohl/Schamburg-Dickstein* Rn 14; Ulmer/*Paura* Rn 9; *Lutter*/Hommelhoff/*Kleindiek* Rn 8; Michalski/*Nerlich* Rn 16; Rowedder/Schmidt-Leithoff/*Rasner* Rn 19; Scholz/*Schmidt* Rn 8; *Förster/Döring* 2 Rn 10 ff; *Scherrer/Heni* 24 ff; *K. Schmidt* 41 ff; *Wicke* Rn 3; Heybrock/*Löffler* Rn 2; Passarge/*Torwegge* Rn 561; *Winnefeld* N Rn 710; *Sarx* FS Forster, 1991, 547, 551; zweifelnd Beck GmbH-Hdb/*Erle/Eberhard* § 16 Rn 58.

[2] Budde/*Förschle/Deubert* f Rn 50 ff; *Förschle/Kropp/Deubert* DStR 1992, 1523 f; *dies* DB 1994, 998 ff.

[3] *Förster/Döring* 2 Rn 15; Ulmer/*Paura* Rn 12; kritisch *Peetz* GmbHR 2007, 858, 864.

[4] *Förster/Döring* 2 Rn 16.

[5] *Förster/Döring* 2 Rn 17.

[6] BayObLG GmbHR 1994, 331, 332.

[7] *Lutter*/Hommelhoff/*Kleindiek* Rn 8; Scholz/*Schmidt* Rn 8. **AM** Budde/*Förschle/Deubert* T Rn 60 ff; *Förschle/Kropp/Deubert* DStR 1992, 1523, 1525; *dies* DB 1994, 998, 1000.

ren, da Amt der GFührer mit Auflösung erloschen ist.[8] Abschluss bedarf nach § 316 HGB für große u mittelgroße Ges der Abschlussprüfung (Rn 4) u nach §§ 46 Nr 1, 42 a II 1 der Feststellung durch GfterVers.[9] Liquidatoren sind des Weiteren dazu verpflichtet, Rechnungslegung für abgelaufene Geschäftsjahre – soweit nicht durch die GFührer erledigt – nach allg Grds aufzustellen.[10]

II. Bilanzierungsgrundsätze

Für letzten Abschluss der werbenden Ges gelten die allgemeinen für Jahres- 3
abschluss maßgebenden Vorschriften u Grundsätze.[11] Zweifelhaft ist, ob u in welcher Weise Auflösung der Ges Ansatz u Bewertung beeinflusst. Abweichungen gegenüber Jahresabschluss fortgeführter Ges würden sich ergeben, wenn **Grundsatz der Unternehmensfortführung** (für Bewertung § 252 I Nr 2 HGB) nicht mehr anwendbar wäre. Unter dieser Voraussetzung wären Abschreibungen auf voraussichtliche Veräußerungserlöse erforderlich; auch müssten Rückstellungen für Abwicklungskosten (insbes Sozialplanverbindlichkeiten) gebildet werden. Diese Regeln müssten auch schon für vorangehende Jahresabschlüsse gelten, sobald sich Gfter über Liquidation verständigt haben.[12] Für dieses Bilanzierungsverfahren spricht, dass Gläubigerschutz im Vorfeld der Liquidation[13] besser gewahrt werden würde,[14] auch wäre letzter Abschluss der werbenden Ges mit Liquidations-Eröffnungsbilanz (Rn 14 ff) identisch. Dagegen spricht, dass auf diese Weise durch Abwicklung eintretende Vermögensminderungen das letzte Geschäftsjahr oder Rumpfgeschäftsjahr der werbenden Ges belasteten, ohne dass Liquidationsgewinn durch Auflösung stiller Reserven (jedenfalls, soweit dadurch Anschaffungs- oder Herstellungskosten überschritten würden, Rn 16 aE) positiv berücksichtigt werden könnte. Diese Vorverlegung von negativen Erfolgsbeiträgen der Liquidation hat zwar für Gewinnanspruch der Gfter keine praktische Bedeutung, da Gewinnanteile auf Grund eines Ergebnisverwendungsbeschlusses nach Auflösung der Ges nur Rechnungsposten bei Vermögensverteilung nach §§ 72, 73 begründen (§ 69 Rn 6). Wohl aber würden gewinnanteilberechtigte Nicht-Gfter (zB stille Gfter) einseitig mit negativen Folgen der Liquidation im letzten Geschäftsjahr oder Rumpfgeschäftsjahr belastet werden.[15] Daher ist letzter Abschluss der werbenden Ges unter Annahme der Unternehmensfortführung aufzustellen.[16] Er unterscheidet sich dadurch entgegen verbreiteter

---

[8] BayObLG GmbHR 1990, 298, 299; Passarge/*Torwegge* Rn 561; Michalski/*Nerlich* Rn 16; *Scherrer/Heni* 25; *Winnefeld* N Rn 711.

[9] *Winnefeld* N Rn 711.

[10] BayObLG GmbHR 1990, 299; Passarge/*Torwegge* Rn 562.

[11] Scholz/*Schmidt* Rn 8; Ulmer/*Paura* Rn 10; *Wicke* Rn 2; *Förster/Döring* 2 Rn 19; Passarge/*Torwegge* Rn 563; *Scherrer/Heni* 28; *Winnefeld* N Rn 710.

[12] In diesem Sinne wohl Budde/*Förschle/Deubert* T Rn 52, ohne aber daraus Folgerungen für die Bilanzierung zu ziehen.

[13] Dazu *Schön* ZHR 168 (2004), 268, 286 ff.

[14] *Siegel* FS Baetge, 1997, 117, 133; zu den Gefahren einer stillen Liquidation Beck GmbH-Hdb/*Erle/Eberhard* § 16 Rn 46.

[15] *Scherrer/Heni* 26, 28.

[16] Hachenburg/*Hohner* Rn 4 f; Michalski/*Nerlich* Rn 17; Rowedder/Schmidt-Leithoff/*Rasner* Rn 20; MünchHdbGmbH/*Weitbrecht* § 63 Rn 33; *Olbrich* DB 2005, 565, 567; *Sarx* FS Forster, 1992, 547, 551; wohl auch Roth/*Altmeppen* Rn 14; eingeschränkt *Förster/Döring*, 2 Rn 25 f.

Ansicht[17] von Liquidations-Eröffnungsbilanz; zwischen Schlussbilanz u Liquidations-Eröffnungsbilanz gilt Grundsatz der Bilanzidentität folglich nicht.[18] Zur Liquidations-Eröffnungsbilanz Rn 14 ff. – Bei **stiller Liquidation** ohne Einhaltung der Regeln der §§ 70 ff entfällt allerdings der Grundsatz der Unternehmensfortführung.

III. Abschlussprüfung u Offenlegung

4 Der letzte Abschluss der werbenden Ges unterliegt nach den allgemeinen Regeln der Abschlussprüfung[19] u Offenlegung.[20] § 71 III (Rn 32) ist nicht anwendbar.[21]

C. Rechnungslegung während der Liquidation, Abs 1–3

Lit: *Adler,* Die Abwicklungsbilanzen der Kapitalgesellschaft, 1956; *Gross,* Die Unternehmensfortführungsannahme als Bewertungskriterium, FS Budde, 1995, 243; *Jurowsky,* Bilanzierungszweckentsprechende Liquidationsrechnungslegung für Kapitalgesellschaften, DStR 1997, 1782; *Olbrich,* Der Grundsatz der Unternehmensfortführung in der Rechnungslegung der Kapitalgesellschaft bei Auflösung, DB 2005, 565; *Rodewald,* Zu Wesen und Wirkung der Liquidations-Schlussbilanz für die GmbH, GmbHR 1994, 454; *Sarx,* Zur Abwicklungs-Rechnungslegung einer Kapitalgesellschaft, FS Forster, 1992, 547; *K. Schmidt,* Liquidationsbilanzen und Konkursbilanzen, 1989.

Verlautbarung des IDW: IDW PH 9400.5: Bestätigungsvermerk bei Prüfungen von Liquidationseröffnungsbilanzen, WPg 2001, 913 = FN-IDW 2001, 357.

I. Überblick

5 **1. Rechnungslegungspflicht.** Abs 1–3 regeln Rechnungslegung während der Liquidation formell u inhaltlich weitgehend wie Rechnungslegung der werbenden Ges. Verpflichtet zur Rechnungslegung sind nach Abs 4 iVm § 41 die Liquidatoren. Neben Liquidationseröffnungsbilanz (Rn 14 ff) ist dem Anhang u Lagebericht entspr erläuternder Bericht (Rn 22) aufzustellen. Die sich anschließende jährliche Rechnungslegung umfasst Jahresbilanz (Rn 24), Gewinn- u Verlustrechnung (Rn 25), Anhang (Rn 26) u Lagebericht (Rn 27). Eröffnungsbilanz, erläuternder Bericht, Jahresabschluss u Lagebericht unterliegen bei mittelgroßer u großer Ges nach § 316 I 1 HGB der Abschlussprüfung (Rn 30), von der unter den Voraussetzungen des Abs 3 befreit werden kann

---

[17] *Förschle/Deubert* DStR 1996, 1743, 1745 f; in aller Regel übereinstimmend: BayObLG GmbHR 1994, 331, 332; weitgehend identisch: *Lutter*/Hommelhoff/*Kleindiek* Rn 8; Budde/*Förschle/Deubert* Rn 50; T ähnlich Scholz/*Schmidt* Rn 8.

[18] *ADS* Rn 26; Hachenburg/*Hohner* Rn 7; Michalski/*Nerlich* Rn 20; MünchHdbGmbH/*Weitbrecht* § 63 Rn 38; *Förster/Döring* 2 Rn 15; *Scherrer/Heni* 105 ff; *Winnefeld* N Rn 710, anders aber Rn 720.

[19] *ADS* Rn 11; Hachenburg/*Hohner* Rn 6; Passarge/*Torwegge* Rn 568; Michalski/*Nerlich* Rn 18; Rowedder/Schmidt-Leithoff/*Rasner* Rn 21; Scholz/*Schmidt* Rn 8.

[20] Hachenburg/*Hohner* Rn 6; Ulmer/*Paura* Rn 11; Passarge/*Torwegge* Rn 568; Michalski/*Nerlich* Rn 18; Rowedder/Schmidt-Leithoff/*Rasner* Rn 21.

[21] Michalski/*Nerlich* Rn 18.

(Rn 32). Eröffnungsbilanz u Jahresabschluss sind von GfterVers nach Abs 2 S 1 festzustellen (Rn 13). Eröffnungsbilanz, erläuternder Bericht, Jahresabschluss u Lagebericht sind nach den §§ 325 ff HGB offenzulegen (Rn 33). Gfter können Liquidatoren von vorstehenden Pflichten nicht befreien. – In der **Insolvenz der Ges** geht Rechnungslegungspflicht nach § 155 I 2 InsO auf Insolvenzverwalter über (§ 41 Rn 10 ff).

2. Anwendbare Vorschriften. Für Eröffnungsbilanz u Jahresabschluss 6 während der Liquidation gelten grds die für Jahresabschluss der werbenden Ges maßgebenden Vorschriften entspr,[22] wenn auch über Reichweite dieser Übereinstimmung Streit besteht (dazu bei den Einzelfragen). Zweck der Rechnungslegung während der Liquidation (Rn 7) erfordert im Einzelfall Abweichungen von den allgemeinen Regeln (Rn 17 f).

3. Zweck der Rechnungslegung. Aus der entspr Anwendung der für 7 den Jahresabschluss der werbenden Ges maßgebenden Vorschriften (Rn 6) folgt, dass analog § 264 II 1 HGB Rechnungslegung während der Liquidation unter Beachtung der GoB ein den tatsächlichen Verhältnissen entspr Bild der Vermögens-, Finanz- u Ertragslage der Ges vermitteln soll.[23] Auf dieser Grundlage ist Liquidationsbilanz wie Jahresbilanz der werbenden Ges in erster Linie vergangenheitsbezogen; sie informiert über Stand der Abwicklung u ist Grundlage der Rechenschaft der Liquidatoren. Informationen über das zu erwartende Liquidationsergebnis kann u soll sie nicht geben;[24] anderenfalls wäre sie Darstellung eines Abwicklungsplans, eine Auffassung, die zu dem vor dem BiRiLiG geltenden Recht weitgehend vertreten wurde, aber auch schon damals unrichtig war (14. Aufl Rn 6/7). Im Unterschied zur Jahresbilanz der werbenden Ges hat Jahresabschluss während der Liquidation aber nicht mehr Funktion einer Gewinnermittlungs- u -verteilungsrechnung.[25]

4. Rechnungslegung der Liquidatoren. Die Anwendbarkeit der allge- 8 meinen Rechnungslegungsvorschriften auf die Rechnungslegung in der Liquidation (Rn 7) hat teilw zu der Vorstellung geführt, die Liquidatoren müssten – ohne dass eine gesetzliche Pflicht angenommen wird[26] – gegenüber den Gftern zusätzlich über die Liquidation durch Aufstellung von Vermögensverteilungsbilanzen berichten u einen Liquidationsplan vorlegen.[27] Diese Auffassung lässt außer acht, dass auch die Rechnungslegung der werbenden Ges ua die Funktion hat, gegenüber den Gftern Rechenschaft abzulegen. Insoweit hat sich bisher kein Bedürfnis gezeigt, diese Rechenschaftslegung durch zu-

---

[22] *ADS* Rn 16; Küting/Weber/*Bohl/Schamburg-Dickstein* Rn 3 ff; *Wicke* Rn 1; Ulmer/*Paura* Rn 12; Roth/*Altmeppen* Rn 20 ff; Rowedder/Schmidt-Leithoff/*Rasner* Rn 3; Scholz/*Schmidt* Rn 4; *Förster/Döring* 2 Rn 79 ff; *Scherrer/Heni* 49 ff.

[23] Küting/Weber/*Bohl/Schamburg-Dickstein* Rn 11, 28 (EL 1, September 2002).

[24] Scholz/*Schmidt* Rn 6; *K. Schmidt* 39 ff; sinngem ebenso *Förster/Döring* 2 ff Rn 79 ff. **AM** (unter Verkennung der Neuregelung in § 71); *Gross* FS Budde, 1995, 243, 261 ff; *Jurowsky* DStR 1997, 1782, 1784, 1786, 1787 f.

[25] Küting/Weber/*Bohl/Schamburg-Dickstein* Rn 28.

[26] *Lutter*/Hommelhoff/*Kleindiek* Rn 11; Scholz/*Schmidt* Rn 33. **AM** Michalski/*Nerlich* Rn 44.

[27] Namentlich *K. Schmidt* 47 ff; Scholz/*Schmidt* Rn 6, 31 ff, einschränkend aber Rn 33; ferner Michalski/*Nerlich* Rn 44; Budde/*Förschle/Deubert* T Rn 13, einschränkend aber Rn 23; MünchHdbGmbH/*Weitbrecht* § 63 Rn 42. **AM** Küting/Weber/*Bohl/Schamburg-Dickstein* Rn 11; mit Ausnahme der Schlussrechnung (zu dieser Rn 29) Hachenburg/*Hohner* Rn 21.

sätzliche, über Anhang u Lagebericht hinausgehende Berichte zu ergänzen oder gar neben der Jahresbilanz einen Vermögensstatus zu Zeitwerten aufzustellen.[28] Eine sachgerechte Liquidationsrechnungslegung, die nicht sklavisch an den für den Jahresabschluss der werbenden Ges geltenden Regeln hängt, sondern zusätzlich den Liquidationszweck berücksichtigt, erfüllt die Anforderungen der Rechenschaftslegung, wobei der erläuternde Bericht nach Abs 1 (Rn 22), der Anhang (Rn 26) u der Lagebericht (Rn 27) entsprechend ausgestaltet werden können.[29] Unberührt davon bleibt selbstverständlich die Pflicht der Liquidatoren, aus gegebenem Anlass einen Überschuldungsstatus aufzustellen, doch hat das mit der propagierten besonderen Rechenschaftslegung gegenüber den Gftern nichts zu tun.[30] Hiernach etwa verbleibende Informationsdefizite können die Gfter mit Hilfe der auch in der Liquidation geltenden Auskunfts- u Einsichtsrechte der §§ 51 a, b (§ 69 Rn 19) beseitigen. Einer gesonderten internen Rechenschaftslegung der Liquidatoren bedarf es daher neben der Erfüllung der Rechnungslegungspflicht nach § 71 I nicht. Zur Schlussrechnung der Liquidatoren Rn 29.

II. Aufstellung u Feststellung der Liquidations-Eröffnungsbilanz u der Jahresabschlüsse während der Liquidation

9 **1. Abgrenzung Aufstellung/Feststellung:** § 42 a Rn 14.

10 **2. Aufstellung. a) Gegenstand.** Aufzustellen sind nach Abs 1 die Liquidations- u Eröffnungsbilanz mit erläuterndem Bericht sowie die Jahresabschlüsse u die Lageberichte während des Liquidationsverfahrens. Zusätzlich sind Liquidations-Schlussbilanz mit Gewinn- u Verlustrechnung für restlichen Abwicklungszeitraum u Anhang aufzustellen (Rn 28).

11 **b) Verpflichtete.** Zur Aufstellung der in Rn 10 genannten Unterlagen sind die Liquidatoren verpflichtet. Es handelt sich um eine ihnen persönlich obliegende öffentlich-rechtliche Pflicht,[31] für deren Erfüllung sie uU private Mittel einsetzen müssen, wenn GesVermögen nicht ausreicht, Kosten der Rechnungslegung zu decken.[32] Gfter können sie von dieser Pflicht nicht befreien.[33] Notfalls müssen sie ihr Amt niederlegen.[34] Bei Verstößen gegen Pflicht zur Rechnungslegung sind sie nach §§ 43 II, 71 IV der Ges zum Schadensersatz verpflichtet.[35] Strafvorschriften der §§ 283 I Nr 7, VI, 283 a, 283 b I Nr 3, III StGB gelten auch für Liquidatoren.[36]

---

28 *Scherrer/Heni* 135.

29 So auch („in vielen Fällen") *K. Schmidt* 49 f.

30 Hachenburg/*Hohner* Rn 21; in der Tendenz abw *K. Schmidt,* 49; *Lutter*/Hommelhoff/*Kleindiek* Rn 11; Rowedder/Schmidt-Leithoff/*Rasner* Rn 22; Budde/*Förschle/Deubert* T Rn 24; *Scherrer/Heni* 231.

31 Hachenburg/*Hohner* Rn 7; *Förster/Döring* 2 Rn 27.

32 Hachenburg/*Hohner* Rn 7; *Lutter*/Hommelhoff/*Kleindiek* Rn 1; Passarge/*Torwegge* Rn 570; *Förster/Döring* 2 Rn 28; Michalski/*Nerlich* Rn 22; Scholz/*Schmidt* Rn 10; *Scherrer/Heni* 29 f; für AG: KGJ 30 A, 125, 127. **AM** Roth/*Altmeppen* Rn 1; *Peetz* GmbHR 2002, 1008, 1011.

33 OLG Stuttgart NJW-RR 1995, 805, 806; Rowedder/Schmidt-Leithoff/*Rasner* Rn 7.

34 Rowedder/Schmidt-Leithoff/*Rasner* Rn 7.

35 Scholz/*Schmidt* Rn 10.

36 OLG Frankfurt am Main BB 1977, 312, 313.

c) Aufstellungsfrist beträgt für Liquidations-Eröffnungsbilanz u erläuternden Bericht nach Abs 2 S 1 iVm § 264 I 2 HGB drei Monate ab Auflösung.[37] Auf deklaratorische Eintragung der Auflösung in das HR kommt es nicht ab (unten Rn 14). Für kleine Ges kann in § 264 I 3 HGB für Jahresabschluss gewährte Fristverlängerung nicht in Anspruch genommen werden, da spätere Aufstellung angesichts Bedeutung der Eröffnungsbilanz nicht mehr ordnungsgemäßem Geschäftsgang entspräche.[38] Für Liquidations-Jahresabschluss u -Lagebericht gelten die in § 264 I 2, 3 HGB genannten Fristen.[39] 12

3. Feststellung der Liquidations-Eröffnungsbilanz u der Liquidations-Jahresabschlüsse obliegt nach Abs 2 S 1 der GfterVers. Für Verfahren gilt § 42 a I–III entspr.[40] **Feststellungsfrist** ergibt sich aus § 42 a II 1 HGB, also bei mittelgroßer u großer Ges spätestens acht Monate, bei kleiner Ges spätestens elf Monate nach Ablauf des für Rechnungslegung maßgebenden (Rn 23) Jahres.[41] Gilt entspr für Liquidations-Eröffnungsbilanz. 13

III. Liquidations-Eröffnungsbilanz u erläuternder Bericht

1. Maßgebender Zeitpunkt. Liquidations-Eröffnungsbilanz u erläuternder Bericht sind auf den Tag der Auflösung der Ges aufzustellen; maßgebend ist Tag der Vollendung des Auflösungstatbestandes ohne Rücksicht auf Eintragung der Auflösung in das HR.[42] Verschiebung dieses Stichtags, wie sie unter besonderen unterschiedlichen Voraussetzungen aus Praktikabilitätsgründen für zulässig gehalten wird,[43] kommt mangels gesetzlicher Regelung nicht in Betracht.[44] Hierfür ist Bedürfnis nicht erkennbar, da problematisch nur die erforderliche Inventur sein kann, für die jedoch die Inventurerleichterungen der ausgeweiteten Stichtagsinventur oder der vor- oder nachverlegten Stichtagsinventur ausgenutzt werden können.[45] Auch machte es wenig Sinn, die Schlussbilanz der werbenden Ges (Rn 2) zu einem anderen Stichtag aufzustellen als die Liquidations-Eröffnungsbilanz.[46] Im Falle der Auflösung nach § 60 I Nr 4 durch **Eröffnung des Insolvenzverfahrens** wird Ges nicht nach 14

---

37 Hachenburg/*Hohner* Rn 9; Ulmer/*Paura* Rn 15; Heybrock/*Löffler* Rn 4; Passarge/*Torwegge* Rn 572; Küting/Weber/*Bohl/Schamburg-Dickstein* Rn 15 (EL 1, September 2002); *Lutter*/Hommelhoff/*Kleindiek* Rn 6; Scholz/*Schmidt* Rn 13; Budde/*Förschle/Deubert* T Rn 105; *Scherrer/Heni* 49 f.

38 Einschränkend Michalski/*Nerlich* Rn 25; Budde/*Förschle/Deubert* T Rn 106; *Scherrer/Heni* 53 f. **AM** *ADS* Rn 12; Hachenburg/*Hohner* Rn 9; Küting/Weber/*Bohl/Schamburg-Dickstein* Rn 15; *Lutter*/Hommelhoff/*Kleindiek* Rn 6; Rowedder/Schmidt-Leithoff/*Rasner* Rn 7.

39 Küting/Weber/*Bohl/Schamburg-Dickstein* Rn 29; Scholz/*Schmidt* Rn 19.

40 Scholz/*Schmidt* Rn 29.

41 Hachenburg/*Hohner* Rn 9; Küting/Weber/*Bohl/Schamburg-Dickstein* Rn 40.

42 Hachenburg/*Hohner* Rn 8; Ulmer/*Paura* Rn 14; *Wicke* Rn 4; Passarge/*Torwegge* Rn 571; *Förster/Döring* 2 Rn 29; Küting/Weber/*Bohl/Schamburg-Dickstein* Rn 12; Rowedder/Schmidt-Leithoff/*Rasner* Rn 9; Scholz/*Schmidt* Rn 12; Budde/*Förschle/Deubert* T Rn 91.

43 *ADS* § 71 Rn 12 iVm § 270 AktG Rn 17; Budde/*Förschle/Deubert* T Rn 92; *Adler,* 15 f; zu § 270 AktG: MünchKommAktG/*Hüffer* § 270 AktG Rn 16.

44 Michalski/*Nerlich* Rn 24; Ulmer/*Paura* Rn 14; Rowedder/Schmidt-Leithoff/*Rasner* Rn 9; Scholz/*Schmidt* Rn 12; *Scherrer/Heni* 31 f; Passarge/*Torwegge* Rn 571.

45 Budde/*Förschle/Deubert* T Rn 96 f; *Scherrer/Heni* 32.

46 Michalski/*Nerlich* Rn 24.

§§ 66 ff abgewickelt, vielmehr hat Insolvenzverwalter die Liquidation zu Ende zu führen (§ 60 Rn 24). Die Liquidationsrechnungslegung findet nach § 155 InsO im Rahmen des Insolvenzverfahrens statt (§ 41 Rn 10 ff).

15 **2. Bilanzierungsgrundsätze. a) Allgemeines.** Für Rechnungslegung während der Liquidation gelten die Regeln über Jahresabschluss der werbenden Ges entspr (Rn 6).[47] Grundsatz der **Einzelbewertung** ist anzuwenden.[48] Ferner gelten auch für Liquidationsbilanz das **Realisations-**, das **Imparitäts-** (§ 42 Rn 16) u das **Anschaffungswertprinzip,**[49] die insoweit nicht Funktion einer Ausschüttungssperre, sondern die der Sicherung eines möglichst willkürfreien Bilanzansatzes[50] erfüllen.[51] Es ist daher unzulässig, noch nicht realisierte Gewinne auszuweisen,[52] u zwar entgegen Äußerungen im Schrifttum auch dann nicht, wenn der Geschäftsbetrieb nicht fortgeführt werden wird,[53] wenn hinreichend sicher ist, dass für einen Vermögensgegenstand ein über dem Buchwert liegender Veräußerungserlös erzielt werden wird[54] oder wenn Vermögensverteilung unmittelbar bevorsteht u Liquidationserlös feststeht.[55] In dieser Hinsicht unterscheidet sich Liquidationsbilanz von Überschuldungsbilanz (zu dieser § 64 Rn 47 a ff), deren Aufgabe es ist, die Erwartungen hinsichtlich der Gläubigerbefriedigung zu dokumentieren. Die Liquidationsbilanz informiert dagegen über den erreichten Stand der Abwicklung, so dass Gewinne erst auszuweisen sind, wenn sie nach den üblichen Kriterien realisiert worden sind. Wohl aber weicht Liquidationsbilanz insofern von Jahresbilanz der werbenden Gesellschaft ab, als Unternehmensfortführungsprämisse entfällt (Rn 16). Im Übrigen ist bei der in Abs 2 S 2 vorgeschriebenen entspr Anwendung der Vorschriften über den Jahresabschluss der Zweck der Rechnungslegung in der Liquidation zu berücksichtigen, der im Einzelfall dazu führen kann, dass eine solche Vorschrift nicht anwendbar ist.[56] So sind voraussichtlich verwertbare Vermögensgegenstände auch dann zu aktivieren, wenn sie nach allgemeinen Regeln nicht aktiviert werden dürften (Rn 17).

16 **b) Grundsatz der Unternehmensfortführung gilt** entgegen hM[57] im Stadium der Abwicklung **nicht mehr,** da Beendigung der Unternehmens-

---

[47] *Förster/Döring* 2 Rn 101; Ulmer/*Paura* Rn 33; Schmidt/*Uhlenbruck* Rn 3.13; Passarge/*Torwegge* Rn 574.

[48] Scholz/*Schmidt* Rn 22; Ulmer/*Paura* Rn 35; Passarge/*Torwegge* Rn 581; *Peetz* GmbHR 2007, 858, 861; Budde/*Förschle/Deubert* T Rn 146; *Förster/Döring* 2 Rn 101; *Scherrer/Heni* 114 f.

[49] Scholz/*Schmidt* Rn 23; *Scherrer/Heni* 116 ff; Ulmer/*Paura* Rn 36 f; Passarge/*Torwegge* Rn 582; Budde/*Förschle/Deubert* T Rn 151; *Förster/Döring* 2 Rn 83 ff, 102.

[50] Zu dieser Aufgabe des Realisationsprinzips *Leffson* 251.

[51] Scholz/*Schmidt* Rn 23; Budde/*Förschle/Deubert* T Rn 151.

[52] *ADS* § 252 HGB Rn 33; BonnerHdb/*Wohlgemuth* § 252 HGB Rn 22; Hachenburg/*Hohner* Rn 24; Budde/*Förschle/Deubert* T Rn 141, 147; *Scherrer/Heni* 116 ff; *Sarx* FS Forster, 1992, 547, 555.

[53] So Rowedder/Schmidt-Leithoff/*Rasner* Rn 10; Scholz/*Schmidt* Rn 22.

[54] So Küting/Weber/*Bohl/Schamburg-Dickstein* Rn 22.

[55] So Roth/*Altmeppen* Rn 22.

[56] AM *Scherrer/Heni* 51 f.

[57] KG NZG 2001, 845, 846; Ulmer/*Paura* Rn 33; Hachenburg/*Hohner* Rn 23; *Förster/Döring* 2 Rn 97; *Lutter*/Hommelhoff/*Kleindiek* Rn 2; Michalski/*Nerlich* Rn 58; Budde/*Förschle/Deubert* T Rn 145, 147 f; *Winnefeld* N Rn 720; *Scherrer/Heni* 108 ff; *Olbrich* DB 2005, 565, 567 ff; wohl auch Rowedder/Schmidt-Leithoff/*Rasner* Rn 10.

fortführung bevorsteht.[58] Auf voraussichtliche Dauer der Abwicklung kann es dafür nicht ankommen.[59] Bewertungsgrundlage sind daher – unter Aufrechterhaltung des Anschaffungspreisprinzips (s unten) – die zu erwartenden Erlöse aus Veräußerung der Vermögensgegenstände, wobei konkrete Bewertung von Art u Weise der geplanten Veräußerung (Unternehmensveräußerung im ganzen, geordnete Einzelveräußerung oder Zerschlagung des Unternehmens) abhängt. Nur bei geplanter Unternehmensveräußerung im Ganzen sind Fortführungswerte anzusetzen.[60] Verweisung in Abs 2 auf Vorschriften über Jahresabschluss steht entgegen verbreiteter Auffassung[61] dieser Beurteilung nicht entgegen, weil damit in Bezug genommene Vorschrift des § 252 I Nr 2 HGB Vorbehalt für den Fall macht, dass tatsächliche oder rechtliche Gegebenheiten der Fortführung der Unternehmenstätigkeit entgegenstehen. Regelung in Abs 2 S 3 über Bewertung von Gegenständen des Anlagevermögens wie Umlaufvermögen, wenn deren Veräußerung innerhalb eines übersehbaren Zeitraums beabsichtigt ist oder wenn sie nicht mehr dem Geschäftsbetrieb dienen (Rn 20), schränkt Folgerungen aus Wegfall der Unternehmensfortführungsprämisse nicht ein, da sie nicht zwischen Bewertungsalternativen (Fortführungs- oder Veräußerungswerte) entscheidet, sondern nur entspr dem für anwendbar erklärten strengen Niederstwertprinzip Abschreibungspflicht auch bei voraussichtlich nur vorübergehender Wertminderung begründet. Wegfall der Unternehmensfortführungsprämisse beseitigt aber nicht Gültigkeit des Realisations- u des Imparitätsprinzips,[62] so dass Anschaffungs- oder Herstellungskosten nach § 253 I 1 HGB nicht überschritten werden dürfen, auch wenn höherer Veräußerungserlös zu erwarten ist (Rn 15). Die hier vertretene Auffassung bedeutet also keine Hinwendung zu einer vorgezogenen Liquidationsbilanz.[63]

c) Ansatz von Aktivposten. Auf Aktivseite sind alle Vermögensgegen- 17
stände anzusetzen, die im Rahmen der Abwicklung verwertbar sind. Aktivierungsverbote, die auf dem Vorsichtsprinzip beruhen, gelten nicht, da Gewinnausschüttung nicht mehr in Betracht kommt. Daher sind abw von § 248 II aF HGB[64] u entgegen hM[65] **nicht entgeltlich erworbene,** insbes selbstgeschaffene **immaterielle Vermögensgegenstände des Anlagevermögens** zu aktivieren; zur Bewertung Rn 20. Ferner kann – obwohl nicht Vermögensgegenstand auch **selbstgeschaffener Geschäfts- oder Firmenwert** zu aktivieren sein, wenn hinreichend gesicherte Veräußerungsaussichten bestehen;[66] zur Bewertung Rn 20. **Ansprüche aus schwebenden Geschäften**

---

[58] *Gross* FS Budde, 1995, 243, 245, 253 ff; ähnlich (von Fortführung ist nur ausnahmsweise auszugehen) Scholz/*Schmidt* Rn 22.

[59] **AM** *ADS* Rn 28; Küting/Weber/*Bohl/Schamburg-Dickstein* Rn 6; *Olbrich* DB 2005, 565, 567 ff; *Sarx* FS Forster, 1992, 547, 552.

[60] Beck GmbH-Hdb/*Erle/Eberhard* § 16 Rn 61; *Winnefeld N* Rn 765.

[61] Hachenburg/*Hohner* Rn 23; Küting/Weber/*Bohl/Schamburg-Dickstein* Rn 6; *Lutter*/Hommelhoff/*Kleindiek* Rn 2; Roth/*Altmeppen* Rn 20; *Olbrich* DB 2005, 565, 567; *Sarx* FS Forster, 1992, 547, 552.

[62] *ADS* Rn 27; Scholz/*Schmidt* Rn 23.

[63] Zu dieser *Scherrer/Heni* 109.

[64] § 248 II aF HGB durch Art 1 Nr 6 BilMoG geändert.

[65] Hachenburg/*Hohner* Rn 26; Ulmer/*Paura* Rn 38; Rowedder/Schmidt-Leithoff/*Rasner* Rn 10; Scholz/*Schmidt* Rn 23; *Peetz* GmbHR 2007, 858, 861; Budde/*Förschle/Deubert* T Rn 115; *Scherrer/Heni* 56 ff.

[66] **AM** Passarge/*Torwegge* Rn 576; Hachenburg/*Hohner* Rn 26; Scholz/*Schmidt* Rn 23; *Scherrer/Heni* 73.

sind nach allgemeinen Grundsätzen nicht anzusetzen. Demgem sind **geleistete Anzahlungen** zu aktivieren, da ihre Aktivierung dazu dient, die Neutralität des schwebenden Geschäfts zu sichern. Dasselbe gilt für **Rechnungsabgrenzungsposten,** soweit sie auf Zahlungen beruhen, die die Funktion von Anzahlungen haben; dienen sie ausschließlich der periodengerechten Ergebnisermittlung (zB vorausgezahlte Kraftfahrzeugsteuer), bedarf es ihrer Aktivierung nicht, weil es auf diese für Rechnungslegung in der Liquidation (Rn 7) nicht mehr ankommt.[67] **Bilanzierungshilfen,** die veräußerbaren Vermögenswert nicht repräsentieren, wie aktivierte Ingangsetzungs- u Erweiterungsaufwendungen u aktiver Saldo latenter Steuern, sind aufzulösen.[68] **Ansprüche gegen Gfter** aus ausstehenden Einlagen auf das gezeichnete Kapital, aus einlagenersetzenden Forderungen u aus eingeforderten Nachschüssen sind einschränkungslos zu aktivieren, auch wenn es ihrer für Abwicklung u für Ausgleich unter den Gftern (§ 69 Rn 4, 5) nicht bedarf, weil diese Frage mit der erforderlichen Sicherheit erst am Ende der Liquidation entschieden werden kann.[69] **Eigene Geschäftsanteile** sind nicht zu aktivieren, da sie bei Vermögensverteilung nicht berücksichtigt werden (§ 72 Rn 5).[70] Sie sind mit Nennbetrag vom Abwicklungskapital (Rn 18) abzusetzen.[71] Ergibt sich Überschuss der Verbindlichkeiten (Rn 18) über Aktivposten, ist Differenz auf Aktivseite als **„Nicht durch Eigenkapital gedeckter Fehlbetrag"** auszuweisen.[72] Pflicht, nach § 15 a I InsO (§ 64 Rn 113 ff) Eröffnung des Insolvenzverfahrens zu beantragen, folgt hieraus für Liquidatoren nicht, da für Überschuldungsbilanz andere Regeln (§ 64 Rn 47 a ff) gelten.[73] Wohl aber muss Ausweis negativen Kapitals für Liquidatoren Anlass sein, Fortführungsprognose (§ 64 Rn 44 ff) und ggfalls Überschuldungsbilanz (§ 64 Rn 43 b ff) aufzustellen. Für die Bewertung in dieser Bilanz kann Fortführung des Unternehmens nicht zugrunde gelegt werden. Ergibt sich hieraus ebenfalls Überschuss der Verbindlichkeiten über Aktivposten, besteht Pflicht, nach 15 a I InsO Eröffnung des Insolvenzverfahrens zu beantragen.

18 **d) Ansatz von Passivposten.** Das **Eigenkapital** ist nach Abzug der eigenen Geschäftsanteile (Rn 17) zusammengefasst in einem Posten unter der Bezeichnung „Eigenkapital" auszuweisen, da die einzelnen Posten nach § 266 III A HGB wegen des umfassenden Ausschüttungsgebots keine Bedeutung

67 Weitergehend (Aktivierung sämtlicher Rechnungsabgrenzungsposten) Hachenburg/*Hohner* Rn 29; Scholz/*Schmidt* Rn 23; Budde/*Förschle/Deubert* T Rn 116; *Scherrer/Heni* 81 f.

68 Hachenburg/*Hohner* Rn 29; Ulmer/*Paura* Rn 40; Küting/Weber/*Bohl/Schamburg-Dickstein* Rn 18; einschränkend (soweit mit der Auflösung der Ges unvereinbar) Scholz/*Schmidt* Rn 23; differenzierend für Ingangsetzungs- u Erweiterungsaufwendungen Budde/*Förschle/Deubert* T Rn 117; *Scherrer/Heni* 60 ff.

69 *Scherrer/Heni,* 93 f; Ulmer/*Paura* Rn 41; Passarge/*Torwegge* Rn 576; Budde/*Förschle/Deubert* T Rn 250; *Peetz* GmbHR 2007, 858, 862; ähnlich *ADS* Rn 35; einschränkend Hachenburg/*Hohner* Rn 28.

70 Hachenburg/*Hohner* Rn 27; Ulmer/*Paura* Rn 39; Passarge/*Torwegge* Rn 576; Budde/Förschle/Deubert T Rn 250; *Peetz* GmbHR 2007, 858, 861; differenzierend nach Verwertungsmöglichkeit *ADS* Rn 36; *Scherrer/Heni* 94 ff; *Winnefeld* N Rn 774.

71 Vgl *Scherrer/Heni* 97.

72 *Peetz* GmbHR 2007, 858, 863; Ulmer/*Paura* Rn 42; Küting/Weber/*Bohl/Schamburg-Dickstein* Rn 24; Budde/*Förschle/Deubert* T Rn 239.

73 Budde/*Förschle/Deubert* T Rn 239.

mehr haben.[74] Dabei ist Rücklage für eigene Anteile, soweit sie auf eigene Geschäftsanteile entfällt, aufzulösen, da diese auf Aktivseite nicht ausgewiesen werden (Rn 17). Aufgegliederter Eigenkapitalausweis kann auch nicht mit der Begründung gefordert werden, dass Höhe des Stammkapitals wegen der Einberufungspflicht nach § 49 III ersichtlich sein müsse; denn § 49 III ist in Liquidation nicht anwendbar (§ 69 Rn 19). Zulässig ist aber auch die von hM (s oben) für richtig gehaltene Darstellung in der Eigenkapitalgliederung des § 266 III A HGB. Dabei sind die Jahresergebnisse der Liquidation mangels Ergebnisverwendung im Posten „Jahresüberschuss/Jahresfehlbetrag" zusammenzufassen.[75] **Sonderposten mit Rücklageanteil** ist aufzulösen, weil in Liquidation nach § 11 KStG von Jahresbilanz unabhängige Besteuerung des Abwicklungszeitraums (Rn 38) stattfindet, so dass für Passivierung in §§ 273 S 1, 281 I 1, 279 II HGB vorausgesetzte umgekehrte Maßgeblichkeit nach § 5 I 2 EStG entfällt.[76] Rückstellungsanteil ist allerdings weiterhin auszuweisen.[77] **Rückstellungen** sind nach allgemeinen Grundsätzen anzusetzen.[78] Rückstellungen für Pensionen, Pensionsanwartschaften u ähnliche Verpflichtungen sind ohne Rücksicht auf für Jahresbilanz bestehende Wahlrechte zwingend zu passivieren, da ohne Erfüllung oder Sicherstellung auch der unter Art 28 I EGHGB fallenden Verpflichtungen Liquidation nicht beendet werden kann.[79] **Kosten der Abwicklung,** die Tätigkeit der werbenden Ges zuzurechnen sind, wie Sozialplanverpflichtungen u zusätzliche drohende Verluste aus schwebenden Geschäften, sind zwingend zu passivieren, u zwar auch, soweit sie durch künftige Abwicklungserträge gedeckt sein werden;[80] eine Verrechnung mit künftigen Abwicklungserträgen verstieße gegen Saldierungsverbot des § 246 II HGB. Kosten der Abwicklung, die der Liquidation zuzurechnen sind, wie Vergütungen der Liquidatoren, sind Aufwendungen des Abwicklungszeitraums u daher nicht in Liquidations-Eröffnungsbilanz zurückzustellen.[81] Entgegen hM[82] entfällt Wahlrecht für **Aufwandsrückstellungen** nach § 249 II aF HGB[83], da ihnen zugrunde liegende periodengerechte Aufwandszuordnung u Reservebildung während Liquidation nicht erforderlich ist. **GfterDarlehen** sind zu passivieren, soweit sie nach § 70 Rn 6, § 72 Rn 22 f im Rahmen der Abwicklung u nicht erst zusammen mit

---

[74] Küting/Weber/*Bohl/Schamburg-Dickstein* Rn 24; Ulmer/*Paura* Rn 43; *Winnefeld* N Rn 774; (Wahlrecht) *ADS* Rn 34, § 283 HGB Rn 14 a, 14 b. **AM** Hachenburg/*Hohner* Rn 22; Scholz/*Schmidt* Rn 21; Budde/*Förschle/Deubert* T Rn 235 ff; *Scherrer/Heni* 87 f.

[75] Hachenburg/*Hohner* Rn 22.

[76] Budde/*Förschle/Deubert* T Rn 131 f; *Scherrer/Heni* 60 ff; *Sarx* FS Forster, 1992, 547, 553; *Peetz* GmbHR 2007, 858, 862.

[77] *Scherrer/Heni* 62.

[78] Scholz/*Schmidt* Rn 23; *Peetz* GmbHR 2007, 858, 862; Passarge/*Torwegge* Rn 577.

[79] Hachenburg/*Hohner* Rn 30; Ulmer/*Paura* Rn 44; Küting/Weber/*Bohl/Schamburg-Dickstein* Rn 19; Scholz/*Schmidt* Rn 23; iE ebenso (Passivierung von Abfindungsansprüchen der Arbeitnehmer) *Scherrer/Heni* 76 ff; wohl auch Rowedder/Schmidt-Leithoff/*Rasner* Rn 10. **AM** (für Verpflichtungen iSd Art 28 I EGHGB, ohne Erfüllungszwang zu bedenken) *Sarx* FS Forster, 1992, 547, 554.

[80] Hachenburg/*Hohner* Rn 31; Ulmer/*Paura* Rn 47; Rowedder/Schmidt-Leithoff/*Rasner* Rn 10; Budde/*Förschle/Deubert* T Rn 126.

[81] Hachenburg/*Hohner* Rn 31; Rowedder/Schmidt-Leithoff/*Rasner* Rn 10; Budde/*Förschle/Deubert* T Rn 127; *Scherrer/Heni* 66.

[82] *ADS* Rn 24; Budde/*Förschle/Deubert* T Rn 128; *Scherrer/Heni* 75 f; *Sarx* FS Forster, 1992, 547, 554.

[83] § 249 II aF HGB durch Art 1 Nr 7 BilMoG gestrichen.

Liquidationsüberschuss nach § 72 zurückzuzahlen sind. Nach allgemeinen Grundsätzen sind nicht anzusetzen **Verbindlichkeiten aus schwebenden Geschäften.** Demgem sind **erhaltene Anzahlungen** weiterhin zu passivieren. Dasselbe gilt für **passive Rechnungsabgrenzungsposten,** soweit sie auf Zahlungen beruhen, die die Funktion von erhaltenen Anzahlungen haben.[84] Passive Rechnungsabgrenzungsposten auf Grund öffentlicher Zuschüsse sind daher aufzulösen, weil periodengerechter Ausweis in Liquidation nicht mehr gefordert ist.

19 **e) Bewertung.** Für Bewertung gelten die für Jahresabschluss der werbenden Ges maßgebenden Regeln entspr (Rn 17), wobei zu berücksichtigen ist, dass Beendigung der Unternehmensfortführung bevorsteht (Rn 16).[85]

20 **aa) Aktivposten.** Für Aktivposten sind einerseits Anschaffungs- oder Herstellungskosten unverändert nach § 253 I 1 HGB Höchstwert (Rn 16 aE); andererseits ist nach § 253, III 3, IV nF HGB (bzw § 253 II 3, III 2 aF HGB) auf niedrigeren Veräußerungserlös abzuschreiben, der am Bilanzstichtag zu erzielen wäre. Abschreibungswahlrecht für Finanzanlagen u Abschreibungsverbot für andere Vermögensgegenstände des Anlagevermögens bei voraussichtlich nicht dauernder Wertminderung nach § 253 IV nF HGB (§§ 279 I 2, 253 II 3 aF HGB) werden nach Abs 2 S 3 ersetzt durch Abschreibungspflicht des strengen Niederstwertprinzips nach § 253 IV nF HGB (§ 253 III 2 HGB), wenn Veräußerung der Gegenstände innerhalb eines übersehbaren Zeitraums beabsichtigt ist oder wenn sie nicht mehr dem Geschäftsbetrieb dienen. Übersehbar ist Zeitraum, wenn Veräußerung innerhalb eines Jahres nach Bilanzstichtag vorgesehen ist.[86] Wird Vermögensgegenstand voraussichtlich am folgenden Abschlusszeitpunkt noch vorhanden sein, besteht kein Anlass, strenges Niederstwertprinzip anzuwenden.[87] **Wertaufholungsgebot** des § 280 I HGB[88] gilt uneingeschränkt, weil für Beibehaltungswahlrecht des § 280 II HGB kein Anwendungsbereich mehr besteht u dieses im Übrigen auch mangels umgekehrter Maßgeblichkeit nach § 5 I 2 EStG in der Liquidationsbilanz (Rn 18) ohnehin nicht galt (16. Aufl Rn 19). Daraus ergibt sich aber nicht Befugnis, Vermögensgegenstände generell mit Zeitwert anzusetzen; vielmehr kommt Zuschreibung nur unter den Voraussetzungen des § 280 I HGB in Betracht u nur unter Beachtung des unverändert gültigen (Rn 15) Anschaffungswertprinzips.[89] **Forderungen,** insbes auch solche gegen Gfter, sind entspr ihrer erwarteten Realisierbarkeit zu bewerten. **Selbstgeschaffene immaterielle Vermögensgegenstände des Anlagevermögens** (zum An-

---

[84] Zu weitgehend (Aufrechterhaltung sämtlicher passiver Rechnungsabgrenzungsposten, soweit nicht Leistungspflicht entfällt) Budde/*Förschle/Deubert* T Rn 133; ohne Differenzierung Hachenburg/*Hohner* Rn 29; Scholz/*Schmidt* Rn 23; *Scherrer/Heni* 81 f; *Sarx* FS Forster, 1992, 547, 555. **AM** *Peetz* GmbHR 2007, 858, 863.

[85] *Peetz* GmbHR 2007, 858, 863; Heybrock/*Löffler* Rn 9; mit Einschränkungen auch Budde/*Förschle/Deubert* T Rn 147; Passarge/*Torwegge* Rn 579 f. Für ausnahmslose Bewertung nach „going-concern-Prinzip“ Michalski/*Nerlich* § 71 Rn 58 f; Rowedder/Schmidt-Leithoff/*Rasner* Rn 10.

[86] Roth/*Altmeppen* Rn 23; Rowedder/Schmidt-Leithoff/*Rasner* Rn 11; wohl auch Budde/*Förschle/Deubert* T Rn 156; weitergehend (ein bis zwei Jahre) Küting/Weber/*Bohl/Schamburg-Dickstein* Rn 17; Scholz/*Schmidt* Rn 24; (zwei Jahre) Hachenburg/*Hohner* Rn 25; in Abhängigkeit von Verkaufsbemühungen *Scherrer/Heni* 124.

[87] KG NZG 2001, 845, 846.

[88] Aufgehoben durch Art 1 Nr 29 BilMoG.

[89] *Scherrer/Heni* 127 f.

satz Rn 17) sind mit Herstellungskosten, höchstens mit voraussichtlich erzielbarem Erlös zu bewerten; für **unentgeltlich erworbene immaterielle Vermögensgegenstände des Anlagevermögens** (zum Ansatz Rn 17) ist vorsichtig geschätzter Preis anzusetzen, der bei entgeltlichem Erwerb zu zahlen gewesen wäre, höchstens ebenfalls voraussichtlich erzielbarer Erlös. **Selbstgeschaffener Geschäfts- oder Firmenwert** (zum Ansatz Rn 17) ist mangels auch nur annähernd sicherer Schätzungsmöglichkeiten nicht entspr Erlöserwartungen, sondern nur mit Erinnerungswert von 1 Euro anzusetzen.

bb) Passivposten (Rückstellungen u Verbindlichkeiten) sind nach den für Jahresabschluss der werbenden Ges geltenden Regeln zu bewerten.[90] 21

3. Erläuternder Bericht für Liquidations-Eröffnungsbilanz tritt an die Stelle von Anhang u Lagebericht.[91] Auf ihn sind nach Abs 2 S 2 Vorschriften über Jahresabschluss entspr anzuwenden mit der Folge, dass erläuternder Bericht die Bestandteile des Anhangs (§§ 284 ff HGB) enthalten muss, die Jahresbilanz erläutern, nicht aber Angaben über GuV u über Daten des vorangegangenen Geschäftsjahrs.[92] Auf die Vorschriften über den Lagebericht wird allerdings nicht verwiesen, da er nicht Bestandteil des Jahresabschlusses ist.[93] Da aber die folgenden Jahresabschlüsse während der Liquidation um einen Lagebericht zu ergänzen sind (Rn 27), sollte erläuternder Bericht dessen Elemente ebenfalls schon enthalten, womit in Gestalt von § 289 I 4 HGB eine rechtliche Grundlage für die einhellig geforderte Berichterstattung über die Liquidationsaussichten gegeben ist. Erläuternder Bericht muss entspr § 284 II Nr 1, 3 HGB Ansatz- u Bewertungsmethoden darstellen sowie Unterschiede zur Schlussbilanz der werbenden Ges (Rn 2 f) begründen.[94] Ferner soll er die künftigen Liquidationskosten nennen, die nicht als Rückstellungen ausgewiesen sind (Rn 18), weil sie dem Liquidationszeitraum zuzurechnen sind.[95] Weiterhin soll er Angaben über die erzielbaren Liquidationserlöse enthalten, wobei pauschale Angaben zu rechtfertigen sind, wenn anders die Verkaufstaktik erschwert werden würde.[96] Schließlich soll er den voraussichtlichen Verlauf der Liquidation beschreiben.[97] 22

IV. Jahresabschlüsse u Lageberichte während der Liquidation

1. Maßgebender Zeitraum. Nach Abs 1 sind Jahresabschlüsse u Lageberichte „für den Schluss eines jeden Jahres“ aufzustellen. Dafür ist nicht Ge- 23

---

[90] Budde/*Förschle/Deubert* T Rn 167, 125.

[91] Scholz/*Schmidt* Rn 11; Passarge/*Torwegge* Rn 587.

[92] Küting/Weber/*Bohl/Schamburg-Dickstein* Rn 26; Rowedder/Schmidt-Leithoff/*Rasner* Rn 12; Budde/*Förschle/Deubert* T Rn 186; ähnlich Scholz/*Schmidt* Rn 11; iE ebenso *Scherrer/Heni* 131; ohne Grund einschränkend Hachenburg/*Hohner* Rn 12.

[93] Das verkennen zB Küting/Weber/*Bohl/Schamburg-Dickstein* Rn 26; Rowedder/Schmidt-Leithoff/*Rasner* Rn 12; Budde/*Förschle/Deubert* T Rn 185.

[94] Hachenburg/*Hohner* Rn 12; Budde/*Förschle/Deubert* T Rn 187.

[95] Hachenburg/*Hohner* Rn 12; Scholz/*Schmidt* Rn 11; Budde/*Förschle/Deubert* T Rn 190.

[96] Eingehend *Scherrer/Heni* 131 ff; ferner *ADS* Rn 39 iVm § 270 AktG Rn 78; Budde/*Förschle/Deubert* T Rn 188. – Ohne diese Einschränkung Hachenburg/*Hohner* Rn 12; Küting/Weber/*Bohl/Schamburg-Dickstein* Rn 26; Rowedder/Schmidt-Leithoff/*Rasner* Rn 12; Scholz/*Schmidt* Rn 11; *Sarx* FS Forster, 1992, 546, 559.

[97] Scholz/*Schmidt* Rn 11; Passarge/*Torwegge* Rn 587; Budde/*Förschle/Deubert* T Rn 190.

schäftsjahr der Ges maßgebend, sondern Zeit von einem Kalenderjahr, beginnend mit Tag der Auflösung der Ges.[98] Die Ansicht, nach der das ursprüngliche Geschäftsjahr der Ges maßgebend sein soll,[99] verkennt, dass die Neufassung des Abs 1 durch BiRiLiG an die Formulierung in § 270 I AktG 1965 („Schluss jedes Jahres") angelehnt ist, die – vorbehaltlich der Möglichkeit der Ges, das bisherige Geschäftsjahr beizubehalten – als Kalenderjahr gemeint war.[100] Im GesVertrag oder durch Beschluss der Gfter kann aber Geschäftsjahr der Ges für Aufstellung der Jahresabschlüsse während der Liquidation für maßgebend erklärt werden.[101] Obwohl Verlegung des Geschäftsjahrs normalerweise Änderung des GesVertrages erfordert, genügt einfacher Gfter-Beschluss, da Regelung des GesVertrages durch Abs 1 außer Kraft gesetzt worden ist[102] u Festlegung des Geschäftsjahres in der Liquidation keine Bedeutung für Gewinnverwendung hat. Auf diese Weise darf aber nach § 240 II 2 HGB kein Abrechnungszeitraum entstehen, der länger als zwölf Monate ist;[103] daher ist Liquidations-Zwischenbilanz auf Beginn des Geschäftsjahrs aufzustellen.[104]

24 **2. Liquidations-Jahresbilanz.** Es gelten für Ansatz u Bewertung die für Liquidations-Eröffnungsbilanz maßgebenden Regeln (Rn 15 ff).[105]

25 **3. Liquidations-Gewinn- u Verlustrechnung** ist nach den für Gewinn- u Verlustrechnung der werbenden Ges geltenden Regeln mit den sich aus Besonderheiten der Rechnungslegung während der Liquidation (Rn 15 ff) ergebenden Abweichungen aufzustellen. Sie zeigt die Ergebnisse der inzwischen erfüllten schwebenden Geschäfte, der neu eingegangenen u abgewickelten Geschäfte, die Realisierung stiller Reserven sowie die Aufwendungen während der Liquidation.

26 **4. Liquidations-Anhang** ist nach den für Anhang der werbenden Ges geltenden Regeln aufzustellen.[106] Wichtigste Bestandteile sind Erläuterung der Bilanzierungs- u Bewertungsmethoden nach § 284 II Nr 1 HGB[107] sowie Darstellung der Abweichungen der Bilanzierungs- u Bewertungsmethoden gegenüber dem vorangegangenen Liquidations-Jahresabschluss nach § 284 II Nr 3 HGB.[108] In diesem Zusammenhang ist auch über Bewertung von Gegenständen des Anlagevermögens wie Umlaufvermögen nach Abs 2 S 3 (Rn 20) zu berichten.[109] Mit fortschreitender Liquidation werden manche für

---

98 OLG Frankfurt am Main BB 1977, 312, 313; *ADS* Rn 13; *Wicke* Rn 4; Passarge/*Torwegge* Rn 589; Küting/Weber/*Bohl/Schamburg-Dickstein* Rn 13; *Lutter*/Hommelhoff/*Kleindiek* Rn 9; Rowedder/Schmidt-Leithoff/*Rasner* Rn 13; Scholz/*Schmidt* Rn 18; zweifelnd Hachenburg/*Hohner* Rn 14.

99 Budde/*Förschle/Deubert* T Rn 200 ff.

100 *Kropff* AktG, 1965, S 360.

101 Küting/Weber/*Bohl/Schamburg-Dickstein* Rn 13; Rowedder/Schmidt-Leithoff/*Rasner* Rn 13; Scholz/*Schmidt* Rn 18; abw (Änderung des GesVertrages) Hachenburg/*Hohner* Rn 14.

102 Rowedder/Schmidt-Leithoff/*Rasner* Rn 13.

103 Hachenburg/*Hohner* Rn 14; Scholz/*Schmidt* Rn 18.

104 Rowedder/Schmidt-Leithoff/*Rasner* Rn 13.

105 *Peetz* GmbHR 2007, 858, 861.

106 Budde/*Förschle/Deubert* T Rn 215; Passarge/*Torwegge* Rn 592.

107 Budde/*Förschle/Deubert* T Rn 216; Passarge/*Torwegge* Rn 592.

108 *Scherrer/Heni* 139.

109 Rowedder/Schmidt-Leithoff/*Rasner* Rn 16.

werbende Ges vorgeschriebene Angaben gegenstandslos werden.[110] Zusätzlich wird teilw gefordert, dass auch über die Unterschiede der angewandten Bilanzierungs- u Bewertungsmethoden gegenüber denen des Jahresabschlusses der werbenden Ges zu berichten sei.[111] Hierfür ist Bedürfnis nicht anzuerkennen, da die Abweichungen schon im erläuternden Bericht zur Liquidations-Eröffnungsbilanz darzustellen sind (Rn 22).

5. Liquidations-Lagebericht ist nach den für Lagebericht der werbenden Ges geltenden Regeln aufzustellen.[112] Dabei ist insbes über Stand der Liquidation u über den zu erwartenden Liquidationsüberschuss oder -fehlbetrag zu berichten.[113] Das gilt auch für *kleine Ges,* die als werbende nach § 264 I 2 HGB Lagebericht nicht aufzustellen braucht.[114] **27**

V. Liquidations-Schlussbilanz u Schlussrechnung

1. Liquidations-Schlussbilanz. Sind die Voraussetzungen für Verteilung des GesVermögens an die Gfter nach § 72 einschließlich Ablauf des Sperrjahrs nach § 73 geschaffen, haben die Liquidatoren **Liquidations-Schlussbilanz** aufzustellen, aus der sich das zur Verteilung bestimmte GesVermögen unter Berücksichtigung der restlichen Aufwendungen[115] ergibt. Sie ist zwar gesetzlich nicht ausdrücklich vorgesehen, ihre Notwendigkeit folgt aber aus der öffentlich-rechtlichen Rechnungslegungspflicht der Ges, die mit einem Jahresabschluss am Ende des letzten (Rumpf-)Geschäftsjahrs enden muss.[116] Diese Liquidations-Schlussbilanz ist mit **Gewinn- u Verlustrechnung** für restlichen Abwicklungszeitraum zu verbinden. Ferner ist erläuternder **Anhang** erforderlich, der auch Vorschlag zur Verteilung des Liquidationsüberschusses enthalten muss;[117] **Lagebericht** dürfte sich erübrigen.[118] Liquidations-Schlussbilanz mit GuV u Anhang bedarf entspr § 46 Nr 1 der **Feststellung durch GfterVers.**[119] Zur Abschlussprüfung Rn 31, zur Offenlegung Rn 32. **28**

2. Schlussrechnung. Verbreitet wird neben[120] oder statt[121] Liquidations-Schlussbilanz (Rn 28) eine Schlussrechnung der Liquidatoren gefordert. Diese **29**

---

110 Budde/*Förschle/Deubert* T Rn 217; *Scherrer/Heni* 140.

111 Rowedder/Schmidt-Leithoff/*Rasner* Rn 16; *Scherrer/Heni* 139 f; wohl auch Hachenburg/*Hohner* Rn 15.

112 *Peetz* GmbHR 2007, 858, 860.

113 Rowedder/Schmidt-Leithoff/*Rasner* Rn 16; ähnlich Hachenburg/*Hohner* Rn 15; Budde/*Förschle/Deubert* T Rn 221.

114 *Scherrer/Heni* 141; zweifelnd OLG Düsseldorf NZG 2002, 90, 91.

115 *Rodewald* GmbHR 1994, 454, 455; Ulmer/*Paura* Rn 28.

116 Mit unterschiedlichen Begründungen Roth/*Altmeppen* Rn 33; *Lutter*/Hommelhoff/*Kleindiek* Rn 12; Scholz/*Schmidt* Rn 30; Budde/*Förschle/Deubert* T Rn 266 ff; *Scherrer/Heni* 38 ff; wohl auch Küting/Weber/*Bohl/Schamburg-Dickstein* Rn 36; undeutlich Rowedder/Schmidt-Leithoff/*Rasner* Rn 25. **AM** Hachenburg/*Hohner* Rn 20.

117 Budde/*Förschle/Deubert* T Rn 270; iE ebenso (als Möglichkeit) Scholz/*Schmidt* Rn 30.

118 Budde/*Förschle/Deubert* T Rn 270; *Wicke* Rn 5.

119 Budde/*Förschle/Deubert* T Rn 271; einschränkend (nur bis zum Beginn des Sperrjahrs nach § 73 I) Scholz/*Schmidt* Rn 30.

120 Scholz/*Schmidt* Rn 35 mit Einschränkung aE; Beck GmbH-Hdb/*Erle/Eberhard* § 16 Rn 69; Budde/*Förschle/Deubert* T Rn 280 ff; *Scherrer/Heni,* 40 ff; *K. Schmidt,* 50 f; *Rodewald* GmbHR 1994, 454, 455.

121 Hachenburg/*Hohner* Rn 19 f.

Ansicht kann sich jetzt auch auf Neufassung des § 74 I (§ 74 Rn 1) stützen, in der Schlussrechnung als Voraussetzung für die Anmeldung des Schlusses der Liquidation genannt ist. Daran ist richtig, dass die Liquidatoren gegenüber den Gftern Rechenschaft über Ablauf u Ergebnis der Liquidation ablegen müssen. Fraglich ist nur, ob dies nicht in ausreichender Weise bereits durch den letzten Jahresabschluss der Ges (Rn 28) geschieht, zumal da die öffentlich-rechtliche Rechnungslegungspflicht ohnehin gleichzeitig der Rechenschaft gegenüber den Gftern dient (Rn 8). Die Entscheidung dieser Frage hängt von dem Inhalt der Schlussrechnung ab. Meinte man, die Schlussrechnung bestehe in einer Einnahmen-Ausgaben-Rechnung über die gesamte Dauer des Liquidationsverfahrens,[122] könnte in der Tat auf sie nicht verzichtet werden. Dabei wird aber verkannt, dass Rechenschaftslegung über Führung u Verwaltung eines kaufmännischen Unternehmens sinnvollerweise nur mit den Mitteln der kaufmännischen Buchführung, also im Wege der Vorlage von Jahresabschlüssen u Lageberichten stattfindet.[123] Eine Schlussbilanz, die, wie in Rn 28 dargestellt, nur noch das zur Verteilung bestimmte GesVermögen ausweist u im Anhang Vermögensverteilung vorschlägt, ist demgem mit der Schlussrechnung identisch).[124] Es macht wenig Sinn, nach der Verteilung über diese zusätzlich zu berichten u diesen Bericht als Schlussrechnung zu bezeichnen.[125] Etwas anderes könnte nur angenommen werden, wenn im Einzelfall Schlussverteilung über Stichtag der Schlussbilanz hinausgeschoben wird, doch läge darin – schon wegen der Zinserträge u weiter entstehender Verwaltungsaufwendungen – eine Fortsetzung der Liquidation, so dass Schlussbilanz zu früh aufgestellt worden wäre, was allerdings häufig verkannt wird.[126] Unrichtig ist auch die Annahme,[127] dass unternehmerische Rechnungslegung in dieser Phase „ohne rechten Sinn" sei. Aufschlüsse über Vermögens-, Finanz- u Ertragslage sind sicher nicht zu erwarten; ihr Sinn ergibt sich daraus, dass Rechnungslegungspflicht erst unmittelbar vor Auskehr des Vermögens an die Gfter beendet ist.

VI. Abschlussprüfung

30 **1. Grundsatz.** Liquidations-Eröffnungsbilanz u erläuternder Bericht sowie die Liquidations-Jahresabschlüsse u -Lageberichte unterliegen, wie Verweisung in Abs 2 S 2 auf Jahresabschluss ergibt u Abs 3 voraussetzt, bei mittelgroßer u großer Ges – vorbehaltlich der Befreiung nach Abs 3 (Rn 32) – der Abschlussprüfung nach §§ 316 ff HGB.[128] Für Abschlussprüfung gelten die allgemeinen Regeln.[129]

---

122 So *Winnefeld* N Rn 790. – Mit Recht abl *Scherrer/Heni* 244 f; ihnen folgend Budde/*Förschle/Deubert* T Rn 282.

123 *Scherrer/Heni* 244 f; wohl auch *K. Schmidt* 52.

124 Hachenburg/*Hohner* § 74 Rn 16; Roth/*Altmeppen* Rn 34; Rowedder/Schmidt-Leithoff/*Rasner* Rn 26; wohl auch Scholz/*Schmidt* Rn 35 aE.

125 Wohl auch *Lutter*/Hommelhoff/*Kleindiek* Rn 13; vgl auch *Wicke* Rn 5. **AM** Budde/*Förschle/Deubert* T Rn 282.

126 So von *Scherrer/Heni* 41 f; Scholz/*Schmidt* Rn 30; *Rodewald* GmbHR 1994, 454, 455.

127 So *K. Schmidt* 46.

128 *ADS* Rn 40; Hachenburg/*Hohner* Rn 11, 17; *Wicke* Rn 6; *Schmidt*/Uhlenbruck Rn 3.14; *Lutter*/Hommelhoff/*Kleindiek* Rn 10; Scholz/*Schmidt* Rn 25; Budde/*Förschle/Deubert* T Rn 305.

129 Zum Bestätigungsvermerk bei Prüfung von Liquidationseröffnungsbilanzen IDW PH 9400.5.

2. Liquidations-Schlussbilanz mit GuV u Anhang (Rn 28) unterliegt – vorbehaltlich der Befreiung nach Abs 3 (Rn 32) – ebenfalls der Abschlussprüfung.[130] Sollten entgegen der in Rn 29 vertretenen Auffassung Liquidatoren gesonderte **Schlussrechnung** aufstellen, unterläge sie nicht der Prüfungspflicht, weil nicht Bestandteil der öffentlich-rechtlichen Rechnungslegung.[131] 31

3. Befreiung. Gericht kann nach Abs 3 von Abschlussprüfung befreien, wenn Verhältnisse der Ges so überschaubar sind, dass Prüfung im Interesse der Gläubiger u Gfter nicht geboten erscheint. Zuständig ist Gericht nach §§ 375 Nr 6, 376, 377 FamFG, das insoweit im unternehmensrechtl Verfahren tätig wird. Erforderlich ist Antrag.[132] Antragsberechtigt ist Ges, vertreten durch Liquidatoren. Überschaubarkeit wird idR von Liquidationsfortschritt abhängen, kann aber auch schon zum Liquidationsbeginn gegeben sein, so dass Befreiung auch für Liquidations-Eröffnungsbilanz u erläuternden Bericht in Betracht kommt.[133] Maßgebend ist Gläubiger- u GfterInteresse,[134] nicht allgemeines Interesse der Öffentlichkeit. Beschwerde (Frist ein Monat, § 63 FamFG) nach Abs 3 S 2 steht nach § 59 FamFG im Falle der Ablehnung der Ges,[135] im Falle der Befreiung jedem Gfter u jedem GesGläubiger zu.[136] Ausgeschlossen ist aber Befreiung von Abschlussprüfung für Jahresabschlüsse u Lageberichte aus der Zeit vor Auflösung der Ges.[137] Ob Vorschrift entsprechende Anwendung im eröffneten Insolvenzverfahren findet, ist umstritten (vgl § 41 Rn 10 ff).[138] 32

VII. Offenlegung

Liquidations-Eröffnungsbilanz, erläuternder Bericht, Liquidations-Jahresabschlüsse u -Lageberichte sind nach den allgemeinen Regeln der §§ 325 ff HGB offenzulegen.[139] Befreiungsmöglichkeit besteht nicht. Gilt auch für Liquidations-Schlussbilanz mit GuV, Anhang u Lagebericht (Rn 28). Jedoch keine Offenlegung für eine entgegen Rn 29 aufgestellte **Schlussrechnung** 33

---

130 Ulmer/*Paura* Rn 30; Scholz/*Schmidt* Rn 30; Budde/*Förschle/Deubert* T Rn 305; *Scherrer/Heni,* 143. **AM** *Rodewald* GmbHR 1994, 454, 455.

131 Scholz/*Schmidt* Rn 35; Budde/*Förschle/Deubert* T Rn 305; *Scherrer/Heni,* 143.

132 Scholz/*Schmidt* Rn 25; Budde/*Förschle/Deubert* T Rn 318.

133 *Kind/Frank/Heinrich* NZI 2006, 205, 206; Scholz/*Schmidt* Rn 25; Budde/*Förschle/Deubert* T Rn 318.

134 Scholz/*Schmidt* Rn 25; Budde/*Förschle/Deubert* T Rn 316.

135 Hachenburg/*Hohner* Rn 17; Scholz/*Schmidt* Rn 25.

136 *ADS* Rn 40 iVm § 270 AkG Rn 83; Scholz/*Schmidt* Rn 25; Budde/*Förschle/Deubert T* Rn 318. **AM** hinsichtlich der GesGläubiger Roth/*Altmeppen* Rn 38.

137 OLG München NZG 2008, 229; OLG München ZIP 2005, 2068; Budde/*Förschle/Deubert* T Rn 315; Roth/*Altmeppen* Rn 36; Michalski/*Nerlich* Rn 26; Frankfurter KommInsO/*Boochs,* § 155 Rn 104. **AM** LG Oldenburg NJW-RR 1994, 609; *Kind/Frank/Heinrich* NZI 2006, 205, 207.

138 In diesem Sinne aber wohl hM, vgl OLG München NZG 2008, 229; OLG Hamm ZInsO 2007, 380, 381 f; Uhlenbruck/*Maus,* § 155 InsO Rn 10; MünchKommInsO/*Füchsl/Weißkämpf* § 155 Rn 21; *Kind/Frank/Heinrich* NZI 2006, 205, 207. **AM** OLG München ZIP 2005, 2068.

139 KG NZG 2003, 1119, 1120 = GmbHR 2003, 1357, 1358; *ADS* Rn 43; *Wicke* Rn 6; Hachenburg/*Hohner* Rn 18; Scholz/*Schmidt* Rn 26; Budde/*Förschle/Deubert* T Rn 345.

der Liquidatoren, da sie nicht Bestandteil der öffentlich-rechtlichen Rechnungslegungspflicht ist.[140]

D. Anwendbare Vorschriften, Abs 4

I. Verweisung in § 69 I

34 Aufzählung in Abs 2 ist unvollständig, da insbes wegen Verweisung in § 69 I auf die Vorschriften des 3. Abschnitts (§ 69 Rn 11 ff) weitere der für GFührer geltenden Bestimmungen auf Liquidatoren anzuwenden sind.

II. Die in Abs 4 aufgeführten Vorschriften

35 Vgl zu **§§ 36, 37:** § 69 Rn 13; zu **§ 41 I** (Angabe des Abs 1 nach Streichung der Abs 2 u 3 durch BiRiLiG überflüssig): § 69 Rn 16; zu **§ 43 I, II, IV:** § 69 Rn 17; zu **§ 49 I, II:** § 69 Rn 19. Liquidatoren trifft auch die Pflicht, nach **§ 15 a I InsO** Eröffnung des Insolvenzverfahrens zu beantragen (vgl § 64 Rn 113).[141] Ebenso sind sie unter den Voraussetzungen des **§ 64** der Ges zum Ersatz verpflichtet (§ 64 Rn 160).

III. Zusätzlich anwendbare Vorschriften

36 Pflichten zur Anmeldung zum HR treffen nach § 78 Liquidatoren. Bei Verstoß gegen § 71 V (Rn 37) kann gegen sie nach § 79 I Zwangsgeld festgesetzt werden. Strafvorschriften der §§ 82 I Nr 5, II Nr 2, u 85 sowie § 15 a IV, V InsO beziehen sich ausdrücklich auch auf Liquidatoren.

E. Angaben auf Geschäftsbriefen, Abs 5

37 Abs 5 verweist auf § 35 a, vgl daher Erl zu dieser Vorschrift. Über § 35 a hinaus muss auf Geschäftsbriefen auch angegeben werden, dass sich Ges in Liquidation befindet. Dazu genügt Angabe der nach § 68 II (§ 68 Rn 11) mit dem Liquidationszusatz versehenen Firma.[142] RegGericht kann Einhaltung des Abs 5 nach § 79 I durch Festsetzung von Zwangsgeld erzwingen. Ebenso wie § 68 II (siehe dort Rn 13) ist auch § 71 V Schutzgesetz iS des § 823 II BGB.

F. Steuerpflicht während der Liquidation

Lit: *Geist,* Die ordentliche Liquidation einer GmbH unter Einfluss von Mindestbesteuerung und steuerfreiem Sanierungsgewinn, GmbHR 2008, 969; *Jünger* Liquidation und Halbeinkünfteverfahren, BB 2001, 69; *Neu* Die Liquidationsbesteuerung der GmbH, GmbHR 2000, 57.

---

140 Scholz/*Schmidt* Rn 35; Budde/*Förschle/Deubert* T Rn 346.
141 OLG Hamm NZG 2002, 782; OLG Brandenburg NZI 2003, 203, 204 f.
142 Hachenburg/*Hohner* Rn 35; Rowedder/Schmidt-Leithoff/*Rasner* Rn 31; Scholz/*Schmidt* Rn 47.

I. Körperschaftsteuer

Trotz Auflösung bleibt Ges Steuersubjekt iSd Körperschaftsteuerrechts.[143] An Stelle der jährlichen Besteuerung (§ 7 III KStG) tritt nach § 11 I KStG Besteuerung des Gewinns des gesamten Abwicklungszeitraums, wobei die Finanzverwaltung Besteuerung nach Ablauf von jeweils drei Jahren verlangen kann.[144] Der steuerpflichtige Gewinn ergibt sich nach § 11 II–V KStG aus Gegenüberstellung des Abwicklungs-Endvermögens u des Abwicklungs-Anfangsvermögens, korrigiert um Einlagen u Ausschüttungen.[145] Abwicklungs-Anfangsvermögen ist das im Zeitpunkt der Auflösung nach den steuerlichen Vorschriften anzusetzende Betriebsvermögen. Bei Auflösung während eines Wirtschaftsjahres ist auch steuerrechtlich (zum Handelsrecht Rn 2) Rumpfwirtschaftsjahr zu bilden, das die Zeit zwischen dem Beginn des Wirtschaftsjahres u dem Auflösungszeitpunkt umfasst.[146] Finanzverwaltung nimmt insoweit Wahlrecht[147] an (R 51 I 3 KStR 2004).[148] Dafür fehlt jedoch rechtliche Grundlage.[149] **38**

II. Gewerbesteuer

Durch Auflösung erlischt Gewerbesteuerpflicht nach § 2 II 1 GewStG nicht (§ 4 I GewStDV). Sie bleibt bis zum Schluss der Abwicklung bestehen.[150] Gewerbeertrag wird nach §§ 7 GewStG, 11 I KStG für den gesamten Abwicklungszeitraum ermittelt u nach § 16 I GewStDV auf die Jahre dieses Zeitraums verteilt. **39**

Vermögensverteilung

72

¹Das Vermögen der Gesellschaft wird unter die Gesellschafter nach Verhältnis ihrer Geschäftsanteile verteilt. ²Durch den Gesellschaftsvertrag kann ein anderes Verhältnis für die Verteilung bestimmt werden.

Übersicht

143 *Geist* GmbHR 2008, 969, 970; Passarge/*Torwegge* Rn 606.

144 *Geist* GmbHR 2008, 969, 970; Passarge/*Torwegge* Rn 610.

145 *Geist* GmbHR 2008, 969, 970; Passarge/*Torwegge* Rn 615.

146 BFHE 113, 112, 113f = BStBl 1974 II, 692, 693; BFHE 138, 81, 83f = BStBl 1983 II, 433, 434.

147 Zu den Auswirkungen dieses Wahlrechts *Jünger* BB 2001, 69, 70f.

148 Ebenso *Neu* GmbHR 2000, 57, 59.

149 Blümich/*Hofmeister* § 11 KStG Rn 38 (EL 77, Februar 2003); Herrmann/Heuer/Raupach/*Klein* § 11 KStG Rn 42; iE ebenso Streck/*Olgemüller* § 11 KStG A 9.

150 BFHE 131, 70, 71 = BStBl 1980 II, 658, 659; Passarge/*Torwegge* Rn 636.

I. Allgemeines

1 **Bedeutung der Vorschrift.** § 72 bestimmt Maßstab für Verteilung des GesVermögens unter die Gfter nach Abschluss der Liquidation (S 1) u gestattet abweichende statutarische Regelung (S 2). Diese Verteilung darf nach § 73 I erst nach Ablauf des Sperrjahres (§ 73 Rn 5) u nach Befriedigung aller Gläubiger (§ 73 Rn 3), notfalls nach Sicherheitsleistung zugunsten der Gläubiger (§ 73 Rn 4, 6–8) stattfinden.[1]

II. Anspruch auf Anteil am Liquidationserlös

2 **1. Gesetzliche Regelung. a) Grundsatz.** § 72 gibt Gftern gegen Ges gesrechtlichen Anspruch auf Ausschüttung ihres Anteils an dem nach Befriedigung der Gläubiger verbleibenden GesVermögen.[2] Beseitigung oder wesentliche Beeinträchtigung dieses Anspruchs bedarf Regelung im ursprünglichen GesVertrag oder einstimmigen den GesVertrag ändernden Beschlusses aller Gfter.[3] Weniger einschneidende Änderungen (zB angemessene Verkürzung der Verjährungsfrist von 3 Jahren; Rn 15) können durch satzungsändernden Mehrheitsbeschluss vorgenommen werden.[4] Außerdem können Regelungen des Anspruchsinhalts (Rn 11), des Verteilungsmaßstabes (Rn 12) u über den

---

[1] Scholz/*Schmidt* Rn 1; Hachenburg/*Hohner* Rn 1.
[2] *Passarge/Torwegge* Rn 450. **Abw** (Anspruch wird vom Gesetz vorausgesetzt) Rowedder/Schmidt-Leithoff/*Rasner* Rn 1; Michalski/*Nerlich* Rn 1.
[3] KG JW 1937, 2979 f; Hachenburg/*Hohner* Rn 11; Scholz/*Schmidt* Rn 2 f; Rowedder/Schmidt-Leithoff/*Rasner* Rn 2.
[4] KG JW 1937, 2979 f.

Ausschluss des Anspruchs (Rn 13) auch durch vom Gesetz oder vom GesVertrag abw GfterBeschluss ohne Änderung des GesVertrages getroffen werden, sofern alle Gfter zustimmen. Auf förmliche Änderung des GesVertrages (notarielle Beurkundung, § 53 II; Eintragung in das HR, § 54) kann verzichtet werden, da wegen Abwicklung Wirkung in der Zukunft nicht in Betracht kommt.[5] Für Liquidatoren sind solche Beschlüsse nach §§ 37 I, 71 IV bindend.[6] Bei Fortsetzung der Ges (dazu § 60 Rn 91 ff) werden solche Beschlüsse aber unwirksam. **Anspruch auf Liquidationserlös entsteht,** wenn Ges aufgelöst ist u sich nach Umsetzung des GesVermögens in Geld (§ 70 Rn 8), Befriedigung der Gläubiger oder Sicherheitsleistung nach § 73 II (§ 73 Rn 6 ff) Liquidationsüberschuss ergibt.[7] Anspruch ist **fällig,** sobald die weiteren Voraussetzungen des § 73 (Ablauf des Sperrjahres, § 73 Rn 5) erfüllt sind.[8] Verjährungsfrist beträgt nach § 195 BGB 3 Jahre, Fristbeginn richtet sich nach § 199 I BGB.[9] Gem § 199 IV BGB verjährt Anspruch spätestens nach 10 Jahren von seiner Entstehung an.[10] Übersteigen Verbindlichkeiten der Ges GesVermögen, findet Verteilung des negativen Betrages nicht statt; Nachschusspflicht besteht nicht. Auch haften die Gfter nach § 11 II außerhalb besonderer Haftungsgründe den Gläubigern nicht persönlich.[11]

b) Inhalt des Anspruchs. Anspruch ist grds auf Geldleistung gerichtet, da Liquidatoren nach § 70 S 1 Vermögen der Ges in Geld umzusetzen haben.[12] Auch Gfter, die Sacheinlagen geleistet haben, können idR nur Geldzahlung verlangen.[13] S aber noch Rn 11. Zur Nutzung eingebrachte Gegenstände sind den Gftern aber in Natur herauszugeben (§ 70 Rn 8).[14] 3

c) Verteilungsmaßstab. Maßgebend ist **Verhältnis der Nennbeträge der Geschäftsanteile der Gesellschafter zueinander,** nicht aber deren Verhältnis zum Stammkapital.[15] Sind Geschäftsanteile ohne Änderung des Stammkapitals eingezogen worden, erhöhen sich demgem die auf die verbleibenden Stammanteile entfallenden Bruchteile. Verteilung nach Verhältnis der Geschäftsanteile findet auch statt, wenn die Einlagen von allen Gftern in demselben Verhältnis nicht vollständig geleistet worden sind. Bei relativ unterschiedlicher Einlagenleistung gilt § 271 III AktG entspr:[16] Zunächst sind 4

---

[5] Scholz/*Schmidt* Rn 2 f, 14 f; Hachenburg/*Hohner* Rn 12; Rowedder/Schmidt-Leithoff/*Rasner* Rn 14; Michalski/*Nerlich* Rn 4.

[6] Ebenso Scholz/*Schmidt* aaO (Fn 5).

[7] Rowedder/Schmidt-Leithoff/*Rasner* Rn 2; ähnl BGHZ 88, 205, 207.

[8] Rowedder/Schmidt-Leithoff/*Rasner* Rn 2; Scholz/*Schmidt* Rn 3, 4.

[9] Rowedder/Schmidt-Leithoff/*Rasner* Rn 11; Scholz/*Schmidt* Rn 18; Roth/*Altmeppen* Rn 3.

[10] IE Michalski/*Nerlich* Rn 10, aber unter unzutr Berufung auf § 199 III Nr 1 BGB.

[11] Scholz/*Schmidt* Rn 22.

[12] Hachenburg/*Hohner* Rn 16; Ulmer/*Paura* Rn 16; Rowedder/Schmidt-Leithoff/*Rasner* Rn 7; Scholz/*Schmidt* Rn 7; Michalski/*Nerlich* Rn 14; *Passarge/Torwegge* Rn 456.

[13] Rowedder/Schmidt-Leithoff/*Rasner* Rn 7; Michalski/*Nerlich* Rn 14.

[14] Scholz/*Schmidt* Rn 7; Rowedder/Schmidt-Leithoff/*Rasner* Rn 7; Michalski/*Nerlich* Rn 16.

[15] Hachenburg/*Hohner* Rn 3; Ulmer/*Paura* Rn 3; Rowedder/Schmidt-Leithoff/*Rasner* Rn 12; Scholz/*Schmidt* Rn 13; *Lutter*/Hommelhoff/*Kleindiek* Rn 11; Michalski/*Nerlich* Rn 19; *Passarge/Torwegge* Rn 453.

[16] Hachenburg/*Hohner* Rn 7; Ulmer/*Paura* Rn 7; *Lutter*/Hommelhoff/*Kleindiek* Rn 11; Rowedder/Schmidt-Leithoff/*Rasner* Rn 12; Michalski/*Nerlich* Rn 21; iE auch Scholz/*Schmidt* Rn 13.

die Einlagen zu erstatten, Überschuss wird nach Verhältnis der Geschäftsanteile verteilt. Reicht Vermögen zur Erstattung der Einlagen nicht aus, müssen die Gfter mit den relativ geringeren Einzahlungen Einlagen insoweit erbringen (§ 69 Rn 4), als dies erforderlich ist, um alle Gfter nach dem Verhältnis ihrer Geschäftsanteile an dem Verlust zu beteiligen.[17]

5 **Eigene Geschäftsanteile der Ges** werden bei Vermögensverteilung nicht berücksichtigt; sie erhöhen daher die auf die übrigen Geschäftsanteile entfallenden Anteile.[18] Dasselbe gilt für Geschäftsanteile, die nach Kaduzierung (§§ 21 ff) unverkäuflich sind (vgl § 23), sowie für diejenigen, die nach § 27 preisgegeben worden sind u nicht verkauft werden (§ 27 III) konnten.[19] Ist Kaduzierungs- oder Preisgabeverfahren noch nicht abgeschlossen, werden die davon betroffenen Geschäftsanteile ebenfalls bei Vermögensverteilung nicht berücksichtigt.[20] Zurückhaltung der auf diese Geschäftsanteile entfallenden Quote würde zwar Möglichkeit, Geschäftsanteil noch zu veräußern, erhalten, zugleich aber Löschung der Ges (§ 74 Rn 4, 5) unabsehbar verzögern. Da sich die Höhe des Veräußerungserlöses nach der auf die Geschäftsanteile entfallenden Quote richten würde u der Erlös als Vermögen der Ges in Verteilung einzubeziehen wäre, sollte Verkaufsmöglichkeit mit Ende der Abwicklung entfallen. Ist ein Gfter aus Ges ausgetreten (Anh § 34 Rn 18 ff) oder von ihr ausgeschlossen worden (Anh § 34 Rn 2 ff), ohne dass dessen Geschäftsanteil bisher eingezogen oder abgetreten worden ist, ist er bis zur Höhe des Abfindungsanspruchs mit seinem Anteil am Liquidationserlös zu beteiligen, weil auch Einziehung oder Abtretung nur gegen Zahlung eines Auseinandersetzungsguthabens zulässig wäre.[21]

6 **d) Korrekturen des Verteilungsmaßstabs. aa) Im Falle verzögerter Abwicklung.** Der nach Rn 4, 5 maßgebende Verteilungsmaßstab ist zu korrigieren, falls Ges trotz Auflösung ohne wirksamen Fortsetzungsbeschluss (zu diesem § 60 Rn 91 f) fortgesetzt worden ist. Der der Fortsetzung widersprechende Gfter kann verlangen, bei der Verteilung so gestellt zu werden, als ob ordnungsgemäß abgewickelt worden wäre.[22]

7 **bb) Im Falle der Berücksichtigung von Gfteransprüchen.** Änderungen des Verteilungsmaßstabs können sich aus nach Auflösung gefassten Gewinnverteilungsbeschlüssen Rechnungsposten bei Ermittlung des Anteils des Gfters am Liquidationserlös sind (Rn 24).

8 **e) Gläubiger des Anspruchs** sind diejenigen, die zZ der Vermögensverteilung **Gesellschafter der Ges** sind.[23] S aber noch Rn 13. Ist Geschäftsanteil

---

[17] Ebenso oder sinngem Roth/*Altmeppen* Rn 10; *Lutter*/Hommelhoff/*Kleindiek* Rn 11; Hachenburg/*Hohner* Rn 7; Rowedder/Schmidt-Leithoff/*Rasner* Rn 12; Scholz/*Schmidt* Rn 13.

[18] Hachenburg/*Hohner* § 33 Rn 55, § 72 Rn 4; Ulmer/*Paura* Rn 4; Scholz/*Schmidt* Rn 13; *Lutter*/Hommelhoff/*Kleindiek* Rn 11; Rowedder/Schmidt-Leithoff/*Rasner* Rn 12; Michalski/*Nerlich* Rn 23; Heybrock/*Löffler* Rn 4.

[19] Hachenburg/*Hohner* Rn 4; Scholz/*Schmidt* Rn 13; Rowedder/Schmidt-Leithoff/*Rasner* Rn 12; Michalski/*Nerlich* Rn 23.

[20] Scholz/*Schmidt* Rn 13; einschr für Preisgabe Hachenburg/*Hohner* Rn 4.

[21] Hachenburg/*Hohner* Rn 5; Ulmer/*Paura* Rn 5; Scholz/*Schmidt* Rn 13; Michalski/*Nerlich* Rn 24; vgl für Austritt aus Ges BGHZ 88, 320, 326; für Ausschluss durch Ges BGHZ 32, 17, 23.

[22] RGZ 81, 68, 70 f; *Lutter*/Hommelhoff/*Kleindiek* Rn 12; Scholz/*Schmidt* Rn 16; Michalski/*Nerlich* Rn 29 f. **AM** Ulmer/*Paura* Rn 1; Hachenburg/*Hohner* Rn 13.

[23] Scholz/*Schmidt* Rn 4; Rowedder/Schmidt-Leithoff/*Rasner* Rn 3; Ulmer/*Paura* Rn 14; Michalski/*Nerlich* Rn 7; *Passarge/Torwegge* Rn 451.

vor Verteilung veräußert worden, steht Erwerber Anspruch auf Anteil am Liquidationserlös nach § 16 I nur zu, wenn Erwerb unter Nachweis des Übergangs bei der Ges angemeldet worden ist. Gfter kann Anspruch im Voraus formlos an einen anderen **abtreten.**[24] Abtretung wird aber wirkungslos, wenn Gfter seinen Geschäftsanteil an einen Dritten abtritt, bevor Anspruch auf Anteil am Liquidationserlös nach Rn 2 entstanden ist.[25] Pfändung des Geschäftsanteils vor Entstehung des Anspruchs auf Anteil am Liquidationserlös ergreift diesen Anspruch, auch wenn Gfter den Anspruch vorher an einen Dritten abgetreten hat.[26]

f) Schuldner des Anspruchs u Fälligkeit. Schuldner ist Ges, die bei Erfüllung durch die Liquidatoren vertreten wird.[27] Zur Fälligkeit des Anspruchs Rn 2. **9**

2. Abweichende Regelungen. a) Grundsatz. GesVertrag oder Beschlüsse der Gfter (zu diesen Rn 2) können nicht nur (S 2) anderes Verteilungsverhältnis bestimmen, sondern auch Anspruch auf Anteil am Liquidationserlös beseitigen, wesentlich beeinträchtigen oder umgestalten. **10**

b) Inhalt des Anspruchs. GesVertrag oder einstimmiger GfterBeschluss kann vorschreiben oder zulassen, dass von Umsetzung des GesVermögens, soweit dies nicht für Befriedigung der Gläubiger erforderlich ist, ganz oder teilweise abgesehen wird.[28] UU kann Widerspruch einzelner Gfter gegen solche Regelung gegen gesrechtliche Treuepflicht verstoßen u daher unbeachtlich sein.[29] Insbes kommt in Analogie zu § 752 BGB Teilung des nach Befriedigung der Gläubiger verbleibenden GesVermögens in Natur in Betracht;[30] auch können einzelne Gegenstände, vor allem als Sacheinlage eingebrachte, unter Anrechnung auf Liquidationsquote den Gftern übertragen werden.[31] Mit Einverständnis des jeweils betroffenen Gfters kann Anspruch auf Anteil am Liquidationserlös ganz oder teilweise durch Übertragung von Vermögensgegenständen erfüllt werden. Zustimmung der übrigen Gfter ist nicht erforderlich, wenn dabei Zweifel über Höhe des Liquidationserlöses u über das Verhältnis der Ausschüttungen an die Gfter zueinander nicht entstehen können.[32] Diese **11**

---

[24] BGH NJW 1984, 492 (insoweit in BGHZ 88, 205 nicht abgedruckt); Ulmer/*Paura* Rn 14; Hachenburg/*Hohner* Rn 14; *Passarge/Torwegge* Rn 451.

[25] BGHZ 88, 205, 207 f; 104, 351, 353; Hachenburg/*Hohner* Rn 14; Michalski/*Nerlich* Rn 6.

[26] BGHZ 104, 351, 353; Scholz/*Schmidt* Rn 3; Michalski/*Nerlich* Rn 6.

[27] Hachenburg/*Hohner* Rn 18; Ulmer/*Paura* Rn 18; Scholz/*Schmidt* Rn 6; Rowedder/Schmidt-Leithoff/*Rasner* Rn 6; Michalski/*Nerlich* Rn 11.

[28] Roth/*Altmeppen* Rn 6; Hachenburg/*Hohner* Rn 16; *Lutter*/Hommelhoff/*Kleindiek* Rn 10; Scholz/*Schmidt* Rn 8; *Hofmann* GmbHR 1976, 258, 264; Michalski/*Nerlich* Rn 14; Heybrock/*Löffler* Rn 6.

[29] Scholz/*Schmidt* Rn 8 ff; (zurückhaltender) Hachenburg/*Hohner* Rn 17; wohl auch Michalski/*Nerlich* Rn 15; vgl ferner Rowedder/Schmidt-Leithoff/*Rasner* Rn 8; Heybrock/*Löffler* Rn 7.

[30] Scholz/*Schmidt* Rn 9; *Lutter*/Hommelhoff/*Kleindiek* Rn 10; insoweit **aM** Ulmer/*Paura* Rn 10; Hachenburg/*Hohner* Rn 16 („§ 752 BGB gilt nicht"); Michalski/*Nerlich* Rn 16 (Analogie nicht notwendig).

[31] Scholz/*Schmidt* Rn 10; Michalski/*Nerlich* Rn 17.

[32] Rowedder/Schmidt-Leithoff/*Rasner* Rn 6; Scholz/*Schmidt* Rn 9 aE; Roth/*Altmeppen* Rn 7; ähnl Michalski/*Nerlich* Rn 17.

Voraussetzung dürfte idR nur bei börsennotierten Wertpapieren[33] u bei Forderungen[34] erfüllt sein.

12 **c) Verteilungsmaßstab** kann nach S 2 durch GesVertrag,[35] ggf auf Grund einer einstimmig beschlossenen Änderung des GesVertrages,[36] ferner durch einstimmigen Beschluss der Gfter (Rn 2)[37] geändert werden. Wirksame Änderung bindet Liquidatoren. Daneben können die Gfter untereinander den Verteilungsmaßstab abweichend bestimmen u dementspr schuldrechtliche Ausgleichsansprüche begründen.[38]

13 **d) Ausschluss des Anspruchs auf Anteil am Liquidationserlös** ist zulässig durch Bestimmung des GesVertrages oder einstimmigen Beschluss der Gfter. Insbes kann bestimmt werden, dass Liquidationserlös anderen Personen zufallen soll.[39] Solche Regelung ist bei Ges, die steuerbegünstigte Zwecke iSd §§ 51 ff AO verfolgen, nach § 55 I Nr 4 AO insoweit erforderlich, als Anteil am Liquidationserlös Einlage des jeweiligen Gfters übersteigen würde. Person des Anfallberechtigten kann durch Satzungsänderung neu bestimmt werden,[40] u zwar auch noch im Liquidationsstadium.[41]

14 **e) Verjährungsfrist, Ausschlussfrist.** Durch Bestimmung im GesVertrag, den GesVertrag ändernden Beschluss oder einstimmigen formlosen Gfter-Beschluss (Rn 2) können Modalitäten des Anspruchs auf den Anteil am Liquidationserlös geregelt werden:

15 **aa) Verjährungsfrist** von 3 Jahren (Rn 2) kann verkürzt werden (vgl auch § 202 BGB). Ist solche Regelung nicht im ursprünglichen GesVertrag enthalten, kann sie durch dem § 53 II genügenden Mehrheitsbeschluss getroffen werden, sofern sich Verkürzung in angemessenem Rahmen hält.[42] Spielraum für angemessene Reduzierung ist in Anbetracht der gesetzlichen Regelverjährung von 3 Jahren freilich gering.[43]

16 **bb) Ausschlussfrist** beseitigt mit Ablauf Anspruch des Gfters, ohne dass es der Erhebung einer Einrede durch Ges bedarf.[44] Auch solche Regelung kann

---

[33] Scholz/*Schmidt* Rn 9.

[34] Scholz/*Schmidt* Rn 11.

[35] Hachenburg/*Hohner* Rn 10; Ulmer/*Paura* Rn 10; Rowedder/Schmidt-Leithoff/*Rasner* Rn 13; Scholz/*Schmidt* Rn 14.

[36] Hachenburg/*Hohner* Rn 11; Rowedder/Schmidt-Leithoff/*Rasner* Rn 13; Scholz/*Schmidt* Rn 2; Michalski/*Nerlich* Rn 26.

[37] Rowedder/Schmidt-Leithoff/*Rasner* Rn 14; Scholz/*Schmidt* Rn 14, 15 (Zustimmung jedes benachteiligten Gfters ist erforderlich); ferner Michalski/*Nerlich* Rn 11, 28.

[38] RG JW 1915, 335; Hachenburg/*Hohner* Rn 12; Scholz/*Schmidt* Rn 14 aE.

[39] RGZ 169, 65, 82; BGHZ 14, 264, 272; Ulmer/*Paura* Rn 8; Hachenburg/*Hohner* Rn 8, 9; *Lutter*/Hommelhoff/*Kleindiek* Rn 9; Rowedder/Schmidt-Leithoff/*Rasner* Rn 4; Scholz/*Schmidt* Rn 5; Michalski/*Nerlich* Rn 8; *Passarge/Torwegge* Rn 451.

[40] RGZ 169, 65, 82 f.

[41] *Lutter*/Hommelhoff/*Kleindiek* Rn 9; Rowedder/Schmidt-Leithoff/*Rasner* Rn 4; Scholz/*Schmidt* Rn 5; Michalski/*Nerlich* Rn 8; Hachenburg/*Hohner* Rn 8, 11 (sofern nicht nach GesVertrag Aufhebung oder Beschränkung des Rechts nur mit Zustimmung des Begünstigten zulässig sein soll).

[42] Scholz/*Schmidt* Rn 18; Roth/*Altmeppen* Rn 3; zur alten Rechtslage (30-jährige Verjährungsfrist) noch KG JW 1937, 2979 f; Hachenburg/*Hohner* Rn 20. **AM** Rowedder/Schmidt-Leithoff/*Rasner* Rn 11 (Zustimmung aller Gfter erforderlich); s auch Michalski/*Nerlich* Rn 10.

[43] Vgl Roth/*Altmeppen* Rn 3 („jede Verkürzung problematisch").

[44] KG JW 1937, 2979, 2980.

im urspr GesVertrag oder durch dessen Änderung getroffen werden.[45] Hält sich Frist in einem angemessenen Rahmen (Rn 15), genügt für solche Satzungsänderung Mehrheit des § 53 II.[46] Unangemessen kurz ist Ausschlussfrist, die mit Ablauf des Sperrjahres des § 73 I endet.[47]

III. Erfüllung des Anspruchs

1. Das Erfüllungsgeschäft. Anspruch des Gfters auf Anteil am Liquidationserlös wird normalerweise durch Geldzahlung der Ges, ausnahmsweise (Rn 11) durch Übertragung von Vermögensgegenständen erfüllt. Dabei wird Ges durch die Liquidatoren vertreten. Sind die Liquidatoren ganz oder teilweise mit den Gftern identisch, können sie diese Leistungen auch an sich selbst erbringen, da sie damit iSd § 181 BGB eine ihnen gegenüber bestehende Verbindlichkeit erfüllen.[48] **17**

2. Verstoß gegen § 73. Verteilen die Liquidatoren Vermögen an Gfter vor Ablauf des Sperrjahres des § 73 I (§ 73 Rn 2 ff) oder unter Verstoß gegen § 73 II (§ 73 Rn 6 ff), sind sie nach § 73 III ersatzpflichtig (§ 73 Rn 12 ff). Das Verfügungsgeschäft ist aber idR wirksam; die Gfter sind nach § 31 I zur Rückgewähr verpflichtet (§ 73 Rn 17 ff). Ausnahmsweise ist Verfügungsgeschäft aber nichtig, wenn Liquidator u Gfter gemeinschaftlich vorsätzlich gegen § 73 verstoßen haben (§ 73 Rn 17). **18**

IV. Folgen fehlerhafter Verteilung

1. Anspruch gegen die Ges. Die Gfter haben Anspruch gegen Ges auf Zahlung ihres Anteils am Liquidationserlös. Wird dieser Anspruch nicht oder nicht in voller Höhe erfüllt, kann der betroffene Gfter gegen Ges vorgehen.[49] Ggf kann er Bereicherungsanspruch der Ges, der gegen einen bevorzugten Gfter besteht,[50] pfänden u sich zur Einziehung überweisen lassen.[51] **19**

2. Anspruch gegen die Liquidatoren. Verkürzen Liquidatoren Anspruch der Gfter auf Anteil am Liquidationserlös, kommt Anspruch nur nach allg deliktsrechtlichen Grundsätzen,[52] nicht aber nach §§ 43 II, 71 IV in Betracht[53] (§ 69 Rn 17), da diese Vorschriften nur Anspruch der Ges gegen die Liquidatoren begründen. Anspruchsgrundlage ist ggf § 826 BGB bzw § 823 I BGB (vgl hierzu § 43 Rn 65).[54] **20**

---

45 Hachenburg/*Hohner* Rn 20; Scholz/*Schmidt* Rn 19.

46 KG JW 1937, 2979, 2980; Hachenburg/*Hohner* Rn 20; Scholz/*Schmidt* Rn 19. **AM** Rowedder/Schmidt-Leithoff/*Rasner* Rn 11 (Zustimmung aller Gfter erforderlich).

47 KG (Fn 46); Scholz/*Schmidt* Rn 19.

48 Hachenburg/*Hohner* Rn 19; Scholz/*Schmidt* Rn 6; Rowedder/Schmidt-Leithoff/*Rasner* Rn 6; *Lutter*/Hommelhoff/*Kleindiek* Rn 1; Michalski/*Nerlich* Rn 11.

49 Ulmer/*Paura* Rn 23, 26; Scholz/*Schmidt* Rn 6.

50 Vgl Roth/*Altmeppen* Rn 11.

51 Hachenburg/*Hohner* Rn 25; Scholz/*Schmidt* Rn 17; Rowedder/Schmidt-Leithoff/*Rasner* Rn 10; Michalski/*Nerlich* Rn 12.

52 Roth/*Altmeppen* Rn 13 (für Geltung des Gläubigerverfolgungsrechts entsprechend aktienrechtl Regelungen); Hachenburg/*Hohner* Rn 24; Scholz/*Schmidt* Rn 17 Fn 63; wohl auch, aber ohne Angabe der Anspruchsgrundlage *Lutter*/Hommelhoff/*Kleindiek* Rn 12; Rowedder/Schmidt-Leithoff/*Rasner* Rn 10; vgl § 43 Rn 64 f.

53 Ulmer/*Paura* Rn 25. Tendenziell wohl für direkte Geltendmachung dieses Anspruches durch Gfter Michalski/*Nerlich* Rn 13.

54 Hachenburg/*Hohner* Rn 24; Ulmer/*Paura* Rn 255; Michalski/*Nerlich* Rn 13.

21 **3. Anspruch gegen begünstigte Gfter.** Erhält ein Gfter bei Verteilung zu Lasten der übrigen einen zu hohen Anteil, entsteht unter den Gftern Ausgleichsverpflichtung aus GesVertrag,[55] ohne dass es – weil Erfüllungsanspruch – auf Verschulden ankommt.

V. Gfterforderungen in der Abwicklung

22 **1. Ansprüche als Drittgläubiger.** Ansprüche aus Rechtsgeschäften zwischen Ges u einem Gfter, die keine Grundlage im GesVerhältnis haben, sind nach §§ 70, 73 wie andere Verbindlichkeiten der Ges iRd Abwicklung zu erfüllen (§ 70 Rn 6).[56] Das gilt auch für Darlehensrückzahlungsansprüche, sofern die Darlehen nicht als eigenkapitalersetzende einem Rückzahlungsverbot unterliegen (Rn 23). Der vom BGH[57] angenommene allg Ausschluss der Geltendmachung von GfterDarlehen während der Abwicklung der Ges bezieht sich auf PersonenGes u soll Inanspruchnahme von MitGftern während der Abwicklung verhindern u Geltendmachung von Gegenansprüchen gegen den Gfter sichern. Diese Gesichtspunkte haben aber bei GmbH keine Bedeutung, so dass Darlehensansprüche, die der Gfter als Drittgläubiger geltend macht, nach §§ 70, 73 außerhalb der Vermögensverteilung zu befriedigen sind. Auch § 30 bildet insofern keine Schranke. Den Drittgläubigeransprüchen stehen gleich Ansprüche aus einem vor Auflösung gefassten Ergebnisverwendungs- oder Nachschussrückzahlungsbeschluss (§ 69 Rn 6, 7; § 70 Rn 6).

23 **2. Ansprüche, die mit gesetzlichem Nachrang versehen sind (dh Ansprüche aus ehemals eigenkapitalersetzenden Darlehen)** unterliegen außerhalb des Insolvenzverfahrens keinem Rückzahlungsverbot nach neuem Recht (auch nicht nach § 64 S 3, vgl dort Rn 107).

24 **3. Ansprüche aus einem nach Auflösung gefassten Ergebnisverwendungsbeschluss** sind Rechnungsposten bei Ermittlung des Anteils des Gfters am Liquidationserlös (§ 69 Rn 6).

Sperrjahr

73 (1) **Die Verteilung darf nicht vor Tilgung oder Sicherstellung der Schulden der Gesellschaft und nicht vor Ablauf eines Jahres seit dem Tage vorgenommen werden, an welchem die Aufforderung an die Gläubiger (§ 65 Abs. 2) in den Gesellschaftsblättern erfolgt ist.**

(2) [1]**Meldet sich ein bekannter Gläubiger nicht, so ist der geschuldete Betrag, wenn die Berechtigung zur Hinterlegung vorhanden ist, für den Gläubiger zu hinterlegen.** [2]**Ist die Berichtigung einer Verbindlichkeit zur Zeit nicht ausführbar oder ist eine Verbindlichkeit streitig, so darf die Verteilung des Vermögens nur erfolgen, wenn dem Gläubiger Sicherheit geleistet ist.**

---

[55] IE ebenso Roth/*Altmeppen* Rn 12; Ulmer/*Paura* Rn 24; Hachenburg/*Hohner* Rn 25; Rowedder/Schmidt-Leithoff/*Rasner* Rn 10; Scholz/*Schmidt* Rn 17; *Lutter*/Hommelhoff/*Kleindiek* Rn 12; s auch Michalski/*Nerlich* Rn 12.

[56] *Lutter*/Hommelhoff/*Kleindiek* Rn 6; Rowedder/Schmidt-Leithoff/*Rasner* Rn 15, § 73 Rn 20; Scholz/*Schmidt* Rn 20, § 73 Rn 2; Michalski/*Nerlich* Rn 32.

[57] WM 1971, 931 f; 1979, 937, 938; ZIP 1984, 1084, 1085.

(3) [1]**Liquidatoren, welche diesen Vorschriften zuwiderhandeln, sind zum Ersatz der verteilten Beträge solidarisch verpflichtet.** [2]**Auf den Ersatzanspruch finden die Bestimmungen in § 43 Abs. 3 und 4 entsprechende Anwendung.**

Übersicht

Lit: *Erle,* Die Funktion des Sperrjahres in der Liquidation der GmbH, GmbHR 1998, 216; *Haas,* Die Gesellschafterhaftung wegen „Existenzvernichtung", WM 2003, 1929; *Leibner/Pump,* Die steuerlichen Pflichten des Liquidators einer GmbH, GmbHR 2003, 996; *K. Schmidt,* Zur Gläubigersicherung im Liquidationsrecht der Kapitalgesellschaften, ZIP 1981, 1; *Vomhof,* Die Haftung des Liquidators der GmbH, 1988.

I. Allgemeines

Bedeutung der Vorschrift. § 73 ist durch Gesetz zur Umsetzung der Aktionärsrichtlinie (ARUG) geändert worden und dient dem Gläubigerschutz 1 bei Abwicklung der Ges u ergänzt insoweit § 72: Nach **Abs 1** darf das Vermögen der Ges an die Gfter nicht vor Ablauf eines Sperrjahres verteilt werden. **Abs 2** regelt Sicherung von Gläubigern, deren Forderungen noch nicht erfüllt werden können. **Abs 3** regelt Ersatzpflicht der Liquidatoren bei Verstoß gegen diese Vorschriften.

II. Voraussetzungen der Verteilung, Abs 1

2 **1. Grundsatz.** Das GesVermögen darf an die Gfter nach § 72 erst verteilt werden, wenn folgende Voraussetzungen erfüllt sind: Tilgung (Rn 3) oder Sicherstellung (Rn 4) der Schulden der Ges u Ablauf des Sperrjahres (Rn 5). Es handelt sich um **Thesaurierungsgebot,** wonach jegliche Anzahlung von Gesellschaftervermögen (unabh von einer Unterbilanz) an Gfter in diesem Stadium der Liquidation verboten ist.[1] Vorher dürfen auch keine Abschlagzahlungen an die Gfter geleistet werden. Da Liquidität des GesVermögens geschaffen (§ 70 Rn 8) u erhalten werden soll, darf Liquidationsquote auch nicht durch Darlehensgewährung der Ges an Gfter vorfinanziert werden, denn auch kurzfristige vereinbare Geldanlage der Ges beim Gfter ist mit Liquidationszweck nicht zu vereinbaren.[2] Regelung ist **zwingend;**[3] auch Zustimmung aller bekannten Gläubiger entbindet hiervon nicht, da Vorschrift auch die unbekannten Gläubiger schützt.[4] Vorschrift schützt gesellschaftsfremde Gläubiger, das GesVermögen für Begleichung der Gläubigerforderungen zu erhalten. Vorschrift begründet aber keinen Anspruch eines Gfters gegen einen anderen auf Unterlassung von Ausschüttungen.[5]

3 **2. Tilgung.** Unbestrittene u fällige Verbindlichkeiten sind zu erfüllen, ohne Rücksicht darauf, ob Gläubiger Anspruch geltend macht oder nicht.[6] Gleichmäßige Berücksichtigung dieser Gläubiger ist nicht erforderlich[7] (für Sonderfall bei Steuerschulden, siehe § 43 Rn 89[8]). Reicht GesVermögen nicht zur Befriedigung aller Gläubiger, ist Ges überschuldet, so dass nach § 15 a I InsO Eröffnung des Insolvenzverfahrens zu beantragen ist. Liquida-

---

[1] BGH ZIP 2009, 1111, 1114; Scholz/*Schmidt* Rn 2; Michalski/*Nerlich* Rn 4; Ulmer/*Paura* Rn 3; ähnl Hachenburg/*Hohner* Rn 2; *Lutter*/Hommelhoff/*Kleindiek* Rn 1.

[2] *Passarge*/Torwegge Rn 459; weitergehend Scholz/*Schmidt* Rn 2 a; *K. Schmidt* DB 1994, 2013, 2015; *Sotiropoulos* GmbHR 1996, 653, 657; *Lutter*/Hommelhoff/*Kleindiek* Rn 1; Rowedder/Schmidt-Leithoff/*Rasner* Rn 2; Michalski/*Nerlich* Rn 8. **AM** im Falle gesicherter Bonität des begünstigten Gfters u unter Einhaltung der Grenze des § 30 *Erle* GmbHR 1998, 216, 221.

[3] BGH ZIP 2009, 1111, 1114; OLG Rostock GmbHR 1996, 621, 622; Ulmer/*Paura* Rn 4; Heybrock/*Löffler* Rn 2; *Passarge*/Torwegge Rn 458.

[4] Hachenburg/*Hohner* Rn 3; *Lutter*/Hommelhoff/*Kleindiek* Rn 1; Rowedder/Schmidt-Leithoff/*Rasner* Rn 5; Scholz/*Schmidt* Rn 5; *Passarge*/Torwegge Rn 479; MünchAnwaltsHdbGmbH/*Wellensiek*/*Schluck-Amend* § 24 Rn 125.

[5] OLG Düsseldorf NZG 2005, 633, 636.

[6] Hachenburg/*Hohner* Rn 13; Ulmer/*Paura* Rn 16; Rowedder/Schmidt-Leithoff/*Rasner* Rn 6; Scholz/*Schmidt* Rn 8; *Passarge*/Torwegge Rn 460.

[7] § 70 Rn 5; Hachenburg/*Hohner* Rn 15; Ulmer/*Paura* Rn 18; Rowedder/Schmidt-Leithoff/*Rasner* Rn 11; Scholz/*Schmidt* § 70 Rn 10; Heybrock/*Löffler* Rn 10; *Passarge*/Torwegge Rn 461; einschränkend *Lutter*/Hommelhoff/*Kleindiek* Rn 8; Scholz/*Schmidt* Rn 9; im Falle der masselosen Liquidation für eine Gläubigergleichbehandlung *Konzen* FS Ulmer, 2003, 323, 346 ff; *W. Schulz,* Die masselose Liquidation der GmbH, 1986, 160 ff.

[8] BStBl 1984 II, 776, 779; 1985 II, 702, 704; 1991 II, 678, 680; 1993 II, 8, 9; Beck GmbH-Hdb/*Erle*/*Eberhard* § 16 Rn 41; *Leibner*/*Pump* GmbHR 2003, 996, 998.

toren haben mit der „Sorgfalt eines ordentlichen Geschäftsmannes" (§§ 71 IV, 43 I) zu prüfen, ob sie Forderung anerkennen oder bestreiten müssen. Auch Fälligkeit und Verjährung sind zu überprüfen.[9] Ihnen kommt ein kaufmännischen Gepflogenheiten entsprechender Beurteilungsspielraum zugute.[10] Zur Erfüllung von Verbindlichkeiten gegenüber Gftern § 70 Rn 6, § 72 Rn 22–24.

3. Sicherstellung ist Sicherheitsleistung iSd §§ 232 ff BGB. Sie kommt nach § 372 S 1 BGB als Hinterlegung in Betracht, wenn Gläubiger in Annahmeverzug ist, ferner nach § 372 S 2 BGB, wenn Ges aus einem anderen in der Person des Gläubigers liegenden Grund (zB dessen Geschäftsunfähigkeit) oder infolge einer nicht auf Fahrlässigkeit beruhenden Ungewissheit über die Person des Gläubigers ihre Verbindlichkeit nicht oder nicht mit Sicherheit erfüllen kann.[11] Sonderfall dieser Berechtigung zur Hinterlegung regelt Abs 2 S 1 (Rn 6). Darüber hinaus ist Sicherheitsleistung nach Abs 2 S 2 zulässig, wenn Verbindlichkeit bis zur Verteilung des GesVermögens nicht erfüllt werden kann oder wenn sie streitig ist (Rn 7, 8). Verpflichtung zur Sicherstellung besteht nicht, doch darf Ges ggf ohne eine solche Vermögen an die Gfter nicht verteilen.[12] 4

4. Das **Sperrjahr,**[13] vor dessen Ablauf das Vermögen der Ges an die Gfter nicht verteilt werden darf, beginnt mit der in § 65 II vorgesehenen **Bekanntmachungen in den Geschäftsblättern,** in denen Auflösung der Ges angezeigt wird u ihre Gläubiger aufgefordert werden, sich bei ihr zu melden (§ 65 Rn 17–19). Dreimaliger Aufforderung bedarf es nach Art 14 b Nr 9 ARUG nicht mehr. Für die Forderungen der Gläubiger ist Sperrjahr aber unerheblich: Es führt nicht zur Stundung ihrer Forderungen.[14] Sein Ablauf schließt Gläubiger, die sich nachträglich melden, nicht aus (keine Ausschlussfrist).[15] Zum Ablauf des Sperrjahrs s auch § 74 Rn 2. 5

III. Sicherstellung, Abs 2

1. Hinterlegung für bekannte Gläubiger, S 1. Ablauf des Sperrjahres beeinträchtigt Forderungen der GesGläubiger nicht (Rn 5). Auch Forderung eines Gläubigers, der sich bei Ges nicht meldet, ist zu erfüllen (Rn 3). Ist Forderung eines solchen Gläubigers den Liquidatoren bekannt u liegen Voraussetzungen der Hinterlegung nach § 372 BGB (insbes Annahmeverzug) vor, hat Ges geschuldeten Betrag zu hinterlegen. Mitunter wird auch vertreten, dass keine Pflicht zur Hinterlegung besteht, sondern dass Liquidatoren – abweichend vom Wortlaut des § 73 II 1 – anstatt Hinterlegung dem Gl 6

[9] Rowedder/Schmidt-Leithoff/*Rasner* Rn 9; für einen strengen Prüfungsmaßstab insoweit Heybrock/*Löffler* Rn 3; Michalski/*Nerlich* Rn 15; *Passarge*/Torwegge Rn 473.

[10] Scholz/*Schmidt* Rn 9; *K. Schmidt* ZIP 1981, 1, 3; ähnlich Rowedder/Schmidt-Leithoff/*Rasner* Rn 9; *Passarge*/Torwegge Rn 460.

[11] Scholz/*Schmidt* Rn 10.

[12] Hachenburg/*Hohner* Rn 25; Rowedder/Schmidt-Leithoff/*Rasner* Rn 17; Scholz/*Schmidt* Rn 10; Michalski/*Nerlich* Rn 22.

[13] Zur Funktion *Erle* GmbHR 1998, 216 ff; Ulmer/*Paura* Rn 5 f.

[14] Hachenburg/*Hohner* Rn 6; Rowedder/Schmidt-Leithoff/*Rasner* Rn 3; Scholz/*Schmidt* Rn 3; Michalski/*Nerlich* Rn 11.

[15] RGZ 92, 77, 82; 109, 387, 392; 124, 210, 213; Ulmer/*Paura* Rn 8; Hachenburg/*Hohner* Rn 6; Rowedder/Schmidt-Leithoff/*Rasner* Rn 3; Scholz/*Schmidt* Rn 3; Heybrock/*Löffler* Rn 13; *Passarge*/Torwegge Rn 477; Michalski/*Nerlich* Rn 11.

auch Sicherheit leisten können.[16] Die **Forderung ist bekannt,** wenn sie dem Grunde u der Höhe nach den Liquidatoren aus den Unterlagen der Ges oder aufgrund eigener Nachforschungen im Wesentlichen bekannt ist.[17] Dass sie ihnen aus Fahrlässigkeit unbekannt geblieben ist, genügt allein nicht,[18] wohl aber ist sie ihnen bekannt, wenn sie die Tatsachen kennen, aus denen sich die Möglichkeit einer Forderung ergibt u sie sich in zumutbarer Weise Klarheit verschaffen können.[19] S 1 schließt aber Hinterlegung in den übrigen in Betracht kommenden Fällen (Rn 4) nicht aus.[20] Voraussetzung ist nach § 372 S 2 BGB ua, dass Ungewissheit über Person des Gläubigers nicht auf Fahrlässigkeit des Schuldners, also der Liquidatoren, beruht;[21] insoweit bleibt aber Möglichkeit der Sicherheitsleistung nach S 2 (Rn 7).

7 **2. Unausführbare Berichtigung, S 2 (1. Alt).** Verbindlichkeit kann nicht erfüllt werden, wenn sie noch nicht fällig ist u sich aus den vertraglichen Vereinbarungen oder aus dem Zweck des Geschäfts ergibt, dass Ges entgegen § 271 II BGB nicht zur vorzeitigen Leistung berechtigt ist (zB verzinsliche Darlehen, vgl § 488 III BGB; monatliche Ruhegehaltsverpflichtungen, die nach Ablauf von sechs Monaten fällig werden.[22] Erfüllung kann ferner ausgeschlossen sein, wenn Verpflichtung aufschiebend bedingt ist, wenn Erfüllung von Zug-um-Zug-Leistung des Vertragspartners abhängt[23] oder wenn Verbindlichkeit erst nach Abwicklung entstehen wird.[24] Schließlich gehört hierher auch der Fall, dass Person des Gläubigers – sei es wegen Fahrlässigkeit der Liquidatoren (Rn 6), sei es aus anderen Gründen – nicht zu ermitteln ist. In solchen Fällen darf das Vermögen an die Gfter erst verteilt werden, wenn dem Gläubiger **Sicherheit geleistet** worden ist. Im Interesse einer baldigen Beendigung der Liquidation ist Sicherheitsleistung nicht auf die in §§ 232 ff BGB vorgesehenen Formen beschränkt, vielmehr sind die im Wirtschaftsleben üblichen Sicherstellungen zu akzeptieren.[25] Zu rechtfertigen ist diese Abweichung von den §§ 232 ff BGB mit der Erwägung, dass diese Vorschriften unter anderen wirtschaftlichen Verhältnissen geschaffen worden sind. So ist die in § 232 II BGB vorgesehene Subsidiarität der Bürgschaft unpraktikabel,[26] vor allem muss die selbstschuldnerische Bürgschaft einer inländischen Bank oder Sparkasse ausreichend sein,[27] auch müssen für langfristige Verbindlich-

---

16 *Passarge*/Torwegge Rn 465; Michalski/*Nerlich* Rn 19.

17 *Passarge*/Torwegge Rn 472; Michalski/*Nerlich* Rn 14; Scholz/*Schmidt* Rn 6.

18 RG JW 1930, 2943; Rowedder/Schmidt-Leithoff/*Rasner* Rn 8; Scholz/*Schmidt* Rn 6; Michalski/*Nerlich* Rn 14; vgl auch schon RGZ 92, 77, 80. **AM** Hachenburg/*Hohner* Rn 10.

19 Roth/*Altmeppen* Rn 3; ähnlich Rowedder/Schmidt-Leithoff/*Rasner* Rn 8; einschränkend Scholz/*Schmidt* Rn 6; Michalski/*Nerlich* Rn 15.

20 Scholz/*Schmidt* Rn 10.

21 Ulmer/*Paura* Rn 22; Scholz/*Schmidt* Rn 10; Michalski/*Nerlich* Rn 24. **AM** Rowedder/Schmidt-Leithoff/*Rasner* Rn 15.

22 BGH NJW 1972, 144.

23 Hachenburg/*Hohner* Rn 23; Scholz/*Schmidt* Rn 11; Michalski/*Nerlich* Rn 26.

24 Hachenburg/*Hohner* Rn 21; Scholz/*Schmidt* Rn 11; zB Steuerschulden, vgl BFH BStBl 1971 II, 614, 615.

25 Roth/*Altmeppen* Rn 6; Hachenburg/*Hohner* Rn 22; Scholz/*Schmidt* Rn 11; iE ebenso Rowedder/Schmidt-Leithoff/*Rasner* Rn 18; Michalski/*Nerlich* Rn 29.

26 Hachenburg/*Hohner* Rn 22.

27 Hachenburg/*Hohner* Rn 2; *Lutter*/Hommelhoff/*Kleindiek* Rn 7; *Passarge*/Torwegge Rn 466.

keiten, insbes Pensionsverpflichtungen, angemessene Sicherungen gefunden werden. Allerdings kann Gläubiger Bürgschaft eines Gfters nicht aufgezwungen werden.[28] Bei Anwartschaften u Ansprüchen aus einer von der Ges zugesagten betrieblichen Altersversorgung (§ 1 BetrAVG) kann statt Sicherheitsleistung nach §§ 232 ff BGB auf Grund versicherungsmathematischer Berechnung[29] auch Abschluss einer entspr Versicherung in Betracht kommen.[30] Unerheblich, ob sich Gläubiger bei Ges gemeldet hat.[31] Es genügt, dass er den Liquidatoren bekannt (Rn 6) ist. Hat Gläubiger bereits eine nicht ausreichende Sicherheit, muss diese ergänzt werden.[32] Anspruch des Gläubigers auf Sicherheitsleistung besteht nicht, sondern steht im Ermessen der Ges.[33]

3. Streitige Verbindlichkeit, S 2 (2. Alt). Streitig ist Verbindlichkeit, 8
wenn sie von Liquidatoren nach Grund oder Höhe[34] bestritten wird. Halten Liquidatoren geltend gemachte Forderung für unbegründet, können sie – wenn die sonstigen Voraussetzungen vorliegen – das Vermögen an die Gfter ohne Sicherheitsleistung zugunsten des vermeintlichen Gläubigers verteilen. Liquidatoren haben bei der Prüfung der Forderung die übliche Sorgfalt anzuwenden, dh sie müssen begründeten Zweifeln nachgehen. Absicherung kann durch im Namen der Ges erhobene negative Feststellungsklage erfolgen.[35] Besteht Forderung entgegen ihrer Annahme doch, so hängt ihre Ersatzpflicht nach Abs 3 (Rn 12 ff) davon ab, ob sie bei ihrer Beurteilung ein Verschulden (Rn 12) trifft.[36]

IV. Vermögensverteilung

1. Berücksichtigung nachträglich bekannt werdender Forderungen. 9
Sobald die Voraussetzungen der Abs 1 u 2 erfüllt sind, dürfen die Liquidatoren das Vermögen an die Gfter nach § 72 verteilen. Erfahren sie während der Verteilung von einer ihnen bis dahin unbekannt (Rn 6) gebliebenen Forderung, ist sie aus dem dann noch vorhandenen Restvermögen zu befriedigen oder ggf nach Abs 2 zu sichern.[37] Wird ihnen die Forderung erst nach Abschluss der Verteilung bekannt, kann der Gläubiger den Anspruch nicht mehr geltend machen,[38] auch nicht gegen Liquidatoren oder Gfter gem. §§ 812 ff

[28] Roth/*Altmeppen* Rn 6; *Lutter*/Hommelhoff/*Kleindiek* Rn 7; Scholz/*Schmidt* Rn 11. **AM** Hachenburg/*Hohner* Rn 22; (jeder taugliche Bürge ist zu akzeptieren, wenn auch nur subsidiär); Rowedder/Schmidt-Leithoff/*Rasner* Rn 18.

[29] *Lutter*/Hommelhoff/*Kleindiek* Rn 7.

[30] Hachenburg/*Hohner* Rn 23; Rowedder/Schmidt-Leithoff/*Rasner* Rn 19; Scholz/*Schmidt* Rn 11; Michalski/*Nerlich* Rn 32.

[31] Hachenburg/*Hohner* Rn 21; Scholz/*Schmidt* Rn 11.

[32] Hachenburg/*Hohner* Rn 22; Scholz/*Schmidt* Rn 11; Michalski/*Nerlich* Rn 33.

[33] Hachenburg/*Hohner* Rn 25; Scholz/*Schmidt* Rn 11; *Passarge*/Torwegge Rn 466; nicht eindeutig – für AG – RGZ 143, 301, 303.

[34] BAG GmbHR 2003, 1009, 1011.

[35] Michalski/*Nerlich* Rn 27; Hachenburg/*Hohner* Rn 24; Rowedder/Schmidt-Leithoff/*Rasner* Rn 9; Scholz/*Schmidt* Rn 12; *K. Schmidt* ZIP 1981, 3.

[36] Scholz/*Schmidt* Rn 12.

[37] Hachenburg/*Hohner* Rn 26; Rowedder/Schmidt-Leithoff/*Rasner* Rn 24; Scholz/*Schmidt* Rn 13; Michalski/*Nerlich* Rn 34; Heybrock/*Löffler* Rn 7; *Passarge*/Torwegge Rn 474.

[38] Scholz/*Schmidt* Rn 13; *Erle* GmbHR 1998, 216, 222; *Passarge*/Torwegge Rn 477; MünchHdbGmbH/*Weitbrecht* § 63 Rn 56; *Müller* DB 2003, 1939, 1940 f.

BGB;[39] zu Ansprüchen bei Verstößen gegen Liquidationsvorschriften Rn 22, 23.

10 **2. Schutz der Gläubiger gegenüber vorzeitiger Vermögensverteilung. a) Unterlassungsanspruch** der Gläubiger besteht **gegen die Liquidatoren** analog § 1004 BGB, wenn diese Vorkehrungen treffen, Vermögen an die Gfter unter Verstoß gegen § 73 auszuschütten.[40] Dieser Unterlassungsanspruch kann auch im Wege einstweiliger Verfügung nach § 935 ZPO gesichert werden.[41] Unterlassungsanspruch u die auf ihm beruhende einstweilige Verfügung sind in ihrer Wirksamkeit dem dinglichen Arrest gegen Ges (Rn 11) überlegen, weil dieser nach §§ 928 ff ZPO durch Vollstreckung in bestimmte Vermögensgegenstände der Ges vollzogen wird, die Gläubiger zunächst ermitteln muss.[42]

11 **b) Arrest gegen die Ges.** Gegen die Ges kann der Gläubiger bei drohender Verteilung von GesVermögen unter Verstoß gegen § 73 mit Hilfe des **dinglichen Arrestes** iSd § 917 ZPO vorgehen, sofern (§ 916 ZPO) dem Gläubiger eine Geldforderung oder ein solcher Anspruch zusteht, der in eine Geldforderung übergehen kann.[43] Unterlassungsanspruch gegen Ges, der durch einstweilige Verfügung gesichert werden könnte, besteht nicht, da es sich insoweit um einen Hilfsanspruch zur Durchsetzung des Erfüllungsanspruchs des Gläubigers handeln würde.[44] Dafür ist auch deshalb kein Bedürfnis anzuerkennen, weil Gläubiger durch einstweilige Verfügung zu sichernden Unterlassungsanspruch gegen Liquidatoren (Rn 10) hat.

V. Folgen eines Verstoßes gegen § 73

12 **1. Anspruch der Ges gegen die Liquidatoren, Abs 3. a) Anspruchsvoraussetzungen.** Abs 3 gibt der Ges gegen die Liquidatoren Anspruch auf Ersatz der nach § 72 verteilten Beträge, wenn sie die Verteilung unter Verstoß gegen Abs 1 u 2 vorgenommen haben, dh vor Tilgung (Rn 3) oder Sicherstellung (Rn 4) der Schulden der Ges u vor Ablauf des Sperrjahres (Rn 5), insbes ohne vorherige Bekanntmachung nach § 65 II.[45] Dasselbe gilt, wenn

---

[39] *Lutter*/Hommelhoff/*Kleindiek* Rn 9; Rowedder/Schmidt-Leithoff/*Rasner* Rn 24.

[40] *Lutter*/Hommelhoff/*Kleindiek* Rn 10; *Passarge*/Torwegge Rn 477; Scholz/*Schmidt* Rn 15; *K. Schmidt* ZIP 1981, 1, 4 f; Ulmer/*Paura* Rn 34; für AG *Hüffer* AktG § 272 Rn 6; MünchKommAktG/*Hüffer* § 272 Rn 25; (ohne Angabe des Anspruchsgegners) KölnerKomm/*Kraft* § 272 Rn 13. **AM** Hachenburg/*Hohner* Rn 28; *Vomhof* 41 ff.

[41] *Lutter*/Hommelhoff/*Kleindiek* Rn 10; Scholz/*Schmidt* Rn 15; *Passarge*/Torwegge Rn 470; *K. Schmidt* ZIP 1981, 1, 5; MünchAnwaltsHdbGmbH/*Wellensiek*/*Schluck-Amend* § 24 Rn 126; für AG *Hüffer* AktG § 272 Rn 6; MünchKommAktG/*Hüffer* § 272 Rn 27; KölnerKomm/*Kraft* § 272 Rn 13. **AM** Hachenburg/*Hohner* Rn 28; *Vomhof* 41 ff.

[42] Das verkennt *Vomhof* 41 ff.

[43] Hachenburg/*Hohner* Rn 27; Ulmer/*Paura* Rn 33; *Lutter*/Hommelhoff/*Kleindiek* Rn 10; Scholz/*Schmidt* Rn 14; *K. Schmidt* ZIP 1981, 1, 5; Michalski/*Nerlich* Rn 36; Heybrock/*Löffler* Rn 21; für AG *Hüffer* AktG § 272 Rn 6; MünchKommAktG/*Hüffer* § 272 Rn 26; KölnerKomm/*Kraft* § 272 Rn 13.

[44] So wohl auch *K. Schmidt* ZIP 1981, 1, 4; Ulmer/*Paura* Rn 35; *Vomhof* 41 ff; ähnlich im Ergebnis (fehlendes Rechtsschutzbedürfnis für eine Kumulation von Arrest und einstweiliger Verfügung gegenüber der Ges) Scholz/*Schmidt* Rn 15; *Lutter*/Hommelhoff/*Kleindiek* Rn 10. **AM** für AG MünchKommAktG/*Hüffer* § 272 Rn 28.

[45] BayObLG WM 1982, 1288, 1290; vgl § 65 Rn 19.

die Liquidatoren in dieser Weise Sachwerte an die Gfter (§ 72 Rn 11) verteilt haben.[46] Voraussetzung ist ferner, dass hierdurch ein Gläubiger mit einer den Liquidatoren bekannten Forderung (Rn 6) ausgefallen ist. Wegen einer den Liquidatoren unbekannt (Rn 6) gebliebenen Forderung entsteht Ersatzpflicht nicht.[47] Meldet sich ein solcher Gläubiger erst nach Ablauf des Sperrjahres, kann Ges aus einer vorzeitigen Vermögensverteilung Anspruch nicht herleiten.[48] Weiterhin setzt Ersatzanspruch **Verschulden der Liquidatoren** voraus.[49] Verschuldensmaßstab ergibt sich aus § 71 IV iVm § 43 I (§ 69 Rn 17). Beweislast hinsichtlich der angewandten Sorgfalt tragen die Liquidatoren.[50] Mehrere Liquidatoren haften, soweit sie Verschulden trifft, „solidarisch", dh gesamtschuldnerisch iSd §§ 421 ff BGB.[51] Ausgleich untereinander nach §§ 426 iVm 254 BGB;[52] sind Liquidatoren mit Gftern identisch, bestimmt sich Ausgleichsmaßstab nach GesVerhältnis.[53] Verantwortlichkeit der Liquidatoren wird nach Abs 3 S 2 iVm § 43 III 3 nicht dadurch beseitigt, dass sie Verstoß gegen Abs 1, 2 auf Grund Beschlusses der Gfter begangen haben (vgl zur Haftung der Gfter Rn 23).

b) Gläubiger des Anspruchs ist die Ges.[54] Entgegen verbreiteter Ansicht[55] macht Ges nicht einen Schaden der übergangenen Gläubiger geltend, sondern ihren Anspruch wegen Verletzung des in Abs 1, 2 normierten Kapitalerhaltungsgebots in der Liquidation.[56] Für diesen speziellen Anspruch passt die Regelung der §§ 69 I, 46 Nr 8 (§ 69 Rn 18) nicht. Geltendmachung durch Ges setzt daher GfterBeschluss nicht voraus.[57] GfterBeschluss jedenfalls entbehrlich, wenn zu Unrecht übergangener Gläubiger den Ersatzanspruch pfändet u sich zur Einziehung überweisen lässt oder wenn Insolvenzverwalter diesen Anspruch geltend macht.[58] – Analog §§ 268 II, 93 V AktG können übergangene Gläubiger, soweit sie keine Befriedigung erlangen können, den 13

---

46 RG JW 30, 2685; OLG Hamburg ZIP 1985, 1390, 1391; Hachenburg/*Hohner* Rn 31; Rowedder/Schmidt-Leithoff/*Rasner* Rn 27; Scholz/*Schmidt* Rn 25.

47 Hachenburg/*Hohner* Rn 29; Ulmer/*Paura* Rn 37.

48 *Passarge*/Torwegge Rn 490; Scholz/*Schmidt* Rn 25; Hachenburg/*Hohner* Rn 29; Ulmer/*Paura* Rn 37.

49 Hachenburg/*Hohner* Rn 32; Ulmer/*Paura* Rn 40; *Lutter*/Hommelhoff/*Kleindiek* Rn 12; Rowedder/Schmidt-Leithoff/*Rasner* Rn 26; Scholz/*Schmidt* Rn 26; *Passarge*/Torwegge Rn 492; *Hofmann* GmbHR 1976, 258, 265.

50 Roth/*Altmeppen* Rn 15; Hachenburg/*Hohner* Rn 32; Rowedder/Schmidt-Leithoff/*Rasner* Rn 26; Scholz/*Schmidt* Rn 26; Michalski/*Nerlich* Rn 45.

51 Hachenburg/*Hohner* Rn 34; Ulmer/*Paura* Rn 42; Scholz/*Schmidt* Rn 27.

52 Zur Anwendung des § 254 BGB iR von § 426 BGB Staudinger/*Noack*, 2005, § 426 Rn 97 ff.

53 OLG Hamburg ZIP 1985, 1390, 1391.

54 RGZ 109, 387, 391; Hachenburg/*Hohner* Rn 29; Ulmer/*Paura* Rn 36; Scholz/*Schmidt* Rn 28; *Lutter*/Hommelhoff/*Kleindiek* Rn 12; Michalski/*Nerlich* Rn 40.

55 *K. Schmidt* ZIP 1981, 1, 7 f; *Lutter*/Hommelhoff/*Kleindiek* Rn 12; Rowedder/Schmidt-Leithoff/*Rasner* Rn 30; Roth/*Altmeppen* Rn 18; Scholz/*Schmidt* Rn 33; Michalski/*Nerlich* Rn 40.

56 *Vomhof* 115 ff; ihr folgend Hachenburg/*Hohner* Rn 30.

57 *Lutter*/Hommelhoff/*Kleindiek* Rn 12; Scholz/*Schmidt* Rn 28; Roth/*Altmeppen* Rn 20; wohl auch *Passarge*/Torwegge Rn 493. **AM** Ulmer/*Paura* Rn 41; Hachenburg/*Hohner* Rn 33; Heybrock/*Löffler* Rn 16; Rowedder/Schmidt-Leithoff/*Rasner* Rn 28.

58 Roth/*Altmeppen* Rn 20; Hachenburg/*Hohner* Rn 33; Rowedder/Schmidt-Leithoff/*Rasner* Rn 28; Scholz/*Schmidt* Rn 28; für den Fall der Pfändung RG HRR 1929, Nr 2119.

Ersatzanspruch der Ges gegen den Liquidator selbst geltend machen (Verfolgungsrecht), wenn Ges insoweit nichts unternimmt.[59] In diesem Fall kann Nachtragsliquidation (Rn 16) unterbleiben.

14 **c) Umfang des Anspruchs** bestimmt sich – weil eigener Kapitalerhaltungsanspruch der Ges (Rn 13) – nach dem Betrag der rechtswidrig ausgeschütteten Beträge,[60] wobei Liquidator einwenden kann, dass ein Teil dieses Betrages für Gläubigerbefriedigung nicht erforderlich ist.[61] Ersatzanspruch ist Geldanspruch auch dann, wenn an die Gfter Sachwerte verteilt worden sind.[62]

15 **d) Verzicht, Vergleich, Verjährung.** Nach Abs 3 S 2 iVm §§ 43 III 2, 9 b I 1 kann Ges auf Ersatzanspruch nicht verzichten u sich über ihn auch nicht vergleichen, da Ersatz zur Befriedigung des übergangenen Gläubigers erforderlich ist. Vergleich ist aber nach § 9 b I 2 zulässig, wenn Liquidator zahlungsunfähig ist u sich mit seinen Gläubigern zur Abwendung des Insolvenzverfahren vergleicht.[63] Ersatzanspruch der Ges verjährt nach Abs 3 S 2 iVm § 43 IV in fünf Jahren. Verjährungsfrist beginnt mit Vornahme der gesetzwidrigen Verteilung.[64]

16 **e) Nachtragsliquidation.** Stellt sich erst nach Löschung der Ges (zu dieser § 74 Rn 4, 5) das Vorhandensein von Ersatzansprüchen gegen die Liquidatoren aus Abs 3 heraus, ist idR (Ausnahme Rn 13 aE) Nachtragsliquidation (§ 60 Rn 65 ff) vorzunehmen.[65]

17 **2. Anspruch der Ges gegen die Gfter. a) Anspruchsgrundlagen.** Vermögensverteilung an die Gfter unter Verstoß gegen § 73 begründet dingliche Rückgewähransprüche in aller Regel nicht, weil Übertragungsgeschäft wirksam ist.[66] Nichtigkeit des Übertragungsgeschäfts ist aber nach § 138 BGB anzunehmen, wenn Liquidator u Gfter in bewusstem u gewolltem Zusammenwirken gegen § 73 verstoßen.[67] Vorabausschüttung auf einen erwarteten Liquidationserlös, steht unter stillschweigenden Vorbehalt, dass auf Empfänger nach abschließenden Liquidationsbilanz auch entspr Erlös entfällt. Trifft das nicht zu, besteht aufgrund stillschweigender Abrede vertragl Rückgewähranspruch.[68] Verstoß gegen § 73 begründet stets auch Rückgewähranspruch der Ges analog § 31, da § 73 I, II Kapitalerhaltungsgebot in der Liquidation

---

[59] *Konzen* FS Ulmer, 2003, 323, 344 f; Roth/*Altmeppen* Rn 41; Hachenburg/*Hohner* Rn 41; *Lutter*/Hommelhoff/*Kleindiek* Rn 13; Scholz/*Schmidt* Rn 29; *Passarge*/Torwegge Rn 493; Michalski/*Nerlich* Rn 49; *Vomhof* 171 ff. **AM** Rowedder/Schmidt-Leithoff/*Rasner* Rn 28.

[60] Hachenburg/*Hohner* Rn 30; *Vomhof* 141. **AM** (Betrag der ausgefallenen Forderung, soweit Ausfall auf Verstoß gegen Abs 1 u 2 beruht) *Lutter*/Hommelhoff/*Kleindiek* Rn 12; Rowedder/Schmidt-Leithoff/*Rasner* Rn 30; Scholz/*Schmidt* Rn 31; Michalski/*Nerlich* Rn 45.

[61] *Vomhof* 143 f.

[62] RG JW 1930, 2685.

[63] Vgl hierzu Krieger/Schneider/*Haas* Hdb Managerhaftung § 11 Rn 17.

[64] Hachenburg/*Hohner* Rn 35; Scholz/*Schmidt* Rn 30.

[65] RGZ 92, 77, 84; 109, 387, 391; Hachenburg/*Hohner* Rn 38.

[66] RGZ 92, 77, 79; Roth/*Altmeppen* Rn 24; Ulmer/*Paura* Rn 52; Hachenburg/*Hohner* Rn 43; Rowedder/Schmidt-Leithoff/*Rasner* Rn 33 Fn 100; Scholz/*Schmidt* Rn 19; Michalski/*Nerlich* Rn 43, 54.

[67] BGH NJW 1973, 1695 f; Rowedder/Schmidt-Leithoff/*Rasner* Rn 33; Scholz/*Schmidt* Rn 19; Michalski/*Nerlich* Rn 54; *Henze* BB 1999, 1623, 1625; wohl auch Hachenburg/*Hohner* Rn 43; weitergehend Roth/*Altmeppen* Rn 24.

[68] BGH ZIP 2009, 1111, 1114.

(Rn 13) nachbildet.[69] Daneben besteht kein Bereicherungsanspruch.[70] Auch kommt es nicht darauf an, ob u in welcher Höhe die verbotswidrige Ausschüttung das zur Erhaltung des Stammkapitals erforderliche Vermögen angreift, da § 31 ohnehin in vollem Umfang anwendbar ist.[71] Anwendbarkeit des § 31 hat zur Folge, dass sich Gfter nicht nach § 818 III BGB auf Entreicherung berufen können, dass die übrigen Gfter nach § 31 III mithaften,[72] dass Rückgewährverpflichtung nach § 31 IV nicht erlassen werden kann u dass Verjährungsfrist nach § 31 V 1 zehn Jahre beträgt (Rn 20). Bei Inanspruchnahme nach § 31 III besteht ggf nach § 31 VI Regressanspruch des in Anspruch genommenen Gfters gegen Liquidator.[73] Sind bei Ausschüttung an die Gfter die Vorschriften des § 73 aber eingehalten worden, entfällt Anspruch aus § 31 auch dann, wenn erst nach Ablauf der Sperrfrist bekannt werdende Forderungen aus dem GesVermögen nicht mehr erfüllt werden können.[74]

b) Gläubiger des Anspruchs ist nach § 31 die Ges, nicht der übergangene Gläubiger.[75] Ein Anspruch des übergangenen Gläubigers analog §§ 264 III, 62 II AktG erkennt hM – zu Unrecht –[76] ebenso wie im Rahmen des § 31 (§ 31 Rn 6) nicht an. In jedem Fall kann Gläubiger Ersatzanspruch der Ges pfänden. Geltendmachung des Anspruchs der Ges gegen Gfter hängt – weil nicht aus Gründung oder Geschäftsführung – nicht von GfterBeschluss nach § 46 Nr 8 ab.[77] 18

c) Umfang des Anspruchs aus § 31 wird sowohl durch Betrag der übergangenen Forderung als auch durch Höhe des bei der Vermögensverteilung Empfangenen begrenzt.[78] Anspruch aus § 31 kann – wie Anspruch auf Leistung rückständiger Einlagen (§ 69 Rn 4) – ohne Rücksicht auf § 31 II nur geltend gemacht werden, soweit Erstattung zur Gläubiger- 19

---

[69] BGH ZIP 2008, 1111, 1114; Roth/*Altmeppen* Rn 25 f; Hachenburg/*Hohner* Rn 44; Ulmer/*Paura* Rn 52; *Lutter*/Hommelhoff/*Kleindiek* Rn 15; Scholz/*Schmidt* Rn 19; Michalski/*Nerlich* Rn 56; *Vomhof* 186 f; *Henze* BB 1999, 1623, 1624; *Konzen* FS Ulmer, 2003, 323, 329 f; für die Genossenschaft BGH BB 1999, 1621; einschränkend Rowedder/Schmidt-Leithoff/*Rasner* Rn 33 (körperschaftlicher Rückgewähranspruch nur bei kollusivem Zusammenwirken).

[70] Ebenso: *Lutter*/Hommelhoff/*Kleindiek* Rn 15; Scholz/*Schmidt* Rn 19; *Wicke* Rn 6; *Henze* BB 1999, 1623, 1624 f; offen gelassen von Roth/*Altmeppen* Rn 26; noch anders RGZ 92, 77, 82; 109, 387, 391 f; OLG Rostock GmbHR 1996, 621; MünchHdb-GmbH/*Weitbrecht* § 63 Rn 54; *Hofmann* GmbHR 1976, 258, 265; vgl a BGHZ 136, 125, 130 (kein bereicherungsrechtlicher Anspruch bei Verstoß gegen § 30).

[71] Roth/*Altmeppen* Rn 26; *Vomhof* 186. **AM** RGZ 92, 77, 81; Rowedder/Schmidt-Leithoff/*Rasner* Rn 33; *Feine* 665; auch noch, obwohl von seinem Standpunkt aus überflüssig Scholz/*Schmidt* Rn 19.

[72] Ulmer/*Paura* Rn 52; Roth/*Altmeppen* Rn 26; Hachenburg/*Hohner* Rn 44; *Vomhof* 187.

[73] Roth/*Altmeppen* Rn 27, 32; Hachenburg/*Hohner* Rn 49; Scholz/*Schmidt* Rn 24; Michalski/*Nerlich* Rn 57; *Vomhof* 189 f.

[74] So für Bereicherungsanspruch RGZ 124, 210, 214 f.

[75] Hachenburg/*Hohner* Rn 46; Scholz/*Schmidt* Rn 20.

[76] In diesem Sinne auch Roth/*Altmeppen* Rn 29; *Vomhof* 187; *Wicke* Rn 6; Heybrock/*Löffler* Rn 17; wohl auch Michalski/*Nerlich* Rn 62; siehe auch § 64 Rn 11.

[77] Hachenburg/*Hohner* Rn 45; Ulmer/*Paura* Rn 54; Scholz/*Schmidt* Rn 20; Michalski/*Nerlich* Rn 54; unter verfehlter Annahme eines Bereicherungsanspruchs (dazu Rn 17) OLG Rostock GmbHR 1996, 621; offen gelassen bei *Wicke* Rn 6.

[78] Scholz/*Schmidt* Rn 21; Michalski/*Nerlich* Rn 59.

befriedigung erforderlich ist.[79] Auf Entreicherung kann sich Gfter nicht berufen (Rn 17).

20 **d) Verzicht, Vergleich, Verjährung.** Da sich Rückforderungsanspruch nur aus § 31 ergibt (Rn 17), ist Erlass nach § 31 IV ausgeschlossen.[80] Vergleich ist dagegen möglich, wenn er dazu dient, eine tatsächlich bestehende Ungewissheit im Wege beiderseitigen Nachgebens zu beseitigen (§ 31 Rn 18). Anspruch verjährt nach § 31 V 1 in zehn Jahren, derjenige nach § 31 III gegen die übrigen Gesellschafter in 5 Jahren.

21 **e) Nachtragsliquidation.** Stellt sich erst nach Löschung der Ges (zu dieser § 74 Rn 4, 5) das Vorhandensein von Ersatzansprüchen gegen die Gfter aus § 31 analog (Rn 17) heraus, ist Nachtragsliquidation (§ 60 Rn 104 ff) vorzunehmen.[81] Sie ist auch dann erforderlich, wenn Gläubiger Anspruch gegen Gfter pfändet (Rn 18), weil anders die nach §§ 829, 835 ZPO notwendigen Zustellungen an die Ges als Schuldnerin nicht bewirkt werden können.

22 **3. Anspruch übergangener Gläubiger gegen die Liquidatoren.** Nach hM[82] ist § 73 I, II Schutzgesetz iSd § 823 II BGB zugunsten der übergangenen Gläubiger der Ges. Anderer Ansicht nach handelt es sich bei diesen Bestimmungen um Kapitalerhaltungsregeln zugunsten der Ges, die nur mittelbar den Schutz der GesGläubiger verwirklichen, so dass sie nicht als Schutzgesetz zu qualifizieren sind.[83] Letzterer Ansicht ist nicht zu folgen; denn anders als § 30 I statuiert § 73 I totale Ausschüttungssperre zum Schutz der Gläubiger. Vorschrift ist daher mit § 199 S 2 InsO vergleichbar und dient damit sehr wohl dem unmittelbaren Schutz der Gläubiger.[84]

23 **4. Anspruch übergangener Gläubiger gegen die Gesellschafter.** Direktanspruch der übergangenen Gläubiger gegen die Gfter aus § 812 I BGB besteht nicht, da Gfter allenfalls auf Kosten der Ges, nicht aber auf Kosten der Gläubiger bereichert sind,[85] wohl aber aus § 31 iVm §§ 264 III, 62 II AktG analog (Rn 18). In Betracht kommt uU gesamtschuldnerische Haftung als Anstifter nach §§ 830 II, 840 I, 823 II BGB, 73 I, II GmbHG; denn § 73 I, II ist Schutzgesetz iSd § 823 II BGB zugunsten der Gläubiger (Rn 22). IÜ kommen Anfechtungsansprüche nach InsO oder AnfG in Betracht.[86]

24 **5. Rückgriffsanspruch der Liquidatoren gegen die Gesellschafter.** Soweit Liquidator Anspruch der Ges aus § 73 III (Rn 12 ff) erfüllt, geht Anspruch der Ges gegen den Gfter aus § 31 I analog (Rn 17 ff) nach § 426 II

---

[79] Scholz/*Schmidt* Rn 19.

[80] Scholz/*Schmidt* Rn 23.

[81] Anders Roth/*Altmeppen* Rn 28 unter Annahme eines direkten Anspruchs des übergangenen Gläubigers gegen Gfter; dazu Rn 22.

[82] *Lutter*/Hommelhoff/*Kleindiek* Rn 14; R Ulmer/*Paura* Rn 48; Rowedder/Schmidt-Leithoff/*Rasner* Rn 29; Scholz/*Schmidt* Rn 32; *Eder* Rn 741; *Wicke* Rn 6; Heybrock/*Löffler* Rn 18; *Passarge*/Torwegge Rn 494; *K. Schmidt* ZIP 1981, 1, 8; einschränkend Roth/*Altmeppen* Rn 22 f.

[83] Hachenburg/*Hohner* Rn 40; *Vomhof* 163 ff.

[84] *Haas* WM 2003, 1929, 1933.

[85] Roth/*Altmeppen* Rn 30; Hachenburg/*Hohner* Rn 46; Rowedder/Schmidt-Leithoff/*Rasner* Rn 33; Michalski/*Nerlich* Rn 60.

[86] Scholz/*Schmidt* Rn 20; *Passarge*/Torwegge Rn 500; Michalski/*Nerlich* Rn 63.

BGB auf ihn über.[87] Annahme eines Gesamtschuldverhältnisses ist mit übereinstimmender Struktur der Ansprüche der Ges gegen Liquidator (aus § 73 III, Rn 13) u gegen Gfter (aus § 31, Rn 17) zu rechtfertigen.[88] Daneben besteht Ausgleichsanspruch nach § 426 I 1 BGB. Aufgrund Bejahung der Gesamtschuld muss auf Anspruch des Liquidators analog § 255 BGB gegen Ges auf Abtretung ihrer Ansprüche gegen die Gfter[89] nicht zurückgegriffen werden. Im Innenverhältnis idR keine Teilung der Verpflichtung zwischen Liquidator u Gfter, Gesellschafter trägt volle Quote.[90] – **Rückgriffsanspruch des Gfters gegen Liquidator** besteht nach § 31 VI nur im Falle der Inanspruchnahme des Gfters über den empfangenen Betrag hinaus nach § 31 III (Rn 17).

6. Haftung für Steuerschulden. Die Liquidatoren haften nach § 69 AO für Ansprüche aus dem Steuerschuldverhältnis iSd § 37 AO, soweit diese Ansprüche infolge vorsätzlicher oder grobfahrlässiger Verletzung der ihnen auferlegten Pflichten nicht oder nicht rechtzeitig festgesetzt oder erfüllt werden. Zu diesen Pflichten gehören aber nur die steuerrechtlich begründeten Pflichten, nicht auch die sich aus § 73 I, II ergebenden.[91] BFH verlangt jedoch Befriedigung von Steuerschulden in demselben Verhältnis, in dem übrige Verbindlichkeiten getilgt werden, anderenfalls Haftung der Liquidatoren als gesetzliche Vertreter (Rn 3). 25

Schluss der Liquidation

74 (1) [1]**Ist die Liquidation beendet und die Schlußrechnung gelegt, so haben die Liquidatoren den Schluß der Liquidation zur Eintragung in das Handelsregister anzumelden.** [2]**Die Gesellschaft ist zu löschen.**

(2) [1]**Nach Beendigung der Liquidation sind die Bücher und Schriften der Gesellschaft für die Dauer von zehn Jahren einem der Gesellschafter oder einem Dritten in Verwahrung zu geben.** [2]**Der Gesellschafter oder der Dritte wird in Ermangelung einer Bestimmung des Gesellschaftsvertrags oder eines Beschlusses der Gesellschafter durch das Gericht bestimmt.**

---

[87] Roth/*Altmeppen* Rn 31; Scholz/*Schmidt* Rn 35; Rowedder/Schmidt-Leithoff/*Rasner* Rn 34 mit Überlegungen zur Quote im Innenverhältnis; *Vomhof* 189; *K. Schmidt* ZIP 1981, 1, 8f; wohl auch *Hofmann* GmbHR 1976, 258, 266 Fn 187; Ulmer/*Paura* Rn 57. **AM** Hachenburg/*Hohner* Rn 48.

[88] *Vomhof* 189.

[89] Befürwortet von Hachenburg/*Hohner* Rn 48; *Lutter*/Hommelhoff/*Kleindiek* Rn 17; angesprochen von Scholz/*Schmidt* Rn 35; Rowedder/Schmidt-Leithoff/*Rasner* Rn 34; Michalski/*Nerlich* Rn 65. Zum Verhältnis von § 255 BGB zu §§ 421, 426 BGB Staudinger/*Noack*, 2005, § 421 BGB Rn 24f.

[90] Hachenburg/*Hohner* Rn 49; Rowedder/Schmidt-Leithoff/*Rasner* Rn 11; Scholz/*Schmidt* Rn 34; Roth/*Altmeppen* Rn 31.

[91] Zu den Pflichten aus §§ 64, 65, 71: BFHE 123, 398, 402; aus § 64 I: BFH BFH/NV 96, 97, 100; zu den Pflichten aus § 9 UStG BFH BB 2004, 643; allg zu steuerlichen Pflichten des Liquidators *Leibner/Pump* GmbHR 2003, 996; allg zu handelsrechtlichen Pflichten: Klein/*Rüsken* AO, 8. Aufl 2003, § 69 AO Rn 18; zweifelnd *Urban* DStR 1997, 1145, 1147f. **AM** *Boeker* in Hübschmann/Hepp/*Spitaler*, AO, FGO, § 34 AO Rn 65; Beck GmbH-Hdb/Erle/*Eberhard* § 16 Rn 41; zu §§ 106, 109 RAO: BFH BStBl 1971 II, 614, 615; 1973 II, 465; wohl auch Michalski/*Nerlich* Rn 68.

(3) [1]**Die Gesellschafter und deren Rechtsnachfolger sind zur Einsicht der Bücher und Schriften berechtigt.** [2]**Gläubiger der Gesellschaft können von dem Gericht zur Einsicht ermächtigt werden.**

Übersicht

Lit: *Bork,* Die als vermögenslos gelöschte GmbH im Prozess, JZ 1991, 841; *Hönn,* Die konstitutive Wirkung der Löschung von Kapitalgesellschaften, ZHR 138 (1974), 50; *Saenger,* Die im Handelsregister gelöschte GmbH im Prozess, GmbHR 1994, 300; *H. Schmidt,* Zur Vollbeendigung juristischer Personen, 1989; *K. Schmidt,* Löschung und Beendigung der GmbH, GmbHR 1988, 209; *ders,* Zur Ablösung des Löschungsgesetzes, GmbHR 1994, 829; *Vallender,* Auflösung und Löschung der GmbH, NZG 1998, 249.

I. Allgemeines

1 **Bedeutung der Vorschrift.** § 74 regelt in Abs 1 das **Löschungsverfahren** nach Beendigung der Liquidation u nach Legung der Schlussrechnung durch die Liquidatoren (Rn 3 ff), in Abs 2 die **Aufbewahrung der Bücher u Schriften** der Ges (Rn 6 ff) u in Abs 3 das hinsichtlich dieser Unterlagen bestehende **Einsichtsrecht** (Rn 12 ff). § 74 II, III gilt auch bei **Löschung** der Ges nach § 394 I FamFG.[1] Die Vorschrift entspricht dem ehemaligen § 141 a I FGG. § 74 I ist durch Art 2 Nr 4 des Gesetzes zur Durchführung der Elften gesellschaftsrechtlichen Richtlinie des Rates der Europäischen Gemeinschaften vom 22. 7. 1993[2] eingefügt worden. Abs 2 und 3 (vormals Abs 1 und 2) sind seit 1892 unverändert.

---

[1] Zu 2 I LöschG (heute § 141 a I FGG) OLG Oldenburg BB 1983, 1434; Michalski/*Nerlich* Rn 2.

[2] BGBl I, 1282, 1285.

II. Beendigung der Liquidation

Liquidation ist beendet, wenn das verwertbare GesVermögen verteilt ist (vgl § 77 Anh Rn 5) u auch keine sonstigen Abwicklungsmaßnahmen (§ 60 Rn 105) mehr erforderlich sind. Voraussetzung ist zusätzlich Ablauf des Sperrjahres nach § 73 I.[3] Auf Ablauf des Sperrjahres kommt es aber nicht an, wenn Vermögen durch Befriedigung von Gläubigern völlig aufgebraucht ist u Verteilung an die Gfter daher nicht in Betracht kommt.[4] Liquidator hat Vermögenslosigkeit dem RegGericht zu versichern, ggf unter näherer Darstellung der tatsächlichen Verhältnisse. RegGericht hat Recht u Pflicht zur weiteren Prüfung (§ 26 FamFG bzw § 12 FGG).[5] Stellt sich später Vorhandensein von Vermögen heraus, erfolgt keine Rückgängigmachung der Löschungseintragung im Verfahren nach § 395 FamFG (§ 142 FGG)[6] – es sei denn Löschungseintragung beruht auf wesentlichem Verfahrensfehler –, sondern Nachtragsliquidation erforderlich.[7] Ablauf des Sperrjahres ferner unerheblich, wenn nach Löschung der GmbH nach § 394 I FamFG bzw § 141 a I FGG (§ 77 Anh Rn 5 ff) nur noch rechtsgeschäftliche Erklärungen für die Ges abzugeben sind (§ 77 Anh Rn 18; § 66 Rn 37; § 60 Rn 105), ohne dass sich Vorhandensein von verteilungsbedürftigem Vermögen herausgestellt hat.[8] Iü kann auch Vermögenslosigkeit vor Ablauf des Sperrjahres zur Löschung von Amts wegen nach § 394 I FamFG (§ 141 a I 1 FGG) u damit zur Vollbeendigung der Ges führen (§ 77 Anh Rn 8 f).[9] Auch hier Amtslöschung der Löschungseintragung nach § 395 FamFG (§ 142 FGG) nur bei wesentlichen Verfahrensfehlern,[10] im übrigen Nachtragsliquidation.[11] Zurückhaltung von Vermögen für Steuern u für Kosten der Aufbewahrung der Bücher u Schriften der Ges (Abs 2, Rn 6 ff) steht Beendigung der Abwicklung entgegen; Ausnahme besteht notwendigerweise nur für Kosten, die durch Löschung der Ges im HR entstehen, da anderenfalls Schluss der Liquidation niemals zur Eintragung in das HR angemeldet werden könnte.[12] Anhängige Aktiv- u Passivprozesse stehen Beendigung der Abwicklung u Löschung entgegen (Rn 18, 19). 2

---

3 OLG Naumburg ZIP 2002, 1529; OLG Köln NZG 2005, 83, 84; KG DR 1941, 2130; für AG KG JW 1932, 2623, 2624 f; Hachenburg/*Hohner* Rn 2; Scholz/*Schmidt* Rn 1; Michalski/*Nerlich* Rn 4.

4 OLG Köln NZG 2005, 83, 84; KG DR 1941, 2130 f; Hachenburg/*Hohner* Rn 2; Scholz/*Schmidt* Rn 1; *Lutter*/Hommelhoff/*Kleindiek* Rn 3; entgg dem abgedruckten LS offengelassen von OLG Naumburg ZIP 2002, 1529, 1530.

5 OLG Köln NZG 2005, 83, 84.

6 So aber OLG Köln NZG 2005, 83, 84.

7 OLG Hamm GmbHR 2001, 819, 821; s insb § 60 Rn 65 u § 73 Rn 16.

8 *Passarge*/Torwegge Rn 482 ff. Zu § 2 I LöschG (heute § 141 a FGG) OLG Hamm BB 1987, 294, 295.

9 Michalski/*Nerlich* § 73 Rn 12.

10 OLG Hamm GmbHR 2001, 819, 820; BayObLG NJW 1994, 594; BayObLG NJW-RR 1996, 417.

11 OLG Hamm GmbHR 2001, 819, 820.

12 *Lutter*/Hommelhoff/*Kleindiek* Rn 4; Michalski/*Nerlich* Rn 5; ähnlich Rowedder/Schmidt-Leithoff/*Rasner* Rn 6; Scholz/*Schmidt* Rn 1.

III. Folgen der Beendigung der Liquidation

3 **1. Schlussrechnung.** Die in Abs 1 vorausgesetzte Schlussrechnung der Liquidatoren ist entgegen hM[13] mit Liquidations-Schlussbilanz (§ 71 Rn 28) identisch (§ 71 Rn 29).[14]

4 **2. Anmeldung des Schlusses der Liquidation. a) Anmeldung.** Nach Beendigung der Liquidation haben die Liquidatoren nach Abs 1 S 1 den Schluss der Liquidation zum HR anzumelden. Darin liegt zugleich die nach § 67 I erforderliche Anmeldung, dass das Liquidatorenamt erloschen ist.[15] Anmeldung muss nicht von sämtlichen Liquidatoren abgegeben werden (vgl § 78); Anmeldung in der für Vertretung der Ges erforderlichen Zahl (§ 68 Rn 2, 4 ff) genügt.[16] Sie bedarf der Form nach § 12 I HGB. Anmeldung ist nach § 14 HGB durch Festsetzung von Zwangsgeld zu erzwingen.[17] Zur Eintragung von Amts wegen Rn 5.

5 **b) Eintragungsverfahren.** Gericht hat zu prüfen (vgl § 26 FamFG bzw § 12 FGG), ob Liquidation tatsächlich beendet ist.[18] Hierzu gehört auch Prüfung, ob Bücher u Schriften der Ges nach Abs 2 verwahrt sind;[19] notfalls muss Gericht nach Abs 2 S 2 Verwahrer bestimmen (Rn 9), ohne dass es Verwahrung erzwingen kann. Von Vollzug der Verwahrung kann Gericht Eintragung der Löschung nicht abhängig machen, weil in diesen Fällen sonst nur Löschungsverfahren nach § 394 I, II FamFG bzw § 141 a I, II FGG (§ 77 Anh Rn 5 ff) bliebe, bei dem es ebenfalls nicht auf Verwahrung der Bücher u Schriften der Ges ankommen kann.[20] Wortlaut des Abs 1 setzt Antrag auf Eintragung der Löschung nicht voraus.[21] Daraus ist aber nicht zu schließen, dass Eintragung der Löschung auch ohne Anmeldung nach Abs 1 S 1 stattfinden könne. Vielmehr ist Grundlage einer Eintragung der Löschung von Amts wegen § 31 II 2 HGB.[22] Daneben kommt Löschung nach § 394 FamFG (§ 141 a FGG) wegen Vermögenslosigkeit der Ges (§ 77 Anh Rn 8 f) in Betracht.[23] Eintragung der Löschung ist nach § 10 HGB bekanntzumachen.

6 **3. Aufbewahrung von Büchern u Schriften, Abs 2. a) Grundsatz.** Nach Beendigung der Liquidation (Rn 2) sind die Bücher u Schriften der Ges für die Dauer von zehn Jahren aufzubewahren, Abs 2 S 1.

---

[13] Ulmer/*Paura* Rn 8.

[14] *Lutter*/Hommelhoff/*Kleindiek* Rn 3.

[15] BGHZ 53, 264, 267; BayObLG GmbHR 1994, 259, 260; OLG Hamm GmbHR 2001, 819, 821; OLG Hamm GmbHR 1997, 1155, 1156; Roth/*Altmeppen* Rn 8; Hachenburg/*Hohner* Rn 21; Rowedder/Schmidt-Leithoff/*Rasner* Rn 5; Scholz/*Schmidt* Rn 10; Michalski/*Nerlich* Rn 12.

[16] Hachenburg/*Hohner* Rn 19; Scholz/*Schmidt* Rn 5.

[17] Hachenburg/*Hohner* Rn 19; Ulmer/*Paura* Rn 11; Scholz/*Schmidt* Rn 7; Michalski/*Nerlich* Rn 12.

[18] OLG Hamm NZI GmbHR 2001, 819; KG DR 1941, 2130 f; Hachenburg/*Hohner* Rn 19; *Lutter*/Hommelhoff/*Kleindiek* Rn 9; Scholz/*Schmidt* Rn 5; für AG: KG JW 1932, 2623, 2624.

[19] Hachenburg/*Hohner* Rn 19; Scholz/*Schmidt* Rn 5.

[20] Ebenso Scholz/*Schmidt* Rn 5; Ulmer/*Paura* Rn 12; **AM** Hachenburg/*Hohner* Rn 19.

[21] Scholz/*Schmidt* Rn 8.

[22] Hachenburg/*Hohner* Rn 20. **AM** Ulmer/*Paura* Rn 13.

[23] Scholz/*Schmidt* Rn 9; unentschieden Hachenburg/*Hohner* Rn 20.

b) Bücher u Schriften der Ges sind die in § 257 HGB genannten Unterlagen, auch in elektronischer Form, vgl § 239 IV HGB.[24] Darüber hinaus auch sonstige, freiwillig geführte Bücher u aufbewahrte Schriften;[25] dazu gehört auch das Schriftgut der Liquidation.[26] Unterlagen, deren Aufbewahrungsfrist nach § 257 IV, V HGB bei Beendigung der Abwicklung schon abgelaufen war, brauchen nicht nach § 74 aufbewahrt zu werden.[27] **7**

c) Aufbewahrungsfrist beträgt zehn Jahre. Sie beginnt mit Aufbewahrung[28] u tritt an die Stelle der in § 257 IV, V HGB genannten Fristen, soweit diese während der Aufbewahrung ablaufen.[29] Ist Frist nach § 257 IV, V HGB wegen des in § 257 V HGB besonders bestimmten Beginns im Einzelfall länger, ist diese außerdem zu beachten.[30] Steuerrechtliche Aufbewahrungsfrist des § 147 AO ist zusätzlich einzuhalten.[31] **8**

d) Verwahrer ist entweder Gfter oder Dritter; dieser kann ua Liquidator, Bank oder Treuhandgesellschaft sein.[32] Person des Verwahrers ergibt sich nach Abs 2 S 2 entweder aus GesVertrag, aus GfterBeschluss oder – hilfsweise – aus Beschluss des Gerichts. Sachl Zuständigkeit ergibt sich für unternehmensrechtliche Verfahren des § 375 Nr 6 FamFG aus § 376 FamFG, örtliche Zuständigkeit aus § 377 FamFGG. Antragsberechtigt sind jeder Liquidator, jeder Gfter, jeder Gläubiger sowie der Insolvenzverwalter.[33] GesVertrag oder GfterBeschluss kann Bestimmung auch Liquidatoren überlassen.[34] Der durch Gerichtsbeschluss zum Verwahrer Bestellte ist nicht zur Verwahrung verpflichtet.[35] Bewahrt bei **Unternehmensveräußerung** Erwerber des Unternehmens die bis dahin entstandenen Unterlagen auf, ist dies eine dem § 74 genügende Aufbewahrung.[36] Erwerber muss Zehn-Jahres-Frist des Abs 2 S 1 einhalten u Einsicht gem Abs 3 (Rn 12 ff) gewähren.[37] Die nicht mit dem veräußerten Unternehmen zusammenhängenden Unterlagen (zB die über die Liquidation) sind nach Abs 2 zu verwahren.[38] **9**

---

24 Ulmer/*Paura* Rn 17; Rowedder/Schmidt-Leithoff/*Rasner* Rn 7.

25 Hachenburg/*Hohner* Rn 4; Rowedder/Schmidt-Leithoff/*Rasner* Rn 7; Scholz/*Schmidt* Rn 28; Michalski/*Nerlich* Rn 18.

26 BayObLG NJW 1968, 56.

27 Hachenburg/*Hohner* Rn 5; Scholz/*Schmidt* Rn 28.

28 Ulmer/*Paura* Rn 18; Hachenburg/*Hohner* Rn 5; Scholz/*Schmidt* Rn 28; Roth/*Altmeppen* Rn 13; Michalski/*Nerlich* Rn 19.

29 Rowedder/Schmidt-Leithoff/*Rasner* Rn 7; Scholz/*Schmidt* Rn 28. **AM** wohl Hachenburg/*Hohner* Rn 5.

30 Roth/*Altmeppen* Rn 15; *Lutter*/Hommelhoff/*Kleindiek* Rn 13; Scholz/*Schmidt* Rn 28.

31 Roth/*Altmeppen* Rn 15; Hachenburg/*Hohner* Rn 5; Scholz/*Schmidt* Rn 28; Michalski/*Nerlich* Rn 19.

32 Scholz/*Schmidt* Rn 30; Ulmer/*Paura* Rn 19.

33 *Lutter*/Hommelhoff/*Kleindiek* Rn 14; Rowedder/Schmidt-Leithoff/*Rasner* Rn 9; OLG Stuttgart BB 1984, 2169.

34 Hachenburg/*Hohner* Rn 6; Michalski/*Nerlich* Rn 20.

35 OLG Stuttgart BB 1984, 2169; Hachenburg/*Hohner* Rn 6; *Lutter*/Hommelhoff/*Kleindiek* Rn 14; Rowedder/Schmidt-Leithoff/*Rasner* Rn 9; Scholz/*Schmidt* Rn 30.

36 Hachenburg/*Hohner* Rn 7; Scholz/*Schmidt* Rn 32.

37 Hachenburg/*Hohner* Rn 7; Rowedder/Schmidt-Leithoff/*Rasner* Rn 9.

38 Hachenburg/*Hohner* Rn 7; Scholz/*Schmidt* Rn 32.

10 **e)** Die **Liquidatoren** sind **verpflichtet,** für die nach Abs 2 vorgeschriebene Aufbewahrung zu sorgen.[39] Verletzen sie diese Pflicht, machen sie sich nach §§ 71 IV, 43 II der Ges gegenüber schadensersatzpflichtig.[40] Strafbarkeit nach §§ 283 I Nr 6, 283b I Nr 2 StGB dürfte idR entfallen, weil objektive Strafbarkeitsbedingung der §§ 283 VI, 283b III StGB (vor allem Zahlungseinstellung oder Eröffnung des Insolvenzverfahrens) nach Beendigung der Abwicklung allenfalls im Rahmen einer Nachtragsliquidation (Rn 20) eintreten kann.[41] Gericht kann mangels Rechtsgrundlage Aufbewahrung nicht durch Festsetzung eines Zwangsgeldes erzwingen.[42] Diejenigen, die nach Abs 3 zur Einsichtnahme ermächtigt sind (Rn 13 ff), können aber von den Liquidatoren durch Klage Aufbewahrung verlangen, die ihnen Einsichtnahme ermöglicht.[43] Nach Beendigung des Insolvenzverfahrens über das Vermögen der Ges trifft Aufbewahrungspflicht Liquidator.[44]

11 **f)** Die **Kosten der Aufbewahrung** trägt Ges. Den dafür erforderlichen Betrag dürfen Liquidatoren nicht zurückbehalten;[45] ggf müssen sie ihn dem aufbewahrungswilligen Dritten im Voraus zahlen.

12 **4. Einsichtsrecht, Abs 3. a) Inhalt des Rechts.** Das Einsichtsrecht gewährt dem Berechtigten Einblick in die in Abs 2 genannten Unterlagen. Damit ist das Recht verbunden, sich Abschriften u Aufzeichnungen,[46] ferner Fotokopien[47] oder digitale Kopien der Daten anzufertigen. Auch Hinzuziehung von Sachverständigen[48] u Wahrnehmung des Rechts durch Vertreter[49] sind zulässig, sofern diese Personen zur Berufsverschwiegenheit verpflichtet sind.[50]

13 **b) Berechtigte** sind nach **S 1** die **Gesellschafter u deren Rechtsnachfolger,** u zwar die Gfter, die es zZ der Beendigung der Liquidation waren.[51] Das Recht ist ggf durch Klage gegen den Verwahrer (Rn 9) durchzusetzen.[52] Einsichtsberechtigter kann auch Festsetzung von Zwangsgeld gem § 35

---

[39] OLG Stuttgart NZG 1999, 31, 33 (für die AG); Hachenburg/*Hohner* Rn 3; Ulmer/*Paura* Rn 16; Scholz/*Schmidt* Rn 29.

[40] Hachenburg/*Hohner* Rn 3; Ulmer/*Paura* Rn 16; Scholz/*Schmidt* Rn 29; Michalski/*Nerlich* Rn 17.

[41] Rowedder/Schmidt-Leithoff/*Rasner* Rn 8; Scholz/*Schmidt* Rn 29; Ulmer/*Paura* Rn 16. **AM** wohl Hachenburg/*Hohner* Rn 3.

[42] BayObLG NJW 1968, 56; Hachenburg/*Hohner* Rn 3; Rowedder/Schmidt-Leithoff/*Rasner* Rn 8; Scholz/*Schmidt* Rn 29; Michalski/*Nerlich* Rn 17.

[43] BayObLG NJW 1968, 56; Hachenburg/*Hohner* Rn 3; Scholz/*Schmidt* Rn 29.

[44] OLG Stuttgart NZG 1999, 31, 33.

[45] Rn 2; *Lutter*/Hommelhoff/*Kleindiek* Rn 4. **AM** Hachenburg/*Hohner* Rn 8; Scholz/*Schmidt* Rn 1; Michalski/*Nerlich* Rn 22.

[46] Hachenburg/*Hohner* Rn 13; Scholz/*Schmidt* Rn 34.

[47] Rowedder/Schmidt-Leithoff/*Rasner* Rn 10; Scholz/*Schmidt* Rn 34; Michalski/*Nerlich* Rn 27.

[48] Hachenburg/*Hohner* Rn 13; *Lutter*/Hommelhoff/*Kleindiek* Rn 16; Rowedder/Schmidt-Leithoff/*Rasner* Rn 10; Scholz/*Schmidt* Rn 36; Michalski/*Nerlich* Rn 27.

[49] *Lutter*/Hommelhoff/*Kleindiek* Rn 16; Scholz/*Schmidt* Rn 36.

[50] Hachenburg/*Hohner* Rn 13.

[51] Hachenburg/*Hohner* Rn 10; Ulmer/*Paura* Rn 24; *Lutter*/Hommelhoff/*Kleindiek* Rn 16.

[52] Hachenburg/*Hohner* Rn 12; Scholz/*Schmidt* Rn 37; *Lutter*/Hommelhoff/*Kleindiek* Rn 16.

FamFG gg den Verwahrer beantragen.[53] Für Einsichtsrecht früherer Gfter besteht entgegen hM[54] kein Anlass. Deren Einsichtsrecht bestimmt sich nach § 810 BGB oder – wenn sie Gläubiger sind (Rn 14) – nach S 2.[55]

14 **Gläubiger der Ges** können nach **S 2** zur Einsicht ermächtigt werden, u zwar ohne Rücksicht darauf, ob sie ihre Rechte in der Liquidation geltend gemacht haben oder nicht.[56] Zuständig für Ermächtigung ist in sachl Hinsicht Gericht nach § 376 FamFG. Örtl Zuständigkeit richtet sich nach § 377 FamFG. Letzteres entscheidet nach § 375 Nr 6 FamFG als Gericht in unternehmensrechtlichen Verfahren. Gläubigerrecht u rechtliches Interesse sind glaubhaft zu machen.[57] Einsichtsrecht erstreckt sich auch auf Unterlagen, die aus der Zeit vor Auflösung der Ges stammen.[58] Möglicherweise eingetretene Verjährung des Anspruchs schließt Einsicht nicht aus,[59] ebenso nicht ggf bestehendes Steuergeheimnis.[60] War aufgelöste Ges Kreditinstitut, ist fortdauerndes Bankgeheimnis gegen Einsichtsinteresse abzuwägen, wobei dieses idR Vorrang hat.[61] Interessenabwägung ist generell vorzunehmen, wenn dem Bereich des Persönlichkeitsschutzes zuzurechnende Position Dritter betroffen ist. Allein bloße Möglichkeit rechtsmissbräuchlicher Verwendung von Erkenntnissen schließt Einsichtnahme nicht aus.[62] Antragsgegner ist Verwahrer,[63] nicht Ges. Allerdings kann es geboten sein, der Ges nach Art 103 I GG rechtliches Gehör zu gewähren. Dafür müsste nach Löschung der Ges (Rn 4 f) Nachtragsliquidator bestellt werden; Amt der bisherigen Liquidatoren lebt nicht wieder auf (§ 60 Rn 66).[64] Gericht kann neben Ermächtigung nach Abs 3 S 2 gegenüber Verwahrer Gestattung der Einsicht anordnen u durch Zwangsgeldfestsetzung nach § 5 FamFG (§ 33 I FGG) durchsetzen.[65] Voraussetzung ist, dass Besitz des Antragsgegners an den Unterlagen nachgewiesen wird.[66] Unterlässt Gericht solche Anordnung, kann Gläubiger gegen Verwahrer auf Gestattung der Einsicht klagen (Rn 13).

---

53 BayObLG NZG 2003, 439, OLG Oldenburg BB 1983, 1434; BayObLG NZG 2003, 439; für die AG MünchKommAktG/*Hüffer* § 273 Rn 28; dagegen Scholz/*Schmidt* Rn 37.

54 Roth/*Altmeppen* Rn 16; Rowedder/Schmidt-Leithoff/*Rasner* Rn 10; *Eder* Rn 744.1; zweifelnd Scholz/*Schmidt* Rn 35; Michalski/*Nerlich* Rn 25.

55 Ebenso *Lutter*/Hommelhoff/*Kleindiek* Rn 16.

56 Hachenburg/*Hohner* Rn 11; Ulmer/*Paura* Rn 25; Scholz/*Schmidt* Rn 35; Rowedder/Schmidt-Leithoff/*Rasner* Rn 10.

57 KG JW 1937, 2289; Hachenburg/*Hohner* Rn 11; Rowedder/Schmidt-Leithoff/*Rasner* Rn 10; Scholz/*Schmidt* Rn 35; Michalski/*Nerlich* Rn 26.

58 OLG Braunschweig WM 1992, 1912.

59 LG Köln ZIP 1988, 1125, 1126; Scholz/*Schmidt* Rn 35.

60 LG Köln ZIP 1988, 1125, 1126.

61 BayObLG NZG 2003, 439; OLG Braunschweig WM 1992, 1912, 1913; Hachenburg/*Hohner* Rn 11; Rowedder/Schmidt-Leithoff/*Rasner* Rn 10; Michalski/*Nerlich* Rn 26.

62 Zutr BayObLG NZG 2003, 439, 440.

63 Hachenburg/*Hohner* Rn 11; wohl auch Rowedder/Schmidt-Leithoff/*Rasner* Rn 11; vgl KG JW 1937, 2289.

64 OLG Hamm GmbHR 2001, 819, 821 (mit restriktiver Haltung zur Bestellung von Nachtragsliquidator).

65 OLG Oldenburg BB 1983, 1434; KG JW 1937, 2289; Roth/*Altmeppen* Rn 20; Hachenburg/*Hohner* Rn 12; *Lutter*/Hommelhoff/*Kleindiek* Rn 16; Scholz/*Schmidt* Rn 37; Michalski/*Nerlich* Rn 28; wohl auch LG Köln ZIP 1988, 1125, 1126, BayObLG NZG 2003, 439.

66 KG JW 1937, 2289.

15 **Andere Personen,** wie ehemalige GFührer u Liquidatoren, die nicht zugleich Gläubiger sind, können Einsicht nur nach Maßgabe des § 810 BGB erwirken.[67] Das gilt auch für frühere Gfter (Rn 13).

IV. Folgen der Löschung der Ges

16 **1. Beendigung.** Ist Ges infolge der Liquidation vermögenslos u wird sie nach Abs 1 S 2 im HR gelöscht, tritt damit ihre Beendigung ein (§ 60 Rn 3, 6, 7). Ist entgegen der Annahme noch GesVermögen vorhanden, so bewirkt Löschung Beendigung der Ges *nicht* (§ 60 Rn 7). **Nicht erfüllte Verbindlichkeiten** der Ges stehen Beendigung nicht entgegen. Sie erlöschen, doch bleiben Sicherheiten, auch wenn sie akzessorisch sind, erhalten.[68] In einem Passivprozess zur Geltendmachung von Verbindlichkeiten, der erst nach Beendigung anhängig gemacht werden soll, ist Ges nicht parteifähig,[69] es sei denn, es wird Erfüllung anderer Abwicklungsmaßnahmen (§ 60 Rn 105) begehrt (für anhängige Prozesse Rn 17 ff).

17 **2.** Die **Wirkung der Löschung auf Rechtsstreitigkeiten** ist für Aktiv- u Passivprozesse unterschiedlich u hängt auch vom Zeitpunkt der Löschung ab:

18 **a)** Für **Aktivprozesse** beseitigt Löschung während der Anhängigkeit Parteifähigkeit nicht; denn in dem geltend gemachten Anspruch oder behaupteten Rechtsverhältnis ist noch ein Vermögensgegenstand zu sehen, über dessen Vorhandensein erst in dem anhängigen Verfahren entschieden wird.[70] Der noch anhängige Aktivprozess schließt daher Löschung aus.[71] Wird Ges dennoch gelöscht, ist Prozess Anlass für Nachtragsliquidation (§ 60 Rn 104 ff). Amt des im Zeitpunkt der Löschung vorhandenen Liquidators oder – im Falle der Amtslöschung nach § 394 I 1 FamFG bzw § 141 a I 1 FGG (§ 77 Anh Rn 5 ff) – GFührers ist beendet (§ 60 Rn 106, § 66 Rn 39) u bleibt auch nicht infolge des anhängigen Rechtsstreits erhalten.[72] Ges wird damit prozessunfähig.[73] War aber zurzeit der Löschung Prozessbevollmächtigter bestellt, tritt nach § 246 I ZPO Unterbrechung des Verfahrens nicht ein, auch wird das Fehlen der Prozessfähigkeit entgegen § 56 I ZPO nicht berücksichtigt.[74] Die Vollmacht

---

[67] Roth/*Altmeppen* Rn 18; Rowedder/Schmidt-Leithoff/*Rasner* Rn 11; Scholz/*Schmidt* Rn 35; wohl auch Hachenburg/*Hohner* Rn 12; *Lutter*/Hommelhoff/*Kleindiek* Rn 16.

[68] BGHZ 82, 323, 326 f (für KG); Ulmer/*Paura* Rn 38; Hachenburg/*Hohner* Rn 60; Rowedder/Schmidt-Leithoff/*Rasner* Rn 16; Scholz/*Schmidt* Rn 16; Michalski/*Nerlich* Rn 42; vgl § 77 Anh Rn 16.

[69] OLG Bremen GmbHR 1988, 445.

[70] BGH LM Nr 1; BGH NJW-RR 1986, 394; BayObLG NZG 2004, 1164; OLG Koblenz NJW-RR 2004, 1222; OLG Köln OLGZ 75, 349; BayObLGZ 79, 395, 398; Michalski/*Nerlich* Rn 37; Stein/Jonas/*Bork* § 50 Rn 47.

[71] BAG AP ZPO § 286 Nr 2; Ulmer/*Paura* Rn 34; *Uhlenbruck* ZIP 1996, 1641, 1649.

[72] OLG Hamburg GmbHR 1996, 860, 861; OLG Hamm BB 1998, 1654. – **AM** BGH LM Nr 1; OLG Hamm BB 1996, 1029.

[73] Hessisches FG EFG 1998, 1144, 1145; für Passivprozess LG Mainz NJW-RR 1999, 1716; OLG Hamm GmbHR 1997, 1155.

[74] BayObLG NZG 2004, 1164, 1165; BayObLG DB 2004, 179, 181; OLG Hamburg GmbHR 1997, 1155; OLG Hamm BB 1998, 1654; Michalski/*Nerlich* Rn 37; *Lutter*/Hommelhoff/*Kleindiek* Rn 18; Scholz/*Schmidt* Rn 24; so allgemein für Wegfall

wirkt nach § 86 ZPO auch dann weiter, wenn erst anschließend Klage erhoben wird.[75]

b) Für **Passivprozesse** ist Wahrnehmung der Rechtsstellung eines Verfahrensbeteiligten sonstige Abwicklungsmaßnahme, deren Erfordernis Löschung ausschließt.[76] Wird Ges dennoch gelöscht, ist Prozess Anlass für Nachtragsliquidation (§ 60 Rn 104 ff). Wird Ges nach Löschung verklagt, ist zu unterscheiden: Wird Anspruch geltend gemacht, der aus Vermögen erfüllt werden müsste, kommt Nachtragsliquidation nur in Betracht, wenn Kläger dartut, dass Ges noch Vermögen hat; bloße Behauptung kann nicht genügen, anderenfalls könnten Gläubiger zeitlich unbegrenzt vermögensrechtliche Ansprüche geltend machen.[77] Ohne entspr Klägervortrag ist Ges nicht parteifähig.[78] Daher rechtfertigt in diesem Fall möglicherweise bestehender Kostenerstattungsanspruch der Ges Annahme nicht, dass noch Vermögen vorhanden sei,[79] wohl aber, wenn sich Vermögen aus Ersatzansprüchen der Ges gegen Gfter oder Liquidatoren (§ 73 Rn 12 ff), weil Gläubiger übergangen sind, ergibt.[80] Wird Anspruch auf Vornahme einer Handlung geltend gemacht, für die Vermögen nicht erforderlich ist (Löschungsbewilligung, Zeugniserteilung), muss ohne Rücksicht auf Begründetheit Erfordernis sonstiger Abwicklungsmaßnahme angenommen werden, so dass Nachtragsliquidation einzuleiten ist.[81] Bei Klage gegen eine infolge der Löschung nicht mehr existierende Ges findet, auch wenn zu ihren Gunsten eine Kostengrundentscheidung ergangen ist, für sie keine Kostenfestsetzung statt.[82] – Einrede des Schiedsvertrages ist nicht durchgreifend, wenn beklagte GmbH bereits aufgelöst, vermögenslos u vor Löschung stehend ist.[83] 19

3. Nachtragsliquidation. Stellt sich nach Löschung der Ges heraus, dass noch GesVermögen vorhanden ist oder weitere Abwicklungsmaßnahmen ge- 20

---

der Prozessfähigkeit nach Erteilung der Prozessvollmacht BGHZ 121, 263, 265 f; für das finanzgerichtliche Verfahren BFH NZG 2000, 1048; BFH BStBl 1986 II, 589, 590; NJW 1986, 2594; für das arbeitsgerichtliche Verfahren BAG DB 2003, 2659, 2660; BAG NZG 2002, 1175, 1176. **AM** Hessisches FG EFG 1998, 1144, 1145; *Ahmann* GmbHR 1987, 439, 441 ff; *Weber-Grellet* NJW 1986, 2559 f.

75 BFH NJW-RR 2001, 244; BGH NJW-RR 1994, 542; BAG DB 2003, 2659, 2660; BAG NZG 2002, 1175, 1176; BAG NZA 2000, 613.

76 Rn 2; BGH GmbHR 1994, 260; BAG AP ZPO § 50 Nr 4; Scholz/*Schmidt* Rn 17. **AM** BGHZ NJW 1982, 238; OLG Saarbrücken GmbHR 1992, 311; (für eV) BGHZ 74, 212, 213; *Saenger* GmbHR 1994, 300, 304.

77 IdS KG Rpfleger 2007, 398; OLG Frankfurt FGPrax 2005, 271; OLG Celle GmbHR 1997, 752; *Lutter*/Hommelhoff/*Kleindiek* Rn 19, 20; Ulmer/*Paura* Rn 35; Scholz/*Schmidt* Rn 21; Michalski/*Nerlich* Rn 40; *Saenger* GmbHR 1994, 300, 304. **AM** weitergehend (ausreichend Behauptung, dass Vermögen vorhanden) BGH LM Nr 1; OLG Stuttgart GmbHR 1994, 485; LG Bonn NJW-RR 1998, 180, 181; *Uhlenbruck* ZIP 1996, 1641, 1649.

78 OLG Bremen GmbHR 1988, 445; OLG Oldenburg NJW-RR 1986, 160, 161.

79 BGH ZIP 1981, 1268; BGHZ 74, 212, 213 f (für Verein); Ulmer/*Paura* Rn 3 Michalski/*Nerlich* Rn 40. **AM** OLG Koblenz NZG 1998, 637, 638; Stein/Jonas/*Bork* § 50 ZPO Rn 47; *Bork* JZ 1991, 841, 849 f; BGH WM 1986, 145 (für Genossenschaft).

80 Scholz/*Schmidt* Rn 21; Michalski/*Nerlich* Rn 40.

81 BAG AP ZPO § 50 Nr 4; Michalski/*Nerlich* Rn 40; *Saenger* GmbHR 1994, 300, 304.

82 OLG Zweibrücken GmbHR 2004, 1472.

83 OLG Düsseldorf NZG 2004, 916, 918 ff.

boten sind, ist Nachtragsliquidation erforderlich.[84] Auf diese findet nicht § 66 V, sondern § 273 IV AktG analog Anwendung (siehe auch § 66 Rn 36 f). Einzelheiten § 60 Rn 104 ff.

Nichtigkeitsklage

75 (1) **Enthält der Gesellschaftsvertrag keine Bestimmungen über die Höhe des Stammkapitals oder über den Gegenstand des Unternehmens oder sind die Bestimmungen des Gesellschaftsvertrags über den Gegenstand des Unternehmens nichtig, so kann jeder Gesellschafter, jeder Geschäftsführer und, wenn ein Aufsichtsrat bestellt ist, jedes Mitglied des Aufsichtsrats im Wege der Klage beantragen, daß die Gesellschaft für nichtig erklärt werde.**

(2) **Die Vorschriften der §§ 246 bis 248 des Aktiengesetzes finden entsprechende Anwendung.**

Übersicht

[84] KG Rpfleger 2007, 398; OLG München GmbHR 2008, 821, 822.

I. Allgemeines

1. Bedeutung u Inhalt der Vorschrift. a) Grundsätzliche Bedeutung. 1
Vorschrift ist insofern hochbedeutsam, als sie einzige Regelung über die Nichtigkeit der Ges darstellt u insoweit ausschließlichen Charakter hat,[1] dh weitere Gründe für die Nichtigkeit gibt es nicht.[2] Insbes kann eine Nichtigkeit nicht aus allgemeinen Vorschriften über Rechtsgeschäfte hergeleitet werden, auch nicht aus der Geschäftsunfähigkeit Mitwirkender.[3] Sonstige Mängel des GesVertrages und fehlende Eintragungsvoraussetzungen werden durch Eintragung grds geheilt.[4]

b) Praktische Bedeutung der Vorschrift ist insofern gering, als Nichtig- 2
keitsklage auf ihrer Grundlage kaum vorkommen wird; die in Abs 1 genannten Mängel dürften stets vermieden werden, weil sie dem Registergericht vor Eintragung nicht entgehen werden, sodass es gar nicht zur Eintragung der Ges kommt. Wenn dennoch einmal die Eintragung einer Ges mit einem Nichtigkeitsmangel erfolgen sollte, würde die Bereinigung nach §§ 397, 399 FamFG (§ 144 I, III u § 144 a IV FGG) erfolgen. Es handelt sich gleichwohl nicht um paper law, weil das Vorhandensein der Vorschrift in einem freilich nicht näher bestimmbaren Maß präventiv wirkt.

c) Inhalt. Abs 1 gibt bei schwerwiegenden Mängeln des GesVertrages den 3
Gftern, den GFührern u ggf den AR-Mitgliedern die Möglichkeit, gegen Ges Nichtigkeitsklage zu erheben. Wird der Klage rechtskräftig stattgegeben, kommen gem § 77 I die Vorschriften über die Abwicklung (§ 77 Rn 2 ff) zur Anwendung. Nichtigkeitsgründe sind durch Art 3 Nr 11 des Gesetzes zur Durchführung der Ersten Richtlinie des Rates der Europäischen Gemeinschaften zur Koordinierung des GesRechts v 15. 8. 69[5] enger gefasst worden. Zum Ausgleich wurde aber mit § 399 IV FamFG (§ 144 a IV FGG) zusätzliche Möglichkeit der Auflösung der Ges durch RegGericht geschaffen,[6] dazu Anh § 77 Rn 31 ff. – **Abs 2** verweist für die Geltendmachung der Nichtigkeit auf die Vorschriften der §§ 246 bis 248 AktG. Die frühere Verweisung auf

---

[1] Ulmer/*Paura* Rn 2; *Wicke* Rn 2.
[2] Diese Bedeutung wird von *Lutter*/Hommelhoff/*Kleindiek* Rn 1 verkannt.
[3] Vgl Rowedder/Schmidt-Leithoff/*Zimmermann* Rn 6; *Grooterhorst* NZG 2007, 605, 607; *Wicke* Rn 4.
[4] Vgl Rowedder/Schmidt-Leithoff/*Zimmermann* Rn 1; *Grooterhorst* NZG 2007, 605, 607.
[5] BGBl I, 1146.
[6] Scholz/*Schmidt* Rn 7.

§§ 272, 273 HGB ist vom JKommG v 22. 3. 2005 durch die aktienrechtlichen Bestimmungen ersetzt worden. Entsprechend dem schludrigen Stil moderner gesellschaftsrechtlicher Gesetzgebung ist die Verweisung missglückt. Nähme man sie wörtlich, würde die Nichtigkeitsklage an die Frist von einem Monat gebunden sein, was offensichtlich unsinnig wäre (dazu Rn 23). Auch die Verweisung auf § 247 AktG ist wenig überlegt.

4 **2. Anwendungsbereich.** § 75 gilt nur für eingetragene Ges, allerdings auch für aufgelöste,[7] die noch nicht gelöscht sind. Das folgt unter pragmatischen Gesichtspunkten schon daraus, dass rechtskräftiges Nichtigkeitsurteil im Falle eines Fortsetzungsbeschlusses zur Prüfung zwingt, ob Nichtigkeitsgrund nach Maßgabe von § 77 Rn 7 beseitigt ist.[8] IdR wird aber Rechtsschutzbedürfnis für Nichtigkeitsklage nach Auflösung der Ges fehlen.[9] § 75 gilt nicht für Vor-GmbH, da diese nicht eingetragen ist.[10] Nichtigkeitsgründe des § 75 sind ebenso wie eine Reihe anderer Mängel, auf die Nichtigkeitsklage nicht gestützt werden kann, Eintragungshindernisse.

5 **3. Systematische Bedeutung der Nichtigkeitsklage.** Klage ist Gestaltungsklage, das stattgebende Urteil Gestaltungsurteil. Es lautet dahin, das Ges für nichtig erklärt wird (Abs 1 aE). Schon daraus ergibt sich, dass Nichtigkeit nicht der Auflösung gleichsteht.[11] Gesetzessystematisch folgt das auch daraus, dass die Nichtigerklärung nicht in § 60 als Auflösungsgrund aufgeführt wird. Aus der in § 77 I enthaltenen Verweisung auf die Abwicklungsvorschriften folgt nichts Gegenteiliges. Die Anwendung der Abwicklungsvorschriften ist nicht Konsequenz des Vorliegens eines Auflösungsgrundes, sondern des allgemeinen Grundsatzes, dass Nichtigkeitsgründe bei Handelsgesellschaften nur in die Zukunft wirken u den Bestand bis zur Nichtigerklärung unberührt lassen. Damit steht Nichtigkeit zwar in wesentlichen Rechtsfolgen der Auflösung gleich, ihr Tatbestand ist gleichwohl in seiner Wertigkeit von Auflösungstatbeständen zu unterscheiden. Es ist methodisch nicht korrekt, Tatbestände nur wegen Gleichheit von Rechtsfolgen in einen Topf zu werfen. Würde Nichtigkeitsklage nicht höhere Wertigkeit als die Auflösungsgründe haben, könnte Nichtigkeitsklage schwerlich gegen bereits aufgelöste Ges erhoben werden, wie ganz hM annimmt.

6 **4. Nichtigkeitsklage als Sanktion von Mängeln notwendiger Satzungsregelungen. a) Grds Inhalt.** Abs 1 regelt Folgen von Verstößen gegen die in § 3 I festgelegten Erfordernisse der Satzung. Danach sind notwendige Regelungen in der Satzung nach Nr 1 Firma u Sitz, nach Nr 2 der Gegenstand des Unternehmens, nach Nr 3 der Betrag des Stammkapitals, nach Nr 4 der Betrag der jedem Gfter übernommenen Stammeinlage. Abs 1 greift davon nur die Nr 2 u 3 auf, Mängel der Nr 1 u 4 sind allein dem

[7] Scholz/*Schmidt* Rn 3; Ulmer/*Paura* Rn 6. – **AM** Hachenburg/*Hohner* Rn 6; unentschieden Rowedder/Schmidt-Leithoff/*Zimmermann* Rn 3; *Wicke* Rn 1: Rschutzbedürfnis fehlt.

[8] Ähnlich Scholz/*Schmidt* Rn 3.

[9] Rowedder/Schmidt-Leithoff/*Zimmermann* Rn 3; Scholz/*Schmidt* Rn 3.

[10] Hachenburg/*Hohner* Rn 5; Ulmer/*Paura* Rn 5; *Lutter/Hommelhoff* Rn 2; Rowedder/Schmidt-Leithoff/*Zimmermann* Rn 2; Scholz/*Schmidt* Rn 2; Michalski/*Heyder* Rn 22.

[11] **AM** *Lutter*/Hommelhoff/*Kleindiek* § 75 Rn 1 u § 77 Rn 1; Michalski/*Heyder* Rn 1; *Wicke* Rn 6.

Tätigwerden des RegGerichts nach § 399 FamFG (§ 144 a FGG) überlassen. Der Privatinitiative Beteiligter ist neben dem Tätigwerden der Registergerichts nur die Geltendmachung von Mängeln des Unternehmensgegenstands u des Stammkapitalbetrags überlassen, bei letzterem sogar nur bei dessen Fehlen, nicht bei bloßer Nichtigkeit eröffnet. Hinreichende Rationalität ist hinter diesem insges unübersichtlichen Konzept[12] nur schwer zu erkennen.

b) Überblick im Einzelnen: (1) Fehlt Bestimmung über Firma u Sitz der Ges **(§ 3 I Nr 1)** oder ist diese nichtig, hat RegGericht Mangel nach § 399 IV FamFG (§ 144 a IV FGG) festzustellen (Anh § 77 Rn 31 ff); Rechtskraft der Feststellung löst Ges auf (§ 60 I Nr 6, § 60 Rn 29). 7

(2) Fehlt Bestimmung über Gegenstand des Unternehmens **(§ 3 I Nr 2)** oder ist diese nichtig, kann Ges auf Grund Nichtigkeitsklage nach § 75 aufgelöst oder nach § 399 I FamFG bzw § 144 I, III FGG (Anh § 77 Rn 24 ff) gelöscht werden. 8

(3) Fehlt Bestimmung über Betrag des Stammkapitals **(§ 3 I Nr 3),** kann Ges auf Grund Nichtigkeitsklage nach § 75 aufgelöst oder nach § 399 I FamFG bzw § 144 I, III FGG (Anh § 77 Rn 24 ff) gelöscht werden. Ist diese Bestimmung nichtig, hat RegGericht Mangel festzustellen (Anh § 77 Rn 31 ff); Rechtskraft der Feststellung löst Ges auf (§ 60 I Nr 6, § 60 Rn 69). 9

(4) Fehlt Bestimmung über Betrag der von jedem Gfter auf das Stammkapital zu leistenden Einlage (Stammeinlage; **§ 3 I Nr 4**) oder ist diese nichtig, hat RegGericht Mangel nach § 399 IV FamFG (§ 144 a IV FGG) festzustellen (Anh § 77 Rn 31 ff); Rechtskraft der Feststellung löst Ges auf (§ 60 I Nr 6, § 60 Rn 69). 10

5. Bedeutung u Wirkung der Nichtigkeitsgründe des Abs 1. Nichtigkeitsgründe iSv Abs 1 sind drei ausgewählte Mängel des GesVertrages. Vorliegen der Nichtigkeitsgründe hindert nicht Entstehung der eingetragenen Ges u bewirkt auch nicht ihre Beendigung ohne Liquidation. Sind allerdings alle Beitrittserklärungen unwirksam (§ 2 Rn 40), entsteht Ges auch durch Eintragung nicht **(Scheingesellschaft).** Sie ist analog § 397 FamFG (§ 144 I FGG) von Amts wegen zu löschen (§ 2 Rn 40). ScheinGes liegt ferner vor, wenn Eintragung ohne Willen der GFührer vorgenommen worden ist, insbes wenn diese die Ges nicht nach § 7 I angemeldet haben.[13] In diesem Fall ist Ges nach streitiger, aber richtiger Auffassung gem § 395 FamFG (§ 142 FGG) von Amts wegen zu löschen (Anh § 77 Rn 19). 11

6. Abschließender Charakter der Regelung. In § 75 „enumerativ" aufgeführte Gründe einer Nichtigkeitsklage sind abschließend gemeint.[14] Einige andere Mängel des GesVertrages können zur Auflösung von Amts wegen nach §§ 399 IV FamFG (§ 144 a IV FGG), 60 I Nr 6 (Anh § 77 Rn 31 ff) führen. In den auch davon nicht erfassten Fällen bleibt Gesetzesverstoß ohne Folgen für den Bestand der Ges. Abschließender Charakter der Regelung hindert freilich weder ausdehnende Auslegung gesetzlich geregelter Nichtig- 12

---

[12] Scholz/*Schmidt* Rn 8.

[13] Rowedder/Schmidt-Leithoff/*Zimmermann* Rn 1; Scholz/*Winter* § 7 Rn 16; ähnlich Hachenburg/*Ulmer* § 7 Rn 10.

[14] BGHZ 21, 378, 381; OLG Frankfurt NZG 2002, 294; *Grooterhorst* NZG 2007, 605, 607; Hachenburg/*Hohner* Rn 7; Michalski/*Heyder* Rn 3; Rowedder/Schmidt-Leithoff/*Zimmermann* Rn 6; Scholz/*Schmidt* Rn 7.

keitsgründe noch ihre analoge Anwendung, wo deren Voraussetzungen vorliegen. Gesetzliches Analogieverbot kann es jedenfalls insoweit nicht geben, wie ohne analoge Anwendung der Gleichheitssatz verletzt wäre.

II. Die Nichtigkeitsgründe im Einzelnen

13 **1. Fehlen der Bestimmung über die Höhe des Stammkapitals.** Grund einer Nichtigkeitsklage ist das **Fehlen** der in § 3 I Nr 3 zwingend vorgeschriebenen (§ 3 Rn 14 ff) Bestimmung über die Höhe (den Betrag) des Stammkapitals im GesVertrag. Eine solche „Bestimmung" fehlt auch, wenn kein bestimmter Betrag des Stammkapitals angegeben wird, dieses vielmehr unbestimmt bleibt, wie etwa bei einer Rahmenregelung, Anheimgabe an GFührer oder anderes Organ der Ges oder an Sachverständige. Gegenauffassung[15] ist wenig praktisch. Enthält die Satzung bestimmtes Stammkapital, ist Regelung aber nichtig (zB wegen Verstoß gegen § 5 I, Festlegung in anderer Währung u ähnliches), kommt Nichtigkeitsklage nicht in Betracht. RegGericht muss aber gem § 399 FamFG (§ 144 a FGG) einschreiten (näher Anh § 77 Rn 31 ff).

14 **2. Fehlen der Bestimmung über den Gegenstand des Unternehmens.** Grund einer Nichtigkeitsklage ist auch das **Fehlen** der in § 3 I Nr 2 zwingend vorgeschriebenen (§ 3 Rn 7 ff) Bestimmung über den Gegenstand des Unternehmens im GesVertrag. Unzureichende Individualisierung des Unternehmensgegenstandes ist zwar Eintragungshindernis, aber nicht Nichtigkeitsgrund.[16] Fehlen der Regelung des Unternehmensgegenstands ist heilbar nach § 76 (dort Rn 2, 5 ff).

15 **3. Nichtigkeit der Bestimmung über den Unternehmensgegenstand** kann ebenfalls Grundlage einer Nichtigkeitsklage sein. Nichtigkeit ergibt sich zB, wenn Gegenstand des Unternehmens gesetz- oder sittenwidrig ist[17] oder wenn er nur zum Schein (§ 117 BGB) vereinbart ist.[18] Auch die Nichtigkeit der Regelung des Unternehmensgegenstands kann nach § 76 durch Gfter-Beschluss geheilt werden.

16 **4. Abweichung des praktizierten Unternehmensgegenstands vom verlautbarten.** Wenn tatsächliche Geschäftstätigkeit der Ges von dem im GesVertrag wirksam vereinbarten Unternehmensgegenstand vollständig abweicht, ist Nichtigkeitsklage gegeben (§ 3 Rn 10). Hierdurch wird zwar entgegen verbreiteter Meinung die Bestimmung des Unternehmensgegenstandes mangels Rechtsgrundlage nicht nachträglich nichtig, doch sind auf Grund des Allgemeininteresses an zutreffender Verlautbarung des Unternehmensgegenstands Sanktionen (insbes auch Amtslöschung nach § 397 FamFG bzw § 144 I 2 FGG, vgl Anh § 77 Rn 24 ff) erforderlich wie bei einem nur zum Schein vereinbarten Unternehmensgegenstand.[19] Wollte man sich in ei-

---

[15] Vertreten zB von Scholz/*Schmidt* Rn 11.

[16] § 3 Rn 10; KGJ 1934 A, 149, 153; Roth/*Altmeppen* Rn 5; Rowedder/Schmidt-Leithoff/*Zimmermann* Rn 18; Scholz/*Schmidt* Rn 11.

[17] Hachenburg/*Hohner* Rn 15; Scholz/*Schmidt* Rn 11; Heybrock/*Löffler* Rn 4; vgl zum gesetz- u sittenwidrigen GesZweck § 1 Rn 13 ff.

[18] (für AG) BGHZ 117, 323, 333 f; KGJ 1934 A, 149, 152 f; Scholz/*Schmidt* Rn 11.

[19] *Lutter*/Hommelhoff/*Kleindiek* Rn 3; Hachenburg/*Ulmer* § 3 Rn 26; *Meyer-Landrut* Rn 4; Scholz/*Schmidt* Rn 11. **AM** Roth/*Altmeppen* Rn 12; Hachenburg/*Hohner*

nem solchen Fall auf gesellschaftsinterne Sanktionen beschränken,[20] ergäbe sich das Problem der Abgrenzung zu dem nur zum Schein vereinbarten Unternehmensgegenstand. Zur von sonstiger Heilung abweichenden Mehrheit § 76 Rn 7.

III. Nichtigkeitsklage

1. Grundsatz. Nichtigkeitsgründe des Abs 1 können durch Klage gegen die Ges geltend gemacht werden. Sie ist **Gestaltungsklage**[21] mit dem Ziel der Nichtigerklärung der Ges, nicht auf Auflösung wie hM fälschlich behauptet (dazu Rn 5). **Rechtsschutzbedürfnis** wird nicht durch anhängiges Löschungsverfahren nach § 397 FamFG (§ 144 I 2 FGG) beseitigt, wohl aber durch Löschung nach dieser Vorschrift.[22] Im Wege einer Einrede (zB durch einen Gfter gegenüber der Geltendmachung der Einlageforderung) kann Nichtigkeit nicht eingewandt werden (allgM).[23] Nicht weiterführend ist Kennzeichnung des Vorliegens von Nichtigkeitsgründen als Auflösungsreife.[24] Aus diesem Vorliegen allein können keine Rechtsfolgen gezogen werden außer der Erhebung der Nichtigkeitsklage.[25] Insbes ergibt sich keine Einwendung gegen Ansprüche der Ges auf Erbringung von Einlagen (dazu § 69 Rn 4). 17

2. Bekanntmachung. GFührer haben nach Abs 2 iVm § 246 IV AktG Erhebung der Klage u Termin zur mündlichen Verhandlung unverzüglich in den Gesellschaftsblättern bekannt zu machen. 18

3. Klagebefugnis. Klage kann nicht von jedermann erhoben werden (zB nicht von Gläubigern). Vielmehr bedarf es besonderer Klagebefugnis als materiellrechtlicher Voraussetzung der Klage. 19

a) Alle Gfter können Kläger sein, u zwar jeder Einzelne,[26] ohne Rücksicht auf die Höhe seiner Beteiligung (anders § 61 II für Auflösungsklage).[27] Für Aktivlegitimation des Gfters gilt § 16.[28] Klagen mehrere Gfter, besteht notwendige Streitgenossenschaft iSd § 62 ZPO.[29] 20

Rn 20; Rowedder/Schmidt-Leithoff/*Zimmermann* Rn 19; Michalski/*Heyder* Rn 10; *Hüffer* AktG § 275 Rn 14.

20 So ausdrücklich Roth/*Altmeppen* Rn 5; Heybrock/*Löffler* Rn 7; Ulmer/*Paura* Rn 20; Hachenburg/*Hohner* Rn 20.

21 Ulmer/*Paura* Rn 23; Hachenburg/*Hohner* Rn 23; *Lutter*/Hommelhoff/*Kleindiek* Rn 3; Scholz/*Schmidt* Rn 15.

22 Scholz/*Schmidt* Rn 29.

23 Vgl aber einige Überlegungen in diese Richtung bei Scholz/*Schmidt* Rn 13.

24 So aber Scholz/*Schmidt* Rn 13.

25 Rowedder/Schmidt-Leithoff/*Zimmermann* Rn 22. Anders Scholz/*Schmidt* Rn 13, der meint, Nichtigkeit könne ohne Klageerhebung einzelne Rechtsfolgen wie zB Leistungsverweigerungsrechte auslösen.

26 Anders als nach § 61 II ohne Rücksicht auf Höhe der Beteiligungsquote, Hachenburg/*Hohner* Rn 24.

27 Roth/*Altmeppen* Rn 11; Ulmer/*Paura* Rn 24; Rowedder/Schmidt-Leithoff/*Zimmermann* Rn 23.

28 Hachenburg/*Hohner* Rn 24; Scholz/*Schmidt* Rn 16.

29 Hachenburg/*Hohner* Rn 30; Rowedder/Schmidt-Leithoff/*Zimmermann* Rn 23; Scholz/*Schmidt* Rn 16.

21 **b) GFührer** sind klagebefugt, jeder einzeln, dies auch gegen den Willen anderer GFührer, ja gegen einen Mehrheitsbeschluss des GFührungsorgans. GFührer erheben Klage nicht als Privatperson, sondern auf Grund ihrer Stellung als Mitglied eines GesOrgans. Sie klagen dabei nicht in Vertretung der Ges, sondern im eigenen Namen, aber als „Partei kraft Amtes". Es handelt sich insoweit um bes Spielart eines Organstreits innerhalb der juristischen Person. Unterliegt GFührer, treffen ihn Kosten des Verfahrens nicht persönlich, sondern Ges.

22 **c) Aufsichtsratsmitglieder** sind ebenfalls klagebefugt. Ob AR obligatorisch oder fakultativ ist, spielt keine Rolle. Auch hier entscheidet jedes Mitglied selbständig über Klageerhebung. Klagebefugnis ist unabhängig von Gremiumsbezeichnung auch Mitgliedern aufsichtsratsähnlicher, dh mit vergleichbaren Kontrollbefugnissen ausgestatteten Organen zuzusprechen.[30]

23 **d) Liquidatoren** haben Klagebefugnis im Auflösungsstadium.[31]

24 **4. Passivlegitimation.** Klage richtet sich gegen Ges als Beklagte. Sie wird nach Abs 2 iVm § 246 II 2 AktG (Rn 1) durch die GFührer (oder Liquidatoren) in vertretungsberechtigter Zahl u – wenn AR besteht – durch sämtliche ARMitglieder vertreten.[32] Zustellung an einen GFührer u an ein ARMitglied genügt.[33] Nichtigkeitsklage soll nach § 130 Nr 1 ZPO die Vertreter der Ges (ggf einschließlich der ARMitglieder) aufführen,[34] doch hindern insoweit bestehende Mängel nicht wirksame Klageerhebung, wenn Klage richtig zugestellt wird, da § 130 Nr 1 ZPO Soll-Vorschrift ist.[35] Unvollständige Angaben können aber zu fehlerhafter Zustellung führen.[36] Klagt ein GFührer, wird Ges nach Abs 2 iVm § 246 II 3 AktG nur durch AR vertreten. Klagt der einzige GFührer, ohne dass AR vorhanden ist, so hat entweder analog § 29 BGB das RegGericht Notgeschäftsführer oder nach § 57 ZPO das Prozessgericht Prozesspfleger zu bestellen.[37] Analog § 46 Nr 8 können aber auch die Gfter Prozessvertreter bestellen;[38] vgl auch § 61 Rn 18. Klagt ein ARMitglied, wird Ges nach Abs 2 iVm § 246 II 3 AktG nur durch die GFührer vertreten.

25 **5. Gerichtliche Zuständigkeit.** Sie besteht ausschließlich beim LG (Kammer für Handelssachen, § 246 III 2 AktG), in dessen Bezirk die Ges ihren Sitz hat (Abs 2 iVm § 246 III 1 AktG). Möglich (aber kaum praktisch) ist Vereinbarung der Zuständigkeit eines **Schiedsgerichts.** Dafür gelten die gleichen Überlegungen wie für die Schiedsfähigkeit von Anfechtungsprozessen über Beschlüsse der GfterVers (Anh § 47 Rn 32 ff.).

---

30 *Lutter*/Hommelhoff/*Kleindiek* Rn 2; Michalski/*Heyder* Rn 20. **AM** Ulmer/*Paura* Rn 24.

31 Michalski/*Heyder* Rn 20.

32 Hachenburg/*Hohner* Rn 27; Ulmer/*Paura* Rn 27; Scholz/*Schmidt* Rn 17.

33 § 171 III ZPO; Hachenburg/*Hohner* Rn 31; Rowedder/Schmidt-Leithoff/*Zimmermann* Rn 27; Scholz/*Schmidt* Rn 17.

34 Rowedder/Schmidt-Leithoff/*Zimmermann* Rn 27; Scholz/*Schmidt* Rn 17.

35 Scholz/*Schmidt* Rn 17; KölnerKomm/*Zöllner* § 246 Rn 42; (für Genossenschaft) BGHZ 32, 114, 118.

36 Vgl LG Frankfurt/M WM 1984, 502, 505.

37 Hachenburg/*Hohner* Rn 27; Scholz/*Schmidt* Rn 17.

38 Hachenburg/*Hohner* Rn 27; Rowedder/Schmidt-Leithoff/*Zimmermann* Rn 24; Scholz/*Schmidt* Rn 17.

6. Klagefrist. Für die Erhebung der Klage gilt die Drei-Jahres-Frist des § 275 III AktG analog.[39] Obgleich Abs 2, anders als die frühere Verweisung auf das HGB, die Verweisung auf die Anfechtungsklagefrist (§ 246 I AktG) einschließt, gilt diese Frist von einem Monat für die Nichtigkeitsklage nicht. Wie die Begründung des JKommG[40] zeigt, durch das die Verweisung auf das AktG in den Gesetzestext eingebaut worden ist, ging es dem Gesetzgeber nur um die redaktionelle Angleichung des Gesetzes, nicht um substanzielle Änderung der Rechtslage. Einführung einer Monatsfrist für Nichtigkeitsklage wäre vollkommen sachwidrig, wie der Vergleich mit der aktienrechtlichen Frist deutlich zeigt. Diese Frist hingegen passt hervorragend. Es gibt keinen Grund, der gegen ihre analoge Heranziehung spräche. Im Gegenteil: Unbegrenzte Möglichkeit der Erhebung der Nichtigkeitsklage wäre unerwünscht. Da keine Unterschiede in der Interessenlage bei beiden Rechtsformen ersichtlich sind, ist analoge Anwendung geradezu geboten. Für den **Beginn der Frist** ist wie in § 275 III AktG auf die Eintragung der Ges im HR abzustellen. 26

7. Aufforderung zur Beseitigung des Mangels. Soweit der Nichtigkeitsmangel der Satzung heilbar ist (dazu § 76 Rn 2 ff), kann Nichtigkeitsklage erst nach Aufforderung zur Beseitigung des Mangels erhoben werden.[41] § 275 II ist insoweit analog anzuwenden (anders Vorauflage). Sach- u Interessenlage bei AG u GmbH ist insoweit völlig gleich. 27

IV. Gerichtliche Entscheidung

1. Vorbereitung. Abs 2 iVm § 246 III 5 AktG schreibt Verbindung mehrerer Nichtigkeitsprozesse zur gleichzeitigen Verhandlung u Entscheidung vor. Wegen der Wirkungen des Nichtigkeitsurteils für Gfter, GFührer u ARMitglieder, die keine Klage erhoben haben, muss Gericht diese nach Art 103 I GG von Klage in Kenntnis setzen (vgl zur Auflösungsklage § 61 Rn 16). 28

2. Urteil, das Ges für nichtig erklärt, bewirkt mit Rechtskraft deren Nichtigkeit, nicht lediglich ihre Auflösung, wie im Schrifttum fast durchweg behauptet wird (dazu näher Rn 5). Eintragung ins HR ist dafür nicht Voraussetzung (§ 77 Rn 3). Rechtskräftiges Urteil wirkt nach Abs 2 iVm § 248 I 1 AktG auch für u gegen die Gfter, GFührer u ARMitglieder, die nicht Klage erhoben haben (vgl zur Gewährung rechtlichen Gehörs Rn 28), darüber hinaus auch für u gegen jeden Dritten.[42] Es führt zur Erledigung des Verfahrens nach § 397 FamFG (§ 144 I 2 FGG).[43] Zur Möglichkeit eines Fortset- 29

---

[39] Anders die hM, die teilweise stattdessen auf Verwirkung abstellen will; vgl Ulmer/*Paura* Rn 26; Roth/*Altmeppen* Rn 24; Hachenburg/*Hohner* Rn 26; Rowedder/Schmidt-Leithoff/*Zimmermann* Rn 29; Scholz/*Schmidt* Rn 19; *Wicke* Rn 5; Heybrock/*Löffler* Rn 9.

[40] BT-Drucks 15/4067, S 138.

[41] Anders Hachenburg/*Hohner* Rn 25; Michalski/*Heyder* Rn 16; Rowedder/Schmidt-Leithoff/*Zimmermann* Rn 28, die sämtlich die Klage treuwidrig sein lassen wollen, wenn Ges zur Heilung bereit ist. Na bitte. Anderer Ansicht auch Scholz/*Schmidt* Rn 19, der aktienrechtliche Frist als starr bezeichnet. Dafür ist sie indessen rechtssicher.

[42] *Lutter*/Hommelhoff/*Kleindiek* Rn 5; Rowedder/Schmidt-Leithoff/*Zimmermann* Rn 32; Scholz/*Schmidt* Rn 20.

[43] Anh § 77 Rn 26; Rowedder/Schmidt-Leithoff/*Zimmermann* Rn 47; Scholz/*Schmidt* Rn 29.

zungsbeschlusses § 77 Rn 7. Rechtskräftiges klageabweisendes Urteil wirkt nur unter den Parteien. Es schließt weder Nichtigkeitsklage eines anderen Gfters noch Amtslöschung nach § 397 FamFG (§ 144 I 2 FGG) aus.[44] – Prozessgericht kann Entscheidung nach § 148 ZPO aussetzen, wenn Amtslöschungsverfahren nach § 397 FamFG (§ 144 I 2 FGG) vom RegGericht betrieben wird[45] u umgekehrt.

30 **3. Streitwert.** Für Streitwertbemessung gilt kraft Verweisung in Abs 2 § 247 analog, dh es sind die dort geregelten Besonderheiten für die Festsetzung des Regelstreitwerts u die Möglichkeit der Streitwertspaltung zu berücksichtigen. Dass das ordentlich überlegt worden ist, muss man bezweifeln, weil es zum Teil schlecht passt, aber auch wiederum nicht so schlecht, dass man es als vollkommen sachwidrig bezeichnen könnte. Auf Einzelheiten kann hier nicht eingegangen werden.

31 **4. Einreichung zum HR.** Nach Abs 2 iVm § 248 I 2 AktG haben die Liquidatoren das rechtskräftige Nichtigkeitsurteil mit Rechtskraftzeugnis unverzüglich dem RegGericht einzureichen.[46] Abweichend vom Wortlaut des § 248 I 2 AktG sind die Liquidatoren zuständig, nicht die GFührer, weil Ges mit Rechtskraft des Nichtigkeitsurteils wie aufgelöste Ges zu behandeln ist, dh ins Liquidationsstadium übertritt.[47] Einreichung wird durch Festsetzung von Zwangsgeld nach § 14 HGB erzwungen.[48] Einer Anmeldung analog § 65 I 1 mit § 77 I bedarf es daneben nicht, vgl die folgende Rn.

32 **5. Eintragung der Nichtigkeit.** Auf Grund des eingereichten Nichtigkeitsurteils (Rn 31) ist Nichtigkeit der Ges analog § 275 IV 3 AktG von Amts wegen in das HR einzutragen; einer Anmeldung durch die Liquidatoren bedarf es deshalb nicht.[49] Eintragung kann etwa lauten: „Die Ges ist mit Rechtskraft des Urteils des … vom … nichtig u befindet sich daher mit Wirkung vom … (= Datum des Eintritts formeller Rechtskraft) im Auflösungsstadium." Eintragung der Nichtigkeit ist nach § 10 HGB vom RegGericht im BAnz u in den nach § 11 HGB bestimmten Veröffentlichungsblättern gem §§ 32 ff HRV bekanntzumachen.

33 **6. Anmeldung der ersten Liquidatoren.** Nach § 67 I sind die ersten Liquidatoren u ihre Vertretungsbefugnis zur Eintragung in das HR anzumelden (vgl § 67 Rn 4). Diese Anmeldung wird zweckmäßigerweise mit Einreichung des Nichtigkeitsurteils (Rn 31) verbunden.

---

[44] AllgM, vgl Rowedder/Schmidt-Leithoff/*Zimmermann* Rn 32; Scholz/*Schmidt* Rn 20, 29.

[45] Scholz/*Schmidt* Rn 29; *Lutter*/Hommelhoff/*Kleindiek* Rn 7.

[46] Roth/*Altmeppen* Rn 28; Scholz/*Schmidt* Rn 21.

[47] § 77 Rn 2 ff; Rowedder/Schmidt-Leithoff/*Zimmermann* Rn 34; Scholz/*Schmidt* Rn 21; vgl § 65 Rn 5.

[48] Rowedder/Schmidt-Leithoff/*Zimmermann* Rn 34; Scholz/*Schmidt* Rn 21.

[49] Roth/*Altmeppen* Rn 28; Hachenburg/*Hohner* § 77 Rn 3; Michalski/*Heyder* Rn 27. – **AM** *Lutter*/Hommelhoff/*Kleindiek* Rn 5; Rowedder/Schmidt-Leithoff/*Zimmermann* Rn 34; Scholz/*Schmidt* § 75 Rn 21; vermittelnd Hachenburg/*Ulmer* § 78 Rn 9: Einreichung des Nichtigkeitsurteils ist Anmeldung der Nichtigkeit, was allerdings prozessual kaum zutreffen dürfte, weil Einreichung eines Urteils nicht als Prozesserklärung iS einer Auflösungsanmeldung ausgelegt werden kann.

V. Einstweilige Verfügung

Einstweilige Verfügung mit Inhalt der Nichtigerklärung ist ausgeschlossen.[50] Wohl aber sind **einstweilige Regelungen nach den §§ 938, 940 ZPO** insbes gegen die GFührer zulässig, wenn sie erforderlich sind, die Abwicklung nach der Nichtigerklärung zu sichern.[51] 34

VI. Schadensersatzpflicht bei unbegründeter Klage

Schadensersatzpflicht bei unbegründeter Klage, wie sie bei „böslicher Handlungsweise" bzw Vorsatz oder grober Fahrlässigkeit der Kläger aus Abs 2 iVm § 273 II HGB aF bzw § 200 II AktG 1937 bestand, ist mit AktG 1965 entfallen. Unberührt bleibt aber Schadensersatzpflicht nach den allg Vorschriften, wie Treuepflichtverletzung oder § 826 BGB.[52] 35

Heilung von Mängeln durch Gesellschafterbeschluss

76 Ein Mangel, der die Bestimmungen über den Gegenstand des Unternehmens betrifft, kann durch einstimmigen Beschluß der Gesellschafter geheilt werden.

Übersicht

I. Allgemeines

Inhalt der Vorschrift. § 76 regelt für zwei der in § 75 geregelten Mängel des GesVertrages Heilungsmöglichkeit u schreibt dafür besonderes Verfahren vor. Die Vorschrift ist durch Art 3 Nr 12 des Gesetzes zur Durchführung der Ersten Richtlinie des Rates der Europäischen Gemeinschaften zur Koordinie- 1

---

[50] Scholz/*Schmidt* Rn 22; Michalski/*Heyder* Rn 30.

[51] Hachenburg/*Hohner* Rn 35; Rowedder/Schmidt-Leithoff/*Zimmermann* Rn 35; Scholz/*Schmidt* Rn 22.

[52] Hachenburg/*Hohner* Rn 36; Rowedder/Schmidt-Leithoff/*Zimmermann* Rn 36; Scholz/*Schmidt* Rn 23; Michalski/*Heyder* Rn 31.

rung des GesRechts vom 15. 8. 1969[1] der Änderung des § 75 I (§ 75 Rn 3) angepasst worden.

II. Heilbarkeit nichtigkeitsbegründender Mängel

2 **1. Heilbarkeit auf Grund von § 76.** Vorschrift sieht die Möglichkeit der Heilung nur für die in § 75 I genannten, auf den Unternehmensgegenstand bezogenen Mängel vor, u zwar in den beiden dort geregelten Varianten (§ 75 Rn 14 u 15) Fehlen u Nichtigkeit.

3 **2. Heilbarkeit über § 76 hinaus.** In der Vorschrift nicht genannt ist Möglichkeit der Heilung für den weiteren nach § 75 I nichtigkeitsbegründenden Mangel des Fehlens einer Bestimmung über die Höhe des Stammkapitals (§ 75 Rn 13). Eine verbreitete Meinung will aus der Nichtnennung schließen, dass dieser Mangel nicht heilbar sei.[2] Dem ist nicht zu folgen.[3] Wenn nichtige Bestimmung über die Höhe des Stammkapitals, wie § 399 IV, I FamFG (§ 144 a IV, I 1 FGG) voraussetzt, durch Satzungsänderung geheilt werden kann, muss Heilung auch für Fehlen der Bestimmung gelten. Ausschluss der Heilungsmöglichkeit, wie ihn Gegenmeinung annimmt, basiert auf der schwachen methodischen Figur des argumentum e contrario. Ihr steht entgegen, dass es keinen vernünftigen Sachgrund gibt, Heilung zu versagen.

4 **3. Nicht unter § 75 fallende Mängel des GesVertrages,** – wie Fehlen oder Nichtigkeit der Bestimmung über Firma u Sitz der Ges, § 3 I Nr 1; Nichtigkeit der Bestimmung über den Betrag des Stammkapitals, § 3 I Nr 3; Fehlen oder Nichtigkeit der Bestimmung über die Stammeinlage, § 3 I Nr 4 – sind, wie in § 399 IV, I FamFG (§ 144 a IV, I 1 FGG) vorausgesetzt, durch Satzungsänderung heilbar (Anh § 77 Rn 36).

III. Erfordernisse der Heilung

5 Vorschrift verlangt für Heilung einstimmigen Gfterbeschluss. Voraussetzungen sind damit nur teilweise u ungenau bezeichnet.

6 **1. Satzungsänderung.** Da es um Regelungen in der Satzung geht, ist Satzungsänderung erforderlich. Fehlende Regelungen der Satzung müssen ergänzt, nichtige ersetzt werden. Für Änderung ist Satzungsänderungsbeschluss u Eintragung der Änderung im HR erforderlich. Weiteres Erfordernis benennt Spezialregelung in § 76 als Einstimmigkeit des Beschlusses (dazu Rn 8).

7 **2. Satzungsänderungsbeschluss.** Der erforderliche Satzungsänderungsbeschluss kann wie alle solchen Beschlüsse nur durch die Gfter gefasst werden.

---

[1] BGBl I, 1146.

[2] *Meyer-Landrut* § 75 Rn 5; Michalski/*Heyder* Rn 3; Rowedder/Schmidt-Leithoff/*Zimmermann* § 75 Rn 12, § 76 Rn 1, 5; ebenso für § 275 I AktG: *Hüffer* AktG § 276 Rn 1; KölnerKomm/*Kraft* § 275 Rn 18, § 276 Rn 4; GroßkommAktG/*Wiedemann* § 276 A 1, alle mit formalen Gründen, die nicht zu überzeugen vermögen. Anders, dh wie hier *Lutter*/Hommelhoff/*Kleindiek* Rn 2; Scholz/*Schmidt* § 75 Rn 10, § 76 Rn 5; wohl auch Hachenburg/*Ulmer* § 60 Rn 112; sympathisierend Roth/*Altmeppen* Rn 3; Hachenburg/*Hohner* Rn 4.

[3] Scholz/*Schmidt* Rn 1, 5; Ulmer/*Paura* Rn 4.

Er bedarf einer Dreiviertelmehrheit u muss notariell beurkundet werden. Im Einzelnen zu den Erfordernissen eines Satzungsänderungsbeschlusses § 53 Rn 60 ff. Das in § 76 formulierte Einstimmigkeitserfordernis bedeutet nicht, dass Beschluss selbst einstimmig gefasst werden muss, vielmehr ist gemeint, dass ihm sämtliche Gfter zustimmen müssen.[4] Keinen Sinn hat die Forderung, der Beschluss müsse von den anwesenden Gftern einstimmig gefasst werden,[5] wenn man außerdem Zustimmung aller Gfter verlangt. Warum nicht auch Gfter sollen zustimmen dürfen, die sich in der GfterVers noch der Stimme enthalten oder zunächst gegen die Satzungsänderung gestimmt haben, ist schwer erfindlich.

3. Zustimmung aller Gfter. Erfordernis der Zustimmung aller Gfter ist mit dem Einstimmigkeitserfordernis des § 76 gemeint. Dieses Erfordernis entspricht dem Umstand, dass es um eine Satzungsregelung geht, die eigentlich in der ursprünglichen, der Zustimmung aller bedürftigen Satzung hätte getroffen werden müssen. Zustimmung bedarf als auf die Ergänzung des ursprünglichen GesVertrages gerichtete Erklärung der notariellen Beurkundung.[6] **Zustimmungsverpflichtung** kann sich im Einzelfall aus der Treuepflicht der Gfter ergeben, insbes für diejenigen, die an der fehlerhaften Gründung mitgewirkt haben.[7] 8

4. Eintragung im Handelsregister ist notwendige Voraussetzung der Heilung. Zeitpunkt der Heilung wird durch sie bestimmt.[8] 9

5. Mehrheitsbeschluss nach § 53 II genügt zur Heilung, wenn es sich darum handelt, den ursprünglich wirksam vereinbarten Unternehmensgegenstand der davon abweichenden Geschäftstätigkeit der Ges (§ 75 Rn 16) anzupassen. Hier ist § 75 nur analog anwendbar; auch handelt es sich nicht um eine erstmalige wirksame Bestimmung des Unternehmensgegenstandes (vgl Rn 8). 10

6. Heilung fehlender Stammkapitalregelung. Bei ihr ist zu klären, inwieweit sie die Anforderungen einer effektiven KE erfüllen muss. Das hängt davon ab, wie die Rechtslage hinsichtlich der Stammeinlagen ist. Sind diese vorgesehen u übernommen worden u hat man nur unterlassen, Stammkapitalziffer in den Satzungstext aufzunehmen, handelt es sich um eine reine Textergänzung. Sind Stammeinlagen hingegen nicht übernommen worden, muss die Satzungsänderung unter Beachtung aller Anforderungen an eine KE ausgestaltet werden. 11

---

4 *Lutter*/Hommelhoff/*Kleindiek* Rn 2; Ulmer/*Paura* Rn 6; Rowedder/Schmidt-Leithoff/*Zimmermann* Rn 7; Hachenburg/*Hohner* Rn 6; Roth/*Altmeppen* Rn 7.

5 So Michalski/*Heyder* Rn 4.

6 Zutreffend *Lutter*/Hommelhoff/*Kleindiek* Rn 2; Michalski/*Heyder* Rn 4.

7 Unter Anlegung unterschiedlicher Kriterien: Ulmer/*Paura* Rn 8; Roth/*Altmeppen* Rn 7; Hachenburg/*Hohner* Rn 7; Rowedder/Schmidt-Leithoff/*Zimmermann* Rn 8; einschränkend, weil von Drei-Viertel-Mehrheit ausgehend (Rn 6) Scholz/*Schmidt* Rn 9. – **AM** *Meyer-Landrut* Rn 5.

8 Hachenburg/*Hohner* Rn 9; Scholz/*Schmidt* Rn 6; *Lutter*/Hommelhoff/*Kleindiek* Rn 2.

IV. Rechtsfolgen des Gesellschafterbeschlusses

12 **1. Vor Rechtskraft des Nichtigkeitsurteils.** Der durch Eintragung in das HR nach § 54 III wirksam gewordene GfterBeschluss beseitigt den zur Nichtigkeit der Ges führenden Mangel. Nichtigkeitsklage ist als unbegründet abzuweisen. Ein schon ergangenes Urteil im Rechtsmittelwege aufzuheben; wird allerdings Rechtsmittel trotz Beseitigung des Mangels nicht eingelegt, bewirkt Nichtigkeitsurteil mit Rechtskraft trotz der vorangegangenen Heilung die Nichtigkeit. Zur Möglichkeit der Fortsetzung s § 77 Rn 7.

13 **2.** Ein **nach Rechtskraft des Nichtigkeitsurteils** gefasster oder in das HR eingetragener GfterBeschluss nach § 76 hat die Wirkungen eines Fortsetzungsbeschlusses, sofern die dafür erforderlichen Voraussetzungen vorliegen (§ 77 Rn 7).

14 **3. Verhältnis zur Löschung nach § 397 FamFG** (§ 144 I 2 FGG): s Anh § 77 Rn 30.

Wirkung der Nichtigkeit

77 (1) **Ist die Nichtigkeit einer Gesellschaft in das Handelsregister eingetragen, so finden zum Zwecke der Abwicklung ihrer Verhältnisse die für den Fall der Auflösung geltenden Vorschriften entsprechende Anwendung.**

(2) **Die Wirksamkeit der im Namen der Gesellschaft mit Dritten vorgenommenen Rechtsgeschäfte wird durch die Nichtigkeit nicht berührt.**

(3) **Die Gesellschafter haben die versprochenen Einzahlungen zu leisten, soweit es zur Erfüllung der eingegangenen Verbindlichkeiten erforderlich ist.**

Übersicht

I. Inhalt der Vorschrift

1 § 77 regelt in **Abs 1** die Folgen des auf Grund von § 75 ergangenen Nichtigkeitsurteils durch Verweisung auf die Vorschriften über die Auflösung. **Abs 2, 3** betonen[1] für Verhältnis zu Dritten u für Einlageverpflichtungen der Gfter, dass Ges trotz ihrer Nichtigkeit als wirksam entstanden anzusehen ist.

[1] Aus heutiger Sicht überflüssigerweise, Scholz/*Schmidt* Rn 2, 3.

§ 77 gilt auch für Löschung der Ges nach § 397 FamFG bzw § 144 I 2 FGG (Anh § 77 Rn 29).[2]

II. Folgen des rechtskräftigen Nichtigkeitsurteils

1. Grundfolge des Nichtigkeitsurteils ist, wie sein vom Gesetz vorgesehener Tenor aussagt, die Nichtigkeit der Ges. Zur systematisch nicht zutreffenden, von der hM favorisierten Einordnung des Nichtigkeitsurteils als weiterem Auflösungsgrund vgl näher oben § 75 Rn 5. Bei der in § 75 geregelten Nichtigkeit handelt es sich freilich um eine gegenüber den Grundsätzen der allg Rechtsgeschäftslehre „reduzierte" Form der Nichtigkeit, mit deren Eintritt die Ges nicht schlechterdings vernichtet wird u rückwirkend als nie existent angesehen wird. Vielmehr zieht das Recht aus der Tatsache ihrer vorläufigen Existenz, der Bildung eines GesVermögens u der Teilnahme am Rechtsverkehr die Folge, dass die Ges ordnungsgemäß wie im Fall ihrer Auflösung abzuwickeln ist u bis zur Beendigung der Abwicklung als juristische Person mit verändertem Zweck fortbesteht. Das bedeutet vor allem, dass die Gläubiger der Ges ihren Schuldner behalten u dass die Schuldner der Ges an diese erfüllen müssen (vgl Abs 2). Auch im Innenverhältnis findet keine Rückabwicklung nach Bereicherungsrecht statt, sondern nach Abwicklungsrecht. 2

2. Zeitpunkt der Nichtigkeit. Mit Rechtskraft des Nichtigkeitsurteils, nicht erst mit dessen Eintragung in das HR (zu dieser § 75 Rn 32) ist Ges nichtig.[3] Das ergibt sich schon aus dem Inhalt des Gestaltungsurteils. Abstellen auf Eintragung hätte zur Folge, dass Zeitpunkt der Nichtigkeit durch GFührer beeinflusst werden könnte. 3

3. Anwendung der Abwicklungsregeln. Aus ihr ist hervorzuheben: 4

a) Anwendbarkeit des § 65 I (Anmeldung der Auflösung der Ges) gilt nicht, da Nichtigkeit der Ges von Amts wegen auf Grund des eingereichten Nichtigkeitsurteils in das HR einzutragen ist (§ 75 Rn 32), wohl aber müssen die Liquidatoren die Nichtigkeit im Verfahren des **§ 65 II** öffentlich bekannt machen u die Gläubiger auffordern, sich zu melden. Außerdem sind nach § 67 I die ersten Liquidatoren u ihre Vertretungsbefugnis zur Eintragung in das HR anzumelden (§ 75 Rn 33).

b) Rückständige Einlagen der Gesellschafter sind nach den allg Regeln (§ 69 Rn 4) zu erbringen, über den Wortlaut des Abs 3 hinaus auch insoweit, als dies zur Vermögensverteilung unter den Gftern erforderlich ist.[4] Auch hier (vgl § 69 Rn 4) muss der in Anspruch genommene Gfter beweisen, dass die eingeforderte Einlage nicht zur Gläubigerbefriedigung u für die Vermögensverteilung benötigt wird.[5] 5

---

[2] Ulmer/*Paura* Rn 1.

[3] Hachenburg/*Hohner* Rn 2; Hachenburg/*Ulmer* § 78 Rn 9; *Lutter*/Hommelhoff/*Kleindiek* Rn 2; Rowedder/Schmidt-Leithoff/*Zimmermann* § 75 Rn 32; Scholz/*Schmidt* § 75 Rn 20, § 77 Rn 6; (für AG) *Hüffer* AktG § 277 AktG Rn 2; *Josef* ZHR 1984 (1921), 70, 78. – **AM** *Meyer-Landrut* Rn 2; *Feine* S 218; (für AG) KölnerKomm/*Kraft* § 275 Rn 35; GroßkommAktG *Wiedemann* § 277 A 1.

[4] Hachenburg/*Hohner* Rn 6; Michalski/*Heyder* Rn 7; Roth/*Altmeppen* Rn 5.

[5] Hachenburg/*Hohner* Rn 6; Rowedder/Schmidt-Leithoff/*Zimmermann* Rn 6; Scholz/*Schmidt* Rn 3.

6 **4. Beendigung der Ges** tritt nach den allg Regeln ein, wenn sie infolge der Abwicklung vermögenslos u demgemäß nach § 74 I 2 im HR gelöscht wird (§ 74 Rn 16).

III. Fortsetzungsbeschluss

7 Fortsetzungsbeschluss der Gfter ist unter den für aufgelöste Ges geltenden allgemeinen Voraussetzungen (§ 60 Rn 92) auch im Falle eines durch Rechtskraft des Nichtigkeitsurteils bewirkten Übertritts in das Abwicklungsverfahren möglich. Auf den Zeitpunkt der Eintragung der Nichtigkeit im HR kommt es nicht an. Der Sache nach geht es allerdings in erster Linie um die Frage, ob die Heilung des Mangels nach Rechtskraft des Nichtigkeitsurteils noch möglich sein soll. Insoweit besteht kein Grund, der nach Übertritt in das Abwicklungsstadium ja noch fortbestehenden Ges die Heilung zu versagen, wenn Ges fortgesetzt werden soll. Ges muss daher zur Heilung geeigneten Satzungsänderungsbeschluss fassen (zu den Anforderungen § 76 Rn 5 ff) u gleichzeitig die auf Grund dieser Heilung erst mögliche Fortsetzung beschließen. Grds wird man in einem solchen nach Eintritt der Nichtigkeit gefassten Heilungsbeschluss auch einen Fortsetzungsbeschluss sehen können (nicht umgekehrt). Fortsetzungsbeschluss bedarf der Eintragung im HR, die erst möglich ist, wenn Heilung durch Eintragung der dazu erforderlichen Satzungsänderung wirksam geworden ist. Gleichzeitige Eintragung ist selbstverständlich möglich. Zustimmung des Nichtigkeitsklägers ist nicht erforderlich.[6] Ist er Gfter, muss er allerdings dem erforderlichen Beschluss zur Änderung des GesVertrages, mit dem Mangel beseitigt wird, zustimmen.

Anhang nach § 77

Amtslöschung und Amtsauflösung der GmbH durch registergerichtliches Verfahren nach dem FamFG/FGG

FGG § 141 a. *(1) [1] Eine Aktiengesellschaft, Kommanditgesellschaft auf Aktien oder eine Gesellschaft mit beschränkter Haftung, die kein Vermögen besitzt, kann von Amts wegen oder auf Antrag auch der Steuerbehörde gelöscht werden. [2] Sie ist von Amts wegen zu löschen, wenn das Insolvenzverfahren über das Vermögen der Gesellschaft durchgeführt worden ist und keine Anhaltspunkte dafür vorliegen, daß die Gesellschaft noch Vermögen besitzt. [3] Vor der Löschung sind die in § 126 bezeichneten Organe zu hören.*

(2) [1] Das Gericht hat die Absicht der Löschung den gesetzlichen Vertretern der Gesellschaft, soweit solche vorhanden sind und ihre Person und ihr inländischer Aufenthalt bekannt ist, nach den für die Zustellung von Amts wegen geltenden Vorschriften der Zivilprozeßordnung bekanntzumachen und ihnen zugleich eine angemessene Frist zur Geltendmachung des Widerspruchs zu bestimmen. [2] Das Gericht kann anordnen, auch wenn eine Pflicht zur Bekanntmachung und Fristbestimmung nach Satz 1 nicht besteht, daß die Bekanntmachung und die Bestimmung der Frist durch Bekanntmachung in dem für die Bekanntmachung der Eintragungen in das Handelsregister bestimmten elektronischen Informations- und Kommunikationssystem nach § 10 des Handelsgesetzbuchs erfolgt; in diesem Fall ist jeder zur Erhebung des Widerspruchs berechtigt, der an der Unterlassung der Löschung ein berechtigtes Interesse hat. [3] Die Vorschriften des § 141 Abs. 3 und 4 gelten entsprechend.

---

[6] Scholz/*Schmidt* § 60 Rn 59. – **AM** Rowedder/Schmidt-Leithoff/*Rasner* § 60 Rn 55; (falls er zum Kreis der Gfter gehört) Hachenburg/*Ulmer* § 60 Rn 112.

(3) [1] Die Absätze 1 und 2 finden entsprechende Anwendung auf offene Handelsgesellschaften und Kommanditgesellschaften, bei denen kein persönlich haftender Gesellschafter eine natürliche Person ist. [2] Eine solche Gesellschaft kann jedoch nur gelöscht werden, wenn die zur Vermögenslosigkeit geforderten Voraussetzungen sowohl bei der Gesellschaft als auch bei den persönlich haftenden Gesellschaftern vorliegen. [3] Die Sätze 1 und 2 gelten nicht, wenn zu den persönlich haftenden Gesellschaftern eine andere offene Handelsgesellschaft oder Kommanditgesellschaft gehört, bei der ein persönlich haftender Gesellschafter eine natürliche Person ist.

FamFG § 394. *(1) [1] Eine Aktiengesellschaft, Kommanditgesellschaft auf Aktien, Gesellschaft mit beschränkter Haftung oder Genossenschaft, die kein Vermögen besitzt, kann von Amts wegen oder auf Antrag der Finanzbehörde oder der berufsständischen Organe gelöscht werden. [2] Sie ist von Amts wegen zu löschen, wenn das Insolvenzverfahren über das Vermögen der Gesellschaft durchgeführt worden ist und keine Anhaltspunkte dafür vorliegen, dass die Gesellschaft noch Vermögen besitzt.*

(2) [1] Das Gericht hat die Absicht der Löschung den gesetzlichen Vertretern der Gesellschaft oder Genossenschaft, soweit solche vorhanden sind und ihre Person und ihr inländischer Aufenthalt bekannt ist, bekannt zu machen und ihnen zugleich eine angemessene Frist zur Geltendmachung des Widerspruchs zu bestimmen. [2] Auch wenn eine Pflicht zur Bekanntmachung und Fristbestimmung nach Satz 1 nicht besteht, kann das Gericht anordnen, dass die Bekanntmachung und die Bestimmung der Frist durch Bekanntmachung in dem für die Bekanntmachung der Eintragungen in das Handelsregister bestimmten elektronischen Informations- und Kommunikationssytem nach § 10 des Handelsgesetzbuchs erfolgt; in diesem Fall ist jeder zur Erhebung des Widerspruchs berechtigt, der an der Unterlassung der Löschung ein berechtigtes Interesse hat. [3] Vor der Löschung sind die in § 380 bezeichneten Organe, im Fall einer Genossenschaft der Prüfungsverband, zu hören.

(3) Für das weitere Verfahren gilt § 393 Abs. 3 bis 5 entsprechend.

(4) [1] Die Absätze 1 bis 3 sind entsprechend anzuwenden auf offene Handelsgesellschaften und Kommanditgesellschaften, bei denen keiner der persönlich haftenden Gesellschafter eine natürliche Person ist. [2] Eine solche Gesellschaft kann jedoch nur gelöscht werden, wenn die für die Vermögenslosigkeit geforderten Voraussetzungen sowohl bei der Gesellschaft als auch bei den persönlich haftenden Gesellschaftern vorliegen. [3] Die Sätze 1 und 2 gelten nicht, wenn zu den persönlich haftenden Gesellschaftern eine andere offene Handelsgesellschaft oder Kommanditgesellschaft gehört, bei der eine natürliche Person persönlich haftender Gesellschafter ist.

FGG § 142. *(1) [1] Ist eine Eintragung im Register wegen des Mangels einer wesentlichen Voraussetzung unzulässig, kann das Registergericht sie von Amts wegen löschen. [2] Die Löschung geschieht durch Eintragung eines Vermerkes.*

(2) [1] Das Gericht hat den Beteiligten von der beabsichtigten Löschung zu benachrichtigen und ihm zugleich eine angemessene Frist zur Geltendmachung eines Widerspruchs zu bestimmen. [2] § 141 a Abs. 2 Satz 1 und 2 gilt entsprechend.

(3) Auf das weitere Verfahren finden die Vorschriften des § 141 Abs. 3, 4 Anwendung.

FamFG § 395. *(1) [1] Ist eine Eintragung im Register wegen des Mangels einer wesentlichen Voraussetzung unzulässig, kann das Registergericht sie von Amts wegen oder auf Antrag der berufsständischen Organe löschen. [2] Die Löschung geschieht durch Eintragung eines Vermerks.*

(2) [1] Das Gericht hat den Beteiligten von der beabsichtigten Löschung zu benachrichtigen und ihm zugleich eine angemessene Frist zur Geltendmachung eines Widerspruchs zu bestimmen. [2] § 394 Abs. 2 Satz 1 und 2 gilt entsprechend.

(3) Für das weitere Verfahren gilt § 393 Abs. 3 bis 5 entsprechend.

FGG § 143. *(1) [1] Die Löschung einer Eintragung kann gemäß den Vorschriften des § 142 auch von dem Landgericht verfügt werden, welches dem Registergericht im Instanzenzug vorgeordnet ist. [2] Die Vorschrift des § 30 Abs. 1 Satz 2 findet Anwendung.*

(2) [1] Gegen die einen Widerspruch zurückweisende Verfügung des Landgerichts findet die sofortige Beschwerde an das Oberlandesgericht mit der Maßgabe statt, daß die Vorschriften des § 28 Abs. 2, 3 zur entsprechenden Anwendung kommen. [2] Die weitere Beschwerde ist ausgeschlossen.

FGG § 144. *(1) [1] Eine in das Handelsregister eingetragene Aktiengesellschaft oder Kommanditgesellschaft auf Aktien kann nach den §§ 142, 143 als nichtig gelöscht werden, wenn die*

Voraussetzungen vorliegen, unter denen nach den §§ 275, 276 des Aktiengesetzes die Klage auf Nichtigerklärung erhoben werden kann. [2] *Das gleiche gilt für eine in das Handelsregister eingetragene Gesellschaft mit beschränkter Haftung, wenn die Voraussetzungen vorliegen, unter denen nach den §§ 75, 76 des Gesetzes, betreffend die Gesellschaften mit beschränkter Haftung, die Nichtigkeitsklage erhoben werden kann.*

(2) Ein in das Handelsregister eingetragener Beschluß der Hauptversammlung oder Versammlung der Gesellschafter einer der im Absatz 1 bezeichneten Gesellschaften kann gemäß den Vorschriften der §§ 142, 143 als nichtig gelöscht werden, wenn er durch seinen Inhalt zwingende Vorschriften des Gesetzes verletzt und seine Beseitigung im öffentlichen Interesse erforderlich erscheint.

(3) In den Fällen der Absätze 1, 2 soll die nach § 142 Abs. 2 zu bestimmende Frist mindestens drei Monate betragen.

FamFG § 397. [1] *Eine in das Handelsregister eingetragene Aktiengesellschaft oder Kommanditgesellschaft auf Aktien kann nach § 395 als nichtig gelöscht werden, wenn die Voraussetzungen vorliegen, unter denen nach den §§ 275 und 276 des Aktiengesetzes die Klage auf Nichtigerklärung erhoben werden kann.* [2] *Das Gleiche gilt für eine in das Handelsregister eingetragene Gesellschaft mit beschränkter Haftung, wenn die Voraussetzungen vorliegen, unter denen nach den §§ 75 und 76 des Gesetzes betreffend die Gesellschaften mit beschränkter Haftung die Nichtigkeitsklage erhoben werden kann, sowie für eine in das Genossenschaftsregister eingetragene Genossenschaft, wenn die Voraussetzungen vorliegen, unter denen nach den §§ 94 und 95 des Genossenschaftsgesetzes die Nichtigkeitsklage erhoben werden kann.*

FamFG § 398. *Ein in das Handelsregister eingetragener Beschluss der Hauptversammlung oder Versammlung der Gesellschafter einer der in § 397 bezeichneten Gesellschaften sowie ein in das Genossenschaftsregister eingetragener Beschluss der Generalversammlung einer Genossenschaft kann nach § 395 als nichtig gelöscht werden, wenn er durch seinen Inhalt zwingende gesetzliche Vorschriften verletzt und seine Beseitigung im öffentlichen Interesse erforderlich erscheint.*

FGG § 144 a. *(1)* [1] *Enthält die Satzung einer in das Handelsregister eingetragenen Aktiengesellschaft oder einer Kommanditgesellschaft auf Aktien eine der nach § 23 Abs. 3 Nr. 1, 4, 5 oder 6 des Aktiengesetzes wesentlichen Bestimmungen nicht oder ist eine dieser Bestimmungen oder die Bestimmung nach § 23 Abs. 3 Nr. 3 des Aktiengesetzes nichtig, so hat das Registergericht die Gesellschaft aufzufordern, innerhalb einer bestimmten Frist eine Satzungsänderung, die den Mangel der Satzung behebt, zur Eintragung in das Handelsregister anzumelden oder die Unterlassung durch Widerspruch gegen die Verfügung zu rechtfertigen.* [2] *Das Gericht hat in der Verfügung darauf hinzuweisen, daß ein nicht behobener Mangel nach Absatz 2 festzustellen ist und daß die Gesellschaft dadurch nach § 262 Abs. 1 Nr. 5, § 289 Abs. 2 Nr. 2 des Aktiengesetzes aufgelöst wird.*

(2) [1] *Wird innerhalb der nach Absatz 1 bestimmten Frist weder der Aufforderung genügt noch Widerspruch erhoben oder ist ein Widerspruch zurückgewiesen worden, so hat das Gericht den Mangel der Satzung festzustellen.* [2] *Die Feststellung kann mit der Zurückweisung des Widerspruchs verbunden werden.*

(3) Gegen Verfügungen, durch welche eine Feststellung nach Absatz 2 getroffen oder ein Widerspruch zurückgewiesen wird, findet die sofortige Beschwerde statt.

(4) Diese Vorschriften gelten sinngemäß, wenn der Gesellschaftsvertrag einer in das Handelsregister eingetragenen Gesellschaft mit beschränkter Haftung eine der nach § 3 Abs. 1 Nr. 1 oder 4 des Gesetzes betreffend die Gesellschaften mit beschränkter Haftung wesentlichen Bestimmungen nicht enthält oder eine dieser Bestimmungen oder die Bestimmung nach § 3 Abs. 1 Nr. 3 des Gesetzes betreffend die Gesellschaften mit beschränkter Haftung nichtig ist.

FamFG § 399. *(1)* [1] *Enthält die Satzung einer in das Handelsregister eingetragenen Aktiengesellschaft oder einer Kommanditgesellschaft auf Aktien eine der nach § 23 Abs. 3 Nr. 1, 4, 5 oder Nr. 6 des Aktiengesetzes wesentlichen Bestimmungen nicht oder ist eine dieser Bestimmungen oder die Bestimmung nach § 23 Abs. 3 Nr. 3 des Aktiengesetzes nichtig, hat das Registergericht die Gesellschaft von Amts wegen oder auf Antrag der berufsständischen Organe aufzufordern, innerhalb einer bestimmten Frist eine Satzungsänderung, die den Mangel der Satzung behebt, zur Eintragung in das Handelsregister anzumelden oder die Unterlassung durch Widerspruch gegen die Aufforderung zu rechtfertigen.* [2] *Das Gericht hat gleichzeitig darauf hinzuweisen, dass andernfalls* *ein nicht behobener Mangel im Sinne des Absatzes 2 festzustellen ist und dass die Gesellschaft dadurch nach § 262 Abs. 1 Nr. 5 oder § 289 Abs. 2 Nr. 2 des Aktiengesetzes aufgelöst wird.*

(2) [1] Wird innerhalb der nach Absatz 1 bestimmten Frist weder der Aufforderung genügt noch Widerspruch erhoben oder ist ein Widerspruch zurückgewiesen worden, hat das Gericht den Mangel der Satzung festzustellen. [2] Die Feststellung kann mit der Zurückweisung des Widerspruchs verbunden werden. [3] Mit der Zurückweisung des Widerspruchs sind der Gesellschaft zugleich die Kosten des Widerspruchsverfahrens aufzuerlegen, soweit dies nicht unbillig ist.

(3) Der Beschluss, durch den eine Feststellung nach Absatz 2 getroffen, ein Antrag oder ein Widerspruch zurückgewiesen wird, ist mit der Beschwerde anfechtbar.

(4) Die Absätze 1 bis 3 gelten entsprechend, wenn der Gesellschaftsvertrag einer in das Handelsregister eingetragenen Gesellschaft mit beschränkter Haftung eine der nach § 3 Abs. 1 Nr. 1 oder Nr. 4 des Gesetzes betreffend die Gesellschaften mit beschränkter Haftung wesentlichen Bestimmungen nicht enthält oder eine dieser Bestimmungen oder die Bestimmung nach § 3 Abs. 1 Nr. 3 des Gesetzes betreffend die Gesellschaften mit beschränkter Haftung nichtig ist.

Lit: *Bassenge,* Tatsachenermittlung, Rechtsprüfung und Ermessensausübung in den registergerichtlichen Verfahren nach §§ 132 bis 144 FGG, RPfleger 1974, 173; *Bork,* Die als vermögenslos gelöschte GmbH im Prozess, JZ 1991, 841; *Bumiller/Winkler,* Freiwillige Gerichtsbarkeit, 7. Aufl 1999; *Fichtelmann,* Die Fortsetzung einer aufgelösten GmbH, GmbHR 2003, 67; *Gustavus,* Handelsregisteranmeldungen, 4. Aufl 1999; *Hennrichs,* Fortsetzung einer mangels Masse aufgelösten GmbH, ZHR 159 (1995), 593; *Heller,* Die vermögenslose GmbH, 1989; *Hönn,* Die konstitutive Wirkung der Löschung von Kapitalgesellschaften, ZHR 138 (1974), 50; *Hüffer,* Das Ende der Rechtspersönlichkeit von Kapitalgesellschaften, GS Schultz, 1987, 99; *Jansen,* FGG, 2. Aufl 1969 ff; *Keidel/Kuntze/Winkler,* Freiwillige Gerichtsbarkeit, Teil A: Kommentar zum FGG, 15. Aufl 2003; *Keidel/Schmatz/Stöber,* Registerrecht, 5. Aufl 1991; *Saenger,* Die im Handelsregister gelöschte GmbH im Prozess, GmbHR 1994, 300; *K. Schmidt,* Zur Ablösung des Löschungsgesetzes, GmbHR 1994, 829; *Vallender,* Auflösung und Löschung der GmbH, NZG 1998, 249.

Übersicht

I. Überblick

1 **1. Löschung u Auflösung der GmbH durch das RegGericht. § 394 FamFG** (§ 141 a FGG) regelt die Löschung einer vermögenslosen Ges u einer Ges, über deren Vermögen das Insolvenzverfahren durchgeführt worden ist (Rn 3 ff). Nach **§§ 395 f FamFG** (§§ 142, 143 FGG) kann die Eintragung einer GmbH von Amts wegen gelöscht werden, wenn die Eintragung auf wesentlichen Mängeln beruht (Rn 19 ff). **§ 397 FamFG** (§ 144 I, III FGG) ermöglicht im Falle der in § 75 genannten Satzungsmängel die Löschung der GmbH durch das RegGericht (Rn 24 ff). In beiden Fällen wird die GmbH durch die Löschung aufgelöst. **§ 399 FamFG** (§§ 144 a, b FGG) ist Rechtsgrundlage für die Feststellung bestimmter Mängel durch das RegGericht mit der Folge der Auflösung der Ges nach § 60 I Nr 6 (Rn 31 ff, 41 ff).

2 **2. Löschung von Beschlüssen der Gesellschafterversammlung.** Die in § 398 FamFG (§ 144 II, III FGG) behandelte Löschung von Beschlüssen

der GfterVers durch das RegGericht, ebenso die uU auch nach den §§ 395 f FamFG (§§ 142, 143 FGG) mögliche Löschung werden an anderer Stelle erörtert (§ 47 Anh Rn 57 ff).

II. Löschung der Ges nach § 394 FamFG (§ 141 a FGG)

1. Allgemeines. a) Entstehung u Inhalt der Vorschrift. § 394 FamFG entspricht § 141 a FGG aF. Letztere Vorschrift ist mit Wirkung ab 1. 1. 1999 durch Art 23 Nr 1 EGInsO eingefügt worden. Diese Vorschrift ersetzte mit Abs 1 Sätze 1, 3 u Abs 2 ohne inhaltliche Änderungen § 2 I 1, 4, II LöschG.[1] § 394 I 2 FamFG (§ 141 a I 2 FGG) schreibt die Löschung von Ges, über deren Vermögen das Insolvenzverfahren durchgeführt worden ist, vor. Schließlich erstreckt sie in Abs 4 diese Regelungen auf die KapitalGes & Co. 3

b) Zweck der Vorschrift. § 394 FamFG (§ 141 a FGG) dient dem Rechtsverkehr, der vor vermögenslosen Ges geschützt werden soll, u damit dem Gläubigerschutz;[2] auch soll damit dem Handel mit GmbH-Mänteln (zu deren Problematik § 3 Rn 11, 12) entgegengewirkt werden. 4

2. Vermögenslosigkeit ohne vorheriges Insolvenzverfahren (§ 394 I 1 FamFG bzw § 141 a I 1 FGG). a) Voraussetzung der Amtslöschung nach § 394 I 1 FamFG bzw § 141 a I 1 FGG ist Vermögenslosigkeit der GmbH, dh **Fehlen zugunsten der Gläubiger verwertbarer Vermögensgegenstände.**[3] Überschuldung der Ges ist weder ausreichend noch erforderlich.[4] Es kommt nur darauf an, ob **verwertbare Aktivposten** vorhanden sind. Das sind in erster Linie im Jahresabschluss anzusetzende u bewertbare Vermögensgegenstände;[5] darüber hinaus auch solche, die zwar nicht bilanzierungsfähig, aber verwertbar sind.[6] Nicht zu berücksichtigen sind aber trotz Bilanzierungsfähigkeit zur Sicherheit übereignete Vermögensgegenstände, soweit sich ihr Wert mit dem Betrag der gesicherten Forderung deckt,[7] da sie für anderweitige Verwertung nicht in Betracht kommen. Wohl aber ist als Aktivvermögen eine Forderung anzusehen, wenn sie rechtlichen Bestand hat 5

---

[1] BAG NZG 2002, 1175.

[2] BayObLG GmbHR 1999, 414; Schulte-Bunert/Weinreich/*Nedden-Boeger* § 394 FamFG Rn 1.

[3] BAG NZG 2002, 1175, 1176; BayObLG GmbHR 1999, 414; KG GmbHR 2007, 659; OLG Frankfurt GmbHR 2006, 94; OLG Düsseldorf GmbHR 2006, 819, 821; Scholz/*Schmidt* § 60 Rn 48 ff; *Lutter/Kleindiek* in Lutter/Hommelhoff § 60 Rn 16.

[4] KG GmbHR 2007, 659; Michalski/*Nerlich* § 60 Rn 283; Rowedder/Schmidt-Leithoff/*Rasner* § 60 Rn 34; Scholz/*Schmidt* § 60 Rn 49; zu § 2 LöschG OLG Frankfurt/M BB 1983, 420; Hachenburg/*Ulmer* § 60 Anh Rn 15.

[5] OLG Frankfurt GmbHR 2006, 94; Rowedder/Schmidt-Leithoff/*Rasner* § 60 Rn 34; Scholz/*Schmidt* § 60 Rn 49; zu § 2 LöschG OLG Frankfurt/M DB 1978, 628; BB 1983, 420; BayObLG GmbHR 1979, 176, 177; BB 1982, 1590; 1984, 315; Hachenburg/*Ulmer* § 60 Anh Rn 16.

[6] BAG NZG 2002, 1175, 1176; OLG Frankfurt GmbHR 2006, 94; KG GmbHR 2007, 659; Rowedder/Schmidt-Leithoff/*Rasner* § 60 Rn 34. Zu § 2 LöschG Hachenburg/*Ulmer* § 60 Anh Rn 16 Fn 22; *Meyer-Landrut* § 60 Rn 16. – **AM** OLG Frankfurt/M DB 1978, 628; BB 1983, 420; BayObLG BB 1982, 1590; 1984, 315.

[7] BAG NZG 2002, 1175, 1176; Rowedder/Schmidt-Leithoff/*Rasner* § 60 Rn 34; Scholz/*Schmidt* § 60 Rn 49; zu § 2 LöschG LG Hamburg GmbHR 1952, 92; Hachenburg/*Ulmer* § 60 Anh Rn 16.

und werthaltig ist.[8] Bestrittene oder sonst unsichere Forderungen der Ges stellen Vermögenswert dar, wenn Ges beabsichtigt, sie gerichtlich geltend zu machen und sie nicht offensichtl unbegründet sind.[9] Der Löschung stehen daher ua entgegen Einlageforderungen gegen Gfter, Forderungen aus § 31 u Forderungen auf Rückgewähr unter Verstoß gegen § 73 ausgeschütteter Vermögensbestandteile (zu diesen § 73 Rn 17 ff), sofern die Ansprüche rechtlich u tatsächlich durchsetzbar sind;[10] dasselbe gilt für Ersatzansprüche der Ges gegen GFührer aus §§ 43 II, 64 sowie gegen Liquidatoren aus § 73 III.[11] Prüfung der Durchsetzbarkeit von Ansprüchen geht aber nicht so weit, dass im Löschungsverfahren Aussichten ernsthaft beabsichtigter Klage der Ges bis ins einzelne zu ergründen sind.[12] UU kann selbst Firmenwert Löschung ausschließen, wenn er – was idR ausscheiden dürfte – mit Sicherheit verwertbar ist.[13] Auch **geringes Vermögen** bedeutet grds nicht Vermögenslosigkeit.[14] Lediglich verschwindend geringes Vermögen lässt sich Vermögenslosigkeit gleichstellen.[15] Grenze liegt dort, wo von sinnvoller Befriedigungsmöglichkeit der Gläubiger auch nicht mehr annähernd gesprochen werden kann.

6 **b) Vermögenslosigkeit wird nicht beseitigt** durch schwebende Geschäfte,[16] bloße Aussichten auf Vermögenserwerb, unverwertbare Vermögensgegenstände, uneinbringliche Forderungen, eigene Geschäftsanteile.[17] Verlustvortrag in Steuerbilanz, der nach § 10 d EStG, § 8 I, IV KStG von künftigem Einkommen steuermindernd abgezogen werden könnte, beseitigt ebenfalls nicht Vermögenslosigkeit,[18] zumal da er von der Ges nach einem Mantelkauf gem § 8 IV KStG idR mangels wirtschaftlicher Identität nicht geltend gemacht werden kann u im Übrigen eine Vergütung dafür nicht der Ges, sondern dem Gfter zufließen würde.[19] Vermögenslosigkeit wird auch nicht da-

---

[8] KG GmbHR 2007, 659.

[9] BayObLG NJW-RR 1995, 103; Schulte-Bunertt/Weinreich/*Nedden-Boeger* § 394 FamFG Rn 6.

[10] BayObLG BB 1985, 7, 8; OLG Hamm NJW-RR 1993, 547, 549.

[11] Schulte-Bunert/*Nedden-Boeger* § 394 FamFG Rn 5; Scholz/*Schmidt* § 60 Rn 49. Zu § 2 LöschG Hachenburg/*Ulmer* § 60 Anh Rn 17.

[12] Zu § 2 LöschG BayObLG GmbHR 1994, 888, 889; OLG Celle GmbHR 1997, 752; ähnlich BayObLG GmbHR 1995, 530, 531.

[13] Rowedder/Schmidt-Leithoff/*Rasner* § 60 Rn 34; *Meyer-Landrut* § 60 Rn 16. **AM** OLG Frankfurt/M DB 1978, 628; LG Frankfurt/M GmbHR 1952, 92; Hachenburg/*Ulmer* § 60 Anh Rn 16; Scholz/*Schmidt* § 60 Rn 49; offen gelassen Schulte-Bunert/Weinreich/*Nedden-Boeger* § 394 FamFG Rn 5.

[14] *Lutter*/Hommelhoff/*Kleindiek* § 60 Rn 16; Michalski/*Nerlich* § 60 Rn 283; Rowedder/Schmidt-Leithoff/*Rasner* § 60 Rn 34; BayObLG BB 1984, 315; OLG Düsseldorf GmbHR 2006, 819, 821; OLG Frankfurt/M GmbHR 2006, 94; WM 1992, 1944, 1946; GmbHR 1997, 1004, 1006; GmbHR 1993, 298, 299; OLG Hamm NJW-RR 1993, 547, 549; OLG Karlsruhe GmbHR 1999, 1100, 1101; OLG Koblenz GmbHR 1994, 483; OLG Köln NJW-RR 1994, 726, 727; Hachenburg/*Ulmer* § 60 Anh Rn 15.

[15] *Lutter*/Hommelhoff/*Kleindiek* Rn 16; Michalski/*Nerlich* § 60 Rn 283; Rowedder/Schmidt-Leithoff/*Rasner* § 60 Rn 34; zu § 2 LöschG Hachenburg/*Ulmer* § 60 Anh Rn 15; *Hartung* BB 1983, 421. **AM** Keidel/Kuntze/*Winkler* § 141 a FGG Rn 9; zu § 2 LöschG OLG Düsseldorf GmbHR 1997, 131, 132; OLG Frankfurt/M BB 1983, 420.

[16] Zu § 2 LöschG *Hartung* BB 1982, 1591.

[17] Scholz/*Schmidt* § 60 Rn 49.

[18] Scholz/*Schmidt* § 60 Rn 49.

[19] Rowedder/Schmidt-Leithoff/*Rasner* § 60 Rn 34; zu § 2 LöschG Hachenburg/*Ulmer* § 60 Anh Rn 18.

durch ausgeschlossen, dass Ges **Verbindlichkeiten zu erfüllen** hat oder zu sonstigen **Abwicklungsmaßnahmen** (§ 60 Rn 105) verpflichtet ist.[20] Wohl aber kann Notwendigkeit weiterer Abwicklungsmaßnahmen Grund für Liquidationsverfahren sein (§ 66 Rn 37).

c) Maßgebender Zeitpunkt für Feststellung der Vermögenslosigkeit ist Entscheidung über Löschung, ggf letzte Tatsacheninstanz.[21] Auf Zeitpunkt der Eintragung der Löschung[22] kann es nicht ankommen, weil zu diesem Zeitpunkt keine Entscheidung mehr getroffen, sondern nur Löschungsentscheidung ausgeführt wird. Wohl aber kommt es auf Zeitpunkt der Eintragung für die Frage an, ob Voraussetzungen der Liquidation nach § 66 V vorliegen (§ 66 Rn 37). – Gfter können nach Ankündigung gemäß § 394 II 2 FamFG (§ 141 a II 1 FGG) durch Zuführung geringer Vermögenswerte Löschungsgrund beseitigen. 7

d) Verfahren, §§ 394 I, III, 393 III, IV FamFG (§ 141 a I 1, 3, II FGG). aa) Einleitung des Verfahrens. Löschungsverfahren ist einzuleiten von Amts wegen oder auf Antrag einer Finanzbehörde oder der berufsständischen Organe. Handelt es sich um ein Kreditinstitut oder eine Kapitalanlagegesellschaft, stehen auch der BaFin die Antrags- und Beteiligungsrechte nach §§ 43 III KWG, 3 IV InvG zu. Ausreichend substantiierten Hinweisen nicht antragsberechtigter Personen u Behörden auf Vermögenslosigkeit einer Ges muss Gericht aber nachgehen.[23] Ob Verfahrenseinleitung im Ermessen des Gerichts steht, ist umstr.[24] Löschungsverfahren ist auch gegenüber aufgelöster Ges zulässig.[25] Mit anderen Verfahren[26] darf es nicht verbunden werden. 8

bb) Verfahrensgrundsätze. Es gilt das **Amtsermittlungsprinzip** des § 26 FamFG; dabei sind **Löschungsvoraussetzungen besonders genau zu prüfen.**[27] Amtsermittlung geht allerdings nicht so weit, dass Gericht quasi ins Blaue hinein Ermittlungen anzustellen hat.[28] Geht es darum, festzustellen, ob Ges, die sich auf eine Forderung beruft, vermögenslos ist, hat Gericht keine 9

---

[20] Zu § 2 LöschG Hachenburg/*Ulmer* § 60 Anh Rn 15 a. **AM** OLG Frankfurt GmbHR 2006, 94, 95.

[21] Rowedder/Schmidt-Leithoff/*Rasner* § 60 Rn 34; Michalski/*Nerlich* § 60 Rn 242; Scholz/*Schmidt* § 60 Rn 49 Zu § 2 LöschG OLG Hamm NJW-RR 1993, 547, 549.

[22] So zu § 2 LöschG OLG Köln NJW-RR 1994, 726, 727; Hachenburg/*Ulmer* § 60 Anh Rn 19.

[23] Zu § 2 LöschG Hachenburg/*Ulmer* § 60 Anh Rn 26.

[24] Gegen Ermessen Scholz/*Schmidt* § 60 Rn 52, 55; zu § 2 LöschG Hachenburg/*Ulmer* § 60 Anh Rn 26; *Piorreck* Rpfleger 1978, 157, 158. – **AM** Keidel/Kuntze/*Winkler* § 141 a FGG Rn 10; Rowedder/Schmidt-Leithoff/*Rasner* § 60 Rn 38; Schulte-Bunert/Weinreich/*Nedden-Boeger* § 394 FamFG Rn 23.

[25] Rowedder/Schmidt-Leithoff/*Rasner* § 60 Rn 33; zu § 2 LöschG BayObLG BB 1984, 315, 316; GmbHR 1994, 481, 482.

[26] ZB Eintragung einer Sitzverlegung, LG Limburg GmbHR 1996, 771 f (zu § 2 LöschG).

[27] Michalski/*Nerlich* § 60 Rn 296; Rowedder/Schmidt-Leithoff/*Rasner* § 60 Rn 36; Scholz/*Schmidt* § 60 Rn 52; Keidel/Kuntze/*Winkler* § 141 a FGG Rn 8; BayObLG GmbHR 1979, 176, 177; BB 1982, 1590; OLG Düsseldorf GmbHR 2006, 819, 821; GmbHR 1997, 131, 132; OLG Frankfurt/M GmbHR 2006, 94; BB 1983, 420; GmbHR 1997, 1004, 1005; OLG Karlsruhe GmbHR 1999, 1100, 1101; OLG Hamm NJW-RR 1993, 547, 549.

[28] OLG Brandenburg NJW-RR 2001, 176, 178; Schulte-Bunert/Weinreich/*Nedden-Boeger* § 394 FamFG Rn 23.

bis ins Detail gehende Aufklärung der Werthaltigkeit der (bestrittenen) Forderung durchzuführen. Vielmehr ist dies Aufgabe des Prozessgerichts.[29] Es reicht in einem solchen Fall aus, wenn Ges beabsichtigt, Forderung geltend zu machen und diese nicht offensichtl unbegründet ist (siehe oben Rn 5).[30] Auf jeden Fall ist vor Löschung IHK zu hören (§ 394 II 2 FamFG bzw §§ 141 a I 3, 126 FGG). Hat Gericht – auf der Grundlage der durchgeführten Ermittlungen – Überzeugung von Vermögenslosigkeit erlangt,[31] ist nach § 394 II 1 FamFG (§ 141 a II 2 FGG) iVm §§ 208 ff, 170 ff ZPO[32] Absicht der Löschung den GFührern der Ges – im Falle schon aufgelöster Ges (Rn 8) den Liquidatoren – bekanntzugeben, soweit solche vorhanden u ihre Person u ihr inländischer Aufenthalt bekannt sind.[33] Auch öffentliche Bekanntmachung nach § 394 II 2 1. HS FamFG (§ 141 a II 2 FGG) kann in Betracht kommen. Sie ist idR erforderlich, wenn Aufenthalt des GFührers unbekannt ist.[34] Bei diesen Bekanntmachungen ist angemessene Widerspruchsfrist zu bestimmen. Eine Mindestfrist sieht das Gesetz nicht vor. Monatsfrist sollte aber nicht unterschritten werden. Fehlt Widerspruchsfrist oder ist sie nicht angemessen, ist Löschungsankündigung rechtswidrig.[35] **Widerspruchsrecht** steht Ges, vertreten durch die GFührer – ggf durch die Liquidatoren[36] – zu.[37] Dritte, die ein berechtigtes Interesse an Unterlassung der Löschung haben, insbes Gfter[38] u Gläubiger, sind ebenfalls zum Widerspruch befugt, u zwar auch im Falle der Bekanntmachung nach § 394 II 1 FamFG (§ 141 a II 1 FGG), da Widerspruchsberechtigung nicht von der Art der Bekanntmachung abhängen kann.[39] Widerspruch kann nur darauf gestützt werden, dass Ges nicht iSd § 394 I 1 FamFG (§ 141 a I 1 FGG) vermögenslos sei,[40] da Löschung – richtiger Ansicht nach – nicht von Ermessensentscheidung abhängig ist.[41]

10 **cc) Löschungsverfügung.** Hat Gericht die Tatsachen ermittelt, aus denen sich Vermögenslosigkeit der Ges ergibt, ist ferner Widerspruch nicht erhoben oder ist er rechtskräftig zurückgewiesen worden (§§ 394 III, 393 III, IV FamFG bzw §§ 141 a II 3, 141 III, IV FGG), ist Löschung zu verfügen, ohne dass Ermessensspielraum besteht.[42] Da es die Gfter in der Hand haben, durch

---

29 KG GmbHR 2007, 659.

30 KG GmbHR 2007, 659.

31 OLG Düsseldorf GmbHR 2006, 819, 821. Zu § 2 LöschG OLG Düsseldorf GmbHR 1997, 131, 132.

32 Zu § 2 LöschG BayObLG GmbHR 1997, 1003, 1004.

33 OLG München NJOZ 2005, 4918, 4922.

34 Zu § 2 LöschG BayObLG GmbHR 1995, 531; OLG Frankfurt/M GmbHR 1997, 1004, 1006.

35 Siehe Schulte-Bunert/Weinreich/*Nedden-Boeger* § 394 FamFG Rn 32 f.

36 Zu § 2 LöschG BayObLG GmbHR 1994, 481, 482.

37 Schulte-Bunert/Weinreich/*Nedden-Boeger* § 394 FamFG Rn 44. Zu § 2 LöschG BayObLG DB 1995, 666.

38 OLG München NJOZ 2005, 4918, 4922. Zu § 2 LöschG BayObLG 1995, 530, 531.

39 Schulte-Bunert/Weinreich/*Nedden-Boeger* § 394 FamFG Rn 44; Rowedder/Schmidt-Leithoff/*Rasner* § 60 Rn 37; Scholz/*Schmidt* § 60 Rn 53; zu § 2 LöschG BayObLG GmbHR 1995, 530, 531; *Piorreck* Rpfleger 1978, 157, 159. – **AM** Hachenburg/*Ulmer* § 60 Anh Rn 32.

40 Scholz/*Schmidt* § 60 Rn 53.

41 Rn 10; aM folgerichtig zu § 2 LöschG Hachenburg/*Ulmer* § 60 Anh Rn 32.

42 *Lutter*/Hommelhoff/*Kleindiek* § 60 Rn 16; *Hüffer* AktG § 262 AktG Anh Rn 9; Michalski/*Nerlich* § 60 Rn 298; Roth/*Altmeppen* § 75 Rn 59; Scholz/*Schmidt* § 60

Zuführung geringen Vermögens Löschung abzuwenden (Rn 7), ist für Abwägung des öffentlichen Interesses an Löschung gegenüber Fortbestandsinteresse der Ges kein Raum. Ermessensausübung ist im Fall der Vermögenslosigkeit nur geboten, wenn Ges noch zu sonstigen Abwicklungsmaßnahmen (Rn 6, § 60 Rn 105, § 66 Rn 37) verpflichtet ist.[43] Je nach Umfang dieser Maßnahmen kommt Verschiebung der Löschungsverfügung oder Löschung mit anschließender Nachtragsliquidation analog § 273 IV 1 AktG in Betracht. Im Übrigen unterliegt Löschungsentscheidung dem allgemeinen verwaltungsrechtlichen Verhältnismäßigkeitsgrundsatz, der im Einzelfall Löschung ausschließen kann, so, wenn Ges mit hinreichender Sicherheit baldigen Mittelzufluss erwarten kann.[44]

dd) Amtslöschung der Löschung. Löschung kann mit Rechtsmittel nicht angegriffen werden (§ 383 III FamFG).[45] Möglich ist aber Amtslöschung der Löschung nach § 395 FamFG (§ 142 FGG), falls sie auf einem wesentlichen Verfahrensmangel beruht.[46] Ein solcher Verfahrensfehler liegt aber nicht vor, wenn sich nachträglich herausstellt, dass Ges in Wahrheit nicht vermögenslos war;[47] für diesen Fall gilt § 66 V, dazu § 66 Rn 36 ff. Ein solcher Verfahrensfehler liegt aber vor, wenn Löschung verfügt wurde, obwohl die den Widerspruch gegen die Ankündigung der beabsichtigen Löschung zurückweisende Verfügung noch nicht rechtskräftig geworden ist.[48] Gleiches gilt, wenn Widerspruchsfrist zu knapp bemessen war (Rn 9). 11

3. Vermögenslosigkeit nach Insolvenzverfahren, § 394 I 2 FamFG (§ 141 a I 2 FGG). a) Entstehung, Inhalt u Kritik der Vorschrift. § 394 I 2 FamFG entspricht § 141 a I 2 FGG. Letztere Vorschrift ist durch Art 23 Nr 1 EGInsO geschaffen worden. Vorschrift hat kein Vorbild in § 2 LöschG. Sie beruht auf der mit der InsO eingeführten Neuerung, dass der Insolvenzverwalter – anders als nach dem bis zum 31. 12. 1998 geltenden Recht[49] – die 12

Rn 55. – **AM** Keidel/Kuntze/*Winkler* § 141 a FGG Rn 11; OLG Düsseldorf GmbHR 2006, 819, 821; zu § 2 LöschG OLG Karlsruhe JFG 1913, 379, 381; GmbHR 1999, 1100, 1102; NZG 2000, 150; OLG Frankfurt/M DB 1978, 628; 1981, 380; BB 1983, 420; BayObLG GmbHR 1979, 176, 177; Hachenburg/*Ulmer* § 60 Anh Rn 28 f; Rowedder/Schmidt-Leithoff/*Rasner* § 60 Anh Rn 13; *Piorreck* Rpfleger 1978, 157, 158.

[43] Zu § 2 LöschG *Bork* JZ 1991, 841, 845.

[44] *Hüffer* AktG § 262 AktG Anh Rn 9.

[45] Rowedder/Schmidt-Leithoff/*Rasner* § 60 Rn 39; Scholz/*Schmidt* § 60 Rn 54; zu § 2 LöschG OLG Hamm GmbHR 1993, 295, 297; Hachenburg/*Ulmer* § 60 Anh Rn 34.

[46] Scholz/*Schmidt* § 60 Rn 63; Michalski/*Nerlich* § 60 Rn 306; Rowedder/Schmidt-Leithoff/*Rasner* § 60 Rn 39; Hachenburg/*Ulmer* § 60 Anh Rn 34; OLG München NJOZ 2005, 4918, 4922; OLG Düsseldorf GmbHR 2006, 819, 820; OLG Düsseldorf GmbHR 1979, 227, 228 (unzureichende Ermittlung von Amts wegen); BayObLG GmbHR 1997, 1003, 1004; OLG Hamm GmbHR 1993, 295, 297; OLG Düsseldorf DB 1998, 2258 f (fehlerhafte Zustellung der Löschungsankündigung); OLG Frankfurt/M GmbHR 1993, 298, 299 (fehlerhafte Rechtsmittelbelehrung); OLG Zweibrücken NZG 2002, 426 (Unterlassung der Entscheidung über den gegen die Löschungsankündigung erhobenen Widerspruch).

[47] BayObLG GmbHR 1997, 1003, 1004; OLG Düsseldorf (Fn 43); OLG Hamm (Fn 43); Scholz/*Schmidt* § 60 Rn 63; Michalski/*Nerlich* § 60 Rn 308; Rowedder/Schmidt-Leithoff/*Rasner* § 60 Rn 39.

[48] OLG Düsseldorf GmbHR 2006, 819, 820; OLG Zweibrücken NZG 2002, 426.

[49] Siehe dazu die 16. Aufl 1995 § 63 Rn 47 f.

Ges idR vollständig abzuwickeln hat, so dass sich nach Aufhebung des Insolvenzverfahrens keine Liquidation nach den §§ 65 ff anschließt.[50] Das ergibt sich für den Sonderfall des Insolvenzverfahrens mit Überschuss zugunsten der Ges aus § 199 S 2 InsO,[51] gilt aber auch für den Abschluss des Insolvenzverfahrens, ohne dass ein Insolvenzplan (§§ 217 ff InsO), der den Fortbestand der Ges vorsieht, zustande gekommen ist. Wird das Insolvenzverfahren nach Anzeige der Masseunzulänglichkeit (§§ 208–211 InsO) eingestellt, ist die gesamte Insolvenzmasse nach § 209 InsO verteilt, wie § 211 I InsO voraussetzt. Inkonsequent ist es aber, die Amtslöschung durch das RegGericht vorzusehen. Richtigerweise hätte bestimmt werden sollen, dass der Insolvenzverwalter wie ein Liquidator nach § 74 I den Schluss der Abwicklung anmeldet.[52]

13 **b) Löschungsvoraussetzungen.** Ges ist nach § 394 I 2 FamFG (§ 141 a I 2 FGG) zu löschen, wenn Insolvenzverfahren entspr Rn 12 durchgeführt worden ist. Weiterhin dürfen keine Anhaltspunkte dafür vorliegen, dass die Ges noch Vermögen besitzt. Merkmal der Vermögenslosigkeit ist genauso zu beurteilen wie das des § 394 I 1 FamFG bzw § 141 a I 1 FGG (Rn 5, 6). Unterschied besteht aber hinsichtlich der Ermittlung der Vermögenslosigkeit. Die für den Fall des § 394 I 1 FamFG (§ 141 a I 1 FGG) erforderliche besonders genaue Prüfung (Rn 9) entfällt. Vielmehr ist nur zu prüfen, ob Anhaltspunkte für das Vorhandensein von GesVermögen bestehen. Dies dürfte nach Abschluss des Insolvenzverfahrens (Rn 12) in aller Regel zu verneinen sein.[53]

14 **c)** Für das **Verfahren** gelten – von der Intensität der Ermittlung der Vermögenslosigkeit abgesehen (Rn 13) – dieselben Regeln wie für die Löschung wegen Vermögenslosigkeit nach § 394 I 1 FamFG bzw § 141 a I 1 FGG (Rn 8–11). Das Insolvenzgericht hat dem RegGericht nach § 31 Nr 1 InsO die Eröffnung des Insolvenzverfahrens u nach §§ 200 II 3, 215 I 3 iVm § 31 Nr 1 InsO dessen Aufhebung nach Vollzug der Schlussverteilung oder nach Verteilung der Insolvenzmasse im Falle der Masseunzulänglichkeit mitzuteilen. Auf Grund der zuletzt genannten Mitteilungen ist das Löschungsverfahren einzuleiten.

15 **4. Erweiterung auf GmbH & Co KG, § 394 IV FamFG (§ 141 a III FGG).** Abw vom bis zum 31. 12. 1998 geltenden Recht findet die Amtslöschung wegen Vermögenslosigkeit auch für die GmbH & Co KG statt, sofern sowohl die Komplementär-GmbH als auch die KG vermögenslos sind.[54] Das gilt aber nicht, wenn neben der GmbH – ggf vermittelt über eine doppelstöckige GmbH & Co KG – auch eine natürliche Person persönlich haftender Gfter ist.

16 **5. Rechtsfolgen. a) Beendigung der Ges.** Abw von der Formulierung in § 60 I Nr 7 GmbHG wird vermögenslose Ges mit Löschung nicht bloß aufgelöst. Vielmehr ist sie, da im Normalfall nichts mehr zu liquidieren ist beendet u erlischt,[55] allerdings nur vorbehaltlich noch irgendwelcher zu erfül-

---

50 BT-Drucks 12/3803, 70.
51 *K. Schmidt* GmbHR 1994, 829, 831 Fn 23.
52 *K. Schmidt* GmbHR 1994, 829, 831; Michalski/*Nerlich* § 60 Rn 281.
53 OLG München NJOZ 2005, 4918, 4922 f.
54 Einzelheiten *K. Schmidt* GmbHR 1994, 829, 833 f.
55 § 60 Rn 30; Schulte-Bunert/Weinreich/*Nedden-Boeger* § 394 FamFG Rn 65; Hachenburg/*Ulmer* § 60 Anh Rn 35; Rowedder/Schmidt-Leithoff/*Rasner* § 60 Rn 52 ff; Scholz/*Schmidt* § 60 Rn 56 ff; vgl auch § 60 Rn 6 f.

lender Abwicklungsmaßnahmen (Rn 18). Beendigung u Erlöschen stehen also unter der **doppelten Voraussetzung der Vermögenslosigkeit u Eintragung.**[56] Gleichzeitig erlöschen die Verbindlichkeiten der Ges.[57] Sicherungsrechte bleiben, auch wenn sie akzessorisch sind, erhalten.[58] Mit dem Erlöschen geht der Verlust der Rechtsfähigkeit u ebenso der Parteifähigkeit[59] einher, u zwar sowohl der aktiven[60] wie der passiven,[61] letzteres mit der Einschränkung, dass nicht Erfüllung anderer Abwicklungsmaßnahmen (Rn 18) begehrt wird. Verliert beklagte Ges in laufendem Rechtsstreit Parteifähigkeit, wird Klage unzulässig. Kläger kann aber das für ihn ungünstige Ergebnis durch Erledigterklärung der Hauptsache abwenden.[62] War Klage bis dahin begründet, kann erloschene GmbH trotz Verlust der Parteifähigkeit noch in die Kosten verurteilt werden.[63] Wird im Aktivprozess über eine behauptete Forderung die klagende GmbH wegen Vermögenslosigkeit gelöscht, kann bisheriger Prozessvertreter Prozess fortführen.[64] § 74 III GmbHG (Einsichtsrechte in Bücher u Schriften der Ges) gilt entspr.[65]

b) Abwicklung nach § 66 V GmbHG. Stellt sich nach Löschung heraus, 17
dass im maßgebenden Zeitpunkt (Rn 7) noch Vermögen vorhanden war, ist Ges nicht erloschen,[66] vielmehr findet Nachtragsliquidation nach § 66 V GmbHG (§ 66 Rn 36 ff) statt. Ges erlangt durch sie auch wieder Parteifähigkeit.[67]

c) Sonstige Abwicklungsmaßnahmen. Muss Ges nach der Löschung 18
noch an irgendwelchen Abwicklungsmaßnahmen teilnehmen, bei denen es nicht um die Verteilung von Vermögen geht (zu letzterem vorige Rn), zB Erteilung eines Arbeitszeugnisses an früheren Arbeitnehmer,[68] ist Ges analog § 273 IV AktG ebenfalls nicht erloschen (§ 66 Rn 37). Der in diesem Fall erforderlichen „Liquidation", für die ebenfalls Nachtragsliquidator bestellt werden muss, geht die nach § 66 V (oben Rn 17) vor.[69]

---

56 Dazu sehr deutlich OLG Düsseldorf NZG 2004, 916.

57 BGHZ 74, 212, 215 – für Verein –; Hachenburg/*Ulmer* § 60 Rn 16. – **AM** (unter Verkennung der Rechtslage bei nachträglicher Ermittlung von Vermögen) BGHZ 48, 303, 307; offen gelassen von BGH NZG 2003, 773.

58 BGH NZG 2002, 773; OLG Schleswig ZIP 1993, 342, 343 f; OLG Köln GmbHR 2004, 1020; Hachenburg/*Ulmer* § 60 Rn 16; ebenso BGHZ 82, 323, 326 f – für KG –.

59 BGH NJW 1982, 238; in einem laufenden Prozess evtl entstehender Kostenerstattungsanspruch ändert daran nichts, BGHZ 74, 212, 213; BGH NJW 1982, 238; OLG Rostock NJW-RR 2002, 828; zur Parteifähigkeit gelöschter GmbH im Kostenfestsetzungsverfahren OLG Koblenz GmbHR 2004, 367.

60 Undeutlich (Prozessführungsbefugnis) OLG Saarbrücken NJW-RR 1998, 2605 f.

61 Einzelheiten § 74 Rn 19; zu § 2 LöschG OLG Bremen GmbHR 1988, 445.

62 BGH NJW 1982, 238.

63 So jedenfalls BGH NJW 1982, 238; Schulte-Bunert/Weinreich/*Nedden-Boeger*, § 394 FamFG Rn 66.

64 OLG Karlsruhe BB 2004, 2324. Dort auch zu den begrenzten Möglichkeiten, neuen Vertreter zu bestellen, wenn der bisherige das Mandat niederlegt.

65 Zu § 2 LöschG OLG Oldenburg BB 1983, 1434.

66 Insofern ist Ges, wenn sich herausstellt, dass sie noch Ansprüche hat, auch parteifähig, BAG NZG 2002, 1175.

67 Dazu BAG NZG 2002, 1175.

68 Beispielfall KG DB 2001, 643.

69 Zu § 2 III LöschG BayObLG BB 1984, 446, 447.

III. Löschung der Ges nach § 395 FamFG (§§ 142, 143 FGG)

19 **1. Voraussetzungen.** § 395 FamFG (§ 142 I FGG) gestattet allg Löschung einer Eintragung in das HR, wenn sie wegen Mangels einer wesentlichen Voraussetzung unzulässig war. Inwieweit die Vorschrift neben § 397 FamFG (§ 144 FGG) überhaupt anwendbar ist, unterliegt Streit u etlichen Unklarheiten. Nach einer radikalen, aber verbreiteten Ansicht soll § 395 FamFG (§ 142 FGG) im Anwendungsbereich dh hinsichtlich der Eintragung von Kapitalgesellschaften (§ 397 FamFG bzw § 144 FGG) u von Gfterbeschlüssen (§ 398 FamFG bzw § 144 II FGG) gänzlich unanwendbar sein.[70] Das geht entschieden zu weit. § 395 FamFG (§ 142 FGG) ist nicht die allgemeinere Vorschrift, die durch die speziellere ausgeschlossen wird. Vielmehr haben beide Vorschriften Anwendungsbereiche, die sich nur partiell decken. § 397 FamFG (§ 144 FGG) ist gegenüber § 395 FamFG (§ 142 FGG) nur insofern spezieller, als es um den Mangel der Nichtigkeit der Ges bzw des Gfterbeschlusses geht. Insoweit kommt Stützung der Löschung auf § 395 FamFG (§ 142 FGG) nicht in Betracht. RegRichter könnte also zB nicht Ges einfach löschen, weil irgendwelche Bestimmungen der Satzung nichtig sind, ohne dass dadurch die Nichtigkeitsklage begründet würde. Hingegen wäre es schwerlich tragbar, wenn Ges nicht gelöscht werden könnte, obgleich ihre Eintragung gar nicht beantragt war. Demgemäß ist einer vermittelnden Linie zu folgen. Eintragung der Ges kann wegen der Sonderregelung des § 397 FamFG (§ 144 I FGG) beim Fehlen materiellrechtlicher Eintragungsvoraussetzungen nicht gelöscht werden,[71] wohl aber, wenn Eintragung auf **wesentlichen Verfahrensmängeln** beruht[72] (§ 7 Rn 4). Beispiele: Eintragung ohne Antrag oder nach Rücknahme des Antrags,[73] auf Grund des Antrags eines Unbefugten u ohne Willen des zur Antragstellung Berechtigten;[74] eine solche ScheinGes (§ 75 Rn 11) ist nach § 395 FamFG (§ 142 FGG) von Amts wegen zu löschen.[75] Auf Grund der Sondervorschrift des § 43 I KWG Eintragung einer Ges, die Bankgeschäfte betreiben oder Finanzdienstleistungen erbringen will, ohne die Erlaubnis nach § 32 KWG.[76] Zu Unrecht als GmbH im Aufbau (§§ 11 ff TreuhandG) eingetragenes anderes Staatsunternehmen iSd § 11 III TreuhandG.[77] **Andere Verfahrensmängel** sind nicht wesentlich.[78] Beispiele: Eintragung durch

---

70 So zB OLG Düsseldorf NZG 2004, 825 mit ausführlicher Begründung.

71 BayObLG 1969, 215, 219; Schulte-Bunert/Weinreich/*Nedden-Boeger* § 395 FamFG Rn 45 ff.

72 Michalski/*Heyder* Anh § 77 Rn 6; vgl auch die Nachweise oben Rn 11 Fn 39.

73 OLG Zweibrücken GmbHR 1995, 723, 725.

74 *Jansen* § 144 FGG Rn 6; Hachenburg/*Ulmer* § 7 Rn 10; Hachenburg/*Hohner* § 75 Rn 9; *Lutter/Bayer* in Lutter/Hommelhoff § 7 Rn 2; Scholz/*Schmidt* § 60 Rn 24 b; für Eintragung ohne Anmeldung KG DNotZ 1925, 59; nur analoge Anwendung des § 142 FGG bzw § 395 FamFG: Rowedder/*Rittner/Schmidt-Leithoff* § 7 Rn 16; Scholz/*Winter* § 7 Rn 16. – **AM** wohl Schulte-Bunert/Weinreich/*Nedden-Boeger* § 395 FamFG Rn 52; Keidel/Kuntze/*Winkler* § 144 FGG Rn 5.

75 OLG Frankfurt NJW-RR 2002, 605; Schulte-Bunert/Weinreich/*Nedden-Boeger* § 395 FamFG Rn 50.

76 *Szagunn/Haug/Ergenzinger*, KWG, 6. Aufl 1997, § 43 Rn 6.

77 AG Charlottenburg GmbHR 1992, 679, 680.

78 Ähnlich Hachenburg/*Ulmer* § 7 Rn 10; Scholz/*Winter* § 7 Rn 15 f; weitergehend wohl *Jansen* § 144 FGG Rn 6.

örtlich unzuständiges RegGericht.[79] Nicht zulässig soll Amtslöschung nach § 395 FamFG (§ 142 FGG) einer **eingetragenen Umwandlung** sein, weil dem die Bestandskraft der Strukturmaßnahme nach § 20 II UmwG entgegenstehe.[80]

2. Verfahren. – a) Zuständigkeit u Löschungsankündigung. Zuständigkeit für Amtslöschung richtet sich nach § 395 I FamFG (RegGericht, in dessen Register unzulässige Eintragung bewirkt worden ist). Ob Einleitung des Löschungsverfahrens im Ermessen des Gerichts steht,[81] ist zweifelhaft.[82] Hat Gericht trotz fehlender Anmeldung eingetragen, muss es auf Verlangen der Anmeldeberechtigten löschen. Der Löschung geht nach § 395 II FamFG (§ 142 II FGG) **Löschungsankündigung** voraus, die mit angemessener Frist zur Geltendmachung eines Widerspruchs zu versehen ist. 20

b) Widerspruch, Beschwerde u Rechtsbeschwerde. Gegen Löschungsankündigung kann Ges nach §§ 393 III, 395 III FamFG (§§ 142 III, 141 III FGG) **Widerspruch** erheben, über den das Gericht der Löschungsankündigung entscheidet. Weist es Widerspruch zurück, entscheidet auf **Beschwerde** (Frist: ein Monat, § 63 FamFG) das LG oder – im Falle des § 396 FamFG – das OLG. Die Entscheidung des LG kann mit der **Rechtsbeschwerde (§§ 70 ff FamFG)** angegriffen werden; die des OLG ist endgültig. 21

c) Löschung geschieht durch Eintragung eines Vermerks (§ 395 I 2 FamFG bzw § 142 I 2 FGG). Sie ist erst zulässig nach Ablauf der Widerspruchsfrist oder nach rechtskräftiger Zurückweisung des Widerspruchs (§§ 395 III, 393 III, IV FamFG bzw §§ 142 III, 141 IV FGG). Bei dieser Entscheidung ist Gericht nicht an die Auffassung gebunden, die der Löschungsankündigung (Rn 20) zugrunde gelegen hat.[83] Gelöscht werden darf aber nur, was mit Löschungsankündigung angekündigt ist.[84] Löschung ist unzulässig, wenn bis zu ihrer Vornahme der Mangel beseitigt ist.[85] Rechtsmittel gegen die Löschung gibt es nicht; unter den Voraussetzungen des § 395 FamFG (§ 142 FGG) kommt nur Amtslöschung der Löschung in Betracht.[86] 22

3. Rechtsfolgen der Löschung. In den Fällen des § 395 FamFG (§ 142 FGG) ist die Ges idR nicht wirksam entstanden[87] (ScheinGes, Rn 19, § 75 Rn 8). Rechtsschein wird durch Löschung beseitigt. Soweit GesVermögen gebildet u Beziehungen zu Dritten entstanden sind, ist ScheinGes analog §§ 65 II, 66 ff ohne Möglichkeit eines Fortsetzungsbeschlusses abzuwickeln. Ist Ges ausnahmsweise wirksam, wenn auch fehlerhaft entstanden, wird sie durch Löschung aufgelöst. Sie ist nach den Liquidationsvorschriften abzuwi- 23

---

79 Hachenburg/*Ulmer* § 7 Rn 10, 15; Scholz/*Winter* § 7 Rn 15. – **AM** *Jansen* aaO.

80 BayObLG AG 2000, 130; OLG Hamm ZIP 2001, 569; NZG 2003, 236; NZG 2003, 790.

81 So KG JW 1934, 988, 989; Schulte-Bunert/Weinreich/*Nedden-Boeger* § 395 FamFG Rn 77; *Jansen* § 142 FGG Rn 10; Keidel/Kuntze/*Winkler* § 142 FGG Rn 19; zweifelhaft.

82 Vgl zu § 397 I 2 FamFG Rn 25.

83 BayObLG GmbHR 1992, 672, 673.

84 Schulte-Bunert/Weinreich/*Nedden-Boeger* § 395 FamFG Rn 118.

85 *Jansen* § 142 FGG Rn 19.

86 *Jansen* § 142 FGG Rn 19 iVm § 141 FGG Rn 19; Keidel/Kuntze/*Winkler* § 142 FGG Rn 31.

87 Michalski/*Heyder* Rn 16.

ckeln. Fortsetzungsbeschluss ist unter den allg Voraussetzungen (§ 60 Rn 92) zulässig, wenn Mangel beseitigt wird.

IV. Löschung der Ges nach § 397 FamFG (§ 144 I, III FGG)

24 **1. Voraussetzungen.** § 397 I 2 FamFG (§ 144 I 2 FGG) gestattet Löschung einer in das HR eingetragenen GmbH als nichtig, wenn Voraussetzungen der Nichtigkeitsklage nach §§ 75, 76 (§ 75 Rn 13–16) vorliegen. Begriff „Gesellschaft mit beschränkter Haftung" umfasst auch UG. § 397 FamFG ist als Einschränkung der allgemeinen Löschungsbefugnis gedacht. Die Löschung erfolgt daher auf Grdl des § 395 FamFG unter Beachtung der sich aus § 397 FamFG ergebenden Einschränkungen.[88] Für andere Satzungsmängel gilt § 399 IV FamFG (§ 144 a IV FGG) (Rn 31 ff). Wirksame Heilung der Nichtigkeit nach § 76 schließt Löschung aus.[89] Ablauf der Klagefrist (ebenso die nach abw Ansicht allein mögliche Verwirkung) der Nichtigkeitsklage (§ 75 Rn 26, dort auch Fn 38) steht Löschung nicht entgegen. § 397 I 2 FamFG (§ 144 I 2 FGG) ist analog anwendbar, wenn alle Beitrittserklärungen im GesVertrag unwirksam sind[90] (§ 2 Rn 46) oder wenn tatsächliche Geschäftstätigkeit der Ges von dem im GesVertrag wirksam vereinbarten Unternehmensgegenstand vollständig abweicht (§ 75 Rn 16).

25 **2. Verfahren. – a) Zuständigkeit u Löschungsankündigung. Zuständig** ist das **RegGericht,** in dessen Register die unzulässige Eintragung bewirkt worden ist. Einleitung des Löschungsverfahrens steht nicht im Ermessen des Gerichts.[91] Löschung hängt auch nicht von besonders festzustellendem öffentlichem Interesse an Beseitigung der Eintragung ab.[92] Für Fehlen der Bestimmung über die Höhe des Stammkapitals (§ 75 Rn 13) versteht sich beides im Interesse der Kapitalaufbringung von selbst. Soweit sich Mangel auf Bestimmung des Unternehmensgegenstandes bezieht (§ 75 Rn 14), können ihn die Gfter nach § 76 beseitigen. Geschieht das nicht, besteht kein Grund, die gesetzliche Regelung des § 3 I Nr 2 nicht durchzusetzen. Auch bestünde anderenfalls unerklärbare Diskrepanz zum Verfahren nach § 399 IV FamFG bzw § 144 a IV FGG (vgl Rn 37). Ist aber Nichtigkeitsklage nach § 75 anhängig, kann RegGericht Verfahrenseinleitung bis zur Rechtskraft der Entscheidung hinausschieben, weil es sein Verfahren bis dahin auch aussetzen (Rn 26) könnte.[93] Der Löschung geht nach §§ 397 I 1, 395 II FamFG (§§ 144 I 1, 142 II FGG) **Löschungsankündigung** gegenüber Ges voraus. Falls

---

88 Schulte-Bunert/Weinreich/*Nedden-Boeger* § 397 Rn 2.

89 KG JFG 1911, 159, 161; Michalski/*Heyder* Rn 17; Scholz/*Schmidt* § 75 Rn 25; *Jansen* § 144 FGG Rn 11.

90 Abw KG DB 2001, 138.

91 Roth/*Altmeppen* § 75 Rn 34; Ulmer/*Paura* § 75 Rn 39; Hachenburg/*Hohner* § 75 Rn 42; *Lutter/Kleindiek* in Lutter/Hommelhoff § 75 Rn 6; Michalski/*Heyder* Rn 20; Rowedder/Schmidt-Leithoff/*Zimmermann* § 75 Rn 43; Scholz/*Schmidt* § 75 Rn 26; *Hüffer* AktG § 275 AktG Rn 32. – **AM** KG JW 1938, 3048, 3049; *Meyer-Landrut* § 75 Rn 9; KölnerKommAktG/*Kraft* § 275 Rn 40; *Jansen* § 144 FGG Rn 18; Keidel/Kuntze/*Winkler* § 144 FGG Rn 31.

92 Scholz/*Schmidt* § 75 Rn 26; Rowedder/Schmidt-Leithoff/*Zimmermann* § 75 Rn 43. – **AM** *Hüffer* AktG § 275 AktG Rn 32.

93 Hachenburg/*Hohner* § 75 Rn 42; Rowedder/Schmidt-Leithoff/*Zimmermann* § 75 Rn 43; Scholz/*Schmidt* § 75 Rn 26.

Mangel heilbar, ist darauf in der Ankündigung ausdrücklich hinzuweisen (§ 45 I HRV).

b) Anhängige Nichtigkeitsklage nach § 75 schließt Löschungsverfahren nach § 397 I FamFG (§ 144 I 2 FGG) nicht aus.[94] RegGericht kann seine Entscheidung bis zur rechtskräftigen Entscheidung des Nichtigkeitsprozesses aussetzen.[95] Rechtskräftiges Nichtigkeitsurteil erledigt Amtslöschungsverfahren;[96] es ist einzustellen.[97] Rechtskräftige Abweisung der Nichtigkeitsklage steht einer Löschung nach § 397 I 2 FamFG (§ 144 I 2 FGG) nicht entgegen.[98] **26**

c) Widerspruch u Beschwerde gegen die Löschungsankündigung richten sich nach den zu § 395 FamFG (§ 142 FGG) dargestellten Regeln (Rn 21). **27**

d) Löschung geschieht durch Eintragung eines Vermerks (§§ 397 I 1, 395 I 2 FamFG bzw §§ 144 I 1, 142 I 2 FGG). Sie ist erst zulässig nach Ablauf der Widerspruchsfrist oder nach rechtskräftiger Zurückweisung des Widerspruchs (§§ 397, 395 III, 393 III FamFG bzw §§ 144 I 1, 142 III, 141 IV FGG). Löschung ist unzulässig, wenn bis zu ihrer Vornahme Mangel geheilt ist (Rn 24). Rechtsmittel gegen Löschung gibt es nicht;[99] unter den Voraussetzungen des § 395 FamFG (§ 142 FGG) kommt Amtslöschung der Löschung in Betracht.[100] Gfter können sich aber evtl durch Heilungs- u Fortsetzungsbeschluss helfen.[101] **28**

3. Rechtsfolgen der Löschung. Ges tritt mit Löschung in das Abwicklungsstadium über.[102] Es treten dieselben Rechtsfolgen ein wie bei Rechtskraft des Nichtigkeitsurteils nach § 75. Zu den Abwicklungsregeln vgl § 77 Rn 4 ff). **29**

4. Fortsetzungsbeschluss. Nach Löschung kann unter den allg Voraussetzungen (§ 60 Rn 92) Fortsetzungsbeschluss gefasst werden, sofern Mangel nach § 76 wirksam beseitigt worden ist.[103] Der den GesVertrag ändernde Beschluss hat ggf die Wirkungen eines Fortsetzungsbeschlusses[104] (s dazu schon § 77 Rn 14). **30**

V. Feststellung von Satzungsmängeln nach § 399 IV FamFG (§ 144 a IV FGG)

1. Voraussetzungen. a) Überblick. § 399 IV FamFG (§ 144 a IV FGG) erweitert die Möglichkeiten des RegGerichts, gegen Satzungsmängel nach § 397 I 2 FamFG (§ 144 I 2 FGG) einzuschreiten, indem er dort nicht **31**

---

94 Scholz/*Schmidt* § 75 Rn 29; Michalski/*Heyder* Rn 21; Rowedder/Schmidt-Leithoff/*Zimmermann* § 75 Rn 43; *Jansen* § 144 FGG Rn 21.

95 Ulmer/*Paura* § 75 Rn 49; Scholz/*Schmidt* aaO; *Jansen* (Fn 82).

96 Scholz/*Schmidt* aaO; *Jansen* (Fn 86).

97 Hachenburg/*Hohner* § 75 Rn 49; Ulmer/*Paura* § 75 Rn 49; Scholz/*Schmidt* § 75 Rn 29.

98 Hachenburg/*Hohner* § 75 Rn 49; *Lutter*/Hommelhoff/*Kleindiek* § 75 Rn 7; Scholz/*Schmidt* § 75 Rn 29; *Jansen* (Fn 82).

99 Ulmer/*Paura* § 75 Rn 48.

100 KG JFG 1901, 260, 261 ff; *Jansen* § 144 FGG Rn 22 iVm § 141 FGG Rn 19; Rowedder/Schmidt-Leithoff/*Zimmermann* § 75 Rn 44; Scholz/*Schmidt* § 75 Rn 27. – **AM** (Beschwerde nach § 19 FGG) Hachenburg/*Hohner* § 75 Rn 49.

101 Vgl nur Michalski/*Heyder* Rn 22.

102 BayObLG 1969, 215, 219; Scholz/*Schmidt* § 75 Rn 28; *Jansen* § 144 FGG Rn 12.

103 KG JFG 1911, 159, 161 f; Scholz/*Schmidt* § 76 Rn 7; *Jansen* § 144 FGG Rn 12.

104 Scholz/*Schmidt* (Fn 94).

einbezogene Mängel der in § 3 I aufgeführten notwendigen Satzungsbestimmungen erfasst, nämlich Fehlen oder Nichtigkeit der Bestimmungen über Firma u Sitz der Ges, Nichtigkeit der Bestimmung über den Betrag des Stammkapitals sowie Fehlen oder Nichtigkeit der Bestimmung über den Betrag der Stammeinlagen.

32 **b) Vereinbarkeit mit EU-Recht.** Zweifel an der Vereinbarkeit des § 399 IV FamFG mit Art 11 der 1. EG-Richtlinie,[105] soweit es sich nicht um das Fehlen der Bestimmung über die Stammeinlagen handelt, hat *Baums*[106] geäußert. Wenn zur Stützung dieser Auffassung darauf verwiesen wird, dass Nichtigkeit iSd Art 11 der 1. EG-RL nach Art 12 II der 1. EG-RL zur Liquidation der Ges führt, sich also – wie im nationalen Recht – nicht von der Auflösung unterscheide, mit der Folge, dass Art 11 der 1. EG-RL möglicherweise die im öffentlichen Interesse gegebenen Auflösungsgründe abschließend benenne,[107] so wird dabei verkannt, dass Nichtigkeit sich als Tatbestand eben doch von Auflösungstatbeständen unterscheidet (vgl § 75 Rn 5).

33 **c) Nichtigkeit der Bestimmung über die Firma** kann sich aus Verstoß gegen §§ 4 GmbHG, 18 II, 22 HGB ergeben,[108] nicht jedoch aus Verletzung des § 30 HGB.[109] Keine Nichtigkeit der Sachfirma durch nachträgliche Änderung des Geschäftsbetriebs,[110] auch keine analoge Anwendung des § 399 IV FamFG (§ 144 a IV FGG),[111] für die kein Bedürfnis besteht. Neben dem Verfahren nach § 399 IV FamFG (§ 144 a IV FGG) ist entspr den unterschiedlichen Zielsetzungen Firmenmissbrauchsverfahren nach §§ 37 I HGB, 392 FamFG gegeben.[112] Bei Verstoß gegen §§ 39, 40 KWG (unzulässiger Gebrauch von Bezeichnungen wie Bank oder Sparkasse) Löschung der Firma (nicht der Ges) nach § 43 II KWG von Amts wegen im Verfahren der § 395 I 2, II, III, FamFG (§§ 142 I 2, II, III, 143 FGG).[113]

34 **d) Bestimmungen über Stammkapital u Stammeinlagen** sind nichtig bei Verstoß gegen § 5 I (§ 5 Rn 12 f); ferner Nichtigkeit der Bestimmungen über Stammeinlagen bei Unwirksamkeit einzelner Beitrittserklärungen (str, § 2 Rn 45).

35 **2. Heilungsmöglichkeiten.** Die in Rn 31 ff genannten Mängel können durch satzungsändernden Beschluss geheilt werden, wie § 399 I 1 FamFG (§ 144 a I 1 FGG) voraussetzt.

36 **3. Verfahren. a) Aufforderung.** RegGericht fordert Ges von Amts wegen auf, innerhalb von ihm bestimmter Frist entweder eine den Mangel beseitigende Änderung des GesVertrages zur Eintragung in das HR anzumelden oder die Unterlassung durch Widerspruch gegen die Verfügung zu rechtfertigen. Aufforderung muss nach § 399 I 2 FamFG (§ 144 a I 2 FGG) Hin-

---

105 Abgedruckt bei *Lutter,* Europäisches Unternehmensrecht (ZGR-Sonderheft 1), 4. Aufl 1996, 104 ff.

106 Eintragung u Löschung von Gesellschafterbeschlüssen, 1981, S 57 Fn 187; ohne Bedenken aber *Scholz/Schmidt* § 75 Rn 7.

107 So *Schulze-Osterloh* in der 17. Aufl 2000 Rn 31.

108 Zu § 18 II HGB aF: OLG Köln BB 1980, 652.

109 Str, § 4 Rn 28. – **AM** KG GmbHR 1991, 319, 320.

110 § 4 Rn 33; zu § 4 aF: BayObLG GmbHR 1980, 11, 12.

111 BayObLG (Fn 101).

112 § 4 Rn 30; Hachenburg/*Ulmer* § 60 Rn 47; Scholz/*Schmidt* § 60 Rn 38.

113 Schulte-Bunert/Weinreich/*Nedden-Boeger* § 399 FamFG Rn 6.

weis auf Mangelfeststellung gemäß Abs 2 u auf Auflösungsfolge des § 60 I Nr 6 enthalten. Hinweis auf Widerspruchsfrist muss den Förmlichkeiten einer Rechtsbelehrung genügen.[114] Vom RegGericht bestimmte Frist muss ausreichend lang für Satzungsänderungen sein.[115] Hinsichtlich der Einleitung des Verfahrens besteht bei hinreichendem Verdacht eines Satzungsmangels kein Ermessen.[116]

b) Rechtsbehelf gegen die Aufforderung: Widerspruch in der vom Gericht gesetzten Frist; zulässig auch noch nach Fristablauf bis zum Erlass der Feststellungsverfügung nach § 398 II FamFG (§ 144 a II FGG).[117] **37**

c) Feststellungsverfügung. Nach fruchtlosem Verstreichen der Frist oder anlässlich (§ 399 II 2 FamFG bzw § 144 a II 2 FGG) oder nach Zurückweisung des Widerspruchs hat Gericht Mangel festzustellen (§ 399 II 1 FamFG bzw § 144 a II 1 FGG). Hiergegen (Zurückweisung des Widerspruchs und/oder gegen Feststellung) Beschwerde (§ 399 III FamFG) mit Monatsfrist (§ 63 FamFG). Zurückweisung des Widerspruchs ist für sich allein nicht anfechtbar, wohl aber, wenn sie mit der Feststellungsverfügung verbunden wird.[118] Gegen Beschwerdeentscheidung Rechtsbeschwerde (§§ 70 ff FamFG). **38**

4. Rechtsfolgen der Feststellungsverfügung. Mit **Rechtskraft** der Feststellungsverfügung ist Ges nach § 60 I Nr 6 aufgelöst. Auflösung ist nach § 65 I 2, 3 von Amts wegen in HR einzutragen. Ges ist nach allg Regeln (§§ 65 ff) abzuwickeln. Fortsetzungsbeschluss unter den allgemeinen Voraussetzungen (§ 60 Rn 92) zulässig, wenn Mangel durch Satzungsänderung wirksam beseitigt wird (§ 60 Rn 98). **39**

---

114 *Heinemann* FGPrax 2009, 1, 4.

115 BGH NJW 1997, 1855, 1857; Schulte-Bunert/Weinreich/*Nedden-Boeger* § 399 FamFG Rn 27; *Jansen* § 144 a FGG Rn 12; Hachenburg/*Ulmer* § 60 Rn 52; Scholz/*Schmidt* § 60 Rn 41.

116 Schulte-Bunert/Weinreich/*Nedden-Boeger* § 399 FamFG Rn 21; *Jansen* § 144 a FGG Rn 10; Hachenburg/*Ulmer* § 60 Rn 51; Scholz/*Schmidt* § 60 Rn 41; Michalski/*Heyder* Rn 28; einschränkend (kein Ermessen, wenn Voraussetzungen des § 144 a IV FGG zweifelsfrei vorliegen) KG GmbHR 1991, 319, 320; BayObLG NJW-RR 1989, 867, 868; Keidel/Kuntze/*Winkler* § 144 a FGG Rn 10; wohl auch *Anton* GmbHR 1973, 75, 78.

117 Schulte-Bunert/Weinreich/*Nedden-Boeger* § 399 FamFG Rn 37; *Jansen* § 144 a FGG Rn 12; Keidel/Kuntze/*Winkler* § 144 a FGG Rn 13; Hachenburg/*Ulmer* § 60 Rn 52; Scholz/*Schmidt* § 60 Rn 41.

118 Dazu auch Keidel/Kuntze/*Winkler* § 144 a FGG Rn 16; *Jansen* § 144 a FGG Rn 22.

Abschnitt 6. Ordnungs-, Straf- und Bußgeldvorschriften

Vorbemerkung

1 Der 6. Abschnitt enthält in den §§ 78, 79 **Vorschriften über die Pflicht zur Anmeldung zum HR** u in den §§ 82, 84, 85 **Strafvorschriften.** Die übrigen Bestimmungen sind aufgehoben worden: §§ 80, 81 (Umwandlung einer AG in eine GmbH) durch § 25 EGAktG 1937, § 81 a (Sondervorschrift über Untreue von GesOrganen gegenüber der Ges) durch Art 51 Nr 1 des Ersten Gesetzes zur Reform des Strafrechts vom 25. 6. 69 (BGBl I, 645), § 83 (Anwendbarkeit der Konkursstrafvorschriften auf GFührer) durch Art 150 II Nr 7 des Einführungsgesetzes zum OWiG vom 24. 5. 68 (BGBl I, 503). Zusätzliche Strafvorschriften sind Art 12 § 5 GmbH-Novelle 1980 (§ 82 Rn 97) u § 331 HGB.

2 § 266 StGB **(Untreue)** bei GmbH sowohl für GFührer u AR als auch für Gfter relevant.[1] Dies gilt insbes im Zusammenhang mit Schädigung der Ges durch **existenzvernichtenden Eingriff** u **Verstößen gg Kapitalerhaltungsgebot** (vgl zum Ganzen § 13 Rn 49; § 30 Rn 11; § 43 Rn 80).

Anmeldepflichtige

78 Die in diesem Gesetz vorgesehenen Anmeldungen zum Handelsregister sind durch die Geschäftsführer oder die Liquidatoren, die in § 7 Abs. 1, § 57 Abs. 1, § 57 i Abs. 1, § 58 Abs. 1 Nr. 3 vorgesehenen Anmeldungen sind durch sämtliche Geschäftsführer zu bewirken.

Übersicht

[1] Vgl aus der Rspr der Strafsenate BGHSt 34, 379, 384 ff; 35, 333, 336 ff; BGH NStZ 1996, 540; NStZ 1999, 557; NStZ 2003, 545; NJW 2004, 2248 (Bremer Vulkan); zivilrechtlich BGHZ 149, 10 (Bremer Vulkan), BGHZ 151, 181 (KBV); zur AG LG Düsseldorf NJW 2004, 3275 (Mannesmann/Vodafone). – Vgl aus der Lit Hachenburg/*Kohlmann* Vor § 82 Rn 52 ff; Rowedder/Schmidt-Leithoff/*Schaal* Vor §§ 82–85 Rn 9 ff; Scholz/*Tiedemann* Vor §§ 82 ff Rn 11 ff; *Flum,* Der strafrechtliche Schutz der GmbH gegen Schädigungen mit Zustimmung der Gesellschafter, 1990; *Nelles,* Untreue zum Nachteil von Gesellschaften, 1991 (dazu *Schäfer* GmbHR 1992, 509 ff); *Hillenkamp* NStZ 1981, 161; *Kohlmann,* FS Werner 1984, 387 ff; *Ulmer,* FS Pfeiffer 1988, 853 ff; *Meilicke* BB 1988, 1261 ff; *Vonnemann* GmbHR 1988, 329 ff; *Brammsen* DB 1989, 1609 ff; *Lipps* NJW 1989, 502; *Gribbohm* ZGR 1990, 1 ff; *ders* DStR 1991, 248 ff; *Arloth* NStZ 1990, 570; *Fleck* ZGR 1990, 31 ff; *Stapelfeld* BB 1991, 1501 ff; *Schäfer* GmbHR 1993, 780, 787 ff; *Goltz/Klose* NZI 2000, 108; *Altmeppen* ZIP 2001, 1837; *Wellkamp* NStZ 2001, 113; *Maurer* GmbHR 2004, 1549; *Kubiciel* NStZ 2005, 353; *Fleischer* NJW 2005, 2867; *Tsambikakis* GmbHR 2005, 331, 335.

Lit: *Happ/Holler,* „Limited" statt GmbH? – Risiken und Kosten werden gern verschwiegen, DStR 2004, 730; *Heckschen,* Die Ltd. – wie legitimiert sie sich in Deutschland?, NotBZ 2005, 24; *Heneweer,* Das Erfordernis öffentlicher Beglaubigung im Handelsregisterverkehr (§ 12 HGB), FGPrax 2004, 259; *Kießling/Eichele,* Amtsniederlegung des GmbH-Geschäftsführers und Registerlöschung, GmbHR 1999, 1165; *Müller,* Handelsregisterberichtigung durch den ausgeschiedenen GmbH-Geschäftsführer, BB 1998, 329; *Wachter,* Auswirkungen des EuGH-Urteils in Sachen Inspire Art Ltd. auf Beratungspraxis und Gesetzgebung, GmbHR 2004, 88.

I. Allgemeines

1 **Bedeutung der Vorschrift, Anwendungsbereich.** § 78 bestimmt, wer die im GmbHG vorgesehenen Anmeldungen zum HR zu bewirken hat. Vorschrift begründet keine Anmeldepflicht, sondern setzt sie voraus. Nicht umfasst daher Eintragungen ins HR, die von Amts wegen vorgenommen werden (zB §§ 65 I 2, 3, 4; § 67 IV).[1] – **Anmeldepflicht** kann gesellschaftsrechtlicher u öffentlich-rechtlicher Natur sein, Eintragung deklaratorische oder konstitutive Wirkung haben. Unterschiede bestehen lediglich bezüglich der Zahl der anmeldepflichtigen Gf (unten Rn 6) u der Möglichkeit, Zwangsgelder festzusetzen (vgl § 79 Rn 8). Im GmbHG sind Anmeldepflichten teilw speziell geregelt (zB §§ 39 I, 54 I 1, 57 I, 65 I 1, 67 I); ansonsten besteht regelmäßig Folge- u Durchführungspflicht gem § 37 I (s dort Rn 21). § 78 gilt auch für Anmeldungen gem §§ 13 b II, 53 HGB. Für Anmeldungen nach UmwG ist Zuständigkeit für Registeranmeldung besonders geregelt (vgl §§ 16, 38, 52, 129, 137, 176, 198, 222, 235, 246, 254, 278 UmwG); für Unternehmensverträge gilt § 294 AktG analog (vgl hierzu Schlussanh I Rn 49 ff, insbes 53). – **Anmeldung** zum HR ist sowohl organschaftlicher Akt als auch Verfahrenshandlung, auf die die Vorschriften über Willenserklärungen teilw analog angewendet werden können.[2]

II. Die zur Anmeldung berufenen Personen

2 **1. Grundsatz.** Zur Anmeldung berufen sind die zurzeit der Anmeldung jeweils im Amt befindlichen GFührer oder Liquidatoren, da es sich um An-

[1] Hachenburg/*Ulmer* Rn 7; Rowedder/Schmidt-Leithoff/*Zimmermann* Rn 5.

[2] HM, Hachenburg/*Ulmer* Rn 3; Michalski/*Heyder* Rn 3; teilw abw Scholz/*Winter* Rn 4: nur Verfahrenshandlung. – Zu Abgabe u Zugang OLG Düsseldorf NJW-RR 2000, 702, 703; für Zugang entsprechend § 130 I 1 BGB BayObLG NZG 2004, 421.

meldungen der Ges handelt.[3] Prokuristen u Handlungsbevollmächtigte sind nur dann zur Anmeldung befugt, wenn hierfür bevollmächtigt oder im Fall unechter Gesamtvertretung (unten Rn 3f).[4] Nach Auflösung der Ges nicht mehr die GFührer, sondern die Liquidatoren (Einzelheiten § 65 Rn 7, § 67 Rn 4).[5] – Anmeldungsbefugnis entfällt mit wirksamem Verlust des Amtes (§ 35 Rn 99, § 39 Rn 9).[6] GFührer u Liquidatoren können daher nicht eigenen Amtsverlust gem § 39 I anmelden. Etwas anderes gilt nur bei für Amtsniederlegung des einzigen Gführers.[7] Zulässig ist auch Anmeldung der eigenen Amtsniederlegung, wenn diese erst mit Eintragung in das HR wirksam werden soll.[8] Besteht in einem solchen Fall Gesamtvertretung, muss ausscheidender GFührer an Anmeldung mitwirken.[9] Anmeldung der Bestellung zum GFührer durch diesen selbst wird erst mit Nachweis seiner Anmeldebefugnis wirksam.[10] – Zur Anmeldebefugnis des Insolvenzverwalters Rn 5.

2. Bei **unechter Gesamtvertretung** (§ 35 Rn 111ff; § 68 Rn 8) ist gemeinschaftliche Anmeldung durch GFührer oder Liquidatoren u Prokuristen zulässig;[11] nicht aber, wenn Anmeldung durch sämtliche GFührer oder Liquidatoren (Rn 9, 10) gefordert ist.[12] 3

3. Anmeldung durch Bevollmächtigte der zur Anmeldung befugten Personen ist grds zulässig, sofern Vollmacht diesen Inhalt hat u abw von § 167 II BGB in der Form des § 12 HGB nachgewiesen wird. Gesetzlicher Umfang von Prokura u Handlungsvollmacht reicht als Bevollmächtigung nicht aus.[13] – Im Einzelnen gilt: Vertretung durch Bevollmächtigte regelmäßig **zulässig,** wenn Anmeldung durch GFührer oder Liquidatoren in vertretungsberechtigter Zahl ausreichend (unten Rn 7); Generalvollmacht eines GFührers ist unwirksam.[14] Vertretung **unzulässig** bei Anmeldungen, deren Inhalt ununterscheidbar strafrechtlich gegen unrichtige Angaben geschützt ist. Dies sind die Anmeldungen der Ges nach § 7 I (Strafvorschrift §§ 82 I Nr 1, 2, 5), der Kapitalerhöhung nach § 57 I (Strafvorschrift § 82 I Nr 3) u der Kapitalherab- 4

---

[3] Hachenburg/*Ulmer* Rn 12; Scholz/*Winter* Rn 10; Michalski/*Heyder* Rn 1; für Anmeldung mit dem Ziel konstitutiv wirkender Eintragung: BGHZ 105, 324, 328; 117, 323, 325f.

[4] Hachenburg/*Ulmer* Rn 13.

[5] Scholz/*Winter* Rn 9.

[6] BayObLGZ 1981, 227, 230; OLG Frankfurt/Main BB 1983, 1561; OLG Zweibrücken GmbHR 1999, 479; Ulmer/*Casper* Rn 14; Hachenburg/*Ulmer* Rn 15; *Lutter*/Hommelhoff/*Kleindiek* Rn 1; Scholz/*Winter* Rn 11.

[7] LG Berlin ZIP 1993, 197f; LG Köln GmbHR 1998, 183; Roth/*Altmeppen* Rn 7; *Kießling/Eichele* GmbHR 1999, 1165, 1173f; *Müller* BB 1998, 329f. – Abl unter Hinweis auf die Möglichkeit, einen Not-GFührer für die Anmeldung zu bestellen, *Lutter*/Hommelhoff/*Kleindiek* Rn 1. **AM** OLG Frankfurt ZIP 2006, 1769, 1770.

[8] BayObLGZ 1981, 227, 230; OLG Frankfurt/Main BB 1983, 1561.

[9] BayObLG NZG 2004, 421.

[10] OLG Düsseldorf NJW-RR 2000, 702, 703.

[11] Hachenburg/*Ulmer* Rn 14; Ulmer/*Casper* Rn 13; Scholz/*Winter* Rn 14; Staub/*Hüffer* § 12 HGB Rn 14; für AG RGZ 134, 303, 307.

[12] Staub/*Hüffer* § 12 HGB Rn 14.

[13] Hachenburg/*Ulmer* Rn 20; Staub/*Hüffer* § 12 HGB Rn 5; Rowedder/Schmidt-Leithoff/*Zimmermann* Rn 11.

[14] BGHZ 34, 27, 30f; Rowedder/Schmidt-Leithoff/*Zimmermann* Rn 15; *Gustavus* GmbHR 1978, 219, 225; ähnlich Scholz/*Winter* Rn 18. – **AM** Ulmer/*Casper* Rn 21; Hachenburg/*Ulmer* Rn 20.

setzung nach § 58 I Nr 3 (Strafvorschrift § 82 II Nr 1).[15] Diese Fälle waren bis zur Ergänzung des § 78 um den Fall des § 57 i I diejenigen, in denen die Anmeldungen die Mitwirkung sämtlicher GFührer oder Liquidatoren erforderten. Für diese wird iE zutreffend angenommen, dass Vertretung unzulässig ist.[16] Anderes gilt aber für Anmeldungen der GFührer u Liquidatoren, bei denen sich strafbewehrte Erklärungen oder Versicherungen von der Anmeldung unterscheiden lassen[17] Dies sind die Fälle der Anmeldung der Kapitalerhöhung aus Gesellschaftsmitteln nach § 57 i (Erklärung nach § 57 i I 2, als solche strafbewehrt nach § 82 I Nr 4) sowie der Anmeldungen der nachträglich bestellten GFührer nach §§ 39 I–III u der Liquidatoren nach §§ 67 I–III (Versicherungen nach §§ 39 III, 67 III, strafbewehrt nach § 82 I Nr 5). Anmeldung durch Bevollmächtigte ist zulässig, wenn Versicherung des GFührers oder Liquidators nach §§ 39 III, 67 III in öffentlich beglaubigter Form beigefügt wird.[18] Das gilt aus den genannten Gründen auch für die Anmeldung nach § 57 i, obwohl sie die Mitwirkung sämtlicher GFührer erfordert;[19] Erklärung der GFührer nach § 57 i I 2 ist in öffentlich beglaubigter Form beizufügen.

5 **4. Insolvenzverfahren** berührt Organstellung der GFührer u Liquidatoren nicht (§ 60 Rn 42, 44). Zuständigkeit für Anmeldungen gem § 78 besteht daher fort, wird jedoch durch Zuständigkeit des Insolvenzverwalters zur Verwaltung u Verwertung der Insolvenzmasse überlagert.[20] Insolvenzverwalter hat daher zB Firmenänderung infolge Veräußerung der bisherigen Firma[21] oder Aufhebung einer Zweigniederlassung zum HR anzumelden.[22] Dies gilt jedoch nicht für Anmeldung der Beendigung des Amtes von GFührern oder Liquidatoren[23] u für Anmeldung einer vor Eröffnung des Insolvenzverfahrens beschlossenen Kapitalerhöhung.[24]

III. Zahl der Anmeldenden

6 **1. Grundsatz.** § 78 unterscheidet zwischen Anmeldungen durch die GFührer oder Liquidatoren in vertretungsberechtigter Zahl u Anmeldungen durch sämtliche GFührer.

---

[15] Roth/*Altmeppen* Rn 5; Michalski/*Heyder* Rn 21.

[16] BayObLG BB 1986, 1532, 1533; Hachenburg/*Ulmer* Rn 21; Rowedder/Schmidt-Leithoff/*Zimmermann* Rn 16; Scholz/*Winter* Rn 19; Michalski/*Heyder* Rn 21. – **AM** OLG Köln BB 1986, 2088.

[17] Ebenso, aber widersprüchlich Roth/*Altmeppen* Rn 5.

[18] Hachenburg/*Ulmer* Rn 21; wohl auch Scholz/*Winter* Rn 19.

[19] Scholz/*Priester* § 57 i Rn 2.

[20] OLG Köln NJW-RR 2001, 1417; OLG Rostock GmbHR 2003, 1133; Ulmer/*Casper* Rn 17; Scholz/*Winter* Rn 13; Rowedder/Schmidt-Leithoff/*Zimmermann* Rn 13; Michalski/*Heyder* Rn 13; zur KO Hachenburg/*Ulmer* Rn 16.

[21] OLG Karlsruhe ZIP 1993, 133, 134.

[22] Michalski/*Heyder* Rn 13.

[23] OLG Köln NJW-RR 2001, 1417; Ulmer/*Casper* Rn 17; Rowedder/Schmidt-Leithoff/*Zimmermann* Rn 12; vgl auch OLG Rostock GmbH 2003, 1133; – **AM** zur KO AG Charlottenburg ZIP 1996, 683, 684 sowie LG Baden-Baden ZIP 1996, 1352 f; auch Roth/*Altmeppen* Rn 8; Voraufl Rn 4 aE.

[24] BayObLG ZIP 2004, 1426; Ulmer/*Casper* Rn 17.

7 **2. Anmeldungen durch die Geschäftsführer in vertretungsberechtigter Zahl.** IdR genügt für Anmeldungen zum HR Mitwirkung der GFührer in vertretungsberechtigter Zahl: Anmeldung der Errichtung einer Zweigstelle nach §§ 13 I HGB der Änderung in den Personen der GFührer sowie ihrer Vertretungsbefugnis nach § 39 I (§ 39 Rn 7),[25] der Änderungen des GesVertrages nach § 54 I (§ 54 Rn 2) mit Ausnahme von Kapitalerhöhungen u -herabsetzungen (Rn 8), ferner eines Fortsetzungsbeschlusses (§ 60 Rn 53 aE). Das gilt auch für die meisten Fälle der Anmeldungen nach dem UmwG: Verschmelzung durch Aufnahme (§ 16 I UmwG), Verschmelzung durch Neugründung (§ 38 UmwG), Spaltung zur Aufnahme (§§ 16 I, 125, 129 UmwG), Spaltung zur Neugründung (§§ 38, 125, 137 I, II), Vermögensübertragung auf die öffentliche Hand (§§ 16 I, 176 I UmwG), Teilübertragung auf die öffentliche Hand (§§ 16 I, 125, 129, 177 I UmwG), Formwechsel in eine PersonenGes oder PartnerschaftsGes (§§ 198, 235 UmwG), Formwechsel in eine KapitalGes anderer Rechtsform (§§ 198, 246 UmwG), Umwandlung in eine Genossenschaft (§§ 198, 254 I UmwG). Für Kapitalveränderungen im Zusammenhang mit Umwandlungen gilt aber § 78 Halbs 2 (unten Rn 9 f).[26]

8 **3. Anmeldungen durch die Liquidatoren in vertretungsberechtigter Zahl.** Für Anmeldungen der Liquidatoren genügt idR ebenfalls Mitwirkung in vertretungsberechtigter Zahl: Anmeldung der Auflösung der Ges nach § 65 (§ 65 Rn 7), der ersten Liquidatoren, ihrer Vertretungsbefugnis, jedes Wechsels der Liquidatoren u jeder Änderung ihrer Vertretungsbefugnis nach § 67 I (§ 67 Rn 6), des Schlusses der Liquidation gem § 74 I 1 (§ 74 Rn 4).

9 **4. Mitwirkung sämtlicher Geschäftsführer** einschließlich der Stellvertreter (§ 44)[27] ist erforderlich bei Anmeldung der Ges nach § 7 I (§ 7 Rn 2), einer Kapitalerhöhung nach § 57 I (§ 57 Rn 2) einschließlich Kapitalerhöhung aus GesMitteln nach § 57 i (§ 57 i Rn 3) u einer Kapitalherabsetzung nach § 58 I Nr 3 (§ 58 Rn 37). Erfordernis resultiert daraus, dass GFührer bei diesen Anmeldungen zusätzlich bestimmte Erklärungen u Versicherungen abzugeben haben (vgl §§ 8 II, 57 II, 57 i I 2, 58 I Nr 3) u aus Gläubigerschutzgründen für falsche Angaben haften (vgl §§ 9 a I, 57 IV sowie § 82 iVm § 823 II BGB). Entspr § 78 Halbs 2 Alt 1 ist Änderung des GesVertrags im Stadium der Vor-GmbH von allen GFührern anzumelden.[28] – Über § 78 Halbs 2 hinaus ist Mitwirkung sämtlicher GFührer bei Anmeldung auf Grund anderer Vorschriften erforderlich: Gründung einer GmbH durch Ausgliederung aus dem Vermögen eines Einzelkaufmanns (§ 160 I UmwG);[29] formwechselnde Umwandlung einer PersonenhandelsGes, einer PartnerschaftsGes, einer eingetragenen Genossenschaft u eines rechtsfähigen Vereins in eine GmbH (§§ 222 I 1, 225 c, 265 S 1, 278 I UmwG).

10 **5. Mitwirkung sämtlicher Liquidatoren** ist zwar nach dem Wortlaut des § 78 nicht vorgesehen, aber in analoger Anwendung erforderlich bei

---

[25] OLG Frankfurt/M ZIP 2006, 1769.

[26] Scholz/*Winter* Rn 17 a; Michalski/*Heyder* Rn 17; Ulmer/*Casper* Rn 18 f.

[27] Hachenburg/*Ulmer* Rn 19; Scholz/*Winter* Rn 16.

[28] Rowedder/Schmidt-Leithoff/*Zimmermann* Rn 12, § 54 Rn 6; Scholz/*Priester* § 54 Rn 4. – **AM** Hachenburg/*Ulmer* Rn 4.

[29] Kallmeyer/*Zimmermann* § 160 Rn 3.

Anmeldung einer Kapitalerhöhung (§ 69 Rn 21) oder Kapitalherabsetzung (§ 69 Rn 22) im Liquidationsstadium.[30]

11 **6. Erzwingung der Mitwirkung.** Soweit Anmeldepflicht besteht (dazu § 79 Rn 3), wird Anmeldung vom RegGericht durch Festsetzung von **Zwangsgeld** erzwungen. – Daneben sind GFührer oder Liquidatoren der Ges gegenüber auf Grund ihrer Amtsstellung zur Mitwirkung an den erforderlichen (auch freiwilligen) Anmeldungen verpflichtet (vgl oben Rn 1). **Klage der Ges,** vertreten durch die Gfter (§ 46 Nr 8), auf Mitwirkung möglich.[31] Die Vollstreckung richtet sich grds nach § 894 ZPO,[32] doch gilt das nicht für die mit den Anmeldungen ggf verbundenen Versicherungen (§§ 8 II, III, 39 III, 57 II, 58 I Nr 4, 67 III) oder der mit ihr verbundenen Erklärung (§ 57 i I 2); insoweit kommt Vollstreckung nach § 888 I ZPO in Betracht.[33] Soweit die Anmeldung – wie insbes bei der Anmeldung der Ges nach §§ 7, 8 – neben den Versicherungen nach § 8 II, III zusätzliche Wissenserklärungen enthält, kann Vollstreckung einheitlich nur nach § 888 I ZPO stattfinden.[34] Umstr ist, ob neben § 894 ZPO die Vorschrift des § 16 I HGB anwendbar ist, wonach für die Eintragung auch nur eine sonstige vollstreckbare Entscheidung, zB ein vorläufig vollstreckbares Urteil oder eine einstweilige Verfügung,[35] genügt. Sinn des § 16 I HGB ist es, eine rasche Eintragung zu ermöglichen. Daher kann die Anwendbarkeit dieser Regelung nicht von einer Wortinterpretation abhängen, die darauf abstellt, dass eine Entscheidung unter mehreren zur Mitwirkung an der Anmeldung Verpflichteten getroffen wird, u daher den Fall ausklammert, dass die Ges gegen Verpflichteten auf Anmeldung klagt.[36] Versicherungen u Wissenserklärungen kann aber auch das Verfahren nach § 16 I HGB nicht ersetzen.

IV. Form der Anmeldung

12 Für Anmeldung schreibt § 12 I HGB eine elektronisch errichtete **öffentliche Beglaubigung** vor. Die Anforderungen hieran richten sich nach § 39 a BeurkG. Übermittlung der Anmeldung sowie aller anderen erforderlichen Dokumente hat elektronisch zu erfolgen (§ 12 II HGB).

Zwangsgelder

79 (1) [1]**Geschäftsführer oder Liquidatoren, die §§ 35 a, 71 Abs. 5 nicht befolgen, sind hierzu vom Registergericht durch Festsetzung von Zwangsgeld anzuhalten; § 14 des Handelsgesetzbuchs bleibt unberührt.** [2]**Das einzelne Zwangsgeld darf den Betrag von fünftausend Euro nicht übersteigen.**

[30] Hachenburg/*Ulmer* Rn 19; Scholz/*Winter* Rn 17; Rowedder/Schmidt-Leithoff/*Zimmermann* Rn 14; Michalski/*Heyder* Rn 17.
[31] Hachenburg/*Ulmer* Rn 18; Roth/*Altmeppen* Rn 10; Staub/*Hüffer* § 16 HGB Rn 16.
[32] Staub/*Hüffer* § 16 HGB Rn 6.
[33] Roth/*Altmeppen* Rn 12; Hachenburg/*Ulmer* Rn 18.
[34] Scholz/*Winter* § 7 Rn 6.
[35] Staub/*Hüffer* § 16 HGB Rn 2.
[36] Roth/*Altmeppen* Rn 14. – **AM** Staub/*Hüffer* § 16 HGB Rn 11, 16.

(2) **In Ansehung der in §§ 7, 54, 57 Abs. 1, § 58 Abs. 1 Nr. 3 bezeichneten Anmeldungen zum Handelsregister findet, soweit es sich um die Anmeldung zum Handelsregister des Sitzes der Gesellschaft handelt, eine Festsetzung von Zwangsgeld nach § 14 des Handelsgesetzbuchs nicht statt.**

Übersicht

I. Allgemeines

Bedeutung der Vorschrift. § 79 setzt Regelung des § 14 HGB, gegenüber dem RegGericht zu erbringende Handlungen durch Festsetzung von Zwangsgeld zu erzwingen, voraus, erweitert in **Abs 1** die Festsetzungsbefugnis des RegGerichts auf Verstöße gegen die §§ 35 a, 71 V u schließt sie in **Abs 2** für die erstmalige Anmeldung der Ges u von Satzungsänderungen einschließlich Kapitalerhöhungen u -herabsetzungen aus. – Abs 1 ist durch Art 3 Nr 13 des Gesetzes zur Durchführung der Ersten Richtlinie des Rates der Europäischen Gemeinschaften zur Koordinierung des GesRechts vom 15. 8. 69 (BGBl I, 1146) eingefügt worden. Durch Art 3 Nr 9 BiRiLiG ist in Abs 1 Absatzbezeichnung des § 71 der Änderung dieser Vorschrift angepasst worden. Umstellung des Höchstbetrags von zehntausend DM auf fünftausend Euro mit Wirkung vom 25. 1. 2001 durch Gesetz v 18. 1. 2001 (BGBl I S 123). 1

II. Zwangsgeldfestsetzung nach § 14 HGB

§ 14 HGB Festsetzung von Zwangsgeld

Wer seiner Pflicht zur Anmeldung oder zur Einreichung von Dokumenten zum Handelsregister nicht nachkommt, ist hierzu von dem Registergericht durch Festsetzung von Zwangsgeld anzuhalten. Das einzelne Zwangsgeld darf den Betrag von fünftausend Euro nicht übersteigen.

1. Grundsatz. § 14 HGB ermächtigt u verpflichtet RegGericht, Pflicht zur Anmeldung zum HR sowie zur Einreichung von Schriftstücken durch Festsetzung von Zwangsgeld durchzusetzen. Hiervon macht § 79 Abs 2 einige Ausnahmen (Rn 8, 9). 2

2. Materielle Voraussetzungen. a) Folgende **Anmeldungen** sind nach § 14 HGB erzwingbar:[1] Anmeldung der Erteilung u des Widerrufs einer 3

[1] Ulmer/*Casper* Rn 11; Röhricht/von Westphalen/*Ammon/Ries* § 14 HGB Rn 4 ff.

Prokura nach §§ 53 I, III HGB; der Errichtung einer Zweigstelle nach §§ 13, 13g HGB; der Änderung in den Personen der GFührer sowie ihrer Vertretungsbefugnis nach § 39 I; der Auflösung der Ges nach § 65, sofern sie nicht auf einem Auflösungsbeschluss beruht, der Satzungsänderung ist (§ 60 Rn 18; § 65 Rn 2), u sofern nicht Auflösung von Amts wegen einzutragen ist (§ 65 Rn 3ff); der ersten Liquidatoren, ihrer Vertretungsbefugnis, jedes Wechsels der Liquidatoren u jeder Änderung ihrer Vertretungsbefugnis nach § 67 I; des Schlusses der Liquidation nach Beendigung der Abwicklung u Legung der Schlussrechnung nach § 74 I; eines Fortsetzungsbeschlusses, sofern er nicht mit einer Satzungsänderung (Rn 9) verbunden ist (§ 60 Rn 53 aE).

4 **b) Einreichung von Dokumenten** wird durch Zwangsgeld erzwungen im Falle der GfterListe nach § 40, der Bekanntmachung von ARMitgliedern nach § 52 II 2, des Nichtigkeitsurteils nach § 75 II GmbHG iVm § 248 I 2 AktG (§ 75 Rn 31). Ferner in den Fällen, in denen einer Anmeldung Schriftstücke beizufügen sind u die Anmeldung eine solche ist, die nach § 14 HGB erzwungen werden kann; also in den Fällen der §§ 39 II, 67 II GmbHG, 13b II 1 HGB, nicht aber (Gegenschluss aus § 407 II 2 AktG) in den Fällen der nicht erzwingbaren Anmeldungen (vgl Rn 9, 10) nach §§ 8 I, 54 I 2, 57 III, 57i I 1, 58 I Nr 4 GmbHG, §§ 17, 36, 52 II, 56, 125, 135, 176 I, 177 I UmwG, § 197 UmwG iVm § 8 I GmbHG, § 199 UmwG, in denen eine nicht ordnungsgemäße Anmeldung zurückgewiesen werden kann (§ 8 Rn 2).[2] Ist aber auf Grund nicht ordnungsgemäßer Anmeldung Eintragung mit konstitutiver Wirkung (§§ 11 I, 54 III) vorgenommen worden, hat RegGericht Einreichung fehlender Unterlagen (insbes Versicherungen nach §§ 8 II, 57 II GmbHG) nach § 14 HGB zu erzwingen.[3] Erzwingbar ist Einreichung von zusätzlichen Anmeldungsstücken für Zweigniederlassungen nach § 13c I, III, IV HGB auch bei freiwilligen Anmeldungen (vgl § 407 II 2 AktG).

5 **3. Verfahren** der Zwangsgeldfestsetzung richtet sich nach §§ 388ff FamFG (§§ 132ff FGG). Wenn RegGericht glaubhaft erfährt, dass GFührer oder Liquidatoren ihren nach § 14 HGB erzwingbaren Verpflichtungen nicht nachgekommen sind, hat es diesen (nicht der Ges u den Gftern)[4] unter Androhung eines Zwangsgeldes nach § 388 I FamFG (§ 132 I FGG) aufzugeben, innerhalb einer bestimmten Frist der Verpflichtung nachzukommen oder die Unterlassung mittels Einspruchs gegen die Verfügung zu rechtfertigen. Ermessensspielraum des Gerichts besteht nicht;[5] doch darf es vor Einleitung des Zwangsgeldverfahrens an Erledigung erinnern.[6] Das Zwangsgeld ist nach § 398 FamFG (§ 133 I FGG) unter Androhung eines erneuten Zwangsgeldes

[2] Scholz/*Winter* Rn 7; Staub/*Hüffer* § 14 HGB Rn 8; zu § 407 II AktG GroßkommAktG/*Otto* 4. Aufl § 407 Rn 56. – Zu weitgehend Hachenburg/*Kohlmann* Rn 5; Rowedder/Schmidt-Leithoff/*Zimmermann* Rn 11; zu § 407 II AktG KölnerKomm/*Zöllner* § 407 Rn 25.

[3] BayObLG DB 1987, 2139, 2140; zu § 407 II AktG GroßkommAktG/*Otto* 4. Aufl § 407 Rn 56.

[4] Röhricht/von Westphalen/*Ammon/Ries* § 14 HGB Rn 13; *Jansen* § 132 FGG Rn 48, 49; Hachenburg/*Kohlmann* Rn 16, 17; *Lutter*/Hommelhoff/*Kleindiek* Rn 2; Scholz/*Winter* Rn 18.

[5] BGH BB 1977, 1221; Röhricht/von Westphalen/*Ammon/Ries* § 14 HGB Rn 15; Hachenburg/*Kohlmann* Rn 20; Scholz/*Winter* Rn 20.

[6] *Jansen* § 132 FGG Rn 47; Scholz/*Winter* Rn 20.

festzusetzen, wenn Einspruch nicht fristgerecht erhoben u auch Verpflichtung nicht erfüllt wird. Wiederholte Zwangsgeldfestsetzung ist nach § 398 FamFG zulässig. Verschulden des Verpflichteten nicht erforderlich, doch wird Verhalten des Verpflichteten für Art der Maßnahmen (Fristsetzung, Höhe des Zwangsgeldes) bestimmend sein.[7] Einspruchsverfahren richtet sich nach §§ 390 ff FamFG (§§ 134 ff FGG). Gegen Zwangsgeldfestsetzungsbeschluss u gegen Verwerfung des Einspruchs ist nach § 391 FamFG (§ 139 FGG) die Beschwerde (Frist: ein Monat, § 63 FamFG) gegeben. Höchstbetrag des Zwangsgeldes ist 5000 Euro, der Mindestbetrag nach Art 6 I 1 EGStGB 5 Euro. Keine Umwandlung in Haft.[8] Rechtskräftige Zwangsgeldfestsetzung ist aufzuheben, wenn Verpflichtung vor Vollstreckung erfüllt wird.[9]

III. Zwangsgeldfestsetzung nach Abs 1

Abs 1 erweitert Befugnisse des RegGerichts nach § 14 HGB auf die Fälle, in denen GFührer oder Liquidatoren die in §§ 35 a, 71 V vorgeschriebenen Angaben auf **Geschäftsbriefen** (Erl zu § 35 a; § 71 Rn 37) nicht oder unrichtig machen.[10] Verfahren ist dasselbe wie bei § 14 HGB (Rn 6). GFührer u Liquidatoren können auch zur Berichtigung gezwungen werden.[11] – Zu Geschäftsbriefen von Zweigniederlassungen ausländischer GmbH unten Rn 15. 6

IV. Nicht erzwingbare Anmeldungen, Abs 2

1. Grundsatz. Die in Abs 2 genannten Anmeldungen zum HR sind nicht erzwingbar, da Eintragung konstitutive Wirkung hat u ihre Herbeiführung im Belieben der Ges liegen soll. Hat aber solche Eintragung auf Grund fehlerhafter Anmeldung stattgefunden, ohne dass die Voraussetzungen einer Amtslöschung nach § 142 FGG bzw § 395 FamFG (§ 77 Anh Rn 19) vorliegen, können die zur Anmeldung Befugten (§ 78 Rn 2, 6 ff) durch Zwangsgeldfestsetzung zur Beseitigung des Mangels angehalten werden.[12] 7

2. Einzelheiten. Folgende Anmeldungen sind nach Abs 2 nicht erzwingbar: Anmeldung der Ges nach § 7 I, einer Änderung des GesVertrages nach § 54 I, einer Kapitalerhöhung nach § 57 I, einer Kapitalherabsetzung nach § 58 I Nr 3. 8

3. Weitere nicht erzwingbare Handlungen sind Anmeldungen einer Umwandlung nach dem UmwG (§ 316 II UmwG) sowie Anmeldung eines Unternehmensvertrages (vgl SchlAnhKonzernR I Rn 53). 9

---

[7] Hachenburg/*Kohlmann* Rn 14; Scholz/*Winter* Rn 13.
[8] Hachenburg/*Kohlmann* Rn 28.
[9] BayObLG DB 1979, 1981; *Jansen* § 133 FGG Rn 6; Hachenburg/*Kohlmann* Rn 27, 34; Scholz/*Winter* Rn 25.
[10] Scholz/*Winter* Rn 3.
[11] Michalski/*Heyder* Rn 11.
[12] Hachenburg/*Kohlmann* Rn 8, 9; Scholz/*Winter* Rn 16.

80, 81 *(weggefallen)*

81a *(weggefallen)*

Falsche Angaben

82

(1) **Mit Freiheitsstrafe bis zu drei Jahren oder mit Geldstrafe wird bestraft, wer**

1. **als Gesellschafter oder als Geschäftsführer zum Zweck der Eintragung der Gesellschaft über die Übernahme der Geschäftsanteile, die Leistung der Einlagen, die Verwendung eingezahlter Beträge, über Sondervorteile, Gründungsaufwand und Sacheinlagen,**
2. **als Gesellschafter im Sachgründungsbericht,**
3. **als Geschäftsführer zum Zweck der Eintragung einer Erhöhung des Stammkapitals über die Zeichnung oder Einbringung des neuen Kapitals oder über Sacheinlagen,**
4. **als Geschäftsführer in der in § 57i Abs. 1 Satz 2 vorgeschriebenen Erklärung oder**
5. **als Geschäftsführer einer Gesellschaft mit beschränkter Haftung oder als Geschäftsleiter einer ausländischen juristischen Person in der nach § 8 Abs. 3 Satz 1 oder § 39 Abs. 3 Satz 1 abzugebenden Versicherung oder als Liquidator in der nach § 67 Abs. 3 Satz 1 abzugebenden Versicherung**

falsche Angaben macht.

(2) **Ebenso wird bestraft, wer**

1. **als Geschäftsführer zum Zweck der Herabsetzung des Stammkapitals über die Befriedigung oder Sicherstellung der Gläubiger eine unwahre Versicherung abgibt oder**
2. **als Geschäftsführer, Liquidator, Mitglied eines Aufsichtsrats oder ähnlichen Organs in einer öffentlichen Mitteilung die Vermögenslage der Gesellschaft unwahr darstellt oder verschleiert, wenn die Tat nicht in § 331 Nr. 1 oder Nr. 1a des Handelsgesetzbuchs mit Strafe bedroht ist.**

Übersicht

Lit: *Cramer,* Rechtspflicht des Aufsichtsrats zur Verhinderung unternehmensbezogener strafbarer Handlungen und Ordnungswidrigkeiten, FS Stree und Wessels, 1993, 563; *Dierlamm,* Der faktische Geschäftsführer im Strafrecht – ein Phantom?, NStZ 1996, 153; *Fleischer,* Zur aktienrechtlichen Verantwortlichkeit faktischer Organe, AG 2004, 517; *Fuhrmann,* Die Bedeutung des „faktischen Organs" in der strafrechtlichen Rechtsprechung des Bundesgerichtshofs, FS Tröndle, 1989, 139; *Gübel,* Die Auswirkungen der faktischen Betrachtungsweise auf die strafrechtliche Haftung faktischer GmbH-Geschäftsführer, 1994; *Hildesheim,* Die strafrechtliche Verantwortung des faktischen Mitgeschäftsführers in der Rechtsprechung des BGH, wistra 1993, 166; *Joerden,* Grenzen der Auslegung des § 84 Abs. 1 Nr. 2 GmbHG, wistra 1990, 1; *Kaligin,* Das neue GmbH-Strafrecht, NStZ 1981, 90; *Kiethe,* Strafrechtlicher Anlegerschutz durch § 400 I Nr. 1 AktG, NZG 2004, 73; *Kohlmann/Löffeler,* Die strafrechtliche Verantwortlichkeit des GmbH-Geschäftsführers, 1990; *Kratzsch,* Das „faktische Organ" im Gesellschaftsstrafrecht – Grund und Grenzen einer strafrechtlichen Garantenstellung, ZGR 1985, 506; *Krekeler,* Die strafrechtliche Verantwortlichkeit des Notars bei der Gründung einer GmbH, AnwBl 1993, 69; *Labsch,* Die Strafbarkeit des GmbH-Geschäftsführers im Konkurs der GmbH, wistra 1985, 1 und 59; *Löffeler,* Strafrechtliche Konsequenzen faktischer Geschäftsführung, wistra 1989, 4; *Maul,* Geschäfts- und Konzernlagetäuschungen als Bilanzdelikte, DB 1989, 185; *Meyer,* Bilanzrechtsreformgesetz (BilReG) und Bilanzkontrollgesetz (BilKoG) – Die Änderungen im Überblick, DStR 2005, 41; *Montag,* Die Anwendung der Strafvorschriften des GmbH-Rechts auf faktische Geschäftsführer, 1984; *ders,* Das Strafbarkeitsrisiko berufstypischen, geschäftsmäßigen Verhaltens, JZ 2001, 436; *Müller-Gugenberger,* GmbH-Strafrecht nach der Reform, GmbH 2009, 578; *Peter,* Die strafrechtliche Verantwortlichkeit von Kollegialorganmitgliedern der AG und der GmbH für das Nichteinschreiten bei Gründungsschwindelhandlungen anderer Kollegialorganmitglieder, 1990; *Pfeiffer,* Unterlassen der

Verlustanzeige und des Konkurs- und Vergleichsantrags nach § 84 GmbHG, FS Rowedder, 1994, 347; *Ransiek,* Zur deliktischen Eigenhaftung des GmbH-Geschäftsführers aus strafrechtlicher Sicht, ZGR 1992, 203; *ders,* Zur Strafbarkeit externer „Sanierer" konkursgefährdeter Unternehmen, wistra 1984, 97; *Richter,* Der Konkurs der GmbH aus Sicht der Strafrechtspraxis, GmbHR 1984, 113; *C. Schäfer,* Zur strafrechtlichen Verantwortlichkeit des GmbH-Geschäftsführers (I und II), GmbHR 1993, 717 und 780; *K. Schmidt,* Die Strafbarkeit „faktischer Geschäftsführer" wegen Konkursverschleppung als Methodenproblem. Bemerkungen zum Wert der „faktischen Betrachtungsweise" im Strafrecht, FS Rebmann, 1989, 419; *Schüppen,* Aktuelle Fragen der Konkursverschleppung durch den GmbH-Geschäftsführer, DB 1994, 197; *Spatscheck/Wulf,* Straftatbestände der Bilanzfälschung nach dem HGB – ein Überblick, DStR 2003, 173; *Stein,* Die Normadressaten der §§ 64, 84 GmbHG und die Verantwortlichkeit von Nichtgeschäftsführern wegen Konkursverschleppung, ZHR 148 (1984), 207; *dies,* Das faktische Organ, 1984; *Steinmetz,* Die verschleierte Sacheinlage im Aktienrecht aus zivil- und strafrechtlicher Sicht, 1990; *Tiedemann,* Handhabung und Kritik des neuen Wirtschaftsstrafrechts – Versuch einer Zwischenbilanz, FS Dünnebier, 1982, 519; *ders,* Gründungs- und Sanierungsschwindel durch verschleierte Sacheinlagen, FS Lackner, 1987, 737.

A. Allgemeines

I. Bedeutung der Vorschrift

1 § 82 bedroht mit Strafe bestimmte falsche Angaben u andere unwahre oder verschleiernde Äußerungen durch Gfter, GFührer, Liquidatoren u Mitglieder von Aufsichtsorganen. – Vorschrift ist neu gefasst worden durch Art 1 Nr 29 GmbH-Novelle 1980. Abs 2 Nr 2 zur Abgrenzung gegenüber § 331 Nr 1 HGB durch Art 3 Nr 10 BiRiLiG. Ergänzung des Abs 2 Nr 2 durch BilReG[1] mit Wirkung v 10. 12. 2004 durch Verweis auf § 331 Nr 1 a HGB. Durch Art 4 Nr 5 UmwBerG ist mit Abs 1 Nr 4 die bisherige Vorschrift des § 36 KapErhG in § 82 sinngemäß eingefügt worden. § 82 I Nr 1 und Nr 5 geändert durch MoMiG. Zur Eigenschaft als Schutzgesetz iSd § 823 II BGB Rn 9, 26, 35, 49, 70, 81. Ähnliche Regelungen sind § 331 HGB u – inzwischen weitgehend ohne Bedeutung – Art 12 § 5 GmbH-Novelle 1980 (Rn 97). – Auf **ausländische GmbH** war Strafvorschrift bislang nicht anwendbar.[2] Hiervon macht nun aber § 82 I Nr 5 ausdrücklich eine Ausnahme.

II. Vergehen, Verjährung, Zuständigkeit

2 Die Straftaten des § 82 sind **Vergehen** (§ 12 II StGB). Hieraus folgt: Mangels ausdrücklicher Regelung ist Versuch nicht strafbar (§ 23 I StGB), ferner nicht versuchte Anstiftung (§ 30 I StGB); Verlust der Amtsfähigkeit, der Wählbarkeit u des Stimmrechts (§ 45 StGB) kommen nicht in Betracht. **Verjährungsfrist** beträgt fünf Jahre (§ 78 III Nr 4 StGB). **Zuständig** in erster Instanz ist idR das AG (§ 24 GVG); falls ausnahmsweise LG (§ 24 I Nr 3 GVG), dann Wirtschaftsstrafkammer (§ 74 c I Nr 1 GVG).

---

[1] G v 4. 12. 2004 (BGBl I, 3166). – Hierzu *Meyer* DStR 2005, 41.

[2] Vgl *Eidenmüller* Ausländische Kapitalgesellschaften im deutschen Recht, 2004, § 8 Rn 34 mwN.

III. Echtes Sonderdelikt[3]

Die Vorschrift gilt (im Einzelnen unterschiedlich) nur für Gfter, GFührer, Liquidatoren, Mitglieder eines Aufsichtsrats oder eines ähnlichen Organs. Mittelbare Täterschaft u Mittäterschaft anderer Personen sind daher nicht möglich, wohl aber – mit Strafmilderung nach § 28 I StGB[4] – Anstiftung u Beihilfe.[5] § 14 StGB erweitert Täterkreis nicht, da Straftatbestand nicht Handeln der Ges ist, sondern Handeln ihrer Gfter u Organe; Ausnahmen nur in den Fällen des Abs 1 Nr 1, 2 für Organmitglieder einer juristischen Person oder PersonenhandelsGes, die Gfter ist (Rn 19, 28), u in den Fällen des Abs 1 Nr 5 u Abs 2 Nr 2 für Organmitglieder einer juristischen Person oder PersonenhandelsGes, die Liquidator (§ 66 Rn 6, 7) ist (Rn 62, 87). 3

IV. Blankettnorm, Bestimmtheitsgrundsatz

§ 82 schafft strafrechtliche Sanktionen für Pflichten, die sich aus dem GmbHG ergeben **(Blankettnorm).**[6] Straftatbestand ist aus den Bestimmungen des § 82 u den dort in Bezug genommenen Vorschriften des GmbHG zusammengesetzt. Auch bei Auslegung der außerstrafrechtlichen Elemente dieses Straftatbestandes ist der aus Art 103 II GG abgeleitete **strafrechtliche Bestimmtheitsgrundsatz**[7] zu beachten.[8] Andererseits ist zu berücksichtigen, dass Straftatbestand Sonderdelikt ist (Rn 3). Bei GFührern, AR-Mitgliedern u Liquidatoren sind auf Grund ihrer Tätigkeit entsprechende Fachkenntnisse vorauszusetzen, die sie in die Lage versetzen, den Regelungsgehalt der Vorschrift zu verstehen und die Verhaltensweisen daran auszurichten.[9] Auswirkungen Rn 10, 13, 27, 37, 82, 86. – Ebenso gilt das strafrechtliche **Analogieverbot.**[10] Vorsatz des Täters (Rn 5) muss sich auch auf die Tatumstände zivilrechtlicher Herkunft beziehen. 4

V. Vorsatz

Vorsatz ist nach § 15 StGB für alle Tatbestände des § 82 erforderlich; Fahrlässigkeit genügt nicht.[11] Diese Begrenzung auf vorsätzliches Handeln ist 5

---

3 BGHSt 46, 62, u Nr 1 u Nr 3; Erbs/Kohlhaas/*Schaal* G 131 § 82 Rn 4; Rowedder/Schmidt-Leithoff/*Schaal* Rn 8; Scholz/*Tiedemann* Rn 18; *Lutter*/Hommelhoff/*Kleindiek* Rn 2; Michalski/*Dannecker* Rn 17; Achenbach/*Ransiek* VIII 3 Rn 10, 79.

4 BGHSt 46, 62 zu § 82 I Nr 1 u 3.

5 Ulmer/*Ransiek* Vor § 82 Rn 46 ff; Erbs/Kohlhaas/*Schaal* G 131 § 82 Rn 4; Scholz/*Tiedemann* Rn 21 ff.

6 Rowedder/Schmidt-Leithoff/*Schaal* Rn 5; Ulmer/*Ransiek* Vor § 82 Rn 35 f, 40; vgl BGHSt 28, 213, 215. – **AM** Scholz/*Tiedemann* Rn 7, ohne abweichende Folgerungen; ähnlich auch Michalski/*Dannecker* Rn 19: unechter Blankettstraftatbestand.

7 Vgl BVerfGE 57, 250, 262 mwN.

8 BVerfG 41, 314, 319; 48, 48, 60 f; NJW 1987, 3175 f; grundlegend Ulmer/*Ransiek* Vor § 82 Rn 37 ff; *Tiedemann,* Tatbestandsfunktionen im Nebenstrafrecht, 1969, 187, 263 ff; zu § 400 I Nr 4 AktG aF: *Tiedemann* FS Schaffstein, 1975, 195, 208 f; *Rutkowsky* BB 1971, 1262, 1263; zu § 403 I AktG: *Schulze-Osterloh* DStJG 6 (1983), 43, 51 f. – **AM** zu § 339 AktG (möglichst optimale Synthese zwischen Straf- u Zivilrecht) ohne Begründung KölnerKomm/*Geilen* § 399 Rn 12.

9 Vgl für AG BGH NZG 2005, 131, 136.

10 GroßkommAktG/*Otto* 4. Aufl Vor § 399 Rn 113; Ulmer/*Ransiek* Vor § 82 Rn 37 ff.

11 Hachenburg/*Kohlmann* Rn 61, 88, 100; Erbs/Kohlhaas/*Schaal* G 131 § 82 Rn 54; Scholz/*Tiedemann* Rn 168.

rechtspolitisch bedenklich, weil damit die außerordentlich unsichere Abgrenzung des Tatbestandsirrtums zum Verbotsirrtum zwischen Straffreiheit (vgl § 16 I 2 StGB) u Bestrafungsmöglichkeit (vgl § 17 2 StGB) entscheidet (Rn 6, 22). Vorsatz setzt Kenntnis aller Umstände, die zum gesetzlichen Tatbestand gehören (Rn 4), sowie den Willen voraus, diese Tatumstände zu verwirklichen. Täuschungsabsicht ist nicht erforderlich.[12] **Bedingter Vorsatz** genügt.[13] Dieser ist gegeben, wenn Täter Verwirklichung der Tatumstände für möglich hält u mit ihr einverstanden ist, mag sie ihm auch unerwünscht sein (Einzelheiten str).[14] Anstiftung u Beihilfe (Rn 3) setzen nach §§ 26, 27 StGB Vorsatz bei Teilnehmer u Täter voraus.[15]

VI. Irrtum

6 Es gilt Unterscheidung zwischen Tatbestandsirrtum des § 16 StGB u Verbotsirrtum des § 17 StGB. Irrtum über Tatumstände des gesetzlichen Tatbestandes einschließlich der dazugehörigen zivilrechtlichen Vorschriften ist **Tatbestandsirrtum;** Irrtum über das Bestehen der strafrechtlichen Norm einschließlich der dazugehörigen zivilrechtlichen Vorschriften ist **Verbotsirrtum.**[16] Die Abgrenzung im Einzelnen kann problematisch sein, vgl Rn 22.

VII. Strafe, Nebenfolgen

7 Die Strafe ist alternativ Freiheitsstrafe von einem Monat (§ 38 II StGB) bis zu drei Jahren oder Geldstrafe zwischen 5 u 360 Tagessätzen (§ 40 I StGB). Hat sich Täter durch die Tat bereichert oder zu bereichern versucht, kann Geldstrafe neben Freiheitsstrafe verhängt werden (§ 41 StGB). Freiheitsstrafe unter sechs Monaten ist nur in Ausnahmefällen zu verhängen (§ 47 StGB). Als Maßregel der Besserung u Sicherung ist uU Berufsverbot zulässig (§ 70 StGB). Ist durch die Tat Vermögensvorteil erlangt worden, kommt uU Anordnung des Verfalls in Betracht (§§ 73 ff StGB).

VIII. Konkurrenzen

8 **Tateinheit** (§ 52 StGB) ist nahe liegend mit Betrug (§ 263 StGB), Kapitalanlagebetrug (§ 264 a StGB), Untreue (§ 266 StGB), Urkundenfälschung (§ 267 StGB), strafbarer Werbung (§ 16 UWG) sowie – entgegen hM[17] – mit mittelbarer Falschbeurkundung (§ 271 StGB), soweit auf Grund der materiel-

---

[12] RGSt 64, 422, 423; Erbs/Kohlhaas/*Schaal* G 131 § 82 Rn 54; Scholz/*Tiedemann* Rn 168; für Abs 1 Nr 1 Hachenburg/*Kohlmann* Rn 61.

[13] Erbs/Kohlhaas/*Schaal* G 131 § 82 Rn 54; Scholz/*Tiedemann* Rn 169; für Abs 1 Nr 1 Hachenburg/*Kohlmann* Rn 61.

[14] Wie hier BGHSt 36, 1, 11; *Tröndle/Fischer* § 15 StGB Rn 10 a; ähnlich BGHSt 7, 363, 369; weitergehend (gleichgültiges Inkaufnehmen der Tatbestandsverwirklichung genügt) Schönke/Schröder/*Cramer/Sternberg-Lieben* § 15 StGB Rn 72 ff, 84.

[15] Scholz/*Tiedemann* Rn 21.

[16] Schönke/Schröder/*Cramer/Sternberg-Lieben* § 15 StGB Rn 101; Scholz/*Tiedemann* Rn 168 ff; *Warda,* Die Abgrenzung von Tatbestands- und Verbotsirrtum bei Blankettstrafgesetzen, 1955, 36 ff.

[17] RGSt 18, 180; RG GA 1951, 187 f; Hachenburg/*Kohlmann* Rn 7; Erbs/Kohlhaas/*Schaal* G 131 § 82 Rn 64; Rowedder/Schmidt-Leithoff/*Schaal* Rn 119; Michalski/*Dannecker* Rn 256; zu § 399 I Nr 1 AktG KölnerKomm/*Geilen* § 399 Rn 184; Groß-

len Prüfungspflicht des RegGerichts (§ 9 c)[18] den Eintragungen im HR auch inhaltliche Bedeutung zukommt, die über bloße Beurkundung abgegebener Erklärungen hinausgeht.

B. Gründungsschwindel, Abs 1 Nr 1

I. Allgemeines

§ 82 I Nr 1 bedroht mit Strafe falsche Angaben, die jemand als Gfter oder als GFührer zum Zweck der Eintragung der Ges über im Einzelnen aufgezählte Umstände macht. Vorschrift findet auch auf UG Anwendung, nicht aber für mit GmbH vglbare ausl Unternehmensformen.[19] Zweck der Vorschrift ist es, Kapitalaufbringung bei Gründung der Ges auch mit strafrechtlichen Mitteln zu sichern. Im **Strafverfahren** dürfen Tatsachen, die aus Steuerakten der Ges stammen u auf Angaben der Täter (Rn 18 f) beruhen, nach § 393 II AO nicht verwertet werden.[20] Vorschrift ist **abstraktes Gefährdungsdelikt,** so dass es auf konkrete Gefährdung oder Schaden für Strafbarkeit nicht ankommt.[21] § 82 I Nr 1 ist **Schutzgesetz iSd § 823 II BGB** gegenüber künftigen Gftern (nicht aber den Gründern) u gegenüber gegenwärtigen u künftigen GesGläubigern;[22] auch zu Gunsten stiller Gfter.[23] Umstritten ist, ob auch Ges in Schutz einbezogen ist.[24] Falsche Angaben müssen für Anspruch aus § 823 II BGB Schaden verursacht haben. Daher ist idR Kenntnis des Geschädigten von den zum HR gemachten Angaben erforderlich.[25] Kenntnis aber unerheblich, wenn Ges bei richtigen Angaben nicht eingetragen worden wäre.[26] Ersatzpflicht gegenüber der Ges aus § 9 a I (§ 9 a Rn 1). – Ähnliche Regelung für AG in § 399 I Nr 1 AktG. 9

---

kommAktG/*Otto* 4. Aufl § 399 Rn 121. – Zweifelnd Scholz/*Tiedemann* Rn 189 Fn 392.

18 Allgemein Staub/*Hüffer* § 8 HGB Rn 53 ff.

19 *Müller-Gugenberger* GmbHR 2009, 578, 583.

20 OLG Stuttgart wistra 1986, 191 f.

21 Scholz/*Tiedemann* Rn 16; Rowedder/Schmidt-Leithoff/*Schaal* Rn 6; abw Roth/*Altmeppen* Rn 2: schlichtes Tätigkeitsdelikt.

22 *Lutter*/Hommelhoff/*Kleindiek* Rn 27; Ulmer/*Ransiek* Rn 7; Achenbach/*Ransiek* VIII 3 Rn 81; Ulmer/*Ransiek* Rn 7; Rowedder/Schmidt-Leithoff/*Schaal* Rn 2; Roth/*Altmeppen* Rn 3; wohl auch Scholz/*Tiedemann* Rn 9 ff; einschränkend (zugunsten gegenwärtiger u künftiger Gläubiger) Hachenburg/*Kohlmann* Rn 74 u Michalski/*Dannecker* Rn 9 ff, 13; weitergehend (auch zugunsten der Ges u gegenwärtiger Gfter) *Meyer-Landrut* Rn 2.

23 Abw OLG München NZG 2004, 230, 232.

24 In diesem Sinne RGZ 157, 213, 218; Ulmer/*Ransiek* Rn 8. **AM** Scholz/*Tiedemann* Rn 11.

25 Rowedder/Schmidt-Leithoff/*Schaal* Rn 2; für Kapitalerhöhungsschwindel nach § 313 I Nr 3 HGB aF RG JW 1938, 3297, 3299; nach § 399 I Nr 4 AktG BGHZ 96, 231, 243.

26 Roth/*Altmeppen* Rn 3. – **AM** wohl OLG München GmbHR 1999, 1137; Michalski/*Dannecker* Rn 13. – Wie hier aber nunmehr wohl OLG München ZIP 2004, 461 (zu § 399 I Nr 4 AktG).

II. Objektiver Tatbestand

10 **1. Falsche Angaben** sind Aussagen über Tatsachen u Wertungen, die nicht mit der Wirklichkeit übereinstimmen, wobei Maßstab ein objektivierter Empfängerhorizont ist.[27] Soweit Angaben Wertungen betreffen, kommt es im Hinblick auf das Gebot der Tatbestandsbestimmtheit darauf an, ob Wertung des Täters eindeutig unrichtig ist.[28] **Unvollständige Angaben** können falsch sein, wenn die nicht mitgeteilten Umstände den Inhalt der Aussage in rechtlich erheblicher Weise verändern würden, nicht aber wenn diese Umstände selbständige rechtliche Bedeutung haben.[29] Unvollständigkeit unerheblich, wenn fehlende Angaben dem RegGericht offenkundig oder anderweitig nachgewiesen sind. – Die Angaben müssen – da zum Zweck der Eintragung gemacht (Rn 20) – unmittelbar oder mittelbar (Rn 20) gegenüber dem RegGericht abgegeben werden[30] u zwar im **Zusammenhang mit der erstmaligen Eintragung der Ges,** nicht anlässlich der Anmeldung eines Fortsetzungsbeschlusses (§ 60 Rn 53 aE).[31] Unerheblich, ob die Angaben über die zur Eintragung erforderlichen Mindestangaben hinausgehen, also zB Angabe der Volleinzahlung an Stelle der Einzahlung von einem Viertel, wie nach § 7 II 1 erforderlich.[32] Soweit im Zusammenhang mit **Mantelverwendung** gesetzlich nicht vorgesehene Offenbarungspflicht ggü RegGericht begründet wird (vgl § 3 Rn 13), kann Unterlassen derselben wegen Analogieverbots keine Strafbarkeit begründen. Auch wenn wirtschaftliche Neugründung ggü RegGericht offengelegt wird, scheidet aus denselben Gründen Strafbarkeit wegen falscher Angaben gemäß Abs 1 Nr 1 aus; Strafbarkeit nach Abs 2 Nr 3 jedoch möglich, wenn anlässlich Mantelverwendung KE erfolgt.

11 **2. Gegenstand der Angaben. a) Angaben über die Übernahme von Geschäftsanteilen** können enthalten sein in folgenden der Anmeldung nach § 8 I beizufügenden Unterlagen: GesVertrag nach § 8 I Nr 1 (§ 3 I Nr 4; § 3 Rn 20), GfterListe nach § 8 I Nr 3 (§ 8 Rn 7), Verträge nach § 8 I Nr 4 (§ 8 Rn 8), Unterlagen nach § 8 I Nr 5 (§ 8 Rn 9); ferner in der Versicherung nach § 8 II (§ 8 Rn 11 ff). – Falsch können solche Angaben sein hinsichtlich der Höhe u Art (Bar- oder Sacheinlage) einer übernommenen Stammeinlage sowie hinsichtlich der Person des Übernehmers.[33]

---

[27] Scholz/*Tiedemann* Rn 60; Ulmer/*Ransiek* Rn 16; ähnlich Hachenburg/*Kohlmann* Rn 22, 25; Erbs/Kohlhaas/*Schaal* G 131 § 82 Rn 10; Rowedder/Schmidt-Leithoff/*Schaal* Rn 17; Michalski/*Dannecker* Rn 83.

[28] Scholz/*Tiedemann* Rn 60; Ulmer/*Ransiek* Rn 16; Michalski/*Dannecker* Rn 84; ähnlich für den Sonderfall von Bewertungen Hachenburg/*Kohlmann* Rn 22.

[29] Hachenburg/*Kohlmann* Rn 23; Ulmer/*Ransiek* Rn 17; Scholz/*Tiedemann* Rn 62; ähnlich Rowedder/Schmidt-Leithoff/*Schaal* Rn 19; Michalski/*Dannecker* Rn 86.

[30] Hachenburg/*Kohlmann* Rn 49; Ulmer/*Ransiek* Rn 16; Scholz/*Tiedemann* Rn 58; Rowedder/Schmidt-Leithoff/*Schaal* Rn 23.

[31] BGHSt 7, 157, 160; Hachenburg/*Kohlmann* Rn 50; Rowedder/Schmidt-Leithoff/*Schaal* Rn 26; Scholz/*Tiedemann* Rn 55; Michalski/*Dannecker* Rn 77.

[32] RGSt 43, 323, 325; BGH NJW 1955, 678, 679, insoweit in BGHSt 7, 157 nicht abgedruckt; Hachenburg/*Kohlmann* Rn 25; Scholz/*Tiedemann* Rn 56; zu § 399 I Nr 1 AktG GroßkommAktG/*Otto* 4. Aufl § 399 Rn 45; bedenklich verallgemeinernd (freiwillige, die Eintragung fördernde Angaben) Rowedder/Schmidt-Leithoff/*Schaal* Rn 27; ähnlich Scholz/*Tiedemann* Rn 56; wohl auch Michalski/*Dannecker* Rn 80.

[33] Hachenburg/*Kohlmann* Rn 30; Ulmer/*Ransiek* Rn 23; Rowedder/Schmidt-Leithoff/*Schaal* Rn 32; Scholz/*Tiedemann* Rn 66, 67; Michalski/*Dannecker* Rn 89 f.

b) Angaben über die Leistung der Einlagen können in den in Rn 11 aufgeführten Unterlagen enthalten sein, vor allem in der Versicherung nach § 8 II. Hierzu gehören Angaben über Höhe sowie Art u Weise der Leistung, ferner die Erklärung, ob sich der Gegenstand der Leistungen endgültig in der freien Verfügung der GFührer befindet (§ 8 Rn 11 ff).[34] Beispiele für unrichtige Angaben: Erklärung, dass geleistet sei, obwohl eine solche Leistung nicht oder nicht in der angegebenen Höhe stattgefunden hat;[35] Verschweigen, dass auf Privatkonto des GFührers eingezahlt ist;[36] Erklärung der Barzahlung im Falle von Aufrechnung oder Sacheinlage;[37] Ist zwischen Ges und Gfter von vornherein vereinbart, dass Einlage ganz oder teilweise als Darlehen zurückfließt, liegt keine falsche Angabe vor, wenn Voraussetzungen des § 19 V (siehe hierzu § 19 Rn 24 f) erfüllt sind. Verschweigen der Vereinbarung mit Gfter über alsbaldige Rückzahlung oder anderweitige Verwendung des eingezahlten Betrages, insbes im Fall der **verdeckten Sacheinlage** bleibt wohl falsche Angabe; denn trotz § 19 IV nF ist verdeckte Sacheinlage nach wie vor nicht erlaubt (siehe § 19 Rn 28).[38] Zur Verwendung der geleisteten Einlage Rn 13, zur verdeckten Sacheinlage, insbes bei der KE, Rn 37. **12**

c) Angaben über die Verwendung eingezahlter Beträge sind bereits in den Angaben über die Leistung der Einlagen (Rn 12) enthalten.[39] Hierzu gehören vor allem die in der Versicherung nach § 8 II zu machenden Angaben. Anzugeben ist Verwendung der Beträge durch Zahlungsvorgänge, so für Steuern, Gebühren u andere Gründungskosten[40] u Verpfändungen.[41] Wegen des Grundsatzes der Tatbestandsbestimmtheit gehören hierzu **nicht** die **Fälle einer schuldrechtlichen Bindung** hinsichtlich der eingezahlten Beträge.[42] Wohl aber können solche Vereinbarungen ein bei den Angaben über die Leistung der Einlagen (Rn 12, 16, 37) zu nennender Umstand sein. **13**

d) Angaben über Sondervorteile sind in den nach § 8 I Nr 1 dem RegGericht einzureichenden GesVertrag aufzunehmen (§ 5 Rn 57). Sie betreffen Rechte, die Gftern oder Dritten aus Anlass der Gründung eingeräumt werden. Einzelheiten § 3 Rn 46. Werden solche Sondervorteile in den GesVertrag nicht aufgenommen, sind die betr Vereinbarungen unwirksam. Einer Angabe bedarf es dann bei Anmeldung nur, wenn GFührer mit Erfüllung der **14**

---

[34] Vgl hierzu BGH wistra 2005, 68 u 150; Ulmer/*Ransiek* Rn 27.

[35] Rowedder/Schmidt-Leithoff/*Schaal* Rn 37; Scholz/*Tiedemann* Rn 74; für EinmannGes: BayObLG GmbHR 1994, 329 f.

[36] BayObLG wistra 1987, 191; Hachenburg/*Kohlmann* Rn 33; Scholz/*Tiedemann* Rn 70; zweifelnd Roth/*Altmeppen* Rn 8.

[37] Hachenburg/*Kohlmann* Rn 32; Rowedder/Schmidt-Leithoff/*Schaal* Rn 26; Scholz/*Tiedemann* Rn 74; Michalski/*Dannecker* Rn 98.

[38] Hachenburg/*Kohlmann* Rn 35; Ulmer/*Ransiek* Rn 30 ff; Scholz/*Tiedemann* Rn 74; Michalski/*Dannecker* Rn 95; für AG RGSt 24, 286, 288 ff; für AG-Kapitalerhöhung RGZ 157, 213, 225; BGHZ 96, 231, 241 f – Einschränkend (nur bei wirtschaftlicher Entwertung der Einlageleistung) Roth/*Altmeppen* Rn 13.

[39] Rowedder/Schmidt-Leithoff/*Schaal* Rn 40 f; Scholz/*Tiedemann* Rn 77.

[40] Rowedder/Schmidt-Leithoff/*Schaal* Rn 41; Scholz/*Tiedemann* Rn 78 f.

[41] Hachenburg/*Kohlmann* Rn 41.

[42] Scholz/*Tiedemann* Rn 78; Ulmer/*Ransiek* Rn 39; Roth/*Altmeppen* Rn 10 ff; Michalski/*Dannecker* Rn 106; undeutlich Hachenburg/*Kohlmann* Rn 41. **AM** Rowedder/Schmidt-Leithoff/*Schaal* Rn 44.

unwirksamen Verpflichtung rechnen müssen.[43] Strafbar sind auch Angaben über Sondervorteile, die nicht vereinbart sind,[44] ferner überhöhte Angaben u unrichtige Angaben über die Empfänger.[45]

15 **e) Angaben über Gründungsaufwand** sind in den nach § 8 I Nr 1 dem RegGericht einzureichenden GesVertrag aufzunehmen (§ 5 Rn 57). Sie betreffen Ersatz von Gründungskosten u Vergütungen für beratende Tätigkeiten aus Anlass der Gründung. Wird dieser Gründungsaufwand in GesVertrag nicht aufgenommen, sind die betr Vereinbarungen unwirksam. Einer Angabe bedarf es dann bei Anmeldung nur, wenn GFührer mit Erfüllung der unwirksamen Verpflichtungen rechnen müssen.[46] Strafbar sind auch überhöhte Angaben[47] u unrichtige Angaben über die Empfänger.

16 **f) Angaben über Sacheinlagen** sind in den Unterlagen nach § 8 I Nr 1, 4, 5 u in der Versicherung nach § 8 II zu machen. Soll Gegenleistung für einen Vermögensgegenstand nicht mit Einlageverpflichtung verrechnet werden, ist aber vereinbart, aus der Bareinzahlung des Gfters alsbald den Preis für einen der Ges gelieferten Vermögensgegenstand zu bezahlen (verdeckte Sacheinlage),[48] handelt es sich strafrechtlich (vgl zivilrechtlich § 19 Rn 49 ff) nicht um eine Sacheinlage, wohl aber um einen Umstand, der bei den Angaben über die Leistung der Einlage (Rn 12) zu erwähnen ist.[49] Dasselbe gilt für Vereinbarungen, nach denen Bareinzahlung des Gfters umgehend zur Tilgung seiner Darlehensforderung verwandt werden soll.[50] Zur verdeckten Sacheinlage bei einer Kapitalerhöhung Rn 38. – Bei Sacheinlagen sind Angaben über deren Gegenstand u deren Wert (§ 8 I Nr 5; § 8 Rn 9) u über die Verträge zu machen, die den Festsetzungen im GesVertrag zugrunde liegen oder die zu ihrer Ausführung geschlossen worden sind (§ 8 I Nr 4; § 8 Rn 8). Überbewertung ist falsche Angabe,[51] ebenso unrichtige Beschreibung des Gegenstandes der Sacheinlage.[52] Ferner ist auch bei Sacheinlagen nach § 8 II zu versichern, dass sich der Gegenstand der Leistung im Zeitpunkt der Anmeldung endgültig in der freien Verfügung der GFührer befindet (§ 8 Rn 13). Die Angaben über Sacheinlagen müssen daher auch bis zur Anmeldung eingetretene Wertminderungen u Belastungen mit Verbindlichkeiten aufführen (vgl Rn 13); eine darüber hinausgehende Pflicht, auch Wertminderungen nach Anmeldung mitzuteilen, besteht nicht (§ 8 Rn 14).[53]

---

43 Hachenburg/*Kohlmann* Rn 45; Ulmer/*Ransiek* Rn 44; Scholz/*Tiedemann* Rn 81; zweifelnd Rowedder/Schmidt-Leithoff/*Schaal* Rn 45; Michalski/*Dannecker* Rn 108.

44 Scholz/*Tiedemann* Rn 81.

45 Michalski/*Dannecker* Rn 109.

46 Scholz/*Tiedemann* Rn 83; Ulmer/*Ransiek* Rn 43; Michalski/*Dannecker* Rn 110 f.

47 Hachenburg/*Kohlmann* Rn 44; Ulmer/*Ransiek* Rn 43; Rowedder/Schmidt-Leithoff/*Schaal* Rn 46; Scholz/*Tiedemann* Rn 83; Michalski/*Dannecker* Rn 111.

48 Vgl BGHZ 132, 133, 135.

49 Rowedder/Schmidt-Leithoff/*Schaal* Rn 48 aE; Scholz/*Tiedemann* Rn 87; Michalski/*Dannecker* Rn 118; *Tiedemann* FS Lackner, 1987, 737, 742; einschränkend Roth/*Altmeppen* Rn 12.

50 BGHZ 113, 335, 347 ff; 125, 141, 149 ff; 153, 107; hierzu allg *Servatius* DStR 2004, 1176.

51 RGSt 49, 340, 341 f; Hachenburg/*Kohlmann* Rn 37; Scholz/*Tiedemann* Rn 88.

52 Hachenburg/*Kohlmann* Rn 37; Rowedder/Schmidt-Leithoff/*Schaal* Rn 51; Scholz/*Tiedemann* Rn 88.

53 **AM** Rowedder/Schmidt-Leithoff/*Schaal* Rn 51.

Unrichtige Versicherung auch bei verschwiegener Rückübertragungsvereinbarung.[54]

3. Adressat der Angaben ist RegGericht, § 7 I.[55] Falsche Angaben gegenüber Notar oder IHK sind nicht strafbar, wenn sie dem RegGericht nicht zugehen. 17

4. Täter. a) Täter sind in erster Linie die **Geschäftsführer** u die stellvertretenden GFührer (§ 44),[56] die nach §§ 78, 7 I die Ges zur Eintragung in das HR anzumelden haben (§ 78 Rn 8). GFührer sind die nach den Regeln des GmbHG zu GFührern bestellten Personen, nicht aber Bevollmächtigte der Ges.[57] Auf Wirksamkeit der Bestellung kommt es – wie auch für den Amtsträger iSd §§ 331 ff StGB[58] – nicht an.[59] Der wenn auch unwirksame Bestellungsakt ist ausreichende Grundlage zur Bestimmung der strafrechtlichen Pflichtenstellung. Ob die bloß tatsächliche Übernahme der GFührerstellung **(„faktischer GFührer")** mit Einverständnis der Gfter zur Strafbarkeit führt, ist umstritten. Die hM[60] bejaht dies. Anderer Ansicht nach muss zumindest das äußere Erscheinungsbild eines Bestellungsakts vorliegen (vgl Rn 86).[61] 18

b) Gesellschafter sind nicht zur Anmeldung der Ges befugt, daher zweifelhaft, ob deren Erwähnung nicht auf Redaktionsversehen beruht.[62] Einbeziehung der Gfter in den Täterkreis ist aber sinnvoll, weil so deren mittelbare Falschangaben strafrechtlich erfasst werden können, ohne dass dies an Sonderdeliktseigenschaft des § 82 I Nr 1 (Rn 3) scheitert.[63] Voraussetzung ist aber, dass die Angaben der Gfter dem RegGericht (Rn 17) zugehen. Ist dem anmeldenden GFührer die Unrichtigkeit der Angaben nicht bekannt, handelt der Gfter in mittelbarer Täterschaft;[64] kennen beide die Unrichtigkeit, liegt idR Mittäterschaft vor.[65] Ist juristische Person oder PersonenGes Gfter, trifft 19

---

[54] BGH GA 1959, 87, 88; Hachenburg/*Kohlmann* Rn 37; Rowedder/Schmidt-Leithoff/*Schaal* Rn 51.

[55] Hachenburg/*Kohlmann* Rn 49; Ulmer/*Ransiek* Rn 50; Scholz/*Tiedemann* Rn 58; Michalski/*Dannecker* Rn 81.

[56] RG LZ 1914, 398, 399; Ulmer/*Ransiek* Rn 11.

[57] RGSt 71, 353, 355.

[58] Schönke/Schröder/*Cramer* Rn 5 Vor §§ 331 ff StGB.

[59] BGHSt 3, 32, 37 f; zu § 83 aF BGHSt 6, 314, 316; für Gen RGSt 16, 269, 270 ff; für AG RGSt 64, 81, 84; Ulmer/*Ransiek* Rn 10 und vor § 82 Rn 58; Hachenburg/*Kohlmann* Vor § 82 Rn 23; *Rowedder*/Schmidt-Leithoff/*Schaal* Rn 11; Scholz/*Tiedemann* Rn 41; *Stein,* Das faktische Organ, 1984, 130 ff, 194 ff; für § 84 *dies* ZHR 148 (1984), 207, 222 ff.

[60] BGHSt 46, 62 = NJW 2000, 2285 f, zusätzlich unter Verkennung des Umstandes, dass GFührer nach § 6 III 2 bereits vor Eintragung wirksam bestellt werden können u wegen der Pflichten nach § 78 auch bestellt werden müssen. – Weitere Nachweise unten Rn 86.

[61] Ulmer/*Ransiek* Rn 11; *Lutter*/Hommelhoff/*Kleindiek* Rn 2; Roth/*Altmeppen* Rn 2 iVm § 82 Rn 4 ff.

[62] Rowedder/Schmidt-Leithoff/*Schaal* Rn 9; Scholz/*Tiedemann* Rn 34 f; vgl auch Ulmer/*Ransiek* Rn 12. – **AM** Hachenburg/*Kohlmann* Rn 14.

[63] BayObLG NJW 1994, 2967 f; Hachenburg/*Kohlmann* Rn 14; Rowedder/Schmidt-Leithoff/*Schaal* Rn 9; Scholz/*Tiedemann* Rn 35; Michalski/*Dannecker* Rn 33; iE ebenso *Ransiek* ZGR 1999, 613, 626 f.

[64] Hachenburg/*Kohlmann* Rn 14; Ulmer/*Ransiek* Rn 14; Rowedder/Schmidt-Leithoff/*Schaal* Rn 9; Scholz/*Tiedemann* Rn 35.

[65] Ulmer/*Ransiek* Rn 14.

strafrechtliche Verantwortlichkeit nach § 14 I StGB deren Organe[66] oder nach § 14 II StGB deren Betriebsleiter oder mit der Mitwirkung an der Anmeldung Beauftragte[67]. Strohmänner fallen unter Abs 1 Nr 1,[68] wegen des eindeutigen Wortlauts jedoch nicht Personen, für deren Rechnung Strohmann Stammeinlagen übernommen (§ 9 a IV) hat.[69]

III. Subjektiver Tatbestand

20 **1.** Der **Vorsatz** (Rn 5) muss sich auf sämtliche objektiven Merkmale des Tatbestands des Abs 1 Nr 1 beziehen: Der Täter muss wissen, dass er GFührer oder Gfter ist u dass er gegenüber dem RegGericht falsche Angaben der in Nr 1 aufgeführten Art macht. Ferner muss er den **Zweck verfolgen, die Eintragung der Ges zu bewirken.**[70] Daher fallen nicht unter Nr 1 falsche Angaben zum Zweck der Eintragung eines Fortsetzungsbeschlusses[71] oder einer Umwandlung.[72]

21 **2.** Hinsichtlich des **Irrtums des Täters** ist zwischen Tatbestandsirrtum des § 16 StGB u Verbotsirrtum des § 17 StGB zu unterscheiden (Rn 6). Die Abgrenzung ist außerordentlich problematisch u kaum rational nachvollziehbar, soweit sich Täter im Bereich der normativen Tatbestandsmerkmale irrt.[73] Hier kann ein Irrtum über Rechtspflichten vorsatzausschließenden Tatbestandsirrtum begründen.[74] Dabei besteht die Gefahr, den bei Vorsatztaten strafausschließenden Tatbestandsirrtum zu Lasten des eine Bestrafung ermöglichenden Verbotsirrtums unsachgemäß auszuweiten.[75] Die zur Verfügung stehenden Abgrenzungskriterien genügen rechtsstaatlichen Anforderungen nicht. Mit diesem Vorbehalt lassen sich folgende Feststellungen treffen: **Tatbestandsirrtum** liegt vor, wenn Täter nicht weiß, dass seine Angaben falsch sind, so, wenn er sich in tatsächlicher Hinsicht irrt.[76] Aber auch Unkenntnis der rechtlichen Regeln, an denen die Richtigkeit der Angaben gemessen wird, ist Tatbestandsirrtum[77] Die erforderliche Rechtskenntnis ist aber schon bei entspr „Parallelwertung in der Laiensphäre" anzunehmen.[78] Daher Tat-

---

66 Ulmer/*Ransiek* Rn 15.

67 Insoweit zweifelnd Ulmer/*Ransiek* Rn 15.

68 Michalski/*Dannecker* Rn 34.

69 Hachenburg/*Kohlmann* Rn 14; Scholz/*Tiedemann* Rn 37; Michalski/*Dannecker* Rn 35.

70 Hachenburg/*Kohlmann* Rn 50; Ulmer/*Ransiek* Rn 55 f; Rowedder/Schmidt-Leithoff/*Schaal* Rn 26; Scholz/*Tiedemann* Rn 55 ff.

71 BGHSt 7, 157, 160; Hachenburg/*Kohlmann* Rn 50; Ulmer/*Ransiek* Rn 56; Rowedder/Schmidt-Leithoff/*Schaal* Rn 11; Scholz/*Tiedemann* Rn 55.

72 Scholz/*Tiedemann* Rn 55; Ulmer/*Ransiek* Rn 57.

73 Dazu *Schlüchter,* Irrtum über normative Tatbestandsmerkmale im Strafrecht, 1983.

74 GroßkommAktG/*Otto* 4. Aufl § 399 Rn 96.

75 KölnerKomm/*Geilen* § 399 Rn 79, 80.

76 Hachenburg/*Kohlmann* Rn 62.

77 Ulmer/*Ransiek* Rn 59; Hachenburg/*Kohlmann* Rn 62; Scholz/*Tiedemann* Rn 174; wohl auch (Irrtum über normativen Sinngehalt der falschen Angabe) Rowedder/Schmidt-Leithoff/*Schaal* Rn 99.

78 Rowedder/Schmidt-Leithoff/*Schaal* Rn 98; Scholz/*Tiedemann* Rn 170; allgemein für Blankettstrafgesetze *Müller-Magdeburg,* Die Abgrenzung von Tatbestandsirrtum u Verbotsirrtum bei Blankettnormen, 1999, 177 ff; zur Parallelwertung beim Subsumtionsirrtum Schönke/Schröder/*Cramer/Sternberg-Lieben* § 15 StGB Rn 43 a; krit Ulmer/

bestandsirrtum, wenn Täter über Umfang der Angabepflichten irrt,[79] wenn er Einlage von Wechseln, von unbestätigten Schecks oder eine andere Sacheinlage für Barzahlung hält[80] u wenn er über das Merkmal der freien Verfügung in § 8 II irrt[81] u zwar auch dann, wenn sich der Irrtum auf die rechtlichen Voraussetzungen dieses Merkmals bezieht,[82] wenn er annimmt, Einzahlung auf sein eigenes Konto sei Einzahlung auf die Stammeinlage,[83] wenn er die strafrechtlich relevanten (Rn 37) Merkmale der verschleierten Sacheinlage nicht erkennt,[84] wenn er entgegen § 7 II 1 annimmt, seine Versicherung nach § 8 II 1 über die Einzahlung von einem Viertel beziehe sich auf das Stammkapital insgesamt u nicht auf die einzelnen Stammeinlagen.[85] Die Behauptung eines Tatbestandsirrtums wird allerdings häufig unglaubhaft sein.[86] Dagegen **Verbotsirrtum,** wenn Täter meint, er unterliege wegen Unwirksamkeit des Bestellungsakts (Rn 18) nicht den Pflichten eines Gführers,[87] wenn er bei (laienhaft) richtiger Beurteilung seiner Angaben annimmt, er dürfe in gewissem Umfang falsche Angaben machen, zB Volleinzahlung versichern, obwohl noch geringe Reste ausstehen;[88] wenn er annimmt, er sei hinsichtlich seiner Angaben an Weisungen der Gfter gebunden,[89] er dürfe eine von ihm als Sacheinlage erkannte Leistung als Bareinlage bezeichnen oder er dürfe wegen Mitwirkung eines Notars unrichtige Angaben machen.[90]

IV. Vollendung, Beendigung

1. Vollendung. der Tat, wenn die Angaben beim zuständigen RegGericht eingegangen sind.[91] Vorlage beim zuständigen Beamten, Kenntnisnahme u 22

Ransiek Rn 61; *Schlüchter,* Irrtum über normative Tatbestandsmerkmale im Strafrecht, 1983, 103 ff: Es genüge „teleologisch-reduzierte Sachverhaltssicht“ des Täters.

79 BGH wistra 1993, 225, 226.

80 Ulmer/*Ransiek* Rn 59; zu § 399 I Nr 1 AktG *Baumbach/Hueck* AktG § 399 Rn 9; differenzierend GroßkommAktG/*Otto* 4. Aufl § 399 Rn 101. **AM** BGH GmbHR 1952, 108 (LS); tendenziell ebenso BGH wistra 1993, 225, 226; Hachenburg/*Kohlmann* Rn 63; Scholz/*Tiedemann* Rn 175; KölnerKomm/*Geilen* § 399 Rn 80; *Schäfer* GmbHR 1993, 717, 725.

81 Ulmer/*Ransiek* Rn 59; Hachenburg/*Kohlmann* Rn 62; Rowedder/Schmidt-Leithoff/*Schaal* Rn 99; Scholz/*Tiedemann* Rn 175; *Schäfer* GmbHR 1993, 717, 725; zu § 399 I Nr 4 AktG BGH GA 1977, 340, 341.

82 BGH GA 1977, 340, 341. Das wird bei den soeben zitierten Literaturstellen nicht deutlich.

83 BayObLG wistra 1987, 191; Rowedder/Schmidt-Leithoff/*Schaal* Rn 74.

84 Scholz/*Tiedemann* Rn 119, 175. Abw Rowedder/Schmidt-Leithoff/*Schaal* Rn 100.

85 Hachenburg/*Kohlmann* Rn 62.

86 Rowedder/Schmidt-Leithoff/*Schaal* Rn 99 aE; vgl BGH GA 1977, 340, 341 f.

87 Auf der Grundlage der von der hM (Rn 87) vertretenen weiten Bestimmung des faktischen GFührers Rowedder/Schmidt-Leithoff/*Schaal* Rn 100; für Konkursstraftat BGH wistra 1984, 178.

88 RGSt 14, 36, 45; Hachenburg/*Kohlmann* Rn 63; Rowedder/Schmidt-Leithoff/*Schaal* Rn 100; für AG KölnerKomm/*Geilen* § 399 Rn 80.

89 Hachenburg/*Kohlmann* Rn 63; Scholz/*Tiedemann* Rn 175 aE.

90 Scholz/*Tiedemann* Rn 175; Rowedder/Schmidt-Leithoff/*Schaal* Rn 100; beruht falsche Angabe auf Rat des Notars, kommt Unvermeidbarkeit des Verbotsirrtums in Betracht, BGH GA 1959, 87, 88.

91 RGSt 43, 323; BGH GmbHR 1959, 27; Ulmer/*Ransiek* Rn 67; Scholz/*Tiedemann* Rn 91.

gar Eintragung der Ges sind nicht Voraussetzung.[92] Erklärung der Angaben gegenüber dem Notar genügt nicht.[93] Zurückweisung des Eintragungsantrags beseitigt Strafbarkeit nicht,[94] ebenso nicht Berichtigung der Angaben nach Eingang beim Gericht.[95]

23 2. **Beendigung** der Tat ist maßgebend für Beginn der Verjährung (§ 78 a StGB) sowie für Möglichkeit sukzessiver Mittäterschaft[96] u Beihilfe.[97] In diesem Sinne ist Tat beendet mit Eintragung der Ges im HR[98] oder mit rechtskräftiger Zurückweisung des Eintragungsantrags.[99] Eingang der Anmeldung zum HR genügt nicht.[100]

V. Berichtigungspflicht

24 Nach § 8 trifft Anmeldepflicht zum HR nur GFührer, nicht aber Gfter. Erkennt daher GFührer nach Vollendung der Tat (Rn 22) Unrichtigkeit seiner Angaben, ist er verpflichtet, sie zu berichtigen (§ 8 Rn 9, 14).[101] Strafrechtliche Folgen des Verstoßes gegen diese Berichtigungspflicht sind aber unabhängig von gesellschaftsrechtlicher Verpflichtung zu bestimmen. Hierfür spricht auch, dass gesellschaftsrechtliche Berichtigungspflicht für Gfter mangels Anmeldepflicht nur schwer zu begründen ist (vgl Rn 19). Bezüglich Strafbarkeit gilt daher folgendes: Unterlassen der Berichtigung bis zur Beendigung der Tat (Rn 23) ist nach allgemeinen Grundsätzen über die **Garantenstellung**[102] Verstoß gegen Abs 1 Nr 1, wenn Unrichtigkeit auf **Pflichtwidrigkeit des Täters** (Rn 18 f) beruhte (Ingerenz).[103] Pflichtwidrigkeit ist objektiv ohne Rücksicht auf Verschuldenselemente zu bestimmen.[104] Als Pflichtenmaßstab kommt die Sorgfalt eines ordentlichen Geschäftsmannes (§ 43 I) in Betracht, obwohl sich dieser Maßstab nach der gesetzlichen Re-

---

92 Hachenburg/*Kohlmann* Rn 51; Ulmer/*Ransiek* Rn 67; Rowedder/Schmidt-Leithoff/*Schaal* Rn 102; Scholz/*Tiedemann* Rn 91.

93 Hachenburg/*Kohlmann* Rn 53; Rowedder/Schmidt-Leithoff/*Schaal* Rn 102; Scholz/*Tiedemann* Rn 92.

94 RGSt 43, 430, 431.

95 RGSt 37, 25, 27; Rowedder/Schmidt-Leithoff/*Schaal* Rn 102; Scholz/*Tiedemann* Rn 92.

96 Schönke/Schröder/*Cramer/Heine* § 25 StGB Rn 91.

97 Schönke/Schröder/*Cramer/Heine* § 27 StGB Rn 17.

98 BGH wistra 1987, 212; Rowedder/Schmidt-Leithoff/*Schaal* Rn 104; Scholz/*Tiedemann* Rn 94; Michalski/*Dannecker* Rn 126.

99 Michalski/*Dannecker* Rn 126; Ulmer/*Ransiek* Rn 68; ähnlich (Ablehnung der Eintragung) Scholz/*Tiedemann* Rn 94.

100 **AM** BGH NJW 2000, 2285 für Beginn der Verjährungsfrist.

101 Hachenburg/*Ulmer* § 8 Rn 25; Scholz/*Winter* § 8 Rn 21.

102 Schönke/Schröder/*Stree* § 13 StGB Rn 35; *Fischer* § 13 StGB Rn 11.

103 Scholz/*Tiedemann* Rn 26, 98; siehe auch Ulmer/*Ransiek* Rn 52; Michalski/*Dannecker* Rn 130; *Peter,* Die strafrechtliche Verantwortlichkeit von Kollegialorganmitgliedern der AG u der GmbH für das Nichteinschreiten bei Gründungsschwindelhandlungen anderer Kollegialorganmitglieder, 1990, 141 f; *Steinmetz,* Die verschleierte Sacheinlage im Aktienrecht aus zivil- u strafrechtlicher Sicht, 1990, 142 f; wohl auch (für irrtümlich unrichtige Angaben) Hachenburg/*Kohlmann* Rn 57; zu § 399 I Nr 1 AktG KölnerKomm/*Geilen* § 399 Rn 57; wohl weitergehend (über Beendigung hinaus) *Ransiek* ZGR 1992, 203, 219.

104 BGHSt 37, 106, 117; *Fischer* § 13 StGB Rn 11 a; Schönke/Schröder/*Stree* § 13 StGB Rn 38.

gelung nur auf das Verhältnis zwischen GFührer u Ges bezieht.[105] Hiernach dürfte eine Pflichtwidrigkeit bei unrichtigen Angaben zum HR nur zu verneinen sein, wenn GFührer durch Gfter oder andere Personen getäuscht worden ist, ohne dass dies bemerkbar war; im Übrigen schuldet er eigene sorgfältige Ermittlungen.[106] Anmeldepflicht bei Wertverfall von Sacheinlagen in der Zeit zwischen Anmeldung u Eintragung besteht zumindest strafrechtlich (zum Zivilrecht § 8 Rn 14) nicht.[107] Erkennen **andere Organmitglieder** Unrichtigkeit der Angaben, ergibt sich aus wechselseitiger Überwachungspflicht innerhalb der Geschäftsführung (§ 37 Rn 32 f),[108] aus Aufsichtspflicht der GfterVers nach § 46 Nr 6 u aus Aufsichtspflicht von AR-Mitgliedern u Mitgliedern vergleichbarer Überwachungsorgane Garantenstellung **(Überwachungsgarant),** die strafrechtlich entweder eigene Berichtigungspflicht oder Pflicht, auf Berichtigung durch Täter hinzuwirken, begründet.[109]

C. Sachgründungsschwindel, Abs 1 Nr 2

I. Allgemeines

§ 82 I Nr 2 bedroht mit Strafe falsche Angaben, die jemand als Gfter im Sachgründungsbericht (§ 5 IV 2) macht. Zweck der Vorschrift ist es, die Richtigkeit des Sachgründungsberichts auch mit strafrechtlichen Mitteln zu sichern. Für strafrechtliche Haftung ist konkrete Gefährdung oder Schaden nicht erforderlich **(abstraktes Gefährdungsdelikt).**[110] Vorschrift ist **Schutzgesetz iSd § 823 II BGB** gegenüber künftigen Gftern u gegenüber gegenwärtigen u künftigen GesGläubigern.[111] Falsche Angaben müssen für Anspruch aus § 823 II BGB Schaden verursacht haben. Daher ist Kenntnis des Geschädigten von ihnen erforderlich, es sei denn, Ges wäre bei richtigen Angaben nicht eingetragen worden (Rn 9). Ersatzpflicht gegenüber Ges aus § 9 a I (§ 5 Rn 56). Ähnliche Regelung für AG in § 399 I Nr 2 AktG. **25**

---

105 Scholz/*Tiedemann* Rn 98; *Peter* (Fn 103) 142.

106 Scholz/*Tiedemann* Rn 98; großzügiger wohl *Steinmetz* (Fn 103).

107 Hachenburg/*Kohlmann* Rn 57; wohl auch Scholz/*Tiedemann* Rn 98.

108 Hachenburg/*Mertens* § 37 Rn 10; *Lutter/Hommelhoff* § 37 Rn 32; Michalski/*Dannecker* Rn 127, 130; wohl auch Hachenburg/*Kohlmann* Rn 124 aE; vgl auch zur strafrechtlichen Handlungspflicht aller GFührer ohne Rücksicht auf Kompetenzabgrenzung, wenn Unternehmen aus bes Anlass als Ganzes betroffen ist, BGHSt 37, 106, 123 f, krit dazu *Dreher* ZGR 1992, 22, 54 ff.

109 Zu Abs 2 Nr 2 Rowedder/Schmidt-Leithoff/*Schaal* Rn 90; Ulmer/*Ransiek* Rn 52; *Ransiek* ZGR 1999, 613, 616; einschränkend für Mit-GFührer, zweifelnd für Gfter Scholz/*Tiedemann* Rn 23, 30; für Gfter ablehnend auch Michalski/*Dannecker* Rn 130, 132; eingehend mit teilw abw Ergebnissen *Peter* (Fn 103) S 78 ff.

110 Rowedder/Schmidt-Leithoff/*Schaal* Rn 6; *Lutter*/Hommelhoff/*Kleindiek* Rn 1; Scholz/*Tiedemann* Rn 16; Michalski/*Dannecker* Rn 15.

111 Ulmer/*Ransick* Rn 71; *Lutter*/Hommelhoff/*Kleindiek* Rn 27; wohl auch Scholz/*Tiedemann* Rn 9 ff; einschränkend (zugunsten gegenwärtiger u künftiger Gläubiger) Hachenburg/*Kohlmann* Rn 80 u Michalski/*Dannecker* Rn 13; weitergehend (auch zugunsten der Ges u gegenwärtiger Gfter) *Meyer-Landrut* Rn 2.

II. Objektiver Tatbestand

26 **1. Falsche Angaben.** dazu allgemein Rn 10. Abw von Abs 1 Nr 1 nicht gegenüber RegGericht, sondern im Sachgründungsbericht des § 5 IV 2. Dieser ist zu erstatten bei Leistung von **Sacheinlagen ieS,** also bei Erfüllung der Einlagepflicht durch Einbringung von Sachen u anderen Vermögensgegenständen (§ 5 Rn 16); darüber hinaus auch bei Vereinbarung einer **Sachübernahme,** der entgeltlichen Übernahme von Vermögensgegenständen durch Ges unter Anrechnung der Vergütung auf Einlageverpflichtung (§ 5 Rn 16). Diese Erweiterung gilt auch für Abs 1 Nr 2 (vgl Rn 16; dort auch zu den strafrechtlichen Grenzen dieser Erweiterung). Bei KE gegen Sacheinlage ist nach hM Sachgründungsbericht nicht vorgesehen (§ 56 Rn 17). Selbst wenn man dies zivilrechtlich bejaht, scheidet wegen Analogieverbots Strafbarkeit nach Abs 1 Nr 2 bei KE jedenfalls aus.[112]

27 **2. Gegenstand der Angaben** sind nach § 5 IV 2 die Umstände, die für die Angemessenheit der Leistungen für die Sacheinlage wesentlich sind. Die dafür entwickelten zivilrechtlichen Kriterien (§ 5 Rn 55) sind auch strafrechtlich maßgebend. Die darin enthaltenen unbestimmten Rechtsbegriffe der „Angemessenheit" u der „wesentlichen Umstände" erfordern jedoch im Hinblick auf den Bestimmtheitsgrundsatz (Rn 4) strafrechtlich insofern eine Einschränkung, als nur solche Angaben strafbar sind, die eindeutig gegen diese Bewertungskriterien verstoßen.[113] Demgegenüber unerheblich, ob die Angaben ihrem Gegenstand nach für Eintragung der Ges erforderlich sind, da diese Zweckbestimmung nicht zum Tatbestand des Abs 1 Nr 2 gehört.[114] – Berichtspflicht nach § 5 IV 2 ist Handlungspflicht,[115] so dass **fehlende Angaben** Strafbarkeit nur begründen, wenn gemachte Angaben dadurch falsch werden (vgl bereits Rn 10). Der im Sachgründungsbericht fehlende Hinweis auf eine beabsichtigte Sachübernahme oder Sacheinlage führt daher nicht zu Strafbarkeit nach Abs 1 Nr 2,[116] ggf aber nach Abs 1 Nr 1 (vgl Rn 12). Zur Berichtigungspflicht Rn 33.

28 **3. Täter** können nur die Gfter sein, die nach § 5 IV 2 zur Erstattung des Sachgründungsberichts verpflichtet sind, also die Gfter, die der VorGes zZ der HRAnmeldung angehören (§ 5 Rn 54).[117] Täter sind auch diejenigen, die vor HRAnmeldung aus Ges ausgeschieden sind, aber vorher an Vollendung der Tat (Rn 31) mitgewirkt haben.[118] Bei Eintritt eines neuen Gfters nach HRAnmeldung ist nur dann (ggf neuer) Sachgründungsbericht erforderlich, wenn eintretender Gfter Sacheinlage einbringt (§ 5 Rn 54);[119] in diesem Fall

---

112 Wohl auch Rowedder/Schmidt-Leithoff/*Schaal* Rn 53.

113 Hachenburg/*Kohlmann* Rn 78; *Lutter*/Hommelhoff/*Kleindiek* Rn 15; Scholz/*Tiedemann* Rn 106; Michalski/*Dannecker* Rn 143. **AM** Rowedder/Schmidt-Leithoff/*Schaal* Rn 54.

114 Rowedder/Schmidt-Leithoff/*Schaal* Rn 54.

115 Scholz/*Tiedemann* Rn 105; Michalski/*Dannecker* Rn 144.

116 So aber wohl Michalski/*Dannecker* Rn 148 mit der Einschränkung, dass Tatbestandsirrtum möglich.

117 Hachenburg/*Ulmer* § 5 Rn 137; Ulmer/*Ransiek* Rn 72; Rowedder/Schmidt-Leithoff/*Schaal* Rn 53. – **AM** (Gfter zZ der Eintragung der Ges) Scholz/*Winter* § 5 Rn 99.

118 Scholz/*Tiedemann* Rn 101; Ulmer/*Ransiek* Rn 72, muss mit unterzeichnet haben. – **AM** Rowedder/Schmidt-Leithoff/*Schaal* Rn 53.

119 Weitergehend Scholz/*Tiedemann* Rn 101 u Scholz/*Winter* § 5 Rn 99.

sind alle Gfter verpflichtet, Sachgründungsbericht nachzureichen u damit Täter iSv Abs 1 Nr 2. – Rechtsgeschäftliche Vertretung ist ausgeschlossen. Bei gesetzlicher Vertretung des Gfters gelten § 14 I, III StGB.

III. Subjektiver Tatbestand

1. Der **Vorsatz** (Rn 5) muss sich auf sämtliche objektiven Merkmale des Tatbestands des Abs 1 Nr 2 beziehen: Täter muss wissen, dass er Gfter ist, dass er einen Sachgründungsbericht erstattet u darin falsche Angaben über Umstände macht, die für die Angemessenheit der Leistungen für die Sacheinlagen wesentlich sind (zu diesen Rn 27). Anders als bei Abs 1 Nr 1 (Rn 20) ist nicht erforderlich, dass Täter den Zweck verfolgt, die Eintragung der Ges in das HR zu bewirken. **29**

2. Zum **Irrtum des Täters** Rn 21. **Tatbestandsirrtum,** wenn Täter nicht weiß, dass seine Angaben falsch sind, ferner, wenn er falsche Angaben nicht als Angaben zur Bewertung ansieht (doch dürfte die Behauptung eines solchen Irrtums idR unglaubhaft sein). – **Verbotsirrtum,** wenn Täter annimmt, er dürfe in gewissem Umfange falsche Angaben machen. **30**

IV. Vollendung, Beendigung

1. Vollendung. der Tat, wenn Sachgründungsbericht als fertiger (nicht nur als Entwurf) anderen Personen im Rahmen des Gründungsverfahrens (zB GFührer, Notar) oder außerhalb desselben (zB Gläubigern der VorGes oder künftigen Gläubigern der Ges) zugeht.[120] Voraussetzung ist aber, dass dieser Zugang im Rahmen des Rechtsverkehrs stattfindet.[121] Nicht genügend ist es, wenn beliebige Personen zufällig in den Besitz des Berichts gelangen. Kenntnisnahme u Täuschung sind nicht erforderlich;[122] ebenso nicht Zugang beim RegGericht.[123] **31**

2. Beendigung der Tat (Rn 23) tritt ein mit Entscheidung des RegGerichts über Eintragung auf Grund des Sachgründungsberichts, nicht erst mit Eintragung der Ges in das HR.[124] **32**

V. Berichtigungspflicht

Zur Berichtigungspflicht gelten die für Abs 1 Nr 1 entwickelten Grundsätze (Rn 24). Der die Garantenstellung bestimmende Pflichtenmaßstab kann für Gfter nur derjenige sein, der auch für GFührer gilt: die Sorgfalt eines ordentlichen Geschäftsmannes. **33**

---

[120] Ulmer/*Ransick* Rn 77; Rowedder/Schmidt-Leithoff/*Schaal* Rn 103; Scholz/*Tiedemann* Rn 107; Michalski/*Dannecker* Rn 150; ähnlich zu § 399 I Nr 2 AktG KölnerKomm/*Geilen* § 399 Rn 106.

[121] Scholz/*Tiedemann* Rn 107; vgl „Adressat" bei KölnerKomm/*Geilen* § 399 Rn 106.

[122] KölnerKomm/*Geilen* § 399 Rn 106.

[123] Ulmer/*Ransiek* Rn 77; Scholz/*Tiedemann* Rn 107; Michalski/*Dannecker* Rn 150.

[124] Rowedder/Schmidt-Leithoff/*Schaal* Rn 104; Ulmer/*Ransick* Rn 77; Scholz/*Tiedemann* Rn 108; Michalski/*Dannecker* Rn 151.

D. Kapitalerhöhungsschwindel, Abs 1 Nr 3

I. Allgemeines

34 § 82 I Nr 3 bedroht mit Strafe falsche Angaben, die jemand als GFührer zum Zweck der Eintragung einer Erhöhung des Stammkapitals über im Einzelnen aufgezählte Umstände macht. Zweck der Vorschrift ist es, Kapitalaufbringung bei Kapitalerhöhungen auch mit strafrechtlichen Mitteln zu sichern. Vorschrift gilt nur für **Kapitalerhöhung gegen Einlagen** iSd §§ 55 ff; für Kapitalerhöhung aus GesMitteln (§§ 57 c ff) gilt Abs 1 Nr 4 (Rn 49 ff). Im Verhältnis zu Abs 2 Nr 2 (Rn 80 ff) ist Abs 1 Nr 3 Spezialvorschrift.[125] Abs 1 Nr 3 ist – wie Abs 1 Nr 1 (Rn 9) **Schutzgesetz iSd § 823 II BGB** gegenüber künftigen Gftern[126] u gegenüber gegenwärtigen u künftigen GesGläubigern.[127] Falsche Angaben müssen für Anspruch aus § 823 II BGB Schaden verursacht haben. Daher ist idR Kenntnis des Geschädigten von den zum HR gemachten Angaben erforderlich.[128] Kenntnis aber unerheblich, wenn Kapitalerhöhung bei richtigen Angaben nicht eingetragen worden wäre.[129] Ersatzpflicht gegenüber Ges aus §§ 57 IV, 9 a I. – Ähnliche Regelung für AG in § 399 I Nr 4 AktG.

II. Objektiver Tatbestand

35 **1. Falsche Angaben.** Dazu allgemein Rn 10. Abw von Abs 1 Nr 1 muss es sich um Angaben handeln, die unmittelbar gegenüber RegGericht gemacht werden. Mittelbare Angaben genügen nicht, da nur GFührer, nicht aber Gfter in Abs 1 Nr 3 genannt sind (vgl Rn 19).

36 **2. Gegenstand der Angaben. a) Angaben über die Zeichnung des neuen Kapitals** entsprechen denen über die Übernahme der Stammeinlagen nach Abs 1 Nr 1 (Rn 11). Sie betreffen die Übernahmeerklärungen nach § 55 I einschließlich der Angaben nach § 57 III Nr 2 über die Personen, welche die neuen Stammeinlagen übernommen haben, u über die Höhe der übernommenen Stammeinlagen.[130]

37 **b) Angaben über die Einbringung des neuen Kapitals** entsprechen denen über die Leistung der Einlagen nach Abs 1 Nr 1 (Rn 12). Hierzu

---

125 OLG Jena GmbHR 1998, 1041, 1043 f.

126 Ulmer/*Ransiek* Rn 79. Vgl zu § 399 I Nr 4 AktG OLG München ZIP 2004, 462.

127 *Lutter*/Hommelhoff/*Kleindiek* Rn 27; wohl auch Scholz/*Tiedemann* Rn 9 ff; einschränkend (zugunsten gegenwärtiger u künftiger Gläubiger) Hachenburg/*Kohlmann* Rn 89 u Michalski/*Dannecker* Rn 13; zugunsten künftiger Gfter (zu § 313 I Nr 3 HGB aF) RGZ 157, 213, 217; zugunsten künftiger Gläubiger (zu § 313 I Nr 3 HGB aF) RGZ 159, 211, 224; weitergehend (auch zugunsten der Ges u gegenwärtiger Gfter) *Meyer-Landrut* Rn 2.

128 Zu § 313 I Nr 3 HGB aF RG JW 1938, 3297, 3299; zu § 399 I Nr 4 AktG BGHZ 96, 231, 243.

129 Roth/*Altmeppen* Rn 4. – Ähnlich zu § 399 I Nr 4 AktG OLG München ZIP 2004, 462: konkrete Kenntnis von der Registereintragung nicht erforderlich.

130 Hachenburg/*Kohlmann* Rn 84; Rowedder/Schmidt-Leithoff/*Schaal* Rn 57; Scholz/*Tiedemann* Rn 113; Michalski/*Dannecker* Rn 159.

gehören Angaben über die Höhe sowie Art u Weise der Kapitaleinbringung,[131] ferner die Erklärung nach § 57 II, ob sich der Gegenstand der Leistungen endgültig in der freien Verfügung des GFührers befindet.[132] Nach Aufgabe des Gebots wertgleicher Deckung hat GFührer lediglich zu versichern, dass Betrag für die Zwecke der Ges eingezahlt u auch in der Folge nicht an den Gfter zurückgezahlt worden ist (zum Ganzen § 56 Rn 13).[133] Inwieweit dies bei **Voreinzahlungen** auf künftige KE gilt, ist umstr (zum Ganzen § 56 Rn 13); Strafbarkeit des GFührers nach Abs 1 Nr 3 scheidet in diesen Fällen jedenfalls aus, wenn dem RegGericht alle zur Beurteilung der Voreinzahlung erforderlichen Fakten mitgeteilt werden. – Umstände, die zur Annahme einer **verdeckten Sacheinlage** (§ 19 Rn 49 ff) führen, betreffen Art u Weise der Kapitaleinbringung (Rn 16). Hierauf haben sich die Angaben ebenfalls zu erstrecken.[134] Allerdings erfordert strafrechtlicher Bestimmtheitsgrundsatz (Rn 4), dass Strafbarkeit nur insoweit angenommen wird, als die zur Annahme einer verschleierten Sacheinlage führenden Umstände allgemein anerkannt sind u daher als gesichert gelten können.[135] Auch kann sich strafrechtliche Beurteilung nicht auf zivilrechtlich anerkannte Vermutungen (§ 19 Rn 49) stützen.[136] – Zur Behandlung von Voreinzahlungen auf künftige KE § 56 a Rn 16.

c) Angaben über Sacheinlagen entsprechen denen nach Abs 1 Nr 1 (Rn 16). Insbes gilt Abs 1 Nr 3 auch für Angaben über **Sachübernahmen,** dh über die entgeltliche Übernahme von Vermögensgegenständen durch Ges unter Anrechnung der Vergütung auf die Einlageverpflichtung.[137] Zur Abgrenzung u wegen weiterer Einzelheiten Rn 16. 38

3. Adressat der Angaben ist RegGericht, § 57 I (vgl Rn 17). 39

4. Täter. a) Geschäftsführer. Täter sind nur die GFührer u stellvertretenden GFührer (§ 44), die sämtlich nach §§ 78, 57 I die Kapitalerhöhung zum HR anzumelden haben (§ 78 Rn 9). Einzelheiten Rn 18. 40

b) Liquidatoren kommen nach dem maßgebenden Gesetzeswortlaut als Täter nicht in Betracht, obwohl Kapitalerhöhungen u entspr Anmeldungen auch während der Abwicklung möglich sind (§ 69 Rn 21). Dieses unsachgerechte Ergebnis kann wegen des strafrechtlichen Analogieverbots 41

---

131 BGH NJW 1955, 678, 679.

132 BGH wistra 1996, 262, 263; Hachenburg/*Kohlmann* Rn 84; Rowedder/Schmidt-Leithoff/*Schaal* Rn 58; Scholz/*Tiedemann* Rn 114; zu § 399 I Nr 4 AktG BGH GA 1977, 340, 341 f.

133 BGHZ 150, 197.

134 Rowedder/Schmidt-Leithoff/*Schaal* Rn 59; Scholz/*Tiedemann* Rn 118; zum Aktienrecht *Steinmetz* (Rn 102), 137 ff.

135 Scholz/*Tiedemann* Rn 118 aE; *Tiedemann* FS Lackner, 1987, 737, 745 ff; (zum Aktienrecht) *Steinmetz* (Rn 101), 148 f; ähnlich (auf Wertminderung der Bareinlage abstellend) Hachenburg/*Kohlmann* Rn 84; Rowedder/Schmidt-Leithoff/*Schaal* Rn 59 aE; Roth/*Altmeppen* Rn 13; weitergehend (keine Strafbarkeit bei Verschweigen schuldrechtlicher Verwendungsabsprachen) LG Koblenz ZIP 1991, 1284, 1290.

136 OLG Schleswig GmbHR 2005, 357, 360; Scholz/*Tiedemann* Rn 119; Michalski/*Dannecker* Rn 169; *Schäfer* GmbHR 1993, 717, 726; *Tiedemann* FS Lackner, 1987, 737, 748 f.

137 Rowedder/Schmidt-Leithoff/*Schaal* Rn 61.

nicht vermieden werden.[138] Insoweit ist auch nicht § 82 II Nr 2 Auffangtatbestand.[139]

42 **c) Gesellschafter** sind in Abs 1 Nr 3 – anders als in Abs 1 Nr 1 – als Täter nicht genannt.

III. Subjektiver Tatbestand

43 **1.** Der **Vorsatz** (Rn 5) muss sich auf sämtliche objektiven Merkmale des Tatbestands des Abs 1 Nr 3 beziehen: Der Täter muss wissen, dass er GFührer ist u dass er gegenüber dem RegGericht falsche Angaben der in Rn 36–38 genannten Art macht. Ferner muss er den **Zweck** verfolgen, die Eintragung der Kapitalerhöhung in das HR zu bewirken.[140]

44 **2.** Zum **Irrtum** des Täters Rn 22, insbes Tatbestandsirrtum, wenn Täter die strafrechtlich relevanten (Rn 37) Merkmale der verschleierten Sacheinlage nicht erkennt.[141]

IV. Vollendung, Beendigung

45 **1.** Zur **Vollendung** der Tat Rn 22.

46 **2. Beendigung** der Tat mit Eintragung der Kapitalerhöhung in das HR oder mit rechtskräftiger Zurückweisung des Eintragungsantrags, vgl Rn 23.

V. Berichtigungspflicht

47 Berichtigungspflicht entspr den für Abs 1 Nr 1 entwickelten Grundsätzen (Rn 25).

E. Unrichtige Erklärung bei Kapitalerhöhung aus Gesellschaftsmitteln, Abs 1 Nr 4

I. Allgemeines

48 § 82 I Nr 4 – eingefügt durch Art 4 Nr 5 UmwBerG (Rn 1) – bedroht mit Strafe falsche Angaben, die jemand als GFührer in der Erklärung macht, die nach § 57i I 2 in der Anmeldung des Beschlusses über die Erhöhung des Stammkapitals aus GesMitteln zur Eintragung in das HR enthalten sein muss. Zweck der Vorschrift ist es, zu verhindern, dass Kapitalerhöhung aus GesMitteln in das HR eingetragen wird, obwohl die dafür eingesetzten Rücklagen nicht mehr vorhanden sind (§ 57i Rn 6). Abs 1 Nr 4 ist – wie Abs 1 Nr 3 (Rn 34) – **Schutzgesetz iSd § 823 II BGB** gegenüber künftigen Gftern u gegenüber gegenwärtigen u künftigen GesGläubigern (gegenüber GesGläubigern § 57i Rn 6).[142] Falsche Angaben müssen für Anspruch aus

---

138 OLG Jena GmbHR 1998, 1041, 1043; *Lutter*/Hommelhoff/*Kleindiek* Rn 4; Scholz/*Tiedemann* Rn 43; Erbs/Kohlhaas/*Schaal* G 131 § 82 Rn 33; ebenso Hachenburg/*Kohlmann* Rn 82 u nunmehr auch Rowedder/Schmidt-Leithoff/*Schaal* Rn 55.

139 OLG Jena GmbHR 1998, 1041, 1043 f.

140 Rowedder/Schmidt-Leithoff/*Schaal* Rn 27; Michalski/*Dannecker* Rn 171.

141 Scholz/*Tiedemann* Rn 119, 175.

142 Ulmer/*Ransiek* Rn 91; Scholz/*Priester* § 57i Rn 7.

§ 823 II BGB Schaden verursacht haben. Daher ist idR Kenntnis des Geschädigten von den zum HR gemachten Angaben erforderlich; Kenntnis aber unerheblich, wenn Kapitalerhöhung bei richtigen Angaben nicht eingetragen worden wäre (vgl Rn 34). – Ähnliche Regelung für AG in § 399 II AktG.

II. Objektiver Tatbestand

1. Falsche Angaben. Dazu allgemein Rn 10 u speziell Rn 35. 49

2. Gegenstand der Angaben. Die GFührer haben nach § 57 i I 2 zu erklären, dass nach ihrer Kenntnis seit dem Stichtag der der Kapitalerhöhung aus GesMitteln nach §§ 57 e, f zugrunde gelegten Bilanz keine Vermögensminderung eingetreten ist, die der Kapitalerhöhung entgegenstünde, wenn sie am Tag der Anmeldung beschlossen worden wäre. Damit erklären sie, dass die für die Kapitalerhöhung in Anspruch genommenen Rücklagen (§ 57 d) in der Zwischenzeit nicht durch Verluste gemindert oder gar aufgezehrt sind. Trotz des insoweit missverständlichen Wortlauts des § 57 i I 2 („nach ihrer Kenntnis") müssen sich GFührer positive Gewissheit darüber verschaffen, dass die Vermögensminderung nicht eingetreten ist.[143] Verletzung dieser Ermittlungspflicht ist aber strafrechtlich nicht beachtlich, da die Erklärung nach § 57 i I 2 nur falsch ist, wenn die GFührer tatsächlich Kenntnis von der Vermögensminderung haben.[144] 50

3. Adressat der Angaben ist RegGericht, § 57 i I 2 (vgl Rn 17). 51

4. Täter sind nur die **GFührer** u stellvertretenden GFührer (§ 44), die sämtlich nach §§ 78, 57 i I die Kapitalerhöhung aus GesMitteln zum HR anzumelden haben (§ 78 Rn 9). Einzelheiten Rn 18. 52

III. Subjektiver Tatbestand

1. Der **Vorsatz** (Rn 5) muss sich auf sämtliche objektiven Merkmale des Tatbestands des Abs 1 Nr 4 beziehen: Der Täter muss wissen, dass er GFührer ist u dass er gegenüber dem RegGericht falsche Angaben der in Rn 50 genannten Art macht. Insbes muss er Kenntnis von der eingetretenen Vermögensminderung haben; pflichtwidriges Unterlassen von Nachforschungen genügt nicht.[145] – Ferner muss Täter den **Zweck** verfolgen, die Eintragung der Kapitalerhöhung in das HR zu bewirken. Dieses Merkmal wird zwar in Nr 4 – anders als in Nr 3 – nicht erwähnt, doch dient die Erklärung nach § 57 i I 2 nur dazu, die Eintragung herbeizuführen. Nr 4 ist also entsprechend zu ergänzen.[146] Für diese Einschränkung der Strafbarkeit spricht auch die vergleichbare Regelung des § 399 II AktG, in der der Eintragungszweck ausdrücklich erwähnt ist. 53

---

143 Ulmer/*Ransick* Rn 94; *Lutter/Hommelhoff* § 57 i Rn 3; Rowedder/Schmidt-Leithoff/*Schaal* Rn 66; Scholz/*Priester* § 57 i Rn 6.

144 Roth/*Altmeppen* Rn 20; Scholz/*Tiedemann* Rn 119 a; Michalski/*Dannecker* Rn 181.

145 Scholz/*Tiedemann* Rn 119 a; Michalski/*Dannecker* Rn 181.

146 Scholz/*Tiedemann* Rn 119 b. **AM** Ulmer/*Ransick* Rn 96; Rowedder/Schmidt-Leithoff/*Schaal* Rn 97; Erbs/Kohlhaas/*Schaal* G 131 § 82 Rn 39; Michalski/*Dannecker* Rn 183.

54 2. Zum **Irrtum** des Täters allgemein Rn 21. Tatbestandsirrtum liegt vor, wenn GFührer Verluste nicht erkennt, sei es, dass er die tatsächlichen Vorgänge nicht bemerkt, sei es, dass er die ihm bekannten Vorgänge bilanzrechtlich unrichtig würdigt.

IV. Vollendung, Beendigung

55 1. Zur **Vollendung** der Tat Rn 22.

56 2. **Beendigung** der Tat mit Eintragung der Kapitalerhöhung in das HR oder mit rechtskräftiger Zurückweisung des Eintragungsantrags, vgl Rn 23.

V. Berichtigungspflicht

57 Berichtigungspflicht entspr den für Abs 1 Nr 1 entwickelten Grundsätzen (Rn 24).

F. Unrichtige Versicherung, Abs 1 Nr 5

I. Allgemeines

58 § 82 I Nr 5 bedroht mit Strafe falsche Angaben, die jemand als GFührer oder als Liquidator bzw als Geschäftsleiter einer ausländischen juristischen Person in der Versicherung über das Nichtvorliegen einer Verurteilung wegen einer Insolvenzstraftat oder eines Berufsverbots u über die Belehrung über die unbeschränkte Auskunftspflicht (§§ 8 III 1, 39 III 1, 67 III 1) macht. MoMiG hat Tatbestand der Eignungstäuschung erheblich dadurch ausgeweitet, dass Katalog der Straftaten nach § 6 II erheblich erweitert wurde und § 6 III die Amtsunwürdigkeit „globalisiert" hat.[147] Zweck des § 82 I Nr 5 ist es, die Richtigkeit der Versicherung durchzusetzen. Sie ist **nicht Schutzgesetz iSd § 823 II BGB.**[148] Die Versicherungen nach §§ 8 III, 39 III, 67 III sollen RegGericht Verwaltungsaufwand ersparen, der mit Auskunftsersuchen an Bundeszentralregister verbunden wäre (§ 8 Rn 16).[149] Vorschrift gilt nicht für gleichartige Versicherung, die etwa im Verfahren der gerichtlichen Bestellung eines Liquidators nach § 66 II von diesem auf Verlangen des Gerichts abgegeben wird (§ 67 Rn 15). Die Verweisung in § 82 I Nr 5 auf § 67 III 1 beschränkt Strafvorschrift auf Versicherung im Eintragungsverfahren auf Grund Anmeldung. – Ähnliche Regelung für AG in § 399 I Nr 6 AktG.

II. Objektiver Tatbestand

59 1. **Falsche Angaben** in der Versicherung nach §§ 8 III 1, 39 III 1 oder 67 III 1, auch in einer vom RegGericht angeforderten[150] ergänzenden Versicherung[151] Zur Unrichtigkeit von Angaben Rn 10. Auch unvollständige An-

---

147 Zum Übergangsrecht siehe *Müller-Gugenberger* GmbH 2009, 578, 582.

148 *Lutter*/Hommelhoff/*Kleindiek* Rn 27; Roth/*Altmeppen* Rn 21; Ulmer/*Ransiek* Rn 104. **AM** Rowedder/Schmidt-Leithoff/*Schaal* Rn 2, 68; wohl auch Michalski/*Dannecker* Rn 188; zu § 399 I Nr 6 AktG (ohne Angabe des geschützten Personenkreises) KölnerKomm/*Geilen* § 399 Rn 154.

149 BT-Drucks 8/1347, 34.

150 Vgl BayObLG DB 1982, 273, 274.

151 Hachenburg/*Kohlmann* Rn 93; Scholz/*Tiedemann* Rn 124.

gaben sind falsche Angaben.[152] Unterlassen der Versicherung ist aber nicht strafbar.[153]

2. Der **Gegenstand der Angaben** ergibt sich aus dem Inhalt der Versicherungen (vgl § 8 Rn 16; § 39 Rn 12; § 67 Rn 10). Nach § 70 a StGB zur Bewährung ausgesetztes Berufsverbot steht Bestellung nicht entgegen (§ 66 Rn 5) u braucht daher nicht angegeben zu werden.[154] Gleiches gilt für ein vorläufiges Berufsverbot nach § 132 a StPO.[155] 60

3. **Adressat der Angaben** ist RegGericht, demgegenüber Versicherung abgegeben wird. 61

4. **Täter. a) Geschäftsführer/Geschäftsleiter.** Täter sind diejenigen, die als erste GFührer nach § 8 III oder als weitere nach § 39 III die Versicherung abzugeben haben. Auf Wirksamkeit des Bestellungsaktes kommt es nicht an (Rn 18). Erfasst sind auch Geschäftsleiter ausländischer juristischen Personen; denn nach § 13 g II HGB ist auch in der Anmeldung der inländischen Zweigniederlassung einer ausländischen Gesellschaft mit beschränkter Haftung eine Versicherung nach § 8 III über das Nichtvorliegen von Bestellungshindernissen abzugeben. 62

b) Liquidatoren. Täter sind diejenigen, die als Liquidatoren nach § 67 III die Versicherung abzugeben haben (§ 67 Rn 11). Auf Wirksamkeit des Bestellungsaktes kommt es nicht an (Rn 18). Ist Liquidator juristische Person oder PersonenhandelsGes (§ 66 Rn 6, 7), treffen Pflicht zur Abgabe der Versicherung (§ 67 Rn 11) u strafrechtliche Verantwortlichkeit (§ 14 I, III StGB) deren gesetzliche Vertreter. 63

III. Subjektiver Tatbestand

1. Der **Vorsatz** (Rn 5) muss sich auf sämtliche objektiven Tatbestandsmerkmale des Abs 1 Nr 5 beziehen: Täter muss wissen, dass er GFührer, Liquidator oder gesetzlicher Vertreter eines Liquidators ist, dass er gegenüber dem RegGericht eine Versicherung abgibt u in dieser falsche (auch unvollständige) Angaben macht, ferner, dass die Fristen des § 6 II Nr 3 noch laufen.[156] Ferner muss Täter den **Zweck** verfolgen, seine Eintragung als GFührer oder Liquidator in das HR zu bewirken. Dieses Merkmal wird zwar in Nr 5 – anders als in Nr 1 u 3 – nicht erwähnt, doch dienen die Versicherungen nach §§ 8 III 1, 39 III 1, 67 III 1 nur dazu, die Eintragung herbeizuführen. Nr 5 ist also entsprechend zu ergänzen (vgl Rn 53).[157] Dem ent- 64

---

[152] Hachenburg/*Kohlmann* Rn 94; Rowedder/Schmidt-Leithoff/*Schaal* Rn 71; Scholz/*Tiedemann* Rn 126; Michalski/*Dannecker* Rn 198.

[153] Ulmer/*Ransiek* Rn 108; Hachenburg/*Kohlmann* Rn 94; *Lutter*/Hommelhoff/*Kleindiek* Rn 17; Rowedder/Schmidt-Leithoff/*Schaal* Rn 71; Scholz/*Tiedemann* Rn 127; Michalski/*Dannecker* Rn 198.

[154] Rowedder/Schmidt-Leithoff/*Schaal* Rn 56; Scholz/*Tiedemann* Rn 123; zu § 399 I Nr 6 AktG GroßkommAktG/*Otto* 4. Aufl § 399 Rn 210. **AM** zu § 399 I Nr 6 AktG KölnerKomm/*Geilen* § 399 Rn 158.

[155] Scholz/*Tiedemann* Rn 123; kritisch Rowedder/Schmidt-Leithoff/*Schaal* Rn 74.

[156] Zu § 399 I Nr 6 AktG KölnerKomm/*Geilen* § 399 Rn 159.

[157] **AM** Rowedder/Schmidt-Leithoff/*Schaal* Rn 69; Erbs/Kohlhaas/*Schaal* G 131 § 82 Rn 40; Michalski/*Dannecker* Rn 200; zu § 399 I Nr 6 AktG KölnerKomm/*Geilen* § 399 Rn 161; GroßkommAktG/*Otto* 4. Aufl § 399 Rn 214.

spricht es, dass Tat mit Eingang beim RegGericht vollendet (Rn 66) u ua mit Eintragung des GFührers oder des Liquidators beendet (Rn 67) ist.

65 2. Zum **Irrtum** des Täters Rn 22. **Tatbestandsirrtum,** wenn Täter nicht weiß, dass seine Angaben falsch oder unvollständig sind, wenn er fälschlich annimmt, dass die Fristen des § 6 II Nr 3 abgelaufen seien,[158] wenn er nicht erkennt, dass Unternehmensgegenstand der Ges ganz oder teilweise mit dem Gegenstand des ihm erteilten Berufsverbots übereinstimmt. – **Verbotsirrtum,** wenn Täter meint, zu falschen oder unvollständigen Angaben berechtigt zu sein, weil sie unerheblich seien oder weil eine Selbstbezichtigung unzumutbar sei.[159] Annahme, nach § 70 a StGB zur Bewährung ausgesetztes Berufsverbot brauche nicht angegeben zu werden, ist richtig (Rn 60; § 66 Rn 5) u begründet daher Verbotsirrtum nicht.[160]

IV. Vollendung, Beendigung

66 1. **Vollendung** der Tat, wenn die unrichtige Versicherung beim zuständigen RegGericht eingegangen ist.[161] Einzelheiten Rn 22.

67 2. **Beendigung** der Tat mit Eintragung des GFührers oder Liquidators in das HR oder mit Zurückweisung des Eintragungsantrages,[162] vgl Rn 23.

V. Berichtigungspflicht

68 Erkennt Täter nach Vollendung der Tat (Rn 66) Unrichtigkeit seiner Versicherung, ist er verpflichtet, sie zu berichtigen. Unterlassen der Berichtigung ist Verstoß gegen Abs 1 Nr 5, wenn Unrichtigkeit auf Pflichtwidrigkeit des Täters beruhte (Rn 24). Allerdings sind kaum Fälle denkbar, in denen unrichtige Angaben in der Versicherung nicht auf Pflichtwidrigkeit beruhen. Berichtigungspflicht besteht strafrechtlich nicht, wenn nach Abgabe der Versicherung Umstände der in § 6 II Nr 3 genannten Art (zB Rechtskraft einer Verurteilung nach den §§ 283–283 d StGB) eintreten.[163]

G. Kapitalherabsetzungsschwindel, Abs 2 Nr 1

I. Allgemeines

69 § 82 II Nr 1 bedroht mit Strafe die unwahre Versicherung, die jemand als GFührer zum Zweck der Herabsetzung des Stammkapitals über die Befriedigung oder Sicherstellung der Gläubiger (§ 58 I Nr 4) abgibt. Auf die vereinfachte Kapitalherabsetzung gem § 58 a findet Strafvorschrift keine Anwendung.[164] – Zweck der Vorschrift ist Sicherung des Gläubigerschutzes bei einer

---

158 Scholz/*Tiedemann* Rn 178 a.

159 Scholz/*Tiedemann* Rn 178 a; zu § 399 I Nr 6 AktG KölnerKomm/*Geilen* § 399 Rn 160.

160 Nunmehr auch Scholz/*Tiedemann* Rn 178 a.

161 Rowedder/Schmidt-Leithoff/*Schaal* Rn 102; Scholz/*Tiedemann* Rn 128; Michalski/*Dannecker* Rn 204.

162 Scholz/*Tiedemann* Rn 128; Michalski/*Dannecker* Rn 205.

163 Hachenburg/*Kohlmann* Rn 97.

164 Rowedder/Schmidt-Leithoff/*Schaal* Rn 77; Michalski/*Dannecker* Rn 209.

Kapitalherabsetzung.[165] **Schutzgesetz iSd § 823 II BGB** zugunsten der betroffenen Gläubiger.[166] Für AG gibt es keine entspr Vorschrift, weil Sicherung der Gläubiger nach § 225 AktG nicht Voraussetzung für Eintragung der Kapitalherabsetzung (§ 224 AktG) u ihrer Durchführung (§ 227 I AktG) ist.[167]

II. Objektiver Tatbestand

1. Unwahre Versicherung. Unwahre Erklärung über die Befriedigung oder Sicherstellung der Gläubiger in der in § 58 I Nr 4 vorgeschriebenen Versicherung. Unvollständigkeit führt zur Unwahrheit.[168] Dazu gehört auch Verschweigen der Tatsache, dass Kreis der betroffenen Gläubiger wegen ungenügender Bekanntmachung nach § 58 I Nr 1 oder mangels Ablaufs der Jahresfrist des § 58 I Nr 3 noch nicht abschließend bestimmt ist (Rn 71). Vgl auch Rn 10. **70**

2. Gegenstand der Versicherung ist die Erklärung, dass die Gläubiger, welche sich bei der Ges gemeldet u der Kapitalherabsetzung nicht zugestimmt haben, befriedigt oder sichergestellt sind (§ 58 Rn 26 ff, 30 ff). – Nicht zum Inhalt der Versicherung gehört Erklärung über Art u Weise sowie Zeitpunkt der dritten **Bekanntmachung** nach § 58 I Nr 1.[169] Hat diese Bekanntmachung aber nicht oder nicht ordnungsgemäß stattgefunden oder ist Jahresfrist des § 58 I Nr 3 noch nicht abgelaufen, können sich weitere Gläubiger bei der Ges melden. In diesem Fall muss Versicherung auch Erklärung enthalten, dass Kreis der betroffenen Gläubiger noch nicht abschließend bestimmt ist.[170] – **Gläubigerstellung** ist objektiv zu bestimmen; entscheidend ist allein, ob Anspruch gegen Ges tatsächlich besteht.[171] In zweifelhaften Fällen kann strafrechtliches Risiko nur durch vorsorgliche Sicherstellung ausgeschlossen werden.[172] Keine Lösung ist es, die Versicherung auch auf die Gläubiger zu erstrecken, deren Forderung die Ges bestreitet,[173] weil RegGericht dann entweder Entscheidung über Eintragung der Kapitalherabsetzung nach § 381 FamFG aussetzen[174] oder selbst Ermittlungen betreiben müsste (§ 58 Rn 43 f). – Zum Irrtum in diesem Fall Rn 76. **71**

3. Adressat der Versicherung ist RegGericht, §§ 58 I Nr 3, 4.[175] Einzelheiten Rn 17. **72**

---

165 Hachenburg/*Kohlmann* Rn 101; Scholz/*Tiedemann* Rn 129; Michalski/*Dannecker* Rn 208.

166 Ulmer/*Ransiek* Rn 116; *Lutter*/Hommelhoff/*Kleindiek* Rn 27; Roth/*Altmeppen* Rn 25; ohne Angabe des geschützten Personenkreises Hachenburg/*Kohlmann* Rn 111.

167 KG JW 1926, 2930, 2932 f; KölnerKomm/*Lutter* § 227 Rn 4.

168 Rowedder/Schmidt-Leithoff/*Schaal* Rn 78.

169 *Lutter*/Hommelhoff/*Kleindiek* Rn 18 a; Ulmer/*Ransiek* Rn 118. **AM** Rowedder/Schmidt-Leithoff/*Schaal* Rn 79; Scholz/*Tiedemann* Rn 133; Michalski/*Dannecker* Rn 216.

170 Roth/*Altmeppen* Rn 26; ähnlich (Angabe, dass Bekanntmachung nicht oder nicht richtig stattgefunden hat) Rowedder/Schmidt-Leithoff/*Schaal* Rn 79; Scholz/*Tiedemann* Rn 133 aE; insofern zustimmend auch Michalski/*Dannecker* Rn 216.

171 Ulmer/*Ransiek* Rn 119; Scholz/*Tiedemann* Rn 132.

172 Rowedder/Schmidt-Leithoff/*Schaal* Rn 81; Scholz/*Tiedemann* Rn 132; Michalski/*Dannecker* Rn 215.

173 So aber Hachenburg/*Kohlmann* Rn 105; *Lutter*/Hommelhoff/*Kleindiek* Rn 18; Scholz/*Tiedemann* Rn 133.

174 Roth/*Altmeppen* Rn 27.

175 Hachenburg/*Kohlmann* Rn 107; Rowedder/Schmidt-Leithoff/*Schaal* Rn 77; Scholz/*Tiedemann* Rn 135; Michalski/*Dannecker* Rn 218.

73 **4. Täter. a) Geschäftsführer.** Täter sind nur die GFührer u die stellvertretenden GFührer (§ 44), die sämtlich nach §§ 78, 58 I Nr 3 den Kapitalherabsetzungsbeschluss zum HR anzumelden (§ 78 Rn 9) u die Versicherung persönlich abzugeben haben (§ 58 Rn 41). Einzelheiten Rn 18.

74 **b) Liquidatoren** kommen nach dem maßgebenden Gesetzeswortlaut als Täter nicht in Betracht, obwohl Kapitalherabsetzungen u entspr Anmeldungen auch während der Abwicklung möglich sind (§ 69 Rn 22).[176] Vgl Rn 41.

III. Subjektiver Tatbestand

75 1. Der **Vorsatz** (Rn 5) muss sich auf sämtliche objektiven Merkmale des Tatbestands des Abs 2 Nr 1 beziehen: Täter muss wissen, dass er GFührer ist u dass er gegenüber dem RegGericht eine falsche Versicherung der in § 58 I Nr 4 genannten Art mit dem in Rn 72 beschriebenen Inhalt abgibt. Ferner muss er den **Zweck** verfolgen, die Eintragung der Herabsetzung des Stammkapitals in das HR zu bewirken.[177]

76 2. Zum **Irrtum** des Täters Rn 21. **Tatbestandsirrtum,** wenn Täter nicht weiß, dass seine Erklärung falsch oder unvollständig ist, ebenso, wenn er zu Unrecht meint (Rn 72), dass die Forderung eines Gläubigers nicht bestehe,[178] doch liegt insofern häufig Annahme bedingten Vorsatzes nahe.[179] **Verbotsirrtum,** wenn Täter meint, zu einer falschen oder unvollständigen Versicherung berechtigt zu sein.

IV. Vollendung, Beendigung

77 1. **Vollendung** der Tat, wenn die unrichtige Versicherung beim zuständigen RegGericht eingegangen ist.[180] Einzelheiten Rn 22.

78 2. **Beendigung** der Tat mit Eintragung der Kapitalherabsetzung oder mit Zurückweisung des Eintragungsantrags.[181] Vgl Rn 23.

V. Berichtigungspflicht

79 Erkennt Täter nach Vollendung der Tat (Rn 77) Unwahrheit der Versicherung, ist er verpflichtet, sie zu berichtigen.[182] Unterlassen der Berichtigung ist Verstoß gegen Abs 2 Nr 1, wenn Unrichtigkeit auf Pflichtwidrigkeit des Täters beruhte (Rn 24).

---

176 *Lutter*/Hommelhoff/*Kleindiek* Rn 4, Scholz/*Tiedemann* Rn 130; Michalski/*Dannecker* Rn 211; nunmehr auch Rowedder/Schmidt-Leithoff/*Schaal* Rn 76.

177 Hachenburg/*Kohlmann* Rn 108; Rowedder/Schmidt-Leithoff/*Schaal* Rn 77; Michalski/*Dannecker* Rn 219.

178 Hachenburg/*Kohlmann* Rn 105.

179 Scholz/*Tiedemann* Rn 179; Michalski/*Dannecker* Rn 221; zurückhaltender Rowedder/Schmidt-Leithoff/*Schaal* Rn 81.

180 Rowedder/Schmidt-Leithoff/*Schaal* Rn 102; Scholz/*Tiedemann* Rn 136; Michalski/*Dannecker* Rn 218.

181 Rowedder/Schmidt-Leithoff/*Schaal* Rn 104; Scholz/*Tiedemann* Rn 137; Michalski/*Dannecker* Rn 224.

182 Einschränkend (nur bis zur Eintragung) Hachenburg/*Kohlmann* Rn 106.

H. Geschäftslagetäuschung, Abs 2 Nr 2

I. Allgemeines

§ 82 II Nr 2 bedroht mit Strafe, wer als GFührer, Liquidator, Mitglied eines AR oder ähnlichen Organs in einer öffentlichen Mitteilung die Vermögenslage der Ges unwahr darstellt oder verschleiert, sofern nicht die Tat in §§ 331 Nr 1 oder 1a HGB mit Strafe bedroht ist. Vorschrift findet keine entspr Anwendung auf mit GmbH vglbaren ausl Rträger. Wegen der vorausgesetzten Öffentlichkeit der Mitteilung ist Zweck der Vorschrift Schutz künftiger Gfter, der Gläubiger, der Arbeitnehmer u der Allgemeinheit.[183] Insoweit ist Abs 2 Nr 2 **Schutzgesetz iSd § 823 II BGB.**[184] Im Falle von Erklärungen gegenüber dem RegGericht zum Zwecke der Eintragung einer Kapitalerhöhung ist § 82 I Nr 3 (Rn 34 ff) Spezialvorschrift.[185] Weitergehende Regelung für AG in § 400 I Nr 1 AktG. 80

II. Objektiver Tatbestand

1. Öffentliche Mitteilung ist mündliche oder schriftliche Erklärung, die an einen **unbestimmten Personenkreis oder** an einen durch übereinstimmende Merkmale gekennzeichneten **Teil der Öffentlichkeit** gerichtet ist, nicht dagegen Erklärung an einzelne außenstehende Personen.[186] Bloße Zugänglichkeit der Mitteilung für Öffentlichkeit reicht nicht.[187] – **Öffentlich** sind Mitteilungen an alle oder an einen Teil der GesGläubiger, sofern diese eine größere Gruppe darstellen.[188] Ferner Mitteilungen an das HR (zum Vorrang von Abs 1 Nr 3 oben Rn 80).[189] Auch Mitteilungen an die Kommanditisten einer PublikumsGmbH & Co KG.[190] – **Nicht öffentlich** sind Mitteilungen in einer GfterVers (es sei denn, dass Presse oder sonst Öffentlichkeit anwesend ist), an alle Gfter (zB durch Rundschreiben), in einer AR-Sitzung, gegenüber Betriebsrat, Wirtschaftsausschuss, Betriebsversammlung.[191] 81

---

[183] *Lutter*/Hommelhoff/*Kleindiek* Rn 27; ähnlich Scholz/*Tiedemann* Rn 9 ff; ohne Angabe des geschützten Personenkreises Hachenburg/*Kohlmann* Rn 161.

[184] Ulmer/*Ransiek* Rn 126.

[185] OLG Jena GmbHR 1998, 1041, 1043 f.

[186] Ulmer/*Ransiek* Rn 131 f; Rowedder/Schmidt-Leithoff/*Schaal* Rn 86; Scholz/*Tiedemann* Rn 141; Hachenburg/*Kohlmann* Rn 93, 94; Roth/*Altmeppen* Rn 32.

[187] Roth/*Altmeppen* Rn 33; Rowedder/Schmidt-Leithoff/*Schaal* Rn 86; Scholz/*Tiedemann* Rn 141; Michalski/*Dannecker* Rn 234. – **AM** (ohne Begründung) Hachenburg/*Kohlmann* Rn 115; wohl auch *Lutter*/Hommelhoff/*Kleindiek* Rn 21 („zugänglich" genügt); Ulmer/*Ransiek* Rn 131.

[188] Rowedder/Schmidt-Leithoff/*Schaal* Rn 85; Scholz/*Tiedemann* Rn 142; *Richter* GmbHR 1984, 113, 116 f; missverständlich auf besonderen Repräsentanten der Allgemeinheit abstellend Michalski/*Dannecker* Rn 234; ohne Begründung einschränkend (alle Gläubiger) Hachenburg/*Kohlmann* Rn 117. – **AM** *Lutter*/Hommelhoff/*Kleindiek* Rn 21.

[189] Hachenburg/*Kohlmann* Rn 115; Rowedder/Schmidt-Leithoff/*Schaal* Rn 87; Scholz/*Tiedemann* Rn 143; Roth/*Altmeppen* Rn 32; Michalski/*Dannecker* Rn 235.

[190] Roth/*Altmeppen* Rn 35; Scholz/*Tiedemann* Rn 142; Rowedder/Schmidt-Leithoff/*Schaal* Rn 86.

[191] Hachenburg/*Kohlmann* Rn 116; Ulmer/*Ransiek* Rn 132; ähnlich (ohne Erwähnung der Betriebsversammlung) Rowedder/Schmidt-Leithoff/*Schaal* Rn 86 f.

– Planwidrige Weitergabe nicht öffentlicher Mitteilungen durch einzelne Empfänger an die Öffentlichkeit macht Mitteilung nicht öffentlich. – **Mitteilung** ist – wegen des Vorrangs der § 331 Nr 1 u Nr 1 a HGB – nicht Vorlage der Eröffnungsbilanz, eines Jahresabschlusses oder eines Lageberichts durch GFührer, Liquidatoren u AR-Mitglieder sowie nicht Offenlegung eines Jahresabschlusses nach internationalen Rechnungslegungsstandards. Unter § 82 II Nr 2 fallen daher Abschlüsse, die im Laufe eines Geschäftsjahres aufgestellt werden, zB Liquiditäts-, Zwischen- u Übersichtsbilanzen sowie „Halbjahreszahlen" u Quartalsberichte;[192] ferner Bilanzen zum Abschluss eines Rumpfgeschäftsjahrs,[193] ferner Vorlage von Teilen der von § 331 Nr 1 HGB erfassten Unterlagen,[194] von Vermögensübersichten, Erläuterungen einzelner Jahresabschlussposten sowie sonstige Erklärungen zur Vermögenslage u zu einzelnen ihrer Elemente (Rn 82). Auf Form der Darstellung, ob schriftlich, mündlich oder unter Einsatz von Datenträgern, kommt es nicht an. Tatbestand des § 82 II Nr 2 wird auch erfüllt durch Vorlage der Eröffnungsbilanz, eines Jahresabschlusses oder eines Lageberichts durch Mitglied „eines ähnlichen Organs", weil in §§ 331 Nr 1 u Nr 1 a HGB nicht erwähnt (Rn 89).

82 **2. Gegenstand der Mitteilung.** Gegenstand der Mitteilung ist **Vermögenslage der Ges.** Sie umfasst sowohl die Vermögenslage insgesamt als auch einzelne ihrer Elemente.[195] Vermögenslage ist Summe der wirtschaftlichen Verhältnisse der Ges. Dazu gehört nicht nur der Stand ihres Vermögens ieS, sondern auch ihre Finanz- u Ertragslage;[196] die Unterscheidung zwischen Vermögens-, Finanz- u Ertragslage (vgl § 264 II 1 HGB) war zZ der Schaffung des GmbHG noch nicht geläufig. – Vermögens-, Finanz- u Ertragslage sind **bei umfassender Darstellung** grds **im bilanzrechtlichen Sinn zu verstehen** (an Bilanzierungs- u Bewertungsmaßstäben des HGB zu messen).[197] Wollte man auf eine nach anderen Verfahren (zB Unternehmensbewertung) ermittelte Lage der Ges abstellen, wäre das Merkmal strafrechtlich zu unbestimmt,[198] es sei denn, dass Mitteilung ausdrücklich oder konkludent anderes Verfahren zugrunde legt. Dasselbe gilt für Äußerungen über einzelne Posten der Bilanz u der Gewinn- u Verlustrechnung. – Aussagen über andere **einzelne Elemente der Vermögenslage** sind dagegen **nicht bilanzrechtlich zu verstehen,** wie Äußerungen über in Bilanzposten enthaltene stille Reserven,[199] Investitionsentscheidungen, unternehmerische Planungen, abgeschlossene Verträge von einigem Gewicht (insbes Auftragslage) u auch über Beziehungen zu verbundenen Unternehmen, soweit sie sich nicht aus Jahresabschluss ergeben, ferner Einzelheiten eines Sanierungsplans.[200] Anders als bei § 400 I Nr 1 AktG („Verhältnisse der Ges") gehören dazu aber nicht die

---

192 Zu § 400 I Nr 1 AktG BGH NZG 2005, 132, 134 f.

193 Scholz/*Tiedemann* Rn 145; Michalski/*Dannecker* Rn 238.

194 Roth/*Altmeppen* Rn 34; Michalski/*Dannecker* Rn 238.

195 Scholz/*Tiedemann* Rn 146; Ulmer/*Ransiek* Rn 135; ähnlich Hachenburg/*Kohlmann* Rn 125; Rowedder/Schmidt-Leithoff/*Schaal* Rn 90; Michalski/*Dannecker* Rn 238. – Enger für § 400 I Nr 1 AktG („Übersichten über den Vermögensstand") BGH NJW 2004, 2664.

196 Vgl zu § 400 Abs 1 Nr 1 AktG BGH NZG 2005, 132, 134.

197 *Meyer-Landrut* Rn 9.

198 Ähnlich *Lutter*/Hommelhoff/*Kleindiek* Rn 24.

199 Roth/*Altmeppen* Rn 38.

200 Ähnlich Hachenburg/*Kohlmann* Rn 125; Rowedder/Schmidt-Leithoff/*Schaal* Rn 88; Scholz/*Tiedemann* Rn 147; Michalski/*Dannecker* Rn 238; *Richter* GmbHR

Verhältnisse der Ges, die nicht ihre Vermögens-, Finanz- u Ertragslage berühren, wie zB Veruntreuungen von GFührern, sofern die Ersatzansprüche der Ges mit richtiger Bewertung in der Bilanz enthalten sind.[201]

3. Unwahre Darstellung. Unwahre Darstellung kann sich ergeben aus unrichtiger oder unvollständiger Mitteilung.[202] Mitteilungen, die Vermögens-, Finanz- u Ertragslage im bilanzrechtlichen Sinn (Rn 82) betreffen, sind an den Rechnungslegungsvorschriften u Grundsätzen ordnungsmäßiger Buchführung zu messen.[203] Für sonstige Mitteilungen ergibt sich Beurteilungsmaßstab aus speziellem Aussagegehalt. Unwahr ist auch die zu ungünstige Darstellung.[204] Beispiele: Unvollständige oder unrichtige Angaben über wichtige Elemente eines Sanierungsplans;[205] gegen Bilanzierungsvorschriften verstoßende Ansätze in Zwischenbilanz. – Hinsichtlich Auswirkungen des strafrechtlichen Bestimmtheitsgrundsatzes auf **Bewertungs- u Prognoseentscheidungen** ist anzumerken, dass für den Täter stets auf die günstigste Möglichkeit abzustellen ist.[206] 83

4. Verschleierung liegt vor, wenn Erkennbarkeit der wahren Vermögenslage erschwert, nicht aber ausgeschlossen ist.[207] Im Verhältnis zum Merkmal der unwahren Darstellung hat das der Verschleierung beweiserleichternde Funktion.[208] 84

5. Täter. a) Allgemeines. Abs 2 Nr 2 betrifft öffentliche Mitteilungen durch Mitglieder von GesOrganen (Rn 81). Vorausgesetzt ist wegen des eindeutigen Wortlauts, dass diese Personen die Mitteilungen in dieser Eigenschaft insbes unter einer solchen Bezeichnung machen: Hierzu gehören **nicht private Äußerungen u Äußerungen in gesellschaftsfremder Funktion.**[209] Unrichtige private Äußerungen können aber nach anderen Bestimmungen (§§ 263, 266 StGB) strafbar sein.[210] Einordnung als private Äußerung oder in gesellschaftsfremder Funktion kommt nicht in Betracht, wenn Öffentlichkeit Mitteilung als in Ausübung der Organstellung verstehen musste.[211] – Vorschrift gilt auch für stellvertretende Organmitglieder.[212] 85

1984, 113, 116. – Abw für einzelnen Geschäftsabschluss im Rahmen von § 400 Abs 1 Nr 1 AktG BGH NJW 2004, 2686.

[201] Hachenburg/*Kohlmann* Rn 125; Rowedder/Schmidt-Leithoff/*Schaal* Rn 88; vgl zur Abgrenzung RGSt 38, 195, 196 f.

[202] Rowedder/Schmidt-Leithoff/*Schaal* Rn 89; Scholz/*Tiedemann* Rn 148, 152; Michalski/*Dannecker* Rn 239; ähnlich Hachenburg/*Kohlmann* Rn 122.

[203] Lutter/Hommelhoff/*Kleindiek* Rn 24; Michalski/*Dannecker* Rn 240.

[204] Hachenburg/*Kohlmann* Rn 123; *Lutter*/Hommelhoff/*Kleindiek* Rn 24; Rowedder/Schmidt-Leithoff/*Schaal* Rn 89; Scholz/*Tiedemann* Rn 148.

[205] *Richter* GmbHR 1984, 113, 116 f.

[206] *Lutter*/Hommelhoff/*Kleindiek* Rn 24: Verstöße müssen evident sein; Michalski/*Dannecker* Rn 241; Hachenburg/*Kohlmann* Rn 129: in dubio pro reo.

[207] RGSt 68, 346, 349 (zu § 314 I Nr 1 HGB aF); Ulmer/*Ransiek* Rn 137; Hachenburg/*Kohlmann* Rn 144; für schwere Erkennbarkeit Scholz/*Tiedemann* Rn 155, Michalski/*Dannecker* Rn 242 u Rowedder/Schmidt-Leithoff/*Schaal* Rn 95; für Erzeugung eines täuschenden Gesamtbildes RGSt 37, 433, 434 (zu § 314 I Nr 1 HGB aF).

[208] Scholz/*Tiedemann* Rn 156.

[209] Hachenburg/*Kohlmann* Rn 118; Rowedder/Schmidt-Leithoff/*Schaal* Rn 84; Scholz/*Tiedemann* Rn 139 ff; nunmehr auch *Lutter*/Hommelhoff/*Kleindiek* Rn 23. **AM** Ulmer/*Ransiek* Rn 130.

[210] Hachenburg/*Kohlmann* Rn 118; Rowedder/Schmidt-Leithoff/*Schaal* Rn 84.

[211] Vgl zum Empfängerhorizont OLG München WM 2004, 74, 80 f.

[212] Hachenburg/*Kohlmann* Rn 114.

86 **b) Geschäftsführer** sind die nach den Regeln des GmbHG zu GFührern bestellten Personen, ohne dass es auf Wirksamkeit des Bestellungsakts ankommt (Rn 18). Nach Rspr[213] u herrschender Ansicht in der Lit[214] begründet darüber hinaus tatsächliche Übernahme von GFührerfunktionen mit stillschweigendem Einverständnis der GfterMehrheit auch ohne das äußere Erscheinungsbild eines Bestellungsakts strafrechtliche Haftung als GFührer. In Lit wird diese Ansicht mitunter bestritten.[215] Gegen hM wird eingewandt, sie überschreite die Grenzen, die der verfassungsrechtliche Grundsatz der Tatbestandsbestimmtheit (Rn 4) zieht. Bloße Duldung von GFührungstätigkeit durch die Gfter oder deren Mehrheit könne zwar ausreichender Anknüpfungspunkt für zivilrechtliche Pflichten sein, für strafrechtliche Rechtsfolgen sei sie jedoch zu unbestimmt. Der gesetzliche Tatbestand würde – so der Vorwurf – vollends verlassen, wenn unter den Begriff „GFührer" auch diejenigen Personen verstanden werden, die sich als GFührer betätigen, ohne dass auch nur der Versuch unternommen worden ist, sie dazu zu bestellen. Zu beachten ist ferner, dass es zwischen dem im Strafrecht herrschenden (weiten) Begriff des „faktischen GFührers" und dem entspr gesellschaftsrechtlichen Terminus Diskrepanzen in der Rspr gibt.[216] Während der 2. Zivilsenat verlangt, dass GFührer durch eigenes nach außen hervortretendes, üblicherweise dem GFührer zurechenbares Handeln in Erscheinung getreten sein muss (vgl § 64 Rn 9 f), stellt der BGH in Strafsachen hingegen allein darauf ab, ob dem „faktischen" GFührer eine überragende oder gegenüber dem formell bestellten GFührer deutlich übergewichtige Stellung zukommt.[217] Dies ist vor allem dann misslich, wenn die Strafrechtsnorm über § 823 II BGB wieder zurück in das Zivilrecht importiert wird.

---

213 Mit Unterschieden im Einzelnen: zu § 83 aF BGHSt 3, 32, 37 f; zu § 81 a aF BGH GmbHR 1955, 61; für AG zu § 244 KO aF BGHSt 21, 101, 104 f; zu § 84 I Nr 2 BGHSt 31, 118, 122; zu §§ 283 I Nr 5, 7 b StGB BGH wistra 1984, 178; zu § 82 I Nr 1 u 3 BGH NJW 2000, 2285, 2286; zu § 84 I Nr 2 BGH NJW 2000, 34 sowie OLG Düsseldorf NJW 1988, 3166, 3167.

214 Rowedder/Schmidt-Leithoff/*Schaal* Rn 11, § 84 Rn 8; Scholz/*Tiedemann* Rn 42; *Bruns* JR 1984, 133; *Schmidt-Leithoff* FS Tröndle, 1989, 139 ff; *Schäfer* GmbHR 1993, 717, 722 f; *Cadus,* Die faktische Betrachtungsweise, 1984, 146 f; zu § 331 Nr 1 HGB Heymann/*Otto* § 331 HGB Rn 8 ff; weitergehend (auf Einverständnis der Gfter kommt es nicht an) *Gübel,* Die Auswirkungen der faktischen Betrachtungsweise auf die strafrechtliche Haftung faktischer GmbH-Geschäftsführer, 1994, 109 ff; einschränkend: (wenn kein GFührer vorhanden ist oder dieser von der tatsächlich tätigen Person beherrscht wird) Hachenburg/*Kohlmann* Vor § 82 Rn 25 ff, insbes Rn 32 ff; *Löffeler* wistra 1989, 121, 124 f; (wenn kein GFührer vorhanden ist oder der dazu bestellte tatsächlich nur begrenzte Kompetenzen hat, wobei es auf Einverständnis der Gfter-Mehrheit nicht ankommt) *Kratzsch* ZGR 1985, 506, 531 ff; zumindest konkludente Zustimmung aller Gfter ist erforderlich Scholz/*Tiedemann* Rn 42 iVm § 84 Rn 34; (uneingeschränkte Fähigkeit zur rechtsgeschäftlichen Verpflichtung der Ges u Zustimmung der Mehrheit der Gfter bei Kenntnis aller) *Montag,* Die Anwendung der Strafvorschriften des GmbH-Rechts auf faktische Geschäftsführer, 1994, 111 ff, 118 ff; undeutlich Michalski/*Dannecker* Rn 40 ff.

215 *Stein,* Das faktische Organ, 1984, 130 ff, 194 ff; *Lutter*/Hommelhoff/*Kleindiek* Rn 2 iVm § 84 Rn 5; Roth/*Altmeppen* Rn 2 iVm § 84 Rn 3 ff; *Ransiek,* Unternehmensstrafrecht, 1996, 92 ff; *Hoyer* NStZ 1988, 368, 370; offen lassend KölnerKomm/*Geilen* § 399 Rn 32; zweifelnd auch *Tsambikakis* GmbHR 2005, 331, 333 f; zu weitgehend zu § 84 *Kaligin* BB 1983, 790; vgl zusätzlich § 84 Rn 13, 26.

216 *Haas* NZI 2006, 494, 497 ff.

217 BGHSt 46, 62, 65; siehe aber auch Analyse bei Ulmer/*Ransiek* Vor § 82 Rn 51 ff.

c) Liquidatoren sind die in § 66 genannten Personen ohne Rücksicht auf Wirksamkeit des Bestellungsakts (Rn 19). Faktische Übernahme der Funktionen eines Liquidators, ohne dass Bestellungsakt vorliegt, genügt nach (bestr) hM[218] (Rn 86). Ist Liquidator juristische Person oder PersonenhandelsGes (§ 66 Rn 6, 7), trifft strafrechtliche Verantwortlichkeit nach § 14 I, III StGB deren gesetzliche Vertreter.[219] 87

d) Aufsichtsratsmitglied ist Mitglied des nach den Mitbestimmungsgesetzen vorgeschriebenen AR (§ 52 Rn 126 ff) u des nach dem GesVertrag zu bestellenden AR (§ 52 Rn 20 ff), ohne dass es auf Wirksamkeit des Bestellungsakts ankommt (Rn 18). Umstr, ob faktische Übernahme der Funktionen eines AR-Mitglieds, ohne dass das äußere Erscheinungsbild eines Bestellungsakts vorliegt, genügt (Rn 86). 88

e) Mitglied eines ähnlichen Organs. Ähnlichkeit muss sich auf AR beziehen, es muss sich also ohne Rücksicht auf die Bezeichnung (Beirat, Ausschuss, Verwaltungsrat) um GesOrgan handeln, dem Aufsicht – uU auch nur hinsichtlich eines Teilbereichs – über die GFührer obliegt.[220] Hierzu gehören nicht der Betriebsrat u nicht ein Organ mit rein repräsentativen Aufgaben.[221] Abschlussprüfer ist nicht GesOrgan.[222] Auf Mitglied eines ähnlichen Organs erstreckt sich Einschränkung des Anwendungsbereichs des Abs 2 Nr 2 im Verhältnis zu §§ 331 Nr 1 u 1 a HGB (Rn 82 aE) nicht, da diese Person dort nicht genannt ist. Organ kann auch aus nur einer Person bestehen.[223] 89

III. Rechtswidrigkeit

Für die Rechtswidrigkeit der Tat gelten die allg Grundsätze.[224] Wirtschaftliche Zwänge oder Boykottdrohungen können unwahre oder verschleiernde Darstellungen über die Vermögenslage nicht nach § 34 StGB rechtfertigen.[225] Das zeigt der Vergleich mit der Schutzklausel des § 286 I HGB, die selbst in Fällen, in denen das Wohl der Bundesrepublik Deutschland oder eines ihrer Länder betroffen ist, unwahre Angaben nicht gestattet. Eine Einwilligung der Gfter oder anderer Organe in die Mitteilung ist unbeachtlich.[226] 90

IV. Subjektiver Tatbestand

1. Der **Vorsatz** (Rn 5) muss sich auf sämtliche objektiven Merkmale des Tatbestands des Abs 2 Nr 2 beziehen: Täter muss wissen, dass er zu den genannten Organmitgliedern (Rn 86–89) gehört, dass er in dieser Eigenschaft 91

---

218 Für faktischen Liquidator BGH NStZ 2000, 34, 36.

219 Scholz/*Tiedemann* Rn 45.

220 Für enge Auslegung Rowedder/Schmidt-Leithoff/*Schaal* Rn 16.

221 Hachenburg/*Kohlmann* Rn 114; Rowedder/Schmidt-Leithoff/*Schaal* Rn 16; Scholz/*Tiedemann* Rn 50; Michalski/*Dannecker* Rn 232.

222 Hachenburg/*Kohlmann* Rn 114; Scholz/*Tiedemann* Rn 50.

223 Scholz/*Tiedemann* Rn 50; Roth/*Altmeppen* Rn 34.

224 Hachenburg/*Kohlmann* Rn 147.

225 Rowedder/Schmidt-Leithoff/*Schaal* Rn 71. – **AM** in extremen Ausnahmefällen Hachenburg/*Kohlmann* Rn 148 f; weiter einschränkend Scholz/*Tiedemann* Rn 165 u Michalski/*Dannecker* Rn 248.

226 Rowedder/Schmidt-Leithoff/*Schaal* Rn 96; Michalski/*Dannecker* Rn 248.

öffentliche Mitteilung über die Vermögenslage der Ges macht u dass diese Mitteilung unwahr oder verschleiernd ist. Schädigungsabsicht ist nicht erforderlich.[227] Übernimmt Täter ohne ausreichende Prüfung Angaben eines anderen, kann bedingter Vorsatz vorliegen.[228]

92 **2.** Zum **Irrtum** des Täters Rn 22. **Tatbestandsirrtum,** wenn Täter nicht weiß, dass er Mitglied eines GesOrgans (Rn 86 ff) ist; nicht jedoch, wenn Täter davon ausgeht, dass seine Mitteilung als private Äußerung oder in Ausübung einer gesellschaftsfremden Funktion verstanden wird.[229] Irrtum ferner, wenn ihm unbekannt ist, dass seine Angaben unwahr oder verschleiernd sind; auch, wenn er die Bilanzierungsregeln verkennt;[230] ferner, wenn er die Umstände nicht kennt, aus denen sich Öffentlichkeit der Mitteilung ergibt. – **Verbotsirrtum,** wenn Täter meint, er unterliege wegen Unwirksamkeit des Bestellungsakts (Rn 18) nicht den Pflichten eines Gführers;[231] wenn er eine zu ungünstige Darstellung der Vermögenslage (Rn 82) für erlaubt hält;[232] wenn er Mitteilung trotz Kenntnis der Umstände nicht für öffentlich hält;[233] wenn er in einem Interessenkonflikt (Rn 90) unwahre oder verschleiernde Mitteilungen unzutreffend für zulässig hält.[234]

93 **3.** Vorliegen eines **entschuldigenden Notstands** (§ 35 StGB) ist kaum denkbar; dasselbe gilt für die Annahme eines **übergesetzlichen Entschuldigungsgrundes.**[235]

V. Vollendung, Beendigung

94 **1. Vollendung** der Tat mit Zugang der Mitteilung an die Öffentlichkeit, ohne Rücksicht darauf, ob jemand von dem Inhalt der Mitteilung Kenntnis genommen hat.[236] Bei mündlichen Mitteilungen ist ausreichend, dass ein Zuhörer des relevanten Adressatenkreises (Rn 81) sie wahrgenommen hat.[237]

95 **2. Beendigung** der Tat (Rn 23) tritt ein mit Kenntnisnahme durch eine Person, die Teil der Öffentlichkeit ist.[238]

---

227 Hachenburg/*Kohlmann* Rn 151.

228 Rowedder/Schmidt-Leithoff/*Schaal* Rn 97; Scholz/*Tiedemann* Rn 182.

229 Für Verbotsirrtum in diesem Fall wohl Scholz/*Tiedemann* Rn 181.

230 Hachenburg/*Kohlmann* Rn 152; Scholz/*Tiedemann* Rn 180; Michalski/*Dannecker* Rn 246.

231 Auf der Grundlage der von der hM (Rn 87) vertretenen weiten Bestimmung des faktischen GFührers Rowedder/Schmidt-Leithoff/*Schaal* Rn 100; für Konkursstraftat BGH wistra 1984, 178.

232 Scholz/*Tiedemann* Rn 181; Michalski/*Dannecker* Rn 247.

233 Hachenburg/*Kohlmann* Rn 155; Rowedder/Schmidt-Leithoff/*Schaal* Rn 100; Scholz/*Tiedemann* Rn 181.

234 Hachenburg/*Kohlmann* Rn 155; ähnlich Scholz/*Tiedemann* Rn 181.

235 In der Tendenz wohl großzügiger Hachenburg/*Kohlmann* Rn 157; vgl auch Michalski/*Dannecker* Rn 249.

236 Rowedder/Schmidt-Leithoff/*Schaal* Rn 78; Scholz/*Tiedemann* Rn 162; Michalski/*Dannecker* Rn 251.

237 Rowedder/Schmidt-Leithoff/*Schaal* Rn 103; Scholz/*Tiedemann* Rn 162; Michalski/*Dannecker* Rn 251.

238 Scholz/*Tiedemann* Rn 163. – **AM** (Möglichkeit der Kenntnisnahme durch einen großen Teil der Personen, an die sich Mitteilung richtet) Rowedder/Schmidt-Leithoff/*Schaal* Rn 104, so dass Beendigung vor Vollendung möglich.

VI. Berichtigungspflicht

Erkennt **Täter** nach Vollendung der Tat (Rn 94) Unwahrheit oder verschleiernde Wirkung der Mitteilung, ist er verpflichtet, sie so zu berichtigen, dass die Empfänger der Mitteilung dies ohne Schwierigkeiten erfahren können. Strafrechtlich relevant ist Unterlassen der Berichtigung nach allg Grundsätzen (Rn 24) nur, wenn Unrichtigkeit auf Pflichtwidrigkeit des Täters beruhte.[239] Dabei liegt Pflichtwidrigkeit in aller Regel vor. Sie ist nur dann nicht anzunehmen, wenn Täter auch bei Anwendung der Sorgfalt eines ordentlichen Geschäftsmannes zu richtigen oder nicht verschleiernden Angaben nicht in der Lage war, so dass kaum Fälle denkbar sind, in denen Unrichtigkeit oder Verschleierung nicht pflichtwidrig war. Nachträgliche Veränderungen der Verhältnisse, über die Mitteilungen ergangen sind, kann strafrechtliche Berichtigungspflicht nicht auslösen.[240] Zur strafrechtlichen Verantwortlichkeit **anderer Organmitglieder** Rn 24. **96**

I. Unrichtige Versicherung nach Art 12 § 5 GmbH-Novelle 1980

Art 12 § 5 GmbH-Novelle 1980 bedroht mit Strafe, wer als GFührer zum Zweck der Fortsetzung der Ges in den nach Art 12 § 1 I 3, II oder III 4 GmbH-Novelle 1980 abzugebenden Versicherungen falsche Angaben macht. Spezialvorschrift gegenüber § 82.[241] Vorschrift hat durch Zeitablauf weitgehend Bedeutung verloren, vgl daher 15. Aufl 1988 Rn 88 ff. Sie gilt aber auch im Rahmen der Übernahme des Art 12 GmbH-Novelle 1980 durch Anlage I Kapitel III Sachgebiet D Abschnitt III Nr 7 des Einigungsvertrages (vgl § 60 Rn 38, 62). **97**

83 *(weggefallen)*

Verletzung der Verlustanzeigepflicht

84 (1) **Mit Freiheitsstrafe bis zu drei Jahren oder mit Geldstrafe wird bestraft, wer es als Geschäftsführer unterläßt, den Gesellschaftern einen Verlust in Höhe der Hälfte des Stammkapitals anzuzeigen.**

(2) **Handelt der Täter fahrlässig, so ist die Strafe Freiheitsstrafe bis zu einem Jahr oder Geldstrafe.**

---

[239] Rowedder/Schmidt-Leithoff/*Schaal* Rn 90; Scholz/*Tiedemann* Rn 158, aber widersprüchlich (aaO Rn 98) hinsichtlich einer Verkehrssicherungspflicht für im Wirtschaftsverkehr relevante Informationen; ohne Voraussetzung einer Pflichtwidrigkeit Hachenburg/*Kohlmann* Rn 124; wohl auch *Richter* GmbHR 1984, 113, 116.

[240] Scholz/*Tiedemann* Rn 158; Michalski/*Dannecker* Rn 254. – **AM** Hachenburg/*Kohlmann* Rn 124.

[241] BayObLG DB 1987, 2139.

Übersicht

Lit: *Fleischer,* Zur aktienrechtlichen Verantwortlichkeit faktischer Organe, AG 2004, 517; *Geißler,* Die Haftung des faktischen GmbH-Geschäftsführers, GmbHR 2003, 1106; *Goltz/Klose,* Strafrechtliche Folgen des gezielten Ankaufs von Anteilen insolventer Gesellschaften mit beschränkter Haftung, NZI 2000, 108; *Hey/Regel,* „Firmenbestatter" – das Geschäft mit der Pleite, Kriminalistik 1999, 258; *dies,* Firmenbestatter – Strafrechtliche Würdigung eines neuen Phänomens, GmbHR 2000, 115; *Kühnberger,* Die Verlustanzeigebilanz – zu Recht kaum beachteter Schutz für Eigentümer?, DB 2000, 2077; *Krause,* Insolvenzverschleppung durch den GmbH-Geschäftsführer, DZWir 2001, 22; *Maurer,* Strafbewehrte Handlungspflichten des GmbH-Geschäftsführers in der Krise, wistra 2003, 174; *W. Müller,* Der Verlust der Hälfte des Grund- oder Stammkapitals, ZGR 1985, 191; *Pelz,* Strafrecht in Krise und Insolvenz, 2004; *Pfeiffer,* Unterlassen der Verlustanzeige und des Konkurs- und Vergleichsantrags nach § 84 GmbHG, FS Rowedder, 1994, 347; *Priester,* Verlustanzeige und Eigenkapitalersatz, ZGR 1999, 533; *Richter,* Der Konkurs der GmbH aus Sicht der Strafrechtspraxis, GmbHR 1984, 113 u 137; *Schäfer,* Zur strafrechtlichen Verantwortlichkeit des GmbH-Geschäftsführers, GmbHR 1993, 717 u 780; *Schlüchter,* Die Krise im Sinne des Bankrottstrafrechts, MDR 1978, 265; *Schüppen,* Aktuelle Fragen der Konkursverschleppung durch den GmbH-Geschäftsführer, DB 1994, 197; *Tsambikakis,* Aktuelles zum Strafrecht bei GmbH und GmbH & Co, GmbHR 2005, 331; *Wessing,* Insolvenz und Strafrecht, Risiken und Rechte des Beraters und Insolvenzverwalters, NZI 2003, 1.

A. Allgemeines

I. Bedeutung u Änderungen der Vorschrift

§ 84 bedroht mit Strafe Verstöße der GFührer im Bereich des § 49 III. Auf UG findet § 84 keine Anwendung. Vorschrift geht zurück auf Art 1 Nr 30 GmbH-Novelle 1980 Vor Inkrafttreten des MoMiG regelt Vorschrift in § 84 I Nr 2 noch die Strafbarkeit der GFührer und Liquidatoren wegen Insolvenzverschleppung. MoMiG hat diese Vorschrift nahezu inhaltsgleich in § 15 a IV, V InsO überführt. 1

II. Vergehen, Verjährung, Zuständigkeit

Die Straftat in § 84 ist Vergehen (§ 12 II StGB), daher Rechtsfolgen wie für § 82, vgl § 82 Rn 2. Bei fahrlässiger Begehung (Abs 2) Verjährungsfrist drei Jahre (§ 78 III Nr 5 StGB). Verjährungsfrist beginnt, wenn Pflicht zum Handeln entfällt.[1] 2

III. Echtes Sonderdelikt

Täter kann nur GFührer (unten Rn 17 sein.[2] Rechtsfolgen wie für § 82, vgl § 82 Rn 3. – **Anstiftung** durch Dritte, insbes Gfter, möglich.[3] Vorsätzliche **Beihilfe** durch Gfter, AR-Mitglieder u andere Überwachungsorgane, wenn diese gegenüber vorsätzlicher Verschleppung der Anzeige nicht einschreiten.[4] Strafbarkeit als Teilnehmer von sonstigen Personen, zB von Beratern,[5] ist insbes bei sog **Firmenbestattungen** relevant.[6] 3

IV. Blankettnorm, Bestimmtheitsgrundsatz

Abs 1 bezieht sich inhaltlich auf § 49 III, ist aber keine Blankettnorm, sondern in sich vollständig.[7] Die Vorschrift enthält normative, dem Zivilrecht entnommene Tatbestandsmerkmale (Verlust, Stammkapital), bei deren Auslegung der strafrechtliche Bestimmtheitsgrundsatz zu beachten ist (§ 82 Rn 4). 4

---

[1] BGHSt 28, 371, 380; Scholz/*Tiedemann* Rn 109; Rowedder/Schmidt-Leithoff/*Schaal* Rn 66; *Lutter*/Hommelhoff/*Kleindiek* Rn 10; Michalski/*Dannecker* Rn 106.

[2] Ulmer/*Ransiek* Rn 13; Scholz/*Tiedemann* Rn 18; Rowedder/Schmidt-Leithoff/*Schaal* Rn 17.

[3] Rowedder/Schmidt-Leithoff/*Schaal* Rn 64; Scholz/*Tiedemann* Rn 19 f, 22; Michalski/*Dannecker* Rn 33.

[4] Scholz/*Tiedemann* Rn 21; Michalski/*Dannecker* Rn 34; *Richter* GmbHR 1984, 113, 118; zurückhaltender Rowedder/Schmidt-Leithoff/*Schaal* Rn 64; vgl BGH NStZ 2005, 582.

[5] Vgl für Rechtsanwalt BGH NStZ 2000, 34; für Finanzbeamten BGH NJW 2005, 1121, 1124 f.

[6] Vgl *Hey*/*Regel* Kriminalistik 1999, 258; *dies* GmbHR 2000, 115; *Ogiermann* wistra 2000, 250, 252; *Goltz*/*Klose* NZI 2000, 108; *Wessing* NZI 2003, 1.

[7] Rowedder/Schmidt-Leithoff/*Schaal* Rn 5 aE; *Pfeiffer* FS Rowedder, 1994, 347, 350.

V. Vorsatz, Fahrlässigkeit

5 § 84 ist sowohl vorsätzlich (zum Vorsatz § 82 Rn 5) als auch – nach Abs 2 – fahrlässig begehbar. Strafrechtlicher Fahrlässigkeitsbegriff ist außerordentlich umstritten.[8] Gebräuchlich ist folgende Formel: **Fahrlässigkeit** liegt vor, wenn Täter den Tatbestand pflichtwidrig u vorwerfbar verwirklicht, ohne dass er dies erkennt (unbewusste Fahrlässigkeit) oder ohne dass er damit einverstanden ist (bewusste Fahrlässigkeit).[9] Bei dem echten Unterlassungsdelikt des § 84[10] bestimmt sich die **Pflichtwidrigkeit** in Abs 1 teilweise entspr § 49 III (Rn 11 ff). Die **Vorwerfbarkeit** richtet sich nach den persönlichen Kenntnissen u Fähigkeiten des Täters,[11] wobei Übernahme einer Tätigkeit, zu der Täter – ihm erkennbar – nach seinen Fähigkeiten nicht geeignet ist, Fahrlässigkeitsvorwurf begründen kann.[12]

VI. Irrtum

6 Zum Tatbestands- u Verbotsirrtum allgemein § 82 Rn 6. Da nach Abs 2 auch fahrlässige Begehung strafbar ist, beseitigt fahrlässiger Tatbestandsirrtum nach § 16 I 2 StGB Strafbarkeit nicht. Damit ist für § 84 das Problem der Abgrenzung zwischen Tatbestands- u Verbotsirrtum (vgl § 82 Rn 21) für die Rechtspraxis entschärft.[13]

VII. Strafen, Nebenfolgen

7 Die **Strafen** u **Nebenfolgen** des Abs 1 gleichen denen des § 82 (vgl § 82 Rn 7). Bei fahrlässiger Begehung ist nach Abs 2 die Strafe alternativ Freiheitsstrafe von einem Monat (§ 38 II StGB) bis zu einem Jahr oder Geldstrafe zwischen 5 u 360 Tagessätzen (§ 40 I StGB).

VIII. Konkurrenzen

8 **Tateinheit** (§ 52 StGB) ist möglich mit Untreue (§ 266 StGB) gegenüber der Ges.[14] Abs 1 Nrn 1 u 2 können untereinander nicht in Tateinheit, sondern nur in **Tatmehrheit** (§ 53 StGB) begangen werden, weil Handlungspflichten jeweils unterschiedlich zu erfüllen sind.[15]

---

[8] Vgl Schönke/Schröder/*Cramer* § 15 StGB Rn 110 ff.

[9] *Fischer* § 15 StGB Rn 12.

[10] Hachenburg/*Kohlmann* Rn 6, 35; Rowedder/Schmidt-Leithoff/*Schaal* Rn 4; Scholz/*Tiedemann* Rn 13; Michalski/*Dannecker* Rn 13.

[11] Schönke/Schröder/*Cramer*/*Sternberg-Lieben* § 15 StGB Rn 194 f.

[12] Schönke/Schröder/*Cramer*/*Sternberg-Lieben* § 15 StGB Rn 198.

[13] Rowedder/Schmidt-Leithoff/*Schaal* Rn 55.

[14] Rowedder/Schmidt-Leithoff/*Schaal* Rn 42; Scholz/*Tiedemann* Rn 106; Michalski/*Dannecker* Rn 100; einschränkend (nur für Abs 1 Nr 2) Hachenburg/*Kohlmann* Rn 59.

[15] Rowedder/Schmidt-Leithoff/*Schaal* Rn 65; Scholz/*Tiedemann* Rn 105; Michalski/*Dannecker* Rn 100. **AM** Hachenburg/*Kohlmann* Rn 59.

B. Unterlassen der Verlustanzeige

I. Allgemeines

Zweck des Abs 1 ist es, im Falle eines Verlustes in Höhe der Hälfte des Stammkapitals Unterrichtung der Gfter strafrechtlich zu sichern. Vorschrift ist **abstraktes Gefährdungsdelikt,** so dass konkrete Gefährdung oder Schaden der Ges oder Gfter nicht erforderlich.[16] **Schutzgesetz iSd § 823 II BGB** zugunsten der Gfter u der Ges.[17] Bloße Reflexschäden können Gfter jedoch nicht geltend machen (§ 13 Rn 16).[18] Daneben haften die GFührer der Ges aus § 43 II.[19] Wegen drohender Verlustdeckungs- u Vorbelastungshaftung besteht Bedürfnis für Unterrichtung der Gfter nach § 49 III auch im Stadium der **Vorgesellschaft.** Wegen strafrechtlichen Analogieverbots kommt jedoch Strafbarkeit nach Abs 1 nicht in Betracht.[20] 9

II. Objektiver Tatbestand

1. Verlust in Höhe der Hälfte des Stammkapitals. a) Ermittlungsgrundsätze. Ob Verlust in Höhe der Hälfte des Stammkapitals vorliegt, bestimmt sich nach den **für die Jahresbilanz geltenden handelsrechtlichen Regeln.**[21] Hierüber bestehen im strafrechtlichen Schrifttum teilweise unklare Vorstellungen,[22] doch ergibt sich die Anwendbarkeit des Handelsbilanzrechts aus der engen Beziehung der Vorschrift zu § 49 III.[23] Allerdings bedroht Abs 1 nicht mit Strafe das Unterlassen der in § 49 III vorgeschriebenen Einberufung der GfterVersammlung, sondern das Unterlassen einer Information der Gfter über den Verlust des halben Stammkapitals.[24] Das bedeutet aber nur, dass strafrechtlich auch eine formlose Information der Gfter genügt (Rn 15), der Anlass für diese Information ist jedoch derselbe wie der für die Einberufung der GfterVers. Für § 49 III wird mit Recht ganz überwiegend angenommen, dass der Verlust der Hälfte des Stammkapitals nach den Regeln des Handelsbilanzrechts zu ermitteln ist.[25] Dafür spricht neben dem Wortlaut 10

---

[16] Hachenburg/*Kohlmann* Rn 7 f; *Lutter*/Hommelhoff/*Kleindiek* Rn 1; Michalski/*Dannecker* Rn 7; *Grube/Maurer* GmbHR 2003, 1461, 1463 ff. – Einschränkend Scholz/*Tiedemann* Rn 15, 17.

[17] Hachenburg/*Kohlmann* Rn 4 f; *Wicke* Rn 1; Ulmer/*Ransiek* Rn 12; Rowedder/Schmidt-Leithoff/*Schaal* Rn 2; *Lutter*/Hommelhoff/*Kleindiek* Rn 1; Scholz/*Tiedemann* Rn 11; einschränkend (nur zugunsten der Gfter) Roth/*Altmeppen* Rn 11.

[18] Roth/*Altmeppen* Rn 11.

[19] Roth/*Altmeppen* Rn 11.

[20] Roth/*Altmeppen* Rn 2 mwN.

[21] Roth/*Altmeppen* Rn 10; Erbs/Kohlhaas/*Schaal* G 131 § 84 Rn 7 iVm § 49 Rn 6; *Lutter*/Hommelhoff/*Kleindiek* Rn 6; Michalski/*Dannecker* Rn 37, 39; *Priester* ZGR 1999, 533, 539; *Kühnberger* DB 2000, 207, 2078 ff.

[22] Vgl Scholz/*Tiedemann* Rn 43: Rücklagen u stille Reserven zählen zu den Aktiva; siehe auch Ulmer/*Ransiek* Rn 21 ff.

[23] *Meyer-Landrut* Rn 7.

[24] Rowedder/Schmidt-Leithoff/*Schaal* Rn 21; Scholz/*Tiedemann* Rn 2; Michalski/*Dannecker* Rn 38.

[25] Hachenburg/*Hüffer* § 49 Rn 23; Scholz/*Schmidt* § 49 Rn 22; *W. Müller* ZGR 1985, 191, 204; zu § 92 I AktG GroßkommAktG/*Otto* 4. Aufl § 401 Rn 16; sinngemäß ebenso *Lutter/Hommelhoff* § 49 Rn 13; wohl auch (mit unklaren Vorstellungen

des Gesetzes auch der Objektivierungsgedanke.[26] Zu den hiernach maßgebenden handelsbilanzrechtlichen Regeln gehört auch § 252 I Nr 2 HGB: IdR sind **Fortführungswerte** anzusetzen,[27] u zwar auch dann, wenn Ges nach den §§ 70 ff aufgelöst werden soll; Liquidationswerte sind nur anzusetzen, wenn Liquidation still ohne Anwendung der §§ 70 ff stattfinden soll. Demgegenüber sollen nach verbreiteter Meinung, die die Erfordernisse der Schlussbilanz der werbenden Ges (§ 71 Rn 3) nicht berücksichtigt, Liquidationswerte bis zur Höhe der Anschaffungs- oder Herstellungskosten in allen Fällen angesetzt werden, in denen Fortführungsprognose für Ges negativ ist.[28] Bilanzrechtliche Zweifelsfragen sind nach Maßgabe des strafrechtlichen Bestimmtheitsgrundsatzes zu entscheiden (§ 82 Rn 82).

11 **b) Ansatzgrundsätze.** Maßgebend sind die für Jahresbilanz maßgebenden Regeln. Auszuweisen sind alle **Aktivposten,** die auch in der Jahresbilanz anzusetzen sind, auch wenn sie nicht die Eigenschaft von Vermögensgegenständen haben. Auszuweisen sind daher auch ein aktivierter derivativ erworbener Geschäfts- oder Firmenwert, der Saldo latenter Steuern nach § 274 II HGB, geleistete Anzahlungen u Rechnungsabgrenzungsposten. Das gilt auch für nach § 269 HGB[29] aktivierte Aufwendungen für die Ingangsetzung u Erweiterung des Geschäftsbetriebs. Dieser Aktivposten schiebt entspr seinem Zweck Anzeigepflicht hinaus.[30] – **Passivposten** sind auszuweisen, soweit sie nicht wie die Kapitalrücklage u die Gewinnrücklagen zum Eigenkapital gehören.[31] Unverändert auszuweisen ist die Rücklage für eigene Anteile nach § 272 IV HGB, da sie zweifelhaften Wert der eigenen Anteile u der ihnen nach § 272 IV 3 HGB gleichgestellten Anteile kompensieren soll.[32] Sonderposten mit Rücklageanteil ist entgegen hM[33] nicht mit seinem Eigenkapitalanteil aufzulösen, weil Ausübung der ihm zugrundeliegenden steuerlichen Wahlrechte auch für Anwendung der Kapitalerhaltungsregeln maßgebend ist.[34] **Ansatzwahlrechte** sind so auszuüben, wie das auch in Jahresbilanz geschieht.[35]

12 **c) Bewertungsgrundsätze.** In aller Regel sind Fortführungswerte anzusetzen (Rn 10). Bewertungswahlrechte sind nach Stetigkeitsgrundsatz des § 252 I Nr 6 HGB auszuüben. Keinesfalls darf zur Vermeidung der Verlustanzeige Bewertungsmethode geändert werden. **Stille Reserven** sind grds nicht aufzulösen, weil anderenfalls Anzeigepflicht von vollständiger Neube-

---

über die Berechnung des Verlustes) Rowedder/Schmidt-Leithoff/*Koppensteiner* § 49 Rn 11.

26 *W. Müller* ZGR 1985, 191, 204.

27 Roth/*Altmeppen* Rn 14 iVm *Roth*/Altmeppen § 49 Rn 13; Scholz/*Schmidt* § 49 Rn 22; *Lutter*/Hommelhoff/*Kleindiek* Rn 6; Michalski/*Dannecker* Rn 39.

28 Hachenburg/*Hüffer* § 49 Rn 25; *Lutter/Hommelhoff* § 49 Rn 13; Rowedder/Schmidt-Leithoff/*Koppensteiner* § 49 Rn 11 aE; Scholz/*Tiedemann* Rn 43; *W. Müller* ZGR 1985, 191, 206; zu § 92 I AktG KölnerKomm/*Mertens* § 92 Rn 14.

29 Aufgehoben durch Art 1 Nr 21 BilMoG.

30 *Schulze-Osterloh* Bericht IDW-Fachtagung 1994, 1995, 123, 133.

31 Hachenburg/*Hüffer* § 49 Rn 24; *W. Müller* ZGR 1985, 191, 207.

32 Hachenburg/*Hüffer* § 49 Rn 24. – **AM** *W. Müller* ZGR 1985, 191, 207.

33 Hachenburg/*Hüffer* § 49 Rn 24; zu § 92 I AktG KölnerKomm/*Mertens* § 92 AktG Rn 13; *W. Müller* ZGR 1985, 191, 207.

34 Näher *Schulze-Osterloh* Bericht IDW-Fachtagung 1994, 1995, 123, 133 f; vgl für § 30 u für Kommanditistenhaftung BGHZ 109, 334, 338 f, 339 ff.

35 *W. Müller* ZGR 1985, 191, 205 f.

wertung des GesVermögens u daher weitgehend von Bewertungsermessen der GFührer abhinge.[36] Unzulässig ist auch Auflösung stiller Reserven, die auf Ausübung steuerlicher Bewertungswahlrechte beruhen.[37] Auflösung stiller Reserven ist daher nur in den engen Grenzen zulässig, die für Zuschreibung bestehen.

d) Verlust ist nach der in den §§ 49 III, 84 I vorausgesetzten bilanzrechtlichen Terminologie (vgl § 268 I HGB) nicht ein Jahresergebnis (Jahresfehlbetrag).[38] Er ist auch nicht notwendigerweise identisch mit Bilanzverlust, sondern ergibt sich aus diesem unter Berücksichtigung der Ansatz- u Bewertungsregeln nach Rn 10–12, wenn zusätzlich verbliebene Kapital- u Gewinnrücklagen mit Ausnahme der Rücklage für eigene Anteile aufgelöst werden. Anzeigepflicht, wenn der Betrag dieses Verlustes den Betrag des halben Stammkapitals erreicht hat.[39] 13

e) Aufstellung einer Jahres- oder Zwischenbilanz setzt Abs 1 nicht voraus.[40] Die Vorschrift ist auch nicht um ein solches ungeschriebenes Tatbestandsmerkmal zu ergänzen; denn auf § 49 III wird nicht verwiesen (BT-Drucks 8/3908, 78), auch würde anderenfalls der Täter privilegiert werden, der Bilanzaufstellung unterlässt. Allerdings lässt sich idR (Ausnahmen sind denkbar)[41] ohne Bilanzaufstellung die Höhe des Verlustes nicht mit der erforderlichen Sicherheit feststellen,[42] vor allem dann nicht, wenn zweifelhaft ist, ob die 50%-Grenze schon überschritten ist.[43] Vgl insoweit zum subjektiven Tatbestand Rn 18. 14

2. Unterlassen der Anzeige. Abs 1 fordert Anzeige an alle Gfter in beliebiger Form.[44] Einberufung der GfterVers nach § 49 III ist zur Vermeidung der Strafbarkeit nicht erforderlich.[45] **Anzeigepflicht** beginnt in dem Zeitpunkt, in dem Verlust in Höhe der Hälfte des Stammkapitals (Rn 10) 15

---

[36] Hachenburg/*Hüffer* § 49 Rn 26; *Lutter/Hommelhoff* § 49 Rn 13, *Lutter*/Hommelhoff/*Kleindiek* § 84 Rn 6; *Roth*/Altmeppen § 49 Rn 13; Rowedder/Schmidt-Leithoff/*Koppensteiner* § 49 Rn 11; Scholz/*Schmidt* § 49 Rn 22; Michalski/*Dannecker* Rn 42; *Priester* ZGR 1999, 533, 540 f; für AG GroßkommAktG/*Habersack* 4. Aufl § 92 Rn 18; KölnerKomm/*Mertens* § 92 Rn 13. **AM** (Rücklagen u stille Reserven zählen zu den Aktiva) Scholz/*Tiedemann* Rn 43; für AG BGH WM 1958, 1416, 1417; widersprüchlich *Hefermehl* bei *Geßler/Hefermehl* AktG § 92 Rn 6.

[37] *Schulze-Osterloh* Bericht IDW-Fachtagung 1994, 1995, 123, 129; Michalski/*Dannecker* Rn 42; vgl für § 30 u für Kommanditistenhaftung BGHZ 109, 334, 338 f, 339 ff. **AM** Hachenburg/*Hüffer* § 49 Rn 26.

[38] AM GroßkommAktG/*Habersack* 4. Aufl § 92 Rn 13 ff mit Erwägung einer anderen Entscheidung in Rn 14 im Falle des § 49 III.

[39] Sinngem ebenso Ulmer/*Ransiek* Rn 17; Hachenburg/*Kohlmann* Rn 18; Scholz/*Schmidt* § 49 Rn 22; Scholz/*Tiedemann* Rn 42; Michalski/*Dannecker* Rn 43.

[40] Ulmer/*Ransiek* Rn 19; Hachenburg/*Kohlmann* Rn 19 ff; *Lutter*/Hommelhoff/*Kleindiek* Rn 4; Rowedder/Schmidt-Leithoff/*Schaal* Rn 15; Roth/*Altmeppen* Rn 14; Michalski/*Dannecker* Rn 44; *Richter* GmbHR 1984, 113, 121; *Pfeiffer* FS Rowedder, 1994, 347, 353. **AM** Scholz/*Tiedemann* Rn 3; *Tiedemann* GmbHR 1985, 281, 282 f.

[41] *Lutter*/Hommelhoff/*Kleindiek* Rn 6; Ulmer/*Ransiek* Rn 19.

[42] Rowedder/Schmidt-Leithoff/*Schaal* Rn 16; Roth/*Altmeppen* Rn 14; *W. Müller* ZGR 1985, 191, 212.

[43] Das verkennt Hachenburg/*Kohlmann* Rn 21.

[44] Hachenburg/*Kohlmann* Rn 23; Scholz/*Tiedemann* Rn 54; Rowedder/Schmidt-Leithoff/*Schaal* Rn 21; Michalski/*Dannecker* Rn 46.

[45] BT-Drucks 8/3908, 78; Hachenburg/*Kohlmann* Rn 23; Rowedder/Schmidt-Leithoff/*Schaal* Rn 21; Roth/*Altmeppen* Rn 13; Michalski/*Dannecker* Rn 45.

eintritt, ohne Rücksicht auf Kenntnis der GFührer.[46] Umstr, ob Anzeigepflicht auch dann besteht, wenn Verlustausgleich absehbar.[47] Unterlassen ist nach allg Grds nur strafbar, wenn Möglichkeit zur Erfüllung der Handlungspflicht besteht (zB nicht bei Krankheit;[48] zum subjektiven Tatbestand Rn 17 ff).[49] Danach ist Anzeige ohne schuldhaftes Zögern zu erstatten.[50] Mit dieser Anforderung ist es nicht vereinbar, dass GFührer Verlustausgleich innerhalb eines gewissen Zeitraums abwartet.[51] Dagegen spricht auch, dass eine genaue Ermittlung des Vermögensstandes innerhalb kurzer Zeiträume wegen der Schwierigkeiten der Bewertung der Vorräte praktisch nicht möglich ist; das erstmalige Auftreten eines Verlustes in der benannten Höhe verpflichtet also zur unverzüglichen Anzeige. Anzeigepflicht endet mit Kenntnis aller Gfter[52] u mit Minderung des Verlustes auf weniger als die Hälfte des Stammkapitals.[53] **Verzicht** der Gfter auf Anzeige beseitigt Anzeigepflicht nicht, da diese auch im öffentlichen Interesse an Kapitalerhaltung besteht.[54]

16 **3. Täter** können nur **Geschäftsführer** sein. Das sind die nach den Regeln des GmbHG zu GFührern oder stellvertretenden GFührern (§ 44) bestellten Personen, ohne dass es auf Wirksamkeit des Bestellungsakts ankommt (vgl auch § 82 Rn 18).[55] Nach hM[56] begründet Übernahme von GFührerfunktionen, ohne dass wenigstens das äußere Erscheinungsbild eines Bestellungsakts vorliegt, strafrechtliche Haftung als **faktischer GFührer.** Dies wird mitunter auch bestritten (vgl auch § 82 Rn 18, 86).[57] Pflicht trifft jeden einzelnen GFührer.[58] Unerheblich ist interne Aufgabenverteilung.[59] Jeder GFührer muss für eine Organisation sorgen, die es ihm ermöglicht, sich jeder-

---

[46] Ulmer/*Ransiek* Rn 20.

[47] Vgl Nachweise bei Ulmer/*Ransiek* Rn 20.

[48] Achenbach/Ransiek/*Wagner* VII 2 Rn 44; Ulmer/*Ransiek* Rn 16.

[49] Rowedder/Schmidt-Leithoff/*Schaal* Rn 18; Roth/*Altmeppen* Rn 15; nunmehr auch *Lutter*/Hommelhoff/*Kleindiek* Rn 6; Michalski/*Dannecker* Rn 48; abw (mit bilanziellem Ausweis des Verlustes) Scholz/*Tiedemann* Rn 59. **AM** (Kenntnis des GFührers erforderlich) Hachenburg/*Kohlmann* Rn 19; *Pfeiffer* FS Rowedder, 1994, 347, 354.

[50] Hachenburg/*Kohlmann* Rn 22, 25; Rowedder/Schmidt-Leithoff/*Schaal* Rn 18; Roth/*Altmeppen* Rn 13; Michalski/*Dannecker* Rn 48.

[51] Wie hier Michalski/*Dannecker* Rn 48. **AM** Scholz/*Tiedemann* Rn 60; einschränkender auch Rowedder/Schmidt-Leithoff/*Schaal* Rn 57.

[52] Rowedder/Schmidt-Leithoff/*Schaal* Rn 19; Scholz/*Tiedemann* Rn 63; Michalski/*Dannecker* Rn 49; numehr auch *Lutter*/Hommelhoff/*Kleindiek* Rn 6; *Pfeiffer* FS Rowedder, 1994, 347, 354; zweifelnd Hachenburg/*Kohlmann* Rn 8.

[53] Scholz/*Tiedemann* Rn 61; Michalski/*Dannecker* Rn 49; *Pfeiffer* FS Rowedder, 1994, 347, 354.

[54] Hachenburg/*Kohlmann* Rn 24; *Lutter*/Hommelhoff/*Kleindiek* Rn 6; Rowedder/Schmidt-Leithoff/*Schaal* Rn 19; Michalski/*Dannecker* Rn 50; *Pfeiffer* FS Rowedder, 1994, 347, 354. **AM** Scholz/*Tiedemann* Rn 64; *Richter* GmbHR 1984, 113, 121; differenzierend Roth/*Altmeppen* Rn 16 f.

[55] Scholz/*Tiedemann* Rn 28; Roth/*Altmeppen* Rn 5; Michalski/*Dannecker* Rn 27.

[56] Nachweise § 82 Rn 87; speziell zu § 84 I Nr 1: Hachenburg/*Kohlmann* Rn 15 ff; zu § 84: Rowedder/Schmidt-Leithoff/*Schaal* Rn 10 f; Scholz/*Tiedemann* Rn 34; Michalski/*Dannecker* Rn 27; *Pfeiffer* FS Rowedder, 1994, 347, 351.

[57] Ulmer/*Ransiek* Rn 13; Lutter/Hommelhoff/*Kleindiek* Rn 5; Roth/*Altmeppen* Rn 10; tendenziell auch *Geißler* GmbHR 2003, 1106, 1108 f.

[58] Ulmer/*Ransiek* Rn 15; Hachenburg/*Kohlmann* Rn 13; Rowedder/Schmidt-Leithoff/*Schaal* Rn 12.

[59] Ulmer/*Ransiek* Rn 15; Rowedder/Schmidt-Leithoff/*Schaal* Rn 12; zu § 84 I Nr 2 *Richter* GmbHR 1984, 113, 118; wie hier auch Michalski/*Dannecker* Rn 27.

zeit über die wirtschaftliche Lage der Ges zuverlässig zu informieren.[60] Das gilt unabhängig davon, ob der einzelne GesVersammlung nach § 49 I einberufen kann.[61] Informationspflicht entfällt aber, wenn anderer GFührer sie bereits erfüllt hat. Ende des GFühreramts beseitigt strafrechtliche Verantwortlichkeit für die Zukunft, nicht aber für bereits vollendetes Unterlassen.[62] Auch Strohmann-GFührer unterliegt strafrechtlicher Haftung.[63] **Liquidatoren** können nicht Täter sein; sie trifft auch nicht Anzeigepflicht nach § 49 III (§ 69 Rn 19).

III. Subjektiver Tatbestand

1. Der **Vorsatz** (§ 82 Rn 5) muss sich auf sämtliche objektiven Merkmale des Abs 1 Nr 1 beziehen: Der Täter muss wissen, dass er GFührer ist, er muss die Umstände kennen, aus denen sich die Anzeigepflicht ergibt.[64] Hält er Verlust in Höhe der Hälfte des Stammkapitals ernstlich für möglich, ermittelt er ihn aber nicht u ist er für den Fall eines solchen Verlustes mit Unterlassen der Anzeige einverstanden, liegt bedingter Vorsatz (§ 82 Rn 5) vor.[65] Irrtum über Anzeigepflicht beseitigt Strafbarkeit nicht (Rn 19). 17

2. Fahrlässigkeit (Rn 5) liegt vor, wenn Täter Verlust trotz entspr Erkenntnisfähigkeit nicht bemerkt, sei es, dass er ihn nicht ermittelt, sei es, dass er ihn fehlerhaft berechnet; ferner, wenn er Verlust für möglich hält, aber darauf vertraut, dass er in Wahrheit nicht eingetreten sei.[66] Ergibt Jahresabschluss, dass Verlust iSv § 49 III droht, kann GFührer nicht ohne weiteres darauf vertrauen, dass im Folgejahr Besserung der Finanzlage eintritt; ggf sind zeitnah weitere Abschlüsse anzufertigen.[67] – Irrtum über Anzeigepflicht beseitigt Fahrlässigkeit nicht (Rn 20). 18

3. Zum **Irrtum** des Täters Rn 6. **Tatbestandsirrtum,** wenn Täter die Umstände nicht kennt, aus denen sich Anzeigepflicht ergibt;[68] fahrlässiger Irrtum führt zur Bestrafung wegen Fahrlässigkeitstat (§ 16 I 2 StGB, § 84 II GmbHG). **Verbotsirrtum** (Gebotsirrtum), wenn Täter die Anzeigepflicht nicht kennt.[69] 19

---

[60] So zivilrechtlich, aber auch strafrechtlich maßgebend BGH GmbHR 1995, 299, 300.

[61] Ulmer/*Ransiek* Rn 15.

[62] Ulmer/*Ransiek* Rn 14; Hachenburg/*Kohlmann* Rn 14; Scholz/*Tiedemann* Rn 38; Michalski/*Dannecker* Rn 32.

[63] Zu § 84 I Nr 2 *Siegmann/Vogel* ZIP 1994, 1821, 1823; wie hier auch Michalski/*Dannecker* Rn 27.

[64] Ulmer/*Ransiek* Rn 25; Hachenburg/*Kohlmann* Rn 27; Rowedder/Schmidt-Leithoff/*Schaal* Rn 51; Scholz/*Tiedemann* Rn 68.

[65] Rowedder/Schmidt-Leithoff/*Schaal* Rn 52.

[66] Undeutlich Rowedder/Schmidt-Leithoff/*Schaal* Rn 51 u 52.

[67] Vgl *Lutter/Hommelhoff* § 49 Rn 14. Enger wohl Roth/*Altmeppen* Rn 18.

[68] Rowedder/Schmidt-Leithoff/*Schaal* Rn 55.

[69] Hachenburg/*Kohlmann* Rn 28; Scholz/*Tiedemann* Rn 69; Rowedder/Schmidt-Leithoff/*Schaal* Rn 55; für Unkenntnis der Buchführungspflicht BGH NJW 1981, 354, 355; für Pflicht zur Abführung von Sozialversicherungsbeiträgen BGH ZIP 2001, 422, 424; allg BGHSt 19, 295, 298 f; *Fischer* § 16 StGB Rn 12; Schönke/Schröder/*Cramer/Sternberg-Lieben* § 15 StGB Rn 96.

IV. Vollendung, Beendigung

20 **1. Vollendung.** Vollendet ist Unterlassen, sobald GFührer Anzeigepflicht hätte erfüllen können.[70] Dabei sind etwa bestehende Schwierigkeiten der Verlustermittlung u die Möglichkeiten, die Gfter zu benachrichtigen, in Anlehnung an die zivilrechtliche Kategorie „ohne schuldhaftes Zögern" (Rn 11) zu berücksichtigen.[71] Schadenseintritt ist nicht erforderlich (Rn 1).

21 **2. Tatbeendigung**, wenn Pflicht zum Handeln (Rn 15) entfallen ist.[72]

Verletzung der Geheimhaltungspflicht

85 (1) **Mit Freiheitsstrafe bis zu einem Jahr oder mit Geldstrafe wird bestraft, wer ein Geheimnis der Gesellschaft, namentlich ein Betriebs- oder Geschäftsgeheimnis, das ihm in seiner Eigenschaft als Geschäftsführer, Mitglied des Aufsichtsrats oder Liquidator bekanntgeworden ist, unbefugt offenbart.**

(2) [1]**Handelt der Täter gegen Entgelt oder in der Absicht, sich oder einen anderen zu bereichern oder einen anderen zu schädigen, so ist die Strafe Freiheitsstrafe bis zu zwei Jahren oder Geldstrafe.** [2]**Ebenso wird bestraft, wer ein Geheimnis der in Absatz 1 bezeichneten Art, namentlich ein Betriebs- oder Geschäftsgeheimnis, das ihm unter den Voraussetzungen des Absatzes 1 bekanntgeworden ist, unbefugt verwertet.**

(3) [1]**Die Tat wird nur auf Antrag der Gesellschaft verfolgt.** [2]**Hat ein Geschäftsführer oder ein Liquidator die Tat begangen, so sind der Aufsichtsrat und, wenn kein Aufsichtsrat vorhanden ist, von den Gesellschaftern bestellte besondere Vertreter antragsberechtigt.** [3]**Hat ein Mitglied des Aufsichtsrats die Tat begangen, so sind die Geschäftsführer oder die Liquidatoren antragsberechtigt.**

Übersicht

[70] Hachenburg/*Kohlmann* Rn 25; Ulmer/*Ransiek* Rn 27.

[71] Rowedder/Schmidt-Leithoff/*Schaal* Rn 57; Michalski/*Dannecker* Rn 56; *Pfeiffer* FS Rowedder, 1994, 347, 356; ähnlich Hachenburg/*Kohlmann* Rn 25.

[72] Rowedder/Schmidt-Leithoff/*Schaal* Rn 59 f; Michalski/*Dannecker* Rn 57. **AM** Ulmer/*Ransiek* Rn 27: Vollendung und Beendigung fallen zusammen.

Lit: *Armbrüster,* Verschwiegenheitspflicht des GmbH-Geschäftsführers und Abtretung von Vergütungsansprüchen, GmbHR 1997, 56; *Körber,* Geschäftsleitung der Zielgesellschaft und due diligence bei Paketerwerb und Unternehmenskauf, NZG 2002, 263; *Lutter,* Information und Vertraulichkeit im Aufsichtsrat, 2. Aufl 1984; *Rittmeister,* Due Diligence und Geheimhaltungspflichten beim Unternehmenskauf, NZG 2004, 1032; *Roschmann/Frey,* Geheimhaltungsverpflichtungen der Vorstandsmitglieder von Aktiengesellschaften bei Unternehmenskäufen, AG 1996, 449; *van Venrooy,* Das strafrechtliche Risiko des Geschäftsführers bei Verletzung von Geheimhaltungspflichten, GmbHR 1993, 609; *von Stebut,* Geheimnisschutz und Verschwiegenheitspflicht im Aktienrecht, 1972; *Quick,* Geheimhaltungspflicht des Abschlussprüfers: Strafrechtliche Konsequenzen bei Verletzung, BB 2004, 1490; *Többens,* Wirtschaftsspionage und Konkurrenzausspähung in Deutschland, NStZ 2000, 505; *Ziegler,* „Due Diligence" im Spannungsfeld zur Geheimhaltungspflicht von Geschäftsführern und Gesellschaftern, DStR 2000, 249; *Zirngibl,* Die Due Diligence bei der GmbH und der Aktiengesellschaft, 2003.

A. Allgemeines

I. Bedeutung der Vorschrift

1 § 85 ist durch Art 1 Nr 31 GmbH-Novelle 1980 eingefügt worden.[1] Vorschrift stimmt weitgehend mit § 404 AktG überein u ist teilw lex specialis ggü § 315 UmwG; vgl auch §§ 17 ff UWG. Gesetzgeber hat leider davon abgesehen, Geheimnisverrat durch GesOrgane rechtformübergreifend zu regeln. **Grundtatbestand** der unbefugten Offenbarung nach Abs 1 (unten Rn 6 ff), **Qualifikation** bei Entgeltvereinbarung und Bereicherungs- oder Schädigungsabsicht nach Abs 2 S 1 (Rn 32 ff) sowie bei Verwertung nach Abs 2 S 2 (Rn 40 ff). Vorschrift ist **Schutzgesetz iSd § 823 II BGB** zugunsten der Ges;[2] nicht aber, wie Antragserfordernis des Abs 3 (Rn 51 ff) zeigt, zugunsten der Gfter[3] oder weiterer Personen wie zB der Gläubiger.[4] – Abstraktes Gefähr-

[1] Krit *van Venrooy* GmbHR 1993, 609; krit zur praktischen Bedeutung auch Hachenburg/*Kohlmann* Rn 13, 14; positiver *Lutter*/Hommelhoff/*Kleindiek* Rn 1.

[2] *Lutter*/Hommelhoff/*Kleindiek* Rn 1; zu § 404 AktG Achenbach/*Ransiek* VIII 2 Rn 9; *Wicke* Rn 1; Ulmer/*Ransiek* Rn 10; *v Stebut* DB 1974, 613, 616 f.

[3] *Wicke* Rn 1. **AM** Hachenburg/*Kohlmann* Rn 12; Rowedder/Schmidt-Leithoff/*Schaal* Rn 1 (mit der unrichtigen Annahme, die Antragsberechtigten nach Abs 3 handelten auch für die Gfter); Scholz/*Tiedemann* Rn 2; Michalski/*Dannecker* Rn 12; GroßkommAktG/*Otto* 4. Aufl § 404 Rn 3; für § 315 UmwG auch Kallmeyer/*Marsch-Barner* § 315 UmwG Rn 1; unentschieden Roth/*Altmeppen* Rn 4.

[4] Zu Gunsten der Arbeitnehmer aber KölnerKomm/*Geilen* § 404 Rn 11.

dungsdelikt;[5] für Strafbarkeit kommt es auf einen Schaden der Ges nicht an. Etwas anderes gilt jedoch, wenn über § 823 II BGB Schadensersatzansprüche geltend gemacht werden.[6] Auf **ausländische GmbH** mit Sitz in Deutschland ist die Strafvorschrift nicht anwendbar.[7]

II. Vergehen, Verjährung

Straftat in § 85 ist Vergehen (§ 12 II StGB), daher Rechtsfolgen wie bei § 82 (vgl § 82 Rn 2). Verjährungsfrist bei Abs 1 drei Jahre (§ 78 III Nr 5 StGB), bei Abs 2 fünf Jahre (§ 78 III Nr 4 StGB). 2

III. Echtes Sonderdelikt

Täter kann nur GFührer (unten Rn 17) sein.[8] Aus dem Umkehrschluss zu § 82 II Nr 2 (dort Rn 80) folgt, dass Mitglieder eines Beirats oder sonstigen bloß aufsichtsratsähnlichen Organs nicht als Täter in Betracht kommen (unten Rn 16). – Strafbarkeit als Teilnehmer ist für jedermann möglich (unten Rn 39).[9] Zur Strafbarkeit von anderen Personen als Täter unten Rn 14 aE. 3

IV. Vorsatz

Für § 85 ist **Vorsatz** erforderlich (§ 15 StGB); bedingter Vorsatz genügt, nicht aber Fahrlässigkeit.[10] Zum Vorsatz § 82 Rn 5. 4

V. Tatbestands- und Verbotsirrtum

Zum **Tatbestands- u Verbotsirrtum** allg § 82 Rn 6. Einzelheiten unten Rn 27. 5

B. Unbefugte Offenbarung, Abs 1

I. Allgemeines

Abs 1 setzt Geheimhaltungspflicht der dort genannten Organmitglieder voraus. Diese ist nur für AR-Mitglieder ausdrücklich normiert (vgl §§ 52 I GmbHG, 25 I Nr 2 MitbestG, 3 II Montan-MitbestG, 1 I Nr 3 DrittelbG, jeweils mit Verweisung auf §§ 116, 93 I AktG). Für GFührer u Liquidatoren ergibt sich Geheimhaltungspflicht aus §§ 43 I, 71 IV (vgl § 35 Rn 40).[11] 6

---

[5] Rowedder/Schmidt-Leithoff/*Schaal* Rn 4; *Lutter*/Hommelhoff/*Kleindiek* Rn 1; Michalski/*Dannecker* Rn 14; krit Hachenburg/*Kohlmann* Rn 5.

[6] **AM** Michalski/*Dannecker* Rn 12 u GroßkommAktG/*Otto* 4. Aufl § 404 Rn 3.

[7] *Eidenmüller,* Ausländische Kapitalgesellschaften im deutschen Recht, 2004, § 9 Rn 34.

[8] Ulmer/*Ransiek* Rn 3; Rowedder/Schmidt-Leithoff/*Schaal* Rn 5; Scholz/*Tiedemann* Rn 3.

[9] Rowedder/Schmidt-Leithoff/*Schaal* Rn 34.

[10] Hachenburg/*Kohlmann* Rn 59; Rowedder/Schmidt-Leithoff/*Schaal* Rn 21; Achenbach/*Ransiek* VIII 2 Rn 5.

[11] Roth/*Altmeppen* Rn 1; *Lutter*/Hommelhoff/*Kleindiek* Rn 1; Rowedder/Schmidt-Leithoff/*Schaal* Rn 8.

II. Objektiver Tatbestand

7 **1. Geheimnis der Gesellschaft** ist eine nicht offenkundige Tatsache (Rn 8), hinsichtlich deren Ges objektives Geheimhaltungsinteresse hat (Rn 9) u die sie nicht offenbaren will (Rn 10).[12] **Betriebs- oder Geschäftsgeheimnis** bezieht sich auf Tatsachen, die den materiellen Interessen der Ges dienen; demgegenüber ist Geheimnis der Ges Oberbegriff, der auch immaterielle Interessen der Ges umfasst.[13] Geheimnis erlischt mit Erlöschen der Ges.[14] Ausdrückliche Kennzeichnung einer Tatsache als vertraulich oder geheimhaltungsbedürftig ist nicht erforderlich.[15] Bei der **GmbH & Co KG** sind Geheimnisse der KG regelmäßig zugleich Geheimnisse der GmbH.[16]

8 **a) Nicht offenkundig** ist eine **Tatsache,** wenn sie nur eng begrenztem Personenkreis bekannt ist.[17] Entscheidend ist, dass Informationsweitergabe noch beherrschbar erscheint und Geheimnisträger berechtigt noch darauf vertrauen kann.[18] Kenntnis der mit dem Objekt des Geheimnisses befassten Betriebsangehörigen führt daher nicht zur Offenkundigkeit, ebenso nicht Kenntnisnahme durch einzelne Kunden oder Lieferanten.[19] Die nach § 325 HGB offengelegten Angaben sind kein Geheimnis. Auch ohne Veröffentlichung verlieren sie spätestens mit Ablauf der Offenlegungsfristen Eignung, Geheimnis zu sein.[20] Vertrauliche Angaben (vgl § 93 I 2 AktG) über Tatsachen, die nicht Geheimnis sind, fallen nicht unter § 85, so dass strafrechtlicher Schutz nicht so weit geht wie zivilrechtliche Verpflichtung (vgl § 35 Rn 40).[21]

9 **b)** Das **Geheimhaltungsinteresse** wird objektiv bestimmt durch die Maßstäbe sachgemäßer Unternehmensführung.[22] Geheimhaltungsinteresse ist zu bejahen, wenn der Ges durch Offenbarung materieller oder immaterieller

---

[12] OLG Hamm GmbHR 1988, 218; Roth/*Altmeppen* Rn 5, 6; *Lutter*/Hommelhoff/*Kleindiek* Rn 3, 4; *v Stebut* 21 ff, 49 f; zu § 404 AktG Achenbach/*Ransiek* VIII 2 Rn 12; GroßkommAktG/*Otto* § 404 Rn 13, 18; im Grundsatz ebenso, aber mit Abweichungen hinsichtlich des Geheimhaltungswillens (Rn 11) Hachenburg/*Kohlmann* Rn 19 ff; Rowedder/Schmidt-Leithoff/*Schaal* Rn 9 f; Scholz/*Tiedemann* Rn 6 ff; zu § 404 AktG *Fuhrmann* bei *Geßler/Hefermehl* AktG § 404 Rn 6; KölnerKomm/*Geilen* § 404 Rn 22 ff.

[13] Rowedder/Schmidt-Leithoff/*Schaal* Rn 9; Scholz/*Tiedemann* Rn 6; Michalski/*Dannecker* Rn 26; zu § 404 AktG *v Stebut* 53 ff.

[14] Hachenburg/*Kohlmann* Rn 58; Scholz/*Tiedemann* Rn 29; Michalski/*Dannecker* Rn 26.

[15] Scholz/*Tiedemann* Rn 10.

[16] Scholz/*Tiedemann* Rn 6. **AM** Rowedder/Schmidt-Leithoff/*Schaal* Rn 11. Offengelassen von BGH GmbHR 2000, 85, 87.

[17] BGH ZIP 1996, 1341, 1342; OLG Stuttgart NZG 1998, 994, 996; Achenbach/*Ransiek* VIII 2 Rn 12; Hachenburg/*Kohlmann* Rn 23 f; Rowedder/Schmidt-Leithoff/*Schaal* Rn 9; Scholz/*Tiedemann* Rn 11; Michalski/*Dannecker* Rn 29; *Lutter*/Hommelhoff/*Kleindiek* Rn 3.

[18] Ulmer/*Ransiek* Rn 19.

[19] *Scholz/Tiedemann* Rn 11; Michalski/*Dannecker* Rn 29; vgl zu § 17 UWG RGSt 42, 394, 396.

[20] BGH GmbHR 2000, 85, 86 f.

[21] Zu § 404 AktG *v Stebut* 59 Fn 6; KölnerKomm/*Geilen* § 404 Rn 37; GroßkommAktG/*Otto* 4. Aufl § 404 Rn 21; *Lutter* 144; *Meyer* AG 1966, 109, 115. – **AM** *Baumbach/Hueck* AktG § 404 Rn 5.

[22] *Lutter* 132; Michalski/*Dannecker* Rn 34; Achenbach/*Ransiek* VIII 2 Rn 13; weitergehend *v Stebut* 44 ff.

Schaden droht.[23] Maßgebliche Kriterien ergeben sich auch aus satzungsmäßiger Zwecksetzung, so dass zum Beispiel entgeltliche Weitergabe von Forschungsergebnissen bei entsprechendem Unternehmensgegenstand nicht von § 85 erfasst wird.[24] Geheimhaltungswille allein – ohne Geheimhaltungsinteresse – begründet Geheimnis nicht.[25] Weisung der GfterVers an GFührer oder Liquidatoren, Tatsachen, die nicht objektiv Geheimnis sind (Rn 7–10), nicht zu offenbaren, macht diese zu vertraulichen Angaben (Rn 7) u kann daher strafrechtliche Haftung nicht begründen.[26] Im Grundsatz besteht Geheimhaltungsinteresse auch bei sog **rechtswidrigen Geheimnissen;**[27] Strafverfolgungsinteresse kann jedoch Kundgabe rechtfertigen oder gem § 138 StGB Anzeigepflicht begründen (vgl Rn 24).

c) **Geheimhaltungswille** ist zur Begründung eines Geheimnisses **nicht erforderlich.**[28] Offenbarungswille kann Geheimnis jedoch beseitigen. Im Ausgangspunkt sind daher alle unbekannten Tatsachen aus dem Bereich der Ges deren Geheimnis, sofern objektives Geheimhaltungsinteresse (Rn 9) besteht.[29] Allein Geheimhaltungswille ersetzt noch nicht (objektives) Geheimhaltungsinteresse.[30] Demgegenüber verlangt hM zur Begründung eines Geheimnisses zusätzlich Geheimhaltungswillen, den sie aber teilw unter Zuhilfenahme von Vermutungen bis zur Unkenntlichkeit relativiert.[31] Geheimnis wird jedenfalls beseitigt, wenn Ges hinsichtlich nicht offenkundiger Tatsache ausdrücklich oder konkludent Offenbarungswillen äußert.[32] Liegt **genereller Offenbarungswille** vor, besteht regelmäßig bereits kein Geheimhaltungsinteresse (Rn 9). Äußerung eines **Offenbarungswillens im Einzelfall** beseitigt nicht Geheimhaltungsinteresse, sondern Unbefugtheit der Offenbarung (Rn 17). **Zuständig** hierfür ist stets die **GfterVers.**[33] Genereller Offenbarungswille 10

---

[23] BGH ZIP 1996, 1341, 1342; OLG Hamm GmbHR 1988, 218; OLG München NJW-RR 1998, 1495, 1496; OLG Karlsruhe MDR 2006, 591; *Lutter*/Hommelhoff/*Kleindiek* Rn 3; Scholz/*Tiedemann* Rn 12; *Lutter* (Rn 1) 133; Achenbach/*Ransiek* VIII 2 Rn 13; *v Stebut* 43; ähnlich Hachenburg/*Kohlmann* Rn 31 f.

[24] Vgl *Lutter*/Hommelhoff/*Kleindiek* Rn 4; Michalski/*Dannecker* Rn 34.

[25] OLG München NJW-RR 1998, 1495, 1496; Roth/*Altmeppen* Rn 10; Achenbach/*Ransiek* VIII 2 Rn 13; Scholz/*Tiedemann* Rn 7 aE; ebenso für Verschwiegenheitspflicht der AR-Mitglieder einer AG BGHZ 64, 325, 329.

[26] Roth/*Altmeppen* Rn 11 aE; zur zivilrechtlichen Verbindlichkeit § 35 Rn 21; Hachenburg/*Mertens* § 43 Rn 44; Scholz/*Schneider* § 43 Rn 117.

[27] Scholz/*Tiedemann* Rn 13; Michalski/*Dannecker* Rn 41; Achenbach/*Ransiek* VIII 2 Rn 13; Ulmer/*Ransiek* Rn 24.

[28] Achenbach/*Ransiek* VIII 2 Rn 14; Ulmer/*Ransiek* Rn 231; offengelassen von BGH ZIP 1996, 1341; OLG Karlsruhe MDR 2006, 591. **AM** GroßkommAktG/*Otto* § 404 Rn 17 f.

[29] *Lutter*/Hommelhoff/*Kleindiek* Rn 4; Michalski/*Dannecker* Rn 33; *Lutter* 139; Scholz/*Schneider* § 43 Rn 117; zu § 404 AktG GroßkommAktG/*Otto* 4. Aufl § 404 Rn 18; zu § 17 UWG *Köhler*/Piper UWG § 17 Rn 8.

[30] OLG Karlsruhe MDR 2006, 591; OLG München NJW-RR 1998, 1495.

[31] Hachenburg/*Kohlmann* Rn 26 ff; Rowedder/Schmidt-Leithoff/*Schaal* Rn 10; Scholz/*Tiedemann* Rn 7 ff; zu § 404 AktG KölnerKomm/*Geilen* § 404 Rn 34; so auch zivilrechtlich *v Stebut* 29; *ders* DB 1974, 613 f; zu § 17 UWG BGH GRUR 1961, 40, 43: bekundeter oder erkennbarer Geheimhaltungswille. – Für deutlichen Geheimhaltungswillen aber Scholz/*Tiedemann* Rn 10.

[32] *Lutter*/Hommelhoff/*Kleindiek* Rn 4. Vgl OLG Hamm GmbHR 1988, 218, 219.

[33] Hachenburg/*Kohlmann* Rn 45. – **AM** Scholz/*Tiedemann* Rn 9, 20 sowie oben § 35 Rn 40: Gesamtheit der Gfter; vgl auch Michalski/*Dannecker* Rn 36: förmlicher GfterBeschluss oder konkludente Zustimmung aller Gfter.

kann daher sowohl durch Satzungsregelung als auch durch GfterBeschluss manifestiert werden.[34] GfterBeschluss kann GFührer oder Liquidatoren auch im Einzelfall zur Offenbarung anweisen[35] u demgem dazu auch ermächtigen.[36] Freiheit für Gfter, Offenbarungswille zu manifestieren, ist eingeschränkt, wenn hiermit Verstoß gegen § 30, strafrechtl Untreue gem § 266 StGB[37] oder existenzvernichtender Eingriff verbunden (vgl hierzu § 13 Rn 49; zur Folgepflicht der GFührer allgemein § 37 Rn 12). – Zuständig im Rahmen ihrer Geschäftsführungsbefugnis auch **GFührer** oder **Liquidatoren** selbst[38] sowie – für seinen Bereich – **AR.**[39] Um Leerlaufen der Strafvorschrift zu verhindern,[40] bedarf es in diesen Fällen stets nachvollziehbarer unternehmerischer Gründe, das objektive Geheimhaltungsinteresse der Ges (Rn 9) zu beseitigen. Entscheidung über Offenbarungswillen muss sich daher – wie auch sonst – im Rahmen der Sorgfalt eines ordentlichen Geschäftsmannes (§§ 43 I, 71 IV) oder eines ordentlichen ARMitglieds (§ 52 I GmbHG iVm §§ 116, 93 I AktG) halten.[41] Dies gilt auch für einzigen GFührer, der – wie auch über andere Güter der Ges – über Geschäftsgeheimnis disponieren können muss.[42] Je nach Tragweite der Preisgabe des Geheimnisses für die Ges kann sich für GFührer Pflicht ergeben, zuvor Weisungsbeschluss der GfterVers einzuholen (vgl § 37 Rn 6 ff; zur due diligence unten Rn 11). Bei personalistisch strukturierter GmbH kann Zulässigkeit der Offenbarung generell von Zustimmung der Gfter abhängig gemacht werden, doch setzt das wegen des strafrechtlichen Bestimmtheitsgrundsatzes ausdrückliche vorgängige Regelung durch GfterVers voraus. Gegen diese Schranken verstoßende Offenbarungsentscheidung der GFührer ist unwirksam u beseitigt Geheimnis nicht.[43]

11 **d)** Bei sog **due diligence** stellt sich regelmäßig Frage nach Verletzung der Geheimhaltungspflicht durch GFührer. Werden Informationen der GmbH benötigt, ist danach zu differenzieren, ob Ges selbst an Transaktion beteiligt oder lediglich Objekt derselben ist. Bei **Transaktionen unter Beteiligung der Ges** selbst gilt bzgl Geheimhaltungsinteresse und Offenbarungswille das unter Rn 7 ff Gesagte. GFührer entscheidet anhand des allg Pflichtenmaßstabs grds selbst, ob Preisgabe von Interna zur Verfolgung des Gesellschaftszwecks erforderlich; ggf ist Weisung der GfterVersammlung einzuholen (oben Rn 10). Begehrt Gfter Informationen, um **Anteilsverkauf** durchzuführen,

---

[34] Hachenburg/*Kohlmann* Rn 45; unter Hinweis auf § 37 auch Roth/*Altmeppen* Rn 10. **AM** Scholz/*Tiedemann* Rn 20 aE: GfterBeschluss beseitigt nur Rechtswidrigkeit.

[35] Hachenburg/*Kohlmann* Rn 45 aE.

[36] Scholz/*Tiedemann* Rn 9, 20; Roth/*Altmeppen* Rn 10; *van Venrooy* GmbHR 1993, 609, 613 ff.

[37] Michalski/*Dannecker* Rn 36.

[38] Hachenburg/*Kohlmann* Rn 45; *van Venrooy* GmbHR 1993, 609, 612 f; Achenbach/*Ransiek* VIII 2 Rn 28; nunmehr auch *Lutter*/Hommelhoff/*Kleindiek* Rn 4, soweit Geschäftsgeheimnis Dritten zugänglich gemacht wird, sowie Scholz/*Tiedemann* Rn 20. – **AM** *Roschmann/Frey* AG 1996, 449, 451; *Meincke* WM 1998, 749, 752; oben § 35 Rn 40.

[39] *Meyer-Landrut* Rn 4; für AG: *Lutter* 137; *v Stebut* 97 ff.

[40] Zur Umgehungsgefahr Scholz/*Tiedemann* Rn 8.

[41] Hachenburg/*Kohlmann* Rn 45; Scholz/*Tiedemann* Rn 20; Roth/*Altmeppen* Rn 11; für AG: GroßkommAktG/*Otto* 4. Aufl § 404 Rn 20; *Lutter* 137; ähnlich *Reuter* ZHR 144 (1980), 493, 498.

[42] Hachenburg/*Kohlmann* Rn 45; vgl auch *van Venrooy* GmbHR 1993, 609, 610.

[43] Roth/*Altmeppen* Rn 10; Scholz/*Tiedemann* Rn 20; für AG: *v Stebut* 101 ff.

darf GFührer keine Geheimnisse der Ges an Dritte preisgeben. Etwas anderes gilt nur bei Zustimmung aller Gfter.[44]

e) Kenntniserlangung in amtlicher Eigenschaft. In amtlicher Eigenschaft muss GesGeheimnis dem Täter bekannt geworden sein. Erforderlich innerer Zusammenhang zwischen Stellung als GesOrgan u tatsächlicher Kenntnis, ohne Rücksicht auf interne Zuständigkeitsregelung.[45] Kenntniserlangung aus privatem Bereich oder zu einem Zeitpunkt vor Erlangung der Organstellung genügt nicht.[46] Zur Offenbarung von Geheimnissen nach Beendigung der Organstellung Rn 14, 16. 12

2. Offenbarung ist Verschaffung der Kenntnis von der als Geheimnis qualifizierten Tatsache zugunsten einer Person, der sie noch unbekannt ist.[47] Bei mündlicher Mitteilung reicht Kenntnisnahme der Information durch Empfänger, ohne dass sie inhaltlich verstanden werden müsste.[48] Bestätigung von Gerüchten kann genügen.[49] Offenbarung auch durch Unterlassen möglich, zum Beispiel, wenn das Lesen von Schriftstücken oder die Weitergabe der Information durch Dritte geduldet wird; Rechtspflicht zum Handeln aus Garantenstellung ist bei Organmitgliedern idR zu bejahen.[50] Eigene Schweigepflicht des Empfängers der Mitteilung schließt Offenbarung nicht aus.[51] Dies gilt grds auch bei Mitteilungen innerhalb der Ges u des von ihr betriebenen Unternehmens; wegen der Gesamtverantwortlichkeit der Organmitglieder jedoch nicht innerhalb von Kollegialorganen (GFührer, AR); wohl aber ggü Gftern, soweit nicht Erfüllung des Auskunftsanspruchs nach § 51 a (Rn 20). Offenbarung ist idR trotz der Auskunftspflicht des Zedenten nach § 402 BGB nicht mit der Abtretung des Gehaltsanspruchs des GFührers verbunden.[52] Das gilt wegen der Publizitätspflicht der GmbH nach § 325 HGB auch für gewinnabhängige Tantiemeansprüche.[53] **Unbefugtheit** der Offenbarung betrifft Tatbestandsmäßigkeit, soweit sie sich aus Fehlen des generellen Offenbarungswillens (Rn 10) ergibt.[54] 13

---

[44] *Lutter*/Hommelhoff/*Kleindiek* Rn 4 aE; ähnlich *Bihr* BB 1998, 1198, 1200; *Ziegler* DStR 2000, 249, 251 f. **AM** für Mehrheitsentscheidung unter Ausschluss des veräußerungswilligen Gfters *Götze* ZGR 1999, 202, 224 ff; *Körber* NZG 2002, 263, 267; *Zirngibl* 163 f; für Dreiviertel-Mehrheit *Oppenländer* GmbHR 535, 540.

[45] Hachenburg/*Kohlmann* Rn 34; Scholz/*Tiedemann* Rn 5.

[46] Hachenburg/*Kohlmann* Rn 34; Rowedder/Schmidt-Leithoff/*Schaal* Rn 7; Michalski/*Dannecker* Rn 24; Scholz/*Tiedemann* Rn 5.

[47] Achenbach/*Ransiek* VIII 2 Rn 17; Hachenburg/*Kohlmann* Rn 36; Rowedder/Schmidt-Leithoff/*Schaal* Rn 12; *Scholz/Tiedemann* Rn 14.

[48] Ulmer/*Ransiek* Rn 26.

[49] RGSt 26, 5, 7; Hachenburg/*Kohlmann* Rn 36; Rowedder/Schmidt-Leithoff/*Schaal* Rn 12; *Scholz/Tiedemann* Rn 14.

[50] Achenbach/*Ransiek* VIII 2 Rn 17; Ulmer/*Ransiek* Rn 27; Hachenburg/*Kohlmann* Rn 37; Rowedder/Schmidt-Leithoff/*Schaal* Rn 12; *Scholz/Tiedemann* Rn 14; *Lutter*/Hommelhoff/*Kleindiek* Rn 5.

[51] Rowedder/Schmidt-Leithoff/*Schaal* Rn 12 unter Hinweis auf BGH NJW 1992, 737 zu § 203 StGB.

[52] BGH ZIP 1996, 1343, 1344; hierzu *Armbrüster* GmbHR 1997, 56; OLG Köln NZG 2000, 210.

[53] BGH GmbHR 2000, 85, 86 f.

[54] Rowedder/Schmidt-Leithoff/*Schaal* Rn 13; zu § 404 AktG KölnerKomm/*Geilen* § 404 Rn 76; zu § 203 StGB Schönke/Schröder/*Lenckner* § 203 StGB Rn 21; – weitergehend Hachenburg/*Kohlmann* Rn 44: Zustimmung beseitigt stets Tatbestandsmäßigkeit; *Scholz/Tiedemann* Rn 20. **AM** *Fischer* § 203 StGB Rn 30: Zustimmung beseitigt stets Rechtswidrigkeit.

Im Übrigen kann Unbefugtheit durch Rechtfertigungsgründe (Rn 17 ff) ausgeschlossen sein.[55]

14 **3. Täter. a) Geschäftsführer** sind die nach den Regeln des GmbHG zu GFührern oder stellvertretenden GFührern (§ 44) bestellten Personen, ohne dass es auf die Wirksamkeit des Bestellungsakts ankommt (§ 82 Rn 18). Umstritten ist, ob tatsächliche Übernahme von GFührerfunktionen, ohne dass wenigstens das äußere Erscheinungsbild eines Bestellungsakts vorliegt, strafrechtliche Haftung als faktischer GFührer begründet (§ 82 Rn 86).[56] Ende des GFühreramts beseitigt wegen nachwirkender Treuepflicht Schweigepflicht u strafrechtliche Verantwortlichkeit nicht.[57] Ist Täter Angestellter, Arbeiter oder Lehrling der Ges, kommt Strafbarkeit nach § 17 UWG in Betracht. Für Abschlussprüfer u ihre Gehilfen gilt § 333 HGB.[58]

15 **b) Liquidatoren** unterliegen ebenfalls der Geheimhaltungspflicht. Für sie gilt dasselbe wie für GFührer (Rn 14). Ist Liquidator eine juristische Person oder Personengesellschaft, gelten § 14 I, II StGB.[59]

16 **c)** Für **Aufsichtsratsmitglieder** ist Geheimhaltungspflicht ausdrücklich bestimmt (Rn 6), u zwar gleichermaßen für Vertreter der Anteilseigner u der Arbeitnehmer (§ 52 Rn 186).[60] Zum Erwerb der AR-Stellung § 52 Rn 41 ff; § 82 Rn 88. Bezeichnung als AR nicht erforderlich, wenn Gremium nach den Regeln des AR bestellt ist u materiellrechtlich dessen Funktion in vollem Umfang wahrnimmt.[61] Mitglieder ähnlicher Organe iSd § 82 II Nr 2 (§ 82 Rn 89) fallen nicht darunter.[62] Ende des AR-Amts beseitigt Schweigepflicht u strafrechtliche Verantwortlichkeit nicht (Rn 14).

III. Rechtswidrigkeit

17 Unbefugtheit (Rechtswidrigkeit) der Offenbarung kann beseitigt sein.

1. Durch **Einverständniserklärung der Ges,** vertreten durch das zuständige Organ (Rn 10), sofern nicht schon Tatbestandsmäßigkeit dadurch entfällt, dass durch diese Erklärung genereller Offenbarungswille (Rn 13) geäußert wird.[63] Einverständnis muss bei Vornahme der Tathandlung vorliegen u in

---

55 Hachenburg/*Kohlmann* Rn 46 ff; zu § 404 AktG KölnerKomm/*Geilen* § 404 Rn 74 ff.

56 Siehe ferner Rowedder/Schmidt-Leithoff/*Schaal* Rn 6. **AM** Achenbach/*Ransiek* VIII 1 Rn 22 ff; Scholz/*Tiedemann* Rn 5; Michalski/*Dannecker* Rn 19.

57 OLG Karlsruhe MDR 2006, 591; Achenbach/*Ransiek* VIII 2 Rn 11; *Wicke* Rn 2; Hachenburg/*Kohlmann* Rn 16; Rowedder/Schmidt-Leithoff/*Schaal* Rn 8; Scholz/*Tiedemann* Rn 4, 27. Vgl auch *Quick* BB 2004, 1490.

58 Ulmer/*Ransiek* Rn 11; Achenbach/*Ransiek* VIII 2 Rn 2; das verkennen *Lutter*/Hommelhoff/*Kleindiek* Rn 2.

59 Ulmer/*Ransiek* Rn 12.

60 Für AG: *v Stebut* 136 ff; *Lutter* 186 ff; KölnerKomm/*Geilen* § 404 Rn 84; *Geßler* bei *Geßler/Hefermehl* AktG § 116 Rn 29 ff.

61 Roth/*Altmeppen* Rn 2; nunmehr auch *Lutter*/Hommelhoff/*Kleindiek* Rn 2. **AM** Michalski/*Dannecker* Rn 17: nur Pflicht-AR.

62 Roth/*Altmeppen* Rn 2; Rowedder/Schmidt-Leithoff/*Schaal* Rn 5; *Wicke* Rn 2; Ulmer/*Ransiek* Rn 14; Michalski/*Dannecker* Rn 17.

63 Rowedder/Schmidt-Leithoff/*Schaal* Rn 13 f; zu § 404 AktG KölnerKomm/*Geilen* § 404 Rn 76; GroßkommAktG/*Otto* 4. Aufl § 404 Rn 38, 39; – weitergehend Scholz/

Kenntnis der Tragweite der Entscheidung erfolgen.[64] Erteilt GfterVers Einverständnis, fehlt beim GFührer regelmäßig Vorsatz (zum Irrtum unten Rn 27).[65]

2. Durch Umstände, aus denen sich in Eil- u Notfällen **mutmaßliche Einwilligung der Ges** ergibt.[66] 18

3. Durch **gesetzliche Auskunftspflichten,** die der Ges obliegen u von den GFührern oder Liquidatoren zu erfüllen sind, zB Auskünfte gegenüber Finanzamt in den steuerlichen Angelegenheiten der Ges.[67] In Betracht kommen auch Auskunftspflichten gegenüber dem **Betriebsrat** auf Grund der in §§ 74 ff BetrVG vorgeschriebenen Zusammenarbeit (vgl auch § 79 BetrVG zur Geheimhaltungspflicht der Mitglieder des Betriebsrats) sowie gegenüber einzelnen Arbeitnehmern nach § 81 BetrVG. Die Unterrichtungspflicht gegenüber dem Wirtschaftsausschuss nach §§ 106 ff BetrVG steht nach § 106 II BetrVG unter dem Vorbehalt, dass dadurch nicht Betriebs- u Geschäftsgeheimnisse der Ges gefährdet werden. 19

4. Auskunftspflicht nach § 51 a, gegenüber Aufsichtsrat u Abschlussprüfer. Durch **Auskunftspflicht der Geschäftsführer** u Liquidatoren (§ 69 Rn 19) gegenüber den Gftern **nach § 51 a.**[68] Unterlassen der Auskunftsverweigerung nach § 51 a II begründet nicht Strafbarkeit nach § 85; Auskunftsrecht der Gfter nach § 51 a I hat Vorrang gegenüber strafrechtlichem Geheimnisschutz nach § 85; daher ggf nur zivilrechtliche Sanktion (§ 43 II). Für § 404 AktG mag wegen der Öffentlichkeit der Hauptversammlung im Verhältnis zu § 131 AktG etwas anderes gelten.[69] Ferner durch Auskunftspflicht der GFührer u Liquidatoren **gegenüber AR**[70] u **gegenüber Abschlussprüfer** nach § 320 HGB.[71] Ebenfalls geht Auskunftspflicht des GFührers im Insolvenzeröffnungsverfahren (§§ 20, 22 III InsO) und im eröffneten Verfahren (§§ 97, 101 InsO) dem strafrechtlichen Geheimnisschutz vor. Dies folgt aus § 97 I 2 InsO.[72] Widerrechtlichkeit fehlt auch, wenn GFührer tatsächl bestehenden prozessrechtlichen Auskunftsanspruch erfüllt.[73] 20

Tiedemann Rn 20: Zustimmung beseitigt stets Tatbestandsmäßigkeit; wohl auch Hachenburg/*Kohlmann* Rn 44 f.

[64] Scholz/*Tiedemann* Rn 20.

[65] Roth/*Altmeppen* Rn 11; Michalski/*Dannecker* Rn 61.

[66] Roth/*Altmeppen* Rn 14; Achenbach/*Ransiek* VIII 2 Rn 23; Hachenburg/*Kohlmann* Rn 47; Scholz/*Tiedemann* Rn 24; Rowedder/Schmidt-Leithoff/*Schaal* Rn 14; zu § 404 AktG KölnerKomm/*Geilen* § 404 Rn 77. **AM** GroßkommAktG/*Otto* 4. Aufl § 404 Rn 46: Interessenabwägung nach § 34 StGB (dazu unten Rn 22).

[67] Achenbach/*Ransiek* VIII 2 Rn 24; Hachenburg/*Kohlmann* Rn 49 f; Scholz/*Tiedemann* Rn 21 f; Michalski/*Dannecker* Rn 73; für AG: *v Stebut* 112 ff; KölnerKomm/*Geilen* § 404 Rn 78.

[68] OLG Hamm GmbHR 1988, 218; Ulmer/*Ransiek* Rn 29; *Lutter*/Hommelhoff/*Kleindiek* Rn 7; Hachenburg/*Kohlmann* Rn 48; Rowedder/Schmidt-Leithoff/*Schaal* Rn 15, 73; Scholz/*Schmidt* § 51 a Rn 33; Scholz/*Tiedemann* Rn 21; Michalski/*Dannecker* Rn 73.

[69] Vgl einerseits *Eckardt* bei *Geßler/Hefermehl* AktG § 131 Rn 123; andererseits KölnerKomm/*Zöllner* § 131 A 41 sowie *Hüffer* AktG § 131 Rn 31.

[70] *Lutter*/Hommelhoff/*Kleindiek* Rn 7; Rowedder/Schmidt-Leithoff/*Schaal* Rn 15; Scholz/*Tiedemann* Rn 21.

[71] Scholz/*Tiedemann* Rn 21; Achenbach/*Ransiek* VIII 2 Rn 25; Rowedder/Schmidt-Leithoff/*Schaal* Rn 15.

[72] Siehe zu alldem Schmidt/*Uhlenbruck* Rn 7.170 ff.

[73] LG München BeckRS 2008 02775.

21 **5.** Durch **Aussagepflichten als Zeuge im Strafprozess,** da Zeugnisverweigerungsrecht nur aus persönlichen (§ 52 StPO) u aus beruflichen Gründen (§§ 53, 53a StPO) gewährt wird, so dass Zeugnisverweigerung nur in Betracht kommt, wenn Ges (zB als Rechtsanwalts- oder WirtschaftsprüfungsGes) eine der in § 53 StPO genannten Tätigkeiten ausübt.[74] Im **Zivilprozess** kommt Zeugnisverweigerungsrecht der GFührer, Liquidatoren u AR-Mitglieder in erster Linie in Betracht, wenn die Ges nicht Partei des Rechtsstreits ist, sondern – wäre sie natürliche Person – die Rolle einer Zeugin hätte.[75] Insoweit ergibt sich Zeugnisverweigerungsrecht der GFührer, Liquidatoren u AR-Mitglieder aus § 384 Nr 3 ZPO hinsichtlich der Betriebs- u Geschäftsgeheimnisse (Gewerbegeheimnis) der Ges, nicht aber aus § 383 I Nr 6 ZPO, weil es sich um Geheimnisse der Ges handelt, die sie als Organmitglieder kennen, die ihnen aber nicht von der Ges anvertraut worden sind.[76] Anderenfalls hätte im Hinblick auf Zeugenaussagen die Ges, vertreten durch die GFührer, im Zivilprozess eine bessere Position als die natürliche Person. Ist die Ges Partei, kommen nur aus dem Amt ausgeschiedene Organmitglieder als Zeugen in Betracht.[77] Aber auch insoweit besteht das Zeugnisverweigerungsrecht nicht nach § 383 I Nr 6 ZPO, da anderenfalls die Ges im Verhältnis zu natürlichen Personen, deren Angestellte kein Zeugnisverweigerungsrecht haben, begünstigt werden würde.[78]

22 **6. Schutz überwiegender Interessen** kann uU Offenbarung eines Geheimnisses der Ges rechtfertigen.[79] Grundlage ist **§ 34 StGB:**[80]

23 **a) Offenbarungsbefugnis zur Wahrnehmung erheblicher eigener Interessen** der Organmitglieder im Rechtsstreit mit der Ges u in Strafverfahren gegen Organmitglieder auf der Grundlage einer sachgemäßen Interessenabwägung.[81] Denkbar sind Abwehr von Gefahren für Leib u Leben sowie eigene Vermögensinteressen, zum Beispiel bei der gerichtlichen Geltendmachung von Gehaltsansprüchen.

---

[74] Hachenburg/*Kohlmann* Rn 52; Rowedder/Schmidt-Leithoff/*Schaal* Rn 15.

[75] Das verkennt OLG Koblenz WM 1987, 480, 481.

[76] Wie hier für AG: *v Stebut* 116 ff; *Hefermehl* bei *Geßler/Hefermehl* AktG § 93 Rn 19; *Wieczorek,* Zivilprozessordnung und Nebengesetze, 2. Band, 2. Aufl 1976, § 383 ZPO A C III e. **AM** OLG Karlsruhe MDR 2006, 591; OLG Koblenz WM 1987, 480, 481 f: Zeugnisverweigerungsrecht auch aus § 383 I Nr 6 ZPO; OLG München NJW-RR 1998, 1495, 1496; Roth/*Altmeppen* Rn 15; Hachenburg/*Kohlmann* Rn 52; Scholz/*Tiedemann* Rn 23; *Lutter*/Hommelhoff/*Kleindiek* Rn 1; für AG: KölnerKomm/*Geilen* § 404 Rn 79 aE; *Baumbach/Hueck* AktG § 93 Rn 7, § 404 Rn 5.

[77] OLG Koblenz WM 1987, 480, 481.

[78] Hachenburg/*Mertens* § 43 Rn 52. **AM** OLG Koblenz (Fn 71); Rowedder/Schmidt-Leithoff/*Schaal* Rn 15; für AG: GroßkommAktG/*Hopt* 4. Aufl § 93 Rn 220.

[79] Hachenburg/*Kohlmann* Rn 53 ff; Achenbach/*Ransiek* VIII 2 Rn 26; Rowedder/Schmidt-Leithoff/*Schaal* Rn 16; Scholz/*Tiedemann* Rn 25 f; Michalski/*Dannecker* Rn 75 f; für AG: KölnerKomm/*Geilen* § 404 Rn 80 ff; *v Stebut* 126, 139 ff; *Lutter* 168 ff.

[80] Hachenburg/*Kohlmann* Rn 53 f; Rowedder/Schmidt-Leithoff/*Schaal* Rn 16; Scholz/*Tiedemann* Rn 25; zu § 404 AktG GroßkommAktG/*Otto* 4. Aufl § 404 Rn 43; zu § 203 StGB Schönke/Schröder/*Lenckner* § 203 StGB Rn 30 ff; – weitergehend für allgemeine Güter- u Interessenabwägung KölnerKomm/*Geilen* § 404 Rn 81; *v Stebut* 140.

[81] Hachenburg/*Kohlmann* Rn 53; Rowedder/Schmidt-Leithoff/*Schaal* Rn 16; Scholz/*Tiedemann* Rn 25; für AG: *v Stebut* 140 ff; – allg BGHSt 1, 366, 368; BGH 122, 115, 120; zu § 203 StGB Schönke/Schröder/*Lenckner* § 203 StGB Rn 33.

b) Strafverfolgungsinteresse kann nur bei schwerwiegenden Straftaten Offenbarung rechtfertigen.[82] Von der Rechtsprechung für Arbeitnehmer im Fall des sog whistle blowing gezogenen Grenzen der Anzeigeberechtigung können auf Organe von Ges nicht übertragen werden.[83] Unberührt bleibt **Anzeigepflicht** bei bestimmten drohenden Straftaten nach § 138 StGB. **24**

c) Keine Offenbarungsbefugnis zugunsten eines anderen, nicht konzernverbundenen Unternehmens, auch wenn GFührer, Liquidator oder AR-Mitglied zugleich Organmitglied dieses anderen Unternehmens ist.[84] Offenbarungsbefugnis gegenüber konzernverbundenen Unternehmen kann sich ergeben aus § 51 a, wenn diese Gfter der Ges sind, ferner aus Beherrschungsvertrag.[85] **25**

IV. Subjektiver Tatbestand

1. Vorsatz (Rn 4) muss sich auf sämtliche objektiven Tatbestandsmerkmale des Abs 1 beziehen: Täter muss wissen, dass er GFührer, Liquidator oder Mitglied des AR ist, dass ihm in dieser Eigenschaft ein Geheimnis der Ges bekannt geworden ist u dass er es offenbart. Unbefugtheit der Offenbarung gehört nur insoweit zum Vorsatz, als sie auf dem Fehlen eines Offenbarungswillens beruht (Rn 13, 17). **26**

2. Zum **Irrtum** des Täters Rn 5. **Tatbestandsirrtum,** wenn Täter nicht weiß, dass die von ihm offenbarte Tatsache Geheimnis der Ges ist, so insbes, wenn er annimmt, die Ges habe ausdrücklich oder konkludent Offenbarungswillen (Rn 11) geäußert;[86] ferner, wenn er die tatbestandlichen Voraussetzungen eines Rechtfertigungsgrundes (Rn 17–24) irrtümlich für gegeben hält.[87] Die Ausführung eines GfterBeschlusses beseitigt grds die Rechtswidrigkeit der Offenbarung (oben Rn 13 aE, 17). Haben Gfter jedoch ausnahmsweise nicht die Freiheit, über die Befugnis zur Offenbarung zu beschließen, weil hierdurch Verstoß gg § 30, strafrechtliche Untreue gem § 266 StGB oder existenzvernichtender Eingriff, können pflichtengebundene GFührer sich hierauf nicht berufen.[88] – **Verbotsirrtum,** wenn Täter die Schweigepflicht nicht kennt, meint, dass sie aus Rechtsgründen erloschen sei, oder wenn er einen nicht anerkannten Rechtfertigungsgrund annimmt.[89] **27**

---

[82] So für § 404 AktG KölnerKomm/*Geilen* § 404 Rn 83; GroßkommAktG/*Otto* 4. Aufl § 404 Rn 45; für § 203 StGB Schönke/Schröder/*Lenckner* § 203 StGB Rn 32. – Großzügiger Hachenburg/*Kohlmann* Rn 55; Rowedder/Schmidt-Leithoff/*Schaal* Rn 13: Ausnahme nur bei Bagatelldelikten u Ordnungswidrigkeiten; ähnlich Scholz/*Tiedemann* Rn 26 u Michalski/*Dannecker* Rn 16; für § 404 AktG *v Stebut* 126.

[83] Vgl Michalski/*Dannecker* Rn 42 (mwN).

[84] Für AG: *Lutter* 125 ff, 173 ff, 202; *ders* ZHR 145 (1981), 224, 242; Achenbach/*Ransiek* VIII 2 Rn 26; *v Stebut* 147 ff; KölnerKomm/*Geilen* § 404 Rn 85.

[85] Vgl im Übrigen *Lutter* 49 ff, 151 ff.

[86] Hachenburg/*Kohlmann* Rn 60; Scholz/*Tiedemann* Rn 31; Rowedder/Schmidt-Leithoff/*Schaal* Rn 22; Michalski/*Dannecker* Rn 61; differenzierend Roth/*Altmeppen* Rn 17.

[87] Rowedder/Schmidt-Leithoff/*Schaal* Rn 22; zu § 404 AktG KölnerKomm/*Geilen* § 404 Rn 73. – Sehr str, vgl Schönke/Schröder/*Cramer*/*Sternberg-Lieben* § 16 StGB Rn 14 ff; *Fischer* § 16 StGB Rn 20 ff.

[88] Zutreffend Roth/*Altmeppen* Rn 11.

[89] Hachenburg/*Kohlmann* Rn 61; Rowedder/Schmidt-Leithoff/*Schaal* Rn 22; Scholz/*Tiedemann* Rn 32; Michalski/*Dannecker* Rn 62.

V. Vollendung, Beendigung

28 **1. Vollendung.** Vollendet ist die Tat mit Offenbarung, ohne Rücksicht darauf, ob Empfänger Mitteilung verstanden hat.[90]

29 **2. Tatbeendigung** (zu dieser § 82 Rn 23), wenn Täter seine unbefugten Mitteilungen einstellt, wenn Tatsache offenkundig (Rn 8) geworden ist oder Ges Offenbarungswillen (Rn 11) geäußert hat.[91]

VI. Strafe, Nebenfolgen

30 **Strafe** ist alternativ Freiheitsstrafe von einem Monat (§ 38 II StGB) bis zu einem Jahr oder Geldstrafe zwischen 5 u 360 Tagessätzen (§ 40 I StGB). Kumulierung von Freiheits- u Geldstrafe nach § 41 StGB nur bei Abs 2 (Rn 38). Zu **Nebenfolgen** § 82 Rn 7.

VII. Konkurrenzen

31 **Tateinheit** (§ 52 StGB) ist nahe liegend mit Abs 2 S 2;[92] Abs 2 S 1 ist Spezialvorschrift gegenüber Abs 1. Ferner Tateinheit mit §§ 246, 266 StGB[93] u mit § 17 UWG.[94] Gegenüber § 203 StGB ist Abs 1 Spezialvorschrift.[95] Gleiches gilt für § 315 UmwG.

C. Qualifikationsmerkmale, Abs 2 S 1

I. Allgemeines

32 Abs 2 S 1 verschärft Strafdrohung des Abs 1 für die Fälle, in denen Täter das Geheimnis der Ges gegen Entgelt offenbart oder die Absicht verfolgt, sich oder einen anderen zu bereichern oder einen anderen zu schädigen. Vorschrift stimmt mit § 203 V StGB überein.

II. Objektiver Tatbestand

33 Der objektive Tatbestand ist der des Abs 1. In der 1. Alternative des Abs 2 S 1 wird er dadurch erweitert, dass der Täter gegen **Entgelt** handelt, also eine

---

[90] Ulmer/*Ransiek* Rn 38; Hachenburg/*Kohlmann* Rn 69; Rowedder/Schmidt-Leithoff/*Schaal* Rn 30; zu § 404 AktG KölnerKomm/*Geilen* § 404 Rn 66; GroßkommAktG/*Otto* 4. Aufl § 404 Rn 32; zu § 203 StGB Schönke/Schröder/*Lenckner* § 203 StGB Rn 72.

[91] AM *Rowedder*/Schmidt-Leithoff/*Schaal* Rn 32: wenn Empfänger das Geheimnis zur Kenntnis genommen hat.

[92] Hachenburg/*Kohlmann* Rn 71; Michalski/*Dannecker* Rn 83. **AM** Rowedder/Schmidt-Leithoff/*Schaal* Rn 33, auch Tatmehrheit möglich.

[93] Hachenburg/*Kohlmann* Rn 71; Scholz/*Tiedemann* Rn 38; Rowedder/Schmidt-Leithoff/*Schaal* Rn 35; Michalski/*Dannecker* Rn 84.

[94] Scholz/*Tiedemann* Rn 38; Rowedder/Schmidt-Leithoff/*Schaal* Rn 35; Michalski/*Dannecker* Rn 84; zu § 404 AktG KölnerKomm/*Geilen* § 404 Rn 90. **AM** Hachenburg/*Kohlmann* Rn 71.

[95] Hachenburg/*Kohlmann* Rn 71; Scholz/*Tiedemann* Rn 36; Michalski/*Dannecker* Rn 82; zu § 404 AktG KölnerKomm/*Geilen* § 404 Rn 90; GroßkommAktG/*Otto* 4. Aufl § 404 Rn 52. **AM** Rowedder/Schmidt-Leithoff/*Schaal* Rn 35, Tateinheit möglich.

Entgeltsvereinbarung trifft.[96] Entgelt ist nach § 11 I Nr 9 StGB „jede in einem Vermögensvorteil bestehende Gegenleistung". Hinsichtlich Offenbarung u Entgelt muss Austauschverhältnis vereinbart sein.[97] Ob Entgelt tatsächlich gewährt wird, ist unerheblich;[98] dadurch wird Entgeltsvereinbarung aber nicht zum subjektiven Tatbestandsmerkmal.[99] Vereinbarung immaterieller Vorteile genügt nicht.[100] Gewinnerzielung oder Bereicherung ist nicht erforderlich.[101] Abgrenzung zur Verwertung iSd Abs 2 S 2 Rn 42. Beendigung der qualifizierten Tat erst mit Zahlung des Entgelts.[102]

III. Subjektiver Tatbestand

1. Entgeltsvereinbarung setzt **direkten Vorsatz** voraus: Täter offenbart Geheimnis um des Entgelts willen.[103] **34**

2. Absicht, sich oder einen anderen zu bereichern oder einen anderen zu schädigen, erfordert direkten Vorsatz im Sinne eines auf den Erfolg gerichteten Willens.[104] **35**

a) Bereicherungsabsicht bezieht sich auf Erlangung eines rechtswidrigen Vermögensvorteils zugunsten des Täters oder eines anderen.[105] Wegen Unbefugtheit der Offenbarung ist jeder Vermögensvorteil als rechtswidrig anzusehen, da dem Täter der wirtschaftliche Gehalt des Geheimnisses nicht gebührt.[106] Tatsächliche Erlangung des Vermögensvorteils ist nicht erforderlich.[107] **36**

b) Schädigungsabsicht kann sich auf den Eintritt materieller oder immaterieller Schäden,[108] bei Ges oder einem anderen, zB der Gläubiger, beziehen.[109] Eintritt des Schadens ist nicht erforderlich.[110] **37**

---

96 **AM** Rowedder/Schmidt-Leithoff/*Schaal* Rn 24: Entgeltsvereinbarung sei ausschließlich Teil des subjektiven Tatbestands.

97 Scholz/*Tiedemann* Rn 33; Michalski/*Dannecker* Rn 65; ähnlich Hachenburg/*Kohlmann* Rn 64; zu § 404 II AktG KölnerKomm/*Geilen* § 404 Rn 89 iVm § 403 Rn 50; allg: Schönke/Schröder/*Eser* § 11 StGB Rn 69.

98 Ulmer/*Ransiek* Rn 45; Hachenburg/*Kohlmann* Rn 64; Rowedder/Schmidt-Leithoff/*Schaal* Rn 25; Roth/*Altmeppen* Rn 18 Michalski/*Dannecker* Rn 65.

99 **AM** Rowedder/Schmidt-Leithoff/*Schaal* Rn 25 aE.

100 Scholz/*Tiedemann* Rn 33.

101 Schönke/Schröder/*Eser* § 11 StGB Rn 72.

102 Ulmer/*Ransiek* Rn 45.

103 Roth/*Altmeppen* Rn 20; Michalski/*Dannecker* Rn 67.

104 Schönke/Schröder/*Cramer/Sternberg-Lieben* § 15 StGB Rn 66 f.

105 Hachenburg/*Kohlmann* Rn 65; Scholz/*Tiedemann* Rn 34; Roth/*Altmeppen* Rn 21; Michalski/*Dannecker* Rn 68; zu § 203 V StGB Schönke/Schröder/*Lenckner* § 203 StGB Rn 74. **AM** nunmehr Rowedder/Schmidt-Leithoff/*Schaal* Rn 24, erstrebter Vermögensvorteil muss nicht rechtswidrig sein (so zu § 203 StGB auch BGH NStZ 1993, 538, 539); Ulmer/*Ransiek* Rn 46.

106 Im Ergebnis ebenso Rowedder/Schmidt-Leithoff/*Schaal* Rn 24; ähnlich KölnerKomm/*Geilen* § 404 Rn 89 iVm § 403 Rn 51.

107 Hachenburg/*Kohlmann* Rn 65; Rowedder/Schmidt-Leithoff/*Schaal* Rn 26; Michalski/*Dannecker* Rn 68.

108 Ulmer/*Ransiek* Rn 47; Hachenburg/*Kohlmann* Rn 68; *Lutter/Hommelhoff* 15. Aufl Rn 9; Roth/*Altmeppen* Rn 21; Rowedder/Schmidt-Leithoff/*Schaal* Rn 28; Scholz/*Tiedemann* Rn 35; zu § 404 II AktG KölnerKomm/*Geilen* § 404 Rn 89 iVm § 403 Rn 52; zu § 203 V StGB Schönke/Schröder/*Lenckner* § 203 StGB Rn 74.

109 *Meyer-Landrut* Rn 7. **AM** Rowedder/Schmidt-Leithoff/*Schaal* Rn 28, Schaden nur bei Ges oder Gfter.

110 Hachenburg/*Kohlmann* Rn 67; Scholz/*Tiedemann* Rn 35.

IV. Strafe, Nebenfolgen

38 **Strafe** ist alternativ Freiheitsstrafe von einem Monat (§ 38 II StGB) bis zu zwei Jahren oder Geldstrafe von 5 bis 360 Tagessätzen (§ 40 I StGB). Kumulierung von Freiheits- u Geldstrafe nach § 41 StGB möglich, wenn sich Täter durch die Tat bereichert oder zu bereichern versucht hat. Zu **Nebenfolgen** § 82 Rn 7.

V. Teilnehmer

39 § 85 ist echtes Sonderdelikt, so dass andere als die in Abs 1 Genannten nur Teilnehmer sein können (oben Rn 3). Handeln gegen Entgelt u unbefugte Verwertung (Abs 2 S 2, Rn 40 ff) sind tatbezogene Merkmale. Strafmilderung nach § 28 II StGB kommt für Teilnehmer nicht in Betracht.[111] Es spricht daher viel dafür, auch für die Absichtsmerkmale des Abs 2 S 1 § 28 II StGB nicht anzuwenden.[112]

D. Unbefugte Verwertung, Abs 2 S 2

I. Allgemeines

40 Abs 2 S 2 verschärft Strafdrohung des Abs 1 für den Fall, dass Täter das Geheimnis der Ges unbefugt verwertet. Vorschrift stimmt mit § 204 I StGB überein.

II. Objektiver Tatbestand

41 **1. Grundlage in Abs 1.** Gegenstand der Tat ist Geheimnis der Ges, namentlich Betriebs- oder Geschäftsgeheimnis (Rn 7–10), das einem der in Abs 1 genannten Täter (Rn 14–16) in amtlicher Eigenschaft (Rn 12) bekanntgeworden ist.

42 **2. Verwertung** ist Nutzbarmachung des Geheimnisses zu eigenen oder fremden wirtschaftlichen, nicht notwendigerweise gewerblichen Zwecken.[113] Zusätzlich wird Gewinnerzielungsabsicht gefordert,[114] doch dürfte sich dieses Merkmal mit dem der Verfolgung wirtschaftlicher Zwecke decken. Nutz-

---

[111] Michalski/*Dannecker* Rn 103; sinngem ebenso zu § 203 V StGB Schönke/Schröder/*Lenckner* § 203 StGB Rn 75. **AM** *Träger* LK, 5. Band, 10. Aufl 1989, § 203 StGB Rn 117.

[112] Michalski/*Dannecker* Rn 103; zu § 403 II AktG GroßkommAktG/*Otto* 4. Aufl § 403 Rn 41; zu § 203 V StGB Schönke/Schröder/*Lenckner* § 203 StGB Rn 75. **AM** zu § 403 II AktG KölnerKomm/*Geilen* § 403 Rn 53; zu § 203 V StGB *Samson* SK § 203 StGB 24. Lfg, 4. Aufl, Januar 1989 Rn 54.

[113] Hachenburg/*Kohlmann* Rn 38; Scholz/*Tiedemann* Rn 15; wohl auch Rowedder/Schmidt-Leithoff/*Schaal* Rn 17, der nicht zwischen gewerblichen Zwecken u Gewinnerzielung differenziert; zu § 404 II AktG KölnerKomm/*Geilen* § 404 Rn 55, 56; GroßkommAktG/*Otto* 4. Aufl § 404 Rn 27. – Einschränkend zu § 17 II UWG RGSt 39, 83, 85; 40, 406, 408: gewerbliche Zwecke erforderlich.

[114] Ulmer/*Ransiek* Rn 48; Hachenburg/*Kohlmann* Rn 38; Rowedder/Schmidt-Leithoff/*Schaal* Rn 17; Scholz/*Tiedemann* Rn 15; Michalski/*Dannecker* Rn 51; zu § 204 StGB Schönke/Schröder/*Lenckner* § 204 StGB Rn 5.

barmachung zu politischen oder ideellen Zwecken wird nicht erfasst,[115] doch wird darin idR unbefugte Offenbarung (Abs 1) liegen. Beschränkt sich Verwertung auf entgeltliche Offenbarung (Rn 33, 34), gilt Abs 2 S 1.[116] Entreicherung der Ges als Folge der Verwertung ist nicht Voraussetzung.[117] Daher kann auch Ausnutzung von sog **Insider-Informationen** beim Erwerb oder bei Veräußerung von Beteiligungen u anderen Vermögensgegenständen (zB Grundstücken) den Tatbestand des Abs 2 S 2 erfüllen.[118] Dem stehen die auf Wertpapierhandel beschränkten Bestimmungen der §§ 12 ff WpHG mit Strafvorschrift des § 38 WpHG nicht entgegen. Insoweit handelt es sich um Spezialvorschriften, die § 85 nur für ihren Anwendungsbereich ausschließen. Überdies haben sie für die GmbH, da diese kaum als Emittentin von Wertpapieren (Schuldverschreibungen) auftritt, keine praktische Bedeutung. – Zum Wettbewerbsverbot der GFührer u zur Geschäftschancenlehre § 35 Rn 41 ff.

3. Unbefugtheit der Verwertung ist insoweit Tatbestandsmerkmal, als sich aus einer Verwertungserlaubnis der Ges zugleich deren genereller Offenbarungswille ergeben kann, der das Geheimnis der Ges beseitigt (Rn 13). 43

III. Rechtswidrigkeit

Unbefugtheit (Rechtswidrigkeit) der Verwertung kann durch Zustimmung der Ges (ohne gleichzeitigen Offenbarungswillen, Rn 43) beseitigt werden.[119] Für Annahme einer mutmaßlichen Einwilligung (Rn 18) ist bei Verwertung kein Raum. 44

IV. Subjektiver Tatbestand

1. Vorsatz (Rn 4) muss sich auf sämtliche objektiven Tatbestandsmerkmale des Abs 1 beziehen (Rn 26). An die Stelle des Offenbarens tritt die Verwertung. 45

2. Zum **Irrtum** des Täters Rn 5, 27. 46

---

115 Hachenburg/*Kohlmann* Rn 38; Rowedder/Schmidt-Leithoff/*Schaal* Rn 15; Michalski/*Dannecker* Rn 52; zu § 404 II AktG GroßkommAktG/*Otto* 4. Aufl § 404 Rn 27. **AM** zu § 404 II AktG: *Baumbach/Hueck* AktG § 404 Rn 8.

116 *Scholz/Tiedemann* Rn 18; zu § 404 II AktG KölnerKomm/*Geilen* § 404 Rn 59; zu § 204 StGB Schönke/Schröder/*Lenckner* § 204 StGB Rn 5.

117 Hachenburg/*Kohlmann* Rn 40; Rowedder/Schmidt-Leithoff/*Schaal* Rn 18; Roth/*Altmeppen* Rn 22; Michalski/*Dannecker* Rn 51; zu § 404 II AktG KölnerKomm/*Geilen* § 404 Rn 63, 64; GroßkommAktG/*Otto* 4. Aufl § 404 Rn 29; iE ebenso *v Stebut* 77 ff; *ders* DB 1974, 613, 614; *Ulsenheimer* NJW 1975, 1999, 2001; zu § 204 StGB *Samson* SK § 204 StGB 24. Lfg, 4. Aufl Januar 1989 Rn 2. **AM** Scholz/*Tiedemann* Rn 17; zu § 204 StGB Schönke/Schröder/*Lenckner* § 204 StGB Rn 5; *Träger* LK 5. Band, 10. Aufl 1989, § 204 StGB Rn 6.

118 Rowedder/Schmidt-Leithoff/*Schaal* Rn 18; zu § 404 II AktG *Dingeldey,* Insider-Handel u Strafrecht, 1983, 31; zu § 204 StGB *Samson* aaO (Fn 110); vgl auch zu § 323 I 2 HGB § 41 Rn 169. **AM** Scholz/*Tiedemann* Rn 17; Schönke/Schröder/*Lenckner* (Fn 110); *Träger* (Fn 103); wohl auch Hachenburg/*Kohlmann* Rn 41 ff.

119 Differenzierend Roth/*Altmeppen* Rn 22.

V. Vollendung, Beendigung

47 **1. Vollendung.** Vollendet ist die Tat, wenn Nutzbarmachung (Rn 42) stattfindet. Es ist nicht erforderlich, dass der mit der Verwertung erstrebte Erfolg eingetreten ist. Daher genügt es, wenn nach dem Plan des Täters der mit der Verwertung erstrebte Erfolg greifbar nahe gekommen ist.[120] Davor liegende Handlungen sind strafloser Versuch.

48 **2. Tatbeendigung** (zu dieser § 82 Rn 23), wenn Täter Verwertung abgeschlossen hat.[121]

VI. Strafe, Nebenfolgen

49 Strafe u Nebenfolgen sind dieselben wie bei Abs 2 S 1, Rn 38.

VII. Konkurrenzen

50 **Tateinheit** (§ 52 StGB) ist möglich mit Abs 1, mit § 17 II Nr 2 UWG (Rn 31), ferner mit § 266 StGB. Gegenüber § 204 StGB ist Abs 2 S 2 Spezialvorschrift.

E. Antragsdelikt, Abs 3

I. Allgemeines

51 § 85 ist in allen Varianten Antragsdelikt. Damit wird der Ges strafrechtlich die Disposition über ihre Geheimnisse zugewiesen, zumal da das Strafverfahren zu einer weiteren Verbreitung der geheimzuhaltenden Tatsache führen kann.[122] Hieraus ergeben sich aber Defizite in der Effektivität des strafrechtlichen Schutzes, wenn Dritte durch Verletzung der Geheimhaltungspflicht tangiert sind.[123] Dieses Defizit zeigt sich heute vor allem, wenn Gfter u GFührer einvernehmlich existenzvernichtende Maßnahmen auf Kosten der Gläubiger vornehmen (hierzu § 13 Rn 17). Es ist jedoch wegen eindeutiger gesetzgeberischer Entscheidung für Antragsdelikt zumindest de lege lata hinzunehmen (zur Bedeutung von § 85 als Schutzgesetz iSd § 823 II BGB oben Rn 1). De lege ferenda wäre Antragsrecht des Insolvenzverwalters zu erwägen.

II. Antragsbefugnis

52 Ist Täter GFührer oder Liquidator, ist AR antragsbefugt; fehlt ein solcher, ist Antrag von einem besonderen Vertreter zu stellen, den die Gfter zu bestellen haben, Abs 3 S 2. AR handelt entweder durch sämtliche Mitglieder oder auf Grund eines Beschlusses durch dazu ermächtigte einzelne Mitglieder,

---

[120] Scholz/*Tiedemann* Rn 16; zu § 404 AktG KölnerKomm/*Geilen* § 404 Rn 67 ff; ähnlich Hachenburg/*Kohlmann* Rn 70: erster Verwertungsakt, ohne Empfang einer vereinbarten Gegenleistung; Rowedder/Schmidt-Leithoff/*Schaal* Rn 27: Zustand, in dem eine Gewinnerzielung unmittelbar möglich erscheint; zu § 404 II AktG GroßkommAktG/*Otto* 4. Aufl § 404 Rn 34; zu § 204 StGB Schönke/Schröder/*Lenkner* § 204 StGB Rn 10.

[121] Weiter Michalski/*Dannecker* Rn 55: wenn Geheimnis zumindest teilweise ausgenutzt worden ist.

[122] Hachenburg/*Kohlmann* Rn 75; Scholz/*Tiedemann* Rn 40.

[123] *v Stebut* DB 1974, 613, 615; *Ulsenheimer* NJW 1975, 1999, 2002 f.

insbes den Vorsitzenden.[124] Ist Täter AR-Mitglied, sind GFührer oder Liquidatoren antragsberechtigt, Abs 3 S 3. GFührer oder Liquidatoren stellen Antrag in vertretungsberechtigter Zahl, da sie für die Ges handeln; § 77 IV StGB ist nicht anwendbar.[125]

III. Antragsfrist

Antragsfrist beträgt nach § 77 b I StGB drei Monate. Sie beginnt nach § 77 b II 1 StGB mit Ablauf des Tages, an dem der Antragsberechtigte von der Tat u der Person des Täters Kenntnis erlangt. Wird Ges beim Strafantrag durch GFührer oder Liquidatoren vertreten (Rn 52), beginnt Frist erst mit deren Kenntnis[126] u zwar mit Kenntnis sämtlicher, auch stellvertretender Organmitglieder ohne Rücksicht auf Vertretungsregelung.[127] Wird Ges beim Strafantrag durch den besonderen Vertreter der Gfter (Rn 52) vertreten, kann Frist erst mit Kenntnis sämtlicher Gfter beginnen, die über Bestellung des besonderen Vertreters zu entscheiden haben. Vertritt AR, ist Kenntnis sämtlicher Mitglieder erforderlich.[128] **53**

IV. Form des Strafantrags

Der Strafantrag kann nach § 158 I StPO gegenüber der Staatsanwaltschaft, den Behörden u Beamten des Polizeidienstes u den Amtsgerichten gestellt werden, außerdem nach § 158 II StPO bei einem mit der Sache befassten anderen Gericht.[129] Antrag gegenüber der Staatsanwaltschaft oder bei einem Gericht muss nach § 158 II StPO schriftlich oder zu Protokoll, gegenüber der Polizei schriftlich erklärt werden. – Bei Strafantrag des AR soll Wahrung der Form durch ein Mitglied ausreichen.[130] **54**

V. Rücknahme des Strafantrags

Rücknahme des Strafantrags nach § 77 d I StGB bis zum rechtskräftigen Abschluss des Strafverfahrens möglich. Zuständig für Rücknahmeerklärung sind die zur Antragstellung berechtigten Personen. Zurückgenommener Antrag kann nicht nochmals gestellt werden, § 77 d I 3 StGB. **55**

86, 87

(aufgehoben)

Anlage (zu § 2 Abs. 1 a) *s. S. 66*

---

[124] Vgl BGHZ 41, 282, 285.

[125] Rowedder/Schmidt-Leithoff/*Schaal* Rn 32; Roth/Altmeppen Rn 26; Michalski/*Dannecker* Rn 38. – **AM** wohl Hachenburg/*Kohlmann* Rn 76 aE.

[126] OLG Hamburg MDR 1980, 598 LS.

[127] Zweifelhaft; so Michalski/*Dannecker* Rn Rn 91; für AG wohl RGSt 47, 338, 339 f; GroßkommAktG/*Otto* 4. Aufl § 404 Rn 57; zweifelnd zu § 404 AktG KölnerKomm/*Geilen* § 404 Rn 94; undeutlich Hachenburg/*Kohlmann* Rn 80 u Rowedder/Schmidt-Leithoff/*Schaal* Rn 39: bei Gesamtvertretung Kenntnis aller Vertreter erforderlich; Tröndle/*Fischer* § 77 b StGB Rn 3; Schönke/Schröder/Stree/*Sternberg-Lieben* § 77 b StGB Rn 4.

[128] Rowedder/Schmidt-Leithoff/*Schaal* Rn 39; Scholz/*Tiedemann* Rn 43; zweifelnd zu § 404 AktG KölnerKomm/*Geilen* § 404 Rn 94.

[129] *Kleinknecht/Meyer-Goßner,* StPO, 48. Aufl 2005, § 158 StPO Rn 7.

[130] So Scholz/*Tiedemann* Rn 42; Michalski/*Dannecker* Rn 92.

Schlussanhang

Die GmbH im Unternehmensverbund (GmbH-Konzernrecht)

Lit: a) Kommentare, Handbücher u Lehrbücher: *Altmeppen* in Roth/Altmeppen Anh § 13: Konzernrecht der GmbH; *Decher* in MünchHdb des Gesellschaftsrechts, Bd 3, GmbH, 1996, §§ 70, 71; *Emmerich/Habersack,* Konzernrecht 9. Aufl. 2008; *Emmerich/Habersack,* Aktien- und GmbH-Konzernrecht, 5. Aufl. 2008; *Goette,* Die GmbH, 2. Aufl. 2002, § 9; *Kuhlmann/Ahnis,* Konzern- und Umwandlungsrecht, 2. Aufl. 2007; *Lutter* (Hrsg), Holding-Handbuch, 4. Aufl. 2004; *Lutter/Hommelhoff* Anh § 13: Die GmbH als verbundenes Unternehmen, 16. Aufl.; Michalski/*Zeidler* Syst Darst 4; *Raiser/Veil,* Recht der Kapitalgesellschaften, 4. Aufl. 2006, 7. Teil Konzernrecht; Rowedder/Schmidt-Leithoff/*Koppensteiner,* Anh § 52: Konzernrecht; *K. Schmidt* GesR § 39: Grundzüge des GmbH-Konzernrechts; Scholz/*Emmerich,* Anh § 13: GmbH-Konzernrecht; Ulmer/*Casper,* Anh nach § 77: GmbH Konzernrecht.

b) Sammelbände u Monografien: *Altmeppen,* Die Haftung des Managers im Konzern, 1998; *Arbeitskreis GmbH-Reform,* Thesen und Vorschläge zur GmbH-Reform, Band 21972 S 47 ff; *Bitter,* Konzernrechtliche Durchgriffshaftung bei Personengesellschaften, 2000; *Bous,* Die Konzernleitungsmacht im Insolvenzverfahren konzernverbundener Kapitalgesellschaften, 2001; *Bundesministerium der Justiz* (Hrsg), Bericht über die Verhandlungen der Unternehmensrechtskommission, 1980, Tz 1653 ff; *Cahn,* Kapitalerhaltung im Konzern, 1998; Centrale für GmbH (Hrsg), Der GmbH-Konzern, 1976, mit Beiträgen von *Emmerich, H. P. Westermann, Gäbelein, Goerdeler, U. H. Schneider, Martens, Immenga, Döllerer* und *Skibbe; Denzer,* Konzerndimensionale Beendigung der Vorstands- u Geschäftsführerstellung, 2005; DJT, Empfiehlt es sich, das Recht faktischer Unternehmensverbindungen – auch im Hinblick auf das Recht anderer EG-Staaten – neu zu regeln? Verhandlungen des 59. DJT 1992 mit Gutachten von *Hommelhoff* und *Druey* sowie Referaten von *Hoffmann-Becking* und *Zöllner; Druey/Vogel,* Schweizerisches Konzernrecht in der Praxis der Gerichte, 1999; *Druey* (Hrsg), Das St. Galler Konzernrechtsgespräch, 1988; *Drygala,* Die GmbH-Geschäftsführung im Konzern, in: Oppenländer/Trölitzsch, Praxishandbuch der GmbH-Geschäftsführung, 2004, 678 ff; *Ehricke,* Das abhängige Konzernunternehmen in der Insolvenz, 1998; *Hirte,* Der Vertragskonzern im Gesellschaftsrecht, 2004; *F. Hoffmann* (Hrsg), Konzernhandbuch, 1993; *Hommelhoff,* Die Konzernleitungspflicht, 1982, insbes 245 ff; *Hommelhoff/Stimpel/Ulmer* (Hrsg), Heidelberger Konzernrechtstage: Der qualifizierte faktische Konzern, 1992; *Hommelhoff* ua (Hrsg), Entwicklungen im GmbH-Konzernrecht, ZGR Sonderheft 6, 1986, mit Beiträgen von *Doralt, Emmerich, Koppensteiner, Lutter, Priester, Rowedder, Schneider* u *Stimpel; Ihde,* Der faktische GmbH-Konzern, 1974; *Jungkurth,* Konzernleitung bei der GmbH, 2000; *Kalss/Rüffler* (Hrsg), GmbH-Konzernrecht, 2003; *Lakner,* Der mehrstufige Konzern, 2005; *Liebscher,* GmbH-Konzernrecht. Die GmbH als Konzernbaustein, 2006; *Lutter* (Hrsg), Holding-Handbuch, 3. Aufl 1998; *Martens,* Mehrheits- und Konzernherrschaft in der personalistischen GmbH, 1970; *Matschernus,* Die Durchgriffshaftung wegen Existenzvernichtung in der GmbH, 2007 (dazu *P. Bruns* ZHR 171 (2007), 588); *Menz,* Wirtschaftliche Einheit und Kartellverbot, 2004; *Mestmäcker/Behrens* (Hrsg), Das Gesellschaftsrecht der Konzerne im internationalen Vergleich, 1991; *L. Möhring,* Schutz der Gläubiger einer konzernabhängigen GmbH, 1992; *Mülbert,* Aktiengesellschaft, Unternehmensgruppe u Kapitalmarkt, 2. Aufl 1996; *Scheffler,* Konzernmanagement, 1992; *Keller,* Unternehmensführung mit Holdingkonzepten, 2. Aufl 1993; *Schilling,* Grundlagen eines GmbH-Konzernrechts, FS Hefermehl, 1976, 383; *Theisen,* Der Konzern. Betriebswirtschaftliche u rechtliche Grundlagen der Konzernunternehmung, 1991; *Theobald* (Hsg), Entwicklungen zur Durchgriffs- und Konzernhaftung, 2002; *Tröger,* Treupflicht im Konzernrecht, 2000; *Veit,* Unternehmensverträge, Organisationsautonomie und Vermögensschutz im Recht der Aktiengesellschaft, 2003; *Verhoeven,* GmbH-Konzern-Innenrecht, 1978; *Wackerbarth,* Grenzen der Leitungsmacht in der internationalen Unternehmensgruppe, 2001; *Wiedemann,* Die Unternehmensgruppe im Privatrecht, 1988; *J. Wilhelm,* Rechtsform und Haftung bei der juristischen Person, 1981, 285 (zur Durchgriffsproblematik); *Wimmer-Leonhardt,* Interne Konzernhaftung. Die Haftung der Muttergesellschaft für ihre Tochtergesellschaften im deutschen und englischen Recht, 2004; *Mich. Winter,* Horizontale Haftung im Konzern, 2005; *Witte,* Der Prüfungsbericht als Informationsträger im Konzern, 1996.

c) Aufsätze: *Altmeppen,* Interessenkonflikte im Konzern, ZHR 171 (2007), 320; *Assmann,* Der faktische GmbH-Konzern, FS 100 Jahre GmbHG, 1992, 657; *Bälz,* Verbundene Unternehmen, AG 1992, 277; *M. Becker,* Die Behandlung des Konzerns nach allg Rechtsgrds im dt Recht, in Mestmäcker/Behrens (Hrsg), Das GesRecht der Konzerne im internationalen Vergleich, 1991, 419; *Burgard,* Die Förder- und Treupflicht des Alleingesellschafters einer GmbH, ZIP 2002, 827; *Drexl,* Wissenszurechnung im Konzern, ZHR 161 (1997), 491; *Druey,* Die drei Paradoxe des Konzernrechts, FS Rolf Bär, 1999, 75; *Emmerich,* Der heutige Stand der Lehre vom GmbH-Konzernrecht, AG 1987, 1; *Fleischer,* Konzernrechtliche Vertrauenshaftung, ZHR 163 (1999), 461; *Forstmoser,* Haftung im Konzern, in C. M. Baer (Hrsg), Vom Gesellschafts- zum Konzernrecht, 2000, 89; *Forum Europaeum Konzernrecht,* Konzernrecht für Europa, ZGR 1998, 672; *Henssler,* Minderheitenschutz im faktischen GmbH-Konzern, FS Zöllner, 1998, Bd 1, 201; *Hentzen,* Konzerninnenfinazierung nach BGHZ 157, 72, ZGR 2005, 480; *H. Honsell,* Haftung aus „Konzernvertrauen" im schweizerischen Recht, GS Sonnenschein, 2003, 661; *Kindler* Hauptfragen des Konzernrechts in der internationalen Diskussion, ZGR 1997, 449; *Kronke,* Deutsches Gesellschaftsrecht und grenzüberschreitende Strukturänderungen, ZGR 1994, 26; *Lutter,* Entwicklungen und Tendenzen im Konzerngesellschaftsrecht, in Schaumburg (Hrsg), Kölner Konzernrechtstage, 1998, 61; *ders,* Die zivilrechtliche Haftung in der Unternehmensgruppe, ZGR 1982, 244; *ders.* Haftung für Konzernvertrauen, GS Knobbe-Keuk, 1997, 229; *Schneider,* Der Aufsichtsrat des abhängigen Unternehmens im Konzern, FS Raiser, 2005, 341; *Schneider/Burgard,* Treupflichten im mehrstufigen Unterordnungskonzern, FS Ulmer, 2003, 579; *Schürnbrand,* „Verdeckte" und „atypische" Beherrschungsverträge im Aktien- und GmbH-Recht, ZHR 169 (2005), 35; *Spindler,* Konzernfinanzierung, ZHR 171(2007), 245; *Timm,* Das Recht der faktischen Unternehmensverbindungen im Umbruch, NJW 1992, 2185; *Eb. Vetter,* Interessenkonflikte im Konzern – vergleichende Betrachtungen zum faktischen Konzern und zum Vertragskonzern, ZHR 171 (2007), 342; *Wackerbarth,* Die Abschaffung des Konzernrechts, Der Konzern 2005, 562; *Wiedemann/Hirte,* Konzernrecht, FS BGH, 2000, 337; *Zöllner,* Treuepflichtgesteuertes Aktienkonzernrecht, ZHR 162 (1998), 235; *ders,* Schutz der Aktionärsminderheit bei einfacher Konzernierung, FS Kropff, 1997, 333.

Übersicht

A. Grundlagen

I. Konzernrecht als Reaktion auf Konzerngefahren

1 Konzernrecht oder Recht verbundener Unternehmen verdankt seine Entstehung der spezifischen Problematik, die sich ergibt, wenn eine Ges nicht selbständig im Sinn autonomer Willensbestimmung ist, sondern unter dem Einfluß von Gftern steht, die eigenständige unternehmerische Interessen ver-

folgen. GmbHG ist ebenso wie das erste Buch des AktG auf Ges zugeschnitten, die ihren Willen ohne solchen Einfluß bilden kann. Bei solchen „autonomen“ Ges nehmen die Gfter ihre Mitgliedschaftsrechte grds nur im Interesse der Ges selbst wahr, weil ihnen dies den größtmöglichen Nutzen bringt. Sie sehen ihren Vorteil darin, in der Ges Gewinn zu erzielen u die Ertragsfähigkeit der Ges zu steigern. Können Gfter hingegen, weil sie selbst ein Unternehmen innehaben oder an einem solchen erheblich beteiligt sind, Nutzen aus der Ges auch dadurch ziehen, daß sie diese Ges für die Interessen des anderen Unternehmens einspannen, gerät GesInteresse in Gefahr. Denn vielfach ist der Nutzen, den ein solcher Gfter aus der Dienstbarmachung der Ges in dem andern Unternehmen ziehen kann, weit höher, als die Einbuße, die der Gfter in der für das andere Unternehmen dienstbar gemachten Ges erleidet. Musterbeispiel solcher nachteiligen Beeinflussung einer Ges ist der Abschluß ungünstiger Geschäfte zwischen der Ges u dem anderen Unternehmen, der zur Verringerung der Erträge in der Ges u zur Erhöhung des Profits im andern Unternehmen führt. Erscheinungsformen solcher nachteiligen Konzerngeschäfte sind vielfältig. Es kann sich um einmalige Vorgänge handeln oder um wiederholte, ja sogar dauerhaft etablierte. In Betracht kommt eine für die Ges ungünstige Preisgestaltung („Konzernverrechnungspreise“), sei es, daß sie zu teuer kaufen oder zu billig verkaufen muß. Nachteil kann auch in andern ungünstigen Konditionen liegen, auch in der Abschließung vom Markt, indem Geschäftsbeziehungen zu anderen Marktteilnehmern unterbunden werden. Allein durch solche Gestaltung kann der einflußnehmende Gfter Erträge voll auf sich verlagern (sog Gewinnabsaugung). Nicht weniger nachteilig ist die Umgestaltung des unternehmerischen Programms der beherrschten Ges auf die Interessen des andern Unternehmens, die Wegnahme gewerblicher Schutzrechte, die Überstellung besonders qualifizierter Arbeitnehmer an andere Konzernunternehmen uva.

Um derartigen Problemen zu begegnen, bedurfte es der Herausbildung einer das Normalgesellschaftsrecht ergänzenden u überlagernden Rechtsmaterie,[1] für die sich der Begriff Konzernrecht eingebürgert hat, obgleich sie über Konzerne im eigentlichen Sinn als einheitlich geleitete Mehrheiten rechtlich selbständiger Unternehmen deutlich hinausgreift.

II. Rechtstatsächliche Ausgangslage

2 Rechtsform der GmbH steht auf vielerlei Weise in Konzernzusammenhängen oder, umfassender gesprochen, in einem Unternehmensverbund. Sie findet sich insbes

(1) als nachträglich spezifisch zu diesem Zweck gegründete Konzernspitze (oder Teilkonzernspitze), nicht zuletzt im Rahmen von Holding-Konzepten
(2) als durch Anteilserwerb zum herrschenden Unternehmen gewordene Muttergesellschaft
(3) als durch mehrere andere, meist zwei, Unternehmen zur Verfolgung einer gemeinschaftlichen Aufgabe geführtes Gemeinschaftsunternehmen

---

[1] Ein Kontrast- oder besser Gegenprogramm propagiert *Wackerbarth,* Der Konzern 2005, 562, der annimmt, der oben dargelegte unternehmerische Interessenkonflikt sei eine Chimäre. Dazu kann im Rahmen einer Kurzkommentierung nicht Stellung genommen werden.

(4) als durch Ausgründung – nicht selten in Gestalt der EinmannGes – abhängige Untergesellschaft
(5) als ursprünglich autonome, nachträglich in Abhängigkeit zu einem Anteilsinhaber mit Unternehmensqualität geratene Gesellschaft (der in Bezug auf den Minderheitsschutz problematischste Fall).
(6) Auch die sog Betriebsaufspaltung in eine Besitz- und Betriebsges kann einen verbundrechtlichen Tatbestand begründen.

Die Problemlagen, die durch diese rechtstatsächliche Vielfalt gestellt werden, lassen sich nicht mit wenigen Normen u Rechtsgrundsätzen bewältigen. Vielmehr bedarf rechtliche Behandlung eines hinreichend differenzierten Konzepts, das unter Einbeziehung der Erfahrungen des Aktienkonzernrechts den GmbH-spezifischen Interessenlagen des Gläubigerschutzes ebenso wie des Minderheitenschutzes gerecht wird.

Rechtstatsächliche Lage, insbes Ausmaß und Art der Konzernbeziehungen ist derzeit – gerade für GmbH – weithin unbekannt u undurchschaubar. Mehr Publizität ist insoweit künftig unverzichtbar.[2]

III. Rechtsquellen

1. GmbHG enthält GmbH-bezogenes Konzernrecht oder Recht der ver- 3
bundenen Unternehmen bisher nicht. RegE 1971 (BT-Drucksache VI/3088) sah in §§ 230–266 ein – weitgehend dem Aktienrecht nachgebildetes – Recht der verbundenen Unternehmen vor. Dieser Vorschlag eines GmbH-Konzernrechts trug den Spezifika der GmbH zu wenig Rechnung. Überdies wäre von ihm eine eher konzentrationsfördernde als –verhindernde Wirkung ausgegangen, weil er dem Anliegen, die Selbständigkeit bisher autonomer Gesellschaften mbH mit Mitteln des Rechts zu erhalten, in gewissem Umfang konträr lag.

2. Konzernrecht der EU.[3] Zu erwarten ist, daß aufgrund der richtlini- 4
ensetzenden Tätigkeit der EU etliche Konzernrechtsfragen gesetzlicher Regelung zugeführt werden. Zwar ist die geplante Konzernrechtsrichtlinie[4] vorerst gescheitert. Auch die VO über das Statut der Europäischen Gesellschaft (SE)[5] hat keine eigentlich konzernrechtlichen Vorschriften produziert, obgleich die SE auf Grund der Beschränkungen des Art 2 der VO in aller Regel verbundenes Unternehmen sein wird.[6] Da der Konzern indessen aus der Regelung vieler gesellschaftsrechtlicher und dem GesR benachbarter Materien der Sache nach nicht ausgespart werden kann, sind Regelungen zu Teilproblemen erfolgt und auch weiterhin zu erwarten.[7] Aus bisher schon umgesetzten spezifisch gesellschaftsrechtlichen Richtlinien mit Konzernrelevanz sind vor allem

---

[2] Vgl dazu zB *U. H. Schneider,* Die Fortentwicklung des Handelsregisters zum Konzernregister, WM 1986, 181 mN.

[3] Dazu *Hopt,* Konzernrecht. Die europäische Perspektive, ZHR 171 (2007), 199.

[4] Zu den Vorentwürfen vgl *Lutter,* Europäisches Unternehmensrecht 4. Aufl, 239 ff; *J. Schneider* ZVerglRWiss 102 (2003), 387.

[5] Verordnung (EG) des Rates vom 8. 10. 2001 über das Statut der Europäischen Gesellschaft (SE). Abdruck bei *Habersack,* Europäisches Gesellschaftsrecht, 2. Aufl 2003, Rn 419 f.

[6] Zu den entsprechenden Implikationen *Emmerich/Habersack,* Konzernrecht § 1 Rn 47, 48, wo von „konzernrechtlichen Dimensionen" der SE gesprochen wird.

[7] Zu letzterem vor allem *Neye* ZGR 1995, 191.

zu nennen die Änderungen der zweiten Richtlinie,[8] die siebte Richtlinie (über den konsolidierten Abschluß), u die zwölfte Richtlinie (Ein-Personen-GmbH).[9] Die Harmonisierung des materiellen Konzernrechts in Europa wird nicht zuletzt dadurch erschwert, daß die meisten europäischen Staaten eine konzernrechtlich relevante Figur des Unternehmensvertrags nicht kennen u auch nicht einführen wollen. Auch hinsichtlich möglicher Konzernhaftungstatbestände wie zB der sog „Organhaftung" bestehen noch tiefgreifende Differenzen.[10]

Einen Vorschlag für ein europäisches Konzernrecht, das auch die GmbH einbeziehen soll, hat das sog Forum Europaeum Konzernrecht 1998 unterbreitet.[11] Trotz beifallswerter Ansätze ist die Regelung insgesamt gerade mit Blick auf die GmbH zu konzernfreundlich und trägt unterschiedlichen Bedürfnissen u Lagen zu wenig Rechnung. Den von ihr vor allem ins Auge gefaßten Gläubigerschutz hat man auf Grund neuerer Erfahrungen mit parallelen Regelungen insbes der wrongful trading rule des britischen Insolvency Acts kritisch zu sehen.[12]

5 **3. Aktienrechtliche Regeln über verbundene Unternehmen** erfassen GmbH zT direkt:

a) Allg Normen der §§ 15–19 AktG, die allerdings nur definitorischen Charakter haben u selbst keine Rechtsfolgen anordnen sind anwendbar.
b) Mitteilungspflichten der §§ 20–22 AktG gelten auch für GmbH, greifen aber aktiv (§ 20) u passiv (§ 21) nur ein, wenn anderer Teil eine AG ist.
c) Eine Reihe von Einzelvorschriften für abhängige Unternehmen gelten, wenn GmbH von AG abhängig ist, insbes §§ 56 II, 71 d AktG. Ferner gilt § 328 AktG bei wechselseitiger Beteiligung einer GmbH mit einer AG.
d) Vorschriften über Unternehmensverträge (§§ 291 ff AktG) gelten unmittelbar, wenn anderer Vertragsteil eine AG oder KGaA u die GmbH bei Beherrschungsvertrag u beim Gewinnabführungsvertrag Stellung der herrschenden oder OberGes einnimmt, beim Betriebspachtvertrag Stellung der Pächterin, beim Betriebsüberlassungsvertrag Stellung der Übernehmerin etc. Stoßrichtung dieser Vorschriften ist maW der Schutz der abhängigen Aktiengesellschaft. Zur analogen Anwendung in anderen Konstellationen unten Rn 36 ff.
e) Vorschriften über die Verantwortlichkeit bei Fehlen eines Beherrschungsvertrags (sog faktischer Konzern, §§ 311–318 AktG), deren Schutztendenz ebenfalls nur aktiengesellschaftsbezogen ist, erfassen GmbH nur als herrschendes Unternehmen u nur, wenn beherrschtes Unternehmen AG oder KGaA ist; analoge Anwendung wird weit überwiegend abgelehnt.

---

[8] Kapitalrichtlinie, näher dazu mit Nachw *Neye* ZGR 1995, 191.

[9] Zu den beiden letztgenannten Richtlinien siehe die Texte in *Lutter,* Europäisches Unternehmensrecht, 4. Aufl, 239 ff. Näher zum europäischen KonzernR aus jüngerer Zeit *Hommelhoff* ZGR 1992, 121; *ders* ZGR 1992, 422; *Hirte* ZIP 1992, 1122; *Slagter* ZGR 1992, 401; *Gäbelein* FS Quack, 1991, 211; *Großfeld,* Internationales u europäisches Unternehmensrecht, 2. Aufl 1995; *Lutter* ZGR 1999, 1, 14 f; *ders* in Ein Konzernrecht für Europa, Schriften des Zentrums für Europäisches Wirtschaftsrecht der Universität Bonn Nr 109, 1999. Zum KonzernR in den Staaten der EG vgl vor allem *Wymeersch* (Hrsg), Groups of companys in the EEC, 1993; *Druey,* Gutachten H zum 59. DJT.

[10] Zu letzterem *Schneider* (Fn 2).

[11] ZGR 1998, 672. Zu dessen Fortentwicklung *Hopt* (Fn 3).

[12] Vgl *Th. Bachner* EBOR 2004.

f) Überhaupt nicht anwendbar auf GmbH sind die Bestimmungen über die Eingliederung (§§ 319–327 AktG).

g) Zur Mitbestimmung im Konzern vgl unten Rn 41.

4. Konzernrechnungslegungsrecht der §§ 290 ff HGB gilt für GmbH, wenn Voraussetzungen des § 290 HGB vorliegen u nicht Befreiung nach § 291 (Einbeziehung in Konzernabschluß eines Mutterunternehmens) oder § 293 HGB (Größenabhängigkeit) eintritt. 6

5. Lückenfüllung. Direkt anwendbares Gesetzesrecht (s Rn 5, 6) ist gegenüber den Regelungsbedürfnissen des GmbH-Konzernrechts, von Rechnungslegung u Mitbestimmung abgesehen, ausgesprochen lückenhaft.[13] Insbesondere sind die beiden traditionellen **Hauptanliegen des Konzernrechts,** der **Schutz der Gläubiger u der Minderheit** in der abhängigen Ges, für GmbH als abhängige Ges nicht durch unmittelbar anwendbares Konzernrecht abgedeckt. De lege lata kann diesen beiden Zentralfragen des Konzernrechts auf dreierlei Weise Rechnung getragen werden: 7

(1) Durch konzernrechtsspezifische Anwendung allgemeiner, (dh nicht oder nicht primär konzernrechtlicher) dem Gläubiger- u Minderheitenschutz dienender Normen des GmbHG
(2) durch konzernbezogene Entfaltung der mitgliedschaftlichen Bindungen, insbes der Treupflicht
(3) durch Analogie zu konzernrechtlichen Regelungen des Aktienrechts.
(4) durch Anwendung allg Rechtsgrundsätze u Rechtsfiguren aus dem Problembereich des allg Haftungsdurchgriffs.

Welche Normen oder Normenkomplexe auf einzelnes GmbH-Konzernproblem zur Anwendung gebracht werden, wird häufig vor allem im Bereich des Minderheitenschutzes implizit oder explizit durch eine bestimmte „Konzernrechtsphilosophie" determiniert, namentlich davon, ob für wünschenswert gehalten wird, daß GmbH auch gegen den Willen der Minderheit in Konzernzusammenhänge eingebunden werden kann, oder ob man die Aufgabe ihrer Selbständigkeit dem Konsens aller Beteiligten anheim gegeben sehen möchte, ferner auch davon, ob Bewahrung der Selbständigkeit einer Ges gegenüber entschlossenem MehrheitsGfter überhaupt für praktisch möglich erachtet wird.[14] 8

In rechtspolitischen Vorschlägen stand in den 70er Jahren vielfach Übernahme des Aktienkonzernrechts ganz im Vordergrund, teils weitgehend unmodifiziert, wie im RegE GmbHG §§ 230 ff (dazu oben Rn 3), teils mit an die europäische Diskussion eines künftigen Konzernrechts angelehnten Weiterentwicklungen.[15] Aktienkonzernrecht ist derzeit gerade auch in Deutschland eine rechtspolitisch stark umstrittene Materie.[16] In neueren Vorschlägen und Stellungnahmen wird Anlehnung an Aktienkonzernrecht auch rechtspolitisch eher kritisch gesehen. De lege lata sind die genannten Konzepte 9

---

[13] Treffend *Liebscher* Rn 46.

[14] Zur (nicht nur) methodischen Frage sog Rechtsfortbildung im Konzernrecht s *Westermann* FS Pleyer, 1986, 421; *Ulmer,* Richterrechtliche Entwicklungen im GesRecht, 1986. Zu methodischen Fragen auch *Hommelhoff/Freytag* DStR 1996, 1409; *Boujong* FS Brandner, 1996, 23.

[15] So schon *Arbeitskreis GmbH-Reform,* Thesen und Vorschläge, Bd 2, 1972, 47 ff.

[16] Dazu *Kalss,* Alternativen zum deutschen Aktienkonzernrecht, ZHR 171 (2007), 146; *Decher,* Das Konzernrecht des AktG: Bestand und Bewahrung, ZHR 171 (2007), 126.

jedenfalls nicht anwendbar. Vielmehr kann vom Boden des geltenden Rechts aus nur eine nach zu lösenden Sachproblemen differenzierende Anwendung in Betracht kommen.[17] Rspr des BGH hat schon seit geraumer Zeit für Lösung von Konzernproblemen bei der GmbH an die Treubindungen der Gfter angeknüpft. Dieser Ansatz, der freilich nicht auf breiter Front zu einem Gesamtkonzept entwickelt werden konnte, hat weithin Zustimmung erfahren. Auch im Aktienkonzernrecht gewinnt die Aktivierung der Treubindungen neben den gesetzlichen Vorschriften an Boden.[18]

IV. Grundbegriffe u Ansatzpunkte des Konzernrechts

10 **1. Unternehmensbegriff.** Aktienkonzernrecht knüpft gesetzestechnisch für Anwendbarkeit konzernrechtlicher Vorschriften an Unternehmensbegriff an. Dem liegt historisch die Vorstellung zugrunde, daß die für Konzern typischen Gefahren von der Unternehmenseigenschaft einflußreicher Gfter ausgehen.

11 **a) Grundsätzlicher Begriff.** Als Unternehmen lassen sich vom Wortsinn her, der stets interpretative Grenze zu bilden hat, nur Rechtsträger bezeichnen, die selbst an Märkten anbietend tätig werden. Auf gewerblichen Charakter der Tätigkeit oder auf Gewinnerzielungsabsicht kommt es allerdings nicht an; daher können auch **Freiberufler**[19] oder **gemeinnützige Rechtsträger** Unternehmen sein.

12 **b) An mehreren Unternehmen Beteiligte.** Strikte Beschränkung der Anwendung des Konzernrechts auf Unternehmen im genannten Sinn hat sich als zu eng erwiesen, weil typische Konzerngefahren auch von Gftern ausgehen können, die keine derartige Unternehmenseigenschaft aufweisen, nämlich dann, wenn sie gleichzeitig an anderen Unternehmen beteiligt sind, zu deren Gunsten sie auf die Ges in gleicher Weise einwirken können, wie wenn die Beteiligung an der Ges dem anderen Unternehmen selbst gehören würde. Es besteht heute Einigkeit darüber, daß Konzernrecht auch auf solche an mehreren Unternehmen beteiligte Gfter angewendet werden muß. BGH und hM bedienen sich dazu begriffsjuristischer Methode, indem sie den Unternehmensbegriff über den Wortsinn ausdehnen, statt zu analoger Anwendung jeweils in Frage stehender konzernrechtlicher Einzelnormen zu greifen. Dem kann man unter dem Aspekt der Praktikabilität des Konzernrechts gleichwohl weitgehend zustimmen.

13 Nicht geklärt ist freilich, wie weit Beteiligung des Gfters an dem zweiten Unternehmen gehen muß.[20] Rspr des BGH formuliert dahin, Aktionär sei

---

[17] In diesem Sinn etwa Rowedder/Schmidt-Leithoff/*Koppensteiner* Anh § 52 Rn 5; Scholz/*Emmerich* Anh Konzernrecht 9. Aufl, Rn 12; *Fleck* ZHR 149 (1985) 412f; *Lutter/Hommelhoff* Anh § 13 Rn 5ff; Michalski/*Zeidler* Rn 6.

[18] Vgl *Zöllner,* Treupflichtgesteuertes Aktienkonzernrecht, ZHR 162 (1968), 235; umfassend *Tröger,* Treupflicht im Konzernrecht, 2000.

[19] Zutreffend BGH DB 1994, 2385.

[20] Vgl etwa *Lutter/Hommelhoff* Anh § 13 Rn 6: Gfter muß dort maßgeblichen Einfluß ausüben können, was immer das bedeutet. Ähnlich unbestimmt auch BGHZ 69, 334, 337f; BGH AG 1994, 179 (dazu *Th. Raiser* ZGR 1995, 156); BAG GmbHR 1994, 625; BAG AG 1996, 222; interessanter Sonderfall OLG Karlsruhe BB 1999, 1451 (MLP-AG); von BGHZ 148, 123 wurde in diesem Fall Abhängigkeit mangels Unternehmenseigenschaft verneint. S ferner OLG Celle AG 1999, 572; nicht zutreffend ist der Satz, daß ein konzernrechtlicher Interessenkonflikt nicht bestehe, wenn ein Gfter

dann Unternehmen im konzernrechtlichen Sinn, wenn er neben der Beteiligung an der AG anderweitige Interessenbindungen hat, die nach Art u Intensität die ernsthafte Sorge begründen, er könne wegen dieser Bindung seinen aus der Mitgliedschaft fliessenden Einfluß auf die AG zu deren Nachteil ausüben. Liegt die Interessenbindung in der Beteiligung an einer anderen Ges, ist diese Besorgnis dann gegeben, wenn seine Beteiligung maßgeblich ist u somit die Möglichkeit besteht,[21] daß er sich unter Ausübung von Leitungsmacht auch in der anderen Ges unternehmerisch betätigt.[22] Einfache Subsumtion ist bei derartigen Formeln oft behindert; es müssen ganz ähnliche Überlegungen angestellt werden, wie sie der Begründung einer Analogie zugrunde zu legen wären. Jedenfalls aber produziert hM weithin zutreffende Rechtsfolgen, wenn auch mit falscher Begründung.[23]

c) Staat (u andere öffentliche Körperschaften) als Unternehmen. 14
Nach hM ist auch der Staat als Unternehmen iS des Konzernrechts anzusehen; so zunächst BGHZ 69, 334 (Veba/Gelsenberg) hinsichtlich der Bundesrepublik Deutschland, weil diese an verschiedenen Unternehmen maßgeblich beteiligt sei (angeblich bestanden über 80 Mehrheitsbeteiligungen), sodann BGHZ 135, 107 (113) für das Land Niedersachsen gegenüber der VW-AG als einzigem landeseigenen Unternehmen,[24] weshalb die Begründung wechseln mußte: Unternehmen iSd Konzernrechts sei der Staat, weil er eigene, dem Interesse der Ges uU gegenläufige Interessen habe.[25] Auch hier geht es in Wahrheit um die Frage inwieweit gesetzliche Regelungen des Konzernrechts analog auf den Staat anwendbar sind. Für im GmbH-Recht dominante Entwicklung des Konzernrechts aus der Treupflicht ist Anknüpfung an Unternehmensbegriff in etlichen Zusammenhängen von sekundärer Bedeutung. Auch wo es um Anwendung aktienrechtlicher Normen im GmbH-Recht geht, handelt es sich weit überwiegend ohnehin um nur analoge oder sinnentsprechende Anwendung.

d) Unternehmensbegriff u Partnerstellung beim Unternehmensvertrag. 15
Wie wenig leistungsfähig begriffsjuristische Methode der hM und des BGH ist, zeigt sich etwa an der Frage, mit wem abhängige Ges Beherrschungsvertrag abschließen kann. Schwerlich kann dies beispielsweise bei einem die qualifizierte Mehrheit einer Ges in Händen haltenden Gfter wirklich davon abhängen, ob er auch an einer andern Ges beteiligt ist.[26]

e) Holdingges als Unternehmen. Reine Holdingges ist Unternehmen 16
im oben genannten Sinn nur dann, wenn sie an mehreren Ges beteiligt ist. Schwieriger u auch im Ergebnis umstritten ist Frage, inwieweit beherrschender Gfter einer Holding-Ges wie ein Unternehmen zu behandeln ist, wenn

---

nicht zwei Unternehmen, sondern ein Unternehmen in zwei Gesellschaften betreibe; so aber OLG Oldenburg GmbHR 1998, 286.

[21] Zu weitgehend in der Formulierung *Liebscher* Rn 56, der von unternehmerischem Doppelengagement spricht. Das ist nicht tatbestandliche Voraussetzung. In der Sache richtig aber Rn 61.

[22] BGHZ 69, 334, 346 VEBA/Gelsenberg; BGHZ 135, 107, 113 VW; BGHZ 148, 123, 125 MLP.

[23] Kritisch vor allem *K. Schmidt* AG 1994, 189.

[24] Dazu *Mülbert,* Unternehmensbegriff und Konzernorganisationsbegriff, ZHR 163 (1999) 1.

[25] Aus jüngerer Zeit s. ferner BGH AG 2008, 375 = NJW 2008, 1583 Telecom.

[26] Vgl dazu u zu anderen Fragen Rn 13 f.

Holding maßgebliche Beteiligung an mehreren Ges hält. Frage wird am überzeugendsten so entschieden, wie sie zu entscheiden wäre, wenn Gfter unmttelbar an den mehreren Unternehmen beteiligt wäre, maW: Zwischenschaltung der Holding sollte Ergebnis nicht ändern.[27]

17 **2. Mitgliedschaftliche Beziehung als Ansatzpunkt konzernrechtlicher Pflichten und Schranken im Konzerninnenverhältnis.** Gesellschaftsrechtlicher Unternehmensverbund ist durch **mitgliedschaftliche Beziehung** gekennzeichnet. Andere Möglichkeiten der Einwirkung eines Unternehmens auf ein anderes, zB aufgrund Kreditgewährung oder Lieferanten- bzw Abnehmerbeziehung, gehören richtigerweise nicht ins gesellschaftsrechtliche KonzernR.[28] Auch bloß organschaftliche Verknüpfung, zB Personenidentität von Organmitgliedern mehrerer Unternehmen, begründet keinen Unternehmensverbund, kann mitgliedschaftlich getragene Verbindung aber verstärken und vertiefen. Mitgliedschaftliche Beziehung braucht nicht *zwischen* verbundenen Unternehmen zu bestehen, sondern kann durch anderes Unternehmen oder auch durch Nichtunternehmen vermittelt sein.[29] Auf Grund dieses Befundes bildet die Mitgliedschaft für die Entwicklung der Pflichten und Bindungen im Unternehmensverbund den wichtigsten Ansatzpunkt.[30] Ganz zutr haben hM und Rspr deshalb gerade im GmbH-Recht an die Treubindungen herrschender Gesellschafter angeknüpft und deren Inhalt und ihr Ausmaß konzernspezifisch bestimmt (vgl schon Rn 9). Für die Bemessung dieser Bindungen kommt es aber selbstverständlich nicht darauf an, daß ein einflußnehmender Gfter selbst Unternehmen ist. Seine Bindung besteht vielmehr in ganz gleicher Weise, wenn er zugunsten anderer Unternehmen Einfluß nimmt, an denen er ebenfalls beteiligt ist. Deutlich zeigt sich das an einer Parallele zum Wettbewerbsverbot für Gfter. Minderheitsgfter mögen einem solchen Wettbewerbsverbot in der Regel nicht unterliegen, jedenfalls nicht, solange sie sich in der Ges rein kapitalistisch, dh ohne wesentliche Teilnahme an der GFührung verhalten – immerhin kann ihre Wettbewerbstätigkeit aber ihrem Auskunftsrecht spezifische Grenzen setzen. Andererseits muß das gesellschafterliche Wettbewerbsverbot auch greifen, wenn ein Gfter als Wettbewerber am Markt nicht selbst auftritt, sondern mittels einer von ihm unternehmerisch mitbeeinflußten KapGes (zum ganzen noch unten Rn 95).

18 **3. Gesetzlich definierte Arten der Unternehmensverbindung.** Nicht jede mitgliedschaftliche Beteiligung von Unternehmen an Unternehmen oder von Nichtunternehmen an mehreren Unternehmen löst konzernspezifische Rechtsfolgen aus. Aktienrechtliche Regelung hat versucht, in Anlehnung an

---

[27] In diese Richtung vor allem Roth/*Altmeppen* Anh § 13 Rn 10; *Hüffer* AktG § 15 Rn 10; MünchKommAktG/*Bayer* § 15 Rn 34; ausführlich *Liebscher* Rn 72 ff, mit freilich z. T. nicht leicht nachvollziehbaren Differenzierungen, der mich Fn 41 unzutreffend zitiert.

[28] Str, zur Problematik siehe *M. Weber,* Vormitgliedschaftliche Abhängigkeitsbegründung, ZIP 1994, 678; ausführlich *Tröger,* Treupflicht im Konzernrecht, 2000, 7 ff.

[29] Vgl *Joussen* GmbHR 1996, 574 zur Konzernierung durch Vereinbarung der Gfter. Ausführlich zur Problematik der Haftung im mehrstufigen Konzern *Lakner,* Der mehrstufige Konzern, 2005, insbes 163 ff.

[30] Dazu ausführlich *Tröger,* Treupflicht im Konzernrecht, 2000, 7 ff mN; für vorsichtige partielle Anwendung von Konzernrecht bei Abhängigkeit aufgrund von Austauschverträgen mit organisationsrechtlichem Bezug *Oechsler* ZGR 1997, 464.

ältere Figuren Rechtssicherheit zu gewinnen durch Abstellen auf die Tatbestände der Mehrheitsbeteiligung, der Abhängigkeit und des Konzerns ieS, und durch ihre Verknüpfung mittels widerlegbarer Vermutungen.

a) Mehrheitsbeteiligung (§ 16 AktG). Unter diesen Tatbeständen geht nur von dem der Mehrheitsbeteiligung (§ 16 AktG) weitgehende Rechtssicherheit aus. Wichtigste und im Regelfall sachlich sinnvolle Rechtsfolge ist die Begründung einer Abhängigkeitsvermutung (§ 17 II AktG). Bei GmbH kann Bestehen einer Mehrheitsbeteiligung iS einer Stimmrechtsmehrheit zweifelhaft sein, wenn zugunsten einer Kapitalminderheit Mehrstimmrechte nur für einzelne Gegenstände vorgesehen sind. Richtigerweise ist dann Mehrheitsbeteiligung im technischen Sinn zu verneinen, aber Abhängigkeitstatbestand kann dennoch begründet sein, wenn nach der Art der vom Mehrstimmrecht erfaßten Gegenstände beherrschender Einfluß möglich ist, wie zB bei Mehrstimmrechten für GFührerbestellung oder zur Erteilung von Weisungen in GFührungsfragen an GFührer. 19

b) Abhängigkeitsbegriff (§ 17 AktG). Begriff der Abhängigkeit (= Möglichkeit der Ausübung beherrschenden Einflusses, § 17 I AktG) ist in Grenzbereichen schillernd und schwer zu fassen, so insbes wenn es um die Zusammenrechnung des Einflusses mehrerer Beteiligter geht.[31] Das GmbHG selbst knüpft an den Abhängigkeitsbegriff keine Rechtsfolgen. Jedoch werden, teils in Anlehnung an das AktR, eine Reihe verbundrechtlicher Folgen gezogen, jedoch nicht alle aktienrechtlichen Regelungen übertragen, insbes nicht die der §§ 311, 312 AktG. Daß sich das Auskunftsrecht nach § 51 a in einer abhängigen GmbH auf Angelegenheiten des herrschenden Unternehmens erweitert, dürfte mittlerweile anerkannt sein (oben § 51 a Rn 12). In der neueren Lehre ganz herrschend ist auch, daß ein abhängiges Unternehmen das Stimmrecht für Anteile an der herrschenden GmbH nicht ausüben kann (oben § 47 Rn 57). 20

Schwäche und zugleich Stärke der Rechtsfigur der Abhängigkeit ist, daß sie nicht an die ausgeübte, sondern die **potentielle Beherrschung** anknüpft. Einerseits statuiert sie dadurch überschießende Rechtsfolgen aufgrund einer bloßen Gefahrenlage ohne Rücksicht darauf, ob die bestehenden Gefahren sich realisieren. Herrschendes Unternehmen kann zwar uU aus dem Abhängigkeitstatbestand fließende Konzernvermutung widerlegen. Soweit sich aber Folgen des Unternehmensverbunds an den Abhängigkeitstatbestand knüpfen, nicht an den Konzerntatbestand, ist das von geringer Bedeutung. Der Nachweis nicht ausgeübter Beherrschung würde zwar die konzerntatbestandsspezifischen Folgen vermeiden lassen, nicht aber die abhängigkeitsbezogenen. Andererseits ist tatsächliche Ausübung potentiellen Einflusses ein nur schwer und oft nicht mit Sicherheit kontrollierbarer Sachverhalt, der sich als Rechtsfolgen auslösender Tatbestand nicht in allen Sachzusammenhängen eignet. 21

c) Konzerntatbestand ieS (§ 18 AktG). Konzerntatbestand ieS liegt nach § 18 I AktG in der Zusammenfassung mehrerer als Rechtsträger selbständig bleibender Unternehmen unter einheitlicher Leitung. Er löst nur relativ wenige nicht schon aufgrund bloßer Abhängigkeit oder aufgrund Unternehmensvertrags eintretende Rechtsfolgen aus. Diese Beschränkung ist iE wünschenswert, weil **Tatbestand einheitlicher Leitung** noch erheblich schwerer faßbar ist als derjenige der potentiellen Ausübung von beherrschendem 22

[31] Vgl dazu KölnerKomm/*Koppensteiner* 3. Aufl, § 17 Rn 83 ff.

Einfluß (= Abhängigkeit). Insbesondere läßt sich nicht genau angeben, in welchen Bereichen und wie intensiv einheitliche Leitung stattzufinden hat.[32] Sicher ist, daß sie nicht umfassend das gesamte Unternehmensgeschehen, nicht einmal alle wesentlichen Bereiche betreffen und daß sie auch innerhalb der von ihr betroffenen Bereiche nicht intensiv oder gar lückenlos zu sein braucht.[33] Andererseits ist nicht ohne weiteres nachvollziehbar, warum es genügen soll, wenn eine verbundweite Koordination des finanziellen Bereichs erfolgt.[34]

23 **Einheitlichkeitserfordernis.** Einheitliche Leitung liegt nur vor, wenn sie die mehreren Unternehmen als (partielle) Einheit trifft, dh sie in den von der Leitung ergriffenen Bereichen zusammenfaßt. Daher ist Leitung eines Unternehmens durch ein anderes ohne diese Zusammenfassung (zB eines produzierenden Unternehmens durch eine Bank) keine konzernbegründende einheitliche Leitung. Für die Praxis sind die schon theoretisch nicht zu bewältigenden Abgrenzungsprobleme nur deshalb tolerabel, weil in den allermeisten Fällen der Konzerntatbestand aufgrund der an den Abhängigkeitstatbestand anknüpfenden Konzernvermutung (§ 18 I 2 AktG) begründet ist. Die Widerlegung dieser Vermutung stößt praktisch (auch wegen der Unbestimmtheit des Begriffs der einheitlichen Leitung) auf große Schwierigkeiten.[35]

24 **d) Konzernarten.** Sind Konzernunternehmen, wie im Regelfall, von einem oder mehreren anderen Unternehmen abhängig, so spricht man auch von einem **Unterordnungskonzern.** Er ist nicht zu verwechseln mit dem nicht mehr viel gebrauchten Begriff **Vertikalkonzern,** der rein wirtschaftliche Kategorie darstellt, nämlich Unternehmen unterschiedlicher wirtschaftlicher Stufen betrifft, wie zB Produktion, Verarbeitung, Vermarktung im Gegensatz zum Horizontalkonzern, der Unternehmen gleicher Wirtschaftsstufe umfaßt, wie insbes in „Mischkonzernen". Gegenbegriff zum Unterordnungskonzern ist der **Gleichordnungskonzern,** bei dem keine Abhängigkeit zwischen Konzernunternehmen besteht, sondern die Zusammenfassung unter einheitlicher Leitung auf andere Weise erfolgt, vgl § 18 II AktG. Näher dazu unten Rn 27.

25 **e) Unternehmensverbund durch Unternehmensvertrag (§§ 291, 292 AktG).** Durch Unternehmensvertrag iSd §§ 291, 292 AktG kann Unternehmensverbindung theoretisch ebenfalls begründet werden, § 15 AktG. Praktisch kommen gesellschaftsrechtlich relevante Unternehmensverträge ohne Bestehen abhängigkeitsbegründender Beteiligung, in aller Regel einer Mehrheitsbeteiligung, kaum vor. Allerdings muß diese nicht notwendig zwischen den Parteien des Unternehmensvertrags bestehen, sondern kann auch durch einen anderen Rechtsträger vermittelt sein (etwa bei Beherrschungsvertrag zwischen Großmutter- u EnkelGes oder bei der Gewinngemeinschaft). In aller Regel wirken daher Unternehmensverträge nicht verbundbegründend, wohl aber verbundverstärkend. Auch das letztere muß nicht notwendig der Fall sein, vielmehr werden (insbes bei 100%igem Anteilsbesitz)

---

[32] Näher mit umfassenden Angaben KölnerKomm/*Koppensteiner* 3. Aufl, § 18 Rn 15 ff, insbes 22 ff.; *Emmerich/Habersack* Konzernrecht § 4 III 1.

[33] Für weite Auslegung Roth/*Altmeppen* Anh § 13 Rn 16.

[34] Kritisch zum ganzen mit Nachw *Zöllner,* Referat für den 59. DJT 1992, Sitzungsbericht R (1993) S R 36; *Druey/Vogel,* Das Schweizerische Konzernrecht in der Praxis der Gerichte, 1999, 1 ff.

[35] Näher dazu KölnerKomm/*Koppensteiner* 3. Aufl, § 18 Rn 39 ff.

Unternehmensverträge oft nur aus steuerlichen Gründen abgeschlossen, ohne daß sich die Konzernpraxis zwischen den Unternehmen ändert.

Unternehmensverträge lösen die je für sie spezifischen Rechtsfolgen aus, **26**
die teils aus dem Vertrag selbst, teils aus dem Gesetz hervorgehen können.

(1) Für abhängige GmbH häufigster Unternehmensvertrag dürfte der **Gewinnabführungsvertrag** sein, durch den sich Ges verpflichtet, ihren ganzen Gewinn an ein anderes Unternehmen abzuführen, vgl § 291 I 1 AktG. Gewinnabführungsvertrag ist auch ein Vertrag, durch den sich Ges verpflichtet, ihr Unternehmen für Rechnung eines anderen zu führen, § 291 I 2 AktG.[36]

(2) **Beherrschungsvertrag.** Ursprünglich für abhängige GmbH selten, hat für eine Weile aus steuerlichen Gründen an Bedeutung zugenommen; mit deren Entfallen scheint seine Bedeutung bei der GmbH wieder zurückzugehen. Mit ihm unterstellt abhängige GmbH die Leitung ihrer Ges (gemeint ist die Führung ihrer Geschäfte) einem anderen Unternehmen, das dadurch das Recht erhält, der Gführung direkt Weisungen zu erteilen, § 291 I 1 AktG[37] (zu ihm noch näher unten Rn 63 ff.).

(3) **Gewinngemeinschaft;** vgl dazu § 292 I Nr 1 AktG.

(4) **Teilgewinnabführungsvertrag;** vgl dazu § 292 I Nr 2 AktG.

(5) **Betriebspachtvertrag.**[38] Bei ihm verpachtet Ges den Betrieb ihres Unternehmens einem anderen. Pächter führt das Unternehmen im eigenen Namen und auf eigene Rechnung. Der Betriebspacht ähnlich wirkt die sonstige **Betriebsüberlassung** (zu beidem § 292 I Nr 3 AktG), bei der der Übernehmer zwar auf eigene Rechnung handelt, aber das Unternehmen im Namen der Überlasserin führt, insoweit also einer Vollmacht bedarf. Sehr gut läßt sich beides bei entspr Gestaltung als Ersatz für einen Beherrschungsvertrag nutzen. Zu den dadurch implizierten Erfordernissen der Anwendung von Rechtsvorschriften, die für den Beherrschungsvertrag gelten, ausführlich *Oesterreich,* Die Betriebsüberlassung zwischen Vertragskonzern und faktischem Konzern, 1979.

(6) **Betriebsführungsvertrag** ist zwar in §§ 291, 292 AktG nicht erwähnt, wird aber gleichwohl zu den Unternehmensverträgen gerechnet. Bei ihm handelt der Betriebsführer sowohl in fremdem Namen als auch für fremde Rechnung. Denkbar ist hier die Rolle des Betriebsführers sowohl auf seiten der abhängigen Ges als auch auf seiten der herrschenden (in letzterem Fall kann die Betriebsführung die gleichen Effekte erzielen wie ein Beherrschungsvertrag, dessen Rechtsregeln analog heranzuziehen sind).[39]

f) Gleichordnungskonzern.[40] Beim Gleichordnungskonzern bedarf es **27**
für die Zusammenfassung unter einheitlicher Leitung, da diese nicht durch ein

---

[36] Näher zum Vertragstyp *Hoffmann-Becking* WiB 1994, 61; KölnerKomm/*Koppensteiner* 3. Aufl, § 291 Rn 76 f.

[37] Im einzelnen dazu *Hoffmann-Becking* WiB 1994, 60 f; *Zöllner* ZGR 1992, 173; *Emmerich*/Habersack § 291 Rn 41 (speziell zur GmbH).

[38] Zu diesem Vertragstyp bei der GmbH *Emmerich*/Habersack § 292 Rn 53 mN.

[39] Vgl dazu *U. Huber* ZHR 152 (1988), 123. S ferner *Führling,* Sonstige Unternehmensverträge mit einer abhängigen GmbH, 1993.

[40] Zu diesem *Gromann,* Die Gleichordnungskonzerne im Konzern- u Wettbewerbsrecht, 1979; *K. Schmidt* ZHR 155 (1991), 417; *ders* GesR § 39 IV; *Wellkamp* DB 1993, 2517; *Lutter/Drygala* ZGR 1995, 557; *Milde,* Der Gleichordnungskonzern im Gesellschaftsrecht, 1996; *U. H. Schneider,* Mitbestimmung im Gleichordnungskonzern, FS Großfeld, 1998, 1045; *K. Schmidt,* Konzernunternehmen, Unternehmensgruppe und

Beherrschungsverhältnis vermittelt wird, einer vertraglichen Absprache. Im einzelnen ist streitig, wie diese Zusammenfassung erfolgen kann, ohne daß ein Abhängigkeitsverhältnis u damit ein Unterordnungskonzern entsteht. Die beteiligten Ges können dahin übereinkommen, die Unternehmen gemeinsam zu führen. Darin liegt Abschluß einer BGB-Ges. Diese wird nicht zum herrschenden Unternehmen, wenn nicht die Ges-Anteile in sie eingebracht werden. Sicherstellung der einheitlichen Leitung kann durch Stimmbindungsvertrag erfolgen, aber auch durch Etablierung eines gemeinsamen Leitungs- oder GFührungsausschusses, auch Bestellung der gleichen Person als GFührer („Personalunion"). Die Etablierung derartiger Formen einheitlicher Leitung stellt zwar keinen Unternehmensvertrag iSv §§ 191, 292 AktG dar. Sie bedarf aber als Eingriff in die Autonomie der Ges, deren GFührung sich nicht mehr primär am eigenen, sondern am gemeinsamen Interesse ausrichtet, einer Satzungsänderung unter Zustimmung aller Gfter sowie der Eintragung im HR (zwecktangierende Vereinbarung).[41] BGH[42] hält auch „faktischen Gleichordnungskonzern" – ein mißverständlicher Begriff – für möglich. Dabei dürfte es sich eher um eine pragmatische Aussage handeln, mit der die Problematik, konkludente Absprache anzunehmen (wie dies allerdings im konkreten Fall möglich u geboten war), vermieden wird.

28 **4. Erweiterung des Problemrahmens durch Anknüpfung am Begriff der Unternehmensgruppe.** Die vom Gesetz vorgesehenen Kriterien u Intensitätsstufen des Unternehmensverbunds reichen für die sachgerechte Erfassung des Problembereichs verbundener Unternehmen nicht aus. Die mit dem Bestehen einer Unternehmensverbindung typischerweise einhergehenden Gefahren einer Lockerung der Vermögensbindung einerseits und einer Verlagerung der Interessenverfolgung aus der Gesellschaft heraus treten vielfach nicht erst bei Bestehen echter Abhängigkeit, sondern schon vorher auf durch Interessenverflechtungen, wie sie schon bei deutlich unterhalb der Majorisierungsmöglichkeit liegender Beteiligungshöhe gegeben sein können. Das deutsche AktienkonzernR ist hier durch seine starren Strukturen lange Zeit an sachgerechter, an die mitgliedschaftliche Pflichtenstellung anknüpfender Fortentwicklung gehindert gewesen. Sich entwickelndes Neuverständnis der Treupflicht in der AG muß zu flexiblerer Sicht gelangen. GmbH-Recht tut sich insoweit durch seine geringere Nähe zu den aktienrechtlichen Vorgaben und durch die traditionelle Anbindung des Konzerninnenrechts an die Treupflicht leichter, auftretende Probleme zu bewältigen.

29 Problemrahmen wird weder durch den echten Konzernbegriff (ieS) noch durch den Begriff der verbundenen Unternehmen im Sinn des AktG (§ 15 AktG) umgrenzt. Es geht vielmehr um die Erfassung spezifischer Probleme sog **Unternehmensgruppen,** bei denen konstituierendes Element das Bestehen einer gewisse Intensitätsstufen aufweisenden, durch mitgliedschaftliche Beziehungen getragenen Unternehmensverbindung ist.[43] Der Begriff der Unternehmensgruppe ist in Schrifttum u Rechtsprechung bei uns noch wenig heimisch, obwohl er schon seit mehr als ein Jahrzehnt Eingang auch in

---

Konzernverhältnis, FS Lutter, 2000, S. 1167; *Veil,* Unternehmensverträge, 2003, S. 275 ff.

[41] Ähnlich *Lutter/Hommelhoff* Anh § 13 Rn 76; Michalski/*Zeidler* Systematische Darst 4 Rn 299.

[42] BGHZ 121, 137 (146 ff) = DB 1999, 421 (Deil-KG „Pirmasenser Zeitung")

[43] Dazu insbes *Wiedemann,* Die Unternehmensgruppe im Privatrecht, 1988.

Gesetzestexte gefunden hat.[44] Aufgabe eines richtig verstandenen, in den Voraussetzungen offeneren Rechts der Unternehmensgruppen ist die Gewinnung sachgerechter Lösungen ohne den Versuch mehr oder weniger gewaltsamer Zuordnung zu den vertrauten Kategorien der Abhängigkeit und des Konzerns, wie wir sie zB für die Fälle hälftiger Beteiligung einer Obergesellschaft[45] und des in GmbH-Form betriebenen Gemeinschaftsunternehmens zweier Obergesellschaften mit 50 zu 50 Beteiligung (als Doppelabhängigkeit) kennen.[46]

5. Treffunsicherheit des Konzernrechts. In ganz andere Richtung geht das Defizit des AktienkonzernR, das daher rührt, daß die verbundrechtlichen Folgen beim Abhängigkeitstatbestand auf lediglich potentielle oder gelegentlich ausgeübte Beherrschung, beim Konzern auf evtl nur lockere Leitungsintensität ausgerichtet sind. Diese Rechtsfolgen sind insbesondere bei der GmbH zu schwach, wenn die Einwirkung auf die beherrschte Ges so schwerwiegend ist oder sich so verdichtet, daß die Ges dadurch dauerhafte Einbußen erleidet, insbes ihre wirtschaftliche Selbständigkeit weitgehend verliert und zu eigenständiger Interessenverfolgung nicht mehr in der Lage ist. Zwar kann eine entschlossene und kraftvolle Minderheit das Entstehen einer derartigen Verbundsintensität, wenn sie deren rechtzeitig gewahr wird, verhindern (dazu unten Rn 82 f). Nicht selbst geschäftsführende u auch nicht anderweit mit dem Geschehen in der Ges vertraute Gfter werden jedoch vielfach damit überfordert sein. Ihren Restitutionsinteressen muß daher auf andere geeignete Weise Rechnung getragen werden. Dafür greifen in erster Linie Haftungsfolgen aus der Verletzung von Treupflichten ein. 30

Eines eigenen Schutzes bedürfen ferner bei solcher Konstellation die **Gläubiger der beherrschten Ges.** Die nähere Konkretisierung, unter welchen Voraussetzungen durch das gesetzlich ausgeformte Unternehmensverbundrecht nicht bereitgestellten Rechtsfolgen eintreten sollen, haben Rechtswissenschaft und Rspr über längere Zeit mit Hilfe einer als **qualifizierter Konzern** bezeichneten Rechtsfigur angestrebt. Diese Rechtsfigur ist kein Phantom, wie manche gern glauben machen, sondern eine in der Realität häufige besondere Intensitätsstufe des Konzerns, die nicht durch eine einschichtige konkrete Formel zu beschreiben ist, sondern nur generalklauselartig und durch Regelbeispiele. Der II. BGH-Zivilsenat hat diese von ihm über lange Jahre gepflegte Rechtsfigur im Jahr 2001 wieder aufgegeben zugunsten nicht spezifisch konzernrechtlicher Durchgriffsansätze. Dazu u zur Frage, ob er daran wohlgetan hat, s Rn 132 u 152 ff. 31

---

[44] Vgl nur das Gesetz über europäische Betriebsräte (ERRG) von 1996.

[45] Vgl zB OLG München DB 1995, 1022.

[46] BGHZ 62, 193, 199 f; 74, 359, 363 ff; zu letzterer Entscheidung kontrovers *Säcker* NJW 1980, 801 u *Steindorff* NJW 1980, 1921; BGH DB 1994, 2385; ansonsten Scholz/*Emmerich,* 9. Aufl Anh Konzernrecht nach § 44 Rn 27 ff; KölnerKomm/*Koppensteiner* 3. Aufl, § 17 Rn 83 ff; *Emmerich*/Habersack Kommentar § 17 Rn 28 ff; *Maul* NZG 2000, 470. Vgl auch die Überlegungen von *Joussen* GmbHR 1996, 574 zu konzernrechtlichen Folgen von GfterVereinbarungen. Zur Bedeutung von minderheitlichen Unternehmensbeteiligungen *Albath,* Unternehmensbeteiligungen unter 25% Kapitalanteil in gesellschafts- und wettbewerbsrechtlicher Betrachtung, 1988.

V. Grundsatzfragen konzernrechtlicher Ordnung

32 Den Konzern im engeren oder weiteren Sinn in seinem Wesen zu erfassen oder ihm eine spezifische Rechtsnatur zuzuweisen, ist bis heute nicht gelungen, und zwar weder rechtlich noch wirtschaftlich.

1. Konzern als *ein* Unternehmen. *Betriebswirtschaftlich* wird vom Konzern ieS vielfach behauptet, daß er *ein* Unternehmen bilde. Indessen hängt das von dem jeweils zugrundegelegten betriebswirtschaftlichen Unternehmensbegriff ab, der sich nur als äußerst vage und wenig verständnisfördernd bezeichnen läßt. Für viele locker geführte Konzerne ist Unterordnung unter den Begriff *eines* Unternehmens, wenn man für ihn nicht die den rechtlichen Konzernbegriff konstituierende ebenfalls äußerst vage einheitliche Leitung genügen läßt, kaum nachvollziehbar. Für den nicht den Konzernbegriff ausfüllenden Unternehmensverbund wäre die betriebswirtschaftliche Qualifikation als ein Unternehmen von vornherein nicht sinnvoll. Schon deshalb ist es auch problematisch, den Konzern als „polykorporatives Unternehmen" zu bezeichnen.[47] Mit diesem Begriff wird der geradezu dialektische u letztlich nicht überwindbare Spannungszustand von Einheit und Vielheit im Konzern, durchaus suggestiv, sichtbar gemacht, aber freilich der Konzernbegriff nicht präzisiert u die betriebswirtschaftliche Fragwürdigkeit der Qualifizierung des Konzerns als ein Unternehmen nicht beseitigt.

33 **2. Konzern kein Verband.** Rechtlich bilden die verbundenen Unternehmen keinen Verband. Es gibt kein auf Konstituierung eines Verbandes gerichtetes Rechtsgeschäft, noch wird der Konzern vom Gesetzgeber intervenierend „verfaßt". Vielmehr handelt es sich um ein Phänomen der ökonomischen Rechtswelt von großer Vielfalt, dessen ordnungheischende Problematik in zahlreichen Einzelbeziehungen sichtbar und von den rechtsbildenden Kräften aufgegriffen worden ist, das sich aber nicht als wesensmäßig bestimmbares Gebilde identifizieren oder gar verstehen läßt. Demgegenüber hat die Rechtsordnung nicht zu resignieren, sondern zu reagieren. Sie kann dies aber im wesentlichen nur einzelproblembezogen tun.

34 **3. Konzernverfassung und Konzernverfassungsrecht?** Gegenüber rechtstatsächlicher Vielfalt der Organisation von Unternehmensgruppen (dazu schon oben Rn 2), die sich kaum auf wenige Modelle reduzieren läßt, und angesichts der relativ unbestimmten Abgrenzung des Problemfelds Unternehmensverbund (dazu Rn 29) erscheint es kaum opportun, die Möglichkeit oder gar Notwendigkeit einer Konzernverfassung zu postulieren,[48] dies jedenfalls dann nicht, wenn man unter Verfassung, wie im einschlägigen Verständniszusammenhang allein sinnvoll, ein rechtlich vorgegebenes, durch Zuteilung von Kompetenzen an Organe gekennzeichnetes Organisationsgefüge versteht.[49] Selbst der Konzern ieS als die durch einheitliche Leitung charakterisierte Unternehmensverbindung weist in der Praxis so große Unterschiede auf, daß es kaum sinnvoll wäre, ihm die Notwendigkeit einer Verfassung

---

[47] So *Bälz* FS L. Raiser, 1974, 287, 320.

[48] So aber insbesondere *Hommelhoff,* Die Konzernleitungspflicht, 1982, 265 ff; zurückhaltender *ders* in *Druey* (Hrsg), Das St. Galler Konzerngespräch, 107 ff; *U. H. Schneider,* Die vertragliche Ausgestaltung der Konzernverfassung, BB 1986, 1993.

[49] Einen anderen Begriff scheint zB *Liebscher* Rn 213 zugrunde zu legen, indem er davon ausgeht, dass jeder Konzern eine Verfassung habe.

überzustülpen. Auch ein Zwang für die Konzerne, eine Verfassung selbst zu wählen oder durch Unternehmensvertrag selbst zu gestalten und zu entwickeln, wäre nicht wünschenswert. Daher kann auch eine Konzernleitungspflicht jedenfalls nicht generell postuliert werden (näher unten Rn 102). Problematisch ist auch die Idee, den Konzern gar als Rechtsform (!) für Unternehmen zu verstehen und von daher ein Konzernverfassungsrecht zu entwickeln.[50] Auch die Unternehmensmitbestimmung führt nicht zu einer echten Konzernverfassung, sondern nur zu modifizierenden Eingriffen in die Gesellschaftsverfassung einzelner Konzernunternehmen. Allerdings kommt es auf Grund der einschlägigen Regelungen zur Einbeziehung von Arbeitnehmern anderer Konzernunternehmen bei der Wahl von Aufsichtsratsmitgliedern der Arbeitnehmerseite (§ 2 DrittelbG, § 5 MitbestG). Auch das berührt aber nur die Verfassung des Unternehmens, für das AR-Mitglieder gewählt werden.

4. Konzerninnenrecht. Unmöglichkeit der Vorgabe einer bindenden 35 Konzernverfassung bedeutet nicht, daß ein Konzerninnenrecht ausgeschlossen ist. Vielmehr lassen sich durchaus für eine Reihe von Fragen und Problemen konzernrechtlicher Beziehungen gewisse Regeln u Grundsätze, wenn man will sogar eine Art Dogmatik entwickeln. Freilich muß man sich klar sein, daß die Begriffe des Innen und Außen im Unternehmensverbund nicht immer eindeutig sind und daher jeweils der Erläuterung bedürfen.[51] Als Innenbeziehungen lassen sich die den Unternehmensverbund begründenden und tragenden mitgliedschaftlichen Beziehungen zwischen Unternehmen verstehen, ferner die den Unternehmensverbund begründenden mitgliedschaftlichen Beziehungen von Unternehmen zu Nichtunternehmen, schließlich auch die Beziehungen solcher am Unternehmensverbund beteiligter Unternehmen zueinander, bei denen keine direkte mitgliedschaftliche Beziehung besteht. Zum Konzerninnenrecht kann man ferner auch die Beziehungen der Gfter von Konzerngesellschaften zu anderen Konzernunternehmen und zu ihren Organen rechnen. Etliche den Innenbeziehungen eines Konzerns zuzuordnende Vorgänge u Zustände sind aber gleichzeitig Außenbeziehungen der beteiligten Ges, wie zB Kaufverträge, Mietverträge, Dienstleistungsverträge zwischen Konzernunternehmen. In engster Berührung mit den mitgliedschaftlichen Beziehungen der Konzernunternehmen und partiell vom Konzerninnenrecht nicht unterscheidbar ist das (durch Konzernbeziehungen modifizierte) Innenrecht der einzelnen Ges. So ist selbstverständlich die mitgliedschaftliche Beziehung zwischen abhängiger Ges und herrschendem Unternehmen sowohl Konzerninnenbeziehung als auch Innenbeziehung der abhängigen Ges. Die Treubindungen der Gfter gegenüber ihrer Ges wie gegenüber ihren MitGftern formen ebenso die Innenbeziehungen der Ges selbst als auch die Innenbeziehungen des Unternehmensverbunds. Willensbildungsfragen, zB die Stimmrechtsausübung in konzernbezogenen Angelegenheiten sind gleichermaßen Konzerninnenrecht wie Innenrecht der einzelnen Ges.

5. Konzernspezifische Aspekte einzelgesellschaftsrechtlicher Innenbeziehungen lassen sich daher aus dem Recht der Einzelgesellschaft entwi- 36

---

[50] So *U. H. Schneider* in *Mestmäcker/Behrens,* Das Gesellschaftsrecht der Konzerne im internationalen Vergleich, 1991, 563.

[51] Förderlich hierzu *Liebscher* Rn 171 ff, insbes auch Rn 203 ff.

ckeln, die gleichzeitig einen wesentlichen Teil des Konzerninnenrechts konstituieren, so insbes zur Treupflicht,[52] zum Stimmrecht und seinen Schranken,[53] zur Mehrfachvertretung im Konzern,[54] zum Wettbewerbsverbot der Gfter (dazu schon oben Rn 17 und § 13 Rn 28 sowie unten Rn 95) und der Organmitglieder (dazu oben § 35 Rn 41 ff), zum Auskunftsrecht der Gfter (dazu unten Rn 92), zu Fragen der Besetzung und der Überwachungspflichten des Aufsichtsrats im Konzern,[55] zur Haftung der Geschäftsleitung im Konzern,[56] zur Kreditsicherung im Unternehmensverbund (= Besicherung von Krediten an das herrschende Unternehmen durch abhängige Tochter und umgekehrt oder durch anderes verbundzugehöriges Unternehmen;[57] der letztgenannte Fragenkomplex hat selbstverständlich auch im Verhältnis zum Darlehensgläubiger eine konzernaußenrechtliche Seite.

37 **6. Weitere Fragen des Konzerninnenrechts.** Über das Innenverhältnis der einzelnen Konzerngesellschaft hinaus weisen dagegen eine Reihe wichtiger konzernrechtlicher Spezialfragen, aus denen die folgenden hervorgehoben seien:

38 **a) Wahrung innergesellschaftlicher Rechte gegenüber anderen Verbundunternehmen** erfordert Entwicklung geeigneter Sanktionen. Sehr weit geht OLG Koblenz ZiP 1990, 1570 = AG 1991, 363 durch Gewährung einer **Gfterklage** für die Minderheit in der Oberges gegen die GFührung der Tochterges auf Unterlassung der Erfüllung eines unter Mißachtung des Zustimmungsvorbehalts der Oberges vorgenommenen Rechtsgeschäfts („Springer/Kirch SAT 1").

39 **b) Gewinnverwendung im Konzern** tangiert vor allem die Interessen der Gfter der Oberges (dazu allgemein noch Rn 99 ff). Konzernleitung hat es vielfach rechtstechnisch in der Hand, Gewinne der Unterges, auch wenn diese mit Mitteln der Oberges erwirtschaftet wurden, auf beliebiger Konzernstufe zu thesaurieren und damit der Ausschüttung in der Oberges zu entziehen. Demgegenüber sind die Geschäftsleitung der Oberges ebenso wie die Mehrheit verpflichtet, für eine treugemäße Gewinnverwendung im Konzern zu sorgen. Was das im einzelnen bedeutet, ist freilich nach vielen Richtungen zweifelhaft und str.[58] So hat etwa das OLG Köln[59] Abführungspflicht der Tochter im Ansatz zu Recht verneint, dies aber auch für den Fall der vorangegangenen Verlagerung profitabler Geschäftsfelder auf Töchter durch Aus-

---

[52] Dazu unten Rn 76 ff sowie aus jüngster Zeit LG Düsseldorf DB 1994, 1028.

[53] Dazu zB *Westermann* FS Raisch, 1994, 309 ff.

[54] Dazu insbes *Timm* AcP 193 (1993) 423.

[55] Dazu *Hoffmann-Becking* ZHR 159 (1995) 325.

[56] Dazu *Wellkamp* WM 1993, 2155.

[57] Dazu *Schön* ZHR 159 (1995) 351; *Messer* ZHR 159 (1995) 375; *Sonnenhol/Groß* ZHR 159 (1995) 388; *Peltzer* GmbHR 1995, 15; *Kühbacher,* Darlehen an Konzernunternehmen; Besicherung und Vertragsanpassung, 1993; *Zimmerling,* Kapitalerhaltung u Konzernfinanzierung, 1998; *Bayer* FS Lutter, 2000, 1011, 1023 ff; *Koppensteiner/Rüffler* GesRZ 1999, 86, 144 ff.

[58] Vgl dazu zB *Werner* FS Stimpel, 1985, 935; *Lutter* FS Goerdeler, 1987, 327 (für AG); *Gollnick,* Gewinnverwendung im Konzern, 1991; *W. D. Hoffmann/Sauter* GmbHR 1997, 639; BGH GmbHR 1997, 655 – Tomberger II.

[59] OLG Köln DB 1996, 1713 als Vorinstanz zu BGH (Fn 48) (Tomberger II).

gliederung; insoweit bedarf es noch harter rechtsfortbildender Arbeit für angemessenen Minderheitsschutz.[60]

c) Konzernfinanzierung stellt wichtigen organisatorischen Bereich moderner Konzernführung dar, der zahlreiche Rechtsprobleme nach ganz verschiedenen Richtungen aufwirft. Da Konzerne oftmals wie wirtschaftlich einheitliche Unternehmen geführt werden, sehen die Konzernverantwortlichen den Konzern auch als finanzwirtschaftliche Einheit mit der Folge, daß die Kapitalzuführung sowohl für Eigenkapital wie für Fremdkapital, die Kapitalsicherung u -erhaltung als einheitliche Konzernvorgänge u Aufgaben verstanden werden. Durch einheitliches Finanzregiment über den ganzen Konzern erwartet man uU gewichtige Synergie- oder Spareffekte. Daraus resultieren Gefahren für die Gläubiger ebenso wie für Minderheiten, denen Vorteile u Nutzen vielfach nur oder hauptsächlich für konzernleitende oder konzerntragende Ges gegenüberstehen. Spezifische Konzernrechtsprechung des BGH zur GmbH hat denn auch ihren Ausgangspunkt von einem Konzernfinanzierungsfall[61] genommen, der die unberechtigte Erhebung einer Konzernumlage zum Gegenstand hatte. Mag der Grundsatz der Erhaltung des Nennkapitals in der Praxis auch zumeist beachtet werden, finden sich Fälle materieller Unterkapitalisierung ebenso wie der Mißachtung der Vermögensbindung und damit schwerwiegende Rechtsverstöße durchaus häufig. Insbes beim **cash-Management** u der Bildung eines **cash-Pool** im Konzern erfolgt vielfach ein (täglicher!) rechtswidriger Entzug von Liquidität bei den Unterges, der Haftungsfolgen für die Konzernspitze ebenso wie für die duldende oder Beihilfe leistende Gführung der Unterges auslösen kann. Im einzelnen können diese Fragen hier nicht behandelt werden.[62] **40**

d) Mitbestimmung im Aufsichtsrat durch Beteiligung von Arbeitnehmermitgliedern hat im Konzern eine über die einzelne Konzernges hinausweisende Dimension. Hier geht es einmal darum, die Mitbestimmungspflichtigkeit der GmbH überhaupt oder die Wahl des Mitbestimmungssystems (DrittelbG, MitbestG) durch Zurechnung der Arbeitnehmerzahl abhängiger Unternehmen zu begründen bzw zu modifizieren, ferner die Aufsichtsrats- **41**

---

[60] Dazu *Hoffmann/Sauters* GmbHR 1997, 639; *Henssler* FS Zöllner, 1998, Bd I, 203, 205 ff.

[61] BGHZ 65, 15 ITT.

[62] Vgl dazu aus dem Schrifttum umfassend *Lutter/Scheffler/Schneider,* Handbuch der Konzernfinanzierung, 1998. Zu Einzelfragen *Groß/Sonnenhol,* Besicherung von Krediten an Konzernunternehmen, GmbHR 1995, 561; *Noack,* Kapitalersatz bei verbundenen Unternehmen, GmbHR 1996, 153; *Ensthaler/Kreher,* Haftungspotentiale unterschiedlicher Finanzierungsformen …, BB 1996, 385; *Jula/Breitbarth,* Liquiditätsausgleich im Konzern durch konzerninterne Darlehen, AG 1997, 258; *Sieger/Hasselbach,* Konzernfinanzierung durch Cash-Pools und Kapitalerhöhung, BB 1999, 645; *Henssler,* Minderheitsschutz im faktischen GmbHKonzern, FS Zöllner, 1998, Bd I, 203, 219 ff; *Hormuth,* Recht und Praxis des konzernweiten Cash Managements, 1998. S ferner zur Kapitalisierungsverantwortung ausführlich *U. Ehricke,* Das abhängige Konzernunternehmen in der Insolvenz, 1998, 143 ff; *Faßbender,* Cash Pooling u Kapitalersatzrecht im Konzern, 2004; *Habersack/Schürnbrand,* Cash-Management u Sicherheitenbestellung bei AG u GmbH im Licht des richterrechtlichen Verbots der Kreditvergabe an Gesellschafter, NZG 2004, 689; *Hahn,* Zum Spannungsverhältnis von Kapitalerhaltung u Cash Pool im Konzern, Konzern 2004, 641; *Reidenbach,* Cash Pooling u Kapitalerhalt nach neuer höchstrichterlicher Rechtsprechung, WM 2004, 1422; s auch *Schilmar* DB 2004, 1411; *Spindler,* Konzernfinanzierung, ZHR 171 (2007) 245.

mitbestimmung bei der in der Konzernhierarchie am weitesten oben befindlichen Kapitalges zu verwirklichen, zum dritten den Arbeitnehmern konzernzugehöriger Unternehmen aktive und passive Wahlrechte für die Wahl der Arbeitnehmermitglieder des AR der Oberges zu verschaffen. Zum vorstehenden vgl die Darlegungen und Hinweise § 52 Rn 152 ff, 274 f, 311. Im geltenden Recht nicht fundiert ist die Annahme, die Bindungen des herrschenden Unternehmens an das Interesse der beherrschten Ges seien stärker, wenn dieses paritätischer Mitbestimmung unterliege.[63] Dem liegt ein Fehlverständnis in bezug auf Begriff u Funktion des sog Unternehmensinteresses zugrunde.[64]

42 **e) Gleichbehandlungsgrundsatz als konzernrechtliche Kategorie?** Weder zwischen den konzernzugehörigen Unternehmen noch gar den Gftern dieser Unternehmen gilt ein konzernbezogener Gleichbehandlungsgrundsatz.[65] Der Gleichbehandlungsgrundsatz ist vielmehr auf die einzelne konzernzugehörige Ges beschränkt, innerhalb derer nicht unzulässig zwischen den Gftern differenziert werden darf (dazu noch unten Rn 90). Allerdings bedeutet das nicht, daß die Konzernleitung bei der Verteilung von Nutzen und Lasten der Konzerntätigkeit beliebig verfahren darf. Vielmehr hat sie Treubindungen zu beachten.

43 **7. Konzernaußenrecht.** Zum Konzernaußenrecht gehört vor allem das Konzernrechnungslegungsrecht (dazu schon oben Rn 6 mit Weiterverweisung), des weiteren die Konzernhaftung gegenüber Gläubigern anderer verbundener Unternehmen, die freilich nur unter besonderen Voraussetzungen im Fall der Insolvenz des abhängigen Unternehmens eintritt (näher unten Rn 105 ff). Nicht zutreffend erscheint, das Konzernhaftungsrecht grundsätzlich zum Konzernaußenrecht zu rechnen.[66]

44 **8. Vertragskonzern und Nichtvertragskonzern.** Spezialität des deutschen AktienkonzernR, die in anderen Rechtsordnungen nur vereinzelt zu finden ist, bildet die Zweiteilung in Vertragskonzern und Nichtvertragskonzern, genauer: den durch Beherrschungsvertrag geordneten Unternehmensverbund und den nicht durch Beherrschungsvertrag geordneten. Letzterer wird kurz aber irreführend faktischer Konzern genannt. Er ist genau besehen eben nicht faktischer Natur, sondern ruht auf mitgliedschaftlichen Beziehungen (oben Rn 17) und ist daher durch eine mittels Rechtsgeschäft entstandene mitgliedschaftliche Beziehung mindestens partiell rechtlich geregelt. Durch die verfehlte Terminologie werden rechtliche Mißverständnisse produziert. Gleichwohl wird sich der Begriff faktischer Konzern nicht mehr eliminieren lassen. Dem besser Nichtvertragskonzern genannten Gebilde kommt im GmbH-Recht vermehrte Bedeutung zu, weil in zahlreichen Konzernverhältnissen, nämlich bei Fehlen einer Minderheit oder Vorliegen ihres Einver-

---

[63] So insbes *Raiser* MitbestG 2. Aufl, § 25 Rn 103 u § 30 Rn 10 u 14; Hanau/*Ulmer* MitbestG 1. Aufl. § 25 Rn 94 u § 30 Rn 22 f.

[64] Zu dessen Abgrenzung näher KölnerKomm/*Zöllner* 1. Aufl, Einl Rn 129 ff; ausführlich *Zöllner* AG 2003, 1 (7 ff). Zu weiteren Fragen der Konzernmitbestimmung *Raiser* FS Kropff, 1997, 243.

[65] Anders *Filbinger,* Die Schranken der Mehrheitsherrschaft im Aktienrecht und Konzernrecht, 1942, 64 f u 131 ff; näher dazu *Zöllner,* Schranken der Stimmrechtsmacht, 309 f. Wie hier der Sache nach Emmerich/*Habersack* Kommentar Anh § 318 Rn 25.

[66] So aber *Liebscher* Rn 173.

ständnisses, die Ausübung der Konzernmacht auf abhängige GmbH der Erlaubnis durch Beherrschungsvertrag nicht bedarf (dazu noch unten Rn 64 f u 111 f). Steuerlichen Anforderungen genügt oft der Abschluß eines Gewinnabführungsvertrages. AktG versucht den (evtl zusätzlichen) Abschluß eines Beherrschungsvertrags dadurch schmackhaft zu machen, daß durch ihn Erfordernis eines Abhängigkeitsberichts vermieden werden kann. Im GmbH-Recht ist entsprechender Anreiz nicht gegeben, weil dort Abhängigkeitsbericht generell nicht erforderlich ist (oben Rn 5). Im übrigen läßt Gewinnabführungsvertrag auch im AktR Berichtserfordernis entfallen, § 316 AktG.

9. Konzernarbeitsrecht. Konzernarbeitsrecht hat vielfältige, in ganz ver- 45
schiedene Richtungen gehende Probleme zu bewältigen. Bei ihm geht es ua um die Frage der „Konzerndimensionalität" von Arbeitsverträgen, um Konzernweisungsrechte, um die Frage der Anwendbarkeit des Arbeitnehmerüberlassungsgesetzes auf innerhalb des Konzerns entsandte oder zur Verfügung gestellte Arbeitnehmer, um die Zuständigkeit eines Konzernbetriebsrats (vgl §§ 54 ff BetrVG), um die Auswirkung von Weiterbeschäftigungsmöglichkeiten für Arbeitnehmer in anderen Konzernunternehmen, wenn ihnen wegen Wegfall ihres Arbeitsplatzes in ihrem Konzernunternehmen gekündigt werden soll, sowie um die Frage, inwieweit bei der Anpassung von Betriebsrenten nach § 16 BetrAVG nicht nur die wirtschaftliche Lage des Unternehmens zu berücksichtigen ist, mit welchem der Arbeitnehmer den Arbeitsvertrag geschlossen hat, sondern auch die Wirtschaftskraft insbes des herrschenden Unternehmens. Konzernarbeitsrecht weist durchaus interessante Parallelen zum Konzerngesellschaftsrecht auf.[67] Es versteht sich aber, daß es zu vielen Fragen eigenständige Lösungen entwickelt, die zwar auf gesellschaftsrechtliche Gegebenheiten Rücksicht nehmen müssen, systematisch jedoch von ihm zu unterscheiden sind. Konzernarbeitsrecht gehört daher nicht zum Konzernrecht im klassischen Sinn, unter dem man immer nur diejenige Rechtsmaterie verstanden hat, mit der das Gesellschaftsrecht der eigenständigen Ges ergänzt u modifiziert wird. Konzernarbeitsrecht ist hingegen in erster Linie Teil des Arbeitsrechts.[68]

**10. Hauptaufgaben u -regelungsziele des Konzernrechts. a) Haupt- 46
anliegen des Konzernrechts** sind (1) der Schutz der sog konzernfreien Minderheiten und (2) der Schutz der Gläubiger, und zwar auf allen Ebenen oder Stufen des Konzerns. Konzernrecht ist demgemäß in erster Linie Schutzrecht. Gegenüber diesem Hauptcharakter als Schutzrecht steht der von vielen herausgestellte organisationsrechtliche Charakter des Konzernrechts stark im Hintergrund. Insbes ist es nicht sehr treffend, Konzernrecht als Organisationsrecht zu kennzeichnen.[69] Gewiß ist es das auch. Konzernrecht macht aber nur

---

[67] Dazu ua *Zöllner* AG 1994, 285 ff mwN.

[68] Vgl dazu vor allem *Windbichler,* Arbeitsrecht im Konzern, 1989; *Henssler,* Der Arbeitsvertrag im Konzern, 1983; *Konzen,* Arbeitsrechtliche Drittbeziehungen, ZfA 1982, 259; *ders,* Arbeitnehmerschutz im Konzern, RdA 1984, 65; *ders.,* Arbeitsverhältnisse im Konzern, ZHR 151 (1987), 566; *Zöllner,* Die Anpassung von Betriebsrenten im Konzern, AG 1994, 285; *ders,* Gemeinsame Betriebsnutzung, FS Semler, 1993, 995, *ders,* Betrieb, Unternehmen, Konzern. Rechtspolitische Überlegungen zum Konzernarbeitsrecht, FS Tomandl, 1998, 407; *Wackerbarth,* Arbeitsrecht in der Holding, in Lutter (Hrsg), Holding-Handbuch 4. Aufl 2004; *Liebscher* Rn 997.

[69] So aber zB *Lutter,* Konzernrecht: Schutzrecht oder Organisationsrecht? in Recht, Geist und Kunst, Liber amicorum für Rüdiger Volhard, 1996, 105.

ganz wenige organisationsrechtliche Vorgaben u auch diese bestehen nicht dergestalt, daß der Konzern in bestimmter Weise organisiert werden muß, sondern zum einen in dem negativen Sinn, daß bestimmte organisatorische Regeln nicht gewählt werden dürfen, zum andern auch in der Ermöglichung oder Zulassung bestimmter dem Recht der Einzelges grds nicht konformer Organisationsweisen. Nur insofern lassen sich organisationsrechtliche Züge des Konzernrechts ausmachen.

47 **b) Konzernrechtlicher Präventivschutz.**[70] Der vom Konzernrecht intendierte Schutz gelingt gegenüber unterschiedlichen Konzerngefahren unterschiedlich gut. Namentlich der Schutz der Minderheit läßt sich in der einmal etablierten u durchgeführten Konzernbeziehung nur sehr unvollkommen realisieren. Demgegenüber hilft nur die Verhinderung der Entstehung solcher Beziehungen durch vorbeugenden Schutz (konzernrechtlicher Präventivschutz), dem der Gesetzgeber freilich nur halbherzig Aufmerksamkeit widmet. Die insoweit bestehende Regelungsaufgabe ist auch schwierig, weil ein gesetzliches Verbot beherrschenden Anteilserwerbs ebensowenig in Betracht kommen kann wie die Unterbindung jeglichen von beteiligten Unternehmen ausgehenden Einflusses u damit die Verhinderung der Etablierung von Konzernen. Konzernrechtlicher Präventivschutz (Liebhaber des modischen Kontrollbegriffs sprechen auch gern von Konzernbildungskontrolle oder Konzerneingangskontrolle) kann an zwei verschiedenen Punkten der Konzernierung ansetzen: (1) bei der Begründung von Abhängigkeit u damit beim Erwerb beherrschender Beteiligung (2) bei der Etablierung einheitlicher Leitung aufgrund bereits bestehender Abhängigkeit, dh bei der Einbeziehung eines abhängigen Unternehmens in einen Konzern. Der an beiden Punkten nur schwach oder lückenhaft ausgebildete gesetzliche Schutz läßt sich bei der GmbH durch privatautonome Vorkehrungen verstärken, von denen nur mit Einverständnis aller Gfter wieder Abstand genommen werden kann. Im Einzelnen s dazu noch unten Rn 93 ff.

B. Konzerninnenrecht

I. Unternehmensverträge

Lit: *Altmeppen,* Zu Formfragen bei Beherrschungs- u Gewinnabführungsverträgen der GmbH, DB 1994, 1273; *Brandes,* FS Kellermann, 1991, 25; *Cahn,* Isolierte Gewinnabführungsverträge, Konzern 2003, 1; *Hoffmann-Becking,* Gelöste u ungelöste Fragen zum Unternehmensvertrag der GmbH, WiB 1994, 57; *Humbeck,* Prüfung von Unternehmensverträgen nach neuem Recht, BB 1995, 1893; *Kort,* Der Abschluß von Beherrschungs- und Gewinnabführungsverträgen im GmbH-Recht, 1986; *ders,* BB 1988, 79; *G. Krieger,* Inhalt u Zustandekommen von Beherrschungs- u Gewinnabführungsverträgen im Aktien- u GmbH-Recht, DStR 1992, 432; *G. Krieger,* Unternehmensvertrag u Insolvenz, FS Metzeler, 2003, 139; *Kropff,* GmbH-Beherrschungsvertrag: Voraussetzung für den Vorrang von Konzerninteressen? FS Semler, 1993, 517; *Kurz,* Der Gewinnabführungsvertrag im GmbH-Recht aus konzernverfassungsrechtlicher Sicht, 1992;

---

[70] Dazu grundlegend *Lutter/Timm* NJW 1982, 410; *Timm* NJW 1987, 977; *Grauer* WM 1992, 556; *Liebscher,* Konzernbildungskontrolle, 1995; *ders.,* Konzernrecht Rn 224 ff. u 860 ff; *Binnewies,* Die Konzerneingangskontrolle in der abhängigen Gesellschaft, 1996; *Wehlmann,* Kompetenzen von Gftern u GesOrganen bei der Bildung faktischer GmbH-Konzerne, 1996; *Bungert* VersR 1997, 27.

Schneider (Hrsg), Beherrschungs- und Gewinnabführungsverträge in der Praxis der GmbH, 1989; *Schürnbrand,* „Verdeckte" u „atypische" Beherrschungsverträge im Aktien- u GmbH-Recht, ZHR 169 (2005), 35; *Selzner/Sustmann,* Der grenzüberschreitende Beherrschungsvertrag, Konzern 2003, 85; *Timm,* GmbHR 1992, 213; *ders,* DB 1993, 569; *Ulrich,* Gewinnabführungsverträge im GmbH-Konzern, GmbHR 2004, 1000; *Veil,* Unternehmensverträge. Organisationsautonomie u Vermögensschutz im Recht der AG, 2003; *F. Zeidler,* Ausgewählte Probleme des GmbH-Vertragskonzernrechts, NZG 1999, 692; *Zöllner,* Inhalt u Wirkungen von Beherrschungsverträgen bei der GmbH, ZGR 1992, 173.

Deutsches Konzernrecht ist durch **Zweigleisigkeit** gekennzeichnet (s schon oben Rn 44). Unternehmensverbindung iS unseres Konzernrechts wird danach nicht nur durch mitgliedschaftliche (vulgo „faktische") Beziehungen begründet, sondern auch durch Unternehmensvertrag (§ 15 AktG). Zweigleisigkeit ist insofern **vorteilhaft,** als durch den Abschluß eines Unternehmensvertrags relativ klare Verhältnisse geschaffen werden sowohl hinsichtlich der zulässigen Tiefe des Einflusses, den ein herrschendes Unternehmen ausüben darf als auch hinsichtlich des Schutzes für Minderheit u Gläubiger, während im Nichtvertragskonzern in beiden Richtungen erhebliche Unschärfen bestehen. Gleichwohl geht Bedeutung der Unternehmensverträge in der Konzernpraxis zurück, vermutlich auf Grund steuerrechtlicher Änderungen. Offenbar sind den Unternehmen die aus dem Abschluss eines Unternehmensvertrages resultierenden gesellschaftsrechtlichen Vorteile, denen unleugbar auch Nachteile gegenüberstehen, nicht groß genug, um sie von den Risiken des ansonsten zur Anwendung kommenden Nichtvertragskonzernrechts wegzulocken. 48

1. Begriff des Unternehmensvertrags ist nicht abstrakt vorgegeben, sondern dient als Oberbegriff für eine Reihe von typischen Verträgen zwischen Unternehmen. Gemeinsamkeit dieser Verträge läßt sich vielleicht dahin kennzeichnen, daß mindestens ein Vertragspartner sich wesentlicher Elemente seiner Selbständigkeit begibt mit der Folge, daß die Verfassung der Ges berührt wird. Vertrag zwischen Unternehmen ist nur dann als Unternehmensvertrag im technischen Sinn zu qualifizieren, wenn er sich einem der anerkannten Unternehmensvertragstypen zuordnen läßt,[71] die primär im Aktienrecht entwickelt worden sind.[72] 49

Zulässigkeit solcher Unternehmensverträge im GmbH-Recht steht außer Streit. GmbH kann sowohl als abhängige wie als herrschende Ges solche Verträge abschließen. Regelungsspielraum für Vertragsinhalt ist im GmbH-Recht naturgemäß größer als im AktR, weil Bindung durch zwingende gesetzliche Vorgaben im GmbHG weit geringer ist als im AktG. 50

2. Geltungsvoraussetzungen. Unternehmensverträge der gekennzeichneten Art sind keine gewöhnlichen individualrechtlichen Verträge wie Kauf-, Miet- oder Werkverträge, sondern tangieren oder verändern das korporationsrechtliche Gefüge zumindest der beherrschten Ges. Sie können daher nicht lediglich im Weg rechtsgeschäftlicher Vertretung durch die Vertretungsorgane 51

---

[71] *Liebscher* Rn 578; teilweise anders zB *Blaurock,* Die stille Beteiligung an einer Kapitalgesellschaft als Unternehmensvertrag, FS Großfeld, 1999, 83; sa KG Berlin DStR 1999, 2133, zum Unternehmensvertragscharakter von Austauschverträgen.

[72] Vgl dazu §§ 291, 292 AktG. Zu den Arten oder Typen der Unternehmensverträge oben Rn 25 ff; anerkannt als Unternehmensvertrag, wenn auch nicht gesetzlich geregelt, ist der Betriebsführungsvertrag (Rn 26 aE).

abgeschlossen werden. Vielmehr sind eine Reihe zusätzlicher Geltungsvoraussetzungen zu erfüllen.

52 **a) Satzungsänderung.** Unternehmensverträge greifen in das Grundgefüge der beherrschten, zur Gewinnabführung, zur Verpachtung oder zur Betriebsüberlassung verpflichteten Gesellschaft ein und kommen daher in der Wirkung einer Änderung der Satzung gleich. Rechtstechnisch spricht man besser von einer Satzungsüberlagerung in dem Sinn, daß die alte Satzung latent erhalten bleibt und bei Beendigung des Unternehmensvertrags automatisch wieder voll zur Anwendung kommt. Sicher ist, daß die satzungsmodifizierenden Teile des Unternehmensvertrags für die Dauer seines Bestehens der Satzung vorgehen. Es ist daher gegen alle Kritiker[73] daran festzuhalten, daß der Abschluß solcher Verträge auf Seiten der abhängigen Ges zur Wirksamkeit eines satzungsändernden Beschlusses bedarf, der mindestens mit Dreiviertelmehrheit gefaßt werden muß und zu seiner Wirksamkeit der notariellen Beurkundung bedarf.[74] Vertretungsmacht der GFührer reicht für wirksamen Abschluß nicht aus. Desweiteren bedarf es zur Wirksamkeit der **Eintragung des Unternehmensvertrags im HR** der abhängigen Ges, analog § 54.[75] Dies alles gilt auch für die Ein-Mann-GmbH.[76] Hingegen ist eine Eintragung im HR der herrschenden Ges nicht erforderlich,[77] nach manchen auch nicht zulässig.[78]

53 **b) Schriftform.** Für den Unternehmensvertrag selbst genügt in der Regel Schriftform; in dieser ist er dem Beschluß bei der Einreichung zum HR beizufügen.[79] Etwas anderes kann sich ergeben, wenn Inhalt des Vertrages aus besonderen Gründen Formbedürftigkeit erfordert, wie zB wenn Abfindungen in GAnteilen gewährt werden sollen. Dann ist notarielle Beurkundung gemäß § 15 GmbHG notwendig.

54 **c) Zustimmung aller Gfter.** Abschluß eines Beherrschungs- u Gewinnabführungsvertrags ist auf seiten der abhängigen Ges stets wegen Tangierung des GesZwecks nur mit Zustimmung aller Gfter zulässig.[80] Diese

---

[73] Vgl zB *Pache* GmbHR 1995, 90.

[74] BGHZ 105, 332 (Supermarkt). Diese Voraussetzung für Steuerrecht übernehmend BFH AG 1998, 491.

[75] Vgl aus der Rspr OLG Hamburg WM 1987, 1163; BayObLG DB 1988, 1646; BGHZ 105, 332 (Supermarkt); BGH GmbHR 1992, 254 (Siemens) und BGHZ 116, 37 (Stromlieferung); OLG Zweibrücken AG 1999, 328. Aus der Literatur *Zöllner* DB 1989, 913; Ulmer/*Ulmer* § 53 Rn 154 ff; Scholz/*Priester* § 53 Rn 170; *Lutter/Hommelhoff* Anh § 13 Rn 45.

[76] Scholz/*Priester* § 53 Rn 168; dazu kritisch *Gäbelein* GmbHR 1992, 786.

[77] Dazu *Vetter* AG 1994, 110.

[78] AG Erfurt AG 1997, 275.

[79] Ulmer/*Casper* Anh § 77 Rn 190; abw *Pache* GmbHR 1995, 93, der notarielle Beurkundung des Vertrages und Unterschrift durch alle Gfter verlangt.

[80] Heute iE hM, vgl BayObLG WM 1988, 1229, 1232; Ulmer/*Ulmer* § 53 Rn 158; Ulmer/*Casper* Anh § 77 Rn 191; *K. Schmidt* GesR § 38 III; Scholz/*Priester* § 53 Rn 171; Scholz/*Emmerich* Anh nach § 44: Konzernrecht Rn 155 f, 206 u 222; Roth/*Altmeppen* Anh § 13 Rn 40, der freilich vom Einstimmigkeitsprinzip spricht; Rowedder/Schmidt-Leithoff/*Zimmermann* § 53 Rn 32; *Martens,* Mehrheits- und Konzernherrschaft in der personalistischen GmbH, 165 ff; *Schilling* ZHR 140 (1976) 535; *H. P. Westermann,* in Der GmbH-Konzern 38 f; iE ebenso *Sonnenschein,* Organschaft, 353 ff, 373; *Priester,* in *Hommelhoff* ua (Hrsg), Entwicklungen, ZGR Sonderheft 6, 1986, S 160; *Fleck* ZGR 1988, 134; *Liebscher* Rn 641 für „strukturtypische", dh personalistisch strukturierte GmbH. BGHZ 105, 324 (Supermarkt) hat die Frage offen gelassen, da

Auffassung wird nicht, wie *Lutter/Hommelhoff*[81] annehmen, durch die Zulässigkeit von Strukturänderungen mit ¾-Mehrheit aufgrund des UmwG konterkariert, u zwar schon deshalb nicht, weil der Schutz der Minderheit nach diesem Gesetz insgesamt erheblich wirksamer ist als bei Unternehmensverträgen. Ursprünglicher GesVertrag kann aber Erfordernis der Zustimmung aller ausschließen. Änderung des richtig verstandenen Ges-Zwecks liegt auch im Abschluß eines **Unternehmenspachtvertrages** auf seiten der Verpächterin, eines Betriebsüberlassungsvertrags auf seiten der Überlasserin.

d) Stimmrechtsausschluß. Folgt man der Auffassung von der Erforderlichkeit der Zustimmung aller Gfter nicht und läßt stattdessen (evtl auch aufgrund einer erleichternden Satzungsregelung) Mehrheitsbeschluß genügen, sei es mit Dreiviertel-, sei es mit Neunzehntelmehrheit, so ist jedenfalls der **Vertragspartner** nach § 47 IV GmbHG **vom Stimmrecht ausgeschlossen.**[82] Unterwerfung unter Konzernmacht ist nicht lediglich innergesellschaftlicher Akt, sondern gleichzeitig Rechtsgeschäft mit Dritten. Sie dient nicht der Wahrnehmung typisch mitgliedschaftlicher Interessen, sondern eines Sonderinteresses (näher zur Anwendbarkeit von § 47 IV oben § 47 Rn 90). Erst recht gilt das für Abschluß eines Teilgewinnabführungsvertrags u stiller Beteiligung an GmbH.[83] **55**

e) Zustimmung der GfterVers einer herrschenden GmbH. Die aus Unternehmensverträgen für die herrschende Ges erwachsenden Rechte und Pflichten tragen im Normalfall nicht den Charakter einer Satzungsänderung. Die Erforderlichkeit eines Zustimmungsbeschlusses ergibt sich daher nicht aus § 53. Gleichwohl ist ein Zustimmungsbeschluß in Analogie zu § 293 II AktG erforderlich.[84] Es ist nicht ersichtlich, inwiefern bei einer herrschenden GmbH eine solche Zustimmung der Gfter weniger dringlich sein soll als bei einer AG, dem Vertretungsorgan maW mehr Macht zukommen soll.[85] Der Beschluß bedarf nicht der notariellen Beurkundung.[86] Weder der Beschluß noch der Unternehmensvertrag sind zu ihrer Wirksamkeit in das HR der herr- **56**

Alleingfterstellung bestand. Abw *Lutter,* Die Rechte der Gesellschafter beim Abschluß fusionsähnlicher Unternehmensverbindungen, Schriftenreihe Der Betrieb, 1974, 38, 43 f; *Lutter/Hommelhoff* Anh § 13 Rn 52, der die Wirkung des von ihm postulierten Minderheitsschutzes bei weitem überschätzt; Rowedder/Schmidt-Leithoff/*Koppensteiner* Anh § 52 Rn 55; *Kort,* Beherrschungsverträge, 109 ff; *Timm* ZIP 1986, 1387; *Esch* BB 1986, 272; *Koerfer/Selzner* GmbHR 1997, 285.

[81] Anh § 13 Rn 53.

[82] *J. Wilhelm,* Rechtsform, 119 f; Roth/*Altmeppen* Anh § 13 Rn 40; abw *Lutter/Hommelhoff* Anh § 13 Rn 38; Rowedder/Schmidt-Leithoff/*Koppensteiner* Anh § 52 Rn 55; *Kort,* Beherrschungsverträge, 105 ff; wenig sinnvoll ist Hinweis von *Lutter/Hommelhoff,* BGH folge der hM bei 100% Beteiligung, denn in solchen Fällen greifen Stimmverbote ohnehin nie.

[83] Zur konzernrechtlichen Bewertung ausführlich *K. Schmidt* ZGR 1984, 295.

[84] BGHZ 105, 324, 333; OLG Zweibrücken AG 1999, 328. Aus der Literatur nur *Lutter/Hommelhoff* Anh § 13 Rn 39, 62; *Liebscher* Rn 651. Abw Roth/*Altmeppen* Anh § 13 Rn 45, der sich dafür auf die Begr zum GmbHGEntw von 1972 beruft. Die Begr des RegE zum AktG 1965 stellt hingegen für § 293 II wesentlich umfassender auf die Verlustübernahmepflicht u die Pflicht zur Sicherheitsleistung für Gläubiger ab. Richtigerweise gilt ja § 293 II auch (u ist auch analog anzuwenden), wenn abhängige Ges keine außenstehenden Gfter hat.

[85] Kritisch *Vetter* AG 1993, 168; *Gäbelein* GmbHR 1989, 506.

[86] Abw *Heckschen* DB 1989, 29 f.

schenden Ges einzutragen.[87] Ob wenigstens Eintragungsfähigkeit besteht, ist str.[88] Wohl aber ist der Beschluß Wirksamkeitsvoraussetzung des Unternehmensvertrags auch im Außenverhältnis. Ebenfalls in Anlehnung an das Aktienrecht ist für den Beschluß Dreiviertelmehrheit erforderlich.

57 **Satzungsdispens?** Zustimmungsbeschlüsse sind bei großen Gesellschaften mit vielen Töchtern unbeliebt. Gleichwohl kann die Satzung von dem Erfordernis nicht dispensieren.[89] Auch eine Globaleinwilligung ist nicht möglich. Ob man eine Ausnahme von der gesetzlichen Regelung für Bagatellfälle postulieren kann,[90] lasse ich offen; dafür spricht manches. Ist herrschendes Unternehmen eine Personenges, so bedarf der Unternehmensvertrag auch bei ihr der Zustimmung durch Gfterbeschluß. Die Vertretungsmacht des persönlich haftenden Gfters reicht nicht aus.[91]

58 **f) Unternehmensvertragsbericht und Unternehmensvertragsprüfung.** Auf abhängige GmbH nicht anwendbar sind die dem AktG neu eingefügten Vorschriften der §§ 293 a–g.[92] Das gilt einmal selbstverständlich dann, wenn der Unternehmensvertrag, wie nach hM für den Regelfall, der Zustimmung aller Gfter bedarf. Diese können ihre Zustimmung von der Vorlage der ihnen erforderlich scheinenden Nachweise und Unterlagen abhängig machen. Es gilt aber auch dann, wenn nach der Satzung qualifizierter Mehrheitsbeschluß genügt, weil GmbH-rechtliches Auskunftsrecht ausreicht. §§ 293 a ff können für Umfang u Art pauschal verlangter Auskunft evtl Leitbild sein.[93] Für herrschendes Unternehmen in AG-Form gelten die Vorschriften hingegen uneingeschränkt, auch wenn abhängiges Unternehmen GmbH ist.[94]

59 **3. Behandlung fehlerhafter Unternehmensverträge.** Wird unwirksamer Unternehmensvertrag durchgeführt, kann er in Anlehnung an die Grundsätze der fehlerhaften Ges als für die Vergangenheit wirksam zu behandeln sein.[95] Das kann aber für abhängige Ges dann nicht gelten, wenn erforderliche Zustimmung von Gftern fehlt.[96] Anwendbar für Vergangenheit

---

[87] BGHZ 105, 336.

[88] Bejahend *Lutter/Hommelhoff* Anh § 13 Rn 47; verneinend AG Duisburg DB 1993, 2522 u AG Erfurt GmbHR 1996, 859; LG Frankkfurt GmbHR 1997, 75.

[89] So die hM jedenfalls für herrschende Unternehmen in der Rechtsform einer AG, vgl. *Emmerich/Habersack* Konzernrecht § 32 Rn 25. Für herrschende Unternehmen in der Rechtsform einer GmbH kann mE nichts anderes gelten. Abw *Emmerich/Habersack aaO.*

[90] So *Lutter/Hommelhoff* Anh § 13 Rn 62; ablehnend *Hoffmann-Becking* (vor Rn 48) S 60.

[91] Vgl LG Mannheim GmbHR 1994, 810.

[92] Str, aA *Humbeck* BB 1995, 1893; Rowedder/Schmidt-Leithoff/*Koppensteiner* Anh § 52 Rn 63 f; wie hier *Hüffer* AktG § 293 a Rn 5; Roth/*Altmeppen* Anh § 13 Rn 48 f; *Bungert* DB 1995, 1455; differenzierend *Hommelhoff/Freytag* DStR 1996, 1413.

[93] Vgl Roth/*Altmeppen* Anh § 13 Rn 42.

[94] *Hüffer* AktG § 293 a Rn 5.

[95] Vgl BGHZ 103, 1; 116, 39; BGH DB 2002, 87 = NZG 2002, 128; BGH NZG 2005, 261 u NZG 2005, 472; OLG Hamburg WM 1987, 1169; OLG Koblenz ZIP 1991, 308; OLG Frankfurt NJW-RR 1994, 296. Aus der Literatur *Rehbinder* FS Fleck, 1988, 253; *Kleindiek* ZIP 1988, 613, 623; *Timm* GmbHR 1989, 8, 17; *Ulmer* BB 1989, 15; *Wilken/Wittkowski* ZIP 1991, 312; *Krieger* ZHR 158 (1994), 35, 37 ff; *Bungert* NJW 1995, 1121; *Schürnbrand* ZHR 169, 35 (48 ff); *Emmerich/Habersack,* Konzernrecht § 32 Rn 29; *Liebscher* Rn 620 ff.

[96] Dazu LG München I, Der Konzern 2008, 301.

sind dann zwar alle zum Schutz von Gläubigern geltenden Normen und Grundsätze (nur darum ging es in BGH aaO) wie insbes die Verlustausgleichspflicht analog § 302 AktG.[97] Hingegen hat herrschendes Unternehmen keinen Anspruch auf Vorteile des unwirksamen Vertrages. Minderheit kann daher Rückabwicklung auch dann verlangen, wenn ihr ein Schadensersatzanspruch (etwa mangels Verschulden) nicht zusteht. Nichtigkeit des Zustimmungsbeschlusses wirkt ebenfalls zurück. Bloße Nichtbeachtung von Formerfordernissen des Vertrages läßt dagegen Wirksamkeit für Vergangenheit rundum eintreten. Auch bei erfolgreicher Anfechtung des Zustimmungsbeschlusses keine Rückwirkung.[98] Höchst zweifelhaft ist, welche Bedeutung Durchführung eines Unternehmensvertrags trotz fehlender Eintragung hat. Gewährt man dem Vertrag Wirksamkeit für die Vergangenheit, läuft Ges nur geringe Gefahr, wenn sie Eintragung unterläßt. Derartige Sanktionsminderung wäre schwerlich hinnehmbar. Daher bleibt Vertrag, wenn es nicht zur Eintragung kommt, trotz Durchführung unwirksam. Davon zu unterscheiden ist, ob ein vom Vertragsschluß nicht allzuferner Eintragungszeitpunkt den Vertrag rückwirkend wirksam sein läßt. Diese Frage kann man bejahen.[99] Allerdings sind die von der Rspr eingeräumten Fristen als zu eng anzusehen. Eintragung muß jedenfalls mit zumutbarer Beschleunigung beantragt worden sein. Durchführung eines Beherrschungsvertrags liegt vor, wenn herrschendes Unternehmen Weisungen an GFührer der abhängigen Ges direkt erteilt oder Verluste ausgeglichen hat.[100]

Geltendmachung der Fehlerhaftigkeit erfolgt grundsätzlich durch Organe der beteiligten Gesellschaften. Sie ist in beliebiger Weise möglich. Es bedarf nicht der förmlichen Kündigung.[101] Auch Gfter der beteiligten Gesellschaften werden idR Rechtsschutzinteresse für Feststellungsklage haben. Sie auf Beschlußmängelklagen zu beschränken[102] ist nicht angängig.[103] 60

4. Änderung von Unternehmensverträgen folgt allen für den Abschluß geltenden Regeln.[104] Eine Änderungsermächtigung für GFührer oder AR ist nicht möglich.[105] Änderung liegt auch vor, wenn weiteres Unternehmen dem Unternehmensvertrag als herrschendes beitritt.[106] 61

5. Minderheitenschutz. Abweichend vom Aktienrecht bedarf es, wenn man zur Wirksamkeit eines Unternehmensvertrags die Zustimmung aller Gfter fordert, **keines weiteren Schutzes der Minderheit.** Sie kann vielmehr ihre Zustimmung zum Beschluß davon abhängig machen, daß ihr ein 62

---

[97] Zutr bejaht in BGHZ 103, 1; 116, 39.

[98] Differenzierend etwa wie hier *Lutter/Hommelhoff* Anh § 13 Rn 65; *Kleindiek* ZIP 1988, 618; *Timm* GmbHR 1989, 19.

[99] Vgl dazu OLG Frankfurt GmbHR 1996, 859; LG Frankfurt GmbHR 1997, 799.

[100] Zu letzterem BGHZ 116, 37, 40.

[101] Abw *Lutter/Hommelhoff* Anh § 13 Rn 67; s auch BGH DB 2002, 87.

[102] So *B. Mertens* BB 1995, 1421 für AG.

[103] Zur Haftung des GFührers *Autenrieth* GmbHR 1990, 113.

[104] *Lutter/Hommelhoff* Anh § 13 Rn 69.

[105] Teilweise abw *Lutter/Hommelhoff* Anh § 13 Rn 69.

[106] BGHZ 119, 1; *Priester* ZIP 1992, 300; s auch BGH NJW 1998, 1866 = DStR 1998, 898 m Anm *Goette*; zu der Entscheidung ferner *Kort* ZGR 1999, 402. Zum ganzen auch *Timm* FS Kellermann 1991, S 461. Abfindungsanspr geht nicht unter, wenn abhängige GmbH durch Verschmelzung erlischt, BVerfG ZIP 1999, 532; sa LG Bonn GmbHR 1996, 774.

angemessener Ausgleich gewährt oder das Ausscheiden aus der Ges gegen Abfindung ermöglicht wird. Zu analoger Anwendung der §§ 304, 305 AktG[107] braucht man daher nur zu schreiten, wenn man dem Erfordernis allseitiger Zustimmung nicht folgt.[108]

Eine Gewährung von Ausgleichs- u Abfindungsansprüchen in Analogie zu §§ 304, 305 AktG kommt allerdings in Betracht, wenn GesVertrag der GmbH für Zustimmungsbeschluß zum Unternehmensvertrag qualifizierte Mehrheit genügen läßt. In der Regel wird dann, wenn entspr Regelungen im GesVertrag fehlen, eine Vertragslücke vorliegen, die durch analoge Anwendung der aktienrechtlichen Regelungen zu schließen ist.[109]

Bei Beherrschungsverträgen bedarf es auch entgegen einer in der Literatur erhobenen Forderung nicht der **Formulierung von Weisungsgrenzen** für das herrschende Unternehmen und keiner vorsorglichen Regelungen für den Fall der Beendigung des Vertrages.[110] Beherrschungsvertrag mit GmbH kann sich auch **Rückwirkung** beilegen;[111] Interessen der Minderheit sind durch Zustimmungserfordernisse gesichert, Interessen der Gläubiger werden durch Rückwirkung eher begünstigt.[112]

63 **6. Wirkungen eines Beherrschungsvertrags. a) Beseitigung der GFührungszuständigkeit der GfterVers.** Beherrschungsvertrag führt zur Beseitigung der GFührungszuständigkeit der GfterVers in der abhängigen Ges. Beschlußkompetenz der GfterVers entfällt nicht nur, soweit herrschendes Unternehmen konkret Weisungen erteilt hat, sondern generell. Weisungskompetenz der GfterVers geht auf herrschendes Unternehmen über.[113] Nicht zutreffend ist die Annahme, dass dem Weisungsrecht des herrschenden Unternehmens nur Vorrang vor dem der GfterVers zukommt.[114] Das gilt auch für Rechtsgeschäfte der angewiesenen GmbH mit dem herrschenden Unternehmen oder anderen Konzerngesellschaften. Der Minderheitenschutz durch § 47 IV wird deshalb nach Abschluß eines Beherrschungsvertrages vollständig ausgeschaltet. Hingegen werden zwingende Zuständigkeiten der GfterVers durch den Beherrschungsvertrag nicht verlagert. Insbes kann nicht durch Weisung der Unternehmensgegenstand der abhängigen Ges ausgeweitet oder verändert werden, weil Satzungsänderungen zwingend der GfterVers verbleiben.[115] Höchst zwei-

---

[107] *Lutter/Hommelhoff* Anh § 13 Rn 55 f; Scholz/*Emmerich* 9. Aufl, Anh Konzernrecht Rn 165 ff.

[108] Vgl auch LG Dortmund GmbHR 1998, 941. Näher zum ganzen *Zöllner* ZGR 1992, 193 ff.

[109] So die ganz hM, vgl *Emmerich/Habersack* Konzernrecht § 32 Rn 27; Ulmer/*Casper* Anh § 77 Rn 214

[110] *Zöllner* ZGR 1992, 186 ff mN.

[111] Roth/*Altmeppen* Anh § 13 Rn 35. Abw OLG Karlsruhe WM 1993, 2092; Hachenburg/*Ulmer* Anh § 77 Rn 201; *Lutter/Hommelhoff* Anh § 13 Rn 59.

[112] Zu Voraussetzungen u Grenzen der Rückwirkung LG Kassel GmbHR 1996, 292; LG Frankfurt am Main GmbHR 1997, 799; OLG Frankfurt GmbHR 1996, 859. Zur Bemessung von Ausgleichs- u Abfindungsansprüchen nach §§ 304, 305 AktG insbes auch beim Beitritt zu einem Beherrschungsvertrag vgl BGH NJW 1998, 1866; *Kort* ZGR 1999, 402; *Röhricht* ZHR 162 (1998), 249; s ferner *Fleischer* ZGR 1997, 368; OLG Düsseldorf DB 1998, 1454. Zum Verhältnis von Ausgleichs- u Abfindungsansprüchen *Stimpel* AG 1998, 259; *Meilicke* AG 1999, 103.

[113] BGHZ 105, 311, 324. Näher dazu *Zöllner* ZGR 1992, 182.

[114] Anders *Emmerich/Habersack* Konzernrecht § 32 II 2 Rn 33.

[115] Vgl OLG Stuttgart GmbHR 1998, 943; OLG Nürnberg AG 2000, 229.

felhaft ist, ob geschäftliche Maßnahmen von ganz außergewöhnlicher Bedeutung, durch welche die Struktur des Unternehmens grundlegend verändert wird (Holzmüller-Konstellation), der GfterVers zwingend obliegen u deshalb von der Verlagerung des Weisungsrechts nicht umfaßt werden.[116]

b) Zulässigkeit nachteiliger Weisungen. Beherrschungsvertrag erlaubt herrschenden Unternehmen entspr dem in § 308 I 2 AktG für das AktR formulierten Inhalt nicht nur Weisungen, wie sie die GfterVers erteilen könnte, sondern auch solche, die der abhängigen Ges nachteilig sind, sofern sie nur den Belangen des herrschenden Unternehmens oder anderer Konzernunternehmen dienen (wohl allgM). Es ist nicht erforderlich, wenn auch zur Vermeidung von Zweifeln zweckmäßig, dies ausdrücklich im Beherrschungsvertrag zu formulieren. Vielmehr folgt die Befugnis bei unmißverständlicher Bezeichnung des Vertrages aus seinem durch die aktienrechtliche Regelung umschriebenen typischen Inhalt. 64

c) Ersatz durch Satzungsänderung. Die genannten Hauptvorzüge des Beherrschungsvertrags – Möglichkeit der Erteilung direkter Weisungen ohne Umweg über GfterVers und Zulässigkeit nachteiliger Weisungen – lassen sich angesichts der Flexibilität des GmbH-Rechts auch auf andere Weise installieren, nämlich im Wege der Satzungsänderung unter Zustimmung aller Gfter. So könnte etwa das Weisungsrecht einem Beirat übertragen werden und als dieser könnten die Mitglieder der GFührung des herrschenden Unternehmens berufen werden. Die Zulässigkeit gesellschaftsschädlicher fremdnütziger Weisungen kann in der Satzung direkt ausgesprochen werden.[117] Allerdings löst dauerhaft nachteilige Einwirkung auf abhängige Ges ohne Beherrschungsvertrag Ersatzpflichten aus; evtl besteht auch nach den Grundsätzen zum qualifizierten Konzern Verlustausgleichspflicht oder nach den Regeln zur Haftung wegen Insolvenzverursachung (Rn 121 ff) Schuldendeckungspflicht, womit die Bedenken *Kropffs* in der Sache weitgehend entfallen. Seine konstruktive Begründung, die, nicht ganz klar, wohl in einer Art arg e contr aus § 308 I 2 AktG besteht, trägt seine abw Auffassung nicht, schon weil § 308 im GmbH-Recht weder unmittelbar noch analog gilt, sondern gerade nur auf dem Umweg über die privatautonome, allseitiger Zustimmung der Gfter bedürfende satzungsgleiche Regelung. 65

d) Verlustausgleichspflicht. Dem Gläubigerschutz dient bei Beherrschungsverträgen eine Verlustausgleichspflicht analog § 302 AktG; vgl dazu unten Rn 128 ff. 66

7. Beendigung.

Lit: *Bungert,* Die Beendigung von Beherrschungs- u Gewinnabführungsverträgen im GmbH-Recht, NJW 1995, 1118; *Krieger/Jannott,* Änderung u Beendigung von Beherrschungs- u Gewinnabführungsverträgen, DStR 1995, 1473; *O. Schwarz,* Beendigung von Organschaftsverträgen anläßlich der Veräußerung der Beteiligung ... DNotZ 1996, 68 (dazu auch *Knott/Rodewald* BB 1996, 472); *Ströhmann,* Haftungsfalle §§ 302, 303 AktG? – Kein Ende mit der Endloshaftung? NZG 1999, 1030; *Gutheil,* Die Auswirkungen von Umwandlungen auf Unternehmensverträge nach §§ 291, 292 AktG und die Rechte der außenstehenden Aktionäre, 2001; *Philippi/Neweling,* Unterjährige Beendi-

---

[116] Näher dazu *Zöllner* ZGR 1992, 185; den Übergang des Weisungsrechts auf das herrschende Unternehmen bejahend OLG Stuttgart AG 1998, 558 f; Roth/*Altmeppen* Anh § 13 Rn 52.

[117] Abw *Kropff* FS Semler, 1993, 520, der seiner Zeit vorauseilt.

gung von Gewinnabführungsverträgen im GmbH-Konzern …, BB 2003, 1685; *Gattineau,* Der Beherrschungsvertrag in der Verschmelzung von Aktiengesellschaften, 2005; *Hentzen,* Atypische Risiken aus den Beendigung von Beherrschungs- und Gewinnabführungsverträgen, NZG 2008, 201

67 Unternehmensverträge enden durch Fristablauf, Kündigung aus wichtigem Grund, vereinbarte ordentliche Kündigung,[118] Eröffnung des Insolvenzverfahrens über einen Vertragspartner,[119] wohl auch durch Auflösung eines Vertragspartners aus anderen Gründen und durch seinen Untergang (zB durch Verschmelzung), ferner durch Beteiligungsveränderungen bei der abhängigen Ges u durch Aufhebungsvertrag.

68 **a) Kündigung aus wichtigem Grund** ist auch ohne vertragliche Grundlage zulässig (vgl § 297 I 1 AktG) u kann im Vertrag nicht ausgeschlossen werden.[120] Wichtiger Grund liegt vor, wenn dem zu kündigenden Vertragsteil die Fortsetzung des Vertrages bis zum Ablauf einer evtl vereinbarten Befristung oder einer vereinbarten ordentlichen Kündigungsfrist nicht zuzumuten ist. Voraussetzungen werden auf Seiten des herrschenden Unternehmens selten vorliegen. Auf Seiten des abhängigen Unternehmens kann wichtiger Grund gegeben sein, wenn herrschendes Unternehmen seine unmittelbare oder mittelbare Beteiligung so verringert hat, daß aufgrund ihrer eine Beherrschung nicht mehr möglich wäre, es sei denn (ein nur theoretischer Fall) der Vertrag sei ohne eine solche Beherrschung abgeschlossen worden. Herrschendes Unternehmen hat bei Verlust der Beherrschung mittels Anteilsbesitz kein außerordentliches Kündigungsrecht, weil es ua sich sonst seinen Verpflichtungen aus dem Unternehmensvertrag leicht entziehen könnte. Wichtiger Grund für abhängiges Unternehmen liegt auch vor, wenn sich die wirtschaftliche Stellung des herrschenden Unternehmens so verschlechtert, daß mit seiner Unfähigkeit zur Erfüllung der Verpflichtung aus dem Unternehmensvertrag ernstlich zu rechnen ist (vgl § 297 I 2 AktG), doch wird Realisierung dieses Kündigungsrechts schwierig sein, wenn sich herrschendes Unternehmen dagegen sperrt.

69 **Ausübung des Kündigungsrechts** ist nicht Geschäftsführungsangelegenheit, sondern bedarf eines GfterBeschlusses,[121] sie ist aber auch nicht Satzungsänderung,[122] deshalb genügt einfache Mehrheit. Bei dem Beschluß ist herrschendes Unternehmen nach § 47 IV vom Stimmrecht ausgeschlossen (vgl die ähnliche Regelung im Aktienrecht, das entsprechende Stimmrechtsausschlußnorm nicht kennt, in § 297 II AktG). Zustimmung aller Gfter, die Ausgleichsansprüche haben, die durch Kündigung verloren gingen, ist bei Kündigung aus wichtigem Grund nicht erforderlich.[123]

70 **b) Ordentliche Kündigung** bedarf vertraglicher Grundlage, da Gesetz sie aus gutem Grund nicht vorsieht. Kündigung unterliegt strenger richterlicher Vertrags- u Ausübungskontrolle, da Privatautonomie im Stadium der Beherrschung bei abhängiger Ges weder hinsichtlich Kündigungsvereinbarung noch Kündigungserklärung funktioniert; das gilt ganz besonders, wenn für Abschluß des Unternehmensvertrags $^{3}/_{4}$-Mehrheit genügt. Rechtsordnung

---

118 Zu dieser BGH DB 1993, 1074.
119 BGHZ 103, 6; BayObLG WM 1999, 1571.
120 *Laule* AG 1990, 145.
121 Anders Roth/*Altmeppen* Anh § 13 Rn 100.
122 Insoweit Roth/*Altmeppen* Anh § 13 Rn 100 wie hier.
123 Wie hier Roth/*Altmeppen* Anh § 13 Rn 99.

könnte bei Kontrolle weniger streng sein, wenn Gesetz die Folgen der Beendigung sorgsam geregelt hätte. Folgt man der Auffassung, daß Treupflicht dem herrschenden Unternehmen gebietet, abhängige Ges in Stand zu setzen, sich selbständig am Markt zu behaupten, ist Kontrolle der Kündigung von geringerer Bedeutung. Ausübung des Kündigungsrechts bedarf der Zustimmung durch GfterBeschluß, bei dem herrschendes Unternehmen vom Stimmrecht nach § 47 IV ausgeschlossen ist. Falls im Vertrag nicht anders geregelt, müssen der Kündigung alle ausgleichsberechtigten Gfter zustimmen.

c) Beteiligungsveränderung bei der abhängigen Ges kann ebenfalls 71
zur Beendigung des Unternehmensvertrages führen, so wenn in die ursprüngliche Einpersonenges später ein außenstehender Gfter aufgenommen wird, vgl. § 307 AktG, der analog anzuwenden ist, allerdings bei abhängiger GmbH keine zwingende Wirkung entfaltet.[124] Hingegen wird umgekehrt bei Erwerb aller Anteile durch den bisher herrschenden Gfter keine Beendigung per se eintreten.

d) Aufhebungsvertrag. Möglich ist auch Beendigung durch Aufhebungs- 72
vertrag, vgl § 296 AktG, der abweichend von dieser Norm beliebigen Zeitpunkt vorsehen kann,[125] Rückwirkung freilich nur mit Zustimmung aller, die dadurch Ansprüche verlieren würden[126] (für Aktienrecht ist Rückwirkung nach § 296 I 2 AktG unzulässig). Auch Aufhebungsvertrag ist nicht Geschäftsführungsangelegenheit,[127] sondern bedarf eines GfterBeschlusses, bei dem herrschendes Unternehmen vom Stimmrecht ausgeschlossen ist. Abweichende Zuständigkeitsregelung in § 296 AktG für GmbH-Recht wegen ganz anderer Stellung der GfterVers nicht übertragbar. Aufhebungsvertrag hat zwar genau wie andere Beendigungstatbestände „satzungsändernde" Wirkung, ist aber ebensowenig wie Kündigung selbst Satzungsänderung. Auch wenn man in Aufhebungsvertrag contrarius actus zum Abschluß des Unternehmensvertrags sieht,[128] bedeutet dies nicht, daß gleiche Voraussetzungen eingehalten werden müssen wie für Abschluß. Das bedeutet, dass Beschluss weder der Zustimmung aller Gfter bedarf noch einer Dreiviertelmehrheit.[129] Vor Aufhebungsvertrag entstandene Abfindungsansprüche von Gftern erlöschen durch Aufhebungsvertrag nicht ohne ihre Zustimmung.[130] Zustimmung derjenigen Gfter, die durch Aufhebung des Unternehmensvertrags künftige Ausgleichsansprüche verlieren würden, ist nicht erforderlich.[131]

---

124 Dazu *Pluskat,* Auswirkungen der Teilveräußerung der Beteiligung an einer abhängigen GmbH auf den Unternehmensvertrag – zur analogen Anwendung des § 307 AktG, Der Konzern 2004, 525.

125 *Hoffmann-Becking* WiB 1994, 63.

126 Anders Roth/*Altmeppen* Anh § 13 Rn 98, der rückwirkende Aufhebung wegen § 296 I 2 AktG analog für unzulässig hält. Für „grundsätzliche" Unzulässigkeit rückwirkender Aufhebung auch BGH NZG 2002, 138.

127 Wie hier hM. Anders Roth/*Altmeppen* Anh § 13 Rn 96; *Bungert* NJW 1995, 110.

128 So LG Konstanz ZIP 1992, 1736; *Lutter/Hommelhoff* 15. Aufl, Anh § 13 Rn 83.

129 Anders zB *Emmerich/Habersack* Konzernrecht § 32 Rn 46, der qualifizierte Mehrheit fordert, freilich auf Zustimmung aller Gfter verzichtet, obgleich er diese für den Abschluss des Vertrages verlangt.

130 Vgl BGH AG 1997, 515; OLG Düsseldorf ZIP 1996, 1610; anders OLG Zweibrücken AG 1994, 563.

131 Abw LG Essen GmbHR 1998, 941. Vgl zum Ganzen *Priester,* Die Aufhebung des Unternehmensvertrages, Nagelprobe der Dogmatik des GmbH-Vertragskonzernrechts, ZGR 1996, 189; *Timm/Geuting,* Gesellschafterbeteiligung bei der Aufhebung von

73 **e) Behandlung von Unternehmensverträgen im Insolvenzverfahren**[132] ist nach vielen Richtungen streitig. Eröffnung des Verfahrens über Mutterges läßt Unternehmensvertrag enden. Gleiches gilt für Doppelinsolvenz von Mutter u Tochter. Insolvenzverfahren über Vermögen der Tochter allein kommt bei Beherrschungs- u Gewinnabführungsverträgen wegen Verlustausgleichspflicht kaum in Betracht,[133] solange Mutterges solvent ist.

74 **f) Verschmelzungsfolgen für Unternehmensvertrag.** Erlischt herrschende Ges infolge Verschmelzung mit drittem Unternehmen, wird Unternehmensvertrag nicht beendet, sondern geht auf dieses über, § 20 UmwG. Erlischt abhängige Ges durch Verschmelzung, wird Unternehmensvertrag beendet. Das führt zum Erlöschen von Ausgleichsansprüchen für die Zukunft. Abfindungsansprüche bleiben hingegen bestehen, soweit sie schon entstanden sind.[134]

75 **g) Eintragung der Beendigung ins Handelsregister.** Jede Beendigung eines Unternehmensvertrags, außer bei Erlöschen der abhängigen Ges, ist im Handelsregister der abhängigen Ges einzutragen. Eintragung hat jedoch analog § 298 AktG nur deklaratorische Bedeutung.[135]

II. Schutz der Minderheit beim Nichtvertragskonzern

76 Kommt es zu nachteiligem Einfluß auf eine Ges durch ein herrschendes Unternehmen, wird dadurch nicht nur die abhängige Ges, sondern auch, sofern vorhanden, die sog konzernfreie Minderheit geschädigt, weil sie an den Vorteilen, welche das herrschende Unternehmen durch Einflußnahme außerhalb der Ges zieht, nicht partizipiert (vgl schon oben Rn 1). Den erforderlichen Schutz etabliert GmbH-Recht nicht über analoge Anwendung der aktienrechtlichen Regelungen in §§ 311 ff AktG (dazu Rn 5 u 80), sondern durch Aktivierung der Zweck- u Treubindung der Gfter.

77 **1. Zweckbindung u Treubindung der Gfter.** GesZweck der wirtschaftlichen Zielen dienenden GmbH ist gemeinsame Erzielung von „Gewinn" für alle Gfter durch Betrieb eines Unternehmens, genauer von Wertzuwachs des Unternehmens. Richtig verstanden bedeutet dies Erzielung von Gewinn in Selbständigkeit, dh ohne gleichzeitige Unterworfenheit unter die Ziele eines anderen Unternehmens. Gfter sind aufgrund ihres Mitgliedschaftsverhältnisses gebunden, ihren Einfluß auf Ges insbes bei Ausübung ihrer mitgliedschaftlichen Herrschafts- oder Verwaltungsrechte, aber auch in sonstigen Fällen mitgliedschaftlich vermittelter Machtausübung, nur unter **Beachtung des gemeinsamen Zwecks** zu tätigen. Art u Stärke der Bindung bemessen sich nach dem Treuegedanken.[136] Insbes bei der personalistischen GmbH ist Treubindung der Gfter von nicht unbeträchtlicher Intensität. Unzulässig sind

---

Beherrschungs- und Gewinnabführungsverträgen ..., GmbHR 1996, 229; *Liebscher* Rn 819 f.

132 Näher *Paulus* ZIP 1996, 2141.

133 Roth/*Altmeppen* Anh § 13 Rn 94.

134 Dazu BGH BB 1997, 1705; *Schwab* BB 2000, 527 mwN.

135 BayObLG NZG 2003, 479; anders offenbar *Emmerich/Habersack* Konzernrecht § 32 Rn 46.

136 Zur Bedeutung der Treupflicht als Grundlage eines GmbH-Konzernrechts oben § 13 Rn 26; *Th. Raiser* ZHR 151 (1987) 429 f, 442; *Konzen* NJW 1989, 2981; ferner oben Rn 9, 29, 36; umfassend *Tröger,* Treupflicht im Konzernrecht, 2000; treffend

danach nicht nur Einflußnahmen, die zu feststellbarem Vermögensschaden führen, sondern auch solche, die Ges ihrer wirtschaftlichen Selbständigkeit berauben. Abhängige GmbH darf daher grds nicht gegen den Willen auch nur eines Gfters Gegenstand einer ihre bisherige wirtschaftliche Selbständigkeit erheblich beeinträchtigenden Konzernpolitik werden, u zwar auch dann nicht, wenn ein „Vermögensschaden“, etwa iS der Differenztheorie, nicht entsteht oder nicht feststellbar ist.[137] Nur für EinmannGes oder bei Zustimmung aller Gfter gilt etwas anderes. **GFührer,** der gegen diese Regeln u damit gegen GesZweck handelt, **setzt wichtigen Grund** für **seine Abberufung** u für fristlose Auflösung seines Anstellungsverhältnisses. Mindestens bei personalistischer Ges kann Minderheit die Abberufung u fristlose Entlassung durchsetzen. Um faktische Konzernführung zu legitimieren, reicht Satzungsänderung mit qualifizierter Mehrheit nicht aus.[138]

Praktisches Dilemma liegt freilich ua darin, daß für Ges bei Auftreten **78**
wirtschaftlicher Schwierigkeiten oft kein anderer Ausweg als Anlehnung an verbundenes Unternehmen und damit (mindestens partielle) Aufgabe wirtschaftlicher Selbständigkeit eintritt. Daher lassen sich entsprechende Entwicklungen idR nur bei wirtschaftlich gesunden Gesellschaften unterbinden.

Handelt herrschendes Unternehmen gegen GesInteresse in einer Weise, die **79**
Minderheitsinteressen erheblich berührt, ist es nach den in BGHZ 65, 18 f[139] entwickelten Grundsätzen unter dem Gesichtspunkt der gesellschaftlichen Treupflicht zum **Ausgleich des Schadens** verpflichtet, u zwar grds gegenüber der Ges, dh sie kann sich nicht durch anteilige Ausgleichszahlungen an Minderheit etwa „freikaufen“.[140] Schadensausgleich hat sie grds, wo dies möglich ist, durch **Rückgängigmachung des Eingriffs**[141] zu leisten, insbes also bei Umorganisation, Ausgründung, Einverleibung von Betriebsteilen oder -mitteln etc durch Rückführung dieser Maßnahmen. Geldersatz kommt nur in Fällen, wo diese Rückführung nicht möglich ist, in Betracht. Verletzung des GesInteresses liegt nicht nur bei meßbaren Vermögensschäden vor. Vielmehr bestimmt sich Vorliegen einer Beeinträchtigung am GesZweck. Bei Normal-GmbH geht dieser Zweck auf Erzielung von Gewinn durch Betrieb eines bestimmten Unternehmens in wirtschaftlicher Selbständigkeit (näher Rn 77). Ansatz der Haftung bei der Treupflicht macht Anwendung von § 43 Abs 2 auf den die Geschäfte dirigierenden herrschenden Gfter überflüssig.[142] Bei einverleibender Beherrschung obliegt herrschendem Unternehmen der

---

gesehen u ausführlich behandelt wird Funktion der Treupflicht im Konzernrecht von *Emmerich/Habersack* § 30, insbes Rn 7 ff.

137 Anders möglicherweise *Lutter,* Entwicklungen, 204, der Konzernleitung ohne „Eingriff in die vermögensmäßige Integrität“ der abhängigen Ges für möglich und zulässig hält.

138 So aber *Schneider,* Entwicklungen, 132; wie hier im Grds *Lutter,* Entwicklungen, 205.

139 ITT-Entsch; zust *Konzen* NJW 1989, 2985 f.

140 Abw wohl *Rowedder,* Entwicklungen, 25.

141 Scholz/*Emmerich* 10. Aufl, Anh Konzernrecht nach § 13 Rn 85, 86.

142 Für diese Anwendung *Schneider,* Entwicklungen, 131; *Wilhelm,* Rechtsform u Haftung bei der Juristischen Person, 1981 285 ff; vgl auch *Ehricke,* Das abhängige Konzernunternehmen in der Insolvenz, 1998 395; wie hier *Lutter/Hommelhoff* Anh § 13 Rn 17 f; Hachenburg/*Ulmer* Anh § 77 Rn 76 ff; nicht völlig klar Rowedder/Schmidt-Leithoff/*Koppensteiner* Anh § 52 Rn 77.

Beweis für mangelndes Verschulden, nach BGH NJW 1980, 232 (Gervais-Entsch) auch Verlustausgleichspflicht.

80 Eine **Privilegierung der Einflußnahme eines herrschenden Unternehmens** auf abhängige Unternehmen, wie sie sich aus § 311 AktG – zumindest unter einem bestimmten Verständnis dieser Norm – ergeben könnte,[143] kommt gegenüber abhängiger GmbH bei Vorhandensein einer Minderheit ohne deren Einverständnis nicht in Betracht.[144] Das gilt um so mehr, als einem Abhängigkeitsbericht der GmbH-GFührung, auch wenn er erstattet u durch Prüfer geprüft würde, deutlich noch weniger Sanktionskraft zugetraut werden kann als dem Abhängigkeitsbericht des Vorstands einer beherrschten AG, § 311 AktG aber ohne ausreichende Sicherung durch § 312 AktG leerlaufen würde.

81 Mißverständlich ist These, der einfache faktische Konzern sei zulässig, der qualifizierte hingegen unzulässig.[145] Beide Formen sind gleichermaßen unzulässig idS, daß Einbeziehung abhängiger Ges in Konzern der Zustimmung bzw Duldung durch Minderheit bzw alle Gfter bedarf.[146] Zur Sonderproblematik hinsichtlich des Gläubigerschutzes Rn 99 ff. Zulässig ohne Einverständnis der Minderheit ist nur der nach § 18 I 2 AktG wegen Abhängigkeit bloß vermutete, aber nicht praktizierte Konzern.

82 **2. Konzernführungsabwehrmöglichkeiten für Minderheit.** Minderheit hat rechtliche Möglichkeiten, einer konzernbezogenen GFührung der GmbH unmittelbar entgegenzuwirken u die Etablierung einheitlicher Leitung zu erschweren, indem sie einzelne GFührungsmaßnahmen oder die einschlägige Geschäftspolitik im ganzen zum Gegenstand der Tagesordnung einer GfterVers macht.

83 **a) Beschlußfassung über Rechtsgeschäfte.** Sie kann alsdann Beschlußfassung über einzelne Geschäfte mit herrschendem Unternehmen oder über Art u Weise der Geschäftsverbindung zu ihm durchsetzen. Da über Vornahme von Rechtsgeschäften mit einem Gfter (oder mit ihm zu identifizierendem Unternehmen) dieser nach § 47 IV nicht mitstimmen darf, kann Minderheit Weisung an GFührer erreichen, beschlußgegenständliche Rechtsgeschäfte mit dem Gfter nicht zu tätigen. Gerade hierin liegt uU eine wichtige Schutzfunktion des Stimmverbots, weshalb künftige Reformen diese Norm keinesfalls beseitigen sollten.[147] Möglichkeiten, der Einbeziehung der Ges in einen Konzern durch herrschendes Unternehmen zu begegnen sind jedenfalls bei abhängiger GmbH erheblich besser als bei abhängiger AG. Freilich entsprechen nicht selten die **faktischen Gegebenheiten** den genannten rechtlichen Möglichkeiten in keiner Weise. Insbes werden Gfter, die bisher geschäftlichen Entsch relativ fern gestanden haben, sich vielfach nicht in der Lage sehen, über Für und Wider von Geschäften mit dem herrschenden Unternehmen sach-

---

[143] Dafür *Rowedder,* Entwicklungen, 29 ff.

[144] BGHZ 95, 330; *Kort,* Beherrschungsverträge, 9; *Lutter/Hommelhoff* Anh § 13 Rn 16 ff; Roth/*Altmeppen* Anh § 13 Rn 130; *Konzen* NJW 1989, 2981; in gleichem Sinn auch Scholz/*Emmerich* 10. Aufl, Anh Konzernrecht Rn 75.

[145] Ähnlich Roth/*Altmeppen* Anh § 13 Rn 131.

[146] Zust *Lutter/Hommelhoff* Anh § 13 Rn 16 ff.

[147] Anders RegE 1971 in § 82 mit dürftiger u zudem unzutreffender Begründung. Zur Anwendbarkeit der Stimmverbote auf Konzerngeschäfte vgl Rowedder/Schmidt-Leithoff/*Koppensteiner* Anh § 52 Rn 73; *Schneider* ZHR 150 (1986) 623. Für Einschränkungen plädiert *H. P. Westermann* FS Raisch, 1994, 309 ff.

kundig zu entscheiden oder gar sinnvolle geschäftliche Alternativen vorzuschlagen. Zu entsprechenden verbietenden Beschlußfassungen in der GfterVers wird es dann nicht kommen.

b) Möglichkeit der Anfechtungsklage wegen Zweckwidrigkeit. Unabhängig vom Stimmrechtsausschluß bestehende Möglichkeit der Anfechtungsklage wegen Zweckwidrigkeit bietet nur unzureichenden Schutz. Sie kann von vornherein nur eingreifen gegenüber Maßnahmen, die Gegenstand eines GfterBeschlusses sind u Anfechtungsklage muß innerhalb angemessener Frist erhoben werden, innerhalb derer gerade jene Gfter Zweckwidrigkeit nicht ohne weiteres erkennen werden, die der GFührung weniger nahestehen. 84

c) Unterlassungsklage. In Betracht kommt auch Unterlassungsklage gegen Ges in Anlehnung an die Holzmüller-Entscheidung BGHZ 83, 127,[148] u zwar auch dann, wenn GFührer aufgrund einer Weisung des herrschenden Unternehmens handelt. Dadurch kann GFührer Vornahme bestimmter Konzernmaßnahmen verboten werden.[149] Man wird noch weitergehend auch Unterlassungsklage gg herrschendes Unternehmen bejahen können.[150] Problematik der Unterlassungsklage liegt jedoch für Praxis im Erfordernis hinreichender Bestimmtheit des zu Unterlassenden.[151] 85

d) Präventive Satzungsregelung. Schutz gegen Einbeziehung in Konzern (Prävention gegen Etablierung einheitlicher Leitung) kann erheblich verbessert werden durch geeignete **Vorkehrung in der Satzung;** vgl dazu oben Rn 47 sowie unten Rn 93 ff. 86

3. Geltendmachung von Schadensersatzansprüchen. Macht Minderheit von Einwirkungs- u Verteidigungsmöglichkeiten keinen oder keinen rechtzeitigen Gebrauch, etwa weil ihr erforderliche Informationen fehlen, sie anstehende Konzernmanipulationen nicht durchschaut oder die erforderliche geschäftliche Erfahrung nicht vorhanden ist etc, so hindert dies spätere **Geltendmachung von Ersatzansprüchen** gegen herrschendes Unternehmen wegen nachteiliger Einwirkungen nicht. Solche Ansprüche können den Minderheitsgftrn selbst unmittelbar gegen das herrschende Unternehmen zustehen. In Betracht kommen ferner auch Ansprüche , die der Ges entstanden sind, u zwar aus Verletzung von Treupflichten des herrschenden Gfters gegenüber der Ges, aber auch aus deliktischem Verhalten. Zu diesen Ansprüchen s. unten Rn 109 ff. Dass Minderheit Direktansprüche geltend machen kann, soweit dies nicht aus bes Gründen ausgeschlossen ist, versteht sich. In Betracht kommt aber auch, dass Ansprüche, die der Ges zustehen, an den GFührern vorbei durch **Bestellung eines besonderen Prozeßvertreters** durchgesetzt werden (§ 46 Nr 8). Bei dieser Bestellung haben die in Anspruch zu nehmenden kein Stimmrecht (§ 47 Rn 93). Möglich ist auch Vorbereitung der Anspruchserhebung durch **Sonderprüfung;** auch bei der Beschlußfassung darüber haben Betroffene kein Stimmrecht (str, vgl § 47 Rn 90). 87

---

[148] Vgl auch österr OGH AG 1996, 382 sowie BGHZ 76, 160 (für KG).

[149] Rowedder/Schmidt-Leithoff/*Koppensteiner* Anh § 52 Rn 79; *Lutter/Hommelhoff* Anh § 13 Rn 19; Roth/*Altmeppen* Anh § 13 Rn 130.

[150] Zust *Lutter/Hommelhoff* Anh § 13 Rn 19.

[151] Einzelheiten der sog Gfterklage bei *Zöllner* ZGR 1988, 392 ff; Rowedder/Schmidt-Leithoff/*Pentz* § 13 Rn 114 mwN.

88 In Betracht kommt ferner Geltendmachung des Ersatzanspruchs gg das herrschende Unternehmen durch MinderheitsGfter in einer Art **actio pro socio** wegen Verletzung der mitgliedschaftlichen Treupflicht,[152] bei der MinderheitsGfter gegen herrschenden Gfter auf Leistung an GmbH klagt.[153]

Für die genannten Ersatzansprüche kann nach Kenntniserlangung bei Nichtgeltendmachung nach angemessener Frist **Verwirkung** eintreten.

89 **4. Austrittsrecht.** Im **qualifizierten Konzern** (dazu oben Rn 31 sowie unten Rn 132 ff) gelten jedenfalls die gleichen Verteidigungsmöglichkeiten wie in Rn 82 ff, doch ist es für Verhinderung ebenso wie für Einzelersatz in aller Regel zu spät. Dort hat von der Rspr bis 2001 bejahte Verlustausgleichspflicht zwar eine gewisse auch minderheitsschützende Wirkung entfaltet, diese bleibt aber hinter dem Erforderlichen und auch dem von der Mehrheit gegenüber der Minderheit Geschuldeten evtl weit zurück. Daher ist den Minderheitsgftern, wenn Konzernbeziehung sich zur qualifizierten entwickelt, ein **Austrittsrecht aus wichtigem Grund** zuzuerkennen nebst einem Anspruch auf angemessene, dh dem Wert des Anteils entsprechende Abfindung.[154] Der Anspruch richtet sich gegen das herrschende Unternehmen.

90 **5. Gleichbehandlung im Konzern.** Der Gleichbehandlungsgrundsatz gilt auch in der konzernzugehörigen abhängigen GmbH uneingeschränkt. Stellung als herrschendes Unternehmen rechtfertigt keine Bevorzugung als Gfter. Modifikationen ergeben sich allerdings im Vertragskonzern nach Maßgabe des dafür anwendbaren Rechts sowie aufgrund des Vertragsinhalts, der stets auf „partielle" Ungleichbehandlung gerichtet ist.[155] Dazu daß Gleichbehandlungsgrundsatz im Konzern iS einer Pflicht zur Gleichbehandlung der Konzernunternehmen nicht gilt s schon oben Rn 42.

91 **6. Aufsichtsrat der abhängigen Ges** (oder Beirat) muß konzernfreie Minderheit der abhängigen Ges nicht berücksichtigen, auch keine „neutrale" Person als Ansprechpartner für GFührung der abhängigen Ges oder für deren Minderheit vorsehen.[156] Vielmehr ist Besetzung der Anteilseignersitze ausschließlich mit Vertretern des herrschenden Unternehmens zulässig. Gegenauffassung ist schon wegen Schwierigkeit der Erkennbarkeit neutraler Stellung nicht überzeugend praktikabel. In mitbestimmten Aufsichtsräten könnte sie zu beträchtlichem Einflußverlust der Gfterseite führen.

92 **7. Informationsrecht** der Gfter einer abhängigen Ges nach § 51 a erstreckt sich sowohl auf die Beziehungen der abhängigen Ges zum herrschenden Unternehmen als auch auf alle für abhängige Ges wichtigen Umstände bei diesem. Näher dazu § 51 a Rn 12.

---

[152] Bejahend BGHZ 65, 21 – ITT-Entsch – für zweigliedrige GmbH.

[153] Näher dazu *Zöllner* ZGR 1988, 392, 408.

[154] Vgl Rowedder/Schmidt-Leithoff/*Koppensteiner* Anh nach § 52 Rn 89 m zahlr N; Scholz/*Emmerich* 10. Aufl, Rn 126; *Geuting* BB 1994, 366. Manche wollen ein solches Austrittsrecht schon früher, etwa bei Begründung von Abhängigkeit der Ges, gewähren (so *Lutter/Hommelhoff* Anh § 13 Rn 15 mit § 34 Rn 43). Das geht indessen wohl zu weit.

[155] Vgl dazu näher KölnerKomm/*Lutter/Zöllner* § 53 a Rn 44 ff.

[156] Im letzteren Sinn aber OLG Hamm DB 1986, 2659 für abhängige AG; dazu kritisch *Kropff,* FS Goerdeler, 1987, 266 ff.

III. Schutz vor der Entstehung von Abhängigkeit („Konzerneingangsschutz")[157]

1. Erforderlichkeit eines Präventivschutzes. Bisher dargelegte Vorkehrungen des GmbH-Rechts zum Schutz der Minderheit betreffen im wesentlichen Beschränkungen gegenüber Ausübung u Ausbau einer bereits durch Bestehen eines Abhängigkeitsverhältnisses vermittelten Konzernmacht. Diese Vorkehrungen sind je nach Gesamtumständen von höchst unterschiedlicher Effizienz. Hat Ges erst einmal wirtschaftliche Selbständigkeit verloren, bleibt ihr (u der Minderheit) vielfach keine andere Wahl, als den Weg der Einbeziehung in das Konzerngeschehen weiter zu gehen. Entscheidende u für Minderheit bedeutsamste Weichenstellung erfolgt vorher, nämlich bei Begründung der Abhängigkeit. Läßt sich diese Begründung verhindern, erspart dies die später oft nicht befriedigend lösbare Abhängigkeits- u Konzernproblematik. Treffend spricht man insoweit von „konzernrechtlichem Präventivschutz"[158] oder von Konzernbildungskontrolle[159] oder Konzerneingangskontrolle sowie davon, daß der Moment der Abhängigkeitsbegründung der archimedische Punkt der Unternehmensverbindung im GmbH-Recht sei[160] (dazu schon oben Rn 47). Derartiger Präventivschutz kann durch verschiedene Regelungen erreicht oder wenigstens verbessert werden.[161] 93

2. Vinkulierung der GAnteile. Zentraler Ansatzpunkt ist Vinkulierung der GAnteile. Mit ihr kann allerdings Veräußerung von Anteilen durch Mehrheit an ein Unternehmen wegen der ein Stimmverbot des betroffenen Gfters verneinenden (in der Sache freilich unzutreffenden) Rechtsprechung des BGH[162] ohne weiteres nur vermieden werden, wenn Satzung zusätzlich für Genehmigung das Erfordernis der Zustimmung aller Gfter vorsieht oder wenigstens Stimmverbot für veräußernden u erwerbenden Gfter aufstellt.[163] Ges, die ihre wirtschaftliche Selbständigkeit bewahren möchten, tun gut daran, mindestens ein solches Stimmverbot in der Satzung vorzusehen u überdies seine Aufhebung an erschwerte Voraussetzungen zu binden. Materielle Beschlußkontrolle, auf die *Lutter/Timm* aaO S 417 verweisen, ist insoweit in ihrer Durchschlagskraft höchst zweifelhaft. Denn wenn der BGH aaO sogar annimmt, der veräußernde Gfter sei dem Erwerber gegenüber verpflichtet, in GfterVers für Genehmigung zu stimmen, könnte er schwerlich derartige Stimmrechtsausübung dann als rechtsmißbräuchlich qualifizieren. *Lutter,* Entwicklungen, S 203 f schlägt Koppelung mit zusätzlichen minderheitssichernden Satzungsbestimmungen vor. 94

---

[157] Dazu grundlegend *Lutter/Timm* NJW 1982, 410; *Timm* NJW 1987, 977; *Grauer* WM 1992, 556; ausführlich *Liebscher,* Konzernbildungskontrolle, 1995; *ders.,* Konzernrecht Rn 224 ff. u 860 ff; *Binnewies,* Die Konzerneingangskontrolle in der abhängigen Gesellschaft, 1996; *Wehlmann,* Kompetenzen von Gftern u GesOrganen bei der Bildung faktischer GmbH-Konzerne, 1996; *Bungert* VersR 1997, 27; *Bouchon,* Konzerneingangsschutz im Recht der AG und GmbH, 2002.

[158] *Lutter/Timm* NJW 1982, 410; Rowedder/Schmidt-Leithoff/*Koppensteiner* Anh § 52 Rn 25 ff; Scholz/*Emmerich* Anh Konzernrecht 10. Aufl. Rn 41 ff.

[159] Scholz/*Emmerich* Anh Konzernrecht 10. Aufl. Rn 41 ff; Ulmer/*Casper* Anh § 77 Rn 55 ff.

[160] *Lutter/Timm* NJW 1982, 411.

[161] Dazu die Angaben in Fn. 157.

[162] BGHZ 48, 167; dazu § 47 Rn 90 mN.

[163] Letzteres empfehlen auch *Lutter/Hommelhoff* Anh § 13 Rn 14.

95 **3. Weitere gesellschaftsvertragliche Vorkehrungen.** Als weitere gebräuchliche gesvertragliche Vorkehrungen zur Verhinderung der Entstehung von Abhängigkeit kommen in Betracht:[164] (1) **Höchststimmrechte;**[165] (2) das **Recht zur Ausschließung eines Gfters** (oder zur Übernahme seines Anteils) für den Fall seiner anderweitigen unternehmerischen Betätigung;[166] (3) in gewissem Umfang auch ein **Wettbewerbsverbot** für Gfter.[167] Ein solches Wettbewerbsverbot für Gfter, u zwar auch für solche, die nicht GFührer sind, gilt analog § 112 I HGB jedenfalls bei Ges mit personalistischem Zuschnitt als Bestandteil der mitgliedschaftlichen Treubindungen auch ohne Fixierung im GesVertrag zumindest dann, wenn Gfter sich in Ges unternehmerisch engagiert, dh wesentlichen Einfluß auf ihre GFührung zu nehmen versucht.[168] Es erfaßt über den Wortlaut von § 112 I HGB hinaus auch die Beteiligung an konkurrierender Kapitalgesellschaft, sofern diese Beteiligung unternehmerischen Charakter trägt (vgl schon oben Rn 17). Bei Mehrheitsbeteiligung an der anderen Ges ist solches Interesse zu vermuten. Zum Wettbewerbsverbot vgl auch oben § 13 Rn 28. Zur Beziehung zwischen Wettbewerbsverbot u Abhängigkeitsverhältnis BGHZ 80, 69. Sieht GesVertrag Möglichkeit der Befreiung vom Wettbewerbsverbot vor, genügt Mehrheitsbeschluß; zu Befreiender ist jedoch vom Stimmrecht ausgeschlossen.[169]

96 **4. Respektierung der GesAutonomie.** Von darüber hinausreichender Bedeutung ist jedoch die **Verpflichtung der GmbH-Gfter,** die **rechtliche u wirtschaftliche Autonomie der GmbH zu respektieren** u an ihrer Erhaltung mitzuwirken (vgl schon oben Rn 77). Treten bei einem Gfter Veränderungen ein, die ihn zum Unternehmen machen – etwa durch (auch im Erbgang möglichen) Erwerb eines anderen Unternehmens oder einer maßgeblichen Beteiligung an einem solchen – wird man ihn jedenfalls bei der GmbH personalistischen Zuschnitts für **verpflichtet** ansehen dürfen, soweit erforderlich **in Vorkehrungen einzuwilligen,** die eine Ausübung von Leitungsmacht ausschließen (zB eine entsprechende Beschränkung seines Stimmrechts).[170]

---

164 Ausführlich dazu Scholz/*Emmerich* 10. Aufl, Anh Konzernrecht Rn 48 ff.

165 Zu diesen § 47 Rn 67 f.

166 Vgl *Lutter/Timm* NJW 1982, 417; zum Ausschließungsrecht etc Anh § 34 Rn 2 ff.

167 Dazu BGHZ 89, 162; *Lutter/Timm* NJW 1982, 416 f; *U. H. Schneider,* Entwicklungen, 130; *Th. Raiser,* Wettbewerbsverbote als Mittel konzernrechtl Präventivschutzes, FS Stimpel, 1985, 855 ff; *ders* ZHR 151 (1987) 428 f, 437; *Wiedemann/Hirte* ZGR 1986, 163; Rowedder/Schmidt-Leithoff/*Koppensteiner* Anh § 52 Rn 34 u 38 f; *Mertens/Cahn* FS Heinsius, 1991, 546 f; *Binnewies,* Die Konzerneingangskontrolle in der abhängigen Gesellschaft, 1996 (Rn 68); *M. Pietzcker,* Wettbewerbsverhalten in Unternehmensgruppen, 1996, insbes 275 ff.

168 Abw *Meyer-Landrut* § 14 Rn 28; *Lutter* ZHR 151 (1987) 456 mN; *Mertens/Cahn* FS Heinsius, 1991, 555 f. Zur Problematik auch BGH GmbHR 1987, 302.

169 BGH NJW 1981, 1513 = BGHZ 80, 69; Rowedder/Schmidt-Leithoff/*Koppensteiner* Anh § 52 Rn 33.

170 In die gleiche Richtung *Lutter/Hommelhoff* Anh § 13 Rn 15, die eventuelle Pflicht zur Schaffung statutarischer Sonderrechte für Minderheit bejahen u Anfechtbarkeit des (meist satzungsändernden) Beschlusses annehmen, durch den Ges in die Abhängigkeit geführt wird, sofern nicht gleichzeitig entsprechende Vorkehrungen getroffen werden. Zur Stimmpflicht der Gfter vgl § 47 Rn 110. Zur Verpflichtung, evtl in Satzungsänderungen einzuwilligen § 53 Rn 90 mN.

Richtiger Auffassung nach sind Gfter auch verpflichtet, **Veränderungen einschlägiger Art ihren MitGftern mitzuteilen,** u zwar von sich aus.[171] 97

5. Präventivschutz durch Satzungsgestaltung. Satzungsgestaltung kann den Präventivschutz gegen die Begründung von Abhängigkeit im Sinn des vorstehend dargelegten, zT von der Rspr noch nicht gesichert akzeptierten oder rezipierten Inhalts ausgestalten u klarstellen, evtl ihn sogar noch ausweiten. Insbes empfehlen sich solche Klarstellungen hinsichtlich der Informationspflichten (Rn 97) u der Pflichten, in Satzungsvorkehrungen einzuwilligen (Rn 96); letzteres ist insbes von Bedeutung, wenn man ein Recht zur Ausschließung eines Gfters (Rn 95) nicht vorsehen oder nicht ausüben möchte. Kautelarjuristische Kunst kann bei der GmbH viel tun, die wirtschaftliche Selbständigkeit der Ges jedenfalls nicht gegen den Willen der Minderheit eintreten zu lassen. Sie kann andererseits auch im Fall der Etablierung solchen Schutzes Wege offenhalten, bei Eintritt erheblicher wirtschaftlicher Schwierigkeiten, in denen Ges nicht aus eigener Kraft wieder flott zu machen ist, rechtzeitig die Flucht unter das schützende Dach eines starken Partners zu ermöglichen. 98

IV. Minderheitenschutz u Pflichtenlage in der herrschenden Ges

Modernes Konzernrecht greift über den Schutz von Minderheit u Gläubigern abhängiger Gesellschaften hinaus, weil Unternehmensverbund auch **Schutzprobleme hinsichtlich der Minderheit in der Obergesellschaft** auslösen kann.[172] 99

1. Ausgründung von wichtigen Unternehmensteilen. Hierhin gehört vor allem der Tatbestand der Ausgründung von wichtigen Unternehmensteilen oder der Übertragung solcher Unternehmensteile auf vorhandene verbundene Unternehmen. Vorgänge dieser Art bedeuten zwar keinen unmittelbaren Vermögensverlust für Minderheit in der Obergesellschaft, aber in aller Regel erheblichen Verlust an Einfluß.[173] Dieser Verlust ist bei der GmbH als Obergesellschaft sogar erheblich stärker als bei der AG, in der die Minderheit grds an GFührungsentsch nicht partizipiert. Freilich ist bei der GmbH, anders als bei der AG, Übergehung der GfterVers in aller Regel nicht oder nicht ohne weiteres möglich. Minderheit hat in der GfterVers Möglichkeit, einen GesInteressen oder auch nur Minderheitsinteressen ohne hinreichenden Sachgrund benachteiligenden Beschluß anzufechten; auch **Unterlassungsklage** kann in Betracht kommen.[174] Dazu auch oben Rn 38. 100

---

[171] *K. Schmidt* GmbHR 1979, 133; *Lutter/Timm* NJW 1982, 419; Roth/*Altmeppen* Anh § 13 Rn 126; Rowedder/Schmidt-Leithoff/*Koppensteiner* Anh § 52 Rn 40; *Lutter/Hommelhoff* 15. Aufl Anh § 13 Rn 13. Eingeschränkter noch *U. H. Schneider,* in Der GmbH-Konzern 1976, S 91, der Auskunftspflicht des herrschenden Gfters auf Verlangen bejaht; in den Voraussetzungen eingeschränkter Scholz/*Emmerich* 9. Aufl Anh Konzernrecht Rn 40). Derartige Mitteilungspflicht autonomiegefährdender Änderungen der Beteiligung ergibt sich letztlich schon aus dem Rechtsgedanken der §§ 20–22 AktG. Zu entspr konzernrechtlichen Mitteilungspflichten bei der AG *Zöllner* FS Kropff, 1997, 333, 339 f.

[172] Krit aber *Ebenroth* AG 1988, 3. Ein wichtiges Schutzproblem des Aktienrechts behandelt *J.Kowalewski,* Das Vorerwerbsrecht der Mutteraktionäre beim Börsengang einer Tochtergesellschaft, 2008

[173] Vgl dazu insbes BGHZ 83, 122 Holzmüller.

[174] Zum Unterlassungsanspruch des Minderheitsgfters der Oberges gegen GFührungsmaßnahme in Tochterges OLG Koblenz ZIP 1990, 1570 (SAT 1).

101 **2. Weitreichendes Informationsrecht.** Gfter der OberGes haben weitreichendes Informationsrecht über Angelegenheiten von Tochter- u EnkelGes (dazu § 51 a Rn 12). Zutreffend werden auch **konzernierungspräventive bzw -kontrollierende Möglichkeiten** der Minderheit in der Oberges angesprochen u systematisch untersucht.[175] Der Sache nach geht es vor allem um (hauptsächlich für das Aktienrecht bedeutsame) ungeschriebene Mitwirkungsbefugnisse des Gfterorgans der Oberges.[176] Zur Frage, inwieweit für Abschluß von Unternehmensverträgen durch herrschende GmbH GfterBeschluß erforderlich ist vgl oben Rn 56.[177] Zur Frage der Bindung der OberGes bei der **Gewinnverwendung** im Konzern oben Rn 39.

102 **3. Konzernleitungspflicht?** Erheblich zu weit geht es, von Pflicht des herrschenden Unternehmens zur Konzernleitung oder zu ordnungsgemäßer KonzernGFührung[178] zu sprechen. Auch ein mit Mehrheit beteiligtes Unternehmen kann sich darauf beschränken, an sachgerechter Auswahl der kontrollierenden u leitenden Personen einer abhängigen Ges mitzuwirken. Darin liegt idR keine Verletzung der Sorgfaltspflicht oder anderer Normen. Gegenteilige Auffassung wäre schon wegen ihrer konzentrationsfördernden Tendenz nicht unbedenklich.[179] Ausübung von Beteiligungsrechten in abhängiger Ges unterfällt Vertretungsmacht des GFührers der herrschenden Ges. Über Zuständigkeit zur Entscheidung innerhalb herrschender Ges hinsichtlich Stimmrechtsausübung besagt dies nichts. Sie bemißt sich nach Satzung u allg Grds (dazu § 46 Rn 89). Im Normalfall kann GfterVers Entscheidung über jede wichtigere Konzernmaßnahme an sich ziehen. Mißverständlich ist es jedoch, von umfassender Zuständigkeit zur Konzernleitungskontrolle zu sprechen.[180] Leitungspflicht läßt sich auch nicht für Teilbereiche durch Postulierung von Organisationspflichten begründen, wie dies aufgrund der Rechtsprechung des BGH zur Informationsorganisationspflicht in arbeitsteiligen Organisationen

---

175 Vgl *Wahlers,* Konzernbildungskontrolle durch die Hauptversammlung der Obergesellschaft, 1995 (für AG).

176 Dazu LG Frankfurt aM AG 1998, 45.

177 Zur Mitwirkung bei der Veräußerung von Unternehmensbeteiligungen *Bohnet* DB 1999, 2617.

178 In letzterem Sinn vor allem *Emmerich*/Habersack § 309 Rn 30 a, 35.

179 Wie hier ausführlich Rowedder/Schmidt-Leithoff/*Koppensteiner* Anh § 52 Rn 85; Scholz/*Emmerich* 10. Aufl. Anh Konzernrecht nach § 13 Rn 64 c; *A. Reuter* DB 1999, 2250; im Kern auch *Fleischer,* Konzernleitung u Leitungssorgfalt der Vorstandsmitglieder im Unternehmensverbund, DB 2005, 759, der zu recht aber Pflicht der Geschäftsleitung des herrschenden Unternehmens zu strategischer Konzernplanung u zur Überwachung der Tätigkeit von Konzernunternehmen bejaht (verbundweites Kontrollsystem). Welche Intensität dieses haben muss, s Rn 107. Zur Leitungsproblematik sa *H. Götz* ZGR 1998, 524. Teilweise abw vor allem *Hommelhoff,* Die Konzernleitungspflicht, 1982, 71 ff, 236 ff u passim; *Jungkurth,* Konzernleitung bei der GmbH, 2000, der davon spricht, der GFührer einer herrschenden GmbH sei zur Integration der beherrschten Ges verpflichtet. Im einzelnen kann das hier nicht erörtert werden. Maßvoll kritisch zu Hommelhoffs Vorstellungen *Rittner* AcP 183 (1983) 295; teilweise kritisch auch *E. Rehbinder* ZHR 147 (1983) 464.

180 So aber Scholz/*Emmerich* 8. Aufl, Anh Konzernrecht Rn 127; zurückhaltender in der 9. Aufl Rn 64 sowie auch in der 10. Aufl. Rn 64 ff. Für Zuständigkeit der HV einer Obergesellschaft bei grundlegenden Strukturentscheidungen über Bildung oder Leitung des Konzerns, wozu Veräußerung einer wichtigen Tochterges gehört LG Frankfurt AG 1998, 45.

zum Zweck der Wissenzurechnung[181] vertreten wird.[182] Wenn im Konzern allerdings arbeitsteilige Organisation in Bezug auf identische Aufgaben besteht, bei der Aufgabenerledigung verschiedenen Konzernunternehmen übertragen wird, kann etwas anderes gelten. Auch wenn keine Konzernleitungspflicht besteht, muß bei tatsächlich erfolgender Leitung Sorgfalt beachtet werden u selbstverständlich können aus vorangegangener Einflußausübung Pflichten folgen.

4. Leitungskontrolle. Fehlen einer Leitungspflicht entbindet GFührer einer herrschenden GmbH nicht davon, die Leitung abhängiger Gesellschaften durch deren Geschäftsleiter in gewissem Umfang zu kontrollieren. Diese Kontrolle braucht nicht so weit zu gehen wie die von einem Aufsichtsrat gegenüber der eigenen Ges einzufordernde. Vielmehr darf die Geschäftsleitung der Tochter an langer Leine gelassen werden. GFührer der Obergesellschaft muß sich nur vergewissern, daß bei der Geschäftsleitung der Unterges keine gewichtigen Fehler gemacht werden.[183] Ist herrschende GmbH aufsichtsratspflichtig, stellt sich ähnliche Frage nach dem Umfang der Kontrollpflicht des AR gegenüber dem abhängigen Unternehmen. Dafür gelten die genannten Grundsätze entsprechend.[184] **103**

V. Informationsfluss im Konzern[185]

Sinnvolles Wirtschaften im Konzern ganz ebenso wie der Schutz von Minderheiten in Ober- u in Untergesellschaften erfordern ein Mindestmaß an Informationsfluss zwischen den konzernangehörigen Unternehmen. Der Umfang notwendiger Informationen variiert selbstverständlich aus einer Vielzahl von Gründen stark. Erheblich zu weit ginge es, Konzerne als informationelle Einheiten anzusehen, in denen die beteiligten Unternehmen Zugang zu allen Informationen hätten, die einzelnen Unternehmen zur Verfügung stehen. Andererseits reichen die Auskunftsrechte der Gfter in der einzelnen Konzernges nicht aus, weil die dem Recht gegenüberstehende Pflicht der Leitung dieses Unternehmens nicht weiter gehen kann als der ihr jeweils mögliche Informationszugriff, der oft nicht in die andere Ges hineinreicht, über die Auskunft begehrt wird. Es bedarf daher geeigneter, nach den gesellschaftsrechtlichen Strukturen ebenso wie nach den Informationszwecken u -bedürfnissen differenzierender Regeln, die den Informationsfluss ermöglichen und begrenzen. Im einzelnen kann das im Rahmen dieses Überblicks nicht entwickelt werden. Höchst dankenswerte Überlegungen dazu hat *Sven Schneider*[186] **104**

---

181 Dazu zB BGHZ 131, 30.

182 Vgl etwa *Drexl,* Wissenszurechnung im Konzern, ZHR 161 (1997), 491.

183 Teilweise strenger *H. Götz,* Leitungssorgfalt und Leitungskontrolle der AG hinsichtlich abhängiger Unternehmen, ZGR 1998, 524; *Fleischer* DB 2005, 759, 763; relativierend unter Berücksichtigung des KonTraG *A. Reuter* DB 1999, 2250.

184 Weitergehend *Hommelhoff,* Vernetzte Aufsichtsratsüberwachung im Konzern?, ZGR 1996, 144. Zur Etablierung von Zustimmungsvorbehalten für den Aufsichtsrat des herrschenden Unternehmens hinsichtlich der GFührung in der Tochter vgl *Lenz* AG 1997, 448; *A. Reuter* 1999, 2250.

185 *Sven H. Schneider,* Informationspflichten u Informationssystemeinrichtungen im Aktienkonzern. Überlegungen zu einem Unternehmensinformationsgesetzbuch, 2006; *Liebscher* Rn 150 ff.

186 aaO

vorgelegt, die aber noch intensiver Diskussion im Schrifttum bedürfen, das bislang das Problem nur sporadisch wahrgenommen hat.

C. Gesellschafterhaftung im Konzern

Literatur: S. die Angaben vor Rn 1, ferner unten vor Rn 121u in Rn 132. S. weiter: *Wimmer-Leonhardt,* Interne Konzernhaftung, 2004.

I. Überblick

105 **1. Haftungskonstellationen. a) Haftung des herrschenden Unternehmens** (meist des herrschenden Gfters) **gegenüber abhängiger Ges,** bildet Kernthematik des Problems der Konzernhaftung. Anders herum gesehen: Es geht dabei um die Frage, welche Ansprüche der abhängigen Ges gegen das herrschende Unternehmen als unmittelbaren oder mittelbaren Gfter auf Ersatz von konzernbedingten Nachteilen und Schäden haben soll. Erfüllung solcher Ansprüche kommt nicht nur der abhängigen Ges selbst zugute, sondern ebenso ihren konzernfreien Gftern und ihren Gläubigern. Konzernhaftung ist deshalb wesentliches Element des Gläubigerschutzes in abhängigen Gesellschaften. Gläubigerschutzfrage stellt sich nicht nur bei nachträglich in Abhängigkeit geratener oder in einen Konzern eingebundener GmbH, sondern auch bei Ausgliederung oder sonst konzerngebundener Gründung einer GmbH, ja bei dieser uU sogar verstärkt, weil es oftmals an konzernfreier Minderheit fehlt, deren Schutz den Gläubigern reflexartig zugute kommt. Rechtsgrundlage der Gfterhaftung können Tatbestände nicht konzernrechtlichen Charakters sein, insbesondere die Verletzung der gesellschafterlichen Treupflicht, aber auch Deliktsnormen. Inwieweit es daneben auch „konzernspezifische", dh als Teil des Konzernrechts geregelte Haftungsgrundlagen gibt, ist für die GmbH als abhängige Ges streitig.

106 **b) Direktansprüche von GesGläubigern u Gftern gegen herrschenden Gfter. aa) Direktansspruch kraft materiellrechtlicher Direktentstehung.** Neben den Ansprüchen der Ges gegen den herrschenden Gfter kommen Ansprüche gegen diesen auch unmittelbar seitens anderer Gfter und seitens Gläubigern der abhängigen Ges in Betracht. Derartige Direktansprüche können, soweit sie von Gftern erhoben werden, ebenfalls aus Treupflichtverletzung oder aus Delikt resultieren, Ansprüche der GesGläubiger freilich nur aus Delikt. Der geltend zu machende Anspruch erwächst hier auf Grund der Schadenszufügung durch den herrschenden Gftern den Mitgftern oder den Gläubigern **unmittelbar auf Grund des materiellrechtlichen Anspruchstatbestands.**

107 **bb) Direktanspruch kraft Geltendmachung aufgrund Durchgriffs.** Davon zu unterscheiden sind den Gläubigern aus Ansprüchen gegen die Ges, zB aus Kauf- oder Werkverträgen erwachsene Ansprüche, die sie auf Grund eines Durchgriffstatbestands unmittelbar gegen Gfter geltend machen können u die man deshalb ebenfalls als Direktansprüche bezeichnen kann. Sie sind Direktansprüche nur hinsichtlich der Geltendmachung, nicht hinsichtlich der Entstehung. Bei ihnen kann der gegenüber der abhängigen Ges entstandene Anspruch, wenn ein den Durchgriff eröffnender Tatbestand (gleichzeitig oder

später) vorliegt, unter Beiseiteschiebung der juristischen Persönlichkeit gegen Gfter verfolgt werden (Überleitung der Ansprüche auf der Schuldnerseite). Trotz Bestehens solcher materiellrechtlicher Direktansprüche ist im Insolvenzverfahren die Geltendmachung solcher Ansprüche analog § 93 InsO dem Insolvenzverwalter vorbehalten.

2. Behandlung von Anspruchskonkurrenzen. Das danach mögliche Nebeneinander von Ansprüchen der Ges einerseits und Direktansprüchen andererseits führt zur wichtigen Frage der Behandlung der Anspruchskonkurrenz. Erfolgt die zum Direktanspruch führende Rechtsgutsverletzung, wie in der Regel, durch Verletzung von Rechtsgütern der Ges, insbes ihres Vermögens, ist die eintretende Konkurrenz zwischen Ansprüchen der Ges und solchen der Gfter dahin zu lösen, dass der Gesellschaftsschaden vorrangig bei der Ges auszugleichen u daher auch vorrangig durch sie geltend zu machen ist. Ansprüche der Gfter gegen den Schädiger können nur dann und insoweit zum Zuge kommen, wie deren Schaden durch Leistung an die Ges nicht ausgleichbar ist. Direktansprüche von GesGläubigern gegen Gfter aus Delikt können sich dann ergeben, wenn der Deliktstatbestand unmittelbar gegen sie verwirklicht wird, wie dies insbes im Rahmen von § 826 BGB der Fall sein kann. Ähnlich wie hinsichtlich der Direktansprüche von Gftern gilt auch hier, dass bei Entstehung des Gläubigerschadens durch Schädigung der Ges der Ersatzanspruch der Ges Vorrang haben muss. 108

II. Haftung des herrschenden Unternehmens aus allg über Konzernrecht hinausgreifenden Gründen 109

Herrschendes Unternehmen haftet der Ges aus den gleichen Gründen, aus denen ein Gfter auch einer nicht von ihm abhängigen Ges haften müsste, ein Gfter etwa, der kein Unternehmen ist oder dessen Anteilsbesitz unterhalb der Möglichkeit beherrschenden Einflusses liegt. Im Unternehmensverbund sind freilich Möglichkeiten der Schädigung u der Verfolgung von Eigeninteressen in vielfacher Weise gesteigert, was derzeit in der Diskussion zu weit in den Hintergrund tritt u die spezifische Konzernrelevanz der Haftungsproblematik aus den Augen verliert.

1. Haftung aus Verletzung der Treupflicht. Haftung des herrschenden Unternehmens gegenüber abhängiger GmbH aus schuldhafter Verletzung der Treupflicht kommt insbes bei Erteilung schädlicher Weisungen an die abhängige Ges in Betracht.[187] Beweislast für mangelndes Verschulden obliegt dem herrschenden Unternehmen. Treupflicht besteht nicht nur Mitgftern, sondern auch der Ges gegenüber jedenfalls dann, wenn an ihr noch konzernfreie Gfter beteiligt sind. Soweit freilich Schädigung der Ges mit Einverständnis der Minderheit erfolgt, kommt Ausgleichsanspruch gar nicht zur Entstehung; möglich ferner, daß Ges unter Zustimmung der Minderheit auf den Anspruch verzichtet. Nichtig ist solcher Verzicht idR nur insoweit, als er im Bewußtsein der Gläubigerschädigung erfolgt, das keineswegs notwendig vorzuliegen 110

[187] Das dürfte seit BGHZ 65, 17 (ITT – ergangen 1975) kaum noch streitig sein. Die Pionierarbeit von *Zöllner,* Schranken mitgliedschaftlicher Stimmrechtsmacht, 424 ff, 431 ff aus dem Jahr 1963 scheint vergessen. Heute kann sich kaum noch jemand vorstellen, wie wenig schmackhaft derlei für die vor vierzig Jahren tonangebende Juristengeneration war u welchen Umbruch ITT für die Praxis bedeutete.

braucht. Desgleichen versagt Haftung aus der Treupflicht bei der **Einmannges.** Zur Frage, inwieweit bei ihr bes, nicht mit der gfterlichen Treupflicht identische Rücksichtspflichten im Hinblick auf Gläubigerinteressen bestehen, s Rn 111 f. Bindung aus der Treupflicht mit Haftungsfolge bei Verletzung besteht auch bei nur mittelbarer Beteiligung im mehrfach gestuften Konzern (GroßmutterGes gegenüber EnkelGes).[188]

111 **2. Haftung wegen Treupflichtverletzung auch bei beherrschter Einmann-GmbH?** Bei unmittelbar oder mittelbar im Alleinbesitz des herrschenden Unternehmens befindlicher Ges, also beherrschter GmbH ohne MinderheitsGfter, insbes Einmann-Ges stellt sich die Frage, ob **Haftung des herrschenden Unternehmens für von ihm veranlaßte nachteilige Maßnahmen** gegenüber der abhängigen GmbH in Betracht kommt, obwohl mangels Vorhandenseins einer konzernfreien Minderheit Haftung ausschließlich Gläubigerinteressen dient. Grundlage dafür kann nicht eine Verletzung des GesInteresses sein, weil ein von der Gesamtheit der Gfter unabhängiges GesInteresse entgegen vielen Fehlvorstellungen nicht anzuerkennen ist, wie allein schon die Befugnis der GfterGesamtheit zeigt, unter Zustimmung aller den Zweck der Ges grundlegend zu verändern.[189] Treupflicht des Alleingfters läuft daher leer. Allerdings muß auch EinmannGfter gewisse Eingriffsgrenzen zum Schutz der Gläubiger wahren,[190] dh er darf nicht beliebig mit dem GesVermögen als Haftungsmasse umspringen, dessen er sich zur Tätigung von Geschäften bedient. Daraus läßt sich aber nicht generalklauselartiges Eigeninteresse der GmbH nach Art des (sinnvoll nur mit Hilfe des Ges-Zwecks umschreibbaren) GesInteresses hypostasieren, aus dem dann Folgerungen gezogen werden. Erst recht kommt Schadensersatzanspruch wegen Verletzung eines vom GesInteresse zu unterscheidenden, selbständigen Unternehmensinteresses nicht in Betracht, auch nicht in mitbestimmten Gesellschaften.

112 Schranken der Einwirkung auf Gesvermögen, denen Einmanngfter zu unterwerfen ist, sind weniger streng wie die eines herrschenden Gfters einer Mehrpersonenges. Daher ist Alleingfter nicht nach einer „weiterentwickelten Treupflicht" gegenüber der juristischen Person zu binden[191] u evtl wegen deren Verletzung zum Schadensersatz heranzuziehen, sondern die spezifische Problematik der Einmannges ist auf anderem Weg zu lösen. Rspr bedient sich dazu seit 2001 einer Haftungsfigur mit dem martialisch-pathetischen Namen „Existenzvernichtungshaftung", auf die gesondert eingegangen wird (unten Rn 121 ff). Grenzen für den Alleingfter müssen die gleichen sein wie für einvernehmliches Handeln der Gftergesamtheit in einer Mehrmannges. Enger zu ziehen sind Grenzen des Verhaltens für Einmanngfter, ganz ebenso wie für herrschenden Gfter in Mehrmannges, wenn ihm Unternehmenseigenschaft zukommt,[192] weil Gefährdungslage der Ges sich grundlegend unterscheidet. Dem weitaus höheren Schädigungsrisiko der Ges bei Unternehmenseigen-

---

188 Vgl dazu ausführlich *Tröger,* Treupflicht im Konzernrecht, 2000, 37 ff.

189 Abw *Ulmer* ZHR 148 (1984) 418 sowie an zahlreichen weiteren Stellen: AG 1986, 127 f; NJW 1986, 1583; WPg 1986, 692; ZGR 1985, 607; Scholz/*Emmerich* Anh § 44 Rn 229; *Assmann* JZ 1986, 931; *K. Schmidt* BB 1985, 2077. Wie hier *Lutter/Hommelhoff* Anh § 13 Rn 28. Zur Problematik auch *C. Hartmann* GmbHR 1999, 1061.

190 Vgl *Lutter/Hommelhoff* (Fn 171) Rn 27 f.

191 So aber *Hüffer* AktG § 302 Rn 8 (für GmbH!).

192 Abw Rowedder/Schmidt-Leithoff/*Koppensteiner* Anh § 52 Rn 56

schaft des Einmanngfters müssen aus Präventionsgründen strengere Verhaltensregeln gegenüberstehen.

3. Haftung aus §§ 30, 31 bei auszahlungsartigen Maßnahmen. Veranlaßt der herrschende Gfter die abhängige GmbH zu für sie nachteiligen Maßnahmen zugunsten seines eigenen oder eines mit diesem verbundenen Unternehmens, kommt dies einer „Entnahme" iS einer Auszahlung von GesVermögen gleich. Geht diese Entnahme zu Lasten des Stammkapitals, ist sie nach § 30 unzulässig u der herrschende Gfter daher nach § 31 I GmbHG zur Erstattung verpflichtet.[193] Diese Verpflichtung ergreift über den Wortlaut hinaus nicht nur „Zahlungen" iSv Geldleistungen. Vielmehr ist der Auszahlungsbegriff weit auszulegen.[194] Jede Wertzuwendung gehört dazu.[195] Allerdings muss sich seit der MoMiG-Reform die Leistung „bilanziell" negativ auswirken. Sie ist nach dem neuen § 30 I 2 nämlich in Ordnung, wenn sie durch einen vollwertigen Gegenleistungs- oder Rückgewähranspruch gedeckt ist. Abgrenzungsschwierigkeiten treten namentlich auf, wenn Gfter Vorteile „auf Kosten" der Ges erlangt, die keinen unmittelbaren Vermögensnachteil für diese mit sich bringen.[196] Je weiter man Auszahlungsbegriff auslegt, desto mehr Fälle ungerechtfertigter Erlangung von Konzernvorteilen u von konzernlicher Schadenszufügung lassen sich mit den Vorschriften erfassen. Problematik ist noch nicht nach allen Richtungen hinreichend ausgelotet. Für von ihm veranlaßte Entnahme ist der herrschende Gfter auch dann erstattungspflichtig, wenn er „gutgläubig" war – etwa in dem Sinn, daß ihm die stammkapitalschmälernde Wirkung seiner Veranlassung nicht bekannt u ohne grobe Fahrlässigkeit auch nicht erkennbar war.[197] Eine darüber hinausgehende Privilegierung ist nicht sachgerecht. 113

Ausgleichspflicht gem §§ 30, 31 GmbHG kann auch entstehen, wenn sich **abhängige Ges ohne „Veranlassung"** des herrschenden Gfters **an seinem Interesse** u dh auch dem eines mit ihm verbundenen Unternehmens ausrichtet u dadurch Stammkapital schmälert.[198] Weder vom Wortlaut noch vom Zweck der §§ 30, 31 GmbH her ist Voraussetzung, daß eine aktive Veranlassung der Zuwendung seitens eines Gfters vorliegt. Vielmehr genügt es, wenn von der Ges offene oder verdeckte Zuwendungen mit Rücksicht auf Gftereigenschaft des Empfängers getätigt werden. Daß der Ges nachteilige, dem herrschenden Unternehmen jedoch vorteilhafte Maßnahmen mit Rücksicht auf GfterEigenschaft des herrschenden Unternehmens erfolgen, ist zu vermuten. Anspruch aus §§ 30, 31 greift auch, wenn „Auszahlung" an ein herrschendes Unternehmen erfolgt, das nur mittelbarer Gfter der Ges ist.[199] 114

Schwäche des Anspruchs aus § 31 ist zum einen, daß seine Höhe in vielen Fällen schwer bezifferbar sein wird, sofern man Auszahlungsbegriff nicht eng 115

---

[193] Vgl auch BGH ZIP 1987, 1050, wo freilich Voraussetzungen enger gefaßt sind.

[194] Näher § 30 Rn 33 ff.

[195] Anders ausdrücklich im Problemzusammenhang *Lutter/Banerjea* ZGR 2003, 402, 420 f, die sogar den Entzug von Geschäftsfeldern u von Liquidität als nicht von § 30 erfaßt ansehen wollen.

[196] Auszahlung bejahend zB *Brandes* ZGR 1989, 254. Zur Bedeutung der Wiedereinführung der bilanziellen Betrachtungsweise oben § 30 Rn 34.

[197] Zur Anwendung von § 30 GmbHG im GmbHKonzern vgl Ulmer/*Habersack* § 30 Rn 86 f; Scholz/*Westermann* § 30 Rn 51 ff; *M. Winter* ZHR 148 (1984) 579; *U. H. Schneider* ZGR 1985, 279 sowie oben § 30 Rn 17.

[198] Verneinend *Ulmer* ZHR 148 (1984) 401 mN.

[199] Dazu § 30 Rn 27; Roth/*Altmeppen* § 30 Rn 60.

fasst. Das gilt insbes dann, wenn der wirtschaftliche Wert eines der Ges entzogenen Vorteils sich erst in der Zukunft u in schwer vorhersehbarem Umfang realisiert oder wenn herrschendes Unternehmen ständig kleine Vorteile aus der Ges zieht, deren Summierung sich nicht beziffern läßt. Schwäche des Anspruchs ist des weiteren, daß er selbst keine Schadensersatznorm darstellt. Ohne weiteres verlangt werden kann auf Grund der Norm nur Erstattung der Zahlung, § 31 I, nicht Ersatz des aus der Entziehung entstandenen Schadens. Immerhin kann aber, da der Erstattungsanspruch sofort mit Entziehung fällig wird (allgM), alsbald oder sofort Verzug eintreten mit der Folge, dass der aus der nicht sogleich erfolgten Erstattung sich ergebende Schaden nach §§ 280 I mit II, 286 BGB zu ersetzen ist. Verzug setzt nicht unbedingt eine Mahnung seitens der Ges als Gläubigerin voraus. Vielmehr kann, namentlich bei vorsätzlichem Verstoß, wie er meist vorliegen wird, der Verzugseintritt ohne Mahnung nach § 286 II Nr 4 BGB zu bejahen sein. Verzug tritt nach § 286 IV BGB nicht ein, wenn die Erstattung infolge eines Umstands unterbleibt, den der Gfter nicht zu vertreten hat. Diese Einschränkung wird selten vorliegen. Stärke des Anspruchs aus § 31 ist zum einen, daß er kein Verschulden voraussetzt, zum andern, daß er nicht nur in der Mehrmannges, sondern auch in der Einmannges oder bei Einverständnis aller Gfter mit der Schädigung greift.

116 **4. Haftung aus Patronatserklärungen** gehört „eigentlich" ihrem Wesen nach nicht zur spezifischen Konzernhaftung, aber sie tritt im Konzern besonders häufig auf, weil solche Erklärungen nicht selten von Muttergesellschaften für ihre Tochtergesellschaften abgegeben werden.[200]

117 **5. Vertrauenshaftung.** Haftung aus sog **Konzernvertrauen** ist gelegentlich erwogen worden.[201] Hierbei geht es um mißverständlichen Tatbestand. Haftung kommt nur in Betracht bei Verhalten eines Konzernunternehmens, das Erklärungswert einer Haftungszusage hat (so die rechtsgeschäftliche Fundierung der Vertrauenshaftung) oder bei dem der Vertrauende unter Berücksichtigung von Treu und Glauben annehmen darf, der andere werde sein Verhalten auch in Zukunft in gleicher Weise fortsetzen (so die aus dem Treugedanken abgeleitete Erklärung der Vertrauenshaftung). Ein solches Ansprüche gegen das herrschende Unternehmen begründendes Verhalten kann unter besonderen Umständen auch von abhängiger Ges als Schuldnerin

---

[200] Zur Bedeutung solcher Erklärungen, insbes auch zur Unterscheidung von haftungsbegründenden sog harten und grundsätzlich nicht haftungsbegründenden weichen Patronatserklärungen vgl OLG Karlsruhe DZWir 1993, 20 = WM 1992, 2088 (Schotterkleber); BGH DStR 1993, 1753; LG München I DB 1998, 1457; *Limmer* DStR 1993, 1750; *C. Schäfer* WM 1999, 153; *Fleischer* WM 1999, 666; *U. Stein,* FS Peltzer, 2001, 537; *Koch,* Die Patronatserklärung, 2005 (dazu *P. Bülow* ZHR 171 (2007), 584); zu Liquiditätszusagen des GmbH-Gfters *Wiedemann/Hermanns* ZIP 1994, 997. S ferner *Rosenberg/Kruse* BB 2003, 641; *H. Schmidt,* Der Minderheitsgesellschafter als Patron, NZG 2006, 883.

[201] Dazu zB *Lutter* Gedächtnisschrift Knobbe-Keuk, 1997, 229; *Fleischer* ZHR 163 (1999), 461 (kritisch gegen zu weite Ausdehnung); für eine Konzernvertrauenshaftung treten *Broichkamm/Burmeister* NZG 2006, 687 ein; Schweiz BGE 124 III, 297 ff; dazu *v. Büren* SZW/RDSA 1/99 S 54. S ferner *Druey SZW/RDSA* 2001, 190; *v. d. Crone/Walter* SZW/RDSA 2001, 53; *H. Honsell,* GS Sonnenschein, 2003, 661; *Rieckers,* Konzernvertrauen u Konzernrecht, 2004; *ders.* NZG 2007, 125. Aus der dt. Rspr OLG Hamm GmbHR 1998, 890.

der Hauptverbindlichkeit ausgehen, wenn sich Konzernmutter deren Verhalten zurechnen lassen muß, etwa analog Anscheins- oder Duldungsvollmacht.

6. Durchgriffshaftung des herrschenden Gfters gegenüber GesGläubigern (Direkthaftung). Direkt- oder Außenhaftung von Gftern gegenüber Gläubigern der Ges kommt im GmbH-Recht nach allg Durchgriffsregeln in Betracht.[202] Vorliegen eines Konzern- oder auch nur Abhängigkeitstatbestands eröffnet diesen Durchgriff nicht von sich aus, sondern nur im Verein mit anderen Umständen,[203] dh es muss zusätzlich zum Tatbestand des Anspruchs gegen die Ges und zum Tatbestand des Abhängigkeits- oder Konzernverhältnisses eine besonderer, **durchgriffseröffnender Tatbestand** vorliegen. Konzern- oder abhängigkeitsbegründende Umstände können aber Elemente eines durchgriffseröffnenden Tatbestands sein. Hintergrund des Haftungsdurchgriffs ist die Frage, wo die Grenzen für die mittels Einschaltung einer GmbH bewirkte Verlagerung von Geschäftsrisiken vom eigenen Vermögen auf das Vermögen der Gläubiger liegen. Beschränkung der Haftung auf das GesVermögen bildet dabei den gesetzgeberisch gewollten Regeltatbestand. Das gilt auch für den Alleingfter.[204] In Ausnahmefällen, die besonderer Begründung und damit besonderer Voraussetzungen bedürfen, ist jedoch eine Heranziehung der oder bestimmter Gfter für Verbindlichkeiten der Ges aus Gerechtigkeitsgründen geboten. Insbes unangemessenes gläubigergefährdendes Verhalten kann solche Heranziehung auslösen. Einschlägige Verhaltensweisen wie zB die **Unterkapitalisierung** (zu dieser oben Einl Rn 53; § 5 Rn 5f; § 13 Rn 47; § 30 Rn 10),[205] die vom BGH zu Unrecht nicht herangezogen wird, sind auch bei einer nicht im Unternehmensverbund stehenden GmbH denkbar. Gleiches gilt für den Tatbestand der **Vermögensvermischung,** dem als durchgriffsauslösend immer wieder Bedeutung zukommt.[206] Andere Verhaltensweisen wiederum sind nur im Unternehmensverbund denkbar, wie insbes die meist unter dem Gesichtspunkt des **Rechtsformmissbrauchs** diskutierte unangemessene Instrumentalisierung einer GmbH für die Interessen des herrschenden Unternehmens. Ob auch der die **Insolvenz verursachende (= ungenau „existenzvernichtende") Eingriff** zur Direkthaftung führt, wird gesondert erörtert; dazu näher Rn 121 ff. 118

Ein Durchgriff besonderer Art auf die Konzernspitze hat im Zusammen- 119
hang mit der **Altlastensanierung** Erörterung gefunden. Es geht dabei insbes um die Haftung nach dem Bundesbodenschutzgesetz.[207] Eine interessante Pa-

---

202 Dazu gute kurze Darstellung bei Roth/*Altmeppen* § 13 Rn 20 ff sowie oben § 13 Rn 10–17 u 43 - 49 mN.

203 Vgl BGHZ 68, 320; auch BGHZ 95, 330.

204 Vgl zB BGH WM 1992, 2053 = JR 1994, 59 mit Anm *Windbichler*; BSG GmbHR 1996, 604.

205 Zur Unterkapitalisierung als konzernnaher Tatbestand *Raiser* ZGR 1995, 156, 162; *Kiethe/Groeschke* BB 1997, 1957; OLG Dresden GmbHR 1997, 215.

206 *Altmeppen* ZIP 2002, 1553, 1557 ff. Aus der Rspr s vor allem BGHZ 125, 366.

207 Vgl dazu *Turiaux/Knigge* BB 1999, 377; *Schwartmann* DStR 1999, 325; *Schmitz-Rode/Bank* DB 1999, 417; *Tiedemann,* Zur Altlastensanierungspflicht des GmbH-Gfters bei Haftung wegen existenzvernichtenden Eingriffs, NZG 2004, 177; weiter ausgreifend *Ochsenfeld,* Direkthaftung von Konzernobergesellschaften in den USA, 1998; thematisch noch weiter ausgreifend in den Umweltschutz *Imke Ossenbühl,* Umweltgefährdungshaftung im Konzern, 1999.

rallele zum Haftungsdurchgriff bildet der **kartellrechtliche Sanktionsdurchgriff** auf die Oberges.[208]

120 **7. Haftung des herrschenden Gfters aus Delikt.** Deliktsrecht ist wenig geeignet, praeventive wie schadensausgleichende Funktionen eines Konzernhaftungsrechts auszufüllen. Insbesondere lässt sich die zentrale Deliktsnorm § 823 I BGB kaum instrumentieren, nachteilige Einwirkungen des herrschenden Unternehmens auf die abhängige Ges zu sanktionieren, weil in aller Regel schon der primäre Eingriff nicht in Rechtsgüter erfolgt, die durch die Norm geschützt sind. Das Vermögen als unmittelbar verletztes Rechtsgut ist durch § 823 I BGB nicht geschützt. Auch das Mitgliedschaftsrecht der Mitgfter wird durch die Einwirkung auf das GesVermögen nicht verletzt. Manches nachteilige Konzernverhalten kann gegen Rechtsnormen verstoßen, die sich als Schutzgesetze iSv § 823 II BGB qualifizieren lassen. Ein breiter Konzernschutz ist dadurch nicht zu bewirken. Insbes lässt sich dazu § 266 StGB kaum einsetzen.[209] § 826 BGB ist zwar gegenständlich auf breiter Front und vor allem bei Primärverletzung des Vermögens jeder Art einsetzbar. Seinem Eingreifen stehen aber in Gestalt der Erfordernisse vorsätzlicher Schadenszufügung und sittenwidriger Begehungsweise vergleichsweise hohe Hürden entgegen. Gleichwohl kann die Norm sehr wohl im Kampf gegen besonders verwerfliche und skandalöse Verhaltensweisen wie die Ausplünderung der Ges u das Geschäftemachen zu Lasten der Gläubiger zum Einsatz kommen. Derzeit werden die einschlägigen Fragen unter dem Etikett „Existenzvernichtungshaftung" intensiv erörtert. Darauf ist gesondert einzugehen, weil die Rechtsprechung des BGH unter diesem Begriff zunächst eine gänzlich anders geartete Haftung bejaht hat u erst vor kurzer Zeit in einer Art Substitution des Grundes ihm nunmehr eine auf § 826 BGB gestützte Haftung unterlegt.

III. Haftung wegen Insolvenzverursachung (vulgo wegen „Existenzvernichtung")

Lit: *Bayer,* Die Gesamtverantwortung der Gesellschafter für das Stammkapital und die Existenz der GmbH, FS Röhricht, 2005, 25; *Benecke,* Existenzvernichtender Eingriff statt qualifizierter faktischer Konzern, BB 2003, 1190; *Bitter,* Der Anfang vom Ende des qualifiziert faktischen GmbH-Konzerns ..., WM 2001, 2133; *Bruns,* Reichweite der Haftung wegen existenzvernichtenden Eingriffs, NZG 2004, 409; *ders.,* ZHR 171 (2007), 588 (lesenswerte Rezension der Monografie von Matschernus); *Dauner-Lieb,* Die Existenzvernichtungshaftung – Schluss der Debatte?, DStR 2006, 2034; *dies,* Die Existenzvernichtungshaftung als deliktische Innenhaftung gemäß § 826 BGB, ZGR 2008, 34; *Diem,* Besicherung von Gesellschafterverbindlichkeiten als existenzvernichtender Eingriff des Gesellschafters?, ZIP 2003, 1287; *Drygala,* Abschied vom qualifizierten Konzern – oder Konzernrecht für alle?, GmbHR 2003, 729; *Emmerich/Habersack,* Konzernrecht 9. Aufl. § 31; *Gehrlein,* Haftung wegen existenzvernichtenden Eingriffs im Einzelfall, BB 2005, 613; *Grigoleit,* Gesellschafterhaftung für interne Einflussnahme im Recht der GmbH, 2006; *Haas,* Die Gesellschafterhaftung wegen „Existenzvernichtung" WM 2003, 1629; *ders.,* Reform des gesellschaftsrechtlichen Gläubigerschutzes, Gutachten E für den 66. DJT, 2006; *Habersack,* Trihotel – Das Ende der Debatte? Überlegungen zur Haftung für schädigende Einflussnahme im Aktien- und GmbH-Recht, ZGR

[208] Dazu näher *J. Koch,* Der kartellrechtliche Sanktionsdurchgriff im Unternehmensverbund, ZHR 171 (2007), 554

[209] Vgl. dazu aber BGHZ 149, 10 (17) und die strafrechtliche Entscheidung BGH NJW 1989, 112. Kritisch dazu *Zöllner,* FS Konzen, 2006, S. 1013.

2008, 533; *Heeg/Manthey,* Existenzvernichtender Eingriff – Fallgruppen der Rechtsprechung und Praxisprobleme, GmbHR 2008, 798; *Henze,* Gesichtspunkte des Kapitalerhaltungsgebotes u seiner Ergänzung im Kapitalgesellschaftsrecht in der Rechtsprechung des BGH, NZG 2003, 649, 655; *Hönn,* Roma locuta? – Trihotel, Rechtsfortbildung und die gesetzliche Wertung, WM 2008, 769; *Th.Jacob,* Konzeption der Existenzvernichtungshaftung vor dem Hintergrund des MoMiG-Entwurfs, GmbHR 2007, 681; *Koppensteiner,* Existenzvernichtung der GmbH durch ihren einzigen Gesellschafter, FS Honsell, 2002, 607; *Lutter/Banerjea,* Die Haftung wegen Existenzvernichtung, ZGR 2003, 402; *Matschernus,* Die Durchgriffshaftung wegen Existenzvernichtung in der GmbH, 2007; *Osterloh-Konrad,* Abkehr vom Durchgriff: Die Existenzvernichtungshaftung des GmbH-Gesellschafters nach „Trihotel“, ZHR 172 (2008), 274; *Röhricht,* Die GmbH im Spannungsfeld zwischen marktwirtschaftlicher Dispositionsfreiheit ihrer Gesellschafter und Gläubigerschutz, FS BGH, 2000, 83; *Roth,* Gläubigerschutz durch Existenzschutz, NZG 2003, 1081; *Rubner,* Die Haftung wegen sittenwidriger vorsätzlicher Existenzvernichtung, Der Konzern 2007, 635; *Schanze,* Gesellschafterhaftung für unlautere Einflussnahme nach § 826 BGB: Die Trihoteldoktrin des BGH, NZG 2007, 681; *K. Schmidt,* Gesellschafterhaftung u „Konzernhaftung“ bei der GmbH, NJW 2001, 3577; *Schulz/Israel,* Kein existenzvernichtender Eingriff durch typische Finanzierung bei Leveraged Buy-out, NZG 2005, 329; *Schwab,* Die Neuauflage der Existenzvernichtungshaftung: Kein Ende der Debatte, ZIP 2008, 341; *Theiselmann,* Die Existenzvernichtungshaftung im Wandel. Das Trihotelurteil des BGH und seine Praxisfolgen, GmbHR 2007, 904; *Ulmer,* Haftung von GmbH-Gesellschaftern, JZ 2002, 1049; *Vetter,* Rechtsfolgen existenzvernichtender Eingriffe, ZIP 2003, 601; *ders.,* Die neue dogmatische Grundlage des BGH zur Existenzvernichtungshaftung, BB 2007, 1965; *G. Wagner,* Existenzvernichtung als Deliktstatbestand – Einordnung, Ausgestaltung und Anknüpfung der Haftung wegen existenzvernichtenden Eingriffs, FS Canaris Bd. 2, 2007, 473; *Wahl,* Die Haftung für existenzvernichtenden Eingriff in der instanzgerichtlichen Rechtsprechung, GmbHR 2004, 994; *Weller* ZIP 2007, 1681; *Wiedemann,* Reflexionen zur Durchgriffshaftung ..., ZGR 2003, 283; *Wilhelmi,* Die „neue“ Existenzvernichtungshaftung der Gesellschafter der GmbH, DZWir 2003, 45; *Zöllner,* Gläubigerschutz durch Gesellschafterhaftung bei der GmbH, FS Konzen, 2006, 999.

Zur Haftung des herrschenden Gfters wegen Insolvenzverursachung hat **121**
der BGH bislang in relativ kurzem Abstand zwei einander entgegengesetzte Konzepte entwickelt, beide unter der Bezeichnung Existenzvernichtungshaftung.

1. Zur Bezeichnung der Haftung.[210] Die Bezeichnung Existenzvernich- **122**
tungshaftung ist nicht nur unglücklich gewählt, sondern sachlich falsch. Nicht die Existenzvernichtung ist für sie kennzeichnend (oder gar Tatbestandsmerkmal der Haftung), sondern die Beseitigung der Fähigkeit zur vollen Erfüllung der Gesellschaftsverbindlichkeiten, d. h. die Herbeiführung der Insolvenz. Die Existenzvernichtung der Gesellschaft ist eine in der Regel erst sehr viel später, oft Jahre nach der Verwirklichung der Haftung eintretende Folge, zu der es meist in Form der Amtslöschung der Ges im Handelsregister kommt. Erst durch diese Maßnahme wird die Ges beendet u zum Erlöschen gebracht. Anders können die Dinge in Bezug auf das von der Ges betriebene Unternehmen liegen. Dieses wird mitunter bei Löschung der Ges längst zerschlagen sein; in einem solchen Fall läge eine Existenzvernichtung des Unternehmens vor. Darauf stellt indessen der Tatbestand der Existenzvernichtungshaftung ebenfalls nicht ab. Außerdem wird in vielen Insolvenzfällen das Unternehmen durch Veräußerung oder durch Sanierungsmaßnahmen gerettet, sodass es zu seiner Vernichtung überhaupt nicht kommt. Worum es bei der „neuen“ Haftungs-

[210] Dazu ausführlich *Zöllner,* FS Konzen, 2006, 1003 f.

figur in Wahrheit geht, u zwar in beiden Ausprägungen, ist die Verursachung der Insolvenz.

123 **2. Haftungsdurchgriff wegen Rechtsmissbrauch der juristischen Person.** Ein eigens als Existenzvernichtungshaftung apostrophierter Tatbestand hat das Licht der Rechtsprechung des II. BGH-Zivilsenats, vorbereitet durch einen Aufsatz seines damaligen Vorsitzenden,[211] mit Urteil vom 17. 9. 2001[212] erblickt. Nach der damaligen, nun schon historischen Konzeption des Gerichts ging es um einen im Fall der Insolvenz der Ges eingreifenden durchgriffsartigen Anspruch der Gläubiger gegen Gfter wegen Missbrauchs der GmbH-Rechtsform mit der Folge der teleologischen Reduktion des § 13 II GmbHG, durch die eine Direkthaftung des die Rechtsform missbrauchenden Gfters eröffnet wird. Der Missbrauch liegt nach der damaligen Meinung des BGH dann vor, wenn ein Gfter unter Außerachtlassung der gebotenen Rücksichtnahme auf die Zweckbindung des GesVermögens durch offene oder verdeckte Entnahmen der Ges Vermögenswerte entzieht und in einem ins Gewicht fallenden Ausmaß die Fähigkeit der Ges zur Erfüllung ihrer Verbindlichkeiten beeinträchtigt. Die Begründung des neuen Haftungstatbestands stellt auf den Zweck der juristischen Person ab, die Haftung für Gesellschaftsschulden auf das GesVermögen zu beschränken, aus dem sich ergibt, dass das zur Erfüllung der Gesverbindlichkeiten erforderliche GesVermögen in der Ges zu verbleiben hat. Gfter müssen zwar nicht den Fortbestand der Ges garantieren, aber sie müssen ihr ein voll schuldendeckendes Vermögen belassen. Die „Zweckbindung“ des Vermögens, auf die von der Begründung abgestellt wird, darf nicht mit dem Gesellschaftszweck verwechselt werden, dessen Verfolgung die Gfter rechtsgeschäftlich als Ziel der Vereinigung gesetzt haben. Es handelt sich vielmehr um einen mit der Gewährung des in § 13 II GmbHG normativ ausgeprägten Privilegs der Haftungsbeschränkung ganz selbstverständlich verbundenen, ihm immanenten Zweck des GesVermögens, aus dem sich eine Rücksichtspflicht der Gfter auf die Bewahrung der Schuldendeckungsfähigkeit des GesVermögens ableiten lässt. Missachten Gfter diese Rücksichtspflicht in bestimmter Weise, so missbrauchen sie die Rechtsform der GmbH mit der Folge des Verlusts des Haftungsprivilegs. Charakteristisch für dieses an die Insolvenz der Ges gebundene Haftungskonzept ist nach den seinerzeit vom BGH aufgestellten Grundsätzen (1) die Direkthaftung des Gfters gegenüber den Gläubigern (sog. Außenhaftung) für die Verbindlichkeiten der Ges, d. h. dass (2) die Haftung inhaltlich nicht auf Ersatz des Gesellschaftsschadens, sondern auf Erfüllung der Gläubigerforderungen ging, mit der Folge, dass (3) der Gfter auch dann einzustehen hat, wenn die von ihm bewirkte Schädigung der Ges nur zu einem Teil für den Forderungsausfall ursächlich war. Unklar blieb, inwieweit (4) ein Verschulden auf Seiten des Schädigers erforderlich ist, eine nicht leicht zu beantwortende Frage, weil die Missbrauchsvoraussetzung letztlich kaum ohne subjektive Elemente erfüllt werden kann. Das Haftungskonzept ließ sowohl hinsichtlich der Voraussetzungen des Durchgriffs als auch seiner Rechtsfolgen Fragen offen. Das hat den 2. Senat veranlasst, schon nach wenigen Jahren von dem Konzept sachlich

---

211 *Röhricht,* FS BGH, 2000, 83

212 BGHZ 149, 10 Bremer Vulkan. Präzisierende Folgeentscheidungen waren BGHZ 150, 61; BGHZ 151, 181 Kindl Backwaren Vertriebs-GmbH KBV; BGH NZG 2004, 1107; BGH NZG 2005, 177= ZIP 2005, 117 m Anm *Altmeppen*; BGH NZG 2005, 214; BGH BB 2005, 286; s. a. BAG NZG 2005, 628.

wieder Abstand zu nehmen, wenn auch unter Beibehaltung der Bezeichnung Existenzvernichtungshaftung. Die Verabschiedung des Konzepts darf freilich nicht darüber hinwegtäuschen, dass weiterhin die Möglichkeit einer Durchgriffshaftung wegen Rechtsformmissbrauch im Raum steht, die durch Richterspruch gar nicht beseitigt werden kann. Gesehen werden muss auch, dass für die Bejahung eines solchen Missbrauchs durchaus an die vom 2. Senat entwickelten Kriterien anzuknüpfen ist, die abstrakt richtig gewählt sind, jedoch als sachlich gegeben nur dann anzunehmen sind, wenn ein entsprechend gravierendes, die Rechtsordnung grob missachtendes Verhalten vorliegt. Das bedeutet, dass das Vorliegen der Kriterien von § 826 BGB nicht schon den Durchgriff eröffnet.

3. Haftung des herrschenden Gfters nach § 826 BGB. Die Veränderung des Haftungskonzepts erfolgte mit der sog. Trihotel-Entscheidung vom 16. 7. 2007.[213] Der 2. Senat erklärt nunmehr das, wie er es selbst nennt, Haftungskonzept der Existenzvernichtungshaftung ausschließlich (!) als besondere Fallgruppe der vorsätzlich sittenwidrigen Schädigung nach § 826 BGB u gestaltet sie als Innenhaftung des Schädigenden gegenüber der Ges aus. Kontinuität gegenüber dem vorangegangenen Haftungskonzept wahrt der Senat zum einen in der Begründung des Bedürfnisses für die Haftung, das er in der Lückenhaftigkeit u damit Ergänzungsbedürftigkeit der stammkapitalauffüllenden Haftung nach §§ 30, 31 sieht. In der Ausgestaltung der Haftung wahrt er Kontinuität lediglich auf der Tatbestandsseite: Weiterhin wird als mit der Haftung sanktionierter Eingriff in das GesVermögen der Verstoß gegen die Zweckbindung des GesVermögens zur vorrangigen Befriedigung der GesGläubiger erfasst, der die Rücksichtnahme auf diese Bindung „als das systemimmanente normative Korrelat der Instrumentalisierung der GmbH als haftungsbegrenzende Institution" außer acht lässt.[214] Dem Senat ging es um Korrekturen auf der Rechtsfolgenseite; insoweit konnte er Kontinuität folglich nicht wahren. Ihm erschien die unbeschränkte Durchgriffshaftung als überschießend. Das ist zutreffend, wenn man die Voraussetzungen des Durchgriffs niedriger als geboten ansetzt. Werden die Hürden für den Durchgriff hingegen hoch angesetzt, besteht kein wirklicher Anlass für eine Beschränkung des Durchgriffs. Andererseits – darin liegt eine Schwäche der Anknüpfung des neuen Haftungskonzepts an das alte auf der Tatbestandsseite – würde die Schadensersatzhaftung, wenn sie nur bei einer den Durchgriff eröffnenden Eingriffsintensität gegeben wäre, den praktischen Erfordernissen, Schutzlücken der §§ 30, 31 zu schließen, nicht genügen. Anders ausgedrückt: Schadensersatzhaftung hat bei geringeren tatbestandlichen Voraussetzungen einzugreifen als Durchgriffshaftung. Folgt man dieser Maßgabe, erscheint das neue Haftungskonzept beifallswürdig. **124**

Die Stützung der Haftung auf § 826 BGB bietet eine Reihe von Vorteilen. Zum einen lässt sich mit ihr die Haftung mittelbarer Gesellschafter leichter begründen. Zum zweiten sind die subjektiven Voraussetzungen der Haftung klarer konturiert. Erforderlich aber auch ausreichend ist bedingter Vorsatz hinsichtlich der Schädigung der Ges u damit des Eingriffs in das GesVermögen. Der zur Verantwortung zu Ziehende muss wissen oder in Kauf neh- **125**

[213] BGHZ 173, 246 = NZG 2007, 667 = GmbHR 2007, 927 (Anm. *H. Schröder*); bestätigt durch BGH v. 28. 4. 2008 NZG 2008, 547 Gamma.

[214] BGH NZG 2007, 670 Tz 25; das Urteil folgt hier erklärtermaßen meiner Formulierung in FS Konzen 2006 S. 1021.

men, dass die Ges durch sein Handeln geschädigt wird, d.h. Vermögenseinbußen erleidet, für die keine Kompensation erfolgt. Weitere Voraussetzungen sind für den Schädigungsvorsatz nicht erforderlich. Hinsichtlich der Sittenwidrigkeit des Handelns genügt es, dass sich der Gfter der Umstände bewusst ist, die sein Handeln sittenwidrig machen. Dazu genügt, wenn er weiß oder für möglich hält, dass durch sein Verhalten die Insovenz der Ges herbeigeführt oder vertieft wird. Einen weiteren Vorteil des neueren Haftungskonzepts kann man in dem Umstand sehen, der für den Umstieg auf das neue Konzept von besonderer Bedeutung war: dass sich aus ihm zwanglos die Beschränkung der Haftung auf den der Ges entstandenen Schaden ergibt. Zu Einzelheiten der Haftungsvoraussetzungen oben § 13 Rn 57 ff.

126 Einen Nachteil des Innenhaftungskonzepts mag mancher darin sehen, dass die Gläubiger der Ges keine eigenen Ansprüche gegen den insolvenzverursachenden Schädiger haben. Der Senat verweist insoweit für den Fall der Nichteröffnung des Insolvenzverfahrens die Gläubiger darauf, sich durch Verfolgung ihres eigenen Anspruchs gegen die Ges einen Vollstreckungstitel zu verschaffen u mit diesem gegen den Schädiger im Weg der Pfändung u Überweisung des Schadensersatzanspruchs der Ges vorzugehen. Hierzu dürfte das letzte Wort noch nicht gesprochen sein. Denn je nach Sachlage kann bei Bejahung vorsätzlich sittenwidriger Schädigung der Ges ein gleiches auch hinsichtlich der Gläubiger anzunehmen sein. Mögen die Ansprüche der Gläubiger aus § 826 BGB normalerweise als gegenüber dem Anspruch der Ges subsidiär anzusehen sein, so braucht das im Fall der Insolvenz nicht zu gelten, wenn das Insolvenzverfahren nicht eröffnet wird.

IV. Konzernspezifische Haftung

127 **1. § 317 AktG analog.** Für abhängige Aktiengesellschaft sieht § 317 AktG Haftung des herrschenden Unternehmens vor, wenn dieses durch Veranlassung nachteiliger Maßnahmen abhängige Ges schädigt, sofern nicht nachteilige Einwirkung durch Bestehen eines Beherrschungsvertrags legitimiert ist. Ob Vorschrift auf abhängige GmbH analog angewandt werden kann, ist streitig. Nach zutr hM fehlt für derartige Analogie ausreichende Basis.[215] § 317 ist Teil einer Gesamtkonzeption, die durch §§ 311–318 AktG verwirklicht wird. Zu ihr gehört als Zentralstück der Abhängigkeitsbericht, dessen Funktionieren im Bereich abhängiger GmbHs nicht vorstellbar ist u der überdies ein zu aufwendiges Instrument wäre. Auch Rspr zum qualifizierten Konzern zog nicht § 317 I AktG als Anspruchsgrdl heran. Entscheidend gegen Analogie spricht fehlendes Bedürfnis für Anwendung im GmbH-Recht, weil Haftung des herrschenden Unternehmens auf Grund der **Treupflicht** zum gleichen Ergebnis führt. Das gilt **auch im mehrstufigen Konzern,** wenn herrschendes Unternehmen an geschädigter Ges nicht selbst unmittelbar beteiligt ist. Richtig verstandene Treupflicht bindet auch mittelbar beteiligte Ges und Verletzung dieser Pflicht führt zu ihrer Haftung. Davon zu trennende Frage ist, ob zwecks Geltendmachung von Treupflichtverletzungsansprü-

[215] Hachenburg/*Ulmer* Anh § 77 Rn 55 f; *Ulmer* ZHR 148 (1984) 412; *H. P. Westermann* in: Der GmbH-Konzern, 44; *Flume,* JurPerson, 89, 128; *Hommelhoff,* Die Konzernleitungspflicht, 1982, 248 ff. Ferner in der Sache auch BGHZ 65, 17 – ITT – sowie die dazu ergangenen Rezensionen von *Rehbinder* ZGR 1976, 390 f u *Wiedemann* JZ 1976, 395.

chen durch Gläubiger §§ 317 IV, 309 IV 3 AktG analog angewendet werden können.[216]

2. Haftung auf Verlustausgleich im Vertragskonzern. Das in § 302 AktG zu Schutz u Erhaltung des Kapitals gegenüber den aus Beherrschungs- u Gewinnabführungsverträgen drohenden Gefährdungen vorgesehene Instrument der Verlustausgleichspflicht (genauer: Pflicht, entstandene Jahresfehlbeträge auszugleichen) ist in gleicher Weise auch im GmbHRecht anzuwenden. Normzweck des § 302 AktG läßt sich mit gewissen Modifikationen in GmbH-Recht übertragen; Spezifika der GmbH, die dieser Übertragung grds entgegenstehen könnten, sind nicht ersichtlich.[217] **128**

a) Gläubiger des Anspruchs auf Verlustausgleich ist abhängige GmbH, Schuldner das herrschende Unternehmen. Anspruch kann auch durch außenstehende Gfter durchgesetzt werden, und zwar ohne vorherigen Gfter-Beschluß (zu dessen Erforderlichkeit im Normalfall vgl § 46 Rn 57 ff). Im Insolvenzverfahren obliegt Geltendmachung dem Insolvenzverwalter. Gläubiger können Verlustausgleichsanspruch pfänden und sich überweisen lassen. Verzicht auf Verlustausgleichsanspruch nur durch Gfter-Beschluß möglich, bei dem herrschendes Unternehmen nicht mitstimmen kann. **Aufrechnung gegen den Verlustausgleichsanspruch** durch herrschendes Unternehmen darf nur bei Werthaltigkeit der zur Aufrechnung gestellten Forderung erfolgen.[218] **129**

b) Inhaltlich geht Anspruch grds auf Erstattung des Jahresfehlbetrags. Verschiedentlich wird vertreten (so auch noch die 17. Aufl), dass der Umfang dieser Erstattungspflicht, anders als im Aktienrecht, nicht zwingend sei, weil Vermögensbindung im GmbHRecht nicht so weit reiche; zwingend sei vielmehr nur Pflicht zur Erstattung stammkapitalschmälernder Verluste. Dem ist nicht zu folgen. Verlustausgleichspflicht auf den vollen Jahresfehlbetrag ist das Korrelat der Möglichkeit des herrschenden Unternehmens, auf die Ges nachteilig einzuwirken. Auffüllung lediglich des Stammkapitals ist als Schutz sowohl für Gläubiger wie für Minderheit zu schwach. Dem entspricht es, dass nach der Rspr des BGH[219] sich die Höhe des Anspruchs nicht nach der festgestellten Bilanz bemisst, sondern danach, was sich bei objektiver, ordnungsgemäßer Bilanzierung als Verlust ergeben würde. Die Ausgleichspflicht natürlicher Personen als Partner des Beherrschungsvertrags ist nicht auf deren **130**

---

216 Ebenso *Lutter/Hommelhoff* Anh § 13 Rn 23. Zum ganzen auch *Orth* DStR 1994, 250.

217 Bejahend BGH GmbHR 1999, 1299; BGHZ 168, 285, 288 sowie die ganz hM im Schrifttum, vgl nur Ulmer/*Casper* Anh § 77 Rn 210; Scholz/*Emmerich* 10. Aufl, Anh Konzernrecht nach § 13 Rn 203; Rowedder/Schmidt-Leithoff/*Koppensteiner* Anh § 52 Rn 112; *Kort,* Beherrschungsverträge, 146 ff; *Hommelhoff,* Konzernleitungspflicht, 303; *K. Schmidt* ZGR 1983, 513 ff; *Timm* GmbHR 1987, 12. Vgl dazu auch BGH NJW 1980, 232 – Gervais für Beherrschungsvertrag mit abhängiger GmbH & 38; Co KG. Vgl ferner BGHZ 95, 342 f; dort bejahte entspr Anwendung von § 302 AktG auf qualifizierten faktischen Konzern muß erst recht im Vertragskonzern greifen (vgl auch BGHZ 103, 5). Über Sonderbehandlung der abhängigen GmbH ohne konzernfreie Minderheit, insbes die Einmann-GmbH, vgl Rn 112.

218 BGH NZG 2006, 664. Dazu *Witt,* Aufrechnung gegen Verlustausgleichsanspruch im GmbH-Konzern, NZG 2006, 735; *Priester* BB 2005, 2483. Zulässigkeit der Aufrechnung gänzlich verneinend OLG Jena GmbHR 2005, 1058.

219 BGHZ 142, 382 = BGH NZG 2000, 205; BGH NZG 2005, 205

gewerbliches Vermögen beschränkt.[220] Zeitpunkt der Entstehung des Anspruchs ist der Stichtag der Jahresbilanz, nicht deren Feststellung.[221]

131 **c) Anspruch auf Sicherheitsleistung u Verwandlung in Zahlungsanspruch.** Recht der Gläubiger, bei Beendigung eines Beherrschungs- oder Gewinnabführungsvertrages binnen sechs Monaten vom herrschenden Unternehmen **Sicherheitsleistung** zu verlangen, ergibt sich aus Analogie zu § 303 AktG. Ist abhängige GmbH ganz oder weitgehend vermögenslos, hat Sicherheitsleistung keinen Sinn. Gläubiger können daher vom herrschenden Unternehmen Zahlung verlangen.[222]

132 **3. Haftung auf Verlustausgleich im qualifizierten Nichtvertragskonzern.** Bis zur Etablierung des Haftungstatbestands der Insolvenzverursachung (vulgo Haftung wegen Existenzvernichtung) ist man das Gläubigersicherungsproblem (nebst anderen Problemen) mit Hilfe der Figur des **qualifizierten Konzerns** angegangen.

Aus der umfangreichen Literatur hier nur eine kleine Auswahl (umfassendere Nachweise in der 17. Aufl vor Rn 86: *Altmeppen,* Abschied vom „qualifiziert faktischen" Konzern, 1991; *Assmann,* Der faktische GmbH-Konzern, FS 100 Jahre GmbHG 1992, 657; *Büscher,* Die qualifizierte faktische Konzernierung – eine gelungene Fortbildung des Rechts der GmbH?, 1999; *Druey,* Verantwortlichkeit aus Leitung, FS Zöllner, Bd I, 1998, 129; *Drüke,* Die Haftung der MutterGes für Schulden der TochterGes, 1990; *Ehricke,* Das abhängige Konzernunternehmen in der Insolvenz, 1998, 404; *Einsele,* Regelungsmodelle der Konzernhaftung, ZVglRWiss 94 (1995), 125; *Eschenbruch,* Konzernhaftung, 1996; *Gätsch,* Gläubigerschutz im qualifiziert faktischen GmbH-Konzern, 1997; *Goette,* Haftungsvoraussetzungen im qualifiziert faktischen Konzern, DStR 1993, 568; *Hirte,* Der qualifizierte faktische Konzern, 1992; *Hommelhoff/Stimpel/Ulmer* (Hrsg), Heidelberger Konzernrechtstage, 1992; *Kern,* Die Unbestimmtheit des selbständigen Konzernhaftungstatbestandes, 1998; *Kleindiek,* Haftung, freie Beweiswürdigung und Beweiserleichterung im qualifizierten faktischen GmbH-Konzern, GmbHR 1992, 574; *St. Koch,* Rechtliche und ökonomische Aspekte des Schutzes von Gläubigern konzernverbundener GmbH, 1997; *Kölling,* Der qualifizierte faktische GmbH-Konzern, NZG 2000, 8; *M. Lehmann,* Schranken der beschränkten Haftung. Zur ökonomischen Legitimation des Durchgriffs bei der GmbH, GmbHR 92, 200; *Limmer,* Die Haftungsverfassung des faktischen GmbH-Konzerns, 1992; *K. Schmidt,* Abhängigkeit und faktischer Konzern als Aufgaben der Rechtspolitik, JZ 1992, 856; *Weigl,* Die Haftung im qualifiziert faktischen Konzern, 1996; *Ziemons,* Die Haftung der Gesellschafter für Einflußnahmen auf die Geschäftsführung der GmbH, 1996, 112 ff; *Zöllner,* Empfiehlt es sich das Recht faktischer Unternehmensverbindungen … neu zu regeln? Referat für den 59. DJT 1992, Sitzungsbericht R S 35, 1993; *ders,* Qualifizierte Konzernierung im Aktienrecht, Gedächtnisschrift Knobbe-Keuk, 1997, 369.

133 Rspr des BGH hat ohne erkennbare Veranlassung u vor allem ohne Begründung diese Rechtsfigur bereits in der 2. Entscheidung zu seinem neu kreierten Haftungs- u Durchgriffstatbestand ausdrücklich aufgegeben.[223] Die Literatur ist ihm darin, wie so oft, spontan gefolgt. Ob das weise ist, muß sich

---

220 BGH NJW 1994, 446; OLG Köln BB 1997, 170; *Raiser* ZGR 1995, 157; anders aber zB *Ziegler* WM 1989, 1077.

221 BGH DB 1999, 2457, dort auch zur Festlegung des maßgeblichen Fehlbetrags. Zum ganzen *Joch. Hoffmann* NZG 2000, 205; *Altmeppen* DB 1999, 2453.

222 BGHZ 95, 347.

223 BGHZ 150, 61, 68; BGH BB 2005, 286 spricht von der „inzwischen überholten" Rechtsprechung zum qualifizierten Konzern. Eine Analyse der Gründe zu dieser Aussage gibt der BGH dort nicht.

erst in längerem Verlauf zeigen. Die Behauptung, für die Haftungsfigur des qualifizierten Konzerns bestehe kein Bedürfnis mehr, ist jedenfalls bislang nicht belegt. Problemgerichtetes Denken könnte eher für das Gegenteil sprechen.[224]

a) Grundansatz. Praktische Erfahrung u Nachdenken über Konzernzusammenhänge haben gelehrt, daß der Einzelausgleich nachteiliger Einwirkungen zum Schutz der Gläubiger u der konzernfreien Minderheit im Nichtvertragskonzern nicht ausreicht, weil sich in vielen Konstellationen die Einwirkungen so vollziehen, daß sich Nachteile nicht quantifizieren lassen. Insbes bei Einbeziehung einer abhängigen Ges in einen relativ straff oder dicht geleiteten Konzern mischen sich zulässige u unzulässige Einwirkungen in einer Weise, die eine Isolierung derjenigen Vorgänge, die schadensersatzpflichtig sind, unmöglich machen. Gegenauffassungen, die annehmen, das System des Einzelausgleichs sei immer praktikabel oder der Schadensersatz könne notfalls im Weg freier richterlicher Schadensschätzung quantifiziert werden, überzeugen nicht. Wo der Einzelausgleich zugefügter Nachteile nicht funktioniert, besteht daher eine Regelungslücke. Zu ihrer sinnvollen Schließung hat man die im AktG für den Vertragskonzern getroffene Verlustausgleichspflichtregelung des § 302 AktG analog herangezogen. Leitend für diese Analogie war, daß bei Einbeziehung einer abhängigen GmbH in einen Konzern sich das herrschende Unternehmen im Bereich des Gläubigerschutzes so behandeln lassen muß, als sei ein Beherrschungsvertrag abgeschlossen worden, wenn es die abhängige Ges dem typischen Bild des Beherrschungsvertrages gemäß leitet. Die nicht durch einen Unternehmensvertrag kanalisierte u verlautbarte, gleichwohl **voll durchgeführte Beherrschungsbeziehung** kann im Hinblick auf die Sicherheit der Gläubiger nicht laxer behandelt werden als die vertraglich kanalisierte. **134**

Problematik des Anspruchs lag von Anfang an darin, dass eine Präzisierung der Anspruchsvoraussetzungen im Sinn einer voll subsumtionsfähigen Einzelnorm weder Wissenschaft noch Rspr gelungen ist, es vielmehr bei einer Art **Generalklausel** verblieb. Dass dies auch bei der Haftung wegen Treupflichtverletzung nicht anders ist, haben Kritiker der Haftungsfigur freilich verdrängt. Hinzu kam beträchtlicher Widerstand aus der Welt der den Konzernen dienenden Juristen, die begreiflicherweise freies Schalten u Walten in Konzernen bevorzugen. Die Kritik an der Rechtsfigur des qualifizierten Konzerns hat die bestehende Regelungslücke nicht zu füllen u demgemäß das ihr korrespondierende Rechtsproblem nicht lösen können. **135**

Wie eine reichhaltige Rspr (zahlreiche Nachweise unten Rn 150 f) zeigt, haben die auf dem Boden der „Rechtsfigur" qualifizierter Konzernierungsmaßnahmen entwickelten Grundsätze sich durchaus in vielen Zusammenhängen bewährt. Auch wenn die am Beginn der Entwicklung stehenden 1972 vorgelegten Vorschläge des Arbeitskreises GmbH-Reform mittlerweile als in Teilen überholt gelten können, haben sie doch eine notwendige Diskussion auf den Weg gebracht u den Anstoß für eine nach einigem Schwanken durchaus in die richtige Richtung gehende Rechtsprechung gegeben. **136**

---

224 Vgl *Emmerich/Habersack,* Konzernrecht § 28 I 2, wo allerdings behauptet wird, dass einer im Vorfeld der Existenzvernichtung eingreifenden konzernspezifischen Haftung keine praktische Bedeutung zukomme. Das ist indessen schon insofern nicht unbedenklich, als dem Bestehen von Ersatzansprüchen Bedeutung auch dann zukommt, wenn sie in der Praxis nicht realisiert werden.

137 **b) Voraussetzungen des Eintritts der Verlustausgleichspflicht.** Nach dem einen gewissen Schlußstein der Rechtsprechungsentwicklung bildenden Urteil des BGH v 29. 3. 1993[225] müssen folgende Voraussetzungen vorliegen:

138 (1) Nach viel vertretener, von der Rspr aber nicht entschiedener Auffassung muß es sich um einen Konzern ieS handeln, nicht nur um ein Abhängigkeitsverhältnis.[226] Ist die durch Abhängigkeit begründete Konzernvermutung widerlegt, so kommt danach die Heranziehung des herrschenden Unternehmens nicht in Betracht. Allerdings gibt es auch im bloßen Abhängigkeitsverhältnis Einwirkungen auf das abhängige Unternehmen, bei denen wegen starker Fortwirkungen in die Zukunft der Einzelausgleich nicht funktioniert, es werden aber in einer reinen Abhängigkeitsbeziehung die Einwirkungen des herrschenden Unternehmens idR isolierbar sein (dazu unten Rn 141).

139 (2) In gleicher Weise zweifelhaft ist, ob es sich um einen Konzern handeln muß, der eine besondere Leitungsdichte aufweist, die zu unübersichtlichen Einwirkungsverhältnissen führt.[227] Die Auffassung in BGHZ 122, 123 ist nicht völlig eindeutig. Jedenfalls verlangt die Entscheidung im Gegensatz zur vorangehenden Rspr nicht mehr das Vorliegen umfassender u dauernder Leitung der Ges. Ob der BGH in TBB dieses Erfordernis aufgegeben hat, wird unterschiedlich interpretiert.[228] AaO S 127 spricht der BGH zwar noch davon, daß die Isolierbarkeit schädigender Eingriffe infolge Einflußdichte fehlen kann. Es dient ihm aber nur als Begründung für das Nichtausreichen von Schadensersatzpflichten. Ausdrücklich formuliert er S 131, Haftungstatbestand sei nicht die dauernde u umfassende Leitung, sondern die Interessenbeeinträchtigung. Richtigerweise muß daher weder umfassende noch dichte oder dauerhafte Leitung vorliegen. Vielmehr kann auch einmalige Einwirkung genügen, sofern sie nur Zukunftsfolgen hat, die sich mit dem System des Einzelausgleichs nicht bewältigen lassen. Einschlägiger Fall etwa die Verlagerung des Betriebsvermögens auf neue GmbH, während alte daraufhin in Konkurs geht (sog Staffetten-GmbH).[229] Vgl ferner die Verlagerung eines nicht rentablen Unternehmens durch den Unternehmenskäufer auf eine neugegründete GmbH, die nicht mit ausreichendem Eigenkapital ausgestattet wird.[230]

140 (3) Abhängige Ges muß in einer Weise behandelt werden, die einen objektiven Mißbrauch der beherrschenden GfterStellung darstellt. Das liegt vor, wenn das herrschende Unternehmen Konzernleitungsmacht in einer Weise ausübt, die keine angemessene Rücksicht auf die eigenen Belange der abhängigen Ges nimmt.[231] Anders ausgedrückt: Es muß eine unangemessene Benachteiligung der Eigeninteressen des abhängigen Unternehmens hinzutreten, die nicht anderweitig ausgeglichen wird.[232] Die faktischen Formen solcher

---

[225] BGHZ 122, 123 (TBB); vgl auch *Zöllner,* Sitzungsbericht zum 59. DJT 1992, S R 41 ff.

[226] *Krieger,* in *Hommelhoff* ua, Heidelberger Konzernrechtstage, 41 f; *Zöllner* DJT-Referat, S R 37 f u 52; wohl auch *Drygala* GmbHR 1993, 317, 322; abw *K. Schmidt,* in *Hommelhoff,* Heidelberger Konzernrechtstage, 109, 111 der von qualifizierter Abhängigkeit spricht. Abw auch Roth/*Altmeppen* Anh § 13 Rn 132.

[227] BGHZ 122, 127; abw *Lutter/Hommelhoff* 15. Aufl, Anh § 13 Rn 26, nach denen sich die Leitung in einzelnen Leitungsmaßnahmen soll erschöpfen können.

[228] Vgl einerseits *Drygala* GmbHR 1993, 322, andererseits *Westermann* ZIP 1993, 557.

[229] OLG Köln GmbHR 1997, 220 (dazu auch BGH GmbHR 1996, 366).

[230] OLG Dresden GmbHR 1997, 215.

[231] BGHZ 122, 130.

[232] Zustimmend *Lutter/Hommelhoff* 15. Aufl, Anh § 13 Rn 27 ff.

Beeinträchtigung der Eigeninteressen sind vielfältig und reichen von wirtschaftlichen Umstrukturierungsmaßnahmen, Einstellung erfolgreicher Produkte, Schließung von Betrieben, Entzug von Liquidität (zB auch durch cashmanagement) bis hin zur Übernahme von qualifiziertem Personal durch die Oberges.[233]

(4) Zugefügte Nachteile dürfen nicht „isolierbar" iS einer Einzelausgleichsfähigkeit sein. Besteht diese, hat vielmehr Schadensersatz Platz zu greifen.[234] Daraus läßt sich ableiten, daß bei korrekter und vollständiger Dokumentation nachteiliger Einflüsse, etwa mittels umfassender Buchführung, die Verlustausgleichspflicht vermieden werden kann.[235] **141**

(5) Ein **Verschulden** des herrschenden Unternehmens im technischen Sinn ist nicht erforderlich. Auch das Abstellen auf fehlerhafte Konzerngeschäftsführung[236] dürfte der falsche Gesichtspunkt sein, der mit der richtig gewählten Grundlage der Haftung (Analogie zu §§ 302 f AktG) nicht harmoniert. Auch beim Beherrschungsvertrag knüpft sich Verlustausgleichspflicht nicht an Verschulden. Praktisch spielt die Frage keine wesentliche Rolle. Subjektiv genügt jedenfalls, daß die Organe des herrschenden Unternehmens oder die von ihr beauftragten Repräsentanten auf das abhängige Unternehmen bewußt einwirken mit dem Ziel, Vorteile für das herrschende oder andere Konzernunternehmen zu erzielen. **142**

c) Beweislastfragen. Dauernde und umfassende Ausübung der Leitungsmacht begründet keine Vermutung dafür, daß keine angemessene Rücksicht auf das Eigeninteresse der abhängigen Ges genommen worden ist.[237] Der Kläger trägt deshalb eine Darlegungs- und Beweislast für Umstände, die zumindest nahelegen, daß die Eigeninteressen der abhängigen GmbH über bestimmte, konkret ausgleichsfähige Einzeleingriffe hinaus beeinträchtigt worden sind.[238] Nicht ausreichende Indizien sind Doppelmandate, Personalunion in Organen, GFührerstellung des Ein-Mann-Gfters, der selbst Unternehmen betreibt oder maßgeblich an solchen beteiligt ist, und schon gar nicht für sich allein die Insolvenz der abhängigen Ges.[239] **143**

d) Haftungsausschließende Umstände? Nach früherem Haftungskonzept[240] war Haftung auf vermuteten Eingriff in die Eigenbelange der abhängigen Ges bei dauernder und umfassender Konzernleitung gegründet worden. Deshalb war es erforderlich, Möglichkeiten einzuräumen, die Ursächlichkeit **144**

---

233 Dazu vor allem *Krieger,* in *Hommelhoff* ua, Heidelberger Konzernrechtstage, S 253 ff; ausführlich auch *Ensthaler/Kreher* BB 1995, 1426 ff. Verneint hat BGH GmbHR 1997, 258 = AG 1997, 180 einen Mißbrauch in Gestalt der Beendigung einer Konzernierung durch Mantelverkauf nach einer Woche. Dazu *Noack* LM AktG 1965 § 302 Nr 10.

234 BGHZ 122, 131 f; vgl dazu *Krieger* ZGR 1994, 387; zustimmend *Lutter/Hommelhoff* 15. Aufl Anh § 13 Rn 31: Einzelhaftung geht vor.

235 Näher dazu *Schulze-Osterloh* ZIP 1993, 1840; OLG Bremen AG 1999, 466.

236 So *Lutter/Hommelhoff* 15. Aufl, Anh § 13 Rn 32; s auch OLG Bremen AG 1999, 466.

237 BGHZ 122 im Leitsatz sowie S 131; *Zöllner* DJT-Referat, S R 47 u 53.

238 In diesem Sinn schon *Kleindiek* GmbHR 1992, 578 f; näher dazu *Drygala* GmbHR 1993, 328; zustimmend *Lutter/Hommelhoff* 15. Aufl, Anh § 13 Rn 35.

239 Zustimmend *Lutter* aaO; abw *U. H. Schneider* WM 1993, 784. Zum ganzen auch *Kiethe/Groeschke* BB 1994, 2149. Aus der Rspr LG Frankfurt NJW RR 1997, 796; OLG Hamm EWiR § 302 AktG 1/97, 437 (Kowalski).

240 BGHZ 95, 335 Autokran.

der Konzernleitung für eingetretene Nachteile zu widerlegen. Unter dem durch die TBB-Entscheidung wesentlich verbesserten Konzept ist dieses Erfordernis jedenfalls weitgehend hinfällig. Darauf wird deshalb nicht mehr eingegangen.

145 **e) Charakteristik der Haftung.** Haftungskonzept vorstehender Art läßt sich insgesamt weder eindeutig der Kategorie der **Verhaltens-** oder Konzernleitungshaftung einerseits noch der **Zustands-** oder Struktur**haftung** andererseits zuordnen.[241] Sie ist, weil sie schädigende Vorgänge verlangt, Verhaltenshaftung, aber sie hat in Gestalt organisatorischer Gegebenheiten auch strukturelle Elemente. Zwar ist Konzernleitung, die Voraussetzung der Haftung bildet, immer auch Verhalten, aber eben nicht das eigentlich haftungsbegründende. Darüberhinaus muß man sehen, daß die Haftung im qualifizierten Konzern eben nicht auf Ersatz schädigender Einwirkung geht, sondern eine in ihrer Höhe davon ganz unabhängige Verlustausgleichspflicht zur Folge hat, mithin eher an einen durch Verhalten geschaffenen Zustand, eine „Konzernstruktur" anknüpft. Im ganzen dürfte der Streit wenig fruchtbar sein.[242]

146 **f) Rechtsfolge** der zur Haftungseinheit führenden Voraussetzungen ist zunächst die **Verlustausgleichspflicht.** Sie ist vom herrschenden Unternehmen zu erfüllen, in mehrstufigen Konzernen daher in der Regel von der Konzernspitze. Soweit der Konzern Minderheitsaktionäre hat, geht der Anspruch analog § 302 AktG auf Ersatz jedes während der Dauer der qualifizierten Konzernbeziehung entstehenden Jahresfehlbetrags. Dadurch entsteht letztlich eine Haftungseinheit in Form eines „geordneten Haftungsdurchgriffs".[243] Hat herrschendes Unternehmen die Verpflichtung nicht erfüllt, können Gläubiger den Anspruch pfänden. Einen Direktanspruch gegen das herrschende Unternehmen gewährt Verlustausgleichspflicht allein selbstverständlich nicht. Ob sich Verlustausgleichspflicht bei Einmannges auf die Auffüllung des Stammkapitals reduziert, ist umstritten (vgl dazu die Ausführungen Rn 130).

147 **g) Recht auf Sicherheitsleistung u Ausfallhaftung.** Recht auf Sicherheitsleistung analog § 303 AktG greift ein bei Beendigung der qualifizierten Beherrschungsbeziehung; dazu rechnen auch Auflösung der abhängigen Ges, Konkurseröffnung sowie Ablehnung der Eröffnung mangels Masse;[244] 6-Monatsfrist gilt nicht, da Beendigung der Beherrschungsbeziehung nicht eingetragen und bekanntgemacht wird. Ist abhängige Ges ganz oder weitgehend vermögenslos, hat Sicherheitsleistung keinen Sinn. Gläubiger können daher von herrschendem Unternehmen Zahlung verlangen,[245] sog **Ausfallhaftung.**

148 **h) Haftungsausgrenzung jeweils bestimmter Konzernaktivitäten.** Verlustausgleichspflicht u Ausfallhaftung des herrschenden Unternehmens beseitigen, soweit sie eingreifen, den aus unterschiedlicher Rechtssubjektivität resultierenden Vorteil einer Haftungsausgrenzung jeweils bestimmter Konzernaktivitäten. Dies rechtfertigt sich aber daraus, daß Ausgrenzung von Haftungsrisiken durch Verlagerung auf eine (andere) jur Person jedenfalls bei

241 Zur Unterscheidung zB *Wiedemann* ZGR 1986, 664; *Assmann* JZ 1986, 932 ff.
242 Zur Problematik auch *K. Schmidt* GesR S 1228 ff.
243 *K. Schmidt,* in *Hommelhoff* ua, Heidelberger Konzernrechtstage, S 123; differenzierter ansetzend *ders,* GesR, 204 f.
244 BGHZ 95, 346; *Assmann* JZ 1986, 937; einschränkend *Stimpel,* Entwicklungen, S 50 f.
245 BGHZ 95, 347.

wirtschaftlicher Betätigung unter der Voraussetzung steht, daß diese jur Person eigenständige Erwerbschancen wahrnehmen kann. Gläubigern nur das Risiko des Mißerfolgs aufzubürden, ohne ihnen die Chance des Zugriffs bei Erfolg zu eröffnen, geht nicht an.

i) Ende der Verlustausgleichspflicht. Problematisch und nicht geklärt ist, wann Verlustausgleichspflicht endet, sofern die beteiligten Unternehmen und das Abhängigkeitsverhältnis fortbestehen. Man wird annehmen können, daß jedenfalls die Beendigung der Konzernbeziehung, dh der einheitlichen Leitung, zum Fortfall der Haftungsvoraussetzungen für die Zukunft führt. Praktisch wird das freilich überzeugend nur dann gelten können, wenn sich das herrschende Unternehmen jeder Einflußnahme auf die Untergesellschaft dauerhaft enthält. Hingegen wird man die bloße Beendigung schädigender, das Eigeninteresse der abhängigen Ges mißachtender Einwirkungen bei Fortdauer der Konzernleitung nur ausreichen lassen können, wenn sich die Ges in lebensfähigem Zustand befindet. Für beides wird man die Beweislast dem herrschenden Unternehmen aufzubürden haben. Geht abhängige Ges nach Aufhören der schädigenden Einwirkungen in absehbarer Zeit in Konkurs, dürfte der Beweis idR mißlingen. **149**

j) Fazit. Referierter Stand des Haftungskonzepts ist Ergebnis einer langen Entwicklung,[246] die mit einem Vorschlag des Arbeitskreises GmbH-Reform im Jahr 1972 beginnt, ihren – in der Praxis dramatisch wirkenden – Niederschlag zunächst in der Autokran-Entscheidung[247] findet, die einen ungeheuren und kontroversen Widerhall im Schrifttum auslöst. Entwicklung setzt sich fort mit BGHZ 107, 7 (Tiefbau) und der besonders exzessiv kritisierten Entscheidung BGH 115, 187 (Video), deren Begründung, trotz zutreffenden Ergebnisses, zu verschiedenen Besorgnissen Anlaß gab[248] und zu aufgeregten, mitunter jede Besonnenheit vermissen lassenden Reaktionen vieler Praktiker und Konzernrechtler führte. Bedenklich waren in erster Linie einige Vermutungsregeln, die der BGH in der Video-Entscheidung aufgestellt hat. Sie wurden in BGH GmbHR 1992, 34 (Stromlieferung) in einem obiter dictum im Kern noch einmal bestätigt. Erst BGHZ 122, 123[249] führte zu einer „klarstellenden" Wende im oben dargelegten Sinn.[250] **150**

Die danach maßgeblichen Grundsätze wurden bestätigt durch BGH NJW 1994, 446[251] und BGH ZIP 1994, 1690 = DB 1994, 2385.[252] Dem Haftungs- **151**

---

[246] Gute Darstellung bei *Holzwarth,* konzernrechtlicher Gläubigerschutz bei der klassischen Betriebsaufspaltung, 1994, 135 ff; *Rowedder/Schmidt/Leithoff/Koppensteiner* Anh § 52 Rn 68 ff; auch *Thalmaier* KTS 1996, 359.

[247] BGHZ 95, 330.

[248] Auch zu Mißverständnissen; vgl aus der Rspr als auch im Ergebnis verfehltes Beispiel OLG Saarbrücken ZIP 1992, 1623.

[249] TBB; Vorinstanzen waren LG Oldenburg ZIP 1992, 1632 und OLG Oldenburg ZIP 1992, 1631.

[250] Aus der Flut der Stellungnahmen zur TBB-Entscheidung seien genannt: *Altmeppen* DB 1994, 1912; *Burgart* WM 1993, 925; *Drygala* GmbHR 1993, 317; *Ebenroth/Wilken* ZIP 1993, 558; *Hommelhoff* ZGR 1994, 395; *Krieger* ZGR 1994, 375; *Kleindiek* DZWir 1993, 177; *Kowalski* GmbHR 1993, 253; *Limmer* DStR 1993, 765; *Lutter* JZ 1993, 575; *St. Mutter* JuS 1993, 999; *K. Schmidt* ZIP 1993, 549; *U. H. Schneider* WM 1993, 782; *Schütten* DB 1993, 969; *Schulze-Osterloh* ZIP 1993, 1838; *Versteegen* DB 1993, 1225; *Westermann* ZIP 1993, 554; *Drygala* NJW 1995, 3237.

[251] Quickborner EDV mit Anm *K. Schmidt.*

[252] Architekten-GmbH; dazu *K. Schmidt* ZIP 1994, 1741; *Hirte* JZ 1995, 521; siehe auch BGH ZIP 1995, 733 (Bauträger); stark verkürzt auch BGH GmbHR 1997, 257; BGH DStR 1997, 1937 (Anm *Goette*).

konzept des BGH hat sich – in unterschiedlichen Problemzusammenhängen, auch für den insoweit nicht ganz passenden sog Berechnungsdurchgriff im Rahmen von § 16 BetrAVG – auch das BAG angeschlossen.[253] Auch das BSG hat sich für die Durchsetzung von Beitragsansprüchen in der Sozialversicherung die Grundsätze der TBB-Entscheidung des BGH zu eigen gemacht.[254] Es ist schwer begreiflich, warum der BGH diese Haftungsfigur bei der Präsentation seines Konzepts der Haftung wegen Insolvenzverursachung (vulgo Existenzvernichtungshaftung) verabschiedet hat. Denn auch wenn ein Bedürfnis für die neuere Haftungsfigur besteht, ist das Bedürfnis für die Haftung im qualifizierten Konzern nicht entfallen, jedenfalls soweit die GmbH in einem Unternehmensverbund steht und nicht Einmannges ist, d. h. soweit sie eine konzernfreie Minderheit besitzt.[255] Einschlägige Fälle mögen selten vor die Gerichte und gar den BGH kommen; dorthin gelangen sie idR erst, wenn Ges insovent geworden ist u Bedürfnis für eine Verlustausgleichshaftung entfallen ist. Daraus darf aber nicht der (Kurz-)Schluss gezogen werden, dass die Haftungsfigur des qualifizierten Konzerns überflüssig ist. Ihre Verabschiedung hat leider der Rechtswelt signalisiert, dass die schädigenden Verhaltensweisen im qualifizierten Konzern solange in Ordnung seien, wie es nicht zur Insolvenz kommt. Damit wird konzerninternem Unrecht gegenüber der Minderheit durch die normative (d. h. auch die richterrechtliche) Ordnung zu wenig entgegengetreten.

152 **V. Vergleichende Betrachtung der Haftung wegen Insolvenzverursachung u der Haftung im qualifizierten Konzern**

Insolvenzverursachungshaftung setzt insofern breiter an als die Haftung im qualifizierten Konzern, als sie auch Gfter erfaßt, die kein Unternehmen sind. Sie erfordert auch nicht, dass der in Anspruch zu nehmende Gfter eine beherrschende Stellung hat oder gar, dass ein Konzern vorliegt. Darin liegt ein Vorzug der neuen Haftungsfigur, der es nahelegt, sie beizubehalten. Insolvenzverursachungshaftung setzt auch insofern breiter an, als sie das Vorliegen einer qualifizierten Leitungsintensität nicht erfordert. Auch das kann man als Vorzug sehen.

153 Insolvenzverursachungshaftung erfasst aber nur einen Ausschnitt der Benachteiligungen, die mit der Haftung im qualifizierten Konzern sanktioniert werden. Zum einen hilft sie nur Gläubigern, nicht der Ges selbst u nicht der Minderheit. Zum zweiten setzt sie erst ein, wenn Ges insolvent ist, nicht in Stadien davor. Soweit Ges keine selbständig agierende Minderheit hat, wer-

---

253 Vgl zB BAG GmbHR 1993, 218 für Versorgungszusage; BAG ZIP 1995, 491 für Berechnungsdurchgriff. BAG AG 1996, 232 allg für arbeitsrechtl Ansprüche; BAG AG 1999, 376 für Betriebsaufspaltung. Zur Rspr des BAG *Bitter/Bitter* BB 1996, 2153. Vgl dazu *Ziegenhain,* Der qualifiziert faktische Konzern in der Rechtsprechung des BAG zur betrieblichen Altersversorgung, ZIP 1994, 1003.

254 BSG ZIP 1994, 1944; BSG GmbHR 1996, 604, 607. Gute Rspr-Analyse bei *Michalski/Zeidler* ZIP 1996, 224. Aus der instanzgerichtl Rspr vgl OLG München ZIP 1994, 1776; OLG Bamberg AG 1998, 191; OLG Oldenburg GmbHR 1998, 286; OLG Köln GmbHR 1997, 220; OLG Dresden 1997, 215; LG Münster AG 1997, 474; LG Frankfurt AG 1998, 98; OLG Frankfurt AG 1998, 193; OLG München DB 1998, 614; OLG Rostock AG 1999, 279; OLG Düsseldorf NZG 1999, 502; OLG Hamm NZG 1999, 837; OLG Bremen AG 1999, 466; OLG Celle AG 1999, 572.

255 In gleichem Sinn Scholz/*Emmerich* Rn 125 ff.

den freilich auch Ansprüche der abhängigen Ges im qualifizierten Konzern selten vor der Insolvenz durchgesetzt, obgleich GFührer sich durch solche Unterlassung pflichtwidrig verhält. Für die Wahrung der Rechte der Minderheit ist es dann zu spät. Zu weit geht es hingegen, praktische Relevanz der Haftung nach den Grundsätzen über der qualifizierten Konzern zum Schutz der Minderheit zu leugnen.[256] Beschränkung auf Haftung wegen Insolvenzverursachung weckt in Konzernleitungen die Vorstellung, mit abhängigen Unternehmen beliebig umspringen zu können, solange Verbindlichkeiten gegenüber Gläubigern gedeckt werden.

Nach allem dürfte mehr dafür sprechen, die Haftung im qualifizierten Konzern nicht aufzugeben, sondern weiter beizubehalten.[257] Ihre Unbestimmtheiten sind wie bei jeder Generalklausel in Kauf zu nehmen. Konzernobergesellschaften können eventuelle Rechtsunsicherheiten dadurch vermeiden, dass sie sich entweder intensiver Konzerneinwirkung auf abhängige Ges enthalten oder die Einwirkung durch Unternehmensvertrag oder Satzungsänderung legitimieren. **154**

---

[256] In diese Richtung aber Roth/*Altmeppen* Anh § 13 Rn 191, der meint, der Außenseiterschutz habe im qualifizierten Konzern überhaupt keine Rolle gespielt, weil sich dieser Schutz hinreichend aus der Haftung des Mehrheitsgfters wegen Treupflichtverletzung ergeben. Genau das tut er eben nicht, weil mit der Treupflichthaftung nur isolierbare Einzelverstöße erfaßt werden.

[257] In die gleiche Richtung *Cahn* ZIP 2001, 2160; *Eberl/Borges* WM 2003, 105; *Mülbert* DStR 2001, 1937, 1944 ff.

Sachverzeichnis

Fette Zahlen verweisen auf Anmerkungen zu dem jeweiligen Paragraphen, ggf auf Vorbemerkungen oder Anhänge, magere Zahlen verweisen auf Randnoten der Anmerkungen. Hauptfundstellen sind *kursiv* gedruckt.

Buchanzeigen